Jauernig
Bürgerliches Gesetzbuch

Jauernig
Bürgerliches Gesetzbuch
mit Allgemeinem Gleichbehandlungsgesetz
(Auszug)

Kommentar

Herausgegeben von

Prof. Dr. Dres. h.c. Rolf Stürner

Bearbeitet von

Dr. Christian Berger
o. Professor an der Universität Leipzig
Richter am Oberlandesgericht Dresden

Dr. Heinz-Peter Mansel
o. Professor an der Universität zu Köln

Dr. Astrid Stadler
o. Professor an der Universität Konstanz

Dr. Dres. h.c. Rolf Stürner
em. o. Professor an der Universität Freiburg
Richter am Oberlandesgericht Karlsruhe a.D.

Dr. Arndt Teichmann
em.o. Professor an der Universität Mainz
Richter am Oberlandesgericht Koblenz a.D.

15., neubearbeitete Auflage 2014

C.H.BECK

Zitiervorschlag:
Jauernig/Mansel, BGB, § 611 Rn 1
Jauernig/Mansel, BGB, § 15 AGG Rn 1

www.beck.de

ISBN 978 3 406 65246 2

© 2014 Verlag C. H. Beck oHG
Wilhelmstraße 9, 80801 München

Druck: Druckerei C. H. Beck Nördlingen
(Adresse wie Verlag)
Satz: Meta Systems, Wustermark

Gedruckt auf säurefreiem, alterungsbeständigem Papier
(hergestellt aus chlorfrei gebleichtem Zellstoff)

Vorwort zur 15. Auflage

Die Neuauflage dieses Kommentars bedeutet insoweit einen gewichtigen Einschnitt in seiner nunmehr immerhin vierunddreißigjährigen Geschichte, als sein Begründer und langjähriger Herausgeber *Othmar Jauernig* die Betreuung des Kommentars nicht mehr fortführen wird und um Entlastung gebeten hat. Die Aufgabe des Herausgebers hat *Rolf Stürner* übernommen. Die Bearbeitung des Allgemeinen Teils liegt mit dieser Neuauflage in den Händen von *Heinz-Peter Mansel*. Beide werden sich darum bemühen, den hohen Qualitätsstandards *Othmar Jauernigs* gerecht zu werden, der sich diesem Kommentar über Jahrzehnte mit großem Engagement gewidmet hat und dem für seine Arbeit alle Autoren großen Dank schulden. Natürlich wird das Werk den Namen seines Begründers auch in Zukunft fortführen.

Der Kommentar ist in allen seinen Teilen in Gesetzgebung, Rechtsprechung und Literatur aktualisiert worden. Besondere Erwähnung verdienen unter den gesetzgeberischen Neuerungen die durch Gesetz v 11.3.2013 neu eingefügten Vorschriften zu Erhaltungs- und Modernisierungsmaßnahmen im Mietrecht (§§ 555a ff) und die durch Gesetz v 26.2.2013 neu geschaffenen Vorschriften zum Behandlungsvertrag (§§ 630a ff). Beide Neuerungen konnten bei der Neuauflage schon voll berücksichtigt werden. Die Neufassung der §§ 312–312j, 355–360 zur Umsetzung der VerbraucherrechteRiLi (2011/83/EU) wird am 13.6.2014 in Kraft treten; der neue künftige Gesetzestext ist im Anhang abgedruckt.

Rechtsprechung und Schrifttum sind bis Ende März 2013 ausgewertet, entsprechend dem Druckablauf teilweise noch bis Juli 2013. Die Neuauflage gibt den Gesetzesstand des BGB von Ende Juni 2013 wieder.

Wie stets danken wir für zahlreiche Hinweise, Anregungen und Kritik, die wir auch in Zukunft gerne entgegennehmen.

Freiburg, Köln, Konstanz, Leipzig, Mainz, im August 2013   Die Verfasser

Aus dem Vorwort zur 1. Auflage (1979)

Die vorliegenden Erläuterungen zum BGB sind knapp gefasst. Sie wenden sich an den Juristen in Ausbildung und Praxis, aber auch an den mit Rechtsfragen befassten Nichtjuristen. Allgemeine Übersichten und einleitende Anmerkungen führen in die Hauptprobleme des bürgerlichen Rechts ein. In gestraffter Darstellung werden die für Studium, Ausbildung Prüfung und Praxis wichtigen Fragen behandelt. Schrifttum und Rechtsprechung, insbesondere die des Bundesgerichtshofs, sind in einer Auswahl dargeboten: um Standpunkte und Streitfragen zu kennzeichnen, die Erläuterungen zu verdeutlichen, praktische Anschauung zu vermittteln und vertiefendes Selbststudium zu erleichtern. Die Erläuterung beschränken sich nicht darauf, bloß die „herrschende Meinung" zu referieren. Sie bieten vielmehr, soweit das sachlich angezeigt und im gegebenen Rahmen möglich war, eine eigene Stellungnahme zu den in Judikatur und Literatur vertretenen Ansichten. Auf Übersichtlichkeit der Erläuterungen wurde besonders geachtet. Hervorhebungen in Fett- und Kursivschrift sollen die Lesbarkeit erleichtern. Ihr dient auch der weitgehende Verzicht auf Abkürzungen. Ein umfangreiches Sachregister will helfen, rasch die gesuchten Vorschriften und die einschlägigen Erläuterungen zu finden.

Verzeichnis der Bearbeiter

Prof. Dr. Christian Berger
§§ 243–248, 433–515, 675 c–676 c, 854–1296

Prof. Dr. Heinz-Peter Mansel
§§ 1–242, 516–534, 598–651, 652–675 b, 677–704, 1297–1921, AGG 1–22, 31–33

Prof. Dr. Astrid Stadler
§§ 256–360, 759–822

Prof. Dr. Dres. h. c. Rolf Stürner
§§ 362–432, 705–758, 1922–2385

Prof. Dr. Arndt Teichmann
§§ 249–255, 545–597, 651 a–651 m, 823–853; Sachverzeichnis

Verzeichnis der ausgeschiedenen Bearbeiter früherer Auflagen

Prof. Dr. Christian Berger
§§ 312–312 f (10. Aufl.); §§ 1297–1921 (9.–13. Aufl.)

Prof. Dr. Dr. h.c. Othmar Jauernig
§§ 1–240 (1.–14 Aufl.); §§ 305–306 a, 310, 355–359, 481–487, 598–606, 652–656, 779–782 (10. Aufl.); §§ 854–1296 (1.–13. Aufl.); AGBG §§ 1–7, 23, 24 (3.–10. Aufl.); AGBG § 24 a (8.–10. Aufl.); AGG §§ 1–5, 19–22, 31–33 (12. und 13. Aufl.); Herausgeber (1.–14. Aufl.)

Prof. Dr. Heinz-Peter Mansel
§§ 243–248, 488–515, 676–676 h (11. und 12. Aufl.)

Prof. Dr. Dr. h.c. Peter Schlechtriem (†)
§§ 611–651, 812–822 (1.–10. Aufl.); §§ 1297–1921 (1.–8. Aufl.)

Prof. Dr. Astrid Stadler
§§ 688–704 (10. Aufl.)

Prof. Dr. Arndt Teichmann
§§ 307–309, 346–354, 675–676h, 783–808 (10 Aufl.); AGBG §§ 8–11 (3.–10. Aufl.)

Prof. Dr. Max Vollkommer
§§ 241–248, 256–304, 311–311 c, 313–345 (1.–10. Aufl.); §§ 305–310, 312, 346–361, 433–534, 598–610, 652–704, 759–811 (1.–9. Aufl.)

Hinweise für den Benutzer

1. **Paragraphen** ohne Angabe eines Gesetzes sind solche des BGB, in den Erläuterungen des AGG sind es solche dieses Gesetzes. Paragraphen anderer Gesetze (Verordnungen) sind mit dem abgekürzten Gesetzesnamen und nachgestellter Paragraphennummer angeführt (z. B. HGB 105 = § 105 HGB).
2. Eine **römische Zahl** unmittelbar nach einer Paragraphennummer (z. B. § 123 II) bedeutet den jeweiligen Absatz des angegebenen Paragraphen, eine unmittelbar nachfolgende **arabische Zahl** (z. B. § 123 II 2) den jeweiligen Satz dieses Absatzes. In den Erläuterungen bedeuten alleinstehende römische Zahlen den Absatz, alleinstehende arabische Zahlen mit einem vorangestellten S den Satz des erläuterten Paragraphen; Entsprechendes gilt für Zahlenkombinationen (z. B. II 1).
3. **Alleinstehende Städtenamen** bezeichnen das Oberlandesgericht oder Bezirksgericht mit dem Sitz in der genannten Stadt.
4. **Literaturzitate** mit „aaO" und nachfolgenden Zahlen beziehen sich auf die vor dem jeweiligen Paragraphen angeführte Literatur. Fehlt hinter dem (den) Verfassernamen ein „aaO", so ist das zitierte Werk unter dem (den) Verfassernamen aus dem Abkürzungsverzeichnis ersichtlich.
5. **Entscheidungen** sind in der Regel mit der Seite zitiert, auf die Bezug genommen wird.
6. **Verweisungen** auf die Erläuterungen eines anderen Paragraphen nennen diesen und die bezogene Randnummer (z. B. § 883 Rn 1). Die Verweisungen auf eine andere Randnummer der Erläuterungen zum selben Paragraphen nennt dessen Nummer nicht (z. B. Rn 1).

Inhaltsverzeichnis

Abkürzungsverzeichnis XIX

Bürgerliches Gesetzbuch (BGB)
Buch 1. Allgemeiner Teil (§§ 1–240)

Abschnitt 1. Personen (1–89) 1
   Titel 1. Natürliche Personen, Verbraucher, Unternehmer (1–20) 1
   Titel 2. Juristische Personen (21–89) 6
      Untertitel 1. Vereine (21–79) 9
         Kapitel 1. Allgemeine Vorschriften (21–54) 9
         Kapitel 2. Eingetragene Vereine (55–79) 26
      Untertitel 2. Stiftungen (80–88) 31
      Untertitel 3. Juristische Personen des öffentlichen Rechts (89) 34
Abschnitt 2. Sachen und Tiere (90–103) 35
Abschnitt 3. Rechtsgeschäfte (104–185) 43
   Titel 1. Geschäftsfähigkeit (104–115) 46
   Titel 2. Willenserklärung (116–144) 58
   Titel 3. Vertrag (145–157) 110
   Titel 4. Bedingung und Zeitbestimmung (158–163) 124
   Titel 5. Vertretung und Vollmacht (164–181) 129
   Titel 6. Einwilligung und Genehmigung (182–185) 145
Abschnitt 4. Fristen, Termine (186–193) 149
Abschnitt 5. Verjährung (194–225) 151
   Titel 1. Gegenstand und Dauer der Verjährung (194–202) 151
   Titel 2. Hemmung, Ablaufhemmung und Neubeginn der Verjährung (203–213) ... 161
   Titel 3. Rechtsfolgen der Verjährung (214–225) 168
Abschnitt 6. Ausübung der Rechte, Selbstverteidigung, Selbsthilfe (226–231) 170
Abschnitt 7. Sicherheitsleistung (232–240) 174

Buch 2. Recht der Schuldverhältnisse (§§ 241–853)

Abschnitt 1. Inhalt der Schuldverhältnisse (241–304) 177
   Titel 1. Verpflichtung zur Leistung (241–292) 177
   Titel 2. Verzug des Gläubigers (293–304) 340
Abschnitt 2. Gestaltung rechtsgeschäftlicher Schuldverhältnisse durch Allgemeine
Geschäftsbedingungen (305–310) 347
Abschnitt 3. Schuldverhältnisse aus Verträgen (311–360) 387
   Titel 1. Begründung, Inhalt und Beendigung (311–319) 387
      Untertitel 1. Begründung (311–311c) 387
      Untertitel 2. Besondere Vertriebsformen (312–312i) 418
      Untertitel 3. Anpassung und Beendigung von Verträgen (313–314) 437
      Untertitel 4. Einseitige Leistungsbestimmungsrechte (315–319) 448
   Titel 2. Gegenseitiger Vertrag (320–327) 454
   Titel 3. Versprechen der Leistung an einen Dritten (328–335) 473
   Titel 4. Draufgabe, Vertragsstrafe (336–345) 484
   Titel 5. Rücktritt; Widerrufs- und Rückgaberecht bei Verbraucherverträgen (346–
360) 492
      Untertitel 1. Rücktritt (346–354) 492
      Untertitel 2. Widerrufs- und Rückgaberecht bei Verbraucherverträgen (355–
360) 501
Abschnitt 4. Erlöschen der Schuldverhältnisse (362–397) 517
   Titel 1. Erfüllung (362–371) 518
   Titel 2. Hinterlegung (372–386) 528
   Titel 3. Aufrechnung (387–396) 534
   Titel 4. Erlass (397) 546

Inhaltsverzeichnis

Abschnitt 5. Übertragung einer Forderung (398–413)	548
Abschnitt 6. Schuldübernahme (414–419)	573
Abschnitt 7. Mehrheit von Schuldnern und Gläubigern (420–432)	579
Abschnitt 8. Einzelne Schuldverhältnisse (433–853)	600
Titel 1. Kauf, Tausch (433–480)	601
Untertitel 1. Allgemeine Vorschriften (433–453)	603
Untertitel 2. Besondere Arten des Kaufs (454–473)	658
Kapitel 1. Kauf auf Probe (454–455)	658
Kapitel 2. Wiederkauf (456–462)	660
Kapitel 3. Vorkauf (463–473)	663
Untertitel 3. Verbrauchsgüterkauf (474–479)	669
Untertitel 4. Tausch (480)	678
Titel 2. Teilzeit-Wohnrechteverträge, Verträge über langfristige Urlaubsprodukte, Vermittlungsverträge und Tauschsystemverträge (481–487)	679
Titel 3. Darlehensvertrag; Finanzierungshilfen und Ratenlieferungsverträge zwischen einem Unternehmer und einem Verbraucher (488–12)	687
Untertitel 1. Darlehensvertrag (488–505)	687
Kapitel 1. Allgemeine Vorschriften (488–490)	690
Kapitel 2. Besondere Vorschriften für Verbraucherdarlehensverträge (491–505)	700
Untertitel 2. Finanzierungshilfen zwischen einem Unternehmer und einem Verbraucher (506–509)	718
Untertitel 3. Ratenlieferungsverträge zwischen einem Unternehmer und einem Verbraucher (510)	722
Untertitel 4. Unabdingbarkeit, Anwendung auf Existenzgründer (511–512)	723
Anhang EG BGB 247	724
Titel 4. Schenkung (516–534)	727
Titel 5. Mietvertrag, Pachtvertrag (535–597)	743
Untertitel 1. Allgemeine Vorschriften für Mietverhältnisse (535–548)	743
Untertitel 2. Mietverhältnisse über Wohnraum (549–577a)	770
Kapitel 1. Allgemeine Vorschriften (549–555)	770
Kapitel 1a. Erhaltungs- und Modernisierungsmaßnahmen (555a–555f)	777
Kapitel 2. Die Miete (556–561)	782
Unterkapitel 1. Vereinbarungen über die Miete (556–556c)	782
Unterkapitel 2. Regelungen über die Miethöhe (557–561)	787
Kapitel 3. Pfandrecht des Vermieters (562–562d)	799
Kapitel 4. Wechsel der Vertragsparteien (563–567b)	803
Kapitel 5. Beendigung des Mietverhältnisses (568–576b)	812
Unterkapitel 1. Allgemeine Vorschriften (568–572)	812
Unterkapitel 2. Mietverhältnisse auf unbestimmte Zeit (573–574c)	815
Unterkapitel 3. Mietverhältnisse auf bestimmte Zeit (575–575a)	824
Unterkapitel 4. Werkwohnungen (576–576b)	826
Kapitel 6. Besonderheiten bei der Bildung von Wohnungseigentum an vermieteten Wohnungen (577–577a)	828
Untertitel 3. Mietverhältnisse über andere Sachen (578–580a)	830
Untertitel 4. Pachtvertrag (581–584b)	832
Untertitel 5. Landpachtvertrag (585–597)	836
Titel 6. Leihe (598–606)	849
Titel 7. Sachdarlehensvertrag (607–610)	854
Titel 8. Dienstvertrag und ähnliche Verträge (611–630h)	855
Untertitel 1. Dienstvertrag (611–630)	856
Untertitel 2. Behandlungsvertrag (630a–630h)	919
Titel 9. Werkvertrag und ähnliche Verträge (631–651m)	942
Untertitel 1. Werkvertrag (631–651)	942
Untertitel 2. Reisevertrag (651a–651m)	996
Titel 10. Mäklervertrag (652–656)	1016
Untertitel 1. Allgemeine Vorschriften (652–655)	1019
Untertitel 2. Darlehensvermittlungsvertrag zwischen einem Unternehmer und einem Verbraucher (655a–655e)	1034

Inhaltsverzeichnis

Untertitel 3. Ehevermittlung (656) 1037
Titel 11. Auslobung (657–661a) 1039
Titel 12. Auftrag, Geschäftsbesorgungsvertrag und Zahlungsdienste (662–13) 1044
  Untertitel 1. Auftrag (662–674) 1044
  Untertitel 2. Geschäftsbesorgungsvertrag (675–675b) 1060
    Kapitel 1. Allgemeines (675–675b) 1060
  Untertitel 3. Zahlungsdienste (675c–13) 1069
    Kapitel 1. Allgemeine Vorschriften (675c–675e) 1070
    Kapitel 2. Zahlungsdienstevertrag (675f–675i) 1072
    Kapitel 3. Erbringung und Nutzung von Zahlungsdiensten (675j–13) 1079
      Unterkapitel 1. Autorisierung von Zahlungsvorgängen; Zahlungsauthentifizierungsinstrumente (675j–675m) 1079
      Unterkapitel 2. Ausführung von Zahlungsvorgängen (675n–675t) 1082
      Unterkapitel 3. Haftung (675u–676c) 1087
    Anhang zu §§ 675-676c 1095
    Anhang EG BGB 248: Informationspflichten bei der Erbringung von Zahlungsdienstleistungen 1095
  Abschnitt 2. Zahlungsdienstrahmenverträge (3–4) 1095
  Abschnitt 3. Einzahlungsverträge (12–13) 1098
Titel 13. Geschäftsführung ohne Auftrag (677–687) 1098
Titel 14. Verwahrung (688–700) 1112
Titel 15. Einbringung von Sachen bei Gastwirten (701–704) 1117
Titel 16. Gesellschaft (705–740) 1122
Titel 17. Gemeinschaft (741–758) 1171
Titel 18. Leibrente (759–761) 1183
Titel 19. Unvollkommene Verbindlichkeiten (762–764) 1185
Titel 20. Bürgschaft (765–778) 1188
Titel 21. Vergleich (779) 1212
Titel 22. Schuldversprechen, Schuldanerkenntnis (780–782) 1215
Titel 23. Anweisung (783–792) 1221
Titel 24. Schuldverschreibung auf den Inhaber (793–808) 1224
Titel 25. Vorlegung von Sachen (809–811) 1232
Titel 26. Ungerechtfertigte Bereicherung (812–822) 1235
Titel 27. Unerlaubte Handlungen (823–853) 1271

Buch 3. Sachenrecht (§§ 854–1296)

Abschnitt 1. Besitz (854–872) 1353
Abschnitt 2. Allgemeine Vorschriften über Rechte an Grundstücken (873–902) 1363
Abschnitt 3. Eigentum (903–1017) 1393
  Titel 1. Inhalt des Eigentums (903–924) 1395
  Titel 2. Erwerb und Verlust des Eigentums an Grundstücken (925–928) 1411
  Titel 3. Erwerb und Verlust des Eigentums an beweglichen Sachen (929–984) 1416
    Untertitel 1. Übertragung (929–936) 1416
    Untertitel 2. Ersitzung (937–945) 1442
    Untertitel 3. Verbindung, Vermischung, Verarbeitung (946–952) 1443
    Untertitel 4. Erwerb von Erzeugnissen und sonstigen Bestandteilen einer Sache (953–957) 1450
    Untertitel 5. Aneignung (958–964) 1452
    Untertitel 6. Fund (965–984) 1454
  Titel 4. Ansprüche aus dem Eigentum (985–1007) 1460
  Titel 5. Miteigentum (1008–1018) 1481
Abschnitt 4. Dienstbarkeiten (1018–1093) 1483
  Titel 1. Grunddienstbarkeiten (1018–1029) 1484
  Titel 2. Nießbrauch (1030–1089) 1489
    Untertitel 1. Nießbrauch an Sachen (1030–1067) 1490
    Untertitel 2. Nießbrauch an Rechten (1068–1084) 1503
    Untertitel 3. Nießbrauch an einem Vermögen (1085–1089) 1507
  Titel 3. Beschränkte persönliche Dienstbarkeiten (1090–1093) 1510
Abschnitt 5. Vorkaufsrecht (1094–1104) 1513

Inhaltsverzeichnis

Abschnitt 6. Reallasten (1105–1112) 1518
Abschnitt 7. Hypothek, Grundschuld, Rentenschuld (1113–1203) 1520
  Titel 1. Hypothek (1113–1190) 1524
  Titel 2. Grundschuld, Rentenschuld (1191–1203) 1574
    Untertitel 1. Grundschuld (1191–1198) 1574
    Untertitel 2. Rentenschuld (1199–1203) 1582
Abschnitt 8. Pfandrecht an beweglichen Sachen und an Rechten (1204–1296) 1583
  Titel 1. Pfandrecht an beweglichen Sachen (1204–1272) 1584
  Titel 2. Pfandrecht an Rechten (1273–1296) 1606

Buch 4. Familienrecht (§§ 1297–1921)

Abschnitt 1. Bürgerliche Ehe (1297–1588) 1617
  Titel 1. Verlöbnis (1297–1302) 1619
  Titel 2. Eingehung der Ehe (1303–1312) 1622
    Untertitel 1. Ehefähigkeit (1303–1305) 1622
    Untertitel 2. Eheverbote (1306–1308) 1623
    Untertitel 3. Ehefähigkeitszeugnis (1309) 1624
    Untertitel 4. Eheschließung (1310–1312) 1624
  Titel 3. Aufhebung der Ehe (1313–1318) 1626
  Titel 4. Wiederverheiratung nach Todeserklärung (1319–1354) 1629
  Titel 5. Wirkungen der Ehe im Allgemeinen (1353–1362) 1630
  Titel 6. Eheliches Güterrecht (1363–1563) 1648
    Untertitel 1. Gesetzliches Güterrecht (1363–1409) 1649
    Untertitel 2. Vertragliches Güterrecht (1408–1519) 1675
      Kapitel 1. Allgemeine Vorschriften (1408–1413) 1675
      Kapitel 2. Gütertrennung (1414) 1682
      Kapitel 3. Gütergemeinschaft (1415–1518) 1682
        Unterkapitel 1. Allgemeine Vorschriften (1415–1421) 1683
        Unterkapitel 2. Verwaltung des Gesamtguts durch den Mann oder die Frau (1422–1449) 1687
        Unterkapitel 3. Gemeinschaftliche Verwaltung des Gesamtguts durch die Ehegatten (1450–1470) 1701
        Unterkapitel 4. Auseinandersetzung des Gesamtguts (1471–1482) 1709
        Unterkapitel 5. Fortgesetzte Gütergemeinschaft (1483–1518) 1715
      Kapitel 4. Wahl-Zugewinngemeinschaft (1519) 1724
    Untertitel 3. Güterrechtsregister (1558–1563) 1725
  Titel 7. Scheidung der Ehe (1564–1587) 1728
    Untertitel 1. Scheidungsgründe (1564–1568) 1728
    Untertitel 1a. Behandlung der Ehewohnung und der Haushaltsgegenstände anlässlich der Scheidung (1568a–1568b) 1734
    Untertitel 2. Unterhalt des geschiedenen Ehegatten (1569–1586b) 1737
      Kapitel 1. Grundsatz (1569) 1738
      Kapitel 2. Unterhaltsberechtigung (1570–1580) 1739
      Kapitel 3. Leistungsfähigkeit und Rangfolge (1581–1584) 1755
      Kapitel 4. Gestaltung des Unterhaltsanspruchs (1585–1585c) 1758
      Kapitel 5. Ende des Unterhaltsanspruchs (1586–1586b) 1760
    Untertitel 3. Versorgungsausgleich (1587) 1762
  Titel 8. Kirchliche Verpflichtungen (1588) 1763
Abschnitt 2. Verwandtschaft (1589–1772) 1764
  Titel 1. Allgemeine Vorschriften (1589–1590) 1764
  Titel 2. Abstammung (1591–1600d) 1765
  Titel 3. Unterhaltspflicht (1601–1615o) 1778
    Untertitel 1. Allgemeine Vorschriften (1601–1615) 1778
    Untertitel 2. Besondere Vorschriften für das Kind und seine nicht miteinander verheirateten Eltern (1615a–1615o) 1798
  Titel 4. Rechtsverhältnis zwischen den Eltern und dem Kind im Allgemeinen (1616–1625) 1800
  Titel 5. Elterliche Sorge (1626–1711) 1807
  Titel 6. Beistandschaft (1712–1740) 1845

Inhaltsverzeichnis

Titel 7. Annahme als Kind (1741–1772) 1847
   Untertitel 1. Annahme Minderjähriger (1741–1766) 1848
   Untertitel 2. Annahme Volljähriger (1767–1772) 1862
Abschnitt 3. Vormundschaft, Rechtliche Betreuung, Pflegschaft (1773–1921) 1865
   Titel 1. Vormundschaft (1773–1895) 1866
      Untertitel 1. Begründung der Vormundschaft (1773–1792) 1866
      Untertitel 2. Führung der Vormundschaft (1793–1836e) 1874
      Untertitel 3. Fürsorge und Aufsicht des Familiengerichts (1837–1848) 1897
      Untertitel 4. Mitwirkung des Jugendamts (1849–1851) 1901
      Untertitel 5. Befreite Vormundschaft (1852–1881) 1901
      Untertitel 6. Beendigung der Vormundschaft (1882–1895) 1903
   Titel 2. Rechtliche Betreuung (1896–1908k) 1907
   Titel 3. Pflegschaft (1909–1921) 1922

Buch 5. Erbrecht (§§ 1922–2385)

Abschnitt 1. Erbfolge (1922–1941) 1937
Abschnitt 2. Rechtliche Stellung des Erben (1942–2063) 1951
   Titel 1. Annahme und Ausschlagung der Erbschaft, Fürsorge des Nachlassgerichts
   (1942–1966) 1951
   Titel 2. Haftung des Erben für die Nachlassverbindlichkeiten (1967–2017) 1967
      Untertitel 1. Nachlassverbindlichkeiten (1967–1969) 1968
      Untertitel 2. Aufgebot der Nachlassgläubiger (1970–1974) 1972
      Untertitel 3. Beschränkung der Haftung des Erben (1975–1992) 1973
      Untertitel 4. Inventarerrichtung, unbeschränkte Haftung des Erben (1993–
      2013) 1983
      Untertitel 5. Aufschiebende Einreden (2014–2017) 1988
   Titel 3. Erbschaftsanspruch (2018–2031) 1990
   Titel 4. Mehrheit von Erben (2032–2063) 1997
      Untertitel 1. Rechtsverhältnis der Erben untereinander (2032–2057a) 1998
      Untertitel 2. Rechtsverhältnis zwischen den Erben und den Nachlassgläubigern
      (2058–2063) 2022
Abschnitt 3. Testament (2064–2273) 2025
   Titel 1. Allgemeine Vorschriften (2064–2086) 2025
   Titel 2. Erbeinsetzung (2087–2099) 2044
   Titel 3. Einsetzung eines Nacherben (2100–2146) 2049
   Titel 4. Vermächtnis (2147–2191) 2075
   Titel 5. Auflage (2192–2196) 2092
   Titel 6. Testamentsvollstrecker (2197–2228) 2095
   Titel 7. Errichtung und Aufhebung eines Testaments (2229–2273) 2120
   Titel 8. Gemeinschaftliches Testament (2265–2264) 2135
Abschnitt 4. Erbvertrag (2274–2302) 2146
Abschnitt 5. Pflichtteil (2303–2338) 2167
Abschnitt 6. Erbunwürdigkeit (2339–2345) 2200
Abschnitt 7. Erbverzicht (2346–2352) 2202
Abschnitt 8. Erbschein (2353–2370) 2208
Abschnitt 9. Erbschaftskauf (2371–2385) 2225

Allgemeines Gleichbehandlungsgesetz (AGG)

Abschnitt 1. Allgemeiner Teil (1–5) 2232
Abschnitt 2. Schutz der Beschäftigten vor Benachteiligung (6–18) 2241
   Unterabschnitt 1. Verbot der Benachteiligung (6–10) 2241
   Unterabschnitt 2. Organisationspflichten des Arbeitgebers (11–12) 2253
   Unterabschnitt 3. Rechte der Beschäftigten (13–16) 2256
   Unterabschnitt 4. Ergänzende Vorschriften (17–18) 2262
Abschnitt 3. Schutz vor Benachteiligung im Zivilrechtsverkehr (19–21) 2263
Abschnitt 4. Rechtsschutz (22–30) 2271
Abschnitt 7. Schlussvorschriften (31–33) 2272

Anhang: Gesetz zur Umsetzung der Verbraucherrechterichtlinie (Auszug) 2275

Abkürzungsverzeichnis

aA	anderer Ansicht
aaO	am angegebenen Ort
abgedr	abgedruckt
AbgG	Gesetz über die Rechtsverhältnisse der Mitglieder des Deutschen Bundestages (Abgeordnetengesetz) v. 21.2.1996
abl	ablehnend
Abs	Absatz
Abschlussbericht	Abschlussbericht der Kommission zur Überarbeitung des Schuldrechts, 1992
abw	abweichend
AcP	Archiv für die civilistische Praxis (Band, Seite)
AdoptionsG	Gesetz über die Annahme als Kind und zur Änderung anderer Vorschriften (Adoptionsgesetz) v. 2.7.1976
ADSp	Allgemeine Deutsche Spediteurbestimmungen
AdVermiG	Gesetz über die Vermittlung der Annahme als Kind und über das Verbot der Vermittlung von Ersatzmüttern (Adoptionsvermittlungsgesetz) idF d. Bek. v. 22.12.2001
aE	am Ende
AEG	Allgemeines Eisenbahngesetz v. 27.12.1993
AEntG	Gesetz über zwingende Arbeitsbedingungen für grenzüberschreitend entsandte und für regelmäßig im Inland beschäftigte Arbeitnehmer und Arbeitnehmerinnen (Arbeitnehmer-Entsendegesetz) v. 20.4.2009
AEUV	Vertrag über die Arbeitsweise der Europäischen Union v 9.5.2008
aF	alte Fassung
AG	je nach Zusammenhang: Die Aktiengesellschaft (Jahr, Seite), Aktiengesellschaft, Amtsgericht, Arbeitgeber
AGB	Allgemeine Geschäftsbedingungen
AGBG	Gesetz zur Regelung des Rechts der Allgemeinen Geschäftsbedingungen (AGB-Gesetz) idF d. Bek. v. 29.6.2000 (aufgehoben)
AGG	Art. 1 (Allgemeines Gleichbehandlungsgesetz) des Gesetzes zur Umsetzung europäischer Richtlinien zur Verwirklichung des Grundsatzes der Gleichbehandlung v. 14.8.2006
AK/(Bearbeiter)	Kommentar zum Bürgerlichen Gesetzbuch, Reihe Alternativkommentare, 1. Aufl. 1979/90; Bd. 5, 2. Aufl. 1990
AKB	Allgemeine Bedingungen für die Kraftfahrtversicherung
AKG	Gesetz zur allgemeinen Regelung der durch den Krieg und den Zusammenbruch des Deutschen Reiches entstandenen Schäden (Allgemeines Kriegsfolgengesetz) v. 5.11.1957, zuletzt geändert am 31.7.2009
AktG	Aktiengesetz v. 6.9.1965
allg	allgemein
allgM	allgemeine Meinung
Alt	Alternative
AltfahrzeugV	Verordnung über die Überlassung, Rücknahme und umweltverträgliche Entsorgung von Altfahrzeugen (Altfahrzeug-Verordnung) idF d. Bek. v. 21.6.2002
ABl	Amtsblatt
AN	Arbeitnehmer

Abkürzungsverzeichnis

AnfG	Gesetz über die Anfechtung von Rechtshandlungen eines Schuldners außerhalb des Insolvenzverfahrens (Anfechtungsgesetz) v. 5.10.1994
Anh	Anhang
AnhörungsrügenG	Gesetz über die Rechtsbehelfe bei Verletzung des Anspruchs auf rechtliches Gehör v. 9.12.2004
Anm	Anmerkung
AnwBl	Anwaltsblatt (Jahr, Seite)
AnwGH	Anwaltsgerichtshof
AnwKomBGB/ (Bearbeiter)	AnwaltKommentar, 2002 ff.; fortgesetzt als Nomos Kommentar BGB (siehe unten)
AO	Abgabenordnung idF d. Bek. v. 1.10.2002
AöR	Archiv für öffentliches Recht (Band, Seite)
AP	Arbeitsrechtliche Praxis, seit 1954 Nachschlagewerk des Bundesarbeitsgerichts (Gesetzesangabe, Nummer der Entscheidung; § ohne Gesetzesangabe: § des BGB; ohne Angabe eines §: die Nr. zum erläuterten §; bis 1954 Jahr, Seite)
ArbEG	Gesetz über Arbeitnehmererfindungen v. 25.7.1957, zuletzt geändert am 31.7.2009
ArbeitsgerichtsbeschleunigungsG	Gesetz zur Vereinfachung und Beschleunigung des arbeitsgerichtlichen Verfahrens v. 30.3.2000
1. ArbeitsrechtsbereinigungsG	Gesetz zur Änderung des Kündigungsrechtes und anderer arbeitsrechtlicher Vorschriften (Erstes Arbeitsrechtsbereinigungsgesetz) v. 14.8.1969
ArbG	Arbeitsgericht
ArbGB	Arbeitsgesetzbuch der DDR v. 16.6.1977
ArbGG	Arbeitsgerichtsgesetz idF d. Bek. v. 2.7.1979
AR-Blattei	Handbuch für die Praxis. Systematische Darstellungen, Rechtsprechung, Gesetzestexte, aktuelle Kurzberichte (Arbeitsrechts-Blattei)
ArbPlSchG	Gesetz über den Schutz des Arbeitsplatzes bei Einberufung zum Wehrdienst (Arbeitsplatzschutzgesetz) idF d. Bek. v. 16.7.2009
ArbR	Arbeitsrecht aktuell (Jahr, Seite)
ArbRB	Der Arbeits-Rechts-Berater (Jahr, Seite)
ArbREG-AnpassungsG	Gesetz über die Gleichbehandlung von Männern und Frauen am Arbeitsplatz und über die Erhaltung von Ansprüchen bei Betriebsübergang (Arbeitsrechtliches EG-Anpassungsgesetz) v. 13.8.1980
ArbR.Geg	Das Arbeitsrecht der Gegenwart (Band, Seite)
ArbSchG	Gesetz über die Durchführung von Maßnahmen des Arbeitsschutzes zur Verbesserung der Sicherheit und des Gesundheitsschutzes der Beschäftigten bei der Arbeit – Arbeitsschutzgesetz – v. 7.8.1996
ArbuR	Arbeit und Recht (Jahr, Seite)
ArbZG	Art. 1 (Arbeitszeitgesetz) des Gesetzes zur Vereinheitlichung und Flexibilisierung des Arbeitsrechts (Arbeitszeitrechtsgesetz) v. 6.6.1994
arg	argumentum (siehe zum Beweis)
ARS	Arbeitsrechts-Sammlung (Band, Seite)
Art	Artikel
ArzneiMG	Gesetz über den Verkehr mit Arzneimitteln (Arzneimittelgesetz) idF d. Bek. v. 12.12.2005
AT	Allgemeiner Teil
AtomG	Gesetz über die friedliche Verwendung der Kernenergie und den Schutz gegen ihre Gefahren (Atomgesetz) idF d. Bek. v. 15.7.1985

Abkürzungsverzeichnis

AufenthG	Gesetz über den Aufenthalt, die Erwerbstätigkeit und Integration von Ausländern im Bundesgebiet (Aufenthaltsgesetz) idF d. Bek. v. 25.2.2008
Aufl	Auflage
AÜG	Gesetz zur Regelung der gewerbsmäßigen Arbeitnehmerüberlassung (Arbeitnehmerüberlassungsgesetz) idF d. Bek. v. 3.2.1995
ausdr	ausdrücklich
AusglLeistG	Gesetz über staatliche Ausgleichsleistungen für Enteignungen auf besatzungsrechtlicher oder besatzungshoheitlicher Grundlage, die nicht mehr rückgängig gemacht werden können (Ausgleichsleistungsgesetz) idF d. Bek. v. 13.7.2004
AVB	Allgemeine Versicherungsbedingungen
AVBFernwärmeV	Verordnung über Allgemeine Bedingungen für die Versorgung mit Fernwärme v. 20.6.1980
AVBWasserV	Verordnung über allgemeine Bedingungen für die Versorgung mit Wasser v. 20.6.1980
AVermV	Verordnung über Arbeitsvermittlung durch private Arbeitsvermittler (Arbeitsvermittlerverordnung) v. 11.3.1994, zuletzt geändert am 23.3.2002
AAVO	Ausführungsverordnung
AWD	Außenwirtschaftsdienst des Betriebs-Beraters (Jahr, Seite); ab 1975 Recht der Internationalen Wirtschaft (RIW)
AWG	Außenwirtschaftsgesetz idF d. Bek. v. 27.5.2009
BAföG	Bundesgesetz über individuelle Förderung der Ausbildung (Bundesausbildungsförderungsgesetz) idF d. Bek. v. 16.12.2010
BAG	Bundesarbeitsgericht (mit Ziffern: Entscheidungen des Bundesarbeitsgerichts, Band und Seite)
Bank	Die Bank (Jahr, Seite)
BAnz	Bundesanzeiger
BaR/(Bearbeiter)	Heinz Georg Bamberger/Herbert Roth, Kommentar zum Bürgerlichen Gesetzbuch, 3. Aufl. 2012
BarwertVO	Verordnung zur Ermittlung des Barwerts einer auszugleichenden Versorgung nach § 1587 a Abs. 3 Nr. 2 und Abs. 4 BGB (Barwert-Verordnung) v. 24.6.1977 (außer Kraft)
Bauer/Göpfert/Krieger	Jobst-Hubertus Bauer/Burkard Göpfert/Steffen Krieger, Allgemeines Gleichbehandlungsgesetz, 3. Aufl 2011
Bauer/v. Oefele	Hans-Joachim Bauer/Helmut Freiherr v. Oefele, Grundbuchordnung, 3. Aufl. 2013
BauFordSiG	s FoSiG
BauGB	Baugesetzbuch idF d. Bek. v. 23.9.2004
Baumbach	Adolf Baumbach/Peter Hartmann, Zivilprozessordnung, 71. Aufl. 2013
Baumbach/Hopt	Adolf Baumbach/Klaus Hopt/Hanno Merkt, Handelsgesetzbuch, 35. Aufl. 2012
Baumbach/Hefermehl, WG	Adolf Baumbach/Wolfgang Hefermehl/Matthias Casper, Wechselgesetz und Scheckgesetz, 23. Aufl. 2008
Baumgärtel/Laumen/ Prütting	Gottfried Baumgärtel/Hans-Willi Laumen/Hanns Prütting, Handbuch der Beweislast, Grundlagen, 3. Aufl. 2007 ff.
BauR	Zeitschrift für das gesamte öffentliche und zivile Baurecht (Jahr, Seite)
Baur/Stürner	Fritz Baur/Jürgen F. Baur/Rolf Stürner, Sachenrecht, 18. Aufl. 2009

Abkürzungsverzeichnis

Baur/Stürner/Bruns	Fritz Baur/Rolf Stürner/Alexander Bruns, Zwangsvollstreckungsrecht, 13. Aufl. 2006
Baur/Stürner InsR	Fritz Baur/Rolf Stürner, Zwangsvollstreckungs-, Konkurs- und Vergleichsrecht, Bd. II, Insolvenzrecht, 12. Aufl. 1990
BayObLG	Bayerisches Oberstes Landesgericht (mit Ziffern: Entscheidungen des Bayerischen Obersten Landesgerichts in Civilsachen. Alte Folge. Band, Seite)
BayObLGZ	Entscheidungen des Bayerischen Obersten Landesgerichts in Zivilsachen. Neue Folge (Jahr, Seite)
BayVerf	Bayerische Verfassung v. 2.12.1946
BB	Betriebs-Berater (Jahr, Seite)
BBankG	Gesetz über die Deutsche Bundesbank idF d. Bek. v. 22.10.1992, zuletzt geändert am 4.7.2013
BBergG	Bundesberggesetz v. 13.8.1980
BBEV	Berater-Brief Erben und Vermögen (Jahr, Seite)
BBesG	Bundesbesoldungsgesetz idF d. Bek. v. 19.6.2009
BBG	Bundesbeamtengesetz idF d. Bek. v. 5.2.2009
BBiG	Berufsbildungsgesetz v. 23.3.2005
Bd(e)	Band (Bände)
BDSG	Bundesdatenschutzgesetz idF d. Bek. v. 14.1.2003
BeamtStG	Gesetz zur Regelung des Statusrechts der Beamtinnen und Beamten in den Ländern (Beamtenstatusgesetz) v. 17.6.2008
BeamtVG	Gesetz über die Versorgung der Beamten und Richter des Bundes (Beamtenversorgungsgesetz) idF d. Bek. v. 24.2.2010
BeckRS	Beck-Rechtsprechung (Jahr, Nummer)
BEG	Bundesgesetz zur Entschädigung für Opfer der nationalsozialistischen Verfolgung (Bundesentschädigungsgesetz) v. 29.6.1956
BegrRegEntw	Begründung des Regierungsentwurfs
Beil	Beilage
Bek	Bekanntmachung
BerlVerfGH	Berliner Verfassungsgerichtshof
bes	besonder(e)s
Bspr	Besprechung
betr	betreffend
BetrAVG	Gesetz zur Verbesserung der betrieblichen Altersversorgung (Betriebsrentengesetz) v. 19.12.1974
BetrVG	Betriebsverfassungsgesetz idF d. Bek. v. 25.9.2001
BeurkÄndG	Gesetz zur Änderung und Ergänzung beurkundungsrechtlicher Vorschriften v. 20.2.1980
BeurkG	Beurkundungsgesetz v. 28.8.1969
BewertungsG	Bewertungsgesetz idF d. Bek. v. 1.2.1991
BFH	Bundesfinanzhof (mit Ziffern: Entscheidungen des Bundesfinanzhofs, Band und Seite)
BFH/NV	Entscheidungen des Bundesfinanzhofes (Jahr, Seite)
BFinM	Bundesministerium der Finanzen
BGB	Bürgerliches Gesetzbuch idF d. Bek. v. 2.1.2002
BGB-InfoV	Verordnung über Informations- und Nachweispflichten nach bürgerlichem Recht (BGB-Informationspflichten-Verordnung) idF d. Bek. v. 5.8.2002
BGBl I (oder II oder III)	Bundesgesetzblatt Teil I (oder Teil II oder III)
BGH	Bundesgerichtshof (mit Ziffern: Entscheidungen des Bundesgerichtshofs in Zivilsachen, Band und Seite)
BGHR	BGH-Report (Jahr, Seite)
BGHSt	Entscheidungen des Bundesgerichtshofs in Strafsachen (Band, Seite)

Abkürzungsverzeichnis

BImA-Errichtungsgesetz	Gesetz zur Gründung einer Bundesanstalt für Immobilienaufgaben v. 9.12.2004
BImSchG	Gesetz zum Schutz vor schädlichen Umwelteinwirkungen durch Luftverunreinigungen, Geräusche, Erschütterungen und ähnliche Vorgänge (Bundes-Immissionsschutzgesetz) idF d. Bek. v. 26.9.2002
BinnSchG	Gesetz betreffend die privatrechtlichen Verhältnisse der Binnenschifffahrt idF d. Bek. v. 20.5.1898
bish	bisher(ig)
BJagdG	Bundesjagdgesetz idF d. Bek. v. 28.1.2009
BK/(Bearbeiter)	Kommentar zum Bonner Grundgesetz (Bonner Kommentar), Loseblattausgabe Stand 2013
BKR	Zeitschrift für Bank- und Kapitalmarktrecht (Jahr, Seite)
Blank/Börstinghaus	Hubert Blank/Ulf P. Börstinghaus, Miete, 3. Aufl. 2008
BLG	Bundesleistungsgesetz idF d. Bek. v. 27.9.1961
BlStSozArbR	Blätter für Steuerrecht, Sozialversicherung und Arbeitsrecht (Jahr, Seite)
BNatSchG	Art. 1 des Gesetzes zur Neuregelung des Rechts des Naturschutzes und Landschaftspflege Bundesnaturschutzgesetz – v. 29.7.2009
BNotO	Bundesnotarordnung v. 24.2.1961
BörsenG	Börsengesetz v. 16.7.2007
BoSoG	Art. 14 (Gesetz über die Sonderung unvermessener und überbauter Grundstücke nach der Karte – Bodensonderungsgesetz) des Gesetzes zur Vereinfachung und Beschleunigung registerrechtlicher und anderer Verfahren (Registerverfahrenbeschleunigungsgesetz) v. 20.12.1993
bp Dienstbarkeit	beschränkte persönliche Dienstbarkeit
BPersVG	Bundespersonalvertretungsgesetz v. 15.3.1974
BRAO	Bundesrechtsanwaltsordnung v. 1.8.1959
BrBp	Baurecht und Baupraxis (Jahr, Seite)
BR-Drs	Bundesratsdrucksache
Brehm/Berger	Wolfgang Brehm/Christian Berger, Sachenrecht, 2. Aufl. 2006
Breith	Breithaupt, Sammlung von Entscheidungen aus dem Sozialrecht
Brox/Walker, AT	Hans Brox/Wolf-Dietrich Walker, Allgemeiner Teil des Bürgerlichen Gesetzbuchs, 36. Aufl. 2012
Brox, ErbR	Hans Brox/Wolf-Dietrich Walker, Erbrecht, 25. Aufl. 2012
Brox/Walker I	Hans Brox/Wolf-Dietrich Walker, Allgemeines Schuldrecht, 36. Aufl. 2012
Brox/Walker II	Hans Brox/Wolf-Dietrich Walker, Besonderes Schuldrecht, 36. Aufl. 2012
BRRG	Rahmengesetz zur Vereinheitlichung des Beamtenrechts (Beamtenrechtsrahmengesetz) idF d. Bek. v. 31.3.1999 (außer Kraft seit 1.4.2009)
BSG	Bundessozialgericht (mit Ziffern: Entscheidungen des Bundessozialgerichts, Band und Seite)
BSHG	Bundessozialhilfegesetz idF d. Bek. v. 23.3.1994 (im Wesentlichen am 1.1.2005 aufgehoben und durch SGB XII – Sozialhilfe – ersetzt, s. dort)
Bsp	Beispiel
BStBl	Bundessteuerblatt (Jahr, Teil, Seite)
BtÄndG	Gesetz zur Änderung des Betreuungsrechts sowie weiterer Vorschriften (Betreuungsrechtsänderungsgesetz) v. 25.6.1998
2. BtÄndG	Zweites Gesetz zur Änderung des Betreuungsrechts (Zweites Betreuungsrechtsänderungsgesetz) v. 21.4.2004
BtBG	Gesetz über die Wahrnehmung behördlicher Aufgaben bei der Betreuung Volljähriger – Betreuungsbehördengesetz v. 12.9.1990, zuletzt geändert am 6.7.2009

Abkürzungsverzeichnis

BT-Drs	Bundestagsdrucksache
BtMG	Gesetz über den Verkehr mit Betäubungsmitteln (Betäubungsmittelgesetz) idF d. Bek. v. 1.3.1994
BtPrax	Betreuungsrechtliche Praxis (Jahr, Seite)
BTR	Der Bauträger (Jahr, Seite)
Btx	Bildschirmtext
Buchst	Buchstabe
Bumiller/Harders	Ursula Bumiller/Dirk Harders, FamFG – Freiwillige Gerichtsbarkeit, 10. Aufl. 2011
BUrlG	Mindesturlaubsgesetz für Arbeitnehmer (Bundesurlaubsgesetz) v. 8.1.1963
II. BV	Verordnung über wohnungswirtschaftliche Berechnungen (Zweite Berechnungsverordnung) idF d. Bek. v. 12.10.1990
BVerfG	Bundesverfassungsgericht (mit Ziffern: Entscheidungen des Bundesverfassungsgerichts, Band und Seite)
BVerfGG	Gesetz über das Bundesverfassungsgericht (Bundesverfassungsgerichtsgesetz) idF d. Bek. v. 11.8.1993
BVerwG	Bundesverwaltungsgericht (mit Ziffern: Entscheidungen des Bundesverwaltungsgerichts, Band und Seite)
BVG	Gesetz über die Versorgung der Opfer des Krieges (Bundesversorgungsgesetz) idF d. Bek. v. 22.1.1982
BW	Baden-Württemberg
bw	baden-württembergisch
BWaldG	Gesetz zur Erhaltung des Waldes und zur Förderung der Forstwirtschaft (Bundeswaldgesetz) v. 2.5.1975, zuletzt geändert am 31.7.2010
bwGemO	Gemeindeordnung für Baden-Württemberg idF d. Bek. v. 24.7.2000
bwLFGG	Baden-württembergisches Landesgesetz über die freiwillige Gerichtsbarkeit v. 12.2.1975 idF d. Gültigkeit v. 14.8.2010 – 31.12.2017
bwLWaldG	Waldgesetz für Baden-Württemberg (Landeswaldgesetz) idF d. Bek. v. 1.1.2006
BWNotZ	Mitteilungen aus der Praxis. Zeitschrift für das Notariat in Baden-Württemberg (Jahr, Seite)
bwWG	Wassergesetz für Baden-Württemberg idF d. Bek. v. 20.1.2005, zuletzt geändert am 25.1.2012
bzgl	bezüglich
BZRG	Bundeszentralregistergesetz idF d. Bek. v. 21.9.1984
bzw	beziehungsweise
v. Caemmerer GS I	Ernst v. Caemmerer, Gesammelte Schriften, Bd. I, 1968
v. Caemmerer, IPR-Reform	Ernst v. Caemmerer (Herausgeber), Vorschläge und Gutachten zur Reform des deutschen internationalen Privatrechts der außervertraglichen Schuldverhältnisse, 1983
Canaris	Claus-Wilhelm Canaris, Handelsrecht, 24. Aufl. 2006
cic	culpa in contrahendo
CISG	United Nations Convention on Contracts for the International Sale of Goods v. 11.4.1980
CMR	Übereinkommen über den Beförderungsvertrag im internationalen Straßengüterverkehr v. 19.5.1956/16.8.1961
CR	Computer und Recht (Jahr, Seite)
CuR	s. CR
DAngVers	Die Angestelltenversicherung (Jahr, Seite)
DAR	Deutsches Autorecht (Jahr, Seite)

Abkürzungsverzeichnis

DAV	Der Amtsvormund, Rundbrief des Deutschen Instituts für Vormundschaftswesen (Jahr, Seite)
DB	Der Betrieb (Jahr, Seite)
DDR	Deutsche Demokratische Republik
dementspr	dementsprechend
Demharter	Johann Demharter, Grundbuchordnung, 28. Aufl. 2012
Denkschrift	Denkschrift zum Entwurf eines BGB nebst 3 Anlagen, 1896
DepotG	Gesetz über die Verwahrung und Anschaffung von Wertpapieren (Depotgesetz) idF d. Bek. v. 11.1.1995, zuletzt geändert am 31.7.2009
dergl	dergleichen
ders	derselbe
desgl	desgleichen
Dethloff	Nina Dethloff, Familienrecht, 30. Aufl. 2012
Deutsch, HaftungsR I	Erwin Deutsch, Allgemeines Haftungsrecht, 2. Aufl. 1996
DGVZ	Deutsche Gerichtsvollzieher-Zeitung (Jahr, Seite)
dh	das heißt
DIN	Deutsche Norm; Deutsches Institut für Normung eV
DiskEntw	Diskussionsentwurf
DJT	Deutscher Juristentag
DJZ	Deutsche Juristen-Zeitung (Jahr, Spalte)
DNotZ	Deutsche Notar-Zeitschrift (Jahr, Seite)
DÖV	Die Öffentliche Verwaltung (Jahr, Seite)
DR	Deutsches Recht (Jahr, Seite)
DRiZ	Deutsche Richterzeitung (Jahr, Seite)
DRK	Deutsches Rotes Kreuz
ds	das sind
DStR	Deutsches Steuerrecht (Jahr, Seite)
DtZ	Deutsch-Deutsche Rechts-Zeitschrift (Jahr, Seite), vereinigt mit VIZ (s. dort)
DVBl	Deutsches Verwaltungsblatt (Jahr, Seite)
DVO	Durchführungsverordnung
DWE	Der Wohnungseigentümer (Jahr, Seite)
DWW	Deutsche Wohnungswirtschaft (Jahr, Seite)
DZWiR	Deutsche Zeitschrift für Wirtschafts- und Insolvenzrecht (Jahr, Seite)
ebda	ebenda
E-Commerce-RiLi	Richtlinie 2000/31/EG („Richtlinie über den elektronischen Geschäftsverkehr") des Europäischen Parlaments und des Rates v. 8.6.2000
EDV	Elektronische Datenverarbeitung
EFZG	Gesetz über die Zahlung des Arbeitsentgelts an Feiertagen und im Krankheitsfall – Entgeltfortzahlungsgesetz – v. 26.5.1994
EGAO	Einführungsgesetz zur Abgabenordnung v. 14.12.1976
EGBGB	Einführungsgesetz zum Bürgerlichen Gesetzbuche idF d. Bek. v. 21.9.1994
EGFGB	Einführungsgesetz zum Familiengesetzbuch der DDR v. 20.12.1965
EGInsO	Einführungsgesetz zur Insolvenzordnung v. 5.10.1994
EGMR	Europäischer Gerichtshof für Menschenrechte
EGZGB	Einführungsgesetz zum Zivilgesetzbuch der DDR v. 19.6.1975
ehem	ehemalig
EheNÄndG	Gesetz über die Änderung des Ehenamens (Ehenamensänderungsgesetz) v. 27.3.1979
1. EheRG	Erstes Gesetz zur Reform des Ehe- und Familienrechts v. 14.6.1976

Abkürzungsverzeichnis

EheschlRG	Gesetz zur Neuordnung des Eheschließungsrechts (Eheschließungsrechtsgesetz) v. 4.5.1998
EhfG	Entwicklungshelfer-Gesetz v. 18.6.1969, zuletzt geändert am 20.12.2011
Einf	Einführung
Einl	Einleitung
EinlALR	Einleitung zum Allgemeinen Landrecht für die Preußischen Staaten v. 1.6.1794
EinlSichG	Einlagensicherungs- und Anlegerentschädigungsgesetz v. 16.7.1998 idF v. 6.7.2013
einschr	einschränkend
einstw	einstweilig(e)
EinV	Vertrag zwischen der Bundesrepublik Deutschland und der Deutschen Demokratischen Republik über die Herstellung der Einheit Deutschlands (Einigungsvertrag) v. 31.8.1990
EMVG	Gesetz über die elektromagnetische Verträglichkeit von Geräten v. 26.2.2008
Emmerich/Sonnenschein	Volker Emmerich/André Haug/Christian Rolfs/Birgit Weitemeyer, Miete, 10. Aufl. 2011
EnnL	Ludwig Enneccerus/Heinrich Lehmann, Recht der Schuldverhältnisse, 15. Bearb. 1958
EnnN	Ludwig Enneccerus/Hans Carl Nipperdey, Allgemeiner Teil des Bürgerlichen Rechts, 15. Aufl., 1. Halbband 1959; 2. Halbband 1960
EntschG	Gesetz über die Entschädigung nach dem Gesetz zur Regelung offener Vermögensfragen (Entschädigungsgesetz) idF d. Bek. v. 13.7.2004
entspr	entsprechend
Entw	Entwurf
EnWG	Art. 1 (Gesetz über die Elektrizitäts- und Gasversorgung – Energiewirtschaftsgesetz) des Zweiten Gesetzes zur Neuregelung des Energiewirtschaftsrechts v. 7.7.2005 idF v. 30.6.2013 - 31.5.2014
ErbbauRG	Gesetz über das Erbbaurecht (Erbbaurechtsgesetz) v. 15.1.1919
ErbbauVO	jetzt ErbbauRG, s. dort
ErbR	Zeitschrift für die gesamte erbrechtliche Praxis (Jahr, Seite)
ErbStB	Der Erbschafts-Steuer-Berater (Jahr, Seite)
ErbStG	Erbschaftsteuer- und Schenkungsteuergesetz idF d. Bek. v. 27.2.1997
ErbStRG	Gesetz zur Reform des Erbschaftsteuer- und Schenkungsteuerrechts v. 17.4.1974
ErbVerjÄndG	Gesetz zur Änderung des Erb- und Verjährungsrechts v. 24.9.2009
ErfK/(Bearbeiter)	Erfurter Kommentar zum Arbeitsrecht, 13. Aufl. 2013
ErgG	Ergänzungsgesetz
ERJuKoG	Gesetz über elektronische Register und Justizkosten für Telekommunikation v. 10.12.2001
Erm(Bearbeiter)	Handkommentar zum Bürgerlichen Gesetzbuch, herausgegeben von Harm Peter Westermann, 13. Aufl. 2011
ERVGBG	Gesetz zur Einführung des elektronischen Rechtsverkehrs und der elektronischen Akte im Grundbuchverfahren sowie zur Änderung weiterer grund-buch-, register- und kostenrechtlicher Vorschriften v. 11.8.2009
ESchG	Gesetz zum Schutz von Embryonen (Embryonenschutzgesetz) v. 13.12.1990, zuletzt geändert am 21.11.2011

Abkürzungsverzeichnis

Esser/Schmidt I/1, I/2	Josef Esser/Eike Schmidt, Schuldrecht, Allgemeiner Teil, Bd. I/1, 8. Aufl. 1995; Bd. I/2, 8. Aufl. 2000
Esser/Weyers II/1 u 2	Josef Esser/Hans-Leo Weyers, Schuldrecht, Besonderer Teil, Bd. II/1, 8. Aufl. 1998; Bd. II/2, 8. Aufl. 2000
EStG	Einkommensteuergesetz idF d. Bek. v. 8.10.2009
etc	Et cetera
EU	Europäische Union
EuGH	Europäischer Gerichtshof
EuGVVO	VO (EG) Nr. 44/2001 des Rates v. 22.12.2000 über die gerichtliche Zuständigkeit und die Anerkennung und Vollstreckung in Zivil- und Handelssachen
EuroEG	Gesetz zur Einführung des Euro (Euro-Einführungsgesetz) v. 9.6.1998
EuZW	Europäische Zeitschrift für Wirtschaftsrecht (Jahr, Seite)
EV	Eigentumsvorbehalt
eV	eingetragener Verein
EVO	Eisenbahn-Verkehrsordnung idF d. Bek. v. 20.4.1999
evtl	eventuell
EWiR	Entscheidungen zum Wirtschaftsrecht
EWIV	Europäische Wirtschaftliche Interessenvereinigung
EWIVV	Verordnung (EWG) Nr. 2137/85 über die Schaffung einer Europäischen Wirtschaftlichen Interessenvereinigung (EWIV) v. 25.7.1985
EWR	Europäischer Wirtschaftsraum
EWR-Abkommen	Abkommen über den Europäischen Wirtschaftsraum v. 2.5.1992
EzA	Entscheidungssammlung zum Arbeitsrecht (Gesetzesangabe, Nummer der Entscheidung)
f	folgend(e)
FamFG	Gesetz über das Verfahren in Familiensachen und in den Angelegenheiten der freiwilligen Gerichtsbarkeit v. 17.12.2008
FamFR	Familienrecht und Familienverfahrensrecht (Jahr, Seite)
FamG	Familiengericht
FamGKG	Gesetz über Gerichtskosten in Familiensachen v. 17.12.2008
FamNamRG	Gesetz zur Neuordnung des Familiennamensrechts (Familiennamensrechtsgesetz) v. 16.12.1993
FamRÄndG	Gesetz zur Vereinheitlichung und Änderung familienrechtlicher Vorschriften (Familienrechtsänderungsgesetz) v. 11.8.1961
FamRefK/(Bearbeiter)	Familienrechtsreformkommentar, 1998
FamRZ	Zeitschrift für das gesamte Familienrecht (Jahr, Seite)
FernAbsG	Fernabsatzgesetz v. 27.6.2000 (aufgehoben)
FernAbsRiLi	Richtlinie 97/7/EG des Europäischen Parlaments und des Rats über den Verbraucherschutz bei Vertragsabschlüssen im Fernabsatz v. 20.5.1997 (zum 13.6.2014 aufgehoben durch die VerbrR – RiLi)
FernUSG	Gesetz zum Schutz der Teilnehmer am Fernunterricht (Fernunterrichtsschutzgesetz) idF d. Bek. v. 4.12.2000, zuletzt geändert am 2.11.2011
FeV	Verordnung über die Zulassung von Personen zum Straßenverkehr (Fahrerlaubnis-Verordnung) v. 13.12.2010
FEVS	Fürsorgerechtliche Entscheidungen der Verwaltungs- und Sozialgerichte (Band und Seite)
FF	Forum Familien- und Erbrecht (Jahr, Seite)
ff	folgende
FG	Festgabe
fG	freiwillige Gerichtsbarkeit
FGB	Familiengesetzbuch der DDR v. 20.12.1965

Abkürzungsverzeichnis

FGG	Gesetz über die Angelegenheiten der freiwilligen Gerichtsbarkeit idF d. Bek. v. 20.5.1898 (außer Kraft ab 1.9.2009)
FGG-RG	Gesetz zur Reform des Verfahrens in Familiensachen und in den Angelegenheiten der freiwilligen Gerichtsbarkeit (im Wesentlichen in Kraft ab 1.9.2009)
FGPrax	Praxis der Freiwilligen Gerichtsbarkeit (Jahr, Seite)
FG Wiss I, II, III, IV	50 Jahre Bundesgerichtshof – Festgabe aus der Wissenschaft, Bd. I, II, III, IV, 2000
Fikentscher	Wolfgang Fikentscher/Andreas Heinemann, Schuldrecht, 10. Aufl. 2006
Firsching/Dodegge	Karl Firsching/Georg Dodegge, Vormundschafts- und Betreuungsrecht (Handbuch der Rechtspraxis, Bd. 5 b) 7. Aufl. 2010
Firsching/Graf	Karl Firsching, Nachlassrecht (Handbuch der Rechtspraxis, Bd. 6), 9. Aufl. 2008 (bearbeitet von Hans-Lothar Graf)
Firsching/Schmid	Karl Firsching/Jürgen Schmid, Familiensachen (Handbuch der Rechtspraxis, Bd. 5 a) 7. Aufl. 2010
FLF	FinanzierungLeasingFaktoring (Jahr, Seite)
FluglärmschutzG	Gesetz zum Schutz gegen Fluglärm idF d. Bek. v. 31.10.2007
Flume I 1, I 2, II	Werner Flume, Allgemeiner Teil des Bürgerlichen Rechts, Bd. I/1, Die Personengesellschaft, 1977; Bd. I/2, Die juristische Person, 1983; Bd. II, Das Rechtsgeschäft, 4. (unveränderte) Aufl. 1992
FlurbG	Flurbereinigungsgesetz idF d. Bek. v. 16.3.1976, zuletzt geändert am 19.12.2008
Fn	Fußnote
FoSiG	Gesetz zur Sicherung von Werkunternehmeransprüchen und zur verbesserten Durchsetzung von Forderungen (Forderungssicherungsgesetz) v. 23.10.2008
FPR	Familie, Partnerschaft, Recht (Jahr, Seite)
fr	früher
FS	Festschrift
FS Heidelberg, 1986	Richterliche Rechtsfortbildung. Erscheinungsformen, Auftrag und Grenzen. Festschrift der Juristischen Fakultät zur 600-Jahr-Feier der Ruprecht-Karls-Universität Heidelberg, 1986
FS Köln, 1988	Festschrift der Rechtswissenschaftlichen Fakultät zur 600-Jahr-Feier der Universität zu Köln, 1988
FStrG	Bundesfernstraßengesetz idF d. Bek. v. 28.6.2007
FuR	Familie und Recht (Jahr, Seite)
FVE	Heinz Klatt, Fremdenverkehrsrechtliche Entscheidungen, Zivilrecht (Nummer)
FWW	Die freie Wohnungswirtschaft (Jahr, Seite)
GA	Goltdammer's Archiv für Strafrecht (Jahr, Seite)
Gaier/Wendtland	Reinhard Gaier/Holger Wendtland, Allgemeines Gleichbehandlungsgesetz, 2006
GBBerG	Grundbuchbereinigungsgesetz v. 20.12.1993, zuletzt geändert am 17.12.2008
GBO	Grundbuchordnung idF d. Bek. v. 26.5.1994
GbR	Gesellschaft bürgerlichen Rechts
GBV	Verordnung zur Durchführung der Grundbuchordnung (Grundbuchverfügung) idF d. Bek. v. 24.1.1995
GebrMG	Gebrauchsmustergesetz idF d. Bek. v. 28.8.1986
Geigel/(Bearbeiter)	Robert Geigel, Der Haftpflichtprozess, 26. Aufl. (herausgegeben von Günter Schlegelmilch) 2011
gem	gemäß
GemO	Gemeindeordnung

Abkürzungsverzeichnis

GenG	Gesetz betreffend die Erwerbs- und Wirtschaftsgenossenschaften (Genossenschaftsgesetz) idF d. Bek. v. 16.10.2006
gerichtl	gerichtlich
Gernhuber/Coester-Waltjen	Joachim Gernhuber/Dagmar Coester-Waltjen, Lehrbuch des Familienrechts, 6. Aufl. 2010
Gernhuber, Erfüllung	Joachim Gernhuber, Die Erfüllung und ihre Surrogate, 2. Aufl. 1994
Gernhuber, Schuldverhältnis	Joachim Gernhuber, Das Schuldverhältnis. Begründung und Änderung, Pflichten und Strukturen, Drittwirkungen, 1989
Ges	Gesetz(e)
ges	gesetzlich
GeschmMG	Gesetz über den rechtlichen Schutz von Mustern und Modellen (Geschmacksmustergesetz) v. 12.3.2004
GewA	Gewerbearchiv (Jahr, Seite)
GewO	Gewerbeordnung idF d. Bek. v. 22.2.1999
GewSchG	Gesetz zum zivilrechtlichen Schutz vor Gewalttaten und Nachstellungen (Gewaltschutzgesetz) v. 11.12.2001
GG	Grundgesetz für die Bundesrepublik Deutschland v. 23.5.1949
ggf	gegebenenfalls
Giesen	Dieter Giesen, Familienrecht, 2. Aufl 1997
GKG	Gerichtskostengesetz idF d. Bek. v. 5.5.2004
GleichberG	Gesetz über die Gleichberechtigung von Mann und Frau auf dem Gebiete des bürgerlichen Rechts (Gleichberechtigungsgesetz) v. 18.6.1957
GmbH	Gesellschaft mit beschränkter Haftung
GmbHG	Gesetz betreffend die Gesellschaften mit beschränkter Haftung idF d. Bek. v. 20.5.1898, zuletzt geändert am 21.3.2013
GmbHRdsch	GmbH-Rundschau (Jahr, Seite)
GmS	Gemeinsamer Senat der obersten Gerichtshöfe des Bundes
GOA	Gebührenordnung für Architekten
GoA	Geschäftsführung ohne Auftrag
Göppinger/Wax	Horst Göppinger/Peter Wax (Hgb.), Unterhaltsrecht, 9. Aufl. 2008
GPSG	Gesetz über technische Arbeitsmittel und Verbraucherprodukte (Geräte- und Produktsicherheitsgesetz) v. 6.1.2004 (außer Kraft seit 1.12.2011)
GrdstVG	Gesetz über Maßnahmen zur Verbesserung der Agrarstruktur und zur Sicherung land- und forstwirtschaftlicher Betriebe (Grundstückverkehrsgesetz) v. 28.7.1961, zuletzt geändert am 17.12.2008
GrESt	Grunderwerbsteuer
GrEStG	Grunderwerbsteuergesetz idF d. Bek. v. 26.2.1997, zuletzt geändert am 26.6.2013
GroßkommAktG/(Bearbeiter)	Großkommentar zum Aktiengesetz, 4. Aufl. 2012
GroßkommHGB/(Bearbeiter)	Großkommentar zum Handelsgesetzbuch, 4. Aufl. 1983 ff., 5. Aufl. 2012 ff.
Gruch	Beiträge zur Erläuterung des Deutschen Rechts, begründet von J. A. Gruchot (Band, Seite)
GRUR	Gewerblicher Rechtsschutz und Urheberrecht (Jahr, Seite)
GS	in Verbindung mit RG, BGH oder BAG: Großer Senat; in Verbindung mit nachfolgendem Eigennamen: Gedächtnisschrift; sonst: Gesammelte Schriften

Abkürzungsverzeichnis

GüKG	Güterkraftverkehrsgesetz v. 22.6.1998
GuT	Gewerberaummiete und Teileigentum (Jahr, Seite)
Gutachten I, II, III	Gutachten und Vorschläge zur Überarbeitung des Schuldrechts (herausgegeben vom Bundesminister der Justiz), Bd. I und II, 1981; Bd. III, 1983
gutgl	gutgläubig
GVG	Gerichtsverfassungsgesetz idF d. Bek. v. 9.5.1975
GVO	Grundstücksverkehrsordnung idF d. RegVBG Art. 15 § 1 v. 20.12.1993, zuletzt geändert am 22.9.2005
GWB	Gesetz gegen Wettbewerbsbeschränkungen idF d. Bek. v. 26.6.2013, zuletzt geändert am 4.7.2013
H	Heft
Haager Regeln	Internationales Übereinkommen zur Vereinheitlichung von Regeln über Konnossemente v. 24.8.1924, ergänzt am 23.2.1968 und am 21.12.1979 (Visby-Regeln)
HaagUnterhÜbk	Übereinkommen über das auf Unterhaltsverpflichtungen gegenüber Kindern anzuwendende Recht v. 24.10.1956
Habscheid	Walther J. Habscheid, Freiwillige Gerichtsbarkeit, 7. Aufl. 1983
HaftPflG	Haftpflichtgesetz idF d. Bek. v. 4.1.1978, zuletzt geändert am 19.7.2002
HAG	Heimarbeitsgesetz v. 14.3.1951, in seiner bereinigten Fassung zuletzt geändert am 31.10.2006
HausratsVO	Verordnung über die Behandlung der Ehewohnung und des Hausrats v. 21.10.1944 (aufgehoben)
HausTürRiLi	Richtlinie 85/577/EWG des Rates v. 20.12.1985 betreffend den Verbraucherschutz im Falle von außerhalb von Geschäftsräumen geschlossenen Verträgen (nach Art 31 der VerbrR- RiLi zum 13.6.2013 aufgehoben)
Heck, SaR	Philipp Heck, Grundriss des Sachenrechts, 1930
Heck, SchR	Philipp Heck, Grundriss des Schuldrechts, 1929
HeimarbG	Heimarbeitsgesetz v. 14.3.1951
HeimG	Heimgesetz idF d. Bek. v. 5.11.2001
HeizkostenV	Verordnung über die verbrauchsabhängige Abrechnung der Heiz- und Warmwasserkosten (Verordnung über Heizkostenabrechnung) idF d. Bek. v. 5.10.2009
hess	hessisch
Hey	Thomas Hey, Kommentar zum AGG, 2009
HGB	Handelsgesetzbuch v. 10.5.1897
Hgb	Herausgeber
HintO	Hinterlegungsordnung v. 10.3.1937
HK-AGG	Handkommentar zum AGG, herausgegeben von Wolfgang Däubler und Martin Bertzbach
HK-BGB	Handkommentar, 7. Aufl. 2011
HKK	Historisch-kritischer Kommentar zum BGB, herausgegeben von Mathias Schmoeckel, Joachim Rückert und Reinhard Zimmermann
hL	herrschende Lehre
hM	herrschende Meinung
HOAI	Verordnung über die Honorare für Leistungen der Architekten und Ingenieure (Honorarordnung für Architekten und Ingenieure) idF d. Bek. v. 11.8.2009 (neu gefasst mit Wirkung voraussichtlich August 2013)
HöfeO	Höfeordnung idF d. Bek. v. 26.7.1976, zuletzt geändert am 17.12.2008

Abkürzungsverzeichnis

v. Hoyningen-Huene	Gerrick v. Hoyningen-Huene, Die Inhaltskontrolle nach § 9 AGB-Gesetz, 1991
HRefG	Gesetz zur Neuregelung des Kaufmanns- und Firmenrechts und zur Änderung anderer handels- und gesellschaftsrechtlicher Vorschriften (Handelsrechtsreformgesetz) v. 22.6.1998
HRG	Hochschulrahmengesetz idF d. Bek. v. 19.1.1999
HRR	Höchstrichterliche Rechtsprechung (Jahr, Nummer)
HS	Halbsatz
Huber/Faust	Peter Huber/Florian Faust, Schuldrechtsmodernisierung, 2002
Hueck/Nipperdey	Alfred Hueck/Hans Carl Nipperdey, Lehrbuch des Arbeitsrechts, 7. Aufl., Bd. I, 1963; Bd. II/1, 1967; Bd. II/2, 1970
Hügel/(Bearbeiter)	Stefan Hügel, Grundbuchordnung, 2. Aufl. 2010
HWiG	Gesetz über den Widerruf von Haustürgeschäften und ähnlichen Geschäften idF d. Bek. v. 29.6.2000 (aufgehoben)
HwO	Gesetz zur Ordnung des Handwerks (Handwerksordnung) idF d. Bek. v. 24.9.1998
IBR	Immobilien- und Baurecht (Jahr, Seite)
idF	in der Fassung
idR	in der Regel
idS	in diesem Sinne
ie	im einzelnen
iE	im Ergebnis
ieS	im engeren Sinne
iGgs	im Gegensatz
iHv	in Höhe von
insbes	insbesondere
InsO	Insolvenzordnung v. 5.10.1994
int	international
InvG	Investmentgesetz v. 15.12.2003 (Aufhebung durch das KAGB v. 16.5.2013, das am 22.7.2013 in Kraft tritt)
InVO	Insolvenz und Vollstreckung (Jahr, Seite)
IPR	internationales Privatrecht
IPRax	Praxis des Internationalen Privat- und Verfahrenrechts (Jahr, Seite)
IPRNG	Gesetz zur Neuregelung des Internationalen Privatrechts v. 25.7.1986
iSd	im Sinne der (des)
iSv	im Sinne von
ITRB	Der IT-Rechtsberater (Jahr, Seite)
iÜ	im Übrigen
iVm	in Verbindung mit
iwS	im weiteren Sinne
iZw	im Zweifel
JA	Juristische Arbeitsblätter (Jahr, Seite)
Jaeger/Bearbeiter	Ernst Jaeger, Insolvenzordnung, 1. Aufl. 2004 ff
Jarass/Pieroth	Hans D. Jarass/Bodo Pieroth, Grundgesetz, 12. Aufl. 2012
JArbSchG	Gesetz zum Schutze der arbeitenden Jugend (Jugendarbeitsschutzgesetz) v. 12.4.1976, zuletzt geändert am 20.4.2013
Jauernig/Hess, ZPR	Othmar Jauernig/Burkhard Hess, Zivilprozessrecht, 30. Aufl. 2011
Jauernig/Berger	Othmar Jauernig/Christian Berger Zwangsvollstreckungs- und Insolvenzrecht, 23. Aufl. 2010
JFG	Jahrbuch für Entscheidungen in Angelegenheiten der Freiwilligen Gerichtsbarkeit und des Grundbuchrechts (Band, Seite)
Jh	Jahrhundert

Abkürzungsverzeichnis

JherJb	Jherings Jahrbücher für Dogmatik des bürgerlichen Rechts (Band, Seite)
JJZRWiss	Jahrbuch Junger Zivilrechtswissenschaftler (Jahr, Seite)
JKomG	Gesetz über die Verwendung elektronischer Kommunikationsformen in der Justiz (Justizkommunikationsgesetz) v. 22.3.2005
JMBlNRW	Justizministerialblatt des Landes Nordrhein-Westfalen (Jahr, Seite)
Johannsen/Henrich/ (Bearbeiter)	Kurt H. Johannsen/Dieter Henrich, Eherecht, 4. Aufl. 2003
JR	Juristische Rundschau (Jahr, Seite)
JuMiG	Justizmitteilungsgesetz und Gesetz zur Änderung kostenrechtlicher Vorschriften und anderer Gesetze v. 18.6.1997
1. JuMoG	Erstes Gesetz zur Modernisierung der Justiz (1. Justizmodernisierungsgesetz) v. 24.8.2004
2. JuMoG	Zweites Gesetz zur Modernisierung der Justiz (2. Justizmodernisierungsgesetz) v. 22.12.2006
jur	juristisch
JurA	Juristische Analysen (Jahr, Seite)
JURA	Juristische Ausbildung (Jahr, Seite)
JurBüro	Das Juristische Büro (Jahr, Spalte, ab 1992 Seite)
JuS	Juristische Schulung (Jahr, Seite)
Justiz	Die Justiz (Jahr, Seite)
JVEG	Justizvergütungs- und -entschädigungsgesetz v. 5.5.2004
JW	Juristische Wochenschrift (Jahr, Seite)
JZ	Juristenzeitung (Jahr, Seite)
KAGB	Kapitalanlagegesetzbuch v. 16.5.2013
KAGG	Gesetz über Kapitalanlagegesellschaften idF d. Bek. v. 9.9.1998 (aufgehoben)
Kegel/Schurig	Gerhard Kegel/Klaus Schurig, Internationales Privatrecht, 9. Aufl. 2004
KEHE	Kuntze/Ertl/Herrmann/Eickmann, Grundbuchrecht, 6. Aufl. 2006
Kfz	Kraftfahrzeug
KG	Kammergericht; Kommanditgesellschaft
KGaA	Kommanditgesellschaft auf Aktien
KGJ	Jahrbuch für Entscheidungen des Kammergerichts in Sachen der freiwilligen Gerichtsbarkeit, in Kosten-, Stempel- und Strafsachen (Band, Seite)
KGR	Kammergerichtsreport
Kilger/Schmidt	Joachim Kilger/Karsten Schmidt, Insolvenzgesetze (KO/VglO/GesO), 17. Aufl. 1998 (siehe nunmehr K. Schmidt, InsO, 18. Aufl. 2013)
KindRG	Gesetz zur Reform des Kindschaftsrechts (Kindschaftsrechtsreformgesetz) v. 16.12.1997
KindUG	Gesetz zur Vereinheitlichung des Unterhaltsrechts minderjähriger Kinder (Kindesunterhaltsgesetz) v. 6.4.1998
Kipp/Coing	Theodor Kipp/Helmut Coing, Erbrecht, 14. Bearb. 1990
Kissel/Mayer	Otto Rudolf Kissel/Herbert Mayer, GVG, 6. Aufl. 2010
KO	Konkursordnung idF d. Bek. v. 20.5.1898 (aufgehoben)
Köhler	Helmut Köhler, BGB, Allgemeiner Teil, 36. Aufl. 2012
Kolloqu v. Caemmerer	Zum Deutschen und Internationalen Schuldrecht. Kolloquium aus Anlass des 75. Geburtstags von Ernst v. Caemmerer, 1983
KompaktKomSchR/ (Bearbeiter)	Wolfhard Kothe, Das neue Schuldrecht, Kompakt-Kommentar, 2003

Abkürzungsverzeichnis

KonsG	Gesetz über die Konsularbeamten, ihre Aufgaben und Befugnisse (Konsulargesetz) v. 11.9.1974
Kopp	Ferdinand O. Kopp/Ulrich Ramsauer, Verwaltungsverfahrensgesetz, 19. Aufl. 2013
Kopp, VwGO	Ferdinand O. Kopp/Wolf-Rüdiger Schenke, Verwaltungsgerichtsordnung, 19. Aufl. 2013
KRG	Kontrollratsgesetz
KrG	Kreisgericht
KrInstitut	Kreditinstitut
krit	kritisch
KritJ	Kritische Justiz (Jahr, Seite)
KrPflG	Gesetz über die Berufe in der Krankenpflege (Krankenpflegegesetz) v. 16.7.2003
KrW-/AbfG	Gesetz zur Förderung der Kreislaufwirtschaft und Sicherung der umweltverträglichen Beseitigung von Abfällen – Kreislaufwirtschafts- und Abfallgesetz v. 27.9.1994
KSchG	Kündigungsschutzgesetz idF d. Bek. v. 25.8.1969
KTS	Zeitschrift für Insolvenzrecht – Konkurs/Treuhand/Sanierung – (Jahr, Seite)
KUG	Gesetz betreffend das Urheberrecht an Werken der bildenden Künste und Photographie v. 9.1.1907
KultgSchG	Gesetz zum Schutz deutschen Kulturgutes gegen Abwanderung idF d. Bek. v. 8.7.1999
KUR	Kunst und Recht (Jahr, Seite)
KWG	Gesetz über das Kreditwesen idF d. Bek. v. 9.9.1998, zuletzt geändert am 7.5.2013
LAG	Landesarbeitsgericht
LAG	Gesetz über den Lastenausgleich (Lastenausgleichsgesetz) idF d. Bek. v. 2.6.1993
Lange	Heinrich Lange, Sachenrecht des BGB, 1967
Lange/Schiemann	Hermann Lange/Gottfried Schiemann, Schadensersatz, 3. Aufl. 2003
Lange/Kuchinke	Heinrich Lange/Kurt Kuchinke, Erbrecht, 5. Aufl. 2001
Larenz, AT	Karl Larenz/Manfred Wolf, Allgemeiner Teil des Bürgerlichen Rechts, 9. Aufl. 2004
Larenz, SchR I, II 1, II 2	Karl Larenz, Lehrbuch des Schuldrechts, Bd. I, Allgemeiner Teil, 14. Aufl. 1987; Besonderer Teil, Bd. II/1, 13. Aufl. 1986; Bd. II/2 (Karl Larenz/Claus-Wilhelm Canaris), 13. Aufl. 1994
Laufs/Kern	Adolf Laufs/Rüdiger Kern, Handbuch des Arztrechts, 4. Aufl. 2010
LFBG	Lebensmittel-, Bedarfsgegenstände- und Futtermittelgesetzbuch (Lebensmittel- und Futtermittelgesetzbuch) idF d. Bek. v. 26.4.2006
LG	Landgericht; Leasinggeber
Lit	Literatur
LK/(Bearbeiter)	Leipziger Kommentar zum Strafgesetzbuch, 11. Aufl. 1992-2006,12. Aufl. 2007 ff.
LM	Nachschlagewerk des Bundesgerichtshofs, begründet von Fritz Lindenmaier und Philipp Möhring (Gesetzesangabe, Nummer der Entscheidungsangabe: § des BGB; ohne Angabe eines §: die Nr. zum erläuterten §)
LMK	LMK Kommentierte BGH-Rechtsprechung Lindenmaier-Möhring (Jahr, Seite)
LN	Leasingnehmer
Locher	Horst Locher/Ulrich Locher, Das private Baurecht, 8. Aufl. 2012
Looschelders BT	Dirk Looschelders, Schuldrecht. Besonderer Teil, 8. Aufl. 2013

Abkürzungsverzeichnis

Lorenz/Riehm	Stephan Lorenz/Thomas Riehm, Lehrbuch zum neuen Schuldrecht, 2002
LPachtVG	Gesetz über die Anzeige und Beanstandung von Landpachtverträgen (Landpachtverkehrsgesetz) v. 8.11.1985
LPartG	Gesetz über die Eingetragene Lebenspartnerschaft – Lebenspartnerschaftsgesetz – v. 16.2.2001
LS	Leitsatz
LSG	Landessozialgericht
v. Lübtow	Ulrich v. Lübtow, Erbrecht, Bd. 1 und 2, 1971
Lüdtke-Handjery	Rudolf Lange/Hans Wulff/Christian Lüdtke-Handjery, Die Höfeordnung, 10. Aufl. 2001
LuftVG	Luftverkehrsgesetz idF d. Bek. v. 10.5.2007
LwVG	Gesetz über das gerichtliche Verfahren in Landwirtschaftssachen v. 21.7.1953
LZ	Leipziger Zeitschrift für Deutsches Recht (Jahr, Spalte)
MaBV	Verordnung über die Pflichten der Makler, Darlehens- und Anlagenvermittler, Bauträger und Baubetreuer (Makler- und Bauträgerverordnung) idF d. Bek. v. 7.11.1990
mAnm	mit Anmerkung
Mansel/Budzikiewicz	Heinz-Peter Mansel/Christine Budzikiewicz, Das neue Verjährungsrecht, 2002
Marburger	Peter Marburger, Die Regeln der Technik im Recht, 1979
MarkenG	Gesetz über den Schutz von Marken und sonstigen Kennzeichen – Markengesetz – v. 25.10.1994
Martinek, Eckpfeiler des Zivilrechts	Michael Martinek (Red.), Eckpfeiler des Zivilrechts, Neubearbeitung 2012/2013
Maßg	Maßgabe
maW	mit anderen Worten
MD	Theodor Maunz/Günter Dürig u. a., Grundgesetz, 67. Aufl. 2013
MDR	Monatsschrift für deutsches Recht (Jahr, Seite)
MDStV	Staatsvertrag über Mediendienste v. 20. 1./10.4.1997
MedGV	Verordnung über die Sicherheit medizinisch-technischer Geräte (Medizingeräteverordnung) v. 14.1.1985 (aufgehoben durch das MPG vom 2.8.1994, in Kraft getreten am1.1.1995)
Medicus, AT	Dieter Medicus, Allgemeiner Teil des BGB, 10. Aufl. 2010
Medicus, BR	Dieter Medicus/Jens Petersen, Bürgerliches Recht, 23. Aufl. 2011
Medicus, SchR I, II	Dieter Medicus/Stephan Lorenz, Schuldrecht I, Allgemeiner Teil, 20. Aufl. 2012; Dieter Medicus/Stephan Lorenz, Schuldrecht II, Besonderer Teil, 16. Aufl. 2012
MedR	Medizinrecht (Jahr, Seite)
MHbeG	Gesetz zur Beschränkung der Haftung Minderjähriger (Minderjährigenhaftungsbeschränkungsgesetz) v. 25.8.1998
MHG	Gesetz zur Regelung der Miethöhe v. 18.12.1974 (aufgehoben)
MHH	Gernod Meinel/Judith Heyn/Sascha Herms, Allgemeines Gleichbehandlungsgesetz, 2. Aufl. 2010
MitBestG	Gesetz über die Mitbestimmung der Arbeitnehmer (Mitbestimmungsgesetz) v. 4.5.1976
MittBayNot	Mitteilungen des Bayerischen Notarvereins, der Notarkasse und der Landesnotarkammer Bayern (Jahr, Seite)
MittRhNotK	Mitteilungen der Rheinischen Notarkammer (Jahr, Seite); sa RhNK
MK/(Bearbeiter)	Münchener Kommentar zum BGB, 5. Aufl. 2006–2010, 6. Aufl. 2012 ff.

Abkürzungsverzeichnis

MK-HGB/(Bearbeiter)	Münchener Kommentar zum HGB, 2. Aufl. 2007–2009. 3. Aufl. 2010 ff.
MK-ZPO/(Bearbeiter)	Münchener Kommentar zur Zivilprozessordnung, 3. Aufl. 2007/08, 4. Aufl. 2013 ff.
MMR	MultiMedia und Recht (Jahr, Seite)
mN	mit Nachweisen
Mot	Motive der 1. Kommission zu dem Entwurfe eines Bürgerlichen Gesetzbuches für das Deutsche Reich
MPG	Medizinproduktegesetz v. 2.8.1994 idF v. 7.8.2002
mR	mit Recht
MRK	Konvention zum Schutze der Menschenrechte und Grundfreiheiten v. 4.11.1950
MSA	Haager Übereinkommen über die Zuständigkeit der Behörden und das anzuwendende Recht auf dem Gebiet des Schutzes von Minderjährigen v. 5.10.1961
MünzG	Art. 2 (Münzgesetz) des Dritten Euro-Einführungsgesetzes v. 16.12.1999
MuSchG	Gesetz zum Schutze der erwerbstätigen Mutter (Mutterschutzgesetz) idF d. Bek. v. 20.6.2002
mwN	mit weiteren Nachweisen
MWSt	Mehrwertsteuer
mWv	mit Wirkung vom
NachlassG	Nachlassgericht
Nachtr	Nachtrag
Nachw	Nachweis(e)
NachwG	Gesetz über den Nachweis der für ein Arbeitsverhältnis geltenden wesentlichen Bedingungen – Nachweisgesetz – v. 20.7.1995, zuletzt geändert am 5.12.2012
NÄG	Gesetz über die Änderung von Familiennamen und Vornamen v. 5.1.1938
NamÄndVwV	Allgemeine Verwaltungsvorschrift zum Gesetz über die Änderung von Familiennamen und Vornamen v. 11.8.1980
NAV	Verordnung über Allgemeine Bedingungen für den Netzanschluss und dessen Nutzung für die Elektrizitätsversorgung in Niederspannung (Niederspannungsanschlussverordnung) v. 1.11.2006
NDAV	Verordnung über Allgemeine Bedingungen für den Netzanschluss und dessen Nutzung für die Gasversorgung in Niederdruck (Niederdruckanschlussverordnung) v. 1.11.2006
NdsRpfl	Niedersächsische Rechtspflege (Jahr, Seite)
NEhelG	Gesetz über die rechtliche Stellung der nichtehelichen Kinder v. 19.8.1969
nF	neue Fassung
NJ	Neue Justiz (Jahr, Seite)
NJOZ	Neue Juristische Online-Zeitschrift (Jahr, Seite)
NJW	Neue Juristische Wochenschrift (Jahr, Seite)
NJW-CoR	Computerreport der NJW (Jahr, Seite), vereinigt mit: Anwalt. Das Magazin
NJWE-FER	NJW-Entscheidungsdienst Familien- und Erbrecht (Jahr, Seite)
NJW-RR	NJW-Rechtsprechungs-Report Zivilrecht (Jahr, Seite)
NJW-SH BayObLG	NJW-Sonderheft BayObLG, 2005
NJW-Spezial	NJW-Spezial (Jahr, Seite)
NK/(Bearbeiter)	Nomos Kommentar BGB; 2010 ff. (vorher AnwaltKommentar; siehe oben)

Abkürzungsverzeichnis

NMV 1970	Verordnung über die Ermittlung der zulässigen Miete für preisgebundene Wohnungen (Neubaumietenverordnung 1970) idF d. Bek. v. 12.10.1990, zuletzt geändert am 25.11.2003
NotBZ	Zeitschrift für die notarielle Beratungs- und Beurkundungspraxis (Jahr, Seite)
Nr	Nummer
NRW	Nordrhein-Westfalen
NStZ	Neue Zeitschrift für Strafrecht (Jahr, Seite)
NuR	Natur + Recht (Jahr, Seite)
N&R	Netzwirtschaften und Recht (Jahr, Seite)
NutzEV	Nutzungsentgeltverordnung idF d. Bek. v. 24.6.2002
NVwZ	Neue Zeitschrift für Verwaltungsrecht (Jahr, Seite)
NZA	Neue Zeitschrift für Arbeitsrecht (Jahr, Seite)
NZA-RR	NZA-Rechtsprechungs-Report Arbeitsrecht (Jahr, Seite)
NZBau	Neue Zeitschrift für Baurecht und Vergaberecht (Jahr, Seite)
NZG	Neue Zeitschrift für Gesellschaftsrecht (Jahr, Seite)
NZM	Neue Zeitschrift für Miet- und Wohnungsrecht (Jahr, Seite)
NZS	Neue Zeitschrift für Sozialrecht (Jahr, Seite)
o	oben
OASG	Gesetz zur Sicherung der zivilrechtlichen Ansprüche der Opfer von Straftaten (Opferanspruchssicherungsgesetz) v. 8.5.1998
obj	objektiv
OEG	Gesetz über die Entschädigung für Opfer von Gewalttaten (Opferentschädigungsgesetz) idF d. Bek. v. 7.1.1985
öffentl	öffentlich
Oetker/Maultzsch	Hartmut Oetker/Felix Maultzsch, Vertragliche Schuldverhältnisse, 4. Aufl. 2013
OGH	Oberster Gerichtshof für die Britische Zone (mit Ziffern: Entscheidungen des Obersten Gerichtshofs für die Britische Zone in Zivilsachen, Band und Seite)
OHG	offene Handelsgesellschaft
OLG	Die Rechtsprechung der Oberlandesgerichte auf dem Gebiete des Zivilrechts (Band, Seite)
OLG-NL	OLG-Rechtsprechung Neue Länder (Jahr, Seite) bis 2006
OLGR	OLG-Report (Ort, Jahr, Seite)
OLGVertrÄndG	Gesetz zur Änderung des Rechts der Vertretung durch Rechtsanwälte vor den Oberlandesgerichten (OLG-Vertretungsänderungsgesetz) v. 23.7.2002
OLGZ	Entscheidungen der Oberlandesgerichte in Zivilsachen (Jahr, Seite), vereinigt mit FGPrax (s. dort)
OR	(schweizerisches) Bundesgesetz über das Obligationenrecht v. 30.3.1911
örtl	örtlich
OVG	Oberverwaltungsgericht
OWiG	Gesetz über Ordnungswidrigkeiten idF d. Inkrafttretens v. 4.8.2009
Pal (Bearbeiter)	Otto Palandt, Bürgerliches Gesetzbuch, 72. Aufl. 2013
PAngG	Gesetz über die Preisangaben (Preisangabengesetz) v. 3.12.1984
PAngV	Preisangabenverordnung idF d. Bek. v. 18.10.2002
ParteienG	Gesetz über die politischen Parteien (Parteiengesetz) idF d. Bek. v. 31.1.1994
PartG	Partnerschaftsgesellschaft
PartGG	Art. 1 (Gesetz über Partnerschaftsgesellschaften Angehöriger Freier Berufe – Partnerschaftsgesellschaftsgesetz) des Gesetzes zur Schaf-

Abkürzungsverzeichnis

	fung von Partnerschaftsgesellschaften und zur Änderung anderer Gesetze v. 25.7.1994
PatG	Patentgesetz idF d. Bek. v. 16.12.1980, zuletzt geändert am 24.11.2011
PBefG	Personenbeförderungsgesetz idF d. Bek. v. 8.8.1990, zuletzt geändert am 22.4.2013
PfandBG	Art. 1 (Pfandbriefgesetz) des Gesetzes zur Neuordnung des Pfandbriefrechts v. 22.5.2005
PfandlV	Verordnung über den Geschäftsbetrieb der gewerblichen Pfandleiher (Pfandleiherverordnung) idF d. Bek. v. 1.6.1976, zuletzt geändert am 4.3.2013
PflegeVG	Gesetz zur sozialen Absicherung des Risikos der Pflegebedürftigkeit (Pflege-Versicherungsgesetz) v. 26.5.1994 (= SGB XI, s. dort)
PflegeZG	Gesetz über die Pflegezeit v. 28.5.2008
PflSchG	Gesetz zum Schutz der Kulturpflanzen (Pflanzenschutzgesetz) idF d. Bek. v. 14.5.1998
PflVG	Gesetz über die Pflichtversicherung für Kraftfahrzeughalter (Pflichtversicherungsgesetz) v. 5.4.1965, zuletzt geändert am 24.4.2013
PostG	Postgesetz v. 22.12.1997
PreußALR	Allgemeines Landrecht für die Preußischen Staaten v. 1.6.1794
PreußEnteignungsG	Preußisches Gesetz über die Enteignung von Grundeigentum v. 11.6.1874
PrKlG	Gesetz über das Verbot der Verwendung von Preisklauseln bei der Bestimmung von Geldschulden (Preisklauselgesetz) v. 7.9.2007
ProdHaftG	Gesetz über die Haftung für fehlerhafte Produkte (Produkthaftungsgesetz) v. 15.12.1989
ProstG	Gesetz zur Regelung der Rechtsverhältnisse der Prostituierten (Prostitutionsgesetz) v. 20.12.2001
Prot	Protokolle der Kommission für die zweite Lesung des Entwurfs des Bürgerlichen Gesetzbuchs
PrPG	Gesetz zur Stärkung des Schutzes des geistigen Eigentums und zur Bekämpfung der Produktpiraterie v. 7.3.1990
Prütting	Hanns Prütting, Sachenrecht, 34. Aufl 2010
PStG	Art. 1 (Personenstandsgesetz) des Gesetzes zur Reform des Personenstandsrechts (Personenstandsrechtsreformgesetz – PStRG) v. 19.2.2007 (in Kraft ab 1.9.2009)
PStRG	s PStG
pVV	positive Vertragsverletzung
PWW/Bearbeiter	Hanns Prütting/Gerhard Wegen/Gerd Weinreich, BGB-Kommentar, 7. Aufl. 2012
RA	Rechtsanwalt
RabelsZ	Zeitschrift für ausländisches und internationales Privatrecht (Jahr, Seite)
RAG	Reichsarbeitsgericht (mit Ziffern: Entscheidungen des Reichsarbeitsgerichts, Band und Seite)
RAG DDR	Rechtsanwendungsgesetz der Deutschen Demokratischen Republik v. 5.12.1975
Ramm I	Thilo Ramm, Familienrecht Bd. I, Recht der Ehe, o. J. (1985)
Rauscher	Thomas Rauscher, Familienrecht, 2. Aufl. 2008
RAusschuss	Rechtsausschuss
RBerG	Rechtsberatungsgesetz v. 13.12.1935 (aufgehoben)
RBHaftG	Gesetz über die Haftung des Reichs für seine Beamten v. 22.5.1910
RdA	Recht der Arbeit (Jahr, Seite)

Abkürzungsverzeichnis

RDG	Gesetz über außergerichtliche Rechtsdienstleistungen (Rechtsdienstleistungsgesetz) v. 12.12.2007
RdL	Recht der Landwirtschaft (Jahr, Seite)
Recht	Das Recht (Jahr, Nummer)
RegelbetragV	Regelbetrag-Verordnung v. 6.4.1998 (aufgehoben)
RegEntw	Regierungsentwurf
RegVBG	Gesetz zur Vereinfachung und Beschleunigung registerrechtlicher und anderer Verfahren (Registerverfahrenbeschleunigungsgesetz) v. 20.12.1993
Reinicke/Tiedtke	Dietrich Reinicke/Klaus Tiedtke, Kreditsicherung, 6. Aufl. 2013
RG	Reichsgericht (mit Ziffern: Entscheidungen des Reichsgerichts in Zivilsachen, Band und Seite)
RGBl I (oder II)	Reichsgesetzblatt Teil I (oder Teil II)
RGeschäft	Rechtsgeschäft
RG-FG I–VI	Die Reichsgerichtspraxis im deutschen Rechtsleben, Band I–VI, 1929
RGRK/(Bearbeiter)	Das Bürgerliche Gesetzbuch, Kommentar, herausgegeben von den Mitgliedern des Bundesgerichtshofes), 12. Aufl. 1974/99
RhNK	Mitteilungen der Rheinischen Notarkammer (Jahr, Seite); sa MittRhNotK
RiLi	Richtlinie
RIW	Recht der Internationalen Wirtschaft (Jahr, Seite); bis 1975 Außenwirtschaftsdienst des Betriebs-Beraters (AWD)
RJA	Entscheidungen in Angelegenheiten der freiwilligen Gerichtsbarkeit und des Grundbuchrechts (Band, Seite)
RKEG	Gesetz über die religiöse Kindererziehung v. 15.7.1921 idF v. 17.12.2008
RKnG	Reichsknappschaftsgesetz idF d. Bek. v. 1.7.1926 (aufgehoben zum 1.1.1992, nunmehr SGB VI)
Rn	Randnummer
RNotZ	Rheinische Notar-Zeitschrift (Jahr, Seite)
RoSchwab/Gottwald	Leo Rosenberg/Karl Heinz Schwab/Peter Gottwald, Zivilprozessrecht, 17. Aufl. 2010
Rpfleger	Der Deutsche Rechtspfleger (Jahr, Seite)
RPflG	Rechtspflegergesetz v. 5.11.1969 idF d. Bek. v. 14.4.2013
RRa	ReiseRecht aktuell (Jahr, Seite)
RRG 1992	Gesetz zur Reform der gesetzlichen Rentenversicherung (Rentenreformgesetz 1992) v. 18.12.1989
r+s	Recht und Schaden (Jahr, Seite)
RSiedlG	Reichssiedlungsgesetz v. 11.8.1919, zuletzt geändert am 29.7.2009
Rspr	Rechtsprechung
RsprN	Rechtsprechungsnachweise
RuS	Recht und Schaden (Jahr, Seite)
RuStAG	s. StAG
RV	Verfassung des Deutschen Reichs v. 16.4.1871
RVG	Gesetz über die Vergütung der Rechtsanwältinnen und Rechtsanwälten (Rechtsanwaltsvergütungsgesetz) v. 5.5.2004
RVGReport	RVGReport (Jahr, Seite)
RVO	Reichsversicherungsordnung idF d. Bek. v. 15.12.1924 (größtenteils aufgehoben und durch SGB abgelöst)
S	Satz; bei Literaturangaben: Seite
s	siehe
sa	siehe auch
SaatgutverkehrsG	Saatgutverkehrsgesetz idF d. Bek. v. 16.7.2004

Abkürzungsverzeichnis

SachenRÄndG	Gesetz zur Änderung sachenrechtlicher Bestimmungen (Sachenrechtsänderungsgesetz) v. 21.9.1994
SAE	Sammlung Arbeitsrechtlicher Entscheidungen (Jahr, Seite)
SB	Sonderbeilage
Schapp/Schur	Jan Schapp/Wolfgang Schur, Sachenrecht, 4. Aufl. 2010
Schaub	Günter Schaub, Arbeitsrechts-Handbuch, 14. Aufl. 2011
ScheckG	Scheckgesetz v. 14.8.1933
SchiffsRG	Gesetz über Rechte an eingetragenen Schiffen und Schiffsbauwerken v. 15.11.1940, zuletzt geändert am 21.1.2013
Schlechtriem	Peter Schlechtriem, Vertragsordnung und außervertragliche Haftung, 1972
Schlechtriem I, II	Peter Schlechtriem/Martin Schmidt-Kessel, Schuldrecht, Allgemeiner Teil, 6. Aufl. 2005 (I); Besonderer Teil, 7. Aufl. 2010 (II)
Schlegelberger/ (Bearbeiter)	Franz Schlegelberger, Handelsgesetzbuch, 5. Aufl. 1973/92
SchlHA	Schleswig-Holsteinische Anzeigen (Jahr, Seite)
Schlüter	Wilfried Schlüter, Erbrecht, 16. Aufl. 2007
Schmalzl	Max Schmalzl/Jürgen Lauer/Christopph Wurm, Die Haftung des Architekten und des Bauunternehmers, 5. Aufl. 2006
SchRegO	Schiffsregisterordnung v. 26.5.1994
Schreiber/(Bearbeiter)	Klaus Schreiber/(Bearbeiter), Immobilienrecht, 3. Aufl. 2011
SchRModG	Gesetz zur Modernisierung des Schuldrechts v. 26.11.2001
Schwab, FamR	Dieter Schwab, Familienrecht, 20. Aufl. 2012
SchwarzArbG	Art. 1 (Gesetz zur Bekämpfung der Schwarzarbeit und illegalen Beschäftigung – Schwarzarbeitsbekämpfungsgesetz) des Gesetzes zur Intensivierung der Bekämpfung der Schwarzarbeit und damit zusammenhängender Steuerhinterziehung v. 23.7.2004
SchwZGB	Schweizerisches Zivilgesetzbuch v. 10.12.1907
SeemannsG	Seemannsgesetz v. 26.7.1957
Serick I, II, III, IV, V, VI	Rolf Serick, Eigentumsvorbehalt und Sicherungsübertragung (Bd. I, 1963; Bd. II, 1965; Bd. III, 1970; Bd. IV, 1976; Bd. V, 1982; Bd. VI, 1986)
Serick, EuS	Rolf Serick, Eigentumsvorbehalt und Sicherungsübertragung. Neue Rechtsentwicklungen, 2. Aufl. 1993
SeuffA	Seufferts Archiv für Entscheidungen der obersten Gerichte in den deutschen Staaten (Band, Nummer)
SG	Sicherungsgeber; sa SoldatenG
SGb	Die Sozialgerichtsbarkeit (Jahr, Seite)
SGB I	Sozialgesetzbuch – Allgemeiner Teil – (Erstes Buch) v. 11.12.1975
SGB II	Sozialgesetzbuch – Grundsicherung für Arbeitsuchende – (Zweites Buch) v. 24.12.2003
SGB III	Sozialgesetzbuch – Arbeitsförderung – (Drittes Buch) v. 24.3.1997
SGB IV	Sozialgesetzbuch – Gemeinsame Vorschriften für die Sozialversicherung – (Viertes Buch) idF d. Bek. v. 12.11.2009
SGB V	Sozialgesetzbuch – Gesetzliche Krankenversicherung – (Fünftes Buch) v. 20.12.1988
SGB VI	Sozialgesetzbuch – Gesetzliche Rentenversicherung – (Sechstes Buch) idF d. Bek. v. 19.2.2002
SGB VIII	Sozialgesetzbuch – Kinder- und Jugendhilfe – (Achtes Buch) idF d. Bek. v. 14.12.2006
SGB IX	Sozialgesetzbauch – Rehabilitation und Teilhabe behinderter Menschen – (Neuntes Buch) v. 19.6.2001
SGB X	Sozialgesetzbuch – Sozialverwaltungsverfahren und Sozialdatenschutz – (Zehntes Buch) idF d. Bek. v. 18.1.2001

Abkürzungsverzeichnis

SGB XI	Sozialgesetzbuch – Soziale Pflegeversicherung – (Elftes Buch) v. 26.5.1994 (= PflegeVG, s. dort)
SGB XII	Sozialgesetzbuch – Sozialhilfe – (Zwölftes Buch) v. 27.12.2003
SGG	Sozialgerichtsgesetz idF d. Bek. v. 23.9.1975
SigG	Gesetz über Rahmenbedingungen für elektronische Signaturen (Signaturgesetz) v. 16.5.2001
SN	Sicherungsnehmer
Soe(Bearbeiter)	Hans-Theodor Soergel/Wolfgang Siebert, Bürgerliches Gesetzbuch, 13. Aufl. 1999 ff.
sog	sogenannt
SoldatenG	Gesetz über die Rechtsstellung der Soldaten (Soldatengesetz) idF d. Bek. v. 30.5.2005
SorgeRG	Gesetz zur Neuregelung des Rechts der elterlichen Sorge v. 18.7.1979
St(Bearbeiter)	Julius von Staudingers Kommentar zum Bürgerlichen Gesetzbuch, 12. Aufl. 1978/99; ab der 13. Bearbeitung (Beginn 1993) gibt es keine einheitliche Auflagenzahl für das Gesamtwerk mehr
StaatsV	Vertrag über die Schaffung einer Währungs-, Wirtschafts- und Sozialunion zwischen der Bundesrepublik Deutschland und der Deutschen Demokratischen Republik v. 18.5.1990
StaatsV Leitsätze	Gemeinsames Protokoll über Leitsätze (in Ergänzung des StaatsV)
StAG	Staatsangehörigkeitsgesetz v. 22.7.1913, zuletzt geändert am 1.6.2012
Stahlhacke	Eugen Stahlhacke/Ulrich Preis/Reinhard Vossen, Kündigung und Kündigungsschutz im Arbeitsverhältnis, 10. Aufl. 2010
Staub/(Bearbeiter)	Großkommentar zum Handelsgesetzbuch, 4. Aufl. ab 1983, 5. Aufl. ab 2008 ff.
StAZ	Das Standesamt (Jahr, Seite)
StB	Der Steuerberater (Jahr, Seite)
StBerG	Steuerberatungsgesetz idF d. Bek. v. 4.11.1975
StBp	Die steuerliche Betriebsprüfung (Jahr, Seite)
stdg	ständig(e)
StGB	Strafgesetzbuch idF d. Bek. v. 13.11.1998
StHG	Staatshaftungsgesetz (der DDR) v. 12.5.1969
StJ/(Bearbeiter)	Friedrich Stein/Martin Jonas, Kommentar zur Zivilprozessordnung, 21. Aufl. 1993/98; 22. Aufl. ab 2002
StPO	Strafprozessordnung idF d. Bek. v. 7.4.1987
str	streitig
stRspr	ständige Rechtsprechung
StS	Strafsenat
StudGen	Studium Generale (Jahr, Seite)
StuW	Steuer und Wirtschaft (Jahr, Seite)
StVG	Straßenverkehrsgesetz idF d. Bek. v. 5.3.2003
SÜ	Sicherungsübereignung
subj	subjektiv
SubvG	Gesetz gegen missbräuchliche Inanspruchnahme von Subventionen – Subventionsgesetz – v. 29.7.1976
SVR	Straßenverkehrsrecht (Jahr, Seite)
TDG	Gesetz über die Nutzung von Telediensten – Teledienstegesetz – v. 22.7.1997 (aufgehoben)
teilw	teilweise
ThP	Heinz Thomas/Hans Putzo/Klaus Reichold/Rainer Hüßtege, Zivilprozessordnung, 34. Aufl. 2013
Thüsing	Gregor Thüsing, Arbeitsrechtlicher Diskriminierungsschutz, 2007

Abkürzungsverzeichnis

TierSchG	Tierschutzgesetz idF d. Bek. v. 18.5.2006
TierSG	Tierseuchengesetz idF d. Bek. v. 11.4.2001
TKG	Telekommunikationsgesetz v. 22.6.2004
TKV	Telekommunikations-Kundenschutzverordnung v. 11.12.1997, geändert am 19.4.1999
Tonner	Klaus Tonner, Der Reisevertrag, 5. Aufl. 2007
TPG	Gesetz über die Spende, Entnahme und Übertragung von Organen und Geweben (Transplantationsgesetz) idF d. Bek. v. 4.9.2007, zuletzt geändert am 19.12.2012
Troll	Max Troll/Dieter Gebel/Marc Jülicher, Erbschaftsteuer- und Schenkungsteuergesetz, Loseblatt
v. Tuhr I, II/1, II/2	Andreas v. Tuhr, Der Allgemeine Teil des Deutschen Bürgerlichen Rechts, Bd. I, 1910; Bd II/1, 1914; Bd. II/2, 1918
TVG	Tarifvertragsgesetz idF d. Bek. v. 25.8.1969
TVöD	Tarifvertrag für den öffentlichen Dienst
Tz	Textziffer
TzBfG	Gesetz über Teilzeitarbeit und befristete Arbeitsverträge – Teilzeit- und Befristungsgesetz – v. 21.12.2000
TzWrG	Teilzeit-Wohnrechtegesetz idF d. Bek. v. 29.6.2000 (aufgehoben)
u	unten(r)
ua	je nach Zusammenhang: unter anderem(n); und andere
uä	und ähnlich(e/es)
UÄndG	Gesetz zur Änderung des Unterhaltsrechts v. 21.12.2007
ÜG	Überweisungsgesetz v. 21.7.1999 (Änderungen in BGB 675a ff mit späteren Änderungen auf Grund der ZahlungsdienstleisteRiLi v.13.11.2007 u der VO EU Nr. 260/2012 – SEPA-VO - zum 1.2.2014 bzw 1.2.2016 mit BegleitG v. 8.4.2013)
uH	unerlaubte Handlung
UKlaG	Gesetz über Unterlassungsklagen bei Verbraucherrechts- und anderen Verstößen – Unterlassungsklagengesetz – idF d. Bek. v. 27.8.2002
Ulmer	Peter Ulmer/Hans Erich Brandner/Horst-Diether Hensen/Harry Schmidt, AGB-Recht, 11. Aufl. 2011
umfangr	umfangreich
UmweltHG	Umwelthaftungsgesetz v. 10.12.1990, zuletzt geändert am 23.11.2007
UmwG	Umwandlungsgesetz v. 28.10.1994, zuletzt geändert am 22.12.2011
uneinheitl	uneinheitlich
unstr	unstreitig
UnterhaltsvorschussG	Gesetz zur Sicherung des Unterhalts von Kindern alleinstehender Mütter und Väter durch Unterhaltsvorschüsse oder -ausfallleistungen (Unterhaltsvorschussgesetz) idF d. Bek. v. 17.7.2007
unzutr	unzutreffend
uö	und öfter
UrhG	Gesetz über Urheberrecht und verwandte Schutzrechte (Urheberrechtsgesetz) v. 9.9.1965, zuletzt geändert am 7.5.2013
ÜRiLi	Richtlinie 97/5/EG des Europäischen Parlaments und des Rates über grenzüberschreitende Überweisungen v. 27.1.1997 (sa unter ÜG)
USchadG	Art. 1 (Umweltschadensgesetz) des Gesetzes zur Umsetzung der RiLi 2004/35/EG des Europäischen Parlaments und des Rates über Umwelthaftung zur Vermeidung und Sanierung von Umweltschäden v. 10.5.2007
USt	Umsatzsteuer

Abkürzungsverzeichnis

UStG	Umsatzsteuergesetz 2005 idF d. Bek. v. 21.2.2005
usw	und so weiter
uU	unter Umständen
UWG	Gesetz gegen den unlauteren Wettbewerb idF d. Bek. v. 3.3.2010
v	von/vom
VAHRG	Gesetz zur Regelung von Härten im Versorgungsausgleich v. 21.2.1983
Var	Variante
VAStRefG	s VersAusglG
VAÜG	Gesetz zur Überleitung des Versorgungsausgleichs auf das Beitrittsgebiet – Versorgungsausgleichs-Überleitungsgesetz – v. 25.7.1991
VAwMG	Gesetz über weitere Maßnahmen auf dem Gebiet des Versorgungsausgleichs v. 8.12.1986
VBVG	Gesetz über die Vergütung von Vormündern und Betreuern (Vormünder- und Betreuungsvergütungsgesetz) v. 21.4.2005
VDE	Verband Deutscher Elektrotechniker
VerbrGüKauf-RiLi	Richtlinie 1999/44/EG des Europäischen Parlaments und des Rates v. 25.5.1999 zu bestimmten Aspekten des Verbrauchsgüterkaufs und der Garantien für Verbrauchsgüter
VerbrKrG	Verbraucherkreditgesetz idF d. Bek. v. 29.6.2000 (aufgehoben)
VerbrKrRiLi	Richtlinie 87/102/EWG des Rates v. 22.12.1986 zur Angleichung der Rechts- und Verwaltungsvoschriften der Mitgliedstaaten über den Verbraucherkredit
VerbrR - RiLi	Richtlinie 2011/83/EU v. 25.10.2011 über die Rechte der Verbraucher
VereinsG	Gesetz zur Regelung des öffentlichen Vereinsrechts (Vereinsgesetz) v. 5.8.1964
Verf	Verfasser
Verh DJT	Verhandlungen des Deutschen Juristentages
VerjAnpG	Gesetz zur Anpassung von Verjährungsvorschriften an das Gesetz zur Modernisierung des Schuldrechts v. 9.12.2004
VerkaufsprospektG	Wertpapier-Verkaufsprospektgesetz idF d. Bek. v. 9.9.1998 (aufgehoben zum 1.6.2012 durch das VermögensanlagenG v. 6.12.2011)
VerlagsG	Gesetz über das Verlagsrecht v. 19.6.1901, zuletzt geändert am 22.3.2002
5. VermBG	Fünftes Gesetz zur Förderung der Vermögensbildung der Arbeitnehmer (Fünftes Vermögensbildungsgesetz) idF d. Bek. v. 4.3.1994
VermG	Gesetz zur Regelung offener Vermögensfragen (Vermögensgesetz) idF d. Bek. v. 9.2.2005
VerpackV	Verordnung über die Vermeidung von Verpackungsabfällen (Verpackungsverordnung) v. 21.8.1998
VersAusglG	Gesetz über den Versorgungsausgleich (Versorgungsausgleichsgesetz) v. 3.4.2009
VerschG	Verschollenheitsgesetz v. 15.1.1951, zuletzt geändert am 17.12.2008
VersAusglG	Art 1 (Gesetz über den Versorgungsausgleich [Versorgungsausgleichsgesetz]) des Gesetzes zur Strukturreform des Versorgungsausgleichs (VAStRefG) v. 3.4.2009
VersR	Versicherungsrecht (Jahr, Seite)
VG	Verwaltungsgericht
VGH	Verwaltungsgerichtshof
vgl	vergleiche
VHG	Vertragshilfegesetz v. 26.3.1952 (aufgehoben)
VIZ	Zeitschrift für Vermögens- und Investitionsrecht (Jahr, Seite)
VKauf	Vorbehaltskauf

Abkürzungsverzeichnis

VKäufer	Vorbehaltskäufer
VO	Verordnung
VOB	Vergabe- und Vertragsordnung für Bauleistungen
VOB/A	Vergabe- und Vertragsordnung für Bauleistungen Teil A: Allgemeine Bestimmungen für die Vergabe von Bauleistungen
VOB/B	Vergabe- und Vertragsordnung für Bauleistungen Teil B: Allgemeine Vertragsbedingungen für die Ausführung von Bauleistungen
VolljährigkeitsG	Gesetz zur Neuregelung des Volljährigkeitsalters v. 31.7.1974
Voraufl	Vorauflage
Vorb	Vorbemerkung
VormundschaftsG	Vormundschaftsgericht
VRS	Verkehrsrecht-Sammlung (Band, Seite)
VRV	Vereinsregisterverordnung v. 10.2.1999, zuletzt geändert am 24.9.2009
VuR	Verbraucher und Recht (Jahr, Seite)
VVaG	Versicherungsverein auf Gegenseitigkeit
VVerkauf	Vorbehaltsverkauf
VVerkäufer	Vorbehaltsverkäufer
VVG	Gesetz über den Versicherungsvertrag (Versicherungsvertragsgesetz) v. 23.11.2007
VwGO	Verwaltungsgerichtsordnung idF d. Bek. v. 19.3.1991
VwRspr	Verwaltungsrechtsprechung in Deutschland. Sammlung oberstrichterlicher Entscheidungen aus dem Verfassungs- und Verwaltungsrecht (Band, Seite)
VwVfG	Verwaltungsverfahrensgesetz idF d. Bek. v. 23.1.2003
WA	Abkommen zur Vereinheitlichung von Regeln über die Beförderung im internationalen Luftverkehr (Warschau 1929), mehrfach geändert
Waltermann	Raimund Waltermann, Arbeitsrecht, 16. Aufl. 2012
Warn	Warneyer, Rechtsprechung des (Reichsgerichts oder) Bundesgerichtshofs in Zivilsachen (Jahr, Nummer)
WBVG	Wohn- und Betreuungsvertragsgesetz v. 29.7.2009
WE	Wohnungseigentum (Jahr, Seite)
WEG	Gesetz über das Wohnungseigentum und das Dauerwohnrecht (Wohnungseigentumsgesetz) v. 15.3.1951, zuletzt geändert am 10.5.2012
Weitnauer	Hermann Weitnauer/Bearbeiter, Wohnungseigentumsgesetz, 9. Aufl. 2005
Westermann	Sachenrecht (begründet von Harry Westermann), 8. Aufl. 2011 (bearbeitet von Harm Peter Westermann/Karl-Heinz Gursky/Dieter Eickmann)
Westermann/ (Bearbeiter)	Harm Peter Westermann (Hgb.), Das Schuldrecht 2002, 2002
WG	Wechselgesetz v. 21.6.1933, zuletzt geändert am 19.4.2006
WHG	Art. 1 (Wasserhaushaltsgesetz) des Gesetzes zur Neuregelung des Wasserrechts v. 31.7.2009
WiB	Wirtschaftsrechtliche Beratung (Jahr, Seite), vereinigt mit NZG (s. dort)
Wieling	Hans Josef Wieling, Sachenrecht, 5. Aufl. 2007
Wieling I	Hans Josef Wieling, Sachenrecht, Bd. I: Sachen, Besitz und Rechte an beweglichen Sachen, 2. Aufl. 2006
Wieser	Eberhard Wieser, Prozessrechtskommentar zum BGB, 2. Aufl. 2002
Windbichler	Christine Windbichler, Gesellschaftsrecht, 23. Aufl. 2013
wiss	wissenschaftlich

Abkürzungsverzeichnis

WissArbVG	Gesetz über befristete Arbeitsverträge mit wissenschaftlichem Personal an Hochschulen und Forschungseinrichtungen v. 14.6.1985
WiStG	Gesetz zur weiteren Vereinfachung des Wirtschaftsstrafrechts (Wirtschaftsstrafgesetz 1954) idF d. Bek. v. 3.6.1975
2. WKSchG	Zweites Wohnraumkündigungsschutzgesetz v. 18.12.1974
WM	Zeitschrift für Wirtschafts- und Bankrecht, Wertpapier-Mitteilungen Teil IV (Jahr, Seite)
WoBindG	Gesetz zur Sicherung der Zweckbestimmung von Sozialwohnungen (Wohnungsbindungsgesetz) idF d. Bek. v. 13.9.2001
WoFG	Gesetz über die soziale Wohnraumförderung (Wohnraumförderungsgesetz) v. 13.9.2001
WoGG	Wohngeldgesetz idF d. Bek. v. 24.9.2008
Wolf, AT	Ernst Wolf, Allgemeiner Teil des bürgerlichen Rechts, 3. Aufl. 1982
Wolf, SchR I, II	Ernst Wolf, Schuldrecht, Bd. I (Allgemeiner Teil), 1978; Bd. II (Besonderer Teil), 1978
Wolf, SR	Ernst Wolf, Sachenrecht, 2. Aufl. 1979
Wolf/L/P	Manfred Wolf/Walter F. Lindacher/Thomas Pfeiffer, AGB-Recht, 5. Aufl. 2009
Wolff/Bachof I, II	Hans J. Wolff/Otto Bachof/Rolf Stober/Winfried Kluth, Verwaltungsrecht, Bd. I, 13. Aufl. 2013; Bd. II, 7. Aufl. 2010
WolffR	Martin Wolff/Ludwig Raiser, Sachenrecht, 10. Bearb. 1957
WoVermG	Gesetz zur Regelung der Wohnungsvermittlung v. 4.11.1971, zuletzt geändert am 9.12.2004
WpHG	Gesetz über den Wertpapierhandel – Wertpapierhandelsgesetz – idF d. Bek. v. 9.9.1998
WPO	Gesetz über eine Berufsordnung der Wirtschaftsprüfer (Wirtschaftsprüferordnung) idF d. Bek. v. 5.11.1975, zuletzt geändert am 26.6.2013
WRP	Wettbewerb in Recht und Praxis (Jahr, Seite)
WRV	Die Verfassung des Deutschen Reichs vom 11.8.1919 (Weimarer Reichsverfassung)
WuB	Entscheidungssammlung zum Wirtschafts- und Bankrecht
WuM	Wohnungswirtschaft und Mietrecht (Jahr, Seite)
ZAP	Zeitschrift für die Anwaltspraxis (Jahr, Seite)
zB	zum Beispiel
ZBB	Zeitschrift für Bankrecht und Bankwirtschaft (Jahr, Seite)
ZBG	Gesetz zur Beschleunigung fälliger Zahlungen v. 30.3.2000
ZBlJugR	Zentralblatt für Jugendrecht und Jugendwohlfahrt (Jahr, Seite), s. ZfJ
ZBR	Zeitschrift für Beamtenrecht (Jahr, Seite)
ZDG	Gesetz über den Zivildienst der Kriegsdienstverweigerer (Zivildienstgesetz) idF d. Bek. v. 17.5.2005
ZERB	Zeitschrift für die Steuer- und Erbrechtspraxis (Jahr, Seite)
ZEV	Zeitschrift für Erbrecht und Vermögensnachfolge (Jahr, Seite)
ZfA	Zeitschrift für Arbeitsrecht (Jahr, Seite)
ZfBR	Zeitschrift für deutsches und internationales Baurecht (Jahr, Seite)
ZFE	Zeitschrift für Familien- und Erbrecht (Jahr, Seite)
ZfIR	Zeitschrift für Immobilienrecht (Jahr, Seite)
ZfJ	Zentralblatt für Jugendrecht (Jahr, Seite), s. auch ZBlJugR
ZfRV	Zeitschrift für Rechtsvergleichung (Jahr, Seite)
ZGB	Zivilgesetzbuch der DDR v. 19.6.1975
ZGB/Komm.	Ministerium der Justiz der DDR (Herausgeber), Kommentar zum Zivilgesetzbuch der DDR v. 19.6.1975 und zum Einführungsgesetz zum Zivilgesetzbuch der DDR v. 19.6.1975, 2. Aufl. 1985
zgDr	zugunsten Dritter

Abkürzungsverzeichnis

ZGR	Zeitschrift für Unternehmens- und Gesellschaftsrecht (Jahr, Seite)
ZGS	Zeitschrift für das gesamte Schuldrecht (Jahr, Seite)
ZHR	Zeitschrift für das gesamte Handelsrecht und Wirtschaftsrecht (Band, Seite)
Ziff	Ziffer
ZInsO	Zeitschrift für das gesamte Insolvenzrecht (Jahr, Seite)
ZIP	Zeitschrift für Wirtschaftsrecht (Jahr, Seite)
ZIR	Zeitschrift für Immobilienrecht (Jahr, Seite)
ZJS	Zeitschrift für das Juristische Studium (Jahr, Seite)
ZMR	Zeitschrift für Miet- und Raumrecht (Jahr, Seite)
ZNotP	Zeitschrift für die NotarPraxis (Jahr, Seite)
Zöllner/Loritz/Hergenröder	Wolfgang Zöllner/Karl-Georg Loritz/Curd Wolfgang Hergenröder, Arbeitsrecht, 6. Aufl. 2008
ZOV	Zeitschrift für offene Vermögensfragen (Jahr, Seite)
ZPO	Zivilprozessordnung idF d. Bek. v. 5.12.2005
ZPO-RG	Gesetz zur Reform des Zivilprozesses (Zivilprozessreformgesetz) v. 27.7.2001
ZRP	Zeitschrift für Rechtspolitik (Jahr, Seite)
ZS	Zivilsenat
ZSHG	Gesetz zur Harmonisierung des Schutzes gefährdeter Zeugen – Zeugenschutz-Harmonisierungsgesetz – v. 11.12.2001
ZStW	Zeitschrift für die gesamte Strafrechtswissenschaft (Band, Seite)
zT	zum Teil
zust	zustimmend
zutr	zutreffend
ZVG	Gesetz über die Zwangsversteigerung und die Zwangsverwaltung idF d. Bek. v. 20.5.1898, zuletzt geändert am 7.12.2011
ZVI	Zeitschrift für Verbraucher- und Privat-Insolvenzrecht (Jahr, Seite)
zw	zweifelhaft
ZWE	Zeitschrift für Wohnungseigentum (Jahr, Seite)
zZ	zur Zeit
ZZP	Zeitschrift für Zivilprozess (Band, Seite)

Bürgerliches Gesetzbuch (BGB)

In der Fassung der Bekanntmachung vom 2. Januar 2002
(BGBl. I S. 42, ber. S. 2909 und BGBl. I 2003, S. 738)
FNA 400-2

Buch 1. Allgemeiner Teil

Abschnitt 1. Personen

Titel 1. Natürliche Personen, Verbraucher, Unternehmer

§ 1 Beginn der Rechtsfähigkeit

Die Rechtsfähigkeit des Menschen beginnt mit der Vollendung der Geburt.

Lit: Hattenhauer, „Person" – Zur Geschichte eines Begriffs, JuS 82, 405.

1. Allgemeines. § 1 meint die *allg Rechtsfähigkeit jedes Menschen,* dh überhaupt 1
Träger von Rechten und Pflichten sein zu können. Das BGB setzt sie voraus. Daneben steht die *bes Rechtsfähigkeit,* dh Träger bestimmter Rechte und Pflichten sein zu können; sie ist an bes Voraussetzungen geknüpft (zB in § 1743: Lebensalter).

2. Rechtsfähigkeit. a) Erwerb. aa) Beim Menschen mit Vollendung der 2
Geburt, § 1 (zum Begriff PStG 73 Nr 18). Lebensunfähigkeit, Missbildungen sind unerheblich. **bb) Für jur Personen** s Rn 6–9 vor § 21. Zur *„rechtsfähigen Personengesellschaft"* s Rn 1, 4 vor § 21. **b) Ende. aa) Beim Menschen** mit dem Herz-Kreis- 3
lauf-Tod (beim Einsatz von Herz-Lungen-Maschinen: mit dem – früheren – Hirntod; zur Problematik MK/Leipold § 1922, 12, 13; Schmidt-Jortzig, Wann ist der Mensch tot?, 1998, passim. – Frankfurt/M NJW 97, 3100 stellt durchweg auf den Gesamthirntod ab, ebenso [mit unzutr Wiedergabe des Meinungsstandes] BayObLG NJW-RR 99, 1311). Die Möglichkeit von Organ-, insbes Herztransplantationen stellt hier neue Probleme (Schettler ua StudGen 70, 304: „Der Spender soll so tot wie nötig, das Spenderherz aber noch so lebendig wie möglich sein"; die um 1968 aufgekommene neue Todesdefinition [„Hirntod"] dient ersichtlich diesem Zweck). Das TPG stellt auf den Tod ab, der nach dem aktuellen Stand der medizinischen Wissenschaft (s § 16 I 1 Nr 1) festgestellt ist (§ 3 I 1 Nr 2); das ist idR der Hirntod (§ 3 II Nr 2, § 5 I 1), uU der Herz-Kreislauf-Tod (§ 5 I 2), dazu Deutsch NJW 98, 778. Sa Rn 9 vor § 90. Zur Rechtsnatur der *Leiche* Rn 9 vor § 90. **bb) Für Verein** vgl Anm zu §§ 41–44. **c) Vor der Geburt** erlangt der bereits gezeugte Mensch 4
(nasciturus) gewisse Rechtspositionen im Hinblick auf und für den Fall seiner Geburt, zB §§ 844 II 2, 1923 II, ferner 1594 IV, 1595 III, 1615o I 2, 1912. Gleiches gilt für den noch nicht Gezeugten, zB Zuwendung durch Vertrag zgDr (arg § 331 II, BGH 129, 305) oder eines Vermächtnisses (§ 2178). Sa BGH 58, 49 ff; 93, 351 ff: Deliktshaftung wegen Verletzung vor der Geburt; zur Vertragshaftung BGH 86, 253.

3. Verschollene. Bei Verschollenem (Begriff VerschG 1) ist ungewiss, ob er 5
noch lebt oder schon gestorben ist. Um diese Ungewissheit für den Rechtsverkehr

zu beseitigen, kann er im Aufgebotsverfahren für tot erklärt werden, VerschG 13 ff. Ist nicht der Tod, sondern nur dessen Zeitpunkt ungewiss, so kann dieser festgestellt werden, VerschG 39 ff. Das VerschG hat die §§ 13–20 aufgehoben; §§ 13, 14 nF sind durch FernAbsG Art 2 I Nr 1 mit neuem Inhalt eingefügt worden.

§ 2 Eintritt der Volljährigkeit

Die Volljährigkeit tritt mit der Vollendung des 18. Lebensjahres ein.

Lit: Bosch, FS Schiedermair, 1976, S 51.

1   1. **Allgemeines. a) Eintritt** der Volljährigkeit am Geburtstag 0 Uhr, § 187 II 2; damit endet die Minderjährigkeit. **b) Wichtigste Wirkungen:** Unbeschränkte Geschäftsfähigkeit (§§ 104 ff), Ehemündigkeit (§ 1303 I), Prozessfähigkeit (ZPO 52), Ende der elterlichen Sorge (§ 1626 I 1), unbeschränkte Testierfähigkeit (§ 2247 IV mit § 2229 I), passives Wahlrecht (GG 38 II).

2   2. **§ 2 aF.** Bis 31.12.1974 trat Volljährigkeit erst mit Vollendung des 21. Lebensjahres ein. Dem Volljährigen stand gleich, wer für volljährig erklärt war (§ 3 II aF).

§§ 3–6 *(weggefallen)*

§ 7 Wohnsitz; Begründung und Aufhebung

(1) **Wer sich an einem Orte ständig niederlässt, begründet an diesem Orte seinen Wohnsitz.**

(2) **Der Wohnsitz kann gleichzeitig an mehreren Orten bestehen.**

(3) **Der Wohnsitz wird aufgehoben, wenn die Niederlassung mit dem Willen aufgehoben wird, sie aufzugeben.**

§ 8 Wohnsitz nicht voll Geschäftsfähiger

(1) **Wer geschäftsunfähig oder in der Geschäftsfähigkeit beschränkt ist, kann ohne den Willen seines gesetzlichen Vertreters einen Wohnsitz weder begründen noch aufheben.**

(2) **Ein Minderjähriger, der verheiratet ist oder war, kann selbständig einen Wohnsitz begründen und aufheben.**

§ 9 Wohnsitz eines Soldaten

(1) **¹Ein Soldat hat seinen Wohnsitz am Standort. ²Als Wohnsitz eines Soldaten, der im Inland keinen Standort hat, gilt der letzte inländische Standort.**

(2) **Diese Vorschriften finden keine Anwendung auf Soldaten, die nur auf Grund der Wehrpflicht Wehrdienst leisten oder die nicht selbständig einen Wohnsitz begründen können.**

§ 10 *(weggefallen)*

§ 11 Wohnsitz des Kindes

¹Ein minderjähriges Kind teilt den Wohnsitz der Eltern; es teilt nicht den Wohnsitz eines Elternteils, dem das Recht fehlt, für die Person des Kindes

Titel 1. Natürliche Personen, Verbraucher, Unternehmer §§ 7–12

zu sorgen. ²Steht keinem Elternteil das Recht zu, für die Person des Kindes zu sorgen, so teilt das Kind den Wohnsitz desjenigen, dem dieses Recht zusteht. ³Das Kind behält den Wohnsitz, bis es ihn rechtsgültig aufhebt.

Anmerkungen zu den §§ 7–11

1. Begriffe. a) Wohnsitz ist der räumliche Schwerpunkt (nicht notwendig: Mit- 1 telpunkt, arg § 7 II) der gesamten Lebensverhältnisse einer Person (LM Nr 3 zu § 7). Daher ist er regelmäßiger Anknüpfungspunkt für die Rechtsbeziehungen einer Person und für die Rechtsdurchsetzung, vgl §§ 269 f, ZPO 13. Jur Personen haben einen Sitz, keinen Wohnsitz, § 24. Wohnsitz („Ort", § 7 I) ist nicht die Wohnung, sondern die kleinste politische Verwaltungseinheit (idR Gemeinde), in der die Wohnung liegt. **b) Der gewillkürte Wohnsitz** wird **begründet** durch die tatsächliche 2 Niederlassung (Realakt), verbunden mit dem rechtsgeschäftsähnlichen Willen (arg § 8 I), den Ort zum räumlichen Schwerpunkt der Lebensverhältnisse zu machen (BGH NJW 06, 1809). Die **Aufhebung** erfordert ebenfalls einen Real- und einen Willensakt, § 7 III (BGH NJW-RR 98, 85). Eine Person muss keinen und kann mehr als einen Wohnsitz haben, vgl § 7 II. GG 11 garantiert das Recht der gewillkürten Wohnsitznahme. **c) Ges Wohnsitz** haben voll geschäftsfähige (§ 8) Berufs- 3 und Zeitsoldaten, § 9, und minderjährige Kinder, § 11 (Ausnahme § 8 II); neben dem ges (bei §§ 8 I–11) oder an seiner Stelle (bei § 11) kann gewillkürter Wohnsitz begründet werden (RG 126, 9 ff zu § 9; Köln FamRZ 96, 860). Das Kind unverheirateter Eltern teilt den Wohnsitz der Mutter, außer bei gemeinsamer Sorge oder nachträglicher Heirat der Eltern, § 1626a iVm § 11 S 1. Leben die personensorgeberechtigten Eltern eines Kindes getrennt, so hat dieses Doppelwohnsitz (abw Wohnsitzbestimmung durch die Eltern möglich, BGH NJW-RR 94, 322 zum fr Recht).

2. Abgrenzung. Vom Wohnsitz (als Rechtsbegriff) ist der Ort des vorüberge- 4 henden oder dauernden **Aufenthalts** zu unterscheiden. Hier fehlt es rechtlich oder tatsächlich am (wirksamen) Willen, sich iSv Rn 2 „ständig niederzulassen".

§ 12 Namensrecht

¹**Wird das Recht zum Gebrauch eines Namens dem Berechtigten von einem anderen bestritten oder wird das Interesse des Berechtigten dadurch verletzt, dass ein anderer unbefugt den gleichen Namen gebraucht, so kann der Berechtigte von dem anderen Beseitigung der Beeinträchtigung verlangen.** ²**Sind weitere Beeinträchtigungen zu besorgen, so kann er auf Unterlassung klagen.**

Lit: Klippel, Der zivilrechtliche Schutz des Namens, 1985; Raschauer, Namensrecht, 1978 (systematische Darstellung des österreichischen und deutschen Rechts).

1. Allgemeines. Der Name dient als äußeres Kennzeichen einer Person zu ihrer 1 Unterscheidung von anderen (BVerwG NJW 87, 2454). Er ist für eine Person „Kennwort, das gesprochen, gehört und geschrieben werden kann" (Hefermehl, FS A. Hueck, 1959, S 520). Das Namensrecht ist ein absolutes subj Recht. Als bes Persönlichkeitsrecht des Menschen konkretisiert es dessen allg Persönlichkeitsrecht (BVerfG NJW 07, 671 mN).

2. Anwendungsbereich. S Krüger-Nieland, FS R. Fischer, 1979, S 339 ff. 2 **a) § 12 betrifft** nach seiner Stellung im Ges nur den *bürgerlichen Namen* eines Menschen, sowohl den Geburts-, Ehe- und Familiennamen (zum Erwerb vgl insbes §§ 1355, 1616–1618, 1757, 1767 II; LPartG 3; PStG 24 II 1, 25 I HS 2); die Legende eines Verdeckten Ermittlers (StPO 110a); Tarnidentität (ZSHG 5 III, IV, auch 9), ferner den Vornamen (sofern ihn – selten – der Verkehr als Unterscheidungsmerkmal

3 einer Person auffasst, s BGH NJW 83, 1185). **b) Der Schutzbereich ist erweitert** worden insbes auf **aa) Decknamen** (Aliasname, Pseudonym) eines Menschen, sofern der Namensträger mit diesem Namen Verkehrsgeltung erlangt hat (BGH 155, 277, str), zB Künstlernamen (vgl BGH 30, 9; zu PartGG 2 s Frankfurt/M NJW 03, 365); die Legende (Rn 2) ist kein Deckname (arg StPO 110a II 2); **bb) Namen jur Personen** (BGH 124, 178), auch des öffentl Rechts im Privatrechtsverkehr (BVerwG 44, 353 f; BGH 161, 220 f; NJW 07, 683; Rn 5) samt Wappen und Siegel (BGH 119, 245; NJW-RR 02, 1402, auch zum Ausgleich fehlender Verkehrsgeltung durch individualisierende Unterscheidungskraft), **nichtrechtsfähiger Vereine** (RG 78, 102 ff), **politischer Parteien** (BVerfG DtZ 91, 27; erweitert in ParteienG 4, s BGH 79, 269 f), ferner OHG, KG; **cc) Firma** (HGB 17; BGH 14, 159; Köhler, FS Fikentscher, 1997, S 494 ff); **dd) Etablissementsbezeichnungen** (Geschäftsbezeichnungen) mit Namenscharakter (zB „Name" eines Restaurants: BGH NJW 70, 1365), unterscheidungskräftige Wahrzeichen (BGH 126, 291 f: Rotes Kreuz); **ee) schlagwortartige Bezeichnungen,** insbes Firmenabkürzungen, **mit Verkehrsgeltung,** dh die im Verkehr als Name des Firmeninhabers, des Geschäfts oder des Vereins angesehen werden (BGH 15, 109 f; LM Nr 42; NJW 05, 1504). Dazu zählt uA der **Domainname** (dh die Adresse im Internet), BGH 155, 275; 171, 109 ff (zur schuldrechtlichen Gestattung der Namensführung und dem Vorrang des erstregistrierten Gleichnamigen [„Gerechtigkeitsprinzip der Priorität"]); zur verfassungsrechtlichen Sicht BVerfG NJW 07, 671 f. Zum Domain-Grabbing § 138 Rn 18 (jj).

4 **3. Verletzung des Namensrechts. a) durch Namensbestreitung** *(Namensleugnung).* Wer das Recht eines anderen zum Namensgebrauch ausdr oder konkludent (zB durch Benennen mit anderem Namen) in Frage stellt, verletzt dieses Recht (gefährdet es nicht nur). Ein bes Interesse des Namensträgers muss nicht verletzt sein (BGH
5 155, 275 f; anders im Fall Rn 5); **b) durch unberechtigte Namensanmaßung,** dh durch unbefugten (= rechtswidrigen) Gebrauch des gleichen Namens für sich oder einen Dritten, wodurch eine namensmäßige Zuordnungsverwirrung eintritt und schutzwürdige Interessen des Berechtigten verletzt werden (BGH NJW 08 3717 mN), Affektionsinteresse genügt (BGH 124, 181), oder wenn dadurch der Berechtigte mit Einrichtungen, Gütern, Erzeugnissen, mit denen er nichts zu tun hat, in Verbindung gebracht wird (BGH 119, 245 f). Der unbefugte Gebrauch eines Domainnamens kann schon mit dessen Registrierung einsetzen (BGH 171, 108). Jur Personen genießen Namensschutz nur im Rahmen ihres Funktionsbereichs (BGH NJW-RR 91, 935; sa BGH 149, 197 f zur Firma). Bei Gebrauch eines Sammelnamens (Müller, Lehmann; zum Begriff BVerwG NJW 73, 1057 f) wird schutzwürdiges Interesse mangels konkreter Verwechselungsgefahr nur selten verletzt sein.

6 **4. Verletzungsfolgen. a) Anspruch auf Beseitigung.** Er richtet sich inhaltlich nach Art und Ausmaß der Beeinträchtigung. Bei *Namensbestreitung* (Namensleugnung) kommt vor allem Widerruf, uU öffentl, in der Art der Namensbestreitung in Betracht. **b) Anspruch auf Unterlassung** (BGH 155, 275, 278). Das Ges verlangt Wiederholungsgefahr, doch genügt Gefahr erstmaliger Beeinträchtigung, sog Erstbegehungsgefahr; § 1004 Rn 10, 11 gilt entspr. **c) Anspruchsinhaber** ist der Verletzte; dazu BGH 124, 183; München NJW-RR 01, 42. **d) Klageform** bei a und b: idR Leistungsklage. **e) Schadensersatzanspruch** (§§ 823 [Namensrecht als sonstiges Recht], 826) setzt, iGgs zu § 12, *Verschulden* des Verletzers voraus.

7 **5. Konkurrierende Rechtsbehelfe.** Konkurrierende Rechtsbehelfe können sich aus HGB 37 II, MarkenG 14, 15 (zum Vorrang vor § 12 s BGH NJW 08, 3716 [zu MarkenG 5, 15]) ergeben.

§ 13 Verbraucher

Verbraucher ist jede natürliche Person, die ein Rechtsgeschäft zu einem Zwecke abschließt, der weder ihrer gewerblichen noch ihrer selbständigen beruflichen Tätigkeit zugerechnet werden kann.

Titel 1. Natürliche Personen, Verbraucher, Unternehmer § 13

1. Allgemeines. Die Legaldefinition des Verbrauchers gilt grundsätzlich für das 1 gesamte Zivil- und Zivilverfahrensrecht (BGH 162, 256), modifiziert in EGBGB 29 (Jauernig, FS Schlechtriem, 2003, S 571 f; zum Verbrauchervertrag s § 310 Rn 4–9). § 13 wird zum 13.6.2014 geändert (s BR-Drs 17/13951, Umsetzung der RiLi 2011/83 EU-Verbraucherrechte RiLi, s Rn 3)

2. Verbraucher. Zur Entwicklung des Verbraucherbegriffs Ch. Kern ZGS 10, 2 456. **a)** Nur **natürliche Personen.** Nach BGH 149, 84 f kann „Verbraucher" sein, wer keine jur Person ist, also auch eine Außen-GbR, zu der sich mehrere natürliche Personen zusammengeschlossen haben und die keinen Geschäftszweck iSv Rn 3 verfolgt (ebenso BaR/Schmidt-Räntsch 6; Wolf/Neuner, AT § 15 Rn 5 Pal/Ellenberger 2; MK/Schürnbrand § 491, 16 § 507, 2; letztlich auch K. Schmidt JuS 06, 4 f, da die ges Beschränkung des § 13 auf natürliche Personen rechtspolitisch verfehlt sei). Umgekehrt definiert EuGH NJW 02, 205: Verbraucher kann nur sein, wer eine natürliche Person ist (betr RiLi 93/13/EWG 2 lit b, c, gleichbedeutend mit der vom BGH 149, 83 ff erörterten RiLi 87/102/EWG 1 II lit a, b). Danach erfasst die RiLi nicht die nichtkommerzielle GbR (MK/Basedow § 310, 49), was aber nach hM nicht hindern soll, den Anwendungsbereich des nationalen Umsetzungsgesetzes (zB § 310 III) auf nichtkommerzielle GbR auszudehnen, wofür aber die Materialien zu § 310 III keinen Anhalt bieten (MK/Basedow § 310, 49). Anders liegt es nur, wenn der Vertragsschluss den Gesellschaftern als natürlichen Personen zugerechnet werden kann (K. Schmidt JuS 06, 4 f). **b)** Der von der natürlichen Person (Rn 2) verfolgte **Geschäftszweck** liegt in ihrer 3 Privatsphäre oder im Bereich ihrer unselbstständigen Berufstätigkeit. Der innere Wille allein entscheidet nicht; maßgebend ist der Inhalt des RGeschäfts (Auslegung), maW: „Es kommt darauf an, ob das Verhalten der Sache nach [dh obj] dem privaten – dann Verbraucherhandeln – oder dem gewerblich-beruflichen Bereich – dann Unternehmertum – zuzuordnen ist" (BGH NJW 08, 436; sa 09, 3780 f, dazu Faust JuS 10, 254 ff). Bsp: Erwerb einer Robe durch freiberuflichen (nicht: durch angestellten, da nicht selbstständig beruflich tätigen) Anwalt (die Selbstständigkeit ist europarechtlich nicht gefordert, aber zulässig, s HausTürRiLi 2, 8). Grund: kein Schutzbedürfnis für Freiberufler. Nach BAG NJW 05, 3308 (krit Löwisch BB 05, 2583) ist der AN „Verbraucher" bei Abschluss des Arbeitsvertrags, was nicht bedeute, dass die Verbraucherschutzvorschriften durchweg anwendbar wären, sie könnten ges oder aus systematischteleologischen Gründen unanwendbar sein (so gilt § 288 II nicht für Ansprüche aus Arbeitsverhältnissen, BAG BB 05, 1396), BAG NJW 05, 3308 f. Schutzbedürfnis iSd Verbraucherschutzes besteht auch nicht bei **Doppelverwendung** im privaten und im freiberuflichen oder gewerblichen Bereich, zB des Pkw eines freiberuflichen Anwalts. Doppelverwendung macht einen nicht schutzbedürftigen Freiberufler nicht zum total schutzbedürftigen Privatmann (Verbraucher), Jauernig, FS Schlechtriem, 2003, S 569 ff, zust Ullmann NJW 98, 966; BaR/Schmidt-Räntsch 12; Ulmer § 310, 63 (gegen fr); MK/Basedow § 310, 53 (gegen fr); MK/S. Lorenz § 474, 25 (gegen fr); im Grundsatz auch Wolf/ Neuner, AT, § 15 Rn 13. Wenig klar MK/Micklitz 44. Sa EuGH NJW 05, 654 f zu EuGVÜ 13–15 (sachlich gleich EuGVVO 15–17): Beruflichgewerbliche Tätigkeit ist für den Verbraucherstatus dann irrelevant, wenn sie eine ganz untergeordnete Rolle spielt; Überwiegen des privaten Zwecks genügt für den Verbraucherstatus nicht. Daher abzulehnen: Mischfälle seien stets Verbrauchergeschäfte; Überwiegen des privaten Vertragszwecks genüge (so Pal/Ellenberger 4; MK/Schürnbrand § 491, 21 mwN). So aber ab **13.6.2014** geänderter Normtext (s Rn 1). Bei einem objektiven Verbrauchergeschäft im Zweifel § 13 zu bejahen (BGH NJOZ 12, 887 Tz 25 zum IPR), zB sind Bank- und Börsengeschäfte eines Ingenieurs zur Pflege des eigenen Vermögens grundsätzlich keine berufliche oder gewerbliche Tätigkeit (BGH NJOZ 12, 887 Tz 25 zum IPR). Verbraucher kann auch ein Unternehmer als natürliche Person sein, wenn er rein private Geschäfte tätigt, zB Geburtstagsgeschenke für sein Kind erwirbt. **c) Existenzgründer** werden bei Inanspruchnahme von Finanzierungs- 4 hilfen und Darlehensvermittlung nach Maßgabe der §§ 507, 655e II wie Verbraucher behandelt. **d) Verbraucher ist** – entgegen § 13 – nicht nur, wer ein RGeschäft 5

§§ 14–20, Vor § 21   Buch 1. Abschnitt 1. Personen

abschließt, sondern **auch, dem gegenüber** rechtsgeschäft(sähn)lich **gehandelt** wird,
6 zB §§ 241a, 661a, oder informiert werden muss, zB § 502. **e)** Wer **vortäuscht**, einen
gewerblichen oder freiberuflichen Geschäftszweck zu verfolgen, kann sich nicht auf
7 Verbraucherschutzvorschriften berufen (§ 242; BGH NJW 05, 1045 ff). **f)** Wer sich auf
seinen Verbraucherstatus beruft, trägt dafür die **Darlegungs- und Beweislast** (BGH
NJW 07, 2621).

§ 14 Unternehmer

(1) Unternehmer ist eine natürliche oder juristische Person oder eine rechtsfähige Personengesellschaft, die bei Abschluss eines Rechtsgeschäfts in Ausübung ihrer gewerblichen oder selbständigen beruflichen Tätigkeit handelt.

(2) Eine rechtsfähige Personengesellschaft ist eine Personengesellschaft, die mit der Fähigkeit ausgestattet ist, Rechte zu erwerben und Verbindlichkeiten einzugehen.

1 **1. Allgemeines.** Vgl zunächst § 13 Rn 1. Die Legaldefinition des Unternehmers gilt für das BGB (außer für §§ 631 ff) und das HGB; ie BaR/Schmidt-Räntsch 5, 6. Zur Problematik im Versandhandelsrecht Becker/Föhlisch NJW 05, 3377 ff. Zur Unternehmereigenschaft bei Internet-Auktionen Szczesny/Holthusen NJW 07, 2586 ff.

2 **2. Unternehmer.** Natürliche oder jur Person, die in Ausübung ihrer gewerblichen oder selbstständigen beruflichen Tätigkeit handelt; eine gewerbliche Tätigkeit setzt ein selbstständiges (also nicht: angestelltes, BGH NJW 04, 3040) und planmäßiges, auf eine gewisse Dauer angelegtes Anbieten entgeltlicher Leistungen am Markt voraus, Absicht der Gewinnerzielung nicht nötig (BGH 167, 45); auch bei branchenfremden Nebengeschäften (BGH NJW 11, 3435 Tz 19 zu § 474f) „iZw" Zurechnung entspr HGB 343, 344 (BGH NJW 11, 3435 Tz 19 mwN). Bank- und Börsengeschäfte eines Ingenieurs zur Pflege des eigenen Vermögens grundsätzlich keine berufliche oder gewerbliche Tätigkeit (BGH NJOZ 12, 887 Tz 25 zum IPR). Diesen Personen gleichgestellt sind rechtsfähige Personengesellschaften; das sind Gesellschaften, die Rechte erwerben und Verbindlichkeiten eingehen können **(II)**, eine missglückte Begriffsbildung; denn sie dreht die Definition der Rechtsfähigkeit (Träger von Rechten und Pflichten sein zu können, § 1 Rn 1) um (der Träger von Rechten und Pflichten ist rechtsfähig) und landet so bei einer puren Tautologie (Derleder BB 01, 2487). Sinn hat die Begriffsbildung nur, wenn man zwischen der Rechtsfähigkeit einer jur Person und derjenigen der in II genannten „rechtsfähigen" Personengesellschaften unterscheidet (vgl Rn 1 vor § 21). Zu den **Gesellschaften iSv II** gehören OHG, KG, PartG, EWIV, ferner nach verbreiteter Meinung auch die GbR (Ulmer § 24, 12: Organisationsform spiele für § 14 keine Rolle; ähnlich MK/Micklitz 10 mwN; sa Rn 1, 4 vor § 21). Als Unternehmer kommen nicht nur Kaufleute in Betracht, sondern zB auch Freiberufler (Ärzte, Anwälte usw), Handwerker, Landwirte als Gewerbetreibende, Existenzgründer (ausgenommen der Fall § 13 Rn 4, s BGH 162, 256 ff). „Abschluss" eines RGeschäfts ist wie bei § 13 (dort Rn 5) zu eng.

§§ 15–20 *(weggefallen)*

Titel 2. Juristische Personen

Vorbemerkungen

1 **1. Begriff. a)** Die jur Person ist die **rechtstechnische Zusammenfassung** von Personen oder Gegenständen zu einer rechtlich geordneten, rechtsfähigen Organisa-

Titel 2. Juristische Personen   Vor § 21

tion. Die Zuerkennung der Rechtsfähigkeit bedeutet *rechtliche Verselbstständigung der Organisation,* insbes gegenüber ihren Mitgliedern. Daher haftet für Schulden der jur Person idR nur diese, kein Durchgriff auf die Mitglieder (s BGH 102, 103; 125, 368; zu den Ausnahmen Haberlandt BB 80, 847 mN). Diese Definition und Bedeutung der Rechtsfähigkeit ist in der neueren Gesetzgebung auf die jur Person beschränkt worden (zum folgenden sa Ulmer ZIP 01, 589). So kreierte § 1059 II aF = § 14 II (sa StGB 14 I Nr 2, OWiG 29 I Nr 3, 30 I Nr 3) die „rechtsfähige Personengesellschaft", deren „Rechtsfähigkeit" auf einer Umkehrung des bisherigen Begriffs der Rechtsfähigkeit beruht: **Rechtsfähigkeit ist nicht die Voraussetzung, sondern** die **Folge** davon, dass die Gesellschaft Träger von Rechten und Pflichten sein kann. Folglich bedeutet Rechtsfähigkeit der „rechtsfähigen Personengesellschaft" auch nicht mehr die rechtliche Verselbstständigung der Organisation gegenüber ihren Mitgliedern mit der Folge, dass ein Haftungsdurchgriff auf die Mitglieder ausgeschlossen ist (sa BGH NJW 07, 2845). Zu den **Gesellschaften iSv § 14 II** gehören: OHG („rechtsfähig" iSv § 14 II: HGB 124, verbunden mit akzessorischer Gesellschafterhaftung gem HGB 128, BGH NJW 02, 369, ferner KG, PartG und EWIV (die Regelung für diese 3 Gesellschaftsformen stimmt weitgehend mit der für die OHG überein: HGB 161 II, PartGG 7 II, 8 I, EWIVV 1 II, 24 I [abw II von HGB 128]). Alle genannten Gesellschaften sind registriert. Nach hM gehört, unabhängig von § 14 II und obwohl nicht registrierungsfähig, auch die **Außen-GbR** zu den rechtsfähigen Personengesellschaften; ihr kommt nach BGH 146, 341 ff „beschränkte" Rechtsfähigkeit zu; dazu Rn 4. In die neuere Terminologie unterschiedlicher Rechtsfähigkeiten fügt sich **InsO 11** ein: Nach Abs 1 sind natürliche und jur Personen gleichgeordnet insolvenzfähig, nach Abs 2 „Gesellschaften ohne Rechtspersönlichkeit", nämlich OHG, KG, PartG, GbR, Partenreederei, EWIV; die genannten Gesellschaften sind nicht rechtsfähig wie jur Personen und daher getrennt von diesen in InsO 11 II aufgeführt. Die Terminologie ist verwirrend; so ist zB die OHG nach InsO 14 III eine „rechtsfähige Personengesellschaft" (s § 14 Rn 2), nach InsO 11 II 1 aber eine Gesellschaft *ohne* Rechtspersönlichkeit.
b) Das „Wesen" der jur Person wollen *zahlreiche Theorien* erklären, insbes die 2 Fiktionstheorie (Savigny; dazu vgl aber Flume I 2 § 1) und die Theorie der realen Verbandspersönlichkeit (O. v. Gierke). Die Theorien sind für die praktische Rechtsanwendung nutzlos, ihr Erklärungswert ist gering (§ 26 Rn 1).

2. Arten. a) Im privaten und öffentl Recht gibt es jur Personen. Zu letzteren 3 Anm zu § 89. **b) Jur Personen des Privatrechts** sind *rechtsfähiger Verein und Stiftung* (§§ 21–23, 80). Vereine sind auch AG, KGaA, GmbH, Genossenschaft, VVaG; zur Bedeutung § 21 Rn 3.

3. Abgrenzungen. a) Die BGB-Gesellschaft (§§ 705 ff) ist nach dem Ges der 4 wichtigste nichtrechtsfähige Zusammenschluss von Personen. Das gilt unstr für die sog **Innengesellschaft.** Hingegen ist die sog **Außen-GbR** nach hM „beschränkt" rechtsfähig und folgeweise auch parteifähig (s das „grundlegende" [BGH NJW 08, 1379] Urteil BGH 146, 341 ff; zur Entstehung dieses Versäumnisurteils Prütting, FS Wiedemann, 2002, S 1179 ff; insbes zur prozessualen Wirkungslosigkeit 11. Aufl, vor § 21 Rn 1, 4). Die Zuerkennung („beschränkter") Rechtsfähigkeit samt Parteifähigkeit überzeugt nicht, da der BGH sich unter Führung seines II. ZS „aus der Rolle des Normanwenders in die einer normsetzenden Instanz begeben und sich damit der Bindung an Recht und Gesetz iSv GG 20 III entzogen" hat (BVerfG NJW 06, 1340 in einem anderen Problemfall; wortgleich wiederholt in NJW 11, 837; s ferner Sondervotum zu BVerfG NJW 09, 1469 ff in NJW 09, 1476 ff; zur Problematik Rieble NJW 11, 819 ff; Rüthers NJW 11, 1856). Der „Rollenwechsel" vom Gericht zum Normsetzer „hat schwerste Verwerfungen im Immobiliarsachenrecht verursacht" (Kesseler NJW 11, 1909), verdeutlicht vom V. ZS (BGH NJW 08, 1379): Auflassung an und Eintragung im Grundbuch von mehreren Personen „als Gesellschafter in GbR" habe nicht diesen, sondern der GbR Eigentum verschafft; weil dem so sei, sei die GbR rechtsfähig, was die Fähigkeit umfasse, Grund-

stückseigentümerin zu sein (Zirkelschluss). Auf die Frage der Grundbuchfähigkeit der GbR komme es insoweit nicht an, da die GbR (durch die Eintragung der Gesellschafter!) Eigentum erworben habe. Soweit es darauf ankomme, führe die Anerkennung der Teilrechtsfähigkeit dazu, dass das nicht mehr „passende" Verfahrensrecht an das geänderte Verständnis (der Rspr!) vom Wesen der GbR anzupassen sei, und zwar vom Gesetzgeber(!), dem diese Aufgabe „vorbehalten" sei. Umgekehrt wird ein Schuh daraus: Das „Wesen" der (Außen-)GbR nach 100 Jahren grundlegend zu ändern, ist dem Gesetzgeber, nicht den Gerichten vorbehalten; geschieht das, so ist es eine weitere(!) Aufgabe des Gesetzgebers zu entscheiden, ob und welche Folgeänderungen des Verfahrensrechts deshalb notwendig sind. Mit Beschluss v 4.12.2008 hat der BGH (BGH 179, 102 ff) – V. ZS – die „formelle" Grundbuchfähigkeit der GbR anerkannt, dh sie könne unter ihrem Namen als Grundstückseigentümerin oder Inhaberin eines Grundstücksrechts im Grundbuch eingetragen werden, trage sie keinen Namen, so werde sie als „GbR bestehend aus ..." und den Namen ihrer Gesellschafter im Grundbuch eingetragen. Diese Rspr hat der Gesetzgeber im ERVGBG durch Einfügung von GBO 47 II 1 (mit Wirkung v 18.8.2009) dahin korrigiert, dass die Eintragung der GbR allein unter ihrem Namen (ohne Eintragung der Gesellschafter) unzulässig ist, maW die GbR ist (formell) grundbuchunfähig (Böttcher NJW 10, 1654 f) offen lassend BGH NJW 06, 3716 f. – Die Kammerentscheidung des BVerfG (JZ 03, 43 f = NJW 02, 3533) folgt ohne Problemerfassung der Rspr des BGH (dazu zutr Stürner Anm JZ 03, 44 f). – **Handelsrechtliche Sonderformen** der GbR sind *OHG* und *KG* (HGB 105, 161), die aber der jur Person stark angenähert sind (RG 171, 52 f; Windbichler, GesellschaftsR, § 12, 5); *nicht handelsrechtliche Sonderform,* aber der OHG weitestgehend angeglichen, ist die *PartG* (PartGG 7 II, 8 I). Der *nichtrechtsfähige Verein* unterliegt zwar nach § 54 S 1 dem Gesellschaftsrecht, ist aber weitgehend dem rechtsfähigen
5 gleichgestellt (§ 54 Rn 12–15). **b) Gesamthandsgemeinschaften** sind die in Rn 4 genannten nichtrechtsfähigen Gebilde sowie Gütergemeinschaft, § 1416, und Erbengemeinschaft, § 2032. Inhaber des Gesamthandsvermögens sind alle Gesamthänder gemeinsam, nicht eine von ihnen verschiedene jur Person. Ie bestehen sehr unterschiedliche ges Regelungen. Die BGB-Gemeinschaft (§§ 741 ff) ist nicht Gesamthands-, sondern *Bruchteilsgemeinschaft* (§ 741 aE).

6 **4. Entstehung.** Die Entstehung jur Personen des Privatrechts kann vom Staat unterschiedlich stark beeinflusst werden (rechtspolitische Entscheidung!). Man unterscheidet *drei Systeme,* die praktisch nicht rein, sondern vielfältig vermischt vor-
7 kommen. **a) Konzessionssystem.** Staatliche Genehmigung oder Verleihung nötig (so für Stiftung, § 80: „Anerkennung"); sa § 22 Rn 2 zur Vereinbarkeit mit GG
8 9 I. **b) System der Normativbestimmungen.** Allg Erlaubnis bei Einhaltung von Mindestanforderungen, was von Staats wegen überprüft wird. Bei positivem Prüfungsergebnis schließt sich idR konstitutive Registereintragung an. So für AG (AktG 38, 41 I 1), KGaA (AktG 278 III), GmbH (GmbHG 9c, 11 I), für Genossenschaften
9 (GenG 11a, 13), eingeschränkt für Idealvereine (§§ 21, 55 ff). **c) System der freien Körperschaftsbildung.** Allg Erlaubnis wie bei Rn 8, aber ohne staatliche Überprüfung. Gilt für die Bundestagsfraktionen (arg AbgG 45, 46 I): rechtsfähige Vereinigungen; Landtagsfraktionen sind nach Stuttgart NJW-RR 04, 620 nichtrechtsfähige Vereine), in der Schweiz für den Idealverein (SchwZGB 60 I).

10 **5. Grenzen der Rechtsfähigkeit. a) Der satzungsgemäße Zweck** begrenzt nicht (anders für jur Personen des öffentl Rechts; BGH 20, 126 lässt insoweit offen, sa BGH 119, 242 f; § 89 Rn 5), wohl aber der *Regelungsgegenstand* (zB Ehe, Verwandtschaft), *Zweck des betr Rechtssatzes* (jur Person kann zB nicht Schiedsrichter sein, arg ZPO 1036 [s StJ/Schlosser § 1036, 2], aber Prozessbevollmächtigte [Jauernig, ZPR, § 20 II 1a; jetzt BRAO § 59l: RechtsanwaltsgesellschaftsmbH]) oder *ausdr ges Anordnung* (zB InsO 56 I für Insolvenzverwalter). **b) Zur Grundrechtsfähigkeit:** GG 19 III.

6. Öffentl Vereinsrecht. a) Es erfasst idR nicht nur Vereine iSd BGB, sondern 11 auch die GbR usw (vgl GG 9 I). **b) Die Vereinigungsfreiheit** steht allen Deutschen als Grundrecht zu, GG 9 I (zum Inhalt BVerfG NJW 91, 2626; BGH 142, 311 f), das immanent (BVerfG 30, 243) und durch GG 9 II (dazu VereinsG) begrenzt ist. Ihre bes Ausprägung ist die *Koalitionsfreiheit,* GG 9 III (dazu BGH NJW 73, 36; BAG BB 03, 1130 f). **c) Politische Parteien** unterstehen ohne Rücksicht auf ihre Rechtsform weithin einer Sonderregelung (GG 21; ParteienG), dennoch sind sie Vereine.

Untertitel 1. Vereine

Kapitel 1. Allgemeine Vorschriften

§ 21 Nicht wirtschaftlicher Verein

Ein Verein, dessen Zweck nicht auf einen wirtschaftlichen Geschäftsbetrieb gerichtet ist, erlangt Rechtsfähigkeit durch Eintragung in das Vereinsregister des zuständigen Amtsgerichts.

Lit: Reichert, Handbuch des Vereins- und Verbandsrechts, 12. Aufl 2009; Sauter/Schweyer/ Waldner, Der eingetragene Verein, 19. Aufl 2010; K. Schmidt, Verbandszweck und Rechtsfähigkeit im Vereinsrecht, 1984 (dazu Reuter ZHR 151, 237); Stöber, Handbuch zum Vereinsrecht, 9. Aufl 2004.

1. Allgemeines zu §§ 21–54. a) Begriff. Der Verein ist ein auf Dauer angeleg- 1 ter Zusammenschluss von Personen (natürlichen, jur, auch OHG, KG, nichtrechtsfähiger Verein [§ 54 Rn 14], nach hM auch GbR, die als Teilnehmerin am Rechtsverkehr grundsätzlich jede Rechtsposition einnehmen könne, BGH 116, 88; 146, 343 [dieses Versäumnisurteil ist beseitigt, Rn 1 vor § 21]) zur Verwirklichung eines gemeinsamen Zwecks mit körperschaftlicher Verfassung (Vorstand, Mitgliederversammlung als Organe), Gesamtnamen, Auftreten nach außen als Einheit, Unabhängigkeit vom Mitgliederwechsel (LM Nr 11 zu § 31). Dadurch *unterscheidet* er sich von der *BGB-Gesellschaft* (§§ 705 ff), die zwar ähnlich wie ein Verein zB Namen und Organe besitzen kann, aber diese Kennzeichen nicht notwendig aufweisen muss. Fließende Übergänge möglich (BGH NJW 79, 2305: Gesellschaft – nichtrechtsfähiger Verein). Zur GbR Rn 1, 4 vor § 21. Die Bezeichnung, zB als Gesellschaft, Stiftung (Frankfurt/M NJW-RR 02, 176 f) oder Verein (s Rn 5), ist für die Rechtsform nicht entscheidend (Namensbsp in Rn 5). **b) VereinsG 2** hat anderen Vereinsbegriff, er erfasst auch die GbR, aber zB nicht eine Ein-Mann-AG. **c) Der** 2 **Verein iSd BGB** ist rechtsfähig (§§ 21–53) oder nicht rechtsfähig (§ 54). Bei den rechtsfähigen sind inländische (§§ 21 f) und ausländische (§ 23), bei den inländischen (auch den nichtrechtsfähigen, § 54 Rn 4) sind wirtschaftliche und nichtwirtschaftliche, sog Idealvereine, zu unterscheiden. **d) Außerhalb des BGB** gibt es auch 3 Vereine (Rn 3 vor § 21); für sie gelten §§ 21–53 grundsätzlich ebenfalls, insbes §§ 29– 31, 35, Sonderregelungen vorbehalten.

2. Idealverein, § 21. a) Begriff. Der Idealverein ist die Negation des wirtschaft- 4 lichen (§ 22); denn er ist (als inländischer, arg § 23) eintragungsfähig (§ 21), wenn er „*nicht* auf einen wirtschaftlichen Geschäftsbetrieb gerichtet", dh dass er weder auftritt als ein genossenschaftlicher Verein noch als unternehmerischer Verein, der eine planmäßige, anbietende, entgeltliche Tätigkeit an einem äußeren Markt noch eine derartige Tätigkeit gegenüber seinen Mitgliedern im Sinne eines inneren Marktes entfaltet (grundlegend K. Schmidt, vgl Rpfleger 88, 45 ff mN); BVerwG NJW 98, 1166; BayObLG NJW-RR 99, 765; Hamm NJW-RR 03, 899; die Absicht, Gewinn zu erzielen, ist nicht erforderlich, Frankfurt/M NJW-RR 06, 1698; sa §§ 41–44 Rn 5. Ein wirtschaftlicher Geschäftsbetrieb ist nicht eintragungshindernd, wenn er nur eine *Nebentätigkeit* gegenüber der nichtunternehmerischen Haupttätig-

keit des Vereins darstellt (Nebenzweck-, besser **Nebentätigkeitsprivileg**). Nach welchem (obj oder subj) Maßstab eine Tätigkeit als „Neben"-Tätigkeit qualifiziert wird, ist str (s Hemmerich BB 83, 333 mN. – BGH 85, 88 f, 93 f verwendet obj [funktionale Unterordnung] *und* subj Maßstab [idealer Hauptzweck]; sa BVerwG NJW 98, 1166). Das Fehlen eines wirtschaftlichen Geschäftsbetriebs als Haupttätigkeit macht bes Verkehrsschutz bei Idealvereins entbehrlich, seine Existenz beim wirtschaftlichen Verein notwendig (darauf beruhen § 22 und die Bedeutung seiner
5 Abgrenzung von § 21), BVerwG NJW 98, 1166 mN. **b) Bsp** für Idealverein: Max-Planck-Gesellschaft, Studienstiftung des deutschen Volkes (zur Bezeichnung Rn 1), Verein zur unentgeltlichen Mitgliederberatung in Lohnsteuerfragen (Celle NJW 76, 197, str), Vereine zur Förderung allg wirtschaftlicher ua Interessen ihrer Mitglieder wie Anwalts-, Ärzte-, Mieter-, Haus- und Grundbesitzervereine (vgl RG 133, 176 f; Stuttgart OLGZ 70, 417 f), Werkskantinenverein (BayObLG MDR 74, 400), Sportvereine (str für Fußballgroßvereine mit Profimannschaften und Millionenumsätzen; zur Ausgliederung der Profiabteilungen in AG oder GmbH s allg Hemmerich BB 83, 26 ff, auch BGH 85, 88 ff).

6 **3. Eintragung. a) Eintragung** (§§ 55 ff) wirkt *konstitutiv* (§ 21); Pflicht zur Anmeldung und Registrierung ist mit GG 9 I vereinbar (MD Art 9, 58, 80). Zu
7 Eintragungsmängeln Rn 2 vor § 55. **b) Vor Eintragung** besteht ein *nichtrechtsfähiger Verein*. Seine Rechte und Pflichten treffen mit Eintragung (§ 21) automatisch den rechtsfähigen Verein; denn beide Vereine sind identisch (hM, vgl StWeick 31; sa BGH 17, 387). – Bes gelagert ist die Problematik der Vorgesellschaft einer Kapitalgesellschaft (AG, GmbH) oder Genossenschaft (BGH 120, 105 ff: Vor-GmbH).

§ 22 Wirtschaftlicher Verein

¹Ein Verein, dessen Zweck auf einen wirtschaftlichen Geschäftsbetrieb gerichtet ist, erlangt in Ermangelung besonderer bundesgesetzlicher Vorschriften Rechtsfähigkeit durch staatliche Verleihung. ²Die Verleihung steht dem Land zu, in dessen Gebiet der Verein seinen Sitz hat.

1 **1. Allgemeines.** Zum *Begriff* des wirtschaftlichen Vereins § 21 Rn 4. Bes bundesges Vorschriften sind zB AktG, GenG, GmbHG. Vereinssitz: § 24.

2 **2. Bundesges Vorschriften. § 22 setzt voraus,** dass bes **bundesges Vorschriften fehlen,** kraft deren ein wirtschaftlicher Verein Rechtsfähigkeit erlangen kann. Sie fehlen praktisch nie, weil Erwerb der Rechtsfähigkeit bei Erfüllung der ges Normativbestimmungen (Rn 1) stets möglich ist. BVerwG 58, 31 f; NJW 98, 1166 halten § 22 (schon) für anwendbar, wenn die Erfüllung der bundesges Normativbestimmungen wegen bes – dh atypischer – Umstände für Vereinigung unzumutbar ist (zust BGH 85, 89). Da solche Umstände unauffindbar sind, ist § 22 gegenstandslos (vgl K. Schmidt AcP 182, 36; s aber Schulze NJW 91, 3264: GEMA). Davon abgesehen ist das Konzessionssystem (Rn 7 vor § 21) des § 22 mit GG 9 I (Vereinigungsfreiheit) vereinbar (hM; iE ebenso BVerwG 58, 33 f).

§ 23 *(aufgehoben)*

§ 24 Sitz

Als Sitz eines Vereins gilt, wenn nicht ein anderes bestimmt ist, der Ort, an welchem die Verwaltung geführt wird.

1 **Sitz.** Entspricht dem Wohnsitz (§§ 7 ff). Eingetragener Verein muss Sitz in Satzung bestimmen (§ 57 I). *Freie Bestimmung* durch Satzung möglich (hM), § 24 gibt Hilfsregel. Satzungssitz und Verwaltungssitz können auseinanderfallen; ersterer geht

vor (RG JW 18, 305; hM), doch kann Sitzwahl rechtsmissbräuchlich sein (zB: keine Aktivitäten am Sitz), LG Berlin NJW-RR 99, 335 f. **Mehrfacher Sitz** ist idR ausgeschlossen (MK/Reuter 7; str). Sitzverlegung ist Satzungsänderung (für eV §§ 57 I, 71).

§ 25 Verfassung

Die Verfassung eines rechtsfähigen Vereins wird, soweit sie nicht auf den nachfolgenden Vorschriften beruht, durch die Vereinssatzung bestimmt.

1. Allgemeines. a) Die Verfassung als „GG" des Vereinslebens muss für dieses 1 die Grundentscheidungen enthalten (BGH 105, 313 ff); was dazugehört, ist str (vgl BGH WM 84, 553; Reuter ZHR 148, 523 ff), jedenfalls Bestimmungen über Namen, Sitz, Zweck des Vereins, Beitragspflicht, Erwerb und Ende der Mitgliedschaft, Bildung und Kompetenzen der Vereinsorgane. Die Verfassung wird bestimmt durch die Satzung (für eV vgl §§ 57 f; BGH 105, 313) sowie durch zwingende und satzungsergänzende ges Vorschriften (§ 40 mit §§ 26 ff). Zwingend ist auch die Gleichbehandlung der Mitglieder (vgl BGH 55, 387 und § 35 Rn 2). **b) Satzung.** 2 Ihre Rechtsnatur ist str (Vertrag; obj Rechtsnorm von Anfang an oder sobald Verein entstanden ist), unbedachte begriffsjur Ableitung von Rechtsfolgen gefährlich (zB bzgl § 305 I 1). Satzungsinhalt ist begrenzt durch zwingendes Vereinsrecht (Rn 1), §§ 134, 138. Nichtigkeit ohne weiteres beachtlich (BGH NJW 71, 880). Bei Nichtigkeit einer Einzelbestimmung bleibt Satzung, wenn möglich, iü bestehen, § 139 gilt nicht (BGH 47, 180). Auslegung nur einheitlich und aus der Satzung selbst heraus (BGH 113, 240) unter Berücksichtigung dessen, was die Satzungsadressaten als solche wissen (BGH 63, 290); § 133 anwendbar (BGH 96, 250). Satzungen sozialmächtiger Vereine sind auf inhaltliche Angemessenheit (§ 242) überprüfbar (BGH 142, 306 mN). Willensmängel der Gründer berühren Bestand der Satzung nicht (BGH 47, 180).

2. Vereinsstrafe. a) Als privatrechtliche Straf- oder Disziplinarmaß- 3 **nahme** richtet sie sich gegen *Verletzung von Mitgliedspflichten*. Sie muss zZ der Pflichtverletzung (BGH 55, 385) in der Satzung rechtsgültig (§§ 134, 138!) vorgesehen sein (BGH 21, 373), sowohl tatbestandsmäßig (Generalklausel, zB wichtiger Grund, genügt) als auch der Art nach (zB Verweis, Geldstrafe, [Straf-]Ausschluss, der vom Kündigungsausschluss, dem Gegenstück zum Vereinsaustritt [s BGH 9, 162; str], zu unterscheiden ist, vgl Reuter NJW 87, 2401 ff). Verhalten Dritter ist dem Mitglied idR nur bei entspr Satzungsinhalt zurechenbar (BGH NJW 72, 1893). Verschulden des Mitglieds ist stets erforderlich, § 278 gilt nicht (MK/Reuter 46; aA BGH 29, 359; NJW 72, 1893). Vereinsstrafe nur gegen Mitglieder während Mitgliedschaft möglich (BGH MDR 80, 737; aber vertragliche Unterwerfung eines Nichtmitglieds unter Vereinsgewalt möglich, BGH 128, 96 f; BAG NJW 80, 470 [dann Vertrags-, nicht Vereinsstrafe; aA BGH aaO]). Satzungsgemäßes Verfahren ist einzuhalten, rechtliches Gehör stets zu gewähren (BGH 55, 391). Zur Entscheidung kann kraft Satzung Vorstand (einschr BGH 90, 94 f), Mitgliederversammlung, Vereins„gericht" (ZPO 1025 f sind anwendbar, BGH 159, 210 f) berufen sein. **b) Gerichtl Kon-** 4 **trolle** ist nur durch Bestellung eines (wirklichen) *Schiedsgerichts* abdingbar. Die Schiedsklausel gehört im Wesentlichen in die Satzung (BGH 88, 316); ZPO 1066 gilt bei Freiheit des Ein- und Austritts grundsätzlich entspr (nach aA: direkt), mangelt es daran, so gilt ZPO 1031. Zum fr Recht (ZPO 1027, 1048 aF) BGH 144, 148 ff; zu ZPO 1066, 1031 im Anschluss an BGH 144, 146 ff differenzierend und verallgemeinernd StJ/Schlosser § 1066, 10–13; sa BGH 159, 211). – Gerichtl Kontrolle von Entscheidungen eines *„Vereinsgerichts"* ist grundsätzlich erst möglich, wenn vereinsinterner Instanzenzug durchlaufen (BGH 128, 109 f). Die *Tatsachenermittlung* unterliegt uneingeschränkt gerichtl Nachprüfung (BGH 87, 344 gegen fr), daher sind jedenfalls im Vereinsstrafverfahren die Strafgründe konkret zu benennen (BGH NJW 90, 41 f). Iü wird nach hM der Strafbeschluss wegen der Vereinsautonomie nur auf Ges- und Sittenwidrigkeit (bei Aufnahmezwang auch das Vorliegen eines sachlichen Grundes zum Ausschluss, BGH NJW 97, 3370), auf formelle Ordnungsmäßigkeit (dazu gehören ua satzungsmäßige Grundlage, Einhaltung des vorgesehenen Verfahrens und allg gültiger Verfahrensgrundsätze wie das rechtliche Gehör und auf offenbare Unbilligkeit geprüft (BGH NJW 97, 3368; stRspr). **c) Kritik.** Die Strafgewalt des Vereins über seine Mitglieder beruht auf seiner *Unterwerfung durch Beitritt* (BGH 13, 11; 47, 385; abl SoeHadding 38 mN: Vertrags-, nicht Vereinsstrafe). Unterwerfung durch Beitritt kann aber Strafgewalt nur rechtfertigen, wenn Beitritt willkürlich. Willkür als Freiheit von Sachzwängen fehlt, wenn Mitgliedschaft von so erheblicher Bedeutung ist, dass für Verein idR Aufnahmezwang (§ 38 Rn 2) besteht. Hier sind Vereinsstrafen unzulässig; es gibt nur tatbestandsabhängige „Vertrags"-Geldstrafe iSv § 343 statt Vereinsgeldstrafe, nur Kündigung aus wichtigem Grund statt Ausschließung, alles gerichtl voll überprüfbar (zum Zusammenhang von Aufnahmezwang und richterlicher Prüfung sa BGH NJW 91, 485 [dazu BVerfG NZA 93, 655]; 94, 43); zur Bestellung eines Schiedsgerichts gem ZPO 1066 s Rn 4. Für verbleibende Vereinsstrafen ist eine erweiterte gerichtl Kontrolle in tatsächlicher und rechtlicher Hinsicht angebracht (Meyer-Cording JZ 59, 652 f mwN; für umfassende Kontrolle Beuthien BB 68, Beil 12). **d) Ausschluss aus politischer Partei** richtet sich nach ParteienG 10 IV, V (s BVerfG NJW 02, 2227 f), nicht „allg" Vereinsstrafrecht (ungenau BGH NJW 94, 2611 f).

3. Sonstige Beschlüsse. Andere als Strafbeschlüsse. (Rn 3–5) sind nur auf Ges-, Satzungs-, Sittenwidrigkeit und offenbare Unbilligkeit zu prüfen (LM Nr 2 zu § 35; Ausnahme § 35 Rn 3).

§ 26 Vorstand; Vertretung

(1) ¹**Der Verein muss einen Vorstand haben.** ²**Der Vorstand vertritt den Verein gerichtlich und außergerichtlich; er hat die Stellung eines gesetzlichen Vertreters.** ³**Der Umfang der Vertretungsmacht kann durch die Satzung mit Wirkung gegen Dritte beschränkt werden.**

(2) ¹**Besteht der Vorstand aus mehreren Personen, so wird der Verein durch die Mehrheit der Vorstandsmitglieder vertreten.** ²**Ist eine Willenserklärung gegenüber einem Verein abzugeben, so genügt die Abgabe gegenüber einem Mitglied des Vorstands.**

1. Allgemeines. § 26 ist *satzungsfest*, § 40. Vorstand ist nur, wer den Verein satzungsgemäß nach außen vertritt (I 2). Das ist oft nicht der Vorstand iSd Satzung (vgl aber § 58 Nr 3 für eV), sondern ein engerer Personenkreis oder eine Einzelperson. Vertretungsmacht beruht auf Organstellung. Vorstand wird ges Vertreter genannt (I 2 HS 2; § 164 Rn 6), obwohl nicht er für den Verein, sondern der Verein durch ihn handelt, der Verein also handlungsfähig ist (StWeick 52–54, 56 Einl §§ 21–89: Organtheorie, hM; sa Rn 2 vor § 21; § 31 Rn 1).

2. Bildung und Zusammensetzung. Wird durch Satzung geregelt. Schweigt sie, so entscheidet die Mitgliederversammlung (§§ 27 I, 40). Vorstandsmitglied muss nicht Vereinsmitglied sein („Drittorganschaft"), Satzung kann es aber vorschreiben.

3. Vertretungsmacht. a) Umfang ist grundsätzlich nur durch eindeutige (BGH NJW-RR 96, 866) Satzungsbestimmung *einschränkbar (I 3)*, bei eV gilt § 70. Vertretungsmacht fehlt ohne weiteres (§ 70 unanwendbar), wenn Vorstand seine organschaftliche Kompetenz durch Eingriff in die Kompetenz eines anderen Organs verlässt (zB durch Verpflichtung zur Satzungsänderung, wofür Mitgliederversammlung zuständig, BGH JZ 53, 475) oder wenn Handeln für Dritte offensichtlich völlig außerhalb des Vereinszwecks liegt (Säcker DB 86, 1504 f mN, hM; aA SoeHadding 20 mN: Frage des Missbrauchs der Vertretungsmacht). **b) Bei mehrköpfigem Vorstand** gilt das Mehrheitsprinzip, II 1 (zB drei von fünf), sofern Satzung nicht

Titel 2. Juristische Personen §§ 27–29

Gesamtvertretung (alle zusammen) oder Einzelvertretung (jeder allein, BGH 69, 252 ff) vorsieht (§ 167 Rn 5). **Passivvertretung** ist zwingend (§ 40) Einzelvertretung, II 2; sa § 167 Rn 5 (b). II 2 gilt entspr für Kenntnis und Kennenmüssen rechtserheblicher Tatsachen (BGH 109, 330 f mN zu § 28 II aF). **c) Im Innenverhältnis** 5 (vgl § 27 III) kann Vertretungsbefugnis eingeschränkt sein. Bei mehrköpfigem Vorstand decken sich der Umfang von Geschäftsführungsbefugnis und Vertretungsmacht (und umgekehrt), außer bei abw Satzung (BGH 119, 381).

§ 27 Bestellung und Geschäftsführung des Vorstands

(1) Die Bestellung des Vorstands erfolgt durch Beschluss der Mitgliederversammlung.

(2) ¹Die Bestellung ist jederzeit widerruflich, unbeschadet des Anspruchs auf die vertragsmäßige Vergütung. ²Die Widerruflichkeit kann durch die Satzung auf den Fall beschränkt werden, dass ein wichtiger Grund für den Widerruf vorliegt; ein solcher Grund ist insbesondere grobe Pflichtverletzung oder Unfähigkeit zur ordnungsmäßigen Geschäftsführung.

(3) Auf die Geschäftsführung des Vorstands finden die für den Auftrag geltenden Vorschriften der §§ 664 bis 670 entsprechende Anwendung.

1. Allgemeines. a) Bestellung. Sie bedarf der Zustimmung des Bestellten (hM, 1 vgl BGH NJW 75, 2101). **I** abdingbar, § 40. Satzung kann Bestellung durch Dritten vorsehen (zB Aufsichtsrat, Kooptation), sofern Mitgliederversammlung andere wichtige Befugnisse behält. Mangels abw Satzung sind Bestellungs- und Anstellungsorgan identisch (BGH 113, 241 ff). **b) Ende des Amtes.** Widerruf aus wichtigem 2 Grund stets möglich, **II** (satzungsfest: § 40); zuständig: wer bestellt (Rn 1) oder wen Satzung bestimmt (s BGH 90, 95). Bsp für weitere Endigungsgründe: Ende der Vereinsmitgliedschaft (Celle MDR 80, 576) oder der Amtszeit (wenn in der Satzung bestimmt), Tod, Amtsniederlegung (sie liegt idR in der Kündigung des Anstellungsverhältnisses und ist bei unentgeltlicher Tätigkeit jederzeit, § 671 I [s aber dort II], sonst gem §§ 621 f, 626 f möglich).

2. Innenverhältnis (III). Im Innenverhältnis gilt Auftragsrecht; abdingbar, § 40. 3 Auskunftspflicht gegenüber einzelnem Mitglied nur in Mitgliederversammlung (KG NJW-RR 99, 1486 mN). Entlastung des Vorstands ist Verzicht auf etwaige Ersatzansprüche (vgl BGH 106, 202; anders AktG 120 II 2), die bei sorgfältiger Prüfung erkennbar waren (BGH NJW-RR 88, 748 mN). Zuständig ist das durch die Satzung bestimmte Organ. Anspruch auf Entlastung besteht nicht (Köln NJW-RR 97, 483).

§ 28 Beschlussfassung des Vorstands

Bei einem Vorstand, der aus mehreren Personen besteht, erfolgt die Beschlussfassung nach den für die Beschlüsse der Mitglieder des Vereins geltenden Vorschriften der §§ 32 und 34.

Beschlussfassung eines mehrköpfigen Vorstands. Richtet sich nach der Sat- 1 zung (§ 40), hilfsweise nach § 28 (s Anm zu §§ 32, 34). Dazu BGH 69, 252 ff.

§ 29 Notbestellung durch Amtsgericht

Soweit die erforderlichen Mitglieder des Vorstands fehlen, sind sie in dringenden Fällen für die Zeit bis zur Behebung des Mangels auf Antrag eines Beteiligten von dem Amtsgericht zu bestellen, das für den Bezirk, in dem der Verein seinen Sitz hat, das Vereinsregister führt.

1. Voraussetzungen. Ohne beschluss- und vertretungsfähigen Vorstand ist der 1 Verein gelähmt, daher § 29. **a) Fehlen der erforderlichen Mitglieder,** dh der

Vorstand ist durch Tod, Amtsniederlegung, längere schwere Krankheit oder sonstige dauernde Verhinderung eines oder mehrerer Mitglieder *beschlussunfähig oder* (genügend im Einzelfall nach §§ 28 I, 34 oder § 181) *vertretungsunfähig*. Bestellung eines Prozesspflegers (ZPO 57) ist gegenüber § 29 subsidiär. **b) Dringlichkeit** hängt von den Umständen ab (Bsp in Zweibrücken NJW-RR 01, 1058; München BB 07, 2312). **c) Fehlen muss behebbar** sein. Daher darf Verein nicht offenkundig beendet sein (vgl Frankfurt/M JZ 52, 565 für GmbH).

2 **2. Anwendungsbereich.** Alle jur Personen des Privatrechts (BGH 18, 337: Genossenschaft; München BB 07, 2312: GmbH), Sondervorschriften vorbehalten (zB AktG 85), ferner nichtrechtsfähiger Verein (LG Berlin NJW 70, 1047 mN; str); *nicht:* OHG, KG (differenzierend SoeHadding 3), politische Parteien (Hamm NJW-RR 89, 1533; aA MK/Reuter 7 mN).

3 **3. Verfahren.** Zur Zuständigkeit § 55, RPflG 3 Nr 1 Buchst a, FamFG 377. Verfahren: FamFG 378 ff.

4 **4. Wirkung.** Der Bestellte tritt an die Stelle des fehlenden Vorstands(mitglieds). Eintragung wird mit Vollzug im Register wirksam (FamFG 384 I mit 382 I 2; Bumiller/Harders § 382, 13). Wirksame Bestellung darf Prozessrichter nicht nachprüfen (BGH 24, 51). Bestellung verpflichtet nicht zur Amtsführung; dazu Annahme nötig. Bestellung **endet** bei befristeter Bestellung mit Fristablauf, sonst mit Behebung des Mangels (zB Bestellung eines neuen Geschäftsführers der GmbH). Der Notvorstand hat Vergütungsanspruch gegen Verein (BayObLG NJW 81, 996). Das AG kann Bestellung aufheben; ob nur und auf wessen Antrag, ist str.

§ 30 Besondere Vertreter

¹**Durch die Satzung kann bestimmt werden, dass neben dem Vorstand für gewisse Geschäfte besondere Vertreter zu bestellen sind.** ²**Die Vertretungsmacht eines solchen Vertreters erstreckt sich im Zweifel auf alle Rechtsgeschäfte, die der ihm zugewiesene Geschäftskreis gewöhnlich mit sich bringt.**

1 **1. Allgemeines.** § 30 *ist satzungsfest,* § 40. Bedeutung des § 30 folgt aus § 31 (Haftung! RG 162, 166); er gilt daher wie § 31 auch für jur Personen des § 89 und nichtrechtsfähige Vereine (§ 54 Rn 13). Um § 31 anwenden zu können, nimmt die Rspr Pflicht zur Bestellung nach § 30 an, bei deren Verletzung Bestellung fingiert wird (dazu § 31 Rn 4).

2 **2. Besonderer Vertreter. a) Bestellung nur zulässig,** wenn es Satzung erlaubt. Genügend, dass sie Geschäftskreis vorsieht, für den Vertreter benötigt (BGH
3 NJW 77, 2260). Begriff des Vertreters in § 31 ist weiter (§ 31 Rn 3). **b) Bes Vertreter ist Vereinsorgan** und nach außen im zugewiesenen, örtlich oder sachlich beschränkten Geschäftsbereich selbstständig, zB als Zweigstellenleiter (BGH NJW 77, 2260, aber auch 84, 922 und § 31 Rn 3). Keine Eintragung (arg § 67; aA Bay-
4 ObLG Rpfleger 81, 310 bei Bestellung in der Satzung). **c) Vertretungsmacht** zur Vornahme von RGeschäften ist „iZw", dh *grundsätzlich, beschränkt* auf übliche Geschäfte des zugewiesenen Bereichs. Erweiterung unzulässig. Da Vertretungsmacht nicht nur begrenzt (s S 2), sondern ausgeschlossen werden kann (SoeHadding 9 mN), ist „Vertreter" nicht iSd §§ 164 ff gemeint.

§ 31 Haftung des Vereins für Organe

Der Verein ist für den Schaden verantwortlich, den der Vorstand, ein Mitglied des Vorstands oder ein anderer verfassungsmäßig berufener Vertreter durch eine in Ausführung der ihm zustehenden Verrichtungen

Titel 2. Juristische Personen § 31

begangene, zum Schadensersatz verpflichtende Handlung einem Dritten zufügt.

1. Allgemeines. § 31 *gibt nicht selbst Schadensersatzanspruch,* sondern setzt zum 1 Schadensersatz verpflichtende Handlung eines verfassungsmäßigen Vertreters voraus (BGH 99, 302). Sie kann schuldlos, zB § 231, sogar rechtmäßig, zB § 904, sein. § 31 **rechnet** der jur Person die Handlung **als eigene zu** (Unterschied zu § 278) ohne Exkulpationsmöglichkeit (Unterschied zu § 831); die „Organperson" ist weder Erfüllungs- noch Verrichtungsgehilfe. Daher nur entweder §§ 278, 831 oder § 31 (aber möglich Haftung nach § 31 iVm § 831 bei Auswahlverschulden der Organperson) anwendbar (für § 278 hM, vgl SoeHadding 4 mN; aA BGH NJW 77, 2260 f; Flume I 2 § 11 III 5). § 31 ist *satzungsfest* (§ 40); vertraglich abdingbar nur Haftung für Fahrlässigkeit, § 276 III (§ 278 S 2 unanwendbar; str, vgl o). Verfassungsmäßiger Vertreter kann neben jur Person haften, zB nach § 823 (mit §§ 840, 421 ff); s BGH NJW 96, 1536; einschr Dreher ZGR 92, 22 ff.

2. Tatbestand. a) Anwendungsbereich. Gilt für alle jur Personen, auch des 2 öffentl Rechts (§ 89), nichtrechtsfähige Vereine (§ 54 Rn 13), gewohnheitsrechtlich analog für OHG, KG, entspr für Partnerschaftsgesellschaft (außer bei Haftungskonzentration gem PartGG 8 II: Henssler, FS Vieregge, 1995, S 361 ff; Ulmer/Habersack, FS Brandner, 1996, S 154), EWIV; ebenso für die Außen-GbR, wenn man sie als „beschränkt" rechtsfähig ansieht (dazu krit Rn 1, 4 vor § 21), und sie neben einer gewissen Verselbstständigung des Gesellschaftsvermögens auch eine solche der für die Gesellschaft handelnden „Organe" (s MK/Ulmer § 714, 16, 17) gegenüber den „schlichten" Gesellschaftern aufweist (MK/Ulmer § 705, 263, 264; K. Schmidt NJW 01, 998; BGH 154, 93 ff; 172, 173 ff [für Anwaltssozietät]); ferner für Insolvenzmasse betr Handlungen des Verwalters, weil Rechtslage ähnlich wie bei OHG (sa BGH NJW-RR 06, 696). Unanwendbar auf die natürliche Einzelperson (LM Nr 34 zu § 164; str). **b) Ein verfassungsmäßig berufener Vertreter** muss han- 3 deln. Ds: Vorstand, dessen Mitglieder, Vertreter nach § 30 (§ 30 Rn 3) sowie (in Erweiterung der Organ- zur Repräsentantenhaftung) solche Vertreter im untechnischen Sinn (§ 30 Rn 4), die nicht auf Grund Satzung (anders § 30), sondern nur kraft allg Betriebsregelung und Handhabung wichtige Aufgabenbereiche selbstständig und eigenverantwortlich erfüllen und so die jur Person usw (Rn 2) repräsentieren (Grund der Ausdehnung: Ausschluss der Exkulpation gem § 831; sa KG BB 96, 2427), BGH NJW 98, 1856 mN. Bsp: Zweigstellenleiter ohne satzungsmäßige Verankerung (sonst § 30), Nürnberg NJW-RR 88, 1319 mN (sa § 30 Rn 3); (Kliniks-, auch Abteilungs-)Chefarzt (BGH 101, 218); Sozius einer Anwaltssozietät, auch einer Scheinsozietät (BGH 172, 174 f). Hat andere Person gehandelt, so Haftung nach §§ 278, 831 möglich (Rn 1). **c) Einen Organisationsmangel** nimmt die Rspr 4 (BGH NJW 80, 2811; 82, 1145 mN) an, wenn für die Aufgaben mit selbstständiger Entscheidung und entspr Eigenverantwortung in größerem Handlungsbereich kein bes Vertreter bestellt ist, für den die jur Person ohne Exkulpationsmöglichkeit (§ 831!) gem § 30, 31 haften würde. Folge: Die unterbliebene Bestellung wird fingiert (BGH NJW 98, 1857; NJW-RR 98, 252), führt aber nur bei Kausalität zur („Fiktions"-)Haftung (BGH NJW 82, 1145). Die Fiktionshaftung ist entbehrlich, wenn und weil die Ausdehnung des Vertreterbegriffs iSv § 31 (Rn 3) zur Haftung nach § 31 (zumindest analog) führt. **d) In Ausführung,** nicht nur bei Gelegenheit 5 *der ihm zustehenden Verrichtung* muss der Vertreter handeln. Nötig ist enger obj Zusammenhang zwischen Handlung und Verrichtung, der auch bei Auftragsüberschreitung oder vorsätzlicher unerlaubter Handlung bestehen kann (BGH 172, 175; NJW 98, 1857; für § 89: NJW 86, 2940). Liegt darin zugleich ein rechtsgeschäftliches Handeln ohne Vertretungsmacht (§ 164 Rn 7, 8), so stellt § 179 den Verein usw (Rn 2) von der Haftung frei; str ist, ob und wieweit der Verein dennoch gem § 31 für Schadensersatzpflicht des Vertreters aus §§ 179, 823 ff, cic haften muss (nein: Coing, FS R. Fischer, 1979, S 65 ff; ja: BGH 98, 151 f für §§ 823 II, 826; allg ja: Flume I 2 § 11 III 3 mN). **e) Dritter** kann auch ein Mitglied des Vereins sein (BGH 6

§ 31a

NJW 90, 2878); Vorstandsmitglied dann, wenn es nicht selbst iSv § 31 (mit-)verantwortlich gehandelt hat (BGH NJW 78, 2390).

§ 31a Haftung von Vorstandsmitgliedern

(1) ¹Ein Vorstand, der unentgeltlich tätig ist oder für seine Tätigkeit eine Vergütung erhält, die 500 Euro jährlich nicht übersteigt, haftet dem Verein für einen in Wahrnehmung seiner Vorstandspflichten verursachten Schaden nur bei Vorliegen von Vorsatz oder grober Fahrlässigkeit. ²Satz 1 gilt auch für die Haftung gegenüber den Mitgliedern des Vereins.

(2) ¹Ist ein Vorstand nach Absatz 1 Satz 1 einem anderen zum Ersatz eines in Wahrnehmung seiner Vorstandspflichten verursachten Schadens verpflichtet, so kann er von dem Verein die Befreiung von der Verbindlichkeit verlangen. ²Satz 1 gilt nicht, wenn der Schaden vorsätzlich oder grob fahrlässig verursacht wurde.

Lit: Unger, Neue Haftungsbegrenzungen für ehrenamtlich tätige Vereins- und Stiftungsvorstände, NJW 09, 3269.

1   **1. Zweck.** Zweck der Haftungsbegrenzung ist die **Förderung ehrenamtlicher Tätigkeit** als Vereinsvorstand, Voraussetzung ist nach I (entspr II) eine unentgeltliche Tätigkeit oder eine jährliche Vergütung von maximal 500 Euro (Vergütung ist jede Geld- oder Sachleistung, Gewährung geldwerter Vorteile, zB freier Eintritt zu an sich kostenpflichtigen Veranstaltungen des Vereins).

2   **2. Tatbestand. In Wahrnehmung seiner Vorstandspflichten** muss der Vorstand den Schaden vorsätzlich oder grob fahrlässig verursacht haben (§ 31 Rn 5 gilt entspr). Der Schaden muss den Verein und die Vereinsmitglieder getroffen haben. Trifft der Schaden einen Dritten, so hat der Vorstand unter den Voraussetzungen von I einen **Freistellungsanspruch** gegen den Verein; hat der Vorstand den Dritten befriedigt, so kann er vom Verein Ersatz verlangen. § 31a gilt für den eingetragenen Ideal- wie Wirtschaftsverein (§§ 21f) (Reuter NZG 09, 1368, 1369; zustimmend BaR/Schöpflin Rn 2 mwN), wegen des Normzwecks und der gleichgerichteten Normsituation auch für nicht rechtsfähige Vereine (Reuter NZG 09, 1368, 1369; Wörle-Himmel, DStR 10, 759, 760; abweichend BaR/Schöpflin 2 mwN: nicht für nichtrechtsfähige Wirtschaftsvereine). § 31a ist nach § 86 auch auf Stiftungen **anwendbar**, nicht auf unselbständige Stiftungen (Reuter NZG 09, 1368, 1370).

3   **3. Haftungsfreistellung nach II.** Ist der Vorstand nach I 1 einem Dritten gegenüber zum Ersatz eines Schadens verpflichtet (keine Haftungsbefreiung nach außen), so kann er vom Verein Haftungsfreistellung verlangen, wenn er den Schaden weder vorsätzlich noch grob fahrlässig verursacht hat, **II;** hat er den Schaden ersetzt, wird aus dem Freistellungsanspruch ein Ersatzanspruch. den Dritten befriedigt, so kann er vom Verein Ersatz verlangen.

4   **4. Haftungsfreistellung von Vereinsmitgliedern.** II gilt nicht analog für die Begrenzung der Haftung von Vereinsmitgliedern, die kein Vorstandsmitglied sind. Bewusste Lücke des II (BReg, BT-Drucks 16/10120 S 10) schließt Analogie aus (BaR/Schöpflin Rn 4 mwN; aA MK/Reuter Rn 5). Vereinsmitglieder ohne Vorstandsposition haben – wie bisher (s dazu BGH NJW 05, 981; NZG 12, 113 mAnm K Schmidt JuS 12, 251) – analog § 670 einen Freistellungsanspruch gegen den Verein, wenn sie sich Dritten gegenüber bei der Wahrnehmung von Satzungsaufgaben wegen der Realisierung einer damit verbundenen typischen Gefahr haftbar machen. Dann besteht ein vollständiger (bei leichter Fahrlässigkeit) oder anteiliger Freistellungsanspruch nach arbeitsrechtlichen Grundsätzen (zu dieses s § 619 Rn 2ff, 6f). Insoweit wäre § 31a II analog für das Vereinsmitglied günstiger, da auch bei mittlerer Fahrlässigkeit ein vollständiger Freistellungsanspruch entstünde. Bei

Titel 2. Juristische Personen **§ 32**

Vorsatz und bei gröbster (s BAG NZA 98, 310) Fahrlässigkeit besteht analog § 670 kein Freistellungsanspruch, auch bei grober Fahrlässigkeit regelmäßig nicht (BGH NJW 05, 981; NZG 12, 113; insoweit Rechtsfolge identisch mit § 31a II analog). Haftungserleichterungen sind bei grober Fahrlässigkeit nur ganz ausnahmsweise im Einzelfall denkbar (s zur Schadensteilung analog § 670 im Rahmen der ANhaftung BGH NJW 99, 966 mwN, dazu § 619 Rn 6f). Insoweit ist § 670 analog günstiger für Vereinsmitglied. Über Umfang der teilweisen Haftungsfreistellung analog § 670 entscheidet eine Gesamtabwägung. Dabei sind die persönlichen Verhältnisse des Haftpflichtigen zu berücksichtigen, sein Lebensalter, seine Familienverhältnisse, sein bisheriges Verhalten, das Verschuldensausmaß, seine wirtschaftlichen Verhältnisse, insbesondere die Frage, ob die Unentgeltlichkeit seines Tuns in einem deutlichen Missverhältnis zum verwirklichten Schadensrisiko der Tätigkeit steht (s BGH NJW 99, 966). Ein Freistellungsanspruch analog § 670 wird durch Tod des Vereinsmitglieds und Haftungsbeschränkung der Erben auf unzureichenden Nachlass (§§ 1975, 1990) ebensowenig ausgeschlossen wie durch eine freiwillige Haftpflichtversicherung des Vereins für seine Mitglieder (BGH NJW 05, 981).

§ 32 Mitgliederversammlung; Beschlussfassung

(1) **¹Die Angelegenheiten des Vereins werden, soweit sie nicht von dem Vorstand oder einem anderen Vereinsorgan zu besorgen sind, durch Beschlussfassung in einer Versammlung der Mitglieder geordnet. ²Zur Gültigkeit des Beschlusses ist erforderlich, dass der Gegenstand bei der Berufung bezeichnet wird. ³Bei der Beschlussfassung entscheidet die Mehrheit der abgegebenen Stimmen.**

(2) **Auch ohne Versammlung der Mitglieder ist ein Beschluss gültig, wenn alle Mitglieder ihre Zustimmung zu dem Beschluss schriftlich erklären.**

1. Allgemeines. § 32 ist abdingbar, § 40, doch muss die Mitgliederversammlung 1 (bei Großvereinen wenigstens Vertreterversammlung, vgl ParteienG 8 I; allg Säcker, Probleme der Repräsentation von Großvereinen, 1986, S 2–37) als notwendiges Vereinsorgan bestehen bleiben (zur Frage der ausschließlichen Satzungshoheit der Mitgliederversammlung Celle NJW-RR 95, 1273; zur Sonderstellung religiöser und kirchlicher Vereine BVerfG 83, 356 ff, dazu Flume JZ 92, 238 ff, Schockenhoff NJW 92, 1013 ff und allg AcP 193, 35 ff; Naumburg NJW 98, 3060 ff; OVG Magdeburg NJW 98, 3070 ff; sa §§ 41–44 Rn 2 [aa]). Nach **I 1** ist für Vereinsangelegenheit iZw die Mitgliederversammlung zuständig.

2. Berufung. Berufung der Versammlung idR durch Vorstand (KG Rpfleger 2 78, 133 f). Für eV § 58 Nr 4. Alle Mitglieder sind in satzungsgemäßer Form zu laden; zur Folge eines Verstoßes Rn 5. Ist **I 2** abbedungen (§ 40), so gilt nach BGH 99, 123 f dennoch sein Grundgedanke (Ermöglichung der Vorbereitung) jedenfalls für Satzungsänderungen.

3. Beschlussfassung. a) Beschlussfähigkeit besteht schon bei Erscheinen eines 3 einzigen Mitglieds (abdingbar, § 40!). **b) Stimmabgabe** ist Willenserklärung, 4 bedingungsfeindlich und empfangsbedürftig (durch Versammlungsleiter); sie kann nichtig oder anfechtbar sein (allgM). Nichtigkeit der Stimmabgabe (zB nach §§ 105 I, 142 I, auch 111 S 1) ist nur beachtlich, wenn es für Beschlussfassung auf die nichtige Stimme ankam (BGH 152, 72 f); trifft das zu, so zählt sie wie Stimmenthaltung (insoweit ebenso SoeHadding 39), vgl Rn 5. **c) Beschlussfassung** idR mit einfa- 5 cher (Ausnahmen §§ 33, 41) Mehrheit der abgegebenen Stimmen, **I 3.** Beschluss ist mehrseitiges RGeschäft, kein Vertrag (Rn 7 vor § 104; str). Verfahrensfehler (zB Berufungsmangel [BGH NJW 08, 73] bewirkte nach fr Rspr Nichtigkeit des Beschlusses nur dann, wenn das Abstimmungsergebnis darauf beruhte (BGH 59, 374). Nach BGH NJW 08, 73 mN entscheidet nicht die Kausalität, sondern ob der Fehler relevant ist für die Ausübung der Mitwirkungsrechte durch ein obj urteilendes

§ 33–35

Vereinsmitglied. Eine entspr Anwendung von AktG 241 ff lehnt BGH NJW 08, 72 ab (aA MK/Reuter 56). **d)** Zur **gerichtl Kontrolle** gefasster Beschlüsse § 25 Rn 7.

6   **4. Wirksamkeit ohne Versammlung.** Beschlussfassung ohne Versammlung möglich: II.

§ 33 Satzungsänderung

(1) ¹**Zu einem Beschluss, der eine Änderung der Satzung enthält, ist eine Mehrheit von drei Vierteln der abgegebenen Stimmen erforderlich.** ²**Zur Änderung des Zweckes des Vereins ist die Zustimmung aller Mitglieder erforderlich; die Zustimmung der nicht erschienenen Mitglieder muss schriftlich erfolgen.**

(2) **Beruht die Rechtsfähigkeit des Vereins auf Verleihung, so ist zu jeder Änderung der Satzung die Genehmigung der zuständigen Behörde erforderlich.**

1   **1. Allgemeines.** *Abdingbar* ist I (nicht II trotz § 40), nach Flume JZ 92, 239 nur bzgl der geforderten Mehrheiten (krit MK/Reuter 15 ff). I unterscheidet „einfache" Satzungsänderung und Zweckänderung, die stets „qualifizierte" Satzungsänderung ist; vgl BGH 96, 249 f, zum Vereinszweck S 251 f.

2   **2. Verfahren.** Zur Beschlussfassung § 32 Rn 5. Zur nachträglichen stillschweigenden Zustimmung (I 2) durch langdauernde widerspruchslose Hinnahme des neuen Zustands BGH 16, 150 f; 23, 129 (Fischer Anm LM Nr 2 spricht von Verschweigung und anerkennt großzügig eine eigene rechtliche Bedeutung des Faktischen). Zur Eintragung der Satzungsänderung § 71, dazu BGH 23, S 128 einerseits, 130 andererseits (LS 2 täuscht).

3   **3. II.** Betrifft §§ 22, 23. Nicht abdingbar (Rn 1).

§ 34 Ausschluss vom Stimmrecht

Ein Mitglied ist nicht stimmberechtigt, wenn die Beschlussfassung die Vornahme eines Rechtsgeschäfts mit ihm oder die Einleitung oder Erledigung eines Rechtsstreits zwischen ihm und dem Verein betrifft.

1   **1. Allgemeines.** § 34 ist *satzungsfest* für Mitgliederversammlung (§ 40), auch Vorstandsbeschlüsse sind nach § 40 S 2 unabdingbar (war vor Vereinsrechtsreform streitig, s MK/Reuter § 28, 2).

2   **2. Anwendungsbereich.** § 34 verbietet nicht die Anwesenheit; auch nicht das Mitstimmen in anderen als den dort genannten Angelegenheiten, zB bei eigener Wahl (RG 74, 278), Widerruf eigener Organbestellung (RG 104, 186), eigener Bestrafung (Köln NJW 68, 993; str).

3   **3. Verstoß.** Macht Stimmabgabe unwirksam, den Beschluss nur entspr § 32 Rn 4, 5.

§ 35 Sonderrechte

Sonderrechte eines Mitglieds können nicht ohne dessen Zustimmung durch Beschluss der Mitgliederversammlung beeinträchtigt werden.

1   **1. Allgemeines. a)** § 35 ist **satzungsfest**, § 40. **b) Sonderrechte** beruhen auf Mitgliedschaft (daher sind Gläubigerrechte nicht Sonderrechte) und deren Fortbestand (daher sind Gläubigerrechte aus [ehemaliger] Mitgliedschaft, zB Anspruch auf festgestellten Gewinn, nicht Sonderrechte); sie gewähren eine über das allg

Mitgliedschaftsrecht hinausreichende Rechtsposition, gründen sich auf die Satzung und sind unentziehbar. Bsp: Recht auf Vorstandsbestellung, qualifiziertes Stimmrecht. Sonderrecht kann nicht allen zustehen (aA RG HRR 29 Nr 1558). **c) Kein Sonderrecht** ist das Recht aller Mitglieder auf *Gleichbehandlung* (KG NJW 62, 1917). Gleiches muss gleich behandelt werden (vgl BGH 47, 385 f). Ungleichbehandlung nur bei sachlichem Grund oder wenn Betroffene einer Ungleichbehandlung zustimmen (LM Nr 2 zu § 39). Sa § 25 Rn 1. 2

2. Wirkung. Zustimmungsbedürftiger, weil beeinträchtigender Beschluss ist ohne Einwilligung schwebend, mit Verweigerung der Genehmigung endgültig *unwirksam*. Volle gerichtl Kontrolle zulässig (LM Nr 2; sonst enger, § 25 Rn 7). UU Schadensersatzanspruch des Mitglieds gegen Verein. 3

§ 36 Berufung der Mitgliederversammlung

Die Mitgliederversammlung ist in den durch die Satzung bestimmten Fällen sowie dann zu berufen, wenn das Interesse des Vereins es erfordert.

§ 37 Berufung auf Verlangen einer Minderheit

(1) Die Mitgliederversammlung ist zu berufen, wenn der durch die Satzung bestimmte Teil oder in Ermangelung einer Bestimmung der zehnte Teil der Mitglieder die Berufung schriftlich unter Angabe des Zweckes und der Gründe verlangt.

(2) ¹Wird dem Verlangen nicht entsprochen, so kann das Amtsgericht die Mitglieder, die das Verlangen gestellt haben, zur Berufung der Versammlung ermächtigen; es kann Anordnungen über die Führung des Vorsitzes in der Versammlung treffen. ²Zuständig ist das Amtsgericht, das für den Bezirk, in dem der Verein seinen Sitz hat, das Vereinsregister führt. ³Auf die Ermächtigung muss bei der Berufung der Versammlung Bezug genommen werden.

Anmerkungen zu den §§ 36, 37

1. Allgemeines. §§ 36, 37 sind **satzungsfest**, § 40. IdR trifft Berufungspflicht den Vorstand, vgl § 32 Rn 2. 1

2. Minderheitenrecht. § 37 I gibt Minderheitenrecht. Daher muss Satzung das Berufungsverlangen einer *Minderheit* der Mitglieder einräumen (KG NJW 62, 1917; StWeick § 37, 3 mN: auch BayObLG NJW-RR 01, 1480: weniger als die Hälfte; aA SoeHadding § 37, 5: weniger als ¹/₁₀, zust MK/Reuter § 37, 3). 2

3. Nichtbeachtung. Bei Nichtbeachtung von §§ 36, 37 I gibt § 37 II bes Durchsetzungsverfahren, daneben Klage unzulässig. Verfahren: § 55, RpflG 3 Nr 1 Buchst a, 11. 3

§ 38 Mitgliedschaft

¹**Die Mitgliedschaft ist nicht übertragbar und nicht vererblich.** ²**Die Ausübung der Mitgliedschaftsrechte kann nicht einem anderen überlassen werden.**

1. Allg zur Mitgliedschaft. a) Begriff. Personenrechtliches Rechtsverhältnis. Treuepflichten der Mitglieder bestehen gegenüber dem Verein (BGH 110, 329 f), aber auch untereinander, zB im Rahmen von Sanierungsbemühungen (sa BGH 103, 194 f: Treuepflicht von Groß- gegenüber Kleinaktionären; ebenso für das 1 umgekehrte Verhältnis BGH 129, 142 ff; dazu Häsemeyer ZHR 160, 109 ff). Für alle Mitglieder gilt das unentziehbare Recht auf Gleichbehandlung (§ 35 Rn 2).

2 **b) Erwerb** durch Mitgründung, danach durch Vertrag mit Verein (Beitrittserklärung [= Aufnahmeantrag] und Aufnahme, BGH 101, 196 f) oder, wenn Satzung es vorsieht (selten!), durch einseitige Beitrittserklärung (keine geborene [„automatische"] Mitgliedschaft, BGH 105, 312 f, außer bei religiösen oder kirchlichen Vereinen, Hamm NJW-RR 95, 120). Satzung kann bes Aufnahmevoraussetzungen aufstellen (zB Beruf [dazu s u und AGG 18 Rn 1 für Beschäftigte iSv AGG 6], Alter, Stellung eines Bürgen, „Wahl" durch Mitgliederversammlung). Mitglied eines Verbandsvereins wird zugleich Mitglied des Verbands, wenn Satzungen des Vereins und des Verbands das vorsehen (BGH 105, 311 f; dazu Beuthien ZGR 89, 255 ff). **Anspruch auf Aufnahme** besteht selten kraft Satzung (BGH 101, 200), sonst nur bei Vereinen mit überragender (nicht notwendig: monopolartiger) Machtstellung im wirtschaftlichen oder sozialen Bereich (Berufs-, Wirtschaftsverbände [sa GWB 20 VI aF], Gewerkschaften), wenn an der Aufnahme ein fundamentales Interesse besteht, keine obj berechtigten Vereinsinteressen entgegenstehen und die Nichtaufnahme unbillig wäre (vgl BGH 93, 152 ff; 102, 276: Groß-Gewerkschaften; 140, 78: regionaler Sportverband; NJW-RR 86, 583 f: Landessportbund [sa BVerfG NJW-RR 89, 636]; LG München I NJW-RR 93, 890: Frau als Bergwacht-Mitglied); zum Ganzen Kilian AcP 180, 73 f. Zum **Aufnahmezwang** im beruflichen

3 Bereich s AGG 18 II iVm 6; sa Rn 11, 12 vor § 145; AGG 21 Rn 8. **c) Verlust** durch Austritt (§ 39), Ausschluss (§ 25 Rn 3, 5), Übertragung oder Tod (abdingbar: S 1, § 40); Satzung kann weitere Gründe vorsehen (zB Verlust durch Wegfall einer persönlichen Eintrittsvoraussetzung [zB Alter], BGH MDR 79, 32).

4 **2. Abdingbarkeit.** § 38 ist abdingbar, § 40. Ges Vertreter einer natürlichen Person kann grundsätzlich Mitgliedschaft ausüben, sofern mit Vereinszweck vereinbar, str. Satzung kann Vertretung durch Mitglied (nicht durch Dritten) zulassen.

§ 39 Austritt aus dem Verein

(1) **Die Mitglieder sind zum Austritt aus dem Verein berechtigt.**

(2) **Durch die Satzung kann bestimmt werden, dass der Austritt nur am Schluss eines Geschäftsjahrs oder erst nach dem Ablauf einer Kündigungsfrist zulässig ist; die Kündigungsfrist kann höchstens zwei Jahre betragen.**

1 **Voraussetzungen. a) Recht zum Austritt, I,** ist *satzungsfest* (§ 40). Bei Zwangsmitgliedschaft kein Austrittsrecht (BGH 130, 251). Satzung kann Form des
2 Austritts regeln, zB Schriftform. **b) Wirksam ist Austritt** erst nach Ablauf der Kündigungsfrist, II. Nach BGH NJW 81, 340 f muss Frist bei Koalitionen wegen GG 9 III kurz sein (höchstens ½ Jahr); zweifelhaft. Bei wichtigem Grund stets
3 fristloser Austritt zulässig (LM Nr 2). **c) Erschwerung** des Austritts über II hinaus wirkungslos. Grund: Mitglied soll sich in absehbarer Zeit der Vereinsmacht, insbes bindenden Mehrheitsbeschlüssen, endgültig entziehen können (BGH 48, 210). Daher unwirksam: Beitragspflicht nach Ausscheiden (BGH aaO), Austrittsverbot nach Einl eines Vereinsstrafverfahrens (RG 108, 162 f). **d) Zum Ausschluss** § 25 Rn 3–5.

§ 40 Nachgiebige Vorschriften

¹**Die Vorschriften des § 26 Absatz 2 Satz 1, des § 27 Absatz 1 und 3, der §§ 28, 31a Abs. 1 Satz 2 sowie der §§ 32, 33 und 38 finden insoweit keine Anwendung als die Satzung ein anderes bestimmt.** ²**Von § 34 kann auch für die Beschlussfassung des Vorstands durch die Satzung nicht abgewichen werden.**

Titel 2. Juristische Personen §§ 41–44

Nicht genannte Vorschriften. ZB § 26, sind zwingend („satzungsfest"). 1

§ 41 Auflösung des Vereins

¹Der Verein kann durch Beschluss der Mitgliederversammlung aufgelöst werden. ²Zu dem Beschluss ist eine Mehrheit von drei Vierteln der abgegebenen Stimmen erforderlich, wenn nicht die Satzung ein anderes bestimmt.

§ 42 Insolvenz

(1) ¹Der Verein wird durch die Eröffnung des Insolvenzverfahrens und mit Rechtskraft des Beschlusses, durch den die Eröffnung des Insolvenzverfahrens mangels Masse abgewiesen worden ist, aufgelöst. ²Wird das Verfahren auf Antrag des Schuldners eingestellt oder nach der Bestätigung eines Insolvenzplans, der den Fortbestand des Vereins vorsieht, aufgehoben, so kann die Mitgliederversammlung die Fortsetzung des Vereins beschließen. ³Durch die Satzung kann bestimmt werden, dass der Verein im Falle der Eröffnung des Insolvenzverfahrens als nicht rechtsfähiger Verein fortbesteht; auch in diesem Falle kann unter den Voraussetzungen des Satzes 2 die Fortsetzung als rechtsfähiger Verein beschlossen werden.

(2) ¹Der Vorstand hat im Falle der Zahlungsunfähigkeit oder der Überschuldung die Eröffnung des Insolvenzverfahrens zu beantragen. ²Wird die Stellung des Antrags verzögert, so sind die Vorstandsmitglieder, denen ein Verschulden zur Last fällt, den Gläubigern für den daraus entstehenden Schaden verantwortlich; sie haften als Gesamtschuldner.

§ 43 Entziehung der Rechtsfähigkeit

Einem Verein, dessen Rechtsfähigkeit auf Verleihung beruht, kann die Rechtsfähigkeit entzogen werden, wenn er einen anderen als den in der Satzung bestimmten Zweck verfolgt.

§ 44 Zuständigkeit und Verfahren

Die Zuständigkeit und das Verfahren für die Entziehung der Rechtsfähigkeit nach § 43 bestimmen sich nach dem Recht des Landes, in dem der Verein seinen Sitz hat.

Anmerkungen zu den §§ 41–44

1. Allgemeines. Rechtsfähiger Verein *endet* durch Auflösung (Rn 2–4), Ende 1 der Rechtsfähigkeit (Rn 5, 6), Erlöschen (Rn 7–9). Zur Eintragung bei eV §§ 74 f.

2. Auflösung. a) Gründe. aa) Selbstauflösung durch Mitgliederversammlung, 2 § 41; Satzung kann andere Mehrheit (§ 41 S 2), Zustimmung eines anderen Vereinsorgans oder eines Mitglieds vorsehen (nicht eines Dritten, Stuttgart MDR 86, 583; anders bei religiösen und kirchlichen Vereinen, Köln NJW 92, 1048 ff, sa § 32 Rn 1). Selbstauflösung auch durch *Verschmelzung* mit anderem Verein (UmwG 1, 2, 3 I Nr 4, 99 ff). **bb) Eintritt satzungsbestimmter Umstände,** zB Zeitablauf. **cc) Auflösung durch Hoheitsakt,** zB durch das BVerfG gem GG 18 mit BVerfGG 39 II. **dd) Eröffnung des Insolvenzverfahrens,** § 42 I; zur Wirkung Rn 4 (bb). **b) Kein von selbst wirkender Grund** ist es, dass der Vereinszweck 3 erreicht oder Erreichung unmöglich ist (anders § 726), BGH 49, 178 f. Auflösungs-

4 beschluss nötig. **c) Wirkung aa)** in den Fällen Rn 2 (aa, bb): Personenvereinigung endet als werbender Verein. Fällt das Vermögen an den Fiskus (§§ 45 III, 46), so erlischt der Verein; sonst findet Liquidation statt (§ 47), bis zu deren Beendigung bleibt der Verein mit verändertem Zweck als rechtsfähiger **Liquidationsverein** bestehen, § 49 II (BGH WM 86, 145). Während der Liquidation kann Selbstauflösung rückgängig gemacht, Liquidation beendet und alter Verein fortgesetzt werden. Daher steht die Auflösung als solche nicht dem Tod einer natürlichen Person gleich; **bb)** im Fall Rn 2(dd). Das Insolvenzverfahren ist ein bes Liquidationsverfahren (s § 47). Wird der aufgelöste Verein (§ 42 I 1) in den Fällen von § 42 I 2 nicht liquidiert, so kann die Mitgliederversammlung seine Fortsetzung als rechtsfähiger Verein beschließen (§ 42 I 2); das gilt auch, wenn der aufgelöste Verein kraft Satzung als nichtrechtsfähiger fortbesteht (§ 42 I 3). Gegenstand des Insolvenzverfahrens ist das Vereinsvermögen als Insolvenzmasse (InsO 35, 36). Insolvenzgründe sind Überschuldung (InsO 19 I), Zahlungsunfähigkeit (InsO 17 I) und nach Maßgabe von InsO 18 die drohende Zahlungsunfähigkeit (nur bei dieser besteht für den Vorstand keine Pflicht, die Eröffnung des Insolvenzverfahrens zu beantragen, arg § 42 II). Für eV s § 75 (Eintragung).

5 **3. Ende der Rechtsfähigkeit. a) Gründe. aa) Verzicht** (hM). **bb) Entziehung** durch Verwaltungsakt, §§ 43, 44, für eV auch § 73. Entziehung lässt nichtrechtsfähigen Verein fortbestehen (Rn 6). Ist der eV schon satzungs*gemäß* ein wirtschaftlicher (s § 22), so ist Amtslöschung (FamFG 395) geboten (s u). Amtslöschung erfolgt auch, wenn sich eV satzungs*widrig* wirtschaftlich betätigt (BVerwG NJW 98, 1166 f, hM; aA K. Schmidt NJW 93, 1225 ff; 98, 1126, je mN). Wirtschaftliche Religionsvereine haben bzgl. §§ 21, 22, 43 II keinen Sonderstatus auf Grund GG 4
6 II (BVerwG aaO). **b) Wirkung.** Verein verliert Rechtsfähigkeit, kann aber als nichtrechtsfähiger weiterbestehen (hM), gleich ob Liquidation stattfindet oder (nach §§ 45 III, 46 oder Verzicht [Kollhosser ZIP 84, 1434 ff]) nicht. Findet Liquidation statt (§ 47), so bleibt Verein mit geändertem Zweck als rechtsfähiger **Liquidationsverein** bestehen (§ 49 II), und zwar neben dem fortbestehenden nichtrechtsfähigen Verein.

7 **4. Erlöschen ohne Liquidation.** Tritt ein, wenn **a) das Vermögen dem Fiskus** anfällt (arg § 47; BGH DtZ 96, 344), sei es gem Satzung, Vereinsbeschluss oder Ges (§ 45); Fiskus ist Gesamtnachfolger wie Erbe, § 46 (dazu §§ 1942 II, 1966, 2011
8 mit 1994 I 2: beschränkte Haftung); **b) alle Mitglieder fortfallen** (durch Tod, Austritt, mangelnde Betätigung infolge Interesselosigkeit, tatsächliche Aufgabe des Vereinszwecks), weil Personenvereinigung ohne Personen undenkbar (BAG JZ 87, 421); Abwicklung durch Pfleger, § 1913 (BAG aaO); nach aA bewirkt Fortfall nur
9 Auflösung (K. Schmidt JZ 87, 394 ff mN); **c) das Vermögen** des kraft Hoheitsakts aufgelösten Vereins **eingezogen** wird: für Vereine VereinsG 11 II 3, 4 (ausnahmsweise Liquidation statt Einziehung: 11 IV); für politische Parteien, die zT nichtrechtsfähige Vereine sind, GG 21 II, III, BVerfGG 46 III, ParteienG 32 V.

§ 45 Anfall des Vereinsvermögens

(1) **Mit der Auflösung des Vereins oder der Entziehung der Rechtsfähigkeit fällt das Vermögen an die in der Satzung bestimmten Personen.**

(2) ¹**Durch die Satzung kann vorgeschrieben werden, dass die Anfallberechtigten durch Beschluss der Mitgliederversammlung oder eines anderen Vereinsorgans bestimmt werden.** ²**Ist der Zweck des Vereins nicht auf einen wirtschaftlichen Geschäftsbetrieb gerichtet, so kann die Mitgliederversammlung auch ohne eine solche Vorschrift das Vermögen einer öffentlichen Stiftung oder Anstalt zuweisen.**

(3) **Fehlt es an einer Bestimmung der Anfallberechtigten, so fällt das Vermögen, wenn der Verein nach der Satzung ausschließlich den Interessen**

seiner Mitglieder diente, an die zur Zeit der Auflösung oder der Entziehung der Rechtsfähigkeit vorhandenen Mitglieder zu gleichen Teilen, anderenfalls an den Fiskus des Landes, in dessen Gebiet der Verein seinen Sitz hatte.

§ 46 Anfall an den Fiskus

¹Fällt das Vereinsvermögen an den Fiskus, so finden die Vorschriften über eine dem Fiskus als gesetzlichem Erben anfallende Erbschaft entsprechende Anwendung. ²Der Fiskus hat das Vermögen tunlichst in einer den Zwecken des Vereins entsprechenden Weise zu verwenden.

§ 47 Liquidation

Fällt das Vereinsvermögen nicht an den Fiskus, so muss eine Liquidation stattfinden, sofern nicht über das Vermögen des Vereins das Insolvenzverfahren eröffnet ist.

§ 48 Liquidatoren

(1) ¹Die Liquidation erfolgt durch den Vorstand. ²Zu Liquidatoren können auch andere Personen bestellt werden; für die Bestellung sind die für die Bestellung des Vorstands geltenden Vorschriften maßgebend.

(2) Die Liquidatoren haben die rechtliche Stellung des Vorstands, soweit sich nicht aus dem Zwecke der Liquidation ein anderes ergibt.

(3) Sind mehrere Liquidatoren vorhanden, so sind sie nur gemeinschaftlich zur Vertretung befugt und können Beschlüsse nur einstimmig fassen, sofern nicht ein anderes bestimmt ist.

§ 49 Aufgaben der Liquidatoren

(1) ¹Die Liquidatoren haben die laufenden Geschäfte zu beendigen, die Forderungen einzuziehen, das übrige Vermögen in Geld umzusetzen, die Gläubiger zu befriedigen und den Überschuss den Anfallberechtigten auszuantworten. ²Zur Beendigung schwebender Geschäfte können die Liquidatoren auch neue Geschäfte eingehen. ³Die Einziehung der Forderungen sowie die Umsetzung des übrigen Vermögens in Geld darf unterbleiben, soweit diese Maßregeln nicht zur Befriedigung der Gläubiger oder zur Verteilung des Überschusses unter die Anfallberechtigten erforderlich sind.

(2) Der Verein gilt bis zur Beendigung der Liquidation als fortbestehend, soweit der Zweck der Liquidation es erfordert.

§ 50 Bekanntmachung des Vereins in Liquidation

(1) ¹Die Auflösung des Vereins oder die Entziehung der Rechtsfähigkeit ist durch die Liquidatoren öffentlich bekannt zu machen. ²In der Bekanntmachung sind die Gläubiger zur Anmeldung ihrer Ansprüche aufzufordern. ³Die Bekanntmachung erfolgt durch das in der Satzung für Veröffentlichungen bestimmte Blatt. ⁴Die Bekanntmachung gilt mit dem Ablauf des zweiten Tages nach der Einrückung oder der ersten Einrückung als bewirkt.

(2) Bekannte Gläubiger sind durch besondere Mitteilung zur Anmeldung aufzufordern.

§§ 45–53   Buch 1. Abschnitt 1. Personen

§ 50a Bekanntmachungsblatt

Hat ein Verein in der Satzung kein Blatt für Bekanntmachungen bestimmt oder hat das bestimmte Bekanntmachungsblatt sein Erscheinen eingestellt, sind Bekanntmachungen des Vereins in dem Blatt zu veröffentlichen, welches für Bekanntmachungen des Amtsgerichts bestimmt ist, in dessen Bezirk der Verein seinen Sitz hat.

§ 51 Sperrjahr

Das Vermögen darf den Anfallberechtigten nicht vor dem Ablauf eines Jahres nach der Bekanntmachung der Auflösung des Vereins oder der Entziehung der Rechtsfähigkeit ausgeantwortet werden.

§ 52 Sicherung für Gläubiger

(1) Meldet sich ein bekannter Gläubiger nicht, so ist der geschuldete Betrag, wenn die Berechtigung zur Hinterlegung vorhanden ist, für den Gläubiger zu hinterlegen.

(2) Ist die Berichtigung einer Verbindlichkeit zur Zeit nicht ausführbar oder ist eine Verbindlichkeit streitig, so darf das Vermögen den Anfallberechtigten nur ausgeantwortet werden, wenn dem Gläubiger Sicherheit geleistet ist.

§ 53 Schadensersatzpflicht der Liquidatoren

Liquidatoren, welche die ihnen nach dem § 42 Abs. 2 und den §§ 50, 51 und 52 obliegenden Verpflichtungen verletzen oder vor der Befriedigung der Gläubiger Vermögen den Anfallberechtigten ausantworten, sind, wenn ihnen ein Verschulden zur Last fällt, den Gläubigern für den daraus entstehenden Schaden verantwortlich; sie haften als Gesamtschuldner.

Anmerkungen zu den §§ 45–53

1   **1. Allgemeines.** Zum Erlöschen ohne Liquidation §§ 41–44 Rn 7–9. Keine Liquidation iSd §§ 47 ff, sofern (§ 47) und soweit (InsO 35, 36) Liquidation durch ein Insolvenzverfahren erfolgt (vgl §§ 41–44 Rn 4 [bb]). Von diesen Fällen und dem Verzicht auf die Rechtsfähigkeit (§§ 41–44 Rn 6) abgesehen, findet Liquidation statt, § 47; zum Erlöschen nach Liquidation §§ 41–44 Rn 4, 6.

2   **2. Grundsätze der Liquidation. a) Als Liquidationsverein** bleibt der Verein (trotz Auflösung, trotz Ende der Rechtsfähigkeit) zum Zweck der Liquidation und
3   bis zu deren Ende *rechtsfähig*, § 49 II. **b) Zweck** der Liquidation ist Verflüssigung („Liquidation") des Vermögens, Schuldentilgung, Verteilung des Überschusses, § 49
4   I 1. **c) Anfallberechtigte** (außer Fiskus, vgl §§ 41–44 Rn 7) erwerben nur Anspruch gegen Liquidationsverein. Anmeldung nötig, dazu und zur Auszahlung
5   §§ 50, 51, 52. **d) Liquidatoren** sind primär die Vorstandsmitglieder, § 48 I. Ihre Vertretungsmacht ist entgegen dem Wortlaut von § 49 I nicht auf Liquidationsgeschäfte beschränkt; darauf kann sich aber ein Dritter, der bei sorgfältiger Prüfung die Ungeeignetheit des Geschäfts für die Liquidation hätte erkennen können, nicht berufen (RG 146, 377 f, hM; vgl K. Schmidt AcP 184, 529 ff mwN). Liquidatoren haften für Verletzung bestimmter ges Pflichten, § 53. Für eV Eintragung, § 76. § 29 ist anwendbar.

Titel 2. Juristische Personen § 54

§ 54 Nicht rechtsfähige Vereine

¹Auf Vereine, die nicht rechtsfähig sind, finden die Vorschriften über die Gesellschaft Anwendung. ²Aus einem Rechtsgeschäft, das im Namen eines solchen Vereins einem Dritten gegenüber vorgenommen wird, haftet der Handelnde persönlich; handeln mehrere, so haften sie als Gesamtschuldner.

1. Allgemeines. a) Körperschaftlich organisiert ist der nichtrechtsfähige Verein wie der rechtsfähige und dadurch von der GbR, §§ 705 ff, unterschieden (§ 21 Rn 1). Der obj Inhalt (Auslegung!) der Gründervereinbarung bestimmt, ob Verein oder GbR vorliegt (RG 74, 373). **b) Der Unterschied zwischen Verein und GbR** wird in S 1 bewusst aus wirtschaftlichen und insbes politischen Gründen ignoriert (vgl Stoll, RG-FG II 61 ff; BGH 50, 328 mwN). Die Anwendung des unpassenden Gesellschaftsrechts sollte zur Eintragung, §§ 55 ff, veranlassen und damit Vereine mit politischem, sozialpolitischem oder religiösem Zweck staatlicher Kontrolle unterwerfen, vgl §§ 61 II, 43 III aF (aufgehoben durch WRV 124 II). **c) Die Rspr** hat S 1 *weitgehend ausgehöhlt* (BGH 50, 328 f; ie Rn 5–15); doch gibt es fließende Übergänge zwischen nichtrechtsfähigem Verein und GbR (§ 21 Rn 1 und u Rn 9 betr §§ 39, 723). Der *Unterschied zwischen rechtsfähigem Verein und (Ideal-)Verein nach § 54* liegt praktisch nicht mehr in der (mangelnden) Rechtsfähigkeit, sondern in der *(fehlenden) Eintragung* gem §§ 55 ff: Verein nach § 54 bedarf keiner schriftlichen Satzung (für eV § 59 II Nr 1), Satzungsänderung ist mit Beschlussfassung wirksam (für eV § 71), statt §§ 68, 70 greifen Grundsätze der Duldungs- und Anscheinsvollmacht (§ 167 Rn 8, 9) ein. **d) Der Unterschied zwischen Ideal- und wirtschaftlichem Verein** (dazu § 21 Rn 4) ist auch für § 54 beachtlich, vgl Rn 8, 15. Für letzteren scheidet die Angleichung an den rechtsfähigen (Ideal-)Verein praktisch aus (dazu allg Flume I 1 § 7 I; ZHR 148, 517 ff).

2. Keine Geltung von Gesellschaftsrecht. Gesellschaftsrecht gilt heute für den nichtrechtsfähigen Idealverein (Rn 4) weitgehend nicht mehr (überholte Begründung: weitgehende Abdingbarkeit des Gesellschaftsrechts). **a) Rechte und Pflichten** der Mitglieder bestehen nicht nur gegenüber dem Verein (§ 38 Rn 1). Nur dieser, nicht das einzelne Mitglied, kann Rechte des Vereins geltend machen (str; sa RG 78, 106 betr Klagerecht bei Verletzung des Vereinsnamens). **b) Haftungsprivileg** des § 708 gilt nicht. **c) Haftung** (rechts- und nichtrechtsgeschäftliche) der Mitglieder ist beim Idealverein auf Vereinsvermögen als Sondervermögen beschränkt (MK/Reuter 41f mN). Die „Haftungsbeschränkung" folgt aus der Gleichstellung von rechts- und nichtrechtsfähigem Verein; daher keine persönliche Haftung der Mitglieder (BGH NJW-RR 03, 1265). Keine Haftungsbeschränkung beim wirtschaftlichen Verein (StWeick 54 mN; hM). **d) Kündigung** ist durch Austritt ersetzt, vgl RG 78, 136 (wo die Voraussetzungen der §§ 723 f entnommen werden; ebenso BGH NJW 79, 2305 für „Mischform", s Rn 3; die Grundsätze des § 39 sind vorzuziehen). **e) Auflösungsgründe** wie bei rechtsfähigem Verein (§§ 41–44 Rn 2), ferner Eröffnung des Insolvenzverfahrens, Fortfall aller Mitglieder (§§ 41–44 Rn 8); nach hM gilt § 726, vgl aber §§ 41–44 Rn 3. **f) Abbedungen** (s aber Rn 5) sind §§ 727 f stets, 738 I 2, 3, II idR (RG 113, 135) durch Satzung, uU stillschweigend. **g) Statt Auseinandersetzung,** §§ 730 ff, kann Satzung Liquidation, § 47, vorsehen, str, vgl BGH 50, 329.

3. Angleichung an rechtsfähigen Idealverein. a) Grundsatz: §§ 25 ff analog anwendbar, soweit sie nicht Art und Weise der Erlangung und des Verlustes der Rechtsfähigkeit betreffen wie §§ 33 II, 42–44. **b) Analog anwendbar** sind: §§ 25 (auch die Grundsätze der Vereinsstrafe, BGH 13, 11; dazu § 25 Rn 3–5), 26–29 (§ 29 Rn 2), 30, 31 (BAG DB 88, 2648 mN, hM; Haftung ist auf Vereinsvermögen beschränkt, Rn 8), 32, 33 I, 34–39 (Rn 9), 41, 53. **c) Weitere Angleichung. aa)** Er genießt *namensrechtlichen Schutz* nach § 12 (BGH 120, 106). Zum Ehrenschutz s BGH 78, 26. **bb)** Er kann *Mitglied eines* rechtsfähigen oder nichtrechtsfähigen *Vereins* sein (SoeHadding 10; StWeick 5; auch Zweibrücken NJW-RR 00, 749 f, ausgenommen als nichtrechtsfähiger Verein organisierte politische Partei). **cc)** Er

Mansel

§§ 55, 55a

kann im *Grundbuch* eingetragen werden, zur GbR s 4 vor § 21. **dd)** Er ist der Sache
15 nach *wechsel- und scheckrechtsfähig* (MK/Reuter 24). **d) Ges Angleichung** für *Prozess, Insolvenz und Vollstreckung* (ZPO 50 II, 735, InsO 11 I 2).

16 **4. Persönliche Haftung. Wer rechtsgeschäftlich** gültig im Namen des Vereins **handelt,** dh nach außen verantwortlich hervortritt (zur Person des Handelnden BGH NJW-RR 03, 1265), haftet immer persönlich, **S 2.** Haftung abdingbar, stillschweigend nur unter bes Umständen (LM Nr 11 zu § 31). Genehmigung nach § 177 lässt Haftung unberührt. § 179 ist durch S 2 ausgeschlossen. Für den Vorverein (§ 21 Rn 7) eingegangene Pflichten gehen auf den eV über, der Handelnde wird frei (s Düsseldorf MDR 84, 489). S 2 gilt nicht für politische Parteien, ParteienG 37.

Kapitel 2. Eingetragene Vereine

Vorbemerkungen

Lit: bei § 21.

1 **1. Konstitutive und deklaratorische Eintragungen. Publizität.** Durch Eintragung wird Idealverein *rechtsfähig,* § 21. Konstitutiv wirkt ferner die Eintragung von Satzungsänderungen, § 71. Andere Eintragungen wirken deklaratorisch (§§ 74–76). Gewisse Umstände genießen negative Publizität, §§ 68, 70; für Bestimmungen iSv § 70, die die Satzung ändern, gilt § 71, nicht § 68 S 1.

2 **2. Verfahren der ersten Eintragung. a) Erfordernisse der Anmeldung,** §§ 56–59, sind für Registergericht bindend, arg § 60. Zurückzuweisen ist auch, wenn die Satzung gegen §§ 134, 138 verstößt. Gegen Zurückweisung Zwischenverfügung, FamFG 382 IV (dagegen Beschwerde), wenn der Mangel behebbar, sonst entschei-
3 det der Rechtspfleger (dagegen Beschwerde, RPflG 11, FamFG 58). **b) §§ 61–63.** Sind bereits mit Wirkung vom 1.6.1998 aufgehoben (JuMiG 11, 37 I). Daher gibt es im Eintragungsverfahren seither keine verwaltungsbehördliche Mitwirkung mehr.

§ 55 Zuständigkeit für die Registereintragung

Die Eintragung eines Vereins der im § 21 bezeichneten Art in das Vereinsregister hat bei dem Amtsgericht zu geschehen, in dessen Bezirk der Verein seinen Sitz hat.

§ 55a Elektronisches Vereinsregister

(1) [1]**Die Landesregierungen können durch Rechtsverordnung bestimmen, dass und in welchem Umfang das Vereinsregister in maschineller Form als automatisierte Datei geführt wird.** [2]**Hierbei muss gewährleistet sein, dass**
1. **die Grundsätze einer ordnungsgemäßen Datenverarbeitung eingehalten, insbesondere Vorkehrungen gegen einen Datenverlust getroffen sowie die erforderlichen Kopien der Datenbestände mindestens tagesaktuell gehalten und die originären Datenbestände sowie deren Kopien sicher aufbewahrt werden,**
2. **die vorzunehmenden Eintragungen alsbald in einen Datenspeicher aufgenommen und auf Dauer inhaltlich unverändert in lesbarer Form wiedergegeben werden können,**
3. **die nach der Anlage zu § 126 Abs. 1 Satz 2 Nr. 3 der Grundbuchordnung gebotenen Maßnahmen getroffen werden.**

³Die Landesregierungen können durch Rechtsverordnung die Ermächtigung nach Satz 1 auf die Landesjustizverwaltungen übertragen.

(2) ¹Das maschinell geführte Vereinsregister tritt für eine Seite des Registers an die Stelle des bisherigen Registers, sobald die Eintragungen dieser Seite in den für die Vereinsregistereintragungen bestimmten Datenspeicher aufgenommen und als Vereinsregister freigegeben worden sind. ²Die entsprechenden Seiten des bisherigen Vereinsregisters sind mit einem Schließungsvermerk zu versehen.

(3) ¹Eine Eintragung wird wirksam, sobald sie in den für die Registereintragungen bestimmten Datenspeicher aufgenommen ist und auf Dauer inhaltlich unverändert in lesbarer Form wiedergegeben werden kann. ²Durch eine Bestätigungsanzeige oder in anderer geeigneter Weise ist zu überprüfen, ob diese Voraussetzungen eingetreten sind. ³Jede Eintragung soll den Tag angeben, an dem sie wirksam geworden ist.

§ 56 Mindestmitgliederzahl des Vereins

Die Eintragung soll nur erfolgen, wenn die Zahl der Mitglieder mindestens sieben beträgt.

§ 57 Mindesterfordernisse an die Vereinssatzung

(1) Die Satzung muss den Zweck, den Namen und den Sitz des Vereins enthalten und ergeben, dass der Verein eingetragen werden soll.

(2) Der Name soll sich von den Namen der an demselben Orte oder in derselben Gemeinde bestehenden eingetragenen Vereine deutlich unterscheiden.

§ 58 Sollinhalt der Vereinssatzung

Die Satzung soll Bestimmungen enthalten:
1. über den Eintritt und Austritt der Mitglieder,
2. darüber, ob und welche Beiträge von den Mitgliedern zu leisten sind,
3. über die Bildung des Vorstands,
4. über die Voraussetzungen, unter denen die Mitgliederversammlung zu berufen ist, über die Form der Berufung und über die Beurkundung der Beschlüsse.

§ 59 Anmeldung zur Eintragung

(1) Der Vorstand hat den Verein zur Eintragung anzumelden.

(2) Der Anmeldung sind Abschriften der Satzung und der Urkunden über die Bestellung des Vorstands beizufügen.

(3) Die Satzung soll von mindestens sieben Mitgliedern unterzeichnet sein und die Angabe des Tages der Errichtung enthalten.

§ 60 Zurückweisung der Anmeldung

Die Anmeldung ist, wenn den Erfordernissen der §§ 56 bis 59 nicht genügt ist, von dem Amtsgericht unter Angabe der Gründe zurückzuweisen.

(2) (weggefallen)

§§ 61–63 (weggefallen)

§ 64 Inhalt der Vereinsregistereintragung

Bei der Eintragung sind der Name und der Sitz des Vereins, der Tag der Errichtung der Satzung, die Mitglieder des Vorstands und ihre Vertretungsmacht anzugeben.

§ 65 Namenszusatz

Mit der Eintragung erhält der Name des Vereins den Zusatz „eingetragener Verein".

§ 66 Bekanntmachung

(1) Das Amtsgericht hat die Eintragung des Vereins in das Vereinsregister durch Veröffentlichung in dem von der Landesjustizverwaltung bestimmten elektronischen Informations- und Kommunikationssystem bekannt zu machen.

(2) Die mit der Anmeldung eingereichten Dokumente werden vom Amtsgericht aufbewahrt.

§ 67 Änderung des Vorstands

(1) [1]Jede Änderung des Vorstands ist von dem Vorstand zur Eintragung anzumelden. [2]Der Anmeldung ist eine Abschrift der Urkunde über die Änderung beizufügen.

(2) Die Eintragung gerichtlich bestellter Vorstandsmitglieder erfolgt von Amts wegen.

§ 68 Vertrauensschutz durch Vereinsregister

[1]Wird zwischen den bisherigen Mitgliedern des Vorstands und einem Dritten ein Rechtsgeschäft vorgenommen, so kann die Änderung des Vorstands dem Dritten nur entgegengesetzt werden, wenn sie zur Zeit der Vornahme des Rechtsgeschäfts im Vereinsregister eingetragen oder dem Dritten bekannt ist. [2]Ist die Änderung eingetragen, so braucht der Dritte sie nicht gegen sich gelten zu lassen, wenn er sie nicht kennt, seine Unkenntnis auch nicht auf Fahrlässigkeit beruht.

§ 69 Nachweis des Vereinsvorstands

Der Nachweis, dass der Vorstand aus den im Register eingetragenen Personen besteht, wird Behörden gegenüber durch ein Zeugnis des Amtsgerichts über die Eintragung geführt.

§ 70 Vertrauensschutz bei Eintragungen zur Vertretungsmacht

Die Vorschriften des § 68 gelten auch für Bestimmungen, die den Umfang der Vertretungsmacht des Vorstands beschränken oder die Vertretungsmacht des Vorstands abweichend von der Vorschrift des § 26 Absatz 2 Satz 1 regeln.

§ 71 Änderungen der Satzung

(1) [1]Änderungen der Satzung bedürfen zu ihrer Wirksamkeit der Eintragung in das Vereinsregister. [2]Die Änderung ist von dem Vorstand zur Ein-

Titel 2. Juristische Personen §§ 72–75

tragung anzumelden. ³Der Anmeldung sind eine Abschrift des die Änderung enthaltenden Beschlusses und der Wortlaut der Satzung beizufügen. ⁴In dem Wortlaut der Satzung müssen die geänderten Bestimmungen mit dem Beschluss über die Satzungsänderung, die unveränderten Bestimmungen mit dem zuletzt eingereichten vollständigen Wortlaut der Satzung und, wenn die Satzung geändert worden ist, ohne dass ein vollständiger Wortlaut der Satzung eingereicht wurde, auch mit den zuvor eingetragenen Änderungen übereinstimmen.

(2) Die Vorschriften der §§ 60, 64 und des § 66 Abs. 2 finden entsprechende Anwendung.

§ 72 Bescheinigung der Mitgliederzahl

Der Vorstand hat dem Amtsgericht auf dessen Verlangen jederzeit eine schriftliche Bescheinigung über die Zahl der Vereinsmitglieder einzureichen.

§ 73 Unterschreiten der Mindestmitgliederzahl

(1) Sinkt die Zahl der Vereinsmitglieder unter drei herab, so hat das Amtsgericht auf Antrag des Vorstands und, wenn der Antrag nicht binnen drei Monaten gestellt wird, von Amts wegen nach Anhörung des Vorstands dem Verein die Rechtsfähigkeit zu entziehen.

(2) (weggefallen)

§ 74 Auflösung

(1) Die Auflösung des Vereins sowie die Entziehung der Rechtsfähigkeit ist in das Vereinsregister einzutragen.

(2) ¹Wird der Verein durch Beschluss der Mitgliederversammlung oder durch den Ablauf der für die Dauer des Vereins bestimmten Zeit aufgelöst, so hat der Vorstand die Auflösung zur Eintragung anzumelden. ²Der Anmeldung ist im ersteren Falle eine Abschrift des Auflösungsbeschlusses beizufügen.

§ 75 Eintragungen bei Insolvenz

(1) ¹Die Eröffnung des Insolvenzverfahrens und der Beschluss, durch den die Eröffnung des Insolvenzverfahrens mangels Masse rechtskräftig abgewiesen worden ist, sowie die Auflösung des Vereins nach § 42 Absatz 2 Satz 1 sind von Amts wegen einzutragen. ²Von Amts wegen sind auch einzutragen
1. die Aufhebung des Eröffnungsbeschlusses,
2. die Bestellung eines vorläufigen Insolvenzverwalters, wenn zusätzlich dem Schuldner ein allgemeines Verfügungsverbot auferlegt oder angeordnet wird, dass Verfügungen des Schuldners nur mit Zustimmung des vorläufigen Insolvenzverwalters wirksam sind, und die Aufhebung einer derartigen Sicherungsmaßnahme,
3. die Anordnung der Eigenverwaltung durch den Schuldner und deren Aufhebung sowie die Anordnung der Zustimmungsbedürftigkeit bestimmter Rechtsgeschäfte des Schuldners,
4. die Einstellung und die Aufhebung des Verfahrens und
5. die Überwachung der Erfüllung eines Insolvenzplans und die Aufhebung der Überwachung.

Mansel

(2) ¹Wird der Verein durch Beschluss der Mitgliederversammlung nach § 42 Absatz 1 Satz 2 fortgesetzt, so hat der Vorstand die Fortsetzung zur Eintragung anzumelden. ²Der Anmeldung ist eine Abschrift des Beschlusses beizufügen.

§ 76 Eintragung der Liquidatoren

(1) ¹Bei der Liquidation des Vereins sind die Liquidatoren und ihre Vertretungsmacht in das Vereinsregister einzutragen. ²Das Gleiche gilt für die Beendigung des Vereins nach der Liquidation.

(2) ¹Die Anmeldung der Liquidatoren hat durch den Vorstand zu erfolgen. ²Bei der Anmeldung ist der Umfang der Vertretungsmacht der Liquidatoren anzugeben. ³Änderungen der Liquidatoren oder ihrer Vertretungsmacht sowie die Beendigung des Vereins sind von den Liquidatoren anzumelden. ⁴Der Anmeldung der durch Beschluss der Mitgliederversammlung bestellten Liquidatoren ist eine Abschrift des Bestellungsbeschlusses, der Anmeldung der Vertretungsmacht, die abweichend von § 48 Absatz 3 bestimmt wurde, ist eine Abschrift der diese Bestimmung enthaltenden Urkunde beizufügen.

(3) Die Eintragung gerichtlich bestellter Liquidatoren geschieht von Amts wegen.

§ 77 Anmeldepflichtige und Form der Anmeldungen

¹Die Anmeldungen zum Vereinsregister sind von Mitgliedern des Vorstands sowie von den Liquidatoren, die insoweit zur Vertretung des Vereins berechtigt sind, mittels öffentlich beglaubigter Erklärung abzugeben. ²Die Erklärung kann in Urschrift oder in öffentlich beglaubigter Abschrift beim Gericht eingereicht werden.

§ 78 Festsetzung von Zwangsgeld

(1) Das Amtsgericht kann die Mitglieder des Vorstands zur Befolgung der Vorschriften des § 67 Abs. 1, des § 71 Abs. 1, des § 72, des § 74 Abs. 2, des § 75 Absatz 2 und des § 76 durch Festsetzung von Zwangsgeld anhalten.

(2) In gleicher Weise können die Liquidatoren zur Befolgung der Vorschriften des § 76 angehalten werden.

§ 79 Einsicht in das Vereinsregister

(1) ¹Die Einsicht des Vereinsregisters sowie der von dem Verein bei dem Amtsgericht eingereichten Dokumente ist jedem gestattet. ²Von den Eintragungen kann eine Abschrift verlangt werden; die Abschrift ist auf Verlangen zu beglaubigen. ³Wird das Vereinsregister maschinell geführt, tritt an die Stelle der Abschrift ein Ausdruck, an die der beglaubigten Abschrift ein amtlicher Ausdruck.

(2) ¹Die Einrichtung eines automatisierten Verfahrens, das die Übermittlung von Daten aus maschinell geführten Vereinsregistern durch Abruf ermöglicht, ist zulässig, wenn sichergestellt ist, dass
1. der Abruf von Daten die zulässige Einsicht nach Absatz 1 nicht überschreitet und
2. die Zulässigkeit der Abrufe auf der Grundlage einer Protokollierung kontrolliert werden kann.

Titel 2. Juristische Personen § 80

²Die Länder können für das Verfahren ein länderübergreifendes elektronisches Informations- und Kommunikationssystem bestimmen.

(3) ¹Der Nutzer ist darauf hinzuweisen, dass er die übermittelten Daten nur zu Informationszwecken verwenden darf. ²Die zuständige Stelle hat (z. B. durch Stichproben) zu prüfen, ob sich Anhaltspunkte dafür ergeben, dass die nach Satz 1 zulässige Einsicht überschritten oder übermittelte Daten missbraucht werden.

(4) Die zuständige Stelle kann einen Nutzer, der die Funktionsfähigkeit der Abrufeinrichtung gefährdet, die nach Absatz 3 Satz 1 zulässige Einsicht überschreitet oder übermittelte Daten missbraucht, von der Teilnahme am automatisierten Abrufverfahren ausschließen; dasselbe gilt bei drohender Überschreitung oder drohendem Missbrauch.

(5) ¹Zuständige Stelle ist die Landesjustizverwaltung. ²Örtlich zuständig ist die Landesjustizverwaltung, in deren Zuständigkeitsbereich das betreffende Amtsgericht liegt. ³Die Zuständigkeit kann durch Rechtsverordnung der Landesregierung abweichend geregelt werden. ⁴Sie kann diese Ermächtigung durch Rechtsverordnung auf die Landesjustizverwaltung übertragen. ⁵Die Länder können auch die Übertragung der Zuständigkeit auf die zuständige Stelle eines anderen Landes vereinbaren.

Untertitel 2. Stiftungen

Vorbemerkungen

1. §§ 80–88. Betreffen **rechtsfähige Stiftungen** des **Privatrechts. a)** Durch das 1 Ges zur Modernisierung des Stiftungsrechts v 15.7.2002 (in Kraft seit 1.9.2002) sind die Voraussetzungen, unter denen eine Stiftung Rechtsfähigkeit erlangt, in den §§ 80–89 bundeseinheitlich und abschließend geregelt. Oberstes Prinzip des Stiftungsrechts ist weiterhin die fortwährend konstitutive Bedeutung des Stifterwillens (BGH 99, 348). **b) Begriffsmerkmale** der Stiftung: eigene Rechtsfähigkeit, keine 2 Mitglieder, Zweckbindung des gewidmeten Vermögens.

2. **Keine Stiftung iSd §§ 80 ff. a)** Die nichtrechtsfähige oder fiduziarische 3 Stiftung. Sie ist unentgeltliche Zuwendung an natürliche oder, praktisch stets, an jur Person mit der auf Dauer verbindlichen Bestimmung, mit dem Vermögen bestimmte Zwecke zu fördern. Unter Lebenden oder von Todes wegen möglich (RG 88, 339), es gilt Schuld- oder Erbrecht. §§ 80 ff sind auch nicht analog anwendbar; Analogie zu § 87 erwägenswert; **b) Das Sammelvermögen** (vgl § 1914); 4 eigene Rechtspersönlichkeit fehlt.

3. **Stiftungen des öffentl Rechts.** Spielen geringe Rolle. Sie können rechtsfä- 5 hig oder nichtrechtsfähig sein. Schwierig ist ihre Unterscheidung von denen des Privatrechts, denn diese können auch von jur Person des öffentl Rechts mit öffentl Zweck begründet werden, wie umgekehrt Stifter einer öffentl-rechtlichen Stiftung eine Privatperson sein kann. Ie MK/Reuter 64–68.

§ 80 Entstehung einer rechtsfähigen Stiftung

(1) Zur Entstehung einer rechtsfähigen Stiftung sind das Stiftungsgeschäft und die Anerkennung durch die zuständige Behörde des Landes erforderlich, in dem die Stiftung ihren Sitz haben soll.

(2) Die Stiftung ist als rechtsfähig anzuerkennen, wenn das Stiftungsgeschäft den Anforderungen des § 81 Abs. 1 genügt, die dauernde und nachhaltige Erfüllung des Stiftungszwecks gesichert erscheint und der Stiftungszweck das Gemeinwohl nicht gefährdet.

(3) ¹Vorschriften der Landesgesetze über kirchliche Stiftungen bleiben unberührt. ²Das gilt entsprechend für Stiftungen, die nach den Landesgesetzen kirchlichen Stiftungen gleichgestellt sind.

§ 81 Stiftungsgeschäft

(1) ¹Das Stiftungsgeschäft unter Lebenden bedarf der schriftlichen Form. ²Es muss die verbindliche Erklärung des Stifters enthalten, ein Vermögen zur Erfüllung eines von ihm vorgegebenen Zweckes zu widmen. ³Durch das Stiftungsgeschäft muss die Stiftung eine Satzung erhalten mit Regelungen über
1. den Namen der Stiftung,
2. den Sitz der Stiftung,
3. den Zweck der Stiftung,
4. das Vermögen der Stiftung,
5. die Bildung des Vorstands der Stiftung.

⁴Genügt das Stiftungsgeschäft den Erfordernissen des Satzes 3 nicht und ist der Stifter verstorben, findet § 83 Satz 2 bis 4 entsprechende Anwendung.

(2) ¹Bis zur Anerkennung der Stiftung als rechtsfähig ist der Stifter zum Widerruf des Stiftungsgeschäfts berechtigt. ²Ist die Anerkennung bei der zuständigen Behörde beantragt, so kann der Widerruf nur dieser gegenüber erklärt werden. ³Der Erbe des Stifters ist zum Widerruf nicht berechtigt, wenn der Stifter den Antrag bei der zuständigen Behörde gestellt oder im Falle der notariellen Beurkundung des Stiftungsgeschäfts den Notar bei oder nach der Beurkundung mit der Antragstellung betraut hat.

§ 82 Übertragungspflicht des Stifters

¹Wird die Stiftung als rechtsfähig anerkannt, so ist der Stifter verpflichtet, das in dem Stiftungsgeschäft zugesicherte Vermögen auf die Stiftung zu übertragen. ²Rechte, zu deren Übertragung der Abtretungsvertrag genügt, gehen mit der Anerkennung auf die Stiftung über, sofern nicht aus dem Stiftungsgeschäft sich ein anderer Wille des Stifters ergibt.

§ 83 Stiftung von Todes wegen

¹Besteht das Stiftungsgeschäft in einer Verfügung von Todes wegen, so hat das Nachlassgericht dies der zuständigen Behörde zur Anerkennung mitzuteilen, sofern sie nicht von dem Erben oder dem Testamentsvollstrecker beantragt wird. ²Genügt das Stiftungsgeschäft nicht den Erfordernissen des § 81 Abs. 1 Satz 3, wird der Stiftung durch die zuständige Behörde vor der Anerkennung eine Satzung gegeben oder eine unvollständige Satzung ergänzt; dabei soll der Wille des Stifters berücksichtigt werden. ³Als Sitz der Stiftung gilt, wenn nicht ein anderes bestimmt ist, der Ort, an welchem die Verwaltung geführt wird. ⁴Im Zweifel gilt der letzte Wohnsitz des Stifters im Inland als Sitz.

§ 84 Anerkennung nach Tod des Stifters

Wird die Stiftung erst nach dem Tode des Stifters als rechtsfähig anerkannt, so gilt sie für die Zuwendungen des Stifters als schon vor dessen Tod entstanden.

Titel 2. Juristische Personen §§ 80–86

Anmerkungen zu den §§ 80–84

Lit: Seifarth/v. Campenhausen, Stiftungsrechtshandbuch, 3. Aufl 2009. Zur Entwicklung des Stiftungszivilrechts Schiffer NJW 04, 2497 ff (für 2000–2003), 06, 2528 (für 2004–2006).

1. Entstehung. Stiftung entsteht als jur Person durch das Stiftungsgeschäft (Rn 2) 1 und ihre staatliche Anerkennung (Rn 3), § 80 I. **a)** Das **Stiftungsgeschäft** ist einsei- 2 tiges, nicht empfangsbedürftiges RGeschäft unter Lebenden (vgl § 81 I 1; Form: Schriftform, § 126; elektronische Form, § 126 III, verbietet sich, arg §§ 81 I 4, 83 S 2; aA die hM) oder von Todes wegen (vgl § 83 S 1; Form: Testament, Erbvertrag). Durch das Stiftungsgeschäft muss die Stiftung eine **Satzung** erhalten, die den Namen, Sitz, Zweck, das Vermögen und die Bildung des Vorstands der Stiftung regelt, § 81 I 3. Zur Mangelbeseitigung bei Tod des Stifters s § 81 I 4 mit § 83 S 2– 4. **b)** Die **Anerkennung** der Stiftung als rechtsfähig ist auszusprechen, wenn die 3 **Voraussetzungen** des § 80 II vorliegen: Stiftungsgeschäft (Rn 2; die in § 81 I 1 verlangte Schriftform genügt nur für Stiftungsgeschäft unter Lebenden, nicht auch von Todes wegen, s § 126 einerseits, zB § 2247 I andererseits); verbindliche Erklärung des Stifters, Vermögen zur Erfüllung eines von ihm bestimmten Zwecks zu widmen; die dauernde und nachhaltige Erfüllung des Stiftungszwecks erscheint gesichert; der Stiftungszweck (nicht erst die Stiftung) gefährdet nicht das Gemeinwohl (dazu sehr krit Muscheler NJW 03, 3161 ff), damit vereinbar die Begrenzung des Kreises der Destinatäre ua nach Religion, Ethnie und Geschlecht (zB Stipendien nur für evangelische Studenten aus Siebenbürgen). **c)** Liegen die Voraussetzungen 4 (Rn 3) vor, so hat der Stifter einen **Rechtsanspruch auf Anerkennung,** so deutlich § 80 II (im fr Recht war das str).

2. Vermögensübergang. Ist die Stiftung entstanden, so geht zugesichertes Ver- 5 mögen auf die Stiftung über: unter Lebenden durch Einzelübertragung und nach § 82 S 2, sonst durch Gesamtnachfolge, § 1922. Dazu § 84 (erfasst Stiftungsgeschäft unter Lebenden und von Todes wegen); BayObLG NJW-RR 91, 524. § 84 erlaubt (Ausnahme zu § 1923 I) Erbeinsetzung Stiftung, wenn Stifter vor Stiftungsgenehmigung stirbt, bewirkt aber keine Vorverlegung des steuerlichen Abflusszeitpunkts von Zuwendungen (BFH NJW-RR 11, 735 Tz 21).

§ 85 Stiftungsverfassung

Die Verfassung einer Stiftung wird, soweit sie nicht auf Bundes- oder Landesgesetz beruht, durch das Stiftungsgeschäft bestimmt.

§ 86 Anwendung des Vereinsrechts

[1]Die Vorschriften der §§ 26 und 27 Absatz 3 und der §§ 28 bis 31a und 42 finden auf Stiftungen entsprechende Anwendung, die Vorschriften des § 26 Absatz 2 Satz 1, des § 27 Absatz 3 und des § 28 jedoch nur insoweit, als sich nicht aus der Verfassung, insbesondere daraus, dass die Verwaltung der Stiftung von einer öffentlichen Behörde geführt wird, ein anderes ergibt. [2]Die Vorschriften des § 26 Absatz 2 Satz 2 und des § 29 finden auf Stiftungen, deren Verwaltung von einer öffentlichen Behörde geführt wird, keine Anwendung.

Anmerkungen zu den §§ 85, 86

1. Verfassung. Die Verfassung (§ 85) wird durch zwingendes Bundesrecht (§ 86!) 1 und Landesrecht sowie durch das Stiftungsgeschäft und nachgiebiges Bundes- und Landesrecht bestimmt.

§§ 87–89　　　　　　　　　　　　　　　　　　　Buch 1. Abschnitt 1. Personen

2　　2. § 86. Ist zwingend, soweit nicht für §§ 27 III, 28 I sich aus der Verfassung, insbes wegen Verwaltung durch öffentl Behörde, etwas anderes ergibt. Die Rechtsstellung als Organ einer Stiftung (zB: Vorstandsmitglied) ist daher nicht vererblich (BGH NJW-RR 11, 1185).

§ 87 Zweckänderung; Aufhebung

(1) **Ist die Erfüllung des Stiftungszwecks unmöglich geworden oder gefährdet sie das Gemeinwohl, so kann die zuständige Behörde der Stiftung eine andere Zweckbestimmung geben oder sie aufheben.**

(2) [1]**Bei der Umwandlung des Zweckes soll der Wille des Stifters berücksichtigt werden, insbesondere soll dafür gesorgt werden, dass die Erträge des Stiftungsvermögens dem Personenkreis, dem sie zustatten kommen sollten, im Sinne des Stifters erhalten bleiben.** [2]**Die Behörde kann die Verfassung der Stiftung ändern, soweit die Umwandlung des Zweckes es erfordert.**

(3) **Vor der Umwandlung des Zweckes und der Änderung der Verfassung soll der Vorstand der Stiftung gehört werden.**

§ 88 Vermögensanfall

[1]**Mit dem Erlöschen der Stiftung fällt das Vermögen an die in der Verfassung bestimmten Personen.** [2]**Fehlt es an einer Bestimmung der Anfallberechtigten, so fällt das Vermögen an den Fiskus des Landes, in dem die Stiftung ihren Sitz hatte, oder an einen anderen nach dem Recht dieses Landes bestimmten Anfallberechtigten.** [3]**Die Vorschriften der §§ 46 bis 53 finden entsprechende Anwendung.**

Anmerkungen zu den §§ 87, 88

1　　**1. Ende der Stiftung.** Durch Aufhebung gem § 87 I (sehr krit zur Gemeinwohlgefährdung Muscheler NJW 03, 3161 ff), Insolvenzverfahren (§§ 86, 42), Zeitablauf oder Bedingungseintritt gem Stiftungsgeschäft.

2　　**2. Liquidation.** Bei Beendigung (Rn 1) findet, außer im Fall eines Insolvenzverfahrens, Liquidation nach §§ 46–53 statt (§ 88 S 3).

Untertitel 3. Juristische Personen des öffentlichen Rechts

§ 89 Haftung für Organe; Insolvenz

(1) **Die Vorschrift des § 31 findet auf den Fiskus sowie auf die Körperschaften, Stiftungen und Anstalten des öffentlichen Rechts entsprechende Anwendung.**

(2) **Das Gleiche gilt, soweit bei Körperschaften, Stiftungen und Anstalten des öffentlichen Rechts das Insolvenzverfahren zulässig ist, von der Vorschrift des § 42 Abs. 2.**

1　　**1. Träger der Haftung, I.** Können **alle jur Personen des öffentl Rechts sein:** Gebietskörperschaften (zB Gemeinden, Landkreise), sonstige Körperschaften (zB Rechtsanwaltskammern), rechtsfähige Anstalten (zB Bundesbank) und Stiftungen (zB Preußischer Kulturbesitz) des öffentl Rechts. **Fiskus** heißt der Staat (Bund, Länder; s Rn 6) als Privatrechtssubjekt.

2. Bereich der Haftung nach I. a) I stellt jur Personen des öffentl und des Privatrechts haftungsrechtlich gleich. Die Gleichstellung kann sich nur auf den zivilrechtlichen Bereich beziehen. Der Staat usw muss also in privatrechtlicher Form, **„fiskalisch"**, gehandelt haben (s Rn 1). Haben die Organe (Rn 4) *in Ausübung eines öffentl Amtes* schuldhaft Schaden zugefügt, so *gelten §§ 89, 31 nicht* (ebenso wenig wie §§ 278, 831 für sonstige Personen), sondern GG 34 mit § 839. **b) Bsp** aus der Rspr vgl § 839 Rn 7, 8.

3. Verweisung auf § 31. a) I ist wie § 31 **Zurechnungsnorm** (§ 31 Rn 1). Er setzt wegen der Gleichbehandlung aller jur Personen (Rn 2 [a]) die Verwirklichung einer *allg* Schadensersatznorm voraus. Als solche scheidet § 839 für die Haftung des Fiskus usw (*nicht* des Beamten!) aus, weil diese Norm Sondervorschrift für Beamte im staatsrechtlichen Sinn ist (RG 162, 161 f). **b) Bes oder verfassungsmäßig berufene Vertreter** leiten ihre Funktion unmittelbar aus den betr Organisationsnormen ab (RG 157, 237, 240; 162, 167 f). Sie erledigen den zugewiesenen Geschäftskreis nach außen selbstständig und eigenverantwortlich, was interne Oberaufsicht nicht ausschließt (RG 157, 236). Vertreter ist nicht iSd §§ 164 ff gemeint (§ 30 Rn 4). Zum sog **Organisationsmangel** (dh Fehlen eines bes Vertreters) § 31 Rn 4. **c) In Ausführung** der ihm zustehenden Verrichtung muss der Vertreter handeln (§ 31 Rn 5). Handlungen eines Organs jenseits des Wirkungskreises der jur Person des öffentl Rechts (also nicht nur in Überschreitung oder Missbrauch der Vertretungsmacht) sind rechtsunwirksam, Zurechnung nach § 89 daher ausgeschlossen (vgl BGH 20, 126; Rn 10 [a] vor § 21; sa BGH NJW 86, 2940).

4. Insolvenzunfähigkeit von Bund und Ländern. II nennt nicht den **Fiskus**, da Bund und Länder insolvenzunfähig sind (InsO 12 I Nr 1). Zur Insolvenzfähigkeit iü und deren praktischer Bedeutung Jauernig/Berger, ZwV, § 40 Rn 6.

Abschnitt 2. Sachen und Tiere

Vorbemerkungen

I. Rechtssubjekte und -objekte

Rechtssubjekte sind die natürlichen und jur Personen (BGB Buch 1 Abschnitt 1; zur Rechtssubjektivität von Personenvereinigungen Rn 1, 4 vor § 21; § 21 Rn 1). Ihnen dienen die Rechtsobjekte (Gegenstände im Rechtssinne). Rechtsobjekte sind die körperlichen (§ 90) und unkörperlichen **Gegenstände**. Unkörperliche Gegenstände sind Rechte (zB Forderungen, Immaterialgüterrechte und andere Vermögensrechte) und sonstige Gegenstände (s zB § 453: mögliche Gegenstände schuldrechtlicher Verpflichtung). Das sind die Gegenstände, die weder Sachen noch Rechte sind, aber nach der Verkehrsanschauung einen Vermögenswert haben und als übertragbar angesehen werden (zB Know-how, nicht rechtlich geschützte Information, zB in Form von Betriebsgeheimnis, Rezeptur, qualifizierte Adressdaten von Kaufinteressenten usw). Die §§ 90, 91 ff definieren einige, aber nicht alle Arten von Sachen, insbes nicht „bewegliche" und „unbewegliche" Sachen (Rn 2, 3). **Tiere** sind nach § 90a „keine Sachen" (s aber dort Rn 1). Ausgliederungsgegenstand: KWG § 48g II Nr. 1.

II. Grundbegriffe

1. Bewegliche und unbewegliche Sache. Die wichtigste Unterscheidung ist die zwischen *beweglichen* und *unbeweglichen Sachen* (Grundstücken). **a) Grundstück** ist ein abgegrenzter Teil der Erdoberfläche, der im Grundbuch als selbstständiges Grundstück eingetragen ist (vgl GBO 3 I 1 mit Ausnahmen in II–IX). Zum *Untergang* eines Grundstücks Schleswig NJW-RR 03, 1170 f. *Wie* ein Grundstück

§ 90

Buch 1. Abschnitt 2

(Grundstücks*eigentum*!) wird das Erbbaurecht behandelt (ErbbauRG 11), nicht das
3 Wohnungseigentum (es *ist* Eigentum, WEG 3). **b) Beweglich** sind alle Sachen, die
weder Grundstücke noch Grundstücksbestandteile sind (RG 158, 368 f). Dazu
gehört auch eine auf Datenträger verkörperte Standardsoftware (BGH NJW 07,
2394). **Tiere** sind (bewegliche) Sachen sui generis (§ 90a Rn 1).

4   2. **Einzelsache und Sachgesamtheit. a) Einzelsache** kann eine *einfache*
(Pflanze, Stein, Geldstück; auch ein Tier, § 90a Rn 1) oder eine *zusammengesetzte*
(serienmäßig hergestellter Kraftwagen, BGH 18, 228 f; Gebäude) sein (vgl RG 87,
45). Nur die Einzelsache ist „Sache" im sachenrechtlichen Sinn. Ihre *Kennzeichen*
sind: **aa) Körperlichkeit** (sie fehlt bei Meereswellen, Wind, Schall, Elektrizität);
bb) Abgrenzbarkeit (sie fehlt beim offenen Meer, fließenden Wasser, bei der Luft,
nicht beim Luftraum, vgl § 905); auf den Aggregatzustand (fest, flüssig, gasförmig)
kommt es nicht an, sofern Abgrenzbarkeit (Beherrschbarkeit) gegeben ist (Wasser
in der Flasche, Gas im Ballon); **cc) nicht** *physikalische Kohärenz;* daher sind Getreide-
oder Kohlenhaufen, ein Bienenschwarm, ein Kartenspiel Einzelsachen; sa Rn 4 (dd).
dd) Eine Sacheinheit ist ebenfalls Einzelsache im Rechtssinn: Faktisch besteht eine
Mehrheit einzelner, wirtschaftlich idR wertloser Sachen, die nach der Verkehrsanschauung erst im Verbund relevant werden (ges Bsp: Bienenschwarm, §§ 961 ff; sa Bsp
5 in Rn 4 [cc]). **b) Die Sachgesamtheit** besteht aus einer Mehrheit von Einzelsachen, auch wenn sie wirtschaftlich als Einheit erscheint (RG 87, 45 f), zB Bibliothek,
Viehherde, Warenlager (vgl § 92 II: Sachinbegriff). Sie kann Gegenstand eines
schuldrechtlichen Geschäfts, zB Miete, Kauf, sein; sachenrechtlich ist nicht sie, sondern jede ihrer Einzelsachen „Sache" (Rn 4), was insbes für die Übereignung von
Warenlagern wichtig ist (vgl § 930 Rn 46).

6   3. **Bestandteile.** Jede zusammengesetzte Einzelsache (Rn 4 [a]) und nur sie hat
Bestandteile. Ie Anm zu § 93.

7   4. **Teilbarkeit.** Ist gegeben, wenn die Sache sich ohne Verminderung ihres Wertes in gleichartige Teile zerlegen lässt, vgl § 752.

8   5. **Sonstiges. Vertretbare** Sachen: § 91; **verbrauchbare** Sachen: § 92; **Gat-
tungs-** und **Speziessachen** s Anm zu § 243; Hauptsache und **Zubehör** s Anm zu
§§ 97, 98.

9   6. **Körper(-teile). Keine Sache** ist der **Körper des lebenden Menschen.** Für
getrennte Körperteile differenziert BGH 124, 54 f: Sie sind Sachen bei *endgültiger*
Trennung und *nicht* „spender"bezogener Verwendung (zB abgeschnittene Haare,
gezogene Zähne; auch gespendete Organe zur Fremdverwendung; § 953 gilt entspr);
fehlt es daran (zB bei vorsorglicher Eigenblutspende vor Operation), so sind diese
Teile auch während der Trennung nicht Sachen, sondern Körperteile (wichtig für
§§ 823 I, 847; iE zust zu § 847 aF [jetzt § 253 II] Taupitz NJW 95, 745 ff). Zum
Sonderfall konservierten Spermas BGH 124, 56; dazu abl Laufs/Reiling NJW 94,
775 f; sa Taupitz aaO. – Eine Verpflichtung des lebenden Spenders zur Organentnahme zwecks Fremdverwendung verstößt gegen § 138. Zur Rechtslage bzgl künstlicher Körperteile Gropp JR 85, 181 ff. Die **Leiche** ist nach hM nicht Rückstand
der Persönlichkeit, sondern dem Rechtsverkehr entzogene herrenlose Sache (zum
Streitstand Zimmermann NJW 79, 570 f); doch sind sog Anatomieverträge gültig
(bei Entgeltlichkeit uU § 138). Gültig sind auch Verfügungen des Verstorbenen
über Körperteile, bedeutsam für Organtransplantationen vom toten Spender (TPG
3 I 1 Nr 1).

§ 90 Begriff der Sache

Sachen im Sinne des Gesetzes sind nur körperliche Gegenstände.

1   1. **Sachbegriff.** Zum Sachbegriff vgl Rn 4 vor § 90.

2. Bedeutung. Nur an Sachen kann Eigentum iSd BGB (iGgs zum Eigentum iSv 2
GG 14, vgl Rn 11 vor § 903), ein anderes dingliches Recht (Ausnahmen: §§ 1068 ff,
1273 ff) oder Besitz bestehen. Zuweilen ist Regelungsgegenstand einer nicht-
sachenrechtlichen Norm eine Sache, zB §§ 562, 598, 701, 2023; Ausdehnung dieser
Normen auf unkörperliche Gegenstände (Rn 1 vor § 90) ist Frage des Einzelfalls
(Bsp: § 119 Rn 12).

§ 90a Tiere

¹**Tiere sind keine Sachen.** ²**Sie werden durch besondere Gesetze
geschützt.** ³**Auf sie sind die für Sachen geltenden Vorschriften entsprechend
anzuwenden, soweit nicht etwas anderes bestimmt ist.**

Begriff. Eingefügt durch Ges v 20.8.1990, ebenso der gleichgerichtete § 903 S 1
2. § 90a ist symbolische Gesetzgebung, rechtlich funktionslos; hat Rechtslage nicht
geändert, sondern ein außerrechtliches Bedürfnis an Explizität des Impliziten gestillt
(seit 2002 gibt GG 20a Auftrag zum Tierschutz). Der Sachbegriff umfasste vor Erlaß
§ 90a lebende (Tiere, Pflanzen) und leblose Sachen. S 3 lässt zwar alles beim alten
(s nur BGH 170, 41 ff zu § 474), doch kann S 1 iVm S 3 Verwirrung stiften: Ist
Tier (Wanze) = Tier (Pferd)? (Differenzierend PflSchG: „Tier" als Schutzobjekt
[zB § 1 Nr 4] und als Schadorganismus [zB § 2 Nr 7]; TierSchG 17 schützt nur
Wirbeltiere; undifferenziert GG 20a.) Unklarheiten des § 90a ist hier seine berichtigende Auslegung zu begegnen (dagegen BaR/Fritzsche 2): Tiere sind *keine leblosen,*
sondern *Sachen* sui generis, für die idR die allg Vorschriften gelten (S 3). Diese
Auslegung fällt umso leichter, als Bienen nach wie vor „Sachen" sind (Überschrift
zu Buch 3 Abschnitt 3 Titel 3: Erwerb und Verlust des Eigentums an *beweglichen
Sachen,* dazu Untertitel 4: §§ 961 ff) und nach § 903 S 2 auch an Tieren „Eigentum"
besteht (nicht nur gem S 3 ein dem Eigentum „entspr" Recht, das übergeht BaR/
Fritzsche 2); sa StGB 324a I Nr 1, 325 I 1 („Tiere . . . oder andere Sachen"); zur
Problematik, auch zur eigenständigen Begriffsbildung des Strafrechts, Küper JZ 93,
435 ff; Graul JuS 00, 218 f, je mN. Zu § 251 II 2 s dort Rn 10. Literatur: Brüning-
haus, Die Stellung des Tieres im Bürgerlichen Gesetzbuch, 1993. Zum Entw des
Ges karikierend K. Schmidt JZ 89, 790 ff; Grunsky, FS Jauch, 1990, S 93 ff.

§ 91 Vertretbare Sachen

**Vertretbare Sachen im Sinne des Gesetzes sind bewegliche Sachen, die
im Verkehr nach Zahl, Maß oder Gewicht bestimmt zu werden pflegen.**

1. Maßstab. Die **Verkehrsüblichkeit** bestimmt, was vertretbare Sachen sind 1
(obj Maßstab). Sie sind nach der Verkehrsanschauung austauschbar.

2. Beispiele. Vertretbar sind zB Geld (Scheine, Münzen), Lebensmittel (auch 2
Spitzenwein, weil in derselben Sorte austauschbar, BGH NJW 85, 2403), Brenn-
stoffe, serienmäßig hergestellte fabrikneue Maschinen (Hamm BB 86, 556), See-,
Luft- und Landfahrzeuge (idR nicht: gebrauchte Fahrzeuge und Maschinen).

3. Erheblichkeit. Bedeutung hat die Vertretbarkeit einer Sache insbes im 3
Schuldrecht (§§ 607 I, 651 S 3, 700, 706 II, 783) und im Prozess (ZPO 592, 884).

4. Abgrenzung. Ob Gattungs- oder Speziessache vorliegt, entscheidet, iGgs 4
zur Vertretbarkeit (Rn 1), der Parteiwille (vgl § 243 Rn 3, 4).

§ 92 Verbrauchbare Sachen

**(1) Verbrauchbare Sachen im Sinne des Gesetzes sind bewegliche Sachen,
deren bestimmungsmäßiger Gebrauch in dem Verbrauch oder in der Veräußerung besteht.**

(2) **Als verbrauchbar gelten auch bewegliche Sachen, die zu einem Warenlager oder zu einem sonstigen Sachinbegriff gehören, dessen bestimmungsmäßiger Gebrauch in der Veräußerung der einzelnen Sachen besteht.**

1 **1. Allgemeines. § 92 betrifft nur bewegliche** Sachen. Verbrauchbarkeit ist in I obj, in II subj bestimmt. ISv I sind zum *Verbrauch* (Abnutzung durch *Gebrauch* ungenügend) bestimmt zB Nahrungsmittel, Heizmaterial; zur *Veräußerung* bestimmt ist insbes Geld (Begriff: § 91 Rn 2). Unter den Voraussetzungen von II kann jede bewegliche Sache zur verbrauchbaren werden.

2 **2. Nutzungsrecht. Einräumung eines Nutzungsrechts** an verbrauchbaren Sachen macht das Recht inhaltlich zum Verbrauchsrecht, vgl §§ 1067, 1075 II, 1084, 1086 S 2.

3 **3. Erheblichkeit. Zur Bedeutung** der Verbrauchbarkeit s §§ 706 II, 1814 S 2, 2116 I 2, 2325 II 1, sa Rn 2; Miete und Leihe scheiden aus (arg §§ 546, 604 mit 92).

§ 93 Wesentliche Bestandteile einer Sache

Bestandteile einer Sache, die voneinander nicht getrennt werden können, ohne dass der eine oder der andere zerstört oder in seinem Wesen verändert wird (wesentliche Bestandteile), können nicht Gegenstand besonderer Rechte sein.

1 **1. Allgemeines.** Nur zusammengesetzte (MK/Stresemann 3, 4, str) **Einzelsache** (Begriff Rn 4 vor § 90) hat Bestandteile (Rn 6 vor § 90). § 93 definiert nur den wesentlichen Bestandteil und ordnet an, dass die dingliche Rechtslage der Sache und ihrer wesentlichen Bestandteile stets übereinstimmt (daher an letzteren vor Trennung kein Eigentumserwerb durch RGeschäft [aber Kauf möglich, BGH NJW 00, 505]; anders bei Erwerb durch fehlerhaften, aber wirksamen Vollstreckungsakt, Gaul NJW 89, 2509 ff gegen BGH 104, 303; NJW-RR 07, 196 f). Kongruenzgebot wird praktisch, wenn bisher selbstständige Sachen wesentliche Bestandteile einer anderen werden (zur Wirkung vgl § 946 Rn 3; § 947 Rn 2–4; § 948 Rn 2). Aus § 93 folgt (Umkehrschluss), dass an unwesentlichen Bestandteilen Sonderrechte bestehen können. Nur in der Sonderrechts(un)fähigkeit unterscheiden sich beide Arten von Bestandteilen (RG 158, 368 f). Im allg teilen die unwesentlichen Bestandteile das rechtliche Schicksal der Sache (RG 69, 120).

2 **2. Bestandteile. Keine selbstständigen Sachen,** sondern Teile von solchen. Erst nach Verneinung der Selbstständigkeit ist für §§ 93 f Raum (wichtig auch für § 95, s u). Praktisch schwierig ist die Abgrenzung des Bestandteils einer zusammengesetzten Sache (Rn 4 vor § 90) von einer selbstständigen Sache als Teil einer Sachgesamtheit (Rn 5 vor § 90), vgl LM Nr 2 (Kegelbahn). Feste Verbindung kann für Bestandteil sprechen (RG 158, 369 ff – Wandtäfelung); doch entscheidet stets die Verkehrsanschauung, so dass auch leicht lösbare Verbindung für Bestandteil genügen kann (BGH 18, 229: Motor eines Serienkraftfahrzeugs) oder nicht einmal sie nötig ist (Schubkästen eines Schranks). § 95 engt Begriff des Bestandteils ein; daher ist erst § 95, dann § 93 (§ 94) zu prüfen.

3 **3. Wesentliche Bestandteile. Wesentlich** ist ein Bestandteil, wenn – bei natürlicher, wirtschaftlicher Betrachtungsweise unter Beachtung der Verkehrsanschauung – er oder die Restsache durch eine Trennung zerstört oder im Wesen verändert würde. Das hängt davon ab, ob der Bestandteil und die Restsache wie bisher wirtschaftlich genutzt werden können, sei es auch erst nach Verbindung mit anderen Sachen (BGH NJW-RR 90, 587). Daher ist der neue oder Austauschmotor eines Serienkraftwagens idR kein wesentlicher Bestandteil (BGH 61, 81 f: Motor und motorloser Wagen können je für sich wesensgemäß benutzt werden, der Wagen

Sachen und Tiere   § 94

nach Einbau eines anderen Motors; abl Pinger JR 73, 463 f). Nicht genormte Holzteile eines Bootsstegs sind wesentliche Bestandteile (LM Nr 3 zu § 891). Ob eine Trennung das Wesen oder den wirtschaftlichen Zweck der *Gesamtsache* (zB des Bootsstegs, Kraftwagens) ändert, ist für § 93 iGgs zu § 94 II (BGH 26, 229) unerheblich (BGH 61, 81).

4. Erweiterung und Ausnahmen. Erweiterung des wesentlichen Bestandteils 4 in § 94. – **Durchbrechung** der §§ 93, 94 in ErbbauRG 12, WEG 5 (für Gebäude und Teile davon), ZPO 810 (für Früchte auf dem Halm); ferner § 95 Rn 5, 6.

§ 94 Wesentliche Bestandteile eines Grundstücks oder Gebäudes

(1) ¹**Zu den wesentlichen Bestandteilen eines Grundstücks gehören die mit dem Grund und Boden fest verbundenen Sachen, insbesondere Gebäude, sowie die Erzeugnisse des Grundstücks, solange sie mit dem Boden zusammenhängen.** ²**Samen wird mit dem Aussäen, eine Pflanze wird mit dem Einpflanzen wesentlicher Bestandteil des Grundstücks.**

(2) **Zu den wesentlichen Bestandteilen eines Gebäudes gehören die zur Herstellung des Gebäudes eingefügten Sachen.**

1. Allgemeines. § 94 erweitert den Begriff des wesentlichen Bestandteils und 1 setzt voraus, dass die verbundene oder eingefügte Sache nicht mehr selbstständig ist (auch nicht nach § 95), vgl § 93 Rn 2. **Gebäude** sind im allg Sinne Bauwerke (Begriff weiter als in § 908 Rn 3 [a]), zB Häuser, Brücken, Tiefgaragen. **Erzeugnisse:** §§ 99–103 Rn 2 [a aa].

2. Begriffe. a) Ob feste Verbindung (I 1) vorliegt, ist Tatfrage (RG 158, 2 374 f). Sie ist zu bejahen, wenn Trennung entweder unverhältnismäßig teuer wäre oder die verbundenen Teile erheblich beschädigte (Frankfurt/M NJW 82, 654). Ein unterkellertes Fertigwohnhaus ist fest verbunden. **b) Zur Herstellung einge-** 3 **fügt (II)** ist eine Sache, wenn ohne sie nach der Verkehrsanschauung das Gebäude *als Bauwerk* noch nicht fertiggestellt ist, so dass (neben Baumaterial) nur die bauwerkprägende Ausstattung unter II fällt oder wenn die Teile, da bes angepasst, mit dem Baukörper eine Einheit bilden (BGH NJW 92, 1163). Gleichgültig ist, ob die Einfügung vom Zweck erfordert oder Luxus war. Maßgebender Zeitpunkt ist die Einfügung, gleich, wann sie erfolgt, zB erst bei späterem Umbau (BGH 53, 326: Umbau einer Koks- in eine Ölzentralheizung). Fabrikhallen sind idR vielseitig verwendbar, weshalb dort aufgestellte Maschinen nicht zur Herstellung eingefügt sind (RG 130, 266), wohl aber eine Heizungsanlage (Koblenz WM 89, 535 mN), ein Notstromaggregat für modernes Großhotel (BGH NJW 87, 3178). *Feste Verbindung* ist für II unnötig (BGH NJW-RR 90, 587).

3. Sonstiges. a) Gebäude (Begriff: Rn 1) sind nach I wesentliche Grundstücks- 4 bestandteile; das gilt nicht, wenn feste Verbindung fehlt (vgl I) oder § 95 eingreift. Zur Herstellung *eingefügte Sachen* sind nach **II** nur wesentliche Bestandteile des *Gebäudes* und erst, sofern für dieses I zutrifft und § 95 ausscheidet, zugleich mittelbar wesentliche Grundstücksbestandteile. **b) Zur Rechtslage bei** unberechtigtem und 5 berechtigtem **Überbau**, insbes durch Giebelmauer, s 13. Aufl § 912 Rn 1, 9 (bb), 10, §§ 919–924 Rn 2. **c) II gilt analog** für eingetragene Schiffe (BGH 26, 227 ff: 6 Schiffsmotor als wesentlicher Bestandteil) und eingetragene Luftfahrzeuge (einschr MK/Stresemann 37: nur Rumpf, Tragflächen, Leitwerk); zum Grund BGH 26, 229, sa Rn 3.

4. Wirkung. Die fest verbundenen oder zur Herstellung eingefügten Sachen 7 verlieren als wesentliche Bestandteile (§ 94) ihre Sonderrechtsfähigkeit (§ 93). Zur Bedeutung § 93 Rn 1.

§§ 95–97

§ 95 Nur vorübergehender Zweck

(1) ¹Zu den Bestandteilen eines Grundstücks gehören solche Sachen nicht, die nur zu einem vorübergehenden Zweck mit dem Grund und Boden verbunden sind. ²Das Gleiche gilt von einem Gebäude oder anderen Werk, das in Ausübung eines Rechts an einem fremden Grundstück von dem Berechtigten mit dem Grundstück verbunden worden ist.

(2) Sachen, die nur zu einem vorübergehenden Zwecke in ein Gebäude eingefügt sind, gehören nicht zu den Bestandteilen des Gebäudes.

1. Allgemeines. § 95 schränkt §§ 93, 94 ein, weil bei nur vorübergehender Verbindung eine Sache ihre Selbstständigkeit behalten, also nicht Bestandteil werden soll. Sie ist bloß **„Scheinbestandteil"**. Ist die Verbindung nicht nur vorübergehend, gelten §§ 93, 94.

2. Vorübergehender Zweck (I 1, II). Spätere Trennung muss zZ der Verbindung oder Einfügung beabsichtigt sein (BGH 157, 305; nach BGH NJW 06, 992 ist spätere Willensänderung möglich, wenn erst jetzt berechtigtes Interesse an bloß vorübergehender Nutzung besteht). Maßgebend ist der Wille, sofern er mit dem realen Geschehen vereinbar ist (BGH NJW 96, 916 f; 06, 992). Nachträgliche Zweckänderung allein ändert dingliche Rechtslage nicht (BGH 157, 305), auch nicht immer die nachträgliche Vereinigung des Eigentums am Grundstück und am Scheinbestandteil (LM Nr 18), s aber BGH NJW 06, 991 f, dazu Rn 4. Bei Verbindung oder Einfügung durch Mieter, Pächter ist vorübergehender Zweck zu „vermuten" (Anscheinsbeweis), BGH NJW 96, 917; st Rspr.

3. Rechte iSv I 2. Nur dingliche Rechte wie Erbbaurecht, Nießbrauch, Überbaurecht. Das Recht muss wirklich bestehen, Irrtum gibt kein Recht. Berechtigt sind der Rechtsinhaber und dessen Mieter oder Pächter (LM Nr 2). Späterer Wegfall des Rechts ändert dingliche Rechtslage (Rn 4) nicht (BGH 125, 59 f).

4. Wirkung. Scheinbestandteile (Rn 1) sind bewegliche Sachen, Übereignung nach §§ 929 ff (Bsp LM Nr 15); Ausnahme: I 2 mit ErbbauRG 12, 11. Zur möglichen **Umwandlung** eines Schein- in einen wesentlichen Bestandteil und umgekehrt s BGH NJW 06, 991 betr Erwerb/Verlust des Eigentums an unterirdischen Versorgungsleitungen durch den Eigentümer des Straßengrundstücks.

§ 96 Rechte als Bestandteile eines Grundstücks

Rechte, die mit dem Eigentum an einem Grundstück verbunden sind, gelten als Bestandteile des Grundstücks.

Begriff. Rechte, die an ein bestimmtes Grundstück gebunden sind, werden als dessen Bestandteil behandelt (Fiktion). Sie unterfallen § 93, wenn vom Grundstück nicht trennbar (so die subj-dinglichen Rechte, zB gem §§ 912 II, 917 II, 1018, 1094 II, 1105 II; Köln NJW-RR 93, 983).

§ 97 Zubehör

(1) ¹Zubehör sind bewegliche Sachen, die, ohne Bestandteile der Hauptsache zu sein, dem wirtschaftlichen Zwecke der Hauptsache zu dienen bestimmt sind und zu ihr in einem dieser Bestimmung entsprechenden räumlichen Verhältnis stehen. ²Eine Sache ist nicht Zubehör, wenn sie im Verkehr nicht als Zubehör angesehen wird.

(2) ¹Die vorübergehende Benutzung einer Sache für den wirtschaftlichen Zweck einer anderen begründet nicht die Zubehöreigenschaft. ²Die vorübergehende Trennung eines Zubehörstücks von der Hauptsache hebt die Zubehöreigenschaft nicht auf.

§ 98 Gewerbliches und landwirtschaftliches Inventar

Dem wirtschaftlichen Zwecke der Hauptsache sind zu dienen bestimmt:
1. bei einem Gebäude, das für einen gewerblichen Betrieb dauernd eingerichtet ist, insbesondere bei einer Mühle, einer Schmiede, einem Brauhaus, einer Fabrik, die zu dem Betrieb bestimmten Maschinen und sonstigen Gerätschaften,
2. bei einem Landgut das zum Wirtschaftsbetrieb bestimmte Gerät und Vieh, die landwirtschaftlichen Erzeugnisse, soweit sie zur Fortführung der Wirtschaft bis zu der Zeit erforderlich sind, zu welcher gleiche oder ähnliche Erzeugnisse voraussichtlich gewonnen werden, sowie der vorhandene, auf dem Gut gewonnene Dünger.

Anmerkungen zu den §§ 97, 98

1. Begriff des Zubehörs. Vgl BGH 62, 51 f; 165, 263 ff. **a) Selbstständige** 1 (§ 93 Rn 2) **bewegliche Sache.** Dazu können auch Gebäude iSv § 95 I 2 gehören, aber nicht Sachen, die § 95 I 1, II unterfallen, § 97 II 1, vgl LM Nr 10 zu § 95. **b) Über- und Unterordnungsverhältnis** zwischen Hauptsache und Zubehör; 2 denn dieses soll dem wirtschaftlichen Zweck der Hauptsache *dienen*. Zweckdienlichkeit einer Sache versteht sich nach der Beschaffenheit der Hauptsache: Werkzeugpresse kann Zubehör einer Fabrik (vgl § 98 Nr 1), aber nicht eines unbebauten Grundstücks sein, vgl BGH NJW 79, 2514; BGH 165, 263 ff; auf Baugrundstück lagerndes Baumaterial kann Zubehör des Grundstücks sein (BGH 58, 311 ff; aA Kuchinke JZ 72, 660 f); „Unternehmenszubehör" ist idR Zubehör des Betriebsgrundstücks, wenn auf dem Grundstück der Schwerpunkt des Betriebs liegt (BGH 124, 393). **c) Die Widmung** der Sache für den Dienst an der Hauptsache darf *nicht* 3 *nur vorübergehend* sein, vgl § 97 II 1; Widmung auf „Dauer" ist schief, da bei kurzer Lebensdauer der Sache kurze, sogar einmalige Benutzung genügt. Widmen kann, wer über Hauptsache und Zubehör tatsächlich verfügen kann, nicht nur der Eigentümer. Widmung ist Realakt, natürlicher Handlungswille nötig (Rn 24 vor § 104), hM. **d) Zweckgemäßes räumliches Verhältnis** von Hauptsache und Zubehör 4 (§ 97 I 1, II 2). Zweckgemäße Benutzung fern von der Hauptsache ist unschädlich. **e)** Wer sich auf § 97 I 2 beruft, muss Fehlen der **Verkehrsanschauung** darlegen 5 und ggf beweisen (BGH NJW 09, 1079). **f) Inventar** iSv § 98 ist Zubehör nur, 6 wenn die Voraussetzungen von § 97 vorliegen; daher ist § 98 überflüssig (MK/Stresemann § 98, 2, 3). **g) Zubehöreigenschaft erlischt**, wenn eine Voraussetzung 7 (Rn 1–6) entfällt (BGH NJW 84, 2278; dazu Dilcher JuS 86, 187 f).

2. Bedeutung. Zubehör ist selbstständige bewegliche Sache (Rn 1), also sonder- 8 rechtsfähig, doch besteht idR für Zubehör und Hauptsache die gleiche Rechtslage (insbes einheitliches Eigentum). Gleichlauf wird durch ges Auslegungsregeln unterstützt: §§ 311c, 926, 2164 I. Zur hypothekarischen Haftung von Zubehör vgl §§ 1120 ff; solange sie besteht, unterliegt Zubehör der Immobiliarzwangsvollstreckung, ZPO 865 II 1. Zur problematischen Konkurrenz von SÜ und Zubehörhaftung gem §§ 1120 ff Kollhosser JA 84, 196 ff.

§ 99 Früchte

(1) Früchte einer Sache sind die Erzeugnisse der Sache und die sonstige Ausbeute, welche aus der Sache ihrer Bestimmung gemäß gewonnen wird.

(2) Früchte eines Rechts sind die Erträge, welche das Recht seiner Bestimmung gemäß gewährt, insbesondere bei einem Recht auf Gewinnung von Bodenbestandteilen die gewonnenen Bestandteile.

§§ 99–103

(3) Früchte sind auch die Erträge, welche eine Sache oder ein Recht vermöge eines Rechtsverhältnisses gewährt.

§ 100 Nutzungen

Nutzungen sind die Früchte einer Sache oder eines Rechts sowie die Vorteile, welche der Gebrauch der Sache oder des Rechts gewährt.

§ 101 Verteilung der Früchte

Ist jemand berechtigt, die Früchte einer Sache oder eines Rechts bis zu einer bestimmten Zeit oder von einer bestimmten Zeit an zu beziehen, so gebühren ihm, sofern nicht ein anderes bestimmt ist:
1. die im § 99 Abs. 1 bezeichneten Erzeugnisse und Bestandteile, auch wenn er sie als Früchte eines Rechts zu beziehen hat, insoweit, als sie während der Dauer der Berechtigung von der Sache getrennt werden,
2. andere Früchte insoweit, als sie während der Dauer der Berechtigung fällig werden; bestehen jedoch die Früchte in der Vergütung für die Überlassung des Gebrauchs oder des Fruchtgenusses, in Zinsen, Gewinnanteilen oder anderen regelmäßig wiederkehrenden Erträgen, so gebührt dem Berechtigten ein der Dauer seiner Berechtigung entsprechender Teil.

§ 102 Ersatz der Gewinnungskosten

Wer zur Herausgabe von Früchten verpflichtet ist, kann Ersatz der auf die Gewinnung der Früchte verwendeten Kosten insoweit verlangen, als sie einer ordnungsmäßigen Wirtschaft entsprechen und den Wert der Früchte nicht übersteigen.

§ 103 Verteilung der Lasten

Wer verpflichtet ist, die Lasten einer Sache oder eines Rechts bis zu einer bestimmten Zeit oder von einer bestimmten Zeit an zu tragen, hat, sofern nicht ein anderes bestimmt ist, die regelmäßig wiederkehrenden Lasten nach dem Verhältnis der Dauer seiner Verpflichtung, andere Lasten insoweit zu tragen, als sie während der Dauer seiner Verpflichtung zu entrichten sind.

Anmerkungen zu den §§ 99–103

1 1. **Begriff der Nutzungen** (§ 100). Früchte (§ 99) und Gebrauchsvorteile.

2 **2. Früchte (§ 99). a) Sachfrüchte** (auch nicht bestimmungsgemäß gewonnene, sog Übermaßfrüchte), und zwar **aa) unmittelbare** (§ 99 I): organische Erzeugnisse, wie Tier- und Bodenprodukte (Milch, Wolle, Tierjunge, Getreide, Obst), sowie *bestimmungsgemäße Ausbeute* (zB Kohle, Kies); die Sachsubstanz darf nicht zerstört sein (zB durch Töten des Schlachttieres; dessen Fleisch ist keine Frucht des Tieres, s Knütel JuS 01, 210); **bb) mittelbare** (§ 99 III), zB Miete für Wohnhaus.

3 **b) Rechtsfrüchte**, und zwar **aa) unmittelbare** (§ 99 II), zB erlegtes Wild bei Jagdrecht, Getreide bei Nießbrauch oder bei Pachtrecht am Grundstück; **bb) mittelbare** (§ 99 III), zB Überbaurente (§ 912 II; nach hM mittelbare *Sach*früchte), Lizenzgebühr für Überlassung eines Patentrechts.

4 **3. Fruchterwerb.** Vgl §§ 953–957.

Titel 1. Geschäftsfähigkeit   Vor § 104

Abschnitt 3. Rechtsgeschäfte

Vorbemerkungen

1. Allgemeines. Den Inhalt des Abschnitts 3 (§§ 104–185) bilden *allg Regeln* 1
für das RGeschäft. **a) Der Begriff „des" RGeschäfts** ist im Ges nicht definiert.
Die Rechtsordnung kennt eine große Zahl verschiedenartiger RGeschäftstypen. Mit
ihrer Hilfe gestaltet der Einzelne seine Rechtsverhältnisse durch deren Begründung,
Aufhebung, Übertragung oder Änderung. Das RGeschäft ist so das Mittel zur Verwirklichung von *Privatautonomie*. Da es auf die *willentliche* Selbstgestaltung von
Rechtsverhältnissen zielt, ist notwendiger Bestandteil jedes RGeschäfts eine *Willenserklärung,* dh eine private Willensäußerung, die auf Herbeiführung eines Rechtserfolgs gerichtet ist, und die den Erfolg, weil gewollt und von der Rechtsordnung
anerkannt, auch herbeiführt (ähnlich BGH 145, 346). Ein RGeschäft kann aus einer
oder mehreren Willenserklärungen bestehen (Rn 5). Für *elektronische* und *automatisierte* (sog Computer-)Willenserklärungen gibt es wenig Besonderes (Brehm,
FS Niederländer, 1991, S 233 ff; Taupitz/Kitter JuS 99, 839 ff; MK/Säcker Einl
182–185). **b) RGeschäft und Willenserklärung** werden vom BGB idR gleichge- 2
setzt. Beide sind jedoch zu *unterscheiden:* Das RGeschäft kann aus *mehreren Willenserklärungen* bestehen (zB der Vertrag, Rn 6); auch gehören zum RGeschäft neben der
(den) Willenserklärung(en) oft weitere Tatbestandsmerkmale, zB die Eintragung
(§ 873 I) oder Übergabe (§ 929 S 1), sog *Doppeltatbestand* (§ 873 Rn 13; § 929 Rn 4).
In der RGeschäftslehre dient die Unterscheidung dazu, die bes Probleme, die mit
der Willenserklärung verknüpft sind, zu verdeutlichen (Flume II § 2, 3d). **c) Die** 3
Wirksamkeitsvoraussetzungen gehören **nicht** zum Tatbestand des RGeschäfts,
zB Geschäftsfähigkeit, Zustimmung eines Dritten (was ie hierher zählt, ist str). Fehlen sie, so mangelt die Wirksamkeit (Gültigkeit), nicht der Tatbestand des RGeschäfts: Das RGeschäft besteht (also kein Nicht-RGeschäft, vgl Rn 16), ist aber
unwirksam, kann jedoch zuweilen wirksam werden, wenn die fehlende Voraussetzung, zB die Zustimmung des Dritten, später eintritt.

2. Arten der RGeschäfte. Die Einteilung der RGeschäfte bezweckt, die 4
Vielfalt der Typen überschaubar zu machen. Dabei werden auch Begriffe verwandt,
die das Ges selbst zum Anknüpfungspunkt bestimmter Regeln macht (Bsp: Verfügung in §§ 137, 161, 878 usw, dazu Rn 10). **a) Einseitige und mehrseitige RGe-** 5
schäfte. aa) Einseitig ist ein RGeschäft, das nicht auf eine andere Willenserklärung
bezogen ist (zB Anfechtung, Kündigung, Testament, Auslobung [BGH ZGS 10,
509]). Daher ist Einseitigkeit auch gegeben, wenn auf der einen Seite des Rechtsverhältnisses mehrere Erklärungen zusammengefasst sind, zB sind in § 351 S 1 die mehreren Erklärungen zusammen das RGeschäft „Rücktritt". **bb) Der Vertrag** ist der 6
Hauptfall des mehrseitigen RGeschäfts. Er enthält mindestens zwei aufeinander
bezogene („korrelierende") Willenserklärungen (Antrag [Angebot] und Annahme).
Sie dürfen nicht „übereinstimmen" (dh kongruent oder inhaltlich gleich sein), wie
oft (zB Wolf/Neuner, AT, § 29, 6; MK/Einsele § 126, 19) – sprachlich falsch –
gesagt wird. Die Erklärungen sind nicht je ein einseitiges RGeschäft, sondern je für
sich der unvollständige Tatbestand eines Vertrags (Rn 16). **cc) Der Beschluss** ist 7
ebenfalls mehrseitig. Hier liegen mehrere gleich lautende (nicht: korrelierende) Willenserklärungen vor, sei es der Mehrheit der Beschlussfassenden bei Mehrheitsprinzip
(vgl §§ 32 I 3, 745 I), sei es aller Beschließenden bei Einstimmigkeitsprinzip (vgl
§ 33 I 2). Abw Ulmer, FS Niederländer, 1991, S 415 ff für sog Grundlagenbeschlüsse
in Personengesellschaften (Problempunkt: Bindung an die Stimmabgabe – ob
und ggf wie lange?): Bei Einstimmigkeitsprinzip Bindung gem § 145 ff (Beschluss als
Vertrag), bei Mehrheitsprinzip entspr §§ 145 ff (letzteres nicht überzeugend, da es
hier nicht „um die Voraussetzungen der *Einigung* der Gesellschafter als Vertragspart-

ner" geht [so aber Ulmer aaO S 430], sondern um die „Unterwerfung" der „uneinigen" Gesellschafter, ähnlich wie beim rechtskräftig bestätigten Insolvenzplan gem
8 InsO 244, 254 (zu ihm Häsemeyer, FS Gaul, 1997, S 175 ff). **b) Empfangsbedürftige und nichtempfangsbedürftige RGeschäfte** unterscheiden sich danach, ob die Willenserklärung einem anderen gegenüber abzugeben ist oder nicht (vgl § 130 I). Ist der andere eine Behörde, so handelt es sich um eine *amtsempfangsbedürftige* Willenserklärung (Bsp: Aufgabeerklärung gem § 928 I). IdR besteht Empfangsbedürftigkeit. Ausnahmen zB Testament (§ 2247 I), Bestätigung gem § 144 (RG 68,
9 399 f; Flume II § 11, 4). **c) Verpflichtungs- und Verfügungsgeschäfte. aa) Verpflichtungsgeschäfte** sind RGeschäfte, durch die sich jemand verpflichtet, an einen anderen etwas zu leisten. Damit wird ein Schuldverhältnis begründet; das geschieht idR durch Vertrag, ausnahmsweise durch einseitiges RGeschäft (zB § 657).
10 **bb) Verfügungen** sind RGeschäfte, die unmittelbar auf ein bestehendes Recht einwirken durch dessen Belastung, Inhaltsänderung, Übertragung oder Aufhebung (BGH NJW 10, 1457 mN). Verfügender ist, auf dessen Recht eingewirkt wird (zB der Veräußerer, nicht der Erwerber). Der Tatbestand der Verfügung kann ein Vertrag (zB dingliche Einigung gem §§ 873, 929 S 1) enthalten oder eine einseitige Willenserklärung (zB Eigentumsaufgabeerklärung, § 959, ferner Ausübung von Gestaltungsrechten wie Kündigung, Anfechtung, Aufrechnung, Rücktritt, Widerruf). Verfügungen gibt es im Schuldrecht (Bsp: Erlass, § 397; Abtretung, §§ 398 ff), vor allem aber im Sachenrecht („dingliche" Verfügungen). „Letztwillige Verfügung" (§ 1937) und „einstw Verfügung" (ZPO 935 ff) zählen nicht hierher.
11 **d) Zuwendungsgeschäfte** sind RGeschäfte, durch die dem Geschäftsgegner ein Vermögenswert zugewandt wird. Man unterscheidet: abstrakte und kausale, entgeltliche und unentgeltliche. **aa) Kausale RGeschäfte** tragen den Rechtsgrund (die causa) der Zuwendung in sich. Bei einem Vertrag ist er Gegenstand der Einigung; ohne sie ist ein Vertrag nicht geschlossen. Verpflichtungsgeschäfte sind idR kausale
12 Geschäfte, Ausnahmen zB §§ 780 f, 784. **bb) Abstrakte RGeschäfte** haben ihren Rechtsgrund außerhalb des Geschäfts in einem davon getrennten ges oder rechtsgeschäftlich begründeten Schuldverhältnis (Bsp: Kaufvertrag als Rechtsgrund für die Übereignung der gekauften Sache). IdS ist das RGeschäft *inhaltlich* abstrakt. Dazu und zur sog äußerlichen Abstraktheit Rn 13 vor § 854. Zur Durchbrechung des Abstraktionsprinzips Rn 14–16 vor § 854. **cc) Unentgeltliche Zuwendungen** sind weniger rechtsbeständig als entgeltliche, vgl §§ 528, 530, 816 I 2, 822, 988.
13 **e) Personen- und vermögensrechtliche RGeschäfte.** Erstere gehören dem Familienrecht an, zB Verlöbnis (§§ 1297 ff), Eheschließung (§§ 1310 ff). Für sie pas-
14 sen die §§ 104 ff vielfach nicht. Weitgehend gelten Sonderregeln. **f) RGeschäfte unter Lebenden und von Todes wegen.** Zu letzteren zählen: Testament (§§ 1937, 2064 ff), Erbvertrag (§§ 2274 ff), Erbverzicht (§§ 2346 ff), die nicht vollzo-
15 gene Schenkung von Todes wegen (vgl § 2301 II). **g) Das Treuhandgeschäft** kann sein: eigennützig (*Sicherungstreuhand;* Prototyp: SÜ, vgl § 930 Rn 21) oder uneigennützig (*Verwaltungstreuhand;* Prototyp: Inkassozession, vgl § 398 Rn 24). **h) Zur Form** der RGeschäfte s § 125 Rn 1–4.

16 **3. Fehlerhafte RGeschäfte. a) Abgrenzung. aa) Ein Nicht-RGeschäft**, kein nur fehlerhaftes, liegt vor, wenn die Tatbestandsvoraussetzungen eines RGeschäfts mangeln. Es kann als RGeschäft gewollt, aber tatbestandsmäßig unvollendet sein (Bsp: Antrag ohne Annahme ist unvollendeter Vertrag, Rn 6; § 154 Rn 2; § 155
17 Rn 2). **bb) Ein scheinbares RGeschäft** (dh ein Nicht-RGeschäft) ist ein Akt, der RGeschäft sein könnte, bei dem aber obj der Rechtsbindungswille fehlt (BGH NJW 09, 1142; krit Flume II § 7, 7); sa Rn 11 vor § 116. Bsp: gegenseitige Übernahme der Kinderbeaufsichtigung unter Nachbarn (BGH NJW 68, 1874 f; abw Celle NJW-RR 87, 1384 bei Einladung zum Kindergeburtstag); Übergabe eines Reitpferdes an Sportkameraden (BGH NJW 74, 235; sa 92, 2475 f); Gefälligkeitsfahrt (BGH NJW 92, 498 f; Hamm NJW-RR 07, 1518 f; anders bei Kfz-Fahrgemeinschaft: BGH NJW 92, 498 f); Vermögensverwaltung ohne Rechtsbindungswillen durch

Titel 1. Geschäftsfähigkeit Vor § 104

einen Ehegatten (BGH NJW 00, 3200); weitere Rspr bei Jauernig/Otto JuS 77, 109 Fn 7; Willoweit JuS 86, 96 ff. Praktisch schwierig ist die Abgrenzung von außerrechtlichem Gefälligkeitsgeschäft und unentgeltlichem RGeschäft (§ 241 Rn 24; BGH NJW 09, 1142 mN: Telefonische Mitteilung eines Steuerberaters kann Auskunftsvertrag begründen); bei vereinbartem Entgelt liegt immer ein RGeschäft vor (s BFH NJW 84, 1487). BGH 45, 379 mN (unklar NJW 89, 898 f) hält RGeschäft, das in Kenntnis seiner Nichtigkeit vorgenommen wird, für ein Nicht-RGeschäft (unrichtig, arg § 117 I; sa § 139 Rn 13). **b) Nichtig** ist ein RGeschäft, **18** das zwar tatbestandsmäßig vorliegt (Unterschied zu Rn 16; s BGH WM 82, 156), dessen bestimmungsgemäße Rechtswirkungen aber von Anfang an nicht eintreten. Andere Rechtsfolgen kann das nichtige RGeschäft herbeiführen, zB Schadensersatzansprüche, § 122. Die Nichtigkeit ist von jedermann ohne weiteres zu beachten; im Prozess geben die ihr zugrundeliegenden Umstände eine rechtshindernde Tatsache ab. Mehrere Nichtigkeitsgründe können zusammentreffen. Ein nichtiges RGeschäft ist grundsätzlich nicht heilbar (Ausnahmen: §§ 311b I 2, 494 II 1, 502 III 2, 518 II, 766 S 2), es bedarf der Neuvornahme (s § 141 I), auch wenn die Nichtigkeitsgründe (zB GWB 34 aF mit § 125; BGH NJW-RR 02, 1406) weggefallen sind. – Ordnet das Ges Nichtigkeit an, so wird das RGeschäft idR als „nichtig" bezeichnet (vgl §§ 105, 116–118, 125, 134, 138–142). Die Ausdrücke „unwirksam" und „kann nicht" werden sowohl iSv nichtig (zB in §§ 388 S 2, 1950 S 2; §§ 35, 38 S 2, 137 S 1) wie iSv schwebend unwirksam gebraucht (zB in § 181). **c) Relativ unwirksam** **19** ist eine Verfügung, die nicht allen („absolut"), sondern nur bestimmten Personen gegenüber („relativ") unwirksam ist (nach aA ist der Verfügung absolut wirksam, aber der Verfügende kann zugunsten der geschützten Personen nochmals verfügen und damit die Erste „relativ unwirksame" Verfügung „absolut" unwirksam machen, s StGursky § 883, 221, 224 ff mN; auch BGH 111, 368 f [dazu §§ 135, 136 Rn 6]; weitere Deutungsversuche bei MK/Armbrüster § 135, 35, 36; widersprüchlich Flume II § 17, 6d). Hauptfälle: §§ 135 I, 136 (s dort Rn 6). Von dieser *subj Begrenzung* der Unwirksamkeit ist deren *obj Begrenzung* (Bsp: § 883 II) zu unterscheiden (diese wird nicht „relative Unwirksamkeit" genannt!). Obj und subj Begrenzung sind verbunden zB in § 883 II mit § 888 I, ferner in § 1124 II. In § 161 I, II ist die Unwirksamkeit nur obj begrenzt, so dass sie in subj Hinsicht unbegrenzt eintritt (absolute Unwirksamkeit: §§ 160, 161 Rn 3). Relative Unwirksamkeit wird nur beachtet, wenn sich der Geschützte auf sie beruft (vgl BGH NJW 09, 357), daher kann er auf sie verzichten. **d) Schwebend unwirksam** ist ein zunächst unwirksa- **20** mes, weil unvollendetes RGeschäft, das bei Nachholung der fehlenden Wirksamkeitsvoraussetzung rückwirkend („ex tunc") wirksam wird. Erst mit Eintritt der Voraussetzung ist das RGeschäft vollendet; daher kommt es zB für das Vorliegen der Bösgläubigkeit auf diesen Zeitpunkt an (vgl § 932 Rn 18). Bis zur Klärung des (Nicht-)Eintritts der fehlenden Wirksamkeitsvoraussetzung besteht ein Schwebezustand. Kann die Voraussetzung nicht (mehr) eintreten, so ist das RGeschäft endgültig unwirksam (nichtig). Hauptfälle: §§ 108 I, 177 I, 1366 I, 1427 I, 1829 I, auch § 181 (BGH 65, 125 f; Rn 18 aE), ferner bei Notwendigkeit behördlicher Genehmigung (vgl BGH 76, 245 ff; ie § 182 Rn 7). – Ein **aufschiebend bedingtes RGeschäft** **21** ist *nicht* schwebend unwirksam; denn das RGeschäft ist vollendet, nur der Eintritt seiner Wirkungen hinausgeschoben (vgl § 158 Rn 7). Daher ist zB für das Vorliegen der Bösgläubigkeit maßgebend der Zeitpunkt der Geschäftsvornahme, nicht des Bedingungseintritts (vgl § 929 Rn 38). **e) Anfechtbare RGeschäfte** sind gültig bis **22** zur Erklärung der Anfechtung, danach idR rückwirkend nichtig (§ 142 I). Anfechtungsgründe in §§ 119 f, 123, 2078 f. Auch nichtige RGeschäfte sind anfechtbar (hM, BGH NJW 10, 611; aA Oellers AcP 169, 67 ff mN zum Streitstand). Das ist praktisch wichtig, weil die Nichtigkeit kraft Anfechtung zuweilen weiter reicht als gewöhnliche Nichtigkeit (Bsp § 142 II und dort Rn 4). – Zur Einschränkung der (Rückwirkung der) Anfechtung im Arbeitsrecht s Rn 5 vor § 611; im Gesellschaftsrecht § 705 Rn 19, 20. Im Mietrecht wirkt Anfechtung zurück (KG NJW-RR 02,

Mansel 45

155, str). – Die Anfechtung nach dem AnfG und InsO 129 hat mit der Anfechtung nach BGB nur den Namen gemeinsam.

23 **4. Abgrenzungen des RGeschäfts. a) Geschäftsähnliche Handlungen** sind Erklärungen, deren Rechtsfolgen kraft Ges eintreten. IdR handelt es sich um Aufforderungen oder Mitteilungen (BGH 145, 346 f). Bsp: Mahnung (§ 286 I 1; BGH NJW 87, 1547), Anspruchsanmeldung gem § 651g I (BGH 145, 346 f; krit Tempel NJW 01, 1906), Erhebung der Verjährungseinrede BGH 156, 271), Fristsetzung (§§ 281 II 1, 323 I), Aufforderungen (§§ 108 II, 177 II, 1366 III, 1369 III), Mitteilungen (§ 171; Ladung [§ 32 Rn 2; BGH 100, 267 steht nicht dagegen]), Anzeigen (§ 149), nicht bloße Benachrichtigung nach § 666 (BGH 151, 9 f). Die allg Vorschriften für RGeschäfte (Geschäftsfähigkeit, §§ 104 ff; Willensmängel, §§ 116 ff; Wirksamwerden, §§ 130 ff; Auslegung, §§ 133, 157; Stellvertretung, §§ 164 ff; Zustimmung, §§ 182 ff) gelten grundsätzlich entspr (BGH 145, 346 f; NJW 06, 688); Aufzählung bei Ulrici NJW 03, 2054 ff. Zur Begründung und Aufhebung des
24 Wohnsitzes vgl §§ 7–11 Rn 2. **b) Realakte** (Tathandlungen) lösen *kraft Ges* eine Rechtsfolge aus. Die Regeln für RGeschäfte sind daher unanwendbar. Manche Realakte erfordern einen *finalen natürlichen Handlungswillen,* zB Besitzerwerb (außer gem § 854 Rn 12), -übertragung, -aufgabe (§ 854 Rn 10, 11; § 856 Rn 2), Besitznahme durch Finder (Rn 2 vor § 965). Hier treten die Rechtsfolgen nur bei einer der jeweiligen Handlung und ihrer Bedeutung angepassten natürlichen Einsichtsfähigkeit ein; sie kann auch ein Geschäftsunfähiger besitzen (str; für Besitzverlust abw die hM, vgl § 935 Rn 4). Zuweilen legt das Ges Altersgrenzen fest, zB TPG 2 II 3 für Organspende nach dem Tod (Einwilligung ab 16, Widerspruch ab 14), TPG 8 I 1 Nr 1 Buchst a für Organspende vom Lebenden (volljährig und einwilligungsfähig). Andere Realakte erfordern diesen Willen nicht, da das Ges nur auf deren *Ergebnis* abstellt (zB Verbindung, Vermischung, Verarbeitung, §§ 946 ff). – Natürliche Einsichtsfähigkeit ist erforderlich und ausreichend auch für die *Gestattung tatsächlicher Eingriffe in immaterielle Rechtsgüter* (aA MK/Schmitt § 105, 21–24), zB Einwilligung in Freiheitsberaubung (BGH NJW 64, 1177 f), ärztliche Untersuchung (BayObLG FamRZ 85, 836; abw FamRZ 87, 89: idR müsse auch ges Vertreter einwilligen; ebenso Hamm NJW 98, 3424 f für Schwangerschaftsabbruch), Operation (BGH 29, 36 f; NJW 98, 1785; 03, 2013; 07, 218 [fehlende Einsichtsfähigkeit wegen Drucksituation kurz vor Operation]; aA obiter BGH 90, 101 f: Willenserklärung, zust Kohte AcP 185, 105 ff; abl Belling FuR 90, 68 ff), Herstellung und Verbreitung von Nacktfotos (Karlsruhe FamRZ 83, 743 mwN mit abl Anm Bosch; aA Düsseldorf FamRZ 84, 1222), gleichgültig, ob man die Einwilligung als geschäftsähnliche oder als Tathandlung qualifiziert. Auslegung wie bei Willenserklärung möglich (BGH NJW 80, 1904). Ist ein nicht voll Geschäftsfähiger von dem Eingriff betroffen, so ist wegen § 1626 II zweifelhaft, wann an seiner Stelle oder mit ihm zusammen der personensorgeberechtigte ges Vertreter einwilligungsberechtigt ist (Bsp BGH 29, 37; NJW 07, 218 f [bei ausreichender Urteilsfähigkeit hat der Minderjährige uU Vetorecht]; sa BGH 105, 47 ff; variantenreiche Erörterung bei Flume II § 13, 11 f; zur religiösen Beschneidung Putzke NJW 08, 1568 ff; vgl § 823 Rn 54). Wer die ges Altersgrenze nach TPG 2 II 3, 8 I Nr 1 Buchst a (s o) erreicht hat, entscheidet
25 allein. **c) Rechtsscheinhaftung eines nicht voll Geschäftsfähigen** kraft Veranlassung scheidet aus, da ihm der nach allg Regeln haftungsbegründende Akt nicht zugerechnet werden kann; denn das BGB (s §§ 104 ff) bewertet den Schutz Minderjähriger höher als den Vertrauensschutz im Rechtsverkehr (ie str).

Titel 1. Geschäftsfähigkeit

§ 104 Geschäftsunfähigkeit

Geschäftsunfähig ist:
1. wer nicht das siebente Lebensjahr vollendet hat,

Titel 1. Geschäftsfähigkeit § 105

2. wer sich in einem die freie Willensbestimmung ausschließenden Zustand krankhafter Störung der Geistestätigkeit befindet, sofern nicht der Zustand seiner Natur nach ein vorübergehender ist.

1. Allgemeines. Geschäftsfähigkeit (§§ 104 ff), Deliktsfähigkeit (§§ 827 f) und Verantwortlichkeit für Verletzung bestehender Verbindlichkeiten (§ 276 I 1) sind Unterarten der **Handlungsfähigkeit** (kein Begriff des BGB). Sie ist die Fähigkeit zu rechtlich relevantem Verhalten, die im Unterschied zur Rechtsfähigkeit (§ 1 Rn 1) nicht jedem Menschen zukommt. 1

2. Geschäftsfähigkeit. a) Begriff. Fähigkeit eines Menschen, RGeschäfte selbstständig mit voller Wirksamkeit vorzunehmen. **b) Das BGB unterscheidet:** Unbeschränkte (= volle) Geschäftsfähigkeit, beschränkte Geschäftsfähigkeit, Geschäftsunfähigkeit. **c) Zweck.** Die volle oder teilw Vorenthaltung der Geschäftsfähigkeit dient dem Schutz des nicht voll Geschäftsfähigen ohne Rücksicht auf den rechtsgeschäftlichen Verkehr. *Guter Glaube* an die (volle) Geschäftsfähigkeit wird *nicht geschützt* (BGH NJW 77, 623), anders nach hM bei Wechsel- und Scheckveräußerung. **d) Vertretung durch ges Vertreter** (Eltern[teil], Vormund, Pfleger, Betreuer) greift ein, soweit der nicht voll Geschäftsfähige nicht selbstständig handeln kann; Ausnahme: höchstpersönliche Geschäfte (§ 164 Rn 9). **e) Bes Voraussetzungen** bestehen für bestimmte RGeschäfte: Eheschließung §§ 1303, 1304; erbrechtliche Geschäfte §§ 2229, 2233 I, 2247 IV, 2249 I 4, 2250, 2251, 2275, 2347 II 1. **f) Auf geschäftsähnliche Handlungen** sind §§ 104 ff grundsätzlich entspr anwendbar (Rn 23 vor § 104). 2 3 4 5

3. Gründe der Geschäftsunfähigkeit. a) Nr 1: Alter. Absolute Grenze. Geschäftsunfähigkeit des Minderjährigen (s § 106) endet (soweit nicht § 104 Nr 2 eingreift) um 0.00 Uhr des 7. Geburtstags, vgl § 187 II 2. **b) Nr 2:** Ausschluss der freien Willensbestimmung (dh freier Willensbildung und entspr Handlungsfähigkeit, BGH NJW 96, 919; BAG NJW 09, 3052; sa § 2229 IV) durch nicht bloß vorübergehende (München MDR 89, 361: kurzzeitige) krankhafte Störung der Geistestätigkeit. IdS kann die Geschäftsfähigkeit auch nur für gegenständlich begrenzten Geschäftskreis (dh „partiell") ausgeschlossen (BGH 143, 125) oder gegeben (zB für Eheschließung, BVerfG NJW 03, 1383) sein, aber kein („relativer") Ausschluss für schwierige Geschäfte (BayObLG NJW 89, 1678 f; BAG NJW 09, 3052). Während der Unterbrechung einer dauerhaften Störung (lichter Augenblick; s § 105a Rn 3) sowie bei bloß vorübergehender Störung keine Geschäftsunfähigkeit nach Nr 2 (s aber § 105 II). 6 7

4. Folgen der Geschäftsunfähigkeit. Eigene Willenserklärungen sind nichtig, § 105 I; kein wirksamer Zugang fremder Willenserklärungen, § 131 I. Vgl ferner §§ 2229, 2247 IV (Testamentserrichtung), §§ 1304, 1314 I, 1315 I (Eheschließung). Zur Haftungsbeschränkung für rechtsgeschäftliche Verbindlichkeiten s § 1629a und § 106 Rn 3. 8

5. Beweis. Geschäftsfähigkeit ist die Regel, ihr Fehlen die Ausnahme. Wer sich auf die Ausnahme beruft (auch bei Nr 1, hM), trägt Beweislast für zugrundeliegende Tatsachen (BAG NJW 10, 2682 mN). Steht Zustand iSv Nr 2 fest, so trägt Beweislast für lichten Augenblick (Rn 7), wer sich darauf beruft (BGH NJW 88, 3011). 9

§ 105 Nichtigkeit der Willenserklärung

(1) Die Willenserklärung eines Geschäftsunfähigen ist nichtig.

(2) Nichtig ist auch eine Willenserklärung, die im Zustand der Bewusstlosigkeit oder vorübergehender Störung der Geistestätigkeit abgegeben wird.

1. Anwendungsbereich. a) Abgabe einer Willenserklärung und Vornahme einer geschäftsähnlichen Handlung (Rn 23 vor § 104) durch Geschäftsunfähigen 1

§ 105a

(§ 104), **I,** durch (beschränkt oder unbeschränkt geschäftsfähigen [sonst I]) Bewusstlosen oder vorübergehend geistig Gestörten, **II.** Bewusstlosigkeit: gemeint ist nicht Koma, tiefe Ohnmacht (dann fehlt es am Handlungswillen, s Rn 4 vor § 116), daher genügt vorübergehende Bewusstseinstrübung, die das Erkennen von Inhalt und Wesen einer Handlung voll oder in bestimmtem Bereich ausschließt (sa § 2229 IV). Störung der Geistestätigkeit: § 104 Rn 7, BGH WM 72, 972; ist sie dauerhaft, so gilt § 104 Nr 2. – II ordnet nur Nichtigkeit der Willenserklärung, nicht Geschäftsunfähigkeit der dort Genannten an. **b)** Wirksamer **Empfang** einer verkörperten Willenserklärung durch die in II Genannten möglich, nicht durch Geschäftsunfähige (§ 131 Rn 1).

2 **2. Nichtigkeit aller Willenserklärungen.** Nichtig (Begriff Rn 18 vor § 104) sind alle, auch die rechtlich lediglich vorteilhaften oder obj vernünftigen Willenserklärungen; Genehmigung ausgeschlossen (arg §§ 106, 108 I, 111), BGH NJW-RR 87, 1260. Das ist mit dem GG vereinbar (aA Canaris JZ 87, 993 ff; 88, 494 ff; abl Ramm und Wieser JZ 88, 489 ff, 493 f; die Gegenansicht von Ramm beruht – auch – auf der unzutr Annahme, die ges Vertretung durch die Eltern sei überholt und verfassungswidrig, NJW 89, 1708 ff, sa JZ 87, 490, 491 [abl mR K. Schmidt NJW 89, 1712 ff]). Bei nichtiger Bevollmächtigung handelt Vertreter ohne Vertretungsmacht, §§ 177, 180 (RG 69, 266 f). Rechtsscheinhaftung des nicht voll Geschäftsfähigen kraft Veranlassung scheidet mangels Zurechenbarkeit aus (Rn 25 vor § 104); gilt auch für den Erklärenden iSv II (sa BGH NJW 92, 1504). – II wird durch § 1314 II Nr 1 verdrängt.

3 **3. Beweislast.** Für Beweislast gilt § 104 Rn 9 entspr.

§ 105a Geschäfte des täglichen Lebens

¹**Tätigt ein volljähriger Geschäftsunfähiger ein Geschäft des täglichen Lebens, das mit geringwertigen Mitteln bewirkt werden kann, so gilt der von ihm geschlossene Vertrag in Ansehung von Leistung und, soweit vereinbart, Gegenleistung als wirksam, sobald Leistung und Gegenleistung bewirkt sind.** ²**Satz 1 gilt nicht bei einer erheblichen Gefahr für die Person oder das Vermögen des Geschäftsunfähigen.**

1 **1. Allgemeines. a) Willenserklärungen eines Volljährigen,** der sich in einem die freie Willensbestimmung ausschließenden Zustand **krankhafter Störung der Geistestätigkeit** befindet, sind ausnahmslos **nichtig** (§ 104 Nr 2, § 105 I). Diese Rechtsfolge ändert § 105a für **„Geschäfte des täglichen Lebens".** Die in diese Kategorie fallenden Verträge sollen unter bestimmten Voraussetzungen und in bestimmter Beziehung als **„wirksam gelten"** (zu Voraussetzungen und Bedeutung
2 des „Geltens" Rn 4–6). **b) Die Neuregelung** will es auch im Bereich der Geschäfte des täglichen Lebens bei der Geschäftsunfähigkeit des Volljährigen nach § 104 Nr 2 belassen, ihn also für diese Kategorie von Geschäften **nicht partiell geschäftsfähig** und dementspr nicht nur für schwierige(re) Geschäfte, also partiell, geschäftsunfähig machen (zur partiellen Geschäfts[un]fähigkeit vgl BGH NJW 70, 1681). Eine partielle Geschäftsunfähigkeit für schwierige(re) Geschäfte verlangt die Abgrenzung dieser Bestimmung von den einfachen Geschäften des täglichen Lebens, was „zu einer für den Rechtsverkehr schwer erträglichen Rechtsunsicherheit führen (würde). Es lässt sich dann keine klare Grenze zwischen Geschäftsfähigkeit und Geschäftsunfähigkeit ziehen" (BGH NJW 70, 1681). Eine vergleichbare Unsicherheit besteht in der
3 Abgrenzung der von § 105a S 1 noch und der nicht mehr erfassten Geschäfte. **c) Die Geschäftsunfähigkeit** nach § 104 Nr 2 besteht nach § 105a **nicht in leichten Augenblicken** (§ 104 Rn 7; allgM). Wer nach der Verkehrsauffassung einfache, „vernünftige" Geschäfte des täglichen Lebens vornimmt, fällt im Rechtsverkehr nicht als geschäftsunfähig iSv § 104 Nr 2 auf und wird wie ein Geschäftsfähiger behandelt, entweder, weil er nicht geschäftsunfähig ist oder weil er nach seinem Verhalten in einem

Titel 1. Geschäftsfähigkeit § 105a

„lichten Augenblick" handelt und sich damit von einem Geschäftsfähigen in nichts – weder faktisch noch rechtlich – unterscheidet. Wer zB eine Tube Zahnpasta kauft, fällt nicht auf (vgl. das Bsp zu § 105a BGB-Entw in BR-Drs 107/02 S 16); wer 100 Tuben kauft, ist auffällig, das Geschäft ist nach der Verkehrsanschauung weder ein Geschäft des täglichen Lebens noch „vernünftig", alles spricht gegen das Vorliegen eines „lichten Augenblicks". Nach diesem Maßstab verfährt die Praxis, ohne dass Störungen des Rechtsverkehrs bekannt geworden wären. Weder die Begründung (BR-Drs 107/02) noch die Lit zu § 105a (s zB V. Lipp FamRZ 03, 721; Löhnig/ Schärtl AcP 204, 25 ff, je mN) kann von Schwierigkeiten berichten. **§ 105a** erscheint damit **funtionslos.** Es handelt sich bei dieser Vorschrift um einen Akt symbolischer Gesetzgebung. § 105a übergeht, dass in der Praxis die von ihm erfassten Geschäfte von Geschäftsunfähigen (§ 104 Nr 2) in lichten Augenblicken uneingeschränkt wirksam vorgenommen werden (können), dies im Streitfall vorab geprüft werden muss und bei Annahme eines wirksamen (Rn 6) Vertrags für die Fiktion eines halbwirksamen Vertrags kein Raum mehr ist, der den Geschäftsunfähigen obendrein schlechter stellen kann als ein wirksamer Vertrag (Rn 6). Da die Begründung zu § 105a-Entw (BR-Drs 107/02) die Möglichkeit des Handelns im lichten Moment übergeht, diese Möglichkeit durch § 105a auch nicht ausgeschlossen wird, ist anzunehmen, dass dieser allg anerkannte Weg rechtswirksamen Handelns eines generell Geschäftsunfähigen vom Gesetzgeber nicht bedacht worden ist. V. Lipp (FamRZ 03, 725) räumt zwar ein, dass es naheliege, die von § 105a erfassten „unauffälligen Alltagsgeschäfte" würden in lichten Augenblicken vorgenommen, meint aber (aaO S 727), § 105a habe die Rechtslage gegenüber früher verändert, so auch NK/Baldus 57: Greife § 105a ein, so könne nicht auf den lichten Augenblick „zurückgegriffen" werden. Aber: Im lichten Augenblick besteht Geschäftsfähigkeit (§ 104 Rn 7), so dass § 105a nicht eingreift, es sei denn, man nimmt an, § 105a habe die Geschäftsfähigkeit im „lichten Augenblick" abgeschafft, was eine Schlechterstellung des Geschäftsunfähigen bedeutete, die der gut gemeinte § 105a weder herbeiführen wollte noch sollte.

2. Voraussetzungen. a) Geschäft des täglichen Lebens. Eine generelle 4 Bestimmung ist ausgeschlossen (sa PalDiederichsen § 1903, 9 zu § 1903 III 2). Unnötig, dass das Geschäft buchstäblich jeden Tag vorgenommen wird („tägliches" = „gewöhnliches" Leben). Nach der BR-Drs 107/02 S 16 sollen zu diesen Geschäften ua gehören: der Erwerb einfacher, zum alsbaldigen Verbrauch bestimmter Genussmittel (auch „billiger" Tabak, Alkohol?), die nach Menge und Wert das (nach der Verkehrsanschauung?) „übliche" Maß nicht übersteigen, ferner der Erwerb kosmetischer Artikel (zB Zahnpasta, s Rn 3; Markenparfums gehören nicht hierher), einfache medizinische Produkte (zB Halsschmerztabletten; auch verschreibungspflichtige?). Zu den „einfachen Dienstleistungen" sollen gehören: Friseur (günstiger Haarschnitt, nicht teure Leistungen wie Messerschnitt, Tönen), Fahrten im Personennahverkehr (hier wird aber eher ein lichter Augenblick vorliegen). **b)** Die Leis- 5 tung muss mit **geringwertigen Mitteln,** idR bar, **bewirkt** werden können. Die Geringwertigkeit soll sich nach dem durchschnittlichen Preis- und Einkommensniveau richten (BR-Drs 107/02 S 16), das es aber für die angesprochenen Geschäfte und die betroffenen Geschäftsunfähigen nicht gibt und jedenfalls auf bundesweit einheitlichem Niveau auch gar nicht geben kann.

3. Rechtsfolge. Kein wirksamer Vertrag (anders bei Handeln in lichtem 6 Augenblick, Rn 3, das durch § 105a nicht ausgeschlossen wird). Vielmehr **„gilt"** der Vertrag – nur – **in Ansehung von Leistung und Gegenleistung als wirksam,** aber erst **ab** dem Zeitpunkt (ex nunc), in dem Leistung und Gegenleistung **bewirkt** sind, **S 1,** und erfasst daher Verpflichtungs- und Verfügungsgeschäft. Die Fiktion der Wirksamkeit soll nur eine **Rückforderung** von bewirkter Leistung und Gegenleistung **ausschließen.** Das Verpflichtungsgeschäft soll nicht mit Bewirken von Leistung und Gegenleistung von Anfang an wirksam werden (anders §§ 110, 1903 I 2), so dass keine gegenseitigen Vertragspflichten, die dem Schutz des

Geschäftsunfähigen zuwiderlaufen könnten, begründet werden (BR-Drs 107/02 S 16). Was als Schutz des Geschäftsunfähigen gewollt ist, kann ihm nachteilig sein. Erhält er zB als Käufer eine sachmängelbehaftete Sache, so ist die Gegenleistung nicht „bewirkt" (§ 362 I; Ulrici JURA 03, 521; PalGrüneberg § 362, 3, aber aA PalEllenberger 6), denn geschuldet ist nach § 433 I 2 die Verschaffung einer sachmängelfreien Sache. Fehlt es am Bewirken der (Gegen-)Leistung, so gilt der Vertrag in Ansehung der (Gegen-)Leistung nicht als wirksam; folglich steht dem Geschäftsunfähigen auch kein Anspruch wegen des Sachmangels zu (so iE BaR/Wendtland 7; aA PalEllenberger 6 mN). Ist der Vertrag, wie in den Fällen des § 105a in aller Regel, in einem lichten Moment geschlossen, so ist er von Anfang an voll wirksam, so dass (auch) Sachmängelansprüche bestehen.

7 **4. Ausnahmen von der Fiktion.** Bestehen nach S 2 bei einer **erheblichen Gefahr für Person oder Vermögen** des Geschäftsunfähigen. Unter welchen konkreten Umständen ein solcher Schutz des Geschäftsunfähigen vor sich selbst nötig sein könnte, ist schwer zu fassen. Das **Vermögen** könnte erheblich gefährdet werden, wenn der Geschäftsunfähige in zahllosen Geschäften Alkoholika in jeweils kleinen Mengen kauft, die dadurch aufgelaufenen Gesamtausgaben aber erheblich sind (sa PalDiederichsen § 1903, 9 zu § 1903 III 2). Dann stellt sich die Frage, ab dem wievielten Kauf die erhebliche Vermögensgefährdung eintritt. Eine zuverlässige Antwort kann kaum gefunden werden. – Eine erhebliche Gefahr für die **Person** könnte durch den Kauf eines Stricks oder eines Messers durch einen tief depressiven lebensmüden Geschäftsunfähigen gegeben sein. Der von S 2 angeordnete Ausschluss von S 1 und damit die Nichtigkeit des Vertrags nach § 105 I vermindert nicht die tatsächliche erhebliche Gefahr.

§ 106 Beschränkte Geschäftsfähigkeit Minderjähriger

Ein Minderjähriger, der das siebente Lebensjahr vollendet hat, ist nach Maßgabe der §§ 107 bis 113 in der Geschäftsfähigkeit beschränkt.

1 **1. Allgemeines. a)** Ein *Minderjähriger* ist von der Vollendung des 7. Lebensjahrs an (0.00 Uhr des Geburtstags, vgl § 187 II 2) bis zur Volljährigkeit (§ 2) **nur nach** Maßgabe der **§§ 107–113 beschränkt geschäftsfähig** (bes Haftungseinschränkung in § 1629a). **Soweit** er gem §§ 107–113 in der Geschäftsfähigkeit **nicht beschränkt** ist, ist er **unbeschränkt** geschäftsfähig (wichtig für RGeschäfte, die § 107 nicht erfasst, weil sie dem Minderjährigen lediglich einen rechtlichen Vorteil bringen, ferner für §§ 112, 113). Ein *Betreuter* (§ 1896) wird nicht dadurch in der Geschäftsfähigkeit beschränkt, dass ein Einwilligungsvorbehalt angeordnet ist (Folge: §§ 108–113, 131 II, 206 gelten nur entspr, § 1903 I 2). Er kann aber gem § 104 Nr 2 geschäftsunfähig sein (Folge: § 105, auch bei Einwilligung), s § 1896 I 2; das wird bei einer auf Grund geistiger oder seelischer Behinderung von Amts wegen angeordneten Betreuung (§ 1896 I 1) nicht selten zutreffen (zur Problematik D. Schwab

2 FamRZ 92, 505). **b) Aufbau der §§ 107–113.** Die §§ 107–111 bezwecken den Schutz des Minderjährigen iSv § 106, indem sie seine Geschäftsfähigkeit (nur!) für die dort genannten RGeschäfte beschränken. Gem § 107 besteht keine Beschränkung für RGeschäfte, die dem Minderjährigen lediglich einen rechtlichen Vorteil verschaffen (Rn 1). Solche RGeschäfte können ein- oder mehrseitige sein. Rechtlich nachteilige Geschäfte bedürfen der Einwilligung (§ 183) des ges Vertreters, § 107. Liegt sie vor, so ist das Geschäft wirksam (abw § 111 S 2, 3 zum Schutz des Gegners bei einseitigen empfangsbedürftigen Willenserklärungen, ferner § 108 Rn 3). Fehlt die nach § 107 erforderliche Einwilligung, so ist ein einseitiges Geschäft unwirksam, § 111 S 1 (Ausnahme: § 111 Rn 4); ein Vertrag ist schwebend unwirksam, kann aber durch Genehmigung (§ 184 I) des ges Vertreters rückwirkend wirksam werden, § 108 I (zum Schutz des Gegners vgl §§ 108 II, 109). Wirksamkeit des Vertrags von Anfang an kann auch durch Erfüllung eintreten, § 110. Gem §§ 112, 113 ist der Minderjährige partiell voll geschäftsfähig auch für RGeschäfte, die nicht

Titel 1. Geschäftsfähigkeit **§ 107**

lediglich rechtlich vorteilhaft iSv § 107 sind. **c) Der ges Vertreter** kann anstelle 3
des Minderjährigen (iSv § 106) handeln, soweit dieser nach Maßgabe der §§ 107–
113 in der Geschäftsfähigkeit beschränkt ist, also weder bei Geschäften, die dem
Minderjährigen lediglich einen rechtlichen Vorteil bringen (Rn 1), noch im Rahmen der §§ 112, 113 (§ 112 Rn 4; § 113 Rn 4), da der Minderjährige insoweit
unbeschränkt geschäftsfähig ist. Prozessfähig (ZPO 52) ist der Minderjährige jedoch
nur, soweit er sich selbstständig durch Verträge verpflichten kann, also bloß im
Rahmen der §§ 112, 113. – Die Haftung Minderjähriger für rechtsgeschäftlich
begründete Verbindlichkeiten wird durch § 1629a begrenzt (eingefügt durch
MHbeG), ausgenommen Verbindlichkeiten im Rahmen von § 112 und zur Befriedigung persönlicher Bedürfnisse.

2. Geschäftsähnliche Handlungen. §§ 107–111 gelten grundsätzlich entspr 4
(Rn 23 vor § 104).

§ 107 Einwilligung des gesetzlichen Vertreters

*Der Minderjährige bedarf zu einer Willenserklärung, durch die er nicht
lediglich einen rechtlichen Vorteil erlangt, der Einwilligung seines gesetzlichen Vertreters.*

1. Allgemeines. Vgl zunächst § 106 Rn 1–3. § 107 gilt für ein- und mehrseitige 1
RGeschäfte. Soweit eine Einwilligung (§ 183) gem § 107 nicht erforderlich ist,
besteht unbeschränkte Geschäftsfähigkeit (§ 106 und dort Rn 1, 3). Zur Erteilung
der Einwilligung § 182 I, II, ferner § 108 Rn 3. Ob der Minderjährige einen
Anspruch auf Einwilligung (ggf Genehmigung, § 108 I) hat, ist str, aber im
Wesentlichen wegen § 1666 III Nr 5 bedeutungslos.

2. Lediglich rechtlicher Vorteil. a) Das RGeschäft ist einwilligungsfrei 2
(Umkehrschluss aus § 107). Der Vorteil muss ein rechtlicher sein; größte wirtschaftliche Vorteilhaftigkeit (zB Kauf zu Spottpreis) genügt nicht. Wann „lediglich" ein
rechtlicher Vorteil besteht, ist *Wertungsfrage*. Es gibt kein RGeschäft, das nicht für
irgendeinen (rechtlichen) Nachteil kausal ist oder sein kann. Genügte die bloße
Kausalität, um die uneingeschränkte (rechtliche) Vorteilhaftigkeit des RGeschäfts
zu beseitigen, so gäbe es kein einwilligungsfreies Geschäft iSv § 107 (vgl Fischer
Anm LM Nr 1; Lange NJW 55, 1339 ff). Daher ist eine Grenzziehung zwischen
zurechenbaren und nicht zurechenbaren rechtlichen Nachteilen nötig. Wonach sie
sich richtet, ist str (Stürner AcP 173, 402 ff stellt auf eine wirtschaftliche Betrachtung
ab). – Vor- und Nachteile von **Verpflichtungs- und Erfüllungsgeschäft sind
stets getrennt zu prüfen** (aA BGH 78, 30 ff; BayObLG NJW 03, 1129; PalEllenberger 181, 22): Zur Feststellung des Nachteils bedürfe es einer „Gesamtbetrachtung" von (vorteilhaftem) schuldrechtlichem und (nachteiligem) dinglichem
Geschäft; das aber ist mit dem vom Abstraktionsprinzip (Rn 13 vor § 854) zu unterscheidenden Trennungsprinzip (Rn 12 vor § 854) unvereinbar (Jauernig JuS 82,
576). Im umgekehrten Fall eines nachteiligen Schuld- und eines vorteilhaften Verfügungsgeschäfts scheidet eine „Gesamtbetrachtung" ipso iure aus (Jauernig JuS 82,
576 f; zust BGH 161, 174 f; s näher § 181 Rn 10). **b) Der rechtliche Nachteil** 3
macht das RGeschäft einwilligungsbedürftig, § 107 (zu den Folgen § 106 Rn 2).
Er kann **aa) im RGeschäft selbst**, im „Typ" des Geschäfts, liegen, so bei allen
gegenseitigen Verträgen iSd §§ 320 ff; **bb) so mit dem RGeschäft verknüpft** sein, 4
dass er den, der es vornimmt, als solchen trifft. Derartige Verknüpfungen zwischen
Vornahme des RGeschäfts und Nachteil bestehen: bei Annahme einer geschuldeten
Leistung als Erfüllung, da dadurch der Gläubiger seine Forderung verliert (Bsp: Der
beschränkt geschäftsfähige Käufer erwirbt zwar Eigentum an der Kaufsache [Rn 5],
verliert damit aber wegen § 107 nicht seine Forderung aus § 433 I gegen den Verkäufer), hM (vgl Wacke JuS 78, 80 ff; Lorenz JuS 10, 12; § 362 Rn 2; aA van Venrooy
BB 80, 1017 ff mN); bei Schenkung unter Auflage (Frankfurt/M Rpfleger 74, 429 f;

§ 107

sa BayObLG Rpfleger 74, 310); bei Erbschaftsannahme wegen der Erbenhaftung; bei unentgeltlichem Erwerb eines vermieteten (verpachteten) Grundstücks (BGH 162, 140 f; BayObLG NJW 03, 1129, je mN), da der Erwerber in den Miet-(Pacht)vertrag eintritt, §§ 566, 567b, 578, 581 II, 593b, ihn also *rechtsgeschäftlich* begründete Pflichten als Partner eines RGeschäfts (als „Erwerber", nicht als „Eigentümer") treffen (s Rn 5; der Vertragseintritt ist die ges Folge des Eigentums*erwerbs*, BGH NJW 89, 451); bei unentgeltlichem Erwerb eines *entgeltlichen* Erbbaurechts, da *rechtsgeschäftlich* begründete Zahlungspflicht (ErbbauRG 9, § 1108) *durch RGeschäft* übernommen wird (nur iE ebenso BGH NJW 79, 103); bei unentgeltlichem Erwerb von Wohnungseigentum wegen der den Eigentümer als solchen treffenden *ges* Pflichten (WEG 10 ff, 20 ff), insbes Haftung nach WEG 10 VIII 1 HS 1 (BGH

5 NJW 10, 3643 f). **c) Lediglich einen rechtlichen Vorteil bringen:** Antrag zum Vertragsschluss an Minderjährigen (v. Tuhr § 61 III 7); Erlass einer Schuld des beschränkt Geschäftsfähigen, § 397; Abtretung (§§ 398 ff) *an* ihn (nach BGH NJW 83, 163 auch Abtretung *durch* ihn, wenn Innehabung des Anspruchs „sinnlos"; unzutr: Auch wer ein sinnloses Recht weggibt, erlangt dadurch einen *rechtlichen* Nachteil); Mahnung (s § 286 I 1); absolut einseitig verpflichtende Vereinbarung „Sex gegen Geld" (ProstG 1 S 1), so dass eine 16jährige zwar ihr Fahrrad nicht rechtswirksam verkaufen kann, wohl aber ihren Körper, denn nach „Erbringung" ihrer „Leistung" hat sie einen rechtswirksamen Anspruch auf das vereinbarte Entgelt (ProstG 1 S 1; sa Rautenberg NJW 02, 652); Kündigung unverzinsten Darlehens durch Minderjährigen als Gläubiger (s § 488 III); Abschluss eines Schenkungsvertrags als Beschenkter (BGH 15, 169 f bzgl Grundstückseigentum, auch NJW 05, 417, nicht abw BGH 78, 30 ff bzgl Wohnungseigentum; s aber München NJW-Spezial 08, 360: Nachteil im Einzelfall wegen WEG 10 III 1, IV nF). Unerheblich ist, ob der Geschäftsgegenstand privatrechtlich belastet ist: Dieser Nachteil liegt weder im RGeschäft selbst (zB der Übereignung) noch trifft er den Erwerber des Gegenstands als solchen; vielmehr knüpft der Nachteil an die Innehabung des Geschäftsgegenstands (zB des Eigentums), dh an einen rechtsgeschäftsneutralen Tatbestand, an. Das gilt grundsätzlich auch für *öffentl-rechtliche Belastungen*. So trifft zB die Grundsteuer (Sach- oder Realsteuer) den Eigentümer als solchen, die Grunderwerbsteuer (Verkehrsteuer) den Erwerber (nur hinsichtlich dieser Steuer besteht ein „Nachteil", der aber wegen Geringfügigkeit vernachlässigt werden kann; so iE auch BGH NJW 05, 417 f, aber unter Nichtbeachtung des Unterschieds von Sach- und Verkehrsteuer). Allg: Der Erwerb von Eigentum an einem bereits belasteten Grundstück ist rechtlich lediglich vorteilhaft (anders bei Eingreifen von §§ 566, 567b, 578, 581 II, 593b; WEG 10 VIII 1 HS 1; s Rn 4). Das gilt auch, wenn das Grundstück mit einem Nießbrauch belastet ist. Ein rechtlicher Nachteil liegt noch nicht darin, dass der Nießbraucher künftig das Grundstück vermietet oder verpachtet und der Minderjährige bei Beendigung des Nießbrauchs mit Pflichten aus dem Miet- oder Pachtvertrag belastet werden kann (s § 1056 und dort Rn 1). Diese doppelte Ungewissheit eines rechtlichen Nachteils genügt für einen Nachteil iSv § 107 nicht (BGH 162, 141 f). Ist aber das Grundstück bereits zZ der Auflassung vermietet oder verpachtet, ist ein „Nachteil" gegeben, weil dann der Eigentumserwerb wahrscheinlich ist und daher die konkrete Möglichkeit besteht, dass der Minderjährige bei Beendigung des Nießbrauchs mit Pflichten aus dem Miet- oder Pachtvertrag belastet werden kann (§ 1056 und dort Rn 1); diese Pflichten sind *rechtsgeschäftlich* begründet und treffen den Minderjährigen wie in Rn 4 als „Erwerber", nicht als „Eigentümer" (s BGH 162, 141). Die *ges* Pflichten des Eigentümers gegenüber dem Nießbraucher treffen nicht den Erwerber, sondern den Eigentümer als solchen (übergangen in BFH NJW 81, 142 mit BFH 125, 505); gleichgültig ist, ob noch der Veräußerer selbst den Nießbrauch bestellt hat (zum Eigentümernießbrauch § 1030 Rn 3) oder ob der beschränkt geschäftsfähige Erwerber *vor* dem Erwerb, dh als Nichtberechtigter, mit Einwilligung des Veräußerers als Berechtigten (§ 185 I) die Bestellung bewilligt hat (das ist ein wirksames zustimmungsfreies neutrales RGeschäft, Rn 6), und die das Eigentum und den Nießbrauch betr Eintragungsanträge *gleichzeitig* erledigt werden

(dann besteht zZ der Nießbrauchseintragung noch die Bewilligungsbefugnis des Veräußerers, sa Köln NJW-RR 98, 363; wohl auch PalBassenge § 879, 7). Vorteilhaft iSv § 107 ist auch der Erwerb eines Nießbrauchs, da die *ges* Pflichten gegenüber dem Eigentümer den Nießbraucher als solchen treffen (entspr wie den Eigentümer des nießbrauchbelasteten Gegenstands, s o) und daher für den Erwerber nicht durch RGeschäft begründet sind (aA BFH NJW 81, 142; SoeHefermehl 11). Zum Erwerb von Gesellschaftsanteilen durch Minderjährige differenzierend (nach AG, GmbH KG) Maier-Reimer/Marx NJW 05, 3025 ff. **d) Neutrale RGeschäfte** sind einwilligungsfrei (MK/Schmitt 33–35 mN). Sie bringen zwar keinen rechtlichen Vorteil (was § 107 im Wortlaut fordert), aber auch keinen rechtlichen Nachteil. Das genügt für entspr Anwendung (sa § 165). Bsp: Veräußerung fremder Sachen durch beschränkt Geschäftsfähigen an Gutgläubigen (hier aA StWiegand § 932, 10, 11). 6

3. Voraussetzungen der Generaleinwilligung. Generaleinwilligung zu einer 7 Reihe von zunächst noch nicht individualisierten Geschäften ist zulässig (str, vgl Scherner FamRZ 76, 673 ff; Lindacher, FS Bosch, 1976, S 535 ff, je mwN; BGH NJW 77, 622 f bejaht Zulässigkeit nach altem Recht für 18- bis 21jährige Minderjährige). Doch darf sie nicht die Beschränkung der Geschäftsfähigkeit (s § 106) faktisch beseitigen, das würde dem Zweck der §§ 107 ff (§ 104 Rn 3) zuwiderlaufen. Der minderjährige (§ 106) Schüler im Internat hat idR die Einwilligung seiner Eltern zu den für einen Internatsschüler üblichen RGeschäften (zB Kauf von Schreibmaterial, Zusatzlebensmitteln, Fahrkarte für Heimfahrt), so dass diese Geschäfte nicht erst gem § 110 wirksam werden (vgl § 110 Rn 1, 2); sa § 113 Rn 6. Ist ges Vertreter mit Führerscheinerwerb einverstanden (insoweit ist Zustimmung nach BGB unnötig, VwVfG 12 I Nr 2 mit FeV 10 I Nr 4; allg zur Handlungsfähigkeit im öffentl Recht OVG Bremen NJW 98, 3583 f, zust BVerwG ebda), so liegt darin keine Generaleinwilligung zu allen *kraftfahrzeugbezogenen RGeschäften* (keine sachliche Notwendigkeit), iZw auch nicht Einwilligung zu bestimmtem Geschäft (Auslegungsfrage; verneint für Automiete: BGH NJW 73, 1790 f mN; beiläufig anders BGH NJW 77, 622 ff). Ebenfalls Auslegungsfrage, ob Einwilligung in bestimmtes Geschäft auch *Folgegeschäfte* erfasst: Einwilligung in Abschluss eines Versicherungsvertrags umfasst idR nicht nachteilige RGeschäfte bei Vertragsabwicklung (BGH 47, 359 f); Einwilligung in Fahrzeugkauf umfasst iZw auch Abschluss der ges Pflichthaftpflichtversicherung, da sonst Kauf idR unsinnig, s PflVG 1, 7 Nr 4 (vgl BGH NJW 77, 622 f; zweifelnd BGH 47, 358).

4. Beteiligung des FamG. Einwilligung bedarf zur Wirksamkeit der **Geneh-** 8 **migung des FamG** (bis 31.8.2009: VormundschaftsG) oder Gegenvormunds, wenn ges Vertreter zur Vornahme des RGeschäfts selbst deren Genehmigung benötigen würde (vgl §§ 1643, 1812, 1813 II, 1819–1822, 1825).

§ 108 Vertragsschluss ohne Einwilligung

(1) **Schließt der Minderjährige einen Vertrag ohne die erforderliche Einwilligung des gesetzlichen Vertreters, so hängt die Wirksamkeit des Vertrags von der Genehmigung des Vertreters ab.**

(2) ¹**Fordert der andere Teil den Vertreter zur Erklärung über die Genehmigung auf, so kann die Erklärung nur ihm gegenüber erfolgen; eine vor der Aufforderung dem Minderjährigen gegenüber erklärte Genehmigung oder Verweigerung der Genehmigung wird unwirksam.** ²**Die Genehmigung kann nur bis zum Ablauf von zwei Wochen nach dem Empfang der Aufforderung erklärt werden; wird sie nicht erklärt, so gilt sie als verweigert.**

(3) **Ist der Minderjährige unbeschränkt geschäftsfähig geworden, so tritt seine Genehmigung an die Stelle der Genehmigung des Vertreters.**

§ 109 Buch 1. Abschnitt 3. Rechtsgeschäfte

1 **1. Anwendungsbereich.** Vgl zunächst § 106 Rn 1–3. Fehlt die erforderliche (§ 107 Rn 3) Einwilligung, so ist der *Vertrag schwebend unwirksam,* weil genehmigungsfähig, **I** (Rn 20 vor § 104). Die Schwebezeit ist grundsätzlich unbegrenzt (BGH 81, 93), Annahmefristen sind bedeutungslos (sa § 184 Rn 2). In der Schwebezeit bindet der Vertrag beide Parteien, den Gegner des Minderjährigen (§ 106) nur gem II, § 109. Mit *Genehmigung* wird Vertrag rückwirkend wirksam, Zwischenverfügungen bleiben bestehen (§ 184 II). Erst die *Verweigerung* der Genehmigung, nicht ihr Fehlen = Nichtvorhandensein, macht den Vertrag endgültig unwirksam (s II, § 1366 IV). Beide Rechtsfolgen stehen unter Vorbehalt von II 1 HS 2 (Rn 2). Der Vertragspartner hat keinen Anspruch auf Genehmigung (für den Minderjährigen s § 107 Rn 1). Zu ihrer Erteilung § 182 I, II, aber auch Rn 2. *Schlüssige* Genehmigung erfordert nach hM, dass Genehmigender mit schwebender Unwirksamkeit zumindest rechnet (BGH NJW 05, 1490: idR; dagegen § 182 Rn 4); Nichtstun oder Schweigen ist keine Zustimmung (BGH JurBüro 86, 548).

2 **2. Aufforderung durch den anderen Teil. Beseitigung der** Ungewissheit über Wirksamkeit des Vertrags durch den Vertragsgegner, II. **a) Aufforderung,** sich zu erklären („ja" oder „nein": BGH 145, 47 f zu § 177 II), ist empfangsbedürftige geschäftsähnliche Handlung (Rn 23 vor § 104). Sie bewirkt: Durch Genehmigung oder deren Verweigerung (jeweils gegenüber dem Minderjährigen) wirksamer oder endgültig unwirksamer Vertrag wird rückwirkend schwebend unwirksam (II 1 HS 2); Genehmigung abw von § 182 I nur an Vertragsgegner (II 1 HS 1); Widerrufsrecht, § 109, besteht wieder; Genehmigungsfrist läuft (II 2 HS 1), bei Ablauf endgültige Unwirksamkeit (II 2 HS 2); Genehmigungsfrist kann der Vertragsgegner einseitig verlängern, Verkürzung nur mit Einverständnis des ges Vertreters (vgl RG
3 HRR 37 Nr 786 zu § 177). **b) II ist entspr anwendbar,** wenn erforderliche Einwilligung (§ 107) vorliegt, weil auch dann Wirksamkeit des Vertrags ungewiss sein kann (PalEllenberger 7; aA Kohler Jura 84, 349 ff mN; MK/Schmitt 24 mwN, hM).

4 **3. Eintritt der Geschäftsfähigkeit. Entfällt Beschränkung** der Geschäftsfähigkeit, weil der Minderjährige volljährig oder partiell geschäftsfähig wird (§§ 2, 112, 113), so liegt Genehmigungszuständigkeit beim nunmehr voll Geschäftsfähigen, **III** (sa §§ 1643 III, 1829 III); Entspr gilt bei Beerbung des Minderjährigen (§ 106) durch voll Geschäftsfähigen.

5 **4. Beweislast.** Beweisbelastet ist, wer sich auf die Erteilung (Verweigerung) der Genehmigung beruft (BGH NJW 89, 1729).

6 **5. Beteiligung des FamG. Genehmigung** bedarf zur Wirksamkeit in den Fällen des § 107 Rn 8 der **Genehmigung des FamG** oder Gegenvormunds.

§ 109 Widerrufsrecht des anderen Teils

(1) ¹Bis zur Genehmigung des Vertrags ist der andere Teil zum Widerruf berechtigt. ²Der Widerruf kann auch dem Minderjährigen gegenüber erklärt werden.

(2) Hat der andere Teil die Minderjährigkeit gekannt, so kann er nur widerrufen, wenn der Minderjährige der Wahrheit zuwider die Einwilligung des Vertreters behauptet hat; er kann auch in diesem Falle nicht widerrufen, wenn ihm das Fehlen der Einwilligung bei dem Abschluss des Vertrags bekannt war.

1 **1. Allgemeines. Widerruf** nur bis zur Genehmigung (§ 108 I) möglich, **I 1.** Er macht Vertrag endgültig unwirksam. Wirksame Genehmigung beseitigt Widerrufsrecht (dann bleibt noch § 108 II, vgl § 108 Rn 2). Widerruf gegenüber Minderjährigem (§ 106) zulässig, I 2 (abw von § 131 II; gilt entspr für Widerruf des Antrags an Minderjährigen gem § 130 I 2). Widerruf ist auch nach Aufforderung und vor Fris-

Titel 1. Geschäftsfähigkeit §§ 110, 111

tende (§ 108 II 2) zulässig. **Beweisbelastet** ist, wer sich auf den (rechtzeitigen) Widerruf beruft (BGH NJW 89, 1729).

2. Wegfall des Widerrufsrechts. Kein Widerrufsrecht hat, wer bewusst das Risiko eines genehmigungsbedürftigen Vertrags eingegangen ist, **II**. Notwendig ist Kenntnis; fahrlässige Unkenntnis genügt nicht. 2

§ 110 Bewirkung der Leistung mit eigenen Mitteln

Ein von dem Minderjährigen ohne Zustimmung des gesetzlichen Vertreters geschlossener Vertrag gilt als von Anfang an wirksam, wenn der Minderjährige die vertragsmäßige Leistung mit Mitteln bewirkt, die ihm zu diesem Zweck oder zu freier Verfügung von dem Vertreter oder mit dessen Zustimmung von einem Dritten überlassen worden sind.

1. Voraussetzungen. a) Schwebend unwirksamer Verpflichtungsvertrag. 1
Daher ist § 110 unanwendbar, wenn eingewilligt (§ 107) oder vor Leistungsbewirkung (iSv § 110) genehmigt ist. **b) Zusammenwirken** (Unterschied zu §§ 107 ff) 2
von ges Vertreter und Minderjährigem (§ 106) macht den Vertrag von Anfang an wirksam, wenn (1) dem Minderjährigen mit Einverständnis des ges Vertreters bestimmte Mittel zur Verfügung stehen und (2) er mit diesen die vertragsmäßige Leistung bewirkt. Liegt schon in der Mittelüberlassung die Zustimmung zum Verpflichtungsgeschäft (§§ 107, 108 I), zB im Fall einer Generaleinwilligung (§ 107 Rn 7), so scheidet § 110 aus (Larenz, AT, 7. Aufl, § 6 III a 3 mN, str; ungenau RG 74, 235). Die Wirksamkeit des leistungsbewirkenden Erfüllungsgeschäfts (zB Übereignung von Geld) richtet sich nach §§ 107 f: zweckbestimmte Überlassung von Mitteln als zweckbegrenzte Zustimmung (aA RG 74, 235: auch hier § 110 anwendbar). **c)** Auf den erlangten Gegenstand **(Surrogat)** als „Mittel" und auf ein 3
Folgegeschäft kann sich das Einverständnis des ges Vertreters ebenfalls beziehen (nicht auf Autokauf mit dem Gewinn aus einem gem § 110 gültigen Loskauf: RG 74, 236).

2. Bewirken mit eigenen Mitteln. Mittel kann jeder Vermögensgegenstand 4
sein (zB Arbeitslohn, vgl § 113 Rn 6), nicht die Arbeitskraft. Ob ein Zweck bestimmt ist, ist Auslegungsfrage. Überlassung zur freien Verfügung umfasst idR (nur) weit begrenzten, nicht jeden Zweck (vgl RG 74, 235 f). Bewirken der Leistung: Erfüllung oder Erfüllungssurrogat. Teilleistung macht teilwirksam, soweit Gegenleistung entspr teilbar ist (ie Schilken FamRZ 78, 643 f).

§ 111 Einseitige Rechtsgeschäfte

¹Ein einseitiges Rechtsgeschäft, das der Minderjährige ohne die erforderliche Einwilligung des gesetzlichen Vertreters vornimmt, ist unwirksam. ²Nimmt der Minderjährige mit dieser Einwilligung ein solches Rechtsgeschäft einem anderen gegenüber vor, so ist das Rechtsgeschäft unwirksam, wenn der Minderjährige die Einwilligung nicht in schriftlicher Form vorlegt und der andere das Rechtsgeschäft aus diesem Grunde unverzüglich zurückweist. ³Die Zurückweisung ist ausgeschlossen, wenn der Vertreter den anderen von der Einwilligung in Kenntnis gesetzt hatte.

1. Allgemeines. Vgl zunächst § 106 Rn 1–3. 1

2. Einseitige RGeschäfte ohne erforderliche (§ 107 Rn 3) Einwilligung. 2
a) Nichtempfangsbedürftige RGeschäfte sind stets, amtsempfangsbedürftige idR unwirksam, vgl **S 1** (Begriffe: Rn 8 vor § 104). Nur Neuvornahme, keine Heilung möglich. Bsp: Auslobung (§ 657). Sonderregeln für Vaterschaftsanerkennung: § 1596. **b) Für empfangsbedürftige** RGeschäfte gelten zwei Ausnahmen. **aa)** Ist 3
der Geschäftsgegner mit Vornahme des Geschäfts ohne die erforderliche Einwilli- 4

§§ 112, 113

gung einverstanden, so gelten §§ 108, 109 statt S 1 (analog § 180 S 2 Alt 2; BGH 110, 370; hM). **bb)** Ist die erforderliche Einwilligung nur dem Minderjährigen gegenüber erklärt worden (arg S 3 mit § 182 I), so ist das RGeschäft unwirksam, wenn die Einwilligung nicht schriftlich (§ 126 I: Original, Ausfertigung, wie § 174 Rn 1) vorgelegt oder vom ges Vertreter mitgeteilt worden ist und der Geschäftsgegner deshalb das Geschäft unverzüglich (§ 121 I 1) zurückweist, **S 2.** Aus dieser Regelung ergibt sich, dass die Schriftform nicht durch die elektronische Form (§ 126a) ersetzt werden kann (§ 126 III). Zurückweisung auch gegenüber Minderjährigem (entspr § 109 I 2). Sie ist nach Vorlage oder Mitteilung ausgeschlossen, **S 3.**

§ 112 Selbständiger Betrieb eines Erwerbsgeschäfts

(1) **¹Ermächtigt der gesetzliche Vertreter mit Genehmigung des Familiengerichts den Minderjährigen zum selbständigen Betrieb eines Erwerbsgeschäfts, so ist der Minderjährige für solche Rechtsgeschäfte unbeschränkt geschäftsfähig, welche der Geschäftsbetrieb mit sich bringt. ²Ausgenommen sind Rechtsgeschäfte, zu denen der Vertreter der Genehmigung des Familiengerichts bedarf.**

(2) **Die Ermächtigung kann von dem Vertreter nur mit Genehmigung des Familiengerichts zurückgenommen werden.**

1 **1. Allgemeines.** Vgl zunächst § 106 Rn 1–3. – §§ 112, 113 enthalten keine Beschränkung des Minderjährigen in seiner Geschäftsfähigkeit, so dass er damit im Rahmen der §§ 112, 113 (dh partiell) voll geschäftsfähig ist.

2 **2. Voraussetzungen. a) Ermächtigung,** das ist formfreie, an den Minderjährigen gerichtete Willenserklärung des ges Vertreters. Sie bedarf der Genehmigung des
3 FamG (bis 31.8.2009: des VormundschaftsG), **I 1. b) Sie betrifft** den selbstständigen Betrieb eines Erwerbsgeschäfts, dh jede auf selbstständigen Erwerb gerichtete Tätigkeit, zB gem HGB 84 I, nicht II (sa § 113 Rn 3), als freier Schriftsteller (nicht als angestellter Schauspieler, dann § 113).

4 **3. Wirkung. a)** Unbeschränkte Geschäftsfähigkeit – vorbehaltlich Rn 5 – für solche RGeschäfte, die der Geschäftsbetrieb nach der Verkehrsanschauung mit sich bringt, vgl **I 1** (uU auch außergewöhnliche Geschäfte, sa BGH 83, 80, aber nicht die Geschäftsaufgabe). Soweit volle Geschäftsfähigkeit besteht, entfällt ges Vertretung. Da er sich selbstständig durch Verträge verpflichten kann, ist der Minderjährige
5 prozessfähig (ZPO 52). **b) Ausgenommen** sind Geschäfte, zu deren Vornahme der ges Vertreter einer Genehmigung des FamG (§§ 1643, 1821, 1822) – bis 31.8.2009 des VormundschaftsG – bedarf, **I 2;** insoweit fehlen volle Geschäfts- und Prozessfähigkeit. Der Kreis dieser Geschäfte ist für Eltern und Vormund verschieden, doch gehören Kreditaufnahme, Eingehung einer Wechselschuld und Prokuraerteilung stets dazu (§§ 1643 I, 1822 Nr 8, 9, 11).

6 **4. Rücknahme der Ermächtigung.** Ist gegenüber dem Minderjährigen zu erklären, bedarf familiengerichtl (bis 31.8.2009: vormundschaftsgerichtl) Genehmigung **(II)** und wirkt ex nunc.

§ 113 Dienst- oder Arbeitsverhältnis

(1) **¹Ermächtigt der gesetzliche Vertreter den Minderjährigen, in Dienst oder in Arbeit zu treten, so ist der Minderjährige für solche Rechtsgeschäfte unbeschränkt geschäftsfähig, welche die Eingehung oder Aufhebung eines Dienst- oder Arbeitsverhältnisses der gestatteten Art oder die Erfüllung der sich aus einem solchen Verhältnis ergebenden Verpflichtungen betreffen. ²Ausgenommen sind Verträge, zu denen der Vertreter der Genehmigung des Familiengerichts bedarf.**

Titel 1. Geschäftsfähigkeit § 113

(2) **Die Ermächtigung kann von dem Vertreter zurückgenommen oder eingeschränkt werden.**

(3) ¹Ist **der gesetzliche Vertreter ein Vormund, so kann die Ermächtigung, wenn sie von ihm verweigert wird, auf Antrag des Minderjährigen durch das Familiengericht ersetzt werden.** ²Das **Familiengericht hat die Ermächtigung zu ersetzen, wenn sie im Interesse des Mündels liegt.**

(4) **Die für einen einzelnen Fall erteilte Ermächtigung gilt im Zweifel als allgemeine Ermächtigung zur Eingehung von Verhältnissen derselben Art.**

1. Allgemeines. Vgl zunächst § 106 Rn 1–3, § 112 Rn 1. 1

2. Voraussetzungen. a) Ermächtigung wie § 112 Rn 2, **I 1,** auch stillschwei- 2
gend (BAG FamRZ 75, 90 f), doch ohne Genehmigung des FamG. Dieses kann eine vom *Vormund* verweigerte Ermächtigung ersetzen, **III;** bei Verweigerung durch die *Eltern* gilt § 1666 III Nr 5 (zuständig: FamG). Ersetzte Ermächtigung nach II nur rücknehm- oder einschränkbar, wenn Ersetzung jetzt ausgeschlossen wäre (aA MK/Schmitt 41: Rücknahme oder Einschränkung nur durch FamG). **b) Sie** 3
betrifft Eintritt in Dienst oder Arbeit: Dienste aller Art, auch Herstellung eines Werkes durch Dienstleistung; Wehrdienst auf Zeit (OVG Münster NJW 62, 758); HGB 84 (auch I: BAG NJW 64, 1642 f); Dienst- oder Arbeitsverhältnis mit dem „ges Vertreter" (es unterfällt weder direkt noch analog § 181, da der Minderjährige auf Grund der Ermächtigung unbeschränkt geschäftsfähig ist, insoweit daher keine ges Vertretung besteht, und der „ges Vertreter" den Vertrag nicht als Insichgeschäft abschließt; abw MK/Schmitt 11, 12 mN). Nicht hierher gehören die Berufsausbildungs- und anderen Ausbildungsverhältnisse (BBiG 1, 26; KrPflG 9, 22), da Hauptzweck die Ausbildung, nicht die Leistung von Dienst oder Arbeit ist (BAG NJW 04, 1405).

3. Wirkung. a) Volle Geschäftsfähigkeit und Prozessfähigkeit (ZPO 52), 4
soweit Ermächtigung reicht (Rn 5). Insoweit entfällt ges Vertretung. Wird ges Vertreter im Bereich der Ermächtigung tätig, so liegt darin Beschränkung oder Rücknahme der Ermächtigung (Rn 7). **b) Umfang der Ermächtigung** und damit der 5
Geschäfts- und Prozessfähigkeit. **aa) I 1** erfasst – vorbehaltlich I 2 (Rn 6 [cc]) – alle RGeschäfte bzgl Eingehung, Aufhebung, Erfüllung eines Dienst- oder Arbeitsverhältnisses. *Eingehung:* umfasst nur verkehrsübliche, nicht außergewöhnliche belastende Arbeitsbedingungen (ie Brill BB 75, 287; BAG BB 00, 568); zur Eingehung gehören auch andere, in engem Sachzusammenhang stehende Geschäfte, zB Eröffnung eines Gehaltskontos, Beitritt zur Gewerkschaft (Brill BB 75, 287 mN; hM), Anmieten eines Zimmers am Arbeitsort, wenn wegen Entfernung zum Heimatort geboten; zu weit gehend BAG BB 00, 568: Ausübung tarifvertraglich eingeräumten Wahlrechts durch *nicht* tarifgebundenen Minderjährigen. *Aufhebung:* auch Kündigung. *Erfüllung:* auch Schadensersatzleistung. *Dienst- oder Arbeitsverhältnis* (Rn 3): nur der gestatteten, nicht jeder Art; Einzelverträge erstreckt sich iZw **(IV)** auf nach der Verkehrsanschauung artgleiche Verhältnisse. **bb) I 1 erfasst nicht** Verfü- 6
gung über Arbeitslohn. Soweit Lohn belassen wird, liegt Generaleinwilligung vor (§ 107 Rn 7) oder greift § 110 ein (BGH NJW 77, 623 f unterscheidet nicht); in beiden Fällen bleibt Beschränkung der Geschäftsfähigkeit bestehen (Folge: § 106 Rn 3). **cc) Ermächtigung umfasst kraft Ges nicht** Verträge, zu deren Vornahme der ges Vertreter einer Genehmigung des FamG (§ 1643) bzw bis zum 31.8.2009 des VormundschaftsG (§§ 1821, 1822) bedarf, **I 2.** Dazu § 112 Rn 5. **dd) Ein-** 7
schränkung und Rücknahme (jeweils ex nunc) der Ermächtigung sind möglich, **II,** begrenzt durch § 1666 (§ 107 Rn 1). Rücknahme und nachträgliche Einschränkung kann der ges Vertreter (BAG BB 00, 568 mN: nur) dem Minderjährigen oder (str) dem Dienstherrn gegenüber erklären (vgl Feller FamRZ 61, 420 ff). Der ges Vertreter muss nach Sachlage wählen können (aA hM). Erklärt er dem Arbeitgeber die Kündigung des Arbeitsverhältnisses, so liegt darin die Rücknahme oder Beschränkung der Ermächtigung (Rn 4).

Mansel

Vor § 116

§§ 114, 115 (weggefallen)

Titel 2. Willenserklärung

Vorbemerkungen

1   **1. Begriff der Willenserklärung.** Vgl zunächst Rn 1–3 vor § 104. Der Begriff ist stark umstritten, doch hat der Streit dank der ges Regelung nur geringe praktische Bedeutung. Der nicht verlautbarte Wille ist jedenfalls irrelevant. Rechtlich bedeutsam wird der Wille erst durch seine Erklärung. Mehrere Fragen sind zu unterscheiden: Was gehört zum „Wesen" der Willenserklärung? (Rn 2–6); liegt in concreto eine Willenserklärung vor und welchen Inhalt hat sie (Rn 7–12)?

2   **2. Das Wesen der Willenserklärung. a) Die Definition** der Willenserklärung betrifft den Normalfall, in dem Wille und Erklärung übereinstimmen. Danach handelt es sich um eine private Willensäußerung, die auf Herbeiführung eines Rechtserfolgs gerichtet ist, und die den Erfolg, weil gewollt und von der Rechtsordnung anerkannt, auch herbeiführt (Rn 1 vor § 104). In pathologischen Fällen können Wille und Erklärung auseinander gehen. Hier wollte die *Willenstheorie* den Willen bevorzugt und verneinte daher eine gültige Willenserklärung, während die *Erklärungstheorie* auf den Empfängerhorizont abstellte und demgemäß die Gültigkeit der Erklärung favorisierte. Diesen Gegensatz will die Lehre von der Willenserklärung als *„Geltungserklärung"* überwinden: Im Regelfall verwirkliche die Erklärung den in ihr ausgedrückten Rechtsfolgewillen (Wolf/Neuner, AT, § 30, 6f mN). Damit ist aber der „Dualismus" von Wille und Erklärung weder überbrückt noch beseitigt, ihr Auseinanderfallen nicht verhindert und, weil ein Faktum, auch nicht verhinder-
3   bar (Flume II § 4, 7). **b) Diskrepanz von Wille und Erklärung** ist nicht bloße Ausnahme, sondern pathologischer Fall. Daher ist es bedenklich, an ihr das „Wesen" der normalen Willenserklärung zu demonstrieren. Es werden als Voraussetzungen einer mangelfreien Willenserklärung genannt: *Handlungs-, Erklärungs-* und *Geschäftswille* (Rn 4–6).

4   **3. Voraussetzungen der Willenserklärung. Drei Arten des Willens** sollen Voraussetzungen mangelfreier Willenserklärungen sein (vgl Rn 3). **a) Der Handlungswille** soll ein beliebiges menschliches Verhalten erst zu einem willentlichen machen. Fehle es daran, so liege der Tatbestand einer Willenserklärung nicht vor. Bsp: Jemand „erklärt" etwas, weil ein anderer ihm gewaltsam die Hand bei der Vertragsunterschrift führt (vis absoluta). Hier war der Schreiber nur der verlängerte Federhalter des Gewalttäters, folglich hat der Gewalttäter, nicht der Schreiber „gehandelt". Das zeigt: Der Tatbestand einer Willenserklärung verlangt einen Handlungswillen, weil ohne Willen keine Handlung, ohne Handlung keine Willenserklärung vorliegt (Ausnahme: Rn 10). § 105 II steht nicht entgegen, da dort nicht volle Bewusstlosigkeit gemeint ist (§ 105 Rn 1 [a]; sa Dunz JR 87, 240 zu BGH 98,
5   137 ff). **b) Der Erklärungswille** (das Erklärungsbewusstsein) soll ein willentliches Verhalten (Rn 4) zu einer rechtlich relevanten Erklärung werden lassen. Fehle dieser Wille *unbewusst*, so soll der Tatbestand einer Willenserklärung nicht vorliegen (Nachw in BGH 91, 327; StGursky § 182, 17–19). Bsp: Jemand winkt auf einer Auktion einem Freund zu, was nach den Auktionsbräuchen als Gebot erscheint (Lehrbuchfall der „Trierer Weinversteigerung"); Aufziehen einer Lotsenfahne in Unkenntnis ihrer Bedeutung. *Kritik:* § 118 bezeichnet eine Erklärung, die *bewusst* ohne Erklärungswillen abgegeben wurde, als Willenserklärung; dann aber liegt bei *unbewusstem* Fehlen erst recht der Tatbestand einer Willenserklärung vor, nach hM aber nur, wenn sie dem Erklärenden „zugerechnet" werden kann. Die Zurechnungsgründe – Verhalten des Erklärenden, Vertrauen des Empfängers – werden vom BGH nicht einheitlich gewichtet (vgl BGH 91, 330; 109, 177 und NJW 02,

Titel 2. Willenserklärung   Vor § 116

365, 2327 [jeweils mit krauser Terminologie]; NJW 91, 2085 f; 95, 953; 10, 862; NJW-RR 01, 1131; 10, 1129 sa u). Der *unbewusste* Mangel führt auch nicht entspr § 118 (nur) zur generellen Nichtigkeit; denn allein bei *bewusstem* Fehlen des Erklärungswillens ist es berechtigt, dem Erklärenden ohne weiteres den – möglichen – Vorteil einer gültigen Willenserklärung abzuschneiden und ihm die Haftung nach § 122 aufzubürden; bei unbewusstem Fehlen hat der Erklärende hingegen die Wahl zwischen Stehenbleiben bei der gültigen Erklärung und Anfechtung samt Haftung, §§ 119, 122 (vgl BGH 152, 72; NJW-RR 96, 194 f); abw BGH NJW 95, 953; 10, 2875: Der Verzicht auf das Erklärungsbewusstsein diene (nur) dem Vertrauensschutz beim Empfänger; gehe es nicht um diesen Schutz (sondern einen Vorteil des „Erklärenden"), so liege keine Willenserklärung vor (dagegen zutr Habersack JuS 96, 585 ff). Für Erklärungswillen Brehmer JuS 86, 440 ff mN. **c) Der Geschäftswille** 6 ist auf die Herbeiführung einer *bestimmten* Rechtsfolge gerichtet. Bsp: Der Mieter hat den Geschäftswillen, die Mietsache zu einem bestimmten Preis zu mieten. *Kritik:* In den §§ 116–118 fehlt dem Erklärenden stets der Geschäftswille, in § 119 I stimmen Geschäftswille und Erklärung nicht überein; dennoch liegt stets der Tatbestand einer Willenserklärung vor. Der Geschäftswille gehört also nicht zum Tatbestand, auch nicht zur Gültigkeitsvoraussetzung einer Willenserklärung (dunkel Düsseldorf OLGZ 82, 241 ff). **d)** Zum **Rechtsbindungswillen** Rn 17 vor § 104; SoeHefermehl 19 ff.

4. Auslegung der Willenserklärung. Ob eine Willenserklärung vorliegt, ist 7 unter mehreren Gesichtspunkten durch Auslegung zu prüfen. **a)** Ein tatsächlicher Erklärungsakt ist Voraussetzung jeder Willenserklärung (Ausnahme: Rn 10). **aa)** Auch bei der Willenserklärung durch schlüssiges Verhalten liegt er vor: Einer 8 positiven Äußerung, die unmittelbar etwas anderes als die Kundgabe einer Willenserklärung bezweckt (zB Einwurf der verlangten Münze in Warenautomat), wird durch Auslegung ein bestimmter Erklärungsgehalt (im Bsp Annahme des Verkaufs- und Übereignungsangebots) beigelegt. Schlüssige Willenserklärungen sind häufig, aber Vorsicht vor unzulässiger Fiktion einer Erklärung!. Für den Erklärenden (uU) ungünstige Erklärungen sind nur bei *bes Umständen im Einzelfall* anzunehmen; zB Haftungsbeschränkung oder -verzicht (BGH NJW 93, 3068; 09, 1483 [Grundlage: konkludente Willenserklärung oder ergänzende Vertragsauslegung kraft § 242, sa § 157 Rn 4] bei Gefälligkeitsfahrt); BGH NJW 92, 2475 bei Überlassung eines Reitpferds aus Gefälligkeit; BGH 76, 34 f bei Gefälligkeitsflug, krit Weber Ann LM Nr 18 zu LuftVG; BGH NJW 82, 1144 f bei Verletzung wesentlicher Verkehrssicherungspflichten; bedenklich BGH NJW 79, 645 [sa 86, 1099 f] bei Probefahrt mit Gebrauchtwagen); Rechtsverzicht (BGH NJW 97, 2111; 02, 1046; BAG NJW 08, 462); Vertragsänderung (BGH NJW 08, 1302 f); Wahl gem InsO 103 I (BGH 81, 92 ff zu KO 17 I); sa BGH NJW 68, 1874 f (dazu Rn 17 vor § 104); 83, 679 (Schuldübernahme). – Zuweilen fordert das Ges „ausdr" Erklärung, zB in HGB 48 I. **bb)** Stillschweigen kann kraft Parteiabrede oder auf Grund Auslegung als 9 Erklärungsakt mit rechtlichem Erklärungsgehalt erscheinen: *beredtes Schweigen* (einschr § 308 Nr 5). Bsp: Nach Parteiabrede gilt Schweigen auf Vertragsangebot in bestimmter Frist als Annahme; wer in einer Mitgliederversammlung weder gegen den Antrag stimmt noch sich der Stimme enthält – auf entspr Fragen des Versammlungsleiters also schweigt –, stimmt durch sein Schweigen für den Antrag (BGH 152, 65 f); Zustimmung durch Schweigen, wenn Widerspruch geboten wäre (BVerfG NJW 03, 2375). **cc)** Fingierte Willenserklärungen liegen vor, wenn Still- 10 schweigen Erklärungsgehalt kraft Ges („*normiertes Schweigen*") hat (Bsp: §§ 108 II 2, 177 II 2, 416 I 2, 516 II 2, 612, 1943; HGB 362 I, 377 II, III). Bei Irrtum über die Bedeutung des Schweigens ist Anfechtung (§ 119) ausgeschlossen, s Hanau AcP 165, 223 f). Darüber hinaus ist Stillschweigen idR kein Erklärungsakt mit rechtlichem Erklärungsgehalt, es gilt insbes (auch im kaufmännischen Bereich) nicht als Zustimmung (BGH 61, 285; JZ 77, 603); Ausnahmen: Schweigen auf kaufmännisches Bestätigungsschreiben (§ 147 Rn 6), ferner Rn 9, § 147 Rn 4. **b)** Eine schein- 11

§§ 116, 117

bare Willenserklärung (scheinbares RGeschäft, ie Rn 17 vor § 104) liegt vor, wenn die Auslegung (§§ 133, 157) ergibt, dass dem Erklärenden obj der Rechtsbindungswille fehlt. Ob das zutrifft, wird vielfach vom Inhalt der Erklärung, der (ebenfalls) durch Auslegung festzustellen ist, abhängen, Hamm NJW-RR 87, 1110 (Bsp BGH 88, 382 ff: Architektenwettbewerb; NJW 74, 1706 f: Lottospielgemeinschaft; 92, 498: Gefälligkeitsfahrt; NJW 95, 3389: Ausstellungsvertrag; NJW-RR 93, 795: Verkaufsauftrag; NJW 09, 1142: Auskunftsvertrag). **c)** Die Auslegung des Erklärungsakts kann ergeben, dass er zwar im rechtsgeschäftlichen Bereich liegt, aber dennoch der Tatbestand einer Willenserklärung fehlt. Bsp: Die Erklärung stellt sich als Aufforderung zur Abgabe eines Angebots, nicht als Angebot dar (s § 145 Rn 3). Das „Ob" einer Willenserklärung hängt vielfach von dem durch Auslegung ermittelten Inhalt ab. **d)** Der Inhalt einer Willenserklärung ist, wie das „Ob", durch Auslegung zu ermitteln. Vgl ie Anm zu §§ 133, 157.

13   **5. Wirksamkeitsvoraussetzungen.** Gehören nicht zum Tatbestand der Willenserklärung (Rn 3 vor § 104). Davon sind die Voraussetzungen für das Wirksamwerden einer Willenserklärung zu unterscheiden; s §§ 130 ff mit Anm.

§ 116 Geheimer Vorbehalt

¹Eine Willenserklärung ist nicht deshalb nichtig, weil sich der Erklärende insgeheim vorbehält, das Erklärte nicht zu wollen. ²Die Erklärung ist nichtig, wenn sie einem anderen gegenüber abzugeben ist und dieser den Vorbehalt kennt.

1   **1. Allgemeines.** Vgl Rn 6 vor § 116.

2   **2. Voraussetzungen. a) Geheim iSv S 1** ist der Vorbehalt, wenn er demjenigen verheimlicht wird, für den die Willenserklärung bestimmt ist. Das kann bei empfangsbedürftigen Erklärungen auch ein anderer als der Erklärungsempfänger sein. Dann macht die Kenntnis allein des Empfängers nicht nichtig (Einschränkung von S 2). Bsp: Bei der Innenvollmacht (§ 167 Rn 6) kennt zwar der Bevollmächtigte, aber nicht der Geschäftsgegner des Vertretergeschäfts den Vorbehalt (BGH NJW 66, 1916); bei einer amtsempfangsbedürftigen Willenserklärung (Begriff Rn 8 vor § 104), die nicht nur für die Behörde bestimmt ist, kennt allein der empfangende Beamte den Vorbehalt. Bevollmächtigung und amtsempfangsbedürftige Erklärung sind wirksam. **b) Den „bösen Scherz",** bei dem der andere auf die nicht ernst gemeinte Erklärung hereinfallen soll, erfasst S 1 ebenfalls. Für den „guten Scherz" gelten §§ 118, 122.

4   **3. Kenntnis des anderen Teils. a)** S 2 gilt für amts- und allg empfangsbedürftige Willenserklärungen. Nichtigkeit setzt abw vom Wortlaut Kenntnis derjenigen voraus, für die die Erklärung bestimmt ist (Rn 2). Kennenmüssen (§ 122 II) genügt nicht. **b)** S 2 gilt entspr für Kenner des Vorbehalts bei Auslobung (hM; aA MK/Armbrüster 10 mN) und Testament (Wacke, FS Medicus, 1999, S 651 ff. AA MK/Armbrüster 10; Frankfurt/M FamRZ 93, 860: S 2 analogieunfähig). Zur beabsichtigten und zur geschlossenen Scheinehe (Verweigerung der Eheschließung durch den Standesbeamten; geschlossene Ehe ist aufhebbar) §§ 1310 I 2 HS 2, 1314 II Nr 5 (§ 1353 I), 1316 III. **c) Bei erzwungener Erklärung** macht ein erkannter Vorbehalt nichtig, S 2 geht dem § 123 vor (MK/Armbrüster 14; hM). **d) Bei Einverständnis** (nicht bloßer Kenntnis iSv S 2) des Empfängers gilt § 117.

§ 117 Scheingeschäft

(1) **Wird eine Willenserklärung, die einem anderen gegenüber abzugeben ist, mit dessen Einverständnis nur zum Schein abgegeben, so ist sie nichtig.**

Titel 2. Willenserklärung § 118

(2) **Wird durch ein Scheingeschäft ein anderes Rechtsgeschäft verdeckt, so finden die für das verdeckte Rechtsgeschäft geltenden Vorschriften Anwendung.**

1. Anwendungsbereich. a) Betrifft nur empfangsbedürftige Willenserklä- 1
rungen; amtsempfangsbedürftige (Begriff Rn 8 vor § 104) nur, wenn wahlweise die
Abgabe gegenüber einem anderen möglich ist (SoeHefermehl 2). **b) Scheinge-** 2
schäft (simuliertes Geschäft), **I,** liegt vor, wenn der Erklärende nur den äußeren
Schein einer Willenserklärung hervorrufen, die mit ihr verbundene Rechtswirkung
aber nicht eintreten lassen will (BGH NJW-RR 07, 1210), und dies nicht nur mit
Kenntnis (dann § 116 S 2), sondern im (faktischen: BGH NJW 99, 2882) Einverständnis des Erklärungsempfängers geschieht (BGH NJW-RR 07, 1210; BGH 144,
333 f; zum missglückten Scheingeschäft § 118 Rn 2). Bei mehreren Empfängern ist
Einverständnis aller nötig. Bei mehreren Gesamtvertretern eines Empfängers genügt
Einverständnis eines Vertreters (BGH NJW 99, 2882). – Die **Beweislast** trägt, wer
sich auf den Scheincharakter des Geschäfts beruft (BGH NJW 99, 3481 f; BAG NJW
03, 2931). **c) Kein Scheingeschäft** liegt vor, wenn Erklärender zur Erreichung des 3
gewollten Rechtserfolgs eine gültige Willenserklärung für nötig, ein Scheingeschäft
für unzureichend hält (BGH 67, 338 f). Gegen Scheingeschäft spricht, dass der
ernsthaft gewollte Rechtserfolg nur durch gültige Willenserklärung zu erreichen ist,
mag das Geschäft auch die Täuschung Dritter bezwecken, zB bei Handeln eines
Strohmanns (BGH NJW 98, 599; NJW-RR 07, 1210, je mN) oder einer Strohfrau
(s BGH BB 02, 1563), beim offenen Treuhandgeschäft (vgl § 164 Rn 12), bei
einzelnen falschen Tatsachenangaben über Motiv, Datum uä in beurkundeter Willenserklärung (BGH WM 86, 1181), bei Umgehungsgeschäften, ds Geschäfte, die
den (annähernd) gleichen rechtlichen oder wirtschaftlichen Erfolg erreichen sollen
wie ein ges missbilligtes RGeschäft, BGH NJW-RR 07, 1210 (zur Gültigkeit § 134
Rn 18).

2. Wirkung. Scheingeschäft ist gegenüber jedermann (dh absolut) **nichtig, I,** 4
aber kein Nicht-RGeschäft (str, sa § 139 Rn 13). Berufung auf die Formnichtigkeit ist kein Verstoß gegen Treu und Glauben; erbrachte Leistung ist rückforderbar,
§ 812 (dazu Keim JuS 01, 636 ff). Dritte werden nach allg Vorschriften (zB §§ 171 ff,
566e I, 576, 892 f, 932 ff, 823 ff) oder bes (zB § 405) geschützt. Wer mit einem
Vertreter zum Nachteil des Vertretenen kolludiert hat, kann sich nicht auf I berufen,
da er den Vertretenen entspr § 116 S 1 täuschen will (BGH NJW 99, 2882 f).

3. Verdecktes (dissimuliertes) Geschäft, II. Ist das von den Beteiligten in 5
Wahrheit gewollte, vom Scheingeschäft verdeckte RGeschäft. Es ist wirksam, wenn
seine bes Wirksamkeitsvoraussetzungen, zB Form, behördliche Genehmigung, vorliegen (BGH NJW 83, 1844). Hauptbsp: Im Grundstückskaufvertrag ist zum Schein
ein niedrigerer als der vereinbarte Kaufpreis beurkundet (Schwarzkauf; zu den Gründen Reithmann Anm LM Nr 46 zu § 125; Keim JuS 01, 636); da die damit verbundene Steuerhinterziehung nicht Hauptzweck ist, keine Nichtigkeit gem § 134 (BGH
NJW-RR 01, 381 zur Schwarzgeldvereinbarung; allg BGH NJW-RR 08, 1050;
NJW 11, 219); aber: das Beurkundete ist nicht gewollt und daher nichtig (I), das
Gewollte (II) nicht beurkundet und deshalb nichtig (§ 311b I 1, § 125; § 126 Rn 7);
Heilung möglich (§ 311b I 2; instruktiv BGH 89, 43 f; NJW-RR 91, 615 = JuS
91, 690 f [K. Schmidt]), verhinderbar durch Erwerbsverbot, § 888 Rn 8. Nichtigkeit
nach §§ 117, 125, 139 tritt auch ein, wenn ein höherer als der vereinbarte Kaufpreis
beurkundet wird, damit der Käufer ein scheinbar wertvolleres Sicherungsobjekt
erhält (Koblenz NJW-RR 02, 195).

§ 118 Mangel der Ernstlichkeit

Eine nicht ernstlich gemeinte Willenserklärung, die in der Erwartung abgegeben wird, der Mangel der Ernstlichkeit werde nicht verkannt wer-den, ist nichtig.

Mansel

§ 119

Buch 1. Abschnitt 3. Rechtsgeschäfte

1   **1. Allgemeines.** Die Vorschrift hat kaum Bedeutung für die Praxis, wohl aber für das Verständnis der Willenserklärung (vgl Rn 5, 6 vor § 116).

2   **2. Reichweite. Erfasst wird** jede Art von Willenserklärung, auch notariell beurkundete (BGH 144, 334 f, dazu Thiessen NJW 01, 3026), auch nichtempfangsbedürftige (Begriff Rn 8 vor § 104), zB Testament (RG 104, 322). Mangelnde Ernstlichkeit und die Erwartung des Erklärenden, der Mangel werde erkannt, machen die Erklärung nichtig. Gleichgültig ist, ob ein obj Beobachter den Mangel erkennen konnte (hM) oder nicht (in diesem Fall wird § 122 praktisch). § 118 betrifft den **„guten Scherz"** (zum „bösen" § 116 Rn 3) und umfasst auch das **missglückte Scheingeschäft**, bei dem der Erklärende vergeblich Kenntnis und Einverständnis des Gegners iSv § 117 I erwartet hat (BGH NJW 06, 2844 mN). Zur Einschränkung von § 118 durch Treu und Glauben RG 168, 205 f, sa BGH 144, 334; dazu Thiessen NJW 01, 3026.

3   **3. Schadensersatzpflicht.** Bei Nichtigkeit Schadensersatzpflicht: § 122 (wichtig II!).

§ 119 Anfechtbarkeit wegen Irrtums

(1) **Wer bei der Abgabe einer Willenserklärung über deren Inhalt im Irrtum war oder eine Erklärung dieses Inhalts überhaupt nicht abgeben wollte, kann die Erklärung anfechten, wenn anzunehmen ist, dass er sie bei Kenntnis der Sachlage und bei verständiger Würdigung des Falles nicht abgegeben haben würde.**

(2) **Als Irrtum über den Inhalt der Erklärung gilt auch der Irrtum über solche Eigenschaften der Person oder der Sache, die im Verkehr als wesentlich angesehen werden.**

1   **1. Allgemeines. a) Begriff des Irrtums:** *Unbewusstes Auseinanderfallen von Wille und Erklärung*, BGH BB 02, 427 (str, ob Wille nur der Geschäfts- oder auch der Erklärungswille ist, vgl Rn 5, 6 vor § 116). Daher irrt nicht, wer bei Unterschreiben eines Schriftstücks weiß, dass er dessen Inhalt nicht kennt (Hamm NJW-RR 91, 1141); er irrt, wenn er das Schriftstück zwar nicht gelesen, von seinem Inhalt aber eine falsche Vorstellung hat (BGH BB 02, 427; zum Erklärungswillen s Rn 5 vor § 116; zum Missbrauch einer Blankounterschrift § 126 Rn 6). Gleichgültig für

2   §§ 119, 120 ist, ob Irrtum verschuldet (RG 62, 205). **b) Ob Wille und Erklärung auseinanderfallen,** ist *Auslegungsfrage* (§§ 133, 157; dazu allg § 133 Rn 10). *Auslegung geht Anfechtung vor*. Steht der übereinstimmende Wille der Beteiligten fest (§ 133 Rn 9), so ist wegen Willensübereinstimmung eine Anfechtung ausgeschlossen (BGH NJW-RR 95, 859; Rn 8). Entsprechen sich bei einem Vertrag die beiderseitigen (ausgelegten, § 133 Rn 10) Erklärungen nicht, so liegt Dissens vor (§§ 154, 155); entsprechen sie sich, so liegt bei unbewusster Diskrepanz zwischen Gewolltem und

3   obj Erklärtem Irrtum vor. **c) Anfechtungsgegenstand** sind Willenserklärungen (ds einseitige RGeschäfte, Vertragserklärungen [s § 139 Rn 5; StRoth § 142, 15, str; aber auch § 142 II–IV]), auch elektronische oder automatisierte (Rn 1 vor § 104), ferner geschäftsähnliche Handlungen, nicht Realakte (Begriffe: Rn 1, 23, 24 vor § 104), nicht Prozesshandlungen einer Partei (BGH 80, 392; hM). Die anfechtbare Willenserklärung ist gültig, aber durch einseitige Erklärung (§ 143 I) idR rückwirkend vernichtbar (§ 142 I). Ficht der Berechtigte an, so setzt er seinen wahren Willen nur in negativer Weise durch, indem er die ungewollte Erklärung vernichtet. Zum Ausgleich muss er dem Gegner, der auf den Fortbestand der Erklärung vertraut und

4   vertrauen darf, Schadensersatz leisten (§ 122). **d) Einschränkungen der Irrtumsanfechtung. aa)** Unanfechtbar sind Gründungs- und Beitrittserklärungen zu AG, GmbH nach Eintragung der Gesellschaft im Handelsregister (MK/Armbrüster 16); Beitrittserklärung zu Genossenschaft (BGH DB 76, 861). **bb)** Bzgl in Vollzug gesetzten Arbeits- und Personengesellschaftsvertrags vgl Rn 5 vor § 611; § 705

Titel 2. Willenserklärung § 119

Rn 19–22. **cc)** Zur Einschränkung im Wechselrecht MK/Armbrüster 22, 23. **dd)** Zum Ausschluss durch VVG 16 ff aF (jetzt 19 ff) für den Versicherer s BGH NJW-RR 95, 726. **ee)** Zum beiderseitigen Irrtum über die Geschäftsgrundlage vgl § 313. **ff)** Nach hM (MK/Armbrüster 141 mN) ist Anfechtung ausgeschlossen (§ 242), wenn der Gegner vor einer Anfechtung das RGeschäft so, wie vom Irrenden gemeint, gelten lässt (BGH NJW 88, 2599 lässt offen). Besser: Das Geschäft gilt ex tunc mit dem nachträglich beiderseits gewollten Inhalt entspr § 133 Rn 9 (s Flume II § 21, 6); differenzierend Köhler/Fritzsche JuS 90, 19. Weiterer Fall des Ausschlusses nach § 242 in § 142 Rn 1 (f), sa dort Rn 3. Zum Fall, dass der Gegner das bereits angefochtene Geschäft gelten lassen will, § 142 Rn 3. **gg)** Zur Anfechtung fingierter Willenserklärung Rn 10 vor § 116; zur Bestätigung des anfechtbaren RGeschäfts § 144; zum Ausschluss der Anfechtung gem § 164 II s dort Rn 3. **e) Vorrangige** 5 **Spezialregelungen** bestehen im Ehe-, Kindschafts-, Erbrecht (vgl §§ 1313, 1314 II Nr 2; 1599 ff; 1949, 1956, 2078–2083, 2308).

2. Erklärungsirrtum, I Fall 2. (Irrtum in der Erklärungshandlung; Terminolo- 6 gie schwankt: LM Nr 21). Der Erklärende will nicht das erklären, was er, äußerlich betrachtet, erklärt (zum Irrtum sa Rn 1). Bsp: versprechen, verschreiben, vertippen (Schreibmaschine, PC; AG Lahr NJW 05, 991 f; sa § 120 Rn 2, 6), vergreifen, ferner § 120. Abgrenzung zum Inhaltsirrtum (Rn 7) fließend, aber wegen Gleichheit der Rechtsfolgen unerheblich.

3. Inhaltsirrtum, I Fall 1. Auch Geschäftsirrtum, Irrtum über den Erklärungsin- 7 halt; Terminologie schwankt: LM Nr 21. Der Erklärende will erklären, was er, äußerlich betrachtet, erklärt, doch verbindet er mit dem äußerlich Erklärten eine andere rechtliche Bedeutung (BGH 177, 65 ff). Das rechtlich Gewollte und das *im Rechtssinn* Erklärte fallen auseinander (s Rn 2). Der Irrtum bezieht sich auf den Inhalt des Geschäfts, dh auf seine wesentlichen Charakteristika („essentialia negotii"), insbes Art des Geschäfts, Identität von Geschäftsgegenstand oder Gegner. **a) Geschäftsart.** Bsp: Erklärt ist Leihe, gewollt ist Miete. **aa) Auslegung** steht 8 auch hier vor der Prüfung eines Irrtums (Rn 2). Ergibt sich, dass zB „Leihe" gesagt, aber einverständlich „Miete" gemeint ist, oder dass der Gegner das in Wahrheit Gemeinte (Miete) erkannt hat, so scheidet Anfechtung mangels Diskrepanz zwischen Wille und Erklärung aus. **bb) Irrtum über die Geschäftsart** ist oft *Irrtum über die Rechtsfolgen* (dazu allg BAG NJW 83, 2958; zum Rechtsfolgenirrtum sa BGH 177, 67), im Bsp Leihe/Miete über die Pflicht zu (un-)entgeltlicher Gebrauchsüberlassung. Er ist beachtlich, wenn er die Art des Geschäfts, die damit gewollten wesentlichen Rechtswirkungen, betrifft (BayObLG NJW 88, 1271), so bei Leihe/Miete; unbeachtlich, wenn er sich auf nicht erkannte Nebenfolgen bezieht (Hamm MDR 81, 1018; hM; sa BGH 177, 67). **b) Identitätsirrtum** bzgl Gegenstand oder Gegner 9 des Geschäfts. Hier ist wesentlich die *Abgrenzung zum Eigenschaftsirrtum* (Rn 13, 15), der gem II nur eingeschränkt zur Anfechtung berechtigt. Beim Eigenschaftsirrtum sind Gegenstand und Gegner körperlich zutr identifiziert, doch werden ihnen irrtümlich bestimmte Eigenschaften zugeschrieben. Beim Identitätsirrtum ist schon die körperliche Identifizierung fehlgeschlagen. Bsp: Hält der kreditierende Verkäufer den ihm unbekannten Käufer A für den ihm vom Hörensagen bekannten Millionär gleichen Namens, dann Identitätsirrtum; hält er den ihm bekannten A irrtümlich für reich, dann Eigenschaftsirrtum (Rn 13, 15). Wer ein ihm vorgeführtes Luxusauto irrtümlich für das letzte Fahrzeug eines verstorbenen Staatspräsidenten hält, irrt über eine Eigenschaft des Vertragsgegenstands (vgl v. Tuhr II 1 § 67 Fn 26; auch BGH 63, 371). **c) Als „erweiterten Inhaltsirrtum"** behandelte das RG einen an sich 10 irrelevanten (Rn 17) *Motivirrtum* in der Berechnung des Preises, wenn diese oder deren Grundlagen dem Erklärungsempfänger mitgeteilt oder jedenfalls erkennbar zum Gegenstand der entscheidenden Vertragsverhandlungen gemacht worden war, sog *externer* oder **offener Kalkulationsirrtum** (zB RG 105, 407 f: Rubelfall; 116, 17 f mN: Börsenkurs). Diese Rspr ist abzulehnen (BGH NJW-RR 86, 570 lässt offen); denn Wille und Erklärung stimmen überein, Fehlbildung im Willen wird

§ 119

von I nicht erfasst (hM, s Habersack JuS 92, 550; abw Singer JZ 99, 342 ff). Vielmehr ist zunächst festzustellen, was erklärt ist (falsa demonstratio, obj Erklärungswert [§ 133 Rn 9, 10], einseitiger echter Inhaltsirrtum?); zum möglichen beiderseitigen Irrtum über die Geschäftsgrundlage vgl BGH NJW 86, 1349 (Vertragsanpassung), jetzt § 313 II, III. *Interner* oder **verdeckter Kalkulationsirrtum** gibt kein Anfechtungsrecht, auch nicht, wenn ihn der Erklärungsempfänger hätte erkennen können (Nachw in BGH 139, 181) oder positiv erkannt hat (BGH 139, 182 ff, str; Bestehen auf Vertragsschluss kann treuwidrig sein, zB bei erkennbar ruinöser Fehlkalkulation; § 242 kann Pflicht zum Hinweis auf den Irrtum begründen [BGH 139, 184 f]; dazu krit Anm Chr. Berger LM Nr 36; Singer JZ 99, 342 ff).

11 4. **Eigenschaftsirrtum, II.** Seine Einordnung ist str. Nach hM handelt es sich um einen ausnahmsweise beachtlichen Motivirrtum (PalEllenberger 23 mN). **a) Person** ist jedermann, auf den sich das Geschäft bezieht, dh die Parteien, ferner in das Geschäft, zB gem § 328, einbezogene Dritte (sa RG 143, 430; Gruch 52, 926 f:
12 „Dritte", die für GmbH oder OHG handeln). **b) Sache** (§ 90) ist in erweiternder Auslegung *auch ein unkörperlicher Gegenstand*, zB Grundschuld (RG 149, 238) oder
13 anderes Recht (LM Nr 2 zu § 779). **c) Eigenschaften** einer Person oder eines Gegenstands sind gegenwärtige, prägende Merkmale tatsächlicher oder rechtlicher Art, die in der Person oder dem Gegenstand selbst begründet sind und eine gewisse Beständigkeit aufweisen. Bsp: Lichtechtheit eines Stoffs; Größe, Lage, Bebaubarkeit eines Grundstücks (RG 61, 86) sowie seine anderen tatsächlichen und rechtlichen Verhältnisse (vgl LM Nr 52 zu § 123 mN); Urheberschaft eines Kunstwerks (BGH NJW 88, 2599; Flume JZ 91, 633 ff); Alter eines Gebrauchtwagens oder Mähdreschers (BGH 78, 221; Stuttgart NJW 89, 2547); Zugehörigkeit von Rechten und Verbindlichkeiten zum Nachlass (KG NJW-RR 04, 942); Überschuldung des Nachlasses (stets, wenn die Verbindlichkeiten den Wert der Nachlassgegenstände übersteigen, Hamm NJW-RR 09, 1664); Vorstrafen (s aber BZRG 51 I); Zugehörigkeit zu einer politischen Vereinigung; Farbblindheit und sonstige Gesundheitsmängel (vgl BAG DB 74, 1531 f); Beruf; Zahlungsfähigkeit (RG 66, 387 ff); wissen-
14 schaftliches Ansehen. **Keine** Eigenschaft, da vorübergehend, ist die Schwangerschaft (BAG NJW 92, 2174; übergangen von EuGH NJW 94, 2077 f), anders bei befristeter Einstellung (s Schulte Westenberg NJW 95, 761 f; vgl aber EuGH NJW 01, 124, 126 f). Keine Eigenschaft ist der Preis (Wert); er enthält ein Werturteil, das auf Eigenschaften beruht (BGH BB 63, 285). Daher ist die Wertsteigerung von Nachlassgegenständen, insbes Grundstücken, nach der Wiedervereinigung kein
15 Anfechtungsgrund (s BVerfG DtZ 94, 312). **d) Verkehrswesentlich** müssen die Eigenschaften (Rn 13) sein. Das beschränkt die rechtliche Relevanz des Eigenschaftsirrtums. Beachtlich ist nur der Irrtum über Eigenschaften, auf die im Rechtsverkehr bei Geschäften der fraglichen Art üblicherweise entscheidender Wert gelegt wird (s BGH 88, 245 f; dazu krit Anm Köhler JR 84, 324 f: Einbeziehung der Eigenschaft in den Vertragsinhalt genüge). Prüfung im Einzelfall nötig, Schematismus gefährlich. Bsp: Verkehrswesentlich ist Zahlungsfähigkeit bei Kreditgeschäft, nicht bei Barkauf; Farbblindheit für Kraftfahrer, nicht für Kellner; Vorstrafe wegen
16 Untreue für Buchhalter, nicht für Müllarbeiter. **e) Ausgeschlossen ist die Anfechtung** eines (abstrakten) Verfügungsgeschäfts (Stadler, Lit vor Rn 16 vor § 854, S 177; Grigoleit AcP 199, 396 ff, je mwN). Ausschluss von II (nicht I, § 123), wenn wegen Eigenschaftsirrtums eine Rechts- oder Sachmängelhaftung nach §§ 434, 437 ff besteht (BGH 178, 28 f; MK/Armbrüster 29, s ferner § 311a Rn 3); Käufer und Verkäufer können sich daher nicht der Mängelhaftung entziehen (sa § 437 Rn 32). **Kein Ausschluss** der Anfechtung nach II durch Recht zur Kündigung aus wichtigem Grund (zB §§ 626, 723); hat Bedeutung nur für noch nicht vollzogenes Dauerschuldverhältnis (vgl § 705 Rn 19, 20).

17 5. **Einseitiger Motivirrtum (Irrtum im Beweggrund).** Betrifft Überlegungen, Gründe, Erwartungen bzgl der abgegebenen Willenserklärung (zB betr die politische Stabilität der DDR: Frankfurt/M DtZ 91, 301). Er ist im Interesse des

Titel 2. Willenserklärung **§§ 120, 121**

Rechtsverkehrs unbeachtlich (Ausnahmen: § 123 I [Täuschung], § 2078). Bsp: K kauft einen Anzug, weil er, wie er dem Verkäufer mitteilt, in 3 Tagen heiraten werde, doch die Heirat scheitert; enttäuschte Erwartungen bei Spekulations- oder Risikogeschäften (EnnN § 168 I).

6. Kausalität. Kausalität des Irrtums für die Abgabe der Willenserklärung ist 18 weitere Voraussetzung des Anfechtungsrechts, I (auch darauf verweist II). Sie liegt vor, wenn der Irrende **subj** „bei Kenntnis der Sachlage" (dh von seinem subj Standpunkt aus) und **obj** „bei verständiger Würdigung des Falles" (dh als vernünftiger Mensch, s BGH NJW 95, 191; BAG NJW 91, 2726) die Erklärung nicht abgegeben hätte.

§ 120 Anfechtbarkeit wegen falscher Übermittlung

Eine Willenserklärung, welche durch die zur Übermittlung verwendete Person oder Einrichtung unrichtig übermittelt worden ist, kann unter der gleichen Voraussetzung angefochten werden wie nach § 119 eine irrtümlich abgegebene Willenserklärung.

1. Allgemeines zur Anfechtung. § 119 Rn 1–5. 1

2. Anwendungsbereich. a) Fehlerhafte Übermittlung einer vom Erklären- 2 den korrekt ausformulierten Willenserklärung **durch Übermittler**, zB Deutsche Telekom AG, Deutsche Post AG, Bote, Dolmetscher (idR: BGH BB 63, 204), Einrichtung zur Übermittlung auf elektronischem Weg als Fax, E-Mail (genügend, dass die Einrichtung nur die Leitung zur Verfügung stellt, daher trifft § 120 nicht nur den falsch übermittelnden Erklärungsboten), vgl BGH 05, 977 (fehlerhafter Datentransfer). **Keine** Übermittlung ist das Überbringen einer vom Erklärenden ausgestellten Urkunde. Erklärungsbote ist nicht der Vertreter (dieser erklärt selbst; zur Abgrenzung Vertreter/Bote § 164 Rn 14). Zum Empfangsboten Rn 5. **b) Nur** 3 **die unbewusst fehlerhafte** Übermittlung trifft § 120. Der Fehler kann darauf beruhen, dass der Bote schon den Erklärenden falsch verstanden oder dass er die Erklärung inhaltlich falsch oder an den unerkannt falschen Empfänger übermittelt hat. **c) Bewusstes Abweichen** von der aufgetragenen Erklärung fällt nicht unter § 120 4 („Schein-Bote"). Hier gelten §§ 177 ff entspr (hM); der Auftraggeber haftet uU aus cic (§§ 280 I, 241 II, 311 II, III) mit § 278 sowie § 831. Gleiches gilt, wenn jemand *ohne Botenmacht* als Bote auftritt. **d) Der Empfangsbote** (Begriff § 130 Rn 7) fällt 5 **nicht** unter § 120. Hat er falsch verstanden, so fehlt idR der Zugang, hat er richtig verstanden, so ist zugegangen; falsche Übermittlung von ihm zum Empfänger geht auf dessen Risiko (§ 130 Rn 7, 9 [aa]).

3. Wirkung. Bei unbewusst falscher Übermittlung besteht Anfechtungsrecht 6 wegen Erklärungsirrtums (BGH NJW 05, 977), wenn Erklärender die übermittelte Erklärung entspr § 119 Rn 18 nicht abgegeben hätte. **Schadensersatzanspruch** des Erklärungsempfängers gegen den Erklärenden gem § 122.

§ 121 Anfechtungsfrist

(1) ¹**Die Anfechtung muss in den Fällen der §§ 119, 120 ohne schuldhaftes Zögern (unverzüglich) erfolgen, nachdem der Anfechtungsberechtigte von dem Anfechtungsgrund Kenntnis erlangt hat.** ²**Die einem Abwesenden gegenüber erfolgte Anfechtung gilt als rechtzeitig erfolgt, wenn die Anfechtungserklärung unverzüglich abgesendet worden ist.**

(2) **Die Anfechtung ist ausgeschlossen, wenn seit der Abgabe der Willenserklärung zehn Jahre verstrichen sind.**

1. Allgemeines. Betrifft nur §§ 119, 120. Für § 123 vgl § 124. – Legaldefinition 1 von „unverzüglich" (I 1) gilt im gesamten bürgerlichen Recht (zB HGB 377 I, III;

AktG 92 I), öffentl Recht (zB GG 77 I 2, ZPO 216 II, 271 I, StPO 25 II Nr 2) und Strafrecht (StGB 142 II). Kein schuldhaftes Zögern bei schuldlosem Rechtsirrtum über Anfechtungsbedürftigkeit des RGeschäfts (BSG NJW 05, 3804 mN).

2 2. **Anfechtungsfrist. a) Beginn** mit Kenntnis des Anfechtungsgrundes (Irrtum, § 119; fehlerhafte Übermittlung, § 120) sowie der Person des Anfechtungsgegners iSv § 143 (v. Tuhr II 1 § 67 Fn 116; RG 124, 118). Stellt sich Irrtum erst im Prozess heraus, weil Gericht die Erklärung in bestimmtem Sinn auslegt (vgl § 119 Rn 2), so ist Eventualanfechtung (BGH NJW 79, 765) geboten, um Frist zu wahren.

3 **b) Länge** der Frist ist vom Einzelfall abhängig (bei Anfechtung eines Arbeitsvertrags gem § 119 II Höchstfrist entspr § 626 II zwei Wochen: BAG NJW 91, 2726). Frist umfasst den Zeitraum, in dem *unverzüglich* – dh ohne schuldhaftes Zögern, I 1, nicht „sofort" (zum Unterschied § 859 Rn 2) – angefochten werden konnte. Dazu gehört angemessene Zeit zur Prüfung, Überlegung und Entscheidung unter Berücksichtigung der Interessen des Gegners (vgl RG 124, 118; BGH 159, 359). Irrtum darüber, ob Anfechtung notwendig, entschuldigt selten (vgl RG 152, 232 ff). Zur Fristwahrung genügt unverzügliche Absendung, I 2, sofern sie die Erklärung direkt zum Empfänger bringen soll; idS ungenügend Anfechtung in Klageschrift (BGH NJW-RR 96, 1458). Trotz I 2 wird die Erklärung erst mit Zugang wirksam (BGH 101,
4 52). **c) Ausgeschlossen** ist die Anfechtung, auch bei Unkenntnis von Grund und Gegner, *10 Jahre* nach Abgabe der anfechtbaren Erklärung, II. Für II gilt Erleichte-
5 rung nach I 2 (Rn 3) nicht. **d) Das Anfechtungsrecht erlischt** mit Ablauf (Rn 3, 4) der Ausschlussfrist. Als Gestaltungsrecht verjährt es nicht bloß.

§ 122 Schadensersatzpflicht des Anfechtenden

(1) **Ist eine Willenserklärung nach § 118 nichtig oder auf Grund der §§ 119, 120 angefochten, so hat der Erklärende, wenn die Erklärung einem anderen gegenüber abzugeben war, diesem, andernfalls jedem Dritten den Schaden zu ersetzen, den der andere oder der Dritte dadurch erleidet, dass er auf die Gültigkeit der Erklärung vertraut, jedoch nicht über den Betrag des Interesses hinaus, welches der andere oder der Dritte an der Gültigkeit der Erklärung hat.**

(2) **Die Schadensersatzpflicht tritt nicht ein, wenn der Beschädigte den Grund der Nichtigkeit oder der Anfechtbarkeit kannte oder infolge von Fahrlässigkeit nicht kannte (kennen musste).**

1 1. **Allgemeines. a) Zur Funktion** von § 122 vgl § 119 Rn 3. **b) Vorausgesetzt** in § 122 ist Nichtigkeit gem § 118 oder §§ 119, 120, 142 I. Ist die Erklärung (schon) aus einem anderen Grunde nichtig (vgl Rn 18, 22 vor § 104), so scheidet § 122 aus. **c) Legaldefinition** von „kennen müssen" (II) gilt im gesamten bürgerlichen Recht (zB HGB 15 II).

2 2. **Anspruchsteller und -gegner. Verjährung. Berechtigt** ist bei empfangsbedürftigen Willenserklärungen nur der Empfänger, bei nichtempfangs- und bei amtsempfangsbedürftigen (Begriffe Rn 8 vor § 104) jeder Geschädigte. **Verpflichtet** ist derjenige, dessen Erklärung gem § 118 oder §§ 119, 120, 142 I nichtig ist. Verschulden nicht erforderlich: Veranlassungshaftung (BGH NJW 69, 1380). **Verjährung:** § 199 III.

3 3. **Umfang. Zu ersetzen** sind alle Vermögensnachteile, die der Geschädigte auf Grund seines Vertrauens in die Gültigkeit der Erklärung erlitten hat (BGH NJW 84, 1950 f: **Vertrauensschaden,** sog negatives Interesse), dh er ist so zu stellen, als wäre die Erklärung (§§ 118, 142 I) nichtig nicht abgegeben worden. Zu ersetzen sind zB Vertragsabschlusskosten, infolge Ablehnung oder Unterlassung anderweiten Geschäfts entgangener Gewinn (Saarbrücken NJW-RR 10, 126 f). Oberste Grenze des Schadensersatzes: Erfüllungsinteresse, sog positives Interesse (wie stünde der Berechtigte bei Gültigkeit der Willenserklärung?).

Titel 2. Willenserklärung § 123

4. Ausschluss, II. Der Anspruch ist ausgeschlossen, wenn Geschädigter den 4
Nichtigkeits- (§ 118) oder Anfechtungsgrund (§§ 119, 120) kannte oder fahrlässig
nicht kannte. Jede Fahrlässigkeit genügt. Dann bestand kein schutzwürdiges Vertrauen. Liegt II nicht vor, so kann der Anspruch gem § 254 I analog ausgeschlossen
oder gemindert sein, wenn der Geschädigte den Irrtum schuldlos obj mitveranlasst
hat (BGH NJW 69, 1380); Grund: Erklärender haftet seinerseits kraft bloßer Veranlassung (Rn 2). Haftungsausschluss nach II kann nicht entspr § 254 I eingeengt werden (RG 57, 89 f).

5. Sonstige Ansprüche. Neben I kommen Schadensersatzansprüche aus cic 5
(§§ 280 I, 241 II, 311 II, III), §§ 823 ff in Betracht. Für erbrachte Leistungen gelten
neben I die §§ 812 ff.

§ 123 Anfechtbarkeit wegen Täuschung oder Drohung

(1) **Wer zur Abgabe einer Willenserklärung durch arglistige Täuschung
oder widerrechtlich durch Drohung bestimmt worden ist, kann die Erklärung anfechten.**

(2) ¹**Hat ein Dritter die Täuschung verübt, so ist eine Erklärung, die
einem anderen gegenüber abzugeben war, nur dann anfechtbar, wenn dieser die Täuschung kannte oder kennen musste.** ²**Soweit ein anderer als
derjenige, welchem gegenüber die Erklärung abzugeben war, aus der
Erklärung unmittelbar ein Recht erworben hat, ist die Erklärung ihm
gegenüber anfechtbar, wenn er die Täuschung kannte oder kennen musste.**

1. Allgemeines. a) Schutz der Willensfreiheit bei Abgabe von Willenserklä- 1
rungen jeder Art ist Ziel des § 123. Die Erklärung ist gültig, aber vernichtbar (Rn 22
vor § 104). Zum *Anfechtungsgegenstand* s § 119 Rn 3. Bes Regelung von Täuschung
und Drohung in § 1314 II Nr 3, 4, § 1315 I Nr 4, § 1317. **b) Abgrenzungen.** Arg- 2
listige Täuschung oder widerrechtliche Drohung gegenüber (Vertrags-)Partner
(BGH NJW 88, 903) machen die Willenserklärung nicht gem **§ 138 I** nichtig (arg
§ 123 I mit § 142 I: Anfechtbarkeit ist nur Vernichtbarkeit). Vielmehr müssen weitere Umstände außer der unzulässigen Willensbeeinflussung vorliegen, die das
Geschäft als sittenwidrig erscheinen lassen (BGH NJW 08, 983); sa Rn 14 (Widerrechtlichkeit der erstrebten Willenserklärung). – Recht zur außerordentlichen Kündigung lässt Anfechtungsrecht unberührt (BAG BB 97, 843). – Zum Verhältnis zu
§ 116 S 2 vgl § 116 Rn 4 (c). – Zum **Ausschluss** der Anfechtung durch **§ 242** s
§ 142 Rn 1 (f).

2. Arglistige Täuschung. a) Täuschung ist bewusstes, dh vorsätzliches Erre- 3
gen- oder Aufrechterhaltenwollen eines Irrtums durch Vorspiegeln falscher oder
Unterdrücken wahrer Tatsachen (nicht subj Werturteile oder marktschreierischer
Anpreisungen [BGH 169, 115]), um den Getäuschten vorsätzlich zur Abgabe einer
bestimmten Willenserklärung zu veranlassen (zur missglückten Täuschung Rn 18).
Bedingter Vorsatz genügt bzgl der Unrichtigkeit angegebener Tatsachen (BGH NJW
98, 2361 [in BGH 138, 199 nicht abgedr]: vertragswesentliche Erklärung „ins
Blaue"), bzgl der Wahrheit unterdrückter Tatsachen (BGH WM 83, 990) sowie für
den Veranlassungsvorsatz (LM Nr 42; BGH NJW-RR 05, 1083). Nicht erforderlich
sind Schädigungsvorsatz, Eintritt eines Vermögensschadens (LM Nr 10), da § 123
die Willensfreiheit und nicht das Vermögen schützt (LM Nr 35); Verschulden des
Getäuschten ist unerheblich (BGH NJW-RR 05, 1083). Täuschung geschieht idR
durch *positives Tun*: durch ausdr Vorspiegeln von Tatsachen oder durch ein Verhalten, das insgesamt als schlüssige Bekundung von Tatsachen erscheint. Wer zB als
Verkäufer eines Pkw über *bestimmte* Unfallschäden Angaben macht, kann damit
zugleich vorspiegeln, dass der Wagen iü unfallfrei sei. Stimmt das nicht, so liegt
darin zugleich ein Unterdrücken wahrer Tatsachen (dh der weiteren Unfallschäden).
Sowohl das Ob wie der Umfang einer **Pflicht zum Reden** (zwecks Aufklärung 4

§ 123 Buch 1. Abschnitt 3. Rechtsgeschäfte

des Gegners) werden durch § 242 bestimmt. Dafür sind ua Art und Dauer des Geschäfts sowie Stellung und Fähigkeiten der Beteiligten beachtlich (BGH NJW 92, 302 mN), auch dass bei Vertragsverhandlungen die Parteien idR gegenläufige
5 Interessen verfolgen und entspr auf eigenen Vorteil bedacht sind. Deshalb **keine allg Aufklärungspflicht** über Umstände, die für den Entschluss des Gegners offenbar relevant sind (BGH NJW 10, 3362), erst recht nicht bei Risiko- und Spekulationsgeschäften bzgl der Risiko- und Spekulationsfaktoren. Wird aber in einem Immobilien- und Finanzierungsvermittlungsvertrag eine bestimmte Gesamtprovision für den Vertragspartner aufgeführt, tatsächlich aber eine wesentlich höhere **Provision** gezahlt, so liegt eine arglistige Täuschung des Immobilienerwerber vor (s dazu bei sog **Schrottimmobilien** BGH NJW 11, 2349; BKR 11, 121; 12, 281 mwN). **Entscheidend** ist, ob der Gegner auf Grund der konkreten Lage nach Treu und Glauben und nach der Verkehrsauffassung eine Aufklärung über solche Umstände erwarten durfte, die für ihn von entscheidender Bedeutung sind (BGH NJW 10, 3362), und die gebotene Aufklärung bewusst unterbleibt (Rn 7; BGH NJW-RR
6 90, 79). Eine unverlangte **Auskunft** muss auch ohne Auskunftspflicht wahr sein (BGH NJW-RR 97, 145; BB 10, 2137). *Zulässige* **Fragen** (ds solche, an denen ein berechtigtes, schutzwürdiges Interesse besteht) sind wahrheitsgemäß zu beantworten, zB Frage nach Wiederverkaufsabsicht (BGH BB 92, 669). Die Zulässigkeit von Fragen ist bes bedeutsam bei Begründung von Arbeitsverhältnissen (dazu Thüsing/Lambrich BB 02, 1146 ff; zur Zulässigkeit sog Background Checks Thum/Szczesny BB 07, 2405 ff). Uneingeschränkt zulässig ist die Frage nach AIDS (Klak BB 87, 1383 f, str; zum Begriff BAG NJW 90, 142), Tätigkeit für den DDR-Staatssicherheitsdienst (BAG NZA 98, 1052 mit BVerfG NJW 97, 2309 f für Tätigkeit nach 1970; BAG NJW 01, 702 für schwerwiegende Tätigkeiten vor 1970). Die Zulässigkeit hängt iü von der *Tätigkeitsrelevanz* ab: bei der Frage nach Krankheiten (BAG NJW 85, 645 f; bzgl Alkoholismus Künzl BB 93, 1581 ff), Vorstrafen (BAG NJW 99, 3654; hier gilt iü BZRG 53 I, s BAG NJW 91, 2724), Behinderungen (bzgl der Schwerbehinderteneigenschaft ließ BAG NJW 01, 1885, stRspr, unbeschränktes Fragerecht zu; überholt durch das Behindertendiskriminierungsverbot in SGB IX 81 II, so Düwell BB 01, 1529 f; 06, 1742 f; Rolfs/Paschke BB 02, 1261; Jousson NJW 03, 2857 ff; differenzierend Gaul/Süßbrich BB 05, 2815; sa AGG 2 Rn 6, GG 3 III 2); zulässig ist die Frage, um Behinderte in den Betrieb einzugliedern, allg: um einem positiven rechtmäßigen Zweck zu dienen (s AGG 5, 8; Düwell BB 06, 1743). Fraglich ist, ob die Rspr des EuGH erlaubt, wenigstens dann nach der Schwangerschaft eine Bewerberin zu fragen, wenn für die Schwangere ein Beschäftigungsverbot für die ganze Dauer des befristeten Arbeitsvertrags (zB als Schwangerschaftsvertretung) besteht (gegen Zulässigkeit AGG 7 Rn 5; aA MK/Thüsing AGG 3 Rn 20). Unerlaubt ist die Frage bei befristetem Beschäftigungsverbot ab Beginn eines unbefristeten Arbeitsvertrags (EuGH NJW 00, 1020; 03, 1107; ebenso BAG BB 03, 1735 f gegen fr); bei befristetem Beschäftigungsverbot für wesentliche Teile der Laufzeit eines befristeten Vertrags (EuGH NJW 02, 124). Thüsing/Lambrich BB 02, 1147 verneinen jedes Fragerecht. Jedenfalls besteht keine Redepflicht der AN, auch wenn sie ihre Schwangerschaft und das Beschäftigungsverbot kennt (vgl EuGH NJW 02, 124; 03, 1107; BAG BB 03, 1735; sa § 119 Rn 14). Die finanziellen Nachteile dieser Rspr hat zT der AG, nicht allein der Staat zu tragen (EuGH NJW 03, 1107 f); darin kann ein „heimliches" Einstellungshindernis für Frauen „im gebärfähigen Alter" liegen und damit deren faktische Diskriminierung (BVerfG NJW 04, 150; dazu Eichenhofer BB 04, 382 ff). Stets unzulässig ist die Frage nach dem letzten Geschlechtsverkehr einer Bewerberin. Zu den Folgen unzulässiger Fragen s Rn 11. Ein *Gebrauchtwagenverkäufer* muss ungefragt über solche Unfälle aufklären, die für den Kaufentschluss üblicher- oder erkennbarerweise relevant sind (also nicht über Bagatellschäden, BGH NJW-RR 87, 437: Pkw; großzügiger für Lkw: NJW 82, 1386), sofern der Käufer nicht schon aus den Umständen (zB Aussehen, Preis) die Vergangenheit des Fahrzeugs erkennt (Erkennenkönnen
7 ungenügend, LM Nr 42). **b) Arglist** ist nur (bedingter) Vorsatz (allgM) und somit

Titel 2. Willenserklärung § 123

bereits vom Täuschungsbegriff (Rn 3) umfasst (s BGH NJW 00, 2499: „Arglist" = Veranlassungsvorsatz; verfehlt BGH BB 10, 2137: Arglist setze Vorsatz voraus). Verwerfliche Gesinnung wird nicht gefordert. Daher ist Arglist (Vorsatz!) auch gegeben, wenn der Täuschende „das Beste" des Getäuschten wollte (MK/Armbrüster 17 mN; aA LM Nr 9, 14; s aber auch BGH 109, 333). **c) Täuschender. aa) Bei** 8 **nichtempfangsbedürftigen Willenserklärungen** (Begriff Rn 8 vor § 104) kann das jedermann sein. **bb) Bei empfangsbedürftigen Willenserklärungen** (Begriff 9 Rn 8 vor § 104) muss idR der Empfänger täuschen. Hat ein **Dritter** getäuscht, so genügt das nur, wenn der Empfänger **(II 1)** oder derjenige, der aus der Erklärung unmittelbar ein Recht erworben hat **(II 2),** zB als Dritter iSv § 328, die Täuschung kannte oder fahrlässig (zB wegen gebotener, aber unterlassener Information: BGH NJW-RR 04, 1126 f) nicht kannte, II mit § 122 II (sa BGH 137, 260 ff: Bei Vertragsübernahme Täuschung des Zustimmenden durch den ausscheidenden und den übernehmenden Teil [zu dieser Übernahmeform BGH 137, 259]). Um die Anfechtungsmöglichkeit nicht unbillig auszuschließen, wird der Begriff des Dritten eng aufgefasst. **Dritter iSv II ist nicht** derjenige, dessen Täuschung sich der Erklärungs- 10 empfänger „nach Billigkeitsgesichtspunkten unter Berücksichtigung der Interessenlage zurechnen lassen muss" (BGH NJW 90, 1662), weil er „im Lager" des Empfängers steht (BGH NJW 01, 358: „Hilfsperson"). Nicht-Dritter iSv II ist: Stellvertreter (§§ 164 ff) des Empfängers (auch der vollmachtlose nach Genehmigung: BGH WM 79, 237); sein Verhandlungsgehilfe (ie BGH NJW 96, 1051; stRspr), Repräsentant oder sonstige Vertrauensperson (BGH NJW 11, 2874, 2875 Tz 15; NJW-RR 04, 1126; sa BB 02, 427). Die Voraussetzungen für Nicht-Dritte iSv § II entsprechen denen des Erfüllungsgehilfen iSv § 278. Sie sind durch eine Gesamtabwägung aller Umstände und Interessen festzustellen (BGH NJW 11, 2874, 2875 Tz 15 mwN). Keine Zurechnung des von dem Nicht-Dritten arglistig hervorgerufenen Motivirrtums, wenn zwischen seinem Aufgabenkreis und seiner Täuschungshandlung zwar ein kausaler und zeitlicher Zusammenhang, nicht aber ein innerer, sachlicher Zusammenhang besteht (BGH NJW 11, 2874, 2875 Tz 16 mwN; NJW-RR 89, 723). Bsp: Wird dem Leasingnehmer vom Lieferanten vorgespiegelt, die Belastungen aus dem Leasingvertrag würden in wirtschaftlicher Hinsicht durch ein mit einem anderen Vertragspartner abzuschließendes Nebengeschäft kompensiert, wird der Lieferant regelmäßig nicht in Ausübung, sondern nur bei Gelegenheit der ihm von der Leasinggeberin übertragenen Aufgaben tätig: Der innere Zusammenhang fehlt, Lieferant ist kein Nicht-Dritter (BGH NJW 11, 2874, 2875 Tz 17 mwN). - Kein Dritter iSv II, wer als Werkzeug eines mittelbaren Täters einen anderen täuscht (BGH NJW 90, 1915 mwN). Bsp: Nicht-Dritter iSv II ist der Allein- oder Mehrheitsgesellschafter einer GmbH, wenn er die Möglichkeiten seiner Weisungsbefugnis gegenüber der Geschäftsführung dazu nutzt, in mittelbarer Täterschaft durch die GmbH als Werkzeug deren Geschäftspartner arglistig zu täuschen. - Täuschung durch **Nicht-Dritten iSv II berechtigt gem I** zur Anfechtung auch ohne Kenntnis oder fahrlässige Unkenntnis des Empfängers. Bsp für Verhandlungsgehilfen: Beauftragter, der ohne Abschlussvollmacht Vertrag aushandelt (vgl RG 72, 136 f; zur RG-Rspr LM Nr 30, 31); Verkäufer beim finanzierten Kreditkauf bzgl des Kreditvertrags, wenn er über die Kreditgewährung verhandelt hat (BGH 47, 227 ff).
d) IdR ist die Täuschung **rechtswidrig** (in I übergangen); anders bei lügenhafter 11 Antwort auf unzulässige Frage (Rn 6; BAG NJW 99, 3653; BB 03, 1735).
e) Vertraglicher Ausschluss der Täuschungsanfechtung ist unwirksam, wenn der 11a Gegner oder ein Nicht-Dritter iSv II täuscht (BGH NJW 07, 1058 f).

3. Widerrechtliche Drohung. a) Drohung ist die vom Gegner ernst genom- 12 mene Ankündigung eines künftigen Übels, das nach Bekundung des Drohenden und der Ansicht des Gegners vom Drohenden herbeigeführt werden kann und soll, wenn der Bedrohte die angesonnene Willenserklärung nicht abgibt (BAG NJW 99, 2060 f). Der Drohende muss sich bewusst sein, auf die Willensentschließung des anderen einzuwirken (BGH NJW-RR 96, 1282). Das angedrohte Übel muss nicht

§ 123

den Bedrohten in Person treffen (Bsp: Geiselnahme, um Angehörige zu erpressen). **Keine** Drohung ist Hinweis auf ohnehin schon bestehende und vom „Drohenden" nicht beeinflussbare Zwangslage (BGH 6, 351) oder deren Ausnutzung (BGH NJW 88, 2601; sa BGH NJW 07, 1834). Drohung ist psychischer Zwang (vis compulsiva), nicht körperliche Gewalt (vis absoluta); zur Bedeutung für das Vorliegen einer

13 Willenserklärung Rn 4 vor § 116. **b) Widerrechtlichkeit** liegt in drei Fällen vor (BAG NJW 99, 2061; BGH NJW 05, 2767 f): **aa) Das Mittel,** dh das angedrohte Verhalten, ist widerrechtlich. Bsp: Gläubiger droht Schuldner eine Tracht Prügel an, wenn er nicht sofort bezahlt; Bestehen der Schuld unerheblich, weil für Drohung kein Rechtfertigungsgrund, zB gem §§ 227 ff, gegeben ist. Erzwungene Erklärung

14 kann nichtig sein (§ 116 Rn 4 [c]). **bb) Der Zweck,** dh die erpresste Willenserklärung, ist widerrechtlich (LM Nr 32). Daher ist die Erklärung schon nach §§ 134,

15 138 nichtig (zur Anfechtung in solchen Fällen vgl Rn 22 vor § 104). **cc) Inadäquanz von Mittel und Zweck** (BGH NJW 05, 2771; 10, 1366 f): Beide sind für sich betrachtet rechtmäßig, aber der Einsatz *dieses* Mittels zu *diesem* Zweck ist widerrechtlich, weil die Drohung kein angemessenes Mittel zur Erreichung des erstrebten Erfolgs ist (Mittel-Zweck-Relation). Hauptproblem: Abgrenzung der widerrechtlichen Nötigung vom noch gestatteten, weil noch sozialadäquaten Geschäftsgebaren (BGH NJW 69, 1627). Anspruch auf erstrebte Willenserklärung schließt Rechtswidrigkeit nur idR aus (BGH 25, 219; NJW 05, 2768), nicht zB bei Drohung mit Strafanzeige wegen Trunkenheit am Steuer, um Erfüllung bestehenden Kaufpreisanspruchs zu erreichen (Strafanzeige ist mangels sachlicher Beziehung zum verfolgten Zweck „unangemessen", dh widerrechtlich). Wegen Sozialadäquanz *keine Widerrechtlichkeit* bei Drohung mit Zahlungsklage, um Schuldbegleichung zu erwirken (BGH NJW 05, 2768); ebenso bei Drohung mit Betrugsanzeige gegen Schuldner, um dessen am Geschäft mit dem Gläubiger interessierte Ehefrau zur Verbürgung zu veranlassen, auf die kein Anspruch besteht (vgl BGH 25, 217 ff; sa NJW 97, 1981; BAG NJW 99, 2061, je mN); bei Drohung mit (außer)ordentlicher Kündigung, wenn Kündigung aus der Sicht eines verständigen AG vertretbar (BAG NJW 04, 2402; sa BGH NJW 05, 2769, 2771: sozialadäquat

16 angedrohte Kündigung des Mandats durch Anwalt). **dd) Irrtum** über die Widerrechtlichkeit der Drohung ist unbeachtlich (BGH NJW 82, 2302). Sind dem Drohenden Umstände, aus denen die Widerrechtlichkeit folgt, schuldlos unbekannt, so soll das die Widerrechtlichkeit und damit die Anfechtbarkeit ausschließen (BGH 25, 224 f; LM Nr 28). Abzulehnen: Schuldlose Unkenntnis beseitigt nicht die Rechtswidrigkeit (arg § 231); das damit gegebene Risiko kann nicht vom Drohenden auf den Bedrohten abgewälzt werden mit der Folge, diesem das Anfechtungs-

17 recht vorzuenthalten (MK/Armbrüster 111 mN). **c) Drohender** kann der Erklärungsempfänger und jeder Dritte sein, II gilt nicht. Deliktsfähigkeit (§§ 827, 828) nicht erforderlich, str.

18 **4. Kausalität.** Ohne (erfolgreiche) Täuschung oder Drohung wäre die Willenserklärung nicht, nicht so oder nicht zu dieser Zeit abgegeben worden (BGH NJW 98, 1860 [in BGH 138, 239 ff nicht abgedr]; Mitverursachung genügt, BAG NJW 00, 2446; BGH NJW-RR 05, 1083). Ob das zutrifft, ist subj-konkret, dh für den Erklärenden, zu bestimmen. Durchschaute Täuschung ist nicht kausal für die Abgabe der Willenserklärung (BGH NJW-RR 89, 1143). Drohung ist nicht kausal, wenn der Anfechtende die Willenserklärung aus eigener, selbstständiger Überlegung abgegeben hat (BAG NJW 07, 1835). Ist Täuschung oder Drohung für Verpflichtungsgeschäft, zB Kauf, kausal, so ist sie es idR auch für das Erfüllungsgeschäft (anders bei § 119); vgl Grigoleit AcP 199, 404. Für Ursächlichkeit gilt **Anscheinsbeweis** (str; die Rspr schwankt, s Jauernig, ZPR, § 50 V mN).

19 **5. Wirkung.** Zur Wirkung der Anfechtung im allg Rn 22 vor § 104, ferner § 142 Rn 3. Für erbrachte Leistungen gelten §§ 812 ff, ggf auch §§ 985 ff, nach BGH NJW-RR 98, 906 bei Vermögensschaden auch §§ 823 ff für Rückzahlungsanspruch. Der Anfechtungsberechtigte kann idR Vertragsaufhebung als Schadensersatz aus cic

Titel 2. Willenserklärung §§ 124, 125

(§§ 280 I, 241 II, 311 II, III), §§ 823 ff verlangen (BGH NJW 02, 2775), auch ohne Vermögensschaden, da § 311 II Nr 2 ua das bloße Interesse schützt (str). Ob Aufhebung auch nach Ablauf der Frist des § 124 verlangt werden kann, ist str (s § 124 Rn 2). Eigene Arglist schließt Ersatzansprüche idR aus (Anfechtungsrecht bleibt, BGH 33, 310).

§ 124 Anfechtungsfrist

(1) **Die Anfechtung einer nach § 123 anfechtbaren Willenserklärung kann nur binnen Jahresfrist erfolgen.**

(2) ¹**Die Frist beginnt im Falle der arglistigen Täuschung mit dem Zeitpunkt, in welchem der Anfechtungsberechtigte die Täuschung entdeckt, im Falle der Drohung mit dem Zeitpunkt, in welchem die Zwangslage aufhört.** ²**Auf den Lauf der Frist finden die für die Verjährung geltenden Vorschriften der §§ 206, 210 und 211 entsprechende Anwendung.**

(3) **Die Anfechtung ist ausgeschlossen, wenn seit der Abgabe der Willenserklärung zehn Jahre verstrichen sind.**

1. Allgemeines. Betrifft nur Anfechtung nach § 123; Sonderregelung in § 318 1
II 2, 3. Für § 119 vgl § 121.

2. Anfechtungsfrist (I, III). Ist Ausschluss-, nicht Verjährungsfrist (§ 121 Rn 5). 2
Nur bestimmte Verjährungsregeln (keine anderen) finden entspr Anwendung, II 2. Jahresfrist (I) *beginnt* gem II 1 mit Entdeckung der Täuschung, dh mit Erkennen des Irrtums *und* seiner arglistigen Herbeiführung, oder mit Schluss der Zwangslage, dh mit Ende der Angst vor dem angedrohten Übel (gilt auch für Anfechtung eines Arbeitsvertrags, BAG BB 84, 534). In jedem Fall erlischt Anfechtungsrecht nach 10 Jahren. *Nach Fristablauf* steht dem Getäuschten (Bedrohten) *nicht* allein auf Grund der Anfechtungstatsachen eine *Arglisteinrede* zu, um zB die Vertragserfüllung abzuwehren; anders nur, wenn unerlaubte Handlung (§§ 823, 826, 853) oder sonstige bes Umstände (§ 242) vorliegen (BGH NJW 69, 604 f; Leßmann JuS 70, 504 ff), cic (vgl § 311 II) allein genügt nicht (MK/Armbrüster § 123, 90 mN; aA BGH NJW 98, 303 f; NJW-RR 02, 1133; sa § 123 Rn 19).

§ 125 Nichtigkeit wegen Formmangels

¹**Ein Rechtsgeschäft, welches der durch Gesetz vorgeschriebenen Form ermangelt, ist nichtig.** ²**Der Mangel der durch Rechtsgeschäft bestimmten Form hat im Zweifel gleichfalls Nichtigkeit zur Folge.**

Lit: Häsemeyer, Die ges Form der RGeschäfte, 1971; Köbl, Die Bedeutung der Form im heutigen Recht, DNotZ 83, 207.

1. Allgemeines. a) Grundsatz: *RGeschäfte* sind nach BGB *grundsätzlich formfrei* 1
gültig. Zuweilen ist Form ges vorgeschrieben, sonst rechtsgeschäftliche Bestimmung durch Vertrag oder einseitig (zB in Vollmachtserteilung, Testament) möglich. Formgebundene Erklärung kann nicht schlüssig erklärt werden. **b) Ges Formen:** Schrift- 2
form (§ 126 I, II), elektronische Form (§§ 126 III, 126a), Textform (§ 126b), öffentl Beglaubigung (§ 129), notarielle Beurkundung (BeurkG 6 ff; sa §§ 127a, 128), gerichtl Vergleich (§ 127a, ZPO 794 I Nr 1). Die strengere Form ersetzt die mildere (§§ 126 IV, 127 S 1, 127a, 129 II). Weitere ges Formen: §§ 925, 1310 I 1, 1311, 2231 ff. **c) Hauptfunktionen der ges Form. aa)** Schutz vor unbedachten Wil- 3
lenserklärungen: *Warnfunktion* (nur bei Verpflichtungsgeschäften praktisch). **bb)** Klarstellung, leichte Beweisbarkeit von Abschluss und Inhalt eines RGeschäfts: *Klarstellungs- und Beweisfunktion*. **cc)** Belehrung der Beteiligten, insbes durch Einschaltung eines Notars (BeurkG 17, 30): *Belehrungsfunktion.* – Mehrere Funktionen

§ 125 Buch 1. Abschnitt 3. Rechtsgeschäfte

können zusammentreffen, zB in § 311b I (BGH NJW-RR 09, 954 zu § 313b).
4 d) Funktionen der gewillkürten Form. Formwahrung kann Gültigkeitsvoraussetzung sein oder nur Klarstellungs- und Beweisfunktion haben. Zur Bedeutung
5 Rn 11. **e) Keine Erstreckung** des Formzwangs idR auf Bevollmächtigung
6 (§ 167 II) und Zustimmung (§ 182 II). S aber § 167 Rn 10, § 182 Rn 6. **f) Vertretungsform der GemOen.** Ihre Verletzung begründet Vertretungs-, nicht Formmangel iSv § 125 (BGH 147, 383 f mN, stRspr; differenzierend Schmidt-Jortzig/Petersen JuS 89, 28 f.

7 2. Umfang des ges Formzwangs. Vgl zunächst § 126 Rn 7–11. **a) Formbedürftig sind** idR auch Nebenabreden. Darüber entscheidet Zweck der Formvorschrift (BGH NJW 89, 1484; stRspr). Verbindet der Parteiwille mehrere RGeschäfte, von denen eines formbedürftig ist, *rechtlich* zu einem einheitlichen Geschäft (zB Bauvertrag und Grundstückskauf: BGH NJW-RR 04, 873, auch 09, 954, je mN), indem nach dem Parteiwillen das formbedürftige vom formfreien RGeschäft abhängt (BGH NJW-RR 09, 954), denn so ist das formbedürftige Geschäft nur dann formgerecht abgeschlossen, wenn auch das formfreie Geschäft der Form des formbedürftigen Geschäfts genügt (Maier-Reimer NJW 04, 3743). Identität der Parteien bei allen Geschäften ist nicht erforderlich (BGH NJW-RR 09, 954). Es genügt der erkennbare Einheitswille einer Partei, den die andere hinnimmt (BGH NJW-RR 09, 954; § 139 Rn 3). **Anscheinsbeweis** spricht bei getrennt abgeschlossenen Verträgen *gegen,* bei Zusammenfassung in einer Urkunde *für* Einheitswillen (BGH 104, 22 f; 89, 43). **b) Nachträgliche** *Ergänzungen und Änderungen* sind idR formbedürftig (zu Ausnahmen BGH NJW 98, 1483; 01, 1933 [dazu Maier-Reimer
8 NJW 04, 3743 f]). **c) Aufhebung** des gesamten RGeschäfts ist formfrei, sofern dadurch nicht Pflichten entstehen, deren Begründung formbedürftig ist (Ausnahmen §§ 2290 IV, 2351); zur Aufhebung eines Grundstückskaufvertrags s BGH 127, 173 f. – Teilaufhebung, zB Ermäßigung der Vertragspflichten einer Partei, ist formbedürftig, wenn dadurch die formgebundene Rechtsstellung der anderen Partei geschmälert wird. Bsp: Herabsetzung der formgebundenen Verkäuferpflichten schmälert die formgebundene Rechtsposition des Käufers und ist daher im Fall des § 311b I formbedürftig (sa BGH NJW 82, 882); die Einschränkung der formgebundenen Bürgenpflichten schmälert nur die formfreie Rechtsstellung des Gläubigers (vgl § 766 S 1) und ist daher formfrei (RG 71, 415 f).

9 3. Umfang des gewillkürten Formzwangs. Ist durch Auslegung (§§ 133, 157) zu ermitteln; gilt auch für die Frage der Formbedürftigkeit des Vorvertrags, wenn Hauptvertrag gewillkürt formbedürftig ist (LM Nr 4 zu § 154). Klausel, die „schriftlich per Einschreiben" bestimmt, ist, soweit es die Versendung als Einschreibebrief betrifft, regelmäßig nicht als Formbedingung auszulegen, da durch Einschreiben nur Erklärungszugang gesichert werden soll. Erklärung kann daher auch auf andere Weise – zum Beispiel durch Kurier – bewirkt werden (NJW 13, 1082 Tz 8f).

10 4. Mangel der ges Form. Bewirkt *Nichtigkeit* der formwidrigen Erklärung, **S 1,** teilw Formnichtigkeit bewirkt idR Totalnichtigkeit, § 139. Ausnahmen: §§ 550 S 1, 578 I, teilw §§ 494 I, 502 III 1. Str ist, ob bei Geschäftsführung auf Grund formnichtigen Vertrags GoA eingreift (ja: BGH BB 04, 2709; generell nein § 677 Rn 6; sa § 134 Rn 17 (f).

11 5. Mangel der gewillkürten Form. Ob Mangel der gewillkürten Form die formwidrige Erklärung nichtig macht, ist durch Auslegung des formbestimmenden RGeschäfts zu entscheiden. Hat danach die Formwahrung nur Klarstellungs- und Beweisfunktion, so ist die formwidrige Erklärung gültig (BGH NJW-RR 96, 642; § 154 Rn 4); vereinbarte Übermittlungsform, zB Übergabe-Einschreiben, hat iZw nur Beweisfunktion (BGH NJW-RR 00, 1561). Ist die Form Gültigkeitsvoraussetzung (Rn 4), so ist die Erklärung nichtig, **S 2.** Letzteres gilt auch, wenn die gewollte Rechtsfolge des Formmangels trotz Auslegung unklar bleibt (S 2: „iZw": Auslegungsregel). Bei teilw Formnichtigkeit gilt § 139. Von S 2 abw Regelung für Ver-

Titel 2. Willenserklärung § 125

träge in § 154 II (keine Nichtigkeit, sondern mangelnder Vertragsschluss). S 2 ist praktisch kaum bedeutsam: Die formwidrige, insbes mündliche Erklärung ist gültig, wenn die Parteien das übereinstimmend und eindeutig wollen (BGH 119, 291 mN), mögen sie auch die Formabrede vergessen haben (BAG FamRZ 84, 692); denn damit wird zugleich das formbestimmende RGeschäft (Rn 1) ganz oder zT aufgehoben (s Fischer Anm LM Nr 28; BGH NJW 00, 357: Aufhebung kraft einverständlicher Vertragserfüllung, dann ist § 154 II unanwendbar). Formfreie Aufhebung ist ausgeschlossen, wenn auch die Aufhebung dem vereinbarten Formzwang unterliegt (BGH 66, 381 f [dazu BB 81, 266] nur für Individualvertrag unter Kaufleuten; BAG NJW 03, 3727; 09, 317: „doppelte Schriftformklausel"; str). – Zur *Schriftformklausel in AGB* s § 305b Rn 3; BAG NJW 09, 317 ff; Rostock NJW 09, 3376 ff – Zur Rspr von BGH und BAG Bloching/Ortolf NJW 09, 3393 ff.

6. Heilung der Formnichtigkeit. Nur in ges bestimmten Fällen mit Wirkung für die Zukunft (aber tatsächliche Vermutung für Parteiwillen iSv § 141 II, BGH MDR 79, 298 mN, hM); Bsp: §§ 311b I 2, 494 II, 502 III 2, 518 II, 766 S 3, 2301 II, ZPO 1031 VI, GmbHG 15 IV 2. Davon abgesehen gibt es keine Heilung formnichtiger Schuldverträge durch Erfüllung, hM (einschr bzgl möglicher Rückabwicklungsansprüche Flume II § 15 III 4c ff). **Bestätigung** des nichtigen RGeschäfts ist Neuvornahme (§ 141 I), daher formbedürftig. **12**

7. Formnichtigkeit und Treu und Glauben. a) Bloße Billigkeitserwägungen (zB wegen Verwirkung, BGH NJW 04, 1961, 3331) können § 125 nicht verdrängen (allgM; krit Hagen, Deutscher Notartag, 1985, S 39 f). Das gilt praktisch nur für ges Form (zum Grund Rn 11). **b) Schlechthin untragbare Rechtsfolgen** der Nichtigkeit (nicht bloß harte Konsequenzen) für die betroffene Partei – insbes Existenzgefährdung, bes schwere Treuepflichtverletzung (BGH NJW-RR 08, 1508 mN; für letztere ie Armbrüster NJW 07, 3318 ff) – verdrängen nach hM § 125 (BGH 149, 331 mN für S 1; weniger streng BGH 66, 383; BAG NJW 05, 844 f, für S 2, dazu Rn 11); Folge: Das RGeschäft ist trotz Formmangels als gültig anzusehen, aber im Fall der Treuepflichtverletzung nicht gegen den Willen des nach Treu und Glauben Schutzbedürftigen (Armbrüster NJW 07, 3320). **Anwendungsbereich:** insbes Verträge gem § 311b I, auch nach DDR-Recht formbedürftige Verträge (BGH DtZ 94, 340), ferner Verträge mit Gemeinden bei Mangel reiner Förmlichkeiten wie Schriftform, Amtsbezeichnung, Dienstsiegel (BGH 147, 389). **13**

c) Kritik. Das Problem stellt sich nur, wenn die Nichtigkeit für eine Partei günstig, für die andere ungünstig ist. Daher sind die Belange beider Seiten zu beachten. Ist die Nichtigkeit für die eine Partei schlechthin untragbar, so ist ein Absehen von § 125 für die andere nur zumutbar, wenn ihr eigenes Verhalten bzgl des Formmangels schlechthin untragbar ist. Dafür genügt obj Verursachung des Formmangels nicht (BGH NJW 77, 2072 f gegen fr; s aber Hagen DNotZ 84, 293); nötig ist vorsätzliche Verhinderung der Form in der Absicht, sich ggf später durch Berufung auf § 125 rechtsgeschäftlichen Pflichten zu entziehen (ähnlich die ältere Rspr des RG, vgl RG 96, 315, dazu Flume II § 15 III 4b mwN; weit weniger strenge die heute hM, vgl BGH WM 81, 492; 82, 1435; die Aufweichung geht weiter, s BGH NJW 96, 1960, 2504; BAG NJW 05, 844 f, je mN; wieder strenger BGH 138, 348; 142, 34; 149, 331). Bei schuldhafter Verhinderung der Form hat der andere Teil, der auf Gültigkeit vertraut, Schadensersatzanspruch aus cic (§§ 280 I, 241 II, 311 II, III) und Ersatz des Vertrauensschadens in Geld, nicht auf Erfüllung, weil sonst das Nichtigkeitsverdikt des § 125 auf dem Wege des Schadensersatzes (§ 249) umgangen würde (anders die hM; zum Streit vgl RG 117, 124 ff; BGH NJW 89, 167; Flume II § 15 III 4c dd, aber auch cc: bei arglistiger Täuschung über den Formzwang bestehe Erfüllungsanspruch). Wer die Formnichtigkeit kennt, vertraut nicht auf die Gültigkeit des RGeschäfts; cic scheidet aus, § 125 gilt voll (RG 117, 124 f; BGH NJW 95, 449; Jena NJW-RR 99, 1687 f; aA BGH 48, 397 [dazu Jena aaO]; WM 81, 492 mN). – Sind Folgen des Formverstoßes abw von § 125 S 1 ges geregelt, so scheidet Rückgriff auf § 242 aus (BGH 149, 88 f zu VerbrKrG 6 II 1, **15**

§ 126

16 2 = § 494 II 1, 2). **d) Nicht jedes RGeschäft** kann trotz Formmangels entspr Rn 14, 15 als gültig angesehen werden. Zu verneinen für erbrechtliche Geschäfte, zB Erbvertrag (Stuttgart NJW 89, 2701; anders BGH NJW 95, 449 für Vertrag gem § 312 II aF = § 311b V 2; sa Köln NJW-RR 06, 225 f). Str für formgebundene Verfügungen; ja: LM Nr 1 zu § 105 PreußAllgBergG; nur in krass liegenden Ausnahmefällen: PalEllenberger 23; nein: Flume II § 15 III 4c aa.

§ 126 Schriftform

(1) **Ist durch Gesetz schriftliche Form vorgeschrieben, so muss die Urkunde von dem Aussteller eigenhändig durch Namensunterschrift oder mittels notariell beglaubigten Handzeichens unterzeichnet werden.**

(2) **¹Bei einem Vertrag muss die Unterzeichnung der Parteien auf derselben Urkunde erfolgen. ²Werden über den Vertrag mehrere gleichlautende Urkunden aufgenommen, so genügt es, wenn jede Partei die für die andere Partei bestimmte Urkunde unterzeichnet.**

(3) **Die schriftliche Form kann durch die elektronische Form ersetzt werden, wenn sich nicht aus dem Gesetz ein anderes ergibt.**

(4) **Die schriftliche Form wird durch die notarielle Beurkundung ersetzt.**

Lit: bei § 125.

1 **1. Allgemeines. a)** „**Ges**" **iSv I** ist jede Rechtsnorm (EGBGB 2) des *privaten* Rechts. Zum *öffentl-rechtlichen Vertrag* vgl VwVfG 62, 57. *Prozesshandlungen* folgen eigenen Regeln. **b) I erfordert** eigenhändige Unterzeichnung der Urkunde (Unterschriftsform; abw zB § 2247 I: Gesamtschriftform). Für Verträge gilt ergänzend II. Zu IV vgl § 125 Rn 2. Die Urkunde kann in jeder Sprache abgefasst sein, die (ggf durch Übersetzung) allgemeinverständlich gemacht werden kann (Brandenburg NJW-RR 99, 545). **2** **c) Funktionen der Unterschrift** (s Köhler AcP 182, 147 ff): *Abschlussfunktion* (in zweifachem Sinn: Abgrenzung vom bloßen Entwurf; räumlicher Abschluss durch *Unter*schrift, BGH NJW 91, 488), *Identitätsfunktion* (Erkennbarkeit des Ausstellers, BAG NJW 08, 2521), *Echtheitsfunktion* (erkennbare Urheberschaft des Unterzeichners, BAG NJW 08, 2521), *Warnfunktion* (Schutz vor unbedachten Erklärungen). Die **„Oberschrift"** auf den maschinenlesbaren Überweisungsformularen von Banken usw ist keine Unterschrift iSv I, § 127 S 1, ihr fehlt die *räumliche Abschlusswirkung* (BGH 113, 53 f [unentschieden NJW 95, 45; abl Köhler, FS Schippel, 1996, S 219 f mN]; zutr: Formulare müssen dem Ges entsprechen, nicht umgekehrt; neuere Formulare entsprechen wieder dem Ges); entspr für „Nebenschrift" BGH NJW 92, 830 (zu ZPO 416, 440 II).

3 **2. Eigenhändige Namensunterschrift, I.** Zum notariell beglaubigten Handzeichen BeurkG 39, 40 VI. **a) Name** ist die zweifelsfreie Kennzeichnung des Ausstellers. Ausgeschriebener Vor- und Familienname genügt idR, uU auch Vorname allein, Pseudonym; für Kaufmann s HGB 17, 30. Ungenügend ist Verwandtschaftsbezeichnung („Eure Mutter" [anders § 2247 III]), Titel, Namensabkürzung (Handzeichen, Paraphe). Ob Abkürzung oder Unterschrift vorliegt, bestimmt das äußere Erscheinungsbild, entscheidend ist großzügig beurteiltes Feststehen der Autorenschaft (BGH NJW-RR 07, 351; BAG NJW 08, 2521). Zulässig ist Unterschrift durch **Vertreter** mit eigenem Namen, Vertreterstellung muss aus der Urkunde ersichtlich sein (BGH NJW 13, 1082 Tz 10, 13; NJW 10, 1453, zB ob allein- oder gesamtvertretungsberechtigt); nach hM darf er mit Namen des Vertretenen unterschreiben (BGH MDR 76, 570; fraglich, abl Holzhauer, Die eigenhändige Unterschrift, 1973; Köhler, FS Schippel, 1996, S 212f; zurückhaltend BGH WM 81, 375). Ob die Unterschrift des Vertreters von einer sie tragenden Vertretungsmacht gedeckt ist, ist keine Frage der Schriftform, sondern der Bindungswirkung gegenüber dem Vertretenen nach § 164 (BGH NJW 13, 1082 Tz 10, 15; 160, 104f).

Titel 2. Willenserklärung § 126

b) Die Unterschrift, nicht die gesamte Urkunde (Rn 1 [b]), muss *eigenhändig,* dh 4
handschriftlich vom Aussteller selbst (BGH 140, 171) geleistet sein (daher ungenügend
Druck, Schreibmaschine, Namensstempel, Fernschreiben, Telegramm: [s BGH
NJW 81, 1205], Telefax [BAG NJW 03, 844]). Individuelles Schriftbild nötig,
Leserlichkeit nicht (BGH NJW-RR 07, 351). *Schreibhilfe* ist zulässig, sofern Unterschrift vom Willen des Unterzeichners abhängig bleibt (BGH NJW 81, 1901).
Einschränkung der Handschriftlichkeit zB in § 793 II 2, AktG 13 S 1 (dazu BGH
NJW 70, 1080). Zur Möglichkeit weiterer Einschränkungen Köhler AcP 182,
150 ff; zu deren Notwendigkeit (Rationalisierung!) R. Schmidt AcP 166, 6 ff. Zur
elektronischen Signatur Rn 12. **c) Unter der Erklärung** muss die *Unter*schrift stehen, sie räumlich abschließen (Rn 2; BGH NJW 98, 60; zur „Oberschrift" und 5
„Nebenschrift" Rn 2); dann sind auch spätere Zusätze/Änderungen im Text
gedeckt (Köln NJW-RR 89, 1336). Gilt auch für **Vertragsurkunden, II 1**;
Erleichterung in **II 2** (die ausgetauschten Urkunden müssen den gesamten Vertragstext enthalten). Austausch von Antrag und Annahme genügt für § 126 nicht; anders
§§ 492 I 3, 501 S 1, 507 und bei gewillkürter Form, § 127 II 1); anders auch für
§ 550 nF (= § 566 aF), wenn beide Erklärungen auf derselben Urkunde unterschrieben sind (BGH 161, 102 ff; ebenso BAG NJW 07, 316 f für TzBfG 14 IV [Befristung
von Arbeitsverträgen]). Austausch genügt, wenn nur die Erklärung eines Teils formbedürftig ist (BGH NJW 01, 222 f). **d) Blankounterschrift** ist wörtlich Widerspruch in sich, aber gewohnheitsrechtlich zugelassen (nicht für § 2267 S 1: Hamm 6
NJW-RR 93, 270). Sie deckt später errichtete Urkunde idR so wie nachträgliche
Unterschrift (BGH 140, 171). Unter Aufgabe jahrzehntelanger Rspr lässt BGH 132,
122 ff Blankounterschrift des Bürgen und Ausfüllung formbedürftiger Bürgschaftserklärung durch mündlich vom Bürgen ermächtigten Dritten für § 766 S 1 nicht
genügen (Folge: § 125 S 1); jetzt hM (BGH 140, 171; NJW 00, 1180, je mN; dazu
krit Benedict Jura 99, 78 ff); bedenklich, da (angebliche) Fehlauslegung von § 766
S 1 Gewohnheitsrecht geworden (allg BGH 37, 224 f) oder an ihr im Interesse von
Rechtssicherheit und Vertrauensschutz festzuhalten sein dürfte (allg BGH 85, 66).
Von der Formfrage zu unterscheiden ist, ob die Urkunde eine Erklärung des blanko
Unterschreibenden enthält (BGH NJW 84, 798, dazu abl Reinicke/Tiedtke JZ 84,
550 ff); hierfür gilt ZPO 440 (BGH 132, 126; NJW 00, 1180 f; unanwendbar für
„Ober"- und „Nebenschrift", BGH 113, 50 ff; NJW 92, 830, sa Rn 2). Bei Missbrauch eines weggegebenen Blanketts gilt § 172 II entspr (BGH 132, 127 f; NJW
01, 2969 mN; gilt nicht für Blanket*tober*schrift, BGH 113, 53 f). Bei Ausfüllen eines
abhanden gekommenen Blanketts kann Handeln unter fremdem Namen vorliegen
(Flume II § 15 II 1d; allg § 177 Rn 8).

3. Urkundeninhalt. Das ganze formbedürftige RGeschäft muss in der 7
Urkunde enthalten sein. **a) Durch Auslegung** sind Inhalt und Umfang des RGeschäfts zu ermitteln (wie beim formfreien Geschäft), **erst dann** wird geprüft, ob
die **Form** gewahrt ist (BGH NJW 11, 219). Formwahrung verlangt: formgültige
Urkunde; Erfüllung der Formzwecke; Vorstellung des (der) Erklärenden, dass das
Erklärte dem Gewollten entspricht (Häsemeyer JuS 80, 6 f; Flume NJW 83, 2007 ff;
Brox JA 84, 552 ff; abl zum Genügen subj Vorstellungen BGH 142, 165 f). *Nicht
erforderlich* ist, dass der wirkliche (§ 133 Rn 9) oder hypothetische Parteiwille (§ 157
Rn 4) in der Urkunde *angedeutet* ist. Das gilt für die *Auslegung* (BGH 94, 38; 125,
178; NJW 96, 2793; aA NJW 00, 1570; 01, 3328; 08, 1659; 11, 219; je mN), aber
auch für die *Formwahrung* (aA BGH NJW 96, 2793 mN), wenn und weil die
Formzwecke „Andeutung" nicht erfordern, so beim Testament (Gerhards JuS 94,
642 ff); aA BGH 94, 38, 42 f; NJW 11, 219, hM: „Andeutungstheorie") und Grundstückvertrag (§ 311b 1 - Bsp Parzellenverwechslung: Die übereinstimmend
gemeinte, aber *unbewusst* falsch bezeichnete Parzelle ist verkauft und aufgelassen,
ferner BGH NJW 08, 1659: Gewollt ist der Verkauf einer größeren oder kleineren
Fläche als obj beurkundet; sa § 133 Rn 9: **falsa demonstratio non nocet;** ebenso 8
BGH NJW 86, 1868 mN in ungelöstem Widerspruch zur sonst geforderten

§ 126a   Buch 1. Abschnitt 3. Rechtsgeschäfte

„Andeutung zwecks Formwahrung": Bei unbewusster Falschbezeichnung der Parzelle gelte das übereinstimmend Gewollte, wenn das obj Erklärte der Form genüge; hier scheidet Andeutung des Gewollten zwangsläufig aus [ebenso BGH NJW 07, 2118; 08, 1659; inkonsequent NJW-RR 88, 265]. Zur Grundbucheintragung s aber § 873 Rn 9). Die falsa-demonstratio-Regel gilt *nicht* für die *bewusst falsche* formbedürftige Erklärung, da der Erklärende nicht annimmt, das förmlich Erklärte ent-
9 spreche dem Gewollten (Bsp Schwarzkauf, § 117 Rn 3). **b) Der Erfahrungssatz,** dass die Parteiabreden in der Urkunde **vollständig und richtig** niedergelegt sind (keine Vermutung mit Beweislastumkehr: Häsemeyer JuS 80, 7, sondern tatsächliche Vermutung; aA BGH NJW 02, 3164 f), gilt nur für die Parteien (BGH 109, 244 f).
10 **c) Mehrere Blätter** sind nur bei körperlicher (fester) oder anderweitig bewirkter eindeutiger Zusammenfassung (zB durch fortlaufende Paginierung) *eine* Urkunde, sog Einheitlichkeit der Urkunde (BGH 142, 160 f). Für Mietverträge aus mehreren Blättern gilt nichts anderes (feste körperliche Verbindung nicht nötig, BGH 136, 360 ff [„AuflockerungsRspr"]; 142, 160 f, je zu § 571 aF = § 578 I mit § 550 nF), ebenso für ihre in andere Schriftstücke „ausgelagerten" weiteren Vertragsbestimmungen (BGH NJW 99, 3258; zweifelsfreie Bezugnahme der Haupturkunde auf die Anlagen zum Vertrag ist entscheidend, BGH NJW 03, 1249), wesentliche Änderungen und Ergänzungen (unwesentliche sind formfrei, BGH NJW 00, 358). Die Zusammenfassung muss dem Willen der Beteiligten entsprechen (BGH 50, 42).
11 **d) Empfangsbedürftige Willenserklärung** muss in der Form von I–III mit § 126a *zugehen* (BGH NJW 10, 1519), da die Erklärung nur dann „wirksam" werden kann, wenn sie in der für ihre Abgabe vorgeschriebenen Form zugegangen ist (Urschrift oder Ausfertigung, BeurkG 47: BGH NJW 95, 2347; bei der elektronischen Form ist die Erklärung oder das gesamte Vertragsdokument [sa § 126 a] samt elektronischer Signierung der Erklärung bzw des Vertragsdokuments zuzusenden). Gilt auch für schriftformgebundene Vertragserklärungen (ungenügend ist die Zusendung eines schriftformgebundenen Angebots per Fax, da nur das beim Anbieter verbleibende Original unterzeichnet ist: BGH NJW 97, 3170; Ausnahme für Annahme in § 151, BGH NJW-RR 86, 1301; § 152 betrifft nur notarielle Beurkundung, BGH NJW 62, 1390).

12 **4. Elektronische Form.** Die Schriftform (I, II) kann durch die elektronische Form, III, ersetzt werden, außer sie ist ges ausgeschlossen (so in §§ 484 I 2, 492 I 2, 501, 507, 623, 630 S 3, 761 S 2 [partiell], 766 S 2, 780 S 2, 781 S 2), sa § 111 Rn 5 und §§ 170–173 Rn 8. Zu den Anforderungen der elektronischen Form vgl § 126a.

13 **5. Notarielle Beurkundung.** Zu IV s § 128 Rn 1, § 127a Rn 2.

§ 126a Elektronische Form

(1) **Soll die gesetzlich vorgeschriebene schriftliche Form durch die elektronische Form ersetzt werden, so muss der Aussteller der Erklärung dieser seinen Namen hinzufügen und das elektronische Dokument mit einer qualifizierten elektronischen Signatur nach dem Signaturgesetz versehen.**

(2) **Bei einem Vertrag müssen die Parteien jeweils ein gleichlautendes Dokument in der in Absatz 1 bezeichneten Weise elektronisch signieren.**

1 **1. Allgemeines. a)** Die Verwendung der **elektronischen Form** bedarf eines **erheblichen** technischen und (für viele auch intellektuellen) Anwender-**Aufwands, I** mit den einschlägigen Bestimmungen des SigG. Der **Anwender** (Aussteller des elektronischen Dokuments) **benötigt:** geeignete Hard- und Software (SigG 2 Nr 10; 5 VI), ein qualifiziertes Zertifikat, das bestimmte Angaben enthalten muss (SigG 7) und eine qualifizierte elektronische Signatur (SigG 2 Nr 3) tragen muss. Die Signierung des Dokuments erfolgt mit dieser qualifizierten elektronischen Signatur, und zwar durch Eingabe einer Chipkarte (in Form einer Scheckkarte) in den PC (Lesegerät als Zusatzgerät erforderlich) und einer PIN; die Karte enthält (ua, s SigG

7 I Nr 2, 3) den öffentl Signaturprüfschlüssel und den privaten, nur dem Signaturschlüssel-Inhaber bekannten Schlüssel. Der Empfänger kann mit Hilfe eines Verzeichnisses des Zertifizierungsdiensteanbieters (SigG 2 Nr 8) den passenden öffentl Schlüssel erhalten und damit feststellen, ob das Dokument vom Absender, dessen Namen das Dokument enthält (I), stammt und unverändert zugegangen ist. Dazu Hähnchen NJW 01, 2833. **b)** Der **Aufwand** (Rn 1) **beschränkt faktisch den Anwenderkreis** auf Wirtschaftsunternehmen iwS (sa Hähnchen NJW 05, 2259 zum JKomG; NK/Noack/Kremer 7, 8: Expertenwerkzeug). Für den (Normal-)Verbraucher ist die elektronische Form keine reizvolle Alternative zur ges Schriftform (§ 126 I, II): Um diese Form zu wahren, ist der Aufwand („Stift und Papier") gering, billig, idR sofort und überall zu leisten; die Beteiligten haben die Erklärung sogleich in der Hand, und die Schriftform ist mindestens so sicher wie die elektronische Form (zur Problematik insbes bzgl der Identitätsfunktion Boente/Riehm JURA 01, 797). Dem Desinteresse des Verbrauchers trägt das Ges Rechnung, indem es für verbraucherrelevante Erklärungen die elektronische Form weitgehend ausschließt (zB in § 481 I mit § 484 I 2; § 491 I mit § 492 I 2; § 501 mit § 492 I 2; §§ 623, 761, 766). 2

2. Schriftformersatz. Die **Schriftform kann** durch die elektronische Form **ersetzt werden,** § 126 III. Im Gegensatz zur Formulierung in §§ 126 IV, 127a, 129 II, wonach die notarielle Beurkundung automatisch die anderen Formen ersetzt, bietet § 126 III nur eine **mögliche Form anstelle der Schriftform.** Diese ist die **Regel,** ihre **Abbedingung** bedarf des ausdr oder stillschweigenden Einverständnisses der Beteiligten (idR des Empfängers der Erklärung), zB durch Bekanntgabe der E-Mail-Adresse auf Geschäftsbriefen, Rechnungen und dergl (ähnliche Problematik bei Bezahlung mit „Buchgeld" statt mit geschuldetem Bargeld, BGH 98, 29 f; §§ 364, 365 Rn 4). 3

3. Voraussetzungen, I. a) Die elektronische Form ersetzt gegenüber der ges Schriftform der Sache nach nur die Unterschrift. **Anzugeben ist** (nur) der **Name,** aber nicht als Unterschrift. Es genügt, dass er an irgendeiner Stelle der Erklärung hinzugefügt wird. **b) Signierung** des Dokuments mit der zugeteilten (SigG 5, 7) qualifizierten elektronischen Signatur, die auf einem zum Zeitpunkt ihrer Erzeugung gültigen qualifizierten Zertifikat beruht (SigG 2 Nr 3 Buchst a, Nr 7) und mit einer sicheren Signaturerstellungseinheit (SigG 2 Nr 10) erzeugt wird (SigG 2 Nr 3 Buchst b). **Eigenhändige** Signierung durch den Aussteller (Signaturschlüssel-Inhaber, SigG 2 Nr 9; 7 Nr 1–3) ist **nicht nötig;** mit seiner Zustimmung kann ein Dritter wirksam signieren (ohne Zustimmung: Missbrauch, s Rn 8). **c)** Wie bei der Schriftform gilt der Grundsatz der **Einheitlichkeit der Urkunde** (§ 126 Rn 10). 4

4. Verträge. Für Verträge enthält **II** entspr § 126 II 2 (s § 126 Rn 5) eine **bes Regelung.** Wie dort genügt nicht der Austausch von Angebot und Annahme. Die ausgetauschten Dokumente müssen den gesamten Vertrag enthalten, und jede Partei muss das für die andere Partei bestimmte Dokument signieren. Die Parteien müssen nicht von II Gebrauch machen; daher ist Doppelsignierung auf einem Dokument (mit vollständigem Vertragstext) möglich, ebenso Signierung durch eine Partei und handschriftliche Unterschrift durch die andere, jeweils des gesamten Vertrags. 7

5. ZPO 371a. Enthält eine bes Vorschrift für den **Anscheinsbeweis** der Echtheit einer elektronischen Erklärung (nicht nur wie der aufgehobene ZPO 292a: Willenserklärung). Er kann – entspr allg Grundsätzen (Jauernig/Hess, ZPR, § 50 V) – nur durch Tatsachen erschüttert werden, die ernstliche Zweifel daran begründen, dass die Erklärung mit Willen des Signaturschlüssel-Inhabers abgegeben worden ist. Praktisch bedeutsam, wenn der Signaturschlüssel-Inhaber behauptet, ein Dritter habe **missbräuchlich** das Dokument signiert (dazu gehört nur der Besitz der Signaturerstellungseinheit (SigG 2 Nr 10) und die Kenntnis der PIN, ähnlich wie beim Missbrauch einer Kredit- oder EC-Karte); vgl Roßnagel/Fischer-Dieskau NJW 06, 806 f. 8

§ 126b Textform

Ist durch Gesetz Textform vorgeschrieben, so muss die Erklärung in einer Urkunde oder auf andere zur dauerhaften Wiedergabe in Schriftzeichen geeignete Weise abgegeben, die Person des Erklärenden genannt und der Abschluss der Erklärung durch Nachbildung der Namensunterschrift oder anders erkennbar gemacht werden.

1 1. **Allgemeines.** Die **Textform** gibt der Formlosigkeit eine „Form", die keinem der herkömmlichen Formzwecke (§ 125 Rn 3, 4, auch § 126 Rn 2) entspricht. In Anlehnung an MHG 8 ist die Textform für Mitteilungen, Informationen, Dokumentationen in Fällen gedacht, in denen die Schriftform zu viel, die totale Formlosigkeit (= Mündlichkeit) zu wenig ist. Normtext wird zum **13.6.2014** geändert (s BR-Drs 17/13951, Umsetzung der RiLi 2011/83 EU-Verbraucherrechte RiLi) mit Erfordernis der Speicherung auf dauerhaftem Datenträger (Legaldefinition).

2 2. **Voraussetzungen.** Die Erklärung muss **lesbar** sein (dauerhafte Wiedergabemöglichkeit in Schriftzeichen nötig [BGH NJW 09, 3228]; daher bloße Einstellung ins Internet ungenügend [KG NJW 06, 3216; Hamburg NJW-RR 07, 840]; ebenso ist mündliche Erklärung, zB auf Anrufbeantworter, ungenügend). Die **Person des Erklärenden** muss genannt und der **Abschluss der Erklärung** erkennbar gemacht werden, zB durch Nachbildung der Namensunterschrift (kein Unterschriftserfordernis) oder Hinweis, dass vorstehende Erklärung auch ohne Unterschrift rechtsgültig ist. Die Erklärung muss nicht mit Hilfe automatischer Einrichtungen gefertigt sein (anders MHG 8).

3 3. **Empfangsbedürftige Willenserklärungen.** Müssen in der vorgeschriebenen Form dem Empfänger **zugehen**. Dafür genügt, dass die für den Empfang bestimmte Einrichtung das Dokument aufgezeichnet hat, Lesbarkeit auf dem Bildschirm genügt. Für die elektronische Übermittlung und damit für den wirksamen Zugang bedarf es des Einverständnisses entspr § 126a Rn 3.

4 4. **Ersatzfähigkeit der Textform.** Die Textform kann durch jede strengere Form ersetzt werden, da sie in dieser aufgeht. Sa § 125 Rn 2.

§ 127 Vereinbarte Form

(1) **Die Vorschriften des § 126, des § 126a oder des § 126b gelten im Zweifel auch für die durch Rechtsgeschäft bestimmte Form.**

(2) ¹**Zur Wahrung der durch Rechtsgeschäft bestimmten schriftlichen Form genügt, soweit nicht ein anderer Wille anzunehmen ist, die telekommunikative Übermittlung und bei einem Vertrag der Briefwechsel.** ²**Wird eine solche Form gewählt, so kann nachträglich eine dem § 126 entsprechende Beurkundung verlangt werden.**

(3) ¹**Zur Wahrung der durch Rechtsgeschäft bestimmten elektronischen Form genügt, soweit nicht ein anderer Wille anzunehmen ist, auch eine andere als in § 126a bestimmte elektronische Signatur und bei einem Vertrag der Austausch von Angebots- und Annahmeerklärung, die jeweils mit einer elektronischen Signatur versehen sind.** ²**Wird eine solche Form gewählt, so kann nachträglich eine dem § 126a entsprechende elektronische Signierung oder, wenn diese einer der Parteien nicht möglich ist, eine dem § 126 entsprechende Beurkundung verlangt werden.**

1 1. **Allgemeines.** Generell zur gewillkürten Form § 125 Rn 1, 4, 9, 11. Für **AGB** s § 309 Nr 13. **I** gibt **Auslegungsregel:** Sagt das formbestimmende RGeschäft nicht klar, was unter „Schriftform", „elektronischer Form" oder „Textform" ie verstanden werden soll, so ergibt sich der Inhalt der rechtsgeschäftlichen

Titel 2. Willenserklärung § 127a

Formbestimmung aus §§ 126, 126a oder 126b. **II** schränkt diese Verweisung durch dispositive Norm ein.

2. Voraussetzungen. a) Soweit § 126, 126a oder 126b anzuwenden ist (vgl Rn 1) sa Anm dort. **b) II 1** lässt jede Form telekommunikativer Übermittlung genügen (Telefon, Fernschreiben, Teletext, Fax, Computerfax, E-Mail). Entbehrlich ist nicht Schriftform überhaupt, sondern nur die Unterschrift. – **Vertragsschluss** ist **durch Briefwechsel** möglich. II 1 aE modifiziert nur § 126 II und befreit nicht von § 126 I; daher Unterschrift nötig. Nach hM genügt aber als „Briefwechsel" auch der Austausch von Brief und (nicht unterschriebenem) Telegramm, Fax usw und darüber hinaus der Austausch von (nicht unterschriebenen) Telegrammen usw, so dass das von § 126 I postulierte Unterschriftserfordernis von einem zwingenden Formerfordernis zu einer bloßen Ausstellerangabe mutiert ist. **II 2** betrifft nur nachträgliche Beurkundung des bereits formgültigen RGeschäfts. Bei Verwendung eines Telegramms muss Empfangstelegramm schriftlich zugestellt werden, telefonische Durchsage genügt für *Schrift*form nicht. 2

3. Durch RGeschäft bestimmte elektronische Form. Für **elektronische Form, III 1,** genügt eine einfachere Signatur als die nach § 126a, insbes die einfache oder fortgeschrittene (SigG 2 Nr 1 und 2). Bei **Verträgen** genügt, abw von § 126 II, Austausch von Angebot und Annahme, die jeweils signiert sind; sa Rn 2. **III 2** betrifft nur die qualitativ höher angesetzte Form für ein bereits formgültiges RGeschäft. 3

§ 127a Gerichtlicher Vergleich

Die notarielle Beurkundung wird bei einem gerichtlichen Vergleich durch die Aufnahme der Erklärungen in eine nach den Vorschriften der Zivilprozessordnung errichtetes Protokoll ersetzt.

1. Zur notariellen Beurkundung. § 128 mit Anm. 1

2. Protokollierung. Notarielle Beurkundung wird durch Protokollierung in einem wirksamen **Prozessvergleich** (ZPO 160 ff, 794 I Nr 1) oder Schiedsspruch mit vereinbartem Wortlaut (ZPO 1053 III), nicht durch einen Anwaltsvergleich (ZPO 796a–c) ersetzt. Der Protokollierung gleichwertig ist die gerichtl Feststellung des Zustandekommens und des Inhalts eines Prozessvergleichs nach ZPO 278 VI, daher ist § 127a entspr anwendbar (Baumbach § 278, 44; BAG NJW 07, 1832, str), und folglich wird so die Schriftform ersetzt (§ 126 IV). Dagegen spricht nicht das Fehlen notarieller Beratung (sie fehlt auch sonst nicht selten zB beim Insolvenzplan, § 925 I 3) oder das Gebot gleichzeitiger Anwesenheit (fehlt beim Insolvenzplan ebenfalls, vgl ferner § 925 Rn 13; daher nicht überzeugend StJ/Leipold § 278, 89). Gilt für alle Arten von Gerichtsverfahren (BVerwG NJW 95, 2179 f), auch vor Rechtspfleger, soweit ihm Verfahren übertragen (zB gem RpflG 20 Nr 4). Ohne Protokollierung (ZPO 160 III Nr 1), Aufnahme im Schiedsspruch (ZPO 1053 III) oder Feststellungsbeschluss (ZPO 278 VI 2; er ist der Protokollierung gleichzustellen, vgl StJ/Leipold § 278, 89) ist materiellrechtliche Form nicht gewahrt, Folge: § 125; fehlender Vermerk nach ZPO 162 I 3 ist unschädlich (BGH 142, 88). Anspruch gegen Gericht auf Protokollierung des Vergleichs (ua wegen Haftungsrisiko) nur soweit, als die Prozessparteien den Streitgegenstand des Verfahrens teilweise oder abschließend regeln. Sonst bei innerem Zusammenhang mit dem Streitgegenstand Anspuch gegen Gericht auf Ausübung pflichtgemäßen Ermessens, ob Einigung als gerichtlicher Vergleich nach § 127a BGB protokolliert wird. Bei Ermessensausübung ist zu berücksichtigen, ob Gericht von Parteien wirksam von seinen gesetzlichen Belehrungspflichten befreit und den Mitteilungspflichten auf andere Weise genügt ist. Denn nur dann kann das Risiko einer Haftung der Anstellungskörperschaft ausgeschlossen werden (BGH NJW 11, 3451 mAnm Notar Zimmer). 2

§§ 128–130

§ 128 Notarielle Beurkundung

Ist durch Gesetz notarielle Beurkundung eines Vertrags vorgeschrieben, so genügt es, wenn zunächst der Antrag und sodann die Annahme des Antrags von einem Notar beurkundet wird.

1 **1. Allgemeines.** Für öffentl Beurkundung sind idR die *Notare* zuständig (BeurkG 1, 56 IV). Zum Beurkundungsvorgang BeurkG 6 ff, BeurkÄndG.

2 **2. Anwendungsbereich. a) Gilt für Verträge,** also nicht, wenn die Erklärung nur eines Beteiligten zu beurkunden ist (Bsp § 518 I). Es genügt sukzessive Beurkundung an verschiedenen Orten durch verschiedene Notare. Mangelnde Angabe von Ort und Tag unschädlich, BeurkG 9 II. Zum Zustandekommen des Vertrags vgl
3 § 152. **b) Ist gleichzeitige Anwesenheit** der Parteien *bei der Beurkundung* ges vorgeschrieben (zB in §§ 1410, 2276; nicht § 925, der keine Beurkundung vorschreibt), so gelten §§ 128, 152 nicht. **c) Bei rechtsgeschäftlich bestimmter** Beurkundung gilt iZw § 128.

§ 129 Öffentliche Beglaubigung

(1) [1]**Ist durch Gesetz für eine Erklärung öffentliche Beglaubigung vorgeschrieben, so muss die Erklärung schriftlich abgefasst und die Unterschrift des Erklärenden von einem Notar beglaubigt werden.** [2]**Wird die Erklärung von dem Aussteller mittels Handzeichens unterzeichnet, so ist die im § 126 Abs. 1 vorgeschriebene Beglaubigung des Handzeichens erforderlich und genügend.**

(2) **Die öffentliche Beglaubigung wird durch die notarielle Beurkundung der Erklärung ersetzt.**

1 **1. Allgemeines.** Öffentl Beglaubigung (Begriff: I 1) bezeugt die Richtigkeit (Echtheit) von Unterschrift oder Handzeichen (BGH 37, 86). Form: BeurkG 39, 40. Zuständig ist idR der Notar (BeurkG 56 IV; sa 63 für abw Landesrecht). Zur amtlichen Beglaubigung s VwVfG 33, 34.

2 **2. Begriff der Beglaubigung. Voraussetzungen. Beglaubigt wird** nur die *Unterschrift* (das Handzeichen, I 2, BeurkG 40 VI), nicht die Urkunde iü, für diese genügt § 126. **a) „Beglaubigung"** der Erklärung (zB § 77) oder Urkunde (zB § 403) **heißt:** Beglaubigung der Unterschrift (vgl BeurkG 39, 40 I) des Unterschrei-
3 benden (ie BayObLG NJW-RR 97, 1016). **b) Unterschreibt Vertreter** mit Namen des Vertretenen (§ 126 Rn 3), so muss Beglaubigungsvermerk auch Person
4 des Vertreters bezeichnen (BeurkG 40 III). **c) Spätere Änderungen** sind durch beglaubigte Unterschrift gedeckt (str), da beglaubigte Blankounterschrift [§ 126 Rn 6] zulässig und BeurkG 40 V nur Sollvorschrift ist. Nach RG 60, 397 ist jedenfalls unwesentliche Änderung formfrei.

5 **3. Ersatz der Beglaubigung.** Durch notarielle Beurkundung (II), protokollierten Prozessvergleich (§ 127a), gerichtl Vergleich (§ 127a entspr, ZPO 278 VI 2) oder Schiedsspruch mit vereinbartem Inhalt (ZPO 1053 III), nicht Anwaltsvergleich (ZPO 796a–c), nicht Schriftform oder elektronische Form (§ 126), da „weniger".

§ 130 Wirksamwerden der Willenserklärung gegenüber Abwesenden

(1) [1]**Eine Willenserklärung, die einem anderen gegenüber abzugeben ist, wird, wenn sie in dessen Abwesenheit abgegeben wird, in dem Zeitpunkt wirksam, in welchem sie ihm zugeht.** [2]**Sie wird nicht wirksam, wenn dem anderen vorher oder gleichzeitig ein Widerruf zugeht.**

(2) **Auf die Wirksamkeit der Willenserklärung ist es ohne Einfluss, wenn der Erklärende nach der Abgabe stirbt oder geschäftsunfähig wird.**

Titel 2. Willenserklärung § 130

(3) **Diese Vorschriften finden auch dann Anwendung, wenn die Willenserklärung einer Behörde gegenüber abzugeben ist.**

Lit: Boemke/Schönfelder, Wirksamwerden von Willenserklärungen gegenüber nicht voll Geschäftsfähigen (§ 131 BGB), JuS 13, 7; Noack/Uhlig, Der Zugang von Willenserklärungen, JA 12, 740.

1. Allgemeines. Abgabe und Wirksamwerden einer Willenserklärung sind zu 1 unterscheiden. **a) Abgegeben** ist eine Willenserklärung, wenn sie vom Erklärenden mit seinem Willen (und bei empfangsbedürftigen: in Richtung auf den Empfänger, BGH 111, 100) verlautbart worden ist (BGH WM 83, 712 f). Daran fehlt es, wenn das schriftliche Vertragsangebot ohne Willen des „Anbieters" durch einen Dritten abgesandt wird (vgl BGH 65, 14 f); hier mangelt es zwar obj an einer Abgabehandlung des „Erklärenden" (s Rn 4 vor § 116), doch ist das dem Empfänger nicht erkennbar und daher „Abgabe" zu bejahen (nach aA nur, wenn Verlautbarung vom „Erklärenden" zu vertreten, PalEllenberger 4); Anfechtung samt Haftung nach §§ 119, 122 wie bei fehlendem Erklärungswillen (Rn 5 vor § 116). Nach hM ohne Abgabewillen keine Abgabe; der „Erklärende" haftet nur bei Verschulden (BGH 65, 15; NJW 06, 849: cic, jetzt §§ 280 I, 241 II, 311 II, nach aA [krit BGH NJW-RR 06, 850] analog § 122 I [also verschuldensunabhängig], so BT-Drs 14/4987 S 11 für versehentlich abgegebene elektronische Willenserklärung, zB versehentlich abgeschickte E-Mail) auf das negative Interesse. Nur die idS „abgegebene" (dh rechtlich existente) Erklärung kann **wirksam** werden, dh ihre bestimmungsgemäßen Rechtswirkungen entfalten. **b) Empfangs- und nichtempfangsbedürftige** 2 **Erklärung** werden unterschiedlich abgegeben und wirksam. **aa) Bei nichtempfangsbedürftigen** Erklärungen fallen Abgabe und Wirksamwerden zusammen. Bsp: Das eigenhändige Testament ist mit seiner Errichtung (§ 2247 I) abgegeben und wirksam, daher ein widersprechendes früheres Testament schon jetzt, nicht erst mit dem Tod des Testators, widerrufen (§§ 2253 I, 2254); sa § 151 Rn 1, § 152 Rn 1. **bb) Erklärungen unter Abwesenden** werden gem §§ 130–132 wirksam. 3 Entspr Vorschriften für Erklärungen unter **Anwesenden** fehlen (Rn 11, 12). Voraussetzung des Wirksamwerdens ist auch hier die Abgabe (Rn 1). **c) §§ 130– 132 gelten** im gesamten bürgerlichen Recht. **d) Zugang formbedürftiger Erklärungen:** § 126 Rn 11.

2. Empfangsbedürftige Willenserklärungen unter Abwesenden. a) Unter 4 **Abwesenden** fallen Abgabe der Erklärung (Rn 1, 3) und Möglichkeit der Kenntnisnahme durch Empfänger auseinander. Die abgegebene Erklärung wird wirksam mit ihrem **Zugang, I 1.** Dieses Überwechseln aus dem Risikobereich des Erklärenden in den des Empfängers liegt vor, wenn die Erklärung so in den Machtbereich des Empfängers gelangt, dass er unter normalen Verhältnissen üblicherweise - nicht zufällig - die Möglichkeit hat, vom Inhalt der Erklärung Kenntnis zu nehmen (BGH NJW-RR 11, 1184, 1185 Tz 15; NJW 04, 1320; NJW 02, 2393, stRspr; daher verfehlte Fiktion in § 312e I 2, s Artz JuS 02, 534f); maßgebend ist die Verkehrsanschauung. Entscheidend ist die objektive Möglichkeit zur Kenntniserlangung im abstrakten Sinn; Empfänger hat Risiken seines räumlichen Machtbereichs zu tragen. Willenserklärung geht auch dann zu, wenn der Empfänger durch Krankheit oder durch Urlaub daran gehindert ist, von dem Inhalt der Erklärung Kenntnis zu nehmen (BGH NJW 04, 1320, 1321 mN). Mit früherer tatsächlicher Kenntnisnahme ist zugegangen (PalEllenberger 5). Gleichgültig für den Zugang ist nach hM, ob die Erklärung verkörpert ist oder nicht; das trifft nur idR zu (Rn 9, 10). **b) Zugang verkörperter Erklärungen. aa) Ja:** Stets mit *Aushändigung* an 5 Empfänger (Kenntnisnahme, Verstehen idR gleichgültig; anders uU bei Sprachunkundigkeit [LAG Hamm NJW 79, 2488 für Gastarbeiter, sa BAG NJW 85, 824; allg Schlechtriem, FS Weitnauer, 1980, S 136 f; Spellenberg, FS Ferid, 1988, S 476 ff]; krit MK/Einsele 31, 32). Str ist, ob ein **Fax** bereits mit der (Zwischen-)Speicherung (Taupitz/Kritter JuS 99, 841) oder erst mit dem Ausdruck

§ 130

(BGH NJW 11, 1184, 1185 Tz 15; NJW 04, 1320, 1321: grundsätzlich; MK/ Einsele 20) in den Machtbereich des Empfängers gelangt ist und dem Empfänger eine Kenntnisnahme möglich und nach der Verkehrsanschauung zu erwarten ist (zu letztem s BGH NJW 11, 1184, 1185 Tz 15; NJW 04, 1320, 1321). Speicherung genügt, so dass Papierstau oder Papiermangel im Empfangsgerät Zugang nicht hindert (so auch BGH NJW 07, 2046 [und alle Senate des BGH gegen fr] für Eingang eines Schriftsatzes bei Gericht). Denn Absender darf nicht Risiko fehlerhafter Pflege des Faxgeräts des Empfängers tragen. Entspr gilt für E-Mail; es genügt, dass sie abrufbereit in die Mailbox des Empfängers gelangt ist (Taupitz/Kritter aaO; anders beim unmittelbaren Dialog von PC zu PC, Rn 12). Vorausgesetzt wird stets, dass der Empfänger zu erkennen gegeben hat, am elektronischen Rechtsverkehr teilnehmen zu wollen (Parallelproblem beim Gebrauch der elektronischen Form, § 126 Rn 3); das ist bei Teilnahme am Geschäftsverkehr zu bejahen. – Mit Einwurf in den **Briefkasten** gelangt die Erklärung ebenfalls in den Machtbereich des Empfängers. **Zugegangen** ist sie aber **erst und nur,** sofern und sobald nach der Verkehrsanschauung mit Leerung zu rechnen (BGH NJW 08, 843), also jedenfalls nicht nachts, sonntags, aber während krankheits-, urlaubs- oder haftbedingter Abwesenheit (BAG NJW 93, 1093 f, 1095; BGH NJW 04, 1321; krit zur Kündigung des beurlaubten AN Nippe JuS 91, 287 ff ohne Beachtung von § 132 I), bei Geschäftsbriefkasten nur in gewöhnlicher Geschäftszeit (idR nicht mehr samstags), BGH NJW 08, 843; **entspr Einschränkung** wie beim Briefeinwurf gilt für *Fernschreiben, Telefax* (BGH NJW 04, 1320), *-brief,* Aufsprechen auf *Anrufbeantworter, E-Mail* (Ernst NJW-CoR 97, 166; Ultsch NJW 97, 3007 ff; Taupitz/Kritter JuS 99, 841 f mit zutr Unterscheidung v Geschäfts- und Privatverkehr), Erklärung im *Btx-Telex-Dienst* (Köln NJW 90, 1609); bei Einlegen in *Postschließfach* (BAG NJW 84, 1652; BGH NJW 03, 3271) oder Bereitstellen einer auf Veranlassung des Empfängers *postlagernd* verwahrten Sendung zur Abholung (RG 144, 293), sofern und sobald mit Abholung zu rechnen (bei Einlage kurz vor Geschäftsschluss Zugang erst bei Beginn der nächsten üblichen Geschäftszeit, LM Nr 2; wichtig, wenn Erklärung,

6 zB Kündigung, bis zu bestimmtem Zeitpunkt zugehen muss). – **Nein:** bei Eingang *verstümmelter Erklärung;* bei *berechtigter Annahmeverweigerung* durch Empfänger (vgl BGH NJW 83, 930), zB wegen mehrdeutiger Adressierung (vgl aber RG 125, 75 f) oder Verlangen von Straf-(Nach-)porto, BGH NJW 07, 1751 f (RG 110, 36 f fordert keinen triftigen Verweigerungsgrund, dazu BGH NJW 83, 930; sa BAG NJW 93, 1094: grundlose Annahmeverweigerung durch Empfangsboten); bei Hinterlassung eines **Benachrichtigungszettels** über versuchte Ablieferung eines – am 1.9.1997 eingeführten – **Übergabe-Einschreibens,** BGH NJW-RR 07, 1568 (entspricht dem bisherigen Einschreiben, zu ihm BAG NJW 97, 147; BGH 137, 208, je mN; Franzen JuS 99, 429 ff; aA Singer Anm LM Nr 27 mwN), doch kann Zugang erreicht werden (Rn 15). Das ebenfalls am 1.9.1997 eingeführte **Einwurf-Einschreiben** geht wie gewöhnlicher Brief zu (Rn 5), Posteinlieferung und Einwurf beim Empfänger werden dokumentiert (nicht durch öffentl Urkunden iSv

7 ZPO 418, da ZPO 182 I 2 nicht eingreift, BGH NJW-RR 07, 1569). **bb) Mit Aushändigung an Empfangsboten** ist die Erklärung dem Empfänger zugegangen, sofern und sobald Empfänger unter normalen Verhältnissen von ihr Kenntnis nehmen konnte (BGH 136, 324). Ab Zugang trägt Empfänger das Risiko falscher, verspäteter, unterbliebener Weiterleitung der Erklärung an ihn (BAG DB 77, 546). Empfangsbote ist, wem vom Empfänger dazu bestellt oder (mangels Anhaltspunkte: nach Verkehrsanschauung) zur Übermittlung geeignet und auch bereit ist (BGH NJW 02, 1566). Das sind bei Privatleuten (s ZPO 178; BSG NJW 05, 1304): zB der Ehegatte (BGH NJW 11, 2604 Tz 15; NJW 94, 2614), andere in der Wohnung lebende Mitmieter (BGH 136, 324), Familien- oder Haushaltsmitglieder (BAG NJW 93, 1094; zu letzteren gehört der sog Lebensgefährte), idR der Mieter gegenüber Untermieter (BAG aaO); bei Geschäftsleuten: kaufmännische Angestellte (BGH NJW 02, 1566 f; sa BAG DB 77, 546). Bei Aushändigung außerhalb von Haus oder Geschäft hat Empfänger (noch) keine Möglichkeit der Kenntnis-

Titel 2. Willenserklärung § 130

nahme, daher (noch) kein Zugang (BGH NJW-RR 89, 759; aA NJW 11, 2604 Tz 17f mN: nicht erforderlich, dass sich der Empfangsbote bei der Entgegennahme der Willenserklärung in der Wohnung der Ehegatten aufhält). An welchem Ort eine Willenserklärung gegenüber einem Empfangsboten abgegeben wird, kann für Zeitpunkt des Zugangs der Willenserklärung beim Adressaten von Bedeutung sein. Erst wenn er bei gewöhnlichen Übermittlungsverhältnissen die (theoretische) Möglichkeit der Kenntnisnahme hat, ist die an seinen Empfangsboten abgegebene Erklärung zugegangen. Denn der Empfangsbote hat lediglich die Funktion einer personifizierten Empfangseinrichtung (BGH NJW 11, 2604 Tz 18 mN). – Der **Empfangsvertreter** (§ 164 III) ist kein Empfangsbote; Erklärung wird wirksam **8** mit Zugang bei ihm (vgl BGH NJW-RR 89, 758; NJW 02, 1042). **c) Für Zugang 9 nicht verkörperter Erklärungen** gilt § 130 nicht uneingeschränkt (str, Rn 4). **aa) Empfangsbote.** § 130 gilt, dh Zugang ist durch (fern-)mündliche Erklärung an ihn erfolgt, wenn die Voraussetzungen entspr Rn 7 vorliegen und er die Erklärung akustisch richtig verstanden hat (entspr Rn 12). Zum Risiko falscher usw Übermittlung nach Zugang gilt Rn 7. An Boteneignung sind erheblich höhere Anforderungen als in Rn 7 zu stellen, da mündliche Weiterleitung der zugegangenen Erklärung schwieriger ist als Ablieferung eines Briefes (RG 60, 336 f; BGH NJW 02, 1566). *Empfangsbote ohne Botenmacht* kann Bote des Erklärenden sein (RG JR 26 Nr 1602); dann gilt Rn 10. – Der **Empfangsvertreter** (§ 164 III) ist kein Empfangsbote. (Fern-)mündliche Erklärung an ihn ist Erklärung unter Anwesenden. **bb) Erklä- 10 rungsbote.** Bei (fern-)mündlicher Übermittlung durch ihn fallen Abgabe der Erklärung durch Erklärenden (an den Boten!) und Möglichkeit der Kenntnisnahme durch Empfänger auseinander. Obwohl idS Erklärung unter Abwesenden vorliegt (Rn 4), ist § 130 unanwendbar, da bei (fern-)mündlicher Erklärung durch den Erklärenden selbst nur die vom Empfänger akustisch richtig verstandene Erklärung wirksam wird (Rn 12), das Risiko der Kenntnisnahme also beim Erklärenden liegt. Dabei muss es trotz Einschaltung eines Erklärungsboten bleiben. Deshalb gilt die Erklärung als solche unter Anwesenden (dazu Rn 12). Ebenso Flume II § 14, 3 f; aA PalEllenberger 14.

3. Empfangsbedürftige Willenserklärungen unter Anwesenden. Unter **11** Anwesenden fallen Abgabe der Erklärung und Möglichkeit der Kenntnisnahme zusammen. Das BGB regelt Wirksamwerden nicht bes. **a) Für verkörperte Erklärungen** gilt § 130 entspr (BGH NJW 98, 3344), dh Empfänger muss tatsächliche (nicht nötig: dauerhafte, BAG NJW 05, 1533) Verfügungsgewalt über die Erklärung erlangt haben (RG 61, 415); Kenntnisnahme vom Inhalt entbehrlich, muss aber möglich sein (BAG NJW 05, 1534). Bsp: In Stimmzettel verkörperte Erklärung unter Anwesenden geht zu, wenn sie durch Übergabe in den Herrschaftsbereich des Empfänger gelangt (BGH NZM 12, 811 Tz 5; NJW 98, 3344 mN). **b) Nicht 12 verkörperte,** ds (fern-)mündliche Erklärungen werden wirksam, wenn sie Empfänger akustisch richtig verstanden hat (Vernehmungstheorie; Flume II § 14, 3 f; BAG NJW 83, 2835 mwN; hM). Bsp: Die in der WEG-Eigentümerversammlung unter Anwesenden abgegebene Erklärung wird nach I 1 wirksam, wenn der Versammlungsleiter sie zur Ermittlung des Abstimmungsergebnisses zur Kenntnis nimmt (BGH NZM 12, 811 Tz 5; NJW 89, 1728, 1729 mN). Versteht Erklärungsempfänger die Sprache nicht (Gastarbeiter!), ist er bewusstlos oder taub und außerstande, vom Mund abzulesen, so wird eine mündliche Erklärung nicht wirksam (Neuner NJW 00, 1825, str). Für Wirksamwerden soll es genügen, wenn nach den Umständen am akustisch richtigen Verstehen kein vernünftiger Zweifel bestehen konnte (Larenz, AT, § 26, 36; LAG BW BB 80, 630; aA Wolf/Neuner, AT, § 33 Rn 38f); aber: „vernünftige Zweifel" sind nur auszuräumen, wenn Empfänger die Erklärung wörtlich wiederholt und Erklärender die Wiederholung akustisch richtig versteht – eine Schraube ohne Ende. Das Fehlen vernünftiger Zweifel hat nur Bedeutung für den *Beweis* des Verstehens. – Willenserklärungen, die bei einem **unmittelbaren Dialog** von Erklärendem und Empfänger „**von PC** (Person) **zu PC** (Person)", s

§ 147 I 2, abgegeben werden, können (fast) im selben Moment zur Kenntnis genommen werden, und sind daher Willenserklärungen unter Anwesenden (MK/Säcker Einl 197; MK/Einsele 18; sa § 147 Rn 8).

13 **4. Abw Regelung des Wirksamwerdens.** Durch **Ges** zB in §§ 151 S 1, 152 S 1: Zugang entbehrlich. Entspr **Vereinbarung** zulässig (BGH NJW-RR 10, 1434); einschr § 308 Nr 6 für Zugangsfiktion in **AGB.**

14 **5. Verurteilung zur Abgabe einer Willenserklärung (ZPO 894).** Ersetzt nicht den Zugang. Für Zugang an Vollstreckungsgläubiger genügt Urteilserlass (hM, vgl Jauernig/Berger § 28 Rn 6 mN). Für Zugang an Dritten ist Vorlage oder Mitteilung des rechtskräftigen Urteils durch Vollstreckungsgläubiger nötig.

15 **6. Zugangsstörungen.** Wird rechtzeitiger Zugang durch Umstände im Bereich des Empfängers verhindert, obwohl mit dem Empfang von Erklärungen konkret oder generell zu rechnen war, so ist gem § 242 rechtzeitiger Zugang anzunehmen, sofern der Erklärende (ggf auch nach Fristablauf) alles Erforderliche und Zumutbare unternimmt, um Zugang zu erreichen, BGH 137, 209; NJW-RR 07, 1568 (bei Zugangsvereitelung im Rahmen eines Vertragsverhältnisses ist erneuter Zugangsversuch unnötig, BGH 137, 209; wohl auch BAG NJW 97, 147: *Zugangsfiktion*; Zugangsfiktion ferner bei arglistiger Zugangsverhinderung durch Adressaten, BGH 137, 209 f). Bei befürchteter Zugangsvereitelung empfiehlt sich § 132 I.

16 **7. Vorheriger oder gleichzeitiger Widerruf.** Verhindert Wirksamwerden der Erklärung unter Abwesenden, **I 2.** Zugang, nicht Kenntnis des Widerrufs entscheidet (BGH NJW 75, 384; hM); denn schon der Widerruf (nicht erst die Kenntnis von ihm) ändert die Rechtsposition des Empfängers, zB gem § 145 Rn 4. Zum abw Widerrufsrecht bei Verbraucherverträgen s § 355. BGH NZM 12, 811 Tz 8: § 130 gilt für Stimmabgabe bei WEG-Beschluss entsprechend. Daher kann Stimmabgabe nach ihrem Zugang (I 1) bei dem Versammlungsleiter nicht mehr widerrufen werden (I 2, § 145 I).

17 **8. Tod oder Verlust der unbeschränkten Geschäftsfähigkeit nach Abgabe (Rn 1, 3).** Erklärung wird trotzdem wirksam (ggf für die Erben; vgl BGH NJW 78, 2027), **II.** Empfangsbedürftige Erklärung, zB Schenkungswiderruf, ist mit Aufnahme in ein Testament abgegeben, das erst nach dem Tod des Schenkers dem Beschenkten mitzuteilen ist (RG 170, 382 ff). Zur Einschränkung von II durch § 2271 vgl BGH 9, 234 ff. – II gilt **nicht** für nachträglichen Wegfall der **Verfügungsbefugnis.** Sie muss zZ des Wirksamwerdens vorliegen (BGH 27, 366). Für Grundstücksgeschäfte s aber **§ 878.**

18 **9. Amtsempfangsbedürftige Willenserklärungen.** Begriff Rn 8 vor § 104. Sind nicht iSv I „einem anderen", sondern einer Behörde gegenüber abzugeben. Dennoch gelten für Wirksamwerden unter Abwesenden I, II: **III.**

19 **10. Beweis.** Privaturkunden iSv ZPO 416 über Erklärungen begründen vollen **Beweis** (nur) für deren **Abgabe** (BGH NJW-RR 03, 384 f), nicht für den Zugang. Die Beweislast für den **Zugang** trägt, wer sich auf ihn beruft (BGH NJW 95, 666). Kein Anscheinsbeweis für Zugang von Briefen, E-Mail, Telefax, Telex (BGH NJW 95, 666; 'aA München NJW 94, 527; Burgard BB 95, 223 f und Riesenkampff NJW 05, 3297 ff für Telefax). Anscheinsbeweis für Zugang von Einschreiben mit Rückschein (PalEllenberger 21, str).

§ 131 Wirksamwerden gegenüber nicht voll Geschäftsfähigen

(1) Wird die Willenserklärung einem Geschäftsunfähigen gegenüber abgegeben, so wird sie nicht wirksam, bevor sie dem gesetzlichen Vertreter zugeht.

Titel 2. Willenserklärung **§ 132**

(2) ¹Das Gleiche gilt, wenn die Willenserklärung einer in der Geschäftsfähigkeit beschränkten Person gegenüber abgegeben wird. ²Bringt die Erklärung jedoch der in der Geschäftsfähigkeit beschränkten Person lediglich einen rechtlichen Vorteil oder hat der gesetzliche Vertreter seine Einwilligung erteilt, so wird die Erklärung in dem Zeitpunkte wirksam, in welchem sie ihr zugeht.

1. Geschäftsunfähige (§ 104). Sind außerstande, Willenserklärungen zu empfangen. Daraus zieht **I** Konsequenzen: Die dem Geschäftsunfähigen gegenüber abgegebene Willenserklärung wird erst wirksam, wenn sie dem ges Vertreter zugegangen, dh an ihn gerichtet, zumindest für ihn bestimmt und in seinen Herrschaftsbereich gelangt ist (Zugang iSv I und von § 130 I sind sinngleich, BAG NJW 11, 873 f). I gilt nicht für die in § 105 II Genannten, so dass verkörperte Erklärung einem Bewusstlosen zugehen kann. 1

2. Beschränkt Geschäftsfähige (§ 106). a) Für sie gilt grundsätzlich I (**II 1**). Soweit §§ 112, 113 eingreifen, gilt II nicht. **b) Ausnahmen** nach **II 2:** Erklärung bringt lediglich rechtlichen Vorteil (§ 107 Rn 5); ges Vertreter hat eingewilligt (Genehmigung ungenügend, BGH 47, 358). Ferner für Annahme des Vertragsantrags eines Minderjährigen (hier geht § 108 vor: v. Tuhr II 1 § 61 III 7; die hM übersieht das, zB MK/Einsele 5; unklar BGH 47, 358); für Erklärungen gem §§ 109 I 2 (entspr § 130 I 2, dort Rn 1), 111 S 2. In den Ausnahmen wird die Erklärung auch wirksam, wenn sie gegenüber dem beschränkt Geschäftsfähigen abgegeben wird und ihm zugeht. **c)** II gilt **entspr** für einen **Betreuten,** wenn und soweit ein Einwilligungsvorbehalt angeordnet ist, § 1903 I 2 (§ 106 Rn 1). 2 3

3. Zugang an ges Vertreter. Erfolgt nach allg Regeln. Für Gesamtvertretung vgl § 167 Rn 5 (b). 4

§ 132 Ersatz des Zugehens durch Zustellung

(1) ¹Eine Willenserklärung gilt auch dann als zugegangen, wenn sie durch Vermittelung eines Gerichtsvollziehers zugestellt worden ist. ²Die Zustellung erfolgt nach den Vorschriften der Zivilprozessordnung.

(2) ¹Befindet sich der Erklärende über die Person desjenigen, welchem gegenüber die Erklärung abzugeben ist, in einer nicht auf Fahrlässigkeit beruhenden Unkenntnis oder ist der Aufenthalt dieser Person unbekannt, so kann die Zustellung nach den für die öffentliche Zustellung einer Ladung geltenden Vorschriften der Zivilprozessordnung erfolgen. ²Zuständig für die Bewilligung ist im ersteren Falle das Amtsgericht, in dessen Bezirk der Erklärende seinen Wohnsitz oder in Ermangelung eines inländischen Wohnsitzes seinen Aufenthalt hat, im letzteren Falle das Amtsgericht, in dessen Bezirke die Person, welcher zuzustellen ist, den letzten Wohnsitz oder in Ermangelung eines inländischen Wohnsitzes den letzten Aufenthalt hatte.

1. Zustellung als Zugangsersatz. Nach I allg möglich. II regelt Sonderfall. 1

2. Tatbestand. a) Zustellung nach I muss vom Gerichtsvollzieher vermittelt sein (BGH 67, 277 mN); möglich auch als Ersatzzustellung (ZPO 191 mit 178 ff, 193 I 2), zB gem ZPO 181, bei der die Erklärung nicht in den Empfängerbereich gelangt (Unterschied zum Zugang, vgl BGH 31, 7; § 130 Rn 4). Verfahren: ZPO 191, 192 I, II, 170, 177, 193 I 1 (mit 182 II), 194. Gem I 2 verdrängen ZPO 191, 170 I den § 131. Trotz Mängeln kann Zustellung als bewirkt angesehen werden, I 2 mit ZPO 191, 189. **b) Öffentl Zustellung, II,** ermöglicht Wirksamwerden der Erklärung, wo Zugang praktisch unmöglich. Zwei Fälle: schuldlose Unkenntnis über Person oder unbekannter Aufenthalt des Empfängers. Verfahren: ZPO 186–188. Erschlichene öffentl Zustellung ist wirksam; hat das bewilligende Gericht den 2 3

§ 133

Mangel der Voraussetzungen (II 1) erkennen können, werden Fristen nicht in Gang gesetzt (BGH NJW 07, 304). Berufung auf ihre Rechtsfolgen uU gem § 242 unzuläs-
4 sig (BGH 64, 8 f). **c) Zustellungsgegenstand** (Urschrift, Ausfertigung, beglaubigte Abschrift). Ihn bestimmt das materielle Recht; sa BeurkG 47; BGH NJW 81, 2300. Für Zustellung einer privatschriftlichen Erklärung genügt die einer beglaubigten Abschrift (BGH NJW 67, 824).

§ 133 Auslegung einer Willenserklärung

Bei der Auslegung einer Willenserklärung ist der wirkliche Wille zu erforschen und nicht an dem buchstäblichen Sinne des Ausdrucks zu haften.

1 **1. Gegenstand, Notwendigkeit und Mittel der Auslegung. a) Im Wortsinn** kommt „Auslegung einer Willenserklärung" nur in Betracht, wenn der Erklärungsinhalt *auslegungsbedürftig und auslegungsfähig* ist. Dieser Begriff ist *zu eng*. Auslegung befasst sich zunächst mit der Frage, *ob* überhaupt eine *Willenserklärung* vorliegt, dh ein tatsächlicher Erklärungsakt mit rechtlichem Erklärungsgehalt (zur Bedeutung vgl Rn 7–12 vor § 116). Ist das zu bejahen, so ist durch Auslegung ieS der *Inhalt* der Willenserklärung zu ermitteln. Ob eine Erklärung vorliegt und welchen Inhalt sie hat, lässt sich zwar theoretisch trennen; im praktischen Einzelfall entscheidet aber uU erst der mögliche Inhalt darüber, ob (insoweit) überhaupt eine Willenserklärung
2 vorliegt (Bsp: Rn 11 vor § 116). **b) Klare, eindeutige Erklärungen** sind nach hM nicht auslegungsbedürftig oder -fähig (BGH NJW 02, 3165; 05, 2227, 2987; 07, 1460 f). Aber Klarheit und Eindeutigkeit sind erst Ergebnis einer Auslegung (BAG NJW 05, 1144 f; BGH NJW 02, 1261). *Widersprüchliche oder widersinnige Erklärungen* sollen nicht auslegungsfähig sein (RG JW 10, 801; BGH NJW-RR 06, 282; s aber BGH NJW 86, 1035 f). Das bedeutet nur: Auslegung kann nicht jeder Erklärung einen Sinn geben; bleibt sie sinnlos oder mehrdeutig, so ist sie nichtig (vgl BGH
3 20, 110 f). **c) Mittel der Auslegung,** nicht Gegenstand, sind außerhalb des Erklärungsakts liegende Umstände, die das Ob und den Inhalt seines rechtlichen Erklärungsgehalts aufhellen sollen (BGH NJW 02, 2873). Bsp: Vertragsvorverhandlungen (BGH NJW 02, 1261); Zeit, Ort und Begleitumstände, unter denen die Erklärung ihren Empfänger erreichte; bes Beziehungen zwischen Erklärendem und Empfänger. Ein Katalog der im Einzelfall zu berücksichtigenden Umstände wäre unendlich.
4 **d) Die Verkehrssitte** wird in § 157 als Auslegungsmittel bes genannt (sa HGB 346). Sie ist keine Rechtsnorm, sondern die schon längere Zeit (BGH NJW 90, 1724) den Verkehr beherrschende tatsächliche Übung (LM Nr 1 zu § 157 [B]). Sie ist auslegungsrelevant, wenn sie sich in den Kreisen der Beteiligten gleichmäßig und einheitlich herausgebildet hat (BGH NJW 10, 1136); Kenntnis der Parteien unerheblich (LM Nr 1 zu § 157 [B]). Im Verkehr geübte Unsitte ist kein Auslegungsmittel (vgl RG 114, 13 ff). Zum **Handelsbrauch** als die Verkehrssitte des Handels BGH
5 NJW 93, 1798. **e) Formbedürftige Erklärungen** sind ebenfalls durch Umstände aller Art, auch solche außerhalb der Urkunde, auslegungsfähig. Erst die so ausgelegte
6 Erklärung ist auf Einhaltung der Form zu prüfen (§ 126 Rn 7). **f) Bei nichtempfangsbedürftigen Willenserklärungen** sind alle Umstände als Auslegungsmittel erheblich, so dass idR der wahre Wille berücksichtigt werden kann (vgl BGH 160, 397 zu § 151). Bei **empfangsbedürftigen** sind (außer im Fall Rn 9) nur solche Umstände beachtlich, die dem Empfänger zZ des Wirksamwerdens (insbes Zugangs) bekannt oder obj erkennbar waren (BGH NJW-RR 93, 946; NJW 97, 861, je mN; **Maßgeblichkeit des Empfängerhorizonts**). Sa Rn 10.

7 **2. § 133 und § 157.** Dem Wortlaut nach gilt **§ 133** nur für die Auslegung einer einzelnen Willenserklärung, wird aber auch bei Verträgen und Beschlüssen herangezogen. § 133 verbietet reine Buchstabeninterpretation. Der Rückgriff auf den unerklärt gebliebenen Willen ist aber unzulässig (vgl § 116 S 1; Ausnahme Rn 9). **§ 157** gilt dem Wortlaut nach nur für Verträge, doch sind auch einseitige RGeschäfte (nicht Testamente: § 2084 Rn 2) nach Treu und Glauben mit Rücksicht auf die

Verkehrssitte auszulegen. § 133 zielt auf eine subj, § 157 auf eine obj Auslegung (zu den Unterschieden sa BGH 160, 92 ff). In der Praxis werden beide Vorschriften vielfach ungeschieden nebeneinander angewandt (Bsp: RG 128, 245; BGH NJW-RR 05, 1324); das ist unproblematisch.

3. Auslegungsgrundsätze. a) Ges Regeln gibt es nur für Einzelfälle (zB 8 §§ 186 ff, 311c, 364 II, 449 I); zu ihrer Unterscheidung vom dispositiven Recht Wolf/Neuner, AT, § 3, 8–10. Allg Auslegungsregeln kennt das BGB nicht. **b) Die Rechtspraxis** hat zahlreiche Auslegungsregeln als „Erfahrungssätze praktischer Logik" (Flume II § 16, 3e) entwickelt. Die Auslegung von Willenserklärungen durchläuft *mehrere Stufen.* **aa)** Steht der **wirkliche Wille** des Erklärenden zZ der 9 Erklärung (BGH NJW 97, 1232; allg 98, 3269 f) fest und hat der Erklärungsempfänger ihn idS verstanden (nicht nur: verstehen können), so ist *erklärt*, was *gewollt* ist, mag auch ein Dritter („obj") die Erklärung anders verstehen (BGH 160, 381 mwN; NJW 08, 1659, stRspr): **falsa demonstratio non nocet.** Die Partei, die das Vorliegen einer falsa demonstratio behauptet, ist beweisbelastet (BGH NJW 01, 145). Für den wirklichen Willen zZ der Erklärung (s o) kann das spätere Verhalten der Parteien Anhaltspunkte liefern **(Selbstinterpretation),** BGH NJW 07, 1582 f (insoweit in BGH 171, 35 nicht abgedr); NJW-RR 04, 924 f; 05, 1324, je mN; sa § 154 Rn 3. Auslegung darf der Erklärung keinen abw Sinn geben (BGH NJW 99, 487; stRspr). Gleichgültig ist, ob die obj anders zu verstehende Erklärung bewusst oder irrtümlich gewählt ist, es gilt das Gewollte und als solches Erkannte (für formbedürftige Geschäfte s aber § 126 Rn 7, 8). Bsp für unschädliche Falschbezeichnungen: übereinstimmende, aber falsche Bezeichnung der Kaufsache (Haifischfleisch statt Walfischfleisch, RG 99, 148; zur Parzellenverwechslung bei Grundstücksveräußerung § 126 Rn 7, 8, auch § 873 Rn 9); der Verkäufer allein gebraucht den falschen Ausdruck, der Käufer erkennt aber das wirklich Gewollte (LM Nr 6 zu § 119, auch RG 93, 299; 109, 336 f), oder er gebraucht den vom Verkäufer gewollten, aber nicht verwendeten Ausdruck (Flume II § 21, 2). **bb) Steht der wirkliche Wille** (und das 10 entspr Verständnis des Erklärungsempfängers) **nicht fest,** so ist durch Auslegung der **obj erklärte Wille** (nicht der davon abw innere) zu ermitteln (BGH NJW 10, 2425). Der obj Erklärungsgehalt bestimmt, was erklärt ist (BGH NJW 11, 2499, 2500 Tz 13; NJW 11, 1434, 1435 Tz 14, jeweils zB konkludenter Genehmigungen bei Lastschriften). Daher gilt die Erklärung so, wie sie zZ des Wirksamwerdens (s Rn 6) nach Treu und Glauben und der Verkehrssitte von denen verstanden werden musste, für die sie bestimmt war (BGH NJW 10, 2425). Deshalb hat die Pflicht des Erklärungsempfängers zu prüfen, was der Erklärende gemeint hat (dafür BAG NJW 08, 462) keine praktische Bedeutung, zutr BGH 32, 33. *Empfangsbedürftige Erklärungen* sind für den Empfänger bestimmt (BGH NJW 95, 46); *andere* Erklärungen sind bestimmt für die von ihr Betroffenen (bei Vereinssatzung sind es die wechselnden Mitglieder, daher „obj" Auslegung, BGH NJW-RR 06, 493 mN, ebenso der Gesellschaftsvertrag einer Publikumsgesellschaft, BGH NJW-RR 07, 1201; NJW 11, 3087 Tz 14 mN: Zum Schutz später beitretender Gesellschafter nach dem objektiven Erklärungsbefund nur anhand des schriftlichen Vertrags auszulegen, wobei der Text der Beitrittserklärung Berücksichtigung findet), uU für die Allgemeinheit (zB Auslobung). Ermittlung des obj Erklärungsgehalts setzt am Wortlaut an (BGH NJW 09, 2672 mN); aber keine Buchstabeninterpretation (Rn 7), zB kann „Darlehen" als Mietvorauszahlung zu verstehen sein (LM Nr 1 zu § 57b ZVG), aber nicht vom Anwalt erklärter „Rücktritt" als „Kündigung" (BGH NJW 96, 2650; anwaltfreundlicher für Prozesserklärungen BGH NJW 96, 1211 mN, auch NJW 09, 3163). Beachtlich: allg Sprachgebrauch (LM Nr 17 [C]), ggf derjenige unter den Beteiligten; Zeit (RG 148, 44 f) und Ort der Erklärung; Vorverhandlungen (Rn 3). Auslegung ist stets an Zweck und Ziel des Geschäfts zu orientieren, soweit die hierfür maßgebenden Umstände dem Betroffenen (Empfänger, Dritter, Allgemeinheit) bei Wirksamwerden der Erklärung (s o) erkennbar waren (BGH NJW 06, 3778). Notwendig ist eine möglichst beiderseits interessengerechte (BGH

§ 134

NJW-RR 02, 1614 mN) und am Zweck der Vereinbarungen orientierte Auslegung (BGH-RR 01, 1105), s zB BGH NJW 11, 1666 Tz 10: Ist persönlich haftende Gesellschafterin in dem im Prospekt abgedruckten Gesellschaftsvertrag nur bevollmächtigt, Aufnahmeverträge im Namen der Mitgesellschafter abzuschließen, spricht das für eine Auslegung der Annahmeerklärung dahin, dass sie im Namen der Mitgesellschafter abgegeben wird. **Maßgebend** ist nicht, was der Richter im Entscheidungszeitpunkt als interessengerecht ansieht, sondern der Einfluss, den das **Interesse der Parteien** auf den obj Erklärungsgehalt ihrer Äußerungen **bei** deren **Abgabe** hatte (BGH NJW 01, 1928 f). Unter mehreren möglichen Interpretationen ist die zu wählen, die zur Rechtswirksamkeit führt (BGH BeckRS 11, 21186; NJW-RR 90, 818; sa NJW 98, 2966; 05, 2619; ferner 94, 1538 für Prozesserklärungen) oder der Regelung einen Sinn gibt (BGH NJW 02, 440). IZw ist gewollt, was vernünftig ist und der wohlverstandenen Interessenlage entspricht (BGH 172, 53 f; NJW 09, 3163 mN; NJW-RR 09, 1716), was idR keine Auslegung gegen den Wortlaut rechtfertigt (BGH NJW-RR 02, 646). Zur Auslegung formbedürftiger Erklärungen

11 § 126 Rn 7, 8. **c) Mangelnde Eindeutigkeit** geht nicht generell zu Lasten des Urhebers der Erklärung (vgl LM Nr 14 zu § 157 [A]). Anders § 305c II für Verwender von AGB. Zur Auslegung **bei automatisiertem Buchungs- oder Bestellsystem** s BGH NJW 13, 598 mN: Entscheidend ist nicht, wie das automatisierte System die Erklärung voraussichtlich deuten und verarbeiten wird, sondern wie der **menschliche Adressat** sie nach Treu und Glauben und der Verkehrssitte verstehen darf. Gibt ein Flugreisender in die Internet-Buchungsmaske eines Luftverkehrsunternehmens, die den Hinweis enthält, dass eine Namensänderung nach erfolgter Buchung nicht mehr möglich sei und der angegebene Name mit dem Namen im Ausweis übereinstimmen müsse, in die Felder für Vor- und Zunamen des Fluggastes jeweils „noch unbekannt" ein, kommt ein Beförderungsvertrag regelmäßig weder durch die Buchungsbestätigung noch durch die Einziehung des Flugpreises zustande.

12 **4. Sonstige Vorschriften.** Zur Auslegung von **Grundbucheintragungen** § 873 Rn 35; von **AGB** s § 305b Rn 1; 305c Rn 5; 306 Rn 3, 5.

§ 134 Gesetzliches Verbot

Ein Rechtsgeschäft, das gegen ein gesetzliches Verbot verstößt, ist nichtig, wenn sich nicht aus dem Gesetz ein anderes ergibt.

1 **1. Allgemeines.** Ges verbotene RGeschäfte sind nicht stets, sondern nur dann nichtig, „wenn sich nicht aus dem (Verbots-)Ges ein anderes ergibt". Zur Bedeutung Rn 8 (b).

2 **2. Abgrenzungen.** *Keine VerbotsGes* sind die ges Begrenzungen privatautonomer Befugnisse einer Person. Bei Grenzüberschreitungen ist das RGeschäft grundsätzlich (Rn 7) endgültig oder teilweise unwirksam, weil es jenseits des rechtsgeschäftlichen Könnens (nicht: Dürfens) liegt. Daher stellt sich nicht die Frage, ob das Geschäft erlaubt oder verboten ist. Vgl Flume II § 17, 2; BGH 13, 184; 47, 35 ff.

3 **Bsp: a) Allg Einschränkung der privatautonomen Gestaltungsbefugnis** („Zuständigkeit", „Kompetenz") in §§ 137 S 1, 181, 202 (unzutr BGH NJW 88, 1260 zu § 225 S 1 aF: § 134), 276 III, AktG 112 (BGH NJW 93, 2308). Sa §§ 135,

4 136 Rn 3. **b) Einschränkung der Rechtsmacht von ges Vertretern,** Vertretungsorganen jur Personen des öffentl Rechts (BGH 20, 126 f; 47, 37); von gerichtl bestellten Vermögensverwaltern wie Testamentsvollstrecker, Insolvenzverwalter,

5 Sequester (BGH 118, 379 f). **c) Ges Ausschluss** der *Übertragbarkeit eines Rechts* (zB in § 400 [unzutr BGH NJW 88, 820; 97, 2823; BAG NJW 01, 1448: § 134]), § 719 I [unzutr BayObLG NJW-RR 99, 621: § 134]) sowie *ges Beschränkung der Rechtstypenwahl*, zB durch numerus clausus der Sachenrechte (Rn 3 vor § 854).

6 § 1409. **d) Erfordernis behördlicher Genehmigung** macht ungenehmigtes Geschäft idR nur schwebend unwirksam (Begriff Rn 20 vor § 104). Fällt Genehmi-

Titel 2. Willenserklärung § 134

gungspflicht in der Schwebezeit weg, so ist RGeschäft gültig (BGH 127, 375). Ie § 182 Rn 7. **e) Ist obj zweifelhaft**, ob RGeschäft noch innerhalb der privatautono- 7 men Kompetenz (Rn 3, 4) liegt, sprechen aber ernsthafte obj Gründe dafür, so ist das Geschäft wirksam. Vgl BGH 65, 150 ff (wettbewerbsbeschränkende Abrede); WM 80, 1152 f (Vergleichsverwalter bei Liquidationsvergleich); BVerwG NJW 84, 2427 (Konkurs-, jetzt Insolvenzverwalter).

3. VerbotsGes. a) Begriff des Ges: EGBGB 2. § 134 betrifft *inländische* Ges 8 (Bundes- und Landesrecht); zunehmend wichtig: EG-Recht, zB EG 82, nicht EG 81, der selbst Verbot und Nichtigkeit wettbewerbsbeschränkender Vereinbarungen anordnet, so dass ein Rückgriff auf § 134 „überflüssig" ist, vgl allg BGH 143, 286. **b) Verstoß** gegen ges Verbot führt nicht immer zur Nichtigkeit, auch nicht „iZw" (aA StSack/Seibl 58, 59 mN). Maßgebend ist, ob *Wortlaut* (selten), *Sinn und Zweck* des einzelnen VerbotsGes (Auslegungsfrage) die Nichtigkeit fordern (BGH 143, 286). Dafür ist die *Kenntnis* des Verbots idR irrelevant (MK/Armbrüster 110). Zur Anwendbarkeit von § 134 auf Grundrechtsverstöße (BGH NJW 04, 1031 mN). Verstoß gegen dispositives Verbot führt nicht zur Nichtigkeit (BGH 143, 288). **c) Trifft das Verbot nur die äußeren Umstände** des rechtsgeschäftlichen Han- 9 delns, so ist das RGeschäft idR gültig (LM Nr 70; BGH NJW-RR 03, 1205). Bsp: Verkauf nach ges Ladenschlusszeit; Abgabe rezeptpflichtiger Arznei ohne Rezept (BGH NJW 68, 2286 f; anders für Betäubungsmittel, da strafbar: BtMG 13 II, 29 I Nr 7); Gastaufnahme nach Polizeistunde (RG 103, 264 f); bei bloßem Verstoß gegen gewerbe- oder ordnungspolizeiliche Vorschriften (BGH 108, 368); Verbraucherdarlehensverträge im Reisegewerbe können vom Darlehensnehmer (Verbraucher) nur nach §§ 495 I, 355 widerrufen werden, keine Nichtigkeit nach § 134 (BGH 131, 389 f zum fr Recht: Widerrufsrecht schützt genügend); entgeltliche Darlehensvermittlungsverträge (GewO 56 I Nr 6) sind nichtig, da § 134, da nur dann der Darlehensnehmer genügend geschützt ist (BGH NJW 99, 1637). Str ist, ob ein noch nicht erfülltes verbotswidriges, aber nicht gem § 134 nichtiges Verpflichtungsgeschäft einen Leistungsanspruch gewährt oder ob insoweit § 134 eingreift (für letzteres Flume II § 17, 4; sa LM Nr 70); sicher ist, dass die verbotene Vornahme der Leistungshandlung nicht verlangt werden kann (BGH NJW 86, 2361 f; sa 94, 730). Zur Steuerhinterziehung § 117 Rn 5. **d) Trifft das Verbot den Regelungsgehalt des** 10 **RGeschäfts,** so ist das verbotswidrige Geschäft nichtig (BGH NJW-RR 04, 1546). Damit soll zugleich dem Abschluss solcher Geschäfte vorgebeugt werden. Deshalb muss Verbot idR bei Geschäftsvornahme bestehen. Späteres Verbot von Dauerschuldverhältnissen, das deren Regelungsgehalt trifft, wirkt ex nunc (Düsseldorf NJW-RR 93, 250). **aa) Ges Anordnung der Nichtigkeit** (Unwirksamkeit) als Rechtsfolge eines Verstoßes macht das Ges nicht schon zum VerbotsGes (s allg Rn 2, ferner zB §§ 105, 125). **bb) Der Gebrauch bestimmter Wendungen** („darf nicht", „darf nur", „soll nicht", „soll nur", vgl zB §§ 51, 627 II) besagt wenig für die Qualifizierung als VerbotsGes. Im BGB enthält eine Soll(-nicht-)Vorschrift kein Verbot mit Nichtigkeitsfolge. **cc) Ob Nichtigkeit als Verbotsfolge** eintritt, 11 bestimmt sich nach der Rspr (seit RG 60, 276 f; vgl BGH 143, 287) im Wesentlichen danach, ob das Verbot an alle Beteiligten (insbes **beide** Vertragsparteien) **oder nur an eine Partei** gerichtet ist. **Entspr** gilt, wenn die Handlung nur für einen oder für beide Beteiligte mit **Strafe oder Bußgeld** bedroht ist (BGH 115, 125; nach BGH NJW-RR 04, 1546 mN gibt Strafdrohung gegen beide – nur? – „gewichtigen Hinweis" für ges Wertung als nichtig). Richtet sich das **Verbot gegen beide Parteien,** so ist das Geschäft idR nichtig (BGH 143, 287; NJW 03, 2742; NJW-RR 03, 1568: Verabredung einer Steuerhinterziehung [strafbar: AO 370] kann Ausführungsvertrag nichtig machen, wenn dessen Hauptzweck Steuerhinterziehung ist; BAG BB 04, 1546 f: Schwarzgeldabrede macht Arbeitsvertrag nur dann nichtig, wenn deren Hauptzweck Steuer- und Abgabenhinterziehung ist, sonst ist nur die Abrede nichtig). Ist **nur für einen Beteiligten** die Vornahme des RGeschäfts *verboten,* so ist es idR gültig; doch kann auch hier der Zweck des Ges die Nichtigkeit

§ 134 Buch 1. Abschnitt 3. Rechtsgeschäfte

verlangen (BGH NJW-RR 11, 1426 Tz 12; 152, 11f mN), zB bei verbotener Rechts- (BGH NJW 05, 1488 mN, auch wenn der Handelnde sich der Hilfe eines Anwalts bedient [BGH NJW 09, 3244]) oder Steuerberatung (BGH NJW 96, 1955), Verbot gewerblicher Tätigkeit Steuerberater nach StBRG 57 IV Nr. 1 (zu differenzieren, s BGH NJW-RR 11, 1426 Tz 11ff); Arbeitsvermittlung oder Heilmittelwerbung (BGH 78, 271 mN), Verstoß gegen HeimG 14 (BGH 110, 240; Frankfurt/M NJW 01, 1505 zur Gesetzesumgehung; zum Anwendungsbereich s BGH NJW 12, 155: Testamentarische Einsetzung des Heimträgers durch Angehörigen eines Heimbewohners ist nicht nichtig) oder BRAO 49b II (Vereinbarung von Erfolgshonorar, die nicht dem RVG 4a I entspricht; zur Teilnichtigkeit s § 138 Rn 15). Nichtigkeit der Abtretung einer Schadensersatzforderung auf Erstattung von Mietwagenkosten bei Verstoß gegen RDG 3, 5 I 1 (BGH NJW 13, 59; BeckRS 13, 02007 und 05864, in concreto kein Verstoß); Nichtigkeit des Grundgeschäfts nach RDG 3 mit § 134 erfasst wie nach fr Recht (RBerG Art 1 § 1 mit § 134, BGH NJW 07, 1585; NZG 11, 672 zur Einziehungsermächtigung der Publikums-Sanierungs-KG im Gesellschaftsvertrag) auch die (ggf prozessuale) Vollmacht (zB für Urkunde nach ZPO 794 I Nr 5) des vom RDG nicht betroffenen Vollmachtgebers (sa § 167 Rn 1), aber nicht die vom Rechtsbesorger vermittelten oder als Vertreter geschlossenen Verträge mit Dritten, es sei denn, die Tätigkeit des Dritten stellt sich als Beteiligung an der unerlaubten Rechtsbesorgung dar (BGH NJW 05, 668; 823 f; NJW-RR 05, 1419); Bsp: „Unfallhilfefälle" (BGH NJW 04, 2092; 05, 824; NJW-RR 05, 1420; § 488 Rn 9). Zur Heilung des Vollmachtsmangels gem §§ 171, 172 und den Grundsätzen der Duldungs- und Anscheinsvollmacht s §§ 170–173 Rn 1, 8, 9; zur Problematik Emmerich JuS 04, 917 ff (zu BGH NJW 04, 2736); Oechsler NJW 05, 1407; sa BVerfG NJW 05, 1931 ff: Rechtsfrage v grundsätzlicher Bedeutung, dahin zum Fall von ZPO 522 II 1 Nr. 2. **Einseitige Verstöße im Arzt- und Anwaltsbereich,** die zur Nichtigkeit führen, sind für *Ärzte* (StGB 203 I Nr 1) **Abtretung von Honorarforderungen** (insbes an Verrechnungsstellen), da der Zedent nach § 402 Auskunft erteilen muss, was ohne Verstoß gegen die ärztliche Schweigepflicht nicht möglich ist (BGH BeckRS 13, 03415 Tz 14; NJW 10, 2586); Veräußerung von Patientenkartei, jeweils ohne Patientenzustimmung (BGH NJW 96, 775 [Abtretung]; 96, 774 [Patientenkartei]); für *Rechtsanwälte* (StGB 203 I Nr 3) Abtretung und Einziehungsermächtigung von **Gebührenforderungen** ohne ausdr schriftliche Einwilligung des Mandanten oder die rechtskräftige Feststellung der Forderung (BRAO 49b IV 2, in Kraft nicht erst seit 18.12.2007, sondern in verfassungskonformer Auslegung schon ab 9.9.1994, BGH NJW-RR 08, 1468 f); vor der Einwilligung ist der Mandant über die Informationspflicht (§ 402) seines Anwalts gegenüber dem neuen Gläubiger aufzuklären (BRAO 49b IV 3), dieser ist wie der Anwalt zur Verschwiegenheit verpflichtet (BRAO 49b IV 4). Abtretung und Handaktenübergabe (zwecks Information, § 402) sind vor allem für **Praxisverkäufe** relevant (sa BGH 171, 258). BRAO 49b IV 1 schränkt Verschwiegenheitspflicht (BRAO 43a II) nur für Abtretung an Rechtsanwälte und rechtsanwaltliche Berufsausübungsgemeinschaften (BRAO 59a) ein (keine Mandantenzustimmung nötig). Der BGH hielt Verkauf von Anwaltskanzleien bisher schon an Sozius, angestellten Anwalt (NJW 95, 2916) und Abwickler (NJW 97, 188) *ohne* Mandantenzustimmung für zulässig (kein Fall von StGB 203 I Nr 3!), aber nicht an amtlich bestellten Vertreter (NJW 95, 2027; ebenso KG NJW-RR 01, 1216 f; zusammenfassend BGH 148, 101 ff). Diese Differenzierung überzeugt nicht (zutr Michalski/Römermann NJW 96, 1308 ff: Information innerhalb des „Unternehmens Anwaltskanzlei", auch an Käufer, unterfällt nicht StBG 203 I; ebenso Huffer NJW 02, 1382 ff). Sa LG Baden-Baden NJW-RR 98, 202 f. Zur Vereinbarung eines **Erfolgshonorars** (BRAO 49b II) s Rn 11, sa § 138 Rn 15). Verstößt Rechtsanwalt gegen das Verbot widerstreitender Interessen (BRAO 43a IV) erst, nachdem er die Gebühren bereits verdient hat, so bleiben Anwaltsvertrag und Honoraranspruch gültig (§ 134 unanwendbar), BGH NJW 09, 3299 f. § 134 greift ein, wenn Verstoß vorher erfolgte (BGH aaO lässt offen). **Weitere einseitige Verstöße:** „Ersatz-(oder Leih-)Mutter-

Titel 2. Willenserklärung § 134

vertrag" (arg ESchG I 1 Nr 7, III, auch AdVermiG 13c; differenzierend Vieweg, FS Stree/Wessels, 1993, S 981 ff, aber zu stark auf Ein- oder Beidseitigkeit der Strafdrohung statt auf den Gesetzeszweck abstellend, s S 987); einseitiger Verstoß gegen BSchwArbG (Kern, FS Gernhuber, 1993, S 191 ff; aA BGH NJW-RR 02, 557; BAG BB 03, 1960 [LS]: gültig; Canaris Anm ebda: halbseitig gültig); Verstoß gegen MaBV 12 (BGH 146, 257f; NJW-RR 10, 1326); Verstoß gegen Verordnung über Bodenabfertigungsdienste auf Flugplätzen § 9 III 2 (BGBl I S 2885: Verbot der Vereinbarung von Zugangsentgelten zu den Flughafeneinrichtungen, die nicht nach sachgerechten, objektiven, transparenten und nichtdiskriminierenden Kriterien festgelegt sind) (BGH WM 12, 371 Tz 18). Die Abtretung von Darlehensforderungen an eine Nichtbank ist nicht wegen einseitigen Verstoßes gegen KWG 32 I 1 nichtig (BGH NJW 11, 3024 Tz 20: Verbot richtet sich einseitig an Nichtbank). Abtretung von Honoraransprüchen unter Verstoß gegen StBerG 64 II (BGH NJW 99, 1546); zum einseitigen Wucherverbot vgl Rn 15, § 138 Rn 19. Keine Nichtigkeit nach § 134, wenn Anbieter von Telekommunikationsdiensten nach TKG 97 I 3 Daten an Zessionar übermittelt (BGH BeckRS 13, 03415 Tz 14). **dd) Aus 13 dem Ges** muss sich das Verbot ergeben (zumindest mittelbar, insbes aus einer ges Institution); ausdr Nennung in einem bestimmten Ges ist unnötig (BGH 51, 262 mN).

4. Wirkung. Das verbotene RGeschäft ist *soweit nichtig wie nötig,* um Wortlaut, 14 Sinn und Zweck des VerbotsGes durchzusetzen. Nach Aufhebung des VerbotsGes bleibt RGeschäft nichtig (BGH DtZ 94, 348; allg Rn 18 vor § 104). § 134 wird durch **lex specialis** verdrängt: AktG §§ 57, 62 AktG sehen bei Verstoß gegen das Verbot der Einlagenrückgewähr keine Nichtigkeit des zugrundeliegenden Verpflichtungs- und Erfüllungsgeschäft vor (BGH BeckRS 13, 06514 Tz 15f). **a) Totalnichtigkeit** ist die Regel. **b) Soweit Teilnichtigkeit** nach dem Sinn und Zweck 15 des VerbotsGes genügt, kann sich Totalnichtigkeit aus *§ 139* ergeben (zB bei vereinbarter Überschreitung der zulässigen Höchstarbeitszeit, BGH NJW 86, 1487). § 139 ist aber unanwendbar, wenn der Zweck des VerbotsGes bloße Teilnichtigkeit samt Aufrechterhaltung des verbleibenden RGeschäfts verlangt (§ 139 Rn 15); dann hängt das Bestehen bleiben des Restgeschäfts nicht wie nach § 139 vom mutmaßlichen Parteiwillen ab (BGH 47, 179; übersehen in 65, 370 ff). IdS sind Verstöße gegen *Preisvorschriften* zu behandeln (BGH NJW 08, 56), so dass der Vertrag mit dem ges normierten zulässigen Preis (BGH NJW 08, 56) oder Versicherungsbeitrag (LG Freiburg WM 79, 678 mN) bestehen bleibt. Entspr gilt für Verstöße gegen *WiStG 4, 5* (v. Olshausen ZHR 146, 276 f, 288 ff; zu WiStG 5 s § 139 Rn 9), für den *Mietwucher* sowie *sonstige Wuchergeschäfte* iSv StGB 291, sofern der angemessene Preis normativ festgelegt oder zu ermitteln ist (ie § 139 Rn 9, 10), ferner für bestimmte Kreditverträge (§ 494). Nichtigkeit einer „Ohne-Rechnung-Abrede" zwecks Steuerhinterziehung führt (zunächst) zur Teilnichtigkeit und damit zu § 139; auf die ggf danach gegebene Totalnichtigkeit soll sich der dadurch Bevorzugte nicht berufen dürfen (§ 242), jedenfalls dann, wenn es abredegemäß nur zu einer Nichtigkeit (= Teilnichtigkeit) der Ohne-Rechnung-Abrede gekommen wäre (BGH NJW-RR 08, 1050 f; dazu krit Peters NJW 08, 2478 ff). **c) Nichtigkeit des Erfüllungsge-** 16 **schäfts** ist, bei Nichtigkeit des Verpflichtungsgeschäfts, gesondert zu prüfen (BGH 122, 122 mN und BAG NJW 93, 2703 bem Abtretung; zum Grund Rn 12, 13 vor § 854). Nichtigkeit des Erfüllungsgeschäfts gem § 134 macht Verpflichtungsgeschäft ebenfalls nach § 134 nichtig (BGH NJW 95, 2027; aA BGH 143, 286; NJW-RR 05, 1620: § 306 aF, den aber das SchRModG Art 1 I Nr 13 aufgehoben hat, anfängliche obj Unmöglichkeit ist kein Nichtigkeitsgrund mehr, vgl §§ 275, 311a; erbrachte Leistungen sind gem §§ 812 ff, 817 S 1 zurückzugewähren (ausgeschlossen gem §§ 814, 817 S 2; einschr zu § 817 S 2 BGH NJW 90, 2542 f). Zum Anspruch auf Schadensersatz vgl § 311 II. **d) Keine Nichtigkeit,** wenn Vertrag *im Hinblick* 17 *auf Verbotswegfall* **aufschiebend bedingt** (§ 158 I; sa §§ 309, 308 I aF) geschlossen ist. **e) Gem § 242** soll ausnahmsweise die Nichtigkeit außer Acht bleiben (BGH

§§ 135, 136 Buch 1. Abschnitt 3. Rechtsgeschäfte

118, 191 f; 111, 313 [für BSchwArbG]; NJW 06, 296). Abzulehnen, da „Treu und Glauben" nicht ein ges Verbot verdrängen (BGH NJW-RR 08, 1050 f lässt offen, sa Rn 15 aE). Bei beiderseitiger (fast) völliger Erfüllung kann uU Verbotswirkung entfallen; das gilt nicht bei generalpräventiver Funktion von VerbotsGes und Nichtigkeit (Fenn Anm ZIP 83, 466 f). **f)** Ob bei nichtigem Vertragsverhältnis auf **GoA** zurückgegriffen werden kann, ist str (dafür BGH BB 04, 2709, stRspr; dagegen § 677 Rn 6; sa § 125 Rn 10).

5. Umgehungsgeschäfte. Lit: Benecke, Gesetzesumgehung im Zivilrecht, 2004; Teichmann, Die Gesetzesumgehung, 1962; ders, Die Gesetzesumgehung im Spiegel der Rspr, JZ 03, 761. Zu fragen ist, *was* umgangen werden soll. Danach richten sich die Rechtsfolgen der Umgehung. Die Umgehung eines *ges Verbots* ist ausgeschlossen: Entweder wird das Geschäft von Sinn und Zweck (Auslegung!) des VerbotsGes erfasst oder nicht; stets wird § 134 angewandt und nicht umgangen, die Gesetzesumgehung scheitert (zumindest schief BAG NJW 99, 2541; 09, 3261); Kenntnis oder Absicht der Gesetzesumgehung ist unnötig (BGH 56, 289; BAG NJW 08, 939). Die Umgehung eines (zB Verbraucher-)*SchutzGes* scheitert, weil der Schutzzweck des Ges seine Anwendung fordert (darauf beruhen zB §§ 306a, 312 f S 2, 475 I 2, 487 S 2, 506 S 2, 507; sa BGH BB 86, 1877 zu § 313 aF = § 311b I; BAG NJW 96, 151 zu arbeitsrechtlichen Schutzbestimmungen; Oldenburg NJW-RR 98, 1239 zur Umgehung des Genehmigungsvorbehalts gem BauGB 144 II; BAG NJW 09, 255 f zur Umgehung v HwO 7 durch scheinbare Bestellung eines Handwerksmeisters zum technischen Leiter eines Handwerkbetriebes). § 162 verhindert treuwidrige (§ 242) Gesetzesumgehung (§ 162 Rn 2, 3; BGH NJW-RR 04, 1435). Zweifelhaft kann sein, ob durch Vermeidung der an sich zutr Rechtsform und die Wahl einer anderen deren Vorteile in Anspruch genommen werden können (AO 42 [BFH NJW 08, 1616 mN] und SubvG 4 II: bei Missbrauch nein, BAG NJW 08, 939; sa BGH 110, 233 f zu § 506 aF = § 465; SÜ statt Mobiliarpfandrecht: ja, s § 930 Rn 20). – Zur Abgrenzung vom Scheingeschäft § 117 Rn 3.

§ 135 Gesetzliches Veräußerungsverbot

(1) ¹Verstößt die Verfügung über einen Gegenstand gegen ein gesetzliches Veräußerungsverbot, das nur den Schutz bestimmter Personen bezweckt, so ist sie nur diesen Personen gegenüber unwirksam. ²Der rechtsgeschäftlichen Verfügung steht eine Verfügung gleich, die im Wege der Zwangsvollstreckung oder der Arrestvollziehung erfolgt.

(2) Die Vorschriften zugunsten derjenigen, welche Rechte von einem Nichtberechtigten herleiten, finden entsprechende Anwendung.

§ 136 Behördliches Veräußerungsverbot

Ein Veräußerungsverbot, das von einem Gericht oder von einer anderen Behörde innerhalb ihrer Zuständigkeit erlassen wird, steht einem gesetzlichen Veräußerungsverbot der im § 135 bezeichneten Art gleich.

Anmerkungen zu den §§ 135, 136

1 **1. Anwendungsbereich.** §§ 135, 136 betreffen *Verfügungsverbote zum Schutz bestimmter Personen,* sog **relative Verfügungsverbote.** Der Begriff „Veräußerungsverbot" ist zu eng, da auch andere Verfügungen als Veräußerungen erfasst werden.
2 **a) Absolute Verfügungsverbote** bezwecken kraft Ges den Schutz der Allgemeinheit. Sie fallen unter § 134, nicht §§ 135, 136. Bsp: StPO 290–292 (Düsseldorf NJW-RR 04, 468 mN), 443. **b) Verfügungsbeschränkungen** gem §§ 1365 ff
3 (Ehegatten), 1643 ff (Eltern), 1804 ff (Vormund), 2211 (Erben bei Testamentsvollstreckung), LPartG 6 S 2 (eingetragene Lebenspartner) betreffen das rechtliche Können (nicht: Dürfen) und unterfallen daher weder § 134 (vgl § 134 Rn 2) noch §§ 135, 136 (vgl allg BGH 13, 182 ff). Das gilt auch für § 719 (BGH 13, 183 f) und § 399 Fall 2 (vgl BGH WM 78, 515; § 137 Rn 1). **c) Verlust der Verfügungsbefugnis**

Titel 2. Willenserklärung § 137

durch Anordnung nach InsO 21 II Nr 2 (InsO 24 I) sowie durch Eröffnung des Insolvenzverfahrens (InsO 80, 81) unterfällt nicht §§ 135, 136, denn unbefugte Verfügungen sind für jedermann („absolut"), nicht nur gegenüber den Insolvenzgläubigern („relativ") unwirksam (Insolvenzverwalter kann aber genehmigen, § 185 II).
d) Praktische Bsp *für § 135* gibt es, zumindest im BGB, *nicht* (str). Jedenfalls 4 gewinnt § 135 Bedeutung erst durch § 136. Die Verweisung begrenzt § 136 auf relative Verfügungsverbote von Behörden und Gerichten. Bsp für *§ 136:* Beschlagnahme in der *Zwangsvollstreckung* (vgl ZPO 829, 846, 857 I, ZVG 23 I 1, 146 I; gilt auch für bewegliche Sachen); *einstw Verfügungen* (dem richterlichen Verfügungsverbot gem ZPO 938 II [BGH 172, 12; § 888 Rn 6, 7] steht das gem ZPO 938 I zulässige *Erwerbsverbot* gleich; zum Erwerbsverbot an Grundstückskäufer § 888 Rn 8); Anordnungen nach *StGB* 73e II, 74e III, *StPO* 111b I, 111c (BGH NJW 07, 3351 mN); einstw Anordnung gem BVerfGG 32 (BVerfG NJW-RR 92, 898 f).

2. Persönlicher Schutzbereich. Wer geschützt wird, ergibt Ges (§ 135) oder 5 ges Grundlage der Verbotsanordnung (§ 136).

3. Wirkung. a) Nur gegenüber den geschützten Personen (Rn 5), dh rela- 6 tiv, ist die verbotswidrige Verfügung oder Vollstreckungsmaßnahme (§ 135 I 2) unwirksam; Rn 19 vor § 104. Unwirksamkeit ist bloß beachtlich, wenn sich Geschützter auf sie beruft; daher kann er auf sie verzichten. Bsp: Käufer K hat einstw Verfügung gegen Eigentümer und Verkäufer V erwirkt, die diesem die Veräußerung der von K gekauften Vase verbietet (ZPO 938 II); veräußert V dennoch an den D, so ist D gegenüber jedermann Eigentümer, nur nicht gegenüber K (str, s Rn 19 vor § 104). Für K ist weiterhin V Eigentümer (vorbehaltlich Rn 7), so dass K von V zB Erfüllung (= Übereignung) verlangen kann (also keine nachträgliche subj Unmöglichkeit bei V durch Veräußerung an D); hat V an K übereignet (durch schlichte Einigung entspr § 931 Rn 10), so kann K gem § 985 von D Herausgabe fordern, § 986 scheidet aus. Abw und nur iE zutr BGH 111, 368 f: „Übereignung" von V an K gem § 931 scheide aus, da Ansprüche aus einem Besitzmittlungsverhältnis nicht bestünden und der Anspruch aus § 985 durch das Besitzrecht des K gegenüber V ausgeschlossen, iü auch nicht selbstständig abtretbar sei; daher genüge die Übertragung der bei V „verbliebenen Rechtsmacht" auf K, damit dieser gem § 985 – dh als Eigentümer! – Herausgabe von D verlangen könne. Da K durch die „Übertragung" Eigentum erlangt, kann die bei V „verbliebene Rechtsmacht" selbst nur Eigentum sein; dieses kann – was nicht nur der BGH aaO übersieht – durch schlichte Einigung übertragen werden (s o). – Einer Vollstreckung aus der Vase durch Gläubiger des D kann K widersprechen (ZPO 772, 771). Hat V entspr dem Verbot nicht veräußert und wird das Insolvenzverfahren eröffnet, so wird Verbot unwirksam (InsO 80 II 1). **b) Zugunsten des Erwerbers** gelten die Vorschriften über den Erwerb vom 7 Nichtberechtigten, insbes §§ 892 ff, 1138, 1155, 932 ff, nur *entspr* **(§ 135 II),** da der Verfügende trotz Verbots Rechtsinhaber, also Berechtigter, geblieben ist. Daher muss sich Kenntnis (§ 892) oder böser Glaube (§ 932 II) auf bestehendes Verfügungsverbot beziehen. Bei Forderungen und anderen Rechten (§ 413) wird Erwerber nur ausnahmsweise geschützt (zB § 2366). Schuldnerschutz analog §§ 407, 408 bei verbotswidriger Zahlung an Gläubiger (vgl BGH 86, 338 f). **c) Wirksamkeit gem** 8 **§ 185** (I, II) ist möglich.

§ 137 Rechtsgeschäftliches Verfügungsverbot

¹Die Befugnis zur Verfügung über ein veräußerliches Recht kann nicht durch Rechtsgeschäft ausgeschlossen oder beschränkt werden. ²Die Wirksamkeit einer Verpflichtung, über ein solches Recht nicht zu verfügen, wird durch diese Vorschrift nicht berührt.

Lit: Chr. Berger, Rechtsgeschäftliche Verfügungsbeschränkungen, 1998.

§ 138

1   **1. Anwendungsbereich.** Gilt für Rechte aller Art, nicht nur für veräußerliche (zu eng BGH 56, 278). Daher erfasst § 137 auch die Abrede, unveräußerlichen (§ 1059 S 1) Nießbrauch nicht aufzuheben oder inhaltlich zu ändern (Weitnauer, FS Weber, 1975, S 430 f; aA MK/Armbrüster 10). Vertragliches Abtretungsverbot (§§ 399, 413; einschr HGB 354a) ist keine Ausnahme von S 1, sondern Inhaltsbestimmung des Rechts (BGH NJW-RR 92, 791; sa § 182 Rn 1). Entspr gilt für vereinbartes Aufrechnungsverbot (sa §§ 309 Nr 3, 391 II, 556b II; BGH BB 84, 496). Ausnahmen von S 1 in ErbbauRG 5, WEG 12 I, 35.

2   **2. Zweck von S 1.** Schutz der rechtlichen Handlungsfähigkeit, eingeschränkt durch S 2; zugleich dient S 1 der Rechtsklarheit und Rechtssicherheit: Vermögensgegenstände können dem Rechtsverkehr nicht durch RGeschäft entzogen werden (nur darauf stellt BGH 56, 278 f ab; zum Streit über S 1 s MK/Armbrüster 2 ff). S 1 ist *kein VerbotsGes* iSv § 134 (s dort Rn 3). Bei Verstoß gegen S 1 ist Abrede ungültig, abredewidrige Verfügung gültig (BGH BB 82, 891). S 1 erfasst auch Abreden, die *mittelbar* eine Verfügung *dinglich* unwirksam machen sollen; Bsp: A veräußert an B ein Recht unter der auflösenden Bedingung, dass B seinerseits über das Recht verfügt; die Bedingung ist ungültig (aA die hM, vgl BGH 134, 187 mN; MK/Armbrüster Rn 15). Entspr gilt für den durch Weiterveräußerung bedingten Rückauflassungsanspruch (aA BGH 134, 186 f mN, hM: Anspruch sei vormerkungsfähig, da gültig); zulässiger Weg: §§ 1094 ff.

3   **3. Verpflichtung, nicht zu verfügen.** Ist wirksam, **S 2**; § 311b I 1 gilt hierfür nicht (BGH 103, 238). Bei Verstoß ggf Schadensersatzanspruch. In diesem Rahmen ist Vertragsanspruch auf Unterlassung von Verfügungen auch rechtsgeschäftlich sicherbar (zB durch Bürgschaft, Vertragsstrafe). Sicherung auch durch gerichtl Veräußerungsverbot (ZPO 938 II; BGH 134, 187 mN). – *Ausnahmen* von S 2 in §§ 1136, 2302.

§ 138 Sittenwidriges Rechtsgeschäft; Wucher

(1) **Ein Rechtsgeschäft, das gegen die guten Sitten verstößt, ist nichtig.**

(2) **Nichtig ist insbesondere ein Rechtsgeschäft, durch das jemand unter Ausbeutung der Zwangslage, der Unerfahrenheit, des Mangels an Urteilsvermögen oder der erheblichen Willensschwäche eines anderen sich oder einem Dritten für eine Leistung Vermögensvorteile versprechen oder gewähren lässt, die in einem auffälligen Missverhältnis zu der Leistung stehen.**

1   **1. Allgemeines. a) Begrenzung der Privatautonomie** (Rn 1 vor § 104)
2   durch die guten Sitten ist Aufgabe jeder Rechtsordnung, mag es auch schwierig sein zu bestimmen, was im Einzelfall „gute Sitten" sind (vgl Rn 6, 7). **b) RGe-**
     schäfte aller Art werden von § 138 erfasst. Zur Sittenwidrigkeit von Erfüllungsge-
3   schäften Rn 25. **c) Maßgebender Zeitpunkt** für die Sittenwidrigkeit ist die Vornahme des RGeschäfts (BGH NJW 07, 2841 mN; BAG NJW 11, 632; stRspr). Hat sich aber nach diesem Zeitpunkt die Wertung der maßgebenden Umstände *geändert*, so ist zu unterscheiden: **aa) ZZ der Vornahme** war das Geschäft sittenwidrig. Dann bleibt es trotz nachträglichen Wertungswandels nichtig, BGH NJW 07, 2841 (krit Mayer-Maly JZ 81, 801 ff), aber Bestätigung, § 141, möglich (BGH NJW 07, 2841). Abw gilt beim *Testament:* Maßgebender Bewertungszeitpunkt ist der Tod des Erblassers (RG DR 44, 495; Hamm MDR 80, 53 f; Flume II § 18,
4   6. – AA BGH 20, 73 ff: maßgebend ist Errichtungszeit). **bb) Das RGeschäft ist noch nicht abgewickelt.** Wird es infolge Wertungswandels während seiner Laufzeit zu einem obj sittenwidrigen, so können jedenfalls jetzt keine Rechte mehr aus ihm hergeleitet werden (unzulässige Rechtsausübung: BGH DtZ 96, 82 mN, hM; anders bei „sittengemäßer" rechtskräftiger Verurteilung: BGH NJW-RR 89, 304 f).
5   **d) Konkurrenzen.** Neben **AnfG 3, 4, InsO 130 ff** ist § 138 nur anwendbar, wenn

Titel 2. Willenserklärung **§ 138**

zum Anfechtungstatbestand weitere Umstände hinzutreten, die das Geschäft als sittenwidrig erscheinen lassen (BGH NJW-RR 02, 1361 mN; Entspr gilt für **UWG 1** nF, MK/Armbrüster 8). Zum Verhältnis zu § 123 s dort Rn 2, zu § **134** s Rn 19, zu § **826** s § 930 Rn 55. – Das Verhältnis zur ges **Regelung des Rechts der AGB** (bisher AGBG, dort vor allem §§ 9 ff; jetzt §§ 305 ff, insbes §§ 307 ff) ist str; daran ändert sich nichts, da der materiellrechtliche Teil des AGBG im Wesentlichen in das BGB übernommen worden ist. Nach ABGB 3, 9–11 (jetzt §§ 305c I, 307 I, II, 308, 309) unwirksame AGB bezog der BGH (s BGH 136, 355 f mN; NJW 01, 2468) in die Gesamtwürdigung nach I mit ein; Folge: ggf Totalnichtigkeit. Eine bloße Vielzahl unangemessener AGB begründet aber nicht die Sittenwidrigkeit nach I des gesamten Vertrags; das wäre mit § 306 unvereinbar (MK/Armbrüster 5).

2. Begriff der guten Sitten. a) Das Durchschnittsempfinden, „das 6
Anstandsgefühl aller billig und gerecht Denkenden" (Mot II 727; BGH 179, 218, stRspr seit RG 48, 124), ist maßgebend (vgl aber Rn 7). Das subj Empfinden des Richters ist ebenso unbeachtlich wie Überempfindlichkeit oder Laxheit. „Gute Sitten" meinen nicht Sittlichkeit im gesinnungsethischen Sinne, sondern ein **Minimum von sittlicher Handlungsweise** im Rechtsverkehr (v. Tuhr II 2 § 70 I), dessen Nichtbeachtung ein RGeschäft nichtig macht. Was idS als ethisches Minimum zu beachten ist, ist weitestgehend den *Grundwerten der geltenden Rechtsordnung* zu entnehmen. Hier wirkt insbes die *obj Wertordnung des GG* mittelbar über § 138 auf das Privatrecht ein (hierzu und zur sog Drittwirkung der Grundrechte vgl allg BVerfG 81, 256; NJW-RR 04, 1710, je mN; BGH 140, 128; 142, 307; krit Canaris AcP 184, 201 ff, 232 ff; JuS 89, 161 ff; Diederichsen AcP 198, 199 ff; Überblick bei Guckelberger JuS 03, 1151 ff). Das in GG 2 I genannte „Sittengesetz" geht in der durchnormierten verfassungsmäßigen Ordnung auf (MD Art 2 I, 45, 46; Jarass/Pieroth Art 2, 19, je mN). – Zur Verschränkung von Rechts- und Sittenmoral BVerfG 6, 433 f). **b) Soweit die guten Sitten in der Rechtsordnung konkreti-** 7
siert sind (s Rn 6), ist darauf zurückzugreifen; abw Durchschnittsempfinden ist irrelevant (arg GG 20 III), s Rn 7; PalEllenberger Anh zu § 138 Rn 2. In der Aktie verkörpertes Anteilseigentum wird durch **GG 14 I** geschützt, deshalb ist Schuldvertrag zwischen AG und Aktionär, wonach der Aktionär seine Aktien auf die Gesellschaft unentgeltlich zu übertragen hat, wenn der Vertrag beendet wird, jedenfalls dann sittenwidrig, wenn der Aktionär die Aktien zuvor entgeltlich erworben hat (BGH NJW-RR 13, 410 Tz 16). Soweit eine Konkretisierung fehlt, also das „allg" SittenGes maßgebend ist, muss beachtet werden, dass in einer pluralistischen Gesellschaft sich nur in sehr begrenztem Umfang eine herrschende (Sozial-)Moral feststellen lässt. Das gilt bes für den sexuellen Bereich. Hier ist besondere Zurückhaltung geboten. **I unterfallen** zB: Vertrag über entgeltlichen Geschlechtsverkehr oder andere sexuelle Handlungen. Daran ändert das ProstG nichts, denn der Vertrag ist zunächst nach I nichtig, weshalb auch (zunächst) ein Anspruch des/der Prostituierten gegen den Freier nicht und umgekehrt nicht besteht (ebenso PalEllenberger Rn 52). Erst nach Vornahme der sexuellen Handlungen entsteht ex nunc der Entgeltanspruch, ProstG § 1 S 1, weil einseitig die Nichtigkeit des Vertrags, aber nicht seine Sittenwidrigkeit entfällt (Majer NJW 08, 1927; sa BSG NJW 10, 1629). Nach MK/Armbrüster (Rn 57; ProstG § 1, 19) sind die Verträge nach Inkrafttreten des ProstG nicht mehr sittenwidrig, was aus ProstG § 1 nicht ableitbar ist, weil dort nur die Nichtigkeit der Vereinbarung zugunsten der/des Prostituierten eingeschränkt ist (s BSG NJW 10, 1629); irgendwelche Ansprüche des Freiers bestehen nicht, wie sich aus I ergibt. Ein „Wandel der Anschauungen in der Bevölkerung", den BGH NJW 08, 141 konstatiert, ist irrelevant (arg GG 1 III; zutr PalEllenberger Anh zu § 138 Rn 2 mN, auch BSG NJW 10, 1630). Sittenwidrig und nichtig ist ein Arbeitsvertrag über die öffentl Vorführung des Geschlechtsverkehrs (BAG NJW 76, 1958 f, zust PalEllenberger 52); das ProstG erfasst nicht das öffentl Vorführen des Geschlechtsverkehrs als kommerzielle Veranstaltung; so dass auch nach der Vorführung kein Entgeltanspruch entsteht, aA MK/Armbrüster 58: ProstG § 1, 24 mN). Sittenwidrig ist

Mansel

§ 138

ferner die Ausbeutung von Prostituierten iSv StGB 180a durch RGeschäft; Verlöbnis mit Noch-Verheiratetem (Karlsruhe NJW 88, 3023); sa BGH NJW 02, 361 f und Rn 17; **mit Einschränkungen:** Miet- und Pachtverträge mit Prostituierten unterfallen I nur bei deren wirtschaftlicher Knebelung oder Ausbeutung (BGH NJW-RR 88, 1379); ein „Geliebten-Testament" ist nach BGH NJW 84, 2150f nur sittenwidrig, wenn es selbst Ausdruck verwerflicher Gesinnung ist; Zuwendungen in nichtehelicher dauernder Lebensgemeinschaft sind nicht sittenwidrig (BGH 112, 262), ebenso wenig Abfindungsvereinbarung für künftige Scheidung (BGH NJW 91, 914). Entgeltliches Dauerverhältnis mit einer Prostituierten unterfällt nicht mehr I (arg ProstG 1 S 2). Str ist, ob ein Vertrag über Erbringung, Vermittlung, Vermarktung von Telefonsexleistungen sittenwidrig ist (nein: BGH NJW 08, 140 f; ja: Majer NJW 08, 1926 ff); jedenfalls besteht nach dem vermittelten Gespräch entspr ProstG 1 ein Entgeltanspruch. Zur schrittweise geänderten Bewertung des Verkaufs einer Arzt- oder Anwaltspraxis vgl RG 153, 284 ff, 296 ff; 161, 155 und jetzt BGH NJW 89, 763 mN (statt idR nichtig nunmehr idR gültig), Zuck NJW 93, 3118 f (auch zur Verpachtung); s aber § 134 Rn 12 zur zustimmungslosen Veräußerung von Patientenkartei oder Anwaltshandakten und Abtretung von Anwaltshonoraren. Zur eingeschränkten Veräußerbarkeit einer Kassenarztpraxis SGB V 103 IV.

8   **3. Begriff der Sittenwidrigkeit. Sittenwidrig ist ein RGeschäft,** wenn es nach seinem aus der Gesamtwürdigung von Inhalt, Beweggrund und Zweck zu entnehmenden Charakter mit den grundlegenden Wertungen der Rechts- und Sittenordnung nicht zu vereinbaren ist (BGH NJW 08, 2027, stRspr), wobei obj und subj Momente zu beachten sind (BGH NJW-RR 98, 591 [vgl aber Rn 10]; stets muss positiv bestimmt werden, gegen welche übergeordneten Wertungen das Rechtsgeschäft verstößt und weshalb seine Wirksamkeit nicht hingenommen werden kann. Es können alle gesetzlichen Gestaltungsinstrumente einschließlich ihrer Kombinationsmöglichkeiten ausgeschöpft werden, auch bei Belastung der Allgemeinheit, wenn nicht Sittenwidrigkeit positiv festgestellt wird (BGH NJW 11, 1586 Tz 18f zum Erbrecht). **Darlegungs- und Beweislast** liegen bei dem, der sich auf die Nichtigkeit nach I beruft, BGH NJW 09, 1495). Richterliches Ermessen hat

9   weiten Spielraum (Mot I 211 f). Einige *Anhaltspunkte* lassen sich geben. **a) Obj sittenwidrig ist aa) nach dem Inhalt** zB Vertrag über öffentl Vorführung des Geschlechtsverkehrs gegen Entgelt (Rn 7), über Zahlung von Bestechungsgeld (BGH 94, 272 f). Auffälliges Missverhältnis von Leistung und Gegenleistung allein genügt nicht (BGH NJW 02, 56 f mN; sa Rn 16); **bb) nach Motiv oder Zweck:** Darlehensvertrag für Religionswechsel; Kaufvertrag über Gift, um Menschen zu ermorden (Darlehensvertrag, Kaufvertrag sind *inhaltlich* indifferent; krit Nüßgens, FS Stimpel, 1985, S 23). **Behindertentestament** (Eltern eines Behinderten ordnen zu dessen Gunsten letztwillig Vor- und Nacherbschaft und Dauertestamentsvollstreckung mit konkreten Verwaltungsanweisungen an) bezweckt, dem Behinderten Vorteile aus dem Nachlass zu verschaffen, ohne dass Sozialhilfeträger auf ihn zugreifen kann. Grundsätzlich nicht sittenwidrig, weil Ausdruck der sittlich anzuerkennenden elterlichen Fürsorge über Tod der Eltern hinaus (st Rspr, BGH 123, 368; 111,

10 36; NJW-RR 05, 369; NJW-RR 06, 223; NJW 11, 1586 Tz 12ff). **b) Ist der Inhalt des RGeschäfts sittenwidrig,** so ist es ohne weiteres nichtig. Da die die Sittenwidrigkeit begründenden Umstände im Geschäftsinhalt liegen, sind sie den Beteiligten notwendig bekannt; ein (weiterer) *subj Tatbestand wird nicht gefordert:* Handeln im Bewusstsein der Sittenwidrigkeit wird nicht verlangt (BGH NJW 94,

11 188; stRspr). **c) Begründet erst Motiv oder Zweck die obj Sittenwidrigkeit,** so setzt das Nichtigkeitsverdikt nach I einen *subj Tatbestand* voraus: Kenntnis oder grobfahrlässige Unkenntnis derjenigen Umstände, aus denen die obj Sittenwidrigkeit ergibt (BGH 146, 301; NJW 04, 3710 [vgl Rn 16]; BAG NJW 11, 632; Flume II § 18, 3); nicht erforderlich ist Schädigungsabsicht oder Bewusstsein sittenwidrigen Handelns (BGH 146, 301). Der subj Tatbestand muss bei allen Beteiligten vorliegen, wenn sich der **Sittenverstoß gegen die Allgemeinheit oder Dritte**

Titel 2. Willenserklärung § 138

richtet (BGH NJW 05, 1491). Sonst wäre zB der Kauf eines Brotmessers, um einen Menschen zu ermorden, auch dann nichtig, wenn der Verkäufer vom Mordplan des Käufers nichts wissen konnte. Richtet sich der **Sittenverstoß gegen den Geschäftsgegner,** so muss der subj Tatbestand nur beim sittenwidrig Handelnden vorliegen (BGH 50, 70). **d) Fallgruppen der Rspr** (scharfe Abgrenzung fehlt). 12 **aa) Knebelungsverträge** beschränken im Übermaß die persönliche oder geschäftliche Handlungsfreiheit (BGH NJW 09, 1136). Sie sind zumindest idR schon dem Inhalt nach sittenwidrig (Folge: Rn 10). Bsp: Bierlieferungsvertrag auf mehr als 20 Jahre (BGH NJW 85, 2695 mN; vgl § 139 Rn 11 [dort allg zur **geltungserhaltende Reduktion überlanger Laufzeit**]); aber keine Sittenwidrigkeit per se einer Bindung von 44 Jahren an Angebot zum Ankauf eines Erbbaugrundstücks bei einem für 99 Jahre bestellten Erbbaurecht (BGH BeckRS 13, 05738). Sittenwidrig: Wettbewerbsverbot, das die Berufsausübung übermäßig beschränkt (BGH NJW-RR 89, 801; 07, 1258, s § 139 Rn 11); Betriebsführungsvertrag von übermäßiger Dauer (BGH ZIP 82, 584); Tankstellen-Stationärvertrag ohne Auflösungsrecht (BGH 83, 316 ff). Als bes Fall eines Knebelungsgeschäfts (aA Gernhuber JZ 95, 1088 mN) kommt die **Mitverpflichtung** eines **vermögens- und einkommensschwachen Ehegatten** (Lebensgefährten, BGH NJW 09, 2672) **oder Kindes** („jungen Erwachsenen"), ausnahmsweise v erwachsenen Geschwistern (BGH 137, 334 f) als Bürge oder Mitschuldner zugunsten des anderen Ehegatten, Lebensgefährten zZ der Haftungsübernahme (BGH 136, 350), der Eltern oder zugunsten von Schwester/Bruder gegenüber einem Kreditinstitut oder einem anderen gewerblichen oder beruflichen Kreditgeber in Betracht (BGH NJW 02, 747). Entscheidend für die Sonderstellung dieser Fallgruppe ist die **emotionale Bindung** zwischen den Mithaftenden als (Mit-)Ursache für die Eingehung der übermäßigen (s u) (Mit-)Verpflichtung als Bürge oder Schuldmitübernehmer (zur möglichen emotionalen Bindung eines GmbH-Gesellschafters an die die GmbH wirtschaftlich beherrschende Person s BGH NJW 02, 956 f; bei **AN-Bürgschaft fehlt** emotionale **Bindung,** möglich aber „Fremdbestimmung" durch Angst, Arbeitsplatz zu verlieren, vgl BGH NJW 04, 162). Auch hier verlangt I eine Gesamtwürdigung aller obj und subj Umstände des Einzelfalls (Rn 11; BGH 136, 355). Grundvoraussetzung für I ist im Missverhältnis zwischen Leistungsfähigkeit und Umfang der Verpflichtung (Celle NJW-RR 06, 132). Das allein genügt nicht für die Sittenwidrigkeit, denn der leistungsschwache Schuldner wird grundsätzlich nicht durch eine Begrenzung der materiellen Haftung, sondern des Vollstreckungszugriffs (ZPO 811 ff, 850 ff) geschützt (s BGH 125, 209 f; krass aA Kothe ZBB 94, 175: Titulierung und Vollstreckung dürften nur für Forderungen aus fairen und akzeptablen Vereinbarungen erfolgen). Der Schuldnerschutz durch eine (mögliche!) **Restschuldbefreiung** (InsO 286 ff, 305 I Nr 2) ist nur schwer in einem langjährigen und komplizierten Verfahren zu erlangen, das seinem Schutzzweck nach nicht dazu dient, eine sittenwidrige und daher nichtige Mithaftungsabrede dem Nichtigkeitsverdikt des I zu entziehen. MaW: Es besteht kein Konkurrenzverhältnis zwischen InsO 286 ff und I (BGH NJW 09, 2674 f mN; Krüger NJW 09, 3408 ff). Nach im Wesentlichen übereinstimmender Ansicht des IX. und XI. ZS des BGH (BGH NJW 03, 968; 05, 972, 975) ist **entscheidend für I** der **Grad des Missverhältnisses** zwischen Leistungsfähigkeit und Verpflichtungsumfang, es muss **krass** sein. Die wirtschaftliche Leistungsfähigkeit richtet sich allein nach dem Leistungsvermögen des Betroffenen (BGH NJW 05, 973; sa NJW 02, 2633 zur Leistungsfähigkeit des Bestellers einer Sicherungsgrundschuld). Für ein krasses Missverhältnis genügt es idR nicht, dass der Betroffene voraussichtlich (dh zZ der Übernahme der Mitverpflichtung) außerstande ist, die laufenden Zinsen aus seinem pfändbaren Einkommen zu zahlen. Diese Überforderung begründet aber die **widerlegliche** tatsächliche **Vermutung,** dass die Mitverpflichtung allein aus emotionaler Verbundenheit mit dem Kreditnehmer übernommen ist und dass die Bank dies in unsittlicher Weise ausgenützt hat (BGH NJW 05, 972, 975; 09, 2672, stRspr; gilt grundsätzlich nicht für mithaftenden oder bürgenden Kommanditisten, BGH NJW 02, 2635; 03, 59 mN). Anderweitige Sicherheitsleistungen des Kredit-

§ 138

nehmers beseitigen nur dann das krasse Missverhältnis, wenn sie das Haftungsrisiko des Mitverpflichteten, rechtlich abgesichert, auf ein vertretbares Maß beschränkt (BGH 151, 319; NJW 09, 2672). Bei Mitabschluss eines Darlehensvertrages keine Sittenwidrigkeit, wenn zwar nur geringes Monatseinkommen, aber erhebliches pfändbares Vermögen besteht (Hamm BeckRS 13, 03931). Sind die **Eigenmittel des Mitverpflichteten** angesichts der hohen finanziellen Belastung praktisch **bedeutungslos** und hat der Gläubiger kein rechtlich vertretbares Interesse am vereinbarten Haftungsumfang, so kann das Sicherungsgeschäft schon wegen seiner wirtschaftlichen Sinnlosigkeit I unterfallen (BGH NJW 00, 363); das Abstellen auf wirtschaftlichen (Un-)Sinn ist freilich problematisch. Das Interesse, sich **vor künftigen Vermögensverschiebungen** zwischen Eheleuten (Lebenspartnern) zu **schützen,** soll an der Sittenwidrigkeit einer den Mitverpflichteten krass überfordernden Mitverpflichtung nichts ändern, es sei denn, dass die Mitverpflichtung den vertraglich festgelegten Zweck hat, Vermögensverschiebungen abzuwehren und/oder künftiges Vermögen des Mitverpflichteten zu erfassen. Die Notwendigkeit vertraglicher Haftungsbegrenzung, um das Verdikt der Sittenwidrigkeit zu vermeiden, sollte nach BGH (IX. ZS) NJW 99, 60 erst für Verträge ab 1.1.1999 gelten. Nach BGH 151, 38 f (XI. ZS, der ab 1.1.2001 anstelle des IX. ZS des BGH für Bürgschaftssachen zuständig ist) gilt das auch für Verträge vor dem 1.1.1999. Eine nur stillschweigend getroffene Beschränkung der Haftung auf eingetretene Vermögensverschiebungen will der BGH (XI. ZS) nur bei aus, vom Kreditgeber darzulegenden und ggf zu beweisenden Anhaltspunkten anerkennen (NJW 02, 2230, 2231). Erlangt der mithaftende Ehegatte (Lebenspartner) auf Grund des Kredits unmittelbare und ins Gewicht fallende **eigene geldwerte Vorteile,** so kann das I ausschließen (BGH NJW-RR 04, 338 mN); Mitwohnen in dem mit dem Kredit erbauten Haus genügt nicht (BGH NJW 00, 1184). Ist der Ehegatte usw „echter" Mitdarlehensnehmer, weil er an der Kreditaufnahme sachlich und/oder persönlich interessiert ist und über die Auszahlung und Verwendung des Kredits gleichberechtigt mitentscheiden darf, so scheidet I aus (BGH NJW 09, 2672 mN). Zur Entwicklung der Rspr S. Braun JURA 04, 474 f; Emmerich JuS 00, 494 f; Tiedtke NJW 01, 1015 ff, insbes 1022 ff. **Fehlt krasse finanzielle Überforderung,** so ist Sittenwidrigkeit der Mitverpflichtung nur auf Grund bes erschwerender und der Bank (Kreditgeber) zurechenbarer Umstände zu bejahen (BGH NJW 01, 2467, 3331). In Betracht kommen (BGH 132, 329 f; NJW 99, 136; 00, 363, je mN): Der Gläubiger verharmlost die übernommenen Pflichten und Risiken, er begründet eine Zwangslage oder nutzt sie oder die Geschäftsunerfahrenheit des dem (Haupt-)Schuldner emotional verbundenen Mitzuverpflichtenden aus, so dass dessen Entscheidungsfreiheit wesentlich eingeschränkt oder ausgeschaltet ist. Eigeninteresse, das I ausschließt, kann durch Verharmlosung des Risikos unbeachtlich werden (BGH NJW-RR 04, 338 f). – Den **Anstoß für die Rspr** zur Sittenwidrigkeit der Mitverpflichtung eines vermögens- und einkommensschwachen Ehegatten (Lebensgefährten) oder Kindes **gab das BVerfG** (BVerfG 89, 232; NJW 94, 2750; 96, 2021; s BGH 151, 320). Es sah hier eine Kollision der den beiden Vertragsteilen (Gläubiger, Mitverpflichteter) durch GG 2 I gewährleisteten Privatautonomie. Eine etwa notwendige Korrektur soll insbes über I erfolgen (BVerfG NJW 96, 2021). Die Annahme kollidierender Grundrechtspositionen und die Lösung der Kollision über I passen nicht zusammen. Für das BVerfG ging es nicht um die Begrenzung der „formalen" Privatautonomie des Stärkeren (dem dient I!), sondern um die Durchsetzung der „materialen" Privatautonomie des Schwächeren (dem dient auch der Hinweis auf das Sozialstaatsprinzip [GG 20 I, 28 I: BVerfG NJW 96, 2021], dazu Medicus, Abschied von der Privatautonomie im Schuldrecht?, 1994, S 17 f); Folge: ein Vertrag ist nach I nichtig, wenn er sich als bloßes Mittel der Fremdbestimmung oder als offensichtlich unangemessener Interessenausgleich darstellt (s BVerfG NJW 96, 2021; Düsseldorf NJW-RR 96, 620). Die den Zivilgerichten zur Durchsetzung dieser „Privatautonomie" abverlangte Inhaltskontrolle *aller* Verträge (Honsell NJW 94, 566) mit Hilfe von I, § 242 ist mit der Gewährleistung von Vertragsfreiheit schwer zu vereinbaren (zutr Canaris,

Titel 2. Willenserklärung **§ 138**

FS Lerche, 1993, S 887), die auch und gerade im einseitigen Stellen von Bedingungen für Individualverträge besteht (anders nach §§ 307, 310 III; zur Inhaltskontrolle von Individualverträgen im Zuge der Umsetzung der RiLi 93/13/EWG instruktiv Schulte-Nölke NJW 99, 3176). Das verschleiert, wer die (angeblich obsolete) „formale" Vertragsfreiheit oder Privatautonomie durch eine „materielle" ersetzt (vgl Kothe ZBB 94, 174 f; Grün WM 94, 714; unklar Schwenzer AcP 196, 101 f). Die Fälle einer Mitverpflichtung einkommens- und vermögensschwacher naher Angehöriger sind also nur der **Anlass zu** einer **grundlegenden Umformung von Vertragsfreiheit** (Privatautonomie) hin **zu** einer **materiellen Vertragsfreiheit.** Integration von Verbraucherschutzgesetzen (s UKlaG 2 II Nr 1) in das BGB befördert dies (kritisch zB Ulmer BB 01/Heft 46 Erste Seite; Adomeit NJW 02, 1622f, inbesond Vorauflage), ebenso die weiter durchgreifende Überformung des Zivilrechts durch EU-RiLi, zB durch die RiLi 93/13/EWG v 5.4.1993 über missbräuchliche Klauseln in Verbraucherverträgen (so Tonner JZ 96, 540 f, sa BB 99, 1772 f, ferner Reich NJW 99, 2398 in und de Fn 12 [zur RiLi 1999/44/EG]; mR abl Medicus, Abschied aaO, S 29 ff). Rechtspolitisch besteht die Aufgabe in der Bewahrung der privatautonomen Selbstbestimmung auf Seiten *beider* Vertragspartner, nicht nur einseitig der des Leistungsanbieters oder der des Leistungsabnehmers. Während jene durch gesetzgeberische Eingriffe bedroht ist, ist diese durch faktische Umstände (Monopolstellung des Anbieters, Angebotsabhängigkeit und Informationsdefizite des Nachfragers) bei Verbrauchern (§ 13) oder kleinen und mittleren Unternehmen (s Empfehlung der Kommission 2003/361/EG vom 6.5.2003 betreffend die Definition der Kleinstunternehmen sowie der kleinen und mittleren Unternehmen - KMU-Empfehlung) eingeschränkt. – Zur problematischen Beschränkung der Vertragsfreiheit durch das **AGG** vgl dort Rn 1 vor § 1. – **Ist I unanwendbar,** so sind uU Rechte aus §§ 123, 311 II (BGH NJW 97, 3231 [Verletzung von Aufklärungspflichten; zu diesen Singer ZBB 98, 141 ff]; Medicus ZIP 89, 821 f; Wagner NJW 05, 2958 f; allg St. Lorenz, Der Schutz vor dem unerwünschten Vertrag, 1997 [dort S 4–14 auch zur Problematik „Sonderprivatrecht Verbraucherschutz versus allg Privatrecht"]) oder „nachträglicher" pVV, § 280 (Knütel ZIP 91, 497 f) gegeben. Zur BürgschaftsRspr des BGH 2001/2002 Tiedtke NJW 03, 1359, seit 2003 NJW 05, 2498. **bb) Ausnutzung wirtschaftlicher Macht,** insbes einer Monopolstellung. **13** Bsp: Preisvereinbarung mit Monopolunternehmen der Energieversorgung (LM Nr 4 [Cc]); Haftungsfreizeichnung (LM Nr 1 [Cc]). **cc) Gläubigerbenachteiligung** **14** **und Kredittäuschung** (vgl BGH 138, 300). Bsp: Übermäßige Sicherungsgeschäfte, die für andere Gläubiger kaum Haftungsobjekte übrig lassen oder, weil bei Rechtsverlust des Sicherungsgebers idR nach außen nicht erkennbar (Übereignung nach § 930; verdeckte Zession!), über dessen Kreditwürdigkeit täuschen (vgl § 930 Rn 55). Ist das Sicherungsgeschäft schon dem Inhalt nach sittenwidrig, so ist es auch ohne Vorliegen eines subj Tatbestands nichtig (Rn 10). **dd) Standesrecht.** Erheblicher **15** Verstoß gegen wesentliche Regeln macht nichtig (BGH DB 84, 611). Alle Umstände des Einzelfalles entscheiden (BGH NJW 10, 1973). Vereinbarung eines Erfolgshonorars durch einen Rechtsanwalt ist nach BRAO 49b II iVm RVG 4a I nur im Einzelfall zulässig, sonst unzulässig, aber nicht total nichtig (§ 134), denn dem Anwalt bleibt der Anspruch auf die ges Gebühren (RVG 4b; BGH NJW 04, 1171 [zum fr Recht]; dem Mandanten bleibt entspr der Anspruch auf Vertragserfüllung und auf Schadensersatz wegen Schlechtleistung, BGH NJW 10, 1366). Zur Sittenwidrigkeit einer anwaltlichen Honorarvereinbarung s BGH NJW 10, 1367. Entgeltliche Vermittlung von Mandanten an Anwalt, von Patienten an Arzt ist wegen Standeswidrigkeit nichtig (Nachw in BGH NJW 99, 2360). **ee) Wucher- 16 ähnliches RGeschäft.** Ein **auffälliges Missverhältnis** zwischen Leistung und Gegenleistung eines auf Leistungsaustausch gerichteten Vertrags *(obj Tatbestand)* allein macht nicht sittenwidrig (BGH NJW 02, 56 f). Hinzukommen muss idR (zu Ausnahmen BGH NJW 04, 3555 mN) ein *subj Tatbestand* als **weitere sittenwidrige Umstände** (BGH NJW 02, 3166), zB eine verwerfliche Gesinnung des durch den Vertrag Begünstigten (BGH NJW 04, 3555; 10, 363), etwa das Bewusstsein oder

Mansel

§ 138
Buch 1. Abschnitt 3. Rechtsgeschäfte

leichtfertige Nichterkennen, dass der andere sich nur wegen seiner schwierigen Lage (sa II) auf das RGeschäft einlässt (BGH NJW-RR 03, 558, stRspr), oder Ausbeuten der schwierigen Lage oder der Unerfahrenheit des Partners für das eigene unangemessene Gewinnstreben (BGH NJW 00, 1255; 02, 56 f). Ein **bes auffälliges** (BGH NJW 04, 3555), bes grobes (BGH NJW 08, 1588) oder grobes, bes krasses (BGH NJW 03, 1861) **Missverhältnis** zwischen Leistung und Gegenleistung lässt auf eine verwerfliche Gesinnung des Begünstigten schließen (**tatsächliche Vermutung,** die (nur) den Beweis der subj Voraussetzungen von I erleichtert BGH NJW 10, 364; die Vermutung kehrt sich um, wenn der Benachteiligte ein Kaufmann oder Selbstständiger, zB ein Landwirt, ist, BGH NJW 91, 1811; 03, 2231), BGH NJW 02, 57, stRspr. Die tatsächliche Vermutung kann erschüttert sein (allg BGH NJW 10, 365), zB wenn der Benachteiligte das Missverhältnis aus freien Stücken akzeptiert (BGH NJW 07, 2842, auch zur Beweislast). Ein solches **Missverhältnis** liegt bei **Kaufverträgen** über Grundstücke und ähnlich wertvolle Mobilien idR vor, wenn der Wert der Leistung knapp doppelt so hoch ist wie der Wert der Gegenleistung (BGH 160, 11 ff [dort auch zu unterschiedlichen Ergebnissen korrekt angewandter Wertermittlungsmethoden; zur Methodenauswahl BGH NJW-RR 08, 1438]; NJW 10, 364), die obj Werte bestimmen sich nach dem Marktpreis zZ des Vertragsschlusses (BGH 154, 159). Bei **Kreditverträgen** besteht nach der BGH-Rspr ein solches Missverhältnis, wenn der geforderte Zins den marktüblichen um relativ 100% (BGH NJW 00, 2669; NJW-RR 00, 1432; Richtwert) oder um absolut 12% übersteigt (BGH 110, 340: Richtwert); dagegen zutr Canaris AcP 00, 303 f: „sozialistische Überregulierung zum Schutz des ‚Schwächeren'„, idR überflüssig wegen Verbraucheraufklärung gem VerbrKrG 4, 1, jetzt § 492. Die tatsächliche Vermutung macht den subj Tatbestand praktisch bedeutungslos (s Nüßgens, FS Stimpel, 1985, S 23 f;

17 das bestreitet BGH NJW 02, 57). **ff) Kommerzialisierung des Intimbereichs.** Bsp Rn 7; BGH NJW 84, 1952, auch 86, 1168 (Elternteil verzichtet auf Umgangsrecht gegen Unterhaltsfreistellung), einschr Frankfurt/M FamRZ 86, 596 f (zweifelhaft); zum „Ersatz-(oder Leih-)Muttervertrag" § 134 Rn 12. „Telefonsex" war (entgegen BGH NJW 98, 2895 f) schon vor Inkrafttreten des ProstG (1.1.2002) nicht sittenwidrig und ist es jetzt erst recht nicht mehr (so jetzt auch BGH NJW 08,

18 140 f, sa Rn 6 [b]). **gg) Abrede,** die auf **Vertragsbruch** zielt (BGH NJW 91, 1952; 99, 2589 für Globalabtretung künftiger Forderungen, die v verlängertem EV erfasst sind; allg BGH NJW 08, 3438). **hh) Schmiergeldversprechen** (-gewährung) für *künftige* Bevorzugung gegenüber Konkurrenten (BGH NJW-RR 90, 443). Der durch Zahlung von Schmiergeld, zB an den Verhandlungsvertreter, zustande gekommene Hauptvertrag ist idR ebenfalls nichtig (BGH NJW 01, 1067). Dazu und zur problematischen Pflicht, Schmiergeldabreden dem Gegner offen zu legen, Kluth/Krauskopf ZGS 09, 401 ff. **ii) Kopplungsgeschäfte; Ämter-, Titel-, Namenskauf.** Erfüllung amtlicher Aufgaben gegen wirtschaftliche Gegenleistung (BGH NJW 99, 209). „Kauf" öffentl Ämter und Titel (BGH NJW 94, 187 f) oder von Adelsprädikaten (BGH NJW 97, 48). **jj)** Überlassung von Internet-Domains (Begriff § 12 Rn 3), die vom Veräußerer auf Grund **Domain-Grabbing** (spekulative Domain-Registrierung) berühmter Namen, Firmen usw mit dem Ziel erlangt sind, dass der Namensträger usw sich die Benutzung des eigenen Namens usw (hier: vom Domain-Erwerber) zurückkauft (BGH NJW 08, 3718 f mN). **kk)** Kauf eines **Radarwarngerätes,** das zur Begehung einer Ordnungswidrigkeit iSv StVO 23 I b dienen soll (BGH NJW 10, 611 mN). **ll) Schneeballsystem.** Es bezweckt, dass die ersten Mitglieder idR sicheren Gewinn erzielen, während spätere Teilnehmer ihren Einsatz verlieren, weil wegen des Vervielfältigungseffekts in absehbarer Zeit keine neuen Teilnehmer mehr gewonnen werden können (BGH NJW 09, 984). Das verstößt gegen die guten Sitten. Entsprechendes gilt für sog **„Schenkkreise",** bei denen Neueintretende Geld-„Schenkungen" an frühere Teilnehmer machen in der Erwartung, von neu zu gewinnenden Teilnehmern „beschenkt" zu werden, was wie beim Schneeballsystem ausgeschlossen ist (s o), München NJW-RR 09,

Titel 2. Willenserklärung § 139

1649; dazu Möller ZGS 10, 348 ff. Zur Rückforderung des „geschenkten" Geldes (§ 812) und dem Nichteingreifen v § 817 S 2 s München aaO.

4. Wucher, II. Konkretisiert I. Mit II ist daher auch I erfüllt (sa BGH NJW 03, 19 1860 f). **a)** Wuchergeschäfte sind gem StGB 291 (nur für den Wucherer) **strafbar** und daher gem § 134 nichtig. Da § 134 dem § 138 vorgeht (BGH NJW 83, 869 f; BAG NJW 93, 2703) und StGB 291 sich mit II deckt, ist **II gegenstandslos** (aA MK/Armbrüster 4). Davon abgesehen, muss die Auslegung von II und StGB 291 gleich sein (s GVG 132 II). **b) Voraussetzungen. aa) Ein Austauschgeschäft** 20 (Vermögensvorteil als Gegenleistung!). Fehlt bei Bürgschaft (BGH NJW 01, 2467 mN) und familienrechtlichen Verträgen (BGH NJW 92, 3165). **bb) Missverhältnis** 21 ergibt sich aus Vergleich der vereinbarten beiderseitigen Leistungen nach ihrem obj Wert (BGH NJW 79, 758). Bei § 779 bestehen die Leistungen im beiderseitigen Nachgeben (BGH NJW 99, 3113). *Auffällig:* Zum „Richtwert" Rn 16; Einzelfallprüfung, zu berücksichtigen ist zB übernommenes Risiko (BGH NJW 82, 2767) in angemessenem Umfang (KG WM 79, 589). **cc) Zwangslage:** erhebliche 22 Bedrängnis (uU von Dritten, BGH NJW 01, 1575) wirtschaftlicher (BGH NJW 94, 1276), politischer, gesundheitlicher (BGH WM 81, 1051) oder sonstiger Art (BGH NJW 91, 1047). **Unerfahrenheit:** fehlende *allg* Lebens- oder Geschäftserfahrung; unzureichend, dass sie nur auf bes Gebieten fehlt (BGH WM 82, 849). **Mangel an Urteilsvermögen:** Unfähigkeit zur Beurteilung der Vor- und Nachteile des Geschäfts (BGH NJW 06, 3056). **Erhebliche Willensschwäche:** Unfähigkeit, eine zutr Beurteilung des Geschäfts in die Tat umzusetzen (BGH NJW 06, 3056). **dd) Ausbeuten:** Betätigung verwerflicher Gesinnung durch bewusstes Ausnutzen 23 der in Rn 22 genannten Umstände in Kenntnis des auffälligen Missverhältnisses der beiderseitigen Leistungen (BGH NJW-RR 90, 1199; stRspr). Bei bes grobem Missverhältnis (nicht schon bei auffälligem, s Rn 16) spricht eine tatsächliche Vermutung für Ausbeutung (BGH NJW-RR 00, 1432 f mN). **c) Ist II nicht voll** 24 **erfüllt,** so kann RGeschäft als **wucherähnlich** nach I nichtig sein (BGH NJW 03, 1861; Rn 16).

5. Wirkung des Sittenverstoßes: *Nichtigkeit.* **a) Verpflichtungs- und Erfül-** 25 **lungsgeschäft.** Sittenwidrigkeit und Nichtigkeit des ersteren ergreift nicht ohne weiteres das letztere (BGH NJW 02, 432; Abstraktionsprinzip, Rn 13 vor § 854). Das Missverhältnis von Leistung und Gegenleistung betrifft nur das Verpflichtungsgeschäft. Das Erfüllungsgeschäft ist *inhaltlich* sittlich indifferent. Nach *Motiv oder Zweck* kann es aber nach hM sittenwidrig sein (vgl BGH NJW 97, 860; NJW-RR 06, 889; OVG Münster NJW 89, 2834 f; Stuttgart BB 96, 2060; Rn 15 vor § 854). Nach II ist auch *Erfüllungsgeschäft des Bewucherten* („gewähren") nichtig, zB Bestellung einer Hypothek oder Grundschuld für Wucherdarlehen (BGH NJW 94, 1275; abl Zimmermann JR 85, 49); das des Wucherers ist es nicht (hM). **b) Bei Teilnichtig-** 26 **keit** gilt grundsätzlich § 139: Der nicht sittenwidrige Teil kann nur bestehen bleiben, wenn das dem mutmaßlichen Parteiwillen entspricht (BGH 41, 170; NJW 09, 838). Vgl ie § 139 Rn 7–12. **c) Gem § 242 soll** ausnahmsweise die **Nichtigkeit außer** 27 **Acht** bleiben: BGH NJW-RR 08, 1050 mN („Treu und Glauben" verdrängt „Sittenwidrigkeit"?!); aA zutr BAG NJW 76, 1959. **d)** Ist der Vertrag wegen Benachteiligung des einen Teils nach I nichtig, und hat der andere Teil den Vertragsschluss herbeigeführt, so kann dieser nach BGH 99, 106 ff auf das **negative Interesse** haften (cic). Ebenso, wenn der Benachteiligte an dem wegen überhöhter Leistung nichtigen Vertrag festhält (kein Anspruch auf Erfüllungsinteresse, da Vertrag nichtig), BGH NJW 96, 1204; zum Wucherkauf § 139 Rn 9. **e)** Zur str Anwendbarkeit der **GoA** bei Nichtigkeit eines Vertrags s § 134 Rn 17 (f).

§ 139 Teilnichtigkeit

Ist ein Teil eines Rechtsgeschäfts nichtig, so ist das ganze Rechtsgeschäft nichtig, wenn nicht anzunehmen ist, dass es auch ohne den nichtigen Teil vorgenommen sein würde.

§ 139

Buch 1. Abschnitt 3. Rechtsgeschäfte

1 **1. Allgemeines. a) IdR** erfasst ein Nichtigkeitsgrund das *ganze* RGeschäft. Dann ist § 139 unanwendbar. Ist aber ein *einheitliches RGeschäft* (Rn 3, 4) *teilbar* (Rn 5–12) und nur ein *Teil nichtig,* so ist gem § 139 grundsätzlich auch der Rest nichtig (widerlegliche Vermutung, BGH BB 00, 1215). Ausnahmen: Rn 13 (b), 14–17. **b) Nichtigkeit.** *Begriff: Rn* 18 vor § 104. *Grund* der (Teil-!)Nichtigkeit ist gleichgültig (aA implizite BGH 45, 379 für Nichtigkeit gem §§ 116 S 2, 117 I; s Rn 13 [b]). Erfasst werden auch rückwirkende Nichtigkeit (§ 142 I; vgl LM Nr 43), endgültige Unwirksamkeit nach Verweigerung notwendiger Genehmigung gem §§ 108, 177, 1829 usw (LM Nr 24), nachträgliche Teilnichtigkeit infolge Gesetzesänderung. Bei schwebender Unwirksamkeit gilt § 139 entspr: Das restliche Geschäft ist idR (noch) nicht wirksam (vgl BayObLG MDR 80, 757; sa BGH NJW-RR 93, 246). Ein Widerruf nach § 355 macht den Vertrag weder nichtig noch unwirksam, sondern wandelt ihn in ein Rückgewährschuldverhältnis um (§§ 357 I 1, 346, 348).

2 **2. Einheitliches RGeschäft. a) Kein Hindernis** ist, dass mehrere RGeschäfte unterschiedlichen Typs (zB Pachtvertrag, Einräumung eines Vorkaufsrechts) bestehen, die die Beteiligung von zT verschiedenen Personen aufweisen (BGH NJW 92, 3238). Rein äußere Verbindung der mehreren Geschäfte (zB in einer Urkunde) begründet Einheitlichkeit nicht (vgl aber u); äußere Trennung (zB durch mehrere Urkunden) schließt sie nicht aus. **Entscheidend ist** der unter Berücksichtigung der Interessen aller Beteiligten und ihres erklärten Willens mit Rücksicht auf die Verkehrssitte (§ 157) zu ermittelnde **Einheitlichkeitswille** der Beteiligten zZ der Vornahme der mehreren Geschäftsakte, dass diese miteinander „stehen und fallen" sollen (BGH NJW 11, 2876 Tz 24; NJW-RR 07, 396 Tz 17 mN, stRspr). Es genügt, dass der Wille des einen Vertragspartners vom anderen erkannt und hingenommen worden ist (BGH NJW 11, 2876 Tz 24; NJW-RR 98, 951). Erforderlich ist Wille zu einer rechtlichen Verknüpfung; ein rein wirtschaftlicher Zusammenhang genügt für sich allein nicht (BGH NJW 11, 2876 Tz 24; NJW-RR 07, 396 Tz 17). Nichtigkeit eines der Verträge bedingt dann Nichtigkeit der Gesamtvereinbarung. Die Aufnahme in *einer* Urkunde begründet „tatsächliche Vermutung" (BGH NJW-RR 88, 351) iSd Anscheinsbeweises für vorhandenen (BGH NJW 87, 2007), die Aufnahme in verschiedene Urkunden für mangelnden Einheitlichkeitswillen (BGH NJW 11, 2876 Tz 24; NJW 92, 3238); Vermutung ist widerlegt bei urkundlicher
3 Verlautbarung des Einheitlichkeitswillens, BGH 104, 22 f). **b) Verpflichtungs- und Erfüllungsgeschäft** sind kein einheitliches RGeschäft iSv § 139, sonst könnten die Parteien das im Ges begründete Abstraktionsprinzip (Rn 13 vor § 854) unterlaufen. Insoweit ist die Parteiautonomie aber begrenzt. Zulässig nur, dass die Parteien bei Zweifeln über das Vorliegen eines gültigen Verpflichtungsgeschäfts dieses zur Voraussetzung des Erfüllungsgeschäfts machen (Rn 16 [a] vor § 854). *Gegen* Anwendbarkeit von § 139: Flume II § 12 III 4, § 32, 2a; Jauernig JuS 94, 724; StGursky § 873, 149; StRoth 54, je mN. *Dafür* (außer für Kausalgeschäfte und Auflassung, BGH 161, 175) „theoretisch" der BGH, s NJW-RR 03, 735: „höchst selten", BGH 161, 175: „ausnahmsweise" (s Jauernig JuS 94, 724); StWiegand § 929, 27 (bei eindeutigem Parteiwillen).

4 **3. Teilbarkeit. a) Der vom Nichtigkeitsgrund nicht betroffene Teil** muss als *selbstständiges RGeschäft* Bestand haben können. Bsp: ein formnichtige Einräumung eines Vorkaufsrechts für die Pachtzeit als einheitliches RGeschäft; Pacht kann als selbstständiges Geschäft bestehen. An der Selbstständigkeit fehlt es, wenn die Erklärung eines Gesamtvertreters (Begriff: § 167 Rn 5) nichtig ist; denn die Erklärungen der anderen können nicht allein bestehen (BGH 53, 214 f). Entspr gilt, wenn bei einem Vertrag (nur) Antrag oder Annahme nichtig ist (zB gem § 105); die gültige Erklärung ist kein selbstständiges RGeschäft, daher ist der Vertrag insgesamt
5 nichtig. **b) Nichtigkeit von Einzelbestimmungen.** Es gilt § 139. **c) Mehrere Beteiligte.** Ist das RGeschäft nur mit einem von ihnen nichtig, so gilt § 139 für das Geschäft mit den anderen (BGH NJW 94, 1471; 01, 3328; einschr BGH NJW 98, 532 f). Ebenso, wenn jemand im eigenen Namen und zugleich unwirksam als

Titel 2. Willenserklärung § 139

Vertreter ohne Vertretungsmacht handelt (BGH NJW 70, 241). **d) Keine Teilbarkeit** 6
und (mögliche) Teilnichtigkeit gem § 139, sondern Totalnichtigkeit ist anzunehmen, wenn der aufrechtzuerhaltende Teil entscheidend vom *Charakter des einheitlichen RGeschäfts abweichen* würde. Daher ist Einsetzung zum Alleinerben des Gesamtvermögens nicht teilbar in Einsetzung zum Miterben eines Vermögensteils (aA BGH 53, 381 ff); die Stellung des Alleinerben unterscheidet sich wesentlich von der des Miterben (vgl nur §§ 2033 II, 2034, 2038 ff). **e) Herabsetzung der sittenwidrig** 7
überhöhten einheitlichen Leistung auf einen angemessenen Umfang **(geltungserhaltende Reduktion)** ist zulässig, wenn der sittenwidrige Teil genau bestimmt und ausgesondert werden kann (sog quantitative Teilbarkeit, BGH 179, 226) und der sittengemäße Rest nach dem mutmaßlichen (hypothetischen) Parteiwillen bestehen bleiben soll (BGH 107, 358; 146, 47 f; 179, 226; allg H. Roth JZ 89, 411 ff; generell gegen geltungserhaltende Reduktion Häsemeyer, FS Ulmer, 2003 S 109 ff). Problematisch sind die Maßstäbe für die Teilbarkeit in einen sittenwidrigen und einen sittengemäßen Teil (vgl BGH 146, 48 zum teilw sittenwidrigen Schuldbeitritt; ferner BGH NJW 09, 1136). Allein die „Vernünftigkeit" einer Teilbarkeit genügt nicht für die Ausnahme eines entspr hypothetischen Parteiwillens, sonst liefe § 139 leer (BGH NJW 09, 1136 f). Bei überlanger Laufzeit (Rn 11) wird von der Rspr im Einzelfall ein „sittengemäßer Zeitraum" gegriffen (was Flume II [1. Aufl] § 32, 2d ablehnte, seit der 2. Aufl aber mit einer [nebulosen] „bestimmten Bindungsgrenze" bejaht). Bei Wucher und wucherähnlichen Geschäften (§ 138 Rn 16, 19) wird Teilbarkeit von der Rspr idR verneint (ie Rn 9–12). Ähnliche Ergebnisse wie eine geltungserhaltende Reduktion erzielt zuweilen eine Billigungsprüfung gem § 315 III 2, die eine Prüfung der Sittenwidrigkeit verdrängt (s BGH NJW 98, 3191 f mN zur Monopolpreiskontrolle; zum Problem Köhler ZHR 137, 237, insbes 253 ff; Kronke AcP 183, 124 ff, je mwN). BVerfG 81, 256 sieht in §§ 138, 242, 315 Normen, die als Übermaßverbote wirken; idS wirkt eine geltungserhaltende Reduktion. **aa) Wucher- und wucherähnliche Geschäfte** können nach hM nicht mit 8
angemessener Gegenleistung aufrechterhalten werden (BGH 68, 207 mN, stRspr; Soe*Hefermehl* 29, 31–33 mwN; aA MK/Lieb § 817, 16 ff). Das trifft nur eingeschränkt zu. Wuchergeschäfte iSv § 138 II sind (bereits) gem § 134 iVm StGB 291 nichtig. Sinn und Zweck des Wucherverbots (StGB 291) fordern nur die Teilnichtigkeit und verlangen dort die Aufrechterhaltung des RGeschäfts, wo der zulässige (angemessene) Preis normativ festgelegt oder zu ermitteln ist (§ 134 Rn 15); sa BGH 107, 358 zur Bedeutung einer vertraglichen oder ges „Vorregelung"). Das Bestehen bleiben zum zulässigen (angemessenen) Preis folgt somit aus dem VerbotsGes, nicht aus § 139 (er ist hier ausgeschlossen, Rn 15). Der **Wucherkauf** ist idR total nichtig, weil der Kaufpreis zumeist nicht normativ zu ermitteln ist (MK/Busche 13) und daher eine Vielzahl von Reduktionsmöglichkeiten besteht (zu einem Ausnahmefall BGH NJW-RR 95, 11: Kauf eines Eigenheims von gemeinnützigem Wohnungsunternehmen; se II. BV 1 I Nr 1, 3). Anders beim **Mietwucher**, soweit Mietpreis normativ feststellbar (Bsp: Wohnungsmiete; sa BGH NJW 04, 1741 mit WiStG 5 II nF [BGH 89, 321 ff ist überholt], StGB 291); andernfalls tritt gem § 139 idR Totalnichtigkeit ein. Beim **Lohnwucher** ist nur die Vereinbarung eines „Hungerlohns" gem §§ 134 (mit StGB 291 I 1), 138 nichtig (BAG BB 04, 1910 ff); die Lücke wird durch § 612 II gefüllt (Entgelt ist normativ zu ermitteln), § 139 greift nicht ein. Beschäftigung eines angestellten Anwalts ist nur zu angemessenen Bedingungen zulässig (BORA 26 I; dazu BGH NJW 10, 1973: Unangemessenheit ist jedenfalls bei einem auffälligen Missverhältnis von Leistung und Gegenleistung anzunehmen (s § 138 Rn 10). Zur Sittenwidrigkeit von Stundenlohn bei Tarifvertrag Mohr BB 08, 1065 ff; sa Bayreuther NJW 07, 2022 f. Zweifelhaft ist, ob in **Wucherdarlehen** ein angemessener Zins aufrechterhalten werden kann. Dafür 9
spricht, dass die auf § 817 S 2 gestützte Übermaßreaktion der hM (BGH NJW 89, 3218 [für §§ 134, 138 I]) vermieden wird, wonach der Bewucherte das Darlehen *unentgeltlich* bis zum (unwirksam vereinbarten) Rückzahlungstermin behalten darf. Andere (zB St*Lorenz* § 817, 12 mN; zur Problematik Bunte NJW 83, 2676 f) wollen

§ 139 Buch 1. Abschnitt 3. Rechtsgeschäfte

das Ergebnis der hM so vermeiden, dass § 817 S 2 seinen Strafcharakter verliert und gem § 818 II marktgerechter Zins zu zahlen ist. Das ist halbherzig; denn damit hält man am Strafcharakter der *Total*nichtigkeit (BGH 68, 207; krit 107, 358) fest, obwohl sie hier weder von § 134 iVm StGB 291 noch von § 138 gefordert wird. Bei Nichtigkeit gem § 134 (§ 138 Rn 19) wegen Wuchers ist § 139 ausgeschlossen (s o), der angemessene Zins ergibt sich aus § 246 (dafür iVm §§ 819 I, 818 IV, 291: BGH NJW 89, 3218 [erst] ab Fälligkeit der einzelnen Rate), HGB 352 I. Bei Nichtigkeit *wucherähnlicher Darlehen* gem § 138 I (§ 138 Rn 16) greift § 139 ein, sa § 494 (aA H. Roth ZHR 153, 440 ff). Zum Problem § 817 Rn 17; Hübner, FS

10 Wieacker, 1978, S 408 f. **bb) Sittenwidrigkeit wegen überlanger Laufzeit** hängt von vertragstypischen und von Umständen des Einzelfalls ab (BGH 143, 115 f), zB ob und in welchem Umfang der Nutznießer der Laufzeit Investitionen zugunsten des anderen Teils geleistet hat, etwa Gewährung eines zinsgünstigen Darlehens (BGH NJW-RR 06, 615 f). Liegt Sittenwidrigkeit vor, so greift § 139 analog ein (Möglichkeit **geltungserhaltender Reduktion;** s allg BGH NJW-RR 07, 1258 f; NJW-RR 09, 1495). So kann überlanger *Bierbezugsvertrag* im Einzelfall auf maximal 20 Jahre begrenzt werden, sofern mutmaßlicher Parteiwille iSv § 139 zu bejahen (BGH NJW-RR 90, 816 mN und dem Hinweis auf RsprTendenzen, unter 20 Jahre zu gehen; NJW 00, 1112 f). Die Laufzeitreduzierung beseitigt das Missverhältnis von Leistung – Gegenleistung, daher bleibt Vertrag iü ("eigentlich" gegen den Parteiwillen; s Rn 13) unverändert (BGH NJW 92, 2146). Laufzeiten aufeinander folgender Verträge werden bei innerem Zusammenhang zusammengerechnet (BGH NJW-RR 90, 816 f; aA Götz BB 90, 1218 ff). Entspr Laufzeitbegrenzung gilt für *Tankstellenbelieferungsvertrag* (BGH NJW 98, 160); für vertragliche Bindung an RA-Sozietät (Düsseldorf NJW-RR 05, 289, 291); für *vertragliches Wettbewerbsverbot*, sofern es nicht weitergehende belastende Regelungen enthält, zB auch in räumlicher oder gegenständlicher Hinsicht das notwendige Maß übersteigt, wenn etwa Konkurrenz- als Tätigkeitsverbot wirkt (dann keine geltungserhaltende Reduktion, BGH NJW 97, 3089 f; NJW-RR 07, 1259 für Freiberufler-Sozietät); für *Ankaufspflicht* im Rahmen eines Erbbaurechtsvertrags (BGH 114, 339); für *Betriebsführungsvertrag* (BGH ZIP 82, 584); für *Dienstvertrag* (BGH NJW 97, 2944); für gesellschaftsvertraglich vereinbartes *unbefristetes Kündigungsrecht* (BGH 105, 220 ff; sa 107, 355 ff); für gesellschaftsvertraglich vereinbartes Hinauskündigungsrecht ohne sachlichen Grund (Reduktion auf maximal 3 Jahre, ie BGH NJW-RR 07, 1258); nicht ohne weiteres

11 für zeitlich unbegrenzten Werkvertrag (BGH NJW-RR 93, 1460 f). Ist die **Laufzeit aus anderen Gründen überlang**, so gilt Entspr: für *Miet- oder Pachtvertrag*, der auf eine iSv § 1822 Nr 5, § 1643 I genehmigungsfreie Zeit herabsetzbar ist (LM Nr 24); für *Lebensversicherungsvertrag* (BGH 28, 83 f verneint generell nur den hypothetischen Parteiwillen, nicht die Teilbarkeit, zu beidem Rn 8), sa VVG 11 I. Sa ges Laufzeitbegrenzung (20 Jahre) für Wegenutzungsverträge in EnWG 46 II.

12 **4. Wirkung. a) IdR Totalnichtigkeit,** HS 1. Grund: Das als Ganzes gewollte RGeschäft soll nicht als ungewollter Torso den Parteien aufgedrängt werden (BGH NJW-RR 02, 1527). **b) Ausnahmsweise** bleibt der vom Nichtigkeitsgrund nicht betroffene Teil bestehen, wenn ihn die Parteien nach ihrem *mutmaßlichen Willen* zZ der Vornahme des RGeschäfts (BGH NJW-RR 89, 801), dh in Kenntnis der Nichtigkeit und im Hinblick auf den mit dem RGeschäft erkennbar verfolgten Zweck, vernünftigerweise vorgenommen hätten (zur Lage bei Beschränkung des sittenwidrigen Übermaßes [Rn 8] s Lindacher BB 83, 156). Andernfalls – dh wenn die Aufrechterhaltung des restlichen Geschäfts trotz der salvatorischen Klausel vom Parteiwillen (ermittelt nach §§ 133, 157) nicht getragen wird (BGH NJW 10, 1661; sa Rn 14) – ist das restliche Geschäft ebenfalls nichtig (vgl LM Nr 42). Vermutlicher Parteiwille ist nur relevant, wenn *wirklicher Parteiwille* nicht erkennbar (BGH NJW 94, 1653). *Wirklicher Wille* ist erkennbar bei Vorsorge für Teilnichtigkeit (salvatorische [Erhaltungs-]Klausel): „Rest soll gelten" wandelt Vermutung der Totalnichtigkeit in die der Restgültigkeit um, mit Verlagerung der Darlegungs- und Beweislast

Titel 2. Willenserklärung § 140

auf die Partei, die das RGeschäft in toto für nichtig hält (BGH NJW 07, 3203; 10, 1366; sa Rn 14). Der wirkliche Wille ist auch erkennbar bei Vereinbarung einer Ersetzungsklausel (eine nichtige Bestimmung ist durch eine solche zu ersetzen, die dem wirtschaftlich Gewollten in zulässiger Weise am nächsten kommt, BGH NJW 05, 2226) oder bei Abschluss in Kenntnis der Teilnichtigkeit (Keim NJW 99, 2866 ff). Im letztgenannten Fall aA die hM (RG 122, 140 ff; BGH 45, 379 mN; abw BGH NJW 76, 238; 95, 449): § 139 sei unanwendbar, weil kein teilnichtiges, sondern insoweit nur ein Schein-RGeschäft (Rn 17 vor § 104) vorliege; die Folgen dieser unzutr Ansicht versuchen BGH NJW 75, 205 f; 85, 2423 zu korrigieren. Bevorzugt die Teilnichtigkeit nur den einen Vertragspartner, so hat der andere die (entspr § 350 befristet vorzunehmende) Wahl, beim teilgültigen Vertrag stehenzubleiben oder für Totalnichtigkeit zu optieren, sog *Vorteilsregel* (ie Ulmer, FS Steindorff, 1990, S 799 ff; BGH NJW 09, 1137: Berufung auf § 139 verstieße gegen § 242).

5. Ausschluss. a) Soll **nach dem wirklichen Parteiwillen** (Rn 13) der Rest 13 bestehen bleiben, so führen nur bes Umstände zur Totalnichtigkeit, allg BGH NJW-RR 97, 685 (Bsp: Teilnichtigkeit wegen Sitten- oder Gesetzwidrigkeit [BGH NJW 94, 1653; 00, 1335]; trotz salvatorischer Klausel deckt Parteiwille nicht das Restgeschäft [BGH NJW 96, 774; 10, 1661]). Entscheidend ist der Zweck der Verbotsnorm; daher kann trotz Verstoßes das Restgeschäft bestehen bleiben (Bsp: BAG BB 04, 447 f, entspr § 117 Rn 5; allg § 134 Rn 15 und u Rn 15). **b) Für Erbrecht** 14 Sonderregeln in §§ 2085, 2298. **c) Wortlaut, Sinn und Zweck** der Nichtigkeitsanordnung können die Aufrechterhaltung des restlichen Geschäfts gebieten (vgl BGH 89, 319 f; BAG ZGS 03, 325 f); dann ist § 139 nur aus anderen Gründen anwendbar (BGH 71, 39 f). Aufrechterhaltung ist geboten bei Verstoß gegen Vorschriften, die den *Schutz eines Vertragsteils* vor bestimmten Vertragsklauseln bezwecken, ihm iü aber den Vertrag erhalten wollen (Bsp: §§ 276 III, 444, 475 I, 536d, 547 II, 551 IV, 557a (BGH NJW 06, 2697), 571 III, 572 II, 573c IV, 574 IV, 639; 611a, 612 III, 612a; HGB 89 [BGH 40, 239]; AGG 21 IV). Hier tritt an die Stelle des teilnichtigen Geschäfts das zwingende Ges. Für **AGB** gilt § 306 (vgl dort), ebenso für **Verbraucherverträge** iSv § 310 III (vgl dort). – Zum Ausschluss von § 139 bei *Verstoß gegen Preisvorschriften* vgl § 134 Rn 15, bei *Wuchergeschäften* Rn 9. **d) Bei autonom** 15 **geschaffenen normähnlichen Regelungen** lässt Teilnichtigkeit die sinnvolle, in sich geschlossene Restregelung unberührt, so bei *Tarifverträgen* (BAG BB 86, 1777); *Betriebsvereinbarungen* (BAG DB 84, 723); Satzungen und anderen körperschaftsrechtlichen *Vereinsnormen*, zB einer Ehrengerichtsordnung (BGH 47, 179 ff); *Gesellschaftsverträgen* (vgl Ulmer NJW 79, 85 mN). **e) Gem § 242** kann die Berufung auf § 139 16 treuwidrig und unzulässig sein, zB Berufung auf § 139 wegen Nichtigkeit einer Bestimmung, die bei der Vertragsdurchführung irrelevant war (BGH NJW 91, 107), ferner Rn 13.

§ 140 Umdeutung

Entspricht ein nichtiges Rechtsgeschäft den Erfordernissen eines anderen Rechtsgeschäfts, so gilt das letztere, wenn anzunehmen ist, dass dessen Geltung bei Kenntnis der Nichtigkeit gewollt sein würde.

1. Allgemeines. Umdeutung (Konversion) gem § 140 dient, wie die Aufrechter- 1 haltung eines teilnichtigen Geschäfts (§ 139), der *Durchsetzung des mutmaßlichen Parteiwillens* (LM Nr 9), begrenzt durch den feststehenden wahren Parteiwillen (Rn 5). Liegen die Voraussetzungen (Rn 2–5) vor, so gilt das umgedeutete RGeschäft kraft Ges, nicht erst auf Grund richterlichen Gestaltungsakts (BAG NJW 02, 2973; schief BGH 19, 273 f; unentschieden LM Nr 4).

2. Voraussetzungen. a) Nichtigkeit (Begriff: Rn 18 vor § 104) des gesamten 2 RGeschäfts (Unterschied zu § 139: dort [zunächst] *Teil*nichtigkeit; erst wenn sie, wie

§ 140

idR, zur *Total*nichtigkeit wird, ist § 140 anwendbar). § 140 erfasst auch angefochtene (§ 142 I; aA MK/Busche 14 mN), ferner ehemals schwebend, jetzt endgültig unwirksame Geschäfte (BGH 40, 222 f). Ist das RGeschäft wegen Formverstoßes nichtig, so ist Umdeutung nur möglich, wenn damit der Formzweck nicht vereitelt wird (BGH NJW 80, 2517 zu GWB 34 aF). Tritt Nichtigkeit ein, weil der mit dem RGeschäft erstrebte Erfolg von der Rechtsordnung missbilligt wird (Hauptfälle: §§ 134, 138), so ist Umdeutung ausgeschlossen, sonst bliebe die rechtliche Missbilligung praktisch wirkungslos. Einer Umdeutung unzugänglich sind anfechtbare (aber nicht angefochtenen), schwebend oder relativ unwirksame sowie bestätigte (§ 141)
3 Geschäfte. **b) Auslegung geht Umdeutung vor.** Daher ist Nichtigkeit erst zu bejahen und Umdeutung möglich, wenn Auslegung (§§ 133, 157) nicht zu einem
4 gültigen, wenn auch uU anfechtbaren Geschäft geführt hat. **c) Das nichtige RGeschäft** muss *alle wesentlichen Merkmale* des anderen, zulässigen (BGH NJW-RR 04, 874) RGeschäfts, in das umgedeutet werden soll, mit (annähernd) gleichen, aber nicht weitergehenden Wirkungen wie das nichtige aufweisen (BGH NJW 86, 2945).
5 **d) Das umgedeutete RGeschäft** (Rn 4) muss dem *mutmaßlichen Parteiwillen* zZ der Vornahme des nichtigen Geschäfts (BGH NJW 80, 2517) entsprechen. Zu *bejahen*, wenn die Parteien bei Kenntnis der Nichtigkeit und im Hinblick auf den mit dem nichtigen Geschäft verfolgten Zweck das umgedeutete Geschäft vernünftigerweise vorgenommen hätten (vgl LM Nr 8); ausschlaggebend ist der Wille der durch die Umdeutung benachteiligten Vertragspartei (BayObLG NJW-RR 99, 621). Zu *verneinen*, wenn feststeht, dass auch nur eine Partei das umgedeutete Geschäft nicht wollte (BGH 19, 273 f; sa 174, 47), insbes auf Grund eindeutiger Erklärungen bei Abschluss des nichtigen Vertrags (LM Nr 8), oder dass die Parteien die Nichtigkeit kannten (vgl BGH 125, 364).

6 **3. Bsp. Umdeutung bejaht:.** Pfandrechtsbestellung an Hypothek in vertragliches Zurückbehaltungsrecht am Hypothekenbrief (RG 66, 26 f); Erbschaftskauf (§§ 2371 ff) in Erbauseinandersetzung gem § 2042 (RG 129, 123); Schuldbeitritt in selbstschuldnerische Bürgschaft (BGH 174, 46); OHG-Vertrag in BGB-Gesellschaftsvertrag (BGH 19, 272 ff); Zusage von Grundstücksmit- und Wohnungseigentum in Einräumung eines Dauerwohnrechts (LM Nr 4); Übertragung des Erbanteils bei Lebzeiten des Erblassers (§ 311b IV) in Erbverzicht zugunsten der ins Auge gefassten Erwerber des Erbanteils (LM Nr 9); Erbvertrag in Schenkung unter Lebenden (BGH NJW 78, 423 f; krit Schubert JR 78, 289 f; Tiedtke NJW 78, 2572 ff) oder Testament (BayObLG NJW-RR 96, 8); Abtretung in Einziehungs- (BGH NJW 172, 72 f) oder Kündigungsermächtigung (BGH NJW 98, 897 f), sa § 894 Rn 8, § 985 Rn 10, § 1059 Rn 7; unzulässige Voraus- in zulässige Pauschalzahlung von Betriebskosten (BGH NJW 11, 1222 Tz 17); unwirksame außerordentliche in ordentliche Kündigung eines Arbeits- (BAG NJW 02, 2973 f; zur materiell- und prozessrechtlichen Problematik Schmidt NZA 89, 661 ff), Dienst- (BGH NJW-RR 00, 988 mN), Gesellschafts- (BGH NJW 98, 1551) oder Pachtvertrags (BGH NJW 81, 977), fristlose in ordentliche Kündigung eines Mietvertrags (BGH NJW 03, 3054; nicht bei fester Vertragslaufzeit BGH NJW-RR 04, 874; Rn 4), jeweils bei eindeutig erklärtem Willen, die Zusammenarbeit
7 auf jeden Fall aufzulösen. IdR **verneint:** unberechtigte fristlose Kündigung eines Mietvertrags in Angebot eines Aufhebungsvertrags (BGH NJW 81, 977); generell verneint: einseitige formnichtige rechtsgestaltende Willenserklärung (nach NutzungsentgeltVO 6 aF) in annahmebedürftiges Angebot zum Abschluss einer Vereinbarung (BGH NJW-RR 07, 1383); nichtige Verschmelzung in Vermögensübertragung (BGH NJW 96, 660); Umdeutung kann erforderliche Zuständigkeit der Hauptversammlung einer Gesellschaft nicht begründen, daher keine Umdeutung einer entschädigungslosen Ausschlussmöglichkeit durch Kündigung auf Grund einer schuldrechtlichen Abrede (BGH NJW-RR 13, 410 Tz 20); sa § 1008 Rn 2. – **Keine Verallgemeinerungen,** jeder Fall ist auf seine Eigenheiten hin zu prüfen.

§ 141 Bestätigung des nichtigen Rechtsgeschäfts

(1) **Wird ein nichtiges Rechtsgeschäft von demjenigen, welcher es vorgenommen hat, bestätigt, so ist die Bestätigung als erneute Vornahme zu beurteilen.**

(2) **Wird ein nichtiger Vertrag von den Parteien bestätigt, so sind diese im Zweifel verpflichtet, einander zu gewähren, was sie haben würden, wenn der Vertrag von Anfang an gültig gewesen wäre.**

1. Allgemeines. § 141 beruht darauf, dass ein nichtiges RGeschäft bei späterem Wegfall des Nichtigkeitsgrundes nichtig bleibt (vgl Rn 18 vor § 104).

2. Voraussetzungen. a) Nichtigkeit (Begriff: Rn 18 vor § 104) des RGeschäfts (Grund gleichgültig, § 142 I genügt). Entspr Anwendung bei Unwirksamkeit durch Genehmigungsverweigerung, zB nach § 177 Rn 6 (BGH NJW 99, 3705). **b) Bestätigung durch Neuvornahme** des nichtigen RGeschäfts seitens derjenigen, die es ursprünglich abgeschlossen haben, I. Neuvornahme bedeutet: **aa) Weder der alte noch ein neuer Nichtigkeitsgrund** darf vorliegen. Bei Nichtigkeit gem § 134 darf daher das ges Verbot (BGH 11, 60), bei § 138 der Sittenverstoß nicht mehr bestehen (BGH NJW 82, 1981 f; s aber § 138 Rn 3). **bb) Formvorschriften** sind bei Neuvornahme einzuhalten, auch wenn das fr RGeschäft die vorgeschriebene Form gewahrt hat und deshalb keine Formnichtigkeit vorliegt (BGH NJW 85, 2580). AA StRoth 16 mit 1, 13, da „Bestätigung" nur die Wirkung einer Neuvornahme habe; insoweit zust BGH NJW 99, 3705. **cc) Alle sonstigen Tatbestandsmerkmale** (zB Willensübereinstimmung beim Vertrag, BGH NJW 99, 3705) und Wirksamkeitsvoraussetzungen des RGeschäfts (Rn 3 vor § 104) müssen vorliegen. **c) Bestätigungswille** setzt bei allen Beteiligten zumindest Zweifel an der Gültigkeit des RGeschäfts voraus (BGH 140, 173; BAG NJW 05, 2334), nicht nur bei schlüssiger Bestätigung (so aber BGH 138, 348). Der Wille muss nach außen erkennbar in Erscheinung treten. Das ist unproblematisch bei *ausdr Bestätigung* (zB Neuvornahme eines formgebundenen Geschäfts), problematisch bei Bestätigung durch (zulässiges, BGH 11, 60) *schlüssiges Verhalten* (Problem: Abgrenzung zum Festhalten an unerkannt nichtigem Geschäft). Hier muss Verhalten für alle Beteiligten eindeutig als Bestätigung des nichtigen RGeschäfts zu verstehen sein (BGH NJW 71, 1800). Daran fehlt es, wenn das Verhalten anders, zB als bloße Erfüllung des unheilbar nichtigen Geschäfts, erklärt werden kann (RG 150, 389 f).

3. Wirkung. a) Erst ab Neuvornahme (Bestätigung) wirkt das bestätigte RGeschäft für die Zukunft (BAG NJW 05, 3596). **b) II gibt Auslegungsregel** für Verträge, wonach sich die Parteien iZw so zu stellen haben, wie sie bei anfänglicher Gültigkeit stünden (schuldrechtliche Rückwirkung: BAG aaO).

4. Abgrenzungen. Keine Bestätigung iSv § 141 sind **a) Heilung** durch Erfüllung (§§ 311b I 2, 518 II; vgl § 125 Rn 12), die keinen Bestätigungswillen (Rn 4) verlangt; **b) Bestätigung** eines anfechtbaren, also (noch) nicht nichtigen RGeschäfts (§ 144 mit § 142 I); **c) Genehmigung** schwebend unwirksamer RGeschäfte (§ 184), die idR durch Dritte geschieht (§ 182; abw zB § 108 III); **d) Ergänzung** eines unvollständigen RGeschäfts, zB nach Entdeckung eines versteckten Dissenses (§ 155).

§ 142 Wirkung der Anfechtung

(1) **Wird ein anfechtbares Rechtsgeschäft angefochten, so ist es als von Anfang an nichtig anzusehen.**

(2) **Wer die Anfechtbarkeit kannte oder kennen musste, wird, wenn die Anfechtung erfolgt, so behandelt, wie wenn er die Nichtigkeit des Rechtsgeschäfts gekannt hätte oder hätte kennen müssen.**

§ 143 Buch 1. Abschnitt 3. Rechtsgeschäfte

1 **1. Allgemeines zur Anfechtung. a) Begriff** der Anfechtbarkeit: Rn 22 vor § 104. **b) Teilanfechtung** nur bei Teilbarkeit des RGeschäfts iSv § 139 (dort Rn 5, 6) möglich, BGH NJW 10, 290. Ob Teil- oder Totalnichtigkeit eintritt, bestimmt § 139 (BGH BB 83, 928). **c)** Zu Irrtum, Täuschung, Drohung bei **Verpflichtungs- und Erfüllungsgeschäft** vgl § 123 Rn 18. **d)** Zur Bedeutung und Durchbrechung des **Abstraktionsprinzips** bei Nichtigkeit des Verpflichtungsgeschäfts gem I vgl Rn 13–16 vor § 854. **e) Anfechtbarkeit nichtiger RGeschäfte:** Rn 22 vor § 104. **f)** Anfechtung wegen Irrtums/arglistiger Täuschung ist nach § 242 ausgeschlossen, wenn die Rechtslage des Getäuschten zZ des Anfechtungserklärung durch den Irrtum/die Täuschung nicht (mehr) beeinträchtigt ist (BGH 178, 29); sa Rn 3.

2 **2. Vor erklärter Anfechtung.** Anfechtbares RGeschäft ist gültig (Rn 22 vor § 104). Anfechtbarkeit gewährt einem (mit-)haftenden Dritten, nicht dem Anfechtungsberechtigten (§ 143 Rn 1), ein Leistungsverweigerungsrecht (Einrede), vgl §§ 770, 1137, 1211, HGB 129 II, 130 I, 161 II, 176, PartGG 8 I 2. Mit Ablauf der Anfechtungsfrist erlöschen Anfechtungsrecht und Einrede. Zum *Ausschluss* der Anfechtung wegen Irrtums (§ 119) nach § 242 s § 119 Rn 4 (ff); zum Ausschluss der Nichtigkeit(sfolgen) gem § 242 s Rn 3.

3 **3. Nach wirksamer Anfechtung.** RGeschäft ist idR (s Rn 22 vor § 104) als *von Anfang an* (dh rückwirkend, *ex tunc*) *nichtig* anzusehen, **I.** Das bedeutet: Von nun an ist das RGeschäft so zu bewerten, als sei es seit jeher nichtig. Die Nichtigkeit wirkt absolut; zB verliert der Zessionar die Forderung, wenn der Forderungserwerb seines Zedenten von dessen Zedenten wirksam angefochten wird. Einseitige Wiederherstellung des nichtigen RGeschäfts durch Zurücknahme der Anfechtung ist ausgeschlossen (RG 74, 3), möglich aber durch Anfechtung der Anfechtungserklärung. Die **Berufung auf die Nichtigkeit** verstößt gegen **Treu und Glauben**, wenn der Gegner das bereits angefochtene RGeschäft so, wie vom Irrenden (§ 119) gemeint, gelten lässt (das entspricht dem Ausschluss der Anfechtung vor deren Erklärung, § 119 Rn 4 [ff]). Das gilt nicht, wenn gem § 123 angefochten ist (sa BGH NJW 00, 2894 für Wegfall des Anfechtungsgrundes). – Zur Bestätigung des wirksam angefochtenen Geschäfts vgl § 141.

4 **4. Anfechtung von Verfügungsgeschäften.** Anfechtung nimmt dem Verfügungsempfänger (zB Zessionar, Eigentumserwerber) rückwirkend die Berechtigung. Verfügt er bereits vor der Anfechtung zugunsten eines Dritten weiter, so ist er in diesem Zeitpunkt Berechtigter, erst ab Anfechtung wird er rückwirkend Nichtberechtigter (Rn 3). Daher kann der Dritte zZ der Verfügung nicht bösgläubig bzgl der Berechtigung sein. Deshalb macht **II** zum *Gegenstand der Bösgläubigkeit* die Anfechtbarkeit des (später angefochtenen) RGeschäfts. Erwerb ist aber auch über II nur möglich, soweit Erwerb vom Nichtberechtigten vorgesehen ist (zB §§ 892 f, 932 ff, 1138, 1155, 1207 f, 1244), für Forderungen und andere Rechte (§ 413) also nur ausnahmsweise (Bsp: § 2366). Die *subj Voraussetzungen* der Bösgläubigkeit (Kenntnis, schuldhafte Unkenntnis) bestimmen sich nach den entspr anzuwendenden Vorschriften über den Erwerb vom Nichtberechtigten, so dass zB bei §§ 892, 2366 nur Kenntnis, bei § 932 auch grobfahrlässige Unkenntnis der Anfechtbarkeit schadet (BGH NJW-RR 87, 1457).

5 **5. Anfechtung von Verpflichtungsgeschäften.** II hat Bedeutung für §§ 819 I, 818 IV (Mangel des rechtlichen Grundes = Anfechtbarkeit des Verpflichtungsgeschäfts).

§ 143 Anfechtungserklärung

(1) **Die Anfechtung erfolgt durch Erklärung gegenüber dem Anfechtungsgegner.**

Titel 2. Willenserklärung **§ 144**

(2) **Anfechtungsgegner ist bei einem Vertrag der andere Teil, im Falle des § 123 Abs. 2 Satz 2 derjenige, welcher aus dem Vertrag unmittelbar ein Recht erworben hat.**

(3) **¹Bei einem einseitigen Rechtsgeschäft, das einem anderen gegenüber vorzunehmen war, ist der andere der Anfechtungsgegner. ²Das Gleiche gilt bei einem Rechtsgeschäft, das einem anderen oder einer Behörde gegenüber vorzunehmen war, auch dann, wenn das Rechtsgeschäft der Behörde gegenüber vorgenommen worden ist.**

(4) **¹Bei einem einseitigen Rechtsgeschäft anderer Art ist Anfechtungsgegner jeder, der auf Grund des Rechtsgeschäfts unmittelbar einen rechtlichen Vorteil erlangt hat. ²Die Anfechtung kann jedoch, wenn die Willenserklärung einer Behörde gegenüber abzugeben war, durch Erklärung gegenüber der Behörde erfolgen; die Behörde soll die Anfechtung demjenigen mitteilen, welcher durch das Rechtsgeschäft unmittelbar betroffen worden ist.**

1. Allgemeines. Vgl zunächst § 142 Rn 1. *Anfechtungsberechtigt* ist idR nur der 1 Irrende, Getäuschte, Bedrohte; abw §§ 166 I, 318 II 1, 2080, 2285. *Anfechtungsfristen:* §§ 121, 124, 318 II 2, 3; 2082, 2283. Sonderregeln in §§ 1955, 2081, 2282, 2308 II.

2. Voraussetzungen. Anfechtungserklärung ist formfreie, empfangsbedürf- 2 tige Willenserklärung (Begriff Rn 8 vor § 104), I. Sie ist Ausübung eines Gestaltungsrechts, daher bedingungs- (§ 158 Rn 11) und befristungsfeindlich (§ 163 Rn 3); Eventualanfechtung zB für den Fall (in eventum), dass das RGeschäft gültig sein sollte, ist zulässig (BGH NJW 91, 1674; ferner § 121 Rn 2). Mit Ausübung **erlischt** das Recht. Die Erklärung muss eindeutig erkennen lassen, dass das RGeschäft *wegen eines Willensmangels* von Anfang an (ex tunc, str; aA MK/Busche 3) nicht gelten soll (nur so ist schlüssige Anfechtungs- von schlüssiger Rücktrittserklärung zu unterscheiden, vgl RG 105, 207 f); das Wort „Anfechtung" muss nicht fallen (BGH 91, 331 f). Str ist, ob die Erklärung nur bei **Angabe des Anfechtungsgrundes** wirksam 3 ist (vgl MK/Busche 7 ff). Bejaht man das, so ist das „Nachschieben" anderer Gründe eine weitere Anfechtung (mit eigener Frist!). Abl zum Nachschieben mit Rücksicht auf den Anfechtungsgegner bei angegebenen oder erkennbaren Gründen BAG NJW 08, 940 mN.

3. Anfechtungsgegner. a) Bei einem Vertrag der andere Teil (bei mehreren 4 Personen: alle, vgl BGH 137, 260), Ausnahme bei § 123 II 2: **II. b) Bei einseitigen** 5 **empfangsbedürftigen** RGeschäften der Empfänger, **III 1**, auch wenn RGeschäft wahlweise gegenüber Behörde vorgenommen werden konnte und wurde, **III 2** (Bsp §§ 875 I 2, 876 S 3, 1183 S 2). **c) Für einseitige nicht empfangsbedürftige** 6 RGeschäfte (zB § 959) vgl **IV 1.** Für *amtsempfangsbedürftige* RGeschäfte vgl **IV 2 HS 1**; Mitteilung nach HS 2 ist keine Wirksamkeitsvoraussetzung.

§ 144 Bestätigung des anfechtbaren Rechtsgeschäfts

(1) **Die Anfechtung ist ausgeschlossen, wenn das anfechtbare Rechtsgeschäft von dem Anfechtungsberechtigten bestätigt wird.**

(2) **Die Bestätigung bedarf nicht der für das Rechtsgeschäft bestimmten Form.**

1. Allgemeines. Vgl zunächst § 142 Rn 1. Bestätigung betrifft ein *gültiges RGe-* 1 *schäft,* da Anfechtung nicht erfolgt ist (BGH WM 79, 237). Bestätigung gilt daher (abw von § 141) nicht als Neuvornahme, s Rn 2 (b).

2. Bestätigung. a) Sie ist ein RGeschäft (einseitig; nichtempfangsbedürftig; 2 formfrei, II), das ersichtlich in Kenntnis oder im Bewusstsein der Möglichkeit eines Anfechtungsrechts (BGH 129, 377) vorgenommen wird. An die Ersichtlichkeit und damit an das Vorliegen einer Bestätigung sind im Falle *schlüssigen Verhaltens* strenge Maßstäbe anzulegen, jede andere nach den Umständen einigermaßen verständliche Bedeutung des Verhaltens muss ausscheiden (BGH NJW 10, 3363, str; sa § 141 Rn 4). Die Bestätigung muss zwar nicht dem Anfechtungsgegner (§ 143) gegenüber erklärt werden (RG 68, 399 f, hM; aA MK/Busche 4 mN), aber ihm, nicht nur einem Dritten, erkennbar sein (sa Windel AcP 199, 442 f). **b) Bestätigung als Ausschluss der Anfechtung (I) wirkt** wie ein Verzicht auf das Anfechtungsrecht (RG 68, 400). Das Recht erlischt (LM Nr 16 zu § 123), soweit Bestätigung reicht (BAG NJW 91, 2725).

Titel 3. Vertrag

Vorbemerkungen

1   **1. Anwendungsbereich.** Die §§ 145–156 enthalten Vorschriften über das Zustandekommen von Verträgen jeder Art. Zum schrittweisen Vertragsschluss auf Grund von „Letter of Intent" s Lutter, Der Letter of Intent, 3. Aufl 1998.

2   **2. Begriff des Vertrags.** Der Vertrag ist der *Hauptfall des mehrseitigen RGeschäfts*. **a) Er besteht** in jedem Fall aus (mindestens) *zwei aufeinander bezogenen* (korrelierenden) *Willenserklärungen* (Antrag, Annahme), die den wesentlichen Vertragsinhalt, sog essentialia negotii, zumindest bestimmbar machen (durch Rückgriff auf ges Regelung; HGB 375; §§ 315 ff; ergänzende Vertragsauslegung, § 157). Zum Vertragsschluss bei **Internet-Auktion** § 156 Rn 1. Zum Vertrag(sschluss) im **elektronischen Geschäftsverkehr** § 312e; dazu Paal JuS 10, 954 f). Grundsätzlich gelten für elektronische Vertragsschlüsse dieselben Regeln wie für gewöhnliche Abschlüsse 3 (MK/Busche 37 vor § 145). Zum **Fernabsatzvertrag** §§ 312b, 312c. **b) Weitere Tatbestandsmerkmale** müssen zuweilen hinzutreten, damit der beabsichtigte Rechtserfolg eintritt, zB Übergabe (§ 929 S 1), Eintragung (§ 873 I); vgl Rn 2 vor § 104.

4   **3. Vertragstypen.** Die Typen der Verträge lassen sich unter verschiedenen Gesichtspunkten kategorisieren. **a) Nach dem Sachgehalt:** Schuldverträge (vgl § 305), sachenrechtliche (insbes die dingliche Einigung, § 873 Rn 17, § 929 Rn 4), familienrechtliche (zB § 1408), erbrechtliche (§§ 1941, 2346). **b)** Zur vertraglichen **Verpflichtung und Verfügung** vgl Rn 9, 10 vor § 104. Zur Untergliederung 5 der Verpflichtungsverträge vgl Rn 4 vor § 433. **c)** Vom **Hauptvertrag** sind zu unterscheiden (vgl Henrich, Vorvertrag, Optionsvertrag, Vorrechtsvertrag, 1965), Terminologie schwankt (BGH 97, 151 f): **aa) Der Vorvertrag** (Ritzinger NJW 90, 1201 ff): Er verpflichtet zum Abschluss des Hauptvertrags, der Schuldvertrag sein muss (BGH NJW-RR 92, 977). Vertragliche Verpflichtung zu einer Verfügung ist Hauptvertrag (Karlsruhe NJW 95, 1562 mN). Ist der Hauptvertrag ges formbedürftig, um vor Übereilung zu schützen (Warnfunktion: § 125 Rn 3 [aa]), so ist es auch der Vorvertrag (BGH 61, 48; NJW 06, 2844; gilt zB nicht für Mietvorvertrag, BGH NJW 07, 1817 zu § 566 aF = § 550 nF). Für vereinbarte Form gilt § 154 II. Der Inhalt des Hauptvertrags muss auf Grund des Vorvertrags mindestens gem §§ 133, 157, 315 ff (str) bestimmbar sein (vgl Bremen NJW-RR 95, 1453), so dass Leistungsklage auf Abschluss des Hauptvertrags (Annahme eines noch abzugebenden Angebots, BGH NJW 01, 1286) erhoben werden kann und muss (BGH NJW-RR 94, 1272 f); ist der Hauptvertrag im Vorvertrag vollständig ausformuliert, so ist auf Annahme des vorgelegten Angebots zu klagen (BGH NJW 01, 1273). Mit der Klage auf Abschluss des Hauptvertrags kann Klage auf künftige Leistung aus abzuschließendem Hauptvertrag verbunden werden (BGH NJW 01, 1286). Das alles ist sehr kompliziert (s nur BGH NJW 06, 2845) wird aber kaum praktisch, da (Auslegung!) idR sofort der Hauptvertrag, selten ein Vorvertrag geschlossen wird (BGH NJW-RR 89, 801; 92, 977). UU können Ansprüche, die sich idR (BGH NJW 86, 2824)

Titel 3. Vertrag **Vor § 145**

erst aus dem Hauptvertrag ergeben, schon auf Grund des Vorvertrags bestehen (BGH NJW 72, 1190 f für Auflassungsanspruch; NJW 90, 1233 für Erfüllungsinteresse). **bb) Der Optionsvertrag** gewährt ein Gestaltungsrecht, durch einseitige Willenserklärung das vereinbarte Rechtsverhältnis in Wirkung zu setzen oder zu verlängern (BGH 94, 31). Das ist ein bes Vertragstyp, kein durch die Erklärung aufschiebend bedingter Hauptvertrag (§ 158 Rn 4). Mangels klarer abw Abrede erlischt Optionsrecht durch Ausübung (BGH NJW-RR 95, 714). Die Form des Optionsvertrags richtet sich nach der des Hauptvertrags. Die Gestaltungserklärung ist formbedürftig, wenn es auch die Vertragserklärung des Optionsberechtigten ist, wichtig zB für §§ 518 I, 766 S 1 (vgl Larenz, SchR II 1, § 44 IV 3). AA (auf der Grundlage eines formbedürftigen aufschiebend bedingten Hauptvertrags) für die einseitige Erklärung LM Nr 16 zu § 433 (dazu BGH 71, 280); NJW 06, 2844: formfrei. Vom Optionsvertrag ist *bindendes Vertragsangebot* zu unterscheiden (oft Optionsrecht genannt); Annahme ist formbedürftig, wenn für sie oder den Vertrag Form vorgeschrieben (vgl BGH NJW 75, 1170 f mit abw Terminologie). **cc) Der Rahmenvertrag** 6 7 eröffnet auf Dauer angelegte Geschäftsverbindung, legt Einzelheiten künftiger Verträge fest, ohne dass auf deren Abschluss geklagt werden könnte, da Bestimmtheit idR fehlt, doch kann Nichtabschluss pVV (§ 280 I) des Rahmenvertrags sein (BGH NJW-RR 92, 978).

4. Der Vertrag in der Privatrechtsordnung. Der Vertrag ist das wichtigste 8 Mittel zur Verwirklichung der Privatautonomie, dh zur – hier: einverständlichen – Selbstgestaltung von Rechtsverhältnissen. Das Grundrecht auf Selbstbestimmung (GG 2 I: allg Handlungsfreiheit, BVerfG NJW 05, 2365) wird in der **Vertragsfreiheit** konkretisiert (BVerfG NJW 05, 2365; zur Einschlägigkeit von GG 9 I, 12 I, 14 Cornils NJW 01, 3758 zu BVerfG GRUR 01, 266 mN). Sie war schon vor dem GG nicht grenzenlos (s §§ 138, 242, 826). Heute gewährleistet das GG sie (nur) in den Schranken der verfassungsmäßigen Ordnung, zu der für den Bürger jede formell und materiell verfassungsmäßige Rechtsnorm gehört (BVerfG 6, 38). Die Selbstbestimmung durch Vertrag(sschluss) ist notwendig verbunden mit der Selbstbindung durch den geschlossenen Vertrag. Zur Problematik der Begrenzung von Vertragsfreiheit (Privatautonomie) s § 138 Rn 12; AGG Rn 4 vor § 1. Die Kehrseite der Vertragsfreiheit ist die unbeschränkte Vermögenshaftung (BGH 107, 102). Vertragsfreiheit erscheint als die Freiheit, einen Vertrag (nicht) zu schließen, ihn aufzulösen und inhaltlich zu gestalten: *Abschlussfreiheit und Inhaltsfreiheit.* Beide erfahren *Begrenzungen.* **a) Einschränkungen der Abschlussfreiheit** werden auf mehreren 9 Wegen erreicht. **aa) Unmittelbarer Abschlusszwang** (Kontrahierungszwang). Für wichtige Bereiche der Daseinsvorsorge besteht **kraft Ges** die Pflicht zum Vertragsschluss, zB im Bereich des Personen- und Gütertransports (AEG 10; PBefG 22, 47 IV; LuftVG 21 II 3), Versorgung mit Strom und Gas (EnWG 1, 17, 18, 36), Pflichtversicherung (PflVG 5 II, IV; SGB XI 110 I Nr 1; VVG 113 ff), ges gebotene Vertretung oder Beratung durch Rechtsanwalt (BRAO 48 ff), Benutzung öffentl Einrichtungen der Gemeinde durch deren Einwohner (zB bwGemO 10 II 2; sa Rn 10). Nach BVerfG 86, 129 ff soll an sich nicht bestehender Anspruch auf Arbeitsvertragsschluss durch GG 5 I 1 begründet werden; aA mR Boemke NJW 93, 2083 ff; sa AGG 15 VI (kein Abschlusszwang); Aufnahmezwang nach AGG 18 II iVm 7 I; Zwang zur Zugangsöffnung nach GWB 19 IV Nr 4. Weitere Ges (zT aufgehoben) bei Kilian AcP 180, 53 f. **bb) Unmittelbarer Abschlusszwang** soll 10 über aa hinaus allg für Unternehmen mit einem **faktischen Monopol** bestehen, die im Rahmen *öffentl Daseinsvorsorge* (Rn 19) geschaffen oder staatlich konzessioniert sind, um lebensnotwendige Leistungen für die Bevölkerung zu erbringen (ie str, BGH NJW 90, 762 f). Grundlage: Gesamtanalogie zu den ges Regelungen (Rn 9) iVm dem Verfassungsprinzip des sozialen Rechtsstaats. *Abzulehnen:* Der so angestrebte allg Abschlusszwang besteht weitestgehend kraft bes Ges (Rn 9), iü ist er zu vage. So ist zB ein allg Recht zum Besuch städtischer Museen, Theater, Bibliotheken (dafür PalEllenberger 10) unvereinbar mit den GemOen, die das Recht

Vor § 145

nur den Einwohnern als Äquivalent für die sie treffenden Gemeindelasten und anderen Aufgaben in der Gemeinde einräumen (vgl zB bwGemO 10 II, V).

11 **cc) Mittelbarer Abschlusszwang** besteht, wo Ablehnung des Vertragsschlusses sittenwidrige Schädigung iSv § 826 ist und somit gem § 249 zur Naturalrestitution, dh zum Vertragsschluss, verpflichtet (hM; nach aA begründet die Sittenwidrigkeit einer Ablehnung allein den (unmittelbaren) Abschlusszwang, s Larenz, SchR I, § 4 I a). So insbes bei Missbrauch einer *Monopolstellung* oder erheblicher wirtschaftlicher und sozialer Macht (sa Rn 12) aber, da sittenwidrige Schädigung nötig, nur, soweit es um Güter, Leistungen oder Rechtspositionen geht, die für den anderen Teil von (nicht unbedingt: lebens-)wichtiger Bedeutung und anderweit nicht erhältlich sind, und wenn die Ablehnung des Vertragsschlusses willkürlich, zur Erlangung bes Vorteile oder zwecks Schädigung erfolgt. Bsp: Aufnahmepflicht für Verein mit Monopolstellung (BGH 63, 284 f). Auch Anspruch aus §§ 280 I, 311 II, 249 möglich.

12 **dd) Mittelbarer Abschlusszwang** für Unternehmen gem **GWB** 19–22, 33 iVm § 249 (hM; krit zur Schadensersatzkonstruktion Larenz, SchR I, § 4 I a, vgl Rn 11). Bsp: Ablehnung der Aufnahme durch Berufs- oder Wirtschaftsverband (GWB 20 VI; sa § 38 Rn 2), Gewährung des Zugangs zu Infrastruktureinrichtungen (GWB 19 IV Nr 4), Abschluss eines Liefervertrags (BGH 49, 98 f verurteilt sofort und nur zur Lieferung, wenn Angebot des anderen Teils vorliegt). Zu der gebotenen Differen-

13 zierung von Anbieter und Nachfrager BGH 101, 81 ff. **ee) Ges verfügter Eintritt** in bestehendes Vertragsverhältnis, zB §§ 565, 566, 578, 581 II, 593a S 1, 593b, 613a. **ff) Diktierter Vertrag,** dh Begründung eines privatrechtlichen Vertragsverhältnisses durch Staatsakt (vgl LM Nr 1 zu § 284). Bsp: Mietvertragsübernahme anlässlich

14 Scheidung, § 1568a III, LPartG 17. **b) Abschlusszwang kann Auflösungsbefugnis begrenzen.** Bsp: Bei Aufnahmepflicht hat Verein kein Recht zur Ausschlie-

15 ßung, nur zur Kündigung aus wichtigem Grund (§ 25 Rn 5). **c) Einschränkungen der Inhaltsfreiheit: aa) durch ges Typenzwang,** insbes im Sachenrecht (Rn 3 vor § 854), Familien- und Erbrecht; **bb) durch zwingendes Recht,** das insbes dem *Schutz des anderen Teils* dient, insbes im Wohnungsmiet-, Reise-, Telekommunikationsrecht, Recht der Pflegeversicherung (SGB XI 23 VI, 110 I Nr 2), Arbeitsrecht, Recht der Verbraucherkredits und der AGB; hierzu gehören auch die Vorschriften, die den angemessenen Preis einer Leistung normativ festlegen oder bestimmbar machen (zur Problematik § 134 Rn 15, § 139 Rn 9, 10); **cc) durch staatliche Genehmigungsvorbehalte** (s § 182 Rn 7), zB für Beförderungstarife; **dd) allg Grenzen** in §§ 134, 138 (s dort Rn 12), 226, 242, 826.

5. Faktische Vertragsverhältnisse. Lit: Esser AcP 157, 86; Gudian JZ 67, 303; Haupt, Über faktische Vertragsverhältnisse, 1943; Köhler JZ 81, 464; Lambrecht, Die Lehre vom faktischen Vertragsverhältnis, 1994; Larenz NJW 56, 1897; Lehmann NJW 58, 1; Siebert, Faktische Vertragsverhältnisse, 1958; Wieacker, FS OLG Celle, 1961, S 263.

16 Unter „faktischen Vertragsverhältnissen" verstand Haupt (aaO) Vertragsverhältnisse, die nicht durch Vertrag, dh rechtsgeschäftlich, sondern durch tatsächliche Vorgänge begründet werden, so dass rechtsgeschäftlich bedingte Nichtigkeits- und Anfechtungsgründe weitgehend ebenso entfallen wie die Problematik der Willensmängel und der Schutz nicht voll Geschäftsfähiger. Die von Haupt erörterten Fragen

17 sind, abgewandelt, heute noch in drei Bereichen aktuell. **a) Beim fehlerhaften Arbeitsvertrag** ist die Relevanz von Nichtigkeits- und Anfechtungsgründen stark

18 eingeengt; vgl ie Rn 5 vor § 611. **b) Bei der vollzogenen fehlerhaften Gesellschaft** (§§ 705 ff; OHG, KG) führt die Geltendmachung der Nichtigkeit ebenso wie die Anfechtung des Gesellschaftsvertrags idR (BGH 75, 217 f zu § 134) ebenfalls nur zur Beendigung der bis dahin wirksamen Gesellschaft für die Zukunft; vgl

19 § 705 Rn 19, 20. **c) Die Daseinsvorsorge** als Sorge für elementare Lebensbedürfnisse ist eine öffentl Aufgabe (aber mit zunehmender Privatisierung), insbes in den Bereichen Transport, Verkehr, Nachrichtenübermittlung, Wasser- und Energieversorgung, Entsorgung (zu Aktivitäten der Kommission der EU zur Verrechtlichung der Leistungen der Daseinsvorsorge s Ruge ZRP 03, 353 ff). Soweit das Verhältnis

Titel 3. Vertrag § 145

zum Benutzer öffentl-rechtlich organisiert ist, sind privatrechtliche Nichtigkeits- und Anfechtungsgründe weitgehend unbeachtlich. Ein ähnliches Ergebnis (mangelfreier Vertragsschluss) wird heute idR auch bei privatrechtlicher Organisation des Massenverkehrs erreicht, und zwar durch Objektivierung der „Willens"-Erklärung, Auslegung tatsächlichen Verhaltens als rechtsgeschäftliche Äußerung und Zurückdrängen der Anfechtbarkeit bei Willensmängeln. Weitergehend sollen Vertragsangebote auch durch **sozialtypisches Verhalten** angenommen werden können (BGH 20 21, 333 ff; 23, 177 f). Damit will der BGH „den bes Verhältnissen des Massenverkehrs" (NJW-RR 87, 938; sa 91, 176 f) und der „öffentl Daseinsvorsorge" (BGH 113, 33) gerecht werden. IdS soll in dem Leistungsangebot des Versorgungsunternehmens für Strom, Gas, Wasser, Fernwärme eine sog **Realofferte** zum Abschluss eines Versorgungsvertrags mit dem Grundstückseigentümer liegen (sofern nicht der Abnehmer der Versorgungsleistung bereits anderweit feststeht), das von diesem konkludent angenommen werde (BGH NJW 09, 913). Es handele sich hier um die „normierende Kraft der Verkehrssitte, die dem sozialtypischen Verhalten der Annahme der Versorgungsleistungen den Gehalt einer echten Willenserklärung zumisst" (BGH NJW-RR 05, 640 mN). Das ist schon deshalb unzutr, weil Willensmängel und fehlende Geschäftsfähigkeit des Entnehmers unbeachtlich sein sollen (s Rn 16 zu Haupt aaO). Insgesamt ist die Lehre vom sozialtypischen Verhalten mit dem BGB unvereinbar. Das gilt auch für die – mit dem sozialtypischen Verhalten eng verknüpfte (Köhler aaO S 464) – Annahme der hM (BGH 95, 399 mN), dass die *ausdr* Erklärung des mangelnden Bindungswillens als *protestatio facto contraria* unbeachtlich und folglich das tatsächliche Verhalten als schlüssige Willenserklärung zu verstehen sei (vgl BGH NJW-RR 05, 640, stRspr mN). Die Erklärung ist jedoch mit Rücksicht auf die Privatautonomie beachtlich, wenn sie *ausdr vor oder gleichzeitig* mit dem tatsächlichen Verhalten erfolgt; dann greifen §§ 812 ff ein (Köhler aaO S 467 mN; zur Haftung auf die tarifmäßige Vergütung vgl BGH 55, 130 ff). Für Unbeachtlichkeit der Erklärung eines **Bahn-Schwarzfahrers** Weth JuS 98, 795 ff mN; eine klare Unterscheidung der Sachverhalte fehlt. Wer beim Betreten der Bahn lauthals verkündet, entgegen den Beförderungsbedingungen (für Straßenbahnen VO v 27.2.1970 § 6) nicht zahlen zu wollen, hat kein Recht auf Beförderung (PBefG 22 Nr 1) und wird an die Luft gesetzt (VO aaO § 6 V). Ein Vertrag kommt nicht zustande (kein Recht auf Beförderung!). Das ist selten und für die Verkehrsbetriebe unproblematisch (verkannt von Weth aaO S 796 sub b); schädlich sind nur die schweigenden, nicht entlarvten Schwarzfahrer, die zwar konkludent einen Beförderungsvertrag geschlossen haben (ihr entgegenstehender Wille ist irrelevant, § 116 S 1; übergangen von Weth aaO), aber nicht zahlen (wollen); sa Düsseldorf NJW 00, 2120 f und Frankfurt/M NJW 10, 3107 ff, je zu StGB 265a.

6. AGB. Zur Bedeutung und Problematik s § 305 Rn 1. 21

§ 145 Bindung an den Antrag

Wer einem anderen die Schließung eines Vertrags anträgt, ist an den Antrag gebunden, es sei denn, dass er die Gebundenheit ausgeschlossen hat.

1. Vertragsantrag (Angebot, Offerte). a) Er ist notwendig empfangs- 1 bedürftige Willenserklärung (Begriff Rn 8 vor § 104), aber nicht selbst RGeschäft, sondern unvollständiger Tatbestand eines solchen (Rn 6, 16 vor § 104). **b) Inhalt,** 2 **Gegenstand und Vertragspartner** müssen im Antrag so *bestimmt* oder gem §§ 133, 157, 315 ff so bestimmbar angegeben sein, dass Annahme durch schlichtes „Ja" möglich ist (BGH NJW 06, 1972; BAG NJW 08, 937). Sonst liegt kein Antrag vor; zum Antrag *ad incertas personas* Rn 3. **c) Schlüssige Erklärung** ist (nur) bei *formfreiem* Antrag möglich. **d) Ob Aufforderung zur Abgabe** eines Antrags (invi- 3 tatio ad offerendum) **oder Antrag** vorliegt, ist Auslegungsfrage (Rn 12 vor § 116; ges Regelung in § 156: Aufforderung zur Abgabe eines Antrags als Bieter, BGH

§ 145

138, 342); Antrag an den jeweiligen Grundstückseigentümer ausreichend bestimmt (BGH BeckRS 13, 05738 Tz 13). Antrag kann *ad incertas personas* gerichtet sein (§ 929 Rn 4; BGH NJW 02, 364); zur str Rechtslage nach dem AGG s dort § 2 Rn 10, 11. Die Art des Rechtsgeschäfts bestimmt Grad der erforderlichen **Bestimmtheit**. Bei alltäglicher sofort zu erbringender Massendienstleistung ohne vom Leistungsanbieter abhängige individuelle Merkmale (zB Herstellung Telefonverbindung) reicht es aus, wenn Anbieter (zB der Verbindungsdienstleistung) nicht individualisiert ist, aber Leistung angenommen wird (zB durch Bedienen des Telefons) (s BGH NJW 06, 1972 Tz 12). – Versandkataloge, Preislisten, Anzeigen in Zeitungen und auf Plakaten, Theaterspielpläne (RG 133, 391), Speisekarten, TV- und Internet-Shopping (Taupitz/Kritter JuS 99, 840 f; AG Butzbach NJW-RR 03, 54 f; allg: teleshopping, Köhler NJW 98, 185 ff) sind idR Aufforderungen, keine Anträge (aA Kimmelmann/Winter JuS 03, 532 ff: Auslegungsfrage), da obj der Bindungswille fehlt (doch können Katalogangaben, zB Maße, durch Bezugnahme im Antrag und unbeschränkte Annahme Vertragsinhalt werden). Prospektangaben von Reiseveranstaltern binden diese idR (BGB-InfoV 4). Bloße Aufforderung ist auch die **Warenauslage im Schaufenster,** die in PAngV 4 I vorgeschriebene Preisauszeichnung ändert daran nichts (BGH NJW 80, 1388; hM), auch nicht der Hinweis auf Schlussverkauf oder sonstigen Sonderverkauf (str). Gleiches gilt für Warenauslage im Regal des **Selbstbedienungsladens:** Antrag liegt erst im Vorzeigen der Ware an der Kasse, Annahme in der Preisfeststellung durch die Registrierkasse, nach aA schon mit Vorzeigen an der Kasse oder erst mit Bezahlung (s Beckmann NJW-CoR 00, 45 mN). Zum **Selbstbedienungstanken** Rn 7. Im Zweifel Bindungswillen eines Bieters auch hinsichtlich der Nebenangebote, die er mit Hauptangebot ordnungsgemäß iSd Vergabebedingungen (zB VOB/A 2009 § 13 I

4 1, II) vorlegt (BGH NZBau 11, 439 Tz 6) **e) Antrag ist** mit Wirksamwerden (§ 130 Rn 4–12) **bindend** (vorbehaltlich HS 2, Rn 5), dh nicht einseitig durch Antragenden widerruflich (sa § 873 Rn 18) oder abänderbar und erlischt erst gem § 146. Bindung begründet vorvertragliches Vertrauensverhältnis; Verletzung der Sorgfaltspflichten bei Behandlung des Antrags kann schadensersatzpflichtig machen, § 278 anwendbar (RG 107, 242 f). Infolge Bindung des Antragenden liegt es allein am Antragsempfänger, ob durch sein „Ja" der Vertrag zustandekommt. Diese Rechtsposition des Empfängers ist ein Gestaltungsrecht (str; Bezeichnung bedeutungslos). Sie kann im Einzelfall (Auslegung, §§ 133, 157) übertragbar (§ 413), pfänd-

5 bar und vererblich sein; iZw bezieht sich der Antrag nur auf den Empfänger. **f) Ausschluss der Bindung** (HS 2) bedeutet idR, dass es sich um eine Aufforderung, nicht um einen Antrag handelt (Rn 3; BGH NJW 96, 919 f). Liegt ausnahmsweise ein Antrag vor, so kann er bis zur wirksamen Annahme einseitig widerrufen werden (str, vgl BGH NJW 84, 1885 f; NJW-RR 04, 953 [auch zu weiteren Modifikationen von Antragswirksamkeit und -dauer], je mN). Ausschluss muss spätestens gleichzeitig mit dem Antrag zugehen, sonst ist Bindung bereits eingetreten.

6 **2. Einzelfälle. a) Zusendung unbestellter Waren** ist idR Antrag auf Abschluss eines Kaufvertrags und – bei Annahme – auf Übereignung. Durch Schweigen kommt idR kein Vertrag zustande (vgl Rn 9, 10 vor § 116). Der Empfänger ist zu nichts verpflichtet; so § 241a I für den Fall, dass Empfänger ein Verbraucher (§ 13), Lieferant ein Unternehmer (§ 14) ist. Bei Lieferung berufs- oder gewerbebezogener Sachen an Selbstständigen (§ 13 Rn 2) hat sich die Rechtslage nicht geändert, sie entsprach und entspricht – entgegen der hM – weitgehend dem § 241a: Der Nicht-Verbraucher ist ebenfalls zu nichts verpflichtet, auch nicht zur Verwahrung (aA LM Nr 77 zu § 1 UWG; für Haftungsminderung entspr §§ 300 ff Flume II § 35 II 3 aE; MK/Baldus 17 vor § 987 [für §§ 987 ff]). Zusendung ist rechtswidriger Einbruch in geschützte Individualsphäre (vgl LM Nr 77 zu § 1 UWG; sa BGH NJW 89, 2820), gegen die sich Empfänger (auch, oft nur) durch Wegwerfen der Ware schützen kann (zust Windel AcP 199, 448 f; NK/Schulze 7). Dem Recht des Empfängers zum Wegwerfen entspricht auf Seiten des Lieferanten, dass in der Zusendung

Titel 3. Vertrag **§§ 146, 147**

zugleich sein Angebot auf kostenlose Übereignung liegt, bedingt durch Ablehnung eines Kaufvertrags; nur dann ist die Rechtswidrigkeit der Zusendung eliminiert. Dem entspricht die Praxis seit und wegen LM Nr 77 zu § 1 UWG. Ein Kaufvertrag (und die Übereignung, s o) kommt erst durch Bezahlung der unverlangt gelieferten Sache zustande. Zur ausgeuferten Problematik s § 241a mit Anm, zur strafrechtlichen Sicht Reichling JuS 09, 111 ff. **b) Zum Aufstellen von Warenautomaten** als Angebot ad incertas personas vgl § 929 Rn 4. **c) Beim Selbstbedienungstanken** 7 liegt in der Freigabe der Zapfsäule das stets zugangsbedürftige Angebot, im Einfüllen die nicht zugangsbedürftige Annahme (§ 151 Rn 1) für Kauf und Einigung gem § 929 S 1 (BGH NJW 11, 2871 Tz 13 = JuS 11, 929 mAnm Faust; so implicite auch BGH NJW 84, 501 für den Kaufvertrag; ohne Stellungnahme BGH NJW 83, 2827; Köln NJW 02, 1059). Ein EV scheidet aus (aA Westermann § 37, 4; Lange/Trost JuS 03, 963 ff), da ein Bar-, kein Kreditkauf vorliegt und das Benzin zum alsbaldigen Verbrauch bestimmt ist (s Bunte JA 82, 325). **d)** Zur **Warenauslage** im Schaufenster und Selbstbedienungsladen vgl Rn 3. **e)** Zum Vertragsabschluss durch **Buchungseingabe auf Internetseite** s BGH NJW 13, 598 mN, dazu § 133 Rn 11. **f)** Wird öffentl-rechtlich zB für Abfallentsorgung und Straßenreinigung ein **Anschluss- und Benutzungszwang** angeordnet, dann kommt privatrechtliches Nutzungsverhältnis regelmäßig durch **Realofferte** (tatsächliche Leistungsgewährung) und Annahme (durch die Entgegennahme der Leistungen) zustande (BGH NJW 12, 1949 Rn 11 mN).

§ 146 Erlöschen des Antrags

Der Antrag erlischt, wenn er dem Antragenden gegenüber abgelehnt oder wenn er nicht diesem gegenüber nach den §§ 147 bis 149 rechtzeitig angenommen wird.

1. Erlöschensgründe. Antrag erlischt durch Ablehnung (§ 146), Fristablauf 1 (§§ 147–149, 151 S 2, 152 S 2), Widerruf des nicht bindenden Antrags (§ 145 Rn 5), sa §§ 153, 156 S 2. Zum Fristenlauf BGH NJW 10, 2874; § 148 Rn 9. **a) Ablehnung** ist formfreies, einseitiges, empfangsbedürftiges RGeschäft; zur Ablehnungsfrist § 308 Nr 1. Modifizierende Annahme gilt als Ablehnung, § 150 II. Beschränkt Geschäftsfähiger bedarf der Zustimmung des ges Vertreters (ie § 111 Rn 3–5), weil Ablehnung nicht lediglich rechtlichen Vorteil bringt (§ 107; vgl § 145 Rn 4). **b) Antrag an Abwesenden** erlischt mit Ablauf gesetzter Frist (§§ 148, 151 S 2, 2 152 S 2) oder des Normalfrist (§ 147 II). Antrag an **Anwesenden** erlischt, wenn er nicht sofort (§ 147 I) oder in gesetzter Frist (§ 148) angenommen wird.

2. Wirkung. Mit Erlöschen existiert der Antrag rechtlich nicht mehr (zutr BGH 3 NJW 10, 2874). Verspätete Annahme gilt als neuer Antrag, § 150 I. Annahme nach Ablehnung kann Antrag sein (§§ 133, 157).

§ 147 Annahmefrist

(1) ¹**Der einem Anwesenden gemachte Antrag kann nur sofort angenommen werden.** ²**Dies gilt auch von einem mittels Fernsprechers oder einer sonstigen technischen Einrichtung von Person zu Person gemachten Antrag.**

(2) **Der einem Abwesenden gemachte Antrag kann nur bis zu dem Zeitpunkt angenommen werden, in welchem der Antragende den Eingang der Antwort unter regelmäßigen Umständen erwarten darf.**

1. Vertragsannahme. a) Sie ist idR empfangsbedürftige Willenserklärung 1 (Begriff Rn 8 vor § 104). Empfangsbedürftigkeit (Zugangsbedürftigkeit), nicht Erklärung der Annahme entfällt gem §§ 151, 152 (str, vgl § 151 Rn 1). **b) Inhalt:** 2

§ 147 Buch 1. Abschnitt 3. Rechtsgeschäfte

3 uneingeschränkte Bejahung des unveränderten Antrags, sonst § 150 II. **c) Schlüssige Erklärung** ist (nur) bei *formfreier* Annahme möglich (BGH MDR 82, 993).
4 **d) Bloßes Schweigen** enthält idR keine Annahme (dazu allg Rn 9, 10 vor § 116), auch nicht im kaufmännischen Verkehr (BGH NJW 95, 1281). *Ausnahmen:* **aa) Beredtes Schweigen:** Kraft Auslegung oder Parteiabrede ist Schweigen als Annahme aufzufassen. Bsp: Schweigen auf Vertragsangebot in bestimmter Frist gilt nach Parteiabrede als Annahme (BGH NJW 75, 40, s aber § 308 Nr 5); uU ebenso Schweigen durch Antragenden auf verspätete Annahme (§ 150 I; BGH NJW-RR 99, 819) oder Schweigen auf Antrag nach umfassenden einverständlichen Vorverhandlungen (unklar BGH NJW 95, 1281 f; 96, 920: Schweigen als Annahme oder Annahme gem § 151 S 1; s Scheffer NJW 95, 3166 ff; sa § 151 Rn 1). **bb)** Annahme kraft ges **normierten Schweigens.** Bsp: § 516 II 2, HGB 362. **cc) Kontrahierungszwang** macht Annahme unvermeidlich (LM Nr 1 zu § 284; einschr Bydlinski JZ 80, 379). Ie Rn 9–12 vor § 145. **dd) Treu und Glauben** fordern Ablehnung des Angebots (BGH NJW 81, 44; sa BB 86, 554; zweifelhaft). **ee) Schweigen auf kaufmännisches Bestätigungsschreiben** (ie Rn 5, 6). **ff) Kein Vertragsschluss** gem § 663, BRAO 44, aber Nicht-Annahme (BGH NJW 84, 867) des Antrags ist unverzüglich (§ 121 I 1) zu erklären, sonst ggf Schadensersatzpflicht.

5 **2. Kaufmännisches Bestätigungsschreiben. a) Allgemeines.** Unter gewerblich tätigen Unternehmern („Kaufleuten") und anderen Personen (insbes Freiberuflern), die wie ein solcher Unternehmer in größerem Umfang am Rechtsverkehr teilnehmen (BGH NJW 87, 1941), ist es Brauch, dass ein mündlich, fernmündlich, telegraphisch, fernschriftlich oder durch Telefax bereits geschlossener Vertrag schriftlich bestätigt wird (zur Bestätigung per E-Mail Ernst NJW-CoR 97, 167); selten beruht das Schreiben auf einer Formabrede, dann gilt § 154 II (vgl BGH NJW 64, 1270). Stimmt das Bestätigungsschreiben mit dem abgeschlossenen Vertrag überein, so hat es nur prozessuale Bedeutung als Beweismittel (vgl BGH NJW 64, 1270). Weicht es ab, so kann ihm materiellrechtliche Bedeutung zukommen (Rn 6).
6 **b) Entspricht das Schreiben nicht dem Vertrag,** so wird dieser grundsätzlich entspr dem Schreiben abgeändert oder ergänzt, wenn der Empfänger nicht widerspricht (zur nachträglichen Einbeziehung von *AGB* su und § 305 Rn 21). Bestand entgegen dem Schreiben in Wahrheit **noch kein** (wirksamer) **Vertrag,** so kommt er bei widerspruchsloser Hinnahme des Bestätigungsschreibens mit dessen Inhalt zustande (BGH NJW 94, 1288), sofern die ges (BGH NJW 81, 2247) oder vereinbarte Form eingehalten ist und andere Gültigkeitsmängel (zB §§ 134, 138) fehlen (BGH NJW-RR 91, 1290). Das gilt auch, wenn für den Empfänger des Schreibens bei den Vertragsverhandlungen ein vollmachtloser Vertreter gehandelt hat (BGH NJW 07, 988). Das Bestätigungsschreiben muss sich zeitlich und inhaltlich unmittelbar an (fern-)mündliche, telegraphische, fernschriftliche oder gefaxte Vertragsverhandlungen, die stattgefunden haben (BGH NJW 90, 386), anschließen (BGH JZ 67, 575) und eindeutig den (behaupteten) Vertragsschluss wiedergeben (BGH NJW 72, 820); seine Vollständigkeit wird tatsächlich vermutet (BGH NJW-RR 86, 393). Das Schreiben darf vom Inhalt der Besprechungen nicht so weit abweichen, dass der Absender vernünftiger- oder redlicherweise nicht mit dem Einverständnis des Empfängers rechnen konnte (BGH NJW 94, 1288; NJW-RR 01, 680 f); das gilt auch für solche AGB, mit deren Hinnahme nicht zu rechnen ist (BGH NJW 80, 449; 82, 1751; Ulmer/Schmidt JuS 84, 20 f). Erst recht darf es keine bewusst falsche Bestätigung enthalten (BGH JZ 67, 575; zur Beweislast DB 84, 2190). Erfüllt das Schreiben diese Anforderungen, so gilt Schweigen nach Zugang (§ 130) als Einverständnis. Das verhindert nur unverzüglicher (§ 121 I 1) Widerspruch. Unverzüglichkeit bestimmt sich nach den Umständen des Einzelfalls (BGH NJW 62, 246 f). Eine Woche ist idR zu lang (BGH NJW 62, 104); RG 105, 390 hält 1 bis 2 Tage für angemessen, BGH NJW 62, 247 uU 3 Tage. Entspricht das Schreiben nicht den Anforderungen, so liegt im Schweigen kein Einverständnis. Das gilt idR auch, wenn Gegenbestätigung erbeten wird (BGH NJW-RR 07, 327 stellt ganz auf den

Titel 3. Vertrag § 148

Einzelfall ab). **c) Auftragsbestätigung** ist Annahme eines Vertragsangebots, zielt 7
also nicht wie das Bestätigungsschreiben auf Fixierung eines bereits geschlossenen
Vertrags. Ob Auftragsbestätigung oder Bestätigungsschreiben vorliegt, ist Auslegungsfrage, gebrauchter Ausdruck entscheidet nicht (BGH NJW 91, 38). Weicht
Auftragsbestätigung vom Antrag ab (zB durch Beifügen von AGB, so gilt § 150 II
(sog *modifizierte Auftragsbestätigung*); Schweigen darauf bedeutet auch im kaufmännischen Verkehr grundsätzlich nicht Zustimmung (anders bei widerspruchsloser Entgegennahme der Gegenleistung, BGH NJW 95, 1672).

3. Antrag unter Anwesenden, I. Zum Begriff: § 130 Rn 11. Antrag kann, 8
wenn keine Frist (§ 148) gesetzt ist, nur sofort, dh so schnell wie obj möglich (§ 859
Rn 2) angenommen werden, **I 1**. Mündlicher und fernmündlicher Antrag stehen
gleich; dem Fernsprecher sind sonstige technische Einrichtungen gleichgestellt, **I 2**.
Entscheidend ist, dass ein „unmittelbarer Dialog" von Person zu Person stattfindet;
das ist zB der Fall bei Videokonferenzen (für den Zivilprozess vgl. ZPO 128a I 2),
auch bei sog Chats (BT-Drs 14/4987 S 21), bei denen Abgabe und Kenntnisnahme
der Willenserklärung fast zusammenfallen (§ 130 Rn 12). Mündlicher, fernmündlicher sowie gleichgestellter (I 2) Antrag durch oder an Vertreter (mit oder
ohne Vertretungsmacht, BGH NJW 96, 1064) ist solcher unter Anwesenden (§ 130
Rn 9). Antrag durch oder an Boten ist solcher unter Abwesenden, I also unanwendbar; aber: (fern-)mündlicher usw Antrag durch Boten steht für Wirksamwerden
(§ 130) einer Erklärung unter Anwesenden gleich (§ 130 Rn 10).

4. Antrag unter Abwesenden, II. Zum Begriff § 130 Rn 4. Ohne Fristbestim- 9
mung nach § 148. Frist läuft ab Abgabe (BGH NJW 10, 2874), nicht erst ab Zugang
(Begriffe § 130 Rn 1–3) des Antrags, solange, bis der Antragende das Wirksamwerden einer Annahme unter regelmäßigen Umständen erwarten darf. Die Frist
bestimmt sich nach obj Maßstab und besteht aus der Zeit für Übermittlung des
Antrags an Empfänger, dessen Übergangs- und Bearbeitungszeit und Zeit für Übermittlung der Antwort an den Antragenden (BGH NJW 10, 2874; BAG BB 03,
1732 ff). Verzögernde Umstände, die dem Antragenden bekannt sind (zB notwendige Rücksprache des Empfängers mit Dritten; Urlaubszeit), wirken fristverlängernd. Verhalten des Antragenden ist für Fristdauer beachtlich: Telegraphisches
Angebot verlangt möglicherweise beschleunigte Annahme, der Gebrauch von Fax
oder E-Mail beruht oft auf Bequemlichkeit und Kostenersparnis; erkennbar mangelndes Beschleunigungsinteresse des Antragenden verlängert die Frist (vgl RG 142,
404 f). Nach Fristablauf erlischt das Angebot (§ 146 Rn 3).

5. Verspätete Annahme. §§ 149, 150 I mit Anm. 10

§ 148 Bestimmung einer Annahmefrist

**Hat der Antragende für die Annahme des Antrags eine Frist bestimmt,
so kann die Annahme nur innerhalb der Frist erfolgen.**

1. Allgemeines. Zur *Bedeutung* der Annahmefrist vgl § 146 Rn 1–3. *Berechnung:* 1
§§ 186 ff. **Fristsetzung** auch durch schlüssige, insbes aus den Umständen zu entnehmende Erklärung möglich. Ohne Fristbestimmung in oder mit dem Antrag läuft
unter *Abwesenden* ges Frist der §§ 147 II, 151 S 2 oder 152 S 2; unter *Anwesenden*
gilt dann § 147 I. Nachträgliche einseitige **Fristverlängerung** (nicht Verkürzung)
ist möglich. Auslegungsfrage, ob Frist schon mit Abgabe (so idR) oder erst mit
Zugang des Antrags beginnt und ob Abgabe oder (so idR) Zugang der Annahme
in die Frist fallen muss. Nach BGH NJW 73, 1790 muss **Annahme durch vollmachtlosen Vertreter** noch innerhalb der Annahmefrist vom Vertretenen genehmigt werden (§§ 177, 184), da mit Fristablauf keine Bindung an den Antrag mehr
bestehe, was die Rückwirkung der Genehmigung nach Fristablauf nicht überwinde;
dagegen § 184 Rn 2.

Mansel 117

2   2. Unwirksamkeit nach § 308 Nr. 1. Überlange Annahmefristen in AGB zugunsten des Verwenders als Antragsempfänger sind unwirksam, § 308 Nr 1. Es gilt § 147 II (§ 306 I, II).

§ 149 Verspätet zugegangene Annahmeerklärung

¹Ist eine dem Antragenden verspätet zugegangene Annahmeerklärung dergestalt abgesendet worden, dass sie bei regelmäßiger Beförderung ihm rechtzeitig zugegangen sein würde, und musste der Antragende dies erkennen, so hat er die Verspätung dem Annehmenden unverzüglich nach dem Empfang der Erklärung anzuzeigen, sofern es nicht schon vorher geschehen ist. ²Verzögert er die Absendung der Anzeige, so gilt die Annahme als nicht verspätet.

1   Voraussetzungen. Verspätete Annahme gilt als rechtzeitig, wenn Verspätung nur auf unregelmäßiger Beförderung beruht, der Antragende das erkennen musste (zB auf Grund des Poststempels) und dennoch nicht unverzüglich (§ 121 I 1) dem Annehmenden die Verspätung anzeigt. Bei Unterlassen, Verzögern oder anderem Inhalt der Anzeige gilt Annahme als rechtzeitig, Vertrag als geschlossen (RG 105, 257), andernfalls greift § 150 I ein.

§ 150 Verspätete und abändernde Annahme

(1) Die verspätete Annahme eines Antrags gilt als neuer Antrag.

(2) Eine Annahme unter Erweiterungen, Einschränkungen oder sonstigen Änderungen gilt als Ablehnung verbunden mit einem neuen Antrag.

1   1. Verspätete Annahme. Ist die Annahme verspätet (§§ 147–149), so scheitert der Vertragsschluss, weil das Angebot rechtlich nicht mehr existiert (§ 146 Rn 3). Annahme gilt als *neuer Antrag*, **I** (Auslegungsregel). Bei Schweigen des Gegners kann uU Vertrag zustandekommen (§ 147 Rn 4). Annahme des neuen Antrags (I) auch gem § 151 möglich.

2   2. Abändernde Annahme. Gilt als Ablehnung (daher scheitert Vertragsschluss, s BGH NJW-RR 93, 1036) und *neuer Antrag*, **II** (Auslegungsregel); sa § 147 Rn 7. Der Empfänger des „alten" Antrags muss seinen von diesem abw Willen in der Annahmeerklärung klar und eindeutig ausdrücken, sonst scheidet II aus (BGH NJW 10, 3438). Die Abweichung in unwesentlichen Punkten genügt (BGH NJW-RR 10, 1128; Annahme nach I (= Antrag) gilt nicht bes bedeutsamen RGeschäften wie beurkundungsbedürftigen Grundstücksgeschäften (BGH NJW 10, 2874 f). Iü ist es *Auslegungsfrage*, ob Annahme mit Zusatz auf Antragsänderung zielt (dann II) oder ob Antrag unverändert akzeptiert und daneben eine Änderung des eben abgeschlossenen Vertrags angeboten wird (BGH NJW 01, 222; Bsp: Annahme bzgl einer größeren als der angebotenen Menge bewirkt Vertragsschluss über angebotene Menge und enthält daneben Antrag auf Vertragserweiterung). – Zum Vertragsschluss bei einander widersprechenden AGB s § 305 Rn 23. – Zur Annahme durch Schweigen vgl § 147 Rn 4, auch BGH NJW 95, 1672. Annahme des neuen Antrags (II) auch gem § 151 möglich.

§ 151 Annahme ohne Erklärung gegenüber dem Antragenden

¹Der Vertrag kommt durch die Annahme des Antrags zustande, ohne dass die Annahme dem Antragenden gegenüber erklärt zu werden braucht, wenn eine solche Erklärung nach der Verkehrssitte nicht zu erwarten ist oder der Antragende auf sie verzichtet hat. ²Der Zeitpunkt, in welchem

Titel 3. Vertrag § 152

der Antrag erlischt, bestimmt sich nach dem aus dem Antrag oder den
Umständen zu entnehmenden Willen des Antragenden.

1. Allgemeines. Die Vertragsannahme ist idR empfangsbedürftige Willenserklä- 1
rung, bedarf also des Zugangs, um wirksam zu werden. Im Fall des § 151 (sa § 152)
muss die Annahme nicht „dem Antragenden gegenüber" erklärt werden, sie ist also
eine **nichtempfangsbedürftige Willenserklärung,** die bereits mit Abgabe, nicht
erst mit Zugang wirksam wird (BGH WM 77, 1020; allg § 130 Rn 2). Nach BGH
NJW 06, 3778 mN (aA BGH NJW 99, 1328) wird statt einer Willens*erklärung* nur
eine Willens*betätigung* („Annahme als solche") verlangt; für eine Annahmeerklärung
(!) besteht nach BGH NJW 90, 1657 kein „Erklärungsbedürfnis" (?), nach BGH
NJW 99, 2179 keine „Erklärungsbedürftigkeit" (vielleicht gemeint: „Empfangsbedürftigkeit", s BGH NJW 00, 277), nach BAG BB 02, 360 ist sogar die „Annahme"
entbehrlich. Das schafft Verwirrung; denn die Willensbetätigung unterscheidet sich
in nichts von einer nichtempfangsbedürftigen schlüssigen Willenserklärung (zur Auslegung § 133 Rn 6, zum Erklärungs- [hier: Annahme-]willen Rn 5 vor § 116 einerseits, BGH 111, 101 und NJW 06, 3778 andererseits). Auslegung kann ergeben,
dass keine Annahme vorliegt (Bsp BGH NJW 01, 2324 f **„Erlassfalle":** Schuldner
bietet schriftlich Erlassvertrag für hohe Schuldsumme an, der durch Einlösung des
beigefügten Schecks über Minimalbetrag zustande kommen soll; Einlösung ist obj
keine Annahme, sie wäre absurd (BGH NJW 01, 2325: Angebot von 0,68% der
Hauptforderung obj absurd); sa Koblenz NJW 03, 758 f; anders Hamm NJW-
RR 98, 1662 f für Scheck über 70% der Schuldsumme; ie Eckardt BB 96, 1945 ff).
Da bei Annahmeerklärung nach S 1 der Zugang entfällt, ist § 130 I 2 unanwendbar
(str); für Anfechtung gelten allg Regeln (hM; aA MK/Busche 10 mN, differenzierend; BGH NJW 90, 1658 lässt offen). Die Annahmeerklärung erfolgt zumeist, aber
nicht notwendig, **schlüssig.** Bsp: Absenden der bestellten Ware (RG 102, 372);
kurzfristige Reservierung von Hotelzimmer (kann ausdr Erklärung sein); Garantievertrag zwischen Hersteller und Endabnehmer (BGH 104, 85); weitere Bsp § 145
Rn 6, 7. Von der (idR schlüssigen) Annahmeerklärung § 151 ist die Annahme
durch bloßes Schweigen zu unterscheiden (§ 147 Rn 4; allg Rn 8, 9 vor § 116).
Bsp für *praktische Bedeutung* des § 151: Kauf beim Versandhaus kommt schon mit
Absendung, nicht erst mit „Zugang" (Empfang) der bestellten Ware zustande
(Rn 3), so dass für Transportschäden § 447 eingreifen kann (RG 102, 372); das
liegt im Verkäuferinteresse. Für den Verbrauchsgüterkauf ist § 447 ausgeschlossen:
§ 474 II.

2. Entbehrlichkeit des Zugangs. Gilt in zwei Fällen. **a) Verzicht** kann still- 2
schweigend erfolgen, sich insbes aus den Umständen ergeben, BGH NJW-RR 86,
1301 (Bsp: so kurzfristige schriftliche Bestellung eines Hotelzimmers, dass Antwort
ausgeschlossen; Verhalten bei früheren Käufen, vgl LM Nr 2 zu § 148). **b) Zur** 3
Verkehrssitte allg § 133 Rn 4. Bei entspr Verkehrssitte liegt obj stillschweigender
Verzicht vor (MK/Busche 5f; abw StBork 5); bei unentgeltlicher Zuwendung und
bei einem für den Antragempfänger lediglich vorteilhaftem Geschäft besteht im
allg eine Verkehrssitte (BGH NJW 04, 288). Im Versandhandel besteht die Verkehrssitte, dass eine gesonderte Annahme vor Absendung der bestellten Ware unterbleibt (Rn 1; LG Gießen NJW-RR 03, 1206 f).

3. Erlöschen des Antrags. Antrag erlischt nach **S 2** mit Ablauf der im Antrag 4
gesetzten Frist, sonst nach dem aus den Umständen zu entnehmenden Willen des
Antragenden (obj Bestimmung entspr § 147 II gilt nicht, BGH NJW 99, 2180).

§ 152 Annahme bei notarieller Beurkundung

¹**Wird ein Vertrag notariell beurkundet, ohne dass beide Teile gleichzeitig anwesend sind, so kommt der Vertrag mit der nach § 128 erfolgten**

§§ 153, 154

Beurkundung der Annahme zustande, wenn nicht ein anderes bestimmt ist. ²Die Vorschrift des § 151 Satz 2 findet Anwendung.

1 **1. Allgemeines.** Annahmeerklärung ist wie bei § 151 **nicht empfangsbedürftig** (vgl § 151 Rn 1). Sie wird bereits mit der notariellen Beurkundung ihrer Abgabe, nicht erst mit Zugang wirksam. § 152 gilt nicht für Privatschriftform (vgl § 126 Rn 11). Für die Dauer der Annahmefrist gilt § 151 S 2 **(S 2)**, vgl § 151 Rn 3, aber auch u Rn 2.

2 **2. Abdingbarkeit.** § 152 ist abdingbar. „Anderes bestimmt" ist idR (Auslegungsfrage, RG 96, 275; BGH 149, 4) konkludent durch Setzen einer Annahmefrist idS, dass in der Frist Zugang oder wenigstens zuverlässige Nachricht von der Annahme erfolgen soll.

§ 153 Tod oder Geschäftsunfähigkeit des Antragenden

Das Zustandekommen des Vertrags wird nicht dadurch gehindert, dass der Antragende vor der Annahme stirbt oder geschäftsunfähig wird, es sei denn, dass ein anderer Wille des Antragenden anzunehmen ist.

1 **1. Allgemeines. a) § 153 ergänzt § 130 II:** Dieser erhält die Zugangsfähigkeit einer Willenserklärung (§ 130 Rn 17); handelt es sich um einen Antrag, so bleibt er nach § 153 idR *annahmefähig,* wenn der Antragende vor der Annahme stirbt oder
2 geschäftsunfähig wird. **b) Wird Antragender beschränkt geschäftsfähig** (vor Zugang oder Annahme), zB durch Rücknahme der Ermächtigung gem §§ 112 II, 113 II, so bleibt Antrag zugangs- bzw annahmefähig; § 153 gilt nicht (str). Zum Zugang der Annahmeerklärung beim beschränkt Geschäftsfähigen vgl § 131 Rn 3.
3 **c) Bei Eröffnung des Insolvenzverfahrens** über Vermögen des Antragenden gilt § 153 entspr nur für Antrag auf Abschluss eines verpflichtenden, nicht eines verfügenden (dafür InsO 81, 91) Vertrags (BGH 149, 4 f).

4 **2. Anderer Wille des Antragenden.** Ist er – als *hypothetischer* Wille (str) – zu bejahen (Auslegungsfrage), so entfällt die Annahmefähigkeit; dem Antragsempfänger ist das negative Interesse zu ersetzen (§ 122 analog), hM. Nach aA entfällt Annahmefähigkeit nur, wenn das Angebot obj personenbezogen ist (Bsp: Kreditgeschäft); folgerichtig wird bei Scheitern des Vertrags Schadensersatz abgelehnt (Flume II § 35 I 4).

5 **3. Tod oder Geschäftsunfähigkeit des Antragsempfängers. a) Tod vor Zugang** des Antrags verhindert idR Wirksamwerden; anders nur, wenn Antrag auch für die Erben gelten soll (Auslegungsfrage), dann Zugang bei ihnen nötig. **b) Bei Tod nach Zugang** und vor Annahme ist entscheidend, ob Annahmerecht vererblich und damit Annahme noch möglich ist (§ 145 Rn 4). **c) Tod nach Abgabe** der Annahmeerklärung hindert nicht deren Wirksamwerden (§ 130 II). Vertrag kommt zustande. **d) Wird Empfänger geschäftsunfähig,** so entfällt Annahmefähigkeit, wenn Geschäftsfähigkeit für das beabsichtigte Vertragsverhältnis nötig ist (zB bei angetragener Einstellung als leitender Angestellter); Auslegungsfrage. Sonst kann ges Vertreter annehmen.

§ 154 Offener Einigungsmangel; fehlende Beurkundung

(1) ¹Solange nicht die Parteien sich über alle Punkte eines Vertrags geeinigt haben, über die nach der Erklärung auch nur einer Partei eine Vereinbarung getroffen werden soll, ist im Zweifel der Vertrag nicht geschlossen. ²Die Verständigung über einzelne Punkte ist auch dann nicht bindend, wenn eine Aufzeichnung stattgefunden hat.

(2) **Ist eine Beurkundung des beabsichtigten Vertrags verabredet worden, so ist im Zweifel der Vertrag nicht geschlossen, bis die Beurkundung erfolgt ist.**

1. Allgemeines. Die in I (Inhalt) und II (Form) geregelten Tatbestände sind 1 unvergleichbar, nur das Ergebnis ist gleich: „IZw" ist der Vertrag nicht geschlossen (Auslegungsregel, BGH NJW 02, 818 betr I), nicht etwa ist er nichtig (falsch BGH NJW-RR 06, 1141). Abw Parteiwille geht, wenn feststellbar (dann Zweifel ausgeräumt), vor.

2. Offener Dissens, I. Offener Einigungsmangel; zum versteckten vgl § 155. 2 **a) Vertragliche Einigung** setzt (mindestens) zwei aufeinander bezogene (korrelierende) Willenserklärungen voraus, die den wesentlichen Vertragsinhalt zumindest bestimmbar machen (Rn 2 vor § 145). Haben sich die Parteien, wie sie wissen (sa § 155 Rn 1), über einen *obj wesentlichen Vertragspunkt*, zB Kaufgegenstand, nicht geeinigt, so ist nach allg Grundsätzen idR kein Vertrag zustande gekommen (vgl aber Rn 3). Dasselbe gilt **iZw**, wenn nach dem erkennbaren (genügend: schlüssig erklärten) Willen auch nur einer Partei über *irgendeinen Punkt* eine Einigung für den Vertragsschluss nötig, aber (noch) nicht erreicht ist, **I 1**; obj wesentlich muss der Punkt nicht sein (LM Nr 2). Einigung über andere Punkte genügt also **iZw** nicht zum Vertragsschluss bzgl dieser Punkte, auch nicht bei deren Aufzeichnung (sog Punktation), **I 2**. Die Berufung auf den Einigungsmangel kann aber gegen Treu und Glauben verstoßen (LM Nr 2). **b) I gilt nicht**, wenn die Parteien trotz in 3 Einzelpunkten fehlender Einigung erkennbar (Selbstinterpretation, zB durch Leistungsaustausch) den Vertragsschluss wollen (BGH 119, 288; sa BGH NJW 98, 3196; Stuttgart NJW-RR 11, 203; § 133 Rn 9; § 305 Rn 23). Dabei kann es sich auch um obj wesentliche Punkte handeln (zB Kaufpreis [Hamm NJW 76, 1212], Dienstlohn). Vertragsschluss ist möglich, wenn und weil der wesentliche Vertragsinhalt wenigstens bestimmbar ist durch Rückgriff auf ges Regelung (BGH NJW 02, 818), ergänzende Vertragsauslegung (§ 157), §§ 315 ff (BGH NJW-RR 00, 1659). Die Parteien können den offenen Punkt, soweit er nicht schon zwingend ges geregelt ist, aber auch einem weiteren (ergänzenden) Vertrag vorbehalten (vgl BGH NJW 06, 2843). Kommt es nicht zum (erwarteten) Vertragsschluss, besteht eine durch ergänzende Vertragsauslegung zu schließende Regelungslücke (BGH NJW 10, 525).

3. Fehlende Beurkundung, II. Vorab vereinbarte Beurkundung des Ver- 4 trags ist **iZw Abschlussvoraussetzung** (Auslegungsregel, BGH NJW 09, 434; BAG NJW 97, 1597; abw BGH 95, 1543: Vermutung). Für Beurkundung genügt entspr der Vereinbarung Privatschriftform (§§ 126, 126a, 127). II gilt nicht, wenn Form konstitutiv wirken, sondern zB nur Beweiszwecken dienen soll (BGH NJW 00, 357; zur Beweislast BAG aaO), oder wenn die Parteien den nicht beurkundeten Vertrag einvernehmlich vollziehen (BGH NJW 09, 434). Für wichtige oder langfristige Verträge wird Abrede iSv II vermutet (BGH NJW 00, 357). Nachträgliche Formvereinbarung zielt idR auf Beschaffung eines Beweismittels, sonst liegt darin Vertragsaufhebung und Abschluss iSv II. Sa § 125 Rn 11.

§ 155 Versteckter Einigungsmangel

Haben sich die Parteien bei einem Vertrag, den sie als geschlossen ansehen, über einen Punkt, über den eine Vereinbarung getroffen werden sollte, in Wirklichkeit nicht geeinigt, so gilt das Vereinbarte, sofern anzunehmen ist, dass der Vertrag auch ohne eine Bestimmung über diesen Punkt geschlossen sein würde.

1. Allgemeines. Meinen die Parteien irrtümlich, sich über alle **obj wesentli-** 1 **chen Vertragspunkte** (sog essentialia negotii) geeinigt zu haben (zB Kaufpreis), so ist nach allg Grundsätzen idR kein Vertrag zustande gekommen (RG 93, 299). Das Fehlen der Einigung kann auf einem Übersehen oder darauf beruhen, dass die

§ 156

Parteien irrtümlich meinen, sich geeinigt zu haben (Bsp: RG 104, 265 f). Ob Einigung idS besteht, ist Auslegungsfrage. Liegt obj die Einigung und damit der Vertragsschluss vor, so kann Irrtum gegeben sein, der gem § 119 zur Anfechtung berechtigt (§ 119 Rn 2).

2 **2. Versteckter Dissens (verdeckter Einigungsmangel).** § 155 erfasst entspr Rn 1 nur Missverständnis über Einigung *in Nebenpunkten* (RG 93, 299). Ob Einigung vorliegt, ist auch hier Auslegungsfrage (vgl BGH WM 86, 858). Fehlt Einigung über Nebenpunkt, so gilt gem § 155 das Vereinbarte nur, wenn die Parteien den Vertrag auch ohne den Nebenpunkt geschlossen hätten (andernfalls ist der Vertrag nicht geschlossen, nicht – wie oft gesagt wird (zB KG NJW-RR 08, 301) – nichtig; zum Unterschied Rn 17, 18 vor § 104). Ein Vertragsschluss ist umso eher anzunehmen, je bedeutungsloser die Lücke ist. Sie ist mit Hilfe ges Regelung, ergänzender Vertragsauslegung (§ 157) oder §§ 315 ff zu schließen (vgl RG 88, 379).

3 **3. Haftung.** Hat die eine Partei den Einigungsmangel und damit das Scheitern des Vertragsschlusses verschuldet, so haftet sie nach hM der anderen aus cic (§§ 280 I, 311 II) auf das **Vertrauensinteresse** (StBork 17); bei beiderseitigem Verschulden soll § 254 gelten. Haftung ist jedoch abzulehnen; denn „jeder Erklärende (muss) sich beim Wort nehmen und es sich gefallen lassen, dass seine Erklärung so verstanden wird, wie die Allgemeinheit sie auffasst. Andererseits muss jeder Teil die Erklärung des Gegners so gegen sich gelten lassen, wie sie nach Treu und Glauben mit Rücksicht auf die Verkehrssitte zu verstehen ist" (RG 165, 198). Folglich ist auch der Dissens jeder Partei gleichermaßen zuzurechnen, was eine Haftung ausschließt (Flume II § 34, 5).

§ 156 Vertragsschluss bei Versteigerung

¹**Bei einer Versteigerung kommt der Vertrag erst durch den Zuschlag zustande.** ²**Ein Gebot erlischt, wenn ein Übergebot abgegeben oder die Versteigerung ohne Erteilung des Zuschlags geschlossen wird.**

1 **1. Besonderheiten beim Vertragsschluss.** Enthält bes Regelung für **Vertragsschluss in Versteigerungen**: Antrag ist das Gebot, (nichtempfangsbedürftige) Annahme der Zuschlag, **S 1**, BGH NJW 05, 54 (zum vorherigen schriftlichen „Gebot" BGH WM 84, 1057). Betrifft nur Verpflichtungs-, nicht Erfüllungsgeschäft (zB Übereignung); § 311b I gilt (BGH 138, 341 ff). Meistbietender hat kein Recht auf den Zuschlag. Gebot (Antrag) erlischt gem **S 2**; abw Vereinbarung möglich. Gebot und Zuschlag können auch durch elektronische Übermittlung einer Datei im Internet (online) abgegeben und wirksam werden (BGH 149, 133). Eine **Internet-„Auktion"** (ie NK/Kremer Anh zu § 156; Paal JuS 10, 955) ist dann keine Versteigerung iSv § 156, wenn die Erklärung des Einlieferers entweder ein Angebot oder die vorweg erklärte Annahme des Höchstgebots darstellt; dann kommt der Kaufvertrag mit dem Höchstgebot zustände (BGH 149, 133 ff). Allg: Fehlt es am Zuschlag, so liegt kein Vertragsschluss iSv § 156 vor, doch kann der Vertrag durch Angebot und Annahme geschlossen sein; handelt es sich um einen Fernabsatzvertrag (§ 312b I), so besteht ein Widerrufsrecht nach § 355 (BGH NJW 05, 53 ff = JuS 05, 175 ff [Emmerich]). Ist der Vertrag gem § 156 geschlossen worden, so ist ein Widerrufsrecht ausgeschlossen (§ 312d IV Nr 5; dazu BGH NJW 05, 54, abl Bernhard ZGS 05, 226 ff). Vertrag kommt idR zwischen Einlieferer und Ersteher (Versteigerer als offener Stellvertreter, § 164 Rn 3) zustande.

2 **2. Anwendungsbereich. § 156 gilt auch** für ges geregelte privatrechtliche Versteigerungen: §§ 383, 489, 753, 966, 975, 979, 983, 1219, 1233 ff; HGB 373, 376, 389; ferner für Versteigerung gem ZPO 817, nicht für Zwangsversteigerung nach dem ZVG.

Titel 3. Vertrag § 157

§ 157 Auslegung von Verträgen

Verträge sind so auszulegen, wie Treu und Glauben mit Rücksicht auf die Verkehrssitte es erfordern.

1. Allgemeines. Zur Auslegung im allg vgl Anm zu § 133. Zum Begriff der 1
Verkehrssitte § 133 Rn 4. Zum Verhältnis von § 133 zu § 157: § 133 Rn 7.

2. Ergänzende Vertragsauslegung. Sie geht einer Bestimmung der Leistungs- 2
pflicht nach § 242 vor, ebenso einem Rückgriff auf § 313: BGH 164, 292.
a) Voraussetzung ist eine zu füllende **Lücke** der vertraglichen Regelung (BGH
9, 277 f, grundsätzlich, BGH NJW 10, 525), auch in AGB (hier aber Ergänzung
nach obj Kriterien entspr § 305b Rn 1; beruht die Lücke auf Nichteinbeziehung
oder Unwirksamkeit von AGB, so gilt § 306 II, s dort Rn 5). Gleichgültig ist, aus
welchem Grund die Parteien eine Regelung unterlassen haben (BGH 84, 7; 158,
206), zB ob eine Regelung versehentlich (BGH 74, 376) oder bewusst (MK/Busche
42) unterlassen ist. Wegen der „bewussten Lücke" ist es missverständlich, die Lücke
allg als „planwidrige" Unvollständigkeit der rechtsgeschäftlichen Regelung zu
bezeichnen (so aber BGH NJW 02, 2310; 06, 55; BAG NJW 08, 875). Gleichgültig
ist, ob die Lücke von Anfang an bestand oder erst später entstanden ist, weil die
Umstände sich anders entwickelt haben als vorgesehen (BGH NJW-RR 94, 1165),
weil eine Klausel der Inhaltskontrolle nach § 307 nicht standhält (BGH NJW 13,
992 Tz 22; NJW 12, 1865 Tz 20) oder weil eine unvorhersehbare Gesetzesänderung
den Regelungsplan der Parteien lückenhaft gemacht hat (BGH NJW-RR 05, 1422).
Aber **keine Lücke,** wenn die getroffene Regelung **bewusst abschließend** sein
soll (BGH NJW 09, 1349; MK/Busche 43); ebenso, wenn die eindeutige Regelung
(insbes die Risikoverteilung, BGH 74, 373 ff) zu Unbilligkeiten führt (s BGH BB
84, 695). **b) Dispositives Ges und ergänzende Vertragsauslegung.** Nicht jeder 3
unvollständige Vertrag kann gem § 157 „ergänzt" werden, weil sonst das dispositive
Recht praktisch obsolet würde. Vielmehr: Je größer die Annäherung an einen ges
Vertragstyp, desto stärker ist dessen dispositive Regelung heranzuziehen; je geringer
die Annäherung, desto mehr greift § 157 ein (Flume II § 16, 4b); undifferenziert für
Vorrang des dispositiven Rechts BGH 146, 261; NJW 08, 2175; zurückhaltender
BGH 158, 206). Bei Gesellschaftsverträgen soll aber ergänzende Auslegung (§ 157)
dem dispositiven Ges vorgehen, weil das Ges idR veraltet sei (BGH 107, 355;
123, 286); krit Stürner NJW 79, 1230: „Ältere Kodifikationen werden leicht als
Prokrustesbett empfunden, dem das Wandeln auf der Lustwiese freier Rechtsschöpfung vorgezogen wird". **c) Grundlage der Lückenfüllung.** Der lückenhafte Ver- 4
trag bildet eine Art Normengefüge, in dem sich die Bewertungsmaßstäbe der Parteien sowie Sinn und Zweck der Abrede niedergeschlagen haben. Auch AGB, denen
Vertragsparteien vor der Teilnahme an einer Internetauktion (ebay) zugestimmt
haben, sind heranzuziehen (BGH NJW 11, 2643 Tz 15; NJW 05, 53; 149, 133ff).
Dieses Gefüge ist gem § 157 aus sich heraus nach Treu und Glauben mit Rücksicht
auf die Verkehrssitte (Begriff § 133 Rn 4) folgerichtig weiterzuentwickeln (ähnlich
BGH 158, 207; NJW-RR 05, 206). Es kommt also nicht darauf an, wie die Lücke
von den konkreten Parteien geschlossen worden wäre (zu welcher Regelung zB
die eine andere überredet hätte"). Der hier oft genannte **hypothetische Parteiwille** ist deshalb ein *normatives* Kriterium (Flume II § 16, 4a). Nach ihm ist entscheidend, „welche Regelung die Parteien im Hinblick auf den mit dem Vertrag verfolgten Zweck bei sachgerechter Abwägung ihrer beiderseitigen Interessen nach Treu
und Glauben und unter Berücksichtigung der Verkehrssitte getroffen hätten" (BGH
NJW-RR 90, 819), wenn sie den nicht geregelten Fall bedacht hätten (BGH 158,
207; NJW-RR 05, 1621, stRspr; zur bewussten Lücke s Rn 2). Ergänzende Vertragsauslegung nicht in jedem Fall einer unwirksamen Klausel (zB Preisanpassungsab-
rede in einem Energielieferungsvertrag), sondern nur, wenn sich die mit dem Wegfall einer unwirksamen Klausel entstehende Lücke nicht durch dispositives
Gesetzesrecht füllen lässt und dies zu einem Ergebnis führt, das den beiderseitigen

Interessen nicht mehr in vertretbarer Weise Rechnung trägt, sondern das Vertragsgefüge völlig einseitig zu Gunsten einer Partei verschiebt (BGH NJW 13, 993 Tz 35f; NJW 12, 1865 Tz 23; 186, 180 Tz 50 mN; s auch BVerfG NJW 11, 1341). **Maßgebender Zeitpunkt** hierfür ist nicht der des Vertragsschlusses (so aber BGH 123, 285), sondern die Gegenwart (Flume II § 16, 4c, d). Die Lücke muss stets innerhalb des gegebenen vertraglichen Rahmens liegen (BGH 134, 65; insoweit zutr BAG NJW 08, 875). Daher kann ergänzende Vertragsauslegung grundsätzlich nicht den Vertragsgegenstand erweitern oder abändern und so einer Partei etwas verschaffen, was sie hat erreichen wollen, aber nicht erzielt oder vergessen hat (BGH NJW 09, 1484). Bei Nichtexistenz der im Vertrag bestimmten Schiedsorganisation oder deren nachträglichen Wegfall ist zu prüfen, ob die Schiedsklausel im Sinne der Zuständigkeit eines anderen Schiedsgerichts ergänzend ausgelegt werden kann (BGH NJW 11, 2977 Tz 1). Bestehen mehrere Gestaltungsmöglichkeiten, aber kein Anhalt, welche die Parteien gewählt hätten, so scheidet § 157 aus (BGH 180, 234). Ist ein hypothetischer Parteiwille nicht feststellbar, so scheitert eine ergänzende Auslegung (BGH 160, 362). Ist die Regelungslücke mangels greifbaren Anhalts im Vertragsgefüge nicht zu schließen, so kann bei beiderseitigem Irrtum über den ungeregelten Punkt ausnahmsweise Anpassung durch Richterspruch gem § 242 in Frage kommen (BGH NJW 93, 2936; sa NJW-RR 90, 602; allg Larenz Karlsruher Forum 83, 156 ff).

Titel 4. Bedingung und Zeitbestimmung

§ 158 Aufschiebende und auflösende Bedingung

(1) **Wird ein Rechtsgeschäft unter einer aufschiebenden Bedingung vorgenommen, so tritt die von der Bedingung abhängig gemachte Wirkung mit dem Eintritt der Bedingung ein.**

(2) **Wird ein Rechtsgeschäft unter einer auflösenden Bedingung vorgenommen, so endigt mit dem Eintritt der Bedingung die Wirkung des Rechtsgeschäfts; mit diesem Zeitpunkt tritt der frühere Rechtszustand wieder ein.**

Lit: Martens, Grundfälle zu Bedingung und Befristung, JuS 10, 578.

1 **1. Begriff. a) Allgemeines.** Bedingung iSd §§ 158 ff **(echte Bedingung)** ist die *Nebenabrede innerhalb eines RGeschäfts*, wonach dessen Rechtswirkungen von einem *künftigen, obj ungewissen Ereignis* abhängen. Auch das Ereignis selbst heißt Bedingung (vgl I aE!); *ob* es eintritt, muss ungewiss sein; *wann* es eintritt, kann gewiss (zB 18. Geburtstag eines Säuglings) oder ungewiss (zB Bezahlung des Kaufpreises, § 449 I) sein. Für die Selbständigkeit der „Nebenabrede" gegenüber dem RGeschäft ist zwischen aufschiebender und auflösender Bedingung zu unterscheiden (Flume II § 38, 4c), wie sich ua bei der unmöglichen, unerlaubten oder unsittlichen Bedingung
2 (Rn 13, 14) und bei der Beweislast (Rn 15) zeigt. **b) Aufschiebende (I) und auflösende (II) Bedingung.** Bei der *aufschiebenden* hängt der *Eintritt*, bei der *auflösenden* das *Fortbestehen* der Rechtswirkungen von dem Ereignis ab. Welche Art von Bedingung vorliegt, ist Auslegungsfrage. Das Ges gibt nur im Einzelfall Auslegungsregeln,
3 zB § 449 I. **c) Potestativbedingung** (Willkürbedingung: BGH 151, 122) knüpft Eintritt oder Fortbestehen der Rechtswirkung an ein willkürliches Verhalten einer Partei, das sich nicht auf das bedingte RGeschäft bezieht. Sie ist zulässig (Hauptfall § 449 I: Die Zahlung oder Nichtzahlung liegt in der Willkür des Käufers; mit der
4 bedingten dinglichen Einigung hat die [Nicht-] Zahlung nichts zu tun). **d) Wollensbedingung.** Nach fr hM und heute nach einer Mindermeinung (Nachw bei Giesen, FS Schapp, 2010, S 161 f, Fn 12–17) ist sie unzulässig, wenn Eintritt oder Fortbestehen der Rechtswirkung(en) und damit die Geltung des RGeschäfts selbst vom erklär-

Titel 4. Bedingung und Zeitbestimmung § 158

ten bloßen Willen einer Partei abhängt. Der maßgebende Wille bezieht sich auf das RGeschäft als solches, nicht (nur) auf seine Wirkungen. Es gilt für die Vertragspartei: Ich bin gebunden, wenn ich gebunden sein will. Folgerichtig ist nach dieser Meinung ein Vertrag nicht geschlossen, damit eine Wollensbedingung unzulässig (idS der Voraufl). Hier setzt die heute hM (dazu eingehend Giesen aaO S 159 ff). Notwendiger Bestandteil eines jeden RGeschäfts ist eine Willenserklärung, die auf Herbeiführung einer Rechtswirkung gerichtet ist (Rn 1, 2 vor § 104). Der in der Willenserklärung geäußerte rechtsgeschäftliche Wille entscheidet zum Zeitpunkt des Geschäftsabschlusses über das Zustandekommen eines RGeschäfts, aber nicht über den – späteren! – Eintritt oder Ausfall einer Rechtswirkung, von dem § 158 handelt, und der folgeweise an einen anderen Willen anknüpft als den, der für das RGeschäft konstitutiv ist. Dieser Wille kann Bedingung iSv § 158 sein, da insoweit das Ges keine Einschränkung enthält. Dem ist zuzustimmen.

2. Keine Bedingungen. Nicht zu Bedingungen zählen **a) Geschäftsbedin-** 5 **gungen** (sa § 305 I) als inhaltliche Ausgestaltung eines RGeschäfts; **b) gegenwär-** 6 **tige oder vergangene Ereignisse,** sie können nur subj ungewiss sein, sog uneigentliche Bedingung, Unterstellung oder Voraussetzung (vgl Flume II § 38, 1b). Sie kann zulässig sein, § 158 ff gelten entspr (ie § 139 Rn 4; Rn 16 vor § 854; § 930 Rn 41; § 1191 Rn 8); **c) Rechtsbedingungen** als ges Voraussetzungen für Zustandekommen eines RGeschäfts (BGH NJW 52, 1331 f), auch für bedingungsfeindliche Gestaltungserklärung (BGH 139, 35: behördliche Genehmigung als Rechtsbedingung; BGH 158, 76 f: Rechtskraft des Scheidungsurteils für vorherige Vaterschaftsanerkennung, s §§ 1594 III, 1599 II 3); zum privaten Genehmigungsvorbehalt (§§ 182 ff) als Rechtsbedingung BGH NJW 00, 2273; **Lit:** Egert, Die Rechtsbedingung usw, 1974; **d) Auflagen** (zB §§ 525 ff); sie verpflichten den Zuwendungsempfänger zur auferlegten Handlung, berühren aber nicht die Wirksamkeit des RGeschäfts. **e) Befristungen,** s § 163 mit Anm.

3. Rechtsfolgen der Bedingung. a) Das aufschiebend bedingte RGeschäft 7 ist vollendet (daher keine schwebende Unwirksamkeit: Rn 21 vor § 104), nur treten seine Rechtswirkungen erst später, mit *Eintritt* der Bedingung, unabhängig vom Parteiwillen und ohne Rückwirkung (vgl I, § 159) ein. Bis zum Eintritt (Ausfall) der Bedingung besteht ein *Schwebezustand,* währenddessen die Vertragsparteien zu vertragstreuem, rücksichtsvollem Verhalten verpflichtet sind (BGH NJW 92, 2490). Dem bedingt Berechtigten, bei einem Vertrag uU beiden Parteien, steht ein **Anwartschaftsrecht** (allg Definition: BGH 125, 338 f) zu; zur Sicherung des bedingt Berechtigten §§ 160 I, 161 I, 162. Es ist Vorwirkung des Vollrechts. Daher ist der Zeitpunkt der Geschäftsvornahme (nicht erst des Bedingungseintritts) maßgebend für Geschäftsfähigkeit, Verfügungsbefugnis (BGH 27, 367), Einhaltung von Formvorschriften, Feststellung der Nichtigkeit nach §§ 134 und 138, Bösgläubigkeit (BGH 30, 377). Zu Anspruchsentstehung und Verjährung § 199 Rn 3. Mit *Ausfall* der Bedingung endet der Schwebezustand, RGeschäft wird endgültig unwirksam. **b) Das auflösend bedingte RGeschäft** ist voll wirksam. Mit *Ausfall* der Bedingung 8 wird das RGeschäft *endgültig* voll wirksam; mit *Eintritt* wird ohne weiteres und ohne Rückwirkung (vgl II, § 159) der Zustand hergestellt, der vor Geschäftsvornahme bestand. Bis zum Eintritt (Ausfall) besteht ein *Schwebezustand,* währenddessen dem vom Eintritt der Bedingung Begünstigten (vgl §§ 160 II, 161 II, 162) ein **Anwartschaftsrecht** zusteht (BGH NJW 72, 160). Bei einer auflösend bedingten Verfügung hat der Verfügende ein Anwartschaftsrecht auf Rückerwerb (vgl § 930 Rn 43). **c) Ausfall** der Bedingung: wenn Eintritt obj nicht mehr möglich ist; uU durch Zeit- 9 ablauf (BGH NJW 85, 1557: nach Fristsetzung entspr §§ 146, 148). Einseitiger **Verzicht** auf vereinbarte Bedingung soll möglich sein (BGH 138, 202); das ist, weil einseitige Vertragsänderung, abzulehnen (sa § 929 Rn 63; MK/Westermann 44).

4. Zulässigkeit. a) Sie ist die Regel. Bei Zuwendungen können Verpflich- 10 tungs- und Erfüllungsgeschäft oder eines von beiden (vgl § 449 I: nur Erfüllungsge-

§§ 159, 160

11 schäft) bedingt sein. **b) Bedingungsfeindlich** ist ein RGeschäft kraft Ges (zB §§ 388, 925 II, 1311 S 2; LPartG 1 I 1) oder wegen Unerträglichkeit eines Schwebezustands bei einseitigen Gestaltungsgeschäften, zB Rücktritts- oder Anfechtungserklärung (BGH NJW-RR 04, 953). Schwebezustand ist erträglich, **Bedingung** also **zulässig**, wenn Empfänger mit Bedingtheit einverstanden (RG 91, 309) oder nicht in eine ungewisse Lage versetzt wird (s BGH 156, 332 f), insbes auf ihn abgestellte Potestativbedingung (Rn 3) vorliegt (BGH 97, 267 für Rücktritt; Hamburg NJW-RR 01, 153 für Mietkündigung; BAG NJW 01, 3355 f für Kündigung eines Arbeitsverhältnisses; ferner Änderungskündigung [insoweit unzutr BAG NJW 99, 2542]
12 außerhalb von KSchG 2). **c) Die Rechtsfolge unzulässiger Bedingtheit** (11) ergibt sich aus dem Ges (zB § 925 II: Auflassung unwirksam; § 1314 I Ehe aufhebbar; § 134 greift allein wegen der Bedingungsfeindlichkeit nicht ein, s aber Rn 14), sonst macht Unerträglichkeit eines Schwebezustands das RGeschäft unwirksam (RG 91, 308 f; str). Beifügung einer Rechtsbedingung (Rn 6[c]) ist unschädlich (BGH 138, 35). Zum Abhängigmachen von einem gegenwärtigen oder vergangenen Ereignis („unechte Bedingung": Rn 6 [c]) s Rn 16 vor § 854.

13 **5. Mangelhafte Bedingungen. a) Unmögliche** Bedingung, die von Anfang an nie eintreten kann. Als aufschiebende macht sie das RGeschäft endgültig unwirksam
14 (nichtig), als auflösende ist sie bedeutungslos. **b) Sofern gesetzwidrige oder unsittliche** Bedingung das RGeschäft als solches zu einem verbotenen (§ 134) oder sittenwidrigen (§ 138) macht, ist es nichtig. Dasselbe gilt, wenn allein eine *aufschiebende* Bedingung gegen §§ 134, 138 verstößt; bei einer *auflösenden* Bedingung kann das RGeschäft uU gem §§ 139, 140 als unbedingtes wirksam sein.

15 **6. Beweislast.** Bei Klage auf Erfüllung trägt sie der Kläger, wenn der Beklagte behauptet, das RGeschäft sei von Anfang an aufschiebend bedingt (BGH NJW 02, 2863); der Beklagte trägt sie für die spätere Vereinbarung einer aufschiebenden sowie Vorliegen und Eintritt einer auflösenden Bedingung (BGH NJW 00, 363).

§ 159 Rückbeziehung

Sollen nach dem Inhalt des Rechtsgeschäfts die an den Eintritt der Bedingung geknüpften Folgen auf einen früheren Zeitpunkt zurückbezogen werden, so sind im Falle des Eintritts der Bedingung die Beteiligten verpflichtet, einander zu gewähren, was sie haben würden, wenn die Folgen in dem früheren Zeitpunkt eingetreten wären.

1 **Allgemeines. Der Eintritt** der Bedingung **wirkt nicht zurück** (zum Begriff der Rückwirkung § 184 Rn 2). Rechtsgeschäftlich bestimmte Rückwirkung hat nur schuldrechtliche Folgen. Rückabwicklung bei auflösender Bedingung richtet sich nach Parteiabrede (Auslegung; StBork 3: idR, str), hilfsweise nach §§ 812 ff (LM Nr 1; str).

§ 160 Haftung während der Schwebezeit

(1) **Wer unter einer aufschiebenden Bedingung berechtigt ist, kann im Falle des Eintritts der Bedingung Schadensersatz von dem anderen Teil verlangen, wenn dieser während der Schwebezeit das von der Bedingung abhängige Recht durch sein Verschulden vereitelt oder beeinträchtigt.**

(2) **Den gleichen Anspruch hat unter denselben Voraussetzungen bei einem unter einer auflösenden Bedingung vorgenommenen Rechtsgeschäft derjenige, zu dessen Gunsten der frühere Rechtszustand wieder eintritt.**

Titel 4. Bedingung und Zeitbestimmung   §§ 160–162

§ 161 Unwirksamkeit von Verfügungen während der Schwebezeit

(1) ¹Hat jemand unter einer aufschiebenden Bedingung über einen Gegenstand verfügt, so ist jede weitere Verfügung, die er während der Schwebezeit über den Gegenstand trifft, im Falle des Eintritts der Bedingung insoweit unwirksam, als sie die von der Bedingung abhängige Wirkung vereiteln oder beeinträchtigen würde. ²Einer solchen Verfügung steht eine Verfügung gleich, die während der Schwebezeit im Wege der Zwangsvollstreckung oder der Arrestvollziehung oder durch den Insolvenzverwalter erfolgt.

(2) Dasselbe gilt bei einer auflösenden Bedingung von den Verfügungen desjenigen, dessen Recht mit dem Eintritt der Bedingung endigt.

(3) Die Vorschriften zugunsten derjenigen, welche Rechte von einem Nichtberechtigten herleiten, finden entsprechende Anwendung.

Anmerkungen zu den §§ 160, 161

1. Allgemeines. §§ 160, 161, auch 162 sollen den vereinbarten Rechtserwerb bei Bedingungseintritt sichern. 1

2. Anspruch auf vollen Schadensersatz, § 160. Nur bei Bedingungseintritt. Für bedingte Verpflichtungsgeschäfte hat § 160 nur klarstellende, für bedingte Verfügungen konstitutive Bedeutung (MK/Westermann § 160, 3, 4 mN). 2

3. Wirkung von Zwischenverfügungen, § 161. a) Zwischenverfügungen des (noch) Berechtigten werden mit Bedingungseintritt gegenüber jedermann („absolut": Rn 19 vor § 104) unwirksam, soweit sie das Recht des Erwerbers vereiteln oder beeinträchtigen, § 161 I, II. Das Ges beschränkt also die Verfügungsmacht des bedingt Verfügenden; die Beschränkung wird aber erst mit Bedingungseintritt relevant. Die Zwischenverfügung ist und bleibt jedoch bei „redlichem" rechtsgeschäftlichem Erwerb wirksam, da gem **§ 161 III** die §§ 892 f, 1138, 1155 (Grundstücksrechte), 932–936 (zur Veräußerung durch den Verkäufer s aber §§ 929 Rn 40), 1032, 1207 f (Fahrnis), HGB 366 f anwendbar sind; doch gelten diese Vorschriften nur „entspr", denn der Verfügende ist zZ der Zwischenverfügung noch Berechtigter, so dass sich der böse Glaube (vgl § 932 II) oder die Kenntnis (vgl § 892 II) nur auf sein fehlendes Recht, sondern nur auf dessen Bedingtheit (= Mangel der Verfügungsmacht) beziehen kann. Den rechtsgeschäftlichen Verfügungen sind gleichgestellt Verfügungen in Zwangsvollstreckung, Arrestvollziehung, Insolvenzverfahren (§ 161 I 2). **b) Mit Zustimmung** des Begünstigten ist die Zwischenverfügung wirksam oder wird es rückwirkend, § 185 entspr (BGH NJW-RR 98, 1067 mN). 3 4

§ 162 Verhinderung oder Herbeiführung des Bedingungseintritts

(1) Wird der Eintritt der Bedingung von der Partei, zu deren Nachteil er gereichen würde, wider Treu und Glauben verhindert, so gilt die Bedingung als eingetreten.

(2) Wird der Eintritt der Bedingung von der Partei, zu deren Vorteil er gereicht, wider Treu und Glauben herbeigeführt, so gilt der Eintritt als nicht erfolgt.

1. Anwendungsbereich. a) Echte Bedingungen (§ 158 Rn 1–4), insbes keine Rechtsbedingungen (nur ausnahmsweise: BGH NJW 96, 3340). **b) Bei Potestativbedingungen** (§ 158 Rn 3) ist § 162 insoweit unanwendbar, als es um die Willkür der Partei geht (Knütel FamRZ 81, 1079 mN, hM; grundsätzlich ebenso BGH NJW 66, 1405, sa 82, 2553). **c) Bei Wollensbedingungen** (Begriff und Zulässig- 1

Mansel 127

§ 163

Buch 1. Abschnitt 3. Rechtsgeschäfte

keit: § 158 Rn 4) erfasst § 162 jedenfalls nicht das Wollen der Partei, das Bedingung
2 ist (BGH NJW 96, 3340; 05, 3418). **d) Allg Rechtsgedanke** des § 162: Wer treuwidrig eine bestimmte Situation herbeiführt, darf aus ihr keinen Vorteil ziehen (BGH NJW-RR 91, 178; BGH NJW 05, 3417).

3 **2. Voraussetzungen. a) Treuwidriges Handeln.** § 162 ist Ausfluss v § 242 (hM) und des allg Grundsatzes, dass niemand sich auf Eintritt oder Nichteintritt eines Ereignisses berufen darf, den er selbst treuwidrig herbeigeführt oder verhindert hat. Wider Treu und Glauben handelt, wer sich anders verhält, als es im Hinblick auf Eintritt oder Nichteintritt der Bedingung dem nach Treu und Glauben ermittel-
4 ten Sinn und Zweck des RGeschäfts entspricht (Flume II § 40, 1b). **b) Kausale obj Treuwidrigkeit** genügt (StBork 10; Karlsruhe NJW-RR 96, 80; aA BGH NJW-RR 89, 802: Verschulden erforderlich); Grund: § 162 ist Ausfluss v § 242 (Rn 3). **Beweisbelastet** ist, wer sich auf Treuwidrigkeit beruft (BGH NJW-RR 97, 305).

5 **3. Rechtsfolgen.** Bei Verhinderung (I) oder Herbeiführung (II) des Bedingungseintritts wird das jeweilige Gegenteil **fingiert**. Fingierter Nichteintritt kann zum früheren Schwebezustand (§ 158 Rn 7) oder zum Bedingungsausfall (§ 158 Rn 8) führen. Fiktion des Bedingungseintritts greift ein, sobald feststeht, dass der Eintritt verhindert ist, nicht erst zum Zeitpunkt des mutmaßlichen Eintritts (str, vgl BGH NJW 75, 206; differenzierend StBork 12).

§ 163 Zeitbestimmung

Ist für die Wirkung eines Rechtsgeschäfts bei dessen Vornahme ein Anfangs- oder ein Endtermin bestimmt worden, so finden im ersteren Falle die für die aufschiebende, im letzteren Falle die für die auflösende Bedingung geltenden Vorschriften der §§ 158, 160, 161 entsprechende Anwendung.

1 **1. Allgemeines.** Zeitbestimmung ist wie Bedingung (§ 158 Rn 1) *rechtsgeschäftliche Nebenabrede*. Sie macht als **Anfangstermin** (s aber u) den Eintritt, als **Endtermin** das Ende der Rechtswirkungen von einem zukünftigen gewissen Ereignis abhängig; *wann* das Ereignis eintritt, kann gewiss oder ungewiss sein (LM Nr 14 zu § 158; BayObLG NJW 93, 1164 f). Anfangstermin entspricht der aufschiebenden, Endtermin der auflösenden Bedingung. Kombination von Befristung und Bedingung ist möglich (Bsp in BGH NJW-RR 06, 183). § 162 ist entspr anwendbar, wenn ungewiss, zu welchem Zeitpunkt das gewisse Ereignis (zB Tod eines Menschen) eintritt und bzgl des Zeitpunkts manipuliert wird (zB durch Mord). § 159 anwendbar. „Anfangstermin" kann abw von o „Betagung" (Rn 4) bedeuten (Auslegungsfrage).

2 **2. Abgrenzung zur Bedingung. Auslegung** entscheidet, wenn zweifelhaft ist, ob ein zukünftiges Ereignis nach den Parteivorstellungen ungewiss (dann Bedingung) oder gewiss ist (dann Zeitbestimmung = Befristung).

3 **3. Befristungsverbote.** Bedingungsfeindliche Geschäfte (§ 158 Rn 11) sind zumeist auch **befristungsfeindlich** (BGH 156, 332 f). Ges und Klarheitsgebot erlauben zB Kündigung mit Anfangstermin. Entspr der Rechtsbedingung (§ 158 Rn 6 [c]) gibt es die **Rechtsbefristung** (Bsp: § 1353 I 1, § 1311 S 2; LPartG 1 I 1, 2).

4 **4. Aufschiebend befristete und betagte Verbindlichkeiten. Aufschiebend befristete** Verbindlichkeit entsteht erst (zB Mietzinsforderung, BGH 170, 200); **betagte Verbindlichkeit** besteht schon, ist aber noch nicht fällig (zB anfänglich gestundete Kaufpreisforderung, § 199 Rn 3; monatlich zu zahlende Leasingrate, str, s BGH NJW 97, 157; NJW-RR 10, 483 f; Maklerprovision, BGH NJW 86, 1035); vgl InsO 41. Unterscheidung wichtig für § 813 II (str, s StBork 2): Vorzeitig gezahlte Miete nur rückforderbar, wenn sie aufschiebend befristete Verbindlichkeit ist (sa BGH DtZ 97, 156 f). Zu § 199 I Nr 1 s dort Rn 2.

Titel 5. Vertretung und Vollmacht

§ 164 Wirkung der Erklärung des Vertreters

(1) ¹Eine Willenserklärung, die jemand innerhalb der ihm zustehenden Vertretungsmacht im Namen des Vertretenen abgibt, wirkt unmittelbar für und gegen den Vertretenen. ²Es macht keinen Unterschied, ob die Erklärung ausdrücklich im Namen des Vertretenen erfolgt oder ob die Umstände ergeben, dass sie in dessen Namen erfolgen soll.

(2) Tritt der Wille, in fremdem Namen zu handeln, nicht erkennbar hervor, so kommt der Mangel des Willens, im eigenen Namen zu handeln, nicht in Betracht.

(3) Die Vorschriften des Absatzes 1 finden entsprechende Anwendung, wenn eine gegenüber einem anderen abzugebende Willenserklärung dessen Vertreter gegenüber erfolgt.

1. Voraussetzungen wirksamer Stellvertretung. Eine wirksame Stellvertretung erfordert: Abgabe und Empfang einer Willenserklärung (Rn 2) im Namen des Vertretenen (Rn 3–5) mit Vertretungsmacht (Rn 6–8) bei Zulässigkeit einer Vertretung (Rn 9), sog **offene** (direkte, unmittelbare) **Stellvertretung**. 1

2. Anwendbarkeit der Stellvertretung. Gegenstand der Vertretung sind Willenserklärungen (Abgabe, I, oder Empfang, III) und geschäftsähnliche Handlungen (nicht Tathandlungen, zB Besitzerwerb nach § 854 I, „Ersatz": § 855); Begriffe: Rn 1, 23, 24 vor § 104. Im Rahmen der „rechtlichen Betreuung" (Überschrift von Titel 2 vor § 1896) kann auch in Gesundheitsangelegenheiten Vollmacht erteilt werden (vgl §§ 1904 V, 1906 V). 2

3. Handeln im Namen des Vertretenen. §§ 164 ff regeln die *offene* (unmittelbare, direkte) Stellvertretung. **a) Fremdbezogenheit** muss zumindest aus den Umständen erkennbar sein (I 2; obj Erklärungsgehalt entscheidet: § 133 Rn 10; BGH 125, 178). So liegt es beim Abschluss eines auf ein **bestimmtes Unternehmen** bezogenen RGeschäfts, das nach dem Willen der Beteiligten iZw (Auslegungsregel) für und gegen den Unternehmensinhaber wirken soll, gleich, ob der Geschäftsgegner den Handelnden als den wahren Inhaber oder als dessen Vertreter ansieht (BGH NJW 12, 3369 Tz 10; NJW-RR 06, 110; NJW 00, 2985, je mN und unter Vermengung von „Unternehmen" und „Unternehmensinhaber" oder „Betriebsinhaber"; korrekt aber NJW 08, 1214). Der Vertreter haftet uU daneben aus Rechtsschein, weil er so aufgetreten ist, als betreibe er das vertretene Unternehmen selbst in unbeschränkter persönlicher Haftung, obwohl es sich zB um eine GmbH handelt (BGH NJW 12, 3369 Tz 12ff; NJW 98, 2897). Wird irrtümlich (ungewollt) im Namen eines anderen gehandelt, so liegt dennoch Vertretung vor (BGH 36, 33 f), aber Anfechtung (§ 119) durch Vertreter möglich (Flume II § 44 III; str). Ist die Fremdbezogenheit des Handelns nicht erkennbar, obwohl „Vertreter" das meint (Irrtum!), so ist Anfechtung ausgeschlossen **(II)**, das Geschäft ist Eigengeschäft (folgt aus II; BGH NJW 00, 110); die *Beweislast* für die Fremdbezogenheit liegt beim „Vertreter" (BGH NJW 00, 2985). Vertreter kann zugleich im eigenen Namen handeln (§ 181 Rn 5; BGH 104, 100; NJW 09, 3506). Offen, ob Vertragsschluss durch einen Sozietätsanwalt typischerweise die Sozietät verpflichten soll oder nur Einzelmandat (BGH 12, 2435 Tz 16; NJW 11, 2301 Tz 15). Nach BGH **Sozietätsmandat**, wenn es in der Folge von mehreren Sozien und/oder angestelltem Anwalt bearbeitet wird (BGH 12, 2435 Tz 16). – Keine Sonderregeln für **internetbasiert abgegebene Erklärungen.** Wer unter fremdem **eBay-Mitgliedskonto** Erklärungen abgibt, handelt in fremdem Namen des Kontoinhabers. Daher Bindung nur unter Vertretungsvoraussetzungen, zB Anscheins- oder Duldungsvollmacht (BGH NJW 11, 2421 Tz 12 mN), s noch § 167 Rn 8 f. Eine 3

§ 164

Formularklausel des ebay-Vertrags, wonach Mitglieder grundsätzlich für sämtliche Aktivitäten haften, die unter Verwendung ihres Mitgliedskontos vorgenommen werden, begründet keine Erklärungszurechnung bei fehlender Vertretungsmacht des im Namen des Kontoinhabers die Erklärung abgebenden Dritten (BGH NJW 11,
4 2421 Tz 20f mN). **b) Einschränkungen des Offenheitsprinzips. aa) Offenes Geschäft für den, den es angeht:** Handeln für einen Dritten, dessen Name nicht genannt wird (LM Nr 10; BFH BB 00, 1281) oder der (noch) unbekannt ist (BGH NJW 98, 63; erst mit nachträglicher Bestimmung des Dritten kommt Geschäft zustande). Das ist unzulässig, wenn der Geschäftstyp Offenlegung fordert, zB Auflassung (AG Hamburg NJW 71, 102 f; sa BayObLG MDR 84, 232). Zur Haftung des Vertreters (§ 179 analog), wenn Namensnennung nötig, aber unterbleibt, s BGH
5 129, 149 f; § 179 Rn 11. **bb) Verdecktes Geschäft für den, den es angeht:** Vertreter handelt bei Geschäftsvornahme gewollt, aber unerkennbar (sonst I 2), für einen anderen, und dem Geschäftsgegner ist die Person des Kontrahenten gleichgültig (BGH 114, 80; NJW-RR 03, 922). Hauptfall: dinglicher Rechtserwerb bei Bargeschäften des täglichen Lebens, insbes Eigentumserwerb an gewöhnlicher Fahrnis (RG 140, 229; nach BGH 114, 79 f auch bei Veräußerung unter EV iSv § 455 I aF = § 449 I an Eheleute; sa § 929 Rn 21), nicht an Schecks (Stuttgart ZIP 80, 861) oder Grundstücken (vgl BGH WM 78, 13). Zurückhaltung wegen Durchbrechung von I geboten (LM Nr 33 für Krankenhaus-Pflegevertrag). Bei schuldrechtlichen Geschäften liegt ein Geschäft für den, den es angeht, nur ausnahmsweise vor, da dem Geschäftsgegner die Person des Kontrahenten idR nicht gleichgültig ist (BGH NJW-RR 03, 922).

6 **4. Vertretungsmacht. a) Grundlage:** Ges (Eltern, § 1629 I [keine Einschränkung durch § 1629a, nur Haftungsbegrenzung für den volljährig Gewordenen im Vollzug von BVerfG 72, 167 ff], zu § 1629 s EGMR NJW 10, 501 ff mit Coester NJW 10, 482 ff; Ehegatten, § 1357 I, str [BGH 94, 5: Rechtsmacht zur Verpflichtung; sa 114, 75 ff: keine „dingliche Wirkung"], zur Problematik von § 1357 Brudermüller NJW 04, 2267 f, § 1357 ist verfassungsgemäß [BVerfG NJW 90, 175 f], registrierte Lebenspartner, LPartG 8 II mit § 1357 analog; zur Problematik Brudermüller NJW 04, 2270 Fn 79), staatliche Bestellung (Vormund, §§ 1789, 1793; Betreuer, § 1902; Pfleger, § 1915), Organstellung (Vorstand, § 26) – sog *ges Vertreter* – oder RGeschäft (Bevollmächtigung), sog *gewillkürter Vertreter*. Die Vertretungsmacht wirkt nach außen; davon ist das Innenverhältnis zwischen Vertreter und Vertretenen
7 zu unterscheiden (§ 167 Rn 1). **b) Fehlt die Vertretungsmacht,** so gelten die
8 §§ 177–180. Sie fehlt auch, soweit vorhandene überschritten wird. **c) Missbrauch der Vertretungsmacht** liegt vor, wenn der Vertreter sie unter Verletzung des Innenverhältnisses (§ 167 Rn 1) gebraucht; Vorsatz unnötig (BGH NJW 88, 3013; stRspr). Folge: Vertretung ist wirksam, das Missbrauchsrisiko trägt der Vertretene. Erkennt aber der Geschäftsgegner den Missbrauch oder drängt sich ihm diese Erkenntnis nach den Umständen geradezu auf, so kann er sich nicht auf die Vertretungsmacht berufen (BGH NJW 08, 75; NJW-RR 04, 248, je mN); das gilt auch für ges Vertreter einer jur Person (BGH NJW 84, 1462; 06, 2776: GmbH-Geschäftsführer; 90, 385), Testamentsvollstrecker (BGH NJW-RR 89, 642 f) und bei ges umgrenzter Vertretungsmacht (BGH WM 81, 67). Hier gelten §§ 177 ff analog (BGH 141, 364); ob auch § 254 für die Verteilung nachteiliger Folgen des Vertretergeschäfts gilt, ist str (BGH NJW 99, 2884 lässt offen). Haben Geschäftsgegner und Vertreter bewusst zum Nachteil des Vertretenen zusammengewirkt **(Kollusion),** BGH NJW-RR 08, 978), so ist Vertretergeschäft nichtig, § 138 I (BGH NJW-RR 89, 642 f [Testamentsvollstrecker]; 04, 248 [GmbH-Geschäftsführer]; sa § 181 Rn 13. – Ie besteht über den Missbrauch uferloser Streit (vgl MK/Schramm 106–128a mN).

9 **5. Unzulässigkeit.** Unzulässig ist *jede* Stellvertretung, wenn das Ges „persönliche" Vornahme fordert (Bsp § 1311 S 1, gilt für Verlobung entspr; LPartG 1 I 1; §§ 2064, 2274); unzulässig ist *gewillkürte* Stellvertretung, wenn Vornahme „durch

Titel 5. Vertretung und Vollmacht §§ 165, 166

einen Bevollmächtigten" ausgeschlossen (Bsp § 1600a I). Vereinbarter Ausschluss gewillkürter Vertretung ist zulässig (BGH 99, 94).

6. Wirkung. Liegen die Voraussetzungen (Rn 1) vor, so wirkt das Geschäft nur 10 für und gegen den Vertretenen (I, III). Der Vertreter haftet daher nicht aus dem Geschäft, doch Haftung aus unerlaubter Handlung möglich; ferner bei starkem eigenem wirtschaftlichen Interesse am Vertragsschluss (§ 311 III 1 mit §§ 241 II, 280 I entspr der fr Rspr, s u; Interesse an Provision ungenügend, BGH NJW-RR 06, 110, 944 mN) *oder* bei außerordentlicher Inanspruchnahme persönlichen Vertrauens durch Vertreter, wodurch Vertragsverhandlungen und Vertragsschluss erheblich beeinflusst worden sind (§ 311 III 2 mit §§ 241 II, 280 I entspr der fr stRspr; BGH NJW-RR 06, 110, 944), Entgegenbringen von Vertrauen durch den Gegner ungenügend (BGH NJW-RR 93, 344, stRspr).

7. Abgrenzung. Keine Stellvertreter iSd §§ 164 ff sind: **a) verdeckter** (indi- 11 rekter, mittelbarer) **Stellvertreter.** Er handelt in fremdem Interesse und in eigenem Namen, seine Geschäfte sind Eigengeschäfte (Hauptfall: Kommissionär, HGB 383 ff); **b) Treuhänder.** Er handelt wie der verdeckte Stellvertreter (Rn 11) in 12 eigenem Namen, aber iGgs zu diesem regelmäßig in Wahrnehmung eigener Rechte, die ihm durch Ges oder RGeschäft zugewiesen sind. Auch der **„Strohmann"** ist ein Treuhänder, dessen Treuhänderstellung aber geheim bleiben soll (daher handelt er im eigenen Namen, aber im Interesse und für Rechnung des Hintermanns, BGH NJW 95, 727 f); **c) Amtsverwalter** (Insolvenz-, Nachlass-, Zwangsverwalter, 13 Testamentsvollstrecker). Sie sind materiellrechtlich Treuhänder, im Prozess Partei kraft Amtes (str, s Jauernig/Hess, ZPR, § 18 V 4); **d) Bote.** Er hat die Willenserklärung eines anderen lediglich zu übermitteln (Erklärungsbote) oder zu empfan- 14 gen (Empfangsbote), s § 130 Rn 7, 10. Das sind Tathandlungen, daher kann ein Geschäftsunfähiger Bote sein. Ob jemand Bote oder Stellvertreter ist, richtet sich nach den Gesamtumständen, insbes seinem Auftreten (BGH 12, 334 f, hM); die Unterzeichnung mit „iV" („in Vertretung"?) oder „iA" („Bote"?) ist nicht eindeutig (BAG NJW 08, 1244): **e) wer unter fremdem Namen** handelt (§ 177 Rn 8). **f)** Zu § 185 s dort Rn 1. Zum Unterschied zwischen § 185 und § 164 BGH NJW-RR 02, 21 f.

§ 165 Beschränkt geschäftsfähiger Vertreter

Die Wirksamkeit einer von oder gegenüber einem Vertreter abgegebenen Willenserklärung wird nicht dadurch beeinträchtigt, dass der Vertreter in der Geschäftsfähigkeit beschränkt ist.

1. Beschränkt Geschäftsfähige. Können (auch ges) Vertreter sein, da sie aus 1 dem RGeschäft nicht haften (§ 164 Rn 10); § 131 II 2 ist für Bevollmächtigung anwendbar. Grundsätzliche Haftungsfreistellung auch bei fehlender Vollmacht: § 179 III 2.

2. Geschäftsunfähige. Können nicht Vertreter (BGH 158, 6), sondern höchs- 2 tens Bote sein (s § 164 Rn 14; § 130 Rn 9); das ist verfassungsgemäß (aA Canaris JZ 87, 998; sa § 105 Rn 2). Zum Ausnahmefall einer Rechtsscheinhaftung des Vertretenen für Vertreterhandeln eines Geschäftsunfähigen BGH 115, 80 ff; K. Schmidt JuS 91, 1005 (§§ 177, 180, 105 I unanwendbar); sa § 167 Rn 5 (c).

§ 166 Willensmängel; Wissenszurechnung

(1) Soweit die rechtlichen Folgen einer Willenserklärung durch Willensmängel oder durch die Kenntnis oder das Kennenmüssen gewisser Umstände beeinflusst werden, kommt nicht die Person des Vertretenen, sondern die des Vertreters in Betracht.

§ 167

(2) ¹Hat im Falle einer durch Rechtsgeschäft erteilten Vertretungsmacht (Vollmacht) der Vertreter nach bestimmten Weisungen des Vollmachtgebers gehandelt, so kann sich dieser in Ansehung solcher Umstände, die er selbst kannte, nicht auf die Unkenntnis des Vertreters berufen. ²Dasselbe gilt von Umständen, die der Vollmachtgeber kennen musste, sofern das Kennenmüssen der Kenntnis gleichsteht.

Lit: Schilken, Wissenszurechnung im Zivilrecht, 1983.

1   **1. Anwendungsbereich. a) Willensmängel** (§§ 116–123) sind grundsätzlich nur in der Person des *Vertreters* beachtlich (I); denn er allein handelt rechtsgeschäftlich
2   und repräsentiert damit den Vertretenen (Repräsentationstheorie). **b) Für Kennen oder Kennenmüssen** (fahrlässige Unkenntnis: § 122 II) gilt das Gleiche, zB bei Erwerb vom Nichtberechtigten entspr den jeweiligen subj Voraussetzungen (§§ 892, 932 ff, HGB 366 f). Darin liegt ein allg Rechtsgedanke (BGH NJW 84, 2936). Dementspr ist bei der *Auslegung* auf den Kenntnisstand des Vertreters abzustellen (BGH BB 84, 565). Bei Gesamtvertretern genügt Kenntnis usw bei einem (BGH NJW-RR 90, 1332); ebenso bei Einzelvertretung in OHG, KG, GbR jedenfalls, wenn das Unterlassen der Wissensweitergabe vom Wissenden an den Handelnden eine Organisationspflicht der Gesellschaft verletzt (BGH 140, 61 f; NJW 01, 360
3   insbes zur GbR). **c) I gilt für** *Vertreter* iSv § 164 Rn 6, für *Vertreter ohne Vertretungsmacht* nach Genehmigung durch Vertretenen (BGH 184, 42), *entspr* für den, dessen sich der „Vertretene" *wie eines Vertreters* bedient, sog Wissensvertreter (BGH 132, 35 ff; sa § 123 Rn 10; ferner BGH NJW 00, 1406: Wissensvertreter der einen Vertragspartei kann zugleich Vertreter der anderen sein, I gilt dann insoweit direkt). Allg: Wer von einem anderen, unabhängig von einem Vertragsverhältnis, damit betraut, bestimmte Angelegenheiten zu regeln, muss sich dessen Wissen zurechnen lassen (BGH NJW-RR 01, 128); bei beurkundungsbedürftigen Verträgen (zB § 311b I) jedoch keine Zurechnung analog I (BGH NJW 01, 1062). Erweitert ist die Zurechnung des Wissens von Mitarbeitern einer jur Person hinsichtlich solcher Vorgänge, deren spätere Relevanz im Bereich des Wissenden erkennbar sind und die deshalb dokumentiert oder an andere im Organisationsbereich weitergegeben werden müssen (BGH NJW 01, 2536; 09, 2299, je mN).

4   **2. Willensmängel in der Person des Vertretenen. a)** Hat der bevollmächtigte (II) Vertreter nach **Weisungen** (Begriff weit zu fassen: BGH 50, 368) des Vertretenen gehandelt, so ist dessen Kenntnis oder fahrlässige Unkenntnis neben der des Vertreters (I Fall 2 gilt!) erheblich: **II**. Grund: Der Vertretene soll sich „nicht hinter der Gutgläubigkeit des die Weisungen befolgenden Vertreters verstecken dürfen"
5   (BGH 51, 147). **b) II gilt entspr: aa) für ges Vertreter,** der wie ein weisungs-
6   bundener Bevollmächtigter handelt (StSchilken 31); **bb) zugunsten des Vertretenen,** wenn seine Weisung bzgl des Vertretergeschäfts an Willensmängeln krankt (BaR/Valentin 26; „zumindest" für Täuschung auch BGH 51, 145 ff); Bsp: Der Geschäftsgegner hat durch Täuschung eine Weisung des Vertretenen veranlasst; das Vertretergeschäft ist anfechtbar, § 123. Willensmängel in Bezug auf die Bevollmächtigung gehören nicht hierher (§ 167 Rn 11).

§ 167 Erteilung der Vollmacht

(1) **Die Erteilung der Vollmacht erfolgt durch Erklärung gegenüber dem zu Bevollmächtigenden oder dem Dritten, dem gegenüber die Vertretung stattfinden soll.**

(2) **Die Erklärung bedarf nicht der Form, welche für das Rechtsgeschäft bestimmt ist, auf das sich die Vollmacht bezieht.**

1   **1. Begriff der Vollmacht.** Vollmacht ist die durch einseitiges empfangs-, aber nicht annahmebedürftiges RGeschäft, die *Bevollmächtigung* (vgl § 172 I), erteilte Ver-

Titel 5. Vertretung und Vollmacht § 167

tretungsmacht (§ 166 II; BGH NJW 04, 2090). Erteilung durch Vertrag mit einem der in I Genannten möglich (Köhler BB 79, 914; hM). Vollmacht betrifft nur das *Außenverhältnis* zwischen dem Vertreter und einem Dritten. Sie schließt die Verpflichtungs-, Verfügungs- und Erwerbsmacht des Vollmachtgebers nicht aus; eine sog **verdrängende** Vollmacht mit „dinglicher" Wirkung ist unzulässig (MK/Schramm 114; für unwiderrufliche Vollmacht ebenso BGH WM 85, 1232 mN; aA Müller-Freienfels, FS Hübner, 1984, S 637 Fn 55 mN; Gernhuber JZ 95, 381 ff; sa Ulmer ZHR 146, 572 f); Verpflichtung zum Nichtgebrauch der konkurrierenden Verfügungsmacht usw ist zulässig, arg § 137 S 2. – Die Bevollmächtigung (ungenau: Vollmacht) ist zu **unterscheiden von** dem ihr **zugrundeliegenden Rechtsverhältnis** *(Grund- oder Innenverhältnis)* zwischen Vertreter und Vollmachtgeber (das ist idR der Vertretene), zB Auftrag, Geschäftsbesorgungsvertrag, Dienstvertrag (so bahnbrechend, aber nicht als Erster, Laband ZHR 10 [1866], 203 ff, dem das BGB folgt). Bevollmächtigung und Grundverhältnis sind nicht nur getrennt, jene ist zugleich in ihrem Bestand von diesem unabhängig (abstrakt). Das gilt auch für die verliehene Rechtsmacht „Vollmacht", sie ist ebenfalls **abstrakt** (hM; s aber u). Folglich bleibt (Innen-)Vollmacht trotz Nichtigkeit des Grundverhältnisses gültig (StSchilken 33 vor § 164 [nur ausnahmsweise und nur bei der Innenvollmacht gilt § 139], sa § 168 Rn 4; aA StRoth § 139, 56; BGH NJW 92, 3238: § 139 gilt; nach BGH NJW 03, 2089, 2320 (weitere Nachw § 134 Rn 11) erfasst Nichtigkeit des Geschäftsbesorgungsvertrags (§ 134, RDG 3) unmittelbar die Vollmacht, sa § 134 Rn 11). Dennoch kann und muss zur Ermittlung von Umfang (§ 168 Rn 1 [b], BGH NJW 77, 623) und Ende (§ 168 Rn 1 [c]) der Vollmacht auf das Grundverhältnis zurückgegriffen werden. Eine **isolierte Vollmacht,** dh ohne (wirksames) Grundverhältnis, ist anzuerkennen (BGH 110, 367). Zur **postmortalen Vollmacht** Rn 2 vor § 2197. Zur **Vorsorgevollmacht** MK/Schwab § 1896, 48–62 mN.

2. Umfang der Vollmacht. a) Ihn bestimmt grundsätzlich (Rn 3 [c]) der 2 Vollmachtgeber. Man unterscheidet Generalvollmacht (Rn 3 [b]), Art- oder Gattungsvollmacht (für bestimmte Art von Geschäften), Spezialvollmacht (für bestimmte[s] Geschäft[e]). Maßgebend ist die Auslegung (§§ 133, 157) der Vollmachterteilung nach dem Empfängerhorizont (§ 133 Rn 10), unterschieden nach Innen- und Außenvollmacht (BGH NJW 10, 1202; NJW-RR 00, 746; Begriffe Rn 6). Fehlt eine ausdr Bestimmung, so richtet sich der Umfang nach Treu und Glauben sowie der Verkehrssitte (BGH NJW 10, 1204). Eine „transmortale" Kontovollmacht für den Ehegatten (Nicht-Erbe) berechtigt diesen idR nicht zur Umschreibung des Kontos auf sich (BGH NJW-RR 09, 979 ff). **b) Generalvoll-** 3 **macht** ist unbeschränkte Vollmacht (BGH 36, 295). Der Name allein besagt für den Umfang nichts, es gilt Rn 2. Zum Generalbevollmächtigten vgl Grootenhorst/Preuß, Vollmachten im Unternehmen, 5. Aufl 2008. **c) Ges Bestimmung** ist selten. Bsp: Prokura und Handlungsvollmacht (HGB 49, 54 ff).

3. Untervollmacht. Kann durch Hauptbevollmächtigten erteilt werden, wenn 4 seine Vollmacht soweit reicht (Rn 2). Der Unterbevollmächtigte vertritt den Hauptvollmachtgeber (Geschäftsherrn), nicht den Hauptbevollmächtigten, er ist nicht „Vertreter des Vertreters" (Flume II § 49, 5; hM. – BGH 32, 253 f; 68, 395 bejahen beide Möglichkeiten). Der Unterbevollmächtigte handelt ohne Vertretungsmacht, wenn Haupt- oder Untervollmacht fehlt; zur Bedeutung § 179 Rn 3.

4. Mehrere Vertreter. Können für sich allein *(Einzelvertretung)* oder mehrere 5 gemeinsam (Mehrheitsprinzip, zB 3 von 5) oder nur alle gemeinsam *(Gesamtvertretung)* vertretungsberechtigt sein (BGH NJW 01, 3183 f: „echte" bei Vertretern gleichen Ranges, „unechte" zB bei GmbH-Geschäftsführer mit Prokurist). Das bestimmt zuweilen das Ges (zB ZPO 84: Einzelvertretung; §§ 714 [mit 709 I, 710 S 2], 1629 I 2, HGB 125 II 1, AktG 78 II 1, GmbHG 35 II 2: Gesamtvertretung für aktive Vertretung; für passive s Rn 5 (b); eine Bevollmächtigung ist entspr Rn 2 auszulegen. Gesamtvertreter (auch gewillkürte) können einzelne von ihnen begrenzt

§ 167
Buch 1. Abschnitt 3. Rechtsgeschäfte

bevollmächtigen (BGH NJW 01, 3184 mN; sa LM Nr 48 zu § 1 GWB). **a) Willensmängel,** Kennen(müssen) eines Gesamtvertreters genügen für § 166 I (§ 166 Rn 2). **b) Passivvertretung** ist zwingend Einzelvertretung (vgl §§ 28 II, 1629 I 2 HS 2, AktG 78 II 2, GmbHG 35 II 3, HGB 125 II 3, GenG 25 I 3), BGH 136, 323, auch bei ges Gesamtvertretung (vgl BGH FamRZ 77, 245); zur GbR BGH 136, 323. **c)** Kein handelnder Gesamtvertreter darf **geschäftsunfähig** sein (einschr Hamm NJW 67, 1042 f [mit abl Anm Prost]; § 165 Rn 2); sonst gelten §§ 177 ff (BGH 53, 214 f; § 139 Rn 5). **d)** Gesamtvertreter können **einzeln und zeitlich getrennt** handeln (als Vertreter, § 164, oder Genehmigende, § 177, BGH NJW 01, 3183).

6 **5. Bevollmächtigung. a) Begriff** s Rn 1. Sie erfolgt gegenüber dem zu Bevollmächtigenden (*Innenvollmacht*) oder gegenüber dem Dritten (*Außenvollmacht*) – in beiden Fällen ist sie empfangsbedürftig – oder durch *öffentl Bekanntmachung*.

7 **b) Ausdr oder schlüssige** Bevollmächtigung ist möglich (abw HGB 48 für Prokura: ausdr). Bevollmächtigung durch *Stillschweigen* (Nichtstun) scheidet praktisch aus. Ob Bevollmächtigung durch schlüssiges Verhalten vorliegt, ist Auslegungsfrage; ges Bsp: HGB 56; Bsp aus der Rspr: Überlassung der Geschäftsleitung an einen Angestellten (RG 106, 202 f; aA LM Nr 9 zu § 164, Nr 17 zu § 167: nur Anscheinsvollmacht, vgl Rn 9); Bestellung zum Leiter der Depositenkasse einer Großbank erweckt „nicht nur den Schein der Vollmacht", sondern bevollmächtigt „zu allen Geschäften", „wie sie nach der Auffassung des Verkehrs bei den Kassen vorgenommen werden" (RG 118, 240; sa BGH NJW 02, 1041 f; einschr für Kundenkredit-
8 bank BGH NJW 80, 2410 f). **c) Duldungsvollmacht.** Ihre Grundlage ist str. nach stRspr des BGH (BGH NJW 11, 2422 Tz 15 mN; NJW 97, 314) beruht sie auf einem nichtrechtsgeschäftlichen Rechtsscheintatbestand; dh die §§ 164 ff sind anwendbar, wenn und weil der Geschäftsherr „das Handeln eines anderen, nicht zu seiner Vertretung Befugten kennt und es duldet, falls der Geschäftsgegner diese Duldung dahin wertet und nach Treu und Glauben auch dahin werten darf, dass der Handelnde Vollmacht habe" (LM Nr 13; BGH NJW 05, 2987 mN). Wissen und Dulden sind aber ihrem obj Erklärungsgehalt nach als *schlüssige Bevollmächtigung* (Rn 7) auszulegen (LM Nr 4; Flume II § 49, 3; anders BGH NJW 04, 2746 f, stRspr, s Rn 7); dafür genügt ein einmaliges Gewährenlassen (Brandenburg NJW-RR 09, 236, ohne daraus die zutr Konsequenz – Vorliegen einer Duldungsvollmacht – zu ziehen). Die Vollmacht ist dem Geschäftsgegner gegenüber erteilt (Außenvollmacht, Rn 6). Am Tatbestand einer Bevollmächtigung (Willenserklärung) fehlt es auch dann nicht, wenn dem Geschäftsherrn der Erklärungswille fehlt (Rn 5 vor § 116). Konsequenz dieser rechtsgeschäftlichen Qualifizierung: Bei Irrtum über die Rechtsfolgen des schlüssigen Verhaltens ist die Bevollmächtigung anfechtbar, § 119 I (Flume II § 49, 2c aE mit 3), während bei Annahme eines Rechtsscheintatbestands eine Willenserklärung fehlt und daher insoweit Anfechtung ausscheidet (für Anfech-
9 tung trotz Annahme eines Rechtsscheins MK/Schramm 53). **d) Anscheinsvollmacht.** Sie beruht (iGgs zur Duldungsvollmacht, Rn 8; anders BGH NJW 11, 2422 Tz 15 mN; NJW 03, 2092; NJW-RR 03, 1204, stRspr, s Rn 8) auf einem Rechtsscheintatbestand (BGH NJW 98, 1855). Hier kannte der Geschäftsherr das Verhalten des Vertreters nicht, hätte es aber bei pflichtgemäßer Sorgfalt kennen und verhindern können, während der Geschäftsgegner nach Treu und Glauben, insbes ohne Verschulden (BGH NJW 98, 1855), annehmen durfte und angenommen hat, der als Vertreter Handelnde sei bevollmächtigt, weil dem Geschäftsherrn das Gebaren seines Vertreters bei verkehrsgemäßer Sorgfalt nicht habe verborgen bleiben können (BGH NJW 11, 2422 Tz 16ff mN; NJW-RR 86, 1169); beides setzt idR eine gewisse Dauer und damit Häufigkeit des Vertreterhandelns voraus, so dass bei erstmaligem Anschein noch keine Anscheinsvollmacht gegeben ist (BGH NJW 11, 2422 Tz 16, 18 mN; NJW 06, 1972). Das gilt auch im Internetverkehr bei Registrierung und individualisierten Zugangsdaten. Die Identifikationsfunktion der Registrierung ersetzt das Merkmal der Dauer und Häufigkeit unter den gegebenen Sicherheitsstandards nicht (BGH NJW 11, 2422 Tz 16, 18 mN). Für eine Zurechnung

reicht es bei internetbasierten Erklärungen daher nicht bereits aus, dass der Inhaber eines registrierten, passwortgeschützten Internetkontos die Zugangsdaten nicht hinreichend vor dem Zugriff des Handelnden geschützt hat (BGH NJW 11, 2422 Tz 16, 19f mN); es muss ein darüber hinausgehender, dem Geschäftsherrn fahrlässig verborgen gebliebener Rechtsanschein durch den Vertreter gesetzt worden sein. - Das so vom Geschäftsherrn veranlasste Vertrauen muss für den Entschluss des Geschäftsgegners in irgendeiner Weise **ursächlich** gewesen sein (BGH WM 81, 172). Wenn der Geschäftsherr voll geschäftsfähig ist, gelten die Stellvertretungsregeln, nicht §§ 177 ff (BGH 86, 275 f; abl Crezelius ZIP 84, 794 f; Lieb, FS Hübner, 1984, S 575 ff: Wahlrecht des Dritten zwischen § 179 und Vertretungswirkung [„Rosinentheorie"], dagegen zutr K. Schmidt, FS Gernhuber, 1993, S 435 ff). **Anfechtung** wegen Irrtums über die Rechtsfolgen des Rechtsscheintatbestands ist ausgeschlossen. Gegen Haftung kraft Anscheinsvollmacht (außer im kaufmännischen Verkehr) zutr Flume II § 49, 4: Der unwissende Vertreter ohne Vertretungsmacht hafte nur gem § 179 II, für den unwissend Vertretenen müsse Entsprechendes gelten (Haftung aus cic); zust Picker NJW 73, 1800 f mN; Canaris JZ 76, 133 (zu BGH 65, 13 ff: Dort wird Erfüllungshaftung des Geschäftsherrn trotz leichtfertiger Aufbewahrung einer Vollmachtsurkunde, vgl § 172, abgelehnt!). Zu einer Erweiterung entspr der Anscheinshaftung s § 165 Rn 2. **Besonderheiten** im Bereich der **Telekommunikationsdienstleistungen:** Hier reicht die Unterhaltung eines funktionstüchtigen Telefonanschlusses als Vertrauenstatbestand für die (Anscheins-)Vollmacht des jeweiligen Nutzers zwar nicht aus. Doch ergibt sich aus der Abgrenzung der Risikosphären in TKG 45i IV im Anwendungsbereich des TKG anderes. Beruhend auf dem Grundgedanken der Anscheinsvollmacht – wer am Rechtsverkehr teilnimmt, hat für das seiner Risikosphäre zuzurechnende Verhalten Dritter auch vertraglich einzustehen – ist maßgebend, ob dem Telefonkunden die Nutzung seines Anschlusses durch einen Dritten zugerechnet werden kann (s TKG 45i IV 1 iVm § 276 I; näher dazu BGH NJW 06, 1972f zu TKV 1b III 3 iVm § 276 I).

6. Form der Bevollmächtigung. a) IdR formfrei (BGH 138, 242 ff zu § 1410), **10 II. b) Form** ist *erforderlich,* wenn ges vorgeschrieben (zB §§ 492 IV 1, 1945 III 1); ferner, wenn formlose Bevollmächtigung gegen den Zweck einer ges Formvorschrift verstieße, so bei unwiderruflicher Vollmacht für Grundstücksveräußerung oder -erwerb (vgl BGH NJW 08, 845; stRspr; zum Urkundeninhalt BGH NJW 01, 3479); s ferner § 126 Rn 6 sowie Rösler NJW 99, 1150 ff. Zu GBO 29´s § 925 Rn 13. Bei **Formnichtigkeit** gelten §§ 177 ff; Genehmigung ist formfrei (str, s § 177 Rn 6). Idr (wie §§ 164 ff allg) gilt nicht für **Prozessvollmacht;** es gelten ZPO 80 ff als Sonderrecht (BGH NJW 04, 844 f; sa § 174 Rn 1).

7. Anfechtbarkeit . Die Bevollmächtigung ist, weil Willenserklärung, anfecht- **11** bar nach §§ 119 ff (BGH NJW 89, 2880, hM; aA Brox JA 80, 450 ff mN, wenn Vertretergeschäft bereits getätigt ist). **Anfechtungsgegner:** Vertreter oder Dritter, arg § 143 III 1, § 168 S 3 (str, s StSchilken 79). Ist wirksam angefochten, so hat der Vertreter ohne Vollmacht gehandelt (§ 142 I), es gilt § 179 (StSchilken 81, str); Vertretene haftet seinem Gegner gem § 122 (SoeLeptien § 166, 23; str, s StSchilken 81–82a). – Zur Anfechtung bei der Duldungsvollmacht Rn 8, der Anscheinsvollmacht Rn 9. – Zur Anfechtung sa §§ 170–173 Rn 7.

§ 168 Erlöschen der Vollmacht

¹Das Erlöschen der Vollmacht bestimmt sich nach dem ihrer Erteilung zugrunde liegenden Rechtsverhältnis. ²Die Vollmacht ist auch bei dem Fortbestehen des Rechtsverhältnisses widerruflich, sofern sich nicht aus diesem ein anderes ergibt. ³Auf die Erklärung des Widerrufs findet die Vorschrift des § 167 Abs. 1 entsprechende Anwendung.

§§ 169–171

1 **1. Erlöschensmöglichkeiten.** Erlöschen der Vollmacht: **a) mit Fristablauf** bei zeitlicher Begrenzung; **b) mit Zweckerreichung** der Vollmacht (zB Vertretergeschäft ist vorgenommen). **c)** Scheiden a und b aus, so gilt **S 1** (Rn 4). Hier zeigt sich die eigentümliche Verbindung von Vollmacht und Grundverhältnis (vgl § 167
2 Rn 1). Die *isolierte Vollmacht* erlischt gem Rn 1, 5, 6. **d) Bei dauernder Geschäftsunfähigkeit** *des Vertreters* (§ 104 Nr 2) erlischt die Vollmacht (arg § 165); s aber § 165 Rn 2. Eintritt dauernder Geschäftsunfähigkeit des *Vollmachtgebers* lässt Vollmacht nicht erlöschen (Köln NJW-RR 01, 653 f mit Einschränkungen im Betreu-
3 ungsfall). **e)** Durch Eröffnung des **Insolvenzverfahrens** über das Vermögen des Vollmachtgebers erlischt die Vollmacht (auch die isolierte, § 167 Rn 1), arg InsO 80, 81, ausdr 117 I (BGH NJW 03, 2745; Häsemeyer, Insolvenzrecht, 4. Aufl, Rn 20.69), nicht gem InsO 115 iVm § 168 S 1 (so aber BGH NJW 00, 739 für Prozessführungsermächtigung: § 168 S 1, KO 23 I 1 analog). **f)** Zum Erlöschen durch **Widerruf** Rn 5. – Zur **postmortalen Vollmacht** Rn 2 vor § 2197.

4 **2. Erlöschen nach Maßgabe des Grundverhältnisses, S 2.** Für Auftrag vgl §§ 671–673 (für § 674: § 169), für Geschäftsbesorgungsvertrag statt § 671: §§ 621 Nr 5, 626, 627, 675; für Gesellschaft §§ 712, 714, 715, 723 ff, 736 f. Zu InsO 115 s Rn 3. Bei Nichtigkeit des Grundgeschäfts ist die Vollmacht nur ausnahmsweise nach § 139 unwirksam (BGH 102, 62; 110, 369 f; unentschieden BGH 144, 231); sa § 167 Rn 1.

5 **3. Erlöschen durch Widerruf. a) Grundsätzlich stets** möglich; er wird erklärt wie eine Bevollmächtigung, **S 3** (§ 167 Rn 6). Externe Bevollmächtigung kann intern widerrufen werden. Daher sind vertrauende Dritte schutzbedürftig (dazu
6 §§ 170–173). **b) Ausschluss des Widerrufs** nur durch Vertrag (arg S 1, 2; hM). Ob Ausschluss vorliegt, ist Auslegungsfrage. Unwiderruflichkeit ist zu bejahen, wenn die Vollmacht einem des Interesse des Vertreters dient (BGH NJW-RR 91, 441 f; hM). Widerruf aus *wichtigem Grund* aber stets möglich (BGH WM 85, 647). Generalvollmacht (§ 167 Rn 3) und isolierte Vollmacht (§ 167 Rn 1) sind immer widerruflich (MK/Schramm 21, 26; BGH 110, 367; hM); Ausschluss des Widerrufs ist nichtig (§ 138 I), Nichtigkeit der Bevollmächtigung ist entgegen § 139 iZw zu verneinen (StSchilken 10, hM).

§ 169 Vollmacht des Beauftragten und des geschäftsführenden Gesellschafters

Soweit nach den §§ 674, 729 die erloschene Vollmacht eines Beauftragten oder eines geschäftsführenden Gesellschafters als fortbestehend gilt, wirkt sie nicht zugunsten eines Dritten, der bei der Vornahme eines Rechtsgeschäfts das Erlöschen kennt oder kennen muss.

1 **Umkehrung des § 168 S 1 für unredlichen Dritten.** Kennenmüssen: § 122 II.

§ 170 Wirkungsdauer der Vollmacht

Wird die Vollmacht durch Erklärung gegenüber einem Dritten erteilt, so bleibt sie diesem gegenüber in Kraft, bis ihm das Erlöschen von dem Vollmachtgeber angezeigt wird.

§ 171 Wirkungsdauer bei Kundgebung

(1) Hat jemand durch besondere Mitteilung an einen Dritten oder durch öffentliche Bekanntmachung kundgegeben, dass er einen anderen bevollmächtigt habe, so ist dieser auf Grund der Kundgebung im ersteren Falle dem Dritten gegenüber, im letzteren Falle jedem Dritten gegenüber zur Vertretung befugt.

Titel 5. Vertretung und Vollmacht §§ 170–173

(2) Die Vertretungsmacht bleibt bestehen, bis die Kundgebung in derselben Weise, wie sie erfolgt ist, widerrufen wird.

§ 172 Vollmachtsurkunde

(1) Der besonderen Mitteilung einer Bevollmächtigung durch den Vollmachtgeber steht es gleich, wenn dieser dem Vertreter eine Vollmachtsurkunde ausgehändigt hat und der Vertreter sie dem Dritten vorlegt.

(2) Die Vertretungsmacht bleibt bestehen, bis die Vollmachtsurkunde dem Vollmachtgeber zurückgegeben oder für kraftlos erklärt wird.

§ 173 Wirkungsdauer bei Kenntnis und fahrlässiger Unkenntnis

Die Vorschriften des § 170, des § 171 Abs. 2 und des § 172 Abs. 2 finden keine Anwendung, wenn der Dritte das Erlöschen der Vertretungsmacht bei der Vornahme des Rechtsgeschäfts kennt oder kennen muss.

Anmerkungen zu den §§ 170–173

1. **Allgemeines.** §§ 170–173 schützen einen Dritten, der kraft Rechtsscheins auf 1 Entstehen und Fortbestehen einer *Vollmacht* (nicht: des Grundverhältnisses) vertraut und vertrauen darf (BGH NJW 85, 730 f). Der Dritte darf **nicht vertrauen,** wenn sich die Nichtigkeit der Vollmacht aus der bes Mitteilung, öffentl Bekanntmachung (§ 171) oder Vollmachtsurkunde (§ 172; Karlsruhe NJW 03, 2690 f) ergibt. Begründen andere Umstände, die in §§ 171–173 genannten das Vertrauen, so kann die Vollmacht als Duldungsvollmacht zu behandeln sein (BGH NJW 02, 2327: Duldungsvollmacht als Rechtsscheinvollmacht; insoweit aA § 167 Rn 8). Aus welchen Gründen die Vollmacht nichtig ist, ist für §§ 171, 172 und die Anscheins- und Duldungsvollmacht gleichgültig, andere gesetzgeberische Wertung vorbehalten (BGH [XI. ZS] 167, 232 f; 171, 4 f; NJW 08, 1587, je mN; [V. ZS] NJW 05, 2984, mN; abw BGH (II. ZS) 159, 300 f, dagegen BGH XI. und V. ZS, je aaO; sa § 134 Rn 11). – §§ 171, 172 sind **materiellrechtliche Vorschriften,** finden also auf prozessuale Vollmachten (zB für ZPO 794 I Nr 5) keine Anwendung (BGH 169, 118), denn ZPO 80, 88, 89 enthalten abschließende Spezialregelungen (BGH NJW 05, 2986).

2. **§ 170.** Vorschrift betrifft wirksam erteilte (StSchilken § 170, 2) Außenvoll- 2 macht (§ 167 Rn 6), die der Dritte bei Geschäftsabschluss kennt (MK/Schramm § 170, 5; sa Rn 5). Gilt zB bei internem Widerruf (§ 168 S 3). Einschränkung in § 173.

3. **§ 171.** a) **Bevollmächtigung durch öffentl Bekanntmachung** (§ 167 3 Rn 6) meint § 171 *nicht*. b) **Bes Mitteilung und öffentl Bekanntmachung** 4 betreffen nach dem Ges eine bereits erteilte Vollmacht, haben also insoweit nur *deklaratorische Bedeutung* (MK/Schramm § 171, 1, hM; aA Pawlowski JZ 96, 126 f; sa Rn 6). Die Mitteilung usw muss den Vertreter nennen und von einem Geschäftsfähigen ausgehen (Schutz des Minderjährigen, s Rn 23 vor § 104; BGH 158, 7). c) **Der Kundgabeakt** (Rn 4) wirkt bei bes Mitteilung zugunsten des Empfängers, 5 bei öffentl Bekanntmachung zugunsten jedes Dritten wie eine wirksame Bevollmächtigung (I), muss also bei Vornahme des RGeschäfts bekannt sein, BGH NJW 08, 355b (Begründung des Rechtsscheins, daher genügt Zugang allein nicht); Einschränkung in § 173. Beendigung dieser Wirkung durch **Widerruf** (II). d) **Gleich-** 6 **gültig für den Schutz** ist, ob der Kundgabe eine *wirksame* Bevollmächtigung vorausging oder mit ihr verbunden war oder ob die wirksam erteilte Vollmacht erloschen ist (LM Nr 1 zu § 173). Aber dient die Vollmacht lediglich dem Abschluss

§ 174

von Rechtsgeschäften zwischen dem Vertreter und dem Vertretenen, können sich diese im Verhältnis untereinander nicht auf den Gutglaubensschutz der §§ 171, 172 berufen (BGH NJW 12, 3425 Tz 13 mN). **e) Rückwirkende Beseitigung des Rechtsscheins** des Kundgebungsaktes (Rn 4) *durch Anfechtung*, §§ 119 ff, ist ausgeschlossen; sie widerspräche dem Schutzzweck des § 171 (aA die hM: StSchilken 9 mN). Eine *Bevollmächtigung* durch öffentl Bekanntmachung iSv Rn 3 ist zwar anfechtbar, aber der Kundgebungsakt bleibt auch hier wegen des Schutzzwecks von § 171 bestehen. Unbilligkeiten werden durch §§ 173, 142 II vermieden (vgl BGH NJW 89, 2880). Sa § 167 Rn 11.

8 **4. § 172.** Es gelten dieselben Grundsätze wie bei bes Mitteilung einer erfolgten Bevollmächtigung (§ 171). Vgl Rn 4–7. Vollmachtsurkunde muss Urschrift oder (bei notarieller Beurkundung) Ausfertigung (BeurkG 47) sein (BGH NJW-RR 05, 2985). Sie muss bei Geschäftsabschluss, insbes Vertragsabschluss, dem Dritten vorliegen (BGH NJW 08, 3355 f mN), Bezugnahme auf fr Vorlage genügt (BGH NJW-RR 05, 1419). Notwendig ist zumindest Schriftform (§ 126 I). Wegen der ges Regelung in §§ 172, 174 S 1, 175, 176 ist die elektronische Form (126a) ausgeschlossen, § 126 III aE. Schuldhaft ermöglichte Entwendung der Urkunde beim Geschäftsherrn genügt für § 172 nicht (BGH 65, 13 ff; hM). **II:** Anspruch auf Rückgabe § 175, bei Teilwiderruf nur Anspruch auf entspr Vermerk (BGH NJW 90, 508); Kraftloserklärung § 176.

9 **5. § 173.** Vorschrift ergreift trotz des Wortlauts auch den Fall, dass die Vollmacht nicht entstanden ist (BGH NJW 85, 730). Im Rahmen des § 173 besteht keine allg Überprüfungs- und Erkundigungspflicht (BGH 167, 233 f mN). Entscheidend ist allein Kenntnis oder Kennenmüssen (§ 122 II) des Mangels der Vertretungsmacht, nicht der sie begründenden Umstände (BGH 167, 233 mN).

§ 174 Einseitiges Rechtsgeschäft eines Bevollmächtigten

[1]Ein einseitiges Rechtsgeschäft, das ein Bevollmächtigter einem anderen gegenüber vornimmt, ist unwirksam, wenn der Bevollmächtigte eine Vollmachtsurkunde nicht vorlegt und der andere das Rechtsgeschäft aus diesem Grunde unverzüglich zurückweist. [2]Die Zurückweisung ist ausgeschlossen, wenn der Vollmachtgeber den anderen von der Bevollmächtigung in Kenntnis gesetzt hatte.

1 **1. Voraussetzungen.** § 174 zieht die Konsequenz aus §§ 180 S 1, 172 II (sa § 111) und sichert, dass die Vollmacht (noch) besteht. Er gilt nur für einseitige empfangsbedürftige RGeschäfte (Begriff Rn 8 vor § 104), zB Kündigung (BAG NJW 81, 2374 f), ebenso (analog) für Vertragsannahme (nicht: -antrag) durch Vertreter (BGH NJW-RR 07, 1706; StSchilken 2; hM), Mieterhöhungsverlangen gem § 558 (Hamm NJW 82, 2076 f zu MHRG 2; BGH NJW 03, 964 lässt offen), geschäftsähnliche Handlungen (BGH NJW 83, 1542: Mahnung; nicht mehr für Anspruchsgeltendmachung nach § 651g I: § 651g I 2). Vollmachtsurkunde muss sich auf dieses RGeschäft beziehen (BAG AnwBl 80, 149). Vorzulegen ist Urschrift oder (bei notarieller Beurkundung) Ausfertigung (BeurkG 47; s BGH 102, 63). Beglaubigte Kopie (BGH NJW 94, 1472) oder Telefax (Hamm NJW 91, 1185 f) genügt nicht; Schriftform kann wegen der ges Regelung nicht durch elektronische Form ersetzt werden (s § 126 III aE; §§ 170–173 Rn 8). § 174 gilt für Bevollmächtigte aller Art, auch Anwälte (aber unanwendbar im Bereich von § 651g I 2, ferner für Erklärungen im ges Umfang der Prozessvollmacht, BGH NJW 03, 964; 04, 840, 845). Unanwendbar auf ges Vertreter (Begriff § 164 Rn 6), RG 74, 265; BAG NJW 08, 1759, grundsätzlich auch nicht auf organschaftliche Vertreter, wohl aber auf Vertreter einer GbR, BGH NJW 02, 1195 mN, (jedenfalls entspr) anwendbar auf (zB gem HGB 125 II 2) ermächtigten ges Gesamtvertreter (BAG NJW 81, 2374; BGH NJW 02, 1195; § 167 Rn 5 vor a). Unverzüglich: § 121 I 1; schließt Überle-

gungsfrist nicht stets aus. Berechtigung zur Zurückweisung hat darzulegen und zu beweisen, wer sich auf deren Rechtzeitigkeit beruft (BGH NJW 01, 221). Bei Kündigung durch Personalchef ist S 1 ausgeschlossen, da (zu kündigende) Betriebsangehörige durch Bestellung des Kündigungsberechtigten iSv **S 2** in Kenntnis gesetzt sind (BAG NJW 97, 1868; sa Frankfurt/M NJW-RR 96, 10).

2. Rechtsfolge der Zurückweisung. Zurückweisung bewirkt die **Unwirksamkeit** des RGeschäfts, **S 1.** Gleichgültig ist, ob der „Bevollmächtigte" wirksam bevollmächtigt war (StSchilken 10). §§ 177 (Genehmigung), 179 (Haftung) scheiden wegen der Unwirksamkeit aus.

§ 175 Rückgabe der Vollmachtsurkunde

Nach dem Erlöschen der Vollmacht hat der Bevollmächtigte die Vollmachtsurkunde dem Vollmachtgeber zurückzugeben; ein Zurückbehaltungsrecht steht ihm nicht zu.

Zweck. Schutz des Vollmachtgebers vor Urkundenmissbrauch, s § 172 II.

§ 176 Kraftloserklärung der Vollmachtsurkunde

(1) ¹Der Vollmachtgeber kann die Vollmachtsurkunde durch eine öffentliche Bekanntmachung für kraftlos erklären; die Kraftloserklärung muss nach den für die öffentliche Zustellung einer Ladung geltenden Vorschriften der Zivilprozessordnung veröffentlicht werden. ²Mit dem Ablauf eines Monats nach der letzten Einrückung in die öffentlichen Blätter wird die Kraftloserklärung wirksam.

(2) Zuständig für die Bewilligung der Veröffentlichung ist sowohl das Amtsgericht, in dessen Bezirk der Vollmachtgeber seinen allgemeinen Gerichtsstand hat, als das Amtsgericht, welches für die Klage auf Rückgabe der Urkunde, abgesehen von dem Wert des Streitgegenstands, zuständig sein würde.

(3) Die Kraftloserklärung ist unwirksam, wenn der Vollmachtgeber die Vollmacht nicht widerrufen kann.

Keine gerichtl Prüfung der Kraftloserklärung, lediglich gerichtl Bewilligung der Veröffentlichung (Verfahren der fG). Öffentl Zustellung: ZPO 185. Zur unwiderruflichen Vollmacht (III) vgl § 168 Rn 6.

§ 177 Vertragsschluss durch Vertreter ohne Vertretungsmacht

(1) Schließt jemand ohne Vertretungsmacht im Namen eines anderen einen Vertrag, so hängt die Wirksamkeit des Vertrags für und gegen den Vertretenen von dessen Genehmigung ab.

(2) ¹Fordert der andere Teil den Vertretenen zur Erklärung über die Genehmigung auf, so kann die Erklärung nur ihm gegenüber erfolgen; eine vor der Aufforderung dem Vertreter gegenüber erklärte Genehmigung oder Verweigerung der Genehmigung wird unwirksam. ²Die Genehmigung kann nur bis zum Ablaufe von zwei Wochen nach dem Empfang der Aufforderung erklärt werden; wird sie nicht erklärt, so gilt sie als verweigert.

1. Anwendungsbereich. a) Die Wirkungen der Stellvertretung (§ 164 Rn 10) treten **nicht** ein, wenn die Vertretungsmacht bei Abgabe (nicht erst bei Zugang, str) oder Empfang der Willenserklärung fehlt (s § 164 I 1, III). Ist das Vertretergeschäft ein Vertrag, so gelten die §§ 177–179; ist es ein einseitiges RGeschäft,

§ 178

dann gilt § 180. §§ 177 f, 180 sind den §§ 108 f, 111 nachgebildet; s Anm dort.
2 **b) Unzulässigkeit** einer Stellvertretung (§ 164 Rn 9) macht die §§ 177–180 unanwendbar.

3 **2. Vertreter ohne Vertretungsmacht. Die Vertretungsmacht fehlt,** wenn und soweit sie **a) nicht wirksam erteilt oder wieder erloschen** ist (und keine
4 Rechtsscheinvollmacht [§ 167 Rn 9; §§ 170–173 Rn 1] vorliegt); **b) überschritten** wird (bewusst oder unbewusst). Deckt sie einen abgrenzbaren Teil des Vertretergeschäfts, so greift § 139 ein (vgl BGH 103, 278); **c) von ihr kein Gebrauch** gemacht
5 wird, BGH NJW 09, 3793 mN (muss erkennbar sein). Zum Schicksal der vollmachtlos abgegebenen Erklärungen s BGH aaO. **d)** Vgl ferner Rn 7–9.

6 **3. Schwebende Unwirksamkeit. Ein Vertrag** (jeder Art, soweit Vertretung zulässig, Rn 2), der ohne Vertretungsmacht geschlossen wird, ist zunächst schwebend unwirksam, so dass weder Erfüllung noch Schadensersatz statt der Leistung (§ 283) verlangt werden kann; die Vereinbarung von Leistungspflichten, die hinter den Hauptpflichten zurückbleiben, ist möglich (BGH NJW 99, 1329; § 182 Rn 2). Mit *Genehmigung* wird der Vertrag rückwirkend (§ 184 I) wirksam, mit ihrer *Verweigerung* (s § 108 Rn 1) endgültig unwirksam, jeweils vorbehaltlich II 1 HS 2. Erklärungsempfänger: § 182 I, modifiziert durch § 177 II 1 HS 1. Genehmigung ist stets formfrei (§ 182 II), denn sie erfolgt *nachträglich* (§ 184 I) und ist kraft Ges unwiderruflich (arg e contrario aus § 183 S 1); das unterscheidet sie von der einwilligungsähnlichen Bevollmächtigung, die *vorher* erfolgt (arg I) und nur kraft bes Abrede unwiderruflich ist (§ 168 Rn 6), weshalb sie (nur) ausnahmsweise formbedürftig ist (§ 167 Rn 10); zutr Wieling Anm LM Nr 5 zu § 183 mit BGH 125, 221 ff; NJW 98, 1484; 00, 2274). Einschränkung der Rückwirkung gem § 184 II. Vertragsgegner kann auf Beendigung des Schwebezustands dringen: **II,** sa § 108 Rn 2, § 178 Rn 1. Genehmigung hat dieselbe Wirkung wie Vertragsschluss mit Vertretungsmacht (§ 164 Rn 10). Genehmigen kann der Vertretene oder sein Vertreter (das kann auch der vertragsschließende Vertreter sein, wenn er nunmehr Vertretungsmacht hat, BGH NJW-RR 94, 293). Ein Anspruch auf Genehmigung besteht grundsätzlich nicht. Zur Genehmigung durch *Gesamtvertreter* BGH 184, 42. Zur *schlüssigen* Genehmigung § 108 Rn 1 aE. Zum *Zeitpunkt* § 184 Rn 2. Kann sich ein Vertragspartner nach § 242 nicht auf die Unwirksamkeit der Vollmacht des Vertreters der Gegenseite berufen, kann er aus dem gleichen Grund nicht seine Rechte aus § 177 II, 178 geltend machen (BGH NJW 12, 3424 Tz 19f mN).

7 **4. Entspr Anwendung.** Entspr gelten die §§ 177–180 **a) bei Missbrauch** der
8 Vertretungsmacht (§ 164 Rn 8); **b) bei Handeln unter fremdem (falschem) Namen** (dh dem Namen einer existierenden anderen Person), wenn für den Geschäftsgegner die Person (gilt entspr auch im Internetverkehr, Köln NJW 06, 1676 f) des Namensträgers entscheidend ist (A gibt sich für den notorisch reichen B aus, um Kredit zu erschwindeln: Täuschung über die Identität). Keine Stellvertretung (BGH NJW 91, 40), auch kein Eigengeschäft des A (arg § 164 II); daher §§ 177 ff entspr anwendbar (aber auch §§ 164 ff; zur Bedeutung BGH 45, 195 f; NJW-RR 06, 702). Kommt es dem Geschäftsgegner auf den Handelnden, nicht auf den Namensträger an, dann liegt Eigengeschäft des Handelnden vor (BGH NJW-RR 06, 702 mN). Diese Unterscheidung ist auch beim gutgl Erwerb zu beachten (vgl Giegerich und Mittenzwei NJW 86, 1975 f, 2472 ff; Düsseldorf NJW
9 89, 906 f); **c) bei Handeln eines Boten,** der bewusst entweder vom erteilten Auftrag abweicht oder ohne Auftrag handelt (§ 120 Rn 4). **d)** Zur entspr Anwendung allein von § 179 vgl dort Rn 11.

§ 178 Widerrufsrecht des anderen Teils

¹**Bis zur Genehmigung des Vertrags ist der andere Teil zum Widerruf berechtigt, es sei denn, dass er den Mangel der Vertretungsmacht bei dem**

Titel 5. Vertretung und Vollmacht　　　　　　　　　　　　　　§ 179

Abschluss des Vertrags gekannt hat. ²Der Widerruf kann auch dem Vertreter gegenüber erklärt werden.

Zweck. Schutz des kenntnislosen Vertragsgegners (bei Kenntnis bleibt nur 1 § 177 II). Widerruf muss zeigen, dass Vertreterhandeln unwirksam sein soll (BAG NJW 96, 2595). Er macht den Vertrag endgültig unwirksam.

§ 179 Haftung des Vertreters ohne Vertretungsmacht

(1) **Wer als Vertreter einen Vertrag geschlossen hat, ist, sofern er nicht seine Vertretungsmacht nachweist, dem anderen Teil nach dessen Wahl zur Erfüllung oder zum Schadensersatz verpflichtet, wenn der Vertretene die Genehmigung des Vertrags verweigert.**

(2) **Hat der Vertreter den Mangel der Vertretungsmacht nicht gekannt, so ist er nur zum Ersatz desjenigen Schadens verpflichtet, welchen der andere Teil dadurch erleidet, dass er auf die Vertretungsmacht vertraut, jedoch nicht über den Betrag des Interesses hinaus, welches der andere Teil an der Wirksamkeit des Vertrags hat.**

(3) **¹Der Vertreter haftet nicht, wenn der andere Teil den Mangel der Vertretungsmacht kannte oder kennen musste. ²Der Vertreter haftet auch dann nicht, wenn er in der Geschäftsfähigkeit beschränkt war, es sei denn, dass er mit Zustimmung seines gesetzlichen Vertreters gehandelt hat.**

1. Allgemeines. a) Haftung nach § 179 I, II setzt *Verweigerung der Genehmigung* 1 voraus (§ 177 II 2 HS 2 genügt), außerdem *Fehlen der Vertretungsmacht* (Beweislast s Rn 5); weiterer Fall § 164 Rn 4. § 179 betrifft Verträge aller Art. **b) Art der fehlen-** 2 **den Vertretungsmacht** (rechtsgeschäftliche, ges; s § 164 Rn 6) ist gleich (vgl BGH 39, 52). **c) Der Untervertreter** ist Vertreter des Hauptvollmachtgebers (§ 167 3 Rn 4). Von diesem leitet er, vermittelt durch den Hauptvertreter, seine Vertretungsmacht ab. Daher soll er gem § 179 sowohl für Fehlen der Nichterweislichkeit der Haupt- wie der Untervollmacht haften (SoeLeptien § 167, 62 mN). Das ist für den Untervertreter zu hart, für den Geschäftsgegner zu günstig, wenn der Untervertreter vom vollmachtlosen Hauptvertreter bevollmächtigt worden ist und die mehrstufige Vertretung aufgedeckt hat; dann haftet der Unterbevollmächtigte gem § 179 nur für Bestand und Nachweis der Untervollmacht als solcher, iü haftet der Hauptvertreter (BGH 68, 394 ff; iE ebenso Flume II § 49, 5; trotz anderen Ausgangspunktes – vgl § 167 Rn 4 – auch BGH 32, 254 f; BB 63, 1193). Ohne Offenlegung sowie bei gültiger Haupt-, aber fehlender Untervollmacht haftet er gem § 179. **d) § 179** 4 **begründet ges Garantiehaftung (Vertrauenshaftung)** des Vertreters aus von ihm veranlasstem Vertrauen (BGH 147, 390); NJW-RR 05, 268). § 179 setzt voraus, dass nur die Vertretungsmacht fehlt (vgl RG 145, 43); daher keine Haftung bei Widerruf gem § 178, bei Geschäftsfähigkeit des Vertreters (arg § 165), bei Nichtigkeit gem §§ 125 (BGH NJW-RR 09, 383), 134, 138, 142 I. UU ist § 179 entspr anwendbar (Rn 11). **e) Haftungsschema. aa) Vertreter haftet nicht:** wenn er 5 mit Vertretungsmacht gehandelt hat (*Beweislast* für deren Begründung bei ihm); wenn der Gegner gem § 178 widerruft oder den Mangel der Vertretungsmacht bei Vertragsschluss kannte oder fahrlässig nicht kannte (**III 1,** § 122 II; Erkundigungspflicht nur bei Anhalt für Fehlen der Vertretungsmacht, BGH 147, 385; NJW-RR 05, 268; wenn der Vertreter geschäftsunfähig war (Rn 4) oder als beschränkt Geschäftsfähiger ohne Zustimmung des ges Vertreters gehandelt hat **(III 2);** wenn der Vertreter wegen arglistiger Täuschung angefochten hat (BGH NJW 02, 1868). **bb) Vertreter haftet gem II** auf das Vertrauensinteresse, wenn ihm der Nachweis nach aa nicht gelingt (*Beweislast* bei ihm), er aber seine Unkenntnis des Mangels nachweisen kann (*Beweislast* bei ihm). **cc) Vertreter haftet gem I,** wenn ihm auch nicht der Nachweis nach bb (*Beweislast* bei ihm) gelingt.

Mansel

§§ 180, 181

6 **2. Haftung nach I.** Gem I haftet der Vertreter auf Erfüllung oder Schadensersatz (zur Haftungsbefreiung und -begrenzung gem II, III vgl Rn 5 [aa, bb]). **a) §§ 263 ff**
7 (Wahlschuld) sind anwendbar (RG 154, 61 f). **b) Erfüllungsverlangen** macht den Vertrag nicht wirksam, den Vertreter rechtlich nicht zur Vertragspartei (BGH 68, 360 f; BAG NJW 03, 2554). Daher beruht der Erfüllungsanspruch auf Ges (BGH NJW 91, 40). Inhalt und Abwicklung bestimmen sich wie bei Wirksamkeit des Vertrags (RG 120, 128 f), zB gem §§ 320 ff (wichtig, weil Vertreter vor Erbringen der eigenen Leistung keinen Erfüllungsanspruch hat, BGH NJW 01, 3185; BAG
8 NJW 03, 2554). **c) Schadensersatz** umfasst das Erfüllungsinteresse; geht nur auf Geld, da Naturalherstellung (§ 249 S 1) „Erfüllung" wäre.

9 **3. Haftung nach II.** Haftung iSd II geht nur auf Ersatz des Vertrauensinteresses (§ 122 Rn 3). Kein Erfüllungsanspruch.

10 **4. Haftungsausschluss. a)** Zum Haftungsausschluss nach **III 1** vgl Rn 5 (aa, auch bb). **b) III 2** schützt den beschränkt Geschäftsfähigen gegen ges Garantiehaftung (Rn 4). Zustimmung: §§ 183 S 1, 184 I.

11 **5. Entsprechende Anwendung.** Ist der **Vertretene außerstande,** den Vertrag wirksam **zu genehmigen** (zB mangels Existenz, wegen fehlender Rechts- oder Geschäftsfähigkeit), so haftet der Vertreter entspr § 179 (mit Haftungsausschluss nach III 1, BGH NJW 09, 216 f), wenn und weil er zum Ausdruck gebracht hat, eine existente rechts- und geschäftsfähige Person mit Vertretungsmacht zu vertreten (vgl BGH NJW 96, 1054). UU besteht Wahlrecht nach I (RG 106, 74).

12 **6. Verjährung.** Sämtliche Ansprüche aus § 179 **verjähren** ab Verweigerung der Genehmigung in der Frist, die für den Erfüllungsanspruch aus dem nicht genehmigten Vertrag gegolten hätte (BGH 73, 269 ff).

13 **7. Beweislast.** s Rn 5.

§ 180 Einseitiges Rechtsgeschäft

¹**Bei einem einseitigen Rechtsgeschäft ist Vertretung ohne Vertretungsmacht unzulässig.** ²**Hat jedoch derjenige, welchem gegenüber ein solches Rechtsgeschäft vorzunehmen war, die von dem Vertreter behauptete Vertretungsmacht bei der Vornahme des Rechtsgeschäfts nicht beanstandet oder ist er damit einverstanden gewesen, dass der Vertreter ohne Vertretungsmacht handele, so finden die Vorschriften über Verträge entsprechende Anwendung.** ³**Das Gleiche gilt, wenn ein einseitiges Rechtsgeschäft gegenüber einem Vertreter ohne Vertretungsmacht mit dessen Einverständnis vorgenommen wird.**

1 **1. Grundsatz.** Einseitige RGeschäfte von oder gegenüber einem machtlosen Vertreter sind nichtig und nicht genehmigungsfähig. Das gilt ausnahmslos für nichtempfangsbedürftige Willenserklärungen (Begriff: Rn 8 vor § 104), zB Auslobung; für empfangsbedürftige s Rn 2.

2 **2. Ausnahmen (S 2, 3). a)** Beanstandung ist unverzügliche (§ 121 I 1) Zurückweisung (s § 174 Rn 1; Köln NJW-RR 95, 1464). S 3 betrifft Passivvertretung, der Empfänger spielt sich als Vertreter auf. Es gelten §§ 177–179. **b)** Ob weitere Ausnahme für amtsempfangsbedürftige Willenserklärungen (Begriff: Rn 8 vor § 104) gilt, ist str.

§ 181 Insichgeschäft

Ein Vertreter kann, soweit nicht ein anderes ihm gestattet ist, im Namen des Vertretenen mit sich im eigenen Namen oder als Vertreter eines Dritten

Titel 5. Vertretung und Vollmacht **§ 181**

ein Rechtsgeschäft nicht vornehmen, es sei denn, dass das Rechtsgeschäft ausschließlich in der Erfüllung einer Verbindlichkeit besteht.

Lit: Honsell JA 77, 55; Hübner, Interessenkonflikt und Vertretungsmacht, 1977.

1. Allgemeines. § 181 enthält ges Begrenzung der – iÜ vorhandenen – Vertre- 1 tungsmacht. Fehlt diese überhaupt, so scheidet § 181 aus. Die Vorschrift enthält kein ges Verbot, sondern beschränkt das rechtliche Können (§ 134 Rn 3) für sog **Insichgeschäfte** (Rn 4).

2. Persönlicher Geltungsbereich. Gilt für alle Arten von Vertretern iSv § 164 2 Rn 6, außerdem entspr für Amtsverwalter (§ 164 Rn 13): Testamentsvollstrecker (BGH 108, 24), Insolvenzverwalter (BGH 113, 270 für Konkursverwalter), Zwangsverwalter, Nachlassverwalter (MK/Schramm 38).

3. Sachlicher Geltungsbereich. a) Erfasst werden RGeschäfte, bei denen Ver- 3 tretung zulässig ist (§ 164 Rn 9) und die einem anderen gegenüber vorzunehmen sind. Letzteres ist notwendig, weil § 181 **Personenidentität** auf beiden Seiten des RGeschäfts voraussetzt (Rn 5, 6). Ein „Gegenüber" fehlt bei nichtempfangsbedürftigen einseitigen RGeschäften wie Auslobung (§ 657), Eigentumsaufgabe (§ 959). **b) Zwei Arten** des Insichgeschäfts sind erfasst: **aa) Selbstkontrahieren** (Geschäfts- 4 vornahme „im Namen des Vertretenen mit sich im eigenen Namen"); Bsp: Vertreter des Verkäufers schließt mit sich als Käufer einen Kaufvertrag oder erklärt als Käufer an sich als Verkäufervertreter die Kaufpreisminderung; **bb) Mehrvertretung** (Geschäftsvornahme „im Namen des Vertretenen mit sich als Vertreter eines Dritten"); Bsp: A vertritt Verkäufer und Käufer beim Kaufabschluss. **c) Fehlt Perso-** 5 **nenidentität** auf beiden Seiten des RGeschäfts, so ist § 181 grundsätzlich unanwendbar (s aber Rn 8). Sie fehlt (auch), wenn Vertreter das Geschäft zugleich für den Vertretenen und sich selbst einem Dritten gegenüber vornimmt (RG 127, 105 f; sa § 164 Rn 3; Bsp: M kündigt für sich und seine Frau [Mitmieterin] den Mietvertrag). Sie fehlt ferner (auch), wenn der Vertreter mehrere Personen auf einer Seite gegenüber einem Dritten vertritt (BGH 50, 10; Bsp: A kündigt im Namen des Mieter-Ehepaars). **d) Nach seinem Wortlaut** verbindet § 181 Insichgeschäfte im 6 Falle der Personenidentität (Rn 3, 5). Das ist ein leicht feststellbares formales Kriterium und macht § 181 zu einer formalen Ordnungsvorschrift (BGH WM 81, 66), zumindest im Grundsatz (BGH 113, 270 mN). Die mit § 181 verfolgte *Abwehr einer Interessenkollision* ist dann nur gesetzgeberisches Motiv, und für die Anwendung von § 181 ist es weder nötig noch ausreichend, dass im Einzelfall eine Interessenkollision besteht (BGH 50, 11 mN; zust 113, 270; sa BFH NJW-RR 00, 1196 f; fr hM). Dieses Gesetzesverständnis führt zu *unbefriedigenden Ergebnissen:* § 181 ist anwendbar, wenn Personenidentität, aber keine Interessenkollision besteht; er ist unanwendbar, wenn Interessenkollision gegeben ist, aber keine Personenidentität. Daher liegt es nahe, in ersten Fall § 181 einzuschränken (vgl Rn 7), im zweiten auszudehnen (vgl Rn 8). Die Kriterien der Grenzziehung sind jedoch fragwürdig. **aa) Personeniden-** 7 **tität ohne Interessenkollision.** Fehlt Interessenkollision nur im Einzelfall, so ist § 181 anwendbar (BGH 56, 102). Er ist *unanwendbar*, wenn in einem fest umrissenen Rechtsbereich die Gefahr einer Interessenkollision schlechthin, dh ohne Rücksicht auf den Einzelfall, nicht besteht. Beide Voraussetzungen – *genau abgegrenzter Rechtsbereich, Interessenkollision abstrakt undenkbar* – liegen nach BGH 52, 318; 65, 96 ff vor bei gewöhnlichen Gesellschafterbeschlüssen (zweifelhaft); § 181 aber anwendbar bei vertragsändernden (BGH NJW 61, 724 [OHG-Vertrag]; 89, 169 [GmbH-Satzung]), ebenfalls für Geschäftsführerwahl bei GbR (BGH 112, 340 ff). § 181 ist ferner *anwendbar* bei Insichgeschäften des geschäftsführenden Alleingesellschafters einer GmbH (GmbHG 35 IV, dazu Kreutz, FS Mühl, 1981, S 409 ff; abw zum alten Recht BGH 95, 95 f, dazu krit 94, 236), erst recht bei gewöhnlichem Geschäftsführer; Ausschluss durch Satzung(sänderung) möglich, Eintragung ins Handelsregister nötig (Köln NJW 93, 1018 mN). § 181 ist ferner anwendbar bei Insichgeschäften,

§ 181

die dem Vertretenen lediglich einen rechtlichen Vorteil bringen, da dieser Rechtsbereich nicht fest umrissen ist (aA BGH NJW 89, 2543 mN; BFH NJW 93, 1415; s § 107 Rn 2–5), außerdem würde sonst allg die Möglichkeit aufgedrängter Schenkungen geschaffen (Schubert WM 78, 291 ff; übergangen in BGH 94, 236).

8 **bb) Interessenkollision ohne Personenidentität** besteht bei *einseitigen amtsempfangsbedürftigen Erklärungen* (Rn 8 vor § 104), die der Vertreter gegenüber einer *Behörde* (einem *Gericht*) statt (wie auch möglich) an sich selbst als sachlich Betroffenen abgibt (Bsp: Eigentümer erklärt als Vertreter des Hypothekars die Aufgabe der Hypothek gegenüber dem Grundbuchamt statt an sich, § 875 I 2); hier gilt § 181 (BGH 77, 9 f). Unanwendbar soll er bei einseitigen (privat-)empfangsbedürftigen Erklärungen mit Empfängerwahl (Hauptfall: § 182 I) sein (BGH 94, 137; krit Hübner Anm JZ 85, 745 f); Bsp: Vertreter schließt Vertrag und erklärt seine notwendige Zustimmung dem Gegner, nicht sich. – § 181 gilt *analog*: Der Vertreter bestellt einen *Untervertreter* (bzw für sich einen Eigenvertreter) und kontrahiert mit ihm in eigenem (bzw fremdem) Namen (BGH NJW 91, 692; aA RG 157, 31 f); ein *Gesamtvertreter einer OHG* (KG) schließt für sich einen Pachtvertrag mit seiner Gesellschaft, die dabei vom anderen Gesamtvertreter auf Grund einer Ermächtigung (HGB 125 II 2) vertreten wird (aA BGH 64, 74 ff); GmbH, vertreten durch 2 Prokuristen, kontrahiert mit eV-Vorstand, der zugleich Geschäftsführer der GmbH ist (aA BGH 91, 336 f). – *Keine Analogie* bei sog *Interzession* (= Eintreten für die Schuld eines anderen), Bsp: Vertreter schließt in fremdem Namen einen *Bürgschaftsvertrag für eigene Schuld* (BAG NJW 04, 2613); hier liegt Überschreiten oder erkannter Missbrauch der Vertretungsmacht vor mit den gleichen Folgen wie bei Verstoß gegen § 181 (vgl Rn 14; § 164 Rn 7, 8).

9 **4. Erlaubtes Insichgeschäft. a) Gestattung.** Verschiedene Möglichkeiten: **aa) Die Vollmacht** (§ 167 Rn 1) kann auch die Vornahme von Insichgeschäften umfassen; das muss eindeutig sein (Auslegungsfrage, vgl KG DR 43, 802). **bb) Selbstständige Gestattung** durch Einwilligung (§ 183), die selbst § 181 unterfällt (BGH 58, 118) und schlüssig erklärt werden kann (BGH BB 71, 1213; zur konkludenten Genehmigung BGH 184, 42; § 108 Rn 1 aE); § 108. Sie betrifft meist ein Einzelgeschäft. Ist dem Vertreter das Insichgeschäft nicht gestattet, so kann er es auch nicht einem Untervertreter gestatten, weil ihm insoweit die Vertretungsmacht fehlt (vgl BGH 64, 74); folglich kann er ein Insichgeschäft des Untervertreters auch nicht genehmigen (Harder AcP 170, 302 ff mN; aA KG DR 41, 997). **cc) Bei ges Vertretung** (§ 164 Rn 6) Gestattung insbes durch Ges (zB BBiG 10 III für Berufsausbildungsvertrag). Nach hM kann das Gericht nicht gestatten (BGH 21, 234; Hamm FamRZ 93, 1124; Schilken 57); idR ist ein Pfleger zu bestellen, § 1909. **dd) Gestattung durch Verkehrsübung** (Flume II § 48, 6; früher hM), zB Geldwechseln durch Kassierer für sich selbst. Hierher gehören auch verkehrsübliche (also nicht alle) Schenkungen von Eltern an geschäftsunfähiges Kind (Flume II § 48, 6 [zum Vollzug § 930 Rn 15]; aA BGH 59, 240 f: § 181 unanwendbar, vgl Rn 7).

10 **b) Erfüllung einer Verbindlichkeit** des Vertretenen gegen den Vertreter oder umgekehrt. Nur reines Erfüllungsgeschäft; nicht: Leistung an Erfüllungs Statt, Erfüllung unter Preisgabe einer Einrede des Vertretenen (MK/Schramm 59), Aufrechnung, wenn nur Vertretener dazu berechtigt ist (SoeLeptien 43; aA MK/Schramm 57, hM). Die Verbindlichkeit muss wirksam sein und erst, wie bei § 311b I 2 (fr § 313 S 2), durch Erfüllung wirksam werden (BGH FamRZ 61, 475). *Erlaubtes Insichgeschäft* liegt *nicht* vor, wenn der ges Vertreter seine Verbindlichkeit aus einer nach § 107 wirksamen Schenkung an den beschränkt geschäftsfähigen Vertretenen (Minderjährigen, § 106) durch ein RGeschäft erfüllt oder dieses genehmigt, das für den Vertretenen nachteilig ist (§§ 107, 108 I); Grund: Die ges Gestattung des Insichgeschäfts darf den Schutz der §§ 107, 108 nicht ausschalten; deshalb bedarf es einer teleologischen Reduktion von § 181 HS 2, (Jauernig JuS 82, 576 f; zust MK/Schramm 56; StSchilken 62; sa BayObLG ZNotP 97, 114; nur iE ebenso BGH 78, 33 ff und BayObLG NJW 98, 3575 f auf Grund einer „Gesamtbetrachtung" von

Titel 6. Einwilligung und Genehmigung § 182

vorteilhafter Schenkung und nachteiligem Erfüllungsgeschäft, s § 107 Rn 2); Folge: Pflegerbestellung, § 1909, nötig. BGH 161, 170 ff betrifft den umgekehrten Fall: nachteilige Schenkung, vorteilhaftes Erfüllungsgeschäft bei dem eine „Gesamtbetrachtung" wegen schwebender Unwirksamkeit der Schenkung (§§ 107, 108) von vornherein ausscheidet (Jauernig JuS 82, 576 f; zust BGH 161, 174 f). **c) Durch** 11 **teleologische Reduktion** des § 181 HS 1 hat die Rspr weitere Fallgruppen erlaubter Insichgeschäfte geschaffen (Rn 7). **d) Nach außen erkennbar** muss das Insich- 12 geschäft sein (BGH NJW 91, 1730). Wichtig insbes bei dinglichen Verfügungen (vgl RG 116, 202; 140, 230; § 930 Rn 18). **e) Bewusster Missbrauch** der Vertre- 13 tungsmacht beim Selbstkontrahieren (Rn 4 [aa]) zum Nachteil des Vertretenen macht Vertretergeschäft nichtig, § 138 I (BGH NJW-RR 93, 370); sa § 164 Rn 8 (Kollusion).

5. Verletzungsfolgen. § 181 enthält eine ges Begrenzung der Vertretungsmacht, 14 die der Geschäftsherr durch vorherige Gestattung aufheben kann (Rn 9). Um auch eine nachträgliche Gestattung (= Genehmigung) zuzulassen, ist trotz des Gesetzeswortlauts („kann nicht") das unerlaubte Insichgeschäft nur schwebend unwirksam (Rn 18, 20 vor § 104); §§ 177–180 sind anwendbar (BGH NJW-RR 94, 292 f; NJW 95, 728). Genehmigung des Geschäfts (§§ 177, 180 S 2, 3) ist auch durch die Erben des Vertretenen möglich (Hamm MDR 79, 227 f), im Fall Rn 9 (cc) durch den jetzt Geschäftsfähigen (arg § 108 III), aber nicht durch den insoweit unbefugten Vertreter (zum Untervertreter Rn 9 [bb], sa § 177 Rn 6). Vor Genehmigung ist Vertretener nicht gebunden; den Gegner trifft (noch) keine Leistungspflicht (BGH 65, 126 f).

Titel 6. Einwilligung und Genehmigung

§ 182 Zustimmung

(1) **Hängt die Wirksamkeit eines Vertrags oder eines einseitigen Rechtsgeschäfts, das einem anderen gegenüber vorzunehmen ist, von der Zustimmung eines Dritten ab, so kann die Erteilung sowie die Verweigerung der Zustimmung sowohl dem einen als dem anderen Teil gegenüber erklärt werden.**

(2) **Die Zustimmung bedarf nicht der für das Rechtsgeschäft bestimmten Form.**

(3) **Wird ein einseitiges Rechtsgeschäft, dessen Wirksamkeit von der Zustimmung eines Dritten abhängt, mit Einwilligung des Dritten vorgenommen, so finden die Vorschriften des § 111 Satz 2, 3 entsprechende Anwendung.**

Lit: Thiele, Die Zustimmungen in der Lehre vom RGeschäft, 1966.

1. Allgemeines. a) Terminologie. Vorherige Zustimmung = *Einwilligung* 1 (§ 183), nachträgliche Zustimmung = *Genehmigung* (§ 184 I). Terminologie im Ges nicht stets beachtet (Bsp: § 709 I; § 1001 [BGH NJW 02, 2876 f]; „Genehmigung" durch FamG); was gemeint ist, richtet sich nach dem ges Zweck (BAG NJW 04, 2613). – *Zustimmungsbedürftigkeit* besteht idR nur kraft Ges (arg § 137 S 1). Ausnahmen: Zustimmung zur Vertragsübernahme (BGH 137, 258 f; NJW-RR 05, 959 mN; zu § 309 Nr 10 s BGH NJW 10, 3708 f), zum Vertragsbeitritt (BGH NJW-RR 98, 594), zur Übertragung der Mitgliedschaft (MK/Bayreuther 25 vor § 182); in diesen Fällen gelten §§ 182 ff entspr. Ein privater Genehmigungsvorbehalt (§§ 182 ff) als Rechtsbedingung s BGH NJW 00, 2273. Bes gilt für die „Zustimmung" zur Abtretung einer gem § 399 Fall 2 unabtretbaren Forderung (s BGH NJW-RR 91, 764 einerseits, NJW 97, 3435 andererseits; StGursky 33, 34 vor

§ 183

§ 182). Rechtsgeschäftlich angeordnete „Zustimmung" kann Bedingung, §§ 158 ff,
2 sein. **b) Bedeutung der Zustimmung(sbedürftigkeit).** Zustimmungsbedürftiges Geschäft (Vertrag; einseitiges empfangsbedürftiges RGeschäft) ist mit Einwilligung von Anfang an wirksam. Ohne oder bei zuvor verweigerter (s aber § 183 Rn 3) Einwilligung ist Vertrag schwebend unwirksam (BGH 13, 184 f), ebenso analog § 180 S 2, 3 einseitiges empfangsbedürftiges RGeschäft (StGursky 47; str), soweit nicht §§ 111 S 1, 180 S 1, 1367, 1831 eingreifen; die Parteien sind gebunden (Ausnahmen zB §§ 109, 178), RG 64, 154; s aber auch § 184 Rn 2. Aufgrund schwebend unwirksamen Vertrags kann Leistung (noch) nicht verlangt werden (BGH BB 79, 191), aber Vereinbarung von Leistungspflichten, die hinter den Hauptpflichten zurückbleiben, zB Hinterlegung des Kaufpreises, ist möglich (BGH NJW 99, 1329). Schwebezustand endet idR (s aber u) mit (unwiderruflicher) Verweigerung oder Erteilung der **Genehmigung.** Erteilung wirkt idR zurück, Rückwirkung ist vertraglich abdingbar, auch stillschweigend (§ 184 I); Verweigerung macht RGeschäft endgültig unwirksam (BGH 125, 358; gegen ausnahmslose Endgültigkeit K. Schmidt JuS 95, 102 ff; sa §§ 108 II 1, 177 II 1, 1365 II, 1366 III 1, StGursky 42, 44).

3 **2. Begriff der Zustimmung.** Zustimmung ist einseitiges empfangsbedürftiges RGeschäft (Begriff Rn 5, 8 vor § 104) und abstrakt (Begriff Rn 12 vor § 104). Zustimmung muss sich auf bestimmtes RGeschäft beziehen (Irrtum über dessen Art und Inhalt macht uU Zustimmung – nur – anfechtbar). Erklärungsempfänger ist, soweit das Ges nichts anderes vorsieht (zB §§ 876, 1178), der zustimmungsbedürftig Handelnde oder sein Geschäftsgegner **(I)**, niemand sonst (BGH NJW 53, 58).

4 **3. Form. a) II:** Einwilligung ist idR (Rn 6), Genehmigung stets formfrei. Schlüssige Zustimmung möglich (außer bei Formbedürftigkeit). Zustimmender muss Zustimmungsbedürftigkeit weder kennen noch mit ihr rechnen (ebenso [nur ?] für ausdr Genehmigung BGH NJW 98, 1859 [in BGH 138, 239 ff nicht abgedr]); aA für konkludente Genehmigung BGH NJW 02, 2864: [Erklärungs-]Bewusstsein der Zustimmungsbedürftigkeit nötig, so generell BGH NJW 04, 61; sa StGursky 17–
5 19). Entscheidend ist, wie der Empfänger den Erklärungsakt verstehen muss. **b) Einseitiges RGeschäft** kann nicht zurückgewiesen werden, wenn Einwilligung in Schriftform (§ 126; Original, Ausfertigung, wie § 174 Rn 1) vorgelegt wird, **III** iVm § 111 S 2, auch 3. Elektronische Form ist ausgeschlossen (wie §§ 170–173 Rn 8;
6 § 174 Rn 1). **c) Ausnahmsweise** ist Form erforderlich, zB § 1516; GBO 29; wenn, insbes wegen Unwiderruflichkeit der Einwilligung (§ 183 Rn 2), das formbedürftige RGeschäft den Einwilligenden binden würde (gilt nicht für Genehmigung, § 177 Rn 6).

7 **4. Zustimmung von Behörden zu privaten RGeschäften.** Sie regelt sich nach öffentl Recht (StGursky 54, 60 vor § 182). Ihr Fehlen führt zur schwebenden Unwirksamkeit (BGH 142, 58 f: genehmigungsbedürftige Bürgschaft eines Landkreises). Erst mit unanfechtbarer Versagung der Genehmigung wird das Geschäft unwirksam (nichtig), BGH 127, 377; 142, 59; die Genehmigungsfähigkeit entfällt (K. Schmidt AcP 189, 12 f). Sa § 134 Rn 6. – Kannten die Parteien die Genehmigungsbedürftigkeit, wollten sie aber das RGeschäft von Anfang an ungenehmigt durchführen, so ist es nichtig (BGH WM 81, 188: wegen § 138 I; sa §§ 308 I, 309 aF). – Entscheidet die zuständige Behörde, dass das ihr mitgeteilte RGeschäft keiner Genehmigung bedarf, so steht dieses sog **Negativattest** einer Genehmigung gleich, wenn der ges Genehmigungsvorbehalt nur dem Schutz öffentl, nicht (auch) privater Interessen dient (BGH NJR-RR 10, 145 mN).

§ 183 Widerruflichkeit der Einwilligung

¹**Die vorherige Zustimmung (Einwilligung) ist bis zur Vornahme des Rechtsgeschäfts widerruflich, soweit nicht aus dem ihrer Erteilung**

Titel 6. Einwilligung und Genehmigung § 184

zugrunde liegenden Rechtsverhältnis sich ein anderes ergibt. ²Der Widerruf kann sowohl dem einen als dem anderen Teile gegenüber erklärt werden.

1. Allgemeines. Zur **Bedeutung, Rechtsnatur** und **Form** der Einwilligung § 182 Rn 2–6; zur Terminologie § 182 Rn 1.

2. (Un-)Widerruflichkeit der Einwilligung. a) **Unwiderruflich** ist die Einwilligung kraft Ges (zB §§ 876, 880 II), auf Grund des Rechtsverhältnisses zwischen Einwilligendem und Geschäftsgegner oder infolge Verzichts oder Vertrags. Widerruf aus wichtigem Grund möglich, ausnahmsweise nicht (s BGH 77, 397 ff). b) **Widerruflich** ist sie, von Rn 2 abgesehen, bis zur (wirksamen) Vornahme des RGeschäfts. Vorgenommen ist es, wenn RGeschäft bindend geworden (vgl BGH NJW 63, 37; LM Nr 7 zu § 407). Widerrufsempfänger s S 2. Für widerrufene Einwilligung gelten §§ 170–173 entspr (StGursky 17; § 182, 20).

3. Einwilligung in Verletzung immaterieller Rechtsgüter. – Fällt nicht unter § 183; vgl Rn 24 vor § 104, § 823 Rn 54.

§ 184 Rückwirkung der Genehmigung

(1) **Die nachträgliche Zustimmung (Genehmigung) wirkt auf den Zeitpunkt der Vornahme des Rechtsgeschäfts zurück, soweit nicht ein anderes bestimmt ist.**

(2) **Durch die Rückwirkung werden Verfügungen nicht unwirksam, die vor der Genehmigung über den Gegenstand des Rechtsgeschäfts von dem Genehmigenden getroffen worden oder im Wege der Zwangsvollstreckung oder der Arrestvollziehung oder durch den Insolvenzverwalter erfolgt sind.**

1. Allgemeines. Zur **Bedeutung, Rechtsnatur** und **Form** der Genehmigung § 182 Rn 2–6; zur Terminologie § 182 Rn 1. Genehmigender muss zwar nicht zZ der zu genehmigenden Verfügung (MK/Bayreuther 22), aber zZ der Genehmigung *verfügungsbefugt* sein (BGH 107, 341 f mN, hM); Bsp für Ausnahme: Der Verfügungsgegenstand ist vernichtet und die Verfügung iSv § 816 soll durch Genehmigung (§ 185 II 1) wirksam werden (BGH 56, 133).

2. Voraussetzungen und Rechtsfolgen. a) Rückwirkung. Wirksame Genehmigung wirkt idR zurück, dh ab Genehmigung wird das RGeschäft so bewertet, als sei es bereits von Anfang an wirksam. Das gilt auch für die eingeklagte Genehmigung (ZPO 894; aA BGH 108, 384, dagegen Jauernig, FS Niederländer, 1991, S 291 ff; zu Unrecht einschr StGursky 43). Die Rückwirkung kann schuldrechtliche und dingliche Geschäfte betreffen. Von der Rückwirkung unberührt bleiben Vorgänge, die vor der Genehmigung liegen und nicht unmittelbar zum rückwirkend anders bewerteten RGeschäft gehören, wie zB die vor der Genehmigung erfolgte Löschung einer Grundbucheintragung (BGH MDR 71, 380). Zur Verjährung s § 199 Rn 2. – Abzulehnen sind BGH 32, 382 f (die Ausübung eines Vorkaufsrechts [Gestaltung] durch unberechtigten Vertreter könne gem § 180 S 2, § 177 nur vor Ablauf der Ausschlussfrist für die Rechtsausübung genehmigt werden) und NJW 73, 1790 (die Vertragsannahme durch einen unberechtigten Vertreter könne nur innerhalb der Annahmefrist, § 148, genehmigt werden); hier werden die §§ 180 S 2, 177 II (insbes S 1 HS 2), 108 II (insbes S 1 HS 2) weitgehend ausgehöhlt, die Bindung des anderen Teils (§ 182 Rn 2; sa BGH 65, 126) wird ignoriert und übersehen, dass die Genehmigung (anders als die Ausübung des Vorkaufsrechts, die Vertragsannahme) auch dem unberechtigten Vertreter (beschränkt Geschäftsfähigen) gegenüber erklärt werden kann (§ 182 I; anders nun nach §§ 108 II 1, 177 II 1); ie Jauernig, FS Niederländer, 1991, S 285 ff; zust StGursky 21 mN; zutr für § 147 BGH NJW 96, 1064. **b) Zur Verweigerung** § 182 Rn 2. **c) Kein Widerruf** von Erteilung oder Verweigerung der Genehmigung, da sie den Schwebezustand (§ 182 Rn 2) beenden (BGH 125, 358). **d) Zustimmungsbedürftige einseitige Gestaltungs-**

§ 185

erklärungen vertragen *idR* keinen Schwebezustand und sind daher mangels Genehmigungsfähigkeit nichtig (BGH 11, 37; zumindest schief 114, 366; NJW 98, 3060: [nur?] Rückwirkung entfalle). Ausnahmen: Rn 2, § 182 Rn 2. **e) Frist** für Entscheidung über Genehmigung besteht idR nicht (anders zB nach §§ 108 II, 177 II, 1366 III; sa Rn 2), doch kann in bes Ausnahmefällen Recht zur Genehmigung *verwirkt* werden (Zurückhaltung geboten, vgl Stuttgart NJW 54, 36).

5   **3. Unwirksamkeit der Genehmigung nach II. Wirksame Zwischenverfügung des Genehmigenden** oder Zwangsverfügung gegen ihn wird in **II** vorausgesetzt (BGH 70, 302). Dadurch verliert er seine Verfügungs- und Genehmigungsbefugnis (Rn 1), so dass Genehmigung unwirksam, nicht nur (wie II sagt) in der Rückwirkung begrenzt ist (str, s MK/Bayreuther 34).

§ 185 Verfügung eines Nichtberechtigten

(1) **Eine Verfügung, die ein Nichtberechtigter über einen Gegenstand trifft, ist wirksam, wenn sie mit Einwilligung des Berechtigten erfolgt.**

(2) ¹**Die Verfügung wird wirksam, wenn der Berechtigte sie genehmigt oder wenn der Verfügende den Gegenstand erwirbt oder wenn er von dem Berechtigten beerbt wird und dieser für die Nachlassverbindlichkeiten unbeschränkt haftet.** ²**In den beiden letzteren Fällen wird, wenn über den Gegenstand mehrere miteinander nicht in Einklang stehende Verfügungen getroffen worden sind, nur die frühere Verfügung wirksam.**

1   **1. Begriff der Verfügung. a) Allgemeines** s Rn 10 vor § 104. **b) Nur Verfügung in eigenem Namen** meint § 185. Bei Verfügung in fremdem Namen liegt
2   Stellvertretung, §§ 164 ff, vor; § 185 ist unanwendbar. **c) Einseitige Verfügungen** wie Aufrechnung, Kündigung können mit Einwilligung (I) vorgenommen werden, es gilt § 182 III. Ohne sie sind sie idR nichtig, so dass II ausscheidet (zu Grund und Ausnahmen § 184 Rn 4); iE ebenso BGH NJW 62, 1546; Köln Rpfleger 80, 223 f.
3   **d) Reine Verpflichtungsgeschäfte** betrifft § 185 nicht (eine Verpflichtungsermächtigung ist abzulehnen, str; vgl F. Peters AcP 171, 234 ff mN), wohl aber schuldrechtliche Verfügungen, zB Abtretung (BGH NJW 90, 2680). Einwilligung iSv I ist die **Einziehungsermächtigung** (BGH NJW-RR 89, 317; sa § 398 Rn 26), aber nicht die Einzugsermächtigung des Lastschriftschuldners (BGH NJW 89, 1673, str), nicht die Ermächtigung zur **gewillkürten Prozessstandschaft** (BGH NJW-RR 93, 670 f; § 398 Rn 27; zum Inkassomandat mit Einziehungsermächtigung und
4   zur Inkassozession Behr BB 90, 796 f). **e) „Gegenstand" der Verfügung** (II 1) muss ein verfügungsfähiges Recht sein. Unübertragbares Vermögensrecht kann gem I **zur Ausübung überlassen** werden (BGH NJW-RR 98, 89, sa § 140 Rn 6.

5   **2. Mangel der Berechtigung. Nichtberechtigt** handelt, wem die Verfügungsmacht zu der betr Verfügung fehlt. Nichtberechtigt ist auch der Verfügungsberechtigte, der seine Macht überschreitet (BGH 106, 4); ferner der nichtverfügungsberechtigte Rechtsinhaber. Maßgebend für I ist der Zeitpunkt der Verfügung (§ 184 Rn 1; ie StGursky 17–20), für II die Berechtigung zZ der Genehmigung oder des Erbfalls (StGursky 21, 22).

6   **3. Wirksamkeit der Verfügung. a) Bei Einwilligung** des Berechtigten (Begriff: Gegenteil des Nichtberechtigten, Rn 5) besteht sie von Anfang an, **I.** Zur
7   Einwilligung § 183 mit Anm. **b) Bei Genehmigung** durch den Berechtigten (Rn 6) tritt sie rückwirkend ein, **II 1 Fall 1,** § 184 I, auch wenn der Verfügungsgegenstand bereits untergegangen ist (§ 184 Rn 1). Zur Genehmigung § 184 mit Anm.
8   **c) Bei Konvaleszenz** tritt sie *ohne Rückwirkung* (BGH NJW 62, 1345) durch nachträglichen Erwerb der Verfügungsmacht ein **(II 1 Fälle 2 und 3): aa) bei Erwerb** des Gegenstands durch verfügenden Nichtberechtigten, sofern Erwerb zur betr Verfügung berechtigt (LM Nr 9); auch bei Erwerb nach Verfügung im Wege der

Zwangsvollstreckung (Bsp: Vollstreckungsschuldner erwirbt gepfändete bislang schuldnerfremde Sache), StGursky 91, hM. Gleiches gilt (II 1 Fall 2 entspr) für Verfügungen eines Berechtigten ohne Verfügungsmacht, sobald er diese wiedererlangt hat (BGH NJW 06, 1288); **bb) bei Beerbung** des nichtberechtigt Verfügenden durch Berechtigten, sofern Erbe unbeschränkt und unbeschränkbar (Stuttgart NJW-RR 95, 968) haftet; **cc) von widersprechenden Verfügungen** wird bei aa und bb nur die frühere wirksam, **II 2. dd)** Str ist, ob Konvaleszenz bei aa und bb voraussetzt, dass der Nichtberechtigte den Verfügungserfolg noch schuldete. *Gegen* solche Rechtsgrundabhängigkeit der Konvaleszenz (Abstraktionsprinzip!) generell mR StGursky 66, 79; bei aa wohl hM; bei bb *für* Abhängigkeit BGH NJW 94, 1471, hM.

Abschnitt 4. Fristen, Termine

Vorbemerkungen

1. Allgemeines. §§ 187–193 geben nur Auslegungsregeln. **Frist:** Abgegrenzter, 1 dh zumindest bestimmbarer Zeitraum, der (§ 191!) auseinandergerissen sein kann (RG 120, 362; BGH ZGS 09, 505, allgM). **Termin:** Bestimmter Zeitpunkt, an dem rechtlich Relevantes geschehen soll (anders der Termin iSv ZPO 214 ff).

2. Anwendungsbereich. §§ 187–193 gelten gem § 186, EGBGB 2 in allen 2 Rechtsgebieten (Sonderregeln vorbehalten wie in HGB 359 II), sa AO 108.

§ 186 Geltungsbereich

Für die in Gesetzen, gerichtlichen Verfügungen und Rechtsgeschäften enthaltenen Frist- und Terminsbestimmungen gelten die Auslegungsvorschriften der §§ 187 bis 193.

§ 187 Fristbeginn

(1) Ist für den Anfang einer Frist ein Ereignis oder ein in den Lauf eines Tages fallender Zeitpunkt maßgebend, so wird bei der Berechnung der Frist der Tag nicht mitgerechnet, in welchen das Ereignis oder der Zeitpunkt fällt.

(2) ¹Ist der Beginn eines Tages der für den Anfang einer Frist maßgebende Zeitpunkt, so wird dieser Tag bei der Berechnung der Frist mitgerechnet. ²Das Gleiche gilt von dem Tage der Geburt bei der Berechnung des Lebensalters.

Fristberechnung nach I und II. Zur unterschiedlichen Fristberechnung BAG 1 NJW 03, 1828f.

§ 188 Fristende

(1) Eine nach Tagen bestimmte Frist endigt mit dem Ablauf des letzten Tages der Frist.

(2) Eine Frist, die nach Wochen, nach Monaten oder nach einem mehrere Monate umfassenden Zeitraum – Jahr, halbes Jahr, Vierteljahr – bestimmt ist, endigt im Falle des § 187 Abs. 1 mit dem Ablauf desjenigen Tages der letzten Woche oder des letzten Monats, welcher durch seine Benennung oder seine Zahl dem Tage entspricht, in den das Ereignis oder der Zeit-

§§ 189–193

punkt fällt, im Falle des § 187 Abs. 2 mit dem Ablauf desjenigen Tages der letzten Woche oder des letzten Monats, welcher dem Tage vorhergeht, der durch seine Benennung oder seine Zahl dem Anfangstag der Frist entspricht.

(3) Fehlt bei einer nach Monaten bestimmten Frist in dem letzten Monat der für ihren Ablauf maßgebende Tag, so endigt die Frist mit dem Ablauf des letzten Tages dieses Monats.

1   **Ablauf des Tages.** Meint 24 Uhr: Jauernig JZ 89, 616; BAG NJW 03, 1828; BGH NJW 07, 2046; MD Art 145, 11; jetzt auch Jarass/Pieroth Art 145, 2; falsch v. Münch NJW 00, 3 zu GG 145 II: 0 Uhr (das aber ist der Beginn des *nächsten* Tages; BGH NJW 05, 679).

§ 189 Berechnung einzelner Fristen

(1) Unter einem halben Jahr wird eine Frist von sechs Monaten, unter einem Vierteljahr eine Frist von drei Monaten, unter einem halben Monat eine Frist von 15 Tagen verstanden.

(2) Ist eine Frist auf einen oder mehrere ganze Monate und einen halben Monat gestellt, so sind die 15 Tage zuletzt zu zählen.

§ 190 Fristverlängerung

Im Falle der Verlängerung einer Frist wird die neue Frist von dem Ablauf der vorigen Frist an berechnet.

§ 191 Berechnung von Zeiträumen

Ist ein Zeitraum nach Monaten oder nach Jahren in dem Sinne bestimmt, dass er nicht zusammenhängend zu verlaufen braucht, so wird der Monat zu 30, das Jahr zu 365 Tagen gerechnet.

§ 192 Anfang, Mitte, Ende des Monats

Unter Anfang des Monats wird der erste, unter Mitte des Monats der 15., unter Ende des Monats der letzte Tag des Monats verstanden.

§ 193 Sonn- und Feiertag; Sonnabend

Ist an einem bestimmten Tage oder innerhalb einer Frist eine Willenserklärung abzugeben oder eine Leistung zu bewirken und fällt der bestimmte Tag oder der letzte Tag der Frist auf einen Sonntag, einen an Erklärungs- oder Leistungsort staatlich anerkannten allgemeinen Feiertag oder einen Sonnabend, so tritt an die Stelle eines solchen Tages der nächste Werktag.

1   **Anwendungsbereich.** § 193 betrifft nur Abgabe (gemeint: Wirksamwerden iSv § 130 Rn 1–3; s v. Tuhr II 2 § 90 IV 5) einer *Willenserklärung,* Vornahme einer *geschäftsähnlichen Handlung* (Begriff Rn 23 vor § 104) und Bewirken einer *Leistung.* § 193 gilt sowohl für Fristen, nach deren Ablauf eine Forderung fällig wird, als auch für solche, nach deren Ablauf Verzug eintritt (BGH 171, 35 ff). Entspr anwendbar für Verjährungsfrist (wichtig für Hemmung, zB durch Einreichung der Klageschrift, ZPO 167, BGH ZGS 08, 153 f). § 193 gewährt Fristverlängerung, verbietet aber nicht Vornahme der Handlung am Wochenende. Staatlich anerkannte allg Feiertage werden durch Landesrecht und BundesGes (s EinV 2 II: 3.10.) bestimmt. Nach BGH 162, 179 ist im Interesse von Rechtsklarheit und -sicherheit § 193 auf Kündi-

Titel 1. Gegenstand und Dauer der Verjährung **§ 194**

gungsfristen weder unmittelbar noch entspr anwendbar (str, Nachw in BGH aaO. – Nach allg und ges Sprachgebrauch ist der Sonnabend (Samstag) ein Werktag (BGH NJW 05, 2155 f).

Abschnitt 5. Verjährung

Titel 1. Gegenstand und Dauer der Verjährung

§ 194 Gegenstand der Verjährung

(1) **Das Recht, von einem anderen ein Tun oder Unterlassen zu verlangen (Anspruch), unterliegt der Verjährung.**

(2) **Ansprüche aus einem familienrechtlichen Verhältnis unterliegen der Verjährung nicht, soweit sie auf die Herstellung des dem Verhältnis entsprechenden Zustands für die Zukunft oder auf die Einwilligung in eine genetische Untersuchung zur Klärung der leiblichen Abstammung gerichtet sind.**

Lit: Heinrichs BB 01, 1417 ff; Mansel NJW 02, 8 ff; Mansel/Budzikiewicz, Das neue Verjährungsrecht, 2002 (zitiert: Verjährungsrecht); Mansel/Budzikiewicz, VerjährungsanpassungsGes: Neue Verjährungsfristen, insbes für die Anwaltshaftung und im Gesellschaftsrecht, NJW 05, 321 (Gesetzesübersicht bei Schulte-Nölke/Börger ZGS 05, 22 ff); Witt JuS 02, 105 ff.

1. Allgemeines. Das SchRModG hat das **Verjährungsrecht grundlegend** 1 umgestaltet: Die regelmäßige Verjährungsfrist beträgt 3 (bisher 30) Jahre (§ 195); der Fristbeginn knüpft an obj und subj Voraussetzungen an (§ 199 I); ohne Rücksicht auf die subj Voraussetzungen tritt Verjährung spätestens nach 10 oder 30 Jahren ein (§ 199 II–IV); die Unterbrechungsgründe des fr Rechts sind Hemmungsgründe geworden (außer bei Anerkennung oder Beantragung/Vornahme einer Vollstreckungshandlung, § 212 I: „Neubeginn der Verjährung"); die Hemmungsgründe sind erweitert (zB verallgemeinert § 203 den fr § 852 II); Verjährung kann durch RGeschäft erleichtert (einschlr § 202 I) und in Grenzen erschwert werden (§ 202 II). Das Ges zur Änderung des Erb- und Verjährungsrechts v 24.9.2009, in Kraft getreten am 1.1.2010, beseitigte vor allem die Sonderregelung für familien- und erbrechtliche Ansprüche (§ 197 I Nr 2 aF), da die lange Verjährungsfrist v 30 Jahren sich neben der neuen (idR deutlich kürzeren) Regelverjährung (§§ 195, 199) nicht bewährt habe. Die Änderungen des Verjährungsrechts durch dieses ReformGes betreffen § 197 I Nr 2, II; § 199 Überschrift, I, III a, IV; § 207 I 2 Nr 2. Trotz der Reformen (durch das SchRModG, VerjAnpG und das ErbVerjÄndG) gibt es (auch jetzt noch) im BGB Verjährungsfristen unterschiedlicher Dauer: 30 Jahre (zB § 197 I), 10 Jahre (zB § 196), 5 Jahre (zB § 438 I Nr 2), 4 Jahre (§ 804 I 3), 3 Jahre (zB § 195), 2 Jahre (zB § 438 I Nr 3), 6 Monate (zB § 548 I 1). – Zur **Überleitung** vom alten zum neuen Verjährungsrecht EGBGB 229.

2. Gegenstand der Verjährung. Nur Ansprüche verjähren. Begriffsbestim- 2 mungen in **I**: Tun ist jedes Handeln; Unterlassen jedes Nichthandeln, Dulden eingeschlossen. Ansprüche gibt es im gesamten Zivilrecht. Verjährbar ist auch ein *Gesamtanspruch* auf kurzzeitig und laufend wiederkehrende Leistungen (zB auf jährliche Steuererstattung), der idR durch Einfordern der fälligen Einzelleistung realisiert wird (RG 136, 430 ff; sa BGH NJW 73, 1685). **Unverjährbar** sind bestimmte familienrechtliche Ansprüche (**II**, betrifft die Zukunft, zB §§ 1353, 1360, 1632, sowie den Anspruch aus § 1598a) und andere Ansprüche kraft ges Bestimmung (zB §§ 898, 902, 924). Unverjährbar, weil keine Ansprüche, sind *Dauerschuldverhältnisse* (BGH NJW 08, 2992), zB Mietverhältnisse, als solche und *absolute Rechte*, wie Eigentum, Namensrecht, Urheberrecht. Sie sind Grundlage verjährbarer Ansprüche

Mansel

§ 194

(zB auf Herausgabe, Schadensersatz), uU eines Gesamtanspruchs (s o). Unverjährbar sind Gestaltungsrechte (Rn 5 [a]), anspruchsunabhängige *Leistungsverweigerungsrechte* (zB aus § 320); anspruchsabhängige Einreden verjähren mit Anspruchsverjährung (Ausnahmen zB in §§ 438 IV, 634a IV 2, 821, 853).

3. Voraussetzung. Verjährung erfordert Vorliegen subj und obj Umstände, letzten Endes bloßer Zeitablauf (dazu § 199 II–IV: „Verjährungshöchstfristen").

4. Wirkung. Der verjährte Anspruch bleibt bestehen und behält eine Durchsetzbarkeit (BGH 184, 135 f). Der Anspruchsgegner erwirbt lediglich ein Leistungsverweigerungsrecht (§ 214 I): die Verjährungseinrede. Sie ist ein Gestaltungsrecht; denn sie wird erst und nur beachtet, wenn der Einredeberechtigte sie erhoben hat, BGH 184, 136 (gleich, ob inner- oder außerhalb eines Prozesses, BGH 1, 239; Düsseldorf NJW 91, 2089 f). Dabei muss klar sein, dass die endgültige Leistungsverweigerung wegen des Ablaufs der Verjährungsfrist erfolgt (BGH NJW-RR 09, 1043). Werden im Prozess, gleich von welcher Partei, Tatsachen vorgetragen, aus denen sich Berechtigung und erfolgte Erhebung der Verjährungseinrede ergeben, so ist die Verjährung geltend gemacht (Prozesshandlung) und die Klage des Anspruchsinhabers als unbegründet abzuweisen (BGH 184, 136); ob der Anspruch besteht, kann offen bleiben (s BGH 153, 341 f). Der verjährte Anspruch kann erfüllt werden (§§ 214 II, 813 I 2); weitere Abschwächung der Verjährung in §§ 215, 216.

5. Ähnliche Rechtsinstitute. a) Ausschlussfrist (Präklusivfrist). Mit ihrem Ablauf *erlischt* das Recht (BGH NJW 06, 904). Ausschlussfristen bestehen für Gestaltungsrechte (zB §§ 121, 124, 532), zuweilen für Ansprüche (zB §§ 556 III 3, 864; ProdHaftG 13, s aber auch 12). Verjährungsvorschriften sind analog anwendbar, soweit ges angeordnet (zB § 124 II 2, 1002) oder wenn es Sinn und Zweck der jeweiligen Ausschlussfrist zulassen (BGH NJW 06, 904 mN). Berufung auf Ablauf einer Ausschlussfrist kann rechtsmissbräuchlich sein. **b) Verwirkung,** ein Unterfall des Rechtsmissbrauchs, führt zum Erlöschen des Rechts (str; ie § 242 Rn 63). **c) Rechtserwerb durch Zeitablauf** (gemeinrechtlich: erwerbende Verjährung). Hauptfall: Ersitzung (§§ 900, 927, 937, 1033).

6. Zweck. Dazu BGH NJW 98, 1059; 11, 220. Zweck der Verjährung sind Schuldnerschutz und Rechtsfriede: Mögliche Verjährung beschleunigt die Abwicklung des Rechtsverhältnisses; eingetretene Verjährung schützt den Gegner vor Beweisschwierigkeiten wegen Zeitablaufs (BGH 153, 342); bei längerer Untätigkeit des Berechtigten besteht erfahrungsgemäß oft kein Anspruch (mehr). Zu schützen sind zugleich die berechtigten Gläubigerinteressen, da Schutzbereich des GG 14 eröffnet ist. GG 14 verlangt eine ges Verjährungsregelung, die die **Interessen von Gläubiger und Schuldner** angemessen **ausgleicht** (BGH NJW-RR 05, 1686). Verjährungsvorschriften sind im Interesse der Rechtssicherheit grundsätzlich wortlautgetreu auszulegen (BGH NJW 10, 224; abw PalEllenberger Rn 12 vor § 194 mit BGH-Rspr).

7. Verjährung bei Anspruchskonkurrenz. Anspruchskonkurrenz liegt vor, wenn einem Berechtigten *mehrere selbstständige Ansprüche auf dieselbe Leistung* zustehen, die alle erlöschen, wenn auch nur einer erfüllt wird. In diesen Fällen verjährt grundsätzlich jeder Anspruch selbstständig (vgl BGH 116, 300; 119, 41); die Verjährungseinrede hat daher erst nach Ablauf der längsten Verjährungsfrist Erfolg. Das war nach fr Recht relevant insbes bei Zusammentreffen von Schadensersatzansprüchen aus Vertrag und Delikt (BGH 116, 299 f). Dieser Problemfall ist erledigt, weil jetzt für beide Ansprüche grundsätzlich die Regelfrist (§ 195) gilt. Der **Grundsatz selbstständiger Verjährung** gilt, wenn die Regelfrist (§ 195) mit einer kürzeren oder längeren Frist zusammentrifft, zB Rückgabeanspruch aus Mietvertrag (§ 546 I) und aus Eigentum (§ 197 I Nr 1, dazu § 985 Rn 12 [a]). Verjährt jedoch aus Gründen praktischer Zweckmäßigkeit ein Vertragsanspruch schnell, so verjähren konkurrierende Ansprüche gleich schnell, wenn sonst der Zweck der kurzen vertraglichen

Titel 1. Gegenstand und Dauer der Verjährung §§ 195, 196

Verjährungsfrist vereitelt oder wesentlich beeinträchtigt würde (zum fr Recht BGH 119, 41; 130, 293, je mN). So gilt die kurze Verjährung des § 548 I bei Zusammentreffen von dort genannten Ansprüchen mit entspr Ersatzansprüchen wegen Veränderung oder Verschlechterung der Mietsache aus Delikt oder einem anderen Rechtsgrund (zum fr Recht BGH NJW 93, 2798 [unentschieden für § 826]).

8. Unzulässige Rechtsausübung. Die Erhebung der Verjährungseinrede kann 8 unzulässige Rechtsausübung sein. Der Hauptfall – Gläubiger vertraute berechtigterweise auf Grund des Verhaltens des Schuldners, dass dieser die Einrede (noch) nicht erheben werde – ist im Wesentlichen durch § 203 ges geregelt. Sa §§ 214–217 Rn 2.

9. Beweislast. Die Beweislast für Verjährungseintritt trägt, wer sich auf ihn beruft 9 (LM Nr 27 zu § 249 [Bb]).

§ 195 Regelmäßige Verjährungsfrist

Die regelmäßige Verjährungsfrist beträgt drei Jahre.

1. Herabsetzung der Regelfrist. Das SchRModG hat die (in Wahrheit ausge- 1 höhlte) fr ges Regelfrist (§ 195 aF) von 30 Jahren auf 3 Jahre herabgesetzt. Das ist dem Gläubiger **zumutbar**, weil der Fristbeginn nicht nur an eine obj Voraussetzung (Entstehung = Fälligkeit des Anspruchs, § 199 Rn 3) anknüpft, sondern auch an eine subj (Kenntnis oder auf grober Fahrlässigkeit beruhende Unkenntnis von den anspruchsbegründenden Umständen und der Person des Schuldners), § 199 I.

2. Anwendungsbereich. Die ges Regelfrist (§§ 195, 199 I) gilt für alle privat- 2 rechtlichen Ansprüche, vorbehaltlich abw ges oder rechtsgeschäftlicher (§ 202) Regelung. Ges Sonderregelungen – mit Vorrang vor § 195 – zB in §§ 197, 438, 548, 606, 634a, 852, 1057, 1226. Die ges Regelfrist erfasst insbes **Erfüllungsansprüche aus Vertrag** (Ausnahme: § 196), **Schadensersatzansprüche** (zB aus Verschulden bei Vertragsschluss), Ansprüche aus **ungerechtfertigter Bereicherung** (besteht die Bereicherung in der Erfüllung eines kürzer verjährenden Anspruchs durch einen Dritten, so gilt die kürzere Frist auch für § 812 gegen den befreiten Schuldner, BGH 89, 87; NJW 00, 3492 gegen BGH 32, 15 f), Ansprüche aus **GoA** (auch bei Bezahlung kürzer verjährender Schuld, BGH 47, 375 f; St Peters/Jacoby 18), Anspruch der Gesellschaft gegen den ausgeschiedenen Gesellschafter aus § 739 (BGH NJW 11, 2292).

3. Öffentl-rechtliche Ansprüche. Für öffentl-rechtliche Ansprüche gelten 3 mangels eigener Verjährungsvorschriften die §§ 195 ff entspr, insbes §§ 195, 199, auch 197 Nr 1 (öffentl-rechtlicher Herausgabeanspruch), Nr 3–5, sofern sich keine andere Auslegung der öffentl-rechtlichen Anspruchsgrundlagen ergibt. Stets ist genau zu prüfen, welche der zivilrechtlichen Verjährungsnormen auf öffentl-rechtliche Ansprüche entsprechend anzuwenden sind.

4. Verjährung bei Anspruchskonkurrenz. Zur fristrelevanten Anspruchskon- 4 kurrenz § 194 Rn 7. Ist verletzte Norm sowohl Schutzgesetz iSv § 823 II wie Marktverhaltensregelung (UWG 4 Nr. 11), dann ist für Verjährung entscheidend, ob der Schwerpunkt des Unrechtsgehalts der verletzten Norm im Lauterkeitsrecht liegt. Nur wenn dies der Fall ist, gilt die kurze Verjährungsfrist des UWG 11. Die für den wettbewerbsrechtlichen Anspruch geltende kurze Verjährung des UWG 11 findet daher auf den deliktsrechtlichen Beseitigungsanspruch aus §§ 1004, 823 II iVm AEUV 108 III 3 keine Anwendung (BGH BeckRS 11, 05635 Tz 57).

§ 196 Verjährungsfrist bei Rechten an einem Grundstück

Ansprüche auf Übertragung des Eigentums an einem Grundstück sowie auf Begründung, Übertragung oder Aufhebung eines Rechts an einem

§ 197

Grundstück oder auf Änderung des Inhalts eines solchen Rechts sowie die Ansprüche auf die Gegenleistung verjähren in zehn Jahren.

1 **1. Allgemeines.** Die in § 196 genannten Ansprüche (Rn 2–6) unterliegen nicht der ges Regelfrist des § 195. Grund: Da die Voraussetzungen für den Fristbeginn nach § 199 I idR bei Anspruchsentstehung (= Fälligkeit, § 199 Rn 2) vorliegen, würden die Ansprüche schon nach 3 Jahren (gerechnet ab Schluss des Entstehungsjahres) verjähren. Diese Frist ist für eine etwa notwendige Grundstücksvermessung (vgl § 925 Rn 4) und die Beschaffung einer Unbedenklichkeitsbescheinigung des Finanzamts (vgl § 925 Rn 21) zu kurz; die möglichen Verzögerungen liegen nicht im Einflussbereich der Parteien. Ein weiterer Anwendungsfall ist die **„stehengelassene" Sicherungsgrundschuld:** Nach Rückzahlung des gesicherten Darlehens steht dem Eigentümer(schuldner) ein Rückgewähranspruch zu (§ 1191 Rn 12), den er aber nicht geltend macht, um die Grundschuld ggf erneut zu Sicherungszwecken einzusetzen. In 10 Jahren ist der Rückforderungsanspruch verjährt; das gilt entgegen Otte ZGS 02, 57 f für den gesamten Inhalt des Anspruchs, auch für den auf Verzicht (§ 1191 Rn 15), der auf dem Sicherungsvertrag, nicht auf Eigentum beruht, so dass § 902 nicht eingreift; die Einrede gegen die Geltendmachung der Sicherungsgrundschuld beruht auf dem Rückforderungsanspruch und verjährt als anspruchsabhängige Einrede wie dieser (§ 194 Rn 2; übersehen von Otte ZGS 02, 58).

2 **2. Anwendungsbereich.** Erfasst werden Ansprüche **a)** auf **Übertragung des Eigentums** an einem Grundstück (Alleineigentum, Miteigentum nach Bruchteilen, Wohnungseigentum [Rn 5 vor § 903], ferner Erbbaurecht [ErbbauRG 11,
3 Rn 2 vor § 90]); **b) Begründung** (= Belastung des Grundstückseigentums, Rn 10 vor § 104), **Übertragung, Aufhebung, Inhaltsänderung** eines Rechts an einem Grundstück (gemeint: am Grundstückseigentum), ds die beschränkten dinglichen Rechte (Rn 6 vor § 854), Erbbaurecht (ErbbauRG 1 I), Dauerwohn- und Dauernutzungsrecht (WEG 31 I 1, II). § 196 greift auch ein, wenn ein Grundpfandrecht nach § 1154 I 1, also ohne Eintragung im Grundbuch, übertragen werden soll, da dem Zedenten idR freisteht, die schriftliche Abtretungserklärung durch Grundbuch-
4 eintragung ersetzen zu lassen (§ 1154 II); **c)** auf die **Gegenleistung** (Gegenseitigkeit auch bei ges Ansprüchen möglich, BGH NJW-RR 08, 826; NJW 11, 219). Für sie gilt die Frist von 10 Jahren unabhängig von der (uU schnellen) Erfüllung der
5 Ansprüche nach Rn 2, 3; **d) gleichgültig,** aus welchem Rechtsgrund: **Vertrag,**
6 **Ges,** zB § 812, § 528, s BGH NJW-RR 08, 826; NJW 11, 219. **e)** Str ist, ob **Besitzverschaffungsansprüche** einzubeziehen sind, für die sonst die Regelfrist (§§ 195, 199 I) gelten würde mit der Folge einer fr Verjährung gegenüber den Ansprüchen Rn 2–4 (für Einbeziehung Mansel/Budzikiewicz § 4 Rn 27, 28; aA PalEllenberger 6). Praktische Bedeutung kommt dem Streit kaum zu, da idR die Besitzübertragung der Eigentumsverschaffung vorausgeht.

7 **3. Fristbeginn.** Die **10-Jahresfrist** beginnt **taggenau** (anders § 199 I) mit der Entstehung (= Fälligkeit, § 199 Rn 2) des Anspruchs, § 200 S 1. Maßgebend ist also allein ein obj Umstand; subj Voraussetzungen (wie in § 199 I Nr 2) scheiden aus. Fristberechnung: §§ 187 I, 188.

§ 197 Dreißigjährige Verjährungsfrist

(1) **In 30 Jahren verjähren, soweit nicht ein anderes bestimmt ist,**
1. **Herausgabeansprüche aus Eigentum, anderen dinglichen Rechten, den §§ 2018, 2130 und 2362 sowie die Ansprüche, die der Geltendmachung der Herausgabeansprüche dienen,**
2. **(aufgehoben)**
3. **rechtskräftig festgestellte Ansprüche,**
4. **Ansprüche aus vollstreckbaren Vergleichen oder vollstreckbaren Urkunden,**

Titel 1. Gegenstand und Dauer der Verjährung § 197

5. Ansprüche, die durch die im Insolvenzverfahren erfolgte Feststellung vollstreckbar geworden sind, und
6. Ansprüche auf Erstattung der Kosten der Zwangsvollstreckung.

(2) Soweit Ansprüche nach Absatz 1 Nr. 3 bis 5 künftig fällig werdende regelmäßig wiederkehrende Leistungen zum Inhalt haben, tritt an die Stelle der Verjährungsfrist von 30 Jahren die regelmäßige Verjährungsfrist.

1. Allgemeines. Das ErbVerjÄndG (in Kraft seit 1.1.2010) änderte I Nr 1 und 1 hob I Nr 2 auf, wodurch familien- und erbrechtliche Ansprüche in die Regelverjährung (§ 195) einbezogen wurden (zu Grund und Folgen der Aufhebung der bisherigen Regelung für familien- und erbrechtliche Ansprüche Otte ZGS 10, 15 ff und 157 ff). I Nr 6 wurde durch das VerjAnpG eingefügt (in Kraft seit 15.12.2004).

2. Herausgabeansprüche. a) aus dinglichem Recht, I Nr 1 (Begriff Rn 1 2 vor § 854), insbes Eigentum (§ 985), Nießbrauch (§ 1036 I), Pfandrecht (§§ 1227, 1231, 1251), auch Vermieter- und Verpächterpfandrecht (§§ 562b II 1, 581 II, 592 S 4). Beseitigungs- und Unterlassungsansprüche gehen nicht auf Herausgabe; Herausgabeansprüche aus §§ 861, 1007 beruhen nicht auf dinglichem Recht (daher gelten für diese Ansprüche §§ 195, 199l). Zu beachten ist, dass § 985 und 1004 I 1 nebeneinander anwendbar sind (§ 1004 Rn 26); dann gilt selbstständige Verjährung (§ 194 Rn 7). **b) Erbrechtliche Herausgabeansprüche, I Nr 1,** nämlich des 3 Erben gegen den Erbschaftsbesitzer **(§ 2018),** des Nacherben gegen den Vorerben **(§ 2130),** des wirklichen Erben gegen den Besitzer eines unrichtigen Erbscheins **(§ 2362). c) Hilfsansprüche** zur Geltendmachung der Ansprüche nach a und b 4 (zB §§ 260, 2027, 2130 II, 2362 II). **d) Beginn der Verjährung** für die Ansprüche 5 nach a–c: § 200.

3. Sonstige Ansprüche. a) Nach **formell rechtskräftiger Feststellung** ver- 6 jährt der Anspruch in 30 Jahren, **I Nr 3.** Feststellung kann geschehen durch Endurteil (Leistungsurteil, Feststellungsurteil [BGH NJW 91, 2015]), Vorbehaltsurteil (ZPO 305, 599: bedingtes Urteil), Schiedsspruch (ZPO 1055), Vollstreckungsbescheid (vgl ZPO 700), Kostenfestsetzungsbeschluss (ZPO 104); genügend ist Sachabweisung negativer Feststellungsklage, wenn sie positive Feststellung des Rechts enthält (BGH NJW 75, 1321). **Ungenügend** Grundurteil, ZPO 304 (BGH NJW 85, 792). Eine Entscheidung des einstw Rechtsschutzes (s § 204 I Nr 9) enthält keine Feststellung des Anspruchs (zu diesem § 204 Rn 11). Anerkennungsfähige **ausländische Entscheidungen** fallen unter I Nr 3, wenn nach deutschem IPR deutsches Verjährungsrecht anwendbar und der Anspruch rechtskräftig festgestellt ist (Mansel/Budzikiewicz, Verjährungsrecht, § 4 Rn 102, 103). **b)** Der Feststellung durch eine 7 **Entscheidung stehen gleich, I Nr 4, 5:** vollstreckbarer Vergleich (vgl ZPO 794 I Nr 1; Vollstreckbarkeit ieS unnötig, gericht Feststellungsvergleich genügt, weil Feststellungsurteil ausreiche, Rn 8 und BGH NJW-RR 90, 665), vollstreckbarer Anwaltsvergleich (ZPO 796a–c), vollstreckbare Urkunde (ZPO 794 I Nr 5), Schiedsspruch mit vereinbartem Wortlaut (ZPO 1053 II mit 1055), vollstreckbare Feststellung zur Insolvenztabelle (InsO 201 II; 215 II 2, 257 iVm dem rechtskräftig bestätigten Insolvenzplan), Schuldenbereinigungsplan (InsO 308 I 2). – **Beginn der Verjährung:** § 201. **c)** Ansprüche auf Erstattung der **Kosten der Zwangsvollstre-** 8 **ckung, I Nr 6** (s Rn 1). Welche Kosten erstattungsfähig sind, bestimmt ZPO 788 I1 (HS 1), 2. Zum Beginn der Verjährung § 201 Rn 2. **d)** Bei Ansprüchen auf 9 künftig fällig werdende **regelmäßig wiederkehrende Leistungen** geht es charakteristischerweise nur um fortlaufende Leistungen, die zu ges oder einvernehmlich bestimmten regelmäßig wiederkehrenden Terminen erfolgen; die Höhe kann schwanken (BGH NJW-RR 89, 215). Die Ansprüche verjähren in ges Regelfrist (§§ 195, 199 I). Schutzzweck von **II** ist es zu verhindern, dass sich die Einzelforderungen zu hohen Beträgen ansammeln (BGH NJW-RR 08, 1235). Das gilt nicht für titulierte Verzugszinsen als Nebenforderungen beim Verbraucherdarlehen, § 497 III 4, 5; es gilt die 30-Jahre-Frist, **I.**

§ 198 Verjährung bei Rechtsnachfolge

Gelangt eine Sache, hinsichtlich derer ein dinglicher Anspruch besteht, durch Rechtsnachfolge in den Besitz eines Dritten, so kommt die während des Besitzes des Rechtsvorgängers verstrichene Verjährungszeit dem Rechtsnachfolger zugute.

1 **Allgemeines. Dingliche Ansprüche** gegen Sachbesitzer erlöschen mit Besitzverlust und entstehen gegen neuen Besitzer. Dennoch gilt bei **abgeleitetem Besitzerwerb** die bereits für erloschenen Anspruch verstrichene Verjährungszeit als solche des neuen Anspruchs (sa BGH 98, 241). War der Anspruch vor seinem Erlöschen schon verjährt, so ist es der neue ab Entstehung. Rechtsnachfolge (besser: Besitznachfolge) ist Einzelnachfolge (dann Willenseinigung nötig) oder Gesamtnachfolge.

§ 199 Beginn der regelmäßigen Verjährungsfrist und Höchstfristen

(1) Die regelmäßige Verjährungsfrist beginnt, soweit nicht ein anderer Verjährungsbeginn bestimmt ist, mit dem Schluss des Jahres, in dem
1. der Anspruch entstanden ist und
2. der Gläubiger von den den Anspruch begründenden Umständen und der Person des Schuldners Kenntnis erlangt oder ohne grobe Fahrlässigkeit erlangen müsste.

(2) Schadensersatzansprüche, die auf der Verletzung des Lebens, des Körpers, der Gesundheit oder der Freiheit beruhen, verjähren ohne Rücksicht auf ihre Entstehung und die Kenntnis oder grob fahrlässige Unkenntnis in 30 Jahren von der Begehung der Handlung, der Pflichtverletzung oder dem sonstigen, den Schaden auslösenden Ereignis an.

(3) [1]Sonstige Schadensersatzansprüche verjähren
1. ohne Rücksicht auf die Kenntnis oder grob fahrlässige Unkenntnis in zehn Jahren von ihrer Entstehung an und
2. ohne Rücksicht auf ihre Entstehung und die Kenntnis oder grob fahrlässige Unkenntnis in 30 Jahren von der Begehung der Handlung, der Pflichtverletzung oder dem sonstigen, den Schaden auslösenden Ereignis an.
[2]Maßgeblich ist die früher endende Frist.

(3a) Ansprüche, die auf einem Erbfall beruhen oder deren Geltendmachung die Kenntnis einer Verfügung von Todes wegen voraussetzt, verjähren ohne Rücksicht auf die Kenntnis oder grob fahrlässige Unkenntnis in 30 Jahren von der Entstehung des Anspruchs an.

(4) Andere Ansprüche als die nach den Absätzen 2 bis 3a verjähren ohne Rücksicht auf die Kenntnis oder grob fahrlässige Unkenntnis in zehn Jahren von ihrer Entstehung an.

(5) Geht der Anspruch auf ein Unterlassen, so tritt an die Stelle der Entstehung die Zuwiderhandlung.

1 **1. Allgemeines.** Das ErbVerjÄndG hat die Überschrift (Rn 9) geändert, I ergänzt (Rn 2), für erbfallrelevante Ansprüche eine Verjährungshöchstfrist in III a bestimmt (Rn 12), für andere in IV (Rn 9). **I** bestimmt **Beginn** der ges Regelfrist des § 195 (3 Jahre). I gilt auch, wenn in anderer Vorschrift die ges Regelfrist namentlich als solche genannt ist (zB § 197 II); die Einschränkung in I „soweit nicht ..." berücksichtigt, dass der Beginn zB in § 604 V nur obj bestimmt ist, gilt nicht, wenn nur eine „Frist von 3 Jahren" vorgesehen ist (zB § 1378 IV 1 HS 1), die Frist beginnt dann entweder gem Sondervorschrift (zB § 1378 IV 1 HS 2) oder gem § 200 (keine Jahresschlussverjährung, anders I); vgl Mansel/Budzikiewicz § 3 Rn 64.

Titel 1. Gegenstand und Dauer der Verjährung **§ 199**

2. Beginn der ges Regelfrist, I. Greift, soweit nicht ein anderer Verjährungs- 2
beginn bestimmt ist, vgl Rn 1. Der Beginn knüpft kumulativ an **zwei Voraussetzungen** an, I Nr 1, 2: **a) aa) Entstehung des Anspruchs, I Nr. 1.** „Entstanden",
dh hier: **fällig** (s aber § 163 Rn 4), ist der Anspruch, **sobald er geltend gemacht
werden kann,** ggf durch Klage; Feststellungsklage (BGH 181, 315) und Klage auf
künftige Leistung genügen. Ausreichende Kenntnis bzw Unkenntnis iSv I Nr. 2
erst, wenn Klageerhebung so viel Erfolgsaussicht hat, dass sie Gläubigern auch
zumutbar ist. Klage muss daher schlüssig begründbar und Erfolg versprechend sein
(BGH BeckRS 12, 21993 Tz 44; NJOZ 11, 2089 Tz 16 mN). *Ursprüngliche Stundung* schiebt die Fälligkeit hinaus (BGH NJW-RR 92, 255). Der Anspruch entsteht
auch, wenn er noch nicht beziffert werden kann (wichtig bei *Schadensersatzansprüchen,* wenn der Schaden zwar noch nicht eingetreten, aber **vorhersehbar** ist, er
gehört zum einheitlichen Schadensersatzanspruch, sog **Grundsatz der Schadenseinheit,** BGH NJW-RR 06, 696; Feststellungsklage zur Hemmung der Verjährung
möglich, BGH 181, 315 zum fr Recht); kritisch dazu NK/Mansel/Stürner Rn 26.
Bei **Unvorhersehbarkeit** beginnt Verjährung erst mit Auftreten von Spätschäden
(BGH NJW 97, 2449 zu § 852 aF; NK/Mansel/Stürner Rn 26, 46). Anspruch
entsteht erst mit *Eintritt aufschiebender Bedingung* (BGH NJW 87, 2745: frühestens;
sa § 883 Rn 7): mit *Erteilung notwendiger Genehmigung* (vgl BGH 37, 235 f), so dass
Verjährungsfrist nicht rückwirkend in Gang gesetzt wird (RG 65, 248 f). Setzt
Fälligkeit eines Anspruchs *Kündigung oder Anfechtung* voraus, so entsteht Anspruch
erst mit wirksamer Kündigung oder Anfechtung (anders §§ 199, 200 aF).
bb) Unterlassungsansprüche verjähren (sofern I Nr 2 erfüllt und Sonderregeln 3
nicht bestehen) erst ab Zuwiderhandlung, **V,** auch wenn sie vorher schon bestanden. Gilt entspr für Anspruch auf dauernde positive Leistung (zB Nutzungsüberlassung), BGH NJW 95, 2549. **b) Kenntnis oder auf grober Fahrlässigkeit beruhende Unkenntnis, I Nr 2. aa)** Für beide trägt der Schuldner die Darlegungs- 4
und Beweislast (BGH NJW 10, 3294). Maßgebend ist die Kenntnis (grob fahrlässig
begründete Unkenntnis) des **Gläubigers** (BGH 171, 10 ff; NJW 08, 2578 mwN).
Bei mehreren Pflichtverletzungen ist jede verjährungsrechtlich selbstständig zu
behandeln. I Nr. 2 ist daher getrennt für jede Pflichtverletzung zu prüfen, auch
wenn nicht jede eigenständige oder zusätzliche Schadensfolgen nach sich gezogen
hat, sondern nur zum Gesamtschaden beigetragen haben und Schadensersatzanspruch auf mehrere (von einander abgrenzbare) Pflichtverletzungen gestützt wird,
s BGH NJW-RR 12, 112 Tz 9 mN; NJOZ 11, 2088f Tz 15 mN; NJW 08, 507.
Sind mehrere Personen beteiligt, so ist zu prüfen, wer iSv I Nr 2 Kenntnis (grob
fahrlässige Unkenntnis) aufweisen muss (zB bei Drittschadensliquidation ist es der
Anspruchsteller, nicht der Dritte). Es kommt für die Kenntnis der für den Beginn
der Verjährungsfrist maßgebenden Umstände auf die Person des Anspruchsinhabers
selbst (bzw des mit der Anspruchsverfolgung betrauten Organs bei juristischen
Personen) an. Das Wissen eines Dritten ist ihm nur ausnahmsweise zuzurechnen
entsprechend § 166 I, 242, wenn der Anspruchsinhaber den Dritten mit der Erledigung bestimmter Angelegenheiten in eigener Verantwortung betraut, insbesondere
ihm im Zusammenhang mit der Verfolgung des Anspruchs die Kenntnisnahme
von bestimmten Tatsachen oder die Vornahme der erforderlichen Tatsachenfeststellungen übertragen hat (*Wissensvertreter* des Gläubigers). Auch bei Ehegatten darf
die entsprechende Betrauung nicht vermutet, sondern muss positiv festgestellt werden (BGH NJW 13, 448 Tz 18f mN). – BGH NJW 12, 1789 mN: Eine Kenntnis
iSv I Nr. 2 ist in Regressfällen nicht schon dann gegeben, wenn die Mitarbeiter
der Leistungsabteilung bei *arbeitsteiligen Behörden* Kenntnis von den anspruchsbegründenden Tatsachen haben bzw keine Initiativen zur Aufklärung des Schadensgeschehens entfalten. Abzustellen ist allein auf die Kenntnis bzw grob fahrlässige
Unkenntnis der mit der Anspruchsverfolgung betrauten Mitarbeiter der Regressabteilung. Denn sie sind als Wissensvertreter betraut (Tz 13). Ob die fehlende Kenntnis der Regressabteilung darauf beruht, dass sie seitens der Leistungsabteilung nicht
die entsprechenden Informationen erhalten hat, ist grundsätzlich unerheblich,

§ 199

jedenfalls hinsichtlich der Verjährung von deliktsrechtlichen Ansprüchen (Tz 14). Daran hat sich durch die Neuregelung des Verjährungsrechts in § 199 nichts geändert (BGH NJW 12, 2645 Tz 13). Entscheidend ist, ob die Mitarbeiter der behördlichen Regressabteilung aufgrund grober Fahlässigkeit (s Rn 6) keine Kenntnis der anspruchsbegründenden Tatsachen erlangten, etwa weil die Mitarbeiter der Leistungsabteilung ganz offenkundig Informationsanweisungen nicht nachkamen (Tz

5 22). **bb) Kenntnis der anspruchsbegründenden Umstände** ist *Tatsachenkenntnis* (BGH NJW 08, 2428, 2578). Nicht notwendig ist der Schluss von den Tatsachen auf die Anspruchsbegründung (BGH 175, 170 f); daher hindert Rechtsirrtum – Annahme, aus den bekannten Tatsachen ergebe sich kein Anspruch – nicht den Fristbeginn. *Anspruchsbegründend* sind die Umstände, die die Anspruchsnorm ausfüllen, zB die Tatsachen, aus denen sich die schädigende Handlung oder Pflichtverletzung und zB das Verschulden ergibt. Bei einer objektiv besonders verwickelten, durch die höchstrichterliche Rspr noch nicht geklärten *Rechtslage*, die selbst ein rechtskundiger Dritter nicht zuverlässig einzuschätzen vermag und die Zweifel für eine schlüssige Klageerhebung schafft, beginnt die Verjährung ausnahmsweise erst mit objektiver Klärung der Rechtslage (stRspr, BGH NJW-RR 09, 547 mN).

6 Denn erst dann ist Klageerhebung zumutbar. Der Kenntnis gleichgestellt ist die auf **grober Fahrlässigkeit** beruhende Unkenntnis. Sie liegt nach stRspr des BGH (NJW 10, 3295 Tz 28 mN; sa NJOZ 11, 2088f Tz 16 mN; NJW-RR 12, 1241 Tz 17 mN; NJW-RR 12, 112 Tz 8 mN) vor, wenn der Gläubiger *objektiv schwerwiegend* und *subjektiv nicht entschuldbar* die Anforderungen der im Verkehr erforderlichen Sorgfalt missachtet. Dabei darf nicht von dem objektiven auf den subjektiven Vorwurf geschlossen werden; beide sind gesondert festzustellen (BGH NJW 09, 1485 Tz 34). Der Standard grober Fahrlässigkeit ist objektiv und subjektiv besonders hoch. Grob fahrlässige Unkenntnis iSv I Nr. 2 ist gegeben, wenn dem Gläubiger die Kenntnis deshalb fehlt, weil er ganz naheliegende Überlegungen nicht angestellt oder das nicht beachtet hat, was im gegebenen Fall jedem hätte einleuchten müssen, wie etwa dann, wenn sich dem Gläubiger die den Anspruch begründenden Umstände förmlich aufgedrängt haben und leicht zugängliche Informationsquellen nicht genutzt hat (s BT-Dr 14/6040, 108; stRspr). Danach muss dem Gläubiger persönlich ein schwerer Obliegenheitsverstoß in seiner eigenen Angelegenheit der Anspruchsverfolgung, eine schwere Form von „Verschulden gegen sich selbst", vorgeworfen werden können. Ihn trifft generell keine Pflicht oder Obliegenheit, im Interesse des Schuldners an einem möglichst frühzeitigen Beginn der Verjährungsfrist *Nachforschungen* zu betreiben. Es besteht keine Informationspflicht bzw -obliegenheit; vielmehr muss das Unterlassen von Ermittlungen nach Lage des Falls als geradezu unverständlich erscheinen, um ein grob fahrlässiges Verschulden des Gläubigers bejahen zu können (stRspr). Daran hat sich durch die Neuregelung des Verjährungsrechts in § 199 nichts geändert (BGH NJW 12, 1791 Tz 18). Im Rahmen des I Nr. 2 sind auch nur die sich in der beschriebenen Weise *aufdrängenden* Erittlungsmöglichkeiten beachtlich, die *ohne nennenswerte Mühe* und Kosten innerhalb der Verjährungsfrist die relevanten Kenntnisse verschafft hätten (BGH BKR 09, 374 Tz 20, 24), so dass Klageerhebung innerhalb der Frist noch ohne weiteres möglich gewesen wäre. Eine Obliegenheit oder Pflicht des Gläubigers zur *Presseauswertung* besteht nicht. Zudem gibt es keinen Erfahrungssatz, dass der Inhalt von Pressemitteilungen stets zeitnah von den Betroffenen zur Kenntnis genommen wird; im Hinblick auf die Frage grob fahrlässiger Unkenntnis von dem Anspruch besteht keine Pflicht, die Presse zu verfolgen. Das gilt auch für Kaufleute und organschaftliche Vertreter von Gesellschaften in Bezug auf unternehmensbezogene Nachrichten des Wirtschaftsteils (KG BeckRS 09, 88782). Eine ausreichende Kenntnis bzw her fehlender grober Fahrlässigkeit eine ausreichende mögliche Tatsachenkenntnis ist nicht schon deshalb gegeben, weil ein Anleger nur einen *bloßen Verdacht* einer Pflichtverletzung des Gläubigers oder den Verdacht eines betrügerischen Systems, das auch ihn geschädigt haben könnte, hatte bzw hätte gewinnen können. Denn ein solcher Verdacht erlaubt keine schlüssige Klage (OLG Karlsruhe

Titel 1. Gegenstand und Dauer der Verjährung **§ 199**

WM 13, 462). Die in stRspr heraugebildete Definition grob fahrlässiger Unkenntnis unterscheidet nicht danach, ob der Gläubiger Verbraucher oder Unternehmer ist. Denn auch wenn das zu erwartende Vorwissen des Gläubigers unterschiedlich ist, ist der Standard der groben Fahrlässigkeit selbst immer der des im jeweiligen konkreten Fall objektiv schwerwiegenden und subjektiv nicht entschuldbaren Verhaltens des Gläubigers. Zu beachten ist, dass die konkreten Tatsachenumstände des jeweiligen Einzelfalls bestimmen, ob I Nr. 2 erfüllt ist oder nicht. BGH NJW-RR 10, 682 Tz 6 mN; BGH BKR 10, 425 Tz 46: Kenntnis bzw Unkenntnis iSv I Nr. 2 muss auch *subjektiven Tatbestand* des Anspruchs umfassen. BGH NJW-RR 112 Tz 10 mN; NJW-RR 12, 1241 Tz 15 mN: Von einer Kenntnis oder grob fahrlässigen Unkenntnis kann bei der *Haftung eines Teilnehmers* nur ausgegangen werden, wenn sowohl die Umstände bekannt oder in Folge grober Fahrlässigkeit unbekannt sind, die in Bezug auf die Handlung des Haupttäters einen Ersatzanspruch begründen, als auch die Umstände, aus denen sich ergibt, dass auch der Teilnehmer als Haftender in Betracht kommt. BGH NJW 10, 3295 Tz 33: Unterlässt ein Anleger die *Lektüre des Anlageprospekts* und damit eine mögliche Kontrolle der Beraterangaben, so weist dies auf das bestehende Vertrauensverhältnis zurück und ist deshalb für sich allein genommen nicht schlechthin subjektiv und objektiv „unverständlich" oder „unentschuldbar". Es liegt insoweit keine grob fahrlässige Unkenntnis vor. **cc) Kenntnis der Person des Schuldners** nach Namen und 7 Anschrift. Auch hier ist die **grob fahrlässige Unkenntnis** gleichgestellt; es gilt Rn 6. **c) Jahresschlussverjährung, I am Anfang.** Die ges Regelfrist (§ 195) 8 beginnt mit dem Schluss des Jahres, in dem die beiden Voraussetzungen (I Nr 1 und 2) erstmals *gleichzeitig* vorliegen. Beginn: 31. 12., 24 Uhr, Ende 3 Jahre später am 31. 12., 24 Uhr (Jauernig, JZ 89, 616; Mansel/Budzikiewicz § 3 Rn 143; sa § 188 Rn 1).

3. Verjährungshöchstfristen, II–IV. Sie sind eingeführt worden, weil sonst bei 9 Nichtvorliegen der subj Voraussetzungen von I Nr 2 eine Verjährung nicht eintreten könnte. **a) Regelhöchstfrist, IV.** Sie beträgt grundsätzlich **10 Jahre** nach Entstehen des Anspruchs (also keine Jahresschlussverjährung, sondern taggenaue Berechnung; zB Entstehung des Anspruchs am 12.7.2011, Fristablauf 12.7.2021); Verjährung tritt ein ohne Rücksicht auf Kenntnis (grob fahrlässige Unkenntnis). **Ausgenommen** sind Schadensersatzansprüche (für sie gelten II, III, s Rn 10, 11). **b) Höchstfristen für Schadensersatzansprüche. aa) Privilegierte** Schadenser- 10 satzansprüche wegen Körperverletzung usw, gleich aus welchem Rechtsgrund, **II.** Sie verjähren in **30 Jahren** von der Begehung der Handlung, der Pflichtverletzung oder dem sonstigen schadensauslösenden Ereignis an; auf Entstehung und Kenntnis (grob fahrlässige Unkenntnis) kommt es nicht an. Das ist zT missverständlich: Ein nicht entstandener Anspruch kann „eigentlich" nicht verjähren (s aber § 194 Rn 4). Die Formulierung erklärt sich aus der Besonderheit des Schadensersatzanspruchs (**„Grundsatz der Schadenseinheit"**): Ist ein Schaden zwar noch nicht eingetreten, aber vorhersehbar, so besteht ein Ersatzanspruch nur „dem Grunde nach"; er ist nicht bezifferbar, daher Leistungsklage unzulässig, aber Feststellungsklage zulässig (Rn 2). **bb) Andere Schadensersatzansprüche** verjähren ohne Rücksicht auf 11 Kenntnis (grob fahrlässige Unkenntnis) in **10 Jahren, III 1 Nr 1**: Der Anspruch muss nicht nur „dem Grunde nach" (Rn 10) entstanden, es muss also ein Schaden eingetreten sein (s aber § 194 Rn 4). Nach **III 1 Nr 2** kommt es weder auf die Entstehung (vgl Rn 10) noch auf Kenntnis (grob fahrlässige Unkenntnis) an; die Frist beginnt mit der Begehung der Handlung, der Pflichtverletzung oder dem sonstigen schadensauslösenden Ereignis und läuft **30 Jahre**. Maßgebend ist, welche Frist – III 1 Nr 1 oder Nr 2 – in casu fr endet (nicht, welche kürzer ist), **II 2.** Bsp: Entsteht durch eine Pflichtverletzung im Jahre 2004 erst 2036 ein Schaden und entsteht damit ein Schadensersatzanspruch (s o und Rn 10), so tritt Verjährung nach III 1 Nr 1 erst 2046 ein; nach III 1 Nr 2 ist Verjährung aber schon 30 Jahre nach der Pflichtverletzung, also 2034, eingetreten. Daher ist die 30-Jahre-Frist, obwohl

§§ 200–202

12 länger, maßgebend. **c)** Für **erbfallrelevante Ansprüche** gibt III a bes Verjährungshöchstfrist. Ihre Durchsetzung ist nur möglich bei Kenntnis des Anspruchsberechtigten vom Erbfall oder von einer Verfügung von Todes wegen und der aus ihr folgenden Anspruchsberechtigung (zB als Erbe, Vermächtnisnehmer, Pflichtteilsberechtigter). Nicht unter III a fallen zum Nachlass gehörende Forderungen und Verbindlichkeiten des Erblassers, da sie nicht auf dem Erbfall beruhen. Hier kommt
13 eine Ablaufhemmung der Verjährung nach § 211 S 1 in Betracht. **d)** Nach **IV** verjähren andere Ansprüche als die nach II bis III a (s Rn 12) in einer Höchstfrist von 10 Jahren ab Entstehung.

§ 200 Beginn anderer Verjährungsfristen

¹**Die Verjährungsfrist von Ansprüchen, die nicht der regelmäßigen Verjährungsfrist unterliegen, beginnt mit der Entstehung des Anspruchs, soweit nicht ein anderer Verjährungsbeginn bestimmt ist.** ²**§ 199 Abs. 5 findet entsprechende Anwendung.**

1   **1. Allgemeines.** Der Anwendungsbereich der Vorschrift ist begrenzt. Sie wird insbes von § 199 I (mit § 195) verdrängt, ferner zB § 548 I 2 (BGH NJW 06, 1588). Die Verjährung nach § 200 ist keine Jahresschlussverjährung (wie § 199 I), sondern beginnt taggenau.

2   **2. Anwendungsbereich. Voraussetzungen.** Unter **§ 200 fallen** die Ansprüche aus § 196, 197 I Nr 1. **Entstehung des Anspruchs:** § 199 Rn 2 (a, aa), des **Unterlassungsanspruchs:** § 199 Rn 3.

§ 201 Beginn der Verjährungsfrist von festgestellten Ansprüchen

¹**Die Verjährung von Ansprüchen der in § 197 Abs. 1 Nr. 3 bis 6 bezeichneten Art beginnt mit der Rechtskraft der Entscheidung, der Errichtung des vollstreckbaren Titels oder der Feststellung im Insolvenzverfahren, nicht jedoch vor der Entstehung des Anspruchs.** ²**§ 199 Abs. 5 findet entsprechende Anwendung.**

1   **1. Allgemeines.** Die Vorschrift regelt ausdr, was schon bisher galt.

2   **2. Satz 1. Verjährung von** rechtskräftig festgestellten **Ansprüchen** (§ 197 I Nr 3) beginnt mit der formellen Rechtskraft der Entscheidung (zu ihr § 197 Rn 6, 8); von Ansprüchen iSv § 197 I Nr 4 mit Errichtung des vollstreckbaren Titels (zu ihm § 197 Rn 7); von Ansprüchen iSv § 197 I Nr 5 mit Feststellung im Insolvenzverfahren (dazu § 197 Rn 7).

3   **3. Unterlassungsansprüche.** Verjährung von Unterlassungsansprüchen beginnt erst mit der Zuwiderhandlung, **Satz 2** mit § 199 V analog (§ 199 Rn 3).

§ 202 Unzulässigkeit von Vereinbarungen über die Verjährung

(1) **Die Verjährung kann bei Haftung wegen Vorsatzes nicht im Voraus durch Rechtsgeschäft erleichtert werden.**

(2) **Die Verjährung kann durch Rechtsgeschäft nicht über eine Verjährungsfrist von 30 Jahren ab dem gesetzlichen Verjährungsbeginn hinaus erschwert werden.**

1   **1. Allgemeines.** Die Gesetzesüberschrift ist irreführend. **I** bestimmt Unzulässigkeit einer Vereinbarung lediglich für bestimmten Fall (und ergänzt § 276 III, BAG NJW 06, 796). **II** beschränkt nur die vorausgesetzte Vertragsfreiheit („Übermaßverbot"). Erfasst wird nicht nur eine Vereinbarung, sondern auch der einseitige Verzicht (Rn 3).

Titel 2. Hemmung und Neubeginn der Verjährung § 203

2. Form und Inhalt der Vereinbarung. Vereinbarung ist idR **formfrei** (nicht 2
in Grundstückskaufvertrag, da beurkundungsbedürftige Nebenabrede iSv § 311b
Rn 15; PalEllenberger 5; aA MK/Grothe 5 mN, hM). Ihr Inhalt ist in den Grenzen
von I, II frei gestaltbar, zB bzgl Fristbeginn, Fristlänge, auch nach eingetretenem
Fristablauf, ausgenommen die Verjährungswirkungen (§§ 214–218).

3. Einredeverzicht. Einseitiger Verzicht auf die Erhebung der Verjährungsein- 3
rede ist – wie bisher – nach Ablauf der Verjährungsfrist zulässig. Entgegen fr (§ 225
S 1 aF; BGH NJW 98, 903: fr allgM) ebenfalls der *vorhergehende,* da § 225 S 1
aF aufgehoben ist und der (vorherige) Verzicht eine *zulässige rechtsgeschäftliche*
Verjährungserschwerung darstellt (Mansel/Budzikiewicz, Verjährungsrecht, § 6
Rn 13; BGH BB 07, 2592). Zeitlich unbegrenzter Verzicht soll idR die Grenze
von II einhalten, begründet also keine Unverjährbarkeit (BGH BB 07, 2592). I e
Lakkis ZGS 03, 423 ff.

Titel 2. Hemmung, Ablaufhemmung und Neubeginn der Verjährung

§ 203 Hemmung der Verjährung bei Verhandlungen

¹**Schweben zwischen dem Schuldner und dem Gläubiger Verhandlungen
über den Anspruch oder die den Anspruch begründenden Umstände, so ist
die Verjährung gehemmt, bis der eine oder der andere Teil die Fortsetzung
der Verhandlungen verweigert.** ²**Die Verjährung tritt frühestens drei
Monate nach dem Ende der Hemmung ein.**

1. Allgemeines. S 1 übernimmt den Rechtsgedanken von § 852 II aF als allg 1
Regelung. Daher kann auf die Rspr zu § 852 II aF zurückgegriffen werden (BGH
NJW 09, 1807).

2. Begriffe. Der Begriff **„Verhandlungen"** ist weit zu fassen BGH NJW-RR 2
10, 976 f. Sie müssen den Anspruch oder anspruchsbegründende Umstände betreffen. Verhandlung daher jeder Meinungsaustausch über den Schadensfall zwischen dem Berechtigten und dem Verpflichteten (BGH NJW 11, 1595 Tz 14). Nicht erforderlich ist, dass dabei Vergleichsbereitschaft oder Bereitschaft zum Entgegenkommen signalisiert wird oder dass Erfolgsaussicht besteht (st. Rspr, BGH NJW 12, 3635 Tz 36). Aber *keine* Verhandlung, wenn in dem Meinungsaustausch sofort jeder Ersatz oder anderweitige Kompensation abgelehnt wird, *genügend* jedoch Gespräch über (Nicht-)Eintritt der Verjährung oder Abschluss eines Widerrufsvergleichs (BGH NJW 05, 2006). Verhandlungen schweben, wenn der in Anspruch Genommene Erklärungen abgibt, die dem Geschädigten die Annahme gestatten, der Verpflichtete lasse sich auf Erörterungen über die Berechtigung von Schadensersatzansprüchen ein. Dafür kann genügen, dass der Anspruchsgegner mitteilt, er habe die Angelegenheit seiner Haftpflichtversicherung zur Prüfung übersandt (BGH NJW 11, 1595 Tz 14 mN). **Anspruch** ist nicht eng zu sehen, gemeint ist die Berechtigung auf Grund von Umständen, die die Berechtigung begründen. Wer zB (nur) über Vertragsansprüche spricht, verhandelt idR auch über konkurrierende Deliktsansprüche.

3. Ende der Hemmung. Tritt ein, wenn ein Teil die Fortsetzung der Verhand- 3
lung verweigert, **S 1**. Die Verweigerung muss klar und eindeutig sein (BGH NJW
98, 2820), zB durch Widerruf des Widerrufsvergleichs (BGH NJW 05, 2006). Lässt
der Ersatzberechtigte die Verhandlungen einschlafen, so endet die Hemmung zu
dem Zeitpunkt, zu dem eine Antwort von ihm zu erwarten gewesen wäre (BGH
NJW 09, 1807).

§ 204 Hemmung der Verjährung durch Rechtsverfolgung

(1) Die Verjährung wird gehemmt durch
1. die Erhebung der Klage auf Leistung oder auf Feststellung des Anspruchs, auf Erteilung der Vollstreckungsklausel oder auf Erlass des Vollstreckungsurteils,
2. die Zustellung des Antrags im vereinfachten Verfahren über den Unterhalt Minderjähriger,
3. die Zustellung des Mahnbescheids im Mahnverfahren oder des Europäischen Zahlungsbefehls im Europäischen Mahnverfahren nach der Verordnung (EG) Nr. 1896/2006 des Europäischen Parlaments und des Rates vom 12. Dezember 2006 zur Einführung eines Europäischen Mahnverfahrens (ABl. EU Nr. L 399 S. 1),
4. die Veranlassung der Bekanntgabe des Güteantrags, der bei einer durch die Landesjustizverwaltung eingerichteten oder anerkannten Gütestelle oder, wenn die Parteien den Einigungsversuch einvernehmlich unternehmen, bei einer sonstigen Gütestelle, die Streitbeilegungen betreibt, eingereicht ist; wird die Bekanntgabe demnächst nach der Einreichung des Antrags veranlasst, so tritt die Hemmung der Verjährung bereits mit der Einreichung ein,
5. die Geltendmachung der Aufrechnung des Anspruchs im Prozess,
6. die Zustellung der Streitverkündung,
7. die Zustellung des Antrags auf Durchführung eines selbständigen Beweisverfahrens,
8. den Beginn eines vereinbarten Begutachtungsverfahrens,
9. die Zustellung des Antrags auf Erlass eines Arrests, einer einstweiligen Verfügung oder einer einstweiligen Anordnung, oder, wenn der Antrag nicht zugestellt wird, dessen Einreichung, wenn der Arrestbefehl, die einstweilige Verfügung oder die einstweilige Anordnung innerhalb eines Monats seit Verkündung oder Zustellung an den Gläubiger dem Schuldner zugestellt wird,
10. die Anmeldung des Anspruchs im Insolvenzverfahren oder im Schiffahrtsrechtlichen Verteilungsverfahren,
11. den Beginn des schiedsrichterlichen Verfahrens,
12. die Einreichung des Antrags bei einer Behörde, wenn die Zulässigkeit der Klage von der Vorentscheidung dieser Behörde abhängt und innerhalb von drei Monaten nach Erledigung des Gesuchs die Klage erhoben wird; dies gilt entsprechend für bei einem Gericht oder bei einer in Nummer 4 bezeichneten Gütestelle zu stellende Anträge, deren Zulässigkeit von der Vorentscheidung einer Behörde abhängt,
13. die Einreichung des Antrags bei dem höheren Gericht, wenn dieses das zuständige Gericht zu bestimmen hat und innerhalb von drei Monaten nach Erledigung des Gesuchs die Klage erhoben oder der Antrag, für den die Gerichtsstandsbestimmung zu erfolgen hat, gestellt wird, und
14. die Veranlassung der Bekanntgabe des erstmaligen Antrags auf Gewährung von Prozesskostenhilfe oder Verfahrenskostenhilfe; wird die Bekanntgabe demnächst nach der Einreichung des Antrags veranlasst, so tritt die Hemmung der Verjährung bereits mit der Einreichung ein.

(2) ¹Die Hemmung nach Absatz 1 endet sechs Monate nach der rechtskräftigen Entscheidung oder anderweitigen Beendigung des eingeleiteten Verfahrens. ²Gerät das Verfahren dadurch in Stillstand, dass die Parteien es nicht betreiben, so tritt an die Stelle der Beendigung des Verfahrens die letzte Verfahrenshandlung der Parteien, des Gerichts oder der sonst mit dem Verfahren befassten Stelle. ³Die Hemmung beginnt erneut, wenn eine der Parteien das Verfahren weiter betreibt.

Titel 2. Hemmung und Neubeginn der Verjährung **§ 204**

(3) **Auf die Frist nach Absatz 1 Nr. 9, 12 und 13 finden die §§ 206, 210 und 211 entsprechende Anwendung.**

1. Allgemeines. Geltendmachung des Anspruchs (auch die erfolglose, BGH 160, 262 f) durch den Gläubiger hindert die Verjährung. Was dazu zu tun ist und wie lange die Verjährung gehemmt ist, bestimmt § 204, aber nicht abschließend. Gilt entsprechend für Klagen wegen Amtshaftung, eines sozialrechtlichen Herstellungsanspruch etc (BGH NJW 11, 2589 Tz 35ff mN; NZG 11, 837). 1

2. Klageerhebung, I Nr 1. Stimmt mit § 209 I aF – abgesehen von der Rechtsfolge (Unterbrechung statt jetzt Hemmung) – überein. Daher kann Rspr zu § 209 I aF herangezogen werden (BGH NJW 05, 2005). – **Hemmung** nur durch **wirksame** (BGH NJW-RR 97, 1217) Erhebung einer **Klage** (Widerklage) auf Leistung, auch in Stufen (ZPO 254; BGH NJW-RR 95, 771) oder auf künftige Leistung (ZPO 257 ff), auf positive Feststellung (ZPO 256) des Anspruchs selbst, nicht nur des zugrundeliegenden Rechtsverhältnisses (BGH NJW 13, 1081 Tz 57 mN; BeckRS 12, 21347 Tz 45), auf Erteilung der Vollstreckungsklausel (ZPO 731, 796, 797, 797a, 800), auf Erlass des Vollstreckungsurteils (ZPO 722). Str ist, ob substantiierter Antrag auf Sachabweisung einer negativen Feststellungsklage hemmt (nein: BGH NJW 12, 3634 Tz 27, stRspr; aA Hinz, FG v. Lübtow, 1980, S 735 ff, da der Berechtigte [= Beklagter] aktiv sein Recht verfolgt, denn mit Rechtskraft der substantiierten Abweisung ist es festgestellt, vgl BGH NJW 86, 2508; § 197 Rn 6). Zum **Zeitpunkt der Klageerhebung** s ZPO 253 I, 261, 495, 498; uU ist die Klageeinreichung maßgebend, s ZPO 167; BGH NJW 10, 2272. Erforderlich ist **Klage des materiell Berechtigten** (BGH NJW 10, 2271). Daher keine Hemmung, wenn Aktiv- oder Passivlegitimation (BGH NJW 95, 1676) oder die Verfügungsbefugnis (BGH NJW 83, 454) fehlt. Ein **Parteiwechsel** durch Eintritt des berechtigten Klägers hemmt ex nunc (auch wenn das nicht mehr mit BGH NJW-RR 89, 1269 auf entspr Anwendung von §§ 209, 212 aF gestützt werden kann). Klage in **Prozessstandschaft** hemmt erst, wenn diese offengelegt wird oder offensichtlich ist (BGH NJW 02, 20). *Zunächst* hemmt auch eine **unzulässige** (BGH NJW 08, 2430) oder **unbegründete Klage;** Zulässigkeit und Begründetheit müssen noch nicht zZ der Klageerhebung gegeben sein. **Hemmung umfasst grundsätzlich** (nur) die Ansprüche iSv § 194, die im **Streitgegenstand** der erhobenen Klage aufgehen (BGH NJW 07, 2561), dahin bei **Teilklage** bloß Teilhemmung (BGH 151, 2 f; NJW-RR 08, 522; aA Zeuner, FS Henckel, 1995, S 951 ff, soweit ZPO 265 Nr 2 Klageerweiterung zulasse). Nach **§ 213** werden – in Anlehnung und Erweiterung der Rspr (BGH NJW 93, 2440) und der Regelung in §§ 477 III, 639 I aF – auch **streitgegenstandsfremde Ansprüche** (insoweit keine Rechtshängigkeit!) von der Hemmung erfasst (Henckel JZ 62, 335 ff; BGH NJW 91, 2825; NJW-RR 06, 738 zum fr Recht). So hemmt Schadensersatzklage für Ersatzanspruch in jeder Form (so schon zum fr Recht BGH 104, 271 f; sa Henckel JZ 62, 338). Unbezifferte Schmerzensgeldklage hemmt idR für gesamten Anspruch, nicht nur in Höhe der vom Kläger anzugebenden Größenordnung; aber keine Hemmung, wenn nur auf Ersatz des Vermögensschadens geklagt wird. Inanspruchnahme des Primärrechtsschutzes im Verwaltungs(gerichts)verfahrens hemmt für Anspruch aus GG 34 (BGH 138, 250 f). 2

3. Vereinfachtes Unterhaltsverfahren, I Nr 2. S ZPO 646 I Nr 6 mit 647 I 1. 4

4. Mahnverfahren, I Nr 3. S ZPO 690 I Nr 3 mit 693 (ie BGH NJW 99, 3718; krit Vollkommer, FS G. Lüke, 1997, S 865 ff, dagegen BGH NJW 01, 306 f betr Individualisierung und deren Zeitpunkt; sa BGH 172, 39). Zustellung muss grundsätzlich wirksam sein und innerhalb der Verjährungsfrist erfolgen (BGH NJW-RR 10, 1439, dort auch zu Ausnahmen). **Europäisches Mahnverfahren:** Der Europäische Zahlungsbefehl ist in Nr 3 dem Mahnbescheid gleichgestellt. Zur Zustellung des Europäischen Zahlungsbefehls s VO (EG) Nr 1896/2006 Art 12 V, 13–15. 5

§ 204

6 **5. Güteantrag, I Nr 4.** S ZPO 794 I Nr 1, EGZPO 15a. Dazu Friedrich NJW 03, 1781 ff; Staudinger/Eidenmüller NJW 04, 23 ff. Zur Form des Antrags BGH ZGS 08, 104 (verfassungsrechtlich nicht zu beanstanden, BVerfG NJW-RR 09, 1148). „Demnächst": wie in ZPO 167 (BGH NJW 10, 223 f; dazu Langen/Groß BB 10, 84).

7 **6. Aufrechnung, I Nr 5.** Erst die prozessuale Geltendmachung der materiellrechtlich erklärten Aufrechnung hemmt, vorausgesetzt, der Anspruch ist durch die erklärte Aufrechnung (noch) nicht erloschen (allgM), sei es aus *prozessualen* Gründen (zB bei Prozessabweisung der Klage, bei [unnötiger] Eventualaufrechnung [BGH 80, 225 f], bei prozessual unzulässiger Aufrechnung [ZPO 296, 340 III, 530; auch 533, denn es geht entgegen dem GesText nicht um die Erklärung, sondern um die prozessuale Geltendmachung der erklärten Aufrechnung, Jauernig/Hess, ZPR, § 45 I; ferner ZPO 767 II, str]), sei es aus *materiellrechtlichen* Gründen (doch muss der Tatbestand einer Aufrechnung iSv § 387 vorliegen; aA, aber widersprüchlich, BGH 80, 226 f [mR abl StPeters Rn 70]; undifferenziert BGH 83, 270 f, auch 160, 263: jede aus prozessualen oder materiellrechtlichen Gründen unzulässige Aufrechnung falle unter § 209 II Nr 3 aF = § 204 I Nr 5). Hemmung nur in Höhe des gegnerischen Anspruchs (BGH NJW-RR 09, 1170).

8 **7. Streitverkündung, I Nr 6.** Sie geschieht durch Schriftsatz (ZPO 73, 167), hemmt unter den Voraussetzungen von ZPO 72 (dh Zulässigkeit der Streitverkündung, BGH NJW 08, 520 f, abl Althammer/Würdinger NJW 08, 2620 ff; sa BGH 160, 263).

9 **8. Selbstständiges Beweisverfahren, I Nr 7.** ZPO 485, 487. Der Antrag muss vom Berechtigten gestellt sein (wie Rn 2; BGH NJW 09, 2450 zum Antrag in berechtigter Prozessstandschaft). Erst mit Zustellung des Antrags ist gehemmt, nicht schon mit Anhängigkeit; aber Rückwirkung, wenn Zustellung „demnächst" erfolgt (ZPO 167). Zum Ende des Verfahrens BGH NJW-RR 09, 1243; die Hemmung endet 6 Monate nach Beendigung des eingeleiteten Verfahrens, II.

10 **9. Begutachtungsverfahren, I Nr 8.** Erfasst werden von den Parteien vereinbarte Begutachtungsverfahren.

11 **10. Arrest, einstw Verfügung, einstw Anordnung, I Nr 9.** Dass bereits mit Zustellung oder Einreichung des Antrags die Verjährung gehemmt wird, ist eine praktisch wichtige Neuerung des SchRModG. „Anspruch" ist der durch Arrest, Sicherungsverfügung zu sichernde Anspruch oder der kraft Leistungsverfügung zu befriedigende. Für die Monatsfrist gelten §§ 206, 210, 211 entspr, **III.** Antragsteller muss der Berechtigte sein (wie Rn 2).

12 **11. Insolvenzverfahren, I Nr 10.** S InsO 28, 174 ff. Verfahrenseröffnung hemmt noch nicht. Erfasst werden nur Insolvenzforderungen in der angemeldeten Höhe. Hemmung tritt ein bei Wirksamkeit der Anmeldung; (Nicht-)Bestehen des Anspruchs irrelevant (BGH NJW 10, 1288).

13 **12. Schiedsrichterliches Verfahren, I Nr 11.** Zum Beginn ZPO 1044 (vorbehaltlich abw Vereinbarung: ZPO 1044 S 1).

14 **13. Verwaltungsbehördliche Vorentscheidung, I Nr 12.** Ist Zulässigkeitsvoraussetzung (Prozessvoraussetzung) der Klage.

15 **14. Zuständigkeitsbestimmung durch das höhere Gericht, I Nr 13.** Für die Bestimmung des Gerichts nach ZPO 36 betr Klage und Anträge, zB den Mahnantrag. Auch der erfolglose Antrag auf Zuständigkeitsbestimmung hemmt (BGH 160, 261).

16 **15. Prozesskostenhilfe, Verfahrenskostenhilfe, I Nr 14.** Der erstmalige Antrag (nicht ein möglicher wiederholter) ist Grundlage. Seine Bekanntgabe an den Gegner des Antragstellers erfolgt nach ZPO 118 I 1 (damit besteht Gelegenheit für

Titel 2. Hemmung und Neubeginn der Verjährung §§ 205–207

den Gegner zur Stellungnahme) und kann ausnahmsweise unterbleiben. In jedem Fall muss der Antragsteller auf Bekanntgabe hinwirken und sie erreichen (sie „veranlassen"), sonst keine Hemmung; Eingang des Antrags bei Gericht genügt nicht, HS 2 (BGH NJW 08, 1939 f). Nach HS 2 vorgezogener Hemmungseintritt, entspr ZPO 167. Entspr gilt für die **Verfahrenskostenhilfe** nach FamFG 76.

16. Ende der Hemmung. Hemmung endet in allen Fällen von I (außer für Nr 12, 13) einheitlich in 6 Monaten nach rechtskräftiger Entscheidung oder sonstigem Verfahrensende, **II 1**. Gem II 2 endet die Hemmung (entspr II 1) 6 Monate nach der letzten Verfahrenshandlung eines Beteiligten (Köper ZGS 05, 60 ff; NK/Mansel 158), wenn der **Stillstand des Verfahrens** nach außen erkennbar, zB auf Untätigkeit des Klägers (Antragstellers) oder der Parteien (zB nach ZPO 251, 251a), allg: auf grundloser Untätigkeit beruht (BGH NJW 99, 3775: 01, 219, je mN), *nicht* bei gerichtl Untätigkeit (BGH 134, 391) oder gerichtl Aussetzung (BGH NJW-RR 93, 742), wenn der Grund des Stillstands im Verantwortungsbereich des Gerichts liegt (BGH NJW 99, 1102); Entsprechendes gilt bei Untätigkeit der Schlichtungsstelle (I Nr 4), zB infolge Arbeitsüberlastung (BGH NJW 10, 223 f). Hemmung endet ebenfalls *nicht,* wenn Verfahrensverzögerung oder Verfahrenserledigung nach außen erkennbar prozesswirtschaftlich vernünftig erscheint (BGH NJW 00, 132 f; enger NJW 01, 219; notwendig ist triftiger, nach außen erkennbarer Grund für Ausschluss von **II 2**). Mit Weiterbetreiben nach Stillstand (II 2) beginnt Hemmung erneut, **II 3**.

17

§ 205 Hemmung der Verjährung bei Leistungsverweigerungsrecht

Die Verjährung ist gehemmt, solange der Schuldner auf Grund einer Vereinbarung mit dem Gläubiger vorübergehend zur Verweigerung der Leistung berechtigt ist.

§ 206 Hemmung der Verjährung bei höherer Gewalt

Die Verjährung ist gehemmt, solange der Gläubiger innerhalb der letzten sechs Monate der Verjährungsfrist durch höhere Gewalt an der Rechtsverfolgung gehindert ist.

§ 207 Hemmung der Verjährung aus familiären und ähnlichen Gründen

(1) ¹Die Verjährung von Ansprüchen zwischen Ehegatten ist gehemmt, solange die Ehe besteht. ²Das Gleiche gilt für Ansprüche zwischen
1. Lebenspartnern, solange die Lebenspartnerschaft besteht,
2. dem Kind und
   a) seinen Eltern oder
   b) dem Ehegatten oder Lebenspartner eines Elternteils
   c) bis zur Vollendung des 21. Lebensjahres des Kindes,
3. dem Vormund und dem Mündel während der Dauer des Vormundschaftsverhältnisses,
4. dem Betreuten und dem Betreuer während der Dauer des Betreuungsverhältnisses und
5. dem Pflegling und dem Pfleger während der Dauer der Pflegschaft.
³Die Verjährung von Ansprüchen des Kindes gegen den Beistand ist während der Dauer der Beistandschaft gehemmt.

(2) § 208 bleibt unberührt.
§ 208 Hemmung der Verjährung bei Ansprüchen wegen Verletzung der sexuellen Selbstbestimmung
¹Die Verjährung von Ansprüchen wegen Verletzung der sexuellen Selbstbestimmung ist bis zur Vollendung des 21. Lebensjahrs des Gläubigers

gehemmt. ²Lebt der Gläubiger von Ansprüchen wegen Verletzung der sexuellen Selbstbestimmung bei Beginn der Verjährung mit dem Schuldner in häuslicher Gemeinschaft, so ist die Verjährung auch bis zur Beendigung der häuslichen Gemeinschaft gehemmt.

§ 209 Wirkung der Hemmung

Der Zeitraum, während dessen die Verjährung gehemmt ist, wird in die Verjährungsfrist nicht eingerechnet.

Anmerkungen zu den §§ 205–209

1 **1. Hemmung.** Die Verjährung ruht, solange der Hemmungsgrund besteht, vgl § 209. Danach läuft die Verjährungsfrist weiter.

2 **2. § 205.** Vereinbarung: (nur) Abrede, fälligen Anspruch vorübergehend nicht geltend zu machen (*pactum de non petendo,* Stillhalteabkommen, BGH NJW 00, 2662; Düsseldorf NJW-RR 07, 14). Eine gleichwohl erhobene Klage ist unzulässig. „Konkurrenz" mit § 203 möglich, da der Vereinbarung vielfach ein Verhandeln iSv § 205 Rn 2 vorausgeht.

3 **3. Hemmung nach § 206.** Grund: höhere Gewalt (dazu gehört auch Stillstand der Rechtspflege, zB durch Naturkatastrophe). Begriff: Der Berechtigte ist auch bei äußerster, nach den Umständen vernünftigerweise zu erwartenden Sorgfalt an der Rechtsverfolgung gehindert (maßgebend sind die letzten 6 Monate der Verjährungsfrist; dazu Köln NJW 94, 3361 mN). Rechtsunkenntnis und -irrtum genügen nur, wenn sie unvermeidbar gewesen sind oder auf Fehler von Behörden oder Gerichten zurückgehen (BGH NJW 97, 3164). Eigenes oder zurechenbares Verschulden Dritter schließt höhere Gewalt aus.

4 **4. Hemmung nach § 207.** Die Vorschrift gilt für alle Ansprüche zwischen den genannten Personen, **I.** Die in I 2 Nr 2) vorgesehene Heraufsetzung des Kindesalters vom 18. (Volljährigkeit, § 2) auf das 21. Lebensjahr steht, wie auch in § 208 (s Rn 5), in merkwürdigem Gegensatz zur Einschätzung eines „jungen Volljährigen" in anderen Rechtsvorschriften (s Rn 5). Nach § 208 **(II)** kann sich ein längerer Hemmungszeitraum ergeben; Bsp: Bei Beendigung der Vormundschaft (I Nr 3 mit §§ 1882, 1773), dh bei Beginn der Verjährung, lebt der (ehemalige) Mündel mit dem (ehemaligen) Vormund in häuslicher Gemeinschaft.

5 **5. § 208.** Sexuelle Selbstbestimmung ist im 13. Abschnitt des StGB geschützt, außerdem in AGG 1, 3 IV, 7 I, 15 I–III. Die **Altersgrenze** des Opfers (21 Jahre), **S 1**, ist JGG 1 II, 105 nachempfunden, steht aber in merkwürdigem Gegensatz zu §§ 2, 1773 I, GG 38 II, ProstG (zu letzterem § 107 Rn 5). Zu **S 2** s Rn 4.

§ 210 Ablaufhemmung bei nicht voll Geschäftsfähigen

(1) ¹Ist eine geschäftsunfähige oder in der Geschäftsfähigkeit beschränkte Person ohne gesetzlichen Vertreter, so tritt eine für oder gegen sie laufende Verjährung nicht vor dem Ablauf von sechs Monaten nach dem Zeitpunkt ein, in dem die Person unbeschränkt geschäftsfähig oder der Mangel der Vertretung behoben wird. ²Ist die Verjährungsfrist kürzer als sechs Monate, so tritt der für die Verjährung bestimmte Zeitraum an die Stelle der sechs Monate.

(2) Absatz 1 findet keine Anwendung, soweit eine in der Geschäftsfähigkeit beschränkte Person prozessfähig ist.

Titel 2. Hemmung und Neubeginn der Verjährung §§ 211–212

§ 211 Ablaufhemmung in Nachlassfällen

¹Die Verjährung eines Anspruchs, der zu einem Nachlass gehört oder sich gegen einen Nachlass richtet, tritt nicht vor dem Ablauf von sechs Monaten nach dem Zeitpunkt ein, in dem die Erbschaft von dem Erben angenommen oder das Insolvenzverfahren über den Nachlass eröffnet wird oder von dem an der Anspruch von einem oder gegen einen Vertreter geltend gemacht werden kann. ²Ist die Verjährungsfrist kürzer als sechs Monate, so tritt der für die Verjährung bestimmte Zeitraum an die Stelle der sechs Monate.

Anmerkungen zu den §§ 210, 211

1. Ablaufhemmung (§ 210). Schiebt das Fristende hinaus. 1

2. Anwendungsbereich des § 210 I. Gilt nicht für jur Personen, nicht im Rahmen der §§ 112 f. 2

3. § 211. Annahme der Erbschaft, § 1943; Nachlassinsolvenzverfahren, InsO 315; 3
Nachlassvertreter sind der Nachlasspfleger (§ 1960), Nachlassverwalter (§ 1975), Testamentsvollstrecker (§ 2197), Abwesenheitspfleger (§ 1911).

§ 212 Neubeginn der Verjährung

(1) Die Verjährung beginnt erneut, wenn
1. der Schuldner dem Gläubiger gegenüber den Anspruch durch Abschlagszahlung, Zinszahlung, Sicherheitsleistung oder in anderer Weise anerkennt oder
2. eine gerichtliche oder behördliche Vollstreckungshandlung vorgenommen oder beantragt wird.

(2) Der erneute Beginn der Verjährung infolge einer Vollstreckungshandlung gilt als nicht eingetreten, wenn die Vollstreckungshandlung auf Antrag des Gläubigers oder wegen Mangels der gesetzlichen Voraussetzungen aufgehoben wird.

(3) Der erneute Beginn der Verjährung durch den Antrag auf Vornahme einer Vollstreckungshandlung gilt als nicht eingetreten, wenn dem Antrag nicht stattgegeben oder der Antrag vor der Vollstreckungshandlung zurückgenommen oder die erwirkte Vollstreckungshandlung nach Absatz 2 aufgehoben wird.

1. Allgemeines. Die Vorschrift übernimmt einen kleinen Teil der fr Unterbre- 1
chungstatbestände (§§ 208, 209 II Nr 5, 216 aF). Wie nach § 217 aF beginnt die Verjährung erneut mit den vorgesehenen Fristen. Denn die ultimo-Regel des § 199 Halbs. 1 gilt im Anwendungsbereich des § 212 I nicht (BGH NJW 12, 3635 Tz 33).

2. Tatbestände des Neubeginns. a) Anerkenntnis, I Nr. 1. Es ist geschäfts- 2
ähnliche Handlung (StPeters/Jacoby 8), setzt Beginn der Verjährungsfrist voraus (BGH NJW 98, 2973). Es genügt jedes tatsächliche Verhalten dem Berechtigten gegenüber, aus dem sich das Bewusstsein des Verpflichteten vom Bestehen des Anspruchs unzweideutig ergibt, weshalb der Gläubiger darauf vertraut, dass die Erhebung der Verjährungseinrede unterbleibt (BGH NJW 12, 3634 Tz 29; NJW 12, 1293 Tz 10 mN; NJW 02, 2873). Anerkenntnis kann in der Aufrechnung mit einer bestrittenen Forderung gegen eine unbestrittene Forderung liegen. Entscheidend ist Verhalten des Schuldners (BGH NJW 12, 3634 Tz 30). Bei Anerkenntnis eines Einzelanspruchs beginnt auch für den Gesamtanspruch die Verjährung erneut

§§ 213–217 Buch 1. Abschnitt 5. Verjährung

(Köln MDR 84, 755). Leistung unter Vorbehalt zum Ausschluss von I Nr 1 ist zulässig (§ 362 Rn 3; BGH 139, 367 f). Die Verjährung beginnt an dem Tag, der dem Anerkenntnis folgt (BGH NJW 12, 3635 Tz 33). **b)** Zur **Vollstreckungshandlung, I Nr 2** vgl BGH NJW 98, 1059. Zum rückwirkenden Wegfall des Neubeginns vgl **II, III**.

§ 213 Hemmung, Ablaufhemmung und erneuter Beginn der Verjährung bei anderen Ansprüchen

Die Hemmung, die Ablaufhemmung und der erneute Beginn der Verjährung gelten auch für Ansprüche, die aus demselben Grunde wahlweise neben dem Anspruch oder an seiner Stelle gegeben sind.

1 Allgemeines. Vgl. § 204 Rn 3.

Titel 3. Rechtsfolgen der Verjährung

§ 214 Wirkung der Verjährung

(1) Nach Eintritt der Verjährung ist der Schuldner berechtigt, die Leistung zu verweigern.

(2) [1]Das zur Befriedigung eines verjährten Anspruchs Geleistete kann nicht zurückgefordert werden, auch wenn in Unkenntnis der Verjährung geleistet worden ist. [2]Das Gleiche gilt von einem vertragsmäßigen Anerkenntnis sowie einer Sicherheitsleistung des Schuldners.

§ 215 Aufrechnung und Zurückbehaltungsrecht nach Eintritt der Verjährung

Die Verjährung schließt die Aufrechnung und die Geltendmachung eines Zurückbehaltungsrechts nicht aus, wenn der Anspruch in dem Zeitpunkt noch nicht verjährt war, in dem erstmals aufgerechnet oder die Leistung verweigert werden konnte.

§ 216 Wirkung der Verjährung bei gesicherten Ansprüchen

(1) Die Verjährung eines Anspruchs, für den eine Hypothek, eine Schiffshypothek oder ein Pfandrecht besteht, hindert den Gläubiger nicht, seine Befriedigung aus dem belasteten Gegenstand zu suchen.

(2) [1]Ist zur Sicherung eines Anspruchs ein Recht verschafft worden, so kann die Rückübertragung nicht auf Grund der Verjährung des Anspruchs gefordert werden. [2]Ist das Eigentum vorbehalten, so kann der Rücktritt vom Vertrag auch erfolgen, wenn der gesicherte Anspruch verjährt ist.

(3) Die Absätze 1 und 2 finden keine Anwendung auf die Verjährung von Ansprüchen auf Zinsen und andere wiederkehrende Leistungen.

§ 217 Verjährung von Nebenleistungen

Mit dem Hauptanspruch verjährt der Anspruch auf die von ihm abhängenden Nebenleistungen, auch wenn die für diesen Anspruch geltende besondere Verjährung noch nicht eingetreten ist.

Titel 3. Rechtsfolgen der Verjährung   §§ 214–218

Anmerkungen zu den §§ 214–217

1. Allgemeines. Zur Wirkung der Verjährung § 194 Rn 4. Erhebung der Ver- 1
jährungseinrede ist, ohne Hinzutreten bes Umstände, nicht treu- oder sittenwidrig
(Rn 2).

2. § 214. a) Zu **I** s § 194 Rn 4. **b) II 1** enthält Ausnahme von § 813 I 1 (ie BGH 2
NJW 93, 3329). **II 2** meint Anerkenntnis iSv § 781 (BGH WM 86, 430); ungenügend Anerkenntnis iSv § 212 I Nr 1 (Begriff: § 212 Rn 2[a]). **Einredeerhebung ist
treuwidrig** (§ 242), wenn der Gläubiger auf Grund des Schuldnerverhaltens darauf
vertraut hat und vertrauen durfte, dass der Schuldner die Einrede nicht erheben
werde (strenger Maßstab: BGH NJW-RR 93, 1061; 11, 209 [grober Verstoß gegen
Treu und Glauben], BAG NZA-RR 08, 399); sa BGH NJW 08, 2779. Nach
Wegfall der Vertrauensgrundlage (zB durch Einredeerhebung) muss der Gläubiger
in angemessener Frist (idR ein Monat: BGH NJW 98, 1490, sa 2277; die 3-Monats-
Frist des § 203 ist zu lang) seinen Anspruch gerichtl geltend machen (BGH NJW
93, 1005), sonst verliert er seinen Einwand aus § 242. Vor dem Rückgriff auf § 242
ist zu prüfen, ob Verjährung nicht gem § 203 gehemmt ist; sa § 194 Rn 8.

3. § 215. Die Vorschrift übernimmt entspr der bisherigen Rspr und Lit (BGH 3
48, 116 ff mN) den vom SchRModG aufgehobenen § 390 S 2 und erweitert ihn
um das Zurückbehaltungsrecht. Zur rechtspolitischen Grundlage BGH 48, 117.

4. § 216. *Zweck:* Der Gläubiger soll die ihm zustehende Realsicherheit (I, II) 4
trotz Verjährung des gesicherten Anspruchs verwerten können; *Grund:* Verjährter
Anspruch besteht (§ 194 Rn 4), BGH NJW 00, 1331 (zur Hinterlegung bei Notar).
a) I lockert **Akzessorietät** *dinglicher* Sicherheiten (vgl §§ 1137, 1211, SchiffsRG 5
41); gilt auch für ges Pfandrechte (StPeters/Jacoby § 216, 3, hM); nicht für
schuldrechtliche Sicherheiten, zB Bürgschaft (BGH NJW 98, 982). **b) II 1** gilt für 6
nichtakzessorische Sicherungsrechte wie Grundschuld, SÜ und Sicherungsabtretung (BGH NJW 93, 3320 mit Verwechselung von nichtakzessorisch und abstrakt), analog für notariell beurkundetes abstraktes Schuldversprechen (BGH NJW
10, 1145 f); auch **EV, II 2,** er wird durch Verjährung der Kaufpreisforderung nicht
unwirksam, trotz Verjährung ist der Rücktritt vom Kaufvertrag möglich, II 2 mit
§ 218 I 3. **c) III** fordert *nicht* regelmäßige Wiederkehr. 7

5. Abhängende Nebenleistungen, § 217. ZB Zinsen, Früchte, Provisionen. 8
Verjährung des Hauptanspruchs unbeachtlich, wenn bereits Klage auf Nebenleistung
erhoben (BGH 128, 81 ff).

§ 218 Unwirksamkeit des Rücktritts

(1) ¹**Der Rücktritt wegen nicht oder nicht vertragsgemäß erbrachter Leistung ist unwirksam, wenn der Anspruch auf die Leistung oder der Nacherfüllungsanspruch verjährt ist und der Schuldner sich hierauf beruft.** ²**Dies
gilt auch, wenn der Schuldner nach § 275 Abs. 1 bis 3, § 439 Abs. 3 oder
§ 635 Abs. 3 nicht zu leisten braucht und der Anspruch auf die Leistung
oder der Nacherfüllungsanspruch verjährt wäre.** ³**§ 216 Abs. 2 Satz 2 bleibt
unberührt.**

(2) **§ 214 Abs. 2 findet entsprechende Anwendung.**

1. Allgemeines. Rücktritt scheitert, wenn der rücktrittsbegründende Anspruch 1
verjährt ist, gleich ob Rücktrittsrecht auf Ges oder RGeschäft beruht. Ausnahme:
Rücktrittsrecht des Verkäufers wegen Nichterfüllung des durch EV gesicherten
Kaufpreisanspruchs (I 3 mit §§ 216 II 2, 449 II).

2. Voraussetzungen. *Rücktrittsrecht* aus den in I 1, 2 genannten Gründen; *Verjäh-* 2
rung des in I 1, 2 genannten Anspruchs; *Erhebung der Einrede* (s BGH NJW 10, 1287)

§§ 219–227

durch den Schuldner, I 1 (entspr der Erhebung der Verjährungseinrede, § 214 I). **Wirkung:** Mit Einredeerhebung wird der zunächst wirksame Rücktritt *ex nunc* unwirksam, I 1.

3 **3. Zu II.** Vgl §§ 214–217 Rn 2 (b).

§§ 219 bis 225 *(weggefallen)*

Abschnitt 6. Ausübung der Rechte, Selbstverteidigung, Selbsthilfe

§ 226 Schikaneverbot

Die Ausübung eines Rechts ist unzulässig, wenn sie nur den Zweck haben kann, einem anderen Schaden zuzufügen.

1 **1. Allgemeines. a)** § 226 enthält **allg Grundsatz der Rechtsausübung:** Sie ist unzulässig, dh rechtswidrig (RG 58, 216), wenn Schadenszufügung obj der *einzige* Zweck des Handelns ist, sog **Schikane** (BGH NJW 75, 1314). Unzulässigkeit auch zu bejahen, wenn nur eine mildere Form der Rechtsausübung gestattet ist (schikanöser Überschuss): Vater verbietet dem Sohn, jemals sein Grundstück zu betreten, auf dem die Mutter beerdigt ist, weil er herzleidend und mit dem Sohn völlig zerstritten ist; hier muss Zugang, aber nur zu bestimmten Zeiten (um ein Zusammentreffen der Parteien zu vermeiden), gestattet werden (RG 72, 251 ff; § 826 hätte zum selben Ziel geführt, s Rn 2). Wenn stärkere Form der Rechtsausübung zulässig ist, so scheidet Schikane aus (aA Düsseldorf NJW-RR 01, 162 f mit der Folge, dass *nur* eine „Schikanierten" ein Nutzungs*recht* erwächst!).

2 **b) Auch im Prozessrecht** gilt § 226 (BGH 100, 35), soweit nicht Sondervorschriften eingreifen wie ZPO 296. Ein aus einer besonderen gesetzlichen Regelung folgender Auskunftsanspruch wird – anders als ein aus § 242 hergeleiteter Auskunftsanspruch – durch das Verbot der unzulässigen Rechtsausübung (§ 242) und

3 das Schikaneverbot des § 226 begrenzt (BGH NJW 11, 921 Tz 22). **c) § 226 ist SchutzGes** iSv § 823 II (StRepgen 37).

4 **2. Praktische Bedeutung.** Die praktische Bedeutung des § 226 ist wegen seines begrenzten Anwendungsbereichs (Rn 1) gering Die Rechtsausübung wird heute begrenzt durch **§ 826** (sittenwidrige Rechtsausübung ist unzulässig; Schädigungsvorsatz insoweit entbehrlich) und vor allem **§ 242** (obj treuwidrige Rechtsausübung ist unzulässig). Vermengung v Schikaneverbot und § 242 in BGH NJW 08, 3438.

§ 227 Notwehr

(1) **Eine durch Notwehr gebotene Handlung ist nicht widerrechtlich.**

(2) **Notwehr ist diejenige Verteidigung, welche erforderlich ist, um einen gegenwärtigen rechtswidrigen Angriff von sich oder einem anderen abzuwenden.**

1 **1. Notwehr rechtfertigt, I.** Notwehrhandlung ist daher weder verbotene Eigenmacht (§ 858 I) noch Delikt (§§ 823 ff). „Notwehr" gegen Notwehr ist rechtswidrig.

2 **2. Notwehrvoraussetzungen, II (sa StGB 32 II). a) Angriff** ist jedes Tun eines Menschen, auch Unterlassen, sofern Rechtspflicht zum Handeln besteht (im Strafrecht hM; aA die hM im Zivilrecht, s StRepgen 16 mN), das rechtlich geschützte Individualinteressen verletzt oder zu verletzen droht. Für Angriffe durch

Sachen (zB Tiere, § 90a Rn 1) gilt nur § 228. Ist die Sache *Angriffsmittel* (Katze als „Wurfgeschoss"), so gilt nur § 227. **b) Notwehrfähig** ist jedes Recht oder Rechts- 3 gut eines Einzelnen, nicht nur die in § 823 I genannten, auch Ehre, allg Persönlichkeitsrecht, mag es dem Verteidiger oder einem angegriffenen Dritten zustehen (hier leistet der Verteidiger *Nothilfe*). Nicht notwehrfähig ist die öffentl Ordnung (BGH 64, 179 f), wohl aber Lebensinteressen des Staates (MK/Grothe 8). **c) Gegenwärtig** 4 ist der Angriff mit Beginn der konkreten Gefährdung des notwehrfähigen Gutes durch unmittelbares Bevorstehen der Verletzungshandlung (BGH NJW 73, 255) bis zum endgültigen Ende der Gefährdung. Solange Diebesbeute noch nicht gesichert ist, dauert Angriff fort (RG 111, 371), Wegnahme der Beute als Notwehr möglich. **d) Rechtswidrig** ist der Angriff, wenn der Angegriffene zur Duldung 5 nicht verpflichtet ist. Hier wird auf den Erfolg des Angriffs abgestellt (*Erfolgsunrecht;* im Zivilrecht hM). Daher Notwehr auch zulässig, wenn Angreifer sich zB bei Befahren einer Straße verkehrsrichtig verhält, seine Handlung also nach BGH 24, 25 ff rechtmäßig ist, und dennoch ein Passant in Gefahr kommt, überfahren zu werden (§ 823 Rn 50; hM). In der praktischen Rechtsanwendung gilt ein Angriff solange als rechtswidrig, wie kein Rechtfertigungsgrund dargetan ist; umgekehrt ist bei „offenen Verletzungstatbeständen" (Recht am eingerichteten und ausgeübten Gewerbebetrieb; allg Persönlichkeitsrecht) die Rechtswidrigkeit darzutun (BGH NJW 80, 882 mN). Der Angriff muss nicht verschuldet sein; daher Notwehr auch gegen Schuldlose wie Kinder und Geisteskranke möglich (nur wenn zumutbar, ist der Angegriffene auf Ausweichen oder reine Schutzwehr beschränkt, BGH NJW 08, 572, hM). **e) Verteidigungshandlung. aa)** Sie muss nach hM von einem 6 **Verteidigungswillen** getragen sein (BGH 92, 359). **Abzulehnen:** Auch der Angriff erfordert nicht einen entspr Willen (LK/Spendel § 32, 24, 25, 138 mN; Braun NJW 98, 941 ff; MK/Grothe 18; StRepgen 42 mwN); die obj Notwehrlage beseitigt den allein relevanten Erfolgsunwert (der nach hM im Strafrecht daneben postulierte Handlungsunwert soll durch den Verteidigungswillen beseitigt werden [s Spendel FS Bockelmann, 1979, S 250 f; Geilen Jura 81, 308 ff mwN; MK/Grothe 18]; auf den Handlungsunwert kommt es aber im Zivilrecht nicht an, s § 823 Rn 50). **bb) Die Erforderlichkeit** der Verteidigungshandlung wird von der 7 Intensität des abzuwehrenden Angriffs bestimmt. Eine Abwägung zwischen Art des Angriffsobjekts und Folgen möglicher Abwehr findet, iGgs zu § 228, nicht statt (hM; sa BGH NJW 03, 1957). Die mildeste zur sofortigen und endgültigen Gefahrenbeseitigung geeignete Abwehr ist zu wählen (BGH NJW 08, 572 mN, stRspr). Welche **Handlung geboten** ist, **II**, ergibt sich idR aus ihrer Erforderlichkeit. Doch ist das Notwehrrecht nach hM ua aus sozialethischen Gründen **eingeschränkt** (BSG NJW 99, 2302). So darf ein (mit-)verschuldeter *provozierter Angriff* nach hM (BGH NJW 03, 1958; 08, 572, je mN) jedenfalls zunächst (BGH NJW 08, 572 f) nur zurückhaltend abgewehrt werden (zur sog Absichtsprovokation BGH NJW 83, 2267 [dazu Lenckner JR 84, 206 ff]; 01, 1075 f; 03, 1958; zur sog Vorsatzprovokation BGH NJW 94, 872; zur nicht-absichtlichen Provokation Loos, FS Deutsch, 1999, S 233 ff); enge persönliche Beziehungen, zB Ehe, sollen uU dazu zwingen, Angriff zu ertragen (einschr BGH NJW 84, 986 f = JuS 84, 563 f [Hassemer]). Das ist bedenklich: Das Ges stellt nur „Angriff" (Unrecht) und „Verteidigung" (Recht) gegenüber, beachtet weder deren Vorgeschichte („Provokation", „Provokation der Provokation") noch persönliche Beziehungen der Beteiligten. Die abw hM betont, dass Notwehr (auch) Bewährung der Rechtsordnung sei, der Notwehrende als „Repräsentant und Bewahrer der Rechtsordnung" (Roxin ZStW 75, 567; ebenso BSG NJW 99, 2302) also eine staatliche Aufgabe erfülle. Dann ist Verteidigung konsequenterweise nur insoweit „geboten", als sie mit den Zielen staatlicher Kriminalpolitik (zB Verhältnismäßigkeitsprinzip, vorrangiges Interesse am Täter statt am Opfer) vereinbar erscheint. Soweit das nicht der Fall ist, verlangt die hM das Dulden eines rechtswidrigen Angriffs; das widerspricht § 227. Gegen die hM zutr Hassemer, FS Bockelmann, 1979, S 225 ff mN. MRK 2 II Buchst a (absichtliche Tötung eines

§§ 228, 229

Angreifers nur zur Verteidigung von Menschenleben) hat für § 227 nichts geändert (MK/Grothe 17 mN, str).

8 **3. Beeinträchtigung unbeteiligter Dritter.** Da diese nicht angreifen (Rn 2), handelt es sich nicht um Notwehr; uU liegt Notstand (zB § 904) vor. Sa BGH NJW 78, 2029: UU besteht für (noch) nicht Angegriffenen die Pflicht, auf Herbeiführung einer Notwehrlage zu verzichten, um Dritte zu schonen.

9 **4. Putativnotwehr und Notwehrexzess. a) Putativnotwehr.** Sie begeht, wer irrtümlich eine Notwehrlage (Rn 2–5) annimmt. Er handelt rechtswidrig. Schadensersatzpflicht (§§ 823 ff) nur bei Verschulden des Handelnden (BGH NJW 87, 2509).
10 **b) Notwehrexzess.** Wer bei gegebener Notwehrlage (Rn 2–5) das erforderliche Maß der Abwehr (Rn 7) überschreitet, handelt rechtswidrig. Schadensersatzpflicht
11 (§§ 823 ff) nur bei Verschulden des Abwehrenden (BGH NJW 76, 42). **c) Gegen** Putativnotwehr und Notwehrexzess ist, da sie rechtswidrig sind (Rn 9, 10), *Notwehr* zulässig.

§ 228 Notstand

¹**Wer eine fremde Sache beschädigt oder zerstört, um eine durch sie drohende Gefahr von sich oder einem anderen abzuwenden, handelt nicht widerrechtlich, wenn die Beschädigung oder die Zerstörung zur Abwendung der Gefahr erforderlich ist und der Schaden nicht außer Verhältnis zu der Gefahr steht.** ²**Hat der Handelnde die Gefahr verschuldet, so ist er zum Schadensersatz verpflichtet.**

1 **1. Allgemeines.** § 228 behandelt den **Verteidigungsnotstand**; Ergänzung in § 904 (Angriffsnotstand). Notstandshandlung ist rechtmäßig, Notwehr gegen sie ausgeschlossen. § 228 richtet sich gegen gefahrdrohende, § 904 gegen unbeteiligte Sache; das erklärt die Unterschiede zwischen § 228 und § 904.

2 **2. Notstandsvoraussetzungen. a) Gefahr** muss, wenn auch nur mittelbar (RG 143, 387; abl StRepgen 17ff), durch diejenige fremde oder herrenlose Sache (auch Tier, § 90a Rn 1) drohen, gegen die sich die Verteidigung (Rn 2 [d]) richtet. **b) Irgendein Rechtsgut** muss gefährdet sein (entspr § 227 Rn 3). **c) Drohen** der Gefahr genügt, sie muss nicht schon gegenwärtig sein (anders §§ 227, 904). **d) Notwendigkeit der Abwehr** verlangt zweierlei. **aa) Erforderlichkeit**; sie ist obj zu bestimmen. **bb)** Drohende Gefahr und Abwehrschaden dürfen **nicht außer Verhältnis** stehen. Das ist obj zu beurteilen, jedoch sind Affektionswerte beachtlich (MK/Grothe 10 mN). Leben und Gesundheit eines Menschen sind höherwertig als Sachen (Düsseldorf NJW-RR 01, 238), Tiere eingeschlossen (arg § 90a S 3). **cc) Verteidigungswille** unnötig (§ 227 Rn 6 gilt entspr; Braun NJW 98, 942 f; MK/Grothe 11; StRepgen 33; aA BGH 92, 359).

3 **3. Selbstverschuldeter Notstand.** Verteidigung in selbstverschuldetem Notstand ist ebenfalls rechtmäßig, macht aber schadensersatzpflichtig, **S 2**. Verschulden bezieht sich auf Herbeiführung der Gefahr; §§ 827 f gelten analog.

4 **4. Notstandsexzess und Putativnotstand.** § 227 Rn 9–11 gilt entspr. Schadensersatz (§§ 823 ff) nur bei Verschulden, S 2 unanwendbar.

5 **5. Zum strafrechtlichen Notstand.** vgl StGB 34 (rechtfertigender Notstand), 35 (entschuldigender Notstand). § 228 geht dem StGB 34 vor.

§ 229 Selbsthilfe

Wer zum Zwecke der Selbsthilfe eine Sache wegnimmt, zerstört oder beschädigt oder wer zum Zwecke der Selbsthilfe einen Verpflichteten, welcher der Flucht verdächtig ist, festnimmt oder den Widerstand des Ver-

pflichteten gegen eine Handlung, die dieser zu dulden verpflichtet ist, beseitigt, handelt nicht widerrechtlich, wenn obrigkeitliche Hilfe nicht rechtzeitig zu erlangen ist und ohne sofortiges Eingreifen die Gefahr besteht, dass die Verwirklichung des Anspruchs vereitelt oder wesentlich erschwert werde.

§ 230 Grenzen der Selbsthilfe

(1) Die Selbsthilfe darf nicht weiter gehen, als zur Abwendung der Gefahr erforderlich ist.

(2) Im Falle der Wegnahme von Sachen ist, sofern nicht Zwangsvollstreckung erwirkt wird, der dingliche Arrest zu beantragen.

(3) Im Falle der Festnahme des Verpflichteten ist, sofern er nicht wieder in Freiheit gesetzt wird, der persönliche Sicherheitsarrest bei dem Amtsgericht zu beantragen, in dessen Bezirk die Festnahme erfolgt ist; der Verpflichtete ist unverzüglich dem Gericht vorzuführen.

(4) Wird der Arrestantrag verzögert oder abgelehnt, so hat die Rückgabe der weggenommenen Sachen und die Freilassung des Festgenommenen unverzüglich zu erfolgen.

§ 231 Irrtümliche Selbsthilfe

Wer eine der im § 229 bezeichneten Handlungen in der irrigen Annahme vornimmt, dass die für den Ausschluss der Widerrechtlichkeit erforderlichen Voraussetzungen vorhanden seien, ist dem anderen Teil zum Schadensersatz verpflichtet, auch wenn der Irrtum nicht auf Fahrlässigkeit beruht.

Anmerkungen zu den §§ 229–231

Lit: Schünemann, Selbsthilfe im Rechtssystem, 1985.

1. Allgemeines zu §§ 229–231. Ansprüche auf eigene Faust zu sichern oder 1 durchzusetzen, ist grundsätzlich unzulässig. Der Berechtigte ist auf gerichtl Hilfe angewiesen. Selbsthilfe ist nur kraft ges Gestattung erlaubt: §§ 229; 859 II–IV, 860, 865, 1029 (Besitzkehr); ferner 562b, 581, 592, 910, 962.

2. Voraussetzungen erlaubter Selbsthilfe, § 229. a) Vollstreckungs- oder 2 **Arrestfähigkeit** des durchzusetzenden oder zu sichernden, wirklich bestehenden Anspruchs (s § 230 II, III, ZPO 916, 936). Verjährung allein hindert nicht (Jahr JuS 64, 299); **b) keine rechtzeitige obrigkeitliche** (insbes staatliche) **Hilfe.** Daran 3 fehlt es insbes, wenn Arrest oder einstw Verfügung rechtzeitig zu erlangen ist (RG 146, 189); zur polizeilichen Hilfe bei Hausbesetzungen s Jauernig/Berger § 26 Rn 16, 17; **c) Gefährdung der Anspruchsverwirklichung.** Endgültiger 4 Anspruchsverlust ist nicht erforderlich. Ausgleich der unterbliebenen Erfüllung durch einen Schadensersatzanspruch beseitigt die Gefahr nicht. Gefahr wird nicht begründet durch drohendes Insolvenzverfahren, schlechte Vermögenslage des Schuldners und drohenden Ansturm anderer Gläubiger (Arrestgrund fehlt [Foerste ZZP 106, 143 ff; str], hier beachtlich wegen § 230 II).

3. Zulässige Selbsthilfemaßnahmen. a) Der Anspruchsinhaber, sein ges 5 Vertreter oder ein Beauftragter muss sie ergreifen; es gibt keine Selbsthilfe für Dritte (anders §§ 227, 228). Str, ob (genehmigte) GoA Rechtswidrigkeit ausschließt (ja, falls Anspruchsinhaber später genehmigt: MK/Grothe § 229, 2). **b) Einzelne Maß-** 6

§ 232

nahmen. aa) Zerstörung oder Beschädigung einer Sache; **Wegnahme** einer Sache, in die vollstreckt werden kann (arg § 230 II mit ZPO 928, 936, 808, 883 ff; Pfändbarkeit der Sache nur nötig bei Sicherung eines Geldanspruchs, nicht bei Durchsetzung eines Herausgabeanspruchs, sa Rn 8). **bb) Festnahme** des Verpflichteten bei Fluchtverdacht; nur subsidiär zulässig (arg § 230 III, IV, ZPO 918). Sa StPO 127. **cc) Beseitigung von Widerstand** entspr ZPO 892. **c) Erforderlichkeit** der Maßnahme, § 230 I (s § 227 Rn 7). **d) Selbsthilfewille** ist wie bei der Notwehr (§ 227 Rn 6) nicht erforderlich (aA die hM).

8   **4. § 230 IV. Die Maßnahmen** haben grundsätzlich nur **vorläufig** Bestand, § 230 IV. Zum dinglichen und persönlichen Arrest ZPO 916–918. Erfolgt die Festnahme zur Sicherung eines vollstreckbaren, aber nicht arrestfähigen Individualanspruchs, zB auf Herausgabe, so ist statt Arrest eine einstw Verfügung zu beantragen (ZPO 935, 938). Ist eine Sache weggenommen, die vom Verpflichteten herauszugeben war, dann ist der Anspruch durchgesetzt, einstw Verfügung unzulässig, § 230 II, IV unanwendbar (einschr StRepgen 4, je zu § 230; zu II und III: ErmWagner 4). Bei Verletzung von § 230 IV ist Berechtigter schadensersatzpflichtig.

9   **5. Putativselbsthilfe und Selbsthilfeexzess.** Für Putativselbsthilfe und Selbsthilfeexzess gilt § 227 Rn 9–11 entspr, doch besteht stets **Schadensersatzpflicht** ohne Verschulden, § 231.

10 **6. Vertragliche Erweiterung des Selbsthilferechts.** Vertragliche Erweiterung, zB durch Einräumung eines Wegnahmerechts, ist wegen § 229 unzulässig, jedenfalls könnte ein solches Recht nur gerichtl durchgesetzt werden (RG 131, 222 f). Sa § 858 Rn 4.

Abschnitt 7. Sicherheitsleistung

Vorbemerkungen

Lit: Kohler, Die Fälle der Sicherheitsleistung im BGB, ZZP 102, 58.

1   **1. Allgemeines zu §§ 232–240.** Eine **Pflicht** zur Sicherheitsleistung kann bestehen kraft RGeschäfts (BGH NJW 86, 1038), behördlicher Anordnung oder Ges (zB §§ 648a I, II, VI, 843 II 2, 1389). Häufig besteht auch ein **Recht** zur Sicherheitsleistung, insbes zwecks Abwehr von Nachteilen (zB §§ 257, 775 II). Allg Vorschriften, wann Sicherheit zu leisten ist, fehlen. §§ 232 ff betreffen nur Sicherheitsleistung aus **materiellrechtlichen** Gründen. Für prozessuale Sicherheitsleistung vgl ZPO 108 ff und Einzelvorschriften, zB ZPO 709, 712.

2   **2. § 232.** Die Vorschrift zählt die **Mittel** der Sicherheitsleistung auf (erweitert in § 648a II. – §§ 1382 IV, 1667 III 2 überlassen es dem FamG, das Mittel zu bestimmen). § 232 begrenzt nicht die Mittel *vereinbarter* Sicherheitsleistungen. Die **Höhe** richtet sich mangels bes Anordnung nach dem Wert des zu sichernden Rechts. Unter den Mitteln des § 232 I hat der Verpflichtete die **Wahl** (keine Wahlschuld), § 264 I gilt analog. Sicherheitsleistung durch Bürgen kann nur subsidiär angeboten werden, § 232 II (dazu § 239), zuweilen ist sie ausgeschlossen (zB § 273 III 2).

§ 232 Arten

(1) **Wer Sicherheit zu leisten hat, kann dies bewirken**
durch Hinterlegung von Geld oder Wertpapieren,
durch Verpfändung von Forderungen, die in das Bundesschuldbuch oder in das Landesschuldbuch eines Landes eingetragen sind,

durch Verpfändung beweglicher Sachen,
durch Bestellung von Schiffshypotheken an Schiffen oder Schiffsbauwerken, die in einem deutschen Schiffsregister oder Schiffsbauregister eingetragen sind,
durch Bestellung von Hypotheken an inländischen Grundstücken,
durch Verpfändung von Forderungen, für die eine Hypothek an einem inländischen Grundstück besteht, oder
durch Verpfändung von Grundschulden oder Rentenschulden an inländischen Grundstücken.

(2) Kann die Sicherheit nicht in dieser Weise geleistet werden, so ist die Stellung eines tauglichen Bürgen zulässig.

§ 233 Wirkung der Hinterlegung

Mit der Hinterlegung erwirbt der Berechtigte ein Pfandrecht an dem hinterlegten Geld oder an den hinterlegten Wertpapieren und, wenn das Geld oder die Wertpapiere in das Eigentum des Fiskus oder der als Hinterlegungsstelle bestimmten Anstalt übergehen, ein Pfandrecht an der Forderung auf Rückerstattung.

§ 234 Geeignete Wertpapiere

(1) [1]Wertpapiere sind zur Sicherheitsleistung nur geeignet, wenn sie auf den Inhaber lauten, einen Kurswert haben und einer Gattung angehören, in der Mündelgeld angelegt werden darf. [2]Den Inhaberpapieren stehen Orderpapiere gleich, die mit Blankoindossament versehen sind.

(2) Mit den Wertpapieren sind die Zins-, Renten-, Gewinnanteil- und Erneuerungsscheine zu hinterlegen.

(3) Mit Wertpapieren kann Sicherheit nur in Höhe von drei Vierteln des Kurswerts geleistet werden.

§ 235 Umtauschrecht

Wer durch Hinterlegung von Geld oder von Wertpapieren Sicherheit geleistet hat, ist berechtigt, das hinterlegte Geld gegen geeignete Wertpapiere, die hinterlegten Wertpapiere gegen andere geeignete Wertpapiere oder gegen Geld umzutauschen.

§ 236 Buchforderungen

Mit einer Schuldbuchforderung gegen den Bund oder ein Land kann Sicherheit nur in Höhe von drei Vierteln des Kurswerts der Wertpapiere geleistet werden, deren Aushändigung der Gläubiger gegen Löschung seiner Forderung verlangen kann.

§ 237 Bewegliche Sachen

[1]Mit einer beweglichen Sache kann Sicherheit nur in Höhe von zwei Dritteln des Schätzungswerts geleistet werden. [2]Sachen, deren Verderb zu besorgen oder deren Aufbewahrung mit besonderen Schwierigkeiten verbunden ist, können zurückgewiesen werden.

§ 238 Hypotheken, Grund- und Rentenschulden

(1) Eine Hypothekenforderung, eine Grundschuld oder eine Rentenschuld ist zur Sicherheitsleistung nur geeignet, wenn sie den Voraussetzungen entspricht, unter denen am Orte der Sicherheitsleistung Mündelgeld in Hypothekenforderungen, Grundschulden oder Rentenschulden angelegt werden darf.

(2) Eine Forderung, für die eine Sicherungshypothek besteht, ist zur Sicherheitsleistung nicht geeignet.

§ 239 Bürge

(1) Ein Bürge ist tauglich, wenn er ein der Höhe der zu leistenden Sicherheit angemessenes Vermögen besitzt und seinen allgemeinen Gerichtsstand im Inland hat.

(2) Die Bürgschaftserklärung muss den Verzicht auf die Einrede der Vorausklage enthalten.

§ 240 Ergänzungspflicht

Wird die geleistete Sicherheit ohne Verschulden des Berechtigten unzureichend, so ist sie zu ergänzen oder anderweitige Sicherheit zu leisten.

Buch 2. Recht der Schuldverhältnisse

Abschnitt 1. Inhalt der Schuldverhältnisse

Titel 1. Verpflichtung zur Leistung

Vorbemerkungen

1. Bedeutung und Aufgaben des Schuldrechts. Das Schuldrecht bildet 1 (zusammen mit dem Allg Teil und dem Sachenrecht) das Kernstück des bürgerlichen **Vermögensrechts.** Während das Sachenrecht Vermögensgüter (durch Gewährung absoluter Rechte) dem Berechtigten zuordnet, bereitet das Schuldrecht den Güterumsatz und die Erbringung von Leistungen (der verschiedensten Art) vor und dient damit der Befriedigung von materiellen und kulturellen Bedürfnissen aller Art und dem Ausgleich von idR wirtschaftlichen Interessen. Das Schuldrecht regelt keinen einheitlichen, abgeschlossenen Lebensbereich. Den im 2. Buch erfassten Gegenständen ist lediglich die rechtstechnische Struktur als (vertragliches oder ges) Schuldverhältnis (dazu § 241 Rn 1 ff) gemeinsam. **Hauptaufgaben** des Schuldrechts sind:
a) Regelung des rechtsgeschäftlichen Verkehrs. Das Schuldrecht stellt eine 2 umfassende **Vertragsordnung** auf, mit deren Hilfe der Wirtschafts- und Güterverkehr in der Form des Vertrags abgewickelt werden kann. Der Gegenstand der zu erbringenden Leistungen ist ges nicht abschließend bestimmt (kein *numerus clausus* der vertraglichen Schuldverhältnisse). Einzelne Schuldvertragstypen sind im **bes Teil** und teilweise in **SonderGes** (HGB; WG; ScheckG; VVG; VerlG ua) ges geregelt. Seit dem 1.1.2002 ist das AGBG und sind die meisten verbraucherschützenden NebenGes (VerbrKrG, HWiG, TzWrG, FernAbsG) ins BGB integriert. Der Verbraucherschutz als „schuldrechtsimmanenter Schutzgedanke" (Begr BT Drs 14/6040, S 91) ergibt sich damit unmittelbar und einheitlich aus dem BGB selbst. Das Schuldrecht ist weitgehend nachgiebiges Ergänzungsrecht, das eingreift, wenn die Parteien nichts Abweichendes vereinbart haben (Vertragsfreiheit). Die Privatautonomie findet ihre Grenzen an ges Verboten (§§ 248 I, 276 III, 289 S 1) und dem zwingenden Recht; dazu gehören den wenigen (es besteht grundsätzlich Formfreiheit) Formvorschriften (§§ 311b, 492, 494, 518, 550, 766, 780) die zunehmend (halb-)zwingend ausgestalteten Vertragsformen (Verbrauchsgüterkauf, Wohnungsmiete, Verbraucherdarlehen); gegenüber abw Vereinbarungen in AGB kann auch das dispositive Recht Bestand haben (§ 307 II Nr 1). Ferner sind durch die Generalklauseln (§§ 138, 242, 313, 826) die Wertentscheidungen des Grundrechtsteils des GG, insbes auch die Sozialstaatsklausel (GG 20, 28), im Schuldrecht zu aktivieren (BVerfG 81, 255; 89; 232; NJW 94, 2749; 96, 2021; BGH 80, 157 mN; 134, 48; MK/Säcker Einl 61 ff vor § 1; StOlzen Einl 263 ff vor § 241 und allg StLooschelders/Olzen § 242 Rn 145 ff; zur **Konstitutionalisierung** im Zivilrecht s Leenen Annales de la Faculté de Droit dIstanbul 2011, 23ff). Zur eingeschränkten Vertragsfreiheit im Familienvermögensrecht s BVerfG DNotZ 02, 222, 708; s dazu Bergschneider FF 02, 70; Rauscher DNotZ 02, 751 mN. **b) Personen- und** 3 **Güterschutz.** Durch uH wird eine Schadensersatzpflicht (§§ 823 ff, 249 ff) und damit ein ges Schuldverhältnis begründet. Die §§ 823 ff werden durch zahlreiche Sondergesetze mit Tatbeständen der Gefährdungshaftung ergänzt (Rn 10 vor § 823).
c) Ausgleichsordnung bei ungerechtfertigten Vermögensverschiebungen 4 (§§ 812 ff); soweit es um einen Ausgleich fehlgeschlagener Leistungen geht, ergänzt es das Vertragsrecht (Leistungskondiktion), iü den Rechtsgüterschutz (Eingriffskondiktion); Fälle sog ges Schuldverhältnisse. Weiteres Bsp: GoA (§§ 677 ff).

Vor § 241   Buch 2. Abschnitt 1. Inhalt der Schuldverhältnisse

5   **2. Aufbau.** Der Aufbau von Buch 2 folgt der abstrahierenden und generalisierenden Methode (Ausklammerungsprinzip). Der Abschnitt 8 („Einzelne Schuldverhältnisse", §§ 433–853) enthält in insgesamt 27 Titeln eine Reihe von verschiedenen Vertragstypen (§§ 433 ff), sowie das Bereicherungs- (§§ 812 ff) und Deliktsrecht (§§ 823 ff). Eingebürgerte Bezeichnung: **Bes Teil** des Schuldrechts. Die Abschnitte 1–7 (§§ 241–432) beinhalten Regeln für typische, bei allen Schuldverhältnissen mögliche Situationen (zB Leistungsort und -zeit, Pflichtverletzung und Leistungshindernisse). Ie handelt es sich um Normen von verschiedenem Abstraktionsgrad (zB nur für vertragliche Schuldverhältnisse gelten die §§ 305–359). Eingebürgerte Bezeichnung: **Allg Teil** des Schuldrechts; er wird durch den Allg Teil des BGB (insbes §§ 104 ff; 116 ff; 145 ff; 164 ff) ergänzt. Konsequenz: Zusammentreffen einer Vielzahl von Normen verschiedener Abstraktionsstufen.

6   **3. Anwendungsbereich.** Die Regeln des allg Schuldrechts gelten unmittelbar für die Schuldverhältnisse des bes Schuldrechts, für die Schuldverhältnisse in den übrigen Büchern des BGB und außerhalb des BGB entspr, soweit das mit den Besonderheiten der jeweiligen Regelung vereinbar ist (vgl zB BGH 80, 237; § 823
7   Rn 89 ff). **a) Sachenrecht:** Eigentümer-Besitzer-Verhältnis (§§ 987 ff); Verhältnis zwischen Verlierer und Finder (§§ 965 ff); zwischen Nießbraucher und Eigentümer (§§ 1030 ff); zwischen Pfandgläubiger und Eigentümer (§§ 1215 ff) – sämtl ges
8   Schuldverhältnisse; vgl auch Rn 13 und 15 vor § 854. **b) Familienrecht:** Unterhaltsanspruch (zB §§ 1360 ff; 1601 ff; 1569 ff; s zB BGH NJW 02, 1799); schuldrechtlicher Versorgungsausgleich (§§ 1587 f–1587m); vermögensrechtliche Ansprüche aus § 1353 I 2 (zB auf Zustimmung zur gemeinsamen steuerlichen Veranlagung, BGH NJW 02, 2319; s § 1353 Rn 4 ff, zum Schadensersatzanspruch s BGH NJW 88, 2886, s PalBrudermüller § 1353 Rn 15); zum Elternverhältnis als Schuldverhältnis s BGH FamRZ 02, 1099; dazu zu Recht kritisch Schwab, FamRZ 02, 1297. **c) Erb-**
9   **recht:** Vermächtnis (§ 2174); Pflichtteilsanspruch (§§ 2303 ff). **d) Öffentl Recht:** In Frage kommen namentlich öffentl-rechtliche Benutzungs- und Leistungsverhältnisse der Daseinsvorsorge, bei denen eine nähere Regelung fehlt (BGH 63, 172; 135, 344; vgl auch § 275 Rn 2; § 278 Rn 4; § 280 Rn 2; § 311 Rn 42; Rn 8 vor § 677; § 688 Rn 6).

10   **4. Abgrenzung zum Sachenrecht.** Das Schuldrecht regelt eine Sonderverbindung zwischen bestimmten Personen (§ 241 Rn 1), das Sachenrecht die Beziehung einer Person zur Sache. Strukturelement des Schuldrechts ist das Recht auf die Leistung (Forderung; § 241 Rn 4); es handelt sich um ein relatives Recht, das idR nur durch den Schuldner verletzbar ist; das Sachenrecht ist dagegen ein (gegenüber jedermann wirkendes) absolutes Recht (§§ 985, 1004; Rn 11 vor § 854). Das Schuldrecht ist „dynamisch", es zielt auf die Änderung des gegenwärtigen Zustands (Erfüllung durch Erbringung der geschuldeten Leistung, § 362; „Umsatzrecht"); das Sachenrecht ist „statisch", es ist auf die Zuordnung einer Sache zu einer Person gerichtet und zielt auf die Erhaltung des gegenwärtigen Zustands (Beherrschung der Sache, § 903; „Herrschaftsrecht"). Schuld- und sachenrechtliche Geschäfte sind in ihrer Wirksamkeit grundsätzlich voneinander unabhängig (**Abstraktionsprinzip**, vgl Rn 17 vor § 854). Grundsätzlich sind die Normen des Schuldrecht AT auf Ansprüche, die im 3. Buch geregelt sind, ergänzend anwendbar, sofern das Sachenrecht eine Frage nicht abschließend regelt, s vor § 854 Rn 2, 7; M. Stürner Grenzen privatrechtlichen Eigentumsschutzes, FS vBrünneck, 2011, 360, 369f; Baur/R. Stürner Sachenrecht § 5 Rn 26ff; abweichend Picker FS Bydlinski, 2002, 269, 270.

11   **5. Neue Bundesländer.** Entstandene Schuldverhältnisse bestehen nach bisherigem Recht fort (Art 232 EGBGB), bestimmte Nutzungsverhältnisse wurden BGB-konform angepasst; s SchuldRÄndG und dazu MK/Kramer (4. Aufl Bd 2a 2003) Rn 114 mN.

12   **6. Europäisches Privatrecht.** Das Schuldrecht des BGB wird in den verbraucherschützenden Vorschriften zu weiten Teilen durch die Gemeinschaftsgesetzge-

Titel 1. Verpflichtung zur Leistung **Vor § 241**

ber bestimmt, der durch EG-RiLi zwingende Vorgaben für den deutschen Gesetzgeber macht (s näher § 311 Rn 2). Infolge überschießender Umsetzung werden auch andere Bereiche des Schuldrechts durch EG-RiLi beeinflusst. Das gilt insbes für das Leistungsstörungsrecht der §§ 280 ff und die Gewährleistungsnormen des Kauf- und Werkvertragsrechts, die Strukturvorgaben der Verbrauchsgüterkauf-RiLi (NJW 99, 2421, s Grundmann/Bianca, EU-Kaufrechts-Richtlinie, Kommentar, 2002) verallgemeinern. S rechtsvergleichend Mansel AcP 204, 356 ff; zur richtlinienkonformen Auslegung einzelner europarechtlich beeinflusster BGB-Vorschriften Gebauer/Wiedmann, Zivilrecht unter europäischem Einfluss, 2. Aufl 2010; siehe zB EuGH NJW 08, 1433; BGH NJW 09, 427; 13, 220; ZIP 09, 376; Möllers/Möhring JZ 08, 919 ff. Es kommt fortschreitend zu einer europäischen Privatrechtsangleichung (s Martinek, in ders, Eckpfeiler des Zivilrechts, 2012/2013, A Rn 89ff)). Am 25.10.2011 wurde die **Verbraucherrechte-RiLi** (2011/83/EU über die Rechte der Verbraucher, zur Abänderung der RiLi 1999/44/EG sowie zur Aufhebung der RiLi 85/577/EWG und der RiLi 97/7/EG) verabschiedet (ABl. EU Nr. L 304/64). Die RiLi ist bis zum 13.12.2013 umzusetzen. Sie fasst die Haustürgeschäfte-RiLi und die Fernabsatz-RiLi in einer einheitlichen RiLi zusammen, strukturiert dabei die Vorschriften über besondere Vertriebsformen neu, führt Informationspflichten im stationären Handel und allgemeine Grundsätze für sämtliche Vertriebsformen ein. Die Möglichkeit, von Verbrauchern Sonderentgelte für die Nutzung bestimmter Zahlungsmittel wie zB Kreditkarte oder für Anrufe bei hotlines zu erhalten, wird begrenzt. Das Widerrufsrecht bei Verbraucherverträgen wird einheitlich geregelt, wobei es bei unterlassener oder nicht ordnungsgemäßer Widerrufsbelehrung nach einem Jahr und 14 Tagen erlöschen soll. Eine Musterwiderrufsbelehrung und ein Musterwiderruf sind in Anhang 1 Teil A und B der RiLi abgedruckt. Die Verbrauchsgüterkauf-RiLi wird geändert (betrifft vor allem die Lieferung und den Gefahrübergang). Ferner werden Vermittlungshonorare für Makler bei öffentlich geförderten Wohnungen ausgeschlossen. Die Verbraucherrechte-RiLi bestimmt in weiten Bereichen eine Voll-, nicht mehr eine Mindestharmonisierung, denn Art. 4 der RiLi legt fest, dass die Mitgliedstaaten weder von den Bestimmungen der RiLi abweichende innerstaatliche Rechtsvorschriften aufrecht erhalten, noch solche einführen dürfen, auch keine strengeren oder weniger strengen Rechtsvorschriften zur Gewährleistung eines anderen Verbraucherschutzniveaus. Das bedeutet: Mitgliedstaaten können keine abweichende Umsetzung vornehmen (BT-Drs 17/12637 S 1f). Zum Gesetzesverfahren zur Umsetzung der Verbraucherrechte-RiLi und zur Änderung des Gesetzes zur Regelung der Wohnungsvermittlung siehe BR-Drs 817/12, BT-Drs 17/12637 Gesetzesbeschluss: BT-Drs 17/13951 v 12.6.2013. Inkrafttreten: **13.6.2014.** Die §§ 312 bis 312i, § 355 bis 361 werden neu gefasst, § 312j und §§ 356a bis 356c, 357a bis 357c werden eingeführt. Weitere Normen, vor allem des BGB und des EGBGB, werden geändert, ebenso § 2 Gesetz zur Regelung der Wohnungsvermittlung (s dazu Grundmann, JZ 13, 53; Schwab/Giesemann EuZW 12, 253). Zu Auswirkungen auf §§ 13, 126b, 241a s dort Rn 1. - Das schuldrechtsbezogene Gemeinschaftsrecht wird wiedergegeben bei Grundmann, Europäisches Schuldvertragsrecht, 1998; Magnus, Europäisches Schuldrecht, 2001; Schulze/Zimmermann, Basistexte zum Europäischen Vertragsrecht, 4. Aufl 2012. Ein systematisch geschlossenes Europäisches Schuldrecht auf positiver gemeinschaftsrechtlicher Grundlage (Primär- und Sekundärrecht) (dazu Grundmann aaO; Schulte-Nölke/Schulze, Europäisches Vertragsrecht im Gemeinschaftsrecht, 2002; Riesenhuber, Europäisches Vertragsrecht, 2. Aufl 2006; ders, Europäische Methodenlehre, 2. Aufl 2010; Heiderhoff, Gemeinschaftsprivatrecht, 3. Aufl 2011), besteht noch nicht. Zur Entwicklung s Zimmermann, Die Europäisierung des Privatrechts und der Rechtsvergleichung, 2005. Die EG-Kommission hat zur Mitarbeit bei der Schaffung eines kohärenten Europäischen Vertragsrechts aufgerufen (s Staudenmayer EuZW 03, 165). Eine Übersicht über wissenschaftliche Arbeitsgruppen findet sich im Internet unter *www.uni-koeln.de/jur-fak/instippr* (Europäisches Privatrecht). Bedeutsame Regelungsvorschläge sind die **Grundregeln des Europäischen Vertragsrechts**

Vor § 241

der Kommission für Europäisches Vertragsrecht, die in einer deutschen Fassung durch v. Bar und Zimmermann (2002) herausgegeben wurden. Die Mitteilung der Kommission an das Europäische Parlament und den Rat über das weitere Vorgehen bezüglich des Europäischen Vertragsrechts (KOM(2004) 651) nimmt auf das Vorhaben Bezug. Derzeit entsteht ein gemeinsamer Europäischer Referenzrahmen zum Europäischen Vertragsrecht (dazu Kommissionsbericht KOM(2007) 447 endg). Es liegt ein von Arbeitsgruppen gestalteter Entwurf vor: **Draft Common Frame of Reference (DCFR:** Principles, Definitions and Model Rules of European Private Law. Draft Common Frame of Reference, 2008, vgl zum ganzen Ernst AcP 208, 248 ff; zu den Entwurfsdefiziten siehe Eidenmüller/Faust/Grigoleit/Wagner/Zimmermann JZ 08, 529 ff; M-P Weller JZ 08, 764 ff). Die Europäische Kommission hat 2010 eine Expertengruppe eingesetzt (Beschluss 2010/233/EU, ABl EU L 105/109). Sie soll die Kommission bei der Ausarbeitung eines Vorschlags für einen gemeinsamen Referenzrahmen für das europäische Verbraucher- wie für das Handelsvertragsrecht unterstützen, indem sie auf der Grundlage des DCFR unter Berücksichtigung des Besitzstands der Union (insbeson das auf RiLi beruhende Vertragsrecht) einen Vertragsrechtsentwurf formuliert. Im Juli 2010 hat die Kommission ein **Grünbuch** über die Einführung eines Europäischen Vertragsrechts für Verbraucher und Unternehmen veröffentlicht, das sieben Optionen für die Einführung eines Europäischen Vertragsrechts für Verbraucher und Unternehmen zur Diskussion stellt (Grünbuch KOM(2010) 348 endg), darunter die Alternative eines wählbaren materiellen Vertragsrechts der Union in grenzüberschreitenden Sachverhalten. Das positive Schuldrecht der EU **(ius communitatis)** ist Gegenstand der European Research Group on Existing EC Private Law **(Acquis Group)** (siehe die von Acquis Group herausgegebenen Bände Contract I – Pre-contractual Obligations. Conclusion of Contract. Unfair Terms [2007]; Contract II – General Provisions, Delivery of Goods, Package Travel and Payment Services [2009]; Contract III – General Provisions, Delivery of Goods, Package Travel, Payment Services, Consumer Credit and Commercial Agency Contracts [2013]). Am 11.10.2011 legte die EU-Kommission einen auf dem DCFR und den Acquis Principles beruhenden Vorschlag für eine Verordnung des Europäischen Parlaments und des Rates über ein **Gemeinsames Europäisches Kaufrecht,** KOM (2011) 635 endg (GEK oder CESL – Common European Sales Law) vor. Es soll eine unionsweite, von den Parteien grenzüberschreitender Kaufverträge wählbare Vertragsrechtsordnung neben den nationalen mitgliedsstaatlichen Kaufrechten werden. Der Entwurf enthält auch Teile einer allgemeinen Rechtsgeschäftslehre, umfasst also Regelungsmaterien des BGB AT, des Verbraucher- und des Handelskaufs. Zu den Grundstrukturen und Regelungsinhalten s Mansel WM 12, 1253 (Teil I),1309 (Teil II); s zur entsprechenden Sondertagung der Zivilrechtslehrervereinigung Perner ZEuP 12, 975; die Referate und Diskussionsberichte zum GEK sind veröffentlicht in AcP 212, 467 – 852; sa Schmidt-Kessel Der Entwurf für ein Gemeinsames Europäisches Kaufrecht, Kommentar, 2013. – Über die gemeinsamen Grundstrukturen der nationalen europäischen Vertragsrechtsordnungen **(ius commune)** informieren auf **rechtsvergleichender** Basis: Ranieri, Europäisches Obligationenrecht, 3. Aufl 2009, und Kötz, Europäisches Vertragsrecht I, 1996. Zu den römisch-rechtlichen Wurzeln des modernen anglo-amerikanischen und kontinentaleuropäischen Schuldrechts s grundlegend Zimmermann The Law of Obligations, 1995.

13 **7. Internationales Privatrecht.** In grenzüberschreitenden Sachverhalten ist das deutsche materielle Schuldrecht nur anwendbar, soweit es durch die sog Rom I-Verordnung (VO (EG) Nr 593/2008 des europäischen Parlaments und des Rates vom 17. Juni 2008 über das auf vertragliche Schuldverhältnisse anzuwendende Recht, ABl EG Nr L 177/6 v 4.7.2008) bzw Art 46b EGBGB (entspricht Art 29a EGBGB aF) oder für Pflichtversicherungsverträge durch Art 46c EGBGB berufen wird. Das gilt für Verträge, die ab dem 17.12.2009 abgeschlossen werden. Für sie schafft die Rom I-Verordnung in ihrem Regelungsbereich einheitliches internatio-

nales Privatrecht der Europäischen Union. Hinzu tritt für das außervertragliche Schuldrecht die VO (EG) Nr 864/2007 des europäischen Parlaments und des Rates vom 11. Juli 2007 über das auf außervertragliche Schuldverhältnisse anzuwendende Recht („Rom II-Verordnung", ABl EG Nr L 199/40 v 31.7.2007). Beide Verordnungen gelten in allen EG-Staaten mit Ausnahme Dänemarks. Das anwendbare Schuldrecht wird für Verträge, die *vor* dem 17.12.2009 abgeschlossen wurden, durch die heute aufgehobenen Art 27–34 EGBGB aF (oder spezielle Verweisungsnormen wie etwa die Art 7 ff EGVVG für das Versicherungsvertragsrecht, § 32b UrhG für das Urhebervertragsrecht; s Jayme/Hausmann, Internationales Privat- und Verfahrensrecht, Textsammlung, 16. Aufl 2010) bestimmt. Die Art 27–37 EGBGB aF (internationales Vertragsrecht) beruhen – mit Ausnahme des EG-Richtlinien umsetzenden Art 29a EGBGB aF – auf dem EG-Übereinkommen vom 19.6.1980 über das auf vertragliche Schuldverhältnisse anwendbare Recht (EVÜ), das auf Grund eines erklärten Vorbehalts für Deutschland zwar völkerrechtlich verbindlich, aber nicht unmittelbar anwendbar war. Bei der Auslegung der Art 27–37 EGBGB aF ist die Vertragspraxis der Mitgliedstaaten zu beachten (Art 36 EGBGB).

§ 241 Pflichten aus dem Schuldverhältnis

(1) ¹**Kraft des Schuldverhältnisses ist der Gläubiger berechtigt, von dem Schuldner eine Leistung zu fordern.** ²**Die Leistung kann auch in einem Unterlassen bestehen.**

(2) **Das Schuldverhältnis kann nach seinem Inhalt jeden Teil zur Rücksicht auf die Rechte, Rechtsgüter und Interessen des anderen Teils verpflichten.**

Lit: Bucher, „Schuldverhältnis" des BGB: ein Terminus – drei Begriffe, FS Wiegand, 2005, 93; Fliegner, Der Leistungsbegriff des neuen Schuld- und AGB-Rechts, 2006; Gernhuber, Das Schuldverhältnis, 1989; Grigoleit, Leistungspflichten und Schutzpflichten, FS Canaris, 2007, Bd 1, S 275; Faenger, Leistungsunabhängige Nebenpflichten zum Schutz des Integritätsinteresses im deutschen und französischen Recht, 2012; Grundmann, Leistungsstörungsmodelle im Deutschen und Europäischen Vertragsrecht – insbes Zurückweisung der charakteristischen Leistung, FS Canaris, 2007, Bd 1, S 307; Heinrichs, Bemerkungen zur culpa in contrahendo nach der Reform – Die Tatbestände des § 311 Abs. 2 BGB, FS Canaris, 2007, Bd 1, S 421; Knoche, Irreale Pflichten im Zivilrecht – Ursachen, Erkennbarkeit, Tendenzen, FS Canaris, 2007, Bd 1, S 571; Koziol, Gedanken zum privatrechtlichen System des Rechtsgüterschutzes, FS Canaris, 2007, Bd 1, S 631; Kramer, Anmerkungen zum Konsenserfordernis bei zweiseitig verpflichtenden Verträgen, FS Canaris, 2007, Bd 1, S 665; Lobinger, Die Grenzen rechtsgeschäftlicher Leistungspflichten, 2004; ders, Rechtsgeschäftliche Verpflichtung und autonome Bindung, 1999; Madaus, Abgrenzung der leistungsbezogenen von den nicht leistungsbezogenen Nebenpflichten usw, JURA 04, 289; Medicus, Zur Anwendbarkeit des Allgemeinen Schuldrechts auf Schutzpflichten, FS Canaris, 2007, Bd 1, S 835; Picker, Nachlieferung beim Stückkauf – Zu Grund, Gegenstand und Umfang der Leistungsverpflichtung, FS H. P. Westermann, 2008, S 583; E. Schmidt, Das Schuldverhältnis, 2004; Schulze, Die Naturalobligation, 2008; ders, Nicht erzwingbare Leistungsforderungen im Zivilrecht, JuS 11, 193; Thiessen, „Ein ungeahnter Erfolg" – zur Rezeptionsgeschichte von Hermann Staubs Kommentaren, FS Staub, 2006, S 55; Thomale, Der verdrängte Anspruch – Freie Anspruchskonkurrenz, Spezialität und Subsidiarität im Privatrecht, JuS 13, 296; M. Weller, Persönliche Leistungen, 2012; M.-P. Weller, Die Struktur des Erfüllungsanspruchs im BGB, common law und DCFR – ein kritischer Vergleich, JZ 08, 764; ders., Die Vertragstreue, 2009.

1. Schuldverhältnis. a) Begriff des Schuldverhältnisses. Es ist eine zwischen 1 (mindestens) zwei bestimmten Personen bestehende **rechtliche Sonderverbindung,** durch die Ansprüche (Rn 4) begründet werden. Sprachgebrauch des BGB ist nicht einheitlich (Bucher aaO 93, 112 ff), deshalb **Unterscheidung: aa)** Schuldverhältnis iwS ist die Gesamtheit der sich aus der Sonderverbindung (vgl o a) ergebenden konkreten Rechtsfolgen (Forderungsrechte bzw Leistungspflichten, einschließlich der Neben- und Schutzpflichten sowie der Gestaltungsrechte [zB Kündigungs- und Rücktrittsrechte] und Rechtslagen), also das gesamte Rechtsverhältnis. Bildhafte Umschreibun-

§ 241 Buch 2. Abschnitt 1. Inhalt der Schuldverhältnisse

gen: Schuldverhältnis als „Organismus", „konstante Rahmenbeziehung", in der Zeit ablaufender „Prozess". Schuldverhältnis iwS meint Überschrift vor § 241 („Recht der Schuldverhältnisse"), vor § 433 („Einzelne Schuldverhältnisse"), §§ 273 I, 425 I, ua.

2 **bb)** Schuldverhältnis **ieS** ist das aus der Sonderverbindung (Rn 1) erwachsende Recht auf eine bestimmte Leistung (§ 241 I 1), also das einzelne Forderungsrecht des Gläubigers (Anspruch, § 194 I), dem eine entspr Leistungspflicht des Schuldners (Schuld) gegenübersteht (die **einzelne Leistungsbeziehung**). Das Schuldverhältnis iwS kann mehrere Schuldverhältnisse ieS umfassen, deshalb kann im Schuldverhältnis iwS jede Partei zugleich Gläubiger und Schuldner sein. Das BGB meint idR das Schuldverhältnis ieS, so zB in Überschrift vor § 362 („Erlöschen der Schuldverhältnisse"; Schuldverhältnis iwS wird nicht durch Erfüllung, sondern durch Rücktritt oder Kündigung beendet; andererseits kann das Schuldverhältnis iwS auch nach Erfüllung aller Einzelansprüche noch „Nachwirkungen" begründen, dazu § 242 Rn 28 ff), ferner zB §§ 362 I, 364 I, 397 I, 812 II. **cc)** Nach der Schuldrechtsreform kann dem Begriff Schuldverhältnis auf Grund § 311 II, III noch eine dritte Bedeutung beigemessen werden (Bucher aaO 93, 125 ff). Während die Begriffsinhalte vom Schuldverhältnis iwS und ieS beschreibender Natur sind, wohnt dem in § 311 II, III gebrauchten Terminus ein rechtsbegründender Charakter als Befehlsnorm inne: Für Fälle der cic werden hier Verhaltenspflichten ex

3 lege angeordnet. **b) Arten der Schuldverhältnisse.** Einteilungsgesichtspunkte sind der Entstehungsgrund (s u aa) und die Dauer der zeitlichen Bindung (s u bb). **aa) Rechtsgeschäftliche** (insbes vertragliche, vgl § 311 I) und **nichtrechtsgeschäftliche** (ges) Schuldverhältnisse (zB gem § 311 II). **bb) Schuldverhältnisse auf einmaligen Leistungsaustausch** (Leistungspflicht erschöpft sich in einmaliger Leistungserbringung) und **Dauerschuldverhältnisse** (dauernde Leistungspflicht ist geschuldet, zB Herstellung eines Zustands, längerwährendes Verhalten, Einzelleistungen über längeren Zeitraum; s § 314 I 1 mit Anm). Bsp: §§ 535, 488, 607, 611, 705, Sukzessivlieferungsvertrag (vgl § 311 Rn 14 ff).

4 **2. Relativität der Schuldverhältnisse.** Die Rechtswirkungen des Schuldverhältnisses (Rn 1 und s unten a) sind grundsätzlich auf die an ihm Beteiligten beschränkt (Zweiparteienverhältnis; Rn 5); die Rechtsstellung **dritter Personen** wird durch das Schuldverhältnis nicht berührt (Ausnahmen: Rn 6). **a)** Die **Forderung** ist der gegen eine bestimmte Person (Schuldner) auf eine bestimmte (vermögensrechtliche) Leistung gerichtete **schuldrechtliche** („obligatorische") **Anspruch** (§§ 241 I 1, 194). Kehrseite des Anspruchs des Gläubigers ist die Leistungspflicht (Schuld) des Schuldners. Als **relatives Recht** unterscheidet sich die Forderung grundlegend von den gegenüber jedermann wirkenden, umfassenden Drittschutz genießenden **absoluten Rechten** (zu diesen Rn 2 ff und 11 ff vor § 854). **Einzelheiten:** Das relative Recht besteht nur gegenüber dem Schuldner, es kann nur durch den Schuldner (nicht durch Dritte, aber durch den Schuldner zurechenbares Handeln Dritter) verletzt werden. Auch wenn Leistungsobjekt eine Sache ist (vgl § 433 I 1), besteht nur ein Recht gegen den Schuldner „auf" die Sache, nicht ein gegenüber Dritten durchsetzbares „Recht zur Sache" (kein „ius ad rem", vgl RG 103, 420; Wieling JZ 82, 840 f; Ausnahme: § 883). Das Forderungsrecht genießt grundsätzlich keinen Dritt-(Delikts-)schutz (BGH NJW 81, 2185), es ist kein „sonstiges Recht" iSv § 823 I (§ 823 Rn 17). Vorsätzliche und sittenwidrige Verleitung des Schuldners zum Vertragsbruch begründet Schadensersatzpflicht gem § 826, Sittenwidrigkeit aber nur bei Vorliegen bes Umstände gegeben. Bsp: Freistellung von den Ansprüchen des ersten Käufers bei Doppelverkauf (BGH NJW 81, 2186; ie § 826 Rn 19 mit Bsp), nicht aber Werbung zum Ankauf von Eintrittskarten, deren Erwerber mit dem Veranstalter ein Weiterveräußerungsverbot vereinbart haben

5 (BGH 178, 72 ff). **b) Zweiparteienverhältnis.** Auf Schuldner- und Gläubigerseite kann eine Mehrheit von Personen stehen (§§ 420 ff; 428 ff). Nachträglicher **Wechsel** in der Person des Gläubigers (Übertragbarkeit der aus dem Schuldverhältnis entstandenen Forderung: §§ 398 ff) und des Schuldners (Schuldübernahme: §§ 414 ff) ist möglich, desgl eine Rechtsnachfolge in das Schuldverhältnis im ganzen; ges Fälle:

Titel 1. Verpflichtung zur Leistung **§ 241**

§§ 565, 566, 613a, 1922; vertragliche Vertragsübernahme: BGH 96, 308 und § 398 Rn 32 f; Schranken: § 309 Nr 10). Bei Vereinigung von Forderung und Schuld in einer Person (Konfusion) erlischt das Schuldverhältnis (vgl § 1922 Rn 9). **c) Dritt-** 6 **wirkungen** bestehen im allg nicht (BGH 83, 257; Rn 4). Ausnahmen: §§ 565, 566, 581 II; weitere Bsp: Weitnauer FS Larenz, 1983, S 712 ff. Durch vertragliche Schuldverhältnisse kann die Rechtsstellung Dritter verbessert (berechtigender Vertrag zgDr: §§ 328 ff; Vertrag mit Schutzwirkung für Dritte: § 328 Rn 19 ff; Haftungsmilderung(-ausschluss) zgDr: § 276 Rn 58; vgl auch § 618 III), niemals aber verschlechtert werden (kein Vertrag zu Lasten Dritter: § 328 Rn 7). Dritte können durch Erbringung der Leistung auf das Schuldverhältnis einwirken (§§ 267, 362). Der Schuldner kann sich aber idR nicht einredeweise auf Rechte Dritter berufen (vgl Denck JuS 81, 9).

3. Verpflichtung zur Leistung. Vgl Titel-Überschrift vor § 241. **a) Begriff** 7 **der Leistung.** § 241 gibt keine Begriffsbestimmung, wie überhaupt das BGB keinen einheitlichen Leistungsbegriff kennt (vgl BGH 93, 230; sa § 812 Rn 2 ff). Leistungspflichten können je nach gesetzlicher Ausgestaltung oder parteiautonomer Abrede Erfolgspflichten (obligations de résultat) oder Handlungspflichten (obligations de moyens) sein (rechtsvergleichend Lobinger 2004 aaO 194 ff; Kleinschmidt, Handwörterbuch des Europäischen Privatrechts, 436 ff). Unter Leistung kann sowohl vom Schuldner geschuldete pflichtgemäße Verhalten (die **Leistungshandlung**) als auch das Ergebnis der Leistungshandlung (der **Leistungserfolg**) verstanden werden. Der Leistungserfolg ist eingetreten, wenn das Gläubigerinteresse tatsächlich befriedigt ist. Leistungshandlung und Leistungserfolg können je nach der Art des Schuldverhältnisses zusammen- (tätigkeitsbezogene Schuldverträge; Bsp: §§ 611, 662, 675) oder auseinanderfallen (erfolgsbezogene Schuldverträge; Bsp: §§ 433, 535, 631, 652). Der Eintritt des Leistungserfolgs braucht nicht allein vom Verhalten des Schuldners, er kann auch von weiteren, zusätzlichen Umständen (Mitwirkung des Gläubigers, eines Dritten, einer Behörde) abhängen. Bsp: Bei Grundstücksübereignung besteht die Leistungshandlung in der Auflassung (§ 925), der Eintritt des Leistungserfolgs setzt die (uU von der Erfüllung öffentl-rechtlicher Voraussetzungen abhängige) Umschreibung im Grundbuch voraus (§ 873). Sa BGH NJW 09, 2737: sportlicher Erfolg einer Mannschaft als Voraussetzung einer Prämienzahlung an den Trainer. Ob „Leistung" iSv Leistungshandlung (so zB in §§ 269, 271; sa § 243 II) oder Leistungserfolg (so zB in §§ 362, 267) oder iSv beidem (so zB beim Ausschluss der Leistungspflicht gem § 275) gemeint ist, ist für jede Vorschrift gesondert zu ermitteln. Bei erfolgsbezogenen Schuldverhältnissen schuldet der Schuldner (trotz § 275) iZw nicht nur die ordnungsgemäße Leistungshandlung, sondern auch den darüber hinausgehenden Leistungserfolg. Grund: Solange die Leistungspflicht besteht (kein Ausschluss gem § 275 I–III) braucht der Gläubiger nicht Schadensersatz „statt der Leistung" zu verlangen (§§ 275 IV, 283). Die Leistung braucht für den Gläubiger keinen Vermögenswert zu haben (MK/Kramer, 5. Aufl 2007, Einl 45 vor § 241), jedes rechtlich schutzwürdige Interesse des Gläubigers genügt (zur Abgrenzung zum lediglich außerrechtlichen Interesse vgl Rn 23 f). Bsp: Verpflichtung zum Widerruf ehrkränkender Behauptung in besonderer Form gegenüber bestimmten Dritten. **b) Inhalt der Leistung.** Als Leistungshandlung (Rn 7) kommt jedes **bestimmte** 8 oder wenigstens **bestimmbare** (§§ 315–317) positive oder negative, (rein) tatsächliche oder rechtsgeschäftliche Verhalten des Schuldners in Frage; ist der Leistungsinhalt (endgültig) nicht bestimmbar, fehlt es an einem Schuldverhältnis überhaupt (Larenz, SchR I, § 6 II; BGH 55, 250; NJW-RR 90, 271; KG DNotZ 87, 104). **Persönliche** Leistungen sind solche, die nur der Schuldner selbst erfüllen kann, s § 267 (grundlegend jetzt M. Weller), weil es das Gesetz anordnet (zB § 613 S 1, 664 I S 1, 691 S 1, 713) oder so verabredet wurde. Eine entsprechende konkludente Abrede ist anzunehmen, wenn der Leistungswert gerade von der Person des Leistungserbringers abhängt und es den Parteien darauf ankam (zB Porträt von der Hand eines bestimmten Malers). Bsp für positives **Tun:** Zahlung von Geld, Einräumung

§ 241 Buch 2. Abschnitt 1. Inhalt der Schuldverhältnisse

und Übertragung von Rechten, Verschaffung und Herausgabe von Sachen, Gebrauchsüberlassung, Erbringung von Dienstleistungen aller Art, Herbeiführung eines bestimmten Erfolgs (auch einer Schuldbefreiung; zum Befreiungsanspruch vgl §§ 256, 257 Rn 5), Übernahme der Haftung usw. Für **Unterlassen** kommt jede Tätigkeit in Frage, zu der der Schuldner an sich berechtigt wäre; daher **nicht:** allg Rechtspflicht, Eingriffe in die fremde Rechtssphäre zu unterlassen. Unterlassen kann Haupt- oder Nebenpflicht (Rn 9; § 242 Rn 29 f) sein. Bsp für Hauptpflichten: Vertragliches Wettbewerbsverbot, vertragliches Bauverbot (vgl auch Verdinglichung gem §§ 1018, 1090), vereinbartes Veräußerungsverbot (§ 137), Bieteverbot in Versteigerung, vereinbarte Schweigepflicht. **Lit:** Köhler AcP 190, 496. Bei **Duldung** verpflichtet sich der Schuldner zur Unterlassung der ihm an sich zustehenden Gegenrechte (zB Beseitigungsanspruch gem § 1004). Der **vorbeugenden Unterlassungsklage** liegt kein vertraglicher Unterlassungsanspruch iS einer Haupt-(Neben-)leistungspflicht zugrunde, sondern eine ges Unterlassungspflicht (ie str, dazu Henckel AcP 174, 120); Voraussetzungen: Rn 6 vor § 823. Der Gläubiger darf bei Teilbarkeit der Leistung in den Grenzen von Treu und Glaube (vgl § 242 Rn 18) Teilleistung fordern (BGH NJW 10, 1959; sa § 266 Rn 4).

9 **4. Pflichten aus dem Schuldverhältnis.** Vgl Überschrift von § 241. **a) Arten.** Seit langem unterschieden werden Leistungs- und Schutz- oder weitere Verhaltenspflichten (zur Abgrenzung Madaus, Jura 04, 289). **Leistungspflichten (I)** sind je nach ihrer Bedeutung für das Schuldverhältnis Haupt- oder Nebenleistungspflichten (sa u b). Die **Schutzpflichten** sind ohne ausdr allg ges Grundlage im BGB (aF) erst von Rspr und Lit entwickelt worden (Rn 10), zur Unterscheidung Grigoleit aaO 275 ff. Eine entspr ges Klarstellung enthält nunmehr **II** (eingefügt durch das SchRModG). Die Hauptbedeutung von **II** liegt im Leistungsstörungsrecht (s §§ 282, 311 II und III, 324). Weitere Unterscheidungen: Rn 11–13. **b) Die Hauptleistungspflichten** stehen bei gegenseitigen Verträgen im Synallagma, also Gegenseitigkeitsverhältnis (§§ 320 ff) (§ 311 Rn 13) und bestimmen dann als regelmäßig auch vertragstypische Leistungen den Schuldvertragstyp (zB §§ 433, 631). Sie bedürfen idR ausdr Vereinbarung (betreffen die „*essentialia negotii*"; sonst §§ 315–319). Der Begriff der Hauptleistungspflicht sollte auf die synallagmatischen Hauptleistungspflichten beim gegenseitigen Vertrag beschränkt bleiben (idS wohl Fikentscher/Heinemann 26; Medicus/Lorenz SchR I Rn 118). Er wird aber auch abweichend als allgemeine Bezeichnung für die vertragstypusprägende Pflicht bei allen Verträgen (zu den Vertragsarten s § 311 Rn 12), also auch für nichtsynallagmatische Pflichten verwendet (zB von Brox/Walker II § 17 Rn 24). Die **Nebenleistungspflichten** dienen der Vorbereitung, Unterstützung, Sicherung und vollständigen Erfüllung (Durchführung) der Hauptleistung; sie ergänzen die Hauptleistungspflicht, haben aber neben ihr keine selbstständige Bedeutung (leistungsbezogene Nebenpflichten iGgs zu Schutzpflichten). Erfüllungsanspruch besteht (selbstständig einklagbar); Fortbestand nach Beendigung des Schuldverhältnisses ist möglich (nachwirkende Nebenpflichten; dazu BGH NJW 82, 1808 mN; NZG 12, 632; und § 242 Rn 28 ff). Rechtsgrundlage: selten ausdr ges Vorschrift (zB §§ 402, 666), idR bes Vereinbarung (zB über Verpackungs-, Versendungs- und Versicherungspflicht), daneben ergänzende Vertragsauslegung (§§ 157, 242) oder allg Treu und Glauben (§ 242).

10 **c) Schutzpflichten** (grundlegend: Canaris, FS Larenz, 1983, S 84 ff; sa Gernhuber aaO S 22 ff). Die (Haupt- und Neben-)Leistungspflichten (Rn 9) bezwecken die Sicherung des Erfüllungsinteresses des Gläubigers, die **Schutzpflichten** (andere Bezeichnungen: **weitere Verhaltens-**, Fürsorge-, Obhuts-, Sorgfalts-, unselbstständige, leistungsunabhängige Nebenpflichten) die des Erhaltungs-(Integritäts-)interesses des „anderen Teils" **(II).** Jeder Teil hat sich im Rahmen des Schuldverhältnisses stets so zu verhalten, dass der andere Teil vor (Begleit-)Schäden an anderen (s Normtext) Rechten, Rechtsgütern und (rechtlich geschützten) Interessen (einschließlich des Vermögens als solchem) nach Möglichkeit bewahrt wird (zur Rücksichtspflicht s Faenger 38 ff; Knoche/Höller ZGS 03, 26). Die Verhaltenspflichten

Titel 1. Verpflichtung zur Leistung § 241

ergeben sich meist (vgl aber § 618) unmittelbar aus §§ 241 II, 242 (s § 242 Rn 24–26). Die „von den Grundrechten zum Ausdruck gebrachte Werteordnung der Verfassung" ist dabei zu beachten (BAG NJW 11, 1306). Die Verhaltenspflichten gelten sowohl in vertraglichen als auch in ges Schuldverhältnissen (zB bei Aufnahme von Vertragsverhandlungen, bei Vertragsanbahnung, § 311 II, und nach Vertragsende, v. Bar AcP 179, 460 f für nachwirkende Vertragspflichten, zur Bindung im ges Schuldverhältnis einer Wohnungseigentümergemeinschaft s BGH NJW 07, 293 mN), können sich auch auf Dritte erstrecken (Schuldverhältnis mit Schutzwirkung für Dritte, vgl § 328 Rn 23; BGH NJW 11, 140; Papadimitropoulos, Schuldverhältnisse mit Schutzwirkung zu Gunsten Dritter, 2007) und gegenüber Dritten bestehen (§ 311 III). Sie hängen nicht vom Vertragstyp ab, ihr Inhalt (Rücksichtnahme, Aufklärung, Warnung, Sicherung, Obhut, Fürsorge, vgl ie § 242 Rn 19 ff) steht nicht von vornherein fest, sondern richtet sich nach der jeweiligen Situation. Bei Schuldverhältnissen mit längerer zeitlicher Bindung (Dauerschuldverhältnisse, vgl Rn 3) oder personenrechtlichem Einschlag (§ 611; § 705; Bsp: Pflicht des Arbeitgebers, bei der Wahrung oder der Entstehung von Ansprüchen des Arbeitnehmers gegen einen Rentenversicherungsträger mitzuwirken s BAG NJW 10, 1099) nimmt die Intensität der Verhaltenspflichten zu. Sie sind nicht in das Gegenseitigkeitsverhältnis einbezogen und nicht selbstständig einklagbar (hM, aA Motzer JZ 83, 886; vorbeugende Behelfe: Unterlassungsanspruch und ZPO 935, vgl Stürner JZ 76, 384). Folge bei Verletzung: Schadensersatzpflicht, §§ 280 I, III, 282. § 278 gilt auch für Schuldverhältnisse, die sich in Schutzpflichten erschöpfen, selbst wenn diese nicht weiter reichen als die deliktische Verkehrssicherungspflicht (PalGrüneberg 7). Bei Verträgen, die auf die Wahrnehmung von Vermögens- oder Integritätsinteressen gerichtet sind, können **Schutzpflichten** allein den **Vertragsgegenstand** ausmachen (ohne jedoch zu Leistungspflichten zu erstarken). Beispiele sind Bewachungsverträge oder sog Selbstsperre-Verträge, die auf Wunsch eines potentiellen Spielers mit einer Spielbank zustandekommen und den Schutz des Spielers vor sich selbst bezwecken. Verletzt die Spielbank ihre daraus resultierende Kontrollpflicht, hat sie dem Spieler entstandene Spielverluste auszugleichen, BGH NJW 06, 362; 08, 840; auch wenn die Spielbank auf Antrag des Spielers die Spielsperre aufhebt, ohne von diesem einen sicheren Nachweis zu haben, dass keine Spielsuchtgefährdung mehr vorliegt (BGH NJW 12, 48). **d) Primäre und sekundäre Leistungspflichten. Primäre** Leistungspflichten sind alle Haupt- und Nebenleistungspflichten (Rn 9). Ihr Leistungsgegenstand ist von Anfang an geschuldet. **Sekundäre** Leistungspflichten entstehen erst aus der Verletzung der primären Leistungspflichten. Bsp: Schadensersatzpflicht bei Leistungsstörungen (§§ 280 ff, 323 ff); Abwicklungspflichten bei Rücktritt (§§ 346 ff). Schuldverhältnisse ohne primäre Leistungspflichten sind möglich; Bsp: cic (vgl § 311 II und dort Rn 34). **e) Gegenseitiges Verhältnis.** Haupt- und Nebenpflichten (Nebenleistungs- und Verhaltenspflichten) schließen sich gegenseitig aus. Dagegen können Nebenleistungspflichten und Verhaltens-(Schutz-)pflichten inhaltlich übereinstimmen. Bsp: Die Verschaffung einer vollständigen Bedienungsanleitung beim Verkauf einer Maschine ist idR zugleich Nebenleistungs- und Schutzpflicht (vgl BGH 47, 315 ff: Sicherung von richtigem – Verhütung von fehlerhaftem – Einsatz), entsprechende Pflicht kann aber auch als Hauptleistungspflicht vereinbart werden (BGH NJW 89, 3223; 93, 462 für Computer). **f) Pflichten und Obliegenheiten.** Der Leistungspflicht entspricht eine Forderung des Gläubigers (Rn 4). Die Obliegenheit ist keine echte Pflicht (der Gegner hat weder Erfüllungs- noch Schadensersatzanspruch), sondern eine „Last"; ihre Erfüllung liegt im wohlverstandenen eigenen Interesse des „Belasteten", da sonst Rechtsnachteile eintreten („Verpflichtung gegen sich selbst"). Bsp: Schadensabwendungs- und -minderungs„pflicht" (§ 254 II 1); Anzeige„pflicht" (§ 651d II); Untersuchungs- und Rüge„pflicht" beim Handelskauf (HGB 377; vgl BGH 91, 299); Obliegenheiten des Gläubigers im Fall des Leistungsverzugs (vgl § 309 Nr 4) und des Annahmeverzugs (§ 293 Rn 2); den Bürgschaftsgläubiger zur Prüfung der ladungsfähigen Anschrift des Bürgen (BGH NJW 09, 587 f); der anderen Vertragspartei zur Wider-

11

12

13

§ 241 Buch 2. Abschnitt 1. Inhalt der Schuldverhältnisse

rufsbelehrung (§ 355 II 1); des Drittschuldners (ZPO 840 I; vgl BGH 91, 128); des Versicherungsnehmers (VVG 6 I 2, 62, 158i) usw. Obliegenheiten können gesetzlich für die Zeit vor Vertragsschluss angeordnet werden, Bsp VVG 19 ff (zur Konkurrenz mit cic vgl BGH NJW-RR 07, 826 f).

14   **5. Zusammentreffen mehrerer Schuldverhältnisse (Konkurrenzen). a) Allgemeines.** Durch denselben Vorgang kann eine Mehrheit (Konkurrenz) von Schuldverhältnissen und damit Ansprüchen (Rn 2) entstehen. Bei **Anspruchskonkurrenz** (Begriff: § 194 Rn 7) steht dem Gläubiger eine Mehrheit selbstständiger, im Wesentlichen auf die gleiche Leistung gerichteter Ansprüche gegen denselben Schuldner auf Grund verschiedener (gleichrangiger) Anspruchsgrundlagen aus demselben Sachverhalt zu (Bsp: Rn 16), bei **Gesetzeskonkurrenz** nur ein (einziger) Anspruch aus einer vorrangigen Anspruchsgrundlage; die übrigen werden verdrängt. Bei der **Anspruchskonkurrenz** richten sich die verschiedenen Ansprüche nach Voraussetzungen, Inhalt und Durchsetzung grundsätzlich nur (Ausnahmen: Rn 17) nach den für sie maßgeblichen Bestimmungen (**Selbstständigkeitsregel**; vgl Rn 3

15   vor § 823; sa § 194 Rn 7). **b) Zusammentreffen von Ansprüchen aus Vertrag und Delikt** (Lit: Schlechtriem, Gutachten II, S 1591; Schwenzer JZ 88, 525). Vertrags- und Delikthaftung sind in verschiedener Hinsicht unterschiedlich ausgestaltet. Dies gilt namentlich für die Ersatzfähigkeit von allg Vermögensschäden (vgl § 823 I), Gehilfenhaftung (§§ 278, 831), Verschuldensmaßstab (§§ 276, 521, 599, 680, 690, 708), Beweislast (§ 280 I 2) und Gerichtsstand (ZPO 29, 32). Die früheren Unterschiede beim Umfang der Ersatzpflicht (§§ 253 aF, 847 aF) und bei der Verjährung (bes deliktische Verjährung gem § 852 aF) sind praktisch beseitigt (vgl nunmehr allg

16   §§ 195, 199; § 253 nF; Streichung von § 847 aF; s auch Rn 17 [1]). **aa) Grundsatz.** Durch Hinzukommen eines Vertrags wird die allg Rechtspflicht, andere nicht zu schädigen, nicht beseitigt, sondern (idR, vgl PalGrüneberg 7) verstärkt. Durch Verletzung einer Vertragspflicht kann daher zugleich eine uH begangen werden: vertragliche und deliktische Haftung kommen dann nebeneinander (gehäuft) zur Anwendung (Rn 10). Fall echter **Anspruchskonkurrenz:** BGH 101, 343 f; 116, 299 ff mN; 123, 398, stRspr und iE allgM, s Rn 3 vor § 823. § 203 gilt allg auch

17   für konkurrierende Ansprüche (BGH 93, 69 f zu § 852 II aF). **bb) Ausnahmen.** Abw vom Grundsatz der Selbstständigkeit (Rn 14) wirkt uU die Regelung der Vertragshaftung auch auf deliktische Ansprüche ein. **Fallgruppen:** (1) Die regelmäßige Verjährung (s Rn 15 aE) wird durch die **kurze Verjährung** bei Gebrauchsüberlassungsverhältnissen verdrängt (vgl §§ 548, 606, 1057 und Anm dort); dagegen lässt eine kürzere Verjährung für Mängelansprüche die Regelverjährung deliktischer Ansprüche nach hL (dagegen aber Mansel/Budzikiewicz § 5 Rn 152 ff) unberührt (s näher §§ 438, 634a und Anm dort). Umgekehrt schließt UWG 21 bei konkurrierenden vertraglichen Unterlassungsverpflichtungen § 195 aus (BGH 130, 293 ff zur aF). (2) **Ges Einschränkungen der Vertragshaftung** können auch Deliktsansprüche ergreifen (Bsp: § 690 mit Anm; sa BGH 86, 239); in den Fällen von §§ 521, 524, 599 ist dies str; s Anm dort und Rn 4 vor § 823 mN. (3) Inwieweit **vertragliche Haftungsmilderungen(-ausschlüsse)** auch konkurrierende Deliktsansprüche umfassen, ist Frage des Einzelfalls (BGH 64, 359; 67, 366; 100, 182 mN). Bei ausdr (eindeutiger) Erstreckung der Freizeichnung insbes auf konkurrierende Produzentenhaftung sind die Schranken gem §§ 307 II Nr 2, 309 Nr 7 und ProdHaftG 14 zu beachten (ie § 276 Rn 54, 57).

18   **6. Schuld und Haftung. a) Begriffe. Schuld** bezeichnet die materiellrechtliche Leistungspflicht des Schuldners (Rn 4), das Leistensollen. **Haftung** wird häufig (untechnisch) gleichbedeutend iS einer Einstandspflicht, insbes bei einer Verpflichtung zum Schadensersatz gebraucht (zB §§ 179 III, 276 III, 566 II, 767 II, 778, 818 IV, 840 I); in der Gegenüberstellung zur Schuld bedeutet Haftung (technisch) das Unterworfensein des Schuldnervermögens unter den Vollstreckungszugriff des

19   Gläubigers, dh die prozessuale Durchsetzbarkeit der Schuld. **b) Grundsatz. Keine Schuld ohne Haftung.** Jede materiellrechtliche Forderung ist grundsätzlich **ein-**

Titel 1. Verpflichtung zur Leistung **§ 241**

klagbar und damit **vollstreckbar** (Ausnahmen Rn 20 ff; s auch Konstellationen des § 888 III ZPO: klagbar, aber nicht vollstreckbar). Gegenstand der Zwangsvollstreckung wegen Geldforderungen (vgl ZPO 803 ff) ist (nur) das Schuldnervermögen, die Person des Schuldners unterliegt grundsätzlich nicht dem Vollstreckungszwang. Anders bei unvertretbaren Handlungen (ZPO 888 I); Bsp: Auskunft; Widerruf ehrkränkender Behauptung, vgl § 823 Rn 86; ZPO 901, 918. IdR erstreckt sich die Haftung auf das gesamte Schuldnervermögen außer den Gegenständen, die dem Vollstreckungsschutz unterliegen (ZPO 811, 850–850i). Ausnahmsweise ist der Vollstreckungszugriff auf bes Vermögensteile beschränkt. Bsp: Beschränkte Haftung von Erben (§§ 1975, 1990), und von Minderjährigen (§ 1629a).

7. Unvollkommene Verbindlichkeiten, Naturalobligation. a) Allgemeines. Unter unvollkommenen Verbindlichkeiten iwS versteht man Forderungen, die prozessual nicht (bzw nicht gegen den Willen des Schuldners) durchgesetzt werden können, jedoch einen Erwerbsgrund für die freiwillige Leistung bilden. Terminologie uneinheitlich (auch „natürliche" Verbindlichkeiten, „Naturalobligationen"), Begriff ie umstr, abl Larenz, SchR I, § 2 III. Die Begrifflichkeit ist zu überdenken (zum ganzen grundlegend und differenzierend Schulze 176 ff [Meinungsüberblick], 262 ff, 431 ff, 652, der das Rechtsinstitut der **Naturalobligation** umfassend behandelt und für neue Anwendungsfälle konturiert hat. Naturalobligation ist das „schuldrechtliche Leistungspflichtverhältnis, das mit rechtlichen Zwangsmitteln einseitig nicht durchsetzbar ist." (Schulze 33, 652 ff). **b) Fallgruppen. aa) Unklagbare Verbindlichkeiten** sind Forderungen, denen die Prozessvoraussetzung der Klagbarkeit fehlt (ie str vgl RoSchwab/Gottwald § 89 III; Schulze 632 f); Bsp: §§ 1001 (str, vgl dort Rn 1), 1297 (Rn 22 vor § 1297), HGB 375. Vertragliche Vereinbarung zulässig (StSchmidt 13. Aufl Einl 154 ff vor § 241; Schulze 563 ff, str), doch iZw nicht als getroffen anzunehmen. **bb)** Das Gesetz ordnet in Einzelfällen auch an, dass eine Forderung trotz anderer Parteiabrede nicht entsteht, aber dass als Minus zu einer Forderung ein Rechtsgrund iSv § 812 I 1 begründet ist, wenn die verabredete Leistung erbracht wird. Die Leistungsabrede wird dann kraft Gesetzes zur **bloßen Rechtsgrundabrede** („unvollkommene Verbindlichkeiten" ieS, vgl § 762 Rn 6 ff). Bloße Rechtsgrundabreden sind nicht einklagbar. Bsp: §§ 656 (str; nach aA Fall von Rn 21), 762, 764; InsO 301 III. (partiell anders noch 13. Aufl, dazu Schulze aaO 193, zum Verständnis als Naturalobligation ebenda 447 ff). **cc) Verjährte Forderungen** (s § 194 Rn 4).

8. Gefälligkeitsverhältnis. Lit: Hammen FS 400 Jahre Univ Gießen, 2007, 435; Plander AcP 176, 425; Willoweit JuS 84, 909; 86, 96.

a) Begriff: Sonderbeziehung zwischen einem uneigennützig handelnden Teil (Gefälliger) und einem anderen (Begünstigter), die iGgs zu Rn 1 **nicht** in einem **Rechtsverhältnis** (Gefälligkeitsvertrag; GoA) besteht. **b)** Die häufig schwierige **Abgrenzung** zu den **Gefälligkeitsverträgen** (§§ 516, 598, 662, 690), insbes zum Auftrag (vgl § 662 Rn 5) ergibt sich aus dem (Nicht-)Vorliegen eines Rechtsbindungswillens (dazu allg Rn 17 vor § 104; Rn 11 vor § 116), der ggf aus den Umständen aus der Sicht des Leistungsempfängers (BGH NJW 12, 3366 mAnm Armgardt) zu erschließen ist (s BGH 97, 381; NJW 95, 3389 mN). Von Bedeutung sind: Art und Zweck der Gefälligkeit sowie Interessenlage der Beteiligten, erkennbare wirtschaftliche und rechtliche Bedeutung der Angelegenheit (zB Wert der anvertrauten Sache; Aufwendungen und Vorleistungen; dem Begünstigten drohende Gefahren und Schäden bei fehlerhafter Leistung), eigenes wirtschaftliches oder rechtliches Interesse des Gefälligen (dann idR rechtliche Bindung; BGH 21, 107; 88, 382 und 384; 92, 168), unverhältnismäßiges Haftungsrisiko (dann idR keine rechtliche Bindung; BGH NJW 74, 1705). **Bsp** für Gefälligkeitsverhältnisse (Einzelfall entscheidend): Gefälligkeitshandlungen und -zusagen des täglichen Lebens, zB Zeitschriftenauslage in Wartezimmern (vgl BGH 92, 55); Hüttenüberlassung (München NJW-RR 93, 215 f); „gentlemen's agreement" (vgl BGH MDR 64, 570; Schulze aaO 593 ff); Lottotippgemeinschaft (BGH NJW 74,

Mansel 187

§ 241a

1705, str; krit Plander AcP 176, 425); Gefälligkeitsfahrt (BGH 30, 46; NJW 92, 498 f; ie Mersson DAR 93, 91 mN), -ritt (BGH NJW 92, 2474; 93, 2611) und -flug (BGH 76, 32); Haftungsübernahme (BGH NJW 86, 979 f); nachbarliche etc Hausbeaufsichtigung, -reinigung (Koblenz NJW-RR 02, 595 mN). Keine rgeschäftliche Bindung bei Gewinnzusagen, zum ges Anspruch s § 661a Rn 2, 4 ff. Bsp. für **idR rgeschäftliche Abrede** (Einzelfall entscheidend): Kfz-Fahrgemeinschaften (BGH NJW 92, 499 mN, dort auch zu einer Ausnahme), Kfz-Überführung (Frankfurt NJW 98, 1232), Kfz-Starthilfe (AG Kaufbeuren NJW-RR 02, 382), Bankauskünfte (§ 675 II mit Anm), Auskunft eines Steuerberaters (BGH NJW 09, 1142), Zusagen im Rahmen von Preisausschreiben (§ 661 Rn 1), Gratisbehandlungen zwischen Ärzten (BGH NJW 77, 2120), das Übergeben eines Geldbetrags zur Weiterleitung an einen Dritten in einem Schenkkreis (BGH NJW 12, 3366 mAnm Armgardt). Zusagen im Rahmen nichtehelicher Lebensgemeinschaft (BGH 97, 381) sowie Übernahme von Kinderbeaufsichtigung (Celle NJW-RR 87, 1384; sa Rn 17 vor § 104; § 832 Rn 4; s aber BGH NJW 68, 1874). Zur rgeschäftlichen Bindung (u damit rgeschäftlichen Spielbankhaftung für Spielerverluste) bei Spielsperre durch Spielbank auf Anregung des Spielers (Eigensperre): BGH NJW 12, 49; 06, 362 (vgl Rn 10); Peters JR 02, 177, 180; aA noch BGH NJW 96, 248; LG Leipzig NJW-RR 00, 1343; Hamm NJW-RR 02, 1634; Schulze

25 FS Erik Jayme, 2004, 1577. **c) Rechtsfolgen. aa)** Gefälligkeitsverhältnisse sind für die Beteiligten **unverbindlich**; der Belastete kann es jederzeit (nach BGH NJW 86, 980 bei „einem vernünftigen Grund") beenden, der Begünstigte hat keinen (vertragsähnlichen) **Erfüllungs-**, der Gefällige keinen **Aufwendungsersatz**anspruch. Soweit der Vollzug des Gefälligkeitsverhältnisses „geschäftsähnlichen Kontakt" zwischen den Beteiligten begründet, können den Gefälligen aber Schutzpflichten (Rn 10) aus einem „ges Schuldverhältnis" (ähnlich cic) treffen (vgl § 311 I Nr 3: „ähnliche geschäftliche Kontakte"). § 278 ist anwendbar (Rn 10). Gefälligkeitsverhältnis kann Rechtsgrund iS § 812 sein (Hammen aaO 437 ff, 439 ff mwN, PalGrüneberg vor § 241 Rn 8).

26 **bb)** Grundlage für die **Haftung des Gefälligen** sind §§ 823 ff (BGH NJW 92, 2475), uU auch ges Schutzpflichtverletzung (vgl Rn 25), seit 1.8.2002 auch StVG 7 I (Folge von StVG 8a nF iVm Übergangsvorschrift gem Art 12 § 8 Nr 4 des 2. Ges zur Änderung schadensersatzrechtlicher Vorschriften vom 19.7.2002, BGBl I 2674), ferner § 833 S 1 (BGH NJW 93, 2611 mN, str; aA Hasselblatt NJW 93, 2579; Westerhoff JR 93, 497). Eine analoge Anwendung des § 603 S. 2 BGB wegen unerlaubter Gebrauchsüberlassung einer Sache an einen Dritten ist nicht möglich (BGH NJW 10, 3087). **Haftungsmaßstab** ist grundsätzlich § 276, eine allg Haftungsmilderung entspr §§ 521, 599, 690 ist abzulehnen (arg §§ 662, 680; BGH 21, 110; 30, 46; NJW 92, 2475 mN auch zur aA, stRspr; MK/Kramer, 5. Aufl 2007, Einl 41 f vor § 241). Im Einzelfall kann die Haftung unter dem Gesichtspunkt des vertraglichen Haftungsverzichts (§ 276 Rn 55) oder des Handelns auf eigene Gefahr (BGH 34, 355 und § 254 Rn 14 ff; § 823 Rn 55) entfallen oder beschränkt sein. An entspr stillschweigende Vereinbarungen (selten) sind strenge Anforderungen zu stellen (BGH 76, 34 mN; NJW 92, 2475; Mersson DAR 93, 91 mN; Bsp: Gefälligkeitsbeförderungen, -überlassungen).

27 **9. EinV.** Für vor dem 3.10.1990 entstandene Schuldverhältnisse bleibt das bisherige Recht maßgebend (EGBGB 232 § 1), ggf mit Modifizierungen, s mN § 242 Rn 11.

§ 241a Unbestellte Leistungen

(1) Durch die Lieferung unbestellter Sachen oder durch die Erbringung unbestellter sonstiger Leistungen durch einen Unternehmer an einen Verbraucher wird ein Anspruch gegen diesen nicht begründet.

(2) Gesetzliche Ansprüche sind nicht ausgeschlossen, wenn die Leistung nicht für den Empfänger bestimmt war oder in der irrigen Vorstellung einer Bestellung erfolgte und der Empfänger dies erkannt hat oder bei Anwendung der im Verkehr erforderlichen Sorgfalt hätte erkennen können.

Titel 1. Verpflichtung zur Leistung **§ 241a**

(3) **Eine unbestellte Leistung liegt nicht vor, wenn dem Verbraucher statt der bestellten eine nach Qualität und Preis gleichwertige Leistung angeboten und er darauf hingewiesen wird, dass er zur Annahme nicht verpflichtet ist und die Kosten der Rücksendung nicht zu tragen hat.**

Lit: C. Berger, Der Ausschluß gesetzlicher Rückgewähransprüche bei der Erbringung unbestellter Leistungen nach § 241a BGB, JuS 01, 649; Casper, Die Zusendung unbestellter Waren nach § 241a BGB, ZIP 00, 1602; Deckers, Zusendung unbestellter Waren, NJW 01, 1474; Hau, Geschäftsführung ohne Verbraucherauftrag, NJW 01, 2863; Jakobs, Deliktsschutz durch Beschädigung unbestellter Waren durch Dritte, Jura 04, 490; Jayme/Schulze, Der praktische Fall usw, JuS 01, 878; Kohler, Aliud und Peius im Konflikt mit § 241a usw, AcP 204, 606; Lienhard, Missbräuchliche Internet-Dialer – eine unbestellte Dienstleistung, NJW 03, 3592; Link, Ungelöste Probleme bei der Zusendung unbestellter Sachen, NJW 03, 2811; Löhnung, Zusendung unbestellter Waren usw, JA 01, 33; S. Lorenz, § 241a BGB und das Bereicherungsrecht – zum Begriff der „Bestellung" im Schuldrecht, FS W. Lorenz, 2001, S 193; Mitsch, § 241a BGB und die gestörte Gesamtschuld usw, ZIP 05, 1017; Müller-Helle, Die Zusendung unbestellter Ware usw, 2005; Otto, Konsequenzen aus § 241a BGB für das Strafrecht, Jura 04, 389; Piekenbrock, § 241a BGB und die neue Verbraucherschutzrichtlinie, GPR 12, 195; Riehm, Das Gesetz über den Fernabsatz und andere Fragen des Verbraucherrechts, Jura 00, 505; Schinkels, Unbestellte Leistungen, in: Gebauer/Wiedmann, Zivilrecht unter europ. Einfluss, 2. Aufl 2010, Kap 8, Rn 95–111; Sosnitza, BB 00, 2317; Thier, Aliud- und Minus-Lieferung usw, AcP 203, 399; Wrase/Müller-Helle, Aliud-Lieferung beim Verbrauchsgüterkauf usw, NJW 02, 2537.

1. Allgemeines. a) Zweck. Die Vorschrift dient der (überschießenden, NK/ Krebs 4) Umsetzung von Art 9 FernAbsRiLi (s dazu § 312b Rn 2; Schinkels aaO). Es handelt sich um eine systemwidrig in das BGB eingestellte, wettbewerbsrechtliche Vorschrift, die anstößige und belästigende Vertriebsformen durch ihren Sanktionscharakter (Rn 5) verhindern soll (BT-Drs 14/3195 S 32). Zur ökonomischen Funktion positiv: G. Wagner, AcP 204, 352, 448 f. Die **Einordnung** zwischen den schuldrechtlichen Grundvorschriften der § 241 und § 242 ist ein gesetzgeberischer Missgriff (Flume ZIP 00, 1427; Standort besser nach § 312 f). § 241a muss trotz seiner Stellung im BGB nach seinem wettbewerbsrechtlichen Zweck ausgelegt werden (vgl Rn 4, 5, 6). **b) Anwendungsbereich.** § 241a erfasst nicht Ansprüche des Unternehmers gegenüber Dritten (Rn 5) oder Dritter (zB Vorbehaltseigentümer) gegen den Verbraucher, soweit sie nicht nach I tätig geworden sind. Eine **entspr** Anwendung von § 241a auf den Handelsverkehr scheidet aus (HGB 362 gilt). **c) Verbraucherrechte-RiLi.** Dazu, dass die umzusetzende RiLi wegen des von ihr verfolgten Grundsatzes der Vollharmonisierung (s vor § 241 Rn 12) die Folge hat, dass Ansprüche aus §§ 985, 816 I durch § 241a nicht ausgeschlossen werden, s den Problemaufriss bei Piekenbrock GPR 12, 197 f. Das Umsetzungsgesetz (s vor § 241 Rn 12) ändert § 241a mit Wirkung zum **13.6.2014**. 1

2. Voraussetzungen. a) Es bedarf der unbestellten Zusendung von Sachen (§ 90) oder der Erbringung von sonstigen Leistungen, insbeson Werk- oder Dienstleistungen durch (oder für) einen Unternehmer (§ 14) an einen Verbraucher (§ 13). Für die Prüfung der §§ 13 f ist auf die Rechtslage abzustellen, die gelten würde, wenn der Empfänger die Leistung des Unternehmers tatsächlich bestellt hätte, wobei keine Beschränkung auf Fernabsatzvertragssituationen (§ 312b I) besteht (aA Berger JuS 01, 652). Der Normtext und Normzweck (auch Belästigungsschutz, Rn 1) setzen nicht voraus, dass die Zusendung zum Zweck der Vertragsanbahnung erfolgt und mit einer Zahlungsaufforderung verbunden ist (BaR/Sutschet 8; aA Hau NJW 01, 2865), auch wenn Art 9 FernAbsRiLi (Rn 1) das vorsieht, denn die Richtlinie legt nur einen Mindestverbraucherschutz fest. Die Leistungserbringung im Rahmen einer berechtigten GoA (§§ 677, 683) fällt nicht in den Anwendungsbereich (Bsp Arzt, Nothelfer; iE PalGrüneberg 3; Hau NJW 01, 2863; Schinkels aaO 102 ff), da ihr der belästigende vertriebsbezogene Charakter fehlt. Die Erbringung einer „Leistung" ist der Oberbegriff, der auch die Lieferung einer Sache umfasst. Die von dem Verbraucher unbemerkte (kostenlose) Installation eines Telefoneinwahlprogramms (Dialer) und – in erweiternder Auslegung – auch die dadurch hergestellten 2

§ 241a
Buch 2. Abschnitt 1. Inhalt der Schuldverhältnisse

kostenpflichtigen Mehrwerttelefondiensteverbindungen sind Leistungen iSv § 241a (LG Gera CR 04, 543; Lienhard NJW 03, 3596 f; s aber BGH NJW 04, 1590, der auf den Rechtsgedanken des § 16 III TKV abstellt, sowie Vor § 631 Rn 10); zum Beweis bei strittigem Vertragsschluss s AG Pinneberg NJW-RR 04, 270. **b) Unbestellte Leistungen nach I. aa)** Unbestellt ist eine Leistung, wenn sie nicht auf eine dem Verbraucher zurechenbare Anforderung zurückgeht, etwa wenn Einverständnis des Verbrauchers mit der später erfolgten Lieferung/Leistung fehlt. Einverständnis erfasst sowohl den Antrag (§ 145) als auch die „invitatio ad offerendum" des Verbrauchers (Bsp: Bestellung zur Ansicht; Berger JuS 01, 651). Spätere Anfechtung des Vertrages eröffnet den Anwendungsbereich des § 241a nicht. **bb) Keine** unbestellte Leistung liegt unter den Voraussetzungen des **III** vor. Danach muss die erbrachte Leistung (oder gelieferte Sache, Rn 2) nach Qualität und Preis im Vergleich mit der bestellten Leistung gleichwertig sein und die Zusendung einen Hinweis des Unternehmers darauf enthalten, dass keine Verpflichtung zur Abnahme und zur Kostentragung bei Rücksendung besteht. Lieferung mangelhafter Sachen fällt nicht unter **I**, sondern führt zur Anwendung von § 437 (Berger JuS 01, 652). Bei **aliud-Lieferung** im Rahmen eines bestehenden Kaufvertrages besteht **Gesetzeskonkurrenz zwischen §§ 434 III, 439 IV und § 241a** (Kohler AcP 204, 611). Bezüglich der Auflösung der Konkurrenz ist zu differenzieren: bei **bewusster** aliud-Lieferung greift **I** ein (Aufdrängungsschutz), es sei denn, der Unternehmer hat einen Hinweis entspr III gegeben; im Übrigen wäre ein Rückforderungsanspruch des Unternehmers ohnehin nach § 814 blockiert (Thier AcP 203, 410 mN). Bei **unbewusster** aliud-Lieferung wird **I** entgegen seinem (zu weiten) Wortlaut verdrängt durch § 434 III. Rückgewähransprüche des Verkäufers nach §§ 439 IV, 346 od §§ 812, 818 III sind hiernach nicht ausgeschlossen (Thier aaO). Dogmatisch ist dies mit einer richtlinienkonformen, extensiven Interpretation des Ausnahmetatbestandes in **III** erreichbar; denn bei der versehentlichen Lieferung eines Identitätsaliuds ist der Wettbewerbszweck des **I**, aggressive Vertriebsaktivität des Unternehmers zu unterbinden, nicht berührt (Deckers NJW 02, 1474; Thier aaO 412 f); vielmehr hat der Verbraucher – wie in III vorausgesetzt – die Lieferung durch seine vorausgehende Vertragsaktivität veranlasst. Ob der Verbraucher den Irrtum des Unternehmers erkennen konnte, ist unerheblich (aA Wrase/Müller-Helle NJW 02, 2538, die nur bei einem beiderseitigen Irrtum über das Identitätsaliud eine auf **II** gestützte Ausnahme von **I** machen wollen). Denn der Normzweck fokussiert die Vertriebsgesinnung in der Person des Unternehmers, die schlechterdings nicht vom Erkenntnispotential des Verbrauchers abhängen kann (anderer Lösungsansatz bei Kohler AcP 204, 632 ff, der **I** nicht anwendet, wenn Verbraucher Leistung gemäß § 363 als Erfüllung angenommen hat). Befürchtete Beweisschwierigkeiten des Verbrauchers entstehen nicht, da der Unternehmer die Darlegungs- und Beweislast für Ausnahmetatbestand des **III** analog trägt. Das hier vertretene Ergebnis steht mit Europarecht in Einklang: Art 9 FernAbsRiLi will den Verbraucher vor „Gegenleistung" (dh Zahlung des Preises) für unbestellt zugesandte Ware schützen (Schinkels aaO 97); bei unbewusster aliud-Lieferung droht mangels Rechtsbindungswillens keine Gefahr einer Vertragsänderung, die Kaufpreiszahlungspflicht für aliud auslösen würde; vielmehr hat der Verbraucher einen Nacherfüllungsanspruch (§§ 434 III, 439), bis zu dessen Erfüllung er keine Gegenleistung zu entrichten hat (§ 320). **c) Unbestellte Leistungen nach II** werden in zwei Fällen aus dem (nach Rn 2–3 eröffneten) Anwendungsbereich des I herausgenommen und privilegiert geregelt (Rn 6). Erfasst sind **(1)** Leistungen, die nicht für den tatsächlichen Empfänger bestimmt sind (**II, 1. Fall:** Fehlleitung durch Unternehmer oder Auslieferer), ohne dass es darauf ankommt, ob der Verbraucher diesen Fehler erkennen kann (aA NK/Krebs 34; Hk-BGB/Schulze 4). Hier realisiert sich ein alltägliches Risiko und kein wettbewerbswidriges Verhalten, vor dem der Verbraucher geschützt werden muss. **(2)** Leistungen, bei denen der Unternehmer irrig annimmt, es gäbe eine entspr Bestellung des Verbrauchers (Irrtum über „Ob" oder Inhalt der Bestellung) *und* der Verbraucher den Irrtum erkennen kann (**II, 2. Fall**). Die Voraussetzung der Erkennbarkeit des Irrtums des Unternehmers

Titel 1. Verpflichtung zur Leistung **§ 242**

durch den Verbraucher verhindert, dass die Regelung des I umgangen wird. **II, 2. Fall** gilt **entspr,** wenn der Unternehmer bewusst eine höherwertige Sache als bestellt liefert und den Hinweispflichten nach III nachgekommen ist (Casper ZIP 00, 1609; MK/Finkenauer 19).

3. Rechtsfolgen. a) I ordnet bei Zusendung unbestellter Leistungen (Rn 3) den 5 vollständigen **Ausschluss von ges und vertraglichen Ansprüchen** des Unternehmers gegen den Verbraucher an (zur GoA s Rn 2). Erfasst sind nach bestr Ansicht auch Herausgabeansprüche aus §§ 985, 812 (BT-Drs 14/2658 S 46: „Sanktion des Wettbewerbsverstoßes"; S. Lorenz JuS 00, 841; NK/Krebs 24; aA Casper ZIP 00, 1597; insbes bei Fehlen von Wettbewerbsverstoß aber § 242 beachten; umfassende Nachweise bei Piekenbrock GPR 12, 196, zu möglichen Änderungen de lege ferenda durch die Verbraucherrechte-RiLi s Rn 1). Der Verbraucher schuldet keinen Nutzungsersatz (BT-Drs 14/2658 S 46; S. Lorenz JuS 00, 841; aA Berger JuS 01, 653); er kann die Sache auch preisgeben oder ohne Haftungsfolgen vernichten (Berger JuS 01, 653). Der Verbraucher erwirbt an den zugesandten Sachen kein Eigentum (ebenso StOlzen 36; G. Wagner AcP 204, 352, 369 mN; aA PWW/ Schmidt-Kessel 12) und hat auch kein Besitzrecht (Schwarz NJW 01, 1452; aA PalGrüneberg 7; Sosnitza BB 00, 2323). Veräußert der Verbraucher die unbestellt zugesandte Sache, kann der Unternehmer nach § 816 auf den Erlös zugreifen (aA Link NJW 03, 2811 mN; PWW/Schmidt-Kessel 12); gegenüber dem bösgläubigen Erwerber gilt § 985. Zu Ansprüchen gegen einen Dritten, der die Sache beschädigt oder zerstört s Link NJW 03, 2812 (danach Fall der Drittschadensliquidation; aA Jakobs Jura 04, 490) und Mitsch (ZIP 05, 1019 f: keine Haftung des Dritten). Hinsichtlich **vertraglicher Ansprüche** ordnet I an, dass im Schweigen auf die Zusendung und in sonstigen Zueignungs- und Gebrauchshandlungen des Verbrauchers keine Annahme (§ 151) liegt (zu einer richtlinienbezogenen Argumentation s Lienhard, NJW 03, 3595 f) und auch kein (stillschweigender) Verwahrungsvertrag geschlossen wird. Die in der Zusendung liegende Offerte des Unternehmers kann vom Verbraucher durch eine eindeutige Annahmeerklärung, zB Rücksendung einer bestätigenden Antwortkarte, angenommen werden. Die Annahmeerklärung ist empfangsbedürftig, dh sie muss dem Unternehmer zugehen. § 151 BGB findet auf Grund gebotener richtlinienkonformer Auslegung keine Anwendung (str s Berger JuS 01, 654; Lienhard NJW 03, 3595 mN; PalGrüneberg Rn 6; Schwarz NJW 01, 1451 mN; aA – zurückhaltende Anwendung – Casper ZIP 00, 1607, Lorenz JuS 00, 841; Riehm Jura 00, 505); aus Art 9 RiLi 2002/65/EG Fernabsatz-Finanzdienstleistungen ergibt sich indirekt, dass eine Annahme regelmäßig eine „Antwort", dh eine zielgerichtete Kommunikation des Verbrauchers mit dem Unternehmer erfordert, was einen Zugang der „Antwort" impliziert (Schinkels aaO/100; aA PWW/Schmidt-Kessel 11: Unternehmerangebot ist gem § 134 iVm § 3, 7 UWG nichtig; Vertragsschluss nur bei neuem Verbraucherangebot und Annahmeerklärung des Unternehmers). In der Kaufpreiszahlung liegt idR eine solche Annahme. Bei Vertragsschluss besteht ggf Widerrufsrecht nach § 312d. **b)** Liegen **Leistungen nach** 6 **II** vor (Rn 4), stehen dem Unternehmer die ges Ansprüche aus §§ 985 ff; 823 ff; 812 ff zu; der Verbraucher haftet nur nach den allgemeinen Grundsätzen bei Zusendung unbestellter Ware (§ 146 Rn 6; § 300 I gilt); keine Rücksendepflicht. Sendet er die Ware doch zurück, erwirbt er Aufwendungserstattungsanspruch (§§ 677, 683, MK/Finkenauer 42). Für vertragliche Ansprüche gilt Rn 5. **c)** Abgrenzung zu **Lieferungen nach III:** Rn 3 [bb]. **d) Unterlassungs- und Auskunftsansprüche** gegen den Unternehmer: UKlaG 2 I, II Nr 1; 13, 13a.

§ 242 Leistung nach Treu und Glauben

Der Schuldner ist verpflichtet, die Leistung so zu bewirken, wie Treu und Glauben mit Rücksicht auf die Verkehrssitte es erfordern.

§ 242

I. Allgemeines

Lit: Auer, Materialisierung, Flexibilisierung, Richterfreiheit. Generalklauseln im Spiegel der Antinomien des Privatrechtsdenkens, 2005; dies, Good Faith and its German Sources: A Structural Framework for the Good Faith Debate in General Contract Law and under the UCC, 2006, Online-Publikation im Social Science Research Network (http://papers.ssrn.com); Baldus/Müller-Graff, Die Generalklausel im Europäischen Privatrecht, 2006; Canaris, Die Vertrauenshaftung im deutschen Privatrecht, 1971; Chelidonis, Legalität und Legitimation, JURA 10, 726; Gernhuber, § 242 BGB usw, JuS 83, 764; Haferkamp, Die heutige Rechtsmissbrauchslehre – Ergebnis nationalsozialistischen Rechtsdenkens?, 1995; v. Hoyningen-Huene, Die Billigkeit im Arbeitsrecht, 1978; Kamanabrou, Die Interpretation zivilrechtlicher Generalklauseln, AcP 202, 662; Menezes Cordeiro, Die Dogmatisierung des Systemdenkens durch Treu und Glauben, FS Canaris, 2007, Bd 1, S 857; Neuner, Vertragsauslegung – Vertragsergänzung – Vertragskorrektur, FS Canaris, 2007, Bd 1, S 901; Oestmann, Verkehrssitte, Privatautonomie und spontane Ordnung, KritV 02, 409; Pawlowski, Verfassungsrechtliche Vorgaben für die Auslegung des § 242 BGB?, JZ 02, 627; Strätz, Treu und Glauben I, 1974; M.Stürner, Der Grundsatz der Verhältnismäßigkeit im Schuldvertragsrecht, 2010; Weber, Entwicklung und Ausdehnung des § 242 BGB usw, JuS 92, 631; M.-P. Weller, Die Vertragstreue, 2009; Wieacker, Zur rechtstheoretischen Präzisierung des § 242 BGB, 1956.

1 **1. Treu und Glauben als allg Rechtsgrundsatz. a) Formulierung.** Der Rechtsgrundsatz von Treu und Glauben kommt in § 242, der sich seinem Wortlaut und seiner Stellung nach nur auf die Art und Weise der Leistung des Schuldners bezieht (ie Rn 16), nur unzulänglich zum Ausdruck. Die heute allg anerkannte – weite – Interpretation des § 242 (ie Rn 5 ff) entspricht der vorbildlichen Formulierung in SchwZGB 2: *„Jedermann hat in der Ausübung seiner Rechte und in der Erfüllung seiner Pflichten nach Treu und Glauben zu handeln". Der offenbare Missbrauch eines Rechtes findet keinen Rechtsschutz."* Zur **historischen Entwicklung** des Rechtsgrundsatzes s HKK/Duve 4 ff; Chelidonis JURA 10, 730 ff; Weller 304 ff. Das Konzept von Treu und Glauben ist, bei allen Systemunterschieden, in den europäischen Rechtsordnungen und darüber hinaus verbreitet und wirksam (s. Zimmermann, Good Faith in European Contract Law, 2000). Die **Grundregeln des Europäischen Vertragsrechts** (hrsg. durch v. Bar und Zimmermann, 2002) kennen eine § 242 entsprechende Grundregel (Art 1:201, hierzu Dajczak GPR 09, 63 ff; weiterführend zu Treu und Glauben im gesamten Europäischen Vertragsrecht s M. Stürner 414 ff).

2 **b) Bedeutung.** Dem Rechtsgrundsatz von Treu und Glauben kommt im gesamten Rechtsleben überragende Bedeutung zu (ie Rn 10). Der „königliche §" 242 (vgl Weber JuS 92, 631) ist eine der wichtigsten **Generalklauseln** des BGB (Rn 4), der Grundsatz von Treu und Glauben ein **„rechtsethisches Prinzip"** (Larenz, Methodenlehre der Rechtswissenschaft, 6. Aufl, S 421 ff). Die Gebote von Treu und Glauben sind **zwingend** und der Parteidisposition entzogen (StLooschelders/Olzen 107 ff; Verhältnis zu sonstigem zwingenden Recht: Rn 10). § 242 ist eine Norm des **Billigkeitsrechts** (BGH 108, 183; StWeber 11. Aufl A 137), gibt jedoch keine Ermächtigung zu einer allg Billigkeitsrechtsprechung (ie Rn 9). § 242 ist idR (BGH 88, 351; 95, 399; 113, 389; Ausnahmen: §§ 259–261 Rn 3; § 906 Rn 15; Rn 5 vor § 1569) **keine Anspruchsgrundlage**, kann aber mittelbar für eine solche von Bedeutung sein (zB für Haftung bei Verletzung von Neben- und Schutzpflichten, ie Rn 16 ff).

3 **c) Treu und Glauben als obj Maßstab.** Treu und Glauben (den Begriff verwenden ferner §§ 157, 162, 275 II, 307 I, 320 II, 815) ist *Verhaltensmaßstab* für die an einer Sonderverbindung (Rn 10) Beteiligten und *Entscheidungsmaßstab* für das Gericht (vgl BGH 111, 312 ff zu § 817 S 2; BGH 132, 130 ff: rückwirkende Rspr-Änderung). Sein Inhalt steht nicht von vornherein abschließend fest, sondern bedarf wertender Konkretisierung im Einzelfall. Erste Anhaltspunkte liefert die **Wortinterpretation** (sa M. Stürner 390). **Treue** verweist auf Rechtstugenden der Verlässlichkeit (s BGH 94, 354), des Worthaltens und der Loyalität; **Glauben** meint das Vertrauen auf die Treue des anderen Teils (zur sprachlichen Bedeutung näher Strätz aaO S 47 f). „Treu und Glauben" bedeutet damit den Grundsatz des anständigen und rücksichtsvollen Verhaltens, das Gebot der billigen Rücksichtnahme auf die berechtigten Belange des anderen Teils (vgl Larenz, SchR I, § 10 I; SoeTeichmann 4; MK/Roth/Schubert 11); er umfasst das Prinzip des *Vertrauensschutzes* (BGH 94, 351 f; MK/Roth/Schubert 9; Canaris aaO S 266). Bei der inhaltlichen Konkretisierung von Treu und Glauben ist nicht nur auf die in § 242 ausdrücklich genannte **Verkehrssitte** (Begriff: § 133 Rn 4) zurückzugreifen, sondern vor allem auch auf die in der Rechtsgemeinschaft anerkannten **obj Werte** (Gernhuber JuS 83, 764). Auf diese Weise gewinnt die „Wertordnung des Grundgesetzes" (vgl zB BVerfG 7, 205; 39, 67, stRspr), wie sie namentlich im Grundrechtsteil des GG ihren Ausdruck gefunden hat, Eingang ins bürgerliche Recht (sog mittelbare Drittwirkung der Grundrechte, hM und stRspr, zB BVerfG 7, 206; 73, 269; 81, 254; 89, 231; BVerfG NJW 03, 125; BGH 134, 48; 142, 307; 151, 316, dort auch zur Einwirkungsgrenze und der Autonomie des Sachrechts; NJW 11, 3319; 12, 1725, 1727 Tz. 26f; BeckRS 13, 02248, dort zum allgemeinen Gleichbehandlungsgrundsatz und dazu, dass er nicht unmittelbar gilt; ie Canaris AcP 184, 201; Hager JZ 94, 373 ff; sa Pawlowski JZ 02, 627; ders FS Horn, 2006, 1234 ff. Bsp: Rn 40; sa § 138 Rn 6; § 311 I mit Rn 3 ff; § 765 Rn 4). BGH BeckRS 13, 02248 stellt fest, dass das vom Grundsatz der Privatautonomie beherrschte Bürgerliche Recht keine über eine mittelbare Drittwirkung des allgemeinen Gleichheitssatzes begründbare allgemeine Pflicht zur gleichmäßigen Behandlung sämtlicher Vertragspartner kennt und dass die mittelbare Geltung des Art. 3 I GG im Verhältnis einzelner Privatrechtssubjekte zueinander ein soziales Machtverhältnis voraussetzt, das sich zB nicht allein aus der kreditwirtschaftlichen Betätigung einer privaten Bank ergibt. Zur Grundrechtswirkung im Verwaltungsprivatrecht s BGH NJW 03, 1658 (zur Unwirksamkeit der Kündigung der bei einer Sparkasse geführten Girokonten einer als verfassungswidrig eingestuften, aber noch nicht verbotenen Partei). Die *persönlichen* Wertvorstellungen des Urteilenden sind dagegen idR nicht maßgebend (ie Rn 4). Dazu, nach welchen Kriterien, insbes Vertrauensumständen, zu entscheiden ist, ob eine **Rechtsprechungsänderung** rück- oder zukunftswirkend erfolgen kann, s Klappstein, Die Rechtsprechungsänderung mit Wirkung für die Zukunft, 2009, 378, 383, 397, 403, 412. **d) Entscheidung nach Treu und Glauben.** Als „ausfüllungsbedürftige 4 Generalklausel" (BGH 77, 69), dh als eine notwendig allg, inhaltlich noch unbestimmte Vorschrift, ist § 242 nicht ohne weiteres subsumierbar (Larenz, Methodenlehre, aaO, S 274 f, 289 f). Erforderlich ist eine umfassende **Interessenabwägung** im Einzelfall (BGH 49, 153; 135, 337; MK/Roth/Schubert 49 ff) am Maßstab von Treu und Glauben (Rn 3). Die danach zu treffende Entscheidung ist keine „lediglich nach dem ‚Rechtsgefühl' oder nach ‚billigem Ermessen' die zur Urteilsfindung jeweils Berufenen, sondern eine Entscheidung nach einem zwar konkretisierungsbedürftigen, aber doch bis zu einem gewissen Grade obj bestimmbaren Maßstab" (Larenz, SchR I, § 10 I). Zu reinen Billigkeitsurteilen berechtigt § 242 daher nicht (zur Abgrenzung v. Hoyningen-Huene aaO S 91; M. Stürner 392; sa Rn 9). Das durch Konkretisierung eines obj Maßstabs gefundene Ergebnis ist prozessual Feststellung, nicht Rechtsgestaltung (hM; Rn 9).

2. **Funktionen.** Die Tragweite des Grundsatzes von Treu und Glauben wird am 5 besten durch einen Überblick über seine verschiedenen Wirkungsweisen veranschaulicht. Zu unterscheiden ist seine Einwirkung auf das einzelne Schuldverhältnis (Rn 6 ff) von der Bildung von spezielleren aus § 242 abgeleiteten Rechtssätzen (Rn 9). Die verschiedenen Funktionen können sich im Einzelfall überschneiden. **a) Ergänzungsfunktion.** Treu und Glauben führen zu einer näheren inhaltlichen 6 Ausgestaltung des einzelnen Schuldverhältnisses durch Konkretisierung und Präzisierung der Hauptpflichten (Rn 17). Über diesen unmittelbaren Anwendungsbereich von § 242 (vgl Rn 16) hinaus bildet der Grundsatz von Treu und Glauben die Grundlage für eine Fülle von **ergänzenden** leistungsbezogenen Nebenpflichten und – nicht leistungsbezogenen – Schutz- und Erhaltungspflichten (ie Rn 16, 19 ff); letztere Gruppe von Pflichten setzt keine Leistungsbeziehung voraus (vor- und nachvertragliche Pflichten, vgl Rn 19 f; 23; 28 ff). Im Rahmen seiner Ergänzungs-

§ 242 Buch 2. Abschnitt 1. Inhalt der Schuldverhältnisse

funktion erweitert der Grundsatz von Treu und Glauben die Pflichtenstellung des Schuldners und jedes am Schuldverhältnis Beteiligten (weiterführend Weller 304). Der Erweiterung der Leistungs-(Verhaltens-)pflichten des einen Teils entspricht die
7 Begründung einer entspr Berechtigung (Begünstigung) des anderen. **b) Schranken-/(Kontroll-)funktion.** Treu und Glauben bilden eine allen Rechten und Rechtspositionen immanente Schranke (ie Rn 33). Im Gegensatz zur Ergänzungsfunktion (vgl Rn 6) wendet sich die Schrankenfunktion an den *Rechtsinhaber* und unterwirft ihn bei der Rechtsausübung iwS (vgl Rn 34) einer wirksamen Kontrolle am Maßstab von Treu und Glauben (ie Rn 32 ff, 53 ff). Die Schrankenfunktion von Treu und Glauben findet im Wortlaut des § 242, der nur vom „Schuldner" spricht, keinen Niederschlag (vgl demgegenüber SchwZGB 2, o Rn 1). Die „unzulässige Rechtsausübung" bildet mit ihren verschiedenen Einzelausprägungen („individueller Rechtsmissbrauch", „venire contra factum proprium", „Verwirkung" usw) einen der wichtigsten Anwendungsbereiche des Grundsatzes von Treu und Glauben.
8 **c) Korrekturfunktion.** Den wichtigsten Anwendungsfall bildeten die von Rspr und Lehre aus § 242 entwickelten Grundsätze über die Störung der Geschäftsgrundlage (s 9. Aufl Rn 64–103). Der GesGeber hat sie nun mehr in einer offenen Regelung verankert, ohne der weiteren Rechtsentwicklung vorzugreifen (s § 313 mit Anm). Auch die Kündigung von Dauerschuldverhältnissen aus wichtigem Grund, die von der Rechtsprechung teilweise auf § 242 gestützt wird (BGH NJW 05, 1360: finanzielle Notlage nicht ausreichend), hat eine Sonderregelung in § 314 erfahren. Allg zeigt sich die Korrekturfunktion in der Flexibilität der von Treu und Glauben geforderten Rechtsfolge (zB Rn 36; sa § 313 Rn 27 ff). Zu den Folgen für Schuldverträge bei Ausscheiden eines Mitgliedsstaats aus dem Euro-Währungsverbund s Kindler NJW 12, 1617. Auch im Bereicherungsrecht beansprucht § 242 in besonderem Maße Geltung nach Billigkeitsgesichtspunkten (vgl etwa BGH 132, 198, 215; BGH NJW 03, 3193). Ähnlich im Schadensrecht: Dort wird von der Rspr das Korrektiv der Vorteilsausgleichung aus § 242 abgeleitet, die Norm dient hier der Durchsetzung des schadensrechtlichen Bereicherungsverbots (s zB BGH 60, 358; 91, 210; BGH NJW 07, 2695, vgl dazu auch vor § 631 Rn 20); ebenso im Versicherungsrecht: Korrektur des „Alles oder Nichts-Prinzips" durch Auferlegung strenger Belehrungspflichten (s zB BGH NJW-RR 07, 907 mN; bestätigt in BGH NJW-
9 RR 11, 1329). **d) Ermächtigungsfunktion.** Die Generalklausel des § 242 ist eine allg Ermächtigungsgrundlage zur Entwicklung von Rechtssätzen des Billigkeitsrechts (vgl Rn 2) im Wege richterlicher Rechtsfortbildung (im Grundsatz allg anerkannt, Grenzen ie str; vgl MK/Roth/Schubert 23 ff; M. Stürner 389; Weber JuS 92, 635 f; zB BGH 108, 179, 186; ablehnend: Krebs, Sonderverbindung und außerdeliktische Schutzpflichten, 2000, 251 ff, 444). **Schranke:** § 242 gibt keine Ermächtigung zu einer Billigkeitsjustiz in dem Sinn, dass der Richter befugt wäre, *anstelle* der aus Ges oder Vertrag sich ergebenden Rechtslage eine Billigkeitsentscheidung im Einzelfall zu treffen (BGH NJW 85, 2580; Gernhuber JuS 83, 767; o Rn 4 und näher u Rn 41); vielmehr müssen aus der Generalklausel einzelne (neue) Rechtsinstitute (Pawlowski FS Horn, 2006, 1239: Formulierung von Subnormen) entwickelt werden, die zur Vermeidung „untragbarer Ergebnisse" einen „billigen Interessenausgleich" ermöglichen (BGH 102, 105). Ermächtigungsfunktion setzt eine evident zu Tage getretene Unzulänglichkeit der bisherigen rechtlichen Regelung voraus. Es sind zwei Unzulänglichkeitsgründe zu unterscheiden: **(1) Änderung der rechtlichen Rahmenbedingungen:** Durch die Entwicklung einzelner Rechtsinstitute soll die rechtliche Regelung einer Sachfrage an die insgesamt durch neue Gesetze oder durch ein neues Verständnis der ratio legis (Bedeutungswandel) veränderte Gesamtrechtslage (Larenz/Canaris, Methodenlehre der Rechtswissenschaft, 3. Aufl 1995, 173: Wandlung im Gefüge der gesamten Rechtsordnung) angepasst werden. **(2)** Die Ermächtigungsfunktion umfasst auch die Anpassung wegen der **Änderung der tatsächlichen Verhältnisse** seit Normerlass (Larenz/Canaris aaO 170: gewandelte Normsituation; aA Pawlowski aaO 1239: keine Ermächtigung durch § 242 bei bloß gewandelter Normsituation). Wegen der bloß tatsächlichen

Titel 1. Verpflichtung zur Leistung **§ 242**

Veränderung und der gesetzgeberischen Wertungsprärogative sind hier die Anforderung an die Feststellung der Unzulänglichkeit der bisherigen Rechtslage höher als bei der veränderten Gesamtrechtslage, bei der neue gesetzgeberische Wertungen die Unzuträglichkeit begründen.

Mit deren zunehmender tatbestandlicher Verfestigung wird die Anwendbarkeit der Generalklausel selbst in der Rechtspraxis wiederum erleichtert. SchwZGB 1 II, III (*„Kann dem Ges keine Vorschrift entnommen werden, so soll der Richter nach […] der Regel entscheiden, die er als Gesetzgeber aufstellen würde. – Er folgt dabei bewährter Lehre und Überlieferung")* trifft auch auf die „Ausfüllung" von Generalklauseln zu. Bsp: Rechtsinstitute des Rechtsmissbrauchs, der Verwirkung, des Vertrags mit Schutzwirkung für Dritte (ie Rn 32 ff, 53 ff, § 328 Rn 19 ff). Richterrechtliche Rechtsgrundsätze bilden ihrerseits wiederum den Gegenstand **„nachzeichnender" Gesetzgebung.** Bsp: Schutzpflichten (§ 241 II), cic (§ 311 II), Kündigung von Dauerschuldverhältnissen aus wichtigem Grund (§ 314); zurückgenommene Rfolgen bei Obliegenheitsverletzungen des Versicherungsnehmers im reformierten VVG 26, 28; s auch Rn 8.

3. Anwendungsbereich. a) Allgemeines. § 242 enthält einen allg Rechtsge- 10 danken mit umfassendem Anwendungsbereich. Der Grundsatz von Treu und Glauben beherrscht die gesamte Rechtsordnung (BGH 85, 48; 118, 191; Rn 11 [c]); Rechtsgebiete, in denen er generell ausgeschlossen wäre, gibt es nicht (BGH 68, 304; vgl aber Rn 11), insbes bilden auch die Vorschriften des *zwingenden Rechts* für die Gebote von Treu und Glauben keine unüberwindliche Schranke (BGH NJW 85, 2580; 95, 2923 Nr 9; StLooscheiders/Olzen 336 ff, hM, ie str), kein § 242, wenn der betreffende Interessenkonflikt im Gesetz geregelt ist (BGH BeckRS 12, 03002); § 242 gilt auch im Rahmen nichtiger RGeschäfte (BGH 111, 313; NJW 81, 1439; Tiedtke NJW 83, 713; DB 90, 2307; sa BGH 183, 242; Einzelfragen zB Rn 50, 52; § 125 Rn 13 ff). **Allg Anwendungsvoraussetzung** für den Grundsatz ist das Bestehen einer *rechtlichen Sonderbeziehung* (Larenz, SchR I, § 10 I; StLooscheiders/Olzen 125 ff; BGH 95, 279; NJW 89, 390; 96, 2724; NZI 09, 722 offen lassend für „irgendwelche Rechtsbeziehungen" BGH 102, 102); dafür genügt bereits qualifizierter sozialer Kontakt (MK/Roth/Schubert 87ff; ie Weber JuS 92, 635 mN; aA BGH WM 83, 1189 [1192]), ein bereits vorhandenes (vertragliches oder ges) Schuldverhältnis (§ 241 Rn 1) ist nicht notwendig (allgM; zu einzelnen Anwendungsfällen vgl zB Rn 35). **b) Einzelne Rechtsgebiete.** Der Grundsatz von Treu 11 und Glauben gilt nicht nur im Schuld-, sondern im gesamten Privatrecht, namentlich im Sachen- (vgl BGH 88, 351; 96, 376; 101, 293; BGH NJW-RR 03, 1313; 08, 611; 12, 1160; BeckRS 13, 02148 Tz 10; näher M. Stürner FS vBrünneck, 2011, 360, 370), Familien- (BGH NJW 85, 733; BGH 115, 135 f; BGH NJW 03, 510; FamRZ 02, 949; BGH NJW 12, 1211 mAnm Born; 13, 383; 13, 459; s zu ehebedingten Zuwendungen § 1372 Rn 6) und Erbrecht (BGH 4, 91; BeckRS 13, 02148 Tz 10), im Arbeits- (§ 611 Rn 23 ff, 38 ff; zum Kündigungsschutz über § 242 s Lettl, NZA-RR 04, 57) und Gesellschaftsrecht (§ 705 Rn 3), ferner im Versicherungs- (BGH 100, 64) und Verfahrensrecht (BGH 43, 292; 112, 349; NJW 97, 3379; NJW-RR 11, 959; BeckRS 13, 00534) sowie im öffentl (BVerfG 59, 167; BGH 95, 113 f; BVerwG NJW 98, 329; zu den Grenzen s BGH NVwZ 04, 377), Sozial- (BSG NJW 87, 2039) und Steuerrecht (BFH NJW 90, 1251; BFH BeckRS 11, 95271), im Urheberrecht (BGH BeckRS 13, 00843). Im Rahmen der gebotenen Abwägung sind die *Eigenarten* des jeweiligen Rechtsgebiets und etwa bestehende öffentl Interessen zu berücksichtigen (BFH DB 84, 332; MK/Roth/Schubert 96 ff; Bsp: Rn 62); ie Modifikationen und Einschränkungen gegenüber den allg Grundsätzen (Rn 16–63) führen (vgl BGH NJW 78, 426 betr das Prozessrecht). **c) EinV.** § 242 gilt als überges Rechtssatz auch, soweit (s § 241 Rn 27) bisheriges Recht anwendbar ist (StaatsV Leitsätze A I Nr 2 S 2; BGH 121, 391; 126, 104 f; 128, 329 f; 131, 214 mN; 136, 242).

§ 242   Buch 2. Abschnitt 1. Inhalt der Schuldverhältnisse

12   **4. Abgrenzung. a)** Die **ergänzende Auslegung** (§ 157 Rn 2 ff) dient der Schließung von Vertragslücken; dabei geht es nicht ausschließlich um die Aufhellung eines nur undeutlich zum Ausdruck gekommenen („hypothetischen") Parteiwillens, sondern um eine normative Ergänzungstätigkeit (§ 157 Rn 4); der maßgebliche Wertungsmaßstab (vgl § 157) stimmt mit dem des § 242 überein. § 242 ermöglicht demgegenüber uU eine Kontrolle und Korrektur von Verträgen mit feststehendem Inhalt (Fälle des – namentlich institutionellen – Rechtsmissbrauchs; vgl Rn 32 ff). § 157 und § 242 überschneiden sich dagegen in den Anwendungsfällen der Begründung von ergänzenden Rechten und Pflichten (Rn 16 ff). Allg geht die Vertragsauslegung der Vertragskontrolle(-korrektur) gem § 242 vor (s zB BGH 164, 292).

13   **b) Sittenverstoß.** Die Maßstäbe in § 138 I und § 242 stimmen nicht überein. Sittenwidrigkeit (strenge Anforderungen; ie § 138 Rn 6 f) ist immer zugleich auch ein grober Verstoß gegen Treu und Glauben (häufig Fall der unzulässigen Rechtsausübung, Rn 32 ff), umgekehrt ist nicht jede Treuwidrigkeit zugleich ein Sittenverstoß. § 138 führt idR zur Totalnichtigkeit (s aber § 138 Rn 26 mit § 139 Rn 7, 8–12). Eine Vereinbarung kann zunächst an § 138 gemessen werden und bei Verneinung der Sittenwidrigkeit einer **Ausübungskontrolle** gem. § 242 unterfallen (BGH NJW 12, 1211 mAnm Born; 13, 383; 13, 459); § 242 kann keine Nichtigkeit, sondern nur weniger einschneidende Rechtsfolgen auslösen, zB Ausübungsschranken des Rechts, inhaltliche Korrektur des Vertrags (Rn 8; 32–63) zB durch Anordnung derjenigen Rechtsfolge, die „den berechtigten Belangen beider Parteien in der eingetretenen Situation in ausgewogener Weise Rechnung trägt" (BGH NJW 11, 2970 mAnm Mayer; 13, 383). § 138 geht als „folgenschwerere" Norm dem

14   § 242 vor. **c) Schikane** (§ 226; Abgrenzung zu § 242: dort Rn 4) und **sittenwidrige Rechtsausübung** (Abgrenzung zur Sittenwidrigkeit: Rn 13; Fallgruppen: § 826 Rn 22, 23) sind Sonderfälle unzulässiger Rechtsausübung (§ 226 Rn 1 und 4; u Rn 35); sie setzen keine bestehende rechtliche Sonderverbindung voraus (vgl demgegenüber Rn 10) und begründen uU eine Schadensersatzpflicht des „Rechts"-

15   Inhabers (§ 226 Rn 3 f). **d) Inhaltskontrolle.** Bei AGB-Verträgen gehen die §§ 307 ff als spezielle Vorschriften mit geringerer Kontrollschwelle („unangemessene Benachteiligung", K. P. Berger NJW 10, 467 f) der Inhaltskontrolle dem § 242 vor (zur Verletzung vorvertraglicher Rücksichtsnahmepflichten durch Verwendung unwirksamer AGB s BGH NJW 09, 2590); dies gilt auch bei Verbraucherverträgen für Vertragsbedingungen, die keine AGB (sondern vorformul EinzelV) sind (§ 310 III Nr 2 und Anm dort). Bei (ausgehandelten) Individualvereinbarungen bleibt dagegen § 242 Grundlage der Inhaltskontrolle von Verträgen (BGH 101, 353 ff mN; BGH NJW-RR 12, 940 Rn 45f, ie str). Bsp: allg formelhafte notarielle Individualverträge (BGH 108, 168 ff mN; einschr NJW 91, 844; ie Brambring DNotZ 90, 99); WEG-Teilungserklärung (BGH 151, 164 mN), wobei offen bleibt, ob in einer Teilungserklärung getroffene Vereinbarungen an den §§ 305ff oder § 242 zu messen sind (BGH NJW 12, 676); Abfindungsklauseln in Gesellschaftsverträgen (s Hülsmann NJW 02, 1673); Gesellschaftsvertrag einer Publikums-KG (BGH 102, 177; 104, 53; Nassall BB 88, 286); wobei BGH NJW-RR 12, 940 Rn 45 offen lässt, ob die §§ 307ff anzuwenden sind, weil die Bereichsausnahme des § 310 IV im Hinblick auf die Klausel-RiLi nicht eingreift, wenn sich Verbraucher an Publikumsgesellschaften beteiligen (s Frankfurt NJW-RR 04, 992), oder ob Gesellschaftsverträge von Publikumsgesellschaften weiterhin einer Inhaltskontrolle nach § 242 (wie AGB außerhalb des Anwendungsbereichs der §§ 307ff) unterliegen (so BGH NJW 06, 2410 Rn 9; kritisch zur verschärften Inhaltskontrolle in solchen Fällen MüKoHGB/Grunewald § 161 HGB Rn 124 f.). Zur Inhaltskontrolle bei Eheverträgen s Sanders, Statischer Vertrag und dynamische Vertragsbeziehung, 2008; Rauscher DNotZ 02, 751 mN. Der Inhaltskontrolle unterliegen auch Verbandsnormen (BGH 142, 306 mN, stRspr). Auch im Anwendungsbereich der §§ 307–310 kommt Treu und Glauben als *Maßstab* der Inhaltskontrolle entscheidende Bedeutung zu (vgl § 307 I). Uneingeschränkt auf AGB-Verträge anwendbar

Titel 1. Verpflichtung zur Leistung § 242

geblieben sind die übrigen Anwendungsfälle des § 242, insbes das Verbot des individuellen Rechtsmissbrauchs (Rn 37 ff; vgl BGH 105, 88 mN).

II. Erweiterung und Begründung von Pflichten

Lit: v. Bar, „Nachwirkende" Vertragspflichten, AcP 179, 452; Strätz, Über sog „Nachwirkungen" des Schuldverhältnisses und den Haftungsmaßstab bei Schutzpflichtverstößen, FS Bosch, 1976, S 999; Stürner, Anspruch auf Erfüllung von Treue- und Sorgfaltspflichten, JZ 76, 384.

1. Allgemeines. Die **Begründung von Nebenpflichten** ist der erste Hauptan- 16 wendungsfall des § 242 (Rn 6). Seinem Wortlaut und seiner Stellung nach betrifft § 242 allerdings nur Nebenpflichten im Zusammenhang mit der Erbringung der Hauptleistung („Leistung so ..., wie") und führt damit zu einer Konkretisierung und ggf zu einer Erweiterung der Hauptleistungspflicht. In seinem unmittelbaren Anwendungsbereich regelt § 242 damit die Art und Weise der Leistung (Rn 17 f) und ergänzt insoweit die §§ 243–274. Von ungleich größerer praktischer Bedeutung ist die Herleitung von **ergänzenden** (selbstständigen und unselbstständigen) **Nebenpflichten** aus Treu und Glauben (s § 241 II und dort Rn 9, 10). Diese sind nicht unmittelbar auf die Erbringung der Leistung selbst, sondern auf deren Vorbereitung, Unterstützung, Sicherung und vollständige Durchführung gerichtet und setzen zT keinerlei primäre Leistungspflicht voraus (einzelne Nebenpflichten: Rn 19 ff; zu ihrer Einteilung vgl auch § 241 Rn 9 ff; zur Beweislast BGH 97, 193). Die Nebenpflichten sind – zT nicht auf Vertragsschuldverhältnisse beschränkt, sondern gelten auch im Rahmen von ges Schuldverhältnissen (BGH 106, 350 f), zB bei der Vertragsanbahnung (§ 311 II, III; zu Aufklärungs- und Schutzpflichten s Rn 19 f, 24 ff); sie bestehen zT nach Vertragsende fort (Rn 28 ff). Die Entwicklung von Nebenpflichten (insbes von Schutzpflichten) ermöglicht die Zurechnung von Schäden im Zusammenhang mit der Anbahnung und Durchführung von Schuldverhältnissen (vgl §§ 280 I 1, 282; § 328 Rn 19 ff).

2. Art und Weise der Leistung. a) Rücksichtspflicht des Schuldners. Der 17 Schuldner hat bei der Erbringung der Leistung auf die Interessen des Gläubigers Rücksicht zu nehmen (vgl § 241 II); er schuldet die Erfüllung nicht nur dem „Buchstaben", sondern auch dem „Geist" des Schuldverhältnisses nach (Larenz, SchR I, § 10 II). Bsp: Der Schuldner darf nicht zur Unzeit leisten (vgl HGB 358) oder versenden; ist die Leistung am (vertraglichen oder ges) Erfüllungsort unmöglich oder für den Gläubiger nicht zumutbar, ist an einem angemessenen anderen Ort zu leisten (RG 107, 122; OGH NJW 49, 465); der Schuldner hat auch bei Abtretungsausschluss an einen vom Gläubiger verschiedenen Dritten zu leisten, dem die Leistung bestimmungsgemäß zugutekommen soll (BGH 93, 400); eine Teilaufrechnung ist unzulässig, soweit sie zu einer unzumutbaren Belästigung für den Gläubiger führt (§ 266 Rn 3); eine laufende Geschäftsverbindung kann zur Übernahme üblicherweise stets übernommener Zusatzdienstleistungen (Verladung) verpflichten (BGH NJW-RR 08, 1209). **b) Rücksichtspflicht des Gläubigers.** Der Gläubiger muss 18 mit seinem Leistungsverlangen auf die Belange des Schuldners Rücksicht nehmen (vgl § 241 II: „jeder Teil"); vielfach handelt es sich dabei nicht um eine echte Pflicht, sondern um eine inhaltliche Beschränkung seiner Berechtigung (vgl Rn 42). Unerhebliche Abweichungen in der Leistungsabwicklung hat der Gläubiger hinzunehmen, wenn sachliche Interessen nicht entgegenstehen und der gleiche wirtschaftliche Erfolg herbeigeführt wird. Bsp: Hingabe von (gedecktem) Scheck statt Barzahlung (RG 78, 142); Gutschrift auf einem anderen Konto des Empfängers (BGH NJW 69, 320; sa § 665 Rn 8); zumutbare Teilleistungen darf der Gläubiger entgegen § 266 nicht zurückweisen (§ 266 Rn 10); er kann uU zu bestimmten Schonungsmaßnahmen gegenüber dem Zahlungsschuldner (Bewilligung von Teilzahlung; Stundung) verpflichtet sein (BGH NJW 77, 2358; § 266 Rn 4; weitere Bsp: Rn 40–42); nicht geschuldete Leistung darf er nicht verlangen, nicht bestehende Gestaltungsrechte nicht ausüben (BGH NJW 09, 1263). Stellt die Erstattung von Beiträgen für eine Vertragspartei lediglich einen reinen Durchlaufposten dar, der wirtschaftlich von der anderen Vertragspartei zu tragen ist, so kann sich ausnahmsweise sogar die weitergehende Pflicht der einen Vertragspartei ergeben, im Vermögensinteresse der anderen Partei Rechtsmittel gegen Dritte (zB wegen falscher Beitragsbescheide) einzulegen (BGH NJW 12, 2184). Zur beiderseitigen Rücksichtnahmepflicht im nachbarschaftlichen Gemeinschaftsverhältnis s. BGH NJW-RR 03, 1313; 08, 611; 12, 1162. Eine Duldungspflicht kann bei Änderungen des oder Arbeiten am Vertragsobjekt(s), zu denen der Gläubiger öffentlich-rechtlich verpflichtet ist, bestehen (BGH NJW 09, 1736: Baumaßnahmen in Mietwohnung).

19 **3. Einzelne Nebenpflichten.** S allg § 241 Rn 9, 10. **a) Informations-** (Aufklärungs-, Anzeige-, Hinweis-, Mitteilungs-, Offenbarungs-, Informations-)**pflichten** (**Lit:** Blaurock FS Horn, 2006, 697; Breidenbach, Die Voraussetzungen von Informationspflichten beim Vertragsschluss, 1989; Lang, Aufklärungspflichten bei der Anlageberatung, 1995; ders, Informationspflichten bei Wertpapierdienstleistungen, 2002). Zur Begründung von Informationsnebenpflichten bei der Darlehensvergabe s § 488 Rn 12. **aa)** Jede Partei ist nach Treu und Glauben (§ 242) verpflichtet, die andere über (ihr unbekannte) Umstände aufzuklären, die für das Zustandekommen des Vertrags (zB Form-, Genehmigungs- oder sonstige bes Erfordernisse), seine ordnungsmäßige Durchführung (entgegenstehende Erfüllungshindernisse) oder überhaupt für die Erreichung des Vertragszwecks erkennbar von entscheidender Bedeutung sind (BGH NJW 10, 3362; ZfIR 02, 975; NJW 01, 2021; BGH 114, 91; NJW 96, 452; NJW-RR 90, 432 mN; BGH 60, 221). Die Aufklärungspflicht (nicht selbstständig einklagbare Verhaltenspflicht, vgl § 241 Rn 10) besteht bereits vor Vertragsschluss (s zB BGH NJW 07, 3057: vorvertragl Pflicht zur Aufklärung über best Erfordernis bes Sachkunde; BGH 173, 33: vorvertragl Vertrauensverhältnis z d Bietern e Ausschreibung) und richtet sich nach den Umständen des Einzelfalls (BGH NJW-RR 09, 1102; zur typisierenden Betrachtungsweise des zugrunde liegenden Vertragsverhältnisses bei der Anlageberatung s aber BGH BeckRS 11, 06089 Rn 18); keine allg Aufklärungspflicht: BGH NJW 83, 2494; 87, 2084; NJW-RR 91, 170; insbes nicht über die Unangemessenheit des Kaufpreises, BGH WM 04, 173 f, od den allg Nutzen u Vorteilhaftigkeit eines Vertragsabschlusses, s zB BGH NJW-RR 07, 298), zB Art des Geschäfts (Umsatzgeschäft oder Dauerschuldverhältnis; Bar- oder Kreditgeschäft; sicheres oder Risikogeschäft, vgl BGH 124, 151, dazu Grün NJW 94, 1330; [Kapital-]Anlagegeschäft, vgl Köndgen NJW 96, 569 f; sa § 488 Rn 12; § 764 Rn 4), Geschäftsgegenstand (Grundstück, Unternehmen, Maschine, Anlage, vgl BGH NJW-RR 87, 1306 mN; neu hergestellter oder gebrauchter Gegenstand), Bindungsdauer, bes Sach- und Fachkunde (BGH NJW-RR 87, 665; NJW 07, 3057) und konkreter Wissensvorsprung einer Partei (BGH NJW 89, 2881; 94, 997; 98, 306; NJW-RR 10, 270; 13, 167; NJOZ 12, 375; München ZIP 99, 1751; sa § 488 Rn 12; § 665 Rn 7; ein solcher Wissensvorsprung ist zB dann anzunehmen, wenn die Bank positive Kenntnis davon hat, dass der Kreditnehmer von Dritten über das finanzierte Geschäft gemäß § 123 BGB arglistig getäuscht wurde (BGH NJW-RR 13, 167); indes trifft die Bank keine Pflicht, sich einen Wissensvorsprung erst zu verschaffen: BGH WM 04, 173; sa Kluth/Krauskopf ZGS 09, 404 ff zur Aufklärung über eine Schmiergeldabrede), bes Unerfahrenheit der anderen (BGH 80, 85; NJW 92, 302: bei Jugendlichen; BGH NJW 08, 3644: Hausratsversicherer muss auf Erforderlichkeit einer Stehlgutliste hinweisen), bestehende Interessenkonflikte (BGH NJW 91, 693 f), bes Gefahren bei der Vertragsdurchführung (BGH 116, 382 ff; NJW 78, 42, zB Risiken einer neuen Bauweise: BGH NJW-RR 93, 26 mN), Erkennbarkeit des Umstands (vgl BGH 132, 34: Bodenverunreinigung) und bestehende Informationsmöglichkeiten (idR keine Aufklärung über die Marktlage, RG 111, 234). **Grenzen** der Aufklärungspflicht: Eigene Kalkulation (BGH 114, 90); Vertragsrisiko des anderen Teils (BGH 117, 284 ff; NJW 04, 2674), doch darf dieses nicht verschleiert werden (vgl BGH 79, 344; 80,

Titel 1. Verpflichtung zur Leistung **§ 242**

84 f; NJW 91, 834 mAnm Grün JZ 91, 834; § 765 Rn 18 ff), Verkehrsauffassung (vgl BGH 114, 91 mN; NJW 96, 452). Aufklärungspflicht verpflichtet nur zur Offenbarung. Auch bei **fehlender** Aufklärungspflicht darf keine positive Falschinformation gegeben werden (BGH NJW-RR 91, 178). **Prospektangaben** dürfen nicht irreführend sein (BGH NJW-RR 91, 1247 f). **bb) Einzelfragen:** Die **vor- 20 vertragliche Aufklärungspflicht** (dazu BGH 71, 396; 85, 77; 95, 175 f; 116, 211 ff mN), ist bedeutsam für arglistige Täuschung (§ 123 Rn 3), arglistiges Verschweigen von Sach- und Rechtsmängeln (§§ 434, 435, 442 I 2) und Haftung aus cic (§ 311 II, III, vgl BGH NJW 06, 2618; 07, 1447, 2181, 2759; VersR 08, 267, 269) mit Ersatz des Vertrauensschadens (negatives Interesse); ausnahmsweise kann der Geschädigte auch so zu stellen sein, als habe er mit dem anderen Teil einen für ihn besseren Vertrag geschlossen (positives Interesse). Das setzt aber voraus, dass ein solcher Vertrag bei erfolgter Aufklärung zustande gekommen wäre, was der Geschädigte darzulegen und zu beweisen hat, BGH WM 06, 1536. **Aufklärungsgehalt:** Die Aufklärung kann die **persönlichen Verhältnisse** der Vertragspartei (zB Vermögensverhältnisse bei Kreditgeschäft, BGH NJW 84, 2286 mN; drohende Zahlungsunfähigkeit bei Kreditkauf, BGH MDR 08, 871; BGH 87, 34 mN, uU Vorstrafen bei Arbeitsvertrag, BAG NJW 58, 516), die **Vertragsgestaltung** (zB gefährliche Klausel, BGH 47, 207; 68, 127; bes Vertragsrisiken: BGH 80, 82; 95, 176; 124, 154; steuerliche Absetzbarkeit: BGH NJW-RR 88, 350; Erfordernis einer Baugenehmigung: BGH ZfIR 02, 975; Erfordernis eines zusätzl Versicherungsabschlusses: BGH NJW-RR 07, 298) oder den **Vertragsgegenstand** (vollständige Aufklärung des Anlegers über Risiko des Kapitalanlagemodells, BGH NJW 05, 1784) und dessen beabsichtigte Verwendung (Aufklärung über Warensortiment, dessen Verkauf durch den Mieter beabsichtigt ist, bei Gewerberaummiete: BGH NJW 10, 3362) betreffen. Nach BGH 185, 185; BGH BeckRS 11, 06089; NJW 12, 2427 (str, s ebenda Rn 12) müssen **Anlageberater** dann über ihnen zufließende **Provisionen** unaufgefordert aufklären, wenn die Anlageberatung im Rahmen eines Bankvertrags (typischerweise entgeltliches Geschäftsbesorgungsverhältnis von gewisser Dauer und Beständigkeit) erfolgt, da dann schützenswertes Kundenvertrauen besteht. Aber keine generelle Pflicht des freien, nicht bankmäßig gebundenen Anlageberaters – soweit nicht WpHG § 31d eingreift – unaufgefordert über ihm zufließende Provisionen aufzuklären, wenn er von dem Anleger selbst kein Entgelt erhält und offen ein Agio oder Kosten für die Eigenkapitalbeschaffung ausgewiesen werden, aus denen ihrerseits die Vertriebsprovisionen aufgebracht werden (BGH BeckRS 11, 13871; 12, 03298; NJW-RR 12, 372); im Hinblick auf die Aufklärungspflicht wie ein freier Anlageberater zu behandeln ist eine 100%ige Anlageberatungs-Tochtergesellschaft einer Bank (BGH NJW 12, 2952). Bei Abschluss eines Unterbeteiligungsvertrags zu Anlagezwecken besteht eine Aufklärungspflicht der Bank im Hinblick auf die Zahlung von Vertriebsprovisionen an einen Anlagevermittler nur unter besonderen Voraussetzungen (BGH BeckRS 11, 24538; NJW-RR 12, 567); zu Aufklärungspflichten einer Bank beim Erwerb von Basketzertifikaten durch ihre Kunden BGH NJW-RR 12, 43; beim Vertrieb von Indexzertifikaten BGH NJW 12, 66; 12, 2873; keine Aufklärungspflicht im Hinblick auf eigene Gewinnerzielungsabsicht bei der Empfehlung von Anlageprodukten (BGH NZG 13, 184); keine Aufklärungspflicht des finanzierenden Kreditinstituts, wenn kein Anlageberatungsvertrag geschlossen wurde über an den Vertrieb gezahlte „versteckte Innenprovision" (BGH NJW-RR 13, 167). – Bei Einschaltung von Hilfskräften ist **Klarstellung der Vertretungsverhältnisse** geboten (sonst uU Organisationsverschulden: BGH NJW 80, 2410). UU (vom Vertragsgegenstand ausgehende typische Gefahren) kann die Aufklärungspflicht zur **Warnpflicht** werden (Bsp: BGH 116, 65 f; NJW 87, 318; NJW 10, 863), uU (bes Vertrauensverhältnis, bes Sachkunde) zur **Beratungspflicht** (zB für Arzt BGH NJW 96, 778 f, Bank (s § 488 Rn 12), BGH 100, 120 ff; § 276 Rn 32; § 675 II mit Anm, **RA,** BGH 89, 181; NJW 92, 1160 mN, Steuerberater, BGH 128, 361; NJW 98, 1221, Gewerkschaft, LG Essen NJW-RR 90, 1180). **Ges Fälle** von Mitteilungs-, Anzeige- und Belehrungspflich-

ten: §§ 355 II, 469, 536c, 568 II, 663; 673, 681, 694; VVG 6 I; ArbGG 12a I 2. Ein zur Aufklärung verpflichtendes ges Schuldverhältnis begründet die berechtigte
21 **Abmahnung** iSd UWG (vgl BGH NJW 95, 716 mN). **b) Auskunftspflichten.** Die Parteien sind unter bestimmten Voraussetzungen zur Erteilung von Auskünften und Rechenschaftslegung verpflichtet (selbstständig einklagbare Nebenpflicht, uU auch als nachwirkende Vertragspflicht – Rn 28 ff – möglich). Über die ges bestimmten Fälle (s Lorenz JuS 95, 569) hinaus besteht bei Unkenntnis über den Umfang eines Rechts ein unmittelbar aus Treu und Glauben hergeleiteter Auskunfts- und ggf. Rechnungslegungsanspruch (BGH NJW 05, 1492; BB 02, 1490; BGH 126, 109, 113; näher §§ 259–261 Rn 3 ff; zur Übertragung der Grundsätze des § 242 auf den Auskunftsanspruch aus §§ 1389, 1375 II 1 s BGH NJW 12, 450 mAnm Maurer). „Ob" und „Wie" der Auskunftserteilung unterliegen einer umfassenden Zumutbarkeits- u Interessenabwägung (s zB BGH NJW 07, 1806 ff). § 242 kann auch Auskunftsansprüche im Rahmen gesetzlicher Schuldverhältnisse begründen (vgl BGH GRUR 07, 879: Auskunftsanspruch „nach § 242"; BGH NJW 05, 1492: Auskunft unter Ehegatten auf illoyale Vermögensminderungen außerhalb § 1379 I) und ausgestalten (vgl BGH NJW 08, 1002; BGH NJW 10, 2357 f: Auskunft bei Verletzung
22 von Urheberrechten). **c) Vorlegungs- und Einsichtsgewährungspflichten.** Entstehen bei Vertragsdurchführung bestimmungsgemäß bei einer Partei Unterlagen, an denen die andere ein schutzwürdiges Interesse hat, so hat diese einen – ggf beschränkten – Anspruch auf Vorlegung und Einsicht (vgl Anm zu § 667; §§ 809–811); Bsp: Anspruch auf Einsicht in Vertrags- (BGH NJW-RR 92, 1073) und Krankenunterlagen (BGH 85, 331 ff und 342; 106, 147; Gitter, GS Küchenhoff, 1987, 323); uU auf Vertragskopie (LG Köln NJW-RR 90, 1074). Zur Herausgabe aller ärztlichen Aufzeichnungen, auch Röntgenaufnahmen und Patientenkartei, in gut lesbarer Kopie gegen Kostenersatz beim Arztvertrag s noch LG Köln MedR 11, 168, auch zur Frage des Beweises der Unmöglichkeit der Herausgabe. **Ges Fälle:** §§ 492 III, 716, 810, 1799 II; HGB 87c IV, 118; GmbHG 51a; AktG 111. Zur Verpflichtung eines Mieters aus § 242, die vom Voreigentümer an den Mieter zurückgegebene Kaution an den Erwerber als neuen Vermieter zu
23 leisten, s BGH NJW-RR 12, 214. **d) Mitwirkungspflichten** (**Lit:** Hüffer, Leistungsstörungen durch Gläubigerhandeln, 1976, 41 ff; 202 ff; 221 ff; 245 ff – einschr; Nicklisch BB 79, 533). Die Parteien (insbes auch der Gläubiger: § 293 Rn 10) sind verpflichtet, zur Erreichung des Vertragszwecks (Leistungserfolgs) zusammenzuwirken und entgegenstehende Hindernisse zu beseitigen (BGH WM 89, 1679 mN; selbstständig einklagbare Nebenpflicht). Bsp: Ist für den Vertrag oder die Vertragsdurchführung **behördliche Genehmigung** (zB BauGB 51) erforderlich, müssen die Parteien die Voraussetzungen für die Genehmigung schaffen und dürfen deren Erteilung nicht vereiteln (RG 129, 376, stRspr). Im Rahmen des Zumutbaren ist der Vertrag so zu ändern, dass er genehmigungsfähig wird (BGH 67, 35 mN). Bei Versagung der Genehmigung kann eine Verpflichtung zum Neuabschluss des (ganz oder teilweise unwirksam gewordenen) Vertrags bestehen (BGH 87, 165). Bei **Formnichtigkeit** (§ 125) wird idR der Formzweck einer Pflicht zum Neuabschluss entgegenstehen (s Rn 41, 50; vgl BGH NJW 75, 43; BeckRS 13, 02148 Tz 15). § 242 kann nur unter ganz besonders strengen Voraussetzungen auf formunwirksame erbrechtliche Vereinbarungen angewendet werden, etwa wenn der Treuwidrige arglistig handelt oder ihm eine besonders schwere Treuwidrigkeit zur Last fällt (BeckRS 13, 02148 Tz 15, 18 mwN). Dass die Nichtigkeit den einen Vertragsteil hart trifft, reicht nicht aus, um eine Berufung auf § 242 gegenüber der Formunwirksamkeit eines Rechtsgeschäfts zu gestatten, vielmehr muss für diesen Vertragspartner das Ergebnis schlechthin untragbar sein (s Rn 41, ferner BGH NJW 11, 2686 Tz 17, mwN). Eine Pflicht zur Mitwirkung eines Vertragspartners an der Beurkundung eines Grundstückskaufvertrags besteht nicht schon, wenn es an einem triftigen Grund für die Verweigerung fehlt, sondern nur, wenn eine besonders schwerwiegende, in der Regel vorsätzliche Treuepflichtverletzung vorliegt, wie sie beispielsweise beim Vorspiegeln einer tatsächlich nicht vorhandenen Abschlussbereitschaft gegeben ist.

Titel 1. Verpflichtung zur Leistung **§ 242**

Ansonsten liefe eine Mitwirkungspflicht dem Zweck der Formvorschrift des § 311b zuwider, nach der wegen der objektiven Eigenart des Vertragsgegenstandes eine Bindung ohne Einhaltung der Form verhindert werden soll (BGH BeckRS 13, 01755 Tz 8). Echte Mitwirkungspflichten bestehen ferner immer dann, wenn einverständlich eine Leistung oder überhaupt die Vertragsgrundlagen an veränderte Umstände angepasst werden sollen. Bsp: Einverständliche Preisanpassung auf Grund eines Leistungsvorbehalts (BGH 71, 284; sa allg §§ 244, 245 Rn 20 f); Anpassung von Gesellschaftsverträgen an veränderte Umstände (BGH 98, 279 f); Vertragsanpassung bei Wegfall der Geschäftsgrundlage (§ 313 I). **e) Schutzpflichten** (§ 241 II). **24** Die Parteien haben sich bei der Anbahnung und Durchführung des Schuldverhältnisses, insbes der Leistungserbringung, so zu verhalten, dass Person, Eigentum und sonstige Rechtsgüter (auch das Vermögen als solches) des anderen Partners nicht verletzt werden (BGH NJW 83, 2814; NJW-RR 95, 1242). Diese Verhaltenspflichten (vgl § 241 Rn 10) bestehen bereits im Verhandlungsstadium vor Vertragsschluss (BGH NJW 77, 376; ges Schuldverhältnis, vgl § 311 II). Auch soweit sie sich inhaltlich mit den deliktischen Verkehrssicherungspflichten (§ 823 Rn 35 ff) decken, stellen sie doch echte Schuldnerpflichten dar (vgl RAusschuss BT-Drs 14/7052, S 11, 182 zu § 241 II nF). Iü gilt: Im Schuldverhältnis muss sich eine Partei häufig in den Gefahrenbereich der anderen begeben oder ihr ihre Rechtsgüter anvertrauen; dem entspricht eine Steigerung der Pflichtenstellung des Schuldners *("alterum partem non laedere")* im Vergleich zu den anderen Dritten *("neminem laedere")*; zustimmend und weiterführend Weller 303 ff. **Einzelnes: aa) Schutzpflichten gegenüber der 25 Person** des Vertrags-(Verhandlungs-)partners: Dienst-, Miet-, Geschäftsräume müssen sich in einem für den Arbeitnehmer (Mieter, Kunden) gefahrlosen Zustand befinden (vgl §§ 535 I, 618; HGB 62; § 311 mit Anm). Durch an seiner Person ausgeführte Dienst- und Werkleistungen darf der Partner nicht in seiner Gesundheit geschädigt werden (Bsp: Heilbehandlung; Personenbeförderung; vgl § 611, § 631 mit Anm, insbes §§ 618, 619). **bb) Schutzpflichten gegenüber Eigentum und 26 Vermögen** des Vertrags-(Verhandlungs-)partners: *Obhut* für die dem Vertragspartner gehörende Sache während Reparatur, Verwahrung (vgl Anm zu §§ 631, 688), Miete (vgl BGH 66, 353); für die geschuldete Sache vor (§ 433 I 1) und – bei Beanstandung – nach der Versendung (vgl HGB 379 I; BGH NJW 79, 812), während der Beförderung, während des Annahmeverzugs (RG 108, 343; sa § 300 Rn 3); *Sicherung* fremden Vermögens vor Schädigung durch Schlechtlieferung oder durch fehlerhafte Erfüllungshandlung (§ 280 I 1); Verschwiegenheit bei Kreditvertrag (vgl München ZIP 04, 19 für eine entsprechende Vertragsvereinbarung; zur Verschwiegenheitspflicht bei der Unternehmensberatung s Weimar/Grote StW 02, 657). **cc) Schutzpflichten gegenüber Dritten:** § 328 Rn 24 ff. **f) Leistungstreue- 27 pflicht.** Es handelt sich um eine Zusammenfassung verschiedener Einzelpflichten, bei denen der Treue-, Fürsorge- und Rücksichtsgedanke bes ausgeprägt ist (ähnlich Weller 303, 309 ff; PWW/Schmidt-Kessel 76). Die Parteien haben danach (negativ) alles, was den Vertragszweck oder Leistungserfolg beeinträchtigen, gefährden oder vereiteln könnte, kurz jedes vertragsstörende Verhalten zu unterlassen; der Schuldner hat insbes (positiv) alles zu tun, um den Leistungserfolg vorzubereiten, herbeizuführen und zu sichern (BGH 93, 39; 136, 298 f; NJW 95, 1954, 1955; NJW 78, 260; 83, 998; Weller 302 ff, 309 ff; ders ZHR 175 [2011] 110, 117 f). IdR geht es um – zeitlich uU über die Vertragsbeendigung fortwirkende (Rn 28 ff) – Nebenpflichten (§ 241 Rn 9), uU sogar um Hauptpflichten (bei § 618, vgl § 611 Rn 23 ff und 38 ff; ferner § 705 Rn 1 ff). Bsp: Der Vermieter muss den Mieter vor Konkurrenz (Karlsruhe NJW-RR 90, 1235) und gegen von Dritten ausgehende Störungen des vertragsmäßigen Gebrauchs schützen (BGH 99, 191); der Verkäufer hat uU Vermögensinteressen seines Vertragspartners gegenüber Dritten zu wahren (zB im Fall des § 447); eine Bank hat bei nachträglicher Übersicherung Sicherheiten freizugeben (BGH 137, 212); der Leistende hat dem Leistungsempfänger uU eine Rechnung gem UStG 14 I zu erteilen (BGH 103, 287, 297); bei der Vertragsbeendigung hat die handelnde Partei die gebotene Rücksicht walten zu lassen: Keine Kündigung

§ 242   Buch 2. Abschnitt 1. Inhalt der Schuldverhältnisse

zur Unzeit (§§ 671 II, 675, 723 II); Kündigung (Rücktritt) uU erst nach Abmahnung (§ 314 II 1; sa Rn 40); unberechtigte Kündigungen von Dauerschuldverhältnissen (zB Miete) sind gegen die Treuepflicht verstoßendes vertragswidriges Verhalten (§§ 280, 282). Bes intensiv ist die Treuepflicht des Gesellschafters (BGH 129, 142 ff; Flume ZIP 96, 161 ff). Der Alleingesellschafter ist auch persönlich an das von der GmbH vereinbarte Wettbewerbsverbot gebunden (BGH WM 05, 391).

28 **4. Nachwirkende Vertragspflichten.** Nach vollständiger Abwicklung des Vertragsverhältnisses können noch Nachwirkungen der vertraglichen Bindung bestehen (vgl BGH NJW-RR 90, 141 f mN; Zweibrücken NJW-RR 03, 1600; für das Arbeitsverhältnis ausdr ArbGG 2 Nr 3c). Nachwirkende Hauptpflichten (Rn 29) ergeben sich aus dem insoweit noch nicht erfüllten (§ 362) Vertrag, nachwirkende Neben- und Schutzpflichten (Rn 30 f) aus der auch nach Austausch der Hauptleis-
29 tungen fortbestehenden Leistungstreuepflicht (Rn 27). **a) Nachvertragliche Haupt-(leistungs-)pflichten** sind vielfach selbstständige **Unterlassungspflichten,** die dem durchgeführten Vertrag im Wege ergänzender Auslegung (§§ 157, 242) entnommen werden. Bsp: Wettbewerbsbeschränkungen bei Unternehmensveräußerung (RG 117, 179; BGH 84, 127); Rückkehrverbot bei Praxistausch zweier Ärzte (BGH 16, 77); Verbot beeinträchtigender Bebauung des Restgrundstücks
30 nach Verkauf von Baugrundstück (RG 161, 339). **b) Nachvertragliche Nebenpflichten** können auf Unterlassung, Duldung, Vornahme bestimmter (Mitwirkungs-)Handlungen, uU sogar auf Neuabschluss eines Vertrages gerichtet sein. Bsp: Verschwiegenheitspflicht des Dienstverpflichteten nach Beendigung des Dienstverhältnisses (BGH 80, 28; sa HGB 90, UWG 17, StGB 203); Pflicht des Vermieters zur Duldung eines Umzugsschildes (Düsseldorf NJW 88, 2545) oder zur Erbringung von Versorgungsleistungen nach Mietvertragsbeendigung (BGH NJW 09, 1948); des Verkäufers langlebiger Industrieprodukte zu Vorhaltung und Lieferung von Ersatzteilen für angemessene Dauer (Kühne BB 86, 1528 mN); des AG zur Wiedereinstellung des AN nach Wegfall bestimmter Kündigungsgründe (ie umstr, vgl BAG NJW 97, 2257; einschr MDR 98, 422), uU zur Nachsendung von Arbeitspapieren (BAG 79, 258); jedoch kein Anspruch des Mieters auf Mietschuldenfreiheitsbescheinigung (BGH NJW 10, 1137). § 242 kann im Einzelfall nachvertragliche **Neuverhandlungspflicht** begründen oder gesetzliche Pflichten dieser Art begrenzen. Ausdrückliche Begründung häufiger in grenzüberschreitenden Verträgen. (Lit: Nelle, Neuverhandlungspflichten zur Vertragsanpassung und Vertragsergänzung als Gegenstand von Pflichten und Obliegenheiten, 1994; ferner Berger RIW 00, 1; Horn AcP 81, 81, 256; ders NJW 85, 1118; Martinek AcP 98, 329; Steindorff BB 83, 1127; M. Stürner 264 ff, 438); regelmäßig geht aber Anpassung nach § 313 einer
31 Neuverhandlungspflicht gemäß § 242 vor (M. Stürner 265 f). **c) Nachvertragliche Schutzpflichten** sind idR Aufklärungs-, Mitteilungs-, Warn-, Obhuts- und Sorgfaltspflichten. Bsp: Die Bank oder den Arbeitgeber trifft nach Auskunftserteilung uU eine nachträgliche Berichtigungspflicht (BGH 61, 179; 74, 285; sa § 675 II mit Anm), den Unternehmensberater trifft eine Treue-, Verschwiegenheitspflicht (s Weimar/Grote StW 02, 657); den Architekten uU nach Abschluss des Architektenwerks eine Untersuchungs- und Beratungspflicht (BGH 92, 258 mN; entspr zum RA vgl BGH NJW 85, 1152 mN; 96, 842); den Werkunternehmer eine Hinweispflicht auf die eingeschränkte Wintertauglichkeit einer von ihm erstellten Bodenplatte, wenn diese ungeplant dem Winterwetter ausgesetzt sein wird (BGH NJW 11, 3291, 3292f Tz 25ff mAnm Kapellmann); den Arzt nach Abschluss der Behandlung eine Pflicht zur Gewährung von Einsicht in Krankenunterlagen (Rn 22), den Produzenten zur Produktbeobachtung (BGH 99, 173) und uU zum Rückruf (vgl BGH 80, 202 mN), den Mieter zur Objektsicherung (BGH 86, 204), den Vermieter zur schonenden und rücksichtsvollen Verwertung eingebrachter Sachen (Fall der *culpa post contrahendum,* vgl Frankfurt OLGZ 79, 339 ff; v. Bar AcP 179, 452 f, 463; zur Obhutspflicht bei nachvertraglicher Inbesitznahme durch verbotene Eigenmacht BGH NJW 10, 3435).

Titel 1. Verpflichtung zur Leistung **§ 242**

III. Unzulässige Rechtsausübung

Lit: Singer, Das Verbot widersprüchlichen Verhaltens, 1993.

1. Allgemeines. a) Begriff. Unzulässige Rechtsausübung ist jede Geltendma- 32
chung eines „an sich" gegebenen Rechts und jede Ausnutzung einer „an sich"
bestehenden günstigen Rechtsposition oder Rechtslage im Widerspruch zu den
Anforderungen von § 242. BGH NJW 12, 3424, 3425, Tz 16: Die Berufung auf
die Nichtigkeit eines Rechtsgeschäfts kann in besonders gelagerten Ausnahmefällen
eine unzulässige Rechtsausübung iSv § 242 darstellen. Da der Grundsatz von Treu
und Glauben das gesamte Rechtsleben beherrscht, gilt dies auch für die sich aus
einem Verstoß gegen § 1 RBERG ergebende Nichtigkeitsfolge. **b) Bedeutung.** 33
Nach der in Rechtsprechung und Literatur herrschenden **Innentheorie** bilden Treu
und Glauben eine allen Rechten, Rechtsstellungen, Rechtslagen, Rechtsinstituten
und Rechtsnormen **immanente Inhaltsbegrenzung** (vgl MK/Roth/Schubert
176; EnnN § 239 III 6; M. Stürner 391 f; BGH 30, 145; BAG 77, 128, 135; NJW
97, 2258; 11, 2686; BGH NJW 12, 3424, 3425, Tz 16, hM). Die Geltendmachung
eines „an sich" bestehenden Rechts, die Ausnutzung einer „an sich" gegebenen
Rechtsstellung im Widerspruch zu Treu und Glauben ist **Rechtsüberschreitung**
und damit missbräuchlich („unzulässig"; BGH 12, 157; BAG 77, 133). Die Innentheorie hat einen bedeutenden Aufschwung durch die nationalsozialistisch geprägten
Arbeiten von Wolfgang Siebert erfahren, die – befreit von dem nationalsozialistischen Vokabular – heute noch weiterwirken (s dazu und zum Folgenden Haferkamp, Rechtsmißbrauchslehre; HKK/Haferkamp, 2007, § 242 BGB Rn 24ff, 70ff,
74ff, 77). Die Innentheorie kann den Richter von den Fesseln des Gesetzes befreien
und ihm die Rechtsfortbildung eröffnen, ohne dass er methodenehrlich seinen
rechtsfortbildenden Eingriff in das Gesetzesrecht offen legt. Insoweit erweitert sie
die richterlichen Gestaltungsmöglichkeiten. Sie erlaubt es weiter, privatrechtshetero-
nome Wertungen in das BGB zu transportieren. Sie hat damit eine Transmissions-
funktion (s HKK/Haferkamp, 2007, § 242 BGB Rn 89ff). Sie hat daher ein hohes
Missbrauchspotential und birgt die Gefahr der nicht im demokratischen Gesetzes-
prozess verankerten richterlichen Ersatzgesetzgebung (sa StLooschelders Rn 104).
c) Anwendungsbereich. Unzulässige Rechtsausübung umfasst in ihrem Kernbe- 34
reich die Fälle der missbräuchlichen Geltendmachung von subj Rechten und Einreden (individueller „Rechtsmissbrauch" und „Rechtsfehlgebrauch"), ferner aber
auch die missbräuchliche Ausnutzung von Rechtsstellungen und Rechtslagen jeder
Art, von Rechtsinstitutionen und rechtlichen Gestaltungsformen (insoweit zT
„Normenmissbrauch" oder „institutioneller Rechtsmissbrauch" genannt; Terminologie uneinheitl, vgl SoeTeichmann 13 f; BAG NZA 84, 199). Bsp: Missbrauch der
Vertragsfreiheit durch AGB (Inhaltskontrolle nach § 307 iVm § 242), Missbrauch
von Gestaltungsformen des bürgerlichen oder Arbeitsrechts zB bei finanzierten
RGeschäften (Einwendungsdurchgriff gem § 359, früher Fall von § 242), bei Verwendung der Rechtsform der jur Person (Haftungsdurchgriff gem § 242; vgl BGH
68, 315 mN; ie Coing NJW 77, 1793) und allg in den Fällen des „schuldrechtlichen
Durchgriffs" (vgl BGH 102, 103). **d) Voraussetzungen im allg.** Der Inhalt des 35
(konkretisierungsbedürftigen) Tatbestands der „unzulässigen Rechtsausübung"
ergibt sich aus den einzelnen Anwendungsfällen, die sich in stRspr herausgebildet
haben (Rn 37 ff; 53 ff); den Auffangtatbestand bildet die Fallgruppe des rücksichtslo-
sen Eigennutzes (Rn 43). Allg Voraussetzung für die Anwendung der Grundsätze
ist das **Bestehen einer Sonderbeziehung** zwischen den Beteiligten (vgl Rn 10,
14), deren Entstehen mit der gleichzeitigen Begrenzung durch die Grundsätze unzulässiger Rechtsausübung zusammenfallen kann (s MK/Roth/Schubert 213, Bsp:
Rechtsscheinhaftung). Außerhalb einer Sonderverbindung gelten nur die allg
Schranken der Rechtsausübung gem §§ 138, 226, 826. Bejahung unzulässiger
Rechtsausübung setzt nicht notwendig **Verschulden** der handelnden Partei voraus
(BGH 64, 9; MDR 86, 733, NJW 09, 1346, hM, vgl StLooschelders/Olzen 223

§ 242 Buch 2. Abschnitt 1. Inhalt der Schuldverhältnisse

mN; ie Rn 37, 44, 48), umgekehrt setzt die Schutzwürdigkeit der Gegenpartei nicht notwendig fehlendes Verschulden voraus (uU dann aber Abwägung gem § 254 entspr, vgl BGH 50, 114; 76, 217); es genügt, dass die Rechtsausübung **obj** gegen Treu und Glauben verstößt (BGH 12, 157; Rn 37, 44). Vorhandensein und Schwere eines Verschuldens sind jedoch im Rahmen der gebotenen umfassenden Interessenabwägung gebührend zu berücksichtigen (MK/Roth/Schubert 53 f, allgM; Bsp: BGH 122, 168). Bei Fehlen eines zielgerichteten treuwidrigen Verhaltens hat eine umfassende Abwägung der maßgeblichen Umstände des Einzelfalls zu erfolgen; das muss umso mehr gelten, wenn beiden Seiten ein Rechtsverstoß zur Last fällt (BGH

36 NJW 12, 3426; 11, 3149, 3159 Tz 8). **e) Rechtsfolgen.** Die „unzulässige" Rechtsausübung (Rechtsmissbrauch, Rechtsformfehlgebrauch usw, vgl Rn 34) genießt keinen Rechtsschutz (vgl SchwZGB 2 II, dazu o Rn 1), dh von der „an sich" bestehenden Rechtslage ist zum Nachteil der sich „unzulässig" verhaltenden Partei *(Rechtsbeschränkung)* und zu Gunsten der Gegenpartei *(Rechtsbegünstigung)* abzuweichen. Ie kann die Abweichung in der Versagung der Durchsetzbarkeit von Rechten, der Nichtberücksichtigung „an sich" erheblicher Umstände oder der „Ersetzung" (vgl Canaris aaO S 268) „an sich" fehlender Erfordernisse bestehen. Bsp: Missbräuchlich geltend gemachte Rechte sind – zeitweilig oder auf Dauer – nicht durchsetzbar (sa § 273 Rn 1); uU (zB bei Verwirkung) tritt endgültiger Rechtsverlust ein (Rn 63); ein missbräuchlich ausgeübtes Gestaltungsrecht (Kündigung, Rücktritt, Anfechtung, Aufrechnung, Prozesshandlung) führt die erstrebte Rechtsfolge nicht herbei (vgl BGH 20, 206; 94, 246; BAG 77, 133; Gegenbeispiel: BGH NJW 10, 290 f) oder löst anspruchsbegründende Wirkungen aus (BAG NJW 97, 2258 f), eine missbräuchlich erhobene Einrede bleibt unbeachtet (BGH 91, 134; Rn 51); bei missbräuchlicher Berufung auf eine günstige Rechtslage (Ablauf einer Ausschlussfrist; (Form)nichtigkeit (BGH WM 09, 1273 f: Berufung auf Nichtigkeit von Zwischendarlehensverträgen bei sog Bauherrenmodell); Gesetzwidrigkeit) können rechtsvernichtende Umstände unbeachtet bleiben (befristetes Recht wird trotz Ablaufs der Ausschlussfrist als fortbestehend behandelt, vgl Rn 52) oder fehlende rechtsbegründende Merkmale „ersetzt" werden (Erfüllungsanspruch der Gegenpartei trotz Formmangels oder Gesetzesverstoßes; vgl Rn 10, 23, 41, 50; § 125 Rn 14). Über § 242 können Ablöseverträge in ihrer Wirkung begrenzt werden, dient zB ein Kreditvertrag der Ablösung eines nichtigen, aber von den Parteien für wirksam gehaltenen früheren Kreditvertrages, dann stehen dem Kreditgeber aus dem neuen Vertrag nur die Ansprüche zu, die ihm bei Kenntnis und Berücksichtigung der Nichtigkeit des früheren Vertrages billigerweise auch eingeräumt worden wären (BGH ZIP 02, 701). BGH NJW 12, 3424: Kann sich ein Vertragspartner nach Treu und Glauben nicht auf die Unwirksamkeit der Vollmacht des Vertreters der Gegenseite berufen, ist es ihm auch verwehrt, seine Erklärungen nach § 178 zu widerrufen oder die Gegenseite gem. § 177 II zu einer Genehmigung des Vertrags aufzufordern. Zur Anwendung der Grundsätze der unzulässigen Rechtsausübung ist die Erhebung einer **Einrede** nicht erforderlich (MK/Roth/Schubert 82); ihre Berücksichtigung erfolgt im Prozess **von Amts wegen** (BGH NJW 11, 3150 Tz 7; Folge der Inhaltsbegrenzung, vgl Rn 33; anders aber im Fall von § 313 I). **Beweislast:** Die begünstigte Partei (BGH NJW 83, 1736; BAG 77, 137; BVerfG NJW 88, 2233 mN).

37 **2. Missbräuchliche Rechtsausübung. a) Allgemeines.** Die Ausübung eines Rechts kann im Einzelfall unzulässig sein, wenn der Berechtigte kein schutzwürdiges Eigeninteresse verfolgt oder überwiegende schutzwürdige Interessen der Gegenpartei entgegenstehen und die Rechtsausübung im Einzelfall zu einem grob unbilligen, mit der Gerechtigkeit nicht mehr zu vereinbarenden Ergebnis führen würde **(individueller Rechtsmissbrauch).** Der Tatbestand des Rechtsmissbrauchs ist aus der Einrede der gegenwärtigen Arglist *(exceptio doli praesentis)* hervorgegangen (zur historischen Ablösung der römischrechtlichen Arglisteinrede durch die Rechtsmissbrauchslehre, die Siebert aus nationalsozialistischer Rechtslehre heraus betrieb, s

Haferkamp AcP 10, 307 f; HKK/Haferkamp 74 ff), überschneidet sich teilweise mit dem der Schikane (§ 226) und der sittenwidrigen Schadenszufügung (§ 826), setzt aber iGgs zu diesen weder ein Verschulden noch eine Pflichtwidrigkeit notwendig voraus (BGH NJW 09, 1346: objektiv(es) Gesamtbild); auch auf die Willensrichtung des Berechtigten kommt es nicht an (BGH NJW-RR 09, 26: Vorstellung rechtsmissbräuchlichen Handelns begründet keinen Rechtsmissbrauch); maßgebend ist die obj Interessenabwägung im Einzelfall (BGH NJW 10, 291; SoeTeichmann 290; v. Olshausen JZ 83, 290). **b) Fallgruppen. aa) Fehlendes schutzwürdiges** 38 **Eigeninteresse des Berechtigten.** Unzulässig ist die Rechtsausübung, mit der der Berechtigte kein sachliches – dauerndes – Eigeninteresse verfolgt, die Rechtsausübung vielmehr nur Vorwand zur Erreichung rechts-(vertrags-)fremder oder unlauterer Zwecke ist (vgl BGH 5, 186; 134, 330; NJW 80, 451; 91, 1947; 93, 2042 mN). Dies gilt auch bei der Ausübung prozessualer Befugnisse (BGH 74, 15; Schneider NJW 80, 2384). **Bsp:** Missbrauch von Informationsrechten zur Ausspähung von Kunst- und Gewerbegeheimnissen (BGH 93, 206, 211; sa §§ 259–261 Rn 5 f; §§ 809–811 Rn 4); Ausübung eines ges Vorkaufsrechts aus sachfremden (vgl BauGB 24 II) Gründen (BGH 29, 116; 36, 157 f); Rücktritt vom Kauf nach Wegfall des Mangels (BGH 90, 205; sa BGH NJW 09, 509); missbräuchliche Verweigerung einer zu erteilenden Genehmigung (BGH 108, 385); missbräuchliche Aufklärungsrüge des Patienten (Köln NJW 90, 2940; LG Bückeburg NJW-RR 90, 1505); missbräuchliche Kündigung eines Mietvertrags nach § 540 I 2 bei fehlendem Nutzungsinteresse des benannten Untermieters (BGH NJW-RR 10, 307); Kündigung aus Willkür (BGH NJW 87, 2808), unter Machtmissbrauch (BGH 81, 268) oder zur Disziplinierung für private Lebensführung (BAG 77, 136 f); missbräuchliches Hausverbot; Stimmrechtsmissbrauch (BGH 88, 328 f); missbräuchliche Einleitung und Durchführung eines gerichtl Verfahrens zu verfahrensfremden Zwecken (vgl BGH 74, 15; 95, 19), zB „räuberische" Aktionärsklage (BGH 107, 309; 112, 23 ff); missbräuchliche Mehrfachverfolgung (BGH 144, 165); Beantragung der Festsetzung von Mehrkosten, die durch die missbräuchliche Verfolgung zusammengehörender Ansprüche in getrennten Prozessen entstanden sind (BGH BeckRS 13, 00534); missbräuchliche Mehrfachabmahnung (BGH 149, 371); zur Frage des missbräuchlichen Geltendmachung einer Vertragsstrafe s BGH NJW 12, 3577; zur missbräuchlichen Abmahnung einer Urheberrechtsverletzung s BGH BeckRS 13, 00843; missbräuchliche Geltendmachung des Leistungsverweigerungsrechts gem. § 410 I 1 (BGH NJW 12, 3426); Klage auf Herausgabe der Bürgschaftsurkunde nach Verjährung der Bürgschaftsforderung (BGH NJW-RR 09, 426); missbräuchliches Unterlassen von den Verjährungsbeginn begründenden Gläubigerhandlungen (BGH VersR 02, 698 mN), dabei ist wegen der formalen Strenge des Verjährungsrechts ein strenger Maßstab anzulegen; zur treuwidrigen Berufung auf einen Fristablauf s BGH NJW 12, 3185; zur treuwidrigen Berufung auf eine Ausschlussfrist s BGH NJW 11, 1957. **bb) Pflicht zur alsbaldigen Rückgewähr.** Die Forderung der 39 Leistung ist unzulässig, wenn sie aus einem anderen Rechtsgrund dem Schuldner alsbald zurückgewährt werden muss (BGH 110, 33; 115, 137; 117, 155; 140, 223; *dolo agit, qui petit, quod statim rediturus est*). Ges Ausprägung: §§ 387, 273. Bsp: Der Schuldner kann nicht auf Erfüllung in Anspruch genommen werden, wenn ihm das als Erfüllung Geleistete als Schadensersatz (BGH 66, 305; 116, 203) oder ungerechtfertigte Bereicherung (BGH 74, 293 [300]) zurückerstattet werden müsste. Vom unrichtig Eingetragenen kann nicht Grundbuchberichtigung (§ 894) verlangen, wer ihm schuldrechtlich zur Bestellung des eingetragenen Rechts verpflichtet ist (BGH NJW 74, 1651). Der Vermieter kann nicht aus § 541 die Beseitigung einer vom Mieter angebrachten Parabolantenne verlangen, wenn dem Mieter angesichts dessen allgemeinen Informationsgrundrechts aus Art 5 I 1 Halbs. 2 GG die Errichtung hätte gestatten müssen, BGH NJW 06, 1062; NZM 07, 598 f. Ein Mieter kann sich nicht auf die gesetzliche Mietminderung berufen, wenn und soweit dem Vermieter ein Schadensersatzanspruch gemäß § 536c II 1 wegen Verletzung der den Mieter treffenden Pflicht zur (rechtzeitigen) Anzeige von Mängeln der Mietsache

(§ 536c I) zusteht (BGH BeckRS 13, 01338 Tz 17). Ein Ingenieur kann nicht sein Honorar für einen Planungsfehler verlangen, wenn er dies im Wege des Schadensersatzes selbst erstatten muss (BGH NJW 12, 1792 mAnm Preussner). Man kann nichts herausverlangen, was man gem. § 143 InsO zurückgewähren muss (BAG NZA 12, 208). Allg handelt unzulässig, wer *obj Zweckloses* verlangt (BGH 93, 350). Ein Schadensersatzanspruch gegen eine Gemeinde geht ins Leere, wenn sogleich Kostenersatz aus öffr Erstattungsanspr gefordert werden kann (BGH NJW-RR 07, 823). **cc) Geringfügigkeit und Unverhältnismäßigkeit (Übermaßverbot).** Lit: Canaris JZ 87, 993; Medicus AcP 192, 35; M. Stürner 392 ff, 442 ff. Unzulässig ist eine Rechtsverfolgung, die geringfügige, dem Berechtigten im Einzelfall unschädlich gebliebene Verfehlungen oder Mängel zum Anlass nimmt, weitreichende Rechtsfolgen geltend zu machen. Ges Ausprägungen: §§ 259 III, 320 II, 323 V 2, 439 III 1, 543 II Nr 2 und Nr 3a, 569 III Nr 1, BRAO 50 III 2. Allg darf sich die Rechtsausübung nicht als eine *unverhältnismäßige* Reaktion auf das Verhalten des anderen Teils darstellen (vgl BGH 88, 95; NJW 85, 267 mN; 88, 699; WM 09, 1666; BAG NZA 92, 690 mN; allg Canaris JZ 87, 1002; Buß NJW 98, 343; grundlegend jetzt M. Stürner 392 ff, 442 ff). Der Verhältnismäßigkeitsgrundsatz und das aus ihm folgende Übermaßverbot wirken auch in den Privatrechtsbereich hinein (BVerfG 81, 256; BGH 109, 312 f; 118, 343; 123, 378; BAG GS NJW 93, 1734; für öffentl-rechtliche Gläubiger bereits BGH 93, 381 ff; ie str, s Medicus AcP 192, 35 ff). Ges Ausprägungen: §§ 251 II, 275 II, 635 III; BRAO 50 III 2. Bsp: Bei Überschreitung der **Opfergrenze** kann der Schuldner seine Leistung verweigern (§ 275 II, dazu, dass die Norm eine Ausprägung des allgemeinen Rechtsmissbrauchsverbots ist, s M. Stürner FS vBrünneck, 2011, 360, 371ff); ein Rücktritt wegen Überschreitung der vereinbarten Frist ist uU unzulässig (unwirksam), wenn die Verspätung (rückständige Leistung) ganz geringfügig ist und unter Würdigung des sachlichen Interesses des Berechtigten an der Einhaltung der Frist als unwesentlich erscheint (vgl BGH NJW 85, 267); das Gleiche gilt für die Geltendmachung von Vertragsstrafen und Verfallklauseln bei ganz geringfügigen Zahlungsrückständen (BGH 95, 374), die Ausübung von Zurückbehaltungsrechten (BAG NZA 85, 356; LG Düsseldorf NJW-RR 95, 906) und die Kündigung von Dauerschuldverhältnissen wegen geringfügiger Verfehlungen ohne vorherige Abmahnung (BGH NJW 92, 497; BAG NZA 92, 1030 f mN; vgl auch § 314 II 1); bei geringfügiger Obliegenheitsverletzung des Versicherungsnehmers kann sich der Versicherer nicht auf Leistungsbefreiung berufen (BGH 100, 64 f; 130, 176; Canaris JZ 87, 1003 f, vgl jetzt die abgestufte Regelung des VVG [nF] 26 I), desgl nicht der Verkäufer auf geringfügige, unschädlich gebliebene Überschreitung der Rügefrist (Karlsruhe WM 87, 113) oder der Besteller auf ganz bedeutende und leicht zu behebende Mängel (BGH NJW 96, 1281 mN). Auch bei der Rechtsausübung muss der Berechtigte den Verhältnismäßigkeitsgrundsatz beachten (BGH WM 09, 1666; sa § 859 Rn 1; zu den Grundlagen der vom öffentlichen Recht getrennten privatrechtlichen Verhältnismäßigkeitsprüfung M. Stürner zusammenfassend 442 ff). **dd) Überwiegendes schutzwürdiges Interesse der Gegenpartei.** Der Gläubiger braucht zwar nicht schon deshalb von der Durchsetzung von Rechten abzusehen, weil die Rechtsausübung den Gegner hart treffen würde (kein Verbot bloß „unbilliger Rechtsausübung"; vgl BGH 19, 75; JZ 80, 767; MK/Roth/Schubert 449); stets müssen Umstände hinzukommen, die die Rechtsausübung im Einzelfall als eine grob unbillige, mit der Gerechtigkeit nicht zu vereinbarende Benachteiligung des Schuldners erscheinen lassen (zB BGH NJW 91, 974; ähnlich BGH 68, 304: „schlechthin unzumutbares" Ergebnis). Bsp: Aufhebung der der gemeinsamen Berufsausübung zugrundeliegenden Bruchteilsgemeinschaft als besondere Härte (BGH NJW-RR 05, 308; 08, 612); Aufrechnungsverbot als nachträglichem Vermögensverfall des Gläubigers (BGH NJW-RR 91, 972 mN) und gegen Geldentschädigungsanspruch eines Strafgefangenen (BGH 182, 304 ff,wobei die Entscheidung statt über § 242 auch direkt mittels des Schutzauftrag der Grundrechte aus GG Art 1 II, Art 2 I begründet werden könnte); zweckwidrige Inanspruchnahme von

Titel 1. Verpflichtung zur Leistung **§ 242**

Ehegatten-Bürgschaft (BGH 134, 330; sa Rn 42; § 765 mit Anm); Inanspruchnahme eines ausgleichsberechtigten Gesamtschuldners nach Aufgabe von Sicherheiten (BGH NJW 83, 1424: NJW 10, 863: Regressbehinderung); Berufung auf Unterhaltsverzicht ohne Rücksicht auf die spätere Entwicklung (BGH NJW 92, 3165 f mN; sa § 1585c Rn 11), Berufung auf individualvertr Gewährleistungsausschluss für Sachmangel bei Erwerb neu errichteter Häuser ohne ausführliche Belehrung und Erörterung (BGH 101, 353; NJW-RR 07, 895); Inanspruchnahme eines Darlehensnehmers als Gesellschafter eines Kapitalanlagefonds, der sein Darlehen wegen Verstoßes gg RBerG Art 1 § 1 gekündigt hat (BGH ZIP 08, 1317); Sperre bereicherungsrechtl Rückabw der Treuhändervergütung bei nichtigem Treuhändervertrag (BGH NJW 07, 1130 f); Geltendmachung einer ärztl Honorarforderung trotz fehlender höchstpersönlicher Leistung oder Aufklärung des Patienten (BGH 175, 76 f); Berufung auf § 537 II trotz Nichtbenutzung der Mietsache (BGH NJW 08, 1149 f). Bei Eheverträgen ist im Rahmen der Ausübungskontrolle zu prüfen, ob die abbedungene Scheidungsfolge zum Zeitpunkt des Scheiterns der Lebensgemeinschaft nicht zu einer unzumutbaren („evident einseitige[n]", BGH NJW 07, 2849) Lastenverteilung führt (BGH 158, 81; BGH NJW 05, 1370; 05, 2386; 08, 1083; 13, 383; 13, 459). Berufung auf Abfindungsvergleich, wenn zwischen den von den Parteien unvorhergesehenen Schadensspätfolgen und der Vergleichssumme ein so krasses Missverhältnis besteht, dass ein Festhalten am Vergleich für den Geschädigten eine außergewöhnliche und unzumutbare Härte bedeutete (BGH NJW 91, 1535; Oldenburg VersR 04, 65 mN; sa § 779 Rn 21). Die Formnichtigkeit kann dann nicht berücksichtigt werden, wenn dies für eine Partei im Ergebnis „schlechthin untragbar" ist (BGH NJW 11, 2977 Tz 9; s bereits Rn 23, 50). Die *Unzumutbarkeit der Leistung* kann ausnahmsweise iVm weiteren Umständen zur Leistungsbefreiung (Einrede; Kündigungsrecht) führen (BGH NJW 88, 700; ie Henssler AcP 190, 546 ff; sa Rn 40). Bsp: Fälle echter unverschuldeter Gewissensnot (s § 276 Rn 14; strenge Anforderungen geboten, vgl MK/Roth/Schubert 60 f mN, ie str; im Fall sog Stromzahlungsboykotts zu verneinen, Hamm NJW 81, 2475 mN; sa § 273 Rn 11 aE); Fälle nachträglicher „überobligationsmäßiger Leistungserschwerung" (vgl § 275 II). **ee)** Unzulässig ist die **Ausnutzung formaler Rechtspositionen** im 42 Widerspruch zu den zugrundeliegenden Rechtsbeziehungen (BGH 100, 105). Bsp: Geltendmachung von Sicherungsrechten nach Wegfall (BGH aaO; WM 01, 947, dazu kritisch Kupisch WM 02, 1626) oder vor Eintritt (BGH 134, 330) des Sicherungszwecks, von Rechten aus Akkreditiv bei Lieferung von zur Vertragserfüllung gänzlich ungeeigneter Ware (BGH 101, 91 f mN; NJW 89, 160), Inanspruchnahme von Garantie ohne Vorliegen eines „materiellen" Garantiefalls (BGH 90, 292); Berufung auf Unwirksamkeit einer Unterwerfung unter sofortige Zwangsvollstreckung bei gleichzeitiger Inanspruchnahme des durch die Unterwerfung „gesicherten" Darlehens (BGH WM 03, 2375 ff, NJW 04, 59; NJW-RR 08, 67 f); diskriminierende Kündigung in der Probezeit (BAG 77, 133 ff); Berufung auf eine öffentliche Zustellung (BGH 149, 323) oder (uU) auf die Rechtskraft (BGH NJW 93, 3205); Verweigerung der Genehmigung zur Erhebung einer Widerklage im Berufungsverfahren (vgl BGH NJW-RR 08, 176 f mwN); Berufung auf missbräuchlich herbeigeführte Verjährungshemmung (BGH NJW 12, 995). **ff) Rück-** 43 **sichtsloser und übermäßiger Eigennutz.** Hierher gehören die Fälle, in denen der Gläubiger seine eigenen Interessen unter gröblicher Verletzung der ihm gegenüber obliegenden Rücksichtspflicht (Rn 18) durchsetzt. Es handelt sich um den Auffangtatbestand des Rechtsmissbrauchs. Bsp: Übermäßig belastende zeitliche Bindung bei Verträgen mit Ausschließlichkeits- oder Ankaufsbindung (vgl BGH 68, 5) bzw einseitig belastenden, starren Regelungen (vgl BGH NJW 07, 215); Stimmrechtsausübung unter Missachtung berechtigter Belange der anderen Gesellschafter (BGH 88, 328 f); Geltendmachung von Rechten aus einer Pauschalierungsabrede, die im groben Missverhältnis zu dem tatsächlich entstandenen Schaden stehen (vgl BGH 12, 157); Bestehen auf sofortiger Leistung nach jahrelanger vertragswidriger Nichtabnahme (BGH WM 87, 1497); „Schaffung vollendeter Tatsachen" durch Bebauung eines Grenzbereichs, dessen Zuordnung umstritten ist (NJW-RR 08, 611); weitere Einzelfälle: SoeTeichmann 311; MK/Roth/Schubert 236 ff, 417 ff.

44 3. Unredliches früheres Verhalten. a) Allgemeines. Die Ausübung eines Rechts ist unzulässig, wenn das Recht durch das gesetz-, sitten- oder vertragswidrige Verhalten des „Berechtigten" begründet worden ist; das Gleiche gilt für die Schaffung von günstigen Rechtslagen und deren Ausnutzung sowie umgekehrt von der Vereitelung von Rechten des Gegners und ihm günstigen Rechtslagen. Grund: Niemand darf aus seinem eigenen unredlichen Verhalten rechtliche Vorteile ziehen (BGH 94, 131; 122, 168; NJW 85, 1826 mN). Bsp: Gegenüber dem Rückforderungsanspruch des Leistenden kann der sittenwidrig handelnde Empfänger nicht aufrechnen (BGH 94, 131). Beim gegenseitigen Vertrag unterliegt die Rechtsausübung Schranken, wenn der Gläubiger im inneren Zusammenhang mit dem geltend gemachten Recht stehende Vertragspflichten gröblich verletzt oder den Vertragsgegner vorsätzlich geschädigt hat (Rn 47). Der Tatbestand der „früheren Unredlichkeit" ist aus der alten „Einrede der früheren Arglist" *(exceptio doli praeteriti)* hervorgegangen, setzt aber (iGgs zu dieser) ein arglistiges oder doch vorwerfbares Verhalten nicht notwendig voraus; idR genügt ob Pflichtwidrigkeit (BGH LM Nr 5 Cd; ie

45 Hohmann JA 82, 113 mN). **b) Fallgruppen. aa) Unredlicher Erwerb von Rechten und unredliche Schaffung von Rechtsstellungen.** Wer die Voraussetzungen einer vertraglichen oder ges Rechtsgrundlage oder einer sonstigen günstigen Rechtsstellung in missbilligenswerter Weise selbst geschaffen hat, kann aus ihr keine Rechte oder Rechtsvorteile herleiten (Rn 44). Grund: Niemand darf sich zur Begründung seines Rechts auf sein eigenes unredliches Verhalten berufen *(turpitudinem suam allegans non auditur;* vgl Wieacker aaO S 31; BVerfG 83, 86). Ges Ausprägung: § 162 II. Unzulässig ist deshalb die Geltendmachung oder Durchsetzung von Rechten aus Verträgen, die in missbilligenswerter Weise zustande gekommen sind. Bsp: Vertragsschluss bei erkanntem Missbrauch der Vertretungsmacht (BGH NJW 02, 1497; BGH 94, 138; ie § 164 Rn 8); Rechtserwerb durch arglistige Täuschung, auch wenn die Frist des § 124 verstrichen ist (§ 124 Rn 2; ges Ausprägung: § 853); vorwerfbare Herbeiführung der eigenen Leistungsunfähigkeit durch den Unterhaltsschuldner (BGH NJW 88, 2241; Bamberg NJW-RR 88, 1096). Unzulässig ist die Geltendmachung einzelner vertraglicher oder ges Rechte, wenn der Berechtigte die Voraussetzungen für ihre Entstehung in missbilligenswerter Weise herbeigeführt hat (BGH 72, 322; 94, 131 mN; 122, 168; BVerwG NJW 94, 955; s jetzt StLooschelders/Olzen 238). Bsp: Pflichtwidrige Herbeiführung einer Vindikationslage durch den Eigentümer (BGH NJW-RR 05, 743); Geltendmachung von Eigenbedarf nach Vermietung von Alternativwohnung (BVerfG 83, 86) oder ohne Anbieten einer vorhandenen Alternativwohnung führt zur Unwirksamkeit der Kündigung (BGH NJW 03, 2604; NJW 10, 3776); Geltendmachung von Schadensersatz nach gezielter Herbeiführung der Mangelhaftigkeit der Gegenleistung (BGH 127, 384); Inanspruchnahme von Sicherheit nach treuwidriger Herbeiführung des Garantiefalls (BGH WM 84, 586; MDR 80, 561); Geltendmachung von treuwidrig selbst herbeigeführten Erstattungskosten (BGH 100, 310 f). Unzulässig ist die **Ausnutzung unredlich erworbener Rechtspositionen.** Bsp: Erschleichung der öffentl Zustellung (§ 132 Rn 3); Berufung auf erschliechene unanfechtbare Gesellschaftsbeschlüsse (BGH 101, 120 ff) oder Urteile (§ 826 Rn 22 f), auf die durch grobe eigene Vertragsverletzung herbeigeführte Weitervermietung im Fall des § 537 II (BGH 122, 168); Verhinderung rechtzeitiger Klageerhebung (BGH MDR 81, 737; sa Rn 51).

46 bb) Vereitelung von Rechten der Gegenpartei und ihr günstigen Rechtslagen. Wer die Entstehung eines Rechts der Gegenpartei oder einer ihr günstigen Rechtslage treuwidrig vereitelt, muss sich so behandeln lassen, als sei das Recht (die Rechtslage) entstanden (Rechtsgedanke gem §§ 162 I, 815). Bsp: Hat eine Partei den Zugang oder die Zustellung einer an sie gerichteten Willenserklärung verhindert oder verzögert, so muss sie sich so behandeln lassen, als sei die Erklärung in dem entspr Zeitpunkt zugegangen (BGH 137, 209 ff mN, stRspr; ie § 130 Rn 15); Berufung auf unwirksame öffentliche Zustellung nach bewusster Vereitelung des Zustellversuchs (BGH FamRZ 08, 1520); hat der Verkäufer das formgültige Zustandekommen des Vertrags verhindert, um sich später auf den Formmangel berufen zu können, so ist der Vertrag als wirksam zu behandeln (RG 96, 315; ie § 125 Rn 13 ff; s ferner BGH NZM 08, 496, 497 – Mängelhaftung trotz nichtigen Vertrags bei „Ohne-Rechnung-Abrede"); hat eine Partei in zu missbilligender Weise die Verschlechterung der Beweislage zum Nachteil der anderen Partei verschuldet, muss sie mit beweisrechtlichen Nachteilen bis hin zur Umkehr der Beweislast rechnen (BGH 72, 139; 85, 217 f; NJW 86, 60 f mN). **cc) Eigene Vertragsuntreue des** 47 **Gläubigers.** Die Geltendmachung von Rechten aus einem Vertrag kann uU unzulässig sein, wenn sich die handelnde Partei selbst vertrags-(rechts-)untreu verhalten hat (**tu quoque**-Einwand; s BGH NJW 99, 352). Zu weit geht aber der allg Satz, wonach nur die selbst vertragstreue Partei von der anderen Vertragstreue verlangen könne (ebenso BGH NJW 00, 506; PalGrüneberg 46; SoeTeichmann 287; MK/Roth/Schubert 389 ff, str; aA Wieacker aaO S 31). Wechselseitige Vertragsverletzungen sind vielmehr nach den Grundsätzen der Leistungsstörung (ggf iVm §§ 273, 387) abzuwickeln. Die Geltendmachung bes weitreichender Befugnisse (Rücktritt, Kündigung, Leistungsbefreiungsvorbehalt) ist allerdings der selbst vertragstreuen Partei vorbehalten (BGH NJW 99, 352; NJW-RR 07, 1274). Bsp: Der Lieferant, der den Ausfall der Selbstbelieferung selbst verschuldet hat, kann sich auf den Befreiungsvorbehalt (§ 433 Rn 8) nicht berufen (BGH 92, 403); der Vermieter, der zur Erteilung einer vom Mieter rechtzeitig erbetenen Untermieterlaubnis vertraglich verpflichtet ist, kann das Mietverhältnis nicht wegen unerlaubter Untervermietung kündigen (BGH BeckRS 11, 4189); die Partei, die sich selbst grundlos vom Vertrag losgesagt hat, kann nicht wegen Leistungsverzögerung der Gegenpartei zurücktreten (BGH NJW 99, 352 f; NJW 02, 1789); die Partei, die nach fehlgeschlagener Zustellung keinen erneuten Zustellungsversuch unternimmt, kann sich nicht auf Zugangsvereitelung (Rn 46) berufen (BGH 137, 209). Vertragsuntreue kann sein Leugnung der Vertragsbindung zB durch Berufung auf mangelnden Vertragsschluss, unberechtigte Anfechtung (BGH NJW 99, 352), unberechtigte Kündigung, unberechtigter Rücktritt (BGH WM 82, 399). **Voraussetzung:** Unerheblich, ob Vertragsuntreue des Gläubigers der Sach- (BGH NJW 99, 352) oder Geldleistung (BGH NJW 02, 1789; WM 82, 399); gilt auch bei Dauerschuldverhältnis (zB Handelsvertretervertrag, s BGH NJW 66, 347). **Innerer Zusammenhang** zwischen den **beiderseitigen Pflichtverletzungen** (BGH WM 82, 399; NJW-RR 94, 372) grundsätzlich erforderlich, dh Nichtleistung des Schuldners muss Reaktion auf eine den Vertragszweck gefährdende Pflichtverletzung des Gläubigers oder sonst durch sie beeinflusst worden sein (BGH NJW-RR 94, 372). Ausreichend, wenn Zahlungsgläubiger durch Verhalten gegenüber Dritten verhindert, dass der Schuldner einen Kredit aufnehmen kann, den er zur Erfüllung seiner Zahlungspflicht gegenüber dem Gläubiger benötigt (BGH WM 82, 399). Verletzt der Gläubiger heimlich (ohne Kenntnis des Schuldners) die Vertragspflicht (zB Missachtung Alleinbezugsrecht des Schuldners), so ist innerer Zusammenhang nicht erforderlich, da der Gläubiger sonst Vorteile aus Heimlichkeit ziehen könnte. – Wer den tu quoque-Einwand erhebt, hat die Vertragslossagung durch die andere Partei darzulegen und zu **beweisen.** Diese hat die Berechtigung ihrer Lossagung (Fehlen der Vertragsverletzung) darzulegen und zu beweisen (BGH NJW 99, 353). Ihr Rechtsirrtum oder fehlendes Verschulden hindert den tu quoque-Einwand nicht (BGH NJW 99, 352). Berufung auf Vertragsuntreue der anderen Partei erst im Prozess genügt (MK/Ernst § 323 Rn 264). **Ausnahmen** vom tu quoque-Grundsatz: (1) Schuldner erklärt, selbst bei Beseitigung der Vertragsuntreue des Gläubigers den Vertrag nicht erfüllen zu wollen (BGH NJW 77, 581). (2) Schuldner legt auf Erfüllung der Gläubigerpflicht keinen Wert (MK/Ernst § 323 Rn 263). (3) Pflichtverletzung des Gläubigers ist so geringfügig, dass sie keine Auswirkungen auf die Erreichung des Vertragszwecks hat (BGH NJW 87, 253; NJW-RR 94, 372) und Vertragsfortsetzung zumutbar (BGH NJW-

RR 06, 616). Weitergehend kann die **vorsätzliche Schädigung des Vertragsgegners** oder die **Verletzung von Vertragspflichten,** die mit den Rechten des Gläubigers in innerem Zusammenhang stehen, zu einer Beschränkung seiner Rechtsstellung, uU sogar zu einem **Rechtsverlust ("Verwirkung" durch Treueverstoß)** führen (vgl BGH 55, 280; NJW 93, 1646; ges Anwendungsfall: § 654). Bsp: Verwirkung von Unterhaltsansprüchen durch Verschweigen eigener Einkünfte (Schleswig NJW-RR 87, 1482); von Zinsansprüchen bei Erschwerung der Finanzierung durch Verzögerung der Enthaftung des Grundstücks von Grundpfandrechten (BGH NJW 78, 1482); uU von Versicherungsleistungen bei Falschangaben über den Schaden (BGH NJW-RR 91, 1371; sa VVG 6 III) oder von Bürgschaftsansprüchen bei bes gröblicher Verletzung von Bürgeninteressen (s Frankfurt WM 96, 716 f); des Maklerlohnanspruchs durch grob leichtfertige Verletzung der Treuepflicht (BGH BeckRS 12, 10402); zur Verwirkung des Vergütungsanspruchs eines Steuerberaters nach Treueverstoß s BGH NJW-RR 11, 1426; auf einen vertraglichen oder ges Ausschluss der Aufrechnung (Zurückbehaltung) kann sich eine Partei gegenüber einem Anspruch aus vorsätzlicher uH nicht berufen (RG 60, 296; BGH 30, 38, stRspr; Frage des Einzelfalls bei vorsätzlicher Vertragsverletzung: BGH NJW 66, 1452; sa § 394 Rn 4).

48   **4. Widersprüchliches Verhalten. a) Allgemeines.** Die Rechtsausübung kann unzulässig sein, wenn sich der Berechtigte mit ihr in Widerspruch zu seinem eigenen Vorverhalten setzt *(venire contra factum proprium).* Der Treueverstoß liegt bei diesem Anwendungsfall in der sachlichen Unvereinbarkeit der Verhaltensweisen des Berechtigten, idR auch im Widerspruch zu einem geschaffenen Vertrauenstatbestand (BGH 118, 191 f; 136, 9; WM 04, 1219; NJW 09, 436; einschr in „Ausnahmefall" BGH 131, 375 mit krit Anm Martinek JZ 96, 470). Das frühere Verhalten ist als solches (Unterschied zu Rn 44 ff) nicht zu missbilligen. Ein Verschulden des „Berechtigten" ist nicht erforderlich (MK/Roth/Schubert 288). Das widersprüchliche Verhalten kommt auch bei unverzichtbaren Rechten in Frage (BGH 129, 301, ie str) und bildet iGgs zum **Verzicht** keinen rechtsgeschäftlichen Tatbestand (zutr MK/Roth/Schubert 292, abw Wieling AcP 176, 334), dem Zeitablauf kommt – im Gegensatz zu dem Sonderfall der **Verwirkung** (Rn 59 f) – keine entscheidende Bedeutung zu. **Rechtsfolge:** Der Berechtigte hat sich an seinem Vorverhalten festhalten zu lassen mit der Konsequenz, dass er sich nicht auf ein ihm eigentlich – unter Ausblendung des Vorverhaltens – zustehendes Recht berufen kann (BGH ZIP 05, 1361; BGH NJW 05, 1715: Mieter, der Zustimmung zur Entlassung des Mitmieters verweigert, obgleich er die Wohnung allein weiter nutzt, muss sich so behandeln lassen, als habe er der Fortsetzung des Mietverhältnisses mit sich allein zugestimmt; er kann sich nicht darauf berufen, Kündigung sei unwirksam, da nicht
49 auch an Mitmieter gerichtet). **b) Fallgruppen. aa) Unlösbarer Selbstwiderspruch (s BGH 130, 375).** Bsp: Wer sich im Schiedsgerichtsverfahren auf die Zuständigkeit des ordentlichen Gerichts berufen hat, kann im Verfahren vor dem ordentlichen Gericht nicht mehr die Einrede des Schiedsverfahrens erheben (BGH 50, 191) und umgekehrt (BGH NJW-RR 87, 1195; 09, 1582 (Antrag nach § 1032 Abs. 2 ZPO); zur vorprozessualen Berufung auf die Schiedseinrede Schütze FS Bucher, 2009, 702 ff); desgl kann eine Partei die Schiedseinrede nicht erheben, wenn das Schiedsverfahren wegen der eigenen finanziellen Leistungsunfähigkeit nicht durchgeführt werden kann (BGH 102, 202; zur widersprüchlichen Gestaltung von Vertragsbedingungen mit Schiedsklausel BGH NZG 10, 1351 f). Der Bürgschaftsgläubiger verwirkt seinen Anspruch gegen den Bürgen, wenn er den wirtschaftlichen Zusammenbruch des Hauptschuldners herbeiführt (BGH NJW 04, 3779). Wer als freier Mitarbeiter tätig sein will und deshalb keinen Arbeitsvertrag abschließt, kann sich nicht nachträglich darauf berufen, AN gewesen zu sein (BAG NJW 97, 2619; sa BAG aaO S 2618). Wer jahrelang einen Vertrag als eigene Angelegenheit abgewickelt hat, kann nicht nachträglich seine Passivlegitimation bestreiten (BGH NJW 96, 2724 f mN: unzuständiger Haftpflichtversicherer); wer einen AN

Titel 1. Verpflichtung zur Leistung § 242

nach intensiver Prüfung in eine Vergütungsgruppe rückgruppiert hat, kann ihn nicht erneut (ohne Änd d Tarif- bzw Rlage) umgruppieren (BAG NZA 07, 516 f). Wer definitiv eine Kündigung ausgesprochen hat, kann sich nicht nachträglich auf die Unwirksamkeit seiner eigenen Erklärung berufen (BAG BB 98, 53). Wer eine freiwillige Hilfeleistung in einer gefährlichen Lage erbittet, bei welcher der Helfer dann zu Schaden kommt, kann einen Mitverschuldenseinwand nicht allein darauf stützen, dass der Helfer der Bitte nachgekommen ist (BGH NJW 05, 421). Die Vertragspartei, die sich bei der Abgabe ihrer Erklärung im Irrtum befunden hat, kann ihre Erklärung nicht anfechten, wenn die Gegenpartei dazu bereit ist, sie so gelten zu lassen, wie sie gemeint war (Flume II § 21, 6; OR 25 II); hierher gehören auch die Fälle der „unbeachtlichen Verwahrung" bei verkehrstypischem Verhalten (*protestatio facto contraria,* vgl BGH 95, 399 mN). Ges Anwendungsfall: § 814.
bb) Widerspruch zu begründetem Vertrauenstatbestand im allg. Der 50 Berechtigte hat durch sein früheres Verhalten bei dem Verpflichteten den Eindruck erweckt, er werde sein Recht nicht in dieser Form, nicht zu dieser Zeit oder überhaupt nicht geltend machen, und dieser hat sich im Vertrauen darauf in einer Weise eingerichtet, dass ihm eine Anpassung an eine veränderte Rechtslage nach Treu und Glauben nicht mehr zugemutet werden kann (BGH 94, 351 f mN; NJW 85, 2590; 86, 2107; Canaris aaO S 301 f). BeckRS 13, 02148 Tz 10 mwN: Widersprüchliches Verhalten ist nicht ohne weiteres treuwidrig. Die Beteiligten dürfen ihre Rechtsansichten ändern; ihnen steht es grundsätzlich frei, sich auf die Unwirksamkeit der von ihnen früher abgegebenen Erklärungen zu berufen. Rechtsmissbräuchlich wird ein solches Verhalten nach ständiger Rechtsprechung erst dann, wenn dadurch für den anderen Teil ein Vertrauenstatbestand geschaffen worden ist oder wenn andere besondere Umstände die Rechtsausübung als treuwidrig erscheinen lassen. - Der verstrichene Zeitraum zwischen Anspruchsentstehung und Geltendmachung als solcher ist unerheblich (BGH NJW 09, 436). Er kann aber unter dem Gesichtspunkt der Verwirkung (Rn 53 ff) relevant sein. Bsp: Die Ausübung des Rücktrittsrechts aus § 323 I kann uU unwirksam sein, wenn sie zur Unzeit geschieht, zB wenn der Gläubiger kurz zuvor erneut die Primärleistung angefordert hat, BGH WM 09, 1534. Der Erbe, unter dessen Mitwirkung ein geschäftsunfähiger Erblasser ein Grundstück verkauft hat, kann nicht später die Nichtigkeit des Vertrags geltend machen (BGH 44, 367). Der Architekt, der in Kenntnis der für die Berechnung maßgebenden Umstände Schlussrechnung erteilt oder eine Pauschale unter den Mindestsätzen der HOAI vereinbart hat, kann mit Nachforderungen ausgeschlossen sein (BGH 120, 135 ff mN; 136, 9 f; NJW 09, 436; 12, 848; Köln NJW-RR 07, 455). Ein Markeninhaber kann für den Zeitraum, in dem er eine Vermarktung durch einen Parallelimporteur nicht beanstandet hat, nicht nachträglich aus anderen Gesichtspunkten Schadensersatz verlangen (BGH GRUR 08, 156, 614). Wichtige Anwendungsfälle des widersprüchlichen Verhaltens sind: Geltendmachung von Rechten im Widerspruch zu erteilten (vgl auch VwVfG 38) oder zu erteilenden Auskünften (BGH NJW 09, 1140: Vermietung von Wohnraum auf unbestimmte Zeit bei nicht offengelegter Absicht, alsbald Eigenbedarf geltend zu machen), Mitteilungen und – uU auch formlosen – Zusicherungen (SoeTeichmann 317 mN; BGH NJW 73, 1494) oder nach (unwirksamem) Verzicht unter Berufung auf strikte Ordnungsvorschriften (vgl Spickhoff AcP 197, 413 ff, abw BGH 129, 305 f zu § 1593 aF); missbräuchliche Erhebung der Einrede der Verjährung (Rn 51), missbräuchliche Berufung auf den Ablauf von Ausschlussfristen (Rn 52), auf **Formmängel** (s Rn 23, 41, ferner zB BGH 48, 398; 85, 318; 124, 324; 140, 173; 149, 331 mN; NJW 11, 2877, aber nur wenn das Ergebnis für eine Partei untragbar wäre; sa § 125 Rn 13 ff; § 311b Rn 32), **Gesetzwidrigkeit** (§ 134; zB BGH 111, 311; 118, 191; Tiedtke NJW 83, 713; Rn 10), auf Mängel der **Geschäftsfähigkeit** (BGH 44, 371), der **Vertretungsbefugnis** (BGH 108, 385; WM 60, 803 [805]; NJW 12, 3426; aA für öffentl-rechtliche Körperschaft BGH 92, 174 mN; NJW 94, 1528) und allg auf **Vertragsnichtigkeit** (BGH WM 09, 1274; NJW 12, 3426). Ein beidseitiger Sittenverstoß mit Nichtigkeitsfolge nach § 138 Abs. 1 BGB genügt

§ 242   Buch 2. Abschnitt 1. Inhalt der Schuldverhältnisse

jedoch nicht (BGH 183, 242: Widerrufsrecht bei Kauf eines Radarwarngeräts). Bes Ausprägungen sind: Verwirkung (Rn 53 ff), Handeln auf eigene Gefahr (§ 254
51 Rn 18) und Einschränkung des Rücktrittsrechts gem § 323 VI. **cc) Missbräuchliche Geltendmachung der Verjährungseinrede.** Hat der Schuldner den Gläubiger von der Hemmung der Verjährung abgehalten, ist die Ausübung der Verjährungseinrede unzulässig und damit unbeachtlich (BGH 93, 66 f mN; 123, 400 f, stRspr; strenger Maßstab gilt: BGH 126, 104 f mN). Auch ein unabsichtliches Verhalten genügt, wenn es für die Unterlassung einer rechtzeitigen Klageerhebung ursächlich ist und die spätere Verjährungseinrede unter Berücksichtigung aller Umstände des Einzelfalls mit dem Gebot von Treu und Glauben unvereinbar ist (BGH NJW 02, 3110). Bsp: Führung von Verhandlungen über den Grund oder die Höhe des Anspruchs durch den Schuldner oder seinen Haftpflichtversicherer (§ 203); jedenfalls bis Höhe der Versicherungssumme muss der versicherte Schädiger Verjährungsverzichtserklärungen seines Versicherers gegen sich gelten lassen (BGH VersR 03, 1547); Abwarten von Entscheidung in Parallelsache (BGH NJW 85, 1152); uU pflichtwidrige Unterlassung der Belehrung (Rn 19 f) über den Lauf der Verjährungsfrist (vgl BGH NJW 90, 2465); uU kann schuldlose Versäumung sehr kurzer Verjährungsfrist ausreichen (vgl BGH 77, 223 zu § 477 aF; BGH NJW-RR 89, 1271 zu HGB 414, 439). Zum (zeitweisen) Verjährungsverzicht s § 202. Die Vereinbarung über die Führung eines Musterprozesses schließt die Verjährungsein-
52 rede in den einzelnen Parallelsachen idR aus (BAG BB 75, 881). **dd) Missbräuchliche Berufung auf den Ablauf von Ausschlussfristen.** Ist der Berechtigte durch das (nicht vorwerfbare) Verhalten des Verpflichteten von der Wahrung einer (ges oder vertraglichen) Ausschlussfrist abgehalten worden, so ist die Berufung auf den Ablauf der Ausschlussfrist unzulässig (BGH NJW-RR 87, 157; BeckRS 12, 25152). Mit Wegfall des Hindernisses beginnt keine neue Frist zu laufen, jedoch hat der Berechtigte in angemessener Zeit die versäumte Handlung nachzuholen (BGH NJW 93, 1005). Ie ist zwischen den verschiedenen Ausschlussfristen zu unterscheiden (BGH 31, 83; NJW 75, 1698). Bsp: Auf den Ablauf der Frist gem VVG 12 III kann sich der Versicherer nicht berufen, wenn der Versicherungsnehmer die Frist ohne Verschulden versäumt hat (BGH 43, 235); zur Unzulässigkeit der Berufung auf den Ablauf der Frist gem § 626 II bei erbetener Bedenkzeit vgl § 626 Rn 19 ff.; zur Unzulässigkeit der Fristberufung, wenn zuvor kleinere Fristenverstöße unbeanstandet blieben (BGH NJW 03, 2448).

IV. Verwirkung

Lit: Kegel, Verwirkung, Vertrag und Vertrauen, FS Pleyer, 1986, S 513; Klinkhammer, Zur Verwirkung rückständigen Elternunterhalts, FamRZ 02, 1702; Piekenbrock, Befristung, Verjährung, Verschweigung, Verwirkung, 2006; Schimmel/Jenal, Verwirkung bei Gestaltungsrechten, JA 02, 619; Stauder, Die Verwirkung zivilrechtlicher Rechtspositionen, 1995.

53 **1. Allgemeines. a) Zweck.** Der Verwirkung ist der *Ausschluss der illoyalen Verspätung der Rechtsausübung* (BGH 92, 187 mN; 105, 256; BGH NJW-RR 03, 727). Die Verwirkung begründet damit – ggf in Ergänzung zu bestehenden Verjährungs- und Ausschlussfristen – eine flexible Ausübungsschranke für Rechte in zeitlicher
54 Hinsicht. **b) Begriff.** Ein Recht (Rn 56) ist verwirkt, wenn es der Berechtigte über einen *längeren Zeitraum* hinweg *nicht geltend macht*, obwohl er dazu in der Lage wäre („Zeitmoment"), und der Verpflichtete sich mit Rücksicht auf das *gesamte Verhalten des Berechtigten* darauf *einrichten durfte* und *eingerichtet hat,* dass dieser sein Recht auch in Zukunft nicht geltend machen werde („Umstandsmoment"; vgl BGH 84, 281; 103, 70; 122, 315; 146, 220 mN; BGH NJW 03, 128; NJW 10, 3715; dazu ie Rn 59 ff). Eine infolge Unkenntnis verspätete Geltendmachung eines Rechtsmittels kann nicht als ein Verstoß gegen Treu und Glauben betrachtet werden; Verwirkung
55 wird dadurch nicht begründet (BGH MDR 11, 62). **c) Grundgedanken.** Die Verwirkung ist ein Unterfall der unzulässigen Rechtsausübung wegen widersprüchlichen Verhaltens (BGH 84, 284; Kegel FS Pleyer, 1986, S 523; vgl Rn 58); sie

Titel 1. Verpflichtung zur Leistung **§ 242**

beruht auf dem Gedanken des Vertrauensschutzes (MK/Roth/Schubert 329 f; Canaris aaO S 266; sa Rn 61). Der Verwirkungseinwand ist ein „außerordentlicher Rechtsbehelf", der nicht zur Aushöhlung bestehender Verjährungs- und Ausschlussfristen führen darf; er muss auf Ausnahmefälle beschränkt bleiben (BGH NJW-RR 92, 1241; SoeSiebert/Knopp, 10. Aufl, 293; ErmHohloch 104). **d) Anwendungs-** 56 **bereich.** Der Verwirkung unterliegen grundsätzlich alle (auch rechtskräftig festgestellten) Rechte, Rechtsstellungen und (prozessualen) Befugnisse. Dazu, ob Rechte, die auf EG-VerbraucherschutzRiLi beruhen, verwirkt werden können, s Vorlagebeschluss Stuttgart NJW 07, 379 (nicht entschieden von EuGH NJW 08, 1865). Ob Einwendungen der Verwirkung zugänglich sind, hat der BGH offengelassen; jedenfalls greift der Verwirkungseinwand nicht bei der Verletzung gesetzlicher Formvorschriften (NJW 04, 3330). Weitere Ausnahme: Unterlassungsansprüche gem UKlaG 1 (vgl BGH NJW 95, 1489). Die Grundsätze der Verwirkung gelten in allen Gebieten des Privatrechts (einschr BGH NJW 92, 3295: § 1587c), auch im Miet- und Pachtrecht (BGH NJW 06, 219; auch neben der Geltung der neu eingeführten Frist gem. § 556 III 2, 3 s NJW-RR 12, 1227), im Familienrecht (BGH FamRZ 02, 1698, dazu Klinkhammer 1702; NJW 10, 3715; KG NJW-RR 10, 880 f), im Sachenrecht (zu d bes hohen Anforderungen an die Verwirkung des dingl Herausgabeanspruchs s BGH NJW 07, 2183 f; BGH NZG 12, 1190: Der Einwand rechtsmissbräuchlichen Verhaltens kann einem Anspruch aus Eigentum regelmäßig nicht entgegengehalten werden. Eine Versagung des Herausgabeanspruchs oder eines Grundbuchberichtigungsanspruchs wegen Fehlens eines schutzwürdigen Eigeninteresses kommt nur in Ausnahmefällen in Betracht, etwa wenn der Bucheigentümer oder Herausgabeschuldner einen Anspruch auf Eigentumsübertragung beispielsweise auf Grund eines Anwartschaftsrechts hat oder der Eigentümer Erwerbsaussichten des Besitzers geweckt und der Besitzer oder Bucheigentümer erhebliche Vermögensdispositionen getroffen hat.), im Arbeitsrecht (Bsp: BAG BB 88, 978 f; NZA 11, 411; 11, 1166; Ausnahme: TVG 4 IV 2) und im Immaterialgüterrecht (BGH BeckRS 12, 15773), ferner auf dem Gebiet des öffentl Rechts (Bsp: OVG Münster NJW 81, 598) einschließlich des Sozial- (BSG NJW 69, 767) und Prozessrechts (BGH FamRZ 02, 292; 97, 220; MDR 11, 62; einschr NJW-RR 90, 887; BeckRS 10, 30061; BAG NJW 11, 1833; BayObLG DNotZ 94, 184); auch die Verwirkung des Rechts auf gerichtlichen Rechtsschutz ist möglich (BGH NJW 12, 2578). Bei der Anwendung der Verwirkung ist den Besonderheiten des jeweiligen Rechtsgebiets Rechnung zu tragen; speziellere Begrenzungsregelungen mit gleicher Regelungsfunktion haben Vorrang (zB BGH NJW 07, 2481: Härtefallklausel d § 1587c). Den Hauptanwendungsbereich der Verwirkung bildeten bish Ansprüche, für die übermäßig lange Verjährungsfristen galten, sowie unbefristete Gestaltungsrechte und Rechtsbehelfe (ie Rn 59). Zeitliche Schranke für die Verwirkung ist die Erfüllung (BGH 92, 187).

2. Abgrenzung. a) Verjährung und Ablauf einer Ausschlussfrist. Durch 57 das Bestehen einer Verjährungs- oder Ausschlussfrist wird die Verwirkung nicht ausgeschlossen (Rn 53, 59 f). Bei der Verjährung (Befristung) entscheidet allein der Ablauf der fristbestimmten Zeit; dagegen genügt „längerer Zeitablauf" allein für die Verwirkung niemals, stets müssen bes Umstände hinzutreten, die die spätere Geltendmachung des Rechts als gegen Treu und Glauben verstoßend erscheinen lassen (BGH 146, 220 und 225; NJW 10, 1076); ist Verjährung schon längere Zeit eingetreten, sind an Verwirkung nur noch geringe Anforderungen zu stellen (Frankfurt MDR 80, 755). Die Rechtsfolgen von Verjährung (§ 214), Befristung (Erlöschen des Rechts) und Verwirkung stimmen nicht überein (Rn 63). **b)** In 58 der *bewussten* langdauernden Nichtausübung eines Rechts kann ein stillschweigend erklärter **Verzicht** liegen (§ 157; strenge Anforderungen: BGH NJW 96, 588 mN; NJW-RR 96, 237); demgegenüber ist die Verwirkung kein rechtsgeschäftlicher Tatbestand (BGH 82, 282) und damit vom Willen des Berechtigten unabhängig (BGH 25, 52); auch die Kenntnis des Rechts (Voraussetzung für einen Verzichtswil-

§ 242　　　　　　　　　Buch 2. Abschnitt 1. Inhalt der Schuldverhältnisse

len) ist für die Verwirkung nicht unerlässlich (Rn 61 f); maßgebend ist das in der verspäteten Rechtsausübung liegende widersprüchliche Verhalten (Rn 55). **c)** Das Rechtsinstitut der **Erwirkung** bewirkt umgekehrt, dass an sich nicht bestehende Ansprüche zur Entstehung gelangen (vgl Nürnberg NJW 97, 2197). **d)** IGgs zur Verwirkung durch Zeitablauf knüpft die **„Verwirkung"** wegen schwerer Verfehlung an ein früheres missbilligtes Verhalten **(Treueverstoß)** an (Rn 47).

59　**3. Voraussetzungen. a) Zeitmoment. aa) Zeitablauf.** Seit der Möglichkeit der Geltendmachung des Rechts und seiner tatsächlichen Ausübung muss eine längere Zeitspanne liegen, während der der Berechtigte untätig geblieben ist (Rn 60). Die Verwirkung eines Forderungsrechts setzt Fälligkeit der Forderung voraus (KG NJW-RR 10, 881). Die erforderliche **Dauer des Zeitablaufs** richtet sich nach den Umständen des Einzelfalls (BGH 146, 224 f; BGH NZA-RR 03, 253; NJW 11, 212). Von Bedeutung sind insbes: Art und Bedeutung des Rechts, Art des Rechtsverhältnisses, Intensität des vom Berechtigten geschaffenen Vertrauenstatbestands (Rn 61) und Ausmaß der „Vertrauensinvestitionen" der Gegenpartei (Rn 62). Je kürzer eine bestehende Verjährungs-(Ausschluss-)frist (Rn 57) ist, desto weniger ist idR Raum für eine Verwirkung (BGH NJW-RR 12, 1228 Tz 9; BGH 103, 68; NJW 92, 1756); jedoch braucht auch bei (noch) dreißigjähriger Verjährung ein Anspruch nach 28 Jahren noch nicht verwirkt zu sein (BGH WM 71, 1086); Anspruch auf Auskunft und Rechenschaft bei rein geschäftlicher Beziehung nach 5 Jahren noch nicht verwirkt (BGH NJW 12, 60); titulierter Darlehensrückzahlungsanspruch nach 18 Jahren verwirkt, jedenfalls wenn Titel heute wegen krasser finanzieller Überforderung des mithaftenden Schuldners nicht mehr erwirkt werden könnte (Umstandsmoment, Rn 61) (Frankfurt BKR 03, 200); andererseits ist bei Ansprüchen mit 6-monatiger Verjährung (vgl § 548 I 1, insbes vor Beginn gem § 548 I 2) Verwirkung nicht ausgeschlossen (BGH JZ 65, 682). Insbes bei Rechten aus Dauerschuldverhältnissen kann eine kurzfristige Verwirkung in Frage kommen. Bsp: Ansprüche des Vermieters auf Nebenkosten nach Ablauf der Abrechnungsperiode (vgl BGH 91, 71 f mN; 101, 251; NJW 84, 1684 f; zum Zusammenspiel von Zeit- und Umstandsmoment BGH NJW 11, 446 f); zur Verwirkung neben der neu eingeführten Frist gem. § 556 III 2, 3 s BGH NJW-RR 12, 1228; Unterhaltsansprüche (BGH NJW 10, 3715; sa § 1361 Rn 18 f); allg Gestaltungsrechte (Bsp: § 121; sa § 626 II). BGH NJW 12, 58, 60 Tz 24: Bestanden Beziehungen mit familiärem oder sonstigem personalen Einschlag, dann kann die besondere persönliche Bindung der Beteiligten untereinander das schützenswerte Vertrauen eines Auftragnehmers begründen, er brauche sich nicht darauf einzurichten, künftig einmal im Detail Rede und Antwort stehen und Nachweise führen zu müssen, wenn der Geschäftsherr eine Rechnungslegung über einen längeren Zeitraum nicht verlangt hat. Andernfalls würden wünschenswerte Hilfeleistungen im engen persönlichen Umfeld mit unvertretbaren Risiken für den Helfer belastet und auf Vertrauen gründende zwischenmenschliche Beziehungen rechtlichen Notwendigkeiten (Quittungserfordernissen etc.) unterworfen, die im täglichen Leben weder üblich sind noch von juristischen Laien zu überblicken wären. – Die für die Beurteilung des Zeitmoments maßgebliche Frist beginnt bei mehrfachen, zeitlich unterbrochenen Störungen absoluter Rechte mit jeder Einwirkung neu zu laufen, BGH NJW-RR 05, 235; zum Neubeginn Verwirkungsfrist des markenrechtlichen Unterlassungsanspruchs s BGH
60　BeckRS 12, 15773. **bb) Untätigbleiben des Berechtigten.** Während der Zeitspanne gem Rn 59 darf der Berechtigte sein Recht nicht geltend gemacht haben. Jede in Ausübung des Rechts vorgenommene und zur Rechtswahrung geeignete Handlung schließt **Untätigkeit** (und damit Verwirkung) aus, eine Hemmungshandlung iSv § 204 ist nicht erforderlich. Bsp: Widerspruch, Abmahnung, Rechtsverwahrung (ie MK/Roth/Schubert 357 ff), Beharren auf Rechtsstandpunkt nach Scheitern von Verhandlungen (BGH NJW 80, 880). Die Untätigkeit ist dem Berechtigten **zuzurechnen,** wenn ihm Schritte zur Rechtswahrung möglich und zumutbar waren und auch von ihm erwartet werden konnten (BGH NZA-RR 03, 253 mN;

Titel 1. Verpflichtung zur Leistung **§ 242**

vgl BVerfG 32, 308 f). Das ist idR der Fall, wenn dem Berechtigten sein Recht (die Rechtsbeeinträchtigung des Verletzers) **bekannt** oder in Folge von **Fahrlässigkeit** unbekannt war (BGH 146, 222 mN, 224, 225, insoweit allgM); uU kann für bestimmte Gestaltungsrechte stets Kenntnis des Rechts bzw seines Grundes erforderlich sein (so für fristlose Kündigung BAG NJW 78, 723; ebenso für Anspruch aus § 826 BGH NJW-RR 89, 1259). Bei unverschuldeter Unkenntnis des Berechtigten von seinem Recht scheidet dagegen eine Verwirkung idR aus (BGH MDR 11, 62 zum Prozessrecht; aA wohl hM, vgl PalGrüneberg 94; StLooschelders/Olzen 310); Ausnahmen können bei sehr langem Zeitablauf und bes schutzwürdigen Vertrauenspositionen des Gegners anzuerkennen sein (BGH NJW 66, 645 obiter; sa BGH NZA-RR 03, 253). **b) Umstandsmoment. aa) Schutzwürdiges Vertrauen der** 61 **Gegenpartei.** Die Gegenpartei muss tatsächlich darauf vertraut haben und auch bei verständiger Würdigung aller Umstände darauf vertraut haben dürfen, der Berechtigte wolle und werde sein Recht nicht mehr geltend machen (BGH 146, 222 f) (sa Rn 59). Zwischen den Umständen und dem erforderlichen Zeitablauf besteht die **Wechselwirkung** insofern, als der Zeitablauf umso kürzer sein kann, je gravierender die sonstigen Umstände sind, und dass umgekehrt an diese Umstände desto geringere Anforderungen gestellt werden, je länger der abgelaufene Zeitraum ist, BGH NJW 06, 219, 220. Ein schutzwürdiges Vertrauen kann bei längerer (uU genügt schon ein Jahr) Nichtgeltendmachung von Unterhalt vorliegen (BGH 103, 70; 105, 256 f); das Unterhaltsrecht als solches kann jedoch nicht verwirkt werden (BGH 84, 284). Auch rechtskräftige Anspruchsfeststellung schließt Entstehung eines Vertrauenstatbestands nicht notwendig aus (Hamm NJW 82, 342 für Räumungsanspruch). Rechnet der Berechtigte damit, die Gegenpartei werde aus dem Unterlassen der Rechtsverfolgung Schlüsse ziehen, so genügt es idR für die Zurechenbarkeit der vertrauensbegründenden Umstände, wenn sie in die Risikosphäre des Berechtigten fallen (BGH NZA-RR 03, 253). Nicht schutzwürdig ist das Vertrauen der Gegenpartei, wenn sie sich selbst unredlich verhalten und dadurch die verspätete Geltendmachung des Rechts veranlasst hat (BGH 25, 53). **bb) Unzumutbarkeit** 62 **der verspäteten Rechtsausübung für die Gegenpartei.** Die verspätete Inanspruchnahme muss unter Berücksichtigung aller Umstände des Einzelfalls un eine mit Treu und Glauben nicht zu vereinbarende Belastung erscheinen (MK/Roth/Schubert 329). Dies ist idR der Fall, wenn die Gegenpartei im Vertrauen auf den Fortbestand des bestehenden Zustands Vermögensdispositionen getroffen hat oder sich sonst auf ihn eingerichtet hat (BGH 67, 68; 122, 315; 137, 76; 146, 223; BGH NJW 03, 824). Bsp: Bish Zustand als Kalkulationsbasis im Mietrecht (LG Mannheim MDR 68, 417); Nichterfüllung des versprochenen Mangelbeseitigung bei dauerhafter Duldung der von anderer Seite vorgenommenen Minderung; (BGH NJW-RR 03, 727); Schaffung eines „wertvollen Besitzstands" im Patent-, Kennzeichen- und Wettbewerbsrecht (vgl BGH 126, 294 f; 146, 222 mN). Sondervorschrift: MarkenG 21 I–III. Im Rahmen der gebotenen umfassenden Abwägung (Bsp: BGH 146, 224 ff) können auch *öffentl Interessen* zu berücksichtigen sein, so die Gewährleistung des Rechtsschutzes (keine Verwirkung des Klagerechts: BGH NJW-RR 90, 887 mN; MK/Roth/Schubert 104, 300; aA BAG ZIP 88, 1597 mN; Hamm NJW-RR 97, 989) und der Rechtsklarheit (Einschränkung der Verwirkung in Grundbuchsachen: BGH 48, 351; bejahend für § 894 BGH 122, 314 ff), aber auch der Erhaltung des Rechtsfriedens (Verwirkbarkeit unbefristeter Rechtsbehelfe: BVerfG 32, 308 f; BGH 43, 292; befristeter Rechtsbehelfe: BGH NJW-RR 89, 768) sowie überragende Allgemeininteressen (BGH 126, 295).

4. Rechtsfolgen. Die Verwirkung begründet eine inhaltliche Begrenzung des 63 Rechts (BGH 67, 68; BeckRS 13, 02148; vgl allg Rn 33), die iE einem *Rechtsverlust* gleichkommt (vgl Canaris aaO 3; SoeTeichmann 343), nicht nur eine „Einrede" (SoeTeichmann 343, hM; krit MK/Roth/Schubert 346); aber: Rechtsfolge der Verwirkung nach § 242 BGB ist im Immaterialgüterrecht allein, dass ein Schutzrechtsinhaber seine Rechte im Hinblick auf bestimmte konkrete bereits begangene oder noch andauernde Rechtsverletzungen nicht mehr durchzusetzen vermag (BeckRS 12, 15773). Im Prozess ist sie *von Amts wegen* zu berücksichtigen (BGH NJW 66, 345; Celle FamRZ 89, 1194; Rn 36). Verwirkt wird der jeweilige Anspruch, nicht eine allgemeine Rechtslage wie das Vorliegen eines Schuldnerverzugs (vgl BGH NJW 07, 1273); die Verwirkung wirkt auch gg Rechtsnachfolger (Celle NJW-RR 07, 234). Die **Beweislast** für ihre Voraussetzungen, insbes die längere Untätigkeit des Berechtigten trifft die Gegenpartei (BGH NJW 58, 1188), den Berechtigten eine gesteigerte Darlegungs-(nicht Beweis-)last hinsichtlich rechtswahrender Handlungen (Baumgärtel/Strieder 10).

§ 243 Gattungsschuld

(1) **Wer eine nur der Gattung nach bestimmte Sache schuldet, hat eine Sache von mittlerer Art und Güte zu leisten.**

(2) **Hat der Schuldner das zur Leistung einer solchen Sache seinerseits Erforderliche getan, so beschränkt sich das Schuldverhältnis auf diese Sache.**

Lit: Canaris, Die Bedeutung des Übergangs der Gegenleistungsgefahr im Rahmen von § 243 II BGB und § 275 II BGB, JuS 07, 793; ders, Die Einstandspflicht des Gattungsschuldners und die Übernahme eines Beschaffungsrisikos nach § 276 BGB, FS Wiegand, 2005, S 179; ders, Der Vertrag mit ersetzbarer Primärleistung als eigenständige Rechtsfigur und die Zentralprobleme seiner Ausgestaltung, FS Westermann, 2008, S 137; Ernst, Die Konkretisierung in der Lehre vom Gattungskauf, GS Knobbe-Keuk, 1997, S 49; Lemppenau, Gattungsschuld und Beschaffungspflicht, 1972.

1   **1. Allgemeines. a) Bedeutung.** Teilregelung der häufig vorkommenden **Gattungsschuld** (I: Rn 7; II: Rn 9 ff); ergänzend greifen (noch) ein: §§ 300 II, 524 II, 2155, 2182 f; HGB 360, 373 ff; durch das SchRModG aufgehoben wurden die §§ 279, 480 aF. Beim Kauf hat die Abgrenzung zur Stückschuld (Rn 4) nach der
2   Rechtsangleichung (Rn 7) an Bedeutung verloren. **b) Anwendungsbereich.** § 243 gilt **unmittelbar** bei Sachleistungsschulden, insbes Gattungskauf und Handelskauf (HGB 373); **entspr** bei Rechtsverschaffung (Bsp: Abtretung von Kundenforderungen), Gattungsmiete (Bsp: Bestellung eines Hotelzimmers; Leasingvertrag), Dienst-, Werk- (Bsp: Schönheitsreparaturen, BGH 105, 78; ie StSchiemann 46 ff) und Reiseleistungen (BGH 100, 174).

3   **2. Gattungsschuld. a) Begriff:** Schuldverhältnis, bei dem der Leistungsgegenstand (idR eine Sache oder eine Mehrheit von Sachen, I; vgl aber Rn 2) nur **gattungsmäßig** festgelegt, ein konkretes Leistungsobjekt aber noch nicht geschuldet ist (Schuld mit unbestimmtem Leistungsgegenstand; zur Konkretisierung vgl Rn 9 ff). **Gattung** *(genus)* ist die durch gemeinschaftliche Merkmale (zB Sorte, Type, Serie, sonstige **Qualifikation**) zusammengefasste Sachgruppe. Bsp für Gattungsschuld: Lieferung eines fabrikneuen Pkw eines bestimmten Typs. Die Bestimmung der Gattung und ihres Umfanges (dazu Rn 8) obliegt den Parteien (subj Maßstab; BGH NJW 89, 219); sonst entscheidet die Verkehrsauffassung (BGH NJW 84, 1955). Die Gattungsschuld ist idR auf Leistung vertretbarer Sachen (§ 91) gerichtet (Bsp: Lieferung von Handelsware), jedoch nicht notwendig, da Vertretbarkeit einer Sache Frage der Verkehrsüblichkeit (obj Maßstab entscheidet, § 91 Rn 1 ff). Bsp einer Gattungsschuld über nicht vertretbare Sache: Beschaffung von Grundstücksparzelle
4   in X mit Seeblick. **b) Abgrenzung.** Gegensatz zur Gattungs- ist die **Stück-**(Spezies-)**schuld,** bei der ein individuell bestimmter einzelner Gegenstand oder eine Sachgesamtheit geschuldet ist. Bsp: Gebrauchter Pkw nach Besichtigung; gesamter Vorrat (Rn 8); Auslegungsfrage bei „rollender" Ware (vgl München NJW 57, 1801). Übergang der Gattungs- in Stückschuld: Rn 9 ff. Bei der **Wahlschuld** (§§ 262–265) sind mehrere unterschiedliche Leistungen, die auch gattungsmäßig bestimmt sein können (§ 262 Rn 1), geschuldet, während die Gattungsschuld auf eine gleichartige

Titel 1. Verpflichtung zur Leistung § 243

Leistung gerichtet ist (Rn 7). Die **Geldschuld** (§§ 244, 245) ist reine Wertschuld (vgl §§ 244, 245 Rn 6). Zum Teil werden Verträge, bei denen bei vereinbarter Stückschuld eine Nachlieferung zulässig sein soll, als eigene Kategorie (Vertrag mit ersetzbarer Primärleistung) zwischen Stück- und Gattungsschuld eingeordnet (s Canaris, FS Westermann, 2008, S 137 ff; vgl zum Ganzen § 439 Rn 24, MK/Westermann § 439 Rn 11 f). **c) Arten. aa)** Die **marktbezogene Gattungsschuld** 5 (dazu Ballerstedt, FS Nipperdey, 1955, S 272) ist **Beschaffungsschuld** (s BGH BKR 03, 954). Befreiung des Schuldners idR nur, wenn die gesamte Gattung untergeht (selten: *„genus perire non censetur"* = „Von einer Gattung wird nicht angenommen, dass sie untergeht"); Grund: Übernahme des Beschaffungsrisikos (s § 276 I 1 aE; § 276 Rn 46). **bb)** Bei der **beschränkten Gattungsschuld** (Vorratsschuld) hat der Schuldner (anders als bei Rn 5 [aa]) nur aus einem bestimmten Vorrat zu leisten (ie Rn 8). **d) Inhalt. aa) Allgemeines.** Der Gattungsschuldner hat ein Aus- 6 wahlrecht (Grenzen: Rn 7) und bis zur Erfüllung ein Dispositionsrecht hinsichtlich des konkreten Leistungsgegenstandes (Rn 11); andererseits wird er bis zur Konkretisierung (II) bei zufälligem Untergang der zur Erfüllung vorgesehenen Sache nicht frei, da es noch an einem geschuldeten bestimmten Leistungsobjekt fehlt (Rn 3, 10). **bb) Leistungspflicht (I).** Der Schuldner hat aus der vereinbarten Gattung 7 mangelfreie Sachen mittlerer Art und Güte auszuwählen (sa HGB 360). Abw Qualitätsvereinbarungen sind möglich, zB „prima Ware", „Ramschware" uä. Bei Abweichung von Gütemerkmalen nach unten wie auch von Gattungs-(Qualifikations-)merkmalen keine vertragsmäßige Leistung (Köln MDR 98, 1469); Rechte des Gattungskäufers bei Qualitäts- oder Qualifikationsmangel: §§ 434 III, 437 Nr 1, 439 I, 2. Alt. Der Anspruch auf Lieferung mangelfreier Ware besteht auch nach Annahme in Unkenntnis des Mangels (vgl BGH 142, 39). Grund: Keine Konkretisierung (s Rn 9). Zur Rechtslage beim Gattungsvermächtnis s Amend ZEV 02, 228 f.

3. Die beschränkte Gattungsschuld. Die beschränkte Gattungsschuld (Vor- 8 ratsschuld; Rn 5 [bb], s zu versch Begrenzungsgestaltungen Canaris, FS Wiegand, 2005, 191 ff) ist Gattungsschuld iSv Rn 3, doch ist der Umfang der Gattung, aus der der Schuldner zu leisten hat, in dem Verpflichtungsgeschäft auf einen bestimmten Vorrat beschränkt (kein Fall von § 276 I 1 aE). IZw anzunehmen, wenn der Produzent Schuldner der Ware ist (RG 88, 288). Bsp: Kohlen aus einer bestimmten Zeche (Karlsruhe JZ 72, 121), landwirtschaftliche Erzeugnisse eines bestimmten Gutes, Produkte mit Markennamen (-zeichen) oder einer Unternehmensgruppe (vgl Westermann JA 81, 599), ferner erlaubte Sammelsendungen (Hönn AcP 177, 396, 416, str). **Keine** beschränkte Gattungsschuld liegt vor, wenn die gesamte Vorrat geschuldet ist (Speziesschuld über Sachgesamtheit) oder wenn empfangene Geldbeträge oder Gutschriften auf Girokonten (zB gem §§ 667, 818 I, II) herauszugeben sind (reine Herausgabeschuld, zT verkannt in BGH 83, 301; sa § 270 Rn 2). Bsp: Verkauf der gesamten Ernte. Bei **Untergang** des gesamten Vorrats wird der Schuldner frei (§ 275 I), ein Beschaffungsrisiko (vgl § 276 I 1 aE) trifft ihn nicht. Bei teilw Untergang des Vorrats steht dem Schuldner aus § 242 das Recht zu, die Forderungen seiner Gläubiger anteilig zu kürzen (RG 84, 125; Lemppenau aaO 81, str, aA MK/Emmerich 17: Wahlrecht, an welchen Gl erfüllt wird, 275 ggü den anderen. Nach Ernst aaO 97 ff uU quotenmäßige Gefahr- und Verlustbeteiligung).

4. Konkretisierung (II). a) Voraussetzungen. Unerlässlich sind Auswahl, 9 Aussonderung und Angebot einer den Anforderungen des I (Rn 7) entspr Sache. IÜ ist nach der erforderlichen Leistungshandlung des Schuldners (s § 269 Rn 1) zu unterscheiden: bei Bringschuld ist körperliches Angebot beim Gläubiger erforderlich, bei Schickschuld (§ 447) Versendung der Sache (Köln NJW 95, 3128; BGH NJW 03, 3341), bei Holschuld Aussonderung und Benachrichtigung oder Aufforderung des Gläubigers zur Abholung (Larenz, SchR I, § 11 I; arg § 300 II, krit Ernst aaO 83 ff: Annahmeverzug erforderlich). **b) Rechtsfolgen. aa) Gefahrübergang.** 10 Mit der Konkretisierung wird die Gattungsschuld (vorläufig: Rn 11) zur Stück-

Berger 217

schuld, dh die **Leistungsgefahr** geht gem § 275 I auf den Gläubiger über. Spätester Zeitpunkt des Gefahrübergangs, auch bei noch nicht eingetretener Konkretisierung (s § 300 Rn 4), ist Annahmeverzug, § 300 II. Für Gegenleistungs-(Preis-)gefahr gelten §§ 326 I, 447. **bb) Rückgängigmachung.** Die Konkretisierung wirkt nur zugunsten des Schuldners, bindet ihn aber nicht (StSchiemann 42 f; Hager AcP 190, 332; iE auch Ernst aaO 97, 102 ff, str; aA Köln NJW 95, 3129; van Venrooy WM 81, 890 ff mN; offengeblieben in BGH BB 65, 349). Verfügt der Schuldner abw über die ausgeschiedene und konkretisierte Ware, lebt Gattungsschuld idR wieder auf (StSchiemann 39 ff; iE auch Ernst aaO 97), er macht sich aber uU (zB nach Versandanzeige) ersatzpflichtig (vgl §§ 280, 282, 241 II).

§ 244 Fremdwährungsschuld

(1) Ist eine in einer anderen Währung als Euro ausgedrückte Geldschuld im Inland zu zahlen, so kann die Zahlung in Euro erfolgen, es sei denn, dass Zahlung in der anderen Währung ausdrücklich vereinbart ist.

(2) Die Umrechnung erfolgt nach dem Kurswert, der zur Zeit der Zahlung für den Zahlungsort maßgebend ist.

§ 245 Geldsortenschuld

Ist eine Geldschuld in einer bestimmten Münzsorte zu zahlen, die sich zur Zeit der Zahlung nicht mehr im Umlauf befindet, so ist die Zahlung so zu leisten, wie wenn die Münzsorte nicht bestimmt wäre.

Anmerkungen zu den §§ 244, 245

1 **1. Allgemeines. a) Bedeutung.** Die am häufigsten vorkommende **Geldschuld** ist im BGB nicht allg geregelt. §§ 244, 245 betreffen nur die Fremdwährungsschuld (Rn 12–17) und Geldsortenschuld (Rn 6). Das SchRModG hat ohne sachliche Änderung § 244 an die Euro-Umstellung (Rn 5) angepasst. Weitere Vorschriften enthalten zB §§ 251, 253, 270, 288, 488; ZPO 803 ff; InsO 45 und PrKlG, welches

2 PaPkG und PrKV ablöste (dazu Rn 18–25). **b) Geld. aa) Begriff.** Geld iSd **Geldschuld** (Rn 6–11) ist in Währungseinheiten ausgedrückte abstrakte Vermögensmacht (SoeTeichmann § 244 Rn 4). Verkörpertes Geld *(Bargeld)* sind die Geldzeichen (Banknoten, Münzen) der Euro- oder einer anderen Währung (vgl § 244), nicht verkörpertes Geld jederzeit verfügbare Bankguthaben **(Buchgeld).** Letzteres wird dem verkörperten weitgehend gleichbehandelt (vgl zB § 270 Rn 4 und allg Larenz, SchR I, § 12 I aE; BGH WM 84, 946). **Geld** iSd **Währungsrechts** sind nur diejenigen (verkörperten) Geldzeichen, die kraft staatlicher Anordnung zur Schuldtilgung angenommen werden müssen **(gesetzliches Zahlungsmittel;** dazu

3 Rn 5). **bb) Wirtschaftliche Bedeutung.** Geld ist **allg Tauschmittel** zur Erlangung von Gütern und Dienstleistungen aller Art und damit zugleich **allg Wertmaßstab** und allg Wertausdrucksmittel (Rechnungseinheit). Im Rahmen von Geldgeschäften iwS (zB § 488) ist das Geld Mittel der Wertbewahrung und Wertübertragung, bei Erfüllung ges Geldschulden (zB Unterhalt, Schadensersatz) **Zahlungsmittel ieS.** Prägung, Umgang mit und Annahmepflicht von Münzgeld

4 regelt das MünzG. **cc) Wert.** Der **Nennwert** ist nur staatliche Kennzeichnung des Geldzeichens (Rn 2), kein Wert im wirtschaftlichen Sinn. Der **Außenwert** des Geldes ergibt sich aus seinem Verhältnis zu anderen Zahlungsmitteln **(Valutakurs),** der **Binnenwert** des Geldes im Währungsgebiet entspricht seiner **Kaufkraft.**

5 **2. Euro-Währung.** Seit dem 1.1.2002 ist der Euro in der Bundesrepublik (und den Ländern der Währungsunion) ges Zahlungsmittel. Die Euro-Währung gilt bereits seit dem 1.1.1999; in der Übergangszeit bis zum 31.12.2001 galt die DM

Titel 1. Verpflichtung zur Leistung §§ 244, 245

als eine (nicht-dezimale) Untereinheit des Euro. **Rechtsgrundlagen** der Euro-Einführung sind: Die VO (EG) Nr 1103/97 vom 17.6.1997 über bestimmte Vorschriften im Zusammenhang mit der Einführung des Euro **(Euro-VO I);** die VO (EG) Nr 974/98 vom 3.5.1998 über die Einführung des Euro **(Euro-VO II);** die VO (EG) Nr 2866/98 vom 31.12.1998 über die Umrechnungskurse zwischen dem Euro und den Währungen der Mitgliedstaaten, die den Euro einführen **(Euro-VO III);** hinzu kommen (ab 9.6.1998) zahlreiche EuroEG (zuletzt das 10. EuroEG vom 15.12.2001, BGBl I 3762). Alle auf DM lautenden „Rechtsinstrumente" (Ges, Verträge, Urteile usw) wurden zum 1.1.2002 auf Euro umgerechnet (Euro-VO II Art 14). Der Umrechnungskurs beträgt 1,95583 DM = 1 Euro (Euro-VO III). Die Anpassung des deutschen Rechts an den Euro ist durch die Euro-Einführungsgesetze im Wesentlichen abgeschlossen. Als bloße Währungsumstellung begründet die Einführung des Euro keinen Wegfall der Geschäftsgrundlage (sa § 313 Rn 38), es gilt der Grundsatz der **Vertragskontinuität** (Euro-VO I Art 3; DÜG 4). Auswirkungen der Euro-Umstellung auf die **Wertsicherung** von Geldforderungen: Rn 18.

3. Geldschuld. a) Allgemeines. aa) Begriff. Geldschuld ist das auf Geld (Rn 2) **6** als Leistungsobjekt gerichtete Schuldverhältnis. **bb) Rechtsnatur.** Die Verpflichtung des Geldschuldners besteht in der Verschaffung der durch das Geld vermittelten abstrakten Vermögensmacht (vgl Rn 2), die Geldschuld ist daher **Wert-**(verschaffungs-)**schuld** (auch im Fall der Rn 9 ff), nicht Sachschuld und damit auch **keine** Gattungsschuld (Larenz, SchR I, § 12 III; StKSchmidt Vorbem C 7, str; teilw aA Fülbier NJW 90, 2797; unklar BGH 83, 300). Die *unechte Geldsortenschuld* (§ 245) ist echte Geldschuld mit der Besonderheit, dass die Erfüllung in einer bestimmten Geldsorte zu erfolgen hat (vgl aber Rn 10). **cc) Abgrenzung. Keine** Geldschuld **7** liegt vor, wenn individuell (dann Stückschuld) oder der Art nach (dann Gattungsschuld; sog echte Münzsortenschuld) bestimmte Münzen oder Banknoten geschuldet sind. Bsp: Ankauf bestimmter Münzen oder Münzen bestimmter Sorte durch Sammler; auf Geld (Guthaben) gerichtete Herausgabeansprüche, zB gem §§ 667, 818 I, II (s § 270 Rn 2; anders für §§ 818 IV, 819 I BGH 83, 300, krit Wilhelm AcP 183, 10 f). **dd) Arten.** Nach der Art der betragsmäßigen Fixierung unterscheidet **8** man die *Geldsummen-* (Rn 9 ff) und die *Geldwertschuld* (Rn 11), nach der Art der geschuldeten Währung Euro- und *Fremdwährungsschulden* (Rn 12 ff). **b) Geldsum- 9 menschuld** (Geldbetragsschuld). **aa)** Bei ihr (normale Geldschuld) ist die geschuldete Geldleistung ausschließlich summen-(betrags-)mäßig in Währungseinheiten festgelegt. Bsp: Kaufpreis- (§ 433 II) oder Darlehensschuld (§ 488 I) sowie ges Rückzahlungspflichten (BGH 101, 306 f mN). Gegensatz: Bestimmung des Schuldbetrags durch *außermonetäre* Faktoren (dazu Rn 11). Die Leistungspflicht des Geldsummenschuldners richtet sich nur nach dem **Nennbetrag** der Schuld (Grundsatz des schuldrechtlichen **Nominalismus;** vgl BGH 79, 194 mN; StKSchmidt Vorbem D 20 ff; sa Rn 18), **nicht** nach dem (zZ der Tilgung uU veränderten) inneren Wert des Geldbetrags (dafür der – nur ausnahmsweise für einzelne Geldschulden anzuerkennende – **Valorismus;** dazu neigend v Maydell, Geldschuld und Geldwert, 1974, 105 ff). Konsequenz: Der Geldgläubiger trägt das Entwertungsrisiko; Abhilfe: Vertragliche Wertsicherung von Geldschulden (Rn 18 ff), uU Anpassung gem § 313. **bb) Rechtliche Behandlung:** Die Vorschriften über Sachschulden (Wegfall der **10** Leistungspflicht) sind unanwendbar, auch bei der unechten Geldsortenschuld (Nebenbestimmung entfällt: § 245); aus dem Grundsatz der unbeschränkten Vermögenshaftung (vgl § 241 Rn 19) folgt, dass der Schuldner für seine finanzielle Leistungsfähigkeit stets einzustehen hat (§ 276 I 1: „Inhalt des Schuldverhältnisses"). Zahlungsverzug ist daher immer zu vertreten (§ 286 IV). Auf Geldschuld entspr anwendbar ist § 300 II (Larenz, SchR I, § 25 II b). **c) Geldwertschuld.** Bei ihr wird **11** nicht ein bestimmter Nennbetrag, sondern eine auf Grund anderer Faktoren (zB Lebensbedarf des Gläubigers; Wert von Gegenständen oder Vermögenskomplexen) zu ermittelnde Geldsumme geschuldet. Bsp: Unterhaltsansprüche, Ansprüche auf Schadensersatz, Wertersatz (zB gem § 818 II), Aufwendungsersatz, Entschädigung

§§ 244, 245 Buch 2. Abschnitt 1. Inhalt der Schuldverhältnisse

wegen Enteignung (GG 14 III) oder enteignungsgleichen Eingriffs (BGH 11, 165), Pflichtteil (BGH 65, 75) und Zugewinnausgleich. Geldwertschulden sind bis zu ihrer betragsmäßigen Fixierung (Vertrag, Urteil) – uU auch darüber hinaus (ZPO 323 und § 313) – von Natur aus wertbeständig (vgl BGH 79, 194; Kollhosser JA 83, 51).

12 **4. Fremdwährungsschuld.** Auch **Valutaschuld (§ 244).** S zu ihr umfassend Grothe, Fremdwährungsverbindlichkeiten usw, 1999. **a) Allgemeines. aa) Begriff:** Geldschuld (Rn 6 ff), bei der die geschuldete Leistung nach dem **Inhalt des Vertrags** in anderer Währung als Euro bezeichnet ist (BGH 101, 302). Bloße Abrede über die **Art der Zahlung** genügt nicht. Seit dem 1.1.2002 ermöglicht § 244 I eine Zahlung von Geldschulden anderer Währung (Rn 16) in Euro-Wäh-
13 rung. **bb) Arten.** Danach, ob die ausländische Währung effektives Zahlungsmittel oder nur Bestimmungsmaßstab der Schuld ist, unterscheidet man (eingehend StKSchmidt § 244 Rn 13 ff) echte (Rn 15) und unechte Valutaschulden (Rn 16 f).
14 **cc) Abgrenzung.** Sicherung durch sog Fremdwährungsklausel (sa u [dd]) ändert an reiner Euro-Schuld nichts. **dd) Schranken.** Eine Genehmigungspflicht für die Eingehung von Fremdwährungsverbindlichkeiten besteht seit dem Wegfall von WährG 3 S 1 (vgl EuroEG Art 9 § 1) am 1.1.1999 nicht mehr. Vor dem 1.1.1999 geschlossene, ungenehmigte Verträge sind nach dem Wegfall des Genehmigungserfordernisses endgültig wirksam (sa § 134 Rn 6). Wurde die Genehmigung vor dem 1.1.1999 versagt, so bleiben die Verträge ungültig. **ee) Umwandlung** durch Vereinbarung in Euro-Schuld ist möglich, uU durch ergänzende Vertragsauslegung, sa § 157 Rn 2 ff.
15 **b) Echte (effektive) Valutaschuld.** Sie ist nicht nur in ausländischer Währung ausgedrückt, sondern auch nur durch Zahlung in ausländischer Währung zu erfüllen. Echte Valutaschuld ist iZw anzunehmen, wenn die Schuld außerhalb der Währungsunion gezahlt werden soll (Erfüllungsort dort), oder bei ausdrücklicher Vereinbarung, zB der Klauseln „effektiv", „zahlbar in". § 244 I ist insoweit unanwendbar.
16 **c) Unechte (einfache) Valutaschuld. aa) Begriff (§ 244 I).** Sie lautet zwar auf eine andere Währung, kann aber wahlweise (Ersetzungsbefugnis nur des Schuldners: BGH 104, 272; Köln WM 97, 2031) in ausländischer oder Euro-Währung getilgt werden (BGH 104, 274), auch durch Aufrechnung (KG NJW 88, 2181). IZw ist eine unechte Valutaschuld anzunehmen, wenn die Schuld im Inland (§ 244 I) oder im Gebiet der Währungsunion zu zahlen ist. Maßgebend ist der Erfüllungsort (LG Braunschweig NJW 85, 1169). Zum Inlandsbegriff s Grothe ZZB 02, 1 ff.
17 **bb) Umrechnung (§ 244 II).** Maßgebend ist der Kurswert am Zahlungsort zZ der **tatsächlichen** Zahlung (BGH WM 93, 2012), nicht der Fälligkeit (RG 101, 313), bei der Aufrechnung der zZ des Zugangs der Aufrechnungserklärung (RG 167, 63; StKSchmidt § 244 Rn 50 mN), im Insolvenzverfahren der am Tag der Verfahrenseröffnung (Köln WM 88, 1650). § 244 II gilt **nicht** für Wertschulden (Rn 11). **Besonderheiten** gelten bei der Umrechnung von Unterhaltsschulden (s BGH FamRZ 87, 372; LG Düsseldorf DGVZ 89, 140; StKSchmidt § 244 Rn 33 ff).

18 **5. Wertsicherung von Geldschulden. a) Begriff. Wertsicherungsklauseln** sind Vereinbarungen, durch die eine Geldschuld (Rn 6 ff) wertbeständig gemacht werden soll (BGH NJW 75, 105). **Preisklauseln** iSd PrKlG sind grundsätzlich verbotene Wertsicherungsklauseln. **b) Bedeutung.** Wertsicherungsklauseln dienen der Absicherung des Geldgläubigers (insbes einer Nennbetragsschuld) gegen Verluste aus einem Kaufkraftschwund der Währung (ie Rn 20–25). **c) Zulässigkeit.** Der – durch EuroEG Art 9 § 1 aufgehobene – WährG 3 S 2 enthielt aus währungspolitischen Gründen ein Indexierungsverbot mit Erlaubnisvorbehalt. Da solche Klauseln auch Auswirkungen auf die nationale Wirtschaft, die Preisstabilität und den Verbraucherschutz haben können, stellte danach das Preisangaben- und Preisklauselgesetz (PaPkG) bestimmte Wertsicherungsklauseln unter ein repressives Verbot mit (in der Preisklauselverordnung ausgestaltetem behördlichem) Ausnahmevorbehalt (Indexierungsverbot). MWv 14.9.2007 wurden PaPkG 2 (s 12. Aufl) und die Preisklauselverordnung durch das Preisklauselgesetz (PrKlG) außer Kraft gesetzt (G v 7.9.2007,

Titel 1. Verpflichtung zur Leistung **§§ 244, 245**

BGBl I 2247, 2257, 2262, zum Übergangsrecht u Rn 25). Es erhält das **Preisklauselverbot** (§ 1) und **Ausnahmen** (§§ 2–7) aufrecht, sieht jedoch kein behördl Genehmigungsverfahren mehr vor (Verbot mit Legalausnahmen, PWW/Schmidt-Kessel 19). **d) Preisklauselverbot.** Nach PrKlG 1 ist jede Klausel unwirksam, bei welcher 19 der Betrag der Geldschuld unmittelbar und selbsttätig durch den Preis oder Wert von anderen Gütern oder Leistungen bestimmt wird, die mit den vereinbarten Gütern oder Leistungen nicht vergleichbar sind. Nur solche Klauseln fallen in den Anwendungsbereich des PrKlG, durch die der Schuldbetrag unmittelbar durch eine andersartige (vertragsfremde) Bezugsgröße (zB Index, Beamtengehalt) fest „bestimmt" wird, so dass bei Änderung der Vergleichsgröße sich der Schuldbetrag automatisch „selbsttätig", dh ohne Zutun der Parteien ändert (**Gleitklausel;** vgl BGH 53, 318; 63, 134; 105, 246). Preisklauseln müssen zur **automatischen Anpassung** führen. PrKlG 1 nimmt BGH-Rechtsprechung zu WährG 3 S 2 auf (vgl auch schon PaPkG 2 I). **e) Verbotsfolge: PrKlG 8** – Keine **Unwirksamkeit** ipso iure. Unwirksam 20 wird eine Klausel erst im Zeitpunkt der Feststellung (ex nunc, str ob Rückwirkung auf Zeitpunkt der Rechtshängigmachung – so PWW/Schmidt-Kessel 27, oder mit Erwachsen der Entscheidung in Rechtskraft – so PalGrüneberg PrKlG 8 Rn 1). Parteien können aber frühere Unwirksamkeit vereinbaren (PrKlG 8 S 1 aE). Feststellung der (Un-)Wirksamkeit nur gerichtlich durch F-Klage (PalGrüneberg PrKlG 8 Rn 1; abw PWW/Schmidt-Kessel 27: Nichtigkeitsklage mit Gestaltungswirkung – aber zweifelhaft im Fall eines Negativattests). Keine Behördenzuständigkeit (selbst für Negativauskünfte, deren Bindungswirkung für Gerichte aber auch nach altem Recht str ist, s PWW/Schmidt-Kessel 19 mN; Kirchhoff DNotZ 07, 914). Aus anderen Gründen kann eine Behörde zu speziellen Zwecken zwingend mit der Prüfung der Zulässigkeit der Klausel befasst sein (vgl Celle NJW-RR 08, 896 f: Grundbuchamt/Registergericht; zT wird Prüfung durch Grundbuchämter als unzulässig erachtet, wenn Zeitpunkt nach PrKlG 8 S 1 nicht vorverlegt wurde, s Reul MittBayNot 07, 452). Nichtigkeit einer Preiskl führt iZw nicht zur **Gesamtnichtigkeit** des Vertrags (PalGrüneberg PrKlG 8 Rn 1), denkbar Ersetzung durch Leistungsvorbehaltsklausel (Bsp Rostock NZM 05, 506). **Anpassung** durch ergänzende Vertragsauslegung (PWW/Schmidt-Kessel Rn 28), ist diese nicht möglich, dann nach § 313 II (anders PalGrüneberg PrKlG 8 Rn 1). Zum Rechtsmissbrauchseinwand bei Berufung auf Nichtigkeit s BGH NJW 83, 1910. Unwirksamkeit nach hM nur bei **Rechtskraft** entfaltender Feststellung, nicht, wenn Klausel nur als Vorfrage (zB im Rahmen einer Leistungsklage, s Gerber NZM 08, 154) behandelt wird; Klagegegner muss dann Feststellungswiderklage erheben (PalGrüneberg PrKlG 8 Rn 1).

6. Anwendungsbereich. Nicht vom Preisklauselverbot erfasst sind **Wertsicherungsklauseln,** die eine Anpassungsverpflichtung oder ein Anpassungsrecht 21 begründen (PrKlG 1 II Nr 1) oder deren Bezugsmechanismen einen gerechtfertigten, engen Rahmen bilden (PrKlG 1 II Nr 2, 3) oder nicht nachteilig wirken können (PrKlG 1 II Nr 4; krit dazu Kirchhoff DNotZ 07, 919). Weitere Ausnahme: Eine Anpassung ohne vertragliche Vereinbarung ist möglich bei Betriebsrenten nach der Sondervorschrift des BetrAVG 16 sowie allg nach § 313. Im verbleibenden Anwendungsbereich definieren PrKlG 3 ff weitere Ausnahmen (s u Rn 24 f). **a) Leistungsvorbehaltsklauseln. aa) Begriff:** Wirksam sind Klauseln, die hinsichtlich des Ausmaßes der Änderung des geschuldeten Betrags einen Ermessensspielraum lassen, der es ermöglicht, die neue Höhe der Geldschuld nach Billigkeitsgrundsätzen zu bestimmen (PrKlG 1 II Nr 1). Der Inhalt des Leistungsvorbehalts (Voraussetzung, Maßstab) ist ggf durch Auslegung zu bestimmen (BGH NJW 92, 2088). **Abgrenzung:** IGgs zur verbotenen Preisklausel iSd PrKlG fehlt eine Anpassungsautomatik (BGH 63, 136; NJW 67, 830). Zur Änderung der Leistungspflicht bedarf es (formell) eines bes bestimmenden Rechtsakts; auch muss bei der Anpassung der geschuldeten Leistung (materiell) ein ausreichender Ermessensspielraum bestehen, der die Berücksichtigung von „Billigkeitsgrundsätzen" zulässt (BGH MDR 76, 571). **bb) Anpassungsvoraussetzungen.** Die Änderung der Bezugsgröße darf nur die Vorausset-

§§ 244, 245 Buch 2. Abschnitt 1. Inhalt der Schuldverhältnisse

zung der Neufestsetzung, nicht aber alleiniger Anpassungsmaßstab sein (BGH BB 77, 619). „Erhebliche" oder „wesentliche Veränderung der wirtschaftlichen Verhältnisse" ist idR bei einem Ansteigen der Lebenshaltungskosten um mehr als 10% anzunehmen (BGH NJW 95, 1360), „nachhaltige" bei entspr Änderung um mehr als 20% (BGH NJW 92, 2088). **cc) Zeitpunkt der Anpassung.** IZw (§§ 157, 242) Zugang der Anpassungserklärung (BGH 81, 146; NJW 78, 154) oder Erlass des sie ersetzenden Urteils (§ 319; BGH 81, 146 mN); zu den Anforderungen an die Bestimmtheit der Erklärung: BGH NJW 74, 1464 mit Anm Bilda S 1947. Haben die Parteien einem Sachverständigen die Anpassung übertragen, so ist dieser iZw Schiedsgutachter, nicht Schiedsrichter (Bulla BB 76, 389; JuS 76, 20; sa § 317 Rn 5).

22 **b) Spannungsklauseln. Begriff:** Wirksam sind Klauseln, bei denen die in ein Verhältnis zueinander gesetzten Güter oder Leistungen im Wesentlichen gleichartig oder zumindest vergleichbar sind (PrKlG 1 II Nr 2). **Abgrenzung** zur verbotenen Preisklausel iSd PrKlG: Verknüpfung der Geldschuld mit dem Preis oder Wert von „anderen", dh **andersartigen** Gütern und Leistungen. **Bsp:** Wirksam ist die Bindung von Gehalt oder Ruhegehalt an die Entwicklung der Beamtenbesoldung (BGH NJW 74, 273; 80, 1741) oder der Tarifgehälter (BAG DB 77, 503); Bindung des Gaspreises an den für Heizöl (BGH NJW 10, 2789: allerdings Verstoß gegen §§ 307 ff); Bindung von Miet- und Pachtzinsen an die Preisentwicklung für vergleichbare Räume (BGH NJW 76, 422), **nicht** aber an die Entwicklung eines Beamtengehalts (BGH NJW 83, 1010). **Auslegung:** Die vereinbarte Vergleichsgröße (zB Beamtengehalt, Tariflohn) ist idR auch dann maßgebend, wenn ihre spätere Veränderung mit dem tatsächlichen Kaufkraftschwund nicht übereinstimmt

23 (BGH NJW 71, 835; 74, 274; 75, 105). **c) Kostenelementeklauseln. Begriff:** Klauseln, nach denen der geschuldete Betrag insoweit von der Entwicklung der Preise oder Werte für Güter oder Leistungen abhängig gemacht wird, als diese die Selbstkosten (zB Lohn- und Materialkosten) des Gläubigers bei der Erbringung der Gegenleistung unmittelbar beeinflussen (PrKlG 1 II Nr 3). Sie sind **wirksam**, soweit lediglich eine Überwälzung von effektiv entstandenen Mehrkosten auf den Schuldner vereinbart ist. IÜ sind bei Vereinbarung von Preisvorbehalten in AGB die Schranken gem §§ 309 Nr 1, 310 iVm § 307 zu beachten (ie Matusche/Beckmann ZIP 89, 1198 ff).

24 **7. Zulässige Preisklauseln (Bereichsausnahmen).** Das PrKlG macht einzelne Bereichsausnahmen vom Verbot des PrKlG 1: **a) Geld- und Kapitalverkehr.** Ausdrücklich ausgenommen vom Indexierungsverbot sind der Geld- und Kapitalverkehr, einschließlich der Finanzierungsinstrumente iS des KWG 1 XI sowie die hierauf bezogenen Pensions- und Darlehensgeschäfte (PrKlG 5). Indexierungsklauseln sind zB zulässig in Schuldverschreibungen, Schatzbriefen und ähnlichen Finanzierungsinstrumenten (Schmidt-Räntsch NJW 98, 3166). Kreditverträge mit Verbrauchern iSv § 491 werden gem PrKlG 2 I 1, 2 I 2 Nr 2, 5 vom Verbot nicht erfasst, sofern die Preisklausel inhaltlich hinreichend bestimmt ist u keine Vertragspartei unangemessen benachteiligt. **b) Außenhandelsgeschäfte.** Keiner Genehmigung bedürfen Klauseln in Verträgen von gebietsansässigen Kaufleuten mit Gebietsfremden (PrKlG 6). Grund: Verhinderung von Wettbewerbsnachteilen. Gebietsfremd sind alle jur und natürlichen Personen mit Sitz außerhalb Deutschlands (Schmidt-Räntsch aaO). Der Begriff „Kaufmann" ist weit auszulegen; erfasst werden auch Nichtkaufleute, die gewerblich tätig werden, und Freiberufler (Schmidt-Räntsch aaO). **c) Wohnraummietverträge.** Vgl AVBFernwärmeV 24: Indexmiete (§ 557b, sa PrKlG 1 III). **d) Langfristige Verträge.** Unter den Voraussetzungen des PrKlG 3 sind Preisklauseln in langfristig angelegten Verträgen wie bspw Mietverträgen über sonstige Gebäude oder Räume (die nicht von § 557b erfasst werden) zulässig. „Langfristig" ist – entspr den früheren Grundsätzen der BBank – eine Zahlung zu erbringen, wenn der Gläubiger für mindestens zehn Jahre auf das Recht zur ordentlichen Kündigung verzichtet oder der Schuldner die Vertragsdauer auf mindestens zehn Jahre verlängern kann (sa PrKlG 3 I Nr 1, weitere erfasste Gestal-

Titel 1. Verpflichtung zur Leistung § 246

tungen s dort). Eine solche Preisklausel ist nur dann wirksam, wenn sie sich auf eine der in PrKlG 3 genannten Bezugsgrößen bezieht. **e) Weitere Bereichsausnahmen.** In Verträgen zur Deckung des Bedarfs der **Streitkräfte** werden wegen der staatl Einfluss- u Kontrollmöglichkeiten (PalGrüneberg PrKlG 7 Rn 1) Preisklauseln als unbedenklich eingestuft (PrKlG 7). Klauseln in **Erbbaurechtsverträgen** mit Laufzeit über 30 Jahren erfasst PrKlG 4 neben den dort genannten weiteren ges Einschränkungen. Der Verweis auf „ErbbauVO" ist nach deren Umbenennung (BGBl 2007 I 2617) als „ErbbauRG" zu lesen. **f) Alte Genehmigungen, Übergangsrecht.** Nach der Preisklauselverordnung bis 13.9.2007 erteilte Genehmigungen gelten nach dem 14.9.2007 fort (PrKlG 9 I). IÜ werden nicht erledigte, aber bis 13.9.2007 gestellte Genehmigungsanträge unter Anwendung der alten Rechtslage durch das Bundesamt für Wirtschaft bearbeitet (PrKlG 9 II). 25

§ 246 Gesetzlicher Zinssatz

Ist eine Schuld nach Gesetz oder Rechtsgeschäft zu verzinsen, so sind vier vom Hundert für das Jahr zu entrichten, sofern nicht ein anderes bestimmt ist.

1. Allgemeines. Der nur subsidiär eingreifende („sofern nicht ...") ges Zinssatz 1 hat durch die eigenständige Regelung des Verzugszinses (§§ 288, 291, 497) mit dem periodisch anzupassenden *Basiszinssatz* (§ 247) als Bezugsgröße erheblich an **Bedeutung verloren.** § 246 gilt für Zinsschulden aus ges oder rechtsgeschäftlich begründeten Geldschulden (s Rn 6) außer Verzug und Rechtsverfolgung (Rn 7), für rechtsgeschäftliche Zinsschulden bei (ausnahmsweise) fehlender Vereinbarung über die Zinshöhe (Rn 8).

2. Zinsbegriff. a) Zins ist die laufzeitabhängige, gewinn- und umsatzunabhän- 2 gige, in Geld oder anderen vertretbaren Sachen zu entrichtende Vergütung für den Kapitalgebrauch (Canaris NJW 78, 1892; StBlaschczok 6; BGH NJW-RR 92, 592). Wiederkehrende Entrichtung ist kein Begriffsmerkmal der Zinsen, deshalb war der früher in der Rspr verwendete Zinsbegriff (zB RG 168, 285; BGH WM 63, 318) zu eng (zur Zinsbegriffentwicklung sa Mülbert AcP 192, 459). Auch einmalige Zuschläge oder Abzüge können Zins („Vorauszins") sein (ie Rn 4). Rechtlich erfolgt die Kapitalgebrauchsüberlassung zumeist in der Form des § 488; sa Rn 6. **b) Abgrenzung. aa)** Ob eine Leistung Zins darstellt oder nicht, richtet sich nicht nach ihrer Bezeichnung („Gebühr", „Provision", „Spesen" usw, vgl Rn 4), sondern nach ihrem wahren wirtschaftlichen Zweck. Grund: Verhinderung der Umgehung der zwingenden Zinsvorschriften (§§ 248, 289 S 1; 489). **bb) Keine Zinsen** sind: 3 *Selbstständige Hauptleistungen,* Bsp: Renten (LM Nr 2 zu § 248: Kaufpreisrente; sa § 759); Vergütungen für eine *ungleichartige Gegenleistung,* Bsp: Miet-, Pacht- und Erbbau„zinsen"; Entschädigung für Nutzungsentzug (BGH NJW 64, 294); der *Tilgung der Hauptschuld* (Rn 5) dienende Leistungen; Bsp: Tilgungsraten, Amortisationsquoten (RG 91, 299); *erfolgsabhängige Vergütungen,* Bsp: Gewinn- und Umsatzbeteiligungen (BGH 85, 63 f), Dividenden, Tantiemen; Vergütungen für *bes Leistungen (Aufwendungen) bei der Kapitalbeschaffung und -auszahlung,* Bsp: Bereitstellungs„zinsen" (BGH NJW-RR 86, 469); echte Bearbeitungs- und Verwaltungsgebühren (BGH WM 86, 9); Kosten der Kreditvermittlung (BGH 80, 166) und Restschuldversicherung (BGH 80, 167); sonstige Kreditnebenkosten (vgl BGH 80, 166; 124, 257, 261); uU handelt es sich aber um verschleierte Zinsen (Rn 4); unabhängig davon sind Kreditkosten beim „effektiven Jahreszins" zu berücksichtigen (Rn 10); inwieweit einmalige Vorabzüge *(Disagio, Damnum)* Kreditnebenkosten sind ist Auslegungsfrage (BGH 133, 358 mN; iE BGH NJW 00, 352; ferner BaR/Grothe 2 mN; ie hier Rn 4; s noch § 288). Früher sog *Strafzinsen* (vgl Gotthardt WM 87, 1382 mN) sind idR Vertragsstrafe oder Schadenspauschalierung (ie § 288 Rn 2). **cc) Zin-** 4 **sen sind:** *Kreditgebühren* beim Teilzahlungskredit (BGH NJW 79, 806 mN, jetzt stRspr und allgM); ihre Einbeziehung in den Darlehensbetrag stellt in Wahrheit nur

Berger 223

§ 246

eine bes Zahlungsabrede dar (Canaris NJW 78, 1893; sa BGH NJW 89, 223); zur effektiven Zinshöhe vgl Rn 10; *Überziehungsentgelte* (BGH 118, 126). Einmalige Sonderleistungen (Rn 3) sind dann *verschleierte Zinsen*, wenn es sich in Wahrheit um Kapitalüberlassungsvergütung handelt (Canaris NJW 78, 1892). Bsp: Einmalige *Bearbeitungsgebühr* von 2% beim Teilzahlungskredit (BGH 104, 105 mN); idR zur Senkung des Nominalzinses führendes *Disagio* (BGH 133, 358); Folge: Bei vorzeitiger Vertragsbeendigung anteilige (Zinsfestschreibungsdauer entscheidet: BGH NJW 95, 2778) Erstattung gem § 812, außer bei rechtlich geschützter (zB gem § 249) Zinserwartung des Kreditgebers (unterscheidend BGH 133, 358 ff).

5 **3. Zinsschuld. a) Begriff:** Schuldverhältnis, das auf Leistung von Zinsen (Rn 2, 4) gerichtet ist. **b) Verhältnis zur Hauptschuld.** Die Zinsschuld ist eine sich ständig erneuernde **Nebenschuld** (LM Nr 2 zu § 248). In der **Entstehung** ist sie von der Hauptschuld abhängig (Ausnahme: § 803); Sicherungen der Hauptschuld gelten auch für die Zinsschuld, §§ 1118, 1192, 1210, 1289. Hinsichtlich des **Fortbestandes** ist die Zinsschuld **selbstständig**; sie ist (allein) abtretbar, pfändbar und verpfändbar und kann gesondert eingeklagt werden. Sie unterliegt grundsätzlich (Einschränkung: § 217) der regelmäßigen Verjährung (§§ 195, 197 II). Ihre **Berechnung** richtet sich nach der tatsächlich noch bestehenden Kapitalschuld; abw AGB-Vereinbarung ist bei hinreichender Transparenz möglich (BGH 116, 2 ff mN; NJW 95, 2287 mN; sa Köln NJW-RR 95, 1014; zum ganzen Metz NJW 91, 668).

6 **c) Arten.** Einteilung nach dem Entstehungsgrund: **aa) Vertraglich begründete Zinsschulden.** Bsp: § 488. Vereinbarte Höhe des Zinses: Rn 8. **bb) Ges begründete Zinsschulden.** Sie sind nur bei (vertraglichen oder ges) Geldschulden möglich. **Fälle** (Bsp): §§ 256 (Aufwendungen), 288 (Verzugszinsen), 290 (Wertersatz), 291 (Prozesszinsen), 501 (vorzeitige Zahlung), 641 IV (Werklohn), 668, 698, 819 I,

7 820 II, 849 (Ersatzsumme), 1834, 1915; HGB 353, 354 II. **d) Zinshöhe. aa)** Der **ges Zinssatz** beträgt grundsätzlich **4%** (§ 246); Ausnahmen: **5%** bei beiderseitigem Handelsgeschäft (HGB 352), bei inländischen Wechsel- und Scheckverbindlichkeiten **2%** über dem Basiszinssatz, mindestens aber **6%** (WG 28, 48, 49; ScheckG 45, 46). Der ges Zinssatz gilt bei ges Zinsschulden (s Rn 6) außer bei Verzug und Rechtsverfolgung (dazu sogleich [bb]) sowie bei mangelnder Festlegung bei vertrag-

8 lichen Zinsschulden (s auch Rn 8). **bb)** Der **Verzugszins** beträgt idR 5%, uU 8% über dem Basiszinssatz (§§ 288 I, II, 291, 497 I; s auch ZPO 104). **cc)** Durch **Vereinbarung** kann der Zinssatz in den Schranken von §§ 138, 134 iVm StGB 291 I 1 Nr 2, auch §§ 248, 289 festgelegt werden. Vereinbarung *bestimmter* Höhe ist nicht erforderlich. Bsp: vereinbarter Gleitzins (vgl § 489 II). Vereinbart sind iZw Jahreszinsen (Saarbrücken OLGZ 79, 308; Frankfurt Rpfleger 80, 18 mN). Vereinbarung innerhalb gewisser Schranken auch bei ges Zinspflicht möglich (vgl

9 § 288 III); Bsp: vertragliche Verzugszinsen (§ 288 Rn 9). **dd)** Bei Vereinbarung von „**Kreditgebühren**" (Rn 4) entspricht die *effektive* Zinshöhe (Berechnung: Rn 10) nicht dem rechnerisch zugrunde gelegten Monatszinssatz. Bei Würdigung der Zinshöhe gem **§ 138 I und II** sind auch alle Nebenleistungen und Kosten (zB für *Vermittlung* [BGH 101, 391 f; NJW 87, 181; NJW-RR 89, 304, stRspr; nicht bei Vermittlertätigkeit allein im Interesse des Kreditnehmers: BGH NJW-RR 89, 303]), nicht dagegen Kosten für *Restschuldversicherung* (BGH 99, 336; NJW 88, 1662 mN; anders bei Rn 10) des Zinsschuldners ohne Rücksicht auf ihre Zinsnatur (dazu Rn 2 ff) mitzuberücksichtigen (so BGH stRspr, zusammenfassend BGH 80, 166 ff

10 mN, str; krit Reifner NJW 88, 1948). **e) Effektiver Jahreszins** (Begriff: EGBGB 247 § 3 II 2 iVm PAngV 6) ist die in einem Prozentsatz des Nettodarlehensbetrags anzugebende Gesamtbelastung pro Jahr. Gesamtbelastung ist die Summe aus Zinsen und sonstigen Kosten des Darlehens; einzubeziehen sind die vom Darlehensnehmer zu tragenden Vermittlungskosten sowie eine notwendige Restschuldversicherung. Der effektive Jahreszins ist mit banküblicher Genauigkeit zu berechnen (mathematische Formel: PAngV 6 II iVm Anh § 6).

Titel 1. Verpflichtung zur Leistung §§ 247, 248

§ 247 Basiszinssatz

(1) ¹Der Basiszinssatz beträgt 3,62 Prozent. ²Er verändert sich zum 1. Januar und 1. Juli eines jeden Jahres um die Prozentpunkte, um welche die Bezugsgröße seit der letzten Veränderung des Basiszinssatzes gestiegen oder gefallen ist. ³Bezugsgröße ist der Zinssatz für die jüngste Hauptrefinanzierungsoperation der Europäischen Zentralbank vor dem ersten Kalendertag des betreffenden Halbjahrs.

(2) **Die Deutsche Bundesbank gibt den geltenden Basiszinssatz unverzüglich nach den in Absatz 1 Satz 2 genannten Zeitpunkten im Bundesanzeiger bekannt.**

1. Allgemeines. Der „Basiszinssatz nach § 247 BGB" ist zentrale Bezugsgröße   1
für Zinsen (vgl 1. und 2. VO zur Ersetzung von Zinssätzen vom 5.4. und 13.5.2002, BGBl I 1250 und 1582), insbes den Verzugszins (vgl §§ 288 I, II, 291, 497 I; ScheckG 45 Nr 2, 46 Nr 2; WG 48 I Nr 2, 49 Nr 2; ZPO 104; s auch § 246 Rn 7), aber auch für den Zugang zum Mahnverfahren (ZPO 688 II Nr 1) (zur Bedeutung im Kosten- und Vollstreckungsrecht s Rellermeyer Rpfleger 02, 193; Enders JurBüro 92, 242). Ein zT aber bestimmter Basiszinssatz ist ab 1.1.1999 an die Stelle des Diskontsatzes der Deutschen Bundesbank getreten (DÜG 1 iVm BasiszinsBezugsgrößen-VO vom 10.2.1999, BGBl I 139). Die Regelung wurde (mit Änderungen) durch das SchRModG mit Wirkung vom 1.1.2002 als (neuer) § 247 ins BGB eingefügt und damit die seit 1987 (durch Aufhebung des § 247 aF) entstandene Lücke wieder geschlossen. **Einführungs- und Übergangsrecht:** Überleitungsvorschrift: EGBGB 229 § 7. Das DÜG und die Basiszins-usw-VO sind zum 4.4.2002 aufgehoben worden; vgl Ges vom 26.3.2002, BGBl I 1219; zum ganzen näher Petershagen NJW 02, 1455.

2. Höhe und Anpassung des Basiszinssatzes. I 1 bezeichnet (nur) den bei   2
Inkrafttreten des SchRModG geltenden Basiszinssatz. Er hat sich vom 1.1.2002 (nach einer logischen Sekunde) bis 30.6.2002 auf 2,57%, ab dem 1.7.2002 auf 2,47% (zum Zeitraum ab 2000 s NJW 02, 1481), ab dem 1.1.2003 auf 1,97%, ab dem 1.7.2003 auf 1,22%, ab dem 1.1.2004 auf 1,14% und ab dem 1.7.2004 auf 1,13% vermindert, und hat sich ab dem 1.1.2005 auf 1,21%, ab dem 1.7.2005 auf 1,17%, ab dem 1.1.2006 auf 1,37%, ab dem 1.7.2006 auf 1,95%, ab dem 1.1.2007 auf 2,70%, ab dem 1.7.2007 auf 3,19%, ab dem 1.1.2008 auf 3,32%, ab dem 1.7.2008 wieder auf 3,19%, ab dem 1.1.2009 auf 1,62% und ab dem 1.7.2009 auf 0,12% verändert. Daraufhin blieb der Basiszinssatz zwei Jahre lang unverändert und wurde ab dem 1.7.2011 auf 0,37% erhöht. Vom 1.1. bis zum 31.12.2012 betrug der Basiszins abermals 0,12 %, ab 1.1.2013 verminderte sich der Basiszins auf **minus 0,13 %** (vgl zuletzt Mitteilung der Deutschen Bundesbank v 28.12.2012, BAnz Nr 1003/2012). Der Anpassungsrhythmus ist **halbjährig,** Anpassungszeitpunkte sind der 1.1. und 1.7. **(I 2).** Bezugsgröße für den Basiszinssatz ist der Zinssatz der EZB für Hauptrefinanzierungsgeschäfte **(I 3).** Die in **II** ausdr vorgeschriebene Bekanntgabe des jeweiligen Basiszinssatzes durch die Deutsche Bundesbank im BAnz hat nur deklaratorische Bedeutung.

3. Verzugszinsen und Prozentpunkte über dem Basiszinssatz. Begehrt der   3
Gläubiger einer Geldschuld im Fall des Verzuges Zinsen in Höhe von „5 Prozent" über dem Basiszinssatz, ist dies zu seinen Gunsten regelmäßig so zu verstehen, dass er in Anlehnung an § 288 I 2 „5 Prozent*punkte*" über dem Basiszinssatz begehrt, Führ JuS 05, 1095; Hamm NJW 05, 2238.

§ 248 Zinseszinsen

(1) **Eine im Voraus getroffene Vereinbarung, dass fällige Zinsen wieder Zinsen tragen sollen, ist nichtig.**

(2) ¹Sparkassen, Kreditanstalten und Inhaber von Bankgeschäften können im Voraus vereinbaren, dass nicht erhobene Zinsen von Einlagen als neue verzinsliche Einlagen gelten sollen. ²Kreditanstalten, die berechtigt sind, für den Betrag der von ihnen gewährten Darlehen verzinsliche Schuldverschreibungen auf den Inhaber auszugeben, können sich bei solchen Darlehen die Verzinsung rückständiger Zinsen im Voraus versprechen lassen.

Lit: Bezzenberger, Das Verbot des Zinseszinses, WM 02, 1617.

1   **1. Allgemeines. a) Bedeutung.** Das **Zinseszinsverbot** (vgl auch § 289 S 1; HGB 353 S 2) ist Schuldnerschutzvorschrift; ergänzend gelten §§ 138, 309 Nr 6, 339 ff (vgl Belke BB 68, 1220). **b) Zweck:** Verhinderung übermäßiger, schwer durchschaubarer Zinskumulation (vgl Köln OLGZ 92, 473; Reifner NJW 92, 339; StKSchmidt 2).

2   **2. Anwendungsbereich. a)** Gilt für vertragliche und ges Zinsen (vgl Rn 1; § 246 Rn 2). Auch wenn die Disagioabrede – wie idR – als Zinsvereinbarung auszulegen sein sollte (vgl § 246 Rn 3, 4), so verstößt die Verzinsung auch des einbehaltenen Disagios nicht gegen § 248 (teleologische Reduktion), denn es fehlt hier an der von § 248 vorausgesetzten intransparenten Bestimmung der Zinsschuld (BGH NJW 00, 352; Bezzenberger WM 02, 1623 f; BaR/Grothe 4 mN; PalGrüneberg 1); bei Anwendung auf *Kreditgebühren* (§ 246 Rn 4) ist Trennung von Tilgungs- und Zinsanteil erforderlich (Emmerich WM 86, 542). Nicht ausgeschlossen ist die Vorwegabrede einer Zinsfußerhöhung bei unpünktlicher Zahlung (K.
3   Schmidt JZ 82, 832 mN; vgl auch § 246 Rn 3 aE). **b) Ausnahmen** bestehen nach **II** für bestimmte Bankgeschäfte (Einlagen bei – Darlehen von – Kreditanstalten iSd KWG) und **HGB § 355** (Zinsen vom Kontokorrentüberschuss). **c) Einschr Auslegung von I:** Im Rahmen von Rn 1 (b) möglich (Köln OLGZ 92, 472 ff; allg krit Reifner NJW 92, 335 ff).

Vorbemerkungen zu den §§ 249–253

Lit: Huber, Fragen der Schadensberechnung, 2. Aufl 1995; Keuk, Vermögensschaden und Interesse, 1972; Köndgen, Ökonomische Aspekte des Schadensproblems, AcP 177, 1; Lange/Schiemann, Schadensersatz, 3. Aufl 2003; Mommsen, Zur Lehre von dem Interesse, 1855; Neuner, Interesse und Vermögensschaden, AcP 133, 277; Schiemann, Argumente und Prinzipien bei der Fortbildung des Schadensrechts, 1981; Stoll, Begriff und Grenzen des Vermögensschadens, 1973; Wagner, Neue Perspektiven im Schadensersatzrecht, Gutachten 66. DJT, S A 29 ff; Wussow/Küppersbusch, Ersatzansprüche bei Personenschaden, 11. Aufl 2013.

I. Allgemeines

1   **1. Funktion der §§ 249 ff.** Die Bestimmungen über den Schadensersatz *(Schadensersatzrecht)* stellen keine Anspruchsgrundlagen dar, sondern regeln, soweit keine Sonderbestimmungen bestehen (zB ProdHaftG 7–9, s Anh § 823), zentral Art, Inhalt und Umfang der Schadensabwicklung, nachdem die Verpflichtung zum Schadensersatz selbst aus anderen Normen innerhalb und außerhalb des BGB, aus Vertrag oder anderen Rechtsverhältnissen begründet worden ist. Die §§ 249 ff werden durch Einzelbestimmungen ergänzt, zB durch die summenmäßige Begrenzung des Ersatzes im Rahmen der Gefährdungshaftung (zB StVG 12, LuftVG 37).

2   **2. Prinzipien des Ersatzrechts.** Aus dieser Zweckrichtung folgt, dass die Entscheidung, ob, aus welchem Anlass und zu welchem Zweck Schadensersatz geleistet werden muss, nicht hier getroffen werden kann, sondern in den die Haftung begründenden Normenkomplexen *(dem Haftungsrecht)* zu fällen ist. Allg bestimmt werden kann hier zum einen die **Ausgleichsfunktion:** Der Ersatz soll allein zur Wiedergut-

machung führen. Das Ausgleichsprinzip wird von Elementen umlagert, die auf Prävention oder Sanktion des Täters zielen (Wagner, 66. DJT, Bd. I S A 20 f). Daraus folgt die häufig bemängelte Verworrenheit oder Widersprüchlichkeit des Schadensersatzrechts (zB Keuk aaO S 14; Schiemann aaO 145 ff). Ein neuerer Ansatz versucht, mit Hilfe ökonomischer Modelle zu plausibleren Ergebnissen zu gelangen (s zB Huber, aaO 28 ff). Der Ausgleich geschieht nach dem BGB **individuell.** Es stehen sich Geschädigter als Anspruchsberechtigter und Schädiger als Anspruchsverpflichteter gegenüber, ohne dass zunächst die sozialen Sicherungssysteme auf beiden Seiten in das Blickfeld treten (Bsp: Der Verletzte hat nach LFZG 1, § 616 III gegen seinen Arbeitgeber einen Anspruch auf Lohnfortzahlung trotz zeitweiliger Arbeitsunfähigkeit; er ist bei dauernder Arbeitsunfähigkeit sozialversichert; der Schädiger ist freiwillig oder als Kfz-Fahrer gesetzlich haftpflichtversichert). Demzufolge wird der Umfang des Schadensersatzes idR auch ohne Reflexion über die Verteilungsauswirkungen innerhalb der sozialen Sicherungssysteme (dazu zB Weyers, Unfallschäden, 1971, S 481 ff, 534 ff; Brüggemeier AcP 182, 402 ff) festgelegt. Die Träger der sozialen Sicherungen machen, sofern sie den Schaden des Verletzten ausgeglichen haben, ihre Ansprüche aus abgeleitetem Recht (zB gem AVG 77 II; BBG 87a; LFZG 4: SGB X 116 I, 119) geltend (iE s Rn 37). Für die *Höhe* des Ersatzes gilt das Prinzip der sog **Totalreparation** („Alles-oder-Nichts-Prinzip"): Der Schädiger hat alle Schäden, auch außergewöhnlich hohe, ohne Abstufung etwa nach dem Grad des Verschuldens oder den Vermögensverhältnissen der Beteiligten zu ersetzen (zu Reformbestrebungen s Wagner, Gutachten 66. DJT, S A 35 ff; Spindler AcP 207, 283 ff). Möglich ist allein die systematisch anders gelagerte Berücksichtigung eines Mitverschuldens gem § 254.

II. Der Begriff des Vermögensschadens

1. Der Dualismus des Schadensbegriffs. Soweit Schadensersatz in Geld zu 3 leisten ist (§§ 250, 251), trennt das BGB, anders als andere Rechtsordnungen, scharf zwischen dem zu ersetzenden **Vermögensschaden** und dem sog **Nichtvermögensschaden,** für den gem § 253 nur eingeschränkt Ersatz verlangt werden kann. Damit muss genau zwischen beiden Bereichen differenziert werden. Dies führt zu großen Schwierigkeiten. Bsp: Ein Unternehmer ist längere Zeit dienstunfähig, ohne dass der Umsatz seines Unternehmens sinkt (BGH 54, 45); ein beschädigtes Kfz kann während der Reparaturzeit nicht benutzt werden, ohne dass Mehrkosten für einen Mietwagen entstehen (Rn 10); der Wagen einer Fahrschule fällt infolge der Beschädigung aus, die Fahrstunden können aber nachgeholt werden (BGH 55, 329). Zur Abgrenzung beider Schadenskategorien sind verschiedene Theorien entwickelt worden (ausf Mertens, Der Begriff des Vermögensschadens im Bürgerlichem Recht, 17 ff, 50 ff).

2. Lehre vom „natürlichen" oder realen Schaden. Danach wird entspr dem 4 allg Sprachgebrauch als Schaden jede Einbuße verstanden, die jemand an seinen Lebensgütern wie Gesundheit, Ehre oder Vermögen erleidet (s PreußALR I 6 § 1). Ein solcher, auch im Strafrecht geltender Schadensbegriff (Schulbeispiel: Wegen Tötung wird bestraft, wer auf einen sinkenden Schiff einen unrettbar Ertrinkenden erschießt) hat die Sicherung von Rechtsgütern zum Ziel. Er ist, wenn man dem Ersatzrecht lediglich eine Ausgleichsfunktion zuweist, nicht verwertbar. Die Lehre vom realen Schaden hat deshalb für das BGB wohl als Ausgangspunkt gedient (Prot I 296), jedoch im Ergebnis keinen Eingang gefunden.

3. Lehre vom Interesse. Sie geht auf Mommsen (aaO S 3) zurück, ist von den 5 Verfassern des BGB im Wesentlichen aufgenommen worden und bildet auch heute noch die Basis für die Schadensberechnung. Zu vergleichen ist die tatsächliche Vermögenssituation des Ersatzberechtigten nach dem schädigenden Ereignis mit der – hypothetischen – Situation, die bestehen würde, wenn es zur Rechtsgutsverletzung nicht gekommen wäre (sog **Differenzschaden,** BGH 188, 81 f mwN). Bsp bei einer Körperverletzung oder Sachbeschädigung (iE s § 249 Rn 4 ff): Kosten einer Heilbehandlung, Mehraufwendungen infolge der Verletzung (s § 843 Rn 2), Verdienstausfall, entgangener Gewinn, Umschulungskosten, Aufwendungen für die Rechtsverfolgung, Reparaturkosten, technischer und merkantiler Minderwert (s Vuia NJW 12, 3057). Die Notwendigkeit eines Vermögensvergleichs erfordert verschiedene **Modifikationen:** Verglichen werden kann nur zB anhand eines obj Wertes, also des Verkehrs- oder Marktwertes. Damit ist zutr zB der bes Erinnerungswert einer Sache oder der persönliche Liebhaberwert eines Tieres (sog **Affektionsinteresse**) nicht messbar. Eine Verschlechterung der tatsächlichen Vermögenssituation im Vergleich zur hypothetischen ließe sich nach der Lehre vom Interesse aber auch zB dann nicht feststellen, wenn der Geschädigte das beeinträchtigte Rechtsgut **nicht hätte nutzen können** (Bsp: Der Eigentümer eines selbst gefahrenen Taxis, das beschädigt wurde, erkrankt; der im Zug von einem Schwarzfahrer besetzte Platz wäre frei geblieben), wenn derselbe Schaden auch auf andere Weise eingetreten wäre (sog **hypothetische Kausalität,** vgl das Bsp in Rn 3, sa Rn 42 ff), wenn der auf Grund einer Täuschung geschlossene („unerwünschte") Vertrag werthaltig ist (BGH 161, 368) oder wenn das schadenstiftende Ereignis auch **Vorteile** auslöst (Bsp: eine Baubeschränkung entfällt durch die Zerstörung, BGH NJW 88, 1837, iE bedenklich). Das bloße Berücksichtigen einer Vermögensdifferenz würde also dazu führen, dass der Schädiger von Zufällen in der Geschädigtensphäre profitiert oder Verletzter bzw Dritte „in die Tasche des Schädigers sparen". Insofern bedarf es einer Korrektur.

6   **4. Lehre vom normativen Schaden.** Diese und andere Unbilligkeiten will die auf Neuner und Wilburg zurückgehende Lehre vermeiden. Der Schaden wird hier nicht wirtschaftlich als Differenz zweier Vermögenslagen verstanden, sondern er soll aus dem Normzweck, dem Schutzzweck der Haftung sowie aus Funktion und Ziel des Schadensersatzes (BGH 163, 226) entwickelt werden. Normzweck könne aber neben dem Ausgleich uU die **Sanktion** sein, so dass der Schädiger, falls es die Norm gebiete, auch dann Ersatz leisten müsse, wenn der Geschädigte keine Vermögenseinbuße erleidet. Als ges Beispiel zählt § 843 IV. Vermögensschaden ist dann nicht eine „natürlich" festzustellende Wirtschaftseinbuße, sondern es geht um einen *rechtlich ersatzfähigen* Vermögensschaden. Dieser Schaden lässt sich zB beschreiben als der obj Wert eines Gutes, das im Verkehr gegen Geld erworben und veräußert wird (Neuner AcP 133, 290), und zwar ohne Rücksicht darauf, ob der Geschädigte den Verlust spürt. Umgekehrt kann der Geschädigte keinen Ersatz verlangen, wenn ihm das entgangene Vermögensgut aus Rechtsgründen nicht zukommt (BGH NJW 05, 1936: Versäumen eines Rechtsmittels, das eine Vermögenseinbuße hinausgezögert, aber mangels Aussicht nicht verhindert hätte). Die Einzelheiten sind auch innerhalb der Anhänger eines normativen Schadensbegriffs kontrovers (zur Kritik s zB Keuk aaO S 43 ff, insbes gegen die Annahme, das Schadensersatzrecht habe eine Rechtsverfolgungsfunktion).

III. Einzelprobleme des Vermögensschadens

7   **1. Allgemeines.** Zwischen den Lehren vom Differenzschaden und vom normativen Schaden sind bes einige Bereiche kontrovers geworden, die sich in einem etwas groben Verfahren in zwei Gruppen einteilen lassen. Zum einen geht es um Fälle, in denen der Geschädigte einen Schadensausgleich von **Dritten** erhält und damit rechnerisch selbst keine Vermögenseinbuße erfährt (Rn 8, 9). Trotz grundsätzlichen Festhaltens am traditionellen Schadensbegriff (s zB BGH NJW 2012, 50: nur, wenn die Differenzbilanz die Schadensentwicklung für den Normzweck der Haftung nicht zureichend erfasst) hat sich aber BGH hier ausdrücklich auf den normativen Schaden bezogen und zunächst gleichzeitig die Anwendung des Begriffs auf diesen Bereich beschränkt (BGH 54, 50 f; zur Analyse der Rspr sa Baur, FS L. Raiser, 128 f). Eine zweite Gruppe umfasst Beeinträchtigungen, die sich nicht unmittelbar im Vermögen niederschlagen, die aber heute nach einer schlagwortartig als

Titel 1. Verpflichtung zur Leistung **Vor §§ 249–253**

„**Kommerzialisierung**" bezeichneten Wertvorstellung von einem Großteil der Meinungen als entschädigungspflichtig empfunden werden. Ein Beispiel dafür ist der zeitweilige Ausfall von Kraftfahrzeugen (Rn 10 ff) und anderen Gütern (Rn 13 ff). Schließlich wird der Begriff eingesetzt, wenn der Geschädigte den Verlust von Vermögen geltend macht, das ihm rechtlich nicht zusteht (BGH WM 2012, 2242).

2. Verletzung des Arbeitnehmers. Wird ein Arbeitnehmer (Angestellter, 8 Beamter) verletzt, so erleidet er häufig keine Vermögenseinbuße, weil ihm sein Gehalt trotz seiner Arbeitsunfähigkeit weitergezahlt wird. Dem Arbeitgeber steht gegen den Schädiger kein eigener Anspruch zu; wegen der Subjektbezogenheit des Schadens (Rn 18) kann der Arbeitnehmer seinerseits den Schaden des Arbeitgebers nicht geltend machen. Zudem steht nicht fest, ob der Arbeitgeber einen Schaden erleidet; denn möglicherweise fangen Arbeitskollegen den Arbeitsausfall auf. Um den Schädiger nicht zu Lasten anderer frei ausgehen zu lassen, hat der BGH mehrfach in einer „am Gesetzeszweck orientierten Betrachtung" und damit normativ als Schaden *des Arbeitnehmers* auch angesehen, was er vom Arbeitgeber trotz seiner Arbeitsunfähigkeit weiter erhält bzw was zu seinen Gunsten weiter geleistet wird: Bruttogehalt einschließlich der Zusatzleistungen wie Arbeitgeberanteile zur Sozialversicherung (BGH 43, 383), anteiliges Weihnachts- und Urlaubsgeld (BGH 133, 4 ff). Diese Ansprüche kann der Arbeitgeber aus abgeleitetem Recht infolge ges Forderungsübergangs (zB EntgFG 6) oder einer Abtretung (Verpflichtung zB aus § 285) geltend machen.

3. Verletzung des im Haushalt tätigen Ehepartners/Partners einer einge- 9 **tragenen Lebenspartnerschaft.** Die Rspr (BGH 38, 55; 50, 304; 59, 172) hat einen eigenen (normativen) Schaden des Verletzten darin gesehen, dass er seiner Aufgabe im Haushalt nicht nachkommen kann. Gleichgültig ist damit für den Ersatzanspruch, ob eine Haushaltshilfe beschäftigt wird oder ob die übrigen Familienmitglieder die notwendigen Arbeiten selbst tun; sa § 842 Rn 3, 4 (Verletzung) und § 844 Rn 6 (Tötung). Zu einem systematisch ähnlichen Fall s § 249 Rn 4.

4. Nutzungsausfall für Kraftfahrzeuge. Lit: Bitter, Wertverlust durch Nut- 10 zungsausfall, AcP 205, 744. **a) Grundsatz.** Kann jemand nach einem Verkehrsunfall seinen Pkw in der Reparaturzeit nicht nutzen oder erhält er ihn im Rahmen eines (Kauf-)Vertrages nicht rechtzeitig ausgehändigt (BGH 85, 13; desgl zum Kfz-Brief BGH 88, 14), so wird der Schaden für das Entfallen der Nutzungsmöglichkeit unproblematisch zB durch einen **Mietwagen** (zu den Kosten einschließlich möglicher Zusätze s BGH NJW 13, 1872) ausgeglichen. Benutzt der Geschädigte stattdessen zB öffentl Verkehrsmittel, so hat er geringere Ausgaben als für den PKW auch im Blick auf die laufenden Kosten. In stRspr hat der BGH dennoch einen Vermögensschaden bejaht (s zB BGH NJW 11, 669) und musste dafür faktisch auf einen normativen Schadensbegriff zurückgreifen. Unabhängig von den tatsächlichen Kosten wurde die Verfügungsmöglichkeit über das eigene Kfz selbst als Vermögenswert bezeichnet. Damit ergibt sich ein Vermögensschaden, wenn diese Gebrauchsmöglichkeit auf Zeit entfällt. **b) Einschränkungen.** Die Rspr hält an einzelnen Elemen- 11 ten der Lehre vom Interesse (Rn 5) insoweit fest, als sie verlangt, dass der Nutzwert für den Eigentümer auch **realisierbar** gewesen wäre (iE s Werber AcP 173, 158). Ist er selbst verletzt (BGH NJW 68, 1778; zust Herkner VersR 68, 1057; Zeuner AcP 163, 397 f; abl Hamann NJW 70, 889; Frössler NJW 72, 1795; sa Hamm NJW 98, 2292), ist ihm der Führerschein entzogen worden (BGH 63, 207; 65, 173; krit Larenz, FG Oftinger, 1969, S 162) oder sollte der Pkw nicht regelmäßig eingesetzt werden (Karlsruhe NJW-RR 12, 548, Oldtimer), so soll für ihn keine „fühlbare" und damit auch keine ersetzbare Vermögenseinbuße vorliegen. Wirtschaftlich – nicht systematisch – damit im Zusammenhang steht das aus der **Subjektbezogenheit des Schadens** (Rn 18) folgende Erfordernis, dass der Nutzungsausfall müsse den Eigentümer selbst, nicht einen Dritten treffen (BGH NJW 74, 33 mwN); der BGH hat jedoch einen eigenen Schaden des Eigentümers auch dann angenommen, wenn er den Wagen Dritten zur (Mit-) Benutzung überlassen hatte und diese auf ihn verzichten müssen (BGH NJW 11, 669). Damit ist das Erfordernis der Subjektbezogenheit faktisch unterlaufen. **c)** Die **Höhe der Nutzungsentschädigung** liegt bei einem Tagessatz, der die gebrauchsunabhängigen Gemeinkosten (zB für Steuer, Versicherung, zeitbedingte Abschreibung) maßvoll überschreitet und 35% bis 40% der Mietkosten für einen gleichartigen Ersatzwagen entspricht (BGH 161, 155, iE s die Tabelle für Pkws usw in NJW-Beil. 2011, 3). Damit soll der Nutzungswert über die frustrierten Aufwendungen hinaus aufgefangen werden (krit Hadding FS Koziol S 649, 665). Für ältere Fahrzeuge kann ein Abschlag vorgenommen werden (s BGH NJW 05, 1044). Der Geschädigte muss idR (zu Ausnahmen s LG Hamburg NJW 12, 3191) die Schadensbehebung in angemessener Frist durchführen (*BGH NJW 10, 2429*, iE s LG Saarbrücken NJW 11, 2445).

13 **5. Nutzungsausfall für andere Gegenstände.** Die Argumente zum Nutzungsausfall für Pkws lassen sich auch auf andere Vermögensgegenstände übertragen. Nach mehrfachem Schwanken hat der GS (BGH 98, 212, dazu Schiemann JuS 88, 20) nach einem Vorlagebeschluss des V. ZS (BGH NJW 86, 2037 mwN, sehr ausf; dazu Zeuner JZ 86, 395; Rauscher NJW 86, 2011) den Ausgleich des *entgangenen Nutzungswerts* als wirtschaftlichen Schaden grundsätzlich für möglich gehalten, einschränkend aber nur dann, wenn er fühlbar ist und wenn es sich um eigengenutzte Güter handelt, auf deren jederzeitige Verfügbarkeit die eigenwirtschaftliche Lebenshaltung typischerweise angewiesen ist (Bsp: gesamter Hausrat, LG Kiel NJW-RR 96, 559; Einfamilienhaus, Koblenz DWW 89, 331; nicht Garage, BGH WM 93, 1256; Baum, BGH NJW 06, 1424; Fahrrad, KG NJW-RR 93, 1438, dazu krit Bitter AcP 205, 769 ff). Der BGH hat diese Rspr jetzt auf die Nutzbarkeit neuer Kommunikationsmittel (inbes Internet) ausgedehnt, wobei freilich dank der Austauschmöglichkeit der Wege ein Ersatz nur in zeitweilig höheren Kosten liegen dürfte (BGH NJW 13, 1072 mAnm Jäger, NJW 13, 1031). Dem ist trotz der auftretenden Abgrenzungsschwierigkeiten zuzustimmen.

14 **6. Vertaner Urlaub. a)** Die Frage nach dem Charakter der vertanen Urlaubszeit als Vermögenswert stellt sich zum einen als Problem des **Folgeschadens,** wenn zB wegen einer Körperverletzung oder der Beschädigung des Pkw's der Urlaub nicht angetreten werden konnte. Hier hat die Rspr einen Anspruch abgelehnt, die entgangene Urlaubsfreude aber bei der Höhe des Schmerzensgeldes gem § 253 II berück-
15 sichtigt (s BGH 86, 212 mwN). **b)** Gesetzlich besteht ein Anspruch gegen den **Reiseveranstalter** bei einer Vereitelung oder erheblichen Beeinträchtigung der Reise, § 651 f II. Dieser Schaden wird als immaterieller Schaden verstanden (EuGH NJW 02, 1255; BGH JZ 05, 731; MK/Tonner § 651 f Rn 2).

16 **7. Vertane (Frei-) Zeit.** Ein Freizeitverlust tritt idR allein als Folge einer anderen Rechtsgutsverletzung ein, so dass parallel zur Urlaubszeit (Rn 14) eine Entschädigung nur im Rahmen des § 253 II möglich ist (s BGH 127, 351 mwN). Die Mühewaltung zB für die **Abwicklung eines Schadensfalls** sei im Rahmen des Üblichen dem Pflichtenkreis des Geschädigten zuzuordnen (BGH 66, 114; BGH NJW 12, 2268). Diese Argumentation kennzeichnet den Schutzbereich im Rahmen der haftungsausfüllenden Kausalität (Rn 31 ff); entspr hat der BGH auch finanzielle Aufwendungen zur Schadensabwicklung als nicht ersatzfähig behandelt (BGH 75, 231 ff, dazu Klimke VersR 81, 1115).

IV. Ersatzberechtigter, Drittschadensliquidation

17 **1. Grundsatz. a) Ausgangspunkt.** Die Frage, wessen Schaden zu ersetzen ist, beantwortet sich nach dem *Haftungsrecht* (s Rn 1) Das Ges hat den Kreis der Ersatzberechtigten eng gezogen: Im Rahmen eines Vertragsverhältnisses steht der Anspruch grundsätzlich nur dem Vertragspartner selbst zu, ausnahmsweise bei einem Vertrag zgDr dem begünstigten Dritten (s § 328 Rn 16) und bei einem Vertrag mit Schutzwirkung für Dritte dem in den Schutzkreis Einbezogenen (s § 328 Rn 29). Im Bereich der unerlaubten Handlung ist die Berechtigung ebenfalls einengend festge-

legt (iE s Rn 1 vor §§ 844–846). Zweck dieser Eingrenzung ist die Reduktion des Risikos (Hagen, Die Drittschadensliquidation im Wandel der Rechtsdogmatik, 1971, S 96 ff): Der Schädiger solle nicht mit Ersatzansprüchen einer Kette von wirtschaftlich beeinträchtigten Personen überzogen werden; dadurch würde letztlich seine Entschluss- und Handlungsfreiheit gebremst. Erträglicher schien es dem Gesetzgeber, dass die nur „mittelbar" Betroffenen ihren Schaden als Lebensrisiko selbst tragen. **b) Auswirkungen.** Will das Schadensersatzrecht diesen Grundsatz des **18** Haftungsrechts nicht aushöhlen, so darf es seinerseits auch nur die Schäden des Berechtigten selbst als ersetzbar ansehen (sog **Subjektbezogenheit des Schadens**). Im Einzelnen ergeben sich freilich **Abgrenzungsschwierigkeiten**. So hat zB der BGH bei einem Kfz einen Schaden des Eigentümers auch dann bejaht, wenn andere den Wagen in seinem Einverständnis nutzen (s Rn 11), und in der Beeinträchtigung des Vermögens einer GmbH bzw einer AG einen Schaden ihres Alleingesellschafters gesehen (BGH ZIP 89, 99; zutr krit Schulte BB 89, 376 mwN). Zu berücksichtigen ist weiter, dass die Verwendung des normativen Schadensbegriffs durch den BGH in einigen Fällen (Rn 6, 7) auch dazu dient, wirtschaftlich die bei Dritten entstandenen Schäden durch den Berechtigten liquidieren zu lassen. Immerhin halten sich die Erweiterungen, die das Prinzip der Subjektbezogenheit des Schadens erfährt, in engen Grenzen.

2. Ausnahme: Drittschadensliquidation. Lit: v. Caemmerer, Das Problem **19** des Drittschadensersatzes, ZHR 127, 241; Hagen, Die Drittschadensliquidation im Wandel der Rechtsdogmatik, 1971; Reinhardt, Der Ersatz des Drittschadens, 1933; Stamm, Rechtsfortbildung der Drittschadensliquidation, AcP 203 (2003) 366; Tägert, Die Geltendmachung des Drittschadens, 1938. **a) Begründung.** Hat der Grundsatz von der Subjektbezogenheit des Schadens den Sinn, personale Anspruchskumulierungen zu verhindern, so verfehlt er seinen Zweck, wenn ein Schaden in bestimmten Fallkonstellationen typischerweise *nur bei einem Dritten* entstehen kann. Hier würde der Schädiger ungerechtfertigt frei ausgehen. Wegen dieser **Schadens-** oder **Gefahrverlagerung** (Interessenverlagerung) hält es ein Teil der Lit (insbes Tägert aaO S 36; Fikentscher/Heinemann 611 ff; StSchiemann 67 ff) und die Rspr (BGH 136, 41; MDR 10, 1199, stRspr) für notwendig, dass in derartigen Fällen der zum Ersatz Berechtigte den Schaden des Dritten geltend machen darf. Dabei finden sich für die dogmatische Basis unterschiedliche Begründungen (zB RG 170, 249; BGH 15, 228: ergänzende Auslegung des Vertrages zwischen Schädiger und Berechtigtem; Berg JuS 77, 366: § 843 IV). Andere halten die Schadensverlagerung nicht für ein zutr Kennzeichen der behandelten Fallgruppen (Rn 20), sie verneinen die Zulässigkeit der Drittschadensliquidation und gelangen idR zu denselben Ergebnissen auf andere Weise (Hagen aaO, Zusammenfassung S 285 ff; Stamm, AcP 203, 386 ff: § 844 I analog, sonst keine Anwendung). **b)** Als **Fallgruppen** haben sich **20** bisher herausgebildet (s zB BGH 181, 15 ff): **aa) Mittelbare Stellvertretung.** Schließt jemand zB für einen anderen ein RGeschäft, ohne seine Vertreterfunktion offenzulegen, so wird idR er Vertragspartner (sa § 164 Rn 3 ff). Er soll dann der Schaden des Hintermannes geltend machen können. Dies gilt auch für vergleichbare Konstellationen (zB Lizenznehmer, BGH MDR 2012, 791). **bb) Obligatorische Gefahrentlastung.** Der Vertragspartner des Schädigers war verpflichtet, die beschädigte oder zerstörte Sache einem Dritten zu übereignen; er wird seinerseits gem § 275 I frei und behält auf Grund bes Gefahrtragungsregelungen (zB §§ 447, 644 II) den Anspruch gegenüber dem Dritten. Teilw wird angenommen, in Wirklichkeit handele es sich um den eigenen Schaden des Verletzten (Medicus, Unmittelbarer und mittelbarer Schaden, 1977, S 18 mwN; offengelassen in BGH 49, 361). **cc) Obhut.** Hat jemand eine fremde Sache in Obhut und wird sie im Rahmen eines Vertragsverhältnisses mit dem Schädiger zerstört, so fehlt es am Schaden des vertraglich zum Ersatz Berechtigten, wenn dieser seinerseits dem Eigentümer – mangels Vertretenmüssens – keinen Ersatz zu leisten braucht (der unmittelbare Anspruch des Eigentümers gegen den Schädiger kann an § 831 I 2 scheitern). Bsp:

Treuhänder, BGH WM 87, 582; Sicherungsnehmer, BGH NJW 06, 1662. **dd)** In anderen Fallkonstellationen hat die Rspr bisher die Grundsätze der Drittschadensliquidation für **nicht anwendbar** gehalten (BGH 51, 95, Produzentenhaftung).

21 **c) Anwendungsbereich.** Gemeinsam ist den geschilderten Fällen, dass **vertragliche Beziehungen** zwischen Schädiger und Ersatzberechtigtem bestehen. Eine Ausnahme hat der BGH bei einem Anspruch aus **Amtspflichtverletzung** für möglich

22 gehalten (BGH NJW 91, 2697, dazu zutr krit Hagen aaO S 230). **d)** Der **Umfang des Schadens** richtet sich nach den Verhältnissen beim Dritten (BGH VersR 72, 1140; v. Caemmerer aaO S 262). Im Gegenzug muss ein **Mitverschulden des Vertragspartners** und seiner Hilfspersonen berücksichtigt werden, da der Dritte sonst die Vorteile eines vertraglichen Hilfsanspruchs gegen den Schädiger hätte, nicht

23 aber dessen Nachteile (BGH NJW 72, 289). **e) Prozessuales.** Der Schaden ist, solange der Anspruch nicht an den geschädigten Dritten abgetreten wurde, vom Ersatzberechtigten geltend zu machen; der Ersatzberechtigte kann den Dritten auch zur Geltendmachung im eigenen Namen ermächtigen (BGH 25, 250).

V. Das Ausmaß des zu ersetzenden Schadens (haftungsausfüllende Kausalität)

Lit: v. Caemmerer, Das Problem des Kausalzusammenhangs im Privatrecht, GS I, S 395; Deutsch/Ahrens, Deliktsrecht, 5. Aufl 2009; Huber, Verschulden, Gefährdung und Adäquanz, FS E. Wahl, 1973, 301; Heinrich Lange, Herrschaft und Verfall der Lehre vom adäquaten Kausalzusammenhang, AcP 156, 114; Hermann Lange, 43. DJT, Gutachten I 1, S 5; Lange/Schiemann, Schadensersatz 3. Aufl 2003; Träger, Der Kausalbegriff im Straf- und Zivilrecht, 1904; Wilburg, Die Elemente des Schadensrechts, 1941.

24 **1. Abgrenzung zwischen haftungsbegründender und haftungsausfüllender Kausalität. a) Allgemeines.** Hat der Schädiger zurechenbar ein geschütztes Rechtsgut des Geschädigten verletzt (Rn 17), so ist er nach dem Grundsatz der Totalreparation (Rn 2) zum Ersatz allen Schadens verpflichtet, der aus diesem Ereignis entsteht, auch wenn der Schädiger auf dessen Ausmaß keinen Einfluss hat. Zu unterscheiden sind also zwei Kausalketten: Die den Ersatzanspruch auslösende und damit systematisch zum *Haftungsrecht* (s Rn 2) zählende sog **haftungsbegründende Kausalität** (§ 823 Rn 22, 23 und 29 ff) erstreckt sich von der Handlung des Schädigers bis zur Rechtsgutsverletzung beim Geschädigten bzw bis zum Verstoß gegen die den Geschädigten schützende Norm. Die für das *Schadensersatzrecht* maßgebliche sog **haftungsausfüllende Kausalität** beginnt mit der Rechtsguts- bzw Normverletzung und umfasst die daraus entstehenden Schäden. Die Zuordnung kann im Einzelfall schwierig sein, sie wirkt auch teilw willkürlich. Schnittpunkt ist idR die sog Erstverletzung, also die *erste Rechtsgutsverletzung gleich welcher Art bei demselben Rechtsträger* (BGH NJW 12, 2024). Führt zB die Beschädigung eines Pkws zu einer nicht erkannten Verkehrsuntauglichkeit des Wagens und zu einem späteren Unfall mit Personenschaden, so liegt die Körperverletzung des Eigentümers im Rahmen der haftungsausfüllenden Kausalität (der Sachbeschädigung), die eines Mitfahrers im Rahmen der haftungsbegründenden Kausalität (eigenständige Gesundheitsverletzung). Unterschiedliche Schnittpunkte ergeben sich beim Zusammentreffen von Ansprüchen aus Rechtsguts- und aus Normverletzungen. Verursacht zB jemand durch Nichtbeachtung der Vorfahrt (StVO 8) einen Verkehrsunfall, so reicht unter dem Aspekt des § 823 I (Verletzung des Eigentums am Pkw) die haftungsbegründende Kausalität bis zum Zusammenstoß, unter dem Blickwinkel des § 823 II iVm StVO 8 jedoch nur bis zum Nichtbeachten der Vorfahrt. Die Verletzung des Eigentums ist Folgeschaden der Schutzgesetzverletzung (zum Sinn dieser Haftungsvor-

25 verlagerung s § 823 Rn 40). **b) Beweislast.** Haftungsbegründende Kausalität ZPO 286, haftungsausfüllende Kausalität ZPO 287 (BGH NJW 08, 2647, stRspr).

26 **2. Ausgangspunkt: Äquivalente Kausalität.** Folgeschäden können dem Verursacher nur dann zugerechnet werden, wenn die Erstverletzung im naturwissen-

schaftlichen Sinn kausal ist. Als kausal gilt jede Ursache, die nicht hinweggedacht werden kann, ohne dass der Geschehensablauf ein anderer gewesen, das Ereignis nicht oder nicht zu diesem Zeitpunkt eingetreten wäre (Theorie der condicio sine qua non; zB StSchiemann 249, 8 ff). Bsp für eine fehlende Kausalität: Der Verlust des **Schadensfreiheitsrabatts** in der Haftpflichtversicherung ist auch bei einem Mitverschulden des am Unfall Beteiligten nicht Folge der Beschädigung des eigenen Pkws durch den anderen (BGH 66, 400; VersR 77, 767; zust Honsell JuS 78, 745); spätere Sicherungsmaßnahmen zum Eigentumsschutz sind nicht durch den Diebstahl verursacht (BGH 75, 237). Die eher pragmatisch zu verstehende Formel zur äquivalenten Kausalität versagt gelegentlich, ohne dass die Ersatzpflicht daran scheitert. Haben zB zwei Handelnde ein Grundstück mit Schadstoffen verunreinigt (BGH MDR 04, 1051), so haften beide auch dann, wenn die Schadstoffe des jeweils anderen den gesamten Folgeschaden herbeigeführt haben könnten, die Erstverletzung des einen also hinweggedacht werden kann (sog kumulative Kausalität, weitere Bsp bei Deutsch/Ahrens Rn 60).

3. Einschränkung: Adäquate Kausalität. a) Zweck. Kausalitätsketten können 27 endlos sein, sie können auch durch zufälliges Zusammentreffen unglücklicher Umstände weitergeführt werden. Dann mag es unbillig erscheinen, dem Schädiger derartige Folgerisiken aufzuerlegen. Die Adäquanztheorie versucht, den „Kreis der rein logischen Folgen im Interesse billiger Ergebnisse auf die zurechenbaren Folgen einzuschränken" (BGH 3, 265 ff; 18, 288), das Haftungsrisiko also zu begrenzen und die hier ausgeklammerten Schäden dem Lebensrisiko des Geschädigten zuzuweisen. Es geht damit nicht um die Bestimmung einer anderen Kausalität, sondern um ein *juristisches Korrektiv* zum Ausfiltern unbilliger Schadensersatzansprüche. Somit kommt es auch auf die Art des Anspruchs an, zB aus Gefährdungshaftung oder aus § 826 (BGH 79, 259; NJW 83, 232). Das von den Naturwissenschaftler v. Kries gewählte und an ein naturwissenschaftliches Ereignis, nämlich die Wahrscheinlichkeit anknüpfende Kriterium lässt den Wertungscharakter nicht deutlich genug erkennen. **b) Formeln.** Die Adäquanz wird in verschiedenen Formeln umschrieben. 28 **Positiv** muss, wenn der Folgeschaden dem Schädiger zugerechnet werden soll, die Schadensursache „die objektive Möglichkeit eines Erfolges generell in nicht unerheblicher Weise erhöht" haben (zB Träger aaO S 159; RG 69, 59; grundlegend BGH 3, 261). **Negativ** formuliert soll derjenige Folgeschaden nicht zugerechnet werden, der nur auf Grund einer ganz ungewöhnlichen Verkettung von Umständen eintreten konnte (München VersR 05, 89 mwN). Teilw werden beide Formulierungen **gemischt:** Das Ereignis müsse im Allgemeinen und nicht nur unter besonders eigenartigen, unwahrscheinlichen und nach dem gewöhnlichen Verlauf der Dinge außer Betracht zu lassenden Umständen geeignet sein, einen Erfolg (den Folgeschaden) dieser Art herbeizuführen (BGH JZ 72, 439 mit Anm Lieb; NJW 02, 2233). Die geforderte Prognose soll nach dem maximalen Erfahrungswissen und unter Berücksichtigung derjenigen Umstände gestellt werden, die einem erfahrenen (Lange/Schiemann S 92) oder optimalen (Träger aaO S 159; BGH 3, 261) Beobachter zum Zeitpunkt des schadenstiftenden Ereignisses bekannt sind, zusätzlich aller dem Schädiger selbst bekannten Umstände. **c) Die Kritik** an der Adäquanzlehre 29 wird grundsätzlich und praktisch geführt (iE s zB v. Caemmerer GS 402; Hermann Lange JZ 76, 199 mwN). Sie verdecke nicht nur ihren Wertungscharakter (s Rn 27), sondern verschiebe die Zurechenbarkeit auf das rein quantitative Merkmal der statistischen Häufigkeit bestimmter Folgeschäden. Durch das Abstellen auf einen optimalen, also fast alles wissenden Beobachter komme sie faktisch der unbegrenzten Haftung für äquivalente Schäden nahe, die ursprüngliche Begrenzungsfunktion sei verlorengegangen. **d) Bejaht** hat die Rspr idR die Adäquanz, etwa in folgenden 30 Fallgruppen: **(aa)** Schäden, weil durch die **Verletzung ein erhöhtes Risiko** eingetreten ist. Bsp: Eintritt eines Operationsrisikos bei notwendigem Zweiteingriff (München VersR 11, 1012), Eintritt eines weiteren Schadens, weil ein PKW-Fahrer nach seinem Unfall eine vereiste Straße betreten musste (BGH NJW 13, 1679 f),

Entstehen schwerer Schäden, weil der Verletzte infolge der Erstverletzung eine geschwächte Konstitution hatte (RG 155, 41; BGH 7, 206; NJW 74, 1510, stRspr); Schäden aus erneuten Unfällen auch nach längerer Zeit, wenn die Erstverletzung Schwächen zurückgelassen hatte (RG 119, 207, Beinprothese; anders BGH NJW 52, 1010, Beinamputierter und Artilleriebeschuss, s dazu zB Kramer JZ 76, 338, 344 mwN); **(bb)** Schäden durch **unsachgemäßes Eingreifen Dritter.** Bsp: Fehlerhafte ärztliche Nachbehandlung (BGH NJW 03, 2313; Koblenz VersR 08, 1071 mwN; Wertenbruch NJW 08, 2962), es sei denn, der Dritte handele bes leichtfertig (BGH VersR 77, 519, Brandschaden bei Autoreparatur) und außerhalb der eigenen Erfahrung (RG 102, 231, Arzt; 140, 9, Anwalt; BGH VersR 77, 325, Schiffsführer). **(cc)** Schäden durch rechtswidriges **Eingreifen Dritter,** wenn **der Verletzer Sicherungseinrichtungen zerstört** oder die **Gefahrenquelle geschaffen** hat. Bsp: beschädigter Weidezaun und Diebstahl (BGH NJW 79, 712); Unfall eines Geldtransporters (BGH NJW 97, 866); Verkauf von Streichhölzern an Kinder (Stuttgart JZ 84, 101). **e) Verneint** wurde die Kausalität zB bei der ungewöhnlichen Häufung unglücklicher Umstände (BGH 3, 261, Schleusenfall) oder bei einem mit dem Schadensereignis nicht in unmittelbarem Zusammenhang stehenden, nicht „herausgeforderten" Eingreifen des Geschädigten (BGH NJW 97, 253) bzw eines Dritten (BGH 25, 86, zusätzlicher Eingriff gelegentlich einer unfallbedingten Operation).

31 **4. Einschränkung: Lehre vom Schutzbereich. a) Methodik. aa)** Wegen der geschilderten Schwächen der Adäquanztheorie (Rn 29) ist versucht worden, den Umfang der Schadensersatzpflicht zum einen durch **Auslegung der die Haftung begründenden Norm** (BGH VersR 12, 195, 197) zu bestimmen. Ersetzt werden müsse nur derjenige (Folge-)Schaden, vor dessen Eintritt die Norm schützen wolle (BGH 186, 339; Stuttgart NJW-RR 13539). Die Schutzzwecklehre will damit in offengelegter Wertung das Schadensersatzrecht an das Haftungsrecht ankoppeln, dh den Umfang des zu leistenden Ausgleichs dem Haftungsgrund selbst entnehmen. Die im Wesentlichen von Rabel (Das Recht des Warenkaufs, Bd 1, S 459 ff), Wilburg (Die Elemente des Schadensrechts, 1941, S 244) und v. Caemmerer (GS 402 ff) entwickelte Lehre hat weiten Anklang gefunden (zB StSchiemann § 249 Rn 27 ff mwN), sie ist aber auch mit der Argumentation auf Kritik gestoßen, dass den haftungsbegründenden Normen idR nicht entnommen werden könne, welche Art von Folgeschäden zu ersetzen sei (Keuk, Vermögensschaden und Interesse, 1972, S 224 ff). Bsp für die Anwendung: Die StVO soll ua die Verletzung anderer Verkehrsteilnehmer verhindern, nicht aber davor schützen, dass bei einer Unfalloperation eine verborgene, die Dienstunfähigkeit bewirkende Krankheit entdeckt wird **32** (BGH NJW 68, 2287, dazu zB Kramer, JZ 76, 343). **bb)** Auf den durch **Vertragsauslegung gewonnenen Schutzzweck** ist bei einer Interessenverletzung gem §§ 241 II, 280 I (BGH 116, 212), beim Kauf UBGH 50, 205, Zusicherung), bei Ansprüchen aus § 536a (Dritte im vertraglichen Schutzbereich, s § 536 a Rn 3), § 634 Nr 4 (BGH 65, 112) und § 675 (BGH WM 97, 2086) zurückzugreifen (zum Problem iE mit Differenzierungen Lange, 43. DJT, Gutachten S 46 f). Bsp: Bei einem **nicht gewünschten Kind** infolge fehlerhafter genetischer Beratung (BGH NJW 97, 1638), ungenügender Sterilisierungs- oder anderer ärztlicher Verhütungsmaßnahmen **(„wrongful life",** BGH 129, 178, BGH NJW 08, 2847) soll wegen des Eingriffs in die Lebensplanung der Eltern der Unterhaltsbedarf im Schutzbereich der Vertragsverletzung liegen (iE zust Mörsdorf-Schulte NJW 07, 964; grundsätzliche Bedenken zB bei Picker AcP 195, 483), nicht jedoch der Verdienstausfall infolge der Pflege des Kindes (BGH NJW 97, 1640). Der Schadensersatz soll bis zu 270% des Regelsatzes (135% als Barunterhalt, 135% als Pflegeaufwand) betragen (BGH NJW 07, 992; OLG Celle NJW 07, 1000). Bei unterbliebener Abtreibung trotz der Möglichkeit nach StGB 218 II (s dazu BGH NJW 06, 1660) **(„wrongful birth",** s Picker, Schadensersatz für das unerwünschte eigene Leben, 1995) sollen den Eltern – bei recht unklarer Abgrenzung – die Mehraufwendungen für das kranke Kind als Schadensersatz zustehen, wenn sich der Behandlungsvertrag auch auf die

Titel 1. Verpflichtung zur Leistung **Vor §§ 249–253**

Entscheidung über die Abtreibung bezog (BGH 143, 393 mwN, BGH 151, 146) oder eine Abtreibung nahe lag (BGH 149, 239; 151, 133, dazu ausführlich G. Müller NJW 03, 697 mwN; krit Stürner JZ 03, 155). Das **Kind selbst** hat keinen Anspruch (BGH VersR 02, 192; iE s Reinhart VersR 01, 1081). Bei einem auf StGB 218a gestützten **missglückten Schwangerschaftsabbruch** kann zivilrechtlich nicht anders entschieden werden (anders Nürnberg NJW 09, 1757). - Auch auf **psychischen Folgeerkrankungen** beruhende Schäden (Bsp: eingetretene Arbeitsunfähigkeit) sind zu ersetzen (BGH NJW 00, 863 mwN; iE Brandt VersR 05, 616). Beruht die Arbeitsunfähigkeit auf einer sog *Begehrensneurose* (Verletzung als Anlass, den Schwierigkeiten des Erwerbslebens auszuweichen, iE BGH NJW 12, 2964 mwN, sa OLG Brandenburg VersR 06, 237 zur Abgrenzung ggü der *Konversionsneurose*, einer Auslösung vorhandener psychischer Konflikte durch die Verletzung, die zur Arbeitsunfähigkeit führen) und stehen Anlass und Erkrankung in einem nicht nachvollziehbaren Verhältnis, so wird die Schutzwürdigkeit verneint (BGH NJW 12, 2966 mzustAnm Mergner VersR 12, 1136). **Anwaltskosten** im Zivilverfahren sind zu ersetzen (BGH 190, 360 mwN, auch zur Überlagerung durch den prozessualen Erstattungsanspruch), **Strafverteidigerkosten** aus Anlass eines Verkehrsunfalls jedoch nicht (BGH 27, 137), desgl nicht die Kosten eines **Privatklageverfahrens** (Düsseldorf VersR 72, 52) oder einer **Nebenklage** (BGH 190, 359 f). Zeit- und Verwaltungsaufwendungen für die **Schadensabwicklung** zählen zur Risikosphäre des Geschädigten (s Rn 16). Schließt der Verletzte mit einem Drittbetroffenen einen **Vergleich**, so ist der Verzicht auf Ansprüche ein zu ersetzender Folgeschaden, wenn dies auf Grund einer vertretbaren Würdigung der Sach- und Rechtslage geschieht (BGH NJW 93, 1589 mwN; zum Handeln des Verletzten sa § 823 Rn 28). – Der spätere **Unfall** eines getäuschten Kfz-Käufers soll in den Schutzbereich fallen (BGH 57, 142; aA v. Caemmerer, FS Larenz, 1973, 641; Huber JuS 72, 441; Lieb JZ 72, 443). cc) Bei **speziellen Schutzgesetzverletzungen** sind 33 idR zwei häufig nicht auseinandergehaltene Problemkreise zu unterscheiden (zutr Huber, FS E. Wahl, 1973, S 320 ff): Zunächst muss im Rahmen des **Haftungsrechts** gefragt werden, ob die betr Norm überhaupt den Schutz des verletzten Rechtsguts bezweckt, das Rechtsgut also in den Schutzbereich fällt (s § 823 Rn 45). Hier sieht ein Teil der Lehre – unzutr – die alleinige Funktion der Theorie vom Schutzbereich (zB Stoll aaO 27 f). Im Rahmen des **Schadensersatzrechts** tauchen dann dieselben Probleme wie in Rn 32 auf (Huber, FS E. Wahl, 1973, S 320). Bsp: Der bei einem Verkehrsunfall Verletzte kann zwar Ersatz dafür verlangen, dass ein Prüfungstermin nicht wahrgenommen werden konnte, nicht aber dafür, dass ein späterer Prüfungstermin wegen eines studentischen Boykotts ausfällt (Lange JZ 76, 205 mN); sa das Bsp in Rn 31 aE. **b)** Das **Verhältnis zur Adäquanztheorie** ist 34 str. Entgegen der Auffassung, die Lehre vom Normzweck habe die Adäquanztheorie verdrängt (v. Caemmerer GS I S 408; Huber JZ 69, 683; Hermann Lange aaO S 59), sind beide Methoden nebeneinander anwendbar, soweit sie sich ergänzen (hM, BGH NJW-RR 08, 1004; iE mit Differenzierungen Deutsch/Ahrens Rn 113). Bei einem Konflikt ist uU auch ein „unwahrscheinlicher" Schaden zu ersetzen, wenn er in den Schutzbereich fällt (BGH NJW 82, 572, Beurkundungsfehler des Notars und anschließendes Fehlurteil eines OLG).

VI. Schadensmindernde Faktoren

1. Vorteilsausgleich. Lit: Ganter, Schadensberechnung und Vorteilsausglei- 35 chung in der Haftung der rechtsberatenden Berufe, NJW 12, 801; Pauge, Vorteilsausgleich bei Sach- und Personenschäden, VersR 07, 569; Selb, Schadensbegriff und Regreßmethoden, 1963, S 21. **a) Allgemeines.** „Vorteilsausgleich" erscheint als ein Sammelbegriff für eine Fülle dogmatisch unterschiedlich strukturierter Fallkonstellationen, in denen die zum Schaden führende Handlung – vorhersehbar oder nicht vorhersehbar – Maßnahmen oder Ereignisse auslöst, die ihrerseits den Schaden des Betroffenen mindern oder auch dessen Vermögen mehren. Bsp: Eine Unfallversicherung gleicht die Vermögenseinbußen aus. Ein zu leistender Schadensersatz übersteigt die eingetretene Einbuße (der Krankenhausaufenthalt erspart zT allg Aufwendungen für die Lebensführung über den Einbehalt hinaus). Der Verletzte hat nach einer Umschulung höhere Einkünfte. Von der Ausgleichsfunktion des Schadensersatzes her (Rn 2) ist zweifelhaft, ob der Geschädigte hier den vollen Wert der Rechtsgutsbeeinträchtigung verlangen und damit an der Verletzung „verdienen" kann. Andererseits mag es unbillig sein, den Schädiger zu entlasten. **b) Formeln.** Das RG hat

36 zunächst parallel zur Ermittlung des Schadensumfangs (Rn 27 ff) mindernd berücksichtigt, was adäquat durch das schadenstiftende Ereignis verursacht worden ist (RG 80, 155; 84, 388). Der BGH verwendet im Anschluss an jüngere Entscheidungen des RG (zB RG 146, 287; zur Entwicklung der Rspr s Cantzler AcP 156, 33 ff) eine den Wertungscharakter stärker betonende Formel: Ein Vorteil sei dann auf den Schaden anzurechnen, wenn er adäquat durch das schadenstiftende Ereignis verursacht wurde, ein „innerer Zusammenhang" bestehe (BGH VersR 08, 515), seine Anrechnung dem Geschädigten zumutbar sei, dem Zweck des Schadensersatzes entspreche (zB nicht bei arglistiger Täuschung, München NJW 80, 1581) und den Schädiger nicht unbillig entlaste (stRspr, zB BGH 190, 162 f mwN). Angesichts der ausfüllungsbedürftigen Begriffe ist der Nutzen der Formel zweifelhaft. Möglich ist wohl nur die Bildung von

37 **c) Fallgruppen,** in denen die allg Grundsätze des BGH zu konkretisieren sind. **aa)** Bei **Leistungen Dritter auf Grund** einer ges oder vertraglichen **Verpflichtung** (zB Versorgungsbezüge bei Invalidität, Sterbegeld) liegt häufig überhaupt kein Problem des Vorteilsausgleichs vor. Vielmehr kann der Dritte die Ansprüche des Geschädigten aus ges übergegangenem oder abgetretenem Recht geltend machen (s Rn 2). Ist keine Abtretung vorgesehen, so muss darauf abgestellt werden, welcher Zweck mit der Verpflichtung des Dritten verfolgt wird (Cantzler AcP 156, 57 f; StSchiemann § 249, 151 ff); idR soll dem Geschädigten geholfen, nicht aber der Schädiger entlastet werden, so dass keine Anrechnung geschieht (BGH 153, 233 f mwN). Der Bezug von **Vorruhestandsgeld** mindert allerdings den Schaden (BGH NJW 01, 1274; krit v Koppenfeld-Spies VersR 05, 1511). Ähnliche Grundsätze gelten für Versicherungen. **Schadensversicherungen** erwerben den Ersatzanspruch des Geschädigten gem VVG 86. Fragen des Vorteilsausgleichs entstehen nicht. Eine **Unfallversicherung des Geschädigten** soll nicht dem Schädiger zugutekommen, es erfolgt keine Anrechnung (BGH NJW 79, 761). Auch bei einer **Lebensversicherung** findet kein Vorteilsausgleich statt (BGH 73, 111 mwN; SG München VersR 01, 1430, private Berufsunfähigkeitsrente). Besteht eine **Unfallversicherung des Schädigers** (zB Kfz-Insassenversicherung), so kann der Schädiger die Anrechnung der an den Geschädigten ausgezahlten Versicherungssumme verlangen, ohne dass die Grundsätze der Vorteilsausgleichung anwendbar sind (BGH 64, 260; StSchiemann § 249,

38 162). **bb) Freiwillige Leistungen Dritter** werden nicht angerechnet, wenn der Dritte die Zuwendungen (idR) dem Geschädigten, nicht dem Schädiger zugutekommen lassen will (BGH NJW 70, 1121 f, Nutzungsausfallentschädigung, obwohl ein Dritter einen Ersatzwagen zur Verfügung stellt; BGH NJW 70, 96, Mehrarbeit eines

39 Mitgesellschafters). **cc) Schadensmindernde Leistungen des Geschädigten selbst** sind zu berücksichtigen, soweit sie nach § 254 II geboten waren, iÜ nicht (BGH NJW 74, 602; BGH 55, 329). **dd) Ersparte Aufwendungen** werden angerechnet (zur dogmatischen Einordnung s zB StSchiemann § 249, 168 ff). **Bsp:** Verpflegungskosten bei Krankenhausaufenthalt oder Heim (Saarbrücken NJW 11, 935); Wegekosten zur Arbeitsstelle bei Dienstunfähigkeit (BGH NJW 80, 1787); Unterhaltsaufwendungen bei Tod des Ehepartners (s § 844 Rn 6); Generalunkosten für den eigenen Pkw bei der Geltendmachung von Nutzungsausfall (s Rn 10) während der Reparaturzeit (BGH NJW 63, 1399, grundlegend); entfallene **Versicherungsbeiträge** (BGH VersR 08, 513) und **Steuern** (BGH VersR 12, 586). Da aber idR der geleistete Ersatz ebenfalls zu versteuern ist, tritt keine Ersparnis ein (BGH 186, 213; BGH VersR 12, 869 mwN). **ee) Nutzungsvorteile** (BGH NJW 06, 1582; BGH NJW-RR 06, 890) und verbleibende **Steuervorteile** (BGH NJW 10, 2506) sind zu

40 berücksichtigen. **ff) Wertsteigerungen** führen grundsätzlich zum Ausgleich (BGH

NJW 80, 2187), nicht jedoch ein über dem Verkehrswert liegender Erlös bei einem Deckungsverkauf. Dieser steht, da auf die eigene Aktivität zurückzuführen, dem Verkäufer zu (BGH NJW 97, 2378; zust Schubert JR 98, 238). Ein Ausgleich **neu für alt** für die den ursprünglichen Zustand überschießende Lebensdauer ist vorzunehmen (s iE BGH 102, 331; nicht bei Pkws mit weniger als 1000 km). Erfasst werden jedoch nur Reparaturen, die sich erfahrungsgemäß während der Lebensdauer der Sache auswirken (München VersR 70, 261, Ganzlackierung eines sechs Jahre alten Pkws). Hätte das ursprüngliche Teil die Lebensdauer ebenfalls erreicht, liegt keine Wertsteigerung vor (Geigel/Schlegelmilch, Der Haftpflichtprozess, 24. Aufl 2004, Kap 9, 41).

gg) Gegenüber dem Anspruch aus § 844 I ist eine **vorzeitig erlangte Erbschaft** in 41 dem Ausmaß anzurechnen, als aus ihr bzw ihren Erträgnissen der Unterhalt bestritten worden wäre (Frankfurt VersR 92, 595 mwN). **hh)** Die **Beweislast** für einen Vorteil trägt der Schädiger (BGH VersR 07, 702; Baumgärtel/Helling, § 249 Rn 26 ff; aA Ganter, NJW 12, 806: teilw der Geschädigte).

2. Überholte und hypothetische Kausalität. Lit: v. Caemmerer, GS I S 411; 42 Gebauer, Hypothetische Kausalität und Haftungsgrund, 2007; Grunsky, FS Hermann Lange, 1992, 469 ff; Lange, Zum Problem der Überholenden Kausalität, AcP 152, 153 ff. **a)** Als **Problem** stellen sich zwei (Niederländer AcP 153, 41 f) Fallkomplexe: **(aa)** Nach einer Rechtsgutsverletzung wäre es davon unabhängig zu ders Rechtsgutsverletzung gekommen. Diese „Reserveursache" (v Caemmerer GS I S 434) schlägt aber ins Leere, sie bleibt „hypothetisch". Bsp: Der gestohlene und vom Dieb beschädigte Pkw wäre in derselben Nacht bei einem Garagenbrand zerstört worden. **(bb)** Eine bestimmte (Reserve-)Ursache hatte die Rechtsgutsverletzung bereits eingeleitet, sie wird jedoch von dem tatsächlichen Schadensereignis „überholt". Bsp: A wäre in zwei Jahren wegen einer Krankheit dienstunfähig geworden; er wird jetzt durch B verletzt und ist sofort arbeitsunfähig. Zu fragen ist in beiden Fällen, ob der Schädiger für den gesamten Schaden aufkommen muss; denn er braucht nach der Differenzlehre (Rn 5) den Geschädigten nur so zu stellen, als hätte er die Schädigung nicht herbeigeführt. Dann aber wäre es durch die Reserveursache zu demselben oder einem ähnlichen Schaden gekommen. An dieser Fragestellung wird deutlich, dass es nicht um die haftungsbegründende Kausalität geht, die von dem eigentlichen Schädiger unzweifelhaft in Gang gesetzt wurde, sondern um eine Schadensberechnung (BGH 168, 352, allgM). **b)** Die methodischen **Lösungs-** 43 **versuche** sind vielfältig. Das RG hatte hypothetische Schadensursachen als unbeachtlich angesehen, da ein Ersatzanspruch mit der tatsächlichen Verletzung in voller Höhe entstanden sei und als Geldanspruch nicht mehr beeinträchtigt werden könne (RG 141, 367 f; 144, 84; anders für sog Anlagefälle, s zB RG 148, 56; 169, 120). Nach einer anderen Auffassung ist von unterschiedlichen Ansatzpunkten aus der Schaden zu gliedern in die Beschädigung des Rechtsgutes einerseits, Folgeschäden, idR Geldschäden, andererseits (zB Larenz, NJW 50, 491 f; VersR 63, 1; Neuner AcP 133, 286; Wilburg, IherJb 82, 130; Gebauer S 221 ff, 232 ff unter starker Bezugnahme auf ein in § 287 S 2 niedergelegtes allg Prinzip; insgesamt krit Schmidt AcP 152, 121; v. Caemmerer I S 417). Der obj Wert des Rechtsgutes setze sich im Anspruch auf Schadensersatz fort und könne durch Reserveursachen nicht mehr beeinträchtigt werden. Bei den übrigen Schäden wirkten Reserveursachen iSd Differenzlehre entlastend, es sei denn, dies widerspreche dem Schutzzweck der durch die Handlung verletzten Norm (StSchiemann § 249, 94). Im Einzelnen wird eine Aufgliederung nach typischen Fallgruppen vorgenommen (s zB Hermann Lange aaO S 168; v. Caemmerer GS I S 411 ff; Zeuner AcP 157, 450 ff; gefolgt wird hier im Wesentlichen v. Caemmerer). **c) Grundsätze. aa) Ausgangspunkt.** Die 44 überholte Kausalität der Reserveursache führt relativ unproblematisch zur Reduktion des Schadensersatzanspruchs in den sog **Anlagefällen**, in denen der Schaden später eingetreten wäre (nicht zu verwechseln mit der Verletzung einer schwachen Konstitution, s BGH NJW 96, 2446). Bsp: Brandgasse (BGH 20, 2759; Vorerkrankung (BGH VersR 85, 62 mwN); nicht lebensfähiger Betrieb (BGH BB 68, 1308);

Fortsetzung einer bereits schädlichen Fehlinjektion (BGH 78, 209 m krit Bespr Backhaus). Hier haftet der Schädiger nur für die Verkürzung der Zeitspanne bis zum Eintritt des Schadens. Gleichzustellen sind die ähnlichen Sachverhalte der **konkreten Gefahrbedrohung,** in denen die hypothetisch gebliebene Ursache für einen obj Beobachter erkennbar bereits auf dem Gegenstand, bildlich gesprochen, lastete (RG 156, 191, Schleusenfall; BGH 20, 280, Brandgasse; 29, 215, Hausabbruch). Neue Gefährdungen, die später zur Beeinträchtigung des Rechtsgutes geführt hätten, beeinträchtigen nicht mehr den Anspruch auf den Substanzwert, können aber den zeitlichen Nutzungswert begrenzen (str, iE s Gebauer 161 ff).

45 **bb) Einschränkungen.** In den Fällen der hypothetisch gebliebenen Gefahr bleibt die Reserveursache jedoch außer Betracht, wenn der **Schutzzweck der Norm** das Leisten von Schadensersatz gebietet (Koblenz ZIP 07, 123, Verstoß gegen § 826). Hätte die Reserveursache zur Einstandspflicht eines Dritten (des potentiellen Schädigers, einer Versicherung) geführt, wird sie nicht berücksichtigt; sonst ginge der Geschädigte, da sich jene Haftung ja nicht realisiert hat, leer aus (v. Caemmerer

46 GS I S 433 mw Ausnahmen; BGH NJW 58, 705; 67, 552). **d) Prozessuales.** Die Tatsache, dass ein an sich bestehender Schadensersatzanspruch nachträglich reduziert oder weggefallen ist, muss der **Schädiger beweisen** (BGH NJW 06, 2769, Baumgärtel/Helling § 249 Rn 21). Maßgebend – iS einer prozessualen Festlegung (s Rn 55) – ist nach hL der **Zeitpunkt** der letzten mündlichen Verhandlung vor dem Tatsachengericht (v. Caemmerer GS I S 437; Schmidt aaO S 134 f; StSchiemann vor § 249 Rn 93 mit materiellrechtlichen Differenzierungen; aA Grunsky, Aktuelle Probleme zum Begriff des Vermögensschadens, 1968, S 65; Lemhöfer JuS 66, 344: Zeitpunkt der Leistung).

47 **3. Rechtmäßiges Alternativverhalten (rmAV). Lit:** v. Caemmerer GS I S 445; Deutsch/Ahrens Rn 72 ff; Gotzler, Rechtmäßiges Alternativverhalten im haftungsbegründenden Zusammenhang, 1977; Hanau, Die Kausalität der Pflichtwidrigkeit, 1971; Schütz/Dopheide, Kausalität und rechtmäßiges Alternativverhalten bei ärztlichen Behandlungsfehlern, VersR 09, 475. **a) Beschreibung.** Typologisch steht dem Einwand der hypothetischen Kausalität die Argumentation nahe, bei einem möglichen rechtmäßigen (ähnlichen) Vorgehen des Schädigers wäre es ganz oder teilw zu den gleichen Folgen für den Betroffenen gekommen. Bsp (nach BGHSt 11, 1): Ein Lkw überholt einen nicht erkennbar betrunkenen Radfahrer in zu dichtem Abstand, der Radfahrer gerät unter den Anhänger und wird verletzt; derselbe Unfall wäre vermutlich geschehen, wenn der Lkw-Fahrer den vorschriftsgemäßen Abstand eingehalten hätte (weitere Bsp bei Hanau aaO S 14 ff). Die dogmatischen Unterschiede zur sog hypothetischen Kausalität sind jedoch erheblich: Es wird nicht die tatsächliche Kausalität mit einer latent realen (hypothetisch gebliebenen bzw überholten) Kausalkette zur Ermittlung der Schadensdifferenz in Bezug gesetzt (Rn 42), sondern der Verletzungshandlung wird ein rein theoretisches Verhalten des Schädigers selbst als gerechtfertigte Schädigungsmöglichkeit gegenübergestellt. Der Einwand ist systematisch an zwei Stellen denkbar. Er bezieht sich im Schwerpunkt auf die **haftungsbegründende Kausalität:** Bsp: Gegenüber dem Anspruch des verletzten Radfahrers aus § 823 I wird geltend gemacht, auch bei rechtmäßigem Verhalten wäre es zur Rechtsgutsverletzung gekommen. Möglich ist der Einwand aber auch im Rahmen der **haftungsausfüllenden Kausalität.** Bsp: Dem Anspruch des Radfahrers aus § 823 II iVm StVO 5 IV wird entgegengehalten, die Körperverletzung hätte sich auch als Folge eines rechtmäßigen Verhaltens ergeben; zu der Schwierigkeit, die beiden Kausalketten abzugrenzen, s Rn 24.

48 **b) Lösungsversuch.** Nach hM (v. Caemmerer GS I S 446; Deutsch/Ahrens Rn 75; weitergehend Hanau aaO S 114 ff) ist der Einwand rmAVs zu berücksichtigen, wenn die verletzte Norm (wie im Bsp Rn 47) allein die Rechtsgutsverletzung verhindern will. Dann wurzelt die Verletzung nicht eigentlich im verbotenen Verhalten (sondern wäre auf andere, rechtmäßige Weise eingetreten). Schützt die Norm jedoch gegen die konkrete Eingriffsart, so ist der Einwand nicht zulässig. Bsp: ein unter Nichtbeachtung von Verfahrensregeln ausgelöster Streik macht auch dann ersatzpflichtig, wenn es beim Einhalten der Regeln ebenfalls zum Streik gekommen wäre (BAG 6, 321, aA Hanau aaO S 115); ein Verzugsschaden ist auch dann zu ersetzen, wenn dem Schuldner (wegen anderer Umstände) ein Rücktrittsrecht zusteht (BGH NJW 12, 2023). Methodisch ist die Berücksichtigung des rmAV damit eine Frage nach dem **Schutzbereich** der verletzten Norm (Rn 31, § 823 Rn 26; StSchiemann § 249 Rn 102; BGH NJW 12, 2023). c) Die **Beweislast** trifft den Schädiger (BGH NJW 12, 2025: ärztliche Fehlbehandlung; BGH NJW-RR 13, 536). 49

VII. Art und Zeitpunkt der Schadensberechnung

1. Schadensberechnung. a) Konkrete Schadensberechnung. Der Geschädigte ist grundsätzlich verpflichtet, seinen erlittenen Schaden „konkret" zu berechnen (Lange/Schiemann S 353). Maßgebend ist damit die tatsächliche, sich aus der eingetretenen Verminderung des Vermögens *(damnum emergens)* und seiner ausbleibenden Vermehrung *(lucrum cessans)* zusammensetzende Einbuße in der individuellen Situation des Geschädigten. Die für den Schadensumfang relevanten Einzelheiten hat der Geschädigte darzulegen und zu beweisen, wobei ihm eine Erleichterung durch ZPO 287 zugutekommt. **b) Abstrakt-typisierende Berechnung. aa) Grundsatz.** Die konkrete Schadensberechnung kann den Geschädigten trotz ZPO 287 in Beweisschwierigkeiten bringen; sie würde ihn vor allem, etwa bei Wettbewerbsverletzungen oder auch ausgebliebenen Warenlieferungen, zwingen, im Prozess mit dem Schädiger Geschäftsinterna offenzulegen. Gestützt auf § 252 S 2 hat die Rspr deshalb für den entgangenen Gewinn die „abstrakte" Schadensberechnung zugelassen (BGH NJW 01, 1640; StSchiemann 252, 21 ff; PalGrüneberg § 252, 6). Systematisch handelt es sich dabei um eine Anwendung des *prima-facie-Beweises,* wonach bei typischen Geschehensabläufen nach der Lebenserfahrung von einem eingetretenen Erfolg auf bestimmte Ursachen (s dazu ThP § 286, 12; RoSchwab/Gottwald § 113, 16 ff) oder hier von der eingetretenen Rechtsgutsverletzung auf bestimmte Folgeschäden geschlossen wird. Bei der abstrakten Schadensberechnung kann der Geschädigte zB die übliche Gewinnspanne (BGH WM 2006, 544) oder den üblichen Zins bei vermuteter Kapitalanlage (BGH NJW 92, 1224 mwN) als Schaden verlangen. Der Anschein ist durch Tatsachen zu entkräften, aus denen die ernsthafte Möglichkeit eines vom gewöhnlichen Verlauf abweichenden Geschehens folgt (aA Baumgärtel/Helling § 252 Rn 10: Beweis des Gegenteils erforderlich). Dann ist der Geschädigte wiederum zur konkreten Schadensberechnung genötigt. **bb) Anwendungsbereich.** Die abstrakte Schadensberechnung wird auf Kaufleute und auf ihre jeweils typischen Geschäfte begrenzt (BGH 62, 106), weil nur dort ein bestimmter Gewinn als wahrscheinlich erwartet werden kann (StSchiemann § 252, 22 ff mN). Sie sollte jedoch auch dort möglich sein, wo typische Geschehensabläufe ein starkes Indiz für dieselbe Entwicklung beim Geschädigten sind (s BGH NJW 95, 558, uU Grundstückspreise in demselben Erschließungsgebiet). **c) Abstrakt-normative Schadensberechnung. Lit:** Bardo, Die „abstrakte" Berechnung des Schadensersatzes wegen Nichterfüllung beim Kaufvertrag, 1989. **aa) Terminologie.** Als „abstrakte" Schadensberechnung wird zT auch die Möglichkeit bezeichnet, in Einzelfällen Ansprüche geltend zu machen, obwohl eine Einbuße nicht eingetreten ist (iE Lange/Schiemann S 353 ff). Mit Mertens (aaO S 76 Anm 76) sollte man den systematischen Unterschied zur typisierenden Betrachtung und die Nähe zum normativen Schadensbegriff (Rn 6) auch terminologisch kennzeichnen. **bb)** Eine Begründung fehlt, die **Bsp** tragen bisher nur eher zufälligen Charakter. Bei der **Verletzung von Immaterialgüterrechten** und vergleichbaren Leistungspositionen gewährt die Rspr als Ersatz wie gem UrhG 97 II 2 statt des schwer nachweisbaren konkreten Schadens einen Anspruch auf Herausgabe des Gewinns oder eine angemessene (übliche) Lizenzgebühr (Grundsatz der **Lizenzanalogie,** BGH NJW-RR 09, 1054 mwN, stRspr). Nicht entscheidend 50 51 52 53 54

Teichmann

ist, ob der Geschädigte eine Lizenz erteilt hätte. Mehrfach hat der BGH der GEMA bei **unberechtigten Musikaufführungen** im Blick auf die hohen allg Überwachungskosten einen Anspruch auf doppelte Lizenzgebühr zugesprochen (BGH 17, 383; 59, 286; zur Unübertragbarkeit auf andere Vervielfältigungen s BGH 97, 37). Ohne Nachweis wird zT ein **pauschalierter Mindestschaden** gewährt, so dass der Geschädigte zur konkreten Berechnung erst dann gezwungen ist, wenn er höhere Beträge geltend machen will. Als ges Bsp zählen § 288 I 2 (s BGH 74, 238) und HGB 376 II.

55   2. **Zeitpunkt für die Schadensberechnung.** Leistet der Schädiger freiwillig, so ist der Zeitpunkt der Zahlung maßgeblich. Es liegt dann im Risiko des geschädigten Gläubigers, wie er mit dem Geldbetrag umgeht; bei einem Rechtsstreit ist grundsätzlich die letzte mündliche Verhandlung vor der Tatsacheninstanz entscheidend (BGH NJW 99, 136 mwN). Künftige, den Schaden erkennbar beeinflussende Umstände sind zu berücksichtigen (BGH NJW-RR 01, 1451). Bei unübersehbarer Entwicklung ist eine Feststellungsklage gem ZPO 256 möglich. Treten spätere Umstände auf, die nicht berücksichtigt werden konnten, ist eine neue Klage zulässig (PalGrüneberg 127). Sind wiederkehrende Leistungen zu erbringen (zB Rente), so besteht bei wesentlicher Veränderung der Umstände die Möglichkeit einer Abänderungsklage nach ZPO 323 (iE s zB ThP § 323, 20 ff). Zum Einfluss neuer Umstände im Rahmen der sog hypothetischen Kausalität s Rn 46.

§ 249 Art und Umfang des Schadensersatzes

(1) **Wer zum Schadensersatz verpflichtet ist, hat den Zustand herzustellen, der bestehen würde, wenn der zum Ersatz verpflichtende Umstand nicht eingetreten wäre.**

(2) ¹**Ist wegen Verletzung einer Person oder wegen Beschädigung einer Sache Schadensersatz zu leisten, so kann der Gläubiger statt der Herstellung den dazu erforderlichen Geldbetrag verlangen.** ²**Bei der Beschädigung einer Sache schließt der nach Satz 1 erforderliche Geldbetrag die Umsatzsteuer nur mit ein, wenn und soweit sie tatsächlich angefallen ist.**

Lit: Chr. Huber, Das neue Schadensersatzrecht, 2003; Sanden/Völtz, Sachschadenrecht des Kraftverkehrs, 9. Aufl 2011; Wolter, Das Prinzip der Naturalrestitution in § 249 BGB, 1985; Würthwein, Schadensersatz für Verlust der Nutzungsmöglichkeit einer Sache oder für entgangene Gebrauchsvorteile?, 2001.

I. Allgemeiner Anwendungsbereich

1   1. **Funktion der Norm.** Die Bestimmung ist keine Anspruchsgrundlage, sondern setzt einen Schadensersatzanspruch – zB aus Vertrag, unerlaubter Handlung, Gefährdungshaftung – voraus und konkretisiert den zu ersetzenden Schaden. § 249 ist dabei Ausdruck des Gedankens, dass der Geschädigte in seinem *Integritätsinteresse* geschützt sein soll. Er kann daher in erster Linie **Naturalrestitution** fordern (§ 249 I) oder sie auf Kosten des Schädigers selbst vornehmen (§ 249 II 1). Ihm steht also ein **Wahlrecht** zu. Fordert er zunächst Herstellung durch den Schädiger, so sollte bei einem Übergang auf **II** § 637 III entspr angewandt werden (desgl iE Düsseldorf NJW-RR 96, 1370). Geschieht die Wiederherstellung nicht rechtzeitig (§ 250), findet oder kann nur unter sehr erschwerten Bedingungen durchzuführen, so besteht *sekundär* ein Anspruch auf Geldersatz, sog **Kompensation** (§ 251). Im **Aufbau** ist zwischen § 249 iVm § 252 einerseits und §§ 250–253 andererseits zu unterscheiden. Derselbe Sachverhalt kann herstellbare und nicht wieder herstellbare Schädigungen auslösen (s „soweit" in § 251, sa dort Rn 3).

2   2. **Wiederherstellung in Natur (I).** In diesem Fall besteht *keine* Trennung zwischen einer vermögenswerten und einer immateriellen Beeinträchtigung. Bsp:

Titel 1. Verpflichtung zur Leistung §249

Widerruf einer beleidigenden Äußerung (BGH 37, 187), Entfernen einer ungerechtfertigten Abmahnung aus der Personalakte (BAG NJW 10, 3115), Herausgabe unberechtigt angefertigter Kopien (s RG 94, 4). Kann der Verletzte die Herstellung selbst vornehmen (Bsp: Anzeige in Presse), so ist **II** anwendbar.

3. Kosten der Wiederherstellung bei Verletzung einer Person (II 1). 3
a) Inhalt. aa) Kosten zur **Wiederherstellung der Gesundheit** sind alle Aufwendungen, die der Verletzte für erforderlich halten durfte. Bsp: Operation einschl erforderlicher kosmetischer Operation (BGH 63, 295), uU privatärztliche Behandlung eines Kassenpatienten (BGH 160, 31), Inanspruchnahme eines dem Lebensstandard entspr Zwei- oder Einbettzimmers im Krankenhaus (s BGH VersR 70, 130; Hamm VersR 77, 151), Kur (Celle VersR 75, 1103). **bb)** Als **Begleitkosten** sind 4 erstattungsfähig die Kosten für eine Hilfe im Haushalt (Celle VersR 83, 40), für eine Umschulung im Rahmen des Angemessenen (BGH NJW 87, 2742). Zu den eigenen Kosten des Verletzten zählen in Anwendung des normativen Schadensbegriffs (s das Parallelbeispiel in Rn 9 vor § 249) die Aufwendungen der Angehörigen für Besuche im Krankenhaus (BGH NJW 91, 2341 mit Eingrenzungen; iE Seidel VersR 91, 1319; weitergehend Grunsky JuS 91, 907), auch dadurch notwendige Babysitter-Kosten (BGH VersR 89, 1309). Weiter zu ersetzen sind die Aufwendungen, die dem Geschädigten im Zusammenhang mit der Wiederherstellung des bisherigen Zustandes entstehen wie zB die erforderlichen **Rechtsverfolgungskosten** für einen Anwalt (BGH VersR 12, 999 zu Sachschaden) sowie die Kosten für ein erforderliches Sachverständigengutachten (BGH NJW 07, 1451). **Eigene Aufwendungen im Zuge der Schadensabwicklung** gehören zum allg Lebensrisiko und fallen nicht in den Schutzbereich (BGH 127, 351; sa Rn 16 aE vor § 249). **b) Ver-** 5 **wendung der erhaltenen Mittel.** Der Verletzte kann nach der insoweit zutr Rspr Erstattung nur diejenigen Kosten fordern, die er tatsächlich für die Wiederherstellung verwendet. **II 2** bezieht sich nicht auf diese Fallgruppe.

4. Kosten der Wiederherstellung bei der Beschädigung einer Sache (ohne 6
Kfz). Bei der **Vernichtung von Daten** sind die Kosten ihrer Wiedergewinnung einschließlich des eigenen Aufwandes zu ersetzen (BGH NJW 09, 1066 m zust Anm Schiemann JZ 09, 744). Die Beschädigung von **Bäumen** führt zum Ersatz der Kosten für Erhaltungsmaßnahmen (BGH NJW 06, 1424, zur Wertminderung s § 251 Rn 5). Beim **Ladendiebstahl** sind Vorkehrungen zur Diebstahlsabwehr (Fernsehkameras, Einstellen von Hausdetektiven) als allg, nicht dem konkreten Diebstahl zuzuweise Sicherungsmaßnahmen nicht erstattungsfähig (zB Wollschläger NJW 76, 13 f; BGH 75, 238; aA Canaris NJW 74, 524). Die sog Fangprämie soll demgegenüber bis 50 Euro zu erstatten sein (s BGH 75, 238, 240 als Ausgangsentscheidung); zu den **Rechtsverfolgungskosten** etc s Rn 4. Der Geschädigte muss die erhaltenen Mittel zweckgebunden verwenden (s BGH NJW 01, 2250, Veräußerung eines geschädigten Grundstücks; unzutr aA Frankfurt NJW 12, 2977). **II 2** ist auf Schadenersatzansprüche aus Mängelgewährleistung nicht anwendbar (so zutr Walter VersR 09, 1091 gegen München VersR 09, 1090).

5. Heilungskosten (II 1) bei Verletzung eines Tieres. S § 251 Rn 10. 7

6. Ersatz nutzlos gewordener Aufwendungen bei nicht ordnungsgemä- 8
ßer Vertragserfüllung (II 1). Ergeben sich Schadensersatzansprüche aus einem Vertrag (zB nach Rücktritt iVm § 325, gem §§ 280, 281 I, 282, 283, aber auch aus § 179), so sind nutzlos gewordene Aufwendungen dann ersetzbar, wenn sie bei ordnungsgemäßer Erfüllung wieder erwirtschaftet worden wären. Bsp: Vertragskosten, (nicht übertreuere) Aufwendungen auf die Sache, Versicherungskosten. Eine – vom Verletzer widerlegbare – „Rentabilitätsvermutung" spricht dafür, dass den Aufwendungen eine entspr Amortisationserwartung gegenübersteht (BGH 114, 197; BGH NJW 99, 2269 mwN, stRspr); iÜ s § 284.

§ 249

II. Kosten der Wiederherstellung bei der Beschädigung eines Kraftfahrzeugs

Lit: Wellner, BGH-Rechtsprechung zum Sachschaden, 2012; ders. NJW 2012, 2 (Rspr-Übersicht).

9 1. Kosten für die durchgeführte Reparatur eines Kfz. Bei der tatsächlich vorgenommenen Reparatur eines PKWs, Motorrades, LKWs, auch Anhängers (Celle NJW-RR 10. 600) hat sich eine kaum übersehbare und häufig zu nicht klaren Ergebnissen führende Rspr des BGH entwickelt. (sa Rn 10, 11). Zu leisten ist im Ausgang der für die Reparatur erforderliche Geldbetrag (sog **konkrete Schadensberechnung**, s zB BGH NJW-RR 10. 377), wobei wegen der Interessen des Schädigers an „seinem" Kfz die durch einen Sachverständigen zu ermittelnden Reparaturkosten den Wiederbeschaffungswert (Preis für einen gleichwertigen Gebrauchtwagen) bis zu 30% übersteigen dürfen (BGH VersR 12, 75 mwN, stRspr; zutr krit Roth JZ 94, 1097; Kappus NJW 08, 2184; weiterführende Fragen bei Wittschier NJW 08, 898; zu Einzelheiten im Fall der tatsächlichen Unterschreitung s BGH NJW 12, 51). Das Fahrzeug muss tatsächlich ordnungsgemäß repariert (BGH NJW-RR 10, 377) und mindestens 6 Monate weiter benutzt werden (BGH NJW 08, 2183 m Zusatzfragen Kappus zB für den Fall der Erkrankung). Auf die Fälligkeit soll dies allerdings keine Auswirkungen haben (BGH 178, 341; krit Hirsch VersR 09, 756). Vereinzelt hat der BGH in die Vergleichsberechnung den Minderwert mit einbezogen (BGH NJW 92, 302). Der Schädiger trägt das Prognoserisiko, dh es sind auch die Mehrkosten ersatzfähig, die durch unwirtschaftliche oder unsachgemäße Maßnahmen der Werkstatt entstanden sind (BGH NJW 92, 304). Bei der Beschädigung eines PKWs bis 1000 km Laufleistung oder innerhalb eines Monats nach Zulassung können gleichwertig die Kosten für einen Neuwagen gefordert werden (s zB Nürnberg NJW-RR 95, 919). Zu ersetzen sind weiter die Finanzierungskosten, falls die Herstellung dem Geschädigten nur durch Aufnahme von Fremdmitteln möglich oder zumutbar ist (iE BGH 61, 346; Himmelreich NJW 74, 1897); zum Ersatz des **Minderwerts** s § 251 Rn 3.

10 2. „Fiktive Schadensberechnung" auf Reparaturkostenbasis. Lit: Witt: Schadensberechnung bei Unfällen mit Kraftfahrzeugen – neue Nuancen in der Rechtsprechung zu fiktiven Reparaturkosten und zum Restwert, NJW 2010, 3329. Anders als sonst (s Rn 5, 6) soll der Berechtigte eines beschädigten Kfz in der Verwendung der erhaltenen Mittel frei sein (BGH 154, 397 f; BGH NJW-RR 09, 1031 mwN, stRspr; zust Chr. Huber MDR 03, 1205; zutr krit Schiemann/Herzig VersR 06, 160). Er könne demgemäß den Schaden im Rahmen des § 249 auch fiktiv berechnen. Dafür sollen freilich andere Grundsätze gelten (BGH NJW 10, 2118). Dies hat angesichts der Phantasie der Geschädigten und entspr Gegenstrategien der Versicherer kaum beherrschbare Folgeprobleme ausgelöst und den BGH zu vielfältigen, in sich nicht stringenten Einschränkungen (s zB BGH NJW 09, 3023 f) veranlasst. Die Rspr ist auch aus systematischen Gründen – Geldersatz zur freien Verfügung gibt es nur nach § 251 – abzulehnen. **Bsp in der Rspr:** Geltendmachen der vom Sachverständigen ermittelten Reparaturkosten bis zum Wiederbeschaffungswert (ohne Zuschlag von 30%, s Rn 9) und selbst vorgenommene Ausbesserung (BGH NJW 05, 1108); Geltendmachen des Totalschadens bei Weiterbenutzung des fahrtauglichen Kfz über idR 6 Monate (BGH NJW 08, 439) – *aber:* wegen Geltung eines „Wirtschaftlichkeitsgebots" (s BGH NJW 13, 1151) keine Abrechnung auf Neuwagenbasis bei Weiterbenutzung (BGH 181, 251 f). Bei einer Veräußerung innerhalb der Sechsmonatsfrist soll nur der Wiederbeschaffungsaufwand (Wiederbeschaffungswert abzüglich Restwert) gefordert werden können (BGH NJW 11, 668). Weitere Möglichkeiten: Veräußern des beschädigten PKWs und Geltendmachen der Reparaturkosten durch eine Werkstatt mit Beschränkung auf den Wiederbeschaffungswert, allerdings nicht Kosten einer markengebundenen, sondern nur einer „mühelos und ohne Weiteres zugänglichen freien Fachwerkstatt" gleicher Qualität

Titel 1. Verpflichtung zur Leistung § 249

(BGH 183, 26; BGH NJW 10, 2941; BGH VersR 10, 1097 m weiteren, nicht plausiblen Differenzierungen; s iE Wenker VersR 12, 290).

3. Kosten für die Anschaffung eines (gleichwertigen) Ersatzfahrzeugs. 11
Der Erwerb eines gleichwertigen (älteren; zu Neuwagen s Rn 9 aE) Ersatzfahrzeuges soll nach stRspr ebenfalls ein Akt der *Naturalrestitution* sein. § 249 ziele auf einen Zustand, der *wirtschaftlich* dem der früheren Situation entspreche (BGH NJW 05, 1108; NJW 10, 2121, bedenklich). Gefordert werden könne dann die Differenz zwischen dem Wiederbeschaffungswert und dem Restwert für den Unfallwagen (BGH NJW 10, 2725 mwN). Dem Bestreben der Versicherer, einen möglichst geringen Wiederbeschaffungswert und einen möglichst hohen Restwert (durch Einschaltung von zB Online-Händlern) festzulegen, ist der Senat zutr entgegen getreten: Zugrunde zu legen seien die Preise, die auf dem allgemeinen regionalen Markt bestehen. Sie könnten auch durch ein Gutachten eines Sachverständigen mit drei Angeboten belegt werden (BGH NJW 10, 2723 mwN; sa Hamm NJW-RR 09, 320: einfacher Zugriff auf Internet-Anbieter mit doppeltem Preis). „In Ausnahmefällen" soll allerdings der Geschädigte eine ihm vom Versicherer angebotene Verwertungsmöglichkeit wahrnehmen müssen (BGH NJW 10, 2723).

4. Ersatz geleisteter Umsatzsteuer (II 2). Lit: Sterzinger, Schadensposition 12
Umsatzsteuer bei Unfällen mit Kraftfahrzeugen, NJW 11, 2181. Der Gesetzgeber hat diese bedenkliche Rspr faktisch akzeptiert und in **II 2** die Konsequenz daraus gezogen (Ges v 25.7.2002, dazu BT-Drs 14/7752; 14/8780): Die Umsatzsteuer (USt) steht dem Geschädigten nur dann zu, wenn er sie selbst zahlen muss. Bsp: Baut der Geschädigte Ersatzteile selbst ein, so kann er USt nur auf den für die Ersatzteile ausgewiesenen Betrag fordern; erwirbt er einen Ersatzwagen zu einem höheren Preis, so kann er eine anteilige USt verlangen (BGH NJW 13, 1152). Er erhält keine USt, wenn er keine Ersatzbeschaffung vornimmt (BGH 158, 390 f), einen PKW von einer Privatperson kauft oder von einem Händler, der von UStG 25 Gebrauch macht (str, anders BGH 162, 274 m zust Besprechung Heinrich NJW 05, 2749; iE s Chr. Huber S 41 ff mwN). Hat ein Händler seinerseits das Fahrzeug von einer Privatperson erworben, so entsteht Umsatzsteuer nur für seine Händlerspanne; sie kann mit 2% vom Gesamtpreis pauschaliert werden (Köln NJW 04, 1465). Die **Beweislast** liegt beim Geschädigten.

5. Begleitkosten. Zu den Herstellungskosten zählen auch die angemessenen Auf- 13
wendungen für einen **Mietwagen** während der Zeit der Nicht-Benutzbarkeit (BGH 160, 383), uU auch für Angehörige (Düsseldorf NJW-RR 12, 30). Die angenommene Regelfrist von 14 Tagen kann sich verlängern, wenn der Geschädigte eine Reparatur nicht finanzieren kann und ihm Mittel nicht zur Verfügung gestellt werden (Düsseldorf VersR 12, 120). Erhöhte **Unfallersatztarife** sind nach der Rspr nur erstattungsfähig, wenn der Geschädigte nicht „ohne Weiteres" einen günstigeren Tarif erhält und im Tarif zusätzliche Leistungsanteile (zB Vorfinanzierung, Inkasso, Rückgriffsrisiko) enthalten sind (BGH NJW 10, 2569 mwN; krit zur Rspr Schiemann JZ 05, 1058, Wagner NJW 07, 2149). Zur Ermittlung der Angemessenheit kann gem ZPO 287 im Ausgang (zu Abweichungen s BGH NJW 13, 1540) sowohl auf die sog *Schwacke-Liste* (BGH NJW 12, 2027; sa Wittschier, NJW 12, 13;) oder auch auf den idR niedrigeren *Fraunhofer-Mietpreisspiegel* (iE Richter VersR 09, 1438; krit Gilch VersR 12, 1465) zurückgegriffen werden, von denen ggf Zu- oder Abschläge vorzunehmen sind (BGH NJW 11, 1948 mwN). Zu ersetzen sind auch die erforderlichen **Versicherungen** (iE BGH 61, 325 mwN). Zur **Nutzungsentschädigung** s Rn 10 vor § 249. Hat der Geschädigte einen größeren Wagenpark und setzt er ein **Ersatzfahrzeug** ein, so sind die Vorhaltekosten ersatzfähig, wenn die unterhaltene Betriebsreserve auch nach dem Risiko von Ausfällen infolge fremdverschuldeter Unfälle bemessen ist, insgesamt also höher liegt, als sie ohne Berücksichtigung derartiger Ausfälle hätte kalkuliert werden müssen (Brandenburg MDR 09, 1038, dort abgelehnt). Eine Nutzungsentschädigung ist daneben nicht möglich (BGH NJW 78, 813).

§§ 250, 251

§ 250 Schadensersatz in Geld nach Fristsetzung

¹Der Gläubiger kann dem Ersatzpflichtigen zur Herstellung eine angemessene Frist mit der Erklärung bestimmen, dass er die Herstellung nach dem Ablauf der Frist ablehne. ²Nach dem Ablauf der Frist kann der Gläubiger den Ersatz in Geld verlangen, wenn nicht die Herstellung rechtzeitig erfolgt; der Anspruch auf die Herstellung ist ausgeschlossen.

1 **1. Funktion.** Zutr nimmt die hM an, § 250 gebe dem Geschädigten die Möglichkeit, unter den im Tatbestand genannten Voraussetzungen von der Naturalrestitution auf die Kompensation überzugehen, dh nach Fristablauf Wertersatz zu fordern (StSchiemann 3 f mit dem Hinweis, dies sei gem §§ 249 II 1, 251 idR ohnehin möglich; PalGrüneberg 1; BGH 27, 185; aA – Ausdehnung des Erstattungsanspruchs gem § 249 II 1 auf andere Fälle – Frotz JZ 63, 391; wohl auch BGH 11, 163); iE s dazu § 251 Rn 1 ff.

2 **2. Fristsetzung.** Ihrer bedarf es nicht, wenn sie sinnlos wäre, weil zB der Verpflichtete zu erkennen gibt, er könne oder wolle keine Naturalrestitution oder überhaupt keinen Ersatz leisten (BGH NJW 04, 1869). Hat der Geschädigte eine zu kurze Frist gesetzt, so ist sie auf eine angemessene Spanne zu verlängern (hM, s StSchiemann 5 mwN).

§ 251 Schadensersatz in Geld ohne Fristsetzung

(1) Soweit die Herstellung nicht möglich oder zur Entschädigung des Gläubigers nicht genügend ist, hat der Ersatzpflichtige den Gläubiger in Geld zu entschädigen.

(2) ¹Der Ersatzpflichtige kann den Gläubiger in Geld entschädigen, wenn die Herstellung nur mit unverhältnismäßigen Aufwendungen möglich ist. ²Die aus der Heilbehandlung eines verletzten Tieres entstandenen Aufwendungen sind nicht bereits dann unverhältnismäßig, wenn sie dessen Wert erheblich übersteigen.

Lit: Wussow/Küppersbusch, Ersatzansprüche bei Personenschaden, 11. Aufl 2013.

1 **1. Funktion.** § 251 konkretisiert in **I,** wann der Geschädigte nicht mehr die Wiederherstellung des ursprünglichen Zustandes – und damit auch nicht mehr die Wiederherstellungskosten gem § 249 S 2 – fordern kann, sondern auf den uU niedrigeren Wertersatz verwiesen wird. **II** schränkt den Grundsatz der Naturalrestitution dadurch noch weiter ein, dass der Schädiger auf Wertersatz ausweichen kann.

2 **2. Geldentschädigung gem § 251 I. a) Allgemeines.** Die Bestimmung fordert kein strenges Entweder-Oder, sondern lässt, wie mit dem Ausdruck „soweit" verdeutlicht, zu, dass teilw Wiederherstellung gem § 249, teilw Wertersatz verlangt wird. Bsp: Neben den Reparaturkosten für einen Pkw nach § 249 sind gem § 251 der Nutzungsausfall (Rn 10 vor § 249) und der merkantile Minderwert zu ersetzen.

3 **b) Voraussetzungen. aa)** Die (anfängliche oder nachträgliche) **Unmöglichkeit der Herstellung** kann auf tatsächlichen und rechtlichen Gründen beruhen (vgl § 275). Bsp: Minderung der Erwerbsfähigkeit (s § 842), Erhöhung von Aufwendungen (auch Versicherungsprämien, BGH NJW 84, 2627) bei *Verletzung einer Person*; Zerstörung einer *nicht vertretbaren Sache* (BGH NJW 85, 2414) wie Individualanfertigung (BGH 92, 85), getragene Kleidung; Bäume (Düsseldorf VersR 05, 1445); idR nicht Haus (BGH 102, 325 ff), Gartenmauer (BGH NJW 92, 2884); *Veräußerung* der geschädigten Sache (es sei denn, der Anspruch aus § 249 S 2 werde mit abgetreten, BGH NJW 01, 2250); *Löschung* einer Hypothek, wenn zwischenzeitlich wirksam ein Recht für einen Dritten eingetragen worden ist (RG Recht 12 Nr 181); *Abtretung* einer nicht bestehenden Forderung (RG JR 25 Nr 1622). Hat eine Sache

(zB Pkw, BGH 35, 397; Gebäude, BG H 55, 198; DB 78, 1590), die nicht zu alt ist (bei Pkw wohl bis ca 10 Jahre, s BGH 161, 160), Schäden von einigem Gewicht erlitten und wird sie trotz technisch ordnungsgemäßer Reparatur im Verkehr niedriger als eine unbeschädigte Sache bewertet, so ist auch der **merkantile Minderwert** zu ersetzen. Bei der Zerstörung *vertretbarer Sachen* (zu neuwertigen und gebrauchten Pkw s § 249 Rn 9 ff) liegt idR keine Unmöglichkeit der Herstellung vor; der Geschädigte kann gem § 249 S 1 die Lieferung eines gleichen Gegenstandes verlangen. **bb) Ungenügend** ist die Wiederherstellung zB bei einer Unsicherheit über 4 die Dauerhaftigkeit des Erfolges (RG 76, 149) oder dann, wenn sie dem Geschädigten nicht zugemutet werden kann (Reparatur einer praktisch neuen Sache bei empfindlicher Beschädigung, Frankfurt NJW-RR 89, 857). **c) Rechtsfolgen.** Die 5 Geldentschädigung erfolgt in Höhe des **Wiederbeschaffungswertes,** des Betrages also, der zum Ankauf einer gleichwertigen Sache bei einem seriösen Händler erforderlich ist (ca 15% bis 20% über dem Zeitwert, zur Berücksichtigung der Händlerspanne einschl der Nebenkosten s zB Bamberg NJW 72, 828; iE Giesen NJW 79, 2067). Davon ist bei einer Veräußerung der beschädigten Sache (Unfallwagen) der realistischer Weise (BGH NJW 09, 1265 f) zu erzielende **Restwert** abzuziehen. Sowohl bei der Wiederbeschaffung als auch bei der Veräußerung muss der Geschädigte im Rahmen des Zumutbaren den wirtschaftlichsten Weg gehen (BGH 163, 365 mwN). Bei einem kommerziell zu nutzenden **Recht** spielt für den Wiederbeschaffungswert der **Ertragswert** eine wesentliche Rolle (BGH 150, 323). Bei **Bäumen** verneint die Rspr zu eng unter Berufung auf § 94 I einen eigenen Wert. Sie stellt vielmehr auf eine – idR zu verneinende, weil am Bebauungsinteresse ausgerichtete – Wertminderung des Grundstücks ab (BGH NJW 11, 853; anders wegen § 95 I, wenn die Bäume umgesetzt oder veräußert werden sollen). Zum zeitweiligen Nutzungsausfall s Rn 12 vor § 249; zur Geldrente bei Erwerbsunfähigkeit s § 843 Rn 3; zu sog **Begleitkosten** als Folgeschäden s § 249 Rn 4, 13.

3. Geldentschädigung gem § 251 II 1. a) Allgemeines. § 251 II gilt für beide 6 Formen der Restitution nach § 249, also sowohl für den Herstellungs- wie auch für den Gelderstattungsanspruch (BGH VersR 89, 2415). **b) Tatbestand.** Für die 7 *Unverhältnismäßigkeit* von Aufwendungen zur Wiederherstellung des früheren Zustandes können sehr unterschiedliche Gesichtspunkte eine Rolle spielen (s BGH NJW 93, 2321, Miete für Ersatztaxi; BGH NJW 10, 242, Grundstückskontaminierung). Die Kosten für die Herstellung einer **Sache** (nach Abzug „neu für alt" BGH NJW 88, 1836, s dazu Rn 40 vor § 249) sind nur dann zu hoch, wenn sie erheblich (etwa 30%, BGH 115, 371; Hamm, NJW-RR 01, 1390) über dem Wiederbeschaffungswert liegen. Dabei trägt der Schädiger grundsätzlich das Prognoserisiko (BGH NJW 72, 1801). Bei immateriellen Beeinträchtigungen einer **Person** (zB Gesund- 8 heitsverletzungen) ist die Norm wegen der Unvergleichbarkeit einer Wiederherstellung mit dem „Wert" eines belassenen Verletzungszustandes nicht anwendbar. Allerdings hat die Rspr (BGH 63, 300 f; krit Jochem JR 75, 329) in Ausnahmefällen bei ganz geringfügigen Verletzungen (kleine Narbe) zugelassen, dass der Schädiger den Geschädigten auf das Schmerzensgeld verweist. Die **Beweislast** liegt beim Schädiger (BGH NJW 09, 1067) **c) Einschränkungen.** Da § 251 II eine Ausprägung von 9 § 242 darstellt, kann dem Schädiger das Berufen auf diese Norm etwa in Fällen bes schweren Unrechts versagt bleiben (hM; BGH NJW 70, 1181).

4. Wiederherstellung bei der Verletzung eines Tieres (II 2). Die Bestim- 10 mung, 1990 eingefügt (BGBl I 1762), zieht die Konsequenz aus einer veränderten gesellschaftlichen Wertung. Obergrenzen für die Entscheidung, ob eine Heilung – oder eine Tötung – geschehen soll, erscheinen dennoch unvermeidbar. Die Grenzen werden in der Rspr relativ hoch angesetzt (AG Frankfurt/M NJW-RR 01, 17; LG Traunstein v 22. 3. 07, Juris: 2000 Euro für einen Hund). Generell ist zu berücksichtigen, welche Funktion das Tier hat (hohes Affektionsinteresse – zum Schlachten vorgesehenes sog. Nutztier, iE LG Traunstein aaO). Zu den Einschränkungen s Rn 9.

§§ 252, 253

§ 252 Entgangener Gewinn

¹Der zu ersetzende Schaden umfasst auch den entgangenen Gewinn. ²Als entgangen gilt der Gewinn, welcher nach dem gewöhnlichen Lauf der Dinge oder nach den besonderen Umständen, insbesondere nach den getroffenen Anstalten und Vorkehrungen, mit Wahrscheinlichkeit erwartet werden konnte.

1   **1. Funktion des S 1.** Die Bestimmung stellt klar, dass entspr dem Grundsatz der Totalreparation (Rn 2 vor § 249) der Geschädigte unabhängig von der Art des Schadensersatzanspruches Ersatz des entgangenen Gewinns fordern kann. Dies gilt jedoch nicht, wenn der Gewinn auf gesetzeswidrige Weise erzielt worden wäre (BGH NJW 86, 1486; iE Stürner VersR 76, 1012 mit Differenzierungen und wN).

2   **2. Beweiserleichterung.** Die Norm schafft eine Beweiserleichterung bei der Anwendung von ZPO 287 für den „üblichen" Gewinn (BGH NJW 12, 2267; StSchiemann 3 ff). Der Geschädigte braucht nur die Umstände zu beweisen, aus denen sich die Wahrscheinlichkeit des Gewinneintritts ohne Schadensereignis ergibt (Bsp: Es kann davon ausgegangen werden, dass Eigenkapital ab einer gewissen Höhe verzinslich angelegt wird, BGH NJW 12, 2433). Es obliegt dann dem Schädiger zu beweisen, dass der Gewinn aus bestimmten Gründen dennoch nicht entstanden wäre. Hängen Umstände von möglichen Entscheidungen (des Geschädigten, von Dritten) ab, so verbleibt es bei ZPO 287 (s. BGH NJW 12, 2267). Zur abstrakten bzw konkreten Berechnung s Rn 50 vor § 249, zum maßgeblichen Zeitpunkt s Rn 55 vor § 249; zum entgangenen künftigen Einkommen des Verletzten s § 842 Rn 3.

§ 253 Immaterieller Schaden

(1) **Wegen eines Schadens, der nicht Vermögensschaden ist, kann Entschädigung in Geld nur in den durch das Gesetz bestimmten Fällen gefordert werden.**

(2) **Ist wegen einer Verletzung des Körpers, der Gesundheit, der Freiheit oder der sexuellen Selbstbestimmung Schadensersatz zu leisten, kann auch wegen des Schadens, der nicht Vermögensschaden ist, eine billige Entschädigung in Geld gefordert werden.**

Lit zu II: A. Diederichsen, Neues Schadensersatzrecht: Fragen der Bemessung des Schmerzensgeldes und seiner prozessualen Durchsetzung, VersR 05, 433; Hacks/Wellner/Häcker, Schmerzensgeldbeträge, 31. Aufl 2013; Jäger/Luckey, Schmerzensgeld, 6. Aufl 2011; Jaeger, Entwicklung der Rechtsprechung zu hohen Schmerzensgeldern, VersR 13, 134; Kern, Die Genugtuungsfunktion des Schmerzensgeldes, AcP 191, 247 ff; Slizyk, Beck'sche Schmerzensgeldtabelle, 9. Aufl 2013.

1   **1. Normzweck.** Die Verlagerung des § 847 (mit tatbestandlichen Erweiterungen, s Rn 4) in **II** und damit ins allg Schuldrecht durch Ges vom 25.7.2002 hat zum erklärten Ziel, den Anspruch auf Schmerzensgeld aus dem ausschließlichen Zusammenhang mit der unerlaubten Handlung zu lösen und ihn auch bei vertraglichen Pflichtverletzungen sowie bei Ansprüchen aus Gefährdungshaftung zu gewähren, wenn die in **II** genannten Rechtsgüter betroffen sind (BT-Drs 14/7752 S 14 ff). Durch diese Änderung soll ua ein Vereinfachungseffekt in der Rechtsanwendung erreicht werden, weil nun neben einer Gefährdungshaftung oder einer Vertragsverletzung das Vorliegen einer unerlaubten Handlung mit uU strengeren Beweisanforderungen nicht mehr geprüft werden muss.

2   **2. Funktion des I.** Die Bedeutung dieses Absatzes liegt nun darin, eine Geldentschädigung für immaterielle Schäden bei der Verletzung *anderer Rechtsgüter* als den in II genannten generell auszuschließen, so dass es insoweit für einen Anspruch eines speziellen Ges bedarf. „Durch das Ges bestimmte Fälle" sind zB §§ 651 f II (s

Titel 1. Verpflichtung zur Leistung § 253

§ 651 f Rn 6 f), UrhG 97 II, EMRK 50. Nicht ausgeschlossen wird der Wiederherstellungsanspruch des § 249, so dass ein entspr Geldanspruch auch ohne Vermögensschaden möglich ist (Bsp: Veröffentlichungskosten für eine Widerrufserklärung). Zur Abgrenzung zwischen Vermögensschäden und Nichtvermögensschäden s Rn 3 ff vor § 249.

3. Schmerzensgeld II. a) Zweck. Schmerzensgeld hat verschiedene Funktionen (BGH GS 18, 154 f; 128, 120 mwN, 169, 307): Der Geschädigte soll zum einen *Ausgleich* für erlittene Schmerzen und seelische Leiden erfahren. Darüber hinaus soll das Schmerzensgeld *Genugtuung* für das verschaffen, was ihm der Schädiger, insbs bei vorsätzlichen Handlungen, angetan hat. Die sog Genugtuungsfunktion ist teilw auf erhebliche Kritik gestoßen (zB Pecher AcP 171, 70 ff; Unterreitmeier JZ 13, 433; sa Köln NJW-RR 98, 1405). Sie ist bisher insbs dann problematisch geworden, wenn der Geschädigte sein Leid wegen einer Schwerstschädigung nicht mehr zu empfinden vermag. Zutr hat die Rspr hier nicht mehr auf die Genugtuung zurückgegriffen und gleichzeitig die Ausgleichsfunktion neu umschrieben, nämlich als Ausgleich des immateriellen Schadens, der bei Schwerstschäden *in der Einbuße der Persönlichkeit selbst* ohne Rücksicht darauf liegt, ob der Geschädigte dies als Leid empfindet (BGH 120, 4 ff; Naumburg VersR 11, 1273). Hier werden teilw hohe Beträge zugesprochen (zB Düsseldorf VersR 97, 65, Köln NJW-RR 98, 1405 mwN bei siebentägigem Koma; zutr niedriger Koblenz NJW 03, 443 mwN). Nach dem Erstrecken des Anspruchs auf Vertragsverletzungen kann die Genugtuungsfunktion – wenn überhaupt – nur noch eine eingeschränkte, bei Ansprüchen aus Gefährdungshaftung keine Rolle mehr spielen. Dies schließt nicht aus, bei schwer schuldhaft verursachten Rechtsgutsverletzungen einen erhöhten Betrag zuzusprechen (BT-Drs 14/7752 S 14 f; Bremen NJW-RR 12, 858). Nicht zu billigen ist bei der Festlegung der Höhe die Berücksichtigung eines mit der Ausgleichsfunktion nicht zu vereinbarenden *Präventionsgedankens* (so wohl aber BGH 169, 307, Veröffentlichung von Fotos eines Kleinkindes; zur Eingriffskondiktion als Alternative s Rn 8). **b) Rechtsvoraussetzungen. aa)** Bestehen eines **Anspruchs auf Schadensersatz** (deshalb keine Anwendung bei § 906, BGH VersR 11, 892) wegen Körperverletzung etc. Die Voraussetzungen iE richten sich nach der den Ersatz zusprechenden Norm. Danach entscheidet sich auch, ob der Schädiger schuldhaft gehandelt haben muss und wer die Beweislast für ein Verschulden trägt (s zB § 280 I 2, § 651 f I). Zum Schadensersatz wegen unerlaubter Handlungen (Verletzung von Körper, Gesundheit, Freiheit) s § 823 Rn 3 f, 5. Die sexuelle Selbstbestimmung wird bei Verstößen gegen § 825 sowie gegen StGB 174–182 iVm StGB 184a Nr 1 verletzt. Bei vertraglichen Ansprüchen muss die Körperverletzung etc im Schutzbereich der Vertragspflicht liegen (iErg zutr abgelehnt für Anwaltsberatung wegen Geldforderungen, BGH NJW 09, 3027, krit Schiemann JZ 11, 526). Die das Schmerzensgeld auslösende Beeinträchtigung der Lebensführung (s Nr 3a) muss sich als **Folgeschaden der Rechtsgutsverletzung** darstellen. (s Rn 24 ff vor § 249) **c) Rechtsfolge: Entschädigung in Geld. aa)** Die nach Billigkeit festzulegende **Höhe** richtet sich zum einen nach den Verhältnissen des *Geschädigten*, insbes nach dem Ausmaß des durch die Verletzung ausgelösten Leidens (Art, Schwere und Dauer), weiter nach der Wahrnehmungsmöglichkeit durch den Verletzten (BGH 138, 391 mwN). Dies führt wohl – anders als im Fall einer Persönlichkeitszerstörung (s Rn 3) – zu einer Reduktion in der Höhe, wenn der Verletzte in ein künstliches Koma versetzt wird (BGH aaO). Stirbt der Verletzte, so wird das Schmerzensgeld auch dann auf die Lebenszeit begrenzt, wenn Todesursache die Schädigungshandlung selbst war (BGH aaO mwN; Düsseldorf VersR 01, 1384). Auf der Seite des *Schädigers* können Art und Weise des Verletzungshandelns, insbes sein Verschulden, seine Vermögensverhältnisse und seine Leistungsfähigkeit einschließlich einer Haftpflichtversicherung (Hamm VersR 08, 1411), uU auch eine weiter beeinträchtigende Verzögerung bei der Regulierung (Saarbrücken NJW 11, 936) berücksichtigt werden. Bei einem Anspruch (nur) aus Gefährdungshaftung ist die Höhe nicht grundsätzlich herabzusetzen (Celle NJW 04, 1185). Ein **Mitver-**

§ 254 Buch 2. Abschnitt 1. Inhalt der Schuldverhältnisse

schulden gem § 254 I einschließlich der zu berücksichtigenden Gefährdungstatbestände (BGH 20, 262), aber auch gem § 254 II 1, 2. Alt (BGH NJW 70, 1037) führt zu einer Reduktion. Zur Höhe im Einzelnen s die Entscheidungstabellen. **d)** Die **Zahlungsweise** – einmaliger Betrag, Rente oder Mischform – sollte davon abhängen, was dem Normzweck am besten entspricht. Regelmäßig wird von einem Festbetrag ausgegangen. Eine Rente *statt* des Festbetrags komme bei lebenslangen, schweren Dauerschäden (Brandenburg NJW 11, 2220, dort zu eng), aber auch dann in Betracht, wenn sie den Schädiger derzeit nicht so entscheidend belastet (BGH aaO). Eine Rente *neben* dem einmaligen Betrag soll hingegen nur dann möglich sein, wenn „schwerste Schäden" mit Dauerwirkung vorliegen (BGH NJW 94, 1592, bedenklich). **e) Übertragbarkeit, Vererblichkeit.** Der Anspruch ist ohne Einschränkungen übertragbar, pfändbar und vererblich, er fällt damit ggf in die Insolvenzmasse (BGH 189, 74). **f) Anpassung.** Eine Schmerzensgeldrente sollte gem ZPO 323 idR bei einer Geldentwertung von 10% angepasst werden können (enger BGH NJW 07, 2475 m krit Anm Teichmann: nur bei Funktionslosigkeit des gezahl-
6 ten Betrages, nicht bei einer Entwertung unter 25%). **g) Prozessuales.** Entgegen ZPO 253 II Nr 2 ist ein **unbezifferter Klageantrag** möglich. Um dem Zulässigkeitserfordernis der grds Bestimmtheit zu genügen, muss jedoch die Größenordnung angegeben werden, in der sich das Urteil bewegen soll (BGH VersR 92, 374; iE A. Diederichsen VersR 05, 438). Dabei kann ein Mindestbetrag angegeben werden, dessen Unterschreitung eine Beschwer darstellt. Nach oben ist das Ermessen des Gerichts, wenn der Kläger keine Obergrenze nennt, nicht begrenzt (BGH 132, 351). Eine weitere Klage ist nur bei obj nicht erkennbaren Verletzungsfolgen zulässig (iE BGH NJW 88, 2300). Die unbezifferte Klage hemmt die Verjährung (§ 204) für den gesamten Anspruch (BGH NJW 74, 1551). Kommt es zu Folgeschäden, die bisher nicht berücksichtigt werden konnten, so kann auch nach Rechtskraft ein weiteres Schmerzensgeld zuerkannt werden (BGH NJW 95, 1614).

7 **4. Geldentschädigung bei Verletzungen des Persönlichkeitsrechts. a) Grundlagen.** In stRspr (seit BGH 26, 349, Herrenreiter; sa BVerfG 34, 269) hat der BGH bei einer schwerwiegenden Persönlichkeitsverletzung ein (idR numerisch sehr hohes) Schmerzensgeld zuerkannt. Nach der jüngeren Rspr soll es sich bei dem Anspruch auf Geldentschädigung um einen eigenständigen Rechtsbehelf handeln, der den Schutzauftrag von GG Art 1 und 2 (durch zivilrechtliche Sanktionen) realisiere (BGH NJW 05, 216 mwN; sa BVerfG NJW 00, 2198; dem BGH zust Schlechtriem JZ 95, 362; Körner NJW 00, 241, 244; krit zB Seitz NJW 96, 2848). Ermöglicht werden soll, bei Verletzungshandlungen durch die Medien stärker auf eine *Genugtuung* und insbes auf eine *Prävention* abzustellen (sehr zweifelhaft, s Rn 3), auch – ohne eigentliche Gewinnabschöpfung – den vom Schädiger erzielten oder beabsichtigten Gewinn als Faktor mit zu berücksichtigen. Im Einzelfall soll aber auch ein Unterlassungsanspruch ausreichen (BGH 183, 232 ff, „Esra"). Diese Rspr sollte durch die Neufassung des II nicht beeinträchtigt werden (BT-Drs 14/
8 7752 S 49, 55). **b)** In der Lit wird zutr darauf hingewiesen, dass der Anspruch – uU auch zusätzlich – besser aus **Eingriffskondition** (s § 812 Rn 50 ff) begründet werden kann (Canaris, FS f Deutsch, S 85, 87 ff; Vollkommer, FS f Leisner, S 599, 604 f; Siemes AcP 201, 202, 228 ff). Dies gilt insbes für postmortale Persönlichkeitsverletzungen (anders iE BGH 165, 206 ff). Teilw wird ein Anspruch aus § 687 II bejaht (Vollkommer aaO S 607 ff; Siemes aaO S 228 ff).

§ 254 Mitverschulden

(1) **Hat bei der Entstehung des Schadens ein Verschulden des Beschädigten mitgewirkt, so hängt die Verpflichtung zum Ersatz sowie der Umfang des zu leistenden Ersatzes von den Umständen, insbesondere davon ab, inwieweit der Schaden vorwiegend von dem einen oder dem anderen Teil verursacht worden ist.**

Titel 1. Verpflichtung zur Leistung § 254

(2) ¹Dies gilt auch dann, wenn sich das Verschulden des Beschädigten darauf beschränkt, dass er unterlassen hat, den Schuldner auf die Gefahr eines ungewöhnlich hohen Schadens aufmerksam zu machen, die der Schuldner weder kannte noch kennen musste, oder dass er unterlassen hat, den Schaden abzuwenden oder zu mindern. ²Die Vorschrift des § 278 findet entsprechende Anwendung.

1. **Allgemeines. a)** Die **Funktion der Norm** liegt darin, dass sie das Prinzip 1 der Totalreparation (Rn 2 vor § 249) durchbricht und eine **Schadensabwägung** erlaubt. Aus dieser zentralen Bedeutung erklären sich die Versuche, den Anwendungsbereich weit auszudehnen: § 254 gilt bei allen Schadensersatzansprüchen – innerhalb und außerhalb des BGB – und zwar aus **Verschuldenshaftung,** etwa aus Vertrag einschließlich vorvertraglicher Ansprüche, aus §§ 823–839, §§ 989, 990, § 1833, § 2219, aus **Gefährdungshaftung,** zB § 701 (RG 75, 394), § 833 S 1 (Koblenz NJW 03, 2834), sa StVG 9, HPflG 4, LuftVG 34, AtomG 27, aus **Vertrauenshaftung,** zB aus § 122 (BGH NJW 69, 1380). Die Norm wird entspr angewandt, wenn ein **beiderseitiges Verschulden** gegeneinander **abzuwägen** ist, zB beim Rücktritt gem §§ 323, 326 V, bei Vollmachtsmissbrauch (BGH 50, 114), bei einem Beseitigungsanspruch gem § 1004 (BGH NJW 97, 1235; zust Herrmann JR 98, 242; krit Roth JZ 98, 94). Im Rahmen des Bereicherungsrechts (BGH 57, 152) und bei § 546a (BGH 104, 290 f) hat der BGH die Anwendung der Bestimmung abgelehnt, dieselbe Abwägung jedoch unter § 242 vorgenommen. Auf Erfüllungsansprüche ist § 254 nicht anwendbar. Bestehen **Sonderregelungen** (zB HGB 736; StVG 9, 17), so wird § 254 verdrängt. Diese Sonderregelungen gelten jedoch nur für Ansprüche aus ihrem Bereich. Für andere Ansprüche wegen desselben Sachverhalts bleibt § 254 weiterhin anwendbar (BGH NJW 65, 1274). **b)** Der 2 **Aufbau** des § 254 ist etwas kompliziert. Die Rechtsfolge wird in I, 2. HS formuliert („... so hängt die Verpflichtung ... davon ab, inwieweit ... verursacht worden ist."). Die Norm enthält vier Tatbestände (s Rn 8 - 10), die Mitverursachung der Rechtsgutsverletzung durch den Geschädigten (I), das Unterlassen einer Warnung (II 1, 1. Var), das allg Unterlassen einer Schadensabwendung (II 1, 2. Var), das Unterlassen einer Schadensminderung (II 1, 3. Var). Schließlich regelt § 254 II 2 das Einstehenmüssen des Geschädigten für das Verhalten Dritter, wobei der Anwendungsbereich dieses Komplexes sehr str ist (s Rn 11). **c)** Zur **dogmatischen** 3 **Struktur** des § 254 werden verschiedene Auffassungen vertreten. Einigkeit besteht insoweit, als die Norm keine Schuldnerpflicht enthält, sich nicht zu schädigen. Man verwendet deshalb teilw den Ausdruck „Obliegenheit" (oder Verschulden gegen sich selbst) als eine Verpflichtung minderer Intensität (zB BGH NJW-RR 2010, 909). Diese Obliegenheit ist verletzt, wenn jemand in zurechenbarer Weise gegen sein eigenes wohlverstandenes Interesse handelt (BGH 57, 145). Teilw und zutr wird § 254 als ein ges Verbot des venire contra factum proprium verstanden. Der Geschädigte dürfe nicht vollen Schadensersatz verlangen, ohne zu berücksichtigen, dass er selbst den Schaden zurechenbar mit ausgelöst habe (zB BGH NJW 10, 929). **d)** Zum Mitverschulden bei der Verletzung durch **mehrere Schädiger** s § 840 4 Rn 4.

2. **Zurechenbare Mitverursachung (des Mitverschuldens) gem Abs 1.** 5 **a) Elemente.** Aus dem weiten dogmatischen Verständnis des § 254 (Rn 1) folgt eine extensive Interpretation. Als Mitverschulden werden zum einen angesehen alle Formen von **Vorsatz** und **Fahrlässigkeit,** bezogen auf den Schutz der eigenen Rechtsgütersphäre (zB Nichtanlegen von Gurten im Pkw, StVO 21a, s BGH NJW 01, 1485); nicht: „sportlicher" Fahrradfahrer ohne Schutzhelm (BGH NJW-RR 09, 240); darüber hinaus ein zurechenbares ursächliches Verhalten, das der **Risikosphäre** des Geschädigten zuzurechnen ist (Bsp: unterlassene Überwachung des eigenen Bankkontos (BGH NJW 68, 743); Beauftragen eines Nichtfachmannes (BGH WM 74, 311); nächtliches Offenlassen einer Balkontür im Hotel (Koblenz VersR 55, 440); Mitfahrt bei einem erkennbar fahruntauglichen Fahrer (BGH NJW-RR

§ 254

06, 1264; Naumburg NJW-RR 11, 897); unterlassene Inanspruchnahme angebotener besonderer Vorkehrungen bei Transport wertvollen Guts, nicht: bes Vertrauen gegenüber Freund (BGH NJW 02, 1335). Eine abstrakte Gefahrerhöhung reicht nicht aus (BGH NJW 07, 507), ebenso nicht eine ges Verschuldensvermutung (BGH NJW 12, 2426). Zurechenbar sind ursächliche **Sach- und Betriebsgefahren** (s zB StVG 7, 17; HaftpflG 1 I), sofern sie dem Geschädigten zurechenbar sind (zB nicht dem Leasinggeber eines Kfz, da außerhalb seiner Risikosphäre, BGH 173, 188). Andere Umstände (zB verwandtschaftliche Beziehungen, Gefälligkeit) sind nicht zu berücksichtigen, da § 254 keine allg Billigkeitsabwägung erlaubt (Deutsch, HaftungsR I, Rn 583). **b) Schrittfolge bei der Prüfung.** Da die genannten Elemente unterschiedliches Gewicht haben und im gleichen Sachverhalt gekoppelt auftreten können, muss die Prüfung, auch im Hinblick auf den Wortlaut des § 254, strukturiert werden. Sie geschieht zweckmäßigerweise zweistufig, wobei freilich Überschneidungen bestehen. **aa)** In erster Linie (s „insbesondere") ist das **Gewicht der Kausalität** zu ermitteln, dh, mit welchem Grad an Wahrscheinlichkeit die jeweiligen Verhaltensweisen die Rechtsgutsverletzung herbeigeführt haben (stRspr, zB BGH NJW 94, 379; StSchiemann 119). Auf die zeitliche Reihenfolge der Ursachenketten kommt es grundsätzlich nicht an. Weiter ist der Schutzbereich der Norm (s Rn 31 vor § 249) zu beachten (BGH NJW-RR 06, 965). **bb)** In zweiter Stufe ist der **Grad des Verschuldens** (uU von Organen, BGH ZIP 84, 160; auch von Hilfspersonen, s dazu Rn 11) zu berücksichtigen (Karlsruhe WM 75, 462, Überprüfung eines Schecks auf Fälschung). Dies gilt selbst dann, wenn eine Haftung auch ohne Verschulden eintreten würde (BGH NJW 69, 789 zu § 701; BGH NJW 76, 2131 zu § 833); die Betriebsgefahr wird durch das Verschulden erhöht (s KG VersR 76, 371; Düsseldorf DAR 77, 188). Gegenüber einem Vorsatz bleibt Fahrlässigkeit grds (zu Ausnahmen s BGH NJW 02, 1646 mwN) außer Betracht, BGH ZIP 84, 160. **c)** Die **Verschuldensfähigkeit** (§§ 827, 828) des Geschädigten muss, abgesehen von den Fällen der ; Sach- und der Betriebsgefahr, nach hL gegeben sein (PalGrüneberg 9; BGH VersR 75, 133:Wieling AcP 176, 354). Die Rspr wendet allerdings auch § 829 in Sonderfällen an (s § 829 Rn 1).

3. Tatbestände des Abs. 2. Die Bestimmung ist Ausdruck des aus § 242 abgeleiteten Grundsatzes, dass nicht vollen Ersatz verlangen kann, wer Maßnahmen unterlassen hat, die ein ordentlicher und verständiger Mensch zur Abwendung oder Minderung des Schadens zu ergreifen würde (BGH WM 2011, 1529). **a)** Das **Unterlassen einer Warnung (II 1, 1. Var)** ist ein Unterfall der Schadensabwendung. Angeknüpft wird an einen „außergewöhnlich" hohen Schaden, mit dem der Vertragspartner aufgrund seiner Erfahrungen nicht rechnen muss. Er soll die Möglichkeit haben, geeignete Maßnahmen zur Verhinderung ergreifen, uU eine erhöhte Versicherung abzuschließen oder auch seine Haftung zu beschränken. Bei einem Paket sollen 5000 Euro genügen (BGH TranspR 08, 163). Von den genannten Grundsatz aus ist weitere Voraussetzung, dass der Geschädigte die Gefahr erkannt hat oder hätte erkennen können (BGH VersR 64, 951) und zwar besser als der Schädiger (BGH VersR 53, 14). Die Warnung muss nach Möglichkeit konkret erfolgen (BGH NJW 06, 1426, Wertangabe bei Pakettransport). Hätte die Warnung die Rechtsgutsverletzung nicht verhindert, so tritt keine Kürzung ein (Beweislast beim Geschädigten, BGH TranspR 08, 249). **b) Unterlassen der Schadensabwendung (II 1, 2. Var).** Fälle sind neben der Verursachung oder Minderung relativ selten. Ein ges Beispiel ist § 839 III. **c) Unterlassen der Schadensminderung (II 1, 3. Var).** Dem Geschädigten muss zumutbar sein, durch geeignete Maßnahmen einen Schaden zu verhindern oder ihn in engeren Grenzen zu halten. Notwendig ist eine Interessenabwägung im Einzelfall. Bsp: Hinnahme einer ärztlichen Behandlung (BGH VersR 61, 1125) oder einer Operation, wenn sie einfach und gefahrlos ist, zu keinen bes Schmerzen führt, hinreichend aussichtsreich ist und der Schädiger für die damit verbundenen Kosten und Aufwendungen aufkommt (BGH NJW 94, 1593); Übernahme einer zumutbaren Tätigkeit (BGH VersR 07, 76 mwN); Umschulung bei Arbeitsunfähigkeit im erlernten Beruf (BGH 10, 18; zur Beweislast s BGH NJW 79, 2142); Aufnahme von Arbeit außerhalb des Wohnortes (BGH VersR 62, 1100); Aufnahme eigener Berufstätigkeit durch den gem § 844 II berechtigten Hinterbliebenen (BGH NJW 76, 1502); Nachholen ausgefallener Arbeiten (BGH 55, 332; NJW 74, 603); sa Rn 39 vor § 249); zügige Entscheidung über Reparatur oder Neuanschaffung einer Ersatzsache (Hamm NJW 64, 407; Oldenburg VersR 67, 362, Pkw), idR nicht Kreditaufnahme zur Schadensbeseitigung (BGH VersR 88, 1178).

4. Einstehen für das Verhalten Dritter (II 2). a) Interpretation. Die Norm 11 gilt auch für Abs. 1 (Redaktionsfehler). Rspr und hL verstehen den Verweis auf § 278 als Rechtsgrundverweisung, so dass der Anspruch einen „Schuldner", also eine rechtliche Sonderbeziehung voraussetzt (BGH 116, 74, BGH NJW-RR 05, 1426, Stuttgart, NJW-RR 10, 241 f; stRspr; desgl StSchiemann 95 ff). § 254 II 2 gilt dann auch für die auf unerlaubte Handlung gestützten Ansprüche aus demselben Sachverhalt (BGH NJW 68, 1323). Bsp: Ansprüche aus Vertrag oder vertragsähnlichem Verhältnis (BGH VersR 70, 934), aus dem Vertrag eines Dritten mit Schutzwirkung für den Geschädigten (BGH 9, 318; NJW 75, 869, dazu Denck JuS 76, 429), aus Drittschadensliquidation (BGH NJW 72, 289), auch aus der vorausgehenden unerlaubten Handlung, wenn es um die Schadensminderung geht (RGZ 156, 205: verspätetes Hinzuziehen eines Arztes durch die Eltern). Liegt *keine Sonderbeziehung* vor, so wird § 831 entspr angewandt (RG 142, 359; 164, 269). Eine Mindermeinung rechnet zudr das Handeln von Erfüllungsgehilfen – eingeschränkt der ges Vertreter – dem Geschädigten als zu dessen Sphäre gehörend zu (Gernhuber AcP 152, 82 f; Deutsch, HaftungsR, 577; iErg differenzierend StSchiemann 99). **b) Erfüllungsgehilfe** ist auch nach der Rspr wegen der Zielrichtung des § 254 12 über den Tatbestand des § 278 hinaus derjenige, den der Geschädigte mit der Obhut seiner auf den Rechtsgüterschutz bezogenen Interessen betraut hat (BGH NJW-RR 05, 1428). Bsp: Bei einem Anspruch aus einem Vertrag mit Schutzwirkung für Dritte (BGH NJW 75, 868) oder aus Drittschadensliquidation (BGH NJW 72, 289) muss sich der Verletzte ein Verschulden des auf seiner Seite stehenden Vertragspartners zurechnen lassen. Die mit der Herstellung gem § 249 S 2 beauftragte Person wird nicht als Erfüllungsgehilfe angesehen (BGH 63, 186, Kfz-Werkstatt). **c) Der** 13 **ges Vertreter** muss in Ausübung seiner Verpflichtung tätig geworden sein (BGH 33, 142, Vormund).

5. Sonderproblem: Handeln auf eigene Gefahr (HaeG). Lit: Gerhardt, 14 Handeln auf eigene Gefahr, 1962; Rother, Haftungsbeschränkung im Schadensrecht, 1965, S 110; Stoll, Das Handeln auf eigene Gefahr, 1961; ders, Handeln des Verletzten auf eigene Gefahr, FG 50 Jahre BGH, S 223; **a) Beschreibung.** Nach dem historisch gewachsenen Verständnis handelt auf eigene Gefahr, wer sich - ohne triftigen rechtlichen, beruflichen (zB Tierarzt, Celle, MDR 2012, 1162), auch ethischen Grund - in eine Situation drohender Eigengefährdung begibt, obwohl er die bes Umstände kennt, die für ihn eine konkrete Gefahrenlage begründen (BGH VersR 12, 1529). Beschrieben wird also ein bestimmtes tatsächliches Verhalten, das keine eigene jur Denkfigur darstellt (Stoll aaO S 345 ff, 365 ff). Es ist vielmehr unter verschiedene, zueinander abgestufte Konstruktionen einzuordnen (zT wird das HaeG allein als analog zu § 254 zu behandelnder Fall verstanden, zB Deutsch/Ahrens Rn 168 ff). **b) Systematische Kategorien. aa)** Dringt jemand in ein hin- 15 reichend gesichertes und durch ein Warnschild („Betreten verboten") gekennzeichnetes Grundstück ein oder ist ges geregelt, dass ein Betreten auf eigene Gefahr geschieht (zB BWaldG 14 I), so wird nach hier vertretener Auffassung (s § 823 Rn 29 und 37) bereits der **Tatbestand** einer Verletzungshandlung durch den Eigentümer nicht verwirklicht (desgl „ausnahmsweise" BGH NJW 13, 51: keine Sicherungspflicht gegen waldtypische Gefahren). Nach aM fehlt es an der Rechtswidrigkeit. **bb)** Das HaeG kann sich als eine die **Rechtswidrigkeit** ausschließende (s 16 § 823 Rn 54 ff) Einwilligung in die potentielle Verletzung darstellen. Eine solche

§ 255 Buch 2. Abschnitt 1. Inhalt der Schuldverhältnisse

Einwilligung wird man allerdings nur sehr selten feststellen können, etwa bei Sportarten, die auf Verletzung des Gegners zielen (Boxen, BGH VersR 06, 663).

17 cc) HaeG kann eine Form des **Mitverschuldens** gem § 254 sein. Bsp: Mitfahren im Auto eines anderen, dessen Fahruntüchtigkeit erkannt wurde (Alkohol, Naumburg NJW-RR 11, 897 mwN; noch keine Fahrerlaubnis, BGH 34, 355, nicht, wenn die Fahrerlaubnis auf Zeit entzogen ist); unbefugtes Eindringen in einen als – zB durch das Schild „Betreten auf eigene Gefahr" - gefährlich erkannten, technisch nicht genügend gesicherten Bereich (Zweibrücken NJW 77, 111, Besteigen eines

18 Hochspannungsmastes; sa Stoll aaO S 266). **dd)** Kein Mitverschulden trifft, wer zB an erlaubten und hinreichend abgesicherten (s Hamm NJW 97, 949) **sportlichen Spielen** teilnimmt, bei denen sich Verletzungen auch beim Einhalten der Spielregeln oder ihrem geringfügigen Überschreiten nicht vermeiden lassen. Bsp: Fußball, Hallenhandball, Eishockey, auch legale (Karlsruhe NJW 12, 3447) Auto-, Motorrad- und Radrennen (BGH JZ 08, 998 m Anm Heeremann), Segelwettfahrten (BGH VersR 03, 77); Tennis (Düsseldorf VersR 06, 1267). Dennoch wäre es unbillig, wenn der Verletzte, der sich freiwillig in dieses Risiko begeben hat, Ansprüche gegen den eher zufälligen Verletzer geltend machen würde. Teilw wird die Rechtswidrigkeit einer solchen Verletzung unter Berufen auf eine anzunehmende Einwilligung des Verletzten in das Risiko (s § 823 Rn 55) oder auf die Sozialadäquanz der Verletzung (Stoll aaO S 263 ff; zur Theorie vom regelgerechten Verhalten s § 823 Rn 49) verneint. Richtiger erscheint es, eine solche Verletzung weiterhin als rechtswidrig und damit auch als durch eine Notwehrhandlung verhinderbar anzusehen. Dem Verletzten steht aber, falls der Schädiger schuldhaft gehandelt hat (sonst entfällt dessen Haftung völlig, s Hamburg VersR 02, 500: Härte beim Fußballspiel) und sein Verschulden nicht zu hoch ist, nach den Grundsätzen des **venire contra factum proprium** (§ 242 Rn 48 ff) ein Ersatzanspruch nicht oder nur teilw zu (BGH 154, 324 mwN). Etwas anderes mag gelten, wenn Versicherungsschutz besteht (BGH NJW 08, 1591; München NJW-RR 13, 801; aA Celle VersR 09, 1236 m zust Anm Seybold/Wendt; s dazu BGH VersR 09, 1678). Die Regeln über das HaeG können auch die Überwälzung des Unfallrisikos auf den Gegner ausschließen (BGH JZ 80, 275 und Ströfer NJW 79, 2554: Der Händler trägt das Risiko einer Probefahrt).

19 **6. Prozessuales.** Die Einwendung des Mitverschuldens ist von Amts wegen zu berücksichtigen (BGH NJW 00, 219; StSchiemann vor § 249, 91), und zwar idR als Quote (anders bei Ansprüchen auf Schmerzensgeld, BGH VersR 70, 624; Köln MDR 75, 148) bereits im Grundurteil nach ZPO 304 (SoeMertens 135; BGH VersR 79, 1935). Die **Beweislast**, dass ein Mitverschulden vorgelegen hat und dies für den Schaden auch in der Höhe kausal war (Baumgärtel/Helling 1), trifft idR den Schädiger. Hinsichtlich der in seiner Sphäre liegenden Umstände muss der Geschädigte an der Aufklärung mitwirken (BGH 91, 260; BGH WuM 06, 25). Für die Höhe eines Abzugs gilt ZPO 287.

§ 255 Abtretung der Ersatzansprüche

Wer für den Verlust einer Sache oder eines Rechts Schadensersatz zu leisten hat, ist zum Ersatz nur gegen Abtretung der Ansprüche verpflichtet, die dem Ersatzberechtigten auf Grund des Eigentums an der Sache oder auf Grund des Rechts gegen Dritte zustehen.

Lit: Selb, Entstehungsgeschichte und Tragweite des § 255, FS Larenz, 1973, S 517.

1 **1. Allgemeines. a) Normzweck.** § 255, dessen Entstehen nicht auf einer klaren Konzeption beruht (Selb S 523 ff), soll primär verhindern, dass der Geschädigte parallel bei mehreren Schuldnern liquidiert. Sie wird deshalb als „Ausdruck des im allgemeinen Schadensrecht durchweg geltenden Bereicherungsverbotes" verstanden

(BGH NJW 10, 1961 mwN). Des Weiteren schafft sie eine Hierarchie der Ansprüche: Derjenige, der „näher dran" ist, den Schaden zu tragen, soll ihn auch ersetzen und das Risiko übernehmen, den abgetretenen Anspruch nicht realisieren zu können (aA MK/Oetker 2: Der Abtretungsempfänger solle als der ferner Stehende den Dritten als den näher Stehenden in Anspruch nehmen können). Als ges Abtretungsregelung tritt § 255 einmal in Konkurrenz zu den Fällen ges **Forderungsüberganges** (zB VVG 67; LFZG 4; SGB X 116 I, 119), die als weiterreichende Regelungen – Legalzession statt Anspruch auf Abtretung – vorgehen. Insbesondere wird aber dasselbe Ziel durch die Regeln über die **Gesamtschuld** erreicht, die ebenfalls eine Mehrfachleistung an den Geschädigten verhindern und für die Rechtsverhältnisse zwischen den Schädigern in den §§ 426 I, 840 II, III eine differenziertere Regelung als § 255 anbieten. Auch jener Normenkomplex verdrängt wegen der Möglichkeit gerechteren Ausgleichs die Anwendung des § 255. Übrig bleiben damit nur wenige Fälle. **b)** Innerhalb des systematisch verbleibenden **Anwendungsbereichs** tritt eine 2 weitere Begrenzung dadurch ein, dass der Tatbestand einen Anspruch auf Schadensersatz für den *Verlust einer Sache oder eines Rechts* fordert und weiter, dass der Geschädigte durch die Schädigung gerade auf Grund des Eigentums an der Sache oder auf Grund des Rechts einen Anspruch gegen einen anderen gewinnt. Diese Einengung hat die Rspr unter dem Obersatz des Bereicherungsverbots durch Schadensersatz (s Rn 1) aufgebrochen. Sie wendet die Norm analog auf schädigende Pflichtverletzungen allg an, die dem Verletzten gleichzeitig einen vorteilhaften Anspruch gegen einen Dritten bringen oder die ihm einen Anspruch erhalten, der bei pflichtgemäßem Verhalten des Schädigers entfallen wäre (BGH FamRZ 09, 2075; BGH NJW 10, 1961).

2. Voraussetzungen. Auf welcher Grundlage die **Schadensersatzverpflich-** 3 **tung** beruht, ist gleichgültig. Bsp: Vertrag, §§ 823 ff, Gefährdungshaftung, §§ 989 ff, § 678. Der **Verlust der Sache** beim Schädiger umfasst den Untergang (Lange/Schiemann S 687) sowie den Verlust des Besitzes (zB durch Diebstahl) und des Eigentums (zB infolge gutgläubigen Erwerbs, infolge Genehmigung der Veräußerung durch den Eigentümer gem § 185). Ein **Verlust des Rechts** liegt auch vor, wenn der Geltendmachung eine dauernde Einrede entgegensteht oder das Recht beim Schuldner faktisch, zB wegen dessen Zahlungsunfähigkeit, nicht durchgesetzt werden kann (MK/Oetker 11).

3. Rechtsfolgen. a) Dem Schädiger steht, wenn die Möglichkeit einer Ersatzfor- 4 derung gegen Dritte gegeben ist (BGH WM 90, 725), gegenüber dem Geschädigten ein **Zurückbehaltungsrecht** zu (s BGH WM 97, 1062: Klage auf Leistung gegen Abtretung der Ansprüche). Hat er bereits Schadensersatz geleistet, so wird § 255 über den Wortlaut hinaus als **Anspruchsgrundlage** hinsichtlich der Abtretung verstanden (BGH 52, 42). **b) Abzutreten** sind alle Ansprüche, die auf Grund des 5 Eigentums- oder Rechtsverlustes entstanden sind, zB aus §§ 989 ff, § 823 I, wohl auch § 823 II, soweit sich das SchutzGes auf das Eigentum bzw den Rechtsbestand bezieht, § 816 (BGH 59, 102).

§ 256 Verzinsung von Aufwendungen

¹Wer zum Ersatz von Aufwendungen verpflichtet ist, hat den aufgewendeten Betrag oder, wenn andere Gegenstände als Geld aufgewendet worden sind, den als Ersatz ihres Wertes zu zahlenden Betrag von der Zeit der Aufwendung an zu verzinsen. ²Sind Aufwendungen auf einen Gegenstand gemacht worden, der dem Ersatzpflichtigen herauszugeben ist, so sind Zinsen für die Zeit, für welche dem Ersatzberechtigten die Nutzungen oder die Früchte des Gegenstands ohne Vergütung verbleiben, nicht zu entrichten.

Stadler

§§ 256, 257 Buch 2. Abschnitt 1. Inhalt der Schuldverhältnisse

§ 257 Befreiungsanspruch

¹Wer berechtigt ist, Ersatz für Aufwendungen zu verlangen, die er für einen bestimmten Zweck macht, kann, wenn er für diesen Zweck eine Verbindlichkeit eingeht, Befreiung von der Verbindlichkeit verlangen. ²Ist die Verbindlichkeit noch nicht fällig, so kann ihm der Ersatzpflichtige, statt ihn zu befreien, Sicherheit leisten.

Anmerkungen zu den §§ 256, 257

Lit: Dörr, Rechtsprobleme bei treuhänderischen Kapitalanlagemodellen, MDR 22, 333; Görmer, Die Sicherheitsleistung des Befreiungsschuldners, NJW 12, 263; Muthorst, Der Anspruch auf Befreiung von der Eventualverbindlichkeit, AcP 209, 212; Rohlfing, Wirksamkeit und Umfang von Freistellungsverpflichtungen, MDR 12, 257.

1 **1. Voraussetzungen. a)** Der Aufwendungserstattungsanspruch (Rn 3) **entsteht** durch Vertrag oder Ges. **Fälle** (Bsp): §§ 284, 304, 347 II, 459, 503 II, 526, 536a II, 539, 634 Nr 2 und 4, 670, 683, 684 S 2, 693, 850, 970, 994 ff, 1648, 1835, 2022, 2124, 2185, 2381. – §§ 256, 257 (keine selbstständige Anspruchsgrundlage) regeln nur die inhaltliche Ausgestaltung des Anspruchs (Rn 4 f) mit dem Ziel umfassender
2 Ausgleichsgewährung. **b) Aufwendung:** Freiwillige Aufopferung von Vermögenswerten im Interesse eines anderen (vgl § 670 Rn 2) einschließlich der Übernahme (Eingehung) von Verbindlichkeiten (RG 151, 99); mit umfasst sind einer bestimmten Sache zugute kommende „Verwendungen" (Begriff: § 951 Rn 22; Bsp: §§ 994 ff), dagegen idR (Ausnahme: § 670 Rn 8 ff) nicht Schäden, da nicht freiwilliges Opfer; zur Abgrenzung im allg s MK/Krüger § 256, 3; BGH 131, 224 ff.

3 **2. Rechtsfolgen. a) Ersatzpflicht** zielt auf Erstattung bzw Wertersatz, nicht auf Naturalersatz; deshalb Leistung idR in Geld (BGH 5, 199), anders nur in wirtschaftli-
4 chen Ausnahmefällen (Braunschweig MDR 48, 112). **b) Verzinsung (§ 256).** Zum Zinsbegriff und zur Höhe mangels besonderer Bestimmung vgl § 246 Rn 2, 7 ff. Zinspflicht beginnt mit Zeitpunkt der Aufwendung (BGH VIZ 00, 109) und ist vom Verzug unabhängig (allgM). Zu Nutzungen und Früchten vgl §§ 99, 100. Keine Zinspflicht bei schuldhaft versäumter Fruchtziehung durch Berechtigten (zB
5 § 993). **c) Befreiung (§ 257).** Eingehung der Verbindlichkeit muss Aufwendung (Rn 2) sein, sonst Befreiungsanspruch zB über § 249 oder § 775. Erlangte Vorteile sind nicht notwendig anzurechnen (BAG 43, 246 f; aA BGH MDR 55, 286). Der ges Befreiungsanspruch ist nach hM (MK/Krüger § 257, 7; PalGrüneberg 1) sofort fällig (auch bei erst künftiger Fälligkeit der Drittforderung) : arg §§ 257 S 2, 738 I 3, 775 II. Da dies seit der Verkürzung der allg Verjährungsfrist auf 3 Jahre jedoch dazu führen konnte, dass der Befreiungsanspruch vor dem Drittanspruch verjährte, lässt der BGH nun richtigerweise die regelmäßige Verjährungsfrist des Befreiungsanspruchs nach § 199 I Nr 1 erst mit dem Schluss des Jahres beginnen, in dem die Drittforderung fällig wird (BGH 185, 318; offenlassend noch NGZ 2010, 192 = BeckRS 2009, 8869; abl Rutschmann DStR 10, 559 f): Es ist Auslegungsfrage, ob dies auch beim vertraglichen gilt (BGH 91, 77 ff, NJW 10, 2198; für Gleichbehandlung Link BB 12, 856). Art und Weise der Erfüllung des Befreiungsanspruchs bestimmt der Schuldner (BGH 91, 77). Abtretung des Befreiungsanspruchs ist wegen § 399 nur an den Gläubiger der Drittforderung (dann Umwandlung in Zahlungsanspruch: BGH 107, 110; NJW 10, 2197), nicht an Dritte zulässig (BGH 96, 149). Abwendungsbefugnis durch **Sicherheitsleistung:** S 2 iVm §§ 232 ff; bei Insolvenz des Ersatzverpflichteten: InsO 45 (Umwandlung in Zahlungsanspruch, so auch für den Fall der Insolvenz des Ersatzberechtigten BGH NJW 94, 49; s aber Hamm ZIP 08, 1880). Nichtinanspruchnahme des Dritten auf Freistellung kann Insolvenzanfechtung begründen, Brandenburg ZIP 09, 1732. Zur analogen Anwendung von

Titel 1. Verpflichtung zur Leistung §§ 258–260

S 2 auf vertraglichen Anspruch s. BGH NJW-RR 06, 1719. Der Übergang vom Freistellungs- zum Zahlungsanspruch ist keine Klageänderung (BGH NJW-RR 2011, 1093).

§ 258 Wegnahmerecht

¹Wer berechtigt ist, von einer Sache, die er einem anderen herauszugeben hat, eine Einrichtung wegzunehmen, hat im Falle der Wegnahme die Sache auf seine Kosten in den vorigen Stand zu setzen. ²Erlangt der andere den Besitz der Sache, so ist er verpflichtet, die Wegnahme der Einrichtung zu gestatten; er kann die Gestattung verweigern, bis ihm für den mit der Wegnahme verbundenen Schaden Sicherheit geleistet wird.

1. Voraussetzungen. a) Das Wegnahmerecht (Rn 2) **entsteht** durch Vertrag 1 oder Ges. **Fälle** (Bsp): §§ 539 II, 581 II, 601 II 2, 997, 2125 II. **b) Einrichtung** ist eine Sache, die mit einer anderen zu deren wirtschaftlichem Zweck körperlich verbunden ist. Verbindung zu vorübergehendem Zweck genügt, Eigenschaft als wesentlicher Bestandteil (§ 93) steht nicht entgegen (vgl § 997 I 1). Bsp: Anbau (BGH 81, 146), Heizung (RG 106, 52), Pflanzen (Düsseldorf NJW-RR 99, 160).

2. Rechtsfolgen. a) Wegnahmerecht. Solange der Wegnahmeberechtigte die 2 Sache besitzt, hat er ein Trennungs- und im Falle seines Eigentumsverlustes (bei wesentlichen Bestandteilen, §§ 946, 93) daraus folgend auch ein Aneignungsrecht nach **S 1** (BGH 81, 150; 101, 42). Nach Besitzübergang besteht ein dinglicher (BGH 101, 42 mN) Gestattungsanspruch **(S 2, HS 1);** kein Herausgabeanspruch. Mietrechtliche Verjährung gilt auch für S 1 u 2 (Bamberg NJW-RR 04, 227). **b) Instandsetzungspflicht.** Der Wegnahmeberechtigte hat den vor der Hinzufü- 3 gung der Einrichtung bestehenden Sachzustand wiederherzustellen (BGH NJW 70, 754). Ist dies unmöglich, ist bei gleichwohl bestehendem Wegnahmerecht Geldentschädigung zu leisten (arg S 2, HS 2; RG 106, 149; MK/Krüger 8). **c)** Dem Gestattungsverpflichteten steht als aufschiebende **Einrede** bis zur Sicherheitsleistung (§§ 232 ff) ein Leistungsverweigerungsrecht (§ 273) zu **(S 2, HS 2).**

§ 259 Umfang der Rechenschaftspflicht

(1) Wer verpflichtet ist, über eine mit Einnahmen oder Ausgaben verbundene Verwaltung Rechenschaft abzulegen, hat dem Berechtigten eine die geordnete Zusammenstellung der Einnahmen oder der Ausgaben enthaltende Rechnung mitzuteilen und, soweit Belege erteilt zu werden pflegen, Belege vorzulegen.

(2) Besteht Grund zu der Annahme, dass die in der Rechnung enthaltenen Angaben über die Einnahmen nicht mit der erforderlichen Sorgfalt gemacht worden sind, so hat der Verpflichtete auf Verlangen zu Protokoll an Eides statt zu versichern, dass er nach bestem Wissen die Einnahmen so vollständig angegeben habe, als er dazu imstande sei.

(3) In Angelegenheiten von geringer Bedeutung besteht eine Verpflichtung zur Abgabe der eidesstattlichen Versicherung nicht.

§ 260 Pflichten bei Herausgabe oder Auskunft über Inbegriff von Gegenständen

(1) Wer verpflichtet ist, einen Inbegriff von Gegenständen herauszugeben oder über den Bestand eines solchen Inbegriffs Auskunft zu erteilen, hat dem Berechtigten ein Verzeichnis des Bestands vorzulegen.

(2) Besteht Grund zu der Annahme, dass das Verzeichnis nicht mit der erforderlichen Sorgfalt aufgestellt worden ist, so hat der Verpflichtete auf

§§ 259–261 Buch 2. Abschnitt 1. Inhalt der Schuldverhältnisse

Verlangen zu Protokoll an Eides statt zu versichern, dass er nach bestem Wissen den Bestand so vollständig angegeben habe, als er dazu imstande sei.

(3) Die Vorschrift des § 259 Abs. 3 findet Anwendung.

§ 261 Änderung der eidesstattlichen Versicherung; Kosten

(1) Das Gericht kann eine den Umständen entsprechende Änderung der eidesstattlichen Versicherung beschließen.

(2) Die Kosten der Abnahme der eidesstattlichen Versicherung hat derjenige zu tragen, welcher die Abgabe der Versicherung verlangt.

Anmerkungen zu den §§ 259–261

Lit: Lorenz, Auskunftsansprüche usw, JuS 95, 569; Osterloh-Konrad, Der allgemeine vorbereitende Informationsanspruch, 2007; Stadler, FS Leipold 2009, S 201; Stürner, Die Aufklärungspflicht der Parteien des Zivilprozesses, 1976, §§ 19–22; Tilmann, Der Auskunftsanspruch, GRUR 87, 251; Winkler v Mohrenfels, Abgeleitete Informationspflichten im deutschen Zivilrecht, 1986.

1 **1. Allgemeines. a) Zweck und Bedeutung.** Die Ansprüche auf Auskunft und Rechenschaftslegung dienen der Unterrichtung des Berechtigten eines Hauptanspruchs (zB auf Herausgabe, Schadensersatz, Provision, Pflichtteil). Die §§ 259–261 sind idR keine selbstständige Anspruchsgrundlage (Düsseldorf OLGZ 85, 376; vgl Rn 3, 7). Die Pflicht zur Rechenschaftslegung (Rn 7 f) ist ein spezieller und weitergehender Unterfall der Auskunftspflicht (Rn 3 ff; zum gegenseitigen Verhältnis s BGH 93, 329 f). Beide werden durch die Pflicht zur Abgabe einer eidesstattlichen
2 Versicherung gesichert (Rn 9 ff). **b) Abhängigkeit vom Hauptanspruch.** Als (selbstständiger) Nebenanspruch (§ 241 Rn 9) ist der Anspruch auf Auskunft (Rechenschaftslegung) idR nur zusammen mit dem Hauptanspruch **abtretbar** (BGH 107, 110 mN). Dessen Abtretung erstreckt sich iZw auch auf den Auskunftsanspruch (BGH 108, 399; für Girovertrag u Pfändung s BGH NJW 06, 217). Der Anspruch ist aktiv und passiv **vererblich** (BGH 104, 371 f; gilt auch für § 259 II), jedoch kann die Auskunftspflicht des Erben uU eingeschränkt sein (vgl BGH 104, 373). **Verjährung**: drei Jahre (§ 195), spätestens jedoch mit dem Hauptanspruch (BGH 108, 399 – gilt nicht für kurze Verjährungsfrist zB nach § 548 – str; für Gleichlauf der Fristen MK/Krüger § 259, 19; bei Verjährung des Hauptanspruchs kann Auskunftsinteresse entfallen, Stuttgart ZIP 07, 276). **Klage** auf Auskunft (Rechnungslegung) kann gem ZPO 254 mit der Klage auf Abgabe der eidesstattlichen Versicherung und Hauptleistung verbunden werden. Die **Zwangsvollstreckung** aus Urteil auf Auskunft (Rechnungslegung) erfolgt gem ZPO 888 (BGH NJW 06, 2706).

3 **2. Auskunftspflicht, § 260 I. a) Voraussetzungen.** Auskunftspflicht kann sich aus Vertrag (idR als Nebenpflicht, Rn 2) oder Ges ergeben, eine allg Auskunftspflicht besteht nicht (BGH 95, 1223; BAG NJW 90, 3293; Stürner aaO S 325). § 260 ist selbstständige Anspruchsgrundlage nur, soweit ein Inbegriff von Gegenständen (Rn 4) herauszugeben ist (vgl BGH 86, 26 f). **Fälle** ges Auskunftspflicht (Überblick: Osterloh-Konrad, aaO S 5–11): §§ 402, 666, 681 S 2, 687 II, 713, 740 II, 1361 IV 4, 1379, 1435, 1580, 1587e und k, 1605, 2127, 2218 I, 2314; HGB 74c II, 87c; AktG 131; GmbHG 51a, VVG 34; ZPO 836 III (nicht auch 840: BGH 91, 128), InsO 97; sowie weiteren Sondergesetzen. Erweiterte Auskunftsansprüche hat das Gesetz zur Verbesserung der Durchsetzung von Rechten des geistigen Eigentums (v. 7.7.2008) geschaffen: PatG 140b, GebrMG 24b, MarkenG 19, UrhG 101,

Titel 1. Verpflichtung zur Leistung § **261**

GeschMG 46, SortenschutzG 37b, ferner folgt Anspruch ausnahmsweise auch § **242,** wenn es die zwischen den Parteien bestehenden Rechtsbeziehungen (vgl § 242 Rn 10) mit sich bringen, dass der Anspruchsberechtigte in entschuldbarer Weise über das Bestehen oder den Umfang seines Rechts im Ungewissen ist, sich die Auskunft nicht auf zumutbare Weise selbst beschaffen kann, der Verpflichtete aber in der Lage ist, sie unschwer zu erteilen (stRspr [Gewohnheitsrecht], s BGH 125, 329; 126, 113; 141, 318; NJW 02, 2476; keine unbillige Belastung BGH NJW 07, 1806; sa § 242 Rn 21). **b) Inhalt, Umfang und Grenzen. aa)** Vorlegung eines 4 schriftlichen **Bestandsverzeichnisses** (ggf mehrerer Teilverzeichnisse, Karlsruhe FamRZ 04, 206, str) bei Pflicht zur Herausgabe eines **Inbegriffs** von Gegenständen oder bei Bestehen entspr Auskunftspflicht. Darunter versteht man jede Mehrheit von Sachen und Rechten, die unter einheitlicher Bezeichnung zusammengefasst sind, zu deren einzelner Bezeichnung der Herausgabeberechtigte nicht in der Lage ist und die auf Grund eines einheitlichen Verpflichtungsgrundes herauszugeben sind (RG 90, 139). Bsp: Nachlass, Unternehmen, Bibliothek. **Materielle Mängel** des Verzeichnisses begründen lediglich einen Anspruch gem Rn 9 ff (BGH 104, 373 f), bei offenbarer **Unvollständigkeit** besteht aber Anspruch auf Ergänzung (BGH 89, 140; 92, 69; zur Abgrenzung Reischl JR 97, 405 f); erst dann Anspruch auf eidesstattliche Versicherung (Hamburg NJW-RR 02, 1292). **bb)** Allg muss die 5 **Auskunft so weit** gehen, wie zur Durchsetzung des Anspruchs des Gläubigers erforderlich, ohne den Verpflichteten unbillig zu belasten (BGH 95, 280 und 293); uU ist Auskunft in beschränktem Umfang („Grundauskunft") zu erteilen (BGH 95, 294) oder (gem. § 242 bei Verlust gegen Kostenerstattung) zu wiederholen (Kontoauszüge: BGH NJW-RR 88, 1073). Sie muss eine Nachprüfung ermöglichen (sa Rn 8), ggf aus Gründen des Wettbewerbs lediglich durch einen zur Verschwiegenheit verpflichteten Dritten (HGB 87c IV entspr, vgl BGH 126, 116 mN; NJW 00, 3780); der Anspruch kann dann uU auch ganz entfallen (BGH NJW 66, 1119). Teilauskünfte genügen, soweit sie insgesamt eine ausreichende Auskunft darstellen (LM Nr 14 zu § 260). **cc) Grenzen.** Der **Anspruch entfällt,** wenn fest- 6 steht, dass keinesfalls etwas zu fordern ist (BGH 85, 29; einschr Stürner aaO S 336; Bsp: Verjährung des Hauptanspruchs, Düsseldorf NJW 88, 2390) oder durch die Auskunft erst das Material für die Geltendmachung eines Anspruchs (auch gegen einen Dritten) gewonnen werden soll (BGH 74, 383; 97, 193; NJW-RR 89, 450; Stürner JZ 76, 320; anders bei der Ermittlung des Umfangs eines entstandenen Schadens: BGH NJW 90, 1358; 96, 2098; teilweise weitergehend auch die auf die „Enforcement"-RiLi [2004/48/EG] zurückgehenden Ansprüche für Schutzrechtsinhaber, [s Rn 3]), nicht aber schon dann, wenn der Schuldner sich einer strafbaren Handlung bezichtigen müsste (BGH 41, 322). Der zur Erteilung erforderliche Arbeits- und Zeitaufwand, auf dessen Ersatz der Schuldner keinen Anspruch hat (BAG NJW 85, 1182), darf nicht unverhältnismäßig sein (BGH 70, 91; im Falle berechtigter Geheimhaltungsinteressen (zum Bankgeheimnis im Erbfall BGH NJW 89, 1602) gerade gegenüber dem Berechtigten kann der Schuldner diesen auf eine Einsichtnahme in Geschäftsunterlagen durch einen zur Verschwiegenheit verpflichteten neutralen Dritten, zB Steuerberater, verweisen (vgl Rn 5; BGH NJW 00, 3779 f; sa InsO 167 II 2, PatG 140c I 3 und die Parallelvorschriften für andere Schutzrechteinhaber). **c) Form.** Die Auskunft muss durch eigene, schriftlich verkörperte Erklärung erfolgen, ohne dass § 126 (Unterschrift) eingehalten sein muss; Übermittlung durch Boten ist zulässig, s zum Ganzen mN BGH NJW 08, 917; Nürnberg NJW-RR 05, 808.

3. Pflicht zur Rechenschaftslegung, § 259 I. a) Voraussetzungen. Vgl 7 zunächst Rn 3. Fälle ges Pflicht zur Rechenschafts-(Rechnungs-)legung: §§ 556 III 2, 666, 675, 681 S 2, 713, 1214, 1698, 1890, 2130 II, 2218, WEG 28 III und IV (verpflichtet ist der bei Fälligkeit der Abrechnung amtierende Verwalter, Zweibrücken MDR 07, 1067; die Einsichtnahme in Verwaltungsunterlagen ist in den Geschäftsräumen des Verwalters auszüben, BGH NJW 11, 1137), HGB 87c, MaBV

§ 261 Buch 2. Abschnitt 1. Inhalt der Schuldverhältnisse

8. Diesen ausdr geregelten Fällen ist iVm § 242 der Grundsatz zu entnehmen, dass rechenschaftspflichtig jeder ist, der **fremde Angelegenheiten** besorgt oder solche, die zugleich fremde und eigene sind (BGH NJW 79, 1305 mN, stRspr). Durch einen unerlaubten Eingriff in fremde Rechte (arg § 687 II) eine Rechenschaftslegungspflicht begründet, wenn durch die schädigende Handlung obj ein Geschäft des Geschädigten besorgt worden ist und dieser ein schutzwürdiges Interesse an
8 der Rechenschaftslegung besitzt (BGH 92, 64 f, 67). **b) Inhalt und Grenzen.** Rechnungslegung ist die Bekanntgabe der Einnahmen und Ausgaben in verständlicher, übersichtlicher, eine Nachprüfung ermöglichender Form (BGH 93, 330; 126, 116; bei Betriebskostenabrechnung sind dem Mieter auch [nicht umlagefähige] Gesamtkosten mitzuteilen, BGH NJW 07, 1059, der Verteilerschlüssel muss verständlich sein, BGH NJW 08, 2259; 10, 3570). Die Abrechnung muss für den durchschnittlich Gebildeten gedanklich und rechnerisch nachvollziehbar sein (BGH aaO). Zur formellen Ordnungsgemäßheit muss sie nur aus sich heraus verständlich sein, Erläuterungen zu Abweichungen von früheren Abrechnungsperioden sind nicht geschuldet (BGH NJW 08, 2260, sa § 556 Rn 5). Ein allg Anspruch auf Überprüfung durch einen Sachverständigen besteht nicht (BGH 92, 68 f). Der **Umfang** bemisst sich nach der Zumutbarkeit (BGH 126, 117; NJW 82, 574). Wichtige Belege sind idR mit vorzulegen (BGH 126, 116; nur ausnahmsweise Anspr auf Kopien BGH NJW 06, 1421; NJW 11, 1138), bei Schätzungen sind die Schätzungsgrundlagen anzugeben (BGH 92, 69), beim Bauträgervertrag ist Gesamtabrechnung über die Verwendung der erhaltenen Vermögenswerte vorzulegen (vgl MaBV 8). Vorlage von Belegen nur mit Offerte mündlicher Erläuterungen genügt nicht (Saarbrücken NJW-RR 00, 229). Bei der Rechenschaftslegung über (vom Beauftragten in eigenem Namen) vorgenommen Vermietung von Ferienwohnungen stehen datenschutzrechtliche Belange der Mieter ihrer namentlichen Nennung nicht entgegen (BGH NJW 12, 58). Handelsrechtliche Sondervorschriften über die Art der Rechnungslegung gehen vor. Zu Ansprüchen auf zusätzliche Information, falls Auskunft gem § 260 genügt oder schon erteilt ist: BGH 93, 330 mN. Vgl iü auch Rn 4 ff.

9 **4. Eidesstattliche Versicherung, §§ 259 II, 260 II, 261. a) Voraussetzungen:** Es ist Rechnung gelegt bzw Auskunft erteilt und es besteht Grund (Unvollständigkeit, Unrichtigkeit) zur Annahme mangelnder Sorgfalt (BGH 89, 139; 92, 64 f). Bei offensichtlicher Unvollständigkeit ist zunächst Ergänzung zu verlangen (Rn 4 aE), nicht aber bei ursprünglicher Verweigerung der Auskunft (BGH NJW 66, 1117; s aber Frankfurt NJW-RR 93, 1483). Die Einlassung des Rechnungslegungspflichtigen im Prozess kann berücksichtigt werden (BGH WM 56, 31), ebenso frühere Unrichtigkeit als Ausdruck unzuverlässigen Gesamtverhaltens. Die Tatsachen, die den **Verdacht mangelnder Sorgfalt** begründen, sind zu **beweisen,**
10 bloße Glaubhaftmachung genügt nicht. **b) Umfang.** Die eidesstattliche Versicherung erstreckt sich bei der **Rechenschaftslegung** idR nur auf die Vollständigkeit der Einnahmen (vgl § 259 II; BGH 92, 66), beim **Bestandsverzeichnis** uU auch auf die der Passiva (BGH 33, 375), ebenso bei der ges nicht geregelten Informationspflicht nach Schutzrechtsverletzungen (BGH 92, 67 f). Keine Verpflichtung besteht in Angelegenheiten von geringer Bedeutung, **§§ 259 III, 260 III** (dazu BGH 89, 141). Bsp: Nachträgliche Ergänzung und Berichtigung durch den Erben (BGH
11 104, 374). **c) Prozessuales.** § 261 gilt nur für eidesstattliche Versicherung nach materiellem Recht (s. sonst ZPO 807, 836 III, 883 II). Die Zuständigkeit ergibt sich aus FamFG 410 Nr 1, 411 Nr 1 (AG); aber Abgabe vor Vollstreckungsgericht nach Verurteilung, ZPO 889, RPflG 20 Nr 17. **Kosten:** § 261 II gilt auch in diesen Fällen (BGH NJW 00, 2113). Besteht Bucheinsichtsrecht, kann Klage gem § 259 II das Rechtsschutzinteresse fehlen (BGH NJW 98, 1636). Ein Urteil auf Abgabe der Versicherung wird gem ZPO 889 vollstreckt. Flexible Fassung der Formel der Offenbarungsversicherung ist möglich (BGH 104, 373), uU deren Änderung noch nach rechtskräftiger Festlegung im Urteil, um falsche Versicherung zu verhindern

Titel 1. Verpflichtung zur Leistung § 262

(vgl § 261 I; für Vollstreckungsgericht s BGH NJW-RR 05, 221; aA MK/Krüger 5 mN).

§ 262 Wahlschuld; Wahlrecht

Werden mehrere Leistungen in der Weise geschuldet, dass nur die eine oder die andere zu bewirken ist, so steht das Wahlrecht im Zweifel dem Schuldner zu.

Lit: Pöschke, Die elektive Konkurrenz, JZ 10, 349; Ziegler, Die Wertlosigkeit der allgemeinen Regeln des BGB über die sog. Wahlschuld (§§ 262–265 BGB), AcP 171, 193.

1. Wahlschuld (Alternativobligation). a) Begriff: Schuldverhältnis, bei dem 1 mehrere verschiedene Leistungen in der Weise geschuldet werden, dass je nach Wahl idR (Rn 2 f) einer Partei nur die eine oder die andere zu erbringen ist (einheitlicher Anspruch [§ 241 Rn 2] mit alternativem Inhalt). Unterschied in den Leistungsmodalitäten (Zeit, Ort usw) genügt (BGH NJW 95, 464, hM), auch gattungsmäßige Bestimmung (§ 243) der verschiedenen Leistungen möglich (BGH NJW 60, 674). **b) Arten:** Wahlschuld mit **Wahlrecht. aa) des Gläubigers.** Bsp: 2 Entrichtung von Pachtzins in Geld oder Naturalien nach Wahl des Verpächters (BGH NJW 62, 1568); Rechte des Eigentümers gegen den Inhaber einer Grundschuld auf Abtretung, Aufhebung (Löschung) oder Verzicht (BGH 108, 244; sa § 1191 Rn 15); Rechte des Käufers aus einer Gutschrift für zurückgenommene Ware (AG Hamburg NJW 90, 125). Ges Wahlschulden: §§ 179 (dort Rn 6, aA PalGrüneberg 3), 311a II, 439 I (str, ob elektive Konkurrenz s § 439 Rn 17 mit Nachw.; 546a, HGB 61 (str). **bb) des Schuldners.** Nach der **Auslegungsregel** 3 des § 262 (str) iZw der Fall; zB Freigabe einzelner Sicherheiten durch SN zur Vermeidung einer Übersicherung (BGH 137, 219; WM 02, 1643); im Geschäftsverkehr herrscht sonst Gläubigerwahlrecht vor. **cc)** eines Dritten (zulässig, arg § 2154 I 2, § 317 – „billiges Ermessen" – passt nicht; str). **c) Entstehung:** Durch RGeschäft (auch letztwillige Verfügung, § 2154) oder Ges (Rn 2). **d) Abgrenzung** 4 zur (beschränkten) Gattungsschuld (§ 243): Verschiedenartigkeit der Leistungen bei der Wahlschuld; Bestimmungs-(Spezifikations-)kauf (HGB § 375) ist (nur) Gattungsschuld; zur **Ersetzungsbefugnis** (Rn 5 ff): Nur die Primärleistung ist geschuldet. Zur **alternativen oder elektiven Konkurrenz:** mehrere (alternativ konkurrierende) Ansprüche oder Gestaltungsrechte mit unterschiedlichem Inhalt. Bsp: §§ 281, 323 (BGH NJW 06, 1198); 285 II, 325; 340 (dort Rn 4; PalGrüneberg § 340, 4; BaR/Unberath 5) nach teilw vertretener Ansicht 439 I (s Rn 2).

2. Ersetzungsbefugnis (alternative Ermächtigung, *facultas alternativa*). 5
a) Begriff: Recht einer Partei, anstelle der geschuldeten Leistung eine andere **erbringen** (Rn 6 f) oder **verlangen** zu können (Rn 8 f). Häufig gewollt bei vertraglicher Begründung von „Wahlrechten", keine ges Regelung; die §§ 262–265 sind idR **nicht** entspr **anwendbar. b) Ersetzungsbefugnis des Schuldners. aa)** Ges 6 Anwendungsfälle: §§ 244 I; 251 II; 528 I 2; 775 II; 2170 II 2 ua. Begründung durch Individualvertrag möglich. Bsp: Ersetzungsbefugnis des Käufers bei Inzahlungnahme von Gebrauchtwagen (so BGH 89, 128 mN, str; aA Behr AcP 185, 412 ff), soweit der Neuwagenverkäufer nicht als Vermittler tätig wird (s § 365 Rn 2). Bei Vereinbarung mittels **AGB** bestehen Schranken gem § 308 Nr 4, s § 308 Rn 6, § 315 Rn 6. **bb)** Nicht zu vertretende **Unmöglichkeit** der Primärleistung führt zur 7 gänzlichen Leistungsbefreiung des Schuldners (vgl §§ 275 I, 280 I 2, 283), auch wenn die Ersatzleistung noch erbringbar ist (grundlegender Unterschied zu § 265); Untergang der Ersatzleistung lässt Leistungspflicht des Schuldners unberührt (RG 94, 60).
c) Ersetzungsbefugnis des Gläubigers (Abfindungsanspruch). Unterschied zur 8 Wahlschuld mit Gläubigerwahlrecht (Rn 2) gering. **aa)** Ges Anwendungsfälle: §§ 249 II; 285 II; 340 I; 843 III; 915; 1585 II. Bsp für vertragliche Begründung: Gläubiger kann statt Zahlung in Geld Lieferung von Naturalien verlangen (BGH

9   81, 137). **bb)** Bei zufälliger **Unmöglichkeit** der Primärleistung entfällt auch die Wahlberechtigung; abw Auslegung möglich.

§ 263 Ausübung des Wahlrechts; Wirkung

(1) **Die Wahl erfolgt durch Erklärung gegenüber dem anderen Teil.**
(2) **Die gewählte Leistung gilt als die von Anfang an allein geschuldete.**

1   Bis zum Beginn der Zwangsvollstreckung (§ 264 Rn 1) durch einseitige, rechtsgestaltende, unwiderrufliche (aber ggf anfechtbare), empfangsbedürftige Erklärung im Rahmen von § 242 (BGH WM 83, 928). Konkludent möglich (durch Angebot, Annahme, Klage). **Rechtsfolgen** der Wahl (II): Rückwirkende Konzentration des Schuldverhältnisses auf die gewählte Leistung, das Wahlrecht erlischt (Wahlberechtigter hat kein *jus variandi,* es kann jedoch vertraglich vereinbart werden, RG 136, 130); eine Geldschuld ist ggf (zB gem HGB 353) rückwirkend zu verzinsen (München NJW-RR 98, 1189).

§ 264 Verzug des Wahlberechtigten

(1) **Nimmt der wahlberechtigte Schuldner die Wahl nicht vor dem Beginn der Zwangsvollstreckung vor, so kann der Gläubiger die Zwangsvollstreckung nach seiner Wahl auf die eine oder auf die andere Leistung richten; der Schuldner kann sich jedoch, solange nicht der Gläubiger die gewählte Leistung ganz oder zum Teil empfangen hat, durch eine der übrigen Leistungen von seiner Verbindlichkeit befreien.**

(2) ¹**Ist der wahlberechtigte Gläubiger im Verzug, so kann der Schuldner ihn unter Bestimmung einer angemessenen Frist zur Vornahme der Wahl auffordern.** ²**Mit dem Ablauf der Frist geht das Wahlrecht auf den Schuldner über, wenn nicht der Gläubiger rechtzeitig die Wahl vornimmt.**

1   Keine Wahlpflicht des wahlberechtigten Teils, der Verzug führt als solcher nicht zum Verlust des Wahlrechts. Bei Verzug des wahlberechtigten Dritten (§ 262 Rn 3) ist § 319 I 2 entspr anzuwenden. Bei **Schuldnerverzug** kann der Gläubiger Leistungsklage mit alternativem Klageantrag erheben und anschließend die Zwangsvollstreckung in die eine oder die andere Leistung betreiben (**I 1. HS**). Nach **Beginn** der Zwangsvollstreckung (ZPO 750; 803 ff; 829) kann der Schuldner die Wahl nur noch durch entsprechende Leistungserbringung ausüben (**I 2. HS;** sa BGH NJW 95, 3190). Sobald der Gläubiger (teilw) befriedigt ist, erlischt das Wahlrecht (**I 2. HS**). Bei **Annahmeverzug** (§ 295) des wahlberechtigten Gläubigers kann der Schuldner durch Fristsetzung (**II 1**) Übergang des Wahlrechts auf sich herbeiführen (**II 2**).

§ 265 Unmöglichkeit bei Wahlschuld

¹**Ist eine der Leistungen von Anfang an unmöglich oder wird sie später unmöglich, so beschränkt sich das Schuldverhältnis auf die übrigen Leistungen.** ²**Die Beschränkung tritt nicht ein, wenn die Leistung infolge eines Umstands unmöglich wird, den der nicht wahlberechtigte Teil zu vertreten hat.**

1   **1. Bedeutung.** Dispositive Sondervorschrift für die **Konzentration** (Beschränkung) der Wahlschuld bei anfänglicher oder nachträglicher, von keinem Teil oder vom wahlberechtigten Teil zu vertretender Unmöglichkeit **einer** Leistung **vor** Wahlausübung.

Titel 1. Verpflichtung zur Leistung **§ 266**

2. Anwendungsbereich. Bei Unmöglichkeit **aller** Leistungen und bei Unmög- 2
lichkeit **nach** Wahlausübung gelten die allg Vorschriften (§§ 311a I, II; 263 II; 275
I–III, 280 I, 283). **Entspr** anwendbar bei Nichtigkeit einer Leistungspflicht gem
§§ 125, 134 (Köln VersR 93, 323 mN).

3. Fortbestehen der Wahlschuld. Keine Konzentration, wenn die Unmöglich- 3
keit vom nicht wahlberechtigten Teil zu vertreten ist (**S 2**); der wahlberechtigte
Teil kann dann auch die unmöglich gewordene Leistung wählen und (als Schuldner)
sich dadurch von der Leistungspflicht befreien (§ 275, ggf mit § 326 I) bzw (als
Gläubiger) Schadensersatz verlangen (§§ 280 I, III, 283).

§ 266 Teilleistungen

Der Schuldner ist zu Teilleistungen nicht berechtigt.

1. Allgemeines. a) Zweck. Schutz des Gläubigers vor Belästigung (RG 79, 1
361). **b) Bedeutung** gering, § 266 wird ausgeschlossen durch zahlreiche Sondervorschriften (Rn 4) und eingeschränkt durch den Grundsatz von Treu und Glauben
(Rn 10). **c) Abdingbar** (in AGB nur im Rahmen von §§ 307, 308 Nr 4, 309 Nr 8a; 2
Stuttgart NJW-RR 95, 116), auch konkludent und durch die Natur des Schuldverhältnisses. Bsp: Sukzessivlieferungsvertrag; Teilzahlungsgeschäft. **d) Anwendungs-** 3
bereich. § 266 gilt entspr für die **Hinterlegung** (BGH MDR 62, 120; sa Rn 8,
10) und die (fälligkeitsbegründende) **Kündigung** (RG 111, 401), **nicht** dagegen für
die **Aufrechnung;** zulässig ist nicht nur Aufrechnung mit der (ganzen) niedrigeren
Gegenforderung, sondern auch Aufrechnung mit Teilbeträgen, soweit dem Gläubiger zumutbar (vgl RG 79, 361, str).

Kein Zurückweisungsrecht enthalten: § 497 III 2; WG 39 II, 77 I; ScheckG 34 II; 4
ZPO 757 I; InsO 187 II. Teilzahlungsbewilligung durch den Richter: §§ 1382,
2331a; ZPO 813a, 900; ZVG 60; ferner gem § 242, s u Rn 10, § 242 Rn 18; § 313
I 1. § 266 gilt nur für den **Schuldner.** Das Recht des Gläubigers, Teilleistungen zu
verlangen, insbes (im Kosteninteresse) Teilklagen zu erheben, wird durch § 266
nicht berührt; ebenso wenig ist eine Teilvollstreckung ausgeschlossen. Erst recht
kann er unter Vorbehalt den mindestens geschuldeten Betrag verlangen (BGH 80,
278). Höchstbeträge **zulässiger** Teilleistungen bestimmt MaBV 3 II.

2. Voraussetzung des Zurückweisungsrechts: Teilleistung. a) Begriff: 5
Eine, gemessen an der geschuldeten Leistung unvollständige Leistung (obj Betrachtungsweise, vgl Rn 8); von der zu bewirkenden Gesamtleistung darf sie sich ihrem
Wesen und Wert nach nicht unterscheiden und setzt damit **Teilbarkeit** voraus
(Bsp: Geld- und Gattungsschuld;, aber auch Stückschuld, soweit der Leistungsgegenstand selbst teilbar (zB Grundstück). **b) Abgrenzung. aa)** Die **Aliudleistung** 6
unterscheidet sich von der geschuldeten Leistung qualitativ; im Hinblick auf
§ 434 III, I. Alt stellt behebbarer Sachmangel Teilverzug, nicht behebbare qualitative
(Teil-)Unmöglichkeit dar (Lorenz JZ 01, 743; Jud JuS 04, 842, § 275 Rn 9); dies
bedeutet aber kein automatisches Zurückweisungsrecht des Gläubigers (hierzu Jansen ZIP 02, 877; Jud aaO, str). **Vollständige Erfüllung** (keine Teilleistung) eines
Einzelanspruchs (oder mehrerer) kann vorliegen, wenn der Schuldner bei Konkurrenz mehrerer selbstständiger Ansprüche den Gläubiger nicht auf einmal befriedigt.
Bsp: Zusammentreffen von **mehreren Raten** einer Forderung; von selbstständigen
Haupt- und **Nebenansprüchen** wie vertragliche Zinsen, Vertragsstrafen, Verzögerungsschaden (anders aber Anspruch nach § 281 I 1, s MK/Krüger 6), Prozesskosten.
bb) Liegen bei **Teilunmöglichkeit** (vgl § 275 I: „soweit") die Voraussetzungen 7
für Schadensersatz statt der ganzen Leistung oder Rücktritt vom ganzen Vertrag
(§§ 281 I 2, 283 S 2, 323 V) nicht vor, ist Erbringung des möglichen Leistungsteils
keine Teilleistung iSv § 266 (s Dötsch ZGS 03, 359 f). **cc) Teilleistung** liegt aber 8
vor, wenn der Schuldner, insbes bei **streitiger Höhe** des geschuldeten Betrags, mit
einer obj zu geringen Leistung die Forderung in vollem Umfang erfüllen will (vgl

Rn 5, str). Dies gilt nicht, wenn der Schuldner in entschuldbarer Weise über die Höhe der Forderung in Unkenntnis ist, insbes wenn diese von einer Schätzung (zB §§ 254, 847; ZPO 287) oder Festsetzung (Bsp: Schmerzensgeld; Enteignungsentschädigung, s BGH NJW 67, 2011) abhängt (str).

9 **3. Rechtsfolgen. a) Allgemein.** Unzulässige Teilleistung kann Gläubiger ablehnen (bei Annahme ist § 363 zu beachten; eine Anfechtung nach InsO 131 I Nr 2 kommt bei Annahme nicht in Betracht, Saarbrücken MDR 09, 52); er kommt nicht in Annahmeverzug (§ 293), für den Schuldner treten hinsichtlich der **Gesamt-**
10 leistung die Nichterfüllungsfolgen ein (§§ 286, 320, 326). **b) Einschränkung gem § 242.** Rn 9 gilt nicht, wenn dem Gläubiger die Annahme bei verständiger Würdigung der Lage des Schuldners und seiner eigenen schutzwürdigen Interessen **zuzumuten** ist (Karlsruhe FamRZ 85, 956, stRspr), zB bei nur geringfügigem offenem Betrag (Bremen NJW-RR 90, 6 f), bei fehlender weitergehender Leistungsfähigkeit des Schuldners, aber idR auch dann, wenn der Schuldner annehmen durfte, er leiste alles, was er schulde (vgl Rn 8). Dies trifft auf Teilleistungen von Haftpflichtversicherern meist zu (Düsseldorf NJW 65, 1763; Hamm VersR 67, 383; Baumgärtel VersR 70, 971, str); anders jedoch, wenn die Annahme als Verzicht auf die Mehrforderung gedeutet werden könnte (KG VersR 71, 966; Stuttgart VersR 72, 448). Zu § 242 vgl auch Rn 4.

§ 267 Leistung durch Dritte

(1) ¹Hat der Schuldner nicht in Person zu leisten, so kann auch ein Dritter die Leistung bewirken. ²Die Einwilligung des Schuldners ist nicht erforderlich.

(2) **Der Gläubiger kann die Leistung ablehnen, wenn der Schuldner widerspricht.**

Lit: Meier, Drittleistung und fingierter Forderungskauf, ZGS 11, 551.

1 **1. Allgemeines. a) Grundgedanke** von I: regelmäßig fehlendes Interesse des Gläubigers an der Person des Leistenden (Ausnahmen: Rn 3). Ist Leistung durch einen Dritten an sich zulässig, trägt **II** abw Interessenlage im Einzelfall Rechnung.
2 **b) Anwendungsbereich:** Alle Schuldverhältnisse (Hauptanwendungsfall: Geld- und Sachleistungsschulden; aber auch Grundschulden: BGH NJW-RR 89, 1036; auch Schulden aus öffentl-rechtlichen Schuldverhältnissen, vgl AO 48 I), ausgenommen solche, bei denen der Schuldner **in Person** (dh persönlich) zu leisten hat.
3 Zu letzteren gehören **folgende Fälle: aa) Parteivereinbarung** und **Natur des Schuldverhältnisses**, zB Unterlassungsanspruch; Geldstrafe (RGSt 30, 232); **bb) Gesetz**, zB §§ 27 III, 613, 664 I 1, 691, 713, 2218 I (Auslegungsregeln); **cc) Besonderheiten in der Person** des in Aussicht genommenen Dritten (§ 242).
4 **c) Abgrenzung.** § 267 gilt **nicht** bei Zahlung vermeintlich eigener Schulden durch den Putativschuldner (vgl Rn 6 [4]); hier (iGgs zu Rn 9 [a]) keine Schuldtilgung, der Bereicherungsausgleich erfolgt im Verhältnis zum Gläubiger (hM; vgl BGH 137, 95; ie § 812 Rn 74 f).

5 **2. Voraussetzungen. a) Dritter. aa) Fremdtilgungswille.** Dritter ist, wer (zumindest auch, vgl BGH 70, 396) **zur Erfüllung der Verbindlichkeit des Schuldners** leistet (BGH 70, 397; 137, 95 mN, hM); maßgeblich ist nicht der innere Wille des Leistenden, sondern, wie der Gläubiger das Verhalten des Dritten verstehen durfte (BGH 72, 248 f; 105, 369; NJW 95, 129 mN; Köln NJW 00, 1044; str; sa § 812 Rn 26). Aus einem nichtigen (Darlehens-)Vertrag lässt sich keine Tilgungsbestimmung ableiten (BGH WM 08, 1706). Eine nachträgliche Änderung der Tilgungsbestimmung ist nach der Rspr in den Grenzen des § 242 auch rückwirkend möglich (vgl BGH NJW 86, 2700 f; 83, 814; 64, 1899, str; offen lassend BGH 137, 95 mN; gegen jede nachträgliche Änderung mit guten Gründen MK/Krüger

Rn 11 ff mNachw zum Streitstand; für ex nunc Änderung Koppenstein/Kramer, Ungerechtfertigte Bereicherung, 1988, § 6 V 3c; offen lassend BGH 106, 168; sa § 812 Rn 76); zur Anfechtbarkeit s Rn 6 (4). **bb) Abgrenzung.** Dritter iSd § 267 **6** ist **nicht: (1)** Wer im Namen des Schuldners (Hamburg MDR 08, 554) oder als seine Hilfsperson (§ 278) oder auf seine Rechnung als Leistungsmittler (§ 812 Rn 32 ff) leistet; **(2)** wer **in Ausübung eines ges Ablösungsrechts** gem §§ 268, 1142 (für Grundschuld Koblenz WM 08, 2294 – nur Zahlung des nichtschuldenden Eigentümers auf die persönliche Forderung fällt unter § 267), 1150, 1249 leistet (RG 150, 60) oder auf Grund einer Abtretungsvereinbarung (BGH NJW 97, 731 mN); **(3)** wer ausschließlich **zur Erfüllung einer eigenen Verbindlichkeit leistet,** wie idR der Bürge, § 774 (BGH NJW 86, 251), Gesamtschuldner, § 426, Drittschuldner bei ZPO 829, 835 (hM), Forderungskäufer (BGH Rpfleger 82, 412; München WM 88, 1847; ähnlich BGH NJW 97, 730), die einen Wechsel einlösende Bank (BGH 67, 79), *nicht dagegen* der Erfüllungsübernehmer gem §§ 415 III, 328 (BGH 72, 250) oder der eintretende Haftpflichtversicherer (BGH 113, 62); **(4)** wer vermeintlich eigene Schulden tilgen will (Rn 4); jedoch ist irrtümliche Tilgungsbestimmung anfechtbar (BGH 106, 166). **b)** Nur die geschuldete **Leistung 7 selbst** kann der Dritte bewirken, **nicht** dagegen **Erfüllungssurrogate** vornehmen (RG 119, 4) wie Leistung an Erfüllungs statt (LG Düsseldorf NJW-RR 91, 311; aA Gernhuber, Erfüllung, S 426), Aufrechnung (Celle WM 01, 2444) und Hinterlegung (hM, str). **c) Fehlen** entgegenstehenden Widerspruchs von Gläubiger **und 8** Schuldner **(II).** Ein Widerspruch des Schuldners ist nicht bindend; er kann gegenüber dem Dritten vom Gläubiger erklärt werden.

3. Rechtsfolgen. a) Tilgung der Hauptschuld gem § 362, auch sichernde akzes- **9** sorische Rechte (zB Bürgschaft) erlöschen (BGH NJW-RR 04, 983; MDR 76, 220; sa Rn 11 f). Bei Schlechtleistung haftet der Dritte nicht (für eingeschränkte Haftung Rieble JZ 89, 830; Kreße VersR 07, 452); Zahlung ist idR kein konkludenter Schuldbeitritt des Dritten (München MDR 05, 387). **b)** Verweigert der Gläubiger die Annahme, gerät er in Annahmeverzug (§§ 293 ff), falls der Schuldner nicht widersprochen hat **(II). c) Ausräumung des Widerspruchsrechts des Schuld- 10 ners** im Falle einer unter EV vom Gläubiger an den Schuldner gelieferten Sache (oder einer auflösend bedingter Sicherungsübereignung [Celle NJW 60, 2196]) ist möglich durch Pfändung des Anwartschaftsrechts gem ZPO 857 (vgl BGH 75, 228). **d)** Das **Rückgriffsrecht** des Dritten wird bestimmt durch sein Rechtsverhältnis **11** zum Schuldner (zB Auftrag, GoA [zB Koblenz WM 08, 2293], Gesellschaft, oder ungerechtfertigte Bereicherung [BGH 137, 95 mN]; § 818 III gilt idR nicht [BGH NJW 96, 926]; sa Rn 13 § 812 Rn 72 ff); kein Forderungsübergang kraft Ges wie in § 268 (dort Rn 8). **e)** Bestand die zu tilgende Schuld nicht, haftet dem Dritten **12** der **Scheingläubiger** gem § 812 I 1 1. Var unmittelbar (BGH 113, 69 mN; Jakobs NJW 92, 2524, hM; zT abw Canaris NJW 92, 868; sa § 812 Rn 72). **f)** War die **13** Leistung im Verhältnis zum Schuldner **rechtsgrundlos,** erfolgt der Ausgleich nach § 812 I 1 1. Var nur zwischen Drittem und Schuldner (BGH 72, 248; 70, 396); kein Bereicherungsanspruch gegen den Gläubiger.

§ 268 Ablösungsrecht des Dritten

(1) ¹**Betreibt der Gläubiger die Zwangsvollstreckung in einen dem Schuldner gehörenden Gegenstand, so ist jeder, der Gefahr läuft, durch die Zwangsvollstreckung ein Recht an dem Gegenstand zu verlieren, berechtigt, den Gläubiger zu befriedigen.** ²**Das gleiche Recht steht dem Besitzer einer Sache zu, wenn er Gefahr läuft, durch die Zwangsvollstreckung den Besitz zu verlieren.**

(2) **Die Befriedigung kann auch durch Hinterlegung oder durch Aufrechnung erfolgen.**

§ 269

(3) ¹Soweit der Dritte den Gläubiger befriedigt, geht die Forderung auf ihn über. ²Der Übergang kann nicht zum Nachteil des Gläubigers geltend gemacht werden.

1 **1. Allgemeines. a) Zweck:** Schutz des am Gegenstand der Zwangsvollstreckung berechtigten Dritten vor Rechtsverlusten. **b) Bedeutung:** Eigenes Befriedigungsrecht des Dritten (RG 150, 60) ohne Widerspruchsrecht des Schuldners (vgl Rn 3). Die Befriedigung kann bei Vorliegen der entspr Voraussetzungen (außer Gegenseitigkeit bei § 387) auch durch Hinterlegung und Aufrechnung erfolgen (**II;**
2 vgl demgegenüber § 267 Rn 7). **c) Anwendungsbereich:** Gilt auch bei Ablösung **öffentl-rechtlicher** Forderungen (RG 146, 319; BGH NJW 56, 1197); **Sonder-**
3 **vorschriften** enthalten: §§ 1142, 1143, 1150, 1223 II, 1224, 1249. **d) Abgrenzung:** § 267 ist unanwendbar (vgl Rn 1 [b], 8). Ist der Vollstreckungsgegenstand nicht Schuldnereigentum (vgl Rn 5), kann Dritter gem ZPO 771 vorgehen.

4 **2. Voraussetzungen. a) Beginn der Zwangsvollstreckung** (außer Zwangsverwaltung) wegen einer Geldforderung (ZPO 803 ff). Nach ihrer Beendigung besteht kein Ablösungsrecht mehr (vgl RG 123, 340 für das Verteilungsverfahren nach Zuschlag). Vorverlegung des Schutzes durch Sondervorschriften: Rn 2.
5 **b)** Vollstreckung in einen dem **Schuldner gehörenden Gegenstand** (Rn 3).
6 **c) Drohender Rechts-(Besitz-)verlust** bei Zwangsvollstreckung für den **Dritten** (vgl insbes § 1242 II; ZVG 91). **Rechte** am Vollstreckungsgegenstand **(I 1):** grundsätzlich nur dingliche (Köln Rpfleger 88, 32; ZVG 44, 52 I 2); auch Zwangshypothek und Vormerkung (§ 883; BGH NJW 94, 1475). Ausreichend ist auch **Besitz** am Vollstreckungsgegenstand **(I 2):** unmittelbarer und mittelbarer; wichtig für Päch-
7 ter und Mieter wegen ZVG 57, 57a, 57b. **d) Nicht** erforderlich ist die **Absicht der Abwendung der Zwangsvollstreckung** durch die Ablösung (BGH NJW-RR 10, 1315; WM 11, 2366 [unschädlich, wenn Ablösender selbst Vollstreckung betreibt), auf die Willensrichtung des Ablösenden und sein Verhältnis zum Schuldner kommt es ebenso wenig an wie auf seine Vorstellung, ob er mit einer Befriedigung aus dem Versteigerungserlös rechnen kann (BGH aaO), unerheblich ist ein Widerspruch (vgl § 267 II) des Schuldners (s BGH NJW 96, 2792).

8 **3. Rechtsfolgen. a)** Ges Forderungsübergang **(III 1)** samt allen Sicherungs-, Neben- (§§ 412, 401) und Vorrechten (s § 401 Rn 7) auf den Dritten; Unterschied zu § 267: dort Rn 11. Bei Ablösung von Grundschuld erfolgt, da ges Erwerb, kein gutgläubiger einredefreier Erwerb des Ablösenden (BGH NJW 05, 2399). Der Ablösende muss nur den Betrag ablösen, wegen dem die Zwangsvollstreckung betrieben wird, nicht Forderungen, die der vollstreckende Gläubiger gem ZVG 9 Nr 2 ange-
9 meldet hat (BGH WM 11, 2366). **b) Einschränkung:** Der Gläubiger darf durch den Übergang nicht schlechter gestellt werden, als wenn der Schuldner geleistet hätte **(III 2);** Rangfolge bei **Teilbefriedigung:** Das dem Gläubiger verbliebene Restgrundpfandrecht geht dem Recht des Dritten vor (BGH WM 90, 861 f), dies gilt auch für akzessorische Sicherungsrechte (PalGrüneberg 7 mwN); zum ganzen Herpers AcP 166, 454.

§ 269 Leistungsort

(1) Ist ein Ort für die Leistung weder bestimmt noch aus den Umständen, insbesondere aus der Natur des Schuldverhältnisses, zu entnehmen, so hat die Leistung an dem Orte zu erfolgen, an welchem der Schuldner zur Zeit der Entstehung des Schuldverhältnisses seinen Wohnsitz hatte.

(2) Ist die Verbindlichkeit im Gewerbebetrieb des Schuldners entstanden, so tritt, wenn der Schuldner seine gewerbliche Niederlassung an einem anderen Orte hatte, der Ort der Niederlassung an die Stelle des Wohnsitzes.

Titel 1. Verpflichtung zur Leistung § 269

(3) **Aus dem Umstand allein, dass der Schuldner die Kosten der Versendung übernommen hat, ist nicht zu entnehmen, dass der Ort, nach welchem die Versendung zu erfolgen hat, der Leistungsort sein soll.**

Lit: Gsell, Nacherfüllungsort beim Kauf und Transportlast des Käufers, JZ 11, 988; Köhler, Der Leistungsort bei Rückgewährschuldverhältnissen, FS Heinrichs, 1998, S 367; Picker/Nemeczek, Der Nacherfüllungsort im Kaufrecht, ZGS 11, 447; Prechtel, Der Gerichtsstand des Erfüllungsortes bei anwaltlichen Gebührenforderungen, NJW 99, 3617; Ringe, Der Nacherfüllungsort im Kaufrecht, NJW 12, 3393; Schack, Der Erfüllungsort usw, 1985; Simon, Der Gerichtsstand für anwaltliche Honorarklagen, MDR 02, 366; Unberath/Cziupka, Der Leistungsort der Nacherfüllung, JZ 08, 867.

1. Allgemeines. a) Leistungs-(Erfüllungs-)ort ist der Ort, an dem der Schuldner die (abschließende) **Leistungshandlung vorzunehmen** hat. Der Leistungsort kann mit dem Ort, an dem der Leistungserfolg (Erfüllung, § 362) eintritt (Erfolgsort), zusammenfallen (so bei Hol- und Bringschuld), muss es aber nicht (so bei Schickschuld). Bei der Holschuld ist Leistungsort der Wohnsitz des Schuldners, bei der Bringschuld idR der Wohnsitz des Gläubigers; ein Unterfall der Holschuld ist die Schickschuld, bei der der Schuldner zur Vornahme der Absendung an den Bestimmungs-(Ablieferungs-)ort verpflichtet ist (Nebenpflicht, § 241 Rn 9; vgl § 447 I). Ges Regelfall ist die Holschuld (Rn 9); Bring- und Schickschulden sind idR zu vereinbaren (Rn 5). Ges Fall der Schickschuld ist die Geldschuld, § 270 I, IV; vereinbarte Schickschuld: Versendungskauf, § 447; uU kann Nebenpflicht (§ 242 Rn 16 ff) zur Ver-(Nach-)sendung bestehen (s BAG 79, 258 für Arbeitszeugnis). Bestimmung des Leistungsorts: Rn 4 f und 6 ff. **b) Bedeutung.** Ob der Schuldner die Leistungshandlung am „richtigen" Ort vorgenommen hat, ist bedeutsam für den Schuldner- (§§ 286 ff) und Annahmeverzug (§§ 293 ff), insbes bei Geldschulden auch für die Rechtzeitigkeit der Leistung (§ 270 Rn 7), das Zurückbehaltungsrecht des anderen Vertragsteils, §§ 273, 320, die Konkretisierung von Gattungsschulden, § 243 II, und die Frage des Gefahrübergangs, §§ 447, 644 II. Der Erfüllungsort ist bei Verträgen Anknüpfungspunkt für den **Gerichtsstand** (ZPO 29 I, zu berücksichtigen aber auch ZPO 29 II) und die **internationale Zuständigkeit** (dort jetzt mit autonomer, vertragseinheitlicher Bestimmung des Erfüllungsortes in EuGVVO 5 Nr 1b; bei Vertragsstreitigkeiten mit gleichrangigen Hauptpflichten, die in verschiedenen Staaten zu erfüllen sind, entfällt ein einheitlicher Gerichtsstand für die gesamte Klage, BGH 185, 250 [zu LuganoÜbk Art 5 Nr 1]), nicht mehr unmittelbar für das **anwendbare Recht** (vgl Rom I-VO 4 ff). **c) Anwendungsbereich.** § 269 gilt für alle Schuldverhältnisse, auch für sachenrechtliche (s § 985 Rn 7); er ist auch auf Unterlassungspflichten anzuwenden (Rn 8). Zur entspr Anwendung im Platzverkehr Rn 9. Auch der Ort der Nacherfüllung im Kaufrecht richtet sich nach § 269 I (BGH BB 11, 1679); sa Rn 8 aE. 1 2 3

2. Der vertraglich vereinbarte Leistungsort gilt in erster Linie. a) Abschluss der Leistungs-(Erfüllungs-)ortsvereinbarung. Vertragliche Einigung (nicht in AGB gegenüber Verbraucher; vgl Frankfurt NJW-RR 95, 439 mN, str) ist erforderlich, einseitige Erklärungen nach Vertragsschluss genügen nicht. Die Vereinbarung kann ausdr (zB schriftliche Erfüllungsortsklausel; Zahlungsort bei Domizilwechsel, WG 4), oder **konkludent** getroffen werden. Bsp: Wiederholungsgeschäft bei lang andauernder Geschäftsbeziehung (einschr RG 52, 135); Erfüllungsort kraft Handelsbrauchs und Verkehrssitte, vgl § 157, HGB 346. **b) Inhalt.** Die Vereinbarung muss sich auf den Leistungsort (Rn 1) beziehen. Durch Vereinbarung eines „Erfüllungsorts" wird aber häufig lediglich Gerichtsstand und anwendbares Recht festgelegt. Die materiellrechtliche Vereinbarung hat nicht automatisch prozessuale Wirkung (str, hM s München MDR 09, 1062). Der ges Leistungsort (Rn 6 ff) muss abgeändert, also zB anstelle der regelmäßigen Hol- eine **Bringschuld** begründet werden. Bsp: vereinbarte Anlieferung durch Verkäufer (zB Möbel – Oldenburg NJW-RR 92, 1527); Versandhandel (str, Stuttgart NJW-RR 99, 1577; ebenso 4 5

§ 269 Buch 2. Abschnitt 1. Inhalt der Schuldverhältnisse

MK/Krüger 20 mN; PalGrüneberg 12; gegen Bringschuld BGH NJW 03, 3341). Dafür genügt es aber nicht, dass die Parteien einen Bestimmungs-(Ablieferungs-)ort für Ware oder Geld festlegen (nur Schickschuld, vgl Rn 1). Der Leistungsort wird daher nicht geändert durch die Vereinbarung eines **Zahlungsorts** („zahlbar in X"; nur Wiederholung von § 270 I, arg § 270 IV), durch die Bestimmung einer Akkreditivbank (BGH NJW 81, 1905), durch die **Übernahme der Versendungskosten (III)** und der grundsätzlich beim Gläubiger liegenden (§ 447 I) Versendungsgefahr (RG 114, 408; sa § 270 I). Bloße **Kostenklauseln** sind idR „bahnfrei", „franko X" und „frei Haus X" (Saarbrücken NJW 00, 671), anders uU „frei ... Bestimmungsort" (BGH 134, 207). Bei der handelsrechtlichen **cif-Klausel** (cost, insurance, freight) ist der (überseeische) Abladehafen Erfüllungsort (BGH WM 83, 1238; Folge für Gegenleistung: § 320 Rn 21), bei der **fob-Klausel** (free on board) das Schiff (BGH 55, 342; 60, 6). Wird für einen gegenseitigen Vertrag ein Leistungsort vereinbart, ist iZw ein **gemeinsamer Leistungsort** gewollt (vgl aber Rn 8 f).

6 **3. Bestimmung des Leistungsortes.** Der ges Leistungsort gilt, wenn eine wirksame vertragliche Vereinbarung (Rn 4 f) fehlt. Er entspricht, soweit sich nicht aus ges Sondervorschriften (Rn 7) oder aus der „Natur des Schuldverhältnisses" (Rn 8) etwas anderes ergibt, dem Wohnsitz des Schuldners zurzeit der Entstehung des 7 Schuldverhältnisses (Rn 9). **a) Ges Sonderregeln** für den Leistungsort enthalten die §§ 261, 374, 604 I (Bringschuld, BGH NJW-RR 02, 1028), 697, 700, 811, 8 1194, 1200; VVG 36; ScheckG 2 II und III; WG 2 III, 75 Nr 4, 76 III. **b)** Gegenseitige Verträge haben regelmäßig keinen einheitlichen Leistungsort (BGH WM 10, 1145 [Vergleich]). Aus den **Umständen,** insbes aus der **Natur des Schuldverhältnisses** kann sich aber ein von Rn 9 abw – ggf. einheitlicher – Leistungsort ergeben bei des Ortsgebunden- oder -bezogenheit der Leistung. Zu den erheblichen Umständen gehört die Verkehrssitte, soweit diese nicht bereits zu einer stillschweigenden vertraglichen Festlegung geführt hat (Rn 4). Bsp: Ort des Bauwerks für beiderseitige Verpflichtungen aus dem Bauvertrag (BGH NJW 86, 935; Schleswig MDR 00, 1453 mN; BayObLG MDR 02, 942, hM) und zT aus dem Architektenvertrag (BGH NJW 01, 1936); das Ladenlokal für Ladenverkäufe des täglichen Lebens (BGH NJW-RR 03, 193); Ort der Abnahme bei Energie- und Wasserlieferungsvertrag (BGH NJW 03, 3418); der Versteigerungsort bei Aushändigung gegen Barzahlung (BGH NJW-RR 03, 193 m abw Besonderheit); der Sitz des Lieferanten für die Rücknahme von *Transport*- das System des Vertreibers in Nähe des Endverbrauchers für *Verkaufsverpackungen* (VerpackV 4, 6 I, III); die Werkstatt für Verpflichtungen aus Reparaturaufträgen für Kfz (Düsseldorf MDR 76, 496); der Beherbergungsort für Verpflichtungen aus Gastaufnahmevertrag (LG Kempten BB 87, 929 mit Anm Nettesheim); der Klinikort beim Krankenhausaufnahmevertrag (BGH NJW 12, 860 mit Nachw zum Streitstand, hM aA etwa Prechtel MDR 06, 246; BaR/Unberath 19); der Internatsort beim Internatsschulvertrag (Hamm NJW-RR 89, 1530 f); der Betriebsort für sämtliche Ansprüche aus Arbeitsvertrag (BAG 41, 131; 79, 260; sa o Rn 1), bei Reisetätigkeit jedoch der Wohnsitz des AN (BAG NJW-RR 88, 483 f; Bergwitz NZA 08, 448), bei Gewinnzusagen (§ 661a) der Wohnsitz des Adressaten (BGH 165, 183). Bei Flugreisen mit Hin- und Rückbeförderung ist Erfüllungsort sowohl der Abflugs- als auch der Ankunftsort (Frankfurt NJW-RR 13, 59; BGH NJW 11, 2056). **Nicht** ist aber der Ort des Mietgrundstücks Erfüllungsort für die Mietzinszahlung (RG 140, 67; abw Hamm OLGZ 91, 80 für Pacht), das Geschäftslokal der kreditgewährenden Bank Erfüllungsort für den Darlehensanspruch (Stuttgart WM 93, 18 mN; BayObLG NJW-RR 96, 956), der Ort der Zuwiderhandlung Erfüllungsort für Unterlassungspflichten (vgl BGH NJW 74, 410; mit speziell prozessualer Argumentation im Erg auch EuGH NJW 02, 1409), nicht der Sitz der Anwaltskanzlei für die Zahlung des Honorars (BGH NJW 04, 54; BGH MDR 04, 765), vielmehr gilt Rn 9 (vgl auch Leible EuZW 07, 373), idR nicht der Ort der Werkleistung für den Werklohnanspruch (Schleswig NJW-RR 93, 314; sa o für Werkstatt). Leistungen eines Mobilfunkanbieters sind an

Titel 1. Verpflichtung zur Leistung § 270

jedem Ort seines Funknetzes zu erbringen; ein einheitlicher Erfüllungsort mit der Zahlungspflicht besteht nicht (KG ZGS 08, 116). **Akzessorische Verbindlichkeiten** sind hinsichtlich des Leistungsorts selbststständig (Bsp: Bürgschaftsschuld, vgl BGH NJW 95, 1546; BayObLG MDR 03, 1103), bloße **Nebenpflichten** nicht (hM, krit Gernhuber, Erfüllung S 22 ff); Bsp: Vorlage von Nebenkostenabrechnungen bei Wohnungsmiete (str, s Kleffmann ZMR 84, 109; Korff ZMR 86, 7 mN). Der Umstand, dass beim gegenseitigen Vertrag die Leistungen *Zug um Zug* zu erfüllen sind (§ 320), genügt für sich allein idR nicht zur Annahme eines **gemeinsamen Leistungsorts** (BGH NJW 95, 1546; StSelb 15; Gernhuber, Erfüllung, S 19 ff, 32; Schleswig NJW-RR 93, 314, str; aA Stuttgart NJW 82, 529; sa Rn 5 aE). Gemeinsamer Leistungsort ist beim **Rücktritt** (§§ 437 Nr 2, 440) der Ort, an dem sich die Sache vertragsgemäß befindet (BGH 87, 109; Stuttgart NJW-RR 99, 1577); das muss auch bei Verbindung von Rücktritt und Schadensersatz gelten (§§ 437 Nr 3, 440, 280, 281; 325, hM, str; unterscheidend Köhler aaO S 375 ff). Für den **Nacherfüllungsanspruch** hat dies der BGH ausdr abgelehnt: Es gilt § 269, dh vorrangig sind Parteivereinbarungen, dann die Umstände des Einzelfalls. IZw liegt der Erfüllungsort am Wohnsitz oder der Niederlassung des Verkäufers zZ des Vertragsschlusses (BGH 189, 196 mN zur aA, allerdings ua mit Vorbehalt für Fälle, in denen der Verkäufer die Sache auf- oder eingebaut hat [Vorgriff auf EuGH NJW 11, 2269]; aA noch Celle MDR 10, 372; München NJW 06, 450; zum Ganzen § 439 Rn 20 ff). Bei anderen Rückgewährschuldverhältnissen, zB aus Bereicherung nach Anfechtung des Kaufvertrags, ist idR der Empfangsort maßgebend (so Köhler aaO S 377 ff mwN, str). **c)** Regelmäßig ist ges Leistungsort der **Ort des Wohnsitzes** (bei Gewerbeschulden der gewerblichen Niederlassung, **II**) **des Schuldners bei Entstehung des Schuldverhältnisses (I).** Bei bedingten (befristeten) Geschäften ist der Abschlusszeitpunkt entscheidend (Stuttgart NJW-RR 87, 1076). Ort meint die *politische* Gemeinde (BGH 87, 110). Für Platzgeschäfte innerhalb eines Ortes gilt § 269 entspr (RG 78, 141). Leistungsstelle ist dann iZw die Wohnung (das Geschäftslokal des Gewerbebetriebes) des Schuldners (sa BGH 87, 111). Nachträgliche Wohnsitzänderung (Sitzverlegung) ist bedeutungslos (BGH 36, 15; BayObLG MDR 03, 1103), auch bei Dauerschuldverhältnissen (BGH NJW 88, 1914). Bei gegenseitigen Verträgen ist der Leistungsort für jede Verbindlichkeit gesondert zu bestimmen, er ist für beide Vertragsparteien nicht notwendig ein einheitlicher (vgl aber Rn 2, 5, 8). 9

§ 270 Zahlungsort

(1) **Geld hat der Schuldner im Zweifel auf seine Gefahr und seine Kosten dem Gläubiger an dessen Wohnsitz zu übermitteln.**

(2) **Ist die Forderung im Gewerbebetrieb des Gläubigers entstanden, so tritt, wenn der Gläubiger seine gewerbliche Niederlassung an einem anderen Orte hat, der Ort der Niederlassung an die Stelle des Wohnsitzes.**

(3) **Erhöhen sich infolge einer nach der Entstehung des Schuldverhältnisses eintretenden Änderung des Wohnsitzes oder der gewerblichen Niederlassung des Gläubigers die Kosten oder die Gefahr der Übermittlung, so hat der Gläubiger im ersteren Falle die Mehrkosten, im letzteren Falle die Gefahr zu tragen.**

(4) **Die Vorschriften über den Leistungsort bleiben unberührt.**

Lit: Herresthal, Das Ende der Geldschuld als qualifizierte Schickschuld, ZGS 08, 259; Heyers, Rechtsnatur der Geldschuld und Überweisung, JZ 12, 398; Jacobs, Gesetzgebung im Banküberweisungsrecht, JZ 00, 641; Schön, Prinzipien des bargeldlosen Zahlungsverkehrs AcP 198, 401; Schwab, Geldschulden als Bringschulden? NJW 11, 2833.

1. Allgemeines. a) Nach der **Auslegungsregel** des **I** sind Geldschulden (Rn 2) qualifizierte Schickschulden. Geld hat der Schuldner iZw auf seine Gefahr (Rn 6 f) 1

§ 270

und Kosten (Rn 8) an den (jeweiligen) Wohnsitz des Gläubigers zu übermitteln (Rn 4 f). Dadurch wird der Leistungsort (§ 269 Rn 1) nicht berührt **(IV)**, der iZw dem Schuldnerwohnsitz zurzeit der Entstehung des Schuldverhältnisses entspricht (§ 269 Rn 9). Wichtig namentlich für Gerichtsstand (ZPO 29) und Rechtzeitigkeit

2 der Geldzahlung (Rn 7). Abw Vereinbarungen: § 269 Rn 5. **b) Anwendungsbereich.** § 270 gilt für alle Geld-(Zahlungs-)schulden (§§ 244, 245 Rn 9 f, 11), nicht aber für auf Geld gerichtete Herausgabeansprüche, zB gem § 667 (BGH 143, 378; str) oder § 818 I, II (§§ 244, 245 Rn 7). Anwendbar sowohl im Distanz- als auch

3 im Platzverkehr (RG 78, 141). **c) Abgrenzung.** Eine Lastschriftabrede begründet eine Holschuld (BGH NJW 84, 872; WM 85, 462; Köln NJW-RR 86, 390).

4 **2. Geldübermittlung. a)** Die **Art und Weise der Übermittlung** bestimmt der Schuldner. Unmittelbare Geldübermittlung (zB Geldbrief) ist bei Distanzzahlung selten. In Frage kommen: Banküberweisung, (Verrechnungs-) Scheck, Postanweisung; nicht hierher gehört das Lastschriftverfahren (Rn 3). Die Übermittlung ist mit Erfüllung (§ 362) beendet, also mit Auszahlung − Empfang − des Geldbetrags im Barzahlungsverkehr oder Gutschrift bei bargeldloser Zahlung (BGH 6, 122). In der Bekanntgabe von Konto liegt Einverständnis mit dieser abw Erfüllungsart (§§ 364, 365 Rn 4, hM, str; nach aA Fall von § 362); Leistungsempfänger ist der Gläubiger, nicht die Bank (BGH 72, 318). Übersendung von Scheck erfolgt iZw erfüllungshalber (§ 364 II; vgl BGH 85, 349), Erfüllung tritt erst mit Auszahlung oder (vorbehaltsloser) Gutschrift ein (s allg BGH 103, 146 ff; ie Häuser/Welter WM 94, 780 ff). Zur Rechtzeitigkeit der Leistung bei (bargeldloser) Zahlung am Leistungsort Rn 7.

5 **b) Zahlungsort.** Zu übermitteln ist an den **jeweiligen Wohnsitz des Gläubigers (I)**, bei Gewerbeforderung an den Ort seiner **Niederlassung (II).** Dies gilt auch bei Verlegung des Wohnsitzes (der Niederlassung) des Gläubigers nach Entstehung des Schuldverhältnisses (Abweichung zu § 269 Rn 9). Eine Verschlechterung der Rechtslage des Schuldners hinsichtlich der Gefahr- und Kostentragung tritt dadurch nicht ein (**III** und Rn 6, 8).

6 **3. Gefahrtragung.** „Gefahr" iS des **I** ist nur die Verlust-, nicht die Verzögerungsgefahr (Rn 7). **a)** Die **Verlustgefahr** (Transportgefahr) trägt der Schuldner, dh er muss bei Geldverlust nochmals leisten (RG 78, 140). Damit unterscheidet sich die Geldschuld von der gewöhnlichen Schickschuld, bei der der Gläubiger die Gefahr trägt (zB bei Gattungsschuld, §§ 243 II, 275 I) und ähnelt insoweit der Bringschuld (§ 269 Rn 1). Zur Verlust- gehört auch die Geldentwertungsgefahr (vor Leistungshandlung vgl §§ 244, 245 Rn 9 aE). Bei Gefahrerhöhung infolge nachträglicher Wohnsitz- (Niederlassungs-)änderung des Gläubigers entfällt die Gefahrtragung des Schuldners gänzlich **(III).** Dasselbe gilt bei Verlustgründen aus der Sphäre des Gläubigers (zB Insolvenz der Empfängerbank, s Canaris, Bankvertragsrecht

7 Rn 478). **b)** Die **Verzögerungsgefahr,** dh die Gefahr verspäteten Eingangs trotz rechtzeitiger Leistungshandlung fällt nach bisher hM nicht unter § 270; sie trägt der Gläubiger (BSG NJW 88, 2501). Grund: Mit Absendung des Geldes am Leistungsort (§§ 270 IV, 269 I) hatte der Schuldner die ihm obliegende Leistungshandlung vorgenommen (Rn 1). Der Schuldner hatte daher **rechtzeitig geleistet,** wenn er das Geld vor Fristablauf am Leistungsort bei der Post auf Postanweisung oder Zahlkarte eingezahlt hatte (RG 78, 140). Im Überweisungsverkehr musste der (angenommene: § 676a) Überweisungsauftrag beim Geldinstitut (Bank, Postgiroamt) bei vorhandener Kontodeckung vor Fristablauf eingehen, nicht erforderlich war die Abbuchung des überwiesenen Betrags vom Schuldnerkonto, erst recht nicht Gutschrift auf dem Gläubigerkonto (BSG NJW 88, 2501 mN; Karlsruhe FamRZ 03, 1763). Für den Anwendungsbereich der ZahlungsverzugsRiLi (2000/35/EG) entschied der EuGH (ZGS 08, 230), dass die RiLi (Art 3 I lit a–c) hinsichtlich der Zahlung von Verzugszinsen auf den Eingang der Zahlung beim Gläubiger – bei Überweisung also der Gutschrift – abstelle. Zumindest im Anwendungsbereich der RiLi (Rechtsgeschäfte zwischen Unternehmen, Entgeltforderungen für Lieferung von Gütern bzw Dienstleistungen) sind Abs 1, 4 daher richtlinienkonform auszulegen. Um eine divergie-

rende Beurteilung rechtzeitiger Zahlung im Rechtsverkehr zu vermeiden, sollten Geldschulden (auch bei Beteiligung von Verbrauchern) nun grundsätzlich als **modifizierte Bringschuld** eingeordnet werden, bei denen der Schuldner Verlust- und Verzögerungsgefahr bis zum Eingang (Gutschrift) beim Gläubiger trägt (so auch PalGrüneberg 1, 6; Herresthal ZGS 08, 259 mwN; Gsell GPR 08, 165; aA Schwab NJW 11, 2833; offen BGH WM 11, 285; zur Vereinbarkeit mit § 676b I Jacobs aaO, 645 f, das Risiko verzögerter Bearbeitung kann § 676b den Schuldern nur abnehmen, wenn ges vorgeschriebene Bearbeitungszeiten überschritten sind, Scheuren-Brandes ZIP 08, 1463). Für Zahlungen bei Skontovereinbarungen soll es nach Stuttgart NJW 12, 2362 wegen der gegenüber Verzugsfolgen anderen Zielsetzung bei der Rspr des BGH (NJW 98, 1302) bleiben, wonach auf die rechtzeitige Absendung des Verrechnungsschecks abzustellen sei. Eine Klarstellung durch den Gesetzgeber (Ernst ZIP 12, 751) tut Not, denn der Preis einer einheitlichen Auslegung als modifizierte Bringschuld wäre neben einer faktischen Ausweitung von § 278 ein Klägergerichtsstand für Geldschulden. Letzteres könnte mit einer Neudefinition der Verzugsvoraussetzungen verhindert werden, die grundsätzlich an den Leistungserfolg anknüpfen (vgl Heyers JZ 12, 398).

4. Kostentragung. Die Pflicht des Schuldners zur Kostentragung (**I**) entspricht 8 der (einfachen) Schickschuld (vgl § 269 III). Mehrkosten im Falle des **III** treffen den Gläubiger. Nicht zu den Kosten iSd **I** gehören die Kontoführungsgebühren bei (zulässiger) bargeldloser Lohnzahlung (idR aber tarifvertragliche Regelung; vgl BAG 46, 309). Zur möglichen analogen Anwendung von III auf Mehrkosten des Schuldners bei Teilabtretung Valdini ZGS 10, 442.

§ 271 Leistungszeit

(1) **Ist eine Zeit für die Leistung weder bestimmt noch aus den Umständen zu entnehmen, so kann der Gläubiger die Leistung sofort verlangen, der Schuldner sie sofort bewirken.**

(2) **Ist eine Zeit bestimmt, so ist im Zweifel anzunehmen, dass der Gläubiger die Leistung nicht vor dieser Zeit verlangen, der Schuldner aber sie vorher bewirken kann.**

1. Allgemeines. a) Bedeutung aa) von I: Dispositive Ergänzungsnorm bei feh- 1 lender (ges oder vertraglicher) Leistungszeitbestimmung (dazu Rn 6 ff); sofortige Fälligkeit der Leistung ist Regeltatbestand (Folgen: Rn 16). **bb)** von **II**: Auslegungsregel für vertragliche Leistungszeitbestimmung (Rn 15); zwingende Ausgestaltung beim Verbraucherkredit (Rn 3). **b) Begriffe. aa) Fälligkeit** einer Forderung 2 bezeichnet den Zeitpunkt, zu dem der Gläubiger die Leistung verlangen (insbes Leistungsklage erheben) kann (s aber ZPO 259); Rechtsfolgen bei Nichtleistung: Rn 16. **bb) Erfüllbarkeit** bezeichnet den Zeitpunkt, von dem ab der Schuldner 3 die Leistung bewirken darf; Rechtsfolgen bei Nichtannahme der Leistung durch den Gläubiger: Rn 16. Bei Teilzahlungsgeschäften (§§ 507, 508) ist vorzeitige Erfüllbarkeit für den Verbraucher **unabdingbar** (§§ 504, 506). **cc) Verhältnis zueinan-** 4 **der.** Beide Zeitpunkte fallen idR zusammen (**I**; Rn 14). Die Erfüllbarkeit kann jedoch auch vor (**II**; Rn 15) bzw erst nach der Fälligkeit eintreten (sog verhaltener Anspruch; Bsp: §§ 695, 696 S 2; Ersatzherausgabeanspruch gem § 285 [str, dort Rn 10, aA PalGrüneberg 1]. **c) Anwendungsbereich:** Gilt für alle Schuldverhält- 5 nisse (auch ges), II nicht für dingliche Rechte (Rn 15). Beim Verbraucherdarlehen besteht ein unabdingbares ges Kündigungsrecht gem § 500, vorzeitige Rückzahlung ist jederzeit möglich, § 500 II.

2. Bestimmung der Leistungszeit. Eine (von I abw) Leistungszeit kann sich 6 ergeben aus **Ges, vertraglicher Vereinbarung** (Rn 7–12) oder **den Umständen** (Rn 13). **a)** Fälle **ges Leistungszeitbestimmung** enthalten zB §§ 488 II, 556b I, 579, 587, 609, 614, 641 I, 695, 721, 1361 IV, 1585 I, 1612 III, 2181 (sämtlich

§ 271

7 dispositiv); Sonderregelung im Insolvenzverfahren: InsO 41 I. **b) Vertragliche Leistungszeitvereinbarungen** können Termin oder Frist festlegen; Auslegungsregeln: §§ 187–193 sowie allg §§ 157, 242 (billiges Ermessen); Bsp: Lieferung „baldigst" meint uU spätestens innerhalb von 6–8 Wochen (Nürnberg NJW 81, 1104), „schnellstmöglich" uU 12 Wochen (Köln NJW-RR 92, 561), „zügige" Bauwerkherstellung uU ca 8 Monate (BGH NJW-RR 01, 806). Schranken bei Verwendung von **AGB**: §§ 307, 308 Nr 1 (unzulässig zB einseitige Verlängerung der Lieferfrist um 6 Wochen, BGH 92, 26 ff), ferner § 309 Nr 2a, soweit Zug-um-Zug-Leistung betroffen (§ 320 Rn 21). Typische **Klauseln**: „Netto Kasse gegen Rechnung" bedeutet Fälligkeit mit Empfang der Rechnung vor Übergabe der Ware (BGH BB 88, 1210); „Zahlung gegen Dokumente" bedeutet Fälligkeit (erst) mit Vorlage der Verladungsnachweise (BGH 55, 342), jedoch unabhängig von der Beschaffenheit der Ware (BGH NJW 87, 2435 f). Eine im Versicherungsvertrag geregelte unterjährige Zahlung von Jahresprämien (mit Ratenzahlungszuschlag) ist vertragliche Fälligkeitsvereinbarung und kein entgeltlicher Zahlungsaufschub zugunsten des Versicherungsnehmers (BGH WM 13, 359; Celle NJW 12, 3446; Hamburg VersR 12, 41).

8 **c)** Möglich ist auch, dem Schuldner oder Gläubiger (vor allem bei Abrede der Leistung auf **Abruf**) die Zeitbestimmung zu überlassen (vgl § 315) oder durch **Kündigung** die Fälligkeit herbeizuführen (vgl § 488 III). **Rechnungserteilung** ist grundsätzlich nicht Fälligkeitsvoraussetzung (BGH 103, 285; NJW-RR 02, 376; zur fehlenden Angabe von Steuernummer Heesler BB 06, 1137, § 273 Rn 19). Bei Geltung von VOB/B tritt Fälligkeit 2 Monate nach Schlussrechnung ein, wenn keine Einwendungen gegen Prüffähigkeit erhoben werden (BGH NJW-RR 06, 455); für ärztliches Honorar genügt formal der GOÄ entsprechende Rechnung für Fälligkeit (BGH NJW-RR 07, 494), Entgelt für allg Krankenhausleistungen wird

9 ohne Rechnungserteilung fällig (Oldenburg MDR 09, 370). **d) Stundung. aa) Begriff.** Hinausschieben der Fälligkeit einer Forderung über den an sich üblichen Zeitpunkt hinaus (BGH DNotZ 05, 376: keine Stundung bei Zug-um-Zug-Leistung) bei bestehen bleibender Erfüllbarkeit durch Vertrag (vgl BGH 95, 369; NJW 03, 2675 m Nachw). Vertragliche Bestimmung eines Zahlungsziels ist Regelung der Leistungszeit, nicht Stundung (BGH NJW 07, 1682). Keine Stundung durch den Richter; Ausnahmefälle: §§ 1382, 2331a; sa § 242 Rn 18; § 266 Rn 4.

10 **bb) Zustandekommen.** Die Stundungs-(Teilzahlungs-)abrede kann anfängliche Nebenbestimmung des Vertrags (Bsp: §§ 449 I, 506 ff) oder nachträglich vereinbart sein (dann Vertragsänderung). Bsp für **konkludenten** Abschluss: Annahme von Leistung erfüllungshalber (§ 364 II) mit hinausgeschobener Fälligkeit (zB Dreimonatsakzept; vgl BGH 96, 193). IZw aber **keine** Stundung, wenn Gläubiger verspricht, aus dem Titel bis zur Rechtskraft nicht zu vollstrecken (Bürck ZZP 85, 402). Die Vereinbarung eines Zinses für eine später mögliche Stundung ist auch in

11 AGB zulässig (BGH 95, 370). **cc) Widerruf** der Stundung ist idR möglich, wenn der Schuldner den Anspruch bestreitet (BGH NJW 81, 1667 mN) oder wenn sich die Verhältnisse des Schuldners nachträglich wesentlich verschlechtern (BGH WM 74, 839; NJW-RR 07, 1848 und § 321) oder sonst ihre Geschäftsgrundlage entfällt (BGH NJW-RR 92, 1141). **Fälligstellungsklauseln** sind nur bei Verzug (§ 286)

12 wirksam (BGH 96, 192; sa § 339 Rn 8). **dd) Abgrenzung.** (1) **Pactum de non petendo** (echte Einrede) ist das Versprechen des Gläubigers, die schon fällige Forderung zeitweise nicht geltend zu machen; Wirkung: § 205; zu **Vollstreckungsvereinbarungen** vgl Rn 10 aE. (2) Durch eine **Zeitbestimmung** iSd **§ 163 (Befristung)** wird das Wirksamwerden der Verpflichtung hinausgeschoben (zur Abgrenzung von der betagten Verbindlichkeit vgl § 163 Rn 4). (3) Eine **Skontoabrede** bedeutet idR keinen Fälligkeitsaufschub (s Nehls WM 95, 1657, offener Pal-

13 Grüneberg 4; für Fälligkeitsaufschub auch BGH WM 10, 1129). **e) Aus den Umständen** sich ergebende Leistungszeit (Abgrenzung zur stillschweigenden Vereinbarung fließend). Dazu gehören wie bei § 269 die Natur des Schuldverhältnisses, der mutmaßliche Wille der Beteiligten und die Beschaffenheit der Leistung. Bsp: Für Erstellung einer Werkleistung (§ 631) erforderlicher Zeitraum; Erteilung der

Titel 1. Verpflichtung zur Leistung §§ 272, 273

Genehmigung bei genehmigungsbedürftiger Leistung (BGH NJW 74, 1080 für Baugenehmigung); behördliche Festsetzung von Entschädigungsleistung (vgl BGH 44, 58); Abrechnungsmöglichkeit bei Erschließungskosten (BGH NJW 90, 1171).

3. Zeitpunkt der Fälligkeit. a) Sofortige Fälligkeit bei fehlender Leistungs- 14
zeitbestimmung **(I).** „Sofort" bedeutet so schnell als der Schuldner nach den Umständen (§ 242; sa Rn 13) leisten kann (ie München OLGZ 92, 341 mN). Auch hinsichtlich des genauen Leistungszeitpunkts (Tageszeit) gilt allg § 242, sofern nicht ohnehin die Sonderbestimmung HGB 358 eingreift. **b) Hinausgeschobene Fäl-** 15
ligkeit (II). Die Leistungszeitbestimmung (Rn 6 ff) wirkt iZw nur **zu Gunsten des Schuldners,** dh dieser darf bereits vorher leisten bzw kann in Annahmeverzug begründender Weise anbieten. Eine **Ausnahme** besteht, wenn der Gläubiger durch die vorzeitige Tilgung ein vertragliches Recht verliert (uU genügt rechtlich geschütztes Interesse), wie zB beim verzinslichen Darlehen (arg § 488 III 3; sa BGH NJW 70, 603; die Vorfälligkeitsentschädigung kann auf den Zeitpunkt der Kündigung berechnet werden, denn mit ihr wird der Schadensersatzanspruch der Bank nach I fällig, Frankfurt WM 12, 2284; BGH 170, 3 ff: vorzeitige Lieferungsberechtigung bei Einbauküche in AGB unzulässig). Kein Recht zur vorzeitigen Leistung besteht auch bei Wechsel-, Hypotheken- und Grundschuldforderungen (Rn 5). Beim Ruhegehalt ist Vorauszahlung nur für eine angemessene Zeit (6 Monate) zulässig (BGH NJW 72, 154; gilt auch für Aufrechnung BGH NJW-RR 06, 1185). **Sondervorschriften** beim Verbraucherkredit: Rn 3, 5.

4. Rechtsfolgen. a) Nichteinhaltung der Leistungszeit führt (uU ohne Mah- 16
nung, vgl § 286 II, III) zum **Schuldnerverzug** (§ 286), beim absoluten Fixgeschäft (§ 275 Rn 14) zur dauernden Unmöglichkeit (BGH 60, 16; NJW 13, 380), beim einfachen Fixgeschäft uU zur Vertragsauflösung (§ 323 II Nr 2). Erfüllbarkeit der geschuldeten Leistung genügt für Annahmeverzug begründendes Angebot (§ 294 Rn 3), Erfüllbarkeit der Gegenforderung für Aufrechnungslage (§ 387). Zu den Rechtsfolgen vorzeitiger Kreditrückzahlung iSv Rn 3 s §§ 501, 502. **b)** Die **Beweis-** 17
last für eine abw von **I** vereinbarte hinausgeschobene Fälligkeit trägt idR der Schuldner (BGH NJW-RR 04, 209; MK/Krüger 37); das Gleiche gilt für die nachträglich gewährte Stundung (RG 68, 306, allgM); anders (Beweislast des Gläubigers/Verkäufers), wenn die Teilzahlungsabrede (wie bei § 502 I, III 1) zugleich die Wirksamkeit des Vertrags betrifft (BGH NJW 75, 207; LG Tübingen NJW 90, 1186 mN, str).

§ 272 Zwischenzinsen

Bezahlt der Schuldner eine unverzinsliche Schuld vor der Fälligkeit, so ist er zu einem Abzug wegen der Zwischenzinsen nicht berechtigt.

a) Bedeutung. Kein Ausgleich des Zinsvorteils, den der Gläubiger einer unver- 1
zinslichen Geldforderung dadurch erlangt, dass der Schuldner (uU auch nur irrtümlich, s § 813 II) vor Fälligkeit erfüllt; Grund: Zahlung beruht auf freiem Willen.
b) Begriff. Zwischenzins (Interusurium, Diskont) ist der auf den gezahlten Betrag 2
vom Zeitpunkt der Zahlung bis zur Fälligkeit entfallende Zins. Zur **Berechnung** nach der sog Hoffmann'schen Methode (InsO 41 II, ZVG 111) vgl BGH 115, 310.
c) Ausnahmen durch **Ges:** §§ 1133 S 3, 1217 II S 2; InsO 41 II, 46, ZVG 111; 3
durch **Parteivereinbarung** (s § 271 Rn 12 [3]) – ein entspr allg Handelsbrauch besteht nicht; oder bei vorzeitiger (zB gem § 252) **Verurteilung** zu Schadensersatz (BGH 115, 310).

§ 273 Zurückbehaltungsrecht

(1) Hat der Schuldner aus demselben rechtlichen Verhältnis, auf dem seine Verpflichtung beruht, einen fälligen Anspruch gegen den Gläubiger,

§ 273

Buch 2. Abschnitt 1. Inhalt der Schuldverhältnisse

so kann er, sofern nicht aus dem Schuldverhältnis sich ein anderes ergibt, die geschuldete Leistung verweigern, bis die ihm gebührende Leistung bewirkt wird (Zurückbehaltungsrecht).

(2) Wer zur Herausgabe eines Gegenstands verpflichtet ist, hat das gleiche Recht, wenn ihm ein fälliger Anspruch wegen Verwendungen auf den Gegenstand oder wegen eines ihm durch diesen verursachten Schadens zusteht, es sei denn, dass er den Gegenstand durch eine vorsätzlich begangene unerlaubte Handlung erlangt hat.

(3) ¹Der Gläubiger kann die Ausübung des Zurückbehaltungsrechts durch Sicherheitsleistung abwenden. ²Die Sicherheitsleistung durch Bürgen ist ausgeschlossen.

Lit: Diederichsen, Das Zurückbehaltungsrecht im Familienrecht, FS Heinrichs, 1998, S 181; Hüttemann/Jacobs, Zurückbehaltungsrecht bei unterlassener oder fehlerhafter Rechnungsausstellung, MDR 07, 1229; H. Roth, Die Einrede des Bürgerlichen Rechts, 1988, 183 ff; Thomale, Die Einrede als materielles Gestaltungsrecht, AcP 212, 921, 946 ff.

1   **1. Allgemeines. a) Begriff.** Vgl die Legaldefinition in **I**. Danach setzt das (allg) **Zurückbehaltungsrecht** voraus: Gegenseitigkeit der Forderungen (Rn 7), Fälligkeit der Gegenforderung (Rn 8) und Konnexität von Forderung und Gegenforderung (Rn 9). **b) Bedeutung.** Bes Rechtsbehelf des Schuldners, der es ihm ermöglicht, die rechtlich gemeinsame Behandlung von Zusammengehörigem herbeizuführen (vgl § 274 Rn 1 ff). Ausprägung von § 242 (BGH 91, 83 mN; sa Rn 9,
2   17; § 242 Rn 36). **c) Zweck: Sicherung** des Schuldners im Hinblick auf seine Gegenforderung (vgl **III**; BGH NJW 87, 3255); zugleich mittelbarer Erfüllungsdruck auf den Gläubiger (vgl Frankfurt NJW 85, 3083), daher keine rückwirkende
3   Geltendmachung (BAG NJW 09, 2908 f). **d) Rechtsnatur:** Rn 19. **e) Anwendungsbereich.** Gilt auch gegenüber dinglichen (BGH 41, 30; 87, 277; ZIP 02, 860; Bsp: § 894 Rn 10; sa u Rn 13 aE) und erbrechtlichen Ansprüchen (Ausnahmen: BGH 92, 198) sowie für die Tätigkeit eines Schiedsgerichts (BGH 94, 95: Ausbleiben des Vorschusses), mit Einschränkungen auch bei familienrechtlichen Ansprüchen vermögensrechtlicher Art (ie Diederichsen aaO; bejahend BGH 171, 30 f. Anspruch aus § 1476 II 2) und öffentl-rechtlichen Ansprüchen (KG OLGZ 91, 21 mN), **nicht** gegenüber Feststellungs- (RG 163, 63) und Rechtsgestaltungsklagen (BGH 71, 22). **f)** In AGB nur beschränkt **abdingbar** (Rn 18), vertragliche **Erwei**-
4   **terung** möglich (Rn 27). **g) Abgrenzung. aa) Sonderfälle** des Zurückbehaltungsrechts enthalten **II**, §§ 359, § 1000, HGB 369 ff (dazu Rn 25 ff), BRAO 50 III; StBerG 66 IV (Köln NJW-RR 09, 1724), WirtschaftsPrüferO 51 bb III. AGG 14 gibt dem AN ein Leistungsverweigerungsrecht, wenn AG Maßnahmen zur
5   Unterbindung von Belästigungen am Arbeitsplatz unterlässt. **bb)** Die **Einrede des nichterfüllten Vertrages** (§ 320) ist kein Unterfall des § 273 (vgl MK/Krüger 101; Roth aaO S 183 f, str; aA hM). Sie gilt nur beim gegenseitigen Vertrag, kennt keine Abwendungsbefugnis durch Sicherheitsleistung (s dazu Rn 23) und muss
6   nicht erhoben werden, um Verzug auszuschließen (§ 320 Rn 18). **cc)** Die **Aufrechnung** (§ 387) ist RGeschäft mit unterschiedlichen Voraussetzungen (Gleichartigkeit, keine Konnexität) und führt zur Befriedigung. Fehlgeschlagene Aufrechnung kann Ausübung (Rn 21) von Zurückbehaltungsrecht sein (BGH ZIP 83, 1088).

7   **2. Voraussetzungen des allgemeinen Zurückbehaltungsrechts (I). a) Gegenseitigkeit.** Der zurückhaltende Schuldner der Forderung muss Gläubiger der Gegenforderung sein, deren Schuldner wiederum der Gläubiger ist (beiderseitige persönliche und rechtliche Identität von Gläubiger und Schuldner). Deshalb idR kein Zurückbehaltungsrecht der Kfz-Werkstatt gegenüber dem Herausgabeanspruch des Eigentümers, wenn der Werkvertrag mit einem Dritten geschlossen wurde (Karlsruhe NJW-RR 12, 1442 [zum fehlenden Unternehmerpfandrecht § 647 Rn

Titel 1. Verpflichtung zur Leistung § 273

3]). Es genügt, dass dem Schuldner die Gegenforderung in Gemeinschaft mit anderen zusteht (BGH 38, 125; NJW-RR 05, 377) oder (wie bei der Sicherungsabtretung), dass der Schuldner klagebefugt ist (BGH NJW 00, 278). Das Zurückbehaltungsrecht wirkt gegenüber dem Zessionar nach § 404, gegenüber dem Dritten beim Vertrag zgDr gem § 334 (BGH NJW 80, 450), in dreiseitigen Rechtsverhältnissen uU gegenüber beiden Vertragspartnern (vgl Gernhuber, FS Larenz, 1973, 465 mN; Sonderfall: § 359). Die Forderungen müssen vermögensrechtlicher Natur sein; nicht erforderlich sind Gleichartigkeit (dann idR § 387; Ausnahmefall: BGH 38, 126; NJW 00, 279; sa Rn 12 ff) und sofortige Beweisbarkeit der Gegenforderung (verkannt in BGH NJW 81, 2802). **b) Vollwirkamer, fälliger Gegenanspruch.** Die **8** Gegenforderung muss vollwirksam entstanden und durchsetzbar sein. Bedingte, künftige (BGH NJW-RR 86, 543) oder unvollkommene (§§ 656, 762) Ansprüche scheiden daher idR aus, ferner Ansprüche, denen eine Einrede entgegensteht (vgl § 390; Ausnahme bei Zurückbehaltungsrecht des Gläubigers gegenüber dem Gegenanspruch: § 274 Rn 2). Es genügt, dass der Gegenanspruch spätestens bis zum Zeitpunkt der Erbringung der geschuldeten Leistung entsteht und fällig wird (BGH 73, 319; 116, 247 f mN, hM; Bsp: §§ 371, 1223 I); Verzug ist nicht erforderlich (BAG NZA 85, 356). Besonderheiten bei § 1000 (dazu Rn 25 [bb]) und beim vertraglichen Zurückbehaltungsrecht Rn 27. Gem § 215 begründet eine **verjährte Gegenforderung** dann ein Zurückbehaltungsrecht, wenn die Verjährung in dem Zeitpunkt noch nicht eingetreten war, in dem erstmals die Leistung verweigert werden konnte. Bei der schadensrechtlichen Rückabwicklung einer mittelbaren Fondsbeteiligung ist der Kapitalanleger nur gehalten, dem Schädiger die Abtretung seiner Rechte aus der Beteiligung anzubieten. Eine Übertragung Zug-um-Zug kann auch dann nicht verlangt werden, wenn diese der Zustimmung Dritter bedarf, da letzteres in die Risikosphäre des Schädigers fällt (BGH NJW 12, 2951). **c) Konnexität.** Beide **9** Forderungen beruhen auf „demselben rechtlichen Verhältnis" (Wortlaut von I zu eng, weite Auslegung geboten), wenn ihnen ein **innerlich zusammengehöriges, einheitliches Lebensverhältnis** zugrunde liegt; dafür genügt ein solcher natürlicher und wirtschaftlicher Zusammenhang, dass es gegen Treu und Glauben verstieße, wenn der eine Anspruch ohne Rücksicht auf den anderen geltend gemacht werden könnte (BGH 92, 196; 115, 103 f, stRspr). Bsp: Konnexität ist idR zu **bejahen** bei Ansprüchen aus verschiedenen Verträgen im Rahmen einer stdg Geschäftsverbindung (BGH 54, 250; Düsseldorf NJW 78, 703; krit MK/Krüger 16); bei beiderseitigen Ansprüchen aus nicht zustande gekommenen oder nichtigen (angefochtenen) Verträgen (RG 108, 336; BGH NJW-RR 90, 848), soweit nicht bereits die Saldotheorie (§ 818 Rn 40 ff) eingreift; bei Ansprüchen aus Wechsel (Scheck) und Grundgeschäft (BGH 57, 300; 85, 348 f; NJW 86, 1873; ie str; s Zöllner ZHR 148, 313 ff); bei vermögensrechtlichen Ansprüchen aus Auflösung (Auseinandersetzung) einer Ehe (BGH 92, 196), Gemeinschaft (BGH NJW-RR 90, 134) oder Gesellschaft (BGH NJW 90, 1172); ges Anwendungsfall: **II** (vgl Rn 25 [bb]); sie wurde zB **verneint** für Ansprüche gegen einen Gesellschafter aus dem Gesellschaftsverhältnis und aus gesellschaftsfremden RGeschäften (RG 118, 300; sa BGH NJW-RR 90, 134 zu § 749 I). **d) Negative Voraussetzungen:** Kein **10** **Ausschluss** (vgl **I**: „... sofern nicht aus dem Schuldverhältnis sich ein anderes ergibt ..." und dazu Rn 11 ff) und keine **Abwendung** des Zurückbehaltungsrechts (vgl **III** und Rn 23).

3. Ausschluss des Zurückbehaltungsrechts. a) auf Grund Ges. Fälle: §§ 175, **11** 570, 578 I, 580, 581 II; 596 II; GmbHG 19 II; **Einschränkung:** HGB 88a; BBG 84 II; StBerG 66 IV (Düsseldorf MDR 05, 600); ferner NAV, NDAV je 23, AVBWasserV und AVBFernwärmeV je 30 (Zurückbehaltungsrecht für Kunden nur bei offensichtlichen Fehlern und nur bei Geltendmachung innerhalb von zwei Jahren nach Zugang der fehlerhaften Rechnung – vgl Hamm GWF/Recht und Steuern 01, 33, für Versorgungsunternehmen nur unter Wahrung der Verhältnismäßigkeit). In den Fällen des Strom-Teilzahlungsboykotts fehlt es aber bereits an einem Gegen-

§ 273

Buch 2. Abschnitt 1. Inhalt der Schuldverhältnisse

anspruch iSd Rn 8 (zutr Hamm NJW 81, 2475); Stromsperre bei Zahlungsverzug ist uU Rechtsmissbrauch (BGH 115, 102; nicht so Versorgungssperre in Wohnungsgemeinschaft bei erheblichem Zahlungsrückstand, BGH NJW 05, 2623; sa Bay-
12 ObLG NJW-RR 04, 1382). **b) aus der Natur des Schuldverhältnisses.** Grenzen des Zurückbehaltungsrechts ergeben sich aus seinem beschränkten Zweck (Rn 2), der bes Schutzwürdigkeit des Gläubigers und der mangelnden Schutzwürdigkeit des Schuldners. Die Ausübung des Zurückbehaltungsrechts darf nicht zu einer dauernden und gänzlichen Vereitelung des Gläubigerrechts führen (BGH 91, 83; deshalb idR keine Leistungsverweigerung gegenüber Unterlassungsanspruch, BAG DB 83, 834 zu § 320; sa dort Rn 7 und 15) und darf die Befriedigung durch den Gläubiger nicht vorwegnehmen oder verhindern. Gegenüber einem Geldanspruch ist die Zurückbehaltung ausgeschlossen, soweit die Zurückbehaltung bei Aufrechnungsverbot einer unzulässigen Aufrechnung gleichkäme (BGH 38, 129; vgl aber auch Rn 7). Fallgruppen für **Ansprüche,** denen gegenüber die **Zurückbehaltung** idR
13 **ausgeschlossen ist: aa) Hilfsansprüche zum Zweck der Rechtsverfolgung und Rechtswahrung:** Ansprüche auf Auskunft und Rechnungslegung (BGH NJW 78, 1157; Frankfurt NJW 85, 3083 mN; ie Diederichsen aaO S 192 ff); auf Erteilung einer Quittung (§ 368), Rückgabe des Schuldscheins (§ 371) oder Hypothekenbriefs und der zur Löschung der Hypothek erforderlichen Urkunden (§ 1144; BGH 71, 22); auf Aushändigung eines Wechsels gegen Zahlung (WG 39) oder bei Nichtbestehen der Wechselschuld (BGH MDR 84, 47); ausnahmsweise auf Grundbuchberichtigung (§ 894): Bsp: Eintragung beruht auf Geschäftsunfähigkeit (BGH NJW 88,
14 3261; idR abw aber BGH NJW 90, 1171 mN; 00, 278 und allg Rn 3). **bb) Ansprüche, die der Sicherung oder der Existenzgrundlage des Gläubigers dienen:** Ansprüche auf Sicherheitsleistung (BGH WM 07, 1189: Mietkaution); ges Unterhaltsansprüche (vgl BGH NJW 80, 450; einschr Hamm NJW-RR 96, 5: uU § 242); Ansprüche auf unpfändbaren Lohn und Gehalt (§ 394 entspr iVm ZPO 850 ff; RG 85, 110; sa BBG 84 II); Ansprüche des übergangenen Ehegatten nach § 1368 (Vor
15 §§ 1365–1368 Rn 16). **cc)** Bestimmte **Ansprüche aus Treuhand- und sonstigen Vertrauensverhältnissen** (vgl RG 160, 59), wie Ansprüche auf Herausgabe von Buchhaltungsunterlagen (str; s ie Zeiler DB 87, 2136 mN; aA Nürnberg MDR 90, 820; einschr BGH NJW 88, 2608), Geschäftspapieren (BGH NJW 97, 2945), Belegen (Stuttgart ZIP 82, 81), Krankenunterlagen (AG Freiburg NJW 90, 770) usw
16 (sa § 667 Rn 4). Sondervorschriften: HGB 88a II; BRAO 50 III 2. **dd) Schadensersatzansprüche, die auf einer vorsätzlich rechtswidrigen Handlung des Schuldners beruhen** (§ 393 entspr; BAG NJW 68, 565); über II hinaus auch Ansprüche auf Herausgabe eines Gegenstandes, der durch uH erlangt worden ist
17 (vgl Rn 25). **c) nach Treu und Glauben.** Die Ausübung des Zurückbehaltungsrechts kann im Einzelfall unzulässige Rechtsausübung (§ 242 Rn 32 ff) sein. Bsp (sa Rn 11): Zurückbehaltung gegenüber nach Grund und Höhe unbestrittener Forderung wegen Gegenforderung, deren Klärung schwierig und zeitraubend ist (BGH 91, 83; NJW 90, 1172 mN; gilt nicht bei schwer aufklärbaren Baumängeln BGH NJW-RR 05, 969); bei Gefährdung einer erb-, güter- oder gemeinschaftsrechtlichen Auseinandersetzung (BGH 92, 198 f mN; NJW-RR 90, 134); Zurückhaltung der Arbeitsleistung wegen geringfügigen Lohnanspruchs (BAG NJW 97, 275 f, allg bei geringfügiger Gegenforderung BGH NJW 04, 3485); Verweigerung trotz anderweitiger hinreichender Sicherung des Schuldners (arg III; BGH 7, 127; BAG NZA 85, 356); Belieferungsstoppp für Tankstelle bei gleichzeitigem Verbot des Vertriebs von Konkurrenzprodukt (BGH NJW-RR 06, 616); zulässig aber Zurückbehaltung von Hund wegen tierärztlicher Honorarforderung (LG Mainz NJW-RR 02, 1181;
18 aA AG Bad Homburg NJW-RR 02, 895); zur Versorgungssperre s Rn 11. **d) auf Grund Vereinbarung.** Schranken: §§ 307, 309 Nr 2b, 556b II und allg § 242 (s Rn 17); zu Einschränkungen im kaufmännischen Verkehr s Hamburg NJW-RR 98, 586. Ausschluss des Zurückbehaltungsrechts zB unwirksam bei zweifelsfreier Gegenforderung (BGH 92, 316 mN; sa NJW-RR 93, 520) oder bei eigener schwerer Vertragsverletzung des Gläubigers (BGH 48, 270). Stillschweigender Ausschluss

Titel 1. Verpflichtung zur Leistung § 273

liegt in Vereinbarung der Vorleistungspflicht des Schuldners; Auslegungsfrage bei vertraglichem Einwendungsausschluss (vgl BGH 92, 197; zum Aufrechnungsausschluss s BGH NJW 87, 3255; MK/Krüger 80 mN). **4. Rechtsfolgen. a) Wesen.** Das Zurückbehaltungsrecht ist **Leistungsverwei-** 19 **gerungsrecht;** es begründet eine aufschiebende **Einrede.** Bei unterlassener oder fehlerhafter Rechnung (entgegen UStG § 14) darf die Entgeltzahlung in voller Höhe, nicht nur in Höhe des USt-Anteils verweigert werden (Hüttemann/Jacobs aaO mN, str). **b) Gegenstand** des Zurückbehaltungsrechts. Jede Leistung in den 20 Schranken der Rn 11 ff; neben **Sachen** und Gegenständen (Rn 25) auch Geld, Wert- und Legitimationspapiere (zB Hypotheken- und Grundschuldbriefe, RG 66, 24; Versicherungsscheine), unabhängig von ihrer selbstständigen Pfändbarkeit; ferner **Handlungen jeder Art,** zB Dienst- und Arbeitsleistungen (BAG NJW 97, 275; BGH 55, 347), Anspruch auf Befreiung von Drittschulden (BGH 91, 76), idR **nicht** aber Unterlassungen (Rn 12) und Urkunden, die der Rechtswahrung des Gläubigers dienen (vgl §§ 175, 368, 371, 1144 usw; auch Reisepass: LG Baden-Baden NJW 78, 1750; vgl ferner Rn 13). **c) Geltendmachung. aa) Außerprozessual.** Ausdr 21 oder stillschweigende (Gegenanspruch muss erkennbar sein, arg III; vgl Rn 23) Verweigerung der Leistung bis zur Bewirkung der Gegenleistung; die Ausübung hat rechtsgestaltende Wirkung (BGH NJW-RR 86, 992). **bb) Im Prozess** wird nur das *ausgeübte* Zurückbehaltungsrecht berücksichtigt. Gleichgültig ist, welche Partei Geltendmachung gem Rn 21 aa vorträgt. Für (erstmalige) Geltendmachung im Prozess genügt der Klageabweisungsantrag allein nicht (uU aber dessen Begründung: Hamm MDR 78, 403), bes Antragstellung ist nicht erforderlich, wohl aber genaue Bezeichnung der Gegenleistung; wirksame Geltendmachung wirkt in der höheren Instanz fort (BGH NJW-RR 86, 992). **d) Materiellrechtliche Wirkun-** 22 **gen.** Geltendmachung (Rn 21) schließt Schuldnerverzug (§ 286) und Anspruch auf Prozesszinsen nach § 291 aus (§ 280 Rn 36; § 286 Rn 13; § 291 Rn 5). Zur Heilung bereits eingetretenen Verzuges ist Angebot der eigenen Leistung des Schuldners Zug-um-Zug gegen Erfüllung des Gegenanspruchs erforderlich (§ 280 Rn 36, 45). Dagegen beseitigt das Zurückbehaltungsrecht nicht die Fälligkeit des Anspruchs (Hamburg WM 86, 386; aA KG NJW-RR 90, 553) und hemmt nicht seine Verjährung (kein Fall von § 205). Das Zurückbehaltungsrecht begründet nach hM kein Recht zum Besitz iSd § 986 (hierzu § 986 Rn 8 str; aA BGH 64, 124; NJW-RR 86, 283) oder Gebrauch (BGH 65, 59); im **Insolvenzverfahren** des Gegners ist es idR (Ausnahmen: InsO 51 Nr 2 und 3) nicht durchsetzbar (BGH 150, 145 f; 161, 241; Henckel ZZP 99, 421 ff; die Gegenansicht von HK-InsO/Marotzke InsO § 103 Rn 107 lehnt BGH WM 13, 139 erneut ab); auch für die Rückabwicklung nach Vertragsrücktritt ergibt sich kein insolvenzfestes Zurückbehaltungsrecht aus InsO 103, 55 I Nr. 2 analog (BGH ZIP 09, 428). Hingegen kann der Mieter wegen nicht angelegter Kaution sein Zurückbehaltungsrecht auch gegenüber dem Zwangsverwalter ausüben (ZVG 152 II, BGH NJW 09, 3505). **e) Prozessuale** 23 **Wirkungen:** § 274 mit Anm. **f) Abwendung durch Sicherheitsleistung:** III iVm §§ 232 ff (§ 232 II ist ausgeschlossen durch III 2); Erbieten genügt nicht (vgl BGH NJW 88, 484), Erfüllungsverweigerung des Schuldners macht Sicherheitsleistung nicht entbehrlich (BGH aaO 485). Die Absicht, das Zurückbehaltungsrecht geltend zu machen, muss daher bekannt gegeben werden, ansonsten Schuldnerverzug. Abw Regelung bei § 320 (dort Rn 18). **g) Erlöschen:** Mit Beendigung des Gegenseitig- 24 keitsverhältnisses (Rn 1 [a]), also mit der Leistung des Schuldners, auch der erzwungenen (RG 109, 105), im Fall des **II** mit dem Besitzverlust. Ist irrtümlich geleistet, besteht kein Anspruch auf Rückgewähr nach § 813.

5. Sonderfälle des Zurückbehaltungsrechts. **a) Zurückbehaltung von** 25 **Sachen und Gegenständen wegen bestimmter Gegenansprüche (II). aa) Voraussetzungen:** (1) Der Schuldner hat auf einen herauszugebenden Gegenstand (auch Recht, Buchrecht, vormerkungswidrige Rechtsposition) Verwendungen (Begriff: § 951 Rn 22; Abgrenzung: § 256 Rn 2) gemacht (zum ganzen BGH

§ 274, Vor §§ 275–292   Buch 2. Abschnitt 1. Inhalt d. Schuldverhältnisse

75, 293 f; Bsp: § 459) oder (2) dem Schuldner ist durch den herauszugebenden Gegenstand ein Schaden entstanden. (3) Der Schuldner darf den Gegenstand nicht durch eine vorsätzlich begangene uH erlangt haben; nach Schleswig WM 72, 1259, 1478 gilt dies entspr bei vorsätzlicher Vertragsverletzung (str). **bb) Sonderfall:** Zurückbehaltungsrecht nach § 1000; dafür ist im Gegensatz zu **II** Fälligkeit des
26 Gegenanspruchs nicht erforderlich (vgl § 1001 S 1). **b) Kaufmännisches Zurückbehaltungsrecht** (HGB 369 ff). Besonderheiten: Konnexität nicht erforderlich, auch an eigener Sache möglich; gibt Befriedigungsrecht (HGB 371) und im Insol-
27 venzverfahren Absonderungsrecht (InsO 51 Nr 3). **c) Vertragliches Zurückbehaltungsrecht.** Bedeutung: Erweiterung des Zurückbehaltungsrechts auf fällige und nicht konnexe Gegenforderungen (vgl BGH NJW 91, 2563). Folge für Verjährung: § 205. Unangemessene AGB-Erweiterung: uU § 307. Ausgestaltung mit dinglicher Wirkung **nicht** möglich (RG 66, 26).

§ 274 Wirkungen des Zurückbehaltungsrechts

(1) **Gegenüber der Klage des Gläubigers hat die Geltendmachung des Zurückbehaltungsrechts nur die Wirkung, dass der Schuldner zur Leistung gegen Empfang der ihm gebührenden Leistung (Erfüllung Zug um Zug) zu verurteilen ist.**

(2) **Auf Grund einer solchen Verurteilung kann der Gläubiger seinen Anspruch ohne Bewirkung der ihm obliegenden Leistung im Wege der Zwangsvollstreckung verfolgen, wenn der Schuldner im Verzug der Annahme ist.**

1   **1. Urteil (I).** Das Zurückbehaltungsrecht begründet eine **Einrede** (vgl § 273 Rn 1 [b], 7, 19, 21 [bb]). Es führt **nicht** zur Klageabweisung, sondern nur zur **Zug-um-Zug-Verurteilung** des Schuldners (BGH 92, 197), auch dann, wenn der Kläger eine uneingeschränkte Verurteilung begehrt oder wenn der Schuldner sich bereits im Annahmeverzug (§§ 293 ff, s Rn 3) befindet (BGH 90, 358 mN; Köln NJW-RR 96, 500). Gegenüber der uneingeschränkten Verurteilung liegt ein Minus, kein Aliud vor, bei eingeschränktem Klageantrag erfolgt Zurückweisung im Übrigen mit Kostenteilung nach ZPO 92 (BGH 117, 3). Das Bestehen des Zurückbehaltungsrechts gehört nicht zum Grund des Anspruchs iSv ZPO 304 (RG 123, 7); Ergänzungsurteil nach ZPO 321 ist unzulässig (BGH 154, 1). Die Entscheidung über die Gegenforderung entfaltet keine Rechtskraftwirkung (ZPO 322 II unanwendbar: BGH 90, 197 mN). Ist die vom Gläubiger „Zug um Zug" zu erbringende (Gegen-) Leistung ihrerseits von einer Gegenleistung des Schuldners abhängig, ergeht **„doppelte Zug-um-Zug-Verurteilung"** (BGH 90, 358 ff).

2   **2. Zwangsvollstreckung (II).** Das Zug-um-Zug-Urteil ist Titel nur für den Gläubiger. Die Vollstreckung setzt entweder die Befriedigung des Schuldners wegen der Gegenforderung oder (nachgewiesenen) Annahmeverzug des Schuldners (II; gem ZPO 256 bereits im Zug-um-Zug-Urteil feststellbar: BGH NJW 00, 2281; s § 293 Rn 7) oder gleichzeitiges Angebot der (Gegen-)Leistung des Gläubigers voraus (vgl ZPO 726 II, 756, 765; BGH 90, 359; ie Schilken AcP 181, 355).

Vorbemerkungen zu den §§ 275–292

Lit: Canaris, Zur Bedeutung der Kategorie der „Unmöglichkeit" für das Recht der Leistungsstörungen, in: Die Schuldrechtsreform vor dem Hintergrund des Gemeinschaftsrechts, 2001, S 43–66; ders, Die Reform des Rechts der Leistungsstörungen, JZ 01, 499–524; Haberzettl, Verschulden und Versprechen – Zur Haftung des Schuldners für die Verzögerung der Leistung, 2005; Hirsch, Schadensersatz statt der Leistung, Jura 03, 289; U. Huber, Das geplante Recht der Leistungsstörungen, in: Zivilrechtswissenschaft und Schuldrechtsreform, 2001, S 31–183;

Titel 1. Verpflichtung zur Leistung Vor §§ 275–292

ders., Schadensersatz statt der Leistung, AcP 210, 319; Lorenz, Schadensersatz wegen Pflichtverletzung usw, JZ 01, 742; Magnus, Der Tatbestand der Pflichtverletzung, in: Die Schuldrechtsreform vor dem Hintergrund des Gemeinschaftsrechts, 2001, S 67–80; Riehm, Pflichtverletzung und Vertretenmüssen, FS Canaris 2007, S 1079; Schlüter, Leistungsbefreiung bei Leistungserschwerungen, ZGS 03, 346; Schwab, Schadensersatzverlangen und Ablehnungsandrohung nach der Schuldrechtsreform, JR 03, 133; Teichmann, Strukturveränderungen im Recht der Leistungsstörungen usw, BB 01, 1485; Wertenbruch, Die Anwendung des § 275 BGB auf Betriebsstörungen beim Werkvertrag, ZGS 03, 53; Wieser, Gleichzeitige Klage auf Leistung und Schadensersatz aus § 281 BGB, NJW 03, 2432; Wilhelm, Die Pflichtverletzung nach dem neuen Schuldrecht, JZ 04, 1055.

1. Überblick über die Leistungsstörungen. Als Leistungsstörungen (kein ges 1 Begriff) werden die Tatbestände zusammengefasst, bei denen es nicht zu einer ordnungsgemäßen Abwicklung des Schuldverhältnisses (Erbringung der Leistung zur rechten Zeit am rechten Ort in der richtigen Art und Weise) kommt. Folge der Leistungsstörung ist eine inhaltliche Umgestaltung des Schuldverhältnisses; die ursprüngliche Leistungspflicht kann entfallen, sich verändern oder durch eine zusätzliche Schadensersatzpflicht ergänzt werden. – Das BGB stellt die **Pflichtver-** 2 **letzung** (s Rn 6) als Grundtatbestand in den Mittelpunkt der Regelung (§ 280 I). Das Merkmal der Pflichtverletzung verlangt nur den obj Verstoß gegen eine Pflicht aus dem Schuldverhältnis. Es kommt nicht darauf an, dass dem Schuldner die Pflichtverletzung vorgeworfen werden kann, auf welchen Gründen sie beruht oder welchen Folgen sie hat. Der Begriff der Pflichtverletzung umfasst damit die beiden Grundtypen der Leistungsstörung, die Nicht- und die Schlechterfüllung, einschließlich der Verletzung von Nebenpflichten. Die früheren Haupttypen der Leistungsstörung (Unmöglichkeit, Verzug und die bis zur Schuldrechtsreform nicht gesondert geregelte pVV) gehen in diesem Tatbestand auf. Insbes ist die Unmöglichkeit nur noch eine Erscheinungsform der Pflichtverletzung. Bei Mängeln der Kaufsache oder des Werkes haftet der Schuldner nach den allg Regelungen des Leistungsstörungsrechts (§§ 437, 634a), die aber teilw modifiziert werden (s Rn 15). Geblieben sind auch die Sonderregelungen bei der Miete, Leihe und im Reisevertrag (§§ 536 f, 600, 651c ff), die in ihrem Anwendungsbereich den §§ 275 ff, 280 ff, 311a vorgehen. – **Kein** Fall der Leistungsstörung ist die **bloße** 3 Nichterfüllung; solange nicht Verzug (§ 280 II) oder sonstiges vertragsgefährdendes Verhalten (vgl § 280 Rn 17 ff; § 281 Rn 9) hinzukommt, hat der Gläubiger nur den Erfüllungsanspruch.

2. Erfüllungsanspruch und Grenzen der Leistungspflicht. Das SchRModG 4 trennt klar zwischen der Verpflichtung des Schuldners zur Erbringung der (primären) Leistung und Sekundäransprüchen des Gläubigers, wenn es zu Störungen bei der Vertragsabwicklung kommt. Aus § 275 I (obj und subj Unmöglichkeit) und den Tatbeständen der § 275 II und III, die I näher definieren, ergibt sich, bis zu welcher Grenze der Schuldner die Leistung erbringen muss und wann er von seiner primären Leistungspflicht befreit ist. **Anfängliche** (obj und subj) **Leistungshindernisse** lassen die Wirksamkeit des Vertrages und der Vertragspflicht unberührt; sie schließen lediglich den § 275 den Anspruch auf die Leistung aus (Huber AcP 210, 334). In diesem Fall beschränkt sich das Schuldverhältnis von vorne herein auf sekundäre Ansprüche (zB auf Herausgabe des Surrogats oder auf Schadensersatz). – Welche 5 **Rechte** dem Gläubiger bei Vorliegen eines Leistungshindernisses zustehen, ergibt sich aus den Tatbeständen der §§ 280, 283 bis 285, 311a, 326. Sie bilden lediglich einen Unterfall der Haftung wegen Pflichtverletzung: Bei nachträglicher obj und subj Unmöglichkeit gelten §§ 280, 283, bei anfänglicher obj und subj Unmöglichkeit § 311a II. Das Schicksal der Gegenleistung ergibt sich aus § 326 I, II.

3. Der Tatbestand der Pflichtverletzung. a) Die Pflichtverletzung ist der 6 **Grundtatbestand des Leistungsstörungsrechts.** Sie ist sowohl Anknüpfungspunkt für Ansprüche auf Schadensersatz (§ 280 I), als auch für den Rücktritt (§§ 323, 326 V). Erfüllt der Schuldner zurechenbar (§§ 276–278) eine Pflicht aus dem Schuldverhältnis nicht oder nicht wie geschuldet (Pflichtverletzung), kann der Gläubiger Ersatz des hieraus entstehenden Schadens verlangen (§ 280 I). Der Begriff der Pflichtverletzung ist trotz seiner zentralen Bedeutung bis heute str, wie insbesondere die mit § 275 I zusammenhängende Frage nach der „Pflichtverletzung ohne Pflicht" zeigt (vgl hierzu etwa die Debatte um die Anwendbarkeit der §§ 434 ff (Rn 15) bei unbehebbarem Mangel, s Heyers/Heuser NJW 10, 3057; Schall NJW 11, 343; Szalai ZGS 11, 203 mit Nachw). Hinsichtlich des Ersatzes des Verzögerungsschadens und des Schadens, der statt der Leistung begehrt wird, müssen neben dem Tatbestand des § 280 I die weiteren Voraussetzungen des § 280 II (zB Mahnung) und des § 280 III (idR erfolglose Fristsetzung) erfüllt sein. Nach § 280 III iVm § 283 stellen (nachträgliche) Leistungshindernisse eine Pflichtverletzung dar, die dem Gläubiger einen Anspruch auf Schadensersatz statt der Leistung ohne vorherige Fristsetzung gewähren. Einen eigenen Haftungstatbestand haben lediglich anfängliche (obj und subj) Leistungshindernisse mit § 311a II gefunden. Der Verschuldensvorwurf gegenüber dem Schuldner bezieht sich hier nicht auf die Herbeiführung des anfänglichen Leistungshindernisses, sondern darauf, den Vertrag in Kenntnis (oder vorwerfbarer

7 Unkenntnis) seiner fehlenden Leistungsfähigkeit geschlossen zu haben. – **b) Vertretenmüssen.** Der Schuldner ist nur zum Schadensersatz verpflichtet, wenn er die Pflichtverletzung gem §§ 276–278 zu vertreten hat. Beim Vertretenmüssen geht es um das „warum" der nach § 280 I obj vorliegenden Pflichtverletzung und ob dem Schuldner deshalb ein Vorwurf zu machen ist.

8 **4. Rechtsfolgen der Pflichtverletzung. a) Regelung zum Schadensersatz (§§ 280–283, 311a). aa) Systematik und Anwendungsbereich.** Ansprüche auf Schadensersatz wegen Pflichtverletzung ergeben sich für sämtliche Schuldverhältnisse aus §§ 280–283, 286, 311a II. Sonderregelungen für den gegenseitigen Vertrag bestehen noch für das Rücktrittsrecht des Gläubigers bei einer Pflichtverletzung des Schuldners (§ 323), das Schicksal der Gegenleistung bei Leistungshindernissen (§ 326) und für die Abwicklung im Synallagma (§§ 320 ff). Bei der Prüfung von Schadensersatzansprüchen ist von der begehrten Rechtsfolge (Verzögerungsschaden usw) auszugehen. Aufgrund der Rechtsfolge ist dann die vollständige Anspruchsnorm zu ermitteln. Zur Anwendung im **Sachenrecht** s Vor § 853 Rn 9; insbes problematisch ist mangels Regelungslücke die analoge Anwendung von § 281 auf die Nichterfüllung des Beseitigungsanspruch nach § 1004 für den Fall, dass der Eigentümer eine Selbstvornahme nicht vorfinanzieren möchte (danach Rückgriffskondiktion oder §§ 670, 683) oder für die Duldung der Beeinträchtigung quasi ein Entgelt möchte (bejahend aber Karlsruhe NJW 12, 1520). § 1004 sieht gerade weder einen Kostensatz (schon gar keinen Vorschuss) noch eine Entschädigung für die Beeinträchtigung (BGH NJW 89, 1476) vor; zu Recht bejaht die hM (s BGH NJW 10, 2341 mNachw) die Anwendung von § 275

9 II auf den Beseitigungsanspruch. – **bb) Ersatz des Begleitschadens (§ 280 I).** § 280 I enthält den Grundtatbestand, der für jede zu vertretende Pflichtverletzung im vertraglichen oder ges Schuldverhältnis eine Schadensersatzpflicht anordnet. Nach § 280 II und III sind allerdings für Verzögerungsschäden und Schadensersatz statt der (primären) Leistung zusätzliche Voraussetzungen erforderlich. Für diese Schadensposten muss der Grundtatbestand des § 280 I um die zusätzlichen Voraus-

10 setzungen den §§ 281–283 ergänzt werden. – **cc) Ersatz des Verzögerungsschadens (§ 280 II).** Obwohl die Nichtleistung trotz Fälligkeit eine Pflichtverletzung darstellt, löst dies noch keinen Schadensersatzanspruch aus. Erst wenn die zusätzlichen Voraussetzungen des Verzuges vorliegen (§ 280 II iVm § 286), kann der

11 Gläubiger den Verzögerungsschaden ersetzt verlangen. – **dd) Schadensersatz statt der Leistung (§ 280 III).** Der Anspruch auf Schadensersatz statt der Leistung tritt an die Stelle der (Primär-)Leistung, wenn zusätzlich zu den Erfordernissen des § 280 I auch die §§ 281, 282 oder 283 erfüllt sind. Den wichtigsten Fall regelt § 281, wenn die Leistung (jeder Art) nicht oder nicht wie geschuldet erbracht wird. Der Gläubiger muss regelmäßig zuvor erfolglos eine angemessene Nachfrist

setzen; eine damit verbundene Ablehnungsandrohung ist nicht erforderlich. Die Fristsetzung sichert den Vorrang des Erfüllungsanspruchs. Bei der Verletzung von Pflichten nach § 241 II muss die Leistungserbringung für den Gläubiger unzumutbar sein (§ 282). Bei nachträglicher Unmöglichkeit gilt § 283.

5. Ersatz vergeblicher Aufwendungen. Nach § 284 kann der Gläubiger 12 anstelle des Schadensersatzes statt der Leistung Ersatz seiner Aufwendungen verlangen, die er im Vertrauen auf den Erhalt der Leistung gemacht hat und billigerweise machen durfte. Diese Regelung ersetzt auch den weggefallen Anspruch des Käufers auf Ersatz der Vertragskosten bei Mängeln, verlangt aber das Vertretenmüssen des Mangels durch den Verkäufer.

6. Rücktritt und Schicksal der Gegenleistung bei Leistungshindernissen. 13 **a)** Der **Rücktritt** setzt, gleichgültig ob die Pflichtverletzung in der Nicht- oder nicht rechtzeitigen Leistung oder in der Verletzung einer Pflicht nach § 241 II besteht, voraus, dass der Schuldner die Pflichtverletzung zu vertreten hat (§§ 323, 324). Bei der Verletzung einer Leistungspflicht muss grundsätzlich eine Fristsetzung erfolgen (§ 323 I); einer Ablehnungsandrohung bedarf es nicht. Die Rücktrittserklärung hindert den Gläubiger nicht, Schadensersatz statt der Leistung zu verlangen (§ 325). Das Rückgewährschuldverhältnis führt zur Rückgewähr der ausgetauschten Leistungen (§ 346 I) oder zur Rückabwicklung dem Werte nach (§ 346 II, III). Der Rücktrittsberechtigte haftet beim Rücktritt privilegiert (§ 346 III Nr 3). – **b) Schicksal der Gegenleistung bei Leistungshindernissen.** 14 Soweit der Schuldner nach § 275 nicht zu leisten braucht, entfällt nach § 326 I 1 beim gegenseitigen Vertrag sein Anspruch auf die Gegenleistung. Daneben kann der Gläubiger (bei Zweifeln am Vorliegen eines Leistungshindernisses) nach § 326 V zurücktreten. Bes Gefahrtragungsregeln enthält § 326 II.

7. Mängelhaftung. Die Haftung für Sach- und Rechtsmängel beim Kauf- und 15 Werkvertrag folgt den allg Regeln der §§ 280, 281, 283, 311a und 326. Ein selbstständiges Gewährleistungsrecht gibt es nicht mehr. Die bes Regelungen der §§ 437 ff, 634a ff gelten erst ab Gefahrübergang (§§ 446, 447, 640; s Kulke NJW 12, 2697). Unterschiede bestehen bei der Verjährung (§§ 195, 199 einerseits, § 438 andererseits) und (weniger bedeutend) bei den Grenzen der Leistungspflicht (§ 275 und §§ 439 III, 635 III). Die allg Rechtsbehelfe werden durch bes Rechtsfolgen ergänzt: Minderung (§§ 441, 638), Selbstvornahme (§ 637).

8. Kodifizierung. a) Das SchRModG hat bish ungeschriebene Rechtsinstitute 16 im BGB kodifiziert. Die **cic** hat in § 311 II und III eine normative Grundlage gefunden, ohne dass subsumtionsfähige Tatbestände vorliegen. Anspruchsgrundlage für Schadensersatz wegen vorvertraglicher Pflichtverletzungen ist § 280 I. **b)** Das Institut der **Störung der Geschäftsgrundlage** ist in § 313 kodifiziert worden. Die Vorschrift übernimmt die in der Rspr anerkannten Tatbestände; eine notwendige Anpassung tritt aber nicht mehr kraft Gesetzes ein, vielmehr steht der benachteiligten Partei ein Anspruch auf Vertragsanpassung zu (wie VwVfG 60). **c)** Die **fristlose Kündigung von Dauerschuldverhältnissen** aus wichtigem Grund übernimmt in § 314 die Ergebnisse der bisherigen Rspr.

§ 275 Ausschluss der Leistungspflicht

(1) **Der Anspruch auf Leistung ist ausgeschlossen, soweit diese für den Schuldner oder für jedermann unmöglich ist.**

(2) ¹Der Schuldner kann die Leistung verweigern, soweit diese einen Aufwand erfordert, der unter Beachtung des Inhalts des Schuldverhältnisses und der Gebote von Treu und Glauben in einem groben Missverhältnis zu dem Leistungsinteresse des Gläubigers steht. ²Bei der Bestimmung der dem Schuldner zuzumutenden Anstrengungen ist auch zu berücksichtigen, ob der Schuldner das Leistungshindernis zu vertreten hat.

§ 275

(3) **Der Schuldner kann die Leistung ferner verweigern, wenn er die Leistung persönlich zu erbringen hat und sie ihm unter Abwägung des seiner Leistung entgegenstehenden Hindernisses mit dem Leistungsinteresse des Gläubigers nicht zugemutet werden kann.**

(4) **Die Rechte des Gläubigers bestimmen sich nach den §§ 280, 283 bis 285, 311a und 326.**

Lit: Arnold, Die vorübergehende Unmöglichkeit nach der Schuldrechtsreform, JZ 02, 866; Canaris, Die Behandlung nicht zu vertretender Leistungshindernisse nach § 275 Abs. 2 beim Stückkauf, JZ 04, 214; Heckel, Anspruch und Einrede im „neuen" Leistungsstörungsrecht, JZ 12, 1094; Kaiser, Zeitweilige Unmöglichkeit, FS Hadding 2004, S 121; Kohler, Bestrittene Leistungsunmöglichkeit und ihr Zuvertretenhaben nach § 275 – Prozesslage und materielles Recht, AcP 05, 93; Schlüter, Leistungsbefreiung bei Leistungserschwerungen, ZGS 03, 346; Wertenbruch, Die Anwendung von § 275 auf Betriebsstörungen beim Werkvertrag, ZGS 03, 53; Wilhelm/Deeg, Nachträgliche Unmöglichkeit und nachträgliches Unvermögen, JZ 01, 223 ff.

1   **1. Allgemeines. a) Bedeutung.** Das allg Schuldrecht unterscheidet zwischen der Primärleistung („Leistung") und den Sekundäransprüchen, die sich aus einer Pflichtverletzung des Schuldners ergeben. § 275 regelt die Grenzen der *primären* Leistungsverpflichtung und führt zur **Leistungsbefreiung** des Schuldners, bei der es idR nicht auf das fehlende Vertretenmüssen des Leistungshindernisses durch den Schuldner ankommt. Die (sekundären) Ansprüche des Gläubigers bei Vorliegen eines Leistungshindernisses nach § 275 auf Schadensersatz, auf Herausgabe eines Surrogates oder das Recht zum Rücktritt ergeben sich aus §§ 280, 283 bis 285, 311a, 326 V. Es gilt der Grundsatz, dass eine nicht zu vertretende Unmöglichkeit den Schuldner sowohl von Erfüllungs- als auch Schadensersatzpflichten befreit (Huber AcP 2010, 325). Das Schicksal der Gegenleistung beim gegenseitigen Vertrag
2   bestimmt sich nach § 326 I, II. **b) Anwendungsbereich.** § 275 gilt für alle vertraglichen und ges Schuldverhältnisse. Die Vorschrift findet auf Geldschulden keine Anwendung, da der Schuldner für seine finanzielle Leistungsfähigkeit immer einstehen muss (Larenz, SchR I, § 21 I d; BGH 83, 300; NJW 89, 1278). Bei der Herausgabepflicht hinsichtlich bestimmter Banknoten oder eines in Geld bestehenden Surrogats nach § 285 (BGH 140, 239 f) liegt keine Geldschuld vor (§§ 244, 245 Rn 7), weshalb § 275 anwendbar ist. Auf Schuldverhältnisse außerhalb von Buch 2 und außerhalb des BGB bedarf die Anwendbarkeit des § 275 jeweils der Einzelprüfung (zB BGH 53, 33 betr dinglichen Anspruch); gem VwVfG 62 S 2 zu bejahen für
3   den öffentl-rechtlichen Vertrag (VwVfG 54). **c) Abgrenzung. aa)** Der Maßstab des **II** wird für den Nacherfüllungsanspruch wegen des Vorliegens von Mängeln im Kauf- und Werkvertrag durch die **Sonderregelungen** der § 439 III bzw § 635 III näher bestimmt. Bei Schadensersatzansprüchen geht § 251 II 1 vor, dem Beseitigungsanspruch aus § 1004 kann jedoch II entgegen gehalten werden (BGH NJW 08, 3123 u 3124; 10, 2341; krit Kolbe NJW 08, 3618). **bb) Geschäftsgrundlage (§ 313).** In seinem Anwendungsbereich geht § 275 dem § 313 vor. Störungen des Äquivalenzverhältnisses (Verknappung von Bezugsmöglichkeiten, Geldentwertung, Fehler in der Kalkulation) werden nach § 313 behandelt (ie § 313 Rn 16 ff, 26). Überschneidungen können sich in den Fällen des II ergeben (Rn 11). Soweit grobe Unverhältnismäßigkeit iSv II vorliegt, die gleichzeitig als Umstandsveränderung nach § 313 I anzusehen ist, wird teilweise ein Wahlrecht des Schuldners bejaht (MK/Ernst 23; Schwarze Jura 02, 78), richtigerweise gibt II dem Schuldner zunächst ein Leistungsverweigerungsrecht, das durch Vertragsanpassung gem § 313 entfallen kann (PWW/Schmidt-Kessel 17; Kindl WM 02, 1316). Ergänzende Vertragsauslegung geht §§ 275 und 313 vor (BGH NJW-RR 02, 1081 f Übergabevertrag).

4   **2. Grenzen der Leistungspflicht (Unmöglichkeit). a) Überblick.** § 275 kennt drei Tatbestände, welche die primäre Leistungspflicht des Schuldners entfallen lassen. Die Fälle der **II** und **III,** die dem Schuldner lediglich ein Leistungsverweige-

Titel 1. Verpflichtung zur Leistung § 275

rungsrecht gewähren, sollen die (obj und subj) Unmöglichkeit des I bei normativ geprägten Leistungshindernissen näher präzisieren (Canaris JZ 01, 504 f). Ihre rechtliche Einordnung folgt den Fällen des I. Das fehlende Vertretenmüssen des Leistungshindernisses durch den Schuldner ist keine Voraussetzung für das Eingreifen des § 275; ein vorwerfbares Verhalten des Schuldners kann aber bei der Bestimmung der Opfergrenze nach II verschärfend wirken (II 2). **b)** Die drei Leistungsbefreiungstatbestände des § 275 (im Folgenden „Unmöglichkeit" stellvertretend für die in § 275 geregelten Leistungshindernisse) erfassen folgende **Anwendungsfälle: aa)** Sowohl **nachträgliche als auch anfängliche** Unmöglichkeit (I: „unmöglich ist"). Auch bei anfänglicher obj Unmöglichkeit ist der Vertrag gültig (§ 311a I), jedoch braucht (kann) der Schuldner die (primäre) Leistung nicht zu erbringen. **bb) Obj und subj** Unmöglichkeit werden gleich behandelt. **cc) Vollständige, teilweise und qualitative** Unmöglichkeit. **(1)** Bei **teilw Unmöglichkeit** tritt nur eine auf den unmöglich gewordenen Leistungsteil beschränkte (teilw) Leistungsbefreiung ein, hinsichtlich des noch möglichen Teils bleibt die Leistungspflicht bestehen **(I: „soweit")**. Die Verpflichtung zur Gegenleistung ist entspr herabgesetzt (§ 326 I 1, 2. HS). **(2) Ausnahmsweise** steht teilw Unmöglichkeit vollständiger gleich in folgenden Fällen: **(a)** Teilunmöglichkeit bei unteilbarer Leistung (oder Gegenleistung, s BGH NJW 00, 1256: Übergabe und Eigentumsverschaffung beim Kauf). Bsp: Das verkaufte Haus brennt teilw ab; anders bei verpachtetem Hof: BGH 116, 337; **(b)** nach dem bes Inhalt und Zweck des Vertrags ist dem Gläubiger nur mit der vollen Leistung gedient, eine Teilleistung für ihn dagegen sinnlos (BGH NJW-RR 95, 854 mN; ErmWestermann 18 mN). Bsp: Einheitlicher Vertrag über Mehrheit von Gegenständen, zB Tod eines Pferdes bei Kauf eines Gespanns. **(3) Qualitative Unmöglichkeit.** Kann die Leistung nicht in der vertragsmäßigen Beschaffenheit erbracht werden (insbes unbehebbare Sach- oder Rechtsmängel beim Kauf nicht vertretbarer Sachen), liegt sog **qualitative Unmöglichkeit** vor (Bsp: der als „unfallfrei" verkaufte Gebrauchtwagen war in einen schweren Unfall verwickelt; der Reparaturaufwand übersteigt die Opfergrenze des II), soweit nicht Sondervorschriften über die Gewährleistung (zB §§ 536 f) eingreifen. Der Vertrag ist wirksam (§ 311a I), der Schuldner (Verkäufer, Werkunternehmer) aber von der primären Leistungspflicht (bzw von der Pflicht zur Nacherfüllung gem §§ 439 I, 635 I) nach § 275 frei (Lorenz JZ 01, 743). Zur str Frage, inwieweit bei Stückschulden Nacherfüllung gem § 439 I unmöglich ist bzw ein vergleichbarer Leistungsgegenstand beschafft werden muss, s § 439 Rn 24 (nicht grds Unmöglichkeit: BGH 168, 64 – gleichwertige Ersatzbeschaffung aber bei persönlicher Besichtigung des ursprünglich geschuldeten Pkw idR nicht möglich, sa Dieckmann ZGS 09, 9). Die Rechte des Gläubigers bestimmen sich nach §§ 326 V, 323 (Rücktritt), §§ 280, 283, 311a II (Schadensersatz), § 285 (Surrogat); beim Kauf- und Werkvertrag auch Minderung (§§ 441, 638). **dd) Dauernde** (obj oder subj) Unmöglichkeit ist erforderlich (BT-Drs. 14/7052 S 183), vorübergehende (zeitweilige) Leistungshindernisse (zB vorübergehendes Exportverbot) begründen, soweit zu vertreten, idR nur Verzug (str, vgl Arnold JZ 02, 868 f; Einzelheiten § 286 Rn 5, s für das Vermächtnis die ges Sonderregelung in § 2171 II), sie suspendieren nicht nach I (Kaiser, FS Hadding, 134; BGH 174, 67; aA hM etwa Medicus, FS Heldrich, 347; PalGrüneberg 10 mN). Bei Zweifeln am Vorliegen eines dauernden Leistungshindernisses muss der Gläubiger nach §§ 280, 281 oder § 323 (Nachfrist) vorgehen. Maßgebender **Zeitpunkt** für die Unterscheidung ist idR der des **Eintritts** des Leistungshindernisses (BGH 96, 390 mN; einschr BGH NJW-RR 94, 1357). An danach anzunehmender dauernder Unmöglichkeit ändert auch späteres Wiedermöglichwerden der Leistung nichts; uU kann aber für die Parteien Pflicht zum Neuabschluss bestehen (§ 242; RG 158, 331). Mit Ablauf des Erfüllungszeitraumes wird vorübergehendes Leistungshindernis (allg) zum endgültigen (RG 107, 159; § 286 Rn 5). **Ausnahmsweise** steht ein vorübergehendes Leistungshindernis einem dauernden gleich, wenn die Erreichung des Vertragszwecks durch die vorübergehende Unmöglichkeit in Frage gestellt wird und dem Gegner deshalb nach Treu und Glauben die Einhaltung

des Vertrags bis zum (ungewissen) Wegfall des Leistungshindernisses nicht zugemutet werden kann (BGH 83, 200; Karlsruhe MDR 05, 444). Bsp: Kriegsausbruch; politische Unruhen am Ort der Leistung. Handels- und Finanzsanktionen bilden auch nach ihrer Aufhebung ein dauerndes Leistungshindernis (vgl House of Lords bei Vorpeil RIW 02, 314 zu EG-VO 3541/92 Art 2: Irak-Sanktion). Bei Dauerschuldverhältnissen werden diese Voraussetzungen idR vorliegen (LM Nr 3, 4). Ein Rücktrittsrecht des Gläubigers folgt nun aber schon regelmäßig aus § 323, die Berufung auf I käme daher insbes dem Schuldner zugute. Da für ihn meist nur Leistungs-
11 erschwerung vorliegt, passt § 313 besser (Arnold JZ 02, 871m Nachw). – **ee) Nicht unter § 275 fällt die sog wirtschaftliche Unmöglichkeit,** bei der die Leistung zwar möglich, für den Schuldner aber mit solchen („überobligationsmäßigen") Schwierigkeiten verbunden ist, dass sie für ihn unzumutbar ist (Fälle der „übermäßigen Leistungserschwerung"). Bsp: Unverhältnismäßige Erschwerung des Leistungsaufwands infolge völliger Veränderung der wirtschaftlichen Verhältnisse. Diese Fälle fallen nicht unter die Befreiungstatbestände des § 275 II oder III (Canaris JZ 01, 501; terminologisch missverständlich BGH ZIP 13, 322 [§ 439 III]), da sich idR Aufwand des Schuldners und Leistungsinteresse des Gläubigers proportional im gleichen Ausmaß erhöhen (Unterschied zu Rn 23 ff; BGH NJW-RR 91, 205; soweit Gläubigerinteresse nicht in gleichem Maß steigt, s Rn 3). Die richtige Rechtsfolge liegt regelmäßig nicht in der Befreiung von der Leistungspflicht, sondern in der Vertragsanpassung. Daher handelt es sich um Fälle des Wegfalls der Geschäftsgrundlage (Rn 3 [bb]), uU der ergänzenden Vertragsauslegung oder des Rechtsmissbrauchs (§ 242 Rn 40). Zur faktischen Unmöglichkeit, die von der wirtschaftlichen zu unterscheiden ist und unter § 275 II fällt, s Rn 24 ff.

12 **3. Obj Unmöglichkeit (I, 2. Fall). a) Begriff:** Obj Unmöglichkeit liegt vor, wenn die Erfüllbarkeit der Leistung aus sachlichen Gründen ausgeschlossen ist, die Leistung also von niemandem (den Schuldner selbst eingeschlossen) bewirkt werden kann. **b) Fallgruppen.** Nach den Gründen der Unmöglichkeit lassen sich unter-
13 scheiden (für die Rechtsfolgen belanglos): **aa) Naturges** (physische) **Unmöglichkeit** („Unerbringlichkeit"): Die Hauptleistung kann nach den Naturgesetzen oder nach dem Stand von Wissenschaft und Technik nicht erbracht werden. Bsp: Bei Lieferverpflichtung **Untergang** der geschuldeten Speziessache, aber auch **Verschlechterung** in einem solchen Maß, dass es sich wirtschaftlich um eine andere Sache handelt (Oldenburg NJW 75, 1788: verrotteter Gebrauchtwagen; Frankfurt NJW 98, 84: zwischenzeitlich veraltete Software; s auch Rn 9); Verpflichtung zum Einsatz magischer Kräfte zu Problemlösungen (LG Kassel NJW 85, 1642; LG Aachen MDR 89, 63); Lebensberatung durch Kartenlegen (BGH 188, 76 [aber Vergütungsanspruch, da § 326 I 1 vertraglich konkludent abbedungen, sofern nicht Sittenwidrigkeit anzunehmen ist; Bedenken gegen Sittenwidrigkeit bei beiderseitigem Bewusstsein der Sinnlosigkeit bei Bartels ZGS 11, 355 mwN]). Bei Gattungsschulden, wenn die ganze Gattung untergeht oder den gleichen unbehebbaren Mangel aufweist. Beim Rechtskauf **Erlöschen** des zu verschaffenden Rechts. **Unausführbarkeit** der geschuldeten Dienst- oder Werkleistung infolge einer Veränderung der Umstände (Fälle des Untergangs des Leistungssubstrats). Bsp: Wegfall des Gegenstands an (mit) dem die Leistung auszuführen ist: Das zu streichende Haus brennt ab, das zu bergende Schiff sinkt; Mitwirkungshindernisse in der Person, (an) der die Leistung erbracht werden soll: Zu unterrichtendes Kind stirbt (vgl Köhler, Unmöglichkeit und Geschäftsgrundlage usw, 1971, S 22 ff, 34). **Anderweitiger Eintritt des Leistungserfolgs** (früher Fälle der Zweckerreichung). Bsp: Zu bergendes Schiff wird flott; zu behandelnder Patient wird gesund (vgl Larenz, SchR I, § 21 I c); dem Hauptunternehmer geschuldete Werkleistung des Nachunternehmers wurde gegenüber Auftraggeber des ersteren bereits erbracht (BGH NJW 07, 3488; 10, 1283); höchstpersönlich geschuldete Leistung ist von Dritten erbracht (Koblenz NJW 08, 1679: chirurg Eingriff). Es kommt somit nicht darauf an, ob Leistungshandlung noch möglich ist, vielmehr ist allein auf den geschuldeten Erfolg abzustellen

Titel 1. Verpflichtung zur Leistung § 275

(Saarbrücken NJW-RR 06, 1602). Stets ist der Inhalt der Leistungspflicht maßgebend; deshalb Verpflichtung zur Erstellung eines astrologischen Gutachtens nicht ohne weiteres „unmöglich" (vgl Voss NJW 53, 1553 gegen Düsseldorf ebenda). **bb) Unmöglichkeit** durch Zeitablauf tritt beim **absoluten Fixgeschäft** (im 14 Gegensatz zum relativen) ein, bei dem die Einhaltung der vereinbarten Leistungszeit für den Gläubiger so wesentlich ist, dass spätere Leistung nach Zweck und Interessenlage nicht mehr als Erfüllung angesehen werden kann (zB Hotelzimmerreservierung; Vermietung oder Bestellung von Leistungen für bestimmte Veranstaltung, vgl BGH 99, 189; Düsseldorf NJW-RR 02, 633; Flugreise: BGH NJW 13, 378 [Pflicht der Fluggesellschaft, bei Nichtbeförderung für Hotelunterkunft der Passagiere bis zur Weiterbeförderung zu sorgen]) und zeitgebundenen Dauerschuldverhältnissen (zB Arbeitsvertrag; BAG NJW 01, 1298). Kein absolutes Fixgeschäft liegt vor, wenn innerhalb eines bestimmtes Zeitraums eine festgelegte Zahl von Leistungen vorgenommen werden soll (BGH NJW 01, 2878: Musikproduktion). **cc) Rechtli-** 15 **che (jur) Unmöglichkeit:** Die Leistung kann aus rechtlichen Gründen nicht erbracht werden. **Fälle:** Die Leistung ist auf Herbeiführung eines Rechtszustands gerichtet, der von der Rechtsordnung nicht anerkannt wird (Bsp: Herbeiführung einer unbekannten Rechtsfolge, zB von besitzlosem Pfandrecht; Lieferung von Aktien, deren Handel eingestellt wurde, München WM 12, 649); der herbeizuführende Rechtszustand besteht bereits (Bsp: Verkauf der dem Gläubiger schon gehörenden Sache; Befreiung von Arbeitspflicht durch Urlaub wird noch nachträgliche Betriebsvereinbarung über Kurzarbeit „Null" unmöglich, BAG MDR 09, 990), tritt ohne Zutun des Schuldners ein (Erfolgserreichung, Rn 13) oder ist **aus Rechtsgründen dauernd ausgeschlossen** (Bestellung von Erbbaurecht auf unbebaubarem Grundstück: BGH 96, 388; Enteignung des herauszugebenden Grundstücks: BGH 90, 292; DtZ 96, 28; Insolvenz des Schuldners macht Zahlung grds unmöglich, BAG NJW 12, 3390; MK/Ernst 13); Leistungserbringung ist ges **verboten** (§§ 134, 138; Bsp: Importverbot: BGH NJW 83, 2874; absolutes Veräußerungsverbot; Abtretungsverbot: BGH 122, 117; NJW 95, 2026 – RA-Honorarforderung), eine für das Erfüllungsgeschäft erforderliche **Genehmigung** wird **versagt**. Ein Fall nachträglicher Unmöglichkeit liegt vor, wenn bei **Genehmigungsbedürftigkeit** nur des *Erfüllungsgeschäfts* (Bsp: GrdstVG 2 I 1, 1. Var; II) die Genehmigung endgültig versagt wird (BGH NJW-RR 97, 688 mN, stRspr und hM, str) oder nicht mehr zu erlangen ist (BGH WM 94, 1250 f: GVVO-DDR) und auch eine ggf abgeänderte Leistung nicht in Frage kommt (BGH 38, 149; 67, 36). Besteht das Genehmigungserfordernis dagegen für das *Verpflichtungsgeschäft* (Bsp: PaPKG 2; GrdstVG 2 I 1, 1. Var), ist der Vertrag zunächst schwebend unwirksam (§ 134 Rn 6) und wird bei (endgültiger) Versagung der Genehmigung endgültig unwirksam (BGH JZ 72, 368). Während des Schwebezustands bestehen bereits Mitwirkungspflichten (BGH 67, 35; 87, 165; § 242 Rn 23). – Die Erfüllung einer **Unterlas-** 16 **sungspflicht** wird mit Zuwiderhandlung unmöglich (vgl BGH 52, 398 mN), jedoch wird eine bestehende (sonstige) Leistungspflicht nicht schon deshalb unmöglich, weil der Schuldner mit ihrer Erfüllung gegen eine vertragliche (auch rechtskräftig festgestellte) Unterlassungspflicht verstieße (BAG DB 65, 1141).

4. Subj Unmöglichkeit (I, 1. Fall). a) Begriff: Subj Unmöglichkeit liegt 17 vor, wenn zwar der Schuldner die Leistung nicht (allein) erbringen kann, sie aber von einem Dritten erbracht werden könnte (ausschließlich in der Person des Schuldners liegendes Leistungshindernis). **Kein Fall** des **I**, sondern uU des **II**, wenn der Schuldner auf den Dritten, von dessen Willen die Leistung abhängt, rechtlich oder tatsächlich einwirken kann (BGH 131, 183 mN; für Nachbesserung unter Einbeziehung Dritter, München NJW-RR 12, 826). Bsp: Verschaffung von Berichtigungsbewilligung (GBO 19) eines eingetragenen Eigentümers (BGH NJW 86, 1676), von Löschungsbewilligung eines gem § 883 I eingetragenen Berechtigten (BGH NJW 88, 700); Einwirkung des ausgezogenen (Mit-)Mieters auf die Rückgabe der Mietsache durch den noch besitzenden Mitmieter (vgl BGH 131, 183 f). **b) Bedeu-** 18

§ 275   Buch 2. Abschnitt 1. Inhalt der Schuldverhältnisse

tung des I, 1. Fall ist neben II gering: Der wichtigste Fall des auf mangelnder finanzieller Leistungsfähigkeit beruhenden nachträglichen Unvermögens ist rechtlich
19 unerheblich (Rn 2). **c) Fallgruppen. aa) Tatsächliche Leistungshindernisse:** Schuldner ist aus tatsächlichen Gründen an der Erbringung der Leistung gehindert. Bsp: Erkrankung des Dienstverpflichteten; Eingehung mehrerer Arbeitsverhältnisse für den gleichen Zeitraum (sa BGH NJW-RR 88, 420); die geschuldete Sache ist gestohlen, der Verbleib nicht zu ermitteln (s OGH 1, 110; Abgrenzung zu **II**: die Leistung ist dem Schuldner hier schon theoretisch nicht möglich, BT-Drs 14/6040 S 128). Beschaffungsschwierigkeiten bei der **Gattungsschuld,** fallen unter **II**
20 (Rn 26; § 276 Rn 49, 51). **bb) Rechtliche Leistungshindernisse:** Dem Schuldner fehlt die zur Leistungserbringung erforderliche Rechtsmacht (Eigentum, Rechtszuständigkeit, Verfügungsbefugnis, BGH NJW-RR 05, 954). Bsp: Verkauf einer fremden (dem Eigentümer gestohlenen) Sache, wenn der Eigentümer zu der erforderlichen Genehmigung (§ 185 II 1) nicht bereit ist (BGH 8, 231). Ist Genehmigung (Rückerwerb; Löschungsbewilligung, vgl Rn 18) an sich möglich, haftet der Verkäufer nach **II** bis zur Opfergrenze („indiskutabler Aufwand": BT-Drs 14/6040 S 129; Rn 25 f) auf Erfüllung; Veräußerung (Zwangsversteigerung) der bereits verkauften Sache an Dritten (abw BGH NJW-RR 90, 651: Unmöglichkeit), Bestehen
21 eines Arbeitsverbotes (BAG NJW 95, 1775; BT-Drs aaO). **d) Abgrenzung. aa)** Zu obj Unmöglichkeit führt persönliches Leistungshindernis bei höchstpersönlichen Leistungspflichten. Bsp: Die allg menschliche Leistungsfähigkeit überschreitendes
22 Arbeitspensum (BAG NJW 82, 2142: Krankenhaus-Bereitschaftsdienst). **bb) Verzug** liegt vor, wenn fehlende Leistungsfähigkeit auf mangelnder finanzieller Leis-
23 tungsfähigkeit beruht (§ 276 Rn 40 und 45). **cc)** Ein Fall des **II** ist gegeben, wenn das Leistungshindernis nur durch überobligatorische Anstrengungen (Rn 24 ff) überwunden werden kann.

24 **5. Faktische Leistungshindernisse oder (faktische) Unmöglichkeit („Unerreichbarkeit"; II).** Die Leistung ist zwar theoretisch noch erbringbar, doch stünde der damit verbundene Aufwand (obj) in keinem Verhältnis zu ihrem Wert (BGH NJW 83, 2874). Bsp: Verschaffung von Ring auf dem Meeresboden; Wiederherstellung nach wirtschaftlichem Totalschaden (BGH NJW-RR 91, 205); Veräußerung einer einem Dritten abhanden gekommenen Sache (dazu Rn 20). Das Leistungshindernis muss wertungsmäßig den Fällen des **I** gleichstehen; die Vorschrift ist daher eng auszulegen (Lorenz/Riehm Rn 310). Das Leistungshindernis nach **II** kann sich, wie bei **I**, auf die ganze Leistung, einen Teil der Leistung oder auf die vertragsmäßige Beschaffenheit (Sach- oder Rechtsmangel, Bsp: Verkauftes Hausgrundstück wird durch einen Brand stark beschädigt) beziehen. Das Vorliegen des Leistungshindernisses ist durch eine Verhältnismäßigkeitsprüfung zu ermitteln:
25 **a)** Bezugspunkt der nach **II** gebotenen Abwägung des gesamten (MK/Ernst 83) vom Schuldner zu erbringenden Aufwandes (Aufwendungen in Geld, Tätigkeiten, sonstige persönliche Anstrengungen, s AnwKomBGB/Willingmann/Hirse 17) ist das obj **Leistungsinteresse des Gläubigers.** Das Interesse des Gläubigers ergibt sich aus dem Inhalt des Vertrages, dem darin vereinbarten oder vorausgesetzten Zweck der Leistung und kann auch ideelle/immaterielle Motive verfolgen (AnwKomBGB/Dauner-Lieb 15; zB optischer Eindruck des Bauwerks, Besuch einer Theateraufführung). Die eigenen Interessen des Schuldners (zB die Höhe des vereinbarten Entgelts) spielen keine Rolle. Daher fallen die Fälle der wirtschaftlichen Unmöglichkeit nicht unter **II** (Canaris JZ 01, 502; MK/Ernst 75 f). Die rechtlichen Folgen, die sich aus der Leistungsbefreiung ergeben können, sind nicht mit zu berücksichtigen. Der Gläubiger kann sich am Aufwand des Schuldners beteiligen und dadurch seinen Anspruch auf die Leistung aufrechterhalten (MK/Ernst 86).

26 **b)** Zwischen dem Aufwand und dem Gläubigerinteresse muss ein **grobes Missverhältnis** bestehen. Diese Grenze wird nur überschritten, wenn einem obj geringen Interesse des Gläubigers ein ganz erheblicher und deshalb unangemessener Aufwand des Schuldners gegenübersteht. Die Vorschrift ist auf Extremfälle zugeschnitten. Der

Titel 1. Verpflichtung zur Leistung § 275

Aufwand des Schuldners muss regelmäßig über dem Leistungsinteresse des Gläubigers (Rn 25) liegen (Faustregel: 110–150%, Huber/Faust 2/67 ff). Prozentsätze können grobe Richtwerte sein, häufig wird die Frage, ob ein vernünftiger Mensch unter Berücksichtigung der gegebenen Umstände des Einzelfalls bereit wäre, den erfoderlichen Aufwand zu betreiben, schon helfen (MK/Ernst 89). Bei der Frage zumutbarer Sanierungskosten eines Mietobjektes geht der BGH davon aus, dass ein auffälliges Missverhältnis die Überschreitung der Zumutbarkeitsgrenze indiziere (NJW 10, 2050). Bei der Abwägung ist die allg Risikoverteilung des Vertrages (Bsp: Erfüllungsrisiko des Werkunternehmers), eine bes Risikoübernahme (Bsp: Bergungsvertrag) oder eine vertragliche Milderung (Bsp: Selbstbelieferungsklausel) zu berücksichtigen. Bei *Beschaffungsschulden* ergibt die Vertragsauslegung, welche Risiken der Schuldner mit ihr übernommen hat (**II 2** iVm § 276 Rn 50; für Begrenzung auf Kaufpreis bei Stückschulden Huber FS Schlechtriem, 548, 566; Ackermann JZ 02, 383; aA Canaris JZ 04, 218). Es kann auch von Bedeutung sein, ob der Gläubiger seinen Anspruch ersatzlos verliert oder eine andere Kompensation erhält (Canaris JZ 01, 502). Grds trägt der Schuldner nach der Gesetzessystematik das Risiko, dass das Leistungshindernis trotz zumutbaren Aufwandes nicht beseitigt werden kann (Canaris JZ 04, 217 gegen Picker JZ 03, 1035). **c) Ein Verschulden des** 27 **Schuldners** hinsichtlich des Leistungshindernisses kann die von ihm zu erwartenden Anstrengungen über Rn 26 hinaus erhöhen (**II 2;** BGH NJW 08, 3122 u. 3125; 10, 2340 u. 2050; Huber/Faust 2/68; Bsp: Doppelverkauf einer Sache). Aber auch ohne ein Verschulden kann der Schuldner gehalten sein, dem Dritten einen über dem Marktpreis liegenden Preis zu bezahlen, um die Sache wiederzuerlangen (BT-Drs. 14/6040, S. 131). **d) Verantwortlichkeit des Gläubigers** an der Leistungser- 28 schwerung entlastet den Schuldner (arg §§ 323 VI, 326 II; MK/Ernst 88). **e) Abgrenzung.** Gegenüber dem Nacherfüllungsanspruch aus §§ 439 III, 635 III 29 (nach Gefahrübergang) schon bei unverhältnismäßigen Kosten (und nicht erst bei einem groben Missverhältnis) ein Leistungsverweigerungsrecht des Schuldners vor (ähnlich §§ 651 II, 251 II 1, für Mietvertrag BGH NJW 10, 2050). Bei Störungen des Äquivalenzverhältnisses greift § 313 ein (s Rn 3).

6. Unzumutbarkeit. Für **faktische Leistungshindernisse bei persönlicher** 30 **Leistungspflicht** durch den Schuldner etwa bei Arbeits-, Dienst- oder Werk- oder Gesellschaftsvertrag trifft **III** eine Sonderregelung, die **II** vorgeht („Unzumutbarkeit"). Für Umstände, die subj Unmöglichkeit begründen (zB Krankheit, Rn 19), verbleibt es bei **I, 1. Fall.** Anders als **II** stellt **III** (wegen der auf die Person des Schuldners ausgerichteten Leistung) bei der gebotenen Abwägung auch auf seine persönlichen Umstände ab (BT-Drs. 14/6040, S. 130). Irrelevant ist im Gegensatz zu II, ob der Schuldner das Leistungshindernis zu vertreten hat (str, ErmWestermann 31; Huber/Faust 2/84; aA AnwKomBGB/Dauner-Lieb 20; für Berücksichtigung *fehlenden* Vertretenmüssens MK/Ernst 117). **III** greift beispielsweise ein bei Tod oder schwerer Erkrankung eines nahen Angehörigen, Arbeitsverhinderung wegen strafbewehrter Ableistung des Wehrdienstes im Heimatstaat (AnwKomBGB/Dauner-Lieb 19; BAG NJW 83, 2872), wegen nicht aufschiebbaren Arztbesuches (zurückhaltend MK/Ernst 118) oder Terrorgefahr (ErmWestermann 32; wohl erheblicher Gesundheitsgefährdung des AN bei Leistungserbringung, str für Pandemie vgl Falter BB 09, 1980; Schmidt/Novara DB 09, 1820). Bei einer Leistungsverweigerung aus **Glaubens- oder Gewissensgründen** soll nach der Gesetzesbegründung ein Fall des § 313 vorliegen (BT-Drs. 14/6040, S 130). Das BAG hält entgegen der hA in der Literatur, welche zu Recht **III** anwenden will, an einem seinem Weg über GewO 106 fest (BAG NJW 11, 3319; Nachw zum Streitstand s Scholl BB 13, 53). Bei wirtschaftlichen Leistungserschwerungen gilt § 313, s dort Rn 17.

7. Rechtsfolgen. a) In den Fällen des **I** ist der **Erfüllungsanspruch kraft Ges** 31 **ausgeschlossen** (rechtshemmende oder rechtsvernichtende Einwendung), gleichgültig, ob das Leistungshindernis vor oder nach Vertragsschluss aufgetreten ist und ob der Schuldner es zu vertreten hat. IÜ bleibt das Schuldverhältnis im Ganzen

bestehen (s § 241 Rn 1). Statt des Anspruchs auf die Leistung können Ansprüche des Gläubigers aus § 285 (Surrogat) oder auf Schadensersatz (§§ 280, 283, 311a)
32 bestehen. Aus § 242 folgt uU Anzeigepflicht. **b)** In den Fällen des **II** und **III** steht dem Schuldner ein **Leistungsverweigerungsrecht** zu. Der Schuldner wird von seiner primären Leistungspflicht erst frei, wenn er die Einrede erhebt. Er kann wählen, ob er im Einzelfall auch eine überobligationsmäßige Leistung erbringen will. Sekundäransprüche des Gläubigers wegen eines Leistungshindernisses nach **II** oder **III** entstehen erst, wenn sich der Schuldner auf die Einrede berufen hat. Bis dahin muss der Gläubiger mit Fristsetzung nach §§ 280, 281 oder § 323 vorgehen (vgl auch § 326 V mit Rn 29). Die Erhebung der Einrede wirkt auf den Zeitpunkt des Auftretens des Leistungshindernisses zurück (dann ggf Ansprüche des Gläubigers aus §§ 280, 283 oder aus § 311a II). Im Prozess muss die vom Schuldner erhobene Einrede vorgebracht werden, um die Verurteilung zur Erbringung der primären Leistung auszuschließen (vgl § 322 Rn 2; MK/Ernst 97; aA Teichmann BB 01,
33 1487). **c) Beweislast.** Der Schuldner trägt für die Voraussetzungen des § 275 die Beweislast. Ist die Unmöglichkeit streitig, muss über sie Beweis erhoben werden.
34 Zum Schadensersatzanspruch s § 283 Rn 11. **d) Rechte des Gläubigers und Gefahrtragung. aa)** Die **Rechte des Gläubigers** bestimmen sich bei Vorliegen eines Leistungshindernisses nach § 275 nach **§§ 280, 283, 285, 311a und 326 (IV).** Hat der Schuldner das Leistungshindernis zu vertreten, steht dem Gläubiger ein Schadensersatzanspruch statt der Leistung bei nachträglichen Leistungshindernissen aus §§ 280, 283 und bei anfänglichen Leistungshindernissen aus § 311a II zu. Das Schicksal der Gegenleistung bestimmt sich (unabhängig vom Vertretenmüssen des Schuldners) nach § 326. Schließlich kann dem Gläubiger noch ein Anspruch auf
35 Herausgabe des Surrogates nach § 285 zustehen. **bb)** § 275 enthält eine **Gefahrtragungsregel** (Gläubiger trägt Leistungsgefahr), die im gegenseitigen Vertrag durch § 326 I 1 für die Gegenleistung ergänzt wird (Preis- oder Gegenleistungsgefahr beim Schuldner, Celle NJW-RR 09, 315 f Werkleistung).

§ 276 Verantwortlichkeit des Schuldners

(1) ¹**Der Schuldner hat Vorsatz und Fahrlässigkeit zu vertreten, wenn eine strengere oder mildere Haftung weder bestimmt noch aus dem sonstigen Inhalt des Schuldverhältnisses, insbesondere aus der Übernahme einer Garantie oder eines Beschaffungsrisikos, zu entnehmen ist.** ²**Die Vorschriften der §§ 827 und 828 finden entsprechende Anwendung.**

(2) **Fahrlässig handelt, wer die im Verkehr erforderliche Sorgfalt außer Acht lässt.**

(3) **Die Haftung wegen Vorsatzes kann dem Schuldner nicht im Voraus erlassen werden.**

I. Allgemeines

1 **1. Bedeutung und Überblick.** Die §§ 276–278 enthalten ergänzende Vorschriften, die immer dann eingreifen, wenn das BGB den Begriff des Vertretenmüssens („vom Schuldner zu vertreten") verwendet. Bsp: §§ 275 II 2, 280 I 2, 286 IV, 309 Nr 8a, 311a II 2, 536a I und 651 f iVm **I 1.** Das SchRModG hat § 276 redaktionell überarbeitet, ohne seinen Regelungsgehalt inhaltlich anzutasten (BT-Drs 14/6040
2 S 131). **a)** I 1 bestimmt als grundlegende Zurechnungsnorm die Verantwortlichkeit des Schuldners; er ist Ausdruck des das BGB beherrschenden **Verschuldensprinzips** (BGH NJW 08, 1587; Rn 8 ff). IE legt **I** 1 nur den „Haftungsmaßstab" der (selbstständig zu begründenden) Verschuldenshaftung fest, enthält aber **keine selbstständige Anspruchsgrundlage** (hM s ErmWestermann 1; aA Huber, Leistungsstö-
3 rungsrecht § 3 II 3). **b)** I 2 regelt die **Verschuldensfähigkeit** (Rn 12) durch Verweisung auf das Deliktsrecht. **c)** III stellt **zwingende Schranken** für die Haftungsfreizeichnung auf (ie Rn 39, 41).

Titel 1. Verpflichtung zur Leistung § 276

2. Anwendungsbereich. a) I 1 setzt ein bestehendes oder angebahntes **Schuld-** 4
verhältnis (§ 241 Rn 1 f; § 311a II, III) voraus (**I 1:** „Schuldner"), der Entstehungsgrund (vgl § 241 Rn 3) ist gleichgültig (sa Rn 7). **b)** Die in **II** enthaltene Begriffsbe- 5
stimmung der Fahrlässigkeit (Rn 23, 28 ff) gilt – weitergehend als I 1 – für das
gesamte bürgerliche Recht (§ 823 Rn Nr 2 [Be]; § 823 Rn 57) und auch außerhalb
des BGB (nicht: StGB; dazu Rn 23); das Gleiche gilt für den Begriff des im BGB
nicht definierten Vorsatzes (Rn 15). **c)** I 2 hat nur für das Vertragsrecht (Sonderverbindungen) Bedeutung (unmittelbare Geltung der §§ 827, 828 im Deliktsrecht).
d) Die Schranken der Freizeichnung (**III**) gelten (umfassend) auch für die deliktische 6
Haftung (BGH 9, 306; sa § 241 Rn 17 aE). **e)** § 276 gilt entspr für **öffentl-rechtli-** 7
che Verhältnisse, soweit diese schuldrechtliche Verpflichtungen begründen und
die Eigenart des öffentl Rechts nicht entgegensteht (VwVfG 62 S 2; SGB X 61 S 2;
BGH 61, 11; 135, 341, stRspr; iE § 280 Rn 2; § 278 Rn 4).

3. Verschuldensprinzip. a) Inhalt: Verantwortlichkeit des Schuldners (nur) für 8
sein (eigenes) schuldhaftes Verhalten (BGH 119, 168). Das Verschuldensprinzip
liegt vielen kontinentalen Rechten (anders zB CISG 79) zugrunde, ist rechtsethisch
fundiert und beruht auf der Anerkennung der frei handelnden sittlichen Persönlichkeit (vgl Larenz, SchR I, § 20 I). Das SchRModG hat es ausdr anerkannt und bestätigt (BT-Drs 14/6040 S 131). Im **BGB** ist der Grundsatz nicht streng durchgeführt
und wird durch Haftungsprinzipien, die eine „obj Verantwortlichkeit" (Larenz) des
Schuldners begründen (Garantie-, Vertrauenshaftung; Risikozurechnung), eingeschränkt. **b) Durchbrechungen. aa) Vertragsrecht.** Fälle der Haftung des 9
Schuldners ohne eigenes (persönliches) Verschulden: Einstandspflicht für die eigene
Leistungsfähigkeit (Übernahme einer Garantie oder eines Beschaffungsrisikos, s
Rn 41 ff); Haftung für fremdes Verschulden (§ 278); Vertrauens-, Erklärungs- und
Garantiehaftung (§§ 122 I, 179 II; 311 III 2; 437 Nr 1, 2; 536 f; 634 Nr 1–3; 651c
ff); Zufallshaftung (Rn 11); Sphärenhaftung (BGH 114, 243 ff; 115, 45; 119, 169);
Objektivierung des Fahrlässigkeitsmaßstabs (Rn 23, 29); Umkehrung der Beweislast
(§§ 280 I 2, 286 IV, 311a II 2). **bb) Deliktsrecht.** Gefährdungshaftung (Rn 9 f vor
§ 823); Beweislastumkehr bei Produkthaftung s § 823 Rn 134 und ProdHaftG 1 IV.

4. Verschulden. a) Begriff. aa) Verschulden iSd **BGB** ist „ein auf Vorsatz 10
oder Fahrlässigkeit beruhendes Verhalten" (Mot I 281). Es bildet damit den Oberbegriff für die beiden „Schuldformen" Vorsatz und Fahrlässigkeit. Für „Verschulden"
genügt damit (leichte) Fahrlässigkeit. IE setzt Verschulden **Verschuldensfähigkeit**
(„Zurechnungsfähigkeit"; Rn 12) und Vorliegen einer **Schuldform** (Rn 15 ff,
23 ff) voraus. Die Lehre vom Verhaltensunrecht (Rn 13) rechnet demgegenüber
die obj Fahrlässigkeit zur **Rechtswidrigkeit** (so Nipperdey NJW 57, 1780; Esser/
Schmidt § 25 IV 1c). Konsequenzen für den Fahrlässigkeitsmaßstab (dazu Rn 29)
dürfen aus dieser Einordnung nicht gezogen werden (zutr BGH [GS] 24, 27; s
Stathopoulos, FS Larenz, 1983, S 634 ff). **bb)** Die Rechtslehre versteht unter Verschulden das obj rechts-(pflicht-)widrige und obj vorwerfbare Verhalten eines
Zurechnungsfähigen (vgl Larenz, SchR I, § 20 I; PalGrüneberg 5). Im Rahmen der
Haftung für einfache Fahrlässigkeit ist aber Verschulden iS individueller Vorwerfbarkeit nicht notwendig erforderlich (Rn 23, 29). **b) Abgrenzung.** Fehlt ein Verschul- 11
den, so ist das Ereignis im Rechtssinn „zufällig". Arten des Zufalls: Gewöhnlicher
Zufall und höhere Gewalt (Begriff: §§ 205–209 Rn 3; sa zu § 651j I). Die **Zufallshaftung** (zB gem § 287 S 2, 701, 848) erfasst idR nur den einfachen Zufall (aA
Knütel NJW 93, 900 für § 287 S 2), grundsätzlich besteht keine Haftung für höhere
Gewalt (vgl zB § 701 III; HGB 454; HPflG 1 II; StVG 7 II). **c) Verschuldensfähig-** 12
keit. Ihre Voraussetzungen ergeben sich aus §§ 827, 828, die im Rahmen der Vertragshaftung **entspr** gelten (**I 2**; Rn 5 [c]). Unanwendbar sind der nicht angeführte
§ 829 (str; aA StLöwisch 92 mN) sowie die §§ 104 ff (allgM). Bei fahrlässigem Handeln von Minderjährigen ist zwischen Verschuldensfähigkeit (insbes § 828 II) und –
obj – Verschulden zu unterscheiden (LM Nr 2 [Be]; Nr 1 zu § 828; dazu Rn 29;
§ 828 Rn 2). **d)** Verschulden setzt **Rechtswidrigkeit** voraus (allgM, s ErmWester- 13

Stadler

§ 276 Buch 2. Abschnitt 1. Inhalt der Schuldverhältnisse

mann 4). Rechtswidrig ist ein Verhalten, durch das rechtlich geschützte Interessen eines anderen im Widerspruch zur Rechtsordnung verletzt werden. Im Rahmen des **Vertragsrechts** deckt sich die Rechtswidrigkeit im Wesentlichen mit der Verletzung der durch das Schuldverhältnis begründeten Leistungs-(Verhaltens-)pflicht, dh mit der **Pflichtverletzung** iSv § 280 I (s § 280 Rn 1, 8 ff); so iE übereinstimmend Larenz, SchR I, § 20 IV; PalGrüneberg 8; Löwisch AcP 165, 422). Der im Deliktsrecht bestehende Streit, ob für die Rechtswidrigkeit maßgeblich an der *Rechtsbeeinträchtigung des Verletzten* (so die Lehre vom Erfolgsunrecht, hM; zB MK/Grundmann 13 ff mNachw) oder an das *pflichtwidrige Verhalten des Handelnden* (so die Lehre vom Verhaltensunrecht; zB Enneccerus/Nipperdey I/2 S 1317 ff; Schmidt, Grundlagen des Vertrags- und Schuldrechts, 1972, 496) anzuknüpfen ist (dazu eingehend § 823 Rn 47 ff), ist für das Vertragsrecht nur von untergeordneter Bedeutung (MK/Grundmann 15 ff). Vertragsverletzungen können uU **gerechtfertigt** sein (StLöwisch/Caspers 13 ff). AktG 93 I 2 enthält ges Sonderregelung für unternehmerische Entscheidungen, die auf andere Gesellschaften grundsätzlich übertragbar ist

14 (Lutter ZIP 07, 842; s auch Schäfer ZIP 05, 1253). **e) Schuldausschließung.** Bes Entschuldigungsgründe sind dem Zivilrecht nicht bekannt, jedoch ist allg ein Verschulden zu verneinen, wenn dem Schuldner in der konkreten Situation ein anderes (richtiges) Verhalten **nicht zumutbar** gewesen ist (MK/Grundmann 169, str). **Einzelfragen** (Behandlung ist umstr, Schuldausschließung iZw zu verneinen): Irrtum (Rn 21, 30; § 280 Rn 42); Pflichten- (StLöwisch/Caspers 13 mN) und Rechtsgüterkollision (Henssler AcP 190, 538); übergesetzlicher Notstand und Kollision von Rechtspflicht und Gewissen (s MK/Grundmann Rn 166-170); Arbeitskampf (Richardi JuS 84, 828 ff; LG Frankfurt NJW 80, 1696 zu Hotelstreik); Entlastungsvoraussetzungen nach CISG 79. **Abgrenzung** zur Leistungsbefreiung bei persönlichen Leistungshindernissen: § 275 II, III und dort Rn 25–30.

II. Vorsatz

Lit: Kähler, Mittelbare und unmittelbare Einschränkungen der Vorsatzhaftung, JZ 07, 18 ff.

15 **1. Allgemeines. a) Begriff.** Eine Legaldefinition fehlt. Vorsatz ist Wissen und Wollen des rechtswidrigen Erfolgs im Bewusstsein der Rechts-(Pflicht-)widrigkeit. IGgs zu der im Strafrecht geltenden Schuldtheorie (vgl StGB 17; BGHSt [GS] 2, 206, 208) bildet im Bereich des Zivilrechts (vgl Rn 5) das Bewusstsein der Rechts-(Pflicht-)widrigkeit einen Bestandteil des Vorsatzes (RG 72, 6; BGH 115, 299, stRspr; ErmWestermann 8 f; Larenz, SchR I, § 20 II; mit Einschränkungen auch StLöwisch/Caspers 20 mN, sog Vorsatztheorie). Bei Verletzung eines strafrechtlichen SchutzGes (vgl § 823 II) wird jedoch Vorliegen von Vorsatz iSd Strafrechts genügen (so BGH NJW 85, 135, zweifelhaft; vgl § 823 Rn 61); Einschränkungen ergeben sich auch für § 826 (dort Rn 4; PalGrüneberg 11). An das Bewusstsein der Rechts-(Pflicht-)widrigkeit sind keine zu hohen Anforderungen zu stellen; wer einer elementaren Verhaltenspflicht zuwiderhandelt, braucht sich der Verletzung der (mitumfassten) bes Vertragspflicht nicht bewusst zu sein (BGH NJW 70, 1082),

16 s auch Rn 13. **b) Arten. aa)** Bei der **Absicht** ist die Herbeiführung des Erfolgs Handlungsmotiv; sie ist für den Vorsatz grundsätzlich nicht erforderlich (RG 57,

17 241; Ausnahmen: zB §§ 123, 1375 II Nr 3), aber stets ausreichend. **bb)** Beim **direkten Vorsatz** *(dolus directus)* sieht der Handelnde den Erfolg als **notwendige** (sichere)

18 Folge seines Handelns voraus und handelt trotzdem. **cc)** Beim **bedingten Vorsatz** *(dolus eventualis)* sieht der Handelnde den Erfolg als möglich voraus und nimmt ihn für den Fall seines Eintritts billigend in Kauf (BGH 7, 313; 117, 368). Abgrenzung

19 zur bewussten Fahrlässigkeit: Rn 24. **c) Umfang.** Der Vorsatz muss sich nur auf den **Haftungstatbestand** (Vertragsrecht: Pflichtverletzung; Deliktsrecht: Rechtsguts-[SchutzGes-; Amtspflichts-]verletzung) erstrecken, **nicht** auch auf den eingetretenen (weiteren) **Schaden** (BGH 75, 329; NJW 01, 3115; StLöwisch/Caspers 24; sa § 823 Rn 58 f; § 839 Rn 15). Besonderheiten gelten beim Schmerzensgeldanspruch (§ 253

Titel 1. Verpflichtung zur Leistung § 276

Rn 5), bei § 826 (dort Rn 9) und beim Rückgriff gem SGB VII 110. **d) Die** 20
Abgrenzung zur Fahrlässigkeit hat im Hinblick auf die umfassende Fahrlässigkeitshaftung nur geringe Bedeutung. Ausnahmen: Ges Vorsatzhaftung (zB § 826); ges oder vertragliche Haftungsausschlüsse (zB SGB VII 104; VVG 152, 181; § 276 III; sa § 309 Nr 7 und u Rn 54 ff).

2. Ausschluss des Vorsatzes. a) Irrtumsfälle. Sowohl der Irrtum über tatsäch- 21
liche Umstände (vgl StGB 16; insoweit allgM) als auch der Rechts-(Verbots-) irrtum (insoweit aA die Schuldtheorie, vgl Rn 15) schließt den Vorsatz aus. War der Irrtum **vermeidbar**, greift Fahrlässigkeitshaftung ein (Rn 30), war er **unvermeidbar**, entfällt jede Verschuldenshaftung. **Unerheblich** ist der Irrtum über unwesentliche Einzelheiten des Kausalverlaufs (ErmWestermann 9, es kommt jedoch Fahrlässigkeitshaftung in Betracht) und der reine Rechtsfolgeirrtum. **b) Beweislast:** Verletz- 22
ter für Vorsatz, Schädiger für ihn ausschließenden Irrtum (BGH 69, 143; NJW 09, 2298).

III. Fahrlässigkeit

Lit: Deutsch, Die Fahrlässigkeit als Außerachtlassung der äußeren und inneren Sorgfalt, JZ 88, 993; ders, Die Fahrlässigkeit im neuen Schuldrecht, AcP 02, 889; U. Huber, Zivilrechtliche Fahrlässigkeit, FS E. R. Huber, 1973, S 253; Köhler, Die bewußte Fahrlässigkeit, 1982; Stathopoulos, Bemerkungen zum Verhältnis zwischen Fahrlässigkeit und Rechtswidrigkeit, FS Larenz, 1983, S 631.

1. Allgemeines. a) Begriff. Fahrlässigkeit ist nach der Legaldefinition des **II** die 23
Außerachtlassung der im Verkehr erforderlichen Sorgfalt. IE setzt Fahrlässigkeit Voraussehbarkeit (Rn 28) und Vermeidbarkeit des rechtlich missbilligten Erfolgs, beides bei Anwendung der gebotenen Sorgfalt voraus; dabei kann der Fahrlässigkeitsvorwurf darin bestehen, dass die vorausgesehene Schädigung nicht vermieden (Rn 24) oder der Eintritt der Schadensverwirklichung nicht vorausgesehen und damit nicht abgewendet wurde (Rn 25). Infolge des zu Grunde zu legenden obj Sorgfaltsmaßstabs (Rn 29) bedeutet die Bejahung eines Verstoßes nicht notwendig einen persönlichen Schuldvorwurf (BGH 113, 303; NJW 01, 1786; vgl Rn 8); der bürgerlichrechtliche Fahrlässigkeitsbegriff unterscheidet sich damit vom strafrechtlichen, der individuelle Schuldfeststellung voraussetzt (hierzu Deutsch, Fahrlässigkeit und erforderliche Sorgfalt, S 76 ff). **b) Arten. aa) Bewusste Fahrlässigkeit:** Der 24
Handelnde hat die Gefahrenlage zwar erkannt, handelt aber unter Außerachtlassung der gebotenen Sicherungsvorkehrungen im Vertrauen auf den Nichteintritt des Schadens. **Abgrenzung** zum bedingten Vorsatz (Rn 18): keine bewusste Inkaufnahme (Billigung) des Erfolgseintritts (LM Nr 2 zu § 152 VVG; BAG VersR 71, 528); zur groben Fahrlässigkeit: Rn 34. **bb) Unbewusste Fahrlässigkeit:** Der 25
Handelnde sieht die Erfolgsmöglichkeit nicht voraus, hätte sie aber bei Anwendung gehöriger Sorgfalt voraussehen und sich entspr anders verhalten können und müssen.
c) Grade (Stufen). aa) Grobe Fahrlässigkeit liegt vor, wenn die Sorgfaltsverlet- 26
zung als bes schwere erscheint (ie Rn 33); nicht identisch mit „bewusster" Fahrlässigkeit (Rn 34). **bb) Einfache** („leichte", gewöhnliche) **Fahrlässigkeit** ist jede andere 27
(iE Rn 28 ff). Dem BGB unbekannt ist die **leichteste Fahrlässigkeit** (Mayer-Maly AcP 163, 118). Zur Haftung des AN und ihren Haftungsmaßstäben § 619a Rn. 2 ff.
cc) Konkrete Fahrlässigkeit: § 277 Rn 3.

2. Einfache Fahrlässigkeit. a) Vorhersehbarkeit. Die Fahrlässigkeit muss 28
sich (nur) auf den Haftungstatbestand beziehen (wie Rn 19). IdR genügt allg Vorhersehbarkeit des Erfolgseintritts; nicht erforderlich ist, dass der Handelnde die Folgen seines Verhaltens in allen Einzelheiten, insbes Art und Umfang des eingetretenen Schadens als möglich vorausgesehen hat (BGH 93, 357; NJW 93, 2234 mN; PalGrüneberg 20 mN, allgM). Bei Verwirklichung eines entfernteren („sozialadäquaten"; „erlaubten") Risikos kann uU bereits der adäquate Kausalzusammenhang (Rn 27 ff vor § 249; § 823 Rn 23 ff, 33) oder die Rechtswidrigkeit

§ 276 Buch 2. Abschnitt 1. Inhalt der Schuldverhältnisse

29 (vgl Nipperdey NJW 57, 1777; sehr str; zum ganzen § 823 Rn 49) zu verneinen sein. Bsp: Verletzungen bei Spiel und Sport (Rn 29 aE). **b) Sorgfaltsmaßstab.** Abw vom Strafrecht (vgl Rn 23 aE) gilt im BGB (Rn 5) ein **obj-abstrakter** (typisierender) **Sorgfaltsmaßstab** (stRspr s BGH 24, 27; 39, 283 mN; 106, 330; 113, 303 mN; 129, 232; hM; aA Nipperdey NJW 57, 1781). Gründe: Im Rahmen der Vertragshaftung verlangt der Vertrauensschutz, dass der Schuldner dafür einsteht, dass er die nach der Verkehrserwartung zur Leistungserbringung erforderlichen Kenntnisse und Fähigkeiten besitzt; im Rahmen der außervertraglichen Haftung ermöglicht der obj Sorgfaltsmaßstab einen angemessenen Schadensausgleich. Nur soweit diese Gesichtspunkte nicht zutreffen gilt **ausnahmsweise** ein subj Maßstab; Bsp: § 254; Handeln im Fremdinteresse (vgl Larenz, SchR I, § 20 III; Deutsch, Fahrlässigkeit und erforderliche Sorgfalt, S 337, 361, 385). Wegen der groben Fahrlässigkeit vgl Rn 33. Der obj Sorgfaltsmaßstab ist konkretisierungsbedürftig. Ie gilt: Die **im Verkehr** erforderliche Sorgfalt *(obj Maßstab)* meint diejenige Sorgfalt, die nach dem Urteil besonnener und gewissenhafter Angehöriger des in Betracht kommenden Verkehrskreises zum Zeitpunkt des zu beurteilenden Verhaltens zu beachten ist (Maßstab nach Berufs- und Verkehrskreisen, unabhängig von individuell mangelnden Kenntnissen oder Erfahrungen; BGH 113, 303 f; NJW 88, 909 mN; NJW 03, 2024; Taupitz NJW 91, 1506); dazu gehört idR die Einhaltung der allg anerkannten Regeln der Technik, einschließlich DIN-Normen (BGH NJW-RR 06, 386; strenger Düsseldorf NJW-RR 04, 963). Der engere Verkehrskreis entscheidet („gruppentypische" Bestimmung des Fahrlässigkeitsmaßstabs). Bsp: Sorgfalt eines „ordentlichen" Kaufmanns (HGB 347, 408; BGH 92, 402), Frachtführers (HGB 429), Geschäftsleiters (AktG 93 I, 116; GmbHG 43 I; GenG 34), Insolvenzverwalters (vgl InsO 60 I 2), Kraftfahrers (BGH NJW 88, 909), Gewerbetreibenden (BGH 31, 358), Bauherrn (BGH NJW 94, 2233; Prozesspartei (ZPO 282 I), einer Hausfrau (Hamm NJW 85, 332), eines „erfahrenen" Facharztes, Operateurs (BGH 88, 259; NJW 95, 777 mN) usw (Einzelheiten: § 280 Rn 60). Die **erforderliche** Sorgfalt *(normativer Maßstab)* entspricht nicht notwendig der „üblichen" (BGH 8, 140; NJW 86, 1100). Eingerissene Verkehrsunsitten (BGH 30, 15), Nachlässigkeiten (BGH NJW 71, 1882; Köln OLGZ 93, 202) und Unzulänglichkeiten im organisatorischen Bereich (BGH 89, 271) entschuldigen nicht. Bsp: Personelle Unterversorgung im ärztlichen Dienst einer Klinik (BGH 95, 73). Die persönliche Eigenart des Handelnden, seine Fähigkeiten, Kenntnisse, Erfahrungen und der Grad seiner Einsicht, wirken nicht entlastend *(abstrakter Maßstab;* BGH 24, 27; NJW 94, 2233; 95, 1151), insbes kann sich der Schuldner nicht darauf berufen, dass er für die übernommene Leistung nicht die erforderliche Fachkunde besitzt (BGH 106, 330; sonst *Übernahmeverschulden:* BGH 88, 259 f; NJW 88, 2299; 93, 2989 – Berufsanfänger); wohl aber können bes Fähigkeiten und Kenntnisse zur Begründung einer höheren Sorgfaltspflicht führen (BGH NJW 87, 1480 mit zust Anm Deutsch; 94, 2233; Nürnberg NJW-RR 06, 1170; MK/Grundmann 56 mNachw). Zulässig ist die Berücksichtigung von **Altersgruppen** (BGH NJW-RR 97, 1111), der Besonderheiten der jeweiligen **Situation** und des **Geschäftstyps** und der typischerweise daran **Beteiligten** (StLöwisch/Caspers 30, 41; Reitunterricht: Koblenz MDR 07, 92; zur Anlageberatung und Vermittlung s inbes § 675 Rn 9 u § 311 Rn 65). Den **Zwischenhändler** trifft idR keine Prüfungspflicht gegenüber dem Abnehmer hinsichtlich der weiterveräußerten Ware (BT-Drs 14/6040 S 210; BGH NJW 08, 2837; 09, 2674; PalGrüneberg § 280 Rn 19, str; krit U. Huber AcP 177, 301; sa § 278 Rn 16; § 433 Rn 25 aE). Bei **Jugendlichen** ist abweichend von der Deliktsfähigkeit kein individueller Maßstab zugrunde zu legen. Entscheidend ist, was ein normal entwickelter Jugendlicher dieses Alters hätte voraussehen müssen (BGH NJW 05, 354; 84, 1959; Koblenz NJW 04, 1025; sa Rn 12; § 278 Rn 13). Kindlicher Übereifer beim **Spiel** ist uU keine Fahrlässigkeit (LM Nr 1 zu § 828; Düsseldorf MDR 76, 755). Ein **Sportler** haftet nur für regelwidriges Verhalten (BGH 63, 140; iE Scheffen NJW 90, 2658; sa § 254 Rn 18). Unsachgemäßes Verhalten in nicht

verschuldeten und nicht vorhersehbaren Gefahrenlagen ist nicht notwendig schuldhaft (BGH NJW 76, 1504). Aus der Art des geschlossenen Geschäfts kann sich ergeben (**I 1**, HS 2: „Inhalt des Schuldverhältnisses"; §§ 157, 242), dass nur ein geringes Maß an Sorgfalt geschuldet ist (BGH NJW 71, 151); andererseits kann ein bes Vertragsrisiko bei Beteiligung eines idR unerfahrenen Personenkreises zu gesteigerter Sorgfalt führen (**I 1**, HS 2: „Inhalt des Schuldverhältnisses"; sa § 280 Rn 60 „Bank"). **c) Ausschluss.** Vermeidbarer **Irrtum** schließt Fahrlässigkeit 30 nicht aus (Rn 21), unvermeidbarer Irrtum ist dagegen Entschuldigungsgrund (BGH 36, 346; 101, 292 f). Rechts- und Tatsachenirrtum stehen gleich (Deutsch, HaftungsR I, Rn 409). Bei **Rechtsirrtum** sind an die Entschuldbarkeit strenge Anforderungen zu stellen (BGH 89, 303 mN; 100, 62 f; 131, 354; NJW 01, 3115; WM 08, 1587; WM 08, 394; großzügiger BGH NJW 08, 842 bei Vertrauen auf alte Rspr; s auch § 286 IV und dort Rn 40). Fehlerhafte Rechtsauskünfte von Rechtsanwälten und Gutachtern können über § 278 zurechenbar sein (BGH WM 08, 394). Wegen weiterer Entschuldigungsgründe vgl Rn 14. **d) Prozessuales.** 31 **Beweislastumkehr:** § 280 I 2, dort Rn 23 f; § 286 IV, dort Rn 40; § 311a II 2, dort Rn 9; sa § 823 Rn 132. Zur Sonderregelung im Arbeitsverhältnis s § 619a. **Anscheinsbeweis:** Abhebung mit ec-Karte unter Verwendung der persönlichen PIN an Geldautomat spricht für pflichtwidrige Verwahrung der Geheimnummer oder selbst veranlasste Abhebung des Kunden wenn die Originalkarte eingesetzt wurde (BGH NJW 12, 1277; 04, 3623; 07, 593; Frankfurt WM 09, 102 [f Kreditkarte]); einen atypischen Umstand, der der Vermutung entgegensteht, stellt es aber dar, wenn die Karte nie in den Besitz des Kontoinhabers gelangt war (BVerfG NJW 10, 1129); kein Anscheinsbeweis bei Kreditkartenmissbrauch ohne Verwendung von PIN (Celle VuR 09, 470); **Revisibilität:** Rn 35. **e) Einzelfälle** von 32 Pflichtverletzungen s § 280 Rn 60.

3. Grobe Fahrlässigkeit. a) Begriff: Außerachtlassung der verkehrserforderli- 33 chen Sorgfalt in bes schwerem, ungewöhnlich hohem Maß (sa SGB X 45 II 3 Nr 3); der Fall, wenn einfachste ganz nahe liegende Überlegungen nicht angestellt werden und dasjenige unbeachtet bleibt, was unter den gegebenen Umständen jedem einleuchten musste (BGH 77, 276; 89, 161; NJW 94, 2094, stRspr). Die Bestimmung muss allgemein, nicht nach der konkreten (Verkehrs-) Situation erfolgen (BGH NJW 07, 2989). Grobe Fahrlässigkeit setzt in obj Hinsicht eine das gewöhnliche Maß der Fahrlässigkeit erheblich übersteigende Schwere des Sorgfaltsverstoßes (Bsp: BGH 74, 169), in subj Hinsicht persönliche Vorwerfbarkeit voraus (BGH NJW 07, 2989 – „unentschuldbares Fehlverhalten" –, NJW 09, 1485; 92, 317; BAG NJW 89, 2076 f). Abw von der leichten Fahrlässigkeit (Rn 29) sind daher auch in der Person des Handelnden liegende subj Umstände zu berücksichtigen (BGH 119, 149; NJW 01, 2092), zB verminderte Einsichtsfähigkeit (BGH NJW 89, 1612); das Bewusstsein der Gefährlichkeit ist idR erforderlich (BGH WM 89, 1183; aA Karlsruhe NJW-RR 88, 669); es gilt aus Präventionsgründen **kein ausschließlich obj Maßstab** (BGH 119, 149; ErmWestermann 16, hM; weitergehend Röhl JZ 74, 527: subj Maßstab); zur Milderung bei sog „Augenblicksversagen" Düsseldorf NJW-RR 10, 695. **b) Abgrenzung. aa)** Grobe Fahrlässigkeit ist nicht identisch mit 34 *bewusster Fahrlässigkeit* (Rn 24); diese braucht nicht zugleich grobe zu sein (BayObLG VersR 76, 33; Larenz, SchR I, § 20 V; StLöwisch/Caspers 100; aA – idR Gleichstellung – Röhl JZ 74, 526). **bb)** Die Abgrenzung zur *einfachen Fahrlässigkeit* ist als 35 Frage rechtlicher und tatsächlicher Wertung uU schwierig (BGH 129, 163), die Entscheidung ist nur auf Verkennung des Rechtsbegriffs der – groben – Fahrlässigkeit revisibel (BGH 89, 160 f; 131, 296). Wegen der Bedeutung der subj Umstände (Rn 33) sind die Grundsätze des Anscheinsbeweises idR nicht anwendbar (BGH VersR 86, 254 mN; BAG BB 73, 1396; Düsseldorf NJW-RR 96, 220). Bsp: Grobe Fahrlässigkeit idR gegeben bei Steuern eines Kfz unter Alkoholeinfluss (BGH NJW 85, 2648; 92, 119: 1,1‰ sa Berger VersR 92, 169), Ampelverstößen (BGH 119, 148; einschr München NJW-RR 96, 407), Missachtung von Durchfahrtshöhe bei

§ 276
Buch 2. Abschnitt 1. Inhalt der Schuldverhältnisse

Brücke (Dresden NJW-RR 04, 388); Pilotenfehler bei Berechnung des Treibstoffs (Düsseldorf MDR 10, 504); **nicht** stets bei Verstoß gegen Unfallverhütungsvorschrift (BGH NJW 88, 1266 mN; NJW-RR 89, 340), „Sekundenschlaf" am Steuer (Thüringen OLG-NL 03, 80; Düsseldorf NJW-RR 02, 1456) oder bei Belassen des Kfz-Scheins im (später gestohlenen) Kfz (BGH NJW-RR 96, 734); sie entfällt nicht schon bei sog Augenblicksversagen (BGH 119, 149 ff; Roemer VersR 92, 1187); reflexartiges Ausweichen im Straßenverkehr bei Auftauchen von Wild ist nicht grob fahrlässig, solange kein unkontrolliertes und abruptes Ausweichmanöver vorliegt (BGH NJW 07, 2989), ebenso wenig Verstoß gegen Linksfahrgebot im
36 Ausland (BGH NJW 09, 1485). **c) Bedeutung**. Nur für grobe Fahrlässigkeit haftet der Schuldner in den Fällen ges **Haftungserleichterungen** (§§ 277 [dort Rn 2], 300 I, 521, 599, 680, 968; BörsG 44, 45 I; NAV, NDAV je 18 I 2; AVBFernwärmeV, AVBWasserV je 6 I Nr 2, 3), der *gerichtliche Sachverständige* (§ 839a I), der *AN* (uU aber nicht voll) in Ausführung seiner betrieblichen Tätigkeit (Rn 27; § 619a Rn 4 ff; BAG BB 03, 528) und die *Prozesspartei* bei unberechtigter Verfahrenseinleitung (BGH 95, 19 ff für Einstellungsantrag gem ZPO 771 III); **kein** entspr Haftungsprivileg besteht allg in den Fällen altruistischen Handelns (§ 241 Rn 26). Die grobe Fahrlässigkeit bildet ferner die **Schranke** bei **vertraglicher Freizeichnung** durch AGB (§ 309 Nr 7b; sa §§ 651h I Nr 1, 702a I 2). **Sonstige Fälle** (Bsp): § 932 II, WG 16 II (Ausschluss gutgläubigen Erwerbs; s § 932 Rn 17), ScheckG 21 (dazu BGH NJW 96, 657); VVG 81 (Leistungsfreiheit des Versicherers; dazu BGH 119, 147; NJW-RR 96, 734; Roemer VersR 92, 1187); GG 34 S 2 (Rückgriffshaftung des Beamten); **Beginn der Verjährung** nach § 199 I Nr 2 bei grob fahrlässiger Unkenntnis von den den Anspruch begründenden Umständen und der Person des Schuldners.

IV. Haftungserweiterungen und Haftungsbeschränkungen

Lit: Arnold, Freizeichnungsklauseln für leichte Fahrlässigkeit in AGB, ZGS 04, 16; Faust, Garantie und Haftungsbeschränkung in § 444 BGB, ZGS 02, 271; Derleder, Beschaffungsrisiko, Lieferungsengpass und Leistungsfrist, NJW 11, 113; Joachim, Mietrechtliche Haftungsausschluss- und -begrenzungsvereinbarung nach der Schuldrechtsreform, WuM 03, 183; Medicus, Zur Reichweite ges Haftungsmilderungen, FS Odersky, 1996, S 589; Weller, Die Verantwortlichkeit des Händlers für Herstellerfehler, NJW 12, 2312; v Westphalen, Nach der Schuldrechtsreform: Neue Grenze für Haftungsfreizeichnungs- und Haftungsbegrenzungsklauseln, BB 02, 209; ders, Freizeichnungsverbote in AGB-Klauseln, ZGS 02, 392.

37 **1. Allgemeines. a) Haftungserweiterungen** verschlechtern die Rechtsstellung des Schuldners gegenüber der Verschuldenshaftung. Formen: Haftung ohne Verschulden; sonstige Haftungsverschärfung durch Beseitigung von (im Interesse des Schuldners an sich erforderlichen) Haftungsvoraussetzungen. Die ges Haftungserweiterungen entsprechen der Ausnahmen vom Verschuldensprinzip (Rn 9). **Vertragliche** Haftungsverschärfungen können in Individualvereinbarungen erfolgen (**I 1**: „strengere Haftung bestimmt"; Bsp: vertragliche Garantiehaftung, dazu Rn 13 ff vor § 765; selbstständige Garantie des Verkäufers oder eines Dritten, dazu § 443 Rn 2, 7) oder sich auch aus dem sonstigen Inhalt des Schuldverhältnisses ergeben (Bsp: Übernahme eines Beschaffungsrisikos oder einer Garantie). Es gelten die Grenzen der §§ 138, 242 (BGH 115, 43 ff mN; 119, 168); weitergehende Schranken gelten für den Verwender von AGB und im Verbrauchervertrag; s § 307 II Nr 1 iVm § 276 (Bsp: BGH 119, 168 f; NJW 92, 1761); §§ 309 Nr 4–6; 11 Nr 15.
38 Einzelheiten: Rn 40 ff. **b) Haftungsausschlüsse und -beschränkungen (Freizeichnungen)** verbessern die Rechtsstellung des Schuldners gegenüber der Verschuldenshaftung, führen also zu einem Ausschluss oder einer Einschränkung der Haftung bei eigenem Verschulden des Schuldners und (oder) Verschulden seiner Hilfspersonen. Formen: Beschränkung der Haftung auf bestimmte **Schuldgrade** (Haftung nur für eigenes grobes Verschulden, bei Gehilfenhaftung nur für eigenes Auswahlverschulden); auf bestimmte **Arten von Schäden** (Haftung nur für Perso-

Titel 1. Verpflichtung zur Leistung § 276

nen- und „unmittelbare" [Sach-]Schäden, nicht für „mittelbare" oder „Folgeschäden") oder auf bestimmte **Höchstbeträge** (summenmäßige Begrenzung; Bsp: § 651h I); Schaffung zusätzlicher Haftungsvoraussetzungen (zB Anzeigepflichten und Fristen); Abkürzung der Verjährung (vgl §§ 202 I; 307 II Nr 1 [Bsp: BGH 64, 241]; 309 Nr 8b ff).

2. Haftungserweiterungen durch den Inhalt des Schuldverhältnisses (I 1, 39
HS 2). Haftungsverschärfungen können sich außer aus ges oder rechtsgeschäftlichen Bestimmungen auch im Wege der Auslegung aus dem sonstigen Inhalt des Schuldverhältnisses ergeben (BT-Drs 14/6040 S 131). Die Erwähnung dieser Möglichkeit in **I 1, HS 2** führt zu keiner Änderung der Rechtslage. **a) Geldschulden.** Die 40 **Geldschuld** ist Wertschuld (§§ 244, 245 Rn 6), nach § 245 befreit selbst der Untergang der gesamten Geldsorte den Schuldner nicht. Die Haftung für **finanzielle Leistungsunfähigkeit** folgt aus allg Grundsätzen (BT-Drs 14/7052 S 184; sa Rn 45). Im Übrigen ist zwischen Beschaffenheitsvereinbarungen (§ 434 I 1), Beschaffenheits- u Beschaffungsgarantien nach § 276 I und der unselbständigen reinen Beschaffenheitsgarantie nach § 443 zu unterscheiden (§ 443 Rn 3). **b) Übernahme** 41 **einer Beschaffenheitsgarantie** kann eine Haftungsverschärfung für den Schuldner bedeuten. Sie ersetzt im Kaufvertrag die weggefallene Haftung des Verkäufers für zugesicherte Eigenschaften (BGH 170, 86, zu Begriff und Abgrenzung § 443 Rn. 2 ff). **aa) Voraussetzungen:** Inhalt, Umfang und Rechtsfolgen der Garantie sind im Wege der Auslegung zu ermitteln; sie kann Haftungsobergrenzen enthalten (PalWeidenkaff § 444 Rn 12) oder bestimmte Rechtsfolgen (zB Rücktritt) ausschließen (i Erg Hermanns ZIP 02, 699). Zu Besonderheiten des Unternehmenskaufs s Hermanns ZIP 02, 696; Triebel/Hölzle BB 02, 521. **bb) Anwendungsfälle.** Beim 42 **Kaufvertrag** bewirkt die Übernahme einer Garantie nach §§ 276 I 1, 442- 444, dass der Verkäufer die im Sach- oder Rechtsmangel (§§ 434, 435) liegende Pflichtverletzung unabhängig von einem Verschulden zu vertreten hat (§ 280 I 2). Es bedarf daher konkreter Anhaltspunkte für die Übernahme (BGH 174, 40). Der Verkäufer muss zB seine Bereitschaft erkennen lassen, für alle Folgen des Fehlens einer bestimmten Beschaffenheit einzustehen (BGH 170, 92); Angaben zu Laufleistungen sind beim Privatverkauf eines Kfz idR nur Angabe nach § 434 I 1, nicht Beschaffenheitsgarantie (BGH aaO 94). Beim Rechtskauf kann uU Garantie für das anfängliche Bestehen des verkauften Rechts vorliegen (Folge: Anspruch § 311a II besteht verschuldensunabhängig, BT-Drs 14/6040 S 242). Von der Garantie nach **I 1** zu unterscheiden ist die unselbstständige (Beschaffenheits- oder Haltbarkeits-)Garantie nach § 443, die neben die Rechte aus § 437 tritt (BT-Drs 14/6040 S 236; Hk-BGB/Saenger § 443 Rn 2). Beim Werk- und Mietvertrag ist die praktische Bedeutung der Garantieübernahme nach **I 1** gering. **c) Übernahme eines Beschaffungsrisikos** bedeutet eine 43 Haftungsverschärfung für den Schuldner einer Beschaffungsschuld, den eine **verschuldensunabhängige Einstandspflicht** (Rn 9) für sein Leistungs-(Beschaffungs-)vermögen trifft (Koblenz NJW 04, 1671). **aa) Grund:** Der Beschaffungs- 44 schuldner übernimmt die Gewähr für die Beschaffungsmöglichkeit und trägt damit das **Beschaffungsrisiko. bb) Abgrenzung.** Hängt die Beschaffungsmöglichkeit 45 nur von der finanziellen Leistungsfähigkeit des Schuldners ab, so folgt dessen Einstandspflicht bereits aus dem **allg Rechtsgrundsatz,** dass Zahlungsunfähigkeit nicht von der Leistungspflicht befreit (BGH 107, 102 mN; 140, 240; Larenz, SchR I, § 12 III; Medicus AcP 188, 501, 507, iErg allgM; sa Rn 40), s auch die Anm zu § 275 II. **cc) Anwendungsbereich. (1)** Beschaffungsschuld ist die nicht konkreti- 46 sierte (sonst Stückschuld: § 243 Rn 10) marktbezogene **Gattungsschuld** (§ 243 Rn 5 [aa]), **nicht** dagegen die **Vorratsschuld** (§ 243 Rn 8) und **ges Geld-(herausgabe-)schulden** (Bsp EGBGB Art 233 § 11 III 4, dazu BGH 140, 239 f); Grund: Bei dieser obliegt dem Schuldner keine Beschaffungspflicht (vgl § 243 Rn 5 [bb]), so dass der Grund der gesteigerten Einstandspflicht (Rn 37, 43 f]) nicht zutrifft (Larenz, SchR I, § 21 I d, str; aA StLöwisch/Caspers 150 ff). **(2)** Bei **Stückschuld,** wenn der 47 Schuldner durch Aufwendung von Geldmitteln einen bestimmten Gegenstand zu

§ 276

Buch 2. Abschnitt 1. Inhalt der Schuldverhältnisse

verschafft hat (**Beschaffungsschuld ieS;** Coester-Waltjen AcP 183, 289; aA Karlsruhe MDR 05, 444). **(3)** Bei der Haftung gem §§ 818 IV, 819 I (§ 818 Rn 46 f) trifft Schuldner das Beschaffungsrisiko (BGH 83, 300; NJW 85, 1829; krit Wilhelm AcP
48 183, 12 ff; Medicus JuS 83, 902). **dd)** Der **Umfang der Risikoübernahme** umfasst alle vertragstypischen Leistungs-(Lieferungs-)erschwernisse ohne Rücksicht auf ein Verschulden, dagegen nicht die Qualität (Mangelfreiheit) des zu beschaffenden Gutes (Lorenz NJW 02, 2502; aA v Westphalen ZIP 02, 548; Canaris DB 01, 1815 f). Jedoch befindet sich der Schuldner einer Gattungsschuld ab Geltendmachung des Nachlieferungsanspruchs (§§ 439 I 2. Fall) regelmäßig im Verzug (§§ 280 II, 286, 276 I 1). Bsp: Mangel von persönlichen Kenntnissen und Fähigkeiten, an den erforderlichen Sach-(Geld-)mitteln (vgl Rn 40), Geschäftsverbindungen usw als Beschaffungshindernis. Im Rahmen der Risikoübernahme kann sich der Schuldner auch nicht auf § 275 II berufen (arg § 275 II 2). Beschaffungsschwierigkeiten, die mit der Eigenart der Gattungsschuld nicht zusammenhängen (Bsp: Krankheit; unverschuldete Freiheitsbeschränkung), und idR arbeitskampfbedingte Beschaffungsschwierigkeiten (ie
49 Kreissl MDR 94, 958) sind dem Schuldner jedoch **nicht** zuzurechnen. – **Grenzen des Beschaffungsrisikos:** Die Beschaffungspflicht bezieht sich nur auf Waren, die sich auf dem – ggf räumlich begrenzten – Markt befinden und einen Marktpreis haben; aus den Händen der Verbraucher – aus dem nichteuropäischen Ausland bei reinem Binnenmarktgeschäft – braucht sich der Schuldner Handelsware nicht zu beschaffen (vgl früher RG 57, 118; 88, 174; 107, 158; BGH NJW 72, 1703, hM). Unvorhersehbare Verweigerung der Belieferung durch den Hersteller entlastet nicht ohne weiteres (BGH NJW 94, 516 mit Anm Hübner/Beckmann JZ 94, 627: zusätzliche Anstrengungen noch erforderlich; voraussehbare Engpässe führen zur Verschuldenshaftung bei vorbehaltlosem Vertragsschluss, Derleder NJW 11, 116). Dagegen sind Leistungshindernisse nach § 275 I 2. Fall vom Beschaffungsrisiko üblicherweise nicht erfasst. Ie ergeben sich die **Grenzen** der Einstandspflicht aus dem sonstigen **Vertragsinhalt** (§ 157; ie StLöwisch/Caspers 16) und **Treu und Glauben** (§ 242 Rn 12, 17 f). Die bloße Kenntnis des Gläubigers von der bestimmten Bezugsquelle des Schuldners rechtfertigt idR nicht die Annahme einer entspr Beschränkung des
50 Beschaffungsrisikos (BGH NJW 72, 1702; 94, 516). Die **vertragliche Begrenzung** der Einstandspflicht erfolgt idR durch Verwendung bestimmter Klauseln. **Bsp:** Die Klausel: „richtige und rechtzeitige Selbstbelieferung vorbehalten" befreit den Schuldner, wenn ihn sein Lieferant nicht beliefert (BGH 92, 399; Rn 8 vor § 433; zur strengen Auslegung des Selbstbelieferungsvorbehaltes aber Derleder NJW 11, 115); enger wirkt „Lieferungsmöglichkeit vorbehalten" (BGH NJW 58, 1628); zur Bedeutung von „Höhere Gewalt-", insbes von Arbeitskampfklauseln vgl Löwisch BB 74, 1497; LG Frankfurt NJW-RR 87, 824 f. Bei Befreiungsvorbehalten in AGB sind § 308 Nr 3 und Nr 8a zu beachten (s Anm dort und BGH 92, 398 f; Salger WM
51 85, 625). **ee) Rechtsfolgen. (1) Erfüllungsanspruch.** Untergang der zur Erfüllung bestimmten Gegenstände vor Konkretisierung berührt den Erfüllungsanspruch nicht (Konsequenz von § 243 II, dort Rn 6). **Leistungshindernisse nach § 275 I** (s § 275 Rn 13) sind bei Gattungsschuld selten. Bsp: Geschuldete Ware ist gänzlich vom Markt verschwunden; Beschlagnahme der gesamten Gattung. Die sog **wirtschaftliche Unmöglichkeit** (§ 275 Rn 11) fällt auch nicht unter § 275 II, jedoch sind die dazu gerechneten Fälle (wesentliche Warenverknappung, ungewöhnliche Preissteigerung als Folge grundlegender Veränderung der wirtschaftlichen Verhältnisse) unter dem Gesichtspunkt des Fehlens der Geschäftsgrundlage (insbes Äquivalenzstörung, § 313 Rn 16) zu berücksichtigen (hM, vgl BGH NJW 94, 516; StLöwisch/Caspers 16 mN). In den Fällen der Rn 49 kann der Leistungsanspruch nach **§ 275 II**
52 erloschen sein (§ 275 Rn 26). **(2) Schadensersatzanspruch.** Leistet der Beschaffungsschuldner (idR nach erfolgloser Fristsetzung) nicht oder verspätet, so hat der Gläubiger einen Schadensersatzanspruch nach §§ 280, 281, 286 wegen Pflichtverletzung, wenn sich das Beschaffungsrisiko verwirklicht (arg I 1 „hat zu vertreten").

53 **3. Gesetzliche Haftungsbeschränkungen.** Die ges Haftungsbeschränkungen betreffen idR den Schuldgrad (Rn 36), in den Fällen der Gefährdungshaftung

Titel 1. Verpflichtung zur Leistung § 276

(Rn 9 f vor § 823) besteht idR eine Begrenzung nach **Höchstsummen** (sa § 702; HPflG 9, 10; ProdHaftG 10; UmweltHG 15; dazu BGH 138, 123 ff). Aus dem **Inhalt des Schuldverhältnisses** ergibt sich die richterrechtlich anerkannte Haftungsbeschränkung des **AN** gegenüber dem AG (nicht im Außenverhältnis gegenüber Dritten: BGH 108, 308 ff; NJW 94, 854) allg bei **betrieblicher Tätigkeit** (§ 619a Rn 2 ff), dagegen besteht keine generelle Haftungsmilderung im Rahmen sog **Gefälligkeitsverhältnisse,** wie zB bei der **Gefälligkeitsfahrt** (§ 241 Rn 26; BGH NJW 92, 2475 [kein stillschweigender Haftungsausschluss]; str, für unentgeltlichen Architektenvertrag konkludente Haftungsbeschränkung verneinend Frankfurt NJW-RR 11, 459) oder bei familienrechtlichen Beziehungen (BGH 75, 135; sa § 277 Rn 2); zur Probefahrt s Rn 55. Soweit bei rechtlich verbindlicher Vereinbarung Haftungspriviligierung besteht, bietet sich aber ein „erst-Recht"-Schluss an (Medicus, AT Rn 188, 194; Rüthers/Stadler, Allgemeiner Teil § 17 Rn 21).

4. Vertragliche Haftungsbeschränkungen (Freizeichnungen). a) Allgemeines. Durch die **vor Schadenseintritt** getroffene Vereinbarung wird das Entstehen der Schadensersatzforderung von vornherein gehindert oder der Anspruch in der Entstehung begrenzt (BGH 22, 119); es handelt sich weder um den Ausschluss einer künftigen Forderung noch um ein bloßes *pactum de non petendo* (Vereinbarung, bestehende Forderung nicht geltend zu machen; s BGH NJW 98, 2277). **Schranken:** Haftungsausschlüsse (-beschränkungen) sind nur in gewissen Grenzen zulässig (bes ges Ermächtigung: § 651h; BRAO 51a; PartGG 8 II, III); **Verbote** enthalten: StVG 8a II, HPflG 7, LuftVG 49, FernUSG 2 V Nr 3. Allg Schranken für individuell vereinbarten Haftungsausschluss: **III** (einschließlich betragsmäßiger Begrenzung, PalGrüneberg 35, großzügiger Kähler JZ 07, 27), § 278 S 2, ferner §§ 138, 242 (Bsp: BGH NJW 87, 3125: Haftungsbeschränkung während laufender Geschäftsbeziehung); sa §§ 618, 619, 651h I iVm 651k, 702a; Freizeichnung mittels **AGB und im Verbrauchervertrag** ist weitergehend nur im Rahmen von §§ 307, 309 Nr 7 ff zulässig; Schadensersatzansprüche wegen Körper-Gesundheitsverletzungen können nicht ausgeschlossen werden (iE Rn 57); Sondervorschriften für RA: BRAO 51a, PartGG 8 II. Freizeichnung auch für leichtes Verschulden kann gegen § 307 II Nr 1 oder Nr 2 verstoßen, wenn dadurch eine für die Erreichung des Vertragszwecks wesentliche Pflicht (sog Kardinalpflicht) ausgehöhlt wird (BGH 95, 183; 103, 322; 108, 351; NJW 94, 2229; einschr BGH 138, 125). Bsp: leichtfahrlässige Verletzung von Berufspflichten durch Arzt (Deutsch NJW 83, 1352 f); Stellung eines (von Anfang an) fahr- oder ladungsuntüchtigen Schiffs (BGH 82, 168 f mN); Nichterreichen der erforderlichen Kühltemperatur durch Kühlhaus (vgl BGH 89, 368 f); Beschädigung in vollautomatischer Waschanlage (KG NJW-RR 91, 698); Verzögerungen beim Scheckinkasso (BGH NJW-RR 88, 561 mN); falsche Auskunft der Bausparkasse (KG NJW-RR 90, 556); Haftung des Vermieters bei Wohnungsmietvertrag (BGH NJW 02, 673); verneinend für Unterbrechung der Stromversorgung: BGH 138, 123 ff. Verzicht auf **entstandene** Schadensersatzansprüche ist ohne die genannten Schranken gem § 397 zulässig (Larenz, SchR I, § 31 III). **b) Zustandekommen: nur** durch Vereinbarung, idR als Bestandteil eines bestimmten Schuldvertrags, aber auch selbstständiger Vertrag möglich (Larenz, SchR I, § 31 III, str), nie durch einseitigen Vorbehalt des Schuldners (BGH NJW 82, 1144). Der Abschluss erfolgt idR **ausdr,** ist aber auch konkludent möglich (selten: BGH 96, 28) bzw im Wege ergänzender Vertragsauslegung (BGH NJW 09, 1482; idR nicht anzunehmen bei bestehender Haftpflichtversicherung des Schuldners). Bsp: Probefahrt bei Kfz-Händler (für leichte Fahrlässigkeit BGH NJW 72, 1363; Koblenz NJW-RR 03, 1186 mN; einschr für Sonderfall Köln NJW 96, 1289, str; sa § 599 Rn 3), wechselseitiger Haftungsverzicht bei leichter Fahrlässigkeit bei gemeinsamer Nutzung gemieteten Kfz im Ausland mit Linksfahrgebot (BGH NJW 09, 1482); privates Autorennen (Hamm NZV 97, 515), mietvertragliche Übernahme von Gebäudefeuerversicherung (BGH 131, 292 f; NJW-RR 07, 684; Armbrüster ZflR 06, 821), nicht ohne weiteres bei Gefälligkeitshandlungen (BGH 76, 34; BGH NJW

92, 2475; im Einzelfall bejahend LG Bonn NJW-RR 94, 798 mN: Mithilfe bei privatem Umzug; sa Rn 53), bei Trunkenheitsfahrt (Bamberg NJW-RR 86, 252) oder bei Bestehen ungestörter ehelicher Gemeinschaft (BGH 75, 135; Frankfurt VersR 87, 912). Kein Fall eines stillschweigenden Haftungsverzichts, sondern nach § 254 zu würdigen ist das sog **Handeln auf eigene Gefahr** (§ 254 Rn 14 ff). AGB müssen gem § 305 II, III, § 305a einbezogen sein, Aushang (zB an Garderobe) genügt nur unter den Voraussetzungen von § 305 II Nr 1 aE (s BGH NJW 82,

56 1144). c) **Auslegung.** Haftungsausschlüsse (-beschränkungen) sind **eng** und **gegen** den Begünstigten auszulegen (BGH 22, 96; 88, 231; NJW 86, 2758, stRspr, sog Restriktionsprinzip), bei AGB gilt § 305c II. Haftungsbeschränkungen im Rahmen der Gewährleistung erstrecken sich deshalb iZw nicht auf Ansprüche aus uH (BGH 67, 367; NJW 92, 2017; sa § 241 Rn 17). Eine **geltungserhaltende Reduktion** von umfassenden Ausschlüssen scheidet aus (BGH 96, 25; NJW 96, 1407 f mN).

57 d) **Gegenstand der Freizeichnung.** In den Schranken von Rn 54 die vertragliche Haftung (arg **III:** „Schuldner"), uU auch die mit ihr konkurrierende deliktische Haftung (vgl BGH 100, 182 mN; ie § 241 Rn 17; § 309 Nr. 7, dort Rn 8); eine isolierte Freizeichnung der Deliktshaftung dürfte jedenfalls für Schäden an Leib und Leben ausscheiden (Deutsch, HaftungsR I, Rn 619; M. Wolf NJW 80, 2440 und für AGB und Verbrauchervertrag nunmehr ausdr § 307 Nr 7a und § 310 III; aA

58 bish wohl hM, zB BGH NJW 82, 1144). e) **Parteien:** Außer den Parteien des Schuldvertrags **Dritte**, soweit sie in den Schutzbereich des Vertrags mit einbezogen sind, wie Erfüllungsgehilfen (AN, abhängige Subunternehmer) des Schuldners beim Miet-, Dienst- und Werkvertrag (vgl § 328 Rn 32 ff, sog **Haftungsfreizeichnung zgDr,** BGH 49, 280; 108, 319 mN; 130, 228 ff mN). **Ges Erstreckung** der Freizeichnung beim Frachtgeschäft: HGB 436, 437, 461. Vereinbarung in den Schranken des 309 Nr 7 auch in AGB zulässig (BGH 130, 230 mN). Bei Eigenhaftung des Abschlussvertreters (§ 311 III 2) kommt ihm vertragliche Freizeichnung zugute (s Anm dort).

§ 277 Sorgfalt in eigenen Angelegenheiten

Wer nur für diejenige Sorgfalt einzustehen hat, welche er in eigenen Angelegenheiten anzuwenden pflegt, ist von der Haftung wegen grober Fahrlässigkeit nicht befreit.

1 **1. Allgemeines. a) Bedeutung.** Bes Fahrlässigkeitsgrad (§ 276 Rn 26 f), der uU zu einem Haftungsausschluss für leichte oder doch sehr leichte Fahrlässigkeit führt. Grund: Enge Beziehung zwischen den Beteiligten oder ges Privilegierung des Schuldners im Rückgewährschuldverhältnis (§§ 346 III Nr 3, 357), der für die Rückabwicklung nicht verantwortlich ist. Indem der kraft Ges zum Rücktritt (§ 346) oder Widerruf (§ 357) Berechtigte bis zur Kenntnis vom Rücktrittsgrund (vgl § 346 Rn 8 [e]) nur nach § 277 haftet, hat das SchRModG den Anwendungsbereich dieser systemwidrigen Haftungsmilderung (vgl Rn 3 gegenüber § 276 Rn 29) erheblich erweitert. Sie gilt auch für konkurrierende deliktische Ansprüche.

2 **b) Anwendungsbereich.** Ges Fälle eigenüblicher Sorgfalt: §§ 346 III Nr 3, 347 I 2, 357 I, 690, 708 (nicht auch § 741: BGH 62, 245), 1359, 1664, 2131, LPartG 4. Die Haftungserleichterung gilt entspr im Rahmen einer nichtehelichen Lebensgemeinschaft (Oldenburg FamRZ 86, 676 mit zust Anm Bosch). Bei **gemeinsamer Teilnahme am Straßenverkehr** ist die Haftungserleichterung unanwendbar (BGH 46, 313; 53, 352; 90, 301 f; NJW 88, 1208; einschr Hamm NJW 93, 543), ebenso bei der gemeinsamen Ausübung von Freizeitsport (Wasserski – BGH NJW 09, 1876) Grund: teleologische Reduktion (krit Medicus/Petersen, BR Rn 930). Str ist, ob dieser Ausschluss für § 1664 auch gilt, wenn die Eltern nicht durch verkehrswidriges Verhalten als *Kraftfahrer* ihr Kind schädigen (für Anwendung von § 1664 Karlsruhe NJW 12, 3043; Bamberg NJW 12, 1820 [Fußgänger] mit Nachw u abl Anm Werkmeister; Pal Diedrichsen § 1664 Rn 4; offen BGH 103, 346).

Titel 1. Verpflichtung zur Leistung § 278

2. Konkrete Fahrlässigkeit *(diligentia quam in suis)*. Die Begriffe der groben 3
(§ 276 Rn 33 ff) und der eigenüblichen Sorgfalt werden vorausgesetzt. Bei letzterer
ist der Umfang der Sorgfaltspflicht nach einem subj (individuellen) Maßstab (BGH
103, 346) bestimmt und begrenzt („nur"). Maßgebend ist gewohnheitsmäßiges Verhalten und Veranlagung (gegen deren Berücksichtigung Deutsch JuS 67, 497) des
Verpflichteten (krit Hoffmann NJW 67, 1208); Beweislast hierfür trifft den Handelnden (Karlsruhe NJW 94, 1966). **Grenze** der Haftungsbeschränkung: Grobe Fahrlässigkeit (vgl Rn 1; § 276 Rn 36).

§ 278 Verantwortlichkeit des Schuldners für Dritte

¹Der Schuldner hat ein Verschulden seines gesetzlichen Vertreters und der Personen, deren er sich zur Erfüllung seiner Verbindlichkeit bedient, in gleichem Umfang zu vertreten wie eigenes Verschulden. ²Die Vorschrift des § 276 Abs. 3 findet keine Anwendung.

Lit: v. Caemmerer, Verschulden von Erfüllungsgehilfen, FS Hauß, 1978, S 33; Lorenz, Die Haftung für Erfüllungsgehilfen, FG BGH I, 2000, S 329; E. Schmidt, Zur Dogmatik des § 278, AcP 170, 502.

1. Allgemeines. a) Überblick und Bedeutung. Bei der **Gehilfenhaftung** ist 1
zwischen Schädigung innerhalb und außerhalb bestehender Schuldverhältnisse zu
unterscheiden (ie Rn 3 ff). Der „Schuldner" haftet für Verschulden von Erfüllungsgehilfen (Rn 6 ff) und ges Vertretern (Rn 17 ff), der Geschäftsherr für vermutetes
eigenes Verschulden bei Schädigung Dritter durch Verrichtungsgehilfen (§ 831).
Die Unterscheidung spielt keine Rolle für die Zurechnung des Verschuldens von
Organen im Verhältnis zur jur Person (§§ 31, 89; § 31 Rn 1). Die als unbefriedigend
empfundene Regelung der Gehilfenhaftung im Deliktsrecht (vgl § 831 Rn 4) ist
ein entscheidender Grund für die starke Ausdehnung der vertraglichen Haftung
und damit des Anwendungsbereichs von § 278 (vgl § 280 Rn 8 ff, 14 ff, 16 ff;
§ 311 II, III [dort Rn 35]; § 328 Rn 20, 28; iE u Rn 3). § 278 enthält **keine** selbständige **Anspruchsgrundlage,** sondern füllt nur (wie § 276, dort Rn 2) das Merkmal des „Vertretenmüssens" in einem gegebenen Haftungstatbestand aus (Rn 14)
oder einer sonst auf das Vertretenmüssen abstellenden Norm (zB HGB 89a I, BGH
ZIP 08, 80). **b) Grundgedanken. aa)** Die **Garantiehaftung** für Erfüllungsgehil- 2
fen (Durchbrechung des Verschuldensprinzips, vgl § 276 Rn 9) beruht auf der
Erwägung, dass der Schuldner mit der Gehilfeneinschaltung im eigenen Interesse
seinen Geschäftskreis erweitert und daher das mit der Arbeitsteilung verbundene
„Personalrisiko" tragen muss (iE Larenz, SchR I, § 20 VIII; BGH 131, 204; NJW
96, 451). **bb)** Die Einstandspflicht für ges Vertreter ist ein Fall der **Repräsentationshaftung,** durch die den ges Vertretenen erst die uneingeschränkte Teilnahme
am Rechtsverkehr ermöglicht wird. **c) Anwendungsbereich.** § 278 setzt ein 3
bereits bestehendes Schuldverhältnis voraus (**S 1**: „Schuldner"; BGH 16, 262).
Sämtliche Arten von Schuldverhältnissen (§ 241 Rn 1 f) kommen in Frage: **aa)** Vertragliche Beziehungen im Verhältnis zwischen den vertragsschließenden Parteien
und der in den „Schutzbereich" des Vertrags einbezogenen Dritten (§ 328
Rn 23 ff); ges Schuldverhältnisse (BGH 93, 284), zB aus rechtsgeschäftlichem
(§ 311 II, III [dort Rn 34] – uU auch „sozialem" (§ 241 Rn 25) – Kontakt oder
aus ungerechtfertigter Zwangsvollstreckung (BGH 58, 215; Henckel JZ 73, 32);
aus ges Schuldverhältnissen außerhalb von Buch 2, zB zwischen Eigentümer und
Besitzer (Rn 1 vor § 985; Rn 1 vor § 987), Finder und Verlierer (Rn 3 vor § 965),
uU Grundstückseigentümern (§§ 1020–1022 Rn 1), Wohnungseigentümern (BayObLGZ 92, 150; Saarbrücken NJW 08, 81: Mieter ist Erfüllungsgehilfe), Massegläubiger und Insolvenzverwalter (BGH 93, 283 f). **bb)** § 278 gilt **entspr** für 4
öffentl-rechtliche Verträge (VwVfG 62 S 2; SGB X 61 S 2) und sonstige öffentlrechtliche Sonderbeziehungen (BGH 131, 204 mN; aber Obdachloser nicht Erfül-

§ 278 Buch 2. Abschnitt 1. Inhalt der Schuldverhältnisse

lungsgehilfe der Einweisungsbehörde, BGH NJW-RR 06, 802), zB Benutzungsverhältnisse (BGH 61, 11; NJW 84, 617) oder Anschluss an gemeindliche Abwasserkanalisation (BGH NJW 07, 1062); Registereinsicht durch Hilfsperson von Notar (BGH 131, 205 ff; iE Preuß DNotZ 96, 508 ff; Grziwotz JR 96, 461).

5 **cc) Kein** Schuldverhältnis begründen die schlichte Rechtsgemeinschaft (BGH 62, 246, str; iE § 741 Rn 1), das nachbarrechtliche Gemeinschaftsverhältnis (BGH 95, 148, str; iE § 909 Rn 3), reine Gefälligkeitsbeziehungen ohne Rechtscharakter (ErmWestermann 4), Unterlassungspflichten gem UWG (Hamburg GRUR 85, 473) und vor allem die allg Rechtspflicht, andere nicht zu schädigen, sowie bestehende Verkehrssicherungspflichten (s BGH 103, 342 f; § 831 gilt; vgl Rn 1 vor § 823; § 823 Rn 35; § 831 Rn 2); erst die Verletzung dieser Verpflichtungen begründet ein Schuldverhältnis zwischen Schädiger und Verletztem (§§ 249 ff; zu § 254 II 2 s BGH 103, 344; § 254 Rn 11 ff sowie u Rn 14 aE).

6 **2. Haftung für Erfüllungsgehilfen. a) Person des Erfüllungsgehilfen. aa) Begriff.** Erfüllungsgehilfe ist, wer nach den rein tatsächlichen Umständen mit dem Willen des Schuldners bei der Erfüllung einer diesem obliegenden Verbindlichkeit als seine Hilfsperson tätig wird (BGH 13, 113; 98, 334; 100, 122; 152, 383; stRspr). Die Gehilfentätigkeit muss sich damit als eine vom Schuldner gewollte und gebilligte Mitwirkung bei der Vertragserfüllung darstellen (**S 1:** „sich ... bedient"; BGH NJW, 2878). Nicht maßgebend ist, in welchen Beziehungen der Gehilfe zum Schuldner (BGH 95, 180; 152, 383; NJW-RR 88, 243, rein tatsächliche Zusammenarbeit genügt, PalGrüneberg 7; Schleswig NJW 05, 440) oder zum Gläubiger steht (BGH 98, 334; sa BayObLG NJW-RR 05, 101: eigener Vertrag zwischen Gläubiger u Hilfsperson), insbes muss die Hilfsperson (iGgs zu § 831, vgl dort Rn 5 ff) weder den Weisungen des Schuldners unterliegen (BGH 100, 122; NJW 96, 451) noch in einem sozialen Abhängigkeitsverhältnis zu ihm stehen; unerheblich ist auch, ob der Erfüllungsgehilfe weiß, dass er eine Verbindlichkeit eines anderen erfüllt (BGH 13, 111; 98, 334, unbewusster Erfüllungsgehilfe). Dass der Schuldner die Leistung nicht selbst erbringen kann und sich *notwendig* der Hilfe eines Dritten bedienen muss, dem gegenüber ihm jede Einwirkungsmöglichkeit fehlt, schließt § 278 nicht aus (BGH 62, 124); jedoch ist sorgfältig zu prüfen (§ 157), ob der vom Dritten erbrachte Leistungsteil zum Pflichtenkreis (Rn 11) des Schuldners gehört; idR zu verneinen bei notwendiger Mitwirkung von Behörden und

7 Amtsträgern (Lüderitz NJW 75, 6; Lorenz aaO S 369 f). – **bb) Beispielsfälle.** Als Erfüllungsgehilfen kommen in Frage (Einzelfallprüfung! iE Rn 16): **Hilfskräfte** im Unternehmen und Haushalt des Schuldners, wie gewerbliche Arbeiter, Angestellte und Auszubildende (BGH 31, 358) von Gewerbetreibenden (vgl HGB 431: „Leute"); Familienangehörige, Hausgehilfen und Gäste des Mieters; **leitende Angestellte** mit weisungsfreiem Aufgabenbereich, zB Chefarzt eines Krankenhauses und nachgeordneter ärztlicher Dienst (Rn 16); Rennfahrer im Verhältnis zum Veranstalter (RG 127, 313); Orchester im Verhältnis zu Konzertveranstalter (München NJW-RR 05, 616); Verhandlungsgehilfen (BGH FamRZ 89, 612) und Vermittler (Karlsruhe WM 09, 2118); **selbstständige Beauftragte des Schuldners,** wie RA (BGH 58, 207; 74, 281; NJW 11, 2138 [Zweitanwalt]); Architekt (BGH 95, 131 mN; NJW 87, 645); Statiker (Frankfurt NJW-RR 90, 1497); Stimmrechtsvertreter iSv AktG 135 (BGH 129, 151, str; krit Lamprecht ZIP 96, 1372); uU **selbstständige Unternehmer,** wie zB Bahn (dazu BGH 50, 37; mit der rechtlichen internen Aufspaltung von Fahrbetrieb und Infrastruktur der Bahn in selbständige Bereiche sind Infrastrukturunternehmen der DB Erfüllungsgehilfe des Verkehrsunternehmens [BGH 193, 65]); Postdienste (BGH NJW-RR 02, 1027); Frachtführer und Spediteur bei Bringschuld (Rn 11); Bank bei Überweisungsauftrag des Geldschuldners (Rn 16); Subunternehmer des Schuldners (BGH 66, 43; Karlsruhe NJW-RR 97, 1240; Hamm MDR 07, 712); Vermittler (BGH 95, 178 f; NJW 96, 451 f; NJW-RR 97, 116; u Rn 16; Rn 4 vor § 652); Leistungsträger im Verhältnis zum Reiseveranstalter (Rn 16); Verlag im Verhältnis zum Anzeigenkun-

Titel 1. Verpflichtung zur Leistung § 278

den (BGH NJW 98, 3342); selbstständige Vertriebsgesellschaft (und deren Vermittler) sind bzgl Aufklärungspflichten Erfüllungsgehilfe der Gründungsgesellschafter eines Anlagefonds (BGH WM 12, 1298); ebenso selbständige Vermittler für eine Lebensversicherung (BGH 194, 39 = NJW 12, 3651; WM 12, 1577 u 1579) idR aber **nicht** Hersteller und Lieferanten im Verhältnis zum Verkäufer (Rn 16); nur ausnahmsweise Amtsträger, wie Notar (BGH 62, 124; NJW 93, 652 mN; abl Rostock WM 05, 1226; sa BNotO 1); für Zivildienstleistende s Rn 16 aE. Erfüllungsgehilfen sind auch die vom Erfüllungsgehilfen mit ausdr oder stillschweigendem Einverständnis des Schuldners zugezogenen **weiteren** Hilfspersonen (BGH NJW 88, 1908 mN; mittelbare Erfüllungsgehilfen); Bsp: Arzthelferin im Verhältnis zum angestellten Krankenhausarzt (sa Rn 16); AN des selbstständigen Unternehmers; Unterfrachtführer des Hauptfrachtführers (s BGH 130, 227 ff); Untervertreter (auch wenn er gleichzeitig Makler des Gläubigers ist, Celle ZIP 05, 201); vom Verwalter einer Wohnanlage angestellter Hausmeister (Karlsruhe NJW-RR 09, 882). Ist Zuziehung nicht gestattet, liegt idR Verschulden (§ 276) des ersten Erfüllungsgehilfen vor. **cc) Abgrenzung. Nicht** Erfüllungsgehilfen sind Dritte, die **8** freiwillig (GoA) oder im Auftrag des Gläubigers (möglich: § 267 I) die Aufgaben des Schuldners wahrnehmen (Einschaltung *ohne* den Willen des Schuldners). Bsp: Deckungsgeschäft des Gläubigers während des Schuldnerverzugs; beim Reparaturauftrag des Geschädigten trägt aber der Schädiger das „Werkstattrisiko" (Rn 16). **Nicht** Erfüllungsgehilfe ist der vom Schuldner (berechtigt) zugezogene Ersatzmann (**Substitut**; §§ 664 I 2; 691 S 2; iE § 664 Rn 2 ff); bei unberechtigter Zuziehung gilt § 276. Bei mehreren Erfüllungsgehilfen mit selbstständigem Aufgabenkreis gilt im Verhältnis untereinander § 278 nicht; Bsp: Verkehrsanwalt und Hauptbevollmächtigter (BGH NJW 88, 1082); nacheinander tätige RAe (BGH NJW 93, 1781; anders bei § 254 II 2: BGH NJW 94, 1212; sa BGH WM 05, 1902); planender und bauüberwachender Architekt (BGH NJW-RR 89, 89; Karlsruhe NJW-RR 04, 815). **b) Voraussetzungen der Haftung:** Schuldhaftes Fehlverhalten **9** (Rn 12 f) einer vom Schuldner (Rn 3) im Rahmen seines Pflichtenkreises (Rn 11) zur Erfüllung einer Verbindlichkeit (Rn 10) mit seinem Wissen und Wollen eingesetzten Hilfsperson (Rn 6 ff). **aa) Verbindlichkeit des Schuldners.** Jede Schuld- **10** nerverbindlichkeit kann durch Hilfspersonen wahrgenommen werden: Hauptleistungs-, Neben- und Schutzpflichten (Bsp: Aufklärungs- und Hinweispflichten: BGH 95, 179 mN), Handlungs- und Unterlassungspflichten (BGH NJW 87, 3253; 88, 1908; StLöwisch/Caspers 41, str), also das geschuldete Gesamtverhalten (RG 160, 314). Der Schuldner haftet daher nicht nur für Verschulden seiner Erfüllungsgehilfen bei der eigentlichen Leistungserbringung, sondern auch im **gesamten Schutzpflichtbereich** (§ 241 II; § 280 Rn 16). Der Erfüllungsgehilfe kann ausnahmsweise auch vor Abschluss des Vertrages mit dem Gläubiger tätig werden (BGH JZ 09, 263 m Anm Eisele 266). Bsp: Obliegt dem Mieter eine vertragliche Schutz- und Obhutspflicht (§§ 536c, 541, 543 II 1 Nr 2), bedient er sich aller Personen als Erfüllungsgehilfen, denen er die Einwirkung auf die Sache ermöglicht. Erfüllungsgehilfen sind daher außer Familienangehörigen, Haus- und Bürogehilfen (Rn 7), Untermietern (§ 540), auch seine Patienten, Privatschüler (BGH NJW 64, 35), Gäste und Möbelspediteure (RG 106, 133); beim gewerblichen Mieter Arbeitnehmer, Lieferanten und Handwerker (BGH 66, 354); für vertragliche Schutzpflichten des Vermieters können auch von ihm beauftragte Baufirmen Erfüllungsgehilfe sein (Thüringen OLG-NL 02, 152). Zu den Schuldnerverbindlichkeiten gehören auch bestimmte **Obliegenheiten,** zB die Schadensminderungs„pflicht" (§ 254 II 2 und dort Rn 12; abl für Ersatzunternehmer des geschädigten Bauherrn Celle NJW-RR 04, 527), **nicht** aber erfolgt eine Zurechnung von Drittverschulden für den Versicherungsnehmer gem VVG 81 nF (BGH 11, 123; stRspr; StLöwisch/Caspers 46; anders im Fall der sog „Repräsentantenhaftung" vgl. BGH NJW 09, 2882; 89, 1861). **bb) Pflichtenkreis des Schuldners. 11** Sein Umfang richtet sich nach Art und Inhalt des konkreten Schuldverhältnisses. Innerhalb eines Vertrages kann ein Dritter für bestimmte Verpflichtungen Erfül-

§ 278 Buch 2. Abschnitt 1. Inhalt der Schuldverhältnisse

lungsgehilfe sein, für andere nicht (BGH NJW 78, 2295 f). Ein Handeln im Pflichtenkreis des Schuldners liegt aber nicht vor, wenn der Dritte *ausschließlich* eigene Verpflichtungen erfüllt (wie idR Lieferanten oder selbstständige Vermittler, vgl Rn 16). Fehlt es bereits an einer entspr Schuldnerverbindlichkeit, ist für eine Gehilfeneinschaltung kein Raum. Bsp: Schuldet der Verkäufer die Transportleistung (Bringschuld), ist die Transportperson (-anstalt) Erfüllungsgehilfe des Verkäufers; schuldet er dagegen lediglich Versendung der Ware (§ 447), ist sie es nicht (BGH 50, 32; vgl § 447 Rn 9). BGH NJW 09, 2198 bejaht Gehilfeneigenschaft der Post auch für Zusendung einer Betriebskostenabrechnung des Vermieters, wo fristgerechter Zugang geschuldet ist. Geht die Verpflichtung des Schuldners nur auf **Auswahl** (Zuziehung) eines Dritten, ist dieser nicht Erfüllungsgehilfe des Schuldners. Bsp: Eltern ziehen für Kind einen Arzt zu, dem Kunstfehler unterläuft. Der Pflichtenkreis des Schuldners findet seine **Grenze** am *eigenen Verantwortungsbereich*
12 *des Gläubigers* (BGH 95, 132 f). Einzelfälle: Rn 16. **cc) Fehlverhalten des Gehilfen „bei Erfüllung", nicht nur „bei Gelegenheit".** Die schuldhafte Gehilfenhandlung (-unterlassung, Kaiser/Rieble NJW 90, 218, str) muss in **unmittelbarem inneren Zusammenhang** mit den Aufgaben stehen, die ihm im Hinblick auf die Vertragserfüllung zugewiesen waren (BGH 23, 323; 31, 366; 114, 270, stRspr; krit zur Unterscheidung U. Huber, Gutachten I, S 725). Auch Straftaten des Erfüllungsgehilfen können zugerechnet werden, wenn ein unmittbarer sachlicher Zusammenhang gegeben ist (BGH WM 12, 839 [Veruntreuung durch Handelsvertreter]). Umgekehrt ist Verschulden bei der Erfüllungshandlung selbst (Bsp: Schädigung von Rechtsgütern des Gläubigers bei der Leistungserbringung) nicht erforderlich; es genügen bereits vorbereitende Handlungen vor dem Vertragsschluss, die im Zeitpunkt der Erfüllung noch fortwirken (Bsp: Herstellungsfehler vor Abschluss des Liefervertrags, RG 108, 221; sa StLöwisch 31). Innerer Zusammenhang mit der Erfüllungshandlung ist nach der Rspr auch dann zu **bejahen**, wenn der Gehilfe seinen Auftrag überschreitet (BGH 31, 358), seine Befugnisse missbraucht (BGH NJW 93, 1705; 97, 1234 f) oder den Interessen des Schuldners zuwider handelt (BGH NJW-RR 89, 1184 f); bei entspr Aufgabenkreis können auch deliktische und Neugierhandlungen des Gehilfen „in Erfüllung" der Schuldnerverbindlichkeit begangen sein. Bsp: Diebstahl des angestellten Wachpersonals (LM Nr 15 zu § 459 ZPO); Schwarzfahrt des Hotelangestellten (BGH NJW 65, 1709); Versicherungsbetrug des Verhandlungsgehilfen (BGH NJW-RR 89, 1183); strafbarer Vollmachtsmissbrauch des Bankangestellten (BGH NJW 91, 3209 f); Veruntreuung von Kundenvermögen (BGH WM 12, 837; sa Karlsruhe WM 11, 1172); Fälschung von Überweisungsauftrag durch Mitarbeiter (BGH NJW 94, 3345, konkret verneinend); uU Brandstiftung durch AN des Mieters (Düsseldorf NJW-RR 97, 1098); idR zu **verneinen** bei Zeugenaussage des gesetzlichen Vertreters einer jur Person (Düsseldorf NJW-RR 12, 21); bei reinen Gelegenheitsdelikten des Gehilfen, die jedoch schwer abgrenzbar sind (s BGH 123, 14; BAG NJW 00, 3369; krit StLöwisch/Caspers 51), da innerer Zusammenhang wegen weitgehender Schutzpflichten des Schuldners teilw großzügig bejaht wird. Es dürfte nicht grundsätzlich genügen, dass dem Gehilfen eine Schädigung durch die übertragene Tätigkeit nur erheblich erleichtert wurde (so aber München MDR 07, 81; PalGrüneberg 22; Medicus/Lorenz, SchR AT Rn 391). Insbes im Falle des Verstoßes gegen konkrete Weisungen des Schuldners sollte Zurückhaltung geboten sein, da er damit den Wirkungskreis des Erfüllungsgehilfen bewusst beschränkt („sich ... bedient"; anders BGH NJW-RR 05, 756; NJW 97, 1234; – stRspr, hM, s ErmWestermann 15;
13 MK/Grundmann 46; wie hier BAG NJW 61, 622). **dd) Verschulden.** Da Verschulden des Gehilfen zugerechnet wird, muss dessen Verschuldensfähigkeit (§§ 276 I 2, 827, 828; vgl § 276 Rn 12) gegeben sein (BayObLG NJW 70, 1554; Lorenz aaO S 377 f, hM; aA Larenz, SchR I, § 20 VIII; Kupisch JuS 83, 821); für einen verschuldensunfähigen Gehilfen haftet aber der Schuldner idR bereits nach § 276 (Auswahlverschulden). Maßgeblicher Sorgfaltsmaßstab ist idR der des Schuldners, nicht des Gehilfen (BGH 31, 367, hM), bei Auftreten des Gehilfen als Fachmann

Titel 1. Verpflichtung zur Leistung § 278

aber der strengere des Fachmanns (BGH 114, 272). Auch etwaige Haftungserleichterungen (zB § 277) richten sich nach der Person des Schuldners (S 1: „in gleichem Umfang"). Bei Haftungsverschärfung (zB § 287 S 2) kommt es ohnehin nicht auf ein Verschulden an. **c) Rechtsfolgen. aa)** Haftung des **Schuldners** nach Maßgabe 14 der jeweiligen Anspruchsgrundlage, die durch § 278 ergänzt wird (vgl Rn 1), zB § 280 I (dort Rn 7 ff; § 328 Rn 19 ff) ggf iVm §§ 241 II, 311 II (§ 311 Rn 36, 50, 51) usw. Der **Erfüllungsgehilfe** selbst haftet grundsätzlich nur aus Delikt (§§ 823 ff), ausnahmsweise auch aus § 280 I (iVm § 311 III), uU auch aus „nachvertraglicher" cic (BGH 70, 344, str, im Einzelfall verneinend NJW-RR 90, 460; vgl § 311 Rn 48 f). Für den **Gläubiger** führt § 278 im Fall des § 254 II 2 zu Anspruchsbeschränkung, uU -verlust (BGH 103, 343; iE § 254 Rn 11 ff). **bb) Freizeichnung** 15 **(S 2).** Die Haftung des Schuldners für Erfüllungsgehilfen kann in vollem Umfang (über § 276 III hinaus) nur durch **Individualvereinbarung** ausgeschlossen werden, durch **AGB** im nichtkaufmännischen Rechtsverkehr und im Verbrauchervertrag nur für leichte Fahrlässigkeit (§§ 309 Nr 7b; 310 III Nr 2; Bsp: BGH 71, 230; 101, 324), nicht aber für Körper- und Gesundheitsschäden (§§ 309 Nr 7a; 310 III Nr 2). Weitergehend im *kaufmännischen Rechtsverkehr* (Umfang iE str), nicht aber für grobes Verschulden (auch) nicht leitender Erfüllungsgehilfen hinsichtlich von ihnen verletzter Hauptpflichten (BGH 89, 365 ff; 95, 182 f; iE Koller ZIP 86, 1098 ff; zur Verletzung nicht wesentlicher Pflichten s BGH 103, 328). Die im Widerspruch zu den Tatsachen stehende Erklärung, eine Hilfsperson sei nicht Erfüllungsgehilfe (Bsp: Verkäufer beim finanzierten Kauf, BGH 47, 234; Lieferant beim Leasingvertrag, BGH NJW-RR 88, 242; vgl Rn 16), stellt eine – uU unwirksame – Freizeichnung dar (BGH 61, 281). Haftet der Erfüllungsgehilfe selbst (Rn 14), wirkt eine Haftungsbeschränkung auch zu seinen Gunsten (§ 311 Rn 49, 51 aE). **cc) Beweislast:** §§ 280 I 2 (dort Rn 24), 286 IV (dort Rn 40) gelten. **d) Einzel-** 16 **fälle.** Sa Rn 7. In **Arbeitsverhältnissen** muss sich der AG in Mobbingfällen das Verhalten von Mitarbeitern und Vorgesetzten im Verhältnis zum AN zurechnen lassen (BAG MDR 08, 512). Bei dem idR geschlossenen (vgl BGH 95, 68 ff) **„totalen Krankenhausaufnahmevertrag"** (Rn 24 vor § 611) sind die behandelnden **Ärzte** und das gesamte Klinikpersonal Erfüllungsgehilfen des Krankenhausträgers (BGH 95, 70 f; 96, 368). Dies gilt auch beim Abschluss eines Arztzusatzvertrags (BGH 95, 70 f). Beim **„aufgespaltenen Arzt-Krankenhaus-Vertrag"** (BGH 5, 321; selten: BGH 95, 68; krit und abl Kramer NJW 96, 2398) sind die beiderseitigen Pflichtenkreise gegeneinander abzugrenzen (LM Nr 24). Der Arzt ist nicht Erfüllungsgehilfe des Krankenhauses (Daniels NJW 72, 305), der nachgeordnete ärztliche Dienst des Krankenhauses nicht Erfüllungsgehilfe des Arztes (LG Aachen NJW 76, 1155). Bsp: Vertrag mit Belegkrankenhaus und Belegarzt (BGH 129, 13 f; Oldenburg MDR 11, 361). Im Überweisungsverkehr ist die vom (Zahlungs-)Schuldner beauftragte **Bank** dessen Erfüllungsgehilfin (bei gewöhnlicher Geldschuld auch hinsichtlich der Rechtzeitigkeit der Übermittlung, soweit Schuldner das Verzögerungsrisiko trägt; so Herresthal ZGS 08, 264; § 270 Rn 7); weitere zwischengeschaltete Banken sind idR Erfüllungsgehilfen der erstbeauftragten Bank (vgl § 676c I 3); im Lastschriftverfahren sind die beteiligten Banken Erfüllungsgehilfen des Gläubigers (LG Berlin WM 75, 530; einschr Hadding WM 78, 1379). Zur Anlageberatung sa Rn 7; im Verhältnis zur Depotbank ist ein Wertpapierhandelshaus nicht Erfüllungsgehilfe für Beratungspflichten gegenüber dem Anleger, weil solche ersterer nicht obliegen (München WM 13, 170). Bei **Bauverträgen** ist der Vorunternehmer idR nicht Erfüllungsgehilfe des Auftraggebers im Verhältnis zum Nachfolgeunternehmer (BGH 95, 130 ff; 174, 36; abl Grieger BauR 90, 406). Der planende Architekt kann gegenüber dem Auftragnehmer Erfüllungsgehilfe des Bauherrn/Auftraggebers sein (BGH NJW-RR 02, 1175; Karlsruhe NJW-RR 05, 250 für § 254), aber auch gegenüber dem aufsichtsführenden Architekten (BGH 179, 67 stellt auf Obliegenheit des Bauherrn, mangelfreie Pläne zu liefern, ab). Architekt und Gutachter sind bei selbstständiger Beauftragung nicht Erfüllungsgehilfen des

§ 278

Bauherrn (BGH NJW-RR 03, 1454); ebenso wenig der Statiker im Verhältnis zum Architekten (Hamm NJW 10, 318). Beim **Internatsvertrag** ist uU das Kind Erfüllungsgehilfe seiner Eltern (BGH NJW 84, 2093 f; Karlsruhe OLGZ 88, 200). Beim **finanzierten Kauf** (s allg § 358 Rn 2 ff; § 503 Rn 7) ist der Verkäufer idR Erfüllungsgehilfe der Bank beim Zustandekommen des Darlehensvertrags (s § 358 III 2); das Gleiche gilt für den Kreditvermittler (BGH NJW 78, 2295; sa u „Makler"); bei weisungsgemäßer Entgegennahme der Darlehensvaluta ist dieser aber Erfüllungsgehilfe des Darlehensnehmers (BGH NJW 78, 2294 [2296]; Frankfurt WM 89, 1462, str). Der **Hersteller oder Lieferant** des Verkäufers ist **grundsätzlich nicht** Erfüllungsgehilfe des Verkäufers (BGH 48, 120 mN; NJW 09, 2674; 08, 2837; hM; einschr Lorenz aaO S 345 ff; aA Peters ZSG 10, 24; Klees MDR 10, 305: Schroeter JZ 10, 497 mN; Weller NJW 12, 2312); Grund: Er erfüllt idR nur seine eigene Verpflichtung gegenüber dem Verkäufer, nicht zugleich die des Verkäufers gegenüber dem Käufer; die Neukonzeption des Kaufrechts hat daran nichts geändert (PalGrüneberg 13 mwN). Entspr gilt für die **Zulieferer** des Unternehmers beim Werkvertrag (BGH NJW 78, 1157; abw Karlsruhe NJW-RR 97, 1240; Lorenz aaO S 350 ff; sa § 823 Rn 125). **Besonderheiten:** Tritt der Lieferant in unmittelbare Beziehungen zum Käufer, kann er diesem gegenüber Erfüllungsgehilfe des Verkäufers für die Lieferung sein, nicht jedoch für andere Pflichten des Verkäufers (so RG 108, 223; Frankfurt BB 77, 13; PalGrüneberg 13). Trifft den Verkäufer hinsichtlich des Kaufgegenstandes eine Unterweisungspflicht und bedient er sich dafür der Bedienungsanleitung des **Herstellers,** so ist dieser insoweit sein Erfüllungsgehilfe (BGH 47, 316; Düsseldorf NJW-RR 04, 673). Gleiches gilt, wenn sich der Verkäufer bei der **Nacherfüllung** (§ 439 I) zur Beseitigung des Mangels der Hilfe des Herstellers bedient. Obliegt dagegen dem Verkäufer als bloßem **Zwischenhändler** keine eigene Untersuchungspflicht (§ 276 Rn 29), so kann auch der **Hersteller** nicht sein Erfüllungsgehilfe sein (BT-Drs 14/6040 S 210; BGH MDR 77, 390); andererseits wird der Hersteller nicht deswegen zum Erfüllungsgehilfen des Händlers, weil dessen eigene Untersuchungspflicht infolge seines berechtigten Vertrauens auf die Zuverlässigkeit des Herstellers entfällt (LM Nr 2 zu § 276 [H b]). Beim **Leasingvertrag** sind Erfüllungsgehilfen des Leasinggebers der Leasingnehmer im Verhältnis zum Lieferanten (BGH 90, 309; 110, 138) und der Lieferant im Verhältnis zum Leasingnehmer (BGH 95, 179; 104, 397; NJW 89, 288 mN; aber nicht für Entgegennahme der Übernahmebestätigung, da Pflicht des Leasingnehmers: BGH NJW 05, 366). Allerdings muss sich der Leasinggeber eine Verletzung von Aufklärungspflichten seitens des Lieferanten nur zurechnen lassen, wenn dieser mit Wissen und Wollen des Leasinggebers Vorverhandlungen führte (BGH NJW 11, 2877). Beim **Leiharbeitsverhältnis** (§ 611 Rn 3) ist der „überlassene" AN nur Erfüllungsgehilfe des „Entleihers" (BGH NJW 75, 1696; Becker NJW 76, 1827). Entspr gilt beim **Dienstverschaffungsvertrag** (Rn 12 vor § 611; Bsp: Stellung von Baumaschine mit Bedienungspersonal); der Verpflichtete haftet (nur) für eigene sorgfältige Auswahl (BGH NJW 71, 1129; Hamm VersR 78, 548; abw Gestaltung möglich, vgl München BB 97, 1918: §§ 631, 278). Erfüllungsgehilfe des **Vermieters** gegenüber dem Mieter kann auch ein Käufer des Mietobjektes sein, den er ermächtigt hat, bereits Modernisierungsmaßnahmen durchzuführen (BGH NJW 08, 1220). Erfüllungsgehilfe des **Mieters** können alle Personen sein, die auf seine Veranlassung mit der Mietsache in Berührung kommen („Bewahrungsgehilfen"); regelmäßig nicht Angestellte des Vermieters (München MDR 12, 758); nicht das die Mietkosten überweisende Sozialamt (BGH NJW 09, 3782; aA zu Recht Rieble NJW 10, 816). Beim Vertrag mit einem **RA** sind dessen Sozien Erfüllungsgehilfen (BGH NJW 85, 1153). Die Rechtsschutzversicherung ist bei Deckungszusagen nicht Erfüllungsgehilfin im Pflichtenkreis des Mandanten zu seinem Anwalt (Koblenz NJW-RR 11, 761). Beim **Reiseveranstaltungsvertrag** (vgl § 651a I) ist der Leistungsträger (zB Hotel; Ferienhauseigentümer; Beförderungsunternehmen; Fluggesellschaft) – trotz § 651h I Nr 2 – Erfüllungsgehilfe des Reiseveranstalters (BGH 93, 274 f; 119, 166 f; Köln VuR 09, 233; sa § 651f

Rn 2); das gilt auch für das Reisebüro, sobald Kunde bestimmte Reise gewählt hat (BGH NJW 06, 2321; Düsseldorf NJW-RR 05, 645), bei der **Prospekthaftung** die Publikums-KG im Verhältnis zum Treuhandkommanditisten (BGH 84, 143), die Anlagevermittler im Verhältnis zu den Gründungsgesellschaftern (BGH NJW-RR 91, 804, s auch Rn 7). In Vertragsverhandlungen eingeschaltete selbstständige **Vermittler (Makler)** sind idR nicht Erfüllungsgehilfe des Auftraggebers (BGH NJW 96, 452; NJW-RR 97, 116; sa Rn 4 vor § 652); etwas anderes kann gelten, wenn ihm die Führung der wesentlichen Verhandlungen überlassen ist (Stuttgart NJW-RR 11, 918; KG NJW-RR 03, 1137; Hamm NJW-RR 03, 486). Die vom Geschädigten mit der Instandsetzung beauftragte **Werkstatt** ist nicht Erfüllungsgehilfe des Geschädigten (BGH 63, 186; 115, 370; Saarbrücken MDR 12, 581 [auch für Kfz-Sachverständigen], § 254 Rn 12). Keine Erfüllungsgehilfen des Arbeitgebers sind **Werkunternehmer,** die auf dem Firmenparkplatz Arbeiten ausführen und dabei den PKW des AN beschädigen (BAG NJW 00, 3369; Kamanabrou NJW 01, 1187). **Zivildienstleistende** waren trotz des hoheitlichen Dienstcharakters Erfüllungsgehilfen der Beschäftigungsstelle gegenüber deren Vertragspartnern (Heimbewohner; BGH 152, 382); Bundesrepublik und Beschäftigungsstelle haften daher ggf als Gesamtschuldner (839 – §§ 280, 278).

3. Die Haftung für ges Vertreter. a) Der **Begriff** des ges Vertreters ist iwS 17 zu verstehen; er umfasst alle Personen, die auf Grund ges Vorschriften mit Wirkung für andere handeln können (BGH NJW 58, 670). Ges Vertreter sind: Eltern (§§ 1626 ff), Vormund (§§ 1793 ff), Betreuer (§§ 1896 ff), Pfleger (§ 1915), Jugendamt als Beistand (§§ 1716, 1915 I, 1793 S 1), der Ehegatte bei § 1357 und im Rahmen des fortgeltenden FGB 15, der verwaltungsberechtigte Ehegatte bei Gütergemeinschaft (§§ 1422 ff), ferner die sog Parteien kraft Amtes (BGH NJW 58, 670); Bsp: Testamentsvollstrecker (RG 144, 402), Nachlass-, Insolvenz- (BGH 100, 351) und Zwangsverwalter. **Keine** ges Vertreter iSd § 278 sind die Organe jur Personen und die ihnen Gleichgestellten (persönlich haftende Gesellschafter von OHG und KG; Vorstand des nichtrechtsfähigen Vereins: § 31 Rn 3; § 54 Rn 13), auch soweit diese als „ges Vertreter" gelten (vgl § 26 II); Grund: Haftung für *Eigen*verschulden gem §§ 31, 40, 89, 276 (beachte III) geht vor und schließt § 278 (wichtig wegen **S 2**) aus (§ 31 Rn 1 mN, str; aA zB StLöwisch/Caspers 117 mN). **b) Voraussetzungen.** Wegen des Handelns in Erfüllung einer Verbindlich- 18 keit des Schuldners gilt Rn 9 ff. **Besonderheiten:** Das **Verschulden** ist ausschließlich aus der Person des ges Vertreters zu bestimmen (Abweichung gegenüber Rn 13; ebenso E. Schmidt AcP 170, 515, str; aA StLöwisch/Caspers 119). Bei Gesamtvertretung (zB § 1629 I) genügt das Verschulden eines Vertreters (RG 110, 146). Im Rahmen eines Mitverschuldens (§ 254 II 2) für ein schädigendes Ereignis bedarf es ebenfalls eines bestehenden Schuldverhältnisses oder einer schuldrechtsähnlichen Beziehung beim Eintritt des schädigenden Ereignisses zwischen dem Haftenden und dem Geschädigten (BGH 1, 249). Der ges Vertreter muss dabei gegen eine Pflicht im Zusammenhang mit der haftungsbegründenden Norm verstoßen. Ein solcher Zusammenhang kann aus Vertrag folgen oder auf der besonderen Pflicht, im Interesse des Haftenden einen Schaden des Vertretenen zu vermeiden (Frankfurt NJW 09, 896 [verneinend für Reitbeteiligung zwischen Vertretenem und Tierhalter]; BGH 24, 325). **c) Rechtsfolgen:** wie Rn 14 f. 19 Nach hM besteht die Haftung des Schuldners auch im Fall der Schutzpflichtverletzung des ges Vertreters (StLöwisch/Caspers 119; aA Esser/Schmidt § 27 II 1b: insoweit *nur* Eigenhaftung gem Rn 20). **d) Eigenhaftung von ges Vertretern:** 20 IdR nur aus Delikt (§§ 823 ff), ausnahmsweise als Sachwalter (§ 311 Rn 64) aus cic (s § 311 III mit Anm). UU greift Amtshaftung (GG 34, § 839) ein (so BGH 100, 313 für früheren Amtsvormund).

§ 279 (weggefallen)

§ 280 Schadensersatz wegen Pflichtverletzung

(1) ¹Verletzt der Schuldner eine Pflicht aus dem Schuldverhältnis, so kann der Gläubiger Ersatz des hierdurch entstehenden Schadens verlangen. ²Dies gilt nicht, wenn der Schuldner die Pflichtverletzung nicht zu vertreten hat.

(2) Schadensersatz wegen Verzögerung der Leistung kann der Gläubiger nur unter der zusätzlichen Voraussetzung des § 286 verlangen.

(3) Schadensersatz statt der Leistung kann der Gläubiger nur unter den zusätzlichen Voraussetzungen des § 281, des § 282 oder des § 283 verlangen.

Lit: Altmeppen, Schadensersatz wegen Pflichtverletzung, DB 01, 1131; Grigoleit/Riehm, Kategorien des Schadensersatzes im Leistungsstörungsrecht, AcP 203, 727; Haberzettl, Verschulden und Versprechen – Zur Haftung des Schuldners für die Verzögerung der Leistung, 2005; Hirsch, Schadensersatz statt der Leistung, Jura 03, 289; Lorenz, Schadensersatz wegen Pflichtverletzung, JZ 01, 724; ders, Grundwissen – Zivilrecht: Was ist eine Pflichtverletzung (§ 280 I BGB)? JuS 07, 213 u Grundwissen – Zivilrecht: Vertretenmüssen (§ 276 BGB) 611; ders, Schadensarten bei der Pflichtverletzung, JuS 08, 203; ders, Fünf Jahre „neues" Schuldrecht im Spiegel der Rechtsprechung, NJW 07, 1 ff; Katzenstein, Der Schadensersatz statt der Leistung nach §§ 280 Abs. 1 und 3, 281 bis 283 BGB, Jura 05, 217; Wagner, Mangel- und Mangelfolgeschäden im neuen Schuldrecht, JZ 02, 475.

I. Allgemeines

1 **1. Bedeutung.** § 280 I ist die einzige Anspruchsgrundlage bei zu vertretenden Pflichtverletzungen. Die **Pflichtverletzung** erfasst alle Arten von Leistungsstörungen. I gilt gleichermaßen für die Verletzung von Leistungs-, Nebenleistungs- und sonstigen Schutzpflichten (§ 241 II). Im Tatbestand des § 280 I gehen sowohl die bish pVV als auch die Haftung wegen Verzuges und Unmöglichkeit auf. Auch das Recht zum Rücktritt steht dem Gläubiger nur zu, wenn dem Schuldner eine Pflichtverletzung zur Last fällt (§ 323).

2 **2. Anwendungsbereich.** § 280 gilt für alle Schuldverhältnisse. Nicht nur **vertragliche,** sondern auch **ges Schuldverhältnisse** (§ 241 Rn 3), vertragsähnliche Sonderverbindungen (cic, § 311 II, III), grundsätzlich auch soweit **öffentl-rechtlicher** Natur (BGH 61, 11 mN; 135, 344 ff mN; BSG NJW 08, 2524); nicht nachbarliches Gemeinschaftsverhältnis (Hamm NJW-RR 09, 1616). Das AGG enthält in §§ 15, 21 eigene Anspruchsgrundlagen für Schadensersatz bei Verstoß gegen Benachteiligungsverbote (zur Beweislast s AGG § 22). Zur Sonderbeziehung aus Vollstreckungseingriff s BGH NJW 85, 3081. Die vom Tatbestand des I vorausgesetzte Pflicht ist dem jeweiligen Schuldverhältnis (ggf durch Auslegung) zu entnehmen.

3 **3. Verhältnis des Abs I zu II und III.** Die Abgrenzung erfolgt nach der Art des Schadens, nicht nach der Art der Pflichtverletzung (Grigoleit/Riehm AcP 203, 730; Lorenz JuS 08, 203; aA Medicus/Petersen, BR Rn 279). **a)** Die Rechtsfolge des I ist die Verpflichtung des Schuldners zum Schadensersatz (§§ 249 ff). Im Umkehrschluss zu II und III ergibt sich, dass damit nicht der Verzögerungsschaden und der Schaden statt der Leistung erfasst sind. Um diese Schäden ersetzt verlangen zu können, müssen zusätzlich zum Tatbestand des I noch die Voraussetzungen des § 286 **(II)** oder der §§ 281–283 **(III)** vorliegen. Auch soweit der Anspruch von diesen zusätzlichen Voraussetzungen abhängt, enthält I die zum Schadensersatz verpflichtende Haftungsanordnung und die Entlastungsmöglichkeit für den Schuldner

4 **(I 2). b)** Die Abgrenzung der verschiedenen **Schadensarten** erfolgt nach den geltend gemachten Schadensposten. Der Schadensersatz statt der Leistung **(III)** erfasst alle Posten, die durch ordnungsgemäße Erfüllung noch verhindert werden können, zB mangelbedingter Minderwert, Deckungskauf, entgangener Gewinn aus Weiterverkauf. Der Verzögerungsschaden **(II)** umfasst Posten, die durch die verspätete Leistung entstanden sind und auch mit der späteren (ordnungsgemäßen) Erfüllung nicht mehr verhindert werden können, zB Zinsaufwendungen, Wert-(Kurs-)Ver-

Titel 1. Verpflichtung zur Leistung § 280

luste. Der Verzögerungsschaden und der Schadensersatz statt der Leistung überschneiden sich zeitlich nicht. Unter **I** fallen alle sonstigen Posten, die weder durch eine spätere korrekte Leistungserbringung zu vermeiden gewesen wären, noch alleine auf der Verzögerung der Leistung beruhen, dh alle bish typischen **Mangelfolge- und Begleitschäden** (BGH NJW 09, 3504; 07, 2619; PalGrüneberg 18; Ostendorf NJW 10, 2833; Lorenz JuS 08, 204). Bei sich fortlaufend erneuernden Schadensposten (zB Betriebsausfall bei mangelhafter Lieferung, BT-Drs 14/6040 S 225 und Rn 12) kann zunächst ein Fall des **I**, später aber des **II** (soweit Schaden durch Nacherfüllung hätte abgewendet werden können) vorliegen (aA Huber/Faust Rn 13/106: Fall des § 281). Eine mangelbedingte verspätete **Nutzungsmöglichkeit** des Leistungsobjekts fällt nach BGH unter I (181, 317; 174, 293 ; NJW 10, 2426; KG NJW-RR 11, 556), die Verzugsvoraussetzungen nach II müssen nicht vorliegen (aA § 437 Rn 17). Zwar steht der Verkäufer einer (behebbar) mangelhaften Sache damit schlechter als derjenige, der gar nicht liefert. Der BGH rechtfertigt dies aber vertretbar mit der Überlegung, der Mangel werde – im Gegensatz zur kompletten Nichtleistung – häufig erst entdeckt, wenn ein Nutzungsausfall nicht mehr zu verhindern ist; sa § 281 Rn 19.

4. Abgrenzung. a) Bei **anfänglichen,** nicht behebbaren (auch „qualitativen") 5 Leistungshindernissen (§ 275 Rn 9) ergibt sich der Schadensersatzanspruch statt der Leistung nicht aus § 280, sondern nur aus § 311a II. **b)** Die ges geregelten Fälle der 6 Haftung für **Mängel** in §§ 536a, 600, 651 f und § 2376 regeln die Haftung des Schuldners eigenständig und ohne Rückgriff auf § 280. Bei diesen Verträgen kommt § 280 nur für Pflichtverletzungen zur Anwendung, die nicht mit einem Mangel begründet sind. Dagegen verweisen §§ 437 und 634 für die Haftung wegen Mängeln im Kauf- und Werkvertrag auf §§ 280 ff.

II. Schadensersatz nach § 280 I

1. Schuldverhältnis. Im Zeitpunkt der schädigenden Handlung muss zwischen 7 dem Schuldner und dem Geschädigten ein Schuldverhältnis (Rn 2) bestehen.

2. Pflichtverletzung. a) Eine **Pflichtverletzung** liegt vor (s allg Rn 1), wenn 8 das (wirksame) Leistungsversprechen nicht wie geschuldet erfüllt oder eine sich aus dem (ggf ges) Schuldverhältnis ergebende (Neben-)Pflicht (vgl §§ 242, 241 II) nicht eingehalten wird. Daher liegt auch bei Nichterfüllung wegen eines Leistungshindernisses nach § 275 eine Pflichtverletzung vor (BT-Drs 14/6040 S 125; Canaris JZ 01, 512). Einzelfälle von Pflichten bzw Pflichtverletzungen s Rn 60. Im Einzelnen lassen sich folgende Fallgruppen von Pflichtverletzungen unterscheiden: **b)** Die 9 **Nichterfüllung** und **verspätete Erfüllung** einer Leistungspflicht stellt eine Pflichtverletzung dar. Sie begründet aber nach **I** noch keine Schadensersatzpflicht (2 vor § 275), sondern nur unter den weiteren Voraussetzungen der **II, III.** Ausnahme: Rn 17. **c) Schlechterfüllung** einer Leistungspflicht. Durch die vom Schuldner 10 schuldhaft mangelhaft erbrachte (bei Rn 12 idR gegenständliche) Leistung erleidet der Gläubiger einen uU über das Erfüllungsinteresse hinausgehenden Schaden an seinem Vermögen oder sonstigen Rechtsgütern (**Begleitschaden,** BGH NJW 06, 2549). Ie ist wegen Rn 6 zwischen Schuldverhältnissen ohne und mit bes Mängelhaftung zu unterscheiden. **aa)** Fehlt Mängelhaftung (Bsp: §§ 611 ff; 662 ff, 675; 11 688 ff; 705 ff), wird Schlechtleistung (vorbehaltlich §§ 823 ff) nur von **I** erfasst (PalGrüneberg 16). Bsp für Verletzung von vertraglichen Hauptpflichten: Arzt begeht Kunstfehler oder berät Patienten falsch (BGH 124, 138); RA führt Prozess schuldhaft schlecht oder berät den Mandanten falsch; Bank erteilt unrichtige Auskunft (zum Umfang der Prüfungspflicht bei (Anlage-)Beratervertrag BGH 178, 156 [Plausibilitätskontrolle von Kapitalanlagen genügt nicht (anders bei Auskunftsvertrag), Auswertung von Wirtschaftspresse, aber keine Hinweispflicht auf vereinzelt gebliebene Meinung]), Kunde erleidet dadurch Schaden (vgl zu § 675 II); Gesellschafter kommt ihm obliegender Vertriebspflicht nicht ordnungsgemäß nach (BGH NJW 83, 1188)

oder überschreitet seine Geschäftsführungsbefugnis (Köln NJW-RR 95, 548); Treuhänder eines Bauherrenmodells vernachlässigt Vermögensinteressen des Bauherrn
12 (BGH NJW-RR 91, 661; 663; 1121). **bb)** Beim **Kauf- und Werkvertrag** kommt bei Sach- und Rechtsmängeln **I** zur Anwendung (bis zum Gefahrübergang unmittelbar, danach kraft Verweisung in §§ 437 Nr 3, 634 Nr 4, PalGrüneberg 17, zu Fällen vorsätzlicher Aufklärungspflichtverletzung über Sachmangel § 311 Rn 38). Bei anfänglichen, nicht behebbaren Sach- und Rechtsmängeln gilt § 311a II (Rn 5, § 437 Rn 18), nicht Sachmängelrecht da es an einem Primärleistungsanspruch fehlt (§ 275 I; aA ErmGrunewald Vorb § 437 Rn 8). Die Pflichtverletzung liegt – auch beim Stückkauf – in der Lieferung der mangelhaften Sache. Bei verschuldeter (§ 276 Rn 29; keine allg Prüfungs- und Untersuchungspflicht des Händlers s § 433 Rn 25 aE) Schlechtleistung sind **Begleitschäden** nach **I** zu ersetzen. Die danach ersatzfähigen Schäden gehen über die früher sog Mangelfolgeschäden hinaus, weshalb diese Begrifflichkeit nicht fortgeführt werden sollte (Schubel JuS 02, 319; Grigoleit/Riehm AcP 203, 732). Die Abgrenzung des **I** zu **II** und **III** richtet sich nach den in Rn 3 f genannten Kriterien. Bsp für Begleitschäden: Pferde gehen an geliefertem vergifteten Pferdefutter ein (vgl RG 66, 289); infiziertes Zuchttier steckt andere an, so dass Behandlung erforderlich (BGH NJW 07, 2619); Motorschaden infolge Lieferung verunreinigten Treibstoffs (vgl BGH NJW 68, 2238), Außenputzschäden durch Lieferung von verunreinigtem Mörtel (BGH NJW 94, 602); Verderb von Wein durch mangelhafte Korken (BGH 101, 337); Verletzung von Kfz-Käufer bei Unfall infolge mangelhafter Bremsen (BGH JZ 71, 29); Vermögensverluste durch Gebrauch eines fehlerhaften Gutachtens (BGH 67, 1); Einbruchsschaden wegen fehlerhafter Sicherungsanlage (BGH 115, 32; dazu Ackmann JZ 92, 671); Schaden bei Notlandung wegen fehlerhafter Tankanzeige (BGH NJW 93, 924). Im Schaden kann sich aber auch die Minderwertigkeit der Kaufsache oder des Werkes abbilden; Bsp: Gutachterkosten (BGH NJW 02, 141); Schäden an dem vom Käufer auf dem erworbenen Grundstück errichteten Bauwerk infolge Altlasten (vgl BGH NJW 01, 1347 f zu § 823); Unbrauchbarkeit des Endprodukts infolge mangelhafter Zulieferteile (vgl BGH 117, 183; 138, 230; sog weiterfressender Schäden); **Abgrenzung zu III**: Nur unter den Voraussetzungen der §§ 281, 283 sind Schäden zu ersetzen, die die Kaufsache (das Werk) betreffen und durch Nacherfüllung zu beseitigen sind (Grigoleit ZGS 02, 78; vgl BGH 67, 359; 86, 256). Nach EuGH ZIP 11, 1265 ist die VerbrKRL so zu verstehen, dass der Ausbau der mangelhaften Sache und der Einbau der nachgelieferten Sache vom Verkäufer als Nacherfüllung geschuldet werden (überholt damit BGH 177, 230; krit hierzu Skamel NJW 08, 2820). **Verjäh-**
13 **rungsfrist:** §§ 438, 634a (2 oder 5 Jahre). **cc)** Neben einer **abschließenden besonderen Schadensersatzhaftung wegen Mängeln** kommt **I** nicht zur Anwendung
14 (Rn 6). **d) Verletzung von leistungsbezogenen Nebenpflichten. aa)** Die erbrachte Leistung als solche ist mangelfrei, jedoch erleidet der Gläubiger zB infolge fehlerhafter (unterbliebener) Anweisung Schaden. Die Haftung aus **I** wird insoweit durch bes Mängelhaftung (zB §§ 437, 438, 634, 634a) nicht berührt. Der Schadensersatzanspruch tritt nicht an Stelle einer Leistungspflicht, sondern ergibt sich unmittelbar aus **I**. Bsp: unvollständige Bedienungsanleitung (BGH 47, 312), s aber § 434 II 2: uU Sachmangel; Weiterbelieferung mit Ware ohne Hinweis auf geänderte Beschaffenheit (BGH 107, 336 ff); Nichtaufklärung über von der Kaufsache ausgehende typische Gefahren; unwirtschaftliche Betriebsführung bei Zeithonorarvereinbarung (BGH 180, 249 [Architekt], NJW 09, 3427). Bei realkreditfinanzierten Immobilienfondbeteiligungen schuldet die finanzierende Bank ggf Risikoaufklärung und bei Haustürgeschäften Widerrufsbelehrung (s Fischer VuR 07, 321 m Rspr Nw; Voigt BB 10, 3042; s auch § 311 Rn 65). Zur Verletzung der Mitwirkung an
15 der Vertragsanspassung nach § 313 s dort Rn 27. **bb) Abgrenzung:** Bezieht sich die (nach I 2 zu vertretende) Nebenpflichtverletzung dagegen auf einen Mangel oder lässt sie diesen erst entstehen, haftet der Schuldner (nur) wegen der im Mangel liegenden Pflichtverletzung. Ein von §§ 437, 280 bzw §§ 634, 280 zu unterscheidender Schadensersatzanspruch entsteht nicht; insbes greifen die kurzen Verjährungsvor-

Titel 1. Verpflichtung zur Leistung § 280

schriften der §§ 438, 634a ein. Bsp: Weiterbelieferung ohne Hinweis auf geänderte Beschaffenheit führt zu verstecktem Mangel (vgl BGH 132, 178); schuldhafte Falschberatung über Eigenschaften des Kaufgegenstands; unterbliebener Hinweis auf nicht vollständig erbrachte Werkleistung (vgl BGH WM 02, 875). S auch § 311 Rn 38. **cc)** Unter § 280 fallen auch unterlassene Mitwirkungspflichten, die zur Erreichung von Vertragszweck und Leistungserfolg erforderlich sind (BGH 174, 70). **e) Verletzung von Schutzpflichten (§ 241 II):** Schädigung der Rechtsgüter des Gläubigers anlässlich (gelegentlich) der Leistungserbringung. Anspruch nach I erfährt insoweit keine Einschränkung durch bes Vorschriften der Mängelhaftung (§§ 438, 634a). Bsp: Sachbeschädigung durch unvorsichtiges Hantieren des Handwerkers bei Werkleistung (ie § 631 Rn 15); durch Nichtentfernen eines Farbsicherungsetiketts (Düsseldorf NJW 97, 3320); Schädigung bei Einfüllen von Kraftstoff (BGH 107, 254); Brandschaden infolge unsachgemäßer Verpackung und Versendung (BGH 66, 208); Verletzung von Kunden und Gästen infolge nicht gefahrfreier Zu- und Abgänge in Kauf- und Gasthäusern (BGH 66, 51; NJW 94, 2617); Ladendiebstahl gelegentlich eines Einkaufs (Hamburg NJW 77, 1347, str; aA: cic); Verstoß gegen Interessenwahrungs- und Loyalitätspflicht gegenüber Kreditnehmer aus Darlehensvertrag (Fall „Kirch": BGH NJW 06, 830). Nach BGH (NJW 08, 1147) kann ein **unbegründetes Mängelbeseitigungsverlangen** des Käufers pflichtwidrig sein. Da das Risiko, ob ein Mangel vorliegt, vom Verkäufer zu tragen ist, trifft den Käufer aber nur eine Evidenzkontrolle, ob die Defektursache aus dem eigenen Verantwortungsbereich kommt; ersatzfähig sind ggf nur Untersuchungs-, nicht Beseitigungskosten des Verkäufers (insoweit aA BGH aaO, zu Recht anders Kaiser NJW 08, 1709). Grundsätzlich bejaht der BGH jedoch nun allg in Sonderverbindungen die Möglichkeit einer schuldhaften Pflichtverletzung (zB bei unbegründetem Rücktritt), wenn dem geltend gemachten Gestaltungsrecht oder Anspruch keine vertretbare rechtliche Beurteilung zu Grunde liegt (Plausibilitätskontrolle im Rahmen des Verschuldens, BGH 179, 238 = NJW 09, 1262) Die **gerichtliche Geltendmachung** auch von zweifelhaften Ansprüchen ist jedoch grundsätzlich keine Pflichtverletzung, das Verfahrensrecht bietet hier regelmäßig hinreichenden Schutz (insbes vor Kostennachteilen), vgl BGH 20, 169; 36, 20; NJW 09, 1263; 08, 1147; NJW-RR 05, 316; PalGrüneberg 27). Auch die **Verletzung von Rücksichtnahme- und Fürsorgepflichten** kann Anspruch nach I auslösen. Bsp: Vom Hersteller durch „Schockwerbung" bei den Vertragshändlern (Vertriebsmittlern) herbeigeführte Umsatzeinbußen (dazu BGH 136, 295); Zuschauervertrag verpflichtet zur Einhaltung der Stadionordnung (Rostock NJW 06, 1819). In Mobbingfällen kommt Haftung des AG wegen Verletzung der Fürsorgepflicht in Betracht (Bieszak/Sadtler NJW 07, 3382, mN). **f) Erfüllungsverweigerung und Vertragsaufsage. aa) Erfüllungsverweigerung:** Ernsthafte und endgültige Verweigerung der – auch noch nicht fälligen – Leistung oder Abhängigmachen von unberechtigten zusätzlichen Bedingungen (BGH 65, 375; 89, 375 f; 99, 189; NJW 88, 252 mN; 94, 1654) ist Pflichtverletzung; die Rspr stellte bish zu Recht strenge Anforderungen (BGH NJW 86, 661); gleiches gilt für die **Vertragsaufsage:** Unberechtigte Lossagung vom (unerfüllten) Vertrag (RG 67, 317; BGH NJW 77, 581). Formen: Bestreiten eines wirksamen Vertrags (BGH 50, 177); unberechtigte „Annullierung" durch einseitige Erklärung (RG 57, 113), zB Anfechtung, „beharrlicher" Rücktritt (BGH NJW 86, 842; 87, 253) oder (fristlose) Kündigung (BGH 89, 302; NJW 88, 207); Vertragsbruch (BAG NJW 81, 2430; NZA 84, 122 f; 85, 25) und Verleiten dazu (BGH WM 94, 808 f). S auch § 281 Rn 9. **bb) Rechtsfolgen:** Ersatz des **Begleitschadens** ergibt sich unmittelbar aus I. Der **Schadensersatz statt der Leistung** ergibt sich aus §§ 280, 281, ohne dass es einer Fristsetzung bedarf (§ 281 II, s § 281 Rn 9). Auch bei ernsthafter und endgültiger **Erfüllungsverweigerung usw vor Fälligkeit der Leistung** ergibt sich der Anspruch auf Schadensersatz statt der Leistung aus **I iVm § 281 I,** da der Schuldner dann „nicht wie geschuldet" erfüllt (§ 281 Rn 5): Der Schuldner verletzt seine Leistungspflicht schon durch die Erfüllungsverweigerung (U. Huber § 51 II 2; Huber/Faust 3/138, 152; aA Lorenz/Riehm 361: Fall des § 282, s § 282 Rn 4; sa

16

17

18

§ 280 Buch 2. Abschnitt 1. Inhalt der Schuldverhältnisse

PalGrüneberg 25). Das Abwarten der Fälligkeit der Leistung nach § 281 wäre wie eine Fristsetzung leere Förmlichkeit (arg §§ 281 II, 323 IV). Weitere Fälle: § 281
19 Rn 9. Anspruch auf die Leistung erlischt erst mit Erklärung gem § 281 IV. **g) Unbegründete Kündigung von in Vollzug gesetzten Dauerschuldverhältnissen.** Da die unwirksame Kündigung nicht zur Vertragsbeendigung führt, verstößt der unberechtigt Kündigende gegen die fortbestehende Pflicht zur ungestörten Vertragsdurchführung (BGH 89, 302; 99, 62; NJW 88, 1269; NJW-RR 02, 730; NJW 09, 1263 [Vermieter missachtet Besitzüberlassungpflicht mit unberechtigter Kündigung] ie str; s Klinkhammer NJW 97, 221 mN). Ein Schadensersatzanspruch statt der Leistung ergibt sich aus §§ 280, 281 (Rn 18); allg BGH NJW 09, 1262 (Rn 16).

20 **3. Vertretenmüssen der Pflichtverletzung (I 2).** Erforderlich ist Verschulden, eigenes oder das von Erfüllungsgehilfen (§§ 276, 278); zur Beweislast s Rn 23 ff. Bedeutung hat diese Einschränkung der Haftung des Schuldners (dazu § 276 Rn 9) insbes bei erfolgsbezogenen Leistungspflichten (Fälle der nicht oder nicht ordnungsgemäßen Leistung). Dagegen fallen bei der Verletzung von Nebenpflichten (insbesondere bei Schutzpflichtverletzungen, vgl Rn 14 ff) die obj Pflichtverletzung nach **I 1** und das Vertretenmüssen praktisch zusammen (Canaris JZ 01, 512; KG MDR 07, 1258; s aber auch § 276 Rn 13).

21 **4. Rechtsfolgen. a) Überblick. I** begründet **stets** einen Anspruch auf Ersatz des **Begleitschadens**; iÜ bleibt das Schuldverhältnis unverändert. Weitergehende Folgen hat nur der Schadensersatz statt der Leistung (**III**). **Verjährung** des Ersatzanspruchs: Grundsätzlich (insbes in den Fällen Rn 11, 13 ff) gelten §§ 195, 199, soweit nicht kürzere vertragliche Verjährung besteht (zB gem §§ 558, 606; VVG 12 I [dazu Hamm NJW-RR 89, 1302]; BRAO 51b [dazu BGH NJW 96, 661]); bei verschuldeten Mängeln beim Kauf- und Werkvertrag greift auf Grund Verweisung in §§ 437 Nr 3, 634 Nr 4 die Verjährung nach §§ 438, 634a (PalGrüneberg 17, 33). **Anspruchskonkurrenz** mit deliktischen Ansprüchen möglich (Rn 15; § 241 Rn 15 ff). **Freizeichnung** in AGB und im Verbrauchervertrag für vorsätzlich oder grobfahrlässig begangene Pflichtverletzung ist unwirksam, für Körper- und Gesundheitsschäden scheidet jede Freizeichnung aus, §§ 307 Nr 7, 310 III Nr 2. Bei andauernder Vertragsverletzung und vor voller Schadensverwirklichung kommt auch ein **Unterlassungsanspruch** in Betracht (BGH 178, 68); dies gilt jedoch nur für das konkrete Vertragsverhältnis, nicht im Hinblick auf künftige Verträge (BGH MDR 12, 1224). **Schmerzensgeldansprüche** (§ 253 II) kommen bei der Haftung für Verletzung vertraglicher Hauptpflichten auch nur in Frage, wenn sie vom Schutzzweck der verletzten Norm erfasst sind. Dies ist bei der Anwaltshaftung regelmäßig zu verneinen, nicht jedoch, wenn gerade die Wahrung der körperlichen Integrität oder
22 der Freiheit Inhalt des Mandats war (BGH NJW 09, 3027). **b) Ersatz des durch die Pflichtverletzung verursachten Schadens.** Der Schadensersatzanspruch besteht **neben** dem Erfüllungsanspruch (BGH 11, 84). Umfang der Ersatzpflicht: §§ 249 ff gelten. Eigene Vertragsverletzung des Gläubigers steht dem Anspruch nicht entgegen (BGH NJW 71, 1747 mN). Grund: Vertragswidriges Verhalten einer Partei gibt der anderen kein Recht zur Pflichtverletzung (BGH NJW 62, 2199). Der Umfang des Schadens richtet sich auch nach dem Schutzzweck der Pflichtverletzung (Rostock NJW 06, 1820 bejahend für Ersatz von DFB-Vereinstrafe durch störenden Zuschauer, der Strafe auslöste; BGH NJW 09, 1590 für fehlerhafte Beratung des RA bei Vergleich).

23 **5. Beweislast. a) Obj Pflichtverletzung.** Die **Beweislast** trägt grundsätzlich der Gläubiger (PalGrüneberg 34 ff), auch wenn die Pflichtverletzung in einem Unterlassen besteht (BGH NJW-RR 90, 1423 mN); Bsp: Verletzung von Beratungs- und Aufklärungspflicht (BGH 166, 60). Insoweit kann auch die bisherige Rechtsprechung zur **Beweislastverteilung nach Gefahrenbereichen** (BGHZ 8, 241; 48, 312; 126, 124; NJW 2000, 2812; durch AGB nicht abdingbar, § 309 Nr 12a und BGH NJW 85, 3017 mN) herangezogen werden. Folge: Beweislastumkehr

Titel 1. Verpflichtung zur Leistung **§ 280**

zugunsten des Gläubigers, die den Schluss von der Schädigung auf eine (verhaltensbezogene) Pflichtverletzung gestattet, wenn Ursache allein aus Gefahrenbereich des Schuldners kommen kann (BGH NJW 09, 142; nicht zB wenn Brandursache ungeklärt Celle NJW-RR 10, 308). Zum Anscheinsbeweis für Pflichtverletzung des Kunden bei ec- und Kreditkartenmissbrauch § 276 Rn 31. AGG 22 enthält eine eigene Beweislastregelung für Schadensersatzansprüche nach AGG 15, 21. Prozessual können dem beweisbelasteten Gläubiger die Grundsätze über die sekundäre Darlegungslast helfen, wenn er außerhalb des Geschehensablaufs steht und ihm wesentliche Tatsachen nicht zugänglich sind (BGH WM 08, 112 ff: iErg abl für objektive Pflichtverletzung durch Vermögensverwalter da Informationen allg zugänglich). **b)** Für **Schaden und Kausalität** trägt der Gläubiger die Beweislast. **24** Bei Verletzung von Aufklärungspflichten im Zuge der Anlageberatung (s Rn 60) gilt infolge der Vermutung aufklärungsrichtigen Verhaltens eine echte Beweislastumkehr zugunsten des Anlegers (BGH 193, 159; NJW 11, 3227 und 3229; BGH 124, 159; 61, 122): die beratende Bank muss beweisen, dass der Kunde auch bei korrekter Aufklärung dieselbe Anlageentscheidung getroffen hätte und somit der Schaden ebenso eingetreten wäre. Diese Vermutung entfiel nach stRspr jedoch bei einem Entscheidungskonflikt des Anlegers, wofür die beratende Bank die Beweislast trug (BGH NJW 11, 3227 und 3231). Hieran hält der BGH nicht länger fest, die Beweislastumkehr greift unabhängig von Entscheidungskonflikten mit feststehender Aufklärungspflichtverletzung (BGH 193, 170 [= NJW 12, 2427] in Abkehr von 124, 159; NJW 11, 3227 u 3231, zust Schwab NJW 12, 3274). Ist der Schaden typische Folge einer (feststehenden) Pflichtverletzung, eines Mangels oder eines Zustands der Verkehrswidrigkeit, kommt dem Geschädigten beim **Beweis der Ursächlichkeit** der Anscheinsbeweis zugute (BGH WM 09, 789; NJW 10, 1079 [mangelhafte Prospektdarstellung für Anlageentscheidung]; NJW 78, 2197; 89, 2946); weitergehend gilt Beweislastumkehr entspr Rn 23, wenn mehrere nur aus dem Gefahrenbereich des Schuldners stammende Schadensursachen in Frage kommen (BGH NJW 80, 2187; insoweit krit Baumgärtel Anh § 282 Rn 29, 38 ff; sa § 282 Rn 8). **c) Ver- 25 tretenmüssen der Pflichtverletzung. aa) Nichtvertretenmüssen. Umfang:** § 276 Rn 19, 28. Der Schuldner muss nachweisen, dass weder ihn selbst noch seinen Erfüllungsgehilfen ein Sorgfaltsverstoß trifft (§§ 276, 278, **I 2**). An den Entlastungsbeweis dürfen aber keine zu hohen Anforderungen gestellt werden (vgl BGH 116, 337); hinsichtlich der Darlegungslast wird nicht zwischen vorsätzlichem oder fahrlässigem Verhalten differenziert (BGH NJW 09, 299 mwN). Erforderlich, aber auch ausreichend, ist im allg die Darlegung überwiegender Wahrscheinlichkeit (nicht nur die Möglichkeit), dass die Pflichtverletzung nicht auf vom Schuldner zu vertretenden Umständen beruht (BGH NJW-RR 92, 1338). Die Grundsätze des Anscheinsbeweises können zugunsten des Schuldners eingreifen (vgl Rn 6). Besteht eine Haftungsmilderung (vgl § 276 Rn 36, 53), hat sich der Schuldner nur im Rahmen des beschränkten Sorgfaltsmaßstabs zu entlasten. **bb) Kausalität.** Der Schuldner muss **26** beweisen, dass die von ihm zu vertretenden Umstände für die Pflichtverletzung **nicht kausal** sind. Fällt die (nicht näher bekannte) Schadensursache in den Gefahrenbereich des Schuldners, ist dieser zu deren Aufklärung verpflichtet; ein non liquet geht zu seinen Lasten (BGH 59, 309; 66, 351; NJW 80, 2187; Larenz, SchR I, § 24 I; Stoll AcP 176, 153, str; aA Musielak AcP 176, 478). **d) Beweislastverteilung in 27 Sonderfällen. aa) Arzthaftung. Lit:** Müller NJW 97, 3049; Spickhoff, NJW 02, 2530; Spindler/Rieckers JuS 04, 272. Im Allg hat der Patient sowohl den Behandlungsfehler als auch den Ursachenzusammenhang zwischen diesem und dem Schaden zu beweisen (BGH 99, 398; 132, 49 ff; sa BVerfG 52, 158; Schmid NJW 94, 771 ff). Steht die obj Pflichtverletzung fest, muss der Arzt nach **I 2** beweisen, dass er sie nicht zu vertreten hat (anders die Rspr zu § 282 aF, der im Kernbereich ärztlichen Handelns nur ausnahmsweise gelten sollte, BGH stRspr, zB NJW 81, 2004; Weber NJW 97, 762 ff mN; iÜ bleibt sie im voll beherrschbaren Gefahrenbereich (zB funktionierende Behandlungsgeräte; Hygiene) anwendbar, BGH NJW 91, 1451; bestätigend BGH 171, 358; iErg auch BGH 114, 296 ff: sorgfaltswidrig

§ 280

gewonnene Blutkonserve. Eine Umkehr der Beweislast zu Lasten des Arztes tritt (sowohl bei vertraglicher als auch deliktischer Haftung; vgl BGH NJW 87, 706) ein, wenn der Arzt schuldhaft einen **groben Behandlungsfehler** (Begriff: BGH 138, 6; NJW 96, 2428) begangen hat, der geeignet war, den tatsächlich eingetretenen Schaden herbeizuführen (BGH 72, 136; 85, 216 f; 104, 332; 107, 228; 126, 223, stRspr); der Arzt muss dann die Nichtursächlichkeit seines Verschuldens für den eingetretenen „Primärschaden" (dazu BGH NJW 88, 2948 mN; 94, 803) beweisen (stRspr und hM, vgl BGH 61, 120 mN; iE – zT krit – Musielak JuS 83, 612 ff). Das Gleiche gilt bei Operation (Behandlung) durch einen nicht ausreichend qualifizierten Assistenzarzt (BGH 88, 257; NJW 92, 1561; 94, 3008 f – „Anfängeroperation"). Beweiserleichterungen für den Patienten bis hin zu einer Beweislastumkehr kommen in Frage bei Mängeln der **ärztlichen Dokumentation** (BGH 72, 139; 85, 217 f; NJW 93, 2376; 96, 780 f), bei **Fehlen gebotener Befunderhebung** oder -sicherung (iE BGH 132, 47; 138, 1; Koblenz NJW 08, 3007) oder bei groben Organisationsfehlern (BGH NJW 94, 1595). Die Beweislast für die gehörige Aufklärung des Patienten (§ 823 Rn 121) liegt beim Arzt (BGH NJW 84, 1808; 92,
28 2352; 94, 2414; hM; sa Rn 29). **bb)** Bei einer **groben Verletzung sonstiger Berufspflichten,** die dem Schutz von Leben und Gesundheit dienen, gilt die Beweislastumkehr gem Rn 27 entspr (vgl BGH NJW 62, 959 betr Bademeister; BGH NJW 71, 243 betr Krankenpflegepersonal; abl für Vermögensschäden BGH 126, 223 f mN betr RA, aA Heinemann NJW 90, 2352 f; zur Beweislast bei Sturz
29 von Heimbewohnern in Pflegeheim KG MDR 07, 1258). **cc)** Bei **Verletzung einer vertraglichen Aufklärungs- oder Beratungspflicht** greifen beim Nachweis der Ursächlichkeit für den eingetretenen Schaden Beweislasterleichterungen bis hin zur Beweislastumkehr ein (s Grunewald ZIP 94, 1162; Vollkommer, FS Baumgärtel, 1990, S 585). Die neuere Rspr unterscheidet (wenig überzeugend) nach Fallgruppen. Bei Verträgen mit rechtlichen Beratern kommt dem Mandanten der Anscheinsbeweis „aufklärungsrichtigen" Verhaltens zugute (BGH 123, 311; 126, 222; NJW 98, 750; dazu zust Baumgärtel JR 94, 466, teilw krit Teske JZ 95, 473); dagegen wird eine *Beweislastumkehr* zu Lasten des Aufklärungspflichtigen bejaht bei Terminoptionsgeschäften (BGH 124, 159; krit Grün NJW 94, 1332) sowie bei Kauf- und Werkverträgen (BGH 61, 122; 64, 51; 72, 106; 111, 81; NJW 96,
30 2503 mN; 98, 303 mN). **dd)** Entspr Beweiserleichterungen einschließlich einer Beweislastumkehr (BGH 104, 333; NJW 93, 529 mN) gelten auch bei der **Deliktshaftung des Produzenten** (§ 823 Rn 134; sa ProdHaftG 4 IV; iE Kullmann NJW 94, 1704 ff) und Emittenten (BGH 92, 147 ff; sa zur Kausalitätsvermutung gem
31 UmweltHG 6, 7: Hager NJW 91, 137 ff; Schmidt-Salzer VersR 92, 391 ff). **ee)** Im **Arbeitsrecht** ist die Beweisverteilung des I 2 nur auf den AG anwendbar; gegenüber dem AN muss der AG nach § 619a auch nachweisen, dass der AN die Pflichtverletzung zu vertreten hat. Bsp: Mankohaftung (so schon BAG 90, 9).

III. Schadensersatz wegen Verzögerung der Leistung (II iVm § 286)

Lit: Haberzettl, Verschulden und Versprechen – Zur Haftung des Schuldners für die Verzögerung der Leistung, 2005; Kohler, Das Vertretenmüssen beim verzugsrechtlichen Schadensersatz, JZ 04, 961.

32 **1. Überblick.** Die **Pflichtverletzung nach I** liegt in der nicht rechtzeitigen Leistung (Rn 33 ff); die **zusätzlichen Voraussetzungen** gegenüber **I** für den Ersatz des Verzögerungsschadens sind § 286 zu entnehmen. Dies ist grundsätzlich die Mahnung (§ 286 I), soweit diese nicht entbehrlich ist (§ 286 II). Bei Entgeltschulden kann Verzug nach § 286 III durch Rechnungsstellung und Zeitablauf eintreten (Einzelheiten: § 286 Rn 31 ff). Bes Bedeutung gewinnt die Haftung nach **II** im Kauf- und Werkvertrag, wenn der Schuldner zwar schuldlos eine mangelhafte Leistung erbringt, hinsichtlich des Nacherfüllungsanspruchs (§§ 439, 635) aber in Verzug kommt (s Rn 41; § 276 Rn 48).

Titel 1. Verpflichtung zur Leistung § 280

2. Verzug nach II iVm § 286. Pflichtverletzung ist die Nichterfüllung des fälli- 33
gen und durchsetzbaren Anspruchs. **a) Vollwirksamkeit** des Anspruchs und **Fälligkeit** der Leistung. **aa)** Der Anspruch muss **vollwirksam** entstanden (nicht der
Fall bei fehlender Zustimmung gem §§ 182 ff, vgl Karlsruhe NJW-RR 86, 57,
ferner bei §§ 656, 762, vgl § 241 Rn 22) und **durchsetzbar** sein, dh ihm darf keine
dauernde (zerstörende) oder aufschiebende (hemmende) Einrede (§§ 205– 209 Rn 2)
entgegenstehen. Bereits das bloße Bestehen des Einrederechts schließt die Pflichtverletzung idR (Rn 34 f) aus, ausnahmsweise ist Geltendmachung erforderlich (Rn 36).
(1) Dauernde oder aufschiebende Einreden (§§ 214 I, 275 II, III, 439 III, 34
636 III, 771, 821, 853, 986, 2014) hindern den Verzugseintritt (BGH 104, 11, hM,
str; vgl Roth, Die Einrede des bürgerlichen Rechts, S 151 f mN), wenn sich der
Schuldner spätestens im Prozess auf die Einrede beruft (vgl § 218 I für den Rücktritt
nach § 323); andernfalls bleibt sie unberücksichtigt (so zutr Larenz, SchR I, 23 I c
mN; Roth aaO S 157 ff, str; offen lassend BGH 113, 236 mit Anm Grün JZ 92,
157 mN). **(2) Einrede des nichterfüllten Vertrags** (§ 320 I 1). Beim gegenseitigen 35
Vertrag kommt keine Partei in Leistungsverzug, solange nicht die andere die ihr
obliegende Leistung in einer den Annahmeverzug begründenden Weise anbietet
(so Larenz SchR I § 23 I c; Roth aaO S 174; BGH 116, 249; NJW 96, 923 mN;
NJW-RR 98, 124, hM; einschr Schleswig NJW-RR 92, 1161; sa §§ 293 ff; § 320
Rn 18). **(3)** Ein **Zurückbehaltungsrecht** (§ 273) muss der Schuldner ausüben, um 36
den Eintritt des Verzugs zu verhindern (RG 77, 438, hM; offen gelassen in BGH
60, 323; arg §§ 273 III, 274 I, vgl § 273 Rn 22). Geltendmachung des Zurückbehaltungsrechts nach Eintritt des Verzugs beseitigt diesen nicht; der Schuldner hat vielmehr seine Leistung anzubieten (BGH NJW 71, 421; NJW-RR 95, 565 mN [zu
§ 320], str; aA Roth aaO S 187; sa Rn 45). **(4)** Bestehende **Aufrechnungslage** 37
(§ 387) mit Aufrechnungsbefugnis des Schuldners schließt Verzug aus, soweit der
Schuldner die Aufrechnung erklärt (arg § 389). **bb) Fälligkeit:** § 271 Rn 2; Beweis- 38
last trägt Gläubiger. Verbindung der fälligkeitsbegründenden Handlung mit der
Mahnung ist möglich (§ 286 Rn 20). Während einer Stundungsfrist ist die Fälligkeit
hinausgeschoben (RG 147, 381; § 271 Rn 9), nicht aber während einer Räumungsfrist gem ZPO 721 (BGH NJW 53, 1586; Celle MDR 67, 1013; vgl auch § 571 II).
Verweigert der Gläubiger die zur Leistung notwendige **Mitwirkung**, kommt der
Schuldner nicht in Verzug (BGH NJW 96, 1746; sa Rn 32 ff). **b) Voraussetzun-** 39
gen des Verzugs (§ 286). Mahnung (§ 286 I 1) oder ein Surrogat (§ 286 I 2):
S § 286 Rn 15, 21. Die Mahnung ist unter den Voraussetzungen des § 286 II entbehrlich (s § 286 Rn 27 ff). Bei Entgeltforderungen tritt Verzug zusätzlich unter
den Voraussetzungen des § 286 III ein (§ 286 Rn 31 ff). **c) Vertretenmüssen der** 40
Pflichtverletzung (I 2). aa) Voraussetzungen. Pflichtverletzung ist die nicht
rechtzeitige Leistung (Rn 32). Zum Vertretenmüssen s zunächst Rn 20, ferner bei
Beschaffungsschulden auch unverschuldete Verzögerungen, soweit sie in seiner
wirtschaftlichen Leistungs-(un-)fähigkeit ihren Grund haben (vgl § 276 Rn 44 ff;
BGH 36, 345; WM 82, 400). Allg schließt der Mangel der zur Erfüllung erforderlichen Geldmittel Verzug nicht aus (§§ 244, 245 Rn 10; § 276 Rn 45). **Abgrenzung:**
Vom **Gläubiger** zu vertretende Leistungsverzögerung schließt Verzug aus (BGH
NJW 96, 1746). **bb)** Als **Entschuldigungsgründe** kommen in Frage: **(1)** Vorüber- 41
gehende Leistungshindernisse **tatsächlicher Art.** Bsp: Schwere Erkrankung, insbes
bei Verpflichtung zur Leistung in Person; schuldlose Unkenntnis der (zB nach Erbfall) geänderten Anschrift des Gläubigers (BGH MDR 73, 404); Durchführung einer
Wertermittlung zur Feststellung der Forderungshöhe (BGH 80, 277) oder einer
Sachverhaltsaufklärung (München NJW-RR 90, 1433 f); bei Räumungsverpflichtung uU Schwierigkeiten bei der Beschaffung von Ersatzraum (Braunschweig NJW
63, 1110; Celle MDR 67, 1013); auf „höhere Gewalt" (zB Kriegseinwirkungen,
Naturereignisse) beruhende Betriebsstockung, Transportbehinderung uä. Erfährt der
Schuldner erst durch die Mahnung von der fälligen Verbindlichkeit (zB beim Nacherfüllungsanspruch gem § 439 I), tritt Verzug erst ein, wenn eine angemessene Frist
verstrichen ist (BGH NJW 06, 3272), sofern keine verschuldensunabhängige Haf-

§ 280 Buch 2. Abschnitt 1. Inhalt der Schuldverhältnisse

42 tung eingreift (§ 276 Rn 43 ff). **(2) Vorübergehende Leistungshindernisse rechtlicher Art**. Bsp: Verzögerung einer rechtzeitig beantragten behördlichen Genehmigung (uU ist aber schon Fälligkeit [§ 286 Rn 13 f] hinausgeschoben, vgl BGH NJW 74, 1080; abw BGH NJW 02, 1569; § 271 Rn 13); vorübergehende Einfuhrbeschränkungen oder Beschränkungen des internationalen Zahlungsverkehrs (RG 161, 105); Unkenntnis der genauen Tatumstände bei Ansprüchen aus uH (Celle NJW
43 63, 1205; sa § 286 Rn 25) oder auf Freistellung (BGH NJW 83, 1730). **(3) Unverschuldeter Rechtsirrtum** über die Leistungspflicht oder Einrederechte (bestehen sie wirklich, fehlt es bereits an den Voraussetzungen des Verzugs, vgl Rn 32 ff). An den Entlastungsbeweis sind strenge Anforderungen zu stellen (BGH 114, 103; 131, 354; NJW 01, 3115; sa § 276 Rn 30). Der Schuldner muss die Rechtslage sorgfältig prüfen (BGH 131, 354 f) und ggf Rechtsrat einholen (BGH 140, 239; NJW 01, 3115; Karlsruhe NJW 13, 473 [Sachverständigengutachten zur Klärung von Mangel einer Bauleistung]); unrichtige anwaltliche Auskunft ist aber nicht stets Entschuldigungsgrund (vgl BGH 74, 281; LAG Düsseldorf BB 93, 1149), uU Zurechnung gem § 278 möglich; wird die selbstschuldnerische Bürgschaft mit der Hauptschuld ohne Aufforderung oder Mahnung fällig, ist zu berücksichtigen, dass der Bürge uU nicht über die Unterlagen zur Hauptschuld verfügt, um seine Leistungspflicht zu prüfen (BGH NJW 11, 2120). Muss der Schuldner mit einer abw Beurteilung durch das zuständige Gericht rechnen, verweigert er die Leistung auf sein Risiko (BGH 89, 303; NJW-RR 90, 161). Bsp: Kein Verzug bei Vertrauen auf den Fortbestand einer hM bei Änderung einer feststehenden Rspr (BGH NJW 72, 1045; BAG DB 93, 1037).

44 **3. Verzögerung der Leistung. a) Beginn des Schuldnerverzugs:** Tag des Zugangs der Mahnung bei § 286 I 1, der Zustellung der Klage oder des Mahnbescheids bei § 286 I 2, der Erklärung der Erfüllungsverweigerung oder kalendermäßig bestimmter (berechneter) Tag bei § 286 II (Einzelheiten § 286 Rn 15 ff). Für die Rechtzeitigkeit der Leistung kam es bislang auf den Zeitpunkt der Vornahme der **Leistungshandlung**, nicht den des Eintritts des **Leistungserfolgs** an (BGH NJW 69, 875; sa § 241 Rn 7). Bsp: Bei Schickschuld entscheidet Absendung (wie § 281 Rn 7; s auch § 269 Rn 2; § 270 Rn 7). Nach neuerer EuGH-Rspr ist dies für
45 Geldschulden zweifelhaft (s § 286 Rn 38). **b) Beendigung** (Heilung) **des Schuldnerverzugs** tritt ein (ex nunc): **aa) durch Leistung** des Schuldners (auch zur Abwendung der Zwangsvollstreckung: BGH NJW 81, 2244; Krüger NJW 90, 1211 ff, str) oder **Angebot** der Leistung in Annahmeverzug begründender Weise (Düsseldorf NJW-RR 99, 1396; Grund: § 293 Rn 9). Str, ob das Angebot Verzugsschaden und -zinsen (§§ 280 II, 288) mitumfassen muss (verneinend Eisenhardt JuS
46 70, 492; Scherner JR 71, 441 gegen hM; iErg ebenso BAG BB 75, 1578); **bb)** durch Entstehung eines dauernden Einrederechts (Rn 34). Bsp: Eintritt der **Verjährung** während des Verzugs (BGH 104, 11 mN; Roth aaO S 161). Nachträgliche Geltendmachung eines Zurückbehaltungsrechts (§ 273) beseitigt den bereits eingetretenen
47 Verzug nicht (Rn 36); **cc)** durch **Stundung** (RG 113, 56; BGH NJW-RR 91, 822) und nachträgliches **Leistungshindernis** (**§ 275**) (Rn 33, 38); **dd)** durch **Rücknahme** der Mahnung (BGH NJW 87, 1547; Hamm FamRZ 90, 521).
48 **c) Rückgängigmachung** bereits eingetretener Verzugsfolgen verlangt idR **Erlassvertrag** (BGH NJW 95, 2033 mN).

49 **4. Verzögerungsschaden. a) Allgemeines.** Der Anspruch besteht **neben** dem Leistungsanspruch, setzt aber dessen Fortbestand nicht voraus. Ist die Leistung während des Verzugs aus einem vom Schuldner zu vertretenden Umstand (vgl § 287) unmöglich geworden, kann neben dem bis zum Untergang entstandenen Verzugsschaden auch Schadensersatz statt der Leistung gem §§ 280, 283 geltend gemacht werden. Der gleiche Schadensfaktor kann aber nur einmal berücksichtigt werden. Der Anspruch unterliegt selbstständiger **Verjährung** (§§ 195, 199), die sich nach dem jeweiligen Vertrag richtet (BGH MDR 59, 910). Vertragliche Beschränkungen
50 und Erweiterungen: Rn 55. **b)** Der Verzögerungsschaden umfasst alle Vermögens-

Titel 1. Verpflichtung zur Leistung § 280

nachteile, die dadurch entstehen, dass der Schuldner nicht rechtzeitig, sondern verspätet erfüllt; verzögerungsbedingte Vorteile sind anzurechnen (BGH NJW 83, 2138 mN). Zwischen Verzug und Schaden muss ursächlicher Zusammenhang (Rn 24 ff vor § 249) bestehen (Bsp: Nichtzustandekommen von Risikolebensversicherung wegen verspätetem ärztlichen Attest, BGH NJW 06, 687). Deckungsgeschäfte, die der Gläubiger nach Fälligkeit, aber vor Mahnung/Fristsetzung tätigt, sind daher nicht ersatzfähig (str, iE Haberzettl NJW 07, 1329 mN). Für Inhalt und Umfang des Schadensersatzanspruchs gelten §§ 249–255; vgl ie u Rn 51–55. Er ist idR auf Geld gerichtet (BGH NJW 86, 987 f mN), geht uU aber auch auf Herstellung (§ 249 S 1; Bsp: Freistellungsanspruch bei verzugsbedingtem Haftungsschaden). Bei Abtretung (§ 398) richtet sich der zu ersetzende Schaden idR nach der Person des Zessionars (BGH 128, 376; Junker AcP 195, 12; Ausnahme: Sicherungszession, mN; WM 06, 1105; sa § 398 Rn 3). Sind Hauptschuldner und Garant der Hauptverbindlichkeit in Verzug, so kann der Gläubiger nur einmal seinen Verzugsschaden verlangen (BGH NJW-RR 12, 373). **c) Fallgruppen: aa) Besondere Aufwen-** 51 **dungen** (Ausgaben), insbes die **Kosten** der außergerichtlichen Rechtsverfolgung (BGH NJW 90, 1905 f; sonst ZPO 91, 103 ff; vgl BGH 66, 114; NJW-RR 01, 170; bei der Berechnung ist RVG Nr 3100 zu beachten, wonach sich die Verfahrens-, nicht die Geschäftsgebühr durch Anrechnung mindert, BGH NJW 07, 3500) soweit sie erforderlich und zweckmäßig sind (BGH NJW 11, 296 und 1222), ebenso Kosten des Antrags auf Eröffnung des Insolvenzverfahrens (LG Essen MDR 83, 753). Weitere Bsp: Aufwendungen für Miete einer Ersatzwohnung bei verspäteter Fertigstellung von Wohnhaus (Zurverfügungstellung der gemieteten Wohnung vgl BGH 66, 281; zur Frage des Ersatzes von Nutzungsausfallschaden vgl Rn 53), nicht aber nutzlos gewordene Aufwendungen, die auch bei rechtzeitiger Leistung angefallen wären (BGH 71, 239; insoweit krit E. Schmidt JuS 80, 639 f); nach Verzugseintritt entstandene vorprozessuale **Mahnkosten** (vgl BGH 52, 398; MK/Ernst § 286, 156); dazu können die Kosten der sachlich gebotenen Zuziehung eines RA (BGH 30, 154) und die eines **Inkassounternehmens** gehören (Löwisch NJW 86, 1725; Jäckle NJW 86, 2692; BB 93, 2463; Frankfurt NJW-RR 90, 729 mN; stark einschr Dresden NJW-RR 94, 1140 ff mN; dazu Jäckle NJW 95, 2767; LG Berlin BB 96, 290, iE str); ferner **Bearbeitungsgebühren** (Unkostenpauschalen), soweit wirksam vereinbart (str, s Wilhelm ZIP 87, 1503 f). Die Kosten der verzugsbegründenden Mahnung selbst sind nicht ersatzfähig (BGH NJW 85, 324), eine anderslautende AGB-Klausel verstößt gegen § 309 Nr 4 (vgl BGH NJW 85, 324 zur aF); ersatzfähig sind aber aufgewendete Sollzinsen (§ 288 Rn 9 [b]) und sonstige Kreditkosten (§ 288 Rn 9) bei Zahlungsverzug sowie **Finanzierungskosten** bei Bauverzögerung (ie BGH 121, 213; sa u Rn 53), ferner die Kosten einer erforderlichen **Ersatzvornahme** (BGH 87, 109 ff, str; aA Rupp/Fleischmann NJW 84, 219 f; Baier NJW 84, 2931), idR nicht Mehrkosten eines **Deckungskaufs** (Ausnahme: vorübergehende Deckungskosten, zB Miete von Ersatzsache), wohl nur gem § 281, s dort Rn 19). Der **Zeit-** (Freizeiteinbuße) und **Arbeitsaufwand** für Mahnschreiben und -reisen sind idR nicht erstattungsfähig (vgl Frankfurt NJW 76, 1320 mit Anm Stoll JZ 77, 96; AG Berlin-Wedding NJW-RR 91, 687; sa BGH 66, 112; 75, 231; krit R. Wilhelm WM 88, 281 ff; J Wilhelm ZIP 87, 1500 ff; iE Rn 16 vor § 249). Verzögerungsschaden sind aber sonstige **Mehrkosten** des Verzugsgläubigers, wie zB eigener Haftungsschaden (BGH NJW 89, 1215), nicht ohne weiteres aber eine verwirkte Vertragsstrafe (Dresden NJW-RR 97, 83). **bb) Entgangener Gewinn** ist ersatzfä- 52 hig (§ 252). Bsp: Sinken des Wiederverkaufspreises während des Lieferverzugs; entgangene Anlagezinsen bei Zahlungsverzug (§ 288 Rn 9 [a]); entgangener Gewinn aus Spekulationsgeschäften in Aktien (BGH NJW 02, 2553), nicht aber der auf den Verzugszeitraum entfallende Zinsanteil bei rechtzeitig erbrachter Gegenleistung (BGH 71, 236; insoweit zust E. Schmidt JuS 80, 638); entgangener Mietzins abzüglich des Erhaltungsaufwands bei verspäteter Fertigstellung eines Mietshauses (vgl BGH NJW 93, 2675 f mN). **cc) Entgangene Nutzungsmöglichkeiten** sind 53 ersatzfähiger Vermögens-(Verzögerungs-)Schaden (sa §§ 292, 987 II), wenn sie

§ 280 Buch 2. Abschnitt 1. Inhalt der Schuldverhältnisse

Wirtschaftsgüter von allg, zentraler Bedeutung für die eigenwirtschaftliche Lebenshaltung betreffen (BGH – GSZ – 98, 220 ff für deliktische Haftung; verallgemeinernd BGH 117, 262 mN; iE Rn 10–13 vor § 249). Zu mangelbedingten Nutzungsausfallschäden beim Kauf s § 280 Rn 4 (Ersatz bei Vertretenmüssen des Verkäufers
54 nach § 280 I); sa § 437 Rn 17. **dd) Wert- und Kursverluste.** Beim Verzug mit der *Rückgabe einer Sache* ist die verzugsbedingte Entwertung zu ersetzen (BGH NJW 01, 3115), andererseits auch eine im Verzugszeitraum eingetretene Wertsteigerung schadensmindernd anzurechnen (BGH 77, 154 f; sa Rn 35 ff vor § 249). Geldentwertungsschäden durch währungsbedingte Entwertung von *Geld-(summen-)schulden* (§§ 244, 245 Rn 9 ff) sind idR konkret nachzuweisen (vgl Grunsky, GS Bruns, 1980, S 24 f; Frankfurt MDR 81, 1016; München RIW 88, 299; zur Ersatzfähigkeit des Entwertungsschadens allg § 313 Rn 31), doch dürfte in bestimmten Fallgruppen (Unterhalts-, Lohn- und Gehaltsforderungen; Kaufmann als Gläubiger) abstrakte Berechnung zuzulassen sein (so überzeugend Grunsky aaO S 29 ff). Nachteile aus verzögerungsbedingten Kursverlusten sind Verzögerungsschaden (BGH MDR 76, 661; Frankfurt NJW-RR 88, 1109; Düsseldorf WM 89, 57; iE v Maydell, Geldschuld und Geldwert, 1974, S 138 ff; 334). **ee) Mehrwertsteuer** fällt auf Verzögerungsschaden nicht an und bildet damit selbst keinen weiteren Verzugsschaden (s
55 § 288 Rn 9). **d) Vertragliche Beschränkungen** (allg Grenzen: § 276 Rn 54 ff) sind möglich, in AGB zugunsten des Verwenders und in Verbraucherverträgen zugunsten des Unternehmers jedoch nur in den Schranken von § 308 Nr 3 (s BGH NJW 83, 1321); 309 Nr 8a iVm Nr 7. In der vorbehaltslosen Annahme der (verspäteten) Leistung (oder eines Teils) liegt iZw kein **Verzicht** auf den Verzugsschaden (RG 43, 268). **Vertragliche Erweiterungen** der Verzugsfolgen durch Vereinbarung von bes Mahn-, Inkasso-, Bearbeitungsgebühren, Stundungs- u Verzugszinsen (sa § 288 Rn 4), Unkostenpauschalen und Fälligkeitsklauseln (sa § 339 Rn 8) sind nur noch in engen Grenzen möglich (vgl §§ 248 I, 289, 497 und näher § 286 Rn 9; § 288 Rn 8).

IV. Schadensersatz statt der Leistung (III)

56 **1. Überblick über die §§ 281–283.** Der zu ersetzende Schaden umfasst das **Erfüllungsinteresse** und besteht stets in Geld, zB entgangenem Gewinn, zusätzlichem Aufwand für ein Deckungsgeschäft (s Rn 4). Der Schadensersatzanspruch tritt an die Stelle des Anspruchs auf die Leistung. Anspruchsgrundlage ist **I**, der um **zusätzliche Voraussetzungen** aus § 281, § 282 oder 283 erweitert wird. Einzelheiten s bei den jeweiligen Vorschriften.

57 **2. Schadensersatz statt der Leistung wegen Ausschluss der Leistungspflicht (§ 283).** Braucht der Schuldner nach § 275 nicht zu leisten, ergibt sich seine Pflicht zum Schadensersatz statt der Leistung aus § 280 iVm § 283, wenn er das Leistungshindernis zu vertreten hat.

58 **3. Schadensersatz statt der Leistung wegen nicht oder nicht wie geschuldet erbrachter Leistung (§ 281).** Voraussetzungen: Die fällige Leistung wird nicht oder nicht wie geschuldet erbracht. Grundsätzlich erforderlich ist die erfolglose Fristsetzung gem § 281 I (Zweck: Rn 11 vor § 275), soweit sie nicht nach § 281 II entbehrlich ist, so idR bei schwerer Vertragsgefährdung (BGH 11, 86; NJW 78, 260 [261]; NJW-RR 95, 243; strenge Anforderungen: BGH NJW 77, 37; MDR 76, 393) oder bei endgültiger Erfüllungsverweigerung (BGH NJW 86, 661 mN; § 281 Rn 16 f).

59 **4. Schadensersatz statt der Leistung wegen Verletzung einer Pflicht nach § 241 II (iVm § 282).** Voraussetzungen: Schwere **Nebenpflichtverletzungen** (§ 241 II), die das Vertragsverhältnis so schwerwiegend stören (die Erreichung des Vertragszwecks so gefährden), dass dem vertragstreuen Teil nach § 282 ein Festhalten am Vertrag unzumutbar gemacht wird. **Anwendungsfälle:** Unzumutbarkeit der Vertragsfortsetzung wegen vertragswidrigen Verhaltens eines Vertragspartners (BGH

Titel 1. Verpflichtung zur Leistung **§ 280**

11, 84), zB schwerwiegender Unzuverlässigkeit bei der Vertragsabwicklung (BGH MDR 77, 40; BayObLGZ 85, 67). **Abgrenzung:** Unter §§ 280, 281 fallen alle leistungsbezogenen (Neben-)Pflichtverletzungen wie Vertragsaufsage und Erfüllungsverweigerung vor Fälligkeit (Rn 16 f), Schlechtleistung beim Sukzessivlieferungsvertrag mit uU bereits einer Teillieferung (§ 281 Rn 23).

V. Einzelfälle von Pflichtverletzungen

Lit: Buck-Heeb, Aufklärungspflichten beim Vertrieb von Zertifikaten, DB 11, 2825; Heusel, Die Haftung für fehlerhafte Anlageberatung, JuS 2013, 101; Schwab, Die Vermutung aufklärungsrichtigen Verhaltens bei mehreren hypothetischen Entscheidungsmöglichkeiten, NJW 12, 3274; Taupitz, Medizinische Informationstechnologie, leitliniengerechte Medizin und Haftung des Arztes, AcP 211, 352.

1. Einzelfälle von Pflichtverletzungen nach I. Der **Architekt** hat im Rahmen seines Aufgabengebiets auch Mängel des eigenen Architektenwerks unverzüglich zu offenbaren (BGH NJW 96, 1279 mN). Ist im Architektenvertrag vertraglich ein fester Kostenrahmen vereinbart (geschuldete Beschaffenheit), stellt die Überschreitung einen Werkmangel dar (Brandenburg NJW-RR 11, 1315, sa Frankfurt NJW 12, 1739). Der **Arzt** hat sich durch Studium von Fachzeitschriften über den Fortgang der medizinischen Wissenschaft auf dem laufenden zu halten (vgl BGH 113, 304 ff mN); ihm obliegt die Pflicht zu angemessener Dokumentation (BGH 72, 137 f; zust Stürner NJW 79, 1228) und Befundsicherung (BGH 99, 396); das ärztliche Fehlverhalten beurteilt sich nach den Gesamtumständen des Einzelfalls (BGH NJW 11, 3442), zum groben Behandlungsfehler § 823 Rn 11; zur ärztlichen Aufklärungspflicht § 823 Rn 113 ff; zur Beweislast Rn 27; § 823 Rn 118 ff. Eine **Bank** treffen im **Giro- und Kreditkartenverkehr** Kontrollpflichten (zB zum Schutz vor Kartenmissbrauch, BGH 157, 267; korrekte Bonitätsauskunft, Karlsruhe WM 09, 512), sie trifft idR keine Pflicht zur Warnung vor gefährlichen Kreditgeschäften (BGH 72, 102 mN; NJW 91, 693; vgl aber auch § 665 Rn 7; § 666 Rn 2 ff); ist aber erkennbar, dass das Geschäft den unerfahrenen Kunden ungewöhnlich stark belastet, treffen die Bank Aufklärungs-, Hinweis- und Auskunftspflichten; sie darf ihre Interessen nicht auf Kosten des strukturell unterlegenen Vertragsteils einseitig durchsetzen (BVerfG 89, 231, 235 f; NJW 94, 2750). Eine **Anlageberatung der Bank** auf Grund eines **Beratungsvertrages** muss „anleger-" und „objektgerecht" sein und grundsätzlich über allgemeine und anlagebezogene Risiken aufklären, die für die Anlageentscheidung wesentliche Bedeutung haben und für eine eigenverantwortliche Entscheidung notwendig sind (BGH 189, 13 = NJW 11, 1949 [bei hochkomplexen Anlageprodukten muss Anleger bezüglich des Risikos auf Kenntnis- u Wissensstand der beratenden Bank gebracht werden]). Dazu gehört: Aufklärung über Rückvergütungen (Ausgabeaufschläge, Agio, Verwaltungsgebühren) der **beratenden Bank** bei Immobilien-, Aktien- und Medienfonds (BGH NJW 07, 1876; 09, 1416 und 2298 [Abgrenzung zur reinen Innenprovision, NJW 11, 3227; hierzu auch Stuttgart ZIP 10, 1386; 11, 219; Karlsruhe WM 10, 1264]; aber ggf. unverschuldeter Rechtsirrtum für Altfälle nur vor 1990 BGH NJW 10, 2339; Karlsruhe ZIP 09, 2149 [Altfälle vor 2000]; Stuttgart WM 09, 2312; Celle WM 10, 611; aA Dresden WM 09, 1691 f für Kapitalanlagen außerhalb WpHG). Freie Anlageberater (außerhalb vom WpHG 31d) müssen im Gegensatz zu bankangebundenen nicht ungefragt über Vertriebsprovisionen aufklären (BGH NJW 11, 3228 f; NJW-RR 12, 372; aA Düsseldorf WM 10, 1934). Nach den beiden **„Lehman Brothers"** Entscheidungen des BGH (BGH 191, 119 = NJW 12, 66; NJW-RR 12, 43) ist aufzuklären über das generelle Ausfallrisiko des Emittenten (sog allg Emittentenrisiko), über ein konkretes Insolvenzrisiko nur, wenn die Insolvenz schon vorhersehbar ist (hierzu auch Witte/Mehrbrey ZIP 09, 746); nicht aufklären muss die Bank über Gewinnmargen beim Verkauf eigener Produkte (so bereits BGH 189, 13 = NJW 11, 1949 „CMS Spread Ladder Swap"; Frankfurt WM 12, 1826) oder beim Verkauf fremder Anlageprodukte im Wege des Eigengeschäfts (so auch BGH NJW-

§ 280

Buch 2. Abschnitt 1. Inhalt der Schuldverhältnisse

RR 13, 245; Karlsruhe WM 11, 353; weit Nachw zur früheren Rspr der Instanzgerichte Buck-Heeb DB 11, 2828); auch nicht über das Vorliegen eines Eigengeschäftes der Bank (so auch BGH NJW 12, 2873). Zu Informationen über Einlagensicherung (BGH NJW 09, 3429; Hinweispflicht entfällt, wenn über allg Emittentenrisiko aufgeklärt wurde, BGH NJW 12, 66; sa Dresden WM 10, 1403). Zur Beweislastumkehr für die Kausalität der fehlerhaften Beratung für den Erwerb der Kapitalanlage s Rn 23. Für **private Anlageberatung** im Familienkreis gelten weniger strenge Regeln, BGH WM 07, 1020); daraus ergeben sich uU auch Pflichten zu Rückfragen (zB zu Anlageziel u Risikobereitschaft) Nachforschung, eigener Prüfung (Plausibilitätskontrolle genügt nicht, BGH NJW 08, 3701; ZIP 10, 527; zum Prognoserisiko BGH ZIP 09, 2378) und Beobachtung und zur Offenbarung (BGH 123, 128 ff; einschr bei schon bestehender Vermögensbetreuung: BGH NJW 96, 1744; sa zu § 675 II). Der **Anlagevermittler** unterliegt im Rahmen eines Auskunftsvertrages geringeren Pflichten als der Berater (BGH NJW 11, 3229), er darf das Anlageobjekt grundsätzlich nur einer Plausibilitätsprüfung unterziehen (BGH NJW 08, 3701; ausf PalGrüneberg 52). Anlageempfehlung eines **Börsendienstes** darf nicht unrichtig sein (vgl BGH 70, 361 ff). Der Vermögensberater muss auch über besondere Risiken beim Handel an Computerbörsen aufklären (BGH ZIP 02, 797 [NASDAQ]). Die von einer Anlagegesellschaft in Verkehr gebrachten Werbe-(Emissions-)prospekte für Kapitalanleger müssen vollständig und richtig sein (BGH 84, 143 mN; 123, 109; NJW 95, 130; Frankfurt NJW-RR 94, 946; zum Bauherrenmodell: BGH NJW 01, 436; ggf besteht Pflicht zur nachträglichen Prospektergänzung: BGH WM 04, 379; sa § 311 Rn 65 allg zur **Prospekthaftung**). Beim **Heimvertrag** treffen den Betreiber vertragliche Obhutspflichten (BGH 163, 55; Dresden FamRZ 05, 1174). Einem **Kfz-Betrieb** obliegt Sicherung gegen Schäden (BGH NJW 83, 113), einem **Kfz-Händler** bei Annahme eines Vermittlungsauftrags eine Versicherungspflicht (BGH NJW 86, 1100). Der **Makler** muss den Auftraggeber so aufklären, dass keine unzutreffende Vorstellung über Objekt vermittelt wird (zB Größe des Objektes: München MDR 05, 1221; mangelnde Bonität des Mieters: BGH NJW-RR 03, 702; 00, 3642); finanzielle Schwierigkeiten des nachgewiesenen Grundstückskäufers (Dresden MDR 07, 1251). Zur Obhutspflicht des **Mieters** gehört ordnungsgemäße Aufbewahrung des Schlüssels zum Mietojekt (KG MDR 08, 1029). Der **RA** ist zu umfasender Rechts- und Interessenwahrung gegenüber seinem Auftraggeber verpflichtet (BGH 89, 181 mN; NJW 94, 1212 und 1472 f; 96, 2649; iE Henssler JZ 94, 178), zB zu sorgfältiger Prüfung von Verjährungs- (BGH NJW 92, 820; 93, 1780) und Ausschlussfristen (BGH NJW 83, 1665; NJW-RR 95, 253); ihn trifft die Pflicht zu genauer Sachverhaltsaufklärung (BGH NJW 98, 2049; 2000, 730) und uU eine erschöpfende Belehrungspflicht (BGH NJW 93, 1322 und 2045; NJW 08, 371; 07, 2332 [Hinweis auf Vergütung nach Gegenstandswert vor Mandatsübernahme, BRAO 496 V]); er muss mit der allg Lehre und der höchstrichterlichen Rspr vertraut sein (BGH 97, 376 f und 380), auch auf einem Spezialgebiet (Bsp: BGH NJW 01, 675) und hat stets den sichersten Weg zu wählen (BGH 85, 260; NJW 93, 332 f; 95, 52 und 2552; Düsseldorf MDR 05, 1292); insbes die Erfolgsaussicht von Rechtsbehelfen sorgfältig zu prüfen (BGH NJW 03, 2022); uU sind Änderungen in der höchstrichterlichen Rspr in Betracht zu ziehen (BGH NJW 93, 3324 f; dazu Ernst ZIP 94, 605; Henssler JZ 94, 506); er hat Fehlern des Gerichts entgegenzuwirken (BGH NJW 10, 73; 88, 3016) auch beim Vergleichsabschluss (BGH NJW 02, 292); im Rahmen seiner umfassenden Aufklärungs- und Beratungspflicht hat er seinen Mandanten ggf auch auf einen gegen ihn selbst gerichteten Regressanspruch hinzuweisen (BGH NJW 94, 385 ff mN; NJW 94, 2824; 96, 662); er haftet auch für eine verspätete Deckungsanfrage bei der Rechtsschutzversicherung (Schleswig NJW 08, 3292). Kann der Schaden des Mandanten noch durch einen weiteren Rechtsstreit beseitigt werden, muss RA diesen auf eigene Kosten und Risiko führen (BGH NJW 00, 3560). Diese Pflichten treffen den **Steuerberater** entspr (BGH 128, 361; 129, 391 ff; NJW 96, 313; 98, 1487). Der **Sachverständige** muss die tatsächlichen Grundlagen seines Gutachtens selbst überprüfen (BGH NJW

Titel 1. Verpflichtung zur Leistung § 281

98, 1061). Ein **Wirtschaftsprüfer** haftet seinem Auftraggeber (idR nicht auch Dritten) für die Richtigkeit des geprüften Abschlusses (BGH NJW 73, 321; Düsseldorf NJW-RR 86, 522; sa Bamberg WM 06, 960). Der **Zedent** kann sich bei Verstoß gegen Verschwiegenheitspflichten gegenüber dem Schuldner (zB Bankgeheimnis) schadensersatzpflichtig machen; die Abtretung ist jedoch idR wirksam (s BGH 171, 180; Kessler/Herzberg BB 09, 1145). Zur Prüfungspflicht des **Zwischenhändlers** bei weiterveräußerter Gattungsware s § 276 Rn 29.

2. Verletzung von Nebenpflichten s § 241 Rn 10; § 282 Rn 4.

§ 281 Schadensersatz statt der Leistung wegen nicht oder nicht wie geschuldet erbrachter Leistung

(1) ¹Soweit der Schuldner die fällige Leistung nicht oder nicht wie geschuldet erbringt, kann der Gläubiger unter den Voraussetzungen des § 280 Abs. 1 Schadensersatz statt der Leistung verlangen, wenn er dem Schuldner erfolglos eine angemessene Frist zur Leistung oder Nacherfüllung bestimmt hat. ²Hat der Schuldner eine Teilleistung bewirkt, so kann der Gläubiger Schadensersatz statt der ganzen Leistung nur verlangen, wenn er an der Teilleistung kein Interesse hat. ³Hat der Schuldner die Leistung nicht wie geschuldet bewirkt, so kann der Gläubiger Schadensersatz statt der ganzen Leistung nicht verlangen, wenn die Pflichtverletzung unerheblich ist.

(2) **Die Fristsetzung ist entbehrlich, wenn der Schuldner die Leistung ernsthaft und endgültig verweigert oder wenn besondere Umstände vorliegen, die unter Abwägung der beiderseitigen Interessen die sofortige Geltendmachung des Schadensersatzanspruchs rechtfertigen.**

(3) **Kommt nach der Art der Pflichtverletzung eine Fristsetzung nicht in Betracht, so tritt an deren Stelle eine Abmahnung.**

(4) **Der Anspruch auf die Leistung ist ausgeschlossen, sobald der Gläubiger statt der Leistung Schadensersatz verlangt hat.**

(5) **Verlangt der Gläubiger Schadensersatz statt der ganzen Leistung, so ist der Schuldner zur Rückforderung des Geleisteten nach den §§ 346 bis 348 berechtigt.**

Lit: Althammer, Jus variandi und Selbstbindung des Leistungsgläubigers, NJW 06, 1179; Ballhausen, Der Vorrang der Nacherfüllung beim Behandlungsvertrag, NJW 11, 2694; Dubovitskaya, Fristsetzung im Schuldrecht: Neue Obliegenheit für den säumigen Schuldner, JZ 12, 328; Gsell, Kaufvertragliche Nacherfüllung in der Schwebe, FS Huber 2006, S 229; Jacobs, Erfüllungsverlangen und Erfüllbarkeit nach Ablauf der Nachfrist, FS Otto 2008, S 137; Haberzettl, Der Ersatz von Schäden aus Deckungsgeschäften während der Leistungsverzögerung, NJW 07, 1328; Hirsch, Schadensersatz statt der Leistung, Jura 03, 289; Huber, Schadensersatz statt der Leistung, AcP 210, 319; Lorenz, Schadensersatz statt der Leistung, Rentabilitätsvermutung und Aufwendungsersatz, NJW 04, 26; Schwab, Schadensersatzverlangen und Ablehnungsandrohung nach der Schuldrechtsreform, JR 03, 133; Wieser, Gleichzeitige Klage auf Leistung und Schadensersatz aus § 281 BGB, NJW 03, 2432.

1. Allgemeines. a) Zweck. Der Gläubiger kann mit § 281 den fälligen Leistungsanspruch durch Fristsetzung (Ausnahmen **II,** § 283) in einen Schadensersatzanspruch umwandeln (s aber Rn 14). § 281 ist nur auf Schäden anwendbar, die durch Erbringung der geschuldeten Leistung noch hätten verhindert werden können (§ 280 Rn 3 f; Rn 16 ff). Anspruchsgrundlage ist § 280 I iVm § 281 (§ 280 III). **b) Anwendungsbereich. aa) Grundsatz.** § 281 gilt für alle Schuldverhältnisse und unabhängig von ihrem Inhalt (Tun oder Unterlassung). Erfasst sind (vorbehaltlich § 242) auch vertragliche Rückgabeansprüche (§§ 346, 546). Hier kann der Gläubiger uU aber nur Schadensersatz Zug um Zug gegen Übereignung der (nicht mehr, IV) zurückzugewährenden Sache verlangen (PalGrüneberg 4 [§ 255 analog]). Anwend- 1

2

bar auf Ansprüche auf Geld (MK/Ernst 9; aA PalGrüneberg 5); praktische Bedeutung hat § 281 hier aber nur im gegenseitigen Vertrag (insbes in Kombination
3 mit Rücktritt, § 325). **bb) Ausnahmen.** Schadensersatzansprüche (wegen § 250), dingliche Ansprüche (§§ 985, 1004, 1007), da der Anspruch auch nicht vorübergehend
4 **(IV)** vom Eigentum (Besitz) gelöst werden kann. **c) Überblick.** § 281 ist die Grundnorm für Schadensersatz statt der Leistung. Sie ist anwendbar, wenn der Schuldner eine Leistungspflicht nicht oder nicht wie geschuldet erbringt. Beruht die Nichterfüllung auf einem Leistungshindernis des § 275, befreit § 283 von der Fristsetzung nach § 281. Verletzt der Schuldner eine Pflicht nach § 241 II, ergibt sich der Schadensersatzanspruch statt der Leistung aus § 282 iVm § 280 I.

5 **2. Voraussetzungen (I 1). a) Pflichtverletzung.** § 281 I 1 setzt voraus, dass der Schuldner die Leistung nicht oder nicht wie geschuldet (dh mangelhaft oder unter Verletzung leistungsbezogener Nebenpflichten) erbringt. Der (Nacherfüllungs-)Anspruch muss **vollwirksam** entstanden und **durchsetzbar** sein, dh ihm darf bis zum Ablauf der Nachfrist keine dauernde (zerstörende) oder aufschiebende (hemmende) Einrede (Bsp: §§ 275 II, III, 439 III, 635 III) entgegenstehen. Bereits das bloße Bestehen des Einrederechts schließt **I** idR (vgl Verjährung beim Rücktritt, § 218 I) aus (BGH 104, 11; Herresthal Jura 08, 564), ausnahmsweise ist Geltendmachung erforderlich; Einzelheiten: § 280 Rn 33 ff. Um die Einrede des nichterfüllten Vertrags (§ 320) auszuschließen, muss der Gläubiger selbst iSv §§ 294 ff leistungsbereit und -fähig sein (BGH NJW 96, 923 f) und seine Leistung in einer den Annahmeverzug begründenden Weise anbieten (BGHZ 116, 249). Zur Fälligkeit s § 280
6 Rn 37. **b)** Die **Fristsetzung gem I 1** (Zweck: Rn 11 vor § 275) ist die Aufforderung zur Bewirkung der genau bezeichneten Leistung (keine Einzelheiten zu Defiziten notwendig, BGH NJW 10, 2201) binnen einer hinreichend (nicht notwendig nach Zeiteinheiten, zB Tagen usw, BGH NJW 09, 3153, krit Schollmeyer ZGS 09, 491) bestimmten Frist. **Zeitpunkt: nach** Fälligkeit (ggf zusammen mit Fälligkeitsbegründung, Derleder/Zänker NJW 03, 2778), noch **vor** Undurchsetzbarkeit des Anspruchs. Fristsetzung **vor** Fälligkeit ist unwirksam (AnwKom BGB/Dauner-Lieb 14); **Ablehnungsandrohung** nicht erforderlich; soweit sie in AGB als Erfordernis des Schadensersatzanspruchs wieder begründet werden soll, widerspricht dies dem (neuen) ges Leitbild und verstößt im Regelfall gegen § 307 II Nr 1 (Jacobs, aaO 140; Schwab JR 03, 138 f; aA Huber in Ernst/Zimmermann, Zivilrechtswissenschaft u Schuldrechtsreform, 31/153). Fristsetzung ist geschäftsähnliche Handlung (wie § 286 Rn 16), kann gem ZPO 255 auch durch Urteil bestimmt werden; nach Sicherungsabtretung kann vom Zedenten wirksam erklärt werden (BGH NJW 02, 1568 zu § 326 aF). Die gesetzte Frist muss **angemessen** sein; Angemessenheit bestimmt im Streitfall das Gericht (§ 242) nach obj Maßstäben (BGH NJW 85, 2641). Dabei ist zu berücksichtigen, dass die Nachfrist dem Schuldner die Leistung nicht erst ermöglichen, sondern ihm eine letzte Gelegenheit geben soll, die in die Wege geleitete (vorbereitete) Erfüllung zu vollenden (BGH NJW 85, 2640 mN; 95, 323); die Nachfrist ist keine „Ersatzleistungsfrist". Bei mangelhafter Leistung hängt Frist im Einzelfall davon ab, binnen welchen Zeitraums Nacherfüllung erfolgen kann. Angabe eines bestimmten Zeitabschnitts nicht unbedingt nötig, uU (zB bei bes Dringlichkeit) kann Aufforderung zu „unverzüglicher" Leistung genügen (BGH NJW 09, 3153). Eine zu kurz bemessene Nachfrist ist nicht wirkungslos, sondern setzt eine angemessene Frist in Lauf (BT-Drs 14/6040 S 138; BGH NJW 96, 1814; aA Dubovitzkaya JZ 12, 328 [Widerspruchsobliegenheit des Schuldners bei zu kurzer Frist]); dies gilt nicht bei Unterschreitung der nach den eigenen AGB einzuhaltenden Mindestfrist (Hamm NJW-RR 95, 503). **Schranken:** Vorbehalt unangemessen langer oder nicht hinreichend bestimmter Nachfristen in AGB zugunsten des Verwenders sind unwirksam (§ 308 Nr 2; Bsp dort Rn 4), desgl über (einfache) Schriftform hinausgehende Formerfordernisse zu Lasten des Kunden
7 (§ 309 Nr 13). **c) Versäumung der Nachfrist.** Die Frist ist **gewahrt,** wenn der Schuldner innerhalb des bestimmten Zeitraums (Rn 9) die Leistungshandlung voll-

Titel 1. Verpflichtung zur Leistung § 281

ständig vorgenommen hat (BGH 12, 269; LG Stuttgart MDR 79, 139), mag auch der Leistungserfolg erst nach Fristablauf eingetreten sein (s § 280 Rn 44; anderes gilt nur bei abw Vereinbarung, vgl BGH 12, 269 f). Bei berechtigt zurückgewiesenem Teilangebot (§ 266) ist die Frist hinsichtlich der ganzen Leistung versäumt (bei Annahme gelten Rn 21 ff); fehlt nur geringfügiger Rest, ist Frist gewahrt (§ 242; RG 76, 153). Der Schuldner muss vollständig und in der **geschuldeten Qualität** leisten (sonst Zurückweisungsrecht des Gläubigers); nimmt der Gläubiger die Leistung gleichwohl vorbehaltlos an, kann er erst nach nochmaliger Fristsetzung Schadensersatz statt der Leistung verlangen (PalGrüneberg 12; Altmeppen DB 01, 1332 u 1822; aA Canaris DB 01, 1816; AnwKomBGB/Dauner-Lieb 15). Für **Versäumung** genügt idR schon geringfügige Überschreitung der Frist (BGH NJW 74, 360; Ausnahme: § 242). **d) Abmahnung (III)** ist die ernsthafte Aufforderung (s 8 § 286 Rn 18 f) an den Schuldner, weitere Zuwiderhandlungen zu unterlassen. Sie tritt an die Stelle der Fristsetzung, wo diese unpraktikabel ist (Bsp: Unterlassungspflichten [soweit nicht der Verstoß ohnehin zur Unmöglichkeit führt § 275 Rn 16]; Dauerschuldverhältnisse, s Rn 25), setzt also eine vorangegangene Pflichtverletzung voraus (bei drohenden Zuwiderhandlungen Rn 9 und § 280 Rn 17 f). **e) Entbehr-** 9 **lichkeit der Fristsetzung (II). aa)** Bei **ernsthafter und endgültiger Erfüllungsverweigerung** des Schuldners (vgl BGH 115, 297; strenge Anforderungen: BGH 104, 13; NJW 06, 1195; JZ 09, 2533) ist Fristsetzung überflüssig (BGH NJW 02, 1573; bei Sachmangel nur, wenn Verweigerung vor Mängelbeseitigung durch Käufer erfolgte, BGH MDR 09, 675). Bei sonstigen den Vertragszweck gefährdenden Pflichtverletzungen des Schuldners (Bsp: Erwecken von begründeten Zweifeln an seiner Leistungsbereitschaft oder -fähigkeit zZ der Fälligkeit ohne endgültige Leistungsverweigerung) kann der Gläubiger dem Schuldner uU bereits vor Fälligkeit der Leistung **entspr I 1** eine **Erklärungsfrist** bestimmen (vgl Rn 5 f; BGH NJW 83, 990; Hamm NJW-RR 95, 1519). Nach fruchtlosem Fristablauf (Schuldner stellt seine Erfüllungsbereitschaft nicht klar) kann der Gläubiger nach §§ 280, 281 Schadensersatz statt der Leistung verlangen. Gleiches gilt bei endgültiger **Erfüllungsverweigerung vor Fälligkeit** (s § 280 Rn 16 f; ErmWestermann 16; aA MK/Ernst 51; Münch Jura 02, 371). Zum Schadensersatz statt der Leistung wegen künftiger Raten beim Sukzessivlieferungsvertrag s Rn 24 f. Bei berechtigter Leistungsverweigerung nach § 275 II, III ist § 283 einschlägig. **bb)** Nach **II** ist eine 10 Fristsetzung ferner entbehrlich, wenn **besondere Umstände** vorliegen, die unter Abwägung der beiderseitigen Interessen die sofortige Geltendmachung des Schadensersatzanspruchs rechtfertigen. Diese können sein: arglistiges Verschweigen von Mängeln der Kaufsache (BGH NJW 07, 837; JZ 09, 2533); „Just in time"-Verträge (BT-Drs 14/6040, S. 140); wenn mit Sicherheit feststeht, dass der Schuldner auch innerhalb der Nachfrist nicht leisten kann (Huber/Faust 3/143); polizeilich angedrohte Schließung des Geschäftsbetriebs (vgl BGH WM 02, 881); Fälle, bei denen früher nach § 326 II aF ein Interessewegfall angenommen wurde (zB bei Lieferung von Saisonware; BT-Drs 14/6040, S 186; BGH NJW 07, 837), Eingehen einer gebotenen anderweitigen Exklusivbindung des Künstlers beim Musikproduktionsvertrag (BGH NJW 01, 2879), uU Übernahme einer Garantie (§ 276 Rn 42; AnwKomBGB/Dauner-Lieb 21) des Schuldners für bestimmte Beschaffenheit der Ware, nachträgliche Leistungshindernisse (§ 283). Nicht ausreichend ist **relatives Fixgeschäft** (Umkehrschluss aus § 323 II Nr 2, s aber abw Gesetzesbegr für „Just in time"-Lieferung). **cc)** Beim **Kauf- und Werkvertrag**, wenn der Verkäufer/ 11 Werkunternehmer die Nacherfüllung nach § 439 III, § 635 III verweigern darf oder die Nacherfüllung für den Käufer/Besteller **unzumutbar** ist (§§ 440, 636). Sonst besteht beim Kauf (und Tausch) grds kein Ersatzanspruch des Käufers bei Selbstvornahme der Mangelbeseitigung ohne Fristsetzung (BGH 162, 219; NJW 06, 1195; 05, 3211: gilt auch bei Erwerb von Tieren). **f) Vertretenmüssen (§ 280 I 2).** Wie 12 § 280 Rn 25 f. Bezugspunkt ist das Vorliegen der Pflichtverletzung bei Fristablauf (oder dem nach II maßgeblichen Ereignis, Celle NJW-RR 07, 354; PalGrüneberg 16). Den Schuldner muss nach §§ 276, 278 der Vorwurf treffen, seine Leistung bis

§ 281

zum Fristablauf nicht ordnungsgemäß erbracht zu haben; § 287 ist dabei zu beachten (s dort Rn 1). Unerheblich ist, ob der Schuldner die Nicht- (nicht ordnungsgemäße) Leistung schon bei Fristsetzung zu vertreten hatte (Huber/Faust Rn 3/153). Bsp: Hat der Verkäufer ohne Verschulden eine mangelhafte Sache geliefert, schuldet er gleichwohl Schadensersatz statt der Leistung, wenn er innerhalb der Nachfrist den Nacherfüllungsanspruch (§ 439 I) nicht erfüllt und *diese* Pflichtverletzung zu vertre-
13 ten hat (MK/Ernst 47; zum Ganzen Ludes/Lube ZGS 09, 259). **g) Eigene Vertragstreue des Gläubigers** ist anders als bei § 326 aF **keine** selbständige Voraussetzung des Anspruchs aus § 281. Dies ergibt sich im Umkehrschluss aus § 323 VI (AnwKomBGB/Dauner-Lieb 28; aA ErmWestermann 6 mN) und daraus, dass § 281 nicht nur für den gegenseitigen Vertrag gilt (Rn 1, PalGrüneberg 35). Vorangegangene Pflichtverletzungen des Gläubigers können aber einer Pflichtverletzung des Schuldners entgegenstehen (Bsp fehlende Mitwirkungsbereitschaft, vgl § 280 Rn 38), den Schuldner nach § 280 I 2 entlasten oder zu einer Kürzung des Anspruchs führen (§ 254); ie Staud/Otto/Schwarze B 70 ff.

14 **3. Erlöschen des Leistungsanspruchs (IV). a) Bedeutung.** Nach Ablauf der Nachfrist (oder bei Vorligen des **II**) bestehen Schadensersatzanspruch und Leistungsanspruch nebeneinander (hM, Jacobs aaO 139; zur Frage, ob Wahlschuld oder elektive Konkurrenz vorliegt, Schwab JR 03, 134 f mN; MK/Ernst 68 ff; Althammer aaO 1180; Jacobs aaO 142 ff; Gsell aaO 308 ff). Erst das **Verlangen** des Schadensersatzes (geschäftsähnliche Handlung mit Gestaltungswirkung, wie Mahnung, vgl § 286 Rn 16; StOtto/Schwarze 8) führt mit Zugang zum (endgültigen; BGH NJW 99, 3115) Untergang des Leistungsanspruchs (und von Fälligkeitszinsen BGH NJW 00, 72; JZ 10, 45). Im gegenseitigen Vertrag entfällt der Anspruch auf die Gegenleistung (§ 326 I entspr, s aber Rn 18). Ist kein Schaden entstanden oder liegen die sonstigen Voraussetzungen der §§ 280, 281 nicht vor, geht das Verlangen ins Leere und der Leistungsanspruch besteht weiter (BT-Drs 14/6857 S 50). Nicht ausgeschlossen ist der Anspruch aus § 649 S 2, der keinen „Anspruch auf die Leis-
15 tung" darstellt (Frankfurt NJW-RR 12, 719; MDR 12, 571). **b) Einzelheiten.** Die Erklärung des Gläubigers muss eindeutig den Willen erkennen lassen, sich auf den Schadensersatzanspruch zu beschränken und die Erfüllung abzulehnen. Sie kann erst nach Entstehen des Schadensersatzanspruchs abgegeben werden. Ein mit der Fristsetzung bereits verbundenes – aufschiebend bedingtes – Schadensersatzverlangen nach IV kann wegen der Bedingungsfeindlichkeit von Gestaltungserklärungen nur zugelassen werden mit dem Inhalt, dass der Schuldner keine Erfüllungsanstrengung mehr unternimmt (Derleder/Zänker NJW 03, 2777; großzügiger Wieser NJW 03, 2433). Bis zur Erklärung nach **IV** kann der Schuldner die Leistung noch in annahmeverzugsbegründender Weise anbieten und dadurch die Schwebelage beenden (str, s Jacobs aaO 142 ff zur Frage eines Zurückweisungsrechts des Gläubigers; für vorherige Ankündigung der Leistung Gsell aaO 317). Der Gläubiger kann die Leistung dann nicht durch Erklärung nach **IV** zurückweisen. **IV** gilt reziprok, wenn der Gläubiger nach Fristablauf statt Schadensersatz (doch wieder) Erfüllung verlangt. Er muss erneut nach **I** vorgehen, um wieder Schadensersatz statt der Leistung verlangen zu können (aA BGH JZ 06, 1028 [wie hier Vorinstanz: Celle NJW 05, 2094 u mit abw Begr Schwab JZ 06, 1020], MK/Ernst 155 f; Althammer aaO 1180: Korrekturen im Einzelfall über § 242; Schroeter AcP 207, 43 ff).

16 **4. Schadensersatz statt der Leistung (I 1). a) Überblick.** Nach **I 1** schuldet der Schuldner Schadensersatz statt der Leistung, **soweit** er die geschuldete Leistung nicht oder nicht wie geschuldet erbringt. Der Anspruch ist auf das Erfüllungsinteresse (in Geld) gerichtet und tritt an Stelle der Primärleistung (BGH JZ 10, 45). Der Anspruch erfasst den Schaden aus der Nichtleistung bei Fristablauf (Zeitpunkt des **II** s § 280 Rn 4). Der Gläubiger ist so zu stellen, wie er bei dann ordnungsgemäßer Leistung des Schuldners stehen würde (§§ 249 ff). Ersparnisse des Gläubigers sind abzuziehen (Beweislast: Schuldner, BGH NJW 01, 3537). Der **Verzögerungsschaden** (zB Mietausfall, BGH NJW 98, 1304) wird ausschließlich nach §§ 280 I, II, 286 ersetzt. Er kann

Titel 1. Verpflichtung zur Leistung § 281

nicht in den Schadensersatz nach §§ 280, 281 einbezogen werden (Grigoleit/Riehm AcP 203, 750 mN; Lorenz JuS 08, 203; PalGrüneberg 17 mwN; anders ErmWestermann 26 für Verzögerungsschäden, die nach Schadensersatzverlangen eintreten), da der Verzug keine Voraussetzung des Anspruchs aus **I 1** ist. Im Einzelnen ist bei der Schadensberechnung danach zu unterscheiden, ob der Schuldner bei Fristablauf (im Zeitpunkt des **II**) vollständig (dazu 17) oder teilw nicht erfüllt (dazu Rn 21–26) oder nicht ordnungsgemäß (dazu Rn 27–31) erfüllt hat. **b) Vollständige Nichterfüllung** der 17 Leistungspflicht führt zum Schadensersatzanspruch nach **I 1**. Er tritt gem **IV** an die Stelle des untergegangen Anspruchs auf die Leistung. Andere Ansprüche in zweiseitigen Schuldverhältnissen bleiben bestehen. Bsp: Geht der Auftraggeber wegen seines Anspruchs aus § 667 nach §§ 280, 281 vor, bleibt der Anspruch des Beauftragten aus § 670 unberührt. Zu Rückgabeansprüchen s Rn 2. **c) Besonderheiten bei gegensei-** 18 **tigem Vertrag. aa) Arten der Schadensberechnung.** Der Gläubiger kann wählen, ob er im Falle des **I 1** seine eigene Leistung noch erbringt und den vollen Wert der Gegenleistung liquidiert (Surrogationstheorie, zu Bedenken im Hinblick auf § 326 I ua MK/Ernst § 326, Rn 13, sa § 326 Rn 5) oder sich darauf beschränkt, die Differenz der Vermögenswerte von Leistung und Gegenleistung zu verlangen (Differenztheorie). Das **Wahlrecht** ergibt sich aus der Möglichkeit der Kombination von Rücktritt und Schadensersatz in § 325, die entwertet wäre, wenn der Gläubiger nur nach der Differenztheorie abrechnen könnte (Lorenz/Riehm 211, zum Ganzen Schmidt-Recla ZGS 65 07, 181; PalGrüneberg 20–22). Hat der Gläubiger umgekehrt seine Gegenleistung schon erbracht, kann er diese nach Rücktritt zurückverlangen (§§ 346, 323) und seinen weitergehenden Schaden nach der Differenztheorie berechnen (PalGrüneberg 22). Regelmäßig bietet es sich an, den Schaden nach der Differenztheorie zu ermitteln. Die einzelnen Leistungen werden dann Rechnungsposten eines einseitigen stets auf Geld lautenden Anspruchs des Gläubigers auf Ersatz seines Interesses in der Erfüllung des **ganzen** Vertrags (BGH NJW 01, 3535; 99, 3625). Ergibt sich wegen erbrachter Leistungen des Schuldners ausnahmsweise ein Überschuss zu dessen Gunsten, kann sie der Schuldner gem § 346 herausverlangen (arg §§ 281 V, 323, 325; PalGrüneberg 20; BGH NJW 00, 278 [§ 821]); im Übrigen kann der Gläubiger zurücktreten und damit den für ihn ungünstigen Leistungsaustausch beenden (§ 325). **bb) Berechnung des Scha-** 19 **densersatzes** statt der Leistung: Stets **konkret** möglich, dann ist die gesamte Schadensentwicklung zu berücksichtigen, vom Fristablauf (Ereignis nach **II**) bis zum Schluss der mündlichen Verhandlung (BGH 136, 55; NJW 98, 2902 f); daneben kann ein Anspruch aus §§ 280 II, 286 wegen des Verzögerungsschadens bestehen. **Bsp:** Bisher entstandene Vertragskosten (BGH NJW 85, 2697 f) und nutzlose Aufwendungen zur Vertragsdurchführung (BGH 99, 197 mN; 123, 99 ff, zB Finanzierungskosten, Werbungsaufwand); bei Lieferverzug Mehrkosten eines Deckungskaufs (BGH NJW 98, 2903; Haberzettl NJW 07, 1328); Nutzungsausfallschäden (BGH 174, 293; NJW 10, 2426; 09, 2675) oder Haftungsschäden gegenüber Abnehmern (Köln MDR 93, 318); Mängelbeseitigungskosten, aber samt Umsatzsteuer nur, wenn diese tatsächlich aufgewendet und keine Erstattung iR eines Vorsteuerabzugs (BGH 186, 330; aA Düsseldorf NJW-RR 10, 320); bei Abnahme-(Zahlungs-)verzug Unterschied zwischen Vertragspreis und niedrigerem Einkaufs-(Herstellungs-)preis (BGH 107, 69) bzw Deckungsverkaufspreis (BGH 126, 134; trotz fehlender Preisdifferenz uU entgangener Gewinn: BGH 126, 308; krit Pohlmann NJW 95, 3169), bei Darlehen Zinsverlust bis zum nächstmöglichen Kündigungstermin (BGH NJW 91, 1817 mN; dazu Beckers WM 91, 2052); **Vorteile** sowie ersparte Kosten (dazu BGH 107, 69 f) sind **anzurechnen;** Bsp: Beim Deckungsverkauf erzielter Mehrerlös bis zum Verkehrswert (ie BGH 136, 54 ff); Nutzungsvorteile (BGH NJW 82, 1280). Soweit **abstrakte** Schadensberechnung zulässig (vgl §§ 252 S 2; 309 Nr 5a und BGH 62, 105; 126, 308; sa allg Rn 51 f vor § 249), ist als **maßgebender Stichtag der Fristablauf** (bzw Zeitpunkt des **II**) heranzuziehen (aA PalGrüneberg 34: Wahlweise auch Zeitpunkt der Pflichtverletzung). Grund: Die schlichte Nichterfüllung ist zwar Pflichtverletzung, führt aber nicht zu einem Schadensersatzanspruch des Gläubigers (§ 280 Rn 9). Der Zeitpunkt des Erlöschens des Erfüllungsanspruchs hängt von der Erklärung des Gläubigers nach **IV** ab; der

Stadler

Gläubiger darf aber nicht auf Kosten des Schuldners spekulieren. Die zwischenzeitliche Minderung des entgangenen Gewinns ist Verzögerungsschaden (§ 280 II iVm § 286; § 280 Rn 52; Huber/Faust 3/216). Bsp: Bei Handelsgeschäft Differenz zwischen Vertragspreis und Marktpreis am Stichtag (BGH NJW 98, 2902); sa HGB 376 II; InsO 104 III. Übergang von der einen zur anderen Berechnungsart möglich (BGH NJW 53,
20 337). **cc)** § 254 ist anwendbar (BGH NJW 97, 1232), doch kommt allein das Verhalten des Gläubigers nach Vertragsschluss in Frage (BGH NJW 87, 253 mN).

21 **5. Teilweise Nichterfüllung der Leistung (I 2). a)** I 2 setzt **Teilbarkeit** der Leistung (und Gegenleistung) voraus, auch bei technischer oder vereinbarter Unteilbarkeit gilt **I 1** (BGH NJW 00, 1256: lastenfreie Eigentumsverschaffung und Über-
22 gabe beim Kauf). Vgl die Parallelvorschrift des § 323 V für den Rücktritt. **b)** Im Falle einer nur teilw erbrachten (und vom Gläubiger angenommenen, § 266, sonst **I 1**) Leistung bezieht sich der Schadensersatzanspruch nach **I 1** auf die bei Fristablauf noch ausstehende Teilleistung („soweit"; **kleiner Schadensersatz**); der Gläubiger muss die Teilleistung behalten. Bei **Interesse** des Gläubigers an teilw Vertragserfüllung führt Geltendmachung von Schadensersatz statt der Leistung zur Vertragstrennung (Aufrechnung des Schadensersatzanspruchs gegen den anteiligen Vergütungsanspruch aus dem bestehen bleibenden Teil möglich, BGH 36, 318). Hat der Gläubiger an teilw Vertragserfüllung **kein Interesse** (vgl BGH NJW 90, 3013), so kann er **großen Schadensersatz** (statt der ganzen Leistung) unter Rückgabe der schon erhaltenen Teilleistung **(V)** verlangen **(I 2)**. Gilt nicht bei geringfügigen Leistungsrückständen (§ 242). In AGB des Schuldners können diese Rechte nicht zum Nachteil des Kunden (Verbrauchers) ausgeschlossen werden (§ 309 Nr 8).
23 **c)** Kommt beim **Sukzessivlieferungsvertrag** (Begriff: § 311 Rn 14) der Schuldner mit einer oder mehreren Teilleistungen (Raten) in Verzug, stehen dem Gläubiger
24 nach **I** folgende Rechte zu: **aa)** Anspruch auf Erfüllung der Restleistung und Ersatz des Verzögerungsschadens (§§ 280 II, 286); **bb)** nach Fristsetzung Schadensersatz statt der Leistung hinsichtlich der verzögerten Teilleistung (**I 1;** BGH NJW 86,
25 126); **cc)** der Gläubiger kann Schadensersatz statt der Leistung wegen des ganzen noch nicht erfüllten Vertrages einschließlich der noch nicht fälligen Raten nach § 280 iVm §§ 281 I, IV verlangen, wenn er den Schuldner bei Fristsetzung entsprechend **III** abgemahnt hat (Lorenz/Riehm, 250 f); der schon abgewickelte Teil des Vertrages bleibt unberührt. Eine Rückabwicklung des gesamten Vertrages (einschließlich der schon fehlerfrei erbrachten Teile) ist nur unter den Voraussetzungen
26 des **I 2** (§ 323 V 1) möglich. **d)** Bei **Kauf- und Werkvertrag** ist im Hinblick auf §§ 434 III, 633 II 3 zu unterscheiden: Sollte mit der erbrachten Leistung vollständig erfüllt werden, liegt nach §§ 434 III, 633 II 3 eine nicht ordnungsgemäße Leistung vor (Folge: **I 3** anwendbar, Rn 27). Liegt dagegen ausdr eine Teilerfüllung (§ 266) vor (Bsp: Verkäufer liefert 90 der bestellten 100 Kisten und kündigt den Eingang der fehlenden 10 für einen späteren Termin an), liegt ein Fall des **I 2** vor (str; PalGrüneberg 36–38; AnwKomBGB/Dauner-Lieb 18; Huber/Faust 3/164: immer **I 3**; keine Anwendung der §§ 434 III, 633 II 3 in §§ 281, 323 V: Lorenz/Riehm, 219; Canaris ZRP 01, 335).

27 **6. Nicht ordnungsgemäße Leistung (I 3).** Sie erfasst vor allem die (bei Fristablauf, sonst **II**, §§ 440, 636) mangelhaft erbrachte (Sach-)Leistung (§§ 434, 435, 633). Lehnt der Gläubiger die Annahme der Leistung wegen des Mangels ab, gilt **I 1** (Grenze: § 242). Bes Gewährleistungsregelungen (§§ 536a, 651f) gehen vor, § 280 Rn 6, 13. Zur nicht ausdr geregelten Teil- und Schlechtleistung s BT-Drs 14/6040, S 187; Lorenz/Riehm 221; Canaris ZRP 01, 334 f; nach Rn 26 ist **I 3** anwendbar.
28 Im Einzelnen: **a) Kleiner Schadensersatz.** Der Gläubiger behält nach **I 1** die mangelhafte Sache und macht lediglich Ersatz des Wertunterschieds zwischen mangelfreier und mangelhafter Sache (Minderwert) geltend (kleiner Schadensersatz); Bsp:
29 Reparaturaufwand (BGH 108, 156), Mindererlös bei Weiterverkauf. **b)** Beim **großen Schadensersatz** stellt der Gläubiger die abgenommene Sache (das Werk) zur Verfügung (Rückabwicklung nach **V**) und verlangt Schadensersatz statt der *ganzen*

Titel 1. Verpflichtung zur Leistung § 282

Leistung (großer Schadensersatz). Dieser berechnet sich wie nach I 1 (Rn 17 f).
c) Grenzen des Wahlrechts (I 3). aa) Der Gläubiger kann den großen Schadens- 30
ersatz nicht verlangen, wenn die Pflichtverletzung (dh der Mangel) **unerheblich**
ist (auch kein Rücktritt möglich, § 323 V 2). Es handelt sich zunächst um Mängel
unterhalb der Bagatellgrenze (vgl §§ 459 I 2, 634 III aF); im Einzelnen ist eine auf
der Grundlage des Vertrages zu treffende umfassende Interessenabwägung (Beseitigungsaufwand, Beeinträchtigungen, uU Garantie usw) erforderlich (PalGrüneberg
47). BGH (BeckRS 2011, 19050) stellt die Regel auf, dass Unerheblichkeit vorliegt,
solange die Beseitigungskosten 1% des Kaufpreises nicht übersteigen. Bsp für erhebliche Mängel: fehlendes Benutzerhandbuch bei Lieferung von Hard- und Software
(BGH NJW 93, 462); unterbliebene Montage (BGH NJW 98, 3197); gefälschtes
Kunstwerk [Schadensersatz statt der ganzen Leistung dann gem § 311a II, dort Rn 5],
Kraftstoffmehrverbrauch bei Neuwagen von mehr als 10% (BGHZ 136, 94).
bb) Werden beim **Sukzessivlieferungsvertrag** eine oder mehrere Teilleistungen 31
mangelhaft erbracht, gelten Rechtsfolgen nach Rn 24 f. Eine Rückabwicklung des
gesamten Vertrages einschließlich der schon erbrachten Teile ist nur unter den
strengeren Voraussetzungen des I 2 möglich. Die mangelfrei erbrachten Teile lassen
sich beim Sukzessivlieferungsvertrag klar von der mangelhaften Teilleistung abtrennen, was eine teleologische Reduktion von I 3 rechtfertigt (vgl BT-Drs 14/6040
S 187).

7. Anwendung von Rücktrittsrecht (V). Macht der Gläubiger den Schadens- 32
ersatzanspruch statt der ganzen Leistung (großer Schadensersatz) geltend (Rn 22,
30), muss er die empfangene Leistung nach den Vorschriften über den Rücktritt
zurückgeben **(V)**. Auf die Schadensberechnung hat das keinen Einfluss (Huber/
Faust 3/166). Der große Schadensersatz führt zu einer Kombination von Rücktritt
und Schadensersatz (BT-Drs 14/6040 S 141). Will der Gläubiger auch die *von ihm
erbrachte Leistung* vom Schuldner zurückverlangen, muss er zusätzlich noch den
Rücktritt erklären (§ 325).

8. Beweislast. Die Beweislast für die Voraussetzungen des § 281 trägt der Gläubi- 33
ger, insbes nach Gefahrübergang für das Vorliegen eines Mangels (§ 363; Ausnahme:
§ 476). Für das Nichtvertretenmüssen der Pflichtverletzung zum maßgeblichen Zeitpunkt (Rn 12) trägt der Schuldner die Beweislast (§ 280 I 2); s auch § 283 Rn 11.

§ 282 Schadensersatz statt der Leistung wegen Verletzung einer Pflicht nach § 241 Abs. 2

Verletzt der Schuldner eine Pflicht nach § 241 Abs. 2, kann der Gläubiger unter den Voraussetzungen des § 280 Abs. 1 Schadensersatz statt der Leistung verlangen, wenn ihm die Leistung durch den Schuldner nicht mehr zuzumuten ist.

1. Allgemeines. a) Zweck. § 282 ist anwendbar, wenn der Schuldner zwar seine 1
Leistung ordnungsgemäß erbringt oder noch nicht erbringen muss, dem Gläubiger
aber die weitere Vertragsdurchführung wegen erheblicher „leistungsbegleitender
Pflichtverletzungen" (BT-Drs 14/7052 S 186) des Schuldners nicht mehr zumutbar
ist. Der Gläubiger kann dann ausnahmsweise (Canaris JZ 01, 513) nach § 280 I iVm
§ 282 Schadensersatz statt der (Primär-)Leistung verlangen, wenn der Schuldner
die Nebenpflichtverletzung zu vertreten hat (§ 280 I 2). **b) Anwendungsbereich.** 2
Erfasst sind alle Schuldverhältnisse mit (primären) Leistungspflichten, daher nicht
das vorvertragliche Schuldverhältnis (BT-Drs 14/7052 S 186). Praktische Bedeutung
kommt der Vorschrift nur bei vertraglichen Schuldverhältnissen zu. **c) Abgrenzung** 3
zu §§ 280, 281. Von §§ 280, 281 erfasst sind Störungen der (fälligen) Leistungspflicht, sowie die Verletzung von leistungsbezogenen Nebenpflichten, die eine
„nicht wie geschuldete Leistung", § 281 I 1 darstellen (dazu § 280 Rn 14 f; § 281

§ 283 Buch 2. Abschnitt 1. Inhalt der Schuldverhältnisse

Rn 4). Begleitschäden durch eine Pflichtverletzung nach § 241 II (dazu § 280 Rn 10 ff) sind unmittelbar nach § 280 I zu ersetzen (§ 280 Rn 4, 10).

4   **2. Voraussetzungen. a) Pflichtverletzung.** Der Schuldner muss eine Pflicht nach § 241 II (nicht leistungsbezogene Schutzpflicht, BT-Drs 14/7052 S 186) verletzt haben. Bsp: Eigentumsbeschädigung bei der Vertragsausführung, Beleidigungen und Kränkungen; Anstiftung von AN des Gläubigers zu illoyalem Verhalten. Der Anwendungsbereich ist gering. Nach dem Wortlaut kommen nur Pflichtverletzungen *vor* Erbringen der Hauptleistung in Betracht (für analoge Anwendung bei nachträglicher Verletzung Knoche/Höller ZGS 03, 26 ff). **Abgrenzung:** Verstöße gegen die allg Leistungstreuepflicht fallen unter §§ 280, 281 (aA Lorenz/Riehm 361; Knoche/Höller aaO). Bsp: Vertragsaufsage vor Fälligkeit der Leistung (vgl § 323 IV zum Rücktritt), Störungen im Sukzessivlieferungsvertrag, welche keinen Einfluss auf
5   die weitere Vertragsdurchführung haben (§ 281 Rn 25). **b) Unzumutbarkeit.** Die Leistungserbringung muss für den Gläubiger unzumutbar sein. Dies setzt regelmäßig eine vorherige Abmahnung voraus (§ 314 II analog; s BGH DB 68, 1575), insbes, wenn die Pflichtverletzung Bezug zur Leistungserbringung hat. Die Unzumutbarkeit muss daneben aber besonders festgestellt werden (BT-Drs 14/7052 S 186). Die durch die Pflichtverletzung ausgelöste Störung des Schuldverhältnisses muss den
6   Fällen des § 281 entsprechen. **c) Vertretenmüssen (§ 280 I 2).** Wie § 280 Rn 25. Bezugspunkt des Verschuldensvorwurfs ist die in Rn 4 genannte Pflichtverletzung.

7   **3. Rechtsfolgen.** Wie bei § 281, s dort Rn 16 ff. Geschuldet ist Schadensersatz statt der noch ausstehenden Leistung. Für Schadensersatz statt der *ganzen* Leistung müssen die Voraussetzungen des § 281 I 2, 3 vorliegen (dann § 281 V). Der Leistungsanspruch erlischt erst mit dem Verlangen des Schadensersatzes (§ 281 IV). Im gegenseitigen Vertrag kann der Gläubiger auch zurücktreten (§§ 324, 325).

8   **4. Beweislast.** Der Gläubiger trägt die Beweislast für die Voraussetzungen des § 282; der Schuldner muss beweisen, dass er die Pflichtverletzung (Rn 4) nicht zu vertreten hat.

§ 283 Schadensersatz statt der Leistung bei Ausschluss der Leistungspflicht

¹Braucht der Schuldner nach § 275 Abs. 1 bis 3 nicht zu leisten, kann der Gläubiger unter den Voraussetzungen des § 280 Abs. 1 Schadensersatz statt der Leistung verlangen. ²§ 281 Abs. 1 Satz 2 und 3 und Abs. 5 findet entsprechende Anwendung.

1   **1. Allgemeines. a) Bedeutung. Anspruchsgrundlage** für Schadensersatz statt der Leistung bei **nachträglichen** Leistungshindernissen gem § 275 I–III ist § 280 I iVm § 283. Die Vorschrift hat klarstellende Bedeutung, indem sie bestimmt, dass bei Vorliegen eines nachträglichen Leistungshindernisses nach § 275 eine Pflichtverletzung im Sinne des § 280 I vorliegt (§ 280 Rn 8; ErmWestermann 1 mN). Dies ergibt sich aber schon zwanglos daraus, dass auch in diesem Fall die Leistung nicht so erbracht wird (werden kann), wie sie geschuldet war. Im Übrigen verzichtet § 283 auf eine Nachfrist nach § 281 I 1. Auch dies leuchtet ohne weiteres ein, da ein fälliger Anspruch auf die Leistung wegen des Leistungshindernisses nicht besteht.
2   **b) Abgrenzung zu § 311a II.** Anspruchsgrundlage auf Schadensersatz statt der
3   Leistung wegen **anfänglichen Leistungshindernissen** ist § 311a II. **c) Anwendungsbereich.** § 283 gilt für alle (vertragliche wie ges) Schuldverhältnisse.

4   **2. Voraussetzungen. a)** Zwischen dem Schuldner und dem Gläubiger muss ein
5   **wirksames Schuldverhältnis** bestehen. **b)** Der Schuldner muss nach **§ 275** von der Leistungspflicht nach Entstehen des Schuldverhältnisses befreit sein **(S 1)**, für die zunächst mögliche Leistung muss also vor der Erfüllung ein Leistungshindernis nach § 275 entstanden sein. In den Fällen des § 275 II, III dürfen die obj Vorausset-

Titel 1. Verpflichtung zur Leistung § 284

zungen der Leistungserschwerung noch nicht bei Vertragsschluss vorgelegen haben; der Zeitpunkt der Erhebung der Einrede spielt keine Rolle (ErmWestermann 3; aA PWW/Schmidt-Kessel 3). § 283 ist aber erst anwendbar, wenn der Schuldner die Einrede nach § 275 II, III erhoben hat (bis dahin: § 281). c) Bei einem **teilweisen** 6 **Ausschluss** der Leistungspflicht **(S 2)** entsteht der Schadensersatzanspruch statt der Leistung bei teilbaren Leistungen (s § 281 Rn 21, ausführlich zur Teilbarkeit StOtto/ Schwarze 36–40) soweit die Leistungspflicht nach § 275 entfällt (§ 275 Rn 7 f). Schadensersatz statt der *ganzen* Leistung **(großer Schadensersatz)** kann der Gläubiger bei schon teilw erbrachter Leistung unter den Voraussetzungen des § 281 I 2 (Gläubigerinteresse), bei nicht wie geschuldet erbrachter Leistung nach § 281 I 3 (Erheblichkeit) des nicht behebbaren Mangels) verlangen. Hatte der Schuldner bei Eintritt des Leistungshindernisses noch nicht geleistet, kann der Gläubiger die nicht vertragsgemäße Leistung ablehnen (Bsp: Der verkaufte PKW wurde nach Vertragsschluss, aber vor Gefahrübergang irreparabel beschädigt) und Schadensersatz statt der ganzen Leistung verlangen (Grenze: § 242, s § 281 Rn 22, 27). d) Der Schuldner muss das 7 Leistungshindernis (Pflichtverletzung) gem §§ 276 ff, 287 S 2 zu vertreten haben (wie § 280 Rn 20).

3. Rechtsfolgen. a) Schadensersatz statt der Leistung. Wie § 281 Rn 16 ff; 8 **Zeitpunkt:** Eintritt des Leistungshindernisses; in den Fällen des § 275 II, III das Vorliegen der objektiven Voraussetzungen des Leistungshindernisses (aA PalGrüneberg 6: Erheben der Einrede; dies hängt aber vom Zufall ab, s Rn 5 und § 311a Rn 3). Zu teilw Leistungshindernissen: Rn 6. **b) Wegfall der Gegenleistung** nach 9 § 326 I (auch wenn der Schuldner das Leistungshindernis nicht zu vertreten hat); der Gläubiger kann auch nach §§ 326 V, 323 zurücktreten. **c) Die beiderseits** zu 10 vertretende Unmöglichkeit ist nicht geregelt (s § 326 Rn 22; aA PalGrüneberg 4: immer § 254).

4. Beweislast. Die Beweislast für das Vorliegen des Leistungshindernisses trägt 11 der Gläubiger; der Schuldner muss den Entlastungsbeweis führen (§ 280 I 2). Weiß der Gläubiger nicht, warum der Schuldner nicht leistet oder hat er Zweifel am Vorliegen eines Leistungshindernisses, muss er nach § 281 I 1 (Fristsetzung; ggf im Urteil zu bestimmen, ZPO 255) vorgehen. Dann muss der Schuldner beweisen, dass ein von ihm nicht zu vertretendes Leistungshindernis vorlag (§ 281 Rn 33). Misslingt dies, ist die Prüfung der §§ 275, 283 überflüssig und der Anspruch aus §§ 280, 281, 283 gegeben; die Rechtslage entspricht damit im Wesentlichen der gem § 283 aF (s § 287 Rn 1; Gsell JZ 04, 110).

§ 284 Ersatz vergeblicher Aufwendungen

Anstelle des Schadensersatzes statt der Leistung kann der Gläubiger Ersatz der Aufwendungen verlangen, die er im Vertrauen auf den Erhalt der Leistung gemacht hat und billigerweise machen durfte, es sei denn, deren Zweck wäre auch ohne die Pflichtverletzung des Schuldners nicht erreicht worden.

Lit: Fleck, Begriff und Funktion der „Billigkeit" bei § 284 BGB, JZ 09, 1045; Lorenz, Schadensersatz statt der Leistung, Rentabilitätsvermutung und Aufwendungsersatz im Gewährleistungsrecht, NJW 04, 26; Stoppel, Der Ersatz frustrierter Aufwendungen nach § 284 BGB, AcP 204, 81 ff; Tröger, Der Individualität eine Bresche: Aufwendungsersatz nach § 284 BGB, ZIP 05, 2238; Weitemeyer, Rentabilitätsvermutung und Ersatz frustrierter Aufwendungen unter der Geltung von § 284 BGB, AcP 205, 275.

1. Zweck. § 284 ist iVm §§ 280 I, III, 281–283, 311a II **Anspruchsgrundlage** 1 auf Ersatz vergeblicher Aufwendungen. Verfolgt der Gläubiger einen ideellen oder konsumtiven Zweck, erleidet er regelmäßig durch die Pflichtverletzung keinen Vermögensschaden (§ 253 I). Er kann seine im Hinblick auf den Vertrag getätigten

§ 284

(frustrierten) Aufwendungen auch nicht als Mindestschaden nach der Rentabilitätsvermutung verlangen, da diese bei solchen Fallgestaltungen widerlegt ist (BGH 99, 198: abgesagte Parteiveranstaltung). Dieses Ergebnis korrigiert § 284, indem er dem Gläubiger anstelle des Schadensersatzes statt der Leistung einen Aufwendungserstattungsanspruch gewährt. § 284 geht jedoch weiter als die bisherige Rentabilitätsvermutung, die nur Aufwendungen, die direkt mit dem Erwerb zusammenhingen, erfasste. Damit wird die Unterscheidung zwischen Aufwendungen für kommerzielle und ideelle Zwecke hinfällig (BGH 163, 386 mN zur hM, Stuttgart ZSG 04, 434), ohne dass die Rentabilitätsvermutung gänzlich obsolet wäre (Althammer NZM 03, 132; Klink Jura 06, 485; Weitemeyer aaO 278; aA Stopppel aaO; Wankerl ZGS 09, 22). Der Anspruch entfällt aber, wenn der verfolgte Zweck auch ohne Pflichtverletzung des Schuldners nicht erreichbar gewesen wäre (BGH aaO 387, Rn 7); ebenso wenn der Gläubiger die Nutzung des mangelhaften Kaufgegenstands selbst unmöglich macht (BGH NJW 11, 142 [Gebäudeabriss mit Folge verlorenen Bestandsschutzes]). **Abw Vereinbarungen** in AGB und im Verbrauchervertrag sind in den Grenzen der §§ 308 Nr 7, 307 möglich (Grigoleit ZGS 02, 124).

2   **2. Anwendungsbereich.** Erfasst sind sämtliche Schuldverhältnisse (wie § 281 Rn 2 f). **Entspr Anwendung** bei Gewährleistungsregelungen (§§ 523 II 1, 524 II 2, 536a, 651f, für direkte Anwendung PWW/Schmidt-Kessel 3), wenn (wie bei § 280 III) Schadensersatz wegen des positiven Interesses geschuldet wird (Huber/Faust 4/9), da diese Regelungen hinsichtlich des neuen § 284 nachträglich lückenhaft geworden sind (Bsp BGH 99, 198: Partei muss die angemietete Halle wegen schwerer Mängel umgehend wieder räumen). Im Falle des mangelbedingten Rücktritts vom Kaufvertrag wird § 284 nicht von § 347 II verdrängt oder begrenzt (BGH 163, 385).

3   **3. Voraussetzungen. a)** Sämtliche Voraussetzungen (insbes auch Vertretenmüssen des Schuldners) eines **Anspruchs auf Schadensersatz statt der Leistung** (§§ 280 I, III, 281–283, 311a II) müssen vorliegen (Schleswig NJW-RR 11, 993). Zum Schadensersatz „neben" der Leistung steht § 284 nicht in einem Alternativverhältnis (BGH 163, 387).
4   **b) Aufwendungen** iSv § 284 sind freiwillige Vermögensopfer des Gläubigers. Hierunter fallen insbes Vertragskosten (§ 467 S 2 aF) und sonstige Aufwendungen zum Erhalt der Leistung, zB Maklerkosten (s auch Rn 5) oder Kosten für Überführung und Zulassung gekauften Kfz (BGH 163, 387), Einbaukosten (Köln NJW-RR 06, 677), Abschluss von Versicherungen, die Beauftragung von Transportunternehmen, Kosten für die Inempfangnahme der Leistung (zB Reise- und Übernachtungskosten für Konzertbesuch, LG Lüneburg NJW 02, 614; Grigoleit ZGS 02, 123), Darlehensaufnahme zur Kaufpreisfinanzierung (vgl BGH 114, 197); Aufwendungen für die künftige Verwendung der Leistung des Schuldners (BT-Drs 14/6040 S 143: Umbaukosten, Werbung; BGH 163, 381: Zubehörteile) sind ersatzfähig, soweit sie dem im Vertrag vereinbarten oder vorausgesetzten Verwendungszweck entsprechen (Huber/Faust 4/24 f). Die eigene Arbeitskraft ist entpsr § 1835 III (wie § 683 Rn 6) ersatzfähig. Entgangener Gewinn aus einem anderen Geschäft fällt nicht unter § 284 (BT-Drs 14/6040 S 144). Zur
5   erbrachten Gegenleistung: Rn 8 aE. **c)** Die Aufwendungen müssen **im Vertrauen** auf den Erhalt der Leistung getätigt worden sein, d h nach wirksamer Begründung des Schuldverhältnisses (beachte: Rückwirkung der Genehmigung § 184 I, BGH NJW 99, 2269) erfolgt oder durch den Vertragsschluss bedingt (Bsp: § 652 I) sein.
6   Nicht ersatzfähig: Kosten der Vertragsverhandlungen. **d)** Die Aufwendungen müssen nach Grund und Höhe der **Billigkeit** entsprechen. Dies ist nicht der Fall, wenn sie außer Verhältnis zum Wert der Leistung stehen (Wert des geschuldeten Bildes: 1000, Wert des dafür hergestellten Rahmens: 8000; hM, MK/Ernst 20; aA Tröger aaO 2247), gänzlich unüblich sind oder zu einem Zeitpunkt getätigt werden, an dem die Leistungsstörung bereits absehbar ist (vgl § 254 II 1 1. Fall; str Stopppel aaO 99; Grigoleit ZGS 02, 124; gegen Vorhersehbarkeit Canaris JZ 01, 517; Weitemeyer aaO 284).

Titel 1. Verpflichtung zur Leistung   § 285

4. Anspruchsausschluss. Der Anspruch ist **ausgeschlossen (letzter HS),** 7
wenn der vom Gläubiger mit dem Schuldverhältnis verfolgte Zweck aus anderen
Gründen als der Pflichtverletzung nicht erreicht worden wäre (Zweckverfehlung).
Insoweit sind hypothetische Ursachen (Rn 42 vor § 249) ausdr beachtlich (Weitemeyer aaO 285). Handelt der Gläubiger erwerbswirtschaftlich, besteht kein
Anspruch aus § 284, wenn er aus dem Geschäft ohnehin keinen Gewinn gezogen
hätte, da die Leistungsstörung für ihn nicht zum „Glücksfall" werden darf (BT-
Drs 14/6040 S 144). Im Gesetzgebungsverfahren wurde ein wahlweise bestehender
Anspruch auf das negative Interesse ausdrücklich abgelehnt (BT-Drs 14/6040
S 143). Bei konsumptiven, spekulativen, ideellen oder marktstrategischen Zwecken
(BT-Drs 14/6040 S 144) kommt es darauf an, ob dieser Zweck unabhängig von
der Pflichtverletzung des Schuldners verfehlt worden wäre (Bsp [nach Rn 2]: Die
Parteiveranstaltung wäre ohnehin abgesagt worden). Nach BGH (163, 388) besteht
die Ersatzpflicht unabhängig davon, ob die Aufwendungen ausnahmsweise nicht
frustriert sind (Bsp: Zubehörteile für mangelhaftes Kfz können anderweitig verwendet werden; krit Faust NJW 09, 3698), es kommt nur darauf an, ob die Aufwendungen auch im Fall der Mangelfreiheit ihren Zweck verfehlt hätten (s auch BGH NJW
11, 142: Vergeblichkeit von Aufwendungen wegen Gebäudeabriss, nicht wegen
Mangel).

5. Rechtsfolge. Der **Aufwendungserstattungsanspruch** besteht wahlweise 8
(aA Weitemeyer aaO 290 ff) zum Anspruch auf Schadensersatz statt der Leistung
(insoweit kann Rentabilitätsvermutung fortgelten, str, Weitemeyer aaO 278; aA
Tröger aaO 2243 mN zum Streitstand); neben dem Anspruch auf kleinen Schadensersatz (§ 281 I 2, 3), soweit die Aufwendungen ausschließlich die nicht erhaltene
Leistung betreffen. Nicht ersetzt wird das negative Interesse (PalGrüneberg 8). Der
Gläubiger kann bei der Berechnung seines Anspruchs auch noch später (im Rechtsstreit) von Schadensersatz statt der Leistung auf Aufwendungsersatz übergehen und
umgekehrt. Der Anspruch kann analog § 254 gekürzt werden (aA [direkt] PWW/
Schmidt-Kessel 2); uU § 255, ebenso ist er bei Rückabwicklung des Kaufvertrages
um die Nutzungsdauer der Kaufsache anteilig zu kürzen (BGH 163, 388). Kombination mit § 285 möglich (Huber/Faust 4/53). Die schon erbrachte Gegenleistung
kann nach §§ 346, 323, 326 V, 325 zurückverlangt werden.

§ 285 Herausgabe des Ersatzes

(1) **Erlangt der Schuldner infolge des Umstands, auf Grund dessen er
die Leistung nach § 275 Abs. 1 bis 3 nicht zu erbringen braucht, für den
geschuldeten Gegenstand einen Ersatz oder einen Ersatzanspruch, so kann
der Gläubiger Herausgabe des als Ersatz Empfangenen oder Abtretung des
Ersatzanspruchs verlangen.**

(2) **Kann der Gläubiger statt der Leistung Schadensersatz verlangen, so
mindert sich dieser, wenn er von dem in Absatz 1 bestimmten Recht
Gebrauch macht, um den Wert des erlangten Ersatzes oder Ersatzanspruchs.**

Lit: Löwisch, Herausgabe von Ersatzverdienst, NJW 03, 2049; Wackenbarth, Die Reichweite des § 285 im Rahmen der Gewährleistung am Beispiel von Käuferketten, ZGS 08, 341.

1. Allgemeines. a) Bedeutung: Anspruchsgrundlage (Rn 10 ff) iVm § 275 (vgl 1
Rn 6). **b) Grundgedanke:** Nach dem (fortbestehenden) Schuldverhältnis gebührt 2
im Verhältnis der Parteien dem Gläubiger, dessen Anspruch auf die Leistung nach
§ 275 nicht besteht, im Vermögen des Schuldners an deren Stelle getreten ist
(vgl BGH NJW-RR 88, 903; Lobinger JuS 93, 456 ff); Fall der **„schuldrechtlichen
Surrogation"** (Larenz, SchR I, § 21 I); er entspricht idR dem mutmaßlichen Parteiwillen (BGH 99, 388; 135, 289: ges geregelter Fall ergänzender Vertragsausle-

§ 285

3 gung). **c) Anwendungsbereich:** Gilt für alle vertraglichen und ges Schuldverhältnisse (§ 241 Rn 3) auf Leistung bestimmter Gegenstände (Rn 5), soweit die „allg Vorschriften" eingreifen, also zB im Fall der Haftung für Mängel im Kauf- und Werkvertrag (§§ 437, 634, dazu Rn 6), der gem §§ 818 IV, 819 verschärften Bereicherungshaftung (BGH 75, 207), des Rücktritts (BGH NJW 83, 930; § 346 IV), Vermächtnis (KG ZEV 99, 494) und bei aufschiebend bedingter Verpflichtung (BGH 99, 388 f), **nicht** dagegen für die einfache Bereicherungshaftung (Sonderregelung des § 818 II, III gilt, vgl BGH 75, 206; ie § 818 Rn 10 f), ferner nicht für den
4 dinglichen Herausgabeanspruch gem § 985 (vgl dort Rn 4 ff mN). **d) Abgrenzung. aa) Sondervorschriften** enthalten §§ 816 I; 687 II, 681, 667; HGB 384 II. **bb)** Ergänzende Vertragsauslegung (§§ 157, 242) kann zu entspr (auch weitergehender) Nebenpflicht führen (BGH 25, 10; Dresden NJW-RR 98, 373; s auch Rn 9).

5 **2. Voraussetzungen. a) Schuldverhältnis** Auf Leistung eines bestimmten Gegenstandes (Rn 1 vor § 90) gerichtetes Schuldverhältnis. „Gegenstand" umfasst auch einen kraft Ges übergehenden Annex der Leistung (BGH 135, 288 f). Bsp für Schuldverhältnisse: Vertrag, zB gem § 433, wegen § 535 vgl Rn 9; uH; GoA. Nicht hierher gehören die in Rn 3 ausgenommenen Schuldverhältnisse, Gattungsschulden (§ 243 I) vor Konkretisierung (anders bei Untergang der ganzen Gattung, Rn 6), auf Handlung oder Unterlassung gerichtete Schuldverhältnisse (zu Dienstleistungen
6 mit abw Ansicht Löwisch aaO). **b) Leistungshindernis.** Erfasst sind sowohl **anfängliche** als auch **nachträgliche** Leistungshindernisse gemäß § 275 (hM, s etwa PalGrüneberg 6; aA Wackenbarth aaO 344). Gleich bleibt, ob der Schuldner das Leistungshindernis des § 275 zu vertreten hat oder nicht (arg **II**); in den Fällen des § 275 II, III muss die Einrede erhoben sein (§ 275 Rn 32, sonst §§ 280, 281). **Quantitative** oder **qualitative** (dazu § 275 Rn 9) Unmöglichkeit genügt (BGH 114, 36 f; 129, 103); Anspruch auf das **Mangelsurrogat** besteht auch bei (anfänglichen oder nachträglichen) unbehebbaren Mängeln der Kaufsache oder des Werkes (Bsp: Das verkaufte Haus brennt vor Gefahrübergang ab oder wird schwer beschädigt, vgl auch Tiedtke NJW 95, 3084; Eckardt JR 96, 400 f) oder wenn der Schuldner die **Nacherfüllung gem §§ 439 III, 635 III verweigert** (arg § 275 Rn 29; PWW/Schmidt-Kessel 2). § 285 gilt **entsprechend,** wenn die Sachmangelhaftung vertraglich ausgeschlossen ist oder soweit die Pflichtverletzung (§ 280 I) zur dauernden Entwertung der Leistung führt. Bsp: Einziehung der abgetretenen Forderung
7 durch den Abtretenden mit der Folge des § 407 (RG 111, 303). **c) Erlangung von Ersatz oder Ersatzanspruch. aa) Allgemeines.** Sog **stellvertretendes commodum** ist jeder Vermögensvorteil, der wirtschaftlich im Schuldnervermögen an die Stelle der nach § 275 weggefallenen Leistung tritt; **Surrogat** im wirtschaftlichen Sinn genügt. Bsp: Schadensersatzleistung durch den Drittschädiger bei uH (entspr Schadensersatzanspruch); Entschädigungsleistung bei Enteignung; Restitutionsanspruch nach VermG (LM Nr 12; KG ZEV 99, 494); Versteigerungsübererlös in der Zwangsvollstreckung (BGH WM 87, 988); Versicherungssumme bei Zerstörung (Beschädigung) der geschuldeten Sache (dazu BGH 99, 388 f; 114, 34 ff; 129, 106 [insoweit krit Tiedtke NJW 95, 3084 f; Eckardt JR 96, 399]; sog **commodum ex re**); rechtsgeschäftlicher Gegenwert (Veräußerungserlös) bei anderweitiger Verfügung (sog **commodum ex negotiatione;** s Rn 8; StLöwisch/Caspers 37).
8 **bb) Kausalzusammenhang** zwischen dem Leistungshindernis (Rn 6) und der Ersatzerlangung (Rn 7; **I: „infolge").** Adäquater Kausalzusammenhang (Rn 27 ff vor § 249) genügt (BGH LM Nr 1); wirtschaftlich Zusammengehöriges gilt als Einheit. Bsp: Der Veräußerungserlös (Rn 7) ist herauszugeben, obwohl er auf dem schuldrechtlichen Vertrag beruht und nicht auf der erst zum Leistungshindernis führenden dinglichen Veräußerung (BGH 46, 264; NJW 83, 930, hM). Wird Übertragung von GbR-Anteil wegen Teilungsversteigerung unmöglich und ersteigert der Schuldner das Grundstück und wandelt es in Wohnungseigentum um, so fällt allenfalls Versteigerungserlös unter § 285, nicht das Wohnungseigentum (BGH ZIP
9 05, 1138). **cc) Identität zwischen geschuldetem und ersetztem Gegenstand**

Titel 1. Verpflichtung zur Leistung § 286

(I: Ersatz „für" den geschuldeten Gegenstand). Ein Eigentumssurrogat ist nur dann herauszugeben, wenn die Eigentumsverschaffung, nicht aber, wenn (nur) Besitzverschaffung (Gebrauchsüberlassung) geschuldet war. Bsp: Bei Untergang einer vermieteten (verpachteten) Sache hat der Mieter (Pächter) keinen Anspruch auf Mieteinräumung am Ersatzgegenstand oder auf Zinsen aus der Entschädigung (BGH 25, 10; vgl aber Rn 4 [bb]). Bei der Veräußerung eines zu belastenden Grundstücks hat der Gläubiger keinen Anspruch auf den infolge der fehlenden Belastung erzielten Mehrerlös (BGH 46, 266); bei Doppelvermietung steht dem Erstmieter der Erlös aus der Zweitvermietung nicht zu, wenn er die Mietsache nicht wie der Zweitmieter hätte nutzen dürfen (BGH 167, 312). Eine Abfindung, die dem Hauptmieter für eine vorzeitige Auflösung des Hauptmietverhältnisses gewährt wird, gebührt dem Untermieter (BGH NJW-RR 86, 235 f).

3. Rechtsfolge: Anspruch auf Ersatzherausgabe (Abtretung des Ersatzan- 10
spruchs). a) Allgemeines. Der Anspruch ist kein Schadensersatzanspruch, kann aber mit einem solchen zusammentreffen (**II** und Rn 13), auch kein Bereicherungsanspruch. Er **entsteht** nicht kraft Ges, sondern erst mit dem Verlangen des Gläubigers („verhaltener Anspruch"); zum **Wahlrecht** des Gläubigers in zeitlicher Hinsicht vgl Rn 13. **b) Inhalt.** Alles Erlangte ist herauszugeben; maßgebend ist, was dem 11 Schuldner tatsächlich zugeflossen ist (BGH 114, 39). Ein Veräußerungserlös (Rn 7 f) ist in voller Höhe herauszugeben einschließlich des erzielten Geschäftsgewinns (RG 138, 48; Larenz, SchR I, § 21 I, hM) und des gezogenen Zinsertrags (BGH NJW 83, 930; Knütel JR 83, 356). Eigene Aufwendungen des Schuldners können dem Gläubiger nur entgegengehalten werden, soweit sie zu einem aufrechenbaren Gegenanspruch führen (BGH DtZ 97, 226 mN). **c) Abwicklung.** Die Herausgabe- 12 schuld, deren Verjährung und der Verschuldensmaßstab richten sich nach dem (fortbestehenden) ursprünglichen Schuldverhältnis (BGHZ 140, 240; BGH NJW-RR 88, 904 mN); der Anspruch auf das Mangelsurrogat (Rn 6) unterliegt nach Gefahrübergang der Verjährungsfrist der §§ 438, 634a. §§ 275, 283 gelten (auch bei Herausgabe von Geld), nicht § 818 III.

4. Verhältnis zum Schadensersatzanspruch (II). Der Herausgabeanspruch 13 gem Rn 10 ff schließt einen bestehenden Schadensersatzanspruch nicht aus, führt aber zu wertmindernder **Anrechnung;** Grund: Keine Besserstellung des Gläubigers (Fall der Vorteilsausgleichung). Der Gläubiger, der Ersatzherausgabe verlangt hat (Rn 10), kann bis zu deren Leistung auf seine Forderung nach vollem Schadensersatz zurückkommen (RG 108, 187). Der Schuldner kann den Gläubiger, der Schadensersatz verlangt, nicht auf die Ersatzherausgabe verweisen (RG 105, 155). Für die Gegenleistung gilt § 326 III.

§ 286 Verzug des Schuldners

(1) ¹Leistet der Schuldner auf eine Mahnung des Gläubigers nicht, die nach dem Eintritt der Fälligkeit erfolgt, so kommt er durch die Mahnung in Verzug. ²Der Mahnung stehen die Erhebung der Klage auf die Leistung sowie die Zustellung eines Mahnbescheids im Mahnverfahren gleich.

(2) Der Mahnung bedarf es nicht, wenn
1. für die Leistung eine Zeit nach dem Kalender bestimmt ist,
2. der Leistung ein Ereignis vorauszugehen hat und eine angemessene Zeit für die Leistung in der Weise bestimmt ist, dass sie sich von dem Ereignis an nach dem Kalender berechnen lässt,
3. der Schuldner die Leistung ernsthaft und endgültig verweigert,
4. aus besonderen Gründen unter Abwägung der beiderseitigen Interessen der sofortige Eintritt des Verzugs gerechtfertigt ist.

(3) ¹Der Schuldner einer Entgeltforderung kommt spätestens in Verzug, wenn er nicht innerhalb von 30 Tagen nach Fälligkeit und Zugang einer

§ 286   Buch 2. Abschnitt 1. Inhalt der Schuldverhältnisse

Rechnung oder gleichwertigen Zahlungsaufstellung leistet; dies gilt gegenüber einem Schuldner, der Verbraucher ist, nur, wenn auf diese Folgen in der Rechnung oder Zahlungsaufstellung besonders hingewiesen worden ist. ²Wenn der Zeitpunkt des Zugangs der Rechnung oder Zahlungsaufstellung unsicher ist, kommt der Schuldner, der nicht Verbraucher ist, spätestens 30 Tage nach Fälligkeit und Empfang der Gegenleistung in Verzug.

(4) Der Schuldner kommt nicht in Verzug, solange die Leistung infolge eines Umstands unterbleibt, den er nicht zu vertreten hat.

Lit: Eberl-Borges, Leistungsverzögerung bei mehrseitigen Vertragsverhältnissen, AcP 203, 633; Gsell, Mängelleistung und verzögerte Nacherfüllung als einheitliche Pflichtverletzung im neuen Schuldrecht, FS Canaris 2007, Bd 1, S 337; Haberzettl, Der Ersatz von Deckungsschäden während der Leistungsverzögerung, NJW 07, 1328; Oepen, Probleme des modernisierten Verzugstatbestandes, ZGS 02, 349.

1   **1. Allgemeines. a) Systematik.** Verspätungsschäden können nach § 280 II nur unter den zusätzlichen Voraussetzungen von § 286 ersetzt werden. Zu Korrekturen
2   des Verzugseintritts s Voraufl. **b) Begriff.** Schuldner-(Leistungs-)**verzug** ist die pflichtwidrige vom Schuldner zu vertretende Verzögerung der (noch möglichen)
3   Leistung. **c) Rechtsnatur:** Verletzung einer Leistungspflicht; ges geregelter
4   (Unter-) fall der **Leistungsstörung** (Rn 1 vor § 275). **d) Anwendungsbereich** umfasst auch Schuldverhältnisse außerhalb von Buch 2 (Rn 6 ff vor § 241), zB sachenrechtliche (§ 990 II; BGH 49, 265; verneinend für § 888: BGH NJW-RR 87, 76), nicht jedoch allg öffentl-rechtliche Rechtsverhältnisse (BGH NJW 82,
5   1277 f mN); ie sehr str, stets Einzelprüfung geboten (BGH 108, 270 f). **e) Abgrenzung. aa) Leistungshindernisse nach § 275** schließen Schuldnerverzug aus; in den Fällen des § 275 II, III aber erst, wenn der Schuldner die Einrede erhoben hat. Die Leistung muss **nachholbar** sein (BGH NJW 88, 252), was bei vorübergehenden Leistungshindernissen der Fall ist (§ 275 Rn 10; BGH 84, 248; Kaiser, FS Hadding S 141, hM). Lieferung einer mangelhaften Sache ist keine Nichtleistung iSv § 286 (Gsell aaO 341 mN zur Gegenansicht). Während des Schuldnerverzugs kann ein Leistungshindernis nach § 275 entstehen (vgl §§ 287 S 2; 290; vgl hierzu § 287 Rn 4). UU kann auch die bloße Leistungsverzögerung die Unmöglichkeit (§ 275 I) herbeiführen. Fälle: Verzögerung bei zeitlich begrenzter **Dauerverpflichtung** (Bsp: Bei Miete vom 1. 8.–30. 9. wird Mietobjekt erst am 1. 9. zur Verfügung gestellt: Teilunmöglichkeit); beim **absoluten Fixgeschäft** (§ 275 Rn 14); bei Nichtbeschäftigung des AN während bestehender **Beschäftigungspflicht** (BAG NJW 86, 1832); bei zeitlich begrenzten und dauernden **Unterlassungspflichten** (nur Unmöglichkeit; vgl § 275 Rn 16); allg bei Ablauf des Erfüllungszeitraums (Larenz, SchR I, § 21 I a).
6   **bb) Gläubigerverzug:** § 293 Rn 9. **cc) Pflichtverletzung.** Die nicht rechtzeitige
7   Leistung stellt eine Pflichtverletzung dar, die unter den Voraussetzungen der §§ 280 I, 286 zum Ersatz des Verzögerungsschadens verpflichtet. Lediglich obj Leistungsverzögerung begründet keine Schadensersatzpflicht (§ 280 Rn 9), wohl aber uU die Verletzung von Anzeige-(Mitteilungs-)pflichten (§ 242 Rn 19 f) bei unverschuldeter Verzögerung der Leistung (RG 68, 194); ferner die vor oder nach Eintritt der Fälligkeit erklärte ernsthafte und endgültige, die Erreichung des Vertragszwecks
8   gefährdende Erfüllungsverweigerung (§ 280 Rn 17 f; § 281 Rn 9). **f) Prozessuales.** Das Vorliegen des Schuldnerverzuges kann nicht Gegenstand einer Feststellungsklage sein (BGH NJW 00, 2281; vgl demgegenüber § 293 Rn 7 [d]).

9   **2. Überblick. a) Grundsatz.** Allg Regelung des Schuldnerverzugs: §§ 286–290. **Nicht zwingend,** doch bestehen bei Verwendung von **AGB** Schranken, wenn die Haftung des Kunden verschärft oder die des Verwenders gemildert werden soll (§ 308 Nr 1, 2; 309 Nr 4, 5a, b, 7, 8); zur vertraglichen Verzugsfolgenregelung ie § 280 Rn 55; § 288 Rn 8. **Sondervorschriften:** §§ 339, 536a II Nr 1, 543 II Nr 3,
10 546a, 775 Nr 3 ua. **b) Voraussetzung** des Schuldnerverzugs (§ 286) ist schuldhafte Nichtleistung trotz Mahnung nach Fälligkeit (geläufige Kurzformel, aber ungenau).

Titel 1. Verpflichtung zur Leistung § 286

Ie ist erforderlich: **Vollwirksam** entstandener und **fälliger** Anspruch; **obj Verzögerung** der (geschuldeten) Leistung (Pflichtverletzung, vgl § 280 Rn 33 ff); **Mahnung des Schuldners** (Rn 15 ff), soweit diese nicht ausnahmsweise entbehrlich ist (Rn 24 ff); kein Fall von **Nichtvertretenmüssen** des Schuldners **(IV); Annahme-**(Mitwirkungs-)**bereitschaft** des Gläubigers (§ 297 entspr; Gursky AcP 173, 450). **c) Rechtsfolgen (§§ 280 II, 287–290). aa) Schadensersatz.** Der Gläubiger kann 11 den **Verzögerungsschaden** ersetzt verlangen (§ 280 II und dort Rn 49 ff). Für den Schadensersatz statt der Leistung nach §§ 280, 281 und das Rücktrittsrecht im gegenseitigen Vertrag (§ 323) ist der Verzug keine selbstständige Anspruchsvoraussetzung; er wird aber regelmäßig zusammen mit der Fristsetzung eintreten (PalGrüneberg, § 281 Rn 7 mN). **bb) Verschärfte** und **erweiterte** Haftung des Schuld- 12 ners (§§ 287, 290), **Verzinsungspflicht** bei der Geldschuld (§§ 288 f).

3. Pflichtverletzung. Vollwirksamkeit und **Fälligkeit** der **Leistung** (§ 280 13 Rn 33). **a)** Der Anspruch muss **vollwirksam** entstanden (nicht der Fall bei fehlender Zustimmung gem §§ 182 ff, vgl § 280 Rn 33) und **durchsetzbar** sein, dh ihm darf keine dauernde oder aufschiebende Einrede entgegenstehen. Bereits das bloße Bestehen des Einrederechts schließt idR Verzugseintritt aus (f § 320: BGH NJW-RR 03, 1318; BGH 113, 236), ausnahmsweise ist Geltendmachung erforderlich (§ 280 Rn 34 ff). **b) Fälligkeit** setzt grds Bestimmtheit voraus (BayObLG FamRZ 14 04, 1995; sa Rn 25; üü § 271 Rn 2; f Vergütung von Nachlasspfleger, Insolvenzverwalter etc trifft dies erst ab gerichtlicher Festsetzung zu, BGH WM 04, 697, BayObLG aaO); Beweislast trägt Gläubiger. Verbindung der fälligkeitsbegründenden Handlung mit der Mahnung ist möglich (Rn 20). Verweigert der Gläubiger die zur Leistung notwendige **Mitwirkung**, kommt der Schuldner nicht in Verzug (BGH NJW 96, 1746; sa § 280 Rn 38).

4. Mahnung (I 1). a) Allgemeines. aa) Begriff: An den Schuldner gerichtete 15 Aufforderung des Gläubigers, die das bestimmte Verlangen zum Ausdruck bringt, die geschuldete Leistung nunmehr unverzüglich zu bewirken. **bb) Rechtsnatur:** 16 Einseitige empfangsbedürftige (§§ 130–132) geschäftsähnliche Handlung (BGH NJW 87, 1547 mN, hM), Vorschriften über Willenserklärungen gelten jedoch grds entsprechend (§ 107): Köln NJW 98, 320; §§ 164 ff: BGH NJW 06, 688 mN); aufschiebende Befristung möglich (allgM), Bedingung nicht (RG 75, 335, hM; str). **cc) Zweck:** Warnfunktion. **dd)** Notwendiger **Inhalt:** Die Aufforderung muss hin- 17 reichend bestimmt (Rn 25) und eindeutig sein (BGH NJW 98, 2133); sie muss 18 erkennen lassen, dass das Ausbleiben der Leistung Folgen haben werde (klarstellend dazu BGH aaO). Nicht erforderlich ist die Ankündigung bestimmter Folgen (vgl BGH 174, 82 mN) oder eine Rechtsfolgenbelehrung (Ausnahme: III u VVG 37 II). **ee) Formlos** möglich, damit auch durch schlüssiges Verhalten, soweit es Rn 15 19 genügt. Bsp: Vorlage von Wechsel zur Zahlung (BGH 96, 194); Übersendung von ausgefüllter Zahlkarte, uU einer „zweiten Rechnung", auch Zahlungsaufforderung in Versform (LG Frankfurt NJW 82, 650); berechtigtes Nachlieferungsverlangen (§ 439 I), **nicht** dagegen schon mit der ersten Rechnung (arg **III**), einer Rechnung mit Zahlbarkeitsfrist (LG Paderborn MDR 83, 225; aA Wilhelm ZIP 87, 1500) oder einem bloßen (Kulanz-)Erinnerungsschreiben (Bsp: AG Gütersloh NJW 83, 1621; Abgrenzung zur Aufforderung in höflicher Form: BGH NJW 98, 2133). Schranken für gewillkürten Formzwang: § 309 Nr 13. **ff) Zeitpunkt:** nach Fällig- 20 keit (Rn 14) des **entstandenen** Anspruchs, *vorher* ist (und bleibt) eine Mahnung wirkungslos (BGH 103, 66; NJW 86, 842; 92, 1956); jedoch wird **Verbindung** von fälligkeitsbegründender Handlung und Mahnung zugelassen (idR aber nicht mit erstmalig zugesandter, so wenig überzeugend BGH 174, 82 mN mit insoweit krit Anm Gsell NJW 08, 52; NJW 01, 3115; 06, 3271; MK/Ernst 52 mN, hM, str; aA Larenz, SchR I, § 23 I a; sa Rn 22). Bsp: Abruf einer Leistung als Mahnung. Eintritt des Verzugsbeginns: Rn 38. **b)** Der Mahnung **gleichgestellte Fälle (I 2):** 21 **aa)** Erhebung der **Leistungsklage** (ZPO 253, 254 [BGH 80, 277], 281, auch 33); nicht ZPO 256; 257 ff; InsO 174. **bb)** Zustellung von **Mahnbescheid** (ZPO

688 ff). **cc)** Zustellung eines Antrags nach FamFG 251 (BGH NJW 08, 2710 [§ 647 aF]; PalGrüneberg 219); einstweilige Anordnung (BGH NJW 83, 2320); Prozesskostenhilfegesuch (BGH NJW-RR 90, 323; NJW 08, 2713). **dd)** Zugang von Prozesskostenhilfeantrag gem ZPO 114, 118 I (**I 2 entspr;** BGH NJW-RR 90, 325; krit Bamberg NJW-RR 90, 904). **ee)** Zustellung von **Urteil,** wenn die Leistung erst in diesem Zeitpunkt fällig wird (**I 2 entspr**). Bsp: Urteil über Weiterbeschäftigung des gekündigten AN (so iErg auch BAG NJW 86, 1832). Bei Gestaltungsurteil nach § 315 III 1 Verzugseintritt erst mit Rechtskraft (BGH 167, 149 mN sa § 315 Rn 12).

22 **c) Einzelfragen. aa) Gegenseitiger Vertrag** (§ 320). Der mahnende Teil muss
23 seine Gegenleistung iSv §§ 293 ff anbieten (§ 320 Rn 18). **bb)** Hat der Gläubiger bei der Leistung **mitzuwirken** (zB Holschuld), ist die Mahnung nur wirksam, wenn der Gläubiger die erforderliche Mitwirkungshandlung vornimmt
24 oder sich zu ihr bereit erklärt (BGH NJW-RR 90, 444; sa Rn 14). **cc) Zuvielmahnung** (auch durch Klageerhebung usw) ist wirksam, wenn sie der Schuldner als Aufforderung zur Bewirkung der *tatsächlich geschuldeten* Leistung verstehen muss und der Gläubiger zur Annahme der Leistung im tatsächlich rückständigen Umfang bereit ist (BGH 146, 35; NJW 99, 3116). Nicht unverhältnismäßig überhöhte Zuvielforderung ist idR unschädlich (§ 242; BGH NJW-RR 87, 682; NJW 91, 1823 mN; abw für qualifizierte Mahnung gem VVG 39 I aF (jetzt 38): BGH VersR 85, 533). **Zuwenigmahnung** begründet nur hinsichtlich des geltend gemachten Betrags Verzug (BGH NJW 82, 1985). Anmahnung eines **hilfsweise** geltend
25 gemachten Anspruchs genügt (BGH NJW 81, 1732). **dd)** Bei betragsmäßig **unbestimmter Forderung** (Bsp: Schmerzensgeld) müssen ausreichende konkrete Tatsachen zur Höhe vorgebracht sein (BGH 80, 276); Verzug tritt dann idR erst nach angemessener Prüfungsfrist ein (Grund: § 280 Rn 41); ist der Schuldner auskunftspflichtig (§§ 259–261 Rn 3), genügt unbestimmte Mahnung entspr ZPO 254 (BGH NJW-RR 90, 325 mN). Beim *Unterhaltsanspruch* genügt unbestimmte Mahnung (arg Erleichterung in § 1613 I; bisher schon Gießler FamRZ 84, 955) und damit Auskunftsverlangen (vgl die Gleichstellung in § 1613 I); bei Unterhaltsvereinbarung kann Mahnung gem **II Nr 1, 4** überhaupt entbehrlich sein (vgl BGH 105, 254; Rn 26); Mahnung für nachehelichen Unterhalt bereits vor Scheidungsrechtskraft ist unwirksam (s mN Rn 13). Bei Gläubigermehrheit ist für jeden Einzelanspruch
26 Mahnung erforderlich (vgl Hamm NJW-RR 97, 962). **ee)** Bei Ansprüchen auf **wiederkehrende Leistung** (Bsp: Unterhaltsanspruch) genügt **einmalige** Mahnung (BGH 103, 66); periodische Wiederholung ist nicht erforderlich (s aber BGH 103, 67 ff; 105, 256).

27 **5. Verzugseintritt ohne Mahnung (II). a) Kalendermäßig bestimmt (II Nr 1)** ist die Leistungszeit **nur,** wenn sie durch Rechtsgeschäft, Gesetz oder Urteil getroffen wurde (BGH 174, 82) und ein Kalendertag (wenigstens mittelbar) bezeichnet ist (BGH NJW 92, 1629; WM 95, 440 f mN; Frankfurt NJW-RR 12, 375 [Flugreise]), bloße Berechenbarkeit nach dem Kalender (Rn 28) genügt für **II Nr 1** nicht (aber uU nach **II Nr 2**). Die Bestimmung der Leistungszeit kann durch Vertrag (vgl § 315) auch dem Gläubiger vorbehalten sein (BGH 110, 76); ansonsten genügt einseitige Festlegung durch Gläubiger nicht (BGH 174, 80) – hierin kann Mahnung liegen (BGH NJW 06, 3271). Der Fristbeginn kann auch einvernehmlich während der Vertragsdurchführung festgelegt werden (BGH 149, 288). Die Genehmigungsbedürftigkeit des Vertrages schadet nicht, wenn der Vertrag vor dem Leistungszeitpunkt voll wirksam wird (BGH NJW 01, 365). Bsp: Verzug tritt **ohne** Mahnung ein bei Vereinbarung zB „spätestens am 10. April"; „noch im Laufe des April" (dann 30. 4., vgl § 192); „Ende Februar" (BGH NJW 82, 1279); „1. Dekade des Monats Juli" (BGH NJW 84, 49); „8. Kalenderwoche" (BGH WM 96, 1598); Ratenzahlung „jeweils am 15. eines jeden Monats, beginnend mit dem 15.2.1986" (KG WM 86, 285); „14 Tage ab (feststehendem) Bestelldatum" (BGH NJW 92, 1629); „4 Wochen nach (feststehender) Beurkundung" (BGH WM 95, 441) oder „binnen 20 Tagen ab Beurkundung" (BGH NJW 01,

Titel 1. Verpflichtung zur Leistung § 286

365); „8 Monate nach (einvernehmlich später festgelegtem) Baubeginn" (BGH 149, 288). Bei rückwirkend wirksam werdender Mieterhöhung tritt Verzug bezüglich des erhöhten Mietzinses aber erst durch Mahnung nach Rechtskraft der Verurteilung ein (str, BGH NJW 05, 2311 mN). Erschwerung des Verzugs des Verwenders in **AGB und im Verbrauchervertrag** über **II Nr 1** hinaus kann gegen 307 II Nr 1 verstoßen. Liegen im Zeitpunkt von **II Nr 1** die allg Verzugsvoraussetzungen (Rn 9 ff) noch nicht vor, ist Mahnung erforderlich (BGH NJW 01, 365; Karlsruhe NJW-RR 86, 57); kommt der Schuldner daher mit Fristablauf mangels Verschulden nicht in Verzug, muss der Gläubiger mahnen (BGH DB 03, 2224; BauR 99, 648). **b)** Bei **Anknüpfung an ein vorausgehendes Ereignis** ist Mahnung 28 entbehrlich **(II Nr 2)**, wenn der Leistung ein bestimmtes Ereignis vorauszugehen hat und eine angemessene Zeit (dazu Hertel DNotZ 01, 915) für die Leistung in der Weise bestimmt ist, dass sie sich von dem Ereignis an nach dem Kalender berechnen lässt **(kalendermäßig berechenbare Zeiten)**. Ereignis und Frist müssen durch Gesetz, Urteil oder im Vertrag erfolgen. Ist die Frist zu kurz bemessen, wird automatisch eine angemessene in Lauf gesetzt. Die Mahnung ist **nicht erforderlich** wenn ein Abruf, eine Lieferung, der Zugang einer notariellen Fälligkeitsmitteilung oder eine Kündigung zum Ausgangspunkt der kalendermäßigen Fristberechnung gemacht wird. Bsp: „2 Wochen nach Lieferung"; „1 Monat nach Abrechnung"; „3 Wochen nach Abruf"; „160 Arbeitstage ab Arbeitsbeginn" (BGH NJW 86, 2050). Nicht ausreichend ist eine Regelung, nach der „sofort" nach Lieferung gezahlt werden muss, da hier keine Frist nach dem Kalender gesetzt wird (Heinrichs BB 01, 157 f; PalGrüneberg 23; aA Huber JZ 00, 961; Gsell ZIP 00, 1868: Verstoß gegen RL 2000/35/EG). **c) Erfüllungsverweigerung (II Nr 3).** 29 Eine Mahnung ist (da offensichtlich zwecklos) entbehrlich, wenn der Schuldner ernstlich und endgültig die Erfüllung des Vertrags verweigert (s bislang BGH NJW 86, 842; 88, 485, jeweils mN). Bsp: grundlose Einstellung jeder Unterhaltsleistung (Schleswig FamRZ 85, 735). **d) Besondere Gründe (II Nr 4):** Sich aus dem 30 Vertragsinhalt ergebende Dringlichkeit der Leistung (RG 100, 43). Bsp: Zusage „schnellstmöglicher Reparatur" (BGH NJW 63, 1823; nicht ausreichend „dringende Kontrolle", BGH NJW 08, 1217) oder die Zusage einer Direktbank zur unverzüglichen Ausführung von Kundenorder (LG Itzehoe MMR 01, 833); das Verlassen der SB-Tankstelle, ohne den Kraftstoff zu bezahlen (BGH NJW 11, 2871). In einer Terminzusage des Schuldners kann Verzicht auf die Mahnung liegen (BGH NJW-RR 97, 623: „Selbstmahnung"). Bei durch Vereinbarung oder Urteil geregelten Unterhaltsanprüchen ist (wiederholte) Mahnung entbehrlich, wenn (nur) die betragsmäßige Höhe der Veränderung unterliegt (BGH 105, 254 f; weitergehend Bamberg NJW-RR 90, 903 für ges Unterhaltsanspruch). Deliktische Sachentziehung (§§ 848, 849; s auch BGH WM 08, 450: Entzug von Gesellschaftsmitteln zu betriebsfremdem Zweck). Kein Fall von II liegt vor, wenn Vergütung durch Urteil nach § 315 III 2 festgesetzt wird (anders BGH NJW 06, 2474: Verzug ab Rechtskraft wegen Warnfunktion; sa Rn 14).

6. Verzug bei Entgeltforderung (III). a) Zweck und Bedeutung. III setzt 31 die **RiLi 2000/35/EG** (Rn 1) um. In seinem Anwendungsbereich ist zu unterscheiden, ob der Schuldner der Forderung Verbraucher (§ 13) ist oder nicht. **III** tritt neben **I, II,** die bei einer Entgeltforderung auch schon zu einem früheren Zeitpunkt den Verzug begründen können (III: „spätestens"). **b) Anwendungsbereich.** Erfasst 32 sind nur rechtsgeschäftliche **Entgeltforderungen** für die Lieferung von Waren oder die Erbringung von sonstigen (Dienst-)Leistungen (im weiten, europarechtlichen Sinne – BGH NJW 08, 1872), nicht Schadensersatz-, Bereicherungs- oder Rückzahlungsansprüche aus § 346 (siehe aber Rn 37), Ansprüche aus GoA, Ansprüche auf die Versicherungsleistung, Zustimmung zur Mieterhöhung (LG Duisburg NJW-RR 99, 12); Einzelheiten sa § 288 Rn 6. **c) Rechnung** ist die nicht schon in der 33 Vertragsurkunde enthaltene, gegliederte Aufstellung über eine Entgeltforderung, die dem Schuldner eine Überprüfung ermöglichen soll. Auf ihre Bezeichnung kommt

Stadler

§ 286

es nicht an (dann: **Zahlungsaufstellung**). Wegen ihres Schutzzwecks ist die Rechnung wenigstens in Textform und nicht formlos (mündlich) zu erteilen (§ 126b; Schimmel/Buhlmann MDR 00, 737; PalGrüneberg 28; MK/Ernst Rn 82; offen BGH NJW 09, 3227); sie muss Angaben zum Schuldgrund, zur Höhe und ggf Fälligkeitsvereinbarung enthalten (Saarbrücken NJW-RR 12, 539). Auch soweit die Rechnung ausnahmsweise Fälligkeitsvoraussetzung ist (UStG 14; HOAI, VOB/B), beginnt die 30-Tagesfrist mit Rechnungszugang zu laufen (Naumburg NJW-RR 10, 1180). Verzug tritt nur ein, wenn die übrigen Verzugsvoraussetzungen

34 (Rn 13 ff) vorliegen. **d) Zugang der Rechnung** setzt die 30-Tagesfrist in Lauf, wenn der Schuldner **kein Verbraucher** (§ 13) ist. Der Schuldner muss aber nicht Unternehmer (§ 14) oder Kaufmann (HGB 1) sein (zB rechtsfähiger Idealverein; Fiskus). Geht die Rechnung vor Fälligkeit oder vor Durchsetzbarkeit der Entgeltforderung zu, beginnt die Frist erst mit diesem Zeitpunkt (BT-Drucks 14/2752 S 16). Bei Unsicherheit über den Zugangszeitpunkt enthält **III 2** eine Ersatzregelung (dazu Heinrichs BB 01, 159). Ist str, ob die Rechnung überhaupt zugegangen ist, kommt III 2 nach dem Wortlaut nicht zur Anwendung (Oepen ZGS 02, 351). Ein Bestreiten des vom Gläubiger vorgetragenen Zeitpunkts des Rechnungszugangs hat für einen Schuldner, der die Gegenleistung schon erhalten hat, jedoch keinen Sinn, wenn der behauptete Zugang nach Empfang der Gegenleistung liegt. Der Verzugsbeginn würde dann ggf vor dem behaupteten Rechnungszugang liegen (s PalGrüneberg 30). **Fristberechnung:** Beginn: § 187; Fristende: §§ 188 I, 193: Tagesfrist (BGH

35 NJW 07, 1581; aA U Huber JZ 00, 744: kein § 193). **e) Gegenüber einem Verbraucher** (§ 13) gilt III 1 nur, wenn dieser in der Rechnung/Zahlungsaufstellung auf die Rechtsfolgen des III bes hingewiesen worden ist (BGH 174, 81 f). Früherer (zB im Vertrag) oder späterer erfolgter Hinweis genügen nicht (Folge: Verzug nur nach **I, II**). Der Gläubiger muss den Rechnungszugang und den Hinweis beweisen

36 (III 2 gilt nicht). **f) Abweichende Vereinbarungen** (der Frist oder des Fristbeginns) sind auch in AGB und in Verbraucherverträgen möglich (Grenze: § 307 II, Erhöhung auf 90 Tage unangemessen, Köln NJW-RR 06, 670). Beim Individualvertrag gilt § 138 (RL 2000/35/EG Art 3 III–V verlangen eine Inhaltskontrolle zum

37 Schutz der Gläubiger). **g) Entspr Anwendung** auf Rückzahlungsansprüche des Verbrauchers, wobei die 30-Tagesfrist mit dem Zugang des Widerrufs/Rückgabeerklärung gegenüber dem Unternehmer beginnt (§ 357 I 2).

37a **h) Ende des Verzugs.** Der EuGH (JZ 08, 990) leitet aus RiLi Art 3 ab, dass der Verzug erst endet, wenn der Gläubiger die Leistung erlangt hat (bei Überweisung: Gutschrift). Im Anwendungsbereich der RiLi ist daher die Geldschuld nunmehr Bringschuld, der Schuldner trägt entgegen bish hM bis zur Erfüllung Verlust- und Verzögerungsgefahr (s § 270 Rn 7; aA Schwab NJW 11, 2833 der im Rahmen von § 286 bei Geldschulden nur auf den Leistungserfolg abstellen will ohne ihren Charakter als Schickschuld aufzugeben). Die geplante Umsetzung der Zweiten ZahlungsverzugsRiLi ist bislang nicht erfolgt.

38 **7. Verzögerung der Leistung. a) Beginn des Schuldnerverzugs:** Tag des Zugangs der Mahnung bei **I 1** (BGH NJW-RR 90, 324 mN, hM, str) bzw der Erklärung der Erfüllungsverweigerung gem **II Nr 3** (s Rn 29 und BGH NJW 85, 488; Hamm NJW-RR 94, 1515), der Zustellung der Klage oder des Mahnbescheids bei **I 2** (Göhner NJW 80, 570), kalendermäßig bestimmter (berechneter) Tag bei **II Nr 1, 2** (Rn 27 ff). Für die Rechtzeitigkeit der Leistung (I) kommt es nach bisher hM auf den Zeitpunkt der Vornahme der **Leistungshandlung,** nicht den des Eintritts des **Leistungserfolgs** an (BGH NJW 69, 875; sa § 241 Rn 7). Abweichendes gilt nun im Anwendungsbereich der RiLi 2000/35/EG (vgl Rn 37a); dies sollte

39 zumindest für Geldleistungen verallgemeinert werden. **b) Beendigung (Heilung) des Schuldnerverzugs** (ex nunc), s § 280 Rn 45 ff. **c) Rückgängigmachung** bereits eingetretener Verzugsfolgen verlangt idR **Erlassvertrag** (BGH NJW 95, 2033 mN).

Titel 1. Verpflichtung zur Leistung § 287

8. Entlastungsbeweis des Schuldners (IV). Entspricht § 280 I 2 für Schadens- 40
ersatz (s § 280 Rn 40), musste wegen der Rechtsfolgen der §§ 287 ff erneut angeordnet werden. Die (negative) Fassung als **Ausnahmevorschrift** stellt klar, dass dem Schuldner die Beweislast für das Nichtvertretenmüssen der obj Leistungsverzögerung obliegt, er sich also bei Vorliegen der Voraussetzungen des § 286 **entlasten** (Entschuldigungsgründe: § 280 Rn 40 ff) muss (BGH 32, 222). Maßgeblicher Zeitpunkt ist das Vorliegen der obj Voraussetzungen der **I–III.**

9. Rechtsfolgen. a) Der Verzug ist Grundlage für den Anspruch des Gläubigers 41
auf **Ersatz des Verzögerungsschadens** (§ 280 I iVm II). Der Anspruch tritt neben den Erfüllungsanspruch; er bleibt bestehen, wenn sich der Erfüllungsanspruch in einen Schadensersatzanspruch statt der Leistung umwandelt (§ 281 IV, § 281 Rn 16) oder der Gläubiger im gegenseitigen Vertrag zurücktritt (§ 325). Zu Inhalt und Umfang des Anspruchs: § 280 Rn 49 ff. **b) Geldschulden** sind nach §§ 288 f zu 42 verzinsen; **Verzinsung des Wertersatzes:** § 290; **Haftungsverschärfung:** § 287.

§ 287 Verantwortlichkeit während des Verzugs

¹**Der Schuldner hat während des Verzugs jede Fahrlässigkeit zu vertreten.**
²**Er haftet wegen der Leistung auch für Zufall, es sei denn, dass der Schaden auch bei rechtzeitiger Leistung eingetreten sein würde.**

Lit: Hirsch, Zufälliges Unmöglichwerden während des Schuldnerverzugs, Jura 03, 42.

1. Verschärfte Verantwortlichkeit (S 1). Der Verzugsschuldner hat auch bei 1
ges Haftungserleichterung (§ 276 Rn 53; § 277 Rn 2) **leichte Fahrlässigkeit** zu vertreten (Gegenstück zu § 300 I). Praktische **Bedeutung** hat **S 1** wegen Rn 2 bei Pflichtverletzungen, die nicht zum Untergang (zur Verschlechterung) des Leistungsgegenstands führen, also in den Fällen der Verzögerung und sonstigen Pflichtverletzungen nach § 241 II (str, PWW/Schmidt-Kessel 2; aA ErmHager 5; StLöwisch/ Feldmann 6). Das SchRModG hat **S 2** redaktionell angepasst. § 287 übernimmt iVm § 281 I Aufgaben, die früher § 283 aF zukamen. **Nicht zwingend;** gilt nicht, soweit Verzugshaftung für leichte Fahrlässigkeit (zulässig) ausgeschlossen ist (vgl § 309 Nr 8 iVm Nr 7, § 280 Rn 41 ff und allg § 276 Rn 54).

2. Zufallshaftung (S 2). a) Bedeutung. Zufällig ist ein Ereignis nur, wenn es 2
weder vom Schuldner noch vom Gläubiger verschuldet ist (Hirsch aaO 45). Der Verzugsschuldner haftet für von ihm **verschuldete** Leistungshindernisse (§ 275 I– III) gem § 280 I, III iVm § 283, **ohne** Verschulden, wenn das Leistungshindernis durch den Verzug **verursacht** ist (§§ 280 II, III, 283, 286); Grund: Eintreten des Leistungshindernisses gehört zur haftungsausfüllenden Kausalität, auf die sich das Verschulden nicht zu erstrecken braucht (vgl allg Rn 24 f vor § 249). **S 2, 1. HS** enthebt in diesem Fall den Gläubiger des Kausalitätsbeweises. **Selbständige** Bedeutung hat **S 2, 1. HS** nur, wenn kein Kausalzusammenhang zwischen Verzug und dem Leistungshindernis besteht (allgM, s MK/Ernst 3). Die **Ausnahme** des **S 2, 2. HS** gestattet dem Schuldner die Berufung auf hypothetisches Schadensereignis (vgl allg Rn 42 ff vor § 249) beim Gläubiger. Bsp: Das Schiff, mit dem die Sache bei rechtzeitiger Versendung befördert worden wäre, ist gesunken. **b) Anwen-** 3
dungsbereich ist auf die **Leistung** beschränkt, **S 2** gilt nicht zB für Abnahmeverzug (RG 57, 406) und die Pflichten aus § 241 II (BT-Drs 14/6040 S 148; ErmHager 4). **c) Voraussetzungen:** Vollständiger oder teilw vom Schuldner nicht zu vertre- 4 tender **Wegfall der Leistungspflicht** gem § 275 I–III während des Verzugs (ursächlicher Zusammenhang mit Verzug nicht erforderlich, Rn 2) und weitergehend alle sonstigen **Störungen der Leistung,** wie vorübergehendes Leistungshindernis oder das Entstehen eines Sach- oder Rechtsmangels (arg „wegen der Leistung"; BT-Drs 14/6040 S 148; zB Beschädigung der Sache). Führt die Leistungsstörung nicht zur Befreiung des Schuldners, bleibt es bei den Verzugsfolgen

§ 288 Verzugszinsen

(1) ¹Eine Geldschuld ist während des Verzugs zu verzinsen. ²Der Verzugszinssatz beträgt für das Jahr fünf Prozentpunkte über dem Basiszinssatz.

(2) Bei Rechtsgeschäften, an denen ein Verbraucher nicht beteiligt ist, beträgt der Zinssatz für Entgeltforderungen acht Prozentpunkte über dem Basiszinssatz.

(3) **Der Gläubiger kann aus einem anderen Rechtsgrund höhere Zinsen verlangen.**

(4) **Die Geltendmachung eines weiteren Schadens ist nicht ausgeschlossen.**

1   **1. Allgemeines. a) Zweck.** Der Gläubiger einer Geldschuld (Rn 4; §§ 244, 245 Rn 6 ff) hat nach **I** als Verzugsfolge Anspruch auf Verzugszinsen iHv 5 Prozentpunkten über dem Basiszinssatz (§ 247 I), um den Schuldner zur alsbaldigen Erfüllung anzuhalten und um die aus der Pflichtverletzung des Schuldners typischerweise entstehende Vorteile abzuschöpfen (BT-Drs 14/1246 S 10 f). Der höhere Zinssatz des **II** beruht auf der RiLi 2000/35/EG (§ 286 Rn 1) und hat im unternehmerischen
2   Rechtsverkehr generalpräventiven Abschreckungscharakter. **b)** Der Zinssatz der **I**, **II** steht dem Gläubiger als Ersatz seines **obj Mindestschaden** zu. Gleichgültig ist, ob er tatsächlich einen entsprechenden Schaden erlitten hat (BAG DB 01, 2196). Die Regelung lässt keinen Gegenbeweis zu, dass dem Gläubiger tatsächlich ein niedriger Schaden entstanden ist (Ausnahme: § 497 I 2 für den **Verbraucherdarle-**
3   **hensvertrag**, s Rn 10). **c)** Eine **Sonderregelung** trifft § 503 I, II (idF des VerbrKrRiLi-UG für Immobiliardarlehensverträge.

4   **2. Verzugszinsen aus I. a)** Die Zinspflicht des **I** besteht bei **Geldschulden** (§§ 244, 245 Rn 6 ff) jeder Art, auch für Kostenvorschusspflicht zur Mängelbeseitigung (§ 637 III; VOB/B 13 Nr 5; BGH 77, 62; 94, 332), Schadensersatz-, Bereicherungs-, Rückforderungsansprüche (§ 346) sowie die Unterhaltsschuld (BGH NJW 08, 2712 mN; sa § 291 Rn 2); ebenso bei dem auf Geld gerichteten Herausgabeanspruch nach § 667 2. Var (BGH NJW 05, 3710). Mit erfasst ist der im Rechnungsbetrag der Vergütungsforderung mit enthaltene Mehrwertsteueranteil (Delcker NJW 86, 2936); bei Gehaltsansprüchen ist der Bruttobetrag maßgebend (BAG NJW 01, 3570; aA Löwisch RdA 02, 182; sa § 291 Rn 6). **I** gilt **nicht** bei Schenkung (§ 522), Erbbauzins (§ 289 Rn 1), Darlehenszinsen (vgl aber § 289 S 2) und allg bei der **Zinsschuld** (§ 289 Rn 1); zu öffentl-rechtlichen Ansprüchen vgl § 286 Rn 4). Bei Betriebskostenguthaben des Mieters entsteht eine Geldschuld erst mit der (uU auch verspäteten) Betriebskostenabrechnung durch den Vermieter (BGH NJW 13, 859).
5   **b)** Die **Zinshöhe** ist nach Maßgabe des Basiszinssatzes variabel (§ 247 Rn 2). Der Klageantrag lautet „Zinsen in Höhe von 5%-Punkten über dem jeweiligen Basiszinssatz seit dem …"; die Formulierung in Klagantrag (und Titel) „5% Zinsen über dem Basiszinssatz" ist idR im Sinne von I auszulegen (Hamm NJW 06, 2238 mN).

6   **3. Verzugszinsen aus II.** Erfasst sind nur **Entgeltforderungen** (zum Begriff § 286 Rn 32) aus Rechtsgeschäften, an denen kein Verbraucher (§ 13) beteiligt ist. Abschlagszahlungen genügen; einer synallagmatischen Verknüpfung bedarf es nicht (BGH NJW 10, 3227) Bsp: Kaufpreis, Werklohn, Mietzins und Nutzungsentschädigung gem. § 546a (Köln ZMR 06, 773); Anspruch auf Mietgarantiezahlungen (BGH NJW 10, 1872); Ausgleichsanspruch des Handelsvertreters (HGB 89b; BGH NJW 10, 3226 mN; München MDR 09, 339; aA Schnabl NJW 09, 95; KG GWR 09, 446). Gewollt ist damit eine Einschränkung des Anwendungsbereich des II auf den

Titel 1. Verpflichtung zur Leistung § 288

Geschäftsverkehr zwischen Unternehmern (§ 14) unter Einschluss jur Personen des öffentl Rechts oder öffentl-rechtl Sondervermögen (RiLi 2000/35/EG Art 2 Nr 1). Geboten ist daher eine teleologische Reduktion: Nicht von II erfasst sind rückständige Ansprüche des AN (BAG ZIP 05, 876 mN zur hM) oder Rechtsgeschäfte unter Beteiligung von nicht unternehmerisch tätigen Idealvereinen (BT-Drs 14/ 6040 S 149; aA AnwKomBGB/Schulte-Nölke 7). Eine ungenaue Bezeichnung im Urteil („8 % Zinsen über Basiszinssatz") ist unschädlich (BGH WM 13, 509).

Andere Geldforderungen aus dem Schuldverhältnis fallen unter die Verzinsungspflicht des I. Bsp: Kostenvorschüsse (§ 637 III), Vertragsstrafe (Hamburg ZGS 04, 237), Schadensersatz, Anspruch auf Versicherungsleistung, Darlehensforderung (§ 488 I 2); Abfindungsanpruch ausscheidender Gesellschafter (Karlsruhe ZIP 05, 1599). Wegen der einschneidenden Rechtsfolge ist II eng auszulegen: Wandelt sich ein Entgeltanspruch gem § 281 IV in einen Schadensersatzanspruch statt der Leistung um, kann der Gläubiger die Zinsdifferenz zwischen II und I auch nicht als weiteren Schaden (IV) ersetzt verlangen. Bei Gesamtschuldnern gilt ggf gespaltener Zinssatz (§ 425 I). 7

4. Höhere Zinsen (III). Solche können sich nur aus einer **Individualabrede** 8 (BGH 104, 339; NJW 00, 1408) ergeben, insbes kann die Fortzahlung eines Vertragszinses in AGB und im Verbrauchervertrag nicht vereinbart werden (BGH 104, 339 f; 115, 269; s §§ 307 II Nr 1, 309 Nr 5a und 6; 310 III Nr 2; 497, 506 S 1), ebenso wenig wie die eines (verzugsbedingt) überhöhten Überziehungszinses (Düsseldorf NJW 91, 2431; sa BGH 118, 126). Bei vertraglicher Zinsvereinbarung entspr I muss bei Grundschulden kein Höchstzinssatz angegeben werden (BGH DNotZ 06, 526). Andere **ges Zinssätze** (vgl § 676b I 2, HGB 352) stimmen mit **I 2** überein oder sind niedriger (WG 48 I Nr 2, 49 Nr 2, ScheckG 45 Nr 2, 46 Nr 2).

5. Zinsschaden (IV). Einen über **I 2** (Rn 5 f) hinausgehenden Zinssatz kann der 9 Gläubiger unter dem Gesichtspunkt des **Verzugsschadens** (Anspruchsgrundlage: § 280 I, II iVm § 286) geltend machen (Mankowski WM 09, 921). Mit der Neuregelung des ges Verzugszinses in I ist die Bedeutung des **IV** gering. **Schranken** bestehen beim **Verbraucherkredit** (Rn 11). Zinsschaden kann bestehen **a)** im Verlust von Anlagezinsen (vgl BGH 104, 344 f; iE Kindler WM 97, 2017) und **b)** in der Aufwendung von Kreditzinsen (vgl BGH 121, 213). §§ 249 ff, insbes § 252 gelten. Grundsätzlich hat der Gläubiger seinen Zinsschaden darzulegen und ggf nachzuweisen (sog konkrete Schadensberechnung, vgl zB BGH NJW 83, 1423), doch ergeben sich Erleichterungen aus der allg Lebenserfahrung (Anlage von Großbeträgen) und ZPO 287 (BGH 80, 279). Im **Fall b** ist zur Kausalität zwischen Verzug und Schaden (§ 280 Rn 50) verzugsbedingte Kreditaufnahme nicht erforderlich (BGH NJW 84, 372 mN); es genügt, dass der Gläubiger im Zeitpunkt des Verzugbeginns Bankkredit in einer den rückständigen Betrag übersteigenden Höhe in Anspruch genommen hat (BGH NJW-RR 91, 794 [für Kaufleute]). IÜ können dem Gläubiger die Erleichterungen des Anscheinsbeweises zu Hilfe kommen (so wohl BGH 80, 279; NJW 83, 1423, str; aA bei Privatgläubiger LG Koblenz NJW-RR 91, 172). Bei Verzug des Kreditschuldners kann die **Bank** den Schaden abstrakt als institutsspezifischen Durchschnittszinssatz unter Zugrundelegung der zurzeit des Verzuges marktüblichen Wiederanlagezinsen berechnen (BGH 104, 344 ff; 115, 271; NJW 92, 1621; 93, 1261; dazu Bruchner ZHR 153, 101 ff; sa Rn 11). Den *Vertragszins* kann sie bei Fehlen einer Vereinbarung (vgl Rn 9) nur beim vom Darlehensnehmer verschuldeter vorzeitiger Fälligkeit der Schuld entspr §§ 314 II, 628 II verlangen, jedoch zeitlich begrenzt durch die ursprüngliche vertragliche Laufzeit bzw den nächsten Kündigungstermin nach § 489 (BGH 104, 342 f; NJW 88, 1971; krit Nassall WM 89, 705, dazu abl BGH 115, 269). Da auf Verzugszinsen keine **Mehrwertsteuer** zu entrichten ist (EuGH NJW 83, 505), scheidet diese als weiterer Verzugsschaden aus (BGH 88, 230; 90, 206; sa § 280 Rn 55). **Prozessuales:** Die hM lässt im **Fall b** die Verurteilung zu „Zukunftszinsen" zu (krit Gottwald MDR

§§ 289, 290 Buch 2. Abschnitt 1. Inhalt der Schuldverhältnisse

96, 980 mN); Geltendmachung gesunkenen Zinsniveaus über ZPO 323 (BGH 100, 213, str; nach aA: ZPO 767).

10 **6. Verbraucherkreditvertrag.** Beim Verbraucherdarlehensvertrag (§§ 491 ff) kann der Kreditgeber beim Zahlungsverzug ohne Schadensnachweis die Verzinsung nach **I** des „geschuldeten Betrags" (Hauptleistung, vor Eintritt des Verzugs angefallene Zinsen, Kosten der Rechtsverfolgung, sonstige Kosten) gem Rn 4 f geltend machen (§ 497 I 1; dazu iE Ungewitter JZ 94, 701); dies gilt im Anwendungsbereich des Verbraucherdarlehens (bei Immobiliardarlehensverträgen s § 503) auch für (vor dem 1.1.1991 geschlossene) Altkredite durch Banken (BGH 115, 272 ff; NJW 92, 1621). Weitergehender Schaden muss insgesamt konkret („im Einzelfall") berechnet werden (§ 497 I 2), die sonst mögliche abstrakte Schadensberechnung und zeitweilige Fortentrichtung höherer Vertragszinses (Rn 9) sind ausgeschlossen (vgl LG Stuttgart NJW 93, 209). Wegen der idR gegebenen Refinanzierungsmöglichkeit wird nur selten eine verzugsbedingt unterbliebene Neuvergabe (Anlagemöglichkeit) nachgewiesen werden können. Die Möglichkeit des Nachweises eines niedrigeren Schadens durch den Verbraucher ist praktisch bedeutungslos. Weitergehende Schranken bestehen für Zinsschaden bei Verzugszinsen (§ 289 Rn 2).

§ 289 Zinseszinsverbot

¹Von Zinsen sind Verzugszinsen nicht zu entrichten. ²Das Recht des Gläubigers auf Ersatz des durch den Verzug entstehenden Schadens bleibt unberührt.

1 **1. Anwendungsbereich.** Bei der **Zinsschuld** (§ 246 Rn 5 ff) gilt **§ 288 I 1 nicht** (**S 1**, Erweiterung von § 248 I; entspr anwendbar auf dingliche Erbbauzinsen [ErbbauRG 9 I, 1107 BGB], nicht auf die nur schuldrechtlich vereinbarten, BGH NJW-RR 92, 592 mN; NJW 90, 2380 str; Ausnahme: HGB 355); dagegen besteht gem **S 2** der Anspruch auf Ersatz des nachweislich entstandenen weiteren **Verzugsschadens** gem § 288 IV (dort Rn 9; iE BGH NJW 93, 1260 mN; teilw abw Reifner NJW 92, 342 f). Hinsichtlich der Zinsforderung müssen aber die Verzugsvoraussetzungen (§ 286 I–III) selbstständig vorliegen (BGH NJW 93, 1261). Bsp: Verzinsliche Anlage von Zinsen (vgl BGH NJW-RR 86, 207 mN); da die abstrakte Berechnung des Zinsschadens in Höhe eines Durchschnittszinssatzes zugelassen wird (§ 288 Rn 9) und die Einstellung in ein Kontokorrent (HGB 355) nicht verboten ist, läuft das Verbot gem **S 1** in der Bankpraxis weitgehend leer (vgl BGH NJW 93, 1261 mN).

2 **2. Sonderregeln.** Beim **Verbraucherdarlehensvertrag** (§§ 491 ff) ist **S 2** dahingehend eingeschränkt, dass Zinsschaden nur bis zur Höhe von **4%** geltend gemacht werden kann (§ 497 II 2 iVm § 246). Ein für Verzugszinsen (§ 497 I) bestehendes Saldierungsverbot (§ 497 II 1) schützt gegen Umgehung von **S 1** und sichert die abw Tilgungsanrechnung gem § 497 III.

§ 290 Verzinsung des Wertersatzes

¹Ist der Schuldner zum Ersatz des Wertes eines Gegenstands verpflichtet, der während des Verzugs untergegangen ist oder aus einem während des Verzugs eingetretenen Grund nicht herausgegeben werden kann, so kann der Gläubiger Zinsen des zu ersetzenden Betrags von dem Zeitpunkt an verlangen, welcher der Bestimmung des Wertes zugrunde gelegt wird. ²Das Gleiche gilt, wenn der Schuldner zum Ersatz der Minderung des Wertes eines während des Verzugs verschlechterten Gegenstands verpflichtet ist

1 Sondervorschrift für die Verzinsung (wie § 288) der **Wertersatzschuld** bei Untergang **(S 1)** oder Verschlechterung **(S 2)** eines Gegenstands während des Herausgabeverzugs; vgl § 280 Rn 49, § 287 Rn 2 ff.

Titel 1. Verpflichtung zur Leistung §§ 291, 292

§ 291 Prozesszinsen

¹Eine Geldschuld hat der Schuldner von dem Eintritte der Rechtshängigkeit an zu verzinsen, auch wenn er nicht im Verzug ist; wird die Schuld erst später fällig, so ist sie von der Fälligkeit an zu verzinsen. ²Die Vorschriften des § 288 Abs. 1 Satz 2, Abs. 2, Abs. 3 und des § 289 Satz 1 finden entsprechende Anwendung.

1. Allgemeines. Die praktische **Bedeutung** der selbstständigen Anspruchsgrundlage ist beschränkt, da wegen § 286 I 2 idR (spätestens) mit Rechtshängigkeit (Rn 4) auch Verzug eingetreten ist (dann § 288). Selbstständige Bedeutung hat S 1 in den Fällen des § 286 IV (zB bei entschuldbarer Unkenntnis vom Bestehen der Schuld, vgl § 286 Rn 40) und bei der Klage auf künftige Leistung (S 1, 2. HS; Rn 3 ff und § 286 Rn 21). Bei der Insolvenzanfechtung kommt die Vorschrift auf Grund des Verweises in InsO 143 I 2 auf § 819 I zum Zuge (BGH 171, 43: Verzinsung ab Insolvenzeröffnung; Köln WM 07, 2153; Hamm ZIP 07, 243). Auf **öffentlrechtliche** Geldansprüche ist S 1 idR **entspr** anwendbar (BVerwG NJW 95, 3135 mN und § 286 Rn 4). 1

2. Voraussetzungen:. **a) Geldschuld** (§§ 244, 245 Rn 6 ff), umfasst auch Unterhaltsschuld (BGH NJW-RR 87, 386; PalGrüneberg 3), desgl Rückgewähransprüche (§§ 346, 357, 437 Nr 2); Bezifferung ist nicht notwendig (BGH NJW 65, 531 für Schmerzensgeldanspruch); **b)** Geltendmachung durch **Leistungsklage** (ZPO 253), Hilfsantrag genügt (BGH NJW-RR 90, 519); ebenso Stufenklage (BGH 80, 277); bei Klage auf künftige Leistung vgl Rn 5; nicht: Feststellungsklage, BGH 93, 186 f, str) oder **Mahnantrag** (ZPO 690); **c)** Eintritt der **Rechtshängigkeit** (ZPO 253, 261 I, II; 696 III, 700 II), bloße Anhängigkeit (vgl ZPO 693) genügt nicht; **d) Fälligkeit** und **Durchsetzbarkeit** des Anspruchs. Bei späterem Eintritt der Fälligkeit besteht Verzinsungspflicht erst von da an **(S 1, 2. HS)**; Bsp: Zeitpunkt des Eintritts des (späteren) Gewinnentgangs bei Anspruch gem §§ 249, 252 (BGH 115, 309). Bestehen eines (geltend gemachten [BGH NJW-RR 05, 171 mN]) Zurückbehaltungsrechts (§ 273) oder der Einrede des nichterfüllten Vertrags (§ 320) steht mangelnder Fälligkeit der Forderung gleich (BGH 55, 198; MDR 05, 322; sa Böttcher MDR 08, 480). Gleiches gilt, wenn Schadensersatz nach allgemeinen Prinzipien nur Zug-um-Zug gegen Vorteilsausgleichung zu zahlen ist (BGH NJW-RR 05, 171), enthält Klagantrag schon entspr Einschränkung wird Anspruch mit Klagerhebung fällig. 2 3 4 5

3. Rechtsfolge. Anspruch auf **Prozesszinsen;** Höhe: idR 5%-Punkte über dem Basiszinssatz (S 2 iVm § 288 I 2; § 497 I 1), bei gewerblichen Entgeltforderungen 8%-Punkte über dem Basiszinssatz (S 2 iVm § 288 II), uU aus anderem Rechtsgrund geschuldete höhere Zinsen (S 2 iVm § 288 III und dort Rn 8); keine Zinseszinsen (S 2), auch nicht als Schaden (Nichtzeit von § 289 S 2, s BGH NJW 93, 1261); liegt auch Verzug (§ 286) vor, mehrfach begründeter einheitlicher Anspruch (Geltendmachung nebeneinander nicht möglich, RG 92, 285). Bei Verurteilung zu Bruttobetrag sind Zinsen aus diesem geschuldet (BAG NJW 01, 3570; s ferner § 288 Rn 4). 6

§ 292 Haftung bei Herausgabepflicht

(1) Hat der Schuldner einen bestimmten Gegenstand herauszugeben, so bestimmt sich von dem Eintritt der Rechtshängigkeit an der Anspruch des Gläubigers auf Schadensersatz wegen Verschlechterung, Untergangs oder einer aus einem anderen Grunde eintretenden Unmöglichkeit der Herausgabe nach den Vorschriften, welche für das Verhältnis zwischen dem Eigentümer und dem Besitzer von dem Eintritt der Rechtshängigkeit des Eigentumsanspruchs an gelten, soweit nicht aus dem Schuldverhältnis oder dem Verzug des Schuldners sich zugunsten des Gläubigers ein anderes ergibt.

§ 293

(2) Das Gleiche gilt von dem Anspruch des Gläubigers auf Herausgabe oder Vergütung von Nutzungen und von dem Anspruch des Schuldners auf Ersatz von Verwendungen.

1 **1. Allgemeines.** Begründet **Mindesthaftung** des verklagten **Herausgabeschuldners**. Eine bestehende weitergehende Haftung wegen Verzugs (§ 287) oder nach der Art des Schuldverhältnisses (zB § 848; auch § 819 I: ab Zeitpunkt der Kenntniserlangung) bleibt unberührt (**I** aE). Da bei Klageerhebung (wie bei § 291) idR bereits Verzug vorliegt (Ausnahmen: § 291 Rn 1), ist die praktische Bedeutung gering. Bedeutsam aber als **Verweisungsnorm**, zB im Fall des § 818 IV.

2 **2. Voraussetzungen. a)** Schuldrechtlicher Herausgabeanspruch (zum dinglichen Rn 3 f). **Herausgabe** umfasst auch Verpflichtung zur Rückgabe (zB § 604; §§ 546, 546a, BGH NJW-RR 09, 1522), zur Rückauflassung gem § 883 II (BGH 144, 325) oder zur Übergabe (§ 433 I 1) einer **bestimmten** Sache (nicht: Gattungssache), **Gegenstand** auch Vermögensrechte (vgl Rn 1 vor § 90). **b) Eintritt der Rechtshängigkeit:** wie § 291 Rn 4 außer ZPO 696 III, 700 II.

3 **3. Rechtsfolgen.** Die (beim dinglichen Herausgabeanspruch unmittelbar anwendbaren) Vorschriften über das Eigentümer-Besitzer-Verhältnis nach Rechtshängigkeit gelten kraft ausdr Verweisung (**I**). Dies bedeutet ie: **a) Haftung des Schuldners für jedes Verschulden,** durch das die geschuldete Sache verschlechtert wird, untergeht oder aus einem sonstigen Grund nicht herausgegeben werden **4** kann (I, § 989); **b) Haftung des Schuldners** für gezogene und schuldhaft nicht gezogene Nutzungen (II, 987); **c)** Beschränkung des **Verwendungsersatzanspruchs** des Schuldners (§§ 994 II, 995; 683, 684; nur notwendige Verwendungen, diese nur unter den Voraussetzungen der GoA); § 1000 ist anwendbar.

Titel 2. Verzug des Gläubigers

§ 293 Annahmeverzug

Der Gläubiger kommt in Verzug, wenn er die ihm angebotene Leistung nicht annimmt.

Lit: Grunewald, Der Umfang der Haftungsmilderung für den Schuldner im Annahmeverzug des Gläubigers, FS Canaris 2007, S 329; Hüffer, Leistungsstörungen durch Gläubigerhandeln, 1976; Kreuzer/Stehle, Grundprobleme des Gläubigerverzugs, JA 84, 69.

1 **1. Allgemeines. a) Begriff. Gläubiger-** (Annahme-)**verzug** ist die Verzögerung der Erfüllung einer (noch möglichen) Leistung, die darauf beruht, dass der Gläubiger eine seinerseits erforderliche Mitwirkung, insbes die Annahme der Leis**2** tung, unterlässt. **b) Rechtsnatur:** Gläubigerverzug ist als solcher **keine Verletzung einer** (Leistungs-)**Pflicht** (§ 241 Rn 9 ff), denn der Gläubiger ist zur Annahme der Leistung nur berechtigt, nicht verpflichtet (BGH NJW-RR 88, 1266); Entgegennahme der Leistung und Vornahme der Mitwirkungshandlung sind bloße Gläubiger**obliegenheiten** (Larenz, SchR I, § 25 I; hM; krit Hüffer aaO S 224). Wichtige Ausnahmen: Echte Abnahmepflichten bei bestimmten Schuldverhältnissen (Rn 9), **3** echte Mitwirkungspflichten gem § 242 (Rn 10). **c) Anwendungsbereich:** Alle Leistungspflichten, zu deren Erfüllung Mitwirkung des Gläubigers erforderlich ist; **nicht:** Pflichten auf Unterlassung, Abgabe von Willenserklärungen, uU Neben- und Sorgfaltspflichten.

4 **2. Überblick. a) Voraussetzungen** des Annahmeverzugs im allg (§§ 293–299): **aa) Leistungsvermögen des Schuldners** (§ 297; Rn 8). **bb) Ordnungsgemäßes Angebot** der Leistung durch den Schuldner (§§ 294–296). **cc) Nichtannahme der Leistung** oder Unterlassen der erforderlichen Mitwirkung auf Seiten des Gläubigers

Titel 2. Verzug des Gläubigers §293

(§§ 293, 295, 296, 298). **dd) Keine** Voraussetzung des Gläubigerverzugs ist, dass der Gläubiger oder seine Hilfsperson die Nichtannahme oder die Nichtmitwirkung **zu vertreten** (verschuldet) hat, fehlendes Verschulden schließt Annahmeverzug nicht aus (BGH NJW-RR 94, 1470; § 299 Rn 1). Daher ist auch ein Rechtsirrtum bei Zurückweisung der Leistung irrelevant (BGH NJW-RR 11, 22). Grund: Keine Pflichtverletzung des Gläubigers (Rn 2). **ee)** Der **Annahmeverzug endet** mit 5 Wegfall seiner Voraussetzungen, insbes mit der Erklärung des Gläubigers, die Leistung des Schuldners als die vertraglich geschuldete anzunehmen (konkludent genügt: BGH NJW-RR 04, 1462); Annahmebereitschaft unter Vorbehalt oder unter Bedingungen genügt nicht (BAG NJW 86, 2847 f mN; s auch § 304 Rn 1). War der Annahmeverzug **ohne** ein Leistungsangebot des AN eingetreten (vgl § 296 Rn 3), ist zu seiner Beendigung eine Arbeitsaufforderung des AG erforderlich (BAG 90, 314). **b) Rechtsfolgen. aa) Allgemeines.** Der Gläubigerverzug gibt dem Schuld- 6 ner weder einen Schadensersatzanspruch (vgl aber § 304) noch ein Recht zur Vertragsauflösung. Grund: Rn 2. Abw gilt nur bei Sondervorschriften (Anm 7 [c]). Die Rechtsfolgen sind in §§ 300–304 nur zT enthalten. Außerhalb von Titel 2 geregelt ist das **Recht zur Hinterlegung** (§§ 372 ff) und zur **Versteigerung** (zum Selbsthilfeverkauf) nicht hinterlegungsfähiger Gegenstände (§§ 383 ff; HGB 373), ferner die Durchsetzung der Gegenleistung bei gegenseitigen Verträgen (§§ 320, 322 II; 274 II). Weitere Rechtsfolgen: **bb)** Haftungserleichterung für den Schuldner 7 (§ 300 I); **cc)** Übergang der Leistungs- (§ 300 II) und der Preisgefahr (§ 326 II 1) auf den Gläubiger; **dd)** Wegfall der Verzinsungspflicht (§ 301) und Beschränkung auf Herausgabe von tatsächlich gezogenen Nutzungen (§ 302); **ee)** Recht zur Besitzaufgabe (§ 303); **ff)** Aufwendungsersatz (§ 304 – einzige Anspruchsgrundlage); **gg)** bei Annahmeverzug des Bestellers ist eine Fristsetzung seinerseits zur Mängelbeseitigung großzügiger zu bestimmen, da ständige Bereitschaft des Unternehmes für Restwerkleistung nicht erwartet werden kann (BGH NJW 07, 2762). **c) Sondervorschriften:** §§ 264 II, 615 (zu Ansprüchen des Arztes gegen säumige Patienten, Muthors ZGS 09, 409), 642, 643, 644; HGB 373; KSchG 11; ZPO 726 II, 756, 765, 894 I 2. **d) Prozessuales.** Das Vorliegen des Annahmeverzuges kann gem ZPO 256 festgestellt werden (BGH NJW 00, 2281; vgl demgegenüber § 286 Rn 8).

3. Abgrenzung. a) Unmöglichkeit der Leistung (§ 275 I) und geltend 8 gemachte Leistungshindernisse gem § 275 II, III schließen Annahmeverzug aus (BAG NJW 87, 2838; 92, 933; arg § 297, s dort). Für die Abgrenzung (wichtig wegen der unterschiedlichen Rechtsfolgen für die Gegenleistung) ist entscheidend, ob die Leistung noch **nachholbar** ist; darauf, aus welcher „Sphäre" (Gläubiger, Schuldner, neutraler Bereich) das Leistungshindernis stammt, kommt es nicht an. **Annahmeverzug** liegt daher (nur) dann vor, wenn der Gläubiger zur Annahme nicht bereit oder vorübergehend daran (oder an der Mitwirkung) verhindert ist, dagegen Unmöglichkeit immer dann, wenn der Annahme der Leistung ein **dauerndes Mitwirkungshindernis** entgegensteht (neuere Ansicht, vgl Rückert ZfA 83, 8 mN; BGH 60, 17; MK/Ernst 8; ErmHager 5; aA die früher hM, vgl BGH 24, 96). Bsp: Unmöglichkeit liegt vor bei Nichtdurchführbarkeit einer Reise wegen des Gesundheitszustands des Bestellers (BGH 60, 17); bei Unausführbarkeit langfristiger Unternehmensberatung nach Einstellung des zu beratenden Betriebs (aA BGH 24, 96); bei witterungsbedingter Nichterbringbarkeit der Dienstleistung (BAG 41, 132; sa § 275 III und dort Rn 30; ferner § 615 S 3). Mit dem Unmöglichwerden der Leistung **endet** der Annahmeverzug (vgl § 326 II 1). **b) Schuldner-(Leistungs-)** 9 **verzug** kann mit Annahmeverzug in der Person des Gläubigers **zusammentreffen**, wenn die Annahme („Abnahme") der Leistung (Vornahme der Mitwirkungshandlung) ausnahmsweise (Rn 2) eine echte **Rechts-** und damit **Schuldnerpflicht** darstellt. Ges Fälle: §§ 433 II, 640 I, HGB 375; Beschäftigungspflicht des AG (BAG NJW 86, 1832). Bsp für vereinbarte Mitwirkungspflicht: Kauf auf Abruf (RG 57, 109; BGH NJW 72, 99). Abnahmepflicht gem § 433 II ist idR Nebenpflicht (vgl aber § 433 Rn 29), im Fall der § 640, HGB 375 Hauptpflicht. Rechtsfolgen bei

Verzug (§§ 286) mit Abnahmepflicht: §§ 280 I, II, 286 und §§ 300 ff gelten nebeneinander, bei Hauptpflicht kommt auch §§ 280 III, 281 zur Anwendung. Annahmeverzug des Gläubigers und Leistungsverzug des Schuldners **schließen sich gegenseitig aus** (Gursky AcP 173, 454). Folge: Leistungsverzug endet, sobald Gläubiger in Annahmeverzug gerät; mit dessen Beendigung (BGH NJW 07, 2762, s Rn 5) ist Leistungsverzug wieder möglich. Mahnung kann in der den Annahmeverzug
10 beseitigenden Handlung des Gläubigers liegen. **c) Pflichtverletzung** (§ 280 I) kann mit Annahmeverzug zusammentreffen, wenn der Gläubiger **schuldhaft** (§§ 276, 278) einer ihm obliegenden **Mitwirkungspflicht** (§ 242 Rn 23; § 281 Rn 13) zuwiderhandelt und dadurch die Erreichung des Vertragszweckes ernstlich gefährdet (BGH 11, 80; 50, 178; eingehend Hüffer aaO S 41 ff, 220 ff, 232 ff; Nicklisch BB 79, 543). Hierfür genügt bloße Passivität des Gläubigers idR nicht (dann nur §§ 293 ff), erforderlich ist ein weiteres Verhalten, aus dem sich die Unzuverlässigkeit des Gläubigers ergibt (Bsp: wiederholt falsche Angaben bei der Mitwirkung) oder seine Absicht, sich durch die Annahme-(Mitwirkungs-)verweigerung seinen eigenen Leistungspflichten zu entziehen (Fall der sog Erfüllungsverweigerung, § 280 Rn 17 f, 58). Rechtsfolgen: Schadensersatz gem § 281 und Rücktritt (§ 323 I, II Nr 1).

§ 294 Tatsächliches Angebot

Die Leistung muss dem Gläubiger so, wie sie zu bewirken ist, tatsächlich angeboten werden.

1 **1. Allgemeines.** Präzisierung des bereits in § 293 enthaltenen Erfordernisses des Leistungsangebots in zweierlei Richtung: **a)** Grundsatz des **tatsächlichen** Angebots (Rn 2; Ausnahmen: §§ 295, 296). **b)** Klarstellung, dass nur ein zur Erfüllung taugliches Angebot („so, wie die Leistung zu bewirken ist") ausreicht (**ordnungsgemäßes** Angebot, Rn 3).

2 **2. Tatsächliches Angebot.** Es ist der Beginn der Leistungshandlung des Schuldners („Anleistung"); seiner **Rechtsnatur** nach ist es **Realakt**, §§ 130 ff gelten nicht entspr (Larenz, SchR I, § 25 I a). Der Schuldner muss die ihm obliegenden Leistungshandlungen (§ 241 Rn 7) so weit vornehmen, dass der Gläubiger durch seine Mitwirkung (idR: Annahme) den Leistungserfolg herbeiführen kann (RG 109, 329: Gläubiger braucht „nichts als zuzugreifen und die angebotene Leistung anzunehmen"; ähnlich BGH 90, 359; 116, 249; NJW 96, 924 mN). Bloßes Bereiterklären zur Leistung genügt nicht, andererseits sind weitere Erklärungen (zB Ankündigung) idR (Ausnahme: § 299) nicht erforderlich. **Bsp:** Bei Bring- und Schickschulden (auch beim Versendungskauf, § 447 betrifft nur den Gefahrübergang) genügt Absendung nicht, Andienung am Bestimmungsort ist erforderlich; zur Holschuld vgl § 295 Rn 3. Beim zurückzuübereignenden Grundstück muss ein Notar-Termin mitgeteilt werden (BGH NJW 10, 1289; 97, 581). Beim Dauerschuldverhältnis muss das Leistungsangebot von dem ernstlichen Willen begleitet sein, die angebotene Leistung in dem geschuldeten zeitlichen Umfang zu erbringen (BAG NJW 73, 1949).

3 **3. Ordnungsgemäßes Angebot.** Ein solches setzt voraus: Angebot zur rechten Zeit am rechten Ort (§§ 269–271; auch § 299) von der richtigen Beschaffenheit, in der rechten Weise, vollständig (§ 266) und vorbehaltlos (BAG NJW 86, 864). Für den AN bestimmt sich die zu bewirkende Leistung entweder nach dem Arbeitsvertrag oder bei nur rahmenmäßiger Umschreibung nach dem wirksam ausgeübten Direktionsrecht des AG (BAG NJW 12, 2606; 10, 3112). „Erfüllbarkeit" (§ 271 II) genügt, verspätete Leistung kann aber nur unter den Voraussetzungen der §§ 281 IV, 323 I abgelehnt werden. Gattungsware von nicht vertragsgemäßer Beschaffenheit (vgl § 243 I) kann der Gläubiger (Käufer) auf seine Gefahr ablehnen (RG 106, 297; Frankfurt MDR 84, 585). Eine mangelhafte Sache kann der Käufer zurückweisen und Nacherfüllung verlangen (§§ 437 Nr 1, 439; Celle NJW 09, 315 [auch wenn ausnahmsweise kein Nacherfüllungsanspruch entsteht]; Jud JuS 04, 841 [Ausnahme:

Mangel nicht behebbar oder unerheblich iSv § 326 V]). Der Vermieter darf Rücknahme der Mietsache in verschlechtertem Zustand nicht ablehnen (BGH 86, 209 f); der Mieter muss die mangelhafte Mietsache nicht abnehmen, solange eine Beseitigungspflicht des Vermieters besteht (arg § 536a II Nr 1: „Verzug"). Ein ausreichendes Angebot liegt hingegen mangels Erfüllungstauglichkeit nicht vor, wenn der Urteilsschuldner (wegen Einlegung eines Rechtsmittels) nur unter Vorbehalt der Rückforderung Zahlung anbietet und damit weitere Verzugszinsen zu vermeiden sucht, § 301 (BGH NJW 12, 1717 gegen Karlsruhe WM 11, 855; anderes gilt bei Zahlungsangeboten zur Abwendung der Zwangsvollstreckung).

§ 295 Wörtliches Angebot

¹**Ein wörtliches Angebot des Schuldners genügt, wenn der Gläubiger ihm erklärt hat, dass er die Leistung nicht annehmen werde, oder wenn zur Bewirkung der Leistung eine Handlung des Gläubigers erforderlich ist, insbesondere wenn der Gläubiger die geschuldete Sache abzuholen hat.** ²**Dem Angebot der Leistung steht die Aufforderung an den Gläubiger gleich, die erforderliche Handlung vorzunehmen.**

1. Allgemeines. S 1 enthält Durchbrechung des Erfordernisses eines **tatsächlichen** Angebots (§ 294 Rn 1 [a]) in zwei Ausnahmefällen (Rn 2 und 3). Das dann grundsätzlich **erforderliche** (hM, trotz Wortlaut: „genügt") **wörtliche Angebot** (Rn 4 ff) ist außer den Fällen des § 296 ausnahmsweise auch dann **entbehrlich**, wenn es nur „leere Form" oder „unzumutbar" wäre, weil Gläubiger Annahme beharrlich verweigert (Larenz, SchR I, § 25 I b; str, BGH NJW 01, 288; ErmHager 4 mN zum Arbeitsrecht). Die Unterausnahme des § 296 zum Fall der Rn 3 (s § 296 Rn 1) hat die neuere Rspr zu einer weiteren Fallgruppe der Entbehrlichkeit eines Angebots für den Annahmeverzug ausgebaut (s § 296 Rn 3).

2. Ausnahmefälle. a) Früher erklärte ernstliche Annahmeverweigerung des Gläubigers (S 1, 1. Fall). In Frage kommen insbes Vertragsaufsage und Erfüllungsverweigerung (vgl § 281 II und dort Rn 9), bei der Rückabwicklung die Verweigerung der *selbst* zu erbringenden Leistung (BGH NJW 97, 581), auch unberechtigte fristlose Kündigung durch den Dienstberechtigten (BGH NJW 88, 1201) oder den AG (BAG NJW 92, 933; iE § 296 Rn 3). Erklärt sich der Gläubiger nachträglich zur Annahme bereit, muss der Schuldner nunmehr tatsächlich anbieten (§ 294 Rn 2), andernfalls endet der Annahmeverzug. **b) Unterbleiben einer erforderlichen Mitwirkungshandlung des Gläubigers (S 1, 2. Fall).** Vgl allg zur Gläubigermitwirkung § 293 Rn 2, 9 f. Bsp für Mitwirkungshandlungen: Abholung bei Holschulden (S 1 aE); Abnahme bei Werkvertrag (§ 640 I); Koordination von Bauarbeiten durch Besteller, so dass Baugrundstück für einzelnen Auftragnehmer aufnahmebereit zur Verfügung steht (BGH NJW 00, 1336; 03, 1601); Übernahme der Mieträume; Bereitstellung von Verpackungsmaterial; Bestimmung von Leistung und Leistungsmodalitäten (Spezifikation, HGB 375; Auswahl aus Sortiment: BGH NJW 02, 3542); Abruf; Gläubigerwahl bei § 262; Erteilung von Rechnung; Entgegennahme von Auflassung (vgl BGH 116, 250); auch Zurverfügungstellung von funktionsfähigem Arbeitsplatz und Zuweisung von Arbeit (BAG 65, 102 f; 90, 333; idR Fall von § 296, s dort Rn 3).

3. Wörtliches Angebot. a) Es ist die Mitteilung der Bereitschaft des Schuldners (Dritten nur im Fall der §§ 268, 1150, 1249) an den Gläubiger, die vertragsgemäße Leistung (§ 294 Rn 3) zu erbringen (Fall der Rn 2) oder des Vorliegens der Voraussetzungen für die Vornahme der Mitwirkungshandlung (Fall der Rn 3). Die **Aufforderung** zur Vornahme der Mitwirkungshandlung steht dem wörtlichen Angebot gleich (**S 2**, s BGH NJW 02, 3542). **Zeitlich** muss das Angebot im Fall der Rn 2 der Weigerung **nach**folgen (BGH NJW 88, 1201). **b) Formlos** möglich, auch stillschweigend. Bsp: In der Erhebung der Kündigungsschutzklage gem KSchG 4

liegt zugleich ein Dienstangebot (vgl BAG 46, 238; 65, 104; NJW 92, 933; vorsichtig DB 04, 2107; sa § 296 Rn 3), ebenso in eindeutigem Widerspruch gegen die Kündigung (BGH MDR 86, 751; Koblenz NJW-RR 94, 1059); ferner in Antrag auf Zug-um-Zug-Verurteilung ein Leistungsangebot (BGH NJW 97, 581); bei Werkvertrag genügt es, wenn der Auftragnehmer seine Arbeiter auf der Baustelle erkennbar
6 zur Leistungserbringung verfügbar hält (BGH NJW 03, 1602). c) Angebot und Aufforderung sind zugangsbedürftige geschäftsähnliche Handlungen (§§ 130 ff gelten
7 entspr, BGH ZIP 99, 441; MK/Ernst 2, hM). d) Das Angebot ist nur wirksam, wenn die Leistungsbereitschaft tatsächlich vorliegt (§ 297; vgl BGH NJW 03, 1601; BAG 65, 103; DB 04, 2107), auch wenn die Leistungsfähigkeit (zunächst) noch fehlt (BAG NJW 92, 933; dazu Stephan NZA 92, 585); Aussonderung bei Gattungsschuld nicht erforderlich (BGH WM 75, 920; StLöwisch/Feldmann 17) Das Angebot darf keine (unberechtigten) Vorbehalte und Bedingungen enthalten (BGH NJW 86, 987; sa § 294 Rn 3). Im Fall der Rn 3 muss der Schuldner entspr Leistungsvorbereitungshandlungen erbracht haben, im Fall der Rn 2 genügt bei Lieferverträgen, dass sich der Schuldner die Ware jederzeit beschaffen kann (RG 50, 260; BGH MDR 58, 335); bei Gattungsschulden ist eine Aussonderung (vgl § 243 II) nicht erforderlich (allgM; anders für Gefahrübergang nach § 300 II, vgl dort Rn 5 [bb]).

§ 296 Entbehrlichkeit des Angebots

¹Ist für die von dem Gläubiger vorzunehmende Handlung eine Zeit nach dem Kalender bestimmt, so bedarf es des Angebots nur, wenn der Gläubiger die Handlung rechtzeitig vornimmt. ²Das Gleiche gilt, wenn der Handlung ein Ereignis vorauszugehen hat und eine angemessene Zeit für die Handlung in der Weise bestimmt ist, dass sie sich von dem Ereignis an nach dem Kalender berechnen lässt.

1 **1. Allgemeines.** Ausnahme vom Fall des § 295 Rn 3 bei **termingebundener Mitwirkungshandlung des Gläubigers** (s § 295 Rn 1).

2 **2. Fälle. a)** Kalendermäßige Bestimmtheit **(S 1)** und Berechenbarkeit **(S 2)**, entspricht dem geänderten § 286 II Nr 1, 2 (dort Rn 27 f). Bsp: Erscheinen zum Übergabe- (BGH NJW-RR 91, 268) oder Beurkundungstermin (BGH 116, 250); Nichterscheinen des Patienten zu fest vereinbartem Behandlungstermin (str, s § 615, AG Mehldorf NJW-RR 03, 102) AG Ludwigsburg NJW-RR 03, 1695; Muthorst ZGS 09, 409 mN; aA AG Stuttgart NJW-RR 07, 1214); Stellung von Geräten; Zuweisung von Diensten (Rn 3). Die übrigen Voraussetzungen außer dem Angebot (der
3 Aufforderung), namentlich die gem § 295 Rn 7, müssen vorliegen. **b) Arbeits- und Beschäftigungsverhältnisse.** AG muss als Mitwirkungshandlung iSv S 1 („nach dem Kalender bestimmt") Arbeitsplatz zur Verfügung stellen (hM, BAG MDR 06, 877; NZA 01, 288 mN), ggf Arbeitseinsatz konkretisieren (BAG NJW 01, 92; LAG Schleswig-Holstein MDR 04, 516), um Annahmeverzug zu vermeiden. Ruft der AG eine konkrete festgelegte Arbeitsleistung vertragswidrig nicht ab, bedarf es keines Angebots seitens des AN (BAG NJW 11, 1693). Hat der AN einer unwirksamen Kündigung widersprochen (zB durch Klage gem KSchG 4), kommt der AG ohne Rücksicht auf ein (weiteres) Angebot des AN in Annahmeverzug, wenn er nicht seinerseits den AN zur geschuldeten Leistung auffordert (BAG 46, 244; 65, 100; 90, 333; PalGrüneberg 2); entspr gilt bei Abberufung als Geschäftsführer einer GmbH (BGH NJW 01, 287); sa § 293 Rn 5; § 297 Rn 1. Ohne Kündigung gilt § 294, nicht § 295 (s BAG MDR 94, 77). **c) Weitere** Ausnahme: § 295 Rn 1.

§ 297 Unvermögen des Schuldners

Der Gläubiger kommt nicht in Verzug, wenn der Schuldner zur Zeit des Angebots oder im Falle des § 296 zu der für die Handlung des Gläubigers bestimmten Zeit außerstande ist, die Leistung zu bewirken.

Titel 2. Verzug des Gläubigers §§ 298–300

Klarstellung, dass Leistungsvermögen und -bereitschaft des Schuldners zum 1
maßgeblichen Zeitpunkt (Vornahme des tatsächlichen, Erklärung des wörtlichen
Angebots bei §§ 294, 295; Termin der Gläubigerhandlung bei § 296) Voraussetzung
des Annahmeverzugs sind (vgl BAG NJW 12, 2605; 12, 2905 [keine Reaktion des
AN binnen Wochenfrist des KSchG 12]; BAG 65, 101; iE § 293 Rn 4 f und 8;
§ 294 Rn 2 aE; § 295 Rn 7). Der AN ist leistungsunfähig, wenn er aus in seiner
Person liegenden Gründen die vereinbarte Tätigkeit nicht ausführen kann (zB
gesundheitliche oder rechtliche Gründe [eindeutiges ges Beschäftigungsverbot, BAG
NJW 09, 2907). Leistungsunwilligkeit liegt auch bei Beteiligung an Streik vor (BAG
NJW 12, 3676 [auch wenn AN – unwirksam - außerordentlich gekündigt war]).
War im Fall von § 296 Rn 3 der AN zZ der Kündigung (zB krankheitsbedingt)
arbeitsunfähig, tritt Annahmeverzug erst mit Wiedergenesung (dann unabhängig
von entspr Anzeige des AN) ein (BAG 65, 100 ff; NJW 92, 933; 93, 2638, neuere
Rspr, str; sa § 615 Rn 2 ff); desgl gerät der AG nicht in Annahmeverzug, wenn
(solange) der AN von der Arbeitspflicht befreit ist (BAG NJW 01, 1964). Aus der
Fassung folgt, dass der Gläubiger die **Beweislast** für das Leistungsunvermögen und
die fehlende Leistungsbereitschaft des Schuldners trägt (NJW 12, 2605 mNw), doch
steht dem Gläubiger ein Untersuchungsrecht zu (sa BAG NJW 68, 2316).

§ 298 Zug-um-Zug-Leistungen

Ist der Schuldner nur gegen eine Leistung des Gläubigers zu leisten verpflichtet, so kommt der Gläubiger in Verzug, wenn er zwar die angebotene Leistung anzunehmen bereit ist, die verlangte Gegenleistung aber nicht anbietet.

Ergänzung von § 294 für **Zug-um-Zug-Leistungen** (zB §§ 274, 320, 348, 1
368, 371; gilt entspr bei Vorleistungspflicht des Gläubigers). Der nicht zur Gegenleistung bereite Gläubiger lehnt das ordnungsgemäße (§ 294 Rn 3) eingeschränkte
Angebot des Schuldners (Leistung nur gegen Gegenleistung) ab; Folge: Gläubiger
gerät in Gläubigerverzug hinsichtlich der Leistung, idR aber auch in Schuldnerverzug hinsichtlich der Gegenleistung (Mahnung liegt im eingeschränkten Angebot);
kein Leistungsverzug des Schuldners (§ 293 Rn 9 aE; § 286 Rn 22).

§ 299 Vorübergehende Annahmeverhinderung

Ist die Leistungszeit nicht bestimmt oder ist der Schuldner berechtigt, vor der bestimmten Zeit zu leisten, so kommt der Gläubiger nicht dadurch in Verzug, dass er vorübergehend an der Annahme der angebotenen Leistung verhindert ist, es sei denn, dass der Schuldner ihm die Leistung eine angemessene Zeit vorher angekündigt hat.

Einschränkung des Grundsatzes, dass Eintritt des Annahmeverzugs vom Ver- 1
schulden des Gläubigers unabhängig ist (§ 293 Rn 4 [dd]). **Grund:** keine Obliegenheit ständiger Annahmebereitschaft des Gläubigers bei unbestimmter Leistungszeit.
Hinderungsgrund darf nicht vom Gläubiger absichtlich herbeigeführt sein (SoeWiedemann 2). **Ankündigung** ist geschäftsähnliche Mitteilung, § 130 gilt (Larenz,
SchR I, § 25 I d). Trotz Ankündigung kein Verzug zB bei Todesfall oder unerwarteter Erkrankung des Gläubigers (§ 242, MK/Ernst 5, PWW/Zöchling-Jud 4).

§ 300 Wirkungen des Gläubigerverzugs

(1) Der Schuldner hat während des Verzugs des Gläubigers nur Vorsatz und grobe Fahrlässigkeit zu vertreten.

§§ 301, 302

(2) **Wird eine nur der Gattung nach bestimmte Sache geschuldet, so geht die Gefahr mit dem Zeitpunkt auf den Gläubiger über, in welchem er dadurch in Verzug kommt, dass er die angebotene Sache nicht annimmt.**

1 **1. Rechtsfolgen.** Über die Rechtsfolgen des Annahmeverzugs im Allg vgl § 293 Rn 6 f.

2 **2. Haftungserleichterung für den Schuldner (I). a) Bedeutung: Ein**schränkung der allg Verschuldenshaftung (§ 276 Rn 8 f) zugunsten des Schuldners während des Annahmeverzugs; **Erweiterung** der dem Gläubiger bei der Stück-
3 schuld obliegenden **Leistungsgefahr** (§ 275 I iVm §§ 300 I, 276). **b) Anwendungsbereich.** Die Haftungserleichterung gilt **nur** bei **Untergang oder Verschlechterung** des Leistungsgegenstandes während des Annahmeverzugs (Saarbrücken NJW-RR 02, 528), dagegen **nicht** bei Verletzung von nicht auf den Leistungsgegenstand bezogenen sonstigen Neben- und Sorgfaltspflichten (zB bei Durchführung eines Selbsthilfeverkaufs); insoweit haftet der Schuldner für jede zu vertretende Pflichtverletzung (§ 280; Saarbrücken NJW-RR 02, 529; MK/Ernst 2; PWW/Jud 3, ausf Grunewald, FS Canaris 2007, S 329). **I** erfasst auch konkurrierende Ansprüche aus uH (Köln NJW-RR 95, 54; sa § 241 Rn 17).

4 **3. Gefahrübergang auf den Gläubiger bei Gattungsschulden (II). a) Allgemeines. II** betrifft nur die Leistungsgefahr (§ 275 Rn 35), den Übergang der **Gegenleistungs-(Preis-)gefahr** regelt § 326 II 1. Da die Leistungsgefahr bereits idR gem § 243 II iVm § 275 auf den Gläubiger übergegangen ist, kommt **II** nur geringe selbstständige **Bedeutung** zu (vgl Hönn AcP 177, 390; abw v Caemmerer JZ 51, 744), so etwa in den Fällen der §§ 295, 296, wenn Konkretisierung noch nicht eingetreten ist (zB bei Bring- und Schickschuld, vgl § 243 Rn 9), ferner (in **entspr** Anwendung) bei Geldschulden (vgl § 270 I und §§ 244, 245 Rn 10; StLö-
5 wisch/Feldmann 18; aA MK/Ernst 4). **b) Voraussetzungen: aa)** Annahmeverzug des Gläubigers mit Gattungsschuld, gleich wie begründet, auch gem § 295 (allgM) oder § 296. **bb) Aussonderung** der zur Erfüllung bestimmten Sache, auch soweit kein tatsächliches Angebot (§ 294) erfolgt (RG 57, 404; BGH WM 75, 920; hM). **cc) Aussonderungsanzeige** an den Gläubiger ist nach hM nicht erforderlich (Pal-Grüneberg 4; StLöwisch/Feldmann 21; PWW/Zöchling-Jud 7; aA RGZ 57, 404).
6 **c) Rechtsfolgen:** Übergang der Leistungsgefahr, dh Befreiung des Schuldners, wenn die ausgesonderte Sache durch Zufall oder leichte Fahrlässigkeit des Schuldners oder seiner Hilfspersonen untergeht oder verschlechtert wird (II iVm I, §§ 276, 278).

§ 301 Wegfall der Verzinsung

Von einer verzinslichen Geldschuld hat der Schuldner während des Verzugs des Gläubigers Zinsen nicht zu entrichten.

1 Zur Geldschuld s §§ 244, 245 Rn 6 ff. Endgültige **Befreiung** von der Zinspflicht, nicht nur Stundung. Gilt für **vereinbarte** und ges Zinsen (§ 246 Rn 6; Rostock MDR 09, 133); Voraussetzungen von § 288 entfallen schon wegen § 293 Rn 9. Tatsächlich **gezogene** Zinsen sind gem § 302 herauszugeben (BGH NJW 58, 137). § 301 *begründet keine* Pflicht zur Weiterzahlung des Vertragszinses (über den Fälligkeitszeitpunkt hinaus) **bis zum Eintritt** des Annahmeverzugs (BGH 104, 341 mN; 115, 269, str).

§ 302 Nutzungen

Hat der Schuldner die Nutzungen eines Gegenstands herauszugeben oder zu ersetzen, so beschränkt sich seine Verpflichtung während des Verzugs des Gläubigers auf die Nutzungen, welche er zieht.

Einschränkung bestehender (idR weitergehender: §§ 292 II, 347, 987 II, 990) 1
Herausgabepflicht auf die tatsächlich gezogenen Nutzungen (§ 100; sa § 301 Rn 1).

§ 303 Recht zur Besitzaufgabe

¹Ist der Schuldner zur Herausgabe eines Grundstücks oder eines eingetragenen Schiffs oder Schiffsbauwerks verpflichtet, so kann er nach dem Eintritt des Verzugs des Gläubigers den Besitz aufgeben. ²Das Aufgeben muss dem Gläubiger vorher angedroht werden, es sei denn, dass die Androhung untunlich ist.

Ergänzung der nur bei beweglichen Sachen bestehenden Hinterlegungsmöglich- 1
keit (§ 293 Rn 6). Nur Recht zur **Besitz-** (§ 856), nicht auch Eigentumsaufgabe (vgl § 928). Folge der Aufgabe: Befreiung von Pflicht zur Besitzübertragung, Auflassungspflicht besteht ggf weiter.

§ 304 Ersatz von Mehraufwendungen

Der Schuldner kann im Falle des Verzugs des Gläubigers Ersatz der Mehraufwendungen verlangen, die er für das erfolglose Angebot sowie für die Aufbewahrung und Erhaltung des geschuldeten Gegenstands machen musste.

Anspruchsgrundlage für **notwendige** (arg: „machen musste") **Mehraufwen-** 1
dungen. Bsp: Mahn-, Transport-, Aufbewahrungs- und Erhaltungskosten, uU auch Versicherungsprämien (SoeWiedemann 2), **nicht** aber die Aufwendungen für die Wiederbeschaffung einer *vor* Aussonderung untergegangenen Gattungssache (Folge der beim Schuldner verbliebenen Leistungsgefahr; aA Hönn AcP 177, 412, 417). Folgen: §§ 256, 257; 273. Zur Beendigung des Annahmeverzugs (s allg § 293 Rn 5) hat der Gläubiger außer seiner Annahme (Mitwirkung) auch Erstattung der verlangten Mehraufwendungen anzubieten. **Weitergehende Ansprüche:** Sonstige Mehraufwendungen (vgl § 670) nur unter den Voraussetzungen der GoA (§§ 677, 683; allgM), **Schadensersatz** gem §§ 280 II, 286 **nur** (vgl § 293 Rn 6), wenn sich der Gläubiger zugleich im Leistungs-(Abnahme-)verzug befindet (§ 293 Rn 9); ferner bei zu vertretender Pflichtverletzung (§ 293 Rn 10).

Abschnitt 2. Gestaltung rechtsgeschäftlicher Schuldverhältnisse durch Allgemeine Geschäftsbedingungen

§ 305 Einbeziehung Allgemeiner Geschäftsbedingungen in den Vertrag

(1) ¹Allgemeine Geschäftsbedingungen sind alle für eine Vielzahl von Verträgen vorformulierten Vertragsbedingungen, die eine Vertragspartei (Verwender) der anderen Vertragspartei bei Abschluss eines Vertrags stellt. ²Gleichgültig ist, ob die Bestimmungen einen äußerlich gesonderten Bestandteil des Vertrags bilden oder in die Vertragsurkunde selbst aufgenommen werden, welchen Umfang sie haben, in welcher Schriftart sie verfasst sind und welche Form der Vertrag hat. ³Allgemeine Geschäftsbedingungen liegen nicht vor, soweit die Vertragsbedingungen zwischen den Vertragsparteien im Einzelnen ausgehandelt sind.

(2) Allgemeine Geschäftsbedingungen werden nur dann Bestandteil eines Vertrags, wenn der Verwender bei Vertragsschluss
1. die andere Vertragspartei ausdrücklich oder, wenn ein ausdrücklicher Hinweis wegen der Art des Vertragsschlusses nur unter unverhältnismä-

§ 305

ßigen Schwierigkeiten möglich ist, durch deutlich sichtbaren Aushang am Orte des Vertragsschlusses auf sie hinweist und
2. der anderen Vertragspartei die Möglichkeit verschafft, in zumutbarer Weise, die auch eine für den Verwender erkennbare körperliche Behinderung der anderen Vertragspartei angemessen berücksichtigt, von ihrem Inhalt Kenntnis zu nehmen,

und wenn die andere Vertragspartei mit ihrer Geltung einverstanden ist.

(3) **Die Vertragsparteien können für eine bestimmte Art von Rechtsgeschäften die Geltung bestimmter Allgemeiner Geschäftsbedingungen unter Beachtung der in Absatz 2 bezeichneten Erfordernisse im Voraus vereinbaren.**

Lit: Berger, Die Einbeziehung von AGB in B2C-Verträge, ZGS 04, 329; ders, Die Einbeziehung von AGB in B2B-Verträge, ZGS 04, 415; Dauner-Lieb/Axer, Quo vadis AGB-Kontrolle im unternehmerischen Geschäftsverkehr?, ZIP 10, 309; Kötz, Der Schutzzweck der AGB-Kontrolle, JZ 03, 209; Kessel/Stomps, Haftungsklauseln im Geschäftsverkehr zwischen Unternehmen – Plädoyer für eine Änderung der Rechtsprechung, BB 09, 2666; Leuschner, Gebotenheit und Grenzen der AGB-Kontrolle, AcP 207, 490; Müller/Pfeil, Für eine maßvolle AGB-Kontrolle im unternehmerischen Geschäftsverkehr, BB 09, 2658; Niebling, AGB-Verwendung bei Geschäftsbeziehungen zwischen Unternehmen (b2b), MDR 13, 1399; Oetker, AGB-Kontrolle im Zivil- und Arbeitsrecht, AcP 212, 202; Schäfer, Vertragsschluss unter Einbeziehung von AGB gegenüber Fremdmuttersprachlern, JZ 03, 879; Schmidt, Einbeziehung von AGB im Verbraucherverkehr, NJW 11, 1633; ders, Einbeziehung von AGB im unternehmerischen Geschäftsverkehr, NJW 11, 3329; v Westphalen, AGB-rechtliche Schutzschranken im unternehmerischen Verkehr – Rückblick und Ausblick, BB 11, 195; ders, 30 Jahre AGB-Recht – Eine Erfolgsbilanz, ZIP 07, 149; ders, Stellen vs. Aushandeln von AGB-Klauseln im unternehmrischn Geschäftsverkehr, ZIP 10, 1110.

1. Allgemeines. Das Vertragsrecht des BGB enthält, insbes im Schuldrecht, in erheblichem Maße dispositives Recht. In diesem Bereich können die Parteien ihre Vertragsbeziehungen abw vom Ges regeln (Rn 8 vor § 145). Das geschieht in großem Umfang durch AGB. Durch sie werden Verträge des Massenverkehrs abw vom BGB standardisiert, ihre Abwicklung rationalisiert und vereinfacht; sie gestalten neue, dem BGB unbekannte Vertragstypen (zB Baubetreuungs-, Factoring-, Leasing-, Automatenaufstellvertrag); sie machen Geschäftsrisiken besser kalkulierbar. Bedenklich aber ist, dass AGB die Rechtsstellung des Verwenders (I 1) oft zu Lasten des Vertragspartners verbessern, indem sie die ausgewogene, aber dispositive ges Regelung verdrängen (zB durch Haftungsausschluss, Beweiserschwerung). Diese Verschlechterung bleibt dem nichtkaufmännischen Kunden zumeist verborgen („Kleingedrucktes" liest man nicht). Wissen hilft idR aber auch nicht weiter (weder dem Privat- noch dem Kaufmann), weil häufig die gleichen AGB in der gesamten Branche verwendet werden. Die Abhilfeversuche der Rspr erhielten nach jahrzehntelanger Diskussion eine ges Grundlage im AGBG v 9.12.1976. Eine unübersehbare Hinwendung zum primären Verbraucherschutz brachte die Umsetzung der RiLi 93/13/EWG über **missbräuchliche Klauseln in Verbraucherverträgen** 1996, vor allem durch Einfügung von AGBG 24a. Die Eingliederung der materiellrechtlichen Teile des AGBG in das BGB setzte diese Entwicklung fort. Str ist heute insbes die AGB-Kontrolle im **unternehmerischen Geschäftsverkehr (b2b)**. Obwohl ein konkretes Machtungleichgewicht zwischen Verwender und Kunde im konkreten Fall nach der Rspr und geltender Gesetzeslage nicht erforderlich ist (BGH 183, 220; 184, 264; abw BGH NJW 10, 1278), fordert die Lit zunehmend und zu Recht eine solche Abgrenzung als Voraussetzung der Inhaltskontrolle von AGB im b2b-Bereich ((MK/Basedow § 310 Rn 8 mNachw zum Streitstand; vgl auch ausf Oetker AcP 212, 202; Berger NJW 10, 470; Müller/Griebler/Pfeil BB 09, 2661; Dauner-Lieb/Axter ZIP 10, 314; dagegen v Westphalen BB 10, 195 und 11, 195; NJW 09, 2977; Leuschner JZ 10, 878; differenzierend Niebling MDR 13, 1399; zu Abbedingungsstrategien Pfeiffer NJW 12, 1169; zum möglichen Maßstab „guter unternehmerischer Praxis" Kondring BB 13, 73. Andere versuchen die Beschrän-

Gestaltung rechtsgeschäftlicher Schuldverhältnisse § 305

kung der AGB-Kontrolle nicht an der Einstufung Unternehmer-Verbraucher zu verorten, sondern anhand einer Transaktionskosten-Vertragswert-Relation (Leuschner aaO) oder festen Wertgrenzen (mit guten Gründen Becker JZ 10, 1104). Zum Maßstab des Aushandelns bei b2b-Geschäften unten Rn 9; gegen die Indizwirkung der §§ 308, 309 (§ 307 Rn 1) Kessel/Stomps BB 09, 2666.

2. Geltungsbereich. Der Anwendungsbereich des Abschnitts 2 des Buches 2 2 (§§ 305 ff) ist in I 1 bestimmt, erweitert durch § 310 III (sachlich) und eingeschränkt durch §§ 310 IV (sachlich), 310 I (persönlich). Vertragsbedingungen in der Form von Rechtsnormen unterfallen nicht dem Abschnitt 2 (zB die auf Grund EGBGB Art 243, erlassenen VOen wie die AVBWasserV, s BGH 100, 4). a) **Vertragsbe-** 3 **dingungen** iSv I 1 sind alle Vertragsklauseln, auch nichtrechtsgeschäftlicher Art (BGH NJW 90, 2314: Einwilligung in Obduktion), die nach ihrer objektiven Erscheinung den Eindruck erwecken, den Inhalt eines vertraglichen Rechtsverhältnisses zu bestimmen (BGH 162, 297). Einseitige sportliche Regelwerke (zB zum äußeren Ablauf eines Turniers) sind keine AGB (BGH 128, 101 ff), weil sie nicht in vertragliche Gestaltungsmacht anderer eingreifen (anders für Haftungsausschluss bei Reitturnier [Auslobung] BGH 187, 86). AGB sind auch Emmissionsbedingungen (Gottschalk ZIP 06, 1122; aA Assmann WM 05, 1057; gegen Anwendung von II zu Recht BGH 163, 311). Da I 1 Vertragsschluss nicht voraussetzt, können AGB auch sein: abschlussregelnde Klauseln (Düsseldorf NJW 05, 1515; aA BGH NJW 85, 1394; unentschieden BGH 104, 98 f), Aushandlungsbestätigung (BGH 99, 376 f), ferner die in den Vertrag eingebundenen vom Verwender vorformulierten einseitigen Erklärungen des anderen Teils (materiellrechtliche [zB Bevollmächtigung, BGH NJW 87, 2011; Einverständnis mit Telefonwerbung, BGH NJW 00, 2677], oder verfahrensrechtliche [zB gem GBO 19, ZPO 794 I Nr 5; BGH NJW 02, 139]), allg Koblenz NJW-RR 94, 59; zur Abgrenzung zwischen AGB und Werbeaussagen: Hamm WM 08, 499. Das gilt auch für einen im Emissionsprospekt abgedruckten, individuell ausgehandelten Mittelverwendungskontrollvertrag zwischen Gesellschaft und Wirtschaftsprüfer, wenn dieser als Vertrag zugunsten Dritter Teil des Gesamtkonzepts der Anlage ist (BGH 183, 220 = NJW 10, 1277). Höfliche Formulierung schließt Rechtscharakter als AGB nicht aus (BGH 133, 187 ff gegen BGH 124, 44 f). Auch bei *öffentl-rechtlich genehmigten* AGB ist Abschnitt 2 anwendbar (s UKlaG 8 II Nr 2, BGH 86, 291; Teilausnahmen in § 310 II). Für *öffentl-rechtliche Verträge* gilt der Abschnitt 2 entspr (arg VwVfG 59 I); zur Anwendbarkeit des Rechts der AGB auf sog Private-Public-Partnerships: Kunkel/Weigelt NJW 07, 2433. b) **Vielzahl von Verträgen** (abw § 310 III Nr 2: Einmalklausel genügt; zu Recht 4 für eine Verallgemeinerung dieser Regelung Kaufhold DB 12, 1235). Für sie müssen die AGB aufgestellt sein, gleich ob vom Verwender oder einem Dritten (BGH MDR 06, 510; MK/Basedow 19; krit v Westphalen NJW 06, 2228). Der Verwender muss die Absicht der Mehrfachverwendung zZ des Vertragsschlusses haben (BGH NJW-RR 02, 14). Ob „Vielzahl" vorliegt, ergeben die Umstände (ie BGH NJW 98, 2287; 00, 1111). Genügend ist die einmalige Verwendung eines Vertragsformulars (Mustervertrags), zB eines Mietvertragsformulars, wenn das Formular generell für eine Vielzahl von Fällen gedacht ist [BGH 184, 263 [Gebrauchtwagenmustervertrag]; ZIP 05, 1604 [Bauvertrag], sa Rn 6). AGB sind die vom Verwender für eine *unbestimmte* Zahl von Fällen vorformulierten Klauseln (BGH NJW 98, 2600). Gleiches gilt für die beabsichtigte Verwendung in einer *bestimmten* Zahl von Fällen (mindestens 3: BGH 150, 230; NJW 02, 139 mN); schon bei der ersten Verwendung handelt es sich um AGB (BGH NJW 04, 1454); die Absicht mehrfacher Verwendung ist bei Unternehmern häufig indiziert (s BGH WM 01, 2347); abstrakt-formelhafte Formulierungen können vom Verwender zu widerlegenden Anschein der Mehrfachverwendung begründen (BGH 157, 106; 118, 238). Die beabsichtigte Verwendung gegenüber einer Vielzahl von *Vertragspartnern* ist nicht erforderlich (BGH NJW 04, 1454). c) **Vorformuliert** (dh vorbereitet, zumindest 5 „im Kopf", nicht notwendig schriftlich fixiert, BGH 141, 108; NJW 01, 2636; str,

Stadler

§ 305

s Borges ZIP 05, 186 mN) für eine Vielzahl von Verträgen (Rn 4), also nicht der schriftliche Entw eines Individualvertrags. Inhalts-, nicht Wortgleichheit ist gefordert (BGH NJW 00, 1110); handschriftliche Zusätze können genügen (BGH 181, 188), ebenso Stempelaufdrucke (Stuttgart VuR 11, 156). **d) Stellen durch den Verwender** (das ist eine der Parteien; abw erfasst § 310 III Nr 1 auch Drittklauseln). Der Verwender muss die Einbeziehung *einseitig* und *diskussionslos veranlasst* haben (so iE BGH NJW 85, 2477; WM 86, 389; str); bloße Günstigkeit einer Klausel für Vertragspartei genügt für „stellen" nicht (BGH 130, 57). Verwender ist auch, wessen AGB die andere Partei in vorauseilendem Gehorsam in ihr Angebot aufnimmt, weil sonst erfahrungsgemäß Vertragsschluss nicht zu erwarten ist (BGH NJW 97, 2044; PWW/Berger 9). Bloße Verhandlungsbereitschaft schließt I 1 nicht aus (Rn 9). Kein „Stellen" liegt mangels Einseitigkeit vor, wenn beide Parteien Einbeziehung (zB der VOB/B) fordern. I scheidet auch aus, wenn ein *unbeteiligter Dritter,* zB (neutraler) Notar, beiden Parteien die Benutzung eines Vertragsmusters vorschlägt (BGH NJW-RR 02, 14 mN). I gilt aber, wenn sich eine Partei die von Drittem formulierten Klauseln zurechnen lassen muss (BGH NJW 94, 2826), sie ist dann („mittelbare") Verwenderin (Bsp: auf ihr Geheiß hat ihr „Hausnotar" vorformuliert, BGH 118, 239). Wird ein von Dritten formulierter Mustervertrag verwendet, muss sich der Verwender dies als „Stellen" von AGB zurechnen lassen, wenn sie einseitig auferlegt sind, nicht aber wenn der andere Teil den Verwendungsvorschlag freiwillig akzeptiert (Möglichkeit alternativer Textgestaltung, BGH 184, 267; krit Niebling ZMR 10, 509; zust v Westphalen ZIP 10, 1112; zur praktischen Umsetzung Schiffer/Weichel BB 11,1283). **e) Klarstellungen in I 2** (überflüssig). *Formularverträge,* die den Rn 3–6 entsprechen, sind AGB. – Der *Umfang* ist gleichgültig (ein Satz kann AGB sein, s BGH NJW 83, 1603), ebenso die *Schriftart* (zB Druck, Schreibmaschine, Handschrift) und *Form* (zB notarielle Beurkundung, sa Rn 6).

3. Individualabrede. I 3 schränkt die AGB-Definition (I 1, 2) und damit den Anwendungsbereich des Abschnitts 2 (Rn 2–7) ein. Die „ausgehandelte" Vertragsbedingung und nur sie („soweit") unterfällt nicht dem Abschnitt 2 (sa § 310 III Nr 2). Wegen des Verlusts des Klauselkontrollrechts legt die Rspr die Hürde für ein „Aushandeln" recht hoch. **a) Aushandeln** ist für jede Klausel einzeln zu prüfen. Es ist mehr als Verhandeln (Thüringen OLG-NL 05, 5) und liegt vor, wenn der Verwender die gesetzesändernden oder -ergänzenden Klauseln seiner AGB ernsthaft und vom anderen Teil erkannt zur Disposition stellt und diesem eine reale Möglichkeit zur Klauseländerung zwecks Wahrung eigener Interessen einräumt (BAG NZA 08, 219; BGH 153, 321; NJW 05, 2543; zu Recht krit gegenüber dem Erfordernis der Dispositionsbereitschaft Miethaner NJW 10, 3127). Bei komplizierten Klauseln kann Aufklärung des Kunden notwendig sein, damit er sie in seinen „rechtsgeschäftlichen Gestaltungswillen" aufnimmt (BGH NJW 05, 2544). Bleibt es nach konkreter Einzelerörterung beim vorformulierten Text, weil er vom anderen Teil aus Sachgründen ausdr akzeptiert wird, so genügt das für I 3 (BGH NJW 00, 1111 f; NJW-RR 01, 195, je mN; auf eine „Erörterung" kommt es nach BGH 184, 267 nicht an bei freiwilliger Einigung auf Formularvertrag, s Rn 6). Ob dies eine Ausnahme ist (idR führt Aushandeln zu Abänderung: BGH NJW 04, 1454; 00, 1112), erscheint fraglich. Diese hohen Anforderungen gelten nach bisheriger Rspr auch im **kaufmännischen Verkehr**, was zu Recht zunehmend kritisiert wird (Müller/Schilling BB 12, 2319; Günes/Ackermann ZGS 10, 454; Kessel/Jüttner BB 08, 1350; Lischek/Mahnken ZIP 07, 158; Berger ZIP 06, 2149, NJW 10, 465; sa Rn 1). Hier wird häufig eine Klausel nach Erörterung im ursprünglichen Text akzeptiert, zB wenn Verwender dafür an anderer Stelle nachgibt, so dass ein Aushandeln durchaus vorliegt); richtiger wäre es, das Problem dadurch zu entschärfen, dass bei b2b Geschäften die Kontrolldichte reduziert und der Maßstab der Inhaltskontrolle nach § 307 modifiziert wird, indem stärker auf die Dominanz des Verwenders abgestellt wird (s Rn 1). **b) Beispiele:** Nicht genügend ist bloßes Erörtern (BGH NJW 92, 2760; BGH 153, 322: auch nicht gemeinsames Erörtern von Alternativen, wenn keine ernsthafte Änderungsbereitschaft); Verlesen und Belehrung durch Notar (BGH NJW 90, 576 f; NJW 05, 2543); wahlweises Ankreuzen unterschiedlich, aber suggestiv vorformulierter Klauseln (s BGH NJW-RR 97, 1000 f; aber bei Ausfüllen einer Leerstelle, zB für Vertragsdauer, ohne vorformulierten Entscheidungsvorschlag liegt idR Individualabrede vor, BGH NJW 98, 1067 f); ebenso bei echten Vertragsalternativen, auch wenn sie zu unterschiedlichen Entgeltregelungen führen (BGH 153, 151 f); formularmäßige Aufforderung zur Streichung von einzelnen Klausel(teile)n (BGH NJW 87, 2011); schriftliche Erklärung der anderen Partei, ausgehandelt zu haben (BGH NJW 77, 625 f); bloße Verhandlungsbereitschaft (s Rn 9; BGH 98, 28); „kollektives Aushandeln" von Musterverträgen zwischen Verbänden für ihre Mitglieder. **c) Inhaltskontrolle vorformulierter Individualabreden** ist 11 nach hM zulässig (BGH 108, 168 ff mN; Grundlage: § 242).

4. Einbeziehungsvereinbarung, II. a) Geltungsgrund von AGB im konkreten 12 Vertrag ist eine besondere Geltungs- oder Einbeziehungsvereinbarung (II, der hier von §§ 145 ff abweicht), nicht bloße einseitige Unterwerfung. Kennen oder Kennenmüssen der AGB genügt für Vereinbarung nicht. Auch bei Unternehmern und in den anderen Fällen, in denen II nicht gilt (§§ 305a I Nr 1, 2 Buchst a, b, 310 I), ist eine Vereinbarung nötig, Rn 18 ff II gilt nicht für Formularverträge (Rn 7, BGH NJW 95, 190), hier ist mit Unterschrift ohnehin gesamter Vertrag akzeptiert. Die Voraussetzungen nach II müssen grundsätzlich bei Vertragsschluss vorliegen. Eine *nachträgliche* Einbeziehung oder Änderung einbezogener Klauseln ist jedoch entsprechend II möglich (BGH NJW 87, 114; Hamm BB 79, 1789); Zustimmung des Vertragspartners kann unter § 308 Nr 5 fallen. **b) Die Einbeziehungsvereinba-** 13 **rung** erfordert *kumulativ:* **aa) Ausdr Hinweis** (II Nr 1) bei, dh im Zusammenhang mit dem Vertragsschluss (BGH NJW-RR 87, 114). Er muss deutlich erkennbar erfolgen: schriftlich oder (fern-)mündlich oder in der vom Internet-Anbieter vorformulierten Annahmeerklärung der anderen Partei (Heinrichs NJW 98, 1450 mN), auf die AGB (auch in diesen, wenn er Durchschnittskunden ins Auge springt). Bei Abdruck auf Rückseite des Vertrages muss Hinweis auf Vorderseite erfolgen (Düsseldorf VersR 82, 872, sa BGH NJW 87, 2432). *Ungenügend* ist Hinweis nach Vertragsschluss, zB in Rechnung oder auf Eintrittskarte, die nach vertraglicher Einigung ausgehändigt wird. Statt des Hinweises genügt ausnahmsweise deutlich sichtbarer (ins Auge springender) **Aushang** am Ort des Vertragsschlusses (s II Nr 1, nicht an Ort, den Vertragspartei erst später im Rahmen der Vertragsabwicklung aufsucht, zB Parkhauskasse). Unverhältnismäßige Schwierigkeiten sind insbes begründet bei Massenverträgen, fehlendem persönlichen Kontakt und relativer Geringwertigkeit des Vertragsobjekts (Bsp: Vertragsschluss im Selbstbedienungsladen, am Waren- oder Billettautomaten, Reinigung, Schließfach), auch bei Versteigerungsverträgen wegen der Art ihres Zustandekommens (BGH NJW 85, 850). Nach dem Wortlaut muss Aushang die AGB selbst umfassen, nicht nur Hinweis darauf (aA PalGrüneberg 29; PWW/Berger 20). **bb) Möglichkeit zumutbarer Kenntnisnahme,** II Nr 2, muss 14 der Verwender *verschaffen*. Bei Vertragsschluss unter *Abwesenden* sind AGB idR zu übersenden (Angebot der Übersendung genügt nicht, BGH NJW-RR 99, 1246). Unter *Anwesenden* genügt idR Auslage zur Einsicht (zum Aushang Rn 13); auf eine dem Verwender erkennbare körperliche Behinderung der anderen Teils ist angemessen Rücksicht zu nehmen (zB durch Zurverfügungstellen einer Lupe bei Sehbehinderung; durch unverlangte Zusendung der AGB bei Hörbehinderung am Telefon). Bei Internet-Geschäften genügt es, wenn die Geschäftsbedingungen über einen auf der Bestellseite gut sichtbaren Link aufgerufen und ausgedruckt werden können (BGH NJW 06, 2976); längere Texte müssen zum Herunterladen zur Verfügung stehen (Mehrings BB 98, 2373). Weitergehende Anforderungen folgen ggf aus § 312e I 1 Nr 4, sie sind aber unabhängig von Einbeziehung nach II (s § 312e Rn 6). Am Telefon (s § 147 I 2) reicht zunächst ausdr Hinweis (Rn 13), da er Informationsmöglichkeit eröffnet (zB durch Vorlesen kurzer AGB; bei Anfordern sind §§ 147 II 2, 148 zu beachten); auf sie kann der Kunde ausdr verzichten, um

§ 305

Buch 2. Abschnitt 2

sofortigen Vertragsschluss mit AGB zu erreichen (allg zum Verzicht MK/Basedow 67). Bei Verweisung auf andere AGB („Staffelverweisung") gilt für diese II Nr 2 (BGH NJW 90, 3198; BGH 162, 47). **Reisevertrags-AGB** sind idR vor Vertragsschluss vollständig zu übermitteln (BGB-InfoV 6 III–V; BGH NJW 09, 1486). Formularmäßige Bestätigung AGB zu kennen, genügt alleine nicht (PWW/Berger 22) – **Zumutbarkeit** der Kenntnisnahme, sog **Transparenzgebot,** verlangt (sa § 307 I 2): AGB müssen für den Durchschnittskunden ohne Anstrengung lesbar (Saarbrücken NJW-RR 09, 989; BGH NJW 83, 2772), verständlich (idR Laienhorizont) und einigermaßen übersichtlich sowie der Bedeutung des Geschäfts umfangmäßig angepasst sein. Das Transparenzgebot idS bezieht sich auf die „Lesbarkeit" des gesamten Klauselwerkes; die fehlende Verständlichkeit einzelner Klauseln fällt unter § 307 I 2 (dort Rn 6 ff). Übersetzung in fremde Sprache ist nicht schon erforderlich, weil der Kunde Ausländer ist. Ausdr Hinweis oder Aushang (Rn 13) in der Verhandlungssprache nötig, aber auch ausreichend (BGH NJW 95, 190; Schäfer aaO mN zur Gegenansicht; krit Spellenberg, FS Ferid, 1988, S 480 f). Dies gilt auch bei Internet-Vertragsschluss, englische Fassung unabhängig von Vertragssprache nicht ausreichend, da Beherrschung außerhalb von Unternehmen nicht allg vorausgesetzt werden darf (Frankfurt NJW-RR 03, 706 gegenüber Verbraucher; BaR/Becker 61). Bei inhaltlich abw Sprachfassungen gilt im kaufmännischen Verkehr diejenige

15 der Verhandlungssprache (BGH NJW 96, 1819). **cc) Einverständnis** des Kunden (ausdr oder schlüssig), formlos möglich. Liegen Voraussetzungen nach II Nr 1, 2 erst nach Vertragsschluss vor, zB bei Anlieferung, kann im Geschäftsverkehr Entgegennahme der Ware, konkludente Zustimmung zu AGB bedeuten (BGH NJW-RR 00, 1154). Formularmäßige Einverständniserklärung unterliegt der Inhaltskontrolle (Hensen ZIP 84, 146 f; aA BGH NJW 82, 1389, als abschlussregelnde, daher kontrollfreie Klausel [dagegen Rn 3]).

16 **5. Rahmenvereinbarungen, III.** Sie nehmen entspr II (Rn 13–15) Einbeziehung vorweg, beschränkt auf bestimmte Art von R Geschäften und bestimmte (nicht: die jeweils gültigen) AGB. Zur nachträglichen Einbeziehung Rn 13.

17 **6. Gescheiterte Einbeziehung.** Nichtbeachtung von II Nr 1, 2 lässt Vertrag ohne die (uU nur zT betroffenen, weil zB bloß teilw unverständlichen) AGB entstehen; an ihre Stelle tritt das dispositive Recht (§ 306 I, II). Wird *Einverständnis verweigert* oder besteht bzgl Einbeziehung versteckter oder offener Dissens (§§ 154, 155), so scheitert der Vertragsschluss; verhalten sich die Parteien aber vertragsgemäß, so ist Vertrag ohne die betroffenen AGB (§ 306 I, II) geschlossen, s Rn 23 und § 154 Rn 3.

18 **7. Einbeziehung unter Unternehmern (Begriff: § 14).** Erfasst werden nicht nur gewerblich Tätige, sondern auch sog Freiberufler. II und III gelten nicht, § 310 I 1. Grundsätzlich bedarf es einer ausdrücklichen oder konkludenten Einigung über die AGB gem allg Regeln (§§ 145 ff; BGH 117, 194; 102, 304). **a) Weiß der Vertragspartner**, dass der Verwender nur zu seinen klar bezeichneten (BGH NJW-RR 89, 1104) AGB abschließen will, und lässt er sich darauf ein, so ist Einbeziehung zu bejahen (§§ 133, 157; HGB 346), BGH NJW 95, 666, sa NJW 00, 1155. Dies gilt auch, wenn Vertragpartner Geltungswillen des Verwenders aus vorheriger Abmahnung wegen Verstoßes gegen die AGB kennt, deren Einbeziehung in der Vergangenheit irrelevant ist (Hamburg NJW 05, 3003 für Weiterverkauf v Bundesligakarten). Beifügen der AGB oder Einzelkenntnis ist unnötig bei Verzicht auf Kenntnisnahme (BGH NJW 76, 1887; sa II Nr 2) oder Möglichkeit, sich Kenntnis zu verschaffen (BGH NJW 02, 372). Bei grenzüberschreitendem Vertrag verlangt

19 BGH NJW 02, 370 zu Recht, dass Verwender AGB zugänglich macht. **b) Wissenmüssen** steht dem Wissen (Rn 18) gleich, wenn *laufende Geschäftsverbindung* besteht, in der wiederholt (daran fehlte es in BGH 117, 195 f) und unbeanstandet auf die AGB hingewiesen worden ist (BGH NJW 00, 3778), uU genügend in Rechnungen

Gestaltung rechtsgeschäftlicher Schuldverhältnisse § 305a

(BGH NJW-RR 91, 571), ungenügend in Lieferscheinen (BGH NJW 78, 2244). Auch *branchenübliche Verwendung* von AGB begründet (ohne Hinweis, Geschäftsverbindung) Wissenmüssen für branchentypisch tätige Unternehmen (BGH NJW 02, 370; 98, 1141; NJW-RR 04, 555 für verlängerten Eigentumsvorbehalt [Handelsbrauch]). Wird nicht widersprochen, so sind AGB einbezogen (BGH NJW-RR 91, 571, WM 04, 1177 für bankinternen Verkehr). **c) Kenntnisnahme** muss in 20 zumutbarer Weise möglich sein. Das setzt klare Bezeichnung der AGB voraus (Rn 18). Verschaffen der Möglichkeit iSv II Nr 2 (Rn 14) ist nicht gefordert (s Rn 18). Außer bei üblichen, leicht beschaffbaren AGB besteht (nur) ein *Anspruch* auf Einsicht oder Überlassung. Ihn muss der Verwender nicht von sich aus, sondern nur auf Verlangen erfüllen (vgl BGH NJW 82, 1750). **Zumutbarkeit** entspr Rn 14 nötig (zur Lesbarkeit BGH NJW-RR 86, 1311; zur „salvatorischen Klausel" BGH NJW 96, 1408), doch ist vom (Durchschnitts-)Unternehmer mehr zu verlangen (zB an Rechtskenntnis, Verstehenkönnen). **d) Kauf-** 21 **männisches Bestätigungsschreiben** kann AGB entspr § 147 Rn 6 nachträglich einbeziehen (nur bei Unternehmern, sonst gilt II). **e) Rahmenvereinbarungen** 22 können, abw von III, die jeweils gültige Fassung von AGB einbeziehen. Verweis auf noch unbestimmte AGB („jeweils geltende Fassung") ist nicht möglich (PWW/Berger 42; ders ZGS 04, 334). **f) Verweisen beide Teile auf ihre einander** 23 **widersprechenden AGB**, so gilt nicht die „Theorie des letzten Worts" (§ 150 II; früher hM), sondern die Kongruenzlehre. Die AGB des einen Teils werden nur bei eindeutigem, idR ausdr Einverständnis des anderen (Schweigen, Leistungsempfang ungenügend) Vertragsbestandteil. Fehlt es daran, so ergibt nachfolgendes vertragsgemäßes Verhalten, dass der Vertrag geschlossen ist (sa Rn 17), die AGB werden aber nur einbezogen, soweit sie sich inhaltlich decken, kongruent sind (BGH NJW 91, 1606). Enthalten die AGB des Bestellers eine strikte Abwehrklausel, so sollen nicht nur inhaltlich widersprechende, sondern auch zusätzliche AGB des Verkäufers nicht gelten (BGH NJW-RR 01, 485; krit v Westphalen NJW 02, 1689); sa § 929 Rn 34: kollidierende AGB und EV. **g) Kraft Handelsbrauchs** (HGB 346) geltende AGB 24 werden Vertragsbestandteil ohne Einverständnis und Kenntnis des Betroffenen. Handelsbrauch selbst ist keine AGB (BGH NJW-RR 87, 95).

§ 305a Einbeziehung in besonderen Fällen

Auch ohne Einhaltung der in § 305 Abs. 2 Nr. 1 und 2 bezeichneten Erfordernisse werden einbezogen, wenn die andere Vertragpartei mit ihrer Geltung einverstanden ist,
1. die mit Genehmigung der zuständigen Verkehrsbehörde oder auf Grund von internationalen Übereinkommen erlassenen Tarife und Ausführungsbestimmungen der Eisenbahnen und die nach Maßgabe des Personenbeförderungsgesetzes genehmigten Beförderungsbedingungen der Straßenbahnen, Obusse und Kraftfahrzeuge im Linienverkehr in den Beförderungsvertrag,
2. die im Amtsblatt der Bundesnetzagentur für Elektrizität, Gas, Telekommunikation, Post und Eisenbahnen veröffentlichten und in den Geschäftsstellen des Verwenders bereitgehaltenen Allgemeinen Geschäftsbedingungen
    a) in Beförderungsverträge, die außerhalb von Geschäftsräumen durch den Einwurf von Postsendungen in Briefkästen abgeschlossen werden,
    b) in Verträge über Telekommunikations-, Informations- und andere Dienstleistungen, die unmittelbar durch Einsatz von Fernkommunikationsmitteln und während der Erbringung einer Telekommunikationsdienstleistung in einem Mal erbracht werden, wenn die Allgemeinen Geschäftsbedingungen der anderen Vertragspartei nur unter unverhältnismäßigen Schwierigkeiten vor dem Vertragsschluss zugänglich gemacht werden können.

§ 305b

1 **1. Allgemeines.** Die Vorschrift regelt Ausnahmen von § 305 II für amtlich genehmigte bzw veröffentlichte AGB. Die Neufassung stärkt das **Konsensualprinzip** des § 305 II letzter HS insbes durch Wegfall von AGBG 23 III, der die AGB von Bausparkassen, Versicherungen (vgl VVG 8 nF) und Kapitalanlagegesellschaften dadurch privilegierte, dass diese Bedingungen auch ohne Vorliegen von § 305 II Vertragsbestandteil wurden.

2 **2. Priviligierung.** Die AGB bestimmter Bereiche (Nr 1, 2) sind privilegiert: Zwar gelten die Einbeziehungsvoraussetzungen des § 305 II Nr 1 und 2 nicht, aber Einverständnis der anderen Vertragspartei ist erforderlich (§ 305a am Anfang, s
3 Rn 1). **a) Nr 1:** Wegen öffentl Kundgabe der Tarife usw ist § 305 II insoweit überflüssig (vgl PBefG 39 VII). Sind Tarife Rechtsnormen (s EGBGB Art 243), so ist
4 Abschnitt 2 (§§ 305 ff) unanwendbar, §§ 305 Rn 2. **b) Nr 2 Buchst a:** Betrifft nur Beförderungsverträge, die außerhalb von Geschäftsräumen des Beförderungsunternehmens (zZ praktisch nur für die Deutsche Post AG) durch Einwurf von Postsendungen in Briefkästen abgeschlossen werden, also – buchstabengetreu – nicht bei Einwurf in einen Briefkasten innerhalb des Post„amts". Vertragsschluss durch Briefeinwurf, auch durch Geschäftsunfähige und Minderjährige (§ 106), eröffnet dem totgesagten Vertragsschluss durch sozialtypisches Verhalten ein nicht ganz neues Anwendungsgebiet (vgl Jauernig NJW 72, 2; FamRZ 74, 632; sa Rn 20 vor § 145).
5 **c) Nr 2 Buchst b:** Betrifft nur das Erbringen von Dienstleistungen, die *unmittelbar* durch ein Fernkommunikationsmittel (Definition: § 312b II) und *während* einer Telekommunikationsdienstleistung „in einem Mal" (dh *abschließend*, zB Telefonauskunft; nicht telefonische Warenbestellung, die eine Vertragsabwicklung in Gang setzt) erbracht wird, wenn die AGB der anderen Vertragspartei nur unter unverhältnismäßigen Schwierigkeiten vor dem Vertragsschluss zugänglich gemacht werden können, wie das idR der Fall ist. Überdies wird dem Kunden die schnelle Abwicklung des einmaligen Kontakts (zB Telefonauskunft) wichtiger sein als die vorherige Kenntnis der AGB. Hierunter fallen auch „call-by-call"-Leistungen und 0900-Mehrwertdienste.

§ 305b Vorrang der Individualabrede

Individuelle Vertragsabreden haben Vorrang vor Allgemeinen Geschäftsbedingungen.

1 **1. Allgemeines zur Auslegung von AGB.** AGB sind für eine Vielzahl von Verträgen vorformuliert (§ 305 I 1), weshalb sie nach ihrem typischen Sinn einheitlich so auszulegen sind, wie sie von verständigen, redlichen, rechtsunkundigen (BGH 108, 60), durchschnittlichen Vertragspartnern unter Abwägung der Interessen der normalerweise beteiligten Kreise verstanden werden: *Obj Auslegung* iGgs zur einzelfallbezogenen Auslegung (BGH NJW 01, 2166; 00, 1196, stRspr); die Entstehungsgeschichte der AGB ist irrelevant (BGH NJW-RR 00, 1342; MK/Basedow § 305c, 30). Erst nach Feststellung des Klauselinhalts durch Auslegung folgt die Inhaltskontrolle (BGH NJW 99, 1634); bei der Überprüfung sind die obj Grundentscheidungen des GG (zB in GG 3 I, 12 I) zu berücksichtigen (BVerfG NJW 00, 3342). – Zum Restriktionsprinzip § 305c Rn 8; zur **geltungserhaltenden Reduktion** § 305c Rn 2, § 306 Rn 3; zur ergänzenden Auslegung § 306 Rn 5, sa § 157 Rn 2. § 305c enthält eine Rangregelung bei inhaltlichem Widerspruch.

2 **2. Individualabrede.** Begriff § 305 Rn 8, 9. **a) Sie enthält** eine ausdr oder stillschweigend (BGH NJW-RR 96, 674) *bes ausgehandelte* Regelung, die vor oder nach Vertragsschluss wirksam vereinbart wurde. Die Beteiligten müssen Widerspruch zu AGB-Klausel nicht erkennen (BGH 164, 136; NJW 87, 2011). Individualabrede hat daher Vorrang und verdrängt die widersprechende Klausel. Das ist unproblematisch bei *direktem Widerspruch* (zB in AGB Gewährleistungsausschluss/in bes Abrede Gewährleistung nach BGB), problematisch bei *indirektem*, wenn AGB und bes Abrede wortlautmäßig vereinbar sind, aber fraglich ist, ob letztere „nur" oder „auch" (dh ergänzend) gilt (Bsp: Kreditsicherung durch bes vereinbarte Übereignung bestimmter Sachen ist mit Forderungspfandrecht kraft AGB vereinbar [„auch"], außer bei Ausschließlichkeit [„nur"]; sa BGH NJW 81, 1959 f: Skontogewährung und Vorauszahlung). **b) Schriftformklausel** („Vereinbarungen, Zusiche- 3 rungen, Änderungen sind nur in schriftlicher Form gültig"; „Mündliche Absprachen sind ohne schriftliche Bestätigung des Verwenders ungültig") verstößt nicht schlechthin gegen § 307; dafür maßgebend sind Inhalt und Geltungsbereich der konkreten Klausel (BGH NJW 86, 1810). Da § 305b für Individualabrede keine Form verlangt, geht mündliche bes Abrede bei oder nach Vertragsschluss, die sich über Schriftformklausel hinwegsetzt, dieser vor (BGH 164, 136 f; 104, 396); eines bewussten Abweichens von der Schriftformklausel bedarf es nur bei zuvor individuell vereinbartem Formerfordernis (BGH 164, 138; WM 05, 2407); „doppelte Schriftformklauseln", die für Abweichung von der vereinbarten Schriftform ihrerseits eine solche vorsehen, verstoßen gegen §§ 305c, 307 I (BAG MDR 08, 1344; Rostock NJW 09, 3376). **c) Auslegung** der Individualabrede nach allg Regeln 4 (BGH 84, 273), nicht nach bes für AGB (zB §§ 305c II, 306). Zur **Inhaltskontrolle** § 305 Rn 11.

§ 305c Überraschende und mehrdeutige Klauseln

(1) Bestimmungen in Allgemeinen Geschäftsbedingungen, die nach den Umständen, insbesondere nach dem äußeren Erscheinungsbild des Vertrags, so ungewöhnlich sind, dass der Vertragspartner des Verwenders mit ihnen nicht zu rechnen braucht, werden nicht Vertragsbestandteil.

(2) Zweifel bei der Auslegung Allgemeiner Geschäftsbedingungen gehen zu Lasten des Verwenders.

1. Allgemeines. I schützt den Vertragspartner vor überraschenden AGB, da 1 § 305 II die wirksame Einbeziehung unabhängig von tatsächlicher Kenntnisnahme anordnet. Erfasst werden nur **„ungewöhnliche" Klauseln,** die von „unangemessenen" und „unbilligen" Klauseln zu unterscheiden sind. Doch sind ungewöhnliche Klauseln oft auch unangemessen (s BGH NJW 85, 55; Schlosser ZIP 85, 465 f). I gilt jedoch auch für gem § 307 III der Inhaltskontrolle entzogene AGB (BaR/Schmidt 3; PWW/Berger 2). Im unternehmerischen Geschäftsverkehr ist I anwendbar, die Anforderungen an Überraschungsmoment können jedoch höher sein (BGH 102, 162). Die **Unklarheitenregel** ist in II funktionell eingeschränkt (Rn 7); auch sie gilt im unternehmerischen Verkehr (BGH NJW-RR 88, 113).

2. Ungewöhnliche Klauseln. „Überraschend" (s Paragraphenüberschrift) ist 2 eine Klausel, mit der der Vertragspartner vernünftigerweise nicht rechnen musste. Dies lässt sich ggf erst nach Auslegung feststellen, im Zweifel gilt II. **a)** Maßgebend sind die gesamten Umstände, insbes der Grad des *Abweichens* vom dispositiven Ges (BGH NJW-RR 01, 196) und das *äußere Bild* des Vertrags wie Unübersichtlichkeit und „Verstecken" einer Klausel (BGH 102, 158; NJW-RR 12, 1261 [Entgeltklausel für Eintrag in Branchenverzeichnis]; NJW 11, 3719; 10, 3154; 10, 671; BAG NJW 08, 2279). Ob ein Überrumpelungseffekt besteht, richtet sich *generell* nach dem zu erwartenden Kundenkreis (BGH 130, 154; sa § 305c Rn 1); doch können Umstände des Einzelfalls die Überraschung erst begründen (zB war nach den Vorverhandlungen das Fehlen der an sich nicht ungewöhnlichen Klausel zu erwarten, vgl BGH NJW-RR 02, 485 mN) oder verhindern (zB bei ausdr Hinweis auf die an sich ungewöhnliche Klausel BGH NJW 97, 2677; BB 01, 2020, je mN), str. Bei notariellen Urkunden wirken BeurkG 13, 17 idR überraschungshindernd (BGH NJW-RR 01, 1422; anders bei formularmäßiger Bezugnahme auf nicht verlesene Urkunde, s BGH 75, 20 ff). Eine (klare) ungewöhnliche Klausel kann nicht durch einengende Auslegung zu einer gewöhnlichen werden (BGH NJW 85, 971): **Verbot geltungserhaltender**

§ 305c

Reduktion; abw BGH 103, 80 (dazu H Roth JZ 89, 414 f); sa Rn 3, § 306 Rn 3, 5.

3 **b) Bsp für I:** Formularmäßige Erstreckung der dinglichen Haftung bei Sicherungsgrundschulden auf alle bestehenden und künftigen Ansprüche „aus Anlass" der **Grundschuld**bestellung für eine bestimmte Darlehensforderung gegen den in Kreditgeschäften unerfahrenen oder unberatenen (BGH NJW 91, 3142) und vom SG verschiedenen Darlehensnehmer (ie BGH NJW 92, 1822 f; „Anlassrechtsprechung", s BGH 130, 27; hierzu § 765 Rn 18); ferner entspr für formularmäßige Ausdehnung eines Schuldbeitritts (BGH NJW 96, 249 f); in den Fällen der „Anlassrechtsprechung" liegt Verstoß auch gegen § 307 vor; zu Garantie und **Bürgschaft** auf erstes Anfordern s BGH NJW 02, 367; vor § 765 Rn 12; zur entspr formularmäßigen Verpflichtung des Geschäftsführers einer Factoringgeberin BGH NJW 02, 3628. Überraschend ist es regelmäßig auch, wenn Miteigentümer für eine gemeinsame Verbindlichkeit an ihren Anteilen je eine Grundschuld bestellen und diese auch alle künftigen und bestehenden Verbindlichkeiten *des anderen Miteigentümers* sichern soll (BGH NJW 02, 2710). Die drucktechnische Gestaltung nimmt das Überraschungsmoment nicht, wenn sich der Hinweis nicht nur auf die ungewöhnliche Erweiterung bezieht (BGH aaO). Ungewöhnlich ist Klausel, die Generalunternehmer für schlüsselfertige Errichtung dazu bevollmächtigt, Unterverträge im Namen des Auftraggebers zu vergeben (BGH NJW-RR 02, 1312); **Haftungsbegrenzung** für Anlageberater, -vermittler etc im Immobilienfond (BGH NJW-RR 04, 781); Begrenzung der Auftragssumme bei Einheitspreisvertrag (BGH NJW 05, 246); Erstreckung von Pfandrecht auf Ansprüche des Verwenders gegen Dritte, für die Kunde persönlich haftet (Schleswig ZIP 06, 1196); Verpflichtung von Leasingnehmer, Vollkaskoversicherung abzuschließen, bei der Berufung auf VVG 81 nF ausgeschlossen ist (Düsseldorf MDR 05, 618); versteckte Einschränkungen von Gewinnzusage iSv § 661a (Celle MDR 04, 867); Leistungskürzung des Versicherers (statt Prämienerhöhung) bei Überschreiten

4 der Jahreskilometerleistung (LG Dortmund NJW-RR 09, 249). **c) Nicht ungewöhnlich** ist jedenfalls der einfache EV, nach hM auch der erweiterte und verlängerte (Begriffe: § 929 Rn 27, 28); **Vollstreckungsunterwerfung** des mit dem Kreditschuldner identischen Grundschuldbestellers (stRspr BGH [XI. Senat] 185, 133 = NJW 10, 2044 [klarstellend zum Prüfungsumfang im Klauselerteilungsverfahren jedoch [VII. Senat] NJW 11, 2803; 08, 3208 mN; Schleswig WM 09, 1196; Bork ZIP 09, 1261; aA LG Hamburg NJW 08, 2784 [hier gegen BGH NJW 09, 1887]; Schimansky WM 08, 1049 – „drucktechnische Hervorhebung" iS der Übersichtlichkeit nicht notwendig, BGH NJW-RR 06, 491). Abzulehnen ist BGH [V. Senat] NJW 12, 2354, der erneut ohne weiteres davon ausgeht, die formularmäßige Vollstreckungsunterwerfung sei nach II so auszulegen, dass sie nur für treuhänderisch gebundenen Gläubiger gelte (wohl im Sinne einer konkludenten Vollstreckungsbedingung, abl Piekenbrock LMK 2011, 323694). Ungewöhnlich ist formularmäßige Bevollmächtigung an Notariatsangestellte, die die Zwangsvollstreckungsunterwerfung bei Grundschuldbestellung mit umfasst (BGH WM 03, 65); Konzernverrechnungsklausel (Frankfurt NJW-RR 04, 56; s aber BGH WM 05, 1801 und § 307 Rn 12); Umlageklausel für Hausverwaltungskosten bei Gewerbemiete (BGH 183, 302; NJW 10, 739); Ausschluss, dass Angaben in Versteigerungskatalogen als Garantie oder Beschaffenheitsvereinbarung sind (Köln NJW 12, 2667; anders aber für Klausel, die bei Mängeln nicht vorsieht, dass der Ersteigerer an der Schadloshaltung des Verkäufers beim Einlieferer beteiligt wird (München NJW 12, 2891); Abgeltungsklauseln in Aufhebungsverträgen (BAG NJW 09, 1019), Mediationsklauseln (Unberath NJW 11, 1323 mNachw). Widerrufsvorbehalte zur Flexibilisierung von Vergütungsansprüchen sind in Arbeitsverträgen üblich und daher nicht überraschend (zur Inhaltskontrolle BAG NZA-RR 10, 457; BB 07, 109 und 1624; zum Ganzen Gaul/Kaul BB 11, 181).

5 **3. Mehrdeutige Klauseln. a)** Die Einbeziehung mehrdeutiger Klauseln kann bereits an § 305 II Nr 2 (Unverständlichkeit) scheitern, weil zB die Zahl der Auslegungsmöglichkeiten sich nicht in „vernünftigem Rahmen" hält (BGH NJW 85,

56). **b)** Die **Unklarheitenregel, II,** setzt **Zweifel** infolge **nicht behebbarer** 6
Mehrdeutigkeit der Klausel voraus (mindestens zwei vertretbare Auslegungen,
BGH NJW-RR 04, 1247, BAG NJW 10, 2458; 11, 331 und 1991). Auslegungsmaßstab muss der obj Inhalt und typische Sinn einer Klausel sein, „wie sie von
verständigen und redlichen Vertragspartnern unter Abwägung der Interessen der
normalerweise beteiligten Kreise verstanden werden" (BGH NJW 01, 2166 mN;
NJW-RR 05, 920; BAG NJW 07, 3228). Damit kommt es nicht auf die Interessenlage im Einzelfall an, sondern auf typisierte Interessen und das Verständnis des
durchschnittlichen Vertragspartners (BGH WM 03, 1242; NJW 01, 2166; 99, 1714;
Schlechtriem, FS Heinrichs, 1998, S 506; § 305b Rn 1). Zu Recht hat der BGH
es abgelehnt, eine (nicht erforderliche) den ges Anforderungen nicht genügende
Widerrufsbelehrung in ein Angebot auf ein vertragliches Widerrufsrecht auszulegen
(NJW 12, 1070). II greift nicht ein, wenn die Parteien die AGB übereinstimmend
verstehen (BGH NJW 02, 2103 mN) oder wenn mit ihrer Hilfe überhaupt festgestellt werden soll, wer Verwender ist (BGH NJW-RR 03, 926 mkritAnm Gsell
EWiR 04, 101). Bei gleichrangigen, einander widersprechenden Klauseln ist die für
den Gegner ungünstigere unbeachtlich (BGH 150, 230). Sind mehrere Klauselwerke
wirksam in den Vertrag einbezogen, die sich teilweise inhaltlich widersprechen
und lässt sich durch Auslegung ein Rangverhältnis nicht ermitteln, so kann keine
Bestimmung angewendet werden; es gelten ges Vorschriften (BGH JA 06, 732).
Zur str Anwendung von II bei sog Gleichstellungsklauseln (dynamische Verweisung
auf Tarifvertrag) tarifgebundener Arbeitgeber s BAG NJW 06, 2571 (Rspr.änderung
angekündigt für nicht tarifgebundene Arbeitgeber). **c) Wirkung.** II hilft nur bei 7
Auslegung, besagt aber zunächst nichts über die Wirksamkeit einer Klausel. Auslegung geht der Inhaltskontrolle stets voraus, § 305b Rn 1. Eine unklare Klausel kann
jedoch nach § 307 I 2 – Transparenzgebot – unwirksam oder nicht wirksam einbezogen (§ 305 II Nr 2, s § 307 Rn 6) sein. Im **Verbandsprozess** (UKlaG 1) ist in
Umkehrung von II zunächst von der scheinbar *kundenfeindlichsten* Auslegung der
unklaren Klausel auszugehen (zB BGH 158, 155; NJW 03, 1238; MK/Basedow
34). Da die nachfolgende Inhaltskontrolle, §§ 307–309, der so ausgelegten Klausel
zu deren Unwirksamkeit führen kann, ist die Auslegung nur *scheinbar* kundenfeindlich; damit wird dem Verwender die Möglichkeit abgeschnitten, sich „nach Bedarf"
auf die eine oder andere Auslegungsalternative zu berufen. Nach hM im Schrifttum
(Pal/Grüneberg 18; MK/Basedow 35; Heinrichs NJW 95, 1397 mN) ist auch im
Individualprozess von der scheinbar *kundenfeindlichsten* Auslegung auszugehen;
hält die Klausel stand, folgt die *kundenfreundlichste* Auslegung nach, wie es II anordnet
(so jetzt auch BGH 176, 244 = NJW 08, 987; NJW 10, 2173 mN). Da die Auslegung
nur *scheinbar* die kundenfeindlichste ist (so), besteht kein Widerspruch zu RiLi
93/13/EWG Art 5 S 2. Sofern alle Auslegungsalternativen einer Inhaltskontrolle
standhalten, ist die kundenfreundlichste zu wählen. Völlig fern liegende Auslegungsmöglichkeiten bleiben in beiden Prozessen außer Betracht (BGH NJW 94, 1779).

4. Restriktionsprinzip. Systematische Einordnung und praktische Bedeutung 8
sind str (MK/Basedow 27, 28). Es besagt: Klauseln, die den Verwender abw vom
dispositiven Recht begünstigen (zB bzgl Haftung, Gewährleistung), werden zugunsten des Kunden eng ausgelegt (sa BGH 93, 75 f; 97, 217; WM 02, 2081). Problematisch daran ist, dass im Wege enger Auslegung verdeckte Inhaltskontrolle betrieben
werden kann, obwohl das Ges beide systematisch trennt. Weder durch Restriktion
noch durch Anwendung von II darf einer an sich nach §§ 307 ff unwirksamen
Klausel zu einem ges noch zulässigen Inhalt verholfen werden.

§ 306 Rechtsfolgen bei Nichteinbeziehung und Unwirksamkeit

**(1) Sind Allgemeine Geschäftsbedingungen ganz oder teilweise nicht
Vertragsbestandteil geworden oder unwirksam, so bleibt der Vertrag im
Übrigen wirksam.**

§ 306

(2) **Soweit die Bestimmungen nicht Vertragsbestandteil geworden oder unwirksam sind, richtet sich der Inhalt des Vertrags nach den gesetzlichen Vorschriften.**

(3) **Der Vertrag ist unwirksam, wenn das Festhalten an ihm auch unter Berücksichtigung der nach Absatz 2 vorgesehenen Änderung eine unzumutbare Härte für eine Vertragspartei darstellen würde.**

1   1. **Allgemeines.** I schaltet §§ 155, 139 für AGB aus. II zieht aus der Wirksamkeit des Vertrags Konsequenzen. Ausnahmsweise ist der Vertrag unwirksam, III. I bezweckt den Schutz der anderen Vertragspartei, die regelmäßig Interesse an der Aufrechterhaltung des Vertrages hat (BGH NJW 92, 879). Ausnahmsweise kann statt I § 139 zum Zuge kommen, wenn dies dem Schutz des Kunden und damit dem Zweck von I entspricht (offen BGH 128, 166). Die Verwendung unwirksamer AGB verstößt gegen vorvertragliche Rücksichtnahmepflichten und fällt daher – bei Verschulden – unter §§ 280 I, 241 II, 311 II (BGH 99, 107; 181, 182 [Schadensersatz für Aufwendungen wegen unwirksamer Klausel über Schönheitsreparatur]; Ersatzpflicht nach Schutzzweck der Norm beschränkend BGH NJW 10, 2873). Zur Anwendung wettbewerbsrechtlicher Ansprüche s Vor §§ 307-309 Rn 2. Klauseln, die gegen §§ 307-309 verstoßen sind insgesamt unwirksam und dürfen nicht – idR auch nicht bei Verträgen zwischen Unternehmern – durch Auslegung auf ein noch vertretbares Maß reduziert werden (**Verbot geltungserhaltender Reduktion**, stRspr (BGH 120, 122; 114, 342 mNachw und Rn 2, hM s Pal/Grüneberg 6). Das Verbot greift erst, wenn die Vertragslücke nicht durch ges Regelungen geschlossen werden kann und es einer ergänzenden Vertragsauslegung bedarf (BGH NJW 12, 2503, s krit sogleich Rn 2).

2   2. **Fortbestand des Vertrages.** Wirksam bleibt der Vertrag, **I** (vorbehaltlich III): **a) trotz Nichteinbeziehung** (ganz oder teilw) der AGB (§§ 305 II, III, 305c I; Zurücktreten nach § 305b gehört nicht hierher). Nur ganz ausnahmsweise scheitert der Vertragsschluss wegen Nichteinbeziehung (§ 305 Rn 17). Zur gescheiterten Ein-
3   beziehung widersprechender AGB s § 305 Rn 23; **b) trotz Unwirksamkeit** (ganz oder teilw) der AGB. Grund der Unwirksamkeit spielt keine Rolle (zB §§ 307–309; 134, 138 [zu § 138 s aber dort Rn 5]). Unwirksamkeit einer Klausel ist zT vermeidbar, wenn inhaltlich und sprachlich ein zulässiger Regelungsteil abspaltbar ist, der eine eigenständige, sinnvolle Regelung enthält (BGH NJW 05, 2225; MDR 04, 1410; NJW 01, 292). Diese **geltungserhaltende Klauselabgrenzung (Teilbarkeit)** ist oft der Sache nach eine **geltungserhaltende Reduktion** (zutr H Roth Vertragsänderung bei fehlgeschlagener Verwendung von AGB 1994 S 41 ff; sa BGH NJW 97, 3439; 98, 451 mablAnm Pecher LM Nr 124 zu § 765). Sa Rn 5. Der BGH lehnt zwar in stRspr eine solche Reduktion ab (BGH NJW 98, 2286 mN für Individual-, BGH 124, 262 für Verbandsprozess), idR auch im kaufmännischen Verkehr (BGH NJW 96, 1407 f), weil sonst der Verwender gefahrlos Übermaßklauseln verwenden könne, denn das Gericht führe sie auf das gem §§ 307–309 zulässige Maß zurück (BGH 143, 119). Doch lässt er Ausnahmen zu (s auch H. Roth aaO S 27 ff mN), so für die Bereiche der ADSp und AGNB (BGH 129, 327; Grund: Zustandekommen dieser AGB; abw BGH NJW-RR 00, 1342); zur geltungserhaltenden Reduktion durch ergänzende Vertragsauslegung Rn 5.

4   3. **Geltung dispositiven Rechts.** Anstelle der nicht geltenden AGB gilt das dispositive Ges (zum Begriff sa BGH NJW 83, 1672; zur Richtlinienkonformität BGH 164, 297; MK/Basedow 4-6), **II.** Führt Änderung der höchstrichterlichen Rspr zur Nichtigkeit einer Klausel, genießt deren Verwender grds keinen Vertrauensschutz (BGH NJW 08, 1438). **a) Abdingbar** ist II nur durch Individualabrede (§ 305b), nicht durch formularmäßige *salvatorische Klausel,* wonach bei Unwirksamkeit statt II eine (noch nicht konkretisierte) Regelung gelten soll, die der inkriminierten Klausel wirtschaftlich möglichst entspricht (sog Ersetzungsklausel; hM, s ErmRoloff 8 f; iErg BGH NJW 05, 2225); s aber zur geltungserhaltenden Reduktion

Rn 3 und 5. **b) Ergänzende Auslegung** zur Schließung von Lücken, die durch 5
Nichteinbeziehung von AGB entstanden sind, ist im Individualprozess möglich, wenn
konkrete ges Regelung fehlt. Entspr verfährt der BGH (vgl BGH 117, 98; 137,
157; NJW 98, 451 mN; 00, 1110) bei *Unwirksamkeit* von AGB, wenn mangels
konkreter ges Regelung die ersatzlose Streichung der Klausel den Interessen beider
Parteien widerstreiten würde, insbes das Vertragsgefüge einseitig zu Gunsten des
Kunden verschiebt (für Preisänderungsklauseln insbes BGH 11, 1342; BGH 182,
59; NJW 10, 54 und 997; für Kaufpreiszuzahlung bei Verträgen gem BauGB 10 II
NJW 10, 3507). Damit tendiert der BGH dazu, die Ergänzung gerade bei Preisanpassungsklauseln nur noch bei einem für den Verwender ansonsten unzumutbarem
Ergebnis vorzunehmen (krit hierzu Uffmann NJW 11, 1313). Ergänzende Auslegung führt dann zu geltungserhaltender Reduktion. Zur fristgemäßen Beanstandung
von Preiserhöhungen bei unwirksamen Preiserhöhungsklauseln im Wege der Auslegung BGH 192, 372. Bes deutlich idS BGH (GS) 137, 218 ff: Formularmäßiger
ermessensabhängiger Anspruch des SG auf Freigabe von Sicherungsgut (§ 930
Rn 58) ist unwirksam (§ 307 II Nr 2); an seine Stelle tritt ein ermessensunabhängiger
Anspruch, der gem § 157 insbes aus dem Treuhandcharakter der Sicherungsabrede
zu entnehmen ist (§ 930 Rn 58). Statt der unwirksam abbedungenen Klausel gilt
also die weniger weitgehende, deren Geltung aber ebenfalls auf dem Sicherungsvertrag (§ 157) statt auf Ges beruht, wie II es fordert. Die Gleichsetzung von § 157 und
ges Regelung, wie sie BGH (GS) 137, 221 f suggeriert, widerspricht der Vertragsbezogenheit ergänzender Auslegung (§ 157 Rn 4) und verschleiert, dass die ergänzende
Auslegung auf eine **geltungserhaltende Reduktion** hinausläuft. – Nach BGH 90,
81 f unterscheiden sich beide Methoden: Letztere suche nach der Grenze des gem
§§ 307–309 „gerade noch Zulässigen" (ebenso BGH [GS] 137, 221), während ergänzende Auslegung einen beiden Seiten soweit als möglich gerecht werdenden Ausgleich bezwecke; die Gegenüberstellung ist fragwürdig, da auch die §§ 307–309 auf
Herbeiführung von Vertragsgerechtigkeit durch einen Interessenausgleich hinwirken will (BGH 96, 25; sa 97, 143; NJW 85, 622 f); Folge: Ergänzende Auslegung
und Reduktion sind hier austauschbar (vgl H Roth [Rn 3] S 58 ff). Ähnlich BGH
151, 234 f: unwirksame Verpflichtung zu Bürgschaft auf erstes Anfordern führt
dazu, dass Vertragspartner selbstschuldnerisch bürgen muss. Im Falle einer nicht
vorbehaltlosen und damit unwirksamen Abtretung von Gewährleistungsansprüchen
des Leasinggebers kommt BGH WM 03, 800 im Wege der Umdeutung (§ 140) zur
Ermächtigung des Leasingnehmers die Ansprüche in eigenem Namen geltend zu
machen. Eine ergänzende Auslegung scheidet jedoch aus, wenn hypothetischer
Parteiwille keinen Anhaltspunkt für eine von mehreren Anpassungsmöglichkeiten
liefert (BGH BB 05, 2207). Geltungserhaltende Reduktion einer formularmäßigen
Schönheitsreparaturklausel scheidet aus (BGH NJW 06, 2915; 10, 667). Für Altverträge (EGBGB Art 229 § 5) im Arbeitsrecht nimmt BAG (ZIP 05, 635 f) ergänzende
Vertragsauslegung vor (s § 308 Rn 6), um Rückwirkung von II verfassungskonform
einzuschränken.

4. Totalnichtigkeit, III. Sie ist Ausnahme (s BGH NJW-RR 02, 1137: bei 6
grundlegender Störung des Vertragsgleichgewichts und Unvorhersehbarkeit der
Klauselunwirksamkeit, BamR/Schmidt 22 ff). EuGH (NJW 12, 1770) betont für
Verbraucherverträge, dass nach KlauselRiLi Art 6 I bei der Abwägung, ob eine
Totalnichtigkeit eintreten soll, die Interessen *beider* Parteien zu berücksichtigen sind
(EuGH NJW 12, 1781; v Westphalen NJW 12, 1770). III ist daher richtlinienkonform auszulegen, da der Wortlaut nur auf Unzumutbarkeit einer Partei abstellt.
Allerdings ist für *Verwender* Festhalten am Vertrag selten unzumutbar („Verwenderrisiko"); für den *Vertragspartner* dann, wenn Vertrag ohne AGB inhaltsleer oder ganz
unklar ist. Die Unzumutbarkeit ist dabei weiterhin unter Berücksichtigung der
Lückenfüllung nach II zu beurteilen (die regelmäßig kundenfreundlich sein wird),
da dieser richtlinienkonform ist, Rn 5 (aA v Westphalen aaO). So führt unwirksame
Verwertungsregelung für Sicherheit regelmäßig nicht zur Nichtigkeit der gesamten

Sicherungszession (BGH NJW 95, 2219; Köln WM 05, 744 mN). Maßgebender Zeitpunkt für III ist das Geltendmachen von Vertragsrechten („Festhalten" am Vertrag), BGH 130, 115; NJW 96, 2094. Im Falle der Nichtigkeit nach III kommt Schadensersatz aus §§ 241, 311 II in Betracht.

§ 306a Umgehungsverbot

Die Vorschriften dieses Abschnitts finden auch Anwendung, wenn sie durch anderweitige Gestaltungen umgangen werden.

1   Zum Umgehungsgeschäft bei Gesetzesverboten s § 134 Rn 18. § 306a hat keinen eigenen Anwendungsbereich soweit „Umgehungsversuche" bzgl §§ 308, 309 von § 307 erfasst werden (BGH 100, 161; 112, 217). Für §§ 305–306 kann sich in seltenen Fällen die Anwendung anbieten. Eine Umgehung liegt vor, wenn zB durch bankinterne Anweisungen (Gebührenerhebung bei Rückgabe einer Lastschrift), die keine Vertragsbedingungen gem § 305 darstellen, aber in der Absicht ergehen, solche Regelungen mit Außenwirkung gegenüber Kunden gerade zu vermeiden, um wirtschaftlich dieselbe Wirkung zu erreichen (BGH 162, 298 ff; krit Borges ZIP 05, 186). Einer Umgehungsabsicht bedarf es nicht (offen BGH aaO).

Vorbemerkungen zu den §§ 307–309

1   **1. Allgemeines. a) Zweck der Normen.** Die Normen über die Inhaltskontrolle sind das Kernstück des Abschnitts zu den AGB. Sie schränken die Gestaltungsfreiheit bei der Abfassung erheblich, weit über die Schranken des § 138 hinaus ein und schaffen damit einen Ausgleich dafür, dass dem Kunden typischerweise die Möglichkeit genommen ist, von sich aus interessengerechte vertragliche Regelungen im Verhandlungswege zu erreichen (s § 305 Rn 1). Ziel der Inhaltskontrolle ist es, eine *unangemessene Benachteiligung* des Kunden infolge der vorherigen Abfassung der AGB und gleich zu behandelnder Klauseln in Einzelverträgen (s § 310 III Nr 2) zu verhindern (§ 307). Dieser allg Grundsatz wird durch Einzelfälle in § 308 und § 309 teilw konkretisiert. Für die **Auslegung** ist zu berücksichtigen, dass die §§ 307 ff, bis auf § 307 I 2 (s dazu § 307 Rn 4 ff) weitgehend der Umsetzung der RiLi 93/13 EWG (s NJW 93, 1838 ff) dienen und damit, soweit sie sich auf die RiLi beziehen, einer richtlinienkonformen Auslegung (mit uU der Vorlagepflicht zum EuGH) unterliegen. Der EuGH überlässt die Missbrauchskontrolle konkreter Klauseln anhand materiellrechtlicher Maßstäbe zu Recht weitgehend den nationalen Gerichten (EuGH NJW 04, 1647; die Klauseln im Anhang zu KlauselRiLi 93/13/EWG Art 3 III sind nicht abschließende Beispiele EuGH EuZW 12, 786). Bei grenzüberschreitenden Sachverhalten richtet sich die Inhaltskontrolle nach dem Vertragsstatut (BGH 182, 24 mBespr Stadler VuR 10, 83). Betroffen sind neben dem Begriff der unangemessenen Benachteiligung in § 307 I zahlreiche Fälle der §§ 308 und 309 wegen der in Anh zu Art 3 Abs 3 der RiLi erwähnten Beispielsfälle und das sog Transparenzgebot (§ 307 I 2). EuGH EuZW 12, 786 verlangt eine amtswegige Berücksichtigung der in Verbandsunterlassungsverfahren festgestellten Missbräuchlichkeit einer Klausel im Individualprozess. Daraus wird überwiegend die Europarechtswidrigkeit der Einredelösung von UKlaG 11 abgeleitet (str, v Westphalen ZIP 12, 2469 mNachw; aA Lindacher EWiR 12, 678). Zu den **Auslegungszielen** im Individualprozess
2   und im Verbandsprozess s § 305c Rn 6. **b) Konkurrenzen.** Die §§ 307 ff haben dadurch erheblich an Bedeutung verloren, dass die ges Mängelgewährleistungsrechte des Käufers im Rahmen des Verbrauchsgüterkaufs auch bei einer Individualvereinbarung zwingend sind, §§ 475–477. Die Rspr praktiziert in Einzelfällen, ua in Notarverträgen über die Veräußerung neuer Häuser oder Eigentumswohnungen, eine Inhaltskontrolle bei der Freizeichnung von Gewährleistungsrechten (BGH 101, 350; 108, 164; NJW-RR 07, 895; krit zB Habersack AcP 189, 416 mwN); dazu

Gestaltung rechtsgeschäftlicher Schuldverhältnisse §307

besteht freilich kein Raum, soweit nicht § 310 III eingreift. Nicht anwendbar sind die Regeln der Inhaltskontrolle beim Verkauf von Grundstücken im Rahmen sog „Einheimischenmodelle", hier geht BauGB 11 I Nr 2 vor (offen BGH 153, 99 mN; BGH NJW 10, 2505 nimmt aber eine solche vor). Die Verwendung unwirksamer AGB kann gleichzeitig auch wettbewerbsrechtliche Sanktionen nach sich ziehen (BGH NJW 11, 76; 12, 3577: §§ 307, 308 Nr 1, 309 Nr 7 sind Marktverhaltensregeln).

2. Anwendungsbereich. a) Seite des Verwenders. Von der Inhaltskontrolle 3 werden alle AGB iSd § 305 I 1 (s § 305 Rn 3), einschließlich vorformulierter Verbraucherverträge (§ 310 III Nr 2) erfasst; sie ist im Falle des § 310 II auf die Anwendung des § 307 beschränkt. Bei gesetzeswiederholenden oder die Hauptleistung bestimmenden Klauseln erfolgt die Inhaltskontrolle (s § 307 III 1) nur anhand des Transparenzgebotes (BGH 165, 20). Zu den Ausnahmen bei bestimmten Vertragstypen s § 310 IV (s § 310 Rn 10 ff). VOB/B unterfallen als AGB grds der Inhaltskontrolle; werden hiervon jedoch als „privilegiert" ausgenommen, wenn sie – in der Praxis selten – als Ganzes vereinbart sind (§ 23 II Nr 5 AGBG aF, jetzt nur noch „Einzelprivileg" gem §§ 309 Nr 8b ff, 308 Nr 5; BGH 178, 1), da insoweit ein billiger Interessenausgleich besteht. Schon geringfügige vertragliche Abweichungen eröffnen jedoch die Kontrolle (noch zu AGBG: BGH 157, 346, Aufgabe der „Kernbereichs"-Rspr). **b) Seite des Vertragspartners.** Die Inhaltskontrolle ist insoweit gem § 310 I eingeschränkt (s § 310 Rn 2).

3. Prüfungsschritte bei der Inhaltskontrolle. a) Vorstufe: Einbeziehen des 4 **Klauselwerks als Ganzes.** Vor der eigentlichen Inhaltskontrolle (außer im Verfahren nach UKlaG 1, 3 ff) ist zunächst zu prüfen, ob die AGB insgesamt Vertragsbestandteil geworden sind. Dies setzt die Qualifikation des Textes als AGB iSd § 305, die nicht unter § 310 IV fallen, voraus. Es ist danach zu unterscheiden, ob der Vertrag mit einem Verbraucher (§ 13) geschlossen wird (s §§ 305, 305a) oder mit einem Unternehmer (§ 14) bzw einer der in § 310 I genannten jur Personen. Weiter ist zu fragen, ob eine Individualabrede vorgeht (§ 305b) und ob die Klausel als überraschend nicht Vertragsbestandteil geworden ist (§ 305c I). **b) Auslegung.** Steht fest, dass die betr Klausel Vertragsbestandteil ist, so muss der Inhalt, evtl unter Berücksichtigung des § 305c II (Unklarheitenregel), ermittelt werden. **c)** Das 5 Verfahren der Inhaltskontrolle gestaltet sich unterschiedlich je nachdem, wer Vertragspartner des Verwenders ist. **aa)** Stärker kontrolliert werden **Geschäfte mit Verbrauchern** (s § 13) und Verträge mit einem eV bzw einer GbR, die sich nicht auf gewerbliche Zwecke beziehen (Umkehrschluss aus § 310 I). Hier ist zunächst § 309 (Ausnahmen in § 310 II) als die gegenüber § 307 speziellere und gegenüber § 308 strengere Norm (ohne Wertungsmöglichkeit) heranzuziehen. Greift § 309 nicht ein, so ist zunächst § 308 (Ausnahmen nur in § 310 II), dann die Auffangnorm des § 307 zu prüfen, wobei gesetzestechnisch § 307 II (vgl „im Zweifel") eine Konkretisierung von § 307 I darstellt und damit vorgeht. In der Praxis wird allerdings weitgehend innerhalb des § 307 nicht mehr differenziert. **bb)** Handelt es sich um einen Vertrag mit einem **Unternehmer** (s § 14), mit einer jur Person des öffentlichen Rechts bzw einem entspr Sondervermögen oder einem Versorgungsunternehmen (§ 310 I, II), so findet nur § 307 Anwendung.

4. Rechtsfolge. Bei Verstoß ist die betr Klausel unwirksam (s jeweils den Einlei- 6 tungssatz der §§ 307–309). Zu den Auswirkungen auf den Vertrag selbst s § 306.

§ 307 Inhaltskontrolle

(1) ¹Bestimmungen in Allgemeinen Geschäftsbedingungen sind unwirksam, wenn sie den Vertragspartner des Verwenders entgegen den Geboten von Treu und Glauben unangemessen benachteiligen. ²Eine unangemes-

§ 307

sene Benachteiligung kann sich auch daraus ergeben, dass die Bestimmung nicht klar und verständlich ist.

(2) Eine unangemessene Benachteiligung ist im Zweifel anzunehmen, wenn eine Bestimmung
1. mit wesentlichen Grundgedanken der gesetzlichen Regelung, von der abgewichen wird, nicht zu vereinbaren ist oder
2. wesentliche Rechte oder Pflichten, die sich aus der Natur des Vertrags ergeben, so einschränkt, dass die Erreichung des Vertragszwecks gefährdet ist.

(3) ¹Die Absätze 1 und 2 sowie die §§ 308 und 309 gelten nur für Bestimmungen in Allgemeinen Geschäftsbedingungen, durch die von Rechtsvorschriften abweichende oder diese ergänzende Regelungen vereinbart werden. ²Andere Bestimmungen können nach Absatz 1 Satz 2 in Verbindung mit Absatz 1 Satz 1 unwirksam sein.

Lit: Armbrüster, Das Transparenzgebot für Allgemeine Geschäftsbedingungen nach der Schuldrechtsmodernisierung, DNotZ 04, 437; Berger/Kleine, AGB-Gestaltung und Transparenzgebot, NJW 07, 3526; Gottschalk, Das Transparenzgebot und allgemeine Geschäftsbedingungen, AcP 06, 555; Günes/Ackermann, Die Indizwirkung der §§ 308 und 309 im unternehmerischen Geschäftsverkehr, ZGS 10, 400; Leyens/Schäfer, Inhaltskontrolle allgemeiner Geschäftsbedingungen, AcP 210, 771; Steppeler, Der Rechtsrahmen für Bankentgelte, WM 01, 1176; Thomas, Preisfreiheit im Recht der Allgemeinen Geschäftsbedingungen, AcP 209, 84.

I. Kriterien der Inhaltskontrolle (I, II)

1 **1. Allgemeines. a) Funktion.** Die Norm legt in Übereinstimmung mit der RiLi 93/13 den allg Wertmaßstab und damit den Schutzzweck der **Inhaltskontrolle** fest, der dann in **II** und in den §§ 308, 309 konkretisiert wird. Gleichzeitig ist § 307 Auffangnorm, soweit die §§ 308, 309 gem § 310 I, II nicht gleichanwendbar sind. Die Rspr neigt dazu, Verstößen gegen die §§ 308, 309 bei AGB von Gewerbetreibenden im Rahmen von § 307 **Indizwirkung** für die ungemessene Benachteiligung beizumessen und damit faktisch denselben Schutz wie für Verbraucher aufzubauen (sa § 305 Rn 1 und 8). § 307 ist weiter Auffangnorm, wenn die §§ 308, 309 deshalb nicht einschlägig sind, weil Anwender jenen Tatbeständen ausweichen und andere Ausgestaltungen wählen. § 307 bildet deshalb in der faktischen Realisierung der Inhaltskontrolle den eindeutigen Schwerpunkt. Die §§ 307 ff ermöglichen eine **richterliche** Kontrolle, eine Überprüfung im Klauselerteilungsverfahren (ZPO 732)
2 scheidet aus (§ 305c Rn 3). **b)** Die **Konkretisierung** des genannten Wertmaßstabes orientiert sich daran, dass bei einem von einer Seite vorformulierten Vertrag die Gerechtigkeitsgarantie des Aushandelns fehlt und damit der Verwender einseitig Bedingungen setzen kann, die beim Aushandeln auf Widerstände stoßen würden. Da die Kundenfreundlichkeit von AGB idR kein Wettbewerbsparameter ist, werden weitgehend gleichartige Klauseln verwendet, so dass dem Kunden kaum realistische Alternativen verbleiben. Der durch die Inhaltskontrolle geschaffene Rechtsschutz – insbes durch die Verbandsklage gem UKlaG 1, 3 ff – soll also der Vertragsgerechtigkeit unter Berücksichtigung und Abwägung der gegenseitigen Interessen herstellen, die von den Parteien selbst wegen der geschilderten tatsächlichen Situation nicht geschaffen wird. Ein solches Ziel entzieht sich freilich bei der ungemein breiten Verwendung von AGB in den unterschiedlichsten Branchen einer Systematisierung. Entstanden ist im Grunde reines Fallrecht, das in seiner Fortentwicklung schwer prognostizierbar ist und das idR alphabetisch aufgelistet wird. Aus Raumgründen kann hier nur eine allg Übersicht mit Beispielen gegeben werden, die eine Orientierung am Tatbestand versucht.

3 **2. „Tatbestand" des I 1. a) Benachteiligung.** Sie ist im Individualrechtsstreit vom Vertragspartner des Verwenders zu beweisen (BGH 153, 155). **aa) Allgemeines.** Eine Schlechterstellung des Vertragspartners durch AGB kann nur im Vergleich

festgestellt werden. Dafür bieten sich zwei Maßstäbe an, die bereits in II genannt sind. **bb)** Sie kann sich zum einen daraus ergeben, dass von der ges Aufteilung der gegenseitigen Rechte und Pflichten (**ges Leitbild**) abgewichen wird (s II Nr 1). Bsp: Maklerprovision unabhängig von Vermittlungserfolg entgegen § 652 (BGH 99, 374) bzw erfolgsunabhängige Provision im Gewande von Aufwendungsersatz (Oldenburg MDR 05, 1287); unbegrenztes Hinausschieben der Fälligkeit eines Anspruchs des Vermieters, so dass § 548 faktisch nicht eingreift (BGH NJW 94, 1788). Einzelh Rn 10. **cc)** Des Weiteren – bei häufigen Überschneidungen – kann 4 eine Benachteiligung des Vertragspartners daraus folgen, dass das **Gleichgewicht der Verpflichtungen zwischen den Parteien** in eine Schieflage gerät. So hat die Rspr bei den sog Tagespreisklauseln im Kfz-Neuwagenhandel und auch bei anderen Gütern beanstandet, dass sich der Verwender bei einer Lieferzeit von mehr als vier Monaten (zur kürzeren Frist s § 309 Nr 1) das Recht zur einseitigen, nicht begrenzten Preiserhöhung vorbehalten hat, ohne dem Käufer die Möglichkeit einzuräumen, sich vom Vertrag zu lösen (BGH 82, 24; BGH NJW 86, 3135). Bei der Abwägung ist der **gesamte Vertragsinhalt**, also nicht nur die einzelne Klausel zu betrachten (BGH 86, 142; 106, 263). Ergibt sich bei mehreren Klauseln erst aus einer Gesamtwirkung eine unangemessene Benachteiligung, dann sind alle Klauseln unwirksam (BGH NJW 11, 2125 [Erfüllungsbürgschaft und Einbehaltsmöglichkeit bei Abschlagszahlungen bei Bauvertrag]). Ein Vorteil in einem Bereich kann also uU andere Nachteile ausgleichen. Ein niedrigerer Preis rechtfertigt allerdings eine Benachteiligung durch AGB grds nicht (BGH 22, 98; 33, 219; krit Tettinger AcP 05, 28); denn der **Preisvorteil** ist nicht nachprüfbar; auch darf der Kunde dadurch nicht schutzlos werden. Ausnahmen: (echte) Wahlmöglichkeit zwischen mehreren unterschiedlich gestalteten Tarifen (s BGH 153, 151), Freizeichnung von hohen, für den Kunden berechenbaren oder versicherbaren Risiken bei relativ geringwertigen Wirtschaftsgütern (vgl BGH NJW 68, 1720, Parkplatzgebühr; BGH 64, 355, Stromversorgungsbedingungen). Hingegen kann der Gedanke der **Risikobeherrschung** eine Rolle spielen, wenn AGB bestimmte Risiken auf den Kunden abwälzen („cheapest cost avoider", s hierzu MK/Wurmnest 48 f); der Kunde muss dann auch die Möglichkeit haben, die Realisierung des Risikos zu verhindern. Drittinteressen bleiben bei der Abwägung grds unberücksichtigt (MK/Wurmnest 50). **dd)** Die Benachteiligung muss von **einigem Gewicht** sein (BGH NJW 01, 3407). Im Verbandsprozess ist in Rechnung zu stellen, dass es um den Schutz des Rechtsverkehrs insgesamt, nicht um einzelne Kunden geht (BGH NJW 94, 318). **b) Unangemes-** 5 **senheit entgegen dem Gebot von Treu und Glauben.** Das Ges knüpft an die von der Rspr gem § 242 praktizierte Inhaltskontrolle an. Die Formel zielt auf den Verwender in einer bestimmten sozialen Rolle (zB als Verkäufer, Nachfrager, Vermieter, Dienstleistungsunternehmen), der als vertrauenswürdiger Geschäftspartner bei der Formulierung der AGB die verständigen Interessen des anderen mit bedenkt und sie im Vertragswerk berücksichtigt. Dabei ergeben sich unterschiedliche Maßstäbe gegenüber Verbrauchern oder Kaufleuten, so dass im **kaufmännischen Verkehr** der Beurteilungsmaßstab großzügiger sein sollte. Die bisherige praktische Weichenstellung im b2b Bereich, ob eine Klausel „ausgehandelt" ist, sollte durch einen am konkreten Verhandlungs(un)gleichgewicht orientierten Kontrollmaßstab ersetzt werden (s § 305 Rn 8 mit Nachw zum Streit). Unangemessenheit liegt idR dann vor, wenn der Verwender einseitig und missbräuchlich eigene Interessen auf Kosten des anderen Teils durchzusetzen versucht, ohne ihm einen angemessenen Ausgleich zuzubilligen (BGH 120, 118; NJW 00, 1110; 03, 887). Obwohl im Text nicht enthalten, kann auch die Verkehrsüblichkeit (BGH 92, 368) oder die Anschauung der beteiligten Kreise eine Rolle spielen, ohne selbstverständlich die Unangemessenheit von vornherein auszuschließen (BGH 91, 319). Sind die AGB bereits von den gegenseitigen Interessengruppen gemeinsam formuliert, so sieht die Rspr erheblich geringere Gefahren und misst den Text idR nicht mehr an § 307 (BGH JZ 88, 39 mit zust Anm Peters, anders jedoch bei der Übernahme nur einzelner Bestimmungen, s BGH NJW 88, 55; vom Normzweck her bedenklich). **Bsp für unangemessene**

§ 307

Klauseln (s auch Rn 11): Aufbürden von Rechtsverfolgungskosten, die über die ges begründeten hinausgehen (BGH NJW 85, 324 f); Fälligstellen der Restschuld auch bei einer unverschuldeten Nichtzahlung (BGH NJW 85, 1705; 85, 2329; 86, 426); Abschlagszahlungspflicht unabhängig vom Baufortschritt (BGH DB 86, 2176); Ausschluss jeglicher Nachforderungen beim Bauvertrag, sofern sie nicht auf schriftlichen Nachtragsaufträgen beruhen (BGH NJW 04, 502); zu „Abschmelzungsklauseln" für Bürgschaft bei **Bauträgervertrag** BGH NJW 10, 1284; Sienz/Vogel ebenda 2703; Sicherungseinbehalt bzw Verpflichtung zu Bürgschaft auf erstes Anfordern für Vertragserfüllungs- bzw Gewährleistungsanspruch gegen Bauunternehmer (BGH 151, 234; NJW 11, 2195 [10% von Auftragssumme); WM 11, 1697 [5% - keine Auslegung als Bürgschaft ohne Einredeverzicht nach § 768]; NJW-RR 04, 880 auch gegenüber öffentl Auftraggeber; zur Kombination von Bürgschaft und Gewährleistungseinbehalt Stuttgart WM 11, 27) oder Sicherheitseinbehalt mit entsprechender Ablösung (BGH 157, 29; WM 05, 1189; zulässig Ablösung des Einbehalts ohne Zusatz „auf erstes Anfordern" BGH WM 04, 719; unzulässig unbefristeter Einbehalt BGH 154, 386); im **Mietvertrag:** Zustimmungsvorbehalt des Wohnungsvermieters hinsichtlich Kleintierhaltung (BGH MDR 08, 134); die Verpflichtung des Wohnraummieters zu **Schönheitsreparaturen** (zum Ganzen Beyer NJW 08, 2065) in „starren" Fristen, sofern diese nicht erst mit Mietbeginn laufen oder verlängert werden können (BGH NJW 06, 1728; 05, 425 u 1188; 04, 2587 u 3775 [dasselbe gilt für Gewerbemiete BGH 178, 165]; NJW-RR 12, 907); ebenfalls unwirksam sind starre Quotenklauseln (BGH NJW 06, 3778); Abgeltungsquote muss sich am Erhaltungszustand und Renovierungsbedarf orientieren (BGH NJW 07, 3632); zur „Tapetenentfernungsklausel" sa BGH NJW 06, 2115; Kappes NJW 06, 3031; unangemessen sind auch konkrete Farbwahlklauseln für laufendes Mietverhältnis (BGH NJW 08, 2499; NJW-RR 09, 656; NJW 11, 514 [auch für Rückgabe der Mietsache, keine Beschränkung auf „weiß"]; 12, 1280; Bsp für zulässige Klausel: BGH NJW 09, 62); das Auferlegen von Schönheitsreparaturen ohne Möglichkeit der Selbstvornahme (BGH NJW 10, 2878); absoluter Ausschluss von Mietminderung einschließlich eines Rückforderungsrechts bei gewerblicher Miete (BGH 176, 196; NJW 08, 2255). Bei unwirksamen Schönheitsreparaturklauseln darf der Vermieter nicht zur Kompensation einen Zuschlag zur ortsüblichen Vergleichsmiete verlangen (BGH NJW 08, 2840; 09, 1410 – abgrenzend NJW 10, 1590). Beim **Kauf:** Ausschluss der Leistungspflicht bei Gebrauchtwagengarantie bei geringfügiger Überschreitung der Wartungsintervalle (BGH NJW 08, 214) oder Abhängigkeit von Vorlage einer Reparaturrechnung (BGH NJW 09, 3714); uneingeschränkte Rückgabepflicht des Kfz-Vertragshändlers für Lagerware bei Vertragsbeendigung (BGH 164, 34 f); bei **Arbeitsverträgen:** die Verpflichtung des AN, dem AG Ausbildungskosten bei Beendigung des Arbeitsverhältnisses ohne Rücksicht auf den Beendigungsgrund und eine angemessene Bindungsfrist zu erstatten (BAG NJW 10, 550; 06, 3083; BGH NJW 10, 58; Maier/Mosig NZA 08, 1168; zur Rückzahlungspflicht bei Sonderzahlungen und Aktienoptionen BAG ZIP 08, 1394 mBspr Lembke NJW 10, 257 ff, 321 ff). Abtretung aller Ansprüche aus Arbeitsvertrag an Darlehensgeber, wenn Verwertung der Sicherheit nicht angezeigt werden muss (BGH MDR 05, 1063). **Sonstige Fälle der Unwirksamkeit:** Zu Mobilfunkverträgen (auch mit Prepaidkarten) s BGH NJW-RR 11, 1618. Unzulässig ist ferner Ausschluss der Wirksamkeit mündlicher Nebenabreden auch für bevollmächtigte Personen nach Vertragsschluss (BGH NJW 86, 1810 mwN zur sog Schriftformklausel allg); Verbot in Fitnessstudio, mitgebrachte Getränke zu verzehren (Brandenburg OLG-NL 2004, 49); **Abtretungsbeschränkung** bei personalisierten Fußballtickets (Gutzeit BB 07, 113); Abtretungsverbot bei Ansprüchen, die nicht die Hauptleistung des Verwenders betreffen (BGH NJW 12, 2107; BGH 110, 241); Begrenzung der Gültigkeit eines Geschenkgutscheins auf ein Jahr (München NJW-RR 08, 1233); zur formularmäßigen Einwilligung gem BDSG 4, 4a BGH NJW 10, 864; 08, 3055 [krit Nord/Manzel NJW 10, 3756]; derzeit auch noch die *ausschließliche* Online-Rechnung bei Mobilfunk-Service-Provider (BGH NJW 09, 3227); Cross-ticketing

Klauseln in der Luftbeförderung, die teilweise Inanspruchnahme von Leistungen ausschließen (BGH NJW 10, 1960; VuR 10, 311; Purnhagen/Hauzenberger VuR 09, 131; aA Köln VuR 09, 437; sa § 309 Rn 7). Kfz Garantie, die von Wartungsobliegenheit des Käufers abhängt, muss Kausalität der Obliegenheit für Schaden bei Garantieausschluss berücksichtigen (BGH NJW 11, 3510). **Nicht unangemessen** ist in einem Heimvertrag eine dynamische Verweisung auf Rahmenverträge nach SGB XI 75 (BGH 149, 146); zulässig ist auch eine Lastschriftklausel in Form von Einzugsermächtigung, wenn genügend Zeit für Rechnungsprüfung bleibt (BGH NJW 03, 1237); unzulässig hingegen Abbuchungsverfahren mangels Korrekturmöglichkeit (hM, BGH NJW 10, 1276 mN; 08, 2495; MK/Wurmnest 230) sowie der formularmäßige Verzicht auf Kontonummer-Namensabgleich bei Überweisungsaufträgen im Wege elektronischer Kontoführung (BGH NJW 06, 503); zulässig auch Betriebs- und Offenhaltungspflichten sowie Sortimentbindung in gewerblichem Mietvertrag (BGH NJW-RR 10, 1018; NJW 00, 1714); langjährige Bindung an Futtermittellieferanten (BGH WM 12, 1928); nicht grds unzulässig sind Vertragsübernahmeklauseln gegenüber Unternehmer (BGH NJW 10, 3709); Pflicht privater Bauherrn, Unternehmer durch vorherige Bürgschaft zu sichern (BGH NJW 10, 2272); sa Nachw § 305c Rn. 4.

3. Transparenzgebot (I 2). a) Funktion. Die Rspr hatte vor Erlass des § 307 I 2 in stRspr (zB BGH 104, 93 f; 106, 49 ff; 133, 32) entschieden, AGB dürften die Rechtspositionen des Vertragspartners (insbes des Verbrauchers) nicht verschleiern und damit die Gefahr auslösen dürfen, dass der Vertragspartner seine Rechte nicht wahrnimmt (BGH NJW 13, 219) oder Gegenansprüche nicht abwehrt. Seine Rechte und Pflichten müssen so klar und präzise wie möglich umschrieben sein. Voraussetzungen und Rechtsfolgen müssen im Rahmen des Möglichen (BGH 164, 16) so genau umrissen sind, dass dem Verwender keine ungerechtfertigten Spielräume bleiben (BGH NJW 04, 1738; 08, 1438); anders im Rahmen des Weisungsrechts nach GewO 106 (BAG NJW 08, 780). Ein weiteres Gefährdungspotential kann zB darin liegen, dass der Vertragspartner Risiken, auch preiserhöhende Bestandteile nicht erkennt und deshalb zu einem sonst nicht geschlossenen Vertrag verleitet wird. RiLi 93/13 EWG Art 5 S 1 ordnet an, dass schriftlich niedergelegte Klauseln „stets klar und verständlich abgefasst" sein müssen, und nimmt in Art 5 S 2 die Unklarheitenregelung auf. Ausdruck des Transparenzgebotes sind daher auch §§ 305c, 305 II Nr 2 (Zumutbarkeitskontrolle), s Rn 7. Ein Verstoß gegen das Transparenzgebot kann schon aus systematischen Gründen nicht immer die Unwirksamkeit der Klausel zur Folge haben; auch würde der Vertragspartner uU bei einer Unwirksamkeit schlechter stehen als bei einer ihm günstigen Auslegung. Die Bestimmung ist daher so gefasst, dass – ohne Vermutungsregelung – die Intransparenz als eine zur Unwirksamkeit führende treuwidrige Benachteiligung gewertet werden „kann" (BT-Drs 14/7052 S 18, 188). Fehlende Transparenz alleine kann jedoch nicht zur Unwirksamkeit führen. **Vorrang** vor der Inhaltskontrolle gem I 1 haben §§ 305 II Nr 2, 305c. **b)** Als **Maßstab** für die gebotene Deutlichkeit einer Klausel ist auf die Kenntnismöglichkeit eines typischerweise bei Verträgen der geregelten Art zu erwartenden durchschnittlichen Vertragspartners (BGH 115, 185 mwN) abzustellen. Damit sind zB an einen Reisenden (BGH 108, 57) geringere Anforderungen zu stellen als an einen Vertreter eines kaufmännischen Unternehmens bei einer Globalzession (BGH 133, 32). Von der Aufgabe, selbst mögliche Schlussfolgerungen für die eigene Position zu ziehen oder auch Einzelberechnungen vorzunehmen, wird der Vertragspartner nicht entlastet (BGH 118, 131). **c) Fallgruppen:** Fehlende Erklärung von **Schlüsselbegriffen oder Berechnungsfaktoren** („Rentenbarwertformel" BGH NJW 96, 456; „Kardinalpflichten" BGH NJW-RR 05, 1505 – obwohl Begriff der Rspr entnommen!); **fehlende Bestimmtheit** hinsichtlich Überstundenregelung in Arbeitsvertrag (BAG NZA 11, 575; BeckRS 2012, 71099; NJW 12, 552; hierzu Bauer/Arnold DB 12, 1986 mwNachw); vermittelter und eigener Reiseleistung (BGH 156, 230); Schadensminderungspflicht (Mün-

§ 307

chen NJW 12, 1664); Preiserhöhungsklausel ohne Konkretisierung der Voraussetzungen und der Grenzen der Erhöhung (BGH 179, 191 [Gaspreiserhöhungsklausel]; zur Frage der Transparenz hat BGH NJW 11, 1392 dem EuGH vorgelegt; NJW-RR 08, 134; DB 05, 2813; NJW 86, 3135; 00, 651; Stuttgart NJW-RR 05, 858); unklare Mietpreisgleitklausel (BGH NJW 04, 1738) oder unbestimmte Mietzusatzkosten (BGH NJW-RR 06, 85); zu „Verwaltungskosten" in Miet-AGB BGH NJW 12, 54; **fehlende Verständlichkeit** (Bsp: dynamische Verweisung auf Berechnungsverordnung, BGH WM 08, 313; unklare Berechnungsmethode einer Abgeltungsquote für Schönheitsreparaturen, BGH NJW 07, 3632; unvollständige Angaben zu Rückkaufswert von Lebensversicherung, BGH NJW 01, 2012; zweideutiger Bezugspunkt für Erhöhung von Reisepreis, BGH NJW 03, 507 und 746; unklare Abrechnungsklauseln im Leasingvertrag, BGH 97, 73; unklare Klausel über das mögliche Erlöschen einer Mietbürgschaft bei Abtretung der Miete, BGH 115, 185; Gesellschafterhaftung in Franchisevertrag BGH 165, 23 f); zu Intransparenz bei Rückkaufswert und Stornoabzug in Lebensversicherungs- und Rentenverträgen BGH NJW 12, 3023 mit Bespr Armbrüster ebenda 3001. **Gefahr der Irreführung** (BGH NJW 01, 1205).

10   **4. Tatbestand des II Nr 1 (Verstoß gegen das ges Leitbild). a) Grundgedanke.** Im Anschluss an die fr Rspr nimmt II Nr 1 den Leitbildcharakter gesetzlicher Regelungen (insbes eines bestimmten Vertragstyps) zum Maßstab der Unangemessenheitskontrolle (zur Leitbildfunktion der AVBGasV [bis 2006] BGH 176, 252; BGH 179, 193). Damit gewinnen die dispositiven ges Bestimmungen wie auch allgemein anerkannte Rechtsgrundsätze (BGH NJW 86, 180; zB Schutz der Privatsphäre, BGH NJW 99, 1864) eine gewisse Verbindlichkeit. Bei Verträgen ohne ges Leitbild sind die von der Rspr entwickelten Rechtsgrundsätze heranzuziehen (sa Rn 12). Allerdings kann die durch II Nr 1 begründete Vermutung widerlegt werden („im Zweifel"). Zu beachten ist, dass sich das ges Leitbild durch die Schuldrechtsreform teilw geändert hat, etwa im Kaufrecht, bei Leistungsstörung allgemein sowie bei der Verjährung (Westermann JZ 01, 535; Roth JZ 01, 489; BGH ZIP 06,

11   235; sa § 309 Rn 11). **b) Beispiele:** Einen Verstoß hat die Rspr angenommen für erfolgsunabhängige **Makler**provision (BGH 99, 382; s Rn 3); „Hinzuziehungsklauseln" (BGH 88, 73; NJW 85, 2478), „Alleinauftragsklauseln" (BGH 60, 377), „Vorkenntnisklauseln" (BGH DB 76, 1711), „Folgegeschäftsklauseln" (BGH 60, 245) und Verbotsklauseln für Eigengeschäfte (BGH NJW 86, 1173). Verzicht auf „Standgeld" des Frachtführers entgegen HGB 412 III (BGH MDR 10, 1405). Zulässig ist Klausel über Fortdauer der Provisionszahlung unabhängig von weiterem Vertragsschicksal (BGH 162, 74), ebenso die Verlängerung der **kaufrechtlichen** Verjährungsfrist auf 3 Jahre im kaufmännischen Verkehr (BGH 164, 196), unwirksam hingegen der Neubeginn der Frist mit jeder Art von (Teil-)Neulieferung oder Nachbesserung; die Selbstvornahme der Mangelbeseitigung ohne Fristsetzung sowie die verschuldensunabhängige Rechtsmängelhaftung (BGH aaO); gegen § 346 verstößt Gutschriftregelung bei Widerruf im Online-Warenhandel (BGH NJW 06, 213). Die Klausel in einem **Heimvertrag,** bei kurzfristiger Abwesenheit sei das volle Betreuungsgeld weiterzuzahlen, verstößt angesichts HeimG 5 VIII (seit 1.1.2002) nicht mehr gegen §§ 537, 615 (BGH NJW 05, 3632; anders noch NJW 01, 2971); ebenso Ausschluss von Entgeltreduzierung bei Sondernahrung (BGH 157, 309); die Koppelung von Miet- und Servicevertrag bei „betreutem Wohnen" ist zulässig (BGH NJW 06, 1276). Unwirksam sind der **Ausschluss des Kündigungsrechts** gem § 627 bzw § 314 (BGH NJW 10, 151 mN – Partnerschaftsvermittlung); außerordentliches Kündigungsrecht aus wichtigem Grund unabhängig von § 314 (BGH NJW-RR 03, 1635); keinen Ausschluss der Rechte aus §§ 326, 314 bedeutet Leistungsbefreiungsklausel des Energieversorgers bei Störungen des Netzbetriebs (BGH NJW-RR 12, 1333). Unwirksam ist auch Fortsetzungsklausel bei **Fitness-Studios** über 6 Monate hinaus trotz Nichtbenutzung (BGH NJW 97, 739; zutr krit v Hippel JZ 97, 1009; s aber zur Zulässigkeit von 12monatigen Verlängerungsklauseln in

Mobilfunk-Service-Verträgen Hamm MDR 10, 1175); im Fitnessstudiovertrag darf außerordentliche Kündigung auch nicht von Vorlage eines *begründeten* ärztlichen Attests abhängig gemacht werden (BGH NJW 12, 1431); Änderungsklausel für Krankenversicherungsvertrag bei Rspr-änderung (BGH NJW-RR 08, 834). Im **Werkvertrag** verstößt die formularmäßige Vergütung für Kostenvoranschläge gegen § 623 III (Karlsruhe MDR 06, 1035); es können Wegezeiten nicht als Arbeitszeiten angesehen werden (BGH 91, 320). § 648 darf, jedenfalls soweit keine entspr Sicherheiten eingeräumt werden, nicht ausgeschlossen werden (BGH 91, 145); desgl nicht § 649 S 2 für den Fall grundloser Kündigung (BGH 92, 249). Unwirksam sind ferner: der Ausschluss ges Ansprüche für zusätzliche oder geänderte Leistungen ohne schriftlichen Nachtragsauftrag (BGH 157, 102), Festlegung des Verjährungsbeginns mit Übergabe statt Abnahme (BGH ZIP 04, 1555) sowie „Musterprozessklausel", nach der Bauhandwerker nur einen vom Baubetreuer zu bestimmenden Bauherrn verklagen darf (BGH 92, 15); unwiderrufliche Vollmacht des Erwerbers in Bauträgervertrag zur Abnahme für vom Bauträger ernannten Sachverständigen (Karlsruhe NJW 12, 239). In **Mietverträgen** verstoßen bestimmte Klauseln zur Schönheitsreparatur gegen das ges Leitbild (s Rn 5); unwirksam ist auch ein Kündigungsausschluss in Staffelmietvertrag über Frist nach § 557a III hinaus (BGH NJW 09, 353; 06, 1056 u 1059); ebenso der 2-jährige Kündigungsausschluss bei einem Studentenwohnheim (BGH NJW 09, 3507). Der **Leasing**geber darf nicht bei vorzeitigem Vertragsende 10% des Verwertungserlöses einbehalten (BGH 151, 192) oder eine von § 546a abweichende Nutzungsentschädigung festlegen (BGH WM 04, 1190). Zulässig ist die Überwälzung der Preis- und Sachgefahr auf den Leasingnehmer, da er auch ohne bes Vereinbarung Anspruch darauf hat, dass ihm Leistungen aus einer vom Leasinggeber abgeschlossenen Versicherung zu Gute kommen (BGH NJW 04, 1042), zur Überwälzung des Insolvenzrisikos des Lieferanten auf den Leasingnehmer, BGH 178, 227. Eine **Bürgschaft** für künftige Forderungen ohne summenmäßige Begrenzung verstößt gegen § 767 I 3 (Einzelheiten s § 765 Rn 18); § 776 darf nicht pauschal ausgeschlossen werden (§ 776 Rn 4); ebenso wenig die Einrede der Aufrechenbarkeit (§ 770 II) bei unbestrittener oder rechtskräftig festgestellter Gegenforderung des Hauptschuldners (hM, jetzt auch BGH 153, 299 gegen 95, 359 ff). In **Bankverträgen** dürfen zum Erbnachweis durch Erbschein keine zu strengen Anforderungen gestellt werden, denn das ges Leitbild der §§ 2366, 2367 sieht einen solchen generellen Nachweis gerade nicht vor (Hamm WM 13, 221), es dürfen ferner nicht auf den Kunden überwälzt werden das Fälschungsrisiko bei Schecks (BGH WM 97, 910); unzulässig sind zusätzliche Entgelte für Tätigkeiten auf Grund von Ges oder vertraglicher Nebenpflicht (BGH 180, 257), für Bearbeitung einer Pfändung (BGH NJW 00, 651), Schätzgebühr für Sicherheit (Düsseldorf WM 10, 215) oder für Depotübertragung (BGH 161, 189); für Ein- und Auszahlungen am Bankschalter (BGH 133, 13); die Benachrichtigung über die Nichteinlösung eines Schecks oder von anderen Aufträgen mangels Deckung (BGH NJW 01, 1420); zulässig aber Zeichnungsgebühr für Aktienneuemission (BGH 153, 344). Für **Bearbeitungs- und Bankgebühren** ist die Abgrenzung zwischen kontrollfähigen Preisnebenabreden und kontrollfreien Preishauptabsprachen in der Rspr nicht immer stringent und transparent (sa Rn 15). Die Rspr nimmt dabei für Banken tendentiell eine ggf. nebenvertraglich begründete kontrollfähige Nebenabrede an (BGH NJW 12, 2572; Düsseldorf ZIP 12, 1749). Unzulässig sind deshalb zB Entgelt für nicht zu vertretende Rücklastschriften (BGH 150, 274 ff) oder iS einer Schadenspauschalierung (BGH NJW 09, 3570 [Luftbeförderungsvertrag]); Auslagenersatzklauseln, für Aufwendungen im „mutmaßlichen" Interesse des Bankkunden (BGH NJW 12, 2337 und 2342); Bearbeitungsgebühren für Verbraucherdarlehen, str (Zweibrücken MDR 11, 1125; Karlsruhe WM 11, 782 und 1366; Dresden WM 12, 2320, hierzu Schmieder WM 12, 2358; aA – keine Inhaltskontrolle – Celle WM 10, 355; Berger/Rübsamen WM 11, 1877; Godefroid ZIP 11, 947 je mNachw); unzulässig sind AGB-Entgelte für Pfändungsschutzkonten (da ges Pflicht ZPO 850k VII, BGH JZ 13, 196 mAnm Fest 202; zust Fournasier WM 12, 211; Frankfurt NJW 12, 2121;

§ 307

WM 12, 1911; Schleswig WM 12, 1914); Kontoführungsgebühren für Darlehen (BGH 190, 66). Str ist, wie sich die AGB-Kontrolle zum neuen **Zahlungsdienstleistungsrecht** (§§ 675c ff) verhält. Der BGH legt diese Vorschriften eng aus (BGH NJW 12, 2572f [Rückgriff auf allg Regeln für Einzugsermächtigungslastschrift zulässig]) und sieht darin kein neues ges Leitbild, vielmehr sollen die Vorschrift die grundsätzliche Unzulässigkeit von Entgelten für Nebenleistungen der Banken bestätigen (ähnlich Frankfurt ZIP 13, 452; aA Pal/Grüneberg 69; Grundmann WM 09, 115 [neues Leitbild]; weitergehend Fournasier WM 13, 207, der im Anwendungsbereich der §§ 675c ff §§ 307-309 nicht mehr anwenden will und der Vollharmonisierung anders als der BGH weite Wirkung zugesteht). Für das Deaktivieren eines Telefonanschlusses kann kein Entgelt gefordert werden, da Verwender eigene Interessen wahrnimmt (BGH NJW 02, 2387). Zulässig ist die Beschränkung auf bargeldlose Zahlung bei **Fernabsatz**, nicht aber damit verbundene Gebühren auf Kredit- oder Zahlkartenzahlungen, weil keine zumutbare andere Zahlungsmöglichkeit besteht (BGH 185, 359 = NJW 10, 2719 [Luftverkehrsunternehmen]); Unwirksam ist **Guthabenverfall** auf Telefonkarte nach Gültigkeitsablauf ohne Ausgleichsmöglichkeit (BGH NJW 01, 2635; München NJW 06, 2416; ebenso Auszahlungsgebühr Frankfurt VuR 10, 111; zum Ganzen Lorenz VuR 09, 330), ggf zeitliche Beschränkung der Inanspruchnahme von Flugprämienpunkten nach Kündigung oder Beendigung des Programms (BGH NJW 10, 2046); die Begrenzung von HGB 89b für Altersvorsorge von Versicherungsvertreter (BGH 153, 16), die Vorfinanzierung der Erlösherausgabe durch den Handelsvertreter (BGH NJW-RR 05, 340). Im **Telefondienstvertrag** kann die Entgeltpflicht des Kunden auf die zu vertretene Nutzung durch Dritte erweitert werden (BGH 188, 351). Zur Zulässigkeit von **Vertragsstrafen im kaufmännischen Verkehr** § 309 Rn 7. **Klageausschlussfrist** von weniger als 3 Monaten ist trotz Besonderheiten des Arbeitsvertrages unangemessen (BAG NJW 05, 3307). Die Anrechnung von Tilgungsleistungen nur im Jahresrhythmus verstößt gegen § 362 (desgl iErg Löwe NJW 87, 937; aA Stuttgart NJW 87, 2021; Kollhosser ZIP 86, 1429; Canaris NJW 87, 2409); § 366 kann abbedungen werden (BGH 91, 380). Unzulässig sind Konzernverrechnungsklauseln (BGH WM 05, 1801; aA Frankfurt NJW-RR 04, 54) und Klauseln zur außerordentlichen **Kündigung** ohne wichtigen Grund (BGH WM 04, 149; MDR 05, 1285). HGB 87b II verlangt hingegen nicht Provisionsabrechnung für Reisebüro unter Einschluss von Landegebühren für vermittelte Flüge (BGH NJW-RR 04, 1206).

12 **5. Tatbestand des II Nr 2 (Einschränkung von Rechten des Kunden oder Pflichten des Verwenders).** Erfasst werden sollen insbes Verträge, die kein ges Leitbild haben (zB Leasing-, Sicherungsvertrag). Angeknüpft wird an die stRspr, nach der sich der Verwender nicht von der Nichterfüllung sog „Kardinalpflichten" freizeichnen bzw seine Haftung wesentlich einschränken kann (BGH 49, 363; 50, 20; 72, 208). Es kommt daher auf die Natur des Vertrages an. Nicht beschränkt werden dürfen Pflichten, mit denen die Durchführung des Vertrages „steht und fällt", auf deren Erfüllung der Vertragspartner berechtigterweise vertraut (BGH NJW 93, 335 mwN; BGH 149, 60 [Erfolgsbezug des Werkvertrages]). Davon werden auch bedeutsame Nebenregelungen erfasst (BGH 83, 308; NJW 85, 322; 85, 915). **Bsp unwirksamer Klauseln:** Subsidiaritätsklausel für Haftung des Bauträgers (BGH 150, 232 mN); zeitlich unbegrenztes Kündigungsrecht bei einer Krankenhaustagegeldversicherung (BGH 88, 78; s aber BGH 152, 263 f zulässige Begrenzung der Leistungspflicht); Abhängigkeit von Fortbestand der Krankentagegeldversicherung des AN von ununterbrochenem Arbeitsverhältnis (BGH 175, 329); Ausschluss der Auslandsreise-Krankenversicherung für den Staat, dessen Angehöriger der Reisende ist (BGH NJW 01, 1133); Ausschluss erforderlicher nicht ärztlicher Leistungen in Krankheitskostenversicherungsvertrag (Hamm NJW 12, 321); verschuldensunabhängiges Rückbelastungsrecht von Kreditkartenunternehmen gegenüber Vertragsunternehmen bei missbräuchlichem Karteneinsatz (BGH NJW 02, 2234 mN zur Gegenansicht); Recht der Brauerei in einem Bierlieferungsvertrag, bei Vertragsver-

Gestaltung rechtsgeschäftlicher Schuldverhältnisse § 307

letzungen des Gastwirts die Rückgabe des überlassenen Inventars bei fortbestehender Bezugsverpflichtung zu verlangen (BGH DB 85, 1684); Beratungspflicht des Versicherungsmaklers (BGH 162, 78); dreimonatige Verfallsfrist für Überstundenvergütung (BAG NJW 06, 795). Zusätzlich erforderlich ist eine **Gefährdung des Vertragszwecks** (BGH 103, 324; für das Kaufrecht vgl Litzenburger NJW 02, 1244). **Freizeichnungsklauseln** unterliegen zunächst einer bes Regelung in § 309 Nr 7 und 8. § 307 II Nr 2 greift zusätzlich (zB beim Ausschluss der Haftung für leichte Fahrlässigkeit) ein, wenn sich die – völlige oder teilweise – Freizeichnung auf sog **Kardinalpflichten**, also den Kernbereich der zugesagten Leistung bezieht (BGH NJW 99, 1031 mwN; BGH DWW 02, 68), aber auch vorhersehbare, vertragstypische Schäden betroffen sind (BGH NJW 01, 292; NJW-RR 01, 342). Dasselbe gilt, wenn für die Vertragserfüllung ein **bes Vertrauen** im Blick auf die fachliche Kompetenz und Sorgfalt in Anspruch genommen wird oder wenn der Vertragspartner vertraglich Einflussmöglichkeiten auf seine Lebensgüter oder auch auf erhebliche Vermögenswerte gewähren muss (Bsp: Krankenhausträger für ärztliche Leistung, BGH NJW 90, 761; Treuhänder bei einem Bauherrenmodell, BGH ZIP 85, 623; NJW-RR 98, 1426). Kann der Verwender relativ problemlos eine **Haftpflichtversicherung** abschließen oder ist dies ges bzw standesrechtlich vorgeschrieben, so ist eine Freizeichnung ebenfalls unangemessen. Im Mietvertrag verstößt eine Freizeichnung des Vermieters für leicht fahrlässig verursachte, mangelbedingte Sachschäden gegen II Nr 2, wenn Schäden erfasst sind, gegen die sich der Mieter typischerweise nicht versichern kann (BGH 149, 96 f). **Zulässig** ist die Vereinbarung ordentlichen Kündigungsrechts bei Dienstvertrag (BGH 175, 107 für Schuldvertrag).

II. Der Inhaltskontrolle unterliegende Klauseln (III)

1. Normzweck. Von dem Ansatz her, dass die §§ 307 ff – vom Transparenzgebot 13 abgesehen – die rechtliche *Gestaltungsfreiheit* der Beteiligten unter den in den einzelnen Normen genannten Kriterien begrenzen sollen, kann sich die Inhaltskontrolle nur auf eine vertragliche Regelung beziehen, die des **Rechtsstellung** der Beteiligten gegenüber der sonst („objektiv") bestehenden (dispositiven) Rechtslage **verändert** (zB Modifikation des Ausgleichsanspruchs nach HGB 89b [BGH 152, 132]; BAG NJW 08, 3372 [Aufhebungsvertrag]) oder in einem auch durch die Rspr **nicht geregelten** Bereich festlegt. Aus diesem Grundsatz ergeben sich verschiedene Teilaspekte und Fallgruppen. **III 2** erstreckt das Transparenzgebot (s Rn 6 ff) auf alle (zB preisregulierende, das Ges wiederholende) AGB, weil mangelnde Transparenz eine Benachteiligung in sich darstellen kann (BGH 165, 21; BAG NJW 11, 331).

2. Tatbestand des III 1. a) Grundsatz. Sog deklaratorische Klauseln, die eine 14 auf den Sachverhalt anwendbare **ges Bestimmung** bzw einen allg, etwa aus § 242 entwickelten Rechtsgrundsatz (BGH 150, 272, 274 f) lediglich **wiederholen,** haben keinen eigenen Regelungsgehalt und fallen damit nicht unter die **Inhaltskontrolle** (BGH 182, 50 für Preisanpassungsklausel entspr GasGVV; BAG NJW 11, 331 für GewO 106; München NJW-RR 11, 1359 für Verfallklausel bei verlorenen Veranstaltungstickets, die unter § 807 fallen). Gibt das Ges lediglich eine Ermächtigung zu einer die Rechtslage abändernden Vereinbarung wie zB in § 399 2. Alt, so unterliegt die von dieser Ermächtigung Gebrauch machende Klausel der Inhaltskontrolle (BGH 81, 232 für Preisspielräume einer Gebührenordnung). Das gilt auch, wenn ges Bestimmungen und allg Regeln für einen bestimmten Vertragstyp durch AGB auf andere Verträge übertragen werden. Bsp: Anwendung des § 367 auf Kreditgebühren, die mit jeder monatlichen Rate anteilig getilgt werden sollen (BGH 91, 57). **b)** Bestimmungen zur (Sach-)Leistung **(Leistungsbeschreibungen)** sind kontrollfrei, soweit keine ges Vorgabe besteht und damit eine *rechtliche Veränderung* (s Rn 13) ausscheidet (BGH NJW 01, 2014). Bsp: Kataloge, Prospekte, Erläuterungen in einer Baubeschreibung im Rahmen eines Ausschreibungsverfahrens, DIN-Normen, Beschreibungen des versicherten Risikos im Kernbereich (Hadding VersR 98, 627; aA Schünemann VersR 00, 144 mwN). Sobald jedoch *im Ges* festgelegte

Stadler

§ 308

Hauptpflichten oder auch zB aus §§ 241 II, 242 folgende Nebenverpflichtungen modifiziert werden, greifen die §§ 307–309 wieder ein (BGH NJW 03, 2015: Nutzungsumfang bei Softwarelizenz; BGH 153, 16: Beschränkung von HGB 89b). Bsp: Regelungen über den EV, die Lieferzeit, die Abnahme gem §§ 640 ff. Dasselbe gilt, wenn Klauseln die *vertragliche* (als solche nicht kontrollfähige) *Leistungszusage* einschränken oder modifizieren. Bsp: Deckungsausschluss in der Reise-Krankenversicherung für „akut behandlungsbedürftige" Erkrankungen (BGH NJW 93, 1134); Leistungsausschlüsse in der Lebensversicherung (BGH NJW 01, 2014). Das BAG sieht auch Ausgleichsklauseln im Zuge von Aufhebungsverträgen als kontrollfähige Nebenabrede an (BAG NJW 12, 103), nicht aber Arbeitszeit und Höhe der Vergü-
15 tung (ZIP 13, 474). **c) Preise oder Entgelt für die Hauptleistung** sind mangels ges Fixierung nicht überprüfbar (BGH ZIP 98, 2098; WM 02, 1970; Hamm WM 10, 702 [Abschlussgebühr für Bausparverträge]; zur Abgrenzung von Bearbeitungsentgelt und Disagio Bamberg WM 10, 2072; BAG NJW 12, 2683 [Vergütungsregelung für Überstunden]). Soweit im Einzelnen ges Regelungen bestehen (Bsp: HOAI, GOÄ) oder taxmäßige Vergütungen etc als Maßstab herangezogen werden (s zB § 632 II), unterliegen Modifikationen wiederum der Inhaltskontrolle (BGH 115, 391); zum Verhältnis der §§ 675c ff bei Zahlungsdiensten zur AGB-Kontrolle s Rn 11. Klauseln zu **Preis- und Zahlungsmodifikationen und -vorbehalten** fallen unter die richterliche Kontrolle (§ 309 Nr 1). Preisanpassungsklauseln, die mit dem PrKG vereinbar sind, unterliegen wegen des unterschiedlichen Normzwecks § 307 (BGH 185, 96 = NJW 10, 2796); Bsp: Preisberechnungsklauseln, die eigene Faktoren einführen (BGH 93, 358), Klauseln zur Preisbestimmung bzw -abänderung durch den Verwender oder einen Dritten (BGH 82, 26; NJW 08, 360), Erhöhungsklausel in Ausfüllung von § 651a (BGH NJW 03, 508); zu Preisanpassungsklauseln bei Gaslieferverträgen insbes auch in Sonderkundenverträgen BGH NJW 11, 1342 und 2501 sowie 2508; BGH 186, 180 = 11, 50; 10, 2789 und 2793; BGH 182, 59; Makert ZMR 09, 898); zusätzliche Freistellungsverpflichtungen (BGH WM 04, 1355); Zinsanpassungsklauseln (Hamm WM 03, 1170 f; Habersack WM 01, 759), sog Tagespreisklauseln, Skonti, Rabatte (BGH NJW 94, 1063), Regelungen zur Fälligkeit (BGH 81, 242), Kappungsklauseln (NJW-RR 08, 251). Bei arbeitsvertraglichen Vergütungsregelungen ist (auch im Hinblick auf einen „Freiwilligkeitsvorbehalt") zwischen Sonderleistungen und laufendem Entgelt zu unterscheiden (Lembke NJW 10, 257 und 321 mN zur Rspr). Fixierungen von **Preisbestandteilen für Neben- und Zusatzleistungen** sind nicht überprüfbar, wenn sie sich nicht auf rechtlich festgelegte Leistungsbestandteile oder Sonderleistungen beziehen (Dresden WM 11, 1843); dann verändert eine Klausel nicht die Rechtslage. Bsp: Klauseln zu Transport- und Verpackungskosten, Kosten für die Anfahrt (BGH 116, 119), Gebühren für die Inanspruchnahme von Geldautomaten (BGH NJW 96, 2023), für die Benutzung der Kreditkarte im Ausland (BGH 137, 30); für Kontoführungsgebühren bei Darlehensvertrag betont BGH 190, 74 hingegen Kontrollfähigkeit, weil Konto ausschließlich im Interesse der Bank geführt werde (gegen Stuttgart ZIP 11, 462). Ist hingegen der Verwender ges oder zB aus § 242 vertraglich zur Nebenleistung verpflichtet und wird diese damit grds vom Preis für die Hauptleistung erfasst, so unterliegen darauf bezogene Preisnebenabreden wie bei der Sachleistung der Inhaltskontrolle (zur Schwierigkeit der Abgrenzung Rn 11).

3. Zum Transparenzgebot (III 2) s Rn 6 ff.

§ 308 Klauselverbote mit Wertungsmöglichkeit

In Allgemeinen Geschäftsbedingungen ist insbesondere unwirksam
1. (Annahme- und Leistungsfrist)
   eine Bestimmung, durch die sich der Verwender unangemessen lange oder nicht hinreichend bestimmte Fristen für die Annahme oder Ablehnung eines Angebots oder die Erbringung einer Leistung vorbehält; aus-

genommen hiervon ist der Vorbehalt, erst nach Ablauf der Widerrufs- oder Rückgabefrist nach § 355 Abs. 1 bis 3 und § 356 zu leisten;

2. (Nachfrist)
eine Bestimmung, durch die sich der Verwender für die von ihm zu bewirkende Leistung abweichend von Rechtsvorschriften eine unangemessen lange oder nicht hinreichend bestimmte Nachfrist vorbehält;

3. (Rücktrittsvorbehalt)
die Vereinbarung eines Rechts des Verwenders, sich ohne sachlich gerechtfertigten und im Vertrag angegebenen Grund von seiner Leistungspflicht zu lösen; dies gilt nicht für Dauerschuldverhältnisse;

4. (Änderungsvorbehalt)
die Vereinbarung eines Rechts des Verwenders, die versprochene Leistung zu ändern oder von ihr abzuweichen, wenn nicht die Vereinbarung der Änderung oder Abweichung unter Berücksichtigung der Interessen des Verwenders für den anderen Vertragsteil zumutbar ist;

5. (Fingierte Erklärungen)
eine Bestimmung, wonach eine Erklärung des Vertragspartners des Verwenders bei Vornahme oder Unterlassung einer bestimmten Handlung als von ihm abgegeben oder nicht abgegeben gilt, es sei denn, dass
a) dem Vertragspartner eine angemessene Frist zur Abgabe einer ausdrücklichen Erklärung eingeräumt ist und
b) der Verwender sich verpflichtet, den Vertragspartner bei Beginn der Frist auf die vorgesehene Bedeutung seines Verhaltens besonders hinzuweisen;

6. (Fiktion des Zugangs)
eine Bestimmung, die vorsieht, dass eine Erklärung des Verwenders von besonderer Bedeutung dem anderen Vertragsteil als zugegangen gilt;

7. (Abwicklung von Verträgen)
eine Bestimmung, nach der der Verwender für den Fall, dass eine Vertragspartei vom Vertrag zurücktritt oder den Vertrag kündigt,
a) eine unangemessen hohe Vergütung für die Nutzung oder den Gebrauch einer Sache oder eines Rechts oder für erbrachte Leistungen oder
b) einen unangemessen hohen Ersatz von Aufwendungen verlangen kann;

8. (Nichtverfügbarkeit der Leistung)
die nach Nummer 3 zulässige Vereinbarung eines Vorbehalts des Verwenders, sich von der Verpflichtung zur Erfüllung des Vertrags bei Nichtverfügbarkeit der Leistung zu lösen, wenn sich der Verwender nicht verpflichtet,
a) den Vertragspartner unverzüglich über die Nichtverfügbarkeit zu informieren und
b) Gegenleistungen des Vertragspartners unverzüglich zu erstatten.

1. Allgemeines. Bisheriges Recht. § 308 übernimmt mit Modifikationen AGBG 10. Zum **Anwendungsbereich** s Rn 4 vor § 307, zum **Verhältnis zu § 309 und § 307** s § 307 Rn 1.

2. Unangemessene Fristen für die Vertragsannahme und für die Leistung (Nr 1). a) Funktion und Unangemessenheit. Durch den Vorbehalt einer **Annahmefrist** erreicht der Verwender eine einseitige Bindung des Vertragspartners gem § 145, welche dessen Dispositionsfreiheit erheblich einengen kann. **Unangemessen** lange ist eine Frist, die über den Tatbestand des § 147 II einschließlich einer sachlich gebotenen Überlegungszeit (uU mit dem Einholen notwendiger Informationen, Bearbeitungs- u Prüfungszeit) wesentlich hinausgeht (s BGH NJW 13, 291 [Wiedergabe der ges Regelung unproblematisch]; 01, 303 [3 Wochen zu lang bei Kauf vorrätiger Ware auf Kredit]; NJW 10, 2873 [fast 5 Monate zu lang bei finan-

§ 308

ziertem Kauf von Eigentumswohnung], hierzu Herrler/Suttmann DNotZ 10, 883). Grundsätzlich muss anhand der vertragstypischen Gegebenheiten eine Interessenabwägung erfolgen. Für Kreditgeschäfte wird als zulässig erachtet ein Monat (BGH NJW 88, 2107), für die Bestellung eines neuen Kfz 4 Wochen (BGH 109, 363), ebenso für individuelle Einbauküche (BGH 170, 1), 6 Wochen für Lebensversicherung (Prüfung medizinischer Befunde notw, Hamm VersR 86, 1808); 10 Wochen sind hingegen trotz notwendiger Finanzierungsgespräche zu lang für Kauf einer Eigentumswohnung (Dresden OLG-NL 05, 4: max 6 Wochen); LG Bremen erachtet 10 Tagefrist für Gebrauchtwagenkäufer als zu lang, wenn kein Kreditgeschäft vorliegt (str, NJW 04, 1050 mN; idR aber 14 Tage für Alltagsgeschäfte s PWW/Berger 5). **b) Nicht hinreichend bestimmt** ist eine Frist, wenn sie nicht rasch und ohne weitere Ermittlungen festgestellt werden kann. Dies gilt insbes, wenn der Anfangszeitpunkt der Laufzeit von einem noch nicht zeitlich genau fixierten oder in die Sphäre des Verwenders fallenden Ereignis abhängig gemacht wird (BGH NJW 85, 856; VuR 05, 156: Unterschrift der Bank). IdR ist die Annahmefrist nach
3 Tagen, Wochen usw zu berechnen. **c)** Die Unangemessenheit der **Leistungsfrist** (dh Fälligwerden) hängt sehr vom zu leistenden Gegenstand ab (zB im Handel frei erhältliche Konsumartikel, Anfertigung auf Bestellung, Eigentumswohnung im Hochhaus), uU auch davon, ob sich der Verwender die Ware selbst erst auf Anfrage beschaffen muss. Abzustellen ist darauf, wann die Leistung unter durchschnittlichen, auf dem Markt üblichen Bedingungen und unter Berücksichtigung einer angemessenen Sicherheitsreserve erbracht werden kann (BGHZ 92, 28). Unzulässig sind zB im Möbelhandel ohne Differenzierungen vier Wochen (BGH NJW 85, 323 mwN). Zur unzulässigen **Unbestimmtheit** s Rn 2. **d) Ausnahme bei Verträgen mit Widerrufs- und Rückgaberecht (Halbs 2)**. Kann der Verbraucher gem § 355 seine zum Vertragsschluss führende Willenserklärung widerrufen, so muss es dem Verwender möglich sein, das Erbringen von Leistung vom Verstreichen der Widerrufsfrist abhängig zu machen (BT-Drs 14/2658 S 51). Ein Leistungsvorbehalt, bezogen auf das Verstreichen der Rückgabefrist gem § 356, macht nur Sinn bei Teil- oder Ratenlieferungen. **e)** Bei **Verträgen zwischen Unternehmern** dürften die Maßstäbe in vergleichbarer Weise gelten (PalGrüneberg 10); Branchenüblichkeit kann kürzere Fristen rechtfertigen (PWW/Berger 14).

4   **3. Unangemessenheit einer Nachfrist für die Leistung (Nr 2). a) Unangemessene Dauer.** Nr 2 gilt soweit Kundenrechte von einer Nachfrist abhängen (zB §§ 281, 323, 637, 651c III). Da die eigentliche Leistungszeit (s § 308 Nr 1) bereits vorausgeht, ist die *Verlängerungsfrist*, die allein den Interessen des Verwenders Rechnung trägt, relativ kurz festzusetzen. Richtschnur sind branchenübliche Fabrikations- und Beschaffungszeiten zuzüglich eines Sicherheitszuschlags. Bsp: Unzulässig sind 4 Wochen beim Möbelkauf (BGH NJW 85, 323); zulässig 6 Wochen bei Neuwagenkauf (BGH NJW 01, 294); 6 Wochen bei Lieferung von Fenstern (Stuttgart NJW 81, 1106; sa Seifert BB 84, 863 mwN). Zur unzulässigen **Unbestimmtheit** s Rn 2. **b)** Für **Verträge zwischen Unternehmern** gilt dieselbe Wertung.

5   **4. Sachlich nicht gerechtfertigtes Rücktrittsrecht (Nr 3). a) Funktion.** Der Rücktrittsvorbehalt des Verwenders für die Zeit *nach Vertragsschluss* führt zu einer einseitigen Bindung des Kunden; er kann nicht frei disponieren. Im Sinne eines allg Lösungsrechts fallen auch Kündigung, Widerruf und Anfechtung hierunter, ebenso die auflösende, nicht aber die aufschiebende Bedingung (BGH NJW 11, 1215). Der Verwender darf deshalb in AGB nur bestimmte, bei Vertragsschluss erkennbare Störungsrisiken überwälzen. **b)** Die **Rücktrittsgründe** müssen für Durchschnittskunden hinreichend deutlich **gekennzeichnet** sein (s zB BGH NJW 83, 1321: „Betriebsstörungen jeder Art" ist unzulässig, ebenso „zwingender Grund" Köln NJW-RR 89, 926). **Sachlich angemessene** (RiLi 93/13 EWG: „triftige") **Gründe** sind seitens des **Vertragspartners** zB ein Insolvenz- oder Vergleichsverfahren, fehlende Kreditwürdigkeit (BGH NJW 01, 298: eidesstattl Versicherung), falsche, für die Kreditwürdigkeit relevante Auskünfte über die eigenen Vermögens-

Gestaltung rechtsgeschäftlicher Schuldverhältnisse § 308

verhältnisse (BGH NJW 85, 2271), erhebliche, für den Vertrag bedeutsame Verletzungen (BGH ZIP 85, 1204); auf Seite des **Verwenders** die Beschränkung auf den vorhandenen Vorrat, Ausbleiben der *nicht betriebsbezogenen* Selbstbelieferung (BGH NJW 83, 1321). **Unangemessene** Gründe sind zB die eigene kurzfristige Betriebsstörung (BGH NJW 83, 1321 mwN), ein zeitweiliger Arbeitskampf (BGH NJW 85, 857); Beförderungsausschluss bei fehlender Vorlegung der Kreditkarte, mit der eine Flugreise gebucht wurde (Frankfurt NJW-RR 12, 51). Für **Dauerschuldverhältnisse** und **Wiederkehrschuldverhältnisse** (s § 311 Rn 14, 15), die häufig ein Recht zur ordentlichen Kündigung kennen, gilt § 308 Nr 3 nicht. **c)** Bei **Verträgen zwischen Unternehmern** sind an den „sachlich angemessenen" Grund nicht so hohe Anforderungen zu stellen (kaufmännische Verkehrssitte entscheidend); Rücktrittsgründe dürfen allgemeiner gefasst sein (BGH NJW 85, 738; PalGrüneberg 23; PWW/Berger 29).

5. Unzumutbare Befugnis zur Leistungsänderung (Nr 4). Hier akzeptiert 6 der Kunde spätere Abweichungen als vertragsgemäß, so dass etwa nach dem subj Fehlerbegriff (s § 434 Rn 2 u 8 ff) kein Mangel vorliegt. § 308 erlaubt deshalb nur, diejenigen Änderungen vertraglich zu fixieren, die der Kunde auch gem § 242 akzeptieren müsste (s § 242 Rn 18). Der Begriff der Zumutbarkeit ist hier wenig aussagekräftig. Er ist dahin zu konkretisieren, dass der konkrete Vertragszweck sichergestellt bleiben muss und die Interessen des Verwenders an der Änderung diejenigen des Vertragspartners an vereinbarter Leistung idR überwiegen (BGH 158, 154, abl für einseitige Zinssatzbestimmung bei langfristigen Sparverträgen). Anlass wie Ausmaß der Abweichung müssen vorher abgeschätzt werden können. Für die Änderung muss grds ein triftiger Grund vorliegen (BGH NJW 05, 3421). Bsp: Unzulässig ist der pauschale Vorbehalt der Leistung durch andere Unternehmen und Fluggeräte sowie abweichender Zwischenlandungspunkte im Linienflugverkehr (BGH NJW 83, 1324; Köln WRP 04, 124), die Erweiterung von Kfz-Reparaturen in nicht nur geringfügigem Umfang (BGH 101, 311 f), der Vorbehalt der Lieferung eines „Nachfolgemodells" (Koblenz ZIP 81, 509), pauschaler Vorbehalt eines Pay-TV-Anbieters zur Änderung des Programmpaketes (BGH NJW 08, 360) und der Lieferung gleichwertiger Ersatzartikel im Versandhandel (BGH NJW 05, 3569); bei ärztlicher Wahlleistungsvereinbarung (Chefarztbehandlung) ist eine Vertreterklausel unwirksam, wenn sie Fälle vorhersehbarer Verhinderung einschließt (BGH NJW 08, 987); zulässig ist jedoch der Vorbehalt „handelsüblicher Abweichungen in Farbe und Struktur" im Möbelhandel, soweit es sich um Naturprodukte handelt (BGH NJW 87, 1886) wie allg handelsübliche Qualitätstoleranzen. Für **Verträge zwischen Unternehmern** gilt dieselbe Wertung. Im **Arbeitsvertrag** ist der unbeschränkte Widerrufsvorbehalt für übertarifliche Löhne unwirksam (BAG NJW 05, 1820); zulässig sofern der Anteil am Gesamtverdienst unter 25% bzw 30% liegt und der Tariflohn nicht unterschritten wird (BAG NJW 07, 536), allerdings ist dann ggf § 315 zu beachten (Reinecke BB 08, 554); ebenfalls unwirksam ist sachgrundloser Widerrufsvorbehalt für Privatnutzung eines Firmenwagens (BAG NZA 07, 809).

6. Fingierte Erklärungen (Nr 5). a) Normzweck. Kraft ihrer Autonomie 7 können Parteien grundsätzlich bestimmen, in einer konkreten Situation sei Schweigen als Willenserklärung zu verstehen (s Rn 9 vor § 116). Die Gefahr, dass sich der Kunde der Tragweite einer solchen Vereinbarung nicht bewusst wird, ist sehr groß. Nr 5 sieht Schutzinstrumente für den Kunden vor. Unzulässige Erklärungsfiktion liegt vor, wenn Umbuchungswunsch als Rücktritt mit Neuanmeldung gewertet wird (BGH NJW 92, 3161), nicht aber bei automatischer Verlängerung der Bahn-Card, wenn Verlängerung auf mangelnder Kündigung beruht (BGH NJW 10, 2943; aA Woitkewitsch MDR 06, 542). **b) Ausnahme: Vereinbarung der VOB/B insgesamt.** Da die VOB/B teilw Erklärungsfiktionen kennt, die Übernahme der VOB/B ihrerseits als Ganzes, dh ohne ins Gewicht fallende Einschränkungen, in stRspr als eine angemessene vertragliche Regelung angesehen wird (s vor § 307 Rn 3), hat der Gesetzgeber diese Rechtsfrage unter Modifikation des früheren

§ 308

AGBG 23 II Nr 5 ausdrücklich festgelegt (BR-Drs 338/01 S 354). **c)** Im **Verkehr zwischen Unternehmern** gilt grundsätzlich dieselbe Wertung. Zu beachten ist freilich, dass ein Handelsbrauch über ein Schweigen gem HGB 362 oder ein kaufmännisches Bestätigungsschreiben Wirkungen entfaltet und insoweit eine Fixierung in AGB zulässig ist. Ähnliches gilt iErg für HGB 377 (wiederholende Klausel ist kontrollfrei, s § 307 III 1); nach teilw vertretener Ansicht soll Hinweispflicht entfallen (PWW/Berger 42).

8 **Zugangsfiktion (Nr 6). a) Normzweck.** Die Bestimmung erlaubt, in Abweichung von § 309 Nr 12, die Beweislast für den Zugang (§ 130) bestimmter Erklärungen (ohne bes Bedeutung) dem Vertragspartner als Empfänger aufzuerlegen. Die Beweislast für die *Absendung* muss weiter beim Verwender bleiben. Unerheblich ist, ob der Zugang als solcher oder auch der Zeitpunkt fingiert wird. Nr 6 greift nach seinem Zweck auch ein für **Zugangsvermutungen**, die dem Vertragspartner den Gegenbeweis eröffnen, weil sie sonst dem strengeren § 309 Nr 12 unterfallen würden (MK/Wurmnest 3; Bsp: „Eine Erklärung gilt 3 Tage nach Absendung als zugegangen, sofern sie nicht als unzustellbar zurückkommt"). Bei völligem **Zugangsverzicht** wird idR § 307 II Nr 1 eingreifen (MK/Wurmnest 4); formularmäßige Empfangsvollmachten fallen nicht unter Nr 6, können aber einer Zugangsfiktion zulasten des Vertretenen gleichkommen und von § 307 erfasst sein (BGH NJW 89, 2383; sa NJW 97, 3437; ausführlich zu Vollmachten in Grundschuldformularen Voran DNotZ 05, 887). **b) Bes Bedeutung** kommt einer Erklärung zu, wenn sie für den Vertragspartner nachteilige Rechtsfolgen hat. Bsp: Mahnung, Fristsetzung, Kündigung, Ladung zur Eigentümerversammlung (München NJW-RR 08, 1182); Genehmigung gem §§ 177, 182. Übrig bleiben Anzeigen und Mitteilungen (zB über den Kontostand, Tagesauszüge, BGH NJW 85, 2699). **c)** Für **Verträge zwischen Unternehmern** gelten die Wertungen der Norm entspr.

9 **8. Unangemessen hohe Abwicklungsvergütungen (Nr 7). a) Allgemeines.** Die Bestimmung steht in engem Zusammenhang mit § 309 Nr 5 und 6 (pauschalierter Schadensersatz, Vertragsstrafe); denn die juristische Qualifikation des vom Verwender nach Beendigung geforderten Betrages ist häufig eine Frage der Formulierung. Dies muss eine einheitliche Interpretation der drei Bestimmungen auslösen. **b) Voraussetzungen.** Festlegung der Vergütung im Fall der Kündigung, des Rücktritts, auch der Anfechtung, also nach Umwandlung des Vertrages in ein Rückgewährschuldverhältnis; nicht erfasst wird zB eine Restzahlung. **Entgelt** nach Nr 7a oder b sind unabhängig von der Formulierung, zB Storno-, Annullierungs-, Bearbeitungsgebühr (s Hamm NJW 74, 1951), ges Aufwendungsersatzansprüche. Die **Angemessenheit der Höhe** ist an einem generellen Maßstab zu überprüfen und zwar daran, was ohne Klausel geschuldet wäre (BGH NJW 85, 633 unter Berücksichtigung des § 649: 5% der Auftragssumme zulässig, jetzt 10% BGH NJW 06, 2552; unzulässig pauschalierter Aufwendungsersatz gem § 649 iHv 40% noch nicht erbrachter Leistungen, BGH NJW 97, 260); umfasst sie zB den üblichen Unternehmergewinn, so ist sie zulässig (BGH NJW 83, 1489 u 1492; iE s § 309 Nr 5). Des Weiteren darf nicht der **Gegenbeweis** abgeschnitten werden, dass die (generell angemessene) Pauschalierung im Einzelfall tatsächlich wesentlich unterschritten worden ist; § 309 Nr 5b gilt entspr (BGH NJW 97, 260 mN). Ist Pauschale im Einzelfall ausnahmsweise für Vertragspartner günstiger, darf sich Verwender nicht auf Unwirksamkeit berufen (BGH NJW-RR 98, 594). **c)** Für **Verträge zwischen Unternehmen** gelten die Wertungen der Norm entspr (BGH DB 05, 827: volle Vergütung für Inkassobüro trotz Kündigung widerspricht § 628 I 1).

10 **9. Nichtverfügbarkeit der Leistung (Nr 8).** Die in Umsetzung der FernAbsRiLi eingeführte Bestimmung ergänzt Nr 3 in dem Fall, dass die AGB ein Rücktrittsrecht bei Nichtverfügbarkeit der vereinbarten Leistung enthalten (zB Liefer- oder Vorratsvorbehalt, sa Rn 5). Eine solche Klausel muss also durch eine Verpflichtung entspr dem Gesetzestext (zur Unverzüglichkeit s § 121) ergänzt werden. Hauptzweck ist, dass der Vertragspartner bereits geleistete Zahlungen möglichst bald, in jedem Fall binnen 30 Tagen zurückerhält (BT-Drs 14/2658 S 51). Die in der Norm getroffene Wertung ist für Verträge zwischen Unternehmern nicht übertragbar.

§ 309 Klauselverbote ohne Wertungsmöglichkeit

Auch soweit eine Abweichung von den gesetzlichen Vorschriften zulässig ist, ist in Allgemeinen Geschäftsbedingungen unwirksam
1. (Kurzfristige Preiserhöhungen)
eine Bestimmung, welche die Erhöhung des Entgelts für Waren oder Leistungen vorsieht, die innerhalb von vier Monaten nach Vertragsschluss geliefert oder erbracht werden sollen; dies gilt nicht bei Waren oder Leistungen, die im Rahmen von Dauerschuldverhältnissen geliefert oder erbracht werden;
2. (Leistungsverweigerungsrechte)
eine Bestimmung, durch die
    a) das Leistungsverweigerungsrecht, das dem Vertragspartner des Verwenders nach § 320 zusteht, ausgeschlossen oder eingeschränkt wird oder
    b) ein dem Vertragspartner des Verwenders zustehendes Zurückbehaltungsrecht, soweit es auf demselben Vertragsverhältnis beruht, ausgeschlossen oder eingeschränkt, insbesondere von der Anerkennung von Mängeln durch den Verwender abhängig gemacht wird;
3. (Aufrechnungsverbot)
eine Bestimmung, durch die dem Vertragspartner des Verwenders die Befugnis genommen wird, mit einer unbestrittenen oder rechtskräftig festgestellten Forderung aufzurechnen;
4. (Mahnung, Fristsetzung)
eine Bestimmung, durch die der Verwender von der gesetzlichen Obliegenheit freigestellt wird, den anderen Vertragsteil zu mahnen oder ihm eine Frist für die Leistung oder Nacherfüllung zu setzen;
5. (Pauschalierung von Schadensersatzansprüchen)
die Vereinbarung eines pauschalierten Anspruchs des Verwenders auf Schadensersatz oder Ersatz einer Wertminderung, wenn
    a) die Pauschale den in den geregelten Fällen nach dem gewöhnlichen Lauf der Dinge zu erwartenden Schaden oder die gewöhnlich eintretende Wertminderung übersteigt oder
    b) dem anderen Vertragsteil nicht ausdrücklich der Nachweis gestattet wird, ein Schaden oder eine Wertminderung sei überhaupt nicht entstanden oder wesentlich niedriger als die Pauschale;
5. (Vertragsstrafe)
6. eine Bestimmung, durch die dem Verwender für den Fall der Nichtabnahme oder verspäteten Abnahme der Leistung, des Zahlungsverzugs oder für den Fall, dass der andere Vertragsteil sich vom Vertrag löst, Zahlung einer Vertragsstrafe versprochen wird;
7. (Haftungsausschluss bei Verletzung von Leben, Körper, Gesundheit und bei grobem Verschulden)
    a) (Verletzung von Leben, Körper, Gesundheit)
    ein Ausschluss oder eine Begrenzung der Haftung für Schäden aus der Verletzung des Lebens, des Körpers oder der Gesundheit, die auf einer fahrlässigen Pflichtverletzung des Verwenders oder einer vorsätzlichen oder fahrlässigen Pflichtverletzung eines gesetzlichen Vertreters oder Erfüllungsgehilfen des Verwenders beruhen;
    b) (Grobes Verschulden)
    ein Ausschluss oder eine Begrenzung der Haftung für sonstige Schäden, die auf einer grob fahrlässigen Pflichtverletzung des Verwen-

§ 309

ders oder auf einer vorsätzlichen oder grob fahrlässigen Pflichtverletzung eines gesetzlichen Vertreters oder Erfüllungsgehilfen des Verwenders beruhen;
die Buchstaben a und b gelten nicht für Haftungsbeschränkungen in den nach Maßgabe des Personenbeförderungsgesetzes genehmigten Beförderungsbedingungen und Tarifvorschriften der Straßenbahnen, Obusse und Kraftfahrzeuge im Linienverkehr, soweit sie nicht zum Nachteil des Fahrgasts von der Verordnung über die Allgemeinen Beförderungsbedingungen für den Straßenbahn- und Obusverkehr sowie den Linienverkehr mit Kraftfahrzeugen vom 27. Februar 1970 abweichen; Buchstabe b gilt nicht für Haftungsbeschränkungen für staatlich genehmigte Lotterie- oder Ausspielverträge;

8. (Sonstige Haftungsausschlüsse bei Pflichtverletzung)
   a) (Ausschluss des Rechts, sich vom Vertrag zu lösen)
      eine Bestimmung, die bei einer vom Verwender zu vertretenden, nicht in einem Mangel der Kaufsache oder des Werkes bestehenden Pflichtverletzung das Recht des anderen Vertragsteils, sich vom Vertrag zu lösen, ausschließt oder einschränkt; dies gilt nicht für die in der Nummer 7 bezeichneten Beförderungsbedingungen und Tarifvorschriften unter den dort genannten Voraussetzungen;
   b) (Mängel)
      eine Bestimmung, durch die bei Verträgen über Lieferungen neu hergestellter Sachen und über Werkleistungen
      aa) (Ausschluss und Verweisung auf Dritte)
          die Ansprüche gegen den Verwender wegen eines Mangels insgesamt oder bezüglich einzelner Teile ausgeschlossen, auf die Einräumung von Ansprüchen gegen Dritte beschränkt oder von der vorherigen gerichtlichen Inanspruchnahme Dritter abhängig gemacht werden;
      bb) (Beschränkung auf Nacherfüllung)
          die Ansprüche gegen den Verwender insgesamt oder bezüglich einzelner Teile auf ein Recht auf Nacherfüllung beschränkt werden, sofern dem anderen Vertragsteil nicht ausdrücklich das Recht vorbehalten wird, bei Fehlschlagen der Nacherfüllung zu mindern oder, wenn nicht eine Bauleistung Gegenstand der Mängelhaftung ist, nach seiner Wahl vom Vertrag zurückzutreten;
      cc) (Aufwendungen bei Nacherfüllung)
          die Verpflichtung des Verwenders ausgeschlossen oder beschränkt wird, die zum Zwecke der Nacherfüllung erforderlichen Aufwendungen, insbesondere Transport-, Wege-, Arbeits- und Materialkosten, zu tragen;
      dd) (Vorenthalten der Nacherfüllung)
          der Verwender die Nacherfüllung von der vorherigen Zahlung des vollständigen Entgelts oder eines unter Berücksichtigung des Mangels unverhältnismäßig hohen Teils des Entgelts abhängig macht;
      ee) (Ausschlussfrist für Mängelanzeige)
          der Verwender dem anderen Vertragsteil für die Anzeige nicht offensichtlicher Mängel eine Ausschlussfrist setzt, die kürzer ist als die nach dem Doppelbuchstaben ff zulässige Frist;
      ff) (Erleichterung der Verjährung)
          die Verjährung von Ansprüchen gegen den Verwender wegen eines Mangels in den Fällen des § 438 Abs. 1 Nr. 2 und des § 634a Abs. 1 Nr. 2 erleichtert oder in den sonstigen Fällen eine

weniger als ein Jahr betragende Verjährungsfrist ab dem gesetzlichen Verjährungsbeginn erreicht wird;

9. (Laufzeit bei Dauerschuldverhältnissen)
bei einem Vertragsverhältnis, das die regelmäßige Lieferung von Waren oder die regelmäßige Erbringung von Dienst- oder Werkleistungen durch den Verwender zum Gegenstand hat,
   a) eine den anderen Vertragsteil länger als zwei Jahre bindende Laufzeit des Vertrags,
   b) eine den anderen Vertragsteil bindende stillschweigende Verlängerung des Vertragsverhältnisses um jeweils mehr als ein Jahr oder
   c) zu Lasten des anderen Vertragsteils eine längere Kündigungsfrist als drei Monate vor Ablauf der zunächst vorgesehenen oder stillschweigend verlängerten Vertragsdauer;
   d) dies gilt nicht für Verträge über die Lieferung als zusammengehörig verkaufter Sachen, für Versicherungsverträge sowie für Verträge zwischen den Inhabern urheberrechtlicher Rechte und Ansprüche und Verwertungsgesellschaften im Sinne des Gesetzes über die Wahrnehmung von Urheberrechten und verwandten Schutzrechten;

10. (Wechsel des Vertragspartners)
eine Bestimmung, wonach bei Kauf-, Darlehens-, Dienst- oder Werkverträgen ein Dritter anstelle des Verwenders in die sich aus dem Vertrag ergebenden Rechte und Pflichten eintritt oder eintreten kann, es sei denn, in der Bestimmung wird
   a) der Dritte namentlich bezeichnet oder
   b) dem anderen Vertragsteil das Recht eingeräumt, sich vom Vertrag zu lösen;

11. (Haftung des Abschlussvertreters)
eine Bestimmung, durch die der Verwender einem Vertreter, der den Vertrag für den anderen Vertragsteil abschließt,
   a) ohne hierauf gerichtete ausdrückliche und gesonderte Erklärung eine eigene Haftung oder Einstandspflicht oder
   b) im Falle vollmachtsloser Vertretung eine über § 179 hinausgehende Haftung
   auferlegt;

12. (Beweislast)
eine Bestimmung, durch die der Verwender die Beweislast zum Nachteil des anderen Vertragsteils ändert, insbesondere indem er
   a) diesem die Beweislast für Umstände auferlegt, die im Verantwortungsbereich des Verwenders liegen, oder
   b) den anderen Vertragsteil bestimmte Tatsachen bestätigen lässt;
   Buchstabe b gilt nicht für Empfangsbekenntnisse, die gesondert unterschrieben oder mit einer gesonderten qualifizierten elektronischen Signatur versehen sind;

13. (Form von Anzeigen und Erklärungen)
eine Bestimmung, durch die Anzeigen oder Erklärungen, die dem Verwender oder einem Dritten gegenüber abzugeben sind, an eine strengere Form als die Schriftform oder an besondere Zugangserfordernisse gebunden werden.

1. Allgemeines. Zum **Anwendungsbereich** s Rn 4 vor § 307, zum Verhältnis zu §§ 308 und 307 s § 307 Rn 1. 1

**2. Preiserhöhung bei Lieferung innerhalb von vier Monaten (Nr 1). 2
a)** Generell zur Kontrolle von Preishaupt- und -nebenklauseln § 307 Rn 15. Eine unzulässige **Preiserhöhung** liegt vor, wenn ein anderer (höherer) Preis als der zum Zeitpunkt des Vertragsschlusses geltende gezahlt werden soll. Bsp: Gleitklauseln in

§ 309

jeder Form (s dazu §§ 244, 245 Rn 23), Überwälzung möglicher Erhöhungen der Lohnkosten (BGH NJW 85, 856), der Mehrwertsteuer (BGHZ 77, 79), öffentlich-rechtlicher Transporttarife (Frankfurt NJW 82, 2198); unzulässig sind auch sog Tagespreisklauseln wie „Verkaufspreis ist der am Liefertag gültige Listenpreis" (zu Tagespreisklauseln bei mehr als vier Monaten Lieferzeit s § 307 Rn 4). Keine Preiserhöhung stellt es dar, wenn der Kunde die tatsächlichen (und damit uU später höheren) Nebenkosten, etwa für Verpackung oder Transport, als solche übernehmen muss. **b)** Die **Lieferung innerhalb von vier Monaten** ergibt sich idR aus der Individualabrede, die gem § 157 auszulegen ist; der ausdrücklichen Erwähnung einer Lieferzeit bedarf es nicht. Auf die tatsächliche Lieferung kommt es, da auf den Vertragsschluss abzustellen ist, nicht an, es sei denn als Auslegungselement. Die Vereinbarung einer längeren Frist und die „vorzeitige" Lieferung kann eine Umgehung (§ 306a) darstellen. **c)** Zu den **Dauerschuldverhältnissen** (s § 314) zählen auch Wiederkehrschuldverhältnisse und Sukzessivlieferungsverträge (BGH NJW-RR 86, 212). Hier kann grundsätzlich eine Anpassung an das jeweilige Preisniveau, soweit ges zulässig (zu Mietverhältnissen über Wohnraum s § 557a), vereinbart werden. Zu den aus § 307 folgenden Grenzen s BGH NJW 08, 2172. **d)** Für **Verträge zwischen Unternehmern** kann die Wertung nicht generell übernommen werden; zB sind Anpassungen an den jeweiligen Umsatzsteuersatz üblich und zulässig; im Einzelnen Hilber BB 11, 2691.

3 **3. Leistungsverweigerungs- oder Zurückbehaltungsrecht (Nr 2).** Die Bestimmung macht § 320 und § 273, Normen wegen ihrer Sicherungs- und Druckfunktion mit einem hohen Gerechtigkeitswert (s §§ 320 Rn 2, 273 Rn 3), für AGB zum zwingenden Recht, geht aber nicht darüber hinaus. Damit bleibt auch die Vereinbarung einer Vorleistungspflicht (s § 320 I 1, „es sei denn …") in den Schranken des § 307, also bei sachlicher Angemessenheit, zulässig (BGH NJW 02, 141 mwN; str); möglich sind auch – wiederum im Rahmen des § 307 – Regelungen über Gegenansprüche, die nicht unter § 273 und § 320 fallen (sa § 309 Nr 3). Für **Verträge zwischen Unternehmern** ist ein Abbedingen der §§ 320, 273 grundsätzlich zulässig (BGH 115, 327); es bestehen freilich Ausübungsschranken (s zB BGH 92, 316: Zurückbehaltungsrecht des Vertragspartners bei zB unbestrittenen oder rechtskräftig festgestellten Gegenforderungen; bestätigend BGH NJW 11, 514).

4 **4. Aufrechnung (Nr 3).** Aufrechnungsverbote können den Kunden erheblich belasten, weil sie ihm Liquidität entziehen und ihn in die Klägerrolle mit allen Risiken der Verzögerung und Vollstreckung drängen. Nr 3 verbietet deshalb, ein Aufrechnungsverbot bei zweifelsfreien Gegenforderungen zu vereinbaren; ebenso einen Zustimmungsvorbehalt des Verwenders (BGH NJW 07, 3421). IGgs zum Leistungsverweigerungs- und Zurückbehaltungsrecht (Nr 2) ist ein Aufrechnungsverbot also nicht generell ausgeschlossen. Ein Verstoß gg Nr 3 liegt dann vor, wenn die Anforderungen an eine Aufrechnungsmöglichkeit enger als im Tatbestand des Nr 3 gefasst werden (Celle NJW-RR 98, 586); Aufrechnungsverbote entgegen § 215 fallen nicht unter Nr 3, sie sind an § 307 zu messen (Hamm NJW-RR 93, 1082; PWW/Berger 17; aA BaR/Becker 13). Unbestritten bedeutet, dass weder Grund noch Höhe der Forderung angegriffen werden (BGH NJW 78, 2244). Auf **Verträge zwischen Unternehmern** ist die Wertung grds übertragbar (BGH NJW 94, 658; 07, 3421; BGH 92, 312).

5 **5. Freistellung von Mahnung oder Fristsetzung (Nr 4).** Der Vertragspartner wird schwerwiegend benachteiligt, wenn der ges Schutz, den § 286 bzw die §§ 323 I, 281 I gewähren, vertraglich beseitigt wird; eine solche Regelung in AGB ist deshalb unzulässig. Wirksam bleiben Bestimmungen, die an § 286 II bzw an §§ 323 II, 281 II anknüpfen (s § 307 III 1; zur unzulässigen Ausübung s BGH NJW 95, 1488). Auf **Verträge zwischen Unternehmern** ist die Wertung übertragbar (BGH 110, 97; differenzierend Karlsruhe NJW-RR 89, 331; Köln NJW 91, 301).

Gestaltung rechtsgeschäftlicher Schuldverhältnisse § 309

6. Pauschalierung von Schadensersatzansprüchen (Nr 5). Will der Ver- 6
wender den ihm durch eine Leistungsstörung des Kunden entstandenen Schaden
nicht im Einzelfall berechnen, sondern vorher eine Schadenspauschale festlegen (zu
den Abgrenzungsschwierigkeiten s § 308 Rn 9), so darf er in seiner Formulierung
die nach dem gewöhnlichen Lauf der Dinge zu erwartenden Beträge nicht (auch
nicht geringfügig!) überschreiten. Die Beweislast für die Angemessenheit obliegt
ihm. Bsp: **Unzulässig** sind: pauschaler Schadensersatz für alle Fälle des Verzuges
(Düsseldorf WM 85, 770; BGH NJW 88, 1968, pauschalierte Verzugszinsen; zu
Nr 18 AGB-Sparkassen 1993 BGH NJW 03, 1802); am Kaufpreis orientierte Lagergebühren
im Möbelhandel (Karlsruhe BB 81, 1168); Bearbeitungsgebühr für Nichteinlösung einer
Lastschrift, wenn sie den Aufwand für die Durchsetzung der Forderung mitumfasst (Hamm WM 08, 1217; BGH NJW 09, 3570 [Rücklastschriftgebühr
von 50 € bei Luftbeförderung]). **Zulässig** sind angesichts des Arbeitsaufwandes
Mahnkosten (nach Eintritt des Verzugs, BGH NJW 85, 324) bis zu 15,– € (s BGH
NJW-RR 00, 719); Schadensersatz von 5% beim Werkvertrag (Fertighaus, BGH
NJW 85, 632); 15% im Kfz-Neuwagenhandel (BGH NJW 12, 3230); im
Gebrauchtwagenhandel 20% (LG Oldenburg BB 98, 1280 mwN) bzw 10% (BGH
185, 178 = NJW 10, 2122); 30% im Möbelversandhandel (Frankfurt NJW 82,
2564); 3% des Darlehensnennbetrags bei Nichtabnahme (BGH WM 90, 9 f). Die
AGB müssen ausdrücklich (s Gesetzestext, Buchst b) dem Vertragspartner den
Gegenbeweis einer fehlenden oder wesentlich niedrigeren Belastung des Verwenders gewähren. Dabei muss nicht der exakte Gesetzeswortlaut gewählt werden,
solange der Hinweis dem Rechtsunkundigen die Möglichkeit des Gegenbeweises
ohne weiteres deutlich macht (BGH WM 10, 1330). In Verträgen zwischen Unternehmern kann auf ein ausdrückliches Gestatten eines Gegenbeweises verzichtet
werden; er darf lediglich nicht ausgeschlossen sein (BGH NJW 94, 1068; krit Lindacher FS Birk S 515, 519).

7. Vertragsstrafe (Nr 6). Lit: Derlin, Vertragsstrafe und AGB-rechtliche Inhaltskontrolle, MDR 09, 597.

Der Gesetzgeber hat die für den Vertragspartner gefährliche Vertragsstrafe nicht 7
völlig, sondern nur für bestimmte Fallgruppen unterbunden; möglich bleibt sie bei
der Erschleichung von Leistungen (das erhöhte Entgelt bei Schwarzfahrten in öffentl
Verkehrsmitteln fällt nicht unter das AGB-Recht, da es auf einer ges Vorschrift, § 9
der VO vom 27.2.1970, BGBl 1970 I 230, beruht, s Weth JuS 98, 800), des Weiteren bei Ansprüchen gegen den Vertragspartner aus §§ 241 II, 280. Nr 6 gilt, wenn
der Vertragspartner die Geldleistung (Regelfall) oder die Sachleistung schuldet. Auf
die in den AGB gewählte Bezeichnung kommt es nicht an, sondern allein auf die
Funktion der vom Kunden zu erbringenden Leistung (zu den Abgrenzungsschwierigkeiten s § 308 Rn 9); Vertragsstrafe kann auch die Verfallsklausel bei Cross-ticketing Klauseln bei Flugreisen sein (Frankfurt VuR 09, 72, sa § 307 Rn 5). Auf **Verträge zwischen Unternehmern** (§ 307) ist die Wertung eines absoluten Verbots
von Vertragsstrafen in den genannten Bereichen nicht übertragbar (BGH NJW
76, 1887). Die Vertragsstrafen müssen jedoch angemessen sein, dh sie dürfen in
ihrer Höhe nicht über die Sicherung des Interesses des Verwenders an einer rechtzeitigen und vertragsgemäßen Leistung und des Schutzes seiner Sphäre gem § 241
hinausgehen (s zB BGH NJW 97, 3233; ZIP 98, 1159; BGH 153, 311: unzulässig
Höchstgrenze von 5% der Auftragssumme bei Bauvertrag, ebenso Brandenburg
NJW-RR 12, 983; großzügiger für Mietverträge aber BGH 154, 184) und kann
nicht schuldlos verwirkt werden, § 339 (Hamm NJW-RR 04, 58); Abbedingen des
§ 341 III ist unzulässig (BGH WM 83, 87); sie darf nicht für den Fall vorgesehen
werden, dass der Vertrag einverständlich aufgehoben wird (BGH NJW 85, 57); zur
Bemessung nach Tagessätzen bei Bauverträgen BGH BauR 02, 790; NJW 00, 2106;
Nürnberg NJW-RR 10, 1242. Nur für den Fall bes wichtiger Gründe darf das
Verschuldenserfordernis abbedungen werden (BGH NJW 99, 2663). Im Hinblick

§ 309

Buch 2. Abschnitt 2

auf ZPO 888 III sind nach Ansicht des BAG Vertragsstrafen auch in formularmäßigen Arbeitsverträgen grds zulässig und unterliegen der Kontrolle nach § 307 (BAG NJW 11, 408; 08, 458; BB 05, 2822; sa Thüsing/Leder BB 04, 42).

8 **8. Anspruchsbegrenzung auch für den Fall der Verletzung von Leben, Körper und Gesundheit (Nr 7a). a) Anwendungsbereich.** Die Bestimmung bezieht sich **sachlich** auf alle möglichen Schadensersatzansprüche aus Vertrag (§§ 241 II, 280) und zwar auch dann, wenn die Rechtsgutsverletzung die Folge eines Mangels ist (BR-Drs 338/01 S 357 f), aus Vorvertrag (§§ 241 II, 311 II). Ansprüche aus unerlaubter Handlung sind im Zweifel vom Ausschluss nicht erfasst, wenn sie ausnahmsweise einbezogen sind, greift Nr 7a, falls in der Vertragsverletzung auch die unerlaubte Handlung liegt (MK/Wurmnest 9). Nr 7a betrifft nur die Haftung des Verwenders, schränkt also den Haftungsausschluss von Vertretern oder Erfüllungsgehilfen nicht ein – hier gilt § 307 (MK/Wurmnest 10; aA PalGrüneberg 40; BGH 96, 18); auf Seiten des Vertragspartners dürfen auch Ansprüche von Personen, die in den Schutzbereich einbezogen sind, nicht begrenzt werden (Düsseldorf WM 82, 575). Zu den **Ausnahmen im Beförderungsverkehr** s Gesetzestext unter Buchst b. **b) Umfang.** Unzulässig sind Klauseln, die „jede Haftung" ausschließen (BGH NJW 10, 141); auch summenmäßige Begrenzungen; bei ges Höchstsummen für eine Gefährdungshaftung liegt in der Wiederholung keine Begrenzung vor (s § 307 III 1); ges Erlaubnisse (zB § 651a II) können auch in AGB realisiert werden. Eine unzulässige Einschränkung stellt auch die Verkürzung der Verjährungsfrist dar (BGH 170, 31). **c)** Die in der Norm zum Ausdruck gekommene Wertung gilt auch für **Verträge zwischen Unternehmern** (BGH NJW 07, 3774). **d)** Zu arbeitsvertraglichen Ausschlussklauseln: BAG NZA 08, 293 mN; Matthiessen NZA 07, 361.

9 **9. Anspruchsbegrenzung für den Fall groben Verschuldens (Nr 7b).** Die Bestimmung erfasst personell wie sachlich in Umfang und Höhe dieselben Schadensersatzansprüche wie Nr 7a, allerdings nicht auf die Rechtsgüter, sondern auf den Verschuldensmaßstab bezogen. Ausschluss oder Beschränkung der Haftung auch für einfache Fahrlässigkeit kann gegen § 307 II Nr 2 verstoßen (s § 307 Rn 12). In **Verträgen zwischen Unternehmern** ist die Freizeichnung von eigenem Verschulden und dem leitender Angestellter (BGH WM 89, 855) wie auch von einem groben Organisationsverschulden (BGH NJW 74, 900) ebenfalls unzulässig. Die Freizeichnung von einem groben Verschulden – auch von Erfüllungsgehilfen – benachteiligt den Vertragspartner im unternehmerischen Geschäftsverkehr unangemessen und ist nach § 307 II Nr 2 unwirksam, weil der Vertragszweck gefährdet wird (BGH NJW 07, 3774 mN). Zur Haftungsbeschränkung bei einfacher Fahrlässigkeit: Langer WM 06, 1233.

10 **10. Ausschluss des Rechts, sich vom Vertrag zu lösen (Nr 8a).** Die Bestimmung ist an das System des SchRModG angepasst worden und schützt vor Einschränkungen (nicht nur ausdrücklichen, BGH NJW-RR 03, 1059) eines ges Lösungsrechts des Kunden bei schuldhafter Pflichtverletzung des Verwenders außerhalb der Mängelgewährleistung (s Rn 11 ff), zB nach §§ 323, 324, 326 V, 281, 282 sowie § 314. Erfasst werden auch vergleichbare Leistungserschwerungen zB durch Ausschlussfristen, zusätzliche Nachfristen, Verpflichtung zu Abstandszahlungen, Heraufsetzen des Haftungsmaßstabes (etwa nur bei grober Fahrlässigkeit, BaR/Becker 13 oder höherer Gewalt). Der Ausschluss des Lösungsrechts für den Fall nicht zu vertretender Pflichtverletzungen (zB gem §§ 323, 649) ist, vorbehaltlich der Anwendung des § 307 II Nr 2 zulässig. Zu den **Ausnahmen im Beförderungsverkehr** s Gesetzestext. Die Wertung gilt auch für **Verträge zwischen Unternehmern** (BGH NJW-RR 03, 1060; NJW 86, 3134; § 307 Rn 11).

11 **11. Gewährleistung (Nr 8b). a) Funktion.** Die innerhalb der Inhaltskontrolle zentrale Bestimmung versucht, im Detail zu vermeiden, dass dem Kunden wesentliche Gewährleistungsrechte durch AGB abgeschnitten werden und dadurch das Äquivalenzverhältnis iSd § 307 verzerrt wird. Angesichts dessen, dass für den Verbrauchsgüterkauf die Gewährleistung zwingend auch für Individualvereinbarungen ausgestaltet ist (§ 475 I) und Werkverträge über neu herzustellende bewegliche Sachen gem § 651 auch von den §§ 474 ff erfasst werden, ist die Bedeutung der Norm stark eingeschränkt (Verträge zwischen Verbrauchern!). Wesentlich bleibt die Ausstrahlung auf die Leitbildfunktion gem § 307 Nr 1 insbes für Verträge zwischen Unternehmern (§ 307 Rn 10). **b) Voraussetzungen.** Die **Lieferung** bezieht sich auf Leistungen im Kauf (einschließlich der Verträge gem § 651) außerhalb der Anwendung des § 474 (dh auf Verträge zwischen Unternehmern, Verträge zwischen Verbrauchern, Veräußerung von Gebäuden und Eigentumswohnungen, s Oldenburg NJW-RR 04, 1499), bei Tausch und Schenkung. Gebrauchsüberlassungsverträge (Miete, Leasing) werden nicht erfasst. **Neu hergestellt** (für gebrauchte Sachen gilt § 307) ist eine Sache, die ohne zu lange Wartezeit (Ladenhüter!), von kurzfristigen Erprobungen abgesehen, faktisch unbenutzt ist (wohl nicht mehr Vorführwagen). Zu **Sachen** zählen auch pflanzliche Produkte, auf Tiere soll die Norm dann anwendbar sein (§ 90a), wenn sie bald nach der Geburt veräußert werden (BGH NJW-RR 86, 52 mit zweifelhafter Differenzierung).

12. Ausschluss der Gewährleistung unter Verweisung auf Dritte (Nr 8b, aa). a) Systematik. Die Bestimmung untersagt drei Gruppen der Gewährleistungsbeschränkung in unterschiedlicher Intensität. Sie muss weiter im Zusammenhang gesehen werden mit Nr 8b, bb. **b)** Der **völlige Ausschluss** der Ansprüche aus §§ 437 ff, 634 ff, bezogen auf die ganze Sache oder einzelne Teile (Bsp: Elektronik, Reifen beim Kfz, Zubehör) ist unzulässig (BGH NJW 07, 3275). Dem Vertragspartner muss mindestens *eine* Rechtsposition (zB ein Anspruch auf Nacherfüllung, iü s Rn 13) verbleiben (BGH NJW-RR 90, 1141). Auch ein bedingter Ausschluss, etwa für den Fall des Eingriffs durch einen Dritten, fällt unter diese Bestimmung (Hamm NJW-RR 00, 1224). **c) Ein Gewährleistungsausschluss, verbunden mit der Abtretung von Ansprüchen gegen Dritte** (Zulieferer, Produzenten) stellt den Vertragspartner zwar besser, beschwert ihn aber mit der Notwendigkeit, sich mit einem idR unbekannten Nicht-Vertragspartner auseinanderzusetzen. Eine solche Regelung ist deshalb ebenfalls unzulässig (anders im Leasingvertrag, da § 309 Nr 8 insgesamt nicht eingreift, s Rn 11; vgl BGHZ 109, 143; WM 03, 799). **d)** Eine **nur subsidiäre Eigenhaftung** ist zulässig; jedoch darf sie keine Verpflichtung umfassen (oder deren Anschein erwecken), den Anspruch gerichtlich geltend zu machen (BGH NJW 98, 904). Dem Vertragspartner muss deshalb das Recht eingeräumt werden, nach vergeblicher Aufforderung des Dritten und dem Verstreichen einer angemessenen Frist den Verwender mit dem ihm nach Rn 13 verbliebenen Gewährleistungsrecht in Anspruch zu nehmen. Eine Klausel, die die eigene Haftung erst für den Fall der Insolvenz oder Geschäftsaufgabe des Dritten aufleben lässt, ist unzulässig (Düsseldorf NJW-RR 97, 660). Die Norm gilt auch im unternehmerischen Geschäftsverkehr (BGH NJW-RR 93, 561; 90, 856).

13. Beschränkung der Gewährleistung auf Nacherfüllung (Nr 8b, bb). Die nach § 309 Nr 8b, aa zunächst möglich erscheinende Beschränkung auf eine Ersatzlieferung oder Nachbesserung kann in Wirklichkeit nur als *Subsidiaritätsklausel* gestaltet werden. Das Recht zur Herabsetzung der eigenen Leistung und zum Rücktritt muss dem Kunden für den Fall verbleiben, dass Mängel nicht zu beheben sind oder ihre Behebung ungerechtfertigt verweigert/verzögert wird (BGH NJW 98, 678). Notwendig ist dabei ein ausdr Hinweis. Ausgenommen sind Verträge über Bauleistungen, da hier idR das Werk zerstört werden müsste. Bauträgerverträge fallen nicht unter die Ausnahme (BGH WM 02, 129). Ein Fehlschlagen der Nachbesserung ist außer in den Fällen des § 440 S 2 gegeben bei fehlender Zumutbarkeit nach Treu und Glauben (BGH NJW 98, 678), Unmöglichkeit und unberechtigter Verweigerung (s BGH NJW 94, 1004; 85, 630). Die in der Norm getroffene Wertung gilt auch für **Verträge zwischen Unternehmern** (BGH NJW 98, 677).

§ 309

14 **14. Überwälzen von Nacherfüllungskosten (Nr 8b, cc).** Durch die Bestimmung sind §§ 439 II, 635 II in AGB unabdingbar. Zulässig ist die Kostentragung für unverhältnismäßige Aufwendungen und Aufwendungen außerhalb der Nacherfüllung (BGH NJW 91, 1606; Einzelh bei MK/Wurmnest 52f). Eine **Garantie** des Verwenders kann Kosten nur bei Leistungen jenseits der Gewährleistung (zB nach den Fristen der §§ 438, 634a) überwälzen; dies gilt wegen Nr 8b, aa auch für Herstellergarantien, wenn sie die Gewährleistung des Verwenders ersetzen. Für **Verträge zwischen Unternehmern** gilt grundsätzlich dieselbe Wertung (BGH NJW 81, 1510); jedoch sind Pauschalregelungen zulässig, soweit dem Vertragspartner eine angemessene Kompensation eingeräumt wird (BGH NJW 96, 389; sa § 478 IV 1). Zur Beschränkung des Rückgriffsanspruchs s § 478 IV (dort Rn 11; Matthes NJW 02, 2507).

15 **15. Abhängigmachen der Mängelbeseitigung von der Zahlung des gesamten Kaufpreises/Werklohnes (Nr 8b, dd).** Die Bestimmung verbietet nicht die generelle Vorleistungspflicht des Kunden (s dazu Rn 3). Ist der Kunde aber nicht vorleistungspflichtig und nach Nr 2 gegen eine einseitige Inanspruchnahme geschützt, so soll ihm nicht für den Fall, dass er seinerseits (Beseitigungs-)Ansprüche geltend machen will, durch eine bes Klausel eine faktische Vorleistungspflicht aufgezwungen werden können (so bereits BGH 48, 268). Nr 8b, dd sichert also das durch Nr 2 erreichte Ziel für eine andere prozessuale Rollenverteilung ab. Für **Verträge zwischen Unternehmern** gilt dieselbe Wertung (MK/Wurmnest 61).

16 **16. Fristen für Mängelanzeige (Nr 8b, ee).** Der Verwender darf für nicht offensichtliche Mängel keine kürzeren Anzeigefristen als die Verjährungsfristen vorsehen, faktisch also keine eigenständige Rügepflicht einführen; zum Reisevertrag s § 651g I. Für die Festlegung der Anzeigefristen bei **offensichtlichen Mängeln,** dh solchen, die auch ohne sachkundige Untersuchung dem durchschnittlichen Kunden auffallen (BT-Drs 7/3919 S 35) gilt mangels einer speziellen Norm § 307 I. Der Vertragspartner ist hier durch eine Zweiwochenfrist, bezogen auf das Absenden der Anzeige (BGH 139, 196), hinreichend geschützt (PalGrüneberg 78). In **Verträgen zwischen Unternehmern** gilt HGB 377, für formularmäßige Festlegung von Rügefristen kann § 307 herangezogen werden (BGH NJW-RR 05, 247).

17 **17. Verkürzung von Verjährungsfristen (Nr 8b, ff).** Das früher ungeschränkte Verbot (AGBG 11 Nr 10f) wurde entschärft (sa § 202); beim Verbrauchsgüterkauf gilt § 475 II. Eine Verkürzung kann auch liegen in der Vorverlegung des Fristbeginns oder der Modifizierung der Hemmung (BGH NJW 92, 2759 u 1236); zur Neufassung der Verjährung für Mängel an Bauwerken durch VOB/B BGH NJW 02, 511; Kiesel NJW 02, 2064.

18 **18. Bindung bei Dauerschuldverhältnissen (Nr 9).** Nr 9 gilt für Lieferungs- (auch Werklieferungs-), Werk- und Dienstverträge, nicht Gebrauchsüberlassungsverträge wie Miete (BGH DB 85, 1388; bei Fitnessstudioverträgen entscheidet daher konkrete Vertragsgestaltung, BGH NJW 12, 1431 [zu Recht krit Blattner MDR 12, 744], aber Mindestlaufzeit von 24 Monaten hält Inhaltskontrolle nach § 307 stand) oder Leasing. Bsp: Verträge über den regelmäßigen Bezug von Zeitschriften, Büchern, auch als Mitglied eines „Buchrings"; Bierlieferungsverträge, Unterrichtsverträge (Köln NJW 83, 1002; zum Fernunterricht s FernUSG 5), Verträge über die Lieferung von Energie, zeitlich bestimmte Werbeverträge (BGH NJW 84, 113 f), Treuhandverträge mit vorwiegend dienstvertraglichem Charakter (BGH NJW 09, 1739); Maklerverträge und Partnervermittlungsverträge. *Nicht erfasst* werden zB Verträge eines Zeitschriftenzirkels (Mietvertrag!), Verträge iSd Nr 9, 2. HalbS (insbes über Sachgesamtheiten wie mehrbändiges Lexikon). Zu den unwirksamen Klauseln iE s Gesetzestext (auch keine Beschränkung der Anwendung für Treuhandvertrag zur Sicherung langfristiger Grabpflege, BGH NJW 09, 1740). Die **Laufzeit** beginnt, da es auf die Bindung des Kunden an die Leistung ankommt, uU nicht mit dem Vertragsschluss, sondern mit dem vertraglich vorgesehenen Zeitpunkt der Ersten (vom Verwender oder Kunden zu erbringenden) Leistung (aA BGH 122, 63; MK/ Wurmnest 12). Für Verlängerung unter 1 Jahr gilt § 307 (BGH NJW 97, 739: max 6 Monate bei Fitnessstudioverträgen, weniger als 6 Monate bei Partnervermittlung, Düsseldorf NJW-RR 95, 369). Bei der Festlegung überlanger Fristen nach Nr 9 ist die Klausel insgesamt unwirksam (BGH NJW 82, 2310); eine geltungserhaltende Herabsetzung scheidet aus (MK/Wurmnest 20; BGH NJW 09, 1740 mN). In **Verträgen zwischen Unternehmern** können längere Fristen vereinbart werden (s BGH NJW 03, 886; 00, 1110: idR keine längere Bindung als zehn Jahre).

19. Auswechseln des Vertragspartners auf Verwenderseite (Nr 10). Die Bestimmung untersagt bei Kauf-, Darlehens-, Dienst- und Werkverträgen (ebenso Werklieferungs- und Geschäftsbesorgungsvertrag, Saarbrücken NJW 99, 139) die Ermächtigung des Verwenders zur Vertragsabgabe (s § 398 Rn 32 ff) und zum befreienden Schuldnerwechsel (s Rn 1 vor § 414). Für Gebrauchsüberlassungverträge kommt § 307 zur Anwendung (BGH NJW 10, 3708). Nr 10 bezieht sich nicht auf die Zustimmung des Schuldners zulässige Abtretung und den Schuldbeitritt (s Rn 2 ff vor § 414); Neuregelung für DarlehensV durch das RisikobegrenzungsG beschränkt Abtretbarkeit nicht. **Zulässig** ist die Auswechslung, wenn (Buchst **a**) der Dritte mit Adresse (BGH NJW 80, 2518 mwN) in den AGB oder individuell (s § 305b) benannt wird oder wenn (Buchst **b**) dem Kunden gestattet ist, sich ohne Sanktion vom Vertrag zu lösen.

20. Einbeziehen des Abschlussvertreters des Vertragspartners in die Haftung (Nr 11). Der mit Vollmacht (Buchst a) handelnde (rechtsgeschäftliche oder ges) Vertreter darf nicht mit einer Einstandspflicht (Bsp: Bürgschaft, BGH NJW 01, 3186) oder einer Garantiezusage (s Rn 11 ff vor § 765) belegt werden (Ausnahme: Er ist gleichzeitig auch Vertragspartner, BGH 104, 88). Zulässig ist, dass der Vertreter durch eine gesonderte und ausdrückliche Erklärung verpflichtet wird. Die Erklärung muss keine Individualvereinbarung sein und braucht auch nicht auf einem bes Blatt zu geschehen (BGH 104, 236). Sie muss jedoch deutlich vom Hauptvertrag abgesetzt sein; Text und Unterschriften müssen erkennen lassen, dass der Vertreter eine eigene Verpflichtung eingeht (BGH NJW 01, 3186). Durch Buchst b) soll im Wesentlichen das Abbedingen von § 179 III verhindert werden. Die Wertung der Norm gilt auch für **Verträge zwischen Unternehmern.**

21. Beweislast, Vorformulierung von Tatsachenbestätigungen (Nr 12). a) Der Verwender darf die ges (s zB §§ 280 I 2, 311a II 2, ProdHaftG 1 IV) oder von der Rspr (s zB § 823 Rn 63; 118 ff, 132 ff) getroffene **Beweislastverteilung** nicht zum Nachteil des Vertragspartners *abändern* (Ausnahme: Zugang nicht bedeutsamer Mitteilungen, § 308 Nr 5; Entstehen eines geringeren als des pauschalierten Schadens, § 309 Nr 5; gesetzeswiederholende Klauseln sind nach § 307 III 1 wirksam, BGH NJW-RR 05, 1498). Dies gilt wegen desselben Schutzzwecks auch für die Regeln des **primafacie-Beweises** (BGH NJW 88, 258; zum Begriff s Rn 51 vor § 249). **b)** Unzulässige vorformulierte (beweislast*ändernde*) **Tatsachenbestätigungen** sind zB die Erklärung, die Sache besichtigt, sie in Empfang genommen (BGH NJW 88, 2108), eine Abrechnung oder Skizze als richtig überprüft (BGH NJW 86, 2575), die Vertragsbestandteile ausgehandelt zu haben (BGH 99, 377 ff), gesund zu sein (BGH WM 89, 952); Bestätigung, dass bestellte Ware durch Treppenhaus und Wohnungstüren transportiert werden kann (Stuttgart VuR 11, 157). Zulässig, da die Beweislast nicht verändernd, ist die Klausel, mündliche Nebenabreden seien nicht getroffen (BGH NJW 00, 207). Eine Vermutungsregel für das Vorhandensein kaufrechtlicher Mängel bei Gefahrübergang für eine nachfolgende Frist von 12 Monaten verändert die Beweislast zulasten des Lieferanten und ist zu lang (BGH 164, 196). **c)** Die beweislaständernde **Empfangsbestätigung** (s §§ 368, 369 Rn 1) ist als gesonderte Formulierung in AGB zulässig, sie gewinnt ihre Wirksamkeit durch die zusätzliche Unterschrift des Kunden. Zur „gesonderten" Unterschrift s § 355 Rn 15, zur gesonderten elektronischen Signatur s § 126b. **d)** Die

§ 310

in der Norm enthaltene Wertung gilt auch für **Verträge zwischen Unternehmern** (BGH 164, 196).

22. Anzeigen und Erklärungen des Kunden (Nr 13). Der Kunde soll nicht durch Erschwerungen gehindert werden, seine Rechte angemessen wahrzunehmen. Die Bestimmung bezieht sich allein auf **einseitige Erklärungen,** gleichgültig, ob rechtsgeschäftlicher oder tatsächlicher Art. Im Blick auf die Form dürfen die Voraussetzungen des § 126 (s § 126 Rn 3 ff) nicht überschritten werden. Unzulässig zB: Erfordernis, bestimmte Formulare zu benutzen; Notwendigkeit notarieller Beurkundung oder Beglaubigung. Gleichzeitig folgt aus Nr 13, dass die Schriftform (einschließlich der Ersetzungsbefugnis durch elektronische Form nach § 126 III, aA PWW/Berger 101) gefordert werden kann (BGH NJW 99, 1633). Hinsichtlich **des Zugangs** gelten die Voraussetzungen des § 130 (s § 130 Rn 4 ff) als strengste mögliche Anforderung. Unzulässig zB: Notwendigkeit einer Abgabe von Anzeigen und Erklärungen nur als Einschreibbrief (BGH NJW 85, 2587); hingegen ist die Beschränkung des Kreises empfangsberechtigter Personen keine unzulässige Erschwerung, da der Zugang in den persönlichen Herrschaftsbereich ohnehin von der entspr Ermächtigung abhängt (BGH NJW 99, 1635 str, aA MK/Wurmnest 5 mN).

§ 310 Anwendungsbereich

(1) [1]§ 305 Abs. 2 und 3 und die §§ 308 und 309 finden keine Anwendung auf Allgemeine Geschäftsbedingungen, die gegenüber einem Unternehmer, einer juristischen Person des öffentlichen Rechts oder einem öffentlich-rechtlichen Sondervermögen verwendet werden. [2]§ 307 Abs. 1 und 2 findet in den Fällen des Satzes 1 auch insoweit Anwendung, als dies zur Unwirksamkeit von in den §§ 308 und 309 genannten Vertragsbestimmungen führt; auf die im Handelsverkehr geltenden Gewohnheiten und Gebräuche ist angemessen Rücksicht zu nehmen. [3]In den Fällen des Satzes 1 findet § 307 Abs. 1 und 2 auf Verträge, in die die Vergabe- und Vertragsordnung für Bauleistungen Teil B (VOB/B) in der jeweils zum Zeitpunkt des Vertragsschlusses geltenden Fassung ohne inhaltliche Abweichungen insgesamt einbezogen ist, in Bezug auf eine Inhaltskontrolle einzelner Bestimmungen keine Anwendung.

(2) [1]Die §§ 308 und 309 finden keine Anwendung auf Verträge der Elektrizitäts-, Gas-, Fernwärme- und Wasserversorgungsunternehmen über die Versorgung von Sonderabnehmern mit elektrischer Energie, Gas, Fernwärme und Wasser aus dem Versorgungsnetz, soweit die Versorgungsbedingungen nicht zum Nachteil der Abnehmer von Verordnungen über Allgemeine Bedingungen für die Versorgung von Tarifkunden mit elektrischer Energie, Gas, Fernwärme und Wasser abweichen. [2]Satz 1 gilt entsprechend für Verträge über die Entsorgung von Abwasser.

(3) Bei Verträgen zwischen einem Unternehmer und einem Verbraucher (Verbraucherverträge) finden die Vorschriften dieses Abschnitts mit folgenden Maßgaben Anwendung:
1. Allgemeine Geschäftsbedingungen gelten als vom Unternehmer gestellt, es sei denn, dass sie durch den Verbraucher in den Vertrag eingeführt wurden;
2. § 305c Abs. 2 und die §§ 306 und 307 bis 309 dieses Gesetzes sowie Artikel 46b des Einführungsgesetzes zum Bürgerlichen Gesetzbuche finden auf vorformulierte Vertragsbedingungen auch dann Anwendung, wenn diese nur zur einmaligen Verwendung bestimmt sind und soweit der Verbraucher auf Grund der Vorformulierung auf ihren Inhalt keinen Einfluss nehmen konnte;

Gestaltung rechtsgeschäftlicher Schuldverhältnisse **§ 310**

3. bei der Beurteilung der unangemessenen Benachteiligung nach § 307 Abs. 1 und 2 sind auch die den Vertragsschluss begleitenden Umstände zu berücksichtigen.

(4) ¹**Dieser Abschnitt findet keine Anwendung bei Verträgen auf dem Gebiet des Erb-, Familien- und Gesellschaftsrechts sowie auf Tarifverträge, Betriebs- und Dienstvereinbarungen.** ²**Bei der Anwendung auf Arbeitsverträge sind die im Arbeitsrecht geltenden Besonderheiten angemessen zu berücksichtigen; § 305 Abs. 2 und 3 ist nicht anzuwenden.** ³**Tarifverträge, Betriebs- und Dienstvereinbarungen stehen Rechtsvorschriften im Sinne von § 307 Abs. 3 gleich.**

1. Allgemeines. Entgegen der Überschrift regelt § 310 nicht den Anwendungsbereich des Abschnitts 2 (§§ 305 ff), sondern schließt umgekehrt die Anwendung bestimmter Vorschriften des Abschnitts 2 in sachlicher und persönlicher Beziehung aus. 1

2. Begrenzung. I verbindet persönliche mit sachlicher Begrenzung des Anwendungsbereichs. Sachliche Begrenzung: Abschnitt 2 gilt, außer §§ 305 II, III, 308, 309; **persönliche** Begrenzung: die sachliche Begrenzung greift nur gegenüber Unternehmern (Begriff: § 14), jur Personen des öffentl Rechts (§ 89 Rn 1) und nichtrechtsfähigen öffentl-rechtlichen Sondervermögen. **Bedeutung des Ausschlusses von § 305 II, III:** Er erleichtert die Einbeziehung (§ 305 Rn 18–20); **von §§ 308, 309:** Er befreit von zT starren Begrenzungen und bindet die allg Inhaltskontrolle (§ 307 I, II) an die Beachtung von Handelsgewohnheiten und -gebräuchen (I 2 HS 2). Der **Ausschluss von § 309** ist weitgehend **irrelevant,** da die Klauselverbote iSv § 309 idR ein Indiz für unangemessene Benachteiligung (§ 307 I, II) auch unter Unternehmern sein sollen (s BGH NJW 98, 677 f; s die Nachw in §§ 308, 309, zur Kritik § 305 Rn 1, § 307 Rn 1). 2

3. Ver- und Entsorgungsbedingungen, II. Die NAV, AVBFernwärmeV, NDAV, AVBWasserV sind RechtsVOen (sa EGBGB Art 243), unterliegen also nicht dem Abschnitt 2 (sa Rn 20 vor § 145). Bes Bedingungen für Sonderabnehmer bedürfen der Einbeziehung. Die daher an sich mögliche Inhaltskontrolle gem §§ 308, 309 ist zwecks Gleichbehandlung von Sonder- und Tarifabnehmern grds ausgeschlossen, solange kein Abweichen iSv II vorliegt; Kontrolle gem § 307 I, II bleibt (BGH NJW-RR 12, 1333 mNachw). In Fernwärmeverträgen sind AGB, die gegenüber Normkunden verwendet werden, nur an AVBFernwärmeV zu messen, nicht an §§ 307 ff (BGH 189, 131). 3

4. Verbraucherverträge, III. Lit: Borges, Inhaltskontrolle von Verbraucherverträgen 2000. Diese Vorschrift entspricht AGBG 24a, der zur Umsetzung der RiLi 93/13/EWG in das AGBG eingefügt wurde. Er erfasste Klauseln, die keine AGB sind (Nr 1: Drittklauseln, s § 305 Rn 6; Nr 2: Einmalklauseln, s § 305 Rn 4). Dazu allg § 305 Rn 1. 4

5. Begriff des Verbrauchervertrags. III am Anfang. **Beteiligte:** Unternehmer auf der einen, Verbraucher auf der anderen Seite. Daher kein Verbrauchervertrag: Vertrag nur zwischen Unternehmern oder nur zwischen Verbrauchern. **a) Unternehmer.** Begriffsbestimmung: § 14, vgl Anm dort. **b) Verbraucher.** Begriffsbestimmung: § 13, vgl Anm dort. **c) Der Vertragsgegenstand** ist nicht auf Warenkäufe und Dienstleistungen beschränkt (str, ob von RiLi [Rn 4] 4 I iVm Erwägung dazu Nr 2, 5–7, 9 vorgesehen, zu Recht zurückhaltend MK/Basedow 34; bei verstärkter Verbraucherschutz ist gem RiLi 8 jedoch zulässig) und erfasst zB auch Gesellschaftsverträge zum Zweck privater Vermögensanlage (MK/Basedow 33), nicht aber Existenzgründungsverträge (vgl EuGH 1997 I, 3767; MK/Basedow 52); zum Arbeitsvertrag als Verbrauchervertrag Rn 16. 5 6

6. Besonderheiten für Verbraucherverträge. a) III Nr 1. Klauseln, die nicht vom Verwender „gestellt" werden, sondern von einem unbeteiligten Dritten, sind nach 7

§ 310 Buch 2. Abschnitt 2

§ 305 I 1 keine AGB. Abw davon gelten gem III Nr 1 **Drittklauseln** in Verbraucherverträgen grundsätzlich als AGB. Betroffen sind vor allem Klauseln bzw Formularverträge, die auf Vorschlag eines unbeteiligten Dritten, zB eines Maklers oder eines neutralen Notars (nicht: „Hausnotars"), verwendet werden, sofern es sich um Standardverträge mit „Massencharakter" handelt (MK/Basedow 64; aA Ulmer, FS Heinrichs 1998, S 560 ff: keine „Vielzahl" [§ 305 Rn 4], wenn der Notar Formulierungen aus seiner stdg benutzten Mustersammlung benutze; zurückhaltend Heinrichs NJW 98, 1449). Drittklauseln gelten dann **nicht als AGB,** wenn entweder der Verbraucher selbst sie in den Vertrag eingeführt hat (zB Klauseln seines „Hausnotars") oder es sich um eine Individualabrede gem § 305 I 3 handelt (s § 305 Rn 8–10). **b) III Nr 2.** Nach § 305 I 1 müssen AGB für eine Vielzahl von Verträgen vorformuliert sein. Abw davon unterfallen gem III Nr 2 Klauseln, die zur *einmaligen* Verwendung in Verbraucherverträgen vorformuliert sind **(Einmalklauseln),** grundsätzlich den §§ 305c II, 306, 307–309. Gleichgültig ist, ob die Klausel vom Unternehmer oder einem unbeteiligten Dritten stammt (hM, vgl Heinrichs NJW 98, 1449 f; gegen Einbeziehung notarieller Einzelverträge, Ulmer, FS Heinrichs, 1998, S 565 ff; Braunfels DNotZ 97, 376). Die genannten Vorschriften greifen nur ein, wenn der Verbraucher infolge der Vorformulierung der Klausel keinen Einfluss auf ihren Inhalt nehmen konnte; die Beweislast liegt beim Verbraucher (BGH NJW 08, 2250). Ob er Einfluss nehmen konnte, bestimmt sich entspr III Nr 1 aE (dann fehlt schon die Vorformulierung) und entspr den Voraussetzungen einer Individualabrede gem § 305 I 3 (BAG NJW 10, 2828; 05, 3305; MK/Basedow 69; aA Ulmer, FS Heinrichs, 1998, S 569 f). – Außer den in III Nr 2 genannten Bestimmungen sind auch § 305 II Nr 2 (Transparenzgebot, s § 305 Rn 14) und § 305c I (Schutz vor überraschenden Klauseln) anzuwenden (PalGrüneberg 18; aA MK/Basedow 75). **c) Die Unangemessenheit** wird gem § 307 I, II nach einem abstrakt-generalisierenden Prüfungsmaßstab kontrolliert. Abw davon sind bei Verbraucherverträgen außerdem die den **Vertragsabschluss begleitenden Umstände** zu berücksichtigen, **III Nr 3**. Das ist nur im Individualprozess möglich. Die Unangemessenheit einer Vertragsklausel wird namentlich danach bestimmt, ob sich der Unternehmer dem Verbraucher gegenüber „loyal und billig" verhalten hat (RiLi [Rn 4] 4 i VmNr 16 der Erwägungen dazu). Eine entspr Berücksichtigung von Umständen des Einzelfalls, die sich für und gegen den Verbraucher auswirken kann, findet gem § 305c I statt (s § 305c Rn 2).

10 **7. Bereichsausnahmen, IV 1, betreffen Verträge bestimmter Rechtsgebiete. a) Familien- und Erbrecht.** Da nur selten Formularverträge verwandt werden (ggf für Erbschaftskauf), ist der Ausschluss des Abschnitts 2 kaum von praktischer Bedeutung. Schuldrechtliche Verträge zwischen Eheleuten, Verwandten, Lebenspart-
11 nern gehören nicht hierher. **b) Gesellschaftsrecht.** Zu den Gesellschaften zählen: Handelsgesellschaften, stille Gesellschaft (BGH 127, 183 ff), BGB-Gesellschaft, Genossenschaft (BGH 103, 224 ff), Verein (BGH NJW 98, 454 f, auch zu Vertragsbedingungen für Mitglieder als unechter Satzungsteil eines VVaG). Anleihen bilden kein Beteiligungsrecht iS eines Mitgliedschaftsrechts (Gottschalk ZIP 06, 1121 mN). I gilt nicht für Abreden über Ausübung von Gesellschaftsrechten (zB Stimmrecht), Satzungsbestimmung über Rechtsbeziehungen zu Dritten. Gesellschaftsverträge körperschaftlich strukturierter Publikumsgesellschaften unterliegen der Inhaltskontrolle, § 242 (BGH 104, 53; stRspr); unentschieden zur Genossenschaftssatzung BGH 103,
12 226. **c) Arbeitsrechtliche Kollektivvereinbarungen.** Tarifverträge, Betriebs- und Dienstvereinbarungen sind ausgenommen, „da andernfalls das System der Tarifautonomie konterkariert würde" (Gegenäußerung der Bundesregierung zur Stellungnahme des Bundesrats, BT-Drs 14/6857 S 54). Diese Begründung trifft für Tarifverträge zu, aber nicht für die anderen Vereinbarungen (Annuss BB 02, 459). Betriebsvereinbarungen unterliegen nicht (mehr) einer gerichtl Billigkeitskontrolle (BAG NJW 06, 2062; Annuss BB 02, 459, je mN; anders hingegen kirchliche Arbeitsvertragsregelungen (BAG NZA 06, 872).

8. Arbeitsrechtliche Besonderheiten, IV 2, 3. Lit: Benedict, Der Maßstab der AGB-Kontrolle – oder die Suche nach dem „indispositiven Leitbild" im Arbeitsvertragsrecht, JZ

12, 172; Hansen, Die Anwendung der §§ 305 ff BGB auf vorformulierte Arbeitsverträge, ZGS 04, 21; Joost, Vertragsstrafen im Arbeitsrecht – Zur Inhaltskontrolle von Formularverträgen im Arbeitsrecht, ZIP 04, 1981; Lobinger, Betriebliche Bündnisse für Arbeit vor der AGB-Kontrolle?, FS Reuter 2010, 663; Oetker, AGB-Kontrolle im Zivil- und Arbeitsrecht, AcP 212, 202 ff; Tiedemann/ Triebel, Warum dürfen sich Arbeitgeber nicht auf die Unwirksamkeit ihrer AGB-Vertragsklauseln berufen?, BB 11, 1723; Straube, AGB-Kontrolle von Entsendeverträgen DB 12, 2808; Thüsing/ Leder, Neues zur Inhaltskontrolle von Formulararbeitsverträgen, BB 04, 42; dies, Gestaltungsspielräume bei der Verwendung vorformulierter Arbeitsvertragsbedingungen – Besondere Klauseln, BB 05, 1563; Tödtmann/Kaluza; Anforderungen an allgemeine Geschäftsbedingungen in arbeitsrechtlichen Verträgen, DB 11, 114; Zundel, Wirksamkeit arbeitsvertraglicher Klauseln insbesondere unter dem Aspekt der AGB-Kontrolle, NJW 06, 1237.

a) Vgl zunächst Rn 12. **b)** Die **Einbeziehung** von AGB in Arbeitsverträge 13 erfolgt nicht gem § 305 II (**IV 2 HS 2**). Grund: Der AN werde durch das NachwG (betr Nachweis der Arbeitsbedingungen, s PalWeidenkaff § 611, 3) hinreichend geschützt, was nicht zutrifft, da das NachwG nur den Nachweis der Bedingungen eines *wirksamen* Arbeitsvertrags regelt (Annuß BB 02, 460; sa Zöllner/Loritz/Hergenröder § 12 III 3: NachwG bestimmt keine Form für Arbeitsverträge). Die falsche Begründung des Ges ist für die Unanwendbarkeit von § 305 II irrelevant. **c)** Nach 14 **IV 3** stehen die Tarifverträge, Betriebs- und Dienstvereinbarungen den **Rechtsvorschriften** iSv § 307 III gleich (s Rn 12). Eine Freistellung von der Inhaltskontrolle setzt voraus, dass die arbeitsvertragliche Regelung mit Regelungen in Tarifverträgen usw übereinstimmt, die ohnehin für den Arbeitsvertrag relevant sind. **Abweichung** 15 liegt daher vor bei Bezugnahme auf sachlich nicht einschlägige Tarifverträge oder auf einzelne Bestimmungen eines einschlägigen, aber nicht normativ verbindlichen Tarifvertrags (Annuß BB 02, 460; Hromadka NJW 02, 2526 f; Reinecke BB 05, 378); entspr gilt für Betriebs- und Dienstvereinbarungen. Das entspricht der Rspr zu § 307 III: Inhaltskontrolle findet statt, wenn ges Bestimmungen und allg Regeln für einen bestimmten Vertragstyp durch AGB auf andere Verträge übertragen werden (zB BGH 74, 269; sa BGH NJW 04, 1597 zur Teilübernahme von VOB/B). Soweit die Abweichungen reichen, ist Inhaltskontrolle zulässig (§ 307 III 2). **d)** Die 16 **Besonderheiten des Arbeitsrechts** sind bei Anwendung des Abschnitts 2 auf Arbeitsverträge angemessen zu berücksichtigen, **IV 2 HS 1**. Was das konkret heißt, ist dunkel (Hromadka NJW 02, 2528) und bedarf der Konkretisierung durch die Rspr. Praktisch wichtig ist die Frage, ob ein AN arbeitsrechtlich „Verbraucher" iSv III ist. Im Rahmen des § 13, dh ohne Berücksichtigung arbeitsrechtlicher Besonderheiten, ist der AN „Verbraucher", zB bei Erwerb von Dienstkleidung (§ 13 Rn 3), aber nicht iSv III, weil arbeitsrechtlich „AG" und „AN" nicht mit „Unternehmer" und „Verbraucher" deckungsgleich sind (Bsp: Anstellung einer Pflegekraft als AN durch pflegebedürftige Privatperson, die nach § 14 kein „Unternehmer" ist; s aber sehr allg BAG NJW 11, 408); str insbes bei Abschluss, Änderung oder Aufhebung des Arbeitsvertrages (bejaht durch BAG NJW 05, 3305; BVerfG NJW 07, 286; zust Bayreuther NZA 05, 1337; aA Hromadka NJW 02, 2524 mN.); zu Vertragsstrafeversprechen § 309 Rn 7; für Zulässigkeit von Klauseln über Kostenerstattung von Aus- und Fortbildung (BAG NJW 13, 410; MDR 11, 1240).

Abschnitt 3. Schuldverhältnisse aus Verträgen

Titel 1. Begründung, Inhalt und Beendigung

Untertitel 1. Begründung

§ 311 Rechtsgeschäftliche und rechtsgeschäftsähnliche Schuldverhältnisse

(1) **Zur Begründung eines Schuldverhältnisses durch Rechtsgeschäft sowie zur Änderung des Inhalts eines Schuldverhältnisses ist ein Vertrag**

§ 311

zwischen den Beteiligten erforderlich, soweit nicht das Gesetz ein anderes vorschreibt

(2) Ein Schuldverhältnis mit Pflichten nach § 241 Abs. 2 entsteht auch durch
1. die Aufnahme von Vertragsverhandlungen,
2. die Anbahnung eines Vertrags, bei welcher der eine Teil im Hinblick auf eine etwaige rechtsgeschäftliche Beziehung dem anderen Teil die Möglichkeit zur Einwirkung auf seine Rechte, Rechtsgüter und Interessen gewährt oder ihm diese anvertraut, oder
3. ähnliche geschäftliche Kontakte.

(3) ¹Ein Schuldverhältnis mit Pflichten nach § 241 Abs. 2 kann auch zu Personen entstehen, die nicht selbst Vertragspartei werden sollen. ²Ein solches Schuldverhältnis entsteht insbesondere, wenn der Dritte in besonderem Maße Vertrauen für sich in Anspruch nimmt und dadurch die Vertragsverhandlungen oder den Vertragsschluss erheblich beeinflusst

I. Allgemeines

1   **1. Überblick und Bedeutung.** Titel 1 von Abschnitt 3 (§§ 311–319) ist durch das SchRModG wesentlich umgestaltet worden und umfasst jetzt so unterschiedliche Gegenstände wie das allg (Schuld-)Vertragsrecht, die systematisch verfehlt (vgl Überschrift von Abschnitt 3) eingestellte Teil-Kodifizierung des ges Schuldverhältnisses der cic (nach – abzulehnender – aA auch Kodifikation des Vertrags mit Schutzwirkung für Dritte, hierzu Rn 49) und das Verbraucherschutzrecht (Rn 2) bei „bes Vertriebsformen" (§§ 312–312i). Ie enthält die Regelung die allg Vorschriften über die Begründung von rechtsgeschäftlichen und zT ges Schuldverhältnissen (§§ 311, 311a), Unwirksamkeitsgründe (§ 311b II, IV), Fälle der Formbedürftigkeit (§ 311b I, III, V 2), Informationspflichten und Widerrufs-(Rückgabe-) rechte bei bes Verbraucherverträgen (§§ 312–312i), die Anpassung und Beendigung von Verträgen bei Störung der Geschäftsgrundlage (§ 313) und durch Kündigung von Dauerschuldverhältnissen aus wichtigem Grund (§ 314) sowie die Inhaltsbestimmung bei unbestimmter – aber bestimmbarer – Leistungspflicht (§§ 315–319). Die §§ 311 I–311c, §§ 313–319 ergänzen damit die Regeln des AT über **Verträge** (§§ 145–157); sie gelten für **alle Schuldverträge**, als Ausdruck allg Rechtsgedanken in gewissem Umfang auch **entspr** für öffentl-rechtliche Verträge (vgl VwVfG 54 S 2; SGB X 61 S 2; PalGrüneberg 35 ff vor § 311). Nach der grundlegenden Bestimmung des § 311 I ist zur **rechtsgeschäftlichen** Begründung eines Schuldverhältnisses (§ 241 Rn 1 ff) grundsätzlich („soweit nicht") der Abschluss eines **Vertrags** erforderlich; das Gleiche gilt für die Inhaltsänderung (Rn 18) und (in § 311 I nicht erwähnt) die Aufhebung eines Schuldverhältnisses (Rn 19). Durch **einseitiges** RGeschäft (Begriff: Rn 5 vor § 104) oder Leistungsversprechen wird nur ausnahmsweise ein rechtsgeschäftliches Schuldverhältnis begründet. Bsp: Stiftung (§ 82); Auslobung (§ 657); Vermächtnis (§§ 1939, 2147 ff); zweifelhaft sind die Fälle des § 783 (vgl § 784 Rn 2) und § 793 (dort Rn 11). Einseitige Leistungsversprechen können aber uU die Grundlage für eine ges Vertrauenshaftung bilden (sa **II Nr 2** und Rn 61; § 675 II mit Anm). Nicht ausdr ausgesprochen sind die der Regelung zu Grunde liegenden Grundsätze der **Vertragsfreiheit** (Rn 3 ff) und der **Formfreiheit** (Rn 7 f).

2   **2. Verbraucherschutz und EG-Recht.** Die Regelungen des Untertitels 2 dienen der Umsetzung folgender Richtlinien: RiLi 85/577/EWG über Haustürgeschäfte (ABl EG Nr L 372 S 31 vom 31.12.1985); RiLi 97/7/EG über Fernabsatzverträge (ABl EG Nr L 144 S 19 vom 20.5.1997); RiLi 2000/31/EG über den elektronischen Geschäftsverkehr (ABl EG Nr L 178 S 1 vom 8.6.2000); RiLi 02/65/EG (ABl EG Nr L 271 S 16 vom 23.9.2002) über den Fernabsatz von Finanzdienstleistungen. Mit dem SchuldRModG erfolgt die (weiter fortschreitende) Anpassung des deutschen Zivilrechts an die Vorgaben des Gemeinschaftsrechts nicht länger in

Titel 1. Begründung, Inhalt und Beendigung § 311

selbstständigen Nebengesetzen, sondern innerhalb des BGB. Seine Regelungen sind Teil des europäischen Verbrauchervertragsrechts (im persönlichen Anwendungsbereich zT weitergehend: § 312g). Ihre Auslegung erfolgt im Lichte der Richtlinien; ggf muss der EuGH angerufen werden (AEUV 267). Für **Verbraucherverträge** (Definition: § 310 III), die unter Einsatz bestimmter Vertriebsformen (Haustürgeschäfte [§ 312], Fernabsatzverträge [§ 312b I, III]) geschlossen werden, enthalten die §§ 312, 312d Widerrufs- (bzw Rückgabe-)Rechte zugunsten des Verbrauchers (§ 13). Im Fernabsatz treffen den Unternehmer (§ 14) zahlreiche Informationspflichten (§ 312c iVm InfV-BGB). Bei Verträgen im **elektronischen Geschäftsverkehr** hat der Unternehmer auch gegenüber Nichtverbrauchern vorvertragliche Aufklärungs- und Informationspflichten. Auch außerhalb dieses Untertitels sind zahlreiche Vorschriften des allg (§ 286 III, dazu dort Rn 31; § 288 II, dazu dort Rn 1) und bes Schuldrechts auf Grundlage des Gemeinschaftsrechts erlassen (§§ 474 ff, dazu Rn 1 vor § 474; 491 ff; dazu Rn 1 vor § 491) oder von diesem beeinflusst (§§ 433 ff, dazu Rn 2 f vor §§ 433–480). Das BGB kennt neben der allg Definition des Verbrauchervertrages in § 310 III **bes Verbraucherverträge** (Bsp: Verbrauchsgüterkauf [§ 474], Verbraucherdarlehen [§ 491, neugefasst durch das Umsetzungsgesetz zur Verbraucherkredit-RiLi 2009]), die es inhaltlich näher ausgestaltet. Kennzeichen des Verbraucherschutzrechts ist der einseitig zwingende Charakter seiner Regelungen (§§ 306a, 312 f, 475 I, 506). Die §§ 312 ff werden durch das Ges zur Umsetzung der Verbraucherrechte RiLi mit Wirkung zum 13.6.2014 neu gefasst. S. den Text der neuen Vorschriften im Anhang zum Verbraucherrecht S. 2273.

II. Grundlagen rechtsgeschäftlicher Schuldverhältnisse (I)

1. Grundsatz der Vertragsfreiheit. Die Vertragsfreiheit bildet ein grundlegendes, ungeschriebenes, verfassungsrechtlich gewährleistetes (GG 2 I; s BVerfG 74, 151 f; BGH 70, 324; 130, 376; 137, 220 f), aber auch begrenztes (Rn 6) Prinzip unserer Rechtsordnung. § 311 I setzt sie voraus. **a) Inhalt.** Vertragsfreiheit ist das Recht der einzelnen Rechtssubjekte, ihre Rechtsbeziehungen zueinander einverständlich zu regeln. Sie ist der wichtigste Bestandteil der **Privatautonomie** (vgl BVerfG 81, 254; Flume II § 1, 8a; sa Rn 8 ff vor § 145). Dem Recht auf rechtsgeschäftliche Selbstbestimmung entspricht das Einstehenmüssen für das mit dem Vertrag übernommene Risiko (BGH 107, 98 und 102). Die Vertragsfreiheit umfasst: **aa) Abschlussfreiheit.** Die Parteien können bestimmen, ob sie überhaupt einen Schuldvertrag abschließen wollen (Ablehnungsfreiheit), mit wem (Partnerwahlfreiheit), ferner, ob sie einen geschlossenen Schuldvertrag noch gebunden sein wollen (Lösungsfreiheit). Zu den Schranken s Rn 6. **bb) Gestaltungs-(Inhalts-)freiheit.** Der Parteibestimmung unterliegt weiter die inhaltliche Ausgestaltung des Schuldvertrags (Bestimmung von Leistungsgegenstand, Preis, Bedingungen; aber auch **Typenfreiheit,** vgl dazu Rn 23 ff, 28 ff). **b) Schranken.** Die Vertragsfreiheit ist nicht unbegrenzt (BVerfG 81, 254 ff; 89, 231 ff; NJW 96, 2021; BGH 120, 274 ff; BAG 77, 135 f; 78, 66). Schranken der Abschlussfreiheit bestehen in den Fällen des **Kontrahierungszwangs** (ie Rn 9 ff vor § 145). Die Abschlussfreiheit wird nun deutlich beschränkt durch das **AGG** für Beschäftigungs- und Arbeitsverhältnisse (AGG 2) sowie für die Begründung von Massengeschäften (Legaldefinition in AGG 19 I Nr 1) und private Versicherungsverhältnisse. Das AGG begründet zwar keinen Kontrahierungszwang (sa AGG 15 Rn 3; AGG 21 Rn 8; str, aA für AGG 21 Wagner/Potsch JZ 06, 1085, 1099), belegt eine nicht diskriminierungsfreie Auswahl des Vertragspartners jedoch mit einer Schadensersatzpflicht (AGG 15, 21; s früher § 611a). Auch die Inhaltsfreiheit unterliegt vielfältigen Beschränkungen durch zwingendes Recht und richterliche Inhaltskontrolle am Maßstab der ges Generalklauseln (ie Rn 15 vor § 145; Rn 2 vor § 241). IdR keine (selbstständigen) Einschränkungen der Vertragsfreiheit begründen die Grundrechte (außer GG 9 III 2); sie wirken aber als Wertordnung über die Generalklauseln mittelbar auf das Privatrecht ein (BVerfG 7, 205; 81, 256; 89, 231 ff; NJW 94, 36; stRspr; BGH 142, 307; BAG 70, 343 ff;

§ 311
Buch 2. Abschnitt 3. Schuldverhältnisse aus Verträgen

sog mittelbare Drittwirkung; dazu Flume II § 1, 10b; Larenz, SchR I, § 4 IV 3; Diederichsen Jura 97, 57; Zöllner AcP 196, 1; sa § 242 Rn 3); das Gleiche gilt auch für das **Sozialstaatsprinzip** (GG 20, 28; zB BVerfG 81, 255; Rn 2 vor § 241). Bei **Verbraucherverträgen** kann von den gesetzlichen Schutzbestimmungen idR nicht zum Nachteil des Verbrauchers abgewichen werden (so Rn 2); vorformulierte Klauseln unterliegen einer verschärften richterlichen Inhaltskontrolle (§ 310 III).

7 **2. Grundsatz der Formfreiheit.** Schuldverträge können formfrei (und damit auch stillschweigend) geschlossen werden, sofern nicht ausnahmsweise aus bestimmten Gründen (§ 125 Rn 3) **Formgebote** aufgestellt sind. **a)** Fälle ges **Schriftform:** §§ 484 I, 492 I, 550, 578 I, 761, 766, 780, 781, 793; FernUSG 3 I; BRAGO 3 I, die idR durch die **elektronische Form** (§ 126a) ersetzt werden kann (§ 126 III). Die **Textform** (§ 126b) schließt nicht verkörperte Erklärungen aus: zB §§ 312c II, 355 I 2, II, 357 III, 477 II, 492 VI, 560 I 1, 651g II 3, 655b I 3; AktG 109 III. **b)** Fälle **notarieller Beurkundung:** §§ 311b I, III, 518, 2371. **c)** Ausdehnung des Formzwangs durch **entspr Anwendung** von Formvorschriften ist unzulässig (BGH 82, 359 f; 125, 223; Kanzleiter, FS Hagen, 1999, S 310 f, str; aA BGH 82, 403; Köbl DNotZ 83, 213 ff).

8 **3. Grundsatz des Verbraucherschutzes.** Er ergibt sich nach der Integration der Verbraucherschutzgesetze durch das SchRModG jetzt unmittelbar aus dem BGB selbst (vgl Rn 2, 6; Rn 2 vor § 241).

III. Arten von rechtsgeschäftlichen Schuldverhältnissen (schuldrechtlichen Verträgen)

9 **1. Verpflichtungs- und Verfügungsverträge.** Verpflichtungsverträge sind schuldbegründende Verträge; sie begründen die Verpflichtung zu einer Leistung (§ 241 Rn 8); schuldrechtliche, „obligatorische" iSv verpflichtende (Schuld-)verträge (ges Regelfall). Einteilung der Verpflichtungsverträge: Rn 4 Einf vor § 433. **Verfügungsverträge** sind Verträge, die auf den Bestand eines Rechts (Rechtsverhältnisses) durch Übertragung, Inhaltsänderung, Belastung oder Aufhebung unmittelbar einwirken (Rn 10 vor § 104). Verfügungsverträge sind für das Sachenrecht typisch. Die schuldrechtlichen Verfügungsverträge setzen ein bestehendes Schuldverhältnis als Gegenstand der Einwirkung (Änderung, Aufhebung) voraus. Bsp: Abänderungs- und Aufhebungs-(Befreiungs-)vertrag (ie Rn 18 ff); Erlassvertrag (§ 397); Abtretung (§ 398); befreiende Schuldübernahme (§ 414); uU Vergleich (§ 779 Rn 2, 13).

10 **2. Kausale und abstrakte Verträge** (Lit: Stadler, Gestaltungsfreiheit und Verkehrsschutz durch Abstraktion, 1996 m zahlr Nw.). **Kausale Verträge** enthalten außer der Einigung über das Leistungsversprechen die Einigung über den Rechtsgrund (causa) der geschuldeten Leistung(en). Die sog Zweckvereinbarung ist nicht zu verwechseln mit dem (einseitigen) Motiv einer Partei oder der Geschäftsgrundlage des Vertrages (dazu § 313 Rn 4). Kausale Verträge sind alle Verpflichtungsverträge (Rn 11). Bei **abstrakten Verträgen** ist der Rechtsgrund der Vereinbarung (obwohl idR im zu Grunde liegenden Kausalvertrag vorhanden) nicht Bestandteil des Vertrages; sie sind unabhängig („losgelöst") vom Rechtsgrund gültig („zweckunempfindlich"). Fehlt der Rechtsgrund, besteht Anspruch auf Rückgängigmachung, § 812. Abstrakte Verträge sind die Verfügungsverträge (Rn 9), Verpflichtungsverträge nur, soweit es sich um einseitige Schuldversprechen handelt („selbstständig" verpflichtende vertragliche Leistungsversprechen). Bsp: §§ 780, 781, 784, 793; HGB 350; Wechsel und Scheck.

11 **3. Entgeltliche und unentgeltliche Verträge.** Bei **entgeltlichen Verträgen** stellt die Leistung der einen Partei den Ausgleich für eine Leistung der anderen dar (zum Austauschverhältnis Rn 13). Bsp: §§ 312 I (dazu BGH 131, 4); 433, 480, 488 I, 535, 581, 611, 631. Bei **unentgeltlichen Verträgen** wird durch die Leistung der

Titel 1. Begründung, Inhalt und Beendigung § 311

einen Partei der anderen ein Vorteil erbracht, dem kein Gegenwert gegenübersteht (unentgeltliche Zuwendung). Bsp: §§ 516, 598, 662, 690, unverzinsliches Darlehen (§ 488 III 3); zur Abgrenzung von Gefälligkeitsverhältnissen (Unentgeltlichkeit ohne vertragliche Bindung) vor § 104, Rn 17; § 241 Rn 23 f.

4. Einseitige, zweiseitige und gegenseitige Verträge. a) Einseitige Verträge (einseitig verpflichtende Verträge) erzeugen (Hauptleistungs-)Pflichten notwendig nur für eine Vertragspartei. Bsp: §§ 518, 765. **b) Zweiseitige Verträge** (zweiseitig verpflichtende Verträge) sind: **aa) unvollkommen zweiseitige Verträge;** bei ihnen trifft notwendig eine Partei eine (vertragstypische) Leistungspflicht, uU kann aber auch die andere zu einer Leistung verpflichtet sein; diese Leistung stellt aber kein Entgelt für die notwendige Leistung dar. Es handelt sich idR um unentgeltliche Verträge. Bsp: Leihe (§§ 598, 601–604, 606); unverzinsliches Darlehen (§ 488 III 3); Auftrag (§§ 662–670); unentgeltliche Verwahrung (§§ 688–690, 693 ff). **bb) gegenseitige Verträge** (vollkommen zweiseitige Verträge); beide Parteien treffen notwendig Hauptleistungspflichten, dh jede Partei ist stets Gläubiger und Schuldner zugleich. Jede Leistung ist Entgelt oder Gegenleistung für die andere, jede Leistung wird um der anderen willen geschuldet („*do ut des*"-Verknüpfung; vgl BGH 15, 105; 77, 363). Gegenseitige Verträge sind immer entgeltliche Verträge (zB: §§ 433, 535, 611, 631; nicht: § 652; idR Austauschverträge (BGH NJW 86, 126; aber nicht nur: vgl § 705). Das **Abhängigkeitsverhältnis** zwischen Leistung und Gegenleistung wirkt sich in verschiedener Hinsicht aus: α) Kommt eine Leistungspflicht nicht zur Entstehung (zB bei Leistungshindernis, § 275), so entsteht auch die andere nicht (sog **genetisches Synallagma, § 326 I**). β) Sind beide Leistungspflichten wirksam entstanden, so kann die eine nicht ohne Rücksicht auf die andere geltend gemacht werden („Leistung Zug um Zug"; Einrede des nicht erfüllten Vertrags; §§ 320, 322; sa InsO 103). γ) Treten bei einer Leistungspflicht nachträglich Störungen ein (zB nachträgliche Leistungshindernisse, § 275), so wirkt sich dies auf die Verpflichtung zur Gegenleistung aus (§§ 326, 323; β und γ: **funktionelles Synallagma**). Im Gegenseitigkeitsverhältnis stehen nur die Hauptleistungspflichten (§ 241 Rn 9), nicht aber Neben-(leistungs-)pflichten, zB die Abnahmepflicht des Käufers beim Kauf (§ 433 II); Rückgabepflicht des Mieters nach Beendigung der Miete (§ 546 I).

5. Verträge auf einmalige, dauernde oder wiederkehrende Leistungen. a) Begriffe. aa) Bei Verträgen auf einmalige Leistung erschöpft sich die Leistungspflicht in einer einmaligen Leistungserbringung. **bb)** Bei **Dauerverträgen** ist eine dauernde Leistung (zB Herstellung eines Zustands für bestimmte Dauer; längerwährendes Verhalten, sich über längeren Zeitraum erstreckende Einzelleistungen) geschuldet (PalGrüneberg § 314, 2). Bsp: §§ 488, 535, 581, 598, 611, 705; Factoring (BGH NJW 80, 44); Franchising (BGH NJW 99, 1177); sa § 309 Nr 9, § 314, EGBGB Art 229 § 5 S 2. Unterfall des Dauervertrags ist der **Sukzessiv- (Teil-)lieferungsvertrag**. Begriff: Einheitlicher Vertrag, gerichtet auf die entgeltliche Lieferung einer (nicht notwendig abschließend festgelegten) Gesamtmenge vertretbarer Sachen in zeitlich aufeinander folgenden Raten zu fest bestimmten Terminen oder auf Abruf (BGH NJW 81, 679; WM 86, 75 mN; MK/Gaier § 314, 8). Bsp: Bierlieferungsvertrag (Rn 25 mN); Bausatzvertrag (BGH 78, 380). **cc)** Das **Wiederkehrschuldverhältnis** ist (iGgs zu bb) kein einheitliches Vertragsverhältnis, sondern durch ständige Wiederholung des Vertragsschlusses für bestimmte Abrechnungszeiträume gekennzeichnet (RG 148, 330). Bsp: Früher allg Versorgungsverträge über Strom, Gas, Wasser, Fernwärme usw (vgl Köln NJW 81, 1105, str). Seit 1.4.1980 sind die mit Tarifkunden geschlossenen Versorgungsverträge einheitliche Dauerlieferungsverträge (vgl die Kündigungsregelungen in NAV, NDAV, AVBFernwärmeV, AVBWasserV, je 32, str; vgl MK/Gaier § 314, 8; offen BGH 83, 362; 91, 307). **b) Rechtsfolgen.** Das BGB setzt den Dauervertrag voraus und regelt allg nur das Kündigungsrecht aus wichtigem Grund (§ 314). Im Übrigen fehlen allg Vorschriften (vgl aber §§ 308 Nr 3; 309 Nr 1, 9; § 505). Ges und anerkannte Grund-

12

13

14

15

16

§ 311
Buch 2. Abschnitt 3. Schuldverhältnisse aus Verträgen

sätze sind: **aa) Dauerverträge** können aus wichtigem Grund gekündigt werden (§ 314), dessen Voraussetzungen in den bes Vertragstypen näher geregelt werden (vgl zB §§ 543, 569, 626, 723). Das Kündigungsrecht ist idR nicht durch AGB abdingbar (BGH 133, 320). Längerfristige Bindung bedarf der Individualvereinbarung (§ 309 Nr 9a; iE dort). **bb)** Nach **Vollzug** des Dauervertrags ist die **Rückwirkung** von Anfechtung und Rücktritt **eingeschränkt** (BGH NJW 76, 1354 mN). Durch Leistungsstörungen hinsichtlich einer Rate werden abgewickelte Teile grundsätzlich nicht berührt (§ 281 Rn 25; § 323 Rn 18). **cc)** Gesteigerte Treuepflicht: § 242 Rn 27 aE.

18 6. Änderungs- und Aufhebungsverträge. a) Änderungsvertrag: Verfügender, uU verpflichtender, zwischen den Parteien eines bestehenden Schuldverhältnisses geschlossener, frei zulässiger (Rn 3 ff) Vertrag, durch den dieses unter Wahrung seiner Identität (sonst Fall der Rn 20) inhaltlich abgeändert wird. Die Änderung kann die Leistungsmodalitäten (Bsp: Stundung [§ 271 Rn 9 ff]; veränderte Zahlungsweise und Abrechnungsart), die Hauptleistungen (Bsp: Austausch von Mietobjekt [s BGH NJW 92, 2284 f]; Anpassung des Mietzinses an veränderte Umstände) oder auch den Schuldgrund betreffen (Bsp: Kaufpreisschuld als Gegenstand eines Vereinbarungsdarlehens, Rn 6 ff vor § 488). Ges **Formzwang** für den geänderten Vertrag gilt idR auch für den Änderungsvertrag (§ 125 Rn 8; vgl aber § 311b I Rn 21); iü ist Vertragsänderung auch stillschweigend möglich (BAG BB 76, 1128; BGH NJW 96, 1680). Bei jahrelanger abw Vertragsdurchführung besteht eine tatsächliche Vermutung für entspr Vertragsänderung (BGH MDR 78, 1011). Gewillkürte Form steht formlosem Änderungsvertrag nicht notwendig entgegen (BGH 71, 164; Tiedtke MDR 76, 367; iE § 125 Rn 9, 11). Eine **Pflicht** zum Abschluss eines Änderungsvertrags kann vertraglich übernommen werden (Bsp: Leistungsvorbehalte, vgl §§ 244, 245 Rn 21; Neuverhandlungsklauseln, vgl Martinek AcP 1998, 344) und sich uU aus Ges ergeben (Bsp: § 557 III; auch § 242, zB bei Abschluss von nicht genehmigungsfähiger Wertsicherungsabrede). Die Vertragsänderung lässt das Schuldverhältnis (§ 241 Rn 1) als solches unberührt, Sicherungsrechte bleiben im bisherigen Umfang bestehen (§§ 767 I 3; 1210 I 2). **Zeitpunkt** der Änderung: wie Rn 19. Rechtsgeschäftliche Änderung erfordert grundsätzlich einen **Vertrag** (Rn 1), eine **einseitige Änderung** ist nur möglich, soweit ges zugelassen (Bsp: §§ 263 I; 281 I, IV) oder vertraglich vereinbart. Bsp: Anpassungsklauseln. Verzicht auf einzelne Rechte richtet sich nach § 397; einseitiger Verzicht auf Einreden: **19** §§ 214–217 Rn 2; § 397 Rn 1. **b)** Der jederzeit frei zulässige (Lösungsfreiheit: Rn 3) **Aufhebungsvertrag** (contrarius consensus) bedarf idR auch dann keiner Form, wenn er sich auf einen formbedürftigen Vertrag bezieht (BAG BB 77, 94 für TVG 1 II; § 125 Rn 8, § 311b I Rn 20; MK/Emmerich 19). Auslegungsfrage, inwieweit die Aufhebung ex tunc oder ex nunc (dann Bestehen bleiben entstandener Rechte, zB auf Ersatz von Verzugsschaden) wirkt (BGH NJW 78, 2198). Beweislast für Rückwirkung (Wegfall bereits entstandener Rechte) trägt der Schuldner (BGH aaO). Rechtsfolgen: iZw § 346 ff entspr (BGH NJW-RR 96, 337). Rechtsgeschäftliche Vertragsaufhebung erfordert grundsätzlich einen **Vertrag** (Rn 1), **einseitige** ist möglich bei Bestehen von Rücktritts-, Kündigungs- (zur Abgrenzung BGH 52, **20** 16) und Anfechtungsrechten. **c) Novation:** Verbindung der vertraglichen Aufhebung eines Schuldverhältnisses mit der Neubegründung eines anderen in der Weise, dass das Neue an die Stelle des Alten treten soll („Schuldersetzung"). Die ges Form des neuen Schuldvertrags (zB §§ 780, 781, vgl Rn 9 vor § 488, aber auch u) ist einzuhalten, iÜ gilt Rn 19. Das alte Schuldverhältnis erlischt, darauf gestützte Einwendungen sind ausgeschlossen, bestehende Sicherungsrechte entfallen (Unterschied zu Rn 18). Bsp: Kaufmännisches Saldoanerkenntnis bei HGB 355 (vgl aber HGB 356). **Kausale** Novation liegt vor, wenn das neue Schuldverhältnis vom Bestand des alten abhängig sein soll; im Falle **abstrakter** Novation bildet das fehlende alte Schuldverhältnis keine Einwendung des Schuldners (BGH 28, 166; MK/Emmerich 15). Novation ist im Hinblick auf die weitgehenden Rechtsfolgen iZw

Titel 1. Begründung, Inhalt und Beendigung § 311

nicht gewollt, sondern lediglich ein Abänderungsvertrag (BGH NJW 87, 3126 mN; 92, 2284 f). Ein neu begründetes Schuldverhältnis dient vielmehr idR nur der Schuldverstärkung (vgl § 364 II). **Keine** Novation liegt idR in einem Vereinbarungsdarlehen (Rn 6 ff vor § 488), Schuldanerkenntnis (§§ 780, 781 Rn 10), Vergleich (§ 779 Rn 11) oder in der (nicht beanstandeten) Übersendung von Konto-Tagesauszügen (BGH 50, 280; 73, 210; vgl dazu §§ 780, 781 Rn 21).

7. Haupt- und Vorverträge. Hauptverträge sind alle unmittelbar auf eine 21 Hauptleistung (§ 241 Rn 9) gerichteten Schuldverträge (Rn 8), Vorverträge sind auf den Abschluss eines Hauptvertrags gerichtet; zur Unterscheidung vgl Rn 5 vor § 145, zum Kauf-Vorvertrag insbes § 463 Rn 6, zum Vormiet- und Vorpachtvertrag s § 463 Rn 4; zum Mindestinhalt von Haupt- und Vorvertrag hinsichtlich der Leistungsbestimmung sa § 241 Rn 8; Prozessuales: BGH 97, 150; 98, 130.

8. Rahmenverträge. Solche regeln den Inhalt künftig erst abzuschließender 22 (Einzel-) Verträge. Bsp: Rahmenvereinbarung über die Geltung von AGB (§ 305 III und dort Rn 16; BGH NJW-RR 87, 112); über die Zusammenarbeit von Bank und Verkäufer bei Finanzierungsgeschäften (vgl BGH 33, 309; s auch § 358 III); Leasingrahmenvertrag (BGH NJW-RR 87, 306); Eigenhändlervertrag (BGH NJW 82, 2432 mN; sa Rn 11 [h] vor § 433; § 456 Rn 4); Kreditkartenvertrag (BGH 114, 241 mit Anm Salje JR 92, 374); Just-in-Time-Rahmenliefervertrag (Nagel DB 91, 319); Architektenrahmenvertrag (BGH NJW-RR 92, 978).

IV. Typische und atypische Schuldverträge

Lit: Stoffels, Gesetzlich nicht geregelte Schuldverträge, 2001.

1. Allgemeines. Das Vertragsrecht des BGB kennt **keinen Typenzwang** 23 (Rn 5). Die **ges normierten Vertragstypen** (Rn 24) werden ergänzt durch die (ges nicht geregelten) **verkehrstypischen Verträge** (Rn 25) und die **atypischen Verträge** (Rn 26). Die Terminologie ist dabei nicht immer einheitlich. Die Einordnung eines konkreten Vertragsverhältnisses unter einen bestimmten Vertragstyp ist von Bedeutung für das anzuwendende Recht (Rn 27). Dabei ist nicht die Bezeichnung durch die Parteien (vgl BGH 101, 352; 106, 345), sondern der obj Gesamtinhalt des Vertrags maßgebend (BGH 74, 207 und 268 f; 75, 301 f; 87, 117 mN). Die im ges Vertragstyp zum Ausdruck kommende Risiko- und Lastenverteilung entspricht idR einem bes Gerechtigkeitsgehalt, der bei Abänderungen (insbes durch AGB und im Verbraucherverkehr, vgl §§ 307 II Nr 1, 310 III Nr 2) zu beachten ist (sog **Leitbildfunktion** des dispositiven Rechts; stRspr, § 307 Rn 10; sa Rn 11 vor § 652).

2. Ges normierte Verträge. Vertragsinhalt ist Gegenstand einer speziellen ges 24 Regelung, die den Vertrag zugleich mit einem bestimmten Namen bezeichnet. Sie sind geregelt im Abschnitt 7 des Buchs 2 (Rn 2 Einf vor § 433), ferner in zahlreichen Sondergesetzen außerhalb des BGB (zB HGB, VVG, VerlagsG, FernUSG usw). Die ges Vertragstypen kommen nicht nur in Reinform vor, sondern sind Gegenstand vielfacher Abänderungen und **Vermischungen** (Rn 28 ff).

3. Verkehrstypische Verträge. Dies sind ges nicht normierte Verträge, die sich 25 im Rechts- und Wirtschaftsverkehr auf Grund eines entspr Verkehrsbedürfnisses als selbstständige Vertragstypen herausgebildet haben. Ihre Ausgestaltung ergibt sich häufig aus AGB. Teils handelt es sich um Neubildungen (zB Garantievertrag), teils um Abwandlungen und Vermischungen normierter Verträge (ie Rn 28 aE; 30 ff). **Bsp** (in alphabetischer Reihenfolge): **Access-Provider-Vertrag** (BGH NJW 05, 2076); **Alleinvertriebsvertrag** (BGH NJW 86, 125 f); **Altenheimvertrag** (BGH NJW 81, 342 mN; sa u „Heimverträge" sowie Rn 30); **Arbeitnehmerüberlassungsverträge** (BGH NJW 02, 3317); **Automatenaufstellvertrag** (Vor § 535 Rn 11); **Bankvertrag** (§ 676a Rn 2); **Baubetreuungsvertrag** (BGH 85, 42 mN;

§ 311

Rn 5 vor § 631; § 675 Rn 12); **Bauträgervertrag** (BGH 96, 277 f; 118, 238; Doerry WM Sonderbeil Nr 8/91, 4 mN; Rn 5 vor § 631); **Beherbergungsvertrag** (BGH 77, 116); **Belegarztvertrag** (BGH NJW-RR 06, 1427); **Bierlieferungsvertrag** (BGH 129, 371 ff; Rn 14, 29; § 433 Rn 8; Rn 14 vor § 488); **Energieversorgungsvertrag** im Sonder- und Tarifkundenbereich vgl Rn 15; **Factoring-Vertrag** (echtes Factoring – Forderungskauf –: BGH 76, 125; ie § 398 Rn 30; unechtes Factoring – Kreditgewährung –: BGH 82, 61; ie § 398 Rn 31; Rn 13 vor § 488); **finanzierte RGeschäfte**: §§ 358, 495 mit Anm; sa u Rn 29; **Franchisevertrag** (BGH 97, 351; 128, 160 ff; Haager NJW 99, 2081); **Garantievertrag** (BGH NJW-RR 01, 1611; Grützner/Schmidl NJW 07, 3610); **Heimverträge** (vgl HeimG 5; sa Rn 30); **Hofübergabevertrag** (BGH 3, 211; § 311b Rn 24); **Hotelaufnahmevertrag** (BGH 71, 177; NJW 63, 1449; Rn 30; § 701 Rn 3); **Inzahlungnahme** von Gebrauchtwagen bei Neuwagenkauf, in unterschiedlichen Formen möglich (BGH 83, 337 f); früher üblich: Ersetzungsbefugnis (BGH 46, 340, str; vgl BGH 89, 128 f mN; aA Oldenburg NJW-RR 95, 690; LG Wuppertal NJW-RR 97, 1416: Gemischter Vertrag – Kauf/Tausch); neuere Praxis: Agenturvertrag (BGH NJW 82, 1699 mN; vermittelnd Behr AcP 185, 410 ff; s § 675 Rn 12 „Agenturverträge"); **Krankenhausaufnahmevertrag** (§ 278 Rn 16; Rn 24 vor § 611); **Kreditkartengeschäft** (BGH 114, 241; 125, 349); **Leasingvertrag** (Rn 5 ff vor § 535); **Lizenzvertrag** (BGH 105, 377 f); **Optionsvertrag** (§ 463 Rn 8); **Partnerschaftsvermittlung** (BGH 112, 122; § 656 Rn 3); **Poolvertrag** (BGH NJW 89, 896; Wenzel WM 96, 561); **Schiedsgutachtenvertrag** (§ 317 Rn 3 ff); **Schiedsrichtervertrag** (BGH 98, 34 f); **Schiedsvertrag** (§ 317 Rn 8); **Schuldmitübernahmevertrag** (kumulative Schuldübernahme; Rn 2 vor § 414; Rn 18 vor § 765); **Software-Verträge** (BGH 102, 139 ff mN); **Sponsoringvertrag** (BGH NJW 92, 2690); **Telekommunikationsdienstleistungen** (BGH NJW 07, 438; 07, 1949); **Time-Sharing-Verträge** (BGH 125, 227 f; 130, 150; für nach dem 1.1.1997 geschlossene Verträge gilt das TzWrG bzw ab dem 1.1.2002 die §§ 481 ff); **Treuhandvertrag** (BGH 101, 393; NJW 66, 1116; § 675 Rn 12); **Veranstaltungsverträge** (Oper – AG Aachen NJW 97, 2058; Konzert – AG Herne NJW 98, 3651); **Versteigerungsvertrag** (BGH ZIP 85, 551); **Werbeagenturvertrag** (München BB 95, 2290); **Zeitungsbezugs-**(Abonnements-) **vertrag** (BGH 70, 358).

26 **4. Atypische Verträge.** Das Schuldverhältnis kann weder einem ges Vertragstyp (Rn 24) noch einem verkehrstypischen Vertrag (Rn 25) zugeordnet werden. Es hat lediglich individuellen Charakter. Bsp: Unentgeltliche Theaternutzung (BGH NJW 92, 496); Dienstleistungen zwischen nahen Verwandten (BGH NJW-RR 86, 155); Unterhaltsvereinbarung in sog Stiefkindfällen (s Hamm NJW 88, 830); Aufstellen von Leitungs- oder Sendemasten auf Grundstücke (BGH LM Nr 11 § 241); uU Vereinbarung nichtehelicher Lebensgemeinschaft (idR kein Vertrag: BGH 97, 378 mN; sa Rn 27).

27 **5. Rechtliche Behandlung.** Bei den ges normierten Verträgen (Rn 24) gilt in erster Linie die Spezialregelung des entspr Vertragstyps, daneben allg Schuldrecht und AT; bei atypischen Verträgen (Rn 26) ist neben dem AT lediglich das allg Schuldrecht anwendbar; uU kann aber auch das Recht ähnlicher, ges geregelter Vertragstypen herangezogen werden. Bei den verkehrstypischen Verträgen (Rn 25) kommt über § 157 („Verkehrssitte") die Verkehrsgewohnheit und -auffassung ergänzend zur Anwendung. IÜ ist zu berücksichtigen, dass die Parteien an sich anwendbares dispositives Recht eines bestimmten Vertragstyps ausdr oder stillschweigend (ganz oder teilw) abdingen können. Dadurch werden die „Reinformen" der ges oder verkehrsüblichen Vertragstypen mehr oder weniger stark abgewandelt und vermischt (Rn 28 ff). Das anwendbare Recht richtet sich dann nach dem „nächsten" Vertragstyp (ie Rn 30 ff). Dies gilt jedoch nur für Individualvereinbarungen. Durch AGB kann der ges Vertragstyp nicht abgeändert werden (BGH 74, 269; Rn 23).

Titel 1. Begründung, Inhalt und Beendigung **§ 311**

V. Vertragsverbindungen und gemischte Verträge

1. Vertragsverbindung. Es handelt sich um mehrere Verträge zwischen idR 28 den gleichen Parteien, wobei zwischen den Verträgen ein tatsächlicher oder wirtschaftlicher Zusammenhang besteht. Die Verträge sind rechtlich selbstständig, doch kann die Durchführung des einen die Geschäftsgrundlage (§ 313) des anderen sein (Larenz/Canaris, SchR II/2, § 63 I 1c). Bsp: Kauf- und Leasingvertrag (BGH 94, 48; 114, 67); Inzahlungnahme von Altgerät und Neugeschäft (vgl BGH 83, 336; 89, 129; Esser/Weyers § 8 II 1), namentlich Neuwagenkauf und Agenturvertrag über Gebrauchtwagen (§ 675 Rn 12); Dienstvertrag und Mietvertrag über Werkwohnung (dazu §§ 576 ff).

2. Zusammengesetzte (gekoppelte) Verträge. Solche liegen vor, wenn meh- 29 rere Verträge (nicht notwendig: BGH 101, 396; NJW-RR 93, 1421 mN) zwischen den gleichen Parteien nach dem Parteiwillen lediglich Bestandteile eines einheitlichen Gesamtvertrages bilden, so dass sämtliche Geschäfte miteinander „stehen und fallen" sollen (BGH 76, 49; 101, 396; 112, 378). Anhaltspunkte für Vertragseinheit: Gleichzeitiger Abschluss, einheitliche Urkunde (BGH 89, 43; NJW 87, 2007), rechtlicher Zusammenhang zwischen den verschiedenen Vertragsbestandteilen (zB Bedingungsverhältnis; „wirtschaftliche Einheit" ist nur Indiz: BGH 101, 297; NJW-RR 88, 351; weitergehend § 358 III). Abschluss äußerlich getrennter Verträge kann für rechtliche Selbstständigkeit sprechen (BGH 101, 396), nicht schon Aufteilung in mehrere Vertragsformulare (BGH 67, 394). **Bsp:** Brauereidarlehen und Bierbezugsvertrag (München NJW 68, 1881); Miete/Pacht und Getränkebezugsvertrag (München BB 95, 329); Franchisevertrag, Überlassungs- und Mietvertrag (BGH BB 86, 1116); Finanzierungsbearbeitung und Finanzierungsvermittlung (BGH NJW 83, 986); Grundstückskauf und Bauvertrag (BGH 78, 349; 79, 105: Bauträgervertrag; uU anders aber bei Hausbauauftrag in Erwartung des Grundstückskaufs, BGH 76, 49, uU überhaupt unzulässig, s u); Vertragswerk in Form des sog Ersterwerbermodells (BGH NJW-RR 88, 351); uU Vertrag über Hard- und Software (BGH NJW 87, 2007); Kreditvertrag und finanzierter Vertrag mit Verbraucher (vgl § 358 III und dort Rn 2 ff). **Koppelungsverbote** bestehen uU beim Kauf von Baugrundstücken für Architektenbindung (Ges zur Regelung von Ingenieur- und Architektenleistungen v. 4.11.1971, BGBl I S 1749, § 3), bei der Wohnungsvermittlung für Bezug von Waren oder Inanspruchnahme von Dienst- oder Werkleistungen (WoVermG 3 IV; dazu Rn 13 vor § 652) und nach FernUSG 2 V 2. **Rechtliche Behandlung** zusammengesetzter Verträge: Mangel eines Einzelvertrags (zB gem §§ 125, 311b I) hat iSd §§ 139, 326, 346 Gesamtwirkung (BGH 71, 39 f; NJW 76, 1931 für Rücktritt; iE § 139 Rn 3 und § 311b Rn 19).

3. Gemischte Verträge: In einem einzigen Vertrag sind Bestandteile mehrerer 30 Vertragstypen zu einer Einheit verbunden. Einteilung (sa Larenz/Canaris, SchR II/2, § 63 I): **a) Typenkombinationsvertrag:** Die von einer Partei geschuldete Gesamtleistung setzt sich aus mehreren Hauptleistungen zusammen, die verschiedenen Vertragstypen zugehören. Bsp: Eigenheimerwerbsvertrag (Kauf und Werkvertrag, BGH NJW 82, 2243 mN; krit Köhler NJW 84, 1321); Bausatzvertrag (Kauf-, Dienst- und Werkvertrag, BGH 78, 377); Hotel-(Gast-)aufnahmevertrag (Miete und Kauf-, Dienst- und Werkvertrag, s § 701 Rn 3); Bewirtungsvertrag (Ramrath AcP 189, 559); Altenheimvertrag (Miet- und Dienst- und Kaufvertrag, BGH 73, 351; NJW 81, 342; vgl HeimG 5); Abonnementsvertrag über Börsendienst (Liefer- und Beratungsvertrag, BGH 70, 360, str); vertragliche Nutzung von Datenbank (Pacht und Kaufvertrag, Mehrings NJW 93, 3105, str); Bauträgervertrag (Werk- bzw Werklieferungs-, Kauf-, Geschäftsbesorgungsvertrag bzw Auftrag; BGH 96, 277 f); Franchisevertrag (Kauf-, Pacht-, Dienst-/Werkvertrag; ie str, vgl abw Emmerich JuS 95, 762 f: Lizenzvertrag iSv Rechtspacht); Gestellung von Maschine und Bedienungsmann (idR Miete und Dienstverschaffungsvertrag, s § 278 Rn 16). Im Regelfall lässt sich hier für die jeweils zu beurteilende vertragliche Leistung auf den

§ 311 Buch 2. Abschnitt 3. Schuldverhältnisse aus Verträgen

ihr entsprechenden Vertragstyp zurückgreifen (Kombinationstheorie, vgl ErmKindl vor § 311, 16). Die ggf gebotene Gesamtbetrachtung des einheitlichen Vertrags bzw. Treu und Glauben können eine abweichende Beurteilung nach der Interessenlage rechtfertigen (s Rn 33). Sind die Leistungspflichten untereinander nicht gleichwertig, bildet vielmehr eine eindeutig einen Schwerpunkt im Leistungsgefüge, so handelt es sich um einen typischen Vertrag (Rn 24 f) mit andersartiger Nebenverpflichtung. Nach neuer Rechtslage beim Kauf begründet aber zB die „vereinbarte" Montage uU eine Hauptleistungspflicht (vgl § 434 II 1 und dort Rn 18). Zur Neuregelung des Werklieferungs- in Abgrenzung zum Kaufvertrag vgl AnwKom BGB/

31 Raab § 651 4 ff. **b) Austauschvertrag mit anderstypischer Gegenleistung:** Die Parteien tauschen Leistungen aus, die verschiedenen Vertragstypen angehören. Bsp: Hausmeistervertrag (Wohnungsüberlassung gegen Dienstleistung); Dienstleistung

32 gegen Sozietätszusage (BAG BB 76, 139). **c) Typenverschmelzungsvertrag:** Die (einheitliche) Leistung des Schuldners ist wertmäßig (nicht in real trennbaren Teilen) verschiedenen Vertragstypen zugeordnet. Bsp: Gemischte Schenkung (einheitliche Sachleistung ist zT unentgeltlich [insoweit Schenkung], zT entgeltlich [insoweit

33 Kauf]; dazu ie § 516 Rn 17 f). **d) Rechtliche Behandlung:** Schematische Lösungen sind nicht möglich (s Rn 30). Auszugehen ist vom (mutmaßlichen) Parteiwillen (§§ 133, 157), der nach der Interessenlage zu ergänzen ist (BGH NJW 02, 1337: Sinn und Zweck gesetzlicher Regelung für im Gesamtvertrag enthaltenen Vertragstyp sowie Interessenlage). Iü ist nicht zwingend auf das Recht der *Hauptleistung* abzustellen (uU aber im Einzelfall, so BGH 71, 177; 72, 232 f; 74, 275 für die Verjährung; weitergehend die Absorptionstheorie: stets). Häufig wird eine sachgerechte Lösung darin bestehen, auf das Recht des gestörten Vertragsbestandteils abzustellen (so allg der Kombinationstheorie, im Einzelfall zB BGH NJW 02, 1337: Gebot, sachnächste Vorschriften anzuwenden, soweit nicht Widerspruch zum Gesamtvertrag für Verjährung; s Rn 30; BGH WM 84, 942 für Gewährleistung; BAG BB 76, 139 für Zuständigkeit), soweit im Einzelfall möglich, ist das Recht sämtlicher Vertragstypen zu berücksichtigen.

VI. Rechtsgeschäftsähnliche Schuldverhältnisse, Verschulden bei Vertragsverhandlungen (culpa in contrahendo) – II, III

Lit: Canaris, Vertrauenshaftung im Lichte der Rechtsprechung, FG Wiss I 200, 129 ff; Brors, Vertrauen oder Vertrag – gibt es eine Haftung für Wertgutachten nach § 311 Abs. 3 BGB? ZGS 05, 142 ff; Dauner-Lieb, Kodifikation von Richterrecht, in: Zivilrechtswissenschaft und Schuldrechtsreform, 2001, S 305–328; Fleischer, Konkurrenzprobleme um die cic, AcP 200, 91 ff; Grigoleit, Vorvertragliche Informationshaftung, 1997; Hasselbach/Ebbinghaus, Vorvertragliche Pflichtverletzung als Haftungsfalle beim Unternehmenskauf, DB 12, 216; Hübner, Schadensersatz wegen Täuschung beim Unternehmenskauf, BB 10, 1483; Keller, Schuldverhältnis und Rechtskreisöffnung, 2007; Koch, § 311 Abs. 3 als Grundlage einer vertrauensrechtlichen Auskunftshaftung, AcP 204, 59; Köndgen, Die Positivierung der culpa in contrahendo als Frage der Gesetzgebungsmethodik, in: Die Schuldrechtsreform vor dem Hintergrund des Gemeinschaftsrechts, 2001, S 231–242; Krebs, Sonderverbindung und außerdeliktische Schutzpflichten, 2000; Liebs, „Fahrlässige Täuschung" und Formularvertrag, AcP 174, 26; Lorenz, Der Schutz vor dem unerwünschten Vertrag, 1997; Maier, Die Aufklärungspflicht des Anlageberaters über vereinnahmte Provisionen, VuR 10, 25; Singer, Vertrauenshaftung beim Abbruch von Vertragsverhandlungen, in: Kontinuität im Wandel usw, Beiträge für C. W. Canaris, 2002, S 135.

34 **1. Allgemeines. a) Grundlagen.** Das SchRModG hat das gewohnheitsrechtlich anerkannte, bislang ungeschriebene Rechtsinstitut des Verschuldens bei Vertragsverhandlungen (culpa in contrahendo, cic) in § 311 II, III kodifiziert. Es handelt sich um ein **ges Schuldverhältnis** ohne primäre Leistungspflichten, das für die Beteiligten bestimmte (vorvertragliche) Verhaltenspflichten nach § 241 II (zu Aufklärung, Mitteilung, Obhut, Sorgfalt) begründet. Grund: Einfaches, uU gesteigertes Vertrauen (grundlegend Larenz, SchR I, § 9 I und FS Ballerstedt, 1975, S 399 ff; BGH 60, 223 und 226; 71, 393; NJW-RR 88, 786: „enttäuschtes Vertrauen"; aA Keller aaO

35 162 ff). **b) Bedeutung.** Das Schuldverhältnis nach **II, III** erstreckt die strengere

Titel 1. Begründung, Inhalt und Beendigung § 311

Vertragshaftung (Schutz bei fahrlässiger Vermögensschädigung; § 280 I 2 und § 278) auf das Stadium der Vertragsanbahnung und schließt damit die zwischen dem Vertrags- und dem (insoweit unzulänglichen) Deliktsrecht bestehende Haftungslücke. Da seit 2002 bei Verletzung der in § 253 II genannten Rechtsgüter auch außerhalb deliktischer Ansprüche ein Schmerzensgeld verlangt werden kann, gewinnt die Haftung aus dem vorvertraglichen Schuldverhältnis zusätzlich an Bedeutung. § 311 II nennt drei Tatbestände, in denen ein Schuldverhältnis mit den Pflichten des § 241 II entsteht (s Rn 43–45). III stellt klar, dass das Schuldverhältnis auch die Haftung eines Dritten begründen kann, der selbst nicht Vertragspartner werden soll (Rn 49).
c) Anspruchsgrundlage ist § 280 I; vorvertragliche Pflichtverletzungen begründen 36 kein Rücktrittsrecht nach § 324 und keinen Anspruch auf Schadensersatz statt der Leistung nach §§ 282, 280 (s § 323 Rn 5; § 281 Rn 4; aA AnwKomBGB/Krebs 38). Das Pflichtenprogramm, das mit dem Schuldverhältnis nach II und III begründet wird, wird in § 241 II nur umschrieben, aber nicht im Einzelnen festgelegt. Die bislang anerkannten Fallgruppen (dazu Rn 60 ff) behalten ihre Gültigkeit. **Wichtigste Fälle der Haftung** sind: Das angebahnte Vertragsverhältnis kommt nicht (wirksam) zustande, infolge der Pflichtverletzung kommt ein dem anderen Teil nachteiliger, sonst nicht geschlossener Vertrag zustande oder der andere Teil wird in sonstiger Weise in seinen Rechtsgütern geschädigt. **d) Abgrenzung. aa)** Cic ist 37 anwendbar neben §§ 119, 123 (Rn 62) und §§ 823 ff (Rn 63). **bb) Mängelhaftung.** 38 Der Anspruch aus § 280 iVm **§ 311 II** wird im **Kauf- und Werkvertrag** durch die ges Regelungen für Sach- und Rechtsmängel (§§ 437 ff, 634a ff) ausgeschlossen, wenn sich die Aufklärungspflichtverletzung auf einen Umstand bezieht, der zur Verletzung der Pflichten des Verkäufers/Werkunternehmers nach §§ 433, 434 (beachte: I 3), 435 bzw §§ 631, 634 führt. Die Aufklärungspflichtverletzung begründet lediglich das Vertretenmüssen des Mangels (dh der Pflichtverletzung gem § 280 I) nach §§ 276, 278, geht aber iÜ in der weitergehenden Pflichtverletzung auf und begründet keinen selbstständigen Schadensersatzanspruch. Zwar könnte mit Wegfall des Vorsatzerfordernisses nach § 463 aF (jetzt Haftung auch für Fahrlässigkeit: § 437 Nr 3, 276) Parallelität bejaht werden, ein Bedürfnis hierfür besteht angesichts des ausdifferenzierten Gewährleistungsrechts und der geänderten Verjährung (§ 438) jedoch nicht. Die bisherige Rechtsprechung, welche bei Vorsatz eine zur Sachmängelhaftung konkurrierende cic bejahte (BGH NJW 95, 2160; NJW-RR 98, 1132), sollte nach der Schuldrechtsreform ebenso aufgegeben werden wie die Annahme, bei Rechtsmängeln komme cic neben Kaufrecht zur Anwendung (BGH NJW 01, 2875; s jetzt §§ 435, 437 ff). BGH 180, 214 (mwN zum Streitstand; zust Roth JZ 09, 1174) hält nunmehr jedoch daran fest, den Vorrang kaufrechtlicher Regelungen bei vorsätzlichen Falschangaben des Verkäufers zu durchbrechen (so auch § 437 Rn 34). Soweit §§ 434, 633 nicht eingreifen, ist cic anwendbar (BGH NJW 02, 211 mN). Die Mängelhaftung im **Mietvertrag** gem § 536f schließt Haftung nach § 311 II ebenfalls aus (vgl BGH 136, 106). Bei **selbstständigen Beratungspflich-** 39 **ten** (BGH NJW 97, 3228; 99, 3192) und **sonstigen Beratungspflichten** (vgl BGH NJW 85, 2472), deren Verletzung nicht zu einem Mangel führt (vgl aber § 434 II 2), tritt der Anspruch aus § 280 iVm II neben die Ansprüche aus dem Kaufvertrag. **cc)** Sonstige Fälle des Ausschlusses der cic: VVG 19 ff nF. **dd)** Mit 40 dem Zustandekommen eines wirksamen Vertrags sind diesem die Pflichten nach 41 § 241 II zu entnehmen, sofern nicht ein Dritter (Rn 64) haftet. **e) Anwendungsbe-** 42 **reich:** Umfasst auch das öffentl Recht (BGH 71, 392 mN; NJW 86, 1109 f; NJW-RR 92, 1436; Jäckle NJW 90, 2521) und das fiskalische Handeln (BGH MDR 00, 1248; vgl § 280 Rn 2); Geltendmachung erfolgt vor Verwaltungsgerichten, soweit öffentl-rechtliche Verträge betroffen sind und Sachnähe der Pflichtverletzung zum Vertrag überwiegt (BVerwG NJW 02, 2894; OVG Weimar NJW 02, 386; OVG Koblenz NJW 02, 3724).

2. Vorvertragliches Schuldverhältnis (II). a) Entstehung: aa) Aufnahme 43
von Vertragsverhandlungen (II Nr 1) bildet den Grundtatbestand des vorvertrag-

§ 311

lichen Schuldverhältnisses (aA [Nr. 2] MK/Emmerich 68; ErmKindl 19). Kein vorvertragliches Schuldverhältnis entsteht bei unbestellt zugesandter Ware an Verbraucher (§ 241a I). Einseitige Kontaktaufnahme genügt nicht (anders Nr. 2). Genaue
44 Abgrenzung zu **II Nr 2** schwierig, aber unerheblich. **bb) Anbahnung eines Vertrages (II Nr 2).** Tatsächliche Begründung eines „rechtsgeschäftlichen Kontakts" genügt (BGH 66, 54; Larenz, SchR I, § 9 I; zum Letter of intent Bergjan ZIP 04, 395), Aufnahme der eigentlichen Vertragsverhandlungen ist nicht erforderlich. Bsp: Betreten von Verkaufsräumen (einschließlich Parkplatz) als möglicher Kunde, wenn auch noch ohne festen Kaufentschluss, nicht aber von sonstigen Besuchern (Ladendieb, sich unterstellender Passant, vgl BGH 66, 55; Saarbrücken WM 12, 152); Beteiligung an einem Ausschreibungsverfahren nach VOB/A oder VOL/A (BGH 190, 92 f [dort auch zur Aufgabe des zusätzlichen Vertrauenselementes auf Seiten des Bieters, aaO 94 mAnm Bitterich JZ 12, 316]; 173, 33, 38; NJW 00, 661; 01, 3698), jedoch nicht für Bieter, dessen Angebot zwingend auszuschließen ist (BGH WM 05, 2063). Bei Zusendung von unbestellter Ware ist § 241a zu beachten.
45 **cc) Ähnliche geschäftliche Kontakte (II Nr 3)** bilden einen Auffangtatbestand, der klarstellt, dass die in **Nr 1** und **2** beschriebenen Situationen nicht abschließend sind (BT-Drs 14/6040 S 163). Der Kontakt muss aber ein bes Vertrauensverhältnis rechtfertigen. Dies kann der Fall sein, wenn ein mit dem wahren Schuldner verflochtenes Unternehmen den Gläubiger zu Vermögensdispositionen veranlasst (BGH NJW 01, 2717); uU Auskünfte im Rahmen beruflicher Tätigkeit bei wesentlicher Bedeutung für den Empfänger (Canaris JZ 01, 520; AnwKomBGB/Krebs 46); Hinweispflichten bei nichtigem Vertrag (BGH NJW 05, 3209). Nicht ausreichend sind bloße soziale Näheverhältnisse ohne Bezug zu einem rechtsgeschäftlichen Handeln. Daher kann Nr. 3 in reinen Gefälligkeitsverhältnissen keine Haftung begründen (BGH NJW 92, 2472; Frankfurt VersR 06, 918; Krebber VersR 04, 156; aA Canaris JZ 01, 520; ErmKindl 22; weitere Nachw bei BGH NJW 10, 3087). Eine hinreichende Sonderbeziehung wird auch nicht durch die Geltendmachung eines unberechtigten oder gerichtlich nicht weiterverfolgten Anspruchs begründet (BGH NJW
46 07, 1459). **dd)** Das ges Schuldverhältnis **endet** mit (dem Verhandlungspartner erkennbarer) Aufgabe des geschäftlichen Kontakts und geht bei wirksamem Abschluss des angebahnten Vertrags (andernfalls Fortbestand) im vertraglichen Schuldverhältnis auf (Larenz, SchR I, § 9 II; hM); beim nichtigen Vertrag (Bsp §§ 134, 138) besteht Haftung aus **II** fort; wegen „nachvertraglicher" cic vgl Rn 48.
47 **b) Inhalt:** Nur Verhaltenspflichten (§ 241 II, dort Rn 10), keine primären Leis-
48 tungspflichten. **c) Parteien** sind die Verhandlungspartner, bei Einschaltung von Vertretern (Hilfspersonen) grundsätzlich der Vertretene (Partei des angebahnten Vertrags; BGH 71, 286; 88, 68; 103, 313; NJW-RR 88, 161), ausnahmsweise auch **„bes" Vertreter** und in die Vertragsverhandlungen (-durchführung) einbezogene Hilfspersonen (**III**; ie Rn 49 f), auch wegen eines Verhaltens **nach** Zustandekommen des Vertrags (BGH 70, 344: „nachvertragliche" Vertrauenshaftung). Der aus cic Verpflichtete (nicht der Berechtigte) muss geschäftsfähig sein (PalGrüneberg 26, unten Rn 51). Auch als **Berechtigte** können Dritte in den „Schutzbereich" des ges Schuldverhältnisses einbezogen sein (vgl § 328 Rn 23). Bsp: Verletzung von Angehörigen (BGH 66, 57) und sonstigen Begleitpersonen (Dahm JZ 92, 1170 ff).

49 **3. Schuldverhältnis mit Dritten (III). a) Entstehung. III** stellt klar, dass ein ges Schuldverhältnis mit den Pflichten aus § 241 II ausnahmsweise auch zu Dritten bestehen kann, die nicht Vertragspartei werden sollen. Dies durchbricht den Grundsatz der Relativität von Schuldverhältnissen. Das SchRModG greift die von Rspr und Lehre entwickelte Haftung Dritter aus cic auf, ohne nähere Vorgaben für das Entstehen des Schuldverhältnisses aufzustellen. Lediglich beispielhaft nennt **III 2** die Inanspruchnahme bes persönlichen Vertrauens durch den Dritten als Anwendungsfall. Daneben („insbes") gelten die bish anerkannten Fallgruppen der Haftung Dritter, insbes die des eigenen wirtschaftlichen Interesses des Dritten und der Sachwalterhaftung fort (s Rn 64). Dies gilt auch für die Fälle der **Gutachterhaftung,** die

Titel 1. Begründung, Inhalt und Beendigung **§ 311**

teilweise schon bisher als Sachwalterhaftung nach cic betrachtet wurden (zB BGH 111, 319; WM 11, 911; insbes Canaris JZ 95, 441 u 98, 603; sa Finn NJW 04, 3752), überwiegend jedoch über die Figur des Vertrages mit Schutzwirkung für Dritte nach eigenen, teilweise strengeren Voraussetzungen (zB Vorhersehbarkeit der Verwendung des Gutachtens gegenüber Dritten) gelöst werden (Krebs aaO S 387 ff; Schwab JuS 02, 872; BGH NJW 04, 3035 u 3420; zu einer Annäherung an Sachwalterhaftung iS eigenständiger Dritthaftung vgl MK/Emmerich 253 ff mN; Koch AcP 204, 59 für Auskunftshaftung). Trotz der Intention des Gesetzgebers (BT-Drs 14/6040, 163) Abs 3 anzuwenden, sollte an der Lösung über vertragliche Schutzwirkung festgehalten werden (str, wie hier PalGrüneberg 60 mN, iErg auch BGH 127, 378; Düsseldorf WM 09, 2375). **b) Inhalt. Nur** Verhaltenspflichten **49a** (§ 241 II; keine Leistungspflichten). **c) Wirkung.** Nach **III** wird nur die Haftung **49b** des Dritten begründet; die Berechtigung Dritter aus einem vorvertraglichen Schuldverhältnis ergibt sich aus dessen Einbeziehung in den Schutzbereich (vgl § 328 Rn 23; BT-Drs 14/6040 S 163; aA Canaris JZ 01, 520; Teichmann BB 01, 1492). Einzelheiten Rn 64, 65.

4. Voraussetzungen der Haftung aus § 280. a) Pflichtverletzung (§ 280 I 1 50 iVm § 241 II). Jede Verletzung einer vorvertraglichen Verhaltenspflicht (Rn 36) kommt in Frage, insbes einer Pflicht zu **Aufklärung, Hinweis, Beratung, Schutz, Obhut, Fürsorge** (ie § 241 Rn 10; § 242 Rn 19 ff, 24 ff). Für die Begründung der Pflicht ist häufig ein Vertrauenstatbestand entscheidend. Bei der Anbahnung von Verbraucherverträgen gelten zahlreiche ges Aufklärungspflichten (BGB-InfoV). **b) Vertretenmüssen (§ 280 I 2):** Eigenes Verschulden (§ 276) oder das von Hilfs- **51** personen (§ 278 Rn 3), im Fall der Rn 61 weitergehend uU Garantieübernahme (§ 276 Rn 41) und im Fall der Rn 62 auch das aller „Nichtdritten" iSv § 123 II (BGH NJW 90, 1662; krit Medicus JZ 90, 342). **Beweislastverteilung:** § 280 Rn 25; Sondervorschrift mit teilw Beweislastumkehr: WpHG 37d IV 2. **Geschäftsunfähige** (§ 104) und **beschränkt Geschäftsfähige** (§§ 106, 114) haften nicht (arg §§ 107, 108), werden aber berechtigt (BGH NJW 73, 1791; aA ErmKindl 24: Haftung § 179 III 2 analog mit § 828). **Haftungsmaßstab:** IdR § 276 I 1, ges Haftungserleichterungen können sich uU aus dem angebahnten Geschäft ergeben (zB §§ 521, 690, str; vgl BGH 93, 27 ff [differenzierend]; Strätz, FS Bosch, 1976, S 1008), ferner bei betrieblicher Tätigkeit (s § 276 Rn 53; § 619 Rn 2 ff). Vertragliche **Freizeichnung** bei wirksamem Vertragsschluss umfasst iZw nicht die cic-Haftung (BGH NJW 81, 1035 f; WM 91, 10; abw Ziegler BB 90, 2345). Haftung für grob fahrlässige cic ist durch AGB nicht abdingbar (§§ 309 Nr 7b; 310 III Nr 2), Haftung für einfache Fahrlässigkeit auch nicht im Hinblick auf Verletzung von Leben-, Körper und Gesundheit (§§ 309 Nr 7a; 310 III Nr 2). Wirksame Haftungsbeschränkung kommt dem *persönlich* haftenden Dritten (Rn 64) idR zu Gute (BGH 79, 287). **c) Der** **52** **Schaden** kann in Personen- und Sachschäden bestehen (Rn 63; Erhaltungsinteresse), bei Nichtzustandekommen des Vertrags (Rn 60 f) in Aufwendungen und entgangenen Geschäftsvorteilen (Vertrauensinteresse), uU auch im Interesse an der Wirksamkeit des Vertrags (Erfüllungsinteresse), bei Zustandekommen eines wirksamen Vertrags (Rn 62) in der vertraglichen Bindung, sofern diese zu einer Verschlechterung der Vermögenslage geführt hat (Rn 56).

5. Rechtsfolgen. a) Allgemeines. Der **Schadensersatzanspruch** richtet sich **53** ie nach der Art des eingetretenen Schadens (§§ 249 ff). Vergeblicher Zeit- und Arbeitsaufwand sowie entgangene Geschäftsvorteile (Rn 52) sind als entgangener Gewinn (§ 252) ersatzfähig (BGH 69, 36; NJW 88, 2236). § 254 ist anzuwenden (BGH 99, 108 f mN), nicht jedoch der Ausschluss nach §§ 122 II, 179 III (BGH WM 87, 136). Mitverschulden wurde von BGH NJW 02, 1335 jedoch verneint, wenn der Geschädigte in bes. Maße auf den ihm freundschaftlich verbundenen Schädiger vertraute. **Verjährung** nach §§ 195, 199, soweit nicht kürzere Fristen des angebahnten Vertrags eingreifen oder Geltung beanspruchen, zB InvG § 127 V (Rn 65); BRAO 51b; StBerG 68; WPO 51a (BGH 100, 136); zur Prospekthaftung

Rn 65. Dem persönlich haftenden Vertreter (Rn 64) kommt bei wirksamem Vertragsschluss eine kurze vertragliche Verjährung zugute (ie BGH 87, 37). § 124 ist in den Fällen von Rn 62 nicht entspr anwendbar (BGH NJW 79, 1984; aA Reinicke JA 82, 6). Die Haftung wegen Verletzung von vorvertraglichen Aufklärungspflichten nach EGBGB Art 246, 247 darf nicht zur Umgehung der Frist je § 355 II führen,
54 soweit echtes Verhandlungsverschulden fehlt. **b) Anspruch auf Ersatz des Verletzungs- und Vertrauensschadens** ist regelmäßige Folge aus cic; der Anspruch ist der Höhe nach nicht durch das Erfüllungsinteresse (§§ 122 I, 179 II) aus dem angebahnten Geschäft beschränkt (BGH 69, 56; 136, 105 f; hM; allg zur Berechnung s BGH NJW 81, 2051 mN; MDR 00, 1248; Dresden NJW 02, 523). Korrekturen können jedoch anhand des Schutzzwecks der verletzten Pflicht erfolgen (zB BGH WM 07, 878); beim Schadensersatz des Anlegers wegen Aufklärungspflichtverletzung durch Anlageberater sind außergewöhnliche Steuervorteile einer Fondsbeteiligung grundsätzlich anzurechnen (Celle WM 09, 1797; Schleswig WM 10, 1071; dort auch zum Teilausgleich durch Besteuerung des Schadensersatzanspruchs).
55 **c)** Ein **Anspruch auf Ersatz des Erfüllungsinteresses** besteht ausnahmsweise, wenn der Vertrag ohne die cic wirksam (mit dem erstrebten Inhalt) mit dem Vertragspartner oder mit einem Dritten zustande gekommen wäre (BGH 108, 207 f: unterbliebene Zusatzversicherung; 120, 284: fehlerhafte Auftragsvergabe; NJW 98, 2900: unrichtiger Verteilungsschlüssel; NJW 01, 2875: falsche Angaben zu Mietvertrag bei Grundstückskauf; BGH NJW 04, 2165 mN: Aufhebung von Ausschreibung, wenn Bieter bei Fortsetzung Zuschlag erhalten hätte) oder wenn ein bestehender, aber verjährter Anspruch sonst rechtzeitig geltend gemacht worden wäre (BGH NJW 01, 2718). Bestand Pflichtverletzung in unterbliebener Aufklärung (Rn 62), kommt Erfüllungsschaden nur in Betracht, wenn im Fall erfolgter Aufklärung ein günstigerer Vertrag geschlossen worden wäre (BGH 167, 40); Vertragsanpassung ist nicht möglich. Der Geschädigte kann auch am ungünstigen Vertrag festhalten und „Restvertrauensschaden" liquidieren (zB Mehrbetrag des zu teuer erworbenen Kaufgegenstandes unten Rn 57). Bei Formmangel des Vertrags (insbes gem § 311b I) geht der nur ausnahmsweise bei Erwecken eines Vertrauens in einen wirksamen Vertragsschluss bestehende Anspruch (vgl MK/Emmerich Rn 80) nicht auf Vertragsabschluss oder -erfüllung (sa § 242 Rn 36), sondern auf das Erfüllungsinteresse in Geld, wenn bei korrektem Verhalten Vertrag zustande gekommen wäre (BGH NJW 65, 814; str; aA MK/Emmerich Rn 211; Häsemeyer, Die ges Form der RGeschäfte, 1971, S 64 ff; BGH 92, 175 f mN: je grds nur Vertrauensinteresse). Bei Versicherungsverträgen kann cic Erfüllungshaftung des Versicherers begründen
56 (BGH NJW 89, 3096 mN). **d) Anspruch auf Rückgängigmachung (Aufhebung) des nachteiligen Vertrags** besteht bei Vermögensschaden in den Fällen von Rn 62, 65. Gegenüber dem Erfüllungsanspruch des anderen Teils begründet der Anspruch ein dauerndes Leistungsverweigerungsrecht (BGH NJW 79, 1983). Bei Rückabwicklung besteht Pflicht zum Aufwendungsersatz (s BGH 115, 220 f;
57 126, 173). **e) Anspruch auf Rückzahlung der überhöhten Gegenleistung.** Bleibt die geschädigte Partei in den Fällen der Rn 62 beim Vertrag stehen (stets zulässig: BGH 111, 82 mN, str), kann sie im Wege des Schadensersatzes Rückzahlung der geleisteten Vergütung verlangen, soweit diese den ohne cic angemessenen Betrag übersteigt. Dabei wird auf den Nachweis, dass der Vertragspartner auch zu diesen Konditionen den Vertrag geschlossen hätte, verzichtet (str, bejahend BGH 168, 35; 145, 382 f; 114, 94; mN, Theisen NJW 06, 3102; krit Kersting JZ 08, 714; schadensersatzrechtliche *Minderung* nicht § 441 analog – BGH 168, 35); dies gilt auch im Falle der Sachwalterhaftung (BGH NJW-RR 89, 151 mN). Krit zur
58 Vertragsanpassung in diesen Fällen Lorenz NJW 99, 1001. **f) Anspruch auf Ersatz von Mehraufwendungen.** Ist die Vergütung selbst angemessen, entstehen aber bei Rn 62 zusätzliche Kosten, kann der Geschädigte deren Erstattung verlangen (BGH 111, 83; NJW-RR 91, 601; NJW 94, 664: unnötiger zusätzlicher Aufwand;
59 ähnlich BGH 173, 39). **g)** Einen **Anspruch auf Erhöhung der Vergütung** hat die geschädigte Partei, wenn sie ihre Leistung infolge der cic nur unter erhöhten

Titel 1. Begründung, Inhalt und Beendigung **§ 311**

Aufwendungen erbringen konnte (schadensersatzrechtliche *Vertragsanpassung*, § 313 Rn 28), sonst grds keine Vertragsanpassung (BGH BB 06, 1653).

6. Fallgruppen. a) Haftung bei nicht zu Stande gekommenem (unwirksa- 60
men) Vertragsschluss. Die Vertragsverhandlungen führen zwar (scheinbar) zu einem Vertragsschluss, der Vertrag ist aber in Wahrheit nicht zustande gekommen (nichtig, unwirksam); bei pflichtgemäßem Verhalten (klarer Ausdrucksweise; Aufklärung über bestehende Form- und Genehmigungserfordernisse, Abschlusshindernisse usw) wäre entweder ein wirksamer oder überhaupt kein Vertrag geschlossen worden. Bsp: schuldhaft verursachter Dissens (RG 104, 267) oder Vertretungsmangel (BGH 92, 175); schuldhafte Herbeiführung eines formnichtigen (BGH 116, 257 f mN), gesetz-(sitten-)widrigen (BGH 99, 107 mN) oder nicht genehmigungsfähigen (BGH MDR 82, 463) Vertrags; fehlender Hinweis auf (kommunal-)aufsichtliches Zustimmungs- oder Genehmigungserfordernis (BGH MDR 00, 1248); Verwendung unwirksamer AGB (BGH 99, 107; NJW 88, 198). Ausübung des Widerrufsrechts gem § 355 ist kein Fall von cic (BGH 131, 7 für § 312 I). Im Bereich von **§ 311b I 1** kommt eine Schadensersatzpflicht idR nur bei bes schwerwiegender (vorsätzlicher) Treuepflichtverletzung in Frage (BGH DStR 01, 802; NJW 96, 1885; LG Heidelberg NJW-RR 10, 1469; krit Singer aaO [vor Rn 34] S 148 ff).
b) Haftung bei Abbruch (Scheitern) von Vertragsverhandlungen. Die die 61
Vertragsverhandlungen ohne triftigen Grund (aus sachfremden Erwägungen) abbrechende Partei hat bei der anderen zurechenbar (§ 276 I gilt: BGH NJW 79, 915; Köln NJW-RR 87, 801 mN, hM, abw Larenz, SchR I, § 9 I: § 122 entspr; diff Weber AcP 192, 407 ff) das Vertrauen auf das Zustandekommen des (idR formlos möglichen; für formbedürftige Verträge s Kaiser JZ 97, 448) Vertrags erweckt und sie dadurch zu Vermögensdispositionen veranlasst, die sie andernfalls nicht getroffen hätte (BGH 76, 349; DStR 01, 802; NJW 04, 2165). Bei gescheiterten Unternehmenskäufen entstehen im Vorfeld häufig hohe Kosten, die regelmäßig nicht über den hier umschriebenen Haftungstatbestand ersetzt werden können, da der Abbruch nicht grundlos erfolgt. Üblich ist daher die Vereinbarung sog. „break-up fees" (s Hilgard BB 08, 286) zugunsten des Verkäufers. Wurde der Vertragsschluss als sicher hingestellt, ist Verschulden des Abbrechenden nicht erforderlich (so BGH NJW-RR 89, 629; DtZ 96, 144 mN, – jetzt: stillschweigende Garantieübernahme gem § 276 I, str; aA Reinicke/Tiedtke ZIP 89, 1097 ff; Kaiser JZ 97, 449). Strenge Anforderungen, cic darf nicht zur Aushöhlung der Entschließungsfreiheit oder des Formzwecks führen (zutr BGH 92, 176; Stuttgart WM 07, 1743; s Lehmann, FS Medicus 1999, 357), daher löst die verweigerte Mitwirkung an der Beurkundung eines Grundstücksverkaufs oder die verweigerte Genehmigung vollmachtloser Vertretung nur in bes schwerwiegenden Fällen, etwa bei vorsätzlicher Treuepflichtverletzung, Schadensersatzansprüche aus (BGH MDR 13, 271). **c) Haftung bei** 62
unlauterer Bestimmung zum Vertragsschluss. Die Vertragsverhandlungen führen zu einem (wirksamen) Vertragsschluss, bei pflichtgemäßem Verhalten (ausreichender Aufklärung, richtiger Belehrung, zutr Unterrichtung usw) wäre ein Vertrag dieses Inhalts aber nicht zustande gekommen; das vorvertragliche Verschulden beeinträchtigt die Willensbildung des anderen Teils und führt zu einem für ihn (iSv § 249) nachteiligen Vertragsschluss (BGH NJW 98, 302; und 898: Vermögensschaden erforderlich; aA nicht richtiger aA bereits ein keines Vermögensschadens für Vertragsaufhebung als Naturalrestitution: Fleischer AcP 200, 111; Grigoleit NJW 99, 900; MK/Emmerich 90; auch nach BGH kann Schaden schon im „lästigen" Vertragsschluss liegen). Bsp: Verheimlichung einer Schmiergeldzahlung an den Verhandlungsvertreter des Vertragspartners (BGH NJW 01, 1066); fehlender Hinweis auf eine Provisionsabrede mit dem Vermögensverwalter des Vertragspartners (BGH NJW 01, 963); Haftung für fahrlässig gemachte unrichtige Angaben („fahrlässige Täuschung") bei den Vertragsverhandlungen (BGH 71, 101 u 105; 96, 311 f; 111, 80; NJW 98, 302). Zu Recht betont der BGH in stRspr, dass bei steuersparenden Bauherren-, Bauträger- und Erwerbermodellen eine Risikoaufklärung der nur

§ 311

finanzierenden Bank eine vorvertragliche Aufklärungspflicht im Rahmen des **Darlehensvertrages** nur ausnahmsweise (BGH ZIP 09, 1054; 05, 481; München ZIP 10, 1746) bestehe (aber uU konkludenter Beratungsvertrag: BGH NJW 04, 1869). Aber strengere Haftung der Kredit gewährenden Bank bei **konkretem Wissensvorsprung**: etwa über sittenwidrige Übervorteilung, wenn Kaufpreis zB 100% über Verkehrswert liegt (BGH NJW 03, 2088); Kenntnis der finanzierenden Bank von deutlich überhöhtem Kaufpreis, der keine sittenwidrige Übervorteilung darstellt, begründet allein noch keine Aufklärungspflicht (BGH NJW 00, 2352; 03, 424; 03, 2530 mN); Kenntnis von Altlastenproblematik bei Grundstückskauf (Karlsruhe WM 08, 1870); Kenntnis der Bank von arglistiger Täuschung des Kreditnehmers durch Fondsprospekt (BGH WM 11, 2089; sa München ZIP 10, 1744 [Kenntnis einer von Prospektbeschreibung abweichenden Fondsverwendung]; WM 12, 168; Karlsruhe WM 10, 1408) und institutionellem Zusammenwirken mit Vertreiber des finanzierten Objektes (BGH 169, 22 u 109; ZIP 10, 1482 u 2140; NJW 08, 2577; Schleswig WM 10, 258). Auf unzweckmäßige Kredittilgung durch Kapitallebensversicherung muss nicht hingewiesen werden (BGH NJW 03, 2531). Bei Wertpapierdienstleistungen hat das Kreditinstitut strenge ges „Verhaltensregeln" zu beachten (WpHG 31 ff; zB kein Tätigwerden bei Interessengegensatz, iE Gaßner/Escher WM 97, 93): dabei sind Erfahrungen und Kenntnisse des Kunden für das beabsichtigte Geschäft und seine finanziellen Verhältnisse zu berücksichtigen (BGH NJW 04, 3629). Unterbliebene Belehrung über Widerrufsrecht des Verbrauchers bei verbundenen Geschäften kann zu Schadensersatzanspruch führen (EuGH NJW 05, 3551), aber nur wenn bei Abschluss des Darlehensvertrags noch keine Bindung an Kaufvertrag bestand (BGH WM 06, 1195 [zweifelnd zum Verschulden im konkreten Fall]; Celle NJW 06, 1817; f verschuldensunabhängige Haftung Bremen WM 06, 758). Von der **Haftung aus cic** zu unterscheiden ist die Haftung von Vermittlern und Beratern aufgrund eines **eigenständigen Beratungsvertrages** (hierzu § 280 Rn 60). Ein solcher wird häufig konkludent geschlossen (s BGH NJW 11, 1949). Zu irreführenden Prospektangaben gegenüber Kapitalanlegern ie Rn 65 oder im Warenterminhandel und Optionshandel (BGH NJW 81, 2810; NJW-RR 98, 1271; BGH 124, 154 [dazu Grün NJW 94, 1330]; BGH ZIP 04, 1138; sa Rn 64); unvollständige Darstellung von steuerlichen Vorteilen beim Vertrieb von Ferienwohnungen (Köln NJW-RR 94, 144: Time-Sharing-Modell; sa nunmehr § 485 I); pflichtwidrig sind unterbliebener Hinweis auf Leerstand bei Verkauf von Wohnungs- oder Teileigentum als Anlageobjekt (BGH NJW 08, 3699 [auch bei Mietgarantie des Verkäufers]); unrichtige Zuteilungsprognose beim Bausparvertrag (BGH NJW 91, 695); unterbliebener Hinweis des Mieters, dass er in den Gewerberäumen ausschließlich Waren einer (politisch einschlägigen) Marke anbieten will (BGH NJW 10, 3362; NZM 10, 788; Dresden NJW-RR 12, 1295; zum Ganzen Emmerich NJW 11, 2321). Der **RA** muss grds von sich aus über Mandatsbeziehungen der Kanzlei und Grenzen seiner Vertretungsbereitschaft aufklären (BGH 174, 186). Zur Haftung führen auch falsche und irreführende Werbeangaben (vgl aber auch § 434 I 3); „Überrumpeln" des Kunden (Bamberg NJW-RR 97, 694; s allg Lorenz NJW 97, 2579); fahrlässige Falschberatung des Käufers über die Verwendbarkeit des Kaufgegenstands (BGH NJW 62, 1197; sa § 433 Rn 23); unterlassene Aufklärung über spezielle Risiken trotz erkennbaren konkreten Wissensvorsprungs (München NJW 94, 667: Franchise-Vertrag, aber keine Aufklärung über allg Existenzgründungsrisiken durch Franchisegeber; Schleswig NJW-RR 09, 65); unterlassene Aufklärung des **Gebrauchtwagenverkäufers** über eigenen Erwerb von nicht im Kfz-Brief eingetragenen Zwischenhändler (BGH NJW 10, 858). Im Anwendungsbereich der §§ 437, 634, 536a geht die Haftung wegen des Mangels vor (s Rn 38); dies gilt auch für den Unternehmenskauf (Redeker NJW 12, 2471; Gaul ZHR 166 [2002], 65 ff; aA wohl MK/Emmerich 102 mN; sa Hasselbach/Ebbinghaus DB 12, 216). Die Anfechtungsregelung der §§ 119 II, 123 f lässt die cic-Haftung (auch für fahrlässige Täuschung) unberührt (BGH NJW 98, 303 f und 898; NJW-RR 02, 308; München NJW 13, 946; hM, str; aA Liebs AcP 174, 26); Frist gem § 124 I

Titel 1. Begründung, Inhalt und Beendigung § 311

gilt nicht (BGH NJW-RR 88, 745 mN; 04, 630; aA Fleischer AcP 200, 91, 119; Schwab JuS 02, 775; Hamm NJW-RR 95, 205). Zum Verhältnis cic und Gewährleistung s oben Rn 38 u § 437 Rn 34. **d) Haftung bei Verletzung von Schutz-** 63 **pflichten.** Bei (bzw gelegentlich von) Vertragsverhandlungen kommt es zu Personen- und Sachschäden. Unerheblich dabei ist, ob es (noch) zum Vertragsschluss kommt. Bsp: Unfälle von Kaufhauskunden durch umfallende Gegenstände (RG 78, 239) oder durch nicht verkehrssichere Fußbodenbeschaffenheit (BGH 66, 51; BB 86, 1185 f); Beschädigung der vor Erteilung eines Reparaturauftrags übergebenen Sache (BGH NJW 77, 376); Beschädigung des Vorführwagens auf der Probefahrt (BGH NJW 68, 1472; zum Haftungsmaßstab s Rn 51). Haftung aus cic trifft hier idR mit §§ 823 ff zusammen. **e) Eigenhaftung von Vertretern und sonstigen** 64 **Verhandlungsgehilfen („Sachwalterhaftung").** Ist der Tatbestand einer „fahrlässigen Täuschung" (Rn 62) von einem Vertreter oder einer sonstigen in die Vertragsverhandlungen eingeschalteten Hilfsperson (Erfüllungsgehilfe, ges Vertreter, Vermittler, Garant; sämtliche „Sachwalter" [zu diesem Begriff: BGH NJW 89, 294]) begangen worden, so haften diese (ausnahmsweise) selbst, wenn sie am Abschluss des Vertrags ein unmittelbares **eigenes wirtschaftliches Interesse** haben (BGH 56, 83; 79, 286; 103, 313 mN; 126, 183; 129, 170; zB Gesellschafter-Geschäftsführer) oder für sich persönlich bes **Vertrauen** in Anspruch genommen (zum „typisierten Vertrauen" gegenüber Garanten eines Anlageprospekts su Rn 65) und dadurch die Vertragsverhandlungen oder die Vertragsdurchführung beeinflusst haben (BGH 63, 382; 70, 337; 103, 313; 126, 189; dazu auch Rn 48, 51). Im letztgenannten Fall muss der Vertreter sozusagen eine persönliche Gewähr für die erfolgreiche Vertragsdurchführung übernehmen (s BGH NJW-RR 06, 994; Emmerich JuS 03, 402). Für das wirtschaftliche Eigeninteresse genügt ein nur mittelbares Interesse (zB Provision) nicht. Bsp für Eigenhaftung: Gebrauchtwagenhändler als Vermittler oder Abschlussvertreter für den nicht in Erscheinung tretenden Verkäufer (BGH 79, 281; 87, 304; Köln NJW-RR 90, 1144 mN); Auktionator im Kunsthandel (Düsseldorf OLGZ 78, 318); Vermittler im Handel mit (Waren-)Terminoptionen (BGH 80, 82; 124, 154 ff mN; NJW-RR 96, 947) und -direktgeschäften (BGH NJW 92, 1880 mN); Unternehmensberater bei Übernahme der Geschäftsführung (BGH NJW 90, 1908); uU Vertreiber von Nutzungsrechten im Time-Sharing-Modell (Köln NJW-RR 95, 1333; sa nun §§ 482, 484, 485); Verhandlungsführer von Franchisegeber (BGH NJW-RR 06, 993); **nicht** aber schon Angestellte (Handelsvertreter) eines Handelsgeschäfts (BGH 88, 69 f; NJW 90, 506), Versicherungsagenten (BGH NJW-RR 91, 1242 mN), der an einer AG selbst beteiligte Vorstand (BGH BB 85, 352), der zu Vertragsverhandlungen hinzugezogene RA (BGH NJW 89, 294), Steuerberater (BGH NJW 92, 2083) oder Ehegatte (BGH NJW 87, 2512), der Betreuer (BGH NJW 95, 1214), der Sicherheiten zur Verfügung stellende Gesellschafter/ Geschäftsführer einer GmbH (BGH 126, 181 ff; uU aber Garantiehaftung: BGH NJW-RR 01, 1611), der Stimmrechtsvertreter von Aktionären (BGH 129, 136, 170 f); der für die Masse handelnde Insolvenzverwalter (BGH ZIP 05, 1328; BGHZ 100, 351; aA Schleswig NJW 04, 1257). **f) Prospekthaftung.** 65

Lit: *Barta,* Der Prospektbegriff in der neuen Verkaufsprospekthaftung, NZG 05, 305; *Benecke,* Haftung für Inanspruchnahme von Vertrauen – Aktuelle Fragen zum neuen Verkaufsprospektgesetz, BB 06, 2597; *Hutter/Kaulano,* Transparenzrichtlinie – Umsetzungsgesetz, NJW 07, 550; *Kiethe,* Anlageprospekte – Die Haftung des Emittenten für Richtigkeit und Vollständigkeit, MDR 06, 843.

Die Prospekthaftung hatte mit **VerkProspG 8f, 13, 13a** 2004 erstmals eine ges Regelung für den sog. „grauen" Kapitalmarkt erfahren, die neben BörsenG 44, 45 (nur für Wertpapiere; seit 1.6.2012 ersetzt durch §§ 21 f WpPG) und neben InvG 127 (für Investmentvermögen) trat. Die Regelung deckte die Haftung von Emittenten und Prospektverantwortlichen (für grobe Fahrlässigkeit) ab, die bis dato nach den von der Rechtsprechung entwickelten Grundsätzen der „Prospekthaftung im engeren Sinne" als typisierte Vertrauenshaftung erfasst war (BGH 123, 110; 71, 291) und ersetzte diese

(Benecke aaO 2600; Klöhn WM 12, 101; Pal Grüneberg 68, str). Das am 1.6.2012 in Kraft getretene Vermögensanlagengesetz (**VermAnLG**) ersetzt das VerkProspG und enthält nun in § 20 die (inhaltlich kaum veränderte) Haftungsgrundlage für die Verantwortlichen des Verkaufsprospektes (Überblick zur ges Neuregelung bei Leuering NJW 12, 1905). §§ 280 I, 311 II bleiben weiterhin anwendbar für die „Prospekthaftung im weiteren Sinne", dh von Personen, welche bei Vertragsverhandlungen besonderes persönliches Vertrauen in Anspruch genommen haben oder ein eigenes wirtschaftliches Interesse haben, insbes also Sachwalter und ausnahmsweise auch Anlagevermittler (stRspr, vgl BGH NJW-RR 12, 939). Zur Haftung bei **Anlageberatungsverträgen** bzw nach § 675 II s § 675 Rn 9 u 13. Berater oder Vermittler dürfen insbes Risiken der Anlage nicht abweichend vom Prospekt darstellen oder beschönigen (BGH NJW-RR 11, 139). Nach BGH (177, 30 zu VerkProsp13 aF) haften Vertreter der Anlagegesellschaft, die kraft ihrer Stellung „typisiertes (anonymes) Vertrauen" von Anlageinteressenten in Anspruch nehmen (Initiatoren, Gründer und Gestalter der Ges) nicht nur ggf für unrichtige Prospektangaben auf Grund der Prospekthaftung ieS, sondern – jedenfalls bei Risikokapitalanlagen – darüber hinaus für eigene Angaben gegenüber Anlegern, wenn diese über den Prospekt hinausgehen, wegen der Inanspruchnahme persönlichen Vertrauens aus § 311 III (BGH 177, 30 f; krit zu dieser Haftung auch für leichte Fahrlässigkeit Mülbert/Leuschner JZ 09, 158 [Fehlanreiz, Informationen zu unterlassen]). Insoweit tritt eine Haftung aus § 311 ggf in Konkurrenz zu einer solchen nach den Sonderges. Das bes Verhandlungsvertrauen setzt eine persönliche Gewähr für die Seriosität und ordnungsgem Erfüllung des Vertrags voraus (BGH NJW-RR 12, 939). Eine vorvertragliche Beziehung, welche die Haftung begründen kann, besteht beim Gesellschaftsbeitritt eines Anlegers auch zu den Gründungsgesellschaftern, wenn der Anleger über einen Treuhandkommanditisten beitritt und wie ein unmittelbar beitretender Kommanditist behandelt werden soll (BGH NJW-RR 12, 937; 07, 406; NJW 06, 2410). Das neue VermAnlG unterwirft Haftungsansprüche der **Regelverjährung** nach §§ 195, 199. Mit dem Wegfall von §§ 46a BörsG aF und § 127 V InvG hat sich die Problematik zur analogen Anwendung der kurzen Verjährung bei der ges Prospekthaftung auf die bürgerlich-rechtliche (BGH NJW 10, 1079 mwN; Mülbert/Leuschner JZ 09, 161) erledigt (MK/Emmerich Rn 171 f). Der BGH legt (BGH 191, 310 = NJW 12, 758) einen weiten Prospektbegriff zu Grunde (erfasst werden auch äußerlich getrennte Prospektbestandteile) und erweitert die Prospekthaftung ieS auf berufsmäßige Sachkenner (hier früherer Spitzenpolitiker und Finanzrechtswissenschaftler) als Prospektverantwortliche. Bei diesen Personen, wie etwa Rechtsanwälten (BGH aaO 759), Wirtschaftsprüfern (BGH NJW 10, 1280 [dort auch zur möglichen Haftung aus Vertrag zugunsten Dritter]), Steuerberatern und Personen, welche die Betreuung des Kapitalanlegers übernehmen (BGH ZIP 04, 1138; Schnauder JZ 07, 1009) muss die Mitwirkung am Prospekt nach außen erkennbar und im Einzelfall eine Vertrauensgrundlage für Anlageentscheidungen geschaffen worden sein; sa Koblenz WM 12, 316; zur Haftung der Finanzierungsbank s BGH 93, 266; NJW 04, 1868 – konkludenter Beratervertrag; zurückhaltend BGH NJW 08, 2576 mwN. Haftung aus (konkludent geschlossenem) Auskunftsvertrag erfordert im Gegensatz zu Prospekthaftung ieS Kontakt der Parteien (BGH WM 09, 401).

§ 311a Leistungshindernis bei Vertragsschluss

(1) **Der Wirksamkeit eines Vertrags steht es nicht entgegen, dass der Schuldner nach § 275 Abs. 1 bis 3 nicht zu leisten braucht und das Leistungshindernis schon bei Vertragsschluss vorliegt.**

(2) [1]**Der Gläubiger kann nach seiner Wahl Schadensersatz statt der Leistung oder Ersatz seiner Aufwendungen in dem in § 284 bestimmten Umfang verlangen.** [2]**Dies gilt nicht, wenn der Schuldner das Leistungshindernis bei Vertragsschluss nicht kannte und seine Unkenntnis auch nicht**

Titel 1. Begründung, Inhalt und Beendigung **§ 311a**

zu vertreten hat. ³§ 281 Abs. 1 Satz 2 und 3 und Abs. 5 findet entsprechende Anwendung

Lit: Canaris, Zur Bedeutung der Kategorie der „Unmöglichkeit" für das Recht der Leistungsstörungen, in: Die Schuldrechtsreform vor dem Hintergrund des Gemeinschaftsrechts, 2001, S 43; ders, Reform des Rechts der Leistungsstörungen, JZ 01, 499; Altmeppen, Untaugliche Regeln zum Vertrauensschaden und Erfüllungsinteresse im Schuldrechtsmodernisierungsentwurf, DB 01, 1399; Grundmann, Der Schadensersatzanspruch aus Vertrag, AcP 204, 569 ff; Grunewald, Vorschläge für eine Neuregelung der anfänglichen Unmöglichkeit und des anfänglichen Unvermögens, JZ 01, 432; Tettinger, Anfänglich oder nachträglich? – Das zwischen Angebot und Vertragsschluss eingetretene Leistungshindernis, ZGS 06, 452; s auch Lit vor §§ 275–292.

1. Allgemeines. Das SchRModG hat § 306 aF abgeschafft **(I)** und die Rechtsfol- 1 gen bei anfänglichen obj und subj sowie anfänglichen und nachträglichen Leistungshindernissen nach § 275 vereinheitlicht **(II, §§ 280, 283, 284, 326)**. Die Garantiehaftung alten Rechts bei anfänglicher subj Unmöglichkeit wird von einer Verschuldenshaftung **(II 2)** abgelöst (Karlsruhe NJW 05, 989; abw Sutchet ebenda 1404); bei anfänglichen obj Leistungshindernissen (obj Unmöglichkeit) ist der Vertrag nicht mehr wie nach altem Recht nichtig, vielmehr besteht jetzt unter den Voraussetzungen des **II** ein Anspruch auf das positive Interesse. Aus der Änderung folgt auch, dass der rückwirkende Abschluss von Verträgen grds möglich ist (BAG NJW 10, 1100; 09, 393; 07, 1613).

2. Anwendungsbereich. a) § 311a gilt für alle schuldrechtlichen Verträge (f 2 Vermächtnisse s § 2171). Die Regelung hat keine Bedeutung für ges Schuldverhältnisse (PalGrüneberg 3); sie gilt entspr auch für Schuldverhältnisse aus einseitigen Rechtsgeschäften (Bsp § 657), mangels Leistungspflicht nicht für dingliche Verträge. Nach Übergabe der Sache gilt II bei Kauf- und Werkvertrag auf Grund Verweisung (§§ 437 Nr 3, 634 Nr 4); bei Mietverträgen Sonderregelung in § 536a. **b) Anfängli-** 3 **ches Leistungshindernis.** Das Leistungshindernis nach § 275 I–III (dazu § 275 Rn 12 ff) muss schon **bei Vertragsschluss** bestanden haben und noch fortbestehen (MK/Ernst 32); in den Fällen des § 275 II, III müssen die obj Voraussetzungen der Leistungserschwerung vorgelegen haben, auf den Zeitpunkt der Einrederhebung kommt es nicht an (str, s § 283 Rn 5); auch Fälle der qualitativen Unmöglichkeit (§ 275 Rn 9) sind erfasst (nicht behebbarer Sachmangel, Bsp: Fälschung wird als Original verkauft (s BGH NJW 93, 2103). Genehmigungsbedürftige Rechtsgeschäfte s § 275 Rn 15.

3. Wirksamkeit des Vertrages (I). Bei anfänglichen Leistungshindernissen 4 nach § 275 entsteht ein Vertrag ohne primäre Leistungspflicht (Canaris JZ 01, 506; BGH 163, 244); im gegenseitigen Vertrag entfällt die Gegenleistung nach § 326 I. **I** hat nur klarstellende Bedeutung; das wirksame Schuldverhältnis ist Grundlage des Schadensersatzanspruchs nach **II** und eines Anspruchs auf das Surrogat gem § 285. Bestehen andere Wirksamkeitsmängel (§§ 104, 125, 134, 138, 142, 311b II–IV), ist Vertrag nichtig; Rechtsfolge: Haftung aus §§ 311 II, 241 II, 280, 254, kein Anspruch aus § 311a II (§ 311 Rn 60; BT-Drs 14/6040 S 165). Das Anfechtungsrecht aus § 119 II ist eingeschränkt, wenn sich der Irrtum auf das anfängliche Leistungshindernis bezieht (zB nicht realisierbare Qualitätszusage des Verkäufers, ausführlich MK/Ernst 79; Löhnig JA 03, 519).

4. Schadensersatz bei anfänglichen Leistungshindernissen (II). a) Bedeu- 5 **tung. II** enthält **eigene Anspruchsgrundlage** (PalGrüneberg 6; aA PWW/Medicus 8) für Schadensersatz statt der Leistung bei anfänglichen Leistungshindernissen (Rn 3). Grundlage für die Haftung des Schuldners auf das Erfüllungsinteresse ist das nach **I** wirksame Leistungsversprechen (ErmKindl 6 mN), aber kein Fall des § 280 I, da den Schuldner vor Vertragsschluss noch nicht die Pflicht trifft, sein Leistungsvermögen zu erhalten. Daher ersetzt **II** das Vertretenmüssen der Pflichtverletzung (des Leistungshindernisses) in § 280 I 2 durch den Vorwurf, den Vertrag unter Verletzung

§ 311b　　　　　　　　　　Buch 2. Abschnitt 3. Schuldverhältnisse aus Verträgen

vorvertraglicher Informationspflichten in Kenntnis oder vorwerfbarer Unkenntnis des Leistungshindernisses geschlossen zu haben. In Aufbau, Struktur und Rechtsfol-
6 gen entspricht Anspruch aus II dem des §§ 280 I, 283. **b) Voraussetzungen** des Anspruchs aus II sind: **aa)** das Vorliegen eines **wirksamen Schuldverhältnisses** (s
7 Rn 4) und **bb)** eines **anfänglichen Leistungshindernisses** (Rn 3). **cc)** Der Schuldner muss das Leistungshindernis **gekannt** oder seine **Unkenntnis zu vertreten** haben (zB BGH 163, 245 abl f Übersehen genetisch bedingter Störung bei Tierverkauf). Für das Vertretenmüssen gelten die §§ 276 ff. Der Schuldner ist danach für die „Zulänglichkeit seines eigenen Geschäftskreises" verantwortlich; die Zurechnung der Kenntnis (fahrlässigen Unkenntnis) Dritter erfolgt nach § 278 (nicht § 166), da es sich um die Verletzung vorvertraglicher Pflichten handelt (Rn 5; BGH NJW 05, 2852; PalGrüneberg 9 u § 278 Rn 12). Eine verschuldensunabhängige Haftung kann sich nur noch aus der **Übernahme einer Garantie** (§ 276 Rn 41 f) ergeben (Bsp: Bestehen der Forderung beim Rechtskauf). Hierfür bedarf es konkreter Anhaltspunkte (BGH NJW 07, 3780). Die Übernahme eines Beschaffungsrisikos
8 erfasst dagegen nicht anfängliche Leistungshindernisse (§ 276 Rn 49). **c) Rechtsfolgen: aa)** Schadensersatz statt der Leistung (s § 281 Rn 16 ff) oder **bb)** wahlweise Aufwendungsersatzanspruch (§ 284 Rn 3 ff). **cc)** Ist der Schuldner nur **teilweise** von seiner Leistungspflicht befreit oder liegt ein Fall **qualitativer Unmöglichkeit**
9 vor, gelten § 281 I 2, 3 und V (dazu § 281 Rn 21 ff). **d) Beweislast.** Schuldner muss sich, wie bei § 280, hinsichtlich des subjektiven Tatbestandes (Rn 7) entlasten. Ist das Vorliegen eines Leistungshindernisses unklar, muss Gläubiger nach §§ 280, 281 vorgehen (s § 283 Rn 11).

10　**5. Weitere Rechtsfolgen. a)** Der Gläubiger kann nach § 285 die Herausgabe des Ersatzes verlangen und im **gegenseitigen Vertrag** nach §§ 326 V, 323 zurück-
11 treten. **b)** Anspruch aus cic **(§ 311 II)** geht im Anspruch aus II auf, soweit sich die vorvertragliche Pflichtverletzung auf das Leistungshindernis bezieht (PalGrüneberg
12 14; aA AnwKomBGB/Dauner-Lieb 31). Anzeigepflicht s § 275 Rn 31. **c)** Gelingt dem Schuldner der Entlastungsbeweis nach II 2, trifft ihn auch keine Haftung entspr § 122 I (aA Canaris JZ 01, 507 f). Praktisch kann eine Analogie wegen § 122 II nur bei einem gemeinsamen Irrtum beider Vertragsteile werden, der aber nach § 313
13 zu behandeln ist (Dötsch ZGS 02, 164). **d)** Bei Lieferung einer unbehebbar mangelhaften Sache (Rn 3) haftet der Schuldner neben dem Anspruch auf Schadensersatz statt der Leistung aus II wegen des Begleitschadens (§ 280 Rn 4, 12) uU nach § 280 I (Dötsch ZGS 02, 161).

§ 311b Verträge über Grundstücke, das Vermögen und den Nachlass

(1) ¹**Ein Vertrag, durch den sich der eine Teil verpflichtet, das Eigentum an einem Grundstück zu übertragen oder zu erwerben, bedarf der notariellen Beurkundung.** ²**Ein ohne Beachtung dieser Form geschlossener Vertrag wird seinem ganzen Inhalt nach gültig, wenn die Auflassung und die Eintragung in das Grundbuch erfolgen.**

(2) **Ein Vertrag, durch den sich der eine Teil verpflichtet, sein künftiges Vermögen oder einen Bruchteil seines künftigen Vermögens zu übertragen oder mit einem Nießbrauch zu belasten, ist nichtig.**

(3) **Ein Vertrag, durch den sich der eine Teil verpflichtet, sein gegenwärtiges Vermögen oder einen Bruchteil seines gegenwärtigen Vermögens zu übertragen oder mit einem Nießbrauch zu belasten, bedarf der notariellen Beurkundung.**

(4) ¹**Ein Vertrag über den Nachlass eines noch lebenden Dritten ist nichtig.** ²**Das Gleiche gilt von einem Vertrag über den Pflichtteil oder ein Vermächtnis aus dem Nachlass eines noch lebenden Dritten.**

Titel 1. Begründung, Inhalt und Beendigung § 311b

(5) ¹Absatz 4 gilt nicht für einen Vertrag, der unter künftigen gesetzlichen Erben über den gesetzlichen Erbteil oder den Pflichtteil eines von ihnen geschlossen wird. ²Ein solcher Vertrag bedarf der notariellen Beurkundung.

I. Verpflichtung zur Veräußerung oder zum Erwerb eines Grundstücks (I)

Lit: Einsele, Formerfordernisse bei mehraktigen Rechtsgeschäften, DNotZ 96, 835; Hennemann/Nemeczek, Die Formbedürftigkeit von Vertragsänderungen gem § 311b Abs 1 BGB, ZGS 11, 157; Hermanns, Beurkundungspflichten im Zusammenhang mit Unternehmensverträgen und – umstrukturierungen, ZIP 06, 2296; Kanzleiter, Der Umfang der Beurkundungsbedürftigkeit bei verbundenen Rechtsgeschäften DNotZ 94, 275; Lickleder, Die Verpflichtung, das Eigentum an einem Grundstück zu erwerben, AcP 99, 629; Pohlmann, Die Heilung formnichtiger Verpflichtungsgeschäfte durch Erfüllung, 1992; Reinicke, Rechtsfolgen formwidrig abgeschlossener Verträge, 1969; Wolf, Rechtsgeschäfte im Vorfeld von Grundstücksübertragungen, DNotZ 95, 179.

1. Allgemeines. a) Bedeutung. Der Formzwang hat (vgl Rn 5) den **Zweck**, 1 beide Vertragspartner vor übereilten und unüberlegten, meist folgenreichen Verpflichtungen zu schützen, sowie eine sachgemäße Beratung (BeurkG 17 I) zu gewährleisten und Streitigkeiten vorzubeugen (Warn-, Schutz-, Beweis- und Gewährsfunktion; vgl BGH 87, 153 f mN). Die Vorschrift gilt auch, wenn die Formzwecke uU auf andere Weise erreicht worden sind (BGH 127, 172 f mN). **b) Anwendungsbereich.** § 311b gilt **aa) sachlich**: nur für den schuldrechtlichen 2 Vertrag (Rn 8 ff; zu unterscheiden vom – ebenfalls formbedürftigen, § 925 – dinglichen Verfügungsgeschäft); auch für den **öffentl-rechtlichen Vertrag** (BGH 58, 392; 61, 365; BVerwG 70, 255), soweit nicht Sonderbestimmungen eingreifen (BauGB 110 II, 159 II 2), ferner **entspr** für bestimmte einseitige RGeschäfte (vgl Rn 9, 29); **bb) gegenständlich**: unmittelbar für Grundstücke und Miteigentums- 3 anteile (Rn 16), **entspr** für Erbbaurecht (ErbbauRG 11 II, aber nicht die nachträgliche Erhöhung des Erbbauzinses: BGH NJW 86, 933) und Sondereigentum (WEG 4 III; vgl BGH NJW 84, 613 mN); **cc) örtlich: I 1** gilt für alle Verträge über im 4 Inland belegene Grundstücke bei inländischem Vertragsstatut (Rom I-VO Art 11 V); bei Abschluss im Ausland genügt Wahrung der Ortsform.

2. Voraussetzungen des Formzwangs. Formbedürftig sind alle schuldrechtli- 5 chen Verträge (Rn 8 ff, 22 ff), die für mindestens eine Partei eine vertragliche Verpflichtung zur Übertragung oder zum Erwerb (Rn 11 ff) eines Grundstücks (Rn 16) neu begründen. **a) Schuldvertrag über Grundstück.** Vertrag iSd **I 1** ist nur der 6 **schuldrechtliche Verpflichtungsvertrag**, durch den eine Partei eine Verpflichtung gem Rn 11 ff übernimmt. Bsp: Kauf, Tausch, Schenkung (**I 1** weitergehend als § 518 I 1, dort Rn 3), einseitige Erwerbsverpflichtung (vgl BGH 57, 394 zur aF); vgl ferner Rn 24, 26, 27. **Abgrenzung: Nicht** unter I 1 (formfrei möglich) fallen daher: **aa) einseitige** auf Grundstücksverträge bezogene **RGeschäfte** wie die Ver- 7 äußerungs- oder Erwerbsvollmacht (vgl § 167 II; uU auch entspr Anwendung von **I 1** geboten; dazu Rn 29; vgl auch Rn 19 und 35), Genehmigung/Zustimmung (§ 182 II; BGH 125, 220 mN; krit Einsele DNotZ 96, 838 ff), Fristsetzung (§ 281 I 1), Ausübung von Gestaltungs- und Ankaufsrechten (BGH NJW-RR 96, 1167; ie Wolf DNotZ 95, 184 ff; teilw abw Einsele DNotZ 96, 854 ff, 861 ff); Bsp: §§ 315 II; 349; 456 I 2; 464 I 2; 577 (BGH NJW 00, 2665; aA Hammen DNotZ 97, 543); 1098 I 1; 1477 II; Stiftungsgeschäft (§ 81; Schleswig DNotZ 96, 770; aA Wochner ebenda 773; MK/Kanzleiter 24); sa Rn 15, 18 und 20. **bb) schuldrecht-** 8 **liche Verfügungsverträge** (zu dinglichen vgl Rn 2) wie die **Abtretung** des Auflassungsanspruchs (BGH 89, 46 mN, str; aA Ertl DNotZ 76, 81), der Rechte aus einem Meistgebot (RG 150, 404) oder des Anspruchs aus einem ausgeübten Vorkaufsrecht (RG 155, 176); der **Verzicht** auf einen Eigentumsverschaffungsanspruch (BGH 103, 179; sa Rn 20). Zur Formfreiheit entspr Verpflichtungsverträge vgl Rn 16. **b) Vertraglich übernommene Veräußerungs- und (oder) Erwerbs-** 9

pflicht. aa) Begriff und Abgrenzung. Veräußerungs-(Erwerbs-)pflicht ist jede Verpflichtung, die auch nur mittelbar darauf gerichtet ist, die bestehenden **Eigentumsverhältnisse** an einem Grundstück zu verändern. **Nicht** unter **I 1** fallen daher die Verpflichtung zur **Belastung** eines Grundstücks (Ausnahmen: § 1094 Rn 1, 4; ErbbauRG 11 II), die **Verpflichtung, nicht** oder nicht an bestimmte Personen zu veräußern (BGH 103, 238 mN), bzw nicht oder nicht von diesen zu erwerben.

10 **bb) Arten.** Die Veräußerungs-(Erwerbs-) pflicht kann **Haupt-** (Bsp: Veräußerungsverträge) oder **Neben**pflicht des Vertrags sein (zB Einbringung in Gesellschaft, Rn 25); die Veräußerungspflicht kann sich auf ein **eigenes** oder ein **fremdes** Grundstück beziehen (München NJW 84, 243), dem **Vertragspartner** oder einem **Dritten** gegenüber bestehen (BGH 92, 170), zB bei Makler- oder Parzellierungsvertrag (Rn 27).

11 **cc) Mittelbare Bindung** des Verpflichteten genügt (BGH NJW 92, 3238 mN; zur Abgrenzung s BGH NJW 02, 1792; zB die Abhängigkeit der Verpflichtung von einer **Bedingung**, auch (soweit überhaupt zulässig: § 158 Rn 4) einer sog Wollensbedingung (BGH NJW-RR 96, 1167; Wolf DNotZ 95, 185, str). **Fälle:** Eine bedingte Veräußerungs-(Erwerbs-)pflicht begründen insbes der **Vorvertrag** (BGH 69, 263; 82, 403; 97,154 f; ie Wolf DNotZ 95, 182 f; § 463 Rn 6), die Vereinbarung eines persönlichen (§ 463 Rn 12) oder dinglichen **Vorkaufsrechts** (BGH DNotZ 03, 426; NJW-RR 91, 206 mN; ie Wolf aaO; aA Einsele DNotZ 96, 855 ff), eines **Wiederkaufs-(/verkaufs-)rechts** (§ 456 Rn 6) oder eines **Optionsrechts** (Ankaufs- und Kaufanwärtervertrag, BGH NJW 87, 1069; Abgrenzung zur formfreien Ausübung: Rn 9; Optionsentschädigung, BGH NJW 86, 246), die einen indirekten Erwerbszwang begründende **Reservierungsvereinbarung** (BGH 103, 239 bejahend bei 10% der üblichen Maklergebühr übersteigender Reservierungsgebühr; weitergehend Hamburg NJW-RR 92, 21 bei hohem Absolutbetrag; ferner die **Ausbietungsgarantie** (BGH 110, 321). Soweit die Ausgestaltung der **Vollmacht** bereits zu einer Bindung des Vollmachtgebers

12 führt, gilt **I 1** auch für diese entspr (Rn 29). **dd)** Die Übernahme **abhängiger Verpflichtungen** fällt unter **I 1**, wenn den Verpflichteten eine eigene Veräußerungs-(Erwerbs-)pflicht trifft (BGH NJW 96, 2504 mN: Vertragseintritt) oder der Veräußerer (Erwerber) in seiner Entschließungsfreiheit beeinträchtigt wird. **I 1** gilt daher für die **Schuld-(mit-)übernahme** der Veräußerungs- (RG 103, 156, hM) oder Abnahmepflicht beim Grundstückskauf, nicht aber der Kaufpreiszahlungspflicht (MK/Kanzleiter/Krüger 29), desgl nicht für die **Bürgschaft** auf Veräußerer- (RG 140, 219) oder Erwerberseite, es sei denn die Bürgschaft ist wesentlicher Bestandteil des Veräußerungsvertrags (BGH NJW 62, 586; Rn 19). Formbedürftig sind grundstücksbezogene **Vertragsstrafversprechen** (vgl § 344), desgl wegen ihres mittelbaren Zwangs zum Abschluss **uneigentlicher Strafgedinge** (§ 343 II) für den Fall der Nichtveräußerung oder des Nichterwerbs eines Grundstücks (BGH 76, 47; Düsseldorf NJW-RR 93, 668; Rn 27, 30), idR aber nicht formbedürftige Verträge lediglich **vorbereitende** RGeschäfte (BGH NJW 90, 391 für Anlagevermittlung, im Einzelfall I 1 entspr bejahend; verneinend Köln NJW-RR 90, 1112 für Architektenvertrag; sa Rn 27).

13 **ee) Vertraglich neu geschaffene Verpflichtung.** Daran fehlt es, wenn in der Vereinbarung nur eine **kraft Ges** bestehende Verpflichtung zur Übertragung oder zum Erwerb eines Grundstücks bestätigt wird (BGH 92, 171). Formfrei gültig sind daher die Erklärung des **Rücktritts** (§ 349) vom Grundstückskauf (Wufka DNotZ 90, 354; sa Rn 20); die **Auseinandersetzung** einer **Gemeinschaft** gem § 752 (OGH NJW 49, 64) oder einer **Gesellschaft** (Miterbengemeinschaft) durch Ausscheiden eines Gesellschafters (Miterben) gem § 738 I 1 (BGH 138, 11); der **Auftrag** zum Grundstückserwerb (vgl § 667), sofern nicht für den Auftraggeber eine Erwerbspflicht (arg § 670) begründet wird (dazu näher Rn 24).

14 **c) Gegenstand** des Vertrags muss ein Grundstück oder Grundstücksteil (vgl Rn 18) sein; gleichgestellt ist der Miteigentumsanteil (vgl ferner Rn 3) und die Auflassungsanwartschaft (Rn 23), nicht aber der Auflassungsanspruch (Rn 10); Verpflichtungsverträge, über diesen zu verfügen, fallen nicht unter **I 1** (Rn 23). Nicht erforderlich ist, dass sich die Verpflichtung nur oder speziell auf ein Grundstück bezieht; Ver-

Titel 1. Begründung, Inhalt und Beendigung § 311b

pflichtung zur **Veräußerung eines Handelsgeschäfts,** zu dem ein Grundstück gehört, daher formbedürftig (BGH MDR 79, 469, hM), nicht dagegen der Verkauf von Anteilen einer Personengesellschaft, mag auch das Gesellschaftsvermögen im Wesentlichen aus Grundstücken bestehen (iE Rn 25).

3. Umfang des Formzwangs. a) Allgemeines. Dem Beurkundungserforder- 15
nis (**I 1**, § 128, BeurkG 9) unterliegt nicht nur die Veräußerungs- und Erwerbspflicht, sondern der **ganze** Vertrag (BGH NJW 74, 271; sa § 126 Rn 7 f). Formbedürftig sind daher alle Vereinbarungen, aus denen sich nach dem Willen der Parteien das gesamte schuldrechtliche Veräußerungsgeschäft zusammensetzt (BGH 85, 317; 89, 43; NJW 89, 899 mN; allgM; sa Rn 19). Zu beurkunden sind insbes als **Haupt-** und **Nebenabreden** (vgl BGH 116, 254 f; NJW 97, 252 mN), soweit von den Parteien für wesentlich gehalten (andernfalls: § 139 HS 2, vgl Rn 34). Die willkürliche Aufspaltung eines einheitlichen Grundstücksgeschäfts in formbedürftige und nicht formbedürftige Teilgeschäfte ist nicht möglich (Stuttgart JZ 70, 289). Die Beurkundung muss so **bestimmt** sein, dass der rechtsgeschäftliche Wille wenigstens andeutungsweise in der Urkunde zum Ausdruck kommt (BGH 87, 154 mN; NJW 96, 2792 f, str; zur sog Andeutungstheorie s § 126 Rn 7 f). **Auslegung** (§§ 133, 157) und damit Berücksichtigung von außerhalb der Urkunde liegenden Umständen ist möglich (BGH 87, 154; § 133 Rn 5); maßgebend ist der Kenntnisstand der an der Beurkundung beteiligten Vertragspartei (München NJW-RR 93, 1169). Das übereinstimmend Gewollte gilt auch bei versehentlicher Falschbeurkundung (Rn 36). Schriftstücke (öffentl und private Urkunden) sowie Karten, Zeichnungen und Abbildungen (zB Baupläne, Baubeschreibungen – BGH 162, 157) werden nur bei **Mitbeurkundung** (vgl BeurkG 9 I 2 und 3, 13, 13a) Vertragsbestandteil, bloße **Bezugnahme** genügt nicht (iE BGH NJW-RR 01, 953; ZIP 02, 860; Abgrenzung zu nicht beurkundungsbedürftigen lediglich identifizierenden Unterlagen: BGH NJW 98, 3197; BB 06, 1707; sa Rn 17); formfrei sind zB auch Gutachten über den Leistungsgegenstand, soweit sie keine vertragliche Beschaffenheitsvereinbarung darstellen (für Bodengutachten: BGH NJW-RR 03, 1136); wegen der vor dem 27.2.1980 abgeschlossenen Verträge vgl Rn 44 f). **Einzelheiten:** Rn 20 ff.
b) Beurkundung der Leistungen. Das Grundstück (Rn 16) ist in der Urkunde 16 hinreichend bestimmt zu bezeichnen (Brandenburg NJW-RR 08, 254 [auch für Vorvertrag], Anforderungen bei nicht vermessener Teilfläche: BGH 74, 120 f mN; NJW 89, 898; WM 02, 2468; bei noch nicht gebildetem Wohnungseigentum: BGH NJW-RR 02, 415, sa § 925 Rn 4; zur Falschbezeichnung sa Rn 36), die Gegenleistung, insbes der Preis, ist richtig und vollständig anzugeben (BGH 85, 318; 116, 254 f [„Überbriefung"]; NJW 86, 248; sa Rn 35); ebenso die Verrechnung von Gegenforderungen (BGH NJW 00, 2100). Soll die Leistung (Grundstück, Preis) durch eine Vertragspartei oder einen Dritten bestimmt werden (§§ 315, 317), ist (nur) die Bestimmungsvereinbarung zu beurkunden (BGH 63, 364; NJW 86, 845), die Leistungsbestimmung selbst ist dagegen formfrei (BGH 97, 154 mN, stRspr). Nicht beurkundungsbedürftig ist der *Inhalt* einer mitübernommenen (bestehenden) Verpflichtung (BGH 125, 238). **c)** Bei **zusammengesetzten Verträgen** (zum 17 Begriff vgl § 311 Rn 29) erstreckt sich der Formzwang auf die mit dem Grundstücksveräußerungs-(erwerbs-)geschäft in *rechtlichem Zusammenhang* stehenden Vereinbarungen und RGeschäfte (BGH 104, 22), auch soweit sie einzeln formfrei abgeschlossen werden könnten (BGH NJW 84, 613; 86, 845; NJW-RR 93, 1421 mN). Zusammenfassung in einer Urkunde ist nach BVerwG DNotZ 10, 549 nicht erforderlich. Dies sollte aber die Ausnahme bilden und die Trennung dann in den Urkunden verlautbart werden (Grziwotz DNotZ 10, 554); bei fehlender Bezugnahme kann Nichtigkeit vorliegen (BGH NJW 00, 2017). Ein formbedürftiger einheitlicher **Gesamtvertrag** liegt vor, wenn die verschiedenen Vereinbarungen (RGeschäfte) nach dem Parteiwillen derart voneinander abhängen, dass sie miteinander „stehen und fallen" sollen (BGH 101, 396 mN; WM 10, 1817 [stRspr]; BGH NJW-RR 09, 953 [einseitiger, aber vom Vertragspartner erkannter und akzeptierter Wille

§ 311b

genügt], sa § 311 Rn 29); tatsächlicher oder wirtschaftlicher Zusammenhang ist nicht ausreichend (Hamm DNotZ 96, 1049). Keine Erstreckung des Formzwangs auf *einseitig* von der Veräußerung des Grundstücks abhängige nicht formbedürftige Abrede (BGH NJW 00, 951; 01, 227). Sind selbstständig denkbare Vereinbarungen in *einer* Urkunde niedergelegt, so spricht die Vermutung für die Einheitlichkeit des RGeschäfts (BGH 89, 43; WM 85, 324). Bei getrennter Beurkundung muss der rechtliche Zusammenhang ("Verknüpfungswille") urkundlich zum Ausdruck kommen (BGH 104, 22 f; NJW-RR 93, 1421; EWiR § 311b 2/03m Anm Mues). **Bsp** (Umstände des Einzelfalls entscheiden, zit Rspr iE zT verneinend): Kauf mit vorgeschaltetem Mietvertrag (München NJW-RR 87, 1042); Grundstücksveräußerung mit gleichzeitiger Rückmiete (RG 97, 220); Pacht mit Ankaufsrecht (RG 169, 188); Grundstücksverkauf und Sicherungsabrede (BGH NJW 83, 565); Grundstückskauf und Treuhandvertrag bei Bauherrenmodell (BGH 101, 397; NJW-RR 90, 340 mN); Grundstückskauf und Übertragung der Rechte aus Baugenehmigungsplanung (BGH NJW 98, 3197); Bauvertrag und Grundstückserwerb (BGH WM 10, 1817; NJW 94, 722); uU Fertighaus-(bau-)vertrag und noch abzuschließender Grundstückskauf (so Köln NJW-RR 96, 1484 f; Hamm NJW-RR 95, 1045; aA Koblenz NJW-RR 94, 296); uU Baubetreuungsvertrag und Grundstückskaufvertrag bei engem Bezug (BGH WM 09, 1338); Verkauf von Grundstücken als zusammengehörig in getrennten Urkunden (BGH NJW 00, 2017; KG NJW-RR 91, 688). IdR rechtlich **selbstständig** sind dagegen Bauverträge ohne konkreten Grundstücksbezug (Naumburg NJW-RR 11, 743); die im Veräußerungsvertrag mitbeurkundete Auflassungsvollmacht (einschr BGH NJW-RR 88, 351; 89, 1100; sa Rn 29) und Auflassung (RG 104, 104; sa Rn 35) sowie der nur in der Form von ZPO 1031 für das Grundstücksgeschäft geschlossene Schiedsvertrag (BGH 69, 260, str). **Vereinbarungen mit Dritten** sind idR nicht in den rechtlichen Zusammenhang einbezogen (vgl BGH NJW-RR 91, 1032 mN). Bsp für Ausnahme: BGH NJW 89, 899 mN; KG NJW-RR 91, 688. **d)** Bei der **Vertragsaufhebung** (sa § 125 Rn 8) ist zu unterscheiden (ie str, s Eckardt JZ 96, 934): Sie ist formlos möglich, solange Vertrag weder vollzogen noch der Erwerber ein Anwartschaftsrecht hat (allgM, vgl BGH NJW-RR 05, 242; PalGrüneberg 39). Formzwang gilt für die **Rückkauf**svereinbarung nach vollzogenem Kaufvertrag (BGH 104, 277; Grund: Erwerbspflicht gem **I 1** wird für den früheren Verkäufer begründet); eine formunwirksame Rückkaufsverpflichtung wird nicht durch Abschluss eines Kaufvertrags mit einem Dritten geheilt, auch wenn der Dritte auf Veranlassung des Rückkaufs"verpflichteten" handelt (BGH MDR 12, 1222). Formfrei ist aber die Aufhebung bei (selten) Rückabwicklung ausschließlich gem §§ 812 ff (BGH 127, 173 f; krit Eckardt JZ 96, 937 ff). Formbedürftig ist die Vertragsaufhebung **nach** Erklärung der Auflassung und Stellung eines Eintragungsantrags (GBO 13) durch den Auflassungsempfänger oder Eintragung einer Vormerkung – Antrag des Erwerbers genügt auch insoweit (MK/Kanzleiter/Krüger 60, ders § 925 Rn 33) – (BGH 83, 399 ff; NJW 99, 352; Köln NJW-RR 95, 1107; str; aA Müller/Michaels NJW 94, 2743 mN; Tiedtke DB 91, 2273; Grund: **I 1** gilt entspr [auch **I 2**: Rn 39] bei Aufhebung von entstandener Anwartschaft, BGH 103, 179, str); formfrei ist aber die Vereinbarung bei Mitaufhebung auch der Auflassung (BGH NJW 93, 3325 f; krit Ernst ZIP 94, 608 f; Eckardt JZ 96, 940 ff; sa § 925 Rn 18; § 873 Rn 17 [e]). **Vor** erklärter Auflassung ist Aufhebung mangels Anwartschaftsrecht (§ 873 Rn 20) formfrei möglich, auch wenn für den Erwerber eine Vormerkung eingetragen ist (BGH 89, 44 f; 103, 179). Formfrei sind der **Rücktritt** kraft Vertrags oder Ges (Rn 15) sowie der **Erlass** des Auflassungsanspruchs. **e) Vertragsänderungen**, die anstelle der ursprünglichen Vereinbarung treten, sind grundsätzlich wie diese (s Rn 7–16) formbedürftig, wenn sie vor Auflassung getroffen werden (BGH 56, 163; 66, 271; NJW 88, 3263, hM; sa § 125 Rn 7 f). Eine Ausnahme besteht nach hM für Vereinbarungen, die lediglich der Vertragsabwicklung und -durchführung dienen und die den wesentlichen Vertragsinhalt nicht ändern (BGH 140, 221; NJW 01, 1932; Hagen DNotZ 84, 277, str; aA MK/Kanzleiter/Krüger 57 ff unter Hin-

Titel 1. Begründung, Inhalt und Beendigung § 311b

weis auf Wortlaut: Vertrag an sich formpflichtig). Bsp f formfreie Änderungen: Verlängerung der Rücktrittsfrist (BGH 66, 270); nachträgliche Vereinbarung der Baubeginnfrist und eines Rücktrittsrechts, um beim Erwerbervertrag einen unvorhersehbaren Umstand zu regeln (BGH NJW 01, 1933); Regelung von Modalitäten der Kaufpreiszahlung, zB nachträgliche Stundung; anders uU bei teilw Erlass (s BGH NJW 82, 435; Zeller aaO S 144 ff: nur bei Bagatelländerung). Nach der Auflassung sind Änderungen formfrei möglich (BGH 104, 277; NJW 85, 266; aA MK/Kanzleiter/Krüger 59 mN: Formfreiheit erst nach Auflassung und Eintragung entspr I 2).

4. Formbedürftigkeit in Einzelfällen. a) Abänderung und **Aufhebung** des 20 Vertrags (Rn 20 f). **Ankaufsrecht** s „Vorvertrag" (Rn 30). **Anrechnungsabrede** betr Vorauszahlung (BGH NJW 86, 248; Rn 18). **b)** Der **Auflassungsanspruch** 21 ist formlos abtretbar (Rn 10); formfrei möglich ist auch die entspr *Verpflichtung* hierzu (BGH 89, 45 mN); bei der **Auflassungsanwartschaft** gilt für die Übertragung § 925 (§ 873 Rn 21 [aa]), für das zugrundeliegende Verpflichtungsgeschäft I 1 entspr (BGH 83, 400; 103, 179). **Auflassungsvollmacht:** s Rn 19, 29, 35. **c) Auftrag** 22 (oder **Geschäftsbesorgungsvertrag,** § 675) sind nur (immer) dann formbedürftig, wenn Beauftragter oder Auftraggeber zur Veräußerung oder zum Erwerb von Grundstückseigentum verpflichtet werden (BGH 127, 170; NJW 96, 1960; Lode BB 86, 84 ff). Für den **Beschaffungs-(Erwerbs-)auftrag** besteht kein Formzwang gem **I 1, 1. Var,** wenn der Beauftragte das Grundstück im eigenen Namen, aber für Rechnung des Auftraggebers zu erwerben hat (BGH 82, 294 mN, hM); Grund: (Weiter)Übereignungspflicht des Beauftragten ist dann nur ges Folge (s §§ 667, 675) des Auftrags (BGH 82, 294 und 296; 85, 248 f; 127, 170 f mN; WM 02, 2468; aA Schwanecke NJW 84, 1586). Jedoch greift Formbedürftigkeit gem **I 1, 2. Var** ein, wenn der Beauftragten der Auftraggeber eine (auch mittelbare) **Erwerbspflicht** begründet wird (BGH 127, 171 mN; NJW 96, 1960). Keine Erwerbspflicht besteht, wenn das Grundstück an Dritte übertragen werden soll (BGH NJW 87, 2071). Auf den Formmangel wegen einer Erwerbsverpflichtung des Auftraggebers gem I 1, 2. Alt kann sich jedoch der sonst zur Herausgabe verpflichtete Beauftragte uU wegen § 242 nicht berufen (BGH 85, 251 f; NJW 96, 1960 f: Einzelfallabwägung). Bsp für Erwerbspflicht des Auftraggebers: Baubetreuungs- und Verwaltungsauftrag (BGH NJW 85, 730 mN); von Auftraggeber und -nehmer: Ersteigerungsauftrag (BGH 85, 250 und 251). Beim **Bauherrenmodell** ist für den Formzwang zwischen den verschiedenen Einzelverträgen zu differenzieren (ie str, s Greuner/Wagner NJW 83, 193 ff mN); der Treuhand-(betreuungs-)vertrag ist idR formbedürftig (BGH 101, 397 f; NJW 92, 3238). Der **Auftrag zur Veräußerung** eines Grundstücks ist formfrei, soweit er noch keine Bindung zur Veräußerung begründet (vgl § 671 I; sa BGH 82, 403; NJW 70, 1916 sowie Rn 29); anders, wenn der beauftragte Eigentümer verpflichtet ist, an einen vom Auftraggeber benannten Dritten zu veräußern (BGH 92, 171) oder für den Grundstücksinteressenten eine Erwerbspflicht begründet wird (BGH NJW 87, 2071 f). **d) Ausbietungsgarantie** 23 (Rn 13). **Bürgschaft** (Rn 14). **e) Gemeinschaftsauseinandersetzung** (Rn 15). **f) Gesellschaftsverträge.** Ist ein Gesellschafter zur **Einbringung** eines Grundstücks verpflichtet (zB bei Gründung, Beitritt), gilt **I 1,** wenn es auf die Gesellschaft übertragen werden soll (Grunewald, FS Hagen, 1999, S 278 mN, allgM), dagegen nicht, wenn der Grundbesitz nur zur Nutzung überlassen (RG 109, 383) oder nur dem Wert nach eingebracht wird (Hamburg NJW-RR 96, 804). Formfrei ist die Gründung einer **Innengesellschaft,** wenn das eingebrachte Grundstück dem nach außen auftretenden Gesellschafter gehört, soweit nicht Verwertung vorgesehen (RG 166, 165, hM). Die Gründung einer **Gesellschaft** zum Zweck des Erwerbs und der Veräußerung von Grundstücken (zB Parzellierungsgesellschaft) ist (nur) formbedürftig, wenn eine (konkrete) Erwerbspflicht für einen (die) Gesellschafter begründet wird (vgl BGH NJW 96, 1280; 98, 376, str). Formfrei ist die Verpflichtung, in eine Personengesellschaft mit Grundbesitz einzutreten, aus ihr auszuscheiden oder Anteile

an ihr zu übertragen oder zu erwerben (Grund: § 738 I 1; vgl BGH 138, 11; 140, 182); dies gilt auch dann, wenn das Gesellschaftsvermögen im Wesentlichen aus Grundbesitz besteht (BGH 86, 370 f, str; einschr in Umgehungsfällen Ulmer/Löbbe DNotZ 98, 718 ff; K. Schmidt ZIP 98, 6). Formbedürftig ist die Verpflichtung zur rechtsgeschäftlichen Grundstücksübertragung von einer Gesamthand auf eine
24 personengleiche andere (RG 136, 406, hM). **g) Hofübergabevertrag**, uU bindet
25 auch formlose Bestimmung des Übernehmers (iE BGH 119, 388 ff mN). **h) Maklervertrag**. Formbedürftig ist die Verpflichtung gegenüber dem Makler, ein Grundstück an von diesem nachgewiesenen Interessenten zu verkaufen (BGH 82, 403; NJW 83, 1545) oder von diesem zu erwerben (BGH 89, 47; NJW 81, 2293; sa § 654 Rn 11 aE), ebenso eine Provisionsabrede unabhängig vom Erfolg, wenn dies die Entschlussfreiheit beeinträchtigt (s BGH 103, 239; NJW 90, 391 mN; Koblenz NJW-RR 10, 780) oder ein Vertragsstrafeversprechen für den Fall des Unterlassens des Vertragsschlusses (BGH 76, 46 f mN; NJW 87, 54; München NJW 84, 243) sowie überhöhte „Reservierungsgebühr" (BGH 103, 239; sa Rn 13). Die Vereinbarung bloßen Aufwendungsersatzes ist nicht formpflichtig (BGH 76, 48; iE § 652 Rn 32, 42) wenn sie über eine „Unkostenpauschale" nicht hinausgeht (BGH NJW 80, 1622; 87, 54 f; Dresden BB 98, 2342; krit Wolf DNotZ 95, 200 ff: Inhaltskontrolle). Besonderheiten bei der Heilung: Rn 39, 43. Für Maklerklauseln in Grundstücksverträgen gilt **I 1** (Rn 8 vor § 652). **i) Öffentl-rechtlicher Vertrag** (Rn 2; für Erschließungsvertrag OVG Schleswig NJW 08, 601). **k) Reservierungsvertrag**
26 (Rn 13). **l)** Abtretung des **Rückerstattungsanspruchs** nach **VermG** nebst Verpflichtung hierzu (Rn 49). **Rückkauf** (Rn 20), **Rücktritt** (Rn 15, 20). **m)** Für die **Satzung** einer Genossenschaft, die zur Grundstücksverschaffung an ihre Mitglieder verpflichtet ist, gilt **I 1** nicht (BGH 15, 182; 73, 394 f; NJW 78, 2505; krit MK/Kanzleiter 24); dies gilt auch für die Grundstückszuweisung (Karlsruhe OLGZ 80,
27 447). **n) Schiedsvertrag** (Rn 19). **o) Schuld-(mit-)übernahme (Rn 14); Sicherungsabrede** (BGH NJW 83, 565). **p) Unternehmenskauf**. Grundsätzlich gelten Rn 15, 17. III wird durch UmwG 1, 6, 13 III, 125, 176 verdrängt. Soweit nicht schon I zu Formpflicht führt, ist Anwendung von III str, Einzelheiten s Hermanns ZIP 06, 2296; Kiem NJW 06, 2363; Klöckner DB 08, 1083; unten Rn 53. **q) Vollmacht und Genehmigung**. Veräußerungs- und Erwerbsvollmacht (für das Verpflichtungsgeschäft) sind idR formfrei (§ 167 II), desgl die Genehmigung (§§ 182 II, 184 I; BGH 125, 220 ff mN, str; iE Rn 9). Ausnahmsweise besteht Formzwang bei Begründung einer tatsächlichen Bindungswirkung, wie bei **unwiderruflicher** Vollmacht (BGH 89, 47; 132, 124 mN; auch für das Grundgeschäft: BayObLG NJW-RR 96, 849 mN) und auch bei widerruflicher Vollmacht mit Recht zum Selbstabschluss (§ 181; BGH 132, 124 f mN; iE auch Wolf DNotZ 95, 199; iE § 167 Rn 10; zur Ersteigerungsvollmacht Brandenburg NJW-RR 10, 1169); iÜ kann die Vollmacht uU auch dann formbedürftig sein, wenn sie Bestandteil (vgl § 139) eines einheitlichen Veräußerungsgeschäfts ist (BGH NJW 92, 3238 mN; Korte DNotZ 84, 84 ff; vgl aber auch Rn 19 und 35). Die gleichen Grundsätze gelten nach hA für die **Auflassungsvollmacht** (vgl BGH DNotZ 63, 672; Schleswig DNotZ 00, 775; Korte DNotZ 84, 88; PalGrüneberg 22). Dies ist abzulehnen, da der dingliche Vollzug – trotz seiner „Gefährlichkeit" – von Wortlaut und Schutzzweck von I 1 nicht erfasst ist (MK/Kanzleiter/Krüger 46); Ausnahme: Auflassungsvollmacht ist unselbstständiger Bestandteil formbedürftigen Grundgeschäfts, s aber
28 o Rn 19. **r) Verfallklausel** (BGH NJW 79, 307) und **Vertragsstrafeversprechen** (BGH 82, 403; NJW 87, 54; iE Rn 14 und 27). **s) Verzicht** auf **Auflassungsan-**
29 **spruch** (Rn 20). **t) Vorkaufsrecht** (Rn 13). **u) Vorvertrag, Ankaufsrecht und Ausübung** (Rn 11). **v) Wohnungseigentum**. Der (zulässige) Bestimmungsvorbehalt des Verkäufers zur einseitigen Ausgestaltung der Teilungserklärung (Gemeinschaftsordnung) unterliegt **I 1** (BGH NJW 86, 845; sa Rn 18; iÜ str; vgl Reinelt, Brych, Löwe NJW 86, 826 f und 1478 f). **w) Widerruf** innerhalb einer Annahmefrist ist nicht beurkungsbedürftig (BGH DB 04, 2156). **x) Zusammengesetzte** und **verbundene Verträge** (Rn 19, 24).

Titel 1. Begründung, Inhalt und Beendigung   § 311b

5. Rechtsfolgen des Formmangels. a) Allgemeines. Die heilbare (Rn 38 ff) 30
Nichtigkeit (§ 125) iZw (§ 139 HS 1) des vollständigen Vertrags ist von Amts wegen
zu beachten, auch wenn die Parteien auf den Einwand der Formnichtigkeit verzichtet haben (BGH NJW 69, 1169). Erwerbsschutz durch Vormerkung (§ 883) nicht möglich wegen Akzessorietät der Vormerkung (BGH 54, 63); uU besteht Anspruch auf Ersatz des Vertrauensschadens wegen Verschuldens bei Vertragsschluss (§ 311 II Rn 60, 61); ganz ausnahmsweise kann Berufung auf Formnichtigkeit durch **Treu und Glauben** (§ 242) ausgeschlossen sein (dazu BGH 85, 251 f und 318 f; 127, 175; 149, 331 mN; weitergehend BGH ZIP 93, 710: auch auf andere Mängel; Armbrüster NJW 07, 3317; sa Rn 48; § 125 Rn 13 ff; § 242 Rn 50). Bis zur Eintragung (Rn 41) kann Geleistetes (zB mitbeurkundete oder später erteilte Auflassung) **kondiziert** werden, § 812 I 1, wenn nicht § 814 entgegensteht – nur bei positiver Kenntnis von Nichtigkeit –; sonst § 812 I 2, 2. Var, dem nur § 815 entgegen gehalten werden kann (vgl BGH NJW 76, 238; Kanzleiter DNotZ 86, 261 ff). Nutzlos aufgewendete Erwerbskosten (zB für Grundbuch, Finanzierung) kann der Käufer uU als Schadensersatz (§ 311 II Rn 54, 56), idR mehr nicht als „Entreicherung" geltend machen (s BGH 116, 255 ff; dazu Canaris JZ 92, 1115; abl Eckert JR 92, 507; § 818 Rn 34, 39). Auflassung, die mit formnichtigem Vertrag verbunden wurde, ist idR wirksam (BGH NJW 76, 237; 79, 1496; MK/Kanzleiter/Krüger 71). **Fallgruppen** nach der Art des Formmangels: Rn 33–37. **b) Fehlende Beur-** 31
kundung. Ist ein formbedürftiger Vertrag überhaupt nicht oder nicht formgerecht beurkundet, ist er **insgesamt** nichtig (Rn 32); mit ihm verbundene nicht formbedürftige Vereinbarungen (RGeschäfte) sind aber gültig, soweit § 139 HS 2 eingreift (vgl Rn 19) oder den Parteien die Formnichtigkeit der formbedürftigen Abrede bekannt war (vgl RG 79, 437; 122, 141). **c) Unvollständige Beurkundung.** Ist 32
ein formbedürftiger Vertrag unvollständig beurkundet, ist der nicht beurkundete **Teil** nichtig, die Gültigkeit des formgemäßen Teils richtet sich – soweit nicht Unvollständigkeit zur Unrichtigkeit führt – nach § 139 (BGH NJW 81, 222; 89, 899; 00, 2101; aA Maier-Reimer NJW 04, 3741 [§ 140]); bei Kenntnis der Parteien von der Nichtigkeit des nicht beurkundeten Teils ist der übrige Teil iZw gültig (vgl BGH 45, 379 mN). Bei einer formnichtigen Kaufpreisverrechnungsabrede ist der Vertrag iÜ gültig, wenn der Käufer die Begleichung des Kaufpreises beweisen kann (BGH NJW 00, 2101). Hinsichtlich des formnichtigen Teils kann Heilung gem I 2 in Frage kommen (Rn 40). **d) Unrichtige Beurkundung. aa)** Bei **bewusst** 33
unrichtiger Beurkundung (insbes „Unter- oder Überverbriefung" des Kaufpreises) ist der beurkundete Vertrag als Scheingeschäft nichtig (§ 117 I), der gewollte Vertrag (trotz § 117 II) wegen Formmangels ungültig (§ 125; BGH 54, 62; 89, 43; NJW 86, 248, hM; zur Beweislast: BGH MDR 78, 567). Die in einem solchen Vertrag enthaltene Auflassung oder Auflassungsvollmacht ist wirksam, wenn sie unabhängig vom beurkundeten Vertrag (zB zur Sicherung der Vollziehung) erteilt wurde (BGH NJW-RR 89, 1100). Im Hinblick auf Heilung nach I 2 wird dies meist anzunehmen sein (str, MK/Kanzleiter/Krüger 71 mN). Unrichtige Beurkundung über angeblich erfolgte Kaufpreiszahlung macht Vertrag nicht nichtig (da nicht beurkundungspflichtig) und ist auch kein Scheingeschäft (BGH NJW 11, 2785), sondern Vorausquittung (zust Böttcher DNotZ 12, 51; krit im Hinblick auf die Beurkundungspflicht von Vorauszahlungen und Verrechnungen, Keim NJW 12, 119). **bb)** Bei **unbewusst unrichtiger Beurkundung** ist im Fall übereinstimmen- 34
den Parteiwillens der Vertrag mit dem gewollten Inhalt gültig zustandegekommen (falsa demonstratio, § 119 Rn 2, § 133 Rn 9; BGH NJW 02, 1039 mN; Hagen DNotZ 84, 283; Bsp: irrtümliche Falschbezeichnung des Grundstücks, vgl BGH 87, 152 f mN, hM); versehentliche Beurkundung nicht vereinbarter Klausel (BGH NJW-RR 88, 971); **nicht** aber: Beurkundung von Kauf eines Miteigentumsanteils, wenn übereinstimmend Kauf einer Teilfläche gewollt war (BGH NJW-RR 88, 265: S 1, § 125 gilt). **cc) EinV.** Bei DDR-Grundstücksveräußerungen, die als Schein- 35
(Umgehungs-)geschäfte nicht richtig beurkundet waren, kann die Geltendmachung des Formmangels durch das VermG ausgeschlossen sein oder gegen § 242 verstoßen

§ 311b   Buch 2. Abschnitt 3. Schuldverhältnisse aus Verträgen

(vgl BGH 122, 204; 124, 321; ie Tropf WM 94, 94 f; zum Ausschluss zivilrechtlicher Mängel sa allg BVerfG NJW 97, 447; Messerschmidt NJW 97, 169).

36   **6. Heilung (I 2). a) Allgemeines. aa) Bedeutung:** Einschränkung des Formzwangs. Der **Grund** liegt nicht nur in der Erledigung (Erreichung) der Formzwecke (so BGH 32, 13, hM; krit Häsemeyer aaO S 89 ff), sondern auch in der Aufrechterhaltung sachenrechtlich abgeschlossener Verhältnisse im Interesse der Rechtssicherheit (BGH 127, 137 mN; 160, 370); deshalb darf das Grundbuchamt eine Eintragung wegen Formmangels des Grundgeschäftes nicht verweigern. Veräußerer kann bei nichtigem Vertrag jedoch Heilung durch gerichtliches **Erwerbsverbot** (einstw Verfügung) verhindern; verbotswidrige Eintragung hat analog §§ 135, 136 keine Heilungswirkung (RG 120, 120; Hamm DNotZ 70, 662; PalGrüneberg 51). **I 2** ist kein Anwendungsfall von § 141 I (BGH 32, 13). Eine dem **I 2** nachgebildete **Son-**
37   **dervorschrift** enthält VermG 3 I 2 HS 4 (Rn 49). **bb) Anwendungsbereich:** Wegen § 925a Formmängel gem Rn 34 ff. Entspr Anwendung wird in Einzelfällen zur Minderung von Härten (Hagen DNotZ 85, Sonderheft S 39) bejaht, doch lehnt hM Ableitung eines allg Heilungsprinzips aus I 2, §§ 518 II, 766 S 2, GmbHG 15 IV ab (BGH NJW 67, 1131; Pohlmann aaO S 178 ff; krit Häsemeyer aaO S 105 ff, 259 ff). **Bsp** für Formheilung durch Erfüllung **entspr I 2:** formungültiger Vorvertrag durch formgemäßen Abschluss des Hauptvertrags (BGH 82, 404; NJW 87, 1628; einschr NJW-RR 93, 522; allg Hagen DNotZ 84, 289 ff mN); formungültige Verpflichtung zur Veräußerung an einen Dritten (s Rn 27) durch formgültigen Abschluss des Kaufvertrags mit dem Dritten (BGH 82, 403 ff; NJW 94, 720; Reinicke/Tiedtke NJW 82, 1431 ff; s aber BGH 160, 372 f: Auflassung an Dritten heilt nicht Mangel des Kaufvertrages mit ursprünglichem Käufer, hierzu Keim DNotZ 05, 324; ebenso wenig wird formunwirksame Rückkaufsverpflichtung durch [Rück-]kauf eines Dritten geheilt, BGH MDR 12, 1222); formungültiger Maklervertrag durch notariellen Kaufvertrag (BGH NJW 87, 1628); formungültiger Kaufvertrag über ausländisches Grundstück (s Rn 4) durch Eigentumserwerb nach lex rei sitae (BGH 52, 243; 73, 396 f); formungültige Vertragsaufhebung (Rn 20) durch Aufhebung entstandener Anwartschaft (Düsseldorf DNotZ 90, 371; Pohlmann DNotZ 93, 359: Löschung der Auflassungsvormerkung; offen lassend Saarbrücken
38   NJW-RR 95, 1106). **b) Voraussetzungen. aa) Formwidrig geschlossener Grundstücksveräußerungsvertrag** oder formwidrige *sonstige* dem Formzwang
39   unterliegende Vereinbarung (zB iSv Rn 27). **bb) Die Willensübereinstimmung der Parteien** muss bis zur Auflassung (Rn 41) **fortbestehen** (BGH 127, 137 mN, stRspr; abw Larenz, SchR I, § 5: Fehlen einseitigen Widerrufs). Kenntnis der Parteien vom Formmangel schließt tatsächlichen Bindungswillen nicht aus (BGH NJW 85, 2423; Oldenburg DNotZ 85, 713). Sonstige Unwirksamkeitsgründe dürfen nicht vorliegen (BGH DNotZ 69, 350; Rn 43 ff). Nach bindender (§ 925 Rn 16) Auflassung ist einseitiger Widerruf bedeutungslos (arg § 873 II); Möglichkeiten des
40   Veräußerers zur Verhinderung der Heilung: Rn 41. **cc) Wirksame Auflassung.** Zu den allg Wirksamkeitsvoraussetzungen, insbes Form- und Genehmigungserfordernissen vgl § 925 Rn 3 ff, 11 ff, 21. Ist die Auflassung in der **gleichen Urkunde** wie der formgültige Veräußerungsvertrag erklärt (häufig), führt dies idR nicht zu ihrer Formungültigkeit (Rn 19 und 35); das Gleiche gilt für die mitbeurkundete Auflassungsvollmacht (Rn 19). Durch Klage auf **Kondiktion** der Auflassung (Rn 32) oder Eintragung eines Widerspruchs (RG 109, 334) kann die heilende Eintragung nicht verhindert werden (RG 109, 354). Der Veräußerer kann aber – auch noch nach Eingang des Eintragungsantrags – **Erwerbsverbot** erwirken (s
41   Rn 38). **dd) Die vollzogene Eintragung** muss das veräußerte Grundstück betreffen; bei Fehleintragung keine Heilungswirkung (RG 60, 340; 61, 265). Werden mehrere Grundstückskaufverträge als einheitliches Geschäft abgeschlossen, tritt Heilung mit der letzten Eintragung ein (BGH NJW 00, 2017). Bewilligung und Eintra-
42   gung einer Auflassungsvormerkung genügen nicht (LM Nr 19). **c) Rechtsfolgen: Wirksamwerden des Vertrags. aa) Zeitpunkt:** Der wegen Formmangels nich-

Titel 1. Begründung, Inhalt und Beendigung   § 311b

tige Veräußerungsvertrag **wird** mit dem Zeitpunkt gültig, in dem Auflassung *und* Eintragung erfolgt sind. Die Heilung hat keine Rückwirkung (BGH 54, 63; 82, 406, hM, ebenso BGH 138, 203 für GmbHG 15 IV 2, str; aA Larenz, SchR I, § 5), jedoch führt entspr Anwendung von § 141 II (vgl BGH 32, 13; sa Rn 38) im Verhältnis zwischen den Parteien zu ähnlichem Ergebnis; vorher eingetragene Auflassungsvormerkung ist aber wirkungslos (BGH 54, 63; NJW 83, 1545, hM, str), für früheren Verzug ist idR kein Raum (BGH WM 79, 253), eine Vertragsstrafe ist nicht verwirkt (zutr Reinicke/Tiedtke NJW 82, 1434 ff gegen BGH 82, 406). Im Rahmen der **entspr Anwendung** des I 2 (Rn 39) kann für die Heilung auch ein früherer Zeitpunkt in Frage kommen; Bsp: Abschluss des Hauptvertrags (vgl BGH 82, 404) oder des Veräußerungsvertrags mit dem Dritten (BGH 82, 406); Zuschlag gem ZVG 90 (Eintragung offen lassend BGH 85, 251). **bb) Umfang.** Geheilt **43** werden nur **Formmängel,** außer Verletzung von I 1 auch Verstöße gegen andere Formvorschriften, die keinen weitergehenden Schutzzweck verfolgen (BGH NJW 78, 1577 für § 761), nicht aber sonstige Mängel (BGH 124, 323 f; DNotZ 69, 350; Zweibrücken OLGZ 85, 47 für GmbHG 15 IV 1; Rn 40). Die Heilung umfasst den gesamten Inhalt des Vertrags (Rn 17) einschließlich aller Neben- und Änderungsvereinbarungen (BGH 59, 272; NJW 85, 2423), auch soweit sie für sich allein nicht formbedürftig waren, aber wegen des Zusammenhangs (Rn 19) zu beurkunden waren (BGH 89, 48; NJW 94, 720); eine formnichtige Wiederkaufsabrede wird daher bereits mit Auflassung und Eintragung des Erwerbers wirksam (BGH NJW 75, 206; § 456 Rn 6), **nicht** jedoch weitere den (nicht gem I 2 eingetragenen) Veräußerer treffende Übereignungspflichten gegenüber dem Erwerber (BGH 59, 273), desgl nicht formunwirksame Nebenabreden, *die nach der Auflassung* getroffen wurden (BGH 104, 278) oder Abreden im Zusammenhang mit Grundstückserwerb, die nicht im Verhältnis zwischen Veräußerer und Erwerber des formnichtigen Geschäfts wirken (BGH WM 02, 2468: Teilungsvereinbarung unter Erwerbern, die mangels Bestimmtheit formungültig, wird nicht durch Erwerb des Miteigentums geheilt). **cc)** Die **Verjährung** aller vertraglicher Ansprüche beginnt erst mit der **44** Heilung (RG 134, 87).

7. Heilung nach dem BeurkÄndG. Das BeurkÄndG erklärt vor dem **45** 27.2.1980 geschlossene, an bestimmten Beurkundungsmängeln leidende notarielle Verträge für „nicht nichtig" (BeurkÄndG 1 I iVm 5) und ordnet insoweit eine **rückwirkende Heilung** des Formmangels an.

8. EinV und VermG. Zu den Neuerungen durch das am 22.7.1992 in Kraft **46** getretene **2. VermRÄndG** vom 14.7.1992 (BGBl I, S 1257): s 13. Aufl.

II. Vertrag über künftiges Vermögen (II)

1. Allgemeines. a) Bedeutung: Selbstständiger Nichtigkeitsgrund, Ausprägung **47** von § 138 I (abl Mayer-Maly AcP 194, 155). Das SchRModG hat § 310 aF ohne inhaltliche Änderung in **II** übernommen. **b) Zweck:** Schutz der freien Persönlich- **48** keit vor übermäßiger Beeinträchtigung ihrer wirtschaftlichen Bewegungsfreiheit. **c) Anwendungsbereich.** Betrifft nur schuldrechtliche Verpflichtungsverträge (vgl **49** Rn 57), nicht dagegen familien- (insbes §§ 1408 ff) und erbrechtliche Verträge (§§ 1941, 2274 ff; sa § 2302). Für verfügende (insbes dingliche) Verträge gilt ohnehin der Bestimmtheitsgrundsatz (vgl § 929 Rn 5; § 930 Rn 16), doch ist auf die Abtretung sämtlicher künftiger Geschäftsforderungen **II** entspr anwendbar (RG 67, 168). Gilt auch für **jur Personen** (RG 169, 83), doch bestehen für sie zT Sondervorschriften; für Verschmelzungsverträge gilt **II** nicht (vgl UmwG 4 I 2; Rn 55 [b]). Auf Verträge, die eine Geldschuld begründen (zB Darlehen, Bürgschaft), ist **II** auch bei Vermögenslosigkeit des Schuldners **nicht** entspr anwendbar (BGH 107, 100 f; NJW 91, 2016 mN; Medicus ZIP 89, 818; aA Stuttgart NJW 88, 833). **d)** Die **Vorausset- 50 zungen** entsprechen, abgesehen davon, dass sich **II** auf **künftiges** Vermögen bezieht, denen des III; vgl Rn 57 ff.

§ 311b Buch 2. Abschnitt 3. Schuldverhältnisse aus Verträgen

51 **2. Rechtsfolgen. a) Nichtigkeit** des (schuldrechtlichen: Rn 57) Vertrages, uU Umdeutung (§ 140) in Erbvertrag (BGH 8, 34). Erfüllungsgeschäfte sind idR (Ausnahmen: § 138 Rn 25; § 139 Rn 4) nicht nichtig; §§ 812 ff (814!) finden Anwen-
52 dung. **b) Haftung für Vertrauensschaden** aus cic (§§ 280, 311 II) nur, wenn Vertrag im Einzelfall nicht (auch) gegen § 138 verstößt; kein Anspruch aus § 311a II (dort Rn 4).

III. Vertrag über gegenwärtiges Vermögen (III)

53 **1. Allgemeines. a) Zweck** des Formzwangs: Übereilungsschutz und Sicherung der Fachberatung (§ 128; BeurkG 17) wegen der bes Gefährlichkeit und Tragweite der übernommenen Verpflichtung. Das SchRModG hat § 311 aF unverändert in **III** übernommen. **b) Anwendungsbereich.** Betrifft nur schuldrechtliche Verpflichtungen (Rn 57; sa Rn 51). **Sondervorschriften** bestehen für gesellschaftsrechtliche Verschmelzungsverträge, vgl UmwG 6 (s Rn 27); Umwandlung von Gesellschaften nach dem UmwG ist keine Vermögensübertragung. Für Unternehmenskäufe („asset deals"), die nicht schon unter I fallen, wird Anwendung teilweise verneint (Kiem NJW 06, 2363: keine Anwendung auf jurist Pers; Klöckner DB 08, 1083: keine Anwendung bei Aufzählung aller Gegenstände auch über „catch-all"-
54 Klauseln; aA Hamm ZIP 10, 2304 mN; Morshäuser WM 07, 337). **c) Abgrenzung.** § 1365 (Schutz der Familiengrundlage) gilt nicht für Vermögensbruchteil, beschränkt auch die Verfügungsbefugnis (vgl BGH 106, 257 f).

55 **2. Voraussetzungen. a) Schuldrechtlicher Vertrag.** Art des Vertrags und der Gegenleistung sind gleichgültig (zB Kauf, Schenkung, Gesellschaftsvertrag, Leibrentenversprechen uä), verpflichtete Partei kann auch eine jur Person sein (RG 137, 348, abl für Gesamtvermögensübertragung durch jur Person [zB asset deals] Kiem NJW
56 06, 2363). **b) Gegenwärtiges Vermögen oder Bruchteil. Vermögen** iSd II, III ist das Aktivvermögen (RG 69, 285 und 418, hM) als solches (Gesamtheit oder Bruchteil; krit – weitergehend – Behr JA 86, 521 f: auch wesentliche Substanzstücke), Ausnahme von Vermögensstücken unbedeutenden Werts aber unschädlich (RG 137, 349). Nicht unter **II, III** fallen Verträge über Sondervermögen (BGH 25, 4) oder über fremdes Vermögen (RG 79, 285); ferner Verträge, die sich nur auf **einzelne Vermögensgegenstände** beziehen (BGH 25, 5; WM 76, 745), mögen diese auch das ganze Vermögen ausmachen (BGH NJW 91, 355; Klöckner DB 08, 1083 [für Unternehmenskauf mit „catch-all"-Klauseln], str; aA Knieper MDR 70, 979; Grund: Warnzweck gem Rn 55 ist erreicht). Auslegungsfrage (§§ 133, 157), ob sich bei Aufzählung im Einzelnen die Verpflichtung auf das gesamte Vermögen erstreckt (dann
57 **II, III;** vgl RG 76, 3). **c) Verpflichtung** zur Eigentums-(Rechts-)übertragung (auch zur Sicherung) oder Nießbrauchsbestellung. Formfrei zulässig ist dagegen die Verpflichtung zur Verpfändung oder zur Übertragung der Verwaltung auf einen Treuhänder der Gläubiger (RG 72, 118).

58 **3. Rechtsfolgen.** Bei Formmangel Nichtigkeit des Verpflichtungsvertrags (§ 125 S 1). Nach hM keine Heilung durch Erfüllung (BGH DNotZ 71, 38; PalGrüneberg 68; für **I 2,** §§ 518 II, 766 S 2 analog aber Knieper MDR 70, 982), uU jedoch bei einzelnen Gegenständen Umdeutung (§ 140) in entspr Einzelrechtsgeschäfte (RG 76, 3; arg **I 2,** § 139).

IV. Vertrag über den Nachlass eines noch lebenden Dritten (IV)

59 **1. Erbschaftsverträge (IV). a) Bedeutung:** Das SchRModG hat § 312 I aF in **IV** unverändert übernommen. Er enthält einen selbstständigen Nichtigkeitsgrund; Ausprägung von § 138 I, sittliche Anstößigkeit im Einzelfall jedoch unerheblich (BGH 26, 326; 37, 324; NJW 95, 448). **Zweck:** Verhinderung von gefährlichen Geschäften unter Ausbeutung des Leichtsinns und von leichtfertiger Vermögens-
60 verschleuderung (BGH 104, 281; DNotZ 97, 122). **b) Anwendungsbereich:** Betrifft nur Verpflichtungsgeschäfte (Rn 63), **Verfügungen** über den Nachlass eines leben-

Titel 1. Begründung, Inhalt und Beendigung § 311c

den Dritten sind ohnehin rechtlich nicht möglich (dazu BGH 37, 324). Für Verträge des Erblassers selbst gelten erbrechtliche Vorschriften (§§ 1941, 2274 ff; 2346 ff).

2. Voraussetzungen. Schuldrechtlicher Vertrag. Art und Rechtsgrund (zB 61 Kauf, Rentenversprechen) gleichgültig (BGH 26, 326), zum Inhalt vgl Rn 64. Mindestens eine der vertragsschließenden Parteien darf nicht zum Personenkreis gem Rn 68 gehören (andernfalls gilt **V**), Beteiligung des **Erblassers** unerheblich (vgl aber Rn 66; auch § 2302). **Zeitpunkt:** Rn 65. **b) Vertrag über den Nachlass:** Jeder Vertrag, der 62 irgendeine Verpflichtung in Bezug auf den künftigen (Rn 65) Nachlass (Erbanteil: §§ 1922 II, 2033 I 1), Pflichtteil **(IV 2)** oder ein Vermächtnis **(IV 2)** – im Ganzen oder hinsichtlich eines Bruchteils – zum Gegenstand hat. Bsp: Verpflichtung zur Erbteilsübertragung (BGH 104, 280 f), zur Erbausschlagung oder zur Nichtgeltendmachung des Pflichtteils; Abfindungsvereinbarungen zwischen Schlusserben eines Berliner Testaments (BGH 37, 323; zur Umdeutung in Erbverzicht vgl Rn 66); Rentenversprechen (auch aus dem Eigenvermögen des Versprechenden), deren Umfang sich nach dem (künftigen) Nachlass richtet (BGH 26, 324, 327, str; aA Meincke JuS 76, 501); Erteilung einer unwiderruflichen Vollmacht durch den zukünftigen Erben an einen Dritten kann Umgehungsgeschäft sein (PalGrüneberg 71). **Nicht** unter **IV** fallen dagegen Verträge über das Anwartschaftsrecht des **Nacherben** (BGH 37, 326), ferner Verträge über **einzelne Nachlassgegenstände** (BGH LM § 312 Nr 3), soweit sie nicht im Wesentlichen den Nachlass erschöpfen; Versprechen einer festen Rente aus dem Nachlass (BGH 26, 325). **c) Lebender Dritter:** Maßgebend ist die Vorstellung der Parteien (RG 93, 63 299, hM), nicht die obj Sachlage.

3. Rechtsfolgen: (abgesehen von **V**) stets Nichtigkeit, auch bei Zustimmung 64 des lebenden Dritten (BGH NJW 95, 448 mN), dann aber uU Umdeutung gem §§ 140, 2352 (BGH NJW 74, 43).

V. Erbschaftsverträge (V)

1. Erbschaftsverträge. Das SchRModG hat § 312 II aF in **V** unverändert über- 65 nommen. Er enthält eine Ausnahme zu **IV**, die dem Bedürfnis vorzeitiger Auseinandersetzung Rechnung trägt.

2. Voraussetzungen. Alle Vertragsschließenden müssen zZ des Vertragsschlusses 66 zu den gem §§ 1924 ff berufenen möglichen (nächsten oder weiteren) Erben gehören (BGH NJW 56, 1152, hM, str; offen BGH 104, 281 f), ein Erbverzicht (§ 2346) steht nicht entgegen (BGH NJW 95, 448). Vertrag muss sich idR auf ges Erbteil beziehen; gleich steht Pflichtteilsanspruch, ferner testamentarischer Erbteil und Vermächtnis im Umfang des ges Erbteils (BGH 104, 284 f mN; Kuchinke JZ 90, 601; str) und Pflichtteilsvermächtnis (ErmGriwotz 96 mN). Einhaltung der Beurkundungsform (**V** 2; § 128), auch bei Zustimmung des Erblassers (BGH NJW 95, 448 f).

3. Rechtsfolgen. Nur schuldrechtliche (keine unmittelbar erbrechtliche) Wir- 67 kung, zB nach Erbfall Übertragung gem § 2033 erforderlich. Der zur Verfügung über seinen Erbteil (Pflichtteil) Verpflichtete muss überhaupt Erbe (auch testamentarischer: BGH 104, 284) oder Pflichtteilsberechtigter werden, sonst wird die übernommene Verpflichtung gegenstandslos.

§ 311c Erstreckung auf Zubehör

Verpflichtet sich jemand zur Veräußerung oder Belastung einer Sache, so erstreckt sich diese Verpflichtung im Zweifel auch auf das Zubehör der Sache.

Das SchRModG hat § 314 aF unverändert als § 311c eingeordnet. **Auslegungsregel** des **Inhalts,** dass bei Belastungs- und Veräußerungsverträgen (Kauf, Tausch, auch Schenkungsversprechen; vgl auch § 2164) sich die schuldrechtliche Verpflich-

Stadler

Vor §§ 312–312i Buch 2. Abschnitt 3. Schuldverhältnisse aus Verträgen

tung (keine dingliche Wirkung; dazu vgl §§ 926, 1031) iZw auf das (auch schuldnerfremde: Düsseldorf MDR 93, 144) Zubehör (Begriff: §§ 97, 98) im Zeitpunkt des Vertragsschlusses (sofern nicht anders vereinbart) erstreckt. Auflistung des Zubehörs (Inventars) für Wahrung der Form nicht erforderlich (BGH NJW 00, 357). **Entspr anwendbar** auf Miete (BGH NJW 00, 357), Pacht, Leihe (hM), str, ob bei wirtschaftlicher Einheit mit dem veräußerten Gegenstand auch auf Rechte (dagegen Kohler DNotZ 91, 364 ff; Uhlig DNotZ 91, 670 ff; MK/Kanzleiter/Krüger 4; offen lassend BGH 111, 116 mN). Für Vermächtnisse s § 2164.

Untertitel 2. Besondere Vertriebsformen

Vorbemerkungen zu §§ 312–312i

Lit: Armbrüster, Kapitalanleger als Verbraucher, ZIP 06, 406; Fischer, Rechtsprobleme bei Immobilienkrediten, VuR 10, 403; Hoffmann, Verbraucherwiderruf bei Stellvertretung, JZ 12, 1156; Kannowski, Schuldversprechen und Schuldanerkenntnis (§§ 708, 781 BGB) als Haustürgeschäft, VuR 09, 408; Kulke, Der Gesetzentwurf der Bundesregierung zur Umsetzung der Verbraucherkreditrichtlinie, des zivilrechtlichen Teils der FernAbsRiLi und zur Neuordnung der Vorschriften über das Widerrufs- und Rückgaberecht, VuR 09, 12; Mankowski, Die gemeinschaftsrechtliche Kontrolle von Erlöschenstatbeständen für verbraucherschützende Widerrufsrechte, JZ 08, 1141; Piekenbrock, Haustürwiderruf und Vertragsreue, WM 06, 466; Rohlfing, Die Entwicklung der Rechtsprechung zum Widerrufsrecht bei Haustürgeschäften, MDR 10, 552.

1. Allgemeines. a) Untertitel 2 regelt mit Haustürgeschäften (§§ 312–312a), Fernabsatzverträgen (§§ 312b–312d) und den Verträgen im elektronischen Geschäftsverkehr (§ 312g) drei **„besondere Vertriebsformen"**, die sich dadurch auszeichnen, dass der Vertrag nicht im Geschäftslokal des Anbieters geschlossen wird. Auf den Vertragsgegenstand kommt es nicht an. Daran anknüpfende Verbraucherschutzvorschriften enthalten ua aber §§ 474 ff, 481 ff, 491 ff. **b)** Die §§ 312–312i dienen der **Umsetzung** der HausTürRiLi, der FernAbsRiLi und wesentlicher Teile der E-CommerceRiLi. Folge: Gebot richtlinienkonformer Auslegung und ggf Vorlage gem AEUV 267. **c)** Die §§ 312–312d übernehmen im Wesentlichen das HWiG und das FernAbsG, die durch das SchRModG aufgehoben wurden.

2. Bedeutung. a) Die §§ 312–312d dienen in erster Linie dem **Verbraucherschutz**. Schutzinstrumente sind Informationspflichten (§ 312c iVm BGB-InfoV 1) und Widerrufsrechte (§§ 312, 312d; je iVm §§ 355 ff), abgesichert durch Beschränkungen der Privatautonomie und ein Umgehungsverbot (§ 312i). **b)** § 312g entfaltet ebenfalls verbraucherschützende Wirkung (sa §§ 312g III 2, 312h), ist aber auch im Geschäftsverkehr **zwischen Unternehmern** (§ 14) anwendbar, insoweit freilich weithin abdingbar (§ 312g II 2).

3. Reform. Zur Umsetzung der VerbraucherrechteRiLi (2011/83/EU) werden die §§ 312–312j und die entsprechenden Informationspflichten im EGBGB (insbes Art 245 ff) neu gefasst. Die Neuregelung wird zum 13.6.2014 in Kraft treten. Der neue Gesetzestext ist im Anhang zur Verbraucherrechtsreform S. 2273 abgedruckt. In der RiLi werden die bisherige HaustürgeschäfteRiLi und FernabsatzRiLi zusammengeführt und überarbeitet. Sie setzt – von wenigen Öffnungsklauseln abgesehen – den Grundsatz der Vollharmonisierung um, so dass der nationale Gesetzgeber keine strengeren oder weniger strengen Verbraucherschutzvorschriften mehr vorsehen darf. Die Informationspflichten und Widerrufsrechte bei Fernabsatzverträgen und außerhalb von Geschäftsräumen geschlossenen Verträgen werden weitgehend angeglichen. Die Neuregelung wird auch die Rückabwicklung widerrufener Verträge systematisch neu ordnen und in den §§ 355-360 nF ohne Bezugnahme auf das Rücktrittsrecht abschließend regeln.

Titel 1. Begründung, Inhalt und Beendigung **§ 312**

§ 312 Widerrufsrecht bei Haustürgeschäften

(1) ¹Bei einem Vertrag zwischen einem Unternehmer und einem Verbraucher, der eine entgeltliche Leistung zum Gegenstand hat und zu dessen Abschluss der Verbraucher
1. durch mündliche Verhandlungen an seinem Arbeitsplatz oder im Bereich einer Privatwohnung,
2. anlässlich einer vom Unternehmer oder von einem Dritten zumindest auch im Interesse des Unternehmers durchgeführten Freizeitveranstaltung oder
3. im Anschluss an ein überraschendes Ansprechen in Verkehrsmitteln oder im Bereich öffentlich zugänglicher Verkehrsflächen
bestimmt worden ist (Haustürgeschäft), steht dem Verbraucher ein Widerrufsrecht gemäß § 355 zu. ²Dem Verbraucher kann anstelle des Widerrufsrechts ein Rückgaberecht nach § 356 eingeräumt werden, wenn zwischen dem Verbraucher und dem Unternehmer im Zusammenhang mit diesem oder einem späteren Geschäft auch eine ständige Verbindung aufrechterhalten werden soll.

(2) ¹Der Unternehmer ist verpflichtet, den Verbraucher gemäß § 360 über sein Widerrufs- oder Rückgaberecht zu belehren. ²Die Belehrung muss auf die Rechtsfolgen des § 357 Abs. 1 und 3 hinweisen. ³Der Hinweis ist nicht erforderlich, soweit diese Rechtsfolgen tatsächlich nicht eintreten können.

(3) Das Widerrufs- oder Rückgaberecht besteht unbeschadet anderer Vorschriften nicht bei Versicherungsverträgen oder wenn
1. im Falle von Absatz 1 Nr. 1 die mündlichen Verhandlungen, auf denen der Abschluss des Vertrags beruht, auf vorhergehende Bestellung des Verbrauchers geführt worden sind oder
2. die Leistung bei Abschluss der Verhandlungen sofort erbracht und bezahlt wird und das Entgelt 40 Euro nicht übersteigt oder
3. die Willenserklärung des Verbrauchers von einem Notar beurkundet worden ist.

1. Allgemeines. a) Zweck. Widerrufsrecht zum **Schutz der Entscheidungs-** **1** **freiheit des Verbrauchers,** der außerhalb eines Ladengeschäfts (Begriff „Haustürgeschäft" zu eng, s I Nr 1–3) bei Anbahnung und Abschluss von Verträgen nicht selten zu unüberlegten Geschäftsabschlüssen gedrängt (vgl BGH NJW 92, 1889) oder überrumpelt („situativer Übereilungsschutz", BGH NJW 00, 2268) wurde; Beeinflussung der Willensbildung ist freilich nicht Tatbestandsvoraussetzung. Die Vorschrift erfasst sowohl den direkten Vertragsschluss an der Haustür als auch – insoweit über die HausTürRiLi hinausgehend – Fälle, in denen nur die Vertragsanbahnung in einer Haustürsituation stattfindet, der Vertrag aber später anders geschlossen wird („bestimmt", s Rn 10; Bülow ZIP 12, 1745). Der Verbraucher soll sich durch Widerruf seiner Willenserklärung (s § 355 I 1) vom Vertrag lösen können. **I 1** bestimmt die Merkmale des Haustürgeschäfts und damit die Voraussetzungen des Widerrufs- bzw Rückgaberechts (I 2), das in **III** für bes Fallgruppen ausgeschlossen wird. **II** begründet Belehrungspflichten und bestimmt deren Umfang. Nähere Regelung des Widerrufs(-rechts) und der Rechtsfolgen s §§ 355 ff; II wurde durch das Ges zur Umsetzung der VerbrKrRiLi ua (BGBl 2009 I 2355) zum 11.6.2010 neu gefasst und verweist auf den neu eingefügten § 360 (s dort). **b)** § 312 **2** dient der **Umsetzung der HausTürRiLi.** § 312 übernimmt wesentliche Regeln des früheren HWiG; daher kann Rspr zum HWiG zur Auslegung herangezogen werden. **c) Abweichende Vereinbarungen** zu Lasten des Verbrauchers sind **unwirksam,** § 312i. **d) Prozessuales:** Gerichtsstand s ZPO 29c (auch für Klagen des Verbrauchers aus cic/Delikt gegen Vertreter, BGH DB 03, 2120); EuGVVO Art 15–17. **e) Konkurrenzen** s § 312a. **f) Reform.** Das Gesetz zur Umsetzung

§ 312

der VerbraucherrechteRiLi definiert in § 312a nF den Begriff von Verträgen, die außerhalb von Geschäftsräumen geschlossen sind.

3 **2. Persönlicher Anwendungsbereich. a)** § 312 setzt einen Vertrag zwischen einem **Unternehmer** (§ 14) und einem **Verbraucher** (§ 13) voraus; kein Widerrufsrecht bei Verträgen nur zwischen Verbrauchern oder nur zwischen Unternehmern. Zu sowohl privater als auch beruflicher Nutzung des Vertragsgegenstands s § 13 Rn 3. Rechtsgeschäfte, die der Existenzgründung unmittelbar dienen, fallen nicht mehr unter § 13 (BGH 162, 253), wohl aber solche, welche die Entscheidung über eine Existenzgründung erst vorbereiten (BGH NJW 08, 435). Erforderlich ist, dass der *Verbraucher* in der Abschlusssituation des I 1 Nr 1 handelt. Hieran fehlt es, wenn Verbraucher Initiative ergreift und den Unternehmer aufsucht (anders nur bei I 1 Nr 2). Bei Sicherungsgeschäften als Haustürgeschäft hängt Widerruf nicht von Verbrauchereigenschaft des persönlichen Schuldners ab (BGH 165, 363 mN für Verpfändung und Bürgschaft, insoweit gegen BGH 139, 21 [sa § 765 Rn 12], BGH WM 07, 1210; zust Enders JZ 06, 573; BGH NJW 96, 55 – Grundschuld).

4 **b)** Es genügt, wenn für den *Unternehmer* ein **Vertreter** oder eine dritte Person für dessen Rechnung handelt, ohne dass es auf eine Zurechnung nach § 123 I ankäme (su Rn 10). Handelt für den *Verbraucher* ein Vertreter, ist nach dem Rechtsgedanken des § 166 I für das Vorliegen der Voraussetzungen des I Nr 1–3 und das Widerrufsrecht bzgl der Willenserklärung auf den Vertreter abzustellen (BGH NJW 00, 2268; 03, 2090; 04, 155; 06, 2118). Bei Weisungsgebundenheit des Vertreters kommt analog § 166 II Widerrufsrecht in Betracht (unentschieden BGH NJW 00, 2269; 03, 2091). Umstr ist, ob die in der Situation der I 1 Nr 1–3 erklärte Vollmacht bzw der zugrundeliegende (Geschäftsbesorgungs-)Vertrag widerruflich sein kann (BGH NJW 00, 2269 lässt offen; bejahend MK/Masuch 35; aA Edelmann/Mackenroth DB 07, 730); Schutz des Unternehmers ggf gem §§ 172 f (BGH NJW 00, 2269).

5 **3. Sachlicher Anwendungsbereich. a) Vertragsschluss.** Wer Angebot bzw Annahme erklärt, ist unerheblich; erfasst werden auch formgebundene Willenserklä-
6 rungen; sa III Nr 3. **b) Entgeltlicher Vertrag. aa)** Erforderlich ist **Vertrieb** von Waren oder Dienstleistung gegen Entgelt. Unter I 1 fallen gegenseitige Verträge. Bsp: Kauf (§ 433) einschließlich Verbrauchsgüterkauf (§ 474, sa § 312a); Werkvertrag (§ 631); Miete und Pacht beweglicher und unbeweglicher Sachen; Leasing; Makler-, Reisevertrag; typengemischte Verträge wie Franchising, „Schlüssel-Funddienst" (BGH NJW 95, 324); Beitritt zu einer Gesellschaft (BGH NJW 96, 3414; insbes wenn Kapitalanlage bezweckt, wie bei Anlage- u Publikumsgesellschaft, BGH NJW-RR 12, 1197; 05, 180; NJW 08, 2464 [geschlossener Immobilienfonds]), auch mittelbar über Treuhänder (BGH 148, 201 m Anm Schäfer JZ 02, 249 [Anteilserwerb an geschlossenem Immobilienfonds]). Der EuGH bejaht trotz des gegenüber § 312 engeren Wortlauts die Anwendbarkeit der RiLi und bestätigt die Anwendbarkeit der Grundsätze über die fehlerhafte Gesellschaft mit einer Abwicklung ex nunc statt nach §§ 355, 346 ff und möglichen Nachzahlungspflichten des Widerrufenden (EuGH NJW 10, 1511; ihm folgend BGH 186, 167; krit Maier VuR 10, 163; Mörsdorf ZIP 12, 846). Jedenfalls in richtlinienkonformer Auslegung (HausTürRiLi 1 setzt Entgelt nicht voraus, sa BGH NJW 96, 56) werden auch erfasst Tauschverträge (§ 480), Grundstücksbauverträge, da die Beschränkung aus HausTürRiLi 3 II nicht umgesetzt wurde (BGH 171, 368). Erfasst sind auch Vereinbarungen, mit denen die Vertragsparteien ein bestehendes Rechtsverhältnis modifizieren (zB Einräumung eigener Mängelbeseitigung des Unternehmers statt Kosten-
7 vorschuss gem Urteil, LG Münster NJW 08, 2858). **bb) Sicherungsgeschäfte. Bürgschaft**, unabhängig davon, ob der die Hauptschuld begründende Vertrag ebenfalls in einer „Haustürsituation" gem I 1 Nr 1–3 geschlossen wurde (s oben Rn 3); eine entsprechende Schutzwürdigkeit besteht idR beim Schuldanerkenntnis (Kannowski VuR 10, 410). **Verpflichtung zur Grundschuldbestellung**, wenn für den SG damit irgendein Vorteil verbunden ist (BGH NJW 96, 55; Hamm WM 99, 73); nicht die Verfügung selbst (Koblenz NJW-RR 99, 1178), Einzelheiten

Titel 1. Begründung, Inhalt und Beendigung **§ 312**

Tiedtke/Szczesny WM 06, 1661. **cc) Nicht** arbeitsrechtliche Aufhebungs- oder Änderungsverträge (BAG ZIP 04, 239; BB 04, 1858; Lembke NJW 04, 2941), da keine „bes Vertriebsform" (s Überschrift Untertitel 2, aA Riesenhuber/v Vogel NJW 05, 3457) und außerhalb des Schutzzwecks; wohl aber entgeltliche Änderung eines Absatzvertrags. Regelmäßig nicht Vereinsbeitritt (Naumburg BKR 06, 250); anders bei Vertriebsverträgen zwischen Verein und Mitglied (PalGrüneberg 10 mN).

4. Voraussetzungen. a) Mündliche Verhandlung am Arbeitsplatz oder in 8
Privatwohnung (I 1 Nr 1). Grund: Verbraucher kann sich den Verhandlungen nicht durch Entfernen entziehen. Daran fehlt es bei telefonischen Verhandlungen (cold calls − BGH NJW 96, 929; aA Woitkewitsch MDR 05, 371 − arg ex UWG 7 II Nr 2). Das Aufsuchen des Verbrauchers an Arbeitsplatz oder Wohnung kann auch im Zusammenhang mit anderem Vertrag erfolgen − entscheidend ist nicht der Anlass, sondern die Wirkung der Verhandlungen (BGH NJW 13, 155, s Rn 10). **aa) Arbeitsplatz:** Jeder Ort auf dem Betriebs- oder Behördengelände, nicht nur die konkrete Stelle der Arbeitsleistung. Nur Arbeitsplatz des Kunden, nicht eines Dritter (BGH NJW 07, 2106); es genügt Arbeitsplatz eines Selbstständigen oder Freiberuflers (Düsseldorf BB 99, 1784; offen BGH NJW 94, 2759). **bb) Privatwohnung:** 9 Privater räumlicher Lebensbereich einschl Zugangsräume, Flure (bei Mehrfamilienhäusern), Parkplatz und Garten (BGH NJW 06, 846: unmittelbar an Wohnhaus grenzende Geschäftsräume fallen nicht unter Nr 1), nicht private Baustelle (Zweibrücken NJW 95, 140). Auch Wohnung Dritter (BGH ZIP 05, 68); *nicht* Privatwohnung des Unternehmers, die vom Kunden zu Zwecken der Vertragsverhandlungen aufgesucht wurde (BGH NJW 00, 3498). Haustürsituation kann auch bei Erstkontakt im Geschäftslokal vorliegen, wenn dieser später in Privatwohnung fortgesetzt wird (s aber III Nr 1, Dresden WM 07, 1066). **cc) Mündliche Verhandlungen** 10 müssen für den Vertrag (mit-)ursächlich geworden sein („zu dessen Abschluss ... bestimmt" − BGH NJW 04, 2744; KG WM 06, 2220). Es genügt, wenn Vertrag ohne Verhandlungen nicht oder anders geschlossen worden wäre (BGH 131, 392). *Abschluss* am Arbeitsplatz bzw in Wohnung *nicht* erforderlich; eine anbieterorientierte Kontaktaufnahme mit späterem Vertragsschluss reicht aus (BGH 131, 391; Dresden WM 07, 1066). Hingegen fehlt Ursächlichkeit, wenn Vertrag ie schon vor Unterzeichnung in „Haustürsituation" ausgehandelt war (BGH 171, 370) oder andere Gründe für Vertragsschluss maßgebend waren (BGH NJW 07, 1937). Enger **zeitlicher Zusammenhang** nicht erforderlich; jedoch kann bei zunehmendem zeitlichen Abstand die Indizwirkung für die Kausalität entfallen (BGH 131, 392; NJW 03, 1390; 04, 59). Notwendig ist eine Einzelfallwürdigung (BGH NJW 09, 432; NJW-RR 09, 1277; 03, 2089). Ein Zeitraum von mehreren Wochen wird regelmäßig die Indizwirkung entfallen lassen (BGH NJW 03, 2089 [3 1/2 Monate]; ZIP 06, 1239 [3 Wochen]; KG WM 06, 2220 [2 Monate]; Brandenburg WM 06, 2169 [3 Wo + zusätzliche Risikobelehrung]; Frankfurt WM 07, 779 [12 Wo]; Stuttgart WM 05, 977 [1−2 Wochen nicht zu lang; streng MK/Masuch 41: max 1 Woche; Koblenz MDR 11, 531 [10 Wochen stehen tatsächlichem Ursachzusammenhang nicht entgegen]). Wer Verhandlung führt (Unternehmer, Vertreter oder Dritter [aA Bamberg WM 07, 1836]), ist unerheblich (EuGH NJW 05, 3555; zust Staudinger NJW 05, 3522; Limbach ZGS 06, 67) eine Zurechnung nur unter den Voraussetzungen des § 123 II (so noch BGH NJW 03, 425; 05, 2545; sa Jena NJW-RR 09, 720; Bremen NJW 04, 2240) wäre nicht richtlinienkonform, Vorliegen der objektiven Voraussetzungen genügt (so jetzt auch BGH NJW 06, 497; WM 06, 1008; Karlsruhe WM 06, 676; KG WM 05, 596). Einzelfallabwägung kann auch ergeben, dass Ursächlichkeit etwa durch notarielle Beurkundung entfällt (BGH NJW 06, 3349; Stuttgart ZIP 06, 1859; München WM 07, 1737). **b) Bei Freizeit-** 11 **veranstaltung** steht der Erlebniswert für den Verbraucher im Vordergrund, der ihn in eine unbeschwerte Stimmung versetzt und es ihm uU erschwert, sich dem Geschäftsabschluss zu entziehen (BGH NJW 04, 363), während der Vertriebszweck in den Hintergrund tritt. Bsp: Ausflugsfahrten zu Unterhaltung und Erholung,

§ 312 Buch 2. Abschnitt 3. Schuldverhältnisse aus Verträgen

Bewirtung, Modenschau und – soweit auch andere Waren angeboten werden – nicht als solche angekündigte Verkaufsveranstaltungen, etwa Messen (hM s PalGrüneberg 16 f; aA Dresden NJW-RR 97, 1345); *nicht,* wenn es sich um eine Verkaufsausstellung handelt (Stuttgart ZGS 03, 319) bzw der Verbraucher sich ungehindert dem Angebot entziehen kann (BGH NJW 02, 3100; [„Grüne Woche"]; 04, 364; WM 05, 1388; Braunschweig MDR 06, 1096 [„Harz und Heide"]). Freizeitveranstaltung kann auch in Geschäftsräumen des Unternehmers stattfinden (BGH NJW-RR 91, 1524; „Tag der offenen Tür" s Rohlfing MDR 08, 304). Durchführender Veranstalter kann Dritter sein, wenn Unternehmer sich anschließt bzw Durchführung in seinem Interesse liegt. **c) Verkehrsmittel und öffentl -flächen.** Bsp: Bahn, Bus, Flugzeug, Schiff, *nicht* privater Pkw; private Park- oder Campingplätze. Verkehrsflächen insbes im Gemeingebrauch, ferner soweit tatsächlich allg zugänglich (Stuttgart ZGS 03, 318); allg zugängliche Teile einer Einkaufspassage (LG Dresden NJW-RR 07, 1352). Überraschendes Ansprechen: Ohne Ankündigung und subjektiv unerwartet (nicht bei Märkten, Kirmes und typischem Leistungsangebot in Verkehrsmittel wie Speisen/Getränke; s überdies III Nr 2).

12

13   **5. Rechtsfolgen. a) Widerrufsrecht (I 1)** des Verbrauchers iSd § 355 (s Anm dort). Wird ein Vertreter ohne Vertretungsmacht gem § 179 in Anspruch genommen, kann er das Widerrufsrecht ausüben (BGH NJW-RR 91, 1075). Voraussetzung ist, dass dem Vertretenen (bei gegebener Vertretungsmacht) ein Widerrufsrecht zustünde; also nicht, wenn er Unternehmer ist und der Vertragspartner keine Veranlassung zu einer Belehrung sieht (s BGH aaO). Soweit die Vorschrift auch auf den Beitritt zu (stillen) Gesellschaften zur Anwendung kommt (Rn 6), gelten bei Widerruf die Regeln über die fehlerhafte Gesellschaft (BGH NJW 05, 627). **b)** Statt des Widerrufsrechts kann dem Verbraucher ein **Rückgaberecht** gem § 356 (s Anm dort) eingeräumt werden **(I 2)**. Voraussetzung ist, dass zwischen Unternehmer und Verbraucher eine dauerhafte Geschäftsbeziehung begründet bzw aufrechterhalten werden soll; Bedeutung insbes im Versandhandel. **c) Widerrufsbelehrung (II)** ist eine echte Rechtspflicht (so bereits BGH NJW 07, 357), keine bloße Obliegenheit (sa Kulke VuR 09, 13). Grundsätzlich muss die Belehrung auch die Rechtsfolgen des § 357 I, III erfassen. Zweck: Verbraucher soll Widerrufs- bzw Rückgaberecht in Kenntnis der Rechtsfolgen ausüben (BGH NJW-RR 12, 1197; zur Aufklärung über die Folge bei Widerruf einer Beteiligung an Anlagegesellschaft Podewils MDR 10, 117). Einzelheiten zu Inhalt und Umfang der Belehrung s § 360. Die Belehrung umfasst nach dem Wortlaut („Rechtsfolgen") nicht nur die Pflichten, sondern auch die Rechte des Verbrauchers (BGH NJW 07, 1946; Kulke VuR 09, 14; in der Musterbelehrung könnte dies deutlicher zum Ausdruck kommen: „beiderseits empfangenen Leistungen zurückzugewähren"). **S 3** enthält eine Einschränkung hinsichtlich der Rechtsfolgenbelehrung. Wenn ein Fall von § 357 I oder II gar nicht eintreten kann, darf die Belehrung unterbleiben, etwa wenn Leistung und Gegenleistung erst nach Ablauf der Widerrufsfrist erbracht werden (BT-Drs 16/11643, S 69; BaR/Ann/Maume 26). **Zeitpunkt:** spätestens bei Vertragsschluss (s § 355 II), aber schon vorher möglich (Frist läuft ggf vor Annahmeerklärung des Unternehmers, BGH NJW 10, 3503). **Unterbliebene** oder **unrichtige** Belehrung hindert Lauf der Widerrufsfrist (§ 355 IV 3, dort Rn 4–6, 10) und kann insbes bei riskanten Anlagemodellen (auf diese Fälle einschränkend Staudinger NJW 05, 3523, str) eine Schadensersatzhaftung aus § 311 II auslösen (EuGH NJW 05, 3551 u 3555; BGH NJW 06, 2099). Die unterbliebene Belehrung muss schuldhaft und kausal für das Anlagerisiko sein (BGH NJW 08, 649 und 1585; für verschuldensunabhängige Haftung Bremen WM 06, 2099; Jungmann NJW 07, 1562); an letzterem fehlt es, wenn der Immobilienkaufvertrag vor dem Darlehensvertrag geschlossen war (str, BGH NJW 07, 361; 06, 2099 mN; NJW 08, 1585 [fehlende Bindung aus anderen Gründen genügt]). Fahrlässiger Irrtum über Belehrungspflicht seitens des Darlehensgebers genügt (Karlsruhe WM 07, 16: schuldhaft erst nach 2000). Erforderlich ist auch der Nachweis seitens des Verbrauchers, dass er das Darlehen rechtzeitig widerrufen und

14

15

Titel 1. Begründung, Inhalt und Beendigung § 312a

die Anlage nicht getätigt hätte (BGH NJW 08, 649; 08, 1585; 07, 357; PalGrüneberg 32; aA Jungmann NJW 07, 1562; Maier WM 08, 1630). Eine Vermutung „aufklärungsrichtigen Verhaltens" greift daher bislang nicht (krit auch Kulke VuR 09, 14). Bei falscher oder fehlender Belehrung kommt eine **Verwirkung** nicht in Betracht (Stuttgart WM 05, 972; Karlsruhe WM 06, 676). Wird über ein nicht existierendes Widerrufsrecht belehrt, kann dies kein gesetzliches, sondern allenfalls ein vertragliches Widerrufsrecht begründen (Hamburg OLGR 09, 898; Rohlfing MDR 10, 556).

6. Ausschluss des Widerrufs- bzw Rückgaberechts (III). a) Versicherungsverträge iSd VVG 1. Es besteht ein Widerrufs- bzw Rücktrittsrecht gem VVG 8 IV, V; sa VVG 5a. **b) Bestellung (Nr 1)** lässt Widerrufsrecht (nur) in der Situation des I Nr 1 entfallen. Sie ist geschäftsähnliche Handlung (s Rn 23 vor § 104). Verbraucher muss Unternehmer zu Vertragsverhandlungen, nicht nur zur Präsentation oder Information, an seinen Arbeitsplatz bzw in seine Wohnung gebeten haben. Ein solcher Fall kann insbes vorliegen, wenn der „Bestellung" nur eine Postwurfsendung oder eine Werbeanzeige vorausging und bei Anruf des Verbrauchers nicht deutlich gemacht wird, dass der Besuch zu konkreten Verhandlungen führen soll (Brandenburg NJW-RR 09, 811; Düsseldorf MDR 09, 916; Nürnberg VuR 07, 76). Bestellung ist unbeachtlich, wenn sich der Verbraucher in einem nicht von ihm veranlassten Telefonat mit dem Besuch einverstanden erklärt (BGH 109, 134), sog **„provozierte Bestellung";** ebenso wenn sich der Angebotsgegenstand wesentlich und unerwartet in der Haustürsituation gegenüber der Bestellung ändert (BGH 185, 192). Eigene Initiative des Verbrauchers ist nicht immer notwendig (BGH 109, 136; Schleswig WM 05, 607: Verabredung in gem Stammkneipe genügt), genügt aber für Beachtlichkeit (BGH NJW 01, 510). Bestellung muss Verhandlungen vorhergehen; nachträgliche „Genehmigung" scheidet aus. **c) Vollzogene Bagatellgeschäfte (Nr 2).** Erforderlich ist vollständige Erfüllung im unmittelbaren Anschluss an Verhandlungen. Obergrenze: Entgelt 40 Euro; Spaltung eines einheitlichen Geschäfts in mehrere unter der Grenze liegende Verträge ist Umgehung iSd § 312i. **d) Notarielle Beurkundung (Nr 3).** Grund: Verbraucher ist insbes wegen BeurkG 17 nicht schutzbedürftig. Vereinbarte notarielle Beurkundung genügt. Ausnahme ist angesichts des engen Wortlauts von HausTürRiLi Art 3 II lit a und dem „Heininger"-Urteil des EuGH (NJW 02, 281, s auch BGH NJW 02, 2029) restriktiv auszulegen, dh insbesondere auf Verträge mit Immobilienbezug zu beschränken (offen BGH 144, 231; StThüsing 170; Frings BB 99, 2366; aA PalGrüneberg 28; MK/Masuch 108; BaR/Ann/Maume 38 (alle notariell beurkundeten Erklärungen). Str ist, ob Widerrufsrecht entfällt bei notarieller Beurkundung von haustürinitiierten Generalvollmachten für Immobilienvertreiber (abl BGH 144, 227 ff; s auch NJW 02, 2029; § 492 IV S 2 iVm I). Das Widerrufsrecht besteht für (nicht beurkundeten) Darlehensvertrag, auch wenn dieser der Finanzierung eines beurkundeten Fondbeitritts dient, mit der Folge der Zahlungsbefreiung des Darlehensnehmers (BGH WM 06, 1006; aA noch Frankfurt WM 03, 333).

§ 312a Verhältnis zu anderen Vorschriften

Steht dem Verbraucher zugleich nach Maßgabe anderer Vorschriften ein Widerrufs- oder Rückgaberecht nach § 355 oder § 356 dieses Gesetzes, nach § 126 des Investmentgesetzes zu, ist das Widerrufs- oder Rückgaberecht nach § 312 ausgeschlossen.

1. Allgemeines. a) Konkurrenzregel. Das auf die Vertrags*abschluss*situation bezogene „Haustür"-Widerrufsrecht aus § 312 tritt zurück, wenn dem Verbraucher ein anderweitiges (regelmäßig an vertrags*inhalts*typische Gefährdungen abstellendes) Widerrufsrecht zusteht. Die Neufassung trägt EuGH NJW 02, 281 Rechnung. Danach hat der Verbraucher gemäß HausTürRiLi 5 auch dann ein Widerrufsrecht, wenn ein Realkreditvertrag in den Anwendungsbereich der HausTürRiLi fällt. Der

§ 312b Buch 2. Abschnitt 3. Schuldverhältnisse aus Verträgen

Streit zur richtlinienkonformen Auslegung von § 312a aF ist damit überholt (s Staudinger NJW 02, 655; BGH 150, 254 mN; NJW 04, 2731 u 2744). Überleitungsvorschrift OLGVertrÄndG 8 I 1 Nr 1. Zu den Folgen des Widerrufs, insbesondere bei Immobilienkauf und Finanzierungsdarlehen § 358 Rn 5. **b) Gerichtsstand** nach ZPO 29c bleibt unberührt (AnwKomBGB/Ring 8).

2 **2. Verhältnis zu anderen Vorschriften. a) Vorrang.** Vorrang genießen anderweitige Widerrufs- bzw. Rückgaberechte ua aus Verbraucherdarlehensverträgen (§ 495), Finanzierungshilfen (§§ 506, 508), Ratenlieferungs- (§ 510) und Fernunterrichtsverträgen (FernUSG 4). Für den Vorrang dieser Rechte kommt es allein auf das Bestehen und die Möglichkeit ihrer Ausübung an. Erlischt das anderweitige Widerrufsrecht infolge Nichtausübung innerhalb der Fristen des § 355, lebt das Widerrufsrecht
3 des § 312 nicht auf. **b) Neue Subsidiaritätsregelung.** Der Widerruf nach § 312 ist nur ausgeschlossen, wenn ein anderweitiges Widerrufsrecht nach dem konkreten Vertrag tatsächlich gegeben ist. Bsp: Nimmt der Verbraucher „an der Haustür" unter den Voraussetzungen des § 312 I ein Kleindarlehen unter 200 Euro Nettodarlehensbetrag auf, entfällt gemäß § 491 II Nr 1 das Widerrufsrecht aus § 495. Das Widerrufsrecht nach § 312 ist in diesem Fall nicht nach § 312a ausgeschlossen. Belehrung nach Verbraucherkreditrecht genügt aber nicht, um Widerrufsfrist nach § 312 beginnen zu lassen (BGH NJW 04, 2744; NZM 07, 170; aA Schleswig ZIP 05, 1132).

§ 312b Fernabsatzverträge

(1) ¹**Fernabsatzverträge sind Verträge über die Lieferung von Waren oder über die Erbringung von Dienstleistungen, einschließlich Finanzdienstleistungen, die zwischen einem Unternehmer und einem Verbraucher unter ausschließlicher Verwendung von Fernkommunikationsmitteln abgeschlossen werden, es sei denn, dass der Vertragsschluss nicht im Rahmen eines für den Fernabsatz organisierten Vertriebs- oder Dienstleistungssystems erfolgt.** ²**Finanzdienstleistungen im Sinne des Satzes 1 sind Bankdienstleistungen sowie Dienstleistungen im Zusammenhang mit einer Kreditgewährung, Versicherung, Altersversorgung von Einzelpersonen, Geldanlage oder Zahlung.**

(2) Fernkommunikationsmittel sind Kommunikationsmittel, die zur Anbahnung oder zum Abschluss eines Vertrags zwischen einem Verbraucher und einem Unternehmer ohne gleichzeitige körperliche Anwesenheit der Vertragsparteien eingesetzt werden können, insbesondere Briefe, Kataloge, Telefonanrufe, Telekopien, E-Mails sowie Rundfunk, Tele- und Mediendienste.

(3) **Die Vorschriften über Fernabsatzverträge finden keine Anwendung auf Verträge**
1. **über Fernunterricht (§ 1 des Fernunterrichtsschutzgesetzes),**
2. **über die Teilzeitnutzung von Wohngebäuden, langfristige Urlaubsprodukte sowie auf Vermittlungsverträge oder Tauschsystemverträge (§§ 481 bis 481b),**
3. **über Versicherungen sowie deren Vermittlung,**
4. **über die Veräußerung von Grundstücken und grundstücksgleichen Rechten, die Begründung, Veräußerung und Aufhebung von dinglichen Rechten an Grundstücken und grundstücksgleichen Rechten sowie über die Errichtung von Bauwerken.**
5. **über die Lieferung von Lebensmitteln, Getränken oder sonstigen Haushaltsgegenständen des täglichen Bedarfs, die am Wohnsitz, am Aufenthaltsort oder am Arbeitsplatz eines Verbrauchers von Unternehmern im Rahmen häufiger und regelmäßiger Fahrten geliefert werden,**
6. **über die Erbringung von Dienstleistungen in den Bereichen Unterbringung, Beförderung, Lieferung von Speisen und Getränken sowie Frei-**

Titel 1. Begründung, Inhalt und Beendigung **§ 312b**

zeitgestaltung, wenn sich der Unternehmer bei Vertragsschluss verpflichtet, die Dienstleistungen zu einem bestimmten Zeitpunkt oder innerhalb eines genau angegebenen Zeitraums zu erbringen,
7. die geschlossen werden
   a) unter Verwendung von Warenautomaten oder automatisierten Geschäftsräumen oder
   b) mit Betreibern von Telekommunikationsmitteln auf Grund der Benutzung von öffentlichen Fernsprechern, soweit sie deren Benutzung zum Gegenstand haben.

(4) ¹Bei Vertragsverhältnissen, die eine erstmalige Vereinbarung mit daran anschließenden aufeinander folgenden Vorgängen oder eine daran anschließende Reihe getrennter, in einem zeitlichen Zusammenhang stehender Vorgänge der gleichen Art umfassen, finden die Vorschriften über Fernabsatzverträge nur Anwendung auf die erste Vereinbarung. ²Wenn derartige Vorgänge ohne eine solche Vereinbarung aufeinander folgen, gelten die Vorschriften über Informationspflichten des Unternehmers nur für den ersten Vorgang. ³Findet jedoch länger als ein Jahr kein Vorgang der gleichen Art mehr statt, so gilt der nächste Vorgang als der erste Vorgang einer neuen Reihe im Sinne von Satz 2.

(5) **Weitergehende Vorschriften zum Schutz des Verbrauchers bleiben unberührt.**

1. Allgemeines. a) Überblick. Zur bevorstehenden Reform s Vorbem zu 1
§§ 312-312i Rn 3 und Anhang zur Verbraucherrechtsreform S 2275. §§ 312b–312d regeln den **Verbraucherschutz bei Fernabsatzverträgen.** Schutzinstrumente sind Informationspflichten (§ 312c) und ein Widerrufsrecht (§ 312d). § 312b bestimmt die Merkmale des Fernabsatzvertrags (I, II) und regelt Ausnahmen (III). Durch G vom 7.2.2004 wurden Finanzdienstleistungen einbezogen und damit die RiLi 02/65/EG umgesetzt (Übergangsrecht: EGBGB Art 229 § 11); ergänzt wurde mit Wirkung zum 23.2.2011 III Nr 2 durch das Ges zur Modernisierung der Regelungen über Teilzeit-, Wohnrechteverträge etc, das der Umsetzung der RiLi 2008/122/EG dient. **b) Zweck:** Fernabsatzverträge werden als für den Verbraucher bes 2 risikoreich eingeschätzt, weil der Vertragspartner (oder sein Vertreter) und der Vertragsgegenstand (Ware, Dienstleistung) beim Vertragsschluss idR nicht physisch präsent sind. Vertragsschluss erfolgt daher in einer gesteigerten Ungewissheitssituation. Anknüpfungspunkt des Verbraucherschutzes ist daher nicht der Vertragsgegenstand, sondern die Abschlusssituation. **c)** §§ 312b–312d dienen der **Umsetzung der Fern-AbsRiLi** und übernehmen im Wesentlichen die Bestimmungen des (durch das SchRModG aufgehobenen) FernAbsG. **d) Abweichende Vereinbarungen** zu Lasten des Verbrauchers sind **unwirksam,** § 312i. **e) Konkurrenzen.** Der Aus- 3 schluss für Verbraucherdarlehensverträge (III Nr 3 aF) ist entfallen. Da sich Haustür- und Fernabsatzgeschäft tatbestandlich ausschließen, entfällt Konkurrenz von § 312d mit § 312 regelmäßig (sa Rn 7). Widerrufs- und Rückgaberechte gemäß §§ 506 ff genießen Vorrang, vgl § 312d V. Für Versicherungen (s Ausschluss nach III Nr 3) gelten die Regelungen des VVG (s Langheid NJW 06, 3317 u 07, 3665).

2. Persönlicher Anwendungsbereich. Vertragsschluss zwischen **Unterneh-** 4
mer (§ 14, Beweislastumkehr für Ebay „Powerseller", Koblenz WM 06, 303) und **Verbraucher** (§ 13); nicht bei Verträgen nur zwischen Verbrauchern oder nur zwischen Unternehmern. Unternehmer muss Anbieter (nicht Abnehmer) der Ware oder Dienstleistung sein. Bei sowohl privater als auch beruflicher Nutzung des Vertragsgegenstands entfällt idR die Schutzbedürftigkeit, s § 13 Rn 3. Wird der Verbraucher vertreten, muss die bes Situation des Vertragsschlusses für den Stellvertreter vorliegen; § 166 II gilt entspr bei persönlichem Kontakt des Vertretenen mit dem Unternehmer und lässt seine Schutzwürdigkeit entfallen (MK/Wendehorst 65).

§ 312b Buch 2. Abschnitt 3. Schuldverhältnisse aus Verträgen

5   **3. Fernabsatzverträge (I). Voraussetzungen: a) Vertragsschluss.** §§ 145 ff gelten, auch § 147 I 2. Im Fernabsatz liegt nicht selten Vertragsschluss gem § 151 vor. Auch § 156 möglich (echte „Internet-Versteigerung"), sa § 312d IV Nr 5.
6   **b) aa)** Zustandekommen des Vertrags nur durch **Fernkommunikationsmittel.** Nach **II** fallen darunter alle Kommunikationsmittel, die einen Vertragsschluss (oder seine Anbahnung) ohne gleichzeitige körperliche Anwesenheit der Vertragsschließenden am selben Ort. II HS 2 nennt – nicht abschließend – Bsp. Unter I fällt nicht nur der elektronische Geschäftsverkehr (s § 312e), sondern auch der herkömmliche Versandhandel, ferner **„Internet-Auktionen",** auch wenn der Vertrag nicht gem § 156, sondern zugunsten des Anbieters mit Ablauf eines festen Gebotszeitraums höchsten Gebots zustande kommt (BGH NJW 05, 54). Hingegen verstoßen sog Versteigerungen „in umgekehrter Richtung" mit fallendem Kaufpreis pro Zeiteinheit gegen UWG 1, weil sie den Käufer unter erheblichen Zeitdruck setzen und seine Spiellust
7   ausnutzen (Hamburg NJW-RR 02, 1043). **bb)** Beim Vertragsschluss dürfen **ausschließlich** Fernkommunikationsmittel verwendet werden, auch unterschiedliche, zB Angebot per E-Mail, Annahme per Brief, Einsatz von **Boten,** wenn dieser trotz persönlichen Kontaktes über Vertragsinhalt etc keine näheren Auskünfte geben kann und soll (BGH 160, 398, „stummer Bote": zust Lorenz EWiR 05, 158). *Nicht:* Vertragsschluss durch persönliche Anwesenheit von Vertretern. **„Mischfälle":** (1) Telefonische Vertragsanbahnung, persönlicher Vertragsschluss (zB bei Arzt usw) erfüllen I nicht (Bürger NJW 02, 466 [Rechtsanwalt]); telefonische „Hotline"-Bestellung mit anschließender Warenversendung (§ 151) genügt (Schleswig NJW 04, 231); (2) Persönlicher Kontakt bei Vertragsanbahnung (auch Vertreterbesuch), Vertragsschluss per Fernkommunikationsmittel fällt unter I, es sei denn der Verbraucher hat im Rahmen des persönlichen Kontaktes bereits alle vertragsrelevanten
8   Informationen erhalten (s PalGrüneberg 8). **c) Fernabsatzvertriebssystem.** Gelegentliche telefonische Vertragsschlüsse fallen nicht unter I. Enge Auslegung. Werbung unter Hinweis auf telefonische Bestellung genügt; Vertrags*abwicklung* per Fernkommunikationsmittel nicht erforderlich (und vielfach nicht möglich). Beweislast
9   trifft den Unternehmer. **d) Vertragsgegenstand.** Warenlieferung (insbes Kauf- [§ 433], Lieferungsverträge [§ 651]) und Dienstleistungen (insbes Werk- [§ 631], Dienst- [§ 611], Geschäftsbesorgungsverträge [§ 675]). Waren sind bewegliche (gem III Nr 4) Sachen, ferner Gas, Strom, Wasser, Fernwärme (PalGrüneberg 10; aA [teleologische Reduktion des Warenbegriffs bei leitungsgebundenen Gütern] Buchmann/Hirschmann N&R Beilage 1/09, 1 ff; zum möglichen Ausschluss des Widerrufsrechts s § 312d, 2), auch „Internet-Download". Der Begriff der Dienstleistungen ist weit auszulegen (BGH 123, 385; EuGH NJW 98, 1295); darunter fallen zB Übersetzerdienste, Informations- und Datendienste, freiberufliche Tätigkeiten (zB als Rechtsanwalt [Berger NJW 01, 1530]); Maklertätigkeit, Partnerschafts- und Reisevermittlung (hierzu Ramming ZGS 03, 60). Eingeschlossen sind nun auch die in I 2 definierten Finanzdienstleistungen. Zur str Einbeziehung von Finanzierungsleasingverträgen MK/Wendehorst 17; Knöfel ZGS 04, 182.

10 **4. Ausnahmen. a)** Nach **III** (sa FernAbsRiLi 3 I) finden §§ 312b, 312c keine Anwendung auf **aa) Fernunterrichtsverträge (Nr 1),** Verbraucherschutz nach FernUSG; **bb) Teilzeitwohnrechteverträge (Nr 2),** Verbraucherschutz nach §§ 481 ff; (s Anm zur Neufassung ab 2011 dort); **cc) Versicherungsgeschäfte (Nr 3),** Versicherungsverträge, Schutz gewährt das VVG (s Rn 3); **dd) Immobilienverträge (Nr 4),** (Verbraucher-)Schutz gem § 311b I (mit Ausnahme der Bauwerkserrichtung); **ee) Verträge über Lebensmittel und Bedarfsgegenstände (Nr 5),** Unternehmer muss häufig und regelmäßig selbst liefern (nicht: versenden); Zeitschriften und Zeitungen fallen nicht darunter (BGH WM 12, 221 [arg ex § 312 d IV Nr 3]). **ff) Verträge über Unterbringung, Beförderung usw (Nr 6),** zB Hotelzimmer, Ferienwohnung, Pauschalreiseverträge (BT-Drs 14/2658 S 92); Bahntickets mit Nutzungsmöglichkeit von 11 Wochen (Frankfurt MDR 10, 1039; nicht von der Ausnahme erfasst ist die Vermittlung von Reiseleistung (oben Rn 9);

Titel 1. Begründung, Inhalt und Beendigung § 312c

Cateringservice; **gg) Automatenverträge (Nr 7a),** Leistungen werden sofort ausgetauscht; **hh) Nutzung öffentl Fernsprecher (Nr 7b),** entspr bei öffentlichen Telefaxgeräten und E-Mail-Stationen (MK/Wendehorst 89). **b)** Nur das Widerrufsrecht wird ausgeschlossen nach § 312d IV, V.

5. Keine Wiederholungspflicht. IV wurde anlässlich der Umsetzung der RiLi 11 über Finanzdienstleistungen eingefügt und soll bei „Vertragsketten" allgemein (dh nicht nur bei Finanzdienstleistungen) verhindern, dass die weitgehenden Informationspflichten aus § 312c ständig wiederholt werden müssen (zB bei Girovertrag; Erstvereinbarung: Kontoeröffnung). IV 1 schließt dabei auch das Widerrufsrecht (§ 312d) aus, IV 2 bezieht sich ausschließlich auf Informationspflichten (zB Getränkelieferungen). IV 3 trägt dem Verbraucherschutz Rechnung, wenn die „Vertragskette" länger als ein Jahr unterbrochen wird.

6. Günstigkeitsklausel. V formuliert die Konkurrenzvorschritt iS einer Günstig- 12 keitsklausel.

§ 312c Unterrichtung des Verbrauchers bei Fernabsatzverträgen

(1) **Der Unternehmer hat den Verbraucher bei Fernabsatzverträgen nach Maßgabe des Artikels 246 §§ 1 und 2 des Einführungsgesetzes zum Bürgerlichen Gesetzbuche zu unterrichten.**

(2) **Der Unternehmer hat bei von ihm veranlassten Telefongesprächen seine Identität und den geschäftlichen Zweck des Kontakts bereits zu Beginn eines jeden Gesprächs ausdrücklich offenzulegen.**

(3) **Bei Finanzdienstleistungen kann der Verbraucher während der Laufzeit des Vertrags jederzeit vom Unternehmer verlangen, dass ihm dieser die Vertragsbestimmungen einschließlich der Allgemeinen Geschäftsbedingungen in einer Urkunde zur Verfügung stellt.**

(4) **Weitergehende Einschränkungen bei der Verwendung von Fernkommunikationsmitteln und weitergehende Informationspflichten auf Grund anderer Vorschriften bleiben unberührt.**

1. Allgemeines. a) Bedeutung. Regelung der Informationspflichten des Unter- 1 nehmers bei Fernabsatzverträgen gem § 312b. Durch das Ges zur Umsetzung der VerbraucherkreditRiLi etc v 29.7.2009 wurde mit Wirkung zum 10.6.2010 die Vorschrift neu gefasst. Die zuvor teilweise in I und II, teils in der BGB-InfoV enthaltenen Details zur Information sind nunmehr in EGBGB Art 246 §§ 1, 2, enthalten. BGB-InfoV 1, 2 wurden aufgehoben (Grund: Musterbelehrungen in Anlage zu formellem Gesetz haben Gesetzescharakter und unterliegen nicht mehr gerichtlicher Verwerfung, s § 360 Rn 4). **b) Konkurrenzen (IV):** Weitergehende Einschränkungen (zB UWG 1, s BGH NJW 00, 2677 [unaufgeforderte geschäftliche Telefonwerbung], BGH 151, 287 [Verbringungsverbot für zulassungspfl ausländische Arzneimittel gem AMG § 73]) und gesteigerte Informationspflichten (zB § 312g, TDG 6) bleiben unberührt.

2. Informationspflichten. Die Informationspflichten unterscheiden sich wei- 2 terhin nach Geschäftsphasen, aber auch nach der Art des Vertrages. **a) Vor Abgabe der Vertragserklärung des Verbrauchers (I iVm EGBGB Art 246 § 1 I).** Grundsätzlich sind vor Abgabe der Vertragserklärung des Verbrauchers die sich aus EGBGB Art 246 § 1 I ergebenden vorvertraglichen Informationen (12 Punkte) zur Verfügung zu stellen. Bei Fernabsatzverträgen über Finanzdienstleistungen sind gem EGBGB Art 246 § 1 II weitere acht Informationen zu liefern; § 1 III lässt dies bei telefonischer Anbahnung entfallen, wenn darauf hingewiesen wird, dass auf Wunsch weitere Informationen übermittelt werden. Für telefonische Kontaktaufnahme seitens des Unternehmers gilt außerdem II. **b)** Für die sich jetzt aus EGBGB Art 246 3 § 1 I ergebenden Einzelheiten kann weitgehend auf die Rspr zu BGB-InfoV 1

Stadler 427

§ 312d Buch 2. Abschnitt 3. Schuldverhältnisse aus Verträgen

verwiesen werden. Die Information muss „klar und verständlich" (s § 307 I 2 Transparenzgebot) in der Sprache der Vertragsverhandlungen erfolgen. Eine bes Form ist bei EGBGB Art 246 § 1 I nicht vorgesehen, die Informationen müssen aber gem EGBGB Art 246 § 2 I unverzüglich nach Vertragsschluss in Textform nachgereicht werden (s Rn 4). Angabe von Postfach genügt für „ladungsfähige Adresse" nicht (Hamburg NJW 04, 1114). Als AGB werden die Angaben gem EGBGB Art 246 § 1 I Nr 5, 6, 9, 12 gem § 305 II Vertragsbestandteil (Einhaltung von § 312c weder notwendig noch hinreichend). Unwirksamkeit gem §§ 307–309 steht Erfüllung der Informationspflicht nicht entgegen (Ausnahme: § 307 I 2). Nicht erforderlich ist, dass Verbraucher die Informationen bei Bestellung automatisch passieren muss (str, offen BGH NJW 06, 212). Zur Anbieterkennzeichnung im Internet genügen leicht verständliche Links („Impressum", „Kontakt") auf Startseite (BGH NJW 06, 3635; strenger bezüglich Widerrufsbelehrung Frankfurt NJW-RR 07, 483). Einzelheiten
4 zur Widerrufsbelehrung § 355 Rn 12–16. **c)** Bei Finanzdienstleistungen (Sonderregelung für telefonischen Vertragsschluss auf Verlangen des Verbrauchers, EGBGB Art 246 § 2 I Nr 1, 2. HS) und sonstigen Dienstleistungen und Waren hat der Unternehmer nach Vertragsschluss (bis spätestens zur Erfüllung bzw Lieferung) dem Verbraucher die Informationen nach I iVm EGBGB Art 246 § 2 I 2 in *Textform* (§ 126b) mitzuteilen. Die schließt insbes den Vertragstext samt AGB ein sowie alle gem Rn 3 vorvertraglich formlos zur Verfügung zu stellenden Informationen. Zweck: Verbraucher soll über Informationen dauerhaft verfügen. Ausnahme gem EGBGB Art 246 § 2 II, zB bei telefonischen Ansagediensten; Verbraucher muss sich aber über Anschrift für Beanstandungen informieren können. Für Finanzdienstleistungen gibt III dem Verbraucher ein während der Vertragsdauer fortwährendes Recht, Vertragsbedingungen und Allgemeine Geschäftsbedingungen in *Urkundenform* zu erhalten. Unterschrift nicht erforderlich (PWW/Medicus 6; Rott BB 05, 59); Ausübung soll nach PWW/Medicus aaO (ebenso BT-Drs 15/2946 S 37) wegen § 242 auf ein Mal beschränkt sein, bei Verlust sollte der Verbraucher aber erneut ggf gegen Kostenübernahme anfordern dürfen. Analogie für andere Verträge scheidet aus (PalGrüneberg Rn 4).

5 **3. Rechtsfolgen der Informationspflichtverletzung. a)** Fernabsatzvertrag ist **nicht unwirksam** bei Verstoß gegen I, II. Die Einbeziehung von AGB richtet sich allein nach § 305 (s Rn 3). **b) Anspruch** des Verbrauchers auf Erfüllung (formgerechte Mitteilung der Informationen), ggf Schadensersatz gem § 280 I, 311 II (uU auf Vertragsaufhebung). **c) Widerrufsfrist** beginnt nicht zu laufen (§ 312d II), wenn nicht Informationen gem EGBGB Art 246 § 2 erteilt sind; EGBGB Art 246 § 1 ist für Beginn der Widerrufsfrist unerheblich. **d) Unterlassungsanspruch** gem UKlaG 2 I, II Nr 1. Falsche und unzureichende Belehrung ist unlauter nach UWG § 4 Nr 11 (st Rspr, zB BGH NJW 02, 3398; Stuttgart ZGS 08, 197m N; KG NJW 06, 3215). Hierunter fallen auch formlose Widerrufsbelehrungen nach I iVm EGBGB Art 246 § 1 I Nr 10, die suggerieren, dass die Frist bereits mit dieser Erklärung (nicht erst mit Belehrung in Textform, § 355 III 1) beginne (Hamm NJW-RR 10, 700; VuR 09, 353.

§ 312d Widerrufs- und Rückgaberecht bei Fernabsatzverträgen

(1) ¹Dem Verbraucher steht bei einem Fernabsatzvertrag ein Widerrufsrecht nach § 355 zu. ²Anstelle des Widerrufsrechts kann dem Verbraucher bei Verträgen über die Lieferung von Waren ein Rückgaberecht nach § 356 eingeräumt werden.

(2) **Die Widerrufsfrist beginnt abweichend von § 355 Abs. 3 Satz 1 nicht vor Erfüllung der Informationspflichten gemäß Artikel 246 § 2 in Verbindung mit § 1 Abs. 1 und 2 des Einführungsgesetzes zum Bürgerlichen Gesetzbuche, bei der Lieferung von Waren nicht vor deren Eingang beim Empfänger, bei der wiederkehrenden Lieferung gleichartiger Waren nicht**

Titel 1. Begründung, Inhalt und Beendigung **§ 312d**

vor Eingang der ersten Teillieferung und bei Dienstleistungen nicht vor Vertragsschluss.

(3) Das Widerrufsrecht erlischt bei einer Dienstleistung auch dann, wenn der Vertrag von beiden Seiten auf ausdrücklichen Wunsch des Verbrauchers vollständig erfüllt ist, bevor der Verbraucher sein Widerrufsrecht ausgeübt hat.

(4) Das Widerrufsrecht besteht, soweit nicht ein anderes bestimmt ist, nicht bei Fernabsatzverträgen
1. zur Lieferung von Waren, die nach Kundenspezifikation angefertigt werden oder eindeutig auf die persönlichen Bedürfnisse zugeschnitten sind oder die auf Grund ihrer Beschaffenheit nicht für eine Rücksendung geeignet sind oder schnell verderben können oder deren Verfalldatum überschritten würde,
2. zur Lieferung von Audio- oder Videoaufzeichnungen oder von Software, sofern die gelieferten Datenträger vom Verbraucher entsiegelt worden sind,
3. zur Lieferung von Zeitungen, Zeitschriften und Illustrierten, es sei denn, dass der Verbraucher seine Vertragserklärung telefonisch abgegeben hat,
4. zur Erbringung von Wett- und Lotterie-Dienstleistungen, es sei denn, dass der Verbraucher seine Vertragserklärung telefonisch abgegeben hat,
5. die in der Form von Versteigerungen (§ 156) geschlossen werden,
6. die die Lieferung von Waren oder die Erbringung von Finanzdienstleistungen zum Gegenstand haben, deren Preis auf dem Finanzmarkt Schwankungen unterliegt, auf die der Unternehmer keinen Einfluss hat und die innerhalb der Widerrufsfrist auftreten können, insbesondere Dienstleistungen im Zusammenhang mit Aktien, Anteilsscheinen, die von einer Kapitalanlagegesellschaft oder einer ausländischen Investmentgesellschaft ausgegeben werden, und anderen handelbaren Wertpapieren, Devisen, Derivaten oder Geldmarktinstrumenten, oder
7. zur Erbringung telekommunikationsgestützter Dienste, die auf Veranlassung des Verbrauchers unmittelbar per Telefon oder Telefax in einem Mal erbracht werden, sofern es sich nicht um Finanzdienstleistungen handelt.

(5) ¹Das Widerrufsrecht besteht ferner nicht bei Fernabsatzverträgen, bei denen der Verbraucher bereits auf Grund der §§ 495, 506 bis 512 ein Widerrufs- oder Rückgaberecht nach § 355 oder § 356 zusteht. ²Bei Ratenlieferungsverträgen gelten Absatz 2 und § 312e Absatz 1 entsprechend.

1. Allgemeines. Die Regelung wurde mehrfach ergänzt: Mit dem Ges zur **1** Bekämpfung unlauterer Telefonwerbung v 29.7.2009 wurde IV Nr 3 und 4 dahin geändert, dass telefonische Erklärungen ausgenommen wurden, IV Nr 7 eingefügt und III und VI auf alle Dienstleistungen erstreckt. II wurde durch das Ges zur Umsetzung der VerbraucherkreditRiLi etc v 29.7.2009 an die Einführung von EGBGB Art 246 § 1, 2 und VI an die Neuregelung des Verbraucherkredits angepasst. Die Vorschrift enthält teilweise abweichend von §§ 355 ff Regelungen des **Widerrufsrechts** und der **-frist** bei Fernabsatzverträgen iSv § 312b. Gem I 2 kann Unternehmer dem Verbraucher bei Waren ein **Rückgaberecht** nach § 356 einräumen. Die näheren Voraussetzungen der Ausübung des Widerrufsrechts und die **Rechtsfolgen** ergeben sich aus §§ 355 ff, soweit § 312d keine abweichenden Bestimmungen enthält (zu Nutzungsersatz und Ersatz der Hinsendekosten § 357 Rn 1; § 346 Rn 5). Das Ges zur Anpassung von Vorschriften über den Wertersatz bei Widerruf von Fernabsatzverträgen und über verbundene Verträge dient der Umsetzung von EuGH NJW 09, 3015 (ua Streichung von § 312d VI, § 312e und f neu, § 357 III neu). In diesem Zusammenhang steht auch die redaktionelle Anpassung in V 2.

§ 312d

Buch 2. Abschnitt 3. Schuldverhältnisse aus Verträgen

2 **2. Widerrufsrecht (I 1). a) Voraussetzungen.** Fernabsatzvertrag iSv § 312b; nicht notwendig ist ein wirksamer Vertragsschluss. Der BGH (183, 235; zust Peters JZ 10, 315; Skamel ZGS 10, 106) lässt – dogmatisch fragwürdig – auch bei nichtigem [konkret sittenwidrigem] Vertrag den Widerruf zu, um dem Verbraucher die gegenüber § 812 günstigere Rückabwicklung nach §§ 355, 346 ff zu gewähren (ebenso MK/Wendehorst 12; MK/Masuch § 355 Rn 32; ErmSaenger § 355 Rn 20; aA StThüsing 10; Ludwig ZGS 10, 490). § 242 soll nur bei Arglist des Verbrauchers greifen; die von § 817 S 2 Abschreckungwirkung läuft damit ins Leere – bedenklich! **b) Ausnahmen (IV).** Grundlage FernAbsRiLi 6 III. **aa) Lieferung von Waren** gem **Nr 1.** Gemeinsames Merkmal ist der Umstand, dass der Unternehmer die Waren (nach Rückgabe) nicht mehr anderweitig zu einem angemessenen Preis absetzen könnte. Die Bestimmung ist eng auszulegen. Grundsätzlich muss der Unternehmer nachteilige Veränderungen tragen (und entspr kalkulieren). *Kundenspezifikation* liegt nicht vor, wenn Unternehmer gleichartige Spezifikationen allen Kunden anbietet (zB: Sonderausstattung bei Pkw, anders: individuell gefertigtes Behindertenfahrzeug) ebenso wenig, wenn Ware auf Bestellung des Kunden aus vorgefertigten Standardbauteilen zusammengefügt wird und diese ggf ohne großen Aufwand und Funktionsverlust wieder getrennt werden können (Notebook, s BGH 154, 244 f; Bücker VuR 09, 71 mN). **Nicht zur Rücksendung geeignet** sind Waren, die danach nicht mehr körperlich mit der gelieferten Ware vollauf identisch sind, zB Heizöl wegen Vermischung, *nicht* elektronische Computerbausteine (Dresden MMR 02, 172), aber auch Arzneimittel, die aus Sicherheitsgründen nicht mehr abgegeben werden können (zutr Mand NJW 08, 190 gegen AG Köln NJW 08, 236 [für speziell angefertigte Arznei gilt Nr 1, 1. Var]) oder – aus Gründen der fehlenden Wiederverwendbarkeit – benutzte Hygieneartikel oder Kosmetika (weitere Bsp bei Becker/Föhlisch NJW 08, 3753 ff; aA für nur zur Prüfung geöffnete Kosmetikverpackung Köln VuR 10, 429). Bei der leitungsgebundenen Abnahme von Strom und Gas ist wegen des idR sofortigen Verbrauchs str, ob ein Widerrufsrecht nach Nr 1 3. Var ausgeschlossen ist. Dies hängt davon ab, ob der Ausschluss generell auch für typischerweise sofort verbrauchte Waren gilt oder nur für solche, die prinzipiell rücksendbar sind, dies für den Unternehmer aber nicht zumutbar ist (offen BGH ZIP 09, 1015; [Vorlage an EuGH, diese hat sich jedoch erledigt, BeckRS 2010, 90579], gegen Ausschluss Wendehorst LKM 09, 285018; BaR/Schmidt-Ränsch 37 [allg bei Verbrauch]; Buchmann/Hirschmann N&R Beilage 1/09, 7; StThüsing 49, da kein Fall typischer Unzumutbarkeit). Nach der ratio stellt Nr 1 auf Waren ab, die wegen ihrer Beschaffenheit nach Benutzung typischerweise unverkäuflich sind oder deswegen Lagerung und Rücksendung ausscheidet. Für alle anderen – nur verbrauchbaren – Waren greift nicht der Ausschluss des Widerrufs, sondern die Ersatzpflicht nach §§ 357 I, 346 III 1 Nr 2. Bei der gebotenen typisieren-

3 den Betrachtung sollte dies auch für Strom und Gas gelten. **bb) Lieferung von Ton-, Bildträgern, Software (Nr 2),** falls Verbraucher eine vorhandene Versiegelung gebrochen hat; bloße Cellophanhülle ohne bes Warnhinweis ist keine Versiegelung (Hamm VuR 10, 350). Grund: Verbraucher soll daran gehindert werden, Inhalt des Datenträgers zu kopieren und das Widerrufsrecht auszuüben. Etwas anderes gilt, wenn die Software installiert werden muss, um Hardware zu testen (AG Schönebeck VuR 08, 356). Gilt bei direktem Bezug über das Internet (sa § 312b Rn 5 ff) entspr; Widerrufsrecht erlischt mit Herunterladen (BGH NJW 06, 1974: III Nr 2; str Bunz ZGS 09, 111). **cc) Zeitungen, Zeitschriften, Illustrierte (Nr 3):** zu Widerruf nach § 505 s Rn 2; Grund: Aktualität, daher keine analoge Anwendung auf Bücher (bei Ingebrauchnahme vor Widerruf s § 357 III). Das Widerrufsrecht besteht aber bei telefonischer Abgabe der Verbrauchererklärung. Irrelevant ist, von wem der Anruf ausging (Köhler NJW 09, 2570). Weist eine Widerrufsbelehrung nicht auf die zum 4.8.2009 in Kraft getretene Gegenausnahme hin, ist dies gleichwohl unschädlich, wenn die Belehrung nur Fälle betrifft (Internethandelsplattform e-bay), in denen der Fall einer telefonischen Erklärung von vorne herein ausscheidet (BGH

4 NJW 10, 992). **dd) Wett- und Lotteriedienstleistungen (Nr 4).** sa cc). **ee) Ver-**

Titel 1. Begründung, Inhalt und Beendigung § 312d

steigerungen (Nr 5) gem § 156. Grund: Widerrufsrecht würde den einer Versteigerung eigenen Preisfindungsprozess untergraben; **„Internet-Auktionen"** (Vertragsschluss nicht gem § 156, s § 312b Rn 6) bilden daher keine „Umgehung" iSv § 312i S 2 (aA Heiderhoff MMR 01, 642 [zu HWiG 5 I]); Widerruf daher möglich (BGH NJW 05, 54 f; aA Braun JZ 08, 330; Mankowski JZ 05, 444; Bernhard ZGS 05, 226. Kaufvertrag gegen Höchstgebot (Anbieter behält sich Annahme vor) ist keine Versteigerung iSv § 156. Zu Versteigerungen mit pro Zeiteinheit *fallendem* Kaufpreis s § 312b Rn 6. **ff) Preisschwankungen (Nr 6)**. Unterliegt der Vertragsgegenstand den in Nr 6 genannten möglichen Preisschwankungen soll das Spekulationsrisiko nicht dem Unternehmer überbürdet werden. Neben Finanzdienstleistungen kann zB der Handel mit Edelmetallen betroffen sein. Der Aussschluss greift auch ein für Inhaberschuldverschreibungen („Lehman-Zertifikate"), wenn diese von der Entwicklung bestimmter Börsenindizes abhängig sind (BGH WM 13, 218; Düsseldorf ZIP 12, 419; Karlsruhe WM 12, 216). **gg) telekommunikationsgestützte Dienste (Nr 7).** Die 2009 (s Rn 1) eingefügte Regelung bezieht sich auf sog telekommunikationsgestützte Dienste (zum Begriff TKG § 3 Nr 25 [hier aber enger da nur solche Dienste erfasst sind, die unmittelbar per Telefon oder Telefax in einem Mal erbracht werden]) oder Mehrwertdienste. Eine Belehrung über das Widerrufsrecht wäre für diese Leistungen ohnehin nur unter erheblichen Schwierigkeiten möglich (BT-Drs 16/12406 S 11; daher ausgenommen von Nr 7 Online-Datenbanken, wo Belehrung ohne Weiteres möglich). Die Ausnahme ist mit Fern-AbsRiLi Art 6 III, 1. Spiegelstrich vereinbar. Das Widerrufsrecht entfällt auch, wenn Informationspflichten gem § 312c I iVm EGBGB Art 246 §§ 1, 2 nicht oder nicht vollständig erfüllt wurden (aber ggf Schadensersatz, s § 312c Rn 5). „Unmittelbar" heißt, dass die Leistung noch während der vom Verbraucher hergestellten Telefon- oder Faxverbindung komplett erbracht werden muss (BT-Drs aaO S 11). **hh) Beweislast** für IV Nr 1–7: Unternehmer. **ii) Rechtsfolgen:** Gem IV entfällt nur das Widerrufsrecht; Informationspflichten gem § 312c bleiben unberührt. Mit Ges zur Bekämpfung unlauterer Telefonwerbung (v 29.7.2009) wurde das Widerrufsrecht in III (Rn 6) und die Regelung in VI (gestrichen) auf alle Dienstleistungen erstreckt. Die Herausgabepflicht für das Erlangte bleibt unberührt (Knöfel ZGS 04, 185). Der Hinweis muss individuell erfolgen und darf nicht in den allg Informationen gem EGBGB Art 246 § 1 „versteckt" sein (PalGrüneberg 17). **kk) Konkurrenzen:** IV schließt nur das Widerrufsrecht gem I aus, nicht ein Widerrufsrecht nach anderen Vorschriften. **c) Ausschluss (V 1).** Das fernabsatzrechtliche Widerrufs- **5** und Rückgaberecht nach I tritt in den Fällen der §§ 495, 506–512 (iVm § 495 I) zurück. Damit genießen – wie beim Haustürwiderrufsrecht, vgl § 312a – vertragsinhaltsbezogene Widerrufsrechte Vorrang. Nur noch für Ratenlieferungsverträge (einschließlich solcher mit Existenzgründern [§ 512], Kulke VuR 09, 374) beginnt die Frist kraft Verweises auf II nicht vor Erfüllung der Informationspflichten aus EGBGB Art 246 § 2. Bei Darlehensverträgen und entgeltlichen Finanzierungshilfen musste hingegen VerbrKrRiLi 14 I 2 Rechnung getragen werden, wonach die Widerrufsfrist am Tag des Vertragsschlusses oder ggf erst am Tag der Aushändigung von Vertragsinhalt und -bedingungen beginnt (BT-Drs 16/11643 S 69; Kulke VuR 09, 374). **d) Erlöschen (III).** Widerrufsrecht erlischt nun bei allen *Dienstleistungen* mit **6** vollständiger Erfüllung vor Fristablauf auf Wunsch des Verbrauchers. Grund: Dienstleistungen sind regelmäßig individuell ausgerichtet und nicht anderweitig verwertbar. Die Neuregelung ermöglicht nun den Widerruf auch bei Dauerschuldverhältnissen (insbes „Abofallen" im Internet, van Raay/Deitermann VuR 09, 338, sa § 312g II-IV nF). „Auf ausdrücklichen Wunsch" schließt Vorformulierung in AGB aus. Für die früher teilweise von **III Nr 2** aF erfassten Fälle, dass der Leistungsvorgang durch eigene Handlung des Verbrauchers ausgelöst wird s jetzt IV Nr 7 (zB Abruf von Onlinedienst, Annahme von Telefongespräch durch Tastenwahl – BGH NJW 06, 1974). Nr 2 wurde mit Wirkung zum 4.8.2009 geändert (s Rn 1). Für Verträge vor diesem Zeitpunkt gilt die aF (LG Koblenz NJW-RR 10, 862). In der aF

§§ 312e, 312f Buch 2. Abschnitt 3. Schuldverhältnisse aus Verträgen

gilt der Ausschluss des Widerrufs auch für teilbare Leistungen (Mobilfunkverträge, Brandenburg VuR 09, 313).

7 **3. Beginn Widerrufsfrist (II).** Er tritt nur ein, wenn **a)** die **Informationspflichten** gem § 312c Rn 2 ff erfüllt sind (diese umfassen auch Angaben über das Widerrufsrecht [EGBGB Art 246 § 1 I Nr 10, § 2 I]) und **b)** eine **Widerrufsbelehrung** gem § 355 II 1 in Textform erteilt ist (PalGrüneberg 5); die bloße Information nach EGBGB Art 246 § 1 I Nr 10, § 2 I genügt nicht. Die Verwendung des Musters gem Anlage 1 und 2 zu EGBGB Art 246 § 2 genügt den ges Anforderungen (s
8 § 360 III). **c) Bei Waren** beginnt die Frist zudem nicht vor deren Eingang (entspr „Ablieferung" iSv § 438 II) beim Empfänger (bei Kauf auf Probe nicht vor Billigung: BGH NJW 05, 283m zu Recht abl Anm Westermann EWiR 04, 899), bei wiederkehrender Lieferung gleichartiger Waren mit der ersten Teillieferung, bei ungleichartigen Waren (Buchlieferungen) mit der letzten Teillieferung (PalGrüneberg 4; für gesonderte Fristen MK/Wendehorst 92 f). Grund: Verbraucher soll Ware prüfen können, wozu er im Fernabsatz bislang keine Gelegenheit hatte. Daher beginnt Frist **nicht,** wenn gelieferte **Ware unvollständig** ist oder bei Aliud-Lieferung (str wg § 434 III; hinreichender Schutz nach § 241a). Str ist, ob Frist läuft, wenn Ware **mangelhaft** ist. Dies ist im Interesse baldiger Rechtssicherheit zu bejahen – Verbraucher muss sich zwischen Widerruf und Nacherfüllung (§§ 439 I, 434 I, III) entscheiden (MK/Wendehorst 78 mN). Wertverlust schließt Widerruf nicht aus, s
9 arg ex § 357 III (Dresden NJW-RR 01, 1710). **d) Bei Dienstleistungen** beginnt Widerrufsfrist nicht vor dem Tag des Vertragsschlusses; Sonderregelung praktisch
10 bedeutungslos. **e)** Zum Fristbeginn im **elektronischen Geschäftsverkehr** s § 312g III 2: Unternehmer muss gegenüber Verbraucher also auch die Pflichten gem § 312g I 1 erfüllen.

§ 312e Wertersatz bei Fernabsatzverträgen

(1) **Bei Fernabsatzverträgen über die Lieferung von Waren** hat der Verbraucher abweichend von § 357 Absatz 1 Wertersatz für Nutzungen nach den Vorschriften über den gesetzlichen Rücktritt zu leisten,
1. soweit er die Ware in einer Art und Weise genutzt hat, die über die Prüfung der Eigenschaften und der Funktionsweise hinausgeht, und
2. wenn er zuvor vom Unternehmer auf diese Rechtsfolge hingewiesen und nach § 360 Absatz 1 oder 2 über sein Widerrufs- oder Rückgaberecht belehrt worden ist oder von beidem anderweitig Kenntnis erlangt hat.
§ 347 Absatz 1 Satz 1 ist nicht anzuwenden.

(2) **Bei Fernabsatzverträgen über Dienstleistungen** hat der Verbraucher abweichend von § 357 Absatz 1 Wertersatz für die erbrachte Dienstleistung nach den Vorschriften über den gesetzlichen Rücktritt nur zu leisten,
1. wenn er vor der Abgabe seiner Vertragserklärung auf diese Rechtsfolge hingewiesen worden ist und
2. wenn er ausdrücklich zugestimmt hat, dass der Unternehmer vor Ende der Widerrufsfrist mit der Ausführung der Dienstleistung beginnt.

§ 312f Zu Fernabsatzverträgen über Finanzdienstleistungen hinzugefügte Verträge

Hat der Verbraucher seine Willenserklärung, die auf den Abschluss eines Fernabsatzvertrags über eine Finanzdienstleistung gerichtet ist, wirksam widerrufen, so ist er auch nicht mehr an seine Willenserklärung hinsichtlich eines hinzugefügten Fernabsatzvertrags gebunden, der eine weitere Dienstleistung des Unternehmers oder eines Dritten zum Gegenstand hat. § 357 gilt für den hinzugefügten Vertrag entsprechend; § 312e gilt entsprechend,

Titel 1. Begründung, Inhalt und Beendigung § 312g

wenn für den hinzugefügten Vertrag ein Widerrufsrecht gemäß § 312d besteht oder bestand.

§ 312e dient der Umsetzung der EuGH-Rspr (NJW 09, 3015), s. § 312d Rn 1. §§ 312e–312g aF wurden entsprechend zu §§ 312g–i. Mit dem gleichzeitig geänderten § 357 III nF (zur Systematik krit Wendehorst NJW 11, 2553) wird die Beweislast für die Frage, ob der Umgang mit der Sache über die Prüfung hinausgeht, nach den Vorgaben des EuGH auf den Unternehmer verlagert und als allgemeine Regelung für alle Widerrufsrechte übernommen (BT-Drs 17/5097 S 14). § 312e nF regelt die Frage des Ersatzes für gezogene Nutzungen, während § 357 III nF eine entsprechende Regelung für eine Verschlechterung der Sache trifft. In beiden Fällen bleibt die Frage, wann im Einzelfall eine noch zulässige Prüfung vorliegt (Nr 1) von der Rspr zu beantworten. § 312f neu dient der Umsetzung von RiLi 02/65/EG Art 6 VII Unterabsatz 2 für hinzugefügte Verträge (BT-Drs aaO S 22) und soll eine mögliche Umsetzungslücke schließen. Die begriffliche Abgrenzung zwischen „hinzugefügten" und Verträgen nach §§ 358, 359a überlässt der Gesetzgeber bewusst der Rspr (s § 358 Rn 6).

§ 312g Pflichten im elektronischen Geschäftsverkehr

(1) ¹Bedient sich ein Unternehmer zum Zwecke des Abschlusses eines Vertrags über die Lieferung von Waren oder über die Erbringung von Dienstleistungen der Telemedien (Vertrag im elektronischen Geschäftsverkehr), hat er dem Kunden
1. angemessene, wirksame und zugängliche technische Mittel zur Verfügung zu stellen, mit deren Hilfe der Kunde Eingabefehler vor Abgabe seiner Bestellung erkennen und berichtigen kann,
2. die in Artikel 246 § 3 des Einführungsgesetzes zum Bürgerlichen Gesetzbuche bestimmten Informationen rechtzeitig vor Abgabe von dessen Bestellung klar und verständlich mitzuteilen,
3. den Zugang von dessen Bestellung unverzüglich auf elektronischem Wege zu bestätigen und
4. die Möglichkeit zu verschaffen, die Vertragsbestimmungen einschließlich der Allgemeinen Geschäftsbedingungen bei Vertragsschluss abzurufen und in wiedergabefähiger Form zu speichern.

²Bestellung und Empfangsbestätigung im Sinne von Satz 1 Nr. 3 gelten als zugegangen, wenn die Parteien, für die sie bestimmt sind, sie unter gewöhnlichen Umständen abrufen können.

(2) Bei einem Vertrag im elektronischen Geschäftsverkehr zwischen einem Unternehmer und einem Verbraucher, der eine entgeltliche Leistung des Unternehmers zum Gegenstand hat, muss der Unternehmer dem Verbraucher die Informationen gemäß Artikel 246 § 1 Absatz 1 Nummer 4 erster Halbsatz und Nummer 5, 7 und 8 des Einführungsgesetzes zum Bürgerlichen Gesetzbuche, unmittelbar bevor der Verbraucher seine Bestellung abgibt, klar und verständlich zur Verfügung stellen. Diese Pflicht gilt nicht für Verträge über die in § 312b Absatz 1 Satz 2 genannten Finanzdienstleistungen.

(3) Der Unternehmer hat die Bestellsituation bei einem Vertrag nach Absatz 2 Satz 1 so zu gestalten, dass der Verbraucher mit seiner Bestellung ausdrücklich bestätigt, dass er sich zu einer Zahlung verpflichtet. Erfolgt die Bestellung über eine Schaltfläche, ist die Pflicht des Unternehmers aus Satze 1 nur erfüllt, wenn diese Schaltfläche gut lesbar mit nichts anderem als den Wörtern „zahlungspflichtig bestellen" oder mit einer entsprechenden eindeutigen Formulierung beschriftet ist.

§ 312g Buch 2. Abschnitt 3. Schuldverhältnisse aus Verträgen

(4) **Die Erfüllung der Pflicht aus Absatz 3 ist Voraussetzung für das Zustandekommen eines Vertrages nach Absatz 2 Satz 1.**

(5) ¹Absatz 1 Satz 1 Nr. 1 bis 3 findet keine Anwendung, wenn der Vertrag ausschließlich durch individuelle Kommunikation geschlossen wird. ²Absatz 1 Satz 1 Nr. 1 bis 3 und Satz 2 findet keine Anwendung, wenn zwischen Vertragsparteien, die nicht Verbraucher sind, etwas anderes vereinbart wird.

(6) ¹Weitergehende Informationspflichten auf Grund anderer Vorschriften bleiben unberührt. ²Steht dem Kunden ein Widerrufsrecht gemäß § 355 zu, beginnt die Widerrufsfrist abweichend von § 355 Abs. 3 Satz 1 nicht vor Erfüllung der in Absatz 1 Satz 1 geregelten Pflichten.

1 **1. Allgemeines. a) Bedeutung.** Gestaltungs-, Informations- und Mitteilungspflichten des Unternehmers, der Waren oder Dienstleistung im elektronischen Geschäftsverkehr absetzt. **I** ist keine (reine) Verbraucherschutzvorschrift (Rn 2), hingegen betreffen II–IV nur Verbraucherverträge. Ein eigenständiges Widerrufsrecht begründet § 312g nicht. Die Vorschrift wurde zunächst redaktionell angepasst in I 1 Nr 2 und III 2 durch das Ges zur Umsetzung der VerbrKrRiLi. Mit Wirkung zum 1.8.2012 wurden II–IV neu eingefügt. Sie dienen der Umsetzung der RiLi 2011/83/EU und regeln die sog „button"-Lösung für den Vertragsschluss im Fernabsatz und sollen Verbraucher vor sog „Kostenfallen" im Internet schützen, bei denen die Entgeltlichkeit der Leistung des Anbieters bislang häufig bewusst verschleiert wurde. **b) Umsetzung** E-CommerceRiLi 10 f. Leider übernimmt die Vorschrift einige Unklarheiten der RiLi (zu Recht krit MK/Wendehorst 5; PWW/ Medicus/Stürner 1). **c) Konkurrenzen (III 1).** Mit einem Verbraucher geschlossener Vertrag im elektronischen Geschäftsverkehr erfüllt idR zugleich § 312b; Informationspflichten gem § 312c bleiben unberührt. Folge: Unternehmer muss zahlreiche Informationen erteilen, insbes EGBGB Art 246 §§ 1, 3. Unberührt bleiben auch TMG 5 und PAngV.

2 **2. Persönlicher Anwendungsbereich.** Anbieter muss Unternehmer (§ 14) sein; Kunde kann Verbraucher, aber auch Unternehmer sein.

3 **3. Sachlicher Anwendungsbereich. a) Vertrag im elektronischen Geschäftsverkehr** liegt vor, wenn Vertragsschluss unter Einsatz eines Tele- oder Mediendienstes (elektronische Kommunikationsmittel) erfolgt, nicht per Brief oder Telefon. **Teledienst** s TDG 2, zB Telebanking, Datendienste (Verkehrs-, Wetter-, Umwelt-, Börsendaten), Telespiele, interaktive Datenbanknutzung. **Mediendienste** s MDStV 2, insbes „Fernseheinkauf". Nur der Vertragsschluss, nicht die Erbringung der Leistung (Versandhandel) muss mittels elektronischen Kommunikationsmitteln erfolgen.

4 **4. Rechtsfolgen. a) Unternehmerpflichten (I 1). aa) Berichtigung von Eingabefehlern (Nr 1):** Unternehmer hat das elektronische Kommunikationsmittel so auszugestalten, dass der Kunde Eingabefehler vor Abgabe der Bestellung erkennen und berichtigen kann. Liegt bereits seitens des Anbieters ein Eingabefehler vor (zB zu niedriger Preis), kann er nach § 120 **anfechten** (Hamm NJW 04, 2601). Kunde kann fehlerhafte Eingabe ebenfalls nach §§ 119, 120 anfechten, wenn Korrektur nicht mehr rechtzeitig erfolgte. Anspruch aus § 122 kann entfallen (§ 242), wenn Anbieter
5 den Bedienungsfehler mitverursacht hat (MK/Wendehorst 121). **bb) Informationspflichten (Nr 2)** gem EGBGB Art 246 § 3. **cc) Zugangsbestätigung (Nr 3):** Empfang der Bestellung (auch: invitatio ad offerendum) des Kunden ist unverzüglich (§ 121 I) zu bestätigen. Dies ist rechtsähnliche Handlung. **I 2** regelt (in wörtlicher Übernahme von E-CommerceRiLi 1 als Fiktion, mR krit PalGrüneberg 7, da Zugang nach allg Regeln tats vorliegt) den Zugang von Bestellung und Bestätigung entspr den allg Zugangskriterien (s § 130 Rn 4); maßgeblich ist Abrufbarkeit unter gewöhnlichen Umständen. Für Annahmeerklärung des Angebotsempfängers gilt nichts anderes.

Titel 1. Begründung, Inhalt und Beendigung § 312g

Zugangsbestätigung wird häufig gleichzeitig Annahmeerklärung sein, insbes wenn Lieferung konkret angekündigt wird (Einzelfallprüfung notw, str s Brodenstedt EWiR 04, 739 mN). Nr 3 erfordert nur eine einfache Zugangsbestätigung, die (nicht verschlüsselte) Wiedergabe des gesamten Bestellungsinhalts mit persönlichen Daten in einfacher E-Mail verstößt ggf gegen BDSG 3, 9 (hierzu Bergt NJW 12, 3544).
dd) Abruf und Speicherung der vertraglichen Abreden (Nr 4). Unternehmer 6 hat das elektronische Kommunikationsmittel so auszugestalten, dass der Kunde bei Vertragsschluss den gesamten Vertragsinhalt einschließlich der AGB abrufen und wiedergabefähig speichern kann. IdR liegen damit Voraussetzungen gem § 305 II Nr 1 und 2 vor. Die Pflichten sind aber auch erfüllt, wenn AGB nicht gem § 305 II Vertragsbestandteil werden. Unwirksamkeit gem §§ 307–309 steht Erfüllung der Pflicht gem I 1 Nr 4 nicht entgegen.

5. „Button"-Lösung. Die neu eingefügten II–IV verschärfen die Informati- 6a onspflichten und stellen zusätzliche formale Anforderungen an den Vertragsschluss. Die Informationen nach II müssen unmittelbar vor Abgabe der Bestellung gegeben werden, wobei es nicht immer möglich sein wird, dass diese alle auf einer Bildschirmseite erscheinen – Scrollen muss daher zulässig sein (Bergt NJW 12, 3541). Durch die Neuregelung soll der Verbraucher vor allem auf die Entgeltlichkeit des Angebots deutlich hingewiesen und so vor Kosten- oder Abofallen im Internet besser geschützt werden. Bislang kam nur ein Widerruf (sofern nicht ges ausgeschlossen) und bei Irrtum über die Entgeltlichkeit eine Anfechtung in Betracht (Alexander NJW 12, 1985). Ein (Fernabsatz-)Vertrag kommt jetzt nach IV nur zu Stande, wenn der Unternehmer seiner Pflicht nach III nachgekommen ist und eine entsprechende Bestätigung erfolgt ist. Nicht erfasst werden Verträge des elektronischen Geschäftsverkehrs, die über individuelle Kommunikationsformen wie E-Mail geschlossen werden (BT Drucks 17/7745 S 7). Die Schaltfläche muss eindeutig beschriftet sein, Symbole wie Dollar oder Euro-Zeichen reichen nach dem Wortlaut nicht aus („Wörtern"). Unzureichend: „mit Kreditkarte bestellen" (da ggf nur Sicherheit, s Bergt NJW 12, 3543). Die strenge Sanktion in IV, die vollkommene Unwirksamkeit des Vertrages anordnet (und nicht nur fehlende Bindung des Verbrauchers wie die RiLi) dürfte gegen RiLi 2011/83/EU Art 4 (Vollharmonisierung) verstoßen (Alexander NJW 12, 1989). Mit Umsetzung der VerbraucherrechteRiLi wird die Vorschrift in § 312 i III überführt (s Anhang zur Verbraucherrechtsreform S 2275).

6. Ausnahmen (V 1). Die Pflichten gem I 1 Nr 1–3 sind auf vom Unternehmer 7 vorstrukturierte Kommunikationsabläufe ausgerichtet, die dem Kunden insoweit keinen wesentlichen Gestaltungsspielraum belassen. Bei **Individualkommunikation** (zB: Vertragsschluss allein durch E-Mail anstelle Telefax, sa E-CommerceRiLi 10 IV, 11 III) gilt dies **nicht**. II 1 stellt den Unternehmer daher von den entspr Pflichten frei, *nicht* aber von der Mitteilung gem I 1 Nr 4, die dem Kunden Kenntnis und jederzeitigen Zugriff auf den Vertragsinhalt ermöglicht.

7. Rechtsfolgen einer Pflichtverletzung. a) Fernabsatzvertrag ist **nicht** 8 **unwirksam** wegen Verletzung von I 1 (BT-Drs 14/6040 S 173). **b) Anspruch** des Verbrauchers auf Erfüllung (formgerechte Mitteilung der Informationen), ggf Schadensersatz gem §§ 280 I, 311 II (uU auf Vertragsaufhebung oder -anpassung). **c)** Steht dem Kunden ein Widerrufsrecht zu (insbes gem § 312d als Verbraucher), beginnt die **Widerrufsfrist** nicht zu laufen (§ 312d II), solange nicht die Pflichten gem I 1 erfüllt sind. **d) Unterlassungsanspruch** gem UKlaG 2 I, II Nr 1; ggf UWG 4 Nr 11.

8. Vertragsgestaltung. aa) Gegenüber einem **Verbraucher** sind die Pflichten 9 gem I 1 und I 2 (Rn 4 f) unabdingbar, **§ 312i. bb)** Gem **V 2** können gegenüber einem **Unternehmer** (insbes in Rahmenvereinbarungen) die Pflichten gem I 1 Nr 1–3 abbedungen oder modifiziert und das Zugangsrisiko abweichend von I 2 verteilt werden.

Stadler

§§ 312h, 312i

§ 312h Kündigung und Vollmacht zur Kündigung

Wird zwischen einem Unternehmer und einem Verbraucher nach diesem Untertitel ein Dauerschuldverhältnis begründet, das ein zwischen dem Verbraucher und einem anderen Unternehmer bestehendes Dauerschuldverhältnis ersetzen soll, und wird anlässlich der Begründung des Dauerschuldverhältnisses von dem Verbraucher
1. die Kündigung des bestehenden Dauerschuldverhältnisses erklärt und der Unternehmer oder ein von ihm beauftragter Dritter zur Übermittlung der Kündigung an den bisherigen Vertragspartner des Verbrauchers beauftragt oder
2. der Unternehmer oder ein von ihm beauftragter Dritter zur Erklärung der Kündigung gegenüber dem bisherigen Vertragspartner des Verbrauchers bevollmächtigt,

bedarf die Kündigung des Verbrauchers oder die Vollmacht zur Kündigung der Textform.

1. Allgemeines. Die Norm wurde durch das Ges zur Bekämpfung unlauterer Telefonwerbung etc (v 29.7.2009) eingefügt. Sie soll unseriösen Geschäftspraktiken entgegen wirken, die vor allem bei Energieversorgungsverträgen und Telekommunikationsdienstleistungen zu beobachten waren. Denn um neue Kunden zu gewinnen, muss oftmals ein Altvertrag gekündigt werden (BT-Drs 16/10734 S 11). Die Kündigung oder Vollmacht zur Kündigung des alten Vertrages bedarf in den Fällen von Nr 1 und 2 nun grds der Textform (§ 126b). Dem Verbraucher soll damit deutlich gemacht werden, dass er bei Widerruf des neuen Vertrages an die Kündigung des alten gebunden bleibt (PalGrüneberg 1; Köhler NJW 09, 2571).

2. Voraussetzungen. Erfasst werden Fälle, in denen der Unternehmer (oder je ein Dritter) als Bote der Kündigungserklärung eingesetzt wird (Nr 1) oder als Vertreter des Verbrauchers selbst kündigen (Nr 2). Formbedürftig sind bei Nr 1 nur die Kündigung des Verbrauchers, bei Nr 2 die Vollmacht (sonst jeweils Nichtigkeit gem § 125 S 1), nicht jedoch die Kündigung durch den Unternehmer oder Dritten.

§ 312i Abweichende Vereinbarungen

¹Von den Vorschriften dieses Untertitels darf, soweit nicht ein anderes bestimmt ist, nicht zum Nachteil des Verbrauchers oder Kunden abgewichen werden. ²Die Vorschriften dieses Untertitels finden, soweit nicht ein anderes bestimmt ist, auch Anwendung, wenn sie durch anderweitige Gestaltungen umgangen werden.

1   **1. Allgemeines.** Früher § 315g (redakionelle Folgeänderung durch Einfügung der §§ 312e und f nF). Beschränkung der Privatautonomie: **Verbraucherschutz** bei bes Vertriebsformen steht weder durch abweichende Abreden (S 1) noch durch Umgehung (S 2) zur Disposition. Vereinbarungen im elektronischen Geschäftsverkehr zwischen *Unternehmern* sind gem § 312g II 2 wirksam.

2   **2. Unabdingbarkeit, S 1. a)** Von den („halbzwingenden") §§ 312 ff kann nicht zum **Nachteil des Verbrauchers** vertraglich abgewichen werden. Entspr Vereinbarungen sind **unwirksam**, der Vertrag iU wirksam. Zulässig sind den Verbraucher begünstigende Vereinbarungen. **b)** Unwirksam ist auch ein in Kenntnis des Widerrufsrechts erfolgter **Verzicht** hierauf, *nicht* aber ein angesichts der Sach-, Rechts- und Beweislage angemessener Vergleich (PalGrüneberg 2; MK/Wendehorst 10).

3   **3. Umgehungsverbot, S 2.** Umgehung liegt vor, wenn eine ges verbotene Regelung iE durch einen andere rechtliche oder tatsächliche Gestaltung erreicht werden soll und Verbraucher in gleicher Weise gefährdet (abl BGH 165, 363 = NJW 06, 846 wenn Verbraucher für Abgabe von Erklärung aus Wohnung [§ 312 I

Nr 1] in Geschäftsräume gerufen wird; aA Kulke NJW 06, 2223; krit auch Enders JZ 06, 573). Objektive Umgehung genügt, Umgehungsabsicht nicht erforderlich; sa § 134 Rn 18. (Str) Anwendungsfall s § 312d Rn 4 (ee). Ausf Zerres MDR 04, 1334 ff.

Untertitel 3. Anpassung und Beendigung von Verträgen

§ 313 Störung der Geschäftsgrundlage

(1) **Haben sich Umstände, die zur Grundlage des Vertrags geworden sind, nach Vertragsschluss schwerwiegend verändert und hätten die Parteien den Vertrag nicht oder mit anderem Inhalt geschlossen, wenn sie diese Veränderung vorausgesehen hätten, so kann Anpassung des Vertrags verlangt werden, soweit einem Teil unter Berücksichtigung aller Umstände des Einzelfalls, insbesondere der vertraglichen oder gesetzlichen Risikoverteilung, das Festhalten am unveränderten Vertrag nicht zugemutet werden kann.**

(2) **Einer Veränderung der Umstände steht es gleich, wenn wesentliche Vorstellungen, die zur Grundlage des Vertrags geworden sind, sich als falsch herausstellen.**

(3) **¹Ist eine Anpassung des Vertrags nicht möglich oder einem Teil nicht zumutbar, so kann der benachteiligte Teil vom Vertrag zurücktreten. ²An die Stelle des Rücktrittsrechts tritt für Dauerschuldverhältnisse das Recht zur Kündigung.**

Lit: Beuthien, Zweckerreichung und Zweckstörung im Schuldverhältnis, 1969; Boemke, Wirtschaftliche Notlage und Widerruf von Zusagen der betrieblichen Altersversorgung, NJW 09, 2491; Fikentscher, Die Geschäftsgrundlage als Frage des Vertragsrisikos, 1971; Köhler, Unmöglichkeit und Geschäftsgrundlage bei Zweckstörungen im Schuldverhältnis, 1971; ders, Die Lehre von der Geschäftsgrundlage als Lehre von der Risikobefreiung, FG Wiss I, 2000, S 295; Kuntz, Auswirkungen der Finanzmarktkrise auf Unternehmenskaufverträge aus Sicht des Käufers, WM 09, 1257; Loyal, Vertragsaufhebung wegen Störung der Geschäftsgrundlage, NJW 13, 417; Picker, Schuldrechtsreform und Privatautonomie, JZ 03, 1035; Roth, G, Vom Wegfall der Geschäftsgrundlage zur richterlichen Vertragsanpassung, FS Krejci 2001, S 1251; ders, Anpassung von Gesellschaftsverträgen, FS Honsell 2002, S 575; Wieser, Der Anspruch auf Vertragsanpassung wegen Störung der Geschäftsgrundlage, JZ 04, 654.

I. Allgemeines

1. Regelung und Bedeutung. a) Mit § 313 „verankert" das **SchRModG** das 1 wichtige, von Rspr und Lehre entwickelte Rechtsinstitut der Störung der Geschäftsgrundlage im BGB (vgl Rn 16 vor § 275). Es handelt sich allerdings mehr um die Aufnahme eines „Merkpostens" als um eine Kodifikation der Rspr-Grundsätze. Die Einordnung als § 313 statt – besser – im Anschluss an § 242 ändert nichts daran, dass es sich um eine Ausprägung des Grundsatzes von Treu und Glauben (so ausdr BT-Drs 14/6040 S 174) und damit der in ihm aufgegangenen (s Rn 2) *clausula rebus sic stantibus* handelt. Eine Änderung der bish Rechtslage ist durch § 313 (abgesehen von Randkorrekturen) nicht beabsichtigt, der Fort- und Weiterentwicklung des Rechtsinstituts sollen keine Grenzen gezogen werden. In I und II greift der GesGeber vorgefundene Unterscheidungen auf. **b)** Das positivierte **Rechtsinstitut** der 2 Störung der Geschäftsgrundlage ermöglicht unter bestimmten Voraussetzungen (Rn 14 ff) eine Anpassung des Vertragsinhalts an die veränderten Verhältnisse (Rn 16) und schränkt insoweit den Grundsatz der Vertragstreue *(pacta sunt servanda)* ein. Die gemeinrechtliche Lehre der *clausula rebus sic stantibus* (vgl BGH 61, 160) kehrt nunmehr in der „schwerwiegenden Veränderung der Umstände" in **I** wieder (sa ZPO 323 I, IV). Die ges anerkannten Grundsätze zur Störung der Geschäftsgrundlage sind Grundlage verschiedener Rechte und Rechtsbehelfe (Rn 27 ff) und stellen damit eine **Ergänzung** des allg Vertragsrechts, insbes des Rechts der Leis-

§ 313 Buch 2. Abschnitt 3. Schuldverhältnisse aus Verträgen

tungsstörungen dar (Rn 14 ff). Die Eingliederung im Zusammenhang mit der Reform des Leistungsstörungsrechts erweist sich damit als folgerichtig. Zur höchst problematischen Abgrenzung von § 275 II und § 313 s Rn 11.

3 **2. Begriffe und Arten. a) Störung** der Geschäftsgrundlage ist der Oberbegriff; er umfasst sowohl den (nachträglichen) **Wegfall (I)** als auch das anfängliche **Fehlen** der Geschäftsgrundlage **(II). Geschäftsgrundlage** sind die *„zur Grundlage des Vertrags gewordenen Umstände"* (vgl **I HS 1, II**); sie kann sowohl „subj" (dh durch die Parteien) bestimmt werden als auch „obj" aus sachlichen Kriterien ergeben
4 (Rn 4–5). **b) Subj und obj Geschäftsgrundlage.** Nach der bisher vom **BGH** in **stRspr** und der **hM** vertretenen sog **subj Formel** wird die Geschäftsgrundlage eines Vertrages gebildet durch die nicht zum Vertragsinhalt erhobenen, aber bei Vertragsschluss zutage getretenen gemeinschaftlichen Vorstellungen beider Vertragsparteien oder die dem Geschäftsgegner erkennbaren und von ihm nicht beanstandeten Vorstellungen der einen Vertragspartei vom Vorhandensein, künftigen Eintritt oder Fortbestand gewisser Umstände, auf denen der Geschäftswille der Parteien aufbaut (BGH 129, 252 mN; 131, 214; 135, 338; mR krit Köhler, FG Wiss I, S 298). Demgegenüber war hauptsächlich im Schrifttum auch die **obj Geschäftsgrundlage** anerkannt; darunter waren alle Umstände zu verstehen, deren Vorhandensein oder Fortdauer obj erforderlich ist, damit der Vertrag iSd Intentionen beider Vertragsparteien noch als eine sinnvolle Regelung bestehen kann (Larenz SchR I, § 21 II; BGH 61, 161). Das **SchRModG** regelt in **I** die obj Geschäftsgrundlage und erwähnt in **II** nur einen Sonderfall der subj Geschäftsgrundlage (ie Rn 14); mit der „mehr auf obj Merkmale abstellenden Formulierung" will sich das Ges aber nur gegen die abw Begründung der iErg gebilligten Rspr wenden (vgl BT-Drs 14/6040 S 176). Die
5 subj Formel verliert durch § 313 damit weitgehend an Bedeutung. **c) Große und kleine Geschäftsgrundlage.** Erstere umfasst Einwirkungen von „Veränderungen in der Sozialexistenz" auf Vertragsverhältnisse, zB wesentlicher Währungsverfall, Krieg, kriegsähnliches und politisches Geschehen (zB Revolution im Iran: BGH NJW 84, 1746 f; dazu Wieling JuS 86, 272; Golfkrieg: Karlsruhe NJW 92, 3177); nicht allg Wechsel der Wirtschaftsordnung 1990 in der DDR (iE str, s BGH 121, 393; 128, 329; 131, 214); nicht Finanzmarktkrise 2008 mit verschärften Bedingungen für Bankbürgschaft (KG NJW 13, 478); uU aber Wiedervereinigung bei urheberrechtlichen Nutzungsverträgen (s BGH 133, 293 mN) oder bei monatlichen Zahlungen für die Nichtausübung eines Wohnrechts (Naumburg DtZ 97, 363); allg Natur- und Umweltkatastrophen (zB Ölpest) und ähnliche „Massenkalamitäten" (Flume II § 26, 6; Esser/Schmidt § 24 II). Zur Euro-Umstellung s Rn 38. Die **kleine Geschäftsgrundlage** umfasst alle übrigen Fälle.

6 **3. Anwendungsbereich.** Die Grundsätze über das Fehlen (den Wegfall) der Geschäftsgrundlage finden auf alle schuldrechtlichen Verträge Anwendung, ohne Rücksicht darauf, ob es sich um auch beiderseits voll erfüllte (Rn 27) gegenseitige, unvollkommen zweiseitige oder einseitig verpflichtende Verträge (zB Bürgschaft, Schuldanerkenntnis) handelt (vgl Rn 22), auch auf Vorverträge (BGH 47, 393; NJW 58, 1531), nur mit Einschränkungen auf die normativen Regelungen in Tarifverträgen (BAG 46, 317); modifiziert auf dem DDR-Recht unterliegende Schuldverhältnisse (oben Rn 5; § 242 Rn 11 [c]); dagegen **nicht** auf einseitige RGeschäfte (BAG NJW 92, 2175: Kündigung; BGH NJW 93, 850: letztwillige Verfügung, str), auf ges Ansprüche und Schuldverhältnisse, auch nicht auf das ges Schuldverhältnis der Vertragsverhandlungen (§ 311 Rn 34; vgl BGH NJW 56, 1275).

7 **4. Sonderregelungen.** Sonderregelungen der Geschäftsgrundlage enthalten §§ 321, 490, 519, 527 (dort Rn 10 [cc]), 528, 530, 593, 594e, 605, 626 (dazu BAG NJW 87, 976), 651j (vgl BGH 85, 57), 723, 775, 779 I, 1301, 1612a, 2077, 2079; ZPO 323; FamFG 240; UrhG 36 (dazu BGH 115, 66); ArbEG 12 VI (dazu BGH 61, 160); VHG; CISG 79; VwVfG 60; SGB X 59; DMBilG 32 II (dazu BGH 122, 40 ff; 131, 33); VOB/B 2 III, VII (BGH NJW-RR 11, 886; MDR 11, 1099); für

Titel 1. Begründung, Inhalt und Beendigung **§ 313**

Betriebsrenten s Rn 31. Lediglich im Anwendungsbereich der Sondervorschriften ist die Anwendung der Grundsätze gem § 313 ausgeschlossen (BGH WM 95, 2143; BAG MDR 88, 805; BayObLGZ 89, 481), sie bleiben aber anwendbar, soweit die (nicht abschließende) Sonderregelung nicht eingreift.

5. Abgrenzung. a) Die Geschäftsgrundlage ist nicht **Vertragsinhalt** (zB iS einer 8 Bedingung oder eines vereinbarten Rechtsgrundes). Führt die (ggf ergänzende) **Vertragsauslegung** (§ 157) zu einer vertraglichen Regelung des betreffenden Umstands, scheidet § 313 aus (BGH 90, 74; NJW-RR 95, 854; iE Köhler, FG Wiss I, S 301 ff, 304 ff). Bsp: Berichtigende Auslegung bei gemeinsamem Irrtum über Umrechnungskurs (so Flume II § 26, 4a gegen RG 105, 406: § 119 I); Neuberechnung einer gesellschaftsvertraglichen Abfindung (BGH 126, 242). **b) Anfechtung.** 9 Irrtum über die Geschäftsgrundlage (Rn 26) ist weder (unbeachtlicher) Motivirrtum noch nur durch Anfechtung (Folge: § 122) geltend zu machender Geschäfts- oder Eigenschaftsirrtum (§ 119 I, II), sondern ein Fall der subj Geschäftsgrundlage (vgl Larenz, AT, § 38 Rn 4 f und SchR I, § 21 II, str); zum beiderseitigen Motivirrtum als Fall von § 313 s Rn 26. **c) Haftung für Mängel.** Im Anwendungsbereich der 10 Mängelhaftung (§§ 437 ff, 536 ff, 634 ff, 651c ff) ist § 313 ausgeschlossen (BGH 98, 103 f mN; 117, 162; MDR 08, 616). Dies gilt auch dann, wenn die Voraussetzungen der Mängelhaftung im Einzelfall (zB wegen Verjährung, Ausschließung) nicht eingreifen (BGH 117, 163 f); nicht jedoch dann, wenn der betreffende Umstand von vornherein nicht geeignet ist, Sachmängelansprüche auszulösen (BGH 191, 143: Grundstücksgröße von vereinbarter Beschaffenheit, daher kein Sachmangel). **d) Leistungshindernisse und -erschwerungen.** Die sog wirtschaftliche Unmög- 11 lichkeit (Begriff: § 275 Rn 11) bildet einen Fall des Wegfalls der Geschäftsgrundlage (Rn 17) und soll nach der gesetzgeb Intention nicht von § 275 II erfasst sein (zur Unhaltbarkeit dieser Differenzierung zu Recht Picker JZ 03, 1035 ff). Das Gleiche gilt für die Fälle der Zweckstörungen (Rn 18), soweit nicht der Zweck Vertragsinhalt ist (sonst Fall von Unmöglichkeit: vgl § 293 Rn 8). **e) Kündigung von Dauer-** 12 **schuldverhältnissen aus wichtigem Grund.** Durch das gleichzeitig eingeführte Kündigungsrecht aus wichtigem Grund (§ 314) wird § 313 verdrängt, soweit es um die Auflösung des Vertrages geht (§ 314 Rn 2); liegt zugleich eine Störung der Geschäftsgrundlage vor, kann auch Vertragsanpassung verlangt werden (vgl § 314 Rn 2). **f) Nichteintritt des mit der Leistung bezweckten Erfolgs** (§ 812 I 2, 2. 13 Fall). Bildet der – fehlgeschlagene – Leistungszweck die Geschäftsgrundlage (Rn 4) eines vertraglichen Schuldverhältnisses, so scheidet ein Bereicherungsanspruch wegen Nichterreichung des Leistungszwecks gem § 812 I 2, 2. Fall aus; Grund: Vorrang der vertraglichen Ansprüche, zu denen auch die Rechtsbehelfe aus gestörter Geschäftsgrundlage gehören, vor Bereicherungsansprüchen (BGH 84, 10 f; 108, 149; NJW 92, 2690; BAG NJW 87, 919; s iE § 812 Rn 15 ff). Die condictio ob rem erfordert dabei eine konkrete Zweckabrede (stRspr s BGH MDR 11, 1110, s § 812 Rn 19).

II. Voraussetzungen der Störung der Geschäftsgrundlage (I, II)

1. Überblick. Als Störungstatbestände sind der (nachträgliche) Wegfall der 14 Geschäftsgrundlage und ihr (anfängliches) Fehlen zu unterscheiden. Ein **Wegfall** kommt sowohl bei obj als auch subj Geschäftsgrundlage (s dazu Rn 4) in Frage; beide Fälle regelt **I**. Anfängliches Fehlen ist nur bei der subj Geschäftsgrundlage möglich (Rn 4); es ist in **II** geregelt. Die drei Störungstatbestände unterscheiden sich bei den Merkmalen der Umstandsveränderung (Rn 16) und des (anfänglichen) Fehlens der Geschäftsgrundlage (Rn 25); im Übrigen stimmen sie dagegen in Voraussetzungen und Rechtsfolgen überein (Rn 19–22).

2. Wegfall der obj Geschäftsgrundlage (I). a) Allgemeines. Eine Anknüp- 15 fung an (Fehl-)Vorstellungen der Parteien über nachträglich veränderte Umstände (vgl Rn 4) scheidet hier aus. Die erforderlichen obj Kriterien liegen bei der großen

§ 313
Buch 2. Abschnitt 3. Schuldverhältnisse aus Verträgen

Geschäftsgrundlage (Rn 5) stets vor und ergeben sich iÜ aus allg anerkannten Fallgruppen wie „Äquivalenzstörungen", „Leistungserschwernissen", „Zweckstörungen" usw (vgl BT-Drs 14/6040 S 174). IE setzt der Wegfall der obj Geschäftsgrundlage nach **I** voraus: Schwerwiegende Veränderung der Verhältnisse nach Vertragsschluss (Rn 16–19), durch welche die Risikoverteilung zum Nachteil einer Vertragspartei gestört wird (Rn 20) mit der Folge, dass dem „benachteiligten Teil" (s **III**) ein Festhalten am unveränderten Vertrag unzumutbar ist (Rn 23 – „neue"

16 *clausula rebus sic stantibus*). **b) Schwerwiegende Veränderung der Umstände nach Vertragsschluss.** Sie ist bei Vorliegen einer der folgenden **Fallgruppen** idR gegeben. **aa) Wesentliche Äquivalenzstörung.** Infolge der unvorhergesehenen Änderung der Verhältnisse ist zwischen den beiderseitigen vertraglichen Leistungspflichten ein grobes Missverhältnis entstanden. Bsp: Wesentliche **Entwertung von Geldansprüchen** durch **Währungsverfall** erheblichen Ausmaßes (BGH 90, 227 ff; 111, 215 f; iE: Rn 31); wesentliches Missverhältnis von Leistung und Gegenleistung bei DDR-Wirtschaftsverträgen infolge der Währungsunion (s Rn 5).

17 **bb) Übermäßige Leistungserschwerungen.** Hierher gehören die (nicht unter § 275 II, III fallenden) Fälle der sog *wirtschaftlichen Unmöglichkeit* (§ 275 Rn 11), bei denen die Leistung für den Schuldner nur mit „überobligationsmäßigen" Anstrengungen möglich wäre (zur Abgrenzung Rn 11, § 275 Rn 24 ff). Bsp: Erhebliche Beschaffungshindernisse für den Sach-(Werk- usw)leistungsschuldner infolge unvorhergesehener Verknappung von Bezugsmöglichkeiten (vgl dazu BGH NJW 94, 515 f) oder tiefgreifender wirtschaftlicher Veränderungen, zB durch wesentliche Änderung des Preisgefüges (vgl aber auch Rn 20 ff); Bsp: Stahlpreiserhöhung 1969 (vgl Fikentscher aaO S 50, 74 ff), Ölpreiserhöhung 1973 (vgl BGH JZ 78, 235); unverhältnismäßige Mehrkosten von Bauleistungen unter unvorhergesehenen

18 Erschwerungen (vgl Köhler FG Wiss I S 314 ff mN). **cc) Zweckstörungen.** Infolge der nicht absehbaren Veränderung der Verhältnisse ist der Vertragszweck durch die Erbringung der (an sich möglichen) Leistung endgültig nicht mehr erreichbar. Hauptanwendungsfälle sind „zweckbezogene" Miet- und Werkleistungen. Bsp: Fensterplatzmiete für Festzug, der ausfällt; Hotelzimmermiete in Badeort, wenn Ölpest Strand verseucht (vgl BGH 85, 57); Vermietung von Räumen zu gewerblicher Nutzung, die infolge allg behördlichen Verbots nicht mehr möglich ist (dazu eingehend mN Beuthien aaO S 176 ff). Nicht hierher gehören idR Lieferverträge, da bei ihnen Zweckverfehlungen meist in die Risikosphäre des Käufers fallen (Rn 20 ff); desgl idR nicht die vertragliche Übernahme der Haftung für fremde Schuld. Bsp: Ausscheiden aus der Gesellschaft bei Gesellschafterbürgschaft (vgl BGH 130, 22 f); anders bei Ehescheidung im Fall von (zinslosen) Verwandten-

19 darlehen (vgl Köhler FG Wiss I S 313 mN). **dd)** Als weitere Fallgruppen kommen in Frage: **Änderung der Gesetzeslage** und **verfassungskonforme Auslegung** einer Norm durch das BVerfG (BGH 148, 376). Bsp: Einführung neuer Steuern oder Steuersätze (einschr BGH WM 94, 1214 zum UStG 1990 DDR; Wegfall der Wohnungsgemeinnützigkeit BGH NJW-RR 06, 1383); Wegfall der Liquidationsbefugnis des Chefarztes eines Krankenhauses (BAG 42, 343); Aufhebung von Berufs- und Gewerbebeschränkungen (BGH NJW 60, 91: Apothekenkonzession); Nichtigerklärung (BGH NJW 83, 1552) oder abw verfassungskonforme Auslegung einer Norm durch das BVerfG (BGH NJW 90, 3022); Erlass staatlicher wirtschaftslenkender Maßnahmen (dazu Ulmer AcP 174, 167); Beschränkung der Klagebefugnis (BGH 133, 319 und 335: UWG 13 II Nr 2 nF); **Änderung einer stRspr** (BGH 148, 377 ff; Schleswig NJW-RR 04, 223). Bsp: Änderung der Anrechnungs-

20 methode bei nachehelichem Unterhalt (BGH 148, 105 ff und 380 f). **c) Störungen außerhalb der vertraglichen Risikozuweisung.** Durch Umstände, die in den Risikobereich einer Vertragspartei fallen, wird die Geschäftsgrundlage des Vertrags grds nicht berührt (BGH 74, 373; 120, 24; 121, 392; 129, 253, je mN, stRspr). Nicht zur Geschäftsgrundlage gehören daher Störungsereignisse, in denen sich Risiken verwirklichen, die eine Partei übernommen hat (Bsp: Übernahme des Planungsrisikos durch den Verkäufer, BGH 76, 25), die auf sie übergegangen sind (zB

Titel 1. Begründung, Inhalt und Beendigung § 313

gem §§ 446 f) oder die zu ihrem allg Vertragsrisiko gehören (BGH 83, 289; NJW 91, 1479). **aa)** Eine (stillschweigende) **Risikoübernahme** liegt in der Vereinbarung eines Festpreises (BGH 129, 253 mN); auch erhebliche Lohn- und Kostensteigerungen führen grds nicht zum Wegfall der Geschäftsgrundlage (München DB 83, 2619 f); allerdings ist das übernommene Risiko nicht unbegrenzt (Kunth BB 78, 179; Rn 16). Bei **Risikogeschäften** scheidet im Rahmen des übernommenen Risikos die Berufung auf den Wegfall der Geschäftsgrundlage aus (BGH 74, 374 mN). Bsp: Kauf von noch ungeschützter Erfindung (BGH 83, 288 ff); Durchführung eines steuerlichen Konzepts bei Beteiligung an Abschreibungsgesellschaft (BGH NJW-RR 86, 708); Erwerb nicht börsennotierter Aktien bei Scheitern des Börsengangs (BAG ZIP 07, 140). **bb)** Die zum normalen **Vertragsrisiko** gehörenden Störungen gehen zu Lasten der jeweils betroffenen Vertragspartei. Bsp: Beim **Kauf-** und **Werkvertrag** trägt (innerhalb gewisser Grenzen, Rn 16) das Beschaffungs-(Herstellungs-)risiko der Verkäufer (Unternehmer; BGH NJW 72, 1702; Stuttgart NJW-RR 88, 313), das Verwendungs- und Absatzrisiko der Käufer (Besteller; BGH 71, 295; NJW 84, 1747; Wieling JuS 86, 274), der Käufer von Bauerwartungsland idR das Risiko der Bebaubarkeit (BGH 74, 374; 101, 151 f); das Finanzierungsrisiko trägt idR der Käufer und Besteller (BGH 120, 24 mN); beim **Mietvertrag** das Risiko der Gebrauchstauglichkeit des Mietobjekts der Vermieter, ebenso das einer unwirksamen Schönheitsreparaturklausel (BGH 177, 192); das der nutzbringenden Verwendung des Mietobjekts der Mieter (BGH NJW 81, 2406 mN; eingehend Joachim BB 88, 779 ff; uU einschr bei Ladenmiete in Einkaufszentrum: BGH NJW 00, 1716 f; NJW-RR 00, 1535; strenger BGH WM 10, 996; NJW 06, 901 – Überwälzung auf Vermieter nur durch ausdrückliche Vereinbarung); beim längerfristigen **Pachtvertrag** das Ertragsrisiko der Pächter (BGH NJW 78, 2390; einschr. BGH NJW 90, 569); beim **Darlehen** das Risiko der (weiteren) Verwendbarkeit der Darlehensnehmer (BGH 136, 164 mN), nicht aber die Gewährung eines marktüblichen Zinssatzes für ein zur Sicherheit verpfändetes Guthaben (BGH NJW 02, 3697); bei der **Bürgschaft** (Haftungsübernahme) trägt das Risiko der Bonität des Hauptschuldners der Bürge (BGH 104, 242 mN; FamRZ 87, 569). **d) Unzumutbarkeit der unveränderten Vertragsdurchführung.** Die Störung ist nur **erheblich**, wenn der von der Störung betroffenen Partei die unveränderte Vertragserfüllung nicht zugemutet werden kann. Das ist idR nur der Fall, wenn das Festhalten am Vertrag zu untragbaren, mit Recht und Gerechtigkeit nicht mehr zu vereinbarenden Ergebnissen führen würde (BGH 84, 9; 131, 216; 133, 321, stRspr, str). Das Merkmal der Unzumutbarkeit ist nicht nur selbständige Voraussetzung für die Beachtlichkeit der Grundlagenstörung, sondern auch im Rahmen der Rechtsfolgenbestimmung zu berücksichtigen (vgl III und dazu Rn 29). **e) Keine Voraussehbarkeit.** Voraussehbare Risiken und Gefahren gehören idR nicht zur Geschäftsgrundlage (Heimunterbringung infolge Pflegebedürftigkeit idR vorhersehbarer Umstand bei Vereinbarung dinglichen Wohnrechts, BGH NJW 09, 1348 [offen lassend noch NJW 07, 1886]; Hamm NJW-RR 08, 607; Schleswig NJW-RR 08, 1706); Vertragsschluss ohne Sicherung ist dann Risikogeschäft, bei dem die Berufung auf die Geschäftsgrundlage ausgeschlossen, zumindest das Festhalten am Vertrag nicht unzumutbar ist. Gleichwohl enthält **I** bewusst keine allg (negative) Voraussetzung der Nichtvoraussehbarkeit der Änderung der Umstände (vgl BT-Drs 14/6040 S 175); so kann Besonderheiten des Einzelfalls Rechnung getragen werden (s zB BGH 112, 261).

3. Wegfall der subj Geschäftsgrundlage (I). Es gelten die gleichen Voraussetzungen wie beim Wegfall der obj Geschäftsgrundlage mit dem Unterschied, dass sich die Änderung der wesentlichen Verhältnisse auf die subj Geschäftsgrundlage (Rn 4) bezieht, mithin auf die übereinstimmenden oder erkannten und hingenommenen einseitigen **Vorstellungen der Parteien.** IE gilt: Gegenstand der gemeinsamen Fehlvorstellungen sind der Eintritt künftiger oder der Fortbestand gegenwärtiger Verhältnisse; in Kenntnis der Unrichtigkeit dieser Erwartungen hätten die

§ 313

Parteien den Vertrag (mit diesem Inhalt) nicht geschlossen oder doch der Gegenpartei den Abschluss redlicherweise nicht angesonnen. Bsp: Bestand ges Krankenversicherung bei Krankenhausvertrag (BGH 163, 48, widersprüchlich da Versicherungsschutz Risiko des Patienten, aaO 49); Nichtgenehmigungsfähigkeit von zu errichtendem Fertighaus (BGH JZ 66, 409; sa Rn 18); Nichtzustandekommen (Scheitern) eines weiteren in rechtlichem oder wirtschaftlichem Zusammenhang stehenden Vertrages (BGH DNotZ 70, 540; Hamm, NJW 75, 1521, sa § 311 Rn 28); Unterlassen von Konkurrenztätigkeit nach Verkauf von Geschäftsanteil (BGH WM 06, 828); Nichterrichtung (Aufhebung) einer zugesagten Erbeinsetzung (BGH NJW 77, 950); Fortbestand (Änderung) der bestehenden Gesetzeslage (BGH 89, 23; für Unterhaltsverträge BGH NJW 12, 1209) oder einer dem Vertrag als feststehend zugrundelegten Rspr (BGH 58, 362; sa Rn 19); ausnahmsweise Wegfall von Subvention (Erneuerbare-EnergienG) bei entspr Risikovereinbarung (Saarbrücken NJW 12, 3731). Früher war ein Anwendungsfall von I auch gegeben, wenn beim Finanzierungsleasing der Kaufvertrag zwischen Lieferant und Leasinggeber rückgängig gemacht bzw gewandelt wurde (so BGH 109, 142 ff; 114, 61); hier hat nun nach III 2 die Kündigung des Leasingvertrages als Dauerschuldverhältnis den Vorrang, allerdings kann auf III 2 zurückgegriffen werden, wenn ein berechtigtes Interesse an einer Rückabwicklung ex tunc besteht (Frankfurt MDR 09, 497; sa Dauner-Lieb/Dötsch NJW 03, 922 mN; Gebler/Müller ZGS 02, 113; Reinking ZGS 02, 233; sa Rn 29 und § 314). In Eheverträgen mit Unterhaltsverzicht kann ausnahmsweise die Relation bestimmter Einkommensverhältnisse und deren Fortbestand Geschäftsgrundlage sein (BGH NJW 05, 2390).

26 **4. Fehlen der Geschäftsgrundlage (II).** Insoweit tritt an die Stelle des Merkmals der (nachträglichen) Veränderung der Umstände in **I** das (anfängliche) Fehlen der (subj) Geschäftsgrundlage (Rn 4); bei den übrigen Voraussetzungen (Störung der vertraglichen Risikoverteilung, Rn 20, Unzumutbarkeit, Rn 23) ergeben sich keine Änderungen. **II** betrifft die Fälle des beiderseitigen Irrtums über das Vorliegen der Geschäftsgrundlage, also des Irrtums über eine wesentliche Voraussetzung des Geschäfts (BGH NJW 93, 1641; 96, 1479). Darüber hinaus soll **II** auch die Fälle des gemeinschaftlichen Motivirrtums erfassen sowie die Fälle, in denen sich nur eine Partei falsche Vorstellungen macht, die andere Partei aber diesen Irrtum ohne eigene Vorstellungen hingenommen hat (BT-Drs 14/6040 S 176; sa BGH NJW 02, 294; PalGrüneberg 38). Bsp: beiderseitiger Irrtum über den Umrechnungskurs (vgl Rn 8); Umsatzsteuerpflicht (Nürnberg NJW 96, 1479 f); Sittenwidrigkeit eines abgelösten Kredits (BGH 99, 337; NJW-RR 88, 363 f mN; krit zur Methode der Vertragsanpassung Münstermann WM 87, 745 ff); Zulässigkeit einer Enteignung (BayObLGZ 93, 27); uU Bierumsatz bei Gaststättenpacht (BGH NJW 90, 699); die Tragweite eines Abfindungsvergleichs (BGH NJW 02, 294); uU beiderseitiger Rechtsirrtum (vgl BGH NJW 86, 1349: über Verjährung; BAG NJW 87, 918: über Gesellschaft statt Arbeitsverhältnis; sa Rn 25 aE). IdR **kein** Fall von **II** ist der beiderseitige Kalkulationsirrtum beim Kauf (BGH 182, 224 f [zum Kalkulationsirrtum im Vergabeverfahren]; NJW 81, 1552; WM 95, 2000 f; s aber NJW 86, 1349 und § 119 Rn 10).

III. Rechtsfolgen der Störung der Geschäftsgrundlage (III)

27 **1. Allgemeines.** Fehlen bzw Wegfall der Geschäftsgrundlage führt idR nicht zur Auflösung des Vertragsverhältnisses (BGH 47, 52; NJW 84, 1747; 91, 1480), sondern verpflichtet die Vertragspartner in erster Linie zur Anpassung des Vertrages an die geänderten Verhältnisse (BGH 89, 238 f; 109, 229; 120, 26; 133, 296; 135, 339). Der vom SchRModG – abw vom bish Rechtszustand – eingeführte „Anspruch" auf die Vertragsanpassung (**I**: „kann … verlangt werden") soll eine „Verhandlungslösung" fördern. Str war, ob der Anspruch auf Vertragsanpassung zu einer echten vertraglichen **Mitwirkungspflicht** führt, deren Verletzung unter § 280 I fällt (abl 13. Aufl; PWW/Medicus/Stürner 20; BaR/Unberath 85; bejahend nun

Titel 1. Begründung, Inhalt und Beendigung § 313

BGH 191, 149; Pal/Grüneberg 41; Dauner-Lieb/Dötsch NJW 03, 925). Zwar kann die Mitwirkung an der Anpassung nicht direkt eingeklagt werden, der BGH sieht jedoch in der (zulässigen) Klage auf das sich nach Ansicht des Klägers ergebende Anpassungsergebnis eine Durchsetzung des Anspruchs auf und aus der Anpassung (BGH aaO gegen PWW/Medicus/Stürner aaO). Im Streitfall hat das Gericht den Vertragswillen der Parteien zu berücksichtigen (vgl BGH NJW 84, 1747) und sich auf den schonendsten Eingriff in den Vertrag zu beschränken (BGH 135, 337). Bei Zuwendungen findet uU ein Billigkeitsausgleich statt (BGH 84, 368 mN; 119, 396 f. Bsp: Rn 34). Bei beiderseits bereits vollständig erfüllten Verträgen soll eine Anwendung von § 313 idR nicht in Betracht kommen (BGH 131, 216 mN; NJW 01, 1206); die Störung ist jedoch zu berücksichtigen, wenn sie sich erst nach der Vertragsdurchführung herausstellt (Köhler, FG Wiss I, S 318 ff; Bsp: Zahlung von Vertragsstrafe nach zwischenzeitlicher Verbotsaufhebung). Eine Berufung auf Fehlen oder Wegfall der Geschäftsgrundlage scheidet für die Partei aus, die diesen Umstand **selbst vorsätzlich herbeigeführt** hat (BGH 161, 105).

2. Vertragsanpassung. Durch die Vertragsanpassung soll die Beeinträchtigung 28 des „benachteiligten Teils" (vgl **III**) ausgeglichen werden, ohne durch eine Mehrbelastung des „anderen Teils" den Rahmen des geschlossenen Vertrags zu überschreiten (sonst Rn 29). Im Rahmen der *primär* geschuldeten Vertragsanpassung kommen im Einzelfall als Rechtsfolgen in Betracht: Herabsetzung oder (vollständige oder teilw) Aufhebung einer Verbindlichkeit (BGH 132, 332 ff: Ehegattenbürgschaft), Erhöhung der (entwerteten) Gegenleistung (Bsp: Rn 32 [2]), Begründung von Ansprüchen (zB auf Rückübertragung von Vermögensgegenständen: Rn 34; auf Erweiterung des räumlichen Geltungsbereichs von urheberrechtlichen Nutzungsrechten: BGH 133, 281), insbes Zubilligung eines **Ausgleichsanspruchs** für den (namentlich durch Äquivalenzstörungen) beeinträchtigten Vertragsteil (BGH NJW 58, 906; 62, 30; auch BGH 77, 305; allerdings unter Heranziehung von § 157), eines Anspruchs auf (uU teilw) Ersatz von Aufwendungen für eine zwecklos gewordene Leistung (BGH NJW 92, 2282 f) unter entspr Änderung der Risikoverteilung (BGH 109, 229; WM 95, 2072 f), uU auch auf Ersatz des entgangenen Geschäftsgewinns (Frankfurt MDR 74, 401) und allg auf Aufteilung eingetretener Verluste (vgl Köhler aaO S 323); Stundung einer Verbindlichkeit, Teilzahlungsbewilligung (Rn 18 aE). Beim **Vertrag zgDr** steht der Anspruch auf die angepasste Leistung dem Dritten zu (BGH NJW 72, 152). Bei **Dauerverträgen** ist die Anpassung idR auf die Zukunft beschränkt (BGH NJW 83, 2144; sa § 314 Rn 2).

3. Vertragsauflösung. Eine Vertragsauflösung kommt als *subsidiärer* Rechtsbe- 29 helf nur dann in Frage, wenn eine Anpassung *nicht möglich* oder *nicht zumutbar* ist. Sie erfolgt durch rechtsgestaltende Rücktrittserklärung der benachteiligten Partei (**III 1** iVm §§ 346 ff); bei Dauerschuldverhältnissen tritt an die Stelle des Rücktrittsrechts das Recht zur Kündigung aus wichtigem Grund (**III 2**, § 314). Eine Vertragsauflösung kraft Ges oder durch (gestaltenden) Richterspruch hat das SchRModG ausdr abgelehnt (BT-Drs 14/6040 S 174, 176).

4. Prozessuales. Die Störung der Geschäftsgrundlage ist nicht mehr von Amts 30 wegen, sondern nur noch auf Einrede der benachteiligten Partei zu berücksichtigen (BT-Drs 14/6040 S 175); sie trägt für das Vorliegen der tatsächlichen Voraussetzungen die Beweislast (BGH 128, 134). Der Richter hat die in Frage kommenden Anpassungsmöglichkeiten mit den Parteien zu erörtern (ZPO 139) und auf sachgerechte Antragstellung hinzuwirken (BGH NJW 78, 695). Ein auf § 313 gestützter Klageantrag geht unmittelbar auf die nach dem geänderten Vertragsinhalt geschuldete (zB erhöhte) Leistung, nicht erst auf Zustimmung zu einer Vertragsänderung (schon bish BGH 91, 36 f; allg BT-Drs 14/6040 S 176 – neuer Fall der „Herstellungstheorie"; Massing/Rösler ZGS 08, 374 [f unbezifferten Klagantrag]; Wieser JZ 04, 654; aA Schmidt-Kessel NJW 02, 2077; Dauner-Lieb/Dötsch NJW 03, 924 [Stufenklage analog ZPO 254 mit zunächst unbeziffertem Klagantrag]).

Stadler

§ 313 Buch 2. Abschnitt 3. Schuldverhältnisse aus Verträgen

IV. Einzelfragen von Störungen der Geschäftsgrundlage

31 **1. Geldentwertung. a) Allgemeines.** Inflationsbedingte Äquivalenzstörungen (Rn 16) sind unter den gegenwärtigen Verhältnissen nur in beschränktem Umfang beachtlich: Grundsätzlich trägt der Geldgläubiger das Inflationsrisiko, soweit der (vorhersehbare) Inflationsgrad gewisse Grenzen nicht übersteigt („schleichende" Inflation) und der Gläubiger sich durch Wertsicherungsklauseln (§§ 244, 245 Rn 18 ff, 21 ff) schützen konnte. Iü wäre eine allg richterrechtliche (§ 313) Dynamisierung von Geldforderungen mit dem grundlegenden Nominalprinzip (§§ 244, 245 Rn 9, 18) unvereinbar (BGH 61, 38 und 392; BAG NJW 73, 960; einschr BGH 79, 194). Ausnahmsweise ist die Geldentwertung jedoch zu berücksichtigen bei **Verträgen mit Versorgungscharakter** (BGH 61, 36, 37; 85, 67; 105, 245 f; Rn 32; nicht jedoch, wenn Geldentwertung absehbar, BGH 183, 297 [Morgengabe in iranischer Währung]) und uU bei **Verträgen mit sehr langer Laufzeit** (BGH 90, 227; 91, 33 ff), bei der Berechnung bestimmter **Ausgleichsansprüche** (BGH 61, 385; 101, 67; 109, 94) und bei **Schadensersatzansprüchen** (BGH 79, 194; sa § 280 Rn 54). Weitergehende „Aufwertung" gem § 313 kommt nur bei akutem Währungsverfall (insbes „galoppierender" Inflation) in Frage (grundlegend: RG 107, 87). Das Ausmaß des erforderlichen Kaufkraftschwundes kann nicht allg angegeben werden (bejahend BGH 96, 375 bei Geldwertschwund um 60%; sa die Rn 32 genannte Rspr). **Ges Regelungen** bestehen für die Anpassung von **Betriebsrenten** (BetrAVG 16; dazu BAG NJW 82, 957; DB 03, 2607; iE Schaub ZIP 83, 23), zT für die Anpassung von **Erbbauzinsen** (ErbbauRG 9a; dazu BGH 87, 198; NJW 92, 2088 f; daneben uU Anpassung gem § 313 möglich, dazu Rn 32) sowie für den **Minderjährigenunterhalt** (§ 1612a iVm Regelbetrag-VO) und die **Mieterhö-**
32 **hung bei Wohnraum** (§ 558). **b) Fallgruppen.** (1) **Anpassung** gem § 242 (nunmehr § 313) wurde **bejaht** bei Ansprüchen aus Ruhegeldvereinbarungen von Vorstandsmitgliedern (BGH 61, 31); Unterhaltsvereinbarungen (Rn 33) und sonstigen langfristigen Verträgen mit Versorgungscharakter (sa §§ 759–761 Rn 8), bei *Erbbaurechtsverträgen* ohne Anpassungsklauseln im Falle einer wesentlichen Äquivalenzstörung (BGH 111, 215 f mN; 119, 222 ff: Kaufkraftschwund des Entgelts um mehr als 60%; zum Anpassungsmaßstab s näher BGH 146, 280 und §§ 244, 245 Rn 21). (2) Dagegen wurde eine **Anpassung verneint** in folgenden Fällen: Vergütungs(„Zins"-)anspruch bei Kaliabbauverträgen (BGH NJW 59, 2203; 66, 105); langfristige gewerbliche Mietverträge (BGH NJW 76, 142); langfristige Lieferverträge (Kunth BB 78, 179 mN; für Fernwärmevertrag Anpassung verneinend BGH BB 77, 1574; eingehend zum Problem: Baur, Vertragliche Anpassungsregulierungen, 1983). (3) DDR-Wirtschaftsverträge: vgl Rn 37.

33 **2. Unterhaltsverträge.** Sie unterliegen in bes Maße der Anpassung an veränderte Verhältnisse (s BGH 85, 67; 105, 245 mN; 128, 329; 129, 309; sa Rn 2, 15 aE), insbes bei Kaufkraftminderung; auch die Neufassung von § 1570 kann ein überraschender Umstand für Unterhaltsverträge unter altem Recht sein (Schleswig MDR 09, 633). Besonderheiten bei Anpassung von Versorgungszusagen (BetrAVG 7 I 3 Nr 5) und Altenteilsleistungen (Düsseldorf NJW-RR 88, 326). Die Sondervorschriften gem ZPO 323, FamFG 240 gelten auch für vertragliche Titel (s ZPO 323 IV, V), ausgenommen ZPO 323 II 1, III (BGH 85, 74 f; NJW-RR 91, 1155). Abgrenzung zum Unterhaltsverzicht: Rn 36, sa Rn 25. **Dauerschuldverhältnisse:** s Rn 12.

34 **3. Unbenannte Zuwendungen.** Bei sog unbenannten Zuwendungen unter Ehegatten handelt es sich um ehebezogene RGeschäfte eigener Art mit Ausgleichspflicht gem § 242 (nunmehr: § 313) nach Scheitern der Ehe, insbes bei Gütertrennung (vgl BGH NJW 97, 2747 mN; ausnahmsweise im ges Güterstand: BGH NJW 97, 2747; Oldenburg NJW-RR 08, 596; Düsseldorf NJW-RR 03, 794 verneinend für verjährten Anspruch auf Zugewinnausgleich); der Übertragung von Vermögenssubstanz steht die überobligationsmäßige Erbringung von Arbeitsleistungen für den

Titel 1. Begründung, Inhalt und Beendigung § 314

anderen Ehegatten gleich (BGH stRspr s 128, 133 mit Anm Jaeger DNotZ 94, 674, jeweils mN; sa § 516 Rn 20; § 1372 Rn 6; § 1374 Rn 9; § 1380 Rn 2 ff). Entspr gilt auch bei vorehelichen Leistungen unter Verlobten (BGH 115, 264 f; Oldenburg NJW-RR 09, 938). Für (ehebezogene) elterliche Zuwendungen an die Ehegatten kommt ebenfalls § 313 in Betracht (BGH NJW 10, 2884 [f Schenkung an Schwiegerkind unter Aufgabe von BGH 129, 259]; BGH 184, 190; NJW 12, 523) aber auch die Zweckverfehlungskondiktion (§ 812 I 2, 2. Var; BGH 184, 190; NJW 10, 2884; NJW 12, 525; sa Vor § 812 Rn 12). Der Ausgleich setzt voraus, dass die Beibehaltung der Vermögensverhältnisse unzumutbar und unbillig wäre (Umstände des Einzelfalls entscheidend, zu den Krit s BGH NJW 12, 3374). Zuwendungen im Zuge der Trennung können ihre Geschäftsgrundlage in der Ehelichkeit eines Kindes haben, wenn dessen Unterhalt durch die Zuwendung mit gesichert werden sollte (BGH NJW 12, 2728). Auch bei Zuwendungen zwischen den Partnern einer gescheiterten **nichtehelichen Lebensgemeinschaft** kommt ein Ausgleich gem § 313 in Frage (die frühere abl Rspr ausdrücklich aufgebend BGH 177, 202 ff [zust Dethloff JZ 09, 418]; MDR 11, 1109; NJW 08, 3282; KG NJW-RR 10, 295; zum Ganzen v Proff NJW 08, 3266; Grädler/Nitze ZGS 09, 36). Das gilt jedoch nicht, wenn Zuwendung im Vertrauen auf den Bestand der Lebensgemeinschaft erfolgte und diese durch den Tod des Zuwendenden (nicht durch Scheitern) beendet wird (BGH 183, 250 f; zust v Proff NJW 10, 980).

4. Abfindungsvergleiche. Bei Abfindungsvergleichen ist bei Fehlbeurteilung 35 der künftigen Schadensabwicklung die Berufung auf den Wegfall der Geschäftsgrundlage idR ausgeschlossen (BGH NJW 84, 115; MDR 08, 563); Grund: Risikogeschäft (vgl Rn 20 ff); eine Ausnahme gilt bei unvorhersehbaren Spätschäden (vgl BGH NJW 91, 1535; näher s § 779 Rn 20 f). § 313 bleibt auch anwendbar bei anfänglich fehlender Geschäftsgrundlage (soweit keine Korrektur durch Auslegung möglich; BGH NJW-RR 08, 1716). Insolvenz des Schuldners führt nicht zum Wegfall der Geschäftsgrundlage, wenn im Zeitpunkt des (Prozess-)Vergleichs das Risiko beiden Parteien bekannt war (BAG NJW 12, 3390).

5. Unterhaltsverzicht. Beim Unterhaltsverzicht scheidet ein Wegfall der 36 Geschäftsgrundlage idR aus (BGH FamRZ 84, 172; Hamm FamRZ 93, 973; Düsseldorf FamRZ 86, 172 f mN); Geltendmachung kann aber uU treuwidrig sein, s § 242 Rn 41; §§ 1585–1585c Rn 9 ff; PalGrüneberg 54; sa Rn 25.

6. Untergang der DDR. Zu Fragen der Geschäftsgrundlage im Zusammenhang 37 mit dem Wegfall der DDR s 9. Aufl § 242 Rn 102 mwN und oben Rn 5; zu Nutzungsverträgen ferner BGH NJW 02, 2098.

7. Euroeinführung. Keinen Fall des Wegfalls der Geschäftsgrundlage stellt die 38 Einführung des Euro als ges Währung zum 1.1.1999 dar. Dies folgt aus allg Grundsätzen sowie darüber hinaus aus dem in der Euro-VO I (ABl EG L 162/1) festgelegten Grundsatz der Vertragskontinuität (s Clausius NJW 98, 3150; §§ 244, 245 Rn 5). Ebenso führt die Ersetzung des Diskont- bzw. Lombardsatzes der Bundesbank durch den Basiszinssatz nach § 247 zu keinem Wegfall der Geschäftsgrundlage (DÜG 4; sa allg § 247 mit Anm).

§ 314 Kündigung von Dauerschuldverhältnissen aus wichtigem Grund

(1) ¹**Dauerschuldverhältnisse kann jeder Vertragsteil aus wichtigem Grund ohne Einhaltung einer Kündigungsfrist kündigen.** ²**Ein wichtiger Grund liegt vor, wenn dem kündigenden Teil unter Berücksichtigung aller Umstände des Einzelfalls und unter Abwägung der beiderseitigen Interessen die Fortsetzung des Vertragsverhältnisses bis zur vereinbarten Beendigung oder bis zum Ablauf einer Kündigungsfrist nicht zugemutet werden kann.**

§ 314

Buch 2. Abschnitt 3. Schuldverhältnisse aus Verträgen

(2) ¹Besteht der wichtige Grund in der Verletzung einer Pflicht aus dem Vertrag, ist die Kündigung erst nach erfolglosem Ablauf einer zur Abhilfe bestimmten Frist oder nach erfolgloser Abmahnung zulässig. ²§ 323 Abs. 2 findet entsprechende Anwendung.

(3) Der Berechtigte kann nur innerhalb einer angemessenen Frist kündigen, nachdem er vom Kündigungsgrund Kenntnis erlangt hat.

(4) Die Berechtigung, Schadensersatz zu verlangen, wird durch die Kündigung nicht ausgeschlossen.

1   **1. Allgemeines. a) Anwendungsbereich.** Das SchRModG hat das Kündigungsrecht aus wichtigem Grund in § 314 kodifiziert, der die bish Rspr und Lehre
2   ohne inhaltliche Änderungen übernimmt. **b) Abgrenzung.** Die für einzelne Vertragsverhältnisse bestehenden **Sonderregelungen** der Kündigung aus wichtigem Grund gehen als leges speziales § 314 vor. Dies gilt insbes für §§ 490, 543, 569, 626 (hierzu Koch ZIP 05, 1621; BGH NJW 08, 364), 723; HGB 89b, die in ihrem Anwendungsbereich eine abschließende Sonderregelung enthalten. Die Kündigung aus wichtigem Grund verdrängt § 313, soweit es um die Auflösung des Vertrages geht (§ 313 Rn 29). Der nach § 314 zur Kündigung Berechtigte kann nach § 313 I Vertragsanpassung verlangen, wenn auch eine Störung der Geschäftsgrundlage vorliegt und den Parteien die Fortsetzung des Vertrages zumutbar ist. Dies gilt, obwohl nach BGH (NJW 97, 1703) die Anforderung an die Unzumutbarkeit für Kündigung weniger streng als im Rahmen von § 313 sein
3   sollen. Gegenüber § 323 geht § 314 vor. **c) Abdingbarkeit.** Individualvertragliche Abweichungen sind nur eingeschränkt möglich. In AGB (vgl § 309 Rn 10, § 307 Rn 11) und im Verbrauchervertrag kann § 314 nicht ausgeschlossen oder eingeschränkt werden; auch die Erweiterung außerordentlicher Kündigungsgründe zugunsten des Verwenders verstößt gegen den Grundgedanken von § 314 (BGH NJW 08, 364). Bei Versicherungsverträgen ist VVG 206 I 1 dahingehend teleologisch zu reduzieren, dass § 314 anwendbar bleibt (Einzelheiten s BGH NJW 12, 376 u 1365; Celle NJW-RR 11, 767).

4   **2. Voraussetzungen. a) Dauerschuldverhältnis:** Begriff s § 311 Rn 14. Wegen Rn 2 hat § 314 in erster Linie Bedeutung für atypische und ges nicht normierte Dauerschuldverhältnisse: Franchisevertrag (BGH NJW 99, 1177; Hansen ZGS 06, 376); Leasingvertrag (s § 313 Rn 25); Projektsteuerungsvertrag (BGH NJW 00, 202); Versicherungsvertrag (BGH NJW-RR 09, 1191); Automatenaufstellvertrag (Hamburg MDR 76, 577); Belegarztvertrag; Lizenzvertrag; Telekommunikationsvertrag (zB DSL – BGH NJW-RR 11, 916); wettbewerbsrechtlicher Unterlassungsvertrag (BGH 133, 331 f pressrechtlichen Unterlassungsvertrag s BGH NJW 10, 1874 [abweichende rechtliche Beurteilung in Parallelverfahren kein Kündigungsgrund]); Vereinbarung nachvertraglicher Wettbewerbsverbote (Bauer/Diller NJW 02, 1609 – idR aber Vorrang von HGB 74 ff) oder Konkurrenzklauseln (BGH NJW-RR 08, 1155); zu Gelddarlehen, Bürgschaft und Schuldbeitritt s § 488 Rn 1; § 765 Rn 10; Rn 3 vor § 414. **Nicht:** Bestellung eines dinglichen Wohnrechts
5   (BGH NJW-RR 99, 376). **b) Wichtiger Grund (I 2)** sind schwere Störungen der Vertrauensgrundlage, wie der Verletzung von Pflichten aus dem Vertrag, einschließlich der Verletzung von Schutzpflichten (§ 241 II; dazu Rn 6) und sonstige Umstände, die die Fortsetzung bis zum Ablauf der vereinbarten Zeit oder der Frist für eine ordentliche Kündigung unter Berücksichtigung aller Umstände und unter Abwägung der beiderseitigen Interessen für den Gläubiger **unzumutbar** machen. Verschulden des anderen Teils ist weder erforderlich noch in jedem Fall ausreichend (BT-Drs 14/6040 S 178). § 314 greift idR nicht ein, wenn der Kündigungsgund auf Umstände aus der Risikosphäre des Kündigenden gestützt wird (BGH 133, 320; NJW 10, 1875; ZIP 05, 534 f; NJW-RR 11, 916 [DSL-Anschlussinhaber zieht in Ort ohne DSL-Leitungstechnik] mAnm Jakl JZ 11, 529). Der wichtige Grund kann auch schon bei Vertragsschluss vorgelegen haben, wenn er dem Berechtigten erst

Titel 1. Begründung, Inhalt und Beendigung § 314

nachträglich bekannt wird (BAG NJW 02, 163; abl München NJW-RR 09, 57 f Kündigung von Werbevertrag, wenn durch aktuelle Berichte über Vorleben des Werbeträgers Imageschaden des Auftraggebers droht), grundsätzlich ist auf den Zeitpunkt der Kündigung abzustellen (BGH NJW-RR 08, 1155). Bei der gebotenen Interessenabwägung sind die Umstände des Einzelfalles und die Besonderheiten des jeweiligen Vertragsverhältnisses zu berücksichtigen (dazu BT-Drs 14/6040 S 178). Wird Fitnessvertrag wegen Risikoschwangerschaft gekündigt, muss für das „Vertretenmüssen" der Schwangeren die Wertung von GG 6 IV berücksichtigt werden (BVerfG NJW 05, 2383; Kündigung bei Schwangerschaftsbeschwerden AG München NJW-RR 11, 67).

Der wichtige Grund kann insbes auch in einer vertraglichen **Pflichtverletzung** 6 (Rn 6 vor § 275; § 280 Rn 60) liegen. Das Vertragsverhältnis muss so schwerwiegend gestört (die Erreichung des Vertragszwecks so gefährdet) sein, dass dem vertragstreuen Teil ein Festhalten am Vertrag nicht zugemutet werden kann (stRspr BGH NJW-RR 09, 1189 mN). **Anwendungsfälle: Vertragsaufsage** und **Erfüllungsverweigerung** (§ 280 Rn 17 f); Unzumutbarkeit der Vertragsfortsetzung wegen vertragswidrigen Verhaltens eines Vertragspartners (BGH 11, 84), zB schwerwiegender Unzuverlässigkeit bei der Vertragsabwicklung (BGH MDR 77, 40; BayObLGZ 85, 67), erhebliche Ehrverletzungen (BAG DB 06, 1567); Erschleichen von Versicherungsleistungen berechtigt zur Kündigung des Versicherungsvertrages (BGH NJW-RR 09, 1191; 07, 1624; Koblenz NJW-RR 09, 461); wesentliche Verletzung der **Pflichten nach § 241 II** (s § 324 Rn 4). IdR ist eine erfolglose vorherige **Abmahnung** erforderlich (**II;** BGH WM 00, 533; NJW-RR 99, 539; Bsp: Zweifel an der Erfüllungsbereitschaft; vgl BGH NJW 77, 35; MDR 77, 390 betr Sukzessivlieferungsvertrag; s § 281 Rn 25, 31). Eine bes Androhung von ganz konkreten Rechtsfolgen ist nicht erfordert, es muss aber über eine bloße Rüge hinaus deutlich werden, dass die vertragliche Zusammenarbeit in Frage gestellt wird (BGH NJW 12, 53). Unter den Voraussetzungen des § 323 II ist die Abmahnung entbehrlich; so bei endgültiger Erfüllungsverweigerung (§ 323 II Nr 1; BGH NJW 86, 661), idR auch bei schwerer Vertragsgefährdung (§ 323 II Nr 3; BGH 11, 86; NJW 78, 261; NJW-RR 95, 243; Saarbrücken NJW-RR 06, 467; strenge Anforderungen: BGH NJW 77, 37; MDR 76, 393). Str ist das Abmahnungserfordernis bei außerordentlicher Kündigung von Organmitgliedern einer Kapitalgesellschaft, hierzu Koch ZIP 05, 1621 u § 626 Rn 9. Die stRspr verneint es unter Hinweis auf II iVm § 323 II Nr 3 (s BGH NJW-RR 07, 1520). **c) Angemessene Frist (III).** 7 Die Kündigung muss innerhalb angemessener Frist ausgeübt werden. Für die Fristlänge kann § 626 II *nicht* entsprechend herangezogen werden (BT-Drs 14/6040 S 179; BGH NJW 11, 1438; Nürnberg MDR 09, 737). Die Erklärungsfrist des III beginnt erst mit Kenntnis des Berechtigten vom Kündigungsgrund zu laufen (BGH NJW-RR 07, 887 grobe Fahrlässigkeit [vgl § 199 I Nr 2] genügt nicht). Angemessenheit bestimmt sich nach Einzelfall, zB bei Landpacht zulässig 3 Monate (BGH NJW-RR 10, 1500), bei Mietvertrag auch 2–6 Monate (BGH NJW-RR 07, 886; Düsseldorf NZM 09, 281; MDR 10, 1447 [5 Jahre zu lang]); wettbewerbsrechtlicher Unterlassungsvertrag 1 Monat (BGH 133, 331); für ehebedingten Auftrag sind 8 Jahre zu lang (Saarbrücken NJW-RR 10, 1441). **Kündigungsgrund** muss nicht angegeben, aber ggf auf Verlangen mitgeteilt werden (§ 626 II 3 analog, PalGrüneberg 10).

3. Rechtsfolgen. a) Kündigung (I 1). Die Kündigung wirkt ex nunc, im Ein- 8 zelfall kann eine Auslauffrist notwendig sein (ErmHohloch 17; PalGrüneberg 10). **b) Schadensersatz (IV).** Der zu ersetzende Schaden umfasst das **Erfüllungsinte-** 9 **resse** (§§ 280–282; die ggf erforderliche Nachfristsetzung bzw Abmahnung fällt mit **II** zusammen) und besteht stets in Geld. Der zu ersetzende Schaden beschränkt sich auf die Zeit bis zum nächsten ordentlichen Kündigungstermin (BGH 95, 147; BAG BB 02, 832). Begleitschäden sind unabhängig von der Kündigung gem I 1 nach § 280 I, Schäden wegen Verzögerung der Leistung nach §§ 280 I, II, 286 zu ersetzen.

§ 315

Untertitel 4. Einseitige Leistungsbestimmungsrechte

§ 315 Bestimmung der Leistung durch eine Partei

(1) Soll die Leistung durch einen der Vertragschließenden bestimmt werden, so ist im Zweifel anzunehmen, dass die Bestimmung nach billigem Ermessen zu treffen ist.

(2) Die Bestimmung erfolgt durch Erklärung gegenüber dem anderen Teil.

(3) ¹Soll die Bestimmung nach billigem Ermessen erfolgen, so ist die getroffene Bestimmung für den anderen Teil nur verbindlich, wenn sie der Billigkeit entspricht. ²Entspricht sie nicht der Billigkeit, so wird die Bestimmung durch Urteil getroffen; das Gleiche gilt, wenn die Bestimmung verzögert wird.

Lit: Baur, Vertragliche Anpassungsregelungen, 1983; Büdenbender, Die Bedeutung der Preismissbrauchskontrolle nach § 315 BGB in der Energiewirtschaft, NJW 07, 2945; Graf v Westphalen, Das faktische Ende von Preisanpassungsklauseln, MDR 08, 424; ders., Preisanpassungsklauseln in Energielieferverträgen mit Normsonderkunden, ZIP 08, 669; Kolbe, Schweigen auf einseitige Preiserhöhungen, BB 10, 2322; Linsmeier, Gesetzliches Leistungsbestimmungsrecht bei Netznutzungsentgelten, NJW 08, 2162; Lörcher, Die Anpassung langfristiger Verträge an veränderte Umstände, DB 96, 1269; Piekenbrock, Das Zeitregime von § 315 BGB am Beispiel der Elektrizitätsnetznutzung, ZIP 10, 1925; Wiedemann, Preisänderungsvorbehalte, 1991.

1 **1. Allgemeines. a) Überblick: I** gibt eine **Auslegungsregel** für den Inhalt der Bestimmungsvereinbarung (Rn 7; sa § 316 Rn 1); **II** regelt die Ausübung des **Bestimmungsrechts** (Rn 8 ff), **III** die Rechtsfolgen bei **fehlerhafter** oder **verzö-**
2 **gerter** Bestimmung nach billigem Ermessen (Rn 11 ff). **b)** Die nachträgliche Ergänzung des Vertragsinhalts durch einseitigen Gestaltungsakt einer Vertragspartei ist von Bedeutung bei längerfristigen Verträgen (Änderung der Kalkulationsgrundlagen) und Verträgen mit anfänglich noch unbestimmtem Leistungsumfang (zB technische, künstlerische, ärztliche Leistungen). Ist die Leistung **nicht bestimmbar,** ist
3 das Schuldverhältnis unwirksam (BGH NJW 86, 845; sa § 241 Rn 8). **c)** §§ 315 ff sind **nicht anwendbar,** soweit die nicht abschließend festgelegte Leistung (notfalls) durch **ergänzende Vertragsauslegung** (§ 157 Rn 2 ff) bestimmt werden kann (§§ 133, 157; BGH 185, 166 [Zinsanpassungsklauseln in Sparverträgen; sa ZIP 11, 317]; NJW-RR 07, 56 u 105; NJW 06, 2472). Auch bei Fehlen entspr Auslegungsregeln (zB §§ 612 II, 632 II, 653 II) wird häufig stillschweigend ein obj Bestimmungsmaßstab vereinbart sein (sa Rn 6). Bsp: Kauf vertretbarer Sachen zu Ladenpreis, Tageskurs, Markt- oder ortsüblichem Preis; von Grundstück zum „Verkehrswert"; Vereinbarung eines „angemessenen" Mietzinses (BGH NJW-RR 92, 517). Schranken enthält ErbbauRG 9a; str für Werklieferungsvertrag (Köln
4 NJW-RR 12, 1520 verneint Anwendung von § 632). **d) I** und **III** sind **entspr** anwendbar bei *einseitiger* Pauschalpreisfestlegung durch (staatliche) Unternehmen mit Monopolstellung (BGH NJW 93, 1129; NJW-RR 97, 1019 mN); dies gilt auch im Bereich der Daseinsvorsorge (BGH 115, 316 ff; Düsseldorf NJW-RR 97, 890; str, vgl Halfmeier VuR 06, 419 mN; hierzu auch Rn 6). Die Anwendung scheidet aus, soweit behördliche Aufsicht und Genehmigung dem Leistenden keinen Spielraum für die Festsetzung der Gegenleistung belassen (BGH NJW 07, 3345 f Netzzugang Telekommunikation [TKG 29 I iVm 39]; BGH 174, 55 f Flughafenbenutzungsordnung). Eine Billigkeitskontrolle kommt auch nur in Betracht, soweit der (überhöhte) Tarif nicht schon Gegenstand vertraglicher Einigung war (BGH
5 NJW 07, 1673; hier kann GWB 19 iVm § 134 eingreifen sa Rn 5). **e) Sondervorschriften:** § 558 I; RVG 14; GewO 106 (Weisungsrecht des AG - § 315 III anwendbar, BAG NZA 11, 631; NJW 12, 331); BetrAVG 16 (dazu BAG MDR 93, 208

Titel 1. Begründung, Inhalt und Beendigung   § 315

mit Anm Langohr-Plato); BetrVG 76a (dazu BAG ZIP 93, 527); DMBilG (dazu BGH 122, 38). Str ist, ob bei Missbräuchlichkeit iSv GWB 19 die Leistungsbestimmung nichtig ist (§ 134) und eine Billigkeitskontrolle ausschließt (Wielsch JZ 08, 68; Kühne NJW 06, 2520 gegen BGH 164, 336; NJW-RR 06, 915 je mN), jedenfalls wird ein Missbrauch nicht vermutet und muss daher von demjenigen bewiesen werden, der ihn behauptet (BGH NJW 08, 2173 f - Gaspreiserhöhung).

2. Vereinbarung des Bestimmungsrechts. a) Zustandekommen idR durch **6** ausdr vertragliche Einigung; **stillschweigende** Vereinbarung (Erleichterung: § 316 und dort Rn 3: Rückgriff auf §§ 315 ff, wenn im gegenseitigen Vertrag eine Gegenleistung vereinbart wurde, BGH NJW-RR 11, 203) liegt idR nicht in der Festlegung eines obj Bestimmungsmaßstabs (vgl Rn 3), auch nicht bei dessen Unwirksamkeit (BGH NJW-RR 92, 142), Bestimmungsrecht bejahend BGH 97, 214 u Düsseldorf WM 04, 319 (Zinsanpassungsklausel); BGH NJW-RR 10, 1130 (wettbewerbsrechtliche Unterlassungsverpflichtung nach „Hamburger Brauch"); BGH 164, 336 („Stromnetznutzungsentgelt I" - für anfänglich vereinbartes Entgelt) u NJW-RR 06, 915 („Stromnetznutzungsentgelt II", ergänzende Vertragsauslegung; hierzu Gunther NJW 06, 654; sa BGH NJW 08, 2175 [Bestimmungsrecht aus EnWG 1998 6 I 1, hierzu Linsmeier aaO]); BGH 163, 119 (GEMA); NJW-RR 92, 183 (Stromlieferung); NJW 13, 595 u 07, 211 (mN - Fernwärme). Bei **Strom-/Gasverträgen** unterliegt der anfänglich vereinbarte Preis keiner Kontrolle nach § 315 (auch nicht analog, BGH NJW 07, 1762 - auch nicht bei Monopolstellung des Anbieters, BGH 178, 369 [stattdessen kartellrechtliche Missbrauchsaufsicht]; verneinend auch für automatische Preisgleitklauseln NJW 07, 211); anders aber für **Netznutzungsentgelte** BGH NJW 08, 2175 [„Stromnetznutzungsentgelt III"] mN; BGH NJW 12, 3098 [„Stromnetznutzungsentgelt V" für Entgelte nach EnWG 2005] und bei Monopolstellung des **Wasserversorgers**, BGH NJW 11, 2803); nur einseitige Tariferhöhungen unterliegen dieser Kontrolle und können auch dann unbillig sein, wenn der vor Erhöhung geltende Tarif (Preissockel) unbillig überhöht war und seinerseits der Kontrolle nach § 315 unterliegt, dh nicht vertraglich vereinbart war (BGH NJW 07, 2540). In **AGB** und im Verbrauchervertrag sind **Leistungs-** und **Preisbestimmungsvorbehalte** (Bsp: Preis freibleibend; Preis vorbehaltlich endgültiger Festsetzung; Tagespreis bei Lieferung; Zinsanpassung usw) nur **eingeschränkt zulässig** (vgl §§ 307, 308 Nr 4, 309 Nr 1, 310 III und die Anm dort; ferner § 433 Rn 16); bei Mietanpassung für Wohnraum bestehen Schranken gem §§ 557, 557b (für gewerblichen Mietvertrag BGH NJW 12, 2187); bei Preisanpassung für ein Grundstück ist § 311b I zu beachten (§ 311b Rn 19). Sind (Gas-)Preisanpassungsklauseln in AGB nichtig, kommt einseitiges Bestimmungsrecht weder nach § 315 noch durch ergänzende Vertragsauslegung in Betracht, wenn in absehbarer Zeit Kündigung möglich ist (BGH WM 10, 228 u 481; 11, 306; sa BGH NJW 10, 1742 für unwirksame Zinsänderungsklausel). Im Einzelfall kann statt einseitigen Bestimmungsrechts auch nur das Recht vereinbart sein, vom Vertragspartner Mitwirkung an einer Anpassungsvereinbarung zu verlangen (Auslegungsfrage, BGH NJW 02, 1424). Das **Direktionsrecht des AG** ist, soweit nicht in Tarif-, Einzelvertrag oder Betriebsvereinbarung eingeschränkt, nach I auszuüben (st Rspr, BAG NZA 01, 790). **b) Inhalt. Bestimmungsmaßstab** ist bei Individual- **7** vereinbarung **iZw (I;** Rn 1) **billiges Ermessen,** bei AGB-Vereinbarung und im Verbrauchervertrag **stets** (sonst Verstoß gegen § 307 I und II Nr 1 iVm § 315 I, 310 III), dabei aber so präzise wie möglich (vgl BGH 118, 130 f). „Billig" ist die den Umständen des Einzelfalls angemessene Leistung. Was „der Billigkeit entspricht" (vgl III 1), ist unter Abwägung der Interessenlage **beider** Parteien und Berücksichtigung des in vergleichbaren Fällen Üblichen festzustellen (BGH 41, 279; 62, 316; BAG WM 90, 826; DB 05, 559 - Berücksichtigung familiärer Belange des AN bei Arbeitszeitbestimmung); individuelle Interessen (eines AN) müssen jedoch zB bei mit dem Betriebsrat ausgehandelten Dienstplanschemata zurücktreten (LAG Köln MDR 02, 765). Bei der Bestimmung sind auch Grundrechte (zB gem GG 4)

§ 315

zu berücksichtigen (BAG NJW 90, 204 f mN; 03, 1686 f; iE Henssler AcP 190, 546 ff). Bsp: Bei Gutachten ist Umfang und Schwierigkeit der geleisteten Tätigkeit und der wirtschaftliche Wert für den Auftraggeber maßgebend (BGH NJW-RR 07, 58 mN; NJW 06, 2472: Orientierung an Schadenshöhe daher zulässig); bei Ausübung des Direktionsrechts (s ie Hromadka DB 95, 1609 ff) darf der AG den AN nicht in einen vermeidbaren Gewissenskonflikt bringen (BAG 62, 67 ff mN; krit Henssler AcP 190, 543 ff) oder seine Religionsausübung behindern, solange nicht die praktische Konkordanz mit GG 12 (Unternehmensfreiheit) dies erfordert (BAG NJW 03, 1687). Im Bereich der Daseinsvorsorge kann die einseitige Tariferhöhung unbillig sein, weil bereits der zuvor (einseitig festgesetzte) geltende Tarif überhöht war (Rn 6). Zu den Maßstäben der Kontrolle (Bezugskostensteigerung kann ggf durch Kostenrückgang in anderen Bereichen ausgeglichen werden, aber kein Zwang zur Quersubventionierung, s iE BGH 178, 378 f. Die **Beweislast** für die Billigkeit trägt die bestimmende Partei (BGH 178, 374 mN; 115, 322); fordert die nicht bestimmungsberechtigte Partei aus Bereicherungsrecht das festgesetzte Entgelt zurück, obliegt ihr auch der Beweis unbilliger Bestimmung (BGH 154, 8 f); nicht jedoch bei Zahlung unter Vorbehalt (BGH NJW 11, 212; 08, 2175; 06, 684). **Andere Bestimmungsmaßstäbe** (zB „freies Ermessen") können individuell vereinbart werden (§§ 307 ff gelten nunmehr auch im Arbeitsverhältnis, s § 310 IV 1 und 2 sowie dort Rn 16), gegen die Leistungsbestimmung durch eine Vertragspartei (vgl dagegen § 319 II) nach „freiem Belieben" bestehen jedoch Bedenken (arg §§ 138, 241; mR krit Köndgen/König ZIP 84, 133 f).

8   **3. Bestimmungsrecht. a) Berechtigte Partei.** Ob Gläubiger oder Schuldner, ergibt sich aus der Bestimmungsvereinbarung (Rn 6 f). Auslegungsregel für gegenseitige Verträge: § 316. Ist ein nach § 328 Begünstigter bestimmungsberechtigt, so
9   gilt § 315, nicht §§ 317 ff (BGH WM 04, 188). **b) Gegenstand** des Bestimmungsrechts kann sein: Die Leistung (Bsp: Leistungsvorbehalte, Rn 6; Spezifikation gem HGB 375), die Gegenleistung (Preisvorbehalte, Rn 6) oder die Modalitäten der Leistung (Zeit, Ort, Art und Weise); **nicht** Vertragsinhalt und -dauer als solche
10 (BGH 89, 213 für AGB; allg Köndgen/König ZIP 84, 133 f). **c) Ausübung:** Durch einseitige, empfangsbedürftige, rechtsgestaltende (hM, str), stets formlos gültige (BGH 97, 154), bestimmte (BGH NJW 74, 1465), idR ausdr (Saarbrücken NJW 88, 3211) Erklärung der berechtigten Partei gegenüber dem Gegner (**II**). §§ 116 ff, 130–132 gelten; abw Vereinbarung möglich (BGH NJW-RR 86, 165; s allg § 130 Rn 13). Grundsätzlich ist die Bestimmung unwiderruflich (BGH WM 05, 1045 mN; BAG DB 04, 603), das Recht erlischt mit Ausübung; die Parteien können jedoch Abweichendes (zB gestuftes, fortlaufendes Anpassungsrecht) vereinbaren (MK/Gottwald 35, offen lassend BGH WM 04, 186). Bei Festsetzung im Rahmen der Billigkeit wird Forderung fällig (BGH NJW-RR 07, 58; für III 2 s Rn 12).

11 **4. Unverbindlichkeit und Ersetzung der Bestimmung nach billigem Ermessen. a) Unverbindlich** ist die nach billigem Ermessen (Rn 7) zu treffende Bestimmung, wenn sie nicht der Billigkeit entspricht (**III 1**). Die Gestaltungswirkung (Rn 2, 10) tritt nicht ein und damit weder Leistungs- noch Annahmeverzug.
12 Das Bestimmungsrecht ist verbraucht. **b)** Die **Ersetzung** durch rechtsgestaltendes **Urteil** (**III 2, 1. HS**) setzt voraus: **Unbilligkeit** der getroffenen Bestimmung (Rn 11) oder **Verzögerung** (Verzug iSd § 286 nicht erforderlich: BGH NJW 98, 1390) der Leistungsbestimmung (**III 2, 2. HS**). Dabei genügt es nicht, dass das Gericht selbst eine andere Festsetzung für billig hält; die Grenzen der Billigkeit müssen tatsächlich überschritten sein (BGH NJW-RR 07, 58). Klage unmittelbar auf (die bestimmte) Leistung ist möglich (BGH NJW 00, 2986); in diesem Fall kann die Unverbindlichkeit gem III 1 als Einwand geltend gemacht werden (BGH NJW 83, 1778). Daneben besteht kein Anspruch auf Ausübung des Bestimmungsrechts, ferner kein Rücktrittsrecht (§ 323) wegen Verzögerung der Bestimmung (BGH MDR 71, 836), uU aber Anspruch auf Schadensersatz gem §§ 280, 281, 286 (Bestimmung ist Schuldnerpflicht, str bei Gläubiger). Fälligkeit tritt idR erst mit rechtskräfti-

Titel 1. Begründung, Inhalt und Beendigung §§ 316, 317

ger Leistungsbestimmung ein (BGH NJW-RR 07, 58; NJW 96, 1058); danach richtet sich auch Verjährungsbeginn und Möglichkeit des Schuldnerverzugs (BGH NJW 96, 1056; anders aber NJW-RR 07, 58; NJW 06, 2474: Verzug ohne weiteres mit Rechtskraft – kein Fall des § 286 II!). Die Vereinbarung rückwirkender Festsetzung ist möglich (BGH NJW 96, 1748). Eine **Frist** für die Klageerhebung besteht nicht, uU tritt aber Verwirkung (§ 242 Rn 53 ff) ein (BGH NJW 11, 212 [„Stromnetznutzungsentgelt IV"]; NJW-RR 10, 1164 mN [nicht bereits nach knapp 6 Monaten]; hierzu Piekenbrock aaO). Bleibt Jahresabrechnung des Versorgungsunternehmens nach einseitiger Tariferhöhung unbeanstandet, so liegt im Weiterbezug Einverständnis und damit „Preisvereinbarung" (BGH NJW 07, 2544; Hamm NJW-RR 07, 853). **c)** Bei anderem Bestimmungsmaßstab (vgl Rn 7) ist **III entspr anwendbar** (aA Hamburg JZ 90, 443). Die „maßstabwidrig" getroffene Leistungsbestimmung ist gem §§ 138, 242 endgültig unwirksam, Klage auf Leistungsbestimmung möglich.

§ 316 Bestimmung der Gegenleistung

Ist der Umfang der für eine Leistung versprochenen Gegenleistung nicht bestimmt, so steht die Bestimmung im Zweifel demjenigen Teil zu, welcher die Gegenleistung zu fordern hat.

a) Bedeutung: Auslegungs-(Ergänzungs-)regel (BGH 94, 101 mN) in zweifacher Hinsicht: **aa)** ergänzt fehlende Bestimmungsvereinbarung (§ 315 Rn 6; insoweit Einschränkung von § 154); **bb)** bestimmt bestimmungsberechtigte Partei (§ 315 Rn 8; insoweit Ergänzung von § 315 I). **b) Voraussetzungen: aa) Entgeltlicher** – nicht notwendig gegenseitiger (§§ 320 ff) – **Vertrag** (BGH 94, 100 f mN; sa § 653 Rn 3); **bb)** die eine (Haupt-)**Leistung** ist bestimmt (voll) bestimmt, der Umfang der (der Art nach festgelegten) **Gegenleistung** ist nicht (auch nicht stillschweigend, vgl § 315 Rn 3) bestimmt. **c) Rechtsfolgen:** Bestimmungsrecht des Gläubigers der Gegenleistung; Bestimmungsvereinbarung wird vermutet, sofern sich kein entgegenstehender Wille ergibt („im Zweifel", insbes bei langjähriger abweichender Übung, BGH NJW-RR 11, 203). Bei Vereinbarung einverständlicher Preisanpassung kann § 316 ausgeschlossen sein (vgl BGH 71, 284; NJW 95, 1360). Für den Inhalt und die Ausübung des Bestimmungsrechts gelten § 315 Rn 7, 8 ff und 11 f unmittelbar. 1 2 3

§ 317 Bestimmung der Leistung durch einen Dritten

(1) Ist die Bestimmung der Leistung einem Dritten überlassen, so ist im Zweifel anzunehmen, dass sie nach billigem Ermessen zu treffen ist.

(2) Soll die Bestimmung durch mehrere Dritte erfolgen, so ist im Zweifel Übereinstimmung aller erforderlich; soll eine Summe bestimmt werden, so ist, wenn verschiedene Summen bestimmt werden, im Zweifel die Durchschnittssumme maßgebend.

Lit: Habersack/Tröger, Preisfeststellung durch Schiedsgutachten beim Unternehmenskauf, DB 09, 44; Joussen, Das Gestaltungsrecht des Dritten nach § 317 BGB, AcP 203, 429.

1. Allgemeines. a) Überblick: Auslegungsregel des **I** entspr § 315 I (dort Rn 7); unterschiedliche Verbindlichkeit bei fehlerhafter Bestimmung: §§ 315 III 1, 319 I 1. **II** gibt Auslegungsregeln bei Mehrheit von Dritten (Rn 11). **b) Bedeutung:** Zur Leistungsbestimmung ist **bes Sachkunde** erforderlich, über die die Parteien nicht verfügen; Einschaltung des (unparteiischen) Dritten gewährleistet **Neutralität** der Leistungsfestsetzung. **c) Anwendungsbereich.** Die §§ 317–319 gelten **aa) unmittelbar** für die Leistungsbestimmung durch rechtsgestaltende Vertragsergänzung des Dritten (entspr § 315 Rn 9; Schiedsgutachtenvertrag iwS, Rn 5), **bb) entspr** bei 1 2

§ 317
Buch 2. Abschnitt 3. Schuldverhältnisse aus Verträgen

bindenden Vertragsklarstellungen und Tatsachenfeststellungen durch einen Dritten (Schiedsgutachtenvertrag ieS, Rn 6 f). Maßgebender **Zeitpunkt** für die Leistungsbestimmung ist iZw der des Zugangs des Änderungsverlangens an die andere Partei (BGH NJW 78, 154; sa §§ 244, 245 Rn 21).

3 **2. Schiedsgutachtenvertrag. a) Zustandekommen.** IdR durch ausdr Vereinbarung (Form von ZPO 1031 gilt nicht, vgl Rn 8) und als Teil eines Schuldvertrags (Schiedsgutachtenklausel), aber auch als isolierte (nachträglich getroffene) Abrede möglich (zB zur Beseitigung eines entstandenen Streits über den Inhalt der Leistung); als **AGB**-Vereinbarung idR unwirksam (so BGH 101, 318 f für Kfz-Reparaturbedingungen; BGH 115, 331 ff für Fertighausvertrag; LG Frankfurt NJW-RR 88,
4 1132 für Kfz-Leasingbedingungen; uU abw Beurteilung möglich). **b) Inhalt:** Die Person des **Dritten** (idR Sachverständiger, auch Stelle, Behörde [soweit nicht ges zur Bestimmung zuständig: BGH 73, 116] oder Schiedsgericht, idR nicht staatliches Gericht [im Einzelfall aber bejahend: BGH NJW 98, 1390 mN], vgl auch §§ 315 III, 319 I 2) braucht nicht bestimmt zu sein, **Bestimmbarkeit** genügt (Auswahl durch bestimmte Behörde, zB Industrie- und Handelskammer, vgl BGH DNotZ 05, 709). Nähere Festlegung von Bestimmungsmaßstab (iZw gilt I; vgl Rn 1 [a]) und zu berücksichtigenden Umständen zweckmäßig; fehlt es an dem zur Leistungsbestimmung erforderlichen Mindestinhalt, ist die Vereinbarung unwirksam (BGH 55, 250).
5 **c) Arten.** Unterscheidungsmerkmal ist die jeweilige Aufgabe des Schiedsgutachters. **aa) Rechtsgestaltende Vertragsergänzung.** Das Schiedsgutachten ersetzt insoweit die fehlende Parteivereinbarung und schafft erst den Inhalt der Leistung – **unmittelbarer Anwendungsfall** der §§ 317–319 (Rn 2c [aa]). Bsp: Ausfüllung einer Vertragslücke (zB offen gebliebener Preis); Anpassung von Dauerschuldverhältnis an veränderte Umstände nach billigem Ermessen (vgl BGH 62, 314; NJW
6 91, 2761) oder vorgegebenen Kriterien (BGH NJW 96, 453 f). **bb) Vertragsklarstellung.** Verbindliche Feststellung eines obj feststehenden, dem Unkundigen zwar verborgenen, dem Sachkundigen aber auffindbaren Leistungsinhalts. Obj Maßstab gilt, Aufgabe des Sachverständigen entspricht der des Gerichts bei „ergänzender Vertragsauslegung" (§ 315 Rn 3). Bsp: Ermittlung der „ortsüblichen" (BGH NJW 65, 150) oder „angemessenen" Miete (BGH NJW 75, 1557), des „Verkehrswerts" eines Grundstücks (BGH WM 75, 256), eines Auseinandersetzungsguthabens (BGH
7 NJW 57, 1834) – **Schiedsgutachtenvertrag ieS** (Rn 2 [bb]). **cc) Bindende Feststellung von Tatsachen und Entscheidungselementen.** Ermittlung und bindende Feststellung der für die Bestimmung der Vertragsleistung erst mittelbar maßgebenden Tatsachen und Tatbestandsmerkmale. Obj Maßstab gilt. Bsp: Feststellung von Schaden (BGH NJW 71, 1455), Kausalzusammenhang, Verschulden; Wertermittlungen und Schätzungen (zB von Kfz; dazu BGH NJW 83, 1855 mN; LG Frankfurt NJW-RR 88, 1132); Qualitätsfeststellung (zB von mangelhafter Werkleistung; dazu BGH 101, 318). Ebenfalls **Schiedsgutachtenvertrag ieS** (Rn 2 [bb]).
8 **d) Abgrenzung. aa) Schiedsvereinbarung** (ZPO 1029). Der Schiedsrichter entscheidet abschließend (vgl ZPO 1055; 1059) über das gesamte Rechtsverhältnis anstelle des ordentlichen Gerichts (BGH 98, 36); dem Schiedsgutachter kann zwar die bindende Entscheidung über Vorfragen übertragen werden (BGH 48, 30; NJW 75, 1556), jedoch unterliegt das Schiedsgutachten der inhaltlichen Kontrolle des Gerichts gem § 319 I 2. ZPO 1025 ff sind auf den Schiedsgutachtenvertrag unanwendbar (BGH 6, 341, stRspr, hM, str; aA zB StJSchlosser 28 ff vor § 1025). Abgrenzung im Einzelfall schwierig (grundlegend BGH 6, 338; MDR 82, 36 f mN; sa MK-ZPO/Münch Vor § 1025 Rn 22–25), iZw ist Schiedsgutachtenvertrag anzunehmen (BGH MDR 82, 37). Grund: Geringerer Eingriff in den Rechtsschutz der Partei, die Abgrenzung ist wichtig, wo Schiedsfähigkeit fehlt wie im Arbeitsrecht
9 (ArbGG 101, hierzu BAG DB 04, 1049). **bb) Schiedsgutachtervertrag** ist der stets zwischen beiden Parteien (RG 87, 194; BGH 22, 346) und Schiedsgutachter geschlossene Vertrag (Geschäftsbesorgungsvertrag, vgl § 675 I). Der Schiedsgutachter haftet nur bei offenbarer Unbilligkeit (Unrichtigkeit) und damit Unbrauchbarkeit

Titel 1. Begründung, Inhalt und Beendigung §§ 318, 319

(arg § 319 I 1) des Gutachtens (BGH 43, 374, str), soweit es dann nicht schon an einem Schaden fehlt (s Schleswig NJW 89, 175). **cc) Wertsicherungsabreden.** Schiedsgutachtenverträge kommen als sog **Leistungsvorbehalte** in Frage (§§ 244, 245 Rn 21). **10**

3. Mehrheit von Bestimmungsberechtigten. IZw **Einstimmigkeit** erforderlich **(II 1. HS)**; genügt Mehrheit (vgl II 2. HS), uU Pflicht des überstimmten Schiedsgutachters, auf grobe Unbilligkeit des Mehrheitsgutachtens hinzuweisen (BGH 22, 343); Grund: Ermöglichung von Kontrolle gem § 319 I. Durchschnittssumme **(II, 2. HS)** nicht maßgebend bei offenbarer Unrichtigkeit eines Gutachtens (BGH NJW 64, 2401: Fall des § 319 I). **11**

§ 318 Anfechtung der Bestimmung

(1) Die einem Dritten überlassene Bestimmung der Leistung erfolgt durch Erklärung gegenüber einem der Vertragschließenden.

(2) ¹Die Anfechtung der getroffenen Bestimmung wegen Irrtums, Drohung oder arglistiger Täuschung steht nur den Vertragschließenden zu; Anfechtungsgegner ist der andere Teil. ²Die Anfechtung muss unverzüglich erfolgen, nachdem der Anfechtungsberechtigte von dem Anfechtungsgrund Kenntnis erlangt hat. ³Sie ist ausgeschlossen, wenn 30 Jahre verstrichen sind, nachdem die Bestimmung getroffen worden ist.

Bestimmungserklärung: I entspricht § 315 II (vgl dort Rn 10). **Anfechtbarkeit (II):** Besonderheiten: Anfechtungsberechtigt sind nur die Parteien. Grund: Sie treffen die Rechtsfolgen der Bestimmung. Erklärung stets unverzüglich (§ 121 I; § 124 ist ausgeschlossen); § 123 II ist nicht anwendbar. **1**

§ 319 Unwirksamkeit der Bestimmung; Ersetzung

(1) ¹Soll der Dritte die Leistung nach billigem Ermessen bestimmen, so ist die getroffene Bestimmung für die Vertragschließenden nicht verbindlich, wenn sie offenbar unbillig ist. ²Die Bestimmung erfolgt in diesem Falle durch Urteil; das Gleiche gilt, wenn der Dritte die Bestimmung nicht treffen kann oder will oder wenn er sie verzögert.

(2) Soll der Dritte die Bestimmung nach freiem Belieben treffen, so ist der Vertrag unwirksam, wenn der Dritte die Bestimmung nicht treffen kann oder will oder wenn er sie verzögert.

1. Allgemeines. a) Überblick. I 1 entspricht regelungsmäßig § 315 III 1 (dort Rn 11), der Unterschied in der Verbindlichkeit erklärt sich aus der größeren Richtigkeitsgarantie der Bestimmung durch einen Dritten (§ 317 Rn 1 [b]). Prüfungsmaßstab bei Schiedsgutachten ieS ist die offenbare Unrichtigkeit (entspr Anwendung; Rn 4). **II** regelt den Fall, dass Bestimmungsmaßstab „freies Belieben" (Rn 5). **b) I 1** enthält **nachgiebiges Recht** (aber strenge Anforderungen für abw Vereinbarungen), Zuständigkeit gem **I 2** kann einem Schiedsgericht (ZPO 1029) übertragen werden (BGH 6, 339). **c) Sondervorschriften:** VVG 84, 189. **1**

2

2. Unverbindlichkeit von Leistungsbestimmungen und Schiedsgutachten ieS. a) Leistungsbestimmungen nach billigem Ermessen sind für die Parteien unverbindlich, wenn sie offenbar unbillig sind **(I 1)**. **Offenbare Unbilligkeit** (Beweislast: der sie Behauptende [LG Frankfurt NJW-RR 88, 1132], anders § 315 Rn 7) ist gegeben, wenn die Bestimmung die Grundsätze von Treu und Glauben in grober Weise verletzt und sich ihre offenbare Unrichtigkeit, wenn auch nicht jedermann, so doch einem sachkundigen und unbefangenen Beurteiler sofort aufdrängt (BGH MDR 13, 337; NJW-RR 01, 3775; 04, 760). Eine Beweisaufnahme zur Feststellung der offenbaren Unbilligkeit (nicht nur: Unrichtigkeit) ist nicht aus- **3**

geschlossen (RG 96, 62). Das sachliche Gesamtergebnis ist entscheidend (BGH NJW 91, 2762), aber auch mögliche Verfahrensfehler (BAG DB 04, 1049). Bsp: Außerachtlassung des Vertragsinhalts und einseitige Berücksichtigung der Interessen einer Partei (BGH 62, 316; NJW-RR 94, 1315), Nichtangabe von Berechnungsmaßstäben bei Mieterhöhung (BGH NJW 75, 1556), Nichtberücksichtigung wesentlicher Umstände (BGH 62, 319), nicht schon Fehleinschätzungen innerhalb
4 der Toleranzgrenze (ie Frankfurt NJW-RR 95, 80 mN). **b) Schiedsgutachten ieS** (§ 317 Rn 6 f) sind für die Parteien unverbindlich, wenn sie **offenbar unrichtig** sind (**I 1 entspr**; BGH MDR 13, 337; BGH 101, 318 u 320; NJW-RR 91, 228; hM). Das ist der Fall, wenn sich die Unrichtigkeit dem sachkundigen Betrachter sofort aufdrängt (BGH aaO, str) oder wenn das Schiedsgutachten in seinem Ergebnis nicht nachprüfbar ist (BGH NJW 77, 801; NJW-RR 88, 506 mN). **Bsp:** Außerachtlassung anerkannter, vertraglich vorgegebener oder Zugrundelegung unrichtiger Bewertungsmaßstäbe (BGH 9, 198; 146, 285 f) oder -faktoren (BGH NJW 91, 2698); wesentliche Irrtümer und grobe Verstöße gegen die Regeln der Sachkunde (Annahme von Konstruktions- statt Bedienungsfehler, BGH MDR 73, 210); Häufung von Unrichtigkeiten in Einzelpunkten; schwerwiegende Begründungsmängel, auch wenn iE richtig (BGH 146, 285); schwerwiegende Ermessensfehler (BGH
5 146, 287 f). Beweislast: wie Rn 3. **c) Leistungsbestimmungen nach freiem Belieben (II)** sind auch bei offenbarer Unbilligkeit verbindlich (Unterschied zu Rn 3), jedoch bei Verstoß gegen §§ 134, 138, 242 unwirksam. Die Einhaltung dieser Grenzen kann das Gericht bei getroffener Bestimmung überprüfen; unterbleibt die Bestimmung (wegen Nichtkönnens, Nichtwollens oder Verzögerung), scheidet eine gerichtliche Ersetzung mangels eines obj Maßstabs aus und der Vertrag ist **unwirksam (II).**

6 **3. Gerichtliche Kontrolle (Ersetzung) der Bestimmung. a) Voraussetzungen** (alternativ): **aa) Unverbindlichkeit** einer nach billigem Ermessen getroffenen Leistungsbestimmung oder eines Schiedsgutachtens ieS (Rn 3 f; **I 2, 1. HS**).
7 **bb) Ausfall** der Leistungsbestimmung (Gutachtenserstattung; **I 2, 2. HS**). Fälle des „**Nichtkönnens**" sind der Wegfall des Dritten (BGH 57, 47), Verlust seiner Eignung (BGH NJW-RR 94, 1315: Parteilichkeit) oder Nichteinigung bei mehreren Dritten (BAG BB 69, 579); Scheitern des Verfahrens zur Benennung des Dritten (BGH 146, 285); **Verzögerung** (Begriff: § 315 Rn 12) kann auch auf Nichternennung des Dritten durch eine Partei (BGH 74, 345; NJW-RR 11, 1061), Verfahrensverschleppung (BGH NJW 90, 1232) uä beruhen (BGH NJW 98, 1390); ist ein Vermittlungsverfahren zwingend vorgeschaltet, so genügt die Untätigkeit des Ver-
8 mittlers (BGH NJW 78, 631). **b) Rechtsfolgen.** Das Gericht trifft, soweit die Bestimmung (das Gutachten) nicht bindend ist (Rn 3 f), notfalls unter Zuziehung von Sachverständigen, die Entscheidung, die der Billigkeit oder dem etwa in Frage kommenden obj Maßstab entspricht (BGH WM 84, 64; 85, 174). Klage und Entscheidung iÜ wie § 315 Rn 12.

Titel 2. Gegenseitiger Vertrag

§ 320 Einrede des nichterfüllten Vertrags

(1) ¹Wer aus einem gegenseitigen Vertrag verpflichtet ist, kann die ihm obliegende Leistung bis zur Bewirkung der Gegenleistung verweigern, es sei denn, dass er vorzuleisten verpflichtet ist. ²Hat die Leistung an mehrere zu erfolgen, so kann dem einzelnen der ihm gebührende Teil bis zur Bewirkung der ganzen Gegenleistung verweigert werden. ³Die Vorschrift des § 273 Abs. 3 findet keine Anwendung.

(2) Ist von der einen Seite teilweise geleistet worden, so kann die Gegenleistung insoweit nicht verweigert werden, als die Verweigerung nach den

Titel 2. Gegenseitiger Vertrag **§ 320**

Umständen, insbesondere wegen verhältnismäßiger Geringfügigkeit des rückständigen Teils, gegen Treu und Glauben verstoßen würde.

Lit: Ernst, Die Gegenseitigkeit im Vertragsvollzug, AcP 1999, 485; Muthorst, § 348 in der Insolvenz – zum Anwendungsbereich von § 103 InsO, KTS 09, 467; Oesterle, Die Leistung Zug um Zug, 1980; H Roth, Die Einrede des Bürgerlichen Rechts, 1988.

1. Allgemeines. a) Begriff. Die **Einrede des nicht** (nicht vollständig, nicht wie 1 geschuldet) **erfüllten (gegenseitigen) Vertrags** ist das dem Schuldner zustehende Recht, die eigene Leistung bis zur (idR vollständigen) Erbringung der ihm gebührenden Gegenleistung zu verweigern (I 1; iE Rn 15). **b) Bedeutung.** I 1 ist Ausprä- 2 gung des funktionellen Synallagmas (§ 311 Rn 13). Danach kann der Gläubiger einer im Gegenseitigkeitsverhältnis stehenden Forderung (vgl Rn 7) nicht Leistung schlechthin, sondern nur Leistung „Zug um Zug" gegen Erbringung der ihm obliegenden „Gegenleistung" (vgl § 322 I), also nur **Leistungsaustausch** verlangen (iE Roth aaO S 173 f mN). **c) Zweck:** Nicht nur Sicherung der Gegenforderung (vgl 3 InsO 103), namentlich Erfüllungszwang gegenüber dem Gläubiger (BGH 141, 114; NJW 85, 852; 92, 1633; sa Rn 17). **d) Rechtsnatur:** Keine echte materiellrechtliche Einrede (vgl § 273 Rn 5; iE Rn 15), sondern prozessualer Rechtsbehelf (Roth aaO S 178, str). **e) Anwendungsbereich.** §§ 320–322 gelten für **alle** gegenseitigen 4 Verträge (§ 311 Rn 13), nicht nur im Durchführungs-, sondern auch im Abwicklungsstadium nach Rücktritt (§§ 348, 323) oder bei Leistungsstörung (Rn 6, 11), insbes für alle (ges geregelten oder atypischen) **Austauschverträge** (Bsp: Kaufverträge; Bürgschaft gegen Entgelt, § 765 Rn 18; partiarisches Gelddarlehen, Rn 18 vor § 488), auch soweit zwischen **mehr als zwei Parteien** geschlossen, mit Einschränkungen auch für die Gesellschaft (§ 705 Rn 18). Beim Dienstvertrag steht dem Berechtigten bei nicht wie geschuldeter Leistung des Dienstverpflichteten kein Recht aus § 320 zu (Ulrich NJW 84, 588 mN; offen lassend Koblenz NJW-RR 03, 274), demgegenüber ist ein AN bei erheblichen Lohnrückständen berechtigt, seine Arbeitsleistung zurückzuhalten (ie § 611 Rn 21). Die §§ 320 ff erfassen auch die **Ansprüche auf Nacherfüllung** im Kauf- und Werkvertrag (§§ 439 I, 635 I; vgl § 437 Rn 29; § 635 Rn 6) und die dem Mieter wegen Mängeln gem §§ 536 ff zustehenden Rechte (BGH 84, 45 f; NJW-RR 11, 447; NJW 89, 3224; str; § 536 Rn 1, s Rn 2 zum Fall der Weiterveräußerung); zT gelten Sonderregelungen, Bsp § 641 III (Bamberg NJW-RR 08, 1471). Die Einrede nach § 320 kann auch erhoben werden, wenn der Käufer damit seinen Anspruch auf lastenfreie Übereignung geltend macht, obwohl er selbst die Belastung nach § 888 beseitigen könnte (BGH NJW-RR 04, 1135). **f) Abdingbarkeit:** Nur durch Individualvereinbarung, insbes 5 durch Übernahme einer Vorleistungspflicht (Rn 21 f) möglich, idR nicht dagegen durch AGB und im Verbrauchervertrag (§ 309 Nr 2a und 8b dd; vgl BGH 92, 316; 118, 241; NJW 93, 3265; zur Begründung einer Vorleistungspflicht s BGH 141, 114; NJW 02, 140 und § 309 Rn 3). Einseitiger **Verzicht** ist nach Entstehen möglich, aber strenge Anforderungen an konkludente Erklärung (BGH NJW 02, 1790).

2. Voraussetzungen. a) Gegenseitiger Vertrag (Rn 4): Dieser muss wirksam 6 abgeschlossen sein (für Leistungen in Erwartung des Zustandekommens gilt § 273) und muss – zumindest als Abwicklungsverhältnis (vgl § 348 und Rn 4) – noch bestehen. Die Einrede entsteht bereits mit Vertragsschluss und kann daher dem Zessionar auch dann entgegengehalten werden, wenn die Umstände, welche sie bedeutsam werden lassen, erst nach Abtretung eintreten (BGH NJW-RR 04, 1136). Nach Anfechtung findet nur § 273 Anwendung (RG 94, 310). Auf Pflichten, die erst durch Beendigung des Vertragsverhältnisses entstehen sollen, ist § 320 nicht anwendbar (RG 54, 125 betr Dienstvertrag, str). **b) Bestehende Gegenforderung.** 7 **aa) Gegenseitigkeitsverhältnis.** Zwischen der vom Schuldner geforderten Leistung und der ihm zu erbringenden Gegenleistung muss **synallagmatische Abhängigkeit** bestehen. Derartiger Zusammenhang (dazu § 311 Rn 13) besteht nicht zwischen allen Forderungen aus gegenseitigen Verträgen, sondern nur zwischen sog

Hauptleistungspflichten (§ 241 Rn 9), idR nicht dagegen zwischen diesen und Nebenleistungs- und Schutzpflichten gem § 241 II (§ 241 Rn 9 f). **Bsp** für **Hauptleistungspflichten:** Pflicht zur vertragsgemäßen Herstellung des Werks (BGH NJW 97, 50); Abnahmepflicht des Bestellers (§ 640 Rn 5) oder des Darlehensnehmers (BGH NJW 91, 1818); Pflicht zur Spezifikation gem HGB 375; zur Bestellung eines Akkreditivs (München NJW 58, 752); zur Aushändigung des Kfz-Briefs bei Kfz-Kauf, des Benutzerhandbuchs für Hard- und Software bei Leasing/Kauf (BGH NJW 89, 3223; 93, 462); zur Vornahme der vom Mieter übernommenen Schönheitsreparaturen (BGH 77, 305; 92, 367); zur Wiederherstellung des früheren Zustands der Miet- oder Pachtsache (BGH 104, 10; 107, 183); Anspruch auf Nacherfüllung gem § 439, 635. **Nebenpflicht** für die Pflicht des Verkäufers zur Montage der Kaufsache (§ 433 Rn 22; uU aber Hauptpflicht: BGH NJW 98, 3198 f; sa § 434 II 1 und dort Rn 18), die Abnahmepflicht des Käufers gem § 433 II (zu Ausnahmen s § 433 Rn 29); idR auch die Pflicht zum **Abruf** der Ware (BGH NJW 72, 99); anders aber zB bei Bierlieferungsvertrag (München NJW 68, 1881). Beim **Sukzessivlieferungsvertrag** (§ 311 Rn 14) besteht Gegenseitigkeit auch zwischen Forderungen aus verschiedenen Teillieferungen (BGH WM 07, 306; Saarbrücken NJW 96, 3086). Der Einbeziehung von **Unterlassungsansprüchen** in das Gegenseitigkeitsverhältnis kann § 242 entgegenstehen (vgl BAG DB 83, 834; sa Rn 17; § 273 Rn 12 ff). An der Gegenseitigkeit der Ansprüche (Mängelbeseitigung – Zahlung Mietzins) fehlt es nach Veräußerung der Mietsache; gegenüber dem Zahlungsanspruch des früheren Vermieters kann wegen fortbestehender Mängel die Einrede nach § 320 nicht mehr erhoben werden (BGH MDR 07, 141). **bb) Parteien.** Der

8 Leistungsaustausch muss nicht gerade zwischen den Vertragsschließenden gewollt sein, Vereinbarung gem § 328 ist möglich. Die Gegenforderung kann **abgetreten** sein (BGH 55, 356; 85, 348; WM 07, 2023; NJW 95, 188) und kann dem Schuldner uU auch gegenüber einem **Dritten** zustehen. Bsp: Fallen beim Bauträgervertrag infolge der Ausgestaltung der Rechte des Bestellers/Käufers wegen Mängeln (§§ 437, 634) die Rollen des Vergütungsgläubigers (Bauträger = Gläubiger) und des Verpflichteten der Rechte aus §§ 437, 634 (Bauhandwerker = Dritter) auseinander, so berechtigen die dem Schuldner (Käufer) gegenüber dem Dritten zustehenden Mängelrechte jedenfalls dann auch dem Gläubiger gegenüber zur Einbehaltung der Vergütung, wenn dieser seinerseits dem Dritten gegenüber die Leistung verweigert (BGH 70, 193; NJW 84, 726 – Einwendungsdurchgriff im Dreiecksverhältnis). Fallen Kaufpreisschuldner (Leasinggeber) und Gläubigers der Rechte wegen Mängeln (Leasingnehmer) beim leasingtypischen Dreiecksverhältnis auseinander, berechtigt allein das Vorliegen des Mangels den Leasingnehmer nicht zur Zurückhaltung der Leasingraten (str, BGH NJW 10, 2798 mN); dies gilt auch bei Besitzverlust zum Zweck der Nacherfüllung (Tavakoli NJW 10, 2768); im Fall des Rücktritts kann die Zahlung an den Leasinggeber erst eingestellt werden, wenn er gegen den Lieferanten klageweise vorgeht (BGH NJW 10, 2798 mN bestätigt insoweit die Rechtslage wie vor dem SchRMoG); allg zum Einwendungsdurchgriff bei verbundenen Verbraucherverträgen (§§ 358, 359). **cc) Fortbestehen der Gegenforde-**

9 **rung.** Der Gläubiger (Kläger) darf nicht von seiner eigenen Leistungspflicht frei geworden sein (sonst §§ 275, 326 I; bei Umwandlung in Ersatzforderung Rn 11). Solange aber Leistungsbefreiung gem § 275 nicht feststeht oder die Einrede nach § 275 II, III oder §§ 439 III, 635 III nicht erhoben ist, ist Einrede aus § 320 zulässig. Entspr gilt auch bei teilw Leistungsbefreiung (hM). Auch **verjährter Gegenanspruch** begründet Einrede gem § 320 (RG 149, 328; Roth aaO S 56; BGH NJW 06, 2773; einschr BGH 53, 125; sa § 273 Rn 8 u § 215). Im Kauf- und Werkvertrag steht dem Käufer/Besteller bei unbehebbaren Mängeln (s § 275 Rn 9) oder bei berechtigter Leistungsverweigerung des Schuldners (§§ 439 III, 635 III) auch keine allg Mängeleinrede zu (Lorenz/Riehm 501; aA Huber/Faust 366); der Käufer/Besteller muss den fortbestehenden Entgeltanspruch (§ 326 I 2) seine

10 Gestaltungsrechte (Minderung, Rücktritt) ausüben (s auch § 438 Rn 10 f). **dd) Fälligkeit der Gegenleistung** (Erfordernis folgt aus dem Gegenseitigkeitsverhältnis),

Titel 2. Gegenseitiger Vertrag §320

idR nicht gegeben, wenn Schuldner vorleistungspflichtig (Rn 21 f). **ee) Inhaltsän-** 11
derung. Durch Umwandlung der Gegenforderung in eine Ersatzforderung wird
das Leistungsverweigerungsrecht nicht berührt (hM). Bsp: Sekundäre Ansprüche
(§ 241 Rn 11) auf Ersatzherausgabe (§§ 326 III, 285), Schadensersatz, Nacherfüllung
(§§ 439, 635) oder Mängelbeseitigung (BGH 61, 45). Bei Schadensersatzansprüchen
statt der Leistung ist bei Berechnung des Schadens nach der Differenzmethode (§ 281
Rn 18) idR kein Raum für ein Leistungsverweigerungsrecht (vgl aber RG 149,
328). **c) Keine (vollständige) Leistung des anderen Teils.** Die Gegenleistung 12
darf weder vollständig bewirkt sein noch gleichzeitig bewirkt werden. Die Gründe
des Ausbleibens sind gleichgültig, insbes ist kein Verschulden des Gläubigers erforderlich (RG 145, 282, hM). Zum Annahmeverzug des Schuldners s Rn 14 (cc).
Ihrem **Umfang** nach umfasst die Gegenleistung auch uU bestehende weitere
Ansprüche zB gem §§ 280, 286, 288. **Unvollständig** ist auch die **nicht wie
geschuldet erbrachte** insbes die **mangelhafte** Leistung (§§ 434, 435, 633; s § 437
Rn 29; BGH 85, 348 und NJW 85, 852 für Werkvertrag). Bei Mangelhaftigkeit
der Leistung ist § 320 aber zT durch Sonderregeln verdrängt (Rn 4); überhaupt
kommen nur behebbare Mängel in Frage (sonst tritt Leistungsbefreiung ein, dazu
Rn 9 und § 275 Rn 9). Bei Dienstverträgen kann eine völlig unbrauchbare Dienst-
leistung die Einrede nach § 320 begründen (Koblenz NJW-RR 07, 997 u 769).
Bei unvollständiger Leistung kann das Zurückbehaltungsrecht eingeschränkt sein
(Rn 17). **d) Eigene Vertragstreue. aa)** Voraussetzung der Einrede ist **Festhalten** 13
am Vertrag durch den verweigernden Teil (Grund: § 320 gibt nur aufschiebende
Einrede, Druckmittel; vgl Rn 3); bei endgültiger Ablehnung der eigenen Leistung
muss der Schuldner andere Rechtsbehelfe (zB §§ 280, 281, 323) geltend machen
(BGH 50, 177; WM 03, 593 mN). **bb)** Es darf **kein Leistungsverzug des Schuld-** 14
ners vorliegen, dieser kann ein Leistungsverweigerungsrecht nicht auf Umstände
stützen, die nach eigener Vertragsuntreue eingetreten sind (BGH NJW-RR 95,
565 mN, hM; sa Rn 18). **cc) Annahmeverzug** des Verweigernden schließt die
Einrede des § 320 nicht aus; die Interessen des anderen Teils sind durch §§ 372 ff,
322 III, 274 II gewahrt (BGH NJW 02, 1262; BGH 116, 248; Hamm NJW-RR
96, 87 mN; Roth aaO S 187 zu § 273).

3. Rechtsfolgen. a) Das **Leistungsverweigerungsrecht (I 1;** § 322 I) begrün- 15
det **keine** echte aufschiebende (dazu § 280 Rn 34) **Einrede** (Rn 3 [d]; aA hM)
gegenüber dem (unbedingten, Rn 2) Gläubigeranspruch bis zur Bewirkung der
Gegenleistung (Leistungshandlung, nicht -erfolg), sondern führt nur zur Durchsetzung der bereits bestehenden Anspruchsbeschränkung im Prozess (Rn 2). Durch
die Leistungsverweigerung darf der Anspruch nicht vereitelt werden (BAG DB 93,
834). **b) Umfang. aa)** Sowohl die Einrede des nicht, wie die des nicht vollständig 16
(wie geschuldet) erfüllten Vertrags (vgl Rn 12) berechtigt grundsätzlich zur **vollen**
Verweigerung der Gegenleistung (BGH MDR 03, 801 für Mietzins bei Mängeln,
sa Rn 17). **Folgen:** Sind **mehrere Gläubiger** anteilig (§ 420) forderungsberechtigt,
braucht Schuldner nur gegen die ganze Gegenleistung zu leisten **(I 2)**. Bei teilw
Ausbleiben der Gegenleistung (soweit nicht Teilleistung schon gem § 266 zurückgewiesen) kann der Schuldner die eigene Leistung voll zurückhalten, nicht nur zu
einem dem rückständigen Teil der Gegenleistung entspr Teil (BGH 54, 249, hM).
Bsp: Liefersperre bei Strom-Teilzahlungsboykott (Hamm NJW 81, 2474, hierzu
auch § 273 Rn 11, 17). **bb)** Eine **Ausnahme** besteht dann, wenn bei teilw Leistung 17
die volle Verweigerung der Gegenleistung gegen Treu und Glauben (§ 242) verstieße (BGH BB 74, 671), insbes bei verhältnismäßiger Geringfügigkeit des rückständigen Teils **(II)**. Greift **II** ein, kann der Schuldner nur einen entspr Teil seiner
Leistung zurückbehalten („insoweit"). Bei der Bemessung des Umfangs des zulässigen Einbehalts (vgl BGH 56, 316) ist der Zweck der Einrede (Druckmittel, Rn 3)
zu berücksichtigen. Für **Mängel** der Werkleistung enthält § 641 III eine Sonderregelung, auf die auch für den Nachbesserungsanspruch beim Kauf nach § 439 I 1.
Fall zurückgegriffen werden kann. §§ 442, 536b S 3 sind entspr zu beachten (BGH

Stadler

§ 321

18 NJW 89, 3224); für Mietrecht s BGH MDR 03, 801. **c) Materiellrechtliche Wirkungen.** Das bloße (obj) Bestehen der Einrede schließt **Schuldnerverzug** aus (BGH 116, 249; NJW 99, 53 mN; ie § 280 Rn 33; anders bei § 273, dort Rn 22 und § 280 Rn 36). Die Schuld ist nicht nach § 291 S 1 zu verzinsen (s dort Rn 5). Die **Verjährung** des Anspruchs, dem gegenüber die Einrede des § 320 besteht oder erhoben wird, ist nicht gehemmt. Durch **Sicherheitsleistung** kann das Leistungsverweigerungsrecht (iGgs zum Zurückbehaltungsrecht, § 273 III) nicht abgewendet werden **(I 3)**; Grund: Rn 2 f. Es gibt daher ein Recht zum Besitz iSv § 986 (iE
19 Seidel JZ 93, 184 f; s demgegenüber § 273 Rn 22). **d) Prozessuale Wirkungen.** Geltendmachung (eine ausdrückliche Berufung auf § 320 ist nicht notwendig, BGH NJW 08, 2254) führt im Prozess zu eingeschränkter Verurteilung (BGH NJW 99, 53; ie § 322). Auswirkungen im Insolvenzverfahren: InsO 103. Zur Geltendma-
20 chung im Urkundenprozess bei Wohnraummiete, BGH NJW 07, 1061. **e) Beweislast.** Wird die Einrede beim beiderseits nichterfüllten Vertrag erhoben, so hat der Kläger, will er eingeschränkte Verurteilung (§ 322 I) vermeiden, Erfüllung der Gegenforderung oder Vorleistungspflicht des Beklagten (Schuldners) zu beweisen (hM). Sondervorschrift: § 363.

21 **4. Vorleistungspflicht. a) Begriff.** Fälligkeit (§ 271 Rn 2) der Leistung des Vorleistungspflichtigen vor der des anderen Teils. **b) Entstehung:** Kraft Ges (jedoch abdingbar) gem §§ 556b, 579 II, 614, 641 I (dazu BGH 61, 44), 699 oder auf Grund vertraglicher Vereinbarung, durch AGB und im Verbrauchervertrag nur im Rahmen von § 307 (BGH 100, 161 f; 119, 174 ff; NJW 01, 294; 02, 140), § 309 Nr 2a (§ 309 Rn 3). Soweit die Angemessenheit von Vorleistungsklauseln (allein) von § 320 abhängig sein soll (BGH NJW 06, 3134 für Pauschalreise m krit Anm Staudinger), birgt dies die Gefahr eines Zirkelschlusses; es ist auf die Äquivalenz zwischen Anzahlung und Vorleistung abzustellen. **Einzelfälle** zB Zusendung unter „Nachnahme", „Zahlung gegen Dokumente" (BGH NJW 87, 2436), „nach Erhalt der Rechnung" (BGH WM 87, 1497; BB 88, 1210; sa § 271 Rn 7), „nach Übernahmebestätigung" (BGH NJW 93, 1383), Versendungskauf gem § 447 (BGH 74, 142) und mit „cif"-Klausel (§ 269 Rn 5); teilw „Vorkasse" des Reisenden bei Reiseveranstaltungsvertrag (BGH 100, 161 ff; 119, 174 ff, str; Dresden NJW-RR 12, 1134 [40% nicht mehr „verhältnismäßig geringfügig"]; § 651a Rn 14). Auskunft durch den Karen-
22 zentschädigung fordernden AN (HGB 74c II; BAG NJW 78, 2215). **c) Rechtsfolgen:** Für den Vorleistungspflichtigen entfällt die Einrede gem § 320; zum Prozess: § 322 Rn 3 aE. Schuldnerverzug des anderen Teils kann nur durch Bewirkung oder Angebot der Vorleistung bei Fälligkeit der Gegenleistung herbeigeführt werden (BGH NJW-RR 96, 754). In Dauerschuldverhältnissen (zB Mobilfunkvertrag) kann trotz Vorleistungspflicht des Anbieters ein Zurückbehaltungsrecht für noch zu erbringende Teilleistungen bestehen, wenn der andere Teil für zeitlich nicht korrespondierende vorangegangene Abschnitte fällige Zahlungen nicht erbracht hat (BGH 188, 360; zu Sperrklauseln in Mobilfunk-AGB, BGH NJW-RR 11, 1618). **Vorleistungspflicht entfällt** (idR mit Folge der Rückkehr zur Zug-um-Zug-Leistung), wenn und solange der andere Teil (grundlos) erklärt, die eigene Leistung nicht mehr erbringen zu können oder zu wollen (vgl auch § 280 Rn 17; BGH 88, 96 und 247 f; NJW 97, 939; 95, 957 mN; Rn 13 f) oder wenn auch die Leistung des Vorleistungsberechtigten inzwischen fällig geworden ist (BGH NJW-RR 89, 1357; DB 05, 1001), es sei denn, es handelt sich um eine beständige Vorleistungspflicht (BGH NJW 86, 1164). Ein **Leistungsverweigerungsrecht trotz Vorleistungspflicht** (durch Sicherheitsleistung abwendbar) besteht unter den Voraussetzungen des § 321 I.

§ 321 Unsicherheitseinrede

(1) ¹**Wer aus einem gegenseitigen Vertrag vorzuleisten verpflichtet ist, kann die ihm obliegende Leistung verweigern, wenn nach Abschluss des**

Titel 2. Gegenseitiger Vertrag § 321

Vertrags erkennbar wird, dass sein Anspruch auf die Gegenleistung durch mangelnde Leistungsfähigkeit des anderen Teils gefährdet wird. ²Das Leistungsverweigerungsrecht entfällt, wenn die Gegenleistung bewirkt oder Sicherheit für sie geleistet wird.

(2) ¹Der Vorleistungspflichtige kann eine angemessene Frist bestimmen, in welcher der andere Teil Zug um Zug gegen die Leistung nach seiner Wahl die Gegenleistung zu bewirken oder Sicherheit zu leisten hat. ²Nach erfolglosem Ablauf der Frist kann der Vorleistungspflichtige vom Vertrag zurücktreten. ³§ 323 findet entsprechende Anwendung.

1. **Allgemeines.** Die Unsicherheits**einrede (I 1)** wurde durch das SchRModG 1 neu gefasst. Sie erfasst jetzt **nachträgliche** und **anfängliche,** für den Vorleistungspflichtigen nicht erkennbare Gefährdungen seines Anspruchs auf die Gegenleistung; ergänzend sieht **II** uU ein Rücktrittsrecht des Vorleistungspflichtigen vor. Die Gefährdung muss nicht unbedingt auf einer Verschlechterung der Vermögenslage beruhen (BGH NJW 10, 1273). Sie dient dem Vorleistungspflichtigen zum Zweck der Sicherung des eigenen Anspruchs aus demselben Vertrag (BGH NJW 85, 1221); die Erweiterung dieses Rechts in AGB für „alle offenen" Forderungen aus einer laufenden Geschäftsverbindung ist unzulässig (BGH NJW 85, 1221; sa Rn 8). Ausprägung des Grundsatzes der *clausula rebus sic stantibus* (vgl § 313 Rn 1, 7); ähnlich für das Gelddarlehen § 490 I. Zu **II:** Rn 10.

2. **Voraussetzungen. a) Gegenseitiger Vertrag** (§ 320 Rn 4) mit **Vorleis-** 2 **tungspflicht** eines Vertragsteils (§ 320 Rn 21 f); verneinend für Besteller des Werkvertrages (Hamm NJW-RR 97, 1242). **b) Gefährdung des Anspruchs auf die** 3 **Gegenleistung.** Sie durfte dem Vorleistungspflichtigen bei einer gebotenen Überprüfung der Leistungsfähigkeit des Vorleistungsberechtigten bei Vertragsschluss nicht erkennbar sein (BT-Drs 14/6040 S 179, s Rn 1). Eine Gefährdung muss tatsächlich gegeben sein und nicht bloß der Anschein bestehen (zur Fehlbeurteilung des Vorleistungspflichtigen s Rn 9). Maßgeblicher **Beurteilungszeitpunkt** ist der des Fälligwerdens der Vorleistung. **Fallgruppen: aa) Wesentliche Vermögens-** 4 **verschlechterung** des Vorleistungsberechtigten. Insoweit ist eine wirtschaftliche Betrachtungsweise geboten (hM); gegeben bei Eröffnung des Insolvenzverfahrens, wenn Insolvenzverwalter Erfüllung wählt, Masse aber für Erbringung der Gegenleistung nicht ausreicht (InsO 103, 55 I Nr 2; BGH WM 60, 377; Düsseldorf MDR 70, 1009; MK/Emmerich 13; Kornmeier BB 83, 1312), auch Einzelzwangsvollstreckung (BGH NJW 64, 100), ferner Ablehnung eines aussichtsreichen Kredits (BGH aaO), Hingabe ungedeckter Schecks (BGH WM 61, 1372). Allg Veränderungen der Wirtschaftslage bleiben außer Betracht. **bb) Andere drohende Leistungshin-** 5 **dernisse** können sein: Export- oder Importverbote, Kriegsereignisse, Zusammenbruch von Zulieferern, krankheitsbedingter Ausfall zur Leistung notwendiger Mitarbeiter oder des Schuldners selbst (BT-Drs 14/6040 S 179). Ausreichend sind alle (drohenden) Pflichtverletzungen, zB auch Vorliegen von (erheblichen) Mängeln. Str ist, ob ein voraussichtlich nur vorübergehendes Leistungshindernis für I genügt (bejahend [arg ex II] BGH NJW 10, 1274; PalGrüneberg 4; aA Kaiser NJW 10, 1255 [Vorleistungspflichtiger muss leisten und kann dann nach §§ 286 I, II oder § 323 I vorgehen]). **cc) Keine Gefährdung** liegt vor bei Vorhandensein ausreichender 6 Sicherheit (RG 53, 246). **c)** Das Leistungsverweigerungsrecht **entfällt,** wenn 7 Gegenleistung bewirkt (§ 362) oder Sicherheit (auch durch Bürgen, § 232 II) für sie geleistet wird **(I 2)** sowie bei nachträglichem Wegfall der Gefährdung (hM), jedoch erst ab Kenntnis des Vorleistungspflichtigen (str, aA PalGrüneberg 7 unter Verweis auf § 286 IV). Die Einrede nach **I 1** entfällt **nicht,** weil der Vorleistungspflichtige das Leistungshindernis des Vorleistungsberechtigten zu vertreten hat (BT-Drs 14/6040 S 180; aA MK/Emmerich 16 [§ 326 II analog]). Bei **Verzug** des Vorleistungspflichtigen ist zu unterscheiden. Tritt Verzug ein, bevor die Voraussetzungen nach I vorliegen, gilt Rn 9. Sind zunächst die Voraussetzungen nach I gegeben, schließt

Stadler

§ 322 Buch 2. Abschnitt 3. Schuldverhältnisse aus Verträgen

dies den Verzugseintritt aus (BGH NJW 10, 1273). Str ist, ob eine Berufung auf § 321 notwendig ist oder wie nach hM bei § 320 der Bestand der Einrede genügt (für letzteres BGH NJW 10, 1274 mN zum Streitstand). Auf Nachfrage ist aber Grund der Leistungsverweigerung zu offenbaren, um Abwendung nach I 2 zu ermöglichen (sonst kann Vorleistungsberechtigter nach § 323 I vorgehen, ohne dass nachträgliche Berufung auf § 321 I möglich sei, BGH aaO; dagegen mR Kaiser
8 NJW 10, 1255). **d) Abw Regelungen** zum Nachteil des Vorleistungsberechtigten in **AGB** können wegen Widerspruchs zu Rn 2 f unwirksam sein. Bsp: Rücktrittsvorbehalt des Vorleistungspflichtigen wegen falscher Angaben der Gegenpartei über ihre Vermögensverhältnisse (iE ebenso BGH NJW 85, 2272); Wegfall der Vorleistungspflicht bereits bei begründeten Zweifeln an der Zahlungsfähigkeit oder Kreditwürdigkeit der anderen Partei (BGH NJW 85, 1221); fristloses Kündigungsrecht bei die Vermögensgefährdung anzeigenden „sonstigen Umständen" (BGH 112, 285); Umkehr der Vorleistungspflicht (Oldenburg NJW-RR 91, 633).

9 **3. Rechtsfolgen. a)** Nach **I 1** besteht ein vorübergehendes **Leistungsverweigerungsrecht.** Der Vorleistungspflichtige kann schon auf dem Transport befindliche Ware zurückrufen. Befindet er sich bei Eintritt der Voraussetzungen des § 321 bereits im Verzug, ist **Heilung des Verzugs** möglich, wenn er nunmehr seine Leistung gegen Bewirkung der Gegenleistung anbietet (BGH NJW 68, 103; MK/Emmerich 19). Liegen die Voraussetzungen gem Rn 3 ff nicht vor, liegt in der unberechtigen Berufung auf I 1 eine (uU aber nicht zu vertretende) Pflichtverlet-
10 zung des Vorleistungspflichtigen. **b) Rücktrittsrecht (II). aa) Bedeutung.** Das (wegen der fehlenden Pflichtverletzung des Vorleistungsberechtigten von § 323 I zu unterscheidende, s Rn 11 aE) Rücktrittsrecht des Vorleistungspflichtigen nach **II** verhindert den Eintritt einer Schwebelage nach Erhebung der Einrede gem I 1. Nach Aufforderung kann der Vorleistungsberechtigte (Zug-um-Zug) durch fristgerechte Erbringung der Leistung oder einer Sicherheit die Durchführung des Vertra-
11 ges sichern. **bb) Voraussetzungen.** Der Vorleistungspflichtige muss eine angemessene Frist setzen, in welcher der Vorleistungsberechtigte nach seiner Wahl die Gegenleistung oder entsprechende Sicherheit Zug um Zug gegen die Vorleistung zu bewirken (leisten) hat. Nach erfolglosem Fristablauf entsteht das Rücktrittsrecht unter den Voraussetzungen des § 323 V, VI **(II 3)**; Fristsetzung uU entbehrlich (§ 323 II, III). **Rechtsfolgen:** Rücktrittsrecht des Vorleistungsverpflichteten. **Kein Anspruch auf Schadensersatz statt der Leistung** (§§ 280, 281), da keine Pflichtverletzung des Vorleistungsberechtigten (dh Nichtleistung trotz Fälligkeit des Anspruchs, § 281 Rn 5 f) vorliegt (s Rn 9).

§ 322 Verurteilung zur Leistung Zug-um-Zug

(1) **Erhebt aus einem gegenseitigen Vertrag der eine Teil Klage auf die ihm geschuldete Leistung, so hat die Geltendmachung des dem anderen Teil zustehenden Rechts, die Leistung bis zur Bewirkung der Gegenleistung zu verweigern, nur die Wirkung, dass der andere Teil zur Erfüllung Zug um Zug zu verurteilen ist.**

(2) **Hat der klagende Teil vorzuleisten, so kann er, wenn der andere Teil im Verzug der Annahme ist, auf Leistung nach Empfang der Gegenleistung klagen.**

(3) **Auf die Zwangsvollstreckung findet die Vorschrift des § 274 Abs. 2 Anwendung.**

1 **1. Allgemeine Bedeutung.** Regelung der verfahrens- und vollstreckungsrechtlichen Folgen der Erhebung der Einrede gem § 320 unter Berücksichtigung der
2 gegenseitigen Abhängigkeit der beiden Forderungen (vgl § 320 Rn 2, 7 ff). Die Einrede nach § 320 wird im Fall der Leistungsklage nicht von Amts wegen berücksichtigt. Die Erhebung **im Prozess** (§ 320 Rn 19; Form ist gleichgültig, uU genügt

Titel 2. Gegenseitiger Vertrag **Vor §§ 323–326**

Klageabweisungsantrag: BGH NJW 99, 53 f) führt stets (auch bei Teilklage, BGH NJW 62, 628) zur Verurteilung des Schuldners zur Leistung Zug-um-Zug gegen Erhalt der vollen Gegenleistung (**I**). Die Regelung entspricht § 274 I (iE dort Rn 1). Erhebung der Einrede erst in der Revisionsinstanz ist unzulässig; möglich ist sie (uU) noch mit der Vollstreckungsgegenklage (vgl BGH NJW-RR 97, 1272). Für die **Zwangsvollstreckung** verweist **III** auf § 274 II (dort Rn 2).

2. Vorleistungspflicht des Klägers. Bei Vorleistungspflicht des einen Teils ist 3 dessen Klage ohne Bewirkung der Vorleistung oder deren Angebot mangels Fälligkeit des Anspruchs abzuweisen (BGH 61, 44; BAG NJW 78, 2215); bei Annahmeverzug des Vorleistungsberechtigten ist (nur) Klage auf „Leistung nach Empfang der Gegenleistung" möglich (**II**); bei mangelhafter Vorleistung gelten die §§ 320, 322 (BGH 73, 144). Vollstreckung erfolgt gem **III** nach § 274 II (BGH 149, 292, str; iE Schilken AcP 181, 381 ff). I und **II** sind unanwendbar, wenn der Vorleistungsberechtigte endgültig unberechtigt die Leistungsannahme verweigert; dann ist er unbedingt zu verurteilen (arg § 162 I; vgl BGH 88, 247 f; bei Mitwirkungsverweigerung iE auch Hartmann BB 97, 328 f arg II, III, aber unter Verkennung von ZPO 756). Auf Klage des Vorleistungsberechtigten ergeht uneingeschränktes Urteil (vgl § 320 Rn 22).

Vorbemerkungen zu den §§ 323–326

Lit: Gutzeit, Der arglistig täuschende Verkäufer, NJW 08, 1359; Hanau, Der Schuldner in der Hand des Gläubigers?, NJW 07, 2806; Heiderhoff/Skamel, Teilleistung im Kaufrecht, JZ 06, 383; Jaensch, Gleichlauf von Rücktritt und Schadensersatz, NJW 03, 3613; ders., Schadensersatz beim vorweggenommenen Vertragsbruch und relativem Fixgeschäft, ZGS 05, 134; Lorenz, Arglist und Mangel – Zum Begriff der Pflichtverletzung in § 323 V 2 BGB, NJW 06, 1925; Mossler, Rücktrittsrecht vor Fälligkeit bei solvenzbedingten Zweifeln an der Leistungsfähigkeit des Schuldners, ZIP 02, 1831; Müller/Matthes, Notwendigkeit einer richtlinienkonformen Bestimmung der Leistung in § 323 V BGB bei Teilschlechtleistung und Teilleistung, AcP 204, 732; Peters, Die ernsthafte und endgültige Annahmeverweigerung des Gläubigers, JZ 12, 125; Ramming, Wechselwirkungen bei den Voraussetzungen der gesetzlichen Kündigungs- und Rücktrittsrechte, ZGS 03, 113; Schwarze, Das Recht der Leistungsstörungen, 2008, §§ 13–15, § 37; iü vgl das vor § 275 genannte Schrifttum.

1. Überblick. Vgl zunächst Rn 1, 13 f vor § 275. §§ 323–326 ergänzen die allg 1 Regelungen über Pflichtverletzungen in §§ 280 ff, 311a um Sondervorschriften für den gegenseitigen Vertrag. Sie sind nach der neuen Systematik des allg Schuldrechts nur noch notwendig, soweit es um das **Rücktrittsrecht** des Gläubigers bei Pflichtverletzungen des Schuldners und um das **Schicksal der Gegenleistung** bei Leistungshindernissen nach § 275 geht. Nach § 325 wird das Recht des Gläubigers, Schadensersatz zu verlangen, durch den Rücktritt nicht mehr ausgeschlossen. Zur Terminologie: Das SchRModG hat die Terminologie vereinfacht und spricht nur noch vom „Gläubiger" und „Schuldner" der gestörten Leistung.

2. Bedeutung und Aufbau der Vorschriften. § 323 enthält die zentrale Rück- 2 trittsvorschrift bei Pflichtverletzungen im gegenseitigen Vertrag, die für Schutzpflichtverletzungen nach § 241 II in § 324 ergänzt wird. Bei Leistungshindernissen nach § 275 gewährt § 326 V (teils ergänzend teils an Stelle der Rechtsfolgen nach § 326 I, dort Rn 27) ein ohne Fristsetzung auszuübendes Rücktrittsrecht. In Aufbau und Struktur entspricht § 323 dem § 281, § 324 dem § 282 und § 326 V dem § 283, wobei das Rücktrittsrecht aber kein Vertretenmüssen der Pflichtverletzung durch den Schuldner voraussetzt. Bei Leistungshindernissen nach § 275 regelt § 326 I–IV das Schicksal der Gegenleistung.

3. Anwendungsbereich. a) Sämtliche Fälle der Leistungsstörung. Die 3 Regelung gilt für alle Pflichtverletzungen (auch soweit die Ansprüche nicht im

§ 323

Buch 2. Abschnitt 3. Schuldverhältnisse aus Verträgen

Gegenseitigkeitsverhältnis stehen) und sämtliche (anfängliche und nachträgliche, obj und subj) Leistungshindernisse nach § 275. **b)** §§ 323–326 gelten für **alle gegenseitigen Verträge,** soweit nicht Sondervorschriften eingreifen (wie zB für Reise-, Dienst- und Mietverträge; § 323 Rn 4; § 326 Rn 2). Im Kauf- und Werkvertrag finden bei Mängeln der Sache oder des Werkes die §§ 323, 326 auch nach Gefahrübergang Anwendung (§§ 437, 634), wobei deren Voraussetzungen zT modifiziert werden (§§ 440, 636).

§ 323 Rücktritt wegen nicht oder nicht vertragsgemäß erbrachter Leistung

(1) **Erbringt bei einem gegenseitigen Vertrag der Schuldner eine fällige Leistung nicht oder nicht vertragsgemäß, so kann der Gläubiger, wenn er dem Schuldner erfolglos eine angemessene Frist zur Leistung oder Nacherfüllung bestimmt hat, vom Vertrag zurücktreten.**

(2) **Die Fristsetzung ist entbehrlich, wenn**
1. **der Schuldner die Leistung ernsthaft und endgültig verweigert,**
2. **der Schuldner die Leistung zu einem im Vertrag bestimmten Termin oder innerhalb einer bestimmten Frist nicht bewirkt und der Gläubiger im Vertrag den Fortbestand seines Leistungsinteresses an die Rechtzeitigkeit der Leistung gebunden hat oder**
3. **besondere Umstände vorliegen, die unter Abwägung der beiderseitigen Interessen den sofortigen Rücktritt rechtfertigen.**

(3) **Kommt nach der Art der Pflichtverletzung eine Fristsetzung nicht in Betracht, so tritt an deren Stelle eine Abmahnung.**

(4) **Der Gläubiger kann bereits vor dem Eintritt der Fälligkeit der Leistung zurücktreten, wenn offensichtlich ist, dass die Voraussetzungen des Rücktritts eintreten werden.**

(5) ¹**Hat der Schuldner eine Teilleistung bewirkt, so kann der Gläubiger vom ganzen Vertrag nur zurücktreten, wenn er an der Teilleistung kein Interesse hat.** ²**Hat der Schuldner die Leistung nicht vertragsgemäß bewirkt, so kann der Gläubiger vom Vertrag nicht zurücktreten, wenn die Pflichtverletzung unerheblich ist.**

(6) **Der Rücktritt ist ausgeschlossen, wenn der Gläubiger für den Umstand, der ihn zum Rücktritt berechtigen würde, allein oder weit überwiegend verantwortlich ist oder wenn der vom Schuldner nicht zu vertretende Umstand zu einer Zeit eintritt, zu welcher der Gläubiger im Verzug der Annahme ist.**

1 **1. Allgemeines. a)** Die Regelung trägt der synallagmatischen Verknüpfung der durch die Pflichtverletzung gestörten Leistungspflicht mit der Gegenleistungspflicht des Gläubigers Rechnung. Da diesem nicht zuzumuten ist, die eigene Leistung auf unbestimmte Zeit bereitzuhalten, wird ihm in I das Recht eingeräumt, durch Rücktritt die Beendigung des Leistungsaustausches herbeizuführen und die seinerseits schon erbrachte Leistung zurückzuverlangen (§ 346 I). Daneben ist Anspruch auf
2 Schadensersatz (§§ 280, 281) möglich (§ 325). **b)** § 323 ist Parallelvorschrift zu § 281, verzichtet aber auf das Vertretenmüssen der Pflichtverletzung durch den Schuldner und auf eine Ablehnungsandrohung. Die Fälle des VI finden in § 281 keine Entsprechung (§ 281 Rn 13). Praktisch wichtig ist § 323 als Voraussetzung für den Rücktritt der Käufers/Bestellers wegen Mängeln nach Gefahrübergang (§§ 437 Nr 2, 634 Nr 3); bei nicht behebbaren Mängeln ergibt sich das Rücktrittsrecht aus § 326 V
3 iVm § 323 V, VI. **c)** § 323 ist **nicht zwingend,** jedoch Leitbild iSv § 307 II Nr 1; durch AGB und im Verbrauchervertrag können das Erfordernis der Fristsetzung nicht (§ 309 Nr 4) und die Rechte des Gläubigers nur sehr eingeschränkt (§ 309 Nr 8) zum Nachteil des Kunden/Verbrauchers abbedungen werden. Zur Begrün-

Titel 2. Gegenseitiger Vertrag § 323

dung eines Rücktrittsrechts: § 308 Nr 3. **d) VerbrauchsgüterkaufRiLi.** Das Fristsetzungserfordernis verstößt nach teilweise vertretener Ansicht gegen RiLi 3 V (MK/ Lorenz Vorbem § 474 Rn 20; ders NJW 07, 5; Unberath ZEuP 05, 28 ff); richtlinienkonforme Handhabung nach II Nr 3 vertretbar.

2. Anwendungsbereich. a) Die Vorschrift gilt grundsätzlich für sämtliche 4 **gegenseitigen Verträge** mit Ausnahme von in Vollzug gesetzten Dauerschuldverhältnissen; bei diesen sind die Rechtsfolgen des I idR durch ein Recht zur fristlosen Kündigung aus wichtigem Grund ersetzt (vgl § 314 Rn 2). Zum Teil-(Sukzessiv-)lieferungsvertrag vgl Rn 23 f; zum Rücktritt von Erbvertrag verbunden mit lebzeitigen Pflegeleistungen s BGH DNotZ 12, 146. **Sondervorschriften:** § 498 iVm § 503 II; VVG 37, 38. **b) Verhältnis zu §§ 324, 326.** § 323 erfasst die Nicht- 5 oder Schlechterfüllung der Leistungspflicht; bei Verstößen gegen sonstige Verhaltenspflichten (§ 241 II) sind die Voraussetzungen für das Rücktrittsrecht **§ 324** zu entnehmen (s § 282 Rn 7, § 324 Rn 4). Ist der Schuldner nach § 275 von seiner Leistungspflicht ganz oder teilweise befreit, erlischt der Anspruch auf die Gegenleistung (ggf teilweise) nach § 326 I 1, II. Bei **qualitativer Unmöglichkeit** (unbehebbare Mängel, § 275 Rn 9) bleibt der Anspruch auf die Gegenleistung bestehen (§ 326 I 2); der Gläubiger kann aber gem **§ 326 V** iVm **§ 323 V 2, VI** ohne Fristsetzung vom Vertrag zurücktreten. Das Rücktrittsrecht aus § 326 V iVm § 323 V, VI steht dem Gläubiger ergänzend bei allen anderen Leistungshindernissen nach § 275 zu.

3. Voraussetzungen (I). a) Gegenseitiger Vertrag. Nicht erforderlich ist, dass 5a die verletzte Pflicht (sub b) synallagmatisch ist (Bsp: Abnahme gem § 433 II; Abruf von Ware [BGH NJW 72, 99]; Montage der Kaufsache; Zahlung der Grunderwerbsteuer durch Käufer [§ 448, hierzu Förster/Herrler NJW 10, 2090]). Es müssen für den Rücktritt dann jedoch zusätzlich die Voraussetzungen des V 2 vorliegen (PalGrüneberg 1, 3; aA MK/Ernst 13: kein Rücktritt): Nichterfüllung von Nebenpflicht und Schlechterfüllung von Hauptpflicht sind gleich zu behandeln. **b) Pflichtverlet-** 6 **zung** durch Nicht- oder Schlechterfüllung einer Leistungspflicht (s § 280 Rn 8 ff). Schutz- und Rücksichtnahmepflichten gem § 241 II fallen unter § 324 (s Rn 5). **c)** Der (Nacherfüllungs-)Anspruch muss **vollwirksam** entstanden und **durchsetz-** 7 **bar** sein, dh ihm darf keine dauernde (zerstörende) oder aufschiebende (hemmende) Einrede entgegenstehen. Bereits das bloße Bestehen der Einrederechts schließt I idR (für Verjährung: § 218 I 1) aus, ausnahmsweise ist Geltendmachung erforderlich (§ 280 Rn 33 ff). Um die Einrede des nichterfüllten Vertrags (§ 320) auszuschließen, muss der Gläubiger selbst iSv §§ 294 ff leistungsbereit und -fähig sein (BGH NJW 96, 923 f) und seine Leistung in einer den Annahmeverzug begründenden Weise anbieten (BGHZ 116, 249); Einzelheiten: § 280 Rn 33 ff. Zur Fälligkeit s § 280 Rn. 38. **d)** Die **Fristsetzung gem I** ist die Aufforderung zur Bewirkung der 8 Leistung binnen einer hinreichend (nicht notwendig nach Zeiteinheiten, zB Tagen usw) bestimmten Frist (Endtermin notwendig, München NJW-RR 10, 1716; Koch NJW 10, 1636; aA BGH NJW 09, 3153 für § 281 I mit allg Begr, krit hierzu auch Schollmeyer ZGS 09, 491); bei Sicherungszession auch durch den Zedenten möglich (BGH NJW 02, 1569); uU ist mangels klarer vertraglicher Abreden Konkretisierung der Leistung notwendig (BGH NJW 11, 224 f Pflegeleistungen). **Zeitpunkt: nach** Fälligkeit, noch **vor** Undurchsetzbarkeit des Anspruchs (zB nicht mehr nach eigener Mangelbeseitigung durch Käufer, BGH MDR 09, 675); auch noch in Berufungsinstanz (BGH MDR 09, 996; differenzierend Skamel NJW 10, 271). Fristsetzung **vor** Fälligkeit ist unwirksam (BGH NJW 12, 3715); Ablehnungsandrohung nicht erforderlich. Fristsetzung ist geschäftsähnliche Handlung (wie § 286 Rn 16). Die gesetzte Frist muss **angemessen** sein; Angemessenheit bestimmt im Streitfall das Gericht (§ 242) nach obj Maßstäben (BGH NJW 85, 2641). Dabei ist zu berücksichtigen, dass die Nachfrist dem Schuldner die Leistung nicht erst ermöglichen, sondern ihm eine letzte Gelegenheit geben soll, die in die Wege geleitete (vorbereitete) Erfüllung zu vollenden (BGH NJW 85, 2640 mN); die Nachfrist ist keine „Ersatzleistungsfrist" (BGH NJW 85, 857; s Karlsruhe NJW-RR 12, 504 [„bereits in Angriff genommene

§ 323

Leistung" muss vollendet werden können]). Angabe eines bestimmten Zeitabschnitts nicht unbedingt nötig, uU (zB bei bes Dringlichkeit) kann Aufforderung zu „unverzüglicher" Leistung genügen (RG 75, 357). Eine **zu kurz** bemessene Nachfrist ist nicht wirkungslos, sondern setzt eine angemessene Frist in Lauf (BGH NJW 85, 2640; 96, 1814); dies gilt nicht bei Unterschreitung nach den eigenen AGB einzuhaltenden Mindestfrist (Hamm NJW-RR 95, 503). **Schranken:** Vorbehalt unangemessen langer oder nicht hinreichend bestimmter Nachfristen in AGB und im Verbrauchervertrag zugunsten des Verwenders/Unternehmers sind unwirksam (§ 308 Nr 2; Bsp dort Rn 4), desgl über (einfache) Schriftform hinausgehende Formerfordernisse zu Lasten des Kunden/Verbrauchers (§ 309 Nr 13). Bei noch erforderlicher Mitwirkungshandlung des Gläubigers gilt § 286 Rn 23; im Synallagma muss Gläubiger

9 ihm obliegende Leistung in Annahmeverzug begründender Weise anbieten. **e) Versäumung der Nachfrist.** Die Frist ist **gewahrt,** wenn der Schuldner innerhalb des bestimmten Zeitraums (Rn 8) die Leistungshandlung vollständig und ordnungsgemäß vorgenommen hat (BGH 12, 269; MK/Ernst 84 mN), mag auch der Leistungserfolg erst nach Fristablauf eingetreten sein (wie § 286 Rn 38; anderes gilt nur bei abw Vereinbarung, vgl BGH 12, 269 f). Bei Mangelbeseitigung gilt dies auch, wenn der Mangel zunächst arglistig verschwiegen war (BGH ZIP 10, 887). Bei Versendungskauf und Geldschulden genügt daher rechtzeitiges Absenden. Bei zurückgewiesenem Teilangebot (§ 266) ist die Frist hinsichtlich der ganzen Leistung versäumt (bei Annahme gelten Rn 20 ff); fehlt nur geringfügiger Rest, ist Frist gewahrt (§ 242; RG 76, 153). Der Schuldner muss vollständig und in der **geschuldeten Qualität** leisten (BGH NJW 01, 2025; sonst Zurückweisungsrecht des Gläubigers; nimmt der Gläubiger die Leistung gleichwohl an, kann er erst nach nochmaliger Fristsetzung Schadensersatz statt der Leistung verlangen (PalGrüneberg § 281 Rn 12; aA AnwKomBGB/Dauner-Lieb 28; Canaris DB 01, 1816, zum Erfüllungsverlangen nach Fristauflauf § 281 Rn 15, abw BGH NJW 06, 1195 [gegen Celle NJW 05, 2094]). Weist die fristgerecht erfolgte Leistung andere Mängel als die für die Fristsetzung ausschlaggebende auf, muss erneut eine Nachfrist gesetzt werden. Für **Versäumung** genügt idR schon geringfügige Überschreitung der Frist (BGH NJW 74, 360; 01, 2025; Ausnahme: § 242). Nach Fristablauf muss Gläubiger Nachbesserung nicht mehr annehmen (BGH 154, 122 f). Zur Frage, ob das Rücktrittsrecht nach I erlischt, wenn Gläubiger nach Fristablauf wieder Erfüllung verlangt BGH JZ 06, 1028 u § 281

10 Rn 15. **f) Abmahnung (III)** ist die ernsthafte Aufforderung (s § 286 Rn 15, 18 f) an den Schuldner, weitere Zuwiderhandlungen zu unterlassen. Sie tritt an die Stelle der Fristsetzung, wo diese unpraktikabel ist (Bsp: Unterlassungspflichten, s § 281 Rn 8), setzt also eine vorangegangen Pflichtverletzung voraus (bei drohender Pflichtverlet-

11 zung gilt **IV** und § 280 Rn 17 f). **g) Entbehrlichkeit der Fristsetzung (II). aa)** Bei **ernsthafter und endgültiger Erfüllungsverweigerung (II Nr 1,** sa die Sonderregelung in § 440) des Schuldners (vgl BGH 115, 297; strenge Anforderungen: BGH 104, 13; NJW 91, 1823 f; 97, 51 f; 98, 535; großzügiger Naumburg NJW 04, 2024; Klageabweisungsantrag genügt BVerfG ZGS 06, 470) ist Fristsetzung überflüssig. Eine ernsthafte Weigerung *vor* Fälligkeit genügt, wenn es das „letzte Wort" des Schuldners zu seiner Leistungsbereitschaft war (BGH NJW 12, 3716). Bloßes Bestreiten eines Mangels genügt nicht (BGH NJW 11, 3436); auch der Verkäufer, der in AGB einen unwirksamen Gewährleistungsausschluss verwendet, darf sich auf Notwendigkeit der Fristsetzung berufen (BGH NJW 11, 3437 in Abkehr von NJW 07, 674; zust Bach JZ 12, 152). Bei sonstigen den Vertragszweck gefährdenden Pflichtverletzungen des Schuldners (Bsp: Erwecken von begründeten Zweifeln an seiner Leistungsbereitschaft oder -fähigkeit zZ der Fälligkeit ohne endgültige Leistungsver-

12 weigerung) kommt Rücktritt gem **IV** in Betracht (sa § 281 Rn 9). **bb)** Das **relative Fixgeschäft (II Nr 2)** gewährt dem Gläubiger ein ges Rücktrittsrecht bei Terminüberschreitung. Das Geschäft muss mit der zeitgerechten Leistung „stehen und fallen" (BGH 110, 96 f mN; NJW-RR 89, 1373; bloße kalendermäßige Bestimmung genügt nicht, Stuttgart NJW-RR 12, 251). Übliche Klauseln: „genau", „präzis", „fix", „prompt", „spätestens" iVm bestimmter Leistungszeit (vgl BGH MDR 83, 307

Titel 2. Gegenseitiger Vertrag § 323

zu „fix-Klausel"); idR genügen dagegen nicht: „ohne Nachfrist", „cif" (vgl BGH NJW 59, 933); (datumsmäßig) genau bestimmte Leistungszeit (BGH DB 2001, 1553; BGH 110, 96 f). Im Einzelfall kann sich Fixgeschäft auch ohne Klausel aus Vertragsnatur ergeben, zB Flugbeförderung/-reise: Frankfurt NJW-RR 97, 1136 (sa § 275 Rn 14: absolutes Fixgeschäft); Aktienoptionsgeschäft: BGH 92, 321. Verwirkung des Rücktrittsrechts: s Rn 31. **Sondervorschriften:** HGB 376; BörsenG 50 ff; InsO 104. Beim **absoluten Fixgeschäft** führt Nichteinhaltung der Leistungszeit weitergehend zur Unmöglichkeit, da verspätete Leistung für Gläubiger keine Erfüllung mehr darstellt (§ 275 Rn 14); **Rechtsfolgen:** §§ 275, 326 I 1. **cc) Besondere Umstände nach II Nr 3** machen eine Fristsetzung entbehrlich. Das Rücktrittsrecht muss sich unter Abwägung der beiderseitigen Interessen ergeben. Dies kann der Fall sein bei „Just in time"-Verträgen (BT-Drs 14/6040, S 140); Fällen, bei denen früher nach § 326 II aF ein Interessewegfall angenommen wurde; Bsp: Lieferung von Saisonware, Eingehen einer wirtschaftlich gebotenen anderweitigen Exklusivbindung des Künstlers beim Musikproduktionsvertrag (BGH NJW 01, 2879), polizeilich angedrohte Betriebsschließung (BGH WM 02, 881); uU die Übernahme einer Garantie (§ 276 Rn 42) für best Beschaffenheit der Ware (AnwKomBGB/Dauner-Lieb 19); zur Entbehrlichkeit der Fristsetzung bei einer Vielzahl von Mängeln („Montagsauto"), Düsseldorf NJW-RR 11, 1276. Nach der Rspr (BGH NJW 07, 837 mN; NJW 08, 1371; sa Lorenz NJW 06, 1927) greift Nr 3 auch ein, wenn der Verkäufer einen Mangel bei Vertragsschluss arglistig verschwiegen hat oder über eine erfolgte Lieferung täuscht (BGH NJW 10, 2503). Richtigerweise folgt die Entbehrlichkeit der Fristsetzung schon aus § 440 S 1 Alt 3 (Kulke ZGS 08, 169). Zur Kündigung ohne vorherige Abmahnung von Organvertretern einer Kapitalgesellschaft s § 314 Rn 6. **dd)** Im **Kauf- und Werkvertrag** kann der Käufer/Besteller bei Mängeln der Sache oder des Werkes auch unter den Voraussetzungen der §§ 440, 636 ohne vorherige Fristsetzung zurücktreten. 13

14

4. Rücktritt vor Fälligkeit (IV). Abweichend von **I** kann der Gläubiger nach **IV** (wie CISG 72) vor Fälligkeit der Leistung (wie Rn 7) zurücktreten, wenn mit an Sicherheit grenzender Wahrscheinlichkeit feststeht, dass die Voraussetzungen des **I** (Leistung bleibt bis Ablauf einer angemessenen Nachfrist aus) oder **II** eintreten werden. Bsp: Leistung kann obj nicht mehr rechtzeitig erbracht werden (BGH NJW 01, 2025 zu § 636 I aF), ernsthafte und endgültige Erfüllungsverweigerung vor Fälligkeit. Der Gläubiger kann daneben (§ 325) unter den Voraussetzungen der §§ 280, 281 Schadensersatz statt der Leistung verlangen (§ 280 Rn 17 f; § 281 Rn 9); abweichend von IV muss jedoch Fälligkeit vorliegen (nach hM Abhilfe durch analoge Anwendung von IV [s Jaensch NJW 03, 3613 mN] oder § 281 I, II analog, s dort Rn 9). Erklärt der Gläubiger zu Unrecht den Rücktritt, so liegt darin seinerseits eine Erfüllungsverweigerung (vgl BGH 90, 308 zu EKG 76). Bei (drohender) Insolvenz des Schuldners wird Gläubiger idR abwarten müssen, wie Wahlrecht nach InsO 103 ausgeübt wird (Einzelheiten MK/Ernst 140; Mossler aaO). 15

5. Teilleistung (V 1). a) Anwendungsbereich. V 1 setzt **Teilbarkeit** der Leistung (und Gegenleistung, BGH NJW 10, 147) voraus, vgl die Parallelvorschrift des § 281 I 2 (dort Rn 21) für den Anspruch auf Schadensersatz statt der Leistung. **b)** Im Falle einer nur teilw erbrachten (und vom Gläubiger angenommenen, § 266, sonst I) Leistung erfasst der Rücktritt nur die bei Fristablauf noch ausstehende Teilleistung **(Teilrücktritt).** Bei **Interesse** des Gläubigers an teilw Vertragserfüllung führt der Rücktritt zur Vertragstrennung; Gläubiger muss entspr Gegenleistung erbringen, die im Übrigen erlischt. Hat der Gläubiger an teilw Vertragserfüllung **kein Interesse** (vgl BGH NJW 90, 3013; 90, 2550), so kann er **vom ganzen Vertrag** zurücktreten **(V 1).** Gilt nicht bei geringfügigen Leistungsrückständen (§ 242). In AGB des Schuldners sowie im Verbrauchervertrag können diese Rechte nicht zum Nachteil des Kunden/Verbrauchers (Gläubigers) ausgeschlossen werden (§ 309 Nr 8). **c)** Beim **Sukzessivlieferungsvertrag** (Begriff: § 311 Rn 14) erfasst 16

17

18

§ 323

der Rücktritt zunächst nur die gestörte Teilleistung. Der Gläubiger kann nach Abmahnung (**III,** § 314 II) den Sukzessivlieferungsvertrag auch hinsichtlich der gesamten noch ausstehenden Leistungsteile außerordentlich kündigen (Lorenz/ Riehm 250 f) und Schadensersatz statt der Leistung wegen der noch nicht fälligen Raten nach § 280 iVm § 281 I 1 verlangen (§ 325, s § 281 Rn 25). Eine Rückabwicklung des gesamten Vertrages (einschließlich der schon fehlerfrei erbrachten Teile) findet auch bei mangelhafter Teilleistung nur unter den Voraussetzungen des

19 **V 1** statt (Einzelheiten: § 281 Rn 21, 32). **d)** Die Gleichstellung von Zuwenig- und Schlechtleistung (§§ 434 III, 633 II 3) kann für V nicht ohne weiteres übernommen werden, sonst läuft V 1 nahezu leer (Grigoleit/Riehm ZGS 02, 117; Heiderhoff/ Skamel JZ 06, 384; Celle ZGS 04, 74). Zur Anwendung des **V 1** neben §§ 434 III, 633 II 3 beim **Kauf- und Werkvertrag** s § 281 Rn 21, 26.

20 **6. Nicht ordnungsgemäße Leistung (V 2).** Diese erfasst vor allem die (bei Fristablauf, sonst **II,** §§ 440, 636) mangelhaft erbrachte (Sach-)Leistung (§§ 434, 435, 633). Lehnt der Gläubiger die Annahme der Leistung wegen des Mangels ab, gilt **I** (Grenze: § 242). Vgl § 281 Rn 27 f. Das idR bestehende Rücktrittsrecht erfasst (anders als bei **V 1**) immer den ganzen Vertrag. Der **Rücktritt ist ausgeschlossen,** wenn die Pflichtverletzung (dh der Mangel) **unerheblich** ist (aber Minderung möglich, §§ 441 I 2, 638 I 2; Beweislast für Unerheblichkeit: Schuldner, zB Verkäufer). Dies ist der Fall bei Mängeln unterhalb der Bagatellgrenze; entscheidender Zeitpunkt ist der der Rücktrittserklärung (BGH NJW 11, 3708 [stellt sich erst nachträglich Geringfügigkeit heraus, bleibt Rücktritt wirksam]; 11, 1664; 09, 508). IE ist eine auf der Grundlage des Vertrages zu treffende umfassende Interessenabwägung (Beseitigungsaufwand, Beeinträchtigungen, uU Garantie usw) erforderlich (§ 281 Rn 30). Verstoß gegen Beschaffenheitsvereinbarungen bei Kauf indiziert dabei die Erheblichkeit (BGH NJW-RR 10, 1291 [Kfz in anderer Farbe]). Arglistige Täuschung des Verkäufers steht einer Unerheblichkeit idR entgegen (BGH 167, 19, mR krit Lorenz NJW 06, 1926; Roth JZ 06, 1024). Stimmt der Käufer der Beseitigung des Mangels zu, ist Festhalten am Rücktritt treuwidrig (BGH NJW 09, 508). Bsp für **erhebliche** Mängel: fehlendes Benutzerhandbuch bei Lieferung von Hard- und Software (BGH NJW 93, 462); unterbliebene Montage (BGH NJW 98, 3197); gefälschtes Kunstwerk; Kraftstoffmehrverbrauch bei Neuwagen von mehr als 10% (BGH 136, 94); um mehr als 8% höhere Laufleistung von Gebrauchtwagen (Rostock MDR 07, 1309); Feuchtigkeit im Wageninnern (BGH NJW 09, 509); „ruckelndes" Automatikgetriebe (Düsseldorf NJW-RR 08, 1230); fehlende Zulassungsfähigkeit von Kfz (Hamm NJW-RR 10, 930); Bremsgeräusche bei gehobener Fahrzeugkategorie (Schleswig NJW-RR 09, 1065); fehlende Verkehrsfähigkeit von Fleischprodukten (auch ohne Gesundheitsgefährdung, Karlsruhe MDR 09, 134). **Unerheblicher** Mangel: Kraftstoffmehrverbrauch von Pkw von weniger als 10% als angegeben (BGH MDR 07, 1128); merkantiler Minderwert von Unfallwagen von weniger als 1% des Kaufpreises (BGH NJW 08, 1517 abw von NJW 08, 53 [unbehebbarer Mangel immer erheblich]; ebenso KG MDR 07, 1412 für kleinere optische Mängel); Reparaturaufwand von weniger als 3% des Kaufpreises (Düsseldorf NJW-RR 04, 1060; BGH MDR 11, 906 [1%]; anders aber bei Beeinträchtigung der Sicherheitsfunktion [Verbrennungsaussetzer], BGH NJW 11, 3708; Stuttgart NJW-RR 10, 415 [fehlerhafte Bremsflüssigkeitsanzeige]); geringfügiges Unterschreiten angegebener Kfz-Höchstgeschwindigkeit (Düsseldorf NJW 05, 3504); geringfügiger Wassereintritt bei Nutzung der Autowaschanlage (Brandenburg NJW-RR 07, 928). **Entspr Anwendung** des **V 2** bei Nichterfüllung von leistungsbezogenen Nebenpflichten, s Rn 5a; zur Nichtzahlung der Grunderwerbsteuer durch den Käufer s Förster/Herrler NJW 10, 2090.

21 **7. Ausschluss des Rücktrittsrechts (VI). a) Bedeutung.** VI erweitert die Regelung über die in § 326 II geregelte Unmöglichkeit (Rn 23) auf alle Pflichtverletzungen durch Einschränkung des Rücktrittsrechts nach **I.** Die Regelung ist erforderlich, da der Rücktritt (anders als Schadensersatzanspruch) nicht gekürzt

Titel 2. Gegenseitiger Vertrag **§ 323**

werden kann und der Schuldner den Rücktrittsgrund nach **I** nicht zu vertreten haben muss. **VI** ist § 326 II 1 nachgebildet; entsprechend wird **VI 2. Fall** um weitere Fälle des **vorzeitigen Gefahrübergangs** ergänzt (Rn 30). Die Tatbestände regeln sehr unterschiedliche Fälle von Leistungsstörungen. **b) Rücktritts-** 22 **grund vom Gläubiger (überwiegend) zu vertreten (VI 1. Fall) aa) Zum Rücktritt berechtigender Umstand:** Rücktrittsgrund ist die nicht rechtzeitige oder nicht ordnungsgemäße Leistung des Schuldners bei Fristablauf (I) bzw dem nach II maßgebenden Ereignis. Oft wird es schon an einer Pflichtverletzung fehlen (Rn 6), iü gilt: Der Rücktritt ist gem **VI 1. Fall** ist ausgeschlossen, wenn der Gläubiger die zur Leistungserbringung notwendigen Mitwirkungshandlungen nicht oder unzureichend erbracht hat (zB falsche Informationen erteilt), den Mangel selbst verursacht hat (Bsp: Käufer beschädigt die verkaufte Sache) oder die eigene Vertragstreue des Gläubigers fehlt. Das Verhalten des Gläubigers muss mitursächlich für die Pflichtverletzung des Schuldners nach I sein (BGH NJW-RR 94, 372). **bb) Keine Unmöglichkeit.** Führt das Gläubigerverhalten dazu, 23 dass der Schuldner die Leistung unmöglich wird, gilt § 326 II (MK/Ernst 258; Einzelheiten § 326 Rn 326 Rn 13 ff). **cc)** Zum Vertretenmüssen des Gläubigers 24 s § 326 Rn 14. **Überwiegende Verantwortlichkeit** des Gläubigers liegt vor, wenn sie im Falle des § 254 einen Schadensersatzanspruch ausschließen würde (BT-Drs 14/6040 S 187; ab ca 90%). Leichtes Verschulden des Schuldners steht Ausschluss des Rücktrittsrechts nicht entgegen, wenn überwiegende Verantwortung des Gläubigers gegeben ist (auch Umkehrschluss zu **VI 2. Fall**). Die Mitverantwortlichkeit des Schuldners kann sich auch daraus ableiten, dass er bis zum Ablauf der Nachfrist die vom Gläubiger hervorgerufene Pflichtverletzung nicht beseitigt. **dd) Rechtsfolgen:** Ausschluss des Rücktrittsrechts für den Gläubiger. 25 Schuldner muss Leistung erbringen, sofern er nicht nach § 275 befreit ist; er hat daneben uU einen Anspruch auf Schadensersatz gem § 280 I. **ee) Nicht unter** 26 **V 1. Fall** fällt der von Gläubiger und Schuldner *gleichermaßen* zu vertretende Rücktrittsgrund. Dieser berechtigt den Gläubiger zum Rücktritt; ebenso der weit überwiegend vom Schuldner zu vertretende Rücktrittsgrund. Dem Schuldner steht wegen der Pflichtverletzung des Gläubigers uU aber ein nach § 254 zu kürzender Schadensersatzanspruch gem § 280 I zu (vgl näher § 326 Rn 22). **c) Rücktrittsgrund** tritt **während des Annahmeverzuges** ein (**VI 2. Fall**). 27 **aa) Bedeutung und Anwendungsbereich:** Bietet der Schuldner vor Ablauf der Nachfrist seine Leistung in Annahmeverzug begründender Weise an, liegen schon die Voraussetzungen des **I** nicht vor (s Rn 6 f). **VI 2. Fall** greift ein, wenn sich die Leistung während des Annahmeverzugs verschlechtert; Bsp: Nachträgliches Entstehen eines Rechtsmangels (§ 435) oder Sachmangels beim Werkvertrag (§ 633 I). **Rechtsfolgen:** Der Schuldner muss den behebbaren Mangel nicht mehr beseitigen (Ausnahme zu §§ 433 I 2, 633 I, arg Übergang der (Preis- und) Leistungsgefahr, s §§ 446 S 3, 644 I 1), soweit nicht Sonderregelungen eingreifen (zB § 535 I 2). Der Gläubiger hat kein Rücktrittsrecht und muss die Sache abnehmen; Schuldner kann die volle Gegenleistung verlangen (§ 326 II). Für den Sachmangel beim Kauf ergibt sich dieses Ergebnis schon aus §§ 434 I 1, 446 S 3. **Voraussetzungen: bb) Annahmeverzug:** s §§ 293 ff. **cc) Kein Vertretenmüssen** des 28 Schuldners hinsichtlich der Pflichtverletzung (s Rn 6): §§ 276, 278, 300 I (leichte 29 Fahrlässigkeit schadet nicht!). Hat Schuldner die Pflichtverletzung zu vertreten, gilt: Gläubiger kann nach **I** (idR nach erneuter Fristsetzung, da Schuldner seine Leistung zunächst rechtzeitig angeboten hatte, Rn 27 und 9) zurücktreten. **dd) Ergänzt wird VI 2. Fall** durch weitere Fälle des vorzeitigen Gefahrüber- 30 gangs, Bsp: §§ 446, 447, 644 II, 645 I. Daher kein Rücktrittsrecht gem § 326 V, 323, wenn Leistungshindernis gem § 275 nach Gefahrübergang entsteht. IÜ fehlt es idR an einer zum Rücktritt berechtigenden Pflichtverletzung des Schuldners gem **I**, wenn der Mangel erst nach Gefahrübergang entsteht, arg § 434 I 1 „bei Gefahrübergang" iVm § 446, 447. Folge: Kein Rücktrittsgrund gem I, § 326 I, V, s auch Rn 27 aE. Der Gläubiger hat uU Anspruch auf Schadensersatz gem

Stadler

§ 324

§ 280 I bzw §§ 280, 283; **Bsp:** Ware wird beim Versendungskauf durch eigene Leute des Verkäufers (§ 278 gilt; str, vgl § 447 Rn 12 mN, auch zur aA) beschädigt bzw. vernichtet; Schicksal der Gegenleistung: §§ 326 I, 446, 447.

31 **8. Rechtsfolgen.** Ges **Rücktrittsrecht**, für das §§ 346–352 gelten; bis zur Erklärung (§ 349) bestehen die Erfüllungsansprüche fort (zur Beendigung des Schwebezustands s § 281 Rn 14 f). Verbliebene Privilegierung des zurücktretenden Gläubigers nach Gleichstellung von vertraglichem und ges Rücktrittsrecht: § 346 III Nr 3 S 1 (krit hierzu Kaiser JZ 01, 1064, s u § 346 Rn 8). § 350 gilt nicht; ggf aber Verwirkung des Rücktrittsrechts (§ 242 Rn 56; BGH NJW 02, 670). Zur Verjährung: § 218 (und Rn 7). Bei vollzogenen Dauerschuldverhältnissen tritt an die Stelle des Rücktritts die Kündigung (§ 314 II), wenn nicht eine vollständige Rückabwicklung unschwer möglich und nach der Interessenlage der Beteiligten sachgerecht ist (BGH NJW 02, 1870 für § 326 aF).

§ 324 Rücktritt wegen Verletzung einer Pflicht nach § 241 Abs. 2

Verletzt der Schuldner bei einem gegenseitigen Vertrag eine Pflicht nach § 241 Abs. 2, so kann der Gläubiger zurücktreten, wenn ihm ein Festhalten am Vertrag nicht mehr zuzumuten ist.

1 **1. Allgemeines. a) Zweck.** Unter denselben Voraussetzungen, die § 282 an den Schadensersatzanspruch statt der Leistung stellt, kann der Gläubiger bei der Verletzung der Pflichten aus § 241 II zurücktreten. Der Unterschied zwischen beiden Vorschriften besteht darin, dass der Rücktritt nach § 324 kein Vertretenmüssen der
2 Pflichtverletzung durch den Schuldner voraussetzt. **b) Anwendungsbereich.** § 324
3 gilt in allen gegenseitigen Verträgen. **c) Abgrenzung zu §§ 323, 314.** Rücktritt nach § 323 verlangt die nicht oder nicht ordnungsgemäße Erfüllung einer Leistungspflicht (Haupt- oder leistungsbezogene Nebenpflicht), während das Rücktrittsrecht nach § 324 an die Verletzung einer nicht leistungsbezogenen Verhaltenspflicht nach § 241 II anknüpft. Bei Dauerschuldverhältnissen tritt an die Stelle des Rücktritts die Kündigung aus wichtigem Grund nach § 314.

4 **2. Voraussetzungen. a) Pflichtverletzung.** Der Schuldner muss *nach* Vertragsschluss (arg *bei;* s auch § 282 Rn 2; aA AnwKomBGB/Krebs 38) eine Pflicht nach § 241 II (Verhaltenspflicht) verletzt haben; insbes berechtigen vom Schuldner nicht zu vertretende vorvertragliche (Aufklärungs-)Pflichtverletzungen den Gläubiger nicht zum Rücktritt nach § 324 (mR ebenso für zu vertretende vorvertragliche Täuschung Mankowski ZGS 03, 91); uU aber Anspruch auf Vertragsaufhebung gem §§ 280 I, 311 II (s § 311 Rn 56). **Bsp für § 324:** Beschädigung des Eigentums des Gläubigers bei der Vertragsausführung, Beleidigungen und Kränkungen; erhebliche Unannehmlichkeiten bei Nachbesserung (Unberath ZEuP 05, 25); unrichtige Informationen bei Internet-Anwaltsuchdienst (AG Frankfurt NJW-RR 07, 137). Abgrenzung: Die Vertragsaufsage *vor* Fälligkeit der Leistung fällt unter § 323 IV (s
5 § 280 Rn 17 f; § 281 Rn 9). **b) Unzumutbarkeit.** Die weitere Leistungserbringung muss dem Gläubiger unzumutbar sein. Dies setzt regelmäßig eine erfolglose Abmahnung voraus (§ 314 II analog, insbes wenn die Pflichtverletzung Bezug zur Leistungserbringung hat. Die durch die Pflichtverletzung ausgelöste Störung des Schuldverhältnisses muss den Fällen des § 323 I entsprechen. Das fehlende Verschulden des Schuldners, aber auch das Mitverschulden des Gläubigers (vgl § 323 VI) kann die Abwägung beeinflussen.

6 **3. Rechtsfolgen.** Rücktrittsrecht des Gläubigers. Ausübung: § 314 III analog. Daneben (§ 325) Anspruch auf Schadensersatz statt der Leistung gem §§ 280, 282.

Titel 2. Gegenseitiger Vertrag **§§ 325, 326**

§ 325 Schadensersatz und Rücktritt

Das Recht, bei einem gegenseitigen Vertrag Schadensersatz zu verlangen, wird durch den Rücktritt nicht ausgeschlossen.

Lit: Canaris, Reform des Rechts der Leistungsstörungen, JZ 01, 499/514; Dötterl, Die Verantwortlichkeit des Gläubigers, ZGS 11, 115; Herresthal, Der Ersatz des Verzugsschadens beim Rücktritt vom Vertrag, JuS 07, 798; Höpfner, Der Rücktrittsausschluss wegen „unerheblicher" Pflichtverletzung, NJW 11, 3693.

1. Bedeutung. Der Gläubiger kann Rücktritt und Schadensersatz miteinander 1 kombinieren (hM, s BGH NJW 10, 2426; einschränkend Faust JZ 08, 474). Die Erklärung des Rücktritts hindert den Gläubiger nicht, seinen entgangen Gewinn aus dem Vertrag zu realisieren (vgl CISG 45 II, 81 I 1; BT-Drs 14/6040 S 188). Praktische Bedeutung hat der Rücktritt, wenn der Gläubiger seine Leistung schon erbracht hat und diese zurückbekommen möchte; besteht die Gegenleistung in Geld kann der Gläubiger diese nach §§ 323, 346 zurückverlangen und daneben Ersatz vergeblicher Aufwendungen (insbes der Vertragskosten) verlangen (§ 284 Rn 4). Das vertragliche Austauschverhältnis bleibt mit dem Schadensersatzanspruch wertmäßig aufrecht erhalten; der daneben erklärte Rücktritt hat die Funktion, den Austausch der Naturalleistungen zu verhindern bzw rückgängig zu machen.

2. Anwendungsbereich. a) Gegenseitiger Vertrag s § 320 Rn 4. **b) Rück-** 2 **tritt.** Der Gläubiger kann die Reihenfolge der Rechtsbehelfe (Rücktritt/Schadensersatz) frei kombinieren (Grenze: § 242). Der erklärte Rücktritt (§ 349) kann als Gestaltungsrecht nicht widerrufen werden. Er hat zur Folge, dass die Erfüllungsansprüche und für diese bestellte Sicherheiten (Bsp: § 883 I) erlöschen. Der voreilig erklärte Rücktritt hindert den Gläubiger aber nicht, Schadensersatz zu verlangen. § 325 gilt **entspr** für die Minderung beim Kauf- und Werkvertrag (§§ 441, 638; Teichmann ZfBR 02, 17; ErmGrunewald § 441 Rn. 13; aA PalGrüneberg § 281 Rn 41; Lögering MDR 09, 665; differenzierend Stuttgart ZGS 08, 479; Althammer/Löhnig AcP 205, 540).

3. Rechtsfolgen. Neben dem Rücktritt kann der Gläubigers folgende Ansprü- 3 che geltend machen: **a) Schadensersatz statt der Leistung (§§ 280 III, 281, 282, 283, 311a II).** Bei der Schadensermittlung ist der durch Rücktritt erfolgte Wegfall der Gegenleistungspflicht im Rahmen der schadensrechtlichen Differenzhypothese zu berücksichtigen; die Schadensberechnung erfolgt nach der Differenztheorie (§ 281 Rn 18; Lorenz/Riehm 237); in die Differenz ist einzustellen, was der Gläubiger auf Grund des Rücktritts erhält. Zu ersetzen sind: entgangener Gewinn, Folgeschäden und Schäden, die im Rahmen der Rückabwicklung entstanden sind. Gegenansprüche des Schuldners aus §§ 346 f sind abzuziehen; die §§ 346, 347 stellen keine abschließende Regelung dar (BGH 174, 290; NJW 10, 2427 sa Rn 5). **b) Auf-** 4 **wendungsersatz (§ 284)**, insbesondere Erstattung der Vertragskosten (§ 284 Rn 4). **c)** Da § 325 keine Einschränkung enthält, hindert der Rücktritt den Gläubiger nicht, 5 Ersatz des bis zum Rücktritt entstandenen **Verzögerungsschadens** (§§ 280 II, 286) oder angelaufene Verzugszinsen (§ 288) zu verlangen (MK/Ernst 2; überholt BGH NJW 98, 3269). Der Gläubiger kann auch den Ersatz des effektiven Nutzungsausfalls (Bsp: Anmietung eines Ersatzfahrzeugs; Produktionsausfall) verlangen, obwohl er nach § 346 I zur Herausgabe der gezogenen Nutzungen verpflichtet wäre (BGH NJW 10, 2427; 08, 911m zust Anm Gsell; Faust JZ 08, 471). **d)** Ersatz von **Begleit-** 6 **schäden (§ 280 I)**, s § 280 Rn 10, 12, 21; Gsell JZ 04, 643).

§ 326 Befreiung von der Gegenleistung und Rücktritt beim Ausschluss der Leistungspflicht

(1) ¹Braucht der Schuldner nach § 275 Abs. 1 bis 3 nicht zu leisten, entfällt der Anspruch auf die Gegenleistung; bei einer Teilleistung findet § 441

§ 326

Abs. 3 entsprechende Anwendung. ²Satz 1 gilt nicht, wenn der Schuldner im Falle der nicht vertragsgemäßen Leistung die Nacherfüllung nach § 275 Abs. 1 bis 3 nicht zu erbringen braucht.

(2) ¹Ist der Gläubiger für den Umstand, auf Grund dessen der Schuldner nach § 275 Abs. 1 bis 3 nicht zu leisten braucht, allein oder weit überwiegend verantwortlich oder tritt dieser vom Schuldner nicht zu vertretende Umstand zu einer Zeit ein, zu welcher der Gläubiger im Verzug der Annahme ist, so behält der Schuldner den Anspruch auf die Gegenleistung. ²Er muss sich jedoch dasjenige anrechnen lassen, was er infolge der Befreiung von der Leistung erspart oder durch anderweitige Verwendung seiner Arbeitskraft erwirbt oder zu erwerben böswillig unterlässt.

(3) ¹Verlangt der Gläubiger nach § 285 Herausgabe des für den geschuldeten Gegenstand erlangten Ersatzes oder Abtretung des Ersatzanspruchs, so bleibt er zur Gegenleistung verpflichtet. ²Diese mindert sich jedoch nach Maßgabe des § 441 Abs. 3 insoweit, als der Wert des Ersatzes oder des Ersatzanspruchs hinter dem Wert der geschuldeten Leistung zurückbleibt.

(4) Soweit die nach dieser Vorschrift nicht geschuldete Gegenleistung bewirkt ist, kann das Geleistete nach den §§ 346 bis 348 zurückgefordert werden.

(5) Braucht der Schuldner nach § 275 Abs. 1 bis 3 nicht zu leisten, kann der Gläubiger zurücktreten; auf den Rücktritt findet § 323 mit der Maßgabe entsprechende Anwendung, dass die Fristsetzung entbehrlich ist.

Lit: Peukert, § 326 Abs. 1 S. 2 BGB und die Minderung als allgemeiner Rechtsbehelf, AcP 2005, 431.

1 **1. Allgemeines. a) Bedeutung. I** enthält eine Gefahrtragungsregel: Ist der Schuldner nach § 275 von seiner Leistungspflicht befreit, trägt er die Gegenleistungs-(Vergütungs-)gefahr; Folge des gegenseitigen Abhängigkeitsverhältnisses der Leistungen (§ 320 Rn 2), Ergänzung zu § 275 (dort Rn 35 auch zur Leistungsgefahr des Gläubigers). **II** ist **Ausnahme von I**. Grund für den Fortbestand der Gegenleistung-(Vergütungs-)pflicht: Hat der Gläubiger den Wegfall der Leistungspflicht zu vertreten (Rn 14 f), muss er sich so behandeln lassen, als habe der Schuldner erfüllt. Ein Anwendungsfall von I und II liegt vor, wenn der Besteller wegen Verzögerung der Werkleistung durch den Unternehmer diese von einem – ohnehin vom Unternehmer beauftragten – Subunternehmer durchführen lässt. Je nach Einzelfall kann nur eine Leistung des Subunternehmers an den Besteller, nicht aber (mit Erfüllungswirkung) an den Unternehmer vorliegen. Dann entfällt Werklohnanspruch des Unternehmers gegen den Besteller und des Subunternehmers gegen den Unternehmer je nach I, im zuletzt genannten Verhältnis kann II eingreifen (BGH NJW 10, 1282;
2 07, 3488m Anm Lorenz). **b) Anwendungsbereich. I** wird bei verschiedenen gegenseitigen Verträgen (§ 311 Rn 13) modifiziert durch **Sondervorschriften**. Bsp: §§ 446, 447, 644, 646; weitergehend wird § 326 bei verschiedenen Vertragstypen (teilw) eingeschränkt bzw verdrängt, so beim Werkvertrag durch § 645 I (BGH 60, 18 mN; 83, 203), beim Reisevertrag durch §§ 651c ff, 651j (allg BGH 97, 258 ff mN; 100, 180 f; 119, 163 f; Rn 1 vor § 651c), beim Mietvertrag durch § 536, beim Dienstvertrag durch § 242 (so BGH 10, 192; NJW-RR 88, 420), § 615 und § 616 entspr (so Larenz, SchR I, § 21 I c). Im Arbeitsverhältnis ist § 326 weitgehend durch
3 die Betriebsrisikolehre ersetzt (s § 615 S 3 und dort Rn 7). **c) Abdingbarkeit.** § 326 ist nicht zwingend, abw vertragliche Gefahrtragungsvereinbarungen sind möglich (Rn 15 aE; zur Abgrenzung von Erfüllungsortsklauseln vgl § 269 Rn 5). Bei einer objektiv nicht erbringbaren Leistung (Lebensberatung durch Kartenlegen) kann – wenn beiden Parteien bewusst ist, dass sie den Boden gesicherter wissenschaftlicher Erkenntnisse verlassen – Abs 1 abbedungen und eine Entgeltpflicht gewollt sein

Titel 2. Gegenseitiger Vertrag § 326

(BGH 188, 71, aber unter Hinweis auf mögliche Sittenwidrigkeit; iErg zust Scherrmaier JZ 11, 633).

2. Befreiung von der Gegenleistungspflicht (I 1). a) Gegenseitiger Vertrag. 4
Die nach § 275 weggefallene Leistung muss im Gegenseitigkeitsverhältnis stehen (§ 320 Rn 7). § 326 ist auf Umsatzgeschäfte zugeschnitten und passt häufig nicht bei geschuldeten Dienst- und Werkleistungen sowie Gebrauchsüberlassungen (Rn 2). **b) Vollständiger Wegfall der Leistungspflicht nach § 275 (I 1, 1. HS).** 5
Anfängliches oder nachträgliches Leistungshindernis gem § 275 (s § 275 Rn 5). (Fehlendes) Vertretenmüssen des Schuldners ist unerheblich. In den Fällen des § 275 II, III greift I erst ein, wenn der Schuldner die Einrede erhebt. In Tauschfällen soll dem Gläubiger der unmöglich gewordenen Leistung aber ein Vorgehen nach der Surrogationstheorie (§ 281 Rn 18) möglich sein (BaR/Grothe 5; ErmWestermann 4; Schmidt-Recla ZGS 07, 181 mN). **c) Rechtsfolgen. aa) Rechtsstellung des** 6 **Schuldners.** Mit dem Wegfall der Leistungspflicht (§ 275) verliert der Schuldner den Anspruch auf die Gegenleistung **(I 1)**; er hat auch keinen Anspruch auf Aufwendungsersatz für Vorbereitungshandlungen, jedoch kommt bei bestimmten Vertragstypen (Rn 2) in den Fällen der Unerreichbarkeit oder des anderweitigen Eintritts des Leistungserfolgs ein Anspruch auf **Teilvergütung** in Frage (PalGrüneberg 7). Trotz Wegfalls der (Gegen-)Leistungspflicht bleibt das Schuldverhältnis als solches bestehen (arg III und § 275 Rn 31). **bb) Rechte des Gläubigers.** (1) Anspruch 7 auf Herausgabe des Erlangten gem § 285. Bei Geltendmachung bleibt der Gläubiger entspr dem Wertverhältnis zur Gegenleistung verpflichtet; Einzelheiten: **III.** (2) Anspruch auf Rückgewähr der (vorgeleisteten) **Gegenleistung (IV),** s Rn 25. 8 (3) (V); s Rn 27 ff; hat der Gläubiger Zweifel, ob Leistungshindernis vorliegt, muss er nach § 323 I vorgehen (s § 275 Rn 32). (4) Schadensersatz statt der Leistung 9 (§§ 280, 283, 311a II). **d) Teilweises Leistungshindernis (I 1, 2. HS, V).** 10 **aa) Voraussetzungen:** wie § 275 Rn 7 f. **bb) Rechtsfolgen:** Pflicht zur Erbrin- 11 gung des möglichen Leistungsteils (§ 275: „soweit") gegen die verhältnismäßig zu mindernde (§ 441 III) Gegenleistung (Vergütung). Hat der Gläubiger an der Teilleistung kein Interesse, kann er nach **V iVm § 323 V 1, VI** zurücktreten. **e)** Bei 12 **unbehebbaren Mängeln** (qualitative Unmöglichkeit, s § 275 Rn 9) entfällt die Gegenleistung gem I 1 nicht automatisch **(I 2).** Gläubiger kann gem **V iVm § 323 V 2, VI** zurücktreten (s Rn 27).

3. Bestehen bleiben der Gegenleistungspflicht (II). a) Gegenseitiger Ver- 13 **trag** und **Leistungshindernis** wie Rn 4, 5. In den Zwecksstörungsfällen liegt regelmäßig ein Leistungshindernis nach § 275, kein Annahmeverzug vor (§ 293 Rn 8). Bedeutung: Abw Gefahrtragungsregel zu I. **b) (Überwiegende) Verantwortlich-** 14 **keit des Gläubigers (II 1. Fall).** Der Gläubiger ist grundsätzlich für jedes schuldhafte, vertragswidrige Verhalten verantwortlich, das ursächlich für das Leistungshindernis geworden ist. Sowohl § 276 (obj Sorgfaltsverletzung genügt) als auch § 278 sind entspr anwendbar. Eine Erweiterung des Vertretenmüssens auf sämtliche Leistungshindernisse, die aus der Risikosphäre des Gläubigers stammen („Sphärentheorie": dafür zB Beuthien, Zweckerreichung und Zweckstörung im Schuldverhältnis, 1969, S 87; Kronke JuS 84, 760) ist im Rahmen des **II** abzulehnen (ebenso MK/Ernst 55–62: Übernahme von Verantwortung im Vertrag erforderlich), kann jedoch für (uU entspr) anwendbare Sondervorschriften geboten sein (vgl BGH 60, 20; 83, 205 zu § 645 und dazu mN o Rn 2). Ausreichend ist, wenn Verantwortlichkeit des Gläubigers weit überwiegt. Dies ist der Fall, wenn bei einem Schadensersatzanspruch der Anspruch des Gläubigers nach § 254 entfiele (BT-Drs 14/6040 S 187: mindestens 90%, s auch § 323 Rn 24).

Fallgruppen für (überwiegende) Verantwortlichkeit des Gläubigers: Herbeifüh- 15 rung der Leistungsunmöglichkeit durch schuldhaft-rechtswidrige Handlung des Gläubigers (§§ 823 ff); Verstoß des Gläubigers gegen vertragliche Verhaltenspflichten, zB zu Schutz und Obhut; Bsp: Vom AG zu vertretende Arbeitsunfähigkeit des AN (Bühnenoberschiedsgericht Hamburg NJW 95, 904); Untergang der Mietsache

§ 326

durch unsorgsame Behandlung des Mieters (vgl BGH 66, 349); Verletzung vertraglicher Mitwirkungspflichten oder von Obliegenheiten, deren Erfüllung dem Schuldner erst die Leistung ermöglicht (BGH 38, 192; RG 166, 147); Leistungs vereitelnde eigene Vertragsuntreue des Gläubigers (Bsp: RG 66, 348); unberechtigte Abkehr vom Vertrag (BGH NJW 87, 1693); Leistungshindernis fällt in den vom Gläubiger
16 vertraglich übernommenen Risikobereich (BGH NJW 02, 595). **c) Leistungshindernis während des Annahmeverzuges (II 2. Fall). aa) Bedeutung:** Mit dem Annahmeverzug geht die Gegenleistungs-(Vergütungs-)gefahr auf den Gläubiger über (Rn 1). Sondervorschriften: §§ 615, 644 I 2, 645. Rechtsgedanke des **II** gilt gem § 323 VI auch bei Verschlechterung der Leistung, ohne dass Leistungshindernis
17 nach § 275 vorliegen muss (§ 323 Rn 27). **bb) Anwendungsbereich. II 2. Fall** gilt auch für Gattungsschulden, jedoch ist auf jeden Fall (auch soweit für Annahmeverzug ausnahmsweise nicht erforderlich, § 300 Rn 4) Konkretisierung der Leistung nötig (hM; aA MK/Ernst 71); Ausnahme: Untergang der ganzen (beschränkten)
18 Gattung (RG 103, 15). **cc) Voraussetzungen: (1)** Annahmeverzug: §§ 293 ff, bei Gattungsschulden notwendig Konkretisierung (Rn 17). **(2)** Leistungshindernis gem § 275 während des Annahmeverzuges (Rn 16). **(3)** Nichtvertretenmüssen des
19 Schuldners: Erleichterung: § 300 I. **d) Rechtsfolgen: aa)** Für die **Leistungspflicht** gilt § 275. **bb)** Der Schuldner behält das Recht auf die uU zu kürzende Gegenleistung (Vergütung; **I 1**). Die Anrechnung (**II 2**) ist auf Einwand des Gläubigers zu berücksichtigende Minderung, § 387 gilt nicht; eigenständiger Ausgleichsanspruch entsteht nur, wenn Gegenleistung ausnahmsweise nicht Geldleistung (MK/Ernst 85 mN). „Böswilligkeit" verlangt keine Schädigungsabsicht, treuwidriges und vorsätzliches Unterlassen genügt (PalGrüneberg 13). Bei **Selbstvornahme der Mängelbeseitigung** ohne Fristsetzung kann der Käufer auch nicht aus II 2 analog iVm IV Herausgabe der vom Verkäufer ersparten Aufwendungen verlangen (hierzu § 439 Rn 16 mN); hingegen kommt II 2 analog für Käufer in Betracht, wenn Nachbesserung wegen von ihm zu vertretenden Umstand (Zerstörung der Kaufsache) unmöglich wird und Verkäufer daher Aufwendungen erspart (München ZGS 07, 80;
20 Löhnig ZGS 07, 134). **cc)** Weitergehende **Rechte des Schuldners:** Anspruch
21 auf Schadensersatz unter den Voraussetzungen von §§ 823 ff oder § 280 I. **dd)** Der
22 **Gläubiger** hat Anspruch auf Ersatzherausgabe gem § 285 (arg **III**). **e) Sonderfälle.** Leistungshindernisse, die Gläubiger und Schuldner gleichermaßen zu vertreten haben **(beiderseitig zu vertretende Leistungshindernisse)** sind nicht ausdrücklich geregelt (vgl Canaris JZ 01, 511; vgl § 323 Rn 26). Die Behandlung ist str: Teilw wird vertreten, die bisher geltende Rechtslage fortzuschreiben. Sonst ergeben sich die Rechtsfolgen aus einer kombinierten Anwendung von §§ 326 II, 280, 283, 254. Nach einer Auffassung ist der um § 254 zu kürzende Schadensersatzanspruch des Gläubigers aus §§ 280, 283 nach der Surrogationstheorie zu berechnen und mit dem ungekürzten Anspruch auf die Gegenleistung zu verrechnen (Lorenz/Riehm 350). Nach der Gegenauffassung ist sowohl der nach der Differenztheorie berechnete Schadensersatzanspruch als auch der Anspruch auf die Gegenleistung nach § 254 zu kürzen (Nachw zum Streitstand Schulze/Ebers JuS 04, 368). **Stellungnahme:** Die beiderseitig zu vertretende Unmöglichkeit kann wegen der Verweisung nach **V 2. HS** nicht anders behandelt werden, als andere beiderseitig zu vertretende Pflichtverletzungen (dazu § 323 Rn 26). Fehlt es an einem weit überwiegenden Verschulden des Gläubigers, erlischt der Anspruch auf die Gegenleistung gem **I 1** bzw **V** iVm §§ 323 VI, 349. Dem Schuldner steht aber ein (nach § 254 zu kürzender) Schadensersatzanspruch gem § 280 I zu. Der Anspruch des Gläubigers auf Schadensersatz statt der Leistung (§§ 280, 283) ist nach § 254 zu kürzen (sa Rauscher ZGS 02, 336;
23 PalGrüneberg 15; MK/Ernst 78). **f) Beweislast:** Bei der Erfüllungsklage (**II 1**) hat der Schuldner den nach § 275 weggefallenen Leistung idR das Vertretenmüssen des Gläubigers zu beweisen (BGH 116, 288 mN; MK/Ernst 120; § 280 I 2 ist nicht entspr anwendbar; str, aA SoeGsell 138; PalGrüneberg 14). Ausnahmen können jedoch bei einzelnen Schuldverhältnissen bestehen, zB beim Mietvertrag, wenn die Schadensursache im Mietgebrauch liegt (BGH 66, 349; 116, 289 arg § 538; insoweit

Titel 3. Versprechen der Leistung an einen Dritten **§§ 327, 328**

iE wie § 280 I 2 entspr). Der Gläubiger hat die Höhe der Ersparnis **(II 2)** nachzuweisen (BGH NJW 02, 58).

4. Herausgabe des Ersatzes. Der Gläubiger kann die Herausgabe des Ersatzes 24
für die nach § 275 weggefallene Leistung gem § 285 verlangen **(III 1)**. Bei Geltendmachung bleibt der Gläubiger entspr dem Wertverhältnis zur Gegenleistung verpflichtet; Einzelheiten **III 2** iVm § 441 III.

5. Erbrachte Leistungen. Sie kann der Gläubiger nach den Rücktrittsvorschrif- 25
ten (§§ 346 f) zurückverlangen **(IV)**, wenn er nach der Erbringung gem **I 1** (teilw) leistungsfrei wird (aA Canaris JZ 01, 509 für den Arbeitsvertrag: § 818 III gilt; für Leistungen des Gläubigers nach Wegfall der Leistungspflicht: § 812 I 1, 1. Fall). Empfangene Leistungen muss der Gläubiger im Falle des Rücktritts nach **V** gem §§ 323, 346 f zurückgewähren (s auch § 281 Rn 18 aE). § 346 III 3 befreit ggf den Gläubiger, nicht aber den Schuldner von Wertersatzpflicht.

6. Nicht behebbare Mängel (I 2, V) (qualitative Unmöglichkeit). Solche 26
lassen die Gegenleistung nicht (teilweise) automatisch entfallen **(I 2)**. Grund: Die Verjährungsvorschriften der §§ 438, 634a sollen nicht unterlaufen werden. Der Gläubiger kann unter den Voraussetzungen des **V** iVm § 323 V, VI (s § 323 Rn 16 ff; 21 ff) zurücktreten oder (im Kauf- und Werkvertrag) mindern (§§ 441, 638). Verjährung: Rn 29.

7. Rücktritt (V). a) Bedeutung: V gibt dem Gläubiger über **I** hinausgehende 27
Rechte bei teilw Leistungshindernissen (Rn 11), den Fällen qualitativer Unmöglichkeit (unbehebbare Mängel, Rn 26) und bei Ansprüchen, die nicht im Gegenseitigkeitsverhältnis stehen (vgl § 323 Rn 5a, 20 aE). Bei vollständigen Leistungshindernissen (Rn 5) kann der Gläubiger neben **I 1** zusätzlich zurücktreten.
b) Voraussetzungen: Anfängliche oder nachträgliche, vollständige oder teilw 28
Leistungsbefreiung des Schuldners nach § 275. Bei Stückkauf und Unmöglichkeit der Nachlieferung (§ 439 Rn 24) bedarf es daher keiner Fristsetzung (Frankfurt ZGS 11, 284 für Pferdekauf). **c) Rechtsfolgen.** Rücktrittsrecht ohne vorherige 29
Fristsetzung. Zur Verwirkung: § 323 Rn 31. Wenn das Rücktrittsrecht nach § 323 V, VI ausgeschlossen ist, entfällt auch Rücktritt gem **V** (s § 323 Rn 16 f; 20). Dies gilt etwa auch, wenn der Käufer ohne Nachfristsetzung den Mangel der Kaufsache selbst behebt (Folge: vom Käufer zu vertretende Unmöglichkeit der Mangelbeseitigung, damit auch keine Minderung gem § 441); Verkäufer muss sich ersparte Nachbesserung analog **II 2** anrechnen lassen (str s § 439 Rn 16). Im Fall von § 275 II bzw § 439 III muss der Schuldner sich auf sein Leistungsverweigerungsrecht berufen haben (BGH ZIP 13, 322). **Verjährung:** Rücktritt kann nicht mehr ausgeübt werden, wenn Anspruch auf (Nach-)Erfüllung verjährt ist (§ 218 I 1) oder (ohne das Leistungshindernis) verjährt wäre (§ 218 I 2) und der Schuldner sich hierauf beruft.

§ 327 (weggefallen)

Titel 3. Versprechen der Leistung an einen Dritten

§ 328 Vertrag zugunsten Dritter

(1) **Durch Vertrag kann eine Leistung an einen Dritten mit der Wirkung bedungen werden, dass der Dritte unmittelbar das Recht erwirbt, die Leistung zu fordern.**

(2) **In Ermangelung einer besonderen Bestimmung ist aus den Umständen, insbesondere aus dem Zwecke des Vertrags, zu entnehmen, ob der Dritte das Recht erwerben, ob das Recht des Dritten sofort oder nur unter**

§ 328

gewissen Voraussetzungen entstehen und ob den Vertragschließenden die Befugnis vorbehalten sein soll, das Recht des Dritten ohne dessen Zustimmung aufzuheben oder zu ändern.

Lit: Bayer, Der Vertrag zugunsten Dritter, 1995; Hadding, Der Bereicherungsausgleich beim Vertrag zu Rechten Dritter, 1970; Klein, Haftungsbeschränkungen zugunsten und zu Lasten Dritter, JZ 97, 390; Krauskopf, Der Vertrag zugunsten Dritter, 2000; Peter, Verträge zugunsten Dritter im englischen und deutschen Recht, 2001.

I. Allgemeines

1 **1. Begriff und Bedeutung.** Der **Vertrag zgDr** ist ein schuldrechtlicher Verpflichtungsvertrag (Rn 4), bei dem sich der Schuldner („Versprechende") verpflichtet, eine Leistung (§ 241 I) an einen vom Gläubiger („Versprechensempfänger") verschiedenen Dritten zu erbringen. Durch die **geänderte Richtung der Leistungspflicht** unterscheidet er sich vom Regelfall der (reinen) Zweiparteienbeziehung des Vertrags (vgl § 241 Rn 5; § 311 Rn 28). Er ermöglicht eine Abkürzung des Leistungswegs (der Dritte erlangt die Leistung nicht über den Umweg des Vermögens des Versprechensempfängers) und dient vor allem der Versorgung des Dritten (vgl die in § 330 genannten Bsp). Denkbar sind auch Vereinbarungen zu Gunsten Dritter, die diesen ein Gegenrecht einräumen (Vereinbarung unter Gesellschaftern zugunsten der Gesellschaft, dass bei Ausscheiden geringere als satzungsmäßige Abfindung bezahlt werden soll (BGH DNotZ 11, 135).

2 **2. Arten. a) Echte** und **unechte** Verträge zgDr. **aa)** Beim **echten (berechtigenden) Vertrag zgDr** erwirbt der Dritte einen eigenen Anspruch gegen den Versprechenden (**I;** sa § 333); das BGB regelt in den §§ 328–335 nur den echten Vertrag zgDr und gibt verschiedene Auslegungsregeln zur Abgrenzung vom unech-
3 ten (Rn 5). **bb)** Beim **unechten (ermächtigenden) Vertrag zgDr** entsteht kein eigenes Forderungsrecht des Dritten (vgl **II, 1. Var;** § 329); der Schuldner ist ermächtigt, mit befreiender Wirkung an den Dritten zu leisten, aber nur der Gläubiger ist berechtigt, die Leistung an den Dritten zu verlangen. Welche Wirkung die
4 Parteien wollen, ist Auslegungsfrage (Rn 5). **b) Verpflichtende** und **verfügende** Verträge zgDr. **I** bezieht sich nur auf Verpflichtungsverträge (allgM); die entspr Anwendung von I auf Verfügungsverträge ist str (Rn 6). **c) „Volle"** (berechtigende) Verträge zgDr und **Verträge mit Schutzwirkung für Dritte.** Letztere Verträge enthalten kein (primäres) Leistungsversprechen an den Dritten; lediglich die vertraglichen Sorgfaltspflichten (§ 241 II) werden (mit der Folge von Sekundäransprüchen bei Verletzung) auf Dritte erstreckt (Rn 19 ff).

5 **3. Abgrenzung. a) Unechte Verträge zgDr** (Rn 3). Ob dem Dritten ein eigenes Forderungsrecht zusteht oder nicht, richtet sich nach dem Vertragsinhalt (vgl Rn 13 f), der ggf durch Auslegung (§§ 133, 157) klarzustellen ist. Bes Bedeutung kommt dem **Vertragszweck** (betont in **II**) und der **Interessenlage** (zB Sicherstellung des Dritten) zu. Weitere **Auslegungsregeln:** §§ 329, 330. **Bsp** für **echte** Verträge zgDr aus der Rspr: Herstellergarantie zugunsten des Endabnehmers im Liefervertrag mit dem Zwischenhändler (BGH 75, 77; 93, 46; unmittelbare Vertragsbeziehungen aber möglich: § 443 Rn 7, 11; Krankenhausaufnahmevertrag mit der Krankenkasse wirkt zugunsten des Patienten (BGH 89, 253; 96, 363; 100, 366), Behandlungsvertrag des Sorgeberechtigten zugunsten des Kindes (BGH 89, 266), Pachtvertrag mit Bierbezugsbindung zugunsten der Brauerei (BGH 54, 147), Provisionsübernahme durch den Grundstückskäufer zugunsten des Maklers (BGH 138, 170; Rn 8 vor § 652), Verträge zwischen Reiseveranstalter und „wichtigen" Leistungsträgern (zB Fluggesellschaft, Hotel) zugunsten des Reisenden (BGH 93, 273 ff; LG Frankfurt NJW-RR 86, 853; Schmid/Sonnen NJW 92, 464); Frachtvertrag bei HGB 421 (s schon BGH 75, 94); Direktversicherung iSv BetrAVG 1 II (BGH NJW-RR 93, 771); Vertrag zwischen Publikums-GbR und Mittelverwendungs-

Titel 3. Versprechen der Leistung an einen Dritten §328

kontrolleur zugunsten von Anlegern (München ZIP 08, 278); **nicht** ohne weiteres die Errichtung eines Spar-(Giro-)kontos auf den Namen eines Dritten (vgl BGH FamRZ 05, 5108; NJW 94, 931; 96, 841; Köln NJW-RR 96, 236; bejahend Saarbrücken NJW-RR 08, 954 für Festgeldanlage zugunsten von Minderjährigen; sa allg §516 Rn 16; §808 Rn 6); idR nicht die Unterhaltsvereinbarung zwischen geschiedenen Eltern zugunsten der Kinder (BGH NJW 83, 685; abw Hamm NJW-RR 96, 1158 für Unterhaltsvergleich), wohl aber die Vereinbarung zwischen Eheleuten zu einer heterologen Insemination als Unterhaltsversprechen zugunsten hieraus hervorgehender Kinder (BGH 129, 302 mit Anm Zimmermann DNotZ 96, 790); ferner nicht die Freistellungsvereinbarung zugunsten des Drittgläubigers (vgl BGH NJW 83, 1730; sa §329 Rn 2) und der Überweisungsvertrag (§676a Rn 2). **b) Verfügungsverträge zgDr.** Ihre Zulässigkeit ist umstr. Zu unterscheiden sind **6 aa) schuldrechtliche** (zB Erlass, Abtretung) und **bb) dingliche** (zB Übereignung; Hypothekenbestellung) Verfügungsverträge (vgl §929 Rn 7 [f]). Nach hM sind mangels Anwendbarkeit von **I** (Wortlaut; systematische Stellung) Verfügungsverträge zgDr in beiden Fällen schlechthin unzulässig (vgl §873 Rn 12; BGH NJW 93, 2617 mN; iE SoeStadler, SachR Einl 20). Folge (Bsp): Erlassvertrag zugunsten des Schuldners kann nicht mit der Wirkung des §397 zwischen dem Gläubiger und einem anderen vereinbart werden (BGH 126, § 266), wohl aber ein schuldrechtlich wirkender Verzicht zugunsten des Schuldners (BGH 126, 265 f mN). Die Gegenansicht (zB Larenz, SchR I, §17 IV; Kaduk, FS Larenz, 1983, S 314 ff) befürwortet eine **entspr Anwendung** von I idS, dass die für das Verfügungsgeschäft erforderliche Einigung durch die Drittbegünstigungsvereinbarung ersetzt wird; damit sind schuldrechtliche Verfügungen zgDr idR ohne weiteres möglich, sachenrechtliche dann (Ausnahme für Auflassung; arg §§333, 925 II), wenn in der Person des Erwerbers die weiter erforderlichen Voraussetzungen (Besitzerlangung, Übergabe des Hypothekenbriefs, Eintragung im Grundbuch) vorliegen; bedenklich aus Gründen des Gläubigerschutzes wegen der damit verbundenen Umgehung des Durchgangserwerbs (vgl Rn 15). **c) Haftungsausschluss zgDr:** §276 Rn 58. **d) Verträge zu 7 Lasten Dritter** sind dem BGB unbekannt (BVerfG 73, 270 f; BGH 54, 147; NJW 95, 3184). Eine entspr Anwendung von I scheidet (trotz §333) aus, da durch die Begründung vertraglicher Pflichten ohne Mitwirkung des Schuldners in das Selbstbestimmungsrecht eingegriffen würde. Kein Vertrag zulasten Dritter liegt vor, wenn zB durch eine Regelung der Altenteilsverpflichtung sich nur ges Einstandspflicht des Dritten (hier Sozialhilfeträger) realisiert (BGH NJW-RR 03, 578 klarstellend zu NJW 02, 440). Zur Unzulässigkeit einer Verpflichtungsermächtigung vgl §185 Rn 3.

II. Echter Vertrag zugunsten Dritter (I)

1. Allgemeines. a) Rechtsnatur: Zweiseitiger **schuldrechtlicher Verpflich- 8 tungsvertrag** (vgl Rn 6), der in bestimmter Richtung **Drittwirkung** (Rn 15 f) entfaltet. **Kein** dreiseitiger Vertrag, denn der Dritte ist nicht Vertragspartei (Rn 17 f), jedoch entsteht ein dreiseitiges Rechtsverhältnis (Rn 9 ff). **Kein** selbstständiger Vertragstyp, vielmehr können Verpflichtungsverträge jeder Art (vgl §311 Rn 9) auch zgDr abgeschlossen werden. Bsp: Kauf-, Schenkungs-, Bürgschaftsvertrag (auch Bürgschaft auf erstes Anfordern: BGH WM 03, 969), Versicherungsvertrag zgDr; idR der Fall bei Versorgungsverträgen (vgl Rn 1). **b) Rechtsbeziehungen.** IE sind **9** drei Rechtsverhältnisse zu unterscheiden: **aa) Das Deckungsverhältnis** zwischen dem Versprechenden (Schuldner) und Versprechensempfänger (Gläubiger). Es ist das eigentliche Vertragsschuldverhältnis zgDr (Rn 8) und legt sowohl die dem Dritten zu erbringende Leistung (§241 I) als auch dessen Person fest (Rn 13 f). Auf **Mängel** (Nichtigkeit) des Deckungsverhältnisses kann sich der Versprechende auch dem Dritten gegenüber berufen (§§821, 334). Nach der Leistung erfolgt die Rückabwicklung nach den Grundsätzen des Bereicherungsausgleichs im Dreiecksverhältnis, dh der Ausgleich ist idR im jeweiligen Verhältnis der zweckgerichteten Zuwen-

§ 328
Buch 2. Abschnitt 3. Schuldverhältnisse aus Verträgen

dung durchzuführen (gilt namentlich in den Fällen der abgekürzten Leistung); Besonderheiten bestehen bei Versorgungsverträgen und bei vertraglichem Ausschluss des § 335 (iE sehr str, vgl BGH 72, 250; Lorenz AcP 168, 294; näher
10 § 812 Rn 42 ff). **bb)** Das **Valutaverhältnis** zwischen Versprechensempfänger und Dritten. Aus diesem (nicht notwendig vertraglichen) Verhältnis (Bsp für ges Schuldverhältnis: §§ 1601 ff) ergibt sich der Grund für die Zuwendung des Rechts an den Dritten (BGH 91, 290 mN). Bsp: Schuldtilgung; Schenkung. **Mängel** des Valutaverhältnisses (zB § 518, aber II beachten!) lassen den Vertrag zgDr unberührt; der Ausgleich erfolgt grundsätzlich im Verhältnis des Versprechensempfängers zum
11 Dritten; zu möglichen Ausnahmen vgl Rn 9 und § 812 Rn 42 ff). **cc) Drittverhältnis.** Die Beziehung des Versprechenden zum Dritten stellt kein Vertragsverhältnis dar (BGH 54, 147; sa Rn 8), wohl aber ein vertragsähnliches Vertrauensverhältnis, aus dem sich beiderseitige Sorgfaltspflichten ergeben können (ie Rn 15 ff). Pflichtverletzungen des Dritten können sich auch im Deckungsverhältnis auswirken (Rn 18).

12 **2. Voraussetzungen.** Voraussetzungen für das Zusammenkommen des Vertrags zgDr sind: **a)** Wirksamer **Vertragsschluss** im Deckungsverhältnis (Rn 9); allein dieses (nicht das Valutaverhältnis) ist für die erforderliche **Form** maßgebend (BGH
13 54, 147; Nürnberg NJW-RR 90, 883; sa § 329 Rn 4 [dd]; § 331 Rn 3). **b) Drittbegünstigungsabrede. aa) Bestimmung des Dritten.** Der Dritte braucht nicht geschäftsfähig (Grund: Rn 15), ja noch nicht einmal vorhanden zu sein (vgl § 331 II; BGH 129, 305 mN). Bestimmbarkeit genügt (BGH 93, 274; WM 08, 491; großzügig Koch CR 05, 505 für Bewertungsmaßregeln in ebay-AGB zugunsten künftiger Vertragspartner). Eine Festlegung auf Grund sachlicher Momente (zB jeweiliger Inhaber eines bestimmten Grundstücks; jeweiliger Endabnehmer einer Ware; jeweiliger Fluggast eines Flugreise-Platzes) ist zulässig (BGH 75, 78 f). Zur einseitigen
14 Bestimmung des Berechtigten und deren Widerruf vgl § 330 Rn 4 f. **bb) Beschränkungen.** Die Parteien können **zusätzliche Voraussetzungen** für den Rechtserwerb aufstellen (zB Zeitpunkt, Bedingung, vgl BGH NJW-RR 87, 114) und sich Änderungen und die **Aufhebung** des Rechts des Dritten ohne dessen Zustimmung vorbehalten (vgl **II;** §§ 331, 332 mit Anm); ob dies gewollt ist, ist Auslegungsfrage (BGH NJW 86, 1165 f).

15 **3. Rechtsfolgen. a) Rechtsstellung des Dritten. aa) Unmittelbarer Erwerb des** (primären) Leistungsanspruchs. Der Dritte erwirbt das Recht ohne seine Mitwirkung (s aber § 333). Das Recht entsteht **originär** in seiner Person; dh ein Durchgangserwerb über das Vermögen des Gläubigers findet nicht statt (Dritter nicht Rechtsnachfolger des Gläubigers; wichtig im Fall des § 331, ferner der Insolvenz; vgl
16 § 330 Rn 6). **bb) Sekundäre Ansprüche.** Der Dritte erwirbt nur ein **einseitiges** Forderungsrecht. Bei Leistungsstörungen des Versprechenden hat er jedenfalls Ansprüche auf (zusätzlichen) Schadensersatz gem § 280 und weitergehend auch auf Schadensersatz statt der Leistung nach §§ 281–283 (vgl MK/Gottwald § 335 Rn 14, 16, 19 mN, str, einschr PalGrüneberg 5 [vorbehaltlich Auslegung nicht Schadensersatz statt der Leistung, Rücktritt]). Bei Wegfall der Geschäftsgrundlage kann auch der Dritte Anpassung (§ 313 I) verlangen (BGH NJW 72, 153 mit abl Anm Stötter S 1191). Für Nachfristsetzung gem §§ 281, 323 sind Dritter und Vertragspartner zuständig, sonstige vertragliche Rechte (insbes Gestaltungsrechte) stehen dem Versprechensempfänger als Vertragspartei zu, soweit nicht Auslegung etwas anderes
17 ergibt (Rn 17). **b) Rechtsstellung der Vertragsparteien. aa) des Versprechensempfängers.** Außer dem Anspruch auf Leistung an den Dritten (§ 335) stehen ihm regelmäßig alle Gestaltungsrechte gegenüber dem Versprechenden zu (zB Anfechtung, Rücktritt, Kündigung [VVG 168 und § 331 Rn 4], Minderung). Bei unentziehbarem Recht des Dritten muss dieser zustimmen (RG 101, 276; PalGrüneberg 6 zu Recht mit Ausnahme für Anfechtung). Im Einzelfall kann Auslegung aber ergeben, dass Dritter über Vertrag insgesamt soll entscheiden können (so für Rücktritt und Minderung bei Mängeln grds MK/Gottwald § 335 Rn 20). **bb) des Ver-**

Titel 3. Versprechen der Leistung an einen Dritten § 328

sprechenden. Im Verhältnis zwischen den Vertragsparteien muss sich der Versprechensempfänger ein Verschulden des Dritten gem § 278 anrechnen lassen (PalGrüneberg 7; ErmWestermann 9). Ansprüche des Versprechenden unmittelbar gegen den Dritten können sich uU aus der Verletzung von Sorgfaltspflichten (Rn 11) ergeben (Aufklärungspflicht, BGH WM 05, 244). Einwendungen und Einreden gegenüber dem Dritten: § 334 mit Anm.

III. Verträge mit Schutzwirkung für Dritte

Lit: Canaris, Die Haftung des Sachverständigen zwischen Schutzwirkung für Dritte und Dritthaftung an cic, JZ 98, 603; Dahm, Die dogmatischen Grundlagen und tatbestandlichen Voraussetzungen des Vertrages mit Schutzwirkung für Dritte, 1988; Grunewald, Die Haftung des Experten für seine Expertise gegenüber Dritten, AcP 1987, 285; Krebs, Sonderverbindung und außerdeliktische Schutzpflichten, 2000; Martiny, Pflichtenorientierter Drittschutz usw, JZ 96, 19; Westermann, Drittinteressen und öffentliches Wohl als Elemente der Bewertung privater Rechtsverhältnisse, AcP 208, 141; Zenner, Der Vertrag mit Schutzwirkung zu Gunsten Dritter – Ein Institut im Lichte seiner Rechtsgrundlagen, NJW 09, 1030; Zugehör, Berufliche „Dritthaftung", NJW 00, 1601; ders, Uneinheitliche Rechtsprechung des BGH zum (Rechtsberater-)Vertrag mit Schutzwirkung zu Gunsten Dritter, NJW 08, 1105.

1. Allgemeines. a) Begriff: Verträge, in deren Schutzbereich am Vertragsschluss 19 nicht beteiligte Dritte in der Weise einbezogen sind, dass ihnen zwar keine primären Leistungsansprüche zustehen, aber Verhaltens- und Leistungspflichten im Verhältnis zu ihnen verletzt werden können (BGH 66, 56 mN; 89, 104; 133, 170; NJW 95, 52). Folge bei Pflichtverletzung: eigener vertraglicher Schadensersatzanspruch (Rn 29). **b) Bedeutung:** Erweiterung des Anwendungsbereichs der Vertragshaf- 20 tung und damit Verbesserung der Rechtsstellung des geschützten Personenkreises (Rn 32 ff) gegenüber den Unzulänglichkeiten der §§ 823 ff (insb § 831, Beweislast, fehlender Vermögensschutz). **c) Rechtsgrundlage:** Nicht ergänzende Vertragsaus- 21 legung (§§ 133, 157, 328 II; so aber BGH 56, 273; 138, 261; NJW 01, 3116, stRspr; PalGrüneberg 14; Zugehör NJW 00, 1603), sondern durch § 242 gedeckte Fortbildung des dispositiven Rechts (Bayer JuS 96, 475 f; Hirth aaO S 118, 188; MK/Gottwald 110 mN; Zenner NJW 09, 1030; wohl auch BGH 133, 172). Das SchRModG enthält keine allg Regelung (§ 311 III 1 erfasst ges Schuldverhältnisse, insbes die Eigenhaftung des Vertreters [Begründung zu § 311 III, RegEntw S 375], vgl dort Rn 49 [c]), setzt aber den Schutz Dritter, die in einem Näheverhältnis zu einer Vertragspartei stehen, ausdr voraus (BT-Drs 14/6040 S 163). **d) Anwen-** 22 **dungsbereich:** Gilt auch für ges Schuldverhältnisse, insbes cic (Rn 23), und öffentlich-rechtliche Nutzungsverhältnisse (BGH NJW 07, 1062). **e) Abgrenzung:** Vertraglicher Haftungsausschluss für Dritte: § 276 Rn 58; Drittschadensliquidation: Rn 19 ff vor § 249; Eigenhaftung des geschützten Dritten: Rn 31.

2. Voraussetzungen. a) Schuldverhältnis. Wirksamkeit des Vertrags zwischen 23 den Hauptparteien (wirksames „Leistungsverhältnis" ist nicht erforderlich (BGH MDR 68, 402), das Schuldverhältnis der Vertragsverhandlungen (§ 311 II Nr 1–3, III 1) genügt (BGH 66, 51; § 311 Rn 48, 49 [c]). **b) Einbeziehung des Dritten.** Die von 24 der Rspr früher gestellten strengen Anforderungen (zB BGH 66, 57; NJW 75, 868; 85, 2411 f) wurden zunehmend Ffallgruppenweise gesenkt (vgl BGH 133, 171 ff; Bsp: Rn 39 f). Erforderlich ist: **aa) Leistungsnähe des Dritten,** dh der Dritte ist bestimmungsgemäß den Gefahren der (Schutz-)Pflichtverletzung in gleicher Weise ausgesetzt wie der Gläubiger (BGH 70, 329; 133, 173; NJW 06, 830: abl für GmbH-Alleingesellschafter bzgl Darlehensvertrag GmbH-Bank, sa Rn 36. **bb) Näheverhältnis des** 25 **Dritten zum Gläubiger.** Es besteht idR bei (nicht erforderlichen) Rechtsverhältnissen mit **personenrechtlichem Einschlag** (zB §§ 611 ff, 618, 619; 705; HGB 105, 161; auch § 631 iVm § 618; §§ 535 ff; §§ 1353, 1626 ff), fehlt aber bei reinen Austauschgeschäften (§§ 433, 651; vgl Rn 38; auch im bargeldlosen Zahlungsverkehr auf Grund von Giroverhältnis, Rn 40); der Gläubiger braucht nicht für das „Wohl und Wehe" des Dritten verantwortlich zu sein (so noch BGH 51, 96; 56, 273; 66, 57; einschr BGH

§ 328 Buch 2. Abschnitt 3. Schuldverhältnisse aus Verträgen

NJW 84, 355 f; 87, 1759 mN); es genügt, dass die Leistung bestimmungsgemäß dem Dritten zugute kommen soll und der Gläubiger ein besonderes Interesse an der Einbeziehung hat (BGH 129, 167 mN; 133, 172; Nürnberg NJW-RR 04, 1254); auch bestehende *Gegenläufigkeit von Interessen* schließt Schutzwirkung nicht aus (vgl BGH 127, 380; 129, 169; NJW 98, 1949; 02, 1197; WM 04, 1289; MK/Gottwald 124 mN; str,
26 krit Westermann AcP 08, 154 f). **cc) Obj abgrenzbarer Personenkreis** (BGH NJW 84, 355; 98, 1062; Düsseldorf NJW-RR 02, 1709), nicht erforderlich: Individualisierbarkeit der Dritten nach Zahl und Namen; **Erkennbarkeit** von Rn 24 [aa] und 25 für den Schuldner (BGH 49, 354; 56, 273; 75, 323; 133, 173 mN) und Zumutbarkeit (§ 242) der Haftungsausdehnung (BGH 66, 57). Allerdings entfernt sich die Rspr zunehmend von der konkreten Erkennbarkeit und von einer Verankerung der Drittbe-
27 günstigung im Vertragswillen (zR krit Westermann AcP 208, 154 ff). **dd) Schutzbedürftigkeit des Dritten.** Sie wird im Allgemeinen fehlen, wenn dem Dritten eigene vertragliche Ansprüche (gleich gegen wen) zustehen (BGH WM 11, 911), etwa gegen den Gläubiger des Hauptvertrags (BGH 70, 330; 129, 169 mN; 133, 173 f; iE zust Krause JZ 82, 18 f mN, str; aA Berg NJW 78, 2019: § 421), oder zugestanden haben
28 (BGH NJW 93, 656). **c)** Zu **vertretende** (§§ 276, 278) **Schutzpflichtverletzung** des Schuldners (§§ 280 I, 241 II, auch aus cic, vgl § 311 II, III 1 iVm § 241 II; § 311 Rn 50). Bestehende Garantiehaftung (zB gem § 443) kommt dem Dritten zugute (BGH 49, 354 zu § 538 aF). Bei völliger Interessengleichheit zwischen Gläubiger und Drittem genügt auch Verletzung der **Hauptleistungspflicht** (BGH 75, 325). **d) Schädigung** des Dritten.

29 **3. Rechtsfolgen. a) Eigener vertraglicher Schadensersatzanspruch** des Dritten gegen den Schuldner. § 278 gilt (Rn 20; § 278 Rn 3). Verjährung: §§ 195, 199 soweit nicht kürzere vertragliche Verjährung eingreift (Rn 30). Schadensumfang: Sowohl Personen- (allgM) als auch Sach- und Vermögensschäden (BGH 49,
30 355; 133, 171 f). **b) Einwendungen des Schuldners aus dem Vertrag.** Entspr Anwendung von § 334 ist möglich (vgl BGH 127, 383 ff), soweit nicht – ggf auch stillschweigend – abbedungen (geringe Anforderungen stellt BGH 127, 385; NJW 98, 1061; krit Canaris JZ 98, 603). Folgen: Bestehende (ges oder vereinbarte) **Haftungsbeschränkungen** des Schuldners im Leistungsverhältnis wirken im vertraglichen Bereich idR auch zu Lasten des Dritten (BGH 56, 272 ff; 127, 385, str; MK/Gottwald 132 mN auch zur aA), ges Beschränkungen erfassen auch deliktische Ansprüche (s HGB 434); bei vertraglicher Regelung bleiben sie idR unberührt (Klein JZ 97, 396; restriktiv Hübsch VersR 97, 805 ff). **Mitwirkendes Verschulden** (§ 254) des Gläubigers muss sich der Dritte idR – auch bei Nichtvorliegen der Voraussetzungen des § 278 im Verhältnis zu ihm (sonst bereits Fall von § 254 Rn 11) – anrechnen lassen (BGH NJW 97, 2328; 98, 1061, hM str); dies gilt nicht, soweit § 334 abbedungen wurde (BGH 127, 386 f; NJW 98, 1061, ie str; krit Canaris JZ 98, 604, abl Medicus JZ 95, 309). Eine kurze **vertragliche Verjährung** gilt auch
31 im Verhältnis zum Dritten (BGH 61, 234; NJW 76, 1843). **c) Bei Eigenhaftung** des einbezogenen Dritten kommen ihm die Haftungserleichterungen der Hauptpartei zustatten (zB kurze Verjährung gem §§ 548, 606: BGH 49, 278; 71, 177; vertragliche Haftungsbeschränkungen: BGH 49, 280; § 276 Rn 58).

32 **4. Fallgruppen.** „Ja" bedeutet Einbeziehung, „Nein" Nichteinbeziehung des Dritten. **a) Mietverträge aa) über Wohnraum.** Ja: Die zur Hausgemeinschaft des Mieters gehörenden Familienangehörigen (BGH 77, 124 mN), idR auch der Lebensgefährte (Hamburg NJW-RR 88, 1482, str), die Hausangestellten (BGH 61, 233), ferner Aufsichtspersonen (BGH 71, 179); Vereinsmitglieder bei Verein als Mieter (BGH NJW 65, 1757). Nein: Besucher und Gäste (BGH 2, 97), Liefe-
33 ranten, Mitmieter (BGH NJW 69, 41), Untermieter (Rn 33). **bb) über Geschäftsräume.** Ja: darin vom Mieter Beschäftigte (BGH 61, 234); Eigentümer von Sachen, die sich berechtigterweise in den Mieträumen befinden; Bsp: Vorbehalts-(Sicherungs-)eigentümer und Einlagerer von Waren in gemieteten Laden- und Lagerräumen (BGH 49, 355; NJW 09, 143; 85, 489; WM 88, 1382 – im

Titel 3. Versprechen der Leistung an einen Dritten § 328

Einzelfall zT verneinend –, str), nicht dagegen Untermieter (BGH 70, 327, str; vgl iE Krause JZ 82, 16 mN); auch Räumungsschuldner in Umzugs- und **Lagervertrag** zwischen Gerichtsvollzieher und Frachtführer/Lagerhalter (Stuttgart NJW-RR 10, 883). **cc) über technische Arbeitsmittel.** Ja: Hilfskräfte des Mieters einschließlich selbstständiger Unternehmer bei bestimmungsgemäßem Gebrauch (BGH 49, 281; NJW 76, 1843). **dd)** Pony-Miete für minderjährigen Reiter: Ja (Köln OLGZ 93, 199). **b) Personenbeförderungsverträge.** Ja: 34 Begleitpersonen des Fahrgastes, insbes mitgenommene Angehörige (RG 87, 65; 149, 6; BGH 24, 327); mitreisende Familienangehörige des Reisenden beim **Reisevertrag** (BGH 108, 57; sa § 651a Rn 8). **c) Heilbehandlungs- und Arztver-** 35 **träge.** Ja: Behandeltes Kind (BGH 106, 162) und dessen Unterhaltspflichtige (BGH 96, 368); bei Entbindung des nasciturus (BGH NJW 71, 242); bei Behandlung (auch Sterilisierung) der Ehefrau der Ehemann (BGH 86, 249; 89, 98; 96, 368) und uU das geschädigte Kind (vgl BGH 86, 253, im Einzelfall verneinend; insoweit abl Deutsch JZ 83, 451), der nichteheliche Vater (unabhängig von Dauer und Intensität der Beziehung) bei Beratung der Patientin über Schwangerschaftsverhütung (BGH NJW 07, 991; Karlsruhe NJW 06, 1007; krit Westermann AcP 208, 156); nicht ohne weiteres der nichteheliche Vater bei Behandlung der nichtehelichen Mutter des Kindes (BGH NJW 02, 1489). Nein: Krankenhausbesucher (BGH 2, 94). **d) Dienstvertrag.** Ja: Familienangehörige (Kinder; BGH NJW 75, 36 868) und AN des Dienstverpflichteten (BGH 26, 371); beim **Anwaltsvertrag** uU (selten) Kinder des Mandanten (BGH NJW 95, 52 f; Zugehör NJW 00, 1603, str; aA Zimmermann FamRZ 80, 100 mN; LG Köln NJW 81, 351); Mitglieder einer Mieterschutzvereinigung, die RA beauftragt hat (Düsseldorf MDR 09, 1016); der andere Ehegatte bei Beratung über Versorgungszusage des AG (BGH NJW 88, 201), dagegen nicht bei Beratung über Scheidungsfolgenvereinbarung (Düsseldorf NJW-RR 86, 730 f; ähnlich MDR 07, 988); uU die Erben (BGH NJW 95, 2552; 97, 2328 mN); nicht Dritte, die auf Veranlassung des RAs eine Kaution stellen (BGH WM 04, 1827. Beim steuerlichen oder wirtschaftlichen **Beratungsvertrag** uU die Gesellschafter der auftraggebenden Gesellschaft (BGH NJW 88, 556; 00, 727; abl für Kapitalgesellschaften Celle MDR 07, 1228) sowie der Kreditgeber des auftraggebenden Kreditnehmers (BGH NJW-RR 89, 696; 93, 944); beim **Darlehensvertrag** zwischen Bank und GmbH nicht der Gesellschafter (Celle WM 07, 740); bei **Geschäftsführervertrag** mit der Komplementär-GmbH die GmbH & Co KG (BGH 75, 324 ff; 76, 337 f; BB 02, 1164), mit der GmbH uU die stillen Gesellschafter (BGH NJW 95, 1357); zur Haftung von Rating-Agenturen v Schweinitz WM 08, 953. **e) Werkverträge. aa) Schutzpflicht des Unterneh-** 37 **mers:** Ja: Angehörige des Bestellers (BGH NJW 94, 2231) und seine AN (BGH 33, 249; 55, 18); der – vom Besteller verschiedene – Eigentümer der bearbeiteten Sache (Nürnberg MDR 74, 401); uU der Eigentümer des im Auftrag der Polizei abgeschleppten Kfz (BGH NJW 78, 2503); Grundstücksnachbar bei Vertrag über Aushebung einer Baugrube (KG EWiR 04, 219); Mieter bei Übertragung der Streupflicht durch Vermieter auf Dritten (BGH NJW 08, 1440). Nein: andere vom Besteller beauftragte Unternehmer (BGH NJW 70, 40) oder weitere Besteller desselben Unternehmers (BGH NJW 133, 174 ff); Stromabnehmer des Bestellers im Verhältnis zum Bauunternehmer, auch bei bes Hinweis auf Kabelschutz und die bei Stromunterbrechung drohenden Schäden (BGH NJW 77, 2208; zust Hager JZ 79, 55; ähnlich Nürnberg NJW-RR 04, 1254); künftige Mieter beim Bauvertrag (BGH NJW 94, 2231 mN). Vgl iÜ auch § 631 Rn 16. **bb) Schutzpflicht des Bestellers** im Rahmen des entspr anwendbaren § 618: Ja: AN des Unternehmers (wie Rn 36). Nein: dessen Subunternehmer (BGH 56, 274). **f) Lieferver-** 38 **träge:** Ja: Familienangehörige (Hamm MDR 77, 137) und (nur) solche AN des Käufers, die bestimmungsgemäß mit der Sache in Berührung kommen (BGH NJW 56, 1193; 59, 1676). Nein: Abnehmer des ersten Käufers, insbes Endverbraucher (BGH 51, 96; NJW 89, 1030 mN; NJW-RR 90, 1303; krit Steinmeyer DB 88, 1049); zur Produzentenhaftung vgl § 823 Rn 122. **g) Auslobung (Sportur-**

§ 329

Buch 2. Abschnitt 3. Schuldverhältnisse aus Verträgen

39 **nier):** Ja: Eigentümer eines Pferdes in Vertrag zwischen Turnierteilnehmer und -veranstalter (BGH 187, 86). **h) Auskunftsverträge mit Fachleuten (Sachverständige, Abschlussprüfer, Steuerberater usw). aa) Gutachtenvertrag** mit Sachverständigem. Ja: Personen (zB Käufer, Kreditgeber, Bürgen), für die das Gutachten erkennbar bestimmt ist (BGH 127, 380 mN; NJW 98, 1062; 01, 3115; 04, 3035; NJW-RR 02, 1528; 04, 1464). Nur ausnahmsweise: Begünstigter aus Versicherungsvertrag in Vertrag zwischen Versicherer und Gutachter über Eintritt des Versicherungsfalls (BGH WM 03, 546). Ja: Personen, die für Steuerberater erkennbar uU anstelle des ursprünglichen Vertragspartners in Anlagevorhaben eintreten wollen (BGH WM 03, 1621). **Prüfvertrag** mit **Abschlussprüfer.** Ja, aber nur gegenüber solchen Dritten, in deren Interesse die Leistung nach ausdrücklicher oder konkludenter Vereinbarung erbracht wird. Dies ist anhand des jeweiligen Prüfauftrags zu ermitteln (BGH 181, 17, zum konkreten Fall auch Köndgen JZ 10, 418). Grundsätzlich auch Gläubiger u Anteilserwerber bei **Abschlussprüfervertrag** (BGH 138, 262; NJW-RR 06, 611); Wirtschaftsprüfer kann grds aus § 311c III (Prospekthaftung) und Vertrag mit Schutzwirkung für Dritte haften (BGH NJW 04, 3420); klare Eingrenzbarkeit des Kreises der Begünstigten: BGH 167, 155; NJW 09, 512; NJW-RR 06, 611; restriktiv auch Düsseldorf WM 09, 2379 mN zur Rspr [kreditgebende Bank nicht einbezogen, wenn Prüfauftrag deutlich vor Kreditantrag erfüllt wurde und Vorlage der Testate ohne Zustimmung des Prüfers]); erforderliche Inanspruchnahme eines konkreten, nicht nur typisierten Vertrauens (BGH WM 07, 1506; sa WM 07, 1510 und 2281 je für Prüfung
40 von Emissionsprospekt). **bb) Bankauskunft:** sa hier § 676 f Rn 10. **i) Massenverkehrsgeschäfte mit einheitlich praktiziertem Verfahren.** Im Lastschriftverfahren besteht idR keine Schutzpflicht der Gläubigerbank gegenüber dem Lastschriftschuldner (BGH 69, 187) und umgekehrt (BGH 74, 303), uU aber eine solche der Schuldnerbank gegenüber dem Lastschriftgläubiger (BGH 69, 88; 96, 17; ThürOLG WM 94, 2156 ff; krit van Gelder WM 95, 1256 ff). Bsp: Ja bei verspäteter Rücksendung nicht eingelöster Lastschrift (BGH 69, 82), verspäteter Weiterleitung eines einzuziehenden Schecks (BGH 96, 17; NJW-RR 88, 560), aber nein bei Beachtung eines unberechtigten Widerspruchs des Schuldners (BGH 72, 348, str). Im Hinblick auf die §§ 675f ff nF ist zweifelhaft, inwieweit noch für Schutzpflichten der Überweisungsbank gegenüber dem Überweisungsempfänger Raum ist (abl BGH 176, 281 für gesamten bargeldlosen Zahlungsverkehr auf Grund von Giroverhältnis [Überweisungs-, Lastschrift-, Scheckverkehr] unter Aufgabe fr Rspr; PalGrüneberg 23).

§ 329 Auslegungsregel bei Erfüllungsübernahme

Verpflichtet sich in einem Vertrag der eine Teil zur Befriedigung eines Gläubigers des anderen Teils, ohne die Schuld zu übernehmen, so ist im Zweifel nicht anzunehmen, dass der Gläubiger unmittelbar das Recht erwerben soll, die Befriedigung von ihm zu fordern.

1 **a) Bedeutung: Auslegungsregel** (Ergänzung von § 328 II), begründet eine **Vermutung gegen** die Berechtigung des Gläubigers beim **Erfüllungsübernah-**
2 **mevertrag** (Rn 2). **b) Erfüllungsübernahme. aa) Begriff: Vertrag** zwischen Schuldner und Übernehmer, in dem sich der Übernehmer **verpflichtet,** die Verbindlichkeit des (oder eines anderen) Schuldners zu begleichen (BGH NJW 96, 1052; ZIP 02, 126: Drittschuldtilgungsvertrag). Der Schuldner erlangt gegen den Übernehmer einen (grds unabtretbaren; Ausnahme für Zession an Gläubiger, vgl § 399 Var 1 und §§ 399, 400 Rn 2 ff) Befreiungsanspruch (§§ 256, 257 Rn 5), uU Zahlungsanspruch. Ges Fall: § 415 III; anders bei HGB 25 III. Der Gläubiger erwirbt iGz Rn 4 keine Rechte gegen den Übernehmer (Koblenz NJW-RR 04, 758).
3 **bb) Rechtsnatur:** IdR nur unechter Vertrag zugunsten des Gläubigers (dazu § 328 Rn 3), jedoch ist die Vermutung der Rn 1 im Einzelfall widerlegbar (konkrete

Titel 3. Versprechen der Leistung an einen Dritten   §§ 330, 331

Einzelumstände entscheiden: BGH NJW 80, 2127). Bsp (§ 328 I bejaht): BGH 72, 250. **cc) Abgrenzung: Echter** Vertrag zugunsten des Gläubigers hat die Wirkung 4 einer Schuldmitübernahme (Schuldbeitritt); Übernehmer wird neben dem Schuldner Gesamtschuldner (vgl Rn 2 ff vor § 414). **Schuldübernahme** ist Verfügungsvertrag mit notwendiger Mitwirkung des Gläubigers (§§ 414, 415 Rn 1 ff). Bsp für Auslegung von „Erfüllungsübernahme": BGH NJW-RR 93, 308. **dd) Zustandekommen:** Grundsätzlich **formfrei;** anders nur, wenn die Vereinbarung zwischen Schuldner und Übernehmer formbedürftige Bestandteile enthält, zB § 518 bei schenkweisem Versprechen, §§ 780, 781 bei abstrakter Verpflichtung. Unerheblich sind für die Verbindlichkeit des Schuldners bestehende Formvorschriften (BGH NJW 72, 576 für § 766).

§ 330 Auslegungsregel bei Leibrentenvertrag

¹**Wird in einem Leibrentenvertrag die Zahlung der Leibrente an einen Dritten vereinbart, ist im Zweifel anzunehmen, dass der Dritte unmittelbar das Recht erwerben soll, die Leistung zu fordern.** ²**Das Gleiche gilt, wenn bei einer unentgeltlichen Zuwendung dem Bedachten eine Leistung an einen Dritten auferlegt oder bei einer Vermögens- oder Gutsübernahme von dem Übernehmer eine Leistung an einen Dritten zum Zwecke der Abfindung versprochen wird.**

1. Allgemeines. a) Bedeutung: Auslegungsregel (Ergänzung von §§ 328 II, 1 331, 332) begründet eine **Vermutung für** den unmittelbaren Rechtserwerb des Dritten (Begünstigten) bei bestimmten Versorgungsverträgen (Rn 2). **b) Anwen-** 2 **dungsbereich:** Lebensversicherungsverträge nach altem VVG (Rn 3 ff); Leibrentenvertrag (§§ 759 ff); unentgeltliche Zuwendung (§§ 516, 525, 2301); Vermögens- und Gutsübernahmevertrag (§§ 311, 312; EGBGB 96 iVm Landesrecht, vgl PalGrüneberg 4).

2. Lebensversicherungsverträge. Die Auslegungsregel (Rn 1) gilt für **alle** 3 **Arten** von Lebensversicherungen nach dem alten VVG (VVG 159 ff aF), wie Kapital- und Rentenversicherung, auf den Todes- oder den Erlebensfall, auch für die Kapitalunfallversicherung (vgl VVG 180 iVm 166–168 aF). Die seit 1.1.2008 geltende Neufassung des VVG nimmt Lebensversicherungen aus dem Anwendungsbereich aus (s jetzt VVG 159). Für Altverträge galt § 330 noch bis 31.12.2008 (EGVVG Art 1 I).

§ 331 Leistung nach Todesfall

(1) **Soll die Leistung an den Dritten nach dem Tode desjenigen erfolgen, welchem sie versprochen wird, so erwirbt der Dritte das Recht auf die Leistung im Zweifel mit dem Tode des Versprechensempfängers.**

(2) **Stirbt der Versprechensempfänger vor der Geburt des Dritten, so kann das Versprechen, an den Dritten zu leisten, nur dann noch aufgehoben oder geändert werden, wenn die Befugnis dazu vorbehalten worden ist.**

Lit: Muscheler, Vertrag zgDr auf den Todesfall und Erbenwiderruf, WM 94, 921; G Vollkommer, Erbrechtliche Gestaltung des Valutaverhältnisses beim Vertrag zgDr auf den Todesfall?, ZEV 00, 10; M Wolf, Die Entbehrlichkeit des Valutaverhätnisses beim Vertrag zgDr auf den Todesfall (§ 331 BGB), FamRZ 02, 147.

1. Allgemeines. a) Bedeutung von I: Auslegungsregel (Ergänzung von 1 §§ 328 II, 330), begründet eine Vermutung für den **Zeitpunkt** des Rechtserwerbs. Ferner enthält **I** (iVm § 330) die ges Anerkennung der Zulässigkeit von unentgeltlichen Zuwendungen im Weg (formloser, vgl Rn 3) Verträge zgDr auf den Todesfall

§ 331 Buch 2. Abschnitt 3. Schuldverhältnisse aus Verträgen

2 (BGH 66, 12 f mN; str). **b) Anwendungsbereich.** Lebensversicherung auf den Todesfall und sonstige Versorgungsverträge. Bsp: Vertragliche Versorgungszusage des Arbeitgebers zugunsten der Witwe des Arbeitnehmers (BGH Warn 70 Nr 52). **Bankverträge** zgDr auf den Todesfall. Bsp: s § 2301 Rn 6.

3 **2. Vertrag zgDr auf den Todesfall. a) Allgemeines.** Er ist ein Unterfall des echten Vertrags zgDr (§ 328 Rn 2), mit der Besonderheit, dass der Dritte den Anspruch gegen den Versprechenden (Versicherung, Bank) mit dem **Tod des Versprechensempfängers** erwirbt (Auslegungsregel: Rn 1). Der Vertrag (Deckungsverhältnis; vgl § 328 Rn 9) unterliegt **keiner** bes **Form** (§ 328 Rn 12), auch wenn im Valutaverhältnis eine unentgeltliche Zuwendung auf den Todesfall erfolgt. Das **Valutaverhältnis** ist in diesem Fall eine Schenkung unter Lebenden (§§ 516 ff); § 2301 I ist auch im Valutaverhältnis unanwendbar (BGH NJW 08, 2702; 04, 767 mN; hM und stRspr, str; zur Abgrenzung von der Verfügung von Todes wegen ie BGH NJW 84, 47 mN; § 2301 Rn 5 ff). Schenkungsverbote gem §§ 1908; II 1, 1804 wirken sich nur im Valutaverhältnis aus (BayObLG NJW-RR 03, 5).

4 b) Rechtslage vor dem Eintritt des Todesfalls. aa) Rechtsstellung des Versprechensempfängers: Ihm steht die volle Verfügungsbefugnis über die Bezugsberechtigung (Widerruf und Änderung, § 330 Rn 5; § 332 Rn 1) und das zu Grunde liegende Vertragsverhältnis (Aufhebung; Kündigung) zu. Seine Rechte sind Bestandteil seines Vermögens (BGH 81, 97) und unterliegen dem Gläubigerzugriff
5 (BGH 91, 289). **bb) Rechtsstellung des Dritten.** Bei **widerruflicher** Bezugsberechtigung (Rn 4) hat der Dritte noch (überhaupt) kein Recht, auch keine Anwartschaft, lediglich eine Chance auf künftigen Rechtserwerb (BGH NJW 82, 1808; Frankfurt NJW-RR 90, 968 mN). Ist die Bezugsberechtigung **unwiderruflich** (dazu § 330 Rn 5), erlangt er zwar sofort ein Recht auf die Leistung, jedoch bleibt auch in diesem Fall der Versprechensempfänger zur Kündigung des Vertrags (Rn 4) berechtigt (BGH 45, 167) oder zur Aufhebung (BGH NJW-RR 13, 75 [Vertrag
6 war nur als „unwiderruflich" bezeichnet]). Sa Rn 7 aE. **c) Rechtslage nach dem Eintritt des Todesfalls. aa) Rechtsstellung des Dritten.** Er erwirbt unmittelbar den Leistungsanspruch gegenüber dem Versprechenden (Versicherung, Bank; Rn 3 und § 328 Rn 15). Endgültig ist dieser Erwerb (zum Bereicherungsausgleich mit den Erben vgl Rn 7) nur, wenn ein wirksames **Valutaverhältnis** besteht (BGH NJW 87, 3132 mN; 95, 1082). Hat sich der Versprechensempfänger zu Lebzeiten mit dem Dritten formlos über die Unentgeltlichkeit der Zuwendung geeinigt (§ 516 I), wird der Formmangel (§ 518 I) mit dem Erwerb des Forderungsrechts durch Bewirken der Leistung iSd § 518 II geheilt (BGH 91, 291; WM 10, 1273; NJW 04, 768). Fehlt es an einem lebzeitigen Schenkungsversprechen, kann eine Einigung über die bereits vollzogene Schenkung (§§ 516 I, 518 II, 328 I) noch nach dem Tod des Versprechensempfängers dadurch zustande kommen, dass der Versprechende (zB Bank) die in der Drittbegünstigungserklärung liegende Schenkungsofferte an den Dritten weiterleitet und dieser sie ohne Erklärung gegenüber den Erben (vgl § 130 II, 153, 151) annimmt (so BGH 66, 13; NJW 75, 383; Hamm NJW-RR 96, 1328 [iE verneinend]; str; Schleswig ZEV 99, 107; krit Heilmann VersR 80, 516 mN; Finger VersR 86, 508); unbefriedigend, denn die Erben können den Erwerb durch Widerruf (nicht ausschliessbar: Celle WM 93, 592; Fuchs AcP 196, 374 ff mN; str; aA Celle WM 96, 853 f) vereiteln (Rn 7); zu anderen Lösungsversuchen vgl G Vollkommer, ZEV 00, 10; Muscheler WM 94, 930 ff; Fuchs AcP 196,
7 387 ff. **bb) Rechtsstellung des Erben.** Fehlt ein wirksames Valutaverhältnis zum Dritten, bestehen Bereicherungsansprüche (§§ 812 ff; § 328 Rn 10; BGH NJW 87, 3132). Vor Zugang der Schenkungsofferte des Erblassers an den Dritten (vgl Rn 6) kann er diese gegenüber dem Dritten widerrufen (vgl § 130 I 2; iE Muscheler WM 94, 925 ff), desgl einen dem Versprechenden (Bank) erteilten Auftrag zur Weiterleitung der Offerte (§ 671; BGH NJW 75, 383; str; aA Muscheler aaO S 923 f; sa Rn 6 aE). Um den Widerruf des Erben auszuschließen, muss der Erblasser das Valutaverhältnis erbrechtlich (§ 2147) ausgestalten (Rn 7). Ein Widerrufsrecht hin-

Titel 3. Versprechen der Leistung an einen Dritten §§ 332–334

sichtlich der Bezugsberechtigung (Rn 4) besteht nicht (mehr; vgl BGH NJW 93, 3134), auch nicht in dem Sonderfall des **II**. Ist der Begünstigte vorverstorben, gehört das Recht auf die Leistung iZw zum Nachlass des Versprechensempfängers (BGH NJW 93, 2172).

§ 332 Änderung durch Verfügung von Todes wegen bei Vorbehalt

Hat sich der Versprechensempfänger die Befugnis vorbehalten, ohne Zustimmung des Versprechenden an die Stelle des in dem Vertrag bezeichneten Dritten einen anderen zu setzen, so kann dies im Zweifel auch in einer Verfügung von Todes wegen geschehen.

Auslegungsregel (Ergänzung von §§ 328 II, 331; VVG 159, 176, 185) bei (vertraglichem) Vorbehalt einseitiger Änderung der Benennung durch den Versprechensempfänger. Fehlt abw Vereinbarung (auch stillschweigend – § 157 – oder in AGB möglich: BGH 81, 99), ist auch die Verfügung von Todes wegen (also: eine nicht empfangsbedürftige Willenserklärung) als Erklärungsform zugelassen (Ausnahme vom Regelfall). Bei der Lebensversicherung greift § 332 idR nicht ein (Anzeigeerfordernis gem AGB besteht: BGH 81, 98; NJW 93, 3134). Die Verfügung von Todes wegen begründet zugleich das Valutaverhältnis zum (neuen) Begünstigten, auch wenn im Deckungsverhältnis § 332 ausgeschlossen ist (G Vollkommer ZEV 00, 11, 13). 1

§ 333 Zurückweisung des Rechts durch den Dritten

Weist der Dritte das aus dem Vertrag erworbene Recht dem Versprechenden gegenüber zurück, so gilt das Recht als nicht erworben.

1. Zweck: Schutz des Dritten vor endgültig aufgedrängtem Rechtserwerb (Ergänzung zu § 328 I, dort insbes Rn 15). Die **Zurückweisung** (einseitige empfangsbedürftige Willenserklärung) ist erst nach Anfall des Rechts möglich; vorher kann der Dritte sich allerdings verpflichten, von dem Recht keinen Gebrauch zu machen; „Annahme" des Rechts schließt die (stets rückwirkende) Zurückweisung aus. **Folge der Zurückweisung für den Vertrag** zwischen Versprechensempfänger und Versprechendem (Einzelfall entscheidet): **a)** Versprechensempfänger kann neuen Dritten benennen (VVG 159) oder **b)** Leistung an sich selbst fordern (Bsp: VVG 160 III, 185) oder **c)** die Leistung wird durch die Zurückweisung nachträglich unmöglich gem § 275; Folge für Vergütungsanspruch: § 326 I oder ausnahmsweise § 326 II. 1

2. Fehlerhafte Gutschriften. Bei fehlerhaften Kontogutschriften besteht **kein** allg Zurückweisungsrecht **entspr** § 333 (BGH 128, 138 f); maßgebend ist allein das Giroverhältnis (BGH aaO; dazu Köndgen NJW 96, 565). 2

§ 334 Einwendungen des Schuldners gegenüber dem Dritten

Einwendungen aus dem Vertrag stehen dem Versprechenden auch gegenüber dem Dritten zu.

1. Allgemeines. a) Bedeutung: Ergänzung von § 328 I. Der **Einwendungsdurchgriff** gegenüber dem Dritten ist die Konsequenz davon, dass das Recht des Dritten auf den vertraglichen Beziehungen der Parteien des **Deckungsverhältnisses** beruht und die Rechtsstellung des Versprechenden durch die Drittwirkung des Vertrags nicht verschlechtert werden soll. Allg zur Rechtsstellung der Beteiligten: § 328 Rn 9 ff. **b)** § 334 ist (auch stillschweigend) **abdingbar** (BGH 93, 275 f; 127, 385 mN; NJW 98, 1601; zust Schmid/Sonnen NJW 92, 464; krit Canaris JZ 98, 1

§§ 335–337 Buch 2. Abschnitt 3. Schuldverhältnisse aus Verträgen

2 604). **c) Anwendungsbereich:** Gilt unmittelbar nur für echte Verträge zgDr, nach hM entspr für Verträge mit Schutzwirkung für Dritte (vgl näher § 328 Rn 30).

3 **2. Einwendungen (iwS, auch Einreden). a) Zulässig** sind grundsätzlich (aber stets Rn 1 [b] beachten) alle Einreden (zB §§ 194 ff) und Einwendungen **aus dem Vertrag**, dh aus dem Deckungsverhältnis (§ 328 Rn 9). Bsp: Nichtzustandekommen (§§ 145 ff) oder Nichtigkeit (§§ 125, 134, 138) des Vertrags; nachträglicher Wegfall oder inhaltliche Änderung (§§ 119 ff, 142; 313 [Rn 5]; 314; 346 ff); Gegenrechte (§§ 214, 273 – vgl BGH NJW 80, 450 –, 320 ff), zB aus Schadensersatzansprüchen (§§ 281–283). Leistung an den Versprechensempfänger befreit nicht. Bereicherungs-
4 ausgleich bei Mängeln des Deckungsverhältnisses: § 328 Rn 9. **b) Ausgeschlossen** sind alle Einwendungen **aa)** aus **nach Entstehung** des Rechts mit dem Versprechensempfänger getroffenen bes Vereinbarungen (zB Stundung, Erlass), sofern nicht
5 § 328 II vorliegt (s dort Rn 14); **bb)** aus dem **Valutaverhältnis** (§ 328 Rn 10). Wirken sich Mängel des Valutaverhältnisses auf das Deckungsverhältnis aus (Bsp:
6 Wegfall der Geschäftsgrundlage, BGH 54, 155 f), gilt Rn 3; **cc)** aus **sonstigen Rechtsbeziehungen zum Versprechensempfänger;** Bsp: keine Aufrechnung mit Forderungen gegen den Versprechensempfänger (BGH MDR 61, 481). Dagegen kann der Versprechende mit einem Anspruch gegen den Dritten aufrechnen (RG 119, 3; Schutz des Dritten: § 333), soweit nicht eine Aufrechnung nach dem Zweck des Vertrags ausgeschlossen sein soll (vgl Lange NJW 65, 662).

§ 335 Forderungsrecht des Versprechensempfängers

Der Versprechensempfänger kann, sofern nicht ein anderer Wille der Vertragschließenden anzunehmen ist, die Leistung an den Dritten auch dann fordern, wenn diesem das Recht auf die Leistung zusteht.

1 **1. Bedeutung. Auslegungsregel** (Ergänzung von § 328 I) zur Rechtsstellung des Versprechensempfängers (dazu allg § 328 Rn 17). Vereinbarung eines ausschließlichen Rechts des Dritten ist möglich.

2 **2. Rechtsfolge.** Der Versprechensempfänger hat ein auf Leistung **an den Dritten** gerichtetes **selbstständiges** (BGH 3, 388), vom Recht des Dritten (vgl § 328 Rn 15 f und § 334) verschiedenes **Forderungsrecht** (keine Gesamtgläubigerschaft, da nur Leistung an Dritten befreit, sondern bes Art der Forderungsmehrheit, hM, str; aA Hadding, FS Gernhuber, 1993, S 162 mN), das durch Vormerkung gesichert werden kann (BayObLG DNotZ 87, 102 mN; Oldenburg NJW-RR 90, 274). Es umfasst nicht nur die (primäre) Leistungspflicht des Versprechenden, sondern auch Folgeansprüche (insbes auf Schadensersatz; BGH NJW 74, 502; str aA Lange NJW 65, 663). Abtretung ist jedenfalls an den Dritten zulässig (RG 150, 133). Die Geltendmachung von Eigenschaden des Versprechensempfängers wird durch § 335 nicht berührt (BGH NJW 67, 2261 f).

Titel 4. Draufgabe, Vertragsstrafe

§ 336 Auslegung der Draufgabe

(1) **Wird bei der Eingehung eines Vertrags etwas als Draufgabe gegeben, so gilt dies als Zeichen des Abschlusses des Vertrags.**

(2) **Die Draufgabe gilt im Zweifel nicht als Reugeld.**

§ 337 Anrechnung oder Rückgabe der Draufgabe

(1) **Die Draufgabe ist im Zweifel auf die von dem Geber geschuldete Leistung anzurechnen oder, wenn dies nicht geschehen kann, bei der Erfüllung des Vertrags zurückzugeben.**

Titel 4. Draufgabe, Vertragsstrafe §§ 336–339

(2) Wird der Vertrag wieder aufgehoben, so ist die Draufgabe zurückzugeben.

§ 338 Draufgabe bei zu vertretender Unmöglichkeit der Leistung

¹Wird die von dem Geber geschuldete Leistung infolge eines Umstands, den er zu vertreten hat, unmöglich oder verschuldet der Geber die Wiederaufhebung des Vertrags, so ist der Empfänger berechtigt, die Draufgabe zu behalten. ²Verlangt der Empfänger Schadensersatz wegen Nichterfüllung, so ist die Draufgabe im Zweifel anzurechnen oder, wenn dies nicht geschehen kann, bei der Leistung des Schadensersatzes zurückzugeben.

Anmerkungen zu den §§ 336–338

1. Allgemeines. Draufgabe (Angeld, Handgeld) ist Hingabe einer Leistung 1
(idR Geld) als Beweisanzeichen für den Abschluss eines Vertrags (ZPO 292 gilt). Die praktische Bedeutung ist gering; zum Verlöbnis vgl § 1301. Auslegungsregeln enthalten §§ 336 II, 337 I (Ausnahme: § 338 S 1), 338 S 2.

2. Abgrenzung. Vereinbarung eines **Reugelds** (iZw nicht gewollt: § 336 II) 2
bedeutet Rücktrittsrecht gegen Verfall des Geleisteten (vgl § 353; § 339 Rn 9). Die **Anzahlung** ist eine Teilleistung (nicht erst nachträglich anzurechnen, vgl § 337 I), entweder als Vorschuss auf die vertragliche Leistung oder schon vor bindendem Abschluss möglich; Verfall ausgeschlossen (vgl dagegen § 338 S 1). Die **Zugabe** ist eine über die Vertragsleistung hinausgehende Zusatzleistung (vgl dagegen § 337 I).

3. Rechtsfolgen. Anrechnungspflicht auf Haupt- (§ 337 I) und Ersatzleistung 3
(§ 338 S 2), idR Rückgabepflicht (§§ 275 ff, 280 ff gelten, nicht §§ 812 ff, str) bei Vertragsaufhebung (§ 337 II); Ausnahme: § 338 S 1 (Mindestentschädigung).

§ 339 Verwirkung der Vertragsstrafe

¹Verspricht der Schuldner dem Gläubiger für den Fall, dass er seine Verbindlichkeit nicht oder nicht in gehöriger Weise erfüllt, die Zahlung einer Geldsumme als Strafe, so ist die Strafe verwirkt, wenn er in Verzug kommt. ²Besteht die geschuldete Leistung in einem Unterlassen, so tritt die Verwirkung mit der Zuwiderhandlung ein.

Lit: Hess, Die Vertragsstrafe, 1993; Graf v Westphalen, Vertragsstrafe: In Vertragsstrafe und AGB-Klauselwerke, 2000, S 335; Gottwald, Zum Recht der Vertragsstrafe, FS Zöllner 2000, S 379; Köhler, Vereinbarung und Verwirkung der Vertragsstrafe, FS Gernhuber, 1993, S 207; K. Schmidt, Unselbständige und selbständige Vertragsstrafeversprechen, FS Heinrichs, 1998, S 529.

1. Allgemeines. a) Begriff. Vertrags-(Konventional-)strafe ist eine bes (idR auf 1
Schadensersatz anzurechnende, § 340 Rn 1) Vermögensleistung (idR Geld, § 339; vgl aber auch § 342), die der Schuldner auf Grund vertraglicher Vereinbarung (Rn 15 f) für den Fall der Nichterfüllung (§ 340) oder der nicht gehörigen Erfüllung (§ 341) einer bestehenden Verbindlichkeit (Rn 17) verspricht. Sie bezieht sich nur auf ein zukünftiges Verhalten (sonst Garantieversprechen: BGH 105, 28). Handlungen des Schuldners, die vor der Vereinbarung begangen wurden, sind grundsätzlich nicht erfasst (BGH NJW-RR 06, 1477). Keine Vertragsstrafe ist, wenn eine Belohnung nicht gewährt wird (BGH NJW 10, 860). **b) Rechtsnatur.** Das echte 2
(„unselbstständige") Vertragsstrafeversprechen begründet eine von der gesicherten Hauptschuld abhängige („akzessorische") zusätzliche Nebenverbindlichkeit (dazu Rn 17). Abgrenzung zum „selbstständigen" Strafversprechen: Rn 6. **c) Zwecke.** 3

§ 339 Buch 2. Abschnitt 3. Schuldverhältnisse aus Verträgen

Doppelte Zielrichtung (BGH 105, 27): Druckmittel gegenüber dem Schuldner zur ordnungsgemäßen Erbringung der Leistung; Erleichterung der Schadloshaltung des Gläubigers ohne Schadensnachweis (BGH 85, 312 f mN; 130, 295 f; 146, 326; BAG 46, 59; hM, str). Die Vertragsstrafe ist insbes von **Bedeutung,** wenn der Schaden nicht nachweisbar oder nicht ersatzfähig (beachte insoweit nunmehr § 253 sowie wegen nutzlos werdender Aufwendungen § 284) ist. Häufig vereinbart bei (wettbewerbsrechtlichen) Unterlassungspflichten (vgl BGH 130, 289) und in der Bauwirtschaft (vgl BGH 85, 308; NJW-RR 89, 916; Kapellmann/Langen BB 87, 560 ff).

4 **d) Anwendungsbereich.** §§ 339 ff gelten nur für das echte (unselbstständige) Vertragsstrafeversprechen (Rn 1 f), mit Einschränkungen auch für das selbstständige
5 (Rn 6), entspr für bestimmte Verwirkungsklauseln (Rn 7). **e) Ausschluss** durch zT zwingende **Sondervorschriften:** §§ 555, 1297 II; ferner § 307 II Nr 1 (s fr BGH 121, 17 ff), § 309 Nr 6; FernUSG 2 V Nr 1; WoVermG 4; HGB 75c, d. Grund: bes Schutzbedürftigkeit, Missbrauchsgefahr.

6 **2. Abgrenzung und Konkurrenzen. a)** Beim **selbstständigen Strafversprechen** wird eine Strafe für den Fall versprochen, dass eine Handlung vorgenommen oder unterlassen wird (vgl § 343 II), ohne dass eine zu sichernde (Haupt-)verpflichtung besteht (BGH 82, 401; 105, 27, hM). Bsp: Vereinbarung der Rückzahlung einer **Gratifikation** bei Kündigung eines Dienst- oder Arbeitsverhältnisses (str; vgl § 611 Rn 34); uU bei Reueprovision in einem Maklervertrag (vgl Rn 15; § 652 Rn 42). Die §§ 339 ff sind – ausgenommen §§ 343 II, 344 – grundsätzlich nicht
7 anwendbar (BGH 82, 401; sa § 343 Rn 2; § 344 Rn 1). **b) Verfall-(Verwirkungs-)klauseln** begründen keine zusätzliche Leistungsverpflichtung (iGgs zu Rn 2), sondern führen zu einem Rechtsverlust bei Nicht- oder nicht gehöriger Erfüllung (BGH 95, 371; NJW-RR 93, 465 mN). Schranken: §§ 1149, 1229 (nicht entspr anwendbar auf dinglich nicht gesicherte Gläubiger: BGH 130, 104 ff); im Verbraucherdarlehensvertrag unwirksam (str, s § 498 Rn 1). Ist die Verwirkungsklausel umfassend, gilt sie als Rücktrittsvorbehalt (§ 354), ist sie auf den Wegfall einzelner Rechte beschränkt, finden §§ 339 ff entspr Anwendung (vgl BGH 95, 371 f; NJW-RR 93, 246 f mN; PalGrüneberg 4; str); dies gilt auch für versicherungsrechtliche Leistungsfreiheitsklauseln gem VVG 28 (str; zu VVG 6 aF Lindacher
8 JuS 75, 289, aber auch BGH 52, 90). Bsp: BGH 82, 128. **c)** Bei **Vorfälligkeitsklauseln** besteht der Rechtsnachteil (Rn 7) in einer automatischen vorzeitigen Fälligkeit der Restschuld zB bei Teilzahlungskrediten, Abzahlungs- und Leasingverträgen (zu Verbraucherdarlehen s § 500, 502 Rn 1, str). Die §§ 339 ff, 309 Nr 6 sind nicht (allg) anwendbar (BGH 95, 372 mN; str); das Verschuldenserfordernis (vgl Rn 19) gilt
9 (BGH 96, 191 f; 101, 390; NJW 91, 2562). **d) Reugeld** ist Ausgleich für den Rücktritt vom Vertrag (§§ 336–338 Rn 2; § 353 Rn 1). Auslegung (§§ 133, 157) kann Vertragsstrafe ergeben (Rn 15); dann § 309 Nr 6 – „Lösung vom Vertrag" –
10 beachten; zur Abgrenzung BGH NJW 85, 57 f; KG NJW-RR 89, 1077. **e) Pauschalierter Schadensersatz. aa) Abgrenzung.** Dieser dient der vereinfachten Durchsetzung eines als bestehend vorausgesetzten Schadensersatzanspruchs (tatsächlicher Schadensnachweis entfällt), während die Vertragsstrafe (Rn 3) in erster Linie als Druckmittel die Erfüllung der Hauptforderung sichern soll (BGH NJW 83, 1542;
11 92, 2625; NJW-RR 88, 41 mN, str). **bb) Vereinbarung:** Durch Individualabrede grundsätzlich frei möglich (Schranken: Rn 11 [cc]), in AGB gegenüber Nichtkaufleuten nur im Rahmen von § 309 Nr 5 zulässig. **cc) Kontrolle überhöhter Schadenspauschalen.** Bei AGB-Vereinbarung gilt § 309 Nr 5 (s dort), iÜ ist entspr Anwendung geboten (str); Sondervorschrift für Reisevertrag: § 651i III. Umdeutung in Vertragsstrafe und Herabsetzung gem § 343 (so Köln NJW 74, 1953; Trinkner BB 84, 1455 f) scheidet wegen der weitergehenden Rechtsfolgen der Vertragsstrafe aus (zutr Beuthien, FS Larenz, 1973, S 502, 512; sa § 343 Rn 6). Vereinbarung einer Schadensersatzpauschale ist auf Grund des schadensrechtlichen Bereicherungsverbots nur wirksam, wenn der zu zahlende Betrag an der Höhe des durchschnittlich eintretenden Schadens orientiert ist (BGH 67, 314; 82, 128); die Beweislast dafür trägt

Titel 4. Draufgabe, Vertragsstrafe § 339

der Gläubiger (Baumgärtel/Strieder § 340 Rn 3 mN); iÜ darf dem Schuldner der Nachweis, dass überhaupt kein oder erheblich geringerer Schaden entstanden ist, nicht abgeschnitten werden (BGH 67, 315; 82, 128). **f)** Auf den vertragsstrafeähnlich 12 ausgestalteten **Garantievertrag** (Begriff: Rn 13 vor § 765) sind die §§ 339 ff nicht anwendbar (BGH 82, 401 f; iE auch K Schmidt, FS Heinrichs, 1998, 535 ff: Fall von selbstständigem Versprechen iSv Rn 6). **g) Keine** Vertragsstrafen iSv Rn 1 sind **Fälligkeitszinsen** (BGH NJW 92, 2625), die auf der Grundlage einer Vereinssatzung ergangenen **Vereinsstrafen** (BGH 21, 373; Frankfurt WRP 85, 566; str, s van Look, FG Hellner 1994, S 46) sowie die auf Grund einer Bußordnung verhängten **Betriebsbußen** (hM, str; zur Abgrenzung s BAG DB 86, 1979 mN; abw StRieble 136). Im Anwendungsbereich des BetrVG können betriebliche Ordnungsmittel (vgl BetrVG 87 I Nr 1) nicht den Gegenstand einer Vertragsstrafe bilden (LAG Hamm ZIP 84, 1398 f). **h) Zusammentreffen mit Strafen und Zwangsmitteln.** 13 **aa)** Mit **öffentl Strafe** bedrohtes Verhalten kann Gegenstand einer Vertragsstrafe sein (BGH 21, 374; Frankfurt NJW-RR 86, 896; Lindacher ZIP 86, 819): Bsp: Erhöhtes Fahrgeld bei Beförderungserschleichung (§ 309 Nr 6 steht nicht entgegen, s Rn 7 dort). **bb)** Sicherung durch Vertragsstrafe schließt Rechtsschutzbedürfnis für 14 Unterlassungsklage und Antrag gem ZPO 890 nicht aus (BGH NJW 80, 1843 für UWG 1, 3); Geltendmachung von Ordnungsmittel (ZPO 890) *neben* der Vertragsstrafe ist zulässig (vgl BGH 138, 69 mit zust Anm Windel JR 98, 378 und Brehm ZZP 111, 215; str, nach aA nur Wahlrecht).

3. Voraussetzungen der Verwirkung der Vertragsstrafe. a) Vertragsstra- 15 **fenversprechen. aa) Vertragliche Vereinbarung** nach allg Regeln (§§ 145 ff) erforderlich (BGH NJW-RR 06, 1478; Saarbrücken NJW-RR 07, 112; StRieble 20; aA Köhler, FS Gernhuber 1993, S 207); unter Nichtkaufleuten (gegenüber Verbrauchern, AN) in den Grenzen der §§ 307, 309 Nr 6, 310 auch mittels AGB möglich (BGH 85, 308; NJW 98, 3488), desgl in Arbeitsverträgen (vgl aber § 310 IV 2 [§ 309 Rn 7]; Rn 36 vor § 611; § 611 Rn 12; BAG BB 05, 2822; ZIP 04, 1277: kein Verstoß gegen § 309 Nr 6; Maßstab: § 307), nicht in Ausbildungsverhältnissen (BBiG 5 II Nr 2, 4) unter Kaufleuten ist § 307 zu beachten (s näher, insbes zur Angemessenheit der Vertragsstrafe § 309 Rn 7; sa § 343 Rn 2); Abschlussbeschränkungen: Rn 5. Form des Hauptvertrags gilt (§ 311b Rn 30), Versprechen der Strafe an einen Dritten (§ 328) ist zulässig (BGH NJW 87, 3197; WM 03, 840). Ausdr Bezeichnung als „Vertragsstrafe" unnötig, jedoch kann Unklarheit zur Annahme von Schadenspauschale (Rn 10 f) führen. Bsp für Bejahung von Vertragsstrafe: Flaschenpfand (BGH WM 07, 1673; 45; abl Martinek JuS 87, 520); Wiederbeschaffungspreis-Klausel im Getränkehandel (Trinkner BB 84, 1457, str); Reueprovision in Maklervertrag (BGH NJW 70, 1915; Celle NJW 78, 326); strafbewehrte Unterwerfungserklärung gegenüber Wettbewerbsverband oder Wettbewerber (zB BGH 130, 289). **bb) Inhalt.** Die Voraussetzungen der Verwirkung der Vertrags- 16 strafe (Rn 18) sowie deren Höhe und Gegenstand müssen (ggf durch Auslegung, §§ 133, 157) **bestimmbar** sein (BGH MDR 75, 656). **Bestimmung** der Strafhöhe durch einen Dritten (§ 317) oder den Gläubiger (vgl § 315; BGH NJW 85, 2021; 94, 46, hM; aA Larenz, SchR I, § 24 II a), wohl auch durch das Gericht (Lindacher BB 78, 270, str; aA LM Nr 21 [zu abw Auslegung s § 319 Rn 4]) ist möglich. **b) Bestehende Hauptverpflichtung. aa) Jede** Verpflichtung (auch Unterlas- 17 sungspflicht: S 2), gleich welcher Art (auch ges, zB Unterhaltspflicht) kann durch Vertragsstrafe gesichert werden. **bb) Akzessorietät der Vertragsstrafe.** Die Hauptpflicht muss **wirksam** entstanden sein (sa § 344) und bei Sicherung des Erfüllungsinteresses (§ 340) noch im Zeitpunkt der Geltendmachung der (verwirkten) Vertragsstrafe bestehen (§ 340 I 1 arg „statt"); Schuldner der Hauptpflicht und Schuldner der Vertragsstrafe müssen personengleich sein (BGH 109, 233). **Kein Strafanspruch** entsteht daher in folgenden Fällen: Nichtigkeit (§§ 125, 134, 138; zur Heilung gem § 311b I 2 s dort Rn 43) oder wirksame Anfechtung (§§ 119, 123, 142) des Hauptvertrags (sa § 344); Auflösung des Vertrags durch Rücktritt (§§ 323,

Stadler

§ 339   Buch 2. Abschnitt 3. Schuldverhältnisse aus Verträgen

346) oder Kündigung vor Eintritt der Verwirkung (BGH NJW 62, 1341), aber auch bei Kündigung (Rücktritt) durch den Gläubiger wegen eines vertragswidrigen Verhaltens des Schuldners, das die das Erfüllungsinteresse sichernde Strafe bereits ausgelöst hat (vgl BGH NJW 98, 3269); vom Schuldner nicht zu vertretende Leistungshindernisse (§§ 275, 280 I 2), auch wenn die Strafe bereits verwirkt war (LG München I NJW 75, 784; iE Knütel AcP 175, 72 ff). Der Strafanspruch wegen Verstoß gegen eine Unterlassungspflicht (S 2) oder nicht gehöriger Erfüllung (§ 341) wird durch den Wegfall der Geschäftsgrundlage nach Verwirkung nicht mehr
18 berührt (KG NJW 95, 268; sa § 341 Rn 1 f). **c) Die Verletzung der gesicherten Verpflichtung** kann bestehen in Nichterfüllung (**S 1**, § 340 Rn 2), in nicht gehöriger Erfüllung (**S 1**, § 341 Rn 1; Hauptfall: Schuldnerverzug) oder in einer Zuwiderhandlung gegen eine Unterlassungspflicht (**S 2**). Vertragswidriges Verhalten des Schuldners vor Fälligkeit, das den Gläubiger zur Vertragsauflösung berechtigt, steht Verwirkung nach Fälligkeit gleich (arg § 323 IV, str). Auf tatsächlichen Schadenseintritt kommt es nicht an (Rn 3; § 343 Rn 6), Einwand überholender Kausalität (dazu BGH NJW 69, 462; 74, 2091) daher nur im Rahmen des § 343 von Bedeutung (dort Rn 6). Geringfügige Pflichtverletzungen sind nach § 242 unerheblich (vgl AG Hannover NJW-RR 91, 883), andererseits reichen Umgehungshandlungen idR aus (§§ 133, 157; hM). Bei Nichteinhaltung von Fertigstellungstermin wegen Änderungswünschen des Bauherrn entfällt Vertragsstrafe oder Frist ist zu verlängern (BGH NJW 99, 1109). Zur Bedeutung mehrmaliger Zuwiderhandlungen vgl Rn 22 ff.
19 **d) Verschulden.** Der Schuldner muss die Pflichtverletzung (Rn 18) zu vertreten haben (§ 276 I 1, HS 1); Grundgedanke des § 339: BGH MDR 08, 317; NJW 85, 57. Für **S 1** folgt dies aus der Voraussetzung des Verzugs (§ 286 IV); diesem stehen verschuldete Leistungshindernisse gleich (LM Nr 2; sa Rn 17 [bb]). Das Gleiche gilt trotz missverständlichen Wortlauts auch bei **S 2** (BGH NJW 85, 191; KG NJW-RR 90, 502, hM). Für Verschulden von Hilfspersonen ist gem § 278 einzustehen (BGH NJW 87, 3253 f; 98, 3343; NJW-RR 07, 1505). **Beweislast** für fehlendes Verschulden trifft den Schuldner (§ 286 Rn 40). Verschuldenserfordernis ist **nicht zwingend,** abw Vereinbarung möglich (BGH 72, 178 mN; NJW-RR 97, 688 mN; Derleder MDR 86, 364, str), idR nicht aber durch AGB, arg § 307 II Nr 1 (BGH NJW 85, 57 f; Düsseldorf MDR 08, 137; Köln BB 95, 1924; sa Rn 8); Bsp
20 für Ausnahmefall: BGH 72, 179; Folge: Rn 12. **e) Eigene Vertragstreue des Gläubigers** folgt nicht aus dem Erfordernis des Verzugs, wohl aber aus allg Grundsätzen (§ 323 VI HS 1 entspr). Die Strafe kann daher nicht geltend gemacht werden, wenn die Nichteinhaltung der Vertragspflichten durch den Schuldner (Rn 18) die Folge des eigenen vertragswidrigen Verhaltens des Gläubigers ist (BGH NJW 71, 1126; NJW-RR 91, 569; sa § 242 Rn 45).

21 **4. Rechtsfolgen. Entstehung des Strafanspruchs. a) Überblick:** Verhältnis zu Erfüllungs- und Schadensersatzanspruch: §§ 340, 341 mit Anm; Geltendmachung durch den Gläubiger (§ 340 Rn 5) innerhalb angemessener Frist (§ 343 Rn 3 [bb]),
22 uU nach rechtzeitigem Vorbehalt (§ 341 Rn 3 ff). **b) Einzelfragen. aa) Inhalt und Höhe** richten sich nach der Vereinbarung (Rn 15 f); uU kann Schuldner gerichtliche Herabsetzung der Strafhöhe herbeiführen (§ 343). Ob bei **mehrmaliger Verwirkung** jeder Verstoß einen neuen Strafanspruch auslöst, ist durch insbes auch ergänzende (s § 157 Rn 4) Auslegung zu ermitteln (BGH 146, 318 [322 f]). Auch beim Strafversprechen „für jeden Fall der Zuwiderhandlung" ist so eine Zusammenfassung mehrerer gleichartiger Einzelhandlungen zu einer „rechtlichen Einheit" möglich. Für den wenig tauglichen Begriff des „Fortsetzungszusammenhangs" ist im Vertragsstraferecht kein Raum mehr (BGH 146, 324 ff – Rspr-Änderung). Durch die bei §§ 133, 157 gebotene Einzelabwägung wird bei Wahrung der schutzwürdigen Interessen des Gläubigers eine unverhältnismäßige Vertragsstrafenkumula-
23 tion vermieden. **bb) Beiderseitiger Verstoß** gegen zweiseitiges Strafversprechen löst idR für beide Teile Strafen aus (RG 96, 174). **cc) Verjährung:** Hauptverbindlichkeit maßgebend bei Sicherung des Erfüllungsinteresses, sonst nach §§ 195, 199

Titel 4. Draufgabe, Vertragsstrafe § 340

(iE BGH 130, 295, hM). **dd)** Isolierte **Abtretung** vor Verwirkung nicht möglich 24 (nur mit Hauptanspruch, § 401 Rn 2 ff, vgl BGH 109, 233), wohl aber des Anspruchs auf die verwirkte Strafe. **ee)** Der **Gerichtsstand** entspricht dem der Hauptforderung (RG 69, 12, hM). **ff) Beweislast:** § 345 mit Anm. **gg) Neue Länder:** Vertragsstrafeversprechen zur Sicherung von Investorenpflichten in Treuhand-Privatisierungsverträgen sind zulässig; iE BGH NJW 98, 2600; WM 03, 839 (auch verschuldensunabhängige Verwirkung); MDR 03, 1040.

§ 340 Strafversprechen für Nichterfüllung

(1) ¹Hat der Schuldner die Strafe für den Fall versprochen, dass er seine Verbindlichkeit nicht erfüllt, so kann der Gläubiger die verwirkte Strafe statt der Erfüllung verlangen. ²Erklärt der Gläubiger dem Schuldner, dass er die Strafe verlange, so ist der Anspruch auf Erfüllung ausgeschlossen.

(2) ¹Steht dem Gläubiger ein Anspruch auf Schadensersatz wegen Nichterfüllung zu, so kann er die verwirkte Strafe als Mindestbetrag des Schadens verlangen. ²Die Geltendmachung eines weiteren Schadens ist nicht ausgeschlossen.

1. Allgemeines. a) Bedeutung: §§ 340, 341 (auch 342) regeln das Verhältnis 1 der verwirkten Vertragsstrafe zum Erfüllungs- und Schadensersatzanspruch (Rn 4 ff; § 341 Rn 1 f). Schuldnerschutz verbietet in Fällen des § 340 Kumulation von Vertragsstrafe und Erfüllung (bzw. Surrogat); auf Schadensersatz ist die Vertragsstrafe stets anzurechnen (II; § 341 II). **b) Anwendungsbereich:** Gilt nur beim Strafver- 2 sprechen für den Fall, dass Schuldner (ganz oder teilw) nicht erfüllt (andernfalls § 341); uU durch Auslegung zu ermitteln, ob Strafe Interesse an Erfüllung als solcher (zB an der ganzen Unterlassung; dann § 340) oder nur an ordnungsgemäßer (gehöriger) Erfüllung (zB an Unterlassen einzelner Zuwiderhandlungen; dann § 341) sichern soll (RG 112, 366; sa BAG NJW 71, 2008). **Sondervorschrift:** HGB 75c. **c) Abdingbar** durch Individualvereinbarung (aA Lindacher aaO [Lit § 339] S 189), 3 **nicht** aber das Anrechnungsgebot (Rn 1) durch AGB (BGH 63, 256; NJW 92, 1097).

2. Konkurrenz bei Nichterfüllung. a) Straf- und Erfüllungsanspruch (I). 4 **aa)** Sie stehen im Verhältnis **alternativer Konkurrenz** mit **Wahlrecht des Gläubigers** (kein Fall des § 262, vgl dort Rn 4 [cc]). Der Schuldner kann den (entstandenen) Strafanspruch weder durch nachträgliches Leistungsangebot beseitigen noch vor der Wahl des Gläubigers die Vertragsstrafe erfüllen (BAG NJW 70, 1146), um dem Erfüllungsanspruch zu entgehen (vgl I 2). Keine Fristsetzung nach § 264 II möglich. **bb)** Die **Ausübung** der Wahl erfolgt durch einseitige Erklärung. Erfül- 5 lungsverlangen bindet (noch) nicht (hM), erst bei **Annahme** als Erfüllung erlischt (auch) der Strafanspruch **(I 1).** Ist der Strafanspruch begründet (RG 77, 292; LM Nr 2 zu UWG 17), so führt das Verlangen der Vertragsstrafe zum **Erlöschen des Erfüllungsanspruchs (I 2);** Auslegungsfrage, ob auch des Gegenleistungsanspruchs des Schuldners (idR anzunehmen; Anhaltspunkt: Höhe der Strafe; vgl StRieble 33 ff). Ein **Unterlassungsanspruch** erlischt bei Strafverlangen nur für die Zeit, auf die er sich bezieht (LAG Mannheim NJW 73, 533); für uU verbleibende Zeit kann Unterlassung verlangt werden (BAG NJW 73, 1718). **b)** Straf- und Schadensersatz- 6 anspruch wegen Nichterfüllung **(II;** nach der Terminologie des SchRModG: „statt der Leistung"). Der Gläubiger kann zwischen dem Strafanspruch und dem konkurrierenden Schadensersatzanspruch statt der Leistung (vgl §§ 281–283) wählen, jedoch auch die verwirkte Strafe als Mindestschaden (ohne tatsächlichen Nachweis, BGH 63, 260) fordern und daneben weitergehenden (nachgewiesenen oder durch Pauschalierungsabrede festgelegten, BGH aaO) Nichterfüllungsschaden verlangen. Die Vertragsstrafe ist jedoch nur insoweit auf den Schadensersatz anzurechnen, wie Interessenidentität besteht (BGH NJW 08, 2849: abl für Anwaltskosten zur Geltendmachung der Vertragsstrafe).

§ 341 Strafversprechen für nicht gehörige Erfüllung

(1) Hat der Schuldner die Strafe für den Fall versprochen, dass er seine Verbindlichkeit nicht in gehöriger Weise, insbesondere nicht zu der bestimmten Zeit, erfüllt, so kann der Gläubiger die verwirkte Strafe neben der Erfüllung verlangen.

(2) Steht dem Gläubiger ein Anspruch auf Schadensersatz wegen der nicht gehörigen Erfüllung zu, so findet die Vorschrift des § 340 Abs. 2 Anwendung.

(3) Nimmt der Gläubiger die Erfüllung an, so kann er die Strafe nur verlangen, wenn er sich das Recht dazu bei der Annahme vorbehält.

1 **1. Konkurrenzen bei nicht gehöriger Erfüllung. a) Straf- und Erfüllungsanspruch (I, III).** Der Gläubiger kann die verwirkte Vertragsstrafe wegen nicht gehöriger Erfüllung (zB Verzug, Schlechtleistung) **neben** der Erfüllung fordern (**Kumulation;** vgl § 340 Rn 2), ferner neben einem Schadensersatzanspruch statt der Leistung, der nach Entstehung des Strafanspruchs an die Stelle des Erfüllungsanspruchs getreten ist (RG 94, 206) sowie neben einem Anspruch auf Verzugszinsen für die Zeit ab Strafverwirkung (BGH NJW 63, 1197). Bei **Annahme** der Leistung
2 sind Rn 3 ff zu beachten. **b) Straf- und Schadensersatzanspruch** wegen nicht gehöriger Erfüllung (zB gem § 280 I, II, 286): Es besteht durch AGB nicht abdingbarer **Anrechnungszwang (II;** § 340 Rn 1, 3: Düsseldorf NJW-RR 01, 1387).

3 **2. Notwendiger Vorbehalt bei Annahme der Erfüllung (III). a)** Regelung ist – auch stillschweigend (BGH 73, 245, im Einzelfall verneinend) – **abdingbar** (BGH 72, 226; 85, 310), wegen ihrer Schutzfunktion für den Schuldner aber in AGB nur in engen Grenzen (BGH 72, 226 ff; 85, 310 ff). Bsp: In AGB-Bauvertrag Hinausschiebung des maßgeblichen Zeitpunkts (vgl Rn 4) bis zur Schlusszahlung zulässig (BGH 72, 222; Düsseldorf NJW-RR 01, 1389), nicht aber völlige Beseitigung des Vorbehaltserfordernisses (BGH 85, 311; Hamm BauR 87, 561; aA für
4 Ausschluss gegenüber Kaufmann StRieble 13). **b) Voraussetzungen. Annahme** ist die (stillschweigende) Erklärung, dass Leistung im Wesentlichen vertragsgemäß (dazu § 363 Rn 2; § 640 Rn 1 ff); sie fehlt bei Abnahmeverweigerung oder Ersatzvornahme (BGH NJW 97, 1983). **Vorbehalt** des Strafanspruchs muss erkennbar (idR ausdr: BGH 73, 246) „bei der Annahme" erfolgen; formularmäßige Erklärung ist möglich (BGH NJW 87, 381 für Bauvertrag); früherer (späterer) Vorbehalt genügt idR nicht (BGH 85, 244 und 309 mN, stR.spr, iE str). Ausnahmen: Strafanspruch ist bei Annahme rechtshängig (BGH 62, 328) oder über ihn ist rechtskräftig entschieden (Reinicke/Tiedtke DB 83, 1643 f); mit ihm ist bereits die Aufrechnung erklärt (mR Reinicke/Tiedtke aaO gegen BGH 85, 243 ff) oder die Parteien haben sich endgültig über den Verfall der Vertragsstrafe geeinigt (BGH 85, 209).
5 **c) Rechtsfolge:** Erhaltung des Strafanspruchs (vgl demgegenüber § 340 Rn 5). Vorbehaltslose Annahme schließt den Strafanspruch kraft Ges auch bei Unkenntnis der Mangelhaftigkeit oder des Strafanspruchs aus (vgl ErmWestermann 4 mN); ein Verzichtswille oder ein entspr Erklärungsbewusstsein des Annehmenden ist nicht erforderlich (BGH NJW 85, 1758). Bei Teilleistung erstreckt sich die Vorbehaltswirkung nur auf diese (BGH 82, 402). **d)** Der Architekt hat seinen Auftraggeber auf **III hinzuweisen** (BGH 74, 238; Düsseldorf NJW-RR 02, 1098).

§ 342 Andere als Geldstrafe

Wird als Strafe eine andere Leistung als die Zahlung einer Geldsumme versprochen, so finden die Vorschriften der §§ 339 bis 341 Anwendung; der Anspruch auf Schadensersatz ist ausgeschlossen, wenn der Gläubiger die Strafe verlangt.

Abgrenzung zu Verfallklausel (§ 339 Rn 7) uU schwierig. Einschränkung zu **1** §§ 339–341: Strafverlangen schließt (entgegen §§ 340 II, 341 II) weiteren Schadensersatzanspruch aus.

§ 343 Herabsetzung der Strafe

(1) ¹**Ist eine verwirkte Strafe unverhältnismäßig hoch, so kann sie auf Antrag des Schuldners durch Urteil auf den angemessenen Betrag herabgesetzt werden.** ²**Bei der Beurteilung der Angemessenheit ist jedes berechtigte Interesse des Gläubigers, nicht bloß das Vermögensinteresse, in Betracht zu ziehen.** ³**Nach der Entrichtung der Strafe ist die Herabsetzung ausgeschlossen.**

(2) **Das Gleiche gilt auch außer in den Fällen der §§ 339, 342, wenn jemand eine Strafe für den Fall verspricht, dass er eine Handlung vornimmt oder unterlässt.**

1. Allgemeines. a) Zweck: Schuldnerschutz durch richterliche Billigkeitskon- **1** trolle; deshalb **nicht abdingbar** (BGH 5, 136). Zwingende Sondervorschriften: HGB 75c I 2, 75d. Nach Verwirkung erklärter Verzicht auf Herabsetzung ist jedoch wirksam. **b)** Umfassender **Anwendungsbereich:** Gilt auch für andere als Geldstra- **2** fen (§ 342), selbstständige Strafversprechen (§ 339 Rn 6) und Verfallklauseln (§ 339 Rn 7); wegen Schadenspauschalen vgl § 339 Rn 11 [cc]. **Nicht** anwendbar auf **Vollkaufleute** (HGB 348); es bleibt jedoch Möglichkeit der Herabsetzung nach § 242, wenn Höhe unverhältnismäßig, BGH NJW 09, 1885) und **Scheinkaufleute** (Stuttgart MDR 05, 518), auch nicht bei **AGB**-Klausel (BGH 85, 314); Grund: Inhaltskontrolle gem §§ 242, 307 I, 310 I (BGH 85, 315; NJW 97, 3234); zB ist in Bauverträgen eine AGB-Vertragsstrafe von 0,5% der Auftragssumme pro Verzugstag ungeachtet einer Obergrenze (von 5–10%) unwirksam (BGH NJW 00, 2106; 02, 2322; NJW-RR 02, 806). § 343 ist aber anwendbar, soweit §§ 305–310 nicht eingreifen (s für das Arbeitsrecht Wensing/Niemann NJW 07, 401). **c) Abgrenzung. 3** Strafanspruch kann gänzlich entfallen (keine Herabsetzung). **aa)** bei **Sittenwidrigkeit** der Strafabrede (§ 138). Überhöhte Strafe allein genügt hierfür nicht, Hinzutreten bes Umstände ist erforderlich (LM Nr 1 mN; Köhler, FS Gernhuber, 1993, S 210 ff). Sittenwidrige Strafklausel kann (§ 139) zur Nichtigkeit des Gesamtvertrages führen (RG 158, 301). **bb)** Geltendmachung kann im Einzelfall **unzulässige Rechtsausübung** sein (§ 242; vgl BGH NJW-RR 91, 569 mN; LG Berlin NJW 96, 1142). Bsp: Keine Verfolgung schutzwürdiger Interessen; ungebührliche Verzögerung; nur geringfügiger Verstoß.

2. Herabsetzung. a) Voraussetzungen: aa) Wirksames Strafversprechen **4** (LAG Hamm DB 03, 2549; sa Rn 3; § 339 Rn 15 f); **bb)** verwirkte aber noch nicht entrichtete Strafe **(I 3),** es sei denn, Schuldner hat ausdr unter Vorbehalt geleistet; **cc)** unverhältnismäßige Strafhöhe (dazu Rn 6); **dd)** Antrag des Schuldners, wobei jede auf (auch unbezifferte) Herabsetzung gerichtete Anregung (auch Einrede) genügt (BGH NJW 68, 1625). **b) Rechtsfolgen: aa)** Durch **richterliches Gestal- 5 tungsurteil** erfolgt Herabsetzung auf angemessenen Betrag. Zur Revisibilität der Entscheidung: BAG NJW 71, 2007. **bb) Angemessene Strafhöhe:** Bei dem **6** Festlegung muss **Abwägung** aller Umstände des Einzelfalles erfolgen (BGH NJW 83, 943). Einerseits maßgebend, welche Strafhöhe erforderlich ist, um Erfüllungsinteresse (nicht nur Vermögensinteresse) des Gläubigers zu sichern (Larenz, SchR I, § 24 II a; Beuthien, FS Larenz, 1973, S 502). Fehlen eines Schadens nicht entscheidend (BGH NJW 84, 921), sofern nur Schaden möglich oder andere Gläubigerinteressen betroffen (BGH NJW 83, 942 f). Andererseits darf Strafe für Schuldner keine unverhältnismäßige Härte darstellen, zu berücksichtigen zB wirtschaftliche Lage (vgl RG 86, 28), Verschuldensgrad, Ursächlichkeit des Schuldnerverhaltens (BGH NJW 74, 2091; sa § 339 Rn 18). **Maßgeblicher Zeitpunkt** für die Feststellung ist die Verwirkung, str.

§ 344 Unwirksames Strafversprechen

Erklärt das Gesetz das Versprechen einer Leistung für unwirksam, so ist auch die für den Fall der Nichterfüllung des Versprechens getroffene Vereinbarung einer Strafe unwirksam, selbst wenn die Parteien die Unwirksamkeit des Versprechens gekannt haben.

1   Sicherung der Akzessorietät der Strafverbindlichkeit (vgl § 339 Rn 17) auch für den Fall, dass die Parteien die Unwirksamkeit der Hauptverbindlichkeit kannten. Gilt auch für selbstständige Versprechen (§ 339 Rn 6), da sonst Umgehung (BGH NJW 80, 1623 mN; K Schmidt, FS Heinrichs, 1998, S 540, 542, hM).

§ 345 Beweislast

Bestreitet der Schuldner die Verwirkung der Strafe, weil er seine Verbindlichkeit erfüllt habe, so hat er die Erfüllung zu beweisen, sofern nicht die geschuldete Leistung in einem Unterlassen besteht.

1   Beweislastverteilung entspr allg Grundsätzen (wie § 358 aF). Klarstellung, dass Schuldner Erfüllung auch dann zu beweisen hat, wenn Gläubiger aus Nichterfüllung bes Rechte herleitet; gilt auch für den Fall nichtgehöriger Erfüllung, aber § 363 zu beachten. Bei Unterlassung hat Gläubiger Zuwiderhandlung zu beweisen.

Titel 5. Rücktritt; Widerrufs- und Rückgaberecht bei Verbraucherverträgen

Untertitel 1. Rücktritt

Vorbemerkungen zu den §§ 346–354

Lit: Bockholdt, Die Übertragbarkeit rücktrittsrechtlicher Wertungen auf die bereicherungsrechtliche Rückabwicklung gegenseitiger Verträge, AcP 206, 769; Derleder, Der Rücktritt vom Grundstückskauf und die Grundstücksbelastungen, NJW 09, 1034; Forst, Über Zweck, Tatbestand und Rechtsfolgen des § 346 Abs. 3 S. 1 Nr. 3 BGB, ZGS 11, 107; Gaier, Das Rücktritts(folgen)recht nach dem Schuldrechtsmodernisierungsgesetz, WM 02, 1; Kaiser, Die Rückwirkung gegenseitiger Verträge wegen Nicht- oder Schlechterfüllung nach BGB, 2000; dies, Die Rechtsfolgen des Rücktritts in der Schuldrechtsreform, JZ 01, 1057; Kohler, Rücktrittsrechtliche Bereicherungshaftung, JZ 02, 682; ders, Rücktrittsrechtliche Haftungsrisiken zwischen Schuld- und Sachenrecht, AcP 206, 683; ders, Bereicherungshaftung nach Rücktritt – eine verdrängte Verdrängung und ihre Folgen, AcP 208, 417; ders, Rücktrittsrechtliche Wertersatzbemessung, AcP 213, 46; ders, Rücktrittsrechtliche Ersatzansprüche für notwendige Verwendungen, JZ 13, 171; Rensen, Die Anwendung des § 346 Abs. 2 S. 2 BGB bei der Inzahlungnahme, MDR 10, 4.

1   **1. Allgemeines.** Das SchRModG hat die ganz überwiegend für missglückt gehaltenen §§ 346 ff aF einschließlich der teilweisen Verweisung in die §§ 812 ff durch § 327 S 2 aF nach Ausübung eines ges Rücktrittsrechts völlig neu konzipiert (s Rn 2). Dadurch wurde eine erhebliche Vereinfachung, auch eine stringentere Systematik geschaffen, für viele Fälle sind wohl auch überzeugendere Einzelergebnisse erzielt worden. Wörtlich übernommen sind die Nebenbestimmungen: Die §§ 350–354 entsprechen dem bisherigen Recht.

2   **2. Systematik.** § 346 regelt insbes den Fall, dass der Schuldner nicht in der Lage ist, die Leistung als solche (in Natur) zurück zu übertragen, im Vergleich zum bisherigen Recht völlig neu. An die Stelle eines Alles-oder-nichts-Prinzips, das darauf abstellt, ob der Untergang zufällig eingetreten ist (Bestehenbleiben des Rück-

Titel 5. Rücktritt **Vor §§ 346–354**

trittsrechts) oder der zum Rücktritt Berechtigte die Unmöglichkeit bzw die wesentliche Verschlechterung zu vertreten hat (Ausschluss des Rücktrittsrechts, §§ 351–353), ist eine Konstruktion getreten, die sich an dem klassischen Aufbau eines (auf Rückabwicklung gerichteten) Schuldverhältnisses orientiert: Primär wird die Rückübertragung der empfangenen Leistung geschuldet (**§ 346 I**). „Soweit" dies nicht möglich ist (also im Fall der Unmöglichkeit bzw Teil-Unmöglichkeit), tritt regelmäßig an die Stelle der Leistung ein „obj" Ersatzanspruch, bezogen auf den empfangenen Wert der nicht mehr zurückübertragbaren Leistung (**§ 346 II**), der in Ausnahmefällen auf die jetzt noch vorhandene Bereicherung beschränkt wird (**§ 346 III 2**). Die Nichtleistung bzw die Verzögerung der Leistung kann Ansprüche auf Schadensersatz gem §§ 280 ff bzw § 311a II auslösen, wenn der Gegenstand nach oder auch vor der Rücktrittserklärung untergegangen ist (**§ 346 IV**); hinzukommen Ansprüche auf Schadensersatz wegen einer Interessenverletzung (§§ 241 II, 280 I). Die Konstruktion des Wertersatzes mit den weitreichenden systematischen Folgerungen ist nicht grundlegend neu. Der Wertersatzanspruch war im Gemeinen Recht bekannt (s Mot Bd II S 231; iE Kaiser, Rückabwicklung, S 249); auf ihn ist in verschiedenen VerbraucherschutzGes für den Fall des Widerrufs nach Empfang der Leistung zurückgegriffen worden.

3. Begriff. Das Rücktrittsrecht ist ein einseitiges, durch empfangsbedürftige **3** Erklärung (s § 349) auszuübendes **Gestaltungsrecht.** Der Rücktritt hebt nicht den Vertrag auf, sondern wandelt ihn ex nunc in ein (Rück-)Abwicklungsschuldverhältnis um (StKaiser Vorbem 346 ff Rn 52 ff; BGH NJW 98, 3268 f mN). Die Parteien sind nun von der Erfüllung der vereinbarten Leistungspflichten befreit (sog **Befreiungswirkung**, s BR-Drs 338/01 S 441). An deren Stelle treten uU Rückgewährpflichten; Ansprüche auf Schadensersatz wegen der Verletzung der Rückgewährpflichten, aber auch wegen Interessenverletzungen (§ 241 II) sind denkbar (s Rn 2). Vor der Rücktrittserklärung entstandene Ansprüche auf Schadensersatz bleiben bestehen (s § 325). Der Rücktritt wirkt **schuldrechtlich,** dingliche Vollzugsgeschäfte bleiben unberührt. Als Gestaltungsrecht unterliegt der Rücktritt **nicht der Verjährung;** jedoch treten gem § 218 deren Wirkungen faktisch ein, wenn der Leistungsanspruch, auf sich das Rücktrittsrecht gründet, verjährt ist. Das Recht zum Rücktritt kann **verwirkt** werden. Die Verjährung der Ansprüche aus dem Rücktritt folgt §§ 195, 199, auch im Fall des mangelbedingten Rücktritts des Käufers (BGH NJW 07, 674; StMatusche-Beckmann § 438 Rn 38; PalWeidenkaff § 438 Rn 20; aA Wagner ZIP 02, 780; Peters NJW 08, 119).

4. Anwendungsbereich. Die §§ 346 ff gelten für vertragliche und ges Rück- **4** trittsrechte, darüber hinaus für vertragliche Leistungen, die nach Umgestaltung des Leistungsverhältnisses zurück zu gewähren sind. Bsp: §§ 439 IV (zur str Frage der Nutzungsentschädigung bei Nacherfüllung Gsell NJW 03, 1969) bzw 635 IV (Rückgabe der mangelhaften Sache nach Nacherfüllung im Wege der Nachlieferung/Neuherstellung), 441 IV bzw 638 IV (Rückzahlung des zu viel gezahlten Kauf-/Werkpreises nach Minderung), 281 V (Rückforderung des Geleisteten nach Übergang auf einen Anspruch auf Schadensersatz statt der Leistung). Ges **Sonderregelungen** gehen den §§ 346 ff vor. Bsp: Ausschluss des Rücktrittsrechts gem § 572 bei Wohnraummietverhältnissen, § 651i (Rückabwicklung im Reisevertrag), § 2293 (Einschränkung des Rücktrittsrechts beim Erbvertrag), VVG 19 ff (Einschränkung beim Versicherungsvertrag), UWG 13a (Vertragsschluss auf Grund irreführender Werbung). Zu Sonderregelungen bei dem Nutzungsersatz s § 346 Rn 6.

5. Abgrenzungen. Das **Widerrufsrecht** bei Verbraucherverträgen ist als bes **5** ausgestaltetes Rücktrittsrecht in Voraussetzungen und Rechtswirkungen teilweise anders gestaltet (s § 355), die Rückgabepflichten sind modifiziert (s § 357). Die Kündigung eines **Dauerschuldverhältnisses** (s zB § 314, Dauerschuldverhältnis, 542, 543, Mietvertrag allg, 561, 568 ff, 573 ff, Wohnraummietverhältnisse, 621 ff, Dienstvertrag, sa § 649, Werkvertrag) beendet das Vertragsverhältnis ebenfalls ex

§ 346 Buch 2. Abschnitt 3. Schuldverhältnisse aus Verträgen

nunc, lässt aber, anders als der Rücktritt, den Bestand der vor der Erklärung erbrachten Leistungsteile idR unberührt (BGH 73, 354). Die **auflösende Bedingung** führt zur Unwirksamkeit des Rechtsgeschäftes mit Eintritt der Bedingung; der Erklärung durch eine Partei bedarf es nicht (§ 158). Die Rückabwicklung geschieht nach §§ 812 ff. Die **bereicherungsrechtliche** Rückabwicklung ist wegen § 818 III für den Schuldner tendenziell günstiger; bei gegenseitigen Verträgen ergibt sich auf Grund der Saldotheorie allerdings kaum mehr ein Unterschied zu §§ 346 ff (MK/Gaier 4); zur Haftung des Schuldners im Falle von Bösgläubigkeit s § 346 Rn 9.

§ 346 Wirkungen des Rücktritts

(1) **Hat sich eine Vertragspartei vertraglich den Rücktritt vorbehalten oder steht ihr ein gesetzliches Rücktrittsrecht zu, so sind im Falle des Rücktritts die empfangenen Leistungen zurückzugewähren und die gezogenen Nutzungen herauszugeben.**

(2) ¹**Statt der Rückgewähr oder Herausgabe hat der Schuldner Wertersatz zu leisten, soweit**
1. **die Rückgewähr oder die Herausgabe nach der Natur des Erlangten ausgeschlossen ist,**
2. **er den empfangenen Gegenstand verbraucht, veräußert, belastet, verarbeitet oder umgestaltet hat,**
3. **der empfangene Gegenstand sich verschlechtert hat oder untergegangen ist; jedoch bleibt die durch die bestimmungsgemäße Ingebrauchnahme entstandene Verschlechterung außer Betracht.**
²Ist im Vertrag eine Gegenleistung bestimmt, ist sie bei der Berechnung des Wertersatzes zugrunde zu legen; ist Wertersatz für den Gebrauchsvorteil eines Darlehens zu leisten, kann nachgewiesen werden, dass der Wert des Gebrauchsvorteils niedriger war.

(3) ¹**Die Pflicht zum Wertersatz entfällt,**
1. **wenn sich der zum Rücktritt berechtigende Mangel erst während der Verarbeitung oder Umgestaltung des Gegenstandes gezeigt hat,**
2. **soweit der Gläubiger die Verschlechterung oder den Untergang zu vertreten hat oder der Schaden bei ihm gleichfalls eingetreten wäre,**
3. **wenn im Falle eines gesetzlichen Rücktrittsrechts die Verschlechterung oder der Untergang beim Berechtigten eingetreten ist, obwohl dieser diejenige Sorgfalt beobachtet hat, die er in eigenen Angelegenheiten anzuwenden pflegt.**
²**Eine verbleibende Bereicherung ist herauszugeben.**

(4) **Der Gläubiger kann wegen Verletzung einer Pflicht aus Absatz 1 nach Maßgabe der §§ 280 bis 283 Schadensersatz verlangen.**

1   1. **Voraussetzungen. a) Vertraglich vereinbartes Rücktrittsrecht ("Rücktrittsvorbehalt").** Die Vereinbarung (§§ 145 ff) erfolgt idR ausdrücklich als Nebenbestimmung zum Vertrag, es ist aber auch ein stillschweigender (§§ 133, 157; HGB 346) Rücktrittsvorbehalt möglich, auch nachträglich. Bsp für Handelsbrauch: Rücktritt bei Hotelreservierungsvertrag durch Reiseveranstalter innerhalb bestimmter Fristen (Frankfurt OLGZ 86, 377; NJW-RR 86, 1229 stark eingeschränkt in NJW-RR 01, 1498). Das vorbehaltene Rücktrittsrecht kann auch bedingt oder befristet sein. Bsp: Klausel „freibleibend" (RG 105, 370), Selbstbelieferungsvorbehalt (BGH 92, 398; NJW 85, 857; sa § 433 Rn 9), desgl „Kriegs-" bzw „höhere Gewalt"-Klausel (RG 87, 92), uU auch die Widerrufsklausel in einem Prozessvergleich (BGH 46, 279, str; nach BGH 88, 367 f iZw § 158 I); Rückgaberecht im Kauf (aA BGH WM 02, 444 wegen der nicht interessegerechten Folgen nach bisherigem Recht; insoweit wohl überholt). Für eine Wiederkaufsklausel (vgl § 456) in AGB ergeben sich Grenzen aus §§ 308 Nr 3, 309 Nr 8a, 8b, bb, 13. Im Eigen-

Titel 5. Rücktritt § 346

händlervertrag kann die Vereinbarung, dass der Hersteller bei Beendigung zum Rückkauf der nicht abgesetzten Waren verpflichtet ist, wie ein Rücktrittsvorbehalt zu behandeln sein (BGH NJW 72, 1191). Der Umtauschvorbehalt beim Kauf (§§ 495, 496 Rn 2) begründet idR eine Ersetzungsbefugnis des Käufers hinsichtlich der Ware (Muscheler BB 86, 2282 mN; str, im Einzelfall abw BGH 73, 360: neuer Vertrag über Ersatzware erforderlich). Die **Beweislast** für das Bestehen eines Rücktrittsrechts trägt der Zurücktretende (BGH NJW 86, 919 f). **b) Ges Rücktrittsrechte** bestehen zB nach §§ 323, 324, 326 V, 437 I Nr 2, 634 Nr 3; zu weiteren Verweisen auf § 346 s Rn 4 vor § 346. Für das verbraucherschützende **Widerrufsrecht** (§ 355) verweist § 357 I 1 auf das ges Rücktrittsrecht, enthält jetzt jedoch eigenständige Modifikation in III. **c) Rücktrittserklärung,** § 349; s Vor § 346 Rn 3.

2. Primäranspruch: Rückgabe der empfangenen Leistungen und der 2 **gezogenen Nutzungen in Natur (I). a) Funktion.** Die Bestimmung trifft – auf anderer rechtlicher Grundlage – dieselbe Regelung wie § 818 I im Bereicherungsrecht. **b) Leistungen.** Der Gläubiger (Bsp: Verkäufer, Unternehmer) gewinnt in erster Linie einen Anspruch darauf, im Blick auf die **geleistete Sache** die frühere Rechtsposition wieder einnehmen zu können. Je nach konkreter Konstellation ist also das Eigentum oder der unmittelbare Besitz (bei Lieferung unter EV) wieder zu verschaffen (ist der Eigentumserwerb des Grundstückskäufers str, kann der weitergehende Rückübereignungsanspruch geltend gemacht werden, BGH NJW 09, 3155). Der Schuldner hat einen Anspruch auf Abnahme des Gegenstandes (BGH NJW-RR 89, 651: Mitwirkung bei der Auflassung; str, abl MK/Gaier 16). Die Rückgabeverpflichtung des Schuldners schließt mit ein, einen beschädigten Gegenstand – wenn möglich – zu reparieren oder einen bereits veräußerten Gegenstand zurück zu erwerben (vgl Rn 5 und Schwab JuS 02, 632 mN; Gaier WM 02, 9). Hat der Verkäufer eines Neuwagens den Altwagen des Käufers übernommen und einen hierfür noch laufenden Kredit abgelöst, muss auch insoweit bei Rücktritt vom (Neuwagen-)Kauf eine Rückabwicklung erfolgen (BGH NJW 08, 2028; Gsell NJW 08, 2002; sa Faust NJW 09, 3696). Zum Ersatz von Hin- und Rücksendekosten beim Fernabsatz s § 357 Rn 5. Bei **Geldleistungen** ist – außerhalb zB von Geldsortenschulden – der Geldwert zurückzuleisten. Die Art des früheren Transfers (Bargeld, Scheck, Überweisung) sowie die Währung sind gleichgültig. Im Falle der Unmöglichkeit (II Nr 2, 3) kann der Gläubiger auch ein stellvertretendes commodum gem § 285 verlangen (MK/Gaier 47). **c)** Zu übertragen sind weiterhin die 3 **Nutzungen** (s § 100), sofern sie „in Natur" vorhanden sind. Dies kann bei unmittelbaren Sachfrüchten der Fall sein (landwirtschaftliche Produkte, Tiere, ausgebeuteter Kies) oder dann, wenn die Sach- oder Rechtsfrucht einen Geldbetrag darstellt (Bsp: Miete, Dividende eines GmbH-Anteils). Zu den nicht gezogenen Nutzungen s § 347. **Gebrauchsvorteile** können in aller Regel nicht in Natur rückabgewickelt werden.

3. Sekundäranspruch: Wertersatz für die nicht in Natur zurück gewähr- 4 **baren Leistungen bzw Nutzungen (II). a) Normzweck.** Die Bestimmung, die in § 818 II ihre Parallele hat, soll gewährleisten, dass – mit Ausnahmen, s Rn 3 – der Rückgewährschuldner alle Werte zurückgibt, die er vom Leistenden empfangen hat. Es geht also nicht um den Ersatz der beim Leistenden eingetretenen Vermögensverluste (zum Schadensersatz s IV), sondern um die Abschöpfung der beim damaligen Leistungsaustausch erhaltenen Werte. Der Wertersatz tritt bei völliger Unmöglichkeit der Rückgabe in Natur an deren Stelle und kann bei Beschädigung, Abnutzung usw neben dem Anspruch auf Rückgewähr in Natur geltend gemacht werden. Da sich der Schuldner bei Anwendung des II nicht auf eine Entreicherung berufen kann (s dazu III), trägt er gleichzeitig die Gefahr für die Wertverschlechterung in der Zeit, in der die Leistung in seiner Obhut war. Dies gilt ohne Rücksicht darauf, ob er selbst – in zu vertretender oder nicht zu vertretender Weise – den Rücktrittsgrund gesetzt hat oder nicht. II 1 Nr. 1–3 ist keine abschließende Aufzäh-

Stadler 495

§ 346

Buch 2. Abschnitt 3. Schuldverhältnisse aus Verträgen

lung, sondern bringt allgemein zum Ausdruck, dass der Schuldner bei Unmöglichkeit der Rückgewähr Wertersatz leisten muss (BGH ZGS 08, 191; zur Wertersatzhaftung bei Verlust durch Zwangsvollstreckung Kohler ZGS 07, 295.

5 **b) Rechtsvoraussetzungen. aa)** Eine Rückgewähr in Natur ist **nach der Beschaffenheit der Leistung** nicht möglich **(II 1 Nr 1).** Bsp: Dienstleistungen, soweit kein Dauerschuldverhältnis, nicht körperliche Werkleistungen (Beratung, therapeutische Leistung, Transport, Informationsbeschaffung), Werkleistungen, die der Unternehmer untrennbar mit der Sache des Bestellers verbunden hat oder die gem §§ 93, 94 wesentliche Bestandteile eines Grundstücks geworden sind (MK/Gaier 43 [II Nr 2 bzw 3]; aA Kaiser JZ 01, 1059 mwN), Unterlassungen, Befreiung von Verbindlichkeit (BGH ZGS 08, 191); Gebrauchsvorteile. Der Anspruch auf **Nutzungsersatz** ist für den **Verbrauchsgüterkauf im Fall der Nachlieferung** (§§ 439 IV, 346 I, II Nr 1) nicht mit der entspr RiLi 1999/44/EG Art 3 vereinbar (EuGH NJW 08, 1433 = „Quelle" auf Vorlage von BGH NJW 06, 3200); § 439 IV ist daher gem § 474 II 1 (geändert mit Wirkung zum 10. 12. 08) nicht anwendbar (so iE über richtlinienkonforme Handhabung bereits der BGH (BGH 179, 27 = NJW 09, 427 mAnm Pfeiffer 412; krit Gesell JZ 10, 522 mN). Für den Fall des Rücktritts wegen Mangels bejaht der BGH (BGH 182, 241 = NJW 10, 148, zust Höpfner NJW 10, 127) auch beim Verbrauchsgüterkauf einen Anspruch auf Nutzungsersatz. Dies zu Recht, da der Gesetzgeber bewusst nur §§ 474, 439 an die RiLi anpasste, nicht das allg Rücktrittsrecht. Eine erneute Vorlage an den EuGH war nicht notwendig, da dieser bereits ebenfalls differenziert hatte (vgl NJW 08, 1433 Rn 38). Für den Widerruf von **Fernabsatzverträgen** hat der EuGH (NJW 09, 3015, auf Vorlage AG Lahr MMR 08, 270) ebenfalls entschieden, dass Nutzungen, die bei zweckdienlicher Ausübung des Widerrufsrechts anfallen, nicht zu ersetzen sind (iÜ kann Herausgabepflicht nach Treu und Glauben oder bereicherungsrechtlichen Grundsätzen des nationalen Rechts in Frage kommen; zur Gesetzesänderung s § 312d Rn 1; § 312e nF sowie § 357 III nF. Für **Teilzeitwohnrechte** schließt
5a § 485 II 3 nF einen Nutzungsersatz ebenfalls aus. **bb)** Der Schuldner hat den Gegenstand **verbraucht, belastet** usw **(II 1 Nr 2).** Das Ges hat hier einzelne Fälle der Unmöglichkeit (zB beim Verbrauch) bzw Teilunmöglichkeit (nicht abschließend) aufgelistet. Die Belastung kann auch schuldrechtlich sein, etwa wenn der Schuldner den Gegenstand vermietet oder verpachtet hat (PalGrüneberg 8a). Eine Unmöglichkeit liegt nicht vor, wenn der Schuldner den Gegenstand ausbessern oder wiederbeschaffen, auch aus dem Mietvertrag herauslösen kann. In diesen Fällen geht die Verpflichtung (nicht nur Berechtigung) zur Leistung in Natur (insbes zur Beseitigung der Belastung) nach allg Grundsätzen (Primärleistung vor Sekundärleistung, Rn 2) vor (BGH 178, 182 = NJW 09, 63 mN; PalGrüneberg 8a; BaR/Grothe 41; aA MK/Gaier Rn 39; ErmRöthel 10; Kaiser JZ 01, 1062; Fest ZGS 09, 78; sa
5b Derleder NJW 09, 1036). **cc) (II 1 Nr 3).** Auch dies sind Fälle der – uU teilw – Unmöglichkeit; sie hätten mit Nr 2 zusammengefasst werden können. **HS 2** belastet den Gläubiger mit dem Wertverlust, der durch die einfache Tatsache der **erstmaligen Benutzung** der Sache eintritt, weil sie nun nicht mehr als neu gilt (Bsp: „Der Wagen fährt vom Hof"). Wichtige Ausnahme: § 357 III für Verbraucherwiderruf,
6 s dort Rn 9. Zur Abnutzung durch den Gebrauch selbst s Rn 6. **c) Berechnung des Ersatzwertes. aa) Hauptleistung. Zeitpunkt:** Austausch der Leistungen. Die **Höhe** des Ersatzwertes bei der **Sachleistung** ist idR mit der Höhe der Vergütung identisch (II 2, dies gilt nicht bei widerrufenen Haustürgeschäften, BGH WM 10, 983: obj Wert); die Rückabwicklung soll nicht zu einer Verschiebung der zwischen den Parteien festgelegten Äquivalenz der Leistungen führen (krit Gaier WM 02, 9). Nach der hM gilt dies auch im Falle des Rücktritts wegen Zahlungsverzugs des Schuldners (BGH 178, 360 = NJW 09, 1068; [krit Fest ZGS 09, 126]; aA Canaris FS Wiedemann, S 22 f, sa St Kaiser 158: teleologische Reduktion wenn Gegenleistung Wert der Kaufsache übersteigt. War die Sache mangelhaft, so ist der Mangel analog § 441 III bzw 638 III zu berücksichtigen (BGH NJW 11, 3086 mN), denn der Rückgewährschuldner hat durch den Rücktritt bereits seinen Anspruch auf

Titel 5. Rücktritt **§ 346**

Nacherfüllung aufgegeben, er hätte bei Rückgewähr in Natur auch nur die mangelhafte Sache zurückgeben müssen und den vollen Kaufpreis zurückerhalten. Bei der Rückabwicklung eines Neuwagenkaufs mit Ingebrauchnahme des Altwagens ist der inzwischen weiterveräußerte Altwagen trotz II 2 1. HS mit seinem objektiven Wert anzusetzen (Hamm NJW-RR 09, 1506; zust Rensen MDR 10, 5; krit Faust NJW 09, 3698). Auch bei **Dienstleistungen** entscheidet deren objektiver Wert, soweit er das vertraglich vereinbarte Entgelt nicht übersteigt (BGH NJW 12, 3428 f Maklerleistung); Schadensersatzansprüche aus § 280 können entgegen gehalten werden (BGH aaO). **bb)** Für **Nutzungen** kann der Wert in der Weise berechnet werden, dass der Kaufpreis für die Sache auf die voraussichtliche Nutzungsdauer verteilt und dann der prozentuale Anteil für die tatsächliche Nutzungszeit bis zur Rückgabe ermittelt wird (BGH NJW 06, 1582; 96, 250; Koblenz NJW 04, 1670). Bei Kfz kann auf eine entspr Laufleistung abgestellt werden; dabei wird heute idR eine Lebenserwartung von 150.000 km zu Grunde gelegt und der Gebrauchsvorteil mit 0,67% des Neuwerts je 1000 km angesetzt (Koblenz NJW 09, 3520; Düsseldorf NJW-RR 08, 1199; PalGrüneberg 10 [0,4–1%]; abw Celle ZGS 04, 74 [0,15 Euro/km]); bei Kfz der gehobenen Klasse wird teilweise zu Recht von einer Laufleistung von 200 000–300 000 km ausgegangen (Koblenz NJW 09, 154 [0,5% v Kaufpreis]; MK/Gaier 27). Teilw wird – weniger überzeugend, weil auch von anderen Faktoren beeinflusst – auf eine faktische Miete abgestellt (BGH NJW 06, 1582; Hamm NJW-RR 92, 113; PalGrüneberg 10). Einen Wertersatz für die **eingetretene Abnutzung** muss der Schuldner dann nicht leisten; denn die Nutzungsvorteile können nur durch die Abnutzung erzielt werden, so dass ihm in der Neuheit der Sache kein zusätzlicher Wert zugeflossen ist. Nicht zu den Nutzungen gehört eine staatliche Beihilfe, die der Grundstückskäufer erhalten hat, wenn diese nur ua an die Bewirtschaftung bestimmter Flächen anknüpft (BGH NJW-RR 10, 886 – Betriebsprämie). 6a

4. Begrenzung der Herausgabepflicht auf das Ausmaß der noch vorhandenen Bereicherung (III). a) Normzweck. In den in III 1 Nr 1–3 genannten Fällen soll die Entwertungsgefahr für die Zeit zwischen Empfang und Rückgabe auf den Rückgewährsgläubiger „zurückspringen" (BR-Drs 338/01 S 456). Der Schuldner muss also nur die ihm verbliebene Bereicherung herausgeben. Es handelt sich insoweit um eine Rechtsfolgenverweisung (s dazu § 818 Rn 27 ff). **b) Zeigen eines Mangels erst während der Umgestaltung/Bearbeitung (III 1 Nr 1).** Sinn: Der Schuldner hätte bei früherem Erkennen des Mangels die Verarbeitung nicht begonnen und damit die Entwertung – die verarbeitete Sache wird idR wertlos sein – nicht verursacht (s § 467 1, 2. HS aF). Ein Mangel „zeigt" sich, wenn er dem Schuldner bekannt wird oder bei Anwendung erforderlicher Sorgfalt erkennbar wäre (MK/Gaier 50; aA PalGrüneberg 11; BaR/Grothe 49; AnwKom BGB/Hager 50 [nur pos Kenntnis]). Eine Untersuchungsobliegenheit besteht nicht, eine im handelsüblichen Rahmen vorgenommene Untersuchung ist aber auch „Verarbeitung" (MK/Gaier 49). Eine unsachgemäße Verarbeitung kann Schadensersatzansprüche auslösen (aA PalGrüneberg 11: dann kein Ausschluss des Anspruchs auf Wertersatz). III 1 Nr 1 gilt analog bei Erkennbarwerden des Mangels im Zuge bestimmungsgemäßen Verbrauchs (Kaiser JZ 01, 1062; MK/Gaier 49). **c) Vom Gläubiger zu vertretende Verschlechterung (III 1 Nr 2, 1. Var).** Hauptfall: Ein Mangel löst die Verschlechterung aus. Vertretenmüssen ist hier weit iS einer zurechenbaren Veranlassung bzw Realisierung eines vertraglich übernommenen Risikos zu verstehen (MK/Gaier 51; sa Kaiser JZ 01, 1060). Bei beiderseits zu vertretender Unmöglichkeit ist der Anspruch auf Wertersatz nach II gem § 254 analog zu mindern. **d) Fehlende Kausalität zwischen Übertragung der Sache auf den Schuldner und der Verschlechterung (III 1 Nr 2, 2. Var).** Es wird sich zumeist um Fälle handeln, in denen eine unbewegliche Sache, die keiner besonderen Überwachung unterliegt, von Dritten beschädigt wird, die Frage, wer Eigentümer ist, also unerheblich ist (Bsp: Beschädigung des veräußerten Hauses durch einen Lkw). Der Gläubiger soll sich durch die wieder rückgängig gemachte Leistung nicht 7 7a 7b 8

Stadler 497

§ 347

besser stellen als ohne die Veräußerung selbst; bei einem zufälligen Untergang greift
8a die Bestimmung nicht ein (PalGrüneberg 12; krit Kaiser JZ 01, 1060). **e)** Untergang bei der Anwendung der **eigenen üblichen Sorgfalt (III 1 Nr 3)**. Die Bestimmung gilt nur für *ges* (also nicht für vertraglich vorbehaltene – es sei denn Voraussetzungen für ges Rücktritt sind gleichzeitig erfüllt, MK/Gaier 56; PalGrüneberg 13) Rücktrittsrechte und nur *zugunsten des zum Rücktritt Berechtigten*. Der Gesetzgeber, der durchaus das „Dilemma" gesehen hat, bei zwei schuldlos Handelnden einer Seite das Entwertungsrisiko aufzuerlegen (BR-Drs 338/01 S 457), hat sich für die getroffene Lösung entschieden und weist die Gefahrtragung dem Rückgewährgläubiger zu, weil er eine Pflichtverletzung begangen und den Rücktritt ausgelöst hat (Stodolkowitz ZGS 09, 496 [auch zur Rückgewähr bei Nacherfüllung]; aA zB Honsell JZ 01, 281; Kaiser JZ 01, 1063; Gaier WM 02, 11 [Beschränkung auf vom Rücktrittsgegner zu vertretende Pflichtverletzungen]). Auf § 313 III ist Nr 3 mangels Pflichtverletzung nicht anwendbar (PalGrüneberg 13 mN; Kaiser JZ 01, 1064). Auch bei Verschlechterung/Untergang der Sache durch Teilnahme am Straßenverkehr bleibt es bei der Privilegierung nach Nr 3 (Beschränkung von § 277 nach Rspr nur bei gemeinsamer Teilnahme am Straßenverkehr); insoweit lässt auch Eigenschädigung keinen Schluss auf Einhaltung eigenüblicher Sorgfalt zu (Karlsruhe NJW 08, 927). Eine **Erhöhung der Sorgfaltspflicht** auf das übliche Maß wird man allerdings wieder zu dem Zeitpunkt anzunehmen haben, an dem der Berechtigte den Mangel kennt und einen Rücktritt als mögliche Strategie in die Überlegungen mit einbezieht (MK/Gaier 57; aA PalGrüneberg 13, 13b mN; sa Kohler AcP 206, 683). Zu eng ist die Beschränkung auf Fälle der Verschlechterung und des Untergangs; III 1 Nr 3 ist auf alle Fälle der sorgfaltswidrig herbeigeführten Unmöglichkeit (II 1 Nr 2, 3) auszudehnen (Kaiser JZ 01, 1062; MK/Gaier 57; aA Benicke ZGS 02, 372).

9 **5. Ansprüche auf Schadensersatz (IV).** Ist das Rückgewährschuldverhältnis als ein „ganz normales" Schuldverhältnis zu verstehen (s Rn 2 vor § 346), so hat IV nur eine klarstellende Wirkung. Der jeweilige Gegner kann also zB bei einer zu vertretenden Verzögerung einen Verzögerungsschaden und gem § 281 I nach Fristsetzung auch Schadensersatz statt der Leistung fordern (ie Gaier WM 02, 11 ff). Da darüber hinaus Leistungsverhältnis und Rückgewährschuldverhältnis hintereinander geschaltete Teile *eines* Vertrages sind, entstehen auch beim ges Rücktrittsrecht Sorgfaltspflichten von dem Zeitpunkt an, zu dem die Partei weiß oder wissen muss, dass die Rücktrittsvoraussetzungen vorliegen (BR-Drs 338/01 S 454; aA Perkams Jura 03, 152). Insoweit kann sich eine gegenüber dem Bereicherungsrecht (§ 819 setzt pos Kenntnis voraus) strengere Haftung ergeben; für den arglistig getäuschten Käufer kann daher die Anfechtung günstiger sein als Rücktritt nach §§ 437, 440, 323, 326 V.

§ 347 Nutzungen und Verwendungen nach Rücktritt

(1) ¹Zieht der Schuldner Nutzungen entgegen den Regeln einer ordnungsmäßigen Wirtschaft nicht, obwohl ihm das möglich gewesen wäre, so ist er dem Gläubiger zum Wertersatz verpflichtet. ²Im Falle eines gesetzlichen Rücktrittsrechts hat der Berechtigte hinsichtlich der Nutzungen nur für diejenige Sorgfalt einzustehen, die er in eigenen Angelegenheiten anzuwenden pflegt.

(2) ¹Gibt der Schuldner den Gegenstand zurück, leistet er Wertersatz oder ist seine Wertersatzpflicht gemäß § 346 Abs. 3 Nr. 1 oder 2 ausgeschlossen, so sind ihm notwendige Verwendungen zu ersetzen. ²Andere Aufwendungen sind zu ersetzen, soweit der Gläubiger durch diese bereichert wird.

1 **1. Nicht gezogene Nutzungen (I).** Der Schuldner soll nicht generell verpflichtet sein – etwa bei kleineren Geldbeträgen –, Nutzungen zu ziehen, dh den Geldbetrag zinsbringend anzulegen (BR-Drs 338/01 S 458). Bei einem **vertraglich vor-**

Titel 5. Rücktritt §§ 348, 349

behaltenen **Rücktrittsrecht (I 1)** soll es auf die Möglichkeiten innerhalb einer ordnungsgemäßen Wirtschaft ankommen. Der Begriff, ua in § 586 I 3 enthalten, meint, dass eine Fruchtziehung nach vernünftigen Regeln der Vermögenserhaltung und -mehrung in fremdem Interesse obj geboten ist. Unerheblich ist, ob der Gläubiger selbst die konkrete Nutzung hätte ziehen können. Soweit der zurück zu gewährende Gegenstand typischerweise nicht dazu dient, damit Erträge zu erwirtschaften, unterliegt die Nutzung der freien Entscheidung des Eigentümers (zB privater Pkw); ein Nutzungszwang besteht nicht (Kaiser JZ 01, 1067; aA LG Mainz NJW-RR 86, 350). Für das **ges Rücktrittsrecht** hat das Ges etwas hilflos auf den Maßstab des § 346 III Nr 3 zurückgegriffen.

2. Anspruch auf Ersatz von Verwendungen und Aufwendungen (II). Gibt 2 der Schuldner die Sache zurück oder leistet er Wertersatz bzw entfällt dieser Anspruch aus Gründen, die in der Risikosphäre des Gläubigers liegen (s § 346 II Nr 1 und 2), so hat der Schuldner einen Anspruch auf Ersatz der notwendigen Verwendungen (**II 1;** z Begriff s § 994 Rn 1). § 994 I 2 ist bewusst nicht übernommen worden, da der Schuldner auch die Nutzungen herausgeben bzw dafür Wertersatz leisten muss. Rechnerisch möglich ist freilich auch, die notwendigen Verwendungen unmittelbar bei den Nutzungen mindernd zu berücksichtigen (BR-Drs 338/01 S 459). Dann scheidet Anspruch nach II aus. Abschließend ist geregelt, dass für andere Verwendungen nur eine Entschädigung in Höhe der noch vorhandenen Bereicherung zu leisten ist (Rechtsfolgenverweisung). Aufwendung iSv II 2 (insbes nicht notwendige Verwendungen) sind zweckbestimmte, freiwillige Vermögensopfer, auch wenn sie nicht – wie Verwendungen – der Sache zugute kommen. Kosten für Bebauung und Umgestaltung fallen daher unter II 2 (MK/Gaier 21); Kosten für eine fehlgeschlagene Mangelbeseitigung führen gerade nicht zu einer Bereicherung des Verkäufers (Schleswig NJW-RR 11, 993).

§ 348 Erfüllung Zug-um-Zug

¹Die sich aus dem Rücktritt ergebenden Verpflichtungen der Parteien sind Zug um Zug zu erfüllen. ²Die Vorschriften der §§ 320, 322 finden entsprechende Anwendung.

Die Norm stellt entgegen der hM (BGH NJW 02, 507 mN, sa PalGrüneberg 1 1) klar, dass sich die Gegenseitigkeit des ursprünglichen Leistungsverhältnisses im Abwicklungsverhältnis fortsetzt (zur Einheit von Leistungs- und Abwicklungsverhältnis s Rn 2 vor § 346; zur Anwendung von InsO 103 auf Rückgewährschuldverhältnis Muthorst KTS 09, 467). Naturgemäß kann es im Abwicklungsverhältnis keinen Rücktritt (§§ 323, 324, 326 V) mehr geben, so dass allein die §§ 320, 322 anwendbar sind. Die Bestimmung ist durch AGB **nicht abdingbar**, s § 309 Nr 2.

§ 349 Erklärung des Rücktritts

Der Rücktritt erfolgt durch Erklärung gegenüber dem anderen Teil.

1. Ausübung. Der Rücktritt wird durch eine **einseitige empfangsbedürftige** 1 (§ 130) **Willenserklärung** ausgeübt. Sie ist grundsätzlich formfrei, kann also auch schlüssig erklärt werden (Bsp: Rückgabe der Sache). Die Erklärung ist nicht an eine Frist gebunden (BGH NJW-RR 89, 625 f) und wegen ihrer Gestaltungswirkung sowie der damit verbundenen Anforderungen an die Rechtsklarheit grundsätzlich **bedingungsfeindlich**. Entstehen allerdings keine für den Erklärungsgegner unzumutbaren Rechtsunsicherheiten, so soll eine Bedingung zulässig sein (BGH 97, 267). Als Gestaltungsrecht ist der Rücktritt grundsätzlich unwiderruflich und nicht anfechtbar. Die Versuche zum bisherigen Recht, teilweise unerträgliche Konsequenzen (Ausschluss von Schadensersatzansprüchen) durch Ausnahmeregelungen aufzufangen (s StKaiser 35 mN), brauchen jetzt, nachdem die Rechtslage durch § 325

§§ 350–352

korrigiert worden ist, nicht weiter verfolgt zu werden (Gaier WM 02, 2; PalGrüneberg 2).

2. Keine Frist. Der Rücktritt ist grundsätzlich nicht fristgebunden (s jedoch § 350), kann aber im Einzelfall **verwirkt** sein (BGH 25, 52; sa NJW 02, 670).

§ 350 Erlöschen des Rücktrittsrechts nach Fristsetzung

¹Ist für die Ausübung des vertraglichen Rücktrittsrechts eine Frist nicht vereinbart, so kann dem Berechtigten von dem anderen Teil für die Ausübung eine angemessene Frist bestimmt werden. ²Das Rücktrittsrecht erlischt, wenn nicht der Rücktritt vor dem Ablauf der Frist erklärt wird.

1. Normzweck. Der Rücktrittsgegner soll beim vertraglichen Rücktrittsrecht die Möglichkeit haben, den Schwebezustand zu beenden. Rechtsvoraussetzungen für die **Fristsetzung:** Fehlen einer vertraglichen Rücktrittsfrist, Eintritt des Rücktrittsgrundes (s BGH NJW-RR 89, 626). Nach Fristablauf ist das Recht zum Rücktritt erloschen, ein erklärter Rücktritt also unwirksam.

2. Verzicht. Auf das Rücktrittsrecht kann durch einseitige Erklärung **vor Ausübung** verzichtet werden; dies kann auch konkludent geschehen (Bsp: Erbringen der eigenen Leistung in Kenntnis des Rücktrittsgrundes); zum Verzicht in AGB s § 309 Nr 8a, 8b, bb. Ein nachträglicher einseitiger Verzicht ist wegen der Gestaltungswirkung des Rücktritts unwirksam. Die Parteien können jedoch durch Vereinbarung den Vertrag, soweit es die Binnenbeziehungen betrifft, wieder rückwirkend in Kraft setzen.

§ 351 Unteilbarkeit des Rücktrittsrechts

¹Sind bei einem Vertrag auf der einen oder der anderen Seite mehrere beteiligt, so kann das Rücktrittsrecht nur von allen und gegen alle ausgeübt werden. ²Erlischt das Rücktrittsrecht für einen der Berechtigten, so erlischt es auch für die übrigen.

1. Allgemeines. Die Gestaltungswirkung des Rücktritts erfordert, dass bei **Personenmehrheiten** die Erklärung nur von allen abgegeben werden kann und gegenüber allen abgegeben werden muss (BGH 97, 266). Ein nicht von allen gegenüber allen erklärter Rücktritt ist unwirksam. Auf die Art der Personenmehrheit – Gesamthand, Gemeinschaft – kommt es nicht an. Sonderregelungen für bestimmte Gemeinschaften, zB die Vertretungsregelung der GbR, gehen vor. Die Erklärung muss nicht gleichzeitig geschehen; auch eine Stellvertretung ist zulässig.

2. Funktion des S 2. Hat jeder in der Personenmehrheit ein selbstständiges Rücktrittsrecht, so wirkt ein Erlöschen auch zum Nachteil der Übrigen (BGH NJW 89, 2388). Die Bestimmung ist **abdingbar**. So ist bei einem außergerichtlichen Vergleich mit vielen Gläubigern anzunehmen, dass ein individuell ausgeübtes Rücktrittsrecht mit Wirkung nur für den Erklärenden vereinbart wurde (RG 153, 398; BGH 116, 333; München NJW 56, 1801).

§ 352 Aufrechnung nach Nichterfüllung

Der Rücktritt wegen Nichterfüllung einer Verbindlichkeit wird unwirksam, wenn der Schuldner sich von der Verbindlichkeit durch Aufrechnung befreien konnte und unverzüglich nach dem Rücktritt die Aufrechnung erklärt.

Die Bestimmung bezieht sich auf alle Fälle der nicht ordnungsgemäßen und unvollständigen Erfüllung, also zB auf Nichterfüllung, mangelhafte Erfüllung, ver-

Titel 5. Rücktritt §§ 353–355

spätete Erfüllung, nicht auf Schutzpflichtverletzungen iSd § 241 II. Die **Heilungswirkung** der unverzüglich (§ 121) nachgeholten Aufrechnungserklärung berücksichtigt, dass der Rücktrittsgegner bei bestehender Aufrechnungslage nicht mit einem Rücktritt zu rechnen brauchte.

§ 353 Rücktritt gegen Reugeld

¹**Ist der Rücktritt gegen Zahlung eines Reugelds vorbehalten, so ist der Rücktritt unwirksam, wenn das Reugeld nicht vor oder bei der Erklärung entrichtet wird und der andere Teil aus diesem Grunde die Erklärung unverzüglich zurückweist.** ²**Die Erklärung ist jedoch wirksam, wenn das Reugeld unverzüglich nach der Zurückweisung entrichtet wird.**

Die Bestimmung anwendbar bei Ausübung eines vereinbarten (nicht: ges) Rücktrittsrechts gegen Zahlung einer Abfindung (BGH WM 84, 938). Das **Reugeld** ist keine Vertragsstrafe (zur Abgrenzung vgl § 339 Rn 9), §§ 339 ff, 343, § 309 Nr 6 gelten nicht (KG NJW-RR 89, 1077, str). Ohne gleichzeitige Reugeldzahlung ist der Rücktritt nur bei **Zurückweisung** (heilbar: S 2) unwirksam; ist er mangels Zurückweisung wirksam, behält der Rücktrittsgegner den Anspruch auf Zahlung des Reugelds (KG NJW-RR 89, 1077 f mwN; hM, str). Die **Beweislast** für eine Reugeldzahlung trägt der Zurücktretende (hM). 1

§ 354 Verwirkungsklausel

Ist ein Vertrag mit dem Vorbehalt geschlossen, dass der Schuldner seiner Rechte aus dem Vertrag verlustig sein soll, wenn er seine Verbindlichkeit nicht erfüllt, so ist der Gläubiger bei dem Eintritt dieses Falles zum Rücktritt von dem Vertrag berechtigt.

Die Bestimmung bezieht sich auf den heute wohl eher theoretischen Fall einer Klausel, wonach der Schuldner bei Nichterfüllung, uU auch verspäteter Erfüllung oder Schlechterfüllung (je nach Auslegung der Klausel) aller seiner Rechte verlustig gehen soll, und legt eine solche Klausel als Rücktrittsvorbehalt aus. Die Parteien können im Rahmen des allg Zulässigen vereinbaren, dass es bei dem Verfall bleiben soll. 1

Untertitel 2. Widerrufs- und Rückgaberecht bei Verbraucherverträgen

§ 355 Widerrufsrecht bei Verbraucherverträgen

(1) ¹**Wird einem Verbraucher durch Gesetz ein Widerrufsrecht nach dieser Vorschrift eingeräumt, so ist er an seine auf den Abschluss des Vertrags gerichtete Willenserklärung nicht mehr gebunden, wenn er sie fristgerecht widerrufen hat.** ²**Der Widerruf muss keine Begründung enthalten und ist in Textform oder durch Rücksendung der Sache innerhalb der Widerrufsfrist gegenüber dem Unternehmer zu erklären; zur Fristwahrung genügt die rechtzeitige Absendung.**

(2) ¹**Die Widerrufsfrist beträgt 14 Tage, wenn dem Verbraucher spätestens bei Vertragsschluss eine den Anforderungen des § 360 Abs. 1 entsprechende Widerrufsbelehrung in Textform mitgeteilt wird.** ²**Bei Fernabsatzverträgen steht eine unverzüglich nach Vertragsschluss in Textform mitgeteilte Widerrufsbelehrung einer solchen bei Vertragsschluss gleich, wenn der Unternehmer den Verbraucher gemäß Artikel 246 § 1 Abs. 1 Nr. 10 des Einführungsgesetzes zum Bürgerlichen Gesetzbuche unterrichtet hat.** ³**Wird die Widerrufsbelehrung dem Verbraucher nach dem gemäß**

§ 355

Satz 1 oder Satz 2 maßgeblichen Zeitpunkt mitgeteilt, beträgt die Widerrufsfrist einen Monat. [4]Dies gilt auch dann, wenn der Unternehmer den Verbraucher über das Widerrufsrecht gemäß Artikel 246 § 2 Abs. 1 Satz 1 Nr. 2 des Einführungsgesetzes zum Bürgerlichen Gesetzbuche zu einem späteren als dem in Satz 1 oder Satz 2 genannten Zeitpunkt unterrichten darf.

(3) [1]Die Widerrufsfrist beginnt, wenn dem Verbraucher eine den Anforderungen des § 360 Abs. 1 entsprechende Belehrung über sein Widerrufsrecht in Textform mitgeteilt worden ist. [2]Ist der Vertrag schriftlich abzuschließen, so beginnt die Frist nicht, bevor dem Verbraucher auch eine Vertragsurkunde, der schriftliche Antrag des Verbrauchers oder eine Abschrift der Vertragsurkunde oder des Antrags zur Verfügung gestellt wird. [3]Ist der Fristbeginn streitig, so trifft die Beweislast den Unternehmer.

(4) [1]Das Widerrufsrecht erlischt spätestens sechs Monate nach Vertragsschluss. [2]Diese Frist beginnt bei der Lieferung von Waren nicht vor deren Eingang beim Empfänger. [3]Abweichend von Satz 1 erlischt das Widerrufsrecht nicht, wenn der Verbraucher nicht entsprechend den Anforderungen des § 360 Abs. 1 über sein Widerrufsrecht in Textform belehrt worden ist, bei Fernabsatzverträgen über Finanzdienstleistungen ferner nicht, wenn der Unternehmer seine Mitteilungspflichten gemäß Artikel 246 § 2 Abs. 1 Satz 1 Nr. 1 und Satz 2 Nr. 1 bis 3 des Einführungsgesetzes zum Bürgerlichen Gesetzbuche nicht ordnungsgemäß erfüllt hat.

Lit: Berger, Widerrufsrecht bei e-Bay – eine vollkommen unsichere und verworrene Rechtslage, ZGS 07, 414; Buchmann, Zum Entwurf der Musterwiderrufsbelehrung des BMJ, K&R 08, 12; Domke, Ewiger Widerruf und treuwidrige Ewigkeit, BB 05, 1582; Ebnet, Widerruf und Widerrufsbelehrung, NJW 11, 1029; Faustmann, Zum Novellierungsbedarf des § 355 BGB, VuR 07, 8; Masuch, Neues Muster für Widerrufsbelehrungen, NJW 08, 1700; Reiner, Der verbraucherschützende Widerruf im Recht der Willenserklärungen, AcP 203, 1; Timmerbeil, Der neue § 355 III BGB – Schnellschuss des Gesetzgebers?, NJW 03, 569.

1   **1. Allgemeines. a)** Das Widerrufsrecht war und ist wechselhaften Regelungen unterworfen (vgl zur Entwicklung PalGrüneberg Vorb v § 355). Die allgemeine Regelung in § 355 wird für bestimmte Vertragstypen teilweise modifiziert: §§ 312d II, III; 485a; 492 VI, 495 II; VVG 8; InvG 126. Die Widerrufsregeln gelten grundsätzlich für alle nach dem 31.12.2001 geschlossenen Verträge (EGBGB Art 229 § 5). Die Änderungen des OLG-Vertretungsänderungsgesetzes v 23.7.2002 gelten auf Grund von EGBGB Art 229 § 9 für nach dem 1.8.2002 geschlossene Haustürgeschäfte und für nach dem 1.11.2002 entstandene sonstige Schuldverhältnisse; auch für Dauerschuldverhältnisse ist Art 229 § 9 lex specialis zu Art 229 § 5 (BGH NJW 06, 3349; aA StLöwisch Art 229 § 9 Rn 7). EGBGB Art 229 § 9 II sieht für vor dem 1. 1. 02 geschlossene Verträge die Möglichkeit der „Nachbelehrung" vor (hierzu allg Martens VuR 08, 121); s iU zur zeitlichen Anwendbarkeit PalGrüneberg Vorb v § 355 Rn 6. Durch das Ges zur Umsetzung der VerbrKrRiLi (hierzu Schröder NJW 10, 1933) wurde § 355 II geändert und I 2, III und IV angepasst, ebenso § 356 I und II, außerdem §§ 359a, 360 eingefügt. Die Vorschrift ist nun klarer strukturiert: Grundsätzliches zur Ausübung des Widerrufs (I), Länge der Frist (II), Fristbeginn
2   (III), Erlöschen des Widerrufrechts (IV). **b)** Die §§ 355 ff sind **halbzwingend,** dh nur Abweichungen zu*un*gunsten des Verbrauchers sind unwirksam (BGH NJW-RR 09, 709). Ausnahmen in § 356 I 1 (Rückgaberecht), § 357 II 3 (Rücksendekos-
3   ten). **c)** Das **Widerrufsrecht ist** ein bes ausgestaltetes **Rücktrittsrecht** (Gestaltungsrecht; hM, s Rn 7 zur Rechtslage bis Widerruf).

3a **2. Reform.** Zur Umsetzung der VerbraucherrechteRiLi (2011/83/EU) werden die §§ 312-312j sowie die §§ 355-360 einschließlich der entsprechenden Informationspflichten im EGBGB (insbes Art 245 ff) neu gefasst. Die Neuregelung wird zum 13.6.2014 in Kraft treten. Der neue Gesetzestext ist im Anhang zur Verbraucher-

Titel 5. Rücktritt § 355

rechtsreform S 2275 abgedruckt. Die Reform wird die Rückabwicklung widerrufener Verträge systematisch neu ordnen und in den §§ 355-360 nF ohne Bezugnahme auf das Rücktrittsrecht abschließend regeln. Die Vollharmonisierung erlaubt auch ein europaweit einheitliches Muster für die Widerrufsbelehrung. Modifiziert wird dabei auch die Ausübung des Widerrufsrechts, eine kommentarlose Rücksendung der Ware wird künftig nicht mehr reichen (§ 355 I 2 BGB-E).

3. Widerrufsrecht. a) Zur **Rechtsnatur** Rn 3. **b)** Das **Recht besteht nur,** 4 **wenn** es dem Verbraucher (§ 13) in einem bes **VerbraucherschutzGes** eingeräumt ist, I 1. Daneben kommt grds auch ein vertraglich vereinbartes Widerrufsrecht in Betracht; ein darauf gerichtetes Angebot liegt idR aber nicht in einer ges nicht vorgeschriebenen (nachträglichen oder erstmaligen) Widerrufsbelehrung (BGH NJW 12, 1070 mN [für formularmäßige Belehrung]; großzügiger Nürnberg WM 12, 650). **c) Erlöschen, IV.** Vorbehaltlich IV 3 spätestens 6 Monate nach Vertrags- 5 schluss, IV 1; bei Lieferung von Waren beginnt die 6-Monatsfrist nicht vor dem Wareneingang beim Empfänger, IV 2 (liegt der Wareneingang vor Vertragsschluss, zB in den Fällen des § 241a, so beginnt die Frist nach der Grundregel von IV 1 erst mit Vertragsschluss). Eine abweichende Regelung für Teilzeitwohnrechte enthält § 485a III. **d) Erlöschen** tritt **nicht** ein, wenn der Verbraucher nicht oder nicht 6 ordnungsgemäß über sein Widerrufsrecht belehrt worden ist, **IV** (Einzelheiten § 360). Die mit Wirkung v 1.8.2002 eingefügte Regelung trägt dem Urteil des EuGH NJW 02, 282 f (dazu BGH NJW 02, 1881 ff) Rechnung, dehnt aber die dort für *einen* Fall (Zusammentreffen von VerbrKrG 3 II Nr 2 und HWiG 1 I, 5) ausgesprochene Unverfristbarkeit des Widerrufsrechts auf sämtliche Widerrufsrechte aus (ein Begrenzungsvorschlag im Bundesrat konnte sich nicht durchsetzen), s krit Kulke VuR 09, 375; Knuth ZGS 10, 258; zur möglichen Verwirkung Schürnbrand JZ 09, 137. Die damit unter Umständen gegebene Rechtsunsicherheit für den Unternehmer ist nur erträglich, weil er die Belehrung auch noch nach Vertragsschluss nachholen kann (mit der Folge einer Verlängerung der Widerrufsfrist auf 1 Monat), **II 3** (Rn 9). Die Nachbelehrung muss sich dabei eindeutig auf den früheren Vertrag beziehen (BGH WM 11, 23 u 655). IV 3 greift nicht ein bei nicht oder nicht ordnungsgemäß erfüllter *Informationspflicht* nach § 312d II hier gilt IV 1 und 2: Das Widerrufsrecht erlischt. Eine Ausnahme macht hiervon nunmehr für den Fernabsatz von Finanzdienstleistungen **IV 3, letzter HS** (zum möglichen Rechtsmissbrauch wegen Geringfügigkeit der Pflichtverletzung Domke BB 05, 1583). Der Anwendungsbereich von IV 1 wird damit weitgehend eingeschränkt (krit auch PalGrüneberg 22; PWW/Medicus/Stürner 11). Wird der Verbraucher **nachträglich vollständig informiert,** kann die 14 Tage-Frist aber auch hier noch in Gang gesetzt werden (Domke BB 05, 228). Als richtlinienkonform gebilligt hat EuGH ZIP 08, 772 (Vorlage Stuttgart NJW 07, 379) das Erlöschen des Widerrufsrechts einen Monat nach beidseitig vollständiger Erfüllung (HWiG 2 I 4 aF – nur für Altfälle relevant). Zur str Frage, ob nach **rechtskräftiger Verurteilung** der Widerruf noch über ZPO 767 (trotz II) geltend gemacht werden kann, Schwab JZ 06, 170 mN auch zur abl Haltung des BGH).

4. Ausübung des Widerrufsrechts. a) Bis zum **Widerruf** besteht ein wirksa- 7 mer Vertrag (fehlt die Wirksamkeit aus allg Gründen, so sind die §§ 355 ff unanwendbar). Der Verbraucher kann vom Unternehmer (§ 14) **Erfüllung verlangen** (dagegen Abwehr in Unternehmer-AGB möglich: Leistung erst nach Ablauf der Widerrufsfrist, § 308 Nr 1 HS 2). Der Unternehmer hat entspr Erfüllungsanspruch gegen den Verbraucher (aber Einschränkung gem § 486); gegen diesen Anspruch gibt es kein auf das Widerrufsrecht gestütztes Leistungsverweigerungsrecht des Verbrauchers (arg § 768 I: Wer selbst den Vertrag auflösen kann, bedarf keines Leistungsverweigerungsrechts), iE ebenso MK/Masuch 37; ErmSaenger 4; Fuchs ZIP 00, 1282; aA PalGrüneberg 4. **b) Erklärung des Widerrufs, I 2.** Er bedarf **keiner** 8 **Begründung** und ist dem Unternehmer gegenüber in **Textform** (§ 126b) oder durch Rücksendung zu erklären, I 2 HS 1. In beiden Var muss die Erklärung die

§ 355

Person des Erklärenden und den vom Widerruf betroffenen Vertrag klar erkennen
9 lassen (sa § 126b Rn 2). Zum Ersatz der Textform s § 126b Rn 4. **c)** Die **Widerrufsfrist** beträgt 14 Tage (**II 1**, nach aF „2 Wochen" – keine sachliche Änderung, sondern nur Anpassung an VerkrRiLi und RiLi 2002/65/EG, BT-Drs 16/11643 S 70), wenn der Verbraucher spätestens bei Vertragsschluss eine Widerrufsbelehrung nach § 360 erhält. Ausnahmen bestehen nach II 2 und 3, wobei nur S 2 neu ist. Bei bestimmten Internet-Auktionskäufen bereitete nämlich das Belehrungserfordernis *bei* Vertragsschluss Probleme, wenn der Vertrag mit Zeitablauf mit dem Höchstbietenden zustande kommt. Hier kann die Textform für die Belehrung vor oder bei Vertragsschluss nicht eingehalten werden (Downloadmöglichkeit genügte nach überwiegender Ansicht nicht: BGH NJW 10, 3566 mit krit Bespr Ludwig ZGS 11, 58; f weitere Nachw hierzu s 14. Aufl und Rn 10). Dies führte (allein wegen des Mechanismus des Vertragsschlusses) zu unterschiedlichen Widerrufsfristen bei **Internetauktionen** (1 Monat nach II 2 aF) und sonstigen Internetgeschäften mit vorheriger Belehrungsmöglichkeit. Dem wirkt nun **II 2** entgegen (BT-Drs 16/11643 S 70), der es bei Fernabsatzverträgen (§ 312b I) für die 14tägige Frist genügen lässt, wenn die Belehrung unverzüglich (§ 121 I 1) nach Vertragsschluss in Textform mitgeteilt wird und die Informationspflichten nach EGBGB Art 246 § 1 Nr 10 über das Widerrufs- bzw Rückgaberecht erfüllt wurden (Textform insoweit nicht erforderlich; krit zur Beweisbarkeit Schirmbacher BB 09, 1092). Unverzüglich bedeutet, dass der Unternehmer die erste zumutbare Möglichkeit wahrnehmen, idR also binnen eines Tages die Belehrung auf den Weg bringen muss (BT-Drs 16/11643 S 70 mN; PalGrüneberg 12; aA Schirmbacher BB 09, 1092 [Versendung mit Ware genügt]; Belehrung im Anschluss an Auktionsende genügt, auch wenn Höchstgebot 49 Stunden vorher abgegeben wurde und damit schon Vertrag zu Stande kam [Hamm NJW 12, 1156]). Auch die Belehrung nach II 2 muss § 360 genügen. Die Neuregelung gilt nach ihrem Wortlaut ohne Unterschied für alle Fernabsatzverträge, dh auch für solche, bei denen eine Belehrung in Textform vorher möglich wäre (aA PalGrüneberg Rn 12; grds krit zu Gewährung eines Widerrufsrechts bei Internetauktionen Knuth ZGS 10, 256; Braun JZ 08, 330). **II 3** (früher 2) bestimmt weiterhin die Verlängerung der Widerrufsfrist auf 1 Monat als Sanktion, wenn die Belehrung später als nach II 1 oder 2 vorgesehen erfolgt. Eine nachgeholte Belehrung ist idR kein Angebot für eine vertragliches Widerrufsrecht (Nürnberg ZIP 10, 2287). Der neu eingefügte **II 4** soll ergänzend klarstellen, dass § 312c II 1 Nr 2 keine abweichende Spezialregelung (insbes zu § 357 III 1) darstellt (so aber Hamburg ZGS 07, 399; MMR 08, 44; vgl BT-Drs 16/11643 S 70; Knuth ZGS 10, 257). Der Widerruf muss dem Unternehmer zugehen (§ 130). Zur Wahrung der Frist genügt Absendung vor Fristablauf, I 2 HS 2. Vereinbarung einer **Fristverlängerung** ist,
10 weil verbrauchergünstiger, zulässig (Rn 2). **d)** Frist beginnt mit Mitteilung einer § 360 entsprechenden Widerrufsbelehrung (**III 1**); uU; auch vor Vertragsschluss, wenn die Erklärung des Verbrauchers gem § 147 bindend ist (BGH 187, 97; aA Karlsruhe ZGS 06, 399; offen gelassen in BGH NJW 07, 1946). Der Begriff des Mitteilens impliziert, dass bloße Abruf- oder Abholmöglichkeit nicht genügt. Fristberechnung: §§ 187, 188 II 1. Var, 193. **aa) Form:** Textform (§ 126b; vgl Anm
11 dort u oben Rn 8), II 1 und III 1. Eine nur im Internet zur Verfügung gestellte Belehrung (ohne Ausdruck oder Speicherung) genügt nicht (s Rn 9, BGH NJW 10, 3566; KG NJW 06, 3215; Hamburg NJW 07, 1893; Stuttgart ZGS 08, 197; aA für Internetauktionen Zenker JZ 07, 816, s auch Nachw Voraufl Rn 9, Fröhlich/
12 Hoffmann NJW 09, 1175). **bb)** Einzelheiten zur Belehrung s § 360. **cc)** Die Beleh-
13 rung ist dem Verbraucher **auszuhändigen**. Dem Verbraucher muss ein Exemplar
14 verbleiben (BGH NJW 98, 540). **dd)** Die **Belehrung** muss vom Verbraucher nicht (mehr) unterschrieben werden (s aber § 482a S 2: schriftliche Bestätigung). Ein unterschriebener Kenntnisnahmevermerk ist aber zulässig und aus Beweisgründen
15 empfehlenswert (BGH 180, 131 mN). **ee)** Ist der Vertrag schriftlich abzuschließen (s §§ 484, 492), so beginnt die Widerrufsfrist erst, wenn dem Verbraucher neben der Belehrung auch eine Vertragsurkunde oder der schriftliche Antrag des Verbrauchers,

Titel 5. Rücktritt **§ 356**

jeweils im Original oder in Abschrift, zur Verfügung gestellt werden, **III 2.** Das bedeutet nicht notwendig eine Fristverlängerung.

5. Widerruf. Frist- und formgerechter Widerruf beseitigt die Bindung des Verbrauchers an seine Vertragserklärung, **I 1.** Dh das Vertragsverhältnis wird in ein Rückabwicklungsschuldverhältnis umgewandelt. Das entspricht der Ausgestaltung des Widerrufsrechts als bes Fall eines Rücktrittsrechts (§ 357 I 1 mit §§ 346 ff, Sonderregeln vorbehalten; sa Rn 3). 16

6. Beweislast, III 4. Ist der Fristbeginn str, so trägt der Unternehmer die Beweislast für alle Tatsachen, aus denen sich die Nichteinhaltung der Frist ergeben soll: Beachtung formaler und inhaltlicher Voraussetzungen der Widerrufsbelehrung und ihre Mitteilung. 17

§ 356 Rückgaberecht bei Verbraucherverträgen

(1) ¹**Das Widerrufsrecht nach § 355 kann, soweit dies ausdrücklich durch Gesetz zugelassen ist, beim Vertragsschluss auf Grund eines Verkaufsprospekts im Vertrag durch ein uneingeschränktes Rückgaberecht ersetzt werden.** ²**Voraussetzung ist, dass**
1. **im Verkaufsprospekt eine den Anforderungen des § 360 Abs. 2 entsprechende Belehrung über das Rückgaberecht enthalten ist und**
2. **der Verbraucher den Verkaufsprospekt in Abwesenheit des Unternehmers eingehend zur Kenntnis nehmen konnte.**

(2) ¹**Das Rückgaberecht kann innerhalb der Widerrufsfrist, die jedoch nicht vor Erhalt der Sache beginnt, und nur durch Rücksendung der Sache oder, wenn die Sache nicht als Paket versandt werden kann, durch Rücknahmeverlangen ausgeübt werden.** ²**Im Übrigen sind die Vorschriften über das Widerrufsrecht entsprechend anzuwenden.** ³**An die Stelle von § 360 Abs. 1 tritt § 360 Abs. 2.**

1. Rückgaberecht statt Widerrufsrecht. Redaktionelle Anpassung von I und II 2, 3 an die Einführung von § 360 durch das Ges zur Umsetzung der VerbrKrRiLi; das Textformerfordernis für die Belehrung (I 2 Nr 3 aF) wurde gestrichen. **Voraussetzungen, I. a) Zulassung durch Ges** (so in § 312d I 2; eingeschränkt in § 312 I 2). Der Wortlaut spricht dafür, dass Widerrufs- und Rückgaberecht nicht kumulativ eingeräumt werden können (aA Hamm VuR 10, 354). **b)** Der Vertrag muss auf Grund eines **Verkaufsprospekts** geschlossen worden sein. Ein solcher kann auch in einer Internetseite gesehen werden (MK/Masuch 9). Im Prospekt muss eine deutlich gestaltete Belehrung (§ 355 Rn 11) über das Rückgaberecht enthalten sein (I 2 Nr 1); der Verbraucher musste vor Vertragsschluss den Prospekt in Abwesenheit des Unternehmers (ergänze: oder einer Person „aus seinem Lager", s § 123 Rn 10) eingehend zur Kenntnis nehmen können (I 2 Nr 2; dass er Kenntnis genommen hat, ist nicht erforderlich). Das Rückgaberecht darf nicht von zusätzlichen Voraussetzungen (zB „originalverpackt", Erhalt einer Reklamationsnummer, Jena GRUR-RR 06, 283; LG Konstanz WRP 06, 1156) abhängig gemacht werden. **c) Fehlt eine Voraussetzung (I 2),** so besteht **kein Rückgaberecht,** sondern nur ein Widerrufsrecht (dessen „Ersetzung" hat nicht stattgefunden, I 1, 2). II 2 sorgt nun für einen Gleichklang für den Beginn der Frist mit dem Widerrufsrecht durch Verweis auf §§ 360 II, 355 III 1. Die Rückgabefrist beginnt, wenn eine § 360 II entsprechende Belehrung in Textform mitgeteilt wurde und der Verbraucher die Ware erhalten hat. 1 2 3

2. Ausübung des Rückgaberechts, II. a) Bei *paketversandfähiger* Sache nur durch deren **Rücksendung,** II 1. Kosten und Gefahr der Rücksendung trägt der Unternehmer, § 357 II 2. **b)** Bei *nicht paketversandfähiger* Sache (über 20 kg oder Überschreiten der zulässigen Höchstmaße) **auch** − „nur" fehlt hier in II 1 − durch 4 5

Stadler 505

§ 357 Buch 2. Abschnitt 3. Schuldverhältnisse aus Verträgen

Rücknahmeverlangen in Textform (§ 126b) ohne Begründung, II 2 mit § 355 I 2 HS 1. **c) Rückgabefrist** ist die Widerrufsfrist (14 Tage oder 1 Monat: § 355 II); rechtzeitige Rücksendung oder rechtzeitige Absendung des Rücknahmeverlangens genügt, § 355 I 2, letzter HS. **Fristbeginn** Rn 3.

§ 357 Rechtsfolgen des Widerrufs und der Rückgabe

(1) ¹Auf das Widerrufs- und das Rückgaberecht finden, soweit nicht ein anderes bestimmt ist, die Vorschriften über den gesetzlichen Rücktritt entsprechende Anwendung. ²§ 286 Abs. 3 gilt für die Verpflichtung zur Erstattung von Zahlungen nach dieser Vorschrift entsprechend; die dort bestimmte Frist beginnt mit der Widerrufs- oder Rückgabeerklärung des Verbrauchers. ³Dabei beginnt die Frist im Hinblick auf eine Erstattungsverpflichtung des Verbrauchers mit Abgabe dieser Erklärung, im Hinblick auf eine Erstattungsverpflichtung des Unternehmers mit deren Zugang.

(2) ¹Der Verbraucher ist bei Ausübung des Widerrufsrechts zur Rücksendung verpflichtet, wenn die Sache durch Paket versandt werden kann. ²Kosten und Gefahr der Rücksendung trägt bei Widerruf und Rückgabe der Unternehmer. ³Wenn ein Widerrufsrecht nach § 312d Abs. 1 Satz 1 besteht, dürfen dem Verbraucher die regelmäßigen Kosten der Rücksendung vertraglich auferlegt werden, wenn der Preis der zurückzusendenden Sache einen Betrag von 40 Euro nicht übersteigt oder wenn bei einem höheren Preis der Sache der Verbraucher die Gegenleistung oder eine Teilzahlung zum Zeitpunkt des Widerrufs noch nicht erbracht hat, es sei denn, dass die gelieferte Ware nicht der bestellten entspricht.

(3) ¹Der Verbraucher hat abweichend von § 346 Absatz 2 Satz 1 Nummer 3 Wertersatz für eine Verschlechterung der Sache zu leisten
1. soweit die Verschlechterung auf einen Umgang mit der Sache zurückzuführen ist, der über die Prüfung der Eigenschaften und der Funktionsweise hinausgeht, und
2. wenn er spätestens bei Vertragsschluss in Textform auf diese Rechtslage hingewiesen worden ist.

²Bei Fernabsatzverträgen steht ein unverzüglich nach Vertragsschluss in Textform mitgeteilter Hinweis einem solchen bei Vertragsschluss gleich, wenn der Unternehmer den Verbraucher rechtzeitig vor Abgabe von dessen Vertragserklärung in einer dem eingesetzten Fernkommunikationsmittel entsprechenden Weise über die Wertersatzpflicht und eine Möglichkeit zu ihrer Vermeidung unterrichtet hat. ³§ 346 Absatz 3 Satz 1 Nummer 3 ist nicht anzuwenden, wenn der Verbraucher über sein Widerrufsrecht ordnungsgemäß belehrt worden ist oder hiervon anderweitig Kenntnis erlangt hat.

(4) Weitergehende Ansprüche bestehen nicht.

1. Allgemeines. Das Widerrufsrecht ist ein bes ausgestaltetes Rücktrittsrecht; denn es gelten die Vorschriften über das Rücktrittsrecht grundsätzlich entspr, I 1 (s § 355 Rn 3). Zur Rechtslage bis zur wirksamen Ausübung des Widerrufsrechts § 355 Rn 4. Nach der Ausübung wandelt sich das Vertrags- in ein Rückabwicklungsschuldverhältnis um (§ 355 Rn 4 und u Rn 2). Die Vorschrift wurde durch das Ges v 7.2.2004 zur Umsetzung der RiLi über Finanzdienstleistungen teilweise neu und klarer gefasst. **III 2** ist neu eingefügt durch das Ges zur Umsetzung der VerKrRiLi. Der neu gefasste III geht auf das Ges zur Anpassung von Vorschriften über den Wertersatz bei Widerruf von Fernabsatzverträgen und über verbundene Verträge zurück, s § 312d Rn 1.

2. Wirkungen des wirksamen Widerrufs. a) Nach I 1 gelten die §§ 346 ff grundsätzlich entspr. Das bedeutet: Die empfangenen **Leistungen** und die gezogenen **Nutzungen** sind Zug um Zug **herauszugeben**, §§ 346 I, 348. Ist das aus den in

Titel 5. Rücktritt **§ 357**

§ 346 II Nr 1–3 genannten Gründen nicht möglich, so ist **Wertersatz** zu leisten, § 346 II 1 am Anfang. Beim Widerruf des Beitritts zu einem Immobilienfonds gelten die Grundsätze über die **fehlerhafte Gesellschaft,** der Widerrufende hat nur Anspruch auf ein Abfindungsguthaben (vereinbar mit HausTürRiLi Art 5 II: EuGH NJW 10, 1511 [auf Vorlage von BGH DStR 08, 100]; BGH ZIP 06, 1388; 05, 255; hierzu Schubert WM 06, 1328, § 312 Rn 6). Beim darlehensfinanzierten Fondsbeitritt und Widerruf des Darlehens (§ 358 Rn 3), gilt dies jedoch nicht im Verhältnis des Gesellschafters zu kreditgebenden Bank, der finanzierte Gesellschaftsanteils ist auf die Bank zu übertragen (BGH NJW-RR 06, 1715; 04, 2731; s § 358 Rn 15). **b)** Empfangenes **Entgelt** 3 ist sowohl vom Verbraucher als auch vom Unternehmer binnen 30 Tagen nach der Widerrufserklärung zurückzuzahlen, sonst tritt ohne Mahnung Schuldnerverzug, I 1 (mit § 346 I) und 2 (mit § 286 III) und Verzinsungspflicht ein. Der Fristbeginn wurde nun nach I 3 differenzierter und klarer gefasst. **c)** Der Verbraucher hat eine empfangene 4 **paketversandfähige Sache** (§ 356 Rn 4, 5) auf Kosten und Gefahr des Unternehmers **zurückzusenden, II 1, 2** (Schickschuld mit Leistungsort am Wohnsitz des Verbrauchers, s Roth JZ 00, 1018). Die Rücksendung hat auf kostengünstigste Weise („regelmäßige Kosten" in entspr Anwendung von II 3), dh **„unfrei",** zu erfolgen, weil dann der Unternehmer die Rücksendekosten trägt. Wegen dieser Versandmöglichkeit besteht weder ein Anspruch des Verbrauchers auf Kostenvorschuss mit Rücksendeverweigerungsrecht bis zur Zahlung (dafür Bülow/Artz NJW 00, 2052) noch ist Rücksendung per Nachnahme zulässig, da unnötig teuer (eine „regelmäßigen" Kosten). Unzulässig ist es, dem Verbraucher die **„Hinsende"kosten aufzuerlegen** (EuGH NJW 10, 1941 [auf Vorlage von BGH NJW 09, 66]; hierzu Eichelberger VuR 10, 279 mN zum vorherigen Streitstand). Nach BGH (NJW 10, 2651) folgt der Rückzahlungsanspruch des Verbrauchers auf Rückgewähr geleisteter Hinsendekosten aus richtlinienkonformer Auslegung der §§ 346 I iVm 312d, 355 (ebenso Haase VuR 10, 294; aA Eichelberger aaO: unmittelbar § 346 I). **d)** Die **regelmäßigen Kosten** der **Rücksendung** kön- 5 nen gem **II 3** vertraglich (auch durch AGB) ausnahmsweise bei Bestehen eines ges Widerrufsrechts auf den Verbraucher abgewälzt werden. Für die Vereinbarung genügt ein Hinweis in der Widerrufsbelehrung nicht (Hamm NJW-RR 10, 1194; Buchmann K&R 10, 461 [auch zur Vereinbarung in AGB]). Unzureichend sind Klauseln, die undifferenziert „die Kosten der Rücksendung" überwälzen (Brandenburg MDR 11, 530). Es kommt nun nicht mehr auf den Bestellwert an, sondern auf den Wert der konkret rückzusendenden Sache (auch bei Bestellung mehrerer Sachen). Überwälzung zulässig, wenn dieser nicht mehr als **40 Euro** beträgt (dh einschließlich, nicht „unter" 40 Euro). Ist das Widerrufsrecht durch ein Rückgaberecht ersetzt (§ 356 I 1), so hat der Unternehmer die Rückgabekosten zu tragen (II 2), II 3 ist unanwendbar. Eine Kostenabwälzung auf den Verbraucher kommt auch nicht in Betracht bei aliud-Lieferungen (II 3, 2. HS; sa § 241a III) oder wenn die Sache mangelhaft ist (MK/Masuch 27); die Rücksendepflicht (II 1) bleibt bestehen (aA PalGrüneberg 6 [Erfüllungsort am Wohnsitz des Verbrauchers], II 1 modifiziert jedoch Rückabwicklung gegenüber der sonst idR vorliegenden Holschuld [§ 269 Rn 8]). **e)** Ist die empfangene **Sache nicht paketver-** 6 **sandfähig** (§ 356 Rn 5), so genügt das Rücknahmeverlangen (arg § 356 II 1 Fall 2). Folge: Annahmeverzug des Unternehmers (Gläubigers), § 295 S 1 Fall 2; daher Begrenzung der Haftung des Verbrauchers auf Vorsatz und grobe Fahrlässigkeit, § 300 I.

3. Wirkung. Weitere Wirkung des wirksamen Widerrufs ist die Pflicht des Ver- 7 brauchers, **Wertersatz** zu leisten, **III. a) Vereinbarkeit mit europäischem Recht.** 8 Wertersatzleistungen sind nach vielfach vertretener Ansicht keine Kosten, die dem Verbraucher infolge der Ausübung des Widerrufsrechts auferlegt werden. Für Art 3 der VerbrauchsgüterkaufRiLi hat der EuGH anders entschieden (NJW 08, 1433 – „Quelle") und einen Verstoß bejaht; ebenso für den Widerruf von **Fernabsatzverträ-** **gen** (EuGH NJW 09, 3015 auf Vorlage von AG Lahr MMR 08, 270; Buchmann K& R 08, 505; Schinkels ZGS 05, 179). Allerdings soll dies nur für solche Nutzungen gelten, die zur zweckdienlichen Ausübung des Widerrufsrechts erforderlich waren; iÜ kommt eine Wertersatzpflicht nach EuGH in Betracht. Entsprechend ist nach dem neu

Stadler 507

§ 358

gefassten III für den Wertersatz bei *Verschlechterung* der Sache (nicht Gegenstand der EuGH-Entscheidung, s aber zu Recht daraus ableitend Fröhlisch/Buchmann MMR 10, 5; Mörsdorf JZ 10, 239) und § 312e nF für *Nutzungen*, der Ersatz davon abhängig, dass ein Umgang mit der Sache vorliegt, der über die Prüfung der Eigenschaften und Funktionsweise hinausgeht. Nach EuGH (aaO) darf der Nutzungsersatz nicht außer Verhältnis zum Warenwert stehen und es darf dem Verbraucher nicht die Beweislast dafür auferlegt werden, dass er die Sache nicht über das zur Ausübung seines Rechts notwendige Maß hinaus genutzt hat. Grundsätzlich trägt nach der Neufassung von III der Unternehmer die Beweislast für die Voraussetzungen des Nutzungsersatzes (BT-Drs 17/5097 S 20, 23 unter Hinweis auf Erleichterung durch prima facie Beweis zB durch erhebliche Gebrauchsspuren). Die Muster für Widerrufs- und Rückgabebelehrung werden entsprechend angepasst (s zur Übergangsregelung in EGBGB Art 229 u § 360 Rn 4). § 312e II beschränkt die Wertersatzpflicht für Finanzdienstleistungsverträge und verlangt ausdrücklichen Hinweis. Dies geht zurück auf die Art 7 III der RiLi
9 02/65/EG. **b)** Durch **bestimmungsgemäße Ingebrauchnahme** der Sache entstandene Verschlechterung ist nach § 346 II 1 Nr 3 nicht durch Wertersatz auszugleichen. Davon macht der geltende **III 1** zuungunsten des Verbrauchers eine **Ausnahme** unter zwei Voraussetzungen: Der Verbraucher muss **(1)** spätestens bei Vertragsschluss in Textform (§ 126b) **auf** diese Rechtsfolgen und **(2)** auf eine Möglichkeit hingewiesen worden sein, wie er die Rechtsfolge (Leistung von Wertersatz) **vermeiden** kann, banal: durch Ingebrauchnahme und faktischen **Verzicht** auf das Widerrufsrecht (problematisch wegen RiLi 97/7/EG Art 12: Verzicht unzulässig, s AnwKom/BGB Ring 40) oder durch Unterlassen der Ingebrauchnahme, wobei die Grenze zur folgenlosen Verschlechterung der Sache, die ausschließlich auf deren Prüfung beruht, **III 1 Nr 1,** fließend ist. Bsp: Nach BT-Drs 14/6040 S 200 ist Probefahrt mit Pkw *nach* Erstzulassung bestimmungsgemäße Ingebrauchnahme mit hohem Wertverlust (ca 20%), für den Wertersatz zu leisten ist; Probefahrt auf *Privat*gelände *vor* Erstzulassung ist hingegen unschädlich (so auch BGH 187, 268). Noch als bloße Ingebrauchnahme zur Prüfung gilt auch die Anprobe von Kleidungsstücken (nicht das längere Tragen, BT-Drs 17/5097 S 21), das Aufbauen eines Möbelstücks und das Befüllen eines Wasserbettes (BGH 187, 268 offen lassend ob dies auch für die 3tägige Nutzung gilt). Maßstab ist der Vergleich mit der Prüfungsmöglichkeit bei Ladenkauf (Buchmann MMR 07, 353), wobei zu beachten ist, ob und inwieweit dort idR zumindest Muster besichtigt und probeweise benutzt werden können (Fröhlisch/Buchmann MMR 10, 7; BT-Drs 1/75097 S 21). Mit der Neufassung von III (Rn 1, 8) wird das Abgrenzungsproblem nicht beseitigt. Der Hinweis muss in **Textform** (§ 126b) erfolgen. Auf den voraussichtlichen Umfang der Ersatzpflicht ist nicht hinzuweisen (MK/Masuch 49; aA PalGrüneberg 10). Dem bei Vertragsschluss mitgeteilten Hinweis stellt **III 2** den unmittelbar danach mit-
10 geteilten bei Fernabsatzverträgen konsequent gleich. **c)** Ist die Verschlechterung der Sache ausschließlich auf die **Prüfung der Sache** zurückzuführen, so ist **kein Werter-**
11 **satz** zu leisten, **III 1 Nr 1** (zur Problematik der Abgrenzung Rn 9). **d)** Ist der Verbraucher **ordnungsgemäß** nach **III 1 Nr 2 belehrt** worden oder weiß er auch so Bescheid, so haftet er anders als bei den gewöhnlichen Rücktrittsberechtigte (§ 346 III 1 Nr 3) für Verschlechterung oder Untergang der Sache bei ihm auch für leichte Fahrlässigkeit oder Zufall, **III 3** mit Ausschluss von § 346 III 1 Nr 3.

12   **4. Zusätzliche Ansprüche.** Weitergehende Ansprüche aus der Ingebrauchnahme stehen dem Unternehmer gegen den Verbraucher **nicht** zu, **IV.** Zur Anwendbarkeit von allgemeinen Vorschriften in Missbrauchsfällen MK/Masuch 65.

§ 358 Verbundene Verträge

(1) **Hat der Verbraucher seine auf den Abschluss eines Vertrags über die Lieferung einer Ware oder die Erbringung einer anderen Leistung durch einen Unternehmer gerichtete Willenserklärung wirksam widerrufen, so ist**

Titel 5. Rücktritt § 358

er auch an seine auf den Abschluss eines mit diesem Vertrag verbundenen Darlehensvertrag gerichtete Willenserklärung nicht mehr gebunden.

(2) Hat der Verbraucher seine auf den Abschluss eines Verbraucherdarlehensvertrags gerichtete Willenserklärung auf Grund des § 495 Absatz 1 wirksam widerrufen, so ist er auch an seine auf den Abschluss eines mit diesem Verbraucherdarlehensvertrag verbundenen Vertrags über die Lieferung einer Ware oder die Erbringung einer anderen Leistung gerichtete Willenserklärung nicht mehr gebunden.

(3) [1]Ein Vertrag über die Lieferung einer Ware oder die Erbringung einer anderen Leistung und ein Darlehensvertrag gemäß Absatz 1 oder 2 sind verbunden, wenn das Darlehen ganz oder teilweise der Finanzierung des anderen Vertrags dient und beide Verträge eine wirtschaftliche Einheit bilden. [2]Eine wirtschaftliche Einheit ist insbesondere anzunehmen, wenn der Unternehmer selbst die Gegenleistung des Verbrauchers finanziert, oder im Falle der Finanzierung durch einen Dritten, wenn sich der Darlehensgeber bei der Vorbereitung oder dem Abschluss des Darlehensvertrags der Mitwirkung des Unternehmers bedient. [3]Bei einem finanzierten Erwerb eines Grundstücks oder eines grundstücksgleichen Rechts ist eine wirtschaftliche Einheit nur anzunehmen, wenn der Darlehensgeber selbst das Grundstück oder das grundstücksgleiche Recht verschafft oder wenn er über die Zurverfügungstellung von Darlehen hinaus den Erwerb des Grundstücks oder grundstücksgleichen Rechts durch Zusammenwirken mit dem Unternehmer fördert, indem er sich dessen Veräußerungsinteressen ganz oder teilweise zu Eigen macht, bei der Planung, Werbung oder Durchführung des Projekts Funktionen des Veräußerers übernimmt oder den Veräußerer einseitig begünstigt.

(4) [1]§ 357 gilt für den verbundenen Vertrag enstprechend; § 312e gilt entsprechend, wenn für den verbundenen Vertrag ein Widerrufsrecht gemäß § 312d besteht oder bestand. [2]Im Falle des Absatzes 1 sind jedoch Ansprüche auf Zahlung von Zinsen und Kosten aus der Rückabwicklung des Darlehensvertrags gegen den Verbraucher ausgeschlossen. [3]Der Darlehensgeber tritt im Verhältnis zum Verbraucher hinsichtlich der Rechtsfolgen des Widerrufs oder der Rückgabe in die Rechte und Pflichten des Unternehmers aus dem verbundenen Vertrag ein, wenn das Darlehen dem Unternehmer bei Wirksamwerden des Widerrufs oder der Rückgabe bereits zugeflossen ist.

(5) Die erforderliche Belehrung über das Widerrufs- oder Rückgaberecht muss auf die Rechtsfolgen nach den Absätzen 1 und 2 hinweisen.

Lit: Bartels, Grenzen der Rechtsfortbildung im verbundenen Geschäft, WM 07, 237; Finkenauer/Brand, Einwendungs- und Rückforderungsdurchgriff beim Finanzierungsleasing, JZ 13, 273; Fischer, Rechtsprobleme bei Immobilienkrediten, VuR 10, 403; Habersack, Das neue Recht der verbundenen Verträge, FS Picker 2010, S 327 ff; Jungmann, Zukunft der Schrottmobilienfälle und Schrottimmobilienfälle der Zukunft, WM 06, 2193; Kloße-Mokroß, Fehlgeschlagene kreditfinanzierte Anlagegeschäfte („Schrottimmobilien"), MDR 09, 429; Möllers/Grassl, Zur Europarechtswidrigkeit der Schrottimmobilien-Rechtsprechung des XI. Senats, VuR 10, 3.

1. Allgemeines zu §§ 358, 359, 359a. Diese Vorschriften führen die rechtlich 1
getrennten, aber wirtschaftlich verbundenen Verträge – Darlehensvertrag und Vertrag über die Warenlieferung oder Erbringung anderer Leistungen (Liefervertrag) – hinsichtlich des Widerrufs (§ 358) und des **Einwendungsdurchgriffs** (§ 359), also partiell, rechtlich zusammen: Widerruf des einen Vertrags erfasst auch den anderen (§ 358 I, II); Einwendungen gegen den einen Vertrag richten sich auch gegen den anderen (§ 359). § 359a regelt Besonderheiten zum Anwendungsbereich und hat subsidiären Charakter gegenüber § 358 (Habersack aaO, S 338). **III 3** wurde durch

Stadler 509

§ 358

das OLG-Vertretungsänderungsgesetz eingefügt, das gleichzeitig unter Aufhebung von § 491 III Nr 1 aF Immobiliendarlehensverträge grundsätzlich widerruflich gestaltet hat. Das Ges vom 24.7.2010 (BGBl I 977) hat § 358 II 2 und 3 aF mit Wirkung zum 30.7.2010 aufgehoben, weil gegen den Ausschluss des Widerrufs Bedenken hinsichtlich VerbrKrRiLi Art 14 (2008) bestanden (BT-Drs 17/1394 S 13). Der Verbraucher kann nun wählen, ob er den Darlehensvertrag oder den dadurch finanzierten Vertrag widerrufen will; nach I und II entfällt die Bindung an den jeweils anderen Vertrag (sa VVG 8, s BGH NJW 10, 531). Die Änderungen in der Terminologie („Darlehensvertrag" statt „Verbraucherdarlehensvertrag") u die Neufassung von IV 1, V beruhen auf dem Ges zur Anpassung von Vorschriften über den Wertersatz bei Widerruf von Fernabsatzverträgen und über verbundene Verträge, s § 312d Rn 1. Mit der terminologischen Änderung zum Darlehensvertrag soll klargestellt werden, dass der Durchgriff des Widerrufs für alle Darlehensverträge gilt, die mit einem Verbraucher geschlossen wurden und nicht auf den seit 11.6.2010 verengten Anwendungsbereich des § 491 beschränkt ist. Die Streichung in V bereinigt ein Redaktionsversehen. Wegen der zahlreichen, kurz aufeinander folgenden Änderungen ist gerade bei Verbraucherkrediten der Zeitpunkt des Vertragsschlusses wichtig, iE s Bülow NJW 10, 1713. Ein neuer § 312f soll die wechselseitige Gebundenheit bei „hinzugefügten" Verträgen regeln, ohne dass diese allerdings in der Norm definiert und vom „verbundenen" Vertrag oder solchen nach § 359a abgegrenzt würden. Dies muss anhand des Einzelfalls geschehen. § 312f und §§ 358, 359a können allerdings nebeneinander zur Anwendung kommen. Wegen IV 3 gehen §§ 358, 359a jedoch über die Rechtsfolgen des § 312f nF hinaus.

2 **2. Verbindung.** Verbindung von Verbraucherdarlehensvertrag und Liefer- oder Dienstvertrag, **III.** I und II sehen vor, dass das jeweils andere RGeschäft vom Widerruf erfasst wird, ein ausdrücklich auf den Darlehensvertrag beschränkter Widerruf ist nach Sinn und Zweck aber möglich (PalGrüneberg 8; BaR/Möller 15; Pfeiffer ZGS 08, 409; aA StKessal-Wulff Rn 55). **a)** Sie besteht für die in **III 1, 2**
3 angesprochenen Verträge unter **zwei Voraussetzungen. aa)** Das **Darlehen dient der Finanzierung** des anderen Vertrags, **III 1.** Gleichgültig ist, ob die Darlehenssumme direkt an den Unternehmer oder zwecks Weiterleitung an ihn zunächst an den Verbraucher (als Darlehensnehmer) gezahlt wird. Welcher Vertrag zuerst geschlossen wurde, ist ebenfalls gleichgültig. Zur Restschuldversicherung als finanziertes Geschäft Rn 4, für den Immobilienerwerb trifft **III 3** Sonderregelung (Rn 5). Str ist, ob der Beitritt zu einer Personen- oder Kapitalgesellschaft (zB geschlossener Immobilienfonds) Leistungserbringungsvertrag iSv **II, III** ist (mR bejahend im Hinblick auf den Schutzweck BGH NJW 09, 3572; 06, 1953; Armbrüster ZIP 06, 412; je mN zum Streitstand; verneinend wegen Wortlaut Karlsruhe WM 03, 1221; bejahend für Genossenschaftsbeitritt BGH NJW 11, 2198; sa Jena ZIP 08, 2306;
4 Hamm ZIP 10, 1685; zur Rückabwicklung Rn 15). **bb) Beide Verträge** bilden eine **wirtschaftliche Einheit.** Dafür gibt III 2 zwei Bsp für eine Auslegungsregel (keine unwiderlegliche Vermutung, so aber PalGrüneberg 12, BGH NJW 06, 1788): Der Unternehmer selbst ist der Darlehensgeber (Doppelfunktion in einer Person), oder Darlehensgeber ist ein Dritter, der sich bei Vorbereitung und Abschluss des Verbraucherdarlehensvertrags des Unternehmers bedient. Bei teilweiser Finanzierung eines verbundenen Vertrages tritt auch die Wirkung des IV 2 nur für den finanzierenden Teil ein (BGH NJW 11, 1064). Die Beteiligung an **Immobilienfonds** (s Rn 3) und Finanzierungsdarlehen bilden eine wirtschaftliche Einheit, wenn dieselbe Vertrieborganisation für beide Geschäfte genutzt wird (BGH NJW 04, 2724 u 2739; 03, 423; sa München WM 03, 66 [Personalkredit]) oder der Kreditvertrag nicht auf eigene Initiative des Kunden zustande kommt (BGH NJW-RR 08, 1436; NJW 07, 3200). Ausreichend ist ein faktisches, auch einmaliges Zusammenwirken (BGH NJW-RR 05, 1074; Brandenburg NJW-RR 09, 811). Keine Verbundenheit liegt vor, wenn der Darlehensgeber das Zusammenwirken des Vermittlers mit dem Verkäufer nicht positiv kennt (BGH NJW 07, 3200). Liegt keines der Bsp nach III

Titel 5. Rücktritt § 358

2 vor, kann eine wirtschaftliche Einheit angenommen werden, wenn die beiden Verträge über das übliche Zweck-Mittel Verhältnis hinaus so miteinander verbunden sind, „dass jeder der Verträge seinen Sinn durch den anderen erhält" (BGH 184, 10; Brandenburg aaO 811; Dresden MDR 11, 1056; zeitgleicher Abschluss oder Nutzung derselben Vermittlungsorganisation nur Indiz: BGH NJW-RR 08, 1436). Auch Darlehensvertrag und Restschuldversicherung können verbundene RGeschäfte sein, wenn ua das Darlehen teilweise auch der Finanzierung der Versicherungsleistung dient (BGH 184, 6 mN [auch zu Indizien für die Verbundenheit], abl für freiwillige Restschuldversicherung Celle WM 09, 1600; sa Köln WM 09, 793; Oldenburg WM 09, 796; ausführlich zur Rückabwicklung Knops ZIP 10, 1265; Düsseldorf ZIP 10, 617; Schleswig WM 09, 1606 und 10, 1074). **Fehlt eine Verbundenheit** von Immobilienkauf und Verbraucherkredit nach III 1 (so die stRspr des BGH auch nach EuGH NJW 02, 281, s nur BGH NJW 02, 1881; 03, 1390; JZ 06, 1067; iE krit Fischer DB 02, 83 mN), ist das bestimmungsgemäß verwendete (ggf direkt an den Immobilienverkäufer ausbezahlte) Darlehen bei Widerruf des Kreditvertrages als Haustürgeschäft mit marktüblicher Verzinsung zurückzuzahlen (BGH NJW 03, 199; 03, 423 und 886; 07, 361 [zu HWiG 3 I]; NJW 04, 153; hierzu Hoffmann ZIP 04, 49). § 818 III findet keine Anwendung (BGH NJW 07, 362). Der EuGH sieht in der sofortigen Rückzahlungspflicht keinen Richtlinienverstoß (etwa nach RiLi 85/577/EWG Art 5 II; s EuGH NJW 05, 3551 [„Schulte"] auf Vorlage von LG Bochum NJW 03, 2612 u „Crailsheimer Volksbank" NJW 05, 3555, verweist jedoch auf mögliche Haftung bei unterbliebener Belehrung jedenfalls bei riskanten Anlagemodellen aus RiLi Art 4 S 4, NJW 05, 3555); Kausalität zwischen unterlassener Belehrung und Anlagerisiko verneinen ua BGH NJW 02, 2099; 07, 357 u 363; 08, 1586, wenn Immobilienkauf vor Darlehensvertrag getätigt (ebenso Bremen WM 06, 764; Karlsruhe WM 06, 680; Frankfurt WM 06, 769; aA ua Staudinger NJW 05, 3523; Knops WM 06, 73, Fischer VuR 07, 321 mzahlr Nw; sa Oechsler NJW 06, 2453). Die Haftung setzt Verschulden voraus, das bei unverschuldetem Rechtsirrtum entfällt (BGH NJW 08, 1587; aA Jungmann WM 06, 2195 mN; ders NJW 07, 1562; sa Kahl/Essig WM 07, 531 f – sonst Verstoß gegen HausTürRiLi 4 S 1 u 2 bzw Staatshaftung). Zu Aufklärungspflichten der finanzierenden Bank auch § 311 Rn 62). **b)** III 3 gilt für nach dem 5 1. 8. 02 geschlossene Verträge (BGH NJW 02, 1884); die Vorschrift beeinflusst die Auslegung von VerbrKrG 9 nicht (BGH NJW 08, 1586). Sie verdrängt für Immobilienverträge II 2; der Gesellschaftsbeitritt (s Rn 3) ist auch dann kein Immobilienerwerbsgeschäft, wenn das Gesellschaftsvermögen überwiegend aus Immobilien besteht (MK/Habersack 51; PalGrüneberg 14; Frankfurt WM 02, 1275). Ein **Immobiliardarlehensvertrag und** das **finanzierte Grunderwerbsgeschäft** bilden nur dann eine **wirtschaftliche Einheit,** wenn entweder der Darlehensgeber selbst das Grundstück oder grundstücksgleiche Recht anbietet (Doppelfunktion als Darlehensgeber und Unternehmer = Verkäufer wie in III 2 Var 1) oder wenn er über seine Funktion als Darlehensgeber hinaus den Grundstückserwerb durch Zusammenwirken mit dem Verkäufer (= Unternehmer) fördert. Die Förderung geschieht in der Weise, dass der Darlehensgeber zumindest partiell die Rolle des Unternehmers (= Verkäufers) übernimmt, indem er sich dessen Veräußerungsinteressen jedenfalls teilw zu eigen macht oder dass er bei der Planung, Werbung oder Durchführung des Projekts (also nicht nur des finanzierten Erwerbs) Funktionen des Veräußerers übernimmt oder den Veräußerer einseitig begünstigt. Das ist deutlich mehr als das, was III 2 Var 2 für die Bejahung einer wirtschaftlichen Einheit verlangt. Bliebe es auch beim Immobiliendarlehensvertrag bei diesen geringen Anforderungen, so wären die meisten Verträge auch dann „verbundene Geschäfte" nach III 2, wenn das Zusammenwirken zwischen dem Darlehensgeber (Kreditinstitut) und dem Verkäufer (Unternehmer) die übliche Beteiligung als Kreditgeber nicht übersteigt (zur fr Rspr BGH NJW 02, 1884; 04, 1376). **c)** Nur wenn das 6 Darlehen der Finanzierung des anderen Vertrags dient und eine wirtschaftliche Einheit iSv III 1, 2 oder III 1, 3 vorliegt, ist I anwendbar.

§ 358

7 **3. Widerruf des Liefervertrags, I. a)** Für den Liefervertrag iSv III 1 muss
8 ein **Widerrufsrecht** ges vorgesehen sein. **b)** Er muss mit dem Darlehensvertrag
9 **verbunden** sein; zum Begriff s Rn 1. **c)** Mit dem wirksamen Widerruf des Liefervertrags tritt die **Rechtsfolge** des § 355 I 1 (vgl dort Rn 17) für diesen und den
Verbraucherdarlehensvertrag ein, **I.** Rückabwicklung nach § 357: für den widerrufenen Vertrag direkt, für den verbundenen analog, **IV 1;** Zinsen und Kosten aus der
Rückabwicklung des Verbraucherdarlehens können vom Verbraucher nicht ver-
10 langt werden, **IV 2.** Zu **IV 3** vgl Rn 15. **d)** Auf die **Rechtsfolgen nach I** (Rn 9),
II 1, 2 (Rn 12, 13) muss in der gem § 360 erforderlichen Belehrung **zusätzlich
hingewiesen** werden, **V** (BGH NJW 09, 3020).

11 **4. Widerruf des (Verbraucher-)Darlehensvertrags, II. a)** Für ihn besteht ein
12 Widerrufsrecht nach § 495. **b)** Der Darlehensvertrag muss iSv III (Rn 2–6) mit dem
13 Liefervertrag **verbunden** sein, **II 1. c)** II 2, 3 aF, die den Widerruf des Darlehens
14 ausschlossen, sind aufgehoben (s Rn 1). **d)** Mit dem wirksamen Widerruf des Darlehensvertrags tritt die **Rechtsfolge** des § 355 I 1 (s dort Rn 17) für diesen und den
Liefervertrag ein. Abwicklung nach § 357 (Rn 9); zu Zinsen und Kosten **IV 2**
15 (Rn 9). **e) Eintritt in das Abwicklungsverhältnis, IV 3.** Ist die **Darlehenssumme** dem Unternehmer bei Wirksamwerden (Zugang, § 130) des Widerrufs
(der Rückgabe) **bereits zugeflossen,** so tritt der Darlehensgeber gegenüber dem
Verbraucher in das Abwicklungsverhältnis des Liefervertrags ein (kein Schuldbeitritt,
BGH 131, 73; zur dogmatischen Konstruktion Knops ZIP 10, 1265; die damit ggf
eintretende Konsumtion bzw Saldierung greift auch in der Insolvenz des Verbrauchers, Celle WM 11, 456) und zwar mit allen Rechten und Pflichten des Unternehmers aus dessen Vertrag. Bei Verbundgeschäften (zB **Anlagefonds**beitritt, Immobilienerwerb [sa Rn 5] können Schadensersatzansprüche aus **arglistiger Täuschung**
des Anlegers durch Mittelspersonen (aus cic) der Bank entgegengehalten werden;
diese muss sich das Verhalten des Vermittlers, von Fondsinitiatoren oder einer eingeschalteten Vertriebsgesellschaft (Voraussetzungen: BGH NJW 10, 602) bei institutionalisiertem Zusammenwirken zurechnen lassen (BGH 183, 112 = NJW 10, 596;
08, 2912; 07, 2407; 06, 1957; BKR 09, 373 je mN; aufgegeben wurde BGH NJW
04, 2731; 2736 und 2742; Einzelheiten zur Entwicklung der Rspr der Senate BaR/
Möller 37; Fischer VuR 10, 403). Die Durchgriffshaftung der Bank im Falle von
Schadensersatzansprüchen des Anlegers gegen Prospekt- oder Anlagefondsverant-
wortliche wird damit nicht weiter verfolgt (zust BaR/Möller 38). In Betracht
kommt auch eine Schadensersatzhaftung der Bank aus eigenem Aufklärungsver-
schulden (BGH 183, 124 mN, sa § 311 Rn 62). Bei institutionalisiertem Zusammenwirken kann eine widerlegliche Vermutung zulasten der Bank eingreifen, dass sie
die arglistige Täuschung der Verkäufer oder Vermittler kannte und daher wegen
ihres Wissensvorsprungs aufklärungspflichtig ist (BGH 169, 109; 168, 1; BRK 09,
374). Die Verjährungsfrist des Schadensersatzanspruchs gegen die Bank läuft gem
§ 199 I Nr 2 erst, wenn der Geschädigte von der arglistigen Täuschung und dem
Wissensvorsprung der Bank Kenntnis oder grob fahrlässige Unkenntnis hatte (BGH
BRK 09, 374). Einen Fondsbeitritt kann der getäuschte Anleger nach den Grundsätzen über die fehlerhafte Gesellschaft kündigen (BGH NJW 06, 1957) und den
Auseinandersetzungsanspruch dem Darlehensgeber entgegenhalten, über den Schadensersatzanspruch kommt es zu einer vollständigen Kompensation (BaR/Möller
37); zur Anwendung der Grundsätze über die fehlerhafte Gesellschaft im Verhältnis
Gesellschafter – kreditierende Bank sa § 357 Rn 2. Einzelheiten der Rückabwicklung nach IV 3 (insbes bei Anlagefonds) sind im iÜ str (s BaR/Möller 34–38). Der
Verbraucher hat bei **Widerruf des Darlehensvertrags** Anspruch auf Rückgewähr
von Zins und Tilgung (unter Abzug von Steuervorteilen, str; BGH NJW 07, 2401;
08, 649; BaR/Möller 34), sowie einer aus eigenen Mitteln erbrachten Anzahlung
an den Unternehmer (BGH 180, 133; abl für Rückzahlung des darlehensfinanzierten
Entgelts Schleswig WM 10, 1074; Düsseldorf ZIP 10, 617) und muss dem Darlehensgeber den vom Unternehmer geleisteten Gegenstand sowie ggf Schadensersatz-

ansprüche übertragen (BGH NJW 06, 1715 und 1788; Pal/Grüneberg 21; Einzelheiten str, s Bartels WM 07, 237). Beim finanzierten Beitritt zu Anlagefonds ist der Rückzahlungsanspruch der Darlehensvaluta str (s BaR/Möller 34, 35); nach BGH (NJW 08, 2464) und EuGH (NJW 10, 1511, sa § 312 Rn 6) können die Grundsätze über die fehlerhafte Gesellschaft zur Anwendung kommen und verdrängen insoweit §§ 355, 346. **f)** Zur **erweiterten Belehrung** wie Rn 10. Ein entspr Hinweis war 16 auch nach HWiG 2 I 3 aF kein unzulässiger Zusatz (BGH NJW 07, 276 unter Aufgabe von BGH NJW 04, 2735 und ZIP 08, 871; KG WM 08, 401).

§ 359 Einwendungen bei verbundenen Verträgen

¹**Der Verbraucher kann die Rückzahlung des Darlehens verweigern, soweit Einwendungen aus dem verbundenen Vertrag ihn gegenüber dem Unternehmer, mit dem er den verbundenen Vertrag geschlossen hat, zur Verweigerung seiner Leistung berechtigen würden.** ²**Dies gilt nicht bei Einwendungen, die auf einer zwischen diesem Unternehmer und dem Verbraucher nach Abschluss des Verbraucherdarlehensvertrags vereinbarten Vertragsänderung beruhen.** ³**Kann der Verbraucher Nacherfüllung verlangen, so kann er die Rückzahlung des Darlehens erst verweigern, wenn die Nacherfüllung fehlgeschlagen ist.**

1. **Voraussetzungen des Einwendungsdurchgriffs. a)** Verbraucherdarle- 1 hensvertrag (§ 491, hierzu BT-Drs 17/5097 S 26), bei dem das Widerrufsrecht nicht ausgeschlossen ist (§ 358 Rn 11). **b) Liefervertrag** des Verbrauchers mit dem 2 Unternehmer als verbundener Vertrag iSv § 358 III (dort Rn 2–6). **c)** Die **Aus-** 3 **nahme für Bagatellkredite** (finanziertes Entgelt übersteigt nicht 200 Euro) wurde mit dem Ges zur Umsetzung der VerbrKrRiLi in § 359a IV unverändert übernommen. Geblieben ist die Ausnahme für **Einwendungen**, die auf einer *nach* Abschluss des Verbraucherdarlehensvertrags vereinbarten **Abänderung** (§ 311 I) **des Liefervertrags** beruhen, **S 2. d) Einwendungen** aus dem Liefervertrag, die den Verbrau- 4 cher berechtigen würden, dem Unternehmer gegenüber seine **Leistung zu verweigern.** Den Einwendungen können *rechtshindernde und rechtsvernichtende Umstände* zugrundeliegen; *rechtshemmende*, zB Verjährung (BGH NJW 02, 137; NJW-RR 05, 415) auch, wenn die darauf gestützte Einrede dem Unternehmer gegenüber zwar besteht, aber (noch) nicht erhoben ist (zu unterscheiden von dem Fall, dass die Einwendung erst auf Grund einer rechtsgeschäftlichen Erklärung des Verbrauchers gegenüber dem Unternehmer entsteht [BGH NJW 00, 3560]; missverständlich Pal-Grüneberg 3). **e)** Kann der Verbraucher **Nacherfüllung** (§§ 437 Nr 1, 634 Nr 1) 5 verlangen, so kann er die Rückzahlung des Darlehens erst verweigern, wenn die Nacherfüllung fehlgeschlagen ist, **S 3.** Verlangen *können* genügt für den Ausschluss der Einwendung. Um die Einwendung zu erwerben, muss Nacherfüllung verlangt werden und dann fehlschlagen (§§ 440, 636).

2. **Rückzahlungsverweigerung.** Die Einwendung gegenüber dem Unterneh- 6 mer gewährt dem Verbraucher als Darlehensnehmer gegenüber dem Darlehensgeber (nur) das Recht, die Rückzahlung zu verweigern, **S 1**, auch wenn die Einwendung auf einem rechtshindernden oder rechtsvernichtenden Umstand (zB auf anfänglicher oder nachträglicher Nichtigkeit des Liefervertrags) beruht.

§ 359a Anwendungsbereich

(1) Liegen die Voraussetzungen für ein verbundenes Geschäft nicht vor, ist § 358 Abs. 1 und 4 entsprechend anzuwenden, wenn die Ware oder die Leistung des Unternehmers aus dem widerrufenen Vertrag in einem Verbraucherdarlehensvertrag genau angegeben ist.

§ 360

(2) **Liegen die Voraussetzungen für ein verbundenes Geschäft nicht vor, ist § 358 Absatz 2 und 4 entsprechend auf Verträge über Zusatzleistungen anzuwenden, die der Verbraucher in unmittelbarem Zusammenhang mit dem Verbraucherdarlehensvertrag geschlossen hat.**

(3) **§ 358 Abs. 2, 4 und 5 sowie § 359 sind nicht anzuwenden auf Darlehensverträge, die der Finanzierung des Erwerbs von Finanzinstrumenten dienen.**

(4) **§ 359 ist nicht anzuwenden, wenn das finanzierte Entgelt weniger als 200 Euro beträgt.**

Lit: Habersack, Das neue Recht der verbundenen Verträge, FS Picker 2010, S 327 ff.

1   **1. Allgemeines.** Die Vorschrift ist neu eingeführt durch das Ges zur Umsetzung der VerbrKrRiLi mit Wirkung zum 11.6.2010. II wurde durch das Ges vom 24.7.2010 (s § 358 Rn 1) klarer gefasst und in der Formulierung an I angepasst. Die terminologische Änderung in III geht auf das Ges zur Anpassung von Vorschriften über den Wertersatz bei Widerruf von Fernabsatzverträgen und über verbundene Verträge zurück, s § 312d Rn 1, § 358 Rn 1.

2   **2. Verweisungsfälle. Angabe von Ware/Leistung (I).** VerbrKrRiLi 2008 Art 3n, 15l wird mit I umgesetzt. Statt eines verbundenen Geschäfts nach § 358 III genügt die genaue Angabe der finanzierten Leistung, weil es in gleicher Weise den Eindruck wirtschaftlicher Einheit zu wecken geeignet ist. Eine bloße Typenbeschreibung genügt nicht, der Vertragsgegenstand muss spezifiziert sein, nicht aber im Sinne sachenrechtlicher Bestimmtheit (Habersack aaO S 333 f, aA Rösler/Werner BKR 09, 4). Notwendig ist wie in II ein Verbrauchervertrag iSv § 491, während III nF für jeden Darlehensvertrag mit einem Verbraucher gilt (s § 358 Rn 1); ausreichend ist Teilfinanzierung der angegebenen Ware oder Leistung (Habersack aaO S 335). Für den Immobilienerwerb ist I nach hM nicht anwendbar, weil das finanzierte RGeschäft widerrufbar sein muss (Volmer DNotZ 10, 591; Bergmann BKR 10, 189; PalGrüneberg 2), wohl aber für VVG 8 (Habersack aaO S 334). Verwiesen wird nur auf § 358 I, IV, unanwendbar bleiben soll § 359 (Verstoß gegen VerbrKrRiLi 2008 Art 15 II 1: Habersack aaO S 338; Schürnbrand ZBB 10, 127, s aber BT-Drs 16/11643 S 73). **Zusatzleistungen (II).** II dient der Umsetzung von VerbrKrRiLi 2008 Art 14 IV. Ein verbundenes Geschäft (§ 358) liegt nicht vor, wenn die Zusatzleistung vom Verbraucher selbst finanziert wird. Als Zusatzleistung kommen bei unmittelbarem Zusammenhang in Betracht Versicherungen, Verträge über Zahlungskarten (PalGrüneberg 4), nicht erforderlich ist, dass der Darlehensgeber die Zusatzleistung verlangt bzw zur Bedingung macht (Habersack aaO S 337; aA Freitag ZIP 09, 1301; Geist/Tyzak BB 10, 466). Der Zusatzvertrag wird bei Widerruf des Verbraucherdarlehen in die Rückabwicklung nach § 358 IV einbezogen. Mit **III** (**Finanzierung des Erwerbs von Finanzinstrumenten,** zum Begriff KWG 1 XI) wird VerbrKrRiLi 2008 Art 2 II h umgesetzt und § 491 III Nr 2 aF ersetzt. Beim Widerruf des Darlehensvertrags bleibt der Verbraucher an das Erwerbsgeschäft gebunden. Der Einwendungsdurchgriff (§ 359) ist ebenso ausgeschlossen wie bei Bagatelldarlehen nach **IV** (für diese bleibt § 358 anwendbar).

§ 360 Widerrufs- und Rückgabebelehrung

(1) ¹**Die Widerrufsbelehrung muss deutlich gestaltet sein und dem Verbraucher entsprechend den Erfordernissen des eingesetzten Kommunikationsmittels seine wesentlichen Rechte deutlich machen.** ²**Sie muss Folgendes enthalten:**
1. einen Hinweis auf das Recht zum Widerruf,

Titel 5. Rücktritt § 360

2. einen Hinweis darauf, dass der Widerruf keiner Begründung bedarf und in Textform oder durch Rücksendung der Sache innerhalb der Widerrufsfrist erklärt werden kann,
3. den Namen und die ladungsfähige Anschrift desjenigen, gegenüber dem der Widerruf zu erklären ist, und
4. einen Hinweis auf Dauer und Beginn der Widerrufsfrist sowie darauf, dass zur Fristwahrung die rechtzeitige Absendung der Widerrufserklärung oder der Sache genügt.

(2) ¹Auf die Rückgabebelehrung ist Absatz 1 Satz 1 entsprechend anzuwenden. ²Sie muss Folgendes enthalten:
1. einen Hinweis auf das Recht zur Rückgabe,
2. einen Hinweis darauf, dass die Ausübung des Rückgaberechts keiner Begründung bedarf,
3. einen Hinweis darauf, dass das Rückgaberecht nur durch Rücksendung der Sache oder, wenn die Sache nicht als Paket versandt werden kann, durch Rücknahmeverlangen in Textform innerhalb der Rückgabefrist ausgeübt werden kann,
4. den Namen und die ladungsfähige Anschrift desjenigen, an den die Rückgabe zu erfolgen hat oder gegenüber dem das Rücknahmeverlangen zu erklären ist, und
5. einen Hinweis auf Dauer und Beginn der Rückgabefrist sowie darauf, dass zur Fristwahrung die rechtzeitige Absendung der Sache oder des Rücknahmeverlangens genügt.

(3) ¹Die dem Verbraucher gemäß § 355 Abs. 3 Satz 1 mitzuteilende Widerrufsbelehrung genügt den Anforderungen des Absatzes 1 und den diesen ergänzenden Vorschriften dieses Gesetzes, wenn das Muster der Anlage 1 zum Einführungsgesetz zum Bürgerlichen Gesetzbuche in Textform verwendet wird. ²Die dem Verbraucher gemäß § 356 Abs. 2 Satz 2 in Verbindung mit § 355 Abs. 3 Satz 1 mitzuteilende Rückgabebelehrung genügt den Anforderungen des Absatzes 2 und den diesen ergänzenden Vorschriften dieses Gesetzes, wenn das Muster der Anlage 2 zum Einführungsgesetz zum Bürgerlichen Gesetzbuche in Textform verwendet wird. ³Der Unternehmer darf unter Beachtung von Absatz 1 Satz 1 in Format und Schriftgröße von den Mustern abweichen und Zusätze wie die Firma oder ein Kennzeichen des Unternehmers anbringen.

1. Allgemeines. Die mit Ges zur Umsetzung der VerbrKrRiLi eingefügte Vorschrift führt die bislang über §§ 355, 356, BGB-InfoV 14 verteilten Vorgaben zur Belehrung des Verbrauchers zusammen (die alte Rspr kann daher weitgehend übertragen werden). Sie trennt in I und II redaktionell klar zwischen Widerrufs- und Rückgabebelehrung. III soll Unternehmern einen Anreiz zur Verwendung von Musterbelehrungen bieten (s Rn 4). Wenn nicht das Muster gem III verwendet wird, sind die Anforderungen nach I und II zu beachten (BGH MDR 12, 1215 bestätigt für alte Musterbelehrungen, dass ihre Verwendung Schutzwirkung nach BGB-InfoV 14 I hatte; dies gilt nicht bei textlichen Abweichungen BGH NJW-RR-12, 183). Abweichend von der Konzeption der Widerrufsbelehrung sehen §§ 492 II, 495 II iVm EGBGB Art 247 § 6 II die entsprechenden Angaben als Teil des Vertragsabschlusses an (Bülow NJW 10, 1713). Die zusätzliche Belehrung gem § 357 III hat keinen Einfluss auf die Widerrufsfrist, Verstoß kann aber Schadensersatzansprüche auslösen (PalGrüneberg 2).

2. Inhalt der Belehrung über Widerruf (I) oder Rückgabe (II). a) Grundsatz. Eine transparente Belehrung, die alle Eventualitäten aufnimmt, ist kaum möglich. I 1 stellt daher klar, dass nur über die „wesentlichen" Rechte (s aber weitergehend § 312 II 2: Rechtsfolgen des § 357 I, III) belehrt werden muss und nennt in Nr 1–4 Mindestvoraussetzungen. Die Belehrung sollte grundsätzlich in deutscher

Sprache abgefasst sein oder in der Sprache, in der ggf Vertragsverhandlungen einvernehmlich geführt wurden und die der Verbraucher beherrscht. Das **Deutlichkeitsgebot** (s schon § 355 II 1 aF) hat eine inhaltliche und eine Gestaltungskomponente. Äußerlich muss sich die Belehrung von ggf anderem (Vertrags-)Text drucktechnisch klar abheben (Überschrift, Farbe, Schriftgröße, Untergliederung etc, BGH MDR 11, 113; NJW 09, 3022; 04, 3183; MK/Masuch § 355 Rn 49; PalGrüneberg 3). So kann etwa die Angabe einer Telefonnummer über die Form des Widerrufs irreführen (Hamm NJW-RR 10, 253; KG NJW-RR 08, 352, nicht wenn in klarem Zusammenhang mit I Nr 3). Ist die Belehrung in sich widersprüchlich (BGH NJW-RR 05, 181), verstößt dies gegen I ebenso wie eine auf mehrere Urkunden verteilte, aber nur insgesamt verständliche Belehrung (BGH NJW 09, 3022; MK/Habersack § 358 Rn 70); bei verbundenen Verträgen darf kein Missverständnis entstehen, dass der Verbraucher bei Widerruf eines Vertrags an den anderen gebunden bleibt (BGH

3 aaO 3021). **b) Einzelheiten. (I 2, II).** Aus der Rspr der vergangenen Jahre zum Inhalt der Belehrung werden sich zahlreiche Fälle erledigen, weil noch mehr Unternehmen angesichts von III 1, 2 auf die Musterbelehrungen zurückgreifen werden. Soweit dies nicht geschieht, ist weiterhin vor allem zu beachten: **Nr 1: Widerrufsrecht:** Unmissverständlicher Hinweis erforderlich; unschädlich ist der Zusatz „‚Verbraucher' haben das folgende Widerrufsrecht" (BGH NJW 12, 1814; strenger Stuttgart BeckRS 11, 02994); bei verbundenen Verträgen muss deutlich werden, dass der Verbraucher sich von beiden RGeschäften lösen kann (BGH NJW 09, 3020 [Maßstab ist der „unbefangene durchschnittliche Verbraucher"]); **Nr 2:** Hinweis auf Textform (insoweit Angabe von Telefonnummer ggf irreführend, Rn 2), nicht notwendige Begründung. **Nr 3: Name und Anschrift** des Widerrufsempfängers sind anzugeben (Postfachangabe genügt BGH MDR 12, 268 im Anschluss an NJW 02, 2392 [zur aF der BGB-InfoV]; aA Koblenz NJW j06, 920); der Hinweis in der Musterbelehrung wiederholt nur Nr 3 „ladungsfähige Adresse" und ist insoweit für den Verwender uU unklar). Die Nennung mehrerer Empfänger ist zulässig (PalGrüneberg 2). **Nr 4 (Frist):** Eine Angabe des Fristbeginns mit Datum ist nicht erforderlich. Den Anforderungen an die Belehrung über den Fristbeginn ist jedoch nicht Genüge getan, wenn diese nur allgemein auf den Erhalt der Widerrufsbelehrung abstellt, aber nicht auf die uU für den konkreten Vertragstyp zusätzlichen Erfordernisse hinweist (zB § 355 III 2: BGH 180, 123; MDR 11, 113; NJW 10, 3566; WM 05, 168 [falsche Fristberechnung]; VuR 09, 300; Hamm ZIP 07, 824; Schleswig MDR 08, 254; s hierzu auch Hinweis 3 in der Musterwiderrufsbelehrung). Ungenügend ist auch der Hinweis, die Frist beginne „frühestens" zu einem bestimmten Zeitpunkt (BGH BeckRS 10, 30942). Dies gilt auch, soweit dies wörtlich mit der Musterbelehrung nach Muster 2 zu § 14 I BGB-InfoV in der bis 31.3.2008 geltenden Fassung übereinstimmte, wenn im Übrigen nicht das Formular des Musters verwendet wurde und Inhalt und Gestaltung abweichen (BGH aaO). Hinsichtlich der Fristwahrung (Absendung genügt) darf nicht auf „Datum des Poststempels" verwiesen werden (Oldenburg BB 06, 1077) oder auf die Notwendigkeit des Zugangs (PalGrüneberg 2).

4 **3. Musterbelehrungen (III).** Mit der Einführung von III sorgt der Gesetzgeber wieder für mehr Rechtssicherheit. Solange die Musterbelehrung des BMJ nur eine Anlage zu BGB-InfoV war, hatte sie keine Gesetzeskraft, daher unterlagen auch Belehrungen, die sich an diesem Muster orientierten, der Verwerfungskompetenz der Gerichte. Hiervon musste in erheblichem Umfang Gebrauch gemacht werden, da die Musterwiderrufsbelehrung trotz Nachbesserungen fehlerhaft blieb (s Vorauf § 355 Rn 13); dies wiederum führte zu einer „Abmahnwelle" (Schröder NJW 10, 1935). Mit der Übernahme in das EGBGB erlangen die Muster in Anlage 1 und 2 zu Art 246 § 2 III 1 **Gesetzeskraft** und unterliegen damit nicht mehr gerichtlicher Kontrolle (BT-Drs 16/11643 S 74). Auch wenn die Belehrung nicht richtig sein sollte, kann der Unternehmer sicher sein, seine Belehrungspflicht zu erfüllen (III 1 und 2, BGH NJW 10, 989). Die Übernahme des Musters ist fakultativ, III 3 stellt

klar, dass bloß äußerliche Änderungen dieser Wirkung nicht entgegenstehen (das **Deutlichkeitsgebot;** I 1 gilt jedenfalls, s Knuth ZGS 10, 254; so auch BGH NJW 11, 1061 zur Rechtslage bis zum 31.3.2008). Inhaltliche Änderungen oder Ergänzungen können die Wirkung von III 1, 2 gefährden. Von eigen formulierten Belehrungen ist daher abzuraten. Inhaltlich wurde das Muster im Wesentlichen nur den Neuregelungen angepasst. Erhöhte Aufmerksamkeit muss der Unternehmer darauf verwenden, die jeweils aktuelle Fassung des Musters zu verwenden. Das zum 11.6.2010 neu einführte Muster wird durch das Ges zur Anpassung von Vorschriften über den Wertersatz bei Widerruf von Fernabsatzverträgen und über verbundene Verträge (s § 312d Rn 1) bereits wieder geändert; EGBGB Art 229 nF sieht eine dreimonatige Übergangsfrist für die Verwendung der seit 11.6.2010 geltenden Muster vor. Die Belehrung ist formgerecht, wenn sie in **Textform** erfolgt und so auch dem Verbraucher zugeht. Bloße Abrufbarkeit auf einer Angebotsseite im Internet und Speicherbarkeit genügt daher nicht (s bereits § 355 Rn 7), da für den Zugang bei Verbraucher entscheidend ist, dass er die Information tatsächlich gespeichert oder ausgedruckt hat.

Abschnitt 4. Erlöschen der Schuldverhältnisse

Vorbemerkungen

1. Forderung und Schuldverhältnis. Das Erlöschen einer Forderung ist von der Beendigung des gesamten Schuldverhältnisses zu unterscheiden.

2. Erlöschen der Forderungen. a) Ges geregelte Fälle: Erfüllung (§§ 362 ff), Hinterlegung (§§ 372 ff), Aufrechnung (§§ 387 ff), Erlass (§ 397), Untergang bei Leistungsstörungen (§§ 275 I, 281 IV, 326 I 1). **b) Nicht geregelte Fälle: aa) Konfusion:** Vereinigung von Gläubiger- u Schuldnerstellung in einer Person mit der grundsätzlichen Folge des Erlöschens der Forderung (BGH NJW 67, 2399; NJW-RR 09, 1059; vgl auch § 1922 Rn 9). Bei besonderer rechtfertigender Interessenlage kann die Forderung ausnahmsweise fortbestehen (Düsseldorf NJW-RR 99, 1406: Sicherungsabtretung der Forderung aus Lebensversicheurung an Versicherer; BGH NJW-RR 09, 1059: Kenntnis des erwerbenden Schuldners von Gläubigerinsolvenz; sa § 1922 Rn 9). **bb) Verwirkung:** vgl § 242 Rn 53 ff. **cc) Fortfall schutzwürdigen Leistungsinteresses:** offen BGH NJW 86, 2308 (Gesellschaftseintritt des Bürgen einer OHG); zur Leistungserschwerung und Unzumutbarkeit s § 275 II und III.

3. Beendigung des Schuldverhältnisses. a) Das **Erlöschen aller Forderungen** als Beendigungstatbestand schließt Nachwirkungen im Sinne von *nachvertraglichen Verhaltenspflichten* nicht aus (LM Nr 2 zu § 362; v. Bar AcP 179, 452; sa § 241 II). **b)** Durch **Aufhebungsvertrag** können die Parteien entsprechend dem Grundsatz der Vertragsfreiheit („contrarius consensus") die Wirkungen eines Schuldverhältnisses ex nunc oder ex tunc (BGH NJW 78, 2198) beseitigen. Mit der Aufhebung eines alten Schuldverhältnisses kann sich die Begründung eines neuen verbinden *(Novation).* **c)** Der **Rücktritt** (§§ 346 ff) beendet das ursprüngliche Schuldverhältnis, meist unter Umwandlung in ein Rückgewährschuldverhältnis. **d) Dauerschuldverhältnisse** enden durch Zeitablauf oder Kündigung, bestehen aber uU als Rückgewährschuldverhältnis bis zum Erlöschen aller Forderungen fort (vgl oben a).

4. Vertragliche Beseitigung des Erlöschens. Sie ist nur mit Wirkung ex nunc durch Neubegründung der Forderung bzw des Schuldverhältnisses möglich, so dass die Form einzuhalten ist (vgl BGH 20, 340) und akzessorische Sicherheiten nicht ohne weiteres wiederaufleben. Nur bei rückwirkendem Wegfall des RGeschäfts, das zum Erlöschen führt (zB § 142 I), tritt Wiederaufleben ex tunc ein.

§ 362

Buch 2. Abschnitt 4. Erlöschen der Schuldverhältnisse

Titel 1. Erfüllung

§ 362 Erlöschen durch Leistung

(1) **Das Schuldverhältnis erlischt, wenn die geschuldete Leistung an den Gläubiger bewirkt wird.**

(2) **Wird an einen Dritten zum Zwecke der Erfüllung geleistet, so findet die Vorschrift des § 185 Anwendung.**

Lit: Gernhuber, Die Erfüllung und ihre Surrogate, 2. Aufl 1994; Bülow, Grundfragen der Erfüllung und ihrer Surrogate, JuS 91, 529; Muscheler/Bloch, Erfüllung und Erfüllungssurrogate, JuS 00, 729.

1   **1. Begriff.** Erfüllung ist Bewirkung der geschuldeten Leistung an den empfangszuständigen Gläubiger oder Dritten durch Leistungsverhalten und gegebenenfalls durch Herbeiführung des Leistungserfolgs (BGH 87, 162; NJW 94, 1404; 2948; 06, 1085), uU durch Wiederholung der Leistungshandlung (LM Nr 25 zu § 157 [D]). Der Gläubiger muss den Leistungsgegenstand endgültig behalten dürfen (BGH WM 08, 1705 f). Bei Geldschulden ist erforderlich, dass der Gläubiger den Geldbetrag zur freien Verfügung endgültig behalten darf (BGH 145, 49 f; NJW 96, 1207; 06, 907; WM 08, 1705 f). Die näheren Modalitäten der Leistung, zB Person (§§ 267 f), Ort (§§ 269 f), Zeit (§ 271), Berechtigung zur Teilleistung (§ 266), sind für die Möglichkeit der Zurückweisung ohne Annahmeverzug (§§ 293 ff) wesentlich.

2   **2. Rechtsnatur.** Nach der *Theorie der realen Leistungsbewirkung* (vgl Larenz, SchR I, § 18 I 5) ist neben dem Leistungsverhalten und neben der Herbeiführung des – uU rechtsgeschäftlichen – Leistungserfolgs kein Vertrag erforderlich, der die Kongruenz von Erfüllungswillen und Annahmewillen sichtbar macht (anders die *vertraglichen Theorien,* hierzu Larenz, SchR I, § 18 I 1–3; Muscheler/Bloch JuS 00, 732). Ebensowenig ist eine Leistungszweckbestimmung des Leistenden (*Theorie der finalen Leistungsbewirkung,* Gernhuber, Erfüllung, § 5 III) erforderlich (BGH NJW 92, 2699; 07, 3489: Zuordnungsmöglichkeit ausreichend). Der leistende Schuldner kann durch eine Tilgungsbestimmung (empfangsbedürftige Willenserklärung; aA Gernhuber, Erfüllung, § 5 III 2: geschäftsähnliche Handlung; offen BGH 106, 166) freilich Zweifel über die Zweckbestimmung beseitigen (vgl §§ 366, 267, 268) oder die Erfüllungswirkung bzgl einer bestimmten Forderung ausschließen (BGH NJW 72, 1750; auch schlüssig: Düsseldorf WM 82, 753; Parallele bei der haftungsbefreienden Einlageleistung nach HGB 171 I, 2. HS: BFH 219, 141); möglich ist eine doppelte Tilgungsbestimmung (BGH 105, 157: Zahlung auf Forderung und Grundschuld). Die Befugnis zur Annahme ("Empfangszuständigkeit") auf der Gläubigerseite folgt teilw den Regeln rechtsgeschäftlicher Verfügung, ohne dass allerdings die Annahme als Erfüllung eine Verfügung über die Forderung wäre: beschränkt Geschäftsfähige können zwar uU das Erfüllungs*geschäft* (zB Eigentumserwerb) wirksam vornehmen (§ 107), bedürfen aber zur Annahme als Erfüllung der Zustimmung (§§ 107 ff), weil die Annahme die Forderung zum Erlöschen bringt; der Gläubiger kann Dritte zum Leistungsempfang ermächtigen (vgl II iVm § 185). Bei fehlender Empfangszuständigkeit erfolgt Rückabwicklung gem § 812 I 1, 1. Alt.

3   **3. Einzelheiten.** Die *Wirkung* der Erfüllung, das Erlöschen der Forderung, tritt für die jeweils fällige Einzelforderung ein (BGH 10, 396; NJW 07, 3489). Vorauszahlungen vor Entstehen einer Forderung bewirken nicht Erlöschen bei Forderungsentstehung, vielmehr bedarf es einer – uU formpflichtigen – Anrechnungsvereinbarung (BGH 85, 318; str, Singer JR 83, 356). Bei *Leistung unter Vorbehalt* (Seibert JR 83, 491) tritt volle Erfüllungswirkung ein, sofern der Vorbehalt nur §§ 212 I Nr 1 (früher: § 208 aF), 814 ausräumen will (BGH NJW 84, 2826 mN); anders aber beim Vorbehalt einer Rückforderung ohne Änderung der Beweislast (BGH

139, 367; NJW 07, 1269; WuM 09, 57). Bei Erfüllung unter aufschiebender Bedingung für die Tilgungswirkung, insbes unter der Bedingung des Bestands der Forderung, tritt Erfüllungswirkung vorläufig nicht ein, der Gläubiger kann ohne Verzugsfolge ablehnen (BGH 92, 284). *Erfüllung im Wege der Zwangsvollstreckung* 4 (Schünemann JZ 85, 49) führt bei endgültig vollstreckbaren Urteilen zum Erlöschen (vgl ZPO 815, 819, 883). Bei vorläufigen Titeln bleibt die Erfüllungswirkung bis zu ihrer Endgültigkeit in Schwebe, ebenso wenn *erkennbar* zur Abwendung der Vollstreckung aus vorläufigen Titeln geleistet ist (BGH NJW 90, 2756; WuM 09, 57; Krüger NJW 90, 1210; Köln NJW-RR 92, 239), weil andernfalls sich der Rechtsstreit erledigen würde (BGH 94, 274; Braun AcP 184, 152); jedoch schließt vorläufige Befriedigung Schuldnerverzug aus (BGH NJW 81, 2244).

4. Arten der Leistung an einen Dritten. Hier ist zu unterscheiden (Larenz, 5 SchR I, § 18 II; Taupitz JuS 92, 449): **a)** Leistung an einen Dritten mit **eigenem Gläubigerrecht** (§ 328). **b)** Leistung an einen **einziehungsberechtigten** Dritten, wobei die Einziehungsermächtigung auf Gesetz (§§ 1074, 1282) oder RGeschäft (vgl § 398 Rn 26 ff) beruhen kann. **c)** Leistung an einen **empfangsermächtigten** Dritten gem II iVm § 185 (zB BGH NJW 86, 989; 94, 2948; NJW-RR 97, 1460), wobei insbes § 185 II wegen § 816 II von Bedeutung ist (zur anfechtungsrechtlichen Rückgewährpflicht des Gläubigers BGH WM 09, 812). **d)** Leistung an den Gläubiger in Form der **Zuwendung an einen vertraglich benannten Dritten,** zB Darlehensauszahlung an den Verkäufer beim finanzierten Geschäft (BGH 33, 307; 60, 110); Darlehensauszahlung an den Darlehensvermittler (BGH NJW 78, 2295). **e)** Leistung an eine **Bank als „Zahlstelle"** des Gläubigers, bei welcher der Gläubiger selbst – nicht etwa die Bank – Leistungsempfänger ist (BGH NJW 85, 2700 mN; 07, 1410; vgl auch §§ 364, 365 Rn 4). **f) Rechtsscheintatbestände,** zB §§ 370, 6 2367. **g)** Leistung an den Gläubiger, der durch einen Dritten **vertreten** wird (zB WEG 27 II Nr 4, 5, Saarbrücken OLGZ 88, 47 zu WEG 27 II Nr 1 aF; Zahlung an Verfahrensbevollmächtigten, Dresden MDR 00, 1306; s aber Brandenburg NJW 07, 1470). **h)** Leistung an **gemeinsamen Treuhänder,** die vor Weitergabe an den Empfänger keine Erfüllung bewirkt (zB BGH 145, 4 f; NJW 86, 2947; NJW-RR 07, 845; Hamburg NJW 96, 1289 – aA Reithmann NJW 96, 3327) und lediglich das Vorleistungsrisiko bei zweiseitigen Verträgen bewältigen soll (zB Notaranderkonto: BGH 87, 156; NJW 94, 1404; 97, 2105; 98, 747; 2135 mN; Preuß JuS 96, 103; Zeiss JR 83, 410; Zimmermann DNotZ 83, 552 – anders BGH 82, 286: gewillkürte Geltung der §§ 372 ff bei Sperrkonto einer Bank); aber keine Erfüllung der Verpflichtung zur Zahlung an den gemeinsamen Treuhänder bei abredewidrigem Auskehrungsvorbehalt (BGH NJW 97, 2104).

5. Prozessuales. Bis zur Erfüllung muss der Gläubiger seinen Anspruch bewei- 7 sen, nach der Erfüllung der Schuldner zur Rückgewähr das Fehlen eines Anspruches. Zur Beweislast für die Erfüllung vgl § 363.

§ 363 Beweislast bei Annahme als Erfüllung

Hat der Gläubiger eine ihm als Erfüllung angebotene Leistung als Erfüllung angenommen, so trifft ihn die Beweislast, wenn er die Leistung deshalb nicht als Erfüllung gelten lassen will, weil sie eine andere als die geschuldete Leistung oder weil sie unvollständig gewesen sei.

1. Beweislast für die Erfüllung. Sie als rechtsvernichtende Einwendung trägt 1 **vor Annahme** der Schuldner (BGH NJW 69, 875; zur fehlenden Substantiierung BGH NJW 97, 128), auch soweit der Gläubiger seinerseits Rechte aus Nichterfüllung geltend macht (BGH NJW 93, 1706; 09, 1341). Sofern die Gegenleistung bereits erbracht wurde, kommt dem Schuldner bei Bargeschäften des täglichen Lebens der Anscheinsbeweis zugute (vgl auch LG Aurich NJW-RR 99, 1225: „tatsächliche Vermutung" der Leistung bei erfolgtem Warenversand per Nach-

§§ 364, 365

nahme). Bei Unterlassungspflichten hat hingegen nicht der Schuldner Erfüllung, vielmehr der Gläubiger Nichterfüllung bzw Verletzung zu beweisen (arg § 345); zu Aufklärungs- und Beratungspflichten s Rn 2. Der Schuldner hat auch Mängelfreiheit zu beweisen, wenn er seinerseits Ansprüche verfolgt, die Erfüllungsbereitschaft voraussetzen (zB §§ 433 II, 322 oder 323 I nF), es sei denn, der Gegner ist vorleistungspflichtig (BGH NJW 65, 1270); die in § 442 aF enthaltene Sonderregel für Rechtsmängel ist aufgehoben.

2   **2. Beweislastumkehr bei Annahme als Erfüllung.** Sie rechtfertigt sich aus der Beweisnot des Schuldners nach erbrachter Leistung. Sie beinhaltet keinen materiellen Rechtsverlust (anders §§ 442 I nF (früher: § 464 aF), 640 II, HGB 377; VOB/B 16 Nr 3 II, hierzu BGH NJW 83, 816; unklar Karlsruhe NJW-RR 96, 752). Die Annahme ist entspr der Theorie der realen Leistungsbewirkung (§ 362 Rn 2) Realakt, also nicht anfechtbar (str). Bei der Annahme als Erfüllung braucht der Wille des Gläubigers nur darauf gerichtet zu sein, die angebotene Leistung als geschuldete anzunehmen (zB Entgegennahme und Abzählen des Geldbetrages, BGH NJW 84, 722) und sie in der Hauptsache als vertragsgemäß gelten zu lassen (Köln FamRZ 84, 1090); eine formularmäßige Erklärung dieses Inhalts ist nach § 309 Nr 12b nF (= AGBG 11 Nr. 15b aF) unwirksam (Koblenz NJW 95, 3392). Einzelne Vorbehalte schließen Annahme als Erfüllung nicht unbedingt aus, insbes beim Behalten, Benutzen oder Weiterverkaufen der Ware (vgl Stuttgart NJW 69, 611; RG 109, 296). Die Beweislastumkehr erstreckt sich auch auf Mängel der Leistung (BGH NJW 85, 2329; 09, 3100; Sonderregelung in § 476 für den Verbrauchsgüterkauf), teilweise Nichterfüllung (BGH NJW 89, 3223) oder das Fehlschlagen einer Nachbesserung (BGH NJW 09, 1342; 11, 1664); anders bei Erklärung eines Vorbehalts hinsichtlich bestimmter Mängel (BGH NJW 09, 361). Ist streitig, ob eine Steuer- oder Rechtsanwaltsberatung sachlich verfehlt geführt, teilweise oder *gänzlich* unterlassen wurde, ist nach BGH NJW 96, 2572 für die differenzierte Beweislastverteilung im Rahmen des § 363 kein Raum (so auch Laumen JZ 87, 63; anders noch BGH NJW 86, 2570). Die Beweislast trägt in jedem Fall der, der den Beratungsverpflichteten in Anspruch nehmen will (BGH NJW 85, 265; 87, 1323; 92, 1697; 99, 2347).

3   **3. Ablehnung der Erfüllung.** Sie verhindert Beweislastumkehr und Erfüllungswirkung. Annahmeverzug (§§ 293 ff) tritt nur bei vertragsgemäßem Angebot (§ 362 Rn 1) ein.

§ 364 Annahme an Erfüllungs statt

(1) **Das Schuldverhältnis erlischt, wenn der Gläubiger eine andere als die geschuldete Leistung an Erfüllungs statt annimmt.**

(2) **Übernimmt der Schuldner zum Zwecke der Befriedigung des Gläubigers diesem gegenüber eine neue Verbindlichkeit, so ist im Zweifel nicht anzunehmen, dass er die Verbindlichkeit an Erfüllungs statt übernimmt.**

§ 365 Gewährleistung bei Hingabe an Erfüllungs statt

Wird eine Sache, eine Forderung gegen einen Dritten oder ein anderes Recht an Erfüllungs statt gegeben, so hat der Schuldner wegen eines Mangels im Recht oder wegen eines Mangels der Sache in gleicher Weise wie ein Verkäufer Gewähr zu leisten.

Titel 1. Erfüllung §§ 364, 365

Anmerkungen zu den §§ 364, 365

Lit: Schreiber, Leistungen an Erfüllungs Statt und erfüllungshalber, Jura 96, 328.

1. Leistung an Erfüllungs Statt. a) Begriff und Rechtsnatur. Der Schuldner 1
bewirkt eine andere als die geschuldete Leistung, die aber kraft vertraglicher Vereinbarung zwischen Gläubiger und Schuldner als Erfüllung gilt (BGH 89, 133; Larenz, SchR I, § 18 IV: „Erfüllungsvertrag"; str). Sicherheiten und Vorzugsrechte gehen mit dem alten Schuldinhalt unter, soweit keine angepasste Neuvereinbarung erfolgt (str). **b)** Die **Ersetzungsbefugnis des Schuldners** nimmt die Vereinbarung über 2
die Leistung an Erfüllungs Statt vorweg und überlässt es der Wahl des Schuldners, ob er die ursprüngliche Leistung oder die Ersatzleistung erbringen will. Bsp: Inzahlungnahme eines Gebrauchtwagens beim Neuwagenverkauf (BGH 89, 128 mN), so dass – anders als im Falle des Tausches – bei Untergang des Altwagens nicht §§ 275, 326 I gelten, sondern die ursprüngliche Geldleistung geschuldet bleibt. Zur Vermeidung der Mehrwertsteuer (volle Besteuerung des Zwischenumsatzes) wurde allerdings früher regelmäßig neben dem Neuwagenkaufvertrag ein Vermittlungsauftrag über den Gebrauchtwagen geschlossen; der Händler übernahm ein Mindestpreisrisiko, stundete insoweit die Kaufpreisforderung und verrechnete den Verkaufserlös, wobei ihm Mehrerlös als Provision verblieb (BGH NJW 82, 1699; krit Medicus NJW 76, 54; Behr AcP 185, 401). Nachdem UStG 25a seit 1.7.1990 nur noch die Preisdifferenz der Umsatzsteuer unterwirft, entfallen die steuerlichen Gründe für diese Gestaltung, so dass die Praxis zur Ersetzungsbefugnis zurückkehrte. Die erneute Zunahme von Agenturgeschäften wegen Änderungen im Gewährleistungsrecht im Zuge der Schuldrechtsreform (s Rn 3) ist nicht im erwarteten Maße eingetreten (vgl hierzu und zum Ganzen Reinking/Eggert, Der Autokauf, 9. Aufl 2005, Rn 636, 644 ff). Eine Umgehung der Rechte des Abnehmers des Gebrauchtwagens (§ 475 I 2) liegt im Agenturgeschäft nicht ohne weiteres (BGH NJW 05, 1039; Katzenmeier NJW 04, 2632); denn immerhin haftet der Händler dem Abnehmer neben dem Verkäufer des Altwagens aus §§ 280 I 1, 241 II, 311 III. **c) Gewähr-** 3
leistung. Sofern der Mangel Verpflichtungen des *Gläubigers* betrifft, gelten die allg Regeln: Tritt zB der Käufer eines Neuwagens wegen eines Mangels des Neufahrzeugs wirksam gem § 437 Nr 2 vom Vertrag zurück, bestimmt sich die Rückabwicklung nach den §§ 346 ff. Er kann Herausgabe des Altfahrzeugs und des Barpreisanteils verlangen (Hamm NJW-RR 09, 1506; Binder NJW 03, 394; zum alten Recht vor der Schuldrechtsreform BGH 89, 126). Ähnlich verhält es sich bei Inzahlunggabe eines Gebrauchtwagens im Rahmen eines Finanzierungsleasings (BGH NJW 03, 507) oder gegen Ablösung eines für das Altfahrzeug noch laufenden Kredits durch den Verkäufer als (versteckter) Preisnachlass für den Neuwagen (BGH 175, 286 mAnm Binder EWiR 08, 263; Gsell NJW 08, 2002). Verlangt der Käufer berechtigterweise „großen Schadensersatz" nach § 437 Nr 3, kann – wie früher vor der Schuldrechtsreform gemäß § 463 aF (BGH NJW 95,518) – statt der Herausgabe des Gebrauchtfahrzeugs Zahlung des Anrechnungsbetrags verlangt werden. Da der Schadensersatz nach § 437 dem Rücktritt gleichgeordnet ist, hat der Käufer faktisch ein Wahlrecht. Dieses wird aber zugunsten des Händlers kompensiert durch dessen in §§ 437 Nr 1, 281 I, 323 I zum Ausdruck kommendes „Recht zur zweiten Andienung" (hierzu Binder NJW 03, 398). Beim gekoppelten Vermittlungsauftrag kann der Käufer neben dem bezahlten Kaufpreisteil den vereinbarten Mindestpreis zurückverlangen, falls der Gebrauchtwagen verkauft ist; sonst wird der Auftrag gegenstandslos (Kündigung, Wegfall der Geschäftsgrundlage, vgl § 313 I, III), neben dem bezahlten Kaufpreisteil ist der Gebrauchtwagen im Wege der Rückabwicklung auch des Auftrags zurückzugeben (zum alten Recht vor der Schuldrechtsreform BGH NJW 80, 2191). Bei Gewährhaftung seitens des *Schuldners* ist § 365 – eine missglückte Vorschrift (Larenz, SchR I, § 18 IV) – zu berücksichtigen: Ist der in

Stürner

§ 365 Buch 2. Abschnitt 4. Erlöschen der Schuldverhältnisse

Zahlung gegebene Gebrauchtwagen mangelhaft, so stehen dem Verkäufer die Rechtsbehelfe aus § 437 zu. Das an sich gem §§ 437 Nr 2, 323 I erforderliche Nachbesserungsverlangen wird regelmäßig nach §§ 440 S 1, 283, 311a II, 281 II bzw 326 V, 323 II entbehrlich sein. Der Rücktritt des Verkäufers von der Erfüllungsvereinbarung (§§ 437 Nr 2, 440, 326, 323) führt zum Anspruch des Verkäufers auf Wiederbegründung der originären Kaufpreisforderung mit der Möglichkeit sofortiger Zahlungsklage (so zum alten Recht vor der Schuldrechtsreform BGH 46, 342). Bei gekoppeltem Vermittlungsauftrag über einen Gebrauchtwagen kann der Gläubiger bei schweren Mängeln oder arglistiger Täuschung den Auftrag kündigen (so zum alten Recht vor der Schuldrechtsreform BGH NJW 78, 1482; hierzu Rupp/ Fleischmann NJW 84, 2803), die Stundung entfällt und der gesamte Neupreis ist fällig; anders bei entspr Hinweis auf Mängel (BGH NJW 82, 1699) oder schlüssigem Gewährleistungsausschluss (Verschleißmangel: BGH 83, 334; Schack NJW 83, 2806). Da ein Kündigungsrecht aus wichtigem Grund besteht, bedarf es des Rück-
4 griffs auf § 313 nicht. **d)** Die **Überweisung auf Girokonto** (sa § 362 Rn 5) ist Leistung an Erfüllungs Statt (Begründung einer Forderung des Gläubigers gegen die Bank statt Barzahlung), in die der Vertragspartner durch die Kontoangabe (BGH NJW-RR 04, 1281) – nicht schon durch bloße Kontoeröffnung (Köln NJW-RR 91, 50) – im Voraus einwilligt (aA Gernhuber, Erfüllung, § 11, 2 mN: Gleichstellung von Münz- und Giralgeld; offen BGH NJW 86, 2429; 99, 210 mAnm Hadding WuB I D 1 Überweisungsverkehr 2.99; vgl v. Dücker WM 99, 1258 ff). Die Erfüllungswirkung tritt mit der Gutschrift des Betrags (abstraktes Schuldversprechen, das durch vorbehaltlose Bereitstellung der Daten ohne Nachdispositionsmöglichkeit seitens der Bank entsteht, BGH 103, 146 f mAnm Hadding/Häuser WM 88, 1149; BGH NJW 05, 1771; 06, 907) auf dem angegebenen Girokonto ein (BGH 98, 30; NJW 88, 1320; Karlsruhe NJW 97, 1587), auch bei Falschangabe des Kontos durch den Gläubiger (FinanzG BW WM 84, 963; arg §§ 170 ff). Benötigt ein Gläubiger Angaben über den Verwendungszweck, um die Zahlung zuordnen zu können, tritt bei schlecht ausgefülltem Überweisungsträger Erfüllung erst ein, wenn die Information nachgeliefert wird (LG Karlsruhe NJW-RR 02, 1572; zust Braun MDR 02, 571); zum Gutschriftsanspruch des Gläubigers gegen die Empfängerbank s § 676g aF entspr § 675t nF. Zahlung auf ein anderes als das angegebene Konto befreit grundsätzlich nicht (BGH NJW-RR 04, 1281; 08, 1513), jedoch kann im Schweigen eine Erfüllungsannahme liegen (Karlsruhe NJW-RR 96, 752). Bei widersprüchlichem Verhalten muss sich der Empfänger ggf gem § 242 so behandeln lassen, als habe er die Verbuchung und Verrechnung genehmigt (BGH NJW-RR 2004, 1282). Bei Leistung vor Fälligkeit kann der Gläubiger die Gutschrift ablehnen und damit die Erfüllungswirkung verhindern (BGH 1, 7). Unklare Angaben bei Überweisung können Nichterfüllung oder Schadensersatz aus pVV (§§ 280 I 1, 241 II) zur Folge haben (Feldhahn NJW 84, 2929). Anders als die Erfüllungswirkung hängt die Rechtzeitigkeit (zB Verzug!) der bargeldlosen Zahlung vom Zeitpunkt des schuldnerischen Abbuchungsauftrags ab, soweit man nicht mit dem EuGH auch
5 hier auf die Gutschrift abhebt (EuGH NJW 08, 1935; vgl § 270 Rn 7). **e)** Im **Lastschriftverfahren** ist erfüllt, wenn zur Gutschrift auf dem Gläubigerkonto die wirksame Belastung des Schuldnerkontos mit Gutschrift bei der Gläubigerbank tritt, es sei denn, die Schuldnerbank übernimmt das Einlösungsrisiko (s BGH NJW 83, 221). Hat der Schuldner bei Einzugsermächtigung ein Widerspruchsrecht, so ist unter neuem Recht (hierzu auch die Zahlungsdiensterichtlinie vom 13.11.2007, ABl EU L 319 S 1) für ab dem 31.10.2009 begonnene Zahlungsvorgänge (Art 229 § 22 I 2 EGBGB) die Erfüllung auflösend bedingt (str; hierzu sowie zur Bedeutung der neuen §§ 675j, 675p, 675x und der SEPA-AGB sowie zur Insolvenzfestigkeit BGH NJW 10, 3510; 3517; 12, 2576; Omlor NJW 12, 2150). Die sog. Genehmigungstheorie, die auf die ausdrückliche oder stillschweigende Genehmigung der Belastung dem Lastschriftschuldner abhebt (dazu BGH 177, 74; NJW 10, 3510; 3517; 11, 1434; 12,2507; 2572; ferner Einsele AcP 209, 757), hat unter neuem Recht keine oder allenfalls noch sehr eingeschränkte Bedeutung, soweit

Titel 1. Erfüllung **§ 366**

nämlich das Widerspruchsrecht verzichtbar ist u eine Genehmigung einen künftigen Widerspruch ausschließen soll. Ab 01.02.2014 bzw 01.02.2016 gilt zusätzlich die VO (EU) Nr 260/2012 (sog SEPA – Verordnung), die der deutsche Gesetzgeber in einem Begleitgesetz umsetzen wird. Zur entsprechenden Anwendung des § 377 auf das Erstattungsverlangen des Lastschriftschuldners nach § 675x s § 377 Rn 1.

2. Leistung erfüllungshalber. a) Begriff und Rechtsnatur. Der Gläubiger 6 muss entspr vertraglicher Vereinbarung zunächst die Befriedigung aus dem Erfüllungssurrogat versuchen. Gelingt der Befriedigungsversuch, erlischt die ursprüngliche Leistungspflicht; schlägt der Befriedigungsversuch fehl, so kann der Gläubiger die fortbestehende und gestundete alte Forderung weiterverfolgen (BGH 116, 282; 96, 193; NJW 01, 517; 07, 1358). Der Gläubiger muss mit verkehrsüblicher Sorgfalt seine Befriedigung versuchen (BGH 96, 193), Sorgfaltsverletzungen machen ersatzpflichtig (Celle OLGZ 70, 450; BGH NJW-RR 07, 1119) und geben dem Schuldner ein Leistungsverweigerungsrecht (BGH NJW 00, 3345). Klagen und Vollstreckungsversuche mit zweifelhafter Erfolgsaussicht gehören nicht zur geschuldeten Sorgfalt (Nürnberg WM 76, 967). Verwertungskosten gehen zu Lasten des Schuldners (BGH 92, 127; arg § 670). **b) Anwendungsfälle. aa) Übernahme einer 7 neuen Verbindlichkeit** gem § 364 II liegt vor bei Hingabe eines Wechsels (BGH 96, 186) oder Schecks (BGH 83, 101; 131, 74; NJW 86, 1175 f; 96, 1961). Der Schuldner hat die Diskontspesen eines Wechsels zu tragen (LM Nr 2 zu § 364). Die Erfüllungswirkung tritt mit der vorbehaltlosen Gutschrift ein (BGH NJW 76, 1843; 95, 3388; NJW-RR 07, 1118; JZ 96, 804; DB 88, 1947), die Rechtzeitigkeit hängt von der Begebung des Wertpapiers ab (vgl § 270 Rn 4 f und 6 f mN); keine Fristversäumnis, wenn der Gläubiger den rechtzeitigen Eingang des Schecks wahrheitswidrig bestreitet und so bewirkt, dass der Schuldner den Scheck sperren lässt (BGH NJW 02, 1788). Zahlung auf die ursprüngliche Forderung bewirkt idR volle Erfüllung, auch wenn der Gläubiger als Aussteller eines vom Schuldner akzeptierten Wechsels dem Rückgriff ausgesetzt bleibt (BGH 97, 197; hierzu Honsell JZ 86, 757). **bb) Abtretung einer Forderung gegen Dritte** kann erfüllungs- und siche- 8 rungshalber gleichzeitig erfolgen (BGH NJW-RR 08, 435), zB beim unechten Factoring (BGH 58, 369; § 398 Rn 31) oder Leasing (BGH 116, 284: Kaskoversicherungsforderung des Leasingnehmers zur Erfüllung von Forderungen des Leasinggebers wegen Substanzschadens an der Leasingsache). **cc) Begründung einer For-** 9 **derung gegen Dritte,** zB durch Stellung eines Akkreditivs durch den Käufer (BGH NJW 81, 1905). Bei Zahlung mittels *Kreditkarte* stundet das Vertragsunternehmen dem Karteninhaber den Betrag und sucht erfüllungshalber Befriedigung aus dem Schuldversprechen des Kartenherausgebers. Durch Hinweis auf Entgegennahme von Kreditkarten willigt das Vertragsunternehmen hierin ein (AG Neuss NJW-RR 90, 254; LG Düsseldorf NJW-RR 91, 311). Ähnlich wirkt die Zahlung im *POZ-System* oder mit *Geldkarte* (hierzu Pfeiffer NJW 97, 1036; Kümpel WM 97, 1037 mN).

3. Auslegung der Erfüllungsvereinbarung. Die Auslegung einer Erfüllungs- 10 vereinbarung, insbes die Bestimmung der Art des gewählten Surrogats, folgt zunächst allg Regeln (BGH 116, 283; Koblenz ZIP 07, 1260), ehe die Auslegungsregel des § 364 II greift; sie ist dahin verallgemeinerungsfähig, dass Leistung an Erfüllungs Statt im Zweifel nur bei endgültigem Vermögenszuwachs des Gläubigers gewollt ist. Bei Begründung oder Übertragung einer Forderung gegen Dritte ist im Zweifel Leistung erfüllungshalber anzunehmen (BGH NJW 10, 2960 f).

§ 366 Anrechnung der Leistung auf mehrere Forderungen

(1) **Ist der Schuldner dem Gläubiger aus mehreren Schuldverhältnissen zu gleichartigen Leistungen verpflichtet und reicht das von ihm Geleistete nicht zur Tilgung sämtlicher Schulden aus, so wird diejenige Schuld getilgt, welche er bei der Leistung bestimmt.**

Stürner

§ 366

(2) **Trifft der Schuldner keine Bestimmung, so wird zunächst die fällige Schuld, unter mehreren fälligen Schulden diejenige, welche dem Gläubiger geringere Sicherheit bietet, unter mehreren gleich sicheren die dem Schuldner lästigere, unter mehreren gleich lästigen die ältere Schuld und bei gleichem Alter jede Schuld verhältnismäßig getilgt.**

1 1. **Tilgungsbestimmung.** Die **Befugnis** zur Tilgungsbestimmung (§ 362 Rn 2) hat der leistende Schuldner oder Dritte (§ 267, zB Düsseldorf VersR 01, 619: Zahlung durch Haftpflichtversicherung), bei fehlender Bestimmung durch den Hauptschuldner auch der Bürge (str). Bei Drittzahlung auf grundschuldbesicherte Forderungen ist die Tilgungsbestimmung des Schuldner-Eigentümers maßgeblich (BGH NJW 97, 2047). Hat der Schuldner seinen Willen gem § 366 I erklärt, so kann er das zwecks Erfüllung einer **nicht bestehenden Verbindlichkeit** Geleistete gem § 812 I 1, 1. Alt zurückfordern; der Gläubiger kann dagegen ggf mit der nicht erfüllten bestehenden Forderung aufrechnen, aber keine andere Anrechnung verlangen (BGH 50, 231 f; NJW 00, 2897). **a)** Voraussetzung sind **mehrere selbstständige Forderungen**, die aber auf demselben Rechtsgrund beruhen dürfen, zB Heilungskosten und Schmerzensgeld (RG LZ 1915, 1441 Nr 10) oder auch mehrere Mietzinsraten (BGH 91, 379 mN) bzw hypothekarisch gesicherter und ungesicherter Teil einer Kaufpreisforderung (BGH NJW 73, 1689), mehrere geschuldete Wohngeldzahlungen im Wohnungseigentumsverfahren (BayObLG WuM 01, 143), mehrere Unterhaltsforderungen (Saarbrücken NJW-RR 10, 1012), mehrere Vergütungsforderungen aus einem Steuerberatungsvertrag (BGH NJW 97, 517), rangverschiedene Teile einer Grundschuld (BayObLG Rpfleger 85, 434), Grundschuld und gesicherte Forderung (BGH NJW 97, 2046), mehrere Zwangssicherungshypotheken für die Teile einer einheitlichen Forderung (BGH NJW 91, 2022); nicht mehr dagegen Forderung gegen BGB-Gesellschaft und quotale Mithaftung des Gesellschafters (BGH NJW 11, 2040 und 2045 gegen BGH 134, 228/229; dazu zustimmend K Schmidt NJW 11, 2001 mNw; bestätigend BGH NZI 11, 867/68; BVerfG NJW 13, 523 - Kammer; sa §§ 714, 715 Rn 5); ebenfalls nicht Arbeitgeber- und Arbeitnehmeranteil bei Abführung durch AG an Sozialversicherung (so BGH ZIP 98, 398: BeitragszahlungsVO 2 als lex specialis; aA zum alten Recht BGH WM 82, 1032) u bei Sicherheitsleistung für mehrere Forderungen (BGH ZIP 85, 998: Bestimmungsrecht des Gläubigers über Verwendung; sa Dresden ZIP 11, 2266 zum Bestimmungsrecht des Insolvenzverwalters gegenüber Absonderungsberechtigten).

2 **b) Gläubigeridentität** als Grundvoraussetzung darf ausnahmsweise fehlen, wenn an *verschiedene* Gläubiger *befreiend* geleistet werden kann, insbes nach Teilzession bei verlängertem EV (§§ 362 II, 185, 407); § 366 analog (BGH 47, 170; NJW 91, 2630; 06, 2846; NJW-RR 09, 1058) führt bei fehlender Schuldnerbestimmung idR zu anteiliger Tilgung gem II (MK/Wenzel 3), bei nicht offengelegter Teilzession ist aber auch eine unverzügliche (entsprechend § 121 I) nachträgliche Tilgungsbestimmung möglich (BGH 167, 341; NJW 08, 986; sa § 398 Rn 8). Vorbehaltsverkäufer und Vorbehaltskäufer können eine Rangfolge vereinbaren, die aber nur sie und nicht den Schuldner bindet und die nicht schon stillschweigend aus dem Sicherungsbedürfnis des Vorbehaltsverkäufers folgt (BGH NJW 91, 2630; sa Karlsruhe ZIP

3 84, 609). **c) Konkludente Abgabe** der Bestimmungserklärung ist nach allg Regeln möglich (BGH NJW 97, 1015; 10, 2209; NJW-RR 95, 1258), zB durch Zahlung des genauen Betrags einer der Schuldsummen (vgl BGH NJW 01, 3781; 08, 3438). **d)** Die Tilgungsbestimmung kann nur im **Zeitpunkt der Leistung** erfolgen, nicht nachträglich (s BGH ZIP 85, 998); anders im Falle einer nicht offengelegten Teilabtretung (s Rn 2). Die Parteien können nachträgliche Leistungsbestimmung einverständlich zulassen (BGH 51, 161; NJW 97, 1015; NJW-RR 09, 1059); so zB auch stillschweigend bei Entgegennahme einer Zahlung, die zur Tilgung einer noch zu konkretisierenden künftigen Forderung dienen soll (OLGR Zweibrücken 05, 29).

4 **e) Vorherige Vereinbarungen** schließen die gesetzliche Reihenfolge (II) aus (BGH ZIP 93, 912) und verfügen endgültig über die Tilgungsrichtung, später abw

Bestimmung ist unerheblich (BGH 91, 379 mN, NJW-RR 95, 1257; aA Gernhuber, Erfüllung, § 7 I 5: Ablehnungsrecht bzw Schadensersatzanspruch des Gläubigers bei schuldrechtlicher Bindung des Schuldners). *Formularmäßige* Vereinbarungen müssen eine ausgewogene Reihenfolge konkret festlegen, das einseitige Bestimmungsrecht des Gläubigers ist gem § 307 I nF (= AGBG 9 I aF) unwirksam (BGH 91, 380 f; NJW 99, 2044; abzulehnen Hamm WM 92, 257); anders in Einzelverträgen (BGH NJW-RR 91, 564; zur Inhaltskontrolle bei anderen unangemessenen Benachteiligungen KG NZM 11, 95). Die Auslegung einer Tilgungsvereinbarung folgt allg Regeln, zB Bestimmung der getilgten Forderung anhand des Inhalts einer erfüllungshalber abgetretenen Forderung (BGH 116, 284). **f) Aufrechnung und** 5 **Kontokorrent** vgl § 396 Rn 1. **g) Anfechtung** der Tilgungsbestimmung wegen Irrtums ist möglich (BGH 106, 163; vgl Ehricke JZ 99, 1075 ff). **h) Zwangsvollstreckung** in das Vermögen des Schuldners schließt dessen Befugnis zur Tilgungsbestimmung aus, die als Begünstigung nur dem freiwillig leistenden Schuldner zugute kommen soll (BGH 140, 393 ff; aA StOlzen, 5 f; ebenso im Falle der Verwertung sicherungshalber abgetretener Forderungen BGH NJW 08, 2842). Nicht ausgeschlossen wird dagegen die Bestimmungsbefugnis eines freiwillig leistenden Dritten (Düsseldorf ZMR 00, 606). Zahlung unter dem Druck der Vollstreckung ist aber im Sinne der Verhinderung der Vollstreckungsmöglichkeit zu verrechnen (Düsseldorf NJW-RR 01,1595; sa Dresden ZIP 11, 2266).

2. Gesetzliche Tilgungsreihenfolge. Die gesetzliche Reihenfolge gem II (aus- 6 führlich Avenarius AcP 203, 511) basiert auf einer Interessenabwägung unter Berücksichtigung *beider* Parteien. Gleichwohl geht nach der Rspr der *vermutete vernünftige Wille des Schuldners* vor, sofern der Gläubiger die Interessenlage ohne weiteres erkennen kann (LM Nr 6 und 8; BGH NJW 78, 1524: Anrechnung einer Prämienzahlung in der dem Versicherungsschutz dienlichsten Weise; BGH WM 87, 1214: Zahlungen nach Androhung der Zwangsvollstreckung aus der Grundschuld werden auf sie erbracht; Koblenz VersR 83, 383: Haftpflicht- vor Kaskoprämie). InsO 53 ff schließen §§ 366, 367 aus (BGH NJW 85, 3064); anders bei Zahlungen des betriebsfortführenden Insolvenzverwalters (BGH ZIP 80, 430). Einzelkriterien der Reihenfolge: **a) Sicherheit** wird bestimmt von Mithaftung Dritter (BGH 146, 49; 134, 228 f; NJW 08, 2844); zusätzlicher Grundschuldbesicherung (BGH NJW-RR 04, 407); vollstreckbarem Titel (Hamburg MDR 71, 758; str); Insolvenzvorrecht; späterer Verjährung (BGH NJW 09, 1073). **b) Lästigkeit:** Zinssatz, Verzug, Rechtshängigkeit. **c) Alter:** Entstehung, nicht Fälligkeit (BGH NJW 91, 2630).

§ 367 Anrechnung auf Zinsen und Kosten

(1) **Hat der Schuldner außer der Hauptleistung Zinsen und Kosten zu entrichten, so wird eine zur Tilgung der ganzen Schuld nicht ausreichende Leistung zunächst auf die Kosten, dann auf die Zinsen und zuletzt auf die Hauptleistung angerechnet.**

(2) **Bestimmt der Schuldner eine andere Anrechnung, so kann der Gläubiger die Annahme der Leistung ablehnen.**

1. Anwendungsbereich. Die Vorschrift behandelt nur das Tilgungsverhältnis 1 zwischen Hauptforderung und *zugehörigen* Nebenforderungen (wie in § 366 auch in bestimmten Fällen der Gläubigermehrheit: Hamm NJW-RR 00, 174; s § 366 Rn 2); Nebenkosten anderer Forderungen sind im Verhältnis zu einer Hauptforderung nach § 366 zu tilgen (vgl LM Nr 6 zu § 366). Anders als § 366 legt § 367 die Reihenfolge unabhängig vom Schuldnerwillen fest (Hamm WM 85, 1063). Gem II muss der Gläubiger allerdings ablehnen, soll abw Schuldnerwille nicht greifen. Ablehnung bedeutet sofortige Ablehnung der Leistung insgesamt; der Widerspruch des Gläubigers gegen den Schuldnerwillen unter Leistungsannahme führt nicht zur Geltung der Verrechnungsregel gem I, vielmehr gilt dann der Schuldnerwille (BGH

NJW 83, 2774; str, offen BGH 80, 274). § 367 ist abdingbar (LM Nr 8; Köln NJW-RR 07, 1362); eine formularmäßige Vereinbarung ist gem § 307 I unwirksam, wenn das Recht des Schuldners nach § 367 II ausgeschlossen und das Tilgungsverhältnis allein in das Belieben des AGB-Verwenders gestellt wird (Düsseldorf ZMR 09, 275). § 367 I gilt auch im Vollstreckungsverfahren (BGH NJW 56, 1595; zur Einschränkung auf Abs 1 führen die Überlegungen in BGH 140, 391 = NJW 99, 1704; sa § 366 Rn 5) u im Insolvenzverfahren für fortlaufende Zinsen absonderungsberechtigter Gläubiger (BGH NJW-RR 11, 688). § 367 findet keine Anwendung bei verjährten Nebenforderungen (Hamm MDR 81, 844). Zu Aufrechnung und Kontokorrent vgl § 396 Rn 1; zur Kostenverrechnung bei Gesamtschuldnerschaft § 421 Rn 10.

2 **2. Verbraucherrecht.** Für Verbraucherkreditverträge (Verbraucherdarlehen und Finanzierungshilfen, §§ 491 I, 506-509) gilt im *Verzugsfalle* die abweichende Reihenfolge Kosten der Rechtsverfolgung, Hauptforderung, Zinsen (§ 497 III; ausgenommen sind Immobiliardarlehensverträge, § 497 IV), wobei die nach Verzug auflaufenden Zinsen auf gesondertem Konto zu verbuchen sind (§ 497 II). Diese Abrechnungsregel ist zwingendes Recht (§ 511; überholt insoweit deshalb wohl BGH 91, 55). Zahlt ein Verbraucher die Raten eines sittenwidrigen Kreditvertrages (§ 138 I) in Unkenntnis der Unwirksamkeit, so gelten mit jeder Rate Kapital und Kreditkosten als anteilig getilgt (BGH NJW 87, 831; BGH 91, 55, 58). Die Rückzahlung des Kapitalanteils der Rate ist durch § 812 I 1 gerechtfertigt (für Geltung des VerbrKrG 11 – nunmehr § 497 – statt §§ 288, 289, 367 insoweit zu Recht Bülow NJW 92, 2049), hinsichtlich des jeweiligen Kostenanteils besteht ein Bereicherungsanspruch des Kreditnehmers mit neuerdings regelmäßiger Verjährung (§§ 195, 199 I nF; überholt BGH NJW 87, 831).

§ 368 Quittung

¹Der Gläubiger hat gegen Empfang der Leistung auf Verlangen ein schriftliches Empfangsbekenntnis (Quittung) zu erteilen. ²Hat der Schuldner ein rechtliches Interesse, dass die Quittung in anderer Form erteilt wird, so kann er die Erteilung in dieser Form verlangen.

§ 369 Kosten der Quittung

(1) Die Kosten der Quittung hat der Schuldner zu tragen und vorzuschießen, sofern nicht aus dem zwischen ihm und dem Gläubiger bestehenden Rechtsverhältnis sich ein anderes ergibt.

(2) Treten infolge einer Übertragung der Forderung oder im Wege der Erbfolge an die Stelle des ursprünglichen Gläubigers mehrere Gläubiger, so fallen die Mehrkosten den Gläubigern zur Last.

Anmerkungen zu den §§ 368, 369

1 **1. Wesen der Quittung.** Eine Quittung ist die tatsächliche Bestätigung über den Empfang der geschuldeten Leistung, also kein RGeschäft, sondern reines Beweismittel. Sie bedarf der Schriftform gem §§ 126, 126a (BGH NJW-RR 88, 881), Stempel u Faksimile reichen ebensowenig aus wie eine Paraphe (BGH NJW-RR 07, 351). **a) Beweiskraft:** Quittung erbringt vollen Beweis für Abgabe der bestätigenden Erklärung (ZPO 416); Gegenteilsbeweis zulässig. Sie ist prima-facie-Beweismittel (ZPO 286) für den Vorgang (zB Zahlung), dem die Erklärung gilt, und insoweit der Erschütterung richterlicher Überzeugung zugänglich (BGH NJW-RR 88, 881; 05, 1558; 07, 352; BayObLG ZMR 01, 370 für löschungsfähige Quittung; BGH NJW 01, 2099 für Darlehensempfangserklärung in öffentlicher

Titel 1. Erfüllung §370

Urkunde). Eine Bankquittung – auch ohne eigenhändige Unterschrift – bestätigt idR den Empfang des Geldes (BGH NJW-RR 88, 881; Frankfurt WM 91, 725; Köln WM 01, 678 f). Nach der Privatisierung der Deutschen Post ist auch der Posteinlieferungsschein Quittung iSd § 368, nicht mehr öffentliche Urkunde iSd ZPO 415, 418 (Hamm TranspR 00, 431; sa VG Frankfurt NJW 97, 3329; aA Frankfurt NJW 96, 3159). Bei *im Voraus erteilter Quittung* genügt zur Erschütterung der Beweis der Vorauserteilung (BGH WM 79, 1158; anders bei Zug um Zug gegen Zahlung erteilter „Vorausquittung", vgl LG Bochum MDR 70, 588). **b) Materiell-** 2 **rechtliche Wirkungen** – als Erlass- oder negativer Schuldanerkenntnisvertrag (§ 397 I, II) – entfaltet sie nur in Ausnahmefällen (etwa bei Streit über Schuld; zur engen Auslegung einer Generalquittung bei Mietende BGH NJW-RR 99, 593). Bei der *Ausgleichsquittung* anlässlich der Beendigung von Arbeitsverhältnissen ist zumindest für aus dem Arbeitsverhältnis unmittelbar folgende Ansprüche nach neuerer Rspr eine weite Auslegung angezeigt (BAG NJW 04, 3445; 09, 618; 3529; NZA 09, 896; 10, 356; 11, 1159); anders für Verzicht auf Kündigungsschutz (BAG NJW 79, 2267), Arbeitszeugnis (BAG NJW 75, 407) oder Ruhegehalt (BAG DB 90, 1870); str!

2. Anspruch auf Quittungserteilung. § 368 gibt dem Schuldner oder leisten- 3 den Dritten (§§ 267 f) einen *klagbaren Anspruch* auf die Quittung (auch bei Teilleistungen) Zug um Zug gegen die geschuldete Leistung, §§ 273 f. Auch bei Vorleistungspflicht kann der Schuldner zurückbehalten, ohne in Verzug zu kommen; der Gläubiger gerät in Annahmeverzug (§ 298). Der Quittungsanspruch besteht nicht nur bei Geldleistungen (vgl LAG Düsseldorf BB 62, 596: Arbeitspapiere). Er umfasst allerdings nur die Bestätigung erbrachter Leistungen (BGH NJW 10, 1135: keine Mietschuldenfreiheitsbescheinigung). Wird durch Aufrechnung erfüllt, besteht kein Quittungsanspruch (BGH NJW-RR 08, 1513). Fraglich ist allerdings, inwieweit im rationalisierten Banküberweisungsverkehr die starre Regel des § 368 noch zeitgemäß ist (bejahend LG Kempten NJW-RR 87, 997; Düsseldorf NJW-RR 92, 439; sa Köhler AcP 182, 150: faksimilierte Unterschrift); erleichternd §§ 126a, 126b.

3. Form. § 126 (BGH NJW-RR 07, 351). Zu den „Interessefällen" des § 368 4 S 2 vgl §§ 1144, 1167, 1192, GBO 29 („löschungsfähige Quittung"; BGH 114, 333; BayObLG NJW-RR 95, 852), ZPO 757, WG 39, 50.

4. Kosten. Sie trägt der Schuldner (§ 369 I), weil die Quittung seinen Interessen 5 dient (zum Umfang erstattungsfähiger Kosten BGH 114, 333 = NJW 91, 1953: keine Vergütung der Arbeitszeit). Bei Auftrag oder unentgeltlicher Verwahrung daher anders: Gläubiger trägt Kosten (hM). § 369 II ist erweiterungsfähig. AGB können grundsätzlich nicht eine Entgeltpflicht über die reine Kostenerstattung hinaus festlegen (BGH 114, 333 für löschungsfähige Quittung bei Grundpfandrechten).

§ 370 Leistung an den Überbringer der Quittung

Der Überbringer einer Quittung gilt als ermächtigt, die Leistung zu empfangen, sofern nicht die dem Leistenden bekannten Umstände der Annahme einer solchen Ermächtigung entgegenstehen.

a) Die auf Rechtsschein beruhende **Fiktion** („gilt") der Empfangsermächtigung 1 (aA RG 124, 386: nur widerlegbare Vermutung) wirkt unabhängig vom Verhältnis Gläubiger/Quittungsüberbringer. § 370 gilt nicht, falls die Quittung dem Gläubiger abhanden gekommen ist (vgl BGH 65, 13 f für § 172). Die Fiktion entfällt nicht schon bei grob fahrlässiger Unkenntnis.

b) Voraussetzung ist aber **echte Quittung** (BAG NJW 61, 622). Schuldner trägt 2 also Fälschungs- und Verfälschungsrisiko (str). Leistung auf Blankoquittung, die falsch oder unrichtig ausgefüllt wurde, befreit indessen, weil Gläubiger Rechtsschein gesetzt hat (s BGH 40, 304).

§ 371 Rückgabe des Schuldscheins

¹Ist über die Forderung ein Schuldschein ausgestellt worden, so kann der Schuldner neben der Quittung Rückgabe des Schuldscheins verlangen. ²Behauptet der Gläubiger, zur Rückgabe außerstande zu sein, so kann der Schuldner das öffentlich beglaubigte Anerkenntnis verlangen, dass die Schuld erloschen sei.

1   a) **Schuldschein** ist eine vom Schuldner zur Beweissicherung gegebene Urkunde, die Schuld bestätigt oder begründet. Eigentum am Schuldschein hat der Gläubiger (§ 952). Bei Schuldtilgung erfolgt kein automatischer Eigentumserwerb des Schuldners, daher besteht der **schuldrechtliche Anspruch,** den Schuldschein als tatsächliches Indiz für die erloschene Schuld aus dem Verkehr zu ziehen; iZw jedoch gem § 269 I bloße Holschuld (LG Karlsruhe JurBüro 08, 106); der Anspruch richtet sich auch gegen Dritte (Naumburg AnwBl 01, 376; vgl LG Darmstadt NJW-RR 99, 584; str); aktivlegitimiert ist jedoch nur der Schuldner (BGH NJW 04, 3555: kein Anspruch des Hauptschuldners auf Herausgabe der Bürgschaftsurkunde). § 371 gilt entsprechend bei sonstigen Erlöschensgründen, zB Aufrechnung (BGH NJW-RR 08, 1513; s aber §§ 368, 369 Rn 3), nicht aber bei lediglich als „zurzeit nicht fällig" abgewiesener Zahlungsklage (OLGR Frankfurt 00, 8). Die Herausgabe von Vollstreckungstiteln kann analog § 371 verlangt werden, wenn Erfüllung feststeht und die Unzulässigkeit der Vollstreckung (ZPO 767) rechtskräftig festgestellt oder unstr ist (Münzberg KTS 84, 193; BGH 127, 148; NJW 94, 1162; NJW-RR 08, 1513; WM 09, 918; BAG NJW 12, 3260 - LS = NZA 12, 1179; Baur/Stürner/Bruns, Rn 45.31, 17.3; aber zur Zulässigkeit einer Leistungsklage auf Herausgabe ohne vorherige Vollstreckungsgegenklage OLGR Karlsruhe 07, 412).

2   b) **Rechtsnatur des Anerkenntnisses** gem S 2: negatives Anerkenntnis gem § 397 II, kein bloßes Beweismittel (sehr str). Kosten trägt der Gläubiger.

Titel 2. Hinterlegung

Vorbemerkungen

1   **1. Wesen.** Die Hinterlegung ist **Erfüllungssurrogat.** Sie gewährt dem Schuldner ein Recht auf Wahl einer vom originären Schuldinhalt teilweise abweichende Form der Erfüllung u befreit unter den Voraussetzungen des § 372 den Schuldner vorläufig (§ 379 I) oder endgültig (§ 378). Es besteht grundsätzlich keine Hinterlegungspflicht (BGH NJW 69, 1662; ZEV 10, 589); Ausnahmen: §§ 432 I 2, 660 II, 1077 I, 1281, 2039. Bei Ansprüchen zur Herausgabe von *Grundstücken* ist nur Besitzpreisgabe möglich (vgl § 303).

2   **2. Andere Formen der Hinterlegung.** *Nicht* unter §§ 372 ff fallen: Hinterlegung zur Sicherheitsleistung, §§ 232 ff; prozessuale Sicherheitshinterlegung, ZPO 707, 709 ff, 108 ff; Hinterlegung nach ZPO 75; Hinterlegung beim gemeinsamen Treuhänder, zB Notar (BeurkG 54a ff; BNotO 23), s § 362 Rn 6 mN.

3   **3. Die maßgeblichen Rechtsbeziehungen.** Zu unterscheiden ist das Verhältnis zwischen Schuldner und Gläubiger von dem durch die Hinterlegung entstehenden Rechtsverhältnis. **a)** In den **§§ 372 ff** sind allein die rein **privatrechtlichen Wirkungen** der Hinterlegung im Verhältnis Schuldner-Gläubiger geregelt. **b)** Die durch Hinterlegung begründeten **Rechtsbeziehungen zur Hinterlegungsstelle** sind **öffentl-rechtlicher Natur** und waren ursprünglich in der HintO geregelt (**Lit:** Bülow/Schmidt, HintO, 4. Aufl 2005). Die HintO trat am 1.12.2010 als Bundesrecht außer Kraft (G vom 23.11.2007, BGBl I 2614) und ist inzwischen durch Landesrecht ersetzt, zB Baden-Württemberg, G vom 11.5.2010 (GBl S 398), Nordrhein-Westfalen, G vom 30.3.2010 (GBl S 183) etc. Die verfahrensmäßigen

Titel 2. Hinterlegung § 372

Rahmenbedingungen sind überwiegend unverändert (zu den landesrechtlichen Varianten Rellermeyer RPfleger 11, 129 ff), jedoch ist vor allem die Hinterlegung von Wertpapieren den Gegenwartsbedingungen angepasst worden. Hinterlegungsstelle ist die Hinterlegungskasse beim AG. Auf Antrag des Hinterlegers entsteht durch Annahmeanordnung ein öffentl-rechtliches Verwahrungsverhältnis mit Drittwirkung zugunsten des Gläubigers (vgl BGH NJW 90, 1230); Herausgabe erfolgt auf Grund Verwaltungsakts (zur Klagemöglichkeit Rellermeyer Rpfleger 11, 130: EGGVG 23 ff nach unterschiedlich geregelten aufsichtsrechtlichen Rechtsbehelfen). Diese Grundsätze gelten auch dann, wenn die Voraussetzungen für die Hinterlegung ursprünglich nicht vorgelegen haben (zur Entstehung eines Verwahrungsverhältnisses unabhängig vom Vorliegen der Voraussetzungen der §§ 372 ff München FGPrax 08, 52); eine Anfechtung der Annahmeanordnung ist nach bewirkter Hinterlegung unzulässig (Dresden NJW-RR 00, 1719).

4. Dingliche Wirkungen der Hinterlegung. An Bargeldzahlungsmitteln entsteht Eigentum des Fiskus. An anderen Sachen besteht Eigentum des Schuldners fort, bis der Gläubiger das in der Hinterlegung zum Ausdruck kommende Übereignungsangebot annimmt (§§ 929, 931; zum mittelbaren Besitz des herausgabeberechtigten Gläubigers oder ausnahmsweise der Gläubiger Hamburg NJW-RR 12, 1414). 4

§ 372 Voraussetzungen

¹**Geld, Wertpapiere und sonstige Urkunden sowie Kostbarkeiten kann der Schuldner bei einer dazu bestimmten öffentlichen Stelle für den Gläubiger hinterlegen, wenn der Gläubiger im Verzug der Annahme ist.** ²**Das Gleiche gilt, wenn der Schuldner aus einem anderen in der Person des Gläubigers liegenden Grund oder infolge einer nicht auf Fahrlässigkeit beruhenden Ungewissheit über die Person des Gläubigers seine Verbindlichkeit nicht oder nicht mit Sicherheit erfüllen kann.**

1. Hinterlegungsgründe. a) Zum **Annahmeverzug** (S 1) vgl §§ 293 ff. **b)** Als 1 in **der Person des Gläubigers liegende Unsicherheitsgründe** (S 2) kommen in Betracht: Verschollenheit, Geschäftsunfähigkeit oder beschränkte Geschäftsfähigkeit des Gläubigers und Fehlen eines ges Vertreters. **c)** Unverschuldete **Ungewissheit über die Person des Gläubigers** (S 2) kann auf tatsächlichen oder Rechtsgründen beruhen; zB unsichere Erbfolge, Mehrfachabtretung, Zweifel an Wirksamkeit von Abtretungen (BGH NJW-RR 89, 200; NJW 97, 1502; BGH 145, 356), Unsicherheit über das Rangverhältnis zwischen Pfändung und Abtretung (BGH NJW-RR 05, 713), Prätendentenstreit im Anmeldungs- und Verteilungsverfahren der InsO (BGH NJW 97, 1015); unklare Eigentumsrechte an ehemals volkseigenem Pachtgrundstück (LG Berlin ZMR 99, 825); Zweifel über Verteilung des Liquidationsvermögens (BayObLG WM 79, 656); Zweifel über die Reichweite eines Pfändungs- und Überweisungsbeschlusses (BAG NJW 09, 2326). Obj verständliche Zweifel des Schuldners genügen, wenn ihre Behebung auf eigene Gefahr dem Schuldner nicht zugemutet werden kann (BGH NJW 97, 1502 mN; NJW-RR 04, 657 für den Fall möglicherweise gutgläubiger Leistung an Nichtberechtigten). Bundesweit tätige Unternehmen mit eigener Rechtsabteilung sind verpflichtet, diese zur Behebung von Zweifeln vor Hinterlegung einzuschalten (BGH NJW 03, 1810). Zweifel am Bestehen der Schuld, wenn verschiedene Gläubiger den Schuldner wegen des gleichen Betrags aus verschiedenen Rechtsverhältnissen beanspruchen, sind kein Hinterlegungsgrund (LM Nr 6; BGH 92, 385; NJW 86, 1038; 93, 55; 03, 1810; BGH 170, 316; BAG 126, 97); keine Hinterlegung durch Scheckaussteller bei Ungewissheit über die Person des Gläubigers des Grundgeschäfts (BGH WM 84, 1466). Auch bei Nichtvorliegen der Hinterlegungsgründe gem § 372 können die Parteien Hinterlegung vertraglich vereinbaren (BGH NJW 93, 55).

§§ 373–376

2 **2. Hinterlegungsfähige Gegenstände.** Auch ausländisches Geld und Vollmachtsurkunden (KG NJW 57, 755, str). Kostbarkeiten sind Sachen, deren Wert im Verhältnis zu Größe und Gewicht bes hoch ist (KG RPfleger 76, 316); die Verkehrsanschauung entscheidet. Bei zur Hinterlegung nicht geeigneten Sachen (zB Pelze, Videokassetten) gelten §§ 383 ff. Erweiterte Hinterlegungsmöglichkeit nach HGB 373.

§ 373 Zug-um-Zug-Leistung

Ist der Schuldner nur gegen eine Leistung des Gläubigers zu leisten verpflichtet, so kann er das Recht des Gläubigers zum Empfang der hinterlegten Sache von der Bewirkung der Gegenleistung abhängig machen.

1 Fälle: §§ 255, 273, 320, auch 368, 371.

§ 374 Hinterlegungsort; Anzeigepflicht

(1) Die Hinterlegung hat bei der Hinterlegungsstelle des Leistungsorts zu erfolgen; hinterlegt der Schuldner bei einer anderen Stelle, so hat er dem Gläubiger den daraus entstehenden Schaden zu ersetzen.

(2) ¹Der Schuldner hat dem Gläubiger die Hinterlegung unverzüglich anzuzeigen; im Falle der Unterlassung ist er zum Schadensersatz verpflichtet. ²Die Anzeige darf unterbleiben, wenn sie untunlich ist.

1 a) **Zum Leistungsort** (I) vgl § 269; Übermittlungspflicht nach § 270 I, II ändert daran nichts (arg § 270 IV; str).
2 b) **Anzeige** (II) hat bei Ungewissheit über die Person des Gläubigers an sämtliche Prätendenten zu erfolgen; zur Anzeigemöglichkeit der Hinterlegungsstelle vgl HintO 11 aF.

§ 375 Rückwirkung bei Postübersendung

Ist die hinterlegte Sache der Hinterlegungsstelle durch die Post übersendet worden, so wirkt die Hinterlegung auf die Zeit der Aufgabe der Sache zur Post zurück.

1 Die Sache muss bei der Hinterlegungsstelle tatsächlich eingehen. Der **Gläubiger** trägt nur die **Verschlechterungsgefahr;** die Gefahr des Untergangs trägt der Schuldner, vgl aber § 326 II 1, 2. Alt.

§ 376 Rücknahmerecht

(1) Der Schuldner hat das Recht, die hinterlegte Sache zurückzunehmen.
(2) Die Rücknahme ist ausgeschlossen:
1. **wenn der Schuldner der Hinterlegungsstelle erklärt, dass er auf das Recht zur Rücknahme verzichte,**
2. **wenn der Gläubiger der Hinterlegungsstelle die Annahme erklärt,**
3. **wenn der Hinterlegungsstelle ein zwischen dem Gläubiger und dem Schuldner ergangenes rechtskräftiges Urteil vorgelegt wird, das die Hinterlegung für rechtmäßig erklärt.**

1 **1. Wesen des schuldnerischen Rücknahmerechts.** Das Rücknahmerecht des Schuldners (I) ist ein **Gestaltungsrecht.** Seine Ausübung bewirkt, dass der Schuldner einen Anspruch gegen die Hinterlegungsstelle auf Rücknahme erwirbt der Anspruch des Gläubigers auf Herausgabe (vgl vor § 372 Rn 3) entfällt. Zu den Konsequenzen im Verhältnis Schuldner-Gläubiger vgl § 379 III.

Titel 2. Hinterlegung §§ 377–379

2. Gläubigerschaft. Gläubiger iSd Nr 2 und 3 ist der in der Hinterlegungserklärung Bestimmte, bei Ungewissheit über die Person des Gläubigers (§ 372 S 2) **jeder der Prätendenten**. Auch bei einem Verzicht auf das Rücknahmerecht kann der Hinterleger nachträglich weitere Personen als Gläubiger benennen, die damit Hinterlegungsbeteiligte werden (LM Nr 5 zu § 378). Der **Streit um die hinterlegte Sache** zwischen mehreren Prätendenten ist nach hM durch Leistungsklage auszutragen, wobei der wahre Gläubiger einen Anspruch auf Freigabe gem § 812 I 1 Alt 2 hat (BGH 82, 286; 109, 244; NJW 00, 294; 08, 2703; NJW-RR 97, 495; 07, 846; zu Anspruchsgrundlagen und Beweislast Peters NJW 96, 1246). 2

§ 377 Unpfändbarkeit des Rücknahmerechts

(1) **Das Recht zur Rücknahme ist der Pfändung nicht unterworfen.**

(2) **Wird über das Vermögen des Schuldners das Insolvenzverfahren eröffnet, so kann während des Insolvenzverfahrens das Recht zur Rücknahme auch nicht von dem Schuldner ausgeübt werden.**

Die Vorschrift sichert dem Gläubiger seine durch die Hinterlegung erworbenen Rechte. Das Rücknahmerecht ist **auch unabtretbar** (§§ 400, 413) und fällt **nicht** in die **Insolvenzmasse** (InsO 35 ff). Die Rspr wendet die Vorschrift auf das Erstattungsverlangen im Lastschriftverfahren entsprechend an, um so die Insolvenzfestigkeit der Lastschrift zu erreichen (BGH NJW 10, 3514; Koblenz NZI 11, 22; sa §§ 364, 365 Rn 5). 1

§ 378 Wirkung der Hinterlegung bei ausgeschlossener Rücknahme

Ist die Rücknahme der hinterlegten Sache ausgeschlossen, so wird der Schuldner durch die Hinterlegung von seiner Verbindlichkeit in gleicher Weise befreit, wie wenn er zur Zeit der Hinterlegung an den Gläubiger geleistet hätte.

§ 379 Wirkung der Hinterlegung bei nicht ausgeschlossener Rücknahme

(1) **Ist die Rücknahme der hinterlegten Sache nicht ausgeschlossen, so kann der Schuldner den Gläubiger auf die hinterlegte Sache verweisen.**

(2) **Solange die Sache hinterlegt ist, trägt der Gläubiger die Gefahr und ist der Schuldner nicht verpflichtet, Zinsen zu zahlen oder Ersatz für nicht gezogene Nutzungen zu leisten.**

(3) **Nimmt der Schuldner die hinterlegte Sache zurück, so gilt die Hinterlegung als nicht erfolgt.**

Anmerkungen zu den §§ 378, 379

1. Wirkung der Hinterlegung. Sie ist im Verhältnis Gläubiger-Schuldner unterschiedlich je nachdem, ob Rücknahme ausgeschlossen (§ 378) oder noch möglich ist (§ 379). Wann das eine oder andere der Fall ist, regelt § 376. 1

2. Ausschluss der Rücknahme. Ist Rücknahme ausgeschlossen (§ 376 II) und liegen die Voraussetzungen des § 372 vor (BGH NJW 12, 1721), so hat die Hinterlegung schuldbefreiende Wirkung, und zwar rückwirkend vom Zeitpunkt der Hinterlegung an (§ 378; BGH NJW-RR 89, 200; 06, 334; 08, 1075; sa München FGPrax 08, 52: Hinterlegungsschein kein Nachweis schuldbefreiender Wirkung). Der Schuldner darf den wahren Gläubiger auch noch nach Rücknahmeverzicht benennen (BGH NJW 60, 1003; NJW-RR 89, 200); dann schuldbefreiende Wirkung aber 2 erst ex nunc ab Benennung (KGR 06, 557; PalGrüneberg § 378, 1; str). Zusätzliche Benennung einer nicht als Gläubiger in Betracht kommenden Person als möglichen Empfangsberechtigten beeinträchtigt die schuldbefreiende Wirkung nicht (BGH NJW-RR 05, 713). Bürgen und Pfandrechte werden frei, Verzug entfällt, Verzinsung hört auf, Gefahr geht auf Gläubiger über; zu den Eigentumsverhältnissen an den hinterlegten Sachen vgl vor § 372 Rn 4. Bei Fehlen oder Wegfall der zu erfüllenden Forderung hat der Schuldner gegen den Gläubiger einen Freigabeanspruch (§ 812 I; vgl MK/Wenzel § 378, 9; Frankfurt NJW-RR 94, 253).

3 **3. Bestehende Rücknahmemöglichkeit.** Solange die Rücknahme möglich ist (§ 376 I), hat der Schuldner nur eine **verzögerliche Einrede** (§ 379 I). Diese steht auch Bürgen und Verpfändern zu (§§ 768, 1137, 1211). Sie bewirkt (vgl § 379 II) auch, dass Verzug entfällt und Verjährung gehemmt wird. Gefahr iSv § 379 II bezieht sich auf die Gegenleistung bei Verschlechterung und Untergang der hinterlegten Sache. Bei Annahmeverzug (§ 372 S 1) folgt das schon aus § 326 II 1, 2. Alt. Die Leistungsgefahr trägt der Gläubiger ohnehin (§§ 275 I, 243 II). Die Rücknahme (§ 379 III) wirkt zurück.

§ 380 Nachweis der Empfangsberechtigung

Soweit nach den für die Hinterlegungsstelle geltenden Bestimmungen zum Nachweis der Empfangsberechtigung des Gläubigers eine diese Berechtigung anerkennende Erklärung des Schuldners erforderlich oder genügend ist, kann der Gläubiger von dem Schuldner die Abgabe der Erklärung unter denselben Voraussetzungen verlangen, unter denen er die Leistung zu fordern berechtigt sein würde, wenn die Hinterlegung nicht erfolgt wäre.

1 Vgl HintO 13 aF. Die Zustimmungserklärung des Schuldners ist vor allem bedeutsam beim Vorbehalt nach § 373; zum Prätendentenstreit s § 376 Rn 2.

§ 381 Kosten der Hinterlegung

Die Kosten der Hinterlegung fallen dem Gläubiger zur Last, sofern nicht der Schuldner die hinterlegte Sache zurücknimmt.

§ 382 Erlöschen des Gläubigerrechts

Das Recht des Gläubigers auf den hinterlegten Betrag erlischt mit dem Ablauf von 30 Jahren nach dem Empfang der Anzeige von der Hinterlegung, wenn nicht der Gläubiger sich vorher bei der Hinterlegungsstelle meldet; der Schuldner ist zur Rücknahme berechtigt, auch wenn er auf das Recht zur Rücknahme verzichtet hat.

1 a) Mit dem Erlöschen des Rechts des Gläubigers auf die hinterlegte Sache („Betrag" zu eng) **erlischt** auch die **Forderung** gegen den Schuldner (hM).
2 b) Frist läuft bei Untunlichkeit der Anzeige (§ 374 II 2) ab Hinterlegung (KG NJ 08, 413).

§ 383 Versteigerung hinterlegungsunfähiger Sachen

(1) ¹Ist die geschuldete bewegliche Sache zur Hinterlegung nicht geeignet, so kann der Schuldner sie im Falle des Verzugs des Gläubigers am Leistungsort versteigern lassen und den Erlös hinterlegen. ²Das Gleiche gilt in den Fällen des § 372 Satz 2, wenn der Verderb der Sache zu besorgen oder die Aufbewahrung mit unverhältnismäßigen Kosten verbunden ist.

Titel 2. Hinterlegung §§ 383–386

(2) Ist von der Versteigerung am Leistungsort ein angemessener Erfolg nicht zu erwarten, so ist die Sache an einem geeigneten anderen Orte zu versteigern.

(3) ¹Die Versteigerung hat durch einen für den Versteigerungsort bestellten Gerichtsvollzieher oder zu Versteigerungen befugten anderen Beamten oder öffentlich angestellten Versteigerer öffentlich zu erfolgen (öffentliche Versteigerung). ²Zeit und Ort der Versteigerung sind unter allgemeiner Bezeichnung der Sache öffentlich bekannt zu machen.

(4) Die Vorschriften der Absätze 1 bis 3 gelten nicht für eingetragene Schiffe und Schiffsbauwerke.

§ 384 Androhung der Versteigerung

(1) Die Versteigerung ist erst zulässig, nachdem sie dem Gläubiger angedroht worden ist; die Androhung darf unterbleiben, wenn die Sache dem Verderb ausgesetzt und mit dem Aufschub der Versteigerung Gefahr verbunden ist.

(2) Der Schuldner hat den Gläubiger von der Versteigerung unverzüglich zu benachrichtigen; im Falle der Unterlassung ist er zum Schadensersatz verpflichtet

(3) Die Androhung und die Benachrichtigung dürfen unterbleiben, wenn sie untunlich sind.

§ 385 Freihändiger Verkauf

Hat die Sache einen Börsen- oder Marktpreis, so kann der Schuldner den Verkauf aus freier Hand durch einen zu solchen Verkäufen öffentlich ermächtigten Handelsmäkler oder durch eine zur öffentlichen Versteigerung befugte Person zum laufenden Preis bewirken.

§ 386 Kosten der Versteigerung

Die Kosten der Versteigerung oder des nach § 385 erfolgten Verkaufs fallen dem Gläubiger zur Last, sofern nicht der Schuldner den hinterlegten Erlös zurücknimmt.

Anmerkungen zu den §§ 383–386

1. Voraussetzungen des Selbsthilfeverkaufs. Fehlt die Hinterlegungsfähigkeit (dazu § 372), so kann bei Annahmeverzug schlechthin (§ 383 I 1), iÜ nur unter den Voraussetzungen des § 383 I 2 öffentl versteigert werden. Die Modalitäten regelt § 383 II und III. § 383 III enthält eine gesetzl Definition der öffentl Versteigerung (BGH NJW 90, 900); der die Auktion durchführende Versteigerer muss nicht Veranstalter der Auktion sein (BGH NJW-RR 10, 1211). Für die Versteigerung gelten §§ 156, 450 f. Freihändiger Verkauf ist nur bei börsen- und marktgängigen Sachen zulässig (§ 385). Bei Grundstücken, Schiffen und Schiffsbauwerken (§ 383 IV) gilt § 303.

2. Rechtsfolgen. Die Hinterlegung des Erlöses wirkt wie die Hinterlegung der geschuldeten Sache selbst, §§ 372 ff, bes 378. Obgleich eine dem § 1247 S 2 entspr Vorschrift fehlt, kann der Schuldner den Erlös an den Gläubiger auszahlen oder mit einer Gegenforderung aufrechnen (RG 64, 374; hM).

3. Sonderregelung. HGB 373.

Titel 3. Aufrechnung

§ 387 Voraussetzungen

Schulden zwei Personen einander Leistungen, die ihrem Gegenstand nach gleichartig sind, so kann jeder Teil seine Forderung gegen die Forderung des anderen Teiles aufrechnen, sobald er die ihm gebührende Leistung fordern und die ihm obliegende Leistung bewirken kann.

Lit: Berger, Der Aufrechnungsvertrag, 1996; Bötticher, Selbstexekution im Wege der Aufrechnung, FS Schima, 1969, S 95; Brückner, Die Klägeraufrechnung im Prozeß, 2006; Coester-Waltjen, Die Aufrechnung, Jura 03, 246; Dietrich, Die Aufrechnungslage, AcP 170, 534; v. Feldmann, Die Aufrechnung – ein Überblick, JuS 83, 357; Gernhuber, Die Erfüllung und ihre Surrogate, 2. Aufl 1994, §§ 12 ff; Heller, Der Ausschluss der Aufrechnung, AcP 207, 456; W. Henckel, Materiellrechtliche Folgen der unzulässigen Prozeßaufrechnung, ZZP 74, 165; Kayser, Wirksame und unwirksame Aufrechnungen und Verrechnungen in der Insolvenz (§§ 94–96 InsO), WM 08, 1477, 1525; Kollhosser, Drittaufrechnung und Aufrechnung in Treuhandfällen, FS Lukes, 1989, S 722; Lüke-Hupert, Die Aufrechnung, JuS 71, 165; Windel, Die Aufrechnungslage als objektiv-vermögensrechtlicher Tatbestand, KTS 00, 215; Wolf, Die Prozessaufrechnung, JA 08, 673, 753.

1 **1. Begriffe. Aufrechnung** ist die wechselseitige Tilgung gegenseitiger, gleichartiger, einredefreier, fälliger bzw erfüllbarer Forderungen durch empfangsbedürftige Willenserklärung (einseitiges RGeschäft). Die Forderung, *gegen* die aufgerechnet wird, ist die *Hauptforderung* (Passivforderung); die Forderung, *mit* der aufgerechnet wird, ist die *Gegenforderung* (Aufrechnungsforderung, Aktivforderung). – Von der einseitig erklärten Aufrechnung zu unterscheiden sind die vertraglich vereinbarte **Verrechnung** (Rn 15 ff), die ebenfalls wechselseitige Tilgung bewirkt, und die rein rechnerisch durchgeführte **Anrechnung** (zB bei Saldierung im Bereicherungsrecht, § 818 Rn 40 ff) zur Ermittlung der Anspruchshöhe.

2 **2. Zweck und Funktion.** Erfüllung beider Forderungen wäre unwirtschaftlich, deshalb gestattet das Ges die „Kurzabwicklung". Der Gläubiger der Gegenforderung erhält eine Art Selbstvollstreckungsrecht (BGH 130, 80; 173, 337 f), das bei Vermögensverfall des Aufrechnungsgegners Bedeutung erlangt (BGH NJW 95, 1967; nach BGH 173, 328 wird er zur Nutzung dieses Rechts sogar insoweit faktisch gezwungen, als ihm eine Anfechtung nach dem AnfG versagt bleibt, soweit er gegen eine unstr oder titulierte Forderung aufrechnen könnte). Dem Gläubiger der Hauptforderung wird ein Erfüllungssurrogat aufgezwungen.

3 **3. Aufrechnungslage und Voraussetzungen der Aufrechnung.** Die Voraussetzungen müssen im Zeitpunkt des Zugangs der Aufrechnungserklärung (§ 388) vorliegen (BGH NJW 12, 445). **a) Gegenseitigkeit.** Der Aufrechnende muss Gläubiger der Gegenforderung und Schuldner der Hauptforderung sein, der Aufrechnungsgegner Schuldner der Gegenforderung und Gläubiger der Hauptforderung; zur Konzernverrechnungsklausel Rn 15. **aa)** Nur der **Schuldner der Hauptforderung** kann aufrechnen, Dritte dürfen nur ordnungsgemäß erfüllen (§ 267). Der Bürge kann also nicht gegen die gesicherte Forderung mit einer eigenen Forderung aufrechnen, wohl aber gegen die Bürgschaftsforderung (§ 765 I). Ausnahmen:
4 §§ 268 II, 1142 II (dazu BGH NJW 11, 453), 1150, 1249. **bb)** Die **Gegenforderung** muss die **eigene Forderung** des Schuldners der Hauptforderung sein (zur Beweislast des aufrechnenden Zessionars BGH NJW 83, 2018). Der Gesamtschuldner kann also nicht mit der Forderung des Mitschuldners aufrechnen (§ 422 II), der Bürge nicht mit der Forderung des Hauptschuldners (dafür Einrede gem § 770 II), der Gesamthänder nicht mit Forderungen der Gesamthand (§§ 718–720 Rn 5; § 2040 Rn 3, 5; sa BGH NJW-RR 05, 376), der Kommissionär nicht mit Kommissionsforderungen (HGB 392 II), der Prozessstandschafter nicht mit der Forderung des repräsentierten Gläubigers (Naumburg FamRZ 01, 1236), der Erwerber von

Titel 3. Aufrechnung § 387

Wohnungseigentum gegen die Kaufpreisforderung nicht mit Forderungen aus Mängelrechten auf Leistung an alle Wohnungseigentümer (Stuttgart NJW 13, 699; dazu Vogel NJW 13, 656 u § 741 Rn 8); wohl aber der Versicherungsnehmer mit Entschädigungsansprüchen aus einer Fremdversicherung gegen Rückforderungsansprüche des Versicherers (Hamm NJW-RR 03, 390). cc) Die **Gegenforderung** muss 5 sich **gegen den Gläubiger der Hauptforderung** richten. Gegen die unteilbare Forderung mehrerer Gläubiger (§ 432) kann nicht mit einer Gegenforderung gegen einen einzelnen Gläubiger aufgerechnet werden (BGH 175, 301; NJW 69, 839; 11, 452), gegen eine Forderung der Wohnungseigentümer nicht mit einer Forderung gegen einzelne Eigentümer (KG OLGZ 77, 5; Nürnberg JurBüro 00, 275; sa BGH NJW 92, 435); vgl auch §§ 719 II, 2040 II. Gegen die Einforderung der Einlage durch den Insolvenzverwalter (HGB 171 II) kann der Kommanditist mit einer Forderung gegen die KG aufrechnen (BGH 58, 75; NJW 81, 233; krit Fromm BB 81, 813), nicht aber der Mieter gegenüber dem Zwangsverwalter mit Forderungen aus zeitlich vor Anordnung der Zwangsverwaltung liegenden Abrechnungszeiträumen (LG Berlin ZMR 00, 762). Der Vertragspartner des Kommissionärs soll trotz HGB 392 II gegen Kommissionsforderungen aufrechnen können (BGH NJW 69, 276; str). Gegen eine Gesamtforderung (§ 428) kann auch mit der Forderung gegen einen einzelnen Gesamtgläubiger aufgerechnet werden (BGH 55, 33; anders bei abw Vereinbarung BGH NJW 79, 2038). Die Berufung auf die formale Verschiedenheit zwischen Gläubiger der Hauptforderung und Schuldner der Gegenforderung kann gegen § 242 verstoßen: so kann gegen die zu Inkassozwecken zedierte Hauptforderung mit einer Forderung gegen den Zedenten aufgerechnet werden; ähnlich soll bei streng weisungsgebundener Treuhänderschaft mit einer Forderung an den Treugeber (BGH 25, 367; 110, 81 mwN) oder Treunehmer (BGH NJW 89, 2387) gegen die Forderung des jeweils anderen Teils aufgerechnet werden können; die Aufrechnung gegen die Forderung einer AG bzw GmbH mit einer Forderung gegen ihren Alleingesellschafter wird indessen nur in den eng begrenzten Fällen der Durchgriffshaftung möglich sein (vgl BGH 26, 33 ff). – Sonderfall der *Aufrechnung nach Abtretung:* § 406. **b) Gleichartigkeit** des Gegenstandes liegt vor zwischen Geld- 6 schulden oder anderen Gattungsschulden gleicher Art. Gleichartigkeit **besteht nicht** zwischen einer Euro-Verbindlichkeit und einer Fremdwährungsforderung (KG NJW 88, 2181 mNw; Hamm NJW-RR 99, 1736, str – wegen § 244 s §§ 244, 245 Rn 16), ebenso wenig zwischen einem Zahlungsanspruch u dem Anspruch auf Freigabe einer Kaution (KG MDR 11, 842 für Mietsicherheit, str) oder einem Befreiungsanspruch (zB § 426 I 1) und einem Zahlungsanspruch (BGH 47, 166; 140, 273; 161, 241; NJW 83, 2438; 92, 115; 05, 3285; WM 09, 1818). Der Befreiungsanspruch kann sich aber in einen gleichartigen Zahlungsanspruch verwandeln, zB wenn der Ehemann neben einem Dritten ausgleichungspflichtiger Schädiger ist und die Ausgleichungspflicht nach dem Tod des Ehemannes auf die Verletzte und ersatzberechtigte Ehefrau übergeht: hier kann der ersatzpflichtige Dritte mit dem verwandelten Befreiungsanspruch gegen die Schadensersatzforderung aufrechnen (BGH 35, 325); ähnlich bei Abtretung des Befreiungsanspruchs an den Gläubiger der zu begleichenden Verbindlichkeit (BGH 12, 144; v. Olshausen AcP 182, 254; sa §§ 399, 400 Rn 2). Gleichartigkeit *ist zu bejahen* zwischen Zahlungsansprüchen und Ansprüchen auf Einwilligung in die Auszahlung hinterlegten Geldes (BGH NJW 00, 950; NJW-RR 08, 558), zwischen dem Werklohnanspruch und Anspruch auf Erstattung der Fertigstellungskosten nach Kündigung eines Werkvertrags (BGH NJW-RR 05, 2771), zwischen den Vergütungsansprüchen aus Arbeitsverhältnis und „negativem Guthaben" auf Arbeitszeitkonto (vgl BAG BB 01, 1586: „der Sache nach ... Lohn- oder Gehaltsvorschuß des Arbeitgebers") sowie zwischen Zahlungsansprüchen dem Anspruch auf Herausgabe erlangter Geldbeträge gem § 667 (BGH 71, 382; NJW 93, 2042; 95, 1426). Eine andere Frage ist freilich, ob der Auftragszweck die Aufrechnung ausschließt (vgl Rn 11 ff). Auch beim Gegenüberstehen von Darlehensauszahlungsanspruch und Zahlungsansprüchen wird Darlehensvalutierung durch Aufrechnung nicht an der Gleichartigkeit (sehr str) schei-

§ 387

tern, sondern am stillschweigenden Aufrechnungsausschluss (vgl Rn 13). Gleichartigkeit des Gegenstandes und Ausschluss kraft Leistungszwecks sind klar zu
7 unterscheiden (vgl BGH 54, 246; NJW 85, 268). **c) Vollwirksamkeit und Fälligkeit der Gegenforderung. aa) Vollwirksamkeit** bedeutet Klagbarkeit und Freiheit von Einreden (hierzu § 390). Sofern der Schuldner der Gegenforderung bzw Gläubiger der Hauptforderung noch nicht angefochten (§§ 119 ff) hat, ist bloße Anfechtbarkeit unschädlich; die Anfechtung nach Aufrechnung beseitigt die Gegenforderung rückwirkend (§ 142 I) und damit die Aufrechnungslage. Die aufschiebende Bedingung hindert Aufrechnung (vgl InsO 95; BGH 103, 367; 160, 6; NJW-RR 09, 407), nicht aber die auflösende Bedingung bzw Befristung *vor* ihrem Eintritt (BGH NJW 11, 143; Hamm FamRZ 87, 1289; Nürnberg NJW-RR 02, 1239; Düsseldorf NJW-RR 89, 504: Kostenerstattungsanspruch aus vorläufig vollstreckbarem Urteil; hierzu W. Schmidt NJW 94, 567; instanzübergreifender Sonderfall: Karlsruhe NJW 94, 593); bei Bedingungseintritt entfällt die Gegenforderung ex nunc (§ 158 II Halbs 2), die Aufrechnungserklärung verliert damit ihre Wirkung und die Hauptforderung lebt ex nunc wieder auf (BGH NJW 11, 144; Düsseldorf MDR 09, 1333; Nürnberg NJW-RR 02, 1239; Karlsruhe NJW 94, 594). *Nach* Eintritt der Bedingung bzw Befristung *erlischt* die Gegenforderung, so dass Aufrechnung unmöglich ist (BAG NJW 68, 813 und BGH DB 74, 586 gegen BGH 26, 308; keine Analogie zu § 390 S 2 aF bzw § 215 nF). **bb) Fälligkeit** vgl § 271 (sa
8 InsO 95). **d) Erfüllbarkeit der Hauptforderung** ergibt sich idR aus § 271. Die Hauptforderung muss nicht klagbar und regelmäßig auch nicht fällig sein (zB BGH NJW 85, 268; 06, 3633), sie muss lediglich entstanden und darf deshalb nicht aufschiebend bedingt sein (BGH 103, 367; NJW 04, 3120). *Ausnahmen:* WG 40 I (BGH NJW 70, 42); uU Unterhaltszweck von Versorgungsrenten (BGH NJW-RR 90, 160) oder von nachehelichem Unterhalt (BGH 123, 55: keine Aufrechnung für die Zukunft über den Zeitraum von sechs Monaten hinaus; sa § 394 Rn 5); Darlehensrückzahlungsforderungen bei verzinslichen Darlehen zur Vermeidung von Zinsverlusten (Aufrechnung nur nach wirksamer Kündigung oder bei bestehendem u nicht verfallenem Sondertilgungsrecht; dazu BGH NJW 12, 446); wegen des Insolvenzzwecks hält die Rspr eine fällige Insolvenzforderung vor ihrer Feststellung zur Tabelle für nicht erfüllbar (BGH 100, 227; Uhlenbruck/Sinz, InsO, 13. Aufl 2010, § 94 Rn 77/78). Einreden gegen die Hauptforderung hindern die Aufrechnung nicht, jedoch kann der Aufrechnende uU Rückabwicklung gem § 813 verlangen.

9 **4. Ausschluss der Aufrechnung. a) kraft Ges:** vgl §§ 390, 392–395; AktG 66, GmbHG 19 II (hierzu BGH 53, 75; WM 82, 1200), GenG 22 V; Strom- u GasGVV 17 III; der Sache nach auch InsO 95 I 3, 96 bzw KO 55 aF (dazu Baur/Stürner Rn 16.15; BGH 116, 156 mAnm Stürner LM/KO 17 Nr 29; BGH NJW 07, 2640; einschränkend BGH NJW 95, 1966; zur Anwendbarkeit bei Masseunzulänglichkeit BFH 220, 295). Die Regelungen der InsO 94 ff sind als abschließend zu betrachten; eine Erweiterung durch Rückgriff auf § 394 kommt nicht in Betracht (BGH 159, 388). Mit einer im Insolvenzplan erlassenen Forderung kann nicht mehr aufgerechnet werden (§ 158 I; InsO 254, 255; oben Rn 9; BGH NZI 07, 409). Eine bei Insolvenzeröffnung bestehende Aufrechnungslage (InsO 94) bleibt jedoch erhalten, weil InsO 94 der Regelung von InsO 254 vorgeht (BGH NJW-RR 11, 1143). InsO 294 I enthält kein allg Aufrechnungsverbot für die Wohlverhaltensperiode (BGH 163, 391; zust Fritsche DZWIR 06, 39 f). Ein Ausschluss der Aufrechnung folgt auch aus ZPO 269 VI nF (= ZPO 269 IV aF – Bremen ZIP 91, 1307: keine Klage aus ZPO 767 gegen Kostenvollstreckung wegen Aufrechnung mit zurückgenommener Klagforderung); aber kein Ausschluss der Aufrechnung mit einem materiell-rechtlichen Anspruch auf Erstattung der Kosten des selbstständigen
10 Beweisverfahrens außerhalb eines Prozesses (BGH NJW-RR 10, 674). **b) kraft ausdr vertraglicher Vereinbarung:** Der Ausschluss der Aufrechnung hat verfügende Wirkung (BGH NJW 84, 358). Das Aufrechnungsverbot in AGB des Gläubi-

Titel 3. Aufrechnung § 387

gers der Hauptforderung (BGH 163, 274 ff = NJW 05, 2772) wird eingeschränkt durch § 309 Nr 3 (= AGBG 11 Nr 3 aF; dazu BGH NJW 81, 762; 86, 1757; 05, 2772; KG NJW-RR 12, 271), für Unternehmer (früher: Kaufleute) §§ 310 I 2, 307 I (entspr AGBG 24 S 2, 9 I aF; s BGH 91, 383 f; 107, 189). Die Unabdingbarkeit des Zurückbehaltungsrechts (§ 309 Nr 2 (= AGBG 11 Nr 2 aF)) setzt sich in der Unwirksamkeit des Aufrechnungsverbotes (§ 307 I (= AGBG 9 I aF)) für Sekundäransprüche auf Schadensersatz fort (BGH 163, 274, 279; NJW 11, 1730 für Honorarforderungen des Architekten und Mängelbeseitigung- bzw Fertigstellungskosten). Ein vertragliches Verbot ist dahin einschränkend auszulegen, dass es bei erheblicher Gefährdung oder gar Vereitelung der Durchsetzung der Gegenforderung nicht gelten soll, zB bei Insolvenz oder Vermögensverfall des Gläubigers der Hauptforderung (BGH WM 87, 733 f mwN; NJW-RR 89, 125; WM 91, 733; 11, 1870; Hamm ZIP 00, 925 f; anders uU bei während der Sequestration vereinbartem Verbot: Lüke ZIP 96, 1539); recht weitgehend Frankfurt BauR 08, 568: kein Aufrechnungsverbot bei streng synallagmatischen Forderungen (vgl schon BGH 23, 26); bei Dauerschuldverhältnissen (zB Miete) verliert es im Abwicklungsstadium uU seine Gültigkeit (str, Hamm NJW-RR 94, 711 f; BGH WM 82, 1333; LM Nr 80; einschr BGH NJW-RR 00, 530 für Gewerberaummiete), ebenso gegenüber Forderungen aus vorsätzlicher unerlaubter Handlung (BGH NJW-RR 08, 123; NJW 87, 2998 je mwN), nicht aber ohne Weiteres bei bloßer Verjährung der Gegenforderung (BGH NJW-RR 08, 123/124). **c) kraft stillschweigender Vereinbarung: aa)** auf **11** Grund **handelsüblicher Klauseln,** zB „Kasse gegen Verladedokument" (BGH NJW 76, 853); „cash on delivery" (BGH NJW 85, 550); „rein netto Kasse ohne Abzug" (Düsseldorf NJW-RR 96, 116); uU genügt die Hingabe eines Schecks Zug um Zug gegen Übereignung der Kaufsache (Köln NJW 87, 262). **bb)** auf Grund der **Eigenart des Vertrags- oder Schuldverhältnisses.** Hier kann der Ausschluss der Aufrechnung Ergebnis einer Vertragsauslegung sein (§ 157) oder aus § 242 folgen (BGH 95, 113; NJW 02, 1132; 11, 2351). Die Aufrechnungsbefugnis einer Bank beschränkt sich prinzipiell auf bankmäßig erworbene Gegenforderungen (BGH NJW 87, 2997; NJW 12, 2423: Schadensersatzforderung). Weiter schließt die Vereinbarung eines befristeten unwiderruflichen Dokumentenakkreditivs Aufrechnung gegen die Kaufpreisforderung für die Laufzeit des Akkreditivs aus (BGH 60, 264), jedoch kann – widersprüchlich – bei einer „Zahlungsgarantie auf erstes Anfordern" die Bank mit eigenen liquiden Gegenforderungen aufrechnen, sofern sie nicht mit dem Grundgeschäft in Zusammenhang stehen (BGH 94, 167; hierzu Pleyer JZ 85, 1000). Gegen eine Forderung auf erneute Zahlung kann grundsätzlich mit einer Fordrung auf Rückzahlung der vorausgehenden Fehlüberweisung (§ 812 I) aufgerechnet werden (BGH NJW-RR 08, 1513; Hamburg NJW 11, 3524, teilw str). Gegen Forderungen aus der *Abwicklung eines Treuhandvertrags* kann der Treuhänder **12** regelmäßig nicht aufrechnen (BGH 14, 347; 113, 94; NJW 95, 1426 für § 667; BGH 95, 113 und Köln DNotZ 89, 260 f für Hinterlegung; BGH NJW-RR 99, 1192 f für Inkassoberechtigten; nachvertragliche Treuepflichten wirken nur beschränkt über § 242, vgl Hamm ZMR 08, 65). Anders nur, wenn die Gegenforderung des Treuhänders in einem engen rechtlichen und wirtschaftlichen Zusammenhang zur Hauptforderung des Treugebers steht (BGH WM 72, 53), oder wenn ein rechtlich anzuerkennendes Interesse des Treugebers an der Einhaltung der Zweckbindung durch den Treuhänder fehlt (BGH NJW 93, 2041); dagegen nicht, wenn ein Handelsvertreter eingezogene Kundengelder mit Provisionsansprüchen gegen den Unternehmer aufrechnen will (Hamm NJW-RR 94, 158). Ein enger Zusammenhang liegt vor, wenn der Anwalt nach Geldeinzug mit Honorarforderungen aufrechnet (BGH 71, 383; NJW 95, 1426; 03, 142; 07, 2640; sa BGH 113, 96: Verbot der Aufrechnung mit früheren Honorarforderungen bei Verfahren nach § 1629 III; Düsseldorf FamRZ 06, 636: keine Aufrechnung mit Honorarforderung gegen Anspruch auf Auszahlung einer Abfindung aus einem Scheidungsverfahren, die auch dem zukünftigen Lebensunterhalt des Mandanten dienen soll) oder wenn der Versicherungsnehmer nach einem Verkehrsunfall die Entschädigung für den

§ 387

Mitfahrer vom Unfallversicherer entgegennimmt und dann gegen den Herausgabeanspruch des Mitfahrers mit einer Schadensersatzforderung aus *demselben* Unfall aufrechnet (BGH NJW 73, 1368). Banken dürfen nicht gegen ein „offenes" Treuhandkonto (BGH NJW 87, 3251) eines Bankkunden aufrechnen, wohl aber gegen verdeckte Treuhandkonten. Ein Anleger kann gegen Freistellungsansprüche seines Treuhandkommanditisten, die dessen Haftung aus HGB 171, 172 IV betreffen, nicht mit Schadensersatzansprüchen aus Prospekthaftung aufrechnen (BGH NJW 11, 2354; 13, 454 u 864; ZIP 12, 2246 u 2250; dazu Stöber NJW 13, 832). Die

13 *Aufrechnungsvalutierung von Darlehen* (vgl Rn 6) scheitert idR am Wesen des Darlehensversprechens (BGH 71, 21). Unzulässig ist die Aufrechnung gegen eine Karenzentschädigung für das Wettbewerbsverbot eines ehemaligen GmbH-Geschäftsführers, die dem Entschädigungszweck widersprechen würde (Koblenz NZG 00, 654). Auch gegen den Entschädigungsanspruch eines Haftgefangenen wegen menschenunwürdiger Haftbedingungen kann nicht mit Strafverfahrenskosten aufgerechnet werden (BGH 182, 301 = NJW-RR 10, 167). Der Anspruch des Leasingnehmers auf Verwendung der Versicherungsentschädigung zur Fahrzeugreparatur schließt die Aufrechnung mit Mietzins- bzw Kreditforderungen des Leasinggebers aus (BGH 93, 394; str, sa BGH 113, 284). Auch der Anspruch auf Instandhaltungsrücklage nach WEG 16 II ist aufrechnungsgeschützt (BayObLG 88, 215; Stuttgart OLGZ 89, 180; LG Köln NJW-RR 93, 148 für Zeit nach Ausscheiden, str); gegen Hausgeldansprüche aus WEG 16 kann nur mit unstr Gegenforderungen oder Ansprüchen aus Notgeschäftsführung aufgerechnet werden (Oldenburg NZM 99, 467; BayObLG WuM 00, 648; Düsseldorf ZMR 08, 56). – Hingegen kann gegen den Anspruch auf Vorschuss zur Behebung von Mängeln ebenso aufgerechnet werden (BGH 54, 246; NJW 92, 435; s aber Rn 5) wie gegen die auf den Gläubiger übertragene Forderung auf Berichtigung des Bargebots (LM Nr 4 zu § 118 ZVG), den Urlaubsabgeltungsanspruch (BAG 16, 235; str) oder den Kautionsrückzahlungsanspruch des Mieters (BGH NJW 85, 268; BGH 101, 252; NJW 12, 3300: nur bei einer Gegenforderung aus dem zu sichernden Mietverhältnis; für Pacht Düsseldorf ZMR 08, 47); *anders* bei überzahlter Mietkaution (LG Bremen NJW-RR 19, 19), bei Aufrechnung des Verkäufers eines Mietobjekts gegen Kautionsübertragungsansprüche des Käufers (Frankfurt BB 91, 2108; str!) oder bei Aufrechnung des Mieters mit Rückzahlungsansprüchen sofort nach Vertragsende (BGH NJW 72, 723). Nicht ausgeschlossen ist die Aufrechnung gegen Ruhegehaltsansprüche (BGH NJW-RR 06, 1187) oder Kostenerstattungsansprüche aus einem Beweissicherungsverfahren ohne nachfolgenden Hauptprozess (BGH NJW-RR 10, 674). Wer bei Vergleichsschluss den Erwerb einer aufrechnungsfähigen Forderung verschweigt, kann später nicht aufrechnen (BGH NJW 93, 1398). Ausgeschlossen ist auch die Aufrechnung mit anderen ungesicherten Forderungen des Sicherungsnehmers gegen den Anspruch auf Auskehrung des auf Grund der Verwertung erzielten Mehrerlöses (BGH NJW 94, 2886; s aber BGH NJW 99, 57 für Aufrechnung mit vertragswidrig ungesichert gebliebenen Forderungen). Wer in einem abstrakten Schuldanerkenntnis Zahlung für einen bestimmten Zeitpunkt verspricht, soll damit konkludent auf die Aufrechnung mit ihm bekannten Gegenforderungen verzichten (OLGR Saarbrücken 00, 475).

14 **5. Aufrechnungserklärung.** Die Aufrechnungserklärung (dazu § 388) bewirkt Erlöschen der Forderungen (dazu § 389), wenn zurzeit ihres Wirksamwerdens die Aufrechnungsvoraussetzungen vorlagen. Bei nicht bestehender Gegenforderung kann die Aufrechnungserklärung uU als die Verjährung neu auslösendes Anerkenntnis (§ 212 I Nr 1 nF, vgl § 208 aF) der unbestrittenen Hauptforderung angesehen werden (BGH 107, 398 f; von Maltzahn NJW 89, 3143). Zur Aufrechnung im Prozess vgl Rn 20 ff.

15 **6. Aufrechnungsverträge. a) Der Aufrechnungsvertrag** ist ein **dinglicher Vertrag,** der sich gegenüberstehende Forderungen zum Erlöschen bringt. Die Voraussetzungen der einseitigen Aufrechnung (§§ 387 ff) brauchen *nicht* vorzuliegen:

Titel 3. Aufrechnung § 387

zB Fälligkeit der Gegenforderung (BGH NJW 70, 42), Gleichartigkeit (str), Gegenseitigkeit (BGH 94, 135), Einredefreiheit (LM Nr 2 zu § 392). Bei der *Konzernverrechnungsklausel* werden die Forderungen *aller* Konzernunternehmen mit der Forderung des Gläubigers eines Unternehmens verrechnet (BGH 94, 135; WM 85, 697; LM Nr 43 zu § 387); in AGB unwirksam (§ 307 = AGBG 9 aF; teilw aA BGH GRUR 05, 69: keine unangemessene Benachteiligung bei Verrechnung mit Forderungen einer konzernangehörigen Bank, über die der Zahlungsverkehr zw dem Verwender und dem Vertragspartner abgewickelt wird) und im Insolvenzfall idR unanwendbar (BGH 81, 15; 160, 107; NJW 06, 3632; 07, 1067; BAG ZIP 10, 690 für „antizipierte Verrechnungsvereinbarung"). Der Aufrechnungsvertrag über zwei bestimmten Forderungen ist bei Nichtbestehen einer Forderung unwirksam (BGH MDR 91, 953; offengelassen in LM Nr 43 zu § 387), soweit er nicht Vergleichscharakter hat. Anders als beim Kontokorrent (unten Rn 17) verlieren die Forderungen nicht ihre Selbständigkeit (BGH NJW-RR 07, 707) in dem Sinne, dass nur noch der anerkannte oder im Einzelnen dargelegte Saldo geltend gemacht werden kann.
b) Unter **Aufrechnungsvorvertrag** versteht man entweder ein Verpflichtungsge- 16 schäft, das allein den *Anspruch* auf Abschluss des Aufrechnungsvertrags verschafft (hierzu BAG ZIP 10, 690; BGH NJW-RR 07, 707), oder – terminologisch irreführend – einen *bedingten* dinglichen Aufrechnungsvertrag (Forderungsentstehung, Parteiauswahl der Verrechnungsforderungen etc). **c)** Das **Kontokorrentverhältnis** 17 besteht aus dem schuldrechtlichen *Geschäftsvertrag* (Verpflichtung zur Verrechnung) und drei dinglichen Verfügungsgeschäften: *Kontokorrentabrede* (Verbot der Geltendmachung, Tilgung und Abtretung der Forderungen); *Verrechnungsvertrag* (antizipierender Aufrechnungsvertrag); *Saldoanerkenntnis* (§§ 780, 781), vgl HGB 355–357; Staub/Canaris § 355, 13 ff; Pfeiffer JA 06, 105; BGH 74, 254; 107, 197; 117, 140 f; 162, 351; sa Köln NJW-RR 97, 1201. **d)** Die **Verfügungswirkung** des Aufrech- 18 nungsvertrages muss der Pfandgläubiger eines Teils auch für Forderungen gegen sich gelten lassen, die nach der Pfändung fällig werden (BGH NJW 68, 835); § 392 ist unanwendbar. Hingegen soll beim *Kürzungsrecht* eines Dienstverpflichteten (zB Kellner, der Vergütung aus abkassierten Geldern einbehält) die Pfändung später fälliger Dienstlohnforderungen erfassen können (BAG NJW 66, 469, arg ZPO 850h I). Auf Aufrechnungsverträge *nach* Pfändung findet § 392 Anwendung (ZPO 829 I 2). Beim *Kontokorrent* sind pfändbar: der Zustellungssaldo (BGH 80, 176; ZIP 97, 1231: keine Verringerung des Zustellungssaldos durch nach Pfändung erworbene formularmäßig verpfändete Forderungen; vgl HGB 357 S 1), künftige periodische Aktivsalden (BGH 80, 178; NJW 97, 1857), der Anspruch auf Auszahlung des Tagesguthabens (BGH 84, 325) und auf Gutschrift bzw Überweisung an Dritte (BGH 93, 322, 324), nicht die kontokorrentgebundene Einzelforderung (BGH 80, 175; 93, 323), die Auskunfts- und Rechnungslegungsansprüche (BGH 165, 53) und die vom Schuldner nicht beanspruchte Kreditlinie (BGH 147, 193; 157, 355; zum Ganzen Baur/Stürner/Bruns, ZVR, Rn 30.7). Mit Eröffnung des Insolvenzverfahrens endet das Kontokorrentverhältnis (InsO 116 S 1, 115 I) und damit die Verfügungswirkung des Aufrechnungsvertrages), Saldierung erfolgt auf den Zeitpunkt der Eröffnung (BGH 74, 254; 157, 356; 170, 213; teilw aA Stürner ZZP 94, 303 f).
e) Die Geltung **ges Aufrechnungsverbote** für den Aufrechnungsvertrag richtet 19 sich nach ihrem Schutzzweck (bejahend für SGB I 55 BGH 104, 311 mwN; sa § 394 Rn 1; einschränkend für InsO 95, BGH 170, 209).

7. Aufrechnung im Prozess. Lit: Musielak JuS 94, 817. **a) Rechtsnatur.** Mit 20 der Aufrechnung nimmt die Partei im Prozess ein materielles RGeschäft vor, auf dessen Vornahme sie sich zugleich in Form einer Prozesshandlung beruft (BGH 23, 23, hM). Die materiell-rechtlichen Wirkungen treten nur bei wirksamer Prozesshandlung ein (Coester-Waltjen Jura 90, 29; BGH 179, 5; NJW-RR 91, 157 für Rücknahme). Die wirksame Aufrechnung führt zur Erledigung des Rechtsstreits nach ZPO 91a, wobei nach Ansicht des BGH trotz der Rückwirkungsfiktion des § 389 nicht die Aufrechnungslage, sondern die Erklärung der Aufrechnung das erledigende Ereignis darstellt

Stürner

(BGH NJW 03, 3135; ebenso schon Düsseldorf NJW-RR 01, 432; aA RG 57, 384 und die bisher hM). Die Aufrechnungslage muss noch zum Schluss der mündlichen
21 Verhandlung bestehen (Düsseldorf MDR 09, 1333). **b)** Trotz § 388 S 2 ist die **Eventualaufrechnung** im Prozess möglich (s BGH 80, 97: Wechselprozess; NJW 90, 3210; Vollstreckbarerklärungsverfahren für inländischen [BGH NJW-RR 08, 662] und ausländischen [BAG NJW-RR 97, 1289] Schiedsspruch): sie ist „letztes" Verteidigungsmittel und daher erst dann zu berücksichtigen, wenn die Klageforderung begründet ist; bei nicht konnexen Forderungen und erklärter Aufrechnung (BGH 103, 368) kann das
22 Gericht nach ZPO 145 III, 302 verfahren. **c)** Bei **Teilklage** kann der Beklagte gegen den eingeklagten Teil aufrechnen, der Kläger muss notfalls die Klage erhöhen (BGH 56, 314; NJW-RR 94, 1203); anders, wenn der Kläger bereits in der Klagschrift selbst aufgerechnet hat und nur noch den überschießenden Teil einklagen will (s BGH NJW 67, 34). Bei Aufrechnung mit mehreren Forderungen, welche insgesamt die Klagforderung übersteigen, oder bei mehreren Klagforderungen gehört zur notwendigen Bestimmtheit der Aufrechnung die Angabe der Reihenfolge der aufrechnungsbetroffenen Forderungen (BGH NJW 00, 958; 02, 2182; zur Möglichkeit nachträglicher Ände-
23 rung BGH NJW 09, 1071). **d) Prozessuale Unzulässigkeit** kann sich ergeben aus ZPO 296, 304, 533 nF; ferner bei Geltendmachung im Rahmen einer Vollstreckungsgegenklage (ZPO 767), obwohl Aufrechnung schon in der letzten mündlichen Verhandlung möglich war (BGH 34, 279; 100, 225; 103, 366; NJW 94, 2770); bei einer Gegenforderung, für die Zuständigkeit eines Schiedsgerichts (BGH NJW-RR 11, 214; NJW-RR 08, 556: anders bei bereits vorliegender schiedsgerichtlicher Entscheidung) oder ausländischen Gerichts vereinbart ist (BGH 60, 89 ff mN), oder für die nach EuGVVO die internationale Zuständigkeit des Prozessgerichts fehlt (vgl BGH NJW 93, 2753). Die prozessual unzulässige Aufrechnung hat keine sachlich-rechtliche Wirkung (Ausnahme: Verjährungsunterbrechung: BGH 83, 270; für materiell-rechtliche Wirkung aber OLGR Koblenz 07, 949); ZPO 322 II greift nicht (BGH NJW 94, 2770). Fehlt die *Rechtswegzuständigkeit* für die Gegenforderung, so hat nach bisher hM das Gericht nach ZPO 148, 302 zu verfahren und das Urteil des zuständigen Gerichts abzuwarten; anders bei unstreitiger Gegenforderung (BGH WM 84, 1240; Düsseldorf NJW 95, 1620) oder Verneinung der Aufrechnungsbefugnis (BGH WM 85, 1400). Verschiedenheit des Rechtswegs war anzunehmen zwischen ordentlichen Gerichten und VG (BGH 16, 124 ff; BVerwG 77, 24 ff) oder FG (BFH 144, 209 f), *nicht* zwischen ordentlichen Gerichten und ArbG (BGH 26, 306; BAG BB 72, 1096; anders bei ausschließlicher Zuständigkeit: BAG NJW 02, 317; 08, 1020), FamG (BGH NJW-RR 89, 173; Köln NJW-RR 92, 1287) oder LandwirtschaftsG (BGH 40, 341), fG-Streitverfahren vor dem FamG und Streitsachen nach der ZPO (Nürnberg OLGZ 80, 48). Als rechtswegfremd gelten auch Forderungen, wegen derer ausländische Gerichte angerufen werden müssten (VGH Kassel NJW 94, 1488). Besser wäre stets umfassende Zuständigkeit des Gerichts der Klagforderung (Baur, FS v. Hippel, 1967, 10 ff), wie sie nunmehr GVG 17 II 1 gestattet (Schenke/Ruthig NJW 92, 2505 und 93, 1374 gegen Rupp NJW 92, 3274; wie hier RoSchwab/Gottwald § 105 IV 6; Gaa NJW 97, 3343; ausführlich VGH Kassel NJW 95, 1107 f mwN; aA FG Köln DStRE 07, 794; PalGrüneberg § 388 Rn 5 mN sowie ThP/Reichold § 145 Rn 24). Im Ausnahmefall des GVG 17 II 2 gilt die alte Aussetzungspraxis fort (BVerwG NJW 93, 2255; 99, 161; VGH
24 Mannheim NJW 97, 3394). **e) Rechtskraft** tritt ein bei Verneinung der Gegenforderung (ZPO 322 II: „nicht besteht") und bei ihrer Bejahung (BGH 36, 319: „nicht *mehr* besteht"); sie erfasst die Gegenforderung des Beklagten, bei ZPO 767 ausnahmsweise die des Klägers (BGH 89, 352; dazu: Zeuner JuS 87, 354; Niklas MDR 87, 96). Im Vollstreckbarerklärungsverfahren für Schiedssprüche ist Aufrechnung möglich, wenn für die aufzurechnende Forderung schiedsgerichtliche Zuständigkeit nicht besteht (ausführlich BGH NJW-RR 11, 214: kein Verweis auf ZPO 767). Aufrechnung im Prozess begründet **keine Rechtshängigkeit** der Gegenforderung (BGH 57, 243; NJW 86, 2767; NJW-RR 04, 1000); zur Ablaufhemmung der Verjährung s §§ 204 I Nr 5, II.

Titel 3. Aufrechnung **§§ 388–390**

§ 388 Erklärung der Aufrechnung

¹Die Aufrechnung erfolgt durch Erklärung gegenüber dem anderen Teil. ²Die Erklärung ist unwirksam, wenn sie unter einer Bedingung oder einer Zeitbestimmung abgegeben wird.

Die Aufrechnungserklärung (s schon § 387 Rn 14) ist als empfangsbedürftige Willenserklärung ein **einseitiges RGeschäft mit rechtsgestaltender Wirkung** (§ 389), daher bedingungsfeindlich (S 2); konkludente Vornahme ist möglich (BGH 26, 241; 37, 244; 179, 286 f; BVerfG NJW 93, 765; BAG NZA 09, 1281). Die Aufrechnungserklärung muss hinsichtlich Hauptforderung und Gegenforderung hinreichend bestimmt sein, ansonsten ist sie unwirksam (Köln NJW 05, 1128). Fehlende behördliche Genehmigung führt zur Unwirksamkeit (BGH 11, 37); vgl auch § 111. Eine zunächst unwirksame Erklärung ist wie in allen Unwirksamkeitsfällen bei Fortfall des Wirksamkeitshindernisses erneut vorzunehmen (BGH NJW 84, 358: Aufrechnungsverbot; 90, 2545 f: Aufrechnungslage). Rücknahme der erklärten Aufrechnung ist unzulässig (LG Hamburg WE 00, 158). – Zur Aufrechnung bei *bedingter Forderung* vgl § 387 Rn 7 und 8, zur *Eventualaufrechnung* im Prozess vgl § 387 Rn 21. 1

§ 389 Wirkung der Aufrechnung

Die Aufrechnung bewirkt, dass die Forderungen, soweit sie sich decken, als in dem Zeitpunkt erloschen gelten, in welchem sie zur Aufrechnung geeignet einander gegenübergetreten sind.

1. Wirkung der Aufrechnungserklärung. Sie liegt im Erlöschen der Forderungen mit *Rückwirkung* auf den Zeitpunkt der Aufrechnungslage (s aber § 387 Rn 20 zur Erledigungswirkung der Prozessaufrechnung). Verzugsfolgen oder Vertragsstrafen entfallen ex tunc (BGH 80, 278; NJW-RR 91, 569; dagegen de lege ferenda Bydlinski AcP 196, 281). Steuerrechtlich ist die zivilrechtliche Rückwirkung unbeachtlich (BFH NJW 95, 1240; BFH/NV 07, 1315; differenzierend BFH BB 00, 914 ff). Wenn zwischen Entstehen der Aufrechnungslage und der Aufrechnungserklärung der Wert der Gegenforderung steigt, so sind die Wertverhältnisse im Zeitpunkt der Aufrechnungslage allenfalls maßgebend, falls beide Teile aufrechnen konnten; konnte hingegen nur der Gläubiger der Gegenforderung aufrechnen (zB § 393), sind die Wertverhältnisse im Zeitpunkt der Aufrechnungserklärung maßgeblich (BGH 27, 123). Die Rückwirkung der Aufrechnungserklärung auf den Zeitpunkt der Aufrechnungslage ist nicht zu verwechseln mit dem für die Aufrechnungslage maßgeblichen Zeitpunkt, der sich allein nach dem Zugang der Aufrechnungserklärung bestimmt (§ 387 Rn 3; BGH NJW 12, 446): Da die Forderungen mit Zugang der Erklärung erloschen sind, kann der Aufrechnungsgegner nicht mehr anderweitig aufrechnen; vgl aber § 396 I 2. 1

2. Wirkung der Aufrechnungslage. Die Aufrechnungslage als solche hat grundsätzlich **keinerlei Rechtswirkung** (vgl BGH 2, 302 ff; 86, 353). Sie gibt keine Einwendung (wohl aber Einrederechte Dritter: §§ 770 II, 1137, 1211) oder Einrede. Zahlung trotz Aufrechnungsmöglichkeit gibt folglich keinen Bereicherungsanspruch gem § 813 (wohl aber Aufrechnung bei einredebehafteter Hauptforderung, vgl § 387 Rn 8). Die Forderung bleibt verzinslich, Verzug tritt ein (vgl aber Rn 1). 2

3. Aufrechnung bei Teilklage. Vgl § 387 Rn 22.

§ 390 Keine Aufrechnung mit einredebehafteter Forderung

Eine Forderung, der eine Einrede entgegensteht, kann nicht aufgerechnet werden.

Stürner

§§ 391, 392   Buch 2. Abschnitt 4. Erlöschen der Schuldverhältnisse

1 **1. Vollwirksamkeit der Gegenforderung.** Vgl § 387 Rn 7. Sie liegt nicht vor bei *einredebehafteter* Gegenforderung. Die Vorschrift betrifft indessen *nicht* die Hauptforderung (hierzu § 387 Rn 8; zur Terminologie § 387 Rn 1); sie gilt *nur* für materielle, nicht für prozessuale Einreden (Hamm FamRZ 87, 1289; Düsseldorf NJW-RR 89, 504 je mwN). Die Einreden – in Betracht kommen grundsätzlich alle bürgerlich-rechtlichen Leistungsverweigerungsrechte – müssen nur bestehen, sie brauchen nicht geltend gemacht zu werden (BGH NJW 01, 287; 02, 3541; ZIP 05, 1559). Wenn sich die Gegenforderung nach Abtretung der Hauptforderung gegen den Altgläubiger richtet (§ 406), kann sich der Neugläubiger der Hauptforderung gegen die Aufrechnung auf die Einreden des Altgläubigers gegen die Gegenforderung berufen (LM Nr 1; BGH 35, 327). *Bsp* für Einreden: Zurückbehaltungsrecht (§ 273), aber nicht bei Annahmeverzug bzgl der zur Zurückbehaltung berechtigenden Forderung (LM Nr 5 mN); Einrede gem § 320, allerdings nur wenn der Gläubiger selbst erfüllungsbereit ist (BGH JuS 03, 293) und nicht wenn die Einrede beiden Teilen im jeweiligen Vertragsverhältnis gleichermaßen zusteht (RG 119, 4/5) oder gerade diejenige Gegenforderung sichert, gegen die sich die Aufrechnung richtet (BGH NJW 90, 3212); Einrede aus § 651 S 2 (BGH NJW 01, 287); Einrede der gegenständlich beschränkten Haftung bei Aufrechnung gegen *Privat*forderungen (BGH 35, 327 f: § 1990 I; Celle OLGZ 90, 96: § 419 II aF); Einrede fehlender Rechnungsstellung (BGH AnwBl 85, 257); nicht die Möglichkeit zusammenveranlagter Eheleute zur Aufteilung (AO 268) ihrer Steuergesamtschuld (BFH NJW 91, 3240).

2 **2. Verjährung der Gegenforderung.** S 2 aF wurde durch die Schuldrechtsreform *aufgehoben*. Zur früher hier geregelten Aufrechnung mit verjährter Forderung s nunmehr die insoweit inhaltsgleiche Bestimmung des § 215 (dazu BGH NJW 12, 445).

3 **3. Aufrechnungsvertrag.** Vgl § 387 Rn 15.

§ 391 Aufrechnung bei Verschiedenheit der Leistungsorte

(1) ¹**Die Aufrechnung wird nicht dadurch ausgeschlossen, dass für die Forderungen verschiedene Leistungs- oder Ablieferungsorte bestehen.** ²**Der aufrechnende Teil hat jedoch den Schaden zu ersetzen, den der andere Teil dadurch erleidet, dass er infolge der Aufrechnung die Leistung nicht an dem bestimmten Orte erhält oder bewirken kann.**

(2) **Ist vereinbart, dass die Leistung zu einer bestimmten Zeit an einem bestimmten Orte erfolgen soll, so ist im Zweifel anzunehmen, dass die Aufrechnung einer Forderung, für die ein anderer Leistungsort besteht, ausgeschlossen sein soll.**

1 Abs 2 gilt nur bei *vertraglicher* Feststellung des Leistungsorts, nicht aber, wenn sich Leistungszeit und -ort lediglich aus dispositivem Recht ergeben (BGH NJW 99, 1179).

§ 392 Aufrechnung gegen beschlagnahmte Forderung

Durch die Beschlagnahme einer Forderung wird die Aufrechnung einer dem Schuldner gegen den Gläubiger zustehenden Forderung nur dann ausgeschlossen, wenn der Schuldner seine Forderung nach der Beschlagnahme erworben hat oder wenn seine Forderung erst nach der Beschlagnahme und später als die in Beschlag genommene Forderung fällig geworden ist.

1 a) Die **Beschlagnahme der Hauptforderung** (vgl § 387 Rn 1) bewirkt ein Erfüllungsverbot gegenüber dem Schuldner (ZPO 829 I 1) und damit auch ein Verbot der Aufrechnung als Erfüllungsersatz (BGH NJW-RR 05, 1031: Erhalt der

Haftungsmasse). Das Aufrechnungsverbot gilt aber nicht, wenn die Aufrechnungslage bei Beschlagnahme gegeben war oder doch begründete Aussicht auf Aufrechnung bestanden hatte (Parallelregelung § 406). Zum rechtzeitigen Erwerb der Gegenforderung genügt es deshalb, wenn bei Beschlagnahme der Hauptforderung ihr Rechtsgrund bestanden hat, zB der Vertrag als Grundlage von Ersatzansprüchen wegen späterer Schadensereignisse (BGH NJW 80, 585; Düsseldorf NJW-RR 00, 232). Die Aufrechnung gegen eine gepfändete Forderung ist auch solange nicht nach § 392 Alt 2 ausgeschlossen, wie deren Durchsetzung ein Leistungsverweigerungsrecht entgegensteht (BGH NJW-RR 04, 525; NJW 05, 3576). Sofern der Schuldner die Hauptforderung nach Beschlagnahme gegenüber dem Gläubiger durch Zahlung erfüllt, ist diese Erfüllung gegenüber dem Pfandgläubiger unwirksam (§§ 136, 135); da also ihm gegenüber die Forderung fortbesteht, kann der Schuldner unter den Voraussetzungen des § 392 noch aufrechnen (BGH 58, 25 ff; krit Reinicke NJW 72, 793; Denck NJW 79, 2375). Die *verbotene Aufrechnung* ist gegenüber dem Pfandgläubiger unwirksam (§§ 135, 136).

b) Sonderregelung: §§ 1124, 1125 (hierzu Frankfurt ZIP 83, 497); InsO 94–96 **2** (früher KO 53–56; VerglO 54; hierzu BGH 71, 384 ff; vgl schon § 387 Rn 9); zum Aufrechnungsvertrag vgl § 387 Rn 18.

§ 393 Keine Aufrechnung gegen Forderung aus unerlaubter Handlung

Gegen eine Forderung aus einer vorsätzlich begangenen unerlaubten Handlung ist die Aufrechnung nicht zulässig.

Lit: Pielemeier, Das Aufrechnungsverbot des § 393 BGB, 1987.

1. Zweck. Deliktsgläubiger sollen Ersatz verlangen können, ohne Prozessverlän- **1** gerung (vgl § 387 Rn 20 ff) oder Erfüllungssurrogat hinnehmen zu müssen. Deshalb besteht Aufrechnungsverbot, wenn die *Hauptforderung* (vgl § 387 Rn 1) aus vorsätzlicher unerlaubter Handlung herrührt (Beweislast liegt beim Inhaber der Hauptforderung, BGH NJW 94, 253); die Gegenforderung kann Forderung aus vorsätzlicher unerlaubter Handlung sein. Stehen sich *zwei* Forderungen aus vorsätzlichem Delikt gegenüber, wird der Zweck der Vorschrift verfehlt; Aufrechnung sollte entgegen BGH NJW 09, 3508 möglich sein (wie hier Voraufl; OLGR Düsseldorf 00, 124; Deutsch NJW 81, 734).

2. Forderungen aus vorsätzlicher unerlaubter Handlung. Darunter fallen **2** *nicht* Ansprüche aus vorsätzlicher Vertragsverletzung (BGH NJW 75, 1120), es sei denn, ein Anspruch aus vorsätzlichem Delikt konkurriert (BGH NJW 67, 2013; 94, 253; 99, 714); bloße Konkurrenz ist genügend, auch wenn sich der andere Teil nur auf Vertrag beruft oder der deliktische Anspruch verjährt ist (BGH NJW 77, 529). Das Aufrechnungsverbot erfasst Folgekosten des deliktischen Anspruchs, also zB den Prozesskostenerstattungsanspruch (Karlsruhe MDR 69, 483), und zwar auch wenn er aus einer Unterlassungsverurteilung resultiert (Köln NJW-RR 90, 829), nicht aber die Kosten einer strafprozessualen Privat-oder Nebenklage (BGH NJW 11, 2966). Es wirkt auch gegen die gem § 31 haftende jur Person (BayObLG MDR 85, 231). Bei fehlendem Vorsatz kann ein Aufrechnungsverbot aus § 242 unter dem Gesichtspunkt der unzulässigen Rechtsausübung bestehen (BGH 182, 306 = NJW-RR 10, 168; sa § 387 Rn 11–13). Die Beweislast für Vorsatz trifft die Partei, die sich auf den Aufrechnungsausschluss beruft (BGH NJW 94, 253; zur Darlegungslast der nicht beweisbelasteten Partei BGH NJW 99, 714).

§ 394 Keine Aufrechnung gegen unpfändbare Forderung

¹Soweit eine Forderung der Pfändung nicht unterworfen ist, findet die Aufrechnung gegen die Forderung nicht statt. ²Gegen die aus Kranken-,

§ 394

Buch 2. Abschnitt 4. Erlöschen der Schuldverhältnisse

Hilfs- oder Sterbekassen, insbesondere aus Knappschaftskassen und Kassen der Knappschaftsvereine, zu beziehenden Hebungen können jedoch geschuldete Beiträge aufgerechnet werden.

1 **1. Zweck.** Weil Unpfändbarkeitsvorschriften das Existenzminimum sichern, soll der Gläubiger unpfändbarer Hauptforderungen die Leistung in Natur und nicht in Gestalt der Befreiung von der Gegenforderung erhalten. Der Schutzzweck verbietet auch entspr *vorherige* Aufrechnungsvereinbarungen (zB im Bankkontokorrent, s VGH Kassel NJW 86, 147; BGH 104, 309; BAG NJW 07, 1302; MDR 09, 892; sa § 387 Rn 19), Aufrechnungsverträge *nach* Fälligkeit der Hauptforderung bleiben aber möglich (BAG NJW 77, 1168). Nach dem Übergang der Hauptforderung auf einen Sozialversicherungsträger (SGB X 116) entfallen Schutzzweck und damit Aufrechnungsverbot (BGH 35, 327; aA BAG DB 79, 1848; 85, 499 für RVO 182 aF und SGB X 115 I; Düsseldorf FamRZ 06, 1533 für BSHG 91 aF); anders nach Zahlung von Insolvenzausfallgeld durch Bundesanstalt für Arbeit (LAG Hamm NZA-RR 00, 232).

2 **2. Pfändungsverbote.** Verbote iSd Satzes 1 enthalten insbes ZPO 850–850k, 851, nicht dagegen KO 14 aF, soweit er neuerworbene konkursfreie Ansprüche betraf; auf Grund der Neuregelung in InsO 35, 88, 89, 94 ff ist die frühere Rechtslage insoweit überholt, weil Neuerwerb nunmehr grundsätzlich vom Insolvenzbeschlag erfasst wird. Die Regelungen der InsO 94 ff sind iÜ abschließend, so dass eine Erweiterung durch entspr Anwendung von § 394 nicht in Betracht kommt (BGH 159, 388; sa BGH ZIP 11, 1826 zu VAG 77 II aF)). InsO 294 begründet kein Aufrechnungsverbot (BGH NJW 05, 2988). Ansprüche gem ZPO 850b sind bis zur gerichtl Zulassung der Pfändung im Vollstreckungsverfahren (LG Hamburg MDR 84, 1035) unpfändbar (BGH NJW 70, 283 mN). Umgekehrt besteht bei ZPO 850 f Pfändbarkeit bis zum Beschluss (BGH NJW 86, 2363), ähnlich bei ZPO 850i (BAG NZA 06, 261: Pfändbarkeit bis zum Antrag). Sofern ges Unterhaltsansprüche in einen Vergleich anlässlich der Ehescheidung aufgenommen sind, bleiben sie unpfändbar (ZPO 850b I Nr 2) und aufrechnungsgeschützt (BGH 31, 217 f), auch soweit Rückstände in Frage stehen (Hamm FamRZ 88, 953: einschließlich Verzugszinsen). Unpfändbarkeit und Aufrechnungsschutz können jedoch entfallen, wenn die Parteien die Unterhaltspflicht vollständig auf vertragliche Grundlage gestellt haben; denn dann besteht kein ges Anspruch mehr (BGH NJW-RR 02, 1513). Unterhaltsansprüchen gleichgestellt werden Erstattungsansprüche aus begrenztem Realsplitting (BGH NJW 97, 1441). Gem ZPO 851 I, § 399 sind Ansprüche des Ehegatten auf Prozesskostenvorschuss (§ 1360a IV) unpfändbar und daher aufrechnungsgeschützt (BGH FamRZ 85, 803), desgleichen Ansprüche auf Versorgungsausgleich nach VAHRG 3b I Nr 2 (BGH NJW-RR 07, 1554) sowie Surrogatansprüche im Hausratsverteilungsverfahren (§ 1568b III; Köln NJW-RR 93, 1030) oder Beihilfeansprüche (BVerwG NJW 98, 3256; BGH NJW-RR 05, 720). Bei Überweisung auf Bankkonten folgt aus ZPO 835 III 2, 850k bzw l ein Aufrechnungsverbot während der Vierwochenfrist und später für den Fall entspr vollstreckungsgerichtlicher Anordnungen; es gilt nur für das eigene Konto (zu SGB I 55 BGH NJW 88, 709; Saarbrücken InVO 07, 118) und nur für wiederkehrende Leistungen (BGH 104, 315 f). Jedoch hindert ZPO 850k bzw l die kontoführende Bank anders als SGB I 55 nicht an der kontokorrentmäßigen Verrechnung des auf das Girokonto ihres Kunden überwiesenen pfändungsfreien Arbeitseinkommens (BGH 162, 349 ff; zust Celle ZIP 07, 1940; Einsele JZ 06, 48 ; abl Walker LMK 05, II, 85). *Sonderregeln:* BRRG 51 II; BBG 84 II; SGB I 51, 52, 54 f.

3 **3. Ausnahmen.** Es gibt Ausnahmen vom Aufrechnungsverbot trotz Pfändungsverbot. **a) Ges Ausnahmen** gem S 2; BBesG 11 II; SGB I 51 II, 52. – Gem § 242 kann die Berufung auf das Aufrechnungsverbot im Rahmen eines *einheitlichen Lebens-*
4 *verhältnisses* treuwidrig sein (BGH NJW-RR 90, 1500); deshalb kann: **b)** gegen unpfändbare **Lohnforderungen** auch im Rahmen privatrechtlicher Arbeitsverträge

Titel 3. Aufrechnung **§§ 395, 396**

mit Ansprüchen aus vorsätzlicher unerlaubter Handlung oder vorsätzlicher Vertragsverletzung aufgerechnet werden (BAG NJW 60, 1590 f; ZIP 97, 937: Aufrechnung gegen Betriebsrentenansprüche; Düsseldorf FamRZ 07, 141: schon bei grober Fahrlässigkeit denkbar); nicht aber mit bloßen Ansprüchen aus Vertragsstrafe (Rostock NJW-RR 95, 174) oder mit Ansprüchen aus vorsätzlichen Vertragsverletzungen eines anderen Vertrags als des Arbeitsvertrages. Die Aufrechnung muss jedoch das Existenzminimum gem ZPO 850d im Regelfall belassen (BAG AP Nr 8; für Einzelfallabwägung BAG NJW 60, 1591; ZIP 97, 937 mN, dazu Anm Grote JR 99, 264; sehr weitgehend BAG NJW 65, 72 f); **c)** auch gegen **Unterhaltsforderungen** bei 5 vorsätzlicher Schadenszufügung durch den Gläubiger aufgerechnet werden (Düsseldorf FamRZ 81, 970; Schleswig FamRZ 86, 707; Hamburg FamRZ 92, 329); dem Unterhaltsberechtigten muss jedoch das Existenzminimum verbleiben (BGH 123, 57; sa § 387 Rn 8); ebenfalls erlaubt ist die Aufrechnung mit überzahltem Unterhalt (Koblenz FamRZ 81, 1094; Hamm NJW-RR 04, 437; FamRZ 99, 437; Naumburg FamRZ 99, 438; str, s Düsseldorf FamRZ 81, 972; Ludwig FamRZ 99, 1659 f; Karlsruhe FamRZ 03, 33 – nur bei Vorliegen des Arglisteinwandes), sowie umgekehrt die Aufrechnung mit Unterhaltsansprüchen (Karlsruhe NJOZ 03, 346).

§ 395 Aufrechnung gegen Forderungen öffentlich-rechtlicher Körperschaften

Gegen eine Forderung des Bundes oder eines Landes sowie gegen eine Forderung einer Gemeinde oder eines anderen Kommunalverbands ist die Aufrechnung nur zulässig, wenn die Leistung an dieselbe Kasse zu erfolgen hat, aus der die Forderung des Aufrechnenden zu berichtigen ist.

1. Anwendungsbereich. Die Vorschrift gilt unmittelbar nur für **privatrechtli-** 1 **che** Forderungen öffentl-rechtlicher Körperschaften und nur, sofern der Körperschaft die Hauptforderung zusteht; die Körperschaft selbst kann ohne die Begrenzung der Kassenidentität gegen Forderungen der Bürger aufrechnen.

2. Öffentlichrechtliche Forderungen. Die Aufrechnung gegen öffentl-rechtli- 2 che Hauptforderungen oder mit öffentl-rechtlichen Gegenforderungen fällt nicht unmittelbar unter §§ 387 ff. Sie ist nur zulässig, soweit die Rechtsnatur der öffentlrechtlichen Forderung eine Aufrechnung erlaubt (BVerwG NJW 87, 2531; BSG ZIP 10, 2309); §§ 387 ff sind dann entspr anwendbar. Die Aufrechnung ist in solchen Fällen eine verwaltungsrechtliche Willenserklärung, kein Verwaltungsakt (BVerwG NJW 09, 1099; BFH NVwZ 87, 1119; BGH NJW-RR 04, 1432; wohl aA BSG MDR 97, 275). Bei Aufrechnung gegen Steuerforderungen gilt AO 226 und findet das Erfordernis der Kassenidentität keine Anwendung (BFH 157, 8). Aufrechnung *gegen* eine Geldstrafe ist unzulässig, zulässig aber ist die Aufrechnung *mit* einer Geldstrafe (hM; einschränkend RVG 43). – Zur *Prozessaufrechnung* bei verschiedener Rechtswegzuständigkeit vgl § 387 Rn 23.

§ 396 Mehrheit von Forderungen

(1) ¹Hat der eine oder der andere Teil mehrere zur Aufrechnung geeignete Forderungen, so kann der aufrechnende Teil die Forderungen bestimmen, die gegeneinander aufgerechnet werden sollen. ²Wird die Aufrechnung ohne eine solche Bestimmung erklärt oder widerspricht der andere Teil unverzüglich, so findet die Vorschrift des § 366 Abs. 2 entsprechende Anwendung.

(2) Schuldet der aufrechnende Teil dem anderen Teil außer der Hauptleistung Zinsen und Kosten, so findet die Vorschrift des § 367 entsprechende Anwendung.

§ 397

1 Die Vorschrift überträgt die **Tilgungsregeln der §§ 366, 367** auf die Aufrechnung (BGH 80, 273 für § 367; krit zur Regelung aus systematischen Gründen Windel KTS 00, 233 ff). Die Beschränkung des Bestimmungsrechts durch *Widerspruch* des andern Teils (vgl I 2) gilt bei mehreren Hauptforderungen und bei mehreren Gegenforderungen (BGH 179, 1), sofern auch der Gläubiger der Hauptforderung hätte aufrechnen können. Sie erklärt sich aus dem Bestreben, die Tilgungsbestimmung nicht davon abhängig zu machen, wer zufälligerweise zuerst aufrechnet. Auch der Gläubiger einer verbürgten Forderung hat grundsätzlich freie Wahl, ob er zur Begünstigung des Bürgen vorrangig mit der gesicherten Forderung aufrechnen will (BGH WM 84, 425). Im *Kontokorrent* (§ 387 Rn 17) sind §§ 366, 367 unanwendbar (BGH NJW 80, 2132; aA für § 366 Staub/Canaris § 355, 154). Übersteigt die Summe der geltend gemachten Gegenforderungen die Hauptforderung, so führt die Verweisung in I 2 auf § 366 II ins Leere, der diesen Fall nicht erfasst; hier soll bei fehlender Bestimmung Aufrechnung unzulässig sein (LAG Nürnberg NZA-RR 99, 626).

Titel 4. Erlass

§ 397 Erlassvertrag, negatives Schuldanerkenntnis

(1) **Das Schuldverhältnis erlischt, wenn der Gläubiger dem Schuldner durch Vertrag die Schuld erlässt.**

(2) **Das Gleiche gilt, wenn der Gläubiger durch Vertrag mit dem Schuldner anerkennt, dass das Schuldverhältnis nicht bestehe.**

1 1. **Erlass und Verzicht.** Erlass (gem I) und negatives Schuldanerkenntnis (gem II) sind *Unterarten des Verzichts*. Er ist bei Forderungen nicht einseitig möglich (hM), wohl aber bei einzelnen Einreden (vgl § 768 II), bei Gestaltungsrechten (vgl §§ 376 II Nr 1, 671 III) und im Sachenrecht (§§ 875, 928, 959, 1064).

2 2. **Voraussetzungen und Wirkungen des Erlasses.** Der Erlass ist ein abstrakter Verfügungsvertrag über eine Forderung zwischen Gläubiger und Schuldner. **a) Vertragsparteien** können nur Schuldner und Gläubiger sein. Als Verfügungsgeschäft ist ein Erlass zgDr unzulässig (hM; s zuletzt BGH 126, 266; NJW 10, 65; sa Rn 6). **b)** Der **Abschluss** ist formfrei, auch bei schenkweisem Erlass (RG 53, 296; Stuttgart NJW 87, 782 f); anders, wenn der Inhalt eines formpflichtigen Verpflichtungsgeschäfts durch Teilerlass geändert wird (BGH NJW 82, 434: § 313b I [= § 313 aF]). Er ist konkludent möglich (BGH NJW 79, 720; 86, 1492; München NJW-RR 90, 20: Verzicht auf Schadensersatzforderung durch Kautionsrückzahlung bei bekanntem Schaden); uU durch bloßes Schweigen bei ansonsten angebotskonformem Verhalten (BGH NJW 95, 1281 – sehr weitgehend – m krit Anm Scheffer NJW 95, 3166; strenger BGH NJW-RR 96, 237, sa Nürnberg NJW-RR 98, 256); eine Erlasserklärung des Gläubigers, die sich im Anwaltsprozess nur an das Gericht wendet, ist bedeutungslos (Koblenz NJW-RR 02, 1509). Grundsätzlich bedarf es für den rechtsgeschäftlichen Aufgabewillen des Gläubigers sicherer Anhaltspunkte (sehr weitgehend Koblenz NJW-RR 12, 1017: Verzicht auf Anwaltskostenerstattung), insbes beim Verzicht auf unbekannt gebliebene Forderungen (BGH NJW 84, 1347; 94, 380; 96, 588; sa BGH ZIP 97, 1805 mN; NJW-RR 02, 1613; NJW 08, 2844; §§ 368, 369 Rn 2) oder bei Angelegenheiten von erheblicher wirtschaftlicher Bedeutung, die nach den Gepflogenheiten des Geschäftsverkehrs schriftl fixiert werden (BGHR 05, 217). Aus der Abrechnung gegenüber dem gegnerischen Haftpflichtversicherer kann selbst bei Bezugnahme auf das DAV-Abkommen nicht ohne weiteres auf einen Verzicht auf weitere Ansprüche namens des Mandanten geschlossen werden (BGH NJW 06, 1512; 07, 368); ebensowenig aus einer sog Mietschuldenfreiheitsbescheinigung des Hausverwalters (AG Berlin-Spandau NJW-RR 11, 1308). Mit der Herausgabe der Grundschuldbestellungsurkunde ist nicht notwendig

Titel 4. Erlass **§ 397**

ein Verzicht auf die zugrunde liegende Forderung verbunden (OLGR Saarbrücken 04, 436). Für die Annahme eines schuldnerischen Angebots auf Erlass (zB Übersendung eines Schecks über einen Teilbetrag) durch den Gläubiger wird häufig § 151 S 1 gelten. Eine Annahme ist aber nicht gegeben, wenn gleichzeitig mit an sich angebotskonformem Verhalten (zB Scheckeinlösung) Zurückweisung des Erlassangebots deutlich gemacht wird – es gilt das Gebot interessengerechter Auslegung unter besonderer Berücksichtigung sämtlicher Begleitumstände (BGH 111, 101 ff; NJW 01, 2324 f mAnm Frings BB 01, 1763; BGH NJW 02, 1046; Haertlein EWiR 01, 745; einschr zur sog *„Erlassfalle"* auch Karlsruhe OLGR 00, 37 ff; Koblenz NJW 03, 758; vgl ferner Kleinschmidt NJW 02, 758; Lange WM 99, 1301; Schönfelder NJW 01, 492 sowie § 151 Rn 1). Eine Teilunterwerfung beinhaltet nur dann ein Angebot auf Abschluss eines Erlassvertrages im Übrigen, wenn dies in der Erklärung unmissverständlich zum Ausdruck kommt (BGH NJW-RR 02, 1613). In einer Skontovereinbarung liegt ein durch fristgemäße Zahlung aufschiebend bedingter Teilerlass (BGH NJW 12, 2360). **c)** Der **Erlass** ist **unwirksam bei unverzichtbaren Ansprüchen:** familienrechtlicher Unterhalt (§§ 1614, 1360a III); Beamtenbezüge (BBesG 2 III); Tariflohn (TVG 4 IV 1); Entgeltfortzahlung (EFZG 12); Rückabwicklung bei Verbraucherkreditgeschäften (§§ 511 bzw 506 aF; MK/Schürnbrand, § 506 Rn 5; zur früheren Rechtslage unter dem AbzG BGH NJW 79, 872 mN); Vertragseintritt (§ 613a) bei Betriebsübernahme (BAG NJW 09, 3260). Übervorteilt der Schuldner einen intellektuell unterlegenen und geschäftsunerfahrenen Gläubiger, so kann der Erlassvertrag wegen Sittenwidrigkeit gem § 138 I nichtig sein (BGH NJW-RR 98, 590; vgl auch Köln NJW-RR 00, 1073 f); Gleiches gilt beim Ausschluss des Anfechtungsrechts gemäß § 123 (BGH NJW 07, 1058). Der Erlass künftiger Ansprüche in AGB kann gegen § 307 bzw AGBG 9 aF verstoßen (PalGrüneberg, § 307 Rn 142; Karlsruhe NJW 91, 112), soweit ihn die besondere Interessenlage nicht rechtfertigt (BAG NJW 09, 1022). Daneben bleibt ein Verstoß gegen § 305c denkbar (BAG NJW 09, 1022). **d) Wirkung:** Als Verfügung wirkt der Erlassvertrag 3
unmittelbar schuldtilgend; formlose Schenkung wird geheilt (§ 518 II; dazu Stuttgart NJW 87, 782). Wegen der Abstraktheit tritt Schuldtilgung ohne Rücksicht auf einen gültigen Rechtsgrund ein. Bei Fehlen oder Wegfall des Rechtsgrundes erfolgt Rückabwicklung gem § 812 I 1 Alt 1; der Anspruch richtet sich auf Wiederherstellung der Forderung in gehöriger Form (RG 108, 107). Eine im Voraus erlassene künftige Forderung (BGH NJW-RR 93, 1113) kommt nicht zum Entstehen (BGH 40, 330).

3. Negatives Schuldanerkenntnis. Es ist anders als das positive (§ 781) formfrei. 5
Eine Abrede in Kenntnis der Schuld oder zur endgültigen Bereinigung einer zweifelhaften Rechtslage schließt die Kondiktion aus, weil Schenkung (§ 518 II) oder Vergleich (§ 779) einen Rechtsgrund ergeben; § 812 II erlaubt die Kondiktion bei fehlendem Kausalgeschäft, zB nach Anfechtung auf Grund Irrtums über das Nichtbestehen, das nur festgestellt werden sollte (RG 108, 107). Die **Entlastung** im Gesellschaftsrecht ist einseitiges RGeschäft der Gesellschaft und hat zT die Wirkung eines negativen Anerkenntnisses bekannter Ansprüche (BGH 97, 384; NJW 59, 193; 69, 131; NJW-RR 88, 748; ebenso bei Entlastung des Verwalters einer Eigentümergemeinschaft Karlsruhe ZMR 00, 196); anders aber AktG 120 II; GmbHG 9b I, 43 III und bei öffentl-rechtlichen Körperschaften (BGH 106, 201). Zur Ausgleichsquittung im Arbeitsrecht vgl §§ 368, 369 Rn 2.

4. Pactum de non Petendo. Es lässt die Forderung bestehen, gibt aber eine 6
Einrede gegen ihre Klagbarkeit. Es ist auch zgDr zulässig (BGH JZ 56, 120).

5. Restschuldbefreiung. Die Restschuldbefreiung nach InsO 286 ff, die einer 7
Mitwirkung des Gläubigers nicht bedarf, wandelt die Forderung in eine unvollkommene Verbindlichkeit um, die erfüllbar, aber nicht mehr erzwingbar ist, arg InsO 301 III (s Bork, Insolvenzrecht, Rn 398; Foerste, Insolvenzrecht, Rn 569).

6. Aufhebung des gesamten Schuldverhältnisses. Vgl Vor § 362 Rn 3. 8

§ 398

Abschnitt 5. Übertragung einer Forderung

§ 398 Abtretung

¹Eine Forderung kann von dem Gläubiger durch Vertrag mit einem anderen auf diesen übertragen werden (Abtretung). ²Mit dem Abschluss des Vertrags tritt der neue Gläubiger an die Stelle des bisherigen Gläubigers.

Lit: Ahcin/Armbrüster, Grundfälle zum Zessionsrecht, JuS 00, 450, 549, 658, 768, 865, 965; Baumgärtel, Die Unzumutbarkeit der Forderungsabtretung, AcP 156, 265; Bergjan, Zivilrechtliche Probleme der Übertragung von Kreditportfolien, ZIP 12, 1997; Derleder, Teilzession und Schuldnerrechte, AcP 169, 97; Dörner, Dynamische Relativität, 1985; Gernhuber, Synallagma und Zession, FS Raiser, 1974, 57; Haertlein, Die Rechtsstellung des Schuldners einer abgetretenen Forderung, JuS 07, 1073; W. Henckel, Einziehungsermächtigung und Inkassozession, FS Larenz, 1973, 643; Hennrichs, Kollisionsprobleme bei der (Voraus-)Abtretung zukünftiger Forderungen, JZ 93, 225; Lorenz, Grundwissen – Zivilrecht: Abtretung, JuS 09, 891; G. Lüke, Grundfragen des Zessionsrechts, JuS 95, 90; Mylich, Die Aufrechnungsbefugnis des Schuldners bei der Vorausabtretung einer künftigen Forderung, 2008; Nörr/Scheyhing/Pöggeler, Sukzessionen, 2. Aufl 1999; von Olshausen, Gläubigerrecht und Schuldnerschutz bei Forderungsübergang und Regreß, 1988; Quast, Rechtskräftiger Titel des Zedenten und Schutz des Schuldners, 2009; Rüßmann, Einziehungsermächtigung und Klagebefugnis, AcP 172, 520; Schreiber, Die Forderungsabtretung, Jura 07, 266; Schwenzer, Zession und sekundäre Gläubigerrechte, AcP 182, 214; Seitz (Hgb), Das Inkasso-Handbuch, 4. Aufl 2013.

1 **1. Dogmatik der Abtretung. a) Rechtsnatur.** Die Abtretung ist ein Verfügungsgeschäft zwischen dem bisherigen Gläubiger einer Forderung (Zedent) und dem Abtretungsempfänger als dem neuen Gläubiger (Zessionar). **b) Kraft des Abstraktionsprinzips** gilt die Verfügung unabhängig vom schuldrechtlichen Grundgeschäft. Kausalgeschäft können sein Kauf, Schenkung, Geschäftsbesorgung, Treuhandverhältnisse usw; Forderungskauf und Erfüllung durch einen Dritten sind uU schwer zu unterscheiden (BGH NJW 82, 2308). Im praktischen Rechtsverkehr erfolgt die Abtretung oft stillschweigend (BGH NJW 97, 729), uU zusammen mit dem Grundgeschäft (BGH NJW 69, 40); sofern Grundgeschäft und Abtretung eine einheitliche Vereinbarung in einer Urkunde bilden, kann gem § 139 die Nichtigkeit des Grundgeschäftes die Verfügung erfassen (BAG NJW 67, 751; str). „Abtretung einer Vormerkung" ist im Zweifel als Abtretung des vormerkungsgesicherten Anspruchs auszulegen (BGH NJW 07, 508). Die „Übertragung" eines Akkreditivs soll nicht nach § 398 erfolgen, sondern eigenen Regeln unterliegen (BGH 132, 316 mN: Neubegründung eines abstrakten Anspruchs gem § 780). Unabtretbarkeit der Forderung (§ 399) begründet nach der Schuldrechtsreform (früher: Rechtsfolgen gem §§ 306 ff aF) nunmehr Schadensersatzansprüche nach § 311a II .

2 **2. Inhalt und Wirkung. a) Inhalt:** Nach dem typischen Inhalt der Verfügung erwirbt der Zessionar die volle Gläubigerstellung. Die Abtretung kann aber auflösend oder aufschiebend bedingt sein (BGH 4, 163; 20, 131 f; vgl Rn 14 ff). Die Begründung von Gesamtgläubigerschaft zwischen Zedent und Zessionar bedarf der Mitwirkung des Schuldners (BGH 64, 69). Mit dem ges zwingend vorgeformten Charakter des Verfügungsgeschäfts unvereinbar wäre ein Vertrag, der keine volle Gläubigerstellung verschafft, sondern dem Zedenten das gläubigertypische Einziehungsrecht dauernd und bedingungslos überlässt oder nur für den Fall der Vollstreckung gegen den Zedenten die Gläubigerposition überträgt. Davon zu unterscheiden ist jedoch die *stille Zession:* der Zessionar erlangt volle Gläubigerstellung, ermächtigt aber den Zedenten zur Einziehung (vgl Rn 26 ff) und verpflichtet sich im treuhänderischen Kausalgeschäft, nur bei Störungen der Leistungspflicht des Zedenten von der Gläubigerstellung Gebrauch zu machen (Sicherungsabrede, vgl Rn 14 ff). Diese zulässige Gestaltung (BGH 26, 192 f; WM 86, 1062) führt freilich in den praktischen Konsequenzen zu ähnlichen Ergebnissen wie das verbotene unty-

§ 398 Übertragung einer Forderung

pische Verfügungsgeschäft. Abtretung einer Gesamtschuldforderung erfasst iZw die Forderungen gegen sämtliche Gesamtschuldner (Hamm NJW-RR 98, 486). **b) Wirkung:** Infolge der Abtretung entsteht (auch) ein Schuldverhältnis iwS zwischen dem Zessionar und dem Schuldner. Gestaltungserklärungen, die an die Gläubigerstellung knüpfen (Fristsetzung gem § 323 I; sa § 401 Rn 3 und 6), setzen wirksame Abtretung im Zeitpunkt ihrer Abgabe voraus, spätere Genehmigung (§ 185 II) genügt wegen der Gestaltungswirkung nicht (BGH 114, 365). Mängelbedingte Zurückbehaltungsrechte (zB § 320 iVm Nachbesserungsrechten) können auch noch nach Abtretung der Nachbesserungsrechte an einen Dritten (s § 401 Rn 3) vom Zedenten dem Zahlungsgläubiger entgegengehalten werden, da dieser ansonsten Befriedigung verlangen könnte, ohne sich die Mangelhaftigkeit seiner Leistung entgegenhalten lassen zu müssen – kein Fall der §§ 404 ff (BGH NJW 83, 1059: Werkvertragsrecht; BGH NJW 95, 188: Leasing). Der Umfang des Verzugsschadens nach Abtretung bestimmt sich grundsätzlich aus der Person des Zessionars (BGH 128, 376; NJW 06, 1662; NJW-RR 92, 219), beschränkt auf die Höhe des Zedentenschadens (str, Junker AcP 195, 1; aA Saarbrücken OLGR 00, 381). Bei der Sicherungszession soll aber, wenn ein Schaden nur beim Sicherungsgeber vorhanden ist, der Ersatz dieses Zedentenschadens nach den Grundsätzen der Drittschadensliquidation möglich sein (BGH 128, 377). Daher sind im Streitfall konkrete Feststellungen zur Rechtsnatur der Zession erforderlich (BGH NJW 06, 1662). Der Zessionar kann sich schadensersatzpflichtig machen, wenn er dem Schuldner unrichtige Mitteilungen über die Abtretung macht (Frankfurt ZIP 89, 1133). Bei Abtretung der Ansprüche aus Versicherungsverhältnissen ist die Anzeige nicht ohne Weiteres als Widerruf einer Bezugsberechtigung auszulegen (BGH 109, 67; NJW 11, 307; 12, 1003 zum Sonderfall der Sicherungsabtretung; sa § 2301 Rn 6). Vgl zur Abtretungsbestätigung des Schuldners § 404 Rn 6 ff.

3. Form. a) Die Abtretung ist **formfrei,** und zwar auch dann, wenn die abgetretene Forderung aus einem formpflichtigen RGeschäft resultiert (BGH 89, 46: Auflassungsanspruch) oder das Grundgeschäft formpflichtig ist (zB Schenkung); auch konkludente Abtretung ist möglich (BGH NJW 97, 729; NJW 12, 3774: Übergabe der Schadensunterlagen an Versicherer; sa AG Köln NJW-RR 12, 566). Für hypothekarisch gesicherte Forderungen beachte aber § 1154 (Rn 5). Abtretungsklauseln in AGB können an §§ 305, 305c I (= AGBG 2, 3 aF) scheitern. Bei Verstößen gegen gewillkürte Form gilt § 399 Halbs 2 (BGH WM 79, 773). **b) Bei verbrieften Forderungen** ist zu unterscheiden: **aa)** Bei **Namenspapieren** (Rektapapier) ist die Forderung grundsätzlich formlos abzutreten, für das Papier gilt § 952 II. Die Übergabe des Sparkassenbuchs ist also nicht notwendig (BGH NJW 63, 1631), kann aber als stillschweigender Abtretungsvertrag auszulegen sein (BGH BB 72, 814 mN). Schriftform mit Briefübergabe gilt bei Hypothekenforderung und Grundschuld (§§ 1154, 1192). **bb)** Bei **Inhaberpapieren** erfolgt die Forderungsübertragung grundsätzlich durch Eigentumswechsel an der Urkunde. Die neuere Lehre lässt aber daneben auch bloße Abtretung der Forderung (§§ 398 ff) bei Eigentumserwerb an der Urkunde nach § 952 II zu (str, statt vieler MK/Habersack § 793 Rn 31 f; offen BGH ZIP 09, 312). **cc)** Bei **Orderpapieren** (Wechsel, Scheck) ist neben der Übertragung durch Indossament, Begebungsvertrag und Übereignung des Papiers (str) die Abtretung der verbrieften Forderung gem § 398 möglich, wobei die *Übergabe* des Papiers hinzutreten muss (BGH NJW 79, 1704 für Wechsel; Übergabe entbehrlich beim präjudizierten Wechsel: BGH 104, 150).

4. Parteien der Abtretung. Parteien sind Zedent und Zessionar. **a) Abtretung zugunsten eines Dritten** ist als Verfügung zgDr unwirksam (str). **b) Bei Blankozession** handelt der andere Teil als vollmachtloser Vertreter des noch unbekannten Zessionars, wobei mit der Bestimmung des Zessionars die rückwirkende Genehmigung der Verfügung erfolgt (§§ 177, 184 I, vgl München OLGR 99, 114, str); da der andere Teil auch sich selbst benennen kann, liegt gleichzeitig eine bedingte Abtretung an ihn vor (SoeZeiss 3; aA MK/Roth 32). Bei Schriftformerfordernis

§ 398

(vgl Rn 4) tritt Wirksamkeit allerdings erst vom Zeitpunkt der schriftlichen Benennung des Zessionars in der Abtretungsurkunde ein, also *nicht* rückwirkend (BGH 22, 132). **c)** Abtretung von **Steuererstattungsansprüchen** bedarf zu ihrer Wirksamkeit der Anzeige an die Finanzbehörde, AO 46 (BGH 70, 75; BFH NJW 92, 198; 95, 278; zur Unwirksamkeit bei fehlender Angabe des Abtretungsgrundes BFH 208, 1; zur erforderlichen Verwendung des amtlichen – und von beiden Parteien zu unterschreibenden – Vordrucks BFH BB 88, 332; 83, 622; BVerfG NJW 83, 2435; zur Teilwirksamkeit bei nur von einem Ehegatten unterschriebener Abtretungsanzeige BFH DStRE 97, 634); bei mehreren Abtretungen entscheidet der Eingang der Anzeige über die Priorität (BFH ZIP 90, 110).

8   **5. Gegenstand der Abtretung. a)** Zur **Abtretbarkeit** der Forderung vgl § 399. **b)** Die **Teilabtretung** teilbarer Forderungen führt zu zwei selbstständigen Forderungen. Sie haben ohne entspr abw Vereinbarung gleichen Rang (BGH 46, 244; NJW 91, 2630); die Tilgungsbestimmung bei Teilzahlungen trifft der Schuldner (BGH 46, 244; bei versteckter Zession steht ihm ein Recht zur nachträglichen Tilgungsbestimmung zu, wenn im Zeitpunkt der Leistung die Voraussetzungen des § 366 I vorlagen: BGH 167, 344; NJW 08, 986; sa § 366 Rn 2); Minderung kann der Schuldner nur verhältnismäßig geltend machen (BGH 46, 244; sa 56, 315; NJW 83, 1903); die Verjährung beider Teilforderungen läuft getrennt und wird getrennt gehemmt bzw neu begonnen (BGH 44, 388 zur Unterbrechung alten Rechts). Nur ausnahmsweise kann der Schuldner einer Teilabtretung unzulässige Rechtsausübung entgegenhalten (BGH 23, 55; Düsseldorf MDR 81, 669). Bei *Anspruchskonkurrenz* ist die Abtretung einzelner Ansprüche unmöglich, weil andernfalls Gesamtgläubigerschaft (§ 428) ohne Mitwirkung des Schuldners entstünde (vgl BGH 64, 69); auch
9   eine Gesamtschuldforderung wird einheitlich abgetreten, vgl § 401 Rn 2. **c) Künftige Forderungen,** dh bedingte und befristete Forderungen oder Forderungen aus erst künftig entstehenden Rechtsverhältnissen, können regelmäßig (Bsp für Ausnahme BVerwG NJW-RR 09, 730) schon vor ihrer Entstehung abgetreten werden (BGH NJW 88, 3204: prozessualer Kostenerstattungsanspruch; Lohnforderung, vgl Rn 23); die Zession entfaltet Wirkung nur und erst mit dem Entstehen der Forderung (BGH 32, 369; 88, 206; NJW 95, 1671; NJW-RR 10, 193; 483). Von befristeten Forderungen sind bereits voll entstandene betagte Forderungen zu unterscheiden, über die vor Fälligkeit mit voller Wirkung verfügt werden kann (BGH NJW-RR 10, 483). Die Frage, ob bei Zession bedingter oder befristeter Forderungen nach ihrer Entstehung der Zedent zunächst Forderungsinhaber wird („Durchgangstheorie") oder ob die Forderung sofort in der Person des Zessionars entsteht („Unmittelbarkeitstheorie"), ist letztlich nicht klar beantwortet (BGH 66, 385; 70, 95; 88, 207; für Durchgangserwerb bei Verfügung durch Nichtberechtigten ohne „Anwartschaft" BFH NJW 96, 1079). Jedenfalls gelten auch bei Abtretung künftiger Forderungen §§ 399 ff (BGH 66, 385; insbes zu § 404 Köln NJW-RR 88, 239). Gegenteilige spätere Verfügungen des Zedenten sind unwirksam (BGH 32, 363; 370; 88, 206; 109, 368, 372; 135, 140, 144; 174, 304 f; NJW-RR 10, 483; s aber Sonderfall BGH 104, 352 f mAnm Münzberg JZ 89, 253: Abtretung des künftigen Abfindungsanspruches bzw Auseinandersetzungsguthabens eines GmbH-Gesellschafters geht allerdings ins Leere, wenn der Gesellschafter seinen Geschäftsanteil später sofort wirksam auf einen Dritten überträgt, weil erst in der Hand des Dritten der Abfindungsanspruch entsteht; entsprechend für Auseinandersetzungsforderung eines stillen Gesellschafters BGH NJW 97, 3370; sa § 407 Rn 6 und § 717 Rn 3).
10   *Einzelpfändung,* die erst nach Entstehen des Rechtsgrundes der Forderung zulässig ist (BGH 53, 32), lässt die Stellung des Zessionars gem Prioritätsgrundsatz unberührt (BAG 32, 164; zur Wirkungslosigkeit der Pfändung BGH 56, 350; 100, 42; s aber BAG NJW 93, 2699; Baur/Stürner/Bruns, Rn 30.16). Im Insolvenzfall ist die Wirksamkeit der Abtretung zweifelhaft (InsO 91 I), falls der Rechtsgrund der Forderung nach Insolvenzeröffnung entsteht (BGH NJW 55, 544; BGH 106, 241; 109, 368 ff; 135, 140, 145; für Wirksamkeit wohl BGH 174, 304 f für Globalzession); besteht

der Rechtsgrund schon vor Insolvenz, ist unstr Wirksamkeit anzunehmen (PalGrüneberg 11; unklar aber BGH NJW 55, 544; BGH 70, 95; NJW 91, 2897 für Kaufpreisrückzahlungsanspruch, falls auch der Eigentumsverschaffungsanspruch abgetreten oder verpfändet war). Bei Zweitabtretungen von Forderungen, die bereits einem anderen Sicherungsnehmer vorher abgetreten worden waren, ist die Position des Zweitzessionars nur insolvenzfest, wenn sie im Zeitpunkt der Insolvenzeröffnung nicht mehr zerstört werden konnte, insbesondere weil sich der Sicherungszweck der Erstabtretung voll erledigt hatte (BGH NJW-RR 13, 51; sa BGH 191, 277 = NJW 12, 229; NJW 12, 1510). Die Anordnung von Verfügungsbeschränkungen nach InsO 21 II 1 Nr 2 führt nicht zur Unwirksamkeit der Abtretung einer nach der Anordnung entstandenen Forderung (BGH 135, 140, 144; NJW-RR 10, 193 f = ZIP 10, 140 f: Fall einer vom Schuldner abhängigen aufschiebenden Bedingung). Sonderregelung InsO 110. **d)** Wirksame Abtretung setzt **Bestimm-** 11 **barkeit** der abgetretenen Forderung voraus (BGH NJW 11, 2713); die Auslegung darf insoweit auch auf Umstände außerhalb der Abtretungsurkunde rekurrieren (BGH NJW 00, 277). Praktische Bedeutung erlangt diese Wirksamkeitsvoraussetzung bei Abtretung künftiger Forderungen im Rahmen der Sicherungsabtretung bzw des verlängerten Eigentumsvorbehaltes (vgl Rn 14 ff). Die *Identität der Ansprüche* muss dabei nicht für alle möglichen denkbaren Fälle feststehen, es genügt, dass die konkret fragliche Einzelforderung unter die Abtretungsvereinbarung eindeutig subsumierbar ist (BGH 7, 365; 79, 21; WM 85, 14; NJW 95, 1669); die „Abtretung aller aus der Veräußerung gelieferter Waren entstehenden Forderungen" betrifft dabei den Verkauf verarbeiteter und unverarbeiteter Ware. Die Abtretung aller gegenwärtigen und künftigenForderungen umfasst auch Forderungen aus späterem Prozessvergleich (Bremen MDR 12, 613), die Abtretung aller im Rahmen bankmäßiger Geschäftsverbindung erworbener Ansprüche Forderungen aus Leasingverträgen (BGH NJW-RR 09, 630). Strengere, aber auch unklarere Maßstäbe gelten bei 12 *Abtretung eines Teils* künftiger Forderungen. Ob Teilabtretung insbes dann Auslegungsergebnis sein kann, wenn der zu sichernde Wert nur einen Bruchteil der benannten Forderungen ausmacht (BGH 26, 182 ff; 79, 18; zurückhaltend BGH 94, 113), ist bei AGB im Hinblick auf § 305c II (= AGBG 5 aF) und das Verbot geltungserhaltender Reduktion zweifelhaft (offen BGH 98, 312; ZIP 90, 1008; vgl hierzu Meyer-Cording EWiR 87, 6 mN); jedenfalls muss sich für eine solche Interpretation in den Geschäftsbedingungen ein Anhaltspunkt finden. Ungenügend ist eine Klausel, die eine Abtretung insoweit vereinbart, als Forderungen „an die Stelle" gelieferter Waren treten (LM Nr 8). Hingegen genügt eine Klausel, die den Abtretungsumfang auf den Anteil an der Forderung beschränkt, „der dem Anteilswert des Warenlieferanten am Miteigentum entspricht, das durch Weiterverarbeitung der gelieferten Ware entstanden ist (BGH NJW 75, 1227 mN); zulässig ist ebenso Forderungsabtretung in Höhe des „Rechnungswertes" der verarbeiteten Vorbehaltsware (BGH 79, 23). Unwirksam ist aber die Abtretung mehrerer Forderungen in Höhe eines Teilbetrags, wenn nicht erkennbar ist, auf welche Forderung oder Teilforderung sich die Abtretung in welcher Höhe bezieht (BGH NJW 11, 2713; Frankfurt NJW-RR 12, 319; Köln MDR 05, 975). Die *Abtretung in Höhe* 13 *des jeweiligen Schuldsaldos* des Zedenten ist jedenfalls dann nicht hinreichend bestimmt, wenn dieser Saldo laufend wechselt und von einer unübersehbaren Vielzahl von Forderungen abhängt, die den Beteiligten und vor allem dem Schuldner der abgetretenen Forderung einen Überblick unmöglich macht (BGH NJW 65, 2197 f; 00, 276; Dresden NJW-RR 97, 1071); ähnliches gilt für Abtretung „bis zur Höhe" einer ggf bestehenden Gegenforderung aus demselben Schuldverhältnis (Rostock MDR 00, 887); anders uU bei überschaubaren Verhältnissen (Karlsruhe OLGZ 84, 81). Selbst bei *Globalabtretung bis zu einer festen Schuldhöhe* kann bei ständig wechselndem Forderungsbestand die Bestimmbarkeit zu verneinen sein (BGH 71, 78 f). Nicht ausreichend ist die monatl Übergabe einer Liste mit offenen Posten, wenn diese auch Forderungen enthält, die nach dem Willen der Parteien dem Zessionar gar nicht zustehen sollten (Hamm ZIP 08, 1110). Keine hinreichende

§ 398

Bestimmbarkeit liegt auch vor, wenn der Schuldner im Rahmen einer verlängerten Sicherungsübereignung die aus dem Verkauf des Sicherungsguts entstehenden Forderungen abtritt und sodann eine Gesamtheit von Gegenständen einschließlich des Sicherungsguts für einen Einheitspreis an einen Dritten veräußert (BGH NJW-RR 09, 925).

14 **6. Sicherungsabtretung. a) Zweck und Konstruktion.** Der Zedent (Sicherungsgeber) tritt dem Zessionär (Sicherungsnehmer) zur Sicherung von Forderungen des Zessionars gegen den Zedenten die volle Gläubigerstellung ab. Einen allg Grundsatz, wonach die Zession durch den Sicherungszweck aufschiebend bedingt ist, gibt **15** es nicht (BGH NJW 91, 354 betr SÜ; s noch Rn 16). Im *Außenverhältnis zum Drittschuldner* erlangt also der Zessionar alle Gläubigerrechte (§ 137 S. 1: BGH NJW 93, 1641). Bei der sog *stillen Zession* erteilt er dem Zedenten Einziehungsermächtigung in der Weise, dass der Zedent Leistung an sich verlangen (§§ 185 I, 362 II; vgl Rn 26 ff) und als gewillkürter Prozessstandschafter klagen kann (BGH NJW 78, 698 f; BGH 32, 357 ff; NJW 99, 2111; 02, 1568; vgl Rn 2 f); Widerruf der Ermächtigung nur im Rahmen des Sicherungszwecks (München BB 85, 2270; aA BGH 82, 290). Bei *offener Zession* kann der Zedent entspr auf Leistung an den Zessionar klagen (BGH 32, 71; 96, 155 f: spätere Offenlegung; NJW 90, 1117; 95, 3186; 81, 679); s zur Zedentenklage Brehm KTS 85, 1; zu nicht aufeinander abgestimmten Klagen von Zedent und Zessionar Gottwald JuS 86, 715; zur Zulässigkeit einer Klageumstellung nach Rückabtretung BGH ZIP 90, 332. Bei Verwertung der abgetretenen Forderungen steht dem Schuldner kein Tilgungsbestimmungsrecht nach **16** § 366 I zu (BGH NJW 08, 2843). Im *Innenverhältnis zwischen Zessionar und Zedent* regelt die vertragliche *Sicherungsabrede* vor allem folgende Punkte: Voraussetzung der Forderungsverwertung durch den Zessionar (hierzu BGH NJW-RR 95, 1369; bei Schweigen gelten §§ 1282, 1228 II analog – aber nur im Innenverhältnis!; bei Lohnabtretung vgl Rn 23); Verwendung der vom Zedenten eingezogenen Beträge; schuldrechtliche Pflicht zur Rückübertragung nach Wegfall des Sicherungszwecks (iZw keine durch den Sicherungszweck auflösend bedingte Abtretung, BGH WM 60, 1407; NJW 84, 1185 für SÜ an Bank; Jauernig NJW 82, 268; wohl auch BGH NJW 91, 354 betr SÜ; aA BGH NJW 82, 275; uU aber stillschweigende Rückabtretung nach Fortfall des Sicherungszwecks, BGH NJW 86, 977). Nach Kreditkündigung bestehen Schutz- und Informationspflichten gegenüber dem **17** Schuldner fort (BGH NJW 94, 2755). **b) Vollstreckungsrechtliche Wirkungen** (Grunsky JuS 84, 501; Meyer/von Varel JuS 04, 192). **aa)** Der **Zedent** kann gegen Pfändungen durch Zessionarsgläubiger gem ZPO 771 vorgehen, in der Insolvenz des Zessionars hat er Aussonderungsrecht (InsO 47), immer die Befriedigung der zu sichernden Forderung vorausgesetzt. Vor der Erfüllung der gesicherten Forderung gilt Folgendes: Pfändungen durch Zessionarsgläubiger kann der Zedent gem ZPO 771 **bis zur Verwertungsreife** widersprechen (vgl BGH 72, 143 ff); sofern der Gläubiger aber die gesicherte Forderung pfändet, kann er *insoweit* auf die zedierte Forderung zugreifen (arg §§ 401, 412, ZPO 835). In der Insolvenz des Zessionars besteht ein Aussonderungsrecht erst nach Befriedigung, sonst kann der Insolvenzverwalter bei Verwertungsreife verwerten, ein Aussonderungsrecht bleibt hinsichtlich des Überschusses. **bb)** Der **Zessionar** kann einer Pfändung durch Zedentengläubiger gem ZPO 771 widersprechen, in der Insolvenz besteht nur ein Absonderungsrecht (BGH 95, 152; NJW 84, 1750; InsO 51 Nr 1). Eine durch Zahlungseinstellung aufschiebend bedingte Abtretung ist anfechtbar (InsO 133; BGH NJW 93, 1641); wirksame Globalzession ist grundsätzlich nur als kongruente Deckung anfechtbar **18** (BGH 174, 304). **c)** Der **verlängerte Eigentumsvorbehalt** kombiniert den EV mit Sicherungsabtretung der Forderungen aus Weiterverkauf, vgl § 929 Rn 28 ff und zur Bestimmtheit § 398 Rn 11 ff. **d)** Bei der sog **Globalzession** handelt es sich um einen Verfügungsvertrag, in dem sämtliche gegenwärtigen und künftigen Forderungen des Zedenten (einschließlich etwaiger Umsatzsteuer, vgl BGH NJW-RR 88, 1012) abgetreten werden, zB zur Sicherung eines Bankdarlehens. Sie erstreckt sich nicht auf Forderungen, die vom Gesamtrechtsnachfolger des Zedenten nach einer Verschmelzung in seinem Geschäftsbetrieb begründet werden (BGH ZIP 08, 120). Im Unterschied zur Globalzession mit Verfügungswirkung ist die *Mantelzession* ein Verpflichtungsvertrag, der nur zur Abtretung ausstehender Forderungen in Kredithöhe verpflichtet und durch entsprechende Abtretungen (Übersenden einer Forderungsliste) vollzogen wird (LG Berlin WM 84, 225). **aa)** Bei 19 **Kollision zwischen verlängertem Eigentumsvorbehalt und Globalzession** (Hübner/Goerke JA 84, 265; Picker JuS 88, 375; Hennrichs JZ 93, 225) ist zunächst vom Prioritätsgrundsatz auszugehen, dh die vorausgehende Abtretung macht spätere Abtretungen gegenstandslos (BGH NJW 05, 1193); die Rspr hat es insbes abgelehnt, die Wirksamkeit der Abtretung an anderen Kriterien zu messen, zB Teilung zwischen Waren- und Kreditgläubiger, Stoffnähe usw (BGH 32, 363 ff). Eine Globalzession ist aber insoweit nichtig gem § 138, als sie auch künftige Forderungen erfassen soll, die der Zedent seinen künftigen Warenlieferanten auf Grund verlängerten EV branchenüblich abtreten muss und abtritt; das Unwerturteil stützt sich obj auf den vorprogrammierten Vertragsbruch des Zedenten, subj auf die Kenntnis der Vertragsparteien, für die bei Branchenüblichkeit eine tatsächliche Vermutung spricht (BGH 55, 35 f mN; 98, 315; NJW 83, 2504; 87, 1879; 91, 2147; 99, 2589; 05, 1193). Sofern die Globalzession auch andere, „freie" Forderungen erfasst, kann Teilwirksamkeit Auslegungsergebnis sein (BGH 72, 315 f). Sittenwidrigkeit entfällt, falls die Globalzession Forderungen, die branchenüblich dem verlängerten EV unter- 20 fallen, erst nach Befriedigung der Vorbehaltsverkäufers erfassen soll („dingliche Verzichtsklausel", BGH NJW 74, 942 f; 91, 2147); hingegen soll die schuldrechtliche Verpflichtung des Zessionars zur Freigabe zugunsten des Warenlieferanten (BGH 72, 308 ff) ebenso wenig genügen wie die Verpflichtung des Zedenten, aus dem gesicherten Kredit die Warenlieferanten zu befriedigen (BGH NJW 74, 942 f). Es ist auf das Sittenwidrigkeitsurteil ohne Einfluss, wenn die Wirksamkeit der Globalabtretung im Einzelfall von der Genehmigung des Drittschuldners abhängt, mit dem der Zedent Unabtretbarkeit vereinbart hatte (BGH 55, 36 ff). Sofern der Drittschuldner an den Globalzessionar als Nichtberechtigten zahlt, kann der Warenlieferant die Erfüllung genehmigen (§§ 362 II, 185 I) und sich gem § 816 II beim Globalzessionar erholen (aufschlussreich BGH 56, 178 ff); dies setzt allerdings voraus, dass an die Bank als Globalzessionar und nicht an den Zedenten mit der Bank als Zahlstelle geleistet worden ist (BGH 53, 141 ff; zur Arglisteinrede gem § 242 gegen die Berufung auf die „Zahlstellenfunktion" BGH 72, 320 ff; Frankfurt WM 81, 972; Düsseldorf WM 92, 859). Diese Kollisionsregeln gelten nicht bei *Diskontierung eines Wechsels* durch ein Kreditinstitut, wenn der Wechsel auf die vorausabgetretene Forderung des Vorbehaltskäufers geleistet war (BGH NJW 79, 1704; sa Muscheler und Teufel NJW 81, 657, 953), und beim echten *Factoring* (hierzu Rn 29 ff). Die Rspr zum verlängerten EV ist nicht übertragbar auf die Kollision zwischen Globalzession und nachfolgender Sicherungsabtretung zu Gunsten des Vermieters von Baumaschinen (BGH NJW 05, 1192). **bb) Unwirksamkeit.** *Sittenwidrigkeit der Globalzession* 21 kann unabhängig von der Konkurrenz mit verlängertem EV vorliegen, wenn die Globalzession den kreditbedürftigen Zedenten absehbar zur Täuschung späterer Kreditgeber über die Gläubigerschaft an ausstehenden Forderungen zwingt (BGH NJW 77, 2261 f) oder bei drohender Insolvenz sämtliche Kundenforderungen als letztes pfändbares Vermögen abgetreten werden (BGH NJW 95, 1669; vgl auch Dresden WM 00, 1691 f); Knebelung des Zedenten wird regelmäßig nicht gegeben sein, sofern er bei ordnungsmäßiger Tilgung die abgetretenen Forderungen einziehen und verwerten darf. Jedoch kann *anfängliche Übersicherung* in Fällen groben Missverhältnisses zwischen realisierbarem Wert und gesicherter Forderung Nichtigkeit gem § 138 I begründen (BGH NJW 98, 2047 mN; NJW-RR 03, 1490, 1492; WM 10, 834). *Sittenwidrigkeit* setzt konkrete Wirkungen im Einzelfall voraus. 22 *Unwirksamkeit* gem § 307 (entspr AGBG 9 I) kann sich auch abstrakt (BGH NJW 92, 2626 mN) ergeben; teilw unklare Abgrenzung (BGH NJW 91, 2147; 96, 2786). Nach älterer Rspr war zur Vermeidung der *Unwirksamkeit wegen nachträglicher Übersi-*

cherung eine ausdrückliche schuldrechtliche Freigabeklausel erforderlich (BGH 109, 240; 117, 374; NJW 91, 2147; 2786; 93, 533) – allerdings nur bei unbestimmten Globalsicherheiten, nicht bei feststehenden Sicherheiten oder gar Einzelgegenständen (BGH 124, 371; 380; Ganter ZIP 94, 257). Nach jüngerer Rspr sollte trotz fehlender oder missglückter Freigabeklausel die Abtretung wirksam bleiben (AGBG 6 aF = § 306 nF), an die Stelle der fehlenden oder missglückten vertraglichen Freigabeklausel ein richterrechtlicher Freigabeanspruch treten (BGH 133, 25; NJW 96, 2786, 2790). Ein Senat wollte sogar billiges Gläubigerermessen bei der Freigabe genügen lassen (BGH NJW 96, 2952 = ZIP 96, 957; ZIP 96, 543; NJW 94, 1799; BGH 128, 295; 130, 115). Bei Sicherungsabtretung ließ die Rspr schon eine Übersicherung von 50% bis 100% des Nennbetrags (BGH NJW 94, 445) der abgetretenen Forderungen zu (BGH NJW 96, 388; NJW-RR 93, 307; BGH 98, 317; 109, 246; 120, 302 f), um je nach Art der Außenstände Ausfällen vorzubeugen. Nachdem der 7. Zivilsenat zumindest teilw an der alten Rspr festhielt (BGH NJW 97, 651), musste der Große Senat entscheiden (Vorlagebeschlüsse des 9. und 11. Senats, NJW 97, 1570 und ZIP 97, 1185; zum Ganzen Canaris ZIP 96, 1109; 1577; 97, 813; Serick ZIP 95, 789; NJW 97, 1529; Wiegand/Brunner NJW 95, 2513; Pfeiffer ZIP 97, 49; Liebelt-Westphal ZIP 97, 230). Danach gilt nunmehr Folgendes (BGH GS NJW 98, 671 mN = LM § 138 [B b] Nr 86 mAnm Stürner = JZ 98, 456 mAnm Roth): Bei revolvierenden Globalsicherheiten besteht ein ermessensunabhängiger Freigabeanspruch des Sicherungsgebers auch bei fehlender oder missglückter Freigabeklausel. Ausdrückliche Freigabevereinbarung, zahlenmäßig fixierte Deckungsgrenze oder bestimmte Bewertungsklausel sind keine Wirksamkeitsvoraussetzung der Sicherungsübertragung (sa BGH NJW-RR 98, 1123 f; MDR 98, 916). Die Deckungsgrenze beträgt bei fehlender oder missglückter formularmäßiger Regelung grundsätzlich 110% des Werts der gesicherten Forderung(en); hierzu auch InsO 171. Die Übersicherungsgrenze muss aber die Unsicherheit der Wertrealisierung berücksichtigen und liegt deshalb regelmäßig bei 150% des Schätzwertes des Sicherungsguts (§ 237 S 1 analog), der sich bei Globalzession aus dem Nennwert der zedierten Forderungen ergibt (BGH NJW 98, 676/677; vgl Saarbrücken OLGR 00, 279). Dabei sind Feststellungs-, Verwertungs- und Rechtsverfolgungskosten berücksichtigt, nicht aber eine – bei Sicherungsübereignung anfallende – Umsatzsteuerbelastung des Sicherungsnehmers (BGH NJW 98, 676/677; hierzu Baur/Stürner, SachenR, 18. Aufl 2009, § 57 Rn 25 ff; zum Ganzen ferner Serick BB 98, 801). Für besondere Ausnahmetatbestände, die eine abweichende Gestaltung mit höheren oder niedrigeren Grenzwerten rechtfertigen, ist die begünstigte Partei

23 beweisbelastet. **e) Lohnabtretung** (Lit: Kohte BB 89, 2257; Scholz MDR 90, 193; Steppeler WM 89, 1913). Zur Wirksamkeit gem § 307 (entspr AGBG 9 I aF) müssen bei einer Vorausabtretung künftiger Lohn-, Gehalts-, Provisions- und Sozialleistungsansprüche Zweck und Umfang der Zession sowie die Voraussetzungen der Verwertungsbefugnis eindeutig bezeichnet sein (BGH 108, 104; NJW 92, 2627). Dem Schuldner sind Verwertung und Offenlegung der Zession nach außen unter Einhaltung bestimmter Fristen anzudrohen (BGH NJW 92, 2627; 94, 2754 unter Hinweis auf §§ 1234, 1273 II, HGB 368 zu AGB Banken Nr. 6 und 20). Die Verwertungsabrede muss den Anforderungen des § 498 entsprechen, soweit Ratenkredite von Verbrauchern betroffen sind. Unangemessene Übersicherung ist durch eine am Umfang des Darlehens orientierte, betragsmäßige Begrenzung der Zession zu vermeiden; das mit fortschreitender Tilgung des Ratenkredits abnehmende Sicherungsinteresse machte nach früherer Rspr zudem eine Freigabeklausel mit zahlenmäßig bestimmter Deckungsgrenze erforderlich (BGH 108, 108; 124, 377; Ganter ZIP 94, 257, 262); auch hier sind entspr der neueren Rspr (Rn 22) Deckungsgrenze und Freigabeklausel in AGB nicht mehr ausdrücklich zu regeln (BGH NJW-RR 13, 249) , doch bleibt eine eindeutige und wirksame Verwertungsregelung weiterhin erforderlich (BGH ZIP 05, 1021). Eine *Sicherungs*abtretung, die an den genannten Kriterien zu messen wäre, liegt indes nicht vor, wenn die Abtretung *unmittelbar* zur Rückführung einer Darlehensschuld erfolgt (Hamm OLGR 00, 76).

Übertragung einer Forderung § 398

Die insolvenzrechtliche Zeitgrenze des InsO 114 gilt auch bei einem nach Insolvenzeröffnung abgeschlossenen neuen Dienstverhältnis (BGH NJW-RR 13, 249).

7. Inkassozession. Der Zedent überträgt die volle Gläubigerposition und damit 24 ohne weiteres die Prozessführungsbefugnis (BGH NJW 80, 991; WM 85, 614) auf den Zessionar. Dieser verpflichtet sich schuldrechtlich, nur iSd Beitreibung zu verfügen (§ 137) und den Erlös der Einziehung herauszugeben (§§ 675, 667). Gegen Vollstreckungsmaßnahmen von Gläubigern des Zessionars hat der Zedent inhabergleiche Rechte (ZPO 771, InsO 47); Gläubiger des Zedenten können den Rückübertragungsanspruch pfänden, bei Insolvenz des Zedenten gilt InsO 116. Zur Aufrechnung gegen die zedierte Forderung mit Forderungen gegen den Zedenten vgl § 387 Rn 5. Geschäftsmäßige Inkassozession bedurfte unter dem RBerG grundsätzlich der Erlaubnis, zB Inkassozession von Ersatzforderungen aus Unfall durch Mietwagenunternehmen (BGH 47, 364 ff; NJW 04, 2516; s aber NJW 05, 969 u 2458) oder durch die Finanzierungsbank eines Unfallhelferrings (BGH 61, 317 ff); Fehlen der Erlaubnis nach RBerG bewirkte Nichtigkeit der Abtretung gem § 134 (BGH 61, 324 mN; ZIP 09, 312). An der grundsätzlichen Erlaubnispflichtigkeit und gegebenenfalls Nichtigkeit gem § 134 hat sich nach RDG 2 II 1 Alt 2 nichts geändert, soweit das wirtschaftliche Ergebnis der Einziehung dem Zedenten zu Gute kommen soll (BGH NJW 13, 60; zum Übergangsrecht zwischen RBerG u RDG BGH NJW 13, 62). Es kann sich aber um eine allgemein zulässige Nebentätigkeit nach RDG 5 I handeln, wenn das Gewicht rechtsberatender Tätigkeit den Charakter der Hauptleistung nicht so wesentlich bestimmt, dass ihre Erbringung die Sachkunde eines Rechtsanwalts oder einer registrierten Beratungsperson erfordert (BGH NJW 13, 60; 12, 1589; zum alten Recht schon ähnlich NJW 05, 969 u 2458). Bei Vermietern von Ersatzfahrzeugen soll deshalb danach zu differenzieren sein, ob die einzuziehende Schadensersatzforderung schon dem Grunde nach oder allenfalls in der Höhe in Streit steht (BGH NJW 12, 1005; 13, 61 u 63 sowie 64). . Zur bisher wichtigen Abgrenzung zwischen Inkasso- und Sicherungszession s unten Rn 25. Genossenschaften (BGH 53, 1 ff) oder berufsständische Vereinigungen bedurften bereits unter dem RBerG ausnahmsweise keiner Erlaubnis (RBerG Art 1 §§ 3, 7; hierzu Frankfurt 25 MDR 82, 1024; s jetzt RDG 7). Hat ein Inkassobüro die Erlaubnis zur außergerichtlichen Einziehung von Forderungen, so durfte es unter dem RBerG die Forderungen gerichtlich geltend machen, wenn hierfür ein RA eingeschaltet war (BGH NJW 94, 998; 96, 393; NJW-RR 01, 1420; ebenso Caliebe NJW 91, 1721 mN; BVerwG NJW 91, 58). Die Erlaubnis zur außergerichtlichen Einziehung von Forderungen umfasst auch die bei Abtretung der Forderung notwendige Rechtsberatung, so dass entsprechende Abtretungen nicht nach § 134 unwirksam sind (BVerfG NJW 02, 1190; aA BGH NJW-RR 01, 1420). Keine Inkassozession, sondern Sicherungsabtretung (vgl Rn 14 ff) liegt vor, wenn sich ein Mietwagenunternehmen Unfallersatzansprüche für den Fall der Nichtzahlung der Miete abtreten lässt, bzw es ihm im Wesentlichen darum geht, die durch die Abtretung eingeräumte Sicherheit zu verwirklichen. In diesem Fall stellte die Einziehung der abgetretenen Forderung schon nach alter Rechtslage keine erlaubnispflichtige Besorgung fremder Rechtsangelegenheiten iSv RBerG Art 1 § 1 I dar (stRspr; s BGH NJW 74, 1244; 85, 1223; 05, 135; 1371; 3570; zweifelhaft; sa LG Krefeld Schaden-Praxis 06, 64: Nichtigkeit nach RBerG Art 1 § 1 I, § 134, wenn dem Geschädigten geradezu nahegelegt wird, durch Ablehnung der Zahlung dem Autovermieter die Einziehung der Forderung zu überlassen). Nach Erlass des RDG dürfte sich diese Abgrenzungsproblematik nun aber weitgehend erledigt haben (sa BGH NJW 13, 63/64). Sonderregelung: AO 46 IV für Steuererstattungsansprüche (hierzu BFH BB 84, 1228). Die Abtretung von Honorarforderungen freier Berufe ist gem § 134 nichtig, falls sie unter Verletzung von StGB 203 erfolgt (hierzu §§ 399, 400 Rn 6; beachte dabei auch BRAO 49b IV 1; StBerG 64 II; WirtschPrO 55a III).

8. Einziehungsermächtigung (Inkassomandat). Der Auftraggeber bleibt voller Gläubiger der Forderung, der Beauftragte wird gem § 185 – widerruflich (BGH 26

Stürner 555

§ 398

82, 290) – zur Einziehung in eigenem Namen (andernfalls Vollmacht!) ermächtigt; anders als bei der Inkassozession (Rn 24; zur Abgrenzung BGH WM 85, 614; krit Rehmann WM 87, 225; sa Roth/Fitz JuS 85, 190) fehlt ihm die dingliche Rechtsmacht zu abw Verfügung (BGH 82, 288; NJW 98, 3206). Die Ermächtigung kann das Verlangen zur Leistung an den Gläubiger oder an den Beauftragten (§§ 185, 362 II, Regelfall) umfassen. Da §§ 362 II, 185 nur die Erfüllungswirkung regeln, aber keine Rechtspflicht zur Leistung an den Ermächtigten begründen, lässt sich die Einziehungsermächtigung letztlich nur gewohnheitsrechtlich begründen (zu ihrer
27 Zulässigkeit vgl BGH 4, 164 f mN). Der materiell-rechtlichen Ermächtigung entspricht die prozessuale Befugnis, das fremde Recht als Partei in eigenem Namen einzuklagen, das aber ein besonderes rechtsschutzwürdiges Interesse des Klägers voraussetzt (zur „gewillkürten Prozessstandschaft" BGH 4, 165; 42, 213; NJW 00, 1951); es kann evtl fehlen, wenn eine vermögenslose GmbH als Prozessstandschafter auftritt und so die Kostenerstattungsansprüche des Beklagten gefährdet (BGH 96, 151 mAnm Olzen JR 86, 289; Umstände des jeweiligen Einzelfalles – insbes zeitliche Abfolge – entscheiden, s BGH NJW 95, 3187; ZIP 90, 333; NJW 90, 1117 mN und für nachteilige vermögenslose Personen Hamm NJW 89, 420). Das Urteil schafft Rechtskraft für und gegen den Auftraggeber und Anspruchsinhaber (vgl BGH NJW 57, 1636; WM 86, 1062). Unabtretbarkeit kraft Vertragsabrede (BGH 56, 236) oder kraft Ges (BGH NJW 69, 1111) kann zur Unzulässigkeit der Einziehungsermächtigung führen, soweit der Zweck des Abtretungsverbots auch die Einziehung durch
28 Dritte verhindern will (BGH 56, 236; NJW 92, 1883; Köln ZIP 87, 868; zu allgemein BGH NJW 87, 3122: § 140); bei unpfändbaren Forderungen ist die Einziehungsermächtigung jedenfalls dann möglich, wenn auch Abtretung erlaubt wäre, weil sie an einen den Anspruchsinhalt vorleistenden Dritten erfolgt (BGH 4, 166). Prozessstandschaft und Ermächtigung erlöschen mit der Insolvenz des Ermächtigten, nicht aber bei jeder sonstigen Krise (BGH NJW 00, 1951 f). *Anwendungsfälle* der Einziehungsermächtigung: stille und offene Zession (vgl Rn 14 f) bei Sicherungsabtretung; Ermächtigungen an Insolvenzverwalter zur Erleichterung der Abwicklung (vgl LM Nr 1 zu § 185); Ermächtigung des herrschenden GmbH-Gesellschafters (BGH NJW 65, 1962); Ermächtigung des Bauträgers zur Verfolgung von Mängelansprüchen des Bauherrn (BGH 70, 393 ff mN); Ermächtigung des Verwalters bei Ansprüchen einer Wohnungseigentümergemeinschaft (BGH 74, 267; 81, 37); Ermächtigung des Forderungsverkäufers zur Verfolgung der abgetretenen Forderung (BGH NJW 79, 925); Ermächtigung des tatsächlich Geschädigten zur Geltendmachung von Transportschäden (BGH NJW 81, 2640); Ermächtigung der unterhaltspflichtigen Tochter zur Verfolgung von offenen Ansprüchen der Mutter (BGH WM 85, 614).

29 **9. Factoring.** Lit: Blaurock ZHR 142, 340; 143, 71; JA 89, 273; Gerhardt JZ 86, 740; Jork JuS 94, 1019. Ein Unternehmer („Anschlusskunde") tritt sämtliche Forderungen gegen seine Abnehmer an den Factor – regelmäßig eine Bank – ab und erhält den Gegenwert der abgetretenen Forderung nach Abzug von Gebühren gutgeschrieben. Er hat sofort verfügbares Kapital und erspart sich Debitorenbuchhal-
30 tung und Mahnwesen. **a) Beim echten Factoring** handelt es sich um eine Globalabtretung auf Grund eines Forderungskaufs, der Factor trägt das Insolvenzrisiko (BGH 69, 257 f); RBerG war unanwendbar (BGH 76, 125; Gleiches gilt nach dem Willen des Gesetzgebers nun auch unter dem RDG, s BT-Drs 16/3655, S 36); zu beachten aber § 399 Alt 2 (BGH WM 91, 556). Kollision mit nachfolgendem verlängerten EV (vgl Rn 19 ff) führt nicht zur Sittenwidrigkeit, weil sich der Warenlieferant wirtschaftlich gleich stellt, wie wenn der Vorbehaltskäufer die Forderung eingezogen hätte (BGH 69, 258 f; 100, 358 f; Baur/Stürner, SachenR, 18. Aufl, § 59 Rn 57 f mN; anders, wenn Delkredere des Factors „durchlöchert und ausgehöhlt" ist, Koblenz WM 88, 45). Ein einziehungsermächtigter Zedent (Vorbehaltskäufer, Globalzedent) kann wirksam an einen Factor abtreten (§ 185 I), wenn die Gewinnspanne des Factors das Sicherungsinteresse des Zessionars nicht beeinträch-

tigt, der Zedent also möglichst den Gegenwert der Forderung – bezogen auf den Zeitpunkt der Abtretung an den Factor – ungeschmälert erhält (BGH 72, 20; 75, 391; 82, 283; str; zum Ganzen Bette/Bette FLF 09, 231, 273). Der Factor ist allerdings zu zumutbaren Schutzmaßnahmen zugunsten des Vorbehaltsverkäufers verpflichtet, falls er Anlass zu der Annahme hat, dass der Zedent seine Verpflichtungen gegenüber dem Vorbehaltslieferanten nicht erfüllt: Berufung auf Vorrang der Factoring-Zession kann aus diesem Grund rechtsmissbräuchlich sein (BGH 100, 353; krit Kapp BB 87, 1762). Sittenwidrig ist die Globalabtretung der gegen den Factor bestehenden Ansprüche an den Geldkreditgeber, da diese Gestaltung der Bank den Vorrang gegenüber einem nachfolgenden verlängerten EV verschaffen, dh die „Kollisions-Rspr" (Rn 19 ff) leerlaufen würde (Frankfurt BB 88, 232; zust insoweit Kapp BB 88, 864; Blaurock JA 89, 280; anders BGH 100, 361 f). Zur umsatzsteuerlichen Behandlung bei Uneinbringlichkeit BGH NJW-RR 97, 1054.

b) Beim **unechten Factoring** gewährt die Bank mit der Gutschrift Kredit und lässt 31 sich die Forderungen erfüllungshalber (vgl §§ 364, 365 Rn 6 ff) und zur Sicherung des Kredits abtreten, das Zahlungsrisiko verbleibt beim Kunden (BGH 58, 366; NJW 78, 1521); entspr dem Sicherungszweck der Abtretung gab bereits das RBerG nicht (BGH 58, 367; NJW 06, 1727). Die Kollision mit dem verlängerten EV führt nach den für vorausgehende Globalzession geltenden Regeln (Rn 19 ff) zur Nichtigkeit (BGH 82, 64; str, Canaris und Serick NJW 81, 249, 794, 1347, 1715). Ein einziehungsermächtigter Zedent kann nicht wirksam an den unechten Factor abtreten, weil endgültiger Verbleib des Erlöses beim Zedenten nicht gesichert ist (BGH 82, 60). Vgl zu HGB 354a §§ 399, 400 Rn 8 und zu § 419 aF § 419 Rn 7 (8. Aufl).

10. Vertragsübernahme. Das BGB regelt nur Forderungserwerb (§§ 398 ff) und 32 Schuldübernahme (§§ 414 ff), nicht aber den rechtsgeschäftlichen Eintritt in einen Vertrag als Gläubiger und Schuldner; vgl zum ges Vertragseintritt §§ 566, 581 II, 613a usw. Gleichwohl ist die rechtsgeschäftliche Übertragung einer ganzen Vertragsposition zulässig (BGH NJW 86, 2110 für Kreditvertrag; 10, 3708 für Mietvertrag; zur Übernahme der Position des Leasingnehmers v. Westphalen NJW 97, 2905). Sie erfolgt entweder durch dreiseitige Vereinbarung zwischen den alten Vertragsparteien und dem Übernehmer (BGH 65, 52; NJW-RR 05, 958; 10, 1095) oder durch Vertrag zwischen zwei beteiligten Parteien mit Zustimmung der dritten Partei, wobei die Rspr die Modalität des zweiseitigen Vertrags wohl nicht auf den Fall der Zustimmung des verbleibenden Teils beschränkt (vgl BGH 72, 398; 96, 308; NJW-RR 97, 690; 05, 958; 10, 1095; NJW 98, 532: insoweit analoge Anwendbarkeit der §§ 414 ff). Bei fehlender Zustimmung kann bloße Abtretung als Übertragung der Gläubigerposition wirksam sein (BGH ZIP 96, 1519); der übernahmewillige Teil haftet seinem ausscheidungswilligen Vertragspartner gemäß § 415 III 2 (BGH NJW 12, 1720) Der Übernahmevertrag ist vom Grundgeschäft zwischen Austretendem und Übernehmer zu unterscheiden; Anfechtung (§ 143 II) des Übernahmevertrags muss gegenüber beiden weiteren Partnern erfolgen (BGH 96, 309; Wagemann AcP 205, 547, 572; krit Dörner NJW 86, 2916), wobei im Falle arglistiger Täuschung (§ 123) in der Person beider Erklärungsempfänger ein Anfechtungsgrund vorliegen muss (BGH NJW 98, 532; hierzu Emmerich JuS 98, 495). Anders als Abtretung (vgl § 401 Rn 6) oder Schuldübernahme gewährt die Vertragsübernahme 33 alle Rechte und Pflichten der Vertragspartei unter Wahrung der Identität des Vertrages. Bei Vertragseintritt als Vermieter besteht dementspr eine Mietbürgschaft fort (BGH 95, 96; Nörr JZ 85, 1095), beim Kreditvertrag der Anspruch auf Rückgewähr der Grundschuld (BGH NJW 86, 2110). Ein schwebend unwirksamer Verbrauchervertrag oder Fernabsatzvertrag wird durch Vertragsübernahme nicht wirksam (vgl zum VerbrKrG BGH 129, 375; NJW 96, 2095; hierzu Ulmer/Masuch JZ 97, 654); Übergang des Widerrufsrechts sogar auf nicht iSd den §§ 13, 491 ff nF bzw des alten VerbrKrG schutzwürdige Übernehmer. Tritt ein Verbraucher in einen ursprünglich gewerblichen Leasingvertrag ein, soll er sich ebenfalls auf das Schriftformerfor-

§§ 399, 400

dernis nach § 492 (früher VerbrKrG 4 I 1 aF) berufen können (BGH 142, 26 ff mAnm Martinek JZ 00, 551; v. Westphalen EWiR 99, 761 – sehr weitgehend; ausführlich zu Vertragsübernahme und Verbraucherschutz Röthel/ Heßeler WM 08, 1001). Wird jedoch auf Schuldnerseite ein Kreditvertrag übernommen, erlischt eine Bürgschaft analog § 418 I 1 (Hamm WM 90, 1152). AGB werden nur dann übernommen, wenn sie der Übernehmer kannte (Frankfurt NJW-RR 96, 172) oder doch kennen musste (str). Die Vertragsübernahme bedarf der Form des übernommenen Vertrags (vgl BGH 65, 52; 72, 396 ff; Rappenglitz JA 00, 472); für die bloße Zustimmung zum zweiseitigen Übernahmevertrag ist die für Vertragsänderungen und -ergänzungen erforderliche Form nicht notwendig (BGH NJW 03, 2158; NJW-RR 05, 959; DtZ 96, 57; Wagner JuS 97, 693; teilw zweifelhaft, sofern nicht der verbleibende Teil nur zustimmend mitwirkt!). § 309 Nr 10 (= AGBG 11 Nr 13 aF) schränkt die Vertragsübernahme ein; auch ein Verstoß gegen § 307 ist denkbar (im konkreten Fall bei gewerblicher Miete ablehnend BGH NJW 10, 3708). Der „Nachmieter" tritt bei „Übernahme" des Mietvertrags nicht in die Verbindlichkeiten des „Vormieters" ein, es liegt keine Vertragsübernahme im Rechtssinne vor, sondern ein neuer Vertrag unter Beendigung des Vertrages mit dem „Vormieter", der für Altverbindlichkeiten forthaftet (s LG Berlin WuM 91, 675). Keine wirksame Vertragsübernahme liegt in der Freigabe des Auftragsbestands durch den Sequester bzw vorläufigen Insolvenzverwalter an einen Übernehmer,

34 falls Vertragspartner nicht zustimmen (Düsseldorf ZIP 98, 744). Beim **Vertragsbeitritt** tritt eine weitere Vertragspartei neben einen Vertragsteil (vgl BGH 65, 51 ff; 72, 397; MDR 98, 522); gleiche Wirksamkeitsvoraussetzungen wie bei Vertragsübernahme, Mitverpflichtung idR gem §§ 421 ff, Mitberechtigung entspr dem Innenverhältnis der Mitgläubiger. **Lit:** Pieper, Vertragsübernahme und Vertragsbeitritt, 1963; Wagemann AcP 205, 547; Röthel/Heßeler WM 08, 1001.

35 **11. Prozessuales.** Zur Klage des Zedenten bei der Sicherungsabtretung s Rn 15; zur gewillkürten Prozessstandschaft des zur Einziehung Ermächtigten s Rn 27; zur Beweislast in Abtretungsfällen s § 404 Rn 2.

§ 399 Ausschluss der Abtretung bei Inhaltsänderung oder Vereinbarung

Eine Forderung kann nicht abgetreten werden, wenn die Leistung an einen anderen als den ursprünglichen Gläubiger nicht ohne Veränderung ihres Inhalts erfolgen kann oder wenn die Abtretung durch Vereinbarung mit dem Schuldner ausgeschlossen ist.

§ 400 Ausschluss bei unpfändbaren Forderungen

Eine Forderung kann nicht abgetreten werden, soweit sie der Pfändung nicht unterworfen ist.

Anmerkungen zu den §§ 399, 400

1 **1. Unübertragbarkeit kraft Leistungsinhalts (§ 399 Alt 1).** Sie kann folgen entweder aus der mit der Abtretung einhergehenden Änderung des geschuldeten Leistungsverhaltens oder aus der bes Verknüpfung der Leistung mit der Person des Gläubigers („Höchstpersönlichkeit"); beides ist praktisch kaum zu unterscheiden.

2 **a) Einzelfälle:** Vorkaufsrecht, § 473; Anspruch aus einem Vorvertrag auf Abschluss eines Hauptvertrages (Stuttgart NJW-RR 09, 1313); Anspruch auf Nachverhandlung eines Vertrags (Frankfurt ZIP 12, 32); Rückforderungsanspruch gem § 528 I (außer an Unterhaltsberechtigte iSd Vorschrift: München NJW-RR 93, 250; Wüllenkemper JR 88, 353, sowie an Dritte, die für den Unterhalt aufkommen: BGH 127, 356; str); Anspruch auf Gebrauchsüberlassung, § 535 I 1 (BGH NJW 10,

1074; 03, 2987; 72, 2036; anders aber, wenn das „Belegrecht" eines Betriebes auf dessen Übernehmer übergeht); Anspruch auf Zahlung der Mietkaution (BGH NJW 12 , 3033: zweckdienliche Einziehungsermächtigung zulässig); Dienstleistungsanspruch, § 613 S 2 (vgl aber § 613a); Ansprüche aus einer Berufsunfähigkeitsversicherung (Oldenburg NJW-RR 94, 479; Berlin VersR 03, 490: Lebensversicherung mit Berufsunfähigkeitszusatzversicherung); Ansprüche auf Urlaub (vgl zum Lohnanspruch und Anspruch auf Urlaubsvergütung auch § 400, ZPO 850 ff); Ansprüche iSv §§ 664 II, 717 S 1; Ansprüche auf Unterhalt in Natur, für Geldrente und für Taschengeldanspruch des Ehegatten (hM, zB München NJW-RR 88, 894) greifen § 400, ZPO 850b I Nr 2 und für Geldforderungen aus einem Altenteil § 400, ZPO 850b I Nr 3 (BGH NJW-RR 10, 1236); Anspruch auf Versorgungsausgleich gem VAHRG (BGH NJW-RR 07, 1554); Beihilfeanspruch (BVerwG NJW 97, 3256; BGH NJW-RR 05,720; 08, 360; Ausnahme: Gläubiger der beihilfefähigen Forderung); Anspruch aus EMRK 41 (BGH NJW 11, 2296); Prozesskostenvorschuss gem § 1360a IV (BGH FamRZ 85, 803; 902; Ausnahme: Abtretung an Anwalt oder Gerichtskasse); Anspruch auf Herausgabe von Hausratsgegenständen und deren Surrogat nach HausratsVO (Köln NJW-RR 93, 1030); Darlehensauszahlungsansprüche bei Zweckbindung (Ausnahme wiederum, wenn die Abtretung der Zweckbindung entspricht, s Baur/Stürner/Bruns Rn 25.6; zur umstrittenen Pfändbarkeit des Dispositionskredits BGH 147, 193 = NJW 01, 1937; offen BGH 93, 325) oder Darlehensrückzahlungsansprüche bei Bindung an die in der Person des Darlehensgebers liegende Umstände (Köln NJW 00, 295); Anspruch auf Befreiung von einer Verbindlichkeit (anders bei Abtretung an den Gläubiger oder regulierenden Versicherer unter Verwandlung in einen Zahlungsanspruch – BGH 12, 141; 41, 205; NJW 86, 583; 93, 2232; 10, 2197; 11, 2352; VersR 12, 230; BAG NZA 10, 354; Stuttgart WM 10, 1077 – oder entspr bei Abtretung an den Einziehungsermächtigten des Gläubigers – BGH VersR 85, 754); Unterlassungsansprüche ohne die geschützte Rechtsposition **3** (zB Eigentum oder Gewerbebetrieb, BAG NJW 85, 87); Belastungsvorbehalt des Grundstücksveräußerers (anders bei Abtretung an einen einzelnen Gläubiger des Veräußerers, Bremen NJW 84, 2478; krit Dubischar NJW 84, 2442); Anspruch auf Bestellung einer beschränkten persönlichen Dienstbarkeit bei Identität von Versprechungsempfänger und Begünstigtem (BGH NJW 10, 1076 f); Unterlassungsanspruch aus der städtebaulichen Auflage, ein Grundstück nur in bestimmter Weise zu bebauen (Celle OLGR 00, 294); wettbewerblicher Unterlassungsanspruch (BGH NJW 07, 3573; Ausnahme: Geschäftsnachfolge); Bürgschaftsforderung ohne Hauptschuld (BGH 115, 181; 82, 328: anders bei Wegfall des Hauptschuldners; generell für Abtretbarkeit Bydlinski ZIP 89, 953; zur cessio legis von Bürgschaftsforderung und Hauptforderung bei Zahlung durch den Ausfallbürgen BGH NJW 12, 1946; sa § 412 Rn 1); öffentl-rechtliche Kostenforderungen an Private (Stober JuS 82, 740 mN; str); zur Abtretbarkeit von Ansprüchen auf Erstattung von Steuern, Haftungsbeiträgen, steuerlichen Nebenleistungen und Steuervergütungen: AO 46; Anspruch auf vermögenswirksame Leistung (LAG Hamm DB 82, 1523; anders Arbeitnehmersparzulage, BAG DB 76, 2117); Anspruch auf zweckgebundene Erschließungskosten (Hamm NJW-RR 92, 22: Umdeutung in Einziehungsermächtigung; sa § 398 Rn 26 ff); Ansprüche des Treuhänders gegen Treugeber auf zweckgebundene Leistung (BGH NJW 91, 2906: Zeichnungsbeträge des Treuhandkommanditisten; Düsseldorf ZMR 00, 214 f: Anspruch auf Mietkaution); weitere Einzelfälle s § 401 Rn 3, 6. – *Abtretbar hingegen:* der Anspruch auf Zahlung der Kommanditeinlage, **4** wenn der Gegenwert in das Gesellschaftsvermögen geflossen ist (BGH NJW 82, 35 mN); die Forderung der GmbH auf Leistung der Stammeinlage bei „vollwertiger Gegenleistung" oder Fortfall der Zweckbindung (näher Köln NJW-RR 89, 354; Bayer ZIP 89, 8); Garantie auf erstes Anfordern sowie entspr Erklärungsrecht (Zeller BB 90, 363); ein Unterhaltsabgeltungsanspruch, der als Zahlung lediglich unter ZPO 850c fällt (LG Münster MDR 99, 1285; str); Gewinn und Überschussanteile aus einer Lebensversicherung (Hamburg VersR 00, 1219); Anspruch auf Bestellung einer Grunddienstbarkeit (BGH NJW 10, 1076; s aber Rn 3); Besitzentziehungsan-

§ 400

spruch (BGH NJW 08, 580); insolvenzanfechtungsrechtlicher Rückgewähranspruch
5 (BGH NJW-RR 11, 1272). **b) Verstoßfolge:** Die Abtretung ist *absolut* unwirksam.
Da das Verbot Schuldnerinteressen schützt, ist sie mit Zustimmung des Schuldners
wirksam. Vgl ZPO 851.

6   **2. Vertraglicher Ausschluss (§ 399 Alt 2: pactum de non cedendo).** Lit:
Georgen, Das Pactum de non cedendo, 2000; Hadding/van Look WM 88 Beil 7;
Lüke JuS 92, 119; Wagner, Vertragliche Abtretungsverbote im System zivilrechtlicher Verfügungshindernisse, 1994. **a)** Die **Vereinbarung** kann ausdr (Schuldanerkenntnis „ausschließlich" bestimmten Personen gegenüber, Köln NJW-RR 97, 1072) oder stillschweigend (zB kontokorrentgebundene Forderungen, BGH 70, 92; NJW 82, 1151; nicht der Anspruch auf Tagesguthaben, BGH 84, 330; 373) erfolgen oder bes Erfordernisse (Form, Zustimmung, evtl auch Anzeige an den Schuldner, zB Lebensversicherer, s BGH 112, 387; NJW-RR 92, 790; ZIP 00, 78; 10, 891) zur Wirksamkeit verlangen (LM Nr 16); eine erforderliche Zustimmung darf allerdings nicht unbillig verweigert werden (BGH NJW-RR 00,1220). Eine Sicherungsabrede enthält jedoch kein Abtretungsverbot mit dinglicher Wirkung (BGH NJW 82, 2769; ZIP 91, 20). Ausschluss der Abtretbarkeit von Honorarforderungen freier Berufe (auch iVm Praxis-/Kanzleiübertragungen) folgt wegen der Auskunftspflicht (§ 402) aus dem Geheimnisschutz gem StGB 203 (hierzu E. Schneider MDR 92, 640); die Abtretung ist nichtig (§§ 134, 138, 306; krit Berger NJW 95, 1584), falls der Patient bzw Mandant nicht zustimmt (Arzt: BGH 115, 123; NJW 92, 2348; 93, 2371; 96, 775 für Schadensersatzanspruch; Zahnarzt: BGH NJW-RR 96, 431; nicht aber Tierarzt: Celle NJW 95, 786; Erbringer von Pflegeleistungen: Hamm NJW 07, 850; abl Siegmann/Binder BB 07, 2765 f; Rechtsanwalt: BGH 122, 115; NJW 93, 1912; 2795; 95, 2026; NJW-RR 08, 1647; 09, 490 f; anders seit 12. 12. 07 ausdrücklich nach BRAO 49b IV 1, wenn Zessionar selbst Rechtsanwalt ist [so bereits zuvor BGH 171, 253; Paulus NJW 04, 21 zur von 1994–2007 geltenden Fassung von BRAO 49b IV; abl Berger NJW 95, 1407; Prechtel NJW 97, 1813; aber kein Übergang des Festsetzungsermessens gem RVG 14 ohne Zustimmung des Mandanten, BGH NJW-RR 09, 491; Steuerberater: BGH NJW 96, 2088; generalbevollmächtigter Sanierer mit bes vertragl Verschwiegenheitspflicht: Düsseldorf NJW-RR 94, 438; nicht aber GmbH-Geschäftsführer: BGH NJW 96, 2567; 00, 1330: auch hinsichtlich Tantiemeansprüchen). Auch TKG 88, 95, 97 sollen nach im Vordringen befindlicher Ansicht wegen des Fernmeldegeheimnisses einer Abtretung von Entgeltforderungen an Inkassounternehmen entgegenstehen (München NJW-RR 98, 760; AG Hamburg-Altona BeckRS 06, 12318; AG Meldorf NJW-RR 12, 186; zweifelhaft!). Zu beachten aber BGH NJW 95, 2915 f, wenn Geheimnisse dem Zessionar schon anderweit rechtmäßig bekannt geworden sind (vgl Koblenz OLGR 01, 461: Abtretung an Sozietätsmitglied; BGH NJW 05, 507: Abtretung an anderen Anwalt, der die Angelegenheit bereits zuvor umfassend kennengelernt hat). Die Begründung oder Fortsetzung des Vertrages in Kenntnis der Inkassozession bewirkt keine stillschweigende Einwilligung (BGH 115, 126; NJW 92, 2348; Hamm NJW 93, 792), zumal häufig das Schriftformerfordernis gem BDSG 4a I 3 gelten wird (hierzu Bremen NJW 92, 757; Körner-Dammann NJW 92, 729; offen BGH 115, 129). Nach BGH 171, 184, 186; NJW 10, 362 f und BVerfG NJW 07, 3708 ergibt sich aus dem Bankgeheimnis weder ein stillschweigender vertraglicher, noch ein gesetzlicher Abtretungsausschluss bzgl Kreditforderungen (zust Stürner JZ 10, 775; ZHR 173 [2009], 369 f; Baur/Stürner, SachenR, 18. Aufl 2009, § 58 Rn 16a; kritisch Schwintowski/Schantz NJW 08, 472; Bitter ZHR 173 [2009], 379; Peters AcP 206, 843), auch nicht bei Abtretung an Gläubiger, die selbst keine Bank sind (BGH NJW 11, 3025). Zum Konflikt zwischen Verschwiegenheits- und Auskunftspflicht s iÜ § 402 Rn 1. Sofern Abtretungsausschluss kollektiv für Lohnansprüche in Tarifverträgen oder Betriebsvereinbarungen möglich ist (BAG AP Nr 1, 4 zu § 399; str), wirkt er jedenfalls nicht gegen öffentl-rechtliche Versicherungsträger für den Fall lohnersetzender Zahlungen (BAG NJW 66, 1727) gegen

Lohnabtretung; ähnlich gilt der Ausschluss in AGB nicht für VVG 67 I aF bzw 86 I nF (BGH 65, 366; 82, 171; NJW-RR 04, 1100); auch die Einbringung einer Forderung in eine neu gegründete GmbH im Zuge einer gesellschaftsrechtlichen Umgliederung wird durch ein in AGB enthaltenes Abtretungsverbot nicht berührt 7 (KG NJW-RR 88, 852). Rechtsmissbräuchlich ist die Berufung des Leasinggebers auf ein dem Leasingnehmer auferlegtes Abtretungsverbot, wenn der Leasingnehmer seinen Anspruch gegen den Leasinggeber auf Auszahlung der erhaltenen Versicherungsleistung an die Reparaturwerkstatt abtritt (BGH 93, 391). Ein Abtretungsverbot ist mit § 307 nF entspr AGBG 9 aF, § 138 idR grundsätzlich (BGH NJW 12, 2108) vereinbar (BGH 51, 113; 77, 275; NJW 06, 3487: branchentypische Kollision mit verlängertem EV der Lieferanten des Gläubigers; krit Piekenbrock NJW 07, 1247; BGH 102, 300; 110, 245; WM 91, 556; NJW 81, 118 mAnm Lindacher JR 81, 158: Abtretungsverbot für Käuferrechte beim Neuwagenkauf; BGH 108, 175; NJW 97, 3434 mAnm Wagner JZ 98, 258: durch Formerfordernisse oder Zustimmungsbedürftigkeit eingeschränktes Verbot; krit Hadding/van Look WM 88 Beil 7; BGH NJW 09, 1504: Abtretungsverbot für Rechte aus Fußballbundesligakarten; insbes zur Kollision mit verlängertem EV sa Sundermann WM 89, 1199 mN). Unwirksam gem § 307 I 1 nF (= AGBG 9 I aF) ist jedoch eine Klausel in Allg Reisebedingungen, wonach die Abtretung von Leistungsstörungsansprüchen aus dem Reisevertrag ausgeschlossen ist (BGH 108, 52; NJW 12, 2107). **b) Verstoß-** 8 **folge** ist **absolute** Unwirksamkeit (BGH 40, 159 ff; 102, 301; 112, 389 mN; NJW 97, 2748; ZIP 10, 890; aA zB Wagner JZ 88, 703 ff) auch im Verhältnis zu Dritten; unwirksam ist ebenso die Abtretung durch den Insolvenzverwalter des Gläubigers (BGH 56, 230 ff; NJW 97, 3434 mAnm Wagner JZ 98, 258). Die Unwirksamkeit erfasst auch Abtretungen künftiger Forderungen, deren Unübertragbarkeit später bei ihrer Entstehung vereinbart worden ist (BGH 30, 179; LM Nr 8 zu § 399 für verlängerten EV; BGH 109, 300). Die Zustimmung des Schuldners führt zur Wirksamkeit der Abtretung, jedoch entfaltet eine nachträgliche Zustimmung keine Rückwirkung (BGH 70, 303; 102, 301; NJW 06, 1802), und zwar auch dann nicht, wenn die Abtretung von der Zustimmung des Schuldners abhängig sein sollte (BGH 108, 177 gegen Schleswig ZIP 88, 1138). Bei Mehrfachabtretung kann der Schuldner die zu genehmigende Abtretung auswählen (Koblenz WM 92, 73; BGH NJW 97, 3434). – Vgl ZPO 851. **c)** Bei der Abtretung von Geldforderungen aus beiderseitigem **Handelsgeschäft** gilt HGB 354a (**Lit:** Saar ZIP 99, 988; Bruns WM 00, 505; Seggewiße NJW 08, 3256). Die Regelung erfasst analog EGBGB 170 nach dem Stichtag (1.8.1994) vereinbarte Abtretungsverbote und gilt für früher vereinbarte Verbotsklauseln jedenfalls nicht im Hinblick auf vor der Rechtsänderung entstandene Forderungen (BGH NJW 01, 1724); die Anwendung auf später entstandene Forderungen ist str (vgl Nachw bei BGH aaO). Die Vorschrift erfasst auch Fälle des Zustimmungsvorbehalts des Gläubigers (BGH NJW 09,439; NJW-RR 05, 626; sa Rn 6). Die abredewidrige Abtretung ist voll wirksam (BGH NJW 09, 439. Der Zedent behält aber nach HGB 354a I 2 neben dem Zessionar seine Empfangszuständigkeit (BGH 178, 318; Wagner NJW 95, 180) – auch bei rechtskräftigem Titel des Zessionars (BGH NJW 11, 444). Erfüllung ihm gegenüber (auch durch Surrogate, BGH 178, 319; NJW-RR 05, 626) hat unabhängig von der Kenntnis der Abtretung befreiende Wirkung (vgl § 407 Rn 2); nicht aber entfaltet ein zwischen Schuldner und Zedent geschlossener Vergleich Wirkung gegenüber dem Zessionar (BGH 178, 319 f). Auf Nichtkaufleute ist HGB 354a nicht entsprechend anwendbar (BGH NJW 06, 3486). Im Anwendungsbereich von HGB 354a bleiben die Grundsätze über die Zulässigkeit von Abtretungsverboten nach AGBG 9 I aF = § 307 I nF (s Rn 7) anwendbar (vgl Koblenz OLGR 00, 182, str). Der 2008 neu eingefügte § 354a II HGB erlaubt den Ausschluss der Abtretung bei bankmäßigen Darlehensforderungen (dazu kritisch Baur/Stürner, SachenR, 18. Aufl 2009, § 58 Rn 16a).

3. Unpfändbarkeit. a) Pfändungsverbote enthalten insbes ZPO 850 ff (zum 9 Sonderfall des ZPO 850e Nr 2a s BGH NJW 97, 2823; NJW-RR 10, 212 f; zum

Verhältnis von § 400 zu ZPO 850 f I s BGH WM 03, 1346; zur InsO s § 394 Rn 2 mN u BGH NJW 94, 1057: InsO 89 kein Fall des § 400; für den Fall eines mit einer Berufsunfähigkeitsversicherung verbundenen Risikolebensversicherungsvertrags s BGH NJW 10, 375 f; VersR 10, 376; Jena VersR 00, 1005 f; Hamm ZInsO 06, 878; Frankfurt RuS 08, 386 f). Die Pfändungsverbote iSd § 400 sollen den Lebensunterhalt des Einzelnen sichern und die Allgemeinheit vor Sozialhilfeansprüchen bewahren. Deshalb gelten entspr Abtretungsverbote. Bei teilweiser Pfändbarkeit ist eine Forderung in Höhe des unpfändbaren Betrags auch abtretbar (BGH NJW-RR 10, 211). **Lit:** allg Meller-Hanich KTS 00, 37; zur Abtretbarkeit von Sozialleistungen Elling NZS 00, 281. **b) Verstoßfolge:** absolute Nichtigkeit. Sie gilt nicht bei und nach des Forderungsübergang bzw Übergang kraft Hoheitsakts gem § 1607 III, SGB X 116, EFZG 6, SGB XII 93, 94, SGB II 33, ebenso wenig wenn der Abtretende gleichwertige Gegenleistungen erhält oder zuverlässig erhalten wird (vgl SGB I 53 II; dazu und zur Rückforderung einer an den Abtretungsgläubiger ausgezahlten Beitragserstattung s BSG NZS 02, 606; BGH 4, 153 ff; 13, 360 ff; 59, 115; FamRZ 10, 369; BAG NJW 80, 1652; 01, 1444; BSG ZIP 95, 935: Abtretung des Insolvenzausfallgeld zur kaufmäßigen – nicht darlehensmäßigen – Vorfinanzierung durch Banken); beachte aber BGH NJW 88, 820: der Träger öffentl-rechtlicher Versorgungsleistungen darf die gesetzlich abschließend geregelten Rückgriffsmöglichkeiten gegen Dritte, die zivilrechtlich zu gleichgerichteten Versorgungsleistungen verpflichtet sind, nicht im Wege der Abtretung zu erweitern suchen (ähnlich BGH NJW 94, 1734).

§ 401 Übergang der Neben- und Vorzugsrechte

(1) **Mit der abgetretenen Forderung gehen die Hypotheken, Schiffshypotheken oder Pfandrechte, die für sie bestehen, sowie die Rechte aus einer für sie bestellten Bürgschaft auf den neuen Gläubiger über.**

(2) **Ein mit der Forderung für den Fall der Zwangsvollstreckung oder des Insolvenzverfahrens verbundenes Vorzugsrecht kann auch der neue Gläubiger geltend machen.**

1   1. **Gesetzliche Akzessorietät.** Zur ges Akzessorietät gem I vgl §§ 1153, 1250, 1273 II. Der Ausschluss der Mitübertragung einer Bürgschaft führt analog § 1250 II zu ihrem Erlöschen. Der Übergang der Bürgschaftsforderung auf den Neugläubiger erfasst nur die Haftung für den Forderungsbestand bei Abtretung, weitergehende Haftung nur bei gesonderter Vereinbarung mit dem Neugläubiger (BGH 26, 147); anders bei Gesamtrechtsnachfolge, § 765 Rn 19. Zur Abtretung der Bürgschaft §§ 399, 400 Rn 3; zum Schicksal der Bürgschaft bei Vertragsübernahme § 398 Rn 33. Zum Übergang einer Bürgschaft, die erst nach Forderungsabtretung gestellt wird, ist notwendig, dass Zedent und Zessionar sich bei Abtretung der Hauptforderung zugleich über die Abtretung künftiger Sicherheiten geeinigt haben (BGH NJW 02, 3461; Hamburg NJW 11, 2668 f). Unter mehreren auf einer Stufe stehenden Sicherungsgebern wird (der nach dem Prioritätsprinzip zu vollen Regressmöglichkeiten führende) § 401 durch Anwendung des § 426 eingeschränkt (BGH 108, 179 unter Berufung auf § 242 und Anlehnung an § 774 II; bestätigend WM 90, 1956; aA Bülow WM 89, 1877; hierzu noch § 426 Rn 2). § 401 ist auf gesetzlichen Forderungsübergang entspr anzuwenden (§ 412; dazu BGH NJW 07, 1210).

2   2. **Entsprechende Anwendung.** I gilt entspr **a)** für andere **unselbstständige sichernde Nebenrechte,** wie Vormerkung (BGH 25, 23; NJW 94, 2948; 07, 509; 09, 357), sichernde Schuldmitübernahme (BGH NJW 72, 438 f; 00, 575 mAnm Medicus EWiR 00, 379; BGH NJW 07, 1210; Bartels JZ 00, 608; nicht aber gewöhnliche weitere Gesamtschuldansprüche, BGH NJW 07, 1210), Anspruch auf Bestellung einer Hypothek (Hamm OLGZ 81, 21), Anspruch auf Bauhandwerkersicherung gem § 648 bei Abtretung der Werklohnforderung (Dresden NJW-RR 00,

Übertragung einer Forderung **§ 401**

96), Anspruch aus § 667 gegen den von den Vertragsparteien mit der Abwicklung des Vertrages beauftragten Treuhänder (BGH ZIP 07, 195; sa BGH 138, 184 zum Notaranderkonto); **b)** für **Hilfsrechte,** derer der Neugläubiger zur Geltendma- 3 chung der Forderung bedarf: Ansprüche auf Auskunft und Rechnungslegung bzgl Anspruchsinhalt (München VersR 85, 846; BGH NJW 13, 539: Anspruch auf Erteilung einer Lohnabrechnung bei Abtretung des Lohnanspruchs; ähnlich NJW-RR 12, 435; 03, 1556; FamRZ 10, 970 f für Anspruch auf Herausgabe von Kopien der Pflegedokumentation; anders aber BGH 165, 57 ff für Anspruch des Giroinhabers auf Erteilung von Kontoauszügen und Rechnungsabschlüssen u BGH NJW-RR 12, 434 für Ansprüche auf Erteilung einer Renteninformation gem SGB VI 109); kein Mitübergang des familienrechtlichen Anspruchs aus § 1605 im Rahmen von BSHG 90, 91 aF (jetzt SGB XII 93, 94, SGB II 33) und BAföG 37: BGH NJW 86, 1688; 91, 1235; ZIP 00, 1444 f; Frankfurt FamRZ 94, 1427; sa SGB XII 117; kein Übergang des Anspruchs des Kindes auf Auskunft über die Identität des Vaters (vgl vor § 1591 Rn 4) auf den Scheinvater nach §§ 1607 III, 401 (LG Heilbronn FamRZ 05, 474); zur ausnahmsweise isolierten Abtretung von Auskunftsansprüchen BGH 107, 110 und § 2314 Rn 5); Genehmigungsbefugnis (§ 185 II) beim Anspruch aus § 816 I (BGH NJW 71, 1452); anspruchsverwirklichende Gestaltungsrechte, auch soweit sie zu Sekundäransprüchen führen: Fälligkeitskündigung (BGH NJW-RR 06, 1094), Gläubigerwahlrecht (BGH NJW 73, 1794), Nachfristsetzung gem § 323 I (zum alten Recht BGH 114, 365; NJW 85, 2641; Hamm OLGR 00, 241; anders bei Sicherungszession: BGH NJW 02, 1568), Mängelrechte bei Lieferungsansprüchen (BGH 95, 253; NJW 73, 1794; nach Erfüllung des Lieferungsanspruchs ist isolierte Abtretung aller Mängelrechte möglich, BGH 96, 146; 95, 253; 94, 48, 53; Scheyhing JZ 86, 86); Recht zur fristlosen Kündigung bei Leasingverträgen (Naumburg NJW-RR 01, 423 mAnm Schmidt-Burgk, WuB I F 4 Sicherungsabtretung 1.01), idR Befugnis zur Abgabe der zur Fälligstellung einer Bürgschaft auf erstes Anfordern erforderlichen Erklärungen (BGH NJW 87, 2075); Recht auf Ablösung eines Anspruchs auf Auszahlung einer Sicherheit durch Bürgschaft (BGH NJW 11, 445); Abrechnungsbefugnis bei abgetretener Werklohnforderung (München NJW-RR 12, 271). **c)** Für **Schiedsklauseln,** die mit dem Recht verbunden 4 sind BGH 71, 164 ff mN; zur Vertragsübernahme vgl BGH NJW 79, 1166; zur Übertragung eines GmbH-Anteils BGH NJW 79, 2568; zur Übertragung eines Kommanditanteils BGH ZIP 97, 2083 mwN; **d) nicht** für Hemmung gem § 207 (Salje VersR 82, 924).

3. Nichtakzessorische Nebenrechte. a) selbstständige Sicherungsrechte 5 wie zB Sicherungsgrundschuld (BGH NJW 74, 101), Ansprüche auf Rückgewähr vorrangiger Grundschulden (BGH 104, 26), Sicherungsrentenschuld (Köln NJW 90, 3214), Sicherungsübereignung, Sicherungszession (BGH NJW-RR 86, 1182 mN); Vorbehaltseigentum (BGH 42, 56 f; 176, 91); Barkaution als unregelmäßiges Pfandrecht (Frankfurt ZIP 89, 1134); selbstständige Garantie (Hadding ZGR 82, 493). Diese Rechte können isoliert übertragen werden; iZw ergibt sich aus dem vertraglichen oder gesetzlichen Grundverhältnis, das dem Anspruchsübergang zugrunde liegt, sowie in Analogie zu §§ 412, 401 eine schuldrechtliche Pflicht zur gesonderten Übertragung des selbstständigen Sicherungsrechts (BGH 80, 232 f; 110, 43 mN; NJW 09, 2673; NJW-RR 95, 589; zum Ausschluss durch AGB BGH 144, 55 ff; Tiedtke BB 84, 23), wobei sicherungsvertragliche Verpflichtungen des Zedenten uU vom Zessionar übernommen werden (BGH NJW 97, 463); **b) andere selbstständige subj Rechte aus demselben Rechtsverhältnis:** im 6 Zusammenhang mit der Forderung bereits entstandene Schadensersatz- oder Entschädigungsansprüche (BGH 176, 70 zu einem Anspruch gem ESAEG 3, 4); Ansprüche des Zessionars gegen Versicherungen (so tendenziell BGH NJW-RR 10, 1472); bereits entstandene fällige Zinsansprüche (iZw ist aber iSd *Mitabtretung künftiger Zinsansprüche* auszulegen, BGH 35, 173 f; BFH NJW 08, 1182; hierzu Schopp MDR 90, 11); Gestaltungsrechte, die nicht den einzelnen Anspruch (s

Stürmer

§§ 402–404

Rn 3), sondern das Schuldverhältnis insgesamt betreffen: Rücktrittsrecht (BGH NJW 73, 1794; 85, 2641: Übergang nur kraft bes Vereinbarung zusammen mit dem Hauptanspruch – Widerspruch zu Mängelrechten Rn 3!), Kündigung des Versicherungsnehmers (BGH NJW-RR 10, 545) oder Anfechtungsrecht (BGH NJW 73, 1794: kein Übergang wegen Höchstpersönlichkeit; str); gesetzliches oder vertragliches Leistungsbestimmungsrecht des Gläubigers (nur mit Zustimmung des Schuldners: BGH NJW-RR 09, 491); Möglichkeit der Vertragsaufhebung (s BGH 111, 91); Durchgriffsansprüche gem AO 34, 69 (BGH 75, 24).

7   **4. Vorzugsrechte.** Vgl ZPO 804 II; InsO 49 ff, insbes auch InsO 51 Nr 3 (kaufmännisches Zurückbehaltungsrecht); das Fiskusprivileg alten Rechts (KO 61 I Nr 2 aF; hierzu BGH 75, 24) ist entfallen (InsO 38 ff); ZPO 850d (BAG NJW 71, 2094; BGH NJW 86, 1688).

§ 402 Auskunftspflicht; Urkundenauslieferung

Der bisherige Gläubiger ist verpflichtet, dem neuen Gläubiger die zur Geltendmachung der Forderung nötige Auskunft zu erteilen und ihm die zum Beweis der Forderung dienenden Urkunden, soweit sie sich in seinem Besitz befinden, auszuliefern.

1   Die Vorschrift begründet eine ergänzende Nebenleistungspflicht zum schuldrechtlichen Grundverhältnis; vgl aber auch §§ 952, 985. Beim Baubetreuungsvertrag verpflichtet die Abtretung von Gewährleistungsansprüchen zur Übereignung von Ausschreibungsunterlagen (insbes Leistungsverzeichnis), Schlussrechnungen und Korrespondenz (BGH NJW-RR 89, 467). Die Auskunftspflicht des Zedenten spielt bei der Beurteilung der Abtretung freiberuflicher Honorarforderungen als unwirksam (§ 134, StGB 203; beachte aber auch BRAO 49b IV) eine wichtige Rolle (s §§ 399, 400 Rn 6 mN). Die Auskunftspflicht kann mit der aus dem Bankgeheimnis folgenden Verschwiegenheitspflicht in Konflikt geraten (BGH 171, 185). Dies führt möglicherweise zu einer schuldrechtlichen Schadensersatzpflicht des Zedenten gem § 280 I iVm § 241 II; die Wirksamkeit des dinglichen Verfügungsgeschäfts der Forderungsabtretung bleibt hiervon unberührt (BGH 171, 185; sa §§ 399, 400 Rn 6). Zum **Ausschluss** der Auskunftspflicht (zB bei stiller Zession) bedarf es einer ausdrücklichen (BGH NJW 93, 2795) oder stillschweigenden Vereinbarung (BGH WM 10, 663). Die Auskunftspflicht erstreckt sich auch auf eine Entkräftung später geltend gemachter Einwendungen (BGH NJW 00, 3780).

§ 403 Pflicht zur Beurkundung

¹Der bisherige Gläubiger hat dem neuen Gläubiger auf Verlangen eine öffentlich beglaubigte Urkunde über die Abtretung auszustellen. ²Die Kosten hat der neue Gläubiger zu tragen und vorzuschießen.

1   Korrespondenzvorschrift: § 410.

§ 404 Einwendungen des Schuldners

Der Schuldner kann dem neuen Gläubiger die Einwendungen entgegensetzen, die zur Zeit der Abtretung der Forderung gegen den bisherigen Gläubiger begründet waren.

Lit: Köhler, Forderungsabtretung und Ausübung von Gestaltungsrechten, JZ 86, 516; Kornblum, Schuldnerschutz bei Forderungsabtretung, BB 81, 1296; Pick, Einwendungen bei dem gegenseitigen Vertrag nach Abtretung der Forderung, AcP 172, 39.

Übertragung einer Forderung § 404

1. Grundsätze. §§ 404 ff sind Ausfluss des Grundsatzes, dass die Abtretung die 1
Schuldnerstellung nicht nachteilig verändern darf (BGH NJW 06, 220). Gutgläubigkeit des Neugläubigers bleibt *grundsätzlich* ungeschützt (vgl aber § 405). § 404 findet
auch in einer Abtretungskette Anwendung, gleich gegenüber welchem Zedenten
das Gegenrecht entstanden ist (Rostock ZOV 09, 34).

2. Einwendungen und Einreden des Schuldners. a) Mit der Einwendung 2
der **Unwirksamkeit der Abtretung** kann der Schuldner die fehlende Aktivlegitimation geltend machen; während der Zessionar den Vertragsschluss mit dem – noch
berechtigten (BGH NJW 86, 1926) – Zedenten beweisen muss, hat der Schuldner
alle Unwirksamkeitsgründe (zB §§ 134, 138, 399) zu beweisen (BGH NJW 83,
2019). Wegen des Abstraktionsprinzips wirken Einwendungen aus dem Grundverhältnis zwischen Zedent und Zessionar grundsätzlich nicht zugunsten des Forderungsschuldners; Ausnahme: Fehleridentität, Doppelnichtigkeit, insbes bei Darlehens- bzw Finanzierungsgeschäften unter Lohnabtretung (BAG NJW 67, 751; § 398
Rn 1). **b) Gegenrechte gegen die abgetretene Forderung, deren Tatbestand 3
schon vor Abtretung voll erfüllt war.** Hierher gehören rechtshindernde Einwendungen (zB §§ 134, 138) und rechtsvernichtende Einwendungen, sofern tatbestandsmäßige Handlungen (zB § 362; § 397, KG ZIP 97, 2044) oder Gestaltungserklärungen (zB Anfechtung, Rücktritt etc) schon vor Abtretung gegeben waren; gleich bei
Abtretung bereits einredebehafteter Forderungen (Bereicherungseinrede, Verjährung: BGH 95, 385, Einrede der Befristung: BGH NJW-RR 10, 1009 zu § 1578b II,
Einrede der Eigenkapitalersatzfunktion: BGH NJW 08, 1153, Einrede des Schiedsvertrags: BGH WM 82, 545, sa § 401 Rn 4, Einrede der Rückgewähr der Grundschuld nach Zession der gesicherten Forderung: BGH NJW 91, 1821; Befristung
gem § 1578b II: BGH NJW-RR 10, 1009; unzulässige Rechtsausübung: München
ZIP 08, 498). Ebenso bei der Abtretung zukünftiger Forderungen. Entscheidend ist
hier der Zeitpunkt der Entstehung der Forderung, zB kann dem Zessionar der
Einwand der eigenkapitalersetzenden Funktion einer Gebrauchsüberlassung nach
Zession zukünftiger Mietforderungen entgegengehalten werden (BGH NJW 08,
1156). Die Subsumtion von Einwendungen, die bei Abtretung schon verwirklicht
waren, unter § 404 stellt klar, dass der Schuldner für sie beweisbelastet bleibt; der
Zessionar wird allerdings nicht Gläubiger, weil die Abtretung von vorneherein „ins
Leere" geht. **c) Gegenrechte gegen die Forderung, deren Tatbestand sich 4
nach Abtretung verwirklicht.** Es genügt, wenn das bei Abtretung bestehende
Schuldverhältnis rechtliche Grundlage für Einwendungen bzw Einreden ist, deren
Tatbestand sich erst nach Abtretung erfüllt; auf den Zeitpunkt der Tatbestandsverwirklichung (Tatsacheneintritt, Gestaltungserklärung usw) kommt es also nicht an
(BGH 25, 29; 93, 79; NJW 86, 920; 92, 2222; 06, 220; NJW-RR 94, 881; 12,
503); zB genügt Nichterfüllung nach Abtretung für Gegenrechte gem §§ 320 ff
(BGH NJW-RR 89, 1208; sa 04, 1136); unterlassene Rehabilitation nach Forderungsübergang auf den Sozialversicherungsträger (§ 254 II, BGH NJW 81, 1100);
unterlassene Kündigungsschutzklage bzw Vergleich nach Forderungsübergang auf
lohnfortzahlende Krankenkasse (BAG NJW 81, 1060; s aber 1286 f); vertraglicher
Rücktritt nach Abtretung (BGH NJW 86, 920); Kündigung eines Darlehensvertrags
nach Abtretung (BGH NJW-RR 04, 1347); Rückbelastung eines Kontos nach
Abtretung des Saldos an den Factor (München NJW-RR 92, 1137). Rechtsgestaltende Willenserklärungen (zB Anfechtung, Rücktritt, BGH NJW 86, 920) oder
rechtsgeschäftsähnliche Handlungen (zB Fristsetzung mit Ablehnungsandrohung)
sind grundsätzlich gegenüber dem *Altgläubiger* vorzunehmen (vgl Köhler JZ 86, 516).
Ein Zurückbehaltungsrecht (§ 273) auf Grund eines Anspruchs gegen den Altgläubiger setzt zunächst voraus, dass der Gegenanspruch bei Abtretung bereits besteht; bei
Fälligkeit des abgetretenen Anspruchs muss auch der Gegenanspruch fällig sein
(BGH 19, 162); sofern diese Fälligkeit erst nach Abtretung eintritt, genügt auch
mindestens gleichzeitige Fälligkeit der Gegenforderung erst nach Abtretung (BGH
58, 331; 64, 126 unter Hinweis auf § 406; NJW-RR 94, 881). Der Verjährungslauf

gegen den Zedenten ist dem Zessionar anzurechnen (BGH 48, 183; NJW 08, 2429).
5 **d)** Zur **Aufrechnung** vgl § 406. **e)** Bei **Leistung an den Neugläubiger trotz Einwendungen** entsteht ein Bereicherungsanspruch nur im Rahmen der §§ 812, 813, also *nicht* bei Nichterfüllung der vertraglichen Gegenforderung (Abwicklung nach § 323 unter Fortbestehen des Schuldverhältnisses) oder bei Einrede gem § 320 (vgl BGH NJW 63, 1869 f). **f) Analogie** zugunsten des Drittschuldners, der mit dem Zedenten eines Titels Freistellung von der gepfändeten Forderung vereinbart hat (BGH NJW 85, 1769).
6 **3. Verlust von Einwendungen. a) Vertraglicher Einwendungsverzicht,** auch in AGB, ist grundsätzlich zulässig (LG Berlin NJW 86, 1941: Einwendungsverzicht des Kreditkarteninhabers gegenüber Kreditkartengeber bzgl Forderungen der Vertragsunternehmen); s aber § 496 bei Verbraucherdarlehensverträgen. **b)** Die Einordnung einer vom Schuldner auf Verlangen des Neugläubigers gegebenen **Abtretungsbestätigung** ist Auslegungsfrage (wichtig: Wortlaut der Bestätigung und Interessenlage der Beteiligten): **aa)** Die Mitteilung des Schuldners kann – insbes wenn sie sich in einer bloßen Bestätigung der Kenntnisnahme erschöpft – bloße Wissenserklärung sein (BGH WM 85, 1178; auch die Erklärung gem ZPO 840 ist Wissenserklärung, BGH 69, 330; beachte BGH ZIP 02, 886: keine Bürgschaftszusage an Zessionar durch Erklärung der Kenntnisnahme der Abtretung). Haftung aus cic (§ 280 I iVm § 311 II Nr 2, 241 II) bei unvollständiger Antwort wird idR verneint
7 (BGH WM 85, 1447; Emmerich WuB I F 4.–1.86; str). **bb)** Möglich ist auch ein **deklaratorisches Schuldanerkenntnis** (ein abstraktes Schuldanerkenntnis gem § 780 wird hingegen nur ausnahmsweise vorliegen). Es umfasst grundsätzlich lediglich Einwendungen, die dem Schuldner bekannt sind und mit denen er rechnet (BGH NJW 71, 2220; 83, 1904), also zB nicht unerwähnte und erst später auftretende Leistungsstörungen bei der Gegenleistung (BGH NJW 73, 39; anders bei ausdr Erwähnung gegenüber einem Kaufmann, BGH NJW 70, 321; 83, 1904).
8 **cc)** In bes Fällen ist ein **Auskunftsvertrag** zwischen Zessionar und Schuldner anzunehmen, so zB, wenn die kreditgebende Bank (Zessionarin) bei der Bausparkasse nach vorrangigen Verfügungen über die ihr sicherheitshalber abgetretenen Rechte aus einem Bausparvertrag fragt (BGH NJW 90, 513).

§ 405 Abtretung unter Urkundenvorlegung

Hat der Schuldner eine Urkunde über die Schuld ausgestellt, so kann er sich, wenn die Forderung unter Vorlegung der Urkunde abgetreten wird, dem neuen Gläubiger gegenüber nicht darauf berufen, dass die Eingehung oder Anerkennung des Schuldverhältnisses nur zum Schein erfolgt oder dass die Abtretung durch Vereinbarung mit dem ursprünglichen Gläubiger ausgeschlossen sei, es sei denn, dass der neue Gläubiger bei der Abtretung den Sachverhalt kannte oder kennen musste.

1 Grund der Vertrauenshaftung des Schuldners ist die Beurkundung der Forderung; Vorlegung bei Abtretung genügt deshalb, Urkundenauslieferung ist nicht erforderlich (RG 111, 47). Kenntnis und Kennenmüssen (vgl § 122 II: einfache Fahrlässigkeit!) des Neugläubigers schließen die Vertrauenshaftung aus. Der Vertrauenstatbestand beschränkt sich zwar auf die Einwendungen gem §§ 399, 417. Er ist aber eingeschränkt analogiefähig; zB ist ein Scheingeschäft auch gegeben, wenn nach Forderungsbegründung sofort Abtretung an den Schuldner erfolgt (Konfusion) und dann ein Neugläubiger die Forderung unter Urkundenvorlage erwirbt (Frankfurt NJW-RR 92, 684 für Akkreditiv). **Lit:** Kuhn AcP 208, 101.

§ 406 Aufrechnung gegenüber dem neuen Gläubiger

Der Schuldner kann eine ihm gegen den bisherigen Gläubiger zustehende Forderung auch dem neuen Gläubiger gegenüber aufrechnen, es sei denn,

dass er bei dem Erwerb der Forderung von der Abtretung Kenntnis hatte oder dass die Forderung erst nach der Erlangung der Kenntnis und später als die abgetretene Forderung fällig geworden ist.

1. Anwendungsbereich. Lit: Ulrich WM 91, 1581; Schwarz AcP 203, 241 f; 1 Blaurock, FS Bucher, 2009, S. 13. Es ist zu unterscheiden: **a)** Die **Aufrechnungserklärung vor Abtretung** durch den Schuldner gegenüber dem *Altgläubiger* führt zum Erlöschen (§ 389) schon vor Abtretung und damit zur Einwendung gem § 404. **b)** Die **Aufrechnungserklärung ohne Kenntnis der bereits erfolgten Abtretung** gegenüber dem *Altgläubiger* unterfällt § 407 I. **c)** Die **Aufrechnungserklärung in Kenntnis der Abtretung** gegenüber dem *Neugläubiger* folgt § 406, falls sich die Gegenforderung (§ 387 Rn 1) gegen den Altgläubiger richtet (BGH 145, 357; anders bei unwirksamer Abtretung: Düsseldorf NJW-RR 01, 1025); sofern sich die Gegenforderung gegen den Neugläubiger richtet, handelt es sich um eine Aufrechnung ohne jede Besonderheit. § 406 ordnet den Schutz des Schuldners vor einer Verschlechterung seiner Aufrechnungsmöglichkeiten zwar nur im Verhältnis zum Zessionar an, doch hat dies Wirkung auch im Verhältnis zum Zedenten. So tritt bei einer Aufrechnung gegenüber dem Zessionär die Hemmung der Verjährung gegenüber dem Zedenten ein (BGH 176, 128 = NJW 08, 2430).

2. Zweck und Inhalt. a) Normzweck. Die Vorschrift erhält dem Schuldner 2 die bei Abtretung bestehende Aufrechnungslage gegenüber dem Neugläubiger und bewahrt darüber hinaus die Aufrechnungsmöglichkeit für den Fall, dass sich nach Kenntnis der Abtretung die Aufrechnungslage einstellt, die ohne Abtretung zur Aufrechnung berechtigt hätte. Dieser Vertrauensschutz findet zwei Einschränkungen: *Kenntnis der Abtretung beim Erwerb der Gegenforderung* schließt bei rechtsgeschäftlichem Erwerb berechtigtes Vertrauen auf den Erwerb einer Aufrechnungsmöglichkeit und damit den Aufrechnungsschutz aus, bei anderweitigem Erwerb (Rechtsnachfolge, Delikt usw) ist der Erwerb vom Bestehen einer Aufrechnungsmöglichkeit ohnehin gänzlich unabhängig. Bei *Fälligkeit der Gegenforderung nach der bekanntermaßen abgetretenen Hauptforderung* musste der Schuldner stets mit der Notwendigkeit regulärer Erfüllung rechnen und ist deshalb ebenfalls nicht schutzwürdig (grundlegend BGH 19, 156–161; NJW 96, 1057). Im Fall des HGB 354a I 2 kann der Schuldner aber auch dann aufrechnen, wenn die Voraussetzungen des § 406 nicht vorliegen (BGH NJW-RR 05, 626). **b) Aufrechnungsausschluss wegen Kenntnis der Abtretung beim** 3 **Erwerb der Gegenforderung.** Kenntnis der Abtretung (hierzu § 407 Rn 4 ff) liegt entspr dem Normzweck auch bei Kenntnis der Vorausabtretung vor (BGH 66, 386 f; ZIP 02, 1488; NJW 90, 2545; Bamberg NJW-RR 00, 650; krit Serick BB 82, 874; Westermann EWiR 02, 897; einerseits auch im Erg zutr Schwarz WuB IV A 406 BGB 1.03); anders dagegen, wenn ein Forderungsübergang lediglich möglich ist (BGH 169, 327 für den Fall, dass die Aufrechnungsforderung aus unerlaubter Handlung resultiert). Die Gegenforderung ist aber bereits erworben, wenn für sie der Rechtsgrund gelegt ist, so dass zB bei Forderungen aus Vertrag der Vertragsschluss maßgebend ist (BGH 56, 114; 58, 330; NJW 90, 2545; 96, 1057). Kein Erwerb iSv § 406 HS 2 bei Rückerwerb des Sicherungsgebers nach einer Sicherungsabtretung (BGH NJW 03, 1182; zust Kohler EWiR 03, 401; ablehnend Mylich, S 83 f). Kenntnis bei Erwerb schließt Aufrechnung auch dann aus, wenn die Gegenforderung vor der Hauptforderung fällig wird (BGH 19, 160). **c) Aufrechnungsausschluss bei nachfolgender Fäl-** 4 **ligkeit der Gegenforderung.** Die Fälligkeit der Hauptforderung wird durch ein Zurückbehaltungsrecht des Schuldners ausgeschlossen (BGH 58, 331 f; NJW-RR 94, 881; NJW 96, 1058; 05, 3576). Es genügt, wenn die Gegenforderung vor ihrer rechtzeitigen Fälligkeit gleichartig wird (BGH 19, 158 f; 35, 326; NJW 96, 1057), und eine etwaige Bedingung eintritt, bei Abtretung bzw Kenntnis der Abtretung muss sie erst dem Grunde nach erworben sein (vgl Rn 3). *Ausnahmsweise* kann trotz nachfolgender Fälligkeit der Gegenforderung aufrechnen: unter altem Recht der Schuldner einer vom Konkursverwalter abgetretenen Hauptforderung, sofern die Gegenforderung aufschiebend bedingt war (vgl KO 54 aF; hierzu BGH NJW 74,

§ 407

2001; InsO 95 I 3 schneidet diese Möglichkeit jetzt ab); der Schuldner eines abgetretenen Anspruchs auf Leistung der Kommanditeinlage mit dem Anspruch auf Erstattung wegen Befriedigung von Gesellschaftsgläubigern (BGH 63, 342 f). **d)** Der Zessionar kann sich grundsätzlich auf **Gegenrechte des Zedenten** gegen die Gegenforderung berufen (BGH 35, 327 f für §§ 1990, 390; NJW-RR 94, 881 für §§ 320, 690; BFH WM 85, 430 für HGB 171 II, hierzu Ebenroth JZ 85, 322). Der vertragliche Aufrechnungsausschluss (§ 387 Rn 10 f) wirkt grundsätzlich zugunsten des Zessionars (LM Nr 17; BGH WM 80, 215, anders uU bei Zedenteninsolvenz, Hamm VersR 85, 773 zum alten Recht; § 387 Rn 10); bei ges Aufrechnungsverboten ist der Zweck des Verbots entscheidend (BGH 95, 117; § 394 Rn 1); ebenso bei der Frage, ob Treuhandverhältnis einer Aufrechnung entgegensteht (Köln NJW-RR 94, 884, iE verneinend).

3. Prozessuales. Der Schuldner muss die zur Aufrechnung berechtigenden Umstände beweisen, der Zessionar die in § 406 HS 2 genannten Ausschlussgründe (betr Kenntnis s BGH NJW 90, 2545). § 406 regelt nicht die Beweislast zwischen dem Schuldner und einem Dritten (näher Hamm NJW-RR 89, 51).

§ 407 Rechtshandlungen gegenüber dem bisherigen Gläubiger

(1) **Der neue Gläubiger muss eine Leistung, die der Schuldner nach der Abtretung an den bisherigen Gläubiger bewirkt, sowie jedes Rechtsgeschäft, das nach der Abtretung zwischen dem Schuldner und dem bisherigen Gläubiger in Ansehung der Forderung vorgenommen wird, gegen sich gelten lassen, es sei denn, dass der Schuldner die Abtretung bei der Leistung oder der Vornahme des Rechtsgeschäfts kennt.**

(2) **Ist in einem nach der Abtretung zwischen dem Schuldner und dem bisherigen Gläubiger anhängig gewordenen Rechtsstreit ein rechtskräftiges Urteil über die Forderung ergangen, so muss der neue Gläubiger das Urteil gegen sich gelten lassen, es sei denn, dass der Schuldner die Abtretung bei dem Eintritt der Rechtshängigkeit gekannt hat.**

Lit: Quast, Rechtskräftiger Titel des Zedenten und Schutz des Schuldners, 2009.

1. Wirksame Handlungen des Schuldners nach Abtretung. a) Erfüllung liegt auch vor, wenn ein Scheck (BGH 102, 71) oder Wechsel (BGH NJW 79, 1704) *erfüllungshalber* hingegeben und später eingelöst wird (nach Schleswig NJW-RR 97, 1416 auch bei Verschaffung eines Garantieanspruchs, zw). Im Falle späterer Schecksperre ist die Erfüllung aber gescheitert; die Entsperrung ist neue Erfüllung und als solche folglich nur wirksam, wenn bei Entsperrung noch die Befreiungsvoraussetzungen gem I gegeben sind (Unkenntnis der Abtretung, BGH NJW 76, 1842). Leistung an Bank als Zahlstelle (§ 362 Rn 5) ist wirksame Erfüllung (BGH 72, 319). § 407 I setzt eine wirksame Abtretung voraus und schützt nicht den guten Glauben an die Wirksamkeit einer unwirksamen Abtretung (BGH NJW-RR 12, 1131: Verhältnis zu InsO 80, 81; sa § 408 Rn 1 u § 409 Rn 1). **b) RGeschäfte** in Ansehung der Forderung: Stundung (keine entsprechende Anwendung auf Undurchsetzbarkeit nach gesellschaftsrechtlichen Eigenkapitalersatzregeln, BGH NJW 08, 1156), Erlass, Aufrechnung (vgl § 406 Rn 1) oder Aufrechnungsvertrag (BGH 94, 137), Aufhebungsvertrag (BGH NJW-RR 10, 484; Saarbrücken WM 01, 2059), Vergleich, Kündigung (BGH NJW 12, 1883; Düsseldorf WM 80, 95); Aufhebung bzw Verkürzung eines Leasingvertrages als RGeschäft über Leasingrate (BGH NJW 90, 1785, 1787; sa Rn 6). **c) Handelsgeschäfte.** Für Erfüllung und Erfüllungssurrogate ist HGB 354a zu beachten, andere Rechtsgeschäfte sind allein bei Vorliegen der Voraussetzungen des § 407 wirksam, so dass pos Kenntnis schadet (BGH 178, 319 f; Henseler BB 95, 4; PalGrüneberg § 399 Rn 9; aA Wagner WM 96 Sonderbeilage 1; 10, 202; vgl. §§ 399, 400 Rn 8 aE). **d)** Bei Forderungsübergang

Übertragung einer Forderung § 407

nach SGB X 116 bleibt dem Geschädigten eine **Einziehungsermächtigung** (BGH NJW 96, 728; arg aus BSHG 2 (entspr SGB XII 2) – sehr kühn!)

2. Wahlmöglichkeit des Schuldners. Der Schuldner kann sich auf die Wirksamkeit der Rechtshandlung berufen, muss es aber nicht; denn die Vorschrift dient ausschließlich seinem Schutz (BGH 145, 352, 357; 52, 154 mN; sa NJW 92, 111). So kann er auch die Leistung an den Altgläubiger gem § 812 I 1 Alt 1 kondizieren (BGH NJW 01, 232) bzw den hingegebenen Scheck im Hinblick auf die Bereicherungseinrede sperren lassen (BGH 102, 71 f) und an den Zessionar leisten (LM Nr 3; aA Dresden MDR 95, 559; NJW-RR 96, 446; zustimmend Karst MDR 95, 560); eine dahin gehende Einflussnahme des Zessionars macht die Entscheidung idR nicht sittenwidrig (BGH 102, 77). 3

3. Kenntnis der Abtretung. Sie schließt die Wirksamkeit der Rechtshandlung aus und liegt vor bei *positiver* Kenntnis der *Tatsachen,* die den Forderungsübergang begründen: Kenntnis der Willenserklärungen (LM Nr 7), Abtretungsanzeige des Zessionars nicht stets (arg §§ 409, 410), aber jedenfalls dann, wenn er vertrauenswürdig und wirtschaftlich solide ist (BGH 102, 74; aA Quast aaO vor § 398: Gleichauf mit § 407 I und § 409; sa Rostock MDR 00, 444 f: „Bitte um Anerkennung" der Abtretung nicht ausreichend), Kenntnis von laufenden Rechtsverhältnissen mit ges Forderungsübergang (BGH VersR 62, 516: Angestelltenversicherung; KG VersR 81, 536: Beamtenverhältnis), Kenntnis der den Forderungsübergang auslösenden Leistung, der zuverlässige Leistungsankündigung bzw wesentlicher leistungsbegründender Tatsachen (BAG NJW 81, 1062: Krankengeldzahlung bei Lohnfortzahlungspflicht des AG; BGH 83, 250: Arbeitslosengeldzahlung an Unfallgeschädigten; BGH 127, 128; NJW 96, 729: ernsthafte Wahrscheinlichkeit einer Leistung zur beruflichen Rehabilitation nach AFG an Unfallgeschädigten; BGH 131, 286: Kenntnis der Umstände, die spätere Aufnahme in Behindertenwerkstatt auf Kosten der Sozialhilfe nach sich ziehen; Koblenz VersR 82, 692: Ersatzleistung des Privatversicherers, VVG 67 I aF bzw 86 nF; BGH NJW 08, 1164: Kenntnis von Tatsachen, nach denen mit Leistungen nach dem Opferentschädigungsgesetz zu rechnen ist), Kenntnis der Eröffnung des Insolvenzverfahrens über das Vermögen des ursprünglichen Gläubigers und des Vorliegens einer Sicherungszession wg InsO 166 II (BGB NJW 09, 2305; 10, 1806; NJW-RR 09, 1060). Bei nachträglichem Übergang infolge ges Neuregelung entscheidet die Bekanntmachung (BGH NJW 84, 607). Bei notwendiger Überleitungsanzeige (SGB VIII 95) ist Kenntnis der Anzeige nötig, Kenntnis der Überleitungsvoraussetzungen soll nicht ausreichen (BGH NJW 07, 60 – zweifelhaft!). Falsche rechtliche Bewertung der Tatsachen schließt Kenntnis idR nicht aus (zur Abgrenzung Tatsachen-/Rechtsunkenntnis Köln VersR 84, 1166). Kenntnis liegt nicht vor bei obj Ungewissheit über die Wirksamkeit einer Abtretung (BGH NJW 01, 231; NJW-RR 09, 492) oder wenn sich Zedent und Zessionar über die Wirksamkeit der Abtretung streiten (BGH NJW-RR 04, 1101). Kenntnis eines Vertreters ist nur erheblich, wenn er gerade zur Vertretung bei Erfüllung befugt war (BGH NJW 77, 582; vgl hierzu Schultz, der auf die „Zuständigkeit" zur Kenntnisnahme abstellt, NJW 90, 477); BGH NJW 90, 2545 (krit Roth EWiR 90, 663) will Wissen der Gesellschafter grundsätzlich nicht der GmbH zurechnen, ferner nicht „privates" Wissen des Geschäftsführers, der im entschiedenen Fall allerdings Zedent (!) war. Fahrlässige Unkenntnis schließt Gutgläubigkeit nicht aus (BGH NJW 82, 2372 für Voraussetzung bei branchenüblichem verlängertem EV), es sei denn, sie beruht auf schlechterdings unvernünftigen Fehlbeurteilungen (Bremen NJW 87, 912). Berufung auf Unkenntnis kann ferner arglistig sein, wenn sich der Schuldner durch volle Automatisierung seines Zahlungswesens der Kenntnisnahme entzieht (BGH NJW 77, 582) oder die Kenntniserlangung an einem sonstigen Organisationsverschulden scheitert (BGH 135, 39 = NJW 97, 1775). Bei Namenspapieren oder Legitimationsurkunden (nicht jedoch bei bloßen Inkassodokumenten: BGH NJW 97, 1777) gilt § 407 uneingeschränkt, auch wenn an 4

5

§ 408

den Zedenten ohne Vorlage geleistet wird (LG Augsburg ZIP 82, 1195; str), es sei denn, Vorlage war vertragliche Leistungsbedingung (Hamm WM 84, 801; Düsseldorf NJW-RR 91, 1337 für Sparbuch; str; sa Kümpel WM 81 Beil Nr 1). Maßgebender Zeitpunkt für die Beurteilung der Kenntnis ist die Vornahme der Leistungshandlung; bei späterer Kenntniserlangung ist der Schuldner grundsätzlich nicht verpflichtet, den Eintritt des Leistungserfolgs durch aktives Handeln zu verhindern (BGH 105, 360 mAnm Brehm JZ 89, 300; anders im Fall des InsO 82
6 S 1: BGH 182, 85 ff). – Nach Frankfurt (NJW-RR 88, 1270) gilt § 407 *entspr,* wenn der Schuldner auf Grund des Verhaltens des Zessionars (nicht des Zedenten: OLGR Stuttgart 09, 907 f) davon ausgehen durfte, dass die sicherungshalber erfolgte Abtretung wieder rückgängig gemacht wurde. – *Keine Anwendung* soll § 407 I HS 2 bei *künftigen Forderungen* finden, falls Altgläubiger und Schuldner nach Abtretung, aber vor Entstehung Änderungen vereinbaren: Gültigkeit des ändernden RGeschäfts trotz Abtretungskenntnis des Schuldners (BGH NJW 90, 1787 mit fragwürdiger Abgrenzung von entstandener, „betagter" Leasingrate und künftiger, „befristeter" Mietzinsforderung; dazu auch BGH NJW-RR 10, 483); mit der grundsätzlichen Geltung der §§ 399 ff für künftige Forderungen unvereinbar (sa § 398 Rn 9).

7   **4. Rechtskräftige Entscheidung.** Vorausgesetzt ist ein rechtskräftiges Urteil oder ein endgültiger Schiedsspruch (BGH 64, 128) zwischen Altgläubiger und Schuldner. **a)** Bei **Rechtshängigkeit vor Abtretung** gelten ausschließlich ZPO 265, 325 (hierzu BGH NJW 79, 924); eine enstspr Anwendung von § 407 II kommt nicht in Betracht (BGH NJW 05, 2159). **b)** Bei **Rechtshängigkeit nach Abtretung** erweitert § 407 II die Rechtskrafterstreckung zugunsten des gutgl Schuldners, nicht aber auch zugunsten des Zessionars (BGH 52, 152 ff; NJW 05, 2158). Das Urteil bindet aber den Neugläubiger nur insoweit, als auch der Altgläubiger gem ZPO 322 gebunden ist (BGH 35, 168 f). Der bei bzw nach Rechtshängigkeit bösgläubige Schuldner muss fehlende Aktivlegitimation einwenden, weil er sonst Gefahr läuft, doppelt leisten zu müssen; denn ZPO 767 II versperrt die nachträgliche Berufung auf die Abtretung (BGH 145, 352, 353; 86, 337, 340) und § 407 I und II greifen bei Kenntnis nicht (BGH NJW 05, 2159). Falls der Schuldner fehlende Aktivlegitimation nicht geltend gemacht hat, soll er hinterlegen können, wenn Zedent und Zessionar keine übereinstimmende Erklärung über den Leistungsempfänger abgeben (BGH 145, 352, 356; 86, 337, 340; krit Foerste JZ 01, 467; K. Schmidt JuS 01, 402; Münzberg ZZP 114 [2001], 229; Quast aaO). Besser wäre es, dem erst nach letzter mündlicher Verhandlung bösgläubigen Schuldner die Vollstreckungsgegenklage zu gewähren (Foerste JZ 01, 468). Zahlt der Schuldner trotz eines rechtskräftigen Titels des Zessionars gem HGB 354a I 2 an den Zedenten, kann er sich nach ZPO 767 II gegen eine Vollstreckung wehren (BGH NJW 11, 444). **c)** Bei **Abtretung nach Rechtskraft** gelten § 407 I, ZPO 767. **d)** Keine Analogie bei Rechtskraft bezügl aufrechenbarer Gegenforderung (BGH NJW 94, 252).

§ 408 Mehrfache Abtretung

(1) **Wird eine abgetretene Forderung von dem bisherigen Gläubiger nochmals an einen Dritten abgetreten, so findet, wenn der Schuldner an den Dritten leistet oder wenn zwischen dem Schuldner und dem Dritten ein Rechtsgeschäft vorgenommen oder ein Rechtsstreit anhängig wird, zugunsten des Schuldners die Vorschrift des § 407 dem früheren Erwerber gegenüber entsprechende Anwendung.**

(2) **Das Gleiche gilt, wenn die bereits abgetretene Forderung durch gerichtlichen Beschluss einem Dritten überwiesen wird oder wenn der bisherige Gläubiger dem Dritten gegenüber anerkennt, dass die bereits abgetretene Forderung kraft Gesetzes auf den Dritten übergegangen sei.**

Übertragung einer Forderung **§ 409**

Der erste Zessionar ist berechtigter Neugläubiger, der spätere Zessionar („Dritter") ist Nichtberechtigter und tritt für die entspr Anwendung des § 407 an die Stelle des Zedenten bzw Altgläubigers. § 408 gilt auch dann, wenn die zweite Zession unter der aufschiebenden Bedingung erfolgt, dass die Forderung nicht bereits abgetreten wurde (BGH NJW 89, 899). Ferner soll bei doppelter Forderungsabtretung der Unkenntnis von der Abtretung als solcher die Unkenntnis von deren zeitlicher Priorität gleichstehen (MK/Roth 3); außerdem wird entspr Anwendbarkeit überwiegend bejaht, wenn eine bereits gepfändete Forderung abgetreten wird (zB MK/Roth 10). Kennt der Schuldner allerdings (auch) die Pfändung und wird ihm nach der Pfändung eine rückdatierte Abtretungsurkunde des Vollstreckungsschuldners vorgelegt, ist sein Vertrauen in die angebliche zeitliche Priorität der Abtretung nicht geschützt (BGH 100, 47 f m zust Anm Gerhardt JR 87, 415). Entsprechende Anwendung des § 408 II auch dann, wenn das Gericht gem StGB 73 den Verfall einer Forderung anordnet, obwohl diese nach zwischenzeitlicher Abtretung einem anderen zusteht (BGH 172, 284). Keine entsprechende Anwendung des § 408 II soll im Fall der Vorpfändung nach ZPO 845 greifen (München JurBüro 10, 160). Der Rechtsgedanke des § 408 kann neben InsO 81, 82 zur Begründung der schuldbefreienden Wirkung einer Leistung nicht herangezogen werden (BGH NJW-RR 12, 1131). 1

§ 409 Abtretungsanzeige

(1) ¹**Zeigt der Gläubiger dem Schuldner an, dass er die Forderung abgetreten habe, so muss er dem Schuldner gegenüber die angezeigte Abtretung gegen sich gelten lassen, auch wenn sie nicht erfolgt oder nicht wirksam ist.** ²**Der Anzeige steht es gleich, wenn der Gläubiger eine Urkunde über die Abtretung dem in der Urkunde bezeichneten neuen Gläubiger ausgestellt hat und dieser sie dem Schuldner vorlegt.**

(2) **Die Anzeige kann nur mit Zustimmung desjenigen zurückgenommen werden, welcher als der neue Gläubiger bezeichnet worden ist.**

a) Rechtsnatur. Die Anzeige ist rechtsgeschäftsähnliche Handlung und unterliegt als solche §§ 104 ff, 119 ff (str). Aussteller der Abtretungsurkunde muss der wahre, verfügungsberechtigte Gläubiger sein (BGH 100, 46; vgl BFH NJW 95, 278 zur Abtretungsanzeige nach AO 46 II); deshalb keine Anwendung des § 409 bei einer Anzeige durch den nicht mehr verfügungsberechtigten insolvenzbefangenen Schuldner (BGH NJW-RR 12, 1131). Nicht ausreichend ist die bloße Angabe der Kontonummer eines Dritten (vgl LSozG Berlin NZS 00, 553). **b) Wirkung.** Sofern eine *wirksame Zession* vorliegt, verschafft die Anzeige dem Schuldner Kenntnis iSv §§ 406, 407. Bei *unwirksamer Zession* (zB Sittenwidrigkeit gem § 138 I BAG NJW 91, 2038; Saarbrücken NJW-RR 09, 128) – nach hM (BGH 56, 345 mN; NJW-RR 12, 1131; BAG DB 87, 2314) nicht bei fehlender Verfügungsbefugnis, die eine Anwendung des § 409 wie dargelegt ausschließt – bzw *Scheinzession* ist zu unterscheiden (BGH 64, 119 ff; 69, 40): **aa) Leistung an den Altgläubiger** befreit, weil die Abtretungsanzeige keine konstitutive, rechtsgestaltende Wirkung hat und die Aktivlegitimation nicht verändert (BGH NJW 08, 2855); allerdings trägt der Schuldner das Risiko der Fehlbeurteilung (arg aus § 407). **bb) Leistung an den Scheingläubiger** befreit ebenfalls: Rechtsscheinwirkung der Anzeige (BGH 145, 352, 356; NJW 08, 2855). Der Schuldner kann der späteren Klage des Altgläubigers die rechtsvernichtende Einwendung der Erfüllung entgegenhalten; ihre Berechtigung muss das Gericht voll nachprüfen, weil ja der Altgläubiger volle Aktivlegitimation behalten hat (BGH NJW 78, 2025 f für Aufrechnung gegenüber dem Scheingläubiger) und dem Scheingläubiger ein Forderungsrecht nicht zusteht, der Schuldner also nicht an ihn leisten musste (BGH NJW 01, 231; NJW-RR 04, 656). Sichere Kenntnis der Unwirksamkeit sollte die Rechtsscheinwirkung beseitigen (str, vgl BGH WM 55, 830; offen BGH 56, 348 f; BFH NJW 92, 198 zu AO 46 V, 1

2

Stürner

§§ 410, 411

hierzu Karollus JZ 92, 557): Schutzwirkung nur bei verbleibendem Schuldnerrisiko.

3 cc) Der **Anspruch des Altgläubigers** auf Leistung besteht bis zur Leistung an den Scheingläubiger fort. Der Schuldner hat aber ein Leistungsverweigerungsrecht (entspr §§ 273, 274) bis zur Vorlage der Zustimmungserklärung des Scheingläubigers gem II; der Altgläubiger kann vom Scheingläubiger die Zustimmung gem § 812 I 1 kondizieren. Das Zurückbehaltungsrecht entfällt, wenn eine Inanspruchnahme durch den Scheingläubiger mit Sicherheit nicht mehr zu erwarten ist (BGH 56, 349). **dd)** Ein **Anspruch des Scheingläubigers** besteht nicht (Nürnberg WM 84, 607).

§ 410 Aushändigung der Abtretungsurkunde

(1) ¹**Der Schuldner ist dem neuen Gläubiger gegenüber zur Leistung nur gegen Aushändigung einer von dem bisherigen Gläubiger über die Abtretung ausgestellten Urkunde verpflichtet.** ²**Eine Kündigung oder eine Mahnung des neuen Gläubigers ist unwirksam, wenn sie ohne Vorlegung einer solchen Urkunde erfolgt und der Schuldner sie aus diesem Grunde unverzüglich zurückweist.**

(2) **Diese Vorschriften finden keine Anwendung, wenn der bisherige Gläubiger dem Schuldner die Abtretung schriftlich angezeigt hat.**

1 **a)** Der Schuldner hat ein **Leistungsverweigerungsrecht** mit den Wirkungen der §§ 274, 273 III (BGH NJW 86, 977; 07, 1271; zum Anspruch des Zessionars auf Urkundenausfertigung vgl § 403). Er muss an den Zessionar nicht ohne die Sicherung des § 409 leisten (zum Schutzzweck der Vorschrift BGH NJW 1993, 1469; 12, 3427); allerdings kann der Einrede § 242 entgegenstehen, wenn eine Inanspruchnahme durch den Zedenten eindeutig ausscheidet (BGH NJW 12, 3427). Die Aushändigung einer Kopie sollte im Regelfalle genügen (offen BGH NJW 07, 1269; 12, 3427). **b)** Eine **Mahnung** ist auch ohne Vorlage einer Abtretungsurkunde wirksam, es sei denn, der Schuldner weist die Mahnung aus diesem Grund unverzüglich zurück, indem er Vorlage der Abtretungsurkunde verlangt und ggf unter Hinweis auf die Nichtvorlage der Urkunde die Mahnung ablehnt (BGH NJW 07, 1271). Nach Mahnung kann der Schuldner den Verzug *für die Zukunft* beseitigen, wenn er später erklärt, er verweigere ohne Vorlage der Abtretungsurkunde die Leistung (so in Erweiterung von I 2 BGH NJW 69, 1110). Entspr I 2 ist die ohne Vorlegung einer Abtretungsurkunde erklärte Aufrechnung des Neugläubigers unwirksam, wenn sie der Schuldner deshalb unverzüglich zurückweist (BGH 26, 246 ff). **c)** Vorlage anderer **Legitimationsurkunden** (zB Sparbuch) befreit von § 410 (offen BGH WM 82, 706).

§ 411 Gehaltsabtretung

¹**Tritt eine Militärperson, ein Beamter, ein Geistlicher oder ein Lehrer an einer öffentlichen Unterrichtsanstalt den übertragbaren Teil des Diensteinkommens, des Wartegelds oder des Ruhegehalts ab, so ist die auszahlende Kasse durch Aushändigung einer von dem bisherigen Gläubiger ausgestellten, öffentlich oder amtlich beglaubigten Urkunde von der Abtretung zu benachrichtigen.** ²**Bis zur Benachrichtigung gilt die Abtretung als der Kasse nicht bekannt.**

1 § 411 betrifft weder die Wirksamkeit der Abtretung noch gewährt er neue Einwendungen; er verstärkt nur bestehende Schuldnerschutzbestimmungen. **a)** S 1 stellt gegenüber § 410 qualifizierte Anforderungen an die auszuhändigende Urkunde. **b)** S 2 fingiert fehlende Kenntnis im Rahmen der §§ 406, 407, 408 (BGH 11, 302).

§ 412 Gesetzlicher Forderungsübergang

Auf die Übertragung einer Forderung kraft Gesetzes finden die Vorschriften der §§ 399 bis 404, 406 bis 410 entsprechende Anwendung.

Lit: von Koppenfels-Spies, Die cessio legis, 2006.

a) Fälle **ges Forderungsübergangs:** §§ 268 III, 426 II, 774 I (dazu BGH NJW 12, 1946: Übergang der Hauptforderung mit Forderung aus Hauptbürgschaft auf zahlenden Ausfallbürgen),1143 I, 1225, 1249, 1607 II, VVG 86, SGB II 33 I 2 (dazu BGH NJW-RR 11, 145; Brandenburg NJW-RR 09, 1090), SGB X 115, 116 (zur Einziehungsermächtigung des Geschädigten BGH NJW 96, 728; zum Anspruchsübergang bei konkurrierender Zuständigkeit mehrerer Leistungsträger BGH NJW-RR 09, 1534; zum Einwand des Mitverschuldens der Eltern des verletzten Kindes Stuttgart NJW-RR 11, 239), RVG 59, BAföG 37, EFZG 6, SGB XII 94, UVG 7, OEG 5 (BGH NJW 08, 1164). Von großer praktischer Bedeutung ist der Zeitpunkt des Forderungsübergangs (vgl zuletzt BGH NJW 96, 726; 1674; 2509; sa Waltermann NJW 96, 1645 f). **b)** Forderungsübergang **kraft Hoheitsakts** (ZPO 835, SGB XII 93, SGB I 50) ist dem ges Forderungsübergang gleichgestellt (BAG NJW 71, 2094 mN; BGH NJW 13, 539; NJW-RR 12, 434; 09, 190; 03, 1556); eine zusätzliche Hilfspfändung von Hilfsrechten (§401) ist deshalb nicht notwendig (BGH NJW13, 539 mwN). Der Anwendungsbereich von SGB XII 93 ist auf Grund der Regelung des SGB XII 94 stark eingeschränkt (hierzu PalBrudermüller § 1361 Rn 24k). **c)** Unanwendbar bei § 1922; entspr anwendbar bei § 566 (BGH NJW 12, 1883), § 1416, § 613a, HGB 25, VVG 95, InsO 82 (BGH NJW 09, 2305 für Leistung an Sicherungszessionar: §§ 412, 407 I, 408). Keine entspr Anwendung der §§ 268 III 2, 426 II 2, 774 I 2, 1143 I 2, VVG 86 etc auf andere Fälle der Legalzession (LAG Hamm ZIP 82, 980). 2

§ 413 Übertragung anderer Rechte

Die Vorschriften über die Übertragung von Forderungen finden auf die Übertragung anderer Rechte entsprechende Anwendung, soweit nicht das Gesetz ein anderes vorschreibt.

a) Die Vorschrift enthält zunächst den **Grundsatz der Übertragbarkeit** anderer 1 Rechte, soweit nicht Ges oder Rechtsinhalt (§ 399; hierzu BGH NJW 79, 1707: Zustimmungsrecht bei baulichen Änderungen) eine Übertragung ausschließen. Ferner erklärt sie §§ 398 ff auf den **rechtsgeschäftlichen Übertragungsvorgang** für entspr anwendbar; Bsp: Übertragung der Rechte aus Baugenehmigung (VGH Mannheim NJW 81, 1003). **b)** Wichtige **Sondervorschriften:** §§ 873, 925, 929 2 (auch auf entspr Anwartschaften anwendbar: BGH 28, 21; 49, 202); §§ 38, 719, 2033; AktG 68; GmbHG 15; UrhG 29, 31 ff; PatG 15; GebrMG 8 IV, 22 I 2; MarkenG 27; vgl auch § 398 Rn 4 f. **c)** Zur Übertragbarkeit von **Gestaltungsrechten** vgl § 401 Rn 2 ff und 5 f.

Abschnitt 6. Schuldübernahme

Vorbemerkungen

1. Wesen des befreienden Schuldnerwechsels. Als Gegenstück zum Gläubi- 1 gerwechsel (§§ 398 ff) regeln §§ 414 ff den befreienden Schuldnerwechsel. Der Übernehmer („Dritter") tritt anstelle des Schuldners; dieser wird frei (§ 414). Der Schuldnerwechsel kann ohne Mitwirkung des Schuldners (§ 414), *nie ohne Zustim-*

mung des Gläubigers erfolgen (§ 415 I 1); denn die Solvenz des Schuldners ist für ihn entscheidend (vgl BGH NJW-RR 01, 988 f mAnm Armbrüster EWiR 01, 309: regelmäßig keine Genehmigungspflicht aus Treu und Glauben).

2   **2. Schuldbeitritt.** Lit: Kohte JZ 90, 997; Edenfeld JZ 97, 1034; Bülow/Artz ZIP 98, 629; Madaus, Der Schuldbeitritt als Personalsicherheit, 2000; Grigoleit/ Herresthal Jura 02, 825. Beim Schuldbeitritt tritt der Mitübernehmer zusätzlich *neben* den bisherigen Schuldner; beide werden Gesamtschuldner iSd §§ 421 ff (BGH 109, 317; NJW-RR 07, 1407). **a) Ges Fälle:** §§ 546 II, 604 IV; 2382; HGB 25; WG 28. **b)** Der **rechtsgeschäftliche Schuldbeitritt** ist nicht geregelt, aber als reine Schuldverpflichtung gem § 311 I zulässig. Er ist formfrei, sofern nicht eine für die Schuldverpflichtung geltende Formvorschrift den Schutz des Schuldners bezweckt (BGH NJW 93, 584; unklar noch BGH NJW 91, 3098): zu bejahen zB für § 311b, BRAGO 3 I 1 aF (BGH NJW 91, 3098; vgl jetzt Textform RVG 3a), § 492 bzw VerbrKrG 4 aF (BGH 134, 94 = JZ 97, 469 mAnm Bülow; die Rspr hat hieran festgehalten, obwohl nach EuGH NJW 00, 1323 die Bürgschaft nicht in den Anwendungsbereich der VerbrKrRiLi fällt; dazu BGH 155, 243 und 165, 46 f; ferner NJW-RR 07, 1674 f: Beitritt zu Existenzgründungskredit; NJW 97, 655; 06, 433: keine Heilung gem § 494 II bzw VerbrKrG 6 II aF durch Kreditauszahlung an Kreditnehmer; sa BGH NJW 98, 1940 und § 425 Rn 5), *nicht* aber für § 781 (BGH NJW 93, 584 mit der zweifelhaften Begründung, Formzweck sei Rechtssicherheit und nicht Schuldnerschutz: eine feinsinnige und schwer praktikable Unterscheidung!). Schuldbeitritt als öffentl-rechtlicher Vertrag bedarf der Schriftform (VGH München NJW 90, 1006 mAnm Arndt; sa BGH 174, 44 ff). Der Schuldbeitritt kann mit dem Gläubiger oder dem Schuldner vereinbart werden. Ein Vertrag mit dem Schuldner ist ein Vertrag zugunsten des Gläubigers iSd § 328 (BGH 42, 385; 72, 250; s aber § 329). Die Mitwirkung des Gläubigers ist entbehrlich (anders § 415 I 1), da er nur eine zusätzliche Sicherung erhält (beachte aber § 333). Ein Beitritt zu einer nicht entstandenen Schuld ist nicht nichtig, sondern geht ins Leere;

3   daher Bestätigung gem § 141 nicht möglich (BGH NJW 87, 1699). **c)** Für die zZ des Beitritts „begründeten" **Einwendungen** und Einreden gilt § 417 I entspr (BGH 85, 349; NJW 86, 1873 mAnm Canaris JZ 86, 684: Mängeleinrede; BGH 58, 251; NJW 93, 1915: Verjährungsfrist; NJW 97, 2389: BRAGO 3 III aF bzw RVG 3a II); für später entstehende gelten §§ 422–425 (BGH 58, 255: spätere Einzelumstände der Verjährung; NJW 86, 252: Kündigung; sa § 425 Rn 2 f, 5). Der Beitretende kann Unwirksamkeit des Beitritts einwenden, zB infolge Widerrufs gem §§ 495, 355 (vgl VerbrKrG 7 aF) nach Beitritt zu einem Verbraucherkreditgeschäft (BGH 109, 317; Köln BB 99, 2577) oder nach Beitritt als Verbraucher (BGH 133, 71; 220: Beginn der Widerrrufsfrist stets mit Abgabe der Willenserklärung; NJW 97, 3170; 98, 1940; 00, 3497; zum Ganzen Bülow/Artz ZIP 98, 629; sa § 425 Rn 5). Ob §§ 312, 357 (entspr HWiG 1, 2 aF) in ähnlicher Weise beim Beitritt zum widerrufsfähigen Geschäft wie beim Beitritt als Haustürgeschäft gelten, war offen, nachdem bei der Bürgschaft das HWiG nur gelten sollte, wenn beide Geschäfte dem HWiG unterfielen (EuGH NJW 98, 1295; zunächst BGH NJW 98, 2356; unter ausdrücklicher Aufgabe der bisherigen Rspr später anders BGH 165, 367: Verneinung der Relevanz der Hauptschuld für die Frage der Anwendbarkeit des § 312 bei der Bürgschaft). BGH NJW 07, 2111 betont inzwischen ausdr die Anwendbarkeit des § 312 sowohl auf die Bürgschaft als auch den Schuldbeitritt (für Differenzierung zwischen Schuldübernahme und Bürgschaft beim VerbrKrG noch BGH NJW 98, 1940). Beim Beitritt gem § 328 gilt entgegen § 417 II der § 334 (LM Nr 2). Ein Kündigungsrecht des Beitretenden besteht allenfalls unter gleichen Voraussetzungen wie bei Bürgschaft (BGH NJW 86, 253; § 765 Rn 10; zur Gläubigerkündigung § 425 Rn 10). Die formularmäßige Ausdehnung der Mithaftung auf künftige Forderungen verstößt wie bei der Bürgschaft (BGH NJW 95, 2553; 98, 450; 00, 658; 01, 3328; NJW-RR 02, 344: auch bei jur Person als Bürge) idR gegen §§ 305c, 307 I, II (= AGBG 3, 9 aF) (BGH NJW 96, 249; 01, 3328: Teilun-

Schuldübernahme § 414

wirksamkeit). Mitübernahme hoher Risiken durch Familienmitglieder ohne eigenes wirtschaftliches Interesse kann bei Bankkrediten sittenwidrig sein, § 138 I (BVerfG NJW 94, 36; 2749; BGH 120, 272 gegen 107, 92; 146, 37, 42 ff; NJW 01, 2466 mN; BVerfG NJW 96, 2021; sa BGH GuT 05, 6: Sittenwidrigkeit des Beitritts der Ehefrau zu einem gewerblichen Pachtvertrag); anders bei Trennungsrisiko nichtehelicher Lebensgefährten (BGH NJW 90, 1034) oder wirtschaftlicher Teilhabe am hauptschuldnerischen Unternehmen (BGH NJW 98, 597; NJW-RR 97, 1199). Die „Mietgarantie" des Sozialamtes zugunsten des Sozialhilfeempfängers ist idR 4 öffentl-rechtlicher Natur und gewährt nicht ohne weiteres einen Zahlungsanspruch des Vermieters (BVerwG NJW 94, 2968 mN; s aber unten Rn 7). Mit dem Klinik – Card – Vertrag ist idR kein Schuldbeitritt verbunden (München NJW-RR 05,1697: Abtretung des Erstattungsanspruchs durch Vorlage der Karte bei der Klinik).

3. Abgrenzungen. a) Zwischen Schuldübernahme (§§ 414 f) und Schuld- 5 **beitritt** (Rn 2 ff): Bei nicht eindeutiger Befreiungserklärung durch den Gläubiger ist Schuldbeitritt anzunehmen (BGH NJW 83, 679; NJW-RR 12, 741). **b)** Die **Erfüllungsübernahme** (§ 329) begründet nur Rechte des Schuldners; sie ist in jedem Schuldübernahmeversuch enthalten: § 415 III (vgl §§ 414 f Rn 5). **c) Zwi-** 6 **schen formfreiem Schuldbeitritt** (Rn 2 ff) **und formbedürftiger Bürgschaft** (§§ 765 f). Die Bürgschaft als klassisches Sicherungsmittel bedeutet Einstehen für fremde Schuld in ihrem jeweiligen Bestand (§§ 765, 767). Demgegenüber begründet der Schuldbeitritt eigene Schuld, die nach Übernahme zT eigene Wege gehen kann (Rn 3). Gefährlicher ist iZw der Schuldbeitritt (s aber BGH 113, 287; NJW 96, 55; 930: Widerrufsrecht nach § 312 bzw HWiG 1 für Bürgen zweifelhaft; nicht jedoch Widerruf für Beitretenden nach §§ 495, 355 nF bzw VerbrKrG 7 aF: BGH 109, 317; sehr weitgehend NJW 96, 2156; für Anwendbarkeit des § 312 auf Bürgschaft und Schuldbeitritt unabhängig von der Hauptschuld nunmehr BGH NJW 07, 2111). Der Schuldbeitritt darf nur bei eindeutigen Anhaltspunkten für selbstständigen Verpflichtungswillen des Versprechenden bejaht werden (BGH 6, 397). Eigenes wirtschaftliches Interesse des Versprechenden an der Schulderfüllung gibt zwar ein Indiz für den Schuldbeitritt (BGH NJW 81, 47; 86, 50), ist aber allein nicht ausschlaggebend (zutr BGH NJW 68, 2332; Hamm NJW 93, 2625). Der Formschutz zugunsten des Bürgen (§ 766) darf nicht durch Umdeutung der Bürgschaft (§ 140) in einen Schuldbeitritt umgangen werden (LM Nr 7 zu § 133 [B]). Ebensowenig darf aber umgekehrt ein klarer Schuldbeitritt als Bürgschaft gedeutet und alsdann über §§ 766, 126, 125 für formnichtig erklärt werden (LM Nr 33 zu § 133 [C]; zur Umdeutung bei eingehaltener Form BGH 174, 46). Wenn die Auslegung Zweifel lässt, ist Bürgschaft anzunehmen (BGH NJW 86, 580). Bürge und Schuldmitübernehmer haften gleichrangig; Ausgleich nach § 426 (Schmitz, FS Merz, 1992, S 553). **d)** Durch 7 (formfreien) **Garantievertrag** (zulässig nach § 311 I) verpflichtet sich ein Dritter, unabhängig von Schuldverhältnis und Leistungsvermögen des Schuldners (BGH WM 82, 632) für einen Leistungserfolg einzustehen. Der einseitig verpflichtende Vertrag begründet weder akzessorische noch gesamtschuldnerische Haftung, sondern reine Erfolgshaftung (BGH NJW 67, 1020; 96, 2570; 99, 1543). Er kann auch eine zusätzliche Haftung des Schuldners der kausalen Schuld begründen (BGH NJW 99, 1543). Bsp: Scheckkarte (BGH 64, 82); Mietgarantie (BGH NJW 03, 2235; s aber BVerwG NJW 94, 2968 u oben Rn 4); ie Rn 13 ff Vor § 765. In AGB kann eine Garantieübernahme wg Verstoßes gegen das Transparenzgebot (§ 307 I 2/ AGBG 9 I aF) unwirksam sein, wenn Art und Umfang der Haftung nicht hinreichend präzise beschrieben sind (BGH NJW 06, 998). **e)** Zur **Vertragsübernahme** § 398 Rn 32 ff.

§ 414 Vertrag zwischen Gläubiger und Übernehmer

Eine Schuld kann von einem Dritten durch Vertrag mit dem Gläubiger in der Weise übernommen werden, dass der Dritte an die Stelle des bisherigen Schuldners tritt.

§§ 414, 415

§ 415 Vertrag zwischen Schuldner und Übernehmer

(1) ¹Wird die Schuldübernahme von dem Dritten mit dem Schuldner vereinbart, so hängt ihre Wirksamkeit von der Genehmigung des Gläubigers ab. ²Die Genehmigung kann erst erfolgen, wenn der Schuldner oder der Dritte dem Gläubiger die Schuldübernahme mitgeteilt hat. ³Bis zur Genehmigung können die Parteien den Vertrag ändern oder aufheben.

(2) ¹Wird die Genehmigung verweigert, so gilt die Schuldübernahme als nicht erfolgt. ²Fordert der Schuldner oder der Dritte den Gläubiger unter Bestimmung einer Frist zur Erklärung über die Genehmigung auf, so kann die Genehmigung nur bis zum Ablauf der Frist erklärt werden; wird sie nicht erklärt, so gilt sie als verweigert.

(3) ¹Solange nicht der Gläubiger die Genehmigung erteilt hat, ist im Zweifel der Übernehmer dem Schuldner gegenüber verpflichtet, den Gläubiger rechtzeitig zu befriedigen. ²Das Gleiche gilt, wenn der Gläubiger die Genehmigung verweigert.

Anmerkungen zu den §§ 414, 415

Lit: Grigoleit/Herresthal, Die Schuldübernahme, Jura 02, 393; Hirsch, Die Anfechtung der Schuldübernahme, JR 60, 291; Nörr/Scheyhing/Pöggeler, Sukzessionen, 2. Aufl 1999; Redich, Haftungsbegründung und Schuldbefreiung bei §§ 415, 416 BGB, 1991; Rimmelspacher, Schuldübernahmetheorien und Anfechtbarkeit der befreienden Schuldübernahme, JR 69, 201.

1   **1. Zwei Arten der Schuldübernahme. a) Vertrag des Übernehmers mit dem Gläubiger** (§ 414). Er ist formfrei, es sei denn, die übernommene Verpflichtung ist formbedürftig (zB § 311b; fraglich, ob dies nur für schuldnerschützende Formen gilt, s Vor §§ 414, 415 Rn 2 für Schuldbeitritt). Der Vertrag ist einerseits Verpflichtungsvertrag zu Lasten des Übernehmers und andererseits eine Verfügung des Gläubigers über die Forderung zugunsten des Altschuldners. Dieser braucht nicht mitzuwirken; er kann aber analog § 333 die Befreiung zurückweisen, arg § 397 (Hirsch JR 60, 292 f; aA MK/Möschel § 414, 6). Bsp: Übernahme des Kostenanteils für zahntechnische Leistungen durch ges Krankenversicherer (Düsseldorf NJW 87, 706).
2   **b) Vertrag zwischen Übernehmer und Schuldner iVm Genehmigung durch Gläubiger** (§ 415; Bsp BGH NJW 98, 1645). Die *rechtliche Konstruktion* in § 415 ist str. Fest steht, dass er eine Verpflichtung des Übernehmers und eine richtungsändernde, gleichzeitig erlassende Verfügung über die Forderung enthält. **aa)** Die **Angebotstheorie** (Heck, SchR, § 73) nimmt einen dreiseitigen Vertrag unter Einbeziehung des Gläubigers an. Die Mitteilung iSd § 415 I 2 ist danach das Angebot an den Gläubiger, das dieser durch seine Genehmigung annimmt. **bb)** Die auf Wortlaut und Entstehungsgeschichte (Mot II 144 f) gestützte **Verfügungstheorie** (hM; Larenz, SchR I, § 35 I a mwN) nimmt an, dass im Vertrag zwischen Altschuldner und Übernehmer die Verfügung durch Nichtberechtigte liegt, die der Gläubiger genehmigt (§ 185 II). **cc) Bedeutung des Streits:** Nach der Angebots-
3   theorie sind auf die „Genehmigung" iSv § 415 I die §§ 145 ff anzuwenden; sie wirkt als Vertragsannahme ex nunc und ist ggf (zB nach § 311b) formbedürftig. Nach der Verfügungstheorie gelten die §§ 182 ff; die Genehmigung wirkt auf den Vertragsschluss zurück (§ 184; BGH NJW-RR 02, 193) und ist stets formfrei (§ 182 II). Bei *Anfechtung* des Übernahmevertrags wegen Täuschung durch den Altschuldner bedarf es nach der Angebotstheorie der Anfechtung gegenüber dem Altschuldner und dem Gläubiger (§ 143 II; s BGH 96, 309; NJW 98, 532 mAnm Emmerich JuS 00, 495: Vertragseintritt nach Verfügungsmodell anzufechten gegenüber Alt- und Neuschuldner, zweifelhaft; § 398 Rn 32), der die Täuschung durch den Altschuldner kennen musste (§ 123 II 1 so BGH NJW 98, 532 f für Vertragseintritt; offen noch

Schuldübernahme **§ 416**

BGH 96, 307); nach der Verfügungstheorie genügt die Anfechtung gegenüber dem Altschuldner auch zur Beseitigung der Verpflichtung gegenüber dem Gläubiger (so BGH 31, 321 ff; aA NJW 98, 532 f für Vertragseintritt – zweifelhaft; alles sehr str, vgl MK/Möschel § 417, 15 ff; ferner § 417 Rn 1). **c)** Die Schuldübernahme ist **abstrakt,** dh von ihrem Grundgeschäft (Rechtsverhältnis zwischen Übernehmer und Schuldner, vgl § 417 II, bzw ggf Gläubiger) zu unterscheiden. Bei einer Übernahme im Wege des § 415 ist nicht ausgeschlossen, dass Gläubiger und Schuldner über die ausstehende Genehmigung ein Grundgeschäft schließen; dessen Unwirksamkeit macht eine dennoch erteilte Genehmigung rechtsgrundlos, der Gläubiger kann Wiederherstellung der alten Verbindlichkeit verlangen bzw sogleich auf Erfüllung klagen oder aus einer vollstreckbaren Urkunde vollstrecken (BGH 110, 321 mAnm Brehm JR 90, 510; Münch DNotZ 91, 532). 4

2. Erfüllungsübernahme. Ein Erfüllungsübernahme gem § 329 ist anzunehmen während des Schwebezustandes bis zur Genehmigung (§ 415 I) und bei verweigerter Genehmigung (§ 415 II, III; vgl BGH NJW 12, 1720; Köln NJW-RR 94, 210), nicht aber bei ersichtlich abw Risikoverteilung (BGH NJW 91, 1822; ZIP 99, 1390). Sa § 416 Rn 2. 5

3. Genehmigung. Die Genehmigung (§ 415 I 2) kann schlüssig erfolgen (BGH WM 75, 331; Düsseldorf NZG 07, 276: Klageerhebung), bloßes Schweigen genügt aber nicht (BGH ZIP 96, 846; NJW 83, 679; Vor §§ 414, 415 Rn 5). Genehmigung setzt Mitteilung bzw Kenntnis der Übernahmevereinbarung voraus (BGH NJW-RR 91, 818; NJW 98, 1645). Auch die vorherige **Einwilligung** des Gläubigers (§ 183) ist wirksam und macht Mitteilung entbehrlich (RG 60, 416; BGH NJW-RR 96, 194; NJW 98, 1645 f). Konkludent erfolgen kann auch die Verweigerung der Genehmigung (BGH NJW 96, 927). Die Rückwirkung der Genehmigung (§ 184 II) setzt voraus, dass die Verfügung im Zeitpunkt der Genehmigung im Übrigen noch wirksam ist (BGH NJW-RR 02, 191: Auswirkungen zwischenzeitlicher Insolvenzeröffnung). 6

4. Prozessuales. Die Schuldübernahme ist **keine prozessuale Rechtsnachfolge** gem ZPO 265, 325, 727 (BGH NJW 98, 1646); denn der Gläubiger (Kläger) kann sich den Schuldner als richtige beklagte Partei erhalten, indem er die Mitwirkung bei der Schuldübernahme ablehnt (BGH 61, 140 ff). 7

§ 416 Übernahme einer Hypothekenschuld

(1) ¹Übernimmt der Erwerber eines Grundstücks durch Vertrag mit dem Veräußerer eine Schuld des Veräußerers, für die eine Hypothek an dem Grundstück besteht, so kann der Gläubiger die Schuldübernahme nur genehmigen, wenn der Veräußerer sie ihm mitteilt. ²Sind seit dem Empfang der Mitteilung sechs Monate verstrichen, so gilt die Genehmigung als erteilt, wenn nicht der Gläubiger sie dem Veräußerer gegenüber vorher verweigert hat; die Vorschrift des § 415 Abs. 2 Satz 2 findet keine Anwendung.

(2) ¹Die Mitteilung des Veräußerers kann erst erfolgen, wenn der Erwerber als Eigentümer im Grundbuch eingetragen ist. ²Sie muss schriftlich geschehen und den Hinweis enthalten, dass der Übernehmer an die Stelle des bisherigen Schuldners tritt, wenn nicht der Gläubiger die Verweigerung innerhalb der sechs Monate erklärt.

(3) ¹Der Veräußerer hat auf Verlangen des Erwerbers dem Gläubiger die Schuldübernahme mitzuteilen. ²Sobald die Erteilung oder Verweigerung der Genehmigung feststeht, hat der Veräußerer den Erwerber zu benachrichtigen.

§ 417

1 **1. Zweck und Inhalt der Vorschrift.** Der Grundstückskäufer kann lastenfreie Übereignung fordern (§ 442 II, entspr § 439 II aF), idR wird aber die Hypothek „übernommen" und auf den Kaufpreis verrechnet. Darin steckt zugleich die *Übernahme* der persönlichen Schuld (vgl LM Nr 1). § 416 *erleichtert* sie, weil der Gläubiger hier ohnehin durch Hypothek (§ 1113) gesichert ist; daher gilt sein Schweigen als Zustimmung (I 2).

2 **2. Einzelheiten. a)** Art und Inhalt der Mitteilung gem II sind **zwingend.** Die Schuldübernahme kann aber auch nach §§ 414 f erfolgen (das „nur" in I 1 ist missverständlich); hM. **b)** Während des Schwebezustandes und bei Verweigerung der Genehmigung ist § 415 III anwendbar. Sofern der Kaufvertrag entfällt, der die Erfüllungsübernahme beinhaltet, scheitert ein Anspruch des Übernehmers auf Leistungsrückerstattung durch den Gläubiger (§ 812 I 1) daran, dass aus Sicht des Gläubigers eine Leistung des Altschuldners mittels eines Dritten (§ 267) vorgelegen haben mag (so BGH 72, 248 ff)

3 **3. Entspr Anwendung.** Sie ist bei der Übernahme einer durch Sicherungsgrundschuld gem 1192 I a gesicherten Schuld zu befürworten (Braunschweig MDR 62, 736; MK/Möschel, 4; sa BGH NJW 83, 2503; Karlsruhe NJW-RR 12, 146: schlüssige Abtretung des Rückgewähranspruchs des Verkäufers unter der aufschiebenden Bedingung der Ablösung der Darlehensforderung), ebenso im Falle einer Vertragsübernahme durch Verfügung zwischen Alt- u Neuschuldner (vgl BGH NJW 12, 1720 für § 415 und § 398 Rn 32).

§ 417 Einwendungen des Übernehmers

(1) ¹**Der Übernehmer kann dem Gläubiger die Einwendungen entgegensetzen, welche sich aus dem Rechtsverhältnis zwischen dem Gläubiger und dem bisherigen Schuldner ergeben.** ²**Eine dem bisherigen Schuldner zustehende Forderung kann er nicht aufrechnen.**

(2) **Aus dem der Schuldübernahme zugrunde liegenden Rechtsverhältnis zwischen dem Übernehmer und dem bisherigen Schuldner kann der Übernehmer dem Gläubiger gegenüber Einwendungen nicht herleiten.**

1 **1. Zweck der Regelung des Abs 1.** Der Gläubiger soll durch die Schuldübernahme keine rechtlichen Vorteile erlangen. **a)** Der Übernehmer hat nach I 1 alle **Einwendungen,** die bei Schuldübernahme (vgl insbes Vor §§ 414, 415 Rn 3) „begründet" waren (hierfür gelten § 404 Rn 3 f). Gestaltungsrechte (zB Anfechtung oder Kündigung) bleiben grundsätzlich beim Altschuldner; § 770 I ist unanwendbar (str). Mit Forderungen des Altschuldners kann aber weder dieser aufrechnen (es fehlt Gegenseitigkeit, § 387) noch der Übernehmer (vgl I 2); § 770 II ist unanwendbar.
2 **b)** Übernehmer kann mit eigener Forderung gegen den Gläubiger aufrechnen, wie er überhaupt **Einwendungen aus seinen Beziehungen zum Gläubiger** geltend machen kann: Stundung, Erlass, Mängel eines zwischen beiden evtl bestehenden Grundgeschäftes, uU auch Gegenansprüche aus pVV (zB BGH WM 90, 839) bzw nunmehr § 280 I iVm § 241 II.

3 **2. Einwendungen aus dem Grundverhältnis zwischen Altschuldner und Übernehmer.** Einwendungen aus dem Grundverhältnis zwischen Altschuldner und Übernehmer berühren das RGeschäft der Schuldübernahme nicht (vgl II). Diese Abstraktheit darf nicht wegen wirtschaftlicher Einheit nach § 139 durchbrochen werden (MK/Möschel 12; *insoweit* bedenklich BGH 31, 323). Grundgeschäft und Schuldübernahme können an dem gleichen Fehler leiden (Fehleridentität). Das Grundgeschäft enthält typischerweise die Verpflichtung des Übernehmers gegenüber dem Altschuldner, die Schuld durch Vertrag mit dem Altschuldner (§ 415) oder durch Vertrag mit dem Gläubiger (§ 414) zu übernehmen (vgl BGH NJW 63, 900). Die Unwirksamkeit der zwischen Altschuldner und Übernehmer vereinbarten

Schuldübernahme gem § 415 ist kein Einwand aus dem Grundverhältnis; vgl §§ 414, 415 Rn 2 f. Sie betrifft vielmehr die *Verfügung* durch Nichtberechtigte, auf deren Wirkung sich der Gläubiger berufen will.

§ 418 Erlöschen von Sicherungs- und Vorzugsrechten

(1) ¹Infolge der Schuldübernahme erlöschen die für die Forderung bestellten Bürgschaften und Pfandrechte. ²Besteht für die Forderung eine Hypothek oder eine Schiffshypothek, so tritt das Gleiche ein, wie wenn der Gläubiger auf die Hypothek oder die Schiffshypothek verzichtet. ³Diese Vorschriften finden keine Anwendung, wenn der Bürge oder derjenige, welchem der verhaftete Gegenstand zur Zeit der Schuldübernahme gehört, in diese einwilligt.

(2) Ein mit der Forderung für den Fall des Insolvenzverfahrens verbundenes Vorzugsrecht kann nicht im Insolvenzverfahren über das Vermögen des Übernehmers geltend gemacht werden.

1. Erlöschen der Sicherungsrechte. Vgl I. Bürgen und Verpfänder haben auf 1 den bisherigen Schuldner vertraut; der Übernehmer kann weniger solvent sein. Das Sicherungsrecht besteht folglich nur fort, wenn der Sicherungsgeber nach Prüfung einwilligt (S 3 iVm § 183). Aus Gründen der Rechtssicherheit genügt nachträgliche Genehmigung gem § 184 nicht (str). Entspr anwendbar auf SÜ, Sicherungsgrundschuld (BGH 115, 244) und die ges Sicherungsrechte, soweit hier der Sichernde freie Wahl des Schuldners hatte (zB § 566 II 1; SoeZeiss 2; str). Zu S 2 vgl § 1168. Bei einer Grundschuld reicht für ihren Fortbestand nach Schuldübernahme die Einwilligung des Eigentümers, der personenverschiedene Inhaber des Rückgewähranspruchs muss nicht einwilligen (BGH 115, 244). § 418 ist auf Vertragsübernahme entspr anwendbar (Hamm NJW-RR 91, 48), nicht aber auf Vertragsbeitritt (Stuttgart ZMR 10, 152 f) oder Schuldbeitritt (Düsseldorf ZMR 10, 28).

2. Erlöschen von Vorzugsrechten. Vgl II. Die Vorschrift dient dem Schutz 2 der übrigen Gläubiger des Übernehmers. Der Gläubiger selbst bedarf keines Schutzes, da er seinen Schuldner und damit das Vorzugsrecht nie ohne Zustimmung verliert.

§ 419 (weggefallen)

Die Vorschrift, die am 1.1.1999 mit Inkrafttreten der InsO außer Kraft getreten 1 ist (EG InsO 33 Nr 16; hierzu K. Schmidt ZIP 89, 1025), ihre Bedeutung für Altfälle aber behält (EGInsO 223a; Brandenburg NJW-RR 99, 59), ordnete bei rechtsgeschäftlicher Übertragung eines Vermögens die zwingende, inhaltlich beschränkte Schuldmitübernahme des Erwerbers an. Sie wollte die Gläubiger des Veräußerers vor dem Entzug ihrer Haftungsgrundlage schützen. Diese Aufgabe soll künftig ein verschärftes Anfechtungsrecht voll und ausschließlich übernehmen (AnfG 1994, InsO 129 ff). Für Altfälle wird auf die Kommentierung der 8. Aufl verwiesen.

Abschnitt 7. Mehrheit von Schuldnern und Gläubigern

Vorbemerkungen

Lit: Bentele, Gesamtschuld und Erlass, 2006; Bork, Der Mehrfach-Komplementär: Ein Beitrag zur Gläubiger- und Schuldnermehrheit in der Insolvenz, KTS 08, 21; Dilcher, Zu Begriff

Vor § 420

und Funktion der Gesamtschuld, JZ 67, 110; Ehmann, Die Gesamtschuld, 1972; Hadding, Zur Abgrenzung von Gläubigermehrheiten und Bruchteilsgemeinschaft an einer Forderung, FS Canaris Bd I, 2007, 379; Jürgens, Teilschuld-Gesamtschuld-Kumulation, 1988; Medicus, Mehrheit von Gläubigern, JuS 80, 697; S. Meier, Die Gesamtgläubigerschaft – ein unbekanntes, weil überflüssiges Wesen?, AcP 205, 858; dies, Schuldnermehrheiten im europäischen Vertragsrecht, AcP 211, 435; Prediger, Zur Auslegung und Anwendung der Regelungen im BGB über die Gesamtschuld, 1988; Preißer, Grundfälle zur Gesamtschuld im Privatrecht, JuS 87, 208, 289, 628, 710, 797, 961; Riering, Gemeinschaftliche Schulden, 1991; Rüssmann, Die Abgrenzung der Gesamtschuld von anderen Schuldnermehrheiten, JuS 74, 292; Rütten, Mehrheit von Gläubigern, 1989; Schünemann/Bethge, „Allgemeine Gleichbehandlung" von Gesamtschuldnern? § 421 BGB im Lichte des AGG und der einschlägigen europäischen Richtlinien JZ 09, 448; Selb, Mehrheiten von Gläubigern und Schuldnern, 1984; ders, Die neuere zivilrechtliche Rechtsprechung zu Gläubiger- und Schuldnermehrheiten, JZ 86, 483; ders, Die mehrfach hinkende Gesamtschuld, FS Lorenz, 1991, 245; K. Schreiber, Die Gesamtschuld, Jura 89, 353; Thiele, Gesamtschuld und Gesamtschuldnerausgleich, JuS 68, 149; Wacke, Der Erlaß oder Vergleich mit einem Gesamtschuldner, AcP 170, 42; Wernecke, Die Gesamtschuld, 1990; Winter, Teilschuld, Gesamtschuld und unechte Gesamtschuld, 1985; M. Wolf/Niedenführ, Gesamtschuld und andere Schuldnermehrheiten, JA 85, 369.

1 **1. Unvollständigkeit der Regelung der Parteienmehrheit.** Das Zusammentreffen mehrerer Gläubiger und Schuldner ist in §§ 420–432 nicht erschöpfend geregelt. Dies gilt vor allem für die Gläubigermehrheit. Teilgläubigerschaft (§ 420) und Gesamtgläubigerschaft (§ 428–430) kommen in der Lebenswirklichkeit eher selten vor. Die häufigere einfache Forderungsgemeinschaft folgt dem Regime der Bruchteilsgemeinschaft, und für die Gesamthandsgläubigerschaft ergibt sich angesichts der Verschiedenheit der Gesamthandsgemeinschaften kein einheitliches Bild. Ein Auffangtatbestand von durchaus praktischer Bedeutung ist § 432. Bei der Schuldnermehrheit ist die durchaus umstrittene gemeinschaftliche Schuldnerschaft im Gesetz nicht berücksichtigt.

2 **2. Formen der Gläubigermehrheit.** Hier sind zu unterscheiden: **a) Teilgläubigerschaft,** vgl § 420. **b) Gesamtgläubigerschaft,** §§ 428–430. **c) Einfache Forderungsgemeinschaft,** vgl § 741 Rn 6. **d) Gesamthandsgläubigerschaft,** vgl für die Gesellschaft §§ 709–713 Rn 10 ff; für die eheliche Gütergemeinschaft § 1422 Rn 2 ff, §§ 1450–1453 Rn 3 ff, 9 f; für die Erbengemeinschaft § 2039. **e) Mitgläubigerschaft ohne gemeinschaftliche Berechtigung,** vgl § 432.

3 **3. Formen der Schuldnermehrheit.** Zu unterscheiden sind: **a) Teilschuldnerschaft,** vgl § 420. **b) Gesamtschuldnerschaft,** vgl §§ 421–427. Dabei ist insbes zu beachten, dass *Gesamthänder* vielfach *Gesamtschuldner* sind: vgl §§ 714, 715 Rn 9 mN; §§ 1437–1440 Rn 2 ff, §§ 1459–1462 Rn 2 ff; §§ 2058–2063 Rn 5 ff, 8. Die Schuldnerstellung jedes Gesamthänders ist von der Frage zu unterscheiden, welche Vermögensmasse haftet (Gesamthandsvermögen, Privatvermögen); um der Verschiedenheit der Haftungsmasse und Vollstreckungsmöglichkeiten willen bedarf es aber nicht der Konstruktion einer bes Schuld aller in ihrer Verbundenheit, die oft als „Gesamthandsschuld" bezeichnet wird (Larenz, SchR I, § 36 II c; abw BGH NJW-RR 90, 867; zur unterschiedlichen Pfändung von Gesamthands- und Gesamtschulden BGH NJW 98, 2904). Fragwürdig ist die vom BGH angenommene (Teil)Rechtsfähigkeit der BGB-Gesellschaft als unternehmerisch tätige Außengesellschaft (BGH 146, 341 ff; NJW 02, 1207). Folgt man dieser Lehre, gelten für die BGB-Gesellschaft insoweit HGB 128 f analog (§ 705 Rn 1; §§ 714, 715 Rn 2, 9–12). Die Unterscheidung zwischen Gesamtschuld und Gesamthandsschuld der Gesamthänder hat damit an praktischer Bedeutung verloren (s aber für die Erbengemeinschaft §§ 2058-2063 Rn 8 mN). **c) Gemeinschaftliche Schuldnerschaft**

4 sollte nur angenommen werden, wenn die Erfüllung der Schuld inhaltlich das gemeinschaftliche Zusammenwirken aller Schuldner verlangt und durch einen Schuldner allein unmöglich ist (Larenz, SchR I, § 36 II c), also zB nach traditioneller Auffassung bei Pflichten zur Bestellung von Rechten an Gesellschaftsgrundstücken (vgl §§ 714, 715 Rn 9 f) oder Grundstücken einer Erbengemeinschaft (vgl §§ 2058–

2063 Rn 8) oder bei Duldungspflichten von Bruchteilseigentümern (§§ 743–748 Rn 12, 15). Ihr Anwendungsbereich ist aber nicht auf Schulden von Gesellschaften oder Gemeinschaften beschränkt (vgl § 431 Rn 2 ff). Der Hauptunterschied zur Gesamtschuld liegt in der Unanwendbarkeit des § 425 II (vgl Larenz, SchR I, § 36 II c; Braunschweig NJW-RR 97, 1038). **d) Keine Schuldnermehrheit** liegt vor 5 bei akzessorischer (zB Bürge) oder subsidiärer Haftung (zB § 839 I 2: BGH 61, 354; anders § 421 Rn 4 f). Unterlassungspflichten sind idR mehrere unabhängige Schuldverhältnisse (BGH GRUR-RR 08, 460 f; Koblenz WRP 85, 45; Köhler AcP 190, 530; sa KGR 06, 154: keine Gesamtschuld mehrerer GbR-Gesellschafter hinsichtlich Unterlassungspflicht bzgl einer von der Gesellschaft ausgehenden Störung). Haben sich jedoch mehrere zur Zahlung einer Vertragsstrafe nach § 339 S 2 verpflichtet, können sie für diese als Gesamtschuldner haften (BGH NJW 09, 1885).

4. Gläubiger- und Schuldnermehrheit in Verträgen. Bei Verträgen sind 6 häufig alle Parteien zugleich Gläubiger und Schuldner. Dabei muss aber die Art der Gläubigerschaft nicht der Art der Schuldnerschaft entsprechen und umgekehrt; vielmehr ist jeweils die Qualität der Personenmehrheit gesondert zu prüfen. So kann zB beim Kauf eines Grundstücks durch Mitglieder einer Bruchteilsgemeinschaft der Gesamtschuld für den Kaufpreis (§§ 743–748 Rn 12) die Forderungsgemeinschaft am Übereignungsanspruch gegenüberstehen (§ 741 Rn 5 f).

§ 420 Teilbare Leistung

Schulden mehrere eine teilbare Leistung oder haben mehrere eine teilbare Leistung zu fordern, so ist im Zweifel jeder Schuldner nur zu einem gleichen Anteil verpflichtet, jeder Gläubiger nur zu einem gleichen Anteil berechtigt.

1. Vermutung bei teilbaren Leistungen. Für teilbare Leistungen, dh Leistun- 1 gen, die ohne inhaltliche Wesens- oder Wertveränderungen in mehreren Teilen erbracht werden können (MK/Bydlinski 4), gilt eine **doppelte ges Vermutung: a)** Vermutung der Teilgläubiger- bzw Teilschuldnerschaft bei mehreren Gläubigern oder Schuldnern. **b)** Vermutung gleicher Anteile aller Gläubiger bzw Schuldner an der teilbaren Gesamtforderung.

2. Bedeutung der Vermutung. Die ges Vermutung ist aber bei Gläubiger- 2 und Schuldnermehrheit *praktisch bedeutungslos oder doch die Ausnahme*. **a)** Bei **Gläubigermehrheit** überwiegen einfache Forderungsgemeinschaft und Gesamthandsgläubigerschaft (vgl Vor § 420 Rn 2 mN), selbst Mitgläubigerschaft ohne bes gemeinschaftliche Berechtigung (Vor § 420 Rn 2) oder Gesamtgläubigerschaft sind häufiger. *Bsp für Teilgläubigerschaft:* § 741 Rn 5; BGH NJW-RR 08, 206 (Bund und Länder bezüglich ihrer USt-Anteile); Koblenz VersR 08, 1339 (mehrere Bezugsberechtigte einer Lebensversicherung); zur Gläubigermehrheit zwischen Vorbehaltsverkäufer und -käufer vgl § 432 Rn 2. **b)** Bei **Schuldnermehrheit** überwiegt kraft ges Anord- 3 nung (vgl § 421 Rn 3) weitaus die Gesamtschuld, selbst die gemeinschaftliche Schuld (Vor § 420 Rn 4) ist wesentlich häufiger. *Bsp für Teilschuldnerschaft:* bei Bauverträgen über die Errichtung eines Hauses mit Eigentumswohnungen, durch welche die künftigen Wohnungseigentümer die Bauarbeiten im eigenen Namen vergeben, wird idR nur anteilige Verpflichtung der Besteller anzunehmen sein (BGH 75, 28; 76, 90; Stuttgart NJW-RR 11, 527; Jagenburg NJW 81, 2394; zweifelhaft KG NJW-RR 07, 232; sa § 427 Rn 2); idR mehrere Schuldner aus § 906 II 2 (BGH NJW 79, 165); Schüler bei Bestellung einer Klassenfahrt durch Klassenlehrer (Frankfurt NJW 86, 1942, s aber NJW-RR 91, 283); Heizölsammelbestellung (LG Augsburg NJW-RR 04, 852); Käufer von ideellen Bruchteilen eines Grundstücks (Köln OLGZ 79, 488); uU Miterbenhaftung für Nachlassverbindlichkeiten, vgl §§ 2058–2063 Rn 6.

§ 421 Gesamtschuldner

¹Schulden mehrere eine Leistung in der Weise, dass jeder die ganze Leistung zu bewirken verpflichtet, der Gläubiger aber die Leistung nur einmal zu fordern berechtigt ist (Gesamtschuldner), so kann der Gläubiger die Leistung nach seinem Belieben von jedem der Schuldner ganz oder zu einem Teil fordern. ²Bis zur Bewirkung der ganzen Leistung bleiben sämtliche Schuldner verpflichtet.

Lit: s Vor § 420.

1 **1. Wesen der Gesamtschuld.** Rspr und Lit forderten zur ges Definition zusätzlich einen *inneren Zusammenhang* der Haftungsgründe im Sinne einer *Zweckgemeinschaft* (s BGH 59, 99 ff mN). Ausreichend ist die *Identität des Leistungsinteresses,* der Leistungsinhalt der Verpflichtungen muss sich nicht *genau* decken (BGH 43, 232; 176, 56 f); auch der *unterschiedliche Rechtsgrund* der Schuldnerhaftung steht einer Gesamtschuld nicht entgegen (BGH 58, 192; 52, 44; NJW 91, 1685; 92, 2818;
2 Düsseldorf NJW 95, 2565). Die neuere Lit und Rspr heben weniger auf die Zweckgemeinschaft als auf die *Gleichstufigkeit* der Verpflichtungen ab (BGH 176, 56 f; 106, 319; 108, 183; NJW 98, 539; 07, 1208; 12, 1947): es muss im Innenverhältnis zwischen den Schuldnern *grundsätzlich wechselseitiger Regress* möglich sein, es darf nicht ein Schuldner grundsätzlich primär verpflichtet und der zunächst leistende andere Schuldner voll ausgleichsberechtigt sein (str), mag auch im Einzelfall volle Ausgleichspflicht bestehen. Die Lehre von der Zweckgemeinschaft und die Gleichstufigkeitstheorie führen zu ähnlichen Ergebnissen, weil beide letztlich Gleichheit oder Vergleichbarkeit des inneren Grundes der Schuldnerhaftung fordern; denn nach ihm beurteilen sich die „Zweckgemeinschaft" und die grundsätzliche Möglichkeit wechselseitigen Ausgleichs (zum Meinungsstand MK/Bydlinski 9 ff).

3 **2. Gesetzliche Fälle der Gesamtschuld.** Vgl §§ 42 II, 53, 54, 86, 88, 89 II, 427, 431, 546 II, 613a II (hierzu BGH NJW 85, 2644), 651b II, 769 (s BGH NJW 87, 375; 3124: Ausschluss in AGB), 840 I, 1108 II, 1357 I 2, 1437 II, 1459 II, 2058, 2219, 2382; HGB 128 (hingegen keine Gesamtschuld zwischen OHG und Gesellschafter, sondern nur fallweise zu prüfende entspr Anwendung der §§ 421 ff: BGH 104, 78 mN; vgl §§ 422–424 Rn 5; § 425 Rn 6, 10); PartGG 8 (s § 705 Rn 10); UmwG 133; mehrere aus Gefährdung Haftpflichtige, arg HPflG 13, StVG 17; VVG 115 I 4 (PflVG 3 Nr 2 aF); ProdHaftG 5 S 1; sa Rn 8 f und § 425 Rn 11; ZPO 100 IV; VVG 78. Die Teilrechtsfähigkeit der Wohnungseigentümergemeinschaft (BGH 163, 154; nunmehr WEG 10 VI, VIII 1) hindert nicht die Geltung einer vertraglich klar vereinbarten (BGH NJW 10, 932) oder im kommunalen Abgabenrecht angeordneten gesamtschuldnerischen Haftung der Wohnungseigentümer (BVerwG NJW 06, 791; BGH 181, 308 f = NJW 09, 2522; s aber NJW 12, 1950: Haftung allein der teilrechtsfähigen vertragschließenden Gemeinschaft bei Fehlen einer landesrechtlichen Anordnung gesamtschuldnerischer Haftung). Der teilrechtsfähigen Gemeinschaft können mehrere sie schädigende Wohnungseigentümer als Gesamtschuldner haften (BGH 163, 176).

4 **3. Fälle der Gesamtschuld kraft Zweckgemeinschaft.** Mehrere auf gleicher Stufe stehende Sicherungsgeber (BGH 108, 179; NJW 09, 437; sa § 426 Rn 4); Dienstherr aus Fürsorgepflichtverletzung und Dritter aus §§ 823 ff bzw StVG bei Verkehrsunfall eines Bediensteten (BGH 6, 24 f; 43, 184 ff); öffentl Hand und Dritter bei Verkehrsunfall (entgegen § 839 I 2: BGH 94, 175; anders bei Inanspruchnahme von Sonderrechten – StVO 35 I: BGH 85, 225); Unfallverursacher und behandelnder Arzt, dem ein nicht völlig fern liegender Behandlungsfehler unterläuft, hinsichtlich Schmerzensgeld (OLGR Braunschweig 04, 464); Bund nach Amtshaftungsgrundsätzen und privatrechtlicher Träger der Beschäftigungsstelle aus Vertrag (§ 278) bei Fehlverhalten eines Zivildienstleistenden (BGH NJW 03, 350 mAnm

Schmitt LMK 03, 22: § 839 I 2 nicht anwendbar; sa § 426 Rn 3); Verkehrsteilnehmer und Elternteil, der anlässlich eines Unfalls seine familienrechtliche Obhutspflicht verletzt (BGH 73, 190; 103, 344; sa 159, 320: kein Gesamtschuldverhältnis mit Erfüllungswirkung nach § 422 zwischen Anspruch aus § 843 gegen den Schädiger und Pflegeleistungen der unterhaltspflichtigen Mutter, die durch Obhutspflichtverletzung zum Unfall beigetragen hat); Architekt und Handwerker bei Mängelbeseitigungsansprüchen des Bauherrn (BGH 51, 275 ff; NJW-RR 08, 261; ähnlich NJW-RR 08, 177; anders noch 39, 264); mehrere Unternehmer mit unterschiedlichen Gewerken bei nur einheitlich zu beseitigenden Mängeln (BGH 155, 265); Bauunternehmer und Vermieter bei baumängelbedingten Schäden am Eigentum des Mieters (BGH NJW 94, 2231); Architekt aus § 823 I und Bauherr aus § 906 II (BGH 85, 386); Betreiber einer Telekommunikationslinie und Netzeigentümer für Ausgleichsansprüche nach TKG 76 II 2 (BGH NJW-RR 12, 1335); Prozessbevollmächtigter und Verkehrsanwalt im Haftungsfall (München MDR 98, 968); Treuhänder bei Verletzung seiner Betreuungspflicht und begünstigter Bauherr bei vertragswidriger Erstellung einer zu kleinen Fläche (BGH NJW-RR 91, 664); Dieb aus § 823 und Abnehmer aus § 816 I gegenüber dem Eigentümer (BGH 52, 39 ff; str); Schuldner aus § 816 I 1 und Fahrlässigkeitstäter aus § 823 I (BGH JZ 84, 230 m abl Anm Reinicke/Tiedtke); Schuldner eines Leibrentenversprechens und Eigentümer des mit einer entspr Reallast belasteten Grundstücks (BGH 58, 191 ff; NJW 91, 2899; **5** 93, 2617); ersatzpflichtiger Vertragspartner und ersatzpflichtiger Dritter (§ 823 I) bei Eigentumsverletzung (BGH 59, 97 ff; NJW 81, 751; sa Rn 7), auch wenn der Dritte Erfüllungsgehilfe des Vertragspartners ist (LM Nr 9 zu § 426; BGH VersR 69, 737); Verkäufer und Besitzer für Nutzungen, die dem Käufer zustehen, pVV und § 987 (Köln NJW 84, 1690); Verkäufer wegen Sachmangels und werkvertraglich verpflichteter Gutachter für fehlsame Begutachtung (BGH NJW 12, 1070 u 1071); mehrere Berater bei Pflichtverletzungen in derselben Beratungsangelegenheit (BGH NJW 01, 3477); mehrere gleichzeitig Beschenkte hinsichtlich des Rückgewähranspruchs des verarmten Schenkers (BGH NJW 98, 537); mehrere mit dem Regressgläubiger durch Teilungsabkommen verbundene Haftpflichtversicherer, sofern sie nach ges Haftungslage leisten müssen (LM Nr 10; sa Rn 8); mehrere für das gleiche Schadensereignis leistungspflichtige Versicherer (BGH 187, 211 = NJW 11, 447: Kfz- und Anhängerversicherer; ähnlich bei Mieterhaftpflicht und Gebäudehaftpflicht: BGH 169, 86; Koblenz NJW-RR 11, 33; Bartosch/Koch NJW 11, 484); Leasingnehmer und Kaskoversicherer bei Verletzung ihrer Verträge mit dem Leasinggeber und identischem Schaden (München OLGZ 83, 446); Steuerschuldner und Haftungsschuldner (BGH NJW 93, 585); Mitglieder einer ärztlichen Gemeinschaftspraxis mit gleicher Gebietsbezeichnung, die gegenüber Kassenpatienten gemeinschaftlich auftreten, im Rahmen der vertraglichen Haftpflicht eines anderen Mitglieds (BGH 142, 135 ff; hierzu Emmerich JuS 00, 189); organschaftlicher Vertreter und GmbH hinsichtlich eines von dem Vertreter abgegebenen konstitutiven Schuldanerkenntnisses wegen rückständiger Sozialabgaben (BGH NJW-RR 07, 1408; im Innenverhältnis ist alleine die Gesellschaft zahlungspflichtig); Angewiesener und Zuwendungsempfänger, wenn der Anweisende (späterer Insolvenzschuldner) in Gläubigerbenachteiligungsabsicht seinen Schuldner anweist, direkt an einen Gläubiger zu bezahlen (BGH 174, 314); Arbeitgeber und Vorgesetzter bei Ersatzansprüchen eines Arbeitnehmers wegen Mobbings (LAG Berlin NZA-RR 06, 67); Arbeitgeber und Gruppenunterstützungskasse bei Versorgungsansprüchen des Arbeitnehmers aus Ungleichbehandlung, wenn der Arbeitnehmer in die Gruppenunterstützungskasse aufgenommen ist (BAG NZA 10, 708 f). Die Gesamtschuld bleibt auch erhalten, wenn die Schuldner vereinbaren, etwa im Falle eines Kredits jeweils die Hälfte der Raten zu bezahlen und der Gläubiger diese Vereinbarung gegenzeichnet (Hamm WM 91, 1460). Vgl iÜ §§ 714, 715 Rn 9 ff; §§ 1437–1440 Rn 2 ff, 1459–1462 Rn 2 ff; §§ 2058–2063 Rn 5 ff und 8; §§ 743–748 Rn 12.

4. Fehlende Zweckgemeinschaft bzw Gleichstufigkeit. a) In Fällen des **ges** **6**
Forderungsübergangs gewährt ein Schuldner als Institution öffentl oder privater

§ 421

Daseinsvorsorge (zB Arbeitgeber, Versicherung usw) Schutz vor Schäden, für die ohne soziale oder versicherungsmäßige Absicherung allein ein anderer Schuldner haften würde (vgl VVG 86; SGB X 116; EFZG 6; BBG 87a aF; ähnlich SGB XII 94). Es fehlt dabei an der Kongruenz des inneren Grundes für die Einstandspflicht, so dass der aus sozialen oder versicherungsbedingten Gründen leistungspflichtige Schuldner und der „an sich" haftende Schuldner *keine* Gesamtschuldner sind (BGH 13, 365 f; NJW-RR 09, 1030); vielmehr ist stets die einseitige Endhaftung des andern Schuldners anzunehmen, die sich im Forderungsübergang verwirklicht (s
7 aber VVG 115 I 4). **b)** Sofern ein Schuldner bei Leistung einen **Anspruch auf Abtretung der Ansprüche des Gläubigers gegen den andern Schuldner** hat (§§ 255, 285 I, 242), liegt ebenfalls keine Gesamtschuld vor, weil in solchen Fällen die Endhaftung des Schuldners der abgetretenen Forderung feststeht (vgl Karlsruhe NJW-RR 98, 601 f). Ermöglicht der Entleiher fahrlässig den Diebstahl der Leihsache, so kann er Zug um Zug gegen die Ersatzleistung (§§ 604 I, 280 III, 281 II) Abtretung der Ansprüche des Verleihers gegen den Dieb (§§ 985, 990, 992, 823 I) verlangen (Larenz, SchR I, § 32 I; § 255 Rn 1). Die Bewertung dieser Interessenlage ist abzugrenzen gegen den Fall, dass der Vertragspartner und ein Dritter beide fahrlässig Eigentum verletzen (BGH 59, 97 ff; s Rn 3 f) und folglich wegen Kongruenz des inneren Grundes der Haftung Gesamtschuldner sind (str, aA Reinicke/
8 Tiedtke, Gesamtschuld und Schuldsicherung, 1988, S 28 ff). **c) Einzelfälle.** Gegenüber der Berufsgenossenschaft sind der Schädiger, der kraft Forderungsübergangs Schuldner des Sozialversicherungsträgers wurde, und der Unternehmer, der seiner Berufsgenossenschaft gem SGB VII 110 f bzw RVO 640 aF haftet, nicht ausgleichungspflichtige Gesamtschuldner; Bereicherungsausgleich (BGH MDR 81, 928; sa BGH 19, 123 ff). Ein vertraglicher Anspruch des Vermieters auf Durchführung von Schönheitsreparaturen gegen den Altmieter *und* den Neumieter wird selten gegeben sein (zu Endrenovierungsklauseln und ihrer regelmäßigen Unwirksamkeit BGH NJW 09, 2590); iÜ wäre die Gesamtschuld mangels Zweckgemeinschaft zu verneinen (Pal/Weidenkaff § 535 Rn 52). Leistet ein Haftpflichtversicherer auf Grund Teilungsabkommens an den Regressgläubiger, ohne nach ges Haftungslage leisten zu müssen, so soll er andere Abkommensschuldner entspr der ges Haftungslage nach § 812 I 1 beanspruchen können (LM Nr 10; sa Rn 5); Gleiches gilt für
9 den Ersatzpflichtigen selbst (BGH NJW 81, 1909; Denck NJW 82, 2054). Zwischen einem Nebentäter und dem Kfz-Versicherer des anderen Nebentäters besteht keine Gesamtschuld (BGH NJW 81, 681; sa NJW 07, 1208 für Versicherer und Diebstahlsgehilfin), ebenso wenig zwischen mehreren polizeilichen Störern bei gestaffelter Zugriffsmöglichkeit (BGH NJW 81, 2458; offen für gleichstufige Störer VGH Kassel NJW 84, 1199; s aber BBodSchG 24 II u hierzu BGH NJW-RR 04, 1243; 12, 3778; sa § 426 Rn 2). Keine Gesamtschuld existiert zwischen mehreren Verletzten innerhalb einer Verletzerkette, wenn nicht ein Fall des § 830 oder § 840 I vorliegt (BGH 181, 122). Haupt- und Subunternehmer sind nicht Gesamtschuldner des Bauherrn (BGH NJW 81, 1779; Hamm NJW-RR 92, 850); anders aber gegenüber dem Hauptunternehmer: Celle NJW-RR 10, 239). Der Baulastpflichtige kann vom ersatzberechtigten Baueigentümer Abtretung gem § 255 verlangen (str, aA RG 82, 206 – „Dombrandfall", s dazu Wendtland Jura 04, 325). Keine Gesamtschuld besteht zwischen dem Verleiher und dem Entleiher von unter Verstoß gegen AÜG 1 überlassenen Arbeitnehmern; insoweit enthalten AÜG 9, 10 eine abschließende Regelung (BGH NJW 00, 3495). Gleichstufigkeit besteht nicht zwischen auf Strafentschädigung haftendem Land (StrEG 7) und Drittschädiger (BGH 106, 319); ebenso wenig zwischen dinglich haftenden Miterben und dem Bezugsberechtigten einer zur Sicherung abgetretenen Lebensversicherung (Koblenz VersR 07, 1257). Keine Gesamtschuld besteht zwischen Arbeitnehmer und einem Dritten gegenüber dem Arbeitgeber, wenn die Arbeitnehmerhaftung und die deliktische Haftung nur eine rein zufällige Verbindung zueinander haben (LAG Köln LAGE § 2 ArbGG 1979 Nr 51). An der Gleichstufigkeit fehlt es auch zwischen der privaten Krankenversicherung und der gesetzlichen Unfallversicherung (LG München VersR 09, 626)

und im Verhältnis zwischen Haupt- u Ausfallbürge (BGH NJW 12, 1947; sa § 426 Rn 2).

5. Rechtsfolge. Sie besteht formelhaft zusammengefasst in der „Paschastellung 10 des Gläubigers": er kann nach *Belieben* jeden Gesamtschuldner ganz oder teilweise in Anspruch nehmen und mit dem Regressrisiko belasten (BGH WM 84, 906; 1309; NJW 11, 293; 12, 1070); dies gilt auch in der Insolvenz der Gesamtschuldner (InsO 43 f) und auch, wenn eine Behörde Gläubiger ist (HessVGH FamRZ 92, 1363; str: für weites Ermessen bei gleicher Anspruchsgrundlage gegen verschiedene Schuldner, BVerwG NJW 93, 1669; NVwZ 83, 222 f; OVG Münster NJW 89, 2561; OVG Dresden NVwZ-RR 99, 788 f). Jeder Gesamtschuldner schuldet aber nur die Kosten einer gegen ihn gerichteten Rechtsverfolgung (BGH NJW 90, 910), wobei allerdings fremde Kosten die Erfüllungswirkung von Zahlungen der Mitschuldner mindern (§§ 422 I 1, 367 I). Nach Bejahung der Gesamtschuld zwischen Architekt und Unternehmer bei Mängelbeseitigung (Rn 4) gilt das Gläubigerwahlrecht auch für den Besteller bzw Bauherrn (insoweit überholt BGH NJW 62, 1499). Ein Arbeitsverhältnis zwischen Gläubiger und einem Gesamtschuldner kann uU zur primären Inanspruchnahme des Dritten verpflichten (BAG 18, 199; fragwürdig). Wenn der Gläubiger eine dingliche Sicherheit aufgibt, die auf den beanspruchten Gesamtschuldner übergegangen wäre (§§ 426 II, 401, 412), greift uU die Arglisteinrede (BGH NJW 83, 1423; nicht § 776 analog: Hamm ZIP 83, 922); idR kein Rechtsmissbrauch bei Inanspruchnahme des im Innenverhältnis freigestellten Gesamtschuldners (BGH NJW 91, 1289) – Rechtsmissbrauch kann nur in krassen Ausnahmefällen angenommen werden (BGH 173, 7; 184, 45 f = NJW 10, 863; NJW 12, 1071 u 1072).

6. Prozessuales. Bei Verurteilung eines einzelnen Gesamtschuldners kann 11 Gesamtschuldnerschaft unerwähnt bleiben (BGH 111, 276); keine Wirkung rechtskräftiger Verurteilung auf das Innenverhältnis zu anderen Gesamtschuldnern (Düsseldorf NJW-RR 92, 922). Gesamtschuldner sind einfache Streitgenossen (vgl § 425 Rn 1; zur Streitgenossenschaft gemeinschaftlicher Schuldner vgl § 431 Rn 3). Ausnahmsweise ist Rechtskrafterstreckung möglich (vgl § 425 Rn 6, 11).

§ 422 Wirkung der Erfüllung

(1) ¹**Die Erfüllung durch einen Gesamtschuldner wirkt auch für die übrigen Schuldner.** ²**Das Gleiche gilt von der Leistung an Erfüllungs statt, der Hinterlegung und der Aufrechnung.**

(2) **Eine Forderung, die einem Gesamtschuldner zusteht, kann nicht von den übrigen Schuldnern aufgerechnet werden.**

§ 423 Wirkung des Erlasses

Ein zwischen dem Gläubiger und einem Gesamtschuldner vereinbarter Erlass wirkt auch für die übrigen Schuldner, wenn die Vertragschließenden das ganze Schuldverhältnis aufheben wollten.

§ 424 Wirkung des Gläubigerverzugs

Der Verzug des Gläubigers gegenüber einem Gesamtschuldner wirkt auch für die übrigen Schuldner.

Anmerkungen zu den §§ 422–424

1 Die Vorschriften behandeln **gesamtwirkende Tatsachen,** auf die sich alle Schuldner berufen können. **a) Erfüllung bzw Erfüllungssurrogate,** § 422 (BGH 72, 272; LG Saarbrücken NJW-RR 12, 161: Aufrechnung). Nach BGH NJW 87, 376 ist § 422 abdingbar (zweifelhaft, vgl auch Wolf NJW 87, 2472); zum Innenverh § 426 Rn 1. Einzelwirkung kann aber nicht nachträglich zu Lasten der übrigen Gesamtschuldner herbeigeführt werden (BGH VersR 84, 327). Die Erfüllung bewirkt nur Erlöschen der Forderung, wenn mangels Ausgleichsanspruchs ein Anspruchsübergang (§ 426 II) nicht stattfindet (BGH NJW 91, 98); sonst Fortfall der Aktivlegitimation des Gläubigers mit dem Übergang. Erfüllung durch eine Partei nach Verurteilung als Gesamtschuldner lässt die Beschwer der anderen Gesamtschuldner nicht entfallen, so dass diese ein Berufungsverfahren weiter betreiben können (BGH NJW 00, 1120). § 422 II wiederholt das Tatbestandsmerkmal der Gegenseitigkeit bei Aufrechnung innerhalb des Gesamtschuldverhältnisses (vgl § 387
2 Rn 3 ff). **b) Gläubigerverzug als Folge des Erfüllungsversuchs** eines Gesamtschuldners wirkt folgerichtig für alle (§ 424). **c) Beim Erlass als Erlöschensgrund** ist zu unterscheiden (BGH NJW 86, 1098; Einsiedler MDR 09, 1369): **aa)** Zwischen Gläubiger und einem Gesamtschuldner **vereinbarte Gesamtwirkung** wirkt für alle (zB Wirkung eines Erlasses gegenüber dem Versicherungsnehmer auch für den Haftpflichtversicherer gem VVG 115 I 4 bzw PflVG 3 Nr 2 aF, Köln VersR 69, 1027; Wirkung eines Erlasses des Fahrzeugversicherers gegenüber Haftpflichtversicherer für den Schädiger, BGH NJW 93, 1111; Verzicht gegenüber dem im Innenverhältnis allein haftenden wirtschaftlichen Hauptschuldner, Karlsruhe NJW-
3 RR 10, 1674; BGH NJW 00, 1942; 12, 1073). **bb)** Zwischen Gläubiger und Schuldner kann – wie iZw anzunehmen (BGH NJW 00, 1943; NJW-RR 05, 36; Karlsruhe NJW-RR 10, 1672) – **Einzelwirkung** in der Weise gewollt sein, dass der Gläubiger vom einzelnen Gesamtschuldner nicht mehr fordern darf (pactum de non petendo), die übrigen Gesamtschuldner aber leistungspflichtig und ausgleichungsberechtigt (§ 426) bleiben (zB Entlassung eines Bürgen im Verhältnis zu weiteren Bürgen: BGH NJW 92, 2286; Vergleich bei gesamtschuldnerisch haften-
4 den Werkunternehmern: BGH 155, 271 f). **cc)** Von **beschränkter Gesamtwirkung** spricht man, wenn der kontrahierende Schuldner gegenüber dem Gläubiger frei wird und die Schuld der übrigen Gesamtschuldner um den Ausgleichsbetrag des frei werdenden Schuldners gekürzt wird, wobei dann auch die Ausgleichungspflicht des befreiten Schuldners im Innenverhältnis entfällt (vgl Oldenburg OLGR 99, 319; BGH NJW 00, 1943; 12, 1073; NJW-RR 05, 34; auch § 426 Rn 22 ff;
5 § 840 Rn 8 f). **dd)** Da zwischen **OHG und Gesellschafter** kein Gesamtschuldverhältnis besteht und §§ 421 ff nur entspr gelten (§ 421 Rn 3), ergibt sich folgende, der Interessenlage angepasste Regelung: kein Erlass gegenüber OHG bei Fortbestand der Forderung gegenüber dem Gesellschafter (BGH 47, 378 ff), wohl aber umgekehrt (BGH BB 71, 975); zur Tilgungsanrechnung bei quotaler Haftung der Gesellschafter s § 366 Rn 1 und §§ 714, 715 Rn 4 u 5. **d) Beim Vergleich** über eine Gesamtschuldforderung gelten je nach Inhalt die Ausführungen zu Erfüllung und Erlass entspr (zB Prozessvergleich, BGH NJW 00, 1943 mAnm Büchler EWiR 00, 713; 12, 1073; Celle MDR 08, 917; OLGR Koblenz 09, 770; Abfindungsvergleich mit Drittwirkung, LG München VersR 83, 27; Köln OLGZ 93, 231; NJW-RR 94, 1307). Der Widerruf des Vergleichs durch einen Gesamtschuldner lässt auch nach Erhalt der Vergleichssumme die weitergehende Forderung diesem gegenüber
6 wieder aufleben (München NJW 95, 2422). **e)** Ein **Mitverschulden** des Schadensersatzgläubigers (§ 254 I) wirkt zugunsten aller Gesamtschuldner, auch wenn Zurechnung nach § 278 erfolgt und nur ein Gesamtschuldner aus pVV, die übrigen aus Delikt haften (BGH 90, 90). **f)** Bei **Abtretung** ist idR die Abtretung gegen alle Gesamtschuldner gewollt (Hamm NJW-RR 98, 486); sa § 401 Rn 2.

§ 425 Wirkung anderer Tatsachen

(1) **Andere als die in den §§ 422 bis 424 bezeichneten Tatsachen wirken, soweit sich nicht aus dem Schuldverhältnis ein anderes ergibt, nur für und gegen den Gesamtschuldner, in dessen Person sie eintreten.**

(2) **Dies gilt insbesondere von der Kündigung, dem Verzug, dem Verschulden, von der Unmöglichkeit der Leistung in der Person eines Gesamtschuldners, von der Verjährung, deren Neubeginn, Hemmung und Ablaufhemmung, von der Vereinigung der Forderung mit der Schuld und von dem rechtskräftigen Urteil.**

1. Grundsatz der Einzelwirkung. Die Vorschrift stellt gem I den Grundsatz 1 der Einzelwirkung auf, soweit nicht §§ 422–424 vorliegen oder aus dem Schuldverhältnis ausnahmsweise anderes folgt (vgl Rn 8 ff). Die Aufzählung gem II ist nur exemplarisch, nicht abschließend. Sie betrifft nur die Tatsachen, die nach Begründung der Gesamtschuld eintreten (BGH NJW 87, 2864). Nach dem Grundsatz der Einzelwirkung können die Forderungen gegen die einzelnen Gesamtschuldner ein verschiedenes rechtliches Schicksal haben, so dass Gesamtschuldner im Prozess einfache Streitgenossen sind. Pfändungen wirken nur gegen Gesamtschuldner, denen der Pfändungsbeschluss zugestellt ist (BGH NJW 98, 2904).

2. Einzelfälle der Einzelwirkung. a) Kündigung. aa) Fälligkeitskündi- 2 **gung** ist nur gegenüber jedem Schuldner möglich; Abbedingung mit § 307 I (= AGBG 9 I aF) unvereinbar (BGH 108, 100 = NJW 89, 2383 für Darlehen). Einzelwirkung gilt auch für die Fälligkeit an sich (BGH 108, 101; NJW 10, 1966) und für die Fälligkeitsfiktion nach InsO 41 I bei Insolvenz eines Gesamtschuldners (BGH NJW 00, 1409 für KO 65 I aF). **bb) Kündigung von Dauerschuldverhältnissen** muss gegenüber allen Schuldnern erfolgen (zB Darlehen sofern keine Fälligkeitskündigung: BGH NJW 02, 2866; zust Ehmann WuB I F 1c sonstige Mithaftung 6.02; gleich Karlsruhe NJW 89, 2137; oder außerordentliche Mietkündigung: BGH 96, 310; rechtsähnlich § 351). Die Insolvenz eines Mieters berechtigte den Vermieter unter Geltung der KO nicht zur Kündigung aller Mieter (BGH 26, 102 ff); hingegen sollte der Konkursverwalter früher gem KO 19 aF mit Wirkung für alle Mieter kündigen können (Düsseldorf NJW-RR 87, 1369; ausf Baur/Stürner, Insolvenzrecht, Rn 9.62); unter Geltung der InsO 108 ff dürfte für Immobilien dasselbe richtig sein (MKInsO/Eckert § 109, 37 ff); as Rn 10. **b) Verzug.** Eine Mahnung 3 wirkt nur gegenüber dem gemahnten Gesamtschuldner (anders bei Mahnung des Haftpflichtversicherers: Nürnberg NJW 74, 1950). Schadensersatz (§§ 280 I, II iVm 286) kann nur vom betroffenen Schuldner verlangt werden, die übrigen schulden weiterhin die Primärleistung; vgl aber beim Rücktritt § 351. Bei Verzug mehrerer Gesamtschuldner besteht keine Gesamtschuld bezüglich der Kosten der einzelnen Prozesse (BGH NJW 90, 910; Brandenburg NJW-RR 10, 1166). **c) Unmöglich-** 4 **keit:** Der Primäranspruch entfällt nur bei obj Unmöglichkeit gegenüber allen Gesamtschuldnern (§§ 311a I, 275 I Alt. 2), bei subj nur gegenüber den Betroffenen (§§ 311a I, 275 I Alt 1); auch das Weigerungsrecht nach § 275 II kann nur vom betroffenen Schuldner geltend gemacht werden. Für die Sekundäransprüche gilt: Obj, zu vertretende Unmöglichkeit macht den betroffenen Gesamtschuldner ersatzpflichtig (§§ 280 I, 311a II), die übrigen werden frei (§ 275 I); subj, zu vertretende macht den betroffenen Gesamtschuldner ersatzpflichtig (§§ 280 I, 311a II), die übrigen schulden die Primärleistung. Zu § 254 I s §§ 422–424 Rn 6. **d) Verjährung:** 5 Grundsätzlich Einzelwirkung (BGH NJW 01, 964); ebenso bei Verwirkung (BGH NJW-RR 02, 478); s aber BGH NJW-RR 96, 315 sowie NJW 08, 2044 (Gesamtwirkung verjährungseinschränkenden Verhaltens eines Anwaltssozius; zur Anwaltshaftung §§ 714, 715 Rn 7); der Verzicht eines Anwalts auf die Einrede der Verjährung namens der Sozietät wirkt jedoch nicht zu Lasten eines ausgeschiedenen Sozietätsmitglieds (BGH NJW-RR 06, 927; NJW 08, 2044); Verhandlungen zwischen geschädigtem Patienten und Krankenhausträger hemmen Verjährung von

Ansprüchen gegen behandelndem Arzt nur dann, wenn erkennbar ist, dass der Krankenhausträger auch seine Interessen vertritt (Oldenburg MDR 08, 311); sa Vor §§ 414, 415 Rn 3 zum Schuldbeitritt. **e)** Der **Schutz der Vorschriften über Verbraucherdarlehen** (vgl insbes §§ 495, 355, 508 II nF entspr VerbrKrG 7, 13 II, III a aF) gilt auch zugunsten des neben dem Käufer mithaftenden Dritten (BGH 91, 44 mN betr AbzG 5; 109, 317 betr AbzG 1b; 133, 74 f; 220 betr VerbrKrG 1, 7; anders zur Bürgschaft BGH NJW 98, 1940 mN und EuGH NJW 00, 1323: keine Anwendbarkeit der VerbrKrRiLi auf Bürgschaft, selbst wenn Bürge und Schuldner Verbraucher sind; sa Vor §§ 414, 415 Rn 3 und § 765 Rn 12), uU auch wenn Käufer bzw Kreditnehmer selbst nicht Verbraucher ist (BGH 133, 71 = LM VerbrKrG Nr 5 [Pfeiffer]; 133, 220; NJW 97, 3170; 98, 1940). Der mithaftende Verkäufer, der sich neben dem Käufer gegenüber dem Finanzierungsinstitut gesamtschuldnerisch verpflichtet, kann sich zwar *nicht selbst* auf die Schutzwirkung der Vorschriften über Verbraucherverträge berufen (BGH 47, 250 ff; 91, 44 f) und zB widerrufen (BGH NJW 93, 1913), wohl aber schuldet er nach dem Widerruf durch den Käufer nur noch Kapitalrückzahlung mit Zinsen und nicht etwa volle käufergleiche Leistung, es sei denn, es ist keine Schuldmitübernahme, sondern Garantie gegeben (BGH

6 NJW 93, 1913). **f)** Die **Einzelwirkung der Rechtskraft** (BGH NJW-RR 93, 1267; Stuttgart NJW-RR 07, 740) gilt – bei nur entspr Anwendung der §§ 421 ff (vgl § 421 Rn 3) – auch im Verhältnis zwischen OHG und *ausgeschiedenem* Gesellschafter (BGH 44, 233 f); dies nur dann, wenn das Ausscheiden vor dem Rechtsstreit liegt und der Gesellschafter auf die Prozessführung der Gesellschaft keinen Einfluss hat (BGH 78, 121). Wohl aber muss der *nicht ausgeschiedene* Gesellschafter gem HGB 129 I das Urteil gegen die Gesellschaft auch für sich gelten lassen, weil er die Prozessführung der Gesellschaft mitbestimmen kann (BGH 64, 156 ff; NJW 11, 2049; MK/Bydlinski 29); ebenso der Gesellschafter einer Schein-KG (BGH NJW 80, 785). Aber keine Rechtskraftwirkung des Urteils gegen die Gesellschafter für und gegen die Gesellschaft selbst (BGH NJW 11, 2048; sa §§ 714, 715 Rn 10).

7 **g)** Bei **Konfusion** bleibt die Forderung bestehen; die übrigen Gesamtschuldner haften dem Rechtsnachfolger pro rata (BAG NJW 86, 3104; aA Rüßmann JuS 88, 182). **h) Vergleich** ist ggf wie der Erlass zu behandeln (§§ 422–424 Rn 2 f, s Hamm MDR 90, 338). **i)** Die **Verwirkung** im Verhältnis zu einem Gesamtschuldner berührt nicht den Anspruch des Gläubigers gegenüber einem anderen Gesamtschuldner (BGH NJW-RR 02, 479).

8 **3. Ausnahmsweise Gesamtwirkung.** Sie kann im Einzelfall aus Vereinbarung, Inhalt oder Zweck des Gesamtschuldverhältnisses folgen (BGH NJW 10, 1965). **a) Abgrenzung zur gemeinschaftlichen Schuld** (vgl Vor § 420 Rn 4): Gesamtschuld liegt nur vor, wenn jeder Schuldner die Leistung erbringen kann und Zusammenwirken *nicht* geschuldet ist; bei gemeinschaftlicher Schuld, die zum Zusammenwirken verpflichtet, gelten § 421 ff ohnehin nicht (zutr Abgrenzung bei Larenz, SchR I, § 37 II; vgl § 431 Rn 3 f). Die Frage ausnahmsweiser Gesamtwirkung stellt

9 sich nur bei Gesamtschuldnern. **b) Einzelfälle. aa)** Zur Haftung innerhalb einer **Anwaltssozietät** oder **Gemeinschaftspraxis** für das Verschulden des Mitschuldners vgl §§ 714, 715 Rn 7, § 705 Rn 11; sa Koblenz MDR 05, 1302; ebenso für Belegärztegemeinschaft BGH 165, 40 ff. **bb) Mehrere Mieter als Gesamtschuldner** werden sich häufig nicht auf die Einzelwirkung in der Person des Mitmieters berufen können (vgl BGH 65, 226 ff für schuldhafte Verletzung der Rückgabepflicht bei Automiete; Düsseldorf ZIP 00, 582 f: kein Recht eines Mieters zur Mietzinsminderung, wenn der Mietmangel durch einen anderen Gesamtschuldner verursacht wurde; aA für KO 19 S 3 aF – jetzt InsO 109 I 3 – dagegen Düsseldorf NJW-RR

10 87, 1369; sa Baur/Stürner, InsolvenzR, Rn 9.62 und Rn 2). **cc)** Der **Gesellschafter einer OHG,** für dessen Verhältnis zur OHG §§ 421 ff nur entspr gelten (vgl § 421 Rn 3), muss die Verwandlung der Gesellschaftsschuld in eine Geldschuld auch nach seinem Ausscheiden gegen sich gelten lassen (BGH 36, 228; 48, 203; s nunmehr HGB 160 I). Die Klage gegen die Gesellschaft hemmt die Verjährung gegen den

Gesellschafter, der bei Klageerhebung der Gesellschaft angehört (BGH 73, 223; 78, 120; Hadding ZGR 81, 588); jedoch kann sich der Gesellschafter auf Verjährung gegenüber der OHG nicht berufen, falls ihm gegenüber die Verjährung neu begonnen hat (§ 212; zur Unterbrechung nach altem Recht BGH 104, 76; sa NJW 81, 2579). **dd)** Ein **Darlehensnehmer** muss den Kündigungsgrund, der in der Person seines gesamtschuldnerischen Mitdarlehensnehmers liegt, gegen sich gelten lassen (München NJW-RR 96, 370; Hamm NJW-RR 00, 714); sa BGH 111, 337 (Gesamtnichtigkeit gesamtschuldnerischer Darlehen, § 139).

4. Sonderregelungen. VVG 115 II (PflVG 3 Nr 3, 8 aF) mit abw Folgen für **11** Gesamtschuldnerschaft gem VVG 115 I 4 (PflVG 3 Nr 2 aF) bei Verjährung (s BGH 83, 166) und Rechtskraft (s BGH NJW 82, 996; 999); VVG 124 I (BGH NJW-RR 08, 803); ProdHaftG 5 S 2, HS 2 mit Verweis auf §§ 421–425.

§ 426 Ausgleichungspflicht, Forderungsübergang

(1) ¹Die Gesamtschuldner sind im Verhältnis zueinander zu gleichen Anteilen verpflichtet, soweit nicht ein anderes bestimmt ist. ²Kann von einem Gesamtschuldner der auf ihn entfallende Beitrag nicht erlangt werden, so ist der Ausfall von den übrigen zur Ausgleichung verpflichteten Schuldnern zu tragen.

(2) ¹Soweit ein Gesamtschuldner den Gläubiger befriedigt und von den übrigen Schuldnern Ausgleichung verlangen kann, geht die Forderung des Gläubigers gegen die übrigen Schuldner auf ihn über. ²Der Übergang kann nicht zum Nachteil des Gläubigers geltend gemacht werden.

Lit: Janda, Mehrheit von Schuldnern und unterschiedliche Haftungsmaßstäbe, VersR 12, 1078; Lorenz, Die Lehre von den Haftungs- und Zurechnungseinheiten etc, 1979; Roth, Haftungseinheiten bei § 254, 1982; Schmieder, Die gestörte Gesamtschuld – ein Normenkonflikt, JZ 09, 189; Stamm, Die Bewältigung der „gestörten Gesamtschuld", NJW 04, 811;Zeisig, Benachteiligungsverbot und Befriedigungsvorrecht bei Legalzession im Gesamtschuldverhältnis, DZWIR 10, 316.

1. Bedeutung. Die Vorschrift regelt den **Innenausgleich** zwischen den Gesamt- **1** schuldnern. *Vertraglicher Ausschluss* des Innenausgleichs ist möglich, er liegt aber nicht ohne weiteres im Ausschluss der Vorzüge gesamtschuldnerischer Haftung (§§ 422 ff; BGH NJW 87, 3124 mN; vgl § 422 Rn 1) und in der Vereinbarung, dass etwaige Zahlungen nur als Sicherheit geleistet werden (BGH NJW 87, 375: jew durch AGB für Mitbürgen). § 426 enthält einen **analogiefähigen** allg Rechtsgedanken. Ein **2** Innenausgleich entspr § 426 ist deshalb auch zwischen mehreren auf gleicher Stufe stehenden Sicherungsgebern vorzunehmen (BGH 108, 183: Bürge und Grundschuldbesteller; NJW 92, 3228; 01, 2330; 09, 437 f: Aufteilung nach Verhältnis der gegenüber dem Gläubiger übernommenen Haftungsrisiken; NJW-RR 91, 171: abw Zusatzvereinbarung; ferner NJW-RR 91, 500; str, vgl Tiedtke WM 90, 1270 und DNotZ 93, 291; § 774 Rn 12); ebenso beim Rückforderungsanspruch des verarmten Schenkers gegen mehrere gleichzeitig Beschenkte (BGH NJW 98, 537). Nach Auffassung des BGH soll § 426 trotz fehlenden Gesamtschuldverhältnisses auf das Verhältnis zwischen Bürgen und Ausfallbürgen (BGH NJW 12, 1947) und auf das Verhältnis von Kommanditist und Komplementär (BGH NJW_RR 02, 456) anwendbar sein, wenn der Kommanditist sich durch Tilgung von Gesellschaftsschulden einem persönlich haftenden Gesellschafter gleichstellt, ohne dazu im Außenverhältnis verpflichtet zu sein (dazu Schmidt JuS 03, 228). Die Anwendung von § 426 auf den Ausgleich zwischen polizeilich Verantwortlichen ist str; ablehnend BGH NJW 81, 2457; vgl Finkenauer NJW 95, 432; Pohl NJW 95, 1648; nunmehr aber BBodSchG 24 II als Sonderform eines zivilrechtlichen Ausgleichsanspruchs unter mehreren Störern, der grundsätzlich abdingbar ist: BGH NJW-RR 04, 1243; NJW 12, 3778; sa § 421 Rn 9). Beim Innenausgleich geht es um **zwei verschiedene**

§ 426

Gesichtspunkte: die **Quote** der Erfüllungsbeteiligung jedes Gesamtschuldners (Rn 3 ff) und die **Anspruchsgrundlagen** des Innenausgleichs (Rn 14 ff und 21).

3 **2. Beteiligungsquote der Gesamtschuldner. a) Haftung zu gleichen Teilen** ist zwar die ges Grundregel (vgl I 1), praktisch aber bloße Ausnahme und Hilfsregel, weil abw ges Bestimmungen oder rechtsgeschäftliche Vereinbarungen bei weitem überwiegen, die als rechtliche Ausnahmen aber darzulegen und zu beweisen sind (BGH NJW-RR 10, 522; Köln NJW-RR 96, 557; Hamm NJW-RR 10, 756). *Bsp für gleiche Anteile:* Vorschusspflicht des Klägers und des Beklagten gegenüber dem Schiedsrichter (BGH 55, 348; vgl aber auch Rn 10 ff); Schuldner einer Leibrente und Schuldner einer sichernden Reallast (BGH 58, 194; NJW 91, 2899); Gesamtschuldner des Anspruchs aus § 528 I (BGH NJW 98, 537); Haftung von Bund und privatrechtlichem Träger der Beschäftigungsstelle für Fehlverhalten
4 eines Zivildienstleistenden (BGH NJW 03, 350; sa § 421 Rn 4). **b) Anderweitige Bestimmung durch RGeschäft** kann liegen in einer – uU stillschweigenden (BGH 88, 190) – Regulierungsvereinbarung, sie kann sich aber auch aus dem Rechtsverhältnis ergeben, das für die Gesamtschuldnerschaft ursächlich war: für Gesellschafter vgl § 707 Rn 2, §§ 714, 715 Rn 9 f, §§ 735, 722; der Geschäftsführer, der neben dem Geschäftsherrn als Gesamtschuldner haftet, kann vollen Ausgleich im Umfange der §§ 670, 683 fordern (vgl BGH VersR 70, 621); kein Ausgleich zwischen Auftraggeber und Subunternehmer des Auftragnehmers nach auftragsmäßigem Schuldbeitritt (BGH MDR 85, 390); die Ausgleichspflicht unter Mitbürgen kann von einer Rangvereinbarung (BGH NJW 86, 3133), ihrer Stellung zum Hauptschuldner (BGH 88, 190; NJW 86, 1098), den Besonderheiten der Höchstbetragsbürgschaft (BGH ZIP 98, 280 mN; Köln WM 91, 1718) oder der Höhe der Sicherheiten (BGH NJW 09, 437 f; Hamm WM 90, 1239; Stuttgart ZIP 90, 446; Anm Bayer ZIP 90, 1523) abhängen, ebenso zwischen Bürge und sicherndem Mitschuldner (Celle NJW 86, 1761) und allg zwischen gleichstufigen Sicherungsgebern (BGH NJW-RR 91, 501 sa Rn 2; NJW 02, 1491: vertragliche Vereinbarung über Haftungsquoten wirkt nur zwischen den beteiligten Sicherungsgebern und erstreckt sich nicht auf Dritten, der im mit einer Grundschuld belasteten Grundstück erwirbt); Berücksichtigung der Vertragsverletzung eines Gesamtschuldners gegenüber dem andern (BGH VersR 84, 444); Ausgleichspflicht des Erstehers bei Zwangsversteigerung des mit einer Reallast belasteten Grundstücks gegenüber dem Schuldner der gesicherten Leibrentenforderung für die nach dem Zuschlag fällig werdenden Leistungen (BGH NJW 93, 2617 in Abgrenzung zu BGH 58, 191; Karlsruhe FamRZ 01, 1455); Ausgleichspflicht der Organgesellschaft gegenüber steuerlichem Organträger bei Konzerngesellschaften (BGH NJW 93, 585); Ausgleichspflicht der Wohnungseigentümer gegenüber dem Verwalter (vgl BayObLG NJW-RR 01, 158 f); Rechtsverfolgungskosten aus WEG-Binnenstreitigkeit werden unter kostenpflichtigen Wohnungseigentümern im Maßstab von WEG 16 II verteilt (BGH 171, 344 ff); *nicht* jedoch ausreichend einseitige Bestimmung des Schenkers für den Rückforderungsfall bei Verarmung hinsichtlich des Innenausgleichs unter mehreren gleichzeitig
5 Beschenkten (BGH NJW 98, 539; zw). Bei *Ehegatten* (Nickl NJW 91, 3124; Gernhuber JZ 96, 696 ff, 765 ff; Gerhards FamRZ 01, 661 ff; Bosch FamRZ 02, 366; Wever FamRZ 08, 1485; 12, 416; Herr NJW 12, 1847) wird die Ausgleichungspflicht nicht durch güterrechtliche Vorschriften verdrängt (BGH NJW 06, 2623; NJW-RR 10, 1513), jedoch durch die Gegebenheiten der ehelichen Lebensgemeinschaft beeinflusst (BGH NJW 00, 1944; 05, 2307; NJW-RR 11, 73). So ist anderweitige Bestimmung anzunehmen, wenn ein Ehegatte über kein eigenes Einkommen verfügt (BGH 87, 269; NJW 95, 653 ; 00, 1944; NJW-RR 11, 73; Koblenz NJW-RR 12, 739; Köln NJW-RR 12, 1019 f), bei beiderseitiger Erwerbstätigkeit haften sie einander entsprechend den Einkünften (BGH FamRZ 84, 30; NJW 00, 1945; BGH 73, 38 für Steuerschulden, s aber BGH NJW 02, 1571: ständige Übung der Ehegatten als konkludente Abrede über Innenausgleich; zur Aufteilung der Rückerstattung BFH NJW 91, 2103; Düsseldorf FamRZ 93, 70; Celle OLGR 00,

9); finanzielle Mehrbelastungen eines Teils werden uU durch die Haushaltsführung des anderen Teils ausgeglichen (BGH 87, 269 f); bei Tod findet idR ein nachträglicher Ausgleich nicht statt (BGH NJW-RR 90, 836). *Nach Trennung* der Ehegatten **6** fällt die eheliche Sonderbeziehung *ex nunc* (hierzu Karlsruhe FamRZ 91, 441) weg; nur „ausnahmsweise" Korrektur nach § 242 für Aufwendungen *vor* Trennung (Bremen NJW 00, 83), die während bestehender Lebensgemeinschaft nicht ausgleichungsfähig waren. Aufwendungen, die der gemeinsamen Vermögensbildung dienen, sind grundsätzlich hälftig (Schleswig FamRZ 90, 165) auszugleichen (BGH 87, 269 f; NJW-RR 11, 74; auch ohne bes vorherigen Hinweis, NJW 95, 653); ansonsten (zB Darlehen für Hausrat oder Lebensführung) gilt während der Ehe geltende Bestimmung uU fort (Hamm NJW-RR 90, 1414; FamRZ 93, 710). Der Ausgleichsanspruch geht dem Zugewinnausgleich vor (BGH NJW 89, 1921; NJW-RR 11, 74 f; zur Berücksichtigung am Endvermögen abgesetzter Gesamtschulden Karlsruhe FamRZ 91, 1195). Dem Ausgleichsanspruch kann der Anspruch auf Neuregelung der Nutzung und Verwaltung eines Gebäudes (§ 745 II) entgegengehalten **7** werden (BGH 87, 271; Schleswig NJW-RR 93, 1029; KG FamRZ 08, 2034; Saarbrücken NJW 10, 3102), die Berufung auf den Ausgleichsanspruch ist uU sogar rechtsmissbräuchlich, wenn der Anspruch auf Nutzungsneuregelung nicht geltend gemacht ist (Oldenburg NJW-RR 86, 752); Alleinnutzung bzw Nutzung können beim Ausgleichsanspruch berücksichtigt werden, der Lasten und Finanzierungskosten eines Gebäudes betrifft (BGH FamRZ 93, 676; NJW-RR 11, 74; Schleswig NJW-RR 93, 1029; für Mietkosten München FamRZ 96, 291; Brandenburg NJW-RR 07, 887; Düsseldorf FamRZ 11, 375; ähnlich für Kreditraten für von einem Ehegatten weitergenutzten PKW KG NJW-RR 99, 1093). Anderweitige Scheidungsvereinbarungen haben Vorrang (BGH FamRZ 90, 376; NJW 05, 2308: Schuldentilgung durch einen Ehegatten gegen Verzicht auf Geltendmachung von Unterhaltsansprüchen durch den anderen), ebenso die Ausgleichsregelung nach § 1361b II und die Auseinandersetzungsregeln ehelicher Gütergemeinschaft (Zweibrücken FamRZ 92, 821). Ausgleichsanspruch muss Berücksichtigung der Belastungen beim Ehegattenunterhaltsanspruch beachten (BGH NJW 05, 2308; NJW-RR 11, 74; München NJW-RR 90, 1415; FamRZ 96, 292; Celle FamRZ 01, 1071); Berücksichtigung bei der Bemessung von Kindesunterhalt stellt regelmäßig keine anderweitige Regelung iSv § 426 I 1 dar (BGH NJW 07, 3565; 08, 850). Keine Ausgleichungspflicht besteht grundsätzlich bei gemeinsamen Darlehen für den Gewerbebetrieb des anderen Teils (Karlsruhe FamRZ 06, 488); anders uU bei nur formeller Geschäftsinhaberschaft (Naumburg FamRZ 05, 906) oder bei vorausgegangener gemeinsamer Tilgung betrieblicher Schulden (Bremen NJW 00, 82; Düsseldorf NJW-RR 99, 445). Bei der *nichtehelichen Lebensgemeinschaft* (dazu Weinreich **8** FuR 99, 356 ff) gilt das zur ehelichen Lebensgemeinschaft Gesagte entsprechend (BGH 183, 247 = NJW 10, 999; NJW 10, 868). Für vor der Trennung erbrachte Leistungen besteht idR keine Ausgleichspflicht (BGH JZ 98, 407 mAnm Liebs; NJW 96, 2727; sa § 705 Rn 15 f); anders für Leistungen, die nach Trennung erfolgten (BGH 77, 58 f; FamRZ 83, 349; Hamm FamRZ 01, 95; Koblenz NJW-RR 10, 653). Obliegt es nach der von den Partnern einer nichtehelichen Lebensgemeinschaft gewählten Aufgabenverteilung einem von ihnen, für die Kosten der gemeinsamen Lebensführung aufzukommen, ist maßgeblich, ob die Zahlungsverpflichtungen vor oder nach der Trennung fällig geworden sind und nicht, wann sie erfüllt wurden (BGH NJW 10, 869). Eine Ausgleichspflicht besteht auch bei Leistungen, die lediglich auf wirtschaftliche Tätigkeit ausgerichtet waren (Celle OLGR 00, 25: Finanzierungskosten eines vermieteten Hauses). Haftpflichtversicherer gleichen im Rahmen eines Teilungsabkommens (§ 421 Rn 5, 8) gem ges Haftungslage aus (LM Nr 10 zu § 421; Denck NJW 82, 2054); zum Anspruch des Vermögensübernehmers vgl 8. Aufl § 419 Rn 11. **c) Anderweitige Bestimmung durch Ges. aa) Ausdr** **9** **Regelungen** enthalten §§ 840 f, 1833; VVG 78 II, 116 I 1, 2; StVG 17 I 1; LuftVG 41 I 1; ProdHaftG 5 S 2, HS 1; AMG 93; WEG 16 II; BNotO 46 S 2; zur schlüssigen Regelung in SGB IV 28e I s BGH NJW-RR 07, 1407 **bb) Bei Schadenshaftung**

§ 426

mehrerer Gesamtschuldner vollzieht sich die Quotelung entspr § 254 nach dem Maß der Verursachung und – ergänzend – des Verschuldens (BGH 59, 103 mwN); sie kann auch zur Leistungsfreiheit eines Gesamtschuldners im Innenverhältnis führen (BGH NJW 80, 2349). Beruht die Mithaftung eines Gesamtschuldners allein darauf, dass er den anderen Gesamtschuldner nicht ausreichend beaufsichtigt hat, ist er idR nicht ausgleichspflichtig (BGH NJW-RR 05, 35; Düsseldorf MedR 09, 289; Stuttgart NJW-RR 11, 239). Im Verhältnis zwischen Architekt und Bauunternehmer (§ 421 Rn 4) muss sich der Unternehmer einen Anteil zurechnen lassen, wenn er den Fehler des Architekten erkennen konnte (Naumburg NJW-RR 03, 595; Koblenz NJW-RR 12, 1300). Sofern den Gläubiger selbst eine Mitverursachung trifft, ergibt sich die Außenhaftung aus dem Verbund von Gesamtabwägung und Einzelabwägung (vgl § 840 Rn 5), die Ausgleichsquote zwischen den Gesamtschuldnern entspricht ihrem Anteil bei der Gesamtabwägung (BGH NJW 11, 293). *Bsp* (BGH 30, 211; sa NJW 91, 418, 419 f): Gläubiger A und die Gesamtschuldner B und C haben den Schaden von 3000 Euro zu gleichen Anteilen verursacht. *Außenverhältnis:* A kann von B und C zusammen 2000 Euro verlangen (Gesamtabwägung). Da aber B und C nur gleiche Verursachung wie A trifft, haftet jeder bis maximal 1500 Euro (Einzelabwägung). *Innenverhältnis:* Beansprucht A den B mit 1500 Euro, C mit 500 Euro, so ist zwischen B und C 1 : 1 zu quoteln, so dass B von C 500 Euro

10 verlangen kann. **cc) Einheitsquote für mehrere Beteiligte und Innenausgleich.** Mehrere Beteiligte können aus rechtlichen oder tatsächlichen Gründen bei der Schadensquotelung wie ein einziger Beteiligter zu behandeln sein *(Haftungseinheit bzw Tatbeitragseinheit):* Geschäftsherr und Erfüllungs- bzw Verrichtungsgehilfe (BGH 6, 26 ff; NJW 10, 1592); Halter und Fahrer des gleichen Fahrzeugs (BGH NJW 66, 1262; 06, 897); KfZ – Halter u Halter des Anhängers (BGH NJW 11, 447); mehrere Beklagte bei Vorschusspflicht gegenüber dem Schiedsrichter (BGH 55, 349; vgl Rn 3); Beteiligte mit abgeschlossenem gemeinsamen Tatbeitrag (BGH

11 54, 283 ff; 61, 213 ff). Hier ist zu unterscheiden: *1. Fall:* Der ohne eigenen Tatbeitrag Geschädigte steht dem Geschäftsherrn, dem Erfüllungsgehilfen und einem Dritten als Gesamtschuldnern gegenüber; er kann jeden voll beanspruchen, beim Ausgleich trägt aber angesichts gleicher Verursachung durch Erfüllungsgehilfen und Dritten der Dritte ½, Geschäftsherr und Gehilfe zusammen ½ – nicht ⅓ pro Gesamtschuldner! (BGH 6, 26 ff); vgl zur Ausgleichungspflicht der Haftungseinheit gegen-

12 über den übrigen Gesamtschuldnern Rn 16. *2. Fall:* Der Geschädigte hat einen Schaden mitverursacht und steht Gesamtschuldnern gegenüber, die bereits vor der Mitverursachung durch den Geschädigten ihren Tatbeitrag abgeschlossen haben (zB Abstellen bzw Stehenlassen eines unbeleuchteten LKW). Hier soll nur eine Einzelabwägung ohne Gesamtschau stattfinden: Schaden 30 000 Euro; Geschädigter A im Verhältnis zu Schädiger B ½, also 15 000 Euro; im Verhältnis zu Schädiger C ⅔, also 20 000 Euro; Gesamtschuldnerschaft besteht bis 15 000 Euro, und insoweit kann jeder beanspruchte Gesamtschuldner nach dem Gewicht seines Beitrags im Verhältnis zum anderen Gesamtschuldner Ausgleich verlangen (vgl BGH 54, 283 ff mit der Besonderheit immateriellen Schadens!; sehr fragwürdig).

13 *3. Fall:* Geschädigter und ein Schädiger sind entweder Halter und Fahrer (BGH NJW 66, 1262 f) oder liefern einen gemeinsamen Tatbeitrag (zB falsches Abstellen bei Dunkelheit, BGH 61, 213 ff; gemeinsames Spiel vor Verkehrsunfall, BGH NJW 83, 623; gemeinsames Schieben eines PKW vor Auffahrunfall, BGH NJW 96, 2024; gemeinsam verschuldeter Verkehrsunfall vor ärztlicher Fehlbehandlung, Hamm NJW 96, 790; Zurechnung des Mitverschuldens anderer Gesamtschuldner zum Gläubiger, Oldenburg NZBau 08, 657 f; Celle OLGR 08, 678). Der vom Geschädigten beanspruchte weitere Schuldner kann keinen Ausgleichsanspruch gegen den Mitgesamtschuldner erheben, weil dessen Tatbeitrag im Rahmen der Mitverursachung der Gläubigerseite schon berücksichtigt ist (BGH NJW 96, 2024; sa Hamm NJW 96, 790). Hingegen soll er gegen den Mitgesamtschuldner gem § 812 I vorgehen können, falls im Prozess mit dem Geschädigten seine Quote zu hoch veranschlagt war (BGH NJW 78, 2392). Ist zwischen zwei Gesamtschuldnern eine Haf-

tungsfreistellung desjenigen vereinbart, der Mitglied einer Haftungseinheit ist, wirkt sich diese Freistellung auch zugunsten der anderen Mitglieder der Haftungseinheit aus (BGH NJW 10, 1594 f).

3. Anspruch auf Ausgleichung gem Abs 1 S 1. a) Anspruchsinhalt. Der 14 Ausgleichungsanspruch entsteht bereits vor Befriedigung des Gläubigers durch einen Gesamtschuldner mit dem Gesamtschuldverhältnis, das eine Zweckgemeinschaft zwischen den Gesamtschuldnern begründet (BGH 114, 138, 142 mN; NJW-RR 91, 500; NJW 92, 2287; 98, 537; 00, 1943; JZ 08, 362; NJW 10, 63 u 435; BVerwG NJW 93, 1068). Vor seiner eigenen Leistung an den Gläubiger kann jeder Gesamtschuldner von den Mitschuldnern anteilige Mitwirkung dahin verlangen, dass an den Gläubiger – nicht an den Gesamtschuldner (Frankfurt NJW-RR 90, 712) – bei Fälligkeit (BGH NJW 86, 979; iÜ s BGH 91, 73) geleistet werde (BGH WM 86, 961). Eine Pflicht zur Vorleistung besteht nicht (BGH WM 87, 985); sa BGH JZ 08, 363 mAnm Gehrlein: ernsthafte Möglichkeit der Inanspruchnahme eines GbR-Gesellschafters durch Gesellschaftsgläubiger lässt, wenn von der GbR mangels freier Mittel Ausgleich nicht zu erwarten ist, Freistellungsanspruch gegen im Innenverhältnis allein verpflichteten Gesellschafter entstehen, der auch Abwehr unbegründeter Ansprüche vom Freistellungsgläubiger umfasst. Der Befreiungsanspruch ist einklagbar und bei Zahlungsverbindlichkeiten gem ZPO 803 (Baur/Stürner/Bruns, ZVR Rn 40.5; aA die hM LM Nr 24 zu § 278: ZPO 887), ansonsten gem ZPO 887 zu vollstrecken; er kann ein Zurückbehaltungsrecht (BGH NJW 83, 2438 mN; Stuttgart NJW-RR 04, 1087), aber keine Aufrechnungslage (BGH VersR 87, 905) gegenüber dem Mitschuldner begründen (s aber Brandenburg NJW-RR 08, 1337: Berücksichtigung des Ausgleichsanspruchs bei Gläubigerschaft eines Gesamtschuldners). Mit der Befriedigung des Gläubigers geht der Ausgleichsan- 15 spruch auf Zahlung an den Gesamtschuldner, der geleistet hat, über (BGH 181, 313); war die Leistung an den Gläubiger keine Geldleistung, so ist Wertersatz zu leisten (BGH 43, 234). Die Prozesskosten des leistenden Schuldners gehören nicht zum Ausgleichsanspruch, es sei denn, ein Mitschuldner hat seine eindeutige, umfassende Befreiungspflicht verletzt; bei Kostenspruch gem ZPO 100 IV sind gleiche Kopfteile die Regel (BGH NJW 74, 693). Sofern der Gläubiger nur einen Teil oder eine Rate verlangt, die den Anteil des Gesamtschuldners an der Gesamtforderung nicht übersteigt, ist die Ausgleichungspflicht str, von der Rspr aber für Mitbürgen bejaht (BGH 23, 363 f; anders bei Zahlungsunfähigkeit des Ausgleichsberechtigten: BGH 83, 206). Einwände, die sich aus dem Grundverhältnis zwischen den Gesamtschuldnern und dem Gläubiger ergeben, berühren den Ausgleichsanspruch nur ausnahmsweise, wenn dies einer vertraglichen Vereinbarung der Gesamtschuldner entspricht oder nach § 242 geboten ist (München NJW 08, 3507).
b) Anspruchsgegner ist der einzelne Gesamtschuldner mit seinem jeweiligen 16 Anteil, der sich allerdings gem I 2 erhöhen kann. Nur ausnahmsweise sind Gesamtschuldner, die eine Haftungseinheit bilden (vgl Rn 10 ff), gegenüber ihrem ausgleichungsberechtigten Mitgesamtschuldner ebenfalls Gesamtschuldner für die gemeinsame Quote (BGH 55, 349; 61, 220; NJW-RR 89, 920). **c) Konkurrenzen und** 17 **Verjährung. aa)** Ausgleichsanspruch und **gem II übergegangener Anspruch** stehen nebeneinander (BGH NJW 81, 681; 91, 98). Der Gesamtschuldner kann zwischen ihnen wählen (vgl BGH 59, 102). Der Ausgleichsanspruch verjährt selbstständig (hierzu BGH NJW 10, 436; BGH 181, 313) nach 3 Jahren (§ 195). Die Verjährung beginnt gem § 199 bereits mit bekannter oder grob fahrlässig unbekannter Entstehung der Gesamtschuld und nicht erst mit der Zahlung durch den Ausgleichsberechtigten (BGH 181, 310; NJW 10 435; 12, 3778; NJW-RR 08, 257; Klutinius/Kowatzki VersR 08, 617). Der übergegangene Anspruch unterliegt eigener Verjährung und eigener Präklusion (BGH NJW 81, 681; vgl Müller VersR 01, 429 ff), für ihn gelten §§ 412, 401 (BGH 80, 232; NJW 83, 1424; 2450; 91, 98; NJW-RR 95, 589; sa § 401 Rn 5); kein Angehörigenprivileg entspr VVG 86 III (67 II aF) (BGH 105, 140 ff mAnm Prölss JZ 89, 148). Dem Ausgleichsanspruch

können Verjährung oder Präklusion des Anspruchs des Gläubigers gegen den Ausgleichungspflichtigen nicht entgegengehalten werden (BGH 58, 218; NJW 10, 436; Frankfurt NJW 11, 864), ebensowenig die fehlende Erhebung der Verjährungseinrede durch den Ausgleichsberechtigten (so wohl BGH NJW 10, 436 – insoweit zweifelhaft); s aber CMR 32 (dazu BGH NJW-RR 90, 1509). **bb) Ansprüche aus dem der Gesamtschuld zugrundeliegenden Rechtsverhältnis** auf Ersatz (zB Gesellschaft oder Geschäftsführung, vgl Rn 4) sind vom ges Anspruch gem I 1 zu trennen (str; aA offenbar LAG Rheinland-Pfalz NZA 84, 164 – unklar!); das Rechtsverhältnis bestimmt nur den Inhalt des ges Anspruchs, der mit anderen rechtsgeschäftlichen Ansprüchen konkurriert (BGH NJW-RR 10, 832). **cc) Ansprüche eines Mitgesamtschuldners auf Ersatz von Vermögensschäden** erfassen idR nicht den Schaden, der in der Inanspruchnahme durch den gemeinsamen Gläubiger besteht; I 1 ist insoweit Spezialgesetz (BGH 20, 378: § 823 II iVm StVO; BGH 61, 356: § 839). Anderes hat dann zu gelten, wenn der beanspruchte Gesamtschuldner vom Mitschuldner vorsätzlich in die Mithaftung gedrängt wurde (BGH NJW 78, 817 f: § 826 – Fluglotsenstreik) oder wenn der beanspruchte Mitschuldner Ansprüche aus Verletzung *eigener* Rechtsgüter hat (BGH NJW 81, 751: § 823 I, StVG 7 I). **d)** Neben dem Hauptanspruch auf anteilige Erfüllungsmitwirkung (vgl Rn 14 f) bestehen **Nebenpflichten** auf Förderung der Erfüllung; ihre Verletzung berechtigt die übrigen Gesamtschuldner zum Schadensersatz (BGH NJW 80, 2464).

4. Die übergegangene Gläubigerforderung gem Abs 2. Sie ist vom Ausgleichsanspruch zu unterscheiden (vgl Rn 17) und richtet sich nur in ihrer Höhe nach der Ausgleichsquote; iÜ gilt gem § 412 Zessionsrecht. Sofern der Versicherer eines Gesamtschuldners leistet, geht gem VVG 86, § 426 II die Gläubigerforderung nur in Höhe der Ausgleichsquote über; Freistellung von künftig zu leistendem Schadensersatz kann der Versicherer nicht verlangen (BGH NJW-RR 89, 920). Rechtsgeschäftliche Abtretung der vollen Gläubigerforderung an den erfüllenden Schuldner ist gem Abs 2 im Innenausgleich ohne Einfluss (BGH 17, 222; BAG NJW 90, 3230). Der Schadensersatzanspruch eines Insolvenzgläubigers (InsO 103) gegen den insolvenzfälligen Gesamtschuldner geht auf die erfüllenden Gesamtschuldner über (BGH NJW 91, 98). Die Konkurrenz zwischen dem restlichen Gläubigeranspruch und dem nach Teilbefriedigung übergegangenen Teilanspruch (II 1) in der Insolvenz kann zu einem Auskehrungsanspruch des Gläubigers führen (II 2; BGH NJW 97, 1015 mN; s aber BGH NJW 03, 1037: Gläubiger kann Vorrang gem II 2 ohne besondere Umstände nicht geltend machen, wenn er einen Abfindungsvergleich mit einem der Gesamtschuldner geschlossen und dieser den vereinbarten Betrag voll bezahlt hat).

5. Ausgleichungspflicht bei Haftungsfreistellung eines Gesamtschuldners. a) Bei **vertraglicher Freistellung aa) nach Entstehung der Gesamtschuld** bleibt der Ausgleichsanspruch grundsätzlich unberührt (§ 425; BGH 58, 218; NJW-RR 91, 500; NJW 92, 2287); anders bei vereinbarter Gesamtwirkung bzw beschränkter Gesamtwirkung (BGH NJW 00, 1943); sa §§ 422–424 Rn 2 ff.

bb) Vor Entstehung der Gesamtschuld: Im Innenverhältnis zwischen den Schuldnern wird die nach außen nicht bestehende Gesamtschuld fingiert („fiktive Gesamtschuld"). Der nach außen freigestellte Gesamtschuldner bleibt also ausgleichspflichtig (BGH NJW 89, 2387; 90, 1362; NJW-RR 04, 1245); Gesamtwirkung, § 328, kann vereinbart werden (sa BGH 117, 151, 154: Rückgriffsverzicht des Versicherers begünstigt regressberechtigten Dritten). Vorzugswürdig ist es, den Anspruch des Gläubigers gegen den Zweitschädiger in Höhe des Verantwortungsteils des privilegierten Erstschädigers von vornherein zu kürzen; ein Innenausgleich findet dann nicht statt (*beschr Gesamtwirkung,* vgl §§ 422–424 Rn 4). Diese Lösung belastet den Gläubiger als den Urheber der Freistellung (so hL, Larenz, SchR I, § 37 III). **b)** Bei **gesetzl Freistellung** nehmen Rspr und hL bereits *beschr Gesamtwirkung* an: gem SGB VII 104 ff (früher RVO 636 ff) freigestellter Unternehmer oder Arbeitnehmer verursacht Schaden zusammen mit ersatzpflichtigem Zweitschädiger (so für die Rechtslage unter der alten RVO: BGH 61, 53; NJW 87, 2670; 96, 2023; für das SGB VII BGH NJW 08, 2117 mN zur stRspr); gem BeamtVG 46 II freigestellter Beamter verletzt zusammen mit Zweitschädiger einen Kollegen (BGH 94, 173); vom Rückgriff des Sozialversicherers freigestellter Familienangehöriger (SGB X 116 I, VI) verursacht Schaden neben Zweitschädiger (BGH 73, 195 zu RVO 1542; Stuttgart NJW-RR 11, 240); den Arbeitgeber schädigt der im Rahmen der beschränkten Arbeitnehmerhaftung (BAG NJW 11, 1097) freigestellte Arbeitnehmer neben einem Zweitschädiger (Karlsruhe OLGZ 69, 158; Däubler NJW 86, 873; Hamm NJW 12, 1594: anders bei gesetzlicher Pflichtversicherung des Arbeitnehmers); berechtigter Fahrer eines kaskoversicherten Fahrzeugs verursacht Schaden neben Zweitschädiger (VVG 86, AKB 15 II; sa BGH NJW 86, 1814). Steht neben dem durch die beschränkte Gesamtwirkung begünstigten, schuldhaft handelnden Schädiger ein anderer, nach § 840 II nur subsidiär haftender Schädiger (BGH 157, 15 = NJW 04, 951), so geht dies zu Lasten des Geschädigten (BGH NJW 08, 2117), selbst wenn ein arbeitsrechtlicher Freistellungsanspruch des begünstigten Schädigers gegen den nach § 840 II entlasteten Schädiger besteht (BGH 157,15 = NJW 04, 953). Allgemein berührt ein *Freistellungsversprechen des gesetzl freigestellten Erstschädigers* gegenüber dem Zweitschädiger den Gläubigeranspruch nicht (BGH 110, 119 ff), wohl aber eine vertragliche Übernahme der Verkehrssicherungspflichten (BGH 157,17 = NJW 04, 953; 110, 119; NJW 87, 2670; sa Kampen NJW 12, 2337); der BGH unterscheidet die – nach außen unbeachtliche – Haftungsfolgenübernahme durch den gesetzl Freigestellten von der – beachtlichen – Übernahme haftungsbegründender Pflichten (sehr zweifelhaft und komplizierend!). Ist das Verschulden des Zweitschädigers ganz überwiegend, wird der Anspruch gegen ihn nicht um den Verantwortungsteil des privilegierten Erstschädigers gekürzt (Düsseldorf VersR 89, 1159); umgekehrt gilt das auch zu Lasten des Gläubigers bei überwiegender Verantwortlichkeit des freigestellten Erstschädigers (Hamm VersR 88, 191). Eine Haftungsprivilegierung des schuldhaft handelnden Gesellschafters nach SGB VII kommt auch der nach § 31 mithaftenden GbR zu Gute, weil beim Innenausgleich analog § 426 I, HGB 128 die Haftung allein den handelnden Gesellschafter träfe (BGH 155, 212 ff = NJW 03, 2985 f). **c) Bei bürgerlichrechtlicher Haftungsbeschränkung** verneint der BGH für § 1664 ein Gesamtschuldverhältnis und kommt zur vollen Haftung des Zweitschädigers; ein Ausgleichsanspruch entstehe nicht (BGH 103, 346; NJW 04, 2893; Hamm NJW-RR 94, 415); entsprechendes gilt wohl für § 1359 (BGH 103, 348; PalGrüneberg § 426 Rn 18). Offen ist noch die Behandlung von § 708. Das Problem ist praktisch entschärft, da §§ 708, 1359 nicht bei Teilnahme am Straßenverkehr gelten (BGH 46, 313 ff; 63, 51). Die Annahme beschränkter Gesamtwirkung erschiene für diese Fallgruppe angebracht (vgl § 840 Rn 8 f). Die Verjährung des Anspruchs des Gläubigers gegen einen Gesamtschuldner berührt grundsätzlich nicht den Ausgleichsanspruch des leistenden Gesamtschuldners (BGH NJW 10, 63; 436). 25

6. Prozessuales. Vgl zur Vollstreckung von Freistellungsansprüchen Rn 14. 26

§ 427 Gemeinschaftliche vertragliche Verpflichtung

Verpflichten sich mehrere durch Vertrag gemeinschaftlich zu einer teilbaren Leistung, so haften sie im Zweifel als Gesamtschuldner.

1. Funktion. § 427 ist Auslegungsregel (BGH 184, 224 = NJW 10, 1368); er 1 bildet systematisch die Ausnahmeregelung zu § 420; rechtstatsächlich ist § 427 die Regel, § 420 die seltenere Ausnahme (vgl § 420 Rn 3). Wird bei Vertragsschluss mit einem „zusammengefassten" Auftreten ein über den Abschluss des RGeschäfts hinausgehender Zweck verfolgt, ist dies Indiz für die auf gemeinsamer Verpflichtung beruhende Gesamtschuldnerschaft (Koblenz IBR 09, 445).

2 **2. Wichtige Bspiele.** Pflicht der Parteien aus Schiedsvertrag zur Erstattung der Schiedsrichtervergütung (BGH 55, 347; vgl hierzu § 426 Rn 3, 10 ff); Pflicht zur lastenfreien Übertragung von Miteigentum (Braunschweig NJW-RR 97, 1038 – besser: gemeinschaftliche Schuld, Vor § 420 Rn 4; §§ 743–748 Rn 12); Vollstreckungsschuldner nach Prozessvergleich (KG NJW-RR 88, 1407); wegen WEG 10 VI und VIII haften die Wohnungseigentümer für Verbindlichkeiten aus einem Vertrag mit der Gemeinschaft der Wohnungseigentümer nur dann als Gesamtschuldner, wenn sie sich neben dem Verband klar und eindeutig auch persönlich verpflichtet haben (BGH NJW 10, 932 f; ähnlich schon NJW 05, 2066 f); sa § 420 Rn 3; „Oder-Kontoinhaber" zT sogar über die Kreditlinie hinaus (Nürnberg WM 90, 1371); Bauherren, falls nicht Wohnungs- oder Teileigentum errichtet werden soll (BGH NJW-RR 89, 465; vgl § 420 Rn 3); Ehegatten aus einem gem § 1357 geschlossenen Vertrag (vgl § 1357 Rn 6); Pflicht mehrerer Mieter zur Mietzinszahlung einschließlich Nebenkosten, sofern nicht etwas anderes vereinbart ist (BGH NJW 10, 1965); Rückabwicklung einer Leistung an eine Gläubigermehrheit führt grundsätzlich zur Teilschuldnerschaft entspr Bereicherung (BGH NJW-RR 05, 240; Hamm NJW 81, 877) und nur ausnahmsweise zur gesamtschuldnerischen Haftung analog § 427 (BGH NJW 85, 1828); vgl iÜ für Gemeinschaften Vor § 420 Rn 3 und 6 mwN; §§ 714, 715 Rn 9 f; §§ 743–748 Rn 12.

§ 428 Gesamtgläubiger

¹Sind mehrere eine Leistung in der Weise zu fordern berechtigt, dass jeder die ganze Leistung fordern kann, der Schuldner aber die Leistung nur einmal zu bewirken verpflichtet ist (Gesamtgläubiger), so kann der Schuldner nach seinem Belieben an jeden der Gläubiger leisten. ²Dies gilt auch dann, wenn einer der Gläubiger bereits Klage auf die Leistung erhoben hat.

§ 429 Wirkung von Veränderungen

(1) **Der Verzug eines Gesamtgläubigers wirkt auch gegen die übrigen Gläubiger.**

(2) **Vereinigen sich Forderung und Schuld in der Person eines Gesamtgläubigers, so erlöschen die Rechte der übrigen Gläubiger gegen den Schuldner.**

(3) ¹**Im Übrigen finden die Vorschriften der §§ 422, 423, 425 entsprechende Anwendung.** ²**Insbesondere bleiben, wenn ein Gesamtgläubiger seine Forderung auf einen anderen überträgt, die Rechte der übrigen Gläubiger unberührt.**

§ 430 Ausgleichungspflicht der Gesamtgläubiger

Die Gesamtgläubiger sind im Verhältnis zueinander zu gleichen Anteilen berechtigt, soweit nicht ein anderes bestimmt ist.

Anmerkungen zu den §§ 428–430

1 **1. Wesen der Gesamtgläubigerschaft.** Jeder Gläubiger kann die Leistung voll verlangen, der Schuldner kann aber bis zur Befriedigung den Leistungsempfänger auswählen, sofern keine abw Vereinbarung (zB für Pfändungsfall) vorliegt (BGH NJW 79, 2038; zT krit Tiedtke NJW 80, 2496). Gläubigergestaltungsrechte (zB Wahlrecht gem StVG 13 II, § 843 III: BGH 59, 190; gem §§ 634, 635: BGH 74, 255 f zur aF) und Verfügungen über das gesamte Recht (zB Abtretung: BGH WM

87, 1038; Erlass – es sei denn mit beschränkter Gesamtwirkung, vgl § 424 Rn 4 –: BGH NJW 86, 1862; NJW-RR 09, 1534; aA Bremen OLGZ 87, 30 und Hamburg MDR 03, 319) können nur von allen Gläubigern gemeinsam vorgenommen werden. Verjährung läuft gegenüber jedem Gläubiger gesondert (BGH NJW 85, 1552: Einzelwirkung). § 430 gewährt einen selbstständigen Ausgleichsanspruch entspr § 426 I 1 (für Eheleute in ges Güterstand Brandenburg FamRZ 08, 2036); aus § 242 kann ein Auskunftsanspruch folgen (Dresden NJW-RR 12, 1007)

2. Anwendungsbereich. Gesamtgläubigerschaft ist praktisch sehr selten, häufiger sind Gesamthandsgläubigerschaft oder auch Forderungsgemeinschaft (BGH NJW 84, 1357; sa Vor § 420 Rn 2 mN). **a) Bsp für Gesamtgläubigerschaft:** § 2151 III; Anspruchsübergang auf mehrere Sozialversicherungsträger gem SGB X 117 (BGH NJW 86, 1862; NJW-RR 09, 1537: beschränkte Gesamtwirkung des Abfindungsvergleichs), nicht aber zwischen Sozialversicherungs- und Versorgungsträgern (BGH 106, 387: Teilgläubiger); Begründung durch Vertrag unter Einbeziehung des Schuldners (BGH 64, 67 ff); Bereicherungsanspruch der Gesamtschuldner nach Vollstreckung trotz Erfüllung (Frankfurt OLGZ 82, 357); sichernder Rückauflassungsanspruch der Miteigentümer (Zweibrücken Rpfleger 85, 285); prozessualer Kostenerstattungsanspruch von Streitgenossen (BGH Rpfleger 85, 321; sa RPfleger 06, 339: obsiegt nur einer der Streitgenossen, kann er Kostenerstattung nur in Höhe eines seiner Beteiligung am Rechtsstreit entspr Bruchteils verlangen); Gesamtgläubigerschaft an dinglichen Rechten, zB Hypothek, Wohnungsrecht, dingliches Vorkaufsrecht (Stuttgart NJW-RR 09, 952), Grundschuld (BGH WM 10, 1475 f: keine Anwendung des § 429 II), Eigentümergrundschuld ehelicher Miteigentümer (Dresden NJW-RR 12, 1007); Nießbrauch usw (BGH NJW 81, 177; 96, 2153; Frankfurt, NJW-RR 12,785; hierzu Erbath NJW 97, 974), soweit nicht Gesamthand oder Gemeinschaft vorliegt (vgl § 432 Rn 2; § 741 Rn 5; §§ 743–748 Rn 15); idR gemeinsame Miete (s Hamm FamRZ 84, 1017; § 741 Rn 3); mehrere ersatzberechtigte Gläubiger nach dem CMR (BGH NJW 92, 1767; 99, 1112; NJW-RR 06, 1546; VersR 09, 286). Das *„Oder-Konto"* schafft Gesamtgläubigerschaft (BGH 95, 187; NJW 00, 2348; 90, 705; 09, 2055: für ein Kontokorrentkonto auf Grund eines Bausparvertrages; Rieder WM 87, 29) mit der Besonderheit, dass der Schuldner an den fordernden Gläubiger leisten *muss* (BGH 95, 187); Innenausgleich erfolgt idR zu gleichen Teilen (BGH NJW 90, 705; 97, 1435; 00, 2347; Köln WM 00, 2487; Frankfurt NJW-RR 12, 903), bei „Oder-Depot" entspr den Eigentumsverhältnissen (BGH NJW 97, 1435; Düsseldorf NJW-RR 98, 918; Köln WM 00, 2487); zwischen Eheleuten jedenfalls bei Getrenntleben (BGH NJW 90, 705 f; 00, 2348; ähnlich Köln NJW-RR 99, 1090 für Trennungsvorbereitung sowie Naumburg NJW-RR 07, 1158 – Ausgleich nach rechtskräftiger Scheidung); bei intakter Ehe idR entgegenstehende Gestaltung des Innenverhältnisses, die aber zu beweisen ist (BGH NJW-RR 93, 2; BFH 218, 405 f); Ausgleich bei eheähnlicher Lebensgemeinschaft zumindest für nach Beendigung abgehobene Beträge (Celle FamRZ 82, 63; Diederichsen NJW 83, 1025). Die Insolvenz eines Kontoinhabers lässt das andere Schuldverhältnis unberührt (BGH 95, 185), ebenso Pfändungen durch Gläubiger eines Kontoinhabers (Dresden WM 01, 1149 f; offen BGH 93, 321); bei der Insolvenz eines der Inhaber eines „Oder-Kontos" gehört aber die Forderung des insolventen Inhabers auf das gesamte Kontoguthaben zur Insolvenzmasse (Hamburg NZI 08, 437). Ein „Oder-Konto" kann nur gemeinschaftlich in „Und-Konto" verwandelt werden (BGH NJW 91, 420; anders uU bei Einzelverfügungsbefugnis, BGH NJW-RR 93, 233); Zahlungen des Arbeitgeber- oder Mieter-Ehegatten auf „Oder-Konto" sind keine Betriebsausgaben (BFH NJW 90, 854); ein nicht börsentermingeschäftsfähiger Mitinhaber kann Stornierung von Belastungen aus Börsentermingeschäften des anderen börsentermingeschäftsfähigen Mitinhabers verlangen, soweit das Konto durch die Belastungen debitorisch wurde (BGH NJW 02, 3096; sa Karlsruhe NJW 03, 222). Ursprünglich wurde Gesamtgläubigerschaft von Anwaltssozii bez Gebührenforderungen angenommen (BGH NJW 63, 1301; 80, 2407); später

§ 431

(BGH NJW 96, 2859) Gläubigerschaft zur gesamten Hand, wobei sich bei Annahme der Teilrechtsfähigkeit einer GbR diese Problematik entschärft; sa §§ 709–713 Rn 10. **b) Keine Gesamtgläubigerschaft** besteht in folgenden Fällen: Einzelgläubigerschaft des Sozialversicherungsträgers und des Geschädigten bei teilw Anspruchsübergang gem SGB X 116; Einzelgläubigerschaft zwischen Versicherung und Versicherungsnehmer bei teilw Übergang gem VVG 86 (BGH 44, 382 ff); der Anspruch des verletzten Kindes gem §§ 842, 823 ff geht dem Anspruch der Eltern gem §§ 845, 1619 vor (BGH 69, 385), so dass Gesamtgläubigerschaft von Eltern und Kind entfällt; Einzelgläubigerschaft von Ehemann und Kindern bei Ansprüchen aus Tötung der Ehefrau und Mutter (BGH NJW 72, 1717); Einzelgläubigerschaft mehrerer Unterhaltsgläubiger auch dann, wenn die Ansprüche in einem einheitlichen Rechtsstreit geltend gemacht werden (OLGR Naumburg 05, 865); Einzelgläubigerschaft von GmbH und verbundenem Unternehmen bei Rückgewähr doppelt unzulässiger Zahlungen (GmbHG 30, BGH NJW 91, 358); vgl iÜ § 420 Rn 2 und § 741 Rn 5, ferner § 432 Rn 2; zu Mängelansprüchen aus gemeinschaftlichem Wohnungseigentum s § 741 Rn 7 f.

5   **3. Prozessuales.** Gesamtgläubiger sind einfache Streitgenossen (arg § 429 III). Vollstreckung gegen einzelne Gesamtgläubiger als Vollstreckungsschuldner ist möglich. Einzelpfändung und Insolvenzbeschlag wirken nur persönlich. Die Pfändung der gemeinschaftl Forderung erfasst im Verhältnis zum Schuldner die ganze Forderung (BGH 93, 320 f), die anderen Gläubiger können der Verwertung ihres Anteils nicht gem ZPO 771 widersprechen (BGHR ZPO § 771 Drittwiderspruchsklage 2 entgegen Koblenz NJW-RR 90, 1386 für Oder-Konto-Pfändung).

§ 431 Mehrere Schuldner einer unteilbaren Leistung

Schulden mehrere eine unteilbare Leistung, so haften sie als Gesamtschuldner.

1   **1. Gesamtschuldnerschaft.** Sie ist nur bei unteilbaren Leistungen anzunehmen, die jeder Gesamtschuldner einzeln erbringen kann (zB mehrere Anwälte oder Ärzte einer Sozietät als Schuldner vertraglicher Leistung, §§ 714, 715 Rn 4 ff und 7; mehrere Arbeitgeber als Gesamtschuldner voller Beschäftigungspflicht, BAG NJW 84, 1703). Sofern Schuldner eine Leistung nur durch gemeinschaftliches Zusammenwirken erbringen können, handelt es sich um eine *gemeinschaftliche Schuld* (vgl Vor § 420 Rn 4 mN).

2   **2. Gemeinschaftliche Schuld.** Sie ist im Ges nicht geregelt. **a) Anwendungsfälle:** Gesellschafter oder Gemeinschafter als Schuldner (vgl §§ 714, 715 Rn 9 f; §§ 2058–2063 Rn 8; §§ 743–748 Rn 12 f, 15); Verpflichtung zur gemeinsamen Herstellung eines Werks (BGH NJW 52, 217; Nürnberg NJW-RR 91, 28; unklar und str); Verpflichtung zum gemeinsamen Betrieb einer Gaststätte (BGH VersR 69, 830); Verpflichtung ausgeschiedener Gesellschafter zur Ausstellung einer Rechnung gem UStG 14 1973 (BGH NJW 75, 311); Verpflichtung einer „Eigengruppe" (zB Musiker) zu einer Veranstaltung oder einer Akkordkolonne zur eigenständigen Aufgabenerledigung (vgl BAG NJW 74, 2255; str). **b) Rechtsfolgen** sind unklar (van Venrooy JuS 82, 95), zumal die Abgrenzung zur Gesamtschuld (vgl auch § 425 Rn 8) oft nicht durchgehalten wird. **aa)** Die **primäre Pflicht** wird nur gemeinschaftlich geschuldet; §§ 421 ff sind unanwendbar, weil sie von der Möglichkeit des einzelnen Schuldners zur alleinigen Leistung ausgehen. Die gemeinschaftlichen Schuldner sind im Prozess *notwendige Streitgenossen* (ZPO 62), worin wiederum ein wesentlicher Unterschied zur Gesamtschuld liegt (§ 425 Rn 1). **bb) Sekundärpflichten** (Ersatzpflichten) setzen entweder die Verpflichtung voraus, für fremdes Verschulden Mitverpflichteter einzustehen (Nürnberg NJW-RR 91, 28; vgl das Parallelproblem § 425 Rn 8 ff) oder aber eigenes Verschulden (vgl BAG NJW 74, 2255; §§ 280 I 2, 286 IV). Auf sekundäre Ersatzpflich-

Mehrheit von Schuldnern und Gläubigern § 432

ten sollte man §§ 421 ff anwenden (aA Reinicke/Tiedtke, Gesamtschuld und Schuldsicherung, 1988, S 17 f). Bei Gesamthändern ist bei fehlendem eigenen Verschulden Haftung unter Beschränkung auf das Gesellschaftsvermögen erwägenswert (Larenz, SchR I, § 36 II c; str).

§ 432 Mehrere Gläubiger einer unteilbaren Leistung

(1) ¹Haben mehrere eine unteilbare Leistung zu fordern, so kann, sofern sie nicht Gesamtgläubiger sind, der Schuldner nur an alle gemeinschaftlich leisten und jeder Gläubiger nur die Leistung an alle fordern. ²Jeder Gläubiger kann verlangen, dass der Schuldner die geschuldete Sache für alle Gläubiger hinterlegt oder, wenn sie sich nicht zur Hinterlegung eignet, an einen gerichtlich zu bestellenden Verwahrer abliefert.

(2) Im Übrigen wirkt eine Tatsache, die nur in der Person eines der Gläubiger eintritt, nicht für und gegen die übrigen Gläubiger.

1. Anwendungsbereich. Die praktische Bedeutung der Vorschrift ist 1 beschränkt, weil regelmäßig zwischen den Gläubigern gesellschaftsrechtliche oder gemeinschaftsrechtliche Sondervorschriften gelten. Es sind zu unterscheiden: **a) Einfache Forderungsgemeinschaft:** Bsp: BGH 175, 297 = NJW 08, 1807 2 (Anspruch der Miteigentümer auf Versteigerungserlös); BGH 179, 146 = NJW 09, 847 (Anspruch auf Löschung einer Gesamthypothek); NJW 05, 3782 (Mietzinsanspruch vermietender Miteigentümer); NJW 12, 64 (Anspruch vermietender Miteigentümer aus § 554 II 1); NJW-RR 09, 687 (Schadensersatzanspruch aus einfacher Forderungsgemeinschaft); zur Anwendung des § 432 bei schuldrechtlichen Forderungen BGH NJW 12, 64 u § 741 Rn 2 und 6, bei dinglichen Forderungen § 741 Rn 5, §§ 743–748 Rn 15; zum „Und-Konto" § 741 Rn 6; zur Wohnungseigentümergemeinschaft § 741 Rn 7 f und §§ 428–430 Rn 2. **b) Gesamthandsforderungen:** Für GbR nach Anerkennung ihrer Teilrechtsfähigkeit (BGH NJW 01, 1056) nur noch von allenfalls beschränkter Bedeutung; zur umstrittenen Anwendung des § 432 bei BGB-Gesellschaft vgl §§ 709–713 Rn 10; iÜ § 1422 Rn 2 ff, §§ 1450–1453 Rn 3 ff, 9 f; § 2039. **c) Mitgläubigerschaft ohne gemeinsame Berechtigung.** Sofern – was selten ist – Mitgläubiger weder Gesamthänder noch Gemeinschafter sind, gilt § 432. Bsp: Bestellung einer Taxe für gemeinsame Fahrt (Larenz, SchR I, § 36 I b; nur bei Ablehnung einer BGB-Gesellschaft!); Mitberechtigung beider Ehegatten aus Verträgen gem § 1357 I 2 (str; vgl § 1357 Rn 6; zur Miete §§ 428–430 Rn 2, § 741 Rn 3); Vorbehaltsverkäufer und -käufer bei Eigentums- und Anwartschaftsrechtsverletzung (Baur/Stürner, SachenR, 18. Aufl 2009, § 59 Rn 45 mN; § 929 Rn 58; offen BGH NJW 91, 2020); soweit der BGH Teilgläubigerschaft angenommen hat (BGH 55, 31 f), mag ein nicht verallgemeinerungsfähiger Sonderfall vorliegen (aA MK/Bydlinski 7): im entschiedenen Fall hatten Gläubiger des Verkäufers gepfändet und verwertet, so dass der Käufer hinsichtlich des Restkaufpreises frei war (§ 323 aF, nunmehr § 326 I) und ihm nicht wie sonst der Schaden gem § 446 I entstand.

2. Rechtsfolgen. Jeder Gläubiger kann Leistung an alle verlangen. § 432 gewährt 3 insoweit Verfügungsbefugnis und Prozessführungsbefugnis (BayObLGZ 92, 131). Leistung an einen Gläubiger befreit grundsätzlich nicht; mangels Gegenseitigkeit keine Aufrechnung mit Forderung gegen einen einzelnen Gläubiger (BGH NJW 11,452)

3. Prozessuales. Mitgläubiger sind idR notwendige Streitgenossen aus prozes- 4 sualem Grund (ZPO 62 I 1. Var) (vgl StJ/Bork § 62 Rn 8). Vollstreckung gegen Mitgläubiger als Vollstreckungsschuldner erfordert einen Titel gegen alle (entspr ZPO 736).

Abschnitt 8. Einzelne Schuldverhältnisse

Einführung Abschnitt 8

1 **1. Allgemeines. a) Überblick.** Die in den §§ 433–853 zusammengefassten vertraglichen und ges Schuldverhältnisse bilden den sog **Bes Teil** des Schuldrechts (Rn 2 vor § 241). Er ergänzt das im Allg Teil und Allg Schuldrecht (nur) allg geregelte **Vertragsrecht** durch Ausformung einzelner Schuldvertragstypen (Rn 4) und enthält daneben das dem Personen- und Güterschutz dienende **Deliktsrecht** (§§ 823–853) sowie die Ausgleichsordnung des **Bereicherungsrechts** (§§ 812–
2 822; zum Aufbau s iÜ Rn 5 vor § 241). **b) Einteilung der Schuldverhältnisse.** Die wichtigste Einteilung ist die nach dem Entstehungsgrund in rechtsgeschäftliche und „ges Schuldverhältnisse" (Rn 5). Die rechtsgeschäftlichen Schuldverhältnisse werden unterteilt in vertragliche (Regelfall, vgl § 311 I) und solche auf Grund einseitigen RGeschäfts (selten, vgl § 311 Rn 1). Gliederung der vertraglichen Schuldverhältnisse nach der Art der geschuldeten Leistung (Rn 4). Weitere Einteilungs-
3 kriterien: § 311 Rn 9 ff. **c) Anwendungsbereich.** Für die einzelnen Vertragsschuldverhältnisse (Rn 4) gelten in erster Linie die bes Vorschriften des Abschnitts 8, ergänzend allg Schuldrecht (§§ 311 ff, ggf §§ 305 ff; §§ 320 ff; 241 ff) und Allg Teil (§ 311 Rn 23, 27). Für die ges Schuldverhältnisse (Rn 5) gilt ergänzend allg Schuldrecht außer den §§ 311–361.

4 **2. Vertragliche Schuldverhältnisse.** Abschnitt 8 enthält (nicht erschöpfende, § 311 Rn 23) Regelungen zu verschiedenen, meist bes wichtigen Vertragstypen. Diese können nach den Hauptleistungspflichten zu folgenden Gruppen zusammengefasst werden: **a) Veräußerungsverträge** (Kauf, Tausch, Schenkung); **b) Gebrauchsüberlassungsverträge** (Miete, Pacht, Leihe); **c) Dienst- und Werkleistungsverträge** (entgeltlich: Dienstvertrag, Werkvertrag, Reisevertrag, Geschäftsbesorgungsvertrag, Maklervertrag, Verwahrungsvertrag; unentgeltlich: Auftrag); **d) Geld- und Kreditverträge** (Darlehensvertrag einschl Verbraucherdarlehensvertrag und Finanzierungshilfen; Zahlungsdienstevertrag; Sachdarlehensvertrag; str für Anweisung und Inhaberschuldverschreibung, vgl § 311 Rn 1); **e) Verträge zur Schuldsicherung und -feststellung** (Bürgschaft, Schuldversprechen, Schuldanerkenntnis, Vergleich); **f) Risikoverträge** (Leibrente, Spiel und Wette, Differenzgeschäft); **g) vertragliche Personenvereinigung** (Gesellschaft). Die ges Regelung wird den heutigen Verhältnissen nicht voll gerecht (§ 311 Rn 25).

5 **3. Ges Schuldverhältnisse.** Sie entstehen, wenn bestimmte tatsächliche Voraussetzungen erfüllt sind (BGH 93, 284), zB Verletzung eines Rechts oder Rechtsguts (uH, §§ 823 ff), Eintritt einer nicht gerechtfertigten Vermögensverschiebung (ungerechtfertigte Bereicherung, §§ 812 ff), Vornahme einer GoA (§§ 677 ff), Bestehen einer (Wohnungseigentümer-)Gemeinschaft (§§ 741 ff; WEG), Einbringung von Sachen bei Gastwirten (§§ 701 ff), Tatsache des Besitzes einer Sache (Vorlegungspflicht, §§ 809 ff); ferner aus sachen-, erb- und familienrechtlichen Rechtsverhältnissen und Rechten, insbes dem Eigentum (Eigentümer-Besitzer-Verhältnis, vgl Rn 1 vor § 987; vgl ferner zB §§ 1020–1022 Rn 1; Rn 3 vor § 1030; §§ 1041–1047 Rn 1 und allg Rn 7 vor § 241). Ges Schuldverhältnisse werden ferner begründet nach § 311 II, III, uU durch stdg Geschäftsbeziehungen, durch rechtswidrige Wettbewerbshandlung und Abmahnung (BGH NJW 90, 1905 und 1906; 95, 716) sowie durch „sozialen" Kontakt (§ 241 Rn 25; weitere Bsp: § 278 Rn 3). Zu Schuldverhältnissen aus sog sozialtypischem Verhalten („faktisches Vertragsverhältnis") vgl Rn 16 ff vor § 145.

Titel 1. Kauf, Tausch

Vorbemerkungen zu den §§ 433–480

1. Systematik. §§ 433–451 regeln den Sachkauf einschließlich des Grundstücks- 1 kaufs. § 452 ordnet die entspr Anwendung der Vorschriften über den Grundstückskauf für den Schiffskauf (§ 452 Rn 1 [a]) an, § 453 I die entspr Geltung der Bestimmungen über den Sachkauf für den Rechtskauf (s § 453 Rn 1) und den Kauf sonstiger Gegenstände (s § 453 Rn 11). §§ 454–473 regeln mit dem Kauf auf Probe, dem Wiederkauf und dem Vorkauf drei bes Arten des Kaufs. §§ 474–479 normieren den Verbrauchsgüterkauf.

2. VerbrauchsGüKaufRiLi. Titel 1 dient der Umsetzung der VerbrGüKau- 2 fRiLi (dazu Gsell, JZ 01, 65; Honsell, JZ 01, 278). **a)** Wesentliche **Vorgaben** der VerbrGüKaufRiLi sind unabdingbare (VerbrGüKaufRiLi 7 I) Mindestrechte (VerbrGüKaufRiLi 8 II) des Verbrauchers (VerbrGüKaufRiLi 1 II a]) bei der Lieferung nicht vertragsgemäßer (VerbrGüKaufRiLi 2) Güter (VerbrGüKaufRiLi 1 II b]) in Form von Nachbesserungs-, Minderungs- und Vertragsauflösungsrechten (VerbrGüKaufRiLi 3). Diese können grundsätzlich binnen zwei Jahren nach der Lieferung geltend gemacht werden (VerbrGüKaufRiLi 5). Dem Verkäufer (VerbrGüKaufRiLi 1 II c]) steht ein Rückgriffsrecht gegen Vorlieferanten einschl Hersteller (VerbrGüKaufRiLi 1 II d]) zu (VerbrGüKaufRiLi 4). **b)** Ein bes **Widerrufsrecht** (§ 355) sieht die VerbrGüKaufRiLi *nicht* vor. Es kann sich aber aus 3 einem Kauf an der Haustür (§ 312), im Fernabsatz (§ 312d), beim Zahlungsaufschub (§§ 506, 495), Teilzahlungsgeschäft (§§ 506 III, 507, 495) und Ratenlieferungsvertrag (§ 510) ergeben, ferner beim verbundenen Darlehensvertrag nach §§ 358, 491, 495. **c) Bedeutung.** Nicht nur §§ 474–479, sondern zahlreiche weitere Vorschriften des Kaufrechts dienen der Umsetzung der VerbrGüKaufRiLi. 4 Damit wird unterschiedlichen Regelungen innerhalb und außerhalb des Kaufrechts weitgehend entgegen gewirkt, zB beim Mangelbegriff (s § 434 Rn 1). Soweit Vorgaben der VerbrGüKaufRiLi bestehen, gilt der Grundsatz richtlinienkonformer Auslegung auch außerhalb des Verbrauchsgüterkaufs (Grigoleit/Herresthal JZ 03, 199) nicht ausnahmslos (s § 439 Rn 20, 33–35). Eine Pflicht zur Vorlage an den EuGH nach AEUV 267 besteht insoweit nicht; Berechtigung zur Vorlage str (s Grigoleit/Herresthal JZ 03, 119 mN).

3. Anwendungsbereich. Kaufrecht gilt unmittelbar für den sog Lieferungskauf 5 (§ 651), **entspr** für den Rechtskauf und den Kauf sonstiger Gegenstände (§ 453 I), den Tausch (§ 480), ferner in den Fällen der §§ 365, 757, 915, 2182 f sowie bei **öffentl-rechtlichen Lieferungsverhältnissen** (BGH 59, 305 betr Wasserversorgung).

4. Arten und Sonderformen des Kaufs. a) Arten. Unter verschiedenen 6 Gesichtspunkten lassen sich unterscheiden: **aa)** nach der Art des **Kaufgegenstands:** Sach- (§ 433 Rn 10 ff) und Rechtskauf (§ 453 I Fall 1; insbes Forderungskauf, s § 453 Rn 2); Waren- und Wertpapier- (HGB 373, 381), Grundstücks- (§§ 311b I, 435 S 2, 436, 448 II) und Schiffskauf (§ 452); Stück-(Spezies-)kauf und Gattungskauf (sa § 243 Rn 2), davon Sonderform: Spezifikationskauf (HGB 375); **bb)** nach der **zeitlichen Bindung (Dauer):** Sukzessivlieferungsvertrag (§ 311 Rn 14) und Wiederkehrschuldverhältnis (§ 311 Rn 15); **cc)** nach den **Zahlungsbedingungen:** Bar- und Kreditkauf; Sonderformen: Kauf unter EV (§ 449), Teilzahlungskauf (§ 501), drittfinanzierter Kauf (§ 358); **dd)** nach den **Parteien:** bürgerlich-rechtlicher und Handelskauf (HGB 343, 345, 373 ff; dazu Emmerich JuS 97, 98); Verbrauchsgüterkauf (§§ 474 ff); **ee)** Nach dem **Zustandekommen:** Kauf im Fernabsatz (§§ 312b ff, sa § 312g), an der Haustür usw (§ 312); **ff)** nach der **Auslandsberührung:** inländischer und int Kauf, zB nach UN-Kaufrecht (CISG; dazu Piltz NJW 03, 2056 ff), in Kraft seit 1.1.1991 (BGBl 1990 II S 1477). **b)** Im BGB geregelte **Sonderformen:** 7

Vor §§ 433–480 Buch 2. Abschnitt 8. Einzelne Schuldverhältnisse

Kauf auf Probe (§§ 454 f); Wiederkauf (§§ 456 ff); Vorkauf (§§ 463 ff; sa §§ 1094 ff; sonstige Ankaufsrechte: § 463 Rn 5); Erbschaftskauf (§§ 2371 ff); Pfandverkauf (§§ 445, 1228); Versteigerung (§ 156; ie BGH NJW 83, 1186 f; zur Internet-Auktion s § 433 Rn 5); eine verkehrstypische Sonderform ist das (aufschiebend oder auflösend bedingte) Konditionsgeschäft, bei dem der Käufer die Ware zurückgeben darf, wenn er sie nicht bis zu einem bestimmten Zeitpunkt verkauft haben sollte (BGH NJW 75, 776); Besonderheiten gelten beim Unternehmenskauf (§ 453 Rn 12 ff).

8 **c) Abdingbarkeit.** Außerhalb des Verbrauchsgüterkaufs (§ 475 I, II) sind die ges Vorschriften größtenteils dispositiv (Ausnahmen zB §§ 444, 449 III); sie werden häufig durch AGB (Liefer- und Einkaufsbedingungen) ersetzt (Schranke: §§ 305 ff). Typische **Lieferklauseln:** „Selbstbelieferungsvorbehalt": Verkäufer ist von Lieferpflicht befreit, wenn er von seinem Lieferanten, mit dem er ein kongruentes Deckungsgeschäft abgeschlossen hatte, nicht beliefert wird (BGH 92, 399; NJW 95, 1960 mN); „Liefermöglichkeit vorbehalten": Einschränkung des Beschaffungsrisikos (§ 276 Rn 50); „freibleibend": keine Lieferverpflichtung (bedenklich); Preis-, Kassa-, Akkreditiv-, Kosten- und Zinsklauseln: § 433 Rn 15 ff, 22 ff, 27 ff.

9 **5. Abgrenzung des Kaufs von anderen Schuldverträgen. a) Tausch** (§ 480): Gegenleistung besteht nicht in Geldleistung, sondern gleichfalls in einem Vermögensgegenstand (Sache, Recht). **b) Schenkung** (§ 516): Keine Gegenleistung **10** (unentgeltlich). **c) Werkvertrag und Lieferungsvertrag** (§§ 631, 651): Der Unternehmer ist zur Herstellung des Gegenstands verpflichtet; auf die Herstellung und Lieferung beweglicher Sachen findet gem § 651 S 1 grundsätzlich Kaufrecht Anwendung; bei Herstellung nicht vertretbarer Sachen (§ 91) s § 651 S 3. Sacherwerb mit Montagepflicht ist Kauf (s § 434 II 1). Der Eigenheimerwerbsvertrag (§ 311 Rn 30) ist Werkvertrag, wenn den Veräußerer, wie idR beim Erwerb vom Bauträger, eine Herstellungspflicht trifft (Rn 5 vor § 631); dies gilt auch dann, wenn bei Vertragsschluss das Eigenheim (auch Eigentumswohnung) bereits fertiggestellt war (BGH 87, 116; 101, 352; 108, 158 f mN, stRspr; krit Kanzleiter DNotZ 87, 653 ff; Sturmberg NJW 89, 1832), wenn Altbauten in Eigentumswohnungen umgewandelt (BGH 100, 396; NJW 88, 1972) oder bis auf die Grundmauern saniert werden (BGH MDR 05, 622). Reiner Werkvertrag ist idR auch der Vertrag über Lieferung und Errichtung eines Fertighauses (BGH 87, 116 ff; NJW 86, 3200) oder Ausbauhauses (BGH NJW 06, 905). Der Vertrag über die Lieferung von (einzubauendem) genormten Baumaterial (Bausatzvertrag) ist dagegen Kauf (BGH 78, 377; 87, 116), ebenso bei Lieferung und Aufstellung eines serienmäßig hergestellten Mobilheims **11** (BGH NJW-RR 04, 1205). **d) Miete, Pacht** (§§ 535, 581): Kauf ist auf dauernde und endgültige Überlassung gerichtet, Miete und Pacht nur auf eine vorübergehende. Entspricht die Überlassungsdauer der Nutzungsdauer eines verbrauchbaren Wirtschaftsguts, handelt es sich um kaufähnlichen Vertrag (Mietkauf BGH 62, 42). **Leasingverträge** sind idR Miete (str, ie Rn 5 ff vor § 535, auch bei Einräumung einer Kaufoption [BGH 71, 194] oder Begründung eines Andienungsrechts [BGH 71, 202]), uU Finanzierungshilfe (§ 506 I, II; Rn 7 vor § 535). **e) Lizenzvertrag.** Erwerb gewerblicher Schutzrechte (Patent, Marke usw) ist Rechtskauf (§ 453 Rn 18); ebenso, wenn mit Lizenz dem Erwerber die wesentlichen Befugnisse dauerhaft verschafft werden sollen, insbes bei ausschließlicher Lizenz und ausschließlichen urheberrechtlichen Nutzungsrechten (UrhG 31 ff); einfache Lizenz unterliegt Pacht. **f) Kommission** (HGB 383): Kommissionär schließt Kaufverträge im eigenen Namen für Rechnung des Kommittenten. Im Verhältnis zwischen Kommissionär und Kommittent liegt kein Güterumsatz-, sondern ein Geschäftsbesorgungsvertrag vor (§ 675 Rn 12); abw Vereinbarung aber möglich (Zweibrücken JZ 98, 196: Geltung von Mängelrecht). Bei Vereinbarung von Festpreis iZw Kauf (Eigengeschäft), nicht (Verkaufs-)Kommission (BGH NJW-RR 91, 995 mN). Verkaufsauftrag an Gebrauchtwagenhändler ist iZw Vermittlungsvertrag (BGH NJW 81, 388; sa § 311 Rn 25; § 675 Rn 12). Andererseits kann ein „Vermittlungsauftrag" über ein „EG-Fahrzeug" (Reimport) als Kaufvertrag zu werten sein (Düsseldorf NJW

Titel 1. Kauf, Tausch § 433

02, 524). **g) Trödelvertrag:** Übergabe zum Verkauf mit der Verpflichtung zur Rückgabe oder bestimmten Preis zu zahlen (Mot II 516). **h) Vertragshändlervertrag** ist als solcher kein Kaufvertrag, sondern ein auf gewisse Dauer gerichteter Rahmenvertrag eigener Art, durch den sich der eine Teil (Vertragshändler oder Eigenhändler) verpflichtet, Waren des anderen Teils (Hersteller oder Lieferant) im eigenen Namen und auf eigene Rechnung zu vertreiben, und durch den der Eigenhändler in die Verkaufsorganisation des Vertragsgegners eingegliedert wird (BGH 93, 59; 124, 355 f; § 456 Rn 4; ie v. Westphalen NJW 82, 2465; Bechtold NJW 83, 1393). Die auf der Grundlage des Eigenhändlervertrags geschlossenen Einzelverträge (§ 433) sind selbstständig (BGH 74, 140). **i) Lizenzspielertransfer** (sog Spielerkauf): Kein Kaufvertrag, nur Ausgleich zwischen den am Spielerwechsel beteiligten Vereinen nach Maßg sportverbandlicher Satzungen (BGH NJW 76, 565; ie Reuter NJW 83, 649 mN, Wertenbruch NJW 93, 182, Oberthür NZA 03, 462; sa EuGH NJW 96, 505).

6. Wirtschaftliche Bedeutung des Kaufvertrags. Wirtschaftlich ist der Kauf 12 Umsatz von Ware gegen Geld. Der Kauf bildet eine der wichtigsten Voraussetzungen für die moderne Geldwirtschaft und ist die wichtigste Form des Warenabsatzes in einem Marktsystem. Da zwischen Produzent und Endabnehmer meist ein Verteilungssystem geschaltet ist (Groß- und Einzelhandel, Handelsvertreter, Eigenhändler), bestehen zwischen ihnen idR keine (kauf-)vertraglichen Rechtsbeziehungen; zur (lediglich) deliktsrechtlichen Produzentenhaftung s § 823 Rn 124 ff und Anh § 823; zum Rückgriff bei mangelhafter Kaufsache in der Lieferkette s §§ 478 f.

Untertitel 1. Allgemeine Vorschriften

§ 433 Vertragstypische Pflichten beim Kaufvertrag

(1) ¹**Durch den Kaufvertrag wird der Verkäufer einer Sache verpflichtet, dem Käufer die Sache zu übergeben und das Eigentum an der Sache zu verschaffen.** ²**Der Verkäufer hat dem Käufer die Sache frei von Sach- und Rechtsmängeln zu verschaffen.**

(2) **Der Käufer ist verpflichtet, dem Verkäufer den vereinbarten Kaufpreis zu zahlen und die gekaufte Sache abzunehmen.**

Lit: Basedow, Die Reform des deutschen Kaufrechts, 1988; Brambring, Schuldrechtsreform und Grundstückskauf, DNotZ 01, 590, 904; Brüggemeier, Das neue Kaufrecht des BGB, WM 02, 1376; Eckert/Maifeld/Matthiessen, Handbuch des Kaufrechts, 2007; Lorenz, Fünf Jahre „neues" Schuldrecht im Spiegel der Rechtsprechung, NJW 07, 1; Reinicke/Tiedtke, Kaufrecht, 8. Aufl 2008; Schubel, Schuldrechtsmodernisierung 2001/2002 – Das neue Kaufrecht, JuS 02, 313; H. P. Westermann, Kaufrecht im Wandel, in: Schulze/Schulte-Nölke (Hrsg), Die Schuldrechtsreform vor dem Hintergrund des Gemeinschaftsrechts, S 109; ders, Das neue Kaufrecht, NJW 02, 241.

1. Allgemeines. a) Begriff: Der Kauf ist ein gegenseitiger rein schuldrechtlicher 1 Vertrag (Rn 2), in dem sich der eine Teil (Verkäufer) zur Veräußerung (Übertragung) eines Vermögensgegenstands (Kaufgegenstand: Rn 10 ff), der andere (Käufer) zur Zahlung einer Geldsumme (Kaufpreis: Rn 14 ff) verpflichtet (Rn 27). **b) Rechtsnatur. aa)** Der Kaufvertrag ist ein **schuldrechtlicher Vertrag,** dh er 2 begründet als reines Verpflichtungs-(Kausal-)geschäft lediglich Leistungs-(Verschaffungs-)ansprüche (Rn 18 ff, 26 ff) und ist vom Erfüllungs-(Verfügungs-)geschäft rechtlich zu trennen und diesem gegenüber in der Wirksamkeit unabhängig (Rn 4; Rn 12 f vor § 854). Erfüllungsgeschäfte sind: Übertragung des Kaufgegenstands (Rn 18 f) und Zahlung des Kaufpreises (Rn 26 f). Je nach Art des Kaufgegenstands (zB Unternehmen, s § 453 Rn 13) kann wegen des sachenrechtlichen Spezialitätsgrundsatzes (§ 929 Rn 5) eine Vielzahl von Erfüllungsgeschäften erforderlich sein. Kaufvertrag und Verfügungsgeschäft brauchen zeitlich nicht aufeinanderzufolgen,

§ 433

sondern können in einem tatsächlichen Vorgang zusammenfallen (Handkauf; Kauf mittels Automaten); auch dann gilt die genannte rechtliche Unterscheidung (prak-
3 tisch zB bei Mangel gem §§ 434 f). **bb)** Der Kaufvertrag ist **gegenseitiger Vertrag** (§ 311 Rn 13). Die §§ 320 ff sind hinsichtlich der Hauptleistungspflichten (Rn 18 ff, 26 ff) anwendbar; Folge: Verpflichtung zur Zahlung des Kaufpreises nur Zug um
4 Zug gegen Lieferung (§ 320 I). **c) Kaufvertrag und Übereignung.** Kaufvertrag und Verfügungsgeschäft sind nicht nur rechtlich zu unterscheiden (Trennungsprinzip, Rn 2), sondern auch in ihrer **Gültigkeit** voneinander unabhängig (**Abstraktionsprinzip,** Rn 13 vor § 854). Folgerungen: Rechtswirksame Übereignung trotz Nichtigkeit des Kaufvertrags; Rückabwicklung erfolgt nach §§ 812 ff. Bei wirksamem Kaufvertrag ohne Übereignung bleibt der Kaufgegenstand im Vermögen des Verkäufers (wichtig für ZPO 771, InsO 47). Bei Doppelverkauf entscheidet über die bessere Rechtsstellung nicht die Reihenfolge der Kaufverträge (vgl § 241 Rn 4 aE), sondern allein die Übereignung (ie Wieling JZ 82, 841). Ist der Zweitkäufer Eigentümer geworden, hat der Erstkäufer gegen ihn grundsätzlich keinen Herausgabeanspruch; Ausnahme: Sittenwidriges Zusammenwirken von Zweitkäufer und Verkäufer (§ 826; vgl BGH NJW 81, 2185; ie § 826 Rn 19). Das Abstraktionsprinzip ist rechtspolitisch umstritten (iE Jauernig JuS 94, 726; sa BGH 124, 324).

5   **2. Kaufvertrag. a)** Für das **Zustandekommen des Kaufvertrags** gelten die allg Regeln (§§ 145 ff). Mindestinhalt der rechtsgeschäftlichen Einigung sind Kaufgegenstand und Kaufpreis, doch braucht ersterer nicht individuell, letzterer nicht betragsmäßig bestimmt zu sein (Rn 10 ff, 14 ff). Vertragsschluss ist idR (außer bei den Fällen der Rn 7) auch stillschweigend möglich. Auch bei einer **Internet-Auktion** („eBay") kommt der Vertragsschluss grundsätzlich nach §§ 145 ff zustande, *nicht* durch Zuschlag (§ 156 Rn 1; BGH 149, 133 ff); verbindliches Verkaufsangebot richtet sich an den Bieter, der in der Laufzeit der Auktion das Höchstgebot abgibt (BGH NJW 05, 54); einzelne Gebote stehen unter der aufschiebenden Bedingung (§ 158 I), dass kein höheres Gebot erfolgt; zum Widerrufsrecht des Käufers s § 312d.
Einzelheiten: Die „Auftragsbestätigung" des Verkäufers ist die Annahme des Kaufangebots (BGH 61, 284; ie § 147 Rn 7). Das (echte) Bestätigungsschreiben setzt einen bereits geschlossenen Vertrag voraus (ie § 147 Rn 5). Schweigen gilt auch im kaufmännischen Verkehr – außer bei vorangegangenem Bestätigungsschreiben – nicht als Zustimmung (BGH 18, 216, stRspr; ie § 147 Rn 7); Bsp: Schweigen auf unbestellt zugesandte Ware, sa § 241a Rn 5. Für **Einbeziehung von AGB** durch Verkäufer („Lieferungsbedingungen") oder Käufer („Einkaufsbedingungen") s §§ 305 ff; wegen Verweisung auf einander widersprechende AGB vgl § 305 Rn 23; zur Abgrenzung von AGB- und Individualabrede iSv § 305 s dort Rn 8 ff; ferner
6 § 310 III. **b) Wirksamkeit. aa) Willensmängel:** §§ 116 ff. Der Kalkulationsirrtum (Irrtum über die Berechnungsgrundlagen des Preises) berechtigt idR nicht zur Anfechtung (BGH 60, 221; NJW 83, 1672), auch wenn der Erklärungsempfänger diesen erkannt hat (BGH 139, 177; sa § 119 Rn 10; § 313 Rn 26). Die Anfechtung wegen Eigenschaftsirrtums (§ 119 II) ist durch die speziellen Mängelrechte
7 (§§ 437 ff) ausgeschlossen (ie § 437 Rn 32 [α]). **bb) Form:** Kaufvertrag ist grundsätzlich formfrei; Ausnahmen: § 311b I, III, V; § 484; § 507 II iVm § 492, § 510 II; § 2371; § 2385; WEG 4 III; ErbbauRG 11 II; GmbHG 15 IV 1. Vereinbarte Schriftform (§ 127) häufig in AGB hinsichtlich mündlicher Zusatzvereinbarungen; formlose Nebenabreden uU gleichwohl gültig (§ 305b Rn 3); desgl uU formlose Abänderung (§ 125 Rn 9; § 311 Rn 7, 18). **cc) Behördliche Genehmigung** ist erforderlich bei GrdstVG 2 (land- und forstwirtschaftliche Grundstücke) und BauGB 144 II Nr 1, 3; 169 I Nr 3 (Grundstücke in Sanierungs- und Entwicklungsgebieten);
8 BauGB 51 betrifft dagegen (ua) die Auflassung. **dd) Abschlussverbote** (§ 134) enthalten die **ges Koppelungsverbote** (Zusammenstellung: § 311 Rn 29), ferner die **Verkaufsverbote** im Reisegewerbe (GewO 56; ArzneiMG 51; vgl Westphal, Zivilrechtliche Vertragsnichtigkeit wegen Verstoßes gegen gewerberechtliche VerbotsGes, 1985, S 37 ff), nicht aber Verstöße gegen die PAngV (Rn 17; sa § 134

Titel 1. Kauf, Tausch § 433

Rn 9). Kaufverträge über Radarwarn- oder Laserstörgeräte sind sittenwidrig (§ 138 I), soweit deren Betrieb gegen StVO 23 I b verstößt (BGH NJW 05, 1491; 10, 611 mit Anm Skamel ZGS 10, 106). Bierlieferungsverträge mit **Ausschließlichkeitsbindung** verstoßen uU gegen AEUV 101 (vgl EuGH EuZW 91, 376; BGH NJW 92, 1456), bei übermäßiger Bindungsdauer (20 Jahre uU noch tragbar: BGH 83, 318; NJW 88, 2362; 92, 2145 f; sa § 138 Rn 12; Herabsetzung auf angemessenes Maß möglich: § 139 Rn 11 f) können sie iU eine **sittenwidrige Knebelung** bewirken; desgl unterliegt übermäßig lange Bindungsdauer von Ankaufsverpflichtung in Erbbauvertrag der Ermäßigung (BGH 114, 339). Der Verkauf einer Arzt- oder Anwaltspraxis ist idR nicht sitten- (BGH 43, 46; ie § 138 Rn 7) oder gesetzwidrig (einschr BGH 116, 276; NJW 95, 2915; KG NJW-RR 96, 431; ie § 134 Rn 12); desgl nicht ein Grundstückskauf bei Unterverbriefung des Kaufpreises zur Steuerhinterziehung (BGH NJW 66, 588; s aber § 311b Rn 33). **c) Parteien:** Die Vertrags- 9 schließenden bzw die von ihnen wirksam Vertretenen, bei § 328 Dritte (sa § 328 Rn 38). Vereinbarung der Vertragsübernahme durch Dritte anstelle des Verwenders in AGB idR unwirksam (§ 309 Nr 10).

3. Kaufgegenstand. a) Überblick. Jeder verkehrsfähige Vermögensgegenstand 10 kann Kaufgegenstand sein: Sachen (Rn 11), Rechte (§ 453 Rn 2) und sonstige verkehrsfähige Güter (§ 453 Rn 11). Die Regeln über den Sachkauf (auch Grundstückskauf, zu Schiffen s § 452) gelten unmittelbar; § 453 I ordnet entspr Anwendung bei Rechtskauf und Kauf sonstiger Güter an. **b) Sachen (I 1; § 90):** Bewegliche Sachen 11 (sa § 474 I), namentlich Waren (HGB 373), und Grundstücke (Sondervorschriften: Rn 6 [aa] vor §§ 433–480), auch Sachgesamtheiten (Rn 5 vor § 90), über § 90a S 3 auch Tiere, ferner Bargeld (Geldwechseln s § 480 Rn 2). Zur Kaufsache gehört iZw das Zubehör (§ 311c). Bei beweglichen Sachen ist der Aggregatzustand unerheblich, also auch Flüssigkeiten und Gas. Auf Versorgungsverträge findet Kaufrecht auch dann Anwendung, wenn die Lieferung durch eine öffentl Versorgungseinrichtung (Gemeinde) erfolgt (Wasser: BGH 59, 303; 93, 370, dazu § 453 Rn 11; zum Tarifkundenbereich vgl § 453 Rn 11). Die Kaufsache braucht zZ des Vertragsschlusses noch nicht individuell bestimmt zu sein. Festlegung nach Gattungsmerkmalen genügt (Gattungskauf, § 243), Bestimmung durch eine Partei oder einen Dritten ist möglich (§§ 315 ff), auch kann nachträgliche nähere Bestimmung vorbehalten sein (HGB 375). Bei zZ des Vertragsschlusses noch **nicht existenter Sache** ist zu unter- 12 scheiden: Ist Entstehung (nach der Vorstellung der Parteien) *gewiss*, so unbedingter Kauf, bei Herstellungspflicht des Lieferers s § 651. Bsp: Lieferung aus künftiger Produktion, zB Zeitungsabonnement (BGH 70, 358); Lieferung von erst zu beschaffender Sache; Kauf eines noch zu trennenden wesentlichen Bestandteils eines Grundstücks (BGH NJW 00, 505: abzubauende Ausstellungshalle), eines abzutrennenden Teilgrundstücks (BGH NJW 95, 957), von zu bildendem Wohnungseigentum (vgl BGH NJW 88, 564). Ist Entstehung *ungewiss*, entweder aufschiebend bedingter Kauf (*emptio rei speratae*, Bsp: Kauf des nächsten Fohlens der Stute X, künftiger Ernte) oder unbedingter Kauf der Erwerbschance (§ 453 Rn 2, 11, *emptio spei*, Hoffnungskauf; Bsp: Loskauf [RG 77, 344], Kauf einer ungeschützten Erfindung [BGH 83, 288]). Ist Nichtentstehung gewiss, ist Kauf auf unmögliche Leistung gerichtet (§ 311a). Beim Erwerb von **Standardsoftware** gegen eine Einmalzahlung 13 liegt ein **Sachkauf** vor (BGH 102, 144; 109, 100; 110, 137, str; ie Müller-Hengstenberg NJW 94, 3128 mN; Bydlinski AcP 198, 307), dagegen ein Werkvertrag bei Individualsoftware (BGH NJW 87, 1259; 90, 3008), auch bei Integration in Standardsoftware (Hamm NJW-RR 92, 953 f mN; s ie Zahrnt NJW 96, 1799); die Überlassung auf Zeit mit Kündigungsrecht ist Miete oder Pacht (BGH NJW 03, 2016: Dauerschuldverhältnis); zu Nutzungsrechten ("Lizenzen") an (urheberrechtlich geschützter) Software s § 453 Rn 18.

4. Kaufpreis. a) Begriff. Kaufpreis ist das vereinbarte (Rn 15) Entgelt für den 14 Kaufgegenstand. Kein „Kaufpreis" sind andere Gegenleistungen (Sachen, Rechte; dann Tausch, § 480), doch lässt die „Inzahlungnahme" einer Sache (zB von

§ 433

Gebrauchtwagen beim Kfz-Kauf) den Kaufpreis unberührt (zur unterschiedlichen Bedeutung s § 311 Rn 25; §§ 364, 365 Rn 2 f). Soweit beim Grundstückskauf Belastungen auf den Kaufpreis übernommen werden, ist dieser nur Rechnungsgröße (BGH WM 61, 506). Die **Umsatzsteuer** ist iZw im vereinbarten Kaufpreis enthalten (BGH 103, 287 mN; 115, 50); anders bei eindeutigem gegenteiligem Handelsbrauch (einen solchen verneinend: Düsseldorf NJW 76, 1268); sa PAngV 1. **b) Vereinbarung.** Der Kaufpreis unterliegt der freien Vereinbarung der Parteien. Preisvereinbarung in ausländischer Währung ist (seit 1.1.1999 uneingeschränkt) möglich (§§ 244, 245 Rn 14). **aa) Bestimmung.** Einigung über betragsmäßig bestimmte Summe nicht erforderlich (BGH Warn 64, 88), Bestimmbarkeit genügt (§§ 133, 157, 315 ff; HGB 346; Bsp: BGH NJW 90, 1903). Fehlt ausdr Vereinbarung, wird häufig Laden-, Listen- oder Marktpreis, iÜ der angemessene Kaufpreis (Hamm NJW 76, 1212) gewollt sein. Den „angemessenen Preis" bestimmt iZw der Verkäufer nach billigem Ermessen (§§ 315 I, 316). **Preisänderungsvorbehalte** sind in AGB nur eingeschränkt zulässig, §§ 307, 309 Nr 1, PAngV 1 V. Bsp: Tagespreisklausel (uU unwirksam: BGH 90, 71 mN; NJW 85, 622); Listenpreisabrede (idR unwirksam: BGH 92, 206 mN; LG Münster DAR 92, 307; zulässig bei langfristigem Bezugsvertrag: BGH 93, 257 ff; 94, 338 f); „Preis freibleibend" (in AGB unwirksam, offengelassen in BGH NJW 83, 1605 mN); Überwälzung gestiegener Umsatzsteuer (gegenüber Nichtkaufleuten unwirksam bei kurzen Lieferfristen: BGH 77, 81 ff mN; BB 81, 520, str); fehlende Bestimmbarkeit der Erhöhungsfaktoren (unwirksam: BGH NJW 86, 3135 f); Wertsicherungsklauseln (§§ 244, 245 Rn 18 ff; § 315 Rn 6).

17 bb) Höhe. Eine rechtliche Abhängigkeit vom Wert der Sache besteht nicht (BGH MDR 76, 916), einen verifizierbaren „gerechten Preis" gibt es nicht. Auch im AGB-Vertrag unterliegt der Preis nicht der Angemessenheitskontrolle (§ 307 III 1, sa § 307 III 2). Schranken: §§ 134, 138; WiStG 4. Öffentl-rechtliche **Preisvorschriften** sind nahezu vollständig beseitigt (ie AK/Reich Rn 26 ff vor § 433). Verstoß führt idR nicht zur Nichtigkeit des Kaufvertrags (§ 134), sondern zur Aufrechterhaltung mit zulässigem Preis (BGH 51, 181; ebenso Nürnberg MDR 76, 488 für Rabattverstoß; ie § 134 Rn 15). Verstoß gegen die Preisauszeichnungspflicht (PAngV) ist bürgerlich-rechtlich bedeutungslos (BGH NJW 74, 859; 79, 807 mN; str; sa § 134 Rn 9). **cc)** Wegen Fälligkeit, Verzug usw vgl Rn 27.

18 5. Verkäuferpflichten (I). a) Allgemeines. Zu unterscheiden ist zwischen Haupt- (Rn 19–21) und Nebenpflichten (Rn 22–25). Die Hauptpflichten sind je nach der Art des Kaufgegenstandes (Rn 10 ff) verschieden. Haupt-(leistungs-)pflichten des Verkäufers sind beim Sachkauf die Verpflichtung zur Verschaffung von Eigentum und Besitz (**I 1**; Rn 19 f) an der mangelfreien (**I 2**, §§ 434 f) Kaufsache. Zu den Pflichten beim Rechtskauf und Kauf sonstiger Gegenstände s § 453 Rn 2. Rechtsfolgen bei Nichterfüllung einer Hauptpflicht: §§ 280 ff; 320 ff; §§ 437 ff. Die Verschaffungspflicht des Verkäufers kann durch bes Vereinbarungen **beschränkt**
19 sein (Rn 22). **b) Eigentumsverschaffungspflicht.** Der Verkäufer hat dem Käufer das Eigentum an der Kaufsache (Rn 10 ff) zu verschaffen. Er hat die zur Eigentumsübertragung erforderlichen Handlungen vorzunehmen (§§ 873, 925; 929 ff) und etwa entgegenstehende Hindernisse zu beseitigen (Rn 23). Die Verschaffungspflicht
20 ist auch bei gutgl Erwerb (§§ 932 ff; 892; HGB 366) erfüllt. **c) Besitzverschaffungspflicht.** Die Verpflichtung zur „Übergabe" der verkauften Sache bedeutet Verschaffung des unmittelbaren Besitzes durch Einräumung der tatsächlichen Sachherrschaft (§§ 854 f; vgl BGH NJW 83, 628). Nebenpflichten zur Übergabe (Versendung, Verladung, Montage [sa § 434 II]): Rn 22 ff. Einigung über den Besitzübergang genügt bei § 854 II. Die Übergabe eines kaufmännischen Traditionspapiers (Orderlagerschein, Ladeschein, Konnossement, HGB 448, 475g, 650) ersetzt idR die Übergabe des Kaufguts (ie MK/Westermann 49). Besitzverschaffungspflicht ist erfüllt erst mit Erfolgseintritt (tatsächliche Besitzerlangung), nicht schon mit Vornahme der geschuldeten Handlung (zB Auslieferung an die Transportperson im Fall des § 447 I, sa zum Verjährungsbeginn § 438 II). Verpflichtung zur Verschaffung

Titel 1. Kauf, Tausch **§ 433**

des unmittelbaren Besitzes entfällt bei Vereinbarung, dass Übergabesurrogat genügt (§§ 930, 868; 931). **d) Pflicht zu mangelfreier Lieferung** der Kaufsache nach I 21 2 ist Hauptpflicht. Sach- und Rechtsmangel s §§ 434 f. Nach Gefahrübergang verdrängen die Rechte aus § 437 die allg Vorschriften; zu den Käuferrechten vor Gefahrübergang s § 437 Rn 9, 16 (bb), 30 (bb), 31 (bb), 32. **e) Nebenpflichten.** 22 **aa) Überblick.** Nebenpflichten des Verkäufers können sich aus bes vertraglichen Absprachen, aus der Natur des Vertrags (§§ 157, 242) und aus **Ges** ergeben; vgl §§ 448, 242; weiteres Bsp: Rücknahmepflicht für Verpackungsmaterial (VerpackV 4–9; s § 269 Rn 8; sa BayObLG BB 93, 2404). Bes **Vereinbarungen** (Lieferklauseln: Vor §§ 433–480 Rn 8) betreffen häufig die Verpackung (s Flanderka BB 92, 1575 f), Versendung und Versicherung der Ware (§ 447 Rn 9 [bb]), die Kostentragung (§ 269 Rn 5; dort auch zu den Klauseln „cif" und „fob"; sa § 448 Rn 2) sowie Dienstleistungen (Anschluss und Montage [sa § 434 II] der Kaufsache [s BGH NJW 98, 3198 f]; vom Vertragstyp abweichende Nebenleistung: § 311 Rn 30). IU ist zwischen Nebenleistungs- (Rn 23) und bloßen Schutzpflichten (Rn 24) zu unterscheiden (dazu ie § 241 Rn 9). Für Schutzpflichten ist wirksame Zustandekommen des Kaufvertrags nicht erforderlich (Rn 24, s § 311 II). **bb) Nebenleistungspflich-** 23 **ten. Inhalt:** Der Verkäufer schuldet alles, um den Käufer in den vollen und uneingeschränkten Genuss der Kaufsache kommen zu lassen. Ie kann es sich um Aufklärungs-, Auskunfts-, Beratungs-, Mitwirkungs- und Unterlassungspflichten handeln. Ges geregelte Fälle für **Auskunftspflicht** und Pflicht zur Urkundenherausgabe: §§ 402, 413; Bsp für **Aufklärungs-** (Offenbarungs-, Hinweis-)**pflichten:** Rn 25; sa § 242 Rn 19 f. Eine allg Aufklärungspflicht des Verkäufers besteht nicht (BGH NJW-RR 94, 907; Gröschler NJW 05, 1601). Zur **Information des Verbrauchers** (und Existenzgründers, § 512) bei Teilzahlungsgeschäften s § 507 II iVm EGBGB 247 §§ 6, 12 f, des Teilzeit-Wohnrechtekäufers vgl § 482 I iVm EGBGB 242 § 1, des Käufers „an der Haustür" s § 312, des Käufers im Fernabsatz s § 312c I iVm EGBGB 246 §§ 1 f. Eine **Beratungspflicht** besteht bei des Fachkunde des Verkäufers (BGH NJW 97, 3228), uU bei vorangegangener Empfehlung (BGH 88, 135; dann uU selbstständiger Beratungsvertrag) sowie bei Handelsüblichkeit (BGH NJW 77, 1056; StMatusche-Beckmann § 437 Rn 84); ihr Umfang hängt von der Handelsstufe ab (Koblenz BB 76, 481) und beschränkt sich auch im Fachhandel auf für Verwendungszweck wesentliche Eigenschaften (BGH NJW 04, 2301). Die Übergabe von **Unterlagen** genügt der Aufklärungspflicht nur dann, wenn davon auszugehen ist, dass der Käufer die Unterlagen nicht nur zum Zwecke allgemeiner Information, sondern gezielt durchsehen wird (BGH NJW 12, 847: Lagepläne). UU besteht die Pflicht zur Erteilung einer **Rechnung** gem UStG 14 I (BGH 103, 287 ff; NJW 93, 537) und zur rechtzeitigen Abführung gezahlter Umsatzsteuer an das Finanzamt (vgl BGH NJW-RR 94, 908). **cc) Schutzpflichten.** Bezugspunkt 24 ist die Kaufsache sowie der Rechtskreis und die Person des Käufers (s § 241 II), uU auch weitere Personen (§ 328 Rn 38). Bis zum Gefahrübergang (§§ 446, 447) ist der Verkäufer zum Schutz des Kaufgegenstandes, insbes zur Pflege, Obhut, Sicherung, Verwahrung oder Lagerung verpflichtet (BGH DB 72, 34). Ist die Sache an den Käufer zu versenden, ist sie sachgemäß zu *verpacken* (BGH 87, 92), verkehrssicher und objektgerecht zu *verladen* (BGH 66, 208: geladene Batterie; BGH NJW-RR 94, 601: Verunreinigung von Trockenmörtel; § 447 Rn 9) und ggf ordnungsgemäß *abzuladen* (BGH NJW 83, 1109: Heizöl). Die Verkaufsräume (Warenhaus, Laden, Büro) müssen so beschaffen sein, dass der Käufer nicht gefährdet (geschädigt) wird (vgl RG 78, 239; BGH 66, 51; NJW 94, 2617). Diese Schutzpflichten bestehen uU bereits vor Vertragsschluss (s § 311 II). Sie sind grundsätzlich **nicht selbstständig einklagbar;** ihre Verletzung begründet ggf Rechte gem § 437; zum Schadensersatz s § 437 Rn 35 (α), bei der Verletzung vorvertraglicher Aufklärungspflichten s §§ 280 I, 311 II, 241 II (cic). **dd) Fallgruppen. Gebrauchtwagenkauf:** Den sachkundigen 25 Verkäufer trifft eine gesteigerte Aufklärungspflicht über nicht ganz unerhebliche Unfälle des Kfz (BGH 74, 391 f; NJW 82, 1386; BayObLG NJW 94, 1079) und über „fliegende Zwischenhändler" (BGH NJW 10, 858); uU besteht Pflicht zur

§ 433

Aufklärung über fehlenden Versicherungsschutz (BGH NJW-RR 89, 212); dagegen wird eine allg Untersuchungspflicht des Händlers idR verneint (BGH 74, 388 f, 392; NJW 81, 929; 83, 218); anders beim Fachhändler, s § 437 Rn 22 (α). Wird der Händler als Vertreter tätig, treffen ihn die Aufklärungspflichten persönlich. **Gefährliche Ware:** Bei Erzeugnissen, von denen spezifische Gefahren ausgehen können, hat der Verkäufer über die sachgerechte Verwendung aufzuklären und vor Gefahren zu warnen (BGH JZ 60, 124: feuergefährliches Rostschutzmittel; München MDR 85, 934: Stoßdämpfer; Celle NJW-RR 86, 25: säurehaltiges Reinigungsmittel). Aufklärung umfasst schädliche Nebenwirkungen (BGH 64, 49: kosmetisches Präparat; MDR 78, 133: Pflanzenschutzmittel; BGH 116, 65 ff mN; NJW 94, 932: Kindertee); sa § 823 Rn 133 f. **Industrieprodukte:** Sind sie zur Weiterverarbeitung bestimmt, hat der Verkäufer über „Risiken" der Verarbeitung (Verarbeitungsrichtlinien) aufzuklären (BGH 88, 135) und auf eine nachträgliche Änderung von Beschaffenheitsmerkmalen hinzuweisen (BGH 132, 177 ff). **EDV:** Es bestehen gesteigerte Aufklärungs- und Beratungspflichten des Lieferanten gegenüber dem nicht fachkundigen Anwender (ie Zahrndt NJW 95, 1785 ff mN). **Grundstückskauf** (sa § 452 [Schiffskauf]): Der Verkäufer muss alles tun, um die Umschreibung im Grundbuch zu fördern, ggf die eigene Voreintragung (GBO 39) herbeiführen (RG 113, 405) und der Eintragung entgegenstehende Hindernisse beseitigen (BGH 87, 165). Ist die Genehmigung einer Behörde erforderlich (zB BauGB 51 I Nr 1), hat er die Voraussetzungen für die Genehmigungsfähigkeit zu schaffen (BGH 67, 35 mN). Dem Verkäufer bekannte, für das Grundstück erhebliche Planungsvorhaben der Gemeinde sind dem Käufer mitzuteilen (BGH MDR 76, 565); ebenso ein behördliches Nutzungsverbot (BGH NJW-RR 88, 1291). Verborgene, wesentliche Mängel eines Hausgrundstücks, zB Feuchtigkeitsbefall eines **Gebäudes** (BGH NJW 12, 2793; 11, 3640 mN) oder Hochwassergefahr (BGH NJW-RR 92, 334) sind zu offenbaren (BGH 109, 330; Karlsruhe OLG 05, 143), desgl unfachmännische Reparaturen (Schleswig MDR 80, 399). Zur Beratungspflicht beim Kauf von Eigentumswohnungen im Ersterwerbermodell vgl BGH NJW-RR 88, 459; 90, 971. Eine Aufklärungspflicht über die Unangemessenheit des Kaufpreises einer Eigentumswohnung besteht nicht (BGH NJW 04, 2380). **Maschinenkauf:** Keine Pflicht des Händlers zur Untersuchung von fabrikneuem Kfz (oberflächliche Besichtigung auf Transportschäden genügt: BGH VersR 56, 259; Ablieferungsinspektion nur bei Vereinbarung: BGH NJW 69, 1710); dagegen besteht Pflicht des Verkäufers zur Anleitung und Einweisung (BGH 47, 312; NJW 92, 2018 betr Bedienungsanleitung), Vorhaltung von Ersatzteilen (Kühne BB 86, 1527 mN), bei nachträglicher Entdeckung gefährlicher Eigenschaften auch zum Rückruf (BGH 80, 202); auf bestehende Schutz- und Sicherheitsvorschriften ist hinzuweisen (BGH NJW 85, 1771), uU ist (fehlende) Typengenehmigung beizubringen (vgl BGH 90, 203). **Massengüter:** Den Verkäufer trifft als Zwischenhändler keine Untersuchungspflicht (BGH NJW 81, 1270; NJW-RR 89, 560 mN; ie § 276 Rn 29, § 437 Rn 22 [α]); das gilt insbes für das Streckengeschäft (BGH NJW 68, 2238; anders aber bei früherer berechtigter Beanstandung: BGH BB 77, 468). Bei vertriebsgebundener Markenware besteht Aufklärungspflicht über deren Herkunft (Stuttgart NJW-RR 88, 624).

26 **6. Käuferpflichten (II). a) Allgemeines.** Hauptleistungspflicht des Käufers ist stets die Pflicht zur Zahlung des Kaufpreises (Rn 27; sa Rn 14 ff). Die Abnahmepflicht (Rn 28) ist idR nur Nebenpflicht. Weitere Nebenpflichten können sich aus
27 Ges und Vertrag ergeben (Rn 31 f). **b)** Die **Kaufpreiszahlungspflicht** ist Geldschuld (§§ 244 ff). Übermittlungspflicht und Gefahrtragung: § 270. Bei Barzahlung ist sie auf Übereignung von Geldzeichen gerichtet (§ 929). Zu den Formen bargeldloser Zahlung vgl § 270 Rn 4. **Fälligkeit:** § 271, doch hat Käufer bei Fehlen abw Vereinbarung (Zahlungsklauseln!) nur Zug um Zug gegen Übereignung des Kaufgegenstandes zu zahlen (§§ 320 I, 322). **Vorleistungspflicht** des Käufers kann durch Vereinbarung von Kassa- und Akkreditivklauseln (s Baumbach/Hopt § 346 Rn 39 f)

Titel 1. Kauf, Tausch § 433

begründet werden; Zahlung darf dann nicht von vorheriger Untersuchung der Ware abhängig gemacht werden (BGH 41, 216; NJW 65, 1270; WM 67, 1215). Auch bei vereinbarter „Lieferung gegen Nachnahme" muss Käufer ohne vorherige Prüfung zahlen. Einen **Aufrechnungsausschluss** kann die Klausel „Netto Kasse ohne Abzug" enthalten (Düsseldorf BB 95, 1712; sa § 387 Rn 10). Aufrechnung gegen Kaufpreisforderung ist Leistung iSd HGB 354a I 2 (BGH NJW-RR 05, 626). Die Vereinbarung einer **Stundung** der Kaufpreisforderung liegt idR in der Entgegennahme von später fälligen Wechseln (§ 271 Rn 10). **Entgeltcharakter** des Kaufpreisanspruchs ist uU bedeutsam für **Verzugs-** und **Prozesszinsen** (§ 288 II, § 291 S 2). **c) Abnahmepflicht.** Zum Rechtskauf s § 453 Rn 9. **aa) Begriff:** Abnahme 28 ist die körperliche Hinwegnahme der vom Verkäufer bereitgestellten Kaufsache (RG 53, 162; 56, 175; 57, 109 und 406). Bei Grundstücken umfasst sie auch die Entgegennahme der Auflassung (BGH 58, 249; NJW-RR 89, 651). Anders als beim Werkvertrag (§ 640) bedeutet sie keine Billigung der Kaufsache (BGH DB 66, 416). Sie ist reine Tathandlung und enthält keine „Annahme" iSd §§ 363, 364. Als Käuferhandlung entspricht sie der „Ablieferung" des Verkäufers (§ 438 II; HGB 377). **Zweck:** Befreiung des Verkäufers von der verkauften Sache. Der Käufer kann die mangelhafte Sache zurückweisen (s § 437 Rn 29 [aa]). **bb) Rechtsnatur:** 29 Die Pflicht zur Abnahme ist echte Schuldnerpflicht des Käufers (sa Rn 30), nicht bloße Gläubigerobliegenheit (vgl § 293 Rn 9). Die Abnahmepflicht ist iZw bloße Nebenpflicht (RG 53, 163; 57, 108), denn idR ist die Abnahme des Käufers keine „Gegenleistung" (§§ 320 ff) für die Verkäuferleistung. Vereinbarung als Hauptpflicht des Käufers aber möglich (BGH 92, 268) und dann anzunehmen, wenn der Verkäufer ein dem Käufer erkennbares bes Interesse an der Wegschaffung des verkauften Gegenstandes hat (BGH NJW 72, 99). Bsp: Verkauf von Massengütern (RG 57, 112), von leicht verderblicher Ware, zur Räumung des Lagers (BGH WM 75, 864), Kauf zum Abbruch und dergl. **cc) Abnahmeverzug.** Nimmt der Käufer 30 die ordnungsgemäß bereitgestellte (RG 56, 173) Ware von der vertragsmäßigen Beschaffenheit (geringfügige Mängel sind nach § 242 unschädlich, BGH BB 57, 92) uU trotz Mahnung (§ 286 I und II) nicht ab, so hat der Verkäufer folgende Rechte: **α) Erfüllungsanspruch** auf Abnahme (sa Rn 29), durchsetzbar mit Leistungsklage (RG 53, 162; 56, 177); **β)** Anspruch aus Schuldnerverzug auf Ersatz aller Schäden infolge Verzögerung (Unterbleiben) der Abnahme (s §§ 280 II, 286). § 287 S 2 ist nicht anwendbar (RG 57, 406); **γ)** Ansprüche aus stets gleichzeitig gegebenem Gläubigerverzug (RG 57, 109) auf Ersatz von Mehraufwendungen (§ 304); uU Recht zur Hinterlegung (§ 372, ggf nach Versteigerung, § 383) und zum Selbsthilfeverkauf (HGB 373). Rechte gem Rn 30 (α)–(γ) bestehen neben dem Kaufpreiszahlungsanspruch. **δ)** Ist Abnahmepflicht Hauptpflicht (s Rn 29), kann der Käufer ggf gem § 323 zurücktreten; zum Schadensersatz s § 281. **d) Nebenpflichten.** 31 **aa) Vertragliche Nebenpflichten** ergeben sich häufig aus Nebenabreden zum Kauf (Rn 22 ff). Bsp: Pflicht des Käufers zum **Abruf** der Ware (uU aber Hauptpflicht: BGH WM 76, 125; München NJW 68, 1881); zur erforderlichen **Spezifikation** (HGB 375); zur Tragung von **Kosten** (Transport, Versicherung) und **Fälligkeitszinsen** (BGH NJW 93, 2625); zur Rückgabe (kostenpflichtigen Rücksendung) von **Verpackungsmaterial** (zB Kisten, Flaschen, Säcke; uU besteht [auch] Rücknahmepflicht des Verkäufers: Rn 22 ff). Beim Kauf von Waren in Pfandflaschen(-behältern) besteht, anders als bei sog Einwegflaschen, Rückgabepflicht (zu den bei sog Flaschenpfand in Frage kommenden Auslegungsmöglichkeiten s Schäfer/Pfeiffer ZIP 83, 657 f). Für die Auslegung der idR verwendeten Klauseln (zB „ab Fabrik", „ab Werk", vgl Baumbach/Hopt NebenGes 6 „Incoterms") sind Verkehrssitte (§ 157) und Handelsbrauch (HGB 346) zu berücksichtigen. **bb) Ges Nebenver-** 32 **pflichtungen** (außerhalb § 475 abdingbar): Tragung bestimmter **Kosten** (Abnahme und Versendung, § 448 I; Beurkundung von Grundstückskauf, Auflassung und Grundbucheintragung, § 448 II; **Lasten** (§ 446 S 2). Weitergehend können auch den Käufer **Auskunftspflichten** (zB Auskunft über Vermögensverhältnisse beim Kreditkauf), allg **Schutzpflichten** (§ 242) und (selten) Aufklärungspflichten (BGH

§ 434

117, 283) treffen. Bsp: Pflicht zu einstw Aufbewahrung beanstandeter Ware (vgl HGB 379); zu Obhut gegenüber der Kaufsache in den Fällen des § 449; zur Ermöglichung gefahrloser Anlieferung der Kaufsache (BGH NJW 83, 1109 betr Heizöl). **Keine Nebenpflichten** sind die reinen **Käuferobliegenheiten,** wie zB die unverzügliche Untersuchung der Ware und Mängelanzeige (BGH NJW 86, 317). Folge von Verletzung: HGB 377.

33 **7. Beweislast.** Der **Verkäufer,** der aus einem Kaufvertrag Rechte herleitet (zB mit der Kaufpreisklage), ist beweispflichtig für das unbedingte (BGH BB 84, 2152 mN, hM) Zustandekommen des Kaufvertrags mit dem behaupteten Inhalt (zB Höhe von Skonto: BGH NJW 83, 2944), bei Einrede des nicht erfüllten Vertrags (§ 320) für die Lieferung der vertragsmäßigen Kaufsache. Behauptet Verkäufer Abschluss zu unbestimmtem Preis, ist er hierfür beweispflichtig (RG 57, 49), desgl für die Angemessenheit seiner Bestimmung (LM Nr 9 zu § 315) und für Barzahlungsabrede mit Verbraucher (§ 271 Rn 17). Der **Käufer** trägt die Beweislast für die Zahlung des Kaufpreises, dessen (nachträgliche: § 271 Rn 17) Stundung und die Anwendbarkeit des § 312 (BGH 113, 225 ff [zu § 1 HWiG]). Dies gilt auch beim Handkauf: Obwohl regelmäßig von einer Barzahlung auszugehen ist, ergibt sich daraus keine tatsächliche Vermutung für sofortige Zahlung durch den Käufer (Baumgärtel I 18).

§ 434 Sachmangel

(1) ¹Die Sache ist frei von Sachmängeln, wenn sie bei Gefahrübergang die vereinbarte Beschaffenheit hat. ²Soweit die Beschaffenheit nicht vereinbart ist, ist die Sache frei von Sachmängeln,
1. wenn sie sich für die nach dem Vertrag vorausgesetzte Verwendung eignet, sonst
2. wenn sie sich für die gewöhnliche Verwendung eignet und eine Beschaffenheit aufweist, die bei Sachen der gleichen Art üblich ist und die der Käufer nach der Art der Sache erwarten kann.

³Zu der Beschaffenheit nach Satz 2 Nr. 2 gehören auch Eigenschaften, die der Käufer nach den öffentlichen Äußerungen des Verkäufers, des Herstellers (§ 4 Abs. 1 und 2 des Produkthaftungsgesetzes) oder seines Gehilfen insbesondere in der Werbung oder bei der Kennzeichnung über bestimmte Eigenschaften der Sache erwarten kann, es sei denn, dass der Verkäufer die Äußerung nicht kannte und auch nicht kennen musste, dass sie im Zeitpunkt des Vertragsschlusses in gleichwertiger Weise berichtigt war oder dass sie die Kaufentscheidung nicht beeinflussen konnte.

(2) ¹Ein Sachmangel ist auch dann gegeben, wenn die vereinbarte Montage durch den Verkäufer oder dessen Erfüllungsgehilfen unsachgemäß durchgeführt worden ist. ²Ein Sachmangel liegt bei einer zur Montage bestimmten Sache ferner vor, wenn die Montageanleitung mangelhaft ist, es sei denn, die Sache ist fehlerfrei montiert worden.

(3) Einem Sachmangel steht es gleich, wenn der Verkäufer eine andere Sache oder eine zu geringe Menge liefert.

Lit: Chr. Berger, Der Beschaffenheitsbegriff des § 434 Abs. 1 BGB, JZ 04, 276; ders, Kaufrechtliche Mängelrechte im Kunsthandel, KUR 03, 137; Boerner, Kaufrechtliche Sachmängelhaftung und Schuldrechtsreform, ZIP 01, 2264; Grigoleit/Herresthal, Grundlagen der Sachmängelhaftung im Kaufrecht, JZ 03, 118; dies., Die Beschaffenheitsvereinbarung ..., JZ 03, 233; Heiderhoff/Skamel, Teilleistung im Kaufrecht, JZ 06, 383; sa Lit zu § 437.

1   **1. Allgemeines. a) Bedeutung.** Die Bestimmung enthält die Maßstäbe für die Sachmängelfreiheit der Sache. Bedeutung für Erfüllungsanspruch gem § 433 I 2 und (bei Vorliegen eines Sachmangels) die Rechte des Käufers gem § 437. Umsetzung von VerbrGüKaufRiLi 2. Danach hat der Verkäufer vertragsgemäße Güter zu

Titel 1. Kauf, Tausch § 434

liefern. Um einen „gespaltenen Mangelbegriff" – insbes im Hinblick auf den gem VerbrGüKaufRiLi 4 vorgesehenen Rückgriff in der Absatzkette (s § 478) – zu vermeiden (BT-Drs 14/6040 S 211), übernimmt § 434 die Vorgaben der Richtlinie auch für nicht unter § 474 fallende Kaufverträge; zur Bedeutung für die Auslegung s Rn 4 vor §§ 433–480. **b) Überblick.** Maßstab für das Vorliegen eines Sachmangels ist in erster Linie die Vereinbarung der Beschaffenheit der Kaufsache im Kaufvertrag. Dies führt zur Anwendung des subj Fehlerbegriffs und einer gestuften Prüfungsreihenfolge: In erster Linie ist auf die vereinbarte Beschaffenheit abzustellen (I 1, Rn 9 f). Mangels Beschaffenheitsvereinbarung kommt es auf den vertraglich vorausgesetzten Verwendungszweck der Kaufsache an (I 2 Nr 1, Rn 13), sonst auf die gewöhnliche Verwendung unter Berücksichtigung üblicher Beschaffenheiten der Kaufsache unter Einbeziehung berechtigter Käufererwartungen (I 2 Nr 2, Rn 14), die auch durch öffentl Äußerungen (zB Werbung) Dritter (insbes des Herstellers) hervorgerufen sein können (I 3, Rn 15 ff). Ist danach die Kaufsache als solche mangelfrei, kann sich ein Sachmangel ergeben aus unsachgemäßer Montage (II 1, Rn 18) oder mangelhafter Montageanleitung (II 2, Rn 19). III stellt Falsch- und Zuweniglieferung einem Sachmangel gleich (III 1, Rn 20 ff, 24). **c) Beweislast** für Mangel, Falsch- und Zuweniglieferung trägt gem § 363 (bei I analog) nach Annahme (auch im Rahmen des Verbrauchsgüterkaufs, BGH NJW 04, 2300) der *Käufer*, zuvor für Vertragsgemäßheit der *Verkäufer* (BT-Drs 14/6040 S 217; vgl BGH NJW 89, 2533). Durch vorbehaltlose Mangelbeseitigungsversuche erkennt der Verkäufer uU einen Mangel an (Karlsruhe NJW 09, 1150). Sa §§ 443 II, 476.

2. Anwendungsbereich. a) Sachlich gilt § 434 für den Sachkauf (Stück- und Gattungskauf), den Vertrag über die Lieferung herzustellender oder zu erzeugender beweglicher Sachen (§ 651), den Kauf von Standardsoftware (§ 433 Rn 13), den Schiffskauf (§ 452), den Rechtskauf (§ 453), für den Tausch (§ 480), die Hingabe an Erfüllungs Statt (§ 365), das Sachdarlehen (§ 607; BGH NJW 85, 2418), den Vergleich (§ 779; RG 54, 167), die Auseinandersetzung einer Gesellschaft oder Gemeinschaft (§§ 731 S 2, 757) und (analog) für andere Verträge, die auf Veräußerung oder Belastung einer Sache gerichtet sind (vgl §§ 445, 493 aF), zB den Pflichtteilsabgeltung durch Sachleistung (BGH NJW 74, 363), die entgeltliche Verpflichtung zur Bestellung einer Hypothek, eines Erbbaurechts (iE BGH 96, 387), eines Pfandrechts oder zur Sicherungsübereignung, **nicht** für die Schenkung (unentgeltlich), Sacheinlageversprechen (kein Veräußerungsvertrag, str), Ausbietungsgarantie (RG 157, 177: Eigentumsverschaffungspflicht fehlt). Keine Anwendung ferner bei Haftungsausschluss (§ 444), Verkauf als Pfand in öffentl Versteigerung (§ 445), Veräußerung in der Zwangsvollstreckung (ZPO 806, ZVG 56 S 3) und Erbschaftskauf (§ 2376 II, sofern der Mangel nicht arglistig verschwiegen oder eine Beschaffenheitsgarantie übernommen wurde). **b) Zeitlich** bezieht sich **I 1** auf den Übergang der Preisgefahr (s §§ 446 f), weil I die Mangel*freiheit* beschreibt. Ist Sache *mangelhaft*, geht Gefahr nicht nach § 446 über (s § 446 Rn 3). Abzustellen ist in diesem Fall auf den Zeitpunkt des hypothetischen Gefahrübergangs, dh den Zeitpunkt, in dem die Gefahr bei Mangelfreiheit übergehen sollte (BaR/Faust 35: fiktiver Gefahrübergang); ebenso bei Gattungsschulden, bei denen Gefahrübergang zur Konkretisierung (§§ 243 II, 300 II) führt. Der Mangel muss zu diesem Zeitpunkt jedenfalls „dem Grunde nach" vorhanden sein, auch wenn er erst später erkennbar hervortritt. Ob der Mangel bereits bei Vertragsschluss vorlag oder erst danach entstanden ist, ist nur für den Schadensersatz von Bedeutung (§ 311a II oder §§ 280 I, III). Zur Beweislast beim Verbrauchsgüterkauf s § 476.

3. Beschaffenheit der Kaufsache (I). a) Beschaffenheit und **Verwendungseignung** der Kaufsache bilden die Anknüpfungspunkte für den Sachmangel (bzw die Feststellung der Sachmangelfreiheit). Beschaffenheit bezieht sich auf einzelne Merkmale der Kaufsache, Verwendungseignung auf ihren Gebrauchszweck. Beides lässt sich nicht immer trennscharf scheiden. Zur Beschaffenheit zählen nicht nur natürliche Eigenschaften der Kaufsache wie Material, Qualität, Zustand, Leistung,

§ 434 Buch 2. Abschnitt 8. Einzelne Schuldverhältnisse

Fähigkeiten usw, sondern auch alle tatsächlichen und rechtlichen Verhältnisse, die nach der Parteivereinbarung oder Verkehrsüblichkeit den Verwendungszweck
7 bestimmen. **b) Reichweite der Beschaffenheitsvereinbarung:** Die Parteien können beliebige Merkmale einer Kaufsache zur Soll-Beschaffenheit erklären und damit den Bestimmungen der §§ 433 I 2, 437 ff unterwerfen. Die Gegenansicht will eine Beschaffenheitsvereinbarung nur hinsichtlich physischer Merkmale der Sache anerkennen (BaR/Faust 22 f; Grigoleit/Herresthal JZ 03, 124). Bedenklich, denn VerbrGüKaufRiLi 3 I räumt die Käuferrechte bei „jede(r) Vertragswidrigkeit" ein. Überdies werden die Parteien auf an hohe Voraussetzungen gebundene Garantieerklärungen (Grigoleit/Herresthal JZ 03, 123: „strenge Anforderungen") verwiesen. Der von der VerbrGüKaufRiLi gewollte Verbraucherschutz wird damit gefährdet und das bei der Garantie nicht notwendig gegebene Recht auf zweite Andienung (s § 439 Rn 4) unterlaufen. – Bsp für Beschaffenheitsvereinbarungen: Bebaubarkeit eines Grundstücks, Wohnfläche, Vorliegen einer Baugenehmigung, Urheberschaft und Echtheit eines Kunstwerkes, Fabrikneuheit eines Fahrzeugs, Alter, Baujahr, Kilometerleistung, Werkstattprüfung und Unfallfreiheit von Gebrauchtwagen, inhaltliche Richtigkeit von Druckwerken (vgl allerdings Rn 28), aber auch Umstände, die in keiner Weise mit physischen Merkmalen der Kaufsache zusammenhängen, Bsp: Steuerfreiheit und Möglichkeit erhöhter Abschreibung, Mietertrag eines Grundstücks, Bonität des Mieters oder Dauer eines Mietverhältnisses. Daneben sind Garantiezusagen möglich, s § 444 Rn 13. Verwendungszwecke können sein die Nutzung eines Gebäudes als Wohn-, Geschäfts- oder Fabrikationsraum, eines Grundstücks als Gewerbe- oder Baugrundstück.

8 **4. Sachmangel. a) Allgemeines.** Die Kaufsache ist sachmangelfrei, wenn ihre Ist-Beschaffenheit mit der Soll-Beschaffenheit übereinstimmt. Ist-Beschaffenheit ist der Zustand der Kaufsache bei Gefahrübergang (Rn 5). Die Soll-Beschaffenheit wird gem I 1 in erster Linie durch eine Beschaffenheitsvereinbarung bestimmt. Liegt eine solche nicht vor, entscheidet nach I 2 Nr 1 der vertraglich vorausgesetzte Verwendungszweck. Gibt der Vertrag keine Beschaffenheiten oder Verwendungen vor (wie häufig bei Geschäften des täglichen Lebens) ist gem I 2 Nr 2 auf die gewöhnliche Verwendung und die vom Käufer zu erwartende übliche Beschaffenheit abzustellen.
9 **b) Beschaffenheitsvereinbarung (I 1). aa)** Die Beschaffenheitsvereinbarung (zur Reichweite sa Rn 7) muss **Inhalt des Kaufvertrags** geworden sein. Ggf sind Formvorschriften zu beachten (Grigoleit/Herresthal JZ 03, 239), etwa § 311b I beim Grundstückskauf. Die Vereinbarung kann ausdrücklich, aber auch konkludent erfolgen. Abgrenzung zu I 2 Nr 1 uU schwierig. Konkludente Abrede kann vorliegen, wenn der Verkäufer vor dem Vertragsschluss die Kaufsache beschreibt oder auf ein Muster verweist. Die Vereinbarung kann auf das Vorhandensein von (positiven) Eigenschaften oder auf das Nichtvorhandensein (negativer) Merkmale gerichtet sein.
10 Für den Käufer günstige Abweichungen begründen keinen Sachmangel. **bb) Nicht** erforderlich ist, dass der Verkäufer für Eigenschaften oder Beschaffenheit der Kaufsache bes **Garantien** übernimmt (sa § 443) oder etwa erklärt, für ihr Vorliegen „einstehen" zu wollen. Bedeutung kann eine bes Zusicherung aber für den Haftungsmaß-
11 stab gem § 276 I bei der Schadensersatzhaftung (s § 437 Rn 23) erlangen. **cc)** Auch **geringfügige Abweichungen** begründen einen Sachmangel. Allerdings ist gem § 323 V 2 der Rücktritt wegen eines geringfügigen Sachmangels ausgeschlossen, der Nacherfüllungsanspruch ggf gem § 439 III eingeschränkt, nicht aber die Minderung
12 gem § 441 (sa § 441 I 2). **dd) Verhältnis zur Verwendungseignung:** Entspricht die Beschaffenheit der Kaufsache vollauf den Vereinbarungen, kann ein Sachmangel gleichwohl gem I 2 *Nr 1* vorliegen, wenn es an der Verwendungseignung (Rn 13) fehlt. Bsp: Die Traghöhe eines Krans entspricht der Vereinbarung, nicht aber die für den vertraglichen Verwendungszweck erforderliche Tragkraft. Jedoch kann eine Beschaffenheitsvereinbarung iS einer Sperrwirkung dem Rückgriff auf den nicht erreichten üblichen Verwendungszweck iSv I 2 *Nr 2* (Rn 14) ausschließen (Frage der Auslegung). Verlangt der Käufer eine Sache zu einem bestimmten Verwen-

dungszweck, kann dieser nach §§ 133, 157 maßgeblich sein, selbst wenn (auf Veranlassung des Verkäufers) eine ausdr Beschaffenheitsvereinbarung getroffen wurde.
c) Vertragliche Verwendungseignung (I 2 Nr 1). Mangels Beschaffenheitsvereinbarung (Rn 9) richtet sich die Mangelfreiheit nach der vertraglich vorausgesetzten Verwendung. Abzustellen ist auf die Funktion der Kaufsache. Der Verwendungszweck muss nicht ausdr vereinbart werden. Es genügt, dass der Käufer ihn erkennen lässt und der Verkäufer (auch konkludent) zustimmt (Grigoleit/Herresthal JZ 2003, 235; sa VerbrGüKaufRiLi 2 II b]). – Bsp: Verkauf eines Wohnhauses; kein Mangel, wenn es sich mangels Tragkraft des Bodens nicht als Lagerraum eignet. **d) Gewöhnliche Verwendungseignung und übliche Beschaffenheit (I 2 Nr 2). aa)** Haben die Parteien (wie vielfach bei alltäglichen Geschäften) keine Verwendungsvereinbarung getroffen, ist Maßstab zur Bestimmung des Sachmangels die Eignung der Kaufsache zur gewöhnlichen Verwendung. Bsp (Einzelfälle s Rn 25 ff): Kein Sachmangel, wenn sich Kleinwagen nicht als Fahrzeug abseits ausgebauter Straßen eignet; anders bei Geländewagen. Daneben muss die Kaufsache auch die bei Sachen gleicher Art übliche Beschaffenheit aufweisen, die der Käufer erwarten darf. Übliche Eigenschaften können sich insbes aus öffentl-rechtlichen Bestimmungen (und DIN-Normen) ergeben. Übliche Eigenschaften kann der Käufer immer erwarten, atypische Käufererwartungen müssen vereinbart werden. Maßstab ist der (normativ bestimmte) Durchschnittskäufer (BGH NJW 09, 2807; 11, 2873). Es sind Vergleichsgattungen zu bilden. Ein gebrauchter Pkw darf zB nicht mit einem Neuwagen verglichen werden (Verschleiß ist kein Mangel), eine Großküchenmaschine nicht mit einem Haushaltsgerät; hingegen ist der Vergleich eines gebrauchten Pkw mit ähnlichen Wagen anderer Hersteller möglich (Düsseldorf NJW 06, 2858). Hier stellen sich erhebliche Abgrenzungsfragen. **bb)** Ein Sachmangel liegt auch vor, wenn die Beschaffenheit der Kaufsache nicht wirklich beeinträchtigt ist, sondern kein mit zumutbaren Mitteln nicht auszuräumender **Verdacht der Mangelhaftigkeit** ihre bestimmungsgemäße Verwertbarkeit nicht unwesentlich erschwert. Bsp: Salmonellenverdacht bei (zur Weiterveräußerung bestimmten) Lebensmitteln (BGH 52, 51); Überschreiten des Mindesthaltbarkeitsdatums; Mangelverdacht, weil sich Pkw in Diebeshand befand; Verdacht der Belastung eines Grundstücks mit „Altlasten" (München NJW 95, 2566). **cc) Eigenschaften auf Grund öffentl Äußerungen (I 3)** bestimmen die übliche Beschaffenheit gem I 2 Nr 2. Umsetzung von VerbrGüKaufRiLi 2 II d); gilt auch außerhalb von § 474. Werden Äußerungen Vertragsinhalt, gilt I 1. **α) Öffentliche Äußerungen** sind an eine Vielzahl von Personen gerichtete Erklärungen, insbes Werbeaussagen und Kennzeichnungen, etwa auf der Verpackung der Kaufsache, in Waren- und Auktionskatalogen, Maklerexposés, Zeitungsanzeigen, aber auch Produktbeschreibungen in der Öffentlichkeit, etwa anlässlich einer Präsentation, nicht rein interne Aussagen, zB eines Sachverständigen oder Gutachters. Nur für Äußerungen über Eigenschaften und – trotz des engen Wortlauts – Verwendungseignung muss der Verkäufer einstehen. „Eigenschaften" sind Tatsachenäußerungen, nicht reißerische Anpreisungen und bloße Werturteile. **β) Zurechenbar** ist die Äußerung dem Verkäufer, wenn sie (1) von ihm selbst (dann vielfach bereits Sachmangel gem I 1 und 2), (2) vom Hersteller iSd ProdHaftG 4 I, II (also auch von Teilprodukten und Importeur; sa § 823 Rn 125, 144) oder (3) von „Gehilfen" stammt; damit sind mangels Pflicht nicht Erfüllungsgehilfen gem § 278 gemeint und mangels Willenserklärung nicht Vertreter nach § 164, sondern Personen, die bei der Äußerung mit Wissen und Willen des Verkäufers tätig werden („Erklärungsgehilfen"), insbes Werbeagenturen oder Verhandlungsgehilfen; mangels Willen des Verkäufers nicht (Waren-)Testunternehmen, es sei denn, der Verkäufer macht sich die Testergebnisse zu eigen. **γ) Nicht** einstehen (sa VerbrGüKaufRiLi 2 IV) muss der Verkäufer für Äußerungen, (1) die er **nicht kannte** und auch nicht kennen musste (s § 122 II), (2) ferner wenn vor Vertragsschluss die **Äußerung berichtigt** wurde. Wer berichtigt, ist unerheblich; der Verkäufer kann Äußerungen von Hersteller oder Gehilfen berichtigen. Entscheidend ist eine der Äußerung „gleichwertige", dh gleich wirksame Berichtigung. Maßgeblich ist Käuferperspek-

§ 434

tive. Eine Äußerung zB in einer Werbekampagne kann nur durch eine gleich intensive „Richtigstellung" zurückgenommen werden; eine Fortsetzung der Werbung unter Verzicht auf die Äußerung genügt nicht. Die Äußerung muss nicht unzutreffend sein; auch zutreffende Behauptung kann zurückgezogen werden, wenn Verkäufer für die Beschaffenheit nicht länger einstehen möchte. (3) Mangels **Kausalität** kein Sachmangel, wenn die Äußerung die Kaufentscheidung nicht beeinflusst hat, etwa weil der Käufer sie nicht kannte. Beweislast trägt Verkäufer; außerhalb von §§ 474, 475 I vertraglich abdingbar (Ziegler/Rieder ZIP 01, 1794).

18   **5. Montage, Montageanleitung (II). a) Montagemängel (II 1)** (sa VerbrGüKaufRiLi 2 V) begründen einen Sachmangel, auch wenn die Kaufsache an sich mangelfrei ist. Ob die unsachgemäße Montage zu einem Mangel an der Kaufsache führt, ist daher unerheblich (BT-Drs 14/6040 S 215). Montage ist Zusammen-, Ein- und Anbau, auch Installation (zB Computerprogramm). Voraussetzung ist eine Nebenleistungspflicht des Verkäufers zur Montage. Bildet die Montage als Hauptleistungspflicht den Schwerpunkt des Vertrags, liegt uU ein Werkvertrag vor. Ist Montage nicht vereinbart, scheidet Sachmangel insoweit aus. Nachträgliche Erweiterung des Pflichtenkreises anlässlich der Lieferung denkbar, setzt bei Gehilfen des Verkäufers aber entspr Vertretungsmacht (§ 164) voraus; ggf Werkvertrag mit der Lieferperson. Der Verkäufer hat auch einzustehen für Montagefehler seiner Erfüllungsgehilfen (s § 278); auf „Vertretenmüssen" des Verkäufers kommt es jedoch bei § 437 Nr 1 und 2 nicht an, wohl aber uU bei Schadensersatz nach § 437 Nr 3.

19   **b) Mangelhafte Montageanleitung (II 2)** führt unabhängig von Beschaffenheit der Kaufsache zu Sachmangel. Hauptanwendungsgebiet ist Möbelhandel („IKEA-Klausel"), ferner zB „Handbücher" beim Softwarekauf. Anleitung ist mangelhaft, wenn sie falsche, lückenhafte oder – aus der Perspektive eines verständigen Käufers – unklare Handlungsanweisungen gibt. Sachmangel der Kaufsache nur, wenn Montage gerade wegen der mangelhaften Anleitung unterbleibt oder fehlerhaft erfolgt (VerbrGüKaufRiLi 2 V 2). Keine Einstandspflicht bei fehlerfreier Montage oder wenn fehlerhafte Montage nicht auf mangelhafter Anleitung beruht. Voraussetzung ist ferner, dass Kaufsache nicht vom *Ver*käufer montiert werden soll (dann ggf II 1) und Käufer daher nicht Adressat der Anleitung ist. Ob der Käufer oder ein Dritter montiert, ist unerheblich (BT-Drs 14/6040 S 216). II 1 ist auch bei fehlender Montageanleitung anwendbar. – Mangelhafte oder fehlende *Gebrauchs*anweisung fällt unter I (München MDR 06, 1338).

20   **6. Falschlieferung (III Fall 1). Lit:** Lorenz JuS 03, 36; Musielak NJW 03, 89; Schulze NJW 03, 1022. **a)** Die Falschlieferung („aliud-Lieferung") steht der Lieferung einer mangelhaften Sache gleich. Damit wird die zu § 459, 480 aF schwierige Abgrenzung zwischen Falschlieferung und Fehler (s Lorenz JuS 03, 36) überflüssig, weil sich die Rechtsfolgen in beiden Fällen nach Mängelrecht (§§ 437 ff) richten. III Fall 1 gilt für Stück- und Gattungskauf. Beim Stückkauf insbes Identitätsabweichung („Identitäts-aliud"), dh Lieferung eines anderen Stücks als des gekauften (aA Thier AcP 203, 403: Nichtleistung). Beim Gattungskauf Lieferung von Sachen einer anderen Gattung („Qualifikations-aliud"), ferner, wenn eine fehlerhafte und damit nach § 243 I nicht vertragsgemäße Sache geliefert wird (s

21   § 243 Rn 7). **b) III ist nicht anwendbar,** wenn die Lieferung offensichtlich keinen Bezug zum Anspruch des Käufers hat (BT-Drs 14/6040 S 216; Lorenz JuS 03, 37 stellt auf die vom Käufer erkennbare Tilgungsbestimmung des Verkäufers ab). Maßstab ist Käuferperspektive. Bsp: Lieferung eines Spielzeugautos statt eines Pkw. Rückgewähr der evidenten Falschlieferung gem § 812 I 1, nicht § 439 IV; Lieferan-

22   spruch des Käufers aus § 433 I (iVm § 273) besteht unverändert fort. **c) Rechtsfolgen: aa) Nacherfüllungsanspruch** (§§ 437 Nr 1, 439) des Käufers. IdR kommt nur Ersatzlieferung (nicht Nachbesserung) in Betracht. Beim Stückkauf ist der Anspruch gerichtet auf Lieferung der verkauften Sache; beim Gattungskauf gem § 243 I auf Lieferung einer Sache aus der vereinbarten Gattung. Nach Fristablauf (ggf § 440) hat der Käufer die Rechte aus § 437 Nr 2 und 3. Die Verjährung

Titel 1. Kauf, Tausch § 434

bestimmt sich nach § 438 I, II; entspr § 438 III nicht bei vorsätzlicher Falschlieferung (Lorenz/Riehm Rn 492). **bb)** Verlangt der Käufer Ersatzlieferung, hat er dem 23 Verkäufer die Falschlieferung nach § 439 IV zurückzugewähren. Der Rückgewähranspruch des Verkäufers ist nicht durch § 241a I ausgeschlossen (Kohler AcP 204, 606). In der Falschlieferung kann ein (konkludentes) Angebot zur Vertragsänderung (§ 311 I Fall 2) liegen; Annahme ggf § 151. **cc)** Der Verkäufer kann **nicht Rückgewähr der falsch gelieferten Kaufsache** nach § 812 I 1 Fall 1 verlangen (zum Rechtsgrund s § 437 Rn 1; aA mit Einschränkungen Lorenz JuS 03, 39; BaR/Faust § 437 Rn 206 auf Grund stets möglicher Anfechtung der Tilgungsbestimmung); analog § 439 IV sollte dem Verkäufer jedoch ein Rückgewähranspruch gem § 346 (Zug um Zug gegen Lieferung der geschuldeten Sache, § 348 S 1) zustehen, wenn der Wert der gelieferten Sache den Kaufpreis erheblich übersteigt. Maßstab der Erheblichkeit ist § 439 III, dem der Gedanke zugrunde liegt, der Verkäufer dürfe infolge der Lieferung einer fehlerhaften Sache keine unverhältnismäßigen Einbußen (zum Wertverhältnis s § 439 Rn 29 f) erleiden. Verjährung dieses Anspruchs analog § 438 I, II, nicht §§ 195, 199 I, IV.

7. Zuweniglieferung (III Fall 2). Die Zuweniglieferung („minus-Lieferung", 24 Mankolieferung) steht einem Sachmangel gleich. Nicht bei vereinbarter (Sukzessivlieferungsvertrag) oder vom Käufer akzeptierter Teillieferung: Anwendung finden hier allg Regeln der (Teil-)Nichterfüllung. Nachbesserungsanspruch ist gerichtet auf Restlieferung, Ersatzlieferungsanspruch auf Lieferung einer vollständig anderen Gesamtmenge (s § 439 Rn 8 f). Käufer kann ferner mindern (§§ 437 Nr 2, 441) und im Hinblick auf die nicht erbrachte Teilleistung vom (Rest-)Vertrag zurücktreten (§§ 437 Nr 2, 323) und Schadensersatz statt der (Teil-)Leistung verlangen (§§ 437 Nr 3, 280, 281). Bei Zuweniglieferung aus Gesamtmenge *ungleichartiger* Sachen soll allein I einschlägig sein (BaR/Faust 112); Differenzierung zweifelhaft, da jedenfalls §§ 437 ff anwendbar sind (Heiderhoff/Skamel JZ 06, 391 f). **a)** Gleichstellung der Rechtsfolgen von Zuweniglieferung und Schlechtleistung in III 2 erstreckt sich nicht auf Vorschriften des allg Schuldrechts. Ob Rücktritt vom *ganzen* Vertrag Interessenfortfall voraussetzt (§§ 437 Nr 2, 323 V 1), hängt davon ab, ob Zuweniglieferung Teilleistung ist, und beantwortet sich allein nach allg Schuldrecht (Heiderhoff/Skamel JZ 06, 388 ff; aA ohne Differenzierung 11. Aufl; Lorenz NJW 03, 3099: stets § 323 V 1; BaR/Faust 115: stets § 323 V 2). Wollte man § 323 V 2 anwenden, könnte Käufer bei Teilschlechtleistung nicht hinsichtlich des mangelhaften Teils vom (Rest-)Vertrag zurücktreten, denn § 323 V 2 erfasst (anders als § 323 V 1) immer den *ganzen* Vertrag (s § 323 Rn 20); Käufer wäre auf Minderung (§ 441) verwiesen: Verstoß gegen VerbrGüKaufRiLi 3 II. Auch Schadensersatz statt der *ganzen* Leistung setzt Interessenfortfall (§§ 437 Nr 3, 281 I 2) nur dann voraus, wenn in Zuweniglieferung Teilleistung liegt (aA 11. Aufl: stets § 281 I 2; BaR/Faust 115: stets § 281 I 3). Zum Parallelproblem im Werkvertragsrecht s § 633 Rn 9. III Fall 2 hat keinen Einfluss auf Anwendung des § 320 II (Windel Jura 03, 796 f). **b) Zuviellieferung** kann vom Käufer gem § 812 I 1 Fall 1 kondiziert werden; ggf Angebot zur Änderung des Kaufvertrages.

8. Einzelfälle. Im Rahmen des I 2 Nr 2 (gewöhnliche Verwendungseignung 25 und übliche Beschaffenheit, s Rn 14) ist die zu § 459 I 1 aF ergangene Rspr weiterhin von Bedeutung. **a) Grundstück.** Sachmängel können sich bei einem Baugrundstück ergeben aus der Grundstückslage (BGH 60, 320) und -größe (vgl KG OLGZ 89, 197); fehlender Sichtfreiheit; mangelhaftem Baugrund, zB Bodenverhältnisse (BGH 103, 43; 117, 105), Deponiegelände (BGH 117, 368), fehlende Bebaubarkeit (BGH 117, 162 mN); Altlasten (BGH 108, 228; MDR 13, 270), auch Altlastenverdacht (München NJW 95, 2566, ie str; Kügel NJW 96, 2483 ff); Vermietbarkeit (BGH NJW 87, 2511 f); Bebauung oder Ausbau ohne Genehmigung (vgl BGH 98, 104 f; 114, 262; NJW 11, 142); Geruchsbelästigung durch Klärwerk (BGH NJW-RR 88, 11); Lärmimmissionen durch Flughafenanlage (Köln NJW-RR 95, 531). **Gebäudemängel** sind zB Schwamm, Schwammverdacht und sonstiger Feuchtig-

§ 434

keitsbefall (RG 85, 252; BGH NJW-RR 90, 79; 03, 772), Denkmalseigenschaft (Saarbrücken NJW-RR 96, 692), uU zu geringe Dauer von bestehendem Mietverhältnis (BGH NJW-RR 90, 972), *nicht* Fertigbauweise (Düsseldorf NJW 89, 2001), der (zu geringe) Mietertrag eines Hauses (BGH NJW 80, 1456; 98, 535 mN; idR Beschaffenheitsvereinbarung erforderlich, unterscheidend BGH NJW-RR 90, 972) oder die (fehlende) steuerliche Absetzbarkeit der Erwerbskosten (BGH NJW-RR

26 88, 350). **b) Kraftfahrzeug.** Sachmängel bei **Neuwagen** sind etwa Konstruktions- (BGH NJW 71, 1795) und Fabrikationsfehler (Köln NJW-RR 91, 1340; MDR 93, 619); falsche Farbe (BGH NJW-RR 10, 1289); Kraftstoffmehrverbrauch gegenüber Herstellerangaben (BGH 136, 94: über 10%); Betrieb nur mit teurerem als im Herstellerprospekt angegebenem Kraftstoff (München NJW-RR 05, 494); Verzögerung der Beschleunigung eines Geländewagens von mindestens zehn Sekunden nach dem automatischen Getriebewechsel vom zweiten in den dritten Gang bei Geschwindigkeiten über 140 km/h (Karlsruhe NJW-RR 08, 137); durch Nachlackierung ausgebesserte nicht ganz unerhebliche Lackschäden und (schon) geringfügige Benutzung (BGH NJW 80, 2127), nicht jedoch bei Überschreiten der Überführungsstrecke um weniger als 20% (Dresden NJW-RR 07, 202); Mangel, wenn der als „fabrikneu" verkaufte Pkw im Zeitpunkt des Vertragsschlusses nicht mehr unverändert hergestellt wird (BGH NJW 03, 2825), Standzeit von mehr als zwölf Monaten auch bei unverändertem Modell (BGH NJW 04, 160, Anm Roth NJW 04, 331); *nicht* aber Modelländerung zwischen Vertragsschluss und Auslieferung (BGH 93, 51) oder Kurzstreckenuntauglichkeit eines mit Partikelfilter ausgestatteten Dieselfahrzeugs (BGH NJW 09, 2056); auch Tages- oder Kurzzulassung hindert

27 Fabrikneuheit nicht (BGH NJW 05, 1423). Bei **Gebrauchtwagen** (auch behobene) Unfallschäden und Unfallbeteiligung (BGH NJW 82, 1386; 08, 53; Karlsruhe NJW-RR 92, 1144; „Unfallfreiheit" vereinbar, Rn 7; Angabe „Unfallschäden lt. Vorbesitzer Nein" ist keine Beschaffenheitsvereinbarung [BGH ZGS 08, 235]; bei Inzahlungnahme eines Altfahrzeugs [§§ 364, 365 Rn 3] haftet auch der Käufer [BGH MDR 13, 214]), erheblich höhere Fahrleistung als vertraglich vorausgesetzt (Köln OLGZ 87, 441: 25% genügt); Abweichung vom angegebenen Erstzulassungsdatum um fünf Jahre (Karlsruhe NJW 04, 2456); nicht autorisierte Auswechslung von Originaltacho (Köln aaO); Änderungen an Kfz-Identitätsnummern (LG Aachen NJW-RR 97, 1552); Einbau eines leistungssteigernden Chips zur Steuerung der Motorelektronik (Karlsruhe NJW 07, 443); ein Leck der Kraftstoffzuleitung auch bei einem zehn Jahre alten Fahrzeug (Celle ZGS 08, 312); mehrjährige Vorbenutzung als Taxi (BGH MDR 76, 1012) oder Fahrschulwagen (Nürnberg OLGZ 85, 256); vorzeitiger Verschleiß des Zahnriemens (Naumburg NJW-RR 11, 64); fehlende Betriebsfähigkeit iSd Zulassungsvorschriften (Bremen ZGS 05, 117), auch fehlende Zulassungseignung, die auf Nichtübereinstimmung der Angaben im Fahrzeugbrief mit dem Kfz beruht (BGH 10, 242; abl Schlechtriem NJW 70, 1995), wie Ausrüstung mit nicht typengerechtem Motor (BGH NJW 83, 1425); *nicht* ohne weiteres das Alter (BGH 78, 218; aA Honsell JuS 82, 812; Nürnberg NJW 05, 2020 bei vertraglich angegebenem Modelljahr), Baujahr (BGH NJW 79, 161) oder Modell (Stuttgart NJW 89, 2547), idR nicht Reparaturanfälligkeit (Köln NJW 73, 903; Hager NJW 75, 2276), fehlende Originallackierung (BGH NJW 09, 2807) und normale Abnutzung oder Verschleiß (BGH NJW 06, 435; Karlsruhe NJW-RR 88, 1139 betr Durchrostung), nicht achtmonatige Standzeit von „Jahreswagen" (Köln DAR 89, 307); Mangel allerdings, wenn bei „Jahreswagen" zwischen Herstellung und Erstzulassung mehr als zwölf Monate liegen (BGH NJW 06, 2694). Bei älteren Gebrauchtwagen müssen neben der bloßen Standzeit Mängel vorliegen, die auf diese zurückzuführen sind (BGH NJW 09, 1588). **Lit**: Fischinger/Lettmaier

28 ZGS 09, 394. **c) Kunstwerk:** Mängel sind neben Fehlern der physischen Substanz (Bsp: Rahmen eines Gemäldes) die Unechtheit des Kunstwerks (BGH 63, 371 [Bild stammt nicht vom angegebenen Maler]; näher Chr. Berger KUR 03, 137). Bei **Druckwerken** (Bsp: [Fach-]Bücher, graphische Darstellungen) sind Mängel äußere Fehler wie Verschmutzung, Beschädigung, fehlende Seiten und giftige Farben

(Foerste NJW 91, 1436), ferner Druckfehler, wenn sie den Lesefluss nicht nur unerheblich stören. Inhaltliche Fehler eines Druckwerks stellen keinen Mangel dar, denn Bücher werden gekauft, wie sie sind (BGH NJW 58, 139), es sei denn, der bes Charakter des Werks als Handlungsanleitung (beispielsweise zu medizinischen oder technischen Verrichtungen) oder bes Vereinbarungen mit dem Verkäufer führen zu einer entspr Beschaffenheitsvereinbarung. Auch eine Haftung nach ProdHaftG 1 ist abzulehnen, wenn der Fehler in der mitgeteilten Information liegt (Foerste NJW 91, 1438 f; aA Cahn NJW 96, 2899). **d) Lebensmittel:** Verdacht **29** der Genussuntauglichkeit (Rn 14 [bb]), zB bei Indizierung von Wein *anderer* Sorte desselben Abfüllers (LG Lübeck NJW-RR 87, 243, str) oder bei Überschreitung des Mindesthaltbarkeitsdatums (Lindacher NJW 85, 2934; aA Meyer BB 87, 287); verunreinigtes Wasser (BGH 59, 303); strahlenbelastete Babynahrung (AG Kiel NJW 87, 2748, krit Rathke NJW 88, 2586); hormonverseuchtes Kalbfleisch (s Düsseldorf NJW-RR 90, 733). **e) Technische Arbeitsmittel:** Mangel kann in der **30** Abweichung von „technischen Normen" liegen, so in fehlender „DIN-", „VDE-", „CE-" usw Beschaffenheit (vgl München NJW-RR 92, 1524), in der Abweichung von wesentlichen Sicherheits- oder Unfallverhütungsvorschriften (BGH NJW 85, 1770; im Einzelfall offen lassend BGH 90, 203). **f) EDV:** Mangel ist **31** unzureichende Speicherkapazität der Festplatte (Köln NJW 91, 2156), idR nicht fehlendes Bedienungshandbuch (BGH NJW 93, 462 und 2438: teilw Nichterfüllung, sa Rn 19) oder ein nicht vollständig übersetztes Benutzerhandbuch (LG Koblenz NJW-RR 95, 942). Bei Software zB gestörter Programmablauf (BGH 102, 145); fehlende Anpassung an Drucker (BGH 110, 143); Funktionsmängel (Köln NJW 88, 2477 f); Fehlen obj Gebrauchstauglichkeit (Hamm NJW-RR 95, 942), nicht schon diese nicht beeinträchtigende systembedingte Gegebenheiten (Köln NJW-RR 95, 1460). **Lit:** Brandi-Dohrn, Gewährleistung bei Hard- und Softwaremängeln, 2. Aufl. 1994; Fritzsche JuS 95, 497; Marly, Softwareüberlassungsverträge, 4. Aufl 2004; Martinek, Moderne Vertragstypen III, 1993; sa Henssler MDR 93, 489; Junker NJW 93, 827; 94, 899. **g) Tiere:** Kein Mangel, wenn Tier nicht in **32** jeder Hinsicht einer biologischen oder physiologischen „Idealnorm" entspricht, da gewisse Abweichungen bei Lebewesen erfahrungsgemäß häufig vorkommen (BGH NJW 07, 1351).

§ 435 Rechtsmangel

¹**Die Sache ist frei von Rechtsmängeln, wenn Dritte in Bezug auf die Sache keine oder nur die im Kaufvertrag übernommenen Rechte gegen den Käufer geltend machen können.** ²**Einem Rechtsmangel steht es gleich, wenn im Grundbuch ein Recht eingetragen ist, das nicht besteht.**

Lit: Bartsch, Rechtsmängelhaftung bei der Überlassung von Software, CR 05, 1; Ernst, Rechtsmängelhaftung, 1995; sa Lit zu § 437.

1. Allgemeines. a) Bedeutung. S 1 bestimmt den Umfang der gem § 433 I 2 **1** geschuldeten Rechtsmängelfreiheit. Nach **S 2** schuldet der Verkäufer auch die sog Buchreinheit (s Rn 6). **b) Anwendungsbereich:** Sachkauf, Kauf von Rechten und sonstigen Gegenständen (§ 453 I). **Nicht** bei Verkauf als Pfand in öffentl Versteigerung (§ 445) und Veräußerung in der Zwangsvollstreckung (ZPO 806, ZVG 56 S 3). Erbschaftskauf s § 2376 I. Ggf führt Redlichkeitserwerb gem §§ 936, 892 usw Rechtsmängelfreiheit herbei. Kenntnis des Käufers s § 442. **c) Vertragsgestaltung: 2 aa)** § 435 ist **abdingbar,** s § 444. Häufig beim Grundstückskauf durch Übernahme von Belastungen unter Anrechnung auf den Kaufpreis (sa § 416 Rn 1). Nicht beim Verbrauchsgüterkauf, § 475 I. **bb) Erweiterung** möglich, insbes Einstandspflicht des Verkäufers dafür, dass Dritte Rechte nicht geltend machen; Verkäufer hat diese dann abzuwehren.

§ 435 Buch 2. Abschnitt 8. Einzelne Schuldverhältnisse

3 **2. Rechtsmangel. a) Begriff.** Ein Rechtsmangel liegt vor, wenn der Verkäufer dem Käufer zwar den Kaufgegenstand (Sache, Recht [§ 453]) verschafft, nicht aber die Rechtsstellung, die nach dem Kaufvertrag vorgesehen war. Unerhebliche Beeinträchtigung genügt. Anders als bei § 434 Rn 2 kommt es beim Rechtsmangel auf Verwendungszweckvereinbarungen nicht an; der Käufer soll auch bei späteren Verwendungszweckänderungen nicht beeinträchtigt sein (BT-Drs 14/6040 S 218). Nur ein wirklich bestehendes Recht begründet einen Rechtsmangel (Ausnahme S 2); die Geltendmachung eines (nicht bestehenden) Rechts durch Dritte genügt nicht.

4 **b)** Maßgeblicher **Zeitpunkt** ist nicht der Abschluss des Kaufvertrags oder die Übergabe, sondern der Rechtserwerb des Käufers. Beim EV kommt es daher auf den Bedingungseintritt (§ 449 I) an, es sei denn, das Drittrecht beeinträchtigt schon das „Anwartschaftsrecht" (s § 929 Rn 43) des Käufers (BGH NJW 61, 1253), bei Grundstücken entscheiden Auflassung und Eintragung (§§ 873, 925) vorbehaltlich der Beeinträchtigung des Anwartschaftsrechts (§ 925 Rn 18). Rechtsmangel auch, wenn der Dritte das Recht gegen den Käufer erst später ausüben kann.

5 **3. Sachkauf.** Zum Rechtskauf s § 453 Rn 4. **a)** Ein Rechtsmangel liegt vor, wenn dem Käufer das Eigentum überhaupt nicht verschafft wurde (Canaris JZ 03, 832). Bsp: Veräußerung einer abhanden gekommenen Sache (§ 935) durch den Nichteigentümer (Karlsruhe NJW 05, 990; aA BGH NJW 07, 3779 Rn 27 mN; Pal/Weidenkaff 8: Nichterfüllung der Übereignungspflicht aus § 433 I 1). Ferner bei Verkauf eines grundbuchmäßig so nicht bestehenden Grundstücks (Frankfurt OLG 04, 319), bei Nichtverschaffung von lastenfreiem Eigentum oder der ungestörten Eigentümerstellung (BGH NJW 04, 364 [Nutzungsunterlassungsansprüche der Miteigentümer gem WEG 15 III]). Als **Rechte Dritter** kommen in Frage: **Dingliche Rechte** am Kaufgegenstand (zB Pfandrecht, Nießbrauch, Hypothek, Grunddienstbarkeit); **Immaterialgüterrechte** (insbes ausschließliche Nutzungs-, Herstellungs-, Vervielfältigungs- und Verbreitungsrechte) wie Patent- (Möller GRUR 05, 468; Laub/Laub GRUR 03, 654; Bsp: BGH NJW 79, 713 [Patent an Motoröl]), Marken- und Urheberrechte Dritter (Hamm NJW-RR 92, 1201); Rechte aus ausschließlicher Lizenz (Hamm NJW-RR 91, 953), Namens- und allg Persönlichkeitsrechte Dritter (BGH 110, 199 f); **persönliche Rechte** eines Dritten, die dieser in Bezug auf den Kaufgegenstand gegen den Käufer geltend machen kann (zB Miet- und Pachtrecht gem §§ 566 I, 581 II [BGH NJW 91, 2700; 98, 534 f]; Recht zum Besitz gem § 931, 986 II); **Veräußerungsverbote** zugunsten bestimmter Personen (§§ 135, 136); Beschlagnahme eines Grundstücks zum Zwecke der Zwangsversteigerung (BGH WM 87, 988); ferner uU **öffentl-rechtliche Bindungen** (zu öffentl Lasten beim Grundstückskauf s § 436) des Kaufgegenstands (BGH 67, 134; 96, 390 f mN; Vollkommer/Teske JZ 84, 845); Bsp: baurechtliche Verpflichtung zur Abtretung von Grundstücksteil an Gemeinde (BGH NJW 83, 275); ges Beschränkungen bei öffentl geförderter Eigentumswohnung (BGH 67, 134; Hamm NJW-RR 97, 773); zur Einziehung führende Beschlagnahme (BGH 113, 112). **Nicht** dagegen ges Eigentumsbeschränkungen (zB Duldung eines Überbaus oder Notwegs gem §§ 912, 917: BGH NJW 81, 1362), Beschränkungen aus Gründen des Allgemeinwohls (zB Bau-, Verfügungs- und Nutzungsbeschränkungen: BGH 88, 100 mN: Stellplatz-Baulast; vgl Saarbrücken NJW-RR 96, 692: Gebäude unter Denkmalschutz); das Fehlen von Steuervorteilen (BGH 79, 185; zust Landsberg JuS 82, 335); eine nur vorübergehende Beschlagnahme beim Käufer, zB gem StPO 94 (Hamm MDR 85, 1026; offen gelassen BGH NJW 04, 1802; Hamm NJW-RR 12, 1442).

6 **b) Grundstückskauf.** Neben den tatsächlich bestehenden Rechten und öffentl-rechtlichen Bindungen (zu öffentl Lasten s § 436) begründen gem **S 2** auch im Grundbuch *zu Unrecht* eingetragene Rechte einen Rechtsmangel. Verkäufer schuldet sog „Buchreinheit". Grund: Scheinbelastungen können gem § 892 zu bestehenden Rechten erstarken und beeinträchtigen den Käufer (faktisch) bei Verfügungen. Daher ist auch eine inhaltlich unzulässige Eintragung zu löschen (RG 88, 28).

4. Rechtsfolgen. Grundsätzlich gleich wie bei Sachmangel (§ 434). Bei Nicht- 7
kenntnis des Rechtsmangels kann Irrtum über verkehrswesentliche Eigenschaft vorliegen; Anfechtung nach § 119 II wegen des Vorrangs der §§ 437 ff gleichwohl ausgeschlossen (§ 437 Rn 32). **a)** Bis zur Erfüllungshandlung (Rn 4) besteht gem § 433 I 1 und 2 der allg Anspruch auf lastenfreie Verschaffung (§ 433 Rn 18), ggf §§ 320 ff. Danach hat der Käufer die Rechte gem § 437, in erster Linie also den Nacherfüllungsanspruch gem § 439, der in den Grenzen des § 439 III auf **Beseitigung des Rechtsmangels** gerichtet ist und nach § 438 verjährt; ggf Rücktritt, Minderung und Schadensersatz. **b)** Bei einem **Rechtsmangel gem S 2** besteht ein Löschungs- 8
anspruch. Erfüllung durch Grundbuchberichtigung (§ 894). Ist der Käufer schon Eigentümer, kann er den Verkäufer zur Geltendmachung des Berichtigungsanspruchs ermächtigen (wichtig wegen Kostenpflicht des Verkäufers, vgl § 439 II). Ein eigener Anspruch des Käufers gegen den Buchberechtigten gem §§ 883 II, 888 steht der Löschungspflicht des Verkäufers nicht entgegen (BGH NJW-RR 86, 310).

§ 436 Öffentliche Lasten von Grundstücken

(1) **Soweit nicht anders vereinbart, ist der Verkäufer eines Grundstücks verpflichtet, Erschließungsbeiträge und sonstige Anliegerbeiträge für die Maßnahmen zu tragen, die bis zum Tage des Vertragsschlusses bautechnisch begonnen sind, unabhängig vom Zeitpunkt des Entstehens der Beitragsschuld.**

(2) **Der Verkäufer eines Grundstücks haftet nicht für die Freiheit des Grundstücks von anderen öffentlichen Abgaben und von anderen öffentlichen Lasten, die zur Eintragung in das Grundbuch nicht geeignet sind.**

Lit: Wilhelms, Öffentliche Beitragslasten beim Grundstückskauf, NJW 03, 1420.

1. Allgemeines. a) Bedeutung. II beschränkt die Rechtsmängelhaftung des 1
Verkäufers eines Grundstücks. Grund: Der Verkäufer kann auf öffentl-rechtlichen Gesetzen beruhende Lasten und Abgaben uU gar nicht beseitigen; der Käufer muss mit ihnen rechnen. I verpflichtet den Verkäufer im Innenverhältnis dem Käufer gegenüber, bestimmte Anliegerbeiträge zu tragen. Diese werden nicht selten erst lange Zeit nach Fertigstellung der Anlage erhoben und sind daher für den Käufer nicht immer vorhersehbar. **b) Anwendungsbereich.** Gilt nur für Grundstücke, grundstücksgleiche Rechte und Rechte an Grundstücken. I und II sind abdingbar.

2. Anliegerbeiträge (I). a) Es handelt sich insbes um Erschließungsbeiträge gem 2
BauGB 127 ff, ferner alle öffentl-rechtlichen Lasten, die darauf beruhen, dass die Kosten öffentl Einrichtungen (Straßen, Grünanlagen, Ver- und Entsorgungsanlagen) auf die Eigentümer der in ihrem Bereich liegenden Grundstücke insbes nach KommunalabgabenG umgelegt werden (BT-Drs 14/6040 S 219). **b) Rechtsfolgen:** 3
Soweit der Käufer durch öffentl-rechtlichen Bescheid für zuvor begonnene Maßnahmen in Anspruch genommen wird, kann er im Innenverhältnis vom Verkäufer Ausgleich verlangen. Verteilung entgegen §§ 103, 446 S 2 nicht nach Entstehung und Fälligkeit des Beitrags. Maßgeblich ist der nach außen erkennbare bautechnische (nicht bauplanungsrechtliche) Beginn der Maßnahme. Anliegerbeiträge für nach dem Tage des Vertragsschlusses bautechnisch begonnene Maßnahmen sind vom Käufer zu tragen. Die Beitragsverpflichtung gegenüber der Behörde bleibt von I unberührt.

3. Öffentl Lasten und Abgaben (II). Hierzu gehören nicht unter I fallende, 4
öffentl-rechtliche Leistungspflichten, die aus dem Grundstück zu entrichten sind, dh auf dem Grundstück als solchem ruhen (BGH JZ 89, 1130 f). Bsp: Lasten gem ZVG 10 I Nr 3, 7, insbes Grundsteuer. Eine (zu Unrecht) erfolgte Eintragung der Last im Grundbuch ist unerheblich. **Nicht:** öffentl-rechtliche Vorkaufsrechte und Nutzungsverbote, Verpflichtungen zur Übertragung des Eigentums, öffentl-rechtli-

§ 437

Buch 2. Abschnitt 8. Einzelne Schuldverhältnisse

che Baubeschränkungen und bauordnungsrechtliche Baulasten (BT-Drs 14/6040 S 219); Grunderwerbsteuer (Karlsruhe OLGZ 80, 227); Müllabfuhrgebühren (LG Berlin JR 56, 185, str); Anliegerstreupflicht (BGH JZ 89, 1130 f).

§ 437 Rechte des Käufers bei Mängeln

Ist die Sache mangelhaft, kann der Käufer, wenn die Voraussetzungen der folgenden Vorschriften vorliegen und soweit nicht ein anderes bestimmt ist,
1. nach § 439 Nacherfüllung verlangen,
2. nach den §§ 440, 323 und 326 Abs. 5 von dem Vertrag zurücktreten oder nach § 441 den Kaufpreis mindern und
3. nach den §§ 440, 280, 281, 283 und 311a Schadensersatz oder nach § 284 Ersatz vergeblicher Aufwendungen verlangen.

Lit: Looschelders, Die neuere Rechtsprechung zur kaufrechtlichen Gewährleistung, JA 07, 673; Skamel, Die angemessene Frist zur Leistung oder Nacherfüllung, JuS 10, 671; Sutschet, Probleme des kaufrechtlichen Gewährleistungsrechts, JA 07, 161; v. Wilmowsky, Pflichtverletzung im Schuldverhältnis, JuS Beilage Heft 1/2002; Zimmer/Eckhold, Das neue Mängelgewährleistungsrecht beim Kauf, Jura 02, 154.

1 **1. Allgemeines. a) Bedeutung und Überblick.** Regelung der Rechte des Käufers bei Vorliegen eines Mangels der Kaufsache durch Verweisung. Umsetzung VerbrGüKaufRiLi 3. Der Verkäufer ist gem § 433 I 2 zur mangelfreien Erfüllung verpflichtet. Die Lieferung einer mangelhaften Sache ist daher eine Pflichtverletzung und löst die allg Rechte des Gläubigers bei Leistungsstörungen aus. Bei Handelskauf Rügeobliegenheit gem HGB 377. Der Käufer kann in erster Linie Herstellung des vertraglich geschuldeten Zustands der Kaufsache auf Grundlage eines Nacherfüllungsanspruchs verlangen (Nr 1), ferner vom Kaufvertrag zurücktreten (Nr 2 Alt 1) und Schadensersatz (Nr 3 Alt 1) bzw Aufwendungsersatz (Nr 3 Alt 2) verlangen. Hinzu tritt als nicht im allg Leistungsstörungsrecht vorgesehener Rechtsbehelf die Minderung (Nr 2 Alt 2). Der Verkäufer kann die mangelhafte Sache nicht nach § 812 I 1 (als gemäß § 433 I 2 nicht geschuldet) zurück verlangen. Der inhaltlich nach § 437 modifizierte Kaufvertrag bildet den Rechtsgrund, der den Käufer grundsätzlich zum Behalten der mangelhaften Sache berechtigt. Zur Ausn bei der Falschlieferung s § 434 Rn 23. **b) Anwendungsbereich:** Sach- und Rechtsmangel
2 (§§ 434 I, 435) beim Kauf, auch Falsch- und Zuweniglieferung (§ 434 III), die damit im Wesentlichen den gleichen Rechtsfolgen unterliegen. Zur Inzahlungnahme einer Sache (insbes Gebrauchtwagen bei Neuwagenkauf) s §§ 364, 365 Rn 3. **c) Zeitpunkt:** Nach Gefahrübergang (s § 434 Rn 5); zuvor s Rn 30 (bb). **d) Erlöschen.** *Nicht* durch vorbehaltlose Entgegennahme in nach Vertragsschluss erlangter Kenntnis vom Mangel (s § 442 Rn 4 [bb]). **e) Vertragsgestaltung.** Rechte des § 437
3 können ausgeschlossen oder beschränkt werden, insbes auf Nacherfüllung (sa § 439 Rn 5) und Minderung; auch Ausschluss oder betragsmäßige Beschränkung von Schadensersatz. Grenzen: In AGB s § 309 Nr 7, 8 (zum Immobilienkauf Litzenburger NJW 02, 1244; zu § 307 Tettinger AcP 205, 1); beim Verbrauchsgüterkauf (§ 474) s § 475 I, III; Arglist und Garantie s § 444.

4 **2. Verhältnis der Käuferrechte. a)** Die in § 437 genannten Rechte stehen in einem **Stufenverhältnis:** Rücktritt (§ 323), Minderung (§ 441), Schadensersatz statt der Leistung (§§ 280 I, III, 281) und Aufwendungsersatz (§ 284) setzen grundsätzlich den erfolglosen Ablauf einer Frist zur Nacherfüllung voraus und sind daher dem Nachfüllungsanspruch (§ 439) gegenüber grundsätzlich *nachrangig*. Den Käufer trifft die **Obliegenheit,** dem Verkäufer Gelegenheit zur Nacherfüllung zu geben; er hat ihm dabei die Kaufsache zur Überprüfung der erhobenen Mängelrügen zur Verfügung zu stellen (BGH NJW 10, 1448; MDR 13, 258); Nacherfüllungsvorrang auch bei Leistungsverweigerungsrecht aus §§ 275 II, III, 439 III, solange Verkäufer die

Titel 1. Kauf, Tausch § 437

Einrede nicht erhebt (BGH NJW 06, 1195; Anm Lorenz NJW 06, 1175). Keine Fristsetzung erforderlich bei Schadensersatz neben der Leistung (§ 280 I) oder deren Verzögerung (§§ 280 II, 286: Mahnung); ferner bei anfänglich (§ 311a II) oder nachträglich (§§ 280 I, III, 283) unmöglicher Leistung (§§ 275 I, 326 V). Fristsetzung darüber hinaus entbehrlich in den Fällen der §§ 281 II, 323 II, 440. **b) Nach Fristablauf** kann der Käufer zwischen Rücktritt, Minderung, Schadensersatz statt der Leistung und Aufwendungsersatz wählen. Aufwendungsersatz kann gem § 284 nur anstelle des Schadensersatzes statt der Leistung verlangt werden; Rücktritt und Minderung sind parallel zu Schadensersatz und Aufwendungsersatz statthaft (§ 325), solange nicht dasselbe Leistungsinteresse reguliert wird. Geltendmachung der nachrangigen Gewährleistungsbehelfe führt zum Erlöschen der Ansprüche auf Kaufpreiszahlung und Nacherfüllung; soweit schon erfüllt wurde, sind die Leistungen nach §§ 346–348 zurückzugewähren. Geltendmachung des Schadensersatzes statt der Leistung ist bindend (s § 281 IV), ebenso Ausübung von Rücktritt bzw. Minderung (Derleder NJW 03, 1000 f; einschränkend Wertenbruch JZ 02, 864 f: Übergang auf Minderung nach § 242, wenn Verkäufer Rückabwicklung verweigert; besser: § 323 II Nr 1 analog; bei Schweigen des Verkäufers: § 323 I); schlägt Minderung jedoch fehl, ist Käufer berechtigt, „kleinen Schadensersatz" geltend zu machen (BGH NJW 11, 1217: Minderungsbetrag konnte nicht ermittelt werden). Verlangt Käufer nach Fristablauf weiterhin Nacherfüllung, gehen umgekehrt die einmal begründeten nachrangigen Mängelrechte nicht unter (BGH NJW 06, 1198). Käufer kann Nacherfüllung nach Fristablauf (durch Ausübung der Rechte aus § 437 Nr 2, 3) zurückweisen (Finn ZGS 04, 32; aA § 281 Rn 15). – Zu mehreren Mängeln s § 441 Rn 8.

3. Nacherfüllungsanspruch (Nr 1). S Anm zu § 439; Verjährung s § 438. 5

4. Rücktritt (Nr 2 Alt 1). a) Überblick. Nr 2 Alt 1 regelt das Rücktrittsrecht 6 des Käufers bei mangelhafter Lieferung durch Verweisung auf die allg Bestimmung des § 323 (sa § 323 Rn 2). Der Rücktritt wegen eines Mangels der Kaufsache wird damit in das allg Leistungsstörungsrecht eingegliedert; ein bes kaufrechtliches Rücktrittsrecht (wie die fr „Wandelung"; § 462 aF) besteht nicht. Die Verweisung auf § 323 bindet den Rücktritt wegen eines Mangels zugleich an das Erfordernis des erfolglosen Fristablaufs (Rn 4). Ist die primär geschuldete (Rn 1) Nacherfüllung gem § 275 I unmöglich (s § 439 Rn 22) oder verweigert sie der Verkäufer gem § 439 III 1, verhindert (§ 275 IV iVm) § 326 I 2 das automatische Entfallen der Kaufpreiszahlungspflicht des Käufers; vielmehr kann der Käufer ohne Fristsetzung gem § 326 V (s § 326 Rn 26) bzw § 440 S 1 zurücktreten (oder gem § 441 mindern); Ausnahme § 323 VI (innerhalb § 437 Nr 2 uneingeschränkt anwendbar; Kohler AcP 203, 569). Nicht selten wird der Käufer den Grund für den Ausfall der Nacherfüllung nicht kennen; in diesem Fall kann er eine Frist setzen und nach deren Ablauf zurücktreten, ohne dass (im Prozess) geklärt werden muss, ob sich der Rücktrittsgrund aus § 323 I oder § 326 V ergibt (BT-Drs 14/7052 S 193). Zum Rücktritt aus anderen Gründen s § 324. **b) Rechtsnatur.** Das Rücktrittsrecht ist ein Gestaltungs- 7 recht, kein Anspruch. Ausübung führt zu Rückabwicklungsverhältnis nach § 346 ff. **c) Voraussetzungen. aa) Sach- oder Rechtskauf** (§ 453 I, III). **bb) Sachmangel** 8 gem § 434 bei Gefahrübergang (§ 434 Rn 5) oder Rechtsmangel bei Vornahme der Erfüllungshandlung (§ 435 Rn 4). Erheblichkeit des Mangels (§ 323 V 2) im Zeitpunkt der Rücktrittserklärung (BGH NJW 09, 509; 11, 1665 Rn 18; 11, 3709); Rücktritt vom ganzen Vertrag setzt bei Zuweniglieferung (§ 434 Fall 2) Interessefortfall nur dann voraus, wenn sie zugleich Teilleistung (§ 323 V 1) ist (s § 434 Rn 24). **cc) α) Fristsetzung** (gem § 323 I) ist Aufforderung zur Nacherfüllung 9 unter Ausübung des Wahlrechts gem § 439 I. Käufer muss keinen Zeitraum oder konkreten Termin bestimmen; es genügt die Aufforderung an den Verkäufer, die Nacherfüllung „umgehend" oder „so schnell wie möglich" zu bewirken (BGH NJW 09, 3154; Skamel JuS 10, 672) – Fristsetzung wegen eines *Mangels* ist bereits **vor Gefahrübergang** möglich, wenn die angemessene (Rn 11 [dd]) Frist frühestens

§ 437

bei Fälligkeit des Lieferanspruchs abläuft. Bis zum Gefahrübergang kann Verkäufer Art der Nacherfüllung gem § 439 I wählen; vereinbar mit VerbrGüKaufRiLi 3 I, III, die ein Wahlrecht des Käufers nur für die Zeit nach Lieferung vorsehen. Verkäufer kann jedoch Nacherfüllung gem § 439 III auch vor Übergabe verweigern. Folge: Rücktritt gem § 440 S 1 schon vor Fristablauf möglich. **β)** Hatte der Käufer dem Verkäufer bereits eine Frist wegen Liefer*verzögerung* gem §§ 281, 323 gesetzt und liefert der Verkäufer bis Ablauf dieser Frist eine mangelhafte Sache, muss – auch zur Erhaltung des „Rechts auf zweite Andienung" (s § 439 Rn 3 [d]) – eine weitere Frist zur Nacherfüllung gesetzt werden (vgl Skamel JuS 10, 671; aA Canaris DB 10 01, 1816). **γ) Entbehrlichkeit** der Frist gem § 326 V (s Rn 6) bei Unmöglichkeit der Nacherfüllung bzw deren Verweigerung. Ferner nach §§ 323 II, 440; „Recht auf zweite Andienung" (s § 439 Rn 4) entfällt dann. Wurde Mangel fristgemäß behoben, entfällt das Rücktrittsrecht, selbst wenn Fristsetzung entbehrlich war 11 (BGH NJW 10, 1805). **dd) Angemessenheit.** Zu berücksichtigen sind Interessen beider Parteien. Ausschlaggebend ist insbes die Zeitspanne, die der Verkäufer zur vom Käufer gewählten Art der Nacherfüllung benötigt. Bei einem des Käuferinteresse (zB Saisonware, Alltagsgeschäfte [BT-Drs 14/6040 S 234]) muss der Verkäufer uU besonders rasch nacherfüllen, wenn nicht ohnehin Fristsetzung gem § 323 II Nr 3 entbehrlich ist. Zu berücksichtigen ist auch, ob der Verkäufer den Mangel bei Vertragsschluss oder Lieferung kannte und/oder – auch als Folge einer Garantie iSv § 276 I 1 – zu vertreten hat. Fach- und Vertragshändlern ist kürzere Frist zuzumuten. – Ist die gesetzte Frist unangemessen kurz, wird die angemessene Frist in Lauf gesetzt. **ee) Ablauf** der Frist ohne vollständige Mängelbeseitigung; geringfügige Überschreitung genügt. Wurde der Mangel beseitigt, erlischt das Rücktrittsrecht auch dann, wenn die Fristsetzung entbehrlich war (BGH NJW 10, 1805: § 323 II wegen Arglist des Verkäufers). Ist Nacherfüllung **fehlgeschlagen** (s § 440 S 2), bedarf es keiner weiteren Fristsetzung (§ 440 Rn 3). **ff) Nicht:** Ablehnungsandrohung, Verschulden. **d) Rechtsfolgen des Fristablaufs** s Rn 4 (b). **Zeitliche**
12 **Grenze** s § 438 IV.

13 **5. Minderung (Nr 2 Alt 2).** Nach Nr 2 Alt 2 kann der Käufer, anstatt den Rücktritt zu erklären, den Kaufpreis mindern; s Anm zu § 441.

14 **6. Schadensersatz (Nr 3 Alt 1). a) Systematik.** Nr 3 Alt 1 verweist für den Ersatz des dem Käufer infolge der Lieferung einer mangelhaften Sache entstandenen Schadens auf die Anspruchsgrundlagen des allg Leistungsstörungsrechts (§§ 280, 281, 283 und 311a II). Damit wird der Schadensersatzanspruch wegen Lieferung einer mangelhaften Sache in das allg Leistungsstörungsrecht eingebunden. Die Voraussetzungen des Schadensersatzanspruchs unterscheiden sich gem § 280 I–III nach dem verletzten Interesse des Käufers (Integritäts-, Verzögerungsschaden, Schadensersatz statt der Leistung) und dem Zeitpunkt des Vorliegens des Mangels (§ 311a II). Bei durch Nacherfüllung behebbaren Mängeln ist hinsichtlich des Schadensersatzes statt der Leistung der Vorrang des Nacherfüllungsanspruchs (§ 439) zu beachten (Rn 19). Schadensersatz schuldet der Verkäufer nur, wenn er die mit der mangelhaften Lieferung verbundene Pflichtverletzung (§ 280 I 2 Rn 20) bzw – bei anfänglichen Mängeln – seine Unkenntnis (§ 311a II 2 Rn 7) zu vertreten hat. **b) § 280 I:** Ersatz des **Integritätsinteresses** („Mangelfolgeschaden"). Integritätsschäden sind die durch den Mangel verursachten Einbußen an unabhängig vom Kaufvertrag bestehenden Rechten, Rechtsgütern und Interessen (s § 241 II) des Käufers. *Bsp:* Der Käufer verletzt sich an einem schadhaften Maschinenteil (BT-Drs 14/6040 S 224) oder infolge einer fehlerhaften oder ungenauen Bedienungsanleitung; nicht vertragsgemäße Betriebsstoffe beschädigen Maschinen des Käufers. Zum Vertretenmüssen s
16 Rn 22 ff. **c) § 280 II:** Der Ausgleich von **Verzögerungsschäden** erfolgt nur unter den Voraussetzungen des § 286 (Verzug). **aa)** Erforderlich ist nach § 286 I 1 eine Mahnung hinsichtlich der Nacherfüllung, die gewöhnlich im Nacherfüllungsverlangen liegt (BT-Drs 14/6040 S 225). Der Verkäufer kann auch ohne Mahnung durch ein Ereignis gem § 286 II in Verzug geraten, etwa nach § 286 II Nr 1 mit Ablauf

Titel 1. Kauf, Tausch § 437

einer vereinbarten Lieferfrist während der Nacherfüllungsphase. **bb)** Ist der Verkäufer bereits mit der Erfüllung des Leistungsanspruchs aus § 433 I (vor Gefahrübergang) in Verzug (nicht mit dem Nacherfüllungsanspruch), hat er ohne weiteres nach Lieferung der mangelhaften Sache den gesamten während der Nacherfüllungsphase entstehenden Verzögerungsschaden zu ersetzen; die Lieferung der *mangelhaften* Sache beendet den Verzug nicht. **cc)** Unter den nach §§ 280 II, 286 zu ersetzenden Verzö- 17 gerungsschaden fällt auch ein **Nutzungsausfallschaden.** Liefert zB der Verkäufer eine fehlerhafte Maschine, wird der durch die verzögerte Inbetriebnahme entstehende Betriebsausfallschaden nur unter den Voraussetzungen der §§ 280, 286 (ggf Mahnung) ersetzt (Huber/Faust, Rn 3/223; nach Grigoleit/Riehm AcP 203, 754 Mahnung entbehrlich gem 286 II Nr 4, str; aA BGH NJW 09, 2674; Canaris ZIP 03, 326; MK/Ernst § 280 Rn 55 ff mN: § 280 I). Nach der Gegenansicht stünde der (nicht bereits in Verzug gesetzte) Verkäufer besser, wenn er die mangelhafte Kaufsache (zunächst) überhaupt nicht liefert. Verzug ist auch erforderlich, wenn ein unabhängig vom Kaufvertrag bereits ablaufender Produktionsprozess unterbrochen wird (insoweit aA v. Wilmowsky aaO S 20: § 280 I). **d) § 280 III: Schadensersatz** 18 **statt der Leistung.** Wegen des Vorrangs des Nacherfüllungsanspruchs (§ 439; s Rn 4) ist zu unterscheiden: **aa) Nicht behebbarer Mangel. α) Primärleistung.** Der Verkäufer ist gem § 275 I von der Lieferung der Sache in mangelfreiem Zustand (s § 433 I 2) befreit. Gleichzustellen ist die Befreiung des Verkäufers gem § 275 II, III und hinsichtlich aller Formen der Nacherfüllung gem § 439 III (Lorenz/Riehm Rn 536). **β) Anfänglicher Mangel.** Haftet der Mangel der Kaufsache bereits bei Vertragsschluss an, richtet sich der Schadensersatz nach § 311a II. Der Verkäufer haftet nicht, wenn er den Mangel nicht kannte und diese Unkenntnis auch nicht zu vertreten hat. Zurechnung der Kenntnis von Vertretern und Verhandlungsgehilfen s § 166 (aA § 311a Rn 7: § 278). Zusicherung der Mangelfreiheit s Rn 23. **γ) Nachträglicher Mangel.** Entsteht der Mangel nach Vertragsschluss, richtet sich der Schadensersatz nach § 283. *Bsp:* Als unfallfrei verkaufter Pkw wird vor Übergabe bei einem vom Verkäufer verursachten Verkehrsunfall beschädigt. Schadensersatz entfällt, wenn der Verkäufer die Entstehung des Mangels nicht zu vertreten hat (§§ 280 I 2, 276), insbes keine Schutz-, Obhuts- und Überwachungspflichten im Hinblick auf die Kaufsache verletzt hat. Zurechnung s § 278. Ob eine Zusicherung der Mangelfreiheit (Rn 23) sich auch auf nachträglich entstehende Mängel bezieht, ist Auslegungsfrage und idR zu verneinen. **bb)** Liegt ein **behebbarer Mangel** 19 vor, muss nach schadensverursachender Pflichtverletzung unterschieden werden. **α)** Verletzt der Verkäufer die **ursprüngliche Pflicht zu mangelfreier Lieferung** (§ 433 I), sperrt der Vorrang des Nacherfüllungsanspruchs (§ 439 I) bis zum Ablauf der nach § 281 I gesetzten Frist den Schadensersatzanspruch. Ausnahme: Fristsetzung entbehrlich gem §§ 281 II, 440. Schadensersatz nach Fristablauf setzt gem § 281 I 2 Vertretenmüssen voraus (Verkäufer trägt Beweislast), das sich auf die haftungsbegründende Verletzung der Pflicht zu mangelfreier Lieferung (ursprüngliche Nicht- oder Schlechtleistung gem § 281 I 1) bezieht (einschr BaR/Faust 74 ff: Pflichtverletzung durch Unterlassen der mangelfreien Lieferung, § 281 I 1 Fall 1; aA 11. Aufl; Lorenz NJW 02, 2503: Nichtvornahme der Nacherfüllung. **β)** Auch die Verletzung der **Pflicht zur Nacherfüllung** (§ 439 I) kann Haftung begründen (sa § 439 Rn 12 ff); entscheidend nur, wenn Verkäufer ursprüngliche Pflichtverletzung nicht zu vertreten hat, denn Bezugspunkt des Vertretenmüssens ist hier die ausbleibende oder erfolglose Nacherfüllung innerhalb der nach ursprünglicher Pflichtverletzung gesetzten Frist. Erforderlich ist gem § 281 I 1 erneute Fristsetzung, um dem Verkäufer Gelegenheit zur „Nacherfüllung der Nacherfüllung" zu geben. Zum Schadensersatz bei Unmöglichkeit der Nacherfüllung s § 439 Rn 22. **cc) Umfang des Scha-** 20 **densersatzes statt der Leistung. α)** Anspruch aus § 281 I 1 ersetzt nach § 281 IV (Nach-)Erfüllungsanspruch. Dem Käufer zu ersetzen ist derjenige Schaden, der durch ordnungsgemäße Nacherfüllung vermieden worden wäre (sa § 281 Rn 16 ff); umfasst den durch Nacherfüllung zu beseitigenden Schaden (s § 439 Rn 20) und den durch mangelhafte Nacherfüllung entstandenen Schaden. Hat Verkäufer nur

§ 437

mangelhafte Nacherfüllung zu vertreten (Rn 19 [β]), ist nur der Schaden zu ersetzen, der durch neuerliche Nacherfüllung vermieden worden wäre. Auszugleichen ist der mangelbedingte Minderwert der Kaufsache („eigentlicher Mangelschaden"; BT-Drs 14/6040 S 224), Reparaturkosten, ferner Folgeschäden wie der entgangene Gewinn und Aufwendungen für anderweitige Beschaffung; nicht: Mangelfolgeschaden (dazu

21 Rn 15; aA Recker NJW 02, 1248). **β) Schadensausgleich** nach Wahl des Käufers: **(1) „Kleiner Schadensersatz":** Der Käufer behält die mangelhafte Kaufsache und verlangt iÜ im Wege des Geldersatzes so gestellt zu werden, als sei ordnungsgemäß nacherfüllt worden. Ausgleich durch Ersatz des Minderwertes, Aufwendungen für Mängelbeseitigung, Ausgleich des entgangenen Gewinns für Weiterveräußerung usw. **(2)** Schadensersatz statt der „ganzen" Leistung, sog **„großer Schadensersatz":** Der Käufer stellt die Kaufsache dem Verkäufer zur Verfügung (sa §§ 281 V, 346 I) und verlangt Ausgleich für die gesamte ausgebliebene Leistung, insbes Rückzahlung des geleisteten Kaufpreises (als Mindestschaden), auch für den aus einem infolge des Mangels gescheiterten Weiterverkauf entgangenen Gewinn, Kosten der Ersatzbeschaffung, Freistellung von Haftung aus Weiterverkauf, Kosten eines Rechtsstreits zwischen Käufer und Abnehmer usw. Großer Schadensersatz scheidet bei unerheblichen Pflichtverletzungen aus, § 281 I 3; bei Teilleistung Interessefortfall, § 281 I 2 (sa § 434 Rn 24); zum Ausschluss des Rücktritts s § 323 V (europarechtskonform, s VerbrGüKaufRiLi 3 VI). Neben dem großen Schadensersatz ist

22 Rücktritt möglich, § 325. **e) Vertretenmüssen des Verkäufers (§§ 437 Nr 3, 280 I 2, 311a II 2). Lit:** Lorenz NJW 02, 2497. **aa)** Maßstab die Verantwortlichkeit des Verkäufers ist **§ 276. α)** Der Verkäufer hat danach Vorsatz und jede Fahrlässigkeit zu vertreten. Den Fahrlässigkeitsmaßstab bestimmt § 276 II. Die an den Verkäufer zu stellenden Sorgfaltsanforderungen richten sich nach der **Verkehrsanschauung** (dazu BT-Drs 14/6040 S 210), soweit keine vertraglichen Vereinbarungen getroffen sind. Nicht zu gewerblichen Zwecken handelnde Verkäufer und Zwischenhändler trifft grundsätzlich keine Untersuchungspflicht hinsichtlich eines Mangels. Wohl aber kann eine Untersuchung und Prüfung der Kaufsache durch einen Fachhändler (namentlich Vertragshändler) insbes bei hochwertigen Produkten (Kfz) zur verkehrserforderlichen Sorgfalt zählen. Beim gewerblichen Verkauf gebrauchter Produkte kann der Käufer eine Untersuchung erwarten, wenn der Verkäufer über eine Werkstatt verfügt. Dem Verkäufer bekannte Mängel sind unabhängig von einer

23 Untersuchungspflicht zu offenbaren. **β)** Entspricht die gelieferte Sache nicht der geschuldeten Beschaffenheit, hat der Verkäufer dies bei **Übernahme einer Garantie** nach § 276 I 1 HS 2 Fall 1 verschuldensunabhängig zu vertreten. Zur Abgrenzung von Garantie iSd § 443 s § 443 Rn 3. Schlichte Beschaffenheitsvereinbarung gem § 434 I genügt für Garantieübernahme nicht; erforderlich ist Erklärung des Verkäufers, für das Fehlen der vereinbarten Beschaffenheit verschuldensunabhängig eintreten zu wollen (s BT-Drs 14/6040 S 236). Voraussetzung einer Schadensersatzhaftung ist, dass das verletzte Interesse in den Garantiebereich fällt. **Reichweite der Garantie** muss sich nicht auf natürliche Beschaffenheit der Kaufsache beschränken, sondern kann alle tatsächlichen und rechtlichen Verhältnisse umfassen, die wegen

24 ihrer Art und Dauer die Brauchbarkeit oder den Wert der Sache beeinflussen. **Fälle:** Auf die Rspr zur Eigenschaftszusicherung nach §§ 459 II, 463 aF kann zurückgegriffen werden, solange beachtet wird, dass ein Bedürfnis der Haftungsbegründung durch Annahme einer Garantieübernahme wegen der vom Vertretenmüssen unabhängigen Gewährleistungsbehelfe des Käufers (Nacherfüllung, Rücktritt, Minderung) in weit geringerem Umfang besteht als im fr Recht. Als Gegenstand einer Geschäftsgarantie kommen in Frage: sämtliche Fälle der vertragsmäßigen Beschaffenheit (§ 434 Rn 9 ff) der Kaufsache, zB (Rspr zu § 459 aF) Bebaubarkeit des Grundstücks (BGH 117, 162 mN); bestimmte Wohnfläche (BGH NJW 91, 912); Vorhandensein einer Baugenehmigung (BGH NJW 98, 536); Fehlen objektgebundener Versagungsgründe für Gaststättenerlaubnis (BGH NJW-RR 87, 910); Urheberschaft eines Bildes (BGH NJW 93, 2104); Fabrikneuheit von Neuwagen (BGH NJW 97, 1848; Frankfurt MDR 98, 404); Alter, Baujahr (BGH 78, 218; NJW 95, 2160),

Titel 1. Kauf, Tausch **§ 437**

Kilometerleistung (BGH WM 89, 1894), Werkstattprüfung (BGH 87, 305 f) oder Unfallfreiheit von Gebrauchtwagen (BGH NJW 82, 435); bes Feuchtigkeitsempfindlichkeit eines Klebers (BGH 88, 134); der Mietertrag eines Grundstücks (BGH 117, 170 f mN; NJW 93, 1385; 98, 535 mN; Celle MDR 98, 767, stRspr); die inhaltliche Richtigkeit von Druckwerken (BGH NJW 73, 844); Steuerfreiheit und erhöhte Abschreibungsmöglichkeit, soweit sie aus der Beschaffenheit der Kaufsache resultieren (BGH 111, 78 mN; 114, 266 ff mN, sa Rn 33). Auch Fehlen einer Beschaffenheit kann garantiert werden. Garantie der Abwesenheit eines Mangels steht garantierter Beschaffenheit gleich (zu Eigenschaftszusicherung BGH NJW 82, 435). Gegenstand einer Garantie können ferner Umstände usw sein, die nicht als Beschaffenheit der Kaufsache angesehen werden: der Preis (Marktwert) einer Sache; in der Zukunft liegende Verhältnisse und Umstände (Bsp: künftige Bebaubarkeit) sowie Angaben rein tatsächlicher oder rechtlicher Art, wie zB eine Bilanz; Tilgung (Anfallen) von Erschließungskosten; längere Zeit zurückliegende tierärztliche Untersuchung eines lebenden Tiers; Umsatzsteuerfreiheit; steuerliche Abzugsfähigkeit von Erwerbskosten. **γ)** Im Kaufvertrag übernimmt der Verkäufer grundsätzlich *nicht* das **Beschaffungsrisiko** (§ 276 I 1 HS 2 Fall 2) hinsichtlich der Mangelfreiheit 25 (zutr Dauner-Lieb/Dötsch aaO S 2536). Auch bei einer Gattungsschuld erstreckt sich der Leistungspflicht des Verkäufers korrespondierende (vollstreckbare) Anspruch des Käufers nicht darauf, dass die gelieferte Sache mangelfrei ist, sondern allenfalls darauf, dass die Herstellung des vertragsmäßigen Zustandes (durch Nachbesserung oder Ersatzlieferung) letztlich gelingt. **bb)** Der Verkäufer hat gem **§ 278** 26 für das Verschulden von Erfüllungsgehilfen und ges Vertreter einzustehen. Der **Hersteller** ist regelmäßig **nicht Erfüllungsgehilfe** des Verkäufers, weil die Herstellung nicht zum Pflichtenkreis des Verkäufers zählt (BT-Drs 14/6040 S 210). Anders im Rahmen der Mangelbeseitigung gem § 439. **f) Verjährung** s § 438.

7. Aufwendungsersatz (Nr 3 Alt 2). S Anm zu § 284. Darunter fallen die Ver- 27 trags(-abschluss)- und die Erfüllungskosten (zB Transport- und Montagekosten). Aufwendungsersatzanspruch aus § 284 auch bei Rücktritt wegen Mangels nicht nach § 347 II beschränkt (BGH NJW 05, 2849). Sämtliche Voraussetzungen des Anspruchs auf Schadensersatz statt der Leistung („anstelle"; s § 284 Rn 3) müssen vorliegen, insbes Vertretenmüssen bzw Kenntnis (§§ 280 I 2, 311a II 2).

8. Verhältnis zu sonstigen Rechtsbehelfen. a) Allgemeines. Über § 437 28 werden die Mängelrechte des Käufers in das System der Leistungsstörungen im allg Schuldrecht eingebunden; Unterschiede bestehen gleichwohl, zB bei der Verjährung von Schadensersatzansprüchen (Schadensersatz gem § 437 Nr 3 verjährt nach § 438 I, II; gcm §§ 280 I, 311 II, 241 II [cic] nach §§ 195, 199). Die Mängelrechte genießen gegenüber den allg Bestimmungen des Leistungsstörungsrechts aber Vorrang. **b) Erfüllungsanspruch und Einrede des nichterfüllten Vertrags** (§ 320). 29 **aa)** Der Käufer kann eine mangelhafte Sache als nicht vertragsgemäße (s § 433 I 2) Leistung zurückweisen (s § 266), ohne dadurch in Annahmeverzug (§§ 293 ff) oder mit der Abnahmepflicht (§ 433 Rn 28 f) in Schuldnerverzug (§§ 286 ff) zu geraten. Folge: Ursprünglicher Erfüllungsanspruch bleibt bestehen; es gelten §§ 320 ff, §§ 280 ff. Verjährung nicht § 438, sondern § 195, bei Grundstückskauf usw § 196. – Kein Zurückweisungsrecht jedoch, wenn der Kaufvertrag trotz des Mangels nicht rückabgewickelt werden soll. Bsp: Der Käufer kann nur mindern, weil der Mangel unerheblich (§§ 437 Nr 2, 323 V 2) und eine Nacherfüllung ausgeschlossen ist (Lamprecht ZIP 02, 1790; weitergehend Jansen ZIP 02, 877, 1794: keine Zurückweisung, wenn Verkäufer die Nachbesserung beim Käufer vornehmen darf; einschr Lorenz NJW 13, 1341: Zurückweisungsrecht entfällt nur bei unbehebbarem Mangel). **bb)** Auch nach Gefahrübergang (s § 434 Rn 5) kann sich der Käufer auf § 320 I (s aber § 320 II) berufen, falls und solange er Nacherfüllung (§ 439) verlangen kann, also nicht mehr, wenn er gemindert (§ 441) oder der Verkäufer nacherfüllt hat oder die Nacherfüllung unmöglich geworden ist (§ 275 I) oder gem §§ 275 II, III, 439 III berechtigt verweigert wurde (dann aber uU Rücktritt, §§ 326 V, 323). Nach Verjäh-

§ 437

rung der Mängelansprüche bleibt dem Käufer das Leistungsverweigerungsrecht gem
30 § 438 IV 2, V. **c) Unmöglichkeit.** Sa § 275 IV. **aa)** Bei anfänglichem unbehebbaren Mangel der Kaufsache (Bsp: Verkauf eines Unfallwagens als „unfallfrei") ist der Kaufvertrag gem § 311a I voll wirksam; der Verkäufer haftet ggf auf Schadensersatz gem § 311a II. **bb)** Tritt ein Mangel nach Abschluss des Kaufvertrags, aber vor Gefahrübergang ein (Bsp: als „unfallfrei" verkaufter Pkw wird bei Unfall beschädigt), wird der Verkäufer gem § 275 I insoweit von seiner Pflicht zur mangelfreien Lieferung aus § 433 I 2 frei, als die Beseitigung unmöglich ist oder er die Erfüllung gem § 275 II, III verweigert. Schadensersatz s §§ 280, 283; § 285 gilt; wegen des Kaufpreisanspruchs gilt § 326 I 2. **cc)** Auch gegenüber dem Nacherfüllungsanspruch aus § 439 kann sich der Verkäufer auf § 275 I–III berufen, zudem auf § 439 III.
31 **d) Verzug** (§§ 286 ff) möglich, solange keine mangelfreie (Nach-)Erfüllung. **e) Anfechtung. aa) Erklärungs- und Inhaltsirrtum.** Anfechtung gem § 119 I ist uneingeschränkt zulässig. Grund: §§ 434 ff enthalten insoweit keine Sonderregelung. Anfechtung auch, wenn Verkäufer bei Beschaffenheitsvereinbarung (§ 434 I 1) Irrtum gem § 119 I unterläuft. **bb) Arglistige Täuschung** durch Verkäufer über Nichtvorliegen des Mangels: Anfechtung gem § 123 ist vor und nach Gefahrübergang uneingeschränkt zulässig. Grund: Verkäufer ist nicht schutzwürdig. Ansprüche des Käufers bei wirksamer Anfechtung: § 812 I 1; §§ 280 I, 311 II, 241 II (cic);
32 § 823 II iVm StGB 263; § 826; nicht: § 437. **cc) Eigenschaftsirrtum. α)** Kennt der *Käufer* den Mangel nicht, kann zugleich ein Irrtum über eine verkehrswesentliche Eigenschaft vorliegen. Die Anfechtung gem § 119 II ist gleichwohl ausgeschlossen. Grund: §§ 437 ff enthalten eine abschließende Sonderregelung; Käufer soll sich zB nicht gem § 142 I vom Kaufvertrag lösen können, wenn etwa Rücktritt wegen Verjährung nach §§ 438 I, II, IV, 218 ausscheidet, Anfechtung gem § 121 jedoch nicht; ferner wenn Mängelrechte gem § 442 I 2 entfallen. Anfechtung nach § 119 II auch bei Veräußerung in der Zwangsvollstreckung ausgeschlossen, um ZPO 806, ZVG 56 S 3 (Rn 4) nicht zu unterlaufen (zu ZVG 56 BGH NJW-RR 08, 222). Ausschluss der Anfechtung gem § 119 II auch im Zeitraum *vor Gefahrübergang* (Lorenz/Riehm Rn 573), um dem Verkäufer das „Recht zur Nacherfüllung" (§ 439 Rn 4) zu erhalten. **β)** Auch die Anfechtung durch den *Verkäufer* gem § 119 II ist ausgeschlossen. Grund: Dem Käufer sollen nicht durch Anfechtung die Rechte nach § 437 entzogen werden; daher kein Ausschluss, wenn der Käufer Mängelrechte
33 nicht geltend macht (BGH NJW 88, 2598). **f) Störung der Geschäftsgrundlage (§ 313).** Bei Mängeln ist die Berufung auf § 313 ausgeschlossen. Grund: Sonderrege-
34 lung der §§ 437 ff geht vor. **g) Culpa in contrahendo (§§ 280 I, 311 II, 241 II). aa)** Ansprüche gem §§ 280 I, 311 II, 241 II wegen fahrlässiger Verletzung vorvertraglicher Offenbarungs-, Aufklärungs- und Beratungspflichten durch den Verkäufer mit Bezug auf Sach- oder Rechtsmängel sind ausgeschlossen (Lorenz/Riehm Rn 576; aA Häublein NJW 03, 392). Grund: Gewährleistungsrechte aus § 437 bilden eine abschließende Sonderregelung. Bedeutung vor allem hinsichtlich der Verjährung: § 438 anstatt §§ 195, 199. Nacherfüllungsrecht des Verkäufers (§ 439 Rn 4) darf nicht durch einen Anspruch auf Aufhebung des Kaufvertrags unterhöhlt werden. **bb)** Die Beschränkung gilt *nicht*, wenn ein „Recht zur zweiten Andienung" des Verkäufers ausscheidet, weil Fristsetzung nach §§ 281 II, 323 II, 440 entbehrlich ist (Rn 4); ferner nicht für vorsätzliche Falschangaben (BGH NJW 09, 2120 mit Anm Fischinger/Lettmaier NJW 09, 2496; aA § 311 Rn 38), desgl nicht für persönlich haftende Vertreter und Vermittler (§ 311 III), denen gegenüber keine Mängelrechte aus § 437 bestehen. **cc)** Die Beschränkung gilt ferner nicht, wenn Käufer wegen fehlender Beratung oder Aufklärung über einen Mangel Schadensersatz statt der Leistung gem §§ 280 I, III, 282 verlangt; setzt Unzumutbarkeit voraus (s § 282 Rn 5); relevant vor allem, wenn Verkäufer die Mangelhaftigkeit nicht zu vertreten hat und Ersatzanspruch wegen des Mangels gem § 437 Nr 3 deshalb ausscheidet.
35 **h) Schadensersatz. aa)** Wegen Nebenpflichtverletzung (§§ 280 I, 241 II). Ist eine kaufvertragliche Nebenpflicht bei Lieferung einer *mangelfreien Sache* schuldhaft verletzt, so besteht keine Konkurrenz mit Mängelrechten. Bsp: Verletzung von Aufklä-

rungs- und Warnpflichten etwa beim Kauf von Maschinen und Erzeugnissen, von denen spezifische Gefahren ausgehen (§ 433 Rn 25); unterbliebene Verarbeitungshinweise bei „Risiken" der Weiterverarbeitung (BGH 88, 135); unterlassener Hinweis auf Belieferung mit Ware von geänderter Beschaffenheit (BGH 132, 177 f); Beschädigung von Eigentum des Käufers anlässlich der Lieferung der Kaufsache. Zu ersetzen ist der volle Verletzungsschaden, uU einschließlich der beeinträchtigten Kaufsache selbst (BGH 87, 91). Bsp: Untergang infolge unsachgemäßer Verpackung (BGH 66, 208; 87, 92). Die (kurze) Verjährung des § 438 gilt nicht. Schadensersatz statt der (mangelfreien) Leistung wegen Nebenpflichtverletzung gem §§ 280 I, III, 282 nur bei Unzumutbarkeit (sa Rn 34 aE). **bb) Infolge mangelhafter Lieferung.** Ist der Schaden durch eine *mangelhafte* Kaufsache verursacht, kann der Käufer Schadensersatz gem §§ 437 Nr 3, 280 I verlangen (s Rn 15). **i) Unerlaubte Handlung. 36 aa)** Ansprüche gem §§ 823 I, II, 826 werden durch die Rechte aus § 437 nicht berührt. Bsp: Geliefertes mangelhaftes Tierfutter verletzt Tiere des Käufers. Ist der Kaufvertrag mit dem Hersteller abgeschlossen, so kommen die nicht durch das ProdHaftG ausgeschlossenen (ProdHaftG 15 II) Grundsätze über die Produzenten-(Produkt-)haftung (§ 823 Rn 122 ff) neben der Vertragshaftung zur Anwendung (BGH 67, 362; Röhl JZ 79, 374). **bb)** Die Lieferung einer von Anfang an mangelhaften Sache ist als solche noch keine Verletzung des Eigentums an der Kaufsache iSd § 823 I (BGH 117, 187). Jedoch kommt eine deliktische Haftung in Betracht, wenn als Mangelfolge („weiterfressende Mängel") an der gelieferten Sache selbst ein über den ursprünglichen Mangelunwert hinausgehender, mit diesem nicht „stoffgleicher" Schaden eintritt (so BGH 67, 364 f; 86, 259 f; 117, 188 f; NJW 92, 1678, sehr str, krit zB Katzenmeier NJW 97, 486 ff mwN; sa § 823 Rn 6 mN). Diese Rspr sollte aufgegeben werden, nachdem die Verjährung in § 438 zugunsten des Käufers verlängert wurde (Brüggemeier WM 02, 1384 f); sie kollidiert mit dem Nacherfüllungsanspruch gem § 439 (vgl Foerste ZRP 01, 342 unter Hinweis auf BGH NJW 86, 924 zum werkvertraglichen Nachbesserungsanspruch).

§ 438 Verjährung der Mängelansprüche

(1) **Die in § 437 Nr. 1 und 3 bezeichneten Ansprüche verjähren**
1. **in 30 Jahren, wenn der Mangel**
   a) **in einem dinglichen Recht eines Dritten, auf Grund dessen Herausgabe der Kaufsache verlangt werden kann, oder**
   b) **in einem sonstigen Recht, das im Grundbuch eingetragen ist,**
besteht,
2. **in fünf Jahren**
   a) **bei einem Bauwerk und**
   b) **bei einer Sache, die entsprechend ihrer üblichen Verwendungsweise für ein Bauwerk verwendet worden ist und dessen Mangelhaftigkeit verursacht hat, und**
3. **im Übrigen in zwei Jahren.**

(2) **Die Verjährung beginnt bei Grundstücken mit der Übergabe, im Übrigen mit der Ablieferung der Sache.**

(3) [1]**Abweichend von Absatz 1 Nr. 2 und 3 und Absatz 2 verjähren die Ansprüche in der regelmäßigen Verjährungsfrist, wenn der Verkäufer den Mangel arglistig verschwiegen hat.** [2]**Im Falle des Absatzes 1 Nr. 2 tritt die Verjährung jedoch nicht vor Ablauf der dort bestimmten Frist ein.**

(4) [1]**Für das in § 437 bezeichnete Rücktrittsrecht gilt § 218.** [2]**Der Käufer kann trotz einer Unwirksamkeit des Rücktritts nach § 218 Abs. 1 die Zahlung des Kaufpreises insoweit verweigern, als er auf Grund des Rücktritts dazu berechtigt sein würde.** [3]**Macht er von diesem Recht Gebrauch, kann der Verkäufer vom Vertrag zurücktreten.**

§ 438

(5) **Auf das in § 437 bezeichnete Minderungsrecht finden § 218 und Absatz 4 Satz 2 entsprechende Anwendung.**

Lit: Rühl, Die Verjährung kaufrechtlicher Gewährleistungsansprüche, AcP 207, 614; Wagner, Die Verjährung gewährleistungsrechtlicher Rechtsbehelfe nach neuem Schuldrecht, ZIP 02, 789.

1 **1. Allgemeines. a) Bedeutung.** Zeitliche Begrenzung der Rechte des Käufers bei mangelhafter Kaufsache durch (1) von §§ 195 ff weithin abweichende Regelung der Verjährung (I, II) der in § 437 Nr 1 und 3 genannten Ansprüche auf Nacherfüllung, Schadensersatz und Aufwendungsersatz sowie (2) Verweisung auf § 218 für Rücktritt (IV) und Minderung (V); I–III erfassen auch Anspruch auf Ersatzherausgabe wegen Mangelhaftigkeit der gelieferten Sache (§ 285 Rn 12). Die Verjährung kaufrechtlicher Mängelansprüche beträgt zwei Jahre; sie beginnt gem II (Rn 4 f), nicht mit Kenntnis. Sonderregelung für Regress des Verkäufers gegen Lieferanten s § 479 II. **b) Zweck.** Beschleunigte Abwicklung des Kaufs. VerbrGüKaufRiLi 5 I
2 gibt eine Frist von zwei Jahren vor. **c) Vertragsgestaltung: aa) Verkürzung** s § 202 I: nicht bei Vorsatz. Bei Verbrauchsgüterkauf für gebrauchte Sachen Verkürzung auf 1 Jahr (§ 475 II), iÜ § 478 V, 479. Pauschale Verkürzung in **AGB** ist schon wegen § 309 Nr 7 unwirksam, wenn sie die Durchsetzbarkeit von Schadensersatzansprüchen zeitlich begrenzt, ohne Ansprüche wegen der Verletzung der dort genannten Rechtsgüter auszunehmen (BGH NJW 07, 675; NJW-RR 10, 1210; § 309 Rn 8); jenseits der in § 309 Nr 7 genannten Ansprüche ist bei Kauf neuer Sachen Verkürzung auf 1 Jahr zulässig (§ 309 Nr 8 b]).

bb) Verlängerung s § 202 II: Höchstfrist 30 Jahre. In AGB ist eine maßvolle Verlängerung (gem BGH NJW 06, 47 zumindest auf drei Jahre) möglich.

3 **2. Regelverjährung. a)** Die **regelmäßige Verjährung** kaufrechtlicher Mängelansprüche (Nacherfüllung, Schadens-, Aufwendungsersatz) beträgt **zwei Jahre (I Nr 3).** Umsetzung VerbrGüKaufRiLi 5 I. I Nr. 3 bezieht sich nicht nur auf Schäden am Äquivalenzinteresse, sondern auch am Integritätsinteresse (Mangelfolgeschäden, s § 437 Nr 15), für die § 437 Nr 3 auf § 280 I verweist (Gsell JZ 02, 1089; aA Wagner JZ 02, 479 und 1092). I Nr 3 gilt nicht für Schadensersatz nach § 823 (Pal/Weidenkaff 11; aA Mansel NJW 02, 95; zum Weiterfresserschaden sa § 437
4 Rn 36). **b) Beginn** der Verjährung s II (abw von § 200). **aa) Allgemeines.** Anders als § 199 I Nr 2 liegt II ein streng „obj" System zugrunde. Auf Kenntnis oder Erkennbarkeit des Mangels kommt es nicht an. – Maßgeblicher Zeitpunkt ist bei Grundstücken die Übergabe, bei anderen Sachen die Ablieferung. Die Frist beginnt jedoch nicht vor Vollwirksamkeit des Kaufvertrags; wichtig für aufschiebend bedingten, form- und genehmigungsbedürftigen sowie schwebend unwirksamen Vertrag. Ein fehlgeschlagener Nachbesserungsversuch lässt keine neue Verjährungsfrist anlaufen (Celle NJW 06, 2643). **bb) Übergabe** bei **Grundstücken** setzt Übertragung des unmittelbaren Besitzes an den Käufer voraus, der damit die Kaufsache untersuchen und Mängel geltend machen kann (BGH NJW 96, 587). Bloß mittelba-
5 rer Besitz genügt nicht. **cc) Ablieferung** bei **beweglichen Sachen** setzt voraus, dass die Kaufsache so in den Machtbereich des Käufers gelangt ist, dass dieser sie untersuchen und sofort in Gewahrsam nehmen kann (BGH 93, 345); Auslieferung an Transportperson und Begründung mittelbaren Besitzes durch Übergabesurrogate (§§ 868, 870) genügen nicht (BGH NJW 96, 587), desgl nicht Annahmeverzug des Käufers (BGH NJW 95, 3383).

6 **3. Besondere Verjährungsfristen. a) 30 Jahre** bei bestimmten Rechtsmängeln (s § 435). **aa) I Nr 1a)** („Eviktionsfälle"): Ein Dritter kann vom Käufer Herausgabe der Kaufsache verlangen. Angleichung der Verjährung der Ansprüche wegen Rechtsmangels an die Verjährung dinglicher Herausgabeansprüche gem § 197 I Nr 1. – Entspr sollte I Nr 1a) auf andere dingliche Ansprüche (Unterlassung [sa § 199 V], Überlassung, Vernichtung) insbes aus Immaterialgüterrechten (PatG 139,

Titel 1. Kauf, Tausch § 439

140a; UrhG 97, 98 usw) angewendet werden, die ebenfalls nach den Gewährleistungsrechten des Käufers verjähren können. I Nr 1a) analog bei Rechtskauf (s § 453 Rn 8). **bb) I Nr 1b):** Im Grundbuch eingetragene Rechte (die nicht einen Herausgabeanspruch begründen), etwa Grundpfandrecht, Dienstbarkeit usw. **b) Fünf Jahre. aa) I Nr 2a):** Kauf eines Bauwerks. Angleichung von kauf- und 7 werkvertraglicher (s § 634a I Nr 2) Verjährung für Mängelansprüche. Bauwerk ist mit Erdboden fest verbundene unbewegliche Sache; es kann, muss aber nicht wesentlicher Bestandteil des Grundstücks (s § 95) sein. **bb) I Nr 2b):** Kauf von Baumaterialien, die (innerhalb von zwei Jahren nach Ablieferung, Mansel NJW 02, 94) als solche verwendet werden und einen Mangel am Bauwerk verursachen. Bauhandwerker, der bei Mängeln fünf Jahre (§ 634a I Nr 1) in Anspruch genommen werden kann, soll beim Verkäufer Regress nehmen können. Kaufsache muss wesentliche Bedeutung für Konstruktion, Bestand und Erhaltung eines Neu- oder Umbaus haben (Bsp: Mauerwerk, Fenster), nicht nur austauschbare Teile darstellen (Bsp: Badezimmerarmatur). **c) Drei Jahre** (s § 195) bei arglistigem Verschweigen (BGH 8 NJW 10, 859; § 444 Rn 9 ff) des Mangels (**III 1**). Verkäufer ist nicht schutzwürdig. Arglistiges Vortäuschen nicht vorhandener Beschaffenheit steht gleich (sa § 444 Rn 12). Beginn und Höchstfrist s § 199, nicht II. **III 2** sichert fünfjährige Frist bei Bauwerken und -material.

4. Rücktritt und Minderung (IV, V). a) Zeitliche Begrenzung von Rück- 9 **tritt und Minderung** (s § 437 Nr 2). Erforderlich, weil gem § 194 nur Ansprüche verjähren. Ist der Nacherfüllungsanspruch (§ 437 Nr 1) nach I, III verjährt, sind Rücktritt (**IV 1**) und Minderung (**V**) gem § 218 unwirksam, falls Verkäufer sich darauf beruft (s Anm 218). **b) Mängeleinrede. aa) IV 2** gibt Leistungsverweige- 10 rungsrecht; Käufer soll nach Ausschluss des Rücktrittsrechts gem § 218 nicht auf Zahlung des Kaufpreises (Verjährung § 195: 3 Jahre) in Anspruch genommen werden können. Rückforderung des bereits (ganz oder teilw) geleisteten Kaufpreises ist analog §§ 218 II, 214 II 1 ausgeschlossen. Eine Mängelanzeige ist nicht erforderlich (anders § 478 aF). **bb)** War Käufer (gem § 218 unwirksam) zurückgetreten und übt 11 er Mängeleinrede aus, kann **Verkäufer zurücktreten, IV 3.** Folge: Rückabwicklung gem §§ 346–348. Der Anspruch auf Rückgewähr des Kaufpreises gemäß § 346 I unterliegt der regelmäßigen Verjährung nach §§ 195, 199 (BGH NJW 07, 677). **cc)** Kein Rücktrittsrecht des Verkäufers, wenn Käufer (etwa bei Rücktrittsausschluss gem § 323 V) Mängeleinrede bei Minderung erhebt, V verweist nicht auf IV 3.

§ 439 Nacherfüllung

(1) **Der Käufer kann als Nacherfüllung nach seiner Wahl die Beseitigung des Mangels oder die Lieferung einer mangelfreien Sache verlangen.**

(2) **Der Verkäufer hat die zum Zwecke der Nacherfüllung erforderlichen Aufwendungen, insbesondere Transport-, Wege-, Arbeits- und Materialkosten zu tragen.**

(3) **¹Der Verkäufer kann die vom Käufer gewählte Art der Nacherfüllung unbeschadet des § 275 Abs. 2 und 3 verweigern, wenn sie nur mit unverhältnismäßigen Kosten möglich ist. ²Dabei sind insbesondere der Wert der Sache in mangelfreiem Zustand, die Bedeutung des Mangels und die Frage zu berücksichtigen, ob auf die andere Art der Nacherfüllung ohne erhebliche Nachteile für den Käufer zurückgegriffen werden könnte. ³Der Anspruch des Käufers beschränkt sich in diesem Fall auf die andere Art der Nacherfüllung; das Recht des Verkäufers, auch diese unter den Voraussetzungen des Satzes 1 zu verweigern, bleibt unberührt.**

(4) **Liefert der Verkäufer zum Zwecke der Nacherfüllung eine mangelfreie Sache, so kann er vom Käufer Rückgewähr der mangelhaften Sache nach Maßgabe der §§ 346 bis 348 verlangen.**

§ 439

Lit: P. Huber, Der Nacherfüllungsanspruch im neuen Kaufrecht, NJW 02, 1004; Oechsler, Praktische Anwendungsprobleme des Nacherfüllungsanspruchs, NJW 04, 1825; Skamel, Nacherfüllung beim Sachkauf, 2008.

1 **1. Allgemeines. a) Bedeutung.** § 439 konkretisiert den Anspruch des Käufers auf Lieferung einer mangelfreien (§ 433 I 2) Sache für den Zeitraum nach Gefahrübergang (zuvor § 437 Rn 30 [bb]) als **Nacherfüllungsanspruch.** Dieser ist nach Wahl des Käufers auf Nachbesserung oder Ersatzlieferung (Terminologie nach VerbrGüKaufRiLi 3 II, III) gerichtet. Umsetzung von VerbrGüKaufRiLi 3 III–IV.

2 **b) Anwendungsbereich:** Sachkauf (zum Rechtskauf s § 453 Rn 7), gleich ob Stück- oder Gattungskauf (s Rn 23 f). Auch bei unerheblichem Mangel; freilich wird der Verkäufer dann nicht selten Nacherfüllung gem III wegen Unverhältnismäßigkeit (Rn 27) verweigern können. Beim Verbrauchsgüterkauf (§ 474 I) gelten zT
3 erheblich abweichende Sonderregeln (Rn 20, 33 f, 38; §§ 474 II, 475 I). **c) Zeitpunkt.** Nach Gefahrübergang (s § 434 Rn 5). Vor Gefahrübergang kann der Verkäufer die geschuldete Sache reparieren (vereinbar mit VerbrGüKaufRiLi 3 I, der für die Zeit vor Lieferung nicht gilt), aber nicht eigenmächtig die verkaufte Speziessache gegen eine andere austauschen (denn damit würde er das Wahlrecht des
4 Käufers gem § 439 I unterlaufen). **d)** I konstituiert infolge des Fristsetzungserfordernisses bei Ausübung der nachrangigen Mängelrechte aus § 437 Nr 2–3 (zum Stufenverhältnis s § 437 Rn 4) ein **Nacherfüllungsrecht** des Verkäufers („Recht zur zweiten Andienung"), freilich mit Wahlrecht des Käufers. Der Vorrang der Nacherfüllung entfällt bei Entbehrlichkeit der Fristsetzung (§§ 281 II, 323 II, 440) und von
5 vornherein beim Lieferantenregress (s § 478 Rn 3). **e) Vertragsgestaltung: Lit:** Ziegler/Rieder ZIP 01, 1795. Der Nacherfüllungsanspruch kann vertraglich ausgeschlossen, modifiziert oder beschränkt werden, etwa durch Rügeobliegenheiten, Fristbindung, im Voraus getroffene Vereinbarung über die Art der Nacherfüllung oder Verlagerung des Wahlrechts nach I auf den Verkäufer. Beim *Stückkauf* von einem nicht zu gewerblichen Zwecken handelnden Verkäufer (zB: privater Gebrauchtwagenverkauf, Immobilienverkauf) entspricht Nacherfüllung (insbes Ersatzlieferung) vielfach nicht den Interessen des Verkäufers, der mit einem Recht zur zweiten Andienung (Rn 4) nichts gewinnt. Daher regelmäßig Ausschluss der Nacherfüllung. Fehlt eine ausdr Abrede, ist bei formfreien Verträgen (nicht: § 311b I) von konkludentem Ausschluss auszugehen, denn der Käufer erwartet Nacherfüllung bei privatem Verkäufer vernünftigerweise nicht. *Schranken:* In AGB bei neu hergestellten Sachen vgl § 309 Nr 8b); beim Verbrauchsgüterkauf im Voraus keine Gestaltungsfreiheit, §§ 474 I, 475 I. S iÜ § 444. **f)** Ein unberechtigtes Mangelbeseitigungsverlangen des Käufers stellt eine zum Schadensersatz verpflichtende schuldhafte Vertragsverletzung dar, wenn der Käufer erkannt oder fahrlässig nicht erkannt hat, dass ein Mangel der Kaufsache nicht vorliegt, sondern die Ursache für das Symptom, hinter dem er einen Mangel vermutet, in seinem eigenen Verantwortungsbereich liegt (BGH NJW 08, 1147; krit Kaiser NJW 08, 1709).

6 **2. Nacherfüllungsanspruch. a) Voraussetzungen. aa)** Lieferung einer **mangelhaften Sache,** gleich ob Rechts- oder Sachmangel (s §§ 434 f); auch Montagefehler und fehlerhafte Montageanleitung (§ 434 II) sowie Falsch- und Zuweniglieferung (s § 434 III). Auf Vertretenmüssen des Verkäufers kommt es nicht an. Kein Nacherfüllungsanspruch, wenn der Käufer den Mangel zu vertreten hat (arg § 326 II). **bb) Nicht:** Fristsetzung. Diese ist uU Voraussetzung für Rücktritt, Minderung, Schadensersatz statt der Leistung und Aufwendungsersatz (s § 437 Rn 4),
7 nicht aber für die Nacherfüllung. **b) Formen.** Nacherfüllung ist auf Herstellung
8 des vertragsgemäßen Zustandes gerichtet (VerbrGüKaufRiLi 1 II f], 3 II). **aa)** Mangelbeseitigung an oder unter Einbeziehung der gelieferten mangelhaften Sache ist **Nachbesserung.** Der Verkäufer hat die gelieferte Sache (selbst oder durch Dritte) zu reparieren (auch durch Austausch einzelner Teile), bei Montagefehler (§ 434 II 1) sachgemäß zu montieren. Er schuldet eine werkvertragsähnliche Leistung. Bei einem Rechtsmangel ist das die Kaufsache belastende Recht aufzuheben, etwa durch einen

Titel 1. Kauf, Tausch **§ 439**

Verzichtsvertrag mit dem Rechtsinhaber. Bei Immaterialgüterrechten (§ 435 Rn 5) genügt die Zahlung einer Lizenzgebühr (Laub/Laub GRUR 03, 654) nur, wenn dabei ein entspr Lizenzvertrag (konkludent) geschlossen wird. Bei Zuweniglieferung (§ 434 III Fall 2) ist die Nachbesserung auf Restlieferung gerichtet, bei mangelhafter Montageanleitung (§ 434 II 2) auf Lieferung einer fehlerfreien Anleitung. Auch wenn Mangel durch Reparatur nicht vollständig behoben werden kann (Bsp: Lackschaden am Neuwagen), bedeutet Nachbesserungsverlangen keinen Verzicht auf die übrigen Gewährleistungsbehelfe (BGH NJW 13, 1365 f). **bb) Ersatzlieferung** 9 erfolgt durch Verschaffung einer von der ursprünglich gelieferten Sache vollständig verschiedenen anderen mangelfreien Sache. Beim *Gattungskauf* Lieferung einer anderen Sache aus der vereinbarten Gattung. Beim *Stückkauf* ist der Verkäufer (wenn nicht vertraglicher Ausschluss, Rn 5) zur Lieferung einer anderen als der ursprünglich geschuldeten Sache verpflichtet (Rn 24). Bei Sachmangel infolge Falschlieferung (§ 434 III Fall 1) ist die verkaufte Sache zu liefern, bei Zuweniglieferung besteht Ersatzlieferung in der Lieferung einer vollständig anderen Gesamtmenge, bei fehlerhafter Montageanleitung (§ 434 II 2) in der Lieferung einer anderen Sache und einer mangelfreien Anleitung. **c) Rechtsnatur, Durchsetzung.** Weil der Inhalt des 10 Nacherfüllungsanspruchs von der ursprünglich vereinbarten Leistung abweicht (s Rn 8, insbes beim Stückkauf) und der Verkäufer die bes Einrede nach § 439 III erheben kann, handelt es sich um einen Sekundäranspruch. Er ist *klagbar* und (nach Maßg der gewählten Form der Nacherfüllung, dazu Rn 17) gem ZPO 883–887 *vollstreckbar* (zum Selbstvornahmerecht s Rn 16). Der Käufer kann nach § 320 die Zahlung des Kaufpreises verweigern, solange der Verkäufer nicht nacherfüllt hat. **d) Leistungsort** bestimmt sich gem § 269 I vorrangig nach Parteivereinbarung; 11 ohne abweichende Abrede ist Leistungsort der Nacherfüllung der ursprüngliche Erfüllungsort (BGH NJW 11, 2278; Skamel ZGS 06, 228); Gegenauffassung sieht Leistung an Belegenheitsort geschuldet und macht damit jede Nacherfüllung zur Bringschuld (München NJW 06, 450; ausdr BaR/Faust 13). **e) Leistungsstörun-** 12 **gen** während der Nacherfüllungsphase: Unmöglichkeit s Rn 22; Verzug s § 437 Rn 16. **Lit:** Stodolkowitz ZGS 10, 448. Verletzung der Pflicht aus § 439 I tritt neben die Verletzung der ursprünglichen Pflicht zur mangelfreien Lieferung aus § 433. Bei Handelskauf muss erneut gem HGB 377 gerügt werden (Düsseldorf NJW-RR 05, 833). **aa) Bei mangelhafter Nacherfüllung** kann Käufer nach Frist- 13 ablauf (entbehrlich nach §§ 281 II, 323 II, 440) **wegen der ursprünglichen Pflichtverletzung** zurücktreten, mindern und bei Vertretenmüssen des Mangels Schadensersatz „statt der ursprünglich geschuldeten Leistung" oder Aufwendungsersatz verlangen (s § 437 Rn 19 [α]; aA 11. Aufl; Lorenz NJW 02, 2501: Bezugspunkt des Vertretenmüssens ist nur noch mangelhafte Nacherfüllung); wiederholte Fristsetzung ist entbehrlich (Auktor NJW 03, 121). (Mangelfolge-)Schäden an anderen Rechtsgütern des Käufers (§ 437 Rn 15) sind nach § 280 I zu ersetzen. **bb) Wegen** 14 **der Nacherfüllungspflichtverletzung** stehen dem Käufer die Rechte aus § 437 Nr 2–3 erst nach neuerlicher Fristsetzung zu, um dem Verkäufer Gelegenheit zur „Nacherfüllung der Nacherfüllung" zu geben. Bei Schadensersatz „statt der Nacherfüllungsleistung" ist Bezugspunkt des Vertretenmüssens die Nichterbringung der Nacherfüllung; Bedeutung: Hat der Verkäufer zwar die erfolglose Nacherfüllung, nicht aber die ursprüngliche Mangellieferung zu vertreten, muss er nur den Schaden ersetzen, der durch erneute (zweite) Nacherfüllung vermieden worden wäre (s § 437 Rn 19 [β]). **cc)** Bis zur Ausübung der Rechte aus § 437 Nr 2–3 besteht Nacherfüllungsanspruch fort (s § 437 Rn 4). **f)** Nacherfüllung führt zu Neubeginn der **Verjäh-** 15 **rung** gem § 212 I Nr 1, wenn in Nachbesserung oder Ersatzlieferung „Anerkenntnis" liegt (LG Koblenz NJW-RR 07, 272); ggf (stillschweigende) Hemmungsabrede während der Nacherfüllungsphase (Mansel NJW 02, 98; für Analogie zu § 203 Auktor/Mönch NJW 05, 1687 f). Aus mangelhafter Nacherfüllung entsteht neuerlich Nacherfüllungsanspruch, der nach § 438 verjährt (BaR/Faust § 437 Rn 106 f). **g)** Ein **Selbstvornahmerecht** (wie § 637) ist nicht ausdr geregelt. Gleichwohl sollte 16 dem Käufer *nach Fristablauf* (bzw Entbehrlichkeit der Fristsetzung) die Befugnis zur

Berger 631

§ 439

eigenen Mängelbehebung und der Vorschussanspruch analog § 637 III nicht versagt werden (aA AnwKommBGB/Büdenbender § 437 Rn 14). Andernfalls zwingt man den Käufer auf den umständlichen Weg über ZPO 887 (BGH NJW 91, 1883 [zu vertraglichem Nachbesserungsrecht]). Käufer kann Kosten der Selbstvornahme nicht nur als Schaden statt der Leistung (§§ 280 I, III, 281 oder § 283), sondern ferner analog § 637 als Aufwendungen ersetzt verlangen (aA hM). – *Vor Fristablauf* führt die Selbstvornahme zur Unmöglichkeit der Nacherfüllung (Rn 22). Schadensersatz statt der Leistung, Rücktritt und Minderung entfallen (BGH 162, 219); Ersatz der vom Verkäufer ersparten Aufwendungen analog §§ 326 II 2, IV (Lorenz NJW 03, 1418 und 05, 1321) scheidet auch dann aus, wenn Fristsetzung entbehrlich war (BGH NJW 06, 989). Noch keine Selbstvornahme liegt vor, wenn der Käufer lediglich Ersatzteile erwirbt (BVerfG ZGS 06, 470).

17 **3. Wahlrecht des Käufers (I). a)** Anders beim Werkvertrag (§ 635 I). Korrektiv III 2 Fall 3. Es handelt sich um eine Wahlschuld (aA Skamel ZGS 06, 457: elektive Konkurrenz) mit – abw von § 262 – einem Gläubigerwahlrecht. Die Ausübung erfolgt durch Erklärung, § 263 I. Rechtsfolge (s § 263 II): Der Nacherfüllungsanspruch richtet sich inhaltlich von Anfang an auf die gewählte Form. Die Wahl ist bindend (vgl Saarbrücken NJW 09, 369; aA Celle ZGS 06, 430; BaR/Faust 10), jedoch nur solange die gewählte Art der Nacherfüllung nicht unmöglich (§ 275 I) oder vom Verkäufer zu Recht verweigert wird (III 1). In diesem Fall gilt (entgegen § 263 II) III 3. Übt der Käufer das Wahlrecht nicht aus, kann der Verkäufer zur Durchsetzung seines Nacherfüllungsrechts (Rn 4) gem § 264 II vorgehen und dem Käufer eine mindestens zweimonatige Frist (vgl VerbrGüKaufRiLi 5 II 1) setzen,
18 nach deren erfolglosen Ablauf das Wahlrecht auf den Verkäufer übergeht. **b)** Der Käufer muss den **Mangel** – das für ihn erkennbare „Symptom", nicht die (technischen) Ursachen – **konkret bezeichnen.** Die allg Aufforderung, „Fehler zu beseitigen", genügt nicht. Andernfalls kann der Verkäufer nicht tätig werden und über die Ausübung des Verweigerungsrechts gem III 1 entscheiden. Dem Verkäufer muss zudem die Möglichkeit eingeräumt werden, das Bestehen des behaupteten Mangels zu überprüfen. Dazu hat ihm der Käufer die Sache zur Verfügung zu stellen (BGH NJW 10, 1448). Die *Art und Weise* der Nachbesserung (zB Reparatur des schadhaften Bauteils oder Komplettaustausch) bestimmt der Verkäufer (P. Huber NJW 02,
19 1006). **c)** Nach **Abtretung** (§ 398) des Anspruchs aus § 433 I steht das Wahlrecht dem Zessionar zu, bei ZPO 847 dem Vollstreckungsgläubiger. Das Wahlrecht ist nicht isoliert abtretbar (und pfändbar). **d)** Käufer steht gegen Zahlungsanspruch des Verkäufers in den Fristen des § 438 allg Mängeleinrede zu (Huber/Faust Rn 13/ 153); sa Rn 17.

20 **4. Umfang der Nacherfüllung.** Durch Nacherfüllung zu beseitigen sind der im Zeitpunkt des Gefahrübergangs (s § 434 Rn 5) vorhandene Mangel sowie die mangelverursachten Schäden an der gelieferten Sache selbst: Verkäufer trägt Risiko der Verschlechterung der mangelhaften Sache, denn Käufer kann bei Verschlechterung oder Untergang trotz Beachtung eigenüblicher Sorgfalt zurücktreten (oder mindern, § 441 I), ohne zum Wertersatz verpflichtet zu sein, § 346 III 1 Nr 3 (sa § 446 Rn 3). Zu beheben ist auch ein Weiterfresserschaden an der gelieferten Sache (BaR/Faust 15; krit StMatusche-Beckmann 14), nicht aber Schäden an anderen Sachen des Käufers (Integritäts-, Mangelfolgeschäden), für die Verkäufer nach §§ 280 I, 823 I haftet (s § 437 Rn 15, 36). Hatte der Käufer die mangelhafte Sache eingebaut (Praxisfälle betrafen Bodenfliesen und Parkettstäbe), soll der Verkäufer beim **Verbrauchsgüterkauf** (§ 474 I) verpflichtet sein, die mangelhafte Sache auszubauen und abzutransportieren sowie die nachgebesserte bzw ersatzgelieferte mangelfreie Sache einzubauen (für den Ausbau BGH NJW 12, 1073 nach Vorabentscheidung EuGH NJW 11, 2271 f; zu Recht krit Lorenz NJW 11, 2243 ff; für den Einbau BGH NJW 13, 221 Rn 16; anders noch BGH NJW 08, 2837 mit Anm Skamel NJW 08, 2820); zum Ausschluss der Leistungspflicht nach III s Rn 34. Wurde die mangelhafte Sache vom Käufer eingebaut oder umgestaltet, entsteht der Schaden freilich dadurch, dass sich Aufwendungen (endgültig) frustrieren; *außerhalb des Verbrauchsgüterkaufs* schuldet der Verkäufer Ersatz deshalb nur bei Vertretenmüssen nach § 280 I (BGH NJW 13, 220; zust Lorenz NJW 13, 207), bei Ersatzlieferung daneben verschuldensunabhängig nach §§ 439 IV, 347 II und wenn Verkäufer schon auf Primärleistungsebene zu Einbau oder Montage verpflichtet war (§ 434 II 1; Skamel aaO S 100 ff, 113 ff). Aus- und Einbauverpflichtung gegenüber Verbrauchern kann in der Lieferkette zwischen Unternehmern Regressanspruch aus § 478 II begründen (§ 478 Rn 4).

5. Ausschluss des Nacherfüllungsanspruchs (III). Für den Nacherfüllungsanspruch gelten die allg Regeln des Leistungsstörungsrechts (sa Rn 12 ff), wie III für § 275 II, III klarstellt. Die Anwendung des § 275 I versteht sich von selbst. **a) Unmöglichkeit der Nacherfüllung. aa)** Der Nacherfüllungsanspruch ist gem § 275 I insgesamt ausgeschlossen, wenn Nachbesserung *und* Ersatzlieferung **unmöglich** sind. Der Käufer kann ohne Fristsetzung zurücktreten (§§ 323, 326 I 2, V), mindern (§ 441), Schadensersatz statt der Leistung (§§ 280 I, III, 283; 311a II) oder Aufwendungsersatz verlangen (§ 284). Zur Unmöglichkeit infolge Selbstvornahme s Rn 16. – Ist nur *eine* Form des Nacherfüllungsanspruchs unmöglich (Bsp: Die gelieferte mangelhafte Sache kann nicht repariert, wohl aber eine mangelfreie Sache aus der Gattung geliefert werden), beschränkt sich der Anspruch analog III 3 (aA § 275 I: „soweit") auf die andere Form der Nacherfüllung. In diesem Fall entfällt das Wahlrecht des Käufers. Die andere Form der Nacherfüllung kann ggf gem III 1 verweigert werden. **bb) α)** Die **Ersatzlieferung** ist beim **Gattungskauf** erst **unmöglich,** wenn die gesamte Gattung oder bei einer beschränkten Gattungsschuld (Vorratsschuld) der Vorrat untergegangen ist (Faust ZGS 04, 255). Bei unverhältnismäßigen Beschaffungskosten s III 1 (Rn 27 ff). **β)** Beim **Stückkauf** ist die geschuldete Ersatzlieferung *nicht* unmöglich, solange nach dem Willen der Vertragsparteien eine mit den Merkmalen der Kaufsache funktionell und wirtschaftlich vergleichbare Sache (ggf nach Beschaffung, Grenze: III 1) geliefert werden kann (BGH NJW 06, 2841; dazu Gsell JuS 07, 97; Braunschweig NJW 03, 1054; Canaris JZ 03, 834 f [nach hypothetischem Parteiwillen bestimmte „Ersetzbarkeit"]; aA Gruber JJZRWiss 01, S 191; P. Huber NJW 02, 1006), insbes, aber nicht ausschließlich (aA Pammler NJW 03, 1993), falls eine vertretbare Sache Gegenstand des Stückkaufs ist. Der Verkäufer muss daher uU (nicht bei § 434 III) mit einer ursprünglich nicht geschuldeten Sache erfüllen (Canaris JZ 03, 836; aA Ackermann JZ 02, 379), was zwar nicht vereinbart, aber von I als ges Reaktion auf den Mangel angeordnet wird (sa Rn 10). Diese Lösung wird von VerbrGüKaufRiLi 3 III geboten (aA Ackermann JZ 02, 381), da die RiLi auch den Stückkauf erfasst. Gegenüber dem Ansatz, beim Kauf vertretbarer Sachen allein mit Rücksicht auf die Nacherfüllung im Wege der Auslegung eine Gattungsschuld anzunehmen (Ackermann JZ 02, 381), ist der Weg über die ggf konkludente Beschränkung bzw den Ausschluss der Nacherfüllung (s Rn 5) vorzugswürdig, auch im Hinblick auf § 243 II. – Ersatzlieferung kommt auch bei *gebrauchten* Sachen in Betracht (BGH NJW 06, 2841), insbes wenn es sich um vertretbare (sa § 91 Rn 2) Sachen handelt; Bsp: Verkauf von Gebrauchtwagen als „Leasingrückläufer" (sa Bitter/Meidt ZIP 01, 2120). – Ersatzlieferung ist ferner möglich bei Falsch- und Zuweniglieferung (s § 434 Rn 20 ff, 24 f); der Verkäufer hat die geschuldete Kaufsache bzw den Rest zu liefern. **γ)** Wurde ein **Plagiat** als „echtes", von einem bestimmten Künstler stammendes Bild verkauft, hat der Verkäufer im Rahmen der Ersatzlieferung (in den Grenzen von III 1) das Original zu liefern (aA Bitter/Meidt ZIP 01, 2120). Unmöglichkeit jedoch, wenn es sich nicht um ein Plagiat, sondern um ein zu Unrecht einem bestimmten Künstler zugeschriebenes Gemälde handelt, für das ein „Original" nicht existiert. **cc)** Die **Nachbesserung** ist **unmöglich,** wenn der Mangel nicht oder nur unzureichend behoben werden kann (BGH NJW 05, 2854). Bsp: Verkauf eines Unfallwagens als unfallfrei (BT-Drs 14/6040 S 209); Verkauf gefälschten Bildes als „echt"; bei Rechtsmangel (§ 435), wenn Drittrecht nicht beseitigt werden kann. **b)** Unverhältnismä-

§ 439

Buch 2. Abschnitt 8. Einzelne Schuldverhältnisse

ßige Nacherfüllungskosten (sa II und Rn 37) geben Verkäufer eine Einrede zur
28 **Verweigerung der Nacherfüllung (III). aa)** Verkäufer kann die vom Käufer gewählte (Rn 17) Nacherfüllungsart verweigern, wenn sie im Vergleich zur anderen Nacherfüllungsalternative nur unter Aufwendung unverhältnismäßig höherer Kosten möglich wäre; sog **relative Unverhältnismäßigkeit.** Konkretisiert in III 2
29 (Umsetzung von VerbrGüKaufRiLi 3 III 2). **α)** Bei geringem Wert der Sache (III 2 Fall 1) werden die Kosten der Nachbesserung die der Ersatzlieferung regelmäßig weit übersteigen (BT-Drs 14/6040 S 232: Schraube mit Gewindefehler). Je größer die Bedeutung des Mangels (III 2 Fall 2) für den Käufer ist, desto eher wird er Ersatzlieferung verlangen können (BaR/Faust 47). Käufer kann nur dann auf andere Art der Nacherfüllung verwiesen werden, wenn ihn das nicht einer **erheblichen Unannehmlichkeiten** aussetzt (III 2 Fall 3). Ist das Vertrauen in die Beschaffenheit der gelieferten Sache erschüttert, kann der Käufer Ersatzlieferung verlangen, wenn die Nachbesserung wegen der Vielzahl an Mängeln unzumutbar ist (LG Münster DAR 04, 228 für „Montagsauto"); ebenso, wenn vollständige Mangelbeseitigung durch Nachbesserung nicht zu erreichen ist, etwa weil merkantiler Minderwert verbleibt (BaR/Faust 46). Bei Zuwenigslieferung (§ 434 III Fall 2) kann der Käufer regelmäßig nur Nachbesserung (Lieferung der Restmenge, Rn 8) verlangen; Ersatzlieferung nur, wenn der lieferbare Rest nicht der bereits gelieferten Menge entspricht; Bsp:
30 Farbabweichungen bei Fliesen (BT-Drs 14/6040 S 216). **β)** Sind für den Käufer beide Nacherfüllungsarten gleichwertig, können **Prozentangaben** allenfalls Anhaltspunkte bieten. Verkäufer soll gewählte Art verweigern können, wenn sie 20% höhere Kosten verursacht als die andere Alternative (LG Ellwangen NJW 03, 517; Bitter/Meidt ZIP 01, 2122: 10%). Ob der Verkäufer den Mangel (auch auf Grund einer Garantieerklärung, s § 276 I 1) zu vertreten hat, kann im Vergleich der Nacherfüllungsarten unberücksichtigt bleiben; anders als in § 275 II 2 ist ein Anheben der Opfergrenze des Verkäufers entbehrlich, da bei *relativer* Unverhältnismäßigkeit das Gläubigerinteresse durch andere Nacherfüllungsarten befriedigt wird (Ska-
31 mel DAR 04, 569; aA BaR/Faust 48). **γ) Folge:** Verweigert der Verkäufer die gewählte Art der Nacherfüllung, schuldet er die andere Art (III 3 HS 1), es sei denn,
32 deren Kosten sind ebenfalls unverhältnismäßig. **bb)** Verkäufer kann (nicht schon relativ unverhältnismäßige Art der) Nacherfüllung ferner verweigern, wenn deren Kosten im Vergleich mit dem Interesse des Käufers an der Nacherfüllung unverhält-
33 nismäßig sind; sog **absolute Unverhältnismäßigkeit. α)** Nach dem Wortlaut von III 3 HS 2 soll über III 1 auch hier III 2 gelten. Beim **Verbrauchsgüterkauf** (§ 474 I) wird III als mit VerbrGüKaufRiLi unvereinbar für *unwirksam* gehalten: Der Begriff der „unverhältnismäßigen" Kosten werde von VerbrGüKaufRiLi 3 III ausschließlich in Bezug zur jeweils anderen Nacherfüllungsalternative verwendet und sei deshalb nur auf Fälle relativer Unverhältnismäßigkeit (Rn 28–31) anwendbar (BGH NJW 12, 1077 Rn 33 nach Vorabentscheidung EuGH NJW 11, 2269 Rn 67 ff); VerbrGüKaufRiLi 3 III erlaube es nur, den Nacherfüllungsanspruch auf einen angemessenen Umfang zu beschränken, nicht aber den Anspruch auf die einzig mögliche Nacherfüllungsalternative wegen unverhältnismäßiger Kosten gem III 3
34 HS 2 völlig auszuschließen (BGH aaO). **β)** Bis zu einer gesetzlichen Neuregelung (zum Entwurf von §§ 474a, b Kaiser JZ 13, 346 mN) ist im Anwendungsbereich von § 474 I die verdeckte Regelungslücke durch teleologische Reduktion von III zu schließen: III 3 ist dahin auszulegen, dass sich im Fall der Unmöglichkeit einer Nacherfüllungsalternative das Recht des Verkäufers, die andere Alternative wegen unverhältnismäßiger Kosten zu verweigern, auf das Recht beschränkt, den Käufer auf eine Kostenerstattung bis zur Höhe des noch verhältnismäßigen Betrages zu verweisen. Bei der Bemessung dieses Betrages sind gem III 2 der Wert der Sache in mangelfreiem Zustand und die Bedeutung des Mangels zu berücksichtigen (BGH NJW 12, 1077 Rn 35: unmögliche Nachbesserung und unverhältnismäßige Ersatz-
35 lieferung; sa Faust JuS 11, 747). **γ)** *Außerhalb des Verbrauchsgüterkaufrechts* gilt III 3 uneingeschränkt. Erfordert die einzig mögliche Nacherfüllungsalternative einen unverhältnismäßigen Aufwand, kann der Verkäufer die Nacherfüllung verweigern;

Titel 1. Kauf, Tausch **§ 440**

Käufer kann gem § 440 S 1 ohne Fristsetzung zurücktreten oder mindern (§ 437 Nr 2), ggf Schadens- oder Aufwendungsersatz verlangen (§ 437 Nr 3). **c) § 275 II, III** haben neben III kaum praktische Bedeutung. 36

6. Kosten der Nacherfüllung (II). II weist dem Verkäufer die Kosten der nach 37 I geschuldeten Nacherfüllung (Rn 20) zu (Hellwege AcP 206, 136). Grund: Ohne Kostentragung würde Nacherfüllung das Äquivalenzinteresse des Käufers verletzen, das durch I hergestellt werden soll. **Umfang:** Neben den in II beispielhaft genannten Kosten auch Aufwendungen für Mangelfeststellung (BGH NJW 91, 1607 [zu § 476a aF]), ebenso die Kosten eines erfolglosen Nacherfüllungsversuchs (Schubel ZIP 02, 2066). Transportkosten hat Verkäufer nur insoweit zu tragen, als er nach I zum Transport verpflichtet ist, nicht also die Kosten des Rücktransports der mangelhaften oder den Hintransport der mangelfreien Sache nach Nacherfüllung, wenn deren Leistungsort (Rn 11) der Ort des Ladengeschäfts des Verkäufers ist (Skamel ZGS 06, 231; BGH NJW 91, 1606 [zu § 476a aF]). Vereinbar mit VerbrGüKaufRiLi 3 IV, wonach unentgeltlich nur die Herstellung des vertragsmäßigen, dh vertraglich geschuldeten Zustandes ist. Nach Gegenauffassung ist Transport nach I stets geschuldet und fallen dessen Kosten dem Verkäufer zur Last (so noch 11. Aufl; BaR/ Faust 21); ohne Differenzierung BGH NJW 06, 1197. Bei unverhältnismäßig hohen Kosten kann Verkäufer Nacherfüllung gem III einredeweise verweigern (s Rn 27 ff).

7. (Rück-)Abwicklung (IV). Bei Ersatzlieferung einer mangelfreien Sache 38 kann der Verkäufer die mangelhafte Sache gem IV zurück verlangen. Grund: Der Käufer soll auf Grund der Mangelhaftigkeit keine Vorteile haben. Bedeutung: **Rechtsfolgenverweisung** auf §§ 346–348. Die Ersatzlieferung muss gemäß VerbrGüKaufRiLi 3 III „unentgeltlich" sein; beim **Verbrauchsgüterkauf (§ 474 I)** ist der Käufer daher zur Herausgabe gezogener Nutzungen nicht verpflichtet (BGH NJW 09, 427 nach Vorabentscheidung EuGH NJW 08, 1433 mit Anm Herresthal NJW 08, 2475 sowie Mörsdorf ZIP 08, 1409). Dieser Rechtslage entspricht § 474 II 1, der in seinem Anwendungsbereich die Verweisung in IV auf Nutzungsherausgabe (§ 346 I Fall 2) bzw Wertersatz (§ 346 II 1 Nr 1) ausschließt (§ 474 Rn 10). Auch bereicherungsrechtlich hat der Käufer Nutzungen nicht herauszugeben. Zu Verwendungen s § 347 II. Lieferung der mangelfreien Sache Zug um Zug gegen Rückgewähr (§ 348). Verjährung nach §§ 195, 199; nicht nach § 438, da Rückgewähr nicht auf § 437 beruht.

§ 440 Besondere Bestimmungen für Rücktritt und Schadensersatz

¹**Außer in den Fällen des § 281 Abs. 2 und des § 323 Abs. 2 bedarf es der Fristsetzung auch dann nicht, wenn der Verkäufer beide Arten der Nacherfüllung gemäß § 439 Abs. 3 verweigert oder wenn die dem Käufer zustehende Art der Nacherfüllung fehlgeschlagen oder ihm unzumutbar ist.** ²**Eine Nachbesserung gilt nach dem erfolglosen zweiten Versuch als fehlgeschlagen, wenn sich nicht insbesondere aus der Art der Sache oder des Mangels oder den sonstigen Umständen etwas anderes ergibt.**

1. Allgemeines. a) Wegen eines Mangels der gelieferten Sache zurücktreten, 1 mindern, Schadensersatz statt der Leistung oder Aufwendungsersatz verlangen (nachrangige Gewährleistungsrechte aus § 437 Nr 2–3, s § 437 Rn 4) kann der Käufer grundsätzlich erst nach erfolglosem Ablauf einer dem Verkäufer zur Nacherfüllung gesetzten Frist (§§ 323 I, 441 I, 280 I, III, 281 I 1, 284). Ist Nacherfüllung unmöglich (§ 275 I), kann der Käufer die Mängelrechte aus § 437 Nr 2–3 ohne Fristsetzung ausüben (§§ 283, 311a II, 326 I 2, V; sa § 439 Rn 22); bei § 275 II, III und § 439 III (Rn 2) ohne Fristsetzung nur dann, wenn Verkäufer Einrede erhebt (BGH NJW 06, 1195; s § 437 Rn 4). Fristsetzung entbehrlich beim Lieferantenregress, s § 478 Rn 5. **b) S 1** beschränkt das Erfordernis der Fristsetzung (über §§ 281 II, 323 II hinaus, die vor allem bei Alltagsgeschäften vielfach gegeben sind

§ 441

[BT-Drs 14/6040 S 234]) und begrenzt Recht des Verkäufers zur „zweiten Andienung" (s § 439 Rn 4). **S 2** präzisiert den Begriff „Fehlschlagen". Ist Fristsetzung nach S 1 entbehrlich, kann Käufer sogleich zurücktreten, mindern, Schadensersatz statt der Leistung bzw Aufwendungsersatz verlangen.

2   **2. Verweigerung der Nacherfüllung (S 1 Fall 1).** Fristsetzung nur entbehrlich, wenn Verkäufer gem § 439 III beide Arten der Nacherfüllung (Nachbesserung *und* Ersatzlieferung) im Wege der Einrede verweigert (Naumburg NJW 04, 2023). Vorliegen der Voraussetzungen des Leistungsverweigerungsrechts genügt nicht. Verkäufer soll nacherfüllen können, selbst wenn dies Anstrengungen erfordert, die eine Verweigerung nach § 439 III rechtfertigen (BT-Drs 14/6040 S 234).

3   **3. Fehlschlagen der Nacherfüllung (S 1 Fall 2). a)** Ist Nacherfüllung fehlgeschlagen, kann der Käufer ohne weitere Fristsetzung zurücktreten, mindern, Schadensersatz statt der Leistung bzw Aufwendungsersatz verlangen, ohne dass (wie bei §§ 281 II, 323 II Nr 3 [arg: „beiderseitige"]) noch Verkäuferinteressen berücksichtigt werden. Maßgeblich ist die dem Käufer infolge Wahl (§ 439 I) oder gem § 439 III 1, 3 zustehende Art der Nacherfüllung: Wählt Käufer (gem § 439 I nicht unverhältnismäßige) Nachbesserung, die Verkäufer aber nicht erbringt, kann Rücktritt erfolgen,
4   selbst wenn Verkäufer Ersatzlieferung anbietet. **b) aa)** Nach **S 2 HS 1** gilt eine Nachbesserung grundsätzlich nach dem zweiten Versuch als fehlgeschlagen. Umsetzung VerbrGüKaufRiLi 3 V Spiegelstrich 2. Der Käufer trägt die Beweislast (BGH NJW 09, 1341); ist eine unsachgemäße Behandlung der Kaufsache durch den Käufer ausgeschlossen, genügt der Nachweis, dass das gerügte Mangelsymptom weiterhin auftritt (BGH NJW 11, 1664). Der Verkäufer kann daraus kein Recht auf zweimalige Nachbesserung ableiten (sa Bitter/Meidt ZIP 01, 2117; PalWeidenkaff 2). Der Käufer kann nach Scheitern des ersten Nacherfüllungsversuchs Frist gem §§ 281 I, 323 I setzen. **bb) S 2 HS 2** verdeutlicht, dass zwei Nachbesserungsversuche nur eine Richtgröße darstellen. Vom Verkäufer zu beweisende Ausnahmen kommen etwa bei besonderer (technischer) Komplexität der Sache, schwer zu behebenden Mängeln oder ungewöhnlich widrigen Umständen bei vorangegangenen Nacherfüllungsversuchen in Betracht (BGH NJW 07, 505 mN).

5   **4. Unzumutbarkeit der Nacherfüllung (S 1 Fall 3).** Umsetzung VerbrGüKaufRiLi 3 V Spiegelstrich 3. An Unzumutbarkeit sind zum Schutze des „Rechts zur zweiten Andienung" hohe Anforderungen zu stellen. Bsp: Wegfall des Vertrauens in Nacherfüllungsfähigkeit oder -bereitschaft; Nachbesserung führt zu erheblichen Schmutz- oder Lärmbelästigungen; erhebliche zeitliche Verzögerungen, es sei denn, Verkäufer bietet kostenfrei Ersatzgegenstand an (Bitter/Meidt ZIP 01, 2117). Bei einer Vielzahl von auch kleineren Mängeln („Montagsauto") kommt es im Einzelfall darauf an, ob das Käufervertrauen in eine ordnungsgemäße Herstellung nachhaltig erschüttert ist (BGH MDR 13, 333; Düsseldorf NJW-RR 11, 1276). Hatte der Verkäufer bei Vertragsschluss Mängel arglistig verschwiegen, werden regelmäßig schon §§ 281 II, 323 II eingreifen (BGH NJW 07, 837; 08, 1372 f; Brandenburg MDR 13, 206).

§ 441 Minderung

(1) ¹Statt zurückzutreten, kann der Käufer den Kaufpreis durch Erklärung gegenüber dem Verkäufer mindern. ²Der Ausschlussgrund des § 323 Abs. 5 Satz 2 findet keine Anwendung.

(2) Sind auf der Seite des Käufers oder auf der Seite des Verkäufers mehrere beteiligt, so kann die Minderung nur von allen oder gegen alle erklärt werden.

(3) ¹Bei der Minderung ist der Kaufpreis in dem Verhältnis herabzusetzen, in welchem zur Zeit des Vertragsschlusses der Wert der Sache in man-

Titel 1. Kauf, Tausch **§ 441**

gelfreiem Zustand zu dem wirklichen Wert gestanden haben würde. ²Die Minderung ist, soweit erforderlich, durch Schätzung zu ermitteln.

(4) ¹Hat der Käufer mehr als den geminderten Kaufpreis gezahlt, so ist der Mehrbetrag vom Verkäufer zu erstatten. ²§ 346 Abs. 1 und § 347 Abs. 1 finden entsprechende Anwendung.

1. Allgemeines. a) Bedeutung. Regelung der Minderung (s § 437 Nr 2 Alt 2) 1 als bes kaufrechtliches Institut, das – anders als Schadensersatz und Rücktritt – keine Entsprechung im allg Leistungsstörungsrecht findet. Minderung ist verhältnismäßige (III) **Herabsetzung des Kaufpreises.** Sie soll das durch den Mangel gestörte Äquivalenzverhältnis zwischen dem vereinbarten Kaufpreis und dem Wert der Kaufsache wiederherstellen. Minderung ist **Gestaltungsrecht,** nicht: „Anspruch auf Minderung". Ausgeübtes Minderungsrecht begründet Einwendung gegen § 433 II; soweit der Kaufpreis (zu viel) geleistet wurde, Rückforderung gem IV (Rn 7). – Umsetzung VerbrGüKaufRiLi 3 V. **b) Abgrenzung.** Anders als der Rücktritt (§ 437 Rn 6 ff) 2 lässt die Minderung den Bestand des Kaufvertrags unberührt. Minderung setzt einen Schaden des Käufers nicht voraus; dieser kann auch mindern, wenn er die Kaufsache trotz des Mangels gewinnbringend weiterveräußern konnte (BGH NJW 11, 2954; 12, 2793). **c) Vertragsgestaltung** s § 439 Rn 5. **d) Zeitliche Begrenzung** s §§ 438 V, 218.

2. Voraussetzungen. a) Minderung besteht gem I 1 „statt" des Rücktritts- 3 rechts (s § 437 Rn 6). Daher ist Vorliegen eines **Sach- oder Rechtsmangels** (§§ 434 f) erforderlich, ferner Wahl der Art der Nacherfüllung (§ 439 I) und **Fristsetzung** (§ 323 I, entbehrlich gem §§ 323 II, 440) –und erfolgloser Fristablauf (s § 437 Rn 9 ff). Einer Fristsetzung bedarf es jedoch nicht, wenn der Verkäufer einen Mangel bei Abschluss des Kaufvertrages arglistig verschwiegen hat (BGH NJW 08, 1371). **b)** Anders als Rücktritt (§ 323 V 2) ist Minderung gem **I 2** auch bei unerheblichem Mangel möglich (sa VerbrGüKaufRiLi 3 VI). **c) Zeitpunkt.** Grundsätzlich nach 4 Gefahrübergang (s § 434 Rn 5). Klagt der Verkäufer vor Übergabe auf Kaufpreiszahlung, kann der Käufer die Kaufsache trotz des Mangels als Erfüllung akzeptieren und schon vor Übergabe die Minderung einredeweise geltend machen (Lorenz/Riehm Rn 567).

3. Ausübung. a) Gestaltungserklärung (I 1): Ausübung durch empfangsbe- 5 dürftige Willenserklärung. Wirksamkeit s § 130. Formfrei möglich. Höhe der begehrten Minderung (als Betrag oder Bruchteil des vereinbarten Kaufpreises) kann späterer Erklärung vorbehalten werden. **b) Unteilbarkeit (II):** Bei mehreren (Ver-)Käufern einheitliche (nicht gleichzeitige) Ausübung (wie bei Rücktritt, § 351 S 1). Vertretung (§ 164) möglich, sa § 180. Können sich die Käufer nicht einigen, muss ggf Mitwirkungsanspruch nach Maßg des Innenverhältnisses durchgesetzt werden.

4. Rechtsfolgen. a) Herabsetzung des Kaufpreises nach Maßg des **III.** 6 **aa)** Erforderlich ist *verhältnismäßige* Herabsetzung. Damit bleibt die von den Parteien vertraglich festgelegte Preis-Wert-Relation erhalten. Der obj Wert der Sache im mangelfreien Zustand (a) verhält sich zum obj Wert der mangelhaften Sache (b) wie der vereinbarte Preis (p) zu dem geminderten Preis (x), a : b = p : x. **Formel:** x = (p · b) : a. Die „Minderung" des Kaufpreises beträgt p – x. Maßgebend sind grundsätzlich die Verkehrswerte der Sache (mit und ohne Mangel) im Zeitpunkt des Vertragsschlusses (BGH NJW 11, 1219). Spätere Wertveränderungen sind entgegen dem zu engen Wortlaut von III 1 in die Wertberechnung insofern einzubeziehen, als sie mangelverursacht sind (BaR/Faust 11); auf Grund der Wertung in § 346 III 1 Nr 3 trägt Verkäufer das Risiko der mangelverursachten **Verschlechterung** der gelieferten Sache im Zeitraum zwischen Vertragsschluss und Minderung; unberücksichtigt bleiben vom Käufer an der gelieferten Sache vorgenommene Verbesserungen (sa § 439 Rn 20). Decken sich Wert und Kaufpreis (wie häufig), fallen Minderung und Minderwert der Kaufsache zusammen. Minderungsrecht entfällt

Berger

§ 442

nicht, wenn der Kaufpreis deutlich unter dem mangelfreien Wert der Sache lag, denn Minderung passt nicht den Kaufpreis dem Sachwert an, sondern schafft Mangelausgleich (BGH NJW 11, 2954). Ist die Sache wertlos, kann der Kaufpreis auf Null gemindert werden; Käufer hat dann die Sache (wie nach Rücktritt, §§ 323 I, 346 I) dem Verkäufer herauszugeben (PalWeidenkaff 16). **bb)** Minderungsbetrag kann gem III 2 durch **Schätzung** der Werte ermittelt werden; sa ZPO 287. Dies
7 entbindet aber nicht von der Beachtung der Formel gem Rn 6. **b) Rückzahlung** des nach Minderung nicht mehr geschuldeten **Kaufpreises** gem **IV 1** (Anspruchsgrundlage, BT-Drs 14/6040 S 236). Ergänzend gelten nach **IV 2** §§ 346 I, 347 I; insbes hat der Verkäufer Zinsen zu entrichten. **c)** Nach Minderung kann der Käufer wegen desselben Mangels nicht zurücktreten, wohl aber Schadensersatz verlangen (analog § 325, BGH NJW 12, 2793; Derleder NJW 03, 1002), insbes wenn der Minderungsbetrag nicht ermittelt werden kann (BGH NJW 11, 1219).

8   **5. Mehrmalige Minderung.** Minderung bezieht sich jeweils auf einen einzelnen Mangel. Nach Minderung kann der Käufer wegen eines *anderen* Mangels erneut (nach Fristsetzung usw, s Rn 3) mindern (oder zurücktreten). War der zweite Mangel bei der ersten Minderung bereits bekannt, so kann uU Verwirkung eingetreten sein. Bei der Berechnung der zweiten Minderung ist der durch die erste Minderung bestimmte Preis zugrunde zu legen.

§ 442 Kenntnis des Käufers

(1) ¹**Die Rechte des Käufers wegen eines Mangels sind ausgeschlossen, wenn er bei Vertragsschluss den Mangel kennt.** ²**Ist dem Käufer ein Mangel infolge grober Fahrlässigkeit unbekannt geblieben, kann der Käufer Rechte wegen dieses Mangels nur geltend machen, wenn der Verkäufer den Mangel arglistig verschwiegen oder eine Garantie für die Beschaffenheit der Sache übernommen hat.**

(2) **Ein im Grundbuch eingetragenes Recht hat der Verkäufer zu beseitigen, auch wenn es der Käufer kennt.**

1   **1. Allgemeines. a) Grundgedanke. aa) Einschränkung** der **Rechte des Käufers,** der in Kenntnis des Sach- oder Rechtsmangels kauft und daher nicht schutzwürdig ist (I 1). Gleiches gilt bei grob fahrlässiger Unkenntnis, wenn nicht der Verkäufer den Mangel arglistig verschwiegen oder eine Beschaffenheitsgarantie übernommen hat (I 2). – Kauft der Käufer in Kenntnis des Mangels, liegt uU hinsichtlich der fraglichen Eigenschaft eine Beschaffenheitsvereinbarung (§ 434 Rn 9 f) vor (Frage der Auslegung); Abgrenzung uU schwierig. **bb)** Im **Grundbuch eingetragene Rechte** hat der Verkäufer stets zu beseitigen (II). Regelmäßig kennt der Käufer die Eintragung auf Grund notarieller (§ 311b I) Belehrung (s BeurkG 21, 17); (schon) kein Rechtsmangel, wenn sie (wie häufig) vom Käufer (unter
2 Anrechnung auf den Kaufpreis) übernommen werden, s § 435 Rn 2. **b) Anwendungsbereich:** Stückkauf; Gattungskauf, wenn die gesamte Gattung mangelhaft ist; Sach- und Rechtsmangel (§§ 434 f), auch Rechtskauf und Kauf sonstiger Gegenstände (§ 453 I). **c) Vertragsgestaltung.** Gewährleistungsausschluss gem I 1 ist (außer beim Verbrauchsgüterkauf, § 475 I) abdingbar; bei II im Rahmen der Übernahme der Rechte durch den Käufer. Einseitiger Vorbehalt des Käufers bei Vertragsschluss s §§ 150 II, 155. Keine Abdingbarkeit des I 2 bei Arglist (sa § 276 III) und Garantie. Zu Besichtigungs- und Kenntnisnahmeklauseln in AGB s § 309 Nr 12b). **d) Beweislast:** Verkäufer für Kenntnis (BGH NJW 11, 1280) bzw grob fahrlässige Unkenntnis; Käufer für Arglist und Garantie. **e)** Umsetzung VerbrGüKaufRiLi 2 III.

3   **2. Haftungsausschluss bei Kenntnis (I 1). a)** Kenntnis ist Wissen der mangelbegründenden Tatsachen und deren rechtlicher Folgen (BGH NJW 79, 714 [„im Kern"]); Irrtum über Tragweite des bekannten Rechtsmangels ist hingegen unbeachtlich (BGH aaO). Dringender Verdacht genügt nicht. Für die Zurechnung der

Titel 1. Kauf, Tausch **§ 443**

Kenntnis des Vertreters gilt § 166; Kenntnis Dritter ggf § 166 analog („Wissenszurechnung"; sa § 166 Rn 2). **b) Zeitpunkt. aa)** Kenntnis muss (spätestens) bei Ver- 4 tragsschluss vorliegen; auch bei aufschiebend bedingtem Kaufvertrag, außer der Bedingungseintritt hängt allein vom Verhalten des Käufers ab (vgl § 454 I 2; RG 94, 287). Bei Grundstückskauf entscheidet der Zeitpunkt der Beurkundung, auch wenn Vertrag wegen Formnichtigkeit erst später gem § 311b I 2 wirksam wird, falls der Käufer die Vertragsnichtigkeit nicht kennt (BGH NJW 11, 2953 f); erfolgt Annahme durch Verkäufer in getrennter Urkunde, kommt es idR auf den Zeitpunkt der Beurkundung des Angebots des Käufers an (BGH NJW 12, 2793). **bb)** Spätere Kenntnis schadet *nicht,* auch wenn Käufer die Sache vorbehaltlos entgegennimmt (anders § 464 aF, mit VerbrGüKaufRiLi 2 III nicht vereinbar [BT-Drs 14/6040 S 205]); aA Celle MDR 05, 143. Entgegennahme in nachträglich erlangter Kenntnis des Mangels kann ggf (konkludente) Vertragsänderung bzgl Eigenschaften (s § 434 Rn 9) oder Verzicht auf Mängelgewährleistungsrechte bedeuten. **c) Rechtsfolgen.** Rechte des Käufers gem § 437 entfallen; auch bei Arglist des Verkäufers und Zusicherung.

3. Haftungsausschluss bei grob fahrlässiger Unkenntnis (I 2). a) Grob fahr- 5 lässige Unkenntnis erfordert bes schwere Vernachlässigung derjenigen Sorgfalt, die von jedem Verkehrsteilnehmer erwartet werden kann, um sich selbst oder den Verkäufer vor Schaden zu bewahren (vgl Köhler JZ 89, 767; sa § 276 Rn 33 ff). Bei der Auslegung ist VerbrGüKaufRiLi 2 III Alt 1 („vernünftigerweise nicht in Unkenntnis darüber sein konnte") zu beachten, was aber einer Fortschreibung der bish Auslegung des § 460 S 2 aF nicht entgegensteht. IdR kann sich der Käufer auf Angaben des Verkäufers oder eines Sachverständigen verlassen. Eine **Untersuchung der Sache** kann von ihm nur *ausnahmsweise* verlangt werden, wenn die Umstände zu bes Vorsicht mahnen oder der Käufer bes Sachkunde besitzt (vgl Lindacher NJW 85, 2934 mN); auch beim Handelskauf verlangt HGB 377 Untersuchung erst unverzüglich nach Ablieferung. Bsp: Beim Kauf (Inzahlungnahme) eines gebrauchten Kfz trifft den Händler Untersuchungspflicht (Schack NJW 83, 2807 f mN), dagegen braucht ein Privatmann keinen Fachmann hinzuzuziehen (Köln NJW 73, 903); der Selbstbedienungskäufer braucht nicht auf Haltbarkeitsaufdrucke zu achten (str); der Grundstückskäufer muss nicht die Grundakten einsehen (BGH NJW-RR 88, 1291), jedoch üblicherweise erst entstehenden und bei Begehung erkennbaren Bodenverunreinigungen nachgehen (sa BGH 132, 34). Fahrlässige Unkenntnis von der **Unechtheit** eines im Internet verkauften Luxusgutes liegt nicht schon dann vor, wenn der Kaufpreis erfahrungswidrig niedrig ist (BGH NJW 12, 2724). Beim Kauf durch **Dritte** gilt § 166 entspr (wie Rn 3); Zeitpunkt s Rn 4. **b) Rechtsfol-** 6 **gen.** Rechte des Käufers gem § 437 entfallen. Abschließende Sonderregelung; Anwendung von §§ 280 I, 311 II, 241 II (cic) und § 254 ausgeschlossen. Nicht ausgeschlossen sind Ansprüche aus § 285 und uH (BaR/Faust 29). **c) Ausnahmen.** 7 Rechte des Käufers bleiben erhalten, wenn Verkäufer Mangel arglistig verschwiegen (s § 444 Rn 9 ff) oder Beschaffenheit garantiert (s § 437 Rn 23) hatte. In diesen Fällen ist auch ein Haftungsausschluss gem § 444 unwirksam.

4. Grundbuchrechte (II). a) Abw von I hat der Verkäufer auch bei Kenntnis 8 des Käufers Rechtsmängel zu beseitigen, die auf im Grundbuch eingetragenen Rechten beruhen. Gilt nicht nur für Grundpfandrechte (so § 439 II aF), sondern für alle grundbuchfähigen Rechte, insbes Dienstbarkeiten, dingl Vorkaufsrechte und Reallasten, auch für die Vormerkung (BT-Drs 14/6040 S 237). **b)** Rechtsfolge „beseitigen" meint Erhalt des Nacherfüllungsanspruchs (§ 439 I) durch Nachbesserung; andere Rechte des Käufers gem § 437 werden aber nicht eingeschränkt.

§ 443 Beschaffenheits- und Haltbarkeitsgarantie

(1) **Übernimmt der Verkäufer oder ein Dritter eine Garantie für die Beschaffenheit der Sache oder dafür, dass die Sache für eine bestimmte**

§ 443

Dauer eine bestimmte Beschaffenheit behält (Haltbarkeitsgarantie), so stehen dem Käufer im Garantiefall unbeschadet der gesetzlichen Ansprüche die Rechte aus der Garantie zu den in der Garantieerklärung und der einschlägigen Werbung angegebenen Bedingungen gegenüber demjenigen zu, der die Garantie eingeräumt hat.

(2) Soweit eine Haltbarkeitsgarantie übernommen worden ist, wird vermutet, dass ein während ihrer Geltungsdauer auftretender Sachmangel die Rechte aus der Garantie begründet.

1 **1. Allgemeines. a) Bedeutung.** Garantieerklärungen erweitern den Umfang der Einstandspflicht des Verkäufers. Sie geben dem Käufer im Garantiefall über §§ 434 f, 437 hinaus zusätzliche Rechte. Im Warenvertrieb verbessern sie die Absatzchancen des Verkäufers. Praktisch wichtig sind Garantien ferner beim Anlagen- und Maschinenkauf sowie beim Grundstücks- (BGH NJW 02, 208: Mieterträge), Rechts- (s § 453 Rn 5) und Unternehmenskauf (etwa Kundenbeziehungen, Umsätze; dazu Müller NJW 02, 1026; sa § 453 Rn 15). Garantien können sich auch auf das Fehlen von Rechtsmängeln (s § 435) beziehen. **b) § 443** regelt nur wenige Fragen: **I** normiert in Umsetzung von VerbrGüKaufRiLi 6 I die rechtlich bindende Wirkung von Garantieerklärungen und „einschlägiger" Werbung. Fehlendes Erklärungsbewusstsein (s Rn 5 vor § 116) ist unerheblich. **II** verlagert bei Haltbarkeitsga-
2 rantie Beweislast teilw zugunsten des Käufers (Rn 16). **c) Begriff.** Garantie ist eine vertragliche Vereinbarung, durch die der Garant (Rn 8 f) die Gewähr für das Vorliegen einer Beschaffenheit (bei der Haltbarkeitsgarantie für eine bestimmte Dauer) übernimmt. Garantie bezieht sich regelmäßig nicht auf alle Eigenschaften der Kaufsache, sondern nur auf bestimmte Beschaffenheiten. Inhalt der Garantie ist gem
3 §§ 133, 157 durch Auslegung zu ermitteln. **d) Abgrenzung. aa)** Zu unterscheiden sind Beschaffenheitsvereinbarungen, -garantien und Garantieübernahme iSv § 276 I. Garantie gem § 276 I bestimmt den Haftungsmaßstab (sa § 276 Rn 37). Abgrenzung zu Beschaffenheits- und Haltbarkeitsgarantie (Rn 7) ist uU schwierig. Frage der Auslegung: Garantieübernahme nach § 276 I begründet ggf Schadensersatzhaftung gem §§ 437 Nr 3, 280, 281, 311a II (sa § 437 Rn 23). Bei Garantieerklärung iSv Rn 11 ist Schadensersatz vielfach nicht gewollt (vgl BT-Drs 14/6040 S 238). Beschaffenheitsvereinbarung iSv § 434 Rn 9 bestimmt nur den Sollzustand der Kauf-
4 sache, nicht erweitert sie die des Käuferrechte. **bb) Qualitätssicherungsvereinbarungen** sind (vielfach in AGB vorformulierte) Rahmenverträge zwischen Zulieferer und Endprodukthersteller über die Einhaltung bestimmter Fertigungsverfahren bei der Herstellung von Vorprodukten und die Durchführung von (Qualitäts-)Kontrollen. Sie enthalten idR noch keine Zusicherung (s Rn 3) vereinbarter Qualitätsanforderungen (iE MK/Westermann Rn 13 vor § 433). **cc)** Entgeltliche Reparaturkostenversicherung kann **Versicherungsvertrag** sein; nicht eine Langzeitgarantie, die als unselbstständige Nebenabrede zum Kaufvertrag die Gewährleistung erweitert, selbst wenn sie als „Versicherung" bezeichnet wird (zur Abgrenzung s BVerwG
5 NJW 92, 2978 f). **dd)** Die Garantiehaftung besteht neben und unabhängig von der **Sachmängelhaftung.** Ob eine Erklärung zur Beschaffenheit der Kaufsache als Beschaffenheitsangabe (§ 434 I 1) oder als Beschaffenheitsgarantie (§ 443) zu verstehen ist, ist durch Auslegung zu ermitteln. Beim Privatverkauf eines Gebrauchtfahrzeuges ist die Angabe der Laufleistung idR als Beschaffenheitsangabe und nicht als Beschaffenheitsgarantie zu verstehen (BGH NJW 07, 1346). Gleiches gilt für die Erklärung, das verkaufte Fahrzeug sei „fahrbereit" (BGH NJW-RR 09, 1718). **ee)** Andere vertragliche **Haftungserweiterungen** des Verkäufers sind möglich. Bsp: Verlängerung der Verjährungsfrist des § 438 (sa § 202); über § 437 Nr 3 Alt 1
6 hinausgehende Schadensersatzpflicht. **e) Vertragsgestaltung.** Umfang und Rechtsfolgen einer Garantie können frei bestimmt werden; zur Abdingbarkeit s § 444 Rn 13 I, II unabdingbar bei Verbrauchsgüterkauf (§ 475 I, sa § 477).

7 **2. Arten der Garantie. a)** Hinsichtlich des *Inhalts* unterscheidet man: **aa) Beschaffenheitsgarantie.** Gewähr, dass Kaufgegenstand zu einem bestimmten

Titel 1. Kauf, Tausch **§ 443**

Zeitpunkt (Vertragsschluss, Gefahrübergang) bestimmte Beschaffenheit aufweist. **bb) Haltbarkeitsgarantie.** Gewähr dafür, dass Kaufgegenstand die Beschaffenheit über einen bestimmten Zeitraum behält. **b)** Hinsichtlich des *Garanten* (Garantiegebers) lässt sich unterscheiden: **aa) Verkäufergarantie.** Garantie ist dann regelmäßig Inhalt des Kaufvertrags. **bb) Herstellergarantie.** Anspruch aus Garantievertrag (s Rn 12) tritt neben die Rechte des Käufers gegen den Verkäufer. **cc)** Garantie **sonstiger Dritter,** zB Importeure, Vertriebsunternehmen, Tochter- und konzerngebundene Unternehmen des Herstellers („Garantiefonds"). **c) aa) Selbstständige Garantie** verpflichtet den Garanten, für den Eintritt eines Erfolgs einzustehen (s Rn 12 ff vor § 765). **bb) Unselbstständige Garantie** erweitert die bestehende ges (Mängel-)Haftung etwa durch eine (gegenüber § 438) verlängerte Garantiefrist oder durch Garantie der Mangelfreiheit auch nach Gefahrübergang (s § 434). Möglich für Freiheit von Sach- und Rechtsmängeln; auch bei Rechtskauf (§ 453 Rn 5); Abgrenzung uU schwierig, deshalb gegen diese Unterscheidung BaR/Faust 12 f. **d) Verbrauchsgüterkaufgarantie** s § 477. 8

3. Voraussetzungen der Garantie. a) Wirksam zustande gekommener **Kaufvertrag;** auch bei Hersteller- und Drittgarantie (Rn 8 [cc]). Kein Rücktritt gem §§ 437 Nr 2, 323. **b) Garantieerklärung.** Ob sie vorliegt, auf welchen Garantiefall sie sich bezieht und welche Rechte sie begründet, ist Frage der Auslegung. Zum Erklärungsbewusstsein s Rn 1. Bei Kauf von Kleingeräten werden vielfach „Garantiescheine" beigelegt. Grundsätzlich formfrei; Ausnahme zB bei Grundstückskauf, § 311b I. Garantieerklärung beim Verbrauchsgüterkauf s § 477. **c) Vertragliche Bindung** hinsichtlich der Garantieerklärung. Garantieanspruch entsteht *nicht* durch *einseitige* Erklärung. **aa)** Bei Verkäufergarantie ist Erklärung regelmäßig Inhalt des Kaufvertrags. Nachträgliche Garantie ist Vertragsänderung (§ 311 I Fall 2). Bei Hersteller- und Drittgarantie (Rn 8) ist ein zusätzlicher Garantievertrag erforderlich. IdR tritt der Verkäufer als Vertreter (§ 164) oder Bote des Hersteller- oder Drittgaranten (BGH 104, 85) auf (etwa bei Übermittlung eines „Garantieformulars"); seltener wird ein Vertrag zgDr (§ 328) zwischen Garanten und Verkäufer geschlossen (s BGH 75, 77 f), der den Garantieanspruch des Käufers begründet. **bb)** Vertragliche Bindung ist auch erforderlich bei Garantie in „einschlägiger Werbung". Werbung allein begründet keinen Garantieanspruch, kann aber gem § 434 I 3 übliche Beschaffenheit der Kaufsache erläutern (ebenso bei Verbrauchsgüterkauf, § 477 Rn 1). **d) Inhalt der Garantieerklärung. aa)** Bestimmung des **Garantiefalls,** dh für welche Eigenschaften und Beschaffenheiten garantiert wird. Eine allg Garantie ohne Spezifizierung bezieht sich auf alle Mängel. **bb) Garantiefrist,** dh die von der Verjährung des Garantieanspruchs zu unterscheidende Geltungsdauer der Garantie. Bezug genommen werden kann auch auf Gebrauchsleistungen, etwa Betriebsstunden oder Kilometerleistung. **cc) Beginn des Laufs** der Garantiefrist: regelmäßig ab Übergabe. Davon zu unterscheiden ist die Frist zur Geltendmachung des Mangels (BGH 75, 79). **dd) Rechtswahrungshandlungen** des Käufers, etwa Rüge oder Schadensanzeige. 10 11 12 13

4. Rechtsfolgen des Garantiefalls. Sie richten sich nach der Garantieerklärung und können gerichtet sein auf Nachbesserung, Ersatzlieferung, Minderung, Rücktritt („Rückgaberecht"), Schadens- und Aufwendungsersatz; zur Abdingbarkeit s § 444 Rn 13. Werden die Rechte nicht ausdrücklich aufgeführt, bestehen gegenüber dem Verkäufer als Garanten alle Rechte des § 437 (BT-Drs 14/6040 S 239). Bei Hersteller- und Drittgarantie scheiden Minderung und Rücktritt aus (BT-Drs 14/6040 S 238). Rechte (nicht nur „ges Ansprüche", Hammen NJW 03, 2588) gem § 437 bleiben unberührt. Haftung von Garant und Verkäufer ggf als Gesamtschuldner (§ 425; BT-Drs 14/6040 S 238). Nimmt der Käufer den Dritten als Garanten erfolgreich in Anspruch, können seine Rechte gegen den Verkäufer wegen dieses Garantiefalls entfallen. Ausgleich nach dem jeweiligen Innenverhältnis. 14

§ 444 Buch 2. Abschnitt 8. Einzelne Schuldverhältnisse

15 **5. Verjährung.** Die Verjährung des entstandenen Garantieanspruchs ist im Einzelfall durch Auslegung zu bestimmen; regelmäßig § 195, allenfalls bei nur auf die Mangelfreiheit sich beziehenden Beschaffenheitsgarantien § 438 (MK/Westermann 22). Beginn bei einer die ges Gewährleistung übersteigenden Garantiefrist nicht mit Übergabe, sondern erst mit Entdeckung des Mangels (BGH NJW 79, 645).

16 **6. Beweislast.** Käufer muss Garantievertrag und Garantiefall (Hamm MDR 05, 621) während der -frist sowie ggf Einhaltung der Rechtswahrungshandlungen darlegen und beweisen. Bei **Haltbarkeitsgarantie** hat der Garant die Vermutung des II (durch Beweis des Gegenteils) zu widerlegen, etwa durch Beweis, dass Käufer die Kaufsache unsachgemäß behandelt oder ein Dritter sie beschädigt hat. Gilt auch für Rechtskauf (§ 453 I), etwa Bonitätsgarantie beim Forderungskauf.

§ 444 Haftungsausschluss

Auf eine Vereinbarung, durch welche die Rechte des Käufers wegen eines Mangels ausgeschlossen oder beschränkt werden, kann sich der Verkäufer nicht berufen, soweit er den Mangel arglistig verschwiegen oder eine Garantie für die Beschaffenheit der Sache übernommen hat.

1 **1. Allgemeines. a) Bedeutung.** Die Rechte des Käufers bei Mängeln der Kaufsache nach § 437 können grundsätzlich erweitert (s § 443), ausgeschlossen oder beschränkt werden. § 444 **begrenzt die Vertragsfreiheit.** Hat der Verkäufer den Mangel arglistig verschwiegen, soll er nicht die Früchte seines Verhaltens durch einen Ausschluss der Mängelrechte sichern können. Eine Haftungsfreizeichnung würde eine zuvor übernommene Garantie, worin der Verkäufer gerade eine bestimmte Beschaffenheit oder das Fehlen von Mängeln zusichert, inhalts- und bedeutungslos machen. **Weitere Schranken** gegen eine unangemessene Haftungsfreizeichnung des Verkäufers ergeben sich aus §§ 138, 242, 307, 309; zum Verbrauchsgüterkauf s § 475 I.
2 **b) Anwendungsbereich.** Sach- und Rechtsmängel, Sach- und Rechtskauf (§ 453 I). Auf den Zeitpunkt der Abrede kommt es nicht an; auch ein nach Abschluss des Kaufvertrags getroffener Haftungsausschluss ist erfasst, nicht jedoch der Verzicht des Käufers auf Rechte gem § 437 in Kenntnis des Mangels.

3 **2. Haftungsausschluss und -beschränkung. a) Begriff.** Vereinbarung, durch die die ges Rechte des Käufers bei einem Mangel der Kaufsache aus § 437 ersatzlos ausgeschlossen oder zum Nachteil des Käufers inhaltlich abgeändert werden.
4 **b) Zustandekommen.** IdR ausdr, insbes durch Einbeziehung von AGB, aber auch stillschweigend oder auf Grund Verkehrssitte gem § 157 (Bsp: Koblenz NJW-RR 88, 1306) möglich; Bsp: Bezeichnung als „Ramschware"; Vereinbarung von „Freundschaftspreis"; Inzahlungnahme von Gebrauchtwagen durch Händler (BGH 83, 338). Einhaltung der **Form** des Kaufvertrags (insbes § 311b I) ist erforderlich.
5 **c) Fälle.** *Beschränkung* der Käuferrechte auf Minderung (Ausschluss von Nacherfüllung, Rücktritt, Schadens- und Aufwendungsersatz, insbes Folgeschäden); Wahlrechte des Verkäufers (entgegen §§ 437, 439 I); Beschränkung der Haftung auf bestimmte (idR verborgene) Mängel; Erschwerung der Geltendmachung der Gewährleistungsrechte durch Verkürzung der Verjährungsfristen des § 438 (vgl § 309 Nr 8b ff]) oder Vereinbarung von Rügeobliegenheiten, Mängelanzeigefristen (vgl § 309 Nr 8b ee]) und Formgeboten (vgl § 309 Nr 13); Ausschluss von Zurückbehaltungs- und Aufrechnungsrechten (vgl § 309 Nr 2 b]); Beweislastverschiebungen (vgl § 309 Nr 12); Kostentragungspflichten (§ 309 Nr 8b cc]); Ersetzung der Verkäuferhaftung durch Abtretung von Ansprüchen gegen Dritte (vgl § 309 Nr 8b aa]).
6 **d) Auslegung.** Haftungsbeschränkungen sind im Grundsatz **eng auszulegen** (BGH NJW 03, 1317). Ein Gewährleistungsausschluss bezieht sich nicht auf eine vereinbarte Beschaffenheit (BGH NJW 07, 1346). Soweit Beschränkungen in AGB enthalten sind, gelten die Unklarheitenregel (§ 305c II) und das Transparenzgebot

Titel 1. Kauf, Tausch § 444

(§ 307 I 2). Auslegungsfrage ist, inwieweit sich Haftungsausschlüsse im Zusammenhang mit der Gewährleistungsregelung auf konkurrierende sonstige Ansprüche des Käufers (insbes aus §§ 280 I, 241 II; § 823) erstrecken (verneinend zB BGH 47, 317 für Mangelfolgeschaden aus Nebenpflichtverletzung; BGH 67, 366 für Deliktsansprüche, bejahend dagegen BGH BB 79, 699). **e) Einzelne Klauseln.** Bei der 7 Auslegung der seit dem 1.1.2002 vertraglich vereinbarten Haftungsbeschränkungen kann an die zuvor ergangene Rspr angeknüpft werden (beachte aber § 475 I): *„Gekauft wie besichtigt"*: Gewährleistungsausschluss nur für äußerlich erkennbare Mängel, ohne Rücksicht auf Kenntnis des Käufers (BGH 74, 210 und 385); gleichbedeutend damit: *„wie gesehen"* (Köln NJW 73, 903). Dagegen bedeutet *„wie besichtigt unter Ausschluss jeglicher Gewährleistung"* beim Gebrauchtwagenkauf Haftungsausschluss für alle (auch verborgenen) Mängel (BGH 74, 385 f mN, str); das Gleiche gilt beim *„Kauf in Bausch und Bogen"* (Stuttgart NJW 69, 611) und für die Klausel *„wie es steht und liegt"* (BGH 74, 210, hM, aA Celle OLGZ 71, 403). Vollständiger formularmäßiger Haftungsausschluss wird durch handschriftlichen Zusatz *„gekauft wie gesehen"* nicht eingeschränkt (BGH NJW 05, 3207 f). Die Klausel *„Ausschluss der Gewährleistung für sichtbare und unsichtbare Mängel"* erfasst jedoch nicht solche Mängel, die nach Vertragsabschluss (und vor Gefahrübergang) entstehen (BGH NJW 03, 1316 f; zust Zimmermann/Bischoff NJW 03, 2506). Dagegen genügt die Klausel *„ohne Garantie"* für Haftungsausschluss idR nicht; iZw nur Ablehnung einer über die Rechte aus § 437 hinausreichenden Garantiehaftung. **f)** Fälle **ges Haf-** 8 **tungsbeschränkung** enthalten: §§ 442 I, 445, 2376; HGB 377; AVBFernwärmeV 6; AVBWasserV 6; NAV 18; NDAV 18 (sa § 453 Rn 11).

3. Schranken der Haftungsfreizeichnung. a) § 444. aa) Die Haftung des 9 Verkäufers für **arglistiges Verschweigen** eines Mangels (sa § 442 Rn 7) ist unabdingbar. **α)** Arglist (sa §§ 438 II, 442; HGB 377 V) liegt vor, wenn der Verkäufer im Zeitpunkt der Vereinbarung den Mangel kennt oder wenigstens mit der Möglichkeit seines Vorhandenseins rechnet und ihn nicht offenbart, obwohl er weiß oder billigend in Kauf nimmt, dass der Käufer bei Kenntnis den Vertrag nicht oder möglicherweise nicht mit dem vereinbarten Inhalt abgeschlossen hätte (BGH NJW-RR 03, 990). Dass die Arglist tatsächlich kausal für den Vertragsschluss war, ist nicht erforderlich (BGH NJW 11, 3641, Anm Faust JuS 12, 354). Arglist setzt keine Täuschungsabsicht voraus; bedingter Vorsatz genügt (BGH 117, 368), nicht grobe Fahrlässigkeit (BGH 60, 322) oder Leichtfertigkeit (BGH NJW-RR 86, 700). Bedingter Vorsatz liegt idR vor, wenn der Verkäufer über wesentliche Punkte ohne tatsächliche Grundlage „ins Blaue hinein" unrichtige Angaben macht (BGH 74, 392) oder „blindlings" Zusicherungen abgibt (BGH NJW 80, 2461). Dem Verkäufer ist **Wis-** 10 **sen** und **Verhalten** von **Hilfspersonen** (Vertretern, Organmitgliedern, Verhandlungsgehilfen) zuzurechnen (§§ 166, 278; vgl § 278 Rn 10), auch von Mitverkäufern (BGH MDR 76, 478), das eines **Dritten** (zB Makler) nur, wenn er es ausnutzt. Ist nur einer von **mehreren Mängeln** arglistig verschwiegen, ist der Haftungsausschluss hinsichtlich der anderen gültig (RG 62, 125). **β) Verschweigen** setzt eine verletzte 11 Offenbarungspflicht des Verkäufers voraus (dazu § 433 Rn 23; s allg § 242 Rn 19 f). Eine allg Aufklärungspflicht des Verkäufers gegenüber dem Käufer besteht allerdings nicht (vgl BGH NJW-RR 89, 212; 94, 907; Gröschler NJW 05, 1601; aA BaR/ Faust § 438 Rn 37). Nach § 242 kann aber der Verkäufer verpflichtet sein, dem Käufer solche Umstände zu offenbaren, die für seine Entschließung offensichtlich von Bedeutung sind und deren Mitteilung nach der Verkehrsauffassung erwartet werden kann (BGH 132, 34; NJW 83, 2494 mN; 86, 317). Erhebliche Umstände für die Aufklärungspflicht sind: Bes Sachkunde des Verkäufers (Vertrauensstellung: uU dann Nebenpflicht zur Beratung, vgl BGH NJW 83, 2698), Art und Grund des Mangels, insbes Möglichkeit und Fähigkeit des Käufers, ihn zu erkennen (BGH 63, 386; 132, 34; NJW 93, 1644), ausdr Nachfrage des Käufers (BGH NJW-RR 87, 437), Art des Vertragsgegenstands, zB Gebrauchtwagen (dazu BGH NJW 82, 1386 mN), Deponiegrundstück (BGH NJW 95, 1550; nicht bloßes Industriegelände:

BGH NJW 94, 254). Eine Aufklärungspflicht kann nicht nur bei positiver Kenntnis des Mangels, sondern schon dann bestehen, wenn der Verkäufer tatsächliche Anhaltspunkte für bestimmte Mängel hat (vgl BGH 63, 387; 74, 391 f; 83, 340; NJW 85, 1770 f; Brandenburg MDR 13, 207 f) oder bei pflichtgemäßer Organisation hätte haben müssen (BGH 117, 321; 132, 36 ff). Allein das Unterlassen eines Hinweises des Verkäufers, dass er die Ursache sichtbarer Mangelsymptome nicht kenne, stellt jedoch kein arglistiges Verschweigen eines Mangels dar (BGH NJW-RR 12, 1079). Aufklärungspflicht entfällt, wenn Käufer den Mangel oder Mangelverdacht (§ 434 Rn 14) kennt oder diese einer Besichtigung zugänglich und deshalb ohne weiteres zu erkennen sind (BGH NJW 12, 2793; NJW-RR 12, 1079). Darlegungs- und Beweislast für Nichtaufklärung über offenbarungspflichtigen Mangel

12 trägt Käufer (BGH NJW 11, 1280; 03, 755; Hamm MDR 05, 621). γ) Dem arglistigen Verschweigen steht das **arglistige Vortäuschen** nicht vorhandener Beschaffenheit (Bsp: geringe Fahrleistung eines Kfz durch Verstellen des Kilometerzählers [vgl

13 BGH 53, 144]) oder der Abwesenheit von Mängeln gleich. **bb) Garantie.** Zu Begriff und Bedeutung s § 443 Rn 1 ff. Die Haftung aus der Garantie ist nach § 444 Fall 2 **nicht abdingbar**. Darin liegt eine Ausprägung des Verbots widersprüchlichen Verhaltens (s § 242 Rn 48). Die Garantieerklärung soll in ihrer Bedeutung nicht unterhöhlt werden. Das schließt eine ihrem Umfang nach beschränkte Garantie für bestimmte Beschaffenheit mit einem Haftungsausschluss iÜ nicht aus; Bsp: Garantie für Unfallfreiheit und Fahrleistung eines Gebrauchtwagens bei Freizeichnung für andere Mängel. Str ist, ob die Haftung *eingeschränkt* werden kann (dafür Dauner-Lieb/Thiessen ZIP 02, 108; sa Brüggemeier WM 02, 1381: außerhalb vorformulierter Vertragsbedingungen möglich). Der Wortlaut spricht dagegen. Eine strenge Wortlautauslegung würde indes die grundrechtlich gewährleistete Vertragsfreiheit (Rn 8 vor § 145) unverhältnismäßig beschneiden. In einer Modifikation der Rechtsfolgen einer Garantie liegt kein widersprüchliches Verhalten, soweit sie „transparent" gestaltet ist und die Garantieerklärung inhaltlich nicht entgegen redlicher Käufererwartungen unterhöhlt wird. Dabei kann auch der Verlauf der Vertragsverhandlungen berücksichtigt werden. Mit dieser Maßg sind zB Haftungsobergrenzen, ein Ausschluss des Rücktrittsrechts oder der Haftung für Mangelfolgeschäden (aA v. Westphalen ZIP 01, 2107), Verjährungsvereinbarungen, Schiedsklauseln usw

14 wirksam. **cc) Rechtsfolgen.** Die entspr Klausel ist nicht nichtig (ggf mit der Folge des § 139). Der Verkäufer kann sich auf die Freizeichnung nicht berufen; die Rechte des Käufers gem § 437 bestehen. Kaufvertrag iÜ bleibt voll wirksam (BT-Drs 14/

15 6040 S 240). **b) Sonstige Schranken. aa) Sachlich unangemessene Freizeichnung.** Bei *individuell* vereinbartem Haftungsausschluss kommt Verstoß gegen §§ 138, 242 in Frage, wenn der Käufer unter Berücksichtigung der Eigenart und des Gesamtinhalts des Kaufvertrags im Einzelfall rechtlos gestellt würde. Bei Haftungsfreizeichnung in *AGB* sind §§ 307, 309 Nr 8b) zu beachten. Von Bedeutung ist insoweit, dass die Verkäuferpflicht gem § 433 I 2 (und die entspr Rechte des Käufers gem § 437) Leitbildfunktion (s § 307 Rn 3) übernimmt. **bb) Einzelfälle.** Beim Kauf **neu**

16 **hergestellter Sachen** sind in AGB Minderung und Rücktritt beim Fehlschlagen der Nacherfüllung nicht abdingbar (§ 309 Nr 8b bb]); gleiches gilt beim Kauf lebender Tiere (BGH NJW-RR 86, 53: Forellen). Bei einem Konstruktionsmangel eines neuen Kfz oder einer neuen Maschine dürfte auch ein individuell vereinbarter Ausschluss des Rücktrittsrechts des Käufers nicht wirksam sein (vgl BGH NJW 71,

17 1797 für AGB). Beim **Gebrauchtwagenkauf** ist – außerhalb §§ 474, 475 I – völliger Gewährleistungsausschluss (auch für verborgene Mängel) in AGB (§ 309 Nr 8 b]) zulässig (BGH 74, 386 mN; NJW 83, 217; JZ 84, 436, stRspr zu AGBG, str; aA Peters JZ 91, 385); dies gilt auch für sog Schwerstmängel, die die Verkehrssicherheit des Kfz aufheben (BGH NJW 86, 2319). Jedoch sind bei völliger Freizeichnung strenge Anforderungen an die Aufklärungspflicht des Verkäufers zu stellen (s § 433 Rn 25 „Gebrauchtwagenkauf"; wichtig für arglistiges Verschweigen, vgl Rn 9 ff); ferner bleibt die Haftung aus einer Beschaffenheitsgarantie unberührt (BGH 74, 391 und Rn 13). Beim **Kauf von Kunstgegenständen** wurde ein (voller) Gewährleis-

tungsausschluss, insbes für die Echtheit eines Bildes, als zulässig angesehen, doch darf der Veräußerer die ihm obliegende Sorgfalt (§ 276 I) nicht verletzt haben (BGH NJW 80, 1621 mN; Hamm NJW 94, 1967 f mN; Flume JZ 91, 635 ff, str). Beim Erwerb (s Rn 10 vor §§ 433–480) von im Bau befindlichen oder erst herzustellenden **Häusern und Eigentumswohnungen** ist der Ausschluss jeglicher Sachmängelhaftung in AGB unwirksam (BGH 101, 353 ff; 108, 168 ff; sa § 310 III), anders wurde bei Altbauten ohne Herstellungsverpflichtung entschieden (BGH 108, 163); zur Ersetzung der eigenen Gewährleistungshaftung des Veräußerers (Bauträgers) durch Abtretung seiner Gewährleistungsansprüche gegen die Bauhandwerker sa § 309 Nr 8b aa). 18

§ 445 Haftungsbegrenzung bei öffentlichen Versteigerungen

Wird eine Sache auf Grund eines Pfandrechts in einer öffentlichen Versteigerung unter der Bezeichnung als Pfand verkauft, so stehen dem Käufer Rechte wegen eines Mangels nur zu, wenn der Verkäufer den Mangel arglistig verschwiegen oder eine Garantie für die Beschaffenheit der Sache übernommen hat.

1. Allgemeines. a) Bedeutung. Pfandverkäufer kennt die fremde Kaufsache 1 regelmäßig nicht, daher auch nicht mögliche Mängel. § 445 schützt den (beim Vertragsschluss durch den Versteigerer vertretenen) Pfandverkäufer vor Rechten des Käufers wegen eines Mangels (s § 437). Pfandverkäufer soll seiner Befriedigung nicht wegen eines Mangels der Sache wieder verlustig gehen. Bei Versteigerungen im Rahmen der Zwangsvollstreckung gelten ZPO 806, ZVG 56 S 3. **b) Anwendungsbereich.** Verkauf (neuer oder gebrauchter) beweglicher Sachen als Pfand. Gem § 474 II 2 *nicht* bei Verbrauchsgüterkauf; sa § 474 I 2 zur Versteigerung gebrauchter Sachen.

2. Voraussetzungen. Pfandverkauf nach §§ 1235 I, 1236 ff, *nicht* auch Selbsthilfeverkauf gem § 383 I und freihändiger Pfandverkauf gem §§ 1221, 1235 II, 1240 II, 1245, 1246. Verkauf in öffentlicher Versteigerung (Begriff s § 383 III). Bezeichnung der Sache als Pfand genügt, bestehendes Pfandrecht ist nicht erforderlich. 2

3. Rechtsfolgen. Ges Haftungsausschluss für Sach- und Rechtsmängel. Ausnahme: Garantie (§ 444 Rn 13) oder arglistiges Verschweigen (§ 444 Rn 9). 3

Vorbemerkungen zu den §§ 446, 447

1. Begriff der Gefahr. Gefahr ist die Last (ungünstige Rechtslage), einen durch 1 zufälligen Untergang (zufällige Verschlechterung) einer Sache eingetretenen Nachteil endgültig tragen zu müssen (Belastung mit dem Zufallsrisiko; vgl BGH NJW 85, 323).

2. Arten der Gefahr. Zu unterscheiden ist zwischen der Gefahrtragung außerhalb 2 und innerhalb von (noch nicht voll erfüllten) Schuldverhältnissen (Rn 3). **a) Sachgefahr** ist das Risiko des zufälligen Untergangs einer Sache, sei es durch Unglück, sei es durch zum Schadensersatz verpflichtende Handlung eines Dritten. **b) Leistungs-** 3 **(Lieferungs-)** und **Preis- (Gegenleistungs-, Vergütungs-)gefahr** gibt es nur bei Schuldverhältnissen im Zeitabschnitt zwischen Vertragsschluss und vollständiger Erfüllung (§ 362) der Sachleistungspflicht. **Leistungsgefahr** ist das Risiko des Sachleistungsschuldners trotz Untergangs der Sache nochmals (oder Ersatz) leisten zu müssen; **Preisgefahr** ist das Risiko des Sachleistungsgläubigers (zB Käufers), trotz Ausbleibens der Sachleistung die Gegenleistung erbringen, dh den (Kauf-)Preis zahlen zu müssen. Zufällig ist der Untergang, wenn er von keiner der Vertragsparteien zu vertreten ist. Zum Ersatz verpflichtende Handlung eines Dritten steht zufälligem

§ 446 Buch 2. Abschnitt 8. Einzelne Schuldverhältnisse

Untergang nicht entgegen. Leistungsgefahr meinen §§ 270 I, 300 II, iÜ bedeutet „Gefahr" idR Preisgefahr. Fälle: Rn 5 aE.

4 **3. Gefahrtragung. a) Grundsatz.** Die **Sachgefahr** trägt der Eigentümer, denn der zufällige Untergang der Sache geht zu seinen Lasten *(casum sentit dominus)*. – Für die Gefahrverteilung im nicht voll erfüllten (s Rn 3) gegenseitigen Vertrag gilt: Die **Leistungsgefahr** trägt bei Stückschulden der Sachleistungsgläubiger (zB Käufer), denn der Sachleistungsschuldner (zB Verkäufer) wird von seiner Leistungspflicht frei (§ 275 I); die **Preisgefahr** trägt im ganzen Zeitabschnitt (Rn 3) der Sachleistungsschuldner (zB Verkäufer), denn er verliert den Vergütungsanspruch, wenn die Erfüllung ausbleibt (§ 326 I 1). Das Gleiche gilt bei der konkretisierten Gattungsschuld (§ 243 II). Bis zur Konkretisierung trägt der Sachleistungsschuldner auch die Leistungsgefahr, denn er hat bei Untergang der zur Erfüllung vorgesehenen
5 Sache ggf Ersatz zu beschaffen. **b) Sonderregeln.** Abw von Rn 4 ist unter bestimmten Voraussetzungen der Übergang der Preisgefahr auf einen vor der Erfüllung liegenden Zeitpunkt vorverlegt. Fälle: §§ 446 S 1 und 3; 447; 644 I 1, 2, II; 2380; ZVG 56.

§ 446 Gefahr- und Lastenübergang

¹Mit der Übergabe der verkauften Sache geht die Gefahr des zufälligen Untergangs und der zufälligen Verschlechterung auf den Käufer über. ²Von der Übergabe an gebühren dem Käufer die Nutzungen und trägt er die Lasten der Sache. ³Der Übergabe steht es gleich, wenn der Käufer im Verzug der Annahme ist.

Lit: Hager, Die Gefahrtragung beim Kauf, 1982 (rechtsvergleichend).

1 **1. Allgemeines. a) Bedeutung.** S 1 ist Ausnahmevorschrift zu § 326 I 1: Vorverlegung des Übergangs der **Preisgefahr** (Rn 3 vor §§ 446, 447) auf den Zeitpunkt der Übergabe der Kaufsache. Folge: Der Käufer muss den Kaufpreis (voll) zahlen, wenn dem Verkäufer nach Besitzverschaffung (Rn 6) infolge Zufalls die Eigentumsverschaffung unmöglich geworden ist (Rn 7); der Käufer hat auch wegen einer nach Besitzverschaffung eingetretenen zufälligen Verschlechterung der Sache keine Mängelansprüche (s § 434 I). Stehen dem Verkäufer Ansprüche auf Ersatzvorteile zu, kann der Käufer deren Abtretung verlangen (§ 285 I). S 1 wird **praktisch** in allen Fällen des Auseinanderfallens von Besitzverschaffung und vollständiger Erfüllung der
2 Verkäuferpflichten, zB bei Verkauf unter EV (§ 449). **b) Grund.** Nach Übergabe befindet sich die Sache im Obhuts- und Machtbereich des Käufers, der daher das Risiko des Untergangs oder der Verschlechterung besser beherrscht als der Verkäu-
3 fer. **c) Anwendungsbereich:** Sachkauf, auch Grundstückskauf; Stück- und Gattungskauf (Rn 6); Rechtskauf (§ 453 I) nur bei § 453 III. – Bei Lieferung einer **mangelhaften Sache** geht die Gefahr nicht über, denn S 2 setzt Übergabe der mangelfreien („verkauften") Sache voraus. Verkäufer trägt Gefahr weiterer Verschlechterung und des Untergangs. Erfolgt wegen des Mangels der Rücktritt oder Ersatzlieferung (§ 439 I Fall 2, IV), ist Käufer bei Verschlechterung und Untergang der mangelhaften Sache von Wertersatzpflicht befreit, soweit er eigenübliche Sorgfalt beobachtet hat (§ 346 III 1 Nr 3), nicht bei grober Fahrlässigkeit oder Vorsatz (§ 277); selbst bei Unwirksamkeit des Rücktritts nach § 218 hat Käufer Leistungsverweigerungs- oder Minderungsrecht gem § 438 IV 2, V (Skamel ZGS 06, 231).
4 **d) Vertragsgestaltung.** S 1 ist abdingbar durch Gefahrtragungsklauseln. Gefahrübergang kann sowohl vor- als auch zurückverlagert werden. **e) Sondervorschriften.** Versendungskauf: § 447; vgl iÜ Rn 5 vor § 446.

5 **2. Gefahrtragung. Voraussetzungen** sind: Vollwirksamer Kaufvertrag (Rn 5 [a]), Übergabe der Kaufsache (Rn 3, 6) und deren zufälliger Untergang (zufällige Verschlechterung) beim Käufer vor Eigentumsübergang (Rn 7 f). **a) Ein wirksamer**

Titel 1. Kauf, Tausch **§ 447**

Kaufvertrag muss zustande gekommen sein (BGH 138, 206). Kein Gefahrübergang, wenn Kaufvertrag unter einer *aufschiebenden* **Bedingung** (§ 158 I) abgeschlossen wird und die Bedingung endgültig ausfällt (BGH NJW 75, 777). Ist dagegen die aufschiebende Bedingung nach Untergang der Kaufsache beim Käufer eingetreten, so ist § 446 dann anzuwenden, wenn die Parteien den Bedingungseintritt auf den Zeitpunkt der Übergabe zurückbeziehen wollten (§ 159); dies ist uU dann anzunehmen, wenn dem Käufer ein Gebrauchsrecht an der Sache zustand (ie str; vgl dazu BGH 138, 206). – Bei Eintritt einer *auflösenden* Bedingung kann der Käufer den schon bezahlten Kaufpreis gem §§ 812 I 2, 820 I 2 zurückverlangen, soweit nicht zugunsten des Verkäufers die Saldotheorie eingreift (ie § 818 Rn 40 ff). Voll wirksam ist der Kaufvertrag, wenn eine auflösende Bedingung ausgefallen ist. Bsp: Untergang der Kaufsache beim Käufer bei Kauf mit Rückgaberecht. Zum Kauf auf Probe s §§ 454, 455 Rn 9. **b) aa) Übergabe** ist Verschaffung des **unmittelbaren** **6** **Besitzes** an der Kaufsache (§ 854 I; vgl § 433 Rn 20). Die Übergabe muss in Erfüllung des Kaufvertrages, braucht aber nicht notwendig zum Zweck der Übereignung (§ 929) erfolgt zu sein (allgM). Verschaffung mittelbaren Besitzes genügt nicht, es sei denn, Besitzverschaffungspflicht ist entspr eingeschränkt, was bei Übereignung gem §§ 930, 868; 931 der Fall sein kann (Bsp zu EV: Hamm NJW-RR 87, 245). Beim Gattungskauf führt die Übergabe der geschuldeten Sache zur Konkretisierung (§ 243 II). Der Eintritt der dinglichen Rechtsänderung ist unerheblich (BGH 138, 207 mN). – Zum Rücktritt s § 346 III, zum Widerruf s § 357 III. **bb)** Der Übergabe steht gem **S 3** der **Annahmeverzug** (§§ 293 ff) des Käufers gleich; Parallelregelung s § 326 II 1 Fall 2. Zur Leistungsgefahr s § 300 II. **c) Untergang** der Kaufsache **7** umfasst jeden Fall obj Unmöglichwerdens der Eigentumsverschaffung, zB körperliche Vernichtung der Sache, unwiederbringlichen Verlust, etwa durch Diebstahl oder Beschlagnahme (letzteres str; aA RG 106, 16). **Verschlechterung** ist jede Qualitätsminderung, namentlich eine Beschädigung. **d) Zufällig:** Der Untergang **8** (die Verschlechterung) darf von keiner Partei des Kaufvertrags zu vertreten sein (Rn 3 vor §§ 446, 447).

3. Übergang von Nutzungen und Lastentragung. S 2 zieht Folgerung aus **9** Gefahrübergang *(cuius est commodum, eius est periculum* – Wessen das Gut, dessen ist die Gefahr); Zeitpunkt des S 2 gilt auch bei § 447. Auch S 2 setzt Übergabe der mangelfreien Kaufsache voraus; Nutzungsersatz bei Rückgewähr der mangelhaften Sache nach Rücktritt oder Ersatzlieferung (§ 439 I, IV; Ausnahme § 474 II 1) gem §§ 346 I HS 2, 347 I; s § 439 Rn 38. Sonderregelung: § 2380 S 2; ZVG 56 S 2. Nutzungen: § 100; Lasten: § 103.

§ 447 Gefahrübergang beim Versendungskauf

(1) **Versendet der Verkäufer auf Verlangen des Käufers die verkaufte Sache nach einem anderen Ort als dem Erfüllungsort, so geht die Gefahr auf den Käufer über, sobald der Verkäufer die Sache dem Spediteur, dem Frachtführer oder der sonst zur Ausführung der Versendung bestimmten Person oder Anstalt ausgeliefert hat.**

(2) **Hat der Käufer eine besondere Anweisung über die Art der Versendung erteilt und weicht der Verkäufer ohne dringenden Grund von der Anweisung ab, so ist der Verkäufer dem Käufer für den daraus entstehenden Schaden verantwortlich.**

Lit: Borges, Der Leistungsort (Erfüllungsort) beim Versandhandel, DB 04, 1815; Canaris, Die Bedeutung des Übergangs der Gegenleistungsgefahr ..., JuS 07, 793; Stieper, Gefahrtragung und Haftung des Verkäufers bei Versendung fehlerhaft verpackter Sachen, AcP 08, 818; Wertenbruch, Gefahrtragung beim Versendungskauf nach neuem Schuldrecht, JuS 03, 625.

1. Allgemeines. a) Bedeutung. Beim Versendungskauf (Rn 6) ist der Über- **1** gang der Preisgefahr (Rn 3 vor §§ 446, 447) auf den Zeitpunkt der Auslieferung der

§ 447

Kaufsache an die Transportperson (-anstalt) vorverlegt. **I** ist Ausnahme zu § 326 I; gegenüber § 446 wird der Zeitpunkt des Gefahrübergangs (nochmals) vorverlegt. Für die Leistungsgefahr (Rn 3 vor §§ 446, 447) gelten beim Versendungskauf keine
2 Besonderheiten (Rn 9 aE). **b) Grund:** Erfüllungsort ist der Sitz des Verkäufers, § 269 bleibt von I unberührt (BGH NJW 03, 3342, Anm Emmerich JuS 04, 77); der Verkäufer hat mit der Auslieferung (Rn 11 f) die von ihm geschuldete Erfüllungshandlung vollständig erbracht (vgl BGH 74, 142); sein Risiko- und Pflichten-
3 bereich endet hier. **c) Voraussetzungen des Gefahrübergangs** ie: Bestehen eines wirksamen Versendungskaufs (Rn 6 ff); Auslieferung des Kaufgegenstands an die Transportperson (-anstalt; Rn 11 f); Eintritt eines zufälligen Transportschadens
4 (Rn 13). **d) Wirkungen des Gefahrübergangs:** Der Käufer muss auch bei Eintritt eines Transportschadens (Rn 13) den Kaufpreis (voll) zahlen, obwohl der Verkäufer weder die Besitz- noch die Eigentumsverschaffungspflicht (voll) erfüllt; Mängelrechte (§ 437) wegen Transportschäden bestehen nicht (s § 434 I 1). Doch kann der Käufer Ansprüche aus dem Frachtvertrag nach HGB 421 I 2 geltend machen und vom Verkäufer Abtretung von Ansprüchen auf Ersatzvorteile verlangen (§ 285; Bsp: Transportversicherungssumme). Der Verkäufer kann den Schaden des Käufers im Wege der Drittschadensliquidation geltend machen (Rn 20 vor § 249; s aber HGB 435, § 328 Rn 5). Der Gefahrübergang führt beim Gattungskauf gem § 243 II zur Konkretisierung (BGH NJW 03, 3341), für den Eigentumsübergang ist er dagegen bedeutungslos. Das Eigentum an der Kaufsache geht idR erst mit der tatsächlichen Übergabe auf den Käufer über (§ 929; BGH NJW 68, 1932), ausnahmsweise schon mit Übergabe an die Transportperson, wenn diese Vertreter (§ 164) und Besitzmitt-
5 ler (§ 868) des Käufers ist (sa § 929 Rn 12). **e) Anwendungsbereich:** Stück- und Gattungskauf (Rn 4); Distanz-, nicht Platzkauf (Rn 6). *Nicht* anwendbar auf den Verbrauchsgüterkauf, § 474 II 2. **f)** § 447 ist **abdingbar;** Gefahrtragungsklauseln: Rn 8 f.

6 **2. Versendungskauf. a) Begriff.** Versendungskauf ist ein Kaufvertrag über eine bewegliche Sache, bei der der Verkäufer die Nebenpflicht (Rn 9) übernommen hat, die Kaufsache vom Erfüllungsort (idR Wohnort oder Niederlassung des Verkäufers; § 269 I, II) aus (s aber Rn 8) an einen davon verschiedenen Bestimmungs-(Ablieferungs-)ort (idR Wohnort oder Niederlassung des Käufers) zu versenden; Bsp: Internet-Auktion („ebay", LG Berlin NJW 03, 3494); Versandhandel (BGH NJW 03, 3341; krit Borges aaO). Liegen Erfüllungs- und Bestimmungsort nicht in verschiedenen politischen Gemeinden (sog Platzkauf), soll § 447 entspr gelten (hM; aA mR SoeHuber 24); doch liegt bei Selbstausführung des innerörtlichen Transports durch
7 den Verkäufer idR Bringschuld vor (vgl Rn 8). **b) Zustandekommen.** Als Schickschuld (Rn 8) bedarf der Versendungskauf bes Vereinbarung (§ 269 Rn 1). IdR ist die Versendungspflicht des Verkäufers Gegenstand bes Nebenabreden zum Kaufvertrag (Kosten- und Spesenklauseln; § 433 Rn 23 ff). Auch bei Übernahme der Versendungskosten durch den Verkäufer liegt iZw Versendungs- und nicht Bringkauf vor (Rn 8). **Nachträgliche Vereinbarung** der Versendungspflicht ist möglich und stets anzunehmen, wenn der Verkäufer „auf Verlangen des Käufers" versendet (I). Dagegen gilt bei **einseitiger** Versendung durch den Verkäufer § 446. § 447 setzt
8 **Wirksamkeit** des Kaufvertrags voraus (wie § 446 Rn 5). **c) Versendung** der Kaufsache durch den Verkäufer. **aa)** Die Verkäuferleistung ist **Schickschuld** (§ 269 Rn 1), dh Erfüllungsort (Ort der abschließenden Leistungshandlung des Verkäufers) und Erfolgsort (Ort der „Übergabe" iSv § 433 I, 929) fallen auseinander. **Kein** Versendungskauf ist daher der (seltene) **Bringkauf** (Erfüllungs- und Erfolgsort fallen zusammen, Transportleistung ist Teil der Lieferpflicht des Verkäufers), für den § 446 gilt. Bsp für Bringkauf: Kauf mit CIF- und FOB-Klausel (§ 269 Rn 5); „Fernkauf" (vgl BGH 74, 143); idR (sa § 474 II 2) die Zuschickungsgeschäfte des täglichen Lebens, bei denen der Verkäufer die Transportleistung (meist am Ort seiner Niederlassung) als „Kundendienst" selbst ausführt (MK/Westermann 7, str; unterscheidend BGH NJW 91, 916). Bloße Spesenklauseln sind idR (aber § 157, HGB 346 beach-

Titel 1. Kauf, Tausch **§ 447**

ten) Lieferung „frei Haus" (aA BGH 114, 251), „frei Tankstelle" (vgl BGH BB 78, 1086), „frei ... Bestimmungsort" (vgl BGH WM 83, 1239). Die Übernahme der Versendungskosten (abw von § 448 I) durch den Verkäufer genügt iZw für Bringkauf nicht (§ 269 III). **Kein** Versendungskauf liegt idR vor, wenn die Versendung von einem dritten (vom Erfüllungsort verschiedenen) Ort aus erfolgt (RG 111, 25; BGH 113, 110, hM; aA Pallasch BB 96, 1124 ff: Teilung der Transportgefahr). Bsp: Kauf vom Zwischenhändler, Versendung ab Hersteller. Bei diesem sog **Streckengeschäft** gilt idR § 446 (hM, str; Grund: Versendung liegt nicht nur im Interesse des Käufers); § 447 gilt aber dann, wenn die Parteien die unmittelbare Versendung bes vereinbart haben (BGH 113, 110; NJW 65, 1324), zB durch Übernahme der Transportgefahr mittels Handelsklauseln „Lieferung ab Werk", „ab Lager", „ab Grenze". Wird rollende Ware verkauft, genügt für Versendungskauf, dass Käufer dies weiß (BGH 50, 36). **bb) Pflichten des Verkäufers.** Die **Versendungspflicht** 9 ist eine Nebenpflicht des Verkäufers (Nürnberg MDR 78, 492; ie § 433 Rn 23 ff). Inhalt: Der Verkäufer muss die Kaufsache an den Käufer „auf den Weg bringen" (BGH 50, 37), dagegen schuldet er nicht die Transportleistung selbst. Die *Transportperson* (Rn 12) ist daher insoweit *nicht* Erfüllungsgehilfe des Versendungsverkäufers (BGH 50, 35 mN; NJW 91, 917, hM; ie Faust DB 91, 1556 mN, auch zur aA; zur Einschränkung beim sog Selbsttransport s Rn 12). Ie gehört zur Versendung: Auslieferung der Kaufsache an die Transportperson (Rn 11 f), sachgemäße Verpackung (BGH 66, 211; 87, 92; WM 83, 1155) und Verladung (BGH NJW 68, 1930), uU Versicherung (Schlosser Jura 85, 482), Erteilung erforderlicher Weisungen (zB bei Umleitung rollender Ware, BGH 50, 37), sorgfältige Auswahl der Transportperson sowie Unterlassung der Versendung zur Unzeit. **cc)** Die **Versand- und Verpackungsanweisungen des Käufers** sind zu befolgen. Recht zur Abweichung besteht nur aus „dringendem Grund" **(II).** Anweisungen eines branchenkundigen Käufers braucht der Verkäufer aber nicht auf ihre Zweckmäßigkeit zu überprüfen (BGH MDR 62, 556). Hilfspersonen, deren sich der Verkäufer im Rahmen seiner Versendungspflicht bedient, sind Erfüllungsgehilfen (§ 278; BGH 50, 37; 66, 211). Führt schuldhafte Verletzung dieser Nebenpflichten zu einer Schädigung des Käufers, ist Verkäufer gem II **ersatzpflichtig** (BGH 87, 91; WM 83, 1155). Hat der Verkäufer eine Leistungsstörung zu vertreten (Bsp: fehlerhafte Verpackung, BGH 87, 92), trifft den Käufer weder die Leistungs- (kein Fall des § 275 I) noch die Preisgefahr (kein Fall des § 326, der auch für § 447 gegeben sein muss, vgl Rn 1). **dd) Pflichten des Käufers.** Feststellung und Mitteilung von Transportschäden 10 (BGH NJW-RR 87, 743 f).

3. Auslieferung an die Transportperson (-anstalt). a) Begriff und Bedeu- 11 **tung.** Die Auslieferung ist der maßgebende Zeitpunkt für den Gefahrübergang (Rn 1). Auslieferung ist die **tatsächliche** Übergabe des Kaufgegenstands an die Transportperson (-anstalt) zur Übermittlung an den Käufer (BGH 113, 114: Dieselöl). Vor der Übergabe der Sache liegende, die Auslieferung vorbereitende Vorgänge (Abschluss des Beförderungsvertrags; Transport der Ware zur Beförderungsanstalt) genügen für Gefahrübergang nicht, gleich ob sich der Verkäufer eigener oder fremder Leute bedient (BGH 113, 114; MK/Westermann 14). **b) Transportperso-** 12 **nen** sind Spediteur und Frachtführer (vgl HGB 407, 425), **Transportanstalten** Bahn und Post. Selbstständigkeit ist nach hM nicht erforderlich, so dass auch *eigene Leute* des Verkäufers Transportperson sein können (Faust DB 91, 1557 ff; MK/Westermann 14 f mN; aA SoeHuber 35 f); dies ist abzulehnen, da die Kaufsache beim Selbsttransport durch eigene Leute noch nicht aus dem Gefahrenbereich des Verkäufers ausgeschieden ist (s aber § 446 Rn 2; § 447 Rn 2). Liegt bei Selbstausführung des Transports nicht ohnehin bereits eine Bringschuld vor (Rn 8), so soll der Verkäufer – anders als bei Einschaltung einer selbstständigen Transportperson (vgl Rn 9) – nach § 278 für das Verschulden seiner Leute haften (so MK/Westermann 21 ff; Esser/Weyers § 8 III 3c) oder doch entspr HGB 458 (so Faust DB 91, 1559 ff); inkonsequent; richtig: kein Gefahrübergang, § 446 gilt (zutr SoeHuber 38).

13 **4. Zufälliger Transportschaden.** Die den Käufer treffende Preisgefahr (Rn 1) bezieht sich nicht schlechthin auf jeden Fall nachträglichen zufälligen Untergangs oder zufälliger Verschlechterung der Sache, sondern nur auf **typische Transportschäden;** dh das Ereignis, durch das die Lieferung verhindert oder beeinträchtigt wird, muss dem eigentlichen Gefahrenbereich des Transports zuzurechnen sein (RG 93, 330, hM; aA BaR/Faust 21). Bsp: Schädigung der verkauften Ware auf dem Transport durch Kfz-Unfall, auch wenn dieser von der Transportperson verschuldet wurde; Verlust der Ware durch Aushändigung an einen nichtberechtigten Dritten (RG 93, 332) oder durch nicht vollständige Abladung (BGH NJW 65, 1324); behördliche Einziehung infolge transportbedingter Vermischung (BGH NJW 91, 916). Beruht der Verlust auf Gründen, die mit dem Transport in keinem Zusammenhang stehen, gilt § 446. Bsp: Beschlagnahme der Ware im Inland (RG 106, 17, str; unterscheidend BGH NJW 91, 916). Nicht transportbedingt sind alle Schäden, die in den Verantwortungsbereich des Verkäufers und seiner Leute fallen. Vgl Bsp in Rn 9.

§ 448 Kosten der Übergabe und vergleichbare Kosten

(1) **Der Verkäufer trägt die Kosten der Übergabe der Sache, der Käufer die Kosten der Abnahme und der Versendung der Sache nach einem anderen Ort als dem Erfüllungsort.**

(2) **Der Käufer eines Grundstücks trägt die Kosten der Beurkundung des Kaufvertrags und der Auflassung, der Eintragung ins Grundbuch und der zu der Eintragung erforderlichen Erklärungen.**

1 **1. Allgemeines.** Regelung der **Kostentragung** beim Sachkauf; auch Rechtskauf, soweit keine bes Regelung in § 453 II. II enthält Sonderregelung für Grundstückskauf und Kauf grundstücksgleicher Rechte. Abdingbar, auch beim Verbrauchsgüterkauf; im Handelsverkehr gelten Handelsbräuche.

2 **2. Vom Verkäufer zu tragen (I HS 1).** Der Verkäufer hat die Kaufsache vertragsgemäß so anzubieten, dass der Käufer nur noch annehmen muss. Daher hat er zu tragen: Lagerkosten, Kosten bis zur Ermöglichung der Abnahme, zB die Beförderung und Verzollung bis zum Erfüllungsort (idR aber Wohnsitz des Verkäufers, § 269 Rn 9; § 447 Rn 8 ff), Kosten des Wägens und Messens, wenn zur Ausscheidung aus größerem Vorrat erforderlich, zB Wärmemessungskosten bei Fernwärme (Hamburg MDR 84, 848), Anschlusskosten bei Stromlieferung (BGH NJW-RR 94, 177), Kosten der Vermessung von Teilgrundstück (LG Kassel MDR 57, 228), Verpackungskosten.

3 **3. Vom Käufer zu tragen. a) I HS 2.** Kosten der Abnahme (auch Untersuchungskosten) und der Versendung ab Erfüllungsort (einschließlich Steuer, RG 68, 44); Zölle und ähnliche Abgaben (BaR/Faust 6; offen BGH 114, 251 f); häufig Abänderung durch Kostenklauseln. **b) II** enthält Sonderregelung für bestimmte Kosten bei **Grundstückskaufvertrag;** Geltung nur zwischen den Parteien (RG 96, 48), nicht gegenüber Dritten (Behörde, Notar); insoweit gilt ggf KostO. Käufer hat zu tragen: Beurkundungskosten für Kaufvertrag (s § 311b I 1) und Auflassung (§ 925), Kosten der Grundbucheintragung (auch der Vormerkung, § 883) und der dazu erforderlichen Erklärungen Dritter (familiengerichtl Genehmigung [s § 1821 I Nr 1], Zustimmung Wohnungseigentumsverwalter [s WEG 12]). Die Kostenpflicht gem II setzt voraus, dass der Vertrag (zunächst) wirksam wird (BGH NJW 13, 930; aA 14. Aufl). Bei der Rückabwicklung eines mangels Genehmigung nicht wirksamen oder formunwirksamen Kaufvertrages (zB §§ 125, 311b I 1), ist der Käufer zwar nicht ohne weiteres um die Vertragskosten entreichert (BGH 116, 256), doch haftet er unabhängig vom Zustandekommen des Vertrages neben dem Verkäufer gem KostO 2 Nr 1, 5 I, § 426 I insoweit nur gesamtschuldnerisch (BGH 13, 930). –

Titel 1. Kauf, Tausch § 449

Andere Kosten fallen auch bei Grundstückskauf unter I, zB Kosten der Grundbuchberichtigung, Vermessungskosten.

§ 449 Eigentumsvorbehalt

(1) **Hat sich der Verkäufer einer beweglichen Sache das Eigentum bis zur Zahlung des Kaufpreises vorbehalten, so ist im Zweifel anzunehmen, dass das Eigentum unter der aufschiebenden Bedingung vollständiger Zahlung des Kaufpreises übertragen wird (Eigentumsvorbehalt).**

(2) **Auf Grund des Eigentumsvorbehalts kann der Verkäufer die Sache nur herausverlangen, wenn er vom Vertrag zurückgetreten ist.**

(3) **Die Vereinbarung eines Eigentumsvorbehalts ist nichtig, soweit der Eigentumsübergang davon abhängig gemacht wird, dass der Käufer Forderungen eines Dritten, insbesondere eines mit dem Verkäufer verbundenen Unternehmens, erfüllt.**

Lit: Habersack/Schürnbrand, Der EV nach der Schuldrechtsreform, JuS 02, 833; sa Lit zu § 929 Rn 25 ff.

1. Allgemeines. a) Bedeutung. Der **Eigentumsvorbehalt** (EV) ist das häu- 1
figste und wichtigste Sicherungsmittel des vorleistenden Verkäufers (ie § 929
Rn 25 f). § 449 regelt ihn nur unzureichend: I enthält – neben einer (missglückten)
Legaldefinition des Eigentumsvorbehalts – eine Auslegungsregel für die (dingliche)
Einigung, II regelt die Rechte des VVerkäufers bei Zahlungsverzögerung (s Rn 12)
und III begrenzt die Wirksamkeit des Eigentumsvorbehalts beim sog Konzernvorbehalt (s Rn 8). EV in AGB ist im Hinblick auf § 307 unbedenklich, uU anders aber
bei Ausschluss des EV in Einkaufsbedingungen (s BGH 78, 307 ff). Bes **Arten** des
EV: § 929 Rn 27 ff. **b) Anwendungsbereich.** Verkauf beweglicher (vgl § 925 II), 2
bestimmt zu bezeichnender Sachen (§§ 90, 91; §§ 97, 98) und Tiere (§ 90a). Auf ein
Unternehmen im Ganzen (sa § 453 Rn 12) kann der EV nicht bezogen werden (vgl
BGH NJW 68, 392), wohl aber auf die mitverkauften Gegenstände (zB Maschinen,
auch Rechte). **c) Verhältnis zur Sicherungsübereignung** (dazu § 930 Rn 19 ff): 3
Diese dient der Sicherung einer *anderen* Forderung des Erwerbers (SN); Unterschiede bestehen bes im Insolvenzverfahren des SG (vgl § 930 Rn 50 einerseits,
§ 929 Rn 41 andererseits; sa u Rn 14).

2. Eigentumsvorbehalt. a) Begriff. Als Konsequenz des Trennungsprinzips (s 4
Rn 12 or § 854) ist zwischen der schuldrechtlichen und der dinglichen Seite des
EV zu unterscheiden. **aa) Vorbehaltskaufvertrag.** Unbedingter Kaufvertrag über
eine bewegliche Sache (Rn 2) mit der bes Abrede, dass der Verkäufer die Kaufsache
bereits vor Zahlung des (idR gestundeten) Kaufpreises dem VKäufer zu übergeben
hat (Ausschluss von § 320), das Eigentum daran jedoch erst mit vollständiger Zahlung
des Kaufpreises (s Rn 5) auf den VKäufer übergehen soll (Übereignung „iZw"
aufschiebend bedingt, s Auslegungsregel in I). **bb) Aufschiebend bedingte Über-** 5
eignung (§§ 929, 158 I; ie § 929 Rn 37 ff). Sie bildet das Erfüllungsgeschäft auf
Seiten des VVerkäufers (Rn 7). Die Bedingung besteht in der vollständigen *Zahlung
des Kaufpreises* (einschließlich geschuldeter Umsatzsteuer) mit Zinsen und Nebenkosten (s § 448); dies gilt (trotz der Rückgriffshaftung des VVerkäufers) auch dann,
wenn sich der VKäufer die Zahlungsmittel im sog Akzeptantenwechselverfahren
beschafft hat (ie BGH 97, 200 ff mN, str; aA Honsell JZ 86, 757). Teilzahlung
bewirkt auch bei Gesamtpreis für einzelne Sachen kein teilw Erlöschen des EV
(hM). Bei Überweisung ist Gutschrift, bei Hingabe von Wechsel und Scheck Einlösung durch den VKäufer erforderlich (Fall von § 364 II: BGH 96, 186; dazu Rn 12).
b) Zustandekommen. aa) Die vertragliche **Vereinbarung** des EV erfolgt idR 6
im Kaufvertrag, gegenüber einem Verbraucher stets schriftlich iSv §§ 506 I, III, 492,
507, häufig durch AGB des Lieferanten, bei gegenseitiger Verweisung auf einander

§ 449

widersprechende AGB (Einkaufs-, Verkaufsbedingungen) kann Einbeziehung scheitern (§ 305 Rn 23), insbes bei Verwendung von Abwehrklauseln (BGH NJW 85, 1839 f; NJW-RR 91, 357). Außerhalb des Formzwangs (§ 502 I 1 Nr 6) kann EV auch stillschweigend vereinbart sein (zB bei stdg Geschäftsverbindung, uU bei Branchenüblichkeit oder Handelsbrauch, § 157, HGB 346); eine Auslegungsregel iSd Vereinbarung eines EV bei finanziertem Kauf besteht nicht. Ist VKauf geschlossen (Rn 4), so braucht der EV bei der Übereignung nach § 929 nicht ausdrücklich erklärt zu werden. Nachträgliche vertragliche Erweiterung (§ 929 Rn 31 f) ist nach Verfügung des Käufers über sein Anwartschaftsrecht (§ 929 Rn 43 ff) Dritten gegen-

7 über unwirksam (BGH 75, 226). **Nachträglicher einseitiger EV** des Verkäufers lässt den Kaufvertrag *schuldrechtlich* unverändert (der Verkäufer bleibt zur unbedingten Übereignung verpflichtet), zur Änderung ist ein Abänderungsvertrag (§ 311 I Fall 2) erforderlich. *Sachenrechtlich* jedoch kann der Verkäufer durch „einseitigen" EV bei rechtzeitigem und hinreichend deutlichem Hinweis (keine zu strengen Anforderungen: BGH NJW 82, 1750 und 1751; anders noch BGH 64, 397) im Rahmen der Einigung nach § 929 uneingeschränkten Eigentumsübergang auf den Käufer (auch soweit Verbraucher) verhindern. Bsp: Bloße Vermerke auf Warenbegleitpapieren genügen idR nicht (BGH NJW 79, 213 und 2199); dagegen reicht ein EV in nicht wirksam einbezogenen AGB des Verkäufers oder ein gem § 307 unwirksamer EV idR aus (BGH 104, 137 mN; 125, 89 f, str; sa Serick JZ 94, 715). Lässt sich der Käufer auf diesen (kaufvertragswidrigen) EV ein, indem er das „bedingte" Angebot annimmt, so erwirbt er das Anwartschaftsrecht, andernfalls wird er nur Besitzer. Kommt eine Einigung über einen nachträglichen dinglichen EV zustande, kann darin auch die entspr Änderung (§ 311 I Fall 2) des ohne EV geschlossenen Kaufvertrags liegen (StBeckmann 23). Ist der Käufer Verbraucher, ist die Schriftform aus §§ 506 I, III, 492, 507 zu beachten. Der *nach* vorbehaltsloser Lieferung *einseitig* (zB auf Rechnungen) erklärte EV ist sachen- und schuldrechtlich

8 wirkungslos (vgl § 929 Rn 34). **bb) Unwirksamkeit eines Drittvorbehalts.** III wurde durch EGInsO 33 Nr 17 – als § 455 II aF – eingefügt. Gem III ist die (schuldrechtliche und dingl) Vereinbarung eines EV zur Sicherung von Forderungen Dritter (zB eines zum Konzern [AktG 18] des VVerkäufers gehörenden Unternehmens) unwirksam. Der Kaufvertrag iÜ ist wirksam. III erfasst nicht den Drittvorbehalt auf Käuferseite, dh Verbindlichkeiten von mit dem Käufer verbundenen Unternehmen (s Bülow DB 99, 2196).

9 **3. Rechte und Pflichten. a)** Der **VVerkäufer** hat mit Übergabe der Sache und Verschaffung „bedingten Eigentums" die geschuldete Leistungshandlung vollständig vorgenommen, jedoch noch nicht erfüllt (str, vgl § 929 Rn 35; wichtig für InsO 103). Er ist bis zum Zeitpunkt des Bedingungseintritts (Rn 5) Eigentümer der Kaufsache. Herausgabe gem § 985 ist ausgeschlossen, weil VKäufer aus dem Kaufvertrag ein Recht zum Besitz nach § 986 hat. Herausgabe setzt Rücktritt voraus (II, Rn 12 [aa]); bloßer Zahlungsverzug genügt nicht. Bei Formmangel iSv Rn 6 wird der Verbraucher abw von § 449 unbedingt Eigentümer (Folge von §§ 506 I, III, 494

10 VI 2, 507; s Bülow NJW 91, 131), sofern kein einseitiger EV (Rn 7) vorliegt. **b)** Der **VKäufer** ist zum Besitz (§ 929 Rn 59 f) und zur Nutzung der Sache berechtigt (§ 446 S 2), uU auch zur Weiterveräußerung „im ordentlichen Geschäftsverkehr" ermächtigt (dazu BGH 104, 133 ff; 106, 4; verlängerter EV, vgl § 929 Rn 28 ff); ihn trifft eine vertragliche Sorgfalts- und Aufbewahrungspflicht (vgl BGH NJW 61, 1253).

11 **4. Leistungsstörungen. a) Zufälliger Untergang** (zufällige Verschlechterung) nach Übergabe der Kaufsache lässt Kaufpreisanspruch des VVerkäufers unberührt

12 (§ 446 S 1; sa § 434 I 1). **b)** Rechte des VVerkäufers bei **Zahlungsverzögerung** des VKäufers mit der Kaufpreisschuld (oder einer erfüllungshalber [§ 364 II] übernommenen Zahlungsverpflichtung [BGH 96, 194]): **aa) Rücktritt** vom Kaufvertrag; Voraussetzungen sind Fristsetzung und erfolgloser Fristablauf nach § 323 I (entbehrlich nur gem §§ 323 II, 440); nicht jedoch Vertretenmüssen oder gar Verzug.

Das ges Fristerfordernis ist individualvertraglich (nicht bei Teilzahlungsgeschäften gem §§ 506 I, III, 508 II 1, 498 I Nr 2 iVm 511 S 1) abdingbar; in AGB schließen §§ 307 I 1, II Nr 1 und § 309 Nr 4 dies aus (BGH NJW-RR 08, 821), wegen § 310 I 2 auch im unternehmerischen Geschäftsverkehr (ErmGrunewald; aA 14. Aufl; Schulze/Kienle NJW 02, 2843). – Rechtsfolgen: VVerkäufer hat Anspruch auf Rückgabe der Kaufsache gem § 346 I und § 985, Besitzrecht des VKäufers entfällt (BGH 96, 187; ie § 929 Rn 36, 59 f). Beim **Teilzahlungskauf** iSv § 506 III, 507 müssen abw von § 323 I auch die Rücktrittsvoraussetzungen gem §§ 508 II 1, 498 vorliegen; in der Rücknahme der Sache liegt idR ein Rücktritt (§ 508 II 5). Anspruch auf Nutzungsvergütung: §§ 346 I HS 2, 347 I 1, 987 (§ 347 I 2 greift nur bei Rücktritt des VVerkäufers; unklar MK/Westermann 34); Schranken: § 508 II 4; sa § 309 Nr 5, 6. **bb)** Statt (oder neben, § 325) Rücktritt kann der VVerkäufer unter den Voraussetzungen des § 281 I **Schadensersatz statt der Leistung** verlangen. **cc)** Dagegen berechtigt gem **II** allein der erfolglose Ablauf einer dem VKäufer gesetzten Frist zur Zahlung als solcher **nicht** zur einstw **Rückforderung** der Kaufsache bei Bestehenbleiben des Kaufvertrags; anders nur bei bes Vereinbarung (in AGB aber bedenklich; offen lassend BGH 96, 189 mN; ie § 929 Rn 59), soweit § 508 II 5 nicht entgegensteht. **dd)** Ist die Kaufpreisforderung **verjährt,** kann der VVerkäufer gleichwohl gem § 216 II 2 zurücktreten; VKäufer kann sich nicht auf § 218 I 1 berufen (§ 218 I 3). **c) Vertragswidriger Gebrauch** der Kaufsache gibt dem VVerkäufer ein Recht zum Rücktritt gem § 324; ggf kann Abmahnung erforderlich sein. Sicherungsinteresse des VVerkäufers ist unzumutbar beeinträchtigt, wenn der VKäufer die Kaufsache unsorgfältig behandelt oder vertragswidrig anderweitig veräußert.

5. EV im Insolvenzverfahren. a) Insolvenz des VVerkäufers. Der VKäufer kann Erfüllung verlangen (InsO 107 I); der Insolvenzverwalter kann nicht durch Ablehnung der Erfüllung des Kaufvertrags das Anwartschaftsrecht beseitigen. **b) Insolvenz des VKäufers.** Der Insolvenzverwalter hat bis zur vollständigen Kaufpreiszahlung das Wahlrecht gem InsO 103, das innerhalb der in InsO 107 II genannten Frist auszuüben ist; s näher § 929 Rn 41, 56.

§ 450 Ausgeschlossene Käufer bei bestimmten Verkäufen

(1) **Bei einem Verkauf im Wege der Zwangsvollstreckung dürfen der mit der Vornahme oder Leitung des Verkaufs Beauftragte und die von ihm zugezogenen Gehilfen einschließlich des Protokollführers den zu verkaufenden Gegenstand weder für sich persönlich oder durch einen anderen noch als Vertreter eines anderen kaufen.**

(2) **Absatz 1 gilt auch bei einem Verkauf außerhalb der Zwangsvollstreckung, wenn der Auftrag zu dem Verkauf auf Grund einer gesetzlichen Vorschrift erteilt worden ist, die den Auftraggeber ermächtigt, den Gegenstand für Rechnung eines anderen verkaufen zu lassen, insbesondere in den Fällen des Pfandverkaufs und des in den §§ 383 und 385 zugelassenen Verkaufs, sowie bei einem Verkauf aus einer Insolvenzmasse.**

§ 451 Kauf durch ausgeschlossenen Käufer

(1) ¹**Die Wirksamkeit eines dem § 450 zuwider erfolgten Kaufs und der Übertragung des gekauften Gegenstandes hängt von der Zustimmung der bei dem Verkauf als Schuldner, Eigentümer oder Gläubiger Beteiligten ab.** ²**Fordert der Käufer einen Beteiligten zur Erklärung über die Genehmigung auf, so findet § 177 Abs. 2 entsprechende Anwendung.**

(2) **Wird infolge der Verweigerung der Genehmigung ein neuer Verkauf vorgenommen, so hat der frühere Käufer für die Kosten des neuen Verkaufs sowie für einen Mindererlös aufzukommen.**

Anmerkungen zu den §§ 450, 451

1. Ausgeschlossene Käufer (§ 450). a) Bedeutung. Sicherung der Unparteilichkeit des Verfahrens insbes bei öffentl Versteigerung und Pfandverkauf. **b)** Der **Anwendungsbereich** des § 450 I umfasst die Fälle der ZPO 814–817a, 821, 844, 857, 866 I; die (abschließende) Erweiterung des § 450 II erfasst die Fälle der §§ 383, 385, 753, 966, 979, 983, 1003, 1219, 1221, 1228 ff, 2022, 2042; HGB 368, 371, 376, 379, 388, 391; InsO 159 ff. Das Erwerbsverbot gilt nicht für freiwillige Versteigerungen oder sonstige Verwertungshandlungen des Insolvenzverwalters (BGH 113, 273). **Ähnliche Verbote** enthalten GewO 34b VI; BNotO 20 III iVm 16. **c)** Verbot des § 450 wendet sich ausschließlich an die unmittelbar am Verkauf der Sache beteiligten Personen (Richter, Rechtspfleger, Gerichtsvollzieher; s ZVG 1, ZPO 814, 825), deren Hilfspersonen und Vertreter (Köln OLG 04, 408).

2. Rechtsfolgen eines Verstoßes (§ 451). a) Kauf und Übereignung sind bis zur Zustimmung aller Beteiligten (oder deren Verweigerung) schwebend unwirksam (§ 451 I 1), nicht nichtig (Einschränkung von § 134). § 181 bleibt daneben anwendbar (RG 56, 108). Über § 177 II kann nur der Erwerber die Erklärung über die Genehmigung herbeiführen (§ 451 I 2). Dieser ist bis zur Entscheidung gebunden. **b)** Der Käufer haftet ohne Verschulden nach Maßg des § 451 II kraft Ges, bei Verschulden uU gem § 823 II (§ 450 ist SchutzGes).

§ 452 Schiffskauf

Die Vorschriften dieses Untertitels über den Kauf von Grundstücken finden auf den Kauf von eingetragenen Schiffen und Schiffsbauwerken entsprechende Anwendung.

a) Allgemeines. Schiffsregister (SchRegO) nimmt ähnliche Funktionen wahr wie das Grundbuch. § 452 ordnet daher entspr Anwendung der Bestimmungen über den Grundstückskauf auf den Kauf von eingetragenen Schiffen und Schiffsbauwerken (insbes Docks) an. Nicht eingetragene Schiffe und Schiffsbauwerke werden wie bewegliche Sachen behandelt. **b) Bedeutung** für §§ 435 S 2, 436, 438 I Nr 1b), 448.

§ 453 Rechtskauf

(1) Die Vorschriften über den Kauf von Sachen finden auf den Kauf von Rechten und sonstigen Gegenständen entsprechende Anwendung.

(2) Der Verkäufer trägt die Kosten der Begründung und Übertragung des Rechts.

(3) Ist ein Recht verkauft, das zum Besitz einer Sache berechtigt, so ist der Verkäufer verpflichtet, dem Käufer die Sache frei von Sach- und Rechtsmängeln zu übergeben.

Lit: Eidenmüller, Rechtskauf und Unternehmenskauf, ZGS 02, 290; Haedicke, Die Gewährleistungshaftung bei Patentveräußerungs- und Patentlizenzverträgen und das neue Schuldrecht, GRUR 04, 123; U. Huber, Die Praxis des Unternehmenskaufs im System des Kaufrechts, AcP 202, 179; Knott, Unternehmenskauf nach der Schuldrechtsreform, NZG 02, 249; Pahlow, Grundfragen der Gewährleistung beim Rechtskauf, JA 06, 385; Palzer, Grundfragen des Unternehmenskaufs …, Jura 11, 917; Weller, Sachmängelhaftung beim Unternehmenskauf, FS Maier-Reimer, 2010, S 839; Weitnauer, Der Unternehmenskauf nach neuem Kaufrecht, NJW 02, 2511.

1. Bedeutung. Zur Systematik s Rn 1 vor § 433. Nach **I** sind die Bestimmungen über den Sachkauf (§§ 433–451) beim Kauf von Rechten (Rn 2 ff) und sonstigen

Titel 1. Kauf, Tausch **§ 453**

Gegenständen (Rn 11 ff) entspr anwendbar, ggf modifiziert in II, III. Voraussetzung ist stets ein Kaufvertrag (§ 433 Rn 5 ff).

2. Rechtskauf. a) Begriff. Rechtskauf ist ein Kaufvertrag, der ein oder mehrere 2 Rechte zum Gegenstand hat. Als Rechte kommen alle subjektiven übertragbaren Rechte (Ansprüche, Gestaltungsrechte) in Betracht. Bsp: Forderungen, auch beim echten Factoring (§ 398 Rn 30); Anwartschafts-, Grundpfand-, Erbbaurechte (BGH 111, 217); Benutzungsrechte (BGH 125, 227 ff; sa § 481 für Teilzeitwohnrechte); gewerbliche Schutzrechte (insbes Patent, Geschmacksmuster, Marke, s Rn 18), Lizenzen und urheberrechtliche Nutzungsrechte (s UrhG 34, 31); Verlagsrechte (nach VerlG); Internet-Domains; Gesellschaftsanteile (zum Erwerb sämtlicher Anteile einer Gesellschaft s Rn 12); Wertpapiere (s Rn 17); zur Wechseldiskontierung vgl BGH 19, 292. Gegenstand des Rechtskaufs können auch dem Verkäufer (noch) nicht zustehende Rechte und bloße Erwerbschancen sein; Bsp: Schutzrechtsanmeldungen (s BGH 83, 287); auch öffentl-rechtliche Rechtsposition, zB Konzessionen. **Nicht:** Besitz (wohl aber Wohnbesitz; iÜ ist entgeltliche Besitzübertragung Miete oder Pacht), höchstpersönliche, idR nicht übertragbare Rechte, zB Namensrecht (§ 12); Urheberrecht (UrhG 29 I), wegen Firma (HGB 17, 22 ff) vgl Rn 13. Kein Forderungskauf (sondern § 780) liegt auch dem Vertragsverhältnis zwischen Kreditkartenunternehmen und ihren Vertragsunternehmen zugrunde (BGH ZIP 02, 974; abw BGH NJW 90, 2881). **b) Verkäuferpflichten.** §§ 433–451 ff gelten 3 gem I entspr. **aa)** Den Verkäufer trifft aus § 433 I die Pflicht, dem Käufer das verkaufte Recht nach den jeweiligen Bestimmungen für die Übertragung des verkauften Rechts (insbes §§ 413, 398) voll und uneingeschränkt zu **verschaffen.** Rechtsübertragung erfolgt grundsätzlich durch formlose (abstrakte) Einigung (§§ 398, 413). Ausnahmen: § 1154; GmbHG 15 III. Soweit keine bes Form vorgeschrieben ist, wird die Einigung über Rechtsübergang idR faktisch mit dem Abschluss des Kaufvertrags zusammenfallen. Mit gutgl Erwerb (§ 892, WG 16) ist Rechtsverschaffungspflicht erfüllt. Kann das verkaufte Recht seiner Art nach überhaupt nicht entstehen (vgl BGH NJW-RR 90, 819) oder übertragen werden (Schleswig NJW-RR 95, 554 [Stückelungsverbot bei GmbH-Anteilsübertragung]), gilt § 311a II. Nach dem dispositiven **II** trägt der Verkäufer (teilw abw von § 448 I; § 448 II betrifft den Kaufvertrag) die Kosten der Rechtsbegründung und -übertragung; dazu zählen insbes Beurkundungskosten. Nebenleistungspflichten des Verkäufers s insbes §§ 402, 413. – Berechtigt das Recht zum **Sachbesitz** (s III), ist auch die Sache zu übergeben. Bsp: Nießbrauch (§ 1036); dingl Wohnrecht (§ 1093); Erbbaurecht (ErbbauRG 1); Dauerwohnrecht (WEG 31); Teilzeitwohnrecht (s § 481 Rn 3); Pachtrecht. **bb) α)** Ein **Rechtsmangel** (§§ 453 I, 435) liegt vor, wenn das verkaufte Recht 4 nicht besteht (Verität; MK/Westermann 10; aA Eidenmüller NJW 02, 1626; BaR/ Faust 12, 16); einem anderen als dem Verkäufer zusteht; einen anderen als den vereinbarten Inhalt hat; nicht in der vereinbarten Höhe besteht oder übertragen (§ 434 III analog) wurde; im Einzelfall – insbes gem §§ 413, 399 Fall 2 – nicht übertragbar ist (bei ges Unübertragbarkeit s Rn 10) oder seinerseits mit Rechten Dritter (auch Beschlagnahme der Forderung [BGH NJW 63, 1971]) belastet ist; ferner: Bestehen von Einreden gem § 404 (zB Verjährung), Gegenrechten (Anfechtung, Aufrechnung) oder Bedingungen. **β) Nicht** dagegen: Güte, wirtschaftliche Brauch- und Verwertbarkeit des Rechts, die Einbringlichkeit einer Forderung, insbes die Zahlungsfähigkeit des Schuldners (sa Rn 5 f); den Zustand der Sache, auf die sich das Recht bezieht; Bsp: Grundstück bei Verkauf von Grundschuld. Beim Anteilskauf (Rn 16) Haftung *nicht* für den Wert des Anteils sowie Mängel des von der Gesellschaft betriebenen Unternehmens (so BGH NJW 80, 2409 für Überschuldung der Gesellschaft), nur dafür, dass der Anteil in entspr Größe und die Gesellschaft bestehen und diese nicht in Liquidation ist (RG 99, 218). **γ) Vertrags-** 5 **gestaltung:** Nicht selten übernehmen Verkäufer eines Rechts bes **Garantien** für dessen Bestand und Mangelfreiheit (s § 444 Rn 13). Häufig garantiert der Verkäufer auch die Haftung für die **Zahlungsfähigkeit** des Schuldners (Bonität) – ob nur für

§ 453

den Zeitpunkt der Abtretung (vgl § 438 aF) ist Auslegungsfrage – oder gar den Eingang der Zahlung. Sie ist Nebenabrede zum Kauf (nicht Bürgschaft); Einordnung: Beschaffenheitsvereinbarung (§ 434 I 1) iVm § 276 I 1 oder bes Garantievertrag. (Auch konkludente) Vereinbarungen über **Verjährung(-sbeginn)** (I iVm § 438) können Bedeutung erlangen, wenn die Rechtsmängelhaftung der kurzen Verjährung des § 438 I Nr 3 unterliegt, Rechtsmängel sich aber erst zu einem späteren Zeitpunkt zeigen (v. Westphalen, WM 01, 1842). Bsp: Verkauf und Abtretung einer erst in drei Jahren fälligen Forderung. **ð) § 435 S 2** gilt (über § 453 I) beim **Kauf von im Grundbuch eingetragenen** beschränkten dinglichen **Rechten** nur insoweit, als das zu Unrecht eingetragene Recht im Falle seines Bestehens das dem Käufer zu verschaffende Recht beeinträchtigen würde. Bsp: Zu löschen ist das zu Unrecht eingetragene Pfandrecht an der *erworbenen* Grundschuld, nicht das an ande-
6 ren Grundschulden. **cc) Sachmängel** treten auf, wenn das verkaufte Recht einer Beschaffenheitsvereinbarung (s § 434 Rn 6 ff) nicht entspricht (aA Grigoleit/Herresthal JZ 03, 124 f: Beschaffenheitsvereinbarungen scheiden beim Rechtskauf aus). Bsp: Die verkaufte Forderung ist entgegen der Vereinbarung nicht bei Fälligkeit verzinslich (Eidenmüller ZGS 02, 291); der Schuldner der Forderung ist bei Fälligkeit zahlungsunfähig. Eine „übliche Beschaffenheit" iSv § 434 I 2 Nr 2 bezieht sich beim Rechtskauf auf die ges Ausgestaltung des Rechts (Eidenmüller ZGS 02, 291: entgegen § 271 nicht fällige Forderung), nicht aber auf den wirtschaftlichen Wert des Rechts, etwa die künftige Zahlungsfähigkeit des Schuldners. – Nach **III** hat der Verkäufer auch die Sache sachmangelfrei zu verschaffen, wenn das verkaufte Recht zum Sachbesitz berechtigt. Bsp s Rn 3. Insoweit kann auch ein Fehlen „üblicher Beschaffenheit" mangelbegründend sein. Entspr anwendbar auf den Erwerb von Softwarelizenzen bei Mängeln des Computerprogramms. III findet keine Anwendung, wenn die verkaufte Forderung auf Herausgabe oder Leistung einer Sache gerichtet ist; der Verkäufer eines Auflassungsanspruchs haftet zB nicht für Mängel des Grundstücks. III greift ferner nicht, wenn ein zum verkauften Recht akzessorisches Sicherungsrecht zum Besitz berechtigt (Pfandrecht, Eidenmüller ZGS 02, 291; str). –
7 Gefahrtragung bzgl der Sache s § 446. **dd) Rechte des Käufers bei Rechts- oder Sachmangel:** Über I gilt § 437 entspr. Rechtskäufer kann in erster Linie gem § 439 I Nacherfüllung verlangen: Das nicht bestehende Recht ist zu begründen bzw eine Belastung zu beseitigen. Nach erfolglosem Fristablauf ggf Rücktritt, Minderung und Schadensersatz statt der Leistung. Bestand das verkaufte Recht schon bei Abschluss des Kaufvertrags nicht, Anspruch auf Schadensersatz statt der Leistung gem § 311a II. Eine stillschweigende Garantie des (Forderungs-)Verkäufers iSd § 276 I 1 ist nicht anzunehmen. Mängelrechte entfallen gem § 442 I, wenn Käufer den
8 Mangel kennt. **Verjährung** gem § 438 I. **Lit:** Eidenmüller NJW 02, 1625. Auch beim Rechtskauf (zum Sachkauf s § 438 Rn 3 ff) gilt § 438 I Nr 1a) entspr bei anderen als auf Herausgabe gerichteten dinglichen Rechten (einschr BaR/Faust § 438 Rn 17); Bsp: Dem Verkäufer steht das verkaufte Patent (PatG 9), die verkaufte Lizenz (MarkenG 30) oder das verkaufte Nutzungsrecht (UrhG 31 ff) nicht zu, und der Käufer wird daher vom Rechtsinhaber auf Unterlassung usw in Anspruch genommen. **Beginn** der Verjährung: § 438 II ist beim Rechtskauf mangels Übergabe/Ablieferung nicht anwendbar. Maßgeblich ist Übertragungshandlung (§§ 413, 398 S 1). Bei III kann für *Mängel der Sache* auf § 438 II abgestellt werden, für *Rechts-*
9 *mängel* auf Abtretung. **c) Käuferpflichten** (entspr § 433 II): Zahlung des Kaufpreises. Abnahmepflicht betr Annahme des Angebots des Verkäufers auf Rechtsübertra-
10 gung und (in den Fällen des III) Abnahme der Sache. **d) Kosten** der Rechtsbegründung und -übertragung trägt gem **II** der Verkäufer; ist Sache zu übergeben, s § 448 I Fall 1. Kosten der Rechtsübertragung bei Kauf von Rechten an Grundstücken s § 448 II, der gem I anwendbar ist (BT-Drs 14/6040 S 241).

11 **3. Kauf sonstiger Gegenstände. a) Bedeutung:** Auffangfunktion; auch bei nicht als Sache oder Recht zu qualifizierendem Kaufgegenstand finden §§ 433 ff entspr Anwendung. **b) Sachqualität** fehlt (Rn 4 vor § 90) mangels Abgrenzbarkeit

Titel 1. Kauf, Tausch **§ 453**

bei über Rohrleitungen geliefertem **Wasser** und **Gas,** mangels Körperlichkeit bei elektrischer **Energie** (s BGH NJW-RR 94, 177) und **Wärme** (im Tarifkundenbereich gelten AVB); bei über Datennetz gelieferter Software, Informationen (etwa bei Nutzung einer Online-Datenbank) und sonstigen Gütern (zB Bezug von Musik, Texten usw über das Internet); bei **immateriellen Gütern** wie unternehmerisches Know-How, Geheimverfahren, nicht patentierte Erfindungen, Geschäftsideen, Erwerbs- und Gewinnchancen. **c) Verschaffungspflicht** (§§ 453 I, 433 I) richtet sich nach dem jeweiligen Kaufgegenstand (Rn 3, 13, 16; § 157).

4. Unternehmenskauf. a) Begriff. Unternehmen ist ein Inbegriff von Sachen, 12 Rechten und sonstigen Gütern (Geschäfts- und Kundenbeziehungen, Goodwill). Gegenstand des Kaufs können der Inbegriff sein („asset deal"; Rn 13), aber auch – wenn das Unternehmen in der Rechtsform einer Gesellschaft betrieben wird – die Gesellschaftsanteile („share deal"; Rn 16). **b) aa)** Beim **Kauf des Unternehmens** 13 als **Inbegriff** von Sachen, Rechten und sonstigen Gütern erfolgt die **Verschaffung** iSv § 433 I nach den für den jeweiligen Gegenstand geltenden Regeln. Zur „Übergabe" gehört auch die Einweisung in die Geschäftsführung (BGH 138, 205), Mitteilung des Kundenstamms, Empfehlung an diesen (RG 163, 311; BGH 16, 77). Ist die Firma (HGB 17) mit verkauft (nicht notwendig bei vertraglicher Übertragung des Handelsgeschäfts, BGH NJW 94, 2026), hat ihr bish Inhaber gem HGB 22 in die Fortführung einzuwilligen. Wird das Geschäft in gemieteten Räumen betrieben, hat der Verkäufer auf den Vermieter einzuwirken, den Mietvertrag mit dem Käufer fortzusetzen (BGH NJW 70, 556). Als Nebenpflicht trifft den Verkäufer vielfach ein Wettbewerbsverbot. **bb)** Als **Mangel** des Kaufgegenstandes „Unternehmen" 14 kommen nach § 434 I 2 in Frage: **α)** Substratmängel; Bsp: Fehlen von Betriebsmitteln, insbes Fehlbestand an technischer Ausrüstung (BGH NJW 79, 33 [erheblicher Fehlbestand an Gerüsten bei Gerüstbauunternehmen]); fehlendes Eigentum am Betriebsgrundstück (s SoeHuber § 459 Rn 269); Sicherungsübereignung des Betriebsvermögens an Dritte (BGH NJW 69, 184). Ein Sachmangel eines einzelnen mitübertragenen Gegenstandes (Bsp: defekte Maschine) begründet aber einen Mangel des Unternehmens nur, soweit er auf dessen Wert oder Funktionstauglichkeit „durchschlägt" (BGH NJW 95, 1548 f mN, Köln ZIP 09, 2065). **β)** Fehlen vorausgesetzter wertbestimmender Eigenschaften. Bsp: geschäftlicher Ruf (RG 67, 86: Absteigequartier; sa BGH NJW 92, 2565). **cc)** Nach stRspr zu § 459 aF begründeten 15 **Falschangaben des Verkäufers** zu Umsatz und Gewinn *keinen* Fehler des Unternehmens (zuletzt BGH NJW-RR 96, 429 mN). Dieser enge Fehlerbegriff diente dazu, §§ 459 ff, 477 aF „auszuweichen" und die Haftung des Verkäufers nach cic zu begründen (Lorenz/Riehm Rn 575 ff). Diese Rspr sollte aufgegeben werden (Weitnauer NJW 02, 2513). Angaben des Verkäufers zu Umsatz, Ertrag, Gewinn- und Verlustrechnung, Bilanz usw bestimmen als Beschaffenheitsvereinbarung (§ 434 Rn 6) die Sollbeschaffenheit, wenn sie ausdr Inhalt des Kaufvertrags – durch Bezugnahme auf die Bilanz – geworden sind (aA Grigoleit/Herresthal JZ 03, 125: nur physische Merkmale von Sachen). Eine konkludente Beschaffenheitsvereinbarung liegt nur selten vor, die Einsichtnahme in Unterlagen im Rahmen der *due diligence* (dazu U. Huber AcP 202, 193) genügt nicht (Weitnauer NJW 02, 2514). Erweisen sich die vereinbarten Angaben als unzutreffend, kommt eine Schadensersatzhaftung auf das Erfüllungsinteresse gem §§ 453 I, 434 I 1, 437 Nr 3, 280 in Betracht. Der Verkäufer muss sich das Verschulden eines Steuerberaters oder Wirtschaftsprüfers bei der Bilanzerstellung nach § 278 zurechnen lassen (BGH DB 76, 38). Falschangaben bei Vertragsverhandlungen lösen eine auf das negative Interesse gerichtete Haftung gem §§ 280 I, 311 II, 241 II (cic) aus, wenn die mitgeteilten Umstände nicht in eine Beschaffenheitsvereinbarung einfließen. Die Abgrenzung ist schwierig. In der Praxis haben **Garantieerklärungen** eine große Bedeutung (zur Vertragsgestaltung U. Huber AcP 202, 204 ff; Weitnauer NJW 02, 2515; Bisle DStR 13, 356). In deren Rahmen kann die Haftung trotz § 444 Fall 2 eingegrenzt werden (§ 444 Rn 13). **c)** Der **Kauf von Anteilen** an der unternehmenstragenden Gesellschaft ist 16

Berger 657

§§ 454, 455

Rechtskauf. Die Erfüllung der Verkaufspflichten erfolgt durch Verfügung, deren Voraussetzungen sich nach dem jeweiligen Anteil richten (zB GmbHG 15 III). Sind nur *wenige Anteile* verkauft (Bsp: Kauf einzelner Aktien), begründen Mängel am „Substrat" des Unternehmens keinen Mangel des Anteils, es sei denn, es wurden bes Garantien gegeben. Den Verkäufer treffen gesteigerte Aufklärungspflichten über die wirtschaftliche Tragweite des Geschäfts (BGH NJW 01, 2164 [drohende oder eingetretene Zahlungsunfähigkeit]; dazu Louven BB 01, 2390). Beim Kauf *sämtlicher Anteile* wirken sich Substratmängel des Unternehmens auf die Anteile aus: Der Verkäufer haftet wie beim *asset deal* (Rn 13; Köln ZIP 09, 2064). Dafür genügt es, dass der Käufer die eine volle Beherrschung des Unternehmens sichernde, weit überwiegende Mehrzahl der Anteilsrechte erwirbt und der Wille der Parteien auf einen Verkauf des Unternehmens gerichtet ist (BGH 65, 251); umstr ist, ob hierfür uU auch die Verschaffung einer qualifizierten Mehrheitsbeteiligung (zB ab 75%) genügt (abl BGH 65, 248 ff mN, auch zur aA); bereits erworbene Anteile sind dabei nicht zu berücksichtigen (Naumburg NJW-RR 95, 800 mN).

17 **5. Wertpapierkauf.** Zum Begriff s § 793 Rn 5 ff. Der Wertpapierkauf ist primär Rechts-, daneben uU (bei Inhaber- und Orderpapieren) zugleich Sachkauf (so HGB 381 I). Diskontgeschäft (Ankauf von Wechseln und Schecks) ist idR Rechtskauf, Kauf ausländischer Banknoten idR Sachkauf (RG 108, 280). Der Verkäufer haftet auch dafür, dass das Wertpapier nicht zum Zwecke der Kraftloserklärung aufgeboten (FamFG 434 II) ist (BaR/Faust 11); nicht für Börsenkurs und -fähigkeit, künftige Dividende.

18 **6. Kauf von Immaterialgüterrechten und Lizenzen. a) Einordnung.** Verpflichtet sich der Inhaber eines Immaterialgüterrechts (zB: Patent, Marke, Geschmacksmuster) zur **vollständigen Rechtsübertragung** gegen ein Entgelt, liegt ein Rechtskauf (Rn 2) vor (Haedicke GRUR 04, 124). Kaufrecht findet auch Anwendung auf den Erwerb **ausschließlicher Lizenzen** an diesen Rechten und ausschließlicher urheberrechtlicher Nutzungsrechte (UrhG 31; das Urheberrecht selbst ist unübertragbar, UrhG 29 I). Für **einfache Lizenzen** und einfache Nutzungsrechte gilt hingegen Pachtrecht („Rechtspacht"; sa § 581 Rn 2; ErmGrunewald Rn 14 vor § 433). Da ein Typenzwang (s Rn 3 vor § 854) im Immaterialgüterrecht nicht anerkannt ist, können die Beteiligten „Mischtypen" vereinbaren (s § 311
19 Rn 30 ff). **b) Bedeutung** hat die Einordnung insbes für das Gewährleistungsrecht. Zu beachten ist ferner, dass ein Pachtvertrag ein Dauerschuldverhältnis (s § 311 Rn 14) begründet.

Untertitel 2. Besondere Arten des Kaufs

Kapitel 1. Kauf auf Probe

§ 454 Zustandekommen des Kaufvertrags

(1) ¹**Bei einem Kauf auf Probe oder auf Besichtigung steht die Billigung des gekauften Gegenstandes im Belieben des Käufers.** ²**Der Kauf ist im Zweifel unter der aufschiebenden Bedingung der Billigung geschlossen.**

(2) **Der Verkäufer ist verpflichtet, dem Käufer die Untersuchung des Gegenstandes zu gestatten.**

§ 455 Billigungsfrist

¹**Die Billigung eines auf Probe oder auf Besichtigung gekauften Gegenstandes kann nur innerhalb der vereinbarten Frist und in Ermangelung einer solchen nur bis zum Ablauf einer dem Käufer von dem Verkäufer bestimmten angemessenen Frist erklärt werden.** ²**War die Sache dem Käu-**

Titel 1. Kauf, Tausch §§ 454, 455

fer zum Zwecke der Probe oder der Besichtigung übergeben, so gilt sein Schweigen als Billigung.

Anmerkungen zu den §§ 454, 455

1. Allgemeines. a) Begriff: Kauf auf Probe oder **auf Besichtigung** ist ein 1 Vertragsschluss iSd §§ 433 ff, dessen Wirksamkeit durch die ins freie Belieben des Käufers gestellte Billigung oder Missbilligung des Kaufgegenstandes aufschiebend oder auflösend bedingt ist. Bsp: Bestellung im Versandhandel mit Rückgaberecht (Bamberg NJW 87, 1644; ie Schildt JR 95, 93 ff). **b) Bedeutung:** § 454 I 2 ist Auslegungsregel („iZw") für aufschiebende Bedingung; es gilt § 158, uU auch §§ 159, 162 I (Rn 9 ff). § 455 erleichtert die Beendigung des Schwebezustandes (Rn 6 [bb]). **c) Abgrenzung. aa) Kauf mit Umtauschberechtigung** ist ein für 2 beide Teile sofort bindender Kaufabschluss (BGH 73, 360 f; ie Muscheler BB 86, 2281 f mN). Der Käufer ist aber befugt, innerhalb angemessener Frist gegen Rückgabe des unversehrten Kaufgegenstandes einen anderen zu verlangen (s § 346 Rn 1). **bb)** Beim **Erprobungskauf** ist die Billigung nicht ins freie Belieben des Käufers 3 gestellt, sondern die Missbilligung nur unter bestimmten nachprüfbaren Voraussetzungen zulässig (BGH WM 70, 877, 878); Bsp: Ankaufsuntersuchung (Köln NJW-RR 95, 113); sa Rn 4 (ee). **cc) „Kauf zur Probe":** Gewöhnlicher Kaufvertrag, 4 bei dem der Käufer unverbindlich den Bewegrund äußert, bei Gefallen der Ware mehr davon zu kaufen. **dd) Kauf nach Besichtigung** (wie besehen): § 444 Rn 7. **ee)** Beim lediglich den **Verkäufer bindenden Vertragsangebot** (dazu RG 104, 276) fehlt es (noch) an einer Einigung (Rn 1); desgl bei **Erprobung** im Hinblick auf noch abzuschließenden Kaufvertrag (s BGH 119, 37, 39).

2. Voraussetzungen. a) Einigung iSv Rn 1 (a), ggf formbedürftig. **Rechtsna-** 5 **tur** str: Nach hM iZw (Rn 1 [b]) aufschiebend bedingter Kauf (so KG NJW 74, 1954; Hamm BB 95, 1925 f), bedenklich; im Hinblick auf die fehlende Bindung des Käufers (Rn 1) liegt noch kein beiderseits bindender Vertrag vor (ebenso Larenz, SchR II/1, § 44 I; offen BGH 119, 38; sa § 158 Rn 4). Immerhin besteht aber ein Schuldverhältnis ohne kaufvertragliche Hauptleistungspflichten iSd § 311 II, das auch den Käufer gem § 241 II zur Sorgfalt verpflichtet; §§ 276, 278 gelten (so auch BGH 119, 39); der Käufer hat ein selbstständig erzwingbares **Untersuchungsrecht** (§ 454 II; dazu RG 93, 254). **b) Billigung** (Unterlassen der Missbilligung). 6 **aa) Rechtsnatur.** Nicht nur auf den Gegenstand als solchen bezogene rein tatsächliche Willenskundgebung, sondern auf die Herbeiführung der Rechtsfolgen des Vertrags gerichtete rechtsgeschäftliche Willenserklärung (hM, s Rn 5). **bb) Erklärung** (stets formlos, vgl §§ 182 II, 456 I 2). Zugang (§ 130) innerhalb der vertraglich vereinbarten, sonst vom Verkäufer gesetzten Frist (§ 455 S 1). § 455 S 2 gilt nicht entspr bei Übergabe eines Musters.

3. Rechtsfolgen. a) Gewährleistung. Die Billigung enthält keinen Gewährleis- 7 tungsverzicht (RG JW 12, 858), jedoch kann Fall des § 442 vorliegen. **b) Fernab-** 8 **satzgeschäft.** Widerrufsrecht aus § 355 besteht unabhängig von § 454. Widerrufsfrist nach § 312d beginnt nicht vor Zeitpunkt, in dem Kaufvertrag durch Billigung bindend wird (BGH NJW-RR 04, 1058). **c) Gefahrtragung. aa) Beim aufschie-** 9 **bend** bedingten Kauf auf Probe geht die Gefahr des zufälligen Untergangs nicht schon gem § 446 mit der Übergabe auf den Käufer über (Folge von Rn 5; s § 446 Rn 5). Dieser kann auch nach dem Untergang der Sache seine Billigung verweigern und damit verhindern, dass ein ihn verpflichtender Kaufvertrag entsteht (Larenz, SchR II/1, § 44 I; Esser/Weyers § 10, 1). Ist Rückbeziehung iSv § 159 gewollt (Auslegungsfrage), gilt § 446, falls es zur Billigung kommt (BGH NJW 75, 778). **bb)** Beim **auflösend** bedingten Kauf auf Probe trägt, wenn Rückgabebezogenheit als vereinbart anzusehen ist, der Verkäufer, andernfalls der Käufer die Gefahr des Untergangs der übergebenen Sache. **d) Versagt** der Käufer die Billigung, ergibt 10

§ 456 Buch 2. Abschnitt 8. Einzelne Schuldverhältnisse

sich bei bereits erfolgter Übergabe der Sache ein Rückgabeanspruch des Verkäufers unmittelbar aus § 454, nicht aus § 812 I. Nutzungsersatz ist nicht geschuldet (Schleswig NJW-RR 00, 1656). **Schadensersatzansprüche** des Verkäufers wegen Verschlechterung oder Untergang der zurückzugebenden Sache folgen aus §§ 280 I, III, 281, 283, ebenso Ansprüche des Käufers bei Nichtandienung vertragsgemäßer Ware.

11 **e) Kosten** der Besichtigung und Aufbewahrung trägt der Käufer; über Kosten der Rücksendung entscheidet Vertragsauslegung, uU Handelsbrauch (PalWeidenkaff 13, aA MK/Westermann 10: stets Käufer).

Kapitel 2. Wiederkauf

§ 456 Zustandekommen des Wiederkaufs

(1) ¹Hat sich der Verkäufer in dem Kaufvertrag das Recht des Wiederkaufs vorbehalten, so kommt der Wiederkauf mit der Erklärung des Verkäufers gegenüber dem Käufer, dass er das Wiederkaufsrecht ausübe, zustande. ²Die Erklärung bedarf nicht der für den Kaufvertrag bestimmten Form.

(2) **Der Preis, zu welchem verkauft worden ist, gilt im Zweifel auch für den Wiederkauf.**

Lit: Benne, Erlöschen des Wiederkaufsrechts ..., JA 86, 239; Mayer-Maly, Beobachtungen und Gedanken zum Wiederkauf, FS Wieacker, 1978, S 424; Stoppel, Das system des Wiederverkaufsrechts ..., JZ 07, 218.

1 **1. Allgemeines. a) Begriff. Wiederkauf** ist der vorbehaltene Rückkauf des verkauften Gegenstandes durch den Verkäufer. Die Parteien des Wiederkaufs entsprechen denen des vorangegangenen Kaufvertrags (Ausnahme bei § 328: Rn 5) mit umgekehrten Parteirollen (Wiederverkäufer ist der Käufer, Wiederkäufer der Verkäufer). Der Wiederkauf (Rn 10 ff) kommt zustande durch rechtzeitige Aus-

2 übung des wirksam vereinbarten (Rn 5 f) Wiederkaufsrechts (Rn 7 ff). **b) Bedeutung. aa)** Der Wiederkaufsvorbehalt (Rn 5 f) gehört zu den **Optionsvereinbarungen** (dazu § 463 Rn 8). **bb) Sicherungszweck.** Durch die Form des Wiederkaufs lässt sich auch der gleiche Zweck erreichen wie durch Pfandbestellung oder EV. Nach GewO 34 IV ist der gewerbsmäßige Ankauf beweglicher Sachen mit

3 Gewährung des Rückkaufsrechts verboten. **c) Abgrenzung. aa) Ges Wiederkaufsrechte** enthalten RSiedlG 20 (Verhältnis zu §§ 456 ff: BGH 103, 180 ff), 21; ähnliche Funktionen erfüllt der **Heimfallanspruch** nach WEG 36 I; ErbbauRG 2

4 Nr 4. **bb) Vorkaufsrecht:** § 463 Rn 1. **cc) Ankaufsrecht:** § 463 Rn 5. **dd)** Beim **Wiederverkaufsrecht** ist der *Käufer* berechtigt, durch einseitige Erklärung eine Rückkaufsverpflichtung des Verkäufers zu begründen (I entspr) oder den Rückkauf zu verlangen (BGH 140, 220). Vertragliches Rückgaberecht kann als Wiederkaufsrecht auszulegen sein (BGH NJW 02, 506). Bsp: Eigenhändler (BGH NJW 72, 1191), Leasinggeber gegenüber dem Hersteller (BGH 110, 183); Bauherr gegenüber dem Baubetreuer (vgl BGH NJW 94, 1653). §§ 456 ff gelten entspr, nicht aber § 457 II (BGH 110, 191 ff; 140, 221 f; Ulbrich MDR 06, 1263; str), stattdessen §§ 437 ff (BGH aaO).

5 **2. Wiederkaufsvereinbarung (-vorbehalt). a) Abschluss und Inhalt.** Die Vereinbarung ist idR Nebenbestimmung des ursprünglichen Kaufvertrags, aber auch nachträglich als selbstständiger Vertrag möglich (RG 126, 311; BGH NJW 00, 1332 [gesonderte notarielle Urkunde]). In AGB uU unwirksam gem § 308 Nr 3, gegenüber Unternehmer (§ 310 I 1) s BGH NJW 00, 1192 (zu AGBG 9). Sie begründet das **Gestaltungsrecht** des Verkäufers (sog **Wiederkaufsrecht**), durch einseitige Erklärung ein neues Kaufverhältnis zustandezubringen, kraft dessen er vom Käufer Rückgabe und Rückübereignung des Kaufgegenstandes verlangen kann

Titel 1. Kauf, Tausch § 456

(Larenz, SchR II/1, § 44 II; Esser/Weyers § 10, 2, str; aA BGH 58, 81; BayObLGZ 86, 137; Benne JA 86, 240 mN: bindender Abschluss eines durch Ausübung des Wiederkaufsrechts aufschiebend bedingten Rückkaufvertrages; vermittelnd MK/Westermann 4). Sonstiger Inhalt: Festlegung der Bedingungen für Ausübung des Wiederkaufsrechts (zB Frist, vgl § 462 S 2; Veräußerung an Dritten, vgl BGH NJW 94, 3299) und den Wiederkauf selbst (zB Wiederkaufspreis, dazu Rn 11). Vereinbarung des Wiederkaufsrechts zugunsten eines Dritten ist möglich, §§ 328 ff. **b) Form.** 6 Die Wiederkaufsvereinbarung bedarf der für den entspr Kaufvertrag vorgeschriebenen Form (zB gem § 311b I), da die Entstehung des Wiederkaufsverhältnisses (Rn 10 ff) vom Willen des Käufers unabhängig ist (Larenz, SchR II/1, § 44 II; nach aA folgt das Formerfordernis aus der Rechtsnatur als aufschiebend bedingter Kauf, vgl Rn 5; BGH NJW 73, 37). Mit Auflassung und Eintragung des Käufers erfolgt Heilung (§ 311b I 2), weil der formlos geschlossene Vertrag hierdurch seinem ganzen Inhalt nach gültig wird (BGH NJW 75, 206, str). Nicht formbedürftig ist die Verlängerung der Ausschlussfrist des § 462 (BGH NJW 73, 37).

3. Wiederkaufsrecht. a) Begründung: Rn 5 f. **b) Ausübung.** Die **Wieder-** 7 **kaufserklärung** ist einseitige, empfangsbedürftige Willenserklärung; sie bedarf keiner Form (**I 2;** sa § 464 Rn 1), auch nicht bei Begründung einer Erwerbspflicht iSv § 311b I (hM, aA Wufka DNotZ 90, 350; Einsele DNotZ 96, 860 f) oder bei Erklärung durch eine Gemeinde (BGH 29, 107); und kann innerhalb der Ausschlussfrist des § 462 (BGH 47, 390) oder der vereinbarten (auch längeren: BGH 47, 392) Frist (vgl § 462 S 2) jederzeit erfolgen. Anders als der durch Ausübung entstehende Anspruch (Rn 8) unterliegt das Ausübungsrecht neben der Frist aus § 462 keiner Verjährung (BGH WM 12, 1444). Gleichzeitiges Angebot des Wiederkaufspreises ist unnötig (LM Nr 1 und 2). Ausübung durch mehrere: § 461. **c) Rechtsfolgen.** Zustandekommen des – 8 rein schuldrechtlichen – Wiederkaufsverhältnisses (Rn 10 ff). Ein **dinglich** wirkendes Wiederkaufsrecht dem BGB unbekannt; Umdeutung einer entspr Vereinbarung in eine schuldrechtliche Rückkaufsverpflichtung ist möglich (BGH JZ 65, 215). Ist der Kaufgegenstand ein Grundstück, so kann der künftige Anspruch auf Rückübereignung durch eine **Vormerkung** (§ 883) gesichert werden (BGH NJW 94, 3299; Hamm NJW 96, 2104; Larenz, SchR II/1, § 44 II aE; sa Rn 12). Diese schützt aber nicht bei Mehrfachveräußerung (ie Benne JA 86, 243). **d) Übertragbarkeit.** Soweit 9 nicht anders vereinbart, ist das Wiederkaufsrecht als Vermögensrecht vererblich und übertragbar (BGH NJW-RR 91, 527; krit Larenz, SchR II/1, § 44 II); es unterliegt der Zwangsvollstreckung, auch bei Ausschluss der Übertragbarkeit, § 399, ZPO 851 II (MK/Westermann 9).

4. Wiederkauf. Er ist das durch die Ausübung des Wiederkaufsrechts (Rn 7 ff) 10 zustandegekommene Vertragsverhältnis iSd §§ 433 ff (vgl **I 1,** HS 2). **a) Leistungspflichten. aa) Wiederverkäufer:** Eigentumsverschaffungspflicht (das meint § 457 mit „Herausgabe"); Umfang: Kaufgegenstand einschließlich des Zubehörs (§§ 97, 98; § 459 S 2 geht wo); nicht Nutzungen. **bb) Wiederkäufer:** Pflicht zur Zahlung 11 des Wiederkaufspreises, der mangels abw Vereinbarung (Rn 5) dem (unverzinsten) ursprünglichen Kaufpreis entspricht. War der vereinbarte Kaufpreis etwa zur Gebührenersparnis niedriger angesetzt als der tatsächlich gezahlte, ist gem § 117 II der empfangene Preis der Wiederkaufspreis nach II (StMader 20); zum Wiederkauf zum Schätzwert vgl § 460. Erfüllt der Wiederkäufer seine Pflichten nicht, kann Wiederverkäufer nach §§ 280, 323 vorgehen (BGH NJW 00, 1333); tritt der Wiederverkäufer vom Wiederkaufvertrag zurück, kann er die Rechte aus dem Kaufvertrag (§ 433 I) geltend machen (BGH aaO). Werterhöhungen sind auszugleichen, § 459 S 1; Zurückbehaltungsrecht: § 459 Rn 1. **b) Haftung des Wiederverkäufers** 12 für Sachmängel und Herausgabeunmöglichkeit bzw -unvermögen. Grundgedanken der dispositiven Sonderregelung gem § 457 II–460: Während der Schwebezeit hat der Käufer den Kaufgegenstand in seinem Zustand zu erhalten; er kann als Eigentümer über den Gegenstand verfügen (Schranke: § 883 II; vgl Rn 8), jedoch nur auf eigene Gefahr. Dem entspricht Verschuldenshaftung des Wiederverkäufers bei

§§ 457–460   Buch 2. Abschnitt 8. Einzelne Schuldverhältnisse

Untergang, Verschlechterung oder anderer wesentlicher Veränderung des Kaufgegenstandes (§ 457 II 1) und Garantiehaftung bei beeinträchtigenden Verfügungen (§ 458). Bei Zufallsschäden trägt der Eigentümer auch keine Preisgefahr (§ 457 II 2); vor Ausübung des Widerkaufsrechts hat der Wiederkäufer keine Rechte aus §§ 437 ff (Frankfurt NJW 88, 1331). Auch die Haftung für verschuldete Verschlechterung entfällt im Fall des § 460 S 1; Grenze: § 826. Nach Ausübung des Wiederkaufsrechts gilt das gewöhnliche Kaufgewährleistungsrecht der §§ 437 ff (Stoppel JZ 07, 225 ff).

§ 457 Haftung des Wiederverkäufers

(1) **Der Wiederverkäufer ist verpflichtet, dem Wiederkäufer den gekauften Gegenstand nebst Zubehör herauszugeben.**

(2) **[1]Hat der Wiederverkäufer vor der Ausübung des Wiederkaufsrechts eine Verschlechterung, den Untergang oder eine aus einem anderen Grund eingetretene Unmöglichkeit der Herausgabe des gekauften Gegenstandes verschuldet oder den Gegenstand wesentlich verändert, so ist er für den daraus entstehenden Schaden verantwortlich. [2]Ist der Gegenstand ohne Verschulden des Wiederverkäufers verschlechtert oder ist er nur unwesentlich verändert, so kann der Wiederkäufer Minderung des Kaufpreises nicht verlangen.**

1   Vgl § 456 Rn 4 aE, 10, 12.

§ 458 Beseitigung von Rechten Dritter

[1]Hat der Wiederverkäufer vor der Ausübung des Wiederkaufsrechts über den gekauften Gegenstand verfügt, so ist er verpflichtet, die dadurch begründeten Rechte Dritter zu beseitigen. [2]Einer Verfügung des Wiederverkäufers steht eine Verfügung gleich, die im Wege der Zwangsvollstreckung oder der Arrestvollziehung oder durch den Insolvenzverwalter erfolgt.

§ 459 Ersatz von Verwendungen

[1]Der Wiederverkäufer kann für Verwendungen, die er auf den gekauften Gegenstand vor dem Wiederkauf gemacht hat, insoweit Ersatz verlangen, als der Wert des Gegenstandes durch die Verwendungen erhöht ist. [2]Eine Einrichtung, mit der er die herauszugebende Sache versehen hat, kann er wegnehmen.

1   **Zurückbehaltungsrecht** des Wiederverkäufers wegen Verwendungen: § 273 II und dort Rn 25. Es steht auch einem **Dritterwerber** gegenüber dem Anspruch des vormerkungsgesicherten (vgl § 456 Rn 8) Wiederkäufers aus § 888 zu (BGH 75, 293 ff).

§ 460 Wiederkauf zum Schätzungswert

Ist als Wiederkaufpreis der Schätzungswert vereinbart, den der gekaufte Gegenstand zur Zeit des Wiederkaufs hat, so ist der Wiederverkäufer für eine Verschlechterung, den Untergang oder die aus einem anderen Grund eingetretene Unmöglichkeit der Herausgabe des Gegenstandes nicht verantwortlich, der Wiederkäufer zum Ersatz von Verwendungen nicht verpflichtet.

Titel 1. Kauf, Tausch §§ 461–463

§ 461 Mehrere Wiederkaufsberechtigte

¹Steht das Wiederkaufsrecht mehreren gemeinschaftlich zu, so kann es nur im Ganzen ausgeübt werden. ²Ist es für einen der Berechtigten erloschen oder übt einer von ihnen sein Recht nicht aus, so sind die übrigen berechtigt, das Wiederkaufsrecht im Ganzen auszuüben.

§ 462 Ausschlussfrist

¹Das Wiederkaufsrecht kann bei Grundstücken nur bis zum Ablauf von 30, bei anderen Gegenständen nur bis zum Ablauf von drei Jahren nach der Vereinbarung des Vorbehalts ausgeübt werden. ²Ist für die Ausübung eine Frist bestimmt, so tritt diese an die Stelle der gesetzlichen Frist.

Ausschlussfrist: § 456 Rn 7. S 1 ist nicht zwingend (vgl S 2), Verlängerung (sa **1** § 456 Rn 6) ist möglich, zB auf 99 Jahre (BGH NJW-RR 11, 1582), aber zur Verhinderung sittenwidriger Benachteiligung des Wiederkaufsverpflichteten nicht unbefristet (zulässig ist ein unbedingtes Wiederkaufsrecht zugunsten der öffentl Hand, das *erstmals* nach 90 Jahren ausgeübt werden kann [BGH NJW 11, 515]; unzulässig dagegen Ausübung nach mehr als 30 Jahren, wenn das Wiederkaufsrecht an den Verstoß gegen Nutzungs- und Verfügungsbeschränkungen geknüpft ist [BGH NJW-RR 06, 1452]; sa Benne JA 86, 242 f). Wird der Ausübungszeitpunkt abweichend von § 462 S 1 festgelegt, ohne dass ein Endtermin bestimmt ist, beginnt die 30-jährige Frist erst zu dem Zeitpunkt, zu dem das Wiederkaufsrecht vereinbarungsgemäß erstmals ausgeübt werden kann (BGH NJW-RR 11, 1583). Wird der Rückgewährungsanspruch des Wiederkäufers durch eine Vormerkung (§ 883) gesichert, ist das Wiederkaufsrecht zeitlich auf 30 Jahre zu beschränken, um ewig währende (Verfügungs-)Bindungen auszuschließen (Chr. Berger, R.geschäftliche Verfügungsbeschränkungen, 1998, S 201 f). Berechnung: §§ 187 ff. S 1 ist auf nicht der Verjährung unterliegende Ankaufsrechte entspr anwendbar (s § 463 Rn 8, sa Rn 6), nicht aber auf Ankaufsverpflichtungen (s § 463 Rn 4 [e]).

Kapitel 3. Vorkauf

§ 463 Voraussetzungen der Ausübung

Wer in Ansehung eines Gegenstandes zum Vorkauf berechtigt ist, kann das Vorkaufsrecht ausüben, sobald der Verpflichtete mit einem Dritten einen Kaufvertrag über den Gegenstand geschlossen hat.

Lit: Grunewald, Umgehungen schuldrechtlicher Vorkaufsrechte, FS Gernhuber, 1993, S 137; Hees, Die vertragstypologische Bestimmung des Vorkaufsfalls usw, 1991; Schermaier, Die Umgehung des Vorkaufsrechts durch „kaufähnliche Verträge", AcP 196, 256; Schurig, Das Vorkaufsrecht im Privatrecht, 1975.

1. Allgemeines. a) Begriff. Das (schuldrechtliche; zum dinglichen Rn 10) **1** **Vorkaufsrecht** ist das Recht des (Vorkaufs-)Berechtigten, mit dem (Vorkaufs-)Verpflichteten einen Kaufvertrag gleichen Inhalts zustandezubringen, wie er zwischen diesem und einem Dritten vereinbart wurde. Zu unterscheiden ist die Vereinbarung des Vorkaufsrechts (Rn 12 f), das zwischen den Parteien bestehende Vorkaufsverhältnis (§ 464 Rn 5) und das zwischen Verpflichtetem und Dritten (Erstkäufer) bestehende Kaufverhältnis (§ 464 Rn 7). **b) Bedeutung.** Vorkauf ist eine **Optionsvereinbarung** (Rn 8) und wird bes häufig im Rahmen von Miet- und Pachtverträgen begründet. Ges Vorkaufsrechte (Rn 11) sind Mittel zur Regelung des Bodenverkehrs. **c) Regelung.** Die §§ 463 ff sind im Wesentlichen dispositiv (Rn 12; § 464 **3** Rn 5); Schranken für die Vertragsgestaltung: Umgehungsverbot (vgl auch Rn 18

§ 463 Buch 2. Abschnitt 8. Einzelne Schuldverhältnisse

4 und § 465). **d) Anwendungsbereich.** §§ 463 ff sind **entspr** anwendbar auf Vormiete und Vorpacht (BGH 102, 240), das dingliche Vorkaufsrecht (§ 1098 I; Rn 10) und die ges Vorkaufsrechte (Rn 11). **e) Abgrenzung. Ankaufsverpflichtungen** begründen für den anderen Teil einen Kaufzwang; uU bedenklich bei Koppelung (vgl BGH 75, 16 ff zu Erbbaurechtsvertrag). Die Ausschlussfrist gem § 462 S 1 gilt nicht entspr (Düsseldorf NJW-RR 97, 1175).

5 **2. Abgrenzung.** Lit: v. Einem, Die Rechtsnatur der Option, 1974; Einsele, Formerfordernisse bei mehraktigen RGeschäften, DNotZ 96, 835; Georgiades, Optionsvertrag und Optionsrecht, FS Larenz, 1973, S 409; Wolf, RGeschäfte im Vorfeld von Grundstücksübertragungen, DNotZ 95, 179. Bei rechtsgeschäftlich begründeten **Ankaufsrechten** ist es Auslegungsfrage, welche Rechtsform (§§ 456, 463; Rn 6–9) die Beteiligten gewollt haben (BGH 71, 280; BayObLGZ 84, 118; zur
6 Abgrenzung BGH 47, 388; Hamburg NJW-RR 92, 21). **a)** Der **Kauf-Vorvertrag** begründet für die Parteien die Verpflichtung zum späteren Abschluss eines erst in seinen Grundzügen festgelegten Kaufvertrags oder zur späteren Abgabe eines Angebots (dann einseitig verpflichtender Vorvertrag: BGH NJW 90, 1233; vgl allg § 311 Rn 21). Er unterliegt der Form des § 311b I (BGH 97, 154 f; NJW 89, 167 mN;
7 § 311b Rn 13). **b)** Bei der Einräumung einer sog **Vorhand** ist der (künftige) Verkäufer verpflichtet, einen Gegenstand (auch künftige Sachen oder Rechte) dem Vorhandsberechtigten als erstem zum Kauf anzubieten (**Anbietungspflicht;** zur
8 Konstruktion Larenz, SchR II/1, § 44 IV 2). Ges Fall: ArbEG 19. **c)** Ein **Optionsrecht** (in Bezug auf einen Kauf) ist das in einem **Optionsvertrag** vereinbarte Recht, durch einseitige rechtsgestaltende Willenserklärung einen Kaufvertrag mit dem im Optionsvertrag vereinbarten Inhalt zustandezubringen (Larenz, SchR II/1, § 44 IV 3; Georgiades aaO S 422, str; vgl BGH 97, 152; ie Rn 6 vor § 145). Die Ausschlussfrist des § 462 ist auf das Optionsrecht entspr anwendbar (BGH 47, 391).
9 **d)** Der Antragende kann ein **länger bindendes Kaufangebot** abgeben (§§ 145, 148), so dass es für die bestimmte Frist nur vom Berechtigten abhängt, den Kauf zustandezubringen (es entsteht kein vertraglich begründetes Optionsrecht). Vgl Rn 6
10 vor § 145. **e)** Das gegenüber Dritten wirkende (§ 1098 II) **dingliche Vorkaufsrecht** (§ 1094 Rn 2) kann nur mit Bezug auf ein Grundstück bestellt werden, auch subj dinglich (§ 1094 II) und für mehrere Verkaufsfälle (§ 1097 HS 2). Im Verhältnis zwischen den Parteien gelten die §§ 463 ff (Rn 4). Dem dinglichen kann uU ein schuldrechtliches Vorkaufsrecht zugrunde liegen (s Hamm NJW-RR 96, 849;
11 § 1094 Rn 4). **f) Ges Vorkaufsrechte** (Bsp): §§ 577, 2034; BauGB 24 ff (dazu BGH 97, 298 ff; 98, 191 ff; BayObLGZ 85, 263); RSiedlG 4 ff, 14; SchuldRAnpG 57; VermG 20, 20a. Zur Ausübung durch öffentl-rechtliche Körperschaft: § 464 Rn 1.

12 **3. Vorkaufsvereinbarung. a) Abschluss und Inhalt.** Einigung zwischen dem Vorkaufsberechtigten und -verpflichteten iSv Rn 1. Die **Form** des Kaufvertrags (zB § 311b I) ist einzuhalten (RG 72, 390, hM; vgl § 311b Rn 13). Vereinbarungen über den Inhalt des Vorkaufsverhältnisses sind möglich (zB Preisbegrenzung, vgl § 464 Rn 5), desgl Begründung des Vorkaufsrechts für einen Dritten, §§ 328 ff. Der künftige Anspruch des Vorkaufsberechtigten kann durch Vormerkung (§ 883)
13 gesichert werden (BayObLG NJW 78, 700; sa § 883 Rn 7 ff). **b) Rechtsnatur.** Die Vereinbarung begründet für den Berechtigten das (in der Ausübung durch den Vorkaufsfall aufschiebend bedingte) **Gestaltungsrecht,** durch einseitige Erklärung gegenüber dem Verpflichteten ein Kaufverhältnis bestimmten Inhalts (§ 464 II) zustandezubringen (so Larenz, SchR II/1, § 44 III, str). Nach hM stellt bereits die Vereinbarung des Vorkaufsrechts den bindenden Abschluss eines Kaufs unter der doppelt aufschiebenden Bedingung dar, dass der Verpflichtete an einen Dritten verkauft und der Berechtigte dann das Vorkaufsrecht ausübt (RG 72, 387; SoeWertenbruch 12 ff; krit Einsele DNotZ 96, 855); abzulehnen, denn der Inhalt des Kaufvertrags steht noch nicht fest, vgl § 464 II.

Titel 1. Kauf, Tausch § 463

4. Vorkaufsrecht. a) Entstehung durch Vertrag (Rn 12 f), Vermächtnis (MK/ 14
Westermann 8) oder Ges (Rn 11). **b) Übertragbarkeit.** Das Recht ist gem § 473
iZw nicht vererblich und idR nicht ohne Zustimmung des Verpflichteten übertragbar (BGH WM 63, 617). Die durch Ausübung des Vorkaufsrechts erwachsenden
Rechte sind dagegen frei übertragbar (RG 163, 155). **c) Erlöschen.** Das Vorkaufs- 15
recht erlischt bei Nichtausübung mit Fristablauf (vgl § 469 II) und wenn der Vorkaufsberechtigte den Verpflichteten alleine beerbt (BGH NJW 00, 1033). Für einen
Verzicht ist nach hM (formloser) Erlassvertrag (§ 397) erforderlich (BGH 110, 232,
Konsequenz aus doppelt bedingtem Anspruch, vgl Rn 13, str; aA StMader § 464
Rn 23: einseitige Erklärung genügt). **d) Ausübung und Wirkungen:** § 464 Rn
1 ff.

5. Vorkaufsfall. Der Vorkaufsfall setzt das wirksame Zustandekommen eines 16
Kaufs oder kaufähnlichen Vertrages zwischen dem Vorkaufsverpflichteten und
einem Dritten über einen dem Vorkaufsrecht unterliegenden Gegenstand voraus.
a) Veräußerungsvertrag. Einem **Kaufvertrag** iSv § 433 sind im Interesse eines
wirksamen Umgehungsschutzes (arg §§ 162, 242) uU **kaufähnliche Verträge**
gleichzustellen (BGH 115, 339 ff mN; NJW 98, 2136, str; krit Probst JR 92, 419;
eingehend Grunewald, Hees, Schermaier, je aaO). Keinen Vorkaufsfall begründen
idR andere Veräußerungsverträge wie Schenkung (BGH 73, 16), auch gemischte
(RG 101, 101), Tausch (BGH NJW 64, 541) oder Ringtausch (BGH 49, 7), Einbringung in Gesellschaft (BGH 31, 41; kaufähnlich aber, wenn die Geschäftsanteile
anschließend entgeltlich an einen Dritten übertragen werden [BGH NJW 12, 1354
f]), Vorvertrag zu einem Kaufvertrag (Rn 6) oder Vereinbarung einer Option
(Rn 8); uU anders bei entspr Auslegung der Vorkaufsvereinbarung (Rn 12 f); dann
kann die Gegenleistung des Vorkaufsberechtigten ggf nach §§ 315 f durch den Verkäufer zu bestimmen sein (Grunewald aaO 139; ErmGrunewald 8; abl Schermaier
aaO 273 f); ein Veräußerungsvertrag steht bei wirtschaftlicher Betrachtungsweise
aber einem Kaufvertrag gleich, wenn der Vorkaufsberechtigte zur Wahrung seiner
Erwerbs- und Abwehrinteressen „eintreten" kann, ohne die vom Verpflichteten
ausgehandelten Konditionen zu beeinträchtigen (BGH 115, 339). Bsp: Umgehungsgeschäfte (s BGH NJW 98, 2136; NJW-RR 12, 1486 [kaufähnlicher Langzeitpachtvertrag]; Schermaier aaO 265 ff). **Keinen Vorkaufsfall** bilden Verkäufe im Wege
der Zwangsvollstreckung oder durch den Insolvenzverwalter (§ 471) sowie idR
Erbteilskäufe zwischen künftigen ges Erben (§ 470). **b)** Kaufvertrag (Rn 16) mit 17
einem **Dritten.** Daran fehlt es idR bei der Veräußerung von gemeinschaftlichen
Gegenständen an einen Miteigentümer (BGH 13, 139; 48, 2; BayObLGZ 85, 324 f)
oder Gesamthänder (LM Nr 3 zu § 1098; krit Grunewald aaO 146 f; ErmGrunewald
9: Auslegungsfrage). Bsp: Verkauf an Miterben im Rahmen von Erbauseinandersetzung (BGH WM 70, 321). **c) Rechtswirksames Zustandekommen** des Kaufver- 18
trags (Rn 16), dh es dürfen keine Nichtigkeits- oder Unwirksamkeitsgründe vorliegen (§§ 105, 125, 134, 138). **Einzelfragen:** Ist eine **behördliche Genehmigung**
erforderlich, ist der Vertrag erst mit der Erteilung der Genehmigung iSd § 463
zustandegekommen (BGH 14, 1; 32, 388; NJW 10, 3775); eine Ausübungserklärung
ist aber (schon) *vor Genehmigung mit Wirkung auf den Genehmigungszeitpunkt* möglich
(BGH NJW 98, 2352). Nachträgliche **Anfechtung** des Kaufvertrags durch den
Käufer (Dritten) berührt (entgegen § 142) Zustandekommen nicht (Hagen Anm
LM Nr 12 zu § 505); Grund: endgültige Bindung des Verpflichteten eingetreten.
Dagegen kann sich ein **gemeinsamer Irrtum** der Kaufvertragsparteien (anfängliches Fehlen der Geschäftsgrundlage) uU auf das Vorkaufsverhältnis auswirken (BGH
NJW 87, 893; krit Tiedtke NJW 87, 874; Grunewald aaO 145). Ein (**auflösend**
oder **aufschiebend**) **bedingter Kauf** ist iSd § 463 gültig zustandegekommen; die
Bedingung ist ein Teil der vertraglich wirksamen Bestimmungen (RG 98, 49; krit
Schurig aaO S 141). Wenn nur der Dritte die Bedingung erfüllen kann, ist die
Ausübung des Vorkaufsrechts wie im Fall des § 466 S 2 ausgeschlossen (BGH 49,
11 „Ringtausch"; sa § 464 Rn 5 f). Ein **vertragliches Rücktrittsrecht** zugunsten

§ 464

des Dritten (Erstkäufers) steht dem Vorkaufsrecht nicht entgegen (BGH 67, 398). Das Gleiche gilt idR von einem Rücktrittsvorbehalt zugunsten des Verpflichteten für den (ungewissen) Fall des *Bestehens* des Vorkaufsrechts (§ 465 entspr; vgl BGH NJW 87, 893, insoweit zust Tiedtke NJW 87, 875, krit Burkert NJW 87, 3158). Durch eine vertragliche **Aufhebung** (Änderung) des Kaufvertrags wird das entstandene Vorkaufsrecht nicht berührt (Konsequenz aus BGH 67, 395; Hagen Anm LM Nr 12 zu § 505; sa § 464 Rn 6).

§ 464 Ausübung des Vorkaufsrechts

(1) ¹**Die Ausübung des Vorkaufsrechts erfolgt durch Erklärung gegenüber dem Verpflichteten.** ²**Die Erklärung bedarf nicht der für den Kaufvertrag bestimmten Form.**

(2) **Mit der Ausübung des Vorkaufsrechts kommt der Kauf zwischen dem Berechtigten und dem Verpflichteten unter den Bestimmungen zustande, welche der Verpflichtete mit dem Dritten vereinbart hat.**

1   **1. Ausübung (I). a) Erklärung.** Die Ausübung erfolgt (auch bei ges Vorkaufsrecht [BGH 144, 361 zu § 577]) formlos (**I 2**; aA StMader Rn 4: Derogation durch § 311b I 1 Alt 2; dazu krit Sarnighausen NJW 98, 37) durch einseitige empfangsbedürftige Willenserklärung, beim Vorkaufsrecht einer öffentl-rechtlichen Körperschaft durch Verwaltungsakt (s BauGB 28 II 1; dazu StMader Rn 15 vor § 463). Die Erklärung ist bedingungsfeindlich (BGH NJW 83, 682) und muss bei Genehmigungsbedürftigkeit innerhalb der Frist des § 469 II genehmigt werden (BGH 32, 375). Ausübung durch Vertrag ist möglich (LM Nr 11 zu § 157 [Gf]; sa Rn 5).
2   **b) Frist.** Die Erklärung ist nur wirksam, wenn sie innerhalb der Ausschlussfrist des § 469 II (dispositiv) erfolgt. Die Frist wird erst durch vollständige Mitteilung des das Vorkaufsrecht auslösenden Vertrages in Lauf gesetzt (BGH NJW 94, 315, NJW-RR 12, 1486; ie Heinrich DNotZ 92, 771 mN) und beginnt bei geänderten Vertragsbedingungen neu (Karlsruhe NJW-RR 96, 916). Mit rechtswirksamem Ver-
3   tragsschluss entsteht eine Anzeigepflicht des Verkäufers (§ 469 I). **c) Unwirksamkeit.** Die Ausübungserklärung ist als in sich widersprüchlich unwirksam, wenn der Vorkaufsberechtigte es ablehnt, einen Teil der vom Dritten übernommenen Verpflichtung zu erfüllen (BGH 102, 240; einschr Grunewald, FS Gernhuber, 1993, S 150). Sie ist unzulässig, wenn der Berechtigte schuldrechtlich verpflichtet ist, von dem Vorkaufsrecht keinen Gebrauch zu machen (BGH 37, 147).

4   **2. Rechtsfolgen (II).** Durch die wirksame Ausübung des Vorkaufsrechts gegenüber dem Verpflichteten (Voraussetzungen: Rn 1 ff; § 463 Rn 12 f, 16 ff) kommt zwischen den Parteien des Vorkaufs ein gegenüber dem mit dem Dritten geschlossenen Kaufvertrag (Rn 7) rechtlich selbstständiges Kaufvertragsverhältnis zustande
5   (BGH 98, 191 mN; 131, 320 f; NJW 95, 1827 und 3183; ie Rn 5 f). **a) Rechtsverhältnis zwischen Verpflichtetem und Berechtigtem. aa)** Den Berechtigten treffen sämtliche **Rechte und Pflichten** nach Maß des *Kaufvertrags* mit dem Dritten (Rn 7) im Zeitpunkt der Entstehung des Vorkaufsrechts (Rn 6), soweit sich nicht aus Ges (§§ 465–468; BauGB 28 III) oder einer Vereinbarung (LM Nr 11 zu § 157 [Gf]) ein anderes ergibt. Der Berechtigte schuldet daher auch die vom Dritten als Teil der Gegenleistung übernommenen üblichen Vertrags- und Maklerkosten (ie BGH 131, 321 ff mN) sowie vereinbarte Vorfälligkeitszinsen (BGH NJW 95, 1827, dazu Westermann DNotZ 96, 429); wegen bes Provisionsvereinbarungen im Kaufvertrag vgl Rn 6. Eine vorherige abw Regelung, insbes die Festlegung eines limitierten Kaufpreises, ist möglich (RG 104, 123). Vollmachten zum Vollzug des (Grundstücks-)Kaufvertrages werden auch im Inhalt des Vertrages zwischen Verkäufer (Verpflichteter) und Vorkaufsberechtigtem (BGH NJW-RR 12, 1484 aE). Verpflichteter haftet dem Berechtigten gem II für **Mängel der Kaufsache** nur dann, wenn er auch dem Dritten gegenüber haften würde; daher Haftungsausschluss, wenn

Titel 1. Kauf, Tausch §§ 465–467

Dritter den Mangel bei Vertragsschluss kennt (§ 442 I 1; Nürnberg MDR 05, 438).
bb) Unwirksame Vereinbarungen. Vertragsbestimmungen und spätere Verein- 6
barungen, die darauf abzielen, das einmal entstandene (nicht notwendig bereits
ausgeübte) Vorkaufsrecht zu vereiteln, sind in entspr Anwendung des Grundgedankens des § 465 gegenüber dem Berechtigten insoweit unwirksam (BGH 110, 233 f;
Abgrenzung zu kaufähnlichen Verträgen: § 463 Rn 16). Das Gleiche gilt für allein
auf den Vorkaufsfall abzielende unübliche Klauseln zu Lasten des Vorkaufsberechtigten (BGH 77, 363 ff; 102, 241; 131, 320 ff; NJW 95, 3184: „Fremdkörpergedanke"),
wie in den Kaufvertrag aufgenommene, außerhalb des Äquivalenzverhältnisses stehende Leistungsversprechen des Erstkäufers gem § 328 I an Dritte (ie Grunewald
aaO [LitVerz § 463] S 142 ff). Bsp: Vereinbarung der Zahlung von (bereits geschuldeten) „Projektierungskosten" (BGH 77, 362 ff); nicht aber schon die vereinbarte
Unterhaltung von Erschließungseinrichtungen (BGH NJW 95, 3183); desgl nicht
sog Maklerklausel, s Rn 5. Eine mit dem Dritten getroffene Regelung der Kaufpreisfälligkeit ist ggf anzupassen (BGH NJW 83, 682; 95, 1827). **b) Rechtsverhältnis** 7
zwischen Verpflichtetem und Dritten. Der Verkäufer (Verpflichteter) ist in der
Vertragsgestaltung mit dem Erstkäufer (Dritten) grundsätzlich frei (Schranken:
Rn 6; § 463 Rn 16). Auf das Vertragsverhältnis zwischen dem Verpflichteten und
dem Dritten hat die Ausübung des Vorkaufsrechts keinen Einfluss (RG 121, 138),
wie umgekehrt das einmal entstandene Vorkaufsrecht in seinem Fortbestand vom
rechtlichen Schicksal des Kaufvertrags unabhängig ist (Hagen Anm LM Nr 12 [§ 505
aF]). Gegen Schadensersatzansprüche (§§ 280 I, III, 281, 283) muss sich der Verkäufer (Verpflichteter) schützen, indem er den Vertrag mit dem Dritten unter der (im
Verhältnis der Kaufvertragsparteien wirksamen, vgl § 465) Bedingung der Nichtausübung des Vorkaufsrechts abschließt. Bei Kenntnis des Dritten vom Vorkaufsrecht
ist idR entspr stillschweigende Vereinbarung anzunehmen (Nürnberg MDR 84,
755).

§ 465 Unwirksame Vereinbarungen

**Eine Vereinbarung des Verpflichteten mit dem Dritten, durch welche
der Kauf von der Nichtausübung des Vorkaufsrechts abhängig gemacht
oder dem Verpflichteten für den Fall der Ausübung des Vorkaufsrechts
der Rücktritt vorbehalten wird, ist dem Vorkaufsberechtigten gegenüber
unwirksam.**

Ausprägung von allg Rechtsgedanken (BGH 110, 233): Schutz des Vorkaufsbe- 1
rechtigten gegen Umgehungsgeschäfte; s § 463 Rn 16, 18; § 464 Rn 6. Beweislast:
Berechtigter (BGH 110, 234).

§ 466 Nebenleistungen

**¹Hat sich der Dritte in dem Vertrag zu einer Nebenleistung verpflichtet,
die der Vorkaufsberechtigte zu bewirken außerstande ist, so hat der Vorkaufsberechtigte statt der Nebenleistung ihren Wert zu entrichten. ²Lässt
sich die Nebenleistung nicht in Geld schätzen, so ist die Ausübung des
Vorkaufsrechts ausgeschlossen; die Vereinbarung der Nebenleistung
kommt jedoch nicht in Betracht, wenn der Vertrag mit dem Dritten auch
ohne sie geschlossen sein würde.**

§ 467 Gesamtpreis

**¹Hat der Dritte den Gegenstand, auf den sich das Vorkaufsrecht bezieht,
mit anderen Gegenständen zu einem Gesamtpreis gekauft, so hat der Vorkaufsberechtigte einen verhältnismäßigen Teil des Gesamtpreises zu ent-**

richten. ²Der Verpflichtete kann verlangen, dass der Vorkauf auf alle Sachen erstreckt wird, die nicht ohne Nachteil für ihn getrennt werden können.

1 Sowohl S 1 (verhältnismäßige Teilung des Kaufpreises) als auch S 2 (Übernahmeverpflichtung) sind entspr anwendbar, wenn sich das Vorkaufsrecht nur auf eine Teilfläche des verkauften Gesamtgrundstücks erstreckt (BGH NJW 91, 294 f; Karlsruhe NJW-RR 96, 916) oder der Berechtigte die Ausübung des auf mehreren Grundstücken lastenden Vorkaufsrechts auf nur eines dieser zu einem Gesamtpreis verkauften Grundstücke beschränkt (BGH NJW-RR 06, 1450 f).

§ 468 Stundung des Kaufpreises

(1) Ist dem Dritten in dem Vertrag der Kaufpreis gestundet worden, so kann der Vorkaufsberechtigte die Stundung nur in Anspruch nehmen, wenn er für den gestundeten Betrag Sicherheit leistet.

(2) ¹Ist ein Grundstück Gegenstand des Vorkaufs, so bedarf es der Sicherheitsleistung insoweit nicht, als für den gestundeten Kaufpreis die Bestellung einer Hypothek an dem Grundstück vereinbart oder in Anrechnung auf den Kaufpreis eine Schuld, für die eine Hypothek an dem Grundstück besteht, übernommen worden ist. ²Entsprechendes gilt, wenn ein eingetragenes Schiff oder Schiffsbauwerk Gegenstand des Vorkaufs ist.

§ 469 Mitteilungspflicht, Ausübungsfrist

(1) ¹Der Verpflichtete hat dem Vorkaufsberechtigten den Inhalt des mit dem Dritten geschlossenen Vertrags unverzüglich mitzuteilen. ²Die Mitteilung des Verpflichteten wird durch die Mitteilung des Dritten ersetzt.

(2) ¹Das Vorkaufsrecht kann bei Grundstücken nur bis zum Ablauf von zwei Monaten, bei anderen Gegenständen nur bis zum Ablauf einer Woche nach dem Empfang der Mitteilung ausgeübt werden. ²Ist für die Ausübung eine Frist bestimmt, so tritt diese an die Stelle der gesetzlichen Frist.

1 **Entstehung** der Mitteilungspflicht und **Anforderungen** an die Mitteilung: Vgl zunächst § 464 Rn 2. Die Mitteilung ist Wissenserklärung (BGH WM 85, 1447); sie ist formlos möglich (LM Nr 3) und kann beim genehmigungsbedürftigen (Kauf-)Vertrag schon vor Erteilung der Genehmigung erfolgen (vgl BGH NJW 98, 2352; s § 463 Rn 18); richtiger Adressat ist bei einer Gemeinde die Dienststelle, die zur Ausübung des Vorkaufsrechts berechtigt ist (BGH 60, 288). **Frist** gem II: § 464 Rn 2. **Folgen** des Fristablaufs: § 463 Rn 15.

§ 470 Verkauf an gesetzlichen Erben

Das Vorkaufsrecht erstreckt sich im Zweifel nicht auf einen Verkauf, der mit Rücksicht auf ein künftiges Erbrecht an einen gesetzlichen Erben erfolgt.

§ 471 Verkauf bei Zwangsvollstreckung oder Insolvenz

Das Vorkaufsrecht ist ausgeschlossen, wenn der Verkauf im Wege der Zwangsvollstreckung oder aus einer Insolvenzmasse erfolgt

1 Gilt nicht bei Zwangsversteigerung zur Aufhebung einer Gemeinschaft (dazu Stöber NJW 88, 3121).

Titel 1. Kauf, Tausch §§ 472–474

§ 472 Mehrere Vorkaufsberechtigte

¹Steht das Vorkaufsrecht mehreren gemeinschaftlich zu, so kann es nur im Ganzen ausgeübt werden. ²Ist es für einen der Berechtigten erloschen oder übt einer von ihnen sein Recht nicht aus, so sind die übrigen berechtigt, das Vorkaufsrecht im Ganzen auszuüben.

Bsp: § 2034 I. Bei mehreren Berechtigten besteht eine bes gesamthandsartige 1 Beteiligung (BGH 136, 300). Verweigert ein Vorkaufsberechtigter gemeinschaftliche Ausübung (S 1), löst dies die Rechtsfolgen gem S 2 noch nicht aus (BGH NJW 82, 330).

§ 473 Unübertragbarkeit

¹Das Vorkaufsrecht ist nicht übertragbar und geht nicht auf die Erben des Berechtigten über, sofern nicht ein anderes bestimmt ist. ²Ist das Recht auf eine bestimmte Zeit beschränkt, so ist es im Zweifel vererblich.

Übertragbarkeit: § 463 Rn 14 (b). 1

Untertitel 3. Verbrauchsgüterkauf

Vorbemerkungen zu den §§ 474–479

1. Allgemeines. §§ 474–479 enthalten bes Bestimmungen für den Verkauf einer 1 beweglichen Sache durch einen Unternehmer (§ 14) an einen Verbraucher (§ 13). Die Vorschriften dienen der **Umsetzung der VerbrGüKaufRiLi** (s Rn 2 vor §§ 433–480). Zahlreiche Vorgaben der VerbrGüKaufRiLi werden allerdings bereits im allgemeinen Kaufrecht umgesetzt und gelten daher für alle Kaufverträge. Im Mittelpunkt der §§ 474–479 stehen bes Schutzvorschriften zugunsten des Verbrauchers.

2. Beschränkung der Privatautonomie. Von wichtigen kaufrechtlichen 2 Bestimmungen kann nicht zum Nachteil des Verbrauchers abgewichen werden (§ 475). Dem Verbraucherschutz dienen ferner die in § 474 II 2 angeordnete Unanwendbarkeit der Bestimmungen über den Haftungsausschluss bei öffentl Versteigerung und den Gefahrübergang, der Ausschluss von Nutzungsherausgabe und Wertersatz im Rahmen von § 439 IV in § 474 II 1, die Beweislastregel in § 476 und die Vorschriften für Garantien in § 477. §§ 478 f regeln das **Rückgriffsrecht des Letztverkäufers** gegen Lieferanten und gehen insoweit über den subj Anwendungsbereich der Bestimmungen über den Verbrauchsgüterkauf (§ 474 Rn 2 f) hinaus.

§ 474 Begriff des Verbrauchsgüterkaufs

(1) ¹Kauft ein Verbraucher von einem Unternehmer eine bewegliche Sache (Verbrauchsgüterkauf), gelten ergänzend die folgenden Vorschriften. ²Dies gilt nicht für gebrauchte Sachen, die in einer öffentlichen Versteigerung verkauft werden, an der der Verbraucher persönlich teilnehmen kann.

(2) ¹Auf die in diesem Untertitel geregelten Kaufverträge ist § 439 Abs. 4 mit der Maßgabe anzuwenden, dass Nutzungen nicht herauszugeben oder durch ihren Wert zu ersetzen sind. ²Die §§ 445 und 447 sind nicht anzuwenden.

§ 474

1 **1. Allgemeines.** Regelung des persönlichen und sachlichen Anwendungsbereichs der Sondervorschriften über den Verbrauchsgüterkauf. Umsetzung VerbrGüKaufRiLi 1 II, III. Zur Vertragsgestaltung s § 475.

2 **2. Persönlicher Anwendungsbereich. a) Unternehmer** (s § 14) als Verkäufer an **Verbraucher** (s § 13) als Käufer. Ob der Käufer Verbraucher ist, hängt insbes davon ab, welchem Zweck der Kaufvertrag dienen soll (s § 13 Rn 3). Da § 13 auch eine natürliche Person als Verbraucher qualifiziert, deren Rechtsgeschäft der unselbstständigen beruflichen Tätigkeit zugeordnet werden kann, geht der Anwen-
3 dungsbereich der §§ 474 ff über VerbrGüKaufRiLi 1 II A) hinaus. **b) Nicht** anwendbar sind die §§ 474 ff, wenn ein Verbraucher an einen Unternehmer verkauft, bei einem Kauf zwischen Unternehmern und zwischen Verbrauchern, selbst dann wenn der Unternehmer einen Verbraucher als „Strohmann" vorschiebt (BGH MDR 13, 202 f; anders bei Scheingeschäft gem § 117; zum Umgehungsverbot beim „Agenturgeschäft" s § 475 Rn 6). **c)** Kennt der Unternehmer die Verbrauchereigenschaft des Käufers nicht und war sie obj auch nicht erkennbar, liegt kein Verbrauchsgüterkauf vor (Karlsruhe NJW-RR 12, 290; PalEllenberger § 13 Rn 4, sehr str; offen gelassen durch BGH NJW 09, 3781: soweit Käufer nachweist, dass er einen privaten Zweck verfolgt habe, genüge dieser Beweis idR nur dann nicht, wenn die dem Vertragspartner erkennbaren Umstände eindeutig und zweifelsfrei auf einen unternehmerischen Zwecke hinwiesen). Täuscht der Verbraucher den gewerblichen Verwendungszweck vor, ist ihm die Berufung auf §§ 474 ff verwehrt (BGH NJW 05, 1045). Zur Doppelverwendung im privaten und beruflichen Bereich s § 13 Rn 3.

4 **3. Sachlicher Anwendungsbereich. a) Kauf** (s § 433 Rn 1) einer **beweglichen Sache;** nicht Grundstücks-, Schiffs- (§ 452 BGB) und Rechtskauf (§ 453 I), aber Zubehör (§§ 311c, 97 f). VerbrGüKaufRiLi 1 II b) stellt auf „körperliche Gegenstände" ab; daher sind §§ 90, 90a maßgeblich, nicht aber nur verbrauchbare Sachen (§ 92). Nicht unter §§ 474 ff fallen der Verkauf von Strom, fließendem Wasser, Fernwärme und freiem Gas (es sei denn, sie sind in Behältnissen abgefüllt, etwa Batterien, Trinkwasser, Gasflaschen usw). Digitale Produkte, etwa Computerprogramme, elektronische Datenbanken, digitalisierte Musik, Filme, Texte usw fallen unter § 474, wenn sie auf einem Datenträger (CD-ROM, DVD) verkörpert verkauft werden. Gleiches sollte (auch wegen § 475 I 2) gelten, wenn diese dem Käufer online übermittelt werden. – Ob die Sache neu oder gebraucht ist, ist unerheblich;
5 sa I 2. **b) aa) Ausgenommen** ist nach I 2 die öffentl **Versteigerung gebrauchter Sachen;** Grundlage VerbrGüKaufRiLi 1 III. I 2 spielt eine Rolle bei Fundsachen, aber auch bei Kunstauktionen, Tierhandel usw. Voraussetzung ist, dass Verbraucher (oder ein Vertreter, § 164) persönlich an der öffentl Versteigerung (Begriff nach § 383 III 1; BGH NJW 06, 614) teilnehmen kann, um Beschaffenheit der Sache in Augenschein zu nehmen. Daher nicht bei Versteigerung im Internet (s ZPO 817 I
6 2, AO 296 I 2 Nr 2). **bb) Gebraucht** sind Sachen, die vom Verkäufer oder einem Dritten bereits benutzt worden sind. Ob eine Sache gebraucht ist, bestimmt sich *obj*, nicht nach einer Beschaffenheitsvereinbarung gem § 434 I 1 (BGH NJW 07, 677). Längere Lagerung („Ladenhüter") macht Sache nicht zur gebrauchten (aber zur nicht „neu hergestellten" iSv § 309 Nr 8 b]). Gebraucht ist auch ein Vorführwagen. Nicht gebraucht junge Haus- und Nutztiere (BGH NJW 07, 674 [sechsmonatige Hengstfohlen]; Wertenbruch NJW 12, 2069), lebende Forellen (BGH NJW-RR 86, 53 [zu AGBG 11 Nr 10]).

7 **4. Ausgeschlossene Bestimmungen. a)** Grundsätzlich gelten beim Verbrauchsgüterkauf gem I 1 („ergänzend") die allg kaufrechtlichen Vorschriften. **II 2** schließt – zwingend, § 475 I 1 (BGH NJW 03, 3341; aA Oechsler LMK 03, 205) –
8 zwei dem Verkäufer günstige Bestimmungen aus. **b)** Ges Haftungsausschluss gem § 445 bei öffentl Versteigerungen greift nicht ein. Bedeutung wegen I 2 insbes bei
9 Versteigerung *neuer* Sachen. **c)** Kein Übergang der Preisgefahr (Rn 3 vor §§ 446–447) beim Verbrauchsgüterkauf gem **§ 447 I** mit Auslieferung an Spediteur usw,

Titel 1. Kauf, Tausch **§ 475**

sondern nach § 446 erst bei Übergabe oder Annahmeverzug. Versandrisiko trägt Unternehmer, der Transportversicherung abschließen kann. § 447 II gilt als dem *Käufer* günstige Bestimmung (teleologische Reduktion) auch bei Verbrauchsgüterkauf. **d) II 1** schließt Nutzungsherausgabe und Wertersatz im Rahmen des § 439 IV aus. Mit dieser zum 16.12.2008 erfolgten Gesetzesänderung wird einer Entscheidung des EuGH (NJW 08, 1433) zur Auslegung von VerbrGüKaufRiLi 3 Rechnung getragen; vgl § 439 Rn 38. Bei vollständiger Rückabwicklung des Vertrages entfällt der Nutzungswertersatz hingegen nicht (BGH NJW 10, 148 mit Anm Höpfner NJW 10, 127).

§ 475 Abweichende Vereinbarungen

(1) ¹Auf eine vor Mitteilung eines Mangels an den Unternehmer getroffene Vereinbarung, die zum Nachteil des Verbrauchers von den §§ 433 bis 435, 437, 439 bis 443 sowie von den Vorschriften dieses Untertitels abweicht, kann der Unternehmer sich nicht berufen. ²Die in Satz 1 bezeichneten Vorschriften finden auch Anwendung, wenn sie durch anderweitige Gestaltungen umgangen werden.

(2) Die Verjährung der in § 437 bezeichneten Ansprüche kann vor Mitteilung eines Mangels an den Unternehmer nicht durch Rechtsgeschäft erleichtert werden, wenn die Vereinbarung zu einer Verjährungsfrist ab dem gesetzlichen Verjährungsbeginn von weniger als zwei Jahren, bei gebrauchten Sachen von weniger als einem Jahr führt.

(3) Die Absätze 1 und 2 gelten unbeschadet der §§ 307 bis 309 nicht für den Ausschluss oder die Beschränkung des Anspruchs auf Schadensersatz.

Lit: Lettl, Vertragliche Beschränkung der Mängelgewährleistung des Verkäufers beim Verbrauchsgüterkauf (§ 475 BGB), JA 09, 241.

1. Allgemeines. Beschränkung der Privatautonomie beim Verbrauchsgüterkauf (s § 474 I 1) zum Zweck des Verbraucherschutzes. Umsetzung von VerbrGüKaufRiLi 7 I; sa EGBGB 3 iVm Rom-I-VO 6, EGBGB 46b I, III Nr 3. Große Teile des allg Kaufrechts und die bes Vorschriften über den Verbrauchsgüterkauf können nach **I 1** nicht zu Lasten des Käufers abbedungen werden. **I 2** flankiert dies durch ein Umgehungsverbot; sa EGBGB 46b I, III Nr 3 bei Rechtswahl (Umsetzung VerbrGüKaufRiLi 7 II). Die Vorschrift stellt eine Marktverhaltensregelung iSd UWG 4 Nr 11 dar (BGH NJW 11, 76). Gestaltungsspielraum verbleibt bzgl Verjährung **(II)** und Schadensersatz **(III)**.

2. Abweichende Vereinbarung (I 1). a) Gegenstand. Unter I 1 fallen insbes Vereinbarungen über die Rechte des Käufers bei Sach- und Rechtsmängeln, gleich ob in AGB, Einmalklauseln iSv § 310 III Nr 2 oder Individualvereinbarungen. I 1 erfasst ferner §§ 474–479, wegen des eindeutigen Wortlauts daher auch §§ 474 II 2, 447 I (BGH NJW 03, 3341; aA BaR/Faust 5); § 447 II schon nicht durch § 474 II 2 ausgeschlossen (§ 474 Rn 9). **b) Nachteil** ist nicht nur Ausschluss, sondern auch Beschränkung der Käuferrechte, zB Fristverkürzung oder Bindung der Rechtsausübung an nicht ges vorgesehene Erfordernisse, etwa Rügeobliegenheiten; ferner Änderung der Beweislast des § 476. **c) Zeitpunkt.** Abweichende Vereinbarung ist unzulässig vor Mängelmitteilung, danach voll wirksam. In Kenntnis eines Mangels soll der Verbraucher über seine Rechte disponieren, insbes Vergleiche schließen können. **Mängelmitteilung** ist geschäftsähnliche Handlung (Bedeutung: Rn 23 vor § 104). Sie muss vom Käufer (oder einem Vertreter) ausgehen, nicht von Drittem; es genügt aber, wenn der Verkäufer von sich aus (etwa im Rahmen der Produktbeobachtungspflicht) nachträglich auf den Mangel hinweist und der Käufer dann die Vereinbarung schließt. Nur bzgl des mitgeteilten Mangels, nicht wegen anderer (noch verdeckter) Mängel sind abweichende Vereinbarungen voll wirksam. **d) Wir-**

§ 476

kungen. Verkäufer kann sich nicht auf eine vor Mängelmitteilung getroffene abweichende Vereinbarung berufen; der Kaufvertrag iÜ ist voll wirksam; § 139 ist unanwendbar.

6 **3. Umgehungsverbot (I 2).** Erfasst nicht nur RGeschäfte (sa § 134 Rn 18; § 312i Rn 3), sondern auch andere faktische Gestaltungen. Umgehungsabsicht ist nicht erforderlich. Umgehungsgestaltung *nicht* schon dann, wenn Unternehmer als Vertreter (§ 164) für den nicht unter § 14 fallenden Verkäufer auftritt (**„Agenturgeschäft"**; einschr Müller NJW 03, 1978 f: Transparenz erforderlich). I 2 nur, wenn der Unternehmer das wirtschaftliche Risiko des Verkaufs trägt (etwa bei garantiertem Verkaufspreis) und daher bei wirtschaftlicher Betrachtungsweise als Verkäufer anzusehen ist (für den Gebrauchtwagenhandel BGH NJW 05, 1040 mN; krit Maultzsch ZGS 05, 177 f). Bei Umgehung wird einheitliches Agenturgeschäft in zwei einzelne Kaufverträge aufgespalten (s BGH aaO). Die Mängelrechte des Käufers richten sich gegen den Unternehmer und nicht gegen den als Verkäufer vorgeschobenen Verbraucher (BGH NJW 07, 759). *Keine* Umgehung bei **Finanzierungsleasing**, wenn Leasinggeber Haftungsausschluss vereinbart und zugleich mögliche Gewährleistungsansprüche gegen seinen Verkäufer an den Leasingnehmer abtritt (BGH NJW 06, 1067). **Lit:** Czaplinski ZGS 07, 92; Girkens/Baluch/Mischke ZGS 07, 130.

7 **4. Verbleibende Gestaltungsmöglichkeiten. a) Verjährung (II). aa)** Verjährungsfristen des § 438 I können herabgesetzt werden; Untergrenze: zwei Jahre, unabdingbar beginnend gem § 438 II. Bedeutung nur für § 438 I Nr 1 und 2; Nr 3 sieht ohnehin zwei Jahre vor. Verjährungserleichterung wirkt sich über § 218 auch auf Rücktritt und Minderung aus; für Erleichterung der Verjährung des Schadensersatzanspruchs gilt III. Bei **gebrauchten Sachen** (s § 474 Rn 6) Abkürzung auf mindestens ein Jahr zulässig. – Erschwerung der Verjährung und Erleichterung nach Mängelmitteilung (Rn 4) s § 202. **bb)** Gegen II verstoßende Vereinbarung ist unwirksam, es gilt die ges Frist bzw der ges Verjährungsbeginn; Kaufvertrag iÜ (wie
8 bei I, Rn 5) wirksam. **b) Schadensersatz (III)** ist nicht Gegenstand der VerbrGüKaufRiLi. Ausschluss und Beschränkung (auch durch Verjährungserleichterung) beim Verbrauchsgüterkauf individualvertraglich möglich; für AGB s §§ 307–309
9 (Tiedtke/Burgmann NJW 05, 1154). **c) Sonstiges.** Gem § 434 I 1 können die Parteien des Verbrauchsgüterkaufs die **Beschaffenheit vertraglich vereinbaren** (§ 434 Rn 9) und damit den geschuldeten Qualitätsstandard der Kaufsache festlegen; freilich muss die Vereinbarung beiderseits ernsthaft gewollt sein, also nicht beim Verkauf eines Neuwagens zum Listenpreis als „rollende Schrott", „Bastlerfahrzeug" usw (Oldenburg DAR 04, 92). Ferner kann der Verkäufer Mängelrechte nach § 442 I 1 ausschließen, indem er den Käufer vom Mangel **in Kenntnis setzt.** Entspr Vereinbarungen und Hinweise fallen nur dann nicht unter I 1, wenn sie Mängel bestimmt bezeichnen; die Vereinbarung „verkauft wie besichtigt" genügt nicht. Der Verkauf von neuen Waren „als gebrauchte", um die Verjährung gem II auf ein Jahr abzukürzen, ist eine Umgehung iSv I 2.

§ 476 Beweislastumkehr

Zeigt sich innerhalb von sechs Monaten seit Gefahrübergang ein Sachmangel, so wird vermutet, dass die Sache bereits bei Gefahrübergang mangelhaft war, es sei denn, diese Vermutung ist mit der Art der Sache oder des Mangels unvereinbar.

Lit: Gsell, Sachmangelbegriff und Reichweite der Beweislastumkehr beim Verbrauchsgüterkauf, JZ 08, 29; Höpfner, Die Reichweite der Beweislastumkehr im Verbrauchsgüterkauf, ZGS 07, 410; Klöhn, Beweislastumkehr beim Verbrauchsgüterkauf, NJW 07, 2811; Witt, Beweislastumkehr beim Verbrauchsgüterkauf nach § 476 BGB: Versuch einer Bestandsaufnahme, ZGS 07, 386.

Titel 1. Kauf, Tausch **§ 477**

1. **Allgemeines. a)** Rechte des Käufers gem § 437 setzen voraus, dass der Mangel 1
bei Gefahrübergang (§ 434 Rn 5) vorlag. Abw von der allg Beweislastverteilung (dazu
§ 434 Rn 3) überträgt § 476 dem Verkäufer die Darlegungs- und Beweislast dafür,
dass der Mangel bei Gefahrübergang noch *nicht* bestand, wenn er sich innerhalb von
sechs Monaten nach Gefahrübergang zeigt. § 476 gilt auch, wenn der Verkäufer
einen Bedienfehler des Käufers als Mangelursache behauptet (BGH NJW 07,
2621). – Umsetzung VerbrGüKaufRiLi 5 III. **b) Anwendungsbereich.** Alle Käu- 2
ferrechte aus § 437 bei Verbrauchsgüterkauf (§ 474 Rn 2 ff); auch Regress (s § 478
III) sowie als Vorfrage für einen anderen Anspruch (BGH NJW 09, 580 [Rückforderung nach § 812] mit Anm Fischinger NJW 09, 563). Macht Käufer Schadensersatz
nach § 280 geltend, muss sich Verkäufer mehrstufig entlasten: gem § 476 beweisbelastet hinsichtlich Mangelfreiheit (Rn 4) und gem § 280 I 2 hinsichtlich des fehlenden Vertretenmüssens (§ 280 Rn 25 ff); Zusammenfallen der Vermutungen in §§ 280
I 2, 476 problematisch, weil VerbrGüKaufRiLi Schadensersatz nicht erfasst (s § 475
Rn 8); Verkäufer kann Ersatzpflicht freilich ausschließen, beschränken oder Beweislast ändern (§ 475 III), in AGB s § 309 Nr. 7, 8b), 12a); § 476 iÜ unabdingbar (§ 475
I). Zur Beweislast bei Haltbarkeitsgarantie s § 443 II.

2. **Voraussetzungen. a)** Verbrauchsgüterkauf (§ 474 Rn 2 ff). **b)** Sach- (§ 434), 3
nicht Rechtsmangel (§ 435). **c) Frist:** sechs Monate (s §§ 187 I, 188 II) seit Gefahrübergang gem § 446 S 1 oder 3, nicht § 447 (s § 474 II 2). **d) Auftreten des Mangels** innerhalb der Frist; nicht, wenn sich Mangel erst nach Fristablauf manifestiert.
e) Vermutung gilt **nicht** bei **Unvereinbarkeit** mit der Art der Sache oder der Art 4
des Mangels. § 476 ist Beweislastregel, die auf Erfahrungssatz aufbaut, dass der sich
innerhalb von sechs Monaten zeigende Mangel schon bei Gefahrübergang (s § 434
Rn 5) vorlag. Rückausnahme ist wegen spezifisch verbraucherschützenden Charakters (BT-Drs 14/6040 S 245) eng auszulegen: nicht schon dann, wenn Mangel
typischerweise jederzeit auftreten kann und ein hinreichend wahrscheinlicher Rückschluss auf den Zeitpunkt des Mangeleintritts ausscheidet (BGH NJW 05, 3491).
Darzutun ist, dass diese Art von Mangel oder der Mangel bei dieser Art von Sache
typischerweise nach Gefahrübergang auftritt (Westermann/Buck S 168: außerordentlich
hohe Wahrscheinlichkeit); Beweislast trägt Verkäufer. **aa)** Nach **Art der Sache** mit 5
der Vermutung unvereinbar sind leicht verderbliche Waren, nicht aber lediglich
gebrauchte Sachen (Köln NJW-RR 04, 268; BaR/Faust 18) oder Tiere, bei denen
nach Art des Mangels (Rn 6) zu differenzieren ist (BGH NJW 06, 2250; 07, 2619).
bb) Nach **Art des Mangels** unvereinbar sind typische Benutzungs- und Gebrauchs- 6
spuren bei neuwertigen Sachen (Unfallschaden bei Neufahrzeug), alterstypische Verschleißmängel bei gebrauchten Sachen (Bremen ZGS 04, 395). Bestimmungsgemäßer Einbau durch Dritte schließt Beweislastumkehr nicht aus (BGH NJW 05, 284:
Teichbecken).

3. **Beweislastverteilung. a) Käufer** hat zu beweisen (1) Sachmangel und (2) 7
dessen Auftreten innerhalb von sechs Monaten seit Gefahrübergang (BGH NJW
04, 2209; 06, 436; krit Lorenz NJW 04, 3020). **b)** Liegen die Voraussetzungen nach 8
Rn 2 ff vor, muss der Verkäufer gem ZPO 292 den vollen Beweis der Mangelfreiheit
bei Gefahrübergang erbringen (Celle NJW 04, 3566). Nicht erforderlich, aber genügend ist der Beweis, dass der Mangel verursacht wurde durch unsachgemäßen oder
übermäßigen Gebrauch durch den Käufer oder Dritte oder durch Unglück. Schuldhafte **Beweisvereitelung** kann nach § 242 auch im Anwendungsbereich des § 476
zur Beweislast(rück)umkehr führen (BGH NJW 06, 435: Käufer vereitelt uU
Gegenbeweis des Verkäufers, wenn er das in einer Werkstatt ausgetauschte mangelhafte Teil nicht aufbewahrt).

§ 477 Sonderbestimmungen für Garantien

(1) ¹Eine Garantieerklärung (§ 443) muss einfach und verständlich abgefasst sein. ²Sie muss enthalten

§ 478

Buch 2. Abschnitt 8. Einzelne Schuldverhältnisse

1. den Hinweis auf die gesetzlichen Rechte des Verbrauchers sowie darauf, dass sie durch die Garantie nicht eingeschränkt werden, und
2. den Inhalt der Garantie und alle wesentlichen Angaben, die für die Geltendmachung der Garantie erforderlich sind, insbesondere die Dauer und den räumlichen Geltungsbereich des Garantieschutzes sowie Namen und Anschrift des Garantiegebers.

(2) Der Verbraucher kann verlangen, dass ihm die Garantieerklärung in Textform mitgeteilt wird.

(3) Die Wirksamkeit der Garantieverpflichtung wird nicht dadurch berührt, dass eine der vorstehenden Anforderungen nicht erfüllt wird.

1 **1. Allgemeines.** Unabdingbare (s § 475 I 1) Regelung der Garantie (s § 443 Rn 2 ff) beim Verbrauchsgüterkauf. Zweck: Schutz des Käufers, der verständlich (I 1) über seine Rechte aus der Garantie und deren Durchsetzung informiert (I 2) werden soll. Anspruch auf Garantieurkunde (II) erleichtert Beweis. Anwendbar auf Verkäufer-, Hersteller- und Drittgarantie (s § 443 Rn 8) bei Verbrauchsgüterkauf; daneben gilt § 443. I 1 erfasst nicht schon die Werbung, die eine Garantie zwar anpreist, aber noch nicht verbindlich verspricht (BGH NJW 11, 2655; aA Hamm GRUR-RR 09, 342). Umsetzung VerbrGüKaufRiLi 6 II, III.

2 **2. Gestaltung der Verbrauchergarantie. a) Abfassung (I 1)** einfach und verständlich, insbes hinsichtlich Garantiefall, -frist, -rechte und anderer Pflichtangaben gem I 2. Klare Gliederung, keine Schachtelsätze; Schlagwörter können genügen. Erforderlich ist Sprache des Verkaufsortes. In Deutschland deutsch (keine Minderheitensprachen [dänisch, sorbisch]); englische Sprache genügt auch bei Produkten moderner Informationstechnologie (noch) nicht (aA PalWeidenkaff 6; offen BT-Drs 14/6040 S 246). Bei fremdsprachlich geführtem Verkaufsgespräch muss Garantie
3 in dieser Sprache erklärt (und gem II mitgeteilt) werden. **b) Pflichtangaben. aa) I 2 Nr. 1 Fall 1:** Hinweis auf ges Rechte des Käufers; nur Rechte bei Mängeln gem § 437, auch Verjährung nach § 438. Wurde Schadensersatz wirksam (§ 475 III) beschränkt, entfällt insoweit Hinweispflicht. **bb) I 2 Nr 1 Fall 2:** Hinweis darauf, dass ges Rechte durch die Garantie nicht beeinträchtigt (sa § 443 I) werden. Käufer soll nicht den Eindruck gewinnen, seine ges Rechte werden durch die Garantie beschnitten. **cc) I 2 Nr 2 Fall 1:** Inhalt der Garantieerklärung (s § 443 Rn 13), zeitlicher und räumlicher Geltungsbereich. **dd) I 2 Nr 2 Fall 2:** Angaben für die Geltendmachung der Garantie, insbes Name und Anschrift des Garantiegebers.

4 **3. Mitteilung in Textform (II).** Garantievertrag (§ 443 Rn 10 ff) ist formfrei wirksam. Nach II hat Käufer Anspruch auf Mitteilung in Textform (s § 126b). Dies soll den Beweis der Garantie und ihre Durchsetzung erleichtern. Schuldner ist der Garantiegeber (§ 443 Rn 8 f).

5 **4. Verstoß. a) III** stellt klar, dass ein Verstoß gegen I, II die Wirksamkeit des **Garantievertrags nicht beeinträchtigt.** Schutzbestimmung soll nicht zu Lasten des Verbrauchers wirken. § 123 bleibt unberührt. **b)** Unklare Fassung der Garantieerklärung in AGB entgegen I 1 kann ggf über § 305c II **zugunsten des Verbrauchers ausgelegt** werden (BT-Drs 14/6040 S 246). **c)** Verstoß gegen Pflichtangaben begründet entspr **Erfüllungsanspruch;** zB hat Verkäufer Anschrift des Herstellerga-
6 ranten mitzuteilen. **d) Schadensersatzanspruch** gem §§ 280 I, 311 II, 241 II (BT-Drs 14/6040 S 247); zB bei Aufwendungen für Anschriftenermittlung. **e) Wettbewerbsverstoß:** Unklare Garantiebedingung kann irreführende geschäftliche Handlung iSv UWG 3, 5 sein und Ansprüche nach UWG 8, 9 begründen (Hamm MMR 12, 466 f). **f)** Unterlassungsanspruch nach UKlaG 2.

§ 478 Rückgriff des Unternehmers

(1) Wenn der Unternehmer die verkaufte neu hergestellte Sache als Folge ihrer Mangelhaftigkeit zurücknehmen musste oder der Verbraucher den

Titel 1. Kauf, Tausch § 478

Kaufpreis gemindert hat, bedarf es für die in § 437 bezeichneten Rechte des Unternehmers gegen den Unternehmer, der ihm die Sache verkauft hatte (Lieferant), wegen des vom Verbraucher geltend gemachten Mangels einer sonst erforderlichen Fristsetzung nicht.

(2) Der Unternehmer kann beim Verkauf einer neu hergestellten Sache von seinem Lieferanten Ersatz der Aufwendungen verlangen, die der Unternehmer im Verhältnis zum Verbraucher nach § 439 Abs. 2 zu tragen hatte, wenn der vom Verbraucher geltend gemachte Mangel bereits beim Übergang der Gefahr auf den Unternehmer vorhanden war.

(3) In den Fällen der Absätze 1 und 2 findet § 476 mit der Maßgabe Anwendung, dass die Frist mit dem Übergang der Gefahr auf den Verbraucher beginnt.

(4) [1]Auf eine vor Mitteilung eines Mangels an den Lieferanten getroffene Vereinbarung, die zum Nachteil des Unternehmers von den §§ 433 bis 435, 437, 439 bis 443 sowie von den Absätzen 1 bis 3 und von § 479 abweicht, kann sich der Lieferant nicht berufen, wenn dem Rückgriffsgläubiger kein gleichwertiger Ausgleich eingeräumt wird. [2]Satz 1 gilt unbeschadet des § 307 nicht für den Ausschluss oder die Beschränkung des Anspruchs auf Schadensersatz. [3]Die in Satz 1 bezeichneten Vorschriften finden auch Anwendung, wenn sie durch anderweitige Gestaltungen umgangen werden.

(5) Die Absätze 1 bis 4 finden auf die Ansprüche des Lieferanten und der übrigen Käufer in der Lieferkette gegen die jeweiligen Verkäufer entsprechende Anwendung, wenn die Schuldner Unternehmer sind.

(6) § 377 des Handelsgesetzbuchs bleibt unberührt.

Lit: Bittrich, Der Rückgriff des Letztverkäufers ..., JR 04, 485; Jacobs, Der Rückgriff des Unternehmers nach § 478 BGB, JZ 04, 225; Salewski, Das Verhältnis von § 478 Abs. 1 und Abs. 2 BGB, ZGS 08, 212.

1. Allgemeines. a) Bedeutung. VerbrGüKaufRiLi 4 verlangt Regressmöglich- 1 keit innerhalb der Vertragskette, wenn der Unternehmer (Rn 2 [bb]) wegen eines Mangels der Kaufsache vom Verbraucher (Rn 2 [aa]) in Anspruch genommen wird. Der Letztverkäufer soll die Belastungen des Verbraucherschutzes nicht endgültig tragen, sondern – ggf gem V – auf den Erstverkäufer abwälzen können. **b) Betei-** 2 **ligte. aa) Verbraucher** iSd § 478 ist der Letztkäufer, der mit der Geltendmachung von Mängeln beim Unternehmer den Regress auslöst. Voraussetzungen des § 13 müssen vorliegen. **bb) Unternehmer** iSd § 478 ist der Letztverkäufer, bei V auch die Vorverkäufer in der Lieferkette. Voraussetzungen des § 14 müssen vorliegen. **cc) Lieferant** iSd § 478 ist der Unternehmer, bei dem der Letztverkäufer die mangelhafte Sache gekauft hatte. Lieferant kann Hersteller, aber auch Groß- oder Zwischenhändler der Kaufsache sein, nicht jedoch ein Teilezulieferer für die neue Sache. **c) Überblick. aa)** § 478 geht davon aus, dass der Regress innerhalb der „Liefer- 3 kette" (s V) erfolgt; ein „Durchgriff" außerhalb der Vertragsbeziehungen vom Verkäufer auf den Hersteller unter Übergehung eines Zwischenhändlers findet nicht statt. **Grundlage des Regresses** sind die Rechte gem § 437, die dem Unternehmer (Letztverkäufer) in seiner Rolle als Käufer bei „seinem" Lieferanten zustehen. **bb)** Hat der Unternehmer die mangelhafte Sache zurücknehmen müssen oder hat der Käufer den Kaufpreis gemindert (Rn 5), **entbindet I** den Unternehmer bei Geltendmachung der Gewährleistungsbehelfe nach § 437 Nr 2, 3 vom Erfordernis der **Fristsetzung** (§§ 280 I, III, 281 I, 284, 323 I, 441 I). Der Lieferant hat im Regressverhältnis kein „Recht auf zweite Andienung" (s § 439 Rn 4). I ist keine Anspruchsgrundlage und schafft keine zusätzlichen Regressmöglichkeiten. Dem Unternehmer bleibt das Recht auf Nacherfüllung (§ 439) jedoch unbenommen. **cc) II** begründet für den Unternehmer einen verschuldensunabhängigen **Aufwen-** 4

§ 478

dungsersatzanspruch für gem § 439 II erforderliche Aufwendungen der Nacherfüllung. Der Unternehmer soll auch Regress nehmen können, wenn dem Lieferanten wegen des Mangels ein Vertretenmüssen nicht nachzuweisen ist und daher ein Schadensersatzanspruch gem §§ 437 Nr 3, 280 ausscheidet. **dd) III** erstreckt die Beweislastumkehr des § 476 auf das Regressverhältnis. **ee) IV** beschränkt die Privatautonomie bei der Rückgriffsgestaltung. **ff)** Gem **V** gelten I–IV auch beim Rückgriff des in Regress genommenen Zwischenhändlers bei seinem (Vor-)Lieferanten. **gg) Verjährung** der Rückgriffsansprüche s § 479.

5 **2. Entbehrlichkeit der Fristsetzung (I). a) Voraussetzungen. aa)** Verkauf (s § 433 Rn 1) einer neu hergestellten (s § 309 Rn 11) Sache; nicht bei gebrauchter (s § 474 Rn 6) Kaufsache. Diese Einschränkung ist allerdings in VerbrGüKaufRiLi 4 nicht vorgesehen. **bb)** Verkäufer und Käufer sind Unternehmer gem § 14. **cc)** Letztverkauf an Verbraucher *oder* V: Unternehmer wurde als Vorlieferant in der Lieferkette in Anspruch genommen. **dd) Rücknahme oder Minderung. α) Rücknahme.** Rückgabe der Kaufsache muss entgegen dem zu engen Wortlaut von I nicht erfolgt sein; entscheidend ist nicht Rücknahmepflicht des Unternehmers; I erfasst alle Rechtsbehelfe des Käufers, die dem Verkäufer gem §§ 346–348 einen Anspruch auf Rückgewähr der mangelhaften Sache geben (BaR/Faust 16; aA 11. Aufl): Ersatzlieferung (§§ 439 I, IV) Rücktritt (§ 323), Schadensersatz statt der ganzen Leistung (sog „großer Schadensersatz", §§ 280 I, III, 281 I 2, 3, V). **β)** Bei **Minderung** (§ 441) ggf Rückzahlung des zu viel geleisteten Kaufpreises (sa § 479 II, der auf Vollzug abstellt). **γ)** Der Minderung analog I gleichzustellen ist Geltendmachung des Schadensersatzes statt der Leistung (sog „kleiner Schadensersatz") gem §§ 280 I, III, 281 I 1 (BaR/Faust 15). **δ)** I anwendbar auch bei **Leistungsverweigerungsrecht** des Käufers nach Ausschluss von Rücktritt und Minderung gem §§ 218, 438 IV 2, V (MK/Lorenz 18). **ee)** I ist nicht erfüllt, wenn schon der Unternehmer einen Mangel feststellt und Rechte gegen den Lieferanten geltend macht, ohne die Sache an einen Verbraucher weiterzuverkaufen („abgebrochene Lieferkette", Matthes NJW 02, 2505; str). – Gewährleistungsbehelfe müssen dem Käufer wegen eines tatsächlich vorliegenden Sachmangels zugestanden haben. Daher *nicht* bei Kulanz des Unternehmers (zB: Einräumung eines „Umtauschrechts"), Verjährung der Rechte des Verbrauchers (s § 438), Ausübung eines Widerrufsrechts (zB §§ 312, 312d). Mindert der Käufer, kann der Unternehmer beim Lieferanten nach I Regress nehmen, selbst wenn er ihn nicht auf die gemäß § 439 I vorrangige Nachbesserung verwiesen hat (Schubel ZIP 02, 2069). Ein „Beurteilungsspielraum" des Unternehmers hinsichtlich des Mangels ist hingegen nicht anzuerkennen (aA Schubel ZIP 02, 2064 unter Hinweis auf den Zeitdruck, unter dem der Unternehmer steht). **ff)** Rechte des Unternehmers gegen Lieferanten gem § 437; daher muss die Kaufsache bei Gefahrübergang (s § 434 Rn 5) an den *Unternehmer* schon mangelhaft gewesen sein. Nicht, wenn der Mangel erst beim Unternehmer auftritt, zB infolge fehlerhafter Lagerung oder auf Grund von Werbeaussagen, die der Lieferant nach Gefahrübergang an den Unternehmer, aber vor Weiterverkauf an den Verbraucher (§ 434 I 3) tätigt; Unternehmer kann aber ggf Schadensersatz gem § 280 I verlangen
6 (BT-Drs 14/6040 S 248). **b) Rechtsfolgen.** Der Unternehmer kann gegenüber dem Lieferanten sofort zurücktreten (die Sache „weiterreichen") oder mindern bzw Schadensersatz statt der Leistung oder Aufwendungsersatz verlangen. Schadensersatzanspruch gem § 280 I (Rn 5 aE) bleibt unberührt.

7 **3. Aufwendungsersatz (II). a) Voraussetzungen. aa)** Verkauf einer neu hergestellten Sache (s Rn 5 [aa]) durch Unternehmer an Unternehmer, der sie an Verbraucher verkauft (V) seinerseits als Vorlieferant gem II in Anspruch genommen wurde. **bb)** Mangel bei Gefahrübergang (§ 434 Rn 5). **cc)** Auf ein Vertretenmüssen
8 des Lieferanten kommt es bei II nicht an. **dd) Aufwendungen,** die der Unternehmer wegen des Mangels bei der Nacherfüllung (§§ 437 Nr 1, 439) gegenüber dem Verbraucher gem § 439 II tätigen musste. II gilt für Nachbesserung und Ersatzlieferung. Bei Ersatzlieferung fällt der Kaufpreis der mangelfreien Sache jedoch nicht

Titel 1. Kauf, Tausch **§ 479**

unter § 439 II und ist daher vom Lieferanten nicht nach II zu ersetzen (Kompakt-KomSchR/Tonner Rn 15; aA AnwKom/BGB Büdenbender 12); vielmehr hat der Lieferant dem Unternehmer den Kaufpreis der mangelhaften Sache im Falle des Rücktritts zurückzuzahlen. – Der Lieferant hat iÜ nur Aufwendungen zu ersetzen, die für die Erfüllung der vom Verbraucher gewählten Art der Nacherfüllung (s § 439 I) *erforderlich* waren, daher nicht die Kosten einer übertreuerten Reparatur; der Unternehmer kann in diesem Fall nur die Differenz zwischen seinen Kosten und dem Marktpreis ersetzt verlangen. – War die vom Verbraucher gewählte Form der Nacherfüllung mit unverhältnismäßigen Kosten verbunden und daher nach § 439 III nicht geschuldet, hat der Lieferant nur die Kosten der anderen Form der Nacherfüllung zu tragen (Matthes NJW 02, 2507). – Im Hinblick auf die Erfolgsaussichten eines Nachbesserungsversuchs sollte dem Unternehmer eine Einschätzungsprärogative zustehen; er kann daher auch Aufwendungen einer erfolglosen Reparatur (s § 439 Rn 37) ersetzt verlangen, soweit die fehlende Erfolgsaussicht nicht evident war (Schubel ZIP 02, 2066). – **b) Rechtsfolgen.** Aufwendungsersatzanspruch des 9 Unternehmers. II kann mit Schadensersatzanspruch gem §§ 437 Nr 3, 280 I konkurrieren.

4. Beweislastumkehr (III). Beweislastregel des § 476 gilt auch zugunsten des 10 jeweiligen Anspruchstellers im Regressverhältnis gem I, II. Zeigt sich ein Mangel innerhalb der Frist von sechs Monaten, hat der jeweilige in Regress genommene Verkäufer (auch bei V) sein Nichtvorliegen bei Gefahrübergang (s § 434 Rn 5) zu beweisen. Für den Beginn der Frist ist nicht auf den Übergang der Gefahr auf den Regressanspruchsteller, sondern auf den Verbraucher abzustellen.

5. Abweichende Vereinbarungen. IV 1 schränkt die Disposition über die 11 Rückgriffsrechte (s Rn 4) und deren Verjährung (§ 479) ein; *nicht:* gem **IV 2** Schadensersatz (§ 437 Nr 3) und HGB 377 (Rn 12). Beschränkung und Ausschluss aber wirksam, soweit dem Unternehmer ein gleichwertiger Ausgleich eingeräumt wird. Bsp: Pauschales Abrechnungs- (BT-Drs 14/6040 S 249) oder Rabattsystem. **IV 3** enthält Umgehungsverbot (s § 475 Rn 6). Zu den Gestaltungsmöglichkeiten bei AGB s Matthes NJW 02, 2507.

6. Lieferkette (V). Erleichterungen der I–III und Beschränkungen des IV sollen 12 Rückgriff bis zum für den Sachmangel verantwortlichen Unternehmer ermöglichen.

7. Handelskauf (VI). Nach VI bleiben Untersuchungs- und Rügeobliegenhei- 13 ten gem HGB 377 unberührt; **Lit:** Schubel ZIP 02, 2069 ff.

§ 479 Verjährung von Rückgriffsansprüchen

(1) **Die in § 478 Abs. 2 bestimmten Aufwendungsersatzansprüche verjähren in zwei Jahren ab Ablieferung der Sache.**

(2) ¹**Die Verjährung der in den §§ 437 und 478 Abs. 2 bestimmten Ansprüche des Unternehmers gegen seinen Lieferanten wegen des Mangels einer an einen Verbraucher verkauften neu hergestellten Sache tritt frühestens zwei Monate nach dem Zeitpunkt ein, in dem der Unternehmer die Ansprüche des Verbrauchers erfüllt hat.** ²**Diese Ablaufhemmung endet spätestens fünf Jahre nach dem Zeitpunkt, in dem der Lieferant die Sache dem Unternehmer abgeliefert hat.**

(3) **Die vorstehenden Absätze finden auf die Ansprüche des Lieferanten und der übrigen Käufer in der Lieferkette gegen die jeweiligen Verkäufer entsprechende Anwendung, wenn die Schuldner Unternehmer sind.**

1. Allgemeines. a) Bedeutung. aa) I bestimmt Beginn und Dauer der Verjäh- 1 rung des Aufwendungsersatzanspruchs aus § 478 II abw von §§ 195, 199 I unter Anpassung an § 438 I Nr 3. **bb)** Die Ablaufhemmung des **II** soll die Regresslücke schließen, die dem Unternehmer droht, der vom Verbraucher wegen eines Mangels

Berger 677

§ 480

zu einem Zeitpunkt in Anspruch genommen wird, zu dem Rückgriffsansprüche des Unternehmers bereits verjährt sind. Diese Gefahr entsteht infolge des unterschiedlichen Zeitpunkts des Beginns des Laufs der Verjährungsfrist gem § 438 II: Ablieferung an Unternehmer regelmäßig vor der an Verbraucher. **b) Anwendungsbereich** s § 478 Rn 1. Nach **III** auch bei Rückgriffskette. Unabdingbare Regelung (s § 478 IV).

2 **2. Verjährung Aufwendungsersatzanspruch (I).** Nur Anspruch gem § 478 II; für Ansprüche gem § 437 gilt § 438. Beginn: Ablieferung an Regressgläubiger, nicht Verbraucher.

3 **3. Ablaufhemmung (II).** Ansprüche gem §§ 437, 478 II. Verjährungsfrist der Rückgriffsansprüche beträgt gem §§ 438 II, 479 I mindestens zwei Jahre, beginnend mit Ablieferung der Kaufsache an den rückgriffsberechtigten Unternehmer. Verjährung endet jedoch frühestens zwei Monate, nachdem der Unternehmer die Mängelrechte des Verbrauchers gem § 437 erfüllt hat (II 1), so dass Verkäufer Gelegenheit zu verjährungshemmenden Maßnahmen gem §§ 203, 204 erhält (BaR/Faust 8), zB den Lieferanten durch Streitverkündung (ZPO 72 ff) vom Prozess mit dem Käufer benachrichtigt, § 204 I Nr 6. Ende der Ablaufhemmung spätestens nach fünf Jahren seit Ablieferung an Unternehmer (II 2). **Lit:** Raue Jura 07, 427.

Untertitel 4. Tausch

§ 480 Tausch

Auf den Tausch finden die Vorschriften über den Kauf entsprechende Anwendung.

1 **1. Allgemeines. a) Begriff.** Der Tausch ist ein gegenseitiger Vertrag (§ 320), in dem sich die Parteien zum Austausch von Sachen, Vermögenswerten oder Rechten verpflichten. **b) Bedeutung.** Gering, solange das Geld seine Funktion als allg
2 Tauschmittel erfüllt. **c) Abgrenzungen. aa)** Ein **Doppelkauf** liegt vor, wenn mit jeder der beiden Warenveräußerungen ein bes Umsatzzweck verbunden ist; jedoch liegt trotz der Bestimmung von „Tauschpreisen" ein echter Tausch vor, wenn die vereinbarten Geldsummen lediglich den Charakter von Vergleichs- oder Abrechnungsgrößen für einen Wertausgleich in Geld (Rn 4) haben (RG 73, 90; BGH 49, 10). **bb)** „**Wohnungstausch**" ist nur Besitzwechsel zwischen den Mietern, kein Tausch iSd § 480; zum Tausch von **Nutzungsrechten** aus Time-Sharing-Verträgen vgl Bütter VuR 97, 414 ff. **cc) Inzahlungnahme** eines Gegenstandes beim Kauf ist idR kein (reiner) Tausch (s §§ 364, 365 Rn 2 f; § 433 Rn 14), sondern uU gemischter Vertrag (Oldenburg NJW-RR 95, 689; LG Wuppertal NJW-RR 97,
3 1416), uU auch Vermittlungsvertrag (vgl § 311 Rn 25; § 433 Rn 14). **d) Sonderfälle.** Tausch unter Einschaltung Dritter (sog Ringtausch; dazu BGH 49, 7). Zulässig ist auch der Praxistausch zwischen Ärzten (BGH 16, 74) und der Studienplatztausch (München NJW 78, 701). Beim Kauf auf „Umtausch" ist der Käufer berechtigt, den unversehrten Kaufgegenstand zurückzugeben und durch einen anderen (ungefähr wertgleichen) zu ersetzen (s §§ 454, 455 Rn 2; § 346 Rn 2).

4 **2. Tauschvertrag. a) Zustandekommen.** Vereinbarung einer Tauschleistung um des Empfangs der anderen willen. Es kann ein Ausgleich der Wert- bzw Preisdifferenz durch eine Geldleistung vereinbart sein, doch darf diese nicht die Hauptleis-
5 tung ausmachen (München NJW 78, 702). **b) Rechtsfolgen.** Auf beide Tauschleistungen ist Kaufrecht anwendbar mit Ausnahme der den Kaufpreis betr Bestimmungen (LM Nr 1 zu § 454 aF). Bei **Minderung** (§§ 480, 437 Nr. 2 Alt 2, 441) erfolgt Geldausgleich (RG 73, 152; 72, 301); herabzusetzen ist entpsr § 441 III der obj Wert im Verhältnis zwischen dem Wert des anderen Tauschgegenstandes im mangelfreien und mangelhaften Zustand. **Rücktritt** führt zur Rückabwicklung

Titel 2. Teilzeit-Wohnrechteverträge § 481

des Tausches (§§ 480, 437 Nr. 2 Alt 1, 346–348), mithin zum Rücktausch (Bsp: Hamm NJW-RR 94, 882); bei Unmöglichkeit der Rückgewähr des anderen Tauschgegenstandes uU Wertausgleich (s § 346 II, III).

Titel 2. Teilzeit-Wohnrechteverträge, Verträge über langfristige Urlaubsprodukte, Vermittlungsverträge und Tauschsystemverträge

§ 481 Teilzeit-Wohnrechtevertrag

(1) ¹Ein Teilzeit-Wohnrechtevertrag ist ein Vertrag, durch den ein Unternehmer einem Verbraucher gegen Zahlung eines Gesamtpreises das Recht verschafft oder zu verschaffen verspricht, für die Dauer von mehr als einem Jahr ein Wohngebäude mehrfach für einen bestimmten oder zu bestimmenden Zeitraum zu Übernachtungszwecken zu nutzen. ²Bei der Berechnung der Vertragsdauer sind sämtliche im Vertrag vorgesehenen Verlängerungsmöglichkeiten zu berücksichtigen.

(2) ¹Das Recht kann ein dingliches oder anderes Recht sein und insbesondere auch durch eine Mitgliedschaft in einem Verein oder einen Anteil an einer Gesellschaft eingeräumt werden. ²Das Recht kann auch darin bestehen, aus einem Bestand von Wohngebäuden ein Wohngebäude zur Nutzung zu wählen.

(3) Einem Wohngebäude steht ein Teil eines Wohngebäudes gleich, ebenso eine bewegliche, als Übernachtungsunterkunft gedachte Sache oder ein Teil derselben.

Lit: Schubert, Neues bei den Teilzeit-Wohnrechten (Timesharing), NZM 07, 665.

1. Allgemeines. a) In Umsetzung der RiLi 2008/122/EG wurden die Vorschriften der §§ 481–487 zum 23.2.2011 geändert (vgl BGBl I 34; zu §§ 481–487 aF 13. Aufl.) und der Anwendungsbereich auf Verträge über langfristige Urlaubsprodukte, Vermittlungsverträge und Tauschsystemverträge ausgedehnt, da diese in engem Zusammenhang mit Teilzeit-Wohnrechteverträgen stehen. Die RiLi verfolgt dabei größtenteils das – zweifelhafte – Prinzip der Vollharmonisierung (vgl Erwägungsgrund 3). Von der Richtlinienvorgabe abweichende innerstaatliche Gesetzesregelungen – auch zugunsten des Verbrauchers – sind daher grds nicht mehr möglich. **b)** §§ 481 ff sind **halbzwingend,** dh vertragliche Abweichungen zu*un*gunsten des Verbrauchers sind unwirksam (§ 487 S 1). Zum **Umgehungsverbot** (§ 487 S 2) s § 134 Rn 18. 1

2

2. Teilzeit-Wohnrechtevertrag. Definition in I 1. **a) Rechtsnatur.** Rechtskauf (§ 453: Teilzeit-Wohnrecht gegen Zahlung eines Gesamtpreises), für den §§ 482–487 bes Vorschriften enthalten. Daher sind die §§ 433–451 anwendbar. Da Nutzungsrecht zum Besitz der Wohneinheit berechtigt, gilt § 453 III. **Gesamtpreis** ist der Kaupreis (§ 433 II) zur Abgeltung der gesamten Nutzungsdauer. Wird er finanziert, gilt § 358 (§ 485 Rn 3). Bei Sach- und Rechtsmängeln kann Erwerber nach § 437 vorgehen. **b) Beteiligt** sind als Verkäufer ein **Unternehmer** (§ 14) und als Käufer ein **Verbraucher** (§ 13). **c) Vertragszweck:** Nutzung eines Wohngebäudes bzw eines Teils davon (zB Zimmer, Apartment) oder einer als Übernachtungsunterkunft gedachten beweglichen Sache bzw eines Teils davon (zB Hausboot, Wohnmobil, Kabine auf Kreuzfahrtschiff), **III,** zu Übernachtungszwecken. **d) Nutzungszeit:** Auf die Dauer von mehr als einem Jahr für einen bestimmten oder zu bestimmenden Zeitraum (also nur für einen **Teil eines Jahres,** zusammenhängend oder verteilt, aber nicht für ein ganzes Jahr). **I 2** verhindert Unterlaufen des Vertrags durch Kettenverträge (vgl BT-Drs 17/2764 S 15). 3

4

5

6

§§ 481a, 481b

7 **3. Wohnrechte-Arten (II).** Zweck und Nutzungszeit sind bei den einzelnen Arten gleich (Rn 5, 6). Möglich sind (II 1) ein *dingliches* Recht (zB Miteigentum, §§ 1008 ff), ein *schuldrechtliches* Recht (zB Miete), *Mitgliedschaft* in einem Verein oder Anteil an einer (Personen- oder Kapital-)Gesellschaft (zB Aktien an einer AG mit „Dividende" in Form einer Wohnberechtigung). Möglich ist auch die Einräumung des Rechts, die Nutzung eines (Teils eines) Wohngebäudes aus einem *Bestand von Wohngebäuden* zu wählen (zB in einer oder mehreren Ferienanlagen, auch in verschiedenen Ländern, wie zB bei Hapimag), II 2.

§ 481a Vertrag über ein langfristiges Urlaubsprodukt

¹Ein Vertrag über ein langfristiges Urlaubsprodukt ist ein Vertrag für die Dauer von mehr als einem Jahr, durch den ein Unternehmer einem Verbraucher gegen Zahlung eines Gesamtpreises das Recht verschafft oder zu verschaffen verspricht, Preisnachlässe oder sonstige Vergünstigungen in Bezug auf eine Unterkunft zu erwerben. ²§ 481 Absatz 1 Satz 2 gilt entsprechend.

§ 481b Vermittlungsvertrag, Tauschsystemvertrag

(1) Ein Vermittlungsvertrag ist ein Vertrag, durch den sich ein Unternehmer von einem Verbraucher ein Entgelt versprechen lässt für den Nachweis der Gelegenheit zum Abschluss eines Vertrags oder für die Vermittlung eines Vertrags, durch den die Rechte des Verbrauchers aus einem Teilzeit-Wohnrechtevertrag oder einem Vertrag über ein langfristiges Urlaubsprodukt erworben oder veräußert werden sollen.

(2) Ein Tauschsystemvertrag ist ein Vertrag, durch den sich ein Unternehmer von einem Verbraucher ein Entgelt versprechen lässt für den Nachweis der Gelegenheit zum Abschluss eines Vertrags oder für die Vermittlung eines Vertrags, durch den die einzelne Rechte des Verbrauchers aus einem Teilzeit-Wohnrechtevertrag oder einem Vertrag über ein langfristiges Urlaubsprodukt getauscht oder auf andere Weise erworben oder veräußert werden sollen.

Anmerkungen zu den §§ 481a, 481b

1 **1. Allgemeines.** §§ 481a, 481b erweitern den bisher auf Teilzeit-Wohnrechteverträge beschränkten Anwendungsbereich der §§ 481 ff auf weitere Vertragstypen.

2 **2. Vertrag über ein langfristiges Urlaubsprodukt (§ 481a).** § 481a S 1 definiert Verträge, in denen der Verbraucher gegen Zahlung eines Gesamtpreises Preisnachlässe oder sonstige Vergünstigungen in Bezug auf eine Unterkunft erhält (zB Reise-Rabatt-Club). Vertragsdauer: mehr als ein Jahr. Nicht erfasst sind herkömmliche Treueprogramme für Hotelkunden (BT-Drs 17/2764 S 16). § 481 I 2 gilt entsprechend, § 481a S 2. Vgl zum Ratenzahlungsplan § 486a.

3 **Vermittlungsvertrag (§ 481b I).** Unterfall eines Mäklervertrags, §§ 652 ff, in dem ein Unternehmer vom Verbraucher gegen Entgelt beauftragt wird, ein Teilzeit-Wohnrecht bzw ein langfristiges Urlaubsprodukt zu erwerben bzw zu veräußern. Käufer kann sowohl Verbraucher als auch Unternehmer sein.

4 **4. Tauschsystemvertrag (§ 481b II).** Verbraucher tritt gegen ein – zumeist sehr hohes – Entgelt einem „Tauschpool" bei, der ihn zB zur Nutzung einer Übernachtungsunterkunft im Tausch gegen die vorübergehende Nutzung seines eigenen Teilzeit-Wohnrechts durch einen Dritten berechtigt (BT-Drs 17/2764 S 16).

Titel 2. Teilzeit-Wohnrechteverträge § 482

§ 482 Vorvertragliche Informationen, Werbung und Verbot des Verkaufs als Geldanlage

(1) ¹Der Unternehmer hat dem Verbraucher rechtzeitig vor Abgabe von dessen Vertragserklärung zum Abschluss eines Teilzeit-Wohnrechtevertrags, eines Vertrags über ein langfristiges Urlaubsprodukt, eines Vermittlungsvertrags oder eines Tauschsystemvertrags vorvertragliche Informationen nach Artikel 242 § 1 des Einführungsgesetzes zum Bürgerlichen Gesetzbuche in Textform zur Verfügung zu stellen. ²Diese müssen klar und verständlich sein.

(2) ¹In jeder Werbung für solche Verträge ist anzugeben, dass vorvertragliche Informationen erhältlich sind und wo diese angefordert werden können. ²Der Unternehmer hat bei der Einladung zu Werbe- oder Verkaufsveranstaltungen deutlich auf den gewerblichen Charakter der Veranstaltung hinzuweisen. ³Dem Verbraucher sind auf solchen Veranstaltungen die vorvertraglichen Informationen jederzeit zugänglich zu machen.

(3) Ein Teilzeit-Wohnrecht oder ein Recht aus einem Vertrag über ein langfristiges Urlaubsprodukt darf nicht als Geldanlage beworben oder verkauft werden.

1. Vorvertragliche Informationspflicht. a) Allgemeines. Informations- 1
pflicht besteht für alle Vertragstypen der §§ 481–481b. Zurverfügungstellung begründet vorvertragliches Schuldverhältnis iSv § 311 II Nr 3. Verletzung führt dazu, dass die Widerrufsfrist nicht zu laufen beginnt (§ 485a II 1) und ggf zum Ersatzanspruch der §§ 280 I, 241 II, wobei Vertragsauflösung als Naturalrestitution durch § 485a II 2 begrenzt ist. IÜ ist eine wettbewerbsrechtliche Ahndung gem UWG 3, 5a II, IV, 8 ff möglich. **b) Form.** Papierform durch Aushändigung eines 2
gedruckten Prospekts ist nicht mehr erforderlich, **Textform** (§ 126b BGB), zB auf einem allgemein zugänglichen Datenträger, genügt. **c)** Der **Inhalt** der vorvertragli- 3
chen Informationspflichten ergibt sich aus **EGBGB 242 § 1**, der wiederum auf die in den Anhängen der RiLi 2008/122/EG abgedruckten Formblätter verweist. Eine innerstaatliche RechtsVO (bisher: BGB-InfoV 2) ist wegen des Prinzips der Vollharmonisierung nicht mehr notwendig, da deren Vorteil der unkomplizierten Veränderbarkeit weggefallen ist (BT-Drs 17/2764 S 22). **d)** Gem **I 2** müssen die Informa- 4
tionen klar und verständlich sein. Dieser Wortlaut ist dem **Transparenzgebot** des § 307 I 2 nachempfunden (vgl § 307 Rn 6 ff). **e) Zeitpunkt.** Die Informationen 5
sind rechtzeitig vor Abgabe der Vertragserklärung vom Unternehmer zur Verfügung zu stellen. Der Verbraucher soll damit die Möglichkeit haben, den Inhalt des – sehr umfangreichen – Informationsmaterials mit der gebotenen Gründlichkeit zu studieren (BT-Drs 17/2764 S 17). **f) Sprache.** Sie bestimmt sich nach § 483 I 1, 2 6
(§ 483 I 3).

2. Werbung. Unabhängig von ihrer Form muss Werbung für den Abschluss von 7
Verträgen iSv §§ 481–481b angeben, dass und wo vorvertragliche Informationen auf Anfordern erhältlich sind, **II 1.** Soll das Teilzeit-Wohnrecht im Rahmen einer Werbe- oder Verkaufsveranstaltung an den Verbraucher verkauft werden, hat der Unternehmer zum Schutz des Verbrauchers diesen deutlich auf den gewerblichen Charakter der Veranstaltung hinzuweisen und ihm die vorvertraglichen Informationen jederzeit zugänglich zu machen, **II 2, 3.**

3. Geldanlage. Um zu verhindern, dass der Verbraucher ein Teilzeit-Wohnrecht 8
oder ein langfristiges Urlaubsprodukt in der Erwartung erwirbt, daraus Gewinne zu erzielen, verbietet **III** das Bewerben und den Verkauf dieser Rechte als Geldanlage.

§§ 482a, 483 Buch 2. Abschnitt 8. Einzelne Schuldverhältnisse

§ 482a Widerrufsbelehrung

¹Der Unternehmer muss den Verbraucher vor Vertragsschluss in Textform auf das Widerrufsrecht einschließlich der Widerrufsfrist sowie auf das Anzahlungsverbot nach § 486 hinweisen. ²Der Erhalt der entsprechenden Vertragsbestimmungen ist vom Verbraucher schriftlich zu bestätigen. ³Die Einzelheiten sind in Artikel 242 § 2 des Einführungsgesetzes zum Bürgerlichen Gesetzbuche geregelt.

1 1. **Widerrufsbelehrung.** Vor Vertragsschluss ist der Verbraucher vom Unternehmer in Textform (§ 126b) über das Widerrufsrecht (§ 485), die Widerrufsfrist (§ 485a) und das Anzahlungsverbot (§ 486) zu informieren, **S 1**. Hält sich der Unternehmer nicht daran, beginnt die Widerrufsfrist erst zu laufen, nachdem er die Belehrung nachgeholt hat, § 485a III. Einzelheiten sind gem **S 3** in **EGBGB 242 § 2** geregelt, der wiederum auf das Formblattmuster in Anh V der RiLi 2008/122/EG verweist.

2 2. **Bestätigung.** Die gem **S 2** notwendige schriftliche Bestätigung des Erhalts der entsprechenden Vertragsbestimmungen durch den Verbraucher soll bewirken, dass dieser davon tatsächlich Kenntnis nimmt und der Unternehmer im Streitfall den Nachweis hat, seiner Belehrungspflicht nachgekommen zu sein (BT-Drs 17/2764 S 17 f).

§ 483 Sprache des Vertrags und der vorvertraglichen Informationen

(1) ¹Der Teilzeit-Wohnrechtevertrag, der Vertrag über ein langfristiges Urlaubsprodukt, der Vermittlungsvertrag oder der Tauschsystemvertrag ist in der Amtssprache oder, wenn es dort mehrere Amtssprachen gibt, in der vom Verbraucher gewählten Amtssprache des Mitgliedstaats der Europäischen Union oder des Vertragsstaats des Abkommens über den Europäischen Wirtschaftsraum abzufassen, in dem der Verbraucher seinen Wohnsitz hat. ²Ist der Verbraucher Angehöriger eines anderen Mitgliedstaats, so kann er statt der Sprache seines Wohnsitzstaats auch die oder eine der Amtssprachen des Staats, dem er angehört, wählen. ³Die Sätze 1 und 2 gelten auch für die vorvertraglichen Informationen und für die Widerrufsbelehrung.

(2) Ist der Vertrag von einem deutschen Notar zu beurkunden, so gelten die §§ 5 und 16 des Beurkundungsgesetzes mit der Maßgabe, dass dem Verbraucher eine beglaubigte Übersetzung des Vertrags in der von ihm nach Absatz 1 gewählten Sprache auszuhändigen ist.

(3) Verträge, die Absatz 1 Satz 1 und 2 oder Absatz 2 nicht entsprechen, sind nichtig.

1 1. **Anwendbarkeit.** Voraussetzung für die Sprachregelung nach § 483 ist, dass die §§ 481–487 nach deutschem **IPR (EGBGB 46b)** anwendbar sind.

2 2. **Bestimmung der Sprache (II).** Die **Sprache** für **Verträge (I 1)**, für **vorvertragliche Informationen und die Widerrufsbelehrung (I 3)** einschließlich der Formblätter bestimmt sich nach dem **Wohnsitz des Verbrauchers** in einem Mitgliedstaat der EU oder einem Vertragsstaat des EWR-Abkommens. Maßgebend ist die am Wohnsitz geltende Amtssprache, bei mehreren Amtssprachen die vom Verbraucher gewählte: **I 1** (Bsp: Für den Vertrag eines deutschen Verbrauchers mit Wohnsitz in Deutschland ist Deutsch Vertragssprache, auch wenn das Wohngebäude in Frankreich liegt). Hat der Verbraucher nicht die Staatsangehörigkeit seines Wohnsitzstaates, sondern die eines anderen EU- oder EWR-Staats, so kann er dessen Amtssprache oder eine von mehreren dort geltenden Amtssprachen wählen, **I 2** (Bsp: Ein Niederländer mit Wohnsitz in Deutschland kann Niederländisch als Vertragssprache wählen).

Titel 2. Teilzeit-Wohnrechteverträge § 484

3. Beurkundete Veträge (III). Von einem deutschen Notar beurkundete Ver- 3
träge unterliegen BeurkG 5 (Urkundensprache ist grds Deutsch), 16 (Feststellung
unzureichender Sprachkenntnisse; Übersetzung, auf Verlangen schriftlich); der Verbraucher erhält ohne bes Antrag eine beglaubigte Übersetzung des Vertrags in der
von ihm nach I gewählten Sprache **(II).**
4. Verstoß (III). Nicht in der nach I 1, 2 oder II einschlägigen Sprache abgefasste 4
Verträge sind **nichtig,** III. Sind dem Verbraucher vorvertragliche Informationen,
Formblätter oder Widerrufsbelehrung nicht in der einschlägigen Sprache überlassen
worden, beginnt die Widerrufsfrist erst zu laufen, nachdem er die Belehrung in
dieser Sprache nachgeholt hat, § 485a II, III; III verweist nicht auf I 3.

§ 484 Form und Inhalt des Vertrags

(1) **Der Teilzeit-Wohnrechtevertrag, der Vertrag über ein langfristiges
Urlaubsprodukt, der Vermittlungsvertrag oder der Tauschsystemvertrag
bedarf der schriftlichen Form, soweit nicht in anderen Vorschriften eine
strengere Form vorgeschrieben ist.**

(2) ¹**Die dem Verbraucher nach § 482 Absatz 1 zur Verfügung gestellten
vorvertraglichen Informationen werden Inhalt des Vertrags, soweit sie
nicht einvernehmlich oder einseitig durch den Unternehmer geändert wurden.** ²**Der Unternehmer darf die vorvertraglichen Informationen nur einseitig ändern, um sie an Veränderungen anzupassen, die durch höhere Gewalt
verursacht wurden.** ³**Die Änderungen nach Satz 1 müssen dem Verbraucher
vor Abschluss des Vertrags in Textform mitgeteilt werden.** ⁴**Sie werden nur
wirksam, wenn sie in die Vertragsdokumente mit dem Hinweis aufgenommen werden, dass sie von den nach § 482 Absatz 1 zur Verfügung gestellten
vorvertraglichen Informationen abweichen.** ⁵**In die Vertragsdokumente
sind aufzunehmen:**
1. **die vorvertraglichen Informationen nach § 482 Absatz 1 unbeschadet
ihrer Geltung nach Satz 1,**
2. **die Namen und ladungsfähigen Anschriften beider Parteien sowie**
3. **Datum und Ort der Abgabe der darin enthaltenen Vertragserklärungen.**

(3) ¹Der Unternehmer hat dem Verbraucher die Vertragsurkunde oder
eine Abschrift des Vertrags zu überlassen. ²Bei einem Teilzeit-Wohnrechtevertrag hat er, wenn die Vertragssprache und die Amtssprache des Mitgliedstaats der Europäischen Union oder des Vertragsstaats des Abkommens
über den Europäischen Wirtschaftsraum, in dem sich das Wohngebäude
befindet, verschieden sind, eine beglaubigte Übersetzung des Vertrags in
einer Amtssprache des Staats beizufügen, in dem sich das Wohngebäude
befindet. ³Die Pflicht zur Beifügung einer beglaubigten Übersetzung entfällt, wenn sich der Teilzeit-Wohnrechtevertrag auf einen Bestand von
Wohngebäuden bezieht, die sich in verschiedenen Staaten befinden.

1. Vertragsform. Der Vertrag bedarf der **Schriftform** (§ 126), I HS 1. Elektro- 1
nische Form (§ 126a) ist möglich (§ 126 III), sofern der Vertrag mit qualifizierten
elektronischen Signaturen nach dem SigG versehen ist. Eine vorgeschriebene **strengere Form** ist einzuhalten, I HS 2 (zB notarielle Beurkundung nach § 311b I 1
bei Erwerb von Miteigentum, § 481 Rn 7). Die Nichteinhaltung der Form führt
zur Nichtigkeit des Vertrags, § 125.

2. Vertragsinhalt. a) Die **vorvertraglichen Informationen** (§ 482) werden 2
gem II 1 grds Vertragsinhalt und binden den Unternehmer. **b) Abweichungen** 3
vom Inhalt der vorvertraglichen Informationen bedürfen der einvernehmlichen Parteivereinbarung, II 1 Alt 1. Eine einseitige Änderung der vorvertraglichen Informationen durch den Unternehmer ist nur zulässig, um diese an Veränderungen anzupassen, die durch höhere Gewalt verursacht wurden, II 1 Alt 2 (zB Erhöhung der

Kurtaxe). Die (beabsichtigten) Änderungen müssen in beiden Fällen dem Verbraucher vor Vertragsschluss in Textform (§ 126b) mitgeteilt werden, II 3. Weiterhin muss der Vertrag ausdr auf die Änderung ggü den vorvertraglichen Informationen hinweisen, II 4. **c)** Die **Vertragsurkunde** muss den Inhalt der vorvertraglichen Informationen enthalten (II 5 Nr 1), obwohl diese ohne weiteres Vertragsinhalt werden (II 1); Grund: Übersichtlichkeit und Vollständigkeit des Vertrags in einer Urkunde. Ferner sind die Namen und ladungsfähigen Anschriften beider Parteien (II 5 Nr 2) sowie Datum und Ort der Abgabe der Vertragserklärungen (II 5 Nr 3) aufzunehmen. Der Unternehmer hat dem Verbraucher ein Original oder eine Abschrift der Urkunde auszuhändigen, III 1, ggf auch eine beglaubigte Übersetzung, III 2 (entfällt nach III 3).

§ 485 Widerrufsrecht

(1) **Dem Verbraucher steht bei einem Teilzeit- Wohnrechtevertrag, einem Vertrag über ein langfristiges Urlaubsprodukt, einem Vermittlungsvertrag oder einem Tauschsystemvertrag ein Widerrufsrecht nach § 355 zu.**

(2) [1]**Der Verbraucher hat im Falle des Widerrufs keine Kosten zu tragen.** [2]**Die Kosten des Vertrags, seiner Durchführung und seiner Rückabwicklung hat der Unternehmer dem Verbraucher zu erstatten.** [3]**Eine Vergütung für geleistete Dienste sowie für die Überlassung von Wohngebäuden zur Nutzung ist abweichend von § 357 Absatz 1 und 3 ausgeschlossen.**

(3) [1]**Hat der Verbraucher einen Teilzeit-Wohnrechtevertrag oder einen Vertrag über ein langfristiges Urlaubsprodukt wirksam widerrufen, ist er an seine Willenserklärung zum Abschluss eines Tauschsystemvertrags, der sich auf diesen Vertrag bezieht, nicht mehr gebunden.** [2]**Satz 1 gilt entsprechend für Willenserklärungen des Verbrauchers zum Abschluss von Verträgen, welche Leistungen an den Verbraucher im Zusammenhang mit einem Teilzeit- Wohnrechtevertrag oder einem Vertrag über ein langfristiges Urlaubsprodukt zum Gegenstand haben, die von dem Unternehmer oder auf Grund eines Vertrags des Unternehmers mit einem Dritten erbracht werden.** [3]**§ 357 gilt entsprechend.** [4]**Der Verbraucher hat jedoch keine Kosten auf Grund der fehlenden Bindung an seine Willenserklärung zu tragen.**

§ 485a Widerrufsfrist

(1) [1]**Abweichend von § 355 Absatz 3 beginnt die Widerrufsfrist mit dem Zeitpunkt des Vertragsschlusses oder des Abschlusses eines Vorvertrags.** [2]**Erhält der Verbraucher die Vertragsurkunde oder die Abschrift des Vertrags erst nach Vertragsschluss, beginnt die Widerrufsfrist mit dem Zeitpunkt des Erhalts.**

(2) [1]**Sind dem Verbraucher die in § 482 Absatz 1 bezeichneten vorvertraglichen Informationen oder das in Artikel 242 § 1 Absatz 2 des Einführungsgesetzes zum Bürgerlichen Gesetzbuche bezeichnete Formblatt vor Vertragsschluss nicht, nicht vollständig oder nicht in der in § 483 Absatz 1 vorgeschriebenen Sprache überlassen worden, so beginnt die Widerrufsfrist abweichend von Absatz 1 erst mit dem vollständigen Erhalt der vorvertraglichen Informationen und des Formblatts in der vorgeschriebenen Sprache.** [2]**Das Widerrufsrecht erlischt abweichend von § 355 Absatz 4 spätestens drei Monate und zwei Wochen nach dem in Absatz 1 genannten Zeitpunkt.**

(3) [1]**Ist dem Verbraucher die in § 482a bezeichnete Widerrufsbelehrung vor Vertragsschluss nicht, nicht vollständig oder nicht in der in § 483 Absatz 1 vorgeschriebenen Sprache überlassen worden, so beginnt die Widerrufsfrist abweichend von Absatz 1 erst mit dem vollständigen Erhalt**

der Widerrufsbelehrung in der vorgeschriebenen Sprache. ²Das Widerrufsrecht erlischt abweichend von § 355 Absatz 4 sowie gegebenenfalls abweichend von Absatz 2 Satz 2 spätestens ein Jahr und zwei Wochen nach dem in Absatz 1 genannten Zeitpunkt.

(4) ¹Hat der Verbraucher einen Teilzeit-Wohnrechtevertrag und einen Tauschsystemvertrag abgeschlossen und sind ihm diese zum gleichen Zeitpunkt angeboten worden, so beginnt die Widerrufsfrist für beide Verträge mit dem nach Absatz 1 für den Teilzeit-Wohnrechtevertrag geltenden Zeitpunkt. ²Die Absätze 2 und 3 gelten entsprechend.

Anmerkungen zu den §§ 485, 485a

1. Widerrufsrecht (§ 485). a) Allgemeines. § 485 I räumt dem Verbraucher entspr § 355 I 1 ein 14-tägiges Widerrufsrecht ein. In seinem Anwendungsbereich geht § 358 vor (Rn 3). § 312 ist unanwendbar, § 312 III 2. Zur Widerrufsbelehrung vgl § 482a. **b) Kostentragung, § 485 II.** Der Verbraucher hat im Falle des Widerrufs keinerlei Kosten zu tragen, **II 1**. Ihm angefallene Kosten für Durchführung und Rückabwicklung des Vertrags (zB notarielle Beurkundung, öffentliche Beglaubigung) sind vom Unternehmer zu erstatten, **II 2**. Abw von § 357 I 1, III sind Vergütungsansprüche für geleistete Dienste oder Überlassung von Wohngebäuden ausgeschlossen, **II 3. c) Verbundene Verträge, § 485 III.** Die Vorschrift ermöglicht dem Verbraucher, sich von Tauschsystemverträgen zu lösen, die er allein vor dem Hintergrund eines Teilzeit-Wohnrechtevertrags oder eines Vertrags über ein langfristiges Urlaubsprodukt geschlossen hatte, wenn er letztere widerrufen hat, **III 1**. Um Dritte, die am widerrufenen Vertrag nicht beteiligt waren, zu schützen, verlangt **III 2** ein tatsächliches und wirtschaftliches Näheverhältnis zum widerrufenen Vertrag (BT-Drs 17/2764 S 19; dortiges Bsp: Widerruf möglich bei Mitgliedschaft in einem Fitnessclub in der Ferienanlage, in welcher das Teilzeit-Wohnrecht liegt). Kosten trägt der Verbraucher keine, **III 4**. Werden Verträge nach §§ 481, 481 a durch Darlehen finanziert, gilt § 358 I, nicht III 2 (BT-Drs 17/2764 S 20). Sonstige Rechtsfolgen ergeben sich gem **III 3** aus § 357.

2. Widerrufsfrist (§ 485a). a) Beginn. aa) Abweichend von § 355 III beginnt die 14-tägige Widerrufsfrist I grds mit Abschluss des (verbindlichen Vor-)Vertrags oder mit **Erhalt der Vertragsurkunde**, falls der Verbraucher diese erst nach Vertragsschluss ausgehändigt bekommt. Verletzt der Unternehmer dabei seine Informations- und Belehrungspflichten, gelten folgende Sonderregeln. **bb) α) Abweichend** von I beginnt die Widerrufsfrist gem **II 1** erst mit Erhalt der vorvertraglichen Informationen (§ 482 I) sowie des dazugehörigen vollständig ausgefüllten Formblatts (EGBGB 242 § 1) in der vorgeschriebenen Sprache (§ 483), wenn Informationen oder Formblatt vor Vertragsschluss nicht, nicht vollständig oder nicht in der richtigen Sprache vorgelegen haben. **β) Abweichend** von I beginnt die Widerrufsfrist gem **III 1** erst mit Erhalt des vollständig ausgefüllten Formblatts zur Widerrufsbelehrung (§ 482a) in der vorgeschriebenen Sprache (§ 483), wenn die Belehrung vor Vertragsschluss nicht, nicht vollständig oder nicht in der richtigen Sprache vorgelegen hat. **b) Ende.** Die Widerrufsfrist endet gem **II 2** – abweichend von der sechsmonatigen Frist des § 355 IV – grds bereits **drei Monate** und zwei Wochen nach dem regulären Fristbeginn in I. Wegen der besonderen Bedeutung des Widerrufsrechts endet die Widerrufsfrist allerdings bei falscher oder unvollständiger Widerrufsbelehrung gem **III 2** erst ein Jahr und zwei Wochen nach dem regulären Fristbeginn in I. Anders als in § 355 IV sieht III 2 auch dann eine Obergrenze für die Ausübung des Widerrufsrechts vor, wenn der Unternehmer seinen Informations- und Belehrungspflichten dauerhaft nicht nachkommt. BT-Drs 17/2764 S 20 glaubt den Verbraucher über die Anfechtungsvorschriften (§ 123 I) und Gewährleistungsansprüche hinreichend geschützt. **c) Verbundene Verträge.** Bei gemeinsam abgeschlossenen Teilzeit-

Wohnrechte- und Tauschsystemverträgen beginnt die Widerrufsfrist für beide Verträge aus Gründen der Rechtssicherheit mit dem nach I für den Teilzeit-Wohnrechtevertrag geltenden Zeitpunkt, **IV.**

§ 486 Anzahlungsverbot

(1) **Der Unternehmer darf Zahlungen des Verbrauchers vor Ablauf der Widerrufsfrist nicht fordern oder annehmen.**

(2) **Es dürfen keine Zahlungen des Verbrauchers im Zusammenhang mit einem Vermittlungsvertrag gefordert oder angenommen werden, bis der Unternehmer seine Pflichten aus dem Vermittlungsvertrag erfüllt hat oder diese Vertragsbeziehung beendet ist.**

1   **1. Allgemeines.** Grundlage des Anzahlungsverbots ist das Bestehen eines (wirksamen) Vertrags vor Ausübung des Widerrufsrechts; nur dann hat ein solches Verbot einen Sinn. Der Begriff der Zahlung erfasst wegen § 487 S 2 jede Form der Erfüllung und beschränkt sich nicht auf die Übergabe von Bargeld.

2   **2. Annahme.** Annehmen einer Zahlung ist idR die Folge des **Forderns**. Annahme setzt Verfügungsmöglichkeit des Unternehmers voraus. Sie besteht nicht bei Zahlung auf das Anderkonto eines Rechtsanwalts, Notars, Wirtschaftsprüfers; aber auch der einzahlende Verbraucher verliert (nach dem AGB-Banken Anderkonten) der Bank gegenüber die Verfügungsmöglichkeit über „sein" Geld. Daher ist auch das Fordern der Zahlung auf ein Anderkonto unzulässig (aA BaR/Eckert 5).

3   **3. Vermittlungsvertrag.** II erstreckt das Anzahlungsverbot auf einen Vermittlungsvertrag (§ 481b I) und verhindert damit, dass der Unternehmer den Verbraucher hinhalten kann und letzterer am Vertrag festhält, weil er keine Verzögerung oder Verhinderung der Rückzahlung der von ihm geleisteten Zahlung riskieren möchte (BT-Drs 17/2764 S 21).

§ 486a Besondere Vorschriften für Verträge über langfristige Urlaubsprodukte

(1) ¹**Bei einem Vertrag über ein langfristiges Urlaubsprodukt enthält das in Artikel 242 § 1 Absatz 2 des Einführungsgesetzes zum Bürgerlichen Gesetzbuche bezeichnete Formblatt einen Ratenzahlungsplan.** ²**Der Unternehmer darf von den dort genannten Zahlungsmodalitäten nicht abweichen.** ³**Er darf den laut Formblatt fälligen jährlichen Teilbetrag vom Verbraucher nur fordern oder annehmen, wenn er den Verbraucher zuvor in Textform zur Zahlung dieses Teilbetrags aufgefordert hat.** ⁴**Die Zahlungsaufforderung muss dem Verbraucher mindestens zwei Wochen vor Fälligkeit des jährlichen Teilbetrags zugehen.**

(2) **Ab dem Zeitpunkt, der nach Absatz 1 für die Zahlung des zweiten Teilbetrags vorgesehen ist, kann der Verbraucher den Vertrag innerhalb von zwei Wochen ab Zugang der Zahlungsaufforderung zum Fälligkeitstermin gemäß Absatz 1 kündigen.**

1   **1. Ratenzahlungsplan.** Bei einem Vertrag über ein langfristiges Urlaubsprodukt darf der Unternehmer Zahlungen des Verbrauchers nur nach einem zuvor mitgeteilten Ratenzahlungsplan (EGBGB 242 § 1 II) in jährlichen Raten fordern und annehmen, **I.** Dazu muss er den Verbraucher mindestens zwei Wochen vor Fälligkeit in Textform auffordern.

2   **2. Kündigung.** Nach einer Vertragslaufzeit von zwei Jahren kann der Verbraucher den Vertrag jährlich kündigen, **II.** Die übrigen Möglichkeiten, sich vom Vertrag zu lösen (zB Kündigung aus wichtigem Grund gem § 314), bestehen daneben fort.

Titel 3. Darlehensvertrag § 487, Vor § 488

§ 487 Abweichende Vereinbarungen

¹Von den Vorschriften dieses Titels darf nicht zum Nachteil des Verbrauchers abgewichen werden. ²Die Vorschriften dieses Titels finden, soweit nicht ein anderes bestimmt ist, auch Anwendung, wenn sie durch anderweitige Gestaltungen umgangen werden.

1. **Abweichende Vereinbarung (S 1).** §§ 481–487 sind **halbzwingend,** S 1: 1
Abweichungen zu*un*gunsten des Verbrauchers sind unwirksam (sa § 355 Rn 2).

2. **Umgehungsverbot (S 2).** Dazu s § 134 Rn 18. 2

Titel 3. Darlehensvertrag; Finanzierungshilfen und Ratenlieferungsverträge zwischen einem Unternehmer und einem Verbraucher

Untertitel 1. Darlehensvertrag

Vorbemerkungen

Lit: Balzer, Kein eigenständiger allgemeiner Bankvertrag nur aufgrund längerer Geschäftsverbindungen in Zusammenhang mit Giro- oder Darlehensvertrag, BKR 02, 1092; C Berger, Rechtsgeschäftliche Verfügungsbeschränkungen, 1998; Berger, Kreditvertragsrecht und Schuldrechtsreform, in: RWS-Forum 22, Bankrecht 2002, 2003, S 1; Budzikiewicz, Die Verjährung im neuen Verbraucherrecht, WM 03, 264; Bülow/Artz, Verbraucherkreditrecht, 7. Aufl 2011; Bülow, Neues Verbraucherkreditrecht in Etappen, NJW 10, 1713; Canaris, Bankvertragsrecht, 2. Aufl 1981; 4. Aufl 2005 (Teil I); Casper, Von Heuschrecken und Häuslebauern, BB 36/08 S M1; Clemente, Neuerungen im Immobiliardarlehens- und Sicherungsrecht, ZflR 08, 589; Coester-Waltjen, Der Darlehensvertrag, Jura 02, 675; Domke/Sperlich, Verkauf notleidender Kredite usw, BB 08, 342; Dörrie, Immobilienfinanzierungen und Verkauf von Kreditforderungen nach Inkrafttreten des Risikobegrenzungsgesetzes, ZBB 08, 292; F Key, Neues zu Sicherungsgrundschuld und Darlehen im BGB usw, Jura 08, 721; Knops, Die Kündigung des vertragsgemäß bedienten Kredits wegen Vermögensverschlechterung, WM 12, 1649; Lang, Die vorzeitige Beendigung von Darlehensverträgen, 2003; Langenbucher, Kredithandel nach dem Risikobegrenzungsgesetz, NJW 08, 3169; Oechsler, Die Entwicklung des privaten Bankrechts im Jahre 2005, NJW 06, 1399; Omlor, Finanzierungsleasing unter der neuen Verbraucherkreditrichtlinie, NJW 10, 2694; Peters, Rückzahlung von Darlehen, JZ 02, 101; Reiter/Methner/Müller, Marktüblichkeit der Hypothekenzinsen bei Verbraucherdarlehen. Voraussetzungen und Folgen der Sonderregelung für Immobiliardarlehensverträge, BKR 03, 824; Rösler/Werner, Erhebliche Neuerungen im zivilen Bankrecht: Umsetzung der Verbraucherkredit- und Zahlungsdiensterichtlinie, BKR 09, 1; Schalast, Das Risikobegrenzungsgesetz – Konsequenzen für die Kreditvergabe und für Kredittransaktionen, BB 08, 2190; Schimansky, Zinsanpassung im Aktivgeschäft usw, WM 03, 1449; Schröder, Gesetz zur Neuordnung der Vorschriften über das Widerrufs- und Rückgaberecht – Rückblick und Ausblick, NJW 10, 1933; Schürnbrand, Die Neuregelung des Verbraucherkreditrechts, ZBB 08, 383; Weller, Die Sicherungsgrundschuld, JuS 09, 969; Welter, Immobiliardarlehen in bewegter Zeit, FS Norbert Horn, 2006, 873; Westermann, Gläubiger und Schuldner der Nebenpflichten aus dem bankgeschäftlichen Darlehensvertrag, FS Raiser, 2005, 787.

1. Allgemeines. Die §§ 488–507 sind durch das SchRModG völlig neu gefasst 1
worden. Sie regeln – im Wesentlichen unter Übernahme der §§ 607–610 aF und
des Inhalts des durch das SchRModG aufgehobenen VerbrKrG – in den Untertiteln
1 bis 3 mit dem Darlehensvertrag (einschl Verbraucherdarlehensvertrag, der keinen
bes Untertitel erhalten hat), den Finanzierungshilfen und den Ratenlieferungsverträgen **drei Formen des Kredits,** ergänzt in Untertitel 4 durch Bestimmungen über
die Unabdingbarkeit und die Erstreckung der Verbraucherschutzvorschriften auf
(Klein-)Existenzgründer. **Terminologie:** Die §§ 488 ff bezeichnen als Darlehen den

Vor § 488 Buch 2. Abschnitt 8. Einzelne Schuldverhältnisse

verschafften Geldbetrag, als Darlehensvertrag das Rechtsgeschäft. Der wirtschaftliche Begriff des Kredits wird als Rechtsbegriff nur in § 493 für den Überziehungskredit verwendet (Berger, Kreditvertragsrecht, S. 7 f). Art 6 des **Risikobegrenzungsgesetzes** 2008 (Gesetz zur Begrenzung der mit Finanzinvestitionen verbundenen Risiken, BT-Drs 16/9778, BGBl 2008 I 1666), in Kraft seit 19.8.2008, hat neue Informationspflichten des Darlehensgebers gegenüber dem Darlehensnehmer begründet, s § 492 I a aF, neu: EGBGB 247 § 9, §§ 492a, 496 II. § 309 Nr 10 wurde auf Darlehensverträge erweitert. Das Gesetz soll die Stellung des Darlehensnehmers für den Fall der Abtretung der Darlehensforderung durch den Darlehensgeber verbessern (dazu Weller JuS 09, 969). Mit Wirkung vom 11.6.2010 wurde der erste Teil der VerbraucherkreditRiLi 2008/48/EG durch das Gesetz zur Umsetzung der VerbraucherkreditRiLi, des zivilrechtlichen Teils der Zahlungsdiensterichtlinie sowie zur Neuordnung der Vorschriften über das Widerrufs- und Rückgaberecht (VerbrKrRL-UG) in Kraft gesetzt. Mit Wirkung vom 31.7.2010 wurden Ergänzungen und weitere Änderungen umgesetzt (Verbraucherkreditänderungsgesetz). Die VerbraucherkreditRiLi beabsichtigt die Vollharmonisierung des Verbraucherkreditgeschäfts im europäischen Gemeinschaftsgebiet. Neugeordnet wurde das Widerrufs- und Rückgaberecht, insbesondere wurden umfangreiche (auch vorvertragliche) Informationspflichten des Darlehensgebers (in EGBGB 247) geregelt. Ferner wurden die Bestimmungen in einen Allgemeinen Teil (§§ 488–490) und einen besonderen Teil für Verbraucherdarlehensverträge (§§ 491–512) gegliedert. Vor dem 11.6.2010 entstandene Schuldverhältnisse richten sich grundsätzlich nach altem Recht, EGBGB 229 § 22 II.

2 **2. Wesensmerkmal des Darlehensvertrag.** Das ist die Überlassung von Geld auf Zeit. Die Überlassung kann zu freier oder vertraglich zweckgebundener Nutzung erfolgen. Zins ist nur bei Vereinbarung geschuldet (§ 488 Rn 19); idR wird ein Zins bedungen (§ 488 I 2 Fall 2, II). Sind andere Gegenstände als Geld zu überlassen, handelt es sich um ein *Sach*darlehen, s § 607.

3 **3. Sonderformen des Darlehens. a) Allgemeines. aa)** Je nach der **Art der Sicherung** des Darlehensrückzahlungsanspruchs lassen sich unterscheiden: *Personalkredit* (Sicherung allein durch die Person des Darlehensnehmers, Bürgen oder Mitschuldners; vgl §§ 765 ff); *Realkredit* oder Immobiliardarlehen (Sicherung durch Hypothek, Grund- oder Rentenschuld) und *Lombardkredit* (Sicherung durch Pfand-
4 recht oder SÜ beweglicher Sachen, insbes von Wertpapieren). **bb)** Unterscheidung nach der **Art der Rückzahlung**: Endfälliges Darlehen: Rückzahlung in einer Summe; Tilgungsdarlehen: gleich bleibende Tilgungsleistung während der Laufzeit, sich ändernde Zinsbelastung; Annuitätendarlehen (auch Ratendarlehen): gleich blei-
5 bende Annuität, bestehend aus Zins- und Tilgung. **cc)** Das Darlehen kann zur freien Verfügung oder zweckgebunden sein. **Zweckbindung** besteht bei *Bau- und Bauspardarlehen* (Verwendung für Neu-, Aus- oder Umbau eines Gebäudes), bei Sanierungsdarlehen (s BGH NJW 04, 3799; **Lit:** Häuser, in: Schimansky ua [Hrsg] Bankrechts-Handbuch, Band 1, 3. Aufl 2007, § 85 Rn 45 ff mN) und namentlich
6 bei den *öffentl Darlehen*. **b) Vereinbarungsdarlehen.** Ein auf Leistung von Geld gerichtetes Schuldverhältnis kann durch Vertrag (§ 311 I) in ein Darlehensverhältnis umgewandelt werden. Das bloße Hinausschieben der Fälligkeit einer Zahlungsverpflichtung stellt jedoch keinen Kredit dar (Dresden ZIP 00, 830). Eine ausdrückliche Bestimmung (wie § 607 II aF) ist dafür nicht Voraussetzung. Die **Umwandlungs-**
7 **vereinbarung** kann bedeuten: **aa)** Schuldabänderung (idR anzunehmen): Die alte Schuld bleibt bestehen und wird nur inhaltlich in ein Darlehensverhältnis abgeändert. Folge: Sicherheiten und Einwendungen aus dem alten Schuldverhältnis bleiben bestehen, soweit die Abänderung dem nicht gerade entgegensteht (Hamm WM 85,
8 1223 [zu § 607 II aF]). **bb)** Kausale Schuldumschaffung (Novation): Beiderseitiger, deutlich erkennbarer (BGH NJW 86, 1490 [zu § 607 II aF]) Ersetzungswille ist erforderlich. Die frühere Schuld erlischt, bestehende Sicherungsrechte entfallen.
9 **cc)** Abstrakte Schuldumschaffung durch ein abstraktes Schuldanerkenntnis oder

Titel 3. Darlehensvertrag **Vor § 488**

-versprechen. Die Voraussetzungen der §§ 780, 781 (insbes Schriftform) müssen gegeben sein. **dd)** Bestand die Schuld nicht, ist die Umwandlung in den Fällen aa) 10 und bb) unwirksam; im Fall cc) ist das abstrakte Anerkenntnis kondizierbar (BGH 28, 167). Beweislast: Die Umwandlung (Fälle aa–cc) hat der Behauptende zu beweisen, die Unwirksamkeit wegen Nichtbestehens der alten Schuld der Schuldner.
c) Bankgeschäftliches Kredit- und Einlagengeschäft (s KWG 1 I 2 Nr. 1 und 11 2). **aa)** Durch den **Kredit(eröffnungs)vertrag** übernimmt das Kreditinstitut die Verpflichtung, dem Kreditnehmer einen Geldbetrag in bestimmter Höhe oder bis zu einem Höchstbetrag zu den vertraglich vereinbarten Bedingungen zeitweilig zur Verfügung zu stellen. Der Kreditnehmer hat die vereinbarten Zinsen (uU auch sog Bereitstellungszinsen: BGH NJW-RR 86, 469) zu entrichten, bestimmte Sicherheiten zu leisten und den Geldbetrag bei Fälligkeit zurückzuzahlen. Rechtsnatur: Darlehensvertrag. **bb)** Auf **Bank-** und **Spareinlagen** sind idR die Darlehensvorschriften 12 über § 700 I (idR regelmäßige Verwahrung) anwendbar. Direkte Anwendung finden die §§ 488 ff bei langfristig angelegten Fest- oder Termingeldern (BGH WM 65, 900; Canaris aaO Rn 1165; StHopt/Mülbert [12. Aufl 1989] Rn 28, 31 vor § 607, hM, str). **d) Zu verbraucherrechtlichen Darlehensverträgen** s §§ 491 ff. **e)** Das 13 **unechte Factoring** (das Delkredererisiko verbleibt beim „Altgläubiger") ist nicht Forderungskauf im Rechtssinne (wie das echte: BGH 76, 125), sondern Kreditgeschäft (BGH 82, 61 mN, stRspr; ie § 398 Rn 31). **f) Brauereidarlehen.** Darlehen 14 einer Brauerei an einen Gastwirt gegen Vereinbarung einer Bierbezugspflicht (gekoppelter Vertrag gem §§ 488 ff, 433 ff in Sukzessivlieferung, §§ 320 ff; s § 311 Rn 14, 25). Zur Sittenwidrigkeit bei übermäßiger Bindungsdauer s BGH 83, 318 mN; sa § 138 Rn 12; § 139 Rn 11 f. Bei Unmöglichkeit oder Verzug des Darlehensnehmers mit dem Bierbezug ist anstelle von Rücktritt die fristlose Kündigung des Darlehens zulässig. Die vorzeitige Rückzahlung des Darlehens lässt die Bierbezugspflicht nicht erlöschen (aA Düsseldorf MDR 71, 840). **g) Öffentl Kredit.** Es han- 15 delt sich um Darlehen aus öffentl Mitteln, die im Rahmen verschiedener Kreditprogramme zweckgebunden gewährt werden. Die Rechtsbeziehungen zum Darlehensnehmer sind idR **zweistufig** geregelt (vgl BGH 92, 95 f; WM 87, 1429 mN). Der Bewilligungsbescheid gehört dem öffentl Recht zu, der zu seiner Ausführung geschlossene Darlehensvertrag dagegen idR dem bürgerlichen Recht an (Einzelheiten: MK/Berger Rn 80–84 vor § 488).

4. Abgrenzung des Darlehensvertrags von anderen RGeschäften. a) Ein 16 **Sachdarlehensvertrag** iSv § 607 I liegt vor, wenn andere vertretbare Sachen als Geld (§ 607 II) regelmäßig gegen ein Entgelt zu Eigentum überlassen werden (BGH NJW-RR 09, 828). **b)** Ein **Gesellschafterdarlehen** kann nach (bei) Eintritt der 17 Überschuldung der Gesellschaft als Eigenkapitalersatz zu qualifizieren sein (zB BGH 133, 302 mN; sa GmbHG 32a, 32b; HGB 172a). **c)** Beim **Beteiligungsdarlehen** 18 (partiarisches Darlehen) wird anstelle von Zinsen eine Gewinnbeteiligung an dem Geschäft vereinbart, dem das Darlehen dient (gegenseitiger Vertrag). Für die Abgrenzung zur Gesellschaft ist entscheidend, ob die Vertragsparteien als Gleichberechtigte für den gemeinsamen Zweck unter gemeinsamer Verantwortung und auf gemeinsame Rechnung tätig werden (dann §§ 705 ff) oder nicht; auch weitgehende Kontrollrechte des Geldgebers schließen partiarisches Darlehen nicht aus. Die Grenzziehung ist schwierig (s BGH 127, 177 ff mN). **d)** Die **Wechseldiskontie-** 19 **rung** ist idR Kauf einer Forderung (BGH 19, 292, hM); Darlehen (sog **Akzeptkredit;** uU auch Geschäftsbesorgung) nur dann, wenn die Bank aus eigenen Mitteln sofort die Gutschrift erteilt; Sicherungsgeschäft, wenn der Wechsel nur der Sicherung eines Kredits dient (Sicherungs-, Depot- oder Kautionswechsel). **e) Verwah-** **rung** s Rn 12. **f) Mietkaution.** Verzinsungspflicht besteht gem § 551 III 1. **g) All-** 20 **gemeiner Bankvertrag.** Ein allgemeiner Bankvertrag als ein übergreifender, die 21 gesamte Geschäftsbeziehung zwischen einer Bank und ihrem Kunden regelnder Rahmenvertrag (Dauerschuldverhältnis: Dienstvertrag mit Geschäftsbesorgungscharakter, § 675) ist nur bei eindeutigen Hinweisen auf einen entsprechenden Parteiwillen anzunehmen. Weder aus einer langdauernden Geschäftsbeziehung im Zusammenhang mit einem Darlehens- oder Zahlungskontovertrag, noch aus der Vereinbarung von AGB, die mehr als den vereinbarten Darlehensvertrag regeln, folgt etwas anderes, da nicht ohne weiteres anzunehmen ist, dass die Bank einen dahingehenden (sie belastenden) Rechtsbindungswillen hat (s BGH NJW 02, 3695 mN, mit Anm – auch zur Frage allgemeiner Schutzpflichten – Oechsler LMK 03, 3; Balzer BKR 02, 1092; sa Canaris aaO Rn 2 ff). **Bankgeheimnis** (BGH NJW 06, 830; Petersen, Das Bankgeheimnis zwischen Individualschutz und Institutionenschutz, 2005; Lang, Inhalt, Umfang und Reichweite des Bankgeheimnisses, ZBB 06, 115) folgt aus gesetzlichem Schuldverhältnisses mit Aufnahme der Geschäftsverbindung (§§ 311 II, 241 II BGB); mit Abschluss des Vertrags wird es vertragliche Nebenpflicht (Verschwiegenheitspflicht: §§ 311 I, 241 II BGB), s Einsele, Bank- und Kapitalmarktrecht (2006), § 1, Rn 4 ff; Nobbe WM 05, 1539 f; Weller aaO. Verstoß führt zu Schadensersatzpflicht aus §§ 280 I, 241 II (BGH NJW 07, 2106) und zu außerordentlichem Kündigungsrecht aus § 490 III, 314, jedenfalls aus Nr 18 (2) AGB-Banken, zu allem näher Weller JuS 09, 969. Zum Bankgeheimnis bei Forderungsabtretung s § 488 Rn 25.

22 5. **Sonstiges. Überleitungsrecht** nach SchRModG sa EGBGB 229 § 5 S 2 (Darlehensvertrag ist Dauerschuldverhältnis, s § 488 Rn 1); EGBGB 229 § 6 zum Verjährungsrecht, ausführlich Budzikiewicz WM 03, 273 f.

Kapitel 1. Allgemeine Vorschriften

§ 488 Vertragstypische Pflichten beim Darlehensvertrag

(1) ¹Durch den Darlehensvertrag wird der Darlehensgeber verpflichtet, dem Darlehensnehmer einen Geldbetrag in der vereinbarten Höhe zur Verfügung zu stellen. ²Der Darlehensnehmer ist verpflichtet, einen geschuldeten Zins zu zahlen und bei Fälligkeit das zur Verfügung gestellte Darlehen zurückzuzahlen.

(2) Die vereinbarten Zinsen sind, soweit nicht ein anderes bestimmt ist, nach dem Ablauf je eines Jahres und, wenn das Darlehen vor dem Ablauf eines Jahres zurückzuzahlen ist, bei der Rückzahlung zu entrichten.

(3) ¹Ist für die Rückzahlung des Darlehens eine Zeit nicht bestimmt, so hängt die Fälligkeit davon ab, dass der Darlehensgeber oder der Darlehensnehmer kündigt. ²Die Kündigungsfrist beträgt drei Monate. ³Sind Zinsen nicht geschuldet, so ist der Darlehensnehmer auch ohne Kündigung zur Rückzahlung berechtigt.

Lit: s Vor § 488.

1 1. **Allgemeines. a) Darlehensvertrag** ist ein gegenseitiger (bei Fehlen einer Verzinsungsabrede: zweiseitiger) Vertrag, der den Darlehensgeber zur Überlassung eines Geldbetrags (des Darlehens) an den Darlehensnehmer und den Darlehensnehmer zur Entrichtung des vereinbarten (Rn 19) Zinses (Entgelt für die Kapitalüberlassung) und zur Rückzahlung des Darlehens verpflichtet. Der Darlehensvertrag
2 begründet ein Dauerschuldverhältnis. **b) Gegenstand** des Darlehensvertrags ist ein „Geldbetrag". Das können Geldzeichen (Banknoten und Münzen) jeder Währung sein (die zu übereignen sind), aber auch jede andere Form der Begründung von Verfügungsmacht über Geldbeträge, etwa durch Kontogutschrift. Zur Erfüllung
3 Rn 12. Zum Sachdarlehensvertrag s § 607. **c) Im Gegenseitigkeitsverhältnis** (s § 311 Rn 13) stehen die Verpflichtung des Darlehensgebers zur Überlassung (und Belassung) des Darlehens und die Pflicht des Darlehensnehmers zur Entrichtung des vereinbarten Zinses. Insoweit sind die §§ 320 ff anwendbar. Gewöhnlich ist der

Titel 3. Darlehensvertrag **§ 488**

Darlehensgeber vorleistungspflichtig. Die Rückerstattungspflicht des Darlehensnehmers ist reine Abwicklungspflicht und steht nicht im Gegenseitigkeitsverhältnis (Kapitalbelassungspflicht nicht im Synallagma: Laudenklos/Sester, ZIP 05, 1757).
d) Bedeutung. Das Gelddarlehen ist Kreditgeschäft (sa KWG 1 I 2 Nr 2). Es bildet 4 (zusammen mit den wirtschaftlich bedeutsamen Sonderformen, Rn 3–15 vor § 488) die Grundlage des Kreditsystems.

2. Entstehung. a) Der Darlehensvertrag kommt durch grundsätzlich **formfreie** 5 (Schriftform nur bei Vereinbarung, § 127, und gemäß §§ 491 I, 492 I, 506, 510), auch stillschweigende (s Koblenz MDR 03, 19 zum Verwandtendarlehen) **Einigung** (§§ 145 ff) zustande. I hat damit endgültig der Konsensualvertragstheorie zum Durchbruch verholfen (BGH NJW 07, 1359; zur fr Realvertragstheorie Mülbert AcP 192, 449). Inhalt der Vereinbarung sind neben der Höhe (ausreichend Angabe von Mindest- und Maximalsumme) des zur Verfügung zu stellenden Geldbetrags regelmäßig die Laufzeit, die Verzinslichkeit (Rn 19), die Zinshöhe (Rn 20), Aus- und Rückzahlungsmodalitäten sowie Sicherheiten (zB Pfandrecht, Sicherungsübereignung, Sicherungszession, Annahme von Wechseln, Bürgschaft). Ob ein binden- 6 des **Angebot** vorliegt, ist Frage der Auslegung; Kreditanfrage bei Bank ist regelmäßig invitatio ad offerendum. Eine Darlehenszusage unter Vorbehalt der Bonitäts- und Werthaltigkeitsprüfung (von Sicherheiten) kann einen Vorvertrag begründen, einen Darlehensvertrag unter einer aufschiebende Bedingung darstellen oder die Pflicht zur Schaffung entsprechender Voraussetzungen begründen; § 490 I betrifft die Kündigung eines Darlehensvertrags wegen Verschlechterung zunächst bestehender Bonität bzw Werthaltigkeit. Der Darlehensvertrag kann auch **konkludent** 7 geschlossen werden, etwa durch Duldung der Inanspruchnahme des Darlehens (bei Dispositionskredit Vertragsannahme durch Darlehensnehmer mit Abruf, bei ungenehmigter Kontoüberziehung Vertragsannahme durch Bank mit Auszahlung, s BGH NJW 07, 1359) oder bei Gutschrift vor Scheckeinlösung. Vertragsschluss und Darlehenshingabe fallen zusammen beim Handdarlehen. Schließen zwei (zB Ehegatten) oder mehr Personen den Darlehensvertrag ab, so kann die übernommene Verpflichtung Darlehensschuld oder Haftungsbeitrittsschuld sein. Auslegungsfrage, Vertragsformulierung nur Indiz, entscheidend gewollte Rechtsfolge (s Madaus WM 03, 1706 f). Mitdarlehensnehmer ist nur, wer ein eigenes Interesse an dem Darlehensvertrag hat (BGH NJW 05, 973; Beweislast bei Darlehensgeber: Celle NJW 04, 2598). Mithaftender ist, wer dem Darlehensgeber nicht als gleichberechtigter Vertragspartner gegenübersteht, sondern insbes zu Sicherungszwecken mithaften soll; auf den Wortlaut der Vereinbarung kommt es dabei nicht an (Nürnberg WM 10, 2348; BGH NJW-RR 04, 924; ZIP 02, 1482 Anm Büchler EWiR 03, 99; BGH NJW 01, 815; BGH WM 09, 1460, dort auch zur Sittenwidrigkeit wegen krasser finanzieller Überforderung des Ehegatten, s Rn 11; Köln EWiR 02, 137 [Derleder]). Zur Höhe einer Überforderung Nürnberg NJW-RR 11, 265. Zur Qualifikation von Patronatserklärungen als aufschiebend bedingtes Darlehensversprechen s München ZIP 04, 2102; Rostock MDR 04, 1277. **b) Vormundschafts- bzw familiengerichtl** 8 **Genehmigung** gem §§ 1822 Nr 8, 1643 I, 1908i I erforderlich, wenn Vormund, Eltern oder Betreuer für Mündel, Kind oder Betreuten einen Darlehensvertrag abschließen oder deren entsprechender Willenserklärung nach §§ 107 f, 1903 zustimmen. **c) § 134. aa)** Die Darlehensgewährung durch eine Bank im Rahmen einer 9 Unfallfinanzierung verstößt gegen das **RDG**, wie Teilstück einer umfassenden Schadensregulierung ist (BGH 61, 317 – „Unfallhelferring"); dabei ist gleichgültig, ob der Einziehung der Schadensersatzforderung eine Abtretung zugrunde liegt (BGH NJW 77, 38) oder nicht (BGH NJW 77, 431; zur Rspr krit Canaris ZIP 80, 709 f). Kein RDG-Verstoß bei Darlehensgewährung zur Wohnungsfinanzierung im Rahmen von Bauträgermodell: BGH NJW 04, 2378, krit Schwintowski EWiR 04, 959. **bb) Keine** Nichtigkeit hingegen, wenn eine Bank ohne Erlaubnis nach 10 KWG 32 (BGH NJW 80, 1394) oder unter Verstoß gegen ein Kreditierungsverbot nach KWG 46 I 2 Nr 2 (BGH NJW 90, 1356) einen Darlehensvertrag abschließt.

§ 488

11 **d) § 138.** Sittenwidrig überhöhter Zins und Kreditwucher (§ 138 II; StGB 291 I 1 Nr 2) führen zur Nichtigkeit des Darlehensvertrags; zu den Rechtsfolgen zusammenfassend Bodenbenner JuS 01, 1172. Eine schematische **Zinsobergrenze** besteht nicht (s Köln WM 03, 1119); ein auffälliges Missverhältnis der gegenseitigen Leistungen liegt idR vor, wenn der Vertragszins den marktüblichen Zins relativ um 100% oder absolut um 12% überschreitet (BGH 104, 105; 110, 338; 128, 259); erforderlich für § 138 I ist weiter, dass der Darlehensvertrag bei der gebotenen „Gesamtwürdigung" aller Umstände ein sittenwidriges Gepräge aufweist (BGH 80, 160 f mN; 99, 335; 101, 390 f; 104, 107 ff; 110, 341, jeweils mN, stRspr, ie str; vgl dazu Steinmetz NJW 91, 881 ff). Diese zum Verbraucherdarlehen entwickelten Maßstäbe gelten bei vergleichbaren Kreditformen entspr, etwa beim (Mobilien-)Finanzierungsleasing (BGH 128, 258 ff; NJW 95, 1147; krit Krebs NJW 96, 1177 ff); sie sind aber nicht auf Gelegenheitsdarlehen (BGH NJW 94, 1057) und nicht ohne weiteres auf den gewerblichen Kredit übertragbar (so BGH NJW 91, 1811; einschr StHopt/Mülbert [12. Aufl 1989] § 607 Rn 249). Die Mitverpflichtung von *vermögenslosen nahen Angehörigen* ist (Rn 7) uU sittenwidrig (s § 138 Rn 12; § 765 Rn 3; nicht wenn Mitdarlehensnehmer mit eigenem [wirtschaftlichen] Interesse: BGH NJW-RR 04, 924, s Rn 7).

12 **3. Pflichten des Darlehensgebers.** Der Darlehensgeber ist gem I 1 verpflichtet, dem Darlehensnehmer den vereinbarten „Geldbetrag" „zur Verfügung zu stellen". **Informationsnebenpflichten** (Aufklärung, Hinweis, Beratung, Warnung, § 241 Rn 19 ff) des Darlehensgebers bestehen nur ausnahmsweise (beachte aber WpHG, s Zimmer WM 04, 9 bei besonderen Umständen des Einzelfalls; zu den pflichtenbegründenden Kriterien Wissensvorsprung, Interessenkollision, Schaffung eines Gefährdungstatbestands, Überschreitung der bloßen Kreditgeberrolle s zusammenfassend Blaurock FS Horn 701 ff). Eine Informationspflicht entsteht insbesondere bei einem konkreten und erheblichen Interessenkonflikt und präsentem Wissensvorsprung des Darlehensgebers (s BGH WM 04, 173; NJW 04, 156 mN; ZIP 03, 160 mN; NJW 02, 3695 mit Anm Oechsler LMK 03, 3; NJW 99, 2032 zum Bankkredit; dazu Köndgen NJW 00, 471). Der Darlehensgeber muss sich einen Wissensvorsprung nicht erst beschaffen (BGH WM 04, 173). Interessenkonflikt, wenn Darlehensgeber (auch indirekt) Vorteile aus kreditfinanziertem Geschäft (Vermittlung von Anlageprodukten) zieht oder Bank bes Gefährdungstatbestand für Darlehensnehmer schafft (BGH WM 04, 174; NJW 04, 2378; ZIP 03, 160 mN; gegeben bei Beitrittspflicht zu Mietpool als Finanzierungsbedingung: Karlsruhe ZIP 05, 698). Kein Informationspflichten begründender Wissensvorsprung ist das bloße Wissen der finanzierenden Bank über die mangelnde Rentabilität des kreditfinanzierten Geschäfts (s allg BGH NJW 04, 157, 2378) wie zB einen überhöhten Kaufpreis, es sei denn die Übervorteilung des Käufers wäre – bei positiver Kenntnis der Bank oder sich nach den Umständen des Falls aufdrängender Erkennbarkeit (BGH WM 08, 1120) – sittenwidrig (WM 04, 173 f; BGH NJW 04, 156 mN, zur versteckten Provision der Bank s BGH NJW 04, 2378). Aufklärungspflicht besteht bei Kenntnis von arglistiger Täuschung durch Dritten (Verkäufer, Vertreiber des finanzierten Objekts, s BGH NJW 06, 2099). Zu vorvertraglichen Aufklärungs- und Beratungspflichten s weiter BVerfG NJW 04, 151; ie SoeHäuser (12. Aufl 1997) § 607 Rn 23–41. Bei schuldhafter Nebenpflichtverletzung Anspruch aus § 280 I, ggf iVm 311 II. Zu Drittschutzwirkung s Westermann, FS Raiser 787. Informationsnebenpflicht ist von Hauptpflicht bei Beratungsvertrag zu unterscheiden, der zB auch konkludent mit Beratungsausführung abgeschlossen werden kann (s BGH NJW 04, 1868; Blau-

13 rock FS Horn 697). **a) Geldverschaffungspflicht.** Nach BT-Drs 14/6040 S 253 soll der Darlehensgeber lediglich zur wertmäßigen Verschaffung des Geldbetrags verpflichtet sein durch Übergabe von Bargeld oder Erfüllung in den Formen des bargeldlosen Verkehrs wie Überweisung, Gutschrift, Kontokorrent- und Überziehungskredit (Normtextkritik bei Schermaier NJW 04, 2501, 2502). Es besteht kein Anlass, von den allg Regeln der Geldschuld (§§ 244, 245 Rn 6) abzuweichen. Der

Titel 3. Darlehensvertrag **§ 488**

genaue Inhalt der Pflichten des Darlehensgebers richtet sich nach der Vereinbarung. Regelmäßig ist eine Geldschuld vereinbart, die durch Gutschrift auf einem Darlehenskonto (zur Erfüllungswirkung s Mülbert WM 02, 468), nur ausnahmsweise durch Barzahlung (§ 929) zu erfüllen ist. **b)** Die Auszahlung kann auch durch oder – bei entspr Ermächtigung des Darlehensnehmers, vgl BGH NJW 77, 39 – **an einen Dritten** erfolgen (BGH NJW 10, 1144 mN; zu § 607 aF: 87, 3202; NJW-RR 97, 1460), zB bei drittfinanzierten (ggf verbundenen, s § 358 III) Verträgen an den Verkäufer; sa BGH 152, 330; § 362 Rn 5 (d). Ob die Zahlung an einen Dritten Erfüllungswirkung haben soll, ist Auslegungsfrage. Zur Auszahlung an Immobilienfondstreuhänder: § 459 Rn 5. Ist der Dritte (zB Vermittler) von den Parteien im überwiegenden Interesse des Darlehensgebers eingeschaltet worden, liegt keine Auszahlung an den Darlehensnehmer vor (BGH 168, 1; 152, 330 mN; BGH NJW-RR 86, 140 f [zu § 607 aF]), desgl nicht bei Überweisung auf ein Treuhand- oder Notar-Anderkonto (BGH NJW 86, 2947, str, vgl BGH NJW-RR 90, 246) oder Buchung auf Konto pro Diverse (BGH NJW 87, 56 [je zu § 607 aF]), es sei denn, Vertragsauslegung ergibt anderes (s OLGR Köln 04, 250). Ist die Weisung unwirksam, besteht Rückzahlungsanspruch aus § 812 nur gegen den Dritten als Empfänger (BGH NJW-RR 12, 622). Bei Hingabe von noch zu verwertenden Vermögensrechten (Abtretung von Forderungen; Indossierung von Wechsel oder Scheck) hat der Darlehensnehmer das Darlehen erst mit Zahlung des Drittschuldners „zur Verfügung gestellt erhalten" (§ 364 II). **c)** Der **Anspruch** des Darlehensnehmers auf Auszahlung ist grundsätzlich **abtretbar.** Ein Abtretungsausschluss (§ 399 Fall 2) ist möglich und kann bereits in einer bes Zweckbindung des Darlehens liegen. Der Auszahlungsanspruch ist (s ZPO 851 I) ferner **pfändbar** (BGH JR 78, 420). Nach BGH 147, 193; NJW 04, 1444; WM 04, 669 (krit Anm Honsell JZ 01, 1143; Bitter WM 04, 1109, str) ist pfändbar auch der Anspruch aus einem vereinbarten, vom Kunden **in Anspruch** genommenen Dispositionskredit (zum Zugriff auf offene Kreditlinie BGH WM 01, 898). Ein Abtretungsausschluss hinsichtlich der Auszahlungsforderung führt gem ZPO 851 II nicht zur Unpfändbarkeit; auch nicht die bloße Zweckbindung (C. Berger, Rechtsgeschäftliche Verfügungsbeschränkungen S 161 ff) sondern nur, wenn die Zweckbindung treuhänderischen Charakter hat (BGH 147, 197). **d)** Die **Aufrechnung** durch den Darlehensgeber (sog Aufrechnungsvalutierung) ist idR (konkludent) ausgeschlossen (BGH 71, 21 [zu § 607 aF]).

4. Pflichten des Darlehensnehmers. a) Abnahmepflicht bei verzinslichem Darlehen, es sei denn, bloße Liquiditätsreserve ist gewollt (SoeHäuser [12. Aufl 1997] § 607 Rn 130). Nichtabnahme eröffnet Rücktrittsrecht des Darlehensgebers nach § 323 und kann Schadensersatzanspruch gem §§ 280 I, III, 281 I I, ggf. (idR) II begründen („Nichtabnahmeentschädigung") (Budzikiewicz WM 03, 267): Dieser umfasst (ie BGH NJW 01, 510) den der Bank entgehenden Nettogewinn (Zinsmargenschaden) und die Differenz zwischen Zinsen, die der Darlehensnehmer bezahlt hätte, und der Rendite bei Wiederanlage abzüglich Risiko- und Verwaltungskosten bezogen auf den Zeitraum der rechtlich geschützten Zinserwartung (Zinsverschlechterungsschaden). In Nichtabnahme kann zugleich Kündigung liegen (Mülbert WM 02, 472). **b) Zinszahlungspflicht, I 2 Fall 1.** Zum Zinsbegriff s § 246 Rn 1 ff; dort auch zur Bedeutung von Nebenkosten (Kreditgebühren) und Abschlägen (Disagio, Damnum, dazu auch Budzikiewicz WM 03, 270). Zur richterlichen Kontrolle von Nebenentgelten s Krüger/Bütter WM 05, 673. Die Zinspflicht ist beim entgeltlichen Darlehen (abw von § 246 Rn 5) keine Neben-, sondern im Gegenseitigkeitsverhältnis (§§ 320 ff) stehende Hauptpflicht. **aa) Voraussetzung** des Zinsanspruchs ist (s § 488 II: „vereinbarte Zinsen") eine entspr (auch stillschweigend getroffene) **Vereinbarung** (ohne Vereinbarung zinsloses Darlehen, Ausnahme s HGB 353, 354). Eine *vorweggenommene* Vereinbarung für den Fall der Stundung (Stundungszins) ist möglich (BGH 95, 369 f). Die **Beweislast** für das *Nicht*vorliegen einer Zinsvereinbarung („dem Grunde nach") trifft den Darlehensnehmer, denn die Verzinslichkeit ist der ges Regelfall (Pal Weidenkaff 28; aA

§ 488 Buch 2. Abschnitt 8. Einzelne Schuldverhältnisse

20 Mansel 13. Aufl, BaR/Rohe 51). **bb) Höhe:** Der vereinbarte Zinssatz (s § 247 Rn 8) kann „fest" oder „veränderlich" *(variabel)* sein (sa § 489 I, II). Möglich ist auch eine betragsmäßig feste Summe. Grenzen: § 138 (s Rn 11). Zusätzliche *Überziehungszinsen* in AGB sind in den Grenzen der §§ 305 ff möglich (BGH 118, 128 ff mN; NJW 92, 1753; Bsp für „unangemessene Benachteiligung": BGH 125, 347 [zu AGBG 9]). Ansonsten gelten § 246 (4%) und HGB § 352 (5%). Die **Beweislast** für den Inhalt der Zinsvereinbarung („der Höhe nach") trifft den Darlehensgeber
21 (BGH WM 83, 448 [zu § 608 aF]). Die **einseitige Zinsanpassung** durch den Darlehensgeber ist im Rahmen der §§ 307, 315 grundsätzlich zulässig. Diese erfordern einen bestimmten Anlass und transparente Voraussetzungen im Vertrag für die Weitergabe von Zinssteigerungen sowie eine eindeutige Pflicht zur Herabsetzung der Zinsen bei sinkenden Kosten (BGH 180, 257; Aufgabe von BGH 97, 216; vgl Reifner JZ 95, 872 [je zu AGBG 9]; sa § 489 I Nr 1 HS 2). Bei variablem Zins hat der Darlehensnehmer einen aus § 242 abzuleitenden Vertragsanspruch auf zeitnahe Anpassung an den relevanten Zinssatz der Deutschen Bundesbank, sofern nichts anderes vereinbart ist (Köln WM 03, 828 zum Bankkredit). Zu formularmäßiger Zinsbemessung abhängig von variierender Bonität des Darlehensnehmers s Langenbucher BKR 05, 134; Mülbert WM 04, 1205; Hey ZBB 04, 219; Ohletz BKR 07, 129. Für Altkredite in der früheren DDR Anpassungsrecht auch auf Grund bes ges Ermächtigung (ie HBeglG 1991 Art 2 § 1; BVerfG 88, 401; Schubert WM 92, 45).
22 **cc) Zeitraum:** Die Zinspflicht **entsteht** idR mit dem Zeitpunkt der Darlehensauszahlung, bei entspr Vereinbarung (auch in AGB) schon vorher, zB mit *Bereitstellung* (BGH NJW-RR 89, 949); möglich ist auch aufschiebende Bedingung mit Rückwir-
23 kung (BGH NJW 95, 2283). **Fälligkeit** des Zinsanspruchs gem **II** spätestens bei Rückerstattung, bei mehrjähriger Laufzeit mit Jahresablauf. Vereinbarung *unterjähriger Zinszahlung* ist (auch in AGB) möglich und üblich (BGH NJW 93, 3261). Nach Kündigung (so BGH WM 00, 719) und **Verzugseintritt** besteht die Verpflichtung zur Entrichtung des *Vertragszinses* nicht mehr (BGH 104, 338; NJW-RR 89, 950; ie § 288 Rn 4 f), wenn keine andere Abrede getroffen (s dazu BGH NJW 03, 1801). Dann einsetzende ges Zinspflicht unterliegt nur beschränkt AGB-vertraglicher Regulung (zum Verbraucherdarlehen s § 497, ie § 286 Rn 36; § 288 Rn 11; § 289
24 Rn 2). **dd)** Zinsanspruch ist als **selbstständige Forderung** abtretbar und pfändbar, nicht akzessorisch zum Rückzahlungsanspruch (keine Anwendung des § 401, Soe-Häuser [12. Aufl 1997] § 607 Rn 7; Mülbert WM 02, 470). **ee) Verjährung:** §§ 195, 199, 197 I; bei Titulierung sa § 197 II; Verbraucherdarlehen s § 497 III 3,
25 4; s näher Budzikiewicz WM 03, 266 ff. **c) Rückerstattungspflicht, I 2 Fall 2. aa) Inhalt:** Zurückzuzahlen ist der erlangte Geldbetrag (nicht die erhaltenen Banknoten und Münzen) zum Nennwert in der entsprechenden Währung, ohne Rücksicht auf Auf- oder Abwertungen. Abweichende Vereinbarungen möglich (zB Rückzahlung vertraglich begrenzt auf Ablaufleistung einer Lebensversicherung; Deckungsrisiko dann ausnahmsweise beim Darlehensgeber, s Karlsruhe ZIP 04, 67; zum Regelfall der Vereinbarung einer Tilgung aus Kapitallebensversicherung lediglich erfüllungshalber BGH WM 08, 121). Wertsicherungsklauseln häufig (vgl aber §§ 244, 245 Rn 23 ff). Volle Rückzahlungspflicht auch bei DDR-Altkrediten (s 9. Aufl § 607 Rn 14). – Rückerstattungspflicht ist Hauptleistungspflicht, die aber nicht im Gegenseitigkeitsverhältnis steht. Rechtsschutzbedürfnis für eine Leistungsklage besteht auch bei Sicherung durch abstraktes Schuldversprechen mit Unterwerfung unter die sofortige Zwangsvollstreckung (BGH WM 07, 589). Bei Rückerstattung ist Aufrechnung nicht grundsätzlich ausgeschlossen (anders beim Auszahlungsanspruch, s Rn 16). Verzugszinsen nach §§ 286, 288 I, da Rückerstattungsanspruch keine Entgeltforderung iSv § 288 II. Der Rückerstattungsanspruch eines dem Bankengeheimnis (zu diesem Ebenroth/Boujong/Joost-Grundmann, HGB, 1. Aufl. 2001, Bd 2, Rn I 155 ff) unterliegenden Kreditinstituts kann ohne Zustimmung des Darlehensnehmers trotz Informationspflichten aus § 402 jedenfalls an ein auch an das Bankgeheimnis gebundenes Kreditinstitut abgetreten werden (§§ 398, 402) (s BGH NJW 07, 2107 ff; LG Koblenz WM 05, 30; LG Frankfurt

Titel 3. Darlehensvertrag **§ 489**

WM 05, 1120; LG Mainz 23. 7. 03, 3 S 42/03; aA Frankfurt NJW 04, 3266: durch Vereinbarung Bankgeheimnis stillschweigender Abtretungsausschluss gem § 399, dazu Dögner NJW 04, 3230; Rinze/Heda WM 04, 1557). Zu sonstigen Durchbrechungen des Bankgeheimnisses bei Abtretungen s Grundmann aaO Rn I 200 f mN.
bb) Voraussetzungen s III. **Zeitbestimmung** kann sich ergeben entweder ausdr 26 durch Laufzeitdauer oder Rückzahlungstermin oder (mittelbar) stillschweigend bei bestimmtem Verwendungszweck des Darlehens, zB Aufbau eines Geschäfts, Existenzsicherung nur für die Dauer der Ehe bei Darlehen an Schwiegerkinder (BGH NJW 95, 2282 f). Kündigung des Darlehensnehmers nach §§ 489, 490 II nicht ausgeschlossen.

Kündigung ist eine empfangsbedürftige, unwiderrufliche, bedingungsfeindliche 27 (da Gestaltungsrecht) Willenserklärung (§ 130). Sie kann vor Darlehensauszahlung erfolgen (Mülbert WM 02, 469; aA BaR/Rohe 41). Aus § 490 I folgt nichts Gegenteiliges. Die Norm regelt den Sonderfall der außerordentlichen Kündigung vor Auszahlung. Ordentliche Kündigung nach **III 1,** ferner gem § 489; außerordentliche Kündigung § 490. Das ordentliche Kündigungsrecht kann gem § 242 eingeschränkt sein (Bsp: BGH NJW-RR 87, 1184 – Verbindung von Hypothekendarlehen mit Lebensversicherung). Kündigung grundsätzlich nur einheitlich gegenüber allen Darlehensnehmern als Gesamtschuldnern möglich (BGH NJW 02, 2866 mit Anm Edenfeld JZ 02, 1165).

Vorzeitige Rückzahlung (ohne vorherige Vertragsbeendigung durch Kündigung, 28 Zeitablauf, Aufhebungsvertrag) ist einseitig nur beim unverzinslichen Darlehen möglich, **III 3. cc) Fällig** ist der Rückerstattungsanspruch mit der durch Zeitablauf oder Kündigung oder Aufhebungsvertrag (§ 311) eintretenden Beendigung des Darlehensverhältnisses. Damit entsteht ein Abwicklungsverhältnis; zur Verzinsung des Rückzahlungsanspruchs ab diesem Zeitpunkt s Rn 23. Beim Tilgungsdarlehen (s Rn 4 vor § 488) richtet sich Fälligkeit nach Vereinbarung. Das Darlehensverhältnis ist erst mit Fälligkeit der letzten Rate beendet. Zuvor besteht das Abwicklungsverhältnis nur für die Rückzahlungsrate. **dd) Verjährung:** §§ 195, 199, 197 I; Verbrau- 29 cherdarlehen s 497 III 3; s näher Budzikiewicz WM 03, 264.

§ 489 Ordentliches Kündigungsrecht des Darlehensnehmers

(1) **Der Darlehensnehmer kann einen Darlehensvertrag mit gebundenem Sollzinssatz ganz oder teilweise kündigen,**
1. **wenn die Sollzinsbindung vor der für die Rückzahlung bestimmten Zeit endet und keine neue Vereinbarung über den Sollzinssatz getroffen ist, unter Einhaltung einer Kündigungsfrist von einem Monat frühestens für den Ablauf des Tages, an dem die Sollzinsbindung endet; ist eine Anpassung des Sollzinssatzes in bestimmten Zeiträumen bis zu einem Jahr vereinbart, so kann der Darlehensnehmer jeweils nur für den Ablauf des Tages, an dem die Sollzinsbindung endet, kündigen;**
2. **in jedem Fall nach Ablauf von zehn Jahren nach dem vollständigen Empfang unter Einhaltung einer Kündigungsfrist von sechs Monaten; wird nach dem Empfang des Darlehens eine neue Vereinbarung über die Zeit der Rückzahlung oder den Sollzinssatz getroffen, so tritt der Zeitpunkt dieser Vereinbarung an die Stelle des Zeitpunkts des Empfangs.**

(2) **Der Darlehensnehmer kann einen Darlehensvertrag mit veränderlichem Zinssatz jederzeit unter Einhaltung einer Kündigungsfrist von drei Monaten kündigen.**

(3) **Eine Kündigung des Darlehensnehmers gilt als nicht erfolgt, wenn er den geschuldeten Betrag nicht binnen zwei Wochen nach Wirksamwerden der Kündigung zurückzahlt.**

(4) ¹**Das Kündigungsrecht des Darlehensnehmers nach den Absätzen 1 und 2 kann nicht durch Vertrag ausgeschlossen oder erschwert werden.**

Berger 695

§ 489

²Dies gilt nicht bei Darlehen an den Bund, ein Sondervermögen des Bundes, ein Land, eine Gemeinde, einen Gemeindeverband, die Europäischen Gemeinschaften oder ausländische Gebietskörperschaften.

(5) ¹Sollzinssatz ist der gebundene oder veränderliche periodische Prozentsatz, der pro Jahr auf das in Anspruch genommene Darlehen angewendet wird. ²Der Sollzinssatz ist gebunden, wenn für die gesamte Vertragslaufzeit ein Sollzinssatz oder mehrere Sollzinssätze vereinbart sind, die als feststehende Prozentzahl ausgedrückt werden. ³Ist für die gesamte Vertragslaufzeit keine Sollzinsbindung vereinbart, gilt der Sollzinssatz nur für diejenigen Zeiträume als gebunden, für die er durch eine feste Prozentzahl bestimmt ist.

Lit: Freitag, Die Beendigung des Darlehensvertrags nach dem SchRModG, WM 01, 2370; Heinemann, Die vorzeitige Beendigung von Realkreditverträgen in Zusammenhang mit Grundstücksveräußerungen, NotBZ 06, 109; Hey, Die Verfassungswidrigkeit des zwingenden Kündigungsrechts des Darlehensnehmers nach § 489 Abs 1 Nr 3 BGB, FS Canaris, 2007, 443; Hopt/Mülbert, Die Darlehenskündigung nach § 609a BGB, WM SonderBeil Nr 3/1990; Rösler/Wimmer/Lang, Die vorzeitige Beendigung des Darlehensvertrags, 2003.

1 **1. Allgemeines. a)** Die Vorschrift normiert – im Wesentlichen unter Übernahme des § 609a BGB aF (der seinerseits für seit dem 1.1.1987 abgeschlossene Verträge an die Stelle des § 247 trat) – ein grundsätzlich unabdingbares (IV 1) **ordentliches Kündigungsrecht des Darlehensnehmers,** das ihm bei Verhandlungen über die Anpassung des vereinbarten Zinssatzes an einen (niedrigeren) Marktzins ein Druckmittel in die Hand geben und ggf notwendige Umschuldungsmaßnahmen ermöglichen soll (Hopt/Mülbert aaO 4). Im Darlehensvertrag ausdrücklich vereinbarte ordentliche Kündigungsrechte bleiben (ebenso wie die außerordentliche Kündigung gemäß §§ 490, 314, 313 III 2 und die Vertragsanpassung nach § 313 I) unberührt. Die Bestimmung unterscheidet zwischen festem (I) und variablem (II) Zinssatz. Sie dient dem Schutz des Darlehensnehmers (auch des Kaufmanns). **b) Sollzinssatz,** statt bisher benutzter Begriff des Zinssatzes; Definition **V.**

2 **2. Kündigungsrecht bei Festzins (I). a) Begriff und Überblick. aa)** Festverzinsliches Darlehen ist ein Darlehen, bei dem ein *fester Zinssatz* für *einen* bestimmten Zeitraum (Bindungsdauer) vereinbart ist. Der Zeitraum der beiderseitigen Zinsbindung kann mit der Darlehenslaufzeit zusammenfallen oder kürzer sein als diese. Darunter können auch Festzinsdarlehen mit bonitätsgestufter Zinsabrede fallen (s näher Mülbert/Schmitz, FS Horn, 790 ff). **bb)** Ein Kündigungsrecht besteht in **zwei Fällen:** Bei Auslaufen der beiderseitigen Zinsbindung (Rn 3 f), spätestens aber nach Ablauf von 10 Jahren (Rn 5 f).
3 **b) Kündigung zum Ablauf der Zinsbindung (I Nr 1). aa) Voraussetzungen:** (1) Festverzinsliches Darlehen (Rn 2), bei dem der Zeitraum der Zinsbindung kürzer ist als die Darlehenslaufzeit insgesamt. (2) Fehlen einer (nachträglichen) Zinsvereinbarung für die Zeit nach Ablauf der Bindungsdauer. (3) Einhaltung der
4 einmonatigen Kündigungsfrist. **bb) Rechtsfolgen:** Frühester Kündigungszeitpunkt ist idR (I Nr 1 HS 1; Sonderfall in HS 2) der Tag des Ablaufs der Zinsbindung; möglich ist die Kündigung auch zu *jedem beliebigen späteren Zeitpunkt* während der Darlehenslaufzeit. Kündigungsrecht erlischt erst mit einer neuen Vereinbarung eines festen Zinssatzes für eine bestimmte Dauer. Eine nähere Regelung des Kündigungsrechts des Darlehensnehmers durch **AGB** erscheint nicht völlig ausgeschlossen, darf die Kündigung aber nicht erschweren (IV 1; Rn 13). – Eine **Sonderregelung** besteht für Darlehen mit kurzfristigen periodischen Zinsanpassungen (vgl **I Nr 1 HS 2);** hier kann das Kündigungsrecht nur zu den jeweiligen (vertraglichen) *Anpassungsterminen* ausgeübt werden.
5 **c) Kündigung nach zehnjähriger Laufzeit (I Nr 2). aa) Zweck:** Zeitliche Begrenzung der Darlehensbindung; Schutz vor Bindung an einen nicht mehr zeitgemäßen Zinssatz. **bb) Voraussetzungen:** Festverzinsliches Darlehen *jeder* Art (Rn 2), auch soweit Zinsbindung (noch) besteht; Ablauf von zehn Jahren seit vollständigem Darlehensempfang (§ 488 Rn 12 f); Einhaltung der sechsmonatigen Kündigungsfrist.

Titel 3. Darlehensvertrag **§ 490**

Nach Mülbert/Schmitz, FS Horn, 778 ff soll eine Bausparkasse bei Bausparverträgen zehn Jahre nach Eintritt der ersten Zuteilungsreife ein Recht zur ordentlichen Kündigung gem I Nr. 2 zustehen, sofern der Bausparer die Bausparsumme bis dahin noch nicht in Anspruch genommen hat. **cc) Rechtsfolgen:** Frühester Kündigungszeitpunkt 6 ist der Tag nach Ablauf von zehn Jahren mit einer Kündigungsfrist von sechs Monaten, aber auch jeder Beliebige spätere Tag. Das (ursprüngliche) Kündigungsrecht *erlischt,* wenn nach dem Darlehensempfang eine neue Vereinbarung über die Rückzahlung oder den Zinssatz getroffen wird; in diesem Fall richtet sich das (neue) Kündigungsrecht nach dem Zeitpunkt der Prolongations-(Zinssatz-)vereinbarung **(I Nr 2 HS 2).**

3. Kündigungsrecht bei variablem Zinssatz (II). a) Begriff: Darlehen mit 7 veränderlichem Zinssatz ist jedes nicht festverzinsliche (Rn 2) Darlehen; gleichgültig ist, ob Zins nach einem variablen Maßstab (Zinsgleitklausel, vgl §§ 244, 245 Rn 23 ff; Bindung an Basiszins, § 247) oder ein einseitiges Zinsbestimmungsrecht des Darlehensgebers gem § 315 (s § 488 Rn 21) vereinbart wurde. **b) Zweck:** Das Kündi- 8 gungsrecht des Darlehensnehmers bildet das Gegengewicht zur fehlenden Zinsbindung des Darlehensgebers; es soll dem Darlehensnehmer die Zinsherabsetzung bei sinkendem Marktzins sichern. **c) Voraussetzungen:** Fehlende Zinsbindung; Ein- 9 haltung der dreimonatigen Kündigungsfrist; iÜ Kündigung jederzeit möglich, denn eine Frist zwischen Empfang und Kündigung besteht hier nicht. Anders als bei I keine Teilkündigung.

4. Unterbleibensfiktion. III fingiert, die Kündigung sei nicht erfolgt, falls der 10 Darlehensnehmer den insgesamt geschuldeten Betrag nicht innerhalb einer Zwei-Wochen-Frist, beginnend mit Wirksamwerden der Kündigung, zurückzahlt. III soll verhindern, dass der Darlehensnehmer statt des vereinbarten Zinses nur einen – ggf niedrigeren – Verzugszins (s § 288) leisten muss. Wird nicht zurückgezahlt, entfallen die Wirkungen der Kündigung ex tunc (SoeHäuser [12. Aufl 1997] § 609a Rn 19).

5. Sonstiges. Ausschluss oder Erschwerung (durch zusätzliche Kündigungs- 11 voraussetzungen oder nachteilige Rechtsfolgen) ist gem § 134 **nichtig (IV 1),** es sei denn, die öffentl Hand ist Darlehensnehmer (IV 2). Bsp für Erschwerung: Vorfälligkeitsentschädigung (sa § 490 II 3); Vertragsstrafe; Verlängerung der Kündigungsfrist. Bei vorzeitiger Vertragsbeendigung nach I, II hat der Darlehensnehmer gem § 812 I einen Anspruch auf anteilige Erstattung des unverbrauchten **Disagios** (s § 246 Rn 4; BGH 133, 358).

§ 490 Außerordentliches Kündigungsrecht

(1) **Wenn in den Vermögensverhältnissen des Darlehensnehmers oder in der Werthaltigkeit einer für das Darlehen gestellten Sicherheit eine wesentliche Verschlechterung eintritt oder einzutreten droht, durch die die Rückzahlung des Darlehens, auch unter Verwertung der Sicherheit, gefährdet wird, kann der Darlehensgeber den Darlehensvertrag vor Auszahlung des Darlehens im Zweifel stets, nach Auszahlung nur in der Regel fristlos kündigen.**

(2) **¹Der Darlehensnehmer kann einen Darlehensvertrag, bei dem der Sollzinssatz gebunden und das Darlehen durch ein Grund- oder Schiffspfandrecht gesichert ist, unter Einhaltung der Fristen des § 488 Abs. 3 Satz 2 vorzeitig kündigen, wenn seine berechtigten Interessen dies gebieten und seit dem vollständigen Empfang des Darlehens sechs Monate abgelaufen sind. ²Ein solches Interesse liegt insbesondere vor, wenn der Darlehensnehmer ein Bedürfnis nach einer anderweitigen Verwertung der zur Sicherung des Darlehens beliehenen Sache hat. ³Der Darlehensnehmer hat dem Darlehensgeber denjenigen Schaden zu ersetzen, der diesem aus der vorzeitigen Kündigung entsteht (Vorfälligkeitsentschädigung).**

(3) **Die Vorschriften der §§ 313 und 314 bleiben unberührt.**

Berger

§ 490

Lit: Knops, Die Kündigung des vertragsgemäß bedienten Kredits wegen Vermögensverschlechtung, WM 12, 1649.

1 **1. Allgemeines.** I regelt ein Kündigungsrecht des Darlehensgebers bei Vermögensverschlechterung des Darlehensnehmers (in der Bankpraxis vielfach überlagert durch Kündigungsrechte in AGB); bei Verbraucherdarlehensverträgen einschließlich Immobiliardarlehensverträgen Sondervorschrift in § 498 für den Zeitraum nach Auszahlung des Darlehens (s § 498 Rn 2). II gewährt dem Darlehensnehmer ein Kündigungsrecht insbes zum Zwecke anderweitiger Verwertung des Sicherungsobjekts. Ausprägung des allg Kündigungsrechts bei Dauerschuldverhältnissen aus wichtigem Grund (§ 314); sa Rn 13. Zur Anpassung der AGB der Kreditwirtschaft an § 490 s Wittig/Wittig WM 02, 149; Sonnenhol WM 02, 1264.

2 **2. Kündigungsrecht des Darlehensgebers (I). a) Zweck.** I übernimmt den Grundgedanken des bislang in § 610 aF enthaltenen Widerrufsrechts, gestaltet es aber systemgerecht um zu einem Kündigungsgrund unter geänderten Voraussetzungen. Die Vorschrift dient dem Schutz des Darlehensgebers. Ist die Rückzahlung des Darlehens (bzw die Befriedigung des Darlehensgebers aus Sicherheiten) infolge Vermögensverschlechterung gefährdet, soll der Darlehensgeber das Darlehen nicht auszahlen bzw belassen müssen. Ausprägung von § 242; daher muss der Darlehensgeber dem Darlehensnehmer zB die Bestellung von (ggf zusätzlichen)
3 Sicherheiten ermöglichen. **b) Voraussetzungen. aa)** Nicht nur unwesentliche **Vermögensverschlechterung** des Darlehensnehmers im Zeitraum nach Abschluss des Darlehensvertrags. Bei Vertragsschluss vorliegende, aber nachträglich erst erkennbare Schieflage genügt. Nicht, wenn Darlehensgeber in Kenntnis der Vermögenslage das Darlehen – etwa als Sanierungsdarlehen (dazu Häuser, in: Schimansky ua [Hrsg] Bankrechts-Handbuch, Band 1, 3. Aufl 2007, § 85 Rn 62 ff mN) – zusagt. Gleichgestellt ist Verschlechterung der Werthaltigkeit von Sicher-
4 heiten, etwa Vermögensverfall bei einem Bürgen. **bb)** Durch effektive Vermögensminderung bereits eingetretene Vermögensverschlechterung ist nicht erforderlich. Drohende Vermögensverschlechterung genügt, etwa durch Hinzutreten zusätzlicher Verbindlichkeiten, Rücknahme anderer Kreditzusagen, Zusammenbruch von Schuldnern des Darlehensnehmers, Ausscheiden eines persönlich haf-
5 tenden Gesellschafters, nicht aber allein unpünktliche Tilgung. **cc) Gefährdung der Darlehensrückzahlung.** Bestehen Sicherheiten (auch HGB 128), kann nur gekündigt werden, wenn deren Verwertung zum Zeitpunkt des Verwertungsfalls keine ausreichende Befriedigung verspricht. Negative Prognose anhand objektiver Indizien genügt; Darlehensgeber muss vor Kündigung keinen Verwertungsversuch unternehmen (aA Mülbert WM 02, 474; Teilkündigung möglich [Celle WM 10, 402]). Keine Gefährdung, wenn Darlehensnehmer neue werthaltige
6 Sicherheiten anbietet. **c) Kündigungsrecht. aa) Vor Auszahlung** des Darlehens kann der Darlehensgeber stets kündigen. Kündigungsrecht abdingbar. – Alternativ besteht Einrede nach § 321, die nicht zur Kündigung, sondern nach § 321 I 2 Fall 2 zur Sicherheitenbestellung führt. – Verweigerung der Auszahlung
7 nach unberechtigter Kündigung: §§ 281, 286. **bb) Nach Auszahlung** des Darlehens soll ein Kündigungsrecht nur „in der Regel" bestehen. Erforderlich ist „Gesamtwürdigung der Kündigungssituation" (BT-Drs 14/6040 S 254). Kündigung kann ausgeschlossen sein etwa bei nur vorübergehender Vermögensverschlechterung oder falls die Rückzahlung des Darlehens die Insolvenz des Darlehensnehmers erst herbeiführen würde, während eine ratenweise Rückzahlung dies nicht zur Folge hätte (krit Mülbert WM 02, 474). Nur im Ausnahmefall ist Abmahnung erforderlich, etwa nach Duldung von verzögerter Rückzahlung. – Rückzahlung kann anfechtbar gem InsO 129 ff sein.

8 **3. Kündigungsrecht des Darlehensnehmers (II). a) Zweck.** Sonderkündigungsrecht des Darlehensnehmers soll dessen wirtschaftliche Bewegungsfreiheit sichern. Grundsätzlich abdingbar; in AGB nicht gegenüber Verbraucher und Exis-

Titel 3. Darlehensvertrag § 490

tenzgründer (Mülbert WM 02, 475). **b) Voraussetzungen. aa)** Festverzinsliches 9
Darlehen; grund- oder schiffspfandrechtlich gesicherter Darlehensrückzahlungsanspruch (auch Beleihungsobjekt eines Dritten); Verpflichtung zur Sicherheitenbestellung genügt. **bb)** Berechtigtes Interesse, wenn wirtschaftliche Handlungsfreiheit des 10
Darlehensnehmers eingeschränkt (sa Köln BKR 02, 501 obiter zu § 490), insbes (II
2), wenn belasteter Sicherungsgegenstand (gewöhnlich Grundstück) anderweitig
verwertet werden soll oder wenn nur eine Umschuldung ermöglicht, Immobilie zu
halten und Kredit zu bedienen (Naumburg NJW-RR 07, 1278 f; krit PalWeidenkaff
6); auch bei Bereitschaft eines anderen Darlehensgebers, das Grundstück höher
zu belasten. Keine besonderen Ausführungen zur Erforderlichkeit nötig, wenn für
beabsichtigte Grundstücksveräußerung erforderlich (BGH 158, 11; NJW 05, 751).
Nicht: niedriger Zins, bloßer Liquiditätswunsch. Grund gleichgültig: Scheidung,
Umzug, Arbeitslosigkeit, Erbauseinandersetzung, Gewinnrealisierung (s Zweibrücken BKR 02, 1052 mN, Anm Rösler/Wimmer, Anm Mues EWiR 2003, 47 und
Köln BKR 02, 596 [beide zum bisherigen Recht, obiter zu § 490]). Kein berechtigtes Interesse mehr, wenn die anderweitige Verwertung ohne Darlehenskündigung
bereits gelungen ist (BGH NJW 03, 2230, Folgeinstanz zu Zweibrücken aaO).
Ursache muss Darlehensnehmer bei Vertragsschluss unbekannt gewesen sein (BGH
NJW 02, 3167 [zum bisherigen Recht]). **cc)** Einhaltung einer **Kündigungserklärungsfrist** entspr § 314 III; Orientierung: § 626 II. – **Nicht:** Entrichtung der Vorfälligkeitsentschädigung (s Rn 12); kein Unterbleibensfiktion iSv § 489 III.
c) Rechtsfolgen. aa) Kündigungsrecht des Darlehensnehmers, nicht des Eigen- 11
tümers der belasteten Sache. Folge: Rückerstattungspflicht bzgl Darlehen, § 489 I 1
Fall 2. **bb)** Anspruch des Darlehensgebers auf **Vorfälligkeitsentschädigung**, § 502 12
zu Verbraucherdarlehen (Übersicht bei Wimmer/Rössler WM 05, 1873; Wehrt
WM 04, 401; Umfang: Wimmer BKR 02, 479). Rechtsnatur: modifizierter Zinsanspruch, kein Schadensersatzanspruch; denn die Ausübung ges Gestaltungsrechte ist
nicht pflichtwidrig; § 122 ist kein Gegenargument, da (nur) Vertrauensschaden zu
ersetzen ist (§ 122 Rn 3). Folge: Bei Verzug ggf Verzinsung nach § 288 II. Umfang
(s Berger, Kreditvertragsrecht, S 25 mN): Insbes Zinsmargen- und Zinsverschlechterungsschaden; Berechnung s BGH 146, 5; 131, 168; NJW 05, 751; Schleswig BKR
02, 642 Anm Rössler, Anm Kröll EWiR 02, 853 (alle zum bisherigen Recht);
maßgeblicher Zeitpunkt ist Fälligkeit des Rückzahlungsanspruchs, nicht Kündigung. – Anspruch auf Vorfälligkeitsentschädigung ist bei entspr umfassender Sicherungsabrede (s § 1191 Rn 5) durch Grundschuld gesichert (auch bei enger Zweckabrede, s Hamm WM 05, 1265); durch Hypothek nur, wenn Einigung und Eintragung
(s § 1113 Rn 8) ihn umfassen. Darlehensnehmer kann Freigabe von Sicherheiten gem
§ 273 bis zur Zahlung der Vorfälligkeitsentschädigung verweigern. Bei **einvernehmlicher Vertragsaufhebung** (insbes wenn Voraussetzungen II nicht gegeben)
kein Vorfälligkeitsentgelt (Frankfurt ZIP 05, 2010), **Vorfälligkeitsentgelt** (Aufhebungsentgelt, Köln BKR 02, 501) kann in Grenzen § 138 frei vereinbart werden
(BGH NJW 03, 2230; Köln aaO [zum früheren Recht]) **nicht** bei Verbraucherdarlehen. Kein Vorfälligkeitsentgelt, falls nur Austausch vereinbarter Sicherheiten verlangt
werden kann: BGH NJW 04, 1730, dazu Medicus EWiR 04, 783.

4. Verhältnis zu §§ 313, 314. a) Kündigung aus wichtigem Grund. Nach 13
III bleibt § 314 unberührt. Bedeutung: Liegen Voraussetzungen von I, II nicht vor,
kann immer noch aus wichtigem Grund gekündigt werden. Bsp: Darlehensnehmer
ist mit Rückzahlung in Verzug (Mülbert WM 02, 473; sa § 498); drohende Zahlungsunfähigkeit Darlehensnehmer (BGH NJW 03, 2674); Verwendung des Darlehens entgegen Zweckvereinbarung, wahrheitswidrige Angaben München 5 U
4255/08 (juris). Gefährdung der Rückzahlung des Darlehens ist bei § 314 nicht
darzulegen. **b) Störung der Geschäftsgrundlage.** Selbst wenn Kündigung gem 14
I, II möglich ist, kann Berechtigter auf Erklärung verzichten und Vertragsanpassung
verlangen. Bsp: Bestellung weiterer Sicherheiten, Zinsanpassung an geänderte Risiken; Stundung.

Kapitel 2. Besondere Vorschriften für Verbraucherdarlehensverträge

Vorbemerkungen vor §§ 491–512

Lit: Bülow/Artz, Verbraucherkreditrecht, 7. Aufl 2011; Freitag, Vorzeitige Rückzahlung und Vorfälligkeitsentschädigung nach der Reform der Verbraucherkreditrichtlinie, ZIP 08, 1102; Kulke, Das Gesetz zur Umsetzung der Verbraucherkreditrichtlinie, des zivilrechtlichen Teils der Zahlungsdiensterichtlinie sowie zur Neuordnung der Vorschriften über das Widerrufs- und Rückgaberecht – Teil 2, VuR 2009, 373; Sauer/Wittemann, Einführung in das deutsche und europäische Verbraucherkreditrecht, Jura 05, 8; Wimmer/Rösler, Praxisprobleme bei Preisangaben im neuen Verbraucherkreditrecht, BKR 11, 6.

1 **1. Bedeutung.** §§ 491–512 treten an die Stelle des durch das SchRModG aufgehobenen VerbrKrG. Sie enthalten unabdingbare (§ 511) Bestimmungen über den **Schutz des Verbrauchers** (s § 13) bei Verbraucherdarlehensverträgen (§§ 491–505), Finanzierungshilfen (§§ 506–509, insbes Finanzierungsleasing- und Teilzahlungsverträgen) sowie Ratenlieferungsverträgen (§ 510), die in § 512 auf **Existenzgründer** erstreckt werden; zu Schuldbeitritt und Vertragsübernahme s § 491 Rn 4. §§ 491–512 dienen der **Umsetzung der VerbrKrRiLi 2008/48/EG** (in Nachfolge der alten VerbrKrRiLi 87/102/EWG; BGBl I 2009, 2355; vgl zu den daraus resultierenden Änderungen Rn 1 vor § 488), die (s VerbrKrRiLi 3c) neben den Verbraucherdarlehensverträgen auch den „Zahlungsaufschub" und „ähnliche Finanzierungshilfen" umfasst und das Prinzip der Vollharmonisierung verfolgt. Bedeutung: „richtlinienkonforme" Auslegung; Vorabentscheidung nach AEUV 267.

2 **2. Systematik.** Das SchRModG bricht die bisherige gemeinsame Regelung der drei Kreditformen im VerbrKrG auf und ordnet sie wie folgt: Der **Verbraucherdarlehensvertrag** wird in §§ 491–505 systematisch dem Untertitel über den Darlehensvertrag zugewiesen, die übrigen Kreditverträge sind unter dem Oberbegriff **„Finanzierungshilfen"** im Untertitel 2 (§§ 506–509) formal zusammengefasst. § 506 I verweist für diese Verträge grundsätzlich auf die Bestimmungen über Verbraucherdarlehensverträge (und die Regeln über verbundene Verträge und den Einwendungsdurchgriff in §§ 358 f); von der Verweisung ausgenommen sind gem

3 § 506 IV Verträge, die unter § 491 II, III fallen. § 506 III bestimmt für **Teilzahlungsgeschäfte** die Anwendung der §§ 507, 508, wobei § 507 I – abweichend von § 506 I – die Anwendungen der Bestimmungen über Verbraucherdarlehensverträge einschränkt. **Finanzierungsleasingverträge** werden nicht mehr eigens erwähnt (vgl § 499 II aF); fallen sie unter § 506 I, II, gelten die Vorschriften der §§ 491a ff unmittelbar (BT-Drs 16/11634 S 92). Neu geregelt als entgeltliche Finanzierungshilfe ist in § 506 II die entgeltliche Nutzung eines Gegenstandes, wenn eine Erwerbsverpflichtung des Verbrauchers vereinbart ist. Untertitel 3 regelt in § 510 den **Ratenlieferungsvertrag**. – Zum **Darlehensvermittlungsvertrag** s §§ 655a ff. Zu verbundenen Geschäften s § 358; Realkredit- und Immobilienkaufverträge sind verbundene Geschäfte iSv § 358: str, jetzt klärend BGH NJW 06, 1952, 1955, 1957 mN.

4 **3. Instrumente des Verbraucher- und Existenzgründerschutzes.** Diese sind – unabdingbare (§ 511) – Form- und Informationsvorschriften (§§ 491a–494, 506 I, 510 II), Widerrufsrechte (§§ 495, 506 I, 510 I), Unwirksamkeit von Einwendungsverzicht sowie Wechsel- und Scheckverbot (§§ 496, 506 I), die bei Zahlungsverzug günstigere Zinsberechnung (§§ 497, 506 I) und besondere Kündigungsvoraussetzungen (§§ 498–500, 506 I) sowie ein Recht zur vorzeitigen Tilgung (§ 501). Ergänzt wird der Schutz in § 358 f durch Bestimmungen über verbundene Geschäfte und den Einwendungsdurchgriff; sa das Kündigungsrecht gem § 500. – Zum Schutz des Darlehensnehmers vor sittenwidrig überhöhtem Zins s § 488 Rn 11; Ausschluss des Mahnverfahrens s ZPO 688 II Nr 1; Konkurrenz mit anderen

Titel 3. Darlehensvertrag § 491

Verbraucherschutzbestimmungen vgl §§ 312a (sa EuGH NJW 02, 281). Zur durch das Erfordernis der hinreichenden Bestimmtheit und die Schranke unangemessener Benachteiligung begrenzten Zulässigkeit von Wertsicherungsklauseln s §§ 2, 5 PrKlG; zum PrKlG s §§ 244, 245.

4. IPR. S Rom-I-VO 6, EGBGB 46b III Nr 5. §§ 491 ff sind keine international zwingende Vorschriften: BGH NJW 06, 762 (zu EGBGB 34 aF); dazu Pfeiffer IPRax 06, 238; Tamm JZ 06, 676; Weller NJW 06, 1247.

§ 491 Verbraucherdarlehensvertrag

(1) **Die Vorschriften dieses Kapitels gelten für entgeltliche Darlehensverträge zwischen einem Unternehmer als Darlehensgeber und einem Verbraucher als Darlehensnehmer (Verbraucherdarlehensvertrag), soweit in den Absätzen 2 oder 3 oder in den §§ 503 bis 505 nichts anderes bestimmt ist.**

(2) **Keine Verbraucherdarlehensverträge sind Verträge,**
1. **bei denen der Nettodarlehensbetrag (Artikel 247 § 3 Abs. 2 des Einführungsgesetzes zum Bürgerlichen Gesetzbuche) weniger als 200 Euro beträgt,**
2. **bei denen sich die Haftung des Darlehensnehmers auf eine dem Darlehensgeber zum Pfand übergebene Sache beschränkt,**
3. **bei denen der Darlehensnehmer das Darlehen binnen drei Monaten zurückzuzahlen hat und nur geringe Kosten vereinbart sind,**
4. **die von Arbeitgebern mit ihren Arbeitnehmern als Nebenleistung zum Arbeitsvertrag zu einem niedrigeren als dem marktüblichen effektiven Jahreszins (§ 6 der Preisangabenverordnung) abgeschlossen werden und anderen Personen nicht angeboten werden,**
5. **die nur mit einem begrenzten Personenkreis auf Grund von Rechtsvorschriften in öffentlichem Interesse abgeschlossen werden, wenn im Vertrag für den Darlehensnehmer günstigere als marktübliche Bedingungen und höchstens der marktübliche Sollzinssatz vereinbart sind.**

(3) **§ 358 Abs. 2, 4 und 5 sowie die §§ 491a bis 495 sind nicht auf Darlehensverträge anzuwenden, die in ein nach den Vorschriften der Zivilprozessordnung errichtetes gerichtliches Protokoll aufgenommen oder durch einen gerichtlichen Beschluss über das Zustandekommen und den Inhalt eines zwischen den Parteien geschlossenen Vergleichs festgestellt sind, wenn in das Protokoll oder den Beschluss der Sollzinssatz, die bei Abschluss des Vertrags in Rechnung gestellten Kosten des Darlehens sowie die Voraussetzungen aufgenommen worden sind, unter denen der Sollzinssatz oder die Kosten angepasst werden können.**

1. Allgemeines. I bestimmt die Begriffsmerkmale des **Verbraucherdarlehensvertrags** und damit den persönlichen und sachlichen Anwendungsbereich der in §§ 491a–505 enthaltenen Sondervorschriften. II nimmt ua Kleindarlehen, kostengünstige Darlehen mit kurzer Laufzeit und bestimmte unter Marktzins verzinste Darlehensverträge von der Anwendung der §§ 491a–505 insgesamt aus, III erklärt einzelne Vorschriften der §§ 491a–505 für unanwendbar. § 491 dient der Umsetzung von VerbrKrRiLi 2008 2 II. Zur Systematik der **Umsetzung der VerbrKrRiLi 2008** s Rn 2 f vor §§ 491–512.

2. Persönlicher Anwendungsbereich. Die §§ 491a–505 finden Anwendung auf einen Darlehensvertrag zwischen einem Unternehmer (s § 14) als Darlehensgeber (unternehmerische Tätigkeit muss sich nicht auf die Kreditvergabe beziehen [BGH 179, 130]) und einem Verbraucher (s § 13; darunter fallen auch Geschäftsführer und Gesellschafter einer GmbH, BGH NJW-RR 07, 1674 ff [zu VerbrKrG 1]) bzw Existenzgründer (s § 512) als Darlehensnehmer (zum Verbraucherbegriff: Keller-

§ 491 Buch 2. Abschnitt 8. Einzelne Schuldverhältnisse

mann JA 05, 546). Auch der Darlehensvertrag einer aus natürlichen Personen bestehenden Gesellschaft bürgerlichen Rechts (§ 705) als Darlehensnehmer kann einen Verbraucherdarlehensvertrag darstellen, wenn der Gesellschaftszweck nicht kommerzieller Natur ist (BGH NJW 02, 368, str [Verwaltung eigenen Vermögens; zu VerbrKrG 1]). Bei gesamtschuldnerisch abgeschlossenem Darlehensvertrag getrennte
3 Prüfung der §§ 491 ff für jeden Darlehensnehmer (str). **Nicht:** Darlehensverträge zwischen Unternehmern oder zwischen Verbrauchern (zB „Verwandtendarlehen"); Verbraucher als Darlehensgeber an Unternehmer.

4 **3. Sachlicher Anwendungsbereich. a) Darlehensvertrag** s § 488, auch gesicherte Darlehen (s III) und Überziehungskredite (s § 504). *Nicht:* Sachdarlehensvertrag (§ 607); Vereinbarkeit mit VerbrKrRiLi zweifelhaft; daher für richtlinienkonformen Einbezug des entgeltlichen Sachdarlehens-, insbesondere des Wertpapierdarlehensvertrags, Habersack BKR 01, 73. **Schuldbeitritt** (zu einem Darlehensvertrag) ist Darlehensvertrag gleichzustellen (BGH 133, 74 f [zu VerbrKrG 1]), ebenso die **Vertragsübernahme,** jedenfalls bei dreiseitiger (s § 398 Rn 32) Vereinbarung (BGH NJW 99, 2666 [zu VerbrKrG 1]). Keine analoge Anwendung auf öffentl-rechtlichen Investitionszuschuss oder Kredit (BGH NJW 08, 1070 [zu VerbrKrG 1]). Über Verweisung § 510 I 2 Anwendung § 491 II, III auch auf Ratenlieferungsverträge (BGH NJW-RR 04, 841). – Nicht Bürgschaft,
5 s § 506 Rn 7, s Zahn ZIP 06, 1069. **b) Entgeltlichkeit** meint jede Art von Gegenleistung, insbes Zinsen, Gebühren, einmalige Vergütung, auch nominell erhöhte Rückzahlung, die allein dem Inflationsausgleich dient.

6 **4. Ausnahmen. a) Vollausnahmen.** Keine Verbraucherdarlehen stellen gem II dar: **aa)** Kleindarlehen unter 200 Euro Nettodarlehensbetrag („Bagatellvorbehalt"); Auszahlung meint auch Gutschrift; **bb)** Darlehen ggü Pfandhäusern bei Haftungsbeschränkung auf die Pfandsache (§ 1204); **cc)** zinsfreie oder kostengünstige Darlehen mit Laufzeit von bis zu drei Monaten (zB bei Kreditkarten); **dd)** gegenüber dem Marktzins günstigere *Arbeitgeber*darlehen; **ee)** günstiger als zu Marktbedingungen vergebenen Förderdarlehen zur Umsetzung von „Gemeinwohlinteressen" (BT-Drs 16/22643 S 77); **ff)** Existenzgründerdarlehen mit Nettodarlehensbetrag über 75 000 Euro, s § 512. Auf Verträge gem II bleiben §§ 312 ff,
7 355 ff weiterhin anwendbar (BT-Drs 16/11643 S 76). **b) Einzelausnahmen.** Nur bestimmte Vorschriften finden gem III bei folgenden Darlehensverträgen keine
8 Anwendung: **aa) Darlehensverträge,** die (1) **gerichtlich** (nicht: vom Gerichtsvollzieher; nicht: Anwaltsvergleich [ZPO 796 a]) **gem ZPO 159 ff protokolliert** (ZPO 794 I Nr 1 [insbes „Ratenzahlungsvergleiche"]) worden sind *oder* (2) in einem **schriftlichen Verfahren gem ZPO 278 VI festgestellt** worden sind, wenn Sollzinssatz, Darlehenskosten (nicht Anwalts-, Gerichts- und Beurkundungsgebühren [Bülow/Artz 180]) und ggf Anpassungsvoraussetzungen angegeben werden. *Unanwendbar* sind Form-, Informations- und Abschlussbestimmungen (§§ 491a–494); ferner entfällt Widerrufsrecht (§ 495), das insbes den Zweck des Prozessvergleichs unterlaufen würde. Entfallen ist die Ausnahmevorschrift des § 491 III Nr 1 aF für notariell beurkundete Verträge; für solche Fälle sieht § 495 III
9 Nr 2 den Ausschluss des Widerrufsrechts vor. **bb)** Darlehensverträge zur Finanzierung **des Erwerbs von Finanzinstrumenten** (§ 359a III [bisher in § 491 III Nr 2 aF geregelt]). *Unanwendbar:* §§ 358 II, IV, V, 359. Bedeutung: Verbraucher steht bzgl Verbraucherdarlehensvertrag das Widerrufsrecht nach § 495 zu; seine Ausübung hat aber nicht gem §§ 358 II, IV, V, 359 Wirkung auf den verbundenen Kaufvertrag. Zweck: Keine nachträgliche Risikoverlagerung auf Verkäufer bei verbundenem Geschäft, etwa nach Kursverfall. – § 358 I (sa § 358 II 2) ist anwendbar; Bedeutung gering, vgl § 312b III Nr 3.

10 **5. Beweislast.** Für die Voraussetzungen des I trägt der Verbraucher (auch für Entgeltlichkeit), für II, III der Unternehmer.

702 *Berger*

§ 491a Vorvertragliche Informationspflichten bei Verbraucherdarlehensverträgen

(1) Der Darlehensgeber hat den Darlehensnehmer bei einem Verbraucherdarlehensvertrag über die sich aus Artikel 247 des Einführungsgesetzes zum Bürgerlichen Gesetzbuche ergebenden Einzelheiten in der dort vorgesehenen Form zu unterrichten.

(2) ¹Der Darlehensnehmer kann vom Darlehensgeber einen Entwurf des Verbraucherdarlehensvertrags verlangen. ²Dies gilt nicht, solange der Darlehensgeber zum Vertragsabschluss nicht bereit ist.

(3) ¹Der Darlehensgeber ist verpflichtet, dem Darlehensnehmer vor Abschluss eines Verbraucherdarlehensvertrags angemessene Erläuterungen zu geben, damit der Darlehensnehmer in die Lage versetzt wird, zu beurteilen, ob der Vertrag dem von ihm verfolgten Zweck und seinen Vermögensverhältnissen gerecht wird. ²Hierzu sind gegebenenfalls die vorvertraglichen Informationen gemäß Absatz 1, die Hauptmerkmale der vom Darlehensgeber angebotenen Verträge sowie ihre vertragstypischen Auswirkungen auf den Darlehensnehmer, einschließlich der Folgen bei Zahlungsverzug, zu erläutern.

1. **Allgemeines.** Die Vorschrift dient der Umsetzung von VerbrKrRiLi 2008 5, 6 und begründet für den späteren Darlehensgeber bzw dessen Vermittler (s § 655a II S 2) eine Reihe vorvertraglicher Pflichten. Die Norm setzt das Bestehen eines vorvertraglichen Schuldverhältnisses iSv § 311 II voraus, obwohl die Begriffe „Darlehensnehmer" und „-geber" verwendet werden. Unabdingbar mit Umgehungsverbot, § 511 (sa § 491 III).

2. **Informationspflichten. a)** Gem I treffen den Darlehensgeber ggü dem Darlehensnehmer bestimmte **vorvertragliche Informationspflichten**. Konkret ergeben sich diese allerdings erst aus **EGBGB 247** (Anh zu §§ 491–512), auf den I verweist. Zum Inhalt s dort. Die Informationen sind in Textform (§ 126b) sowie rechtzeitig vor Vertragsschluss und mit Hilfe eines vorgegebenen Musters dem Darlehensnehmer mitzuteilen (EGBGB 247 §§ 1, 2) und sollen es ihm ermöglichen, verschiedene Vertragsangebote transparent miteinander zu vergleichen (BT-Drs 16/11643 S 78). **b)** Der Darlehensnehmer hat, unabhängig von I, gem **II 1** ggü dem Darlehensgeber einen **Anspruch auf Übermittlung des Vertragsentwurfs**. Kosten sollen dafür nicht verlangt werden können (BT-Drs 16/11643 S 78). Der Anspruch besteht erst dann, wenn der Darlehensgeber zum Vertragsschluss bereit ist (zB nach erfolgter Bonitätsprüfung des Darlehensnehmers**), II 2**.

3. **Erläuterungspflicht, III.** Der Darlehensgeber hat dem Darlehensnehmer die Vertragsbestimmungen vor Vertragsschluss angemessen zu erläutern, S 1. Ein persönliches Gespräch oder eine Beratung ist dafür nicht erforderlich; vielmehr sind die Vertragsbestimmungen dem Darlehensnehmer verständlich zu machen, wobei bei komplizierteren Vertragsklauseln auch höhere Anforderungen an die Erläuterung zu stellen sind (BT-Drs 16/11643 S 79). Dabei ist grds auf einen durchschnittlichen Darlehensnehmer abzustellen. Ziel ist es, dem Darlehensnehmer eine Einschätzung zu ermöglichen, ob der Vertrag unter Zugrundelegung seiner Vermögensverhältnisse und des Vertragszwecks für ihn nützlich ist oder nicht. Eine Pflicht des Darlehensgebers, den Vertrag auf seine Sinnhaftigkeit für den Darlehensnehmer zu überprüfen, besteht allerdings nicht (BT-Drs 16/11643 S 79). Gem S 2 sind ggf zu erläutern die vorvertraglichen Informationen gem I sowie die vertragstypischen Auswirkungen (insb finanzielle Belastungen, Haftungsrisiken) und Hauptmerkmale (insb die Hauptleistungspflichten) der angebotenen Vertragstypen. Diese Aufzählung ist einerseits nicht abschließend, andererseits kann die Erläuterung hinter der Aufzählung zurückbleiben, wenn der Darlehensnehmer die vorvertraglichen Informationen verstanden hat. Die von der Rspr entwickelten Aufklärungspflichten (§ 488 Rn 12)

§ 492

sollen von III nicht geändert werden. Lit: Heße/Niederhofer, MDR 10, 968; Hofmann, BKR 10, 232.

4. Rechtsfolgen bei Pflichtverletzung. Kommt der Darlehensgeber seinen vorvertraglichen Pflichten nicht oder nicht in genügendem Umfang nach, ergeben sich Schadensersatzansprüche des Darlehensnehmers aus §§ 280 I, 311 II. Der Darlehensvertrag ist hingegen wirksam (Bülow/Artz 60; beachte allerdings § 492 II, 495 II Nr 2).

§ 492 Schriftform, Vertragsinhalt

(1) ¹Verbraucherdarlehensverträge sind, soweit nicht eine strengere Form vorgeschrieben ist, schriftlich abzuschließen. ²Der Schriftform ist genügt, wenn Antrag und Annahme durch die Vertragsparteien jeweils getrennt schriftlich erklärt werden. ³Die Erklärung des Darlehensgebers bedarf keiner Unterzeichnung, wenn sie mit Hilfe einer automatischen Einrichtung erstellt wird.

(2) Der Vertrag muss die für den Verbraucherdarlehensvertrag vorgeschriebenen Angaben nach Artikel 247 §§ 6 bis 13 des Einführungsgesetzes zum Bürgerlichen Gesetzbuche enthalten

(3) ¹Nach Vertragsschluss stellt der Darlehensgeber dem Darlehensnehmer eine Abschrift des Vertrags zur Verfügung. ²Ist ein Zeitpunkt für die Rückzahlung des Darlehens bestimmt, kann der Darlehensnehmer vom Darlehensgeber jederzeit einen Tilgungsplan nach Artikel 247 § 14 des Einführungsgesetzes zum Bürgerlichen Gesetzbuche verlangen.

(4) ¹Die Absätze 1 und 2 gelten auch für die Vollmacht, die ein Darlehensnehmer zum Abschluss eines Verbraucherdarlehensvertrags erteilt. ²Satz 1 gilt nicht für die Prozessvollmacht und eine Vollmacht, die notariell beurkundet ist.

(5) Erklärungen des Darlehensgebers, die dem Darlehensnehmer gegenüber nach Vertragsabschluss abzugeben sind, bedürfen der Textform.

(6) ¹Enthält der Vertrag die Angaben nach Absatz 2 nicht oder nicht vollständig, können sie nach wirksamem Vertragsschluss oder in den Fällen des § 494 Absatz 2 Satz 1 nach Gültigwerden des Vertrags in Textform nachgeholt werden. ²Hat das Fehlen von Angaben nach Absatz 2 zu Änderungen der Vertragsbedingungen gemäß § 494 Absatz 2 Satz 2 bis Absatz 6 geführt, kann die Nachholung der Angaben nur dadurch erfolgen, dass der Darlehensnehmer die nach § 494 Absatz 7 erforderliche Abschrift des Vertrags erhält. ³In den sonstigen Fällen muss der Darlehensnehmer spätestens im Zeitpunkt der Nachholung der Angaben eine der in § 355 Absatz 3 Satz 2 genannten Unterlagen erhalten. ⁴Werden Angaben nach diesem Absatz nachgeholt, beträgt die Widerrufsfrist abweichend von § 495 einen Monat. ⁵Mit der Nachholung der Angaben nach Absatz 2 ist der Darlehensnehmer in Textform darauf hinzuweisen, dass die Widerrufsfrist von einem Monat nach Erhalt der nachgeholten Angaben beginnt.

1. Allgemeines. Die Vorschrift dient dem Schutz des Verbrauchers (Existenzgründer s § 512), insbesondere durch Formvorschriften (**I**) und Informationen (**II** iVm EGBGB 247 §§ 6–13). Anwendbar auf Vertragsschlüsse ab 10.6.2010. Anwendbar auf alle Verbraucherkredite (§ 491 I). Auch bei Rechtsnachfolge, Vertragsübernahme und Schuldbeitritt (§ 491 Rn 4). Ausnahme: § 491 III, § 504 II 2, § 505 IV, § 507 I 2, III 1. Unabdingbar mit Umgehungsverbot s § 511.

2. Form. a) I 1 verlangt **Schriftform** (§ 126). Strengere Form möglich, wenn zB Kreditvertrag Teil eines Grundstückskaufvertrags (s § 311b I). Zweck: Warnfunktion im Interesse des Darlehensnehmers. Blankounterschrift genügt nicht

(BGH NJW-RR 05, 1141); I 1 findet auch Anwendung bei Schuldbeitritt (BGH NJW 00, 3498 [zu VerbrKrG 4]). Aus Vereinfachungsgründen können abweichend von § 126 II 1 Angebot und Annahme in getrennten Urkunden erklärt werden, I 2. Die Erklärung des Darlehens*gebers* bedarf entgegen § 126 I nicht der eigenhändigen Unterschrift, wenn sie durch eine „automatische Einrichtung" erstellt wird, I 3. Die unterzeichnete Originalerklärung des Darlehens*nehmers* muss die nach II erforderlichen Angaben enthalten; Übermittlung per Telefax genügt nicht (BGH NJW 97, 3170). Auf Zugang der Annahmeerklärung des Darlehensgebers bei Darlehensnehmer kann gem § 151 verzichtet werden (s BGH NJW-RR 04, 1683, dazu Armbrüster EWiR 04, 1071. **b)** Bei **Vertragsänderungen**, die 3 den Inhalt und die Abwicklung des (wirksamen) Kreditvertrags betreffen (zB Kündigungen, Tilgungsplan **III 2**, sa § 493) gilt **Textform** (§ 126b), **V**. Zwar regelt **VI**, dass das einseitige Nachholen von Pflichtangaben in Textform auch bei einem formunwirksam geschlossenen, aber geheilten Vertrag möglich ist (BT-Drs 17/1394 S 16), gleichwohl soll das Nachholen von unterlassenen oder fehlerhaften Pflichtangaben nicht zu einer entsprechenden Vertragsänderung führen, sondern nur das Widerrufsrecht auslösen. Derartige Vertragsänderungen unterliegen auch weiterhin der Schriftform (BT-Drs 17/1394 S 16). Aus dem Gesetzeswortlaut ergibt sich die Einschränkung nicht. Wirksamer Vertrag (§ 492 VI Alt 1) liegt vor, wenn das Fehlen von Pflichtangaben nicht zur Nichtigkeit des Vertrags geführt hat (zB EGBGB 247 §§ 7, 8).

3. Mindestangaben. (EGBGB 247 §§ 6–13) unterliegen bei Vertragsschluss der 4 Form des § 126. Bei Verstoß Nichtigkeit des Vertrags gem § 494 I, zur Heilung s § 494 II, aber mit Sanktionen s § 494 II 2–VI.

4. Abschrift (III 1). Der Verbraucher hat zu Informationszwecken – über § 810 5 hinaus – Anspruch auf Übereignung einer Abschrift der Vertragsurkunde (bei I 2 beider Vertragserklärungen). Einklagbare Nebenleistungspflicht, deren Nichterfüllung nicht zur Unwirksamkeit des Vertrags führt, jedoch die Widerrufsfrist nach § 355 III nicht in Lauf setzt (s § 495 II Nr 2).

5. Vertretung. a) Vollmacht (IV 1) zum Abschluss eines Verbraucherdarle- 6 hensvertrags. Sie bedarf der Schriftform und muss die Mindestangaben des II (insoweit noch aA BGH NJW 01, 1931 [zu VerbrKrG 4]) umfassen, unabhängig davon, ob Vertreter Unternehmer oder Verbraucher. Vollmachten verbunden mit dem Auftrag, die Darlehensbedingungen erst auszuhandeln, scheiden damit aus. Abweichung von § 167 II. Grund: Verbraucherschutz soll nicht durch Vollmacht unterlaufen werden (BT-Drs 14/7052 S 201). Wegen des Zusammenhangs mit dem Geschäftsbesorgungsvertrag gilt für vor dem 1.1.2002 erteilte Vollmachten EGBGB 229 § 5 S 2 entspr (aA BT-Drs 14/7052 S 328; Bülow NJW 02, 1147; Peters/Gröpper WM 01, 2103; PalWeidenkaff 22; s aber K. Berger, Kreditvertragsrecht, S. 28 ff; BaR/Möller 30; Wittig/Wittig WM 02, 152). Zur Nichtigkeit formgerechter Verbrauchervollmachten im Rahmen finanzierter Fondsbeteiligungen nach § 134 iVm RBerG und der Heilung nach §§ 172 II, 173 s Bülow/Artz 73a ff; zur Frage des verbundenen Geschäfts s § 358; BGH NJW 06, 1952, 1955, 1957 mN; zur Verjährung des bereicherungsrechtlichen Anspruchs auf Rückerstattung der Tilgungsleistung und zur Beweislast des Bereicherungsgläubigers BGH WM 08, 2155 u Budzikiewicz NJ 09, 111. **b) Ausnahmen (IV 2). aa) Prozess-** 7 **vollmacht** (nicht andere Anwaltsvollmachten); Anwalt soll zB Prozessvergleich (über § 491 III 1 hinaus) mit Ratenzahlung vereinbaren können, ohne gesonderte Vollmacht einholen zu müssen. **bb) Notariell beurkundete Vollmacht;** zB Generalvollmacht für Vermögensverwaltung; Vollmacht zum finanzierten Immobilienerwerb.

§ 492a *(aufgehoben)*

§ 493 Informationen während des Vertragsverhältnisses

(1) ¹Ist in einem Verbraucherdarlehensvertrag der Sollzinssatz gebunden und endet die Sollzinsbindung vor der für die Rückzahlung bestimmten Zeit, unterrichtet der Darlehensgeber den Darlehensnehmer spätestens drei Monate vor Ende der Sollzinsbindung darüber, ob er zu einer neuen Sollzinsbindungsabrede bereit ist. ²Erklärt sich der Darlehensgeber hierzu bereit, muss die Unterrichtung den zum Zeitpunkt der Unterrichtung vom Darlehensgeber angebotenen Sollzinssatz enthalten.

(2) ¹Der Darlehensgeber unterrichtet den Darlehensnehmer spätestens drei Monate vor Beendigung eines Verbraucherdarlehensvertrags darüber, ob er zur Fortführung des Darlehensverhältnisses bereit ist. ²Erklärt sich der Darlehensgeber zur Fortführung bereit, muss die Unterrichtung die zum Zeitpunkt der Unterrichtung gültigen Pflichtangaben gemäß § 491a Abs. 1 enthalten.

(3) ¹Die Anpassung des Sollzinssatzes eines Verbraucherdarlehensvertrags mit veränderlichem Sollzinssatz wird erst wirksam, nachdem der Darlehensgeber den Darlehensnehmer über die Einzelheiten unterrichtet hat, die sich aus Artikel 247 § 15 des Einführungsgesetzes zum Bürgerlichen Gesetzbuche ergeben. ²Abweichende Vereinbarungen über die Wirksamkeit sind im Rahmen des Artikels 247 § 15 Abs. 2 des Einführungsgesetzes zum Bürgerlichen Gesetzbuche zulässig.

(4) Wurden Forderungen aus dem Darlehensvertrag abgetreten, treffen die Pflichten aus den Absätzen 1 bis 3 auch den neuen Gläubiger, wenn nicht der bisherige Darlehensgeber mit dem neuen Gläubiger vereinbart hat, dass im Verhältnis zum Darlehensnehmer weiterhin allein der bisherige Darlehensgeber auftritt.

1 **1. Allgemeines.** Der Darlehensnehmer soll vor anstehenden Änderungen im Vertragsverhältnis gewarnt werden und sich rechtzeitig über Alternativen informieren können. Die durch das Risikobegrenzungsgesetz (Rn 1 vor § 488) eingefügte Vorschrift ist durch das VerbrKrRL-UG insgesamt neu gefasst, aber nur teilweise geändert. Unabdingbar mit Umgehungsverbot § 511; Ausnahme: §§ 504 I 3, 505 IV.

2 **2. Mitteilungspflichten. a)** Spätestens drei Monate vor **Ablauf der Sollzinsbindungsfrist** (I) hinsichtlich der Bereitschaft zu einer neuen Zinsbindungsvereinbarung und ggf den zu diesem Zeitpunkt aktuellen Bedingungen. Keine Pflicht zur Abgabe eines verbindlichen Folgeangebots. **b)** Spätestens drei Monate vor **Ende des Darlehensvertrages** (II) hinsichtlich der Bereitschaft zu seiner Fortführung und ggf den anzugebenden (§ 492 II), zu diesem Zeitpunkt aktuellen Vertragsbedingungen. Es ist eine Auslegungsfrage, ob die Bereitschaftserklärung iSv II, den Darlehensvertrag fortzuführen, ein Folgeangebot iSv § 145 oder eine **invitatio ad offerendum** (§ 145 Rn 3) darstellt. Im Zweifel wird (wegen des für ein bindendes Angebot zu langen Mindestzeitraums von drei Monaten, s Abgeordnetenbericht BT-Drs 16/9821, 20 f, 22 f zu § 492a aF) der Darlehensnehmer die Erklärung trotz der Pflichtangaben (II iVm § 492 II) nicht als Angebot iSv § 145 verstehen dürfen (§§ 133, 157) (str, aA Weller aaO [vor § 488] nwN). **c) Wirksamkeit (III)** der Sollzinsänderung bei Verbraucherdarlehen mit veränderlichem Sollzinssatz (s § 489 V) erst ab Zugang (§ 130) der Informationen gem EGBGB 247 § 15 in Textform (492 V). Vereinbarung in Grenzen des EGBGB 247 § 15 II zulässig, III 2. Zur einseitigen Zinsanpassung s Rn 21 vor § 488. **d)** Bei einer **Abtretung von Darlehensforderungen** (IV) treffen die Unterrichtungspflichten auch den (nicht stillen) Zessionar, der an der Fortsetzung des Vertragsverhältnisses idR eher als der veräußernde Zedent interessiert sein wird.

Titel 3. Darlehensvertrag § 494

3. Rechtsfolge bei Verstoß. Schadensersatz (§ 280 I), dazu Schalast BB 08, 3
2192 f; Weller aaO (vor § 488). Schaden kann die Zinsnachteile erfassen, die durch
verspäteten Abschluss eines Folgevertrags in Phase des Zinsanstiegs auf dem Markt
entstanden sind, denn durch mangelnden Hinweis wurde Darlehensnehmer nicht
frühzeitig auf Notwendigkeit eines Folgekredits aufmerksam gemacht. Keine
zwangsweise Fortführung als Sanktion, da dadurch auch die Vertragsfreiheit des
Darlehensnehmers betroffen wäre.

§ 494 Rechtsfolgen von Formmängeln

(1) **Der Verbraucherdarlehensvertrag und die auf Abschluss eines solchen Vertrags vom Verbraucher erteilte Vollmacht sind nichtig, wenn die Schriftform insgesamt nicht eingehalten ist oder wenn eine der in Artikel 247 §§ 6 und 9 bis 13 des Einführungsgesetzes zum Bürgerlichen Gesetzbuche für den Verbraucherdarlehensvertrag vorgeschriebenen Angaben fehlt.**

(2) [1]Ungeachtet eines Mangels nach Absatz 1 wird der Verbraucherdarlehensvertrag gültig, soweit der Darlehensnehmer das Darlehen empfängt oder in Anspruch nimmt. [2]Jedoch ermäßigt sich der dem Verbraucherdarlehensvertrag zugrunde gelegte Sollzinssatz auf den gesetzlichen Zinssatz, wenn die Angabe des Sollzinssatzes, des effektiven Jahreszinses oder des Gesamtbetrags fehlt.

(3) Ist der effektive Jahreszins zu niedrig angegeben, so vermindert sich der dem Verbraucherdarlehensvertrag zugrunde gelegte Sollzinssatz um den Prozentsatz, um den der effektive Jahreszins zu niedrig angegeben ist.

(4) [1]Nicht angegebene Kosten werden vom Darlehensnehmer nicht geschuldet. [2]Ist im Vertrag nicht angegeben, unter welchen Voraussetzungen Kosten oder Zinsen angepasst werden können, so entfällt die Möglichkeit, diese zum Nachteil des Darlehensnehmers anzupassen.

(5) Wurden Teilzahlungen vereinbart, ist deren Höhe vom Darlehensgeber unter Berücksichtigung der verminderten Zinsen oder Kosten neu zu berechnen.

(6) [1]Fehlen im Vertrag Angaben zur Laufzeit oder zum Kündigungsrecht, ist der Darlehensnehmer jederzeit zur Kündigung berechtigt. [2]Fehlen Angaben zu Sicherheiten, können sie nicht gefordert werden. [3]Satz 2 gilt nicht, wenn der Nettodarlehensbetrag 75 000 Euro übersteigt.

(7) [1]Der Darlehensgeber stellt dem Darlehensnehmer eine Abschrift des Vertrags zur Verfügung, in der die Vertragsänderungen berücksichtigt sind, die sich aus den Absätzen 2 bis 6 ergeben. [2]Abweichend von § 495 beginnt die Widerrufsfrist in diesem Fall, wenn der Darlehensnehmer diese Abschrift des Vertrags erhalten hat.

1. Allgemeines. Eigenständige, gegenüber § 125 S 1 spezielle Regelung der 1
Rechtsfolgen von Formmängeln und vor fehlenden bzw unzutreffenden Mindestangaben gem § 492. Anwendbar auf Verbraucherkreditverträge (§§ 491 ff), auch auf
Vertragsänderungen (Herrestal BKR 04, 479) und Prolongationen (BGH NJW 06,
681). Die Heilungsvorschriften in II–VI ermöglichen es dem Verbraucher (Existenzgründer s § 512), das Darlehen nicht nach § 812 I 1 Fall 1 sogleich zurückzahlen zu
müssen, sondern zu – entsprechend dem Informationsdefizit veränderten Konditionen – in Anspruch zu nehmen. Unabdingbar und Umgehungsverbot, § 511.

2. Nichtigkeit (I). a) aa) Der **Verbraucherdarlehensvertrag** ist insgesamt 2
(Abweichung von § 139) nichtig, wenn die (modifizierte) Schriftform des § 492 I
nicht gewahrt ist oder (eine der) Angaben gem EGBGB 247 §§ 6, 9 - 13 *fehlen*.
Fehlende oder fehlerhafte Angaben nach II 2–VI zum effektiven Jahreszins (I), zu

§ 495

den Kosten (II), zur Konditionsanpassung (IV), Laufzeit, Kündigung (VI) oder Sicherheiten führen nicht zur Nichtigkeit des Vertrages sondern nur dazu, dass diese nicht Vertragsbestandteil werden. – *Unzutreffende* Angaben führen nicht zur Nichtigkeit, es sei denn, sie entbehrten jeden Informationsgehalts (BGH NJW 04, 154; MK/Schürnbrand 12). Wesentliche Nebenabreden unterliegen auch der Schriftform, bei Fehlen besteht Teilnichtigkeit, auf die sich nur der Darlehensneh-
3 mer berufen kann (PalWeidenkaff 2). **bb) Rechtsfolgen:** Keine vertraglichen Ansprüche; Unternehmer kann Abnahme und Zins nicht verlangen, Verbraucher
4 nicht die Auszahlung. Heilung s II. **b) Vollmacht** zum Abschluss eines Verbraucherdarlehensvertrags ist bei Formmangel oder Fehlen der Mindestangaben nichtig. Keine Heilung nach II durch Auszahlung an unwirksam Bevollmächtigten (aA wohl hM, s Roth WM 03, 2358 mN), da sich II auf den formunwirksam geschlossenen Darlehensvertrag bezieht; aber Genehmigung gem § 177 (formlos, § 182 II) möglich, s Roth aaO mN. In der Inanspruchnahme des Darlehens durch den Darlehensnehmer (nicht den [unwirksam] Bevollmächtigten) kann eine stillschweigende Genehmigung liegen (BT-Drs 14/7052 S 202; Wittig/Wittig WM 02, 152). Der Inhalt des nun wirksamen Vertrags richtet sich auch in diesem Fall nach II 2–VI. – Haftung des Vertreters nach § 179 I ist regelmäßig gem § 179 III 1 ausgeschlossen.

5 **3. Heilung. a) Zweck:** II 1 schützt den Verbraucher davor, das empfangene Darlehen sofort gem § 812 I 1 Fall 1 zurückzahlen zu müssen; **II 2** entspricht dem Interesse des Darlehensgebers an einer (als Sanktion für die Verletzung der Obliegenheit zu Mindestangaben herabgesetzten) Verzinsung (BGH NJW 02, 370 [zu VerbrKrG 6]). **b) Voraussetzungen:** Empfang (zB Auszahlung) oder Inanspruchnahme (zB durch Auszahlung oder Überweisung) des Darlehens. Daher auf Schuldbeitritt nicht anwendbar (BGH NJW 06, 431). Fortsetzung der Darlehensnutzung steht dem gleich (BGH NJW-RR 08, 645 [zu VerbrKrG 6]). Weisungsgemäß Auszahlung an Treuhänder eines Immobilienfonds ist auch dann Darlehensempfang, wenn Darlehensvertrag und Fondsbeteiligung verbundene Geschäfte darstellen, BGH NJW 06, 1952, 06, 1788 mN; Dresden WM 05, 1792; KG WM 05, 2218.
6 **c) Rechtsfolgen: aa) Darlehensvertrag** wird in Höhe des entspr Betrags („soweit"; uU also auch nur teilweise) ex nunc wirkt über die vereinbarte Laufzeit **wirksam, II 1.** Geheilt werden alle Mängel des Vertrags jedoch mit Sanktionen nach Maßgabe von II 2–VI; Widerruf gem § 495 und andere Nichtigkeitsgründe bleiben unberührt. Insbesondere in Niedrigzinsphasen ist die Sanktion der Reduzierung auf den ges Zins nicht zielführend, so dass es dem Darlehensgeber verwehrt sein dürfte,
7 sich auf die Rechtsfolgen des II 2 (§ 246) zu berufen. **bb) Zinssatz:** Ermäßigung auf 4% (s § 246), II 2–VI greifen nicht generell bei Mängeln der Schriftform ein, sondern nur bei fehlender Schriftform oder fehlenden Pflichtangaben gem II 2 in Bezug auf Verbrauchererklärung (BGH 165, 213 [zu VerbrKrG 6]). Ist der (anfängliche) effektive Jahreszins zu niedrig angegeben, so wird der geschuldete Zinssatz (relativ, s LG Stuttgart NJW 93, 209 [zu VerbrKrG 6 IV]) gemindert; Untergrenze § 246 (MK/Schürnbrand 38 f). Ggf Anspruch auf Neuberechnung von Teilzahlungen **(V),** der gegenüber der Rückzahlungsforderung ein Zurückbehaltungsrecht (§ 273) begründet (BGH ZIP 02, 392); bei Überzahlung: Anspruch nach § 812 I 1 Fall 1 (BGH NJW 02, 370 [zu VerbrKrG 6]). **cc)** Nicht angegebene **Kosten** sind
8 nicht geschuldet, **IV 1. dd)** Dem Darlehensnehmer nachteilige einseitige **Änderung preisbestimmender Regelungen** entfällt, falls entspr Anpassungsfaktoren nicht angegeben sind, **IV 2. ee) Sicherheiten** können nicht verlangt werden, wenn nicht angegeben **VI 2.** Anders bei Nettodarlehensbetrag (s § 491 II Nr 1) über 75 000 Euro, **VI 3.** Eine trotz fehlenden Hinweises gewährte Personalsicherheit ist nicht kondizierbar, solange die gesicherte Verbindlichkeit besteht (BGH WM 08, 1679 [zu VerbrKrG 6]).

§ 495 Widerrufsrecht

(1) Dem Darlehensnehmer steht bei einem Verbraucherdarlehensvertrag ein Widerrufsrecht nach § 355 zu.

Titel 3. Darlehensvertrag **§ 496**

(2) ¹Die §§ 355 bis 359a gelten mit der Maßgabe, dass
1. an die Stelle der Widerrufsbelehrung die Pflichtangaben nach Artikel 247 § 6 Absatz 2 des Einführungsgesetzes zum Bürgerlichen Gesetzbuche treten,
2. die Widerrufsfrist auch nicht beginnt
   a) vor Vertragsabschluss und
   b) bevor der Darlehensnehmer die Pflichtangaben nach § 492 Absatz 2 erhält, und
3. der Darlehensnehmer abweichend von § 346 Absatz 1 dem Darlehensgeber auch die Aufwendungen zu ersetzen hat, die der Darlehensgeber an öffentliche Stellen erbracht hat und nicht zurückverlangen kann; § 346 Absatz 2 Satz 2 zweiter Halbsatz ist nur anzuwenden, wenn das Darlehen durch ein Grundpfandrecht gesichert ist.
²§ 355 Absatz 2 Satz 3 und Absatz 4 ist nicht anzuwenden.

(3) Ein Widerrufsrecht besteht nicht bei Darlehensverträgen,
1. die einen Darlehensvertrag, zu dessen Kündigung der Darlehensgeber wegen Zahlungsverzugs des Darlehensnehmers berechtigt ist, durch Rückzahlungsvereinbarungen ergänzen oder ersetzen, wenn dadurch ein gerichtliches Verfahren vermieden wird und wenn der Gesamtbetrag (Artikel 247 § 3 des Einführungsgesetzes zum Bürgerlichen Gesetzbuche) geringer ist als die Restschuld des ursprünglichen Vertrags,
2. die notariell zu beurkunden sind, wenn der Notar bestätigt, dass die Rechte des Darlehensnehmers aus den §§ 491a und 492 gewahrt sind, oder
3. die § 504 Abs. 2 oder § 505 entsprechen.

1. Allgemeines. Unabdingbares (§ 511) Widerrufsrecht gibt dem Verbraucher 1 (Existenzgründer s § 512) Gelegenheit, den Darlehensvertrag und seine wirtschaftlichen Folgen – auch vor dem Hintergrund der Informationen gem § 492 II iVm EGBGB 247 – zu überdenken. Verhältnis zu Widerrufsrecht nach § 312 s §§ 312a, 312d.

2. Widerrufsrecht (I). Nach § 355 besteht für alle Verbraucherdarlehensverträge 2 gem § 491 I, auch Immobiliarkredite (§ 503) und Finanzierungshilfen (§ 506 f) ein Widerrufsrecht. **Ausnahmen (III)** vom Widerrufsrecht, wenn Schutzwürdigkeit des Verbrauchers gewahrt ist. Form und Inhalt der Widerrufsbelehrung: Schriftform gem § 492 I mit den Inhalten gem § 492 II, EGBGB 247 § 6 I Nr 1, § 3 Nr 13, § 6 II 1, 2 bzw § 12 I 1, 2 Nr 2 lit b. **Beginn** des Fristenlaufs: nach Erhalt der vollständigen Pflichtangabe, II Nr 2 lit b, bei Fehlen der Pflichtangaben erst nach Nachholung, s § 492 VI, mit verlängerter Widerrufsfrist. Erlöschen des Widerrufsrechts gem § 355 IV ausgeschlossen (II 2). Ggf aber Verwirkung (s § 242). Bei **Schuldüber- 3 nahme** (sa § 491 Rn 4) steht dem Übernehmer ein eigenes Widerrufsrecht bzgl des *Übernahme*vertrags zu (BGH 129, 380 [zu VerbrKrG 7]); zudem geht ein dem Übertragenden zustehendes Widerrufsrecht auf den Übernehmer über, selbst wenn dieser nicht Verbraucher ist (BGH NJW 96, 2095 [zu VerbrKrG 7]; krit Ulmer/Masuch JZ 97, 654). – Zur Widerrufserklärung und -frist sowie Rechtsfolgen s §§ 355 ff; zu verbundenen Geschäften s § 358 f; zur vertraglich vereinbarten „Unterbleibensfiktion" bei Nichtrückzahlung s § 489 III.

§ 496 Einwendungsverzicht, Wechsel- und Scheckverbot

(1) Eine Vereinbarung, durch die der Darlehensnehmer auf das Recht verzichtet, Einwendungen, die ihm gegenüber dem Darlehensgeber zustehen, gemäß § 404 einem Abtretungsgläubiger entgegenzusetzen oder eine ihm gegen den Darlehensgeber zustehende Forderung gemäß § 406 auch dem Abtretungsgläubiger gegenüber aufzurechnen, ist unwirksam.

§ 496

(2) ¹Wird eine Forderung des Darlehensgebers aus einem Darlehensvertrag an einen Dritten abgetreten oder findet in der Person des Darlehensgebers ein Wechsel statt, ist der Darlehensnehmer unverzüglich darüber sowie über die Kontaktdaten des neuen Gläubigers nach Artikel 246 § 1 Abs. 1 Nr. 1 bis 3 des Einführungsgesetzes zum Bürgerlichen Gesetzbuche zu unterrichten. ²Die Unterrichtung ist bei Abtretungen entbehrlich, wenn der bisherige Darlehensgeber mit dem neuen Gläubiger vereinbart hat, dass im Verhältnis zum Darlehensnehmer weiterhin allein der bisherige Darlehensgeber auftritt. ³Fallen die Voraussetzungen des Satzes 2 fort, ist die Unterrichtung unverzüglich nachzuholen.

(3) ¹Der Darlehensnehmer darf nicht verpflichtet werden, für die Ansprüche des Darlehensgebers aus dem Verbraucherdarlehensvertrag eine Wechselverbindlichkeit einzugehen. ²Der Darlehensgeber darf vom Darlehensnehmer zur Sicherung seiner Ansprüche aus dem Verbraucherdarlehensvertrag einen Scheck nicht entgegennehmen. ³Der Darlehensnehmer kann vom Darlehensgeber jederzeit die Herausgabe eines Wechsels oder Schecks, der entgegen Satz 1 oder 2 begeben worden ist, verlangen. ⁴Der Darlehensgeber haftet für jeden Schaden, der dem Darlehensnehmer aus einer solchen Wechsel- oder Scheckbegebung entsteht.

1 **1. Allgemeines.** Schutzvorschrift zugunsten des Verbrauchers (Existenzgründer s § 512) bei Abtretung der Forderung aus dem Darlehensvertrag durch den Darlehensgeber (I und II) und vor den Risiken einer Wechsel- bzw Scheckbegebung (III). Umsetzung VerbrKrRiLi 9. II eingefügt durch Risikobegrenzungsgesetz (vor § 488 Rn 1). Unabdingbar, § 511.

2 **2. Unwirksamkeit des Einwendungsverzichts (I). a)** Die Unwirksamkeit des Einwendungsverzichts dient der Aufrechterhaltung der in §§ 404, 406 vorgesehenen Schutzvorschriften zugunsten des Darlehensnehmers. Dieser kann trotz entgegenstehender Abrede alle nach Abtretung begründeten (s § 404 Rn 4) Einwendungen und Einreden dem Zessionar entgegen halten bzw ihm gegenüber nach Maßgabe des § 406 aufrechnen. I wird erstreckt auf § 407; Einwendungsverzicht durch den Darlehens*geber* ist wirksam. **b)** Bei Abtretung einer Darlehensforderung oder Übernahme eines Darlehensvertrages muss der Darlehensnehmer über den neuen Gläubiger informiert werden, es sei denn, der neue Gläubiger soll im Verhältnis zum Darlehensnehmer nicht in Erscheinung treten (stille Zession, zB bei Sicherungsabtretung). Anzeige ist mit Blick auf § 1156, der dem Eigentümer bei Leistung an den Altgläubiger bezogen auf die Grundschuld die Berufung auf § 407 BGB sperrt, sinnvoll. Schutzlücke besteht bei stiller Zession, s Weller JuS 09, 969. Grundsätzlich obliegt diese **Informationspflicht (II)** dem Zedenten der Abtretung (aA Zessionar, s Weller aaO) in der Form des § 492 V bzw. dem Übernehmenden des Vertrages als Vertragspartner des Darlehensnehmers; abweichende Vereinbarungen zwischen Darlehensgeber und Drittem sind möglich.

3 **3. Verbot der Wechsel- und Scheckbegebung (III 1, 2). a)** Es dient Erhaltung von Einwendungen und Einreden aus dem Darlehensvertrag (auch § 821) aus dem Grundgeschäft gegenüber dem Darlehensgeber (sa ZPO 598) und dem Zessionar (WG 17; ScheckG 22). Auf ein abstraktes Schuldanerkenntnis bzw – versprechen (§§ 780, 781) und die notarielle Unterwerfungserklärung gem ZPO 794 I Nr 5 ist III analog nicht anwendbar (BGH NJW 05, 1576 [zu VerbrKG 10]; MK/Schürnbrand 8; sa BGH NJW 04, 59 u 62; Bülow/Artz 13; aA AnwKommReiff 4; MK/Habersack [4. Aufl 2004] Rn 8; Vollkommer NJW 04, 818). Erfasst ist nur die Begebung des Schecks als Sicherungsmittel (insbes vor Fälligkeit des Rückzahlungsanspruchs aus dem Darlehensvertrag); Scheck als Zahlungsmittel bleibt unberührt.
4 **b) Unwirksam** ist die Verpflichtung zur Wechsel- bzw Scheckbegebung und die entspr Zweckvereinbarung, *nicht* der Begebungsvertrag (sa § 793 Rn 11); die Verbindlichkeiten aus Wechsel und Scheck entstehen (Bülow/Artz Rn 20; München

Titel 3. Darlehensvertrag **§ 497**

ZIB 04, 991 [zu VerbrKG 10]: Auch Wechselbürgschaft ist Wechselverbindlichkeit). Der Darlehensnehmer hat aber gegen den Darlehensgeber einen **Herausgabeanspruch (III 3)**, demgegenüber ein Zurückbehaltungsrecht ausgeschlossen ist. Der Darlehensgeber schuldet **Schadensersatz (III 4)**, insbes wenn er das Wertpapier an einen redlichen Dritten mit der Folge des Einwendungsverlusts übertragen hat.

§ 497 Verzug des Darlehensnehmers

(1) ¹Soweit der Darlehensnehmer mit Zahlungen, die er auf Grund des Verbraucherdarlehensvertrags schuldet, in Verzug kommt, hat er den geschuldeten Betrag nach § 288 Abs. 1 zu verzinsen. ²Im Einzelfall kann der Darlehensgeber einen höheren oder der Darlehensnehmer einen niedrigeren Schaden nachweisen.

(2) ¹Die nach Eintritt des Verzugs anfallenden Zinsen sind auf einem gesonderten Konto zu verbuchen und dürfen nicht in ein Kontokorrent mit dem geschuldeten Betrag oder anderen Forderungen des Darlehensgebers eingestellt werden. ²Hinsichtlich dieser Zinsen gilt § 289 Satz 2 mit der Maßgabe, dass der Darlehensgeber Schadensersatz nur bis zur Höhe des gesetzlichen Zinssatzes (§ 246) verlangen kann.

(3) ¹Zahlungen des Darlehensnehmers, die zur Tilgung der gesamten fälligen Schuld nicht ausreichen, werden abweichend von § 367 Abs. 1 zunächst auf die Kosten der Rechtsverfolgung, dann auf den übrigen geschuldeten Betrag (Absatz 1) und zuletzt auf die Zinsen (Absatz 2) angerechnet. ²Der Darlehensgeber darf Teilzahlungen nicht zurückweisen. ³Die Verjährung der Ansprüche auf Darlehensrückzahlung und Zinsen ist vom Eintritt des Verzugs nach Absatz 1 an bis zu ihrer Feststellung in einer in § 197 Abs. 1 Nr. 3 bis 5 bezeichneten Art gehemmt, jedoch nicht länger als zehn Jahre von ihrer Entstehung an. ⁴Auf die Ansprüche auf Zinsen findet § 197 Abs. 2 keine Anwendung. ⁵Die Sätze 1 bis 4 finden keine Anwendung, soweit Zahlungen auf Vollstreckungstitel geleistet werden, deren Hauptforderung auf Zinsen lautet.

1. Allgemeines. Anwendbar auf wirksame Verbraucherdarlehensverträge (MK/ 1 Schürnbrand 4, 6: auch auf Überziehungskredite §§ 504, 505 und unwirksame Verbraucherdarlehensverträge); für Immobiliardarlehen s § 503. Unabdingbar, § 511.

2. Verzugszinsen. a) Anspruch insbes aus § 488 I 2. Voraussetzungen Verzug 2 s § 286. **b) Höhe** des Verzugszinses ist variabel und richtet sich nach § 288 I (5 Prozentpunkte über Basiszins); Nachweis eines höheren oder niedrigeren Schadens bleibt offen. **c) Verrechnung:** Darlehensgeber muss bes „Unterkonto" einrichten; 3 Zweck: Sicherung des Zinseszinsverbots gem § 289 S 1 (s HGB 355 I aE). Schadensersatz nur nach II 2 iVm § 246. **Eingehende Zahlungen** dürfen nicht zurückgewiesen werden (III 2; sa § 266) und sind vorrangig auf die Kosten und den geschuldeten Betrag zu verrechnen, erst nachrangig auf (wegen II) geringer verzinste Zinsrückstände (III 1; sa § 367). Abweichende einseitige Tilgungsbestimmung des Verbrauchers soll trotz § 511 S 1 wirksam sein (str). Zur Buchung bei einem Kontokorrentokonto s Karlsruhe NJW 03, 222. **d) Verjährung** s § 488 Rn 24 (ee), 29; 4 ausführlich Budzikiewicz WM 03, 273 f, auch zum intertemporalen Recht, dazu OLGR Karlsruhe 04, 405. Gem III 4 gilt § 197 II bei Zinsforderung nicht. Hemmung der Verjährung s III 3; umfasst vertragliche Raten und die hierauf entfallenden Verzugszinsen (BGH NJW 11, 1870); Grund: Darlehensgeber soll nicht durch drohende Verjährung zu Rechtsverfolgung zwecks Hemmung gem § 204 veranlasst sein. Keine teleologische Reduktion auf Fälle, in denen die geleisteten Zahlungen die Kosten der Rechtsverfolgung übersteigen (Köln WM 07, 1325 f; 07, 1327; bestätigend BGH WM 07, 1328; aA MK/Schürnbrand 40). **e)** Für „isolierte", allein 5 die Zinsverbindlichkeit erfassende **Zinstitel** bleibt es gem III 5 bei den allg Bestimmungen. Eine entspr isolierte Zinsklage daher – entgegen allg prozessrechtlichen Darlegungsgrundsätzen – nur schlüssig, wenn vorgetragen wird, die nach III 1 vorrangig zu berücksichtigenden, fälligen Positionen seien vollständig erfüllt (MK/Schürnbrand 47; aA Köln WM 07, 1326; 07, 1327 f). Keine Anwendung des III 5 auf „gemischte Zinstitel" (MK/Schürnbrand 44 ff; in diese Richtung auch BGH WM 07, 1328).

§ 498 Gesamtfälligstellung bei Teilzahlungsdarlehen

¹Wegen Zahlungsverzugs des Darlehensnehmers kann der Darlehensgeber den Verbraucherdarlehensvertrag bei einem Darlehen, das in Teilzahlungen zu tilgen ist, nur kündigen, wenn
1. der Darlehensnehmer mit mindestens zwei aufeinander folgenden Teilzahlungen ganz oder teilweise und mit mindestens 10 Prozent, bei einer Laufzeit des Verbraucherdarlehensvertrags von mehr als drei Jahren mit mindestens 5 Prozent des Nennbetrags des Darlehens in Verzug ist und
2. der Darlehensgeber dem Darlehensnehmer erfolglos eine zweiwöchige Frist zur Zahlung des rückständigen Betrags mit der Erklärung gesetzt hat, dass er bei Nichtzahlung innerhalb der Frist die gesamte Restschuld verlange.

²Der Darlehensgeber soll dem Darlehensnehmer spätestens mit der Fristsetzung ein Gespräch über die Möglichkeiten einer einverständlichen Regelung anbieten.

Lit: Knops, Die Kündigung des vertragsgemäß bedienten Kredits wegen Vermögensverschlechterung, WM 12, 1649; Leube, Inhaltliche Anforderungen an die qualifizierte Mahnung nach § 498 I 1 Nr. 2 BGB, NJW 07, 3240.

1   **1. Allgemeines. a)** Zahlt der Darlehensnehmer das Darlehen nicht vereinbarungsgemäß zurück, kann der Darlehensgeber uU kündigen (§ 490 Rn 7, 13) und damit den Gesamtbetrag fällig stellen. Der Wegfall der Teilzahlungsabrede trifft den Darlehensnehmer uU hart. § 498 dient dem Verbraucherschutz (zum Existenzgründer s § 512) durch Bindung des Kündigungsrechts des Darlehensgebers („Gesamtfälligstellen") bei Verzug an bes Voraussetzungen. **b)** Unabdingbar und Umgehungsverbot (§ 511); daher soll eine ipso iure (d.h. ohne [zugangsgebundene] Kündigungserklärung) wirkende Verfallklausel, selbst wenn sie dem Darlehensnehmer günstigere Voraussetzungen enthält, unwirksam sein (MK/Schürnbrand 8; str).

2   **2. Anwendungsbereich. a)** Die Vorschrift ist anwendbar bei allen Verbraucherdarlehensverträgen (§ 491 I), die eine **Rückerstattung** des Darlehens in mindestens drei – nicht notwendig gleich hohen – **Teilzahlungen** („Raten") vorsehen. Analog bei sog Versicherungsdarlehen (MK/Schürnbrand 5). Auch anwendbar auf **Immobiliardarlehensverträge** (§ 503 I). **b)** Voraussetzung ist **Auszahlung** des Darlehens; zuvor Kündigung gem § 490 I Fall 1.

3   **3. Kündigung. a)** S 1 bestimmt die **Voraussetzungen** des ges **Kündigungsrechts** des Darlehensgebers bei Verbraucherdarlehensverträgen wegen Zahlungs-
4   rückstands; zu anderen Kündigungsgründen s Rn 10. **b) Voraussetzungen** der Kündigung. **aa) Verzug** (§ 286) mit der Rückzahlung mindestens zweier aufeinander folgender Raten (**Nr 1**). Zahlt der Darlehensnehmer unter Tilgungsbestimmung gem § 366 I nur jede *zweite* Rate voll, um die Kündigungsvoraussetzung „aufeinander folgend" zu vermeiden, ist die Tilgungsbestimmung gem § 242 unwirksam (str).
5   **bb) Rückstandshöhe:** Mindestens 10% (bei Laufzeit über drei Jahren: 5%) des Nennbetrags (Nettodarlehensbetrag [§ 491 II Nr 1] plus Einmalkosten, SoeHäuser [12. Aufl] VerbrKrG 12 Rn 9). Bei Immobiliardarlehensverträgen mindestens zwei aufeinander folgende Teilzahlungen ganz oder teilweise mit insgesamt mindestens 2,5% des Nennbetrages (§ 503 III). Eine vereinbarte Unterwerfung unter die sofor-

Titel 3. Darlehensvertrag **§ 499**

tige Zwangsvollstreckung bezüglich der Darlehensforderung ist wirksam (Weller JuS 09, 969). **cc) Nachfristsetzung (Nr 2).** Erforderlich ist Zahlungsaufforderung 6 unter exakter Bezifferung (Kündigung ist unwirksam bei Zuvielforderung: BGH NJW-RR 05, 1410) des rückständigen Betrags und Androhung der Kündigung des gesamten Darlehensvertrags (Celle WM 05, 1750). Die mit Wirksamkeit der Kündigung fällige Gesamtrestschuld muss nicht angegeben werden (str; aA Leube NJW 07, 3240; Düsseldorf WM 96, 1532 [zu VerbrKrG 12]). Fristsetzung und Kündigungsandrohung entbehrlich bei ernsthafter und endgültiger Verweigerung weiterer Leistung durch Darlehensnehmer (BGH NJW-RR 07, 1204; str). **dd) Nichtzahlung** des rückständigen Betrags; teilweise Zahlung lässt Kündigungs- 7 recht auch bei geringfügigem Rest nicht entfallen (BGH NJW-RR 05, 1410; MK/Schürnbrand 18). **ee) Kündigungserklärung,** die nicht mit Fristsetzung verbunden werden darf (str). Analog § 314 III muss die Kündigung innerhalb „angemessener Frist" erklärt werden; Orientierung bietet die Zwei-Wochen-Frist gem Nr 2. **ff) Nicht: Gesprächsangebot (S 2);** bloße Sollvorschrift, welche die Schwellen- 8 angst des Verbrauchers bzgl Verhandlungen absenken soll.

4. Rechtsfolgen der Kündigung. a) Fälligkeit der Restschuld. Darlehens- 9 nehmer schuldet nicht (mehr) den Vertragszins, ggf aber den (gem § 497 zu beund verrechnenden) Verzugszins. Ist von mehreren Darlehensnehmern nur einer Verbraucher, ist § 498 einheitlich anzuwenden (BGH NJW 00, 3133). **b) Minderung der Restschuld (§ 501)** um die auf den Zeitraum nach Wirksamwerden der Kündigung entfallenden Zinsen und laufzeitabhängigen Kosten (zur Berechnungsformel s MK/Schürnbrand 27 mwN. Schürnbrand ebda; LG Berlin NJW-RR 05, 1649 lehnen Formelberechnung ab und fordern finanzmathematisch exakte Rückrechnung).

5. Sonstige Kündigungsgründe. S 1 verdrängt in seinem Anwendungsbereich 10 bes vertragliche Kündigungsrechte und die außerordentliche ges Kündigung gem §§ 490, 314 (s § 490 Rn 13). Erfasst wird aber nur die Kündigung wegen Zahlungsverzugs. Unberührt bleibt eine Kündigung aus anderen Gründen, zB wegen Falschangaben des Darlehensnehmers oder wegen abredewidrig nicht bestellter (s EGBGB 247 § 7 Nr 2) Sicherheiten (MK/Schürnbrand 22).

§ 499 Kündigungsrecht des Darlehensgebers; Leistungsverweigerung

(1) **In einem Verbraucherdarlehensvertrag ist eine Vereinbarung über ein Kündigungsrecht des Darlehensgebers unwirksam, wenn eine bestimmte Vertragslaufzeit vereinbart wurde oder die Kündigungsfrist zwei Monate unterschreitet.**

(2) **¹Der Darlehensgeber ist bei entsprechender Vereinbarung berechtigt, die Auszahlung eines Darlehens, bei dem eine Zeit für die Rückzahlung nicht bestimmt ist, aus einem sachlichen Grund zu verweigern. ²Beabsichtigt der Darlehensgeber dieses Recht auszuüben, hat er dies dem Darlehensnehmer unverzüglich mitzuteilen und ihn über die Gründe möglichst vor, spätestens jedoch unverzüglich nach der Rechtsausübung zu unterrichten. ³Die Unterrichtung über die Gründe unterbleibt, soweit hierdurch die öffentliche Sicherheit oder Ordnung gefährdet würde.**

1. Allgemeines. Anwendbar auf Verbraucherdarlehen (§ 491 I, zum Existenzgrün- 1 der § 512) mit Ausnahme Immobiliardarlehen (§ 503) und geduldete Überziehungen, s § 505 IV, Leistungsverweigerungsrecht (II) nicht für kurzfristige oder jederzeit kündbare eingeräumte Überziehungen (§ 504 II). Unabdingbar mit Umgehungsverbot, § 511.

2. Kündigungsausschluss. Ausschluss des ordentlichen **Kündigungsrechts** des 2 Darlehensgebers **(I)** bei Darlehen mit bestimmter Laufzeit oder bei unbestimmter

§§ 500, 501

Laufzeit mit einer (verkürzten s § 488 III) Frist von weniger als zwei Monaten. Form der Kündigungsvereinbarung s § 492 I, II EGBGB 247 § 6 I Nr 6; Form der Kündigungserklärung § 492 V.

3 **3. Leistungsverweigerungsrecht II.** Sofern es vereinbart ist, bei Darlehen mit unbestimmter Laufzeit; erforderlich ist ein sachlicher Grund. Form der Vereinbarung § 492 I, II, EGBGB 247 § 6 I Nr 6, andernfalls Nichtigkeit gem § 494 I, Heilung s § 494 II. Ein sachlicher Grund liegt vor, wenn sich die wirtschaftlichen Verhältnisse des Kreditnehmers verschlechtert haben, so dass ein erhöhtes Risiko der Nichterfüllung der Rückzahlungsverpflichtung gegeben ist, missbräuchliche unzulässige Kreditverwendung sowie Verdacht auf Geldwäsche und Terrorismusfinanzierung (BT-Drs 16/11643 S 85).

§ 500 Kündigungsrecht des Darlehensnehmers; vorzeitige Rückzahlung

(1) ¹**Der Darlehensnehmer kann einen Verbraucherdarlehensvertrag, bei dem eine Zeit für die Rückzahlung nicht bestimmt ist, ganz oder teilweise kündigen, ohne eine Frist einzuhalten.** ²**Eine Vereinbarung über eine Kündigungsfrist von mehr als einem Monat ist unwirksam.**

(2) **Der Darlehensnehmer kann seine Verbindlichkeiten aus einem Verbraucherdarlehensvertrag jederzeit ganz oder teilweise vorzeitig erfüllen.**

1 **1. Allgemeines.** Anwendbar auf Verbraucherdarlehen (§ 491 I, zum Existenzgründer § 512) mit Ausnahme Immobiliardarlehen (§ 503; hierzu s aber Sonderkündigungsrecht gem § 490 II) und teilweise auf geduldete und eingeräumte Überziehung s §§ 504 II 1, 505 IV, 506 II 2. Unabdingbarkeit und Umgehungsverbot s § 511.

2 **2. (Ordentliches) Kündigungsrecht des Darlehensnehmers (I) bei Darlehen mit unbestimmter Laufzeit.** Kündigungsfrist von max einem Monat kann vereinbart werden (Formbedürftigkeit gem § 492 I), andernfalls Nichtigkeit des Vertrages (§ 494 I). Heilung möglich § 494 II, dann aber jederzeitiges Kündigungsrecht s § 494 VI. Bei Nichtrückzahlung s § 489 III.

3 **3. Vorzeitige Erfüllung (II) ohne Kündigung des Vertrags.** Hierüber ist der Verbraucher bei Vertragsschluss zu informieren, §§ 492 I, II, EGBGB 247 §§ 6 I Nr 1, 3 I Nr 14.

4 **4. Rechtsfolge.** §§ 501, 502.

§ 501 Kostenermäßigung

Soweit der Darlehensnehmer seine Verbindlichkeiten vorzeitig erfüllt oder die Restschuld vor der vereinbarten Zeit durch Kündigung fällig wird, vermindern sich die Gesamtkosten (§ 6 Abs. 3 der Preisangabenverordnung) um die Zinsen und sonstigen laufzeitabhängigen Kosten, die bei gestaffelter Berechnung auf die Zeit nach der Fälligkeit oder Erfüllung entfallen.

1 **1. Allgemeines.** Anwendbar auf Verbraucherdarlehen (§ 491 I, zum Existenzgründer s § 512) einschließlich Immobiliardarlehen (§ 503) und Finanzierungshilfen (§§ 506 f), nicht auf geduldete Überziehung (s § 505 IV). Anspruch des Darlehensnehmers auf vorzeitige Rückzahlung (s § 500 II) mit der Folge einer reduzierten Gesamtverbindlichkeit. Unabdingbar mit Umgehungsverbot, § 511.

2 **2. Regelungsinhalt.** Voraussetzung ist die **vorzeitige** (auch teilweise, arg Wortlaut „soweit") **Erfüllung,** ggf auch durch Dritte gem § 267 I (Erfüllungssurrogat genügt) oder vorzeitige Fälligkeit auf Grund Kündigung gem §§ 489, 490, 498–

Titel 3. Darlehensvertrag §§ 502, 503

500 I. Folge ist gem S 1 die Verminderung der Gesamtkosten (PAngV 6 III) um die auf den Zeitraum nach Erfüllung oder Fälligkeit entfallenden Zinsen und laufzeitabhängigen Kosten (zB Risikokosten, Verwaltungskosten, Disagio). Zur Berechnungsformel s MK/Schürnbrand 27 mN; LG Berlin NJW-RR 05, 1649 lehnt Formelberechnung ab, exakte Rückrechnung sei erforderlich. Bei Teilzahlungsgeschäften s § 507 III 2.

§ 502 Vorfälligkeitsentschädigung

(1) ¹**Der Darlehensgeber kann im Fall der vorzeitigen Rückzahlung eine angemessene Vorfälligkeitsentschädigung für den unmittelbar mit der vorzeitigen Rückzahlung zusammenhängenden Schaden verlangen, wenn der Darlehensnehmer zum Zeitpunkt der Rückzahlung Zinsen zu einem bei Vertragsabschluss vereinbarten, gebundenen Sollzinssatz schuldet.** ²**Die Vorfälligkeitsentschädigung darf folgende Beträge jeweils nicht überschreiten:**
1. **1 Prozent beziehungsweise, wenn der Zeitraum zwischen der vorzeitigen und der vereinbarten Rückzahlung ein Jahr nicht übersteigt, 0,5 Prozent des vorzeitig zurückgezahlten Betrags,**
2. **den Betrag der Sollzinsen, den der Darlehensnehmer in dem Zeitraum zwischen der vorzeitigen und der vereinbarten Rückzahlung entrichtet hätte.**

(2) **Der Anspruch auf Vorfälligkeitsentschädigung ist ausgeschlossen, wenn**
1. **die Rückzahlung aus den Mitteln einer Versicherung bewirkt wird, die auf Grund einer entsprechenden Verpflichtung im Darlehensvertrag abgeschlossen wurde, um die Rückzahlung zu sichern, oder**
2. **im Vertrag die Angaben über die Laufzeit des Vertrags, das Kündigungsrecht des Darlehensnehmers oder die Berechnung der Vorfälligkeitsentschädigung unzureichend sind.**

1. Allgemeines. Legaldefiniton der Vorfälligkeitsentschädigung s § 490 II 3. **1** Anspruch des Darlehensnehmers (Verbraucher § 491 I, Existenzgründer § 512) auf vorzeitige Rückzahlung s § 500 II. Nicht anwendbar auf Immobiliardarlehen (§ 503), geduldete und eingeräumte Überziehungen (§§ 504, 505) sowie teilweise auf sonstige Finanzierungshilfen (§ 506 II 1 Nr 3). Unabdingbarkeit und Umgehungsverbot s § 511.

2. Vorfälligkeitsentschädigung. Sie ist ein Schadensersatzanspruch des Darle- **2** hensgebers, der kausal auf die vorzeitige Rückzahlung (§ 502 II) durch den Darlehensnehmer zurückzuführen ist. Voraussetzung: Bereits **bei Vertragsabschluss** vereinbarter gebundener Sollzinssatz (§ 489 V) in Form der § 492 I, II iVm EGBGB 247 §§ 6 I Nr 1, 3 I Nr 5, 7 Nr 3, keine Heilung gem § 494 II, da gem Wortlaut des EGBGB 247 § 7 Nr 3 Angabe der Berechnungsmethode notwendig ist, *soweit* der Darlehensgeber Vorfälligkeitsentgelte geltend machen will. Umfang des Schadensersatzes **(I 1)** s §§ 249 ff, der Anspruch ist aber der Höhe nach begrenzt durch I 2.

3. Ausschluss. Rückzahlung durch Mittel aus einer bereits bei Vertragsschluss **3** vereinbarten (Restschuld-)Versicherung (Nr 1) oder bei unzureichenden Angaben (Nr 2). Bei Teilzahlungsgeschäft s § 507 III 3.

§ 503 Immobiliardarlehensverträge

(1) **§ 497 Abs. 2 und 3 Satz 1, 2, 4 und 5 sowie die §§ 499, 500 und 502 sind nicht anzuwenden auf Verträge, bei denen die Zurverfügungstellung des Darlehens von der Sicherung durch ein Grundpfandrecht abhängig**

§ 504

gemacht wird und zu Bedingungen erfolgt, die für grundpfandrechtlich abgesicherte Verträge und deren Zwischenfinanzierung üblich sind; der Sicherung durch ein Grundpfandrecht steht es gleich, wenn von einer solchen Sicherung nach § 7 Abs. 3 bis 5 des Gesetzes über Bausparkassen abgesehen wird.

(2) Der Verzugszinssatz beträgt abweichend von § 497 Abs. 1 für das Jahr 2,5 Prozentpunkte über dem Basiszinssatz.

(3) § 498 Satz 1 Nr. 1 gilt mit der Maßgabe, dass der Darlehensnehmer mit mindestens zwei aufeinander folgenden Teilzahlungen ganz oder teilweise und mit mindestens 2,5 Prozent des Nennbetrags des Darlehens in Verzug sein muss.

1 1. **Allgemeines.** Die §§ 491 ff sind auf grundpfandrechtlich gesicherte Darlehen nur eingeschränkt anzuwenden. Unabdingbar mit Umgehungsverbot, § 511.

2 2. **Immobiliardarlehensvertrag.** Ein solcher ist in I legal definiert. Voraussetzungen: a) **Verbraucherdarlehensvertrag** (s § 491 I), b) (nicht notwendigerweise vollständig oder werthaltig) besichert durch ein Grundpfandrecht (Grundschuld §§ 1191 ff, Hypothek §§ 1113 ff, Rentenschuld §§ 1199 ff). Die Sicherheit kann auch durch einen Dritten gestellt werden. c) Zurverfügungstellung zu für Immobiliarkredite **übliche Bedingungen,** dh wenn der vereinbarte Zins deutlich unter dem eines nicht grundpfandrechtlich gesicherten Darlehens liegt oder aber nicht erheblich von dem von der Deutschen Bundesbank für diese Art von Krediten ermittelten Durchschnittszinsrahmen (sog Statistikzins) abweicht. d) Eine **Zwischenfinanzierung** ist die kurz- bzw mittelfristige Gewährung eines Darlehens, das durch das Immobiliardarlehen abgelöst wird.

3 3. **Ausnahmen.** Keine Anwendung der Bestimmungen über die Behandlung von Verzugszinsen und die Anrechnung von Teilzahlungen (§ 497); Kündigungs- und Leistungsverweigerungsrechte des Darlehensgebers (§ 499), Kündigungsrecht des Darlehensnehmers und vorzeitige Rückzahlung (§ 500); Vorfälligkeitsentschädigung (§ 502).

4 4. **Rechtsfolgen.** Reduzierte Anforderungen an das ordentliche Kündigungsrecht **(III)**; Verzugszins für Immobiliarkredite **(II)** 2,5%.

§ 504 Eingeräumte Überziehungsmöglichkeit

(1) ¹Ist ein Verbraucherdarlehen in der Weise gewährt, dass der Darlehensgeber in einem Vertragsverhältnis über ein laufendes Konto dem Darlehensnehmer das Recht einräumt, sein Konto in bestimmter Höhe zu überziehen (Überziehungsmöglichkeit), hat der Darlehensgeber den Darlehensnehmer in regelmäßigen Zeitabständen über die Angaben zu unterrichten, die sich aus Artikel 247 § 16 des Einführungsgesetzes zum Bürgerlichen Gesetzbuche ergeben. ²Ein Anspruch auf Vorfälligkeitsentschädigung aus § 502 ist ausgeschlossen. ³§ 493 Abs. 3 ist nur bei einer Erhöhung des Sollzinssatzes anzuwenden und gilt entsprechend bei einer Erhöhung der vereinbarten sonstigen Kosten. ⁴§ 499 Abs. 1 ist nicht anzuwenden.

(2) ¹Ist in einer Überziehungsmöglichkeit vereinbart, dass nach der Auszahlung die Laufzeit höchstens drei Monate beträgt oder der Darlehensgeber kündigen kann, ohne eine Frist einzuhalten, sind § 491a Abs. 3, die §§ 495, 499 Abs. 2 und § 500 Abs. 1 Satz 2 nicht anzuwenden. ²§ 492 Abs. 1 ist nicht anzuwenden, wenn außer den Sollzinsen keine weiteren laufenden Kosten vereinbart sind, die Sollzinsen nicht in kürzeren Zeiträumen als drei Monaten fällig werden und der Darlehensgeber dem Darlehensnehmer den Vertragsinhalt spätestens unverzüglich nach Vertragsabschluss in Textform mitteilt.

Titel 3. Darlehensvertrag §§ 504, 505

§ 505 Geduldete Überziehung

(1) ¹Vereinbart ein Unternehmer in einem Vertrag mit einem Verbraucher über ein laufendes Konto ohne eingeräumte Überziehungsmöglichkeit ein Entgelt für den Fall, dass er eine Überziehung des Kontos duldet, müssen in diesem Vertrag die Angaben nach Artikel 247 § 17 Abs. 1 des Einführungsgesetzes zum Bürgerlichen Gesetzbuche in Textform enthalten sein und dem Verbraucher in regelmäßigen Zeitabständen in Textform mitgeteilt werden. ²Satz 1 gilt entsprechend, wenn ein Darlehensgeber mit einem Darlehensnehmer in einem Vertrag über ein laufendes Konto mit eingeräumter Überziehungsmöglichkeit ein Entgelt für den Fall vereinbart, dass er eine Überziehung des Kontos über die vertraglich bestimmte Höhe hinaus duldet.

(2) Kommt es im Fall des Absatzes 1 zu einer erheblichen Überziehung von mehr als einem Monat, unterrichtet der Darlehensgeber den Darlehensnehmer unverzüglich in Textform über die sich aus Artikel 247 § 17 Abs. 2 des Einführungsgesetzes zum Bürgerlichen Gesetzbuche ergebenden Einzelheiten.

(3) Verstößt der Unternehmer gegen Absatz 1 oder Absatz 2, kann der Darlehensgeber über die Rückzahlung des Darlehens hinaus Kosten und Zinsen nicht verlangen.

(4) Die §§ 491a bis 496 und 499 bis 502 sind auf Verbraucherdarlehensverträge, die unter den in Absatz 1 genannten Voraussetzungen zustande kommen, nicht anzuwenden.

Anmerkungen zu den §§ 504, 505

1. Allgemeines. Bei vertraglicher (§ 504) Überziehungsmöglichkeit sind die Formvorschriften (§ 492 I) grundsätzlich einzuhalten, können jedoch gem II ersetzt werden. Bei geduldeter Überziehung (§ 505) keine Anwendung der §§ 491a, 492 **(IV)**, aber nach I Informationspflicht gem EGBGB 247 § 17 I (Form § 492 V) bereits bei (Konto-)Vertragsschluss. Weitere Informationspflichten des Darlehensgebers: **vorvertraglich** §§ 491a, 492 (s aber EGBGB 247 §§ 10, 11 III 1), bei geduldeter Überziehung EGBGB 247 § 17 I. Unterrichtung während des **Vertragsverhältnisses** s EGBGB 247 § 16, bei geduldeter Überziehung EGBGB 247 § 17 II. Unabdingbarkeit und Umgehungsverbot s § 511. 1

2. Eingeräumte Überziehungsmöglichkeit, § 504. a) Inhalt. Vereinbarung (idR Angebot durch Einräumung einer Kreditlinie und konkludente Annahme durch Inanspruchnahme) auf laufendem Konto (s § 675 f), wonach der Darlehensnehmer (Verbraucher § 491 I, Existenzgründer § 512) das Konto durch Abhebungen oder Überweisungen bis zu einer bestimmten Höhe in Anspruch nehmen darf (zu Dispositionskredit s § 488 Rn 7). Der Darlehensgeber kann bei einer unbestimmten Laufzeit den Kredit ohne Einhaltung einer Frist ordentlich kündigen, arg II 1, selbiges gilt für den Darlehensnehmer (s §§ 504 II, 500 I 2). **b)** Der Darlehensgeber kann als **Entgelt** Zinsen und Kosten verlangen. 2

3. Geduldete Überziehung, § 505. a) Voraussetzung: keine eingeräumte Überziehungsmöglichkeit oder Überschreitung dieser auf einem laufenden Konto. Regelmäßige Unterrichtung in Textform (§ 126b). Bei erheblicher und (ununterbrochen) über einen Monat hinausgehender Überziehung ist der Darlehensnehmer unverzüglich (§ 121) nach EGBGB 247 § 17 II zu unterrichten **(II).** Ob die Überziehung erheblich ist, hängt vom konkreten Einzelfall unter Berücksichtigung des einzelnen Vertragsverhältnisses und der Zahlungseingänge auf dem Konto ab (BT Drs 16/11643 S 91). **b) Inhalt.** Vereinbarung durch Angebot des Darlehensnehmers 3 durch Verfügung über Guthaben/den Kreditrahmen hinaus; konkludente Annahme durch Darlehensgeber durch Ausführung der Transaktion.

Untertitel 2. Finanzierungshilfen zwischen einem Unternehmer und einem Verbraucher

§ 506 Zahlungsaufschub, sonstige Finanzierungshilfe

(1) **Die Vorschriften der §§ 358 bis 359a und 491a bis 502 sind mit Ausnahme des § 492 Abs. 4 und vorbehaltlich der Absätze 3 und 4 auf Verträge entsprechend anzuwenden, durch die ein Unternehmer einem Verbraucher einen entgeltlichen Zahlungsaufschub oder eine sonstige entgeltliche Finanzierungshilfe gewährt.**

(2) ¹**Verträge zwischen einem Unternehmer und einem Verbraucher über die entgeltliche Nutzung eines Gegenstandes gelten als entgeltliche Finanzierungshilfe, wenn vereinbart ist, dass**
1. **der Verbraucher zum Erwerb des Gegenstandes verpflichtet ist,**
2. **der Unternehmer vom Verbraucher den Erwerb des Gegenstandes verlangen kann oder**
3. **der Verbraucher bei Beendigung des Vertrags für einen bestimmten Wert des Gegenstandes einzustehen hat.**

²Auf Verträge gemäß Satz 1 Nr. 3 sind § 500 Abs. 2 und § 502 nicht anzuwenden.

(3) **Für Verträge, die die Lieferung einer bestimmten Sache oder die Erbringung einer bestimmten anderen Leistung gegen Teilzahlungen zum Gegenstand haben (Teilzahlungsgeschäfte), gelten vorbehaltlich des Absatzes 4 zusätzlich die in den §§ 507 und 508 geregelten Besonderheiten.**

(4) ¹**Die Vorschriften dieses Untertitels sind in dem in § 491 Abs. 2 und 3 bestimmten Umfang nicht anzuwenden.** ²Soweit nach der Vertragsart ein Nettodarlehensbetrag (§ 491 Abs. 2 Nr. 1) nicht vorhanden ist, tritt an seine Stelle der Barzahlungspreis oder, wenn der Unternehmer den Gegenstand für den Verbraucher erworben hat, der Anschaffungspreis.

Lit: Omlor, Leasingrecht im Dreieck von Gewährleistungs-, Verbraucherschutz- und Aufsichtsrecht, JuS 11, 305.

1   **1. Bedeutung. a)** Zur Systematik s Rn 2 f vor §§ 491–512. **b)** Die Vorschrift erstreckt den für Darlehensverträge geltenden Verbraucherschutz auf **alle Finanzierungshilfen.** Einzelne Ausnahmen für Finanzierungsleasingverträge (II 2) und Teilzahlungsgeschäfte (III). Keine Anwendbarkeit, wenn die Finanzierungshilfe die in § 491 II und III aufgeführten Kriterien nicht erfüllt (IV 1). Unabdingbarkeit und Umgehungsverbot s § 511.

2   **2. Persönlicher Anwendungsbereich. a)** Voraussetzung ist eine Finanzierungshilfe (s Rn 4, 6) zwischen einem Unternehmer (§ 14) und einem Verbraucher
3   (§ 13); zum Existenzgründer s § 512. **b)** Verbraucher kann auch der zu einem Finanzierungshilfevertrag Beitretende sein, selbst wenn der andere Schuldner (zB Leasingnehmer, Teilzahlungskäufer) nicht Verbraucher ist (BGH 133, 76 f [zu VerbrKrG 1]); wichtig bei **Schuldbeitritt** (s § 491 Rn 4) des Geschäftsführers einer GmbH zu Finanzierungshilfeverträgen der Gesellschaft. Gleiches gilt, wenn Geschäftsführer den Finanzierungshilfevertrag mit abschließt (BGH NJW 00, 3136, Leasing [zu VerbrKrG 1]).

4   **3. Zahlungsaufschub. a)** Das ist die Überlassung von Kaufkraft auf mittelbarem Weg durch Stundung der Gegenleistung des Verbrauchers im Rahmen von Austauschverträgen über Waren oder Dienstleistungen oder durch Verpflichtung des

Titel 3. Darlehensvertrag **§ 507**

Anbieters zur Vorleistung abweichend von dispositivem Recht (BGH NJW 96, 458 [zu VerbrKrG 1]). Erforderlich ist eine vertragliche Vereinbarung, welche die Fälligkeit einer gegen den Verbraucher gerichteten (Entgelt-)Forderung gegenüber der ges Regelung hinausschiebt unter Begründung der Vorleistungspflicht des Unternehmers (MK/Schürnbrand § 499 aF Rn 7 f mN). Maßgeblich ist die objektive Regelung im Vertrag, nicht die Wortwahl (BGH NJW 96, 458 [zu VerbrKrG 1]; Auslegungsbeispiel: BGH 165, 325 – Abrede, die Vergütung für ein Ausbauhaus durch eine Voraus- und zwei Abschlagszahlungen zu zahlen, wurde nicht als Fälligkeitsabrede ausgelegt). **b) Bsp:** Teilzahlungsgeschäfte (s § 507); Franchisevertrag (LG 5 Berlin NJW-RR 94, 692 [zu VerbrKrG 1]; unterjährige Zahlung von Versicherungsbeiträgen gegen Zuschlag (MK/Schürnbrand § 499 aF Rn 10; aA BGH WM 2013, 358; Köln VersR 11, 248). *Nicht* ein Dauerschuldverhältnis, zB Dienstvertrag, bei dem die Gegenleistung entspr der ges Regelung nach Zeitabschnitten zu erbringen ist, selbst wenn der Verbraucher bei Vorauszahlung ein geringeres Entgelt leisten müsste (BGH NJW 96, 458 [Ausbildungsvertrag; zu VerbrKrG 1]).

4. Sonstige Finanzierungshilfe. a) Gegenüber Rn 4 f ist das der umfassendere 6 Begriff, der eine Auffangfunktion (MK/Schürnbrand § 499 aF Rn 23) verfolgt. Kennzeichnend ist die Überlassung von Kaufkraft an den Verbraucher zur vorgezogenen Verwendung künftigen Einkommens. **b) Bsp:** Finanzierungsleasingvertrag 7 (II); Mietvertrag, verbunden mit einem Optionsrecht des Mieters auf den Erwerb der gemieteten Sache unter Anrechnung der Miete auf den Kaufpreis (Mietkauf); Mobilfunkvertrag mit Optionsrecht des Nutzers auf Geräteerwerb (zB Mobiltelefon) unter Listenpreis fällt idR unter § 506 (Limbach NJW 11, 3770; ZGS 06, 337). *Nicht:* Reine Gebrauchsüberlassungsverträge, die keine Vorfinanzierung zugunsten des Verbrauchers enthalten; Bürgschaftsvertrag (jedenfalls wenn die gesicherte Finanzierungshilfe nicht unter §§ 491 ff fällt, BGH 138, 327 [zu VerbrKrG 1]); iÜ fällt „Privatbürgschaft" nicht unter VerbrKrRiLi, auch wenn der Schuldner der gesicherten Forderung nicht zu Erwerbszwecken handelt (EuGH NJW 00, 1323).

5. Entgeltlichkeit. Liegt bei jeder Art von Gegenleistung vor. Aus der Auftei- 8 lung des Gesamtpreises folgt keine Vermutung, dass aufgeteilter Gesamtpreis versteckte Entgelte enthält (Düsseldorf BauR 05, 1636, str). Entgeltlichkeit liegt auch vor, wenn der Verbraucher im Rahmen eines Ratenzahlungsvergleichs Rechtsverfolgungskosten übernimmt (LG Rottweil NJW 94, 265).

§ 507 Teilzahlungsgeschäfte

(1) ¹**§ 494 Abs. 1 bis 3 und 6 Satz 3 ist auf Teilzahlungsgeschäfte nicht anzuwenden.** ²**Gibt der Verbraucher sein Angebot zum Vertragsabschluss im Fernabsatz auf Grund eines Verkaufsprospekts oder eines vergleichbaren elektronischen Mediums ab, aus dem der Barzahlungspreis, der Sollzinssatz, der effektive Jahreszins, ein Tilgungsplan anhand beispielhafter Gesamtbeträge sowie die zu stellenden Sicherheiten und Versicherungen ersichtlich sind, ist auch § 492 Abs. 1 nicht anzuwenden, wenn der Unternehmer dem Verbraucher den Vertragsinhalt spätestens unverzüglich nach Vertragsabschluss in Textform mitteilt.**

(2) ¹**Das Teilzahlungsgeschäft ist nichtig, wenn die vorgeschriebene Schriftform des § 492 Abs. 1 nicht eingehalten ist oder im Vertrag eine der in Artikel 247 §§ 6, 12 und 13 des Einführungsgesetzes zum Bürgerlichen Gesetzbuche vorgeschriebenen Angaben fehlt.** ²**Ungeachtet eines Mangels nach Satz 1 wird das Teilzahlungsgeschäft gültig, wenn dem Verbraucher die Sache übergeben oder die Leistung erbracht wird.** ³**Jedoch ist der Barzahlungspreis höchstens mit dem gesetzlichen Zinssatz zu verzinsen, wenn die Angabe des Gesamtbetrags oder des effektiven Jahreszinses fehlt.** ⁴**Ist ein Barzahlungspreis nicht genannt, so gilt im Zweifel der Marktpreis als**

§ 508

Barzahlungspreis. ⁵Ist der effektive Jahreszins zu niedrig angegeben, so vermindert sich der Gesamtbetrag um den Prozentsatz, um den der effektive Jahreszins zu niedrig angegeben ist.

(3) ¹Abweichend von den §§ 491a und 492 Abs. 2 dieses Gesetzes und von Artikel 247 §§ 3, 6 und 12 des Einführungsgesetzes zum Bürgerlichen Gesetzbuche müssen in der vorvertraglichen Information und im Vertrag der Barzahlungspreis und der effektive Jahreszins nicht angegeben werden, wenn der Unternehmer nur gegen Teilzahlungen Sachen liefert oder Leistungen erbringt. ²Im Fall des § 501 ist der Berechnung der Kostenermäßigung der gesetzliche Zinssatz (§ 246) zugrunde zu legen. ³Ein Anspruch auf Vorfälligkeitsentschädigung ist ausgeschlossen.

1 **1. Allgemeines.** Sondervorschriften für Teilzahlungsgeschäfte; umfasst Ausnahmen vom Anwendungsbereich der §§ 491 ff. Unabdingbarkeit und Umgehungsverbot s § 511.

2 **2. Anwendungsbereich.** Nur für Teilzahlungsgeschäfte (s § 506 III). Ein Teilzahlungsgeschäft ist ein Vertrag zwischen einem Unternehmer (§ 14) und einem Verbraucher (§ 13; zum Existenzgründer s § 512) über die Lieferung einer Sache oder Erbringung anderer (Dienst-)Leistung gegen Teilzahlung in mindestens zwei Raten. Fälligkeit der geschuldeten Zahlung wird gegen Entgelt hinausgeschoben. Bei Nichtidentität zwischen Lieferant und Finanzierer s § 358. Bei Vertretung kommt es auf die Verbrauchereigenschaft des Vertretenen an (s § 491 Rn 2). Nicht anwendbar bei Vorliegen der Tatbestände des § 491 II, III (506 IV).

3 **3. Vertragsschluss. a)** Vorvertragliche **Informationspflichten** gem § 491a, EGBGB 247 §§ 12, 13 iVm §§ 1–11. Inhalt und Form des Vertrags richten sich nach §§ 506 I, 492 I, II iVm EGBGB 247 §§ 12, 13 iVm §§ 1–11. Grundsätzlich Schriftform (§ 492 I) mit Ausnahme des Formerfordernisses der Vollmacht (§ 492 IV); nicht jedoch bei Fernabsatzgeschäft (I 2) s §§ 312b ff, EGBGB 246. **b)** Mindestangaben für **Fernabsatzverträge:** I 2. Fehlt eine der in I 2 aufgeführten Angaben, gilt II 1. Unrichtige Angabe führt nicht zur Nichtigkeit. Bei Teilzahlungsgeschäften führt fehlende Angabe nach EGBGB 247 §§ 6, 12, 13 zur Nichtigkeit (II 1).

4 **4. Heilung durch Übergabe.** Erforderlich ist, dass der Verbraucher seinen Vertragsentschluss wiederholt (Bülow/Arzt VerbrKrR Rn 21), das kann geschehen durch Erwerb des (un)mittelbaren Besitzes iSd §§ 854 ff (Bülow/Artz VerbrKrR Rn 22; aA PalWeidenkaff 8: mittelbarer Besitz iSd §§ 930, 931 nicht ausreichend) oder Leistungserbringung (Erfüllung § 362). **a) Rechtsfolge:** Der Vertrag wird ex nunc wirksam (II 2) aber mit anderem Inhalt. **b)** Bei fehlendem Gesamtbetrag oder effektiven Jahreszins **(II 3)** ist Barzahlungspreis mit ges (§ 246) Zinssatz zu verzinsen (s aber II 5, III 1). Bei Nichtangabe des Barzahlungspreises ist der Marktpreis Grundlage der Verzinsung **(II 4).** Bei Fehlangabe des Jahreszinses reduziert sich der Teilzahlungsbetrag **(II 5)** um die Fehlangabe. Nicht angegebene **Kosten** (§ 494 IV) und **Sicherheiten** (§ 494 VI 2) schuldet der Verbraucher nicht. Bei fehlenden Angaben zur Laufzeit und zum Kündigungsrecht (§ 494 VI) besteht jederzeitiges **Kündigungsrecht**.

5 **5. Sonstiges.** Bei vorzeitiger **Rückzahlung** s §§ 500 II, 501 (sa III 2).

§ 508 Rückgaberecht, Rücktritt bei Teilzahlungsgeschäften

(1) ¹Anstelle des dem Verbraucher gemäß § 495 Abs. 1 zustehenden Widerrufsrechts kann dem Verbraucher bei Verträgen über die Lieferung einer bestimmten Sache ein Rückgaberecht nach § 356 eingeräumt werden. ²§ 495 Abs. 2 gilt für das Rückgaberecht entsprechend.

(2) ¹Der Unternehmer kann von einem Teilzahlungsgeschäft wegen Zahlungsverzugs des Verbrauchers nur unter den in § 498 Satz 1 bezeichneten

Titel 3. Darlehensvertrag § 508

Voraussetzungen zurücktreten. ²Dem Nennbetrag entspricht der Gesamtbetrag. ³Der Verbraucher hat dem Unternehmer auch die infolge des Vertrags gemachten Aufwendungen zu ersetzen. ⁴Bei der Bemessung der Vergütung von Nutzungen einer zurückzugewährenden Sache ist auf die inzwischen eingetretene Wertminderung Rücksicht zu nehmen. ⁵Nimmt der Unternehmer die auf Grund des Teilzahlungsgeschäfts gelieferte Sache wieder an sich, gilt dies als Ausübung des Rücktrittsrechts, es sei denn, der Unternehmer einigt sich mit dem Verbraucher, diesem den gewöhnlichen Verkaufswert der Sache im Zeitpunkt der Wegnahme zu vergüten. ⁶Satz 5 gilt entsprechend, wenn ein Vertrag über die Lieferung einer Sache mit einem Verbraucherdarlehensvertrag verbunden ist (§ 358 Absatz 3) und wenn der Darlehensgeber die Sache an sich nimmt; im Falle des Rücktritts bestimmt sich das Rechtsverhältnis zwischen dem Darlehensgeber und dem Verbraucher nach den Sätzen 3 und 4.

1. Rückgaberecht des Verbrauchers (I). Anwendbar auf alle Teilzahlungsgeschäfte, welche die Voraussetzungen eines Rückgaberechtes gem § 356 aufweisen, begrifflich daher nur auf Kauf- und Werklieferungsvertrag. Nach §§ 508 I, 356 steht dem Verbraucher (Existenzgründer, § 512) anstelle des Widerrufsrechts (§§ 506 I, 495 I) ein Rückgaberecht zu. Das Rückgaberecht bedarf der wirksamen Einbeziehung gem § 508 I, 495 II. Zum Fristbeginn: §§ 495 II 1 Nr 2, 356 II 1 oder 494 VII 2; Informationspflichten durch den Unternehmer s EGBGB 247 §§ 12 I 1, 6 II 1. Ausübung und **Rechtsfolgen** s § 356 Rn 4 f. 1

2. Rücktritt des Unternehmers. a) Voraussetzungen (II 1). Bei Zahlungs- 2 rückstand im Teilzahlungsgeschäft kann der Unternehmer wahlweise die Teilzahlungsabrede gem §§ 506 I, 498 I kündigen und die Restschuld verlangen oder gem **II 1** zurücktreten. II verdrängt (für Zahlungsverzug) das allg Rücktrittsrecht gem § 323; Rücktritt nur, wenn die qualifizierten Voraussetzungen des § 498 I vorliegen. Für die Berechnung des Rückstandes gem § 498 1 Nr 2 ist der Gesamtbetrag maßgeblich, **II 2.** Der Unternehmer hat den Verbraucher mit Fristsetzung über die Wahl seines Gestaltungsrechts zu informieren (St/Kessal-Wulf § 503 aF 29). Zur Rücktrittserklärung s § 349. Unabdingbar, § 511. Andere Rücktrittsgründe bleiben unberührt, dürfen aber nicht zur Umgehung von II 1 führen, § 511. **b) aa) Rücktrittsfiktion (II 5)** soll 3 den Verbraucher davor schützen, dass er Besitz sowie Nutzung des (Kauf-)Gegenstandes verliert und gleichwohl zur Zahlung des Entgelts verpflichtet bleibt (BGH 55, 60 [zu AbzG 5]). Voraussetzung ist, dass der Kreditgeber die Sache (§ 90) an sich genommen hat und dass ein Rücktrittsrecht besteht (Oldenburg NJW-RR 96, 564 mN; Köln WM 98, 382; PalWeidenkaff 10; aA MK/Schürnbrand § 503 aF 46 f). **„Ansichnehmen"** ist Entzug der Nutzung der Sache (auch Surrogate, BGH NJW 84, 2294) auf Veranlassung des Unternehmers. Besitzerlangung durch Unternehmer ist nicht erforderlich; Herausgabe an Dritten auf Verlangen des Unternehmers (BGH 55, 59 [zu AbzG 5]) genügt; nicht schon die Verstrickung im Rahmen der Pfändung (ZPO 808, 809), aber die (die Nutzung entziehende) Fortschaffung durch den Gerichtsvollzieher zum Zwecke der Verwertung gem ZPO 814 ff (str; aA: erst Verwertungshandlung). *Nicht:* Herausgabeverlangen und -klage (aber uU konkludent erklärter Rücktritt). – **bb)** Keine Fiktion bei **Vergütungsvereinbarung** zu gewöhnlichem Verkaufswert (s 4 ZPO 813); Verbraucher kann ggf aufrechnen. **c) Rechtsfolgen. Rückabwicklung** 5 gem §§ 346 ff: **aa)** Verbraucher hat Anspruch auf Rückzahlung der Teilleistungen. Soweit noch nicht erbracht, erlöschen die Verpflichtungen. Mit Rücktrittsfiktion auf Grund Wegnahme durch den Gerichtsvollzieher (Rn 3) verliert der zugrundeliegende Zahlungstitel ggf die materiellrechtliche Grundlage; Verbraucher kann/muss klagen gem ZPO 767. **bb)** Unternehmer kann Rückgabe der Sache (§ 346 I Fall 1, ggf Wertersatz, § 346 II) und Nutzungen (unter Beachtung **II 4**) verlangen (§ 346 I Fall 2), ferner gem **II 5** Aufwendungen (zB Vertragsabschlusskosten). **d) Verbundenes** 6 **Geschäft (II 6;** sa § 358 III). Nimmt der Darlehensgeber die Sache (etwa auf Grund Sicherungseigentums) an sich, erfolgt Rückabwicklung zwischen ihm und dem Verbraucher (sa § 358 IV 3).

Berger

§§ 509, 510

§ 509 Prüfung der Kreditwürdigkeit

¹Vor dem Abschluss eines Vertrags über eine entgeltliche Finanzierungshilfe hat der Unternehmer die Kreditwürdigkeit des Verbrauchers zu bewerten. ²Grundlage für die Bewertung können Auskünfte des Verbrauchers und erforderlichenfalls Auskünfte von Stellen sein, die geschäftsmäßig personenbezogene Daten, die zur Bewertung der Kreditwürdigkeit von Verbrauchern genutzt werden dürfen, zum Zweck der Übermittlung erheben, speichern oder verändern. ³Die Bestimmungen zum Schutz personenbezogener Daten bleiben unberührt.

1   **1. Anwendungsbereich.** Die Vorschrift gilt für jeden Unternehmer (§ 14), der eine Form der entgeltlichen Finanzierungshilfe gewährt. KrInstitute und Finanzdienstleistungsinstitute unterliegen der Aufsicht des Kreditwesengesetzes (KWG 18 II).

2   **2. Regelungsinhalt. Pflicht** des Unternehmers zur Prüfung der Kreditwürdigkeit, dh Wahrscheinlichkeit, mit der der Verbraucher (§ 13, zum Existenzgründer s § 512) seine Zahlungsverpflichtung aus dem Vertrag erfüllen wird (BT-Drs 16/11643 S 96). Steht im öffentlichen Interesse, Pflichtverletzung begründet daher keine Ansprüche aus §§ 311 I, 241 II, 280 I (aA Hofmann NJW 10, 1782).

Untertitel 3. Ratenlieferungsverträge zwischen einem Unternehmer und einem Verbraucher

§ 510 Ratenlieferungsverträge

(1) ¹Dem Verbraucher steht vorbehaltlich des Satzes 2 bei Verträgen mit einem Unternehmer, in denen die Willenserklärung des Verbrauchers auf den Abschluss eines Vertrags gerichtet ist, der
1. die Lieferung mehrerer als zusammengehörend verkaufter Sachen in Teilleistungen zum Gegenstand hat und bei dem das Entgelt für die Gesamtheit der Sachen in Teilzahlungen zu entrichten ist oder
2. die regelmäßige Lieferung von Sachen gleicher Art zum Gegenstand hat oder
3. die Verpflichtung zum wiederkehrenden Erwerb oder Bezug von Sachen zum Gegenstand hat,

ein Widerrufsrecht gemäß § 355 zu. ²Dies gilt nicht in dem in § 491 Abs. 2 und 3 bestimmten Umfang. ³Dem in § 491 Abs. 2 Nr. 1 genannten Nettodarlehensbetrag entspricht die Summe aller vom Verbraucher bis zum frühestmöglichen Kündigungszeitpunkt zu entrichtenden Teilzahlungen.

(2) ¹Der Ratenlieferungsvertrag nach Absatz 1 bedarf der schriftlichen Form. ²Satz 1 gilt nicht, wenn dem Verbraucher die Möglichkeit verschafft wird, die Vertragsbestimmungen einschließlich der Allgemeinen Geschäftsbedingungen bei Vertragsschluss abzurufen und in wiedergabefähiger Form zu speichern. ³Der Unternehmer hat dem Verbraucher den Vertragsinhalt in Textform mitzuteilen.

1   **1. Allgemeines.** Verbraucherschutz (Existenzgründer s § 512) durch unabdingbares (§ 511) Widerrufsrecht (I) und Formgebot (II) bei Ratenlieferungsverträgen trägt der durch die vielfach langfristige Erwerbsbindung eintretenden belastenden Wirkung Rechnung. Keine Vorgabe der VerbrKrRiLi. Ist mit dem Ratenlieferungsvertrag zugleich eine Finanzierungshilfe verbunden, kommen zudem die entspr Schutzvorschriften der §§ 506 ff zur Anwendung (LG Mannheim NJW-RR 96, 118). §§ 358, 359 finden Anwendung. Bei Konkurrenz mit Widerrufsrecht aus § 312 s § 312a Rn 2 f.

Titel 3. Darlehensvertrag § 511

2. Voraussetzungen. a) Ratenlieferungsvertrag (I 1). Kauf-, Werk- oder 2
Werklieferungsvertrag über **aa) Nr 1:** Teilleistungen zusammengehörend verkaufter
Sachen gegen Teilzahlungen; Sukzessivlieferung von Sachgesamtheiten, zB mehrbändige Lexika, Buchreihen, multimedialer Sprachkurs (BGH NJW-RR 90, 1011 [zu AbzG 1 c]); **bb) Nr 2:** Regelmäßige Lieferung gleichartiger Sachen, zB Zeitungsabonnement (BGH NJW 04, 842); Bezug von Wasser und Energie (str; Widerrufsrecht im allg durch Anschlusszwang ausgeschlossen, Bülow/Artz 38); keine Anwendung bei im Voraus bezahltem, für bestimmten Zeitraum abgeschlossenem Zeitschriftenabo, da feste Bezugszeit (BGH NJW-RR 90, 562). **cc) Nr 3:** Rahmenvertrag zum wiederkehrenden (nicht notwendig regelmäßigen) Bezug (nicht notwendig gleichartiger) Waren, zB „Buchclub"; Franchisevertrag mit ausschließlicher Bezugbindung (BGH 128, 160; NJW 98, 541 [je zu VerbrKrG 2 Nr 3]), Bierlieferungsvertrag (BGH 109, 314 [zu AbzG 1 c]). **b) Ausnahmen, entsprechende Anwendung:** Keine Besonderheiten, wenn 3
Ratenlieferungsvertrag unter § 491 II, III fällt **(I 2)**. Bedeutung hat insbes der „Bagatellvorbehalt" in § 491 II Nr 1 (s § 491 Rn 4); an die Stelle des Nettodarlehensbetrags tritt der gem **I 3** berechnete Betrag. § 510 ist nicht entsprechend auf Dienstleistungsverträge anwendbar, auch nicht auf Pay-TV-Abonnementverträge; zu Vertrag über Lieferung und Errichtung eines Ausbauhauses s BGH 165, 325, BauR 06, 1131; aA Oldenburg BauR 06, 77. Schutzzweck ist wegen des Bezugs zum früheren AbzahlungsG auf Sachbezugsverträge begrenzt (BGH NJW 03, 1932 mN zu VerbrKrG 2 aF, mit Anm S Lorenz LMK 03, 137, Anm Mankowski MMR 03, 529); Widerrufsrecht unter Voraussetzungen §§ 312d, 355 möglich.

3. Rechtsfolgen. a) Widerrufsrecht (I) gem §§ 355 ff (s Anm dort). **b) Schrift-** 4
formgebot gem § 126 **(II 1);** Ersatz durch elektronische Form (s § 126 III) ist – entspr Vorgabe E-CommerceRiLi 9 (BT-Drs 14/6040 S 258) – nicht ausgeschlossen (sa §§ 492 I 2, 499 I). Keine Schriftform gem **II 2,** wenn Verbraucher Vertragsbedingung abrufen (insbes Internet) und speichern kann. Anspruch auf Mitteilung des Vertragsinhalts in Textform (§ 126b) s **II 3.**

Untertitel 4. Unabdingbarkeit, Anwendung auf Existenzgründer

§ 511 Abweichende Vereinbarungen

¹**Von den Vorschriften der §§ 491 bis 510 darf, soweit nicht ein anderes bestimmt ist, nicht zum Nachteil des Verbrauchers abgewichen werden.**
²**Diese Vorschriften finden auch Anwendung, wenn sie durch anderweitige Gestaltungen umgangen werden.**

1. Unabdingbarkeit. a) Die Vorschrift verbietet **Vereinbarungen,** die zu Las- 1
ten des Verbrauchers (Existenzgründer s § 512) von §§ 491–510 abweichen („halbseitig zwingender Charakter"). Unwirksam ist insbes der Ausschluss des Widerrufsrechts (s § 495 I). Auch die §§ 355 ff sind nicht zu Lasten des Verbrauchers abdingbar. Unwirksam ist auch der Verzicht auf Gestaltungsrechte oder Einreden (PalWeidenkaff 2). **Einseitiger Verzicht** auf Rechte nach §§ 491–510 ist ebenfalls unwirksam; nachträglicher Verzicht auf entstandene Rechte soll hingegen zulässig sein.
b) Rechtsfolgen: Nichtigkeit gem § 134. Abweichend von § 139 ist der Vertrag 2
(analog § 306 I) iÜ wirksam; an die Stelle der nichtigen Vereinbarung tritt die ges Vorschrift (entspr § 306 II).

2. Umgehungsverbot. Umgehung ist obj zu bestimmen. §§ 491–510 sind gem 3
S 2 (analog oder auf Grund erweiternder Auslegung) auch anwendbar, wenn sie im Wege der Rechtsgestaltung umgangen werden sollen, zB durch Aufspaltung eines Darlehens in zahlreiche Einzelverträge (vgl VerbrKrRiLi 14 II), die unter die Ausnahme für Kleindarlehen in § 491 II Nr 1 fallen oder Kettenverträge mit Laufzeiten unter drei Monaten. Sa § 134 Rn 18.

§ 512 Anwendung auf Existenzgründer

Die §§ 491 bis 511 gelten auch für natürliche Personen, die sich ein Darlehen, einen Zahlungsaufschub oder eine sonstige Finanzierungshilfe für die Aufnahme einer gewerblichen oder selbständigen beruflichen Tätigkeit gewähren lassen oder zu diesem Zweck einen Ratenlieferungsvertrag schließen, es sei denn, der Nettodarlehensbetrag oder Barzahlungspreis übersteigt 75 000 Euro.

1 **1. Allgemeines.** Erstreckung der Schutzvorschriften der §§ 491–511 auch auf Existenzgründer, die nicht unter § 13 fallen, s dazu BGH 162, 253. Auch bei wiederholter Existenzgründung, auch in der gleichen Branche (Celle NJW-RR 96, 120); unbeachtlich ist, ob Gewerbeanmeldung vorliegt (Düsseldorf ZMR 06, 363).

2 **2. Voraussetzung. a) Natürliche Person** als Darlehensnehmer usw, nicht Handelsgesellschaft; zum Schuldbeitritt s § 491 Rn 4. **b)** Zweck des Vertrags ist **Gründung** eines gewerblichen oder (frei-)beruflichen **Unternehmens,** nicht seine Erweiterung oder Änderung; tatsächliche Verwendung unbeachtlich (Düsseldorf ZMR 06, 363 [23]). Existenzgründer ist ferner, wer bereits ein Unternehmen betreibt und mit den „Kreditmitteln" ein neues, mit dem ersten nicht in Zusammenhang stehendes **Zweitunternehmen** eröffnet (BGH NJW 98, 540 [zu VerbrKrG 3 I Nr 2]). Auch der Erwerb von Gesellschaftsanteilen, wenn damit erstmalig unternehmerische Funktion (zB als Geschäftsführer) verbunden ist. **c)** Nettodarlehensbetrag (§ 491 II Nr 1)
3 bzw Barzahlungspreis (§ 506 IV 2; ggf gilt § 507 II 4) **übersteigt nicht** den Betrag von **75 000 Euro.** Maßgebend ist allein die Höhe des Darlehens usw; zusätzliche Eigenmittel sind unbeachtlich. Mehrere im Zusammenhang geschlossene Verträge werden zusammengerechnet (Bülow/Artz 15; MK/Schürnbrand § 507 aF Rn 8; aA PalWeidenkaff Rn 5; Brandenburg NJW 06, 159, NJW 99, 2208; keine Anwendung der §§ 491–511 auf den Vertrag, der zum Überschreiten der 75 000-Euro-Grenze
4 führt, und die Folgeverträge. **d) Beweislast:** Darlehensnehmer hat darzulegen und ggf zu beweisen, dass Darlehen usw der Aufnahme der entspr Tätigkeit dient (BGH NJW 08, 435; Habersack BKR 01, 73; Wittig/Wittig WM 02, 151), Darlehensgeber ggf das Übersteigen des Nettodarlehensbetrags über 75 000 Euro usw.

§§ 513 bis 515 *(weggefallen)*

Anhang zu §§ 491–512
EGBGB (Einführungsgesetz zum Bürgerlichen Gesetzbuche)

In der Fassung der Bekanntmachung vom 21. September 1994 (BGBl. I S. 2494).
Zuletzt geändert durch Art 7 Ges v 23.6.2011, BGBl I 1266.

(Auszug)

Art 247 Informationspflichten bei Verbraucherdarlehensverträgen, entgeltlichen Finanzierungshilfen und Darlehensvermittlungsverträgen

§ 3 Inhalt der vorvertraglichen Information

(1) **Die Unterrichtung vor Vertragsschluss muss folgende Informationen enthalten:**
1. den Namen und die Anschrift des Darlehensgebers,
2. die Art des Darlehens,
3. den effektiven Jahreszins,

Titel 3. Darlehensvertrag Anh. zu §§ 491–512

4. den Nettodarlehensbetrag,
5. den Sollzinssatz,
6. die Vertragslaufzeit,
7. Betrag, Zahl und Fälligkeit der einzelnen Teilzahlungen,
8. den Gesamtbetrag,
9. die Auszahlungsbedingungen,
10. alle sonstigen Kosten, insbesondere in Zusammenhang mit der Auszahlung oder der Verwendung eines Zahlungsauthentifizierungsinstruments, mit dem sowohl Zahlungsvorgänge als auch Abhebungen getätigt werden können, sowie die Bedingungen, unter denen die Kosten angepasst werden können,
11. den Verzugszinssatz und die Art und Weise seiner etwaigen Anpassung sowie gegebenenfalls anfallende Verzugskosten,
12. einen Warnhinweis zu den Folgen ausbleibender Zahlungen,
13. das Bestehen oder Nichtbestehen eines Widerrufsrechts,
14. das Recht des Darlehensnehmers, das Darlehen vorzeitig zurückzuzahlen,
15. die sich aus § 491a Abs. 2 des Bürgerlichen Gesetzbuchs ergebenden Rechte,
16. die sich aus § 29 Abs. 7 des Bundesdatenschutzgesetzes ergebenden Rechte.

(2) [1]Gesamtbetrag ist die Summe aus Nettodarlehensbetrag und Gesamtkosten. [2]Nettodarlehensbetrag ist der Höchstbetrag, auf den der Darlehensnehmer aufgrund des Darlehensvertrags Anspruch hat. [3]Die Gesamtkosten und der effektive Jahreszins sind nach § 6 der Preisangabenverordnung zu berechnen.

(3) [1]Der Gesamtbetrag und der effektive Jahreszins sind anhand eines repräsentativen Beispiels zu erläutern. [2]Dabei sind sämtliche in die Berechnung des effektiven Jahreszinses einfließenden Annahmen anzugeben und die vom Darlehensnehmer genannten Wünsche zu einzelnen Vertragsbedingungen zu berücksichtigen. [3]Der Darlehensgeber hat darauf hinzuweisen, dass sich der effektive Jahreszins unter Umständen erhöht, wenn der Verbraucherdarlehensvertrag mehrere Auszahlungsmöglichkeiten mit unterschiedlichen Kosten oder Sollzinssätzen vorsieht und die Berechnung des effektiven Jahreszinses auf der Vermutung beruht, dass die für die Art des Darlehens übliche Auszahlungsmöglichkeit vereinbart werde.

(4) [1]Die Angabe zum Sollzinssatz muss die Bedingungen und den Zeitraum für seine Anwendung sowie die Art und Weise seiner Anpassung enthalten. [2]Ist der Sollzinssatz von einem Index oder Referenzzinssatz abhängig, sind diese anzugeben. [3]Sieht der Verbraucherdarlehensvertrag mehrere Sollzinssätze vor, sind die Angaben für alle Sollzinssätze zu erteilen. [4]Sind im Fall des Satzes 3 Teilzahlungen vorgesehen, ist anzugeben, in welcher Reihenfolge die ausstehenden Forderungen des Darlehensgebers, für die unterschiedliche Sollzinssätze gelten, durch die Teilzahlungen getilgt werden.

§ 6 Vertragsinhalt

(1) Der Verbraucherdarlehensvertrag muss klar und verständlich folgende Angaben enthalten:
1. die in § 3 Abs. 1 Nr. 1 bis 14 und Abs. 4 genannten Angaben,
2. den Namen und die Anschrift des Darlehensnehmers,
3. die für den Darlehensgeber zuständige Aufsichtsbehörde,
4. einen Hinweis auf den Anspruch des Darlehensnehmers auf einen Tilgungsplan nach § 492 Abs. 3 Satz 2 des Bürgerlichen Gesetzbuchs,
5. das einzuhaltende Verfahren bei der Kündigung des Vertrags,
6. sämtliche weitere Vertragsbedingungen.

(2) ¹Besteht ein Widerrufsrecht nach § 495 des Bürgerlichen Gesetzbuchs, müssen im Vertrag Angaben zur Frist und anderen Umständen für die Erklärung des Widerrufs sowie ein Hinweis auf die Verpflichtung des Darlehensnehmers enthalten sein, ein bereits ausbezahltes Darlehen zurückzuzahlen und Zinsen zu vergüten. ²Der pro Tag zu zahlende Zinsbetrag ist anzugeben. ³Enthält der Verbraucherdarlehensvertrag eine Vertragsklausel in hervorgehobener und deutlich gestalteter Form, die dem Muster in Anlage 6 entspricht, genügt diese den Anforderungen der Sätze 1 und 2. ⁴Der Darlehensgeber darf unter Beachtung von Satz 3 in Format und Schriftgröße von dem Muster abweichen.

(3) Die Angabe des Gesamtbetrags und des effektiven Jahreszinses hat unter Angabe der Annahmen zu erfolgen, die zum Zeitpunkt des Abschlusses des Vertrags bekannt sind und die in die Berechnung des effektiven Jahreszinses einfließen.

§ 7 Weitere Angaben im Vertrag

Der Verbraucherdarlehensvertrag muss klar und verständlich folgende Angaben enthalten:
1. einen Hinweis, dass der Darlehensnehmer Notarkosten zu tragen hat,
2. die vom Darlehensgeber verlangten Sicherheiten und Versicherungen, im Fall von entgeltlichen Finanzierungshilfen insbesondere einen Eigentumsvorbehalt,
3. die Berechnungsmethode des Anspruchs auf Vorfälligkeitsentschädigung, soweit der Darlehensgeber beabsichtigt, diesen Anspruch geltend zu machen, falls der Darlehensnehmer das Darlehen vorzeitig zurückzahlt,
4. den Zugang des Darlehensnehmers zu einem außergerichtlichen Beschwerde- und Rechtsbehelfsverfahren und gegebenenfalls die Voraussetzungen für diesen Zugang.

§ 12 Verbundene Verträge und entgeltliche Finanzierungshilfen

(1) ¹Die § 1 bis 11 gelten entsprechend für die in § 506 Abs. 1 des Bürgerlichen Gesetzbuchs bezeichneten Verträge über entgeltliche Finanzierungshilfen. ²Bei diesen Verträgen oder Verbraucherdarlehensverträgen, die mit einem anderen Vertrag gemäß § 358 des Bürgerlichen Gesetzbuchs verbunden sind oder in denen eine Ware oder Leistung gemäß § 359a Abs. 1 des Bürgerlichen Gesetzbuchs angegeben ist, muss
1. die vorvertragliche Information, auch in den Fällen des § 5, den Gegenstand und den Barzahlungspreis,
2. der Vertrag
   a) den Gegenstand und den Barzahlungspreis sowie
   b) Informationen über die sich aus den §§ 358 und 359 des Bürgerlichen Gesetzbuchs ergebenden Rechte und über die Bedingungen für die Ausübung dieser Rechte

enthalten. ³Enthält der Verbraucherdarlehensvertrag eine Vertragsklausel in hervorgehobener und deutlich gestalteter Form, die dem Muster in Anlage 6 entspricht, genügt diese bei verbundenen Verträgen sowie Geschäften gemäß § 359a Absatz 1 des Bürgerlichen Gesetzbuchs den in Satz 2 Nummer 2 Buchstabe b gestellten Anforderungen. ⁴Dies gilt bei Verträgen über eine entgeltliche Finanzierungshilfe nur, wenn die Informationen dem im Einzelfall vorliegenden Vertragstyp angepasst sind. ⁵Der Darlehensgeber darf unter Beachtung von Satz 3 in Format und Schriftgröße von dem Muster abweichen.

(2) ¹Bei Verträgen gemäß § 506 Abs. 2 Nr. 3 des Bürgerlichen Gesetzbuchs sind die Angaben nach § 3 Abs. 1 Nr. 14, § 4 Abs. 1 Nr. 3 und § 7 Nummer 3 entbehrlich. ²§ 14 Abs. 1 Satz 2 ist nicht anzuwenden. ³Hat der

Titel 4. Schenkung **§ 516**

Unternehmer den Gegenstand für den Verbraucher erworben, tritt an die Stelle des Barzahlungspreises der Anschaffungspreis.

Titel 4. Schenkung

§ 516 Begriff der Schenkung

(1) Eine Zuwendung, durch die jemand aus seinem Vermögen einen anderen bereichert, ist Schenkung, wenn beide Teile darüber einig sind, dass die Zuwendung unentgeltlich erfolgt.

(2) ¹Ist die Zuwendung ohne den Willen des anderen erfolgt, so kann ihn der Zuwendende unter Bestimmung einer angemessenen Frist zur Erklärung über die Annahme auffordern. ²Nach dem Ablauf der Frist gilt die Schenkung als angenommen, wenn nicht der andere sie vorher abgelehnt hat. ³Im Falle der Ablehnung kann die Herausgabe des Zugewendeten nach den Vorschriften über die Herausgabe einer ungerechtfertigten Bereicherung gefordert werden.

Lit: Böhr, Beweislastprobleme bei der Schenkung, NJW 01, 2059; Grundmann, Zur Dogmatik der unentgeltlichen RGeschäfte, AcP 198, 457; Grunewald, Leichtfertige Vermögenszusagen an Gesellschaften und Vereine, FS Hüffer, 2010, 237; dies, Leistungen causa societatis als Sonderfall des Schenkungsrechts?, NZG 11, 613; Gsell, Beweislastrechtliche Schwäche durch Formzwang: Die Schenkung als *causa minor*, FS Westermann, 2008, S 267; Jakob, Die Ausstattung (§ 1624 BGB) – ein familienrechtliches Instrument moderner Vermögensgestaltung?, AcP 207, 198; Knobbe-Keuk, „Verunglückte" Schenkungen, FS Flume, 1978, II, S 149; Nehlsen-von Stryk, Unentgeltliches schuldrechtliches Wohnrecht, AcP 187, 552; Poelzig, Die Dogmatik der unbenannten unentgeltlichen Zuwendungen im Zivilrecht, JZ 12, 425; Streiter, Die Rechtsnatur von Stipendien, Wissenschaftsrecht 05, 2; sa Lit zu §§ 528–529.

1. Allgemeines. a) Begriff. Schenkung ist die vertragliche unentgeltliche **1** Zuwendung eines Vermögensvorteils aus dem Vermögen des Zuwendenden (Schenkers) an einen anderen (den Beschenkten; vgl **I** und zu den einzelnen Merkmalen näher Rn 4 ff). **b) Arten und Rechtsnatur. aa)** Bei der (formlos möglichen) **2** **Handschenkung (I)** fallen Kausalgeschäft und dingliches Vollzugsgeschäft zusammen; es wird keine Pflicht zur Übereignung (Verschaffung) begründet, sondern mit der dinglichen Zuwendung erfolgt die schuldrechtliche Vereinbarung des Rechtsgrundes („donandi causa"; BGH NJW 07, 2844; hM). **bb)** Das formbedürftige (§ 518) **Schenkungsversprechen** ist einseitig verpflichtender Schuldvertrag; die Schenkung liegt hier bereits in der Begründung der Forderung (vgl Larenz, SchR II/1, § 47 I). Schenkweise Zuwendung durch Vertrag zgDr ist möglich (§§ 328 ff; Rn 16). **c) Bedeutung.** Schenkung ist ein Unterfall der unentgeltlichen Zuwen- **3** dungen unter Lebenden (Köln ZIP 88, 1203); **Abgrenzung** von letztwilligen Zuwendungen: Rn 21; von anderen Verträgen ohne Gegenleistung: Rn 14 f, 20.

2. Voraussetzungen. a) Zuwendung ist die Verschaffung eines Vermögensvor- **4** teils. **aa)** Sie kann bestehen in einer **Handlung** oder in einem **Unterlassen** (Bsp: Nichtunterbrechung der Verjährung; vgl aber Rn 6), in der Vornahme eines **RGeschäfts** (zB gem §§ 397, 398, 873, 925, 929; §§ 328, 331; § 267) oder einem **Realakt** (zB gem §§ 946, 947). **bb) Gegenstand** der Zuwendung ist ein Vermögensvorteil, **5** dh jede Mehrung der Aktiven oder Minderung der Passiven beim Empfänger (BGH 101, 232 mN). Bsp: Eigentums-, Rechts- und Anteilserwerb; zB eines Anteils an einer BGB-Gesellschaft (Rn 22); Erlass von Verbindlichkeiten; Verzicht auf Rechte; Aneignungsgestattung; befreiende Schuldübernahme; **nicht** die Leistung von Diensten (vgl aber Rn 14). **cc)** Für die **Bestimmung** des Zuwendungsgegenstands bei Hingabe eines Geldbetrages zum Erwerb eines Vermögensobjekts (wichtig für §§ 528, 531) ist der Wille der Beteiligten (§§ 133, 157) maßgebend (BGH 112, 46 mN). **b) Entreiche-** **6** **rung des Schenkers.** Die Zuwendung (Rn 4 f) muss das gegenwärtige Vermögen

Mansel

§ 516
Buch 2. Abschnitt 8. Einzelne Schuldverhältnisse

des Zuwendenden mindern (I: „aus"). Substanzgleichheit zwischen Entreicherung und Vermögensvorteil ist aber nicht erforderlich (BGH 112, 46; BFH ZEV 02, 427 mN), der geschenkte Gegenstand braucht nicht zuvor Eigentum des Schenkers gewesen zu sein (Rn 5 [cc]). Möglich ist auch Schenkung durch **Leistung eines Dritten** (mittelbare Schenkung; vgl Rn 16). Entreicherung **fehlt** bei Unterlassen eines zukünftigen Vermögenserwerbs zugunsten eines anderen (§ 517, dort weitere Einschränkungen).

7 **c) Bereicherung des Beschenkten.** Obj Merkmal, keine Bereicherungsabsicht erforderlich; auf wirtschaftlichen oder faktischen Gewinn kommt es nicht an (anders als bei § 818). Keine Bereicherung, wenn der Empfänger lediglich Durchgangsperson ist und das Erhaltene ohne eigene Nutzung zurück- (BFH BB 84, 1727; s Rn 21) oder weitergeben muss (§§ 525–527 Rn 3 [cc]), so bei **Kettenschenkungen** (Knobbe-Keuk aaO S 167; sa Rn 16), **fiduziarischen Rechtsgeschäften** (Larenz, SchR II/1, § 47 I) oder **Spenden** bei Sammlungen zu wohltätigen Zwecken (RG 62, 391); Schenkung jedoch, wenn jur Person solche Zwecke verfolgt (RG 71, 143; RG 105, 308 f, str, aA [zu § 2329 für Zuwendung an **Stiftung** zur Förderung des Stiftungszwecks] Dresden NJW 02, 3181m abl Anm Rawert NJW 02, 3151 mN). Zuwendung einer Stiftung an einen Destinatär im Rahmen des Stiftungszwecks ist Schenkung, weil unentgeltlich (Muscheler NJW 10, 341, 343, zur Formfrage s § 518 Rn 2), nicht aber ist Rechtsgrund der Zuwendung der Stiftungszweck (so aber BGH NJW 10, 234; NJW 1957, 708). Zustiftung ist Schenkung unter Auflage (Muscheler NJW 10, 341, 343).

8 **d) Obj und subj Unentgeltlichkeit. aa) Begriff.** Unentgeltlichkeit bedeutet Unabhängigkeit der Zuwendung (Rn 4 f) von einer Gegenleistung (fehlende Entgeltlichkeit). *Entgeltlich* ist die Zuwendung, wenn sie um der Gegenleistung willen erbracht wird (§ 320; synallagmatische Verknüpfung), ferner, wenn die Zuwendung unter der Bedingung einer Gegenleistung oder als Zweck derselben erfolgt (BGH NJW 82, 436; 92, 2567; Hamm NJW-RR 93, 1412; BGH NJW 09, 2737; konditionale und kausale Verknüpfung; Abgrenzung zur Auflagenschenkung: §§ 525–527 Rn 2, 4). Gegenleistung kann auch bei Leistung an einen Dritten vorliegen und braucht keinen Geldwert zu haben (BGH NJW-RR 90, 386). Subj dürfen Schenker und Beschenkter keine Gegenleistung des Beschenkten oder eines Dritten erwarten und bezwecken (Grunewald NZG 11, 614 ff). Für ein streng subjektives Verständnis der Unentgeltlichkeit Meincke, ErbStG, 16. Aufl 12, § 7 ErbStG Rn 3, 9 ff, 76 ff (dort auch Abgrenzung BGB-Schenkung und Schenkung iS ErbStG).

9 **bb) Einzelfragen.** *Allein* im obj **Missverhältnis zwischen Leistung und Gegenleistung** liegt keine – teilw – Schenkung (uU Fall von § 138 I, II), die Bewertung der Leistungen ist Sache der Parteien (RG 82, 365; sa Rn 17). Einigung über zumindest teilweise Unentgeltlichkeit wird aber bei obj auffälligem, grobem Missverhältnis vermutet (BGH NJW 10, 998). Jedoch **verschleierte Schenkung** (bedeutsam für Ansprüche Dritter, Rn 12) bei willkürlicher Bewertung (BGH NJW-RR 89, 706). Die **Leistung auf eine Schuld** erfolgt nie unentgeltlich (Grund: § 362), auch nicht bei unvollkommenen Verbindlichkeiten (§§ 762, 656; Larenz, SchR II/1, § 47 I). Übernahme dinglicher Belastungen bei Grundstücksschenkungen ist idR keine Gegenleistung, sondern Wertminderung (BGH 107, 159 f). Die Erfüllung einer **moralischen Pflicht** (Dankesschuld) schließt Unentgeltlichkeit nicht aus (remuneratorische Schenkung; vgl Rn 19; § 534 Rn 1, 3). **Keine** Schenkung sind: die **Ausstattung** eines Kindes im Rahmen des § 1624 (dazu Knodel ZERB 06, 225; Jakob AcP 207, 207), sog **unbenannte (ehebedingte) Zuwendungen unter Ehegatten** (BGH 127, 50; s Rn 20; § 242 Rn 11; § 1372 Rn 6; aA Seif FamRZ 00, 1193; FamRZ 01, 143), **ehebezogene elterliche Zuwendungen** (wie Rn 20, str; s BGH 129, 263 f mN; Nürnberg FamRZ 06, 38, dazu Schröder ebda 40; Celle NJW-RR 03, 721; Düsseldorf NJW-RR 94, 1411, krit Tiedtke JZ 96, 201 f. Zu unbenannten Zuwendungen in und außerhalb der Ehe s Poelzig JZ 13, 425. Zur Abgrenzung gegenüber Darlehensvertrag Koblenz FamRZ 05, 898, dazu Wever ebda 899 f. Schwiegerelterliche Zuwendungen sind nach neuer Rspr Schenkungen, vgl Rn 20) sowie idR die Begründung einer Gütergemeinschaft (BGH 116, 180 ff mN). **Geschenke unter Ehegatten** können in Wirklichkeit Unterhaltsleistungen sein (Bamberg FamRZ 73,

Titel 4. Schenkung **§ 516**

200; Bosch FS Beitzke, 1979, 136 f mN); jedoch kann im Verhältnis zu Gläubigern (InsO 134) eine abw Beurteilung der Unentgeltlichkeit geboten sein (BGH 71, 61, zw). Bei **Zuwendungen unter nahen Verwandten** (s Koblenz MDR 03, 19) besteht Schenkungsvermutung nur gem §§ 685, 1620. Auf Zuwendungen im Rahmen einer **nichtehelichen Lebensgemeinschaft** sind die Grundsätze über unbenannte Zuwendungen (Rn 20) entspr anwendbar (so Düsseldorf NJW-RR 97, 1498 f mwN, nach BGH NJW 10, 868, 998 liegen regelmäßig keine Schenkungen vor, dann wohl entspr Anwendung der Grundsätze unbenannter Zuwendungen; str; nicht beachtet in BGH NJW 97, 3371; sa § 242 Rn 11). Zur Unentgeltlichkeit bei **erbrechtlichem Ausgleich** BGH MDR 70, 668. **e) Einigung.** Die vertragliche Einigung (§§ 145 ff) **10** muss sowohl die Zuwendung als solche (Rn 4 f) als auch die Unentgeltlichkeit (Rn 8 f) umfassen (BGH 82, 230; NJW-RR 86, 866); sie fehlt zB bei irrtümlicher Annahme einer schuldrechtlichen Verpflichtung (RG 125, 383), desgl bei entspr Vortäuschung (vgl BGH 113, 102 f). Stillschweigender Abschluss ist möglich, eine **Erleichterung** bietet II. Bei **Schenkungen an Minderjährige** sind § 107 (dort Rn 5) und § 181 (dort Rn 7, 9 aE) zu beachten (dazu BGH NJW 05, 415; BGH 161, 170; BGH 94, 234 ff; zum Fall der „darlehensweisen" Rückgewähr des Geschenks an den Schenker vgl Rn 21). Zur zentralen Bedeutung des Willens zur Unentgeltlichkeit im Schenkungssteuerrecht und dem Zusammenhang mit § 516 s eindringlich ErbStG/Meincke 16. Aufl 12, § 7 Rn 76 ff. **f) Ges Verbot.** Schenkweise Zuwendungen von Bewohnern an Heimträger(-personal) sind idR unwirksam (HeimG 14 I, V iVm § 134; dazu BGH 110, 239; NJW-RR 95, 1272; sa § 134 Rn 11 f).

3. Rechtsfolgen. a) Leistungspflichten der Parteien. aa) Beschenkter: **11** keine (Rn 8 f), uU aber Pflicht zur Vollziehung einer Auflage (§ 525) und zu Rückgewähr (Rn 12). **bb) Schenker:** Verschaffungspflicht besteht nur beim Schenkungsversprechen (Rn 2); für Rechts- und Sachmängel haftet er nur beschränkt (§§ 523, 524). **b) Beschränkte Rechtsbeständigkeit. aa) Unentgeltliches** **12** **Geschäft.** Zwischen den Parteien bestehen erweiterte Möglichkeiten zur Auflösung (§§ 519, 528, 530). **bb) Unentgeltlicher Erwerb.** Gegenüber Dritten ist die Regel, dass Ansprüche der Gläubiger dem Recht des unentgeltlichen Erwerbers vorgehen (§§ 816 I 2, 822, 988; InsO 134, 145 II Nr 3; AnfG 4, 11 II). Schenkungen des Erblassers können uU zurückgefordert werden (§§ 2287, 2329). Beschränkungen gelten für unentgeltliche Zuwendungen des Vorerben (§ 2113 II), Testamentsvollstreckers (§ 2205 S 3) und im Familienrecht (§§ 1425, 1641, 1804). **c) Beweislast.** **13** Bei Schenkungseinwand zB gegenüber der Darlehensklage (Klageleugnen) muss der Kläger die darlehensweise Hingabe beweisen (vgl Hamm NJW 78, 224); zur Darlegungs- und Substantiierungslast bei Konditionsklage s BGH NJW 99, 2887; ZEV 03, 207; bei Erbenklage auf Herausgabe eines Sparbuchs, das auf den Namen des Erblassers als Forderungsinhaber ausgestellt ist, hat der Sparbuchbesitzer, der Nichterbe ist, die Beweislast für den Einwand einer lebzeitigen Schenkung (Koblenz ZERB 03, 381); Schenkungsvermutungen: Rn 9.

4. Abgrenzung und Sonderfälle. Zur **Zweckschenkung** s § 525–527 Rn 4. **14** **a) Unentgeltliche Dienstleistungen** sind keine Vermögenszuwendungen (vgl BGH 127, 51; §§ 662 ff gelten), uU liegt aber eine Zuwendung in dem Erlass der Vergütung (BGH 101, 232); bei Zweckverfehlung kann uU Vergütungspflicht in Frage kommen (LG Berlin FamRZ 79, 503 bser unentgeltliche Pflegeleistung und allg § 612 Rn 3 aE); zum Ausgleich von Arbeitsleistungen zwischen Ehegatten s Rn 20. **b) Unentgeltliche** **15** **Gebrauchsüberlassung** ist Leihe (§§ 598 ff), nicht Schenkung; dies gilt auch bei längerfristiger unentgeltlicher Überlassung von Sachen, die üblicherweise nur gegen Entgelt erfolgt (BGH 82, 356 ff; 125, 298; NJW 85, 313; zust Slapnicar JZ 83, 327 ff; Langen ZMR 86, 151, str). Bsp: unentgeltliches schuldrechtl Wohnrecht auf Lebenszeit (Hamm NJW-RR 96, 717; § 598 Rn 3; aA Larenz, SchR II/1, § 47 I). Desgl ist das **zinslose Darlehen** keine Schenkung (Crezelius BB 78, 621; aA OLGR Stuttgart 05, 489). **c) Mittelbare Schenkung** umfasst unterschiedliche Fallgestaltungen: **16** Zuwendung von Kaufpreis zum Erwerb eines Vermögensobjekts (Rn 5 [cc], 6), uU

§ 516 Buch 2. Abschnitt 8. Einzelne Schuldverhältnisse

auch wenn Zuwendung erst nach Grundstückserwerb, s BFH 207, 360, dazu Van de Loo DStR 05, 151; auch zur Zuwendung eines Übereignungsanspruchs. Bei unentgeltlicher Zuwendung durch **Vertrag zgDr** (§ 328) – auch auf den Todesfall (§ 331) – liegt im Valutaverhältnis (formbedürftige: § 518) Schenkung vor (s § 331 Rn 3, 6 f; § 518 Rn 8). Für Zuwendung durch Anlegung eines Sparkontos auf fremden Namen ist der innere Wille des Schenkers entscheidend (BGH 46, 198; NJW 94, 931; sa
17 § 518 Rn 8; § 808 Rn 4). **d) Gemischte Schenkung. aa) Begriff:** Vermögenszuwendung, die nach dem übereinstimmenden Willen der Parteien teils entgeltlich, teils unentgeltlich erfolgen soll (BGH 59, 135; NJW 87, 892; 92, 2567; 12, 605; BayObLGZ 1996, 26; s § 305 Rn 30: Typenverschmelzungsvertrag. Das obj Missverhältnis der Leistungen allein ist nicht entscheidend (BGH 82, 281 f; BayObLGZ 1995, 191). Eine gemischte Schenkung setzt kein Überwiegen des unentgeltlichen Charakters des Geschäfts gegenüber dem entgeltlichen voraus; der objektive Wert der Zuwendung muss daher nicht mindestens das Doppelte der Gegenleistung betragen (BGH NJW 12, 605). Subjektiv muss den Vertragsparteien eine Wertdifferenz zwischen den beiden Leistungsseiten bewusst u sie müssen sich einig sein, jedenfalls den überschießenden Leistungsteil dem Beschenkten unentgeltlich zuzuwenden. Gegenleistung darf nicht lediglich ein gewollt günstiger Preis sein (BGH NJW 12, 606 mN). Besteht eine auffallende, über ein geringes Maß deutlich hinausgehende Diskrepanz, dann nach Lebenserfahrung tatsächliche, widerlegbare **Vermutung** für einen Schenkungswillen der Vertragsparteien (BGH NJW 12, 606 mN). Nennung der Vorwegnahme der Erbfolge als Motiv gibt nach BGH NJW 12, 606 mN keinen Hinweis auf Willensbildung, da dieses Motiv sowohl auf unentgeltliche Zuwendung wie entgeltliches Geschäft mit Rechtsfolgen einer Erbschaft hindeuten könne. Zweifelhaft, da in aller Regel wie beim Erbgang keine Gegenleistung gewollt sein dürfte. **bb) Abgrenzung.** Kauf zum Freundespreis ist idR nicht teilw unentgeltlich (BGH FamRZ 64, 431; Grund: Schenkungswille fehlt); dagegen sind **Übergabeverträge**, die die künftige Erbfolge vorwegnehmen, idR gemischte Schenkungen (BGH 3, 206; 107, 159; einschr NJW 95, 1350); für den Hofübergabevertrag einschr BayObLGZ 1995, 186; 1996, 20. Auflage (§ 525) berührt Schenkungscharakter nicht (§§ 525–527 Rn 2). Zuwendung im Wirtschaftsverkehr gegen Schutzgebühr kann gemischte Schenkung
18 sein, s Weimar/Grote DB 06, 600. **cc) Behandlung** (umstr; ie Looschelders SchR BT Rn 331 ff; MK/Koch 36 ff). Überwiegt der unentgeltliche Charakter des Geschäfts, so ist es als Schenkung anfechtbar (Rn 12), für das ganze Leistungsversprechen gilt § 518; das Rückforderungsrecht (§§ 527, 528, 530) ist auf den Gegenstand selbst gerichtet (auch ohne Einrede) Zug um Zug gegen Wertausgleich des entgeltlichen Teils (BGH 107, 159; 112, 53 mN; NJW 12, 606 mN; BayObLGZ 1996, 27); überwiegt der unentgeltliche Charakter nicht, steht dem Schenker nur ein Anspruch auf Wertersatz in Höhe des unentgeltlichen Wertanteils zu, BGH NJW 12, 606. Ansprüche wegen Rechts- und Sachmängeln richten sich nach Schenkungsrecht, soweit es anwendbar ist
19 (ie str, s Schlinker AcP 206, 28). **e) Belohnende (remuneratorische) Schenkung. aa) Begriff:** Remuneratio bedeutet Erkenntlichkeit. Rechtlich nicht geschuldete Zuwendung an den Empfänger für eine von diesem erbrachte Leistung (BGH NJW 82, 436). Die Zuwendung muss als „Belohnung" gewollt, dh darf kein „Entgelt" für die Leistung des Empfängers sein (Hamm NJW-RR 95, 567). Bsp: Prämie für sportliche Leistung (München NJW 83, 759); Zuwendung nach gewährter unentgeltlicher Pflege und Betreuung (Düsseldorf FamRZ 84, 888; uU aber Fall von u bb). **bb) Abgrenzung:** Entgeltlicher Vertrag liegt bei nachträglicher „Entlohnung" vor (Düsseldorf DNotZ 96, 653). Bsp: Freiwillige Vergütung für geleistete Dienste (RG 94, 324; BGH WM 85, 1423) oder Pflege (Düsseldorf DNotZ 96, 652); zusätzliche Leistungen des AG an AN (zB Gratifikation, Ruhegeld; vgl § 611 Rn 34), wohl auch das Trinkgeld (so MK/Koch 38, str); ferner die Zusage einer Zuwendung an einen Trainer bei Obsiegen seiner Mannschaft (BGH JZ 09, 1120 m iE zust Anm Klein-
20 schmidt). **f)** Sog **unbenannte Zuwendungen unter Ehegatten** sind ehebezogene RGeschäfte eigener Art zur Gestaltung der ehelichen Lebensgemeinschaft (BGH 116, 169 ff mN, stRspr und hM, immer noch str); trotz obj fehlender Gegenleistung sind

Titel 4. Schenkung § 517

sie (iGgs zu Rn 8 f) „nicht unentgeltlich" (BGH 127, 52; BGH FamRZ 98, 669, 670); Grund: Einigung über Unentgeltlichkeit fehlt (Zuwendungszweck ist Sicherung/Stärkung der wirtschaftlichen Ehegrundlage, basierend auf der Annahme, Zuwendender werde innerhalb der Ehe an dem Vermögenswert und seinen Früchten teilhaben; keine unbenannte Zuwendung, wenn die einseitig begünstigende und frei disponible Bereicherung des Empfängers gewollt ist: BGH FamRZ 06, 1023; BGH 116, 169; BGH NJW 03, 510); Gegenstand der Zuwendung kann sowohl die Vermögenssubstanz als auch (weitergehend als Rn 14) die Arbeitsleistung eines Ehegatten sein (BGH 127, 51 ff). **Behandlung:** Keine Schenkung iSd §§ 516 ff, 1373 ff; unanwendbar sind insbes § 530 (sa §§ 530–533 Rn 1) und § 1374 II (BGH 129, 263 mN, str; s 1374 Rn 9); bei Scheidung erfolgt grds ein güterrechtlicher Ausgleich (vgl BGH 115, 132; 119, 296), ausnahmsweise (zB in Notbedarfsfällen, so BGH 115, 132) Ausgleich nach § 242, jetzt § 313 (s § 313 Rn 34, 1372 Rn 3–6; Bsp Naumburg NJW 06, 2418; Koblenz FamRZ 06, 412). Die Drittschutzvorschriften des Erb- (§§ 2287, 2325) und Vollstreckungsrechts (InsO 134, AnfG 4) sind aber anwendbar (BGH 71, 61; 116, 174 ff, str; teilw aA Apfelbacher aaO [su] 141 ff). **Abgrenzung** zu „echter" Schenkung iSv § 516: BGH 87, 146; NJW 92, 239; NJW-RR 93, 1410; zu Zuwendungen unter nichtehelichen Lebenspartnern: Rn 9 aE. **Zuwendungen der Schwiegereltern** an das Schwiegerkind sind Schenkungen (BGH NJW 10, 2202, 2884; 12, 524; anders noch BGH NJW-RR 06, 664; dazu Adolphsen/Mutz JuS 11, 431; Wellenhofer JuS 12, 558). Rückforderungsansprüche nach Scheitern der Ehe können auf §§ 313 und 812 I 1 Alt 2 gestützt werden. Sie sind nicht ausgeschlossen, wenn auch das eigene Kind über den Zugewinnausgleich teilw von der Schenkung profitiert. **Lit:** aktuell: Adolphsen/Mutz JUS 11, 431; Braeuer FPR 11, 75; grundlegend Lieb, Die Ehegattenmitarbeit im Spannungsfeld zwischen Rechtsgeschäft, Bereicherungsausgleich und gesetzlichem Güterstand, 1970, 121 ff; sa Apfelbacher, Ehebedingte Zuwendungen und Ehegatten-Eigenheimgesellschaft, 1993; Münster, Unbenannte Zuwendungen, 2005; Meincke NJW 95, 2769. **g) Zuwendungen eines Geldbetrags** 21 **mit gleichzeitiger Rückgewähr als „Darlehen"** (ebenso bei Rückfluss infolge **stiller Gesellschaft,** s BFHE 170, 41; BFHReport 03, 119): keine Schenkung des Geldbetrags (BFH NZG 02, 692 mN; BFHE 167, 119; BFH BB 84, 1727; Knobbe-Keuk aaO S 172), desgl keine schenkweise begründete Darlehensforderung (so aber Lenz MDR 85, 989 gegen BFH aaO), sondern befristetes Schenkungsversprechen bzgl der Darlehenszinsen (so BFH BB 84, 1727, str). **h) Schenkung von Todes wegen:** § 2301 mit Anm; sa Rn 16. Abgrenzung: BGH 157, 79. **i) Gesellschaftsbe-** 22 **teiligungen** (auch an Personengesellschaften) können Gegenstand von – uU gemischten – Schenkungen sein (BGH 191, 354 ff, dazu K. Schmidt JuS 12, 460: Unterbeteiligungen; 112, 44 ff mN: Kommanditanteil; BFH ZEV 02, 427: auch Werterhöhung der Kommanditbeteiligung; BFH 179, 166; Koblenz NZG 02, 579 [auch zur Klage des Schenkers gegen die Mitgesellschafter auf dinglichen Vollzug der Schenkung]; Frankfurt NJW-RR 96, 1124 mN: BGB-Gesellschaftsanteil [zur stillen Gesellschaft: BFH 170, 41; BFHReport 03, 119]; Rückforderungsansprüche (§§ 527, 528, 530 f) gehen auf Anteils-(rück-)übertragung ohne Abfindung (BGH 112, 47 ff, str). **Lit:** K. Schmidt BB 90, 1992; Wiedemann DB 90, 1649. Abrede zwischen Gesellschafter und Gesellschaft, er werde alle Verluste ausgleichen, idR keine Schenkung, da nicht unentgeltlich, sondern **causa societatis** eingegangene Verpflichtung (BGH ZIP 06, 1199, dazu eingehend Grunewald FS Hüffer, 2010, 237). Leistungen aus dem Gesellschaftsvermögen an einzelne Gesellschafter im Hinblick auf die Mitgliedschaft sind keine Schenkung (BGH WM 13, 26). **j) Massekostenvorschuss.** Zusage eines 23 Massekostenvorschusses ohne Gegenleistung ist (formbedürftiges, § 518 I) Schenkungsversprechen (s LG Hamburg ZVI 02, 362).

§ 517 Unterlassen eines Vermögenserwerbs

Eine Schenkung liegt nicht vor, wenn jemand zum Vorteil eines anderen einen Vermögenserwerb unterlässt oder auf ein angefallenes, noch nicht

§ 518

Buch 2. Abschnitt 8. Einzelne Schuldverhältnisse

endgültig erworbenes Recht verzichtet oder eine Erbschaft oder ein Vermächtnis ausschlägt.

1   Einschränkung des Schenkungsbegriffs, vgl § 516 Rn 6, 15. Bsp für 2. Alt: Verzicht auf Anwartschaftsrechte bei noch nicht erbrachter Gegenleistung (Frankfurt OLGZ 80, 452; differenzierend MK/Koch 4, str).

§ 518 Form des Schenkungsversprechens

(1) ¹Zur Gültigkeit eines Vertrags, durch den eine Leistung schenkweise versprochen wird, ist die notarielle Beurkundung des Versprechens erforderlich. ²Das Gleiche gilt, wenn ein Schuldversprechen oder ein Schuldanerkenntnis der in den §§ 780, 781 bezeichneten Art schenkweise erteilt wird, von dem Versprechen oder der Anerkennungserklärung.

(2) Der Mangel der Form wird durch die Bewirkung der versprochenen Leistung geheilt.

1   **1. Allgemeines. a) Formzwecke.** Warnfunktion und Übereilungsschutz (BGH 82, 359) sowie Beweisfunktion (BGH NJW-RR 07, 489); Klarstellung der Ernstlichkeit des Schenkungswillens; Vermeidung einer Umgehung der für Verfügungen
2   von Todes wegen bestehenden Formvorschriften. **b) Anwendungsbereich.** Gilt für Schenkungsversprechen jeder Art (Rn 3 f), auch unter Kaufleuten (vgl HGB 350), für (einheitliche) gemischte Schenkungen, soweit der Schenkungscharakter überwiegt (§ 516 Rn 18), nicht für Handschenkung (§ 516 Rn 2) und Schenkung von Todes wegen (vgl § 2301). Bei Zuwendung durch Stiftung an Destinatär (ist Schenkung, s § 516 Rn 7) ist § 81 I 1 gegenüber § 518 lex specialis (Muscheler NJW 10, 343 f, ebenso mit anderer Begründung BGH NJW 10, 234). Auf **andere unentgeltliche Verträge**, insbes längerfristige Wohnungsleihe, ist I **nicht entspr** anwendbar (zutr BGH 82, 350 f, zust Slapnicar JZ 83, 329 f; aA Reinicke JA 82, 328), auch nicht auf Dauerleihgaben an Museen, Loschelder NJW 10, 708.

3   **2. Formzwang. a) Form.** Notarielle Beurkundung (I 1, BeurkG 1, 8 ff) oder Aufnahme in Prozessvergleich (§ 127a). **b) Formbedürftige Erklärungen. aa) Schenkungsversprechen (I 1).** Begriff: § 516 Rn 1, 2 [bb]. Lediglich das **Versprechen** bedarf der Beurkundung, es sei denn der ganze Vertrag ist formbedürftig (zB gem §§ 311b I 1, 2033). Nicht erforderlich ist die Beurkundung der Schenkung als Leistungsgrund (RG 101, 101). Die Änderung eines Schenkungsversprechens (§ 311 I) bedarf der Form, wenn sie zu einer Erweiterung der Verpflichtung des
4   Schenkers führt. **bb) Abstrakte Versprechen (I 2).** Bei schenkweiser Erteilung eines Schuldversprechens(-anerkenntnisses) oder unentgeltlichem Abschluss eines entspr Vertrags bedarf die Versprechens- bzw Anerkennungserklärung (§§ 780, 781 S 1) der Form gem Rn 3 [a] (vgl BGH NJW 80, 1158). Gleichgestellt ist die schenkweise Hingabe anderer abstrakter Versprechen, insbes eines Wechselakzepts (RG 71, 291; zu beachten aber WG 17) oder Schecks (BGH 64, 340; sa Rn 7).

5   **3. Heilung (II).** Das formunwirksame Schenkungsversprechen (Rn 3 f) wird bei fortbestehender Einigung (s BGH 99, 100) durch Vollzug der versprochenen Zuwendung geheilt, auch wenn die Leistung in Unkenntnis der Unwirksamkeit des Schenkungsversprechens erfolgt. Der (angeblich) Beschenkte muss die Umstände beweisen, die nach II zu Formwirksamkeit führen (BGH NJW-RR 07, 489, dazu Gsell FS Westermann, 2008, 267; zust MK/Koch § 516, 22; PalWeidenkaff § 518
6   Rn 1b). **a) Vollzug.** Der Schenker muss freiwillig das zur Bewirkung der Leistung seinerseits Erforderliche getan, dh die *Leistungshandlung* vorgenommen haben (dazu § 241 Rn 7); nicht erforderlich ist der Eintritt des *Leistungserfolgs* (BGH WM 1960, 1032, 1034; NJW-RR 1989, 1282; ferner zB Schippers RNotZ 06, 42, 44 ff.; St Wimmer-Leonhardt 19 ff; aA RG JW 1904, 337; Frankfurt NJW-RR 91, 1157; MK/Koch 9 ff; Fischer, Die Unentgeltlichkeit im Zivilrecht, 2002, 18 f; Herrmann,

Titel 4. Schenkung **§ 519**

Vollzug von Schenkungen nach § 518 II BGB, 1978, 130 ff; MDR 80, 884; Reinicke JA 82, 327; K Schmidt DB 02, 829 ff). Der Gegenansicht ist nicht zu folgen, denn mit der Leistungshandlung sind sämtliche Formzwecke (Rn 1) erreicht und das BGB begünstigt das Zustandekommen der Schenkung (arg § 516 II). Die **Voraussetzungen** bestimmen sich ie nach dem Schenkungsgegenstand. Bedingter oder befristeter Vollzug genügt (BGH NJW 70, 1639, str; krit MK/Koch 11), bei der Bedingung, dass der Beschenkte den Schenker überlebt, gilt jedoch § 2301 (ie BGH 99, 100; Bork JZ 88, 1061 ff). Bei der Grundstücksschenkung genügen Auflassung und Stellung des Umschreibungsantrags (GBO 13) oder Eintragung einer Auflassungsvormerkung gem § 883 (vgl BFH JZ 80, 817). Bei Schenkung einer beweglichen Sache genügt Vereinbarung eines Besitzkonstituts (BGH NJW 79, 714). **b) Einzelfälle. aa)** Zusendung **Kfz-Brief** unter Schenkungsangebot ohne **7** Besitzkonstitutsabrede ist kein Vollzug (OLGR Karlsruhe 05, 361). Bei Schenkung eines Holzeinschlags**rechts** genügt es, wenn dem Beschenkten das Recht eingeräumt wurde, das Holz zu fällen und sich anzueignen; auf den Besitz an dem Holz kommt es nicht an (BGH NJW 06, 498). Die Zuwendung einer (bestehenden) **Forderung,** auch eines **Sparguthabens** (vgl aber auch Rn 8; zur Beweislast s § 516 Rn 13) erfordert (idR formlose; wegen Ausnahmen vgl § 808 Rn 10) Abtretung (auch aufschiebend bedingt oder befristet [BGH NJW-RR 89, 1282]), Einziehungsermächtigung genügt nicht (hM), desgl nicht (bloße) Verfügungsvollmacht (BGH 87, 25 f für § 2301 II), wohl aber ist Schenkungsvollzug mit Hilfe einer Vollmacht durch Abhebung, auch noch nach dem Tod des Schenkers, möglich (BGH NJW-RR 07, 490; BGH 99, 100; NJW 88, 2731 f; zust Bork JZ 88, 1059). Bei einem **Scheck** ist Einlösung notwendig (BGH 64, 340; München NJW 83, 760), die auch noch nach dem Tode des Schenkers erfolgt sein kann (BGH NJW 78, 2027; 86, 2108). Die schenkweise Begründung einer Forderung gegen den Schenker selbst ist formbedürftige Verpflichtung (s Rn 4; § 516 Rn 21). **bb)** Zur Vollziehung beim **8 Vertrag zgDr** vgl allg § 331 Rn 6 f; § 516 Rn 16. IZw nicht vor dem Tode des Schenkers vollzogen ist die Zuwendung des auf fremden Namen angelegten **Sparguthabens** (BGH 46, 203; NJW 75, 382; ie § 808 Rn 4, 6) oder der **Bezugsberechtigung** aus einem **Lebensversicherungsvertrag** (BGH 91, 291 mN). **cc)** Eine **Geldübertragung** ist vollzogen mit Ausführung des Überweisungsvertrags (§ 676a) durch die Bank. **dd)** Bei der unentgeltlichen Zuwendung von **Besitz** oder **9 Nutzung** (§ 516 Rn 15) stellt sich das Problem eines Vollzugs iSv II nicht (vgl Rn 2); aA Reinicke JA 82, 327 im Rahmen einer entspr Anwendung von I und die frühere Rspr, s dazu BGH 82, 355 f mN. **ee)** Die **Befreiung** von einer Verbindlichkeit ist mit dem Erlass der Forderung vollzogen (Stuttgart NJW 87, 783). **c) Kein 10 Vollzug** ist die bloße Vorbereitung oder Sicherung der Zuwendung. **aa)** Der **Auftrag an einen Dritten zur Leistung nach dem Tode** kann Vollzug einer entspr befristeten (Rn 6) Versprechensschenkung sein (BGH 99, 100). **bb)** Die Schenkung **11** von Anteilen einer bestehenden **Gesellschaft** (§ 516 Rn 22) ist mit Anteilsübertragung (Frankfurt NJW-RR 96, 1124) oder Beteiligung am Gesellschaftsvermögen vollzogen (BGH NJW 90, 2618); fehlt es daran (zB bei stiller Beteiligung), genügt bloße sog Einbuchung nicht (BGH 7, 380; BFHReport 03, 119; str; ie K. Schmidt BB 90, 1995; ders, DB 02, 829 mN). Schenkung von Gesellschaftsanteilen bei Gesellschaftsgründung kann mit Abschluss des Gesellschaftsvertrags vollzogen sein, wenn dadurch mitgliedschaftliche Rechte unmittelbar begründet werden, näher dazu BGH 191, 354 Tz 18.

§ 519 Einrede des Notbedarfs

(1) Der Schenker ist berechtigt, die Erfüllung eines schenkweise erteilten Versprechens zu verweigern, soweit er bei Berücksichtigung seiner sonstigen Verpflichtungen außerstande ist, das Versprechen zu erfüllen, ohne dass sein angemessener Unterhalt oder die Erfüllung der ihm kraft Gesetzes obliegenden Unterhaltspflichten gefährdet wird.

(2) **Treffen die Ansprüche mehrerer Beschenkten zusammen, so geht der früher entstandene Anspruch vor.**

1   **1. Bedeutung.** Bei noch nicht vollzogener Schenkung (sonst gelten §§ 528 f) hat der Versprechende die anspruchshemmende Einrede des Notbedarfs (**I**; Sonderfall des § 313), solange und „soweit" Bedürftigkeit iSv I besteht (BGH FamRZ 05, 1989). Diese ist höchstpersönliches Recht und steht weder Erben noch Bürgen zu (hM), wohl aber dem Mitschuldner (RGRK/Mezger 2). Auf die Einrede kann nicht im Voraus verzichtet werden.

2   **2. Voraussetzung.** Begründete Besorgnis zukünftiger Beeinträchtigung des eigenen angemessenen Unterhalts (vgl § 1610) oder ges (nicht vertraglicher) Unterhaltspflichten (zB gem §§ 1360 ff, 1569 ff, 1601 ff). Sonstige Verpflichtungen sind je nach Art zu berücksichtigen, nicht schlechthin abzuziehen. Bei **mehreren Schenkungen (II)** besteht zeitliches Rangverhältnis; gegenüber gleichzeitig Beschenkten besteht die Einrede voll, nicht nur anteilig (str; s §§ 528, 529 Rn 4). Die **Beweislast** obliegt dem Schenker (BGH NJW-RR 86, 866 f).

§ 520 Erlöschen eines Rentenversprechens

Verspricht der Schenker eine in wiederkehrenden Leistungen bestehende Unterstützung, so erlischt die Verbindlichkeit mit seinem Tode, sofern nicht aus dem Versprechen sich ein anderes ergibt.

1   **Auslegungsregel** bei Schenkung einer Rente; betrifft nicht in Teilzahlungen zu leistendes Kapital. Tod des Beschenkten beendet das Schenkungsversprechen iZw ebenfalls. Bereits fällige Ansprüche werden nicht berührt.

§ 521 Haftung des Schenkers

Der Schenker hat nur Vorsatz und grobe Fahrlässigkeit zu vertreten.

1   Grund der **Haftungsmilderung** (Einschränkung von § 276 I 1): Uneigennützigkeit des Schenkers. § 521 ist abdingbar (Schranke: § 276 III), bei Erweiterung: § 518. Gilt auch für Erfüllungsgehilfen (RG 65, 20). Begrenzter **Anwendungsbereich:** Gilt nur für die Nichterfüllung der Leistungspflicht (§§ 280, 286; nach Eintritt des Verzugs aber § 287 beachten; auch § 311a II 2), nicht für Rechts- oder Sachmängelhaftung, soweit Sonderregelung der §§ 523, 524 eingreift, desgl nicht für die konkurrierende außervertragliche Haftung (Schlechtriem BB 85, 1356, str; aA BGH 93, 29; Looschelders SchR BT Rn 316 f; Medicus FS Odersky, 1996, 597). Bei der Verletzung vertragl oder deliktischer **Schutzpflichten,** die dem Erhaltungsinteresse des Beschenkten dienen, gelten die allg Grundsätze (Schlechtriem BB 85, 1356 f; Stoll JZ 85, 386; Grundmann AcP 198, 465 ff, str; aA für den Fall, dass die Schutzpflicht im Zusammenhang mit dem Gegenstand der Schenkung steht BGH 93, 27 f; Looschelders SchR BT Rn 316 f; Medicus FS Odersky, 1996, 604); bei **Mangelfolgeschäden** findet allein § 524 Anwendung (dort Rn 1). Auf **andere unentgeltliche Rechts- oder Gefälligkeitsverhältnisse** ist § 521 nicht ohne weiteres entspr anwendbar (hM; vgl § 241 Rn 26). Zur Gewährleistung bei frei zugänglicher Software (open source software): Hoeren FS Kollhosser II, 2004, 229.

§ 522 Keine Verzugszinsen

Zur Entrichtung von Verzugszinsen ist der Schenker nicht verpflichtet.

1   Durchbrechung von § 288. Die Verzugsfolgen der §§ 286, 287, 291, 292 bleiben unberührt.

Titel 4. Schenkung §§ 523, 524

§ 523 Haftung für Rechtsmängel

(1) **Verschweigt der Schenker arglistig einen Mangel im Recht, so ist er verpflichtet, dem Beschenkten den daraus entstehenden Schaden zu ersetzen.**

(2) ¹**Hatte der Schenker die Leistung eines Gegenstandes versprochen, den er erst erwerben sollte, so kann der Beschenkte wegen eines Mangels im Recht Schadensersatz wegen Nichterfüllung verlangen, wenn der Mangel dem Schenker bei dem Erwerb der Sache bekannt gewesen oder infolge grober Fahrlässigkeit unbekannt geblieben ist.** ²**Die für die Haftung des Verkäufers für Rechtsmängel geltenden Vorschriften des § 433 Abs. 1 und der §§ 435, 436, 444, 452, 453 finden entsprechende Anwendung.**

Grundgedanke von I: Der Schenker verspricht, nicht mehr zu leisten, als er 1 selbst hat. Einen zZ des Vollzugs vorhandenen Rechtsmangel (§ 435) hat er nicht zu beseitigen; nur bei arglistigem Verschweigen haftet er auf Ersatz des Vertrauensschadens (hM; Larenz, SchR II/1, § 47 II b; Stoll JZ 85, 385; BGH NJW 82, 819). Abdingbarkeit wie bei § 521. Unter den Voraussetzungen des **II 1** haftet der Schenker wie ein Verkäufer **(II 2)**.

§ 524 Haftung für Sachmängel

(1) **Verschweigt der Schenker arglistig einen Fehler der verschenkten Sache, so ist er verpflichtet, dem Beschenkten den daraus entstehenden Schaden zu ersetzen.**

(2) ¹**Hatte der Schenker die Leistung einer nur der Gattung nach bestimmten Sache versprochen, die er erst erwerben sollte, so kann der Beschenkte, wenn die geleistete Sache fehlerhaft und der Mangel dem Schenker bei dem Erwerb der Sache bekannt gewesen oder infolge grober Fahrlässigkeit unbekannt geblieben ist, verlangen, dass ihm anstelle der fehlerhaften Sache eine fehlerfreie geliefert wird.** ²**Hat der Schenker den Fehler arglistig verschwiegen, so kann der Beschenkte statt der Lieferung einer fehlerfreien Sache Schadensersatz wegen Nichterfüllung verlangen.** ³**Auf diese Ansprüche finden die für die Gewährleistung wegen Fehler einer verkauften Sache geltenden Vorschriften entsprechende Anwendung.**

1. Haftung bei vorhandenem Schenkungsgegenstand (I). a) Grundge- 1 **danke:** wie § 523 I. Zur Sachmängelhaftung bei gemischter Schenkung § 516 Rn 18. **b)** I regelt Haftung für alle von II nicht erfassten Konstellationen. Bei I 2 ist Gegenstand bereits im Vermögen des Schenkers vorhanden (Speziessache oder Gattungssache, wenn Leistung aus Vorrat des Schenkers vereinbart, also entsprechend beschränkte Gattungsschuld, s § 243 Rn 3) oder Speziessache, die erst noch beschafft werden muss (MK/Koch 1). Für **Sachmängel** (§ 434; Abdingbarkeit wie bei § 521) haftet der Schenker nur bei arglistigem Verschweigen mit Ersatz des Vertrauensschadens (hM; s § 523 Rn 1). Auch bei **Mangelfolgeschäden** gilt die Haftungsmilderung des § 524, nicht die allg Regelung (Stoll JZ 85, 386, str; aA Larenz, SchR II/1, § 47 II b; Grundmann AcP 198, 465 ff), jedoch bleiben deliktische Ansprüche durch § 524 unberührt (Schlechtriem, Gutachten II, S 1619; sa § 521 Rn 1; str, aA zB Looschelders SchR BT Rn 320). **c) Zusicherung von Eigenschaften** iS einer Garantie (§ 276 Rn 41) ist möglich, aber formbedürftig (§ 518); Rechtsfolgen bei fehlender Eigenschaft je nach Inhalt des Schenkungsvertrages: § 437 (außer Minderung).

2. Haftung bei Versprechen von zu erwerbenden Gattungssachen (II). 3 **a) Bedeutung.** Einschränkung von § 243 I und II (Rn 4). **b) Voraussetzungen.** Gattungsschuld, deren Gegenstand sich zZ des Versprechens noch nicht im Vermögen des Schenkers befindet, also Beschaffungsschuld, s § 243 Rn 5, (sonst gilt **I**);

§§ 525–527

Fehler zZ des Erwerbs; Kenntnis oder grobfahrlässige Unkenntnis des Fehlers.
4 **c) Rechtsfolgen.** Nachlieferung fehlerfreier Sachen **(II 1),** bei arglistigem Verschweigen wahlweise auch Ersatz des positiven Interesses **(II 2).** § 519 bleibt anwendbar, insoweit auch Berufung auf Leistungsunvermögen zulässig. **Entspr anwendbar** (vgl **II 3**) sind: §§ 437 Nr 1, 439; §§ 437 Nr. 3, 280, 281, 438, 439, 442. **d) Haftung für nach Erwerb** entstehende Fehler: §§ 280, 241 II iVm § 521.

§ 525 Schenkung unter Auflage

(1) **Wer eine Schenkung unter einer Auflage macht, kann die Vollziehung der Auflage verlangen, wenn er seinerseits geleistet hat.**

(2) **Liegt die Vollziehung der Auflage im öffentlichen Interesse, so kann nach dem Tod des Schenkers auch die zuständige Behörde die Vollziehung verlangen.**

§ 526 Verweigerung der Vollziehung der Auflage

¹Soweit infolge eines Mangels im Recht oder eines Mangels der verschenkten Sache der Wert der Zuwendung die Höhe der zur Vollziehung der Auflage erforderlichen Aufwendungen nicht erreicht, ist der Beschenkte berechtigt, die Vollziehung der Auflage zu verweigern, bis der durch den Mangel entstandene Fehlbetrag ausgeglichen wird. ²Vollzieht der Beschenkte die Auflage ohne Kenntnis des Mangels, so kann er von dem Schenker Ersatz der durch die Vollziehung verursachten Aufwendungen insoweit verlangen, als sie infolge des Mangels den Wert der Zuwendung übersteigen.

§ 527 Nichtvollziehung der Auflage

(1) **Unterbleibt die Vollziehung der Auflage, so kann der Schenker die Herausgabe des Geschenkes unter den für das Rücktrittsrecht bei gegenseitigen Verträgen bestimmten Voraussetzungen nach den Vorschriften über die Herausgabe einer ungerechtfertigten Bereicherung insoweit fordern, als das Geschenk zur Vollziehung der Auflage hätte verwendet werden müssen.**

(2) **Der Anspruch ist ausgeschlossen, wenn ein Dritter berechtigt ist, die Vollziehung der Auflage zu verlangen.**

Anmerkungen zu den §§ 525–527

Lit: Feick, Die Schenkung unter Auflage als alternative, pflichtteilsfeste Gestaltung zur (unzulässigen) dinglichen Weiterleitungsklausel, ZEV 02, 85; Streiter, Die Rechtsnatur von Stipendien, Wissenschaftsrecht 05, 2.

1 **1. Allgemeines. a) Begriffe.** Schenkung unter Auflage ist unentgeltliche Zuwendung (§ 516 I) mit einer den Beschenkten verpflichtenden Zweckbindung (dazu auch Rn 4). Die **Auflage** (sa §§ 2192 ff) ist Nebenbestimmung (nicht notwendig Nebenzweck: RG 60, 240), die einen klagbaren Anspruch auf eine (nicht notwendig vermögenswerte) **Leistung** (§ 241 I; keine Auflage daher bei Schenkung eines belasteten Grundstücks, Bsp OLGR Brandenburg 04, 182) des Beschenkten begründet (Rn 6 ff). Die Auflage kann im Interesse des Schenkers (Bsp: BayObLG NJW 74, 1142), des Beschenkten oder eines Dritten (§§ 328 ff; Rn 7) liegen. **b) Rechtsnatur.** Die gesamte Zuwendung ist Schenkung (BGH 30, 120); § 518 gilt auch für die Auflage.
2 **c) Abgrenzung. aa) Entgeltlicher Vertrag,** wenn die dem Empfänger auferlegte Leistung aus seinem Vermögen als Ausgleich für die Zuwendung erfolgt; Auflage,

Titel 4. Schenkung § 527

wenn sie sich als Minderung oder Einschränkung des Zugewendeten darstellt (hM); Bsp: Schenkung unter Vorbehalt von Wohnrecht (BGH NJW 82, 818); dem Übernehmer im Übergabevertrag auferlegte Versorgung des Übergebers (BGH 107, 160; krit Probst JR 90, 194). Der Wert der Leistungen bildet Indiz, doch schließt deren Gleichwertigkeit Auflageschenkung nicht notwendig aus (vgl § 526). Bei regelmäßigen Zahlungen kommt es darauf an, ob Wertausgleich für die Substanz erfolgen soll oder nicht (dazu Larenz, SchR II/1, § 47 III). Zu Auflagen bei Vermögensübertragung von Eltern auf Kinder s Sikora JA 06, 524. **bb)** Die **gemischte Schenkung** ist (iGgs zu 3 Rn 1) teilweise entgeltlich (§ 516 Rn 17; zur Abgrenzung s Köln FamRZ 94, 1242, dazu Henrich ebda 1245; Schulze zur Wiesche NJW 75, 2089; sa § 516 Rn 17 [bb]). **cc) Zuwendung zur Weitergabe,** ohne dass dem Empfänger etwas verbleiben soll, ist Auftrag (RG 105, 308; § 516 Rn 7). **dd)** Bei der **Zweckschenkung** ist ein über 4 die Bereicherung des Beschenkten hinausgehender Zweck Inhalt oder Geschäftsgrundlage des Rechtsgeschäfts; bloßes Motiv, Empfehlung oder Wünsche reichen nicht aus (BGH LM Nr 1 zu § 527; JuS 77, 473). Rechtsfolgen (Begründung str): Kein Anspruch auf Vollziehung, aber auf Rückforderung gem § 812 I 2, 2. Alt (§ 812 Rn 19) bei Verfehlung des Schenkungszwecks (BGH NJW 84, 233); nach aA (nur) im Fall von § 313 (so iE Kollhosser AcP 194, 250 ff; MK/Kollhosser [4. Aufl 04] § 525, 4; Oldenburg NJW 94, 1539; unentschieden Düsseldorf NJW-RR 96, 517 mN; Köln NJW-RR 95, 584; differenzierend MK/Koch § 525, 8). **d)** Rechte der Beteiligten **aa)** Der 5 **Schenker** hat einen Anspruch auf Vollziehung der Auflage (**Erfüllungsanspruch,** § 525 I, Rn 6 ff), uU einen **Rückforderungsanspruch** gem § 527 (Rn 9 f), uU gem § 812 I 2, 2. Alt (Rn 10) oder gem § 313 (Rn 10 aE), bei Nichtvollziehbarkeit uU einen Schadensersatzanspruch (§ 280) oder uU ein Widerrufsrecht wegen groben Undanks (§ 530; §§ 530–533 Rn 3). **bb)** Dem **Beschenkten** kann bei Unzulänglichkeit des Schenkungsgegenstandes ein **Leistungsverweigerungsrecht** (§ 526 S 1; Rn 8), uU ein Aufwendungserstattungsanspruch zustehen (§ 526 S 2; Rn 11). **cc)** Begünstigte **Dritte** können nur Vollziehung (Rn 6), nicht jedoch Rückgewähr verlangen; das Gleiche gilt für die Behörde im Fall des § 525 II (Rn 7).

2. Erfüllungsanspruch (§ 525 I). a) Voraussetzungen. aa) Entstehung der 6 **Leistungspflicht des Beschenkten:** Form gem § 518 muss auch die Auflage umfassen; § 516 II ist unanwendbar; Annahme ist nicht lediglich rechtlich vorteilhaft (§ 107; vgl Hamm OLGZ 78, 425 mN). Ist Auflagenvereinbarung unwirksam (zB gem §§ 134, 138), gilt § 139 (RGRK/Mezger § 525 Rn 11). **bb) Vorleistung des Schenkers (abdingbar).** Folge: Kein Zurückbehaltungsrecht am Schenkungsgegenstand, aber uU Sicherung der Auflageleistung durch einstweilige Verfügung gem ZPO 935 ff. **b) Gläubiger: Schenker** oder dessen **Erben** und der begünstigte **Dritte** 7 (§ 330 S 2; sa § 335). Bei Förderung des Gemeinwohls nach dem Tode des Schenkers die **zuständige Behörde** (§ 525 II), auch gegen den Willen der Erben. **c) Einrede** 8 **des Beschenkten (§ 526 S 1). aa) Zweck.** Schutz des Beschenkten; er soll nicht mehr leisten müssen, als er erhält. **bb) Voraussetzungen.** Wert der Zuwendung bleibt wegen eines (auch vom Schenker zu vertretenden: BGH NJW 82, 819; krit Herrmann WM 82, 1158) Mangels (vgl §§ 523, 524) hinter dem zur Auflagenerfüllung erforderlichen Aufwand zurück. Nur der Fehlbetrag, nicht die durch den Mangel verursachte Gesamtwertminderung ist zu berücksichtigen. § 526 gilt entspr, wenn die Wertdifferenz auf anderem Umstand als Mangel beruht (hM; RG 112, 213 für den Fall der Geldentwertung). **cc) Geltendmachung** der Einrede: Gegenüber jedem vollzugsberechtigten Gläubiger (Rn 7), bis Fehlbetrag ausgeglichen.

3. Rückforderungsrecht (§ 527 I). a) Voraussetzungen. Nichtvollzogensein 9 der Auflage (ganz oder teilw); Vorliegen der Rücktrittsvoraussetzungen gem § 323; Auflagenerfüllung hat Vermögenswert. **b) Herausgabepflicht.** Die Höhe des Anspruchs wird bestimmt durch den zur Vollziehung der Auflage erforderlichen Aufwand. Für den Haftungsumfang gelten §§ 818 ff; verschärft (§ 819) haftet der Beschenkte erst, wenn er von dem Rückforderungsbegehren erfahren hat (RGRK/Mezger 3). Zur gemischten Schenkung vgl § 516 Rn 17 f. **c) Abgrenzung.** 10

Mansel

§§ 528, 529 Buch 2. Abschnitt 8. Einzelne Schuldverhältnisse

aa) Kein Rückforderungsrecht besteht, wenn **Dritten** (§ 527 II) oder der Behörde gem § 525 II der Erfüllungsanspruch (Rn 6 ff) zusteht. **bb)** § 527 schließt das Herausgaberecht gem § 812 I 2, 2. Alt (vgl Rn 4) aus (BGH NJW 52, 620), anders uU dann, wenn Auflage keinen Vermögenswert hat (hM, str; vgl Rn 9). **cc)** Außerhalb des Anwendungsbereichs der Sondervorschriften der §§ 527, 528, 530 ist § 313 anwendbar (BGH FamRZ 05, 337; BGH NJW 91, 831 mN).

11 **4. Aufwendungsersatzanspruch (§ 526 S 2). Voraussetzungen:** Auflagenvollziehung in (auch fahrlässiger) Unkenntnis der die Einrede gem Rn 8 rechtfertigenden Umstände. **Inhalt:** §§ 256, 257.

§ 528 Rückforderung wegen Verarmung des Schenkers

(1) ¹Soweit der Schenker nach der Vollziehung der Schenkung außerstande ist, seinen angemessenen Unterhalt zu bestreiten und die ihm seinen Verwandten, seinem Ehegatten, seinem Lebenspartner oder seinem früheren Ehegatten oder Lebenspartner gegenüber gesetzlich obliegende Unterhaltspflicht zu erfüllen, kann er von dem Beschenkten die Herausgabe des Geschenkes nach den Vorschriften über die Herausgabe einer ungerechtfertigten Bereicherung fordern. ²Der Beschenkte kann die Herausgabe durch Zahlung des für den Unterhalt erforderlichen Betrags abwenden. ³Auf die Verpflichtung des Beschenkten findet die Vorschrift des § 760 sowie die für die Unterhaltspflicht der Verwandten geltende Vorschrift des § 1613 und im Falle des Todes des Schenkers auch die Vorschrift des § 1615 entsprechende Anwendung.

(2) Unter mehreren Beschenkten haftet der früher Beschenkte nur insoweit, als der später Beschenkte nicht verpflichtet ist.

§ 529 Ausschluss des Rückforderungsanspruchs

(1) Der Anspruch auf Herausgabe des Geschenkes ist ausgeschlossen, wenn der Schenker seine Bedürftigkeit vorsätzlich oder durch grobe Fahrlässigkeit herbeigeführt hat oder wenn zur Zeit des Eintritts seiner Bedürftigkeit seit der Leistung des geschenkten Gegenstandes zehn Jahre verstrichen sind.

(2) Das Gleiche gilt, soweit der Beschenkte bei Berücksichtigung seiner sonstigen Verpflichtungen außerstande ist, das Geschenk herauszugeben, ohne dass sein standesmäßiger Unterhalt oder die Erfüllung der ihm kraft Gesetzes obliegenden Unterhaltspflichten gefährdet wird.

Anmerkungen zu den §§ 528, 529

Lit: Eichenhofer, Rückforderung bei Verarmung von Schenker und Beschenktem, LMK 03, 161; Kollhosser, Zum Bereicherungsanspruch des bedürftigen Schenkers, ZEV 03, 206; Krauß, Sozialhilferegress bei Schenkung von Schonvermögen, MittBayNot 05, 349; Meisterernst, Schenkung von Schonvermögen im Rahmen vorweggenommener Erbfolge und Rückforderung durch Sozialhilfeträger, DNotZ 05, 283; Rundel, Rückforderung wegen Verarmung des Schenkers bei mehreren Beschenkten, MittBayNot 03, 177; Vollkommer, Zur Vererblichkeit des Rückforderungsanspruchs aus BGB § 528 Abs 1, EWiR 02, 329; Wedemann, Rückforderung wegen Verarmung des Schenkers versus Elternunterhalt, NJW 11, 571.

1 **1. Voraussetzungen der Rückforderung.** Darlegungs- und Beweislast bei Schenker (BGH NJW-RR 03, 53). **a) Vollziehung** (vorher greift § 519 ein) einer Schenkung, ausgenommen Pflicht- und Anstandsschenkungen (§ 534). **b)** Bestehende, nicht vorsätzlich oder grobfahrlässig herbeigeführte (sonst gilt § 529 I; dazu

Titel 4. Schenkung § 529

Rn 5) **Bedürftigkeit** des Schenkers (BGH 96, 382; 123, 266; Bsp: Heimunterbringung), bloße Gefährdung (wie bei § 519) reicht nicht aus. Angreifen der Vermögenssubstanz kann verlangt werden, nicht aber unwirtschaftliche Verwertung (hM, sa BGH NJW 03, 1388, ggf Realkreditaufnahme erforderlich; BGHR 02, 361; NJW 00, 3488; ggf Umwandlung Wohnrecht in Befugnis zur Vermietung an Dritte: Koblenz NJW-RR 04, 1375). Mögliche Unterhaltsansprüche im Falle der Bedürftigkeit stehen dem Anspruch nicht entgegen (BGH NJW 91, 1824).

2. Rückforderungsanspruch. Entsteht mit Eintritt der Bedürftigkeit (s BGH 2 NJW 03, 2249 mN); ist vormerkungsfähig (Düsseldorf FGPrax 02, 203; s zur Parallelfrage §§ 530–533 Rn 8). **a) Zweckgebundener Anspruch** des Schenkers, nur beschränkt pfändbar (ZPO 852 II; BGH NJW 07, 62), im Rahmen seiner Zweckgebundenheit (vgl § 399 1. Alt iVm § 528 I 1) abtretbar (BGH 127, 355 ff mN [§ 400 steht nicht entgegen]; MK/Koch § 528 Rn 17; aA noch Frankfurt NJW 94, 1806) und insoweit auch, dk soweit Sozialhilfeträger oder andere Dritte mit Leistungen „in Vorlage" getreten sind, eingeschränkt vererblich (s BGH NJW 95, 2288 mN; dazu Vollkommer/Schwaiger JZ 96, 634 f; Haarmann FamRZ 96, 523 ff; Franzen FamRZ 97, 535 f; MK/Koch § 528 Rn 12 ff, iE str). Anspruch erlischt mit Tod des Berechtigten (§§ 528 I 3, 1615 I). Nicht, wenn er vom Berechtigten geltend gemacht worden war, ferner bei Inanspruchnahme unterhaltssichernder Leistungen Dritter (BGH 147, 293; s Vollkommer EWiR 02, 329). Ist der Beschenkte zugleich (Mit-)Erbe, erlischt der Rückforderungsanspruch nicht durch Konfusion (s BGH NJW 95, 2288; Vollkommer/Schwaiger JZ 96, 636; Zeranski NJW 98, 2574). Der Anspruch unterliegt der (auch postmortalen) Überleitung gem § 93 I 1 SGB XII (früher gem BSHG 90 aF) (BGH 94, 142; 96, 381; 125, 284; BGH NJW 03, 2449; zum Zeitpunkt der Einstandspflicht: BGH 155, 57); er erlischt nicht nach dem Tod des Beschenkten gegen dessen Erben (BGH NJW 91, 2558; sa BGH 147, 288, auch zum Umfang); ein vorheriger Verzicht auf ihn ist unwirksam (MK/Koch § 528, 18; Schwarz JZ 97, 548; sa §§ 530–533 Rn 7). Kein Erlöschen durch Konfusion, wenn durch Erbfolge Schuldner und Gläubiger des § 528 zusammenfallen, weil Anspruchsfortbestand wegen Rückgriffsrecht des Sozialhilfeträgers geboten: LG München FamRZ 05, 896. **b) Inhalt.** Herausgabe des Geschenkes gem §§ 818 ff (s BGH NJW 03, 2249), soweit 3 zur Deckung des durch § 528 geschützten Bedarfs notwendig (BGH 94, 143). Notwendiger Bedarf: Unterhalt (§§ 1610, 1360, 1361, 1569, 1601, 1615a, s Düsseldorf FGPrax 02, 203), der objektiv der Lebensstellung des Schenkers nach (nicht vor !) der Schenkung angemessen ist (BGH NJW 03, 1387). Herausgabe nach §§ 528 I, 818 I oder nach Wahl stattdessen Unterhaltszahlung nach § 528 I 2. Ist Herausgabe nicht möglich, dann Wertersatz (§§ 528 I 1, 818 II) begrenzt auf den Verkehrswert des Erlangten im Zeitpunkt der Anspruchsentstehung (Rn 2) abzüglich der damit verbundenen Nachteile (BGH NJW 03, 1387). Bei nicht teilbarem höherwertigem Schenkungsgegenstand: Zahlung eines Wertteils des Geschenks (BGH 94, 143 f; 96, 382; 125, 284 f; NJW-RR 03, 53); durch Rückgabe des (ganzen) Geschenks kann sich der Beschenkte von der Zahlungspflicht befreien (BGH NJW 10, 2655; MK/Koch § 528, 6; Schwarz JZ 97, 547; offen noch BGH 125, 285). Bei wiederkehrendem Bedarf (Unterhalts-, Pflegekosten) geht der Anspruch auf wiederkehrende Leistungen bis zum Wert des Schenkungsgegenstandes (BGH 137, 83; NJW-RR 03, 53); iE gilt gleich § 528 I 2, ohne dass noch für eine Ersetzungsbefugnis des Beschenkten Raum bliebe (BGH 137, 83 mN). §§ 818 III, 819 anwendbar. Bei unentgeltlicher Weitergabe an Dritte: § 822 (BGH 106, 356 ff, zust Knütel JR 89, 378). **c) Rangverhältnis** bei mehreren Schenkungen: **§ 528 II**; *gleichzeitig* Beschenkte haften als 4 Gesamtschuldner gem § 421 (BGH 137, 82) und sind einander entspr § 426 ausgleichspflichtig (BGH 137, 85 ff, str; dazu Rundel MittBayNot 03, 177). **d) Einreden des** 5 **Beschenkten.** Fälle des § 529 (Fassung ungenau). § 529 I Alt 1 will vorsätzliche oder grob fahrlässige Herbeiführung einer Notlage (§ 529 I Alt 1) erfassen, zB Verschwendung, Spielen oder (unseriöse) Spekulationen; nicht ausreichend (nur einfache Fahrlässigkeit) bei gehobenem, nicht an die erfolgte Schenkung angepasstem Lebensstil

Mansel 739

des Schenkers oder bei sozialadäquaten anderen Schenkungen/Spenden (BGH NJW 03, 1387 f). § 529 I Alt 1 nur, wenn der Schenker Bedürftigkeit nach der Schenkung herbeigeführt hat; frühere Schenkungen an andere können § 529 I 1 nicht begründen (BGH NJW 03, 1387 f mN, str). Eintritt der Bedürftigkeit gem § 529 I Alt 2 setzt Erschöpfung des Vermögens des Schenkers innerhalb der 10-Jahres-Frist voraus; Eintritt von Umständen, die Erschöpfung zur Folge haben werden (Heimeinweisung), genügt nicht (BGH NJW 00, 729; sa OLGR Celle 03, 274). Bei Grundstücksschenkung schon dann Leistung des geschenkten Gegenstands iSv § 529 I Alt 2, wenn Beschenkter nach dem formgerechten Vertragsabschluss und Auflassung einen Eintragungsantrag beim Grundbuchamt gestellt hat. Das gilt auch dann, wenn Schenker sich lebenslanges Nutzungsrecht vorbehält. § 528 I 3 verweist nur für Unterhaltszahlung nach § 528 I 2 (s Rn 3) auf §§ 1613, 1615 (BGHReport 02, 861 mN; BGH 96, 384, str). – Zur Einrede des II: BGH NJW 05, 3638; „standesgemäßer" Unterhalt iSv § 529 II ist nach allg unterhaltsrechtlichen Richtsätzen zu bemessen (BGH NJW 00, 3489; sa Medicus EWiR 03, 253; aA mit beachtlichen Argumenten Wedemann NJW 11, 571, die nur bei Schenkungen an Eltern und [geschiedene] Ehegatten eine Anlehnung an die Rspr zum Elternunterhalt befürwortet. Andere Beschenkte sollen die Einrede wegen ihrer verminderten Schutzbedürftigkeit nur unter engeren Voraussetzungen, nicht am Elternunterhalt orientierten Maßstäben geltend machen können. Beschenkter kann Einrede aus § 529 II nicht erheben (§ 242, Rechtsmissbrauch), wenn er in Kenntnis des Rückforderungsanspruchs seine eigene Bedürftigkeit mutwillig herbeiführt (BGH NJW 01, 1208; NJW 03, 2251). **e) Ersetzungsbefugnis** (§ 262 Rn 5) **des Beschenkten:** § 528 I 2 und 3. Die Rente erlischt mit dem Tode des Schenkers, nicht mit dem des Beschenkten; sie erlischt auch nicht, wenn der geleistete Gesamtbetrag den Wert des Geschenkes übersteigt (hM, str; aA Franzen FamRZ 97, 530; aber über § 760 gilt auch § 759 entspr). Der Anspruch auf die einzelne Rente ist abtretbar und pfändbar (ZPO 850b I Nr 2 gilt nicht, hM). **f) Übergangsrecht** § 528 I findet auf vor dem 3.10.1990 nach §§ 282 f ZGB-DDR abgeschlossene und vollzogene Schenkungsverträge gem Art 232 § 1 EGBGB keine Anwendung (BGH NJW-RR 07, 1465; Dresden NJ 02, 435).

§ 530 Widerruf der Schenkung

(1) **Eine Schenkung kann widerrufen werden, wenn sich der Beschenkte durch eine schwere Verfehlung gegen den Schenker oder einen nahen Angehörigen des Schenkers groben Undanks schuldig macht.**

(2) **Dem Erben des Schenkers steht das Recht des Widerrufs nur zu, wenn der Beschenkte vorsätzlich und widerrechtlich den Schenker getötet oder am Widerruf gehindert hat.**

§ 531 Widerrufserklärung

(1) **Der Widerruf erfolgt durch Erklärung gegenüber dem Beschenkten.**

(2) **Ist die Schenkung widerrufen, so kann die Herausgabe des Geschenks nach den Vorschriften über die Herausgabe einer ungerechtfertigten Bereicherung gefordert werden.**

§ 532 Ausschluss des Widerrufs

¹**Der Widerruf ist ausgeschlossen, wenn der Schenker dem Beschenkten verziehen hat oder wenn seit dem Zeitpunkt, in welchem der Widerrufsberechtigte von dem Eintritt der Voraussetzungen seines Rechts Kenntnis erlangt hat, ein Jahr verstrichen ist.** ²**Nach dem Tode des Beschenkten ist der Widerruf nicht mehr zulässig.**

Titel 4. Schenkung §§ 530–533

§ 533 Verzicht auf Widerrufsrecht

Auf das Widerrufsrecht kann erst verzichtet werden, wenn der Undank dem Widerrufsberechtigten bekannt geworden ist.

Anmerkungen zu den §§ 530–533

Lit: Böhringer, Zur Vormerkungsfähigkeit eines Rückübertragungsanspruchs bei grobem Undank, ZEV 02, 33; Bosch, Widerruf von Schenkungen unter (geschiedenen) Ehegatten, FS Beitzke, 1979, 121; Demharter, Vormerkungsfähigkeit des Rückübereignungsanspruchs des Schenkers, FGPrax 02, 198; Kollhosser, Ehebezogene Zuwendungen und Schenkungen unter Ehegatten, NJW 94, 2313; Langenfeld, Zur Rückabwicklung von Ehegattenzuwendungen im gesetzlichen Güterstand, NJW 86, 2541; Schippers, Zu den Auswirkungen fehlender inhaltlicher Konkretisierung der Rückforderungsgründe („grober Undank") für die Vormerkungsfähigkeit eines aufschiebend bedingten Rückübertragungsanspruchs, DNotZ 02, 779; Schubert, Sicherungsfähigkeit von gesetzlichen Ansprüchen durch eine Vormerkung am Beispiel des § 530 BGB, JR 03, 110; Seutemann, Der Widerruf von Schenkungen unter Ehegatten, 1983; Sina, Widerruf und Zweckverfehlung einer Schenkung von GmbH-Anteilen, GmbHR 02, 58; Wacke, Die Rückauflassungsvormerkung für den Fall des vom Beschenkten verübten groben Undanks, JZ 03, 179.

1. Voraussetzungen des Widerrufs (§ 530 I). a) Vollzogene **Schenkung** zwi- 1
schen beiderseits natürlichen Personen (Schenker: BGH NJW 62, 956; Beschenkter: Düsseldorf NJW 66, 550, str; aA MK/Koch § 530 Rn 14; s aber Rn 2, 5), ausgenommen Pflicht- und Anstandsschenkungen (§ 534 und dort Rn 1 f). § 530 gilt auch für **Schenkungen** unter **Ehegatten** (BGH 87, 147 ff mN; NJW-RR 86, 1202, zust Friedrich JR 86, 3, str), **nicht** aber für sog unbenannte Zuwendungen iSv § 516 Rn 20 (hM, zB KG NJW-RR 09, 1301, str; aA Kollhosser NJW 94, 2316 ff).
b) Schwere Verfehlung des Beschenkten. Obj muss eine gewisse Schwere der 2
Verfehlung, **subj** eine tadelnswerte Gesinnung (Rn 3) vorliegen (BGH 151, 116 mN; hM). Die Verletzung einer Rechtspflicht ist nicht erforderlich, wohl aber eigenes Verschulden (idR Vorsatz) des Beschenkten, Zurechnung des Verschuldens Dritter scheidet aus (§§ 166, 278 unanwendbar: BGH 91, 277 mN). Bei Vertrag zugunsten Dritter ist (allein) der Dritte Beschenkter (München NJW 00, 1423; zw). Begehung durch **Unterlassen** setzt sittliche Verpflichtung zu gegenläufigem Handeln voraus (BGH 91, 277 f; BayObLGZ 96, 25 mN). **Mehrere Verfehlungen** begründen jede für sich das Widerrufsrecht; die einzelne Verfehlung kann auch in einer fortgesetzten Handlung bestehen. Bei der gebotenen vergleichenden **Gesamtwürdigung** des Sachverhalts ist auch das Verhalten des Schenkers zu berücksichtigen (BGH 87, 149; 91, 279; OLGR Frankfurt 05, 611). Einem engen Verwandtschaftsverhältnis kommt keine erhöhte Bedeutung zu (BGH NJW 78, 213). **Einzelfälle** (sa §§ 530 II, 1579 I Nr 3, 5, 7, 2333): Tätlichkeiten, soweit schwere Pietätsverletzung (BGH 109, 312 zu § 2335 Nr 2 aF); existenzgefährdende Rücksichtslosigkeit (BGH NJW-RR 93, 1411); planmäßige Verdrängung aus Familienunternehmen (BGH 112, 49 f); wissentlich falsche Strafanzeigen (BGH 112, 263 f; auch subjektiv wahrheitsgemäße Strafanzeige nur dann kein grober Undank, wenn sie der Wahrnehmung berechtigter eigener Interessen dient oder Anzeigepflicht besteht, s OLGR Celle 03, 256), auch bei Ehegatten (BGH NJW 83, 1612), uU belastende Aussagen trotz Zeugnisverweigerungsrechts (BGH FamRZ 70, 185); falsche Verdächtigungen wegen sexuellen Missbrauchs (Koblenz NJW-RR 02, 630); Hinauskündigung des Schenkers (BGH NJW-RR 93, 1411); Antrag auf Teilungsversteigerung bei geschenktem Miteigentumsanteil von Hausgrundstück (LG Oldenburg NJW-RR 98, 2); abredewidriges weiteres Nachgehen der Prostitution nach Einräumung eines vertraglichen unbefristeten Wohnrechts durch Partner (BGH MDR 13, 138f); Androhung der Zwangsvollstreckung und dadurch Gefährdung eines lebenslangen Wohnungsrechts (Köln NJW-RR 02, 1595); idR hartnäckige Verweigerung, eine übernommene Verpflichtung zu erfüllen

§ 534

(BGH NJW 93, 1578), wobei Ursache der Nichterfüllung zu berücksichtigen ist (BGH NJW 00, 3201 [uU Geldmangel]); uU grundlose Anregung einer Betreuung iSv §§ 1896 ff (vgl BGH aaO 1577 f); auch eheliche Verfehlungen zwischen (geschiedenen) Ehegatten, insbes wenn sie zum Scheitern der Ehe geführt haben (BGH 87, 147 ff mN; FamRZ 82, 1066; 83, 349; Frankfurt FamRZ 86, 577, str; aA Bosch aaO S 131 ff; FamRZ 82, 1067 mN; Friedrich JR 86, 3); idR **nicht** die Auflösung einer nichtehelichen Lebensgemeinschaft (Diederichsen NJW 83, 1022 mN), Maßnahmen aus familiärer Fürsorge für den Schenker. Subj Merkmal liegt nicht ohne weiteres vor, wenn der Beschenkte den zugewendeten Gegenstand ohne Rücksprache mit dem Schenker veräußert (BGH FamRZ 05, 511: jedenfalls nicht, wenn sich Beschenkter in wirtschaftlicher Zwangslage wähnt); es bedarf der Einzelfallwürdigung.

3 **c) Grober Undank.** Erheblichen Mangel an Dankbarkeit bezeugende Gesinnung gegenüber Schenker (BGH 87, 149; 91, 278; 112, 49 f; 145, 35; BGH FamRZ 05, 337 u 511) oder nahen Angehörigen (Rn 4), nicht gegenüber dem durch die Auflage Begünstigten (BGH MDR 51, 335). Verfehlung muss Schenkung nachfolgen (München FamRZ 09, 1831). **d) Nahe Angehörige.** Keine feste Umgrenzung; entscheidend ist das tatsächliche persönliche Verhältnis (hM). Schwiegereltern können uU wegen Eheverfehlungen widerrufen (BGH NJW 99, 1623, einschränkend Düsseldorf NJW-RR 05, 300); Großmutter gegenüber Enkelin wegen falscher Verdächtigung ihres Vaters (Koblenz NJW-RR 02, 630).

4

5 **2. Widerrufsrecht. a) Allgemeines.** Höchstpersönliches Recht des Schenkers (vgl Rn 1), nicht abtretbar (Hamm NJW 12, 2529); idR nicht vererblich; Ausnahme: § 530 II. Sonderfälle: zB §§ 1301, 2287; vertraglicher Widerrufsvorbehalt möglich (MK/Koch § 530 Rn 18), doch kann es dann uU an schenkweiser Zuwendung fehlen (vgl Knobbe-Keuk aaO [zu § 516] S 160 ff und § 516 Rn 7). **Abgrenzung** zu § 313: §§ 525–527 Rn 10 aE. **b) Ausübung:** Formlos möglich (vgl § 531 I), auch durch (eröffnetes: § 130 I) Testament (RG 170, 380). Bei **mehreren Schenkern** genügt uU (vgl § 432) Widerruf eines einzelnen (BGH MDR 63, 576). **c) Verlust.** Das nicht ausgeübte Widerrufsrecht erlischt durch (nachträglichen) **Verzicht** (einseitiges VRGeschäft; Zeitschranke gem § 533 ist zwingend: BGH 3, 213), **Verzeihung** (§ 532 S 1) ist Kundgabe des Wegfalls der Kränkungsempfindung (BGH 91, 280 f mN; tatsächlicher Vorgang, wie in § 2337), **Fristablauf** (Ausschlussfrist: § 532 S 1), **Tod des Beschenkten** (§ 532 S 2). Der aus dem Widerruf folgende Rückgabeanspruch (Rn 8) kann nicht im Voraus erlassen (§ 397) werden (BGH MDR 72, 36).

6

7

8 **3. Rechtsfolgen des Widerrufs (§ 531 II).** Schuldrechtlicher Herausgabe- (dh idR Rückübereignungs-)anspruch gem § 812 ff (Rechtsfolgeverweisung, vgl RG 139, 22; aA – beiläufig – BGH 132, 108; MK/Koch § 531 Rn 4); vormerkungsfähig (BGH 151, 116; BGH Rpfleger 02, 612; Köln NJW-RR 02, 1595; Düsseldorf FGPrax 02, 203). Beweislast: Schenker (BGH WM 90, 1792). Herauszugebender Gegenstand: § 516 Rn 5, 22; gemischte Schenkung: § 516 Rn 18. Maßgebender Zeitpunkt für Haftungsbeginn: Zugang des Widerrufs (BGH NJW 99, 1629, MK/Koch § 531 Rn 9; aA StCremer 13. Aufl § 531 Rn 3; Jülicher ZEV 98, 203). § 817 S 2 kann Herausgabepflicht entgegenstehen (BGH 35, 107).

§ 534 Pflicht- und Anstandsschenkungen

Schenkungen, durch die einer sittlichen Pflicht oder einer auf den Anstand zu nehmenden Rücksicht entsprochen wird, unterliegen nicht der Rückforderung und dem Widerruf.

1 **1. Voraussetzungen. a) Schenkungen aus sittlicher Pflicht:** Grund liegt in den Geboten der Sittlichkeit (BGH NJW 86, 1926), nicht nur in einer bes persönlichen Verbundenheit, auch nicht allein in der Nächstenliebe. Eine Wertgrenze nach oben besteht nicht (BGH MDR 82, 39). Bsp: Unterstützung bedürftiger Geschwister (vgl BGH NJW 86, 1926); uU Zuwendung an Lebensgefährtin (vgl BGH FamRZ

Titel 5. Mietvertrag, Pachtvertrag **Vor § 535**

84, 581 mN; sa allg § 138 Rn 7; § 2077 Rn 2 ff). Belohnende Schenkungen (§ 516 Rn 19) können uU auf sittlicher Pflicht beruhen (einschr BGH NJW 86, 1926; LG Mönchengladbach NJW 96, 467). Eingehend mN (auch zu Rn 2) Migsch AcP 173, 47 ff. **b) Anstandsschenkungen:** Ihr Unterbleiben würde gegen die Regeln des 2 gesellschaftlichen Anstands verstoßen (BGH NJW 81, 111). Bsp: Gebräuchliche Gelegenheitsgeschenke (Geburtstag, Hochzeit, Fest); übliche Geschenke unter nahen Verwandten, uU auch belohnende Schenkungen (idR verneinend BGH NJW-RR 86, 1202 für Übertragung von Grundstückshälfte auf den Ehegatten).

2. Rechtsfolgen. §§ 516 ff gelten (allgM; krit Migsch AcP 173, 68 ff), ausgenom- 3 men §§ 528 f, 530 ff; str bei § 527. Bei **teilw** Pflicht- oder Anstandsschenkungen uU Rückgewähr gegen Erstattung des iSv Rn 1 f angemessenen Betrags (vgl BGH MDR 63, 575). **Sondervorschriften:** §§ 814, 1380 I 2, 1425 II, 1641, 1804, 2113 II, 2205, 2207, 2330; ZPO 807 I Nr 2; InsO 134 II; AnfG 4 II.

Titel 5. Mietvertrag, Pachtvertrag

Untertitel 1. Allgemeine Vorschriften für Mietverhältnisse

Vorbemerkungen

1. Begriff. Der **Mietvertrag** ist ein entgeltlicher, auf eine vereinbarte oder auf 1 unbestimmte Dauer gerichteter Gebrauchsüberlassungsvertrag (BGH NJW 98, 595) über Sachen (§ 90), Sachgesamtheiten (zB eine möblierte Wohnung) oder – auch unselbstständige, durch individuelle Vereinbarung gekennzeichnete – Teile von Sachen (zB Reklamefläche an Hauswand oder Autobus, Fensterplatz bei einem Umzug).

2. Aufbau der §§ 535 ff. Die jetzige Fassung ist auf das **MietrechtsreformGes** 2 vom 29.3.2001 (BGBl I S 1149; Materialien: BT-Drs 14/4553; 14/5663) zurückzuführen. An allg Vorschriften, die unabhängig von der Art der vermieteten Sache (zB Wohnung, Auto, Zeitschriften in einem Lesezirkel) für alle Mietverhältnisse gelten (§§ 535–548), schließen sich Bestimmungen zum Mietvertrag über Wohnraum als dem tatsächlichen Schwerpunkt an (§§ 549–577a). Innerhalb dieses Abschnitts finden sich zunächst allg Vorschriften zu diesem Vertragstyp (§§ 549–555). Danach werden die Normen entspr dem zeitlichen Ablauf eines typischen Mietverhältnisses angeordnet. Ein relativ kleiner Abschnitt zu Mietverhältnissen über andere Sachen (zB Grundstücke, Geschäftsräume, Schiffe, bewegliche Sachen) bildet den Abschluss (§§ 578–580a).

3. Abgrenzungen und Mischformen. a) Die **Abgrenzung** zu ähnlichen Ver- 3 trägen ist teilw schwierig. Sie ist unabhängig von der durch die Parteien gewählten Bezeichnung nach dem vereinbarten Vertragszweck vorzunehmen, §§ 133, 157. **aa)** Die **Leihe** ist unentgeltlich, die Pflichten des Verleihers sind reduziert (zB bloßes „Gestatten" des Gebrauchs, § 598, iGgs zum Gewähren und Erhalten im gebrauchsfähigen Zustand, s § 535 I 1). **bb)** Zum **Pachtvertrag** s § 581 Rn 2–6. **cc)** Der **Verwahrungsvertrag** wird geprägt durch die Obhutspflicht des Verwahrers über die Sache als *Hauptpflicht* (iE s § 688 Rn 1 ff). **b) Mischformen** zwischen Mietvertrag 4 und anderen Vertragstypen sind auf Grund der bestehenden Privatautonomie zulässig. Bei ihnen stellt sich neben dem allg Problem, welches Recht bei Vertragslücken ergänzend anzuwenden ist, insbes die Frage nach der Geltung zwingender mietrechtlicher Vorschriften. **c)** Dies spielt eine bes Rolle beim **Leasing-Vertrag.** Der Begriff 5 wird für verschiedene wirtschaftliche Vertragsformen verwendet und erlaubt daher von sich aus keinen Rückschluss auf die Rechtsnatur. So ist das sog **Operating-Leasing,** die Überlassung von Investitionsgütern zu kurzfristigem oder jederzeit kündbarem Gebrauch, ein Mietvertrag. Bei dem sog **Personal-Leasing** werden

Teichmann

einem Unternehmen für einen begrenzten Zeitraum (idR bis zu drei Monaten), etwa während der Urlaubszeit oder für einen bestimmten Auftrag, Arbeitskräfte zur
6 Verfügung gestellt. Es handelt sich um ein Leih-Arbeitsverhältnis. **d) Finanzierungs-Leasing. Lit:** AcP 190, 203 ff (Symposion); Engel, Handbuch Kraftfahrzeug-Leasing, 3. Aufl 2013; Glaser, Leasing A – Z, 2012; Schattenkirchner NJW 13, 2398 (Rspr-Übersicht); Skusa, Handbuch Leasing, 2012; Spittler, Leasing für die Praxis, 6. Aufl 2002. **aa) Zweck, Ausgestaltung.** Der Finanzierungsleasingvertrag ist, wie an dem Erwähnen bestimmter Formen in § 506 Abs. 2 (ohne Verwendung des Begriffes) deutlich wird, seinem Hauptzweck nach eine „Finanzierungshilfe": Dem Leasingnehmer (LN) wird die völlige Fremdfinanzierung des Gebrauchs einer Sache (s § 90) in der Weise ermöglicht, dass ihm der Leasinggeber (LG) die Sache für eine fest bestimmte Zeit zu Gebrauch und Nutzung sowie auf Gefahr des LN überlässt und dafür ein Entgelt erhält, das die Aufwendungen des LG (Anschaffungspreis, Finanzierungskosten, allg Geschäftsunkosten) und dessen Geschäftsgewinn umfasst **(Prinzip der Vollamortisation).** Je nach der Art der Kostendeckung ist zu unterscheiden zwischen dem eigentlichen Vollamortisationsvertrag, bei dem die Leasingraten die genannte Summe insgesamt abdecken, und dem Teilamortisationsvertrag, bei dem ein sog Restwert am Ende der Leasingzeit offen bleibt, der aber durch die Veräußerung der Sache (an den LN, an einen Dritten) aufgebracht wird;. Somit wird auch hier eine Vollamortisation erreicht. Auch bei KFZ-Leasingverträgen mit **Kilometerabrechnung** ist zu berücksichtigen, dass sie idR eine Amortisationsfunktion ausgerichtet sind (s. BGH NJW 13, 2420 und NJW 13, 2421). In der Praxis richten sich die Verträge weitgehend nach den Erlassen des BFinM (s BB 71, 506; 72, 433; 76, 72). Der Vorteil für den LN liegt neben dem Ersparen von Eigenkapital in der steuerlichen Berücksichtigung aller Leasingzahlungen als Betriebsausgaben (bei anderen Finanzierungen sind dies nur die eigentlichen Zinsen, nicht die Tilgungsanteile) sowie uU in einer Reduktion der Gewerbesteuer. Häufig erwirbt der LG die Sache im sog Dreiecksgeschäft auf den konkreten Wunsch des LN vom Lieferanten (L). Daneben findet sich der sale-and-lease-back-Vertrag, in dem der LN eine eigene Sache an den LG verkauft und sie zurückleast. Auf ihn sind die Regeln entspr anzuwenden (s
7 BGH WM 90, 103). **bb) Anwendbarkeit von Normen.** Neben seiner Funktion als Finanzierungshilfe iSd § 506 Abs. 2 hat das Finanzierungsleasing mietrechtliche Elemente, weil der LG, wie erwähnt, die Sache dem LN auf Zeit zum Gebrauch zur Verfügung stellt. Demgemäß sind die den jeweiligen Funktionen entsprechenden Normen aus dem Finanzierungs- und dem Mietrecht anwendbar. Die vom BGH in stRspr verwandte Formel, es sei „im Wesentlichen" oder „in erster Linie" Mietrecht anzuwenden (BGH NJW 09, 577 mwN), wird den prägenden kreditrechtlichen Elementen nicht hinreichend gerecht (so schon Flume DB 91, 269). Dem **Mietrecht** (und dem allg Teil des Schuldrechts) sollten nur die Bestimmungen entnommen werden, die sich auf die nicht ordnungsgemäße Sachleistung (zB Nichterfüllung, Mängelgewährleistung) sowie auf die Gefahrtragung beziehen (iE Teichmann, FS Zöllner, 1998, 1259 ff). Da der LN ein besonderes Interesse am Halten und Nutzen der Sache hat, gelten weiter die mietrechtlichen Kündigungsbestimmungen (insbesondere § 543), soweit nicht zwingend darlehensrechtliche Bestimmungen vorgehen (s u). Regelmäßig ist, weil der Vertrag durch AGB geregelt ist, das Heranziehen der mietrechtlichen Normen nur wegen der Inhaltskontrolle gemäß § 307 II 2 erforderlich. **Darlehensrechtlich** zu behandeln sind die Auswirkungen des Vollamortisationsprinzips, also Fragen der Vergütung und Tilgung durch den LN (deshalb entgegen BGH 107, 123 keine Anwendung des § 546a, wenn der LN die Sache nach Ablauf nicht zurückgibt); außerdem gelten allg auf das Darlehen bezogene Bestimmungen und Grundsätze. Zutr hat zB der BGH zum Messen der Vergütung an § 138 Abs. 1 auf die üblichen Darlehenszinsen bei vergleichbaren Finanzierungen zurückgegriffen (BGH 128, 263). Handelt es sich um einen **Verbrauchervertrag** (bzw. Existenzgründervertrag, s § 512), so sind gem. § 506 Abs. 2 (halb-)zwingend einzelne Normen des Verbraucherkredits anzuwenden, sofern es sich um einen Vollamortisationsvertrag handelt (a. A. Skusa NJW 11, 2993) oder der LN zum Erwerb der Sache verpflichtet

Titel 5. Mietvertrag, Pachtvertrag Vor § 535

ist, er also das *Restwertrisiko* trägt. Dies gilt unproblematisch für die §§ 491 ff, soweit in § 506 Abs 2 erwähnt. Ist vertraglich vorgesehen, dass das Eigentum „letzten Endes" auf den LN übergeht (s. Art 2 Abs 1 lit b der VerbrKrRiLi), so wird man die §§ 358 f entspr anzuwenden haben (s BGH NJW 02, 133 zum VerbrKrG; sehr str; aA zB MK/Habersack § 500 Rn 8). Dies ist der Fall, wenn dem LN ein Erwerbsrecht eingeräumt ist (s BGH 109, 255 mwN zur Anwendung des früheren AbzG) oder wenn während der Laufzeit die volle *Nutzungssubstanz* ausgeschöpft wird (s BGH 94, 184 zum AbzG), aber auch, wenn sich der LG ein Andienungsrecht vorbehalten hat; denn hier ist dem LN eine aufschiebend bedingte Erwerbsverpflichtung auferlegt (aA BGH 71, 203 zu AbzG § 6). Eine *wirtschaftliche Verbindung* iSd § 358 III – bei anderer Rollenverteilung – ist anzunehmen, wenn in einer Zweck-Mittel-Relation der Vertrag zwischen LG und L nicht ohne den Leasingvertrag geschlossen worden wäre (und umgekehrt), jeder Vertrag also erst durch den anderen seinen Sinn erhält (vgl. BGH NJW 1984, 1157 mwN zum Verbraucherkredit). **Kaufrecht** ist nicht anwendbar (BGH NJW 06, 1066). **cc) Leistungsstörungen aus der Sphäre des Lieferan- 8 ten (L).** Der LG kann sich gegenüber dem LN für *Nicht- oder verspätete Lieferungen* in AGB auch nicht gegen Abtretung der Ansprüche gegen den L freizeichnen (Hamm ZMR 80, 111; str, aA Canaris AcP 190, 410). Bei Verträgen zwischen Unternehmern sollte dies jedoch ohne Verstoß gegen § 307 II möglich sein (Emmerich JuS 91, 5 für den Verzug). Der L ist wegen des vertraglichen Interesses des LN an der Sache (s Rn 7) Erfüllungsgehilfe des LG für ihre Beschaffung (BGH NJW 88, 198; aA Flume DB 91, 269; Canaris AcP 190, 432) und ihre Auslieferung (BGH NJW 05, 365). Wird die Lieferung unmöglich oder kündigt der LN den Vertrag wegen eines Verzuges des L, so soll dadurch die Geschäftsgrundlage für den Leasing-Vertrag von Anfang an, also auch der Zahlungsanspruch des LG entfallen (BGH 109, 142, stRspr). Der Tatbestand des § 313 I wird jedoch in vielfacher Weise erfüllt, insbesondere darin, dass § 313 nicht eingreift, wenn eine Partei das Risiko trägt. Möglich erscheint, dass der LN den Vertrag (als Dauerschuldverhältnis) nach dem insoweit zwingenden § 314 bei Nichtlieferung kündigt. Der LN trägt damit einen Teil des Verwendungsrisikos (bis zur Kündigung). Soweit in den bereits gezahlten Raten Bestandteile des Kaufpreises enthalten sind *und* der LG den Kaufpreis vom L zurückerhält bzw. einen durchsetzbaren Anspruch hat (der LN trägt damit insoweit das Insolvenzrisiko des L), hat der Leasingnehmer einen Anspruch auf einen Ausgleich; denn sonst würde der Leasinggeber diese Anteile doppelt erhalten (ähnlich Arnold in Dauner-Lieb/Konzen/K. Schmidt, Das neue SchuldR in der Praxis, 2003, S 608 ff). Ein Verschulden *bei den* **Vertragsverhandlungen** muss sich der LG gem § 278 zurechnen lassen, wenn der L mit Wissen und Willen des LG in den Verhandlungen Aufgaben des LG wahrnimmt (BGH NJW 11, 2878 mwN). Von der **Mängelhaftung** kann sich der LG bei Übertragung der Rechte gegen den L ohne Verstoß gegen § 309 Nr 8b aa freizeichnen (BGH NJW 10, 2798). Hat der LN den – von L anerkannten oder gerichtlich festgestellten – Rücktritt gem § 437 Nr 2 anerkannt, so soll auch hier ein Fortfall der Geschäftsgrundlage eingetreten sein (BGH NJW 10, 2800, stRspr). Demgemäß stehe dem LN ein Leistungsverweigerungsrecht ggü dem LG zu, wenn der LN den Rücktritt vom Kaufvertrag erklärt und der Verkäufer dies akzeptiert oder wenn der LN Klage erhoben hat (BGH NJW 10, 2798, str). Dies lässt sich, wie dargelegt, auch hier weder mit dem Tatbestand noch mit den Rechtsfolgen des § 313 vereinbaren (so auch Greiner NJW 12, 961). Die **Rügepflicht** (HGB 377) sollte sich nach der Person des LN richten (Flume DB 91, 269; Canaris AcP 190, 410; anders BGH 110, 130: der LG als Kaufmann muss rügen). **dd) Gefahrtragung.** Die Gefahr für Verschlechterung 9 und Untergang der Sache kann dem LN auferlegt werden (BGH NJW 07, 292 mwN). Hat der LN die Sache zu versichern und wird die Versicherungssumme an den LG ausgezahlt, so steht die Versicherungssumme dem LG zu. Er muss sie für die Wiederherstellung der Sache bzw die Nichtreparatur auf Ansprüche gegen den LN anrechnen. Überschüsse verbleiben beim LG (BGH NJW 11, 3711). **ee) Stö- 10 rungen auf Seiten des LN.** Bei vorzeitiger Kündigung (ordentlich oder gem § 543) hat der LG nach dem Vollamortisationsprinzip auch bei Teilamortisationsverträgen

§ 535 Buch 2. Abschnitt 8. Einzelne Schuldverhältnisse

einen Ausgleichsanspruch in Höhe seiner Aufwendungen und des auf den tatsächlichen Lauf entfallenden anteiligen Gewinns (BGH NJW 07, 292). Ein Verwertungserlös ist voll anzurechnen (BGH 151, 194). Behält der LN die Sache über die Vertragszeit hinaus, so ist, weil der LG dann mehr als die Vollamortisation erhält, § 546a nicht anwendbar (desgl Tiedtke JZ 93, 742; aA BGH WM 89, 742); der LG hat einen Schadensersatzanspruch.

§ 535 Inhalt und Hauptpflichten des Mietvertrags

(1) ¹**Durch den Mietvertrag wird der Vermieter verpflichtet, dem Mieter den Gebrauch der Mietsache während der Mietzeit zu gewähren.** ²**Der Vermieter hat die Mietsache dem Mieter in einem zum vertragsgemäßen Gebrauch geeigneten Zustand zu überlassen und sie während der Mietzeit in diesem Zustand zu erhalten.** ³**Er hat die auf der Mietsache ruhenden Lasten zu tragen.**

(2) **Der Mieter ist verpflichtet, dem Vermieter die vereinbarte Miete zu entrichten.**

I. Mietvertrag

1 **1. Vertragsschluss.** Der Vertrag bedarf der Schriftform bei der Vermietung von Wohnungen (§ 550), Grundstücken (§ 578 I) sowie Räumen, die keine Wohnräume sind (§ 578 II), wenn der Vertrag länger als für ein Jahr gelten soll (zu den Folgen eines Verstoßes s § 550 Rn 5); iU ist eine formfreie Vereinbarung möglich.

2 **2. Parteien des Vertrages. Lit:** Streyl, Mietermehrheiten, NZM 11, 377. **a)** Steht auf **Vermieterseite** eine **rechtsfähige Gesamthand** (GbR, OHG, KG, PartG), so gelten die allg Regeln über Vertretung und Haftung. Ein Mitgliederwechsel hat keinen Einfluss auf den Mietvertrag (auch nicht bei der GbR, s Düsseldorf DWW 03, 124). Bei einer **nichtrechtsfähigen Gesamthand** (eheliche Gütergemeinschaft gem § 1416, Erbengemeinschaft) entsteht Gesamtgläubigerschaft bzw. Gesamtschuldnerschaft. Bei Miteigentum nach Bruchteilen (§§ 741 ff, 1008 ff) liegt Mitgläubigerschaft iSd § 432 vor (PalWeidenkaff 6; MK/Häublein 59); die Vermie‑
3 ter sind Gesamtschuldner (BGH MDR 73, 404). **b) Mehrere Mieter** bilden idR ebenfalls eine Gemeinschaft iSd § 741 ff. Sie können nur gemeinsam kündigen, ihnen kann nur einheitlich gekündigt werden (BGH NJW 2011, 2887). Die Entlassung wie die Neuaufnahme eines Mieters bedürfen der Zustimmung des Vermieters und der übrigen Mieter (BGH NJW 04, 1797 mwN); sie darf durch den Vermieter nicht grundlos verweigert werden (BGH NJW 05, 1714). Zur Mieterhöhung s § 558a Rn 1. Zur Rückgabe nach Beendigung sind alle gem § 431 verpflichtet (BGH DWW 96, 250). Die Gründung einer Gesamthand ist nach allg Regeln möglich. Für **Ehegatten** – außerhalb der Gütergemeinschaft – und **Lebenspartner** gilt idR dasselbe (PalWeidenkaff 7; zur Entlassung eines Partners s Hamburg NJW-RR 11, 374). Möglich und ggf durch Auslegung des Mietvertrages zu ermitteln ist ein bloß akzessorisches Mietrecht, wonach Ehepartner bzw Lebenspartner allein verpflichtet ist, zB aber auch allein kündigen kann (zu Fallgestaltungen allg s Schrader NZM 10, 257). Zum Tod eines Ehegatten bzw Lebenspartners s Anm zu §§ 563–563a Rn 1 ff. **Kinder** sind idR nicht Partei, sie fallen aber in den Schutzbereich des Vertrages (s §§ 563–563a Rn 1). Die **Zwangsvollstreckung** auf Räumung muss sich gegen alle (Mit-)Besitzer richten, also Ehepartner, idR Lebenspartner, Kinder, wenn sie als Volljährige eingezogen sind (s BGH NZM 08, 400).

4 **3. Auswirkungen des AGG. Lit:** Derleder, NZM 07, 625; Hinz, DWW 07, 181; Rolfs, NJW 07, 1489; Schmidt-Räntsch, NZM 07, 6 (AGG und Mietrecht) **a) Mietverträge über Wohnungen iSd § 549** (zur Umschreibung s § 549 Rn 2). **Anwendungsbereich.** Das Ges setzt ein **öffentliches Anbieten** der Wohnung (zB Internet, Annonce) voraus (AGG 2 I Nr 8) und differenziert nach Anzahl der

Titel 5. Mietvertrag, Pachtvertrag § 535

Wohnungen und Nähe der vermieteten Wohnungen zum Vermieter. **aa)** Vermietet ein Vermieter **mehr als 50 Wohnungen,** so liegt ein sog Massengeschäft iSd AGG 19 I Nr 1, V S 3 vor. Erfasst werden wohl auch die Fälle, in denen ein Vermittler in eigener Verantwortung Verträge über Wohnungen mehrerer Eigentümer abschließt. Bei Abschluss und Durchführung des Mietverhältnisses sind Differenzierungen nach *Rasse und ethnischer Herkunft* (s AGG 1) grundsätzlich unzulässig. Eine unterschiedliche Behandlung kann jedoch im Hinblick auf die Schaffung und Erhaltung sozial stabiler Bewohnerstrukturen sowie ausgeglichener wirtschaftlicher, sozialer und kultureller Verhältnisse zulässig sein (AGG 19 III). Damit soll ein ausgewogenes Nebeneinander zB verschiedener Kulturen – nicht aber die Unterrepräsentanz einer bestimmten Gruppe – ermöglicht werden (RegBegr BT-Drs 16/1780 S 42). Differenzierungen wegen *des Geschlechts, der Religion oder Weltanschauung, einer Behinderung, des Alters oder der sexuellen Identität* bedürfen einer sachlichen Rechtfertigung (AGG 20 I). Bsp: Lehrlings- und Studentenheime, Seniorenanlagen, Häuser für Betriebsangehörige, für Mitglieder einer religiösen Gemeinschaft (BT-Drs 16/1780 S 44). **bb)** Vermietet der Vermieter **bis zu 50 Wohnungen** (ohne individuelle 5 Nähe zum Mieter, s Rn 6), so ist weiterhin eine Differenzierung nach *Rasse und ethnischer Herkunft* (s AGG 1) nur im Fall des Schaffens und Erhaltens sozial stabiler Bewohnerstrukturen sowie ausgeglichener wirtschaftlicher, sozialer und kultureller Verhältnisse zulässig (s Rn 4). Eine Differenzierung wegen *des Geschlechts, der Religion oder Weltanschauung, einer Behinderung, des Alters oder der sexuellen Identität* wird generell nicht eingeschränkt (AGG 19 V S 3). **cc)** Führt das Mietverhältnis zu einer **bes** 6 **Nähe zwischen den Parteien oder deren Angehörigen** (zum Angehörigen s § 573 Rn 3), so bestehen keine ges Schranken (AGG 19 V 1). Eine solche Nähe wird vermutet, wenn die Parteien bzw die Angehörigen auf demselben Grundstück wohnen bzw wohnen würden (AGG 19 V S 2). Dies gilt auch hinsichtlich der konkreten Wohnung für Vermieter, die in der Mehrzahl von Wohnungen vermieten (s Rn 4, 5). **b) Mietverhältnisse über andere Sachen iSd § 578.** Bsp: Räume 7 (zB Geschäftsräume, Hotelzimmer, Ferienwohnungen), Werbeflächen, Kfz, Boote (s § 578 Rn 1). **aa)** Die Sachen werden vom Vermieter bzw Vermittler öffentlich (s Rn 4) in einer Vielzahl (trotz des ges Begriffs „Massengeschäfte" wohl ab drei) angeboten, wobei typischerweise bei der Auswahl des Partners dessen personale Individualität keine oder nur eine untergeordnete Rolle spielt (sog. **Massengeschäfte** iSd AGB 19 I Nr 1). Eine Differenzierung nach *Rasse und ethnischer Herkunft* (s AGG 1) ist unzulässig. Differenzierungen wegen *des Geschlechts, der Religion oder Weltanschauung, einer Behinderung, des Alters oder der sexuellen Identität* bedürfen einer sachlichen Rechtfertigung (AGG 20 I). **bb)** Handelt es sich um **kein Massenge-** 8 **schäft** iSd AGB 19 I Nr 1 (Bsp: private Annonce über eine Ferienwohnung), so bleibt eine Differenzierung nach *Rasse und ethnischer Herkunft* (s AGG 1) weiterhin unzulässig. Differenzierungen wegen *des Geschlechts, der Religion oder Weltanschauung, einer Behinderung, des Alters oder der sexuellen Identität* werden nicht eingeschränkt (AGG 19 II). **c) Beweislast.** Der Mieter muss Indizien nachweisen, die eine Diskri- 9 minierung nahe legen. Dann trägt der Vermieter die Beweislast dafür, dass kein Verstoß gegen das AGG vorgelegen hat (AGG 22). **d) Rechtsfolgen.** Anspruch auf Vermietung als Beseitigungsanspruch (AGG 21 I), Anspruch auf Schadensersatz im Fall des Vertretenmüssens mit Beweislastumkehr (AGG 21 II), Entschädigung wie nach § 253 II (AGG 21 II, BT-Drs 16/1786 S 46; iE s § 253 Rn 7); iÜ sind Ansprüche aus § 823 ff (Persönlichkeitsverletzung) denkbar (Köln DWW 10, 107).

4. Inhalt des Vertrages (Gestaltungsfreiheit). Die §§ 535 ff und zahlreiche 10 andere Vorschriften enthalten insbes für Wohnräume zwingendes Recht (vgl die Einzelkommentierungen); iÜ sind bei Formularverträgen die §§ 307 ff zu beachten.

II. Pflichten des Vermieters

1. Überlassen, Gewähren und Erhalten der Mietsache. a) Durch das **Über-** 11 **lassen** (§ 536, 1. Alt) muss dem Mieter idR der **alleinige Besitz** (sofern zB kein

Mitbesitz an gemeinschaftlichen Räumen vereinbart) und ungehinderter Gebrauch eingeräumt werden. Einen Zugangsschlüssel darf der Vermieter behalten, wenn er keinen Besitzwillen an der Sache selbst hat (aA Celle WuM 07, 201: nicht gestattet). In Einzelfällen bedarf es keiner Besitzverschaffung (zB Werbefläche am Haus, sa BGH ZIP 89, 375, Grundstücksfläche zur Überfahrt). Bei nicht problemlosem Gebrauch muss der Mieter in die Benutzung eingewiesen werden (MK/Häublein

12 67). **b) Gewähren des Gebrauchs** bedeutet nicht nur bloßes Dulden und Unterlassen eigener Störungen (zB durch Vermieten anderer Räume im gleichen Haus an Wettbewerber, BGH WM 88, 878; Düsseldorf DWW 00, 158; iE Gather DWW 98, 302), sondern auch aktives Tun zur Sicherung des Mietgebrauchs (BGH 19, 93). Bsp: Anschluss an die allg Stromversorgung in üblicher Kapazität (BGH NJW-RR 10, 737) bei Wohn- und Geschäftsräumen (BGH NJW-RR 93, 1159); Überprüfen der Versorgungsleitungen (Düsseldorf DWW 00, 156), nicht aber der Elektrogeräte (BGH NJW 09, 143); **Heizen** bei Zentralheizung (zur Temperatur s München NJW-RR 01, 729: 20°, in der Mitte gemessen; AG Neuss DWW 97, 47: 21°). Pflichten sind weiter: Informieren über wesentliche Umstände (Hamburg NJW-RR 88, 1481), Warnen (Hamm DWW 81, 72), Beseitigen von Schadstoffen (BayObLG DWW 00, 350), von Gefahren (Streuen der Zugangswege bei Glatteis, BGH ZMR 68, 301), Abwehren von Störungen Dritter (zB durch Mitmieter im Haus, iE Pfeifer,

13 DWW 89, 38). **c)** Die **Erhaltung** soll entspr dem Charakter des Mietvertrages als Dauerschuldverhältnis (Rn 1 vor § 535) die vertragsgemäße Benutzung während der Laufzeit ermöglichen. Der Vermieter ist verpflichtet, die Mietsache regelmäßig zu überprüfen (Hamm DB 81, 1873), zu reinigen (zB Kamine, Zuweg, Mülltonne), notfalls Geräte auf neue Bedingungen umzustellen (LG Aachen NJW 70, 1923, Auswechslung des Warmwassergeräts bei Umstellung von Leucht- auf Erdgas), zu reparieren. Die Kosten für **Kleinreparaturen** können dem Mieter auch durch AGB für häufig von ihm benutzte Gegenstände in begrenztem Ausmaß (bis 50 Euro pro Einzelfall und insgesamt bis zu 6% der Jahresmiete) auferlegt werden (BGH 118, 196; JZ 93, 160 mit Anm Brandner/Baukelmann).

14 **2. Sonderfrage Schönheitsreparaturen.** Lit: Gather DWW 12, 82 (Rspr-Übersicht); Eisenschmid, Schönheitsreparaturen, WuM 10, 459; Harsch, Schönheitsreparaturen bei Anmietung einer unrenovierten Wohnung, WuM 2010, 723; Langenberg,, Schönheitsreparaturen, Instandsetzung und Rückbau bei Wohn- und Gewerberaum, 4. Aufl. 2011. Der **Begriff** umfasst Maßnahmen, die bestimmte Abnutzungserscheinungen an der Mietsache während des vertragsgemäßen Gebrauchs wieder beseitigen. **Bsp:** Streichen von Wänden, Decken, Türen (bei Haustür: Innenseite), Heizkörpern; Reinigen (nicht Auswechseln) von Teppichböden (BGH NJW 09, 511). Nach der ges Formulierung, die bewusst nicht geändert wurde (BT-Drs 14/4553 S 40), gehören sie grundsätzlich zur Erhaltungspflicht des Vermieters (BGH WM 90, 1502). Sie können aber - auch durch Formularbedingungen (BGH 101, 261 ff; Sternel NZM 98, 833) selbst für anfänglich nicht renovierte Wohnungen (BGH DWW 87, 222) - als Teil der Gegenleistung definiert und damit auf den Mieter verlagert werden. Der Mieter muss die Möglichkeit haben, sie selbst vorzunehmen (BGH NJW 10, 2878). Im **Ausmaß** darf vom Mieter nicht mehr verlangt werden, als - nach einem bestimmten Abnutzungsgrad - zur Wiederherstellung des vertraglich übernommenen Zustandes erforderlich ist. Werden zB **Fristen** genannt, so muss erkennbar sein, dass im Einzelfall, zB bei gutem Erhaltungszustand der Räume (auch bei Gewerberäumen, BGH 178, 158), längere Intervalle entstehen können (BGH NJW-RR 12, 907 mwN). Zulässig sind Kennzeichnungen wie „im allg" (BGH NJW 05, 1427), „in der Regel", „regelmäßig" (BGH NJW-RR 12, 907). Mögliche Fristen: Beschädigungen sofort, Küche, Bad je nach Nutzung alle 3–4 Jahre (BGH NJW 05, 1189), sonstige Räume ca alle 5–6 Jahre. **Geschmackliche Vorgaben** dürfen nur für den Zeitpunkt des Auszugs festgelegt werden (BGH NZM 12, 338, weißer Anstrich). Für **Zwischenzeiten** bis zum Auszug (an dem eine fristenunabhängige Renovierung nicht verlangt werden kann, BGH NJW 05, 2006)

können AGB angemessene flexible Kostenanteile vorsehen (sog Quotenabgeltungsklauseln, BGH NZM 13, 574). Plant der Vermieter einen Umbau, so muss der Mieter in Geld das leisten, was er sonst aufgewendet hätte (BGH NJW 05, 425, dort auch zu dem Fall, dass der Mieter die Arbeiten selbst durchgeführt hätte). Kommt der Mieter in Verzug, so soll ein Vorschuss in Höhe der Kosten verlangt werden können (BGH NJW 05, 1863; krit Weitermeyer NZM 05, 646). Einzelne unzulässige Punkte führen zur **Unwirksamkeit** der gesamten Klausel (BGH NJW 10, 674). Ist die Klausel unwirksam, so soll der Vermieter trotz der Vergleichsmieten ohne Schönheitsreparaturen keinen Zuschlag nehmen können (BGH 177, 186, str, anders bei Vereinbarung einer Kostenmiete bei öffentl gefördertem Wohnraum BGH NJW 10, 1590). Führt der Mieter ohne eine Verpflichtung Maßnahmen durch, so bestehen Ansprüche aus §§ 812 ff auf Wertersatz für die erbrachten Leistungen (BGH 181, 197 f). Sie unterliegen der Verjährung gem § 548 II (BGH DWW 12, 262).

3. Ermöglichen des vertragsgemäßen Gebrauchs. a) Grundsätze. Die Parteien haben es in der Hand festzulegen, wie der vereinbarte Gegenstand *beschaffen sein muss,* um (noch) als vertragsgemäß zu gelten (s § 536 Rn 4). Damit können sie innerhalb der allg Grenzen der Parteiautonomie individuell bestimmen, in welcher Weise der Mieter die Sache auch im Blick auf bestimmte Eigenschaften oder nicht vorhandene Eigenschaften *nutzen darf* (sa §§ 540, 541). Systematisch stellen sich damit in erster Linie Fragen der **Vertragsauslegung** einschließlich der ergänzenden Vertragsauslegung. Elemente einer solchen Auslegung sind zB bei Wohnraummietverhältnissen das Interesse des Mieters an der persönlichen Entfaltung in einem existentiellen Lebensbereich, das Interesse des Vermieters an der Erhaltung der Sache und die „Allgemeinverträglichkeit" des Mietverhältnisses etwa bei mehreren Mietern im Haus. Die Rspr versucht, durch Bezugnahme auf die „Verkehrssitte" gem § 157 den Vertragsinhalt zu objektivieren. Ist das Vertragsergebnis ermittelt, so kann sich weiter die Frage stellen, ob das Beharren des Vermieters auf seiner Rechtsposition nicht gegen die **Ausübungsschranke** des § 242 verstößt, die wegen des genannten Interesses des Mieters hier eine bes Bedeutung hat. Die folgenden Grundsätze beziehen sich idR auf den Fall, dass der Mietvertrag keine eindeutige Regelung enthält. **b) Räumlicher Umfang.** Auch Gemeinschaftsräume und gemeinschaftliche Einrichtungen (Fahrstuhl, Trockenraum) sind zur Mitbenutzung vermietet. Der Mieter kann also, wenn er darauf angewiesen ist, zB Kinderwagen und Rollstuhl auf dem Flur abstellen, sofern keine Behinderung der übrigen Mieter eintritt (BGH NJW 07, 146). **c)** Die **Art der Benutzung** richtet sich im Wesentlichen nach der Verträglichkeit (zB BGH NJW 13, 1806 bei beruflicher Nutzung; LG Düsseldorf DWW 90, 118, Partylärm; LG Düsseldorf DWW 90, 87, Musikübung). **d)** Zur **Überlassung an Dritte** s § 549; die **Aufnahme Dritter zu Besuchszwecken** ist, soweit keine erheblichen Störungen damit verbunden sind, unbeschränkt zulässig (zutr für Tagesmütter in der Zahl der Kinder einschränkend LG Hamburg NJW 82, 2387). **Dauernd aufnehmen** kann der Mieter Personen, zu seinem engsten Lebenskreis gehören bzw denen gegenüber eine ethische Verpflichtung zur Unterbringung besteht. Bsp: Ehepartner, Partner einer eingetragenen Lebenspartnerschaft, Lebenspartner (aA BGH 157, 3 ff, allerdings idR Anspruch auf Erlaubnis gem §§ 540, 553), nahe Familienangehörige: Kinder und Stiefkinder, Eltern (BayObLG WuM 97, 603), Enkel, uU Lebenspartner eines Elternteils, wohl nicht Lebenspartner eines Kindes (Hamm DW 98, 211); nicht Geschwister (BayObLG WuM 84, 13). Die Wohnungskapazität ist in einer Abwägung zugunsten des Vermieters mit zu berücksichtigen (recht weitgehend BGH 123, 240 f bei Aufnahme von Kindern). **e) Anbringen von Einrichtungen.** Die üblichen Haushaltsgeräte muss der Vermieter dulden, er muss, wenn nichts anderes vereinbart, für die entspr Anschlüsse sorgen (StEmmerich 43). **Außenantennen** dürfen angebracht werden, wenn sie nicht stören (BGH 157, 322) oder wenn andere Möglichkeiten wie Internet oder Kabelanschluss die Bedürfnisse des Mieters, zB nach fremdsprachlichen Sendungen, nicht decken (BVerfG NJW 13, 2180). Angemessene Aufwendungen, etwa für

§ 535

einen Decoder, sind zumutbar (BGH NJW-RR 05, 596, zust Horst NJW 05, 2654; BVerfG NJW-RR 05 662). **f) Haustiere. Lit:** Blank NJW 07, 731 (Rspr-Überblick). „Richtig" nennt BGH NJW 08, 220 mwN die Meinung, wonach ohne vertragliche Regelung Kleintiere (zB Wellensittich, Hamster) zulässig sind (unstr) und bei größeren Tieren (zB Hund, Katze) eine Abwägung im Einzelfall ua nach Art und Größe des Tieres, Art, Zustand, Größe und Lage der Wohnung sowie Interessen von Mitbewohnern und Nachbarn getroffen werden muss. Demgemäß hält der Senat generelle Untersagungsklauseln in AGB für unwirksam (BGH NJW 13, 1526). Besser erscheint, da vom vertraglichen Gebrauch nicht erfasst, insoweit ein Zustimmungserfordernis des Vermieters anzunehmen, das uU nach § 242 erteilt werden muss (BayObLG NJW-RR 02, 226 zum WEG).

21 **4. Verpflichtung zum Tragen der Lasten (I 3).** Zum Begriff der Lasten s § 103. Bsp: Grundsteuern, Grundschuldzinsen, Straßenanliegerbeiträge, Kanalisationsgebühren, Gebäudeversicherung, Müllabfuhr, Schornsteinfegergebühren. **Abdingbarkeit:** Die Verpflichtung kann vertraglich dem Mieter auferlegt werden. Ob die Übernahme Außenwirkungen hat oder nur das Innenverhältnis betrifft, ist nach allg Grundsätzen zu beurteilen (s zB § 329). Zu den **Betriebskosten** bei Wohnraummietverhältnissen s § 560.

22 **5. Weitere Nebenpflichten.** Der Vermieter hat die aus §§ 241 II, 242 folgende Pflicht zur allg Rücksichtnahme auf den Mieter, soweit das Vertragsverhältnis berührt wird; dies gewinnt für Wohnraummietverhältnisse (zB bei Wohnen im gleichen Haus) bes Bedeutung. Bsp: Einhalten der Hausordnung (s dazu Schmid, NJW 13, 2145), persönlicher Umgang (sa § 569 II für Mietverhältnisse über Wohnraum).

23 **6. Rechte des Mieters bei Pflichtverletzungen durch den Vermieter.** Der Mieter hat einen nicht verjährenden (BGH 184, 256 ff) Erfüllungsanspruch auf Überlassen, Erhalten und Gewähren (Rn 11 ff). Im Fall der Nichterfüllung, der nicht rechtzeitigen Erfüllung oder der Verletzung von Nebenpflichten stehen ihm die allg schuldrechtlichen Ansprüche aus gegenseitigen Verträgen zu. Daneben tritt das Recht zur Kündigung gem § 543 (s § 543 Rn 2 ff). Zur Mängelgewährleistung s § 536 Rn 8.

III. Pflichten des Mieters

24 **1. Zahlen der Miete.** Die Miete besteht regelmäßig in periodisch zu zahlendem Geld. Begrifflich kommt jede - auch einmalige (BGH 137, 110; BGH NJW 03, 1317) - Gegenleistung in Frage. Bsp: abwohnbarer (zu „verlorenem" s. Rn 26) Baukostenzuschuss, auch durch Arbeitsleistung (BGH NJW-RR 12, 525), Schönheitsreparaturen (s Rn 14), Gebrauchsüberlassung eines anderen Grundstücks (BGH NJW-RR 94, 971). Art und Höhe können grundsätzlich **frei vereinbart** werden. Abwohnbare Baukostenzuschüsse und **Mietvorauszahlungen** sind bei preisgebundenen und Sozialwohnungen nur eingeschränkt zulässig. Bei der Vereinbarung einer **Staffelmiete** über gewerbliche Räume (zu Wohnungen s § 557a) trägt der Mieter grundsätzlich das Risiko, dass der Marktpreis entgegen den Erwartungen fällt (BGH NJW 02, 2384). **Leistungsort:** § 269; zur Fälligkeit s § 579, bei Wohnraummietverhältnissen s § 556b I; **Art:** idR (Vertragsauslegung) bargeldlos; für einen Scheck gilt § 364 II. Eine Einziehungsermächtigung braucht der Mieter, wenn er sich dazu vertraglich nicht verpflichtet hat, nicht zu erteilen (LG Braunschweig WuM 79, 118 mwN). Zur Mieterhöhung bei Wohnräumen s § 557 Rn 1.

25 **2. Betriebskosten.** Sie sind entspr dem Mietvertrag zu erstatten. Treffen die Parteien bei einem Mietvertrag über Wohnungen eine Vereinbarung, so sind die §§ 556 ff zu beachten (s 556 Rn 1 ff). **Heizkosten** und **Warmwasserkosten** (einschließlich der Kosten für Betrieb, Überprüfung, Pflege und einmalige Einrichtung von Wärmemessern) sind nach der HeizkV in einem bestimmten Rahmen (50%–70% nach dem Verbrauch, 30%–50% nach der Mietfläche bzw dem umbauten Raum) umzulegen (iE Wall WuM 09, 3).

Titel 5. Mietvertrag, Pachtvertrag § 536

3. Sonderleistungen. Ihre Zulässigkeit ist bei der Vermietung bestimmter Woh- 26
nungen eingeschränkt. Bsp: „Verlorene" (nicht rückzahlbare und auf die Miete
nicht anzurechnende) **Baukostenzuschüsse**, zZ eher theoretisch, sind bei Wohnraummietverhältnissen die dem WoBindG (s WobindG 9) unterliegen, unzulässig
(iE PalWeidenkaff 109 ff vor § 535); **Instandsetzungskosten** und **Reparaturen**
sollen dem Mieter nach BGH NJW 02, 2384 (in noch unklarem Umfang) auferlegt
werden können (bedenklich); zur **Kaution** s § 551 und § 566a.

4. Nebenpflichten des Mieters. a) Allgemeines. Nebenpflichten haben eine 27
relativ große Bedeutung, weil der Vermieter die Sache weitgehend in die alleinige
Einflusssphäre des Mieters geben muss (und sie zum Vertragsende unversehrt zurückerhalten möchte) und weil sich, zB bei der Vermietung von Wohnraum im gleichen
Haus, viele persönliche Berührungspunkte ergeben können. Dies erfordert in erhöhtem Maß eine Rücksichtnahme. Sie kann schon eine **vorvertragliche Aufklärung**
über eine für den Vermieter nicht erkennbare und seine Interessen berührende
Nutzung auslösen (BGH NJW 10, 3362 und NZM 10, 786, wohl enger Emmerich
NJW 11, 2321). **b)** Als Spiegelbild der Verpflichtung des Vermieters, dem Mieter
den vertragsgemäßen Gebrauch zu gewähren (Rn 6), ergibt sich für den Mieter die
Verpflichtung, die Grenzen des vertragsgemäßen Gebrauchs nicht zu überschreiten
(Verbot des vertragswidrigen Gebrauchs). c) Den Mieter treffen gem § 241 II 28
eine allg **Obhutspflicht** für die Sache (s zB KG ZMR 08, 618: Hausschlüssel)
sowie eine **Sorgfaltspflicht**, Beschädigungen zu vermeiden (iE Horst DWW 11,
82 ff, 129 ff). **d)** Eine **Pflicht zur Benutzung der Sache** selbst besteht, wenn sie
nicht aus der Obhut folgt (Schulbeispiel: Reitpferd), nicht (BGH ZMR 11, 367).
Eine sog Betriebspflicht, zB für Geschäfte in Einkaufszenten, muss vereinbart werden
(iE Späth ZMR 12, 917; Würtenberger NJW-RR 13, 12). **e) Duldungspflichten**
ergeben sich aus § 554. Darüber hinaus besteht zB die Pflicht zum Dulden von
Besichtigungen zur angemessenen Zeit bei Ablauf des Mietverhältnisses (Nachfolge)
oder bei geplanter Veräußerung der Mietsache. **f)** Der Mieter ist, soweit es das
reibungslose Durchführen des Vertrages erforderlich macht (insbes bei Wohnraummietverhältnissen), in gleicher Weise wie der Vermieter (s Rn 22) zur **Rücksichtnahme** auf den Vermieter verpflichtet.

IV. Prozessuales

Ausschließlich **örtlich zuständig** ist für Streitigkeiten aus Mietverhältnissen über 29
Räume (einschließlich der Wohnräume) das Gericht, in dessen Bezirk sich die
Räume befinden, ZPO 29a I. Für Wohnräume iSd § 549a II Nr 1–3 gelten ZPO
12 ff, s ZPO 29a II. ZPO 29a gilt auch für Mietverhältnisse über Werkmietwohnungen; für Werkdienstwohnungen ist das ArbG zuständig (BAG 00, 600). **Sachlich
zuständig** ist für Streitigkeiten über Wohnräume (einschließlich der Wohnräume
iSd § 549 II, nicht Hotelzimmer und Ferienwohnungen) ausschließlich das AG,
GVG 23 Nr 2a. Bei Streitigkeiten über andere Räume richtet sich die Zuständigkeit
nach dem Streitwert (also LG bei mehr als 5000 Euro). Die Zuständigkeit für **Berufung** und **Revision** richten sich nach den allg Regeln.

§ 536 Mietminderung bei Sach- und Rechtsmängeln

(1) ¹**Hat die Mietsache zur Zeit der Überlassung an den Mieter einen
Mangel, der ihre Tauglichkeit zum vertragsgemäßen Gebrauch aufhebt,
oder entsteht während der Mietzeit ein solcher Mangel, so ist der Mieter
für die Zeit, in der die Tauglichkeit aufgehoben ist, von der Entrichtung
der Miete befreit.** ²**Für die Zeit, während der die Tauglichkeit gemindert
ist, hat er nur eine angemessen herabgesetzte Miete zu entrichten.** ³**Eine
unerhebliche Minderung der Tauglichkeit bleibt außer Betracht.**

§ 536

(1a) **Für die Dauer von drei Monaten bleibt eine Minderung der Tauglichkeit außer Betracht, soweit diese auf Grund einer Maßnahme eintritt, die einer energetischen Modernisierung nach § 555b Nummer 1 dient.**

(2) **Absatz 1 Satz 1 und 2 gilt auch, wenn eine zugesicherte Eigenschaft fehlt oder später wegfällt.**

(3) **Wird dem Mieter der vertragsgemäße Gebrauch der Mietsache durch das Recht eines Dritten ganz oder zum Teil entzogen, so gelten die Absätze 1 und 2 entsprechend.**

(4) **Bei einem Mietverhältnis über Wohnraum ist eine zum Nachteil des Mieters abweichende Vereinbarung unwirksam.**

1   **1. Allgemeines. a)** Da sich das SchRModG nicht auf das Mietrecht bezogen hat (eine Anpassung wurde vorbehalten, BT-Drs 14/4553 S 40), folgen die §§ 536 ff noch der früheren Dogmatik. Es sollte jedoch, soweit möglich, durch Auslegung
2   eine Angleichung, zB beim Mangelbegriff, erreicht werden. **b) Verhältnis zum allg Leistungsstörungsrecht. Lit:** Kandelhard DWW 03, 11; Oechsler NZM 04, 881; v. Westphalen NZM 02, 368. Da der Vermieter verpflichtet ist, die Mietsache in vertragsgemäßem Zustand zu überlassen und zu erhalten, stellen die §§ 536 und 536a wie die entspr Normen im Kauf-, Werk- und Reiserecht **Nichterfüllungsregelungen** dar, die als leges speciales vorgehen, soweit sie anwendbar sind. Die §§ 536 und 536a sollten in möglichst weitem Maß ausschließlich angewandt werden. Im Einzelnen: Bei einem **behebbaren Mangel** ist § 320 anwendbar, da die Beseitigung von Fehlern eine Hauptpflicht darstellt (BGH NJW-RR 07, 1022). Wird der Mangel **verzögert behoben**, so kann der Mieter den Verzögerungsschaden fordern, §§ 536 I S 1, 280 I, II, 286. Wird der (behebbare) Mangel **nicht behoben**, so kann der Mieter nur unter den Voraussetzungen des § 543 kündigen; § 323 sollte auch vor Gefahrübergang nicht eingreifen. Bei einem **vom Vermieter nicht behebbaren Mangel** sollten allein die §§ 536 ff angewandt werden und zwar sowohl *vor Gebrauchsüberlassung* (sehr str; MK/Häublein 11 v § 536; Timme NZM 03, 703; aA die hM, s BGH 136, 102 mwN zu § 306 aF; Kandelhard DWW 03, 17) als auch *nach Gebrauchsüberlassung* (allgM, s BGH NJW 63, 804, zT allerdings beschränkt auf den Fall, dass dem Vermieter die Mängelbeseitigung zugemutet werden kann, BGH NJW-RR 91, 204). **§ 326 I 1, 1. Alt** ergänzt § 536b und ist deshalb anwendbar (allgM zur aF BGH BB 69, 601; Diederichsen JZ 64, 25; Hassold NJW 75, 1866); **§ 326 I 1, 2. Alt** ist dann anwendbar, wenn es zu dem Mangel ohne Annahmeverzug nicht gekommen wäre (str; iE Hassold NJW 75, 1866). Ansprüche wegen **Verletzung des Integritätsinteresses** können, sofern man diese Schäden (zutr) nicht unter § 536a I subsumiert, gem §§ 280 I, 241 II geltend gemacht werden. Zu den übrigen **Schadensersatzansprüchen** s § 536a Rn 3 ff. Das **Recht zur Anfechtung** gem § 119 II soll nach hM bestehen bleiben (§ 119 Rn 16; PalWeidenkaff 12). Richtiger erscheint, wie im Kaufrecht (s § 437 Rn 32) und im Werkvertragsrecht den Mieter allein auf die §§ 536 ff zu verweisen (desgl MK/Häublein v
3   § 536, 24). **c)** Die Norm ist außer bei Verträgen über Wohnräume **abdingbar** (s **IV**). Zu beachten ist, dass schadhafte Sachen (auch Wohnungen) in Grenzen als vertragsgemäß behandelt werden können (Rn 4) und dann kein Anspruch des Mieters aus § 536 besteht.

4   **2. Sachmangel (I). Lit:** Gather DWW 11, 248. **a) Kennzeichnung.** Aus dem Wortlaut folgt ein **subj Mangelbegriff** (BGH NJW-RR 06, 1158); für dessen Elemente auf die Umschreibung in §§ 434 I 1, 2, 633 II zurückgegriffen werden kann. Die Parteien können also in einer *ersten Stufe* selbst festlegen, welchen Zustand sie (noch) als vertragsgemäß ansehen. Bsp: Vermieten einer Wohnung nach Räumen „wegen möglicher Messfehler" nicht nach Wohnfläche (BGH JZ 11, 588 mkritAnm Weller). Die Rspr hat jedoch schon bisher zutr unter Berufung auf die Verkehrssitte (§ 157) und den Verwendungszweck faktisch die Parteiautonomie insofern eingeschränkt, als sie zB Wohnungen mit gesundheitsgefährdenden Einrichtungen stets

Titel 5. Mietvertrag, Pachtvertrag § 536

als nicht vertragsgemäß behandelt hat (zB RG 90, 67, unsichere Treppe; LG Dresden NJW 11, 3106 mwN, Asbestbelastung, sa BVerfG NZM 99, 302 zum Entdecken von Gesundheitsgefährdungen dank eines neuen technisch-wissenschaftlichen Kenntnisstandes). Fehlt es an einer vollständigen umschreibenden Vereinbarung, so gelten in *zweiter Stufe* **obj Kriterien,** zB ein allgemeiner Standard oder ein Mindeststandard (BGH NJW 09, 2442), technische Normen zum Zeitpunkt der Errichtung/Renovierung (BGH NJW 13, 2418, Trittschallschutz, LG Wiesbaden, NJW-RR 12, 844 Schallschutz; iE s Gsell WuM 11, 491). Erfasst werden zum einen die der Mietsache anhaftenden Mängel. **Bsp:** geringere Flächen-/Raumgröße. Dabei ist eine Abweichung um mehr als 10% als erheblich einzustufen (BGH NJW 11, 1282; iE s Skusa NJW 12, 184). Bei geringer Abweichung müssen weitere Faktoren hinzukommen (KG NZM 05, 865; iE Börstinghaus NJW 07, 2603). Weitere Bsp: Schadstoffe in der Wohnung (AG Frankfurt NJW-RR 01, 9), gefährdende Kontaminierung des Bodens (iE Hamm DWW 87, 226; LG Dortmund DWW 87, 47), Einbruchsgefährdung bei Geschäftsraummiete (BGH NJW-RR 06, 1157), Feuchtigkeit (Minderungstabellen bei Isenmann/Meusson NZM 05, 883, 895), unzureichende Heizbarkeit (LG Mannheim ZMR 77, 155), fehlende Hitzedämmung (BGH NZM 11, 154, uU nur in den Sommermonaten); entweichendes Gas aus Durchlauferhitzer (BGH VersR 66, 82), Ausfall des Fahrstuhls (LG Berlin ZMR 86, 89), schadhafte Reifen bei gemietetem Kfz (BGH DB 67, 118). Als Sachmangel – ohne dass es wegen der Gleichsetzung von Sach- und Rechtsmangel **(III)** jetzt noch darauf ankommt – werden neben Eigenschaften auch rechtliche und tatsächliche Verhältnisse behandelt, welche die Gebrauchsmöglichkeit der Mietsache „unmittelbar" beeinträchtigen (BGH NJW 13, 46). **Bsp:** Lage eines Grundstücks in einem Hochwassergebiet (BGH NJW 71, 425); Baulärm, sofern er nicht bereits bei Vertragsschluss existierte (s. BGH NJW-RR 12, 908; iE Lehmann-Richter NZM 12, 849; Blank WuM 12, 175); nicht auch zeitweise erhöhte Verkehrslärm, wenn nicht vorhanden bzw. vorhersehbar; Immissionen (BGH NJW 13, 681); eingeschränkter Zugang zu Geschäftslokal (KG NJW-RR 08, 1042); anderweitige Vermietung (BGH NJW 91, 3277); Fehlen der Nutzungserlaubnis bei Geschäftsraummiete (BGH ZMR 08, 275); Verstoß gegen einen vereinbarten oder immanenten Konkurrentenschutz (BGH NJW 13, 46), Nutzungsmöglichkeit einer Wohnung im Gewerbegebiet nur für beruflich Beschäftigte (BGH DWW 01, 132), Abbruchverfügung für gemietetes Haus (BGH BB 71, 375), nicht hinreichender Ausdruck bei EDV (BGH JZ 82, 67). Die (nachträgliche) fehlende Eignung einer Gaststätte zur Einrichtung von Raucherräumen hat der BGH unzutr nicht als Mangel gewertet (BGH NJW 11, 3151). Umstände, die sich nur mittelbar auf die Nutzungsmöglichkeit auswirken, stellen hingegen keinen Mangel dar (BGH NJW 00, 1714: Das Fehlen von – nicht vom Vermieter zu stellenden – Parkplätzen in der Nähe eines Einkaufszentrums ist kein Mangel des vermieteten Lokals; sa Düsseldorf ZMR 11, 118 mwN). Im Anschluss an Kauf- und Werkvertrag sollten auch die Lieferung eines **aliud** (Bsp: Automiete, operating-leasing, Ferienwohnung außerhalb eines Reisevertrages), falsche **Montageanleitungen,** aber **auch falsche Gebrauchsanweisungen** (s § 434 Rn 19 aE) unter §§ 536 ff eingeordnet werden. Die **Erheblichkeit (I 3)** bezieht sich auf das Ausmaß der Gebrauchsbeeinträchtigung (MK/Häublein 21), nicht auf den Aufwand für deren Beseitigung. **b) Zeitpunkt.** Zur Überlassung s § 535 Rn 11. § 536a ist auch anwendbar, wenn der Mangel vor dem Einräumen des Gebrauchs besteht und nicht behoben werden kann (s Rn 2). **c)** Der Mangel darf **nicht dem Mieter zurechenbar** sein (BGH JZ 11, 428 m zust Anm Maultzsch, ausgebauter Elektrozähler. **d)** Die **Darlegungs-** und **Beweislast** liegt beim Mieter. 5 Zum Ausmaß der Gebrauchsbeeinträchtigung braucht er nicht vorzutragen (BGH NJW-RR 12, 978 mkritAnm Streyl NZM 12, 104; stRspr). Tritt ein Mangel während des Mietgebrauchs auf und ist die Ursache unklar, gilt eine **Beweislast nach Gefahrenbereichen** (grds BGH 124, 128 f: Der Vermieter muss beweisen, dass die Ursache nicht seinem Verantwortungsbereich, dem eines anderen Mieters oder eines Dritten entstammt, sondern dem Obhutsbereich des Mieters (BGH NJW-RR

§ 536

05, 382). Gelingt ihm das, so muss der Mieter beweisen, dass er den Mangel nicht zu vertreten hat (Baumgärtel/Nies 5 ff). Liegt die Ursache beim Vermieter, so muss er sich entlasten (BGH NJW 06, 1061 mwN). Zur Höhe der Minderung s Rn 8. Bei Mängelbeseitigungsmaßnahmen muss er deren Erfolg beweisen (BGH NJW 00, 2344).

6 3. Fehlen einer zugesicherten Eigenschaft (II). Eine Zusicherung kann faktisch nur für nicht erhebliche Abweichungen von der vereinbarten Beschaffenheit oder für Abweichungen eine Rolle spielen, die die Gebrauchstauglichkeit nicht beschränken. Die Annahme einer Zusicherung wird deshalb davon abhängen (§§ 133, 157), ob der Vermieter in einem solchen Fall Sanktionen akzeptieren will. Die **Beweislast** liegt beim Mieter.

7 4. Rechtsmangel (III). Zur Umschreibung s § 435 bzw § 633 Abs 3. Rechte eines Dritten können dinglichen (Eigentum, Nießbrauch, Wohnrecht) oder schuldrechtlichen Charakter haben (Bsp: Der Vermieter hat die Sache noch einem anderen Mieter vermietet und diesem bereits den Besitz verschafft): *Entzug* ist bereits das nachdrückliche Geltendmachen (nicht erst Durchsetzen) eines Rechts, das die ungestörte Nutzung zu den vereinbarten Konditionen beeinträchtigt (BGH NJW 08, 2771 mwN). Die **Beweislast** liegt beim Mieter.

8 5. Rechtsfolgen. a) Da die Mangelfreiheit Erfüllungspflicht (als Teil der Gebrauchsgewährung) ist, hat der Mieter einen **Anspruch auf Nacherfüllung** und kann gem § 320 einen Teil der Miete bis ca zur dreifachen Höhe der Nacherfüllungskosten einbehalten (BGH DWW 03, 188). Zur Selbsthilfe und Ersatz der Aufwendungen s § 536a Rn 2. **b)** Die **Minderung** wird nicht wie bei Kauf- und Werkvertrag als einseitige gestaltende Erklärung geltend gemacht, sondern die Reduzierung der Miete tritt „automatisch" *kraft Ges* ein. Die **Minderungsquote** unterliegt deshalb keiner Beweislast, sondern ist uU durch Sachverständigen zu ermitteln (BGH WuM 07, 488). Mit der Formulierung „angemessen herabgesetzte Miete" soll eine flexiblere Berechnung als nach § 441 III ermöglicht werden (BT-Drs 14/4553 S 40). Abgestellt werden sollte prozentual auf den Grad der Nutzungsbeeinträchtigung, bezogen auf die Kaltmiete einschließlich der heizungsunabhängigen Betriebskosten, es sei denn, der Mangel liege in der ungenügenden Heizung bzw der Warmwasserversorgung selbst; anders BGH NJW NJW 11, 1806 mwN: Bruttomiete einschließlich aller Nebenkosten). Vom Zeitpunkt der **tatsächlichen Mängelbeseitigung** an ist die volle Miete wieder zu zahlen (vgl in I 1: „für die Zeit ..."). Sind Nebenräume betroffen, ist der geringere Gebrauchswert zu berücksichtigen (BGH DWW 12, 324, dort für Geschäftsraum).

9 6. Sonderregelung bei energetischen Modernisierungsmaßnahmen (I a). Lit: Hinz, Minderungsausschluss und Modernisierungsmieterhöhung nach der Mietrechtsänderung, NZM 2013, 209. Nach dem Ges v 11.3.2013 (s Rn 1 vor § 555 a) tritt hier für drei Monate ab Beginn (wohl von beeinträchtigenden vorbereitenden Handlungen wie Einrüstung, Sperren von Bereichen) **keine Minderung** ein, solange die Wohnung bewohnbar bleibt (BT-Drs 17/10485 S 17 rSp). Ein Nacherfüllungsanspruch besteht nicht. Die zeitliche Aufteilung der Maßnahmen in mehrere Abschnitte kann missbräuchlich sein. Bei der Kombination mit Erhaltungsmaßnahmen ist der Minderungsanteil gem ZPO 287 II zu schätzen. Da der Vermieter während der Maßnahmen seine vertragliche Leistung gem § 535 nicht erbringen, die entstehenden Kosten – zeitlich gestreckt – auf den Mieter überwälzen und schließlich die Miete erhöhen kann, ist die Neuregelung sehr krit zu sehen (Bundes-
10 rat, BT-Drs 17/10485 S 38; sa Börstinghaus, 12, 697). **a)** Zum **Ausschluss der Minderung** wegen Kenntnis bzw Nichtmitteilung auf Mieterseite s §§ 536b, 536c II. **b) Überschießende Beträge** sind entspr § 441 IV, 638 IV gem §§ 346 ff zurückzuleisten (aA zu § 537 aF BGH NJW-RR 93, 519: §§ 812 ff). **c)** Zum Anspruch auf **Schadensersatz** s § 536a Rn 3 ff.

Titel 5. Mietvertrag, Pachtvertrag § 536a

§ 536a Schadens- und Aufwendungsersatzanspruch des Mieters wegen eines Mangels

(1) Ist ein Mangel im Sinne des § 536 bei Vertragsschluss vorhanden oder entsteht ein solcher Mangel später wegen eines Umstands, den der Vermieter zu vertreten hat, oder kommt der Vermieter mit der Beseitigung eines Mangels in Verzug, so kann der Mieter unbeschadet der Rechte aus § 536 Schadensersatz verlangen.

(2) Der Mieter kann den Mangel selbst beseitigen und Ersatz der erforderlichen Aufwendungen verlangen, wenn
1. der Vermieter mit der Beseitigung des Mangels in Verzug ist oder
2. die umgehende Beseitigung des Mangels zur Erhaltung oder Wiederherstellung des Bestands der Mietsache notwendig ist.

1. Allgemeines. a) Normzweck. Systemwidrig ist das Recht des Mieters auf 1 Selbstvornahme (vgl § 637) im Primärschuldverhältnis (II) an zweiter und der Anspruch auf Schadensersatz im Sekundärschuldverhältnis (I) an erster Stelle geregelt. **b) Verhältnis zu § 536.** Die Bestimmungen gelten nebeneinander, da § 536 allein die Nutzungsbeeinträchtigung während der fraglichen Zeit ausgleicht, während sich Schadensersatz sowie Verwendungsersatz auf andere Vermögensbeeinträchtigungen beziehen. **c) Abdingbarkeit.** Für Wohnungen kann die Haftung nach I für anfängliche Mängel auch in AGB abbedungen werden, nicht aber die Verschuldenshaftung (Leitbild, BGH 149, 84 ff). Bei gewerblichen Räumen ist § 307 Nr 7 zu beachten. Ansprüche nach II zählen zum Leitbild (MK/Häublein 31).

2. Recht zur Selbstvornahme (II). a) Rechtsvoraussetzungen. aa) Zum 2 **Mangelbegriff** s § 536 Rn 4, 7. **bb) Behebbarkeit des Mangels** in den Grenzen des § 275; sonst läge Unmöglichkeit vor, die einen Nacherfüllungsanspruch ausschließt. **cc)** Zum **Verzug (II Nr 1)** s § 286 I. Eine Mängelanzeige nach § 536c ohne Aufforderung zur Mangelbeseitigung stellt keine Mahnung iSv § 286 I dar. **Ohne Verzug** gibt es nach dem BGH auch keinen Anspruch des Mieters aus § 539 I (BGH NJW 08, 1217 mwN; zust. Dötsch ZMR 08, 283). **Notwendigkeit zum Erhalten bzw Wiederherstellen des Bestands der Mietsache (II Nr 2)**: Gemeint sind Notmaßnahmen, die keinen Aufschub dulden (BT-Drs 14/4553 S 41), um die Substanz bzw die Funktion der Sache zu sichern oder den Mieter sowie einbezogene Personen und deren Rechtsgüter nicht zu gefährden (sa § 994 Rn 1). **dd)** Ein **Vertretenmüssen** des Mangels ist **nicht** erforderlich. **b) Rechtsfolgen.** Festlegen der Selbstvornahme als rechtmäßiges Handeln des Mieters, Anspruch auf Ersatz der ex ante für zweckmäßig und vertretbar gehaltenen (BGH WuM 10, 350) Aufwendungen einschließlich der Kosten für eigene Arbeitszeit (MK/Häublein 27), uU auch Anspruch auf Vorschuss (KG DB 88, 140). **c)** Eine **Verpflichtung zur Selbstvornahme** kann sich aus der allg Obhutspflicht des Mieters ergeben (s § 535 Rn 28). Auch kann ein Unterlassen im Rahmen des § 254 bei einem Anspruch des Mieters auf Schadensersatz berücksichtigt werden (s Rn 8).

3. Anspruch auf Schadensersatz (I). a) Anspruchsberechtigt sind alle Perso- 3 nen, auf die sich die Leistungs- und Schutzwirkungen des Vertrages erstrecken (s § 328 Rn 32). **b) Verhältnis zum allg Leistungsstörungsrecht.** § 536a I stellt wie § 536 eine spezielle Nichterfüllungsregelung dar, die, sofern sie anwendbar ist, die §§ 280 ff verdrängt (im Blick auf den Zeitpunkt der Anwendbarkeit – vor bzw. ab Gebrauchsüberlassung – bestehen dieselben Meinungsunterschiede wie bei § 536, s dort Rn 2). Ausgeschlossen ist auch ein Anspruch aus **cic**, soweit sich das Unterlassen einer Information bzw ihre Unrichtigkeit auf einen Mangel bezieht (BGH NJW 08, 2772; PalWeidenkaff § 536 Rn 14; aA MK/Häublein v 536, 22: kumulativ); iU sind (mangelunabhängige) Ansprüche aus §§ 311a II, 241 II, 280 I möglich. **c) Anfängli-** 4 **cher Rechts- oder Sachmangel (I 1, 1. Var.). aa) Schutzzweck.** Das Ges hat hier dem Vermieter – unter der Fiktion, er gebe stillschweigend eine Garantieerklärung

Teichmann 755

§ 536b

ab (Mot II 377) – aus Gründen des Mieterschutzes eine nicht vom Verschulden abhängige Einstands- und Schadensersatzpflicht für alle anfänglichen, auch unerkennbaren (BGH WM 82, 1230) Mängel auferlegt (Bsp: Der Vormieter hat unerkannt bei der Renovierung Schadstoffe verwendet). Diese sehr weitgehende Haftung erscheint unter dem Blickwinkel ihrer Abdingbarkeit (Rn 1 aE) erträglich. Für den Rechtsmangel besteht ein Widerspruch zum Kauf- und Werkvertragsrecht (sowie zu § 311a), der sachlich nicht zu rechtfertigen ist. Zur **Beweislast** s § 536 Rn 5.

5 **bb)** Zum **Begriff des Mangels** s § 536 Rn 4, 7. **cc) Maßgeblicher Zeitpunkt.** Vertragsschluss. Umfasst der Mietvertrag eine erst herzustellende Sache, so ist auf den Zeitpunkt ihrer Fertigstellung der Übergabe an den Mieter abzustellen (BGH 9, 321; sa BGH NJW 63, 804). Der Mangel ist auch dann bereits bei Vertragsschluss vorhanden, wenn die Ursache schon gelegt war und damit eine obj Gefahrensituation bestand, mag der Fehler selbst erst im Lauf der Mietzeit auftreten (StEmmerich 4). Bsp: Unsachgemäßes Verputzen eines Kamins (BGH 49, 350 mit Anm Berg NJW 68, 1325 und Söllner JuS 70, 159), fehlerhafter Bolzen in Kippfenster (BGH ZMR 11, 360), Neigung einer Kegelbahn zum „Schwitzen" bei bestimmten Witterungsumschlägen (BGH DB 72, 577 mit Anm Trenk-Hinterberger JuS 75, 501), herabstürzendes Geäst auf Hotelparkplatz (BGH 63, 333). Auf eine Erkennbarkeit des Fehlers kommt es wegen der Verschuldensunabhängigkeit der Haftung nicht an. Die

6 **Beweislast** liegt beim Mieter. **d) Zu vertretender Mangel nach Vertragsschluss (I 1, 2. Var).** Zum Mangelbegriff s § 536 Rn 4, 7. Das Merkmal „nach Vertragsschluss" ist negativ zu ermitteln: alle während der Mietzeit auftretenden Fehler, die nicht mehr unter Rn 5 fallen. Das Vertretenmüssen bestimmt sich nach §§ 276 ff.

7 **e) Verzug des Vermieters mit der Mangelbeseitigung (I 1, 3. Var).** S § 286; eine Mängelanzeige nach § 536c stellt keine Mahnung iSv § 286 dar. Erfasst wird sowohl der Verzögerungsschaden (§ 280 II) als auch ein Schaden wegen einer auf der Verzögerung beruhenden Rechtsgutverletzung (§§ 241 II, 280 I).

8 **4. Umfang des zu ersetzenden Schadens. a) Verschuldenshaftung.** § 536a nimmt, da nicht an das SchRModG angepasst, keine Trennung zwischen der Verletzung von Leistungspflichten und von Schutzpflichten vor. Zu leisten ist damit zum einen **Schadensersatz statt der Leistung** (s § 280 III iVm 281 I bzw §§ 283, 282) Bsp: Kosten einer anderweitigen Unterkunft oder des Unterstellens von Möbeln, Verdienst- und Gewinnausfall bei beeinträchtigtem Gebrauch der Sache. **Zeitlich** ist der Ersatz auf die Vertragsdauer begrenzt (BGH WM 72, 335). Außerdem ist **Schadensersatz aus** einer **Schutzpflichtverletzung** zu leisten (s §§ 280 I iVm § 241 II). Bsp: Arztkosten, Reparaturkosten für beschädigte Sachen des Mieters. In diesem Zusammenhang kann unter den Voraussetzungen des § 253 II ein Anspruch auf **Schmerzensgeld** entstehen (iE Horst DWW 03, 83; ders NZM 03, 537).

9 § 254 ist anwendbar (s BGH VersR 06, 286). **b)** Im Fall der **Garantiehaftung** gem § 536 I 1, 1. Alt nehmen Rspr und hL keine Einschränkung im Umfang des zu ersetzenden Schadens vor (RG 169, 92; BGH NJW 62, 908; 71, 424 mit ausdr Ablehnung der Gegenmeinung; BGH 49, 352; desgl PalWeidenkaff 14). Grenzen können sich jedoch aus dem Schutzbereich der Norm (s Rn 31 vor § 249) in dem Sinn ergeben, dass ein bestimmter Schaden außerhalb dieses Bereichs liegen kann.

§ 536b Kenntnis des Mieters vom Mangel bei Vertragsschluss oder Annahme

¹**Kennt der Mieter bei Vertragsschluss den Mangel der Mietsache, so stehen ihm die Rechte aus den §§ 536 und 536a nicht zu.** ²**Ist ihm der Mangel infolge grober Fahrlässigkeit unbekannt geblieben, so stehen ihm diese Rechte nur zu, wenn der Vermieter den Mangel arglistig verschwiegen hat.** ³**Nimmt der Mieter eine mangelhafte Sache an, obwohl er den Mangel kennt, so kann er die Rechte aus den §§ 536 und 536a nur geltend machen, wenn er sich seine Rechte bei der Annahme vorbehält.**

Titel 5. Mietvertrag, Pachtvertrag § 536c

1. Tatbestand. Der Mieter verliert seine Rechte aus § 536 und § 536a (nicht 1 den Erfüllungsanspruch und damit auch nicht § 320, desgl nicht den Anspruch aus § 823 zB wegen Beschädigung eigener Sachen, StEmmerich 3; BGH NZM 07, 356), (a) wenn er **bei Vertragsschluss** (bzw bei Vertragsverlängerung, Brandenburg, NJW-RR 13, 77) den Mangel kennt **(S 1)**, (b) wenn er **bei Vertragsschluss** etc den Mangel grob fahrlässig nicht erkannt hat (dazu s BGH NJW 80, 778), es sei denn, der Vermieter habe ihn arglistig getäuscht **(S 2, 1. Alt),** oder (c), wenn er nach Vertragsschluss etc bei **Annahme** der Sache (Übergabe) den Mangel erkennt und keinen Vorbehalt äußert **(S 2, 2. Alt).** Die frühere Rspr, die § 539 aF auf **sich später zeigende Mängel** angewandt hat, soll durch § 536c überholt sein (BGH NZM 06, 930 mwN; zutr krit Timme NJW 03, 3099). Im Einzelfall kann Verwirkung eintreten (BGH NJW 07, 147).

2. Beweislast. Der Vermieter trägt die Beweislast für die Kenntnis und grob 2 fahrlässige Unkenntnis des Mieters zum jeweiligen Zeitpunkt, der Mieter für die Arglist des Vermieters und das Erheben eines Vorbehalts; sa § 536c II.

§ 536c Während der Mietzeit auftretende Mängel; Mängelanzeige durch den Mieter

(1) ¹Zeigt sich im Laufe der Mietzeit ein Mangel der Mietsache oder wird eine Maßnahme zum Schutz der Mietsache gegen eine nicht vorhergesehene Gefahr erforderlich, so hat der Mieter dies dem Vermieter unverzüglich anzuzeigen. ²Das Gleiche gilt, wenn ein Dritter sich ein Recht an der Sache anmaßt.

(2) ¹Unterlässt der Mieter die Anzeige, so ist er dem Vermieter zum Ersatz des daraus entstehenden Schadens verpflichtet. ²Soweit der Vermieter infolge der Unterlassung der Anzeige nicht Abhilfe schaffen konnte, ist der Mieter nicht berechtigt,
1. die in § 536 bestimmten Rechte geltend zu machen,
2. nach § 536a Abs. 1 Schadensersatz zu verlangen oder
3. ohne Bestimmung einer angemessenen Frist zur Abhilfe nach § 543 Abs. 3 Satz 1 zu kündigen.

1. Allgemeines. a) Funktion der Norm. § 536c ist Ausdruck der allg Obhuts- 1 pflicht des Mieters (§ 535 Rn 28). Der Vermieter, der zur Instandhaltung der Sache verpflichtet ist (§ 535 Rn 13), soll damit über die eigene Prüfungspflicht hinaus die erforderlichen Informationen erhalten (BGH 68, 284 f). **b) Abdingbarkeit.** Die Pflicht des Mieters kann im Rahmen des allg Zulässigen (s zB § 307 II Nr. 1) verschärft oder auch reduziert werden.

2. Erforderlichkeit einer Anzeige. a) Voraussetzungen. Zum **Mangel** 2 s § 536 Rn 4, 7; räumlich umfasst sind alle Gegenstände, auf die sich der Mietvertrag erstreckt (s § 535 Rn 16). Zur Rechtsanmaßung von Dritten (Rechtsmangel) s § 536 Rn 7. Ein Mangel „zeigt" sich nach zutr Auffassung des BGH, wenn er dem Mieter bekannt ist oder wenn er sich jedem Mieter hätte aufdrängen müssen (Maßstab der groben Fahrlässigkeit, BGH NZM 06, 627; krit MK/Häublein 6: Erkennbarkeit für durchschnittlichen Mieter). Eine bes Nachforschungspflicht besteht für den Mieter nicht (Düsseldorf NJW-RR 09, 87). **Gefahr** ist das Risiko einer bevorstehenden nachteiligen Einwirkung auf die Sache. Bsp: Nichtanzeige einer längeren Abwesenheit des Mieters (StEmmerich, 10). **b) Art und Inhalt.** Unverzügliche (§ 121) formlose Mitteilung (keine Willenserklärung), die zugehen muss (§ 130). **c) Entfallen einer Verpflichtung bzw Obliegenheit zur Anzeige.** Der Vermieter kennt bereits den Mangel (Düsseldorf ZMR 91, 24) oder muss ihn kennen (BGH 68, 284); die Anzeige an den Vermieter ist – zB wegen dessen unbekannter Abwesenheit – nicht möglich.

3. Rechtsfolgen einer unterlassenen bzw verzögerten Anzeige. a) Wei- 3 **tere Voraussetzungen.** Das Unterlassen bzw. die Verzögerung müssen für das

§§ 536d, 537

Nichtbeheben des Mangels durch den Vermieter **kausal** sein. Ein **Vertretenmüssen** folgt aus dem Kriterium der Erkennbarkeit des Mangels und aus der Notwendigkeit einer unverzüglichen (§ 121) Anzeige (BT-Drs 14/4553 S 42). **b) Verlust der eigenen Rechte des Mieters (II 2).** S Gesetzestext; außerdem Zurückbehaltungsrecht an Miete (BGH NJW-RR 11, 447). **c) Anspruch des Vermieters auf Schadensersatz** (sa § 280 I). Ein Mitverschulden des Vermieters ist zu berücksichtigen.

4   **4. Beweislast.** Der **Vermieter** trägt die Beweislast für Kenntnis des Mieters bzw Offensichtlichkeit des Mangels und den Zeitpunkt des „Sich-Zeigens" sowie die Kausalität des Unterlassens bzw der Verzögerung für den Schaden. Der **Mieter** muss zumindest, wenn er sich auf eine Minderung beruft, den Zugang der Anzeige bzw die Tatsachen, die eine Anzeige entbehrlich machen, oder fehlendes eigenes Verschulden (s § 280 I 2) beweisen (aA BGH NJW 13, 2013), im Fall des § 254 ein Mitverschulden des Vermieters (s § 254 Rn 19).

§ 536d Vertraglicher Ausschluss von Rechten des Mieters wegen eines Mangels

Auf eine Vereinbarung, durch die die Rechte des Mieters wegen eines Mangels der Mietsache ausgeschlossen oder beschränkt werden, kann sich der Vermieter nicht berufen, wenn er den Mangel arglistig verschwiegen hat.

1   Ein unwirksamer Ausschluss beeinträchtigt idR (s § 139) die Wirksamkeit des Mietvertrages als Ganzes nicht. Die Norm ist **zwingend.**

§ 537 Entrichtung der Miete bei persönlicher Verhinderung des Mieters

(1) ¹**Der Mieter wird von der Entrichtung der Miete nicht dadurch befreit, dass er durch einen in seiner Person liegenden Grund an der Ausübung seines Gebrauchsrechts gehindert wird.** ²**Der Vermieter muss sich jedoch den Wert der ersparten Aufwendungen sowie derjenigen Vorteile anrechnen lassen, die er aus einer anderweitigen Verwertung des Gebrauchs erlangt.**

(2) **Solange der Vermieter infolge der Überlassung des Gebrauchs an einen Dritten außerstande ist, dem Mieter den Gebrauch zu gewähren, ist der Mieter zur Entrichtung der Miete nicht verpflichtet.**

1   **1. Funktion.** Da der Mieter idR nicht verpflichtet ist, die Sache zu nutzen (§ 535 Rn 28), spricht § 537 zunächst in **I 1** die Selbstverständlichkeit aus, dass eine persönliche Verhinderung des Mieters keinen Fall der Unmöglichkeit darstellt und den Mieter nicht von seiner Leistungspflicht (Zahlungspflicht) befreit. Erst **I 2** bringt insoweit eine ergänzende Regelung. § 537 erfasst aber auch die Fälle, in denen der Mieter die Sache nutzen muss; insoweit ändert die Norm die sich aus § 326 I oder § 326 II ergebende Rechtslage ab. § 537 ist im Rahmen des allg Zulässigen **abdingbar.**

2   **2. Persönliche Verhinderung (I 1).** Dazu zählen alle Umstände aus der Risikosphäre des Mieters (BGH NJW-RR 91, 267). Auf ein Verschulden kommt es nicht an. Bsp: Erkrankung eines Künstlers beim Mieten einer Veranstaltungshalle durch eine Agentur (aA Bremen NJW 53, 1393), Teilnahme an einem Lehrgang (LG Gießen NJW-RR 95, 395), Versagen einer Schankerlaubnis aus persönlichen Gründen. § 537 gilt entspr, wenn der Mieter die Sache nicht nutzen will (Hamm WuM 86, 201 mwN). Ursachen, die den Mieter an der Nutzung hindern und nicht seiner Risikosphäre zuzurechnen sind, können eine Störung der Geschäftsgrundlage gem § 313 darstellen. Ursachen, die den Vermieter seinerseits an der Gebrauchsüberlassung hindern, fallen unter die allg Unmöglichkeitsregelung.

3   **3. Anrechnung von Vorteilen (I 2).** Der Tatbestand ist vom Gesetzgeber bewusst enger gefasst als § 326 I 2 („oder zu erwerben böswillig unterlässt"). Die Beweislast liegt beim Mieter, (aA StEmmerich 39). Für den Vermieter besteht keine

Verpflichtung zum Abschluss eines Mietvertrags mit einem anderen Mieter (BGH NJW 63, 1299, Hamburg NJW-RR 87, 657; iE s Heile ZMR 90, 249). Er hat aber keinen Anspruch mehr auf die Miete, wenn ihm im Rahmen des Zumutbaren ein akzeptabler **Nachmieter** benannt wird (Hamm NJW 95, 1478 mwN; Frankfurt NZM 00, 607).

4. Hindernis auf Vermieterseite (II). Geregelt ist unabhängig von I 2 ein Fall 4 der nicht zu vertretenden (teilw) Unmöglichkeit auf Vermieterseite (Beweislast bei ihm, MK/Bieber 18). Zweck der Vorschrift ist es, anders als in § 326 I 1 den Zeitfaktor („solange") als Maßstab zu wählen. Die Bestimmung gilt auch, wenn der Vermieter die Mietsache – etwa zur Durchführung von Mangelbeseitigungsmaßnahmen – zeitweise ausschließlich selbst nutzt (PalWeidenkaff 11). Die Rechte aus § 543 II 1 und, soweit daneben nach hL anwendbar (s § 536 Rn 2), aus § 323 und § 326 V bleiben bestehen. Die Bestimmung ist eng auszulegen, so dass es uU bei I bleibt. Der Vermieter behält nach § 242 (Rechtsmissbrauch des Mieters) einen Anspruch auf die Differenz, wenn er wegen der Verhinderung des Mieters (I) die Sache einem Dritten unentgeltlich überlässt oder billiger vermietet (vgl iE BGH NJW 08, 1149).

§ 538 Abnutzung der Mietsache durch vertragsgemäßen Gebrauch

Veränderungen oder Verschlechterungen der Mietsache, die durch den vertragsgemäßen Gebrauch herbeigeführt werden, hat der Mieter nicht zu vertreten.

Lit: Franke, Die vertragsgemäße Abnutzung der Mietsache, DWW 04, 172.

1. Allgemeines. Die Norm beruht auf dem Gedanken, dass die vertragsgemäßen 1 Abnutzungen bereits durch die Miete abgegolten sind und die Instandhaltungspflicht insoweit den Vermieter trifft (MK/Bieber 1; s § 535 Rn 13). Die Bestimmung ist **abdingbar** (allgM); häufig übernimmt der Mieter einer Wohnung die **Schönheitsreparaturen** (s § 535 Rn 14). Die Klausel, der Mieter habe die Wohnung in demselben Zustand zurückzugeben wie übernommen, hat keine Abweichung von § 538 zur Folge (StEmmerich, § 535, 106).

2. Vertragsgemäßer Gebrauch. S dazu § 535 Rn 15 ff. **Bsp:** Anbringen von 2 Dübeln (LG Mannheim ZMR 76, 182), Auflegen von Teppichboden auf PVC-Fußboden (LG Mannheim ZMR 77, 110), idR nicht Kontaminierung (BGH NJW 02, 3225, Tankstelle in der ehemaligen DDR). Insoweit hat der Vermieter gegen den Mieter keinerlei Entschädigungsansprüche. Die Abnutzung durch vertragswidrigen Gebrauch führt im Fall des Vertretenmüssens (§§ 276 ff) zum Schadensersatzanspruch gem § 280 I iVm § 241 II. Verjährung nach § 548.

3. Beweislast. Der **Vermieter** ist beweispflichtig dafür, dass die Schadensursache 3 aus dem Risikobereich des Mieters stammt, die Sache also durch den Gebrauch geschädigt sein kann. Dann muss der **Mieter** beweisen, dass eine Beschädigung oder Zerstörung während der Mietzeit nicht zu vertreten ist (s § 536 Rn 5). Hat der Vermieter – etwa bei Kfz – den Mieter gegen ein zusätzliches Entgelt von der Haftung für einfache Fahrlässigkeit freigestellt, so obliegt dem Vermieter die Beweislast für das Vorliegen von grober Fahrlässigkeit oder Vorsatz (BGH 65, 118 mwN).

§ 539 Ersatz sonstiger Aufwendungen und Wegnahmerecht des Mieters

(1) Der Mieter kann vom Vermieter Aufwendungen auf die Mietsache, die der Vermieter ihm nicht nach § 536a Abs. 2 zu ersetzen hat, nach den Vorschriften über die Geschäftsführung ohne Auftrag ersetzt verlangen.

(2) Der Mieter ist berechtigt, eine Einrichtung wegzunehmen, mit der er die Mietsache versehen hat.

§ 540

Lit: Gather, Das Wegnahmerecht des Mieters und die Abwendung durch den Vermieter, DWW 08, 122.

1 **1. Allgemeines. Anwendungsbereich.** Zum Mietvertrag über Wohnräume s § 552 I. **Funktion.** Die Bestimmung ergänzt § 536a II und stellt insoweit strengere Voraussetzungen auf. Im Aufbau der Anspruchsgrundlagen empfiehlt sich als Reihenfolge: §§ 536 III, 539 II iVm §§ 683, 670; 684, 818; 812 I 1 2. Alt. Die §§ 987 ff sind unanwendbar, da der Mieter zum Besitz berechtigt ist (s Rn 3 vor §§ 987–993). Bei einer Einrichtung kann der Mieter anstelle des I auf II zurückgreifen; die Norm ist **abdingbar**.

2 **2. Aufwendungsersatz (I).** Es handelt sich um eine Rechtsgrundverweisung (BGH 181, 194), so dass die Voraussetzungen des § 683 bzw des § 684 oder des § 687 II 2 gegeben sein müssen.

3 **3. Wegnahmerecht (II). a) Funktion.** Die Norm trägt der Tatsache Rechnung, dass der Mieter die Mietsache häufig für seine Bedürfnisse mit Einrichtungen versieht, der Vermieter aber lediglich verlangen kann, die Sache in demselben Zustand wie zum Zeitpunkt der Überlassung zurückzuerhalten (Mot II 395). Dem Wegnahmerecht steht die Wegnahmepflicht nach § 546 I gegenüber. **b) Tatbestand.** Eine **Einrichtung** liegt vor, wenn eine bewegliche Sache mit der Mietsache körperlich fest, aber abtrennbar verbunden wird (deshalb nicht Heizöl, LG Mannheim ZMR 75, 305; nach München WuM 85, 90 nicht Einbauküche; im Einzelfall zweifelhaft) und sie deren wirtschaftlichem Zweck zu dienen bestimmt ist (BGH 101, 41). Unerheblich ist, ob sie wesentlicher Bestandteil (§ 93) wird, entscheidend aber, ob sie auch nach der Verbindung eine eigenständige wirtschaftliche Bedeutung hat (Gather aaO). Bsp: Deckenlampe, Wandschrank, Waschbecken, Sträucher im Garten; nicht Tapeten oder Parkettfußboden. **c)** Bei **Wegnahme** ist § 258 zu beachten. **d) Beweislast** beim Mieter. **e) Prozessuales.** Eine Klage des Mieters muss auf Duldung der Wegnahme, nicht auf Herausgabe gerichtet sein; Vollstreckung nach ZPO 890.

§ 540 Gebrauchsüberlassung an Dritte

(1) ¹**Der Mieter ist ohne die Erlaubnis des Vermieters nicht berechtigt, den Gebrauch der Mietsache einem Dritten zu überlassen, insbesondere sie weiter zu vermieten.** ²**Verweigert der Vermieter die Erlaubnis, so kann der Mieter das Mietverhältnis außerordentlich mit der gesetzlichen Frist kündigen, sofern nicht in der Person des Dritten ein wichtiger Grund vorliegt.**

(2) **Überlässt der Mieter den Gebrauch einem Dritten, so hat er ein dem Dritten bei dem Gebrauch zur Last fallendes Verschulden zu vertreten, auch wenn der Vermieter die Erlaubnis zur Überlassung erteilt hat.**

1 **1. Allgemeines. a) Funktion.** Da bei einem Untermietvertrag der Mieter die ihm obliegenden Sorgfaltspflichten für die Sache (s § 535 Rn 28) nicht mehr ausübt, bedarf es der Zustimmung des Vermieters. Fehlt sie, so liegt eine Vertragsverletzung des Mieters vor, die einen Unterlassungsanspruch des Vermieters (§ 541), ein außerordentliches Kündigungsrecht (§ 543 II Nr 2) sowie Ansprüche auf Schadensersatz nach § 280 I iVm § 241 II (nicht jedoch einen Anspruch auf Herausgabe der Untermiete, BGH 131, 304 mwN) auslöst. Sinn des § 540 ist, neben dieser Klarstellung dem Mieter eine außerordentliche Kündigung mit gesetzlicher Frist (s § 573d) einzuräumen (I 2). **Frist:** § 580a IV. **b) Anwendungsbereich.** Zu Wohnraummietverhältnissen sa § 553 (Anspruch auf Gestattung), 573d III bzw 575a III (Fristen der außerordentlichen Kündigung).

2 **2. Tatbestand des I. a)** Die **Gebrauchsüberlassung** (insbes die Untermiete, s Rn 6) ist die – entgeltliche oder unentgeltliche – Gewährung der Mietsache oder
3 eines Teils (zB einzelner Räume) zum Allein- oder Mitgebrauch. **b) Dritter** ist ein anderer Rechtsträger, der nicht durch Gesamtrechtsnachfolge (s § 564), auch nicht

Titel 5. Mietvertrag, Pachtvertrag § 541

durch partielle Gesamtrechtsnachfolge (s §§ 563 ff, UmwG 2 ff, 123 ff, 174 ff) selbst Vertragspartner wird. Bsp: andere natürliche Personen, auch Angehörige (BGH NJW-RR 10, 307), Übertragung eines Handelsgeschäfts auf einen anderen bzw Einbringen in eine Gesellschaft, ohne dass es zu einer Vertragsübernahme kommt. **c)** Der Mieter muss die erforderlichen (s dazu BGH NJW 07, 289). **Auskünfte** über den Untermieter geben. Ein **Anspruch auf Erteilung** der Erlaubnis wird gem § 242 bei einem berechtigten Interesse des Mieters bejaht, wenn keine entspr Interessen des Vermieters entgegenstehen (Seyfarth NZM 02, 200; Gather DWW 03, 181 mwN; Düsseldorf DWW 03, 155; sa BGH NJW 11, 1066: Nach-Untermieter bei genereller Zustimmung). Bsp: Aufnahme eines Stiefkindes (LG Berlin ZMR 90, 458), eines Lebenspartners (BGH NJW 04, 57). **d)** Die **Erteilung der Erlaub- 4 nis** (Beweislast beim Mieter) ist keine Zustimmung iSd §§ 182 ff, sondern eine auch schlüssig zu äußernde (BGH 70, 329) Willenserklärung, welche die Vertragswidrigkeit der Gebrauchsüberlassung ausschließt (BGH 59, 7). Bsp: Längere faktische Duldung in Kenntnis der Umstände. Ob sie generell oder nur für einen bestimmten Untermieter gilt, ist durch Auslegung zu ermitteln. Ihr Widerruf ist nur aus wichtigem Grund möglich (BGH 89, 315; MK/Bieber 28, Beweislast beim Vermieter). **e)** Als **Verweigerung der Erlaubnis** ist auch zu verstehen, wenn die Erlaubnis unter nicht im Vertrag vorgesehenen Einschränkungen erteilt wird (BGH 59, 9). Die Verweigerung sollte begründet werden, damit der Mieter erkennen kann, ob ein wichtiger Grund vorliegt. Ein wichtiger Grund setzt voraus, dass vom Untermieter ein vertragswidriger Gebrauch der Mietsache (s § 535 Rn 27 f) zu befürchten ist. Bsp: Störungen der Mitmieter, Wettbewerb gegenüber Vermieter oder Mitmietern im gleichen Haus, unpfleglicher Umgang mit der Sache; nicht: Zahlungsschwierigkeiten. Ein **Schweigen** ist als Nichterteilung der Zustimmung zu verstehen, wenn ein konkreter Dritter benannt wird und der Mieter eine Frist setzt (KG DWW 08, 219 mwN).

3. Haftung des Mieters (II). Der Untermieter ist als Erfüllungsgehilfe hinsicht- 5 lich der Obhutspflichten anzusehen (BGH WM 91, 107). Es gelten dieselben Haftungsbegrenzungen wie für § 278. Bei einer nicht erlaubten Gebrauchsüberlassung haftet Mieter auch ohne Verschulden des Dritten (Folgeschaden der begangenen Vertragswidrigkeit, allgM, s PalWeidenkaff 15).

4. Exkurs: Untermietvertrag. Lit: Gather DWW 09, 242. Es liegt ein Vertrag 6 zwischen Mieter und Untermieter iSd §§ 535 ff vor. Seine Wirksamkeit hängt nicht von der Zustimmung des Vermieters ab. Wird die Erlaubnis nicht erteilt, so besteht ein Rechtsmangel (s § 536c III), der einen Anspruch auf Schadensersatz gem § 536a I und uU ein Recht zur fristlosen Kündigung gem § 543 II 1 Nr 1 auslösen kann. Bei der Untervermietung von Wohnräumen sind einige Bestimmungen der §§ 549 ff nicht anwendbar (s §§ 549 II Nr 2, 573a II). Zwischen Untermieter und Hauptvermieter bestehen keine unmittelbaren vertraglichen Beziehungen; der Untermieter ist jedoch in den Schutzbereich des Hauptmietvertrages einbezogen, wenn er mit Wissen des Vermieters in gleicher Weise den aus der Mietsache folgenden Gefahren ausgesetzt ist und insofern keinen Anspruch gegen den Mieter hat (iE s BGH NJW 13, 1002 dort abgelehnt). Die von der hL uU bejahten Ansprüche aus Fremdbesitzerexcess und aus §§ 823 ff (s Burbulla NZM 13, 558) sind wenig befriedigend. Mit einer mehrstufigen Vertriebssystem ist die Rechtslage zumeist nicht vergleichbar (iErg aA BGH NJW 96, 2929). Jedenfalls sollte wegen der gegenseitigen Gefährdungsmöglichkeiten aufgrund der sozialen Nähe ein vertragsähnliches Schuldverhältnis iSd § 311 III 1 bejaht werden.

§ 541 Unterlassungsklage bei vertragswidrigem Gebrauch

Setzt der Mieter einen vertragswidrigen Gebrauch der Mietsache trotz einer Abmahnung des Vermieters fort, so kann dieser auf Unterlassung klagen.

§ 542

1 1. Funktion. Gesichert wird der Erfüllungsanspruch des Vermieters auf Einhaltung des vertragsgemäßen Gebrauchs (MK/Bieber 1). Daneben kann ein Anspruch aus § 683 treten, wenn der Vermieter nach Abmahnung Aufwendungen zur Beseitigung des vertragswidrigen Zustandes hat (BGH NJW 00, 3203), sowie ein Anspruch auf Schadensersatz aus §§ 280 I, 241 II bzw aus § 823. § 1004 ist nicht anwendbar (BGH NJW 07, 2180). Der Anspruch richtet sich primär gegen den Mieter. Sieht man den Untermieter im Schutzbereich des Mietvertrages (aA § 328 Rn 32 f), so treffen diesen seinerseits Schutzpflichten (s § 311 III 1), so dass auch ein Anspruch des Vermieters gegen ihn besteht (aA PalWeidenkaff 1; StEmmerich 13). Die Vorschrift ist im Rahmen des allg Zulässigen **abdingbar**.

2 2. Voraussetzungen. a) Zum **vertragswidrigen Gebrauch** s § 535 Rn 27 f. In einer Abwägung ist dabei auch das Interesse des Mieters an der konkreten Nutzung zu berücksichtigen (Pauly WuM 11. 447). **b)** Die **Abmahnung** ist wie die Mahnung (s § 286 Rn 16) eine rechtsgeschäftsähnliche Handlung. Ihrer bedarf es im Fall der arglistigen Verschleierung des vertragswidrigen Gebrauchs (BGH WM 68, 253) und auch dann nicht, wenn der Mieter den vertragsgemäßen Gebrauch ernsthaft und endgültig verweigert bzw dazu nicht imstande ist (BGH MDR 75, 572, vgl § 281 Rn 9). **c) Fortsetzung des Gebrauchs** nach Kenntnisnahme der Abnahme. Der Mieter muss sein Verhalten sehr rasch ändern. **d)** Ein **Verschulden** ist nicht erforderlich. **e)** Die **Beweislast** trägt der Vermieter.

§ 542 Ende des Mietverhältnisses

(1) **Ist die Mietzeit nicht bestimmt, so kann jede Vertragspartei das Mietverhältnis nach den gesetzlichen Vorschriften kündigen.**
(2) **Ein Mietverhältnis, das auf bestimmte Zeit eingegangen ist, endet mit dem Ablauf dieser Zeit, sofern es nicht
1. in den gesetzlich zugelassenen Fällen außerordentlich gekündigt oder
2. verlängert wird.**

1 1. Allgemeines. Im Ges werden drei Arten von Kündigungserklärungen genannt: **a)** Für den Regelfall des auf unbestimmte Zeit geschlossenen Mietvertrages als Dauerschuldverhältnis endet der Vertrag zum einen durch die **ordentliche Kündigung** unter Einhalten bestimmter Fristen (s § 573c für Wohnräume, iÜ § 580a). Die ordentliche Kündigung ist außerhalb von Wohnräumen (s §§ 573, 573a) an keine ges Voraussetzungen gebunden und bedarf deshalb keiner Begründung.
2 b) Der Begriff der **außerordentlichen Kündigung mit gesetzlicher Frist** (s dazu §§ 573d, 580a IV) ist als Teilgruppe der außerordentlichen Kündigungen konzipiert und steht in der Sache zwischen der ordentlichen Kündigung und der fristlosen Kündigung aus wichtigem Grund. Es soll zwischen der ordentlichen und der fristlosen Kündigung eine erleichterte Möglichkeit zur Vertragsauflösung zumeist bei einer Veränderung der tatsächlichen Umstände angeboten werden, weil dann für die Parteien das Einhalten der ordentlichen Kündigungsfristen unzumutbar erscheint (BT-Drs 14/4553 S 43). Zugelassen ist die außerordentliche Kündigung mit gesetzlicher Frist zB in §§ 561, 573d II, 575a III, 580a IV, auf die auch verwiesen wird (s zB §§ 540 I 2, 544, 563 IV, 563a II, 580). Zur **Dauer der Frist** s § 580 IV, bei
3 Wohnraummietverträgen s § 573d II. **c)** Die **außerordentliche fristlose Kündigung aus wichtigem Grund** ist in § 543, für Wohnraummietverhältnisse in § 569 geregelt. **d)** Außerhalb dieser Erklärungen kann die Vertragsbeendigung durch eine **einverständliche Aufhebung**, durch den **Ablauf einer vereinbarten Frist** (s §§ 542 II, 575 ff) oder einen **Rücktritt** (§§ 323, 326 V) vor Überlassung der Mietsache herbeigeführt werden.

4 2. Vertrag auf unbestimmte Zeit (I). Die **Kündigung** ist eine einseitige empfangsbedürftige (s § 130) Willenserklärung. Es gelten die allg Auslegungsgrundsätze. **Form:** für Wohnraum s § 568a; sonst gilt die vereinbarte Form (§ 127) oder eine formfreie Kündigung. Eine vorzeitige Kündigung wirkt für den ersten zulässigen Termin (aA MK/Häublein 11: zumeist unzulässig), eine verspätete idR für den nächstfolgenden Kündigungstermin (MK/Bieber 11). Die Kündigung kann auch schon vor Vollzug des Vertrags erklärt werden (BGH 73, 350). Bei **mehreren Beteiligten** müssen, wenn nichts anderes vereinbart ist, alle gegenüber allen kündigen (sa § 535 Rn 3); eine Bevollmächtigung ist auf beiden Seiten möglich. Eine **bedingte Kündigung** ist grundsätzlich unzulässig und damit unwirksam, weil der andere Vertragspartner Klarheit gewinnen muss, ob das Vertragsverhältnis endet. Desgl darf eine Befristung nicht unbestimmt sein (BGH 156, 332). Liegt das maßgebende Ereignis allein in der Einflusssphäre des Empfängers (zB Zahlung des Mietpreises innerhalb von zehn Tagen), so ist eine solche Kündigung als sog Potestativbedingung (Abhängigkeit allein vom Mieter) wirksam (Schmidt-Futterer/Blank 16; BGH WM 73, 695; enger StRolfs 88: eine Nichtzahlung könne auch obj Gründe haben). Eine Teilkündigung ist bei Wohnraummietverhältnissen nur im Rahmen des § 573b zulässig.

3. Befristeter Vertrag (II). a) Rechtsvoraussetzungen. Die Befristung kann 5 auch schlüssig erfolgen; der Vertrag ist gem §§ 133, 157 auszulegen (Bsp: Mieten einer Erntemaschine). **b) Rechtsfolgen.** Das Ges soll deutlich machen, dass auch innerhalb der vertraglichen Zeit eine außerordentliche Kündigung (mit gesetzlicher Frist oder fristlos) möglich ist **(II Nr 1)**. Selbstverständlich kann das Mietverhältnis auch durch Vereinbarung – befristet oder unbefristet – verlängert werden (BT-Drs 14/4553 S 43).

§ 543 Außerordentliche fristlose Kündigung aus wichtigem Grund

(1) ¹Jede Vertragspartei kann das Mietverhältnis aus wichtigem Grund außerordentlich fristlos kündigen. ²Ein wichtiger Grund liegt vor, wenn dem Kündigenden unter Berücksichtigung aller Umstände des Einzelfalls, insbesondere eines Verschuldens der Vertragsparteien, und unter Abwägung der beiderseitigen Interessen die Fortsetzung des Mietverhältnisses bis zum Ablauf der Kündigungsfrist oder bis zur sonstigen Beendigung des Mietverhältnisses nicht zugemutet werden kann.

(2) ¹Ein wichtiger Grund liegt insbesondere vor, wenn
1. dem Mieter der vertragsgemäße Gebrauch der Mietsache ganz oder zum Teil rechtzeitig gewährt oder wieder entzogen wird,
2. der Mieter die Rechte des Vermieters dadurch in erheblichem Maße verletzt, dass er die Mietsache durch Vernachlässigung der ihm obliegenden Sorgfalt erheblich gefährdet oder sie unbefugt einem Dritten überlässt oder
3. der Mieter
    a) für zwei aufeinander folgende Termine mit der Entrichtung der Miete oder eines nicht unerheblichen Teils der Miete in Verzug ist oder
    b) in einem Zeitraum, der sich über mehr als zwei Termine erstreckt, mit der Entrichtung der Miete in Höhe eines Betrages in Verzug ist, der die Miete für zwei Monate erreicht.

²Im Falle des Satzes 1 Nr. 3 ist die Kündigung ausgeschlossen, wenn der Vermieter vorher befriedigt wird. ³Sie wird unwirksam, wenn sich der Mieter von seiner Schuld durch Aufrechnung befreien konnte und unverzüglich nach der Kündigung die Aufrechnung erklärt.

(3) ¹Besteht der wichtige Grund in der Verletzung einer Pflicht aus dem Mietvertrag, so ist die Kündigung erst nach erfolglosem Ablauf einer zur Abhilfe bestimmten angemessenen Frist oder nach erfolgloser Abmahnung zulässig. ²Dies gilt nicht, wenn
1. eine Frist oder Abmahnung offensichtlich keinen Erfolg verspricht,

§ 543

2. die sofortige Kündigung aus besonderen Gründen unter Abwägung der beiderseitigen Interessen gerechtfertigt ist oder
3. der Mieter mit der Entrichtung der Miete im Sinne des Absatzes 2 Nr. 3 in Verzug ist.

(4) ¹Auf das dem Mieter nach Absatz 2 Nr. 1 zustehende Kündigungsrecht sind die §§ 536b und 536d entsprechend anzuwenden. ²Ist streitig, ob der Vermieter den Gebrauch der Mietsache rechtzeitig gewährt oder die Abhilfe vor Ablauf der hierzu bestimmten Frist bewirkt hat, so trifft ihn die Beweislast.

Lit: Hirsch, § 543 I BGB – Kündigung aus wichtigem Grund wegen „Pflichtverletzung", WuM 06, 418.

1 **1. Allgemeines. a) Anwendungsbereich.** Zu Wohnraummietverhältnissen s § 569. **b) Allg Kündigungsrecht aus wichtigem Grund (I).** Zur Interpretation s § 314. Mietrechtliche Beispiele: Nichtzahlung der Kaution (BGH NJW-RR 07, 886); rufschädigende Äußerungen über den Betrieb des Mieters (BGH NZM 10, 902). Der Kündigungsgrund muss nicht schuldhaft verursacht sein (BT-Drs 14/4553 S 43). Das Recht zur Kündigung steht beiden Parteien zu. Die Norm ist – außerhalb von Wohnraummietverhältnissen (s § 569 V) – im Rahmen des allg Zulässigen **abdingbar**.

2 **2. Recht des Mieters zur fristlosen Kündigung wegen Vorenthaltung des vertragsgemäßen Gebrauchs (II S 1 Nr 1). a)** Zur **Beeinträchtigung des vertragsgemäßen Gebrauchs** s § 535 Rn 15 ff. Bsp: Sachmängel (BGH NJW 09, 2297), Charakter einer gepachteten Gaststätte als „Schlägerlokal" (BGH WM 67, 517), erheblicher Lärm (LG Hamburg WuM 86, 313), versperrter Zugang zum gemieteten Kiosk (Köln NJW 72, 1814); vorprogrammierte Sperre eines EDV-Programms, die vor unbefugter Nutzung sichern soll (BGH NJW 81, 2684). Aus dem Grundsatz der gegenseitigen Interessenabwägung **(I)** folgt, dass die Beeinträchtigung des Gebrauchs **erheblich** sein muss, es sei denn, dem steht wiederum ein besonderes Interesse des Mieters an der uneingeschränkten Nutzung gegenüber. Bsp für ein besonderes Interesse: absolute Ruhe im Sanatorium. Die Ursache der Beeinträchtigung ist gleichgültig. **Kenntnis des Mieters** vom Mangel bzw uU grobe Fahrlässigkeit (**IV** iVm § 536b) oder eine Vereinbarung mit dem Mieter im Blick auf einen Mangel (**IV** iVm § 536a) können das Kündigungsrecht des Mieters 3 ausschließen. **b)** Geschieht das Nichtgewähren des vertragsgemäßen Gebrauchs durch ein Unterlassen (Bsp: fehlender Einbau einer zugesagten Einrichtung), so muss der Mieter eine **angemessene Frist** setzen, dh den Mangel, soweit dem Vermieter nicht bekannt, anzeigen und zur Beseitigung in einer bestimmten Zeitspanne auffordern (zu den Ausnahmen s **III**). Einer bes Form, auch einer Ablehnungsandrohung (Kündigungsandrohung) bedarf es nicht (BGH WuM 07, 571). Die Angemessenheit der Frist richtet sich nach den Umständen des Einzelfalls. Eine unangemessen kurze Frist setzt eine Frist von angemessener Länge in Gang. Die Frist muss **ungenutzt verstreichen.** Wird der vertragsgemäße Gebrauch durch ein Handeln beeinträchtigt (Bsp: Versperren des Zugangs zum Keller), ist eine **Abmahnung** (mit Ausnahmen, s **III**) erforderlich und eine weitere Zuwiderhandlung. Fehlt eine Abmahnung, so kann die (unwirksame) Kündigung in eine Abmahnung 4 umgedeutet werden. **c) Beweislast (IV 2).** Der Mieter muss idR Vorenthaltung bzw Entzug des vertragsgemäßen Gebrauchs (BGH NJW 85, 2328, zum Mangel; sa § 536 Rn 4), sein bes Kündigungsinteresse bei unerheblicher Beeinträchtigung, die Fristsetzung bzw das Vorliegen der Ausnahmegründe und den Zugang der Kündigung beweisen, der Vermieter die Rechtzeitigkeit der Gewährung vertragsgemäßen Gebrauchs oder der Abhilfe, die Unerheblichkeit der Behinderung; zu Kenntnis und grober Fahrlässigkeit des Mieters s § 276 Rn 33 ff.

Titel 5. Mietvertrag, Pachtvertrag § 544

3. Recht des Vermieters zur fristlosen Kündigung wegen vertragswidrigen Gebrauchs (II S 1 Nr 2). Zum vertragswidrigen Gebrauch s § 535 Rn 27f, zur Überlassung an einen Dritten s § 540 Rn 2 f. Einer *erheblichen* Beeinträchtigung bedarf es hier nicht (Frankfurt NJW-RR 89, 11 mwN); zur Gefährdung s § 536 Rn 4. Einzelne kleinere Verstöße reichen nicht aus. *Verschulden* ist weder beim Mieter noch beim Dritten erforderlich. Eine psychische Erkrankung mit Suizidgefahr soll das Kündigungsrecht ausschließen (BGH NZM 05, 300, bedenklich; differenzierter für die Zwangsvollstreckung BVerfG NZM 05, 659). Zur **Abmahnung (III)** s § 541 Rn 2. Sie muss sich nach hM allein an den (bzw alle) Mieter richten (StEmmerich 78; zweifelhaft, da sich der Dritte im Schutzbereich des Mietvertrages befindet und der Vermieter damit unmittelbare Interessen ihm gegenüber haben kann). 5

4. Recht des Vermieters zur fristlosen Kündigung wegen Zahlungsverzugs (II S 1 Nr 3). a) Tatbestände. Der Mieter zahlt an zwei aufeinander folgenden Terminen nicht; der Mieter zahlt an zwei aufeinander folgenden Terminen nur einen Teil, der Rückstand aus diesen beiden Terminen (BGH NJW 08, 3211) ist nicht unerheblich (BGH NZM 08, 771: mehr als eine Monatsmiete; sa § 569 III 1); der Mieter zahlt schleppend, es fehlen insgesamt zwei Monatsmieten. Einzubeziehen sind auch die Vorauszahlungen für Betriebskosten (BGH NJW 08, 3210), nicht die Kaution oder sonstige Forderungen aus dem Mietverhältnis. Zu den zusätzlichen Voraussetzungen des Verzugs s § 286 II 1, zum Vertretenmüssen s § 286 IV iVm § 276 I 1 (zB Beschaffungsrisiko), zum Sorgfaltsmaßstab s § 276 Rn 29. Dieser Maßstab gilt auch bei einem Irrtum über mögliche Gegenrechte (BGH NJW 12, 2882; zust Hinz NJW 13, 337, krit Blank DWW 12, 501). **b) Ausschluss des Kündigungsrechts, Unwirksamkeit der Kündigungserklärung.** Der Mieter zahlt vollständig vor Zugang der Kündigung (Hinweis auf Sicherheiten genügt nicht, BGH WM 72, 337); der Mieter rechnet unverzüglich (§ 121 I 1) nach Zugang der Kündigung mit einer Gegenforderung wirksam auf. Für den Fall der Insolvenz s InsO 112. Zu weiteren Gründen s § 569 Rn 4. Die **Beweislast** liegt beim Mieter. Zu Mietverträgen über Wohnräume s § 569 III (§ 569 Rn 4). **c)** Das **Erlöschen des Kündigungsrechts (II S 2)** setzt eine grds vollständige Zahlung der Rückstände voraus (LG Köln ZMR 00, 428; zu scharf AG Dortmund DWW 03, 127: „bis auf den letzten Cent"). 6 7

5. Voraussetzungen und Wirkungen der Kündigungserklärung. Die empfangsbedürftige (§ 130) Erklärung ist formfrei; zu Mietverträgen über Wohnräume s §§ 568 I (Schriftform), 569 III (Angabe des Kündigungsgrundes). Sie muss zeitnah erfolgen (Düsseldorf DWW 03, 155; sa § 314 III). Eine fehlgeschlagene Kündigung ist gem § 140 in eine ordentliche Kündigung zum nächst möglichen Termin umdeutbar, wenn sich ergibt, dass der Vermieter das Mietverhältnis auf jeden Fall beenden will (BGH WuM 05, 284, str). 8

§ 544 Vertrag über mehr als 30 Jahre

¹Wird ein Mietvertrag für eine längere Zeit als 30 Jahre geschlossen, so kann jede Vertragspartei nach Ablauf von 30 Jahren nach Überlassung der Mietsache das Mietverhältnis außerordentlich mit der gesetzlichen Frist kündigen. ²Die Kündigung ist unzulässig, wenn der Vertrag für die Lebenszeit des Vermieters oder des Mieters geschlossen worden ist.

1. Normzweck. Die Bestimmung will einerseits die sog „Erbmiete", also zeitlich unbeschränkte, nur im Wege der außerordentlichen Kündigung auflösbare Mietverhältnisse verhindern, zum anderen aber dem Sicherungsbedürfnis bes von Wohnungsmietern Rechnung tragen. Die Vorschrift ist **zwingend**. 1

2. Tatbestand. a) Rechtsvoraussetzungen. Erforderlich ist die Bindung zumindest einer Partei für mehr als dreißig Jahre. Dies ist auch der Fall, wenn die 2

§§ 545, 546   Buch 2. Abschnitt 8. Einzelne Schuldverhältnisse

Bindung von einem Ereignis abhängt, auf das (zumindest) eine Partei keinen Einfluss hat und das erst nach mehr als dreißig Jahren eintreten kann (BGH 117, 238 f). Erfasst werden weiter Verträge, die zwar eher enden, deren Verlängerung jedoch eine Partei – zB über ein Optionsrecht – zu erzwingen vermag. Auch wirtschaftliche Erschwerungen im Falle einer Auflösung können genügen (RG 73, 341). Bei einer **nachträglichen Vereinbarung** beginnt die Frist zu diesem Zeitpunkt (BGH NJW 96, 2029). **S 2** gilt entspr dem Gesetzeszweck nur für natürliche Personen.
b) Rechtsfolgen: Der Vertrag ist wirksam, jedoch gem § 580a IV dreißig Jahre nach Überlassung der Mietsache kündbar. Bei Mietverträgen über Wohnräume gelten bes Schutzvorschriften (§§ 573 ff).

§ 545 Stillschweigende Verlängerung des Mietverhältnisses

¹Setzt der Mieter nach Ablauf der Mietzeit den Gebrauch der Mietsache fort, so verlängert sich das Mietverhältnis auf unbestimmte Zeit, sofern nicht eine Vertragspartei ihren entgegenstehenden Willen innerhalb von zwei Wochen dem anderen Teil erklärt. ²Die Frist beginnt
1. für den Mieter mit der Fortsetzung des Gebrauchs,
2. für den Vermieter mit dem Zeitpunkt, in dem er von der Fortsetzung Kenntnis erhält.

1   **1. Allgemeines. a) Funktion.** Für die relativ häufigen Fälle, dass der Mieter die gemietete Sache mit Wissen des Vermieters weiter benutzt, soll § 545 generell klarstellen, wann eine vertragliche Verlängerung vorliegt (Mot II 413 ff zu § 568 aF). Vermieden werden soll damit der str Rückgriff auf Bestimmungen über den vertragslosen Zustand, zB §§ 812 ff, 987 ff (BT-Drs 14/4553 S 44). **b)** Die Bestimmung ist **abdingbar** (Rostock DWW 06, 284).

2   **2. Rechtsvoraussetzungen. a)** Wie der **Ablauf der Mietzeit** eintritt, ist gleichgültig. Bsp: Befristung, ordentliche, außerordentliche Kündigung mit gesetzlicher Frist oder fristlose Kündigung aus wichtigem Grund. Bei einer Fortsetzung gem §§ 544 ff; 575 II, III liegt keine Beendigung vor, § 568 ist daher nicht anwendbar. **b)** Die **Fortsetzung des Gebrauchs** ist ein rein tatsächliches Verhalten (muss also keine schlüssige Willenserklärung sein) und bedeutet im Grundsatz dieselbe Nutzung wie zur Mietzeit. Hatte der Mieter die Sache einem Dritten überlassen, so ist dessen Weiternutzung eine Fortsetzung (BGH ZMR 88, 19). Wird ohne Weiternutzung der Besitz nicht zurückgegeben (Bsp: der Mieter gibt die Schlüssel der geräumten Wohnung nicht zurück), so ist § 546a anwendbar (Düsseldorf DWW 90, 272). **c) Keine Äußerung eines entgegenstehenden Willens. aa)** Die Äußerung ist eine Willenserklärung, die erkennen lässt, dass Vermieter bzw Mieter eine Fortsetzung des Mietverhältnisses nicht wünschen (BayObLG NJW 81, 2759; LG Berlin NJW-RR 01, 513). Sie kann auch schon vor dem ges Fristbeginn abgegeben werden, weil dadurch der Gegner nicht benachteiligt wird. Bsp: uU die Kündigung selbst (BGH ZMR 88, 20), Widerspruch, Räumungsklage, Bewilligen einer Räumungsfrist. Das **Unterlassen** einer entgegenstehenden Äußerung ist keine Willenserklärung und deshalb nicht anfechtbar. **bb)** Der **Fristbeginn** ist je nach Interessenlage für Mieter und Vermieter (Beweislast für die Kenntnis: Mieter) anders **(S 2 Nr 1 und 2).** Innerhalb der Frist muss die Erklärung des Vermieters dem Mieter zugehen, § 130. Zur Berechnung s §§ 187, 188, 193.

4   **3. Rechtsfolgen.** Verlängerung des Vertrages auf unbestimmte Zeit mit den allg Kündigungsmöglichkeiten.

§ 546 Rückgabepflicht des Mieters

(1) **Der Mieter ist verpflichtet, die Mietsache nach Beendigung des Mietverhältnisses zurückzugeben.**

Titel 5. Mietvertrag, Pachtvertrag **§ 546a**

(2) **Hat der Mieter den Gebrauch der Mietsache einem Dritten überlassen, so kann der Vermieter die Sache nach Beendigung des Mietverhältnisses auch von dem Dritten zurückfordern.**

1. Allgemeines. a) Funktion. Die Beendigung der Mietzeit wandelt den Vertrag in ein Rückgewährschuldverhältnis um, dessen Inhalt durch die §§ 546, 546a und 547 konkretisiert wird. Bei Mietverträgen über Wohnräume ist § 570 (Ausschluss des Zurückbehaltungsrechts für den Mieter) zusätzlich zu beachten, auf den § 578 für Mietverträge über Grundstücke und Räume, die keine Wohnräume sind, verweist. Der Anspruch gewährt ein **Aussonderungsrecht** gem InsO 47 (nur) im Umfang des § 985 (BGHZ 148, 255). **b) Konkurrenzen:** § 985 (BGH 34, 122). **c) Abdingbarkeit.** Die Rückgabepflichten können iE vertraglich ausgestaltet werden. **d) Verjährung:** § 195.

2. Rückgabepflicht (I). a) Rückgabe bedeutet idR Einräumen des **unmittelbaren Besitzes,** auch wenn der Mieter selbst – zB bei Besitzaufgabe – nicht Besitzer ist (BGH NJW 96, 516). Beschädigungen muss der Mieter, sofern möglich, beseitigen (Kandelhard NJW 02, 3292). **Zeitpunkt:** Teilw wird aus dem Wortlaut („nach Beendigung") geschlossen, der Mieter müsse spätestens *am Tag nach* Ablauf des Vertrages die Sache zurückgeben. Da der Vermieter aber die Möglichkeit haben muss, die Sache unmittelbar im Anschluss weiterzuvermieten, wird man die Rückgabe *zum Endzeitpunkt* fordern müssen (desgl StRolfs 31 mwN). Das Gewähren einer Räumungsfrist (ZPO 721, 794a) schiebt die Rückgabepflicht hinaus, das Mietverhältnis bleibt aber beendet. **Umfang:** alle Mietsachen einschließlich aller vorhandenen (auch selbst gefertigter) Schlüssel (Köln ZMR 06, 860). **b) Zustand der Sache:** Nach Entfernung von Inventarstücken, Einbauten und Einrichtungen, die für die Vertragszeit eingebracht sind, nach Rückbau baulicher Veränderungen auf Zeit (StRolfs 24, 26; Katzenstein NZM 08, 598), ordnungsgemäß geräumt und gereinigt. Lässt der Mieter einzelne Gegenstände zurück, so gilt § 241 II. Zur Abnutzung und zu Schäden s § 538.

3. Ansprüche gegen einen Dritten (II). Zur **Gebrauchsüberlassung** s § 540 Rn 2. Konkurrenzen: §§ 985, 1004 (BGH NJW 07, 2187). Der Anspruch gegen den Dritten tritt neben den Anspruch gegen den Mieter aus I (Gesamtschuld, Celle NJW 53, 1475). Der Untermieter sieht sich seinerseits bei gleichzeitig beendetem Untermietverhältnis einem Anspruch des Mieters aus I gegenüber, muss aber, da dieser die Sache weitergeben müsste, nur an den Vermieter herausgeben.

§ 546a Entschädigung des Vermieters bei verspäteter Rückgabe

(1) **Gibt der Mieter die Mietsache nach Beendigung des Mietverhältnisses nicht zurück, so kann der Vermieter für die Dauer der Vorenthaltung als Entschädigung die vereinbarte Miete oder die Miete verlangen, die für vergleichbare Sachen ortsüblich ist.**

(2) **Die Geltendmachung eines weiteren Schadens ist nicht ausgeschlossen.**

1. Allgemeines. Funktion. Die Stellung des Vermieters soll dadurch verbessert werden, dass er nicht einen eingetretenen Schaden nachweisen muss, sondern so gestellt wird, als hätte er die Sache durch eine anderweitige Vermietung nutzen können. **Rechtsnatur.** Anspruch eigener Art aus dem Rückgewährschuldverhältnis, der an die Stelle des Anspruchs auf die Miete tritt (BGH 68, 310). **Weitere Ansprüche,** zB aus Verzug (iVm § 546), bleiben bestehen, s **II,** desgl nach hM aus § 812 (BGH 68, 309) und aus §§ 292, 987 ff nach Rechtshängigkeit (s BGH NJW-RR 09, 1523 für die Untermiete). Die Bestimmung ist **abdingbar.**

2. Rechtsvoraussetzungen. Eine **Vorenthaltung** geschieht, wenn der Mieter ihm zurechenbar (offen gelassen in BGH 90, 149 f, str) entgegen dem Willen des

§ 547

Vermieters (BGH NJW-RR 10, 1521) die Sache nicht zurückgibt oder nicht freiräumt (BGH NJW 94, 3294). Der Zustand der Sache ist insoweit irrelevant. Bei einer Wohnung gehört auch die Rückgabe sämtlicher Schlüssel dazu (Düsseldorf NJW-RR 96, 209; zu einer Ausnahme s KG DWW 01, 276). Die **Beweislast** für die Erfüllung seiner Rückgabepflicht (§ 546) bzw dafür, dass er keinen Anlass für die Nicht-Rückgabe gesetzt hat, trägt der Mieter (MK/Bieber 17). Macht der Mieter von einem Zurückbehaltungsrecht (§ 273; sa §§ 570, 578 I) Gebrauch, ist § 546a nicht anwendbar (BGH 65, 58 mit zust Anm Haase JR 76, 22). Nimmt der Vermieter eine Sache wegen ihres vertragswidrigen Zustandes nicht zurück, ist § 546a wegen des Annahmeverzuges nicht anwendbar (Düsseldorf DWW 03, 92).

3 **3. Rechtsfolgen.** Die gegenseitigen Gewährungs- und Obhutspflichten (§ 535 Rn 15 ff, 28 ff) bleiben im Wesentlichen bestehen. Der Vermieter hat – ohne, dass es einer Erklärung bedarf (BGH DWW 00, 324 mwN, str) – zu den vertraglichen Fälligkeitsterminen einen Anspruch auf die bisherige (oder höhere) übliche Miete (**I, Beweislast** beim Vermieter) einschließlich der vereinbarten Betriebskosten, da diese zur Miete zählen. Evtl Minderungsbeträge bei Mängeln sind abzuziehen, soweit der Grund für die Minderung bereits vor Beendigung des Mietverhältnisses lag (BGH NJW-RR 90, 884). Über die Vergleichsmiete hinausgehende Schäden können unter den Voraussetzungen der §§ 280 I, II, 286 geltend gemacht werden.

4 **4. Verjährung.** §§ 195, 199 (allgM); dies gilt auch für die konkurrierenden Ansprüche gem Rn 1 (BGH 68, 310, dazu krit Heckelmann JuS 77, 799).

§ 547 Erstattung von im Voraus entrichteter Miete

(1) ¹Ist die Miete für die Zeit nach Beendigung des Mietverhältnisses im Voraus entrichtet worden, so hat der Vermieter sie zurückzuerstatten und ab Empfang zu verzinsen. ²Hat der Vermieter die Beendigung des Mietverhältnisses nicht zu vertreten, so hat er das Erlangte nach den Vorschriften über die Herausgabe einer ungerechtfertigten Bereicherung zurückzuerstatten.

(2) **Bei einem Mietverhältnis über Wohnraum ist eine zum Nachteil des Mieters abweichende Vereinbarung unwirksam.**

1 **1. Allgemeines. a) Funktion.** § 547 soll verhindern, dass der Mieter einer Sache, insbes einer Wohnung, beim Auszug den noch nicht verbrauchten Teil an Mietvorauszahlungen (zB abwohnbarer Baukostenzuschuss, s § 535 Rn 24) verliert (BGH 53, 39 f). Die Differenzierung der Haftung auf Vermieterseite (s Rn 2, 3) ist der gesetzgeberische Nachvollzug von Urteilen, in denen die früher allein bestehende Haftung des Vermieters nach § 347 aF (s § 346 IV) als unbillig angesehen wurde (zB BGH NJW 58, 1582). **b)** Die **Abdingbarkeit** ist bei Mietverträgen über Wohnräume ausgeschlossen (**II**), sonst im Rahmen des allg Zulässigen gegeben. **c)** Der Anspruch ist zB an den Nachmieter **abtretbar. d) Verjährung.** §§ 195, 199, nicht § 548 (BGH 54, 350).

2 **2. Haftung des Vermieters auf Rückzahlung und Verzinsung (I 1). a) Beendigung.** Erfasst werden vom Vermieter **zu vertretende Gründe** (Umkehrschluss aus I 2). Bsp: §§ 543 I (Störung durch den Vermieter), 543 II 1, 569 I, nicht § 540 I, da der Vermieter dort die Erlaubnis verweigern darf. **Beweislast:** wie bei § 280 I 2. **b) Vorausentrichtung.** Bsp: Miete, abwohnbare zinslose Mieterdarlehen (zur Anwendung des § 547 auf Mieterdarlehen s BGH 54, 349 f; wN in BGH NJW 71, 1659). **c) Art, Umfang des Anspruchs.** Rückerstattung des Betrages, soweit nicht abgewohnt; Fälligkeit mit Beendigung des Mietverhältnisses. Verzinsung mit 4% (§ 246) seit Empfang (s Gesetzestext). Hat der Mieter den Vermieter wegen der Rückzahlung in Verzug gesetzt (§ 286), so gilt § 288 I bzw II.

Titel 5. Mietvertrag, Pachtvertrag **§ 548**

3. Haftung des Vermieters nach Bereicherungsgrundsätzen. a) Beendi- 3
gung aus nicht zu vertretenden (s § 276) Gründen. Bsp: §§ 540, 540, 543 I
(Störungen durch den Mieter), 543 II Nr 2, 576, 576b, 554, 563 IV, 564 I 2, InsO
109, ZVG 57a. **Beweislast:** Vermieter (s iE Baumgärtel/Nies 3). **b) Bereicherung.**
Es handelt sich um eine Rechtsfolgenverweisung innerhalb des vertraglichen Rückabwicklungsverhältnisses (BGH 54, 351). Hat der Vermieter die Vorauszahlung auf die Sache verwendet, so entspricht der Wert der Bereicherung regelmäßig nicht dem noch nicht abgewohnten Betrag, sondern dem Wert der Sache, der wirtschaftlich auf diesen Teil des Zuschusses fällt; denn hätte der Vermieter statt des Zuschusses eigene Mittel eingesetzt, so wären auch jene Mittel nur noch in Höhe des entspr Bauwertes vorhanden.

§ 548 Verjährung der Ersatzansprüche und des Wegnahmerechts

(1) ¹**Die Ersatzansprüche des Vermieters wegen Veränderungen oder Verschlechterungen der Mietsache verjähren in sechs Monaten.** ²**Die Verjährung beginnt mit dem Zeitpunkt, in dem er die Mietsache zurückerhält.** ³**Mit der Verjährung des Anspruchs des Vermieters auf Rückgabe der Mietsache verjähren auch seine Ersatzansprüche.**

(2) **Ansprüche des Mieters auf Ersatz von Aufwendungen oder auf Gestattung der Wegnahme einer Einrichtung verjähren in sechs Monaten nach der Beendigung des Mietverhältnisses.**

1. Allgemeines. a) Funktion. § 548 ist lex specialis (s § 200) zu §§ 195 ff. Die 1
Parteien sollen zu einer möglichst raschen Feststellung der Ersatzansprüche des Vermieters und der Aufwendungsansprüche des Mieters (§§ 536a II, 539) bei einer Veränderung oder Verschlechterung der Mietsache veranlasst werden (BGH NJW 10, 2652). **b)** Dieser „Bezug vom Mietobjekt" (BGH 124, 191) begrenzt zum einen den **Anwendungsbereich** der Norm: § 548 stellt keine allg Verjährungsvorschrift für das gesamte Mietverhältnis dar; andere Ansprüche als die genannten werden nicht erfasst (BGH NJW 96, 2860 zum Erfüllungsanspruch, eingehend BGH NJW 00, 3203, Ansprüche wegen kontaminierten Materials auf dem Mietgelände). Aus dem geschilderten Normzweck folgt andererseits eine extensive Anwendung in dem bezeichneten sachlichen Bereich: Auch andere Ersatz- bzw Aufwendungsansprüche, die auf dem durch das Mietverhältnis geprägten (BGH 108, 267) Sachverhalt beruhen, verjähren in derselben Frist (aA Kandelhard NJW 02, 3295). Bsp: Anspruch des Vermieters auf Wiederherstellen des ursprünglichen Zustands (BGH DWW 95, 52 mwN), aus Verzug (BGH NJW 98, 1304), aus cic (BGH NJW 06, 1964), aus § 823 (BGH NJW 06, 2399), nicht jedoch aus § 826 (BGH NJW 01, 2253), uU wegen der Beschädigung einer anderen Sache (BGH 116, 294 f). Anspruch des Mieters wegen durchgeführter, aber nicht geforderter Schönheitsreparaturen (BGH NJW 11, 1867). § 548 ist auch auf fehlerhafte Mietverträge (Köln NJW 97, 1197 f) und Ansprüche aus cic (BGH NZM 06, 509) anwendbar. Die Norm gilt schließlich bei anderen Gebrauchsüberlassungen (BGH NJW 02, 1336), für die Haftung des vollmachtlosen Vertreters des Mieters (BGH NJW 04, 774), bei Ansprüchen gegen Dritte, wenn sie sich im Schutzbereich des Mietvertrages (s § 328) befinden (BGH NJW 06, 2399), für Ansprüche von Dritten, wenn ein „enger Bezug" der Rechtsgüter oder Dritten zum Mietobjekt besteht (BGH 124, 191), sowie bei enger wirtschaftlicher Verflechtung zwischen Vermieter und Drittem (BGH NJW 97, 1983 mwN).

2. Verjährung der Ansprüche des Vermieters (I). a) Art der Ansprüche. 2
Anspruch auf Durchführung von Schönheitsreparaturen (BGH DWW 04, 224) und auf Schadenersatz bei Verzug (§§ 280 I, II, 286) bzw Nichterfüllung (§§ 280 I, III, 281 bzw 283) der Hauptpflicht oder von leistungsbezogenen Nebenpflichten, schließlich bei Schutzpflichtverletzungen (§§ 280 I, 241 II). Bsp: vertragswidriger

§ 549

Gebrauch (§§ 535 Rn 27), Verletzung der Obhuts- (§ 535 Rn 28) oder Anzeigepflicht (§ 536c). Die Nicht-Rückgabe der Sache wegen Zerstörung (BGH NJW 06, 2399) bzw von Zubehör oder Inventarstücken fällt unter § 546 und wird damit von § 548 nicht erfasst (BGH 65, 86 mwN). **b) Beginn der Verjährung gefrist.** Das Ges stellt bewusst auf die Rückgabe ab und lässt damit die Verjährung uU vor dem Entstehen des Anspruchs (zB aus §§ 280 I, III, 281 ohne Fristsetzung, aus §§ 280 I, II, 286 ohne Mahnung) beginnen (Saarbrücken NJW-RR 09, 1025). Die Rückgabe – Veränderung der Besitzlage zugunsten des Vermieters – muss so geschehen, dass der Vermieter sie untersuchen kann (BGH NJW 12, 144) und zwar unabhängig von der rechtlichen Beendigung des Mietverhältnisses (**I 2**). Grund: Erst von hier ab kann der Vermieter idR Veränderungen wahrnehmen. Die Parteien können eine spätere Fälligkeit vereinbaren (BGH 107, 182). Wird die Sache überhaupt nicht zurückgegeben, so gelten die §§ 195 ff. **c) Neubeginn, Hemmung.** S §§ 203 ff; die Verjährung wird nicht dadurch gehemmt, dass sich der Vermieter auf sein Pfandrecht (§§ 562 ff) beruft. § 205 ist, da insoweit eine Vereinbarung vorliegt, nicht anwendbar..

3 **3. Verjährung der Ansprüche des Mieters (II).** Anders als nach I beginnt die Verjährung mit der *rechtlichen* Beendigung des Mietverhältnisses (Bamberg NZM 04, 342: auch dann, wenn die Wirksamkeit der Kündigung erst später feststeht). Dies gilt auch bei einer Veräußerung der Mietsache an einen Dritten (s § 566 Rn 2) für die Ansprüche gegen den Altvermieter. Die Verjährung beginnt jedoch nicht, bevor der Mieter Kenntnis von der Veräußerung (nach BGH NJW 08, 2250 vom Grundbucheintrag) erhält.

Untertitel 2. Mietverhältnisse über Wohnraum

Kapitel 1. Allgemeine Vorschriften

§ 549 Auf Wohnraummietverhältnisse anwendbare Vorschriften

(1) **Für Mietverhältnisse über Wohnraum gelten die §§ 535 bis 548, soweit sich nicht aus den §§ 549 bis 577a etwas anderes ergibt.**

(2) **Die Vorschriften über die Mieterhöhung (§§ 557 bis 561) und über den Mieterschutz bei Beendigung des Mietverhältnisses sowie bei der Begründung von Wohnungseigentum (§ 568 Abs. 2, §§ 573, 573a, 573d Abs. 1, §§ 574 bis 575, 575a Abs. 1 und §§ 577, 577a) gelten nicht für Mietverhältnisse über**

1. **Wohnraum, der nur zum vorübergehenden Gebrauch vermietet ist,**
2. **Wohnraum, der Teil der vom Vermieter selbst bewohnten Wohnung ist und den der Vermieter überwiegend mit Einrichtungsgegenständen auszustatten hat, sofern der Wohnraum dem Mieter nicht zum dauernden Gebrauch mit seiner Familie oder mit Personen überlassen ist, mit denen er einen auf Dauer angelegten gemeinsamen Haushalt führt,**
3. **Wohnraum, den eine juristische Person des öffentlichen Rechts oder ein anerkannter privater Träger der Wohlfahrtspflege angemietet hat, um ihn Personen mit dringendem Wohnungsbedarf zu überlassen, wenn sie den Mieter bei Vertragsschluss auf die Zweckbestimmung des Wohnraums und die Ausnahme von den genannten Vorschriften hingewiesen hat.**

(3) **Für Wohnraum in einem Studenten- oder Jugendwohnheim gelten die §§ 557 bis 561 sowie die §§ 573, 573a, 573d Abs. 1 und §§ 575, 575a Abs. 1, §§ 577, 577a nicht.**

Lit: Börstinghaus/Eisenschmid, Arbeitskommentar Neues Mietrecht, 2011; Börstinghaus, NZM 13, 329 (Rspr-Übersicht); Gather, DWW 12, 282 (Rspr-Übersicht); Herrlein, NJW 13,

1045 (Rspr-Übersicht); Honsell, Privatautonomie und Wohnungsmiete, AcP 186, 114; Köhler/ Kossmann, Handbuch der Wohnraummiete, 6. Aufl 2003; Schmid-Futterer, Mietrecht, 10. Aufl 2011.

1. Allgemeines. a) Funktion. Die Norm entspringt der Absicht, den Mietvertrag über Wohnräume als einen Sondertypus des Mietvertrages hervorzuheben (s Rn 2 vor § 535). Dies rechtfertigt sich nicht nur aus der wirtschaftlichen Bedeutung der Wohnungsmiete, sondern insbes dadurch, dass eine Wohnung idR Lebensmittelpunkt für den Mieter ist und sie aus diesem Grund auch in den **Schutzbereich von GG 14** fällt (BVerfG 89, 1,6; BVerfG ZMR 11, 703). Im Gesetz wird zunächst verdeutlicht, welche Regeln anstelle der allg Vorschriften über Mietverhältnisse (§§ 535–548) oder ergänzend zu ihnen gelten sollen **(I)**. Innerhalb der Bestimmungen zu den Wohnraummietverhältnissen wird dann wegen der Unterschiedlichkeit der Schutzbedürfnisse nach der Art der jeweiligen Nutzung differenziert **(II, III)**. 1

b) Ein **Wohnraum** ist nach der Rspr ein vertraglich *zum dauernden Bewohnen* (s Frankfurt/M ZMR 09, 198; nicht Hotelzimmer, BGH JR 79, 240) *durch den Mieter bestimmter Raum* (deshalb kein Mietverhältnis über Wohnraum zwischen Eigentümer und Zwischenvermieter, BGH 94, 14 f mwN, oder mit Verein, der die Räume an betreute Jugendliche überlässt, BGH 133, 147) einschließlich der Nebenräume (Abstell- und Kellerräume, Garage). Bei Mischverhältnissen zB mit gewerblichen Räumen ist darauf abzustellen, welche Nutzung überwiegt (Stuttgart ZMR 08, 795). 2

2. Wohnraum zu einem vertraglich vorübergehenden Gebrauch (II Nr 1). Zu einem **vorübergehenden Gebrauch** angemietet ist Wohnraum, wenn der Vertrag nach dem Willen der Parteien zu einem zeitlich fixierten Zweck geschlossen wird (Bsp: Ferienwohnung von Privatperson, Wohnräume für eine zeitlich festgelegte Ausbildung, für die Zeit eines Stipendiums in Deutschland, nicht für ein Studium allg, weil idR das Ende nicht zeitlich festgelegt ist). 3

3. Möblierte Teilwohnung beim Vermieter (II Nr 2). a) Normzweck. Wegen des vertraglich bedingten engen räumlichen Zusammenlebens zwischen Vermieter und Mieter soll der Kündigungsschutz gegenüber dem Eigentumsrecht des Vermieters zurücktreten. Bei der Vermietung an eine Familie oder Lebensgemeinschaft geht jedoch deren Schutz wiederum vor. **b) Rechtsvoraussetzungen.** Überschneidung der Wohnflächen (zB gemeinsamer Wohnungs-, nicht Hauseingang; gemeinsame Nutzung von Bad, Küche), Verpflichtung des Vermieters zur Ausstattung mit einem erheblich größeren Teil der Einrichtungsgegenstände. **c) Ausnahme.** Vermieten an eine Familie oder eine Lebensgemeinschaft zum dauernden Gebrauch. Dabei ist gegenüber Wohngemeinschaften abzugrenzen. Erforderlich ist nach BGH 121, 116 eine auf Dauer angelegte Gemeinschaft mit innerer, insoweit ausschließlicher Bindung zwischen den Partnern, die auch ein gegenseitiges Füreinander zum Inhalt hat. Eingetragene Lebenspartnerschaften werden unproblematisch erfasst, obwohl die Eintragung ist jedoch nicht Voraussetzung (BT-Drs 14/4553 S 61 zu § 563 II 2). **d)** Der Vermieter trägt die **Beweislast** für die Verpflichtung zur überwiegenden Ausstattung von Einrichtungsgegenständen sowie gegen eine Vermietung zum dauernden Gebrauch, der Mieter für das Bestehen einer Lebensgemeinschaft. 4, 5

4. Weitervermietung durch Träger der Wohlfahrtspflege etc (II Nr 3). Zweck: Der Vermieter soll hier über leichtere Möglichkeiten der Mietanpassung und Kündigung verfügen. 6

5. Wohnraum in Studenten- oder Jugendwohnheimen (III). Lit: Martinek NZM 04, 1. Die Bestimmung soll eine Kündigung nach Beendigung der (vorher zeitlich nicht festgelegten, s dazu Rn 3) Ausbildung oder auch ein Rotationssystem ermöglichen. Ein entspr, an obj Kriterien ausgerichtetes Wechselsystem muss deshalb vorgesehen werden (BGH NJW 12, 2881). Die §§ 574–574c (Widerspruchsrecht des Mieters bei Härtefällen) bleiben anwendbar. 7

§ 550 Form des Mietvertrags

¹Wird der Mietvertrag für längere Zeit als ein Jahr nicht in schriftlicher Form geschlossen, so gilt er für unbestimmte Zeit. ²Die Kündigung ist jedoch frühestens zum Ablauf eines Jahres nach Überlassung des Wohnraums zulässig.

Lit: Häsemeyer, Die ges Form der RGeschäfte, 1971, S 34, 110, 289; Hildebrand, Schriftformmängel bei langfristigen Gewerbemietverträgen, ZMR 07, 588; Jud, Formfragen bei Abschluss befristeter Mietverträge, NZM 06, 913; Kreikenbohm/Niederstetter, Qualifizierte Schriftformklauseln in Mietverträgen, NJW 09, 406; Neuhaus, Aktuelle Brennpunkte der ges Schriftform im gewerblichen Miet- und Pachtrecht, ZMR 11, 1; Timme/Hülk, Schriftform bei langfristigen Mietverträgen, NJW 07, 3313.

1 **1. Allgemeines. a) Funktion.** Die Norm soll einem Nachfolger des Vermieters, der gem § 566 in den Mietvertrag eintritt, Klarheit über die Einzelbedingungen verschaffen. Darüber hinaus sollen aber auch langfristige Verträge für die Parteien selbst fixiert und damit geordnet werden (Prot II 151; BGH NJW-RR 10, 1309, stRspr; krit zu dieser Doppelkonzeption Häsemeyer aaO S 34 ff). Der Schutz des Erwerbers hat im Lauf der Zeit beinahe alleinige Bedeutung gewonnen (vgl StEmmerich 3; MK/Bieber 2). **b) Anwendungsbereich.** Auch bei Grundstücken (§ 578 I) und Räumen, die keine Wohnräume sind (§ 578 II 1). **c)** § 550 ist im Blick auf den Drittschutz **nicht abdingbar** (BGH ZMR 63, 83).

2 **2. Rechtsvoraussetzungen. a) Mietvertrag. aa) Arten.** Auf **gemischt-typische Verträge** ist § 550 anzuwenden, soweit die Überlassung mietrechtlich zu qualifizieren und damit auch § 566 anwendbar ist. Bsp: Leasing (s Rn 5 ff vor § 535). Der **Untermietvertrag** ist als Mietvertrag (s § 540 Rn 6) formbedürftig (BGHZ 81, 46), nicht jedoch der **Mietvorvertrag**, da er zwar die Parteien verpflichtet (zB zum Abschluss eines formgültigen Hauptvertrages, BGH NJW 07, 1818), nicht aber einen Erwerber gem § 566 bindet (StEmmerich 6 mwN). Faktisch können damit die Parteien selbst auf Dauer an eine formlose Abrede gebunden werden (krit Häsemeyer aaO S 112 ff). Dies darf aber nicht dazu führen, einen formlosen Mietvertrag als Vorvertrag auszulegen oder ihn dahin umzudeuten (BGH WM 69, 910). Ein **Optionsrecht** bedarf der Form (BGH DB 87, 2518), desgl die Neuaufnahme nach Beendigung durch Kündigung (BGH NJW 98, 2666); zur **Änderung** des Vertrages s Rn 6. **bb) Umfang** (iE s BGH NJW 10, 1518). Bei **mehreren Personen** als

3 Partner muss auch das Auftreten als Vertreter für nicht Unterzeichnende schriftlich festgehalten werden (BGH NJW 13, 1082, Firmenstempel; sa Leo NJW 13, 2393). **Inhaltlich** müssen grundsätzlich die wesentlichen Punkte schriftlich niedergelegt und durch die Unterschriften gedeckt sein (iE StEmmerich 24 ff), zB Parteien (BGH NJW 02, 3391: Erben statt Erbengemeinschaft), der Mietgegenstand mit Nebenräumen, Freiflächen etc (Rostock NJW 09, 446 mwN), Verzicht auf Kündigungsrechte durch Vermieter (BGH NJW 07, 1742), zeitliche Dauer, Höhe von Miete und Nebenkosten, Zahlungsweise (BGH NJW 08, 366). Sind wesentliche Dinge in **Anlagen** geregelt, so muss im Mietvertrag selbst eine eindeutige Bezugnahme geschehen (BGH NJW 08, 2178). **Nebenabreden**, die für einen Rechtsnachfolger des Vermieters unbedenklich wären, sind formfrei verbindlich (nach hM soll es auf die Bedeutung für die Parteien selbst ankommen, s PalWeidenkaff 10; aA Häsemeyer aaO S 289 ff: Mündliche Absprachen binden stets die Parteien, nicht jedoch den Nachfolger). Die **Beweislast** für eine formfreie Nebenabrede liegt bei dem, der sich darauf beruft, da die Urkunde die Vermutung der Vollständigkeit für sich hat.

4 **b) Für einen längeren Zeitraum als ein Jahr.** Bsp: Befristete Verträge ohne Verlängerungsklausel über ein Jahr hinaus; befristete Verträge mit Verlängerungsklausel (s § 542 II Nr 2), wenn der Vertrag einschließlich Verlängerung ein Jahr überschreitet; unbefristete Verträge auf Lebenszeit oder mit einer Kündigungsfrist, die eine alljährliche Beendigung nicht erlaubt (BGH NJW-RR 08, 1329); nicht: jederzeitig widerrufbare (zB Preis-)Vereinbarungen (BGH 163, 29 f).

Titel 5. Mietvertrag, Pachtvertrag § 551

3. Notwendigkeit der Schriftform. a) Zu den **Anforderungen im Einzel-** 5
nen s § 126. Auch die zeitlich gestreckte Unterzeichnung durch beide Parteien
genügt (BGH 160, 103, str). **b) Folge des Formmangels. aa) Regel.** Der Vertrag
gilt auf unbestimmte Zeit geschlossen und kann zum ersten Mal zum Ende eines
Jahres nach der *vertraglich vorgesehenen Überlassung* (BT-Drs 14/4553 S 47) gem
§§ 573 ff gekündigt werden. Ob die Parteien einen derartigen Vertrag abschließen
wollten, ist unerheblich. **bb) Ausnahme:** Berufung auf den Formmangel als unzulässige
Rechtsausübung? Die Rspr lässt einen Einwand grundsätzlich nicht zu, da
die Norm nicht die Parteien, sondern den Erwerber schütze (BGH WM 90, 892;
StEmmerich 40 ff). Könne sich aber die Vereinbarung nicht auf einen Erwerber
auswirken (BGH 65, 58) oder müsse der Erwerber mit Sicherheit von dem Vertrag
bzw einer Abrede erfahren (BGH MDR 68, 42), so sei ausnahmsweise die Berufung
auf einen Formmangel treuwidrig (wegen der fehlenden Kriterien zutr sehr krit
Häsemeyer aaO S 118 f).

4. Sonderfall: Nachträge, Abänderungen des Mietvertrages. Sie bedürfen, 6
soweit sie wesentlich iSd Rn 3 sind, der Schriftform. Bsp: Änderung der Laufzeit
(BGH 50, 41) und der Miete, Eintritt eines anderen Mieters (BGH NJW 13, 1085),
nicht Eintritt nach §§ 563 ff. Der Nachtrag muss unterzeichnet, aber nicht mit der
Haupturkunde verbunden werden. Es genügt ein eindeutiger Bezug auf den Hauptvertrag
(BGH NJW-RR 10, 1310, stRspr). Es genügt auch, wenn eine Partei die
Urkunde erhält (BGH aaO). Eine teilw **Aufhebung** von Pflichten (zB Herabsetzen
der Miete, Verkürzung der Laufzeit) erscheint wie die Gesamtaufhebung des Vertrages
formfrei möglich (aA PalWeidenkaff 15 f); zur Treuwidrigkeit des Berufens auf
die fehlende Form s Rn 5 und BGH 65, 54.

§ 551 Begrenzung und Anlage von Mietsicherheiten

(1) **Hat der Mieter dem Vermieter für die Erfüllung seiner Pflichten
Sicherheit zu leisten, so darf diese vorbehaltlich des Absatzes 3 Satz 4
höchstens das Dreifache der auf einen Monat entfallenden Miete ohne die als
Pauschale oder als Vorauszahlung ausgewiesenen Betriebskosten betragen.**

(2) ¹Ist als Sicherheit eine Geldsumme bereitzustellen, so ist der Mieter
zu drei gleichen monatlichen Teilzahlungen berechtigt. ²Die erste Teilzahlung
ist zu Beginn des Mietverhältnisses fällig. ²Die weiteren Teilzahlungen
werden zusammen mit den unmittelbar folgenden Mietzahlungen fällig.

(3) ¹Der Vermieter hat eine ihm als Sicherheit überlassene Geldsumme
bei einem Kreditinstitut zu dem für Spareinlagen mit dreimonatiger Kündigungsfrist
üblichen Zinssatz anzulegen. ²Die Vertragsparteien können
eine andere Anlageform vereinbaren. ³In beiden Fällen muss die Anlage
vom Vermögen des Vermieters getrennt erfolgen und stehen die Erträge
dem Mieter zu. ⁴Sie erhöhen die Sicherheit. ⁵Bei Wohnraum in einem
Studenten- oder Jugendwohnheim besteht für den Vermieter keine Pflicht,
die Sicherheitsleistung zu verzinsen.

(4) **Eine zum Nachteil des Mieters abweichende Vereinbarung ist unwirksam.**

Lit: Derleder, Im Überblick: Die Sicherung des Vermieters durch Barkaution, Bürgschaft,
Verpfändung, Sicherungsabtretung und Schuldübernahme, NZM 2006, 601; Dickersbach/Lützenkirchen,
Die treuhänderische Bindung der Baukaution, WuM 06, 595; Geldmacher DWW
11, 122, 170 (Rspr-Übersicht); Timme, Mietkaution in der Insolvenz des Mieters, NZM 08,
429.

1. Allgemeines. a) Funktionen. § 551 soll in den Fällen, in denen eine Siche- 1
rung (Kaution) vereinbart wird, zum einen das Interesse des Mieters schützen, nicht
zu hohe Beträge – und diese auch noch sofort – zur Verfügung zu stellen und

damit zu Beginn des Mietverhältnisses (zumeist neben einer Maklerprovision) hohe Barbeträge aufbringen zu müssen (**II 2** ist durch Ges v 11.3.2013 eingefügt, s Rn 1 vor § 555 a). Weiter soll dadurch, dass dem Mieter die Erträge zustehen (**III 3**), eine verdeckt höhere Miete vermieden werden (die Ausnahme für Studentenheime, **III 5,** wird damit begründet, dass hier bei einer globalen Anlage der Sicherheiten höhere Erträge erwirtschaftet und damit niedrigere Mieten vereinbart werden können; bedenklich). Schließlich dient **III 3** dem Schutz des Mieters vor Zugriffen von Gläubigern des Vermieters. Voraussetzung ist allerdings, dass der Vermieter die Kaution tatsächlich auf einem gesonderten (Treuhand-)Konto angelegt hat (BGH NJW 08, 1152, allgM). **b)** Die Bestimmung ist zugunsten des Mieters **zwingend (IV). c) Anwendungsbereich.** Für die Vermietung anderer Räume gilt § 551 nicht (s § 578). Nach BGH 127, 142 führt eine ergänzende Auslegung bei einer Regelungslücke zu demselben Zinssatz wie in III 1.

2 **2. Sicherheit. a) Arten, Insolvenzfestigkeit (III).** Die Sicherheit kann als Geldleistung in den vom Ges vorgesehenen Zahlungs- und Anlageformen, aber auch in anderer Weise geleistet werden, (III 2) (BGH 107, 210, Bürgschaft). Bei Schmälerung oder Verlust der Anlage besteht eine Nachleistungspflicht. Der Mieter kann verlangen, dass ihm bei Vereinbarung einer Zahlung ein insolvenzfestes Konto genannt wird (BGH NJW 11, 60 m zu weit gehender Anm Schmid ZMR 11, 194). **b) Deckungsfunktion der Sicherheit.** Sie dient iZw zur **Sicherung aller,** auch nach Beendigung fällig werdender (BGH DWW 06, 377), uU aufgrund der zwischenzeitlichen Geldentwertung erhöhter **Ansprüche** (Beweislast für ihr Bestehen beim Vermieter) *aus dem Mietverhältnis* (deshalb ohne bes Absprache keine Aufrechnung mit anderen Forderungen, BGH NJW 12, 3300). Der Vermieter kann die Kaution durch Aufrechnung – selbst mit verjährten Forderungen – voll aufbrauchen (BGH 101, 252) und Wiederauffüllung (Düsseldorf ZMR 06, 924), auch Zahlung nach Beendigung des Vertrages verlangen, wenn noch Ansprüche offen stehen (BGH NJW 12, 996). Der Mieter kann den Vermieter nicht auf die Kaution zur
3 Befriedigung verweisen (BGH WM 72, 337). **c) Höhe.** Maximal (s Gesetzestext) drei Monatsmieten (Inklusivmiete oder Nettomiete je nach Vereinbarung, s dazu § 556 Rn 1 ff; nach BGH NJW 05, 2774 soll bei nicht behebbaren Mängeln Maßstab die geminderte Miete sein; aus Gründen der RSicherheit bedenklich). **d) Rückzahlung.** Steht der Auszug des Mieters fest, so muss der Vermieter die Geldanlage kündigen, zeitnah, dh zwischen drei und sechs Monaten – vorher besteht keine Fälligkeit (Düsseldorf DWW 00, 92) – abrechnen und den Überschuss nach Freiwerden auszahlen (BGH 101, 250; Köln WuM 98, 154). Eine **zu Unrecht verbrauchte** Kaution löst Ansprüche aus §§ 280 I, 241 II in Höhe der Zinsen aus (LG
4 Gießen NJW-RR 96, 1293). Bei Veräußerung der Mietsache gilt § 556a. **Beweislast.** Der Vermieter muss das Bestehen einer Kautionsvereinbarung beweisen, weiter, dass er mit Ansprüchen aufrechnen durfte. Der Mieter muss die Zahlung der Kaution beweisen.

§ 552 Abwendung des Wegnahmerechts des Mieters

(1) **Der Vermieter kann die Ausübung des Wegnahmerechts (§ 539 Abs. 2) durch Zahlung einer angemessenen Entschädigung abwenden, wenn nicht der Mieter ein berechtigtes Interesse an der Wegnahme hat.**

(2) **Eine Vereinbarung, durch die das Wegnahmerecht ausgeschlossen wird, ist nur wirksam, wenn ein angemessener Ausgleich vorgesehen ist.**

1 **1. Allgemeines. Funktion.** § 552 knüpft an das allg Wegnahmerecht des Mieters an (§ 539 II) und gibt bei einem Wohnungsmietvertrag dem Vermieter eine Abwendungsbefugnis. Außerdem schränkt **II** die Vertragsfreiheit zugunsten des Mieters ein. **Anwendungsbereich:** Auch bei Räumen, die keine Wohnräume sind (§ 578 II 1).

Titel 5. Mietvertrag, Pachtvertrag §§ 553–554a

2. Abwendung der Wegnahme. Der Mieter braucht dem Vermieter grund- 2
sätzlich kein Angebot zu machen, dieser muss von sich aus aktiv werden. Zu diesem
Zweck kann der Vermieter nach Kündigung die Wohnung besichtigen. **Zeitlich**
besteht die Abwendungsbefugnis bis zur Abtrennung der Sache durch den Mieter,
mag sie sich auch noch in den Räumen befinden (MK/Bieber 6). Die **Angemessenheit der Entschädigung** ist etwa dadurch zu ermitteln, dass vom Verkehrswert
der Sache einschließlich der Anbringungskosten noch die Hälfte der Kosten abzuziehen sind, die der Mieter bei Wegnahme aufzubringen hätte (geringer im Ergebnis
PalWeidenkaff 3: volle Berücksichtigung der Wegnahmekosten. Ein **berechtigtes
Interesse** des Mieters an der Wegnahme (Beweislast bei ihm) kann wirtschaftlich
(hoher Gebrauchswert), aber auch persönlich (Affektionsinteresse) begründet sein.

3. Prozessuales. Hat der Mieter auf Ausübung der Wegnahme geklagt (s § 539 3
Rn 3) und macht der Vermieter während des Verfahrens ein angemessenes Entschädigungsangebot, so empfiehlt sich, falls der Mieter kein berechtigtes Interesse darlegen kann, die Hauptsache für erledigt zu erklären; zu den Kosten s ZPO 91a.

§ 553 Gestattung der Gebrauchsüberlassung an Dritte

(1) ¹**Entsteht für den Mieter nach Abschluss des Mietvertrags ein berechtigtes Interesse, einen Teil des Wohnraums einem Dritten zum Gebrauch zu überlassen, so kann er von dem Vermieter die Erlaubnis hierzu verlangen.** ²**Dies gilt nicht, wenn in der Person des Dritten ein wichtiger Grund vorliegt, der Wohnraum übermäßig belegt würde oder dem Vermieter die Überlassung aus sonstigen Gründen nicht zugemutet werden kann.**

(2) **Ist dem Vermieter die Überlassung nur bei einer angemessenen Erhöhung der Miete zuzumuten, so kann er die Erlaubnis davon abhängig machen, dass der Mieter sich mit einer solchen Erhöhung einverstanden erklärt.**

(3) **Eine zum Nachteil des Mieters abweichende Vereinbarung ist unwirksam.**

Tatbestand. Erfasst wird die Untervermietung **eines Teils** des gemieteten 1
Wohnraums. Die Untervermietung des gesamten Wohnraums fällt unter § 540 (s
§ 540 Rn 2). **Nachträgliche berechtigte Interessen:** Bei anfänglichem Interesse
hätte der Mieter die Erlaubnis zur Untermiete vereinbaren oder auf die Wohnung
verzichten können. Bsp: Verkleinerung der Familie durch Tod, Auszug von Kindern
oder eines Partners, Änderung der wirtschaftlichen Verhältnisse, teilw Nichtnutzung
(BGH NJW 06, 1200). Die Beweislast liegt beim Mieter. IdR ist, wenn kein wichtiger Grund iSv § 540 vorliegt, dem Vermieter eine Zustimmung zumutbar. Unzumutbarkeit und wichtigen Grund hat der Vermieter zu **beweisen**. Die Norm ist
zugunsten des Mieters **zwingend (III).**

§ 554 (aufgehoben)

Aufgehoben durch Ges v 11.3.2013 (BGBl I S 434) im Zusammenhang mit der
Einführung der §§ 555 a ff (s Rn 1 vor § 555 a); geltend bis 30.4.2013. Auch für
Altverträge gilt das neue Recht, wenn die Mitteilung über die geplante Modernisierungsmaßnahme dem Mieter nach dem 1.5.2013 zugegangen ist oder mit der vor
dem 1.5.2013 gem § 554 II mitgeteilten Maßnahme nach dem 1.5.2013 begonnen
wird, EGBGB 29, § 29

§ 554a Barrierefreiheit

(1) ¹**Der Mieter kann vom Vermieter die Zustimmung zu baulichen Veränderungen oder sonstigen Einrichtungen verlangen, die für eine behinder-**

Teichmann

tengerechte Nutzung der Mietsache oder den Zugang zu ihr erforderlich sind, wenn er ein berechtigtes Interesse daran hat. ²Der Vermieter kann seine Zustimmung verweigern, wenn sein Interesse an der unveränderten Erhaltung der Mietsache oder des Gebäudes das Interesse des Mieters an einer behindertengerechten Nutzung der Mietsache überwiegt. ³Dabei sind auch die berechtigten Interessen anderer Mieter in dem Gebäude zu berücksichtigen.

(2) ¹Der Vermieter kann seine Zustimmung von der Leistung einer angemessenen zusätzlichen Sicherheit für die Wiederherstellung des ursprünglichen Zustandes abhängig machen. ²§ 551 Abs. 3 und 4 gilt entsprechend.

(3) Eine zum Nachteil des Mieters von Absatz 1 abweichende Vereinbarung ist unwirksam.

Lit: Drasdow, Die Barrierefreiheit im Sinne des § 554a BGB, WuM 02, 123; Mersson, Behindertengerechtes Wohnen, ZMR 01, 956; ders, Barrierefreiheit – doch nicht hindernisfrei!, NZM 02, 313.

1. **Normzweck.** Die Bestimmung soll den durch das BVerfG (s § 549 Rn 1) festgestellten, grundgesetzlich geschützten Anspruch des Mieters kodifizieren, bei einer bestimmten Interessenkonstellation die Wohnung für sich oder für die sich berechtigterweise in der Wohnung aufhaltenden Personen mit behindertengerechten Einrichtungen auf eigene Kosten zu versehen und damit die Wohnung weiter als Lebensmittelpunkt nutzen zu können (RAusschuss, BT-Drs 14/5663 S 78). Die Norm ist zugunsten des Mieters **zwingend** (**I, IV** bzw **II, IV** iVm § 551 IV).

2. **Rechtsvoraussetzungen (I). a) Geschützter Personenkreis.** Mieter bzw im Haushalt lebende Personen mit einer erheblichen und dauerhaften Einschränkung der Bewegungsfähigkeit, unabhängig davon, ob sie beim Einzug vorhanden war oder erst später entstand. Auf eine sozialrechtliche Anerkennung als Behinderter kommt es nicht an. **b)** Der Begriff der **baulichen Veränderungen oder sonstigen Einrichtungen** umfasst Umbauten (Bsp: breitere Eingangs- und Wohnungstüren, Rampe) und Installationen ohne Eingriff in die Bausubstanz (Bsp: Haltegriffe, Zugeinrichtung über dem Bett). **c)** Bei der Interessenabwägung sind neben den allg Faktoren (Erforderlichkeit und Zweckmäßigkeit der Maßnahme, Belastung von Mitmietern durch den Umbau und seine Auswirkungen) auch haftungsrechtliche Fragen zur Verkehrssicherungspflicht des Vermieters bei Einrichtungen außerhalb der Wohnung, uU die Übernahme einer zusätzlichen Haftpflichtversicherung durch den Mieter sowie Möglichkeit und Kosten des Rückbaus zu berücksichtigen.

3. **Zusätzliche Sicherung für die Kosten eines Rückbaus (II).** Notfalls sind die Kosten mit einem Voranschlag zu belegen. Nicht durch Zinsen aufgefangene mögliche Kostensteigerungen sind mit zu berücksichtigen; iü s § 551 Rn 2.

§ 555 Unwirksamkeit einer Vertragsstrafe

Eine Vereinbarung, durch die sich der Vermieter eine Vertragsstrafe vom Mieter versprechen lässt, ist unwirksam.

1   Die Norm ist weit auszulegen. Unwirksam sind auch substituierende Vereinbarungen. Bsp: Überhöhte Bearbeitungsgebühren, Verzugszinsen (AG Köln WuM 69, 184), Verfall der Kaution bei vorzeitigem Auszug, Pauschalabfindung im Mietaufhebungsvertrag. § 139 ist idR nicht anwendbar.

Titel 5. Mietvertrag, Pachtvertrag Vor § 555a, § 555a

Kapitel 1a. Erhaltungs- und Modernisierungsmaßnahmen

Vorbemerkung

Lit: Börstinghaus, Stellungnahme aus amtsrichterlicher Sicht zum Entwurf eines Mietrechtsänderungsgesetzes, NZM 2012, 697; Derleder, Duldungspflicht des Mieters bei Modernisierungsmaßnahmen mit energetischem Anspruch, NZM 2013, 441; Dietrich, Das Mietrechtsänderungsgesetz - Überblick zum Referentenentwurf vom 15.10.2011, ZMR 12, 241, 325; Flatow, Mietrechtsänderungsgesetz 2013, NJW 2013, 1185; Franke, Modernisierungs- und Erhaltungsmaßnahmen, DWW 09, 15, 138; Herlitz, Mietrechtsreform muss interessengerechten Ausgleich schaffen, ZMR 12, 762; Herlitz, Contracting und das Mietrechtsänderungsgesetz, DWW 13, 47; Hinz, Referentenentwurf eines Mietrechtsänderungsgesetzes, ZMR 12, 153; ders, Mietrechtsänderung im Rechtsausschuss, NZM 2012, 777; ders., Energieeinsparung als Modernisierungsmaßgabe, ZMR 11, 685; Hopp, Die Mietrechtsreform 2013, Teil 2, DWW 13, 90; Horst, Mietrechtsnovelle 2013 - Energetische Modernisierung und Wärmecontracting, MDR 2013, 189; Niesse/Wiesbrock, Rechtsfragen des Wärmecontracting im Mietverhältnis, NZM 2013, 529; Warnecke, Die Mietrechtsreform 2013, Teil 1, DWW 13, 947.

Durch Ges v 11.3.2013 (BGBl I S 434) wurden ua die §§ 555a ff als eigener **1** Abschnitt eingefügt, um die öffentl geförderten Maßnahmen zur Einsparung von nicht erneuerbaren Primärenergien in Gebäuden auch mietrechtlich abzusichern. Systematisch wird nun zwischen Erhaltungs- und Modernisierungsmaßnahmen unterschieden und dabei jeweils zwischen der Verpflichtung zur Duldung (§§ 555a - f) und dem Recht des Vermieters, die Miete wegen dieser Maßnahmen zu erhöhen (§§ 559a – b). Die Möglichkeiten zur Modernisierung werden für den Vermieter sehr erleichtert: Beeinträchtigungen während der Baumaßnahmen müssen bis zu drei Monaten entschädigungslos hingenommen werden (s § 536 Rn 9). Die Duldungspflicht ist insofern erweitert, als der Mieter die Maßnahmen nicht mehr wegen ihrer finanziellen Auswirkungen auf ihn verhindern kann. „Härten" sollen sehr eingeschränkt beim Umfang der Mieterhöhung berücksichtigt werden. Die dort vorgesehene Abwägung ist zweifelhaft (s §§ 559, 559a Rn 2). Zusätzlich muss der Mieter mit Mieterhöhungen rechnen, da sich die energetische Ausstattung künftig in den Mietspiegeln niederschlagen soll (s § 558c – e Rn 1). Die Einsparungen im Verbrauch, auf die die RegBegr zutr verweist (BT-Drs 17/10485 S 13 zu Zif A I 1 3), werden dies idR nicht ausgleichen. **Anwendungsbereich:** Die Normen gelten im Wesentlichen auch für Mietverhältnisse über Räume, die keine Wohnräume sind, § 578 II 1. Sie sind zugunsten des Mieters in dem Sinn **zwingend,** dass bei Abschluss des Mietvertrages davon nicht generell abgewichen werden kann (s die jeweiligen Bestimmungen). Möglich bleiben weiterhin Vereinbarungen im Zusammenhang mit konkreten Maßnahmen, wie sie idR nach Abschluss des Mietvertrages geschehen (s § 555c). **Inkrafttreten:** 1. Mai 2013; zur Anwendung auf Altverträge s EGBGB Art 229 § 29 (neues Recht gilt, wenn die Modernisierungsmitteilung nach dem 1.5.2013 dem Mieter zugeht oder bei Mitteilung nach § 554 III 3 aF mit den Maßnahmen nach dem 1.5.2013 begonnen wird).

§ 555a Erhaltungsmaßnahmen

(1) **Der Mieter hat Maßnahmen zu dulden, die zur Instandhaltung oder Instandsetzung der Mietsache erforderlich sind (Erhaltungsmaßnahmen).**

(2) **Erhaltungsmaßnahmen sind dem Mieter rechtzeitig anzukündigen, es sei denn, sie sind nur mit einer unerheblichen Einwirkung auf die Mietsache verbunden oder ihre sofortige Durchführung ist zwingend erforderlich.**

(3) **Aufwendungen, die der Mieter infolge einer Erhaltungsmaßnahme machen muss, hat der Vermieter in angemessenem Umfang zu ersetzen. Auf Verlangen hat er Vorschuss zu leisten.**

§ 555b

(4) **Eine zum Nachteil des Mieters von Absatz 2 oder 3 abweichende Vereinbarung ist unwirksam.**

1. Duldungspflicht des Mieters (I). a) Der **Erhaltung,** nun ges definiert, dienen Maßnahmen, die Schäden verhindern oder beseitigen sollen, einschließlich ihrer Vorbereitungen (zB Besichtigung) und Nacharbeiten. Gleichgültig ist, von wem die Schäden ausgehen. Die Maßnahmen können der Mietsache selbst oder dem Gebäude (zB der Nachbarwohnung, dem Treppenhaus) dienen. Zur **Einwirkung** s § 906; ihre Erheblichkeit richtet sich nach obj Gesichtspunkten. **Beweislast:** Vermieter. **b) Umfang.** Die Duldungspflicht umfasst auch eine eingeschränkte **Mitwirkung** wie das Freimachen des Zugangs und der Arbeitsfläche, notfalls das Räumen der Wohnung (PalWeidenkaff, § 554 aF 6; aA StEmmerich § 554 aF 10: nur Gewährenlassen), nicht jedoch das Beseitigen von Schäden oder Schmutz. Auch das Wiedereinräumen ist Sache des Vermieters. Die Grenzen der Duldungspflicht folgen aus § 242. Sie sind, da die Erhaltung auch im unmittelbaren Interesse des Mieters liegt, sehr weit zu ziehen.

2. Ankündigungspflicht des Vermieters (II). Das Ges nimmt eine frühere Rspr auf (s BGH NJW 2009, 1737) und verzichtet, anders als bei Modernisierungsmaßnahmen, auf bes Formen und Fristen. Sie ergeben sich aus § 242 und verbieten sich bei Notmaßnahmen ohnehin.

3. Rechte des Mieters. Aufwendungsersatz kann für Maßnahmen verlangt werden, die aus der Duldungspflicht folgen (BGH WuM 13, 34). Bsp: Kosten für das Unterstellen von Möbeln, für eine anderweitige Unterkunft, nicht für einen definitiven Auszug oder für Gegenstände, die infolge der Verbesserung wertlos geworden sind. Über den **Kostenvorschuss** ist abzurechnen. Während der Maßnahmen mindert sich die Miete entspr § 536 I.

§ 555b Modernisierungsmaßnahmen

Modernisierungsmaßnahmen sind bauliche Veränderungen,
1. **durch die in Bezug auf die Mietsache Endenergie nachhaltig gespart wird (energetische Modernisierung),**
2. **durch die nicht erneuerbare Primärenergie eingespart oder das Klima nachhaltig geschützt wird, sofern nicht bereits eine energetische Modernisierung nach Nr. 1 vorliegt,**
3. **durch die der Wasserverbrauch nachhaltig reduziert wird,**
4. **durch die der Gebrauchswert der Mietsache nachhaltig erhöht wird,**
5. **durch die die allgemeinen Wohnverhältnisse auf Dauer verbessert werden,**
6. **die aufgrund von Umständen durchgeführt werden, die der Vermieter nicht zu vertreten hat, und die keine Erhaltungsmaßnahmen nach § 555a BGB sind, oder**
7. **durch die neuer Wohnraum geschaffen wird.**

Lit: Horst, Der Modernisierungsbegriff als Grundlage der Duldungspflicht des Mieters und der Mieterhöhung, DWW 13, 207.

1. Allgemeines. Die Bestimmung umschreibt wohl abschließend die Maßnahmen, für die die neu geschaffenen Sonderregelungen gelten. In Nr. 1 und 2 (Energieeinsparung) wird mit auf Kennzeichnungen aus der Energieeinsparungsverordnung (EnEV v 24.7.2007, BGBl I S. 1519) nebst Anlagen zurückgegriffen. **Bauliche Veränderungen** sind sowohl Veränderungen der Substanz (Wärmeschutzfenster) wie von Installationen ohne Eingriff in die Bausubstanz (Heizkessel, Lampen). Die Nachhaltigkeit bezieht sich nicht nur auf den Zeitraum, sondern auch auf die Spürbarkeit im Gebrauch (MK/Artz § 559 aF,

Titel 5. Mietvertrag, Pachtvertrag § 555b

Rn 14). **Rechtsfolgen:** Der Mieter muss die Maßnahme dulden. Zur Mieterhöhung s. § 559 I.

2. Einsparung von Endenergie (Nr. 1). „Endenergie" soll – wohl entpr dem 2 Begriff des Endverbrauchers – die von außen bezogene Menge kennzeichnen, die die technische Anlagen im Gebäude (zB Heizkessel, Gastherme, Warmlufterzeuger, elektrischer Verteiler) benötigen, um den jeweiligen Bedarf einschließlich der internen Lagerungs- und Transportverluste zu decken (BT-Drs 17/10485, S. 19). Unerheblich ist, wie die Energie angeliefert wird (zB Strom, Fernwärme, Heizöl, Erdgas, Kohle, Pellets). **Eingespart** wird Energie etwa durch eine höhere Effizienz der Anlage, geringere Transportverluste im Haus (Leitungsdämmung) und niedrigeren Bedarf bei gleichen Ansprüchen (Wärmedämmung). Auch die Eigenproduktion (Wärmegewinnung aus dem Erdreich, Solarkollektoren für die Heizung) senkt den Fremdbedarf ab.

3. Einsparung nicht erneuerbarer Primärenergie, Klimaschutz (Nr 2). 3 „Primärenergie" soll die Energieteile kennzeichnen, die in der jeweiligen Materie (Öl, Gas, Kohle) enthalten sind und die zusätzlich für die Gewinnung, Aufbereitung und den Transport bis zum Gebäude benötigt werden. HalbS 2 („sofern nicht bereits .. ") erklärt sich daraus, dass jede Einsparung von Endenergie auch den Bedarf von Primärenergie an den verschiedenen Stationen reduziert (Nr 1 als lex specialis). Relevant werden kann Nr 2 wohl hauptsächlich für die Umstellung von Anlagen auf erneuerbare Energien zu Hause (Pellets statt Kohle) und das Umstellen auf Fernwärme, wenn dies zur Einsparung von nicht erneuerbarer Primärenergie, zB durch Abfallnutzung, Wärmerückkopplung, führt (BGH NJW 08, 3630). Eine Fotovoltaikanlage, deren Strom in das allg Netz eingespeist wird, senkt ebenfalls den Bedarf an Primärenergie (s § 559 I: keine Mieterhöhung im Fall der Nr 3).

4. Erhöhung des Gebrauchswertes (Nr 4). Sie liegt bei einer Erleichterung 4 oder Verbesserung der Nutzungsmöglichkeit der Wohnung (einschließlich des Komforts) für den typisierten Mieter vor, ohne dass es darauf ankommt, ob der konkrete Mieter die Verbesserung nutzen kann oder will (BGH NJW 05, 2995, Breitbandkabel). Weitere Bsp: Anbau oder Erweiterung (aA LG Frankfurt NJW-RR 12, 1361) eines Balkons, Zentralheizung (LG Chemnitz, NJW-RR 04, 373), funkbasierte Wärmemessung (BGH NJW 11, 3515). Nicht erfasst werden Maßnahmen der Instandsetzung oder -haltung (LG Görlitz WM 93, 264, defekter Gasherd). Wird eine Instandsetzung zur Wertverbesserung genutzt, so kann der darauf fallende Teil der Kosten umgelegt werden (MK/Artz § 559, 11; LG Hannover WuM 90, 227; Beweislast beim Vermieter, LG Braunschweig WuM 90, 158).

5. Verbesserung der allgemeinen Wohnverhältnisse (Nr 5). Erfasst werden 5 die die Wohnung umgebenden mitvermieteten Teile des Hauses und des Grundstücks, ohne dass es wiederum auf die konkrete Nutzungsmöglichkeit für den Mieter ankommt. Bsp: Fahrstuhl; Kinderspielplatz, Grünanlagen. Auf Dauer: Die jährliche Gartenpflege ist im Gegensatz zur Erstanlage keine dauerhafte Maßnahme.

6. Maßnahmen aufgrund nicht zu vertretender Umstände (Nr 6). Einge- 6 schlossen werden zB Maßnahmen, die nicht unter Rn 2 – 4 fallen, zu denen der Vermieter aufgrund ges Bestimmungen oder behördlicher Anordnungen verpflichtet ist und mit denen er bei der Vereinbarung der Miete nicht rechnen konnte. Bsp: Bestimmungen zum Einbau von Messeinrichtungen (BGH DWW 09, 64, Wasserzähler), Verlegen von Stromleitungen unter die Erde, Auflagen zum Denkmalschutz, soweit sie über die Erhaltung und Instandsetzung der Sache hinausgehen.

7. Schaffen neuen Wohnraums (Nr 7). Erfasst wird jede Maßnahme auch 7 außerhalb der vermieteten Wohnung, die zu neuem Wohnraum führt (s § 559 I: keine Mieterhöhung im Fall der Nr 7).

Teichmann

§ 555c Ankündigung von Modernisierungsmaßnahmen:

(1) Der Vermieter hat dem Mieter eine Modernisierungsmaßnahme spätestens drei Monate vor ihrem Beginn in Textform anzukündigen (Modernisierungsankündigung). Die Modernisierungsankündigung muss Angaben enthalten über:
1. die Art und den voraussichtlichen Umfang der Modernisierungsmaßnahme in wesentlichen Zügen,
2. den voraussichtlichen Beginn und die voraussichtliche Dauer der Modernisierungsmaßnahme,
3. den Betrag der zu erwartenden Mieterhöhung, sofern eine Erhöhung nach § 559 BGB verlangt werden soll, sowie die voraussichtlichen künftigen Betriebskosten.

(2) Der Vermieter soll den Mieter in der Modernisierungsankündigung auf die Form und die Frist des Härteeinwands nach § 555d Abs. 3 Satz 1 hinweisen.

(3) In der Modernisierungsankündigung für eine Modernisierungsmaßnahme nach § 555 b Nummer 1 und 2 kann der Vermieter hinsichtlich der energetischen Qualität von Bauteilen auf anerkannte Pauschalwerte Bezug nehmen.

(4) Die Absätze 1 bis 3 gelten nicht für Modernisierungsmaßnahmen, die nur mit einer unerheblichen Einwirkung auf die Mietsache verbunden sind und nur zu einer unerheblichen Mieterhöhung berechtigen.

(5) Eine zum Nachteil des Mieters abweichende Vereinbarung ist unwirksam.

Lit: Börstinghaus, Fristen bei der Modernisierung von Wohnraum nach dem Mietrechtsänderungsgesetz 2013, NZM 2013, 449.

1   Modernisierungsankündigung. Frist (I S 1): spätestens drei Monate (s § 188 II) vor Beginn. Bei Unterlassen oder Verzögerung (BGH DWW 07, 412 zu § 554 aF) gilt § 559b II S 2 Nr 1). Inhalt (I S 2): Der Mieter soll erfahren, wie die Wohnung verändert wird und wie sich dies auf das Bewohnen, aber auch auf die Miete auswirkt (BGH NJW 12, 65 zu § 554 aF). Eine schuldhaft falsche (zu niedrige) Angabe der künftigen Miete löst im Fall der Kausalität (der Mieter hätte gekündigt) Schadensersatzansprüche aus (Beweislast gem § 280 I 2). Macht der Vermieter keine Mitteilung, so muss der Mieter die Maßnahme nicht dulden (BGH NJW 11, 1220 zu § 554 aF). Bei schuldlos zu niedrigen Angaben verzögern sich die Fristen für die Wirksamkeit des Erhöhungsverlangens, s § 559b II S 2 Nr 2. Unerhebliche, wenig beeinträchtigende Maßnahmen müssen nicht mitgeteilt werden (IV). Form: Textform (§ 126b).

§ 555d Duldung von Modernisierungsmaßnahmen:

(1) Der Mieter hat eine Modernisierungsmaßnahme zu dulden.

(2) Eine Duldungspflicht nach Absatz 1 besteht nicht, wenn die Modernisierungsmaßnahme für den Mieter, seine Familie oder einen Angehörigen seines Haushalts eine Härte bedeuten würde, die auch unter Würdigung der berechtigten Interessen sowohl des Vermieters als auch anderer Mieter in dem Gebäude sowie von Belangen der Energieeinsparung und des Klimaschutzes nicht zu rechtfertigen ist. Die zu erwartende Mieterhöhung sowie die voraussichtlichen künftigen Betriebskosten bleiben bei der Abwägung im Rahmen der Duldungspflicht außer Betracht; sie sind nur nach § 559 Abs. 4 und 5 bei einer Mieterhöhung zu berücksichtigen.

(3) Der Mieter hat dem Vermieter Umstände, die eine Härte im Hinblick auf die Duldung oder Mieterhöhung begründen, bis zum Ablauf des

Monats, der auf den Zugang der Modernisierungsankündigung folgt, in Textform mitzuteilen. Der Lauf der Frist beginnt nur, wenn die Modernisierungsankündigung den Vorschriften des § 555c BGB entspricht.

(4) Nach Ablauf dieser Frist sind Umstände, die eine Härte im Hinblick auf die Duldung oder die Mieterhöhung begründen, noch zu berücksichtigen, wenn der Mieter ohne Verschulden an der Einhaltung der Frist gehindert war und er dem Vermieter die Umstände sowie die Gründe der Verzögerung unverzüglich in Textform mitteilt. Umstände, die eine Härte im Hinblick auf die Mieterhöhung begründen, sind nur zu berücksichtigen, wenn sie spätestens bis zum Beginn der Modernisierungsmaßnahme mitgeteilt werden.

(5) Hat der Vermieter in der Modernisierungsankündigung nicht auf die Form und die Frist des Härteeinwands hingewiesen (§ 555c Absatz 2), so bedarf die Mitteilung des Mieters nach Absatz 3 Satz 1 nicht der dort bestimmten Form und Frist. Absatz 4 Satz 2 gilt entsprechend.

(6) § 555a Abs. 3 gilt entsprechend.

(7) Eine zum Nachteil des Mieters abweichende Vereinbarung ist unwirksam.

1. Duldungspflicht, Grenzen. a) Zum Ausmaß der Duldung (I) s § 555a Rn 2. **b) Interessenabwägung (II).** „Um die Norm sprachlich zu straffen", wird auf die Übernahme der in § 554 Abs 2 S 3 aF genannten Abwägungsgründe verzichtet, die jedoch weiter zu berücksichtigen seien (BT-Drs 17/10485 S. 21). Zu beachten sind also zB verschiedene Gesichtspunkte zugunsten des Vermieters (Renovierung auf den üblichen Standard, günstigere Verwertbarkeit, höhere Rendite, Interesse der Mitmieter, insbesondere die ges Modernisierungsziele) einerseits, des Mieters (Beeinträchtigung während der Bauarbeiten, s dazu BGH NJW 13, 224 zu § 554 aF, Belastungen infolge einer Erkrankung, Veränderung im Zustand der Räume) andererseits. Gewicht haben auch Interessen der Familie des Mieters, von Lebenspartnern (s §§ 563, 563a Rn 2) und anderen im Haushalt lebenden Personen (zB Wohngemeinschaft, wenn nicht alle Mieter sind, Kinder oder Pflegekinder des Lebenspartners). Nach der neuen Konzeption (s § 555a Rn 1) können künftige finanzielle Belastungen nicht mehr bei der Entscheidung über die Duldung, sondern nur bei Bemessung der Mieterhöhung berücksichtigt werden.

2. Hinweispflicht des Mieters (III). a) Inhalt. Obwohl die voraussichtliche Höhe der Miete mit ihren Nebenkosten für die Duldung keine Rolle spielt, muss der Mieter schon jetzt auf daraus für ihn folgende Härten hinweisen, um diesen Einwand nicht zu verlieren (s Rn 4). Der Vermieter soll auch insoweit Planungssicherheit gewinnen. Er hat damit auch die Möglichkeit, durch eine Feststellungsklage die Zulässigkeit der angekündigten Erhöhung überprüfen zu lassen (BT-Drs 17/10485 S. 21 rSp). **b) Form, Frist: in** Textform (§ 126b) bis Ablauf des Folgemonats nach Zugang (§ 130) der Modernisierungsankündigung, wenn sie einen Hinweis auf den möglichen Härteeinwand enthält, sonst bis zum Beginn der Arbeiten (V). **c) Folgen eines Versäumens der Frist.** Nur Gründe, an deren Mitteilung der Mieter unverschuldet gehindert war, können noch unverzüglich nach Entfallen des Hindernisses in Textform geltend gemacht werden (IV 1). Bsp: persönliche Verhinderung, späteres Entstehen. Finanzielle Härtegründe, zB infolge einer jetzt eingetretenen Arbeitslosigkeit, sollen, um „klare Verhältnisse zu schaffen" (BT-Drs 17/10485 S. 22), nach Beginn der Maßnahmen überhaupt keine Berücksichtigung mehr finden (IV 2). Miete und Nebenkosten können dann in vollem Umfang erhöht werden (sehr bedenklich).

3. Rechte des Mieters (VI). Zum Ersatz von **Aufwendungen,** die dem Mieter infolge der Maßnahmen entstehen, und einem evtl Kostenvorschuss s § 555a Rn 6.

§§ 555e–556

§ 555e Sonderkündigungsrecht des Mieters bei Modernisierungsmaßnahmen:

(1) Nach Zugang der Modernisierungsankündigung kann der Mieter das Mietverhältnis außerordentlich zum Ablauf des übernächsten Monats kündigen. Die Kündigung muss bis zum Ablauf des Monats erfolgen, der auf den Zugang der Modernisierungsankündigung folgt.

(2) § 555c Abs. 4 gilt entsprechend.

(3) Eine zum Nachteil des Mieters abweichende Vereinbarung ist unwirksam.

1   Die Bestimmung übernimmt das bisher in § 554 III 2 aF geregelte außerordentliche Kündigungsrecht bei nicht unerheblichen (II iVm § 555c IV) Modernisierungsmaßnahmen und benennt die einschlägigen Fristen. Bsp: Zugang der Modernisierungsankündigung am 20.2., Kündigungsmöglichkeit bis zum 31.3., Beendigung des Mietverhältnisses am 30.4.

§ 555f Vereinbarung über Erhaltungs- und Modernisierungsmaßnahmen:

Die Vertragsparteien können nach Abschluss des Mietvertrags aus Anlass von Erhaltungs- oder Modernisierungsmaßnahmen Vereinbarungen treffen, insbesondere über die
1. zeitliche und technische Durchführung der Maßnahmen,
2. Gewährleistungsrechte und Aufwendungsersatzansprüche des Mieters,
3. künftige Höhe der Miete.

1   Die – in der Sache überflüssige – Bestimmung soll mit ihren Beispielen in Nr 1 – 3 „insbesondere Vermieter mit wenig Erfahrung in Modernisierungsangelegenheiten darauf aufmerksam" machen, dass es neben den in diesem Abschnitt geregelten Verfahren wie bisher auch die Möglichkeit gibt, sich über die Modalitäten einer konkreten Modernisierung in verschiedener Weise zu einigen (BT-Drs 17/10485 S. 22). Zulässig dürfte es entgegen dem Text des Ges weiterhin sein, eine solche Regelung in oder im Zusammenhang mit einem Mietvertrag, also nicht nur „nach Abschluss" zu treffen.

Kapitel 2. Die Miete

Unterkapitel 1. Vereinbarungen über die Miete

§ 556 Vereinbarungen über Betriebskosten

(1) [1]Die Vertragsparteien können vereinbaren, dass der Mieter Betriebskosten trägt. [2]Betriebskosten sind die Kosten, die dem Eigentümer oder Erbbauberechtigten durch das Eigentum oder das Erbbaurecht am Grundstück oder durch den bestimmungsmäßigen Gebrauch des Gebäudes, der Nebengebäude, Anlagen, Einrichtungen und des Grundstücks laufend entstehen. [3]Für die Aufstellung der Betriebskosten gilt die Betriebskostenverordnung vom 25. November 2003 (BGBl. I S. 2346, 2347) fort. [4]Die Bundesregierung wird ermächtigt, durch Rechtsverordnung ohne Zustimmung des Bundesrates Vorschriften über die Aufstellung der Betriebskosten zu erlassen.

(2) [1]Die Vertragsparteien können vorbehaltlich anderweitiger Vorschriften vereinbaren, dass Betriebskosten als Pauschale oder als Vorauszahlung ausgewiesen werden. [2]Vorauszahlungen für Betriebskosten dürfen nur in angemessener Höhe vereinbart werden.

Titel 5. Mietvertrag, Pachtvertrag   § 556

(3) ¹Über die Vorauszahlungen für Betriebskosten ist jährlich abzurechnen; dabei ist der Grundsatz der Wirtschaftlichkeit zu beachten. ²Die Abrechnung ist dem Mieter spätestens bis zum Ablauf des zwölften Monats nach Ende des Abrechnungszeitraums mitzuteilen. ³Nach Ablauf dieser Frist ist die Geltendmachung einer Nachforderung durch den Vermieter ausgeschlossen, es sei denn, der Vermieter hat die verspätete Geltendmachung nicht zu vertreten. ⁴Der Vermieter ist zu Teilabrechnungen nicht verpflichtet. ⁵Einwendungen gegen die Abrechnung hat der Mieter dem Vermieter spätestens bis zum Ablauf des zwölften Monats nach Zugang der Abrechnung mitzuteilen. ⁶Nach Ablauf dieser Frist kann der Mieter Einwendungen nicht mehr geltend machen, es sei denn, der Mieter hat die verspätete Geltendmachung nicht zu vertreten.

(4) Eine zum Nachteil des Mieters von Absatz 1, Absatz 2 Satz 2 oder Absatz 3 abweichende Vereinbarung ist unwirksam.

Lit: Eisenschmid/Wall, Betriebskostenkommentar, 3. Aufl 2010; Flatow, Die Umsetzung des Wirtschaftlichkeitsgebots, WuM 12, 235; Flatow, Korrektur von Betriebskostenabrechnungen, WuW 10, 606; Gather, Mietstruktur und Betriebskostenvorauszahlung, DWW 12, 362; Lammel, Heizkostenverordnung, 4. Aufl 2012; Langenberg/Zehelein, Nochmals: Zur Durchsetzung des Wirtschaftlichkeitsgebots im Betriebskostenrecht, NZM 13, 169; Noack/Westner, Betriebskosten in der Praxis, 6. Aufl 2012; Nöllke, Nebenkostenabrechnung für Vermieter, 5. Aufl 2011; Schmid, Handbuch der Mietnebenkosten, 13. Aufl 2013; Streyl: Die Hürden der Darlegungs- und Beweislast bei behaupteter Verletzung des Wirtschaftlichkeitsgebots, NZM 13, 97.

1. Allgemeines. a) Normzweck. Die Bestimmung hält zunächst am ges Leit- 1 bild (s § 535 Rn 18) fest, wonach die Miete als solche die Gegenleistung für die Nutzung der Wohnung einschließlich der durch die Nutzung entstehenden weiteren Kosten darstellt (sog. **Bruttoinklusivmiete**). Sie trägt aber der allg Praxis Rechnung, wonach über die Betriebskosten gesondert abgerechnet wird. Voraussetzung dafür ist eine entspr Vereinbarung. Nicht im Vertrag erwähnte Kosten sind damit durch die Grundmiete abgegolten (Düsseldorf BB 91, 1150; aA Köln ZMR 95, 69). Weiter werden die Betriebskosten auch nach der weitgehenden Verlagerung der Kompetenz in Wohnungssachen auf die Länder (s GG Art 74 Nr 18) einheitlich entspr der BetrKV verstanden. Die Änderungsbefugnis wird damit dem Bund überlassen. Sachlich wird zwischen zwei Typen für den gesonderten Ausweis der Betriebskosten unterschieden, nämlich der **Betriebskostenpauschale** und der **Abrechnungsvereinbarung mit Vorauszahlung (II 1).** Die Regelungen über die Umlagefähigkeit der Betriebskosten, zur Höhe der Vorauszahlung und zur Abrechnung sind zugunsten des Mieters **zwingend (IV).** Ein vereinfachender Wechsel im Abrechnungsturnus (zB Umstellen auf Kalenderjahr) wird auch als zulässig angesehen (BGH NZM 11, 625). **b) Umlagefähige** 2 **Betriebskosten** sind nach BetrKV zB die öffentl Lasten wie Grundsteuern, Kosten für Sach- und Haftpflichtversicherung, Wasserversorgung und Abwasserentsorgung, Warmwasser und Heizung einschließlich der Wartung, Öltank (BGH NJW 10, 226), Gastherme (BGH WuM 13, 31), Heizungszähler (AG *Koblenz*, DWW 96, 252), Rauchmelder (LG Magdeburg NJW 12, 544), Aufzug, Geräte in der Wohnung, weiter die Kosten für Straßenreinigung und Müllabfuhr, Hausreinigung, Hauswart, Schornsteinreinigung und Ungezieferbeseitigung, für Gartenpflege, Beleuchtung der gemeinschaftlich genutzten Gebäudeteile wie Flur und Keller, Kosten für eine Gemeinschaftsantenne bzw. einen Kabelanschluss. Eigene Leistungen können mit fiktiven Kosten eines Drittunternehmens (ohne MWSt) angesetzt werden (BGH NZM 13, 120). **Nicht umlagefähig** sind insbes die Verwaltungskosten (BGH WuM 93, 110) sowie Kosten für die Instandhaltung bzw Instandsetzung (Karlsruhe WuM 88, 204). Das **Wirtschaftlichkeitsgebot (III 1)** verpflichtet den Vermieter, bei Inanspruchnahme von Leistungen Dritter im Rahmen eines Ermessensspielraums für angemessene und marktübliche Ent-

§ 556

Buch 2. Abschnitt 8. Einzelne Schuldverhältnisse

gelte zu sorgen (Düsseldorf ZMR 11, 861). Die **Beweislast** für eine Pflichtverletzung liegt beim Mieter (BGH NJW 11, 3029; s dazu Hinz NZM 12, 138, Peters NZM 12, 145, Milger NZM 12, 658). Den Vermieter trifft eine sog sekundäre Beweislast, soweit der Mieter die einschlägigen Fakten nicht kennen kann (aA BGH aaO; dazu krit Langenberg/Zehelein NZM 13, 169).

3   **2. Vereinbarung über Art und Zahlung der Betriebskosten (II).** Bei der Vereinbarung einer **Pauschale (II 1, 1. Alt)** bestimmen die Parteien für einzelne oder mehrere Betriebskosten einen idR monatlich zu zahlenden festen Betrag, der unabhängig von den tatsächlich entstehenden Kosten zu zahlen ist. Im Vergleich zu einer Bruttoinklusivmiete wird durch diese sog **Teilinklusivmiete** eine höhere Flexibilität erreicht, weil Veränderungen zu einer entsprechenden Anpassung führen können (s § 560 I). Außerhalb zwingender Normen (zB HeizkostenV) ist die Vereinbarung einer Betriebskostenpauschale zulässig. Die zumeist vereinbarten **Vorauszahlungen (II 1. 2. Alt)** sind zunächst pauschalierte Beträge, die der Mieter idR ebenfalls monatlich leistet und über die dann entspr ihrem tatsächlichen Entstehen abgerechnet wird. Sie dürfen **zwingend (IV)** nur angemessen, dh in der voraussichtlichen Höhe vereinbart werden (**II 2**; iE BayObLG NJW-RR 96, 207: Nur eine leichte Überschreitung verstößt noch nicht gegen § 134). Nach der Abrechnung (s Rn 4) hat der Vermieter einen **Anspruch auf die Abrechnungsdifferenz** gem §§ 535 II, 556 I. Der Mieter kann Überzahlungen entspr §§ 346 ff (nicht §§ 812 ff) zurückverlangen, da es sich, einem Vorschuss vergleichbar, um einen vertraglichen Rückabwicklungsanspruch handelt.

4   **3. Abrechnung über Vorauszahlungen (III). a) Abrechnungsperiode: jährlich.** Erfasst werden können die Kosten, die bei dem *Mieter* durch die Inanspruchnahme der Leistung entstanden sind (sog Leistungsprinzip) oder die dem *Vermieter* im fraglichen Zeitraum – auch für eine frühere Periode – in Rechnung gestellt werden (sog Abflussprinzip). Für Heizkosten soll allein das Leistungsprinzip zulässig sein (BGH ZMR 12, 341 m zutr kritAnm Schmid). Der Beginn muss sich nicht mit dem Kalenderjahr decken (zB Beginn der Heizperiode für die Heizkosten). Auch ein unterschiedlicher Beginn je nach Art der Kosten ist im Rahmen des Zumutbaren zulässig (BGH NJW 08, 2328). Abrechnungen über eine längere Periode als ein Jahr lösen keine (Nach-) Zahlungsverpflichtung aus (LG Düsseldorf ZMR 98, 167). Bei einem **Mieterwechsel** sind die jeweiligen Anteile notfalls zu schätzen. Bei einem **Vermieterwechsel** hat der Erwerber über den Teil einer vereinbarten Periode abzurechnen, die vor dem Erwerb liegt (BGH NZM 01, 158). Für abgeschlossene Perioden bleibt der frühere Vermieter alleiniger
5   Anspruchsgegner (BGH aaO). **b)** Eine **äußere Form,** insbes Textform (§ 126b), ist nicht vorgeschrieben. Die Nachprüfbarkeit verlangt jedoch die Fixierung auf einem Datenträger. Die Belege selbst muss der Vermieter dem Mieter nicht zukommen lassen; ein Einsichtsrecht genügt (BGH ZMR 06, 358; zust
6   Langenberg NZM 07, 105). **c)** Die **formelle Ordnungsgemäßheit** richtet sich nach § 259 (BGH NJW 09, 283). Die Abrechnung muss also eine geordnete Zusammenstellung der Einnahmen und Ausgaben enthalten. Auch die nicht umlagefähigen Kostenanteile sind anzugeben (BGH NJW 07, 60). Erforderlich sind eine Zusammenstellung der Gesamtkosten für die einzelnen Sachposten (BGH NJW 11, 144), die Angabe und Erläuterung des zu Grunde gelegten Verteilerschlüssels (soweit nicht aus sich verständlich), die Berechnung des Anteils des Mieters und die Berücksichtigung der geleisteten Vorauszahlungen (BGH NJW 11, 368 mwN). Inhaltlich muss ein mit den einschlägigen Rechtsvorschriften vertrauter Mieter die vorgenommene Abrechnung nachprüfen können (BGH NJW 12, 603). Fehler können innerhalb der Frist – auch zu Lasten des Mieters (BGH NJW 11, 843) – korrigiert werden. Eine nicht formell ordnungsgemäße Abrechnung ist unwirksam und löst keine Frist aus (BGH NZM 11, 403). Formelle Fehler bei Einzelpositionen beeinträchtigen die Wirksamkeit anderer Positionen
7   nicht (BGH NJW 11, 2787). **d)** Sind **Einzelposten inhaltlich unrichtig** festge-

stellt, wird die Wirksamkeit ebenfalls nicht beeinträchtigt (BGH NJW 11, 2787). Es bestehen Ansprüche im Rahmen einer Nachforderung/Rückforderung. Eine Neuberechnung (mit uU Auswirkungen auf die Frist) kann der Mieter nach der Rspr ausnahmsweise verlangen, wenn ihm eine Berichtigung nicht selbst möglich ist (BGH NJW 11, 369; str.). **e) Frist** (sog **Abrechnungsreife**): „Spätestens" (der Vermieter darf also die Zeitspanne insbes bei zu hohen Vorauszahlungen nur bei einem sachlichen Grund voll ausnutzen) ein Jahr nach Ablauf der vereinbarten Abrechnungsperiode **(S 2)**. Der Anspruch des Mieters auf Abrechnung wird damit fällig. **Durchsetzung:** ZPO 888 (BGH NJW 06, 2707; iE zust Timme NJW 06, 2668). **Folgen einer Fristüberschreitung (III 3): Ausschluss eines Nachlungsanspruchs** (BGH NJW 11, 843). Fehler können dann nicht mehr korrigiert werden (BGH NJW 08, 1151 m krit Anm Schmid, BGH NJW 08, 1521). Anders jedoch, wenn der Vermieter die Fristüberschreitung nicht zu vertreten hat und dann zügig handelt (BGH NJW 06, 3351). **Bsp**: späterer Zahlungsbescheid an den Vermieter, spätere Abrechnung oder Nachberechnung durch das Versorgungsunternehmen. Eine nicht vorgenommene bzw. verspätete Zustellung durch die Post soll nicht entlasten (BGH NJW 09, 2198: § 278; abzulehnen). Anspruch auf **Rückerstattung** der Vorauszahlungen bei beendetem Mietverhältnis (BGH NJW 05, 1501) allerdings ohne Verzugszinsen (BGH NZM 13, 188, nur konkreter Schadensersatz); **Zurückbehaltungsrecht** des Mieters hinsichtlich künftiger Abschläge bei laufendem Mietverhältnis (BGH NJW 12, 3509). **f) Obliegenheiten des Mieters (III 5 und 6).** Geltendmachen von Einwendungen, bezogen auf jede einzelne formell ordnungsgemäße (BGH WuM 11, 101) Abrechnung (BGH NJW 10, 295), innerhalb von zwölf Monaten zum Monatsende (LG Frankfurt/M WuM 13, 40, str) nach deren Zugang. **Folge eines Fristversäumens:** Ausschluss der Einwendungen, nicht des Rückzahlungsanspruchs im Fall von Mehrzahlungen (iE s Dichenbach ZMR 08, 355). Eine **vorbehaltlose Zahlung** schließt eine Rückforderung zu viel gezahlter Beträge nicht grundsätzlich aus (BGH NJW 11, 844), jedoch kann sich uU ein Vertrauen beim Vermieter bilden, der Mieter akzeptiere die Abrechnungen (Langenberg NZM 01, 788).

§ 556a Abrechnungsmaßstab für Betriebskosten

(1) ¹Haben die Vertragsparteien nichts anderes vereinbart, sind die Betriebskosten vorbehaltlich anderweitiger Vorschriften nach dem Anteil der Wohnfläche umzulegen. ²Betriebskosten, die von einem erfassten Verbrauch oder einer erfassten Verursachung durch die Mieter abhängen, sind nach einem Maßstab umzulegen, der dem unterschiedlichen Verbrauch oder der unterschiedlichen Verursachung Rechnung trägt.

(2) ¹Haben die Vertragsparteien etwas anderes vereinbart, kann der Vermieter durch Erklärung in Textform bestimmen, dass die Betriebskosten zukünftig abweichend von der getroffenen Vereinbarung ganz oder teilweise nach einem Maßstab umgelegt werden dürfen, der dem erfassten unterschiedlichen Verbrauch oder der erfassten unterschiedlichen Verursachung Rechnung trägt. ²Die Erklärung ist nur vor Beginn eines Abrechnungszeitraums zulässig. ³Sind die Kosten bislang in der Miete enthalten, so ist diese entsprechend herabzusetzen.

(3) **Eine zum Nachteil des Mieters von Absatz 2 abweichende Vereinbarung ist unwirksam.**

1. Allgemeines. a) Normzweck. Es soll erreicht werden, dass nach Möglichkeit die Betriebskosten **verbrauchsabhängig** abgerechnet werden, um einen sparsamen und kostenbewussten Umgang mit Energie, Wasser etc zu fördern (BT-Drs 14/4553 S 51). Eine zwingende Anwendung trifft das Ges jedoch nicht (s aber die HeizkostenV).

§ 556b Buch 2. Abschnitt 8. Einzelne Schuldverhältnisse

2 **2. Abrechnungsmaßstäbe. a) Verbrauch (I 2).** Voraussetzung ist, dass der Verbrauch tatsächlich, zB durch Wasseruhren, Strom- und Gaszähler, erfasst wird (keine entspr Abrechnung also, soweit zB ein Versorgungsträger andere Maßstäbe zugrunde legt). Ein Anspruch auf den Einbau von Messeinrichtungen wird durch die Norm nicht begründet (BT-Drs 14/4553 S 51). **b)** Der Maßstab der **Wohnfläche (I 1)** greift unabhängig von der Nützlichkeit für den Einzelmieter (Bsp: Fahrstuhlkosten für die Wohnung im Erdgeschoss, BGH NJW 06, 3558; sa §§ 559–559b Rn 5) und der Personenzahl ein. Der Vermieter soll nicht gezwungen werden, variable Faktoren wie etwa die Personenzahl festzustellen und zu berücksichtigen Eine Einrichtung muss jedoch für den Mieter erreichbar sein (BGH NJW 09, 2058, Aufzug nur im Vorderhaus).. Grenzen der Verteilung entsprechend der Wohnfläche können sich aus § 242 ergeben (BT-Drs 14/4553 S 51). Für **leer stehende Wohnungen** trägt der Vermieter die anteiligen Betriebskosten, die nach der Wohnfläche abgerechnet werden (BGH NJW 06, 2771, s dazu Sternel NZM 06, 811), bei nach Verbrauch mit Einschluss der Fixanteile abgerechneten Kosten erst nach längerem Leerstand in größerem Umfang (BGH NJW 10, 3645, Wasser).

3 **3. Kostenumstellung auf verbrauchsabhängige Berechnung (II).** Zur Textform s § 126b. „Etwas anderes vereinbart" ist nicht nur bei einem anderen Berechnungsmaßstab, sondern auch dann, wenn keine gesonderte Abrechnung, sondern bisher eine Brutto- oder Teilinklusivmiete (s § 556 Rn 1, 2) zu zahlen ist. Diese Miete ist dann entsprechend herabzusetzen **(II 3).** Eine Verpflichtung des Vermieters zur Umstellung nach II besteht nicht.

§ 556b Fälligkeit der Miete, Aufrechnungs- und Zurückbehaltungsrecht

(1) **Die Miete ist zu Beginn, spätestens bis zum dritten Werktag der einzelnen Zeitabschnitte zu entrichten, nach denen sie bemessen ist.**

(2) ¹**Der Mieter kann entgegen einer vertraglichen Bestimmung gegen eine Mietforderung mit einer Forderung auf Grund der §§ 536a, 539 oder aus ungerechtfertigter Bereicherung wegen zu viel gezahlter Miete aufrechnen oder wegen einer solchen Forderung ein Zurückbehaltungsrecht ausüben, wenn er seine Absicht dem Vermieter mindestens einen Monat vor der Fälligkeit der Miete in Textform angezeigt hat.** ²**Eine zum Nachteil des Mieters abweichende Vereinbarung ist unwirksam.**

1 **1. Tatbestand des I.** Der Samstag zählt, weil Banken an dem Tag idR Überweisungen nicht durchführen, nicht als Werktag (BGH NJW 10, 2879). Die Bestimmung ist *dispositiv* (zB für Ferienwohnungen), dürfte aber iÜ zum Leitbild des Mietvertrages über Wohnungen (s § 307 II 1) gehören. Für andere Mietverhältnisse s § 579.

2 **2. Tatbestand des II. a) Funktion.** Es sollen hier die offensichtlichen Interessen des Mieters am Einstellen seiner Mietzahlungen mit dem Interesse des Vermieters am regelmäßigen Mieteingang – zB wegen einer Fremdfinanzierung – zum Ausgleich gebracht werden (BT-Drs IV/2195 S 4). Zur allg Zulässigkeit des Ausschlusses eines Zurückbehaltungsrechts bzw eines Aufrechnungsverbots in Formularbedingungen s § 309 Nr 2b, 3. Danach zulässige Klauseln werden nun weiter zugunsten des Mieters in ihrer Wirksamkeit eingeschränkt, allerdings in der Ausübung der Rechte an bestimmte Fristen gebunden. Die Bestimmung ist zugunsten des Mieters **zwingend (II 2). b) Interpretation.** An die Stelle des Anspruchs aus §§ 812 ff sind nach Erlass des SchRModG die §§ 346 ff getreten (es handelt sich um eine vertragliche Rückabwicklung). Nach Beendigung des Mietverhältnisses und Rückgabe der Sache bedarf es einer Anzeige nicht, wenn nur noch wechselseitige Ansprüche abzurechnen sind (BGH NJW-RR 00, 530).

Titel 5. Mietvertrag, Pachtvertrag **§§ 556c, 557**

§ 556c Kosten der Wärmelieferung als Betriebskosten:

**(1) Hat der Mieter die Betriebskosten für Wärme und Warmwasser zu tragen und stellt der Vermieter die Versorgung von der Eigenversorgung auf die eigenständig gewerbliche Lieferung durch einen Wärmelieferanten (Wärmelieferung) um, so hat der Mieter die Kosten zu tragen, wenn
1. die Wärme mit verbesserter Effizienz entweder aus einer vom Wärmelieferanten errichteten neuen Anlage oder aus einem Wärmenetz geliefert wird und
2. die Kosten der Wärmelieferung die Betriebskosten für die bisherige Eigenversorgung mit Wärme oder Warmwasser nicht übersteigen.**
Beträgt der Jahresnutzungsgrad der bestehenden Anlage vor der Umstellung mindestens 80 Prozent, kann sich der Wärmelieferant anstelle der Maßnahmen nach Nummer 1 auf die Verbesserung der Betriebsführung der Anlage beschränken.

(2) Der Vermieter hat die Umstellung spätestens drei Monate zuvor in Textform anzukündigen (Umstellungsankündigung).

(3) Die Bundesregierung wird ermächtigt, durch Rechtsverordnung ohne Zustimmung des Bundesrates Vorschriften für Wärmelieferverträge, die bei einer Umstellung nach Absatz 1 geschlossen werden, sowie für Anforderungen nach den Absätzen 1 und 2 zu erlassen. Hierbei sind die Belange von Vermietern, Mietern und Wärmelieferanten angemessen zu berücksichtigen.

(4) Eine zum Nachteil des Mieters abweichende Vereinbarung ist unwirksam.

Die mietrechtliche Problematik einer Übertragung der Wärme- und Warmwasserversorgung auf ein Drittunternehmen liegt ua darin, dass der Preis des Lieferanten kalkulatorische Kosten für Investitionen, Instandhaltung, Verwaltung, Kapital und Unternehmergewinn enthält, die der Vermieter, würde er die Heizungsanlage selbst betreiben, nicht auf den Mieter umlegen könnte (s BGH NJW 06, 2186; BGH NJW 2007, 3060). Auch haben die Rspr Fälle beschäftigt, in denen das Unternehmen die herkömmliche Anlage beim Vermieter unverändert übernommen hat (BGH NJW-RR 2012, 249). Das Ges will das sog Wärmecontracting wegen der angenommenen Einsparung an nicht erneuerbarer Primärenergie unter Berücksichtigung der bisherigen Rspr (s I Nr 1) erleichtern, den Mieter aber (wie auch im Fall des § 555 b Nr. 3) nicht zusätzlich belasten (s I 1 Nr 2). Ob dies angesichts der genannten Kostenverschiebung in der Praxis zumindest für eine bestimmte Dauer durchsetzbar ist, muss sich noch erweisen (Kritik auch beim Bundesrat, BT-Drs 17/10485 S 40). Die Regelung ist zugunsten des Mieters zwingend (IV). Zulässig bleibt weiterhin eine konkrete Vereinbarung (s BGH NJW 06, 2186). 1

Unterkapitel 2. Regelungen über die Miethöhe

§ 557 Mieterhöhungen nach Vereinbarung oder Gesetz

(1) Während des Mietverhältnisses können die Parteien eine Erhöhung der Miete vereinbaren.

(2) Künftige Änderungen der Miethöhe können die Vertragsparteien als Staffelmiete nach § 557a oder als Indexmiete nach § 557b vereinbaren.

(3) Im Übrigen kann der Vermieter Mieterhöhungen nur nach Maßgabe der §§ 558 bis 560 verlangen, soweit nicht eine Erhöhung durch Vereinbarung ausgeschlossen ist oder sich der Ausschluss aus den Umständen ergibt.

(4) Eine zum Nachteil des Mieters abweichende Vereinbarung ist unwirksam.

§§ 557a, 557b

1 Die Norm hat insoweit programmatischen Charakter, als sie im Recht des allg Zulässigen (§§ 138, 134 iVm StGB 291, WiStrG 5) Vereinbarungen über **gegenwärtige Mieterhöhungen** gestattet und für die Vereinbarung **künftiger Mieterhöhungen** allein auf die Modelle der §§ 557a, 557b, 558–560 verweist. Andere Formen künftiger Mieterhöhungen sind damit unzulässig.

§ 557a Staffelmiete

(1) **Die Miete kann für bestimmte Zeiträume in unterschiedlicher Höhe schriftlich vereinbart werden; in der Vereinbarung ist die jeweilige Miete oder die jeweilige Erhöhung in einem Geldbetrag auszuweisen (Staffelmiete).**

(2) [1]**Die Miete muss jeweils mindestens ein Jahr unverändert bleiben.** [2]**Während der Laufzeit einer Staffelmiete ist eine Erhöhung nach den §§ 558 bis 559b ausgeschlossen.**

(3) [1]**Das Kündigungsrecht des Mieters kann für höchstens vier Jahre seit Abschluss der Staffelmietvereinbarung ausgeschlossen werden.** [2]**Die Kündigung ist frühestens zum Ablauf dieses Zeitraums zulässig.**

(4) **Eine zum Nachteil des Mieters abweichende Vereinbarung ist unwirksam.**

1 1. **Normzweck.** S § 557 Rn 1. Die Bestimmung ist zugunsten des Mieters **zwingend (IV).**

2 2. **Staffelmiete. a) Voraussetzungen und Inhalt (I).** Schriftliche (§ 126), auch nachträgliche Vereinbarung über eine Anpassung (idR Erhöhung) der Miete in betragsgemäß ausgewiesener Höhe (nicht prozentual, s dazu BGH NJW 12, 1502 mzustAnm Schmid ZMR 12, 527 zu einer Teilnichtigkeit) zu feststehenden Zeitpunkten in Abständen von mindestens einem Jahr. Eine Höchstfrist ist nicht mehr vorgesehen. Der Mietvertrag selbst kann auf kürzere (s § 575) oder längere Zeit als ein Jahr, auch auf unbestimmte Zeit geschlossen werden. **b) Rechtsfolgen.** Kraft der geschlossenen Vereinbarung (also ohne zusätzliche Erklärung) tritt eine Veränderung der Miete im vorgesehenen Umfang, und zwar grundsätzlich unabhängig von der Marktmiete (KG NJW-RR 01, 871; BGH NJW-RR 05, 236) ein. Führt eine Erhöhung zu einer Miete von mehr als 20% über der Grenze des Angemessenen (WiStrG 5 II), so ist die jeweils betroffene Staffelerhöhung nichtig (Hamburg NJW-RR 00, 458). Die genannten Grenzen der Gestaltung sind zugunsten des Mieters **zwingend (IV).**

3 3. **Andere Erhöhungen.** Sie sind nur wegen Steigerungen der Betriebskosten gem § 560 zulässig (also auch nicht zB bei einer Modernisierung gem § 559, s **II 2**).

4 4. **Zeitliche Bindung der Parteien.** Das ordentliche Kündigungsrecht des **Mieters** (§ 573c) kann bis maximal zum Ablauf der Vierjahresfrist seit Abschluss der Staffelvereinbarung auch durch AGB (BGH NJW 12, 521) ausgeschlossen werden **(III)**; der **Vermieter** kann sich im Rahmen des allg Zulässigen binden.

§ 557b Indexmiete

(1) **Die Vertragsparteien können schriftlich vereinbaren, dass die Miete durch den vom Statistischen Bundesamt ermittelten Preisindex für die Lebenshaltung aller privaten Haushalte in Deutschland bestimmt wird (Indexmiete).**

(2) [1]**Während der Geltung einer Indexmiete muss die Miete, von Erhöhungen nach den §§ 559 bis 560 abgesehen, jeweils mindestens ein Jahr unverändert bleiben.** [2]**Eine Erhöhung nach § 559 kann nur verlangt werden,**

soweit der Vermieter bauliche Maßnahmen auf Grund von Umständen durchgeführt hat, die er nicht zu vertreten hat. ³Eine Erhöhung nach § 558 ist ausgeschlossen.

(3) ¹Eine Änderung der Miete nach Absatz 1 muss durch Erklärung in Textform geltend gemacht werden. ²Dabei sind die eingetretene Änderung des Preisindexes sowie die jeweilige Miete oder die Erhöhung in einem Geldbetrag anzugeben. ³Die geänderte Miete ist mit Beginn des übernächsten Monats nach dem Zugang der Erklärung zu entrichten.

(4) Eine zum Nachteil des Mieters abweichende Vereinbarung ist unwirksam.

Lit: Ruff, Vereinbarung einer Indexmiete im Wohnraumrecht, WuM 06, 543.

1. Normzweck. Dem Vermieter soll ermöglicht werden, bei langfristigen Verträgen seine Rendite aus einem Mietverhältnis zu erhalten, ohne auf das komplizierte Verfahren nach § 558 mit seinen Grenzen (s § 558 Rn 4) angewiesen zu sein. Die Norm ist zugunsten des Mieters **zwingend (IV).** 1

2. Voraussetzungen und Inhalt. Schriftliche (§ 126), auch nachträgliche Vereinbarung über das Recht beider Parteien, in Abständen von mindestens einem Jahr (Laufzeit der unveränderten Miete) eine Anpassung der Miete (ohne Ermessen oder Verhandlungsspielraum, BGH ZMR 69, 141) an den im Ges genannten Index zu verlangen. Ein Bestimmungsrecht nur für eine Partei oder das Abstellen nur auf den Fall von Indexerhöhungen ist unzulässig. **Obergrenze** ist die prozentuale Erhöhung des Index seit Abschluss der Vereinbarung (zur Erhöhung zwischen Beginn des Mietverhältnisses und Vereinbarung der Indexmiete s § 557 Rn 1) bzw der ersten Mietanpassung. Eine prozentual niedrigere Übernahme der Indexveränderungen ist möglich. Zulässig ist auch eine Verlängerung der Abstandsfrist, des Weiteren das Abstellen auf eine Mindesterhöhung des Index (zB jeweils 10 Prozentpunkte über dem gegenwärtigen Niveau oder bezogen auf ein bisheriges Datum im Index). 2

3. Geltendmachen. a) Form und Frist (III 1). Zugangsbedürftige (§ 130) Erklärung in Textform (§ 126b). Der Zugang kann so vorgenommen werden, dass die Wirkung mit Ablauf der Jahresfrist bzw der vereinbarten längeren Frist eintritt. Die begünstigte Partei kann die Erhöhung auch später geltend machen, wobei die neue Mindestfrist ab Zeitpunkt des Wirksamwerdens des jetzigen Erhöhungsverlangens läuft. Das Recht kann **verwirkt** werden (Düsseldorf NJW-RR 01, 1666). **b) Inhalt.** Benennen der eingetretenen Indexveränderung und Umrechnung auf die Miete. **c) Wirkung.** Anpassung ab übernächstem Monat nach Zugang **(III 3).** 3

4. Andere Erhöhungen. Mieterhöhungen nach § 558 sind ausgeschlossen **(II)**; zulässig sind Erhöhungen wegen einer Modernisierung (§ 559) oder einer Veränderung der Betriebskosten (§ 560). 4

§ 558 Mieterhöhung bis zur ortsüblichen Vergleichsmiete

(1) ¹Der Vermieter kann die Zustimmung zu einer Erhöhung der Miete bis zur ortsüblichen Vergleichsmiete verlangen, wenn die Miete in dem Zeitpunkt, zu dem die Erhöhung eintreten soll, seit 15 Monaten unverändert ist. ²Das Mieterhöhungsverlangen kann frühestens ein Jahr nach der letzten Mieterhöhung geltend gemacht werden. ³Erhöhungen nach den §§ 559 bis 560 werden nicht berücksichtigt.

(2) ¹Die ortsübliche Vergleichsmiete wird gebildet aus den üblichen Entgelten, die in der Gemeinde oder einer vergleichbaren Gemeinde für Wohnraum vergleichbarer Art, Größe, Ausstattung, Beschaffenheit und Lage *einschließlich der energetischen Ausstattung und Beschaffenheit* in den letzten vier Jahren vereinbart oder, von Erhöhungen nach § 560 abgesehen, geän-

§ 558

dert worden sind. ²Ausgenommen ist Wohnraum, bei dem die Miethöhe durch Gesetz oder im Zusammenhang mit einer Förderzusage festgelegt worden ist.

(3) ¹Bei Erhöhungen nach Absatz 1 darf sich die Miete innerhalb von drei Jahren, von Erhöhungen nach den §§ 559 bis 560 abgesehen, nicht um mehr als 20 vom Hundert erhöhen (Kappungsgrenze). ²Der Prozentsatz nach Satz 1 beträgt 15 vom Hundert, wenn die ausreichende Versorgung der Bevölkerung mit Mietwohnungen zu angemessenen Bedingungen in einer Gemeinde oder einem Teil einer Gemeinde besonders gefährdet ist und diese Gebiete nach Satz 3 bestimmt sind. ³Die Landesregierungen werden ermächtigt, diese Gebiete durch Rechtsverordnung für die Dauer von jeweils höchstens fünf Jahren zu bestimmen.

(4) ¹Die Kappungsgrenze gilt nicht,
1. wenn eine Verpflichtung des Mieters zur Ausgleichszahlung nach den Vorschriften über den Abbau der Fehlsubventionierung im Wohnungswesen wegen des Wegfalls der öffentlichen Bindung erloschen ist und
2. soweit die Erhöhung den Betrag der zuletzt zu entrichtenden Ausgleichszahlung nicht übersteigt.

²Der Vermieter kann vom Mieter frühestens vier Monate vor dem Wegfall der öffentlichen Bindung verlangen, ihm innerhalb eines Monats über die Verpflichtung zur Ausgleichszahlung und über deren Höhe Auskunft zu erteilen. ³Satz 1 gilt entsprechend, wenn die Verpflichtung des Mieters zur Leistung einer Ausgleichszahlung nach den §§ 34 bis 37 des Wohnraumförderungsgesetzes und den hierzu ergangenen landesrechtlichen Vorschriften wegen Wegfalls der Mietbindung erloschen ist.

(5) Von dem Jahresbetrag, der sich bei einer Erhöhung auf die ortsübliche Vergleichsmiete ergäbe, sind Drittmittel im Sinne des § 559a abzuziehen, im Falle des § 559a Abs. 1 mit 11 vom Hundert des Zuschusses.

(6) Eine zum Nachteil des Mieters abweichende Vereinbarung ist unwirksam.

1 **1. Allgemeines. a) Normzweck.** Die §§ 558–558b, ergänzt durch §§ 558c–e, sind das **Kernstück** für den Regelfall der Mieterhöhung, **wenn keine bes Anpassungsvereinbarung** (§§ 557–557b) getroffen wurde. Sie sind Konsequenz dessen, dass für den Vermieter das Recht zur ordentlichen Kündigung wesentlich erschwert, auf wenige Gründe begrenzt ist (s §§ 573 ff) und insbes keine Möglichkeit der Änderungskündigung besteht. Durch die Normen soll einerseits die Wirtschaftlichkeit des Mieteigentums für den Vermieter auf Dauer erhalten bleiben, andererseits die Belastung des Mieters, der in der von ihm genutzten Wohnung seinen uU schwer zu verändernden Lebensmittelpunkt hat, eingegrenzt werden (zu den Auswirkungen
2 s BVerfG NJW 80, 1617 mwN). **b) Aufbau der §§ 558–558b.** Systematisch gibt das Ges dem Vermieter nicht ein einseitiges Recht, die Miete zu erhöhen, sondern einen Anspruch gegen den Mieter auf dessen Zustimmung zur Mieterhöhung, also zur Änderung des Vertrages. § 558 enthält die sachlichen Voraussetzungen für einen solchen Anspruch, § 558a legt fest, wie der Vermieter sein Verlangen auf Erhöhung der Miete geltend machen muss; § 558b regelt die Konsequenz, wenn der Mieter zustimmt bzw nicht zustimmt. Die Normen sind zugunsten des Mieters **zwingend**.

3 **2. Voraussetzungen der Mieterhöhung.** Ablauf einer **Wartefrist** (Sperrfrist) von einem Jahr ab dem erstmaligen Zahlen (bzw der Fälligkeit) der jetzigen Miete (Beginn des Mietverhältnisses bzw letzte Erhöhung) bis zum Zugang (BGH NJW 93, 2110) des Erhöhungsverlangens **(I 2)**; ein vorher zugegangenes Verlangen ist wirkungslos. **Mindestfrist** von fünfzehn Monaten seit dem erstmaligen Zahlen/der Fälligkeit der Miete in jetziger Höhe bis zur Erhöhung **(I 1)**. Die Differenz zwischen Wartefrist und Mindestfrist erklärt sich daraus, dass dem Mieter eine Überlegungsfrist zustehen soll, ob er dem Verlangen nachkommen will (s § 558b).

3. Grenzen:. Erhöhung bis maximal zur ortsüblichen Vergleichsmiete, **II** (iE s 4 § 558a Rn 2 ff). Hat der Mieter Förderungsmittel erhalten, so verringert sich die Grenze entspr (BGH NJW 09, 1737). Eine Erhöhung soll auch dann möglich sein, wenn eine Anfangsmiete unter der Vergleichsmiete vereinbart war und sich die Vergleichsmiete nicht geändert hat (BGH NJW 07, 2546; sehr bedenklich). Desgl soll der Vermieter an den oberen Rand einer **Spanne** auch dann gehen können, wenn die bisherige Miete im unteren Bereich dieser Spanne liegt (BGH NJW 10, 150, ebenfalls bedenklich). Einhalten der sog **Kappungsgrenze (III)** innerhalb von drei Jahren. Die Grenze liegt idR bei 20 %. Aufgrund der Mietrechtsnovelle 2013 (BGBl I S 434) kann sie durch LänderVO in Bezirken mit außerordentlichen Mietsteigerungen für fünf Jahre auf 15 % abgesenkt werden (**III, 2 und 3**). Die Kappungsgrenze, bezogen auf die vereinbarte Grundmiete (BGH NJW 04, 1380; zur Grundmiete s § 556 Rn 1), greift nur ein, wenn die Vergleichsmiete zu einer stärkeren Erhöhung berechtigen würde. Bleibt die Steigerung der Vergleichsmiete innerhalb von drei Jahren unter 20% (bzw, wohl theoretisch, unter 15 %) und war der Rahmen voll ausgeschöpft, so kann (nur) die Vergleichsmiete verlangt werden. Wird die Kappungsgrenze voraussichtlich später als nach Ablauf der Mindestfrist erreicht, kann der Vermieter das Erhöhungsverlangen bis dahin hinausschieben. Zur **Unanwendbarkeit der Kappungsgrenze** s GesText **(IV)**.

§ 558a Form und Begründung der Mieterhöhung

(1) **Das Mieterhöhungsverlangen nach § 558 ist dem Mieter in Textform zu erklären und zu begründen.**

(2) **Zur Begründung kann insbesondere Bezug genommen werden auf**
1. **einen Mietspiegel (§§ 558c, 558d),**
2. **eine Auskunft aus einer Mietdatenbank (§ 558e),**
3. **ein mit Gründen versehenes Gutachten eines öffentlich bestellten und vereidigten Sachverständigen,**
4. **entsprechende Entgelte für einzelne vergleichbare Wohnungen; hierbei genügt die Benennung von drei Wohnungen.**

(3) **Enthält ein qualifizierter Mietspiegel (§ 558d Abs. 1), bei dem die Vorschrift des § 558d Abs. 2 eingehalten ist, Angaben für die Wohnung, so hat der Vermieter in seinem Mieterhöhungsverlangen diese Angaben auch dann mitzuteilen, wenn er die Mieterhöhung auf ein anderes Begründungsmittel nach Absatz 2 stützt.**

(4) **¹Bei der Bezugnahme auf einen Mietspiegel, der Spannen enthält, reicht es aus, wenn die verlangte Miete innerhalb der Spanne liegt. ²Ist in dem Zeitpunkt, in dem der Vermieter seine Erklärung abgibt, kein Mietspiegel vorhanden, bei dem § 558c Abs. 3 oder § 558d Abs. 2 eingehalten ist, so kann auch ein anderer, insbesondere ein veralteter Mietspiegel oder ein Mietspiegel einer vergleichbaren Gemeinde verwendet werden.**

(5) **Eine zum Nachteil des Mieters abweichende Vereinbarung ist unwirksam.**

Lit: Börstinghaus, Mieterhöhung im preisfreien Wohnungsbau, WuM 11, 338; ders, Mieterhöhungsverlangen rechtssicher formulieren, NJW 12, 2328.

1. Erhöhungsverlangen. Textform (s § 126b); dies bezieht sich nicht auf die 1 Begründungsmittel, auf die Bezug genommen wird (s **II**). Genannt werden muss als Wirksamkeitsvoraussetzung der Erhöhungsbetrag oder der erhöhte Mietbetrag (KG ZMR 97, 638), nicht der Zeitpunkt der Erhöhung; er folgt aus § 558b I. Bei **mehreren Mietern** (s § 535 Rn 3) muss sich das Verlangen an alle richten. Ist ein Mieter ohne Entlassung aus dem Vertrag ausgezogen, so handelt der Verbleibende

§ 558b

uU missbräuchlich, wenn er sich auf die fehlende Zustellung an den ausgezogenen Mieter beruft (BGH NJW 04, 1797).

2 **2. Begründung. a)** Sie soll dem Mieter die Möglichkeit geben, die sachliche Berechtigung des Erhöhungsverlangens zu überprüfen. Auf diese Weise sollen überflüssige Prozesse vermieden werden. Die Begründung muss deshalb konkrete Hinweise auf die sachliche Berechtigung des Erhöhungsverlangens enthalten (BGH NJW 08, 574). Die **Begründungsmittel (II)** sind im Ges nicht abschließend aufgezählt (s „insbes"). Der Vermieter kann also auch andere Begründungen heranziehen. Aus ihnen muss sich das Erhöhungsverlangen schlüssig ableiten lassen. Wird die fragliche Wohnung von einem qualifizierten Mietspiegel erfasst, so sind die relevanten Daten (s §§ 558 c – e Rn 1) zum Vergleich zwingend **(V)** stets **mitzuteilen (III)**. Ein Unterlassen führt zur Unwirksamkeit des Erhöhungsverlangens (LG München I, NJW 02, 2885). **b)** Bezieht sich der Vermieter auf einen **einfachen Mietspiegel (II Nr 1)** und benennt er innerhalb der richtigen Spanne einen zu hohen Betrag, so ist das Verlangen bis zum zulässigen Höchstbetrag wirksam (BGH DWW 04, 54). Auf **veraltete Mietspiegel** oder **vergleichbare Mietspiegel** bzw einen Mietspiegel mit anderen Berechnungsfaktoren kann der Vermieter ersatzweise **(IV 2)** zurückgreifen, soweit mit Korrekturfaktoren gearbeitet werden kann. Geschieht dies versehentlich, ist eine inhaltliche Korrektur möglich (BGH NJW-RR 11, 1307). **c)** Stützt sich der Vermieter auf einen **qualifizierten Mietspiegel,**
3 so braucht er, wenn dort Bandbreiten hinsichtlich der sog Einzelvergleichsmiete (s §§ 558 c – e Rn 1) genannt sind, die konkrete Entscheidung innerhalb des Spielraums nicht zu begründen **(IV)**. Der Mietspiegel selbst muss nicht mit übersandt
4 werden, wenn er allg zugänglich ist (BGH NJW 10, 225). **d)** Auszüge aus einer **Mietdatenbank (II Nr 2,** s § 558e) sind, falls sich der Vermieter darauf stützt, beizufügen, wenn sie dem Mieter nur unter erheblichem Aufwand zugänglich sind. **e) Gutachten (II Nr 3).** Festzustellen ist durch einen Gutachter, welcher Preis oder welche Spanne – über sog. Ausreißer hinaus – für die „überwiegende Mehrheit" (BGH NJW 12, 1352) der Vergleichswohnungen als Miete genommen wird. Der Gutachter muss für Grundstücks- und Gebäudeschätzungen bestellt sein (BGH 83, 366). Da es auf die Sachkunde ankommt, kann der Sachverständige auch für einen anderen Bezirk zuständig sein (BayObLG ZMR 87, 426). Ein entspr bestellter Gutachterausschuss erfüllt ebenfalls die Anforderungen (LG Münster II ZMR 94, 22).
5 Das Gutachten ist dem Erhöhungsverlangen beizufügen. **f) Vergleichbare Wohnungen (II Nr 4).** Die Vergleichbarkeit bezieht sich auf den **Wohnwert** im Blick auf Größe, Art, auch energetische Ausstattung, Beschaffenheit und Lage (s § 558 II), nicht auf die Herstellungskosten. Vergleichbarkeit bedeutet nicht Identität, so dass zB andere Größen herangezogen werden können, wenn sich ein qm-Preis berechnen lässt. Die Wohnungen müssen leicht identifizierbar sein (BGH NJW 03, 963). Die Namen von Vermieter und Mieter müssen nicht genannt werden (BGH 84, 392). Auch eigene Wohnungen (zB bei kommunalen Wohnungsträgern) können benannt werden (BT-Drs 14/4553 S 54 ff). Da mindestens drei Wohnungen genannt werden müssen **(II Nr 4 HS 2),** muss bei Benennung mehrerer Wohnungen bei drei Wohnungen die neu geforderte Miete zum Zeitpunkt des Erhöhungsverlangens erreicht werden (BGH DWW 12, 170).

§ 558b Zustimmung zur Mieterhöhung

(1) **Soweit der Mieter der Mieterhöhung zustimmt, schuldet er die erhöhte Miete mit Beginn des dritten Kalendermonats nach dem Zugang des Erhöhungsverlangens.**

(2) ¹**Soweit der Mieter der Mieterhöhung nicht bis zum Ablauf des zweiten Kalendermonats nach dem Zugang des Verlangens zustimmt, kann der Vermieter auf Erteilung der Zustimmung klagen.** ²**Die Klage muss innerhalb von drei weiteren Monaten erhoben werden.**

Titel 5. Mietvertrag, Pachtvertrag **§ 558c**

(3) ¹Ist der Klage ein Erhöhungsverlangen vorausgegangen, das den Anforderungen des § 558a nicht entspricht, so kann es der Vermieter im Rechtsstreit nachholen oder die Mängel des Erhöhungsverlangens beheben. ²Dem Mieter steht auch in diesem Fall die Zustimmungsfrist nach Absatz 2 Satz 1 zu.

(4) Eine zum Nachteil des Mieters abweichende Vereinbarung ist unwirksam.

1. Zustimmung (I). Der Mieter hat eine **Überlegungsfrist** von zwei Monaten zum Monatsende **(II 1),** die der Vermieter abwarten muss (Bsp: Erhöhungsverlangen 15. 1., Überlegungsfrist bis 31. 3.). Die empfangsbedürftige (§ 130) Erklärung ist idR **formfrei** (Ausnahme: wesentliche Änderung des Mietvertrages iSd § 560 bei Erhöhung um 20%, BGH ZMR 63, 82). Auch eine einmalige vorbehaltlose Zahlung kann als Zustimmung ausgelegt werden (PalWeidenkaff 3, MK/Artz 4; LG Berlin ZMR 90, 180). Rechtsfolge: Bei – auch verspäteter, zB im Prozess erklärter oder durch Urteil ersetzter (s Rn 2) – Zustimmung erhöht sich die Miete ab dem dritten Monat seit dem Zugang des Erhöhungsverlangens (Bsp: Erhöhungsverlangen 15. 1., Zustimmung 20. 5., erhöhte Miete ab 1. 4.). Eine teilw Zustimmung ist möglich (hM), so dass insoweit ihre Wirkungen eintreten. 1

2. Ausbleiben der Zustimmung (II). Der Vermieter muss innerhalb einer **Ausschlussfrist (II 2)** von drei Monaten (Folge einer Verspätung: Unzulässigkeit der Klage) auf Abgabe einer entspr Zustimmungserklärung (s ZPO 894) klagen. Mit Rechtskraft wird der Erhöhungsbetrag gem I (s Rn 1) fällig. Der Mieter muss Verzögerungsschaden leisten, wenn er die Verweigerung der Zustimmung zu vertreten hat (BGH NJW 05, 2311). Lässt der Vermieter die Frist verstreichen, so muss er ein neues Erhöhungsverlangen mit allen daran anknüpfenden Fristen stellen (StEmmerich 17). **Fristbeginn:** Zugang einer ablehnenden Erklärung des Mieters (s § 146), spätestens mit Ablauf der Überlegungsfrist für den Mieter (s Bsp Rn 1). 2

3. Heilung eines fehlerhaften Erhöhungsverlangens (III). Voraussetzungen: Vorliegen eines mangelhaften Erhöhungsverlangens. **Abhilfemöglichkeiten:** Nachholen eines komplett neuen Erhöhungsverlangens **(III 1, 1. Alt)** oder Beseitigung des Mangels **(III 1, 2. Alt,** zB Beifügen des Sachverständigengutachtens, Benennen einer weiteren Vergleichswohnung). **Folge:** Der Mieter gewinnt die volle Überlegungsfrist ab Zugang des fehlerfreien Erhöhungsverlangens **(III 2);** stimmt er – auch außerprozessual – zu, so trägt der Vermieter die Kosten eines Rechtsstreits (ZPO 93, 91a). 3

§ 558c Mietspiegel

(1) Ein Mietspiegel ist eine Übersicht über die ortsübliche Vergleichsmiete, soweit die Übersicht von der Gemeinde oder von Interessenvertretern der Vermieter und der Mieter gemeinsam erstellt oder anerkannt worden ist.

(2) Mietspiegel können für das Gebiet einer Gemeinde oder mehrerer Gemeinden oder für Teile von Gemeinden erstellt werden.

(3) Mietspiegel sollen im Abstand von zwei Jahren der Marktentwicklung angepasst werden.

(4) ¹Gemeinden sollen Mietspiegel erstellen, wenn hierfür ein Bedürfnis besteht und dies mit einem vertretbaren Aufwand möglich ist. ²Die Mietspiegel und ihre Änderungen sollen veröffentlicht werden.

(5) Die Bundesregierung wird ermächtigt, durch Rechtsverordnung mit Zustimmung des Bundesrates Vorschriften über den näheren Inhalt und das Verfahren zur Aufstellung und Anpassung von Mietspiegeln zu erlassen.

§§ 558c–558e Buch 2. Abschnitt 8. Einzelne Schuldverhältnisse

§ 558d Qualifizierter Mietspiegel

(1) Ein qualifizierter Mietspiegel ist ein Mietspiegel, der nach anerkannten wissenschaftlichen Grundsätzen erstellt und von der Gemeinde oder von Interessenvertretern der Vermieter und der Mieter anerkannt worden ist.

(2) ¹Der qualifizierte Mietspiegel ist im Abstand von zwei Jahren der Marktentwicklung anzupassen. ²Dabei kann eine Stichprobe oder die Entwicklung des vom Statistischen Bundesamt ermittelten Preisindexes für die Lebenshaltung aller privaten Haushalte in Deutschland zugrunde gelegt werden. ³Nach vier Jahren ist der qualifizierte Mietspiegel neu zu erstellen.

(3) Ist die Vorschrift des Absatzes 2 eingehalten, so wird vermutet, dass die im qualifizierten Mietspiegel bezeichneten Entgelte die ortsübliche Vergleichsmiete wiedergeben.

§ 558e Mietdatenbank

Eine Mietdatenbank ist eine zur Ermittlung der ortsüblichen Vergleichsmiete fortlaufend geführte Sammlung von Mieten, die von der Gemeinde oder von Interessenvertretern der Vermieter und der Mieter gemeinsam geführt oder anerkannt wird und aus der Auskünfte gegeben werden, die für einzelne Wohnungen einen Schluss auf die ortsübliche Vergleichsmiete zulassen.

Anmerkungen zu §§ 558c–558e

1 **Umschreibungen. a)** Ein **Mietspiegel**, in unterschiedlichen Formen gefasst, stellt idR in der Umschreibung einer Von-bis-Spanne die verschiedenen Mieten dar, die für Wohnungen in einer Gemeinde, einem Ortsteil oder in mehreren Orten üblicherweise gezahlt werden. Zur Ermittlung einer Vergleichsmiete für eine konkrete Wohnung wird im Anschluss an § 558 II zB nach Art, Größe, Baujahr, Lage, Heizungsart, sanitären Einrichtungen, Ausstattung differenziert. Aufgrund der Änderung des § 558 II durch die Mietrechtsnovelle 2013 soll die *energetische Ausstattung und Beschaffenheit in den Mietspiegeln* stärkere Berücksichtigung *finden* (BT-Drs 17/10485 S 23 f). Aufgrund der tatsächlich vor Ort ermittelten Unterschiede wird diese sog. *Einzelvergleichsmiete* ebenfalls in einer gewissen „Bandbreite" (so zB BGH WuM 11, 421 zum
2 qualifizierten Mietspiegel) festgehalten. **b)** Der **einfache Mietspiegel** (§ 558 c) hatte größere Bedeutung für die Anlaufphase nach der ges Einführung und kann mit relativ einfachen Mitteln entwickelt werden. Ihm kommt dahingehend *Indizwirkung* zu, dass die angegebenen Entgelte die ortsübliche Vergleichsmiete zutreffend wiedergeben. Zu entkräften ist dies nur durch Anhaltspunkte, die Verfasser hätten – aus Unkenntnis oder in Verfolgung bestimmter Interessen – sachwidrig gehandelt (BGH NJW 10,
3 2947). **c)** Der **qualifizierte Mietspiegel** (§ 558 d iVm § 558 c), aus dem einfachen Mietspiegel definitorisch entwickelt, soll durch seine gesteigerte sachliche Qualität (zur erforderlichen Methode seiner Ermittlung s Börstinghaus/Börstinghaus NZM 03, 377; Kniep/Gratzel WuM 08, 645; LG Bochum DWW 07, 298 mit Anm. Börstinghaus) eine höhere Akzeptanz auslösen und damit streitbefriedend wirken (BT-Drs 14/4553 S 57). Ihn trägt die *Vermutung* der richtigen Wiedergabe der Vergleichsmiete, § 558d. Wegen des generellen Charakters ist die Auslegung revisibel (BGH NJW 11, 2284). **Beweislast** für das Einhalten der Kriterien: Derjenige, der
4 sich darauf stützt, idR Vermieter (BGH NZM 13, 140). **d)** Mit **Mietdatenbanken,** bisher nur vereinzelt vorhanden, sollen durch deren ständige Fortschreibung aktuelle Daten über den Wohnungsmietmarkt genutzt werden können.

§ 559 Mieterhöhung bei Modernisierung

(1) Hat der Vermieter Modernisierungsmaßnahmen im Sinne des § 555b BGB Nummer 1,3,4,5 oder 6 durchgeführt, so kann er die jährliche Miete um 11 Prozent der für die Wohnung aufgewendeten Kosten erhöhen.

(2) Kosten, die für Erhaltungsmaßnahmen erforderlich gewesen wären, gehören nicht zu den aufgewendeten Kosten nach Abs. 1; sie sind, soweit erforderlich, durch Schätzung zu ermitteln.

(3) Werden Modernisierungsmaßnahmen für mehrere Wohnungen durchgeführt, so sind die Kosten angemessen auf die einzelnen Wohnungen aufzuteilen.

(4) ^{1}Die Mieterhöhung ist ausgeschlossen, soweit sie auch unter Berücksichtigung der voraussichtlichen künftigen Betriebskosten für den Mieter eine Härte bedeuten würde, die auch unter Würdigung der berechtigten Interessen des Vermieters nicht zu rechtfertigen ist. ^{2}Eine Abwägung nach Satz 1 findet nicht statt, wenn
1. die Mietsache lediglich in einen Zustand versetzt wurde, der allgemein üblich ist, oder
2. die Modernisierungsmaßnahme auf Grund von Umständen durchgeführt wurde, die der Vermieter nicht zu vertreten hatte.

(5) ^{1}Umstände, die eine Härte nach Absatz 4 Satz 1 begründen, sind nur zu berücksichtigen, wenn sie nach § 555d Absatz 3 bis 5 rechtzeitig mitgeteilt worden sind. ^{2}Die Bestimmungen über die Ausschlussfrist nach Satz 1 sind nicht anzuwenden, wenn die tatsächliche Mieterhöhung die angekündigte um mehr als 10 Prozent übersteigt.

(6) Eine zum Nachteil des Mieters abweichende Vereinbarung ist unwirksam.

§ 559a Anrechnung von Drittmitteln

(1) Kosten, die vom Mieter oder für diesen von einem Dritten übernommen oder die mit Zuschüssen aus öffentlichen Haushalten gedeckt werden, gehören nicht zu den aufgewendeten Kosten im Sinne des § 559.

(2) ^{1}Werden die Kosten für die Modernisierungsmaßnahmen ganz oder teilweise durch zinsverbilligte oder zinslose Darlehen aus öffentlichen Haushalten gedeckt, so verringert sich der Erhöhungsbetrag nach § 559 um den Jahresbetrag der Zinsermäßigung. ^{2}Dieser wird errechnet aus dem Unterschied zwischen dem ermäßigten Zinssatz und dem marktüblichen Zinssatz für den Ursprungsbetrag des Darlehens. ^{3}Maßgebend ist der marktübliche Zinssatz für erstrangige Hypotheken zum Zeitpunkt der Beendigung der Maßnahmen. ^{4}Werden Zuschüsse oder Darlehen zur Deckung von laufenden Aufwendungen gewährt, so verringert sich der Erhöhungsbetrag um den Jahresbetrag des Zuschusses oder Darlehens.

(3) ^{1}Ein Mieterdarlehen, eine Mietvorauszahlung oder eine von einem Dritten für den Mieter erbrachte Leistung für die Modernisierungsmaßnahmen stehen einem Darlehen aus öffentlichen Haushalten gleich. ^{2}Mittel der Finanzierungsinstitute des Bundes oder eines Landes gelten als Mittel aus öffentlichen Haushalten.

(4) Kann nicht festgestellt werden, in welcher Höhe Zuschüsse oder Darlehen für die einzelnen Wohnungen gewährt worden sind, so sind sie nach dem Verhältnis der für die einzelnen Wohnungen aufgewendeten Kosten aufzuteilen.

(5) Eine zum Nachteil des Mieters abweichende Vereinbarung ist unwirksam.

Anmerkungen zu §§ 559 und 559a

1   **1. Erhöhung der Miete. a) Allgemeines.** Ausgehend von der Konzeption, dass der Mieter auch im Allgemeininteresse Modernisierungsmaßnahmen des Vermieters dulden muss und der Vermieter für die meisten von ihnen die Kosten auf den Mieter verlagern kann (s § 555a Rn 1), wird nun im Einzelnen festgelegt, in welchem Umfang (§§ 559, 559a) die Erhöhung der Miete möglich ist und auf welche Weise (§ 559b) sie vorgenommen wird. **Anwendungsbereich:** s § 555a Rn 1. Bei
2   der Vereinbarung einer Staffelmiete (§ 557a) gilt § 559 nicht. **b) Umlagefähig** sind die Baukosten einschließlich der Baunebenkosten, zB Gebühren und Finanzierungskosten, nicht Mietausfälle. Die **jährliche Miete** ist die rechnerisch zwölffache Miete des letzten Monats vor Abschluss der Bauarbeiten, so dass innerhalb des letzten Jahres eingetretene Mieterhöhungen zB auf Grund von § 558 voll zu berücksichtigen
3   sind. **c) Aufschlüsselung.** Von dem Grundsatz, dass der Vermieter die Kosten in rund 9 Jahren vom Mieter bzw dessen Nachfolger einholen kann, regelt **§ 559a** die Nicht- bzw Teil - Berücksichtigung bestimmter Fremdmittel bei der Berechnung der Mieterhöhung. **§ 559 I – III** schließen einen Teil der Modernisierungskosten aus (s § 555b Nr 1 und 7) und gibt Verteilungsgrundsätze vor, wenn die Maßnahme verschiedenen Zwecken dient (Bsp: neue Heizanlage auch zur Erhaltung und zugunsten mehrerer Wohnungen). Wesentlich sind dabei die Begriffe „durch Schätzung" (§ 559 II) und „angemessen" (§ 559 III), die streitvermeidend Pauschalierungen erlauben. Bei der **angemessenen Verteilung auf mehrere Wohnungen (§ 559 III)** ist § 315 I zu beachten. Bsp: Verteilung nach der Höhe der Miete, der Wohnfläche, den unterschiedlichen Nutzungswert für die einzelne Wohnung (zB Aufzug). **Abzuziehen** sind Einsparungen für nicht mehr erforderliche Instandhaltungskosten **(§ 559 II).** Sie sind wohnungsbezogen zu ermitteln (AG Köln WM 90, 226).

4   **2. Härteabwägung (IV, V). a) Grundsatz.** Die Regelung ist insoweit ein Kernstück des Konzeptes zur Modernisierung, als sie nunmehr die alleinige Möglichkeit schafft, (wirtschaftlichen) Interessen auch des Mieters Rechnung zu tragen (s § 555a Rn 1). Sie erlaubt eine teilw Reduktion der Miete (vgl „soweit"). Nach der RegBegr soll, was aus dem Wortlaut nicht folgt, zwischen energetischen (§ 555b Nr 1, 2) und nichtenergetischen (§ 555 Nr 3-7) Modernisierungen unterschieden werden. Bei **energetischen Maßnahmen** seien „hohe energetische Standards grundsätzlich erwünscht" und berechtigten zur vollen Mieterhöhung. Nur bei einer „völlig ungeeigneten Technik" oder „ausgehend von einem bereits bestehenden hohen energetischen Standard" und „geringfügig gesteigerten Einsparungen unter Aufwand hoher Kosten" soll sich der Mieter auf einen Härtefall berufen können (BT-Drs 17/10485 S 24 rSp). Damit werden ohne Sachlegitimation sehr ausgeprägte rechtspolitische Vorstellungen in das Privatrechtsverhältnis hineingetragen. Möglich scheint demgegenüber allein eine Abwägung entgegen dem Wortlaut von Abs 4 Nr 1 dahingehend, dass eine Miete für die Modernisierung des Gründe bedarf, wenn sie den allg üblichen Standard überschreitet. Nur so können sog Luxussanierungen uU eingeschränkt werden. Als „allg üblich" wird ein Zustand angesehen, den zumindest zwei Drittel der Wohnungen im Vergleichsgebiet aufweisen (iE Schmid ZMR 12, 593). Ein vom Mieter rechtmäßig geschaffener Zustand ist dabei zu berücksichtigen (BGH NZM 13, 142, Gas-Etagenheizung). Bei **nichtenergetischen Maßnahmen** soll im Fall von sog Luxussanierungen wie bisher keine Duldungspflicht und damit auch keine Befugnis zur Mieterhöhung bestehen (BT-Drs 17/10485 S 25). Das ist mit § 555b nicht zu vereinbaren. Es liegt deshalb nahe, die Differenzierung der RegBegr nicht zu übernehmen, also beide Arten gleich zu behandeln.

5   **3. Zeitliche Voraussetzungen der Härteabwägung (V).** Wird die angekündigte Mieterhöhung eingehalten oder um bis zu 10 % überschritten, so kann der

Titel 5. Mietvertrag, Pachtvertrag　　　　　　　　　　　　　　**§§ 559b, 560**

Mieter eine Abwägung nur dann fordern, wenn er Härtegründe fristgerecht nach Ankündigung der Modernisierung in Textform mitgeteilt hatte (s § 555d Rn 2 ff). Hier liegen für den Mieter erhebliche Risiken und Härten.

§ 559b Geltendmachung der Erhöhung, Wirkung der Erhöhungserklärung

(1) ¹Die Mieterhöhung nach § 559 ist dem Mieter in Textform zu erklären. ²Die Erklärung ist nur wirksam, wenn in ihr die Erhöhung auf Grund der entstandenen Kosten berechnet und entsprechend den Voraussetzungen der §§ 559 und 559a erläutert wird. § 556c Absatz 3 gilt entsprechend.

(2) ¹Der Mieter schuldet die erhöhte Miete mit Beginn des dritten Monats nach dem Zugang der Erklärung. ²Die Frist verlängert sich um sechs Monate, wenn
1. der Vermieter dem Mieter die Modernisierungsmaßnahme nicht nach den Vorschriften des § 555c Absatz 1 und 3 bis 5 angekündigt hat oder
2. die tatsächliche Mieterhöhung die angekündigte mehr als 10 Prozent übersteigt.

(3) Eine zum Nachteil des Mieters abweichende Vereinbarung ist unwirksam.

1. Geltendmachen der Erhöhung (I). a) Die **Ankündigung** drei Monate vor　1
Beginn der Baumaßnahmen (s § 555c, ohne Abs 2) ist nicht Wirksamkeitsvoraussetzung für die Mieterhöhung (BGH NJW 11, 1220). Der Vermieter verliert jedoch im Blick auf den Erhöhungsbetrag sechs Monate (Rn 3). Maßgebend ist allerdings nun allein, ob der voraussichtliche Erhöhungsbetrag angegeben war; die übrigen dort genannten Angaben waren wegen der inzwischen geschehenen Duldung der nun abgeschlossenen Arbeiten erforderlich. **b) Form.** Textform (s § 126b). **Inhalt:**　2
Genannt werden muss der Betrag, um den sich die Miete erhöht, oder die neue Miete. Auch muss, wenn nicht offensichtlich, dargelegt werden, dass es sich um eine energieeinsparende, den Wasserverbrauch reduzierende bzw. eine nicht zu vertretende Maßnahme handelt (zu weitgehend BGH NJW 06, 1127: Angabe der Wärmedämmwerte). Der Umfang der Energieeinsparung muss nicht dargelegt werden (BGH 150, 282; BGH DWW 04, 83). Aufzuzeigen sind die entstandenen Kosten und daraus rechnerisch nachvollziehbar die Mieterhöhung. Bei der Verteilung auf mehrere Wohnungen ist der Verteilungsschlüssel anzugeben und zu begründen; auch Abzüge nach § 559a sind zu erläutern. **Zeitpunkt:** Erst nach Abschluss der Arbeiten, weil dann erst die Kosten definitiv feststehen. Die **Beweislast** für Zugang und ordnungsgemäßen Inhalt trägt der Vermieter. Eine Ausschlussfrist besteht nicht, uU kann Verwirkung eintreten. Eine **fehlerhafte Erklärung** kann ohne Rückwirkung nachgeholt werden.

2. Wirkung der Erhöhungserklärung (§ 559b II). Erhöhung der Miete ab　3
drittem Monat nach Zugang auch ohne Zustimmung des Mieters (Bsp: Erhöhungsverlangen am 15. 1., erhöhte Miete ab 1. 4.). Hat der Vermieter die Baumaßnahmen nicht rechtzeitig angekündigt (s Rn 1) oder die Kosten (auch schuldlos) zu niedrig angesetzt (Übersteigen der mitgeteilten Höhe um mehr als 10%), so wirkt die Erhöhungserklärung erst weitere sechs Monate später (im Bsp: ab 1. 10.).

§ 560 Veränderungen von Betriebskosten

(1) ¹Bei einer Betriebskostenpauschale ist der Vermieter berechtigt, Erhöhungen der Betriebskosten durch Erklärung in Textform anteilig auf den Mieter umzulegen, soweit dies im Mietvertrag vereinbart ist. ²Die Erklärung ist nur wirksam, wenn in ihr der Grund für die Umlage bezeichnet und erläutert wird.

§ 560

(2) ¹Der Mieter schuldet den auf ihn entfallenden Teil der Umlage mit Beginn des auf die Erklärung folgenden übernächsten Monats. ²Soweit die Erklärung darauf beruht, dass sich die Betriebskosten rückwirkend erhöht haben, wirkt sie auf den Zeitpunkt der Erhöhung der Betriebskosten, höchstens jedoch auf den Beginn des der Erklärung vorausgehenden Kalenderjahres zurück, sofern der Vermieter die Erklärung innerhalb von drei Monaten nach Kenntnis von der Erhöhung abgibt.

(3) ¹Ermäßigen sich die Betriebskosten, so ist eine Betriebskostenpauschale vom Zeitpunkt der Ermäßigung an entsprechend herabzusetzen. ²Die Ermäßigung ist dem Mieter unverzüglich mitzuteilen.

(4) Sind Betriebskostenvorauszahlungen vereinbart worden, so kann jede Vertragspartei nach einer Abrechnung durch Erklärung in Textform eine Anpassung auf eine angemessene Höhe vornehmen.

(5) Bei Veränderungen von Betriebskosten ist der Grundsatz der Wirtschaftlichkeit zu beachten.

(6) Eine zum Nachteil des Mieters abweichende Vereinbarung ist unwirksam.

Lit: Blank, Die Anpassung der Betriebskostenvorauszahlungen, NZM 12, 217.

1 **1. Allgemeines. a) Anwendungsbereich:** Die Bestimmung bezieht sich **nicht** auf den Regelfall von Vereinbarungen, in denen Betriebskosten je nach ihrem konkreten Anfallen umgelegt und Vorauszahlungen als Vorschuss vereinbart werden (s dazu § 556), sondern auf Klauseln, in denen eine Pauschalierung (unabhängig vom konkreten Verbrauch) vorgenommen wurde. Wird überhaupt nicht oder im Blick auf bestimmte Betriebskosten zwischen Nutzungsvergütung und Betriebskosten getrennt (Brutto- und Teilinklusivmiete, s § 556 Rn 1, 3), so kann insoweit die Miete nur nach § 558 erhöht werden. **b) Normzweck:** Zugunsten des Mieters zwingende Ausgestaltung eines vertraglich vorgesehenen Anpassungsrechts des Vermieters bei Betriebskostenpauschalen und gleichzeitige Erstreckung eines solchen Mittels auf eine entsprechende Befugnis des Mieters **(VI)**.

2 **2. Erhöhung der Betriebskostenpauschale. a) Voraussetzungen (I 1). Erhöhungsvorbehalt** im Mietvertrag, **Kostensteigerung** seit der letzten Festlegung der Betriebskosten. Der Vermieter muss, wenn die Erhöhung auf seiner Entscheidung beruht (Bsp: Ankauf von Öl), auf die Wirtschaftlichkeit (s § 556 Rn 2) achten **(V)**. **b) Verfahren:** Zugangsbedürftige gestaltende Erklärung in Textform (§ 126b), nachprüfbare Begründung der Erhöhung als Wirksamkeitsvoraussetzung **(I 2)**. **c)** Die **Wirksamkeit** der Erklärung tritt mit Beginn des auf ihren Zugang folgenden übernächsten Monats ein (Bsp: Erklärung am 15. 1., Erhöhung ab 1. 3.). Die Kosten für die Zwischenzeit muss der Vermieter, der eine Pauschalvereinbarung getroffen hat, selbst tragen. Eine Erhöhung kann nach den in **II 2** genannten zeitlichen Schranken und Voraussetzungen auch bei einer **rückwirkenden Erhöhung** verlangt werden (Bsp: erhöhter Gebührenbescheid für die Vergangenheit). Die **Beweislast** für Kenntnis und Zeitpunkt der Abgabe trägt der Vermieter.

3 **3. Ermäßigung der Betriebskostenpauschale (III).** Der Vermieter ist zur Ermäßigung verpflichtet, ohne dass es einer Aufforderung durch den Mieter bedarf. Abzustellen ist auf den Gesamtbetrag. Die unverzügliche (§ 121) Mitteilung muss den idR früheren Zeitpunkt des Eintritts der Ermäßigung benennen (MK/Schmid 25). Die Rückabwicklung geschieht nach §§ 346 ff.

4 **4. Anpassung von Vorauszahlungen (IV). Lit:** Eisenhardt WuM 11, 200. Die Bestimmung knüpft an den Grundsatz an, dass Vorauszahlungen nur in angemessener Höhe gefordert werden dürfen (§ 556 II 2), und ermöglicht eine Erhöhung oder auch eine Reduktion durch eine einseitige Erklärung aufgrund von Fehlern (BGH NJW 13, 1596) oder eingetretener oder noch eintretender (konkreter)

Umstände, von denen die entstehenden Kosten voraussichtlich beeinflusst werden (BGH NJW 11, 3643). Voraussetzung soll nunmehr sein, dass die Basisabrechnung formell und inhaltlich korrekt war (BGH NJW 12, 2186, Rspr-Änderung; wegen der Nichtberücksichtigung von Toleranzen zu weitgehend; krit Schmid NZM 12, 675; ders ZMR 12, 689). Erforderlich ist eine Erklärung in Textform (§ 126b) zeitlich nach einer Abrechnung. Sie wirkt nur für die Zukunft (BGH NJW 11, 2351). Ist die erklärte Anpassung unangemessen, so tritt (ähnlich wie bei einer Minderung, s § 441) eine Anpassung im angemessenen Umfang ein.

§ 561 Sonderkündigungsrecht des Mieters nach Mieterhöhung

(1) ¹**Macht der Vermieter eine Mieterhöhung nach § 558 oder § 559 geltend, so kann der Mieter bis zum Ablauf des zweiten Monats nach dem Zugang der Erklärung des Vermieters das Mietverhältnis außerordentlich zum Ablauf des übernächsten Monats kündigen.** ²**Kündigt der Mieter, so tritt die Mieterhöhung nicht ein.**

(2) **Eine zum Nachteil des Mieters abweichende Vereinbarung ist unwirksam.**

1. **Normzweck.** Die Bestimmung schafft ein Gegengewicht im Fall einer Anpassung der Miete an die (höhere) ortsübliche Vergleichsmiete (§ 558) oder wegen durchgeführter Modernisierungsmaßnahmen (§ 559). Bei einer Staffelmiete (§ 557a), einer Indexanpassung (§ 537b) oder der Erhöhung der Betriebskosten (§ 556) bzw einer Betriebskostenpauschale (§ 560) steht dem Mieter kein außerordentliches Kündigungsrecht zu. Die Norm ist zugunsten des Mieters **zwingend (II).** 1

2. **Entstehen des Kündigungsrechts.** Geltendmachung einer Mieterhöhung durch den Vermieter; unerheblich ist, ob die Erhöhung den Formerfordernissen entspricht oder sachlich gerechtfertigt ist. Werden die Mängel durch ein neues Verlangen behoben, so laufen neue Überlegungsfristen (s Rn 3). 2

3. **Ausübung des Kündigungsrechts.** Eine **Überlegungsfrist** steht dem Mieter bis zum Ende des der Erhöhungserklärung folgenden übernächsten Monats zu (Bsp: Zugang der Erhöhungserklärung am 15. 1., Überlegungsfrist bis 31. 3.). Die Kündigung bedarf der **Schriftform** (§ 126, s § 568 I) und muss nicht begründet werden. 3

4. **Wirkung der Kündigung. a)** Das **Mietverhältnis endet** mit Ablauf des übernächsten Monats, bis zu dessen Ende die Kündigungserklärung des Mieters zugehen musste (BT-Drs 14/4553 S 60). Bsp: Zugang der Erhöhungserklärung am 15. 1.; Ende der Überlegungsfrist am 31. 3., Wirkung der Kündigung zum 31. 5. Unerheblich ist, wann der Mieter (zwischen dem 15. 1. und dem 31. 3.) den Mietvertrag gekündigt hat. **b) Bis zum Ende des Mietvertrages** erhöht sich die Miete nicht; gibt der Mieter die Wohnung nicht zurück, so kann der Vermieter gem § 546a die wirksam erhöhte Miete verlangen. 4

Kapitel 3. Pfandrecht des Vermieters

§ 562 Umfang des Vermieterpfandrechts

(1) ¹**Der Vermieter hat für seine Forderungen aus dem Mietverhältnis ein Pfandrecht an den eingebrachten Sachen des Mieters.** ²**Es erstreckt sich nicht auf die Sachen, die der Pfändung nicht unterliegen.**

(2) **Für künftige Entschädigungsforderungen und für die Miete für eine spätere Zeit als das laufende und das folgende Mietjahr kann das Pfandrecht nicht geltend gemacht werden.**

§ 562

Buch 2. Abschnitt 8. Einzelne Schuldverhältnisse

Lit: Derleder, Im Überblick: Die Sicherung des Vermieters durch Barkaution, Bürgschaft, Verpfändung, Sicherungsabtretung und Schuldübernahme, NZM 06, 601; Körner, Räumungsvollstreckung unter Geltendmachung eines Vermieterpfandrechts, ZMR 06, 201; Flatow, Räumungsvollstreckung ohne Räumung? – Vermieterpfandrecht als Kostenbremse, NJW 06, 1396; Zipperer, Das Vermieterpfandrecht, ein Fallstrick bei der Unternehmensfort- führung? NZI 05, 538.

1. Allgemeines. a) Funktion. Der Vermieter, der die Sache dem Mieter überlassen und sie damit in eine fremde Einflusssphäre übergeben muss, geht selbst bei Vereinbarung einer Sicherheit (s § 551) ein uU erhebliches Risiko ein. § 562 soll ihm einen Ausgleich durch zusätzliche Sicherheiten verschaffen. **b) Inhalt.** Das Vermieterpfandrecht ist ein besitzloses ges Pfandrecht iSv § 1257. Es ist ein „sonstiges Recht" iSv § 823 I (s § 823 Rn 15) und auch strafrechtlich geschützt (s StGB 289). Zur Sicherung des Pfandrechts s § 562b. **c)** Die **Verwertung** setzt einen Duldungstitel voraus (§ 1233 II); bei Vollstreckung durch einen anderen Gläubiger in die Sache kann der Vermieter in den Grenzen des § 562d vorzugsweise Befriedigung verlangen (ZPO 805). Der Dritte kann aber einwenden, dem Vermieter stünden hinreichend andere Gegenstände zur Sicherung zur Verfügung (iE BGH 27, 231 ff). Kommt der Vermieter zu spät, so steht ihm gegen den Dritten die Eingriffskondiktion, uU ein Anspruch aus § 823 I (Rn 1 aE) zu. Im Insolvenzverfahren des Mieters besteht ein Recht auf abgesonderte Befriedigung (InsO 50 II). **d) Anwendbarkeit.** Die Bestimmung gilt auch für Mietverhältnisse über Grundstücke und über Räume, die keine Wohnräume sind, s § 578 I, II. **e) Abdingbarkeit.** Der Vermieter kann auf das Entstehen des Pfandrechts verzichten, der Mieter kann es nicht über die Grenzen des I 2 ausdehnen (allg M; sa ThPutzo ZPO 811, 5); eine rechtsgeschäftliche Verpfändung einzelner Gegenstände gem §§ 1205 ff an den Vermieter bleibt wie die Sicherungsübereignung zulässig (s MK/Artz 22).

2. Gesicherte Forderungen. a) Sachliche Umgrenzung. Alle zum Zeitpunkt des Geltendmachens **entstandenen** Forderungen aus dem (wirksamen) Mietverhältnis. Bsp: Miete, Nebenkosten, Ersatzansprüche, Rechtsverfolgungskosten, Vertragsstrafen sowie zweckgebundene Mieterzuschüsse zum Umbau (aA Eckert ZIP 84, 665), nicht allg Finanzierungsdarlehen (BGH 62, 25). Bei einem Vermieterwechsel ist § 566 entspr anwendbar. **b) Zeitliche Umgrenzung. aa) Entschädigungsforderungen** müssen *zum Zeitpunkt des Geltendmachens* (dazu BGH NJW 72, 721) bestimmt (Hamm NJW-RR 94, 656) und fällig sein. Das Pfandrecht kann aber bis zum Ende des Mietvertrages immer wieder geltend gemacht, damit kann der zeitliche Bereich ausgedehnt werden. **bb)** Für die **Miete** bezieht sich das Pfandrecht auch auf künftige Forderungen, allerdings nur für den Rest des laufenden und des folgenden Mietjahres (nicht Kalenderjahres).

3. Objekt des Pfandrechts. a) Sachen (§§ 90, 90a S 3) des Mieters, idR Alleineigentum. Bei Miteigentum nach Bruchteilen unterliegt dem Mieter gehörende Teil dem Pfandrecht (RG 146, 337). Bei gesamthänderischem Eigentum müssen alle Eigentümer Mieter sein (RG JW 37, 614). Hat der Mieter Sachen unter EV erworben, so wird die **Anwartschaft** erfasst, das Pfandrecht setzt sich ggf am Vollrecht fort. Es hat auch Vorrang vor einer späteren Raumsicherungsübereignung (BGH 117, 205 ff; iE Nicolai JZ 96, 219). An fremden Sachen entsteht auch bei gutem Glauben des Vermieters kein Pfandrecht (allgM). **b) Eingebrachte Sachen.** Die Sache muss mit dem Willen des Mieters zu einem nicht nur vorübergehenden Zweck in die gemieteten Räume hineingebracht oder dort hergestellt sein. Ein ununterbrochenes Verbleiben ist hingegen nicht erforderlich. Bsp: Kfz in der Garage (Frankfurt ZMR 06, 610), Warenlager (BGH 117, 207). Das Einbringen als Realakt (BGH NJW 07, 1590) setzt eine natürliche Erkenntnisfähigkeit (PalEllenberger 10 vor § 104), zumindest beschränkte Geschäftsfähigkeit voraus (StEmmerich 10). **c) Nicht erfasste (unpfändbare) Sachen (S 2).** S ZPO 811, 811c und auch ZPO 812 (StEmmerich 22).

Titel 5. Mietvertrag, Pachtvertrag §§ 562a, 562b

4. Beweislast. Der Vermieter muss das Entstehen (BGH DB 86, 2075) einer 4
Forderung und die sachlichen Voraussetzungen (Rn 2 f) beweisen (s dazu RG 146,
339 f). Dem Mieter obliegt die Beweislast für die Unpfändbarkeit **(I 2)**.

§ 562a Erlöschen des Vermieterpfandrechts

¹**Das Pfandrecht des Vermieters erlischt mit der Entfernung der Sachen von dem Grundstück, außer wenn diese ohne Wissen oder unter Widerspruch des Vermieters erfolgt.** ²**Der Vermieter kann nicht widersprechen, wenn sie den gewöhnlichen Lebensverhältnissen entspricht oder wenn die zurückbleibenden Sachen zur Sicherung des Vermieters offenbar ausreichen.**

1. Allgemeines. Die Norm hat den **rechtlichen Bestand** des Vermieterpfand- 1
rechts zum Gegenstand und behandelt einen bes Fall des Erlöschens, der zu den
allg Erlöschensgründen, §§ 1242 II, 1252 ff, 936, hinzutritt. Einen weiteren Fall des
Erlöschens enthält § 562b. Die Vorschrift ist, da S 1 einen sachenrechtlichen Grundsatz aufstellt und S 2 Schutzcharakter hat, **nicht abdingbar** (Schmidt-Futterer/
Lammel 2).

2. Rechtsvoraussetzungen. a) Entfernung ist das Wegschaffen der Sache aus 2
dem Bereich des Grundstücks bzw aus der Wohnung einschließlich der mitvermieteten allg Räume (§ 535 Rn 16) *auf Dauer*. Ein zeitweiliges Entfernen (zB des Kfz zur
Benutzung oder Reparatur) lässt das Pfandrecht nicht erlöschen (Schmidt-Futterer/
Lammel 8; Frankfurt ZMR 06, 610; aA StEmmerich 5; Karlsruhe NJW 71, 625:
jeweiliges Erlöschen und Neuentstehen nach Rückkehr mit dem Risiko eines Zwischenpfandrechts). Wer die Sache wegbringt, ist gleichgültig (daher gilt § 562a auch
bei einer Wegnahme durch den Gerichtsvollzieher, PalWeidenkaff 4). **b) Mit Wissen des Vermieters. aa) Grundsatz.** § 562a ist negativ formuliert, weil der Vermieter die Beweislast für sein Nichtwissen trägt (s Rn 4). Auch grob fahrlässige
Unkenntnis reicht nicht aus; § 166 I (Kenntnis des Vertreters, Repräsentanten) ist
anwendbar. **bb) Ausnahme.** Auf das Wissen des Vermieters kommt es nicht an,
wenn ein Widerspruch gem S 2 unbeachtlich wäre. **c) Kein (zu beachtender)** 3
Widerspruch des Vermieters. aa) Grundsatz. Der Widerspruch ist eine rechtsgeschäftsähnliche Handlung, er kann wie eine Willenserklärung auch schlüssig
geschehen. Erfolgen muss er in unmittelbarem zeitlichem Zusammenhang mit der
Wegnahme. **bb) Ausnahme.** Unbeachtlichkeit eines Widerspruchs **(S 2)**. *Regelmäßige Geschäfte* sind die üblichen einschließlich von Saisonverkäufen, nicht jedoch
ein Totalausverkauf (vgl BGH NJW 63, 147). Wird angenommen, das zeitweilige
Entfernen einer Sache bringe das Pfandrecht zum Erlöschen (s Rn 2), so sind das
Wegschaffen zur Reparatur, das Mitnehmen von benötigten Sachen auf eine Reise
als den *gewöhnlichen Lebensverhältnissen* entspr anzusehen. Zur Sicherung des Vermieters *reichen* die zurückbleibenden Sachen *offenbar aus,* wenn sie ohne nähere Prüfung
den Eindruck hervorrufen, bei ihrer Verwertung werde der Vermieter hinlänglich
befriedigt sein (MK/Artz 12).

3. Beweislast. Der Mieter trägt die Beweislast für das Entfallen (Rn 2), der 4
Vermieter für sein Nichtwissen und einen Widerspruch, der Mieter (bzw ein Gläubiger) wiederum für die Voraussetzungen des S 2.

§ 562b Selbsthilferecht, Herausgabeanspruch

(1) ¹**Der Vermieter darf die Entfernung der Sachen, die seinem Pfandrecht unterliegen, auch ohne Anrufen des Gerichts verhindern, soweit er berechtigt ist, der Entfernung zu widersprechen.** ²**Wenn der Mieter auszieht, darf der Vermieter diese Sachen in seinen Besitz nehmen.**

§§ 562c, 562d   Buch 2. Abschnitt 8. Einzelne Schuldverhältnisse

(2) ¹Sind die Sachen ohne Wissen oder unter Widerspruch des Vermieters entfernt worden, so kann er die Herausgabe zum Zwecke der Zurückschaffung auf das Grundstück und, wenn der Mieter ausgezogen ist, die Überlassung des Besitzes verlangen. ²Das Pfandrecht erlischt mit dem Ablauf eines Monats, nachdem der Vermieter von der Entfernung der Sachen Kenntnis erlangt hat, wenn er diesen Anspruch nicht vorher gerichtlich geltend gemacht hat.

1 1. **Normzweck.** Das Vermieterpfandrecht soll durch I faktisch abgesichert werden; II 2 ergänzt § 562a durch einen weiteren (rechtlichen) Erlöschensgrund. Die Bestimmung ist insofern **zwingend**, als eine Erweiterung des Selbsthilferechts (I) und eine Verlängerung der Ausschlussfrist (II 2) nicht vereinbart werden können.

2 2. **Selbsthilferecht (I). a) Allgemeines.** § 562b I tritt neben § 229 und stellt geringere Anforderungen: § 231 ist nicht anwendbar (sondern § 823). **b) Rechtsvoraussetzungen.** Zu „dem Pfandrecht unterliegende Sachen" s § 562 Rn 3; zum Widerspruch s § 562a Rn 3; zur Entfernung s § 562a Rn 2; zur **Beweislast** s §§ 562 Rn 4, 562a Rn 4. Der Mieter muss mit den Maßnahmen beginnen (Düsseldorf ZMR 83, 376). Nach der Entfernung steht dem Vermieter das Selbsthilferecht nicht mehr zu. **c) Rechte des Vermieters.** Bewirken im Rahmen der Verhältnismäßigkeit – uU auch mit Gewalt (Schmidt-Futterer/Lammel 15) –, dass die Sache auf dem Grundstück bzw in der Wohnung verbleibt. Beginnt der Mieter mit den unmittelbaren Vorbereitungen zum völligen Auszug, so kann der Vermieter die Sachen in Alleinbesitz (zB unter Verschluss, in seine Wohnung) nehmen.

3 3. **Herausgabeanspruch (II 1).** Er richtet sich auch gegen Dritte. Zu den Rechtsvoraussetzungen s § 562a Rn 2 f, zum gutgläubigen Erwerb s § 936. Das Geltendmachen geschieht durch Klage oder einstweilige Verfügung. Zur **Beweislast** s § 562a Rn 4; der Vermieter muss außerdem den Besitz des Bekl beweisen (StEmmerich 24; str).

4 4. **Erlöschen des Pfandrechts (II 2).** Die Bestimmung dient dem Verkehrsschutz; deshalb handelt es sich um eine Ausschlussfrist. Die **Beweislast** für die Kenntnis hat der Mieter.

§ 562c Abwendung des Pfandrechts durch Sicherheitsleistung

¹Der Mieter kann die Geltendmachung des Pfandrechts des Vermieters durch Sicherheitsleistung abwenden. ²Er kann jede einzelne Sache dadurch von dem Pfandrecht befreien, dass er in Höhe ihres Wertes Sicherheit leistet.

1 Das Pfandrecht bleibt bestehen, jedoch hat der Vermieter kein Selbsthilferecht (§ 562b Rn 2), keinen Herausgabeanspruch (§ 562b Rn 3) und kein Verwertungsrecht mehr (teilw wird vom „Erlöschen" des Pfandrechts gesprochen, zB StEmmerich 5). Leistung der Sicherheit gem §§ 232 ff. Die Norm ist **zwingend**.

§ 562d Pfändung durch Dritte

Wird eine Sache, die dem Pfandrecht des Vermieters unterliegt, für einen anderen Gläubiger gepfändet, so kann diesem gegenüber das Pfandrecht nicht wegen der Miete für eine frühere Zeit als das letzte Jahr vor der Pfändung geltend gemacht werden.

1 § 562d begrenzt aus Gründen des Drittschutzes den zeitlichen Umfang der Forderungen auf die Miete, die durch das Pfandrecht gedeckt sind. Erfasst werden auch die in den Zeitraum fallenden Ansprüche auf Vorauszahlung der Betriebskosten bzw die Betriebskostenpauschale. Für andere Ansprüche, etwa auf Schadensersatz, gilt

Titel 5. Mietvertrag, Pachtvertrag §§ 563, 563a

die Begrenzung nicht. Zu den Rechten den Vermieters gegenüber dem Dritten selbst s § 562 Rn 1. Die Bestimmung ist **zwingend**.

Kapitel 4. Wechsel der Vertragsparteien

§ 563 Eintrittsrecht bei Tod des Mieters

(1) ¹Der Ehegatte, der mit dem Mieter einen gemeinsamen Haushalt führt, tritt mit dem Tod des Mieters in das Mietverhältnis ein. ²Dasselbe gilt für den Lebenspartner.

(2) ¹Leben in dem gemeinsamen Haushalt Kinder des Mieters, treten diese mit dem Tod des Mieters in das Mietverhältnis ein, wenn nicht der Ehegatte eintritt. ²Der Eintritt des Lebenspartners bleibt vom Eintritt der Kinder des Mieters unberührt. ³Andere Familienangehörige, die mit dem Mieter einen gemeinsamen Haushalt führen, treten mit dem Tod des Mieters in das Mietverhältnis ein, wenn nicht der Ehegatte oder der Lebenspartner eintritt. ⁴Dasselbe gilt für Personen, die mit dem Mieter einen auf Dauer angelegten gemeinsamen Haushalt führen.

(3) ¹Erklären eingetretene Personen im Sinne des Absatzes 1 oder 2 innerhalb eines Monats, nachdem sie vom Tod des Mieters Kenntnis erlangt haben, dem Vermieter, dass sie das Mietverhältnis nicht fortsetzen wollen, gilt der Eintritt als nicht erfolgt. ²Für geschäftsunfähige oder in der Geschäftsfähigkeit beschränkte Personen gilt § 210 entsprechend. ³Sind mehrere Personen in das Mietverhältnis eingetreten, so kann jeder die Erklärung für sich abgeben.

(4) Der Vermieter kann das Mietverhältnis innerhalb eines Monats, nachdem er von dem endgültigen Eintritt in das Mietverhältnis Kenntnis erlangt hat, außerordentlich mit der gesetzlichen Frist kündigen, wenn in der Person des Eingetretenen ein wichtiger Grund vorliegt.

(5) Eine abweichende Vereinbarung zum Nachteil des Mieters oder solcher Personen, die nach Absatz 1 oder 2 eintrittsberechtigt sind, ist unwirksam.

§ 563a Fortsetzung mit überlebenden Mietern

(1) Sind mehrere Personen im Sinne des § 563 gemeinsam Mieter, so wird das Mietverhältnis beim Tod eines Mieters mit den überlebenden Mietern fortgesetzt.

(2) Die überlebenden Mieter können das Mietverhältnis innerhalb eines Monats, nachdem sie vom Tod des Mieters Kenntnis erlangt haben, außerordentlich mit der gesetzlichen Frist kündigen.

(3) Eine abweichende Vereinbarung zum Nachteil der Mieter ist unwirksam.

Anmerkungen zu den §§ 563, 563a

Lit: Pover, Das Rechtsinstitut der Sonderrechtsnachfolge im Mietrecht, NZM 05, 488.

1. Allgemeines. a) Funktion. Die Bestimmungen schaffen eine **mietrechtliche Sonderrechtsnachfolge** für Personen, die mit dem ursprünglichen Mieter im gemeinsamen Haushalt gelebt haben (§§ 563–563a). Erst subsidiär kommt es zur 1

§ 563a Buch 2. Abschnitt 8. Einzelne Schuldverhältnisse

erbrechtlichen Lösung (§ 564). Die in § 563 genannten im Haushalt lebenden Personen können auch Erben des Mieters sein. Abzustellen ist aber wegen des Vorrangs der Sonderrechtsnachfolge primär auf ihre Funktion als bis zum Tode des Mieters gemeinsam in dessen Haushalt Lebende. Grund für die mietrechtliche Sonderrechtsnachfolge ist, dass die in § 563 genannten Personen ein berechtigtes Interesse daran haben, ihren Lebensmittelpunkt beizubehalten. Dies ist abzuwägen gegen das Interesse des Vermieters, nicht unangemessen mit neuen Vertragsparteien konfrontiert zu werden und die ursprünglich vereinbarte Nutzung sowie die Miete weiterhin gesichert zu sehen (BT-Drs 14/4553). Unterschieden wird dabei zwischen den Situationen, dass die begünstigte Person bereits mit dem verstorbenen Mieter gemeinsam Vertragspartner war (s § 563a) oder dass sie noch keine Rechtsstellung
2 als Mieter hatte (s § 563). **b) Rechtsfolge.** Die begünstigte Person tritt grundsätzlich in vollem Umfang in das Mietverhältnis ein, das – bis auf den Personenwechsel – unverändert fortgesetzt wird (BGH NJW 03, 3266 mwN). **c) Begünstigter Personenkreis.** Unterschieden werden fünf Personengruppen: Ehegatten, Lebenspartner, Kinder, andere Familienangehörige des Mieters, andere Personen, die mit dem Mieter (außerhalb einer Lebenspartnerschaft) einen auf Dauer angelegten Haushalt geführt haben. Die beiden zuletzt genannten Gruppen werden gleich behandelt
3 (s § 563 II 4). **d) Begriffe. aa)** Ein **gemeinsamer Haushalt** setzt nicht nur die gemeinsame Nutzung und Pflege der Räume voraus, sondern eine gemeinsame Lebens- und Wirtschaftsführung (LG München NZM 05, 336). In der Wohnung getrennt lebende Ehegatten bilden keinen gemeinsamen Haushalt mehr. **bb)** Die **Lebenspartnerschaft** setzt nach der Rspr eine auf Dauer angelegte, besonders intensive Lebensgemeinschaft voraus, die geprägt wird durch eine innere ausschließliche Bindung und den Willen, umfassend füreinander einzustehen (BGH 121, 116; BT-Drs 14/4553 S 61). Eingetragene Lebenspartnerschaften werden in jedem Fall erfasst, bei nicht eingetragenen Lebenspartnerschaften trägt der überlebende Partner die **Beweislast. cc) Familienangehörige.** Der Begriff ist aus dem Zweck, die Wohnung als Lebensmittelpunkt zu erhalten, weit zu verstehen. Er umfasst Verwandte und Verschwägerte (s §§ 1589, 1590) ohne Abgrenzung hinsichtlich ihres Grades, auch Pflegekinder. **e)** Die Bestimmung über die Fortsetzung des Mietverhältnisses mit den begünstigten Personen ist zugunsten des Mieters **zwingend (§§ 563 V, 563a II).**

4 **2. Fallgruppe 1: Der Mieter hatte allein mit einem Ehepartner einen gemeinsamen Haushalt geführt. a)** Der Überlebende war bereits **Vertragspartner.** Das Mietverhältnis setzt sich allein mit ihm fort. Der Vermieter hat kein Kündigungsrecht, der Ehegatte kann das Mietverhältnis außerordentlich mit gesetzlicher Frist (s § 573d) kündigen **(§ 563a II). b)** Der Überlebende war **nicht Vertragspartner.** Das Mietverhältnis setzt sich allein mit ihm fort. Dem Vermieter steht innerhalb eines Monats nach Kenntnis vom nicht mehr widerrufbaren Eintritt des Überlebenden (idR Ablauf der Monatsfrist gem § 563 III 1) ein Recht zur außerordentlichen Kündigung mit gesetzlicher Frist (s § 573d) zu, wenn in der Person des Überlebenden ein wichtiger Grund vorliegt **(§ 563 IV);** zum wichtigen Grund in der Person des Überlebenden s § 569 Rn 2 ff. Der Ehegatte hat innerhalb eines Monats seit Kenntnis vom Tod des Mieters ein **Ablehnungsrecht,** das durch einseitige zugangsbedürftige (§ 130) gestaltende Erklärung ausgeübt wird **(§ 563 III 1)** und rückwirkend den Mietvertrag beseitigt. Für die Zeit bis zur Rückgabe der Wohnung findet § 564 Anwendung. Ist der Ehegatte nicht Erbe, so wird man § 546 entspr anzuwenden haben.

5 **3. Fallgruppe 2: Der Mieter hatte mit dem Überlebenden und gemeinsamen Kindern bzw anderen Familienangehörigen oder anderen Personen auf Dauer einen gemeinsamen Haushalt geführt. a)** Waren die übrigen Personen **mit Vertragspartner,** so setzt sich das Mietverhältnis mit ihnen fort. Der Vermieter hat kein Kündigungsrecht; die Überlebenden können das Mietverhältnis außerordentlich mit gesetzlicher Frist (s § 573d) kündigen. Die Kündigung kann

nur gemeinsam geschehen (§ 563a I, II). **b)** Waren die übrigen Personen **nicht Vertragspartner,** so tritt nur der Ehegatte in den Mietvertrag ein **(§ 563 II 1),** sog Ehegattenprivileg (BT-Drs 14/5663 S 81); iÜ s Rn 3. Erklärt der Ehegatte die Ablehnung (s Rn 3), so wird mit Wirkung vom Tod des Mieters an das Mietverhältnis mit den Kindern bzw anderen Personen fortgesetzt **(§ 563 III 1).** Erklären auch die Kinder und anderen Personen innerhalb derselben Frist, das Mietverhältnis nicht fortsetzen zu wollen, so gilt § 564. Wegen der theoretischen Möglichkeit für den Ehegatten, die Erklärung im letzten Augenblick abzugeben, wird man den übrigen Personen in einem solchen Fall eine angemessene Nachfrist einräumen müssen. Die Kündigung kann jeder für sich abgeben (§ 563 III 3).

4. Fallgruppe 3: Der Mieter hatte allein mit einem Lebenspartner einen gemeinsamen Haushalt geführt. Es gilt dieselbe Regelung wie bei einem Ehegatten (§ 563 I 2), s Rn 3. 6

5. Fallgruppe 4: Der Mieter hatte mit seinen Kindern und einem Lebenspartner einen gemeinsamen Haushalt geführt. a) Der Lebenspartner war allein oder gemeinsam mit den Kindern bereits **Vertragspartner:** Das Mietverhältnis setzt sich auch mit den Kindern fort (§ 563a I); iÜ s Rn 4. **b)** Der Lebenspartner war **nicht Vertragspartner.** Das Mietverhältnis setzt sich mit allen beteiligten Personen fort **(§ 563 II 1, 2).** Ein Lebenspartnerprivileg (s Rn 4) besteht nicht; iÜ s Rn 4. 7

6. Fallgruppe 5: Der Mieter hatte mit einem Lebenspartner und/oder anderen Personen einen gemeinsamen Haushalt geführt. a) Die beteiligten Personen waren bereits **Vertragspartner:** Das Mietverhältnis setzt sich mit ihnen fort **(§ 563a I);** iü s Rn 4. **b)** Der Lebenspartner und die erwähnten Personen waren **nicht Vertragspartner:** Das Mietverhältnis setzt sich allein mit dem Lebenspartner fort **(§ 563 II 3, 4):** In dieser Konstellation besteht ein Lebenspartner-Privileg (BT-Drs 14/5663 S 81); iü s Rn 4. 8

7. Fallgruppe 6: Der Mieter hatte nur mit Kindern und/oder anderen Personen einen gemeinsamen Haushalt geführt. a) Die Personen waren bereits **Vertragspartner:** Das Mietverhältnis setzt sich mit ihnen fort (§ 563a I); iü s Rn 4. **b)** Die Personen waren **nicht Vertragspartner:** Das Mietverhältnis setzt sich mit ihnen fort (§ 563 II 1); iÜ s Rn 4. 9

§ 563b Haftung bei Eintritt oder Fortsetzung

(1) ¹Die Personen, die nach § 563 in das Mietverhältnis eingetreten sind oder mit denen es nach § 563a fortgesetzt wird, haften neben dem Erben für die bis zum Tod des Mieters entstandenen Verbindlichkeiten als Gesamtschuldner. ²Im Verhältnis zu diesen Personen haftet der Erbe allein, soweit nichts anderes bestimmt ist.

(2) Hat der Mieter die Miete für einen nach seinem Tod liegenden Zeitraum im Voraus entrichtet, sind die Personen, die nach § 563 in das Mietverhältnis eingetreten sind oder mit denen es nach § 563a fortgesetzt wird, verpflichtet, dem Erben dasjenige herauszugeben, was sie infolge der Vorausentrichtung der Miete ersparen oder erlangen.

(3) Der Vermieter kann, falls der verstorbene Mieter keine Sicherheit geleistet hat, von den Personen, die nach § 563 in das Mietverhältnis eingetreten sind oder mit denen es nach § 563a fortgesetzt wird, nach Maßgabe des § 551 eine Sicherheitsleistung verlangen.

1. Haftung (I). Für die bis zum Tode entstandenen Verbindlichkeiten haften die Eintretenden neben den Erben (uU denselben Personen in unterschiedlicher Funktion) als Gesamtschuldner **(I 1).** Für das Innenverhältnis trifft **I 2** eine von § 426 I 1 abweichende Regelung. Für **nach dem Tod** entstehende Verbindlichkeiten haften die Eintretenden allein. 1

§§ 564, 565

2   **2. Vorauszahlung der Miete (II).** Die Norm schafft einen Ausgleichsanspruch des nicht in den Mietvertrag eintretenden Erben gegen die Personen, mit denen das Mietverhältnis fortgesetzt wird. Der Vermieter kann eine an ihn geleistete Vorauszahlung behalten.

3   **3. Sicherheiten (III).** S § 551 I. Leisten die Eintretenden die Sicherheit nicht, so ist wohl nicht § 569 III iVm § 543 II, sondern § 573d entspr anwendbar (außerordentliche Kündigung mit gesetzlicher Frist wegen veränderter Umstände).

§ 564 Fortsetzung des Mietverhältnisses mit dem Erben, außerordentliche Kündigung

¹Treten beim Tod des Mieters keine Personen im Sinne des § 563 in das Mietverhältnis ein oder wird es nicht mit ihnen nach § 563a fortgesetzt, so wird es mit dem Erben fortgesetzt. ²In diesem Fall ist sowohl der Erbe als auch der Vermieter berechtigt, das Mietverhältnis innerhalb eines Monats außerordentlich mit der gesetzlichen Frist zu kündigen, nachdem sie vom Tod des Mieters und davon Kenntnis erlangt haben, dass ein Eintritt in das Mietverhältnis oder dessen Fortsetzung nicht erfolgt sind.

1   Die Norm stellt klar, dass die erbrechtliche Nachfolge gegenüber der Sonderrechtsnachfolge im Fall eines gemeinsamen Haushalts (§§ 563, 563a) subsidiär ist **(S 1)**. Zum Kündigungsrecht **(S 2)** s §§ 573d, 575a. In beiden Bestimmungen ist die Anwendung des § 564 ausdrücklich ausgeschlossen.

§ 565 Gewerbliche Weitervermietung

(1) ¹Soll der Mieter nach dem Mietvertrag den gemieteten Wohnraum gewerblich einem Dritten zu Wohnzwecken weitervermieten, so tritt der Vermieter bei der Beendigung des Mietverhältnisses in die Rechte und Pflichten aus dem Mietverhältnis zwischen dem Mieter und dem Dritten ein. ²Schließt der Vermieter erneut einen Mietvertrag zur gewerblichen Weitervermietung ab, so tritt der Mieter anstelle der bisherigen Vertragspartei in die Rechte und Pflichten aus dem Mietverhältnis mit dem Dritten ein.

(2) Die §§ 566a bis 566e gelten entsprechend.

(3) Eine zum Nachteil des Dritten abweichende Vereinbarung ist unwirksam.

Lit: Kunze, Die gewerbliche Weitervermietung, ein Sonderfall der Untermiete, NZM 12, 740.

1   **1. Zweck der Norm.** Die Bestimmung soll vermeiden, dass der Nutzer der Wohnung (Endmieter) keinen Kündigungsschutz genießt, wenn der Vertrag zwischen (gewerblichem) Zwischenvermieter und Eigentümer beendet wird (BT-Drs 12/3254 S 37 f, sa BVerfG 84, 197). Die Norm ist zugunsten des Endmieters **zwingend (III).**

2   **2. Tatbestand.** Es muss ein wirksamer Vertrag zwischen Vermieter und Mieter (Zwischenvermieter) über **Räume** (s § 578 Rn 1) bestehen, die der Zwischenvermieter als **Wohnräume** (s § 549 Rn 2) an den Endmieter weitervermietet. Der Zwischenvermieter muss nach dem insoweit eingeschränkten Zweck des Ges (s Schilling/Meyer ZMR 94, 502) **gewerblich tätig** sein, also der Leistung auf einem Markt anbieten, idR aus dem Vermieten Gewinn erzielen wollen. Unter dem vom BVerfG geforderten Schutz des Endmieters (s Rn 1) wird man die Norm vorsichtig entspr anwenden müssen, wenn sich Vermieter und *Endmieter* in einer

Titel 5. Mietvertrag, Pachtvertrag **§ 566**

vergleichbaren Interessenlage befinden (BGH NJW 03, 3054; zutr iErg anders wegen bes Umstände KG NZM 13, 313, im Anschluss an BGH 133, 149, betreutes Wohnen). Die **Beendigung** des Zwischenvermietungsvertrages kann aus beliebigen Gründen eintreten.

3. Rechtsfolgen. Der Vermieter tritt in den Vertrag zwischen Endmieter und 3 Zwischenvermieter ein (anders StEmmerich 9 f unter Bezug auf § 566: neuer Vertrag mit demselben Inhalt). Findet der Vermieter später einen neuen Zwischenvermieter, so wird dieser Vertragspartner. Auch ein unmittelbarer Übergang von einem auf einen anderen Zwischenvermieter ist möglich.

§ 566 Kauf bricht nicht Miete

(1) **Wird der vermietete Wohnraum nach der Überlassung an den Mieter von dem Vermieter an einen Dritten veräußert, so tritt der Erwerber anstelle des Vermieters in die sich während der Dauer seines Eigentums aus dem Mietverhältnis ergebenden Rechte und Pflichten ein.**

(2) ¹**Erfüllt der Erwerber die Pflichten nicht, so haftet der Vermieter für den von dem Erwerber zu ersetzenden Schaden wie ein Bürge, der auf die Einrede der Vorausklage verzichtet hat.** ²**Erlangt der Mieter von dem Übergang des Eigentums durch Mitteilung des Vermieters Kenntnis, so wird der Vermieter von der Haftung befreit, wenn nicht der Mieter das Mietverhältnis zum ersten Termin kündigt, zu dem die Kündigung zulässig ist.**

Lit: Gsell, Räumungsklage bei Eigentümer- und Vermieterwechsel, WuM 12, 411; Neumann, Der Eintritt des Erwerbers in das Mietverhältnis nach § 566 Abs 1 BGB, WuM 10, 659; Streyl, Zum Identitätserfordernis in § 566 BGB, WuM 08, 579.

1. Allgemeines. a) Funktion. Ein schuldrechtlicher Vertrag bindet nur die Par- 1 teien. Dann aber hätte der Mieter im Fall der Veräußerung der Sache keine Ansprüche gegenüber dem Erwerber aus dem Mietvertrag. Er wäre auf Schadensersatzansprüche gegen den Vermieter (zB aus §§ 280 I, III, 283) angewiesen. § 566 will diese Konsequenzen für bestimmte Mietsachen verhindern und gibt dem Mieter insoweit eine „quasi-dingliche" Stellung. Konsequenz dieser Vorschrift ist § 550 I (s § 550 Rn 1). **b)** Entgegen der hM (s zB PalWeidenkaff 5) ist die Bestimmung zugunsten des Mieters als **zwingend** anzusehen, obwohl eine Regelung wie in § 565 III fehlt. Sonst wäre der Mieter hier in einem Wertungswiderspruch zu § 565 entgegen dem Normzweck nur auf Schadensersatzansprüche gegen den Vermieter verwiesen. **c) Anwendungsbereich.** Die Vorschrift gilt auch für Mietverträge über Grundstücke, über Räume, die keine Wohnräume sind (§ 578 I, II) sowie über eingetragene Schiffe (§ 578a I). Eine entspr Anwendung auf andere Nutzungsverhältnisse an Grundstücken scheint möglich (Schön, JZ 01, 119).

2. Rechtsvoraussetzungen (I). a) Mietvertrag zwischen Mieter und Woh- 2 nungseigentümer. Der Vertrag darf noch nicht beendet sein (BGH NJW 10, 1070). **b) Überlassen der Mietsache** an den Mieter: s § 535 Rn 11. Bei Veräußerung vor der Überlassung gilt § 567a, bei Veräußerung nach Auszug gilt § 566 nicht (BGH NJW 07, 818). **c) Veräußerung** (Beweislast bei dem, der sich darauf beruft) ist die rechtsgeschäftliche Übertragung des Eigentums, bzw die Übertragung von Wohnungseigentum auf einen Erwerber nach vorheriger Umwandlung in Wohnungseigentum, selbst wenn ein mitvermieteter Raum Gemeinschaftseigentum wird (BGH 141, 239 mwN). Auf den Eintritt eines neuen Gesellschafters in eine GbR ist die Norm nicht anwendbar, da die GbR als Rechtssubjekt Vermieterin bleibt (Düsseldorf DWW 03, 124; iE Sick ZMR 11, 438). Die Art des Kausalgeschäfts ist unerheblich (zB Kauf, Schenkung, Verpflichtung des Gesellschafters zum Einbringen). Bei der Veräußerung eines Grundstücks in Teilen an mehrere (zB Wohnung, Stellplatz)

§ 566a Buch 2. Abschnitt 8. Einzelne Schuldverhältnisse

setzt sich das Mietverhältnis mit dieser Personenmehrheit (Bruchteilsgemeinschaft) als einheitliches fort (BGH NJW 05, 3781). Auf einen **Erwerb kraft Ges** ist die Norm entspr anwendbar (BGH NJW 08, 2773). Zum Erwerb in der Zwangsversteigerung s ZVG 9 Nr 2, 57 ff, im Insolvenzverfahren s InsO 111.

3   **3. Rechtsfolgen für den Erwerber (I). a) Grundsatz.** Der neue Eigentümer tritt kraft Ges unmittelbar in die Rechtsstellung des Veräußerers hinsichtlich der Rechte und Pflichten ein (aA BGH NJW 12, 3034 mwN: neues identisches Vertragsverhältnis mit Erwerber), *die nach der Veräußerung entstanden oder fällig sind* (BGH NZM 04, 188, Rückzahlung von Betriebskosten-Überschüssen, BGH NJW-RR 05, 96, Abrechnung; BGH DWW 05, 103, Schadensersatz nach Verzug des Veräußerers; BGH NJW-RR 06, 295, Bereicherungsanspruch). Sachlich betrifft der Übergang miettypische Rechte und Pflichten. Hinsichtlich der Rechte und Pflichten, die nur in einem wirtschaftlichen Zusammenhang mit der Miete stehen oder die mit Rücksicht auf den Mietvertrag begründet wurden, bleiben die ursprünglichen
4   Parteien miteinander verbunden. **b) Übergegangene Rechte.** Bsp: Miete ab Eigentumsübergang (sa §§ 566b–566d), Erhöhung gem § 559 auch bei Maßnahmen, die vor dem Erwerb abgeschlossen wurden (KG NJW-RR 01, 81), Recht zur Kündigung, wenn nach Eigentumsübergang entstanden, Ansprüche aus den Nebenverpflichtungen des Mieters (s § 535 Rn 27 f), auf eine noch nicht geleistete Kaution (BGH ZMR 12, 857), Ersatzansprüche nach § 571 I (BGH 72, 147); Rückzahlung von Baukostenzuschüssen (BGH WM 60, 1127 mit Differenzierungen). **Übergegangene Verpflichtungen:** Verlängerung des Vertrages (BGH 55, 74); Einbau einer Nachtspeicherheizung (LG Hamburg ZMR 77, 210); Garantiehaftung aus § 536a, wenn der Mangel zZ des *Vertragsschlusses mit dem Veräußerer* vorhanden war (BGH 49, 350); Ersatz von Verwendungen; nicht Verpflichtungen aus einem Vorvertrag (BGH NJW 62, 1390), Zahlung einer Abfindung für vorzeitigen Auszug (BGH MDR 61, 931), Rückzahlung der Kaution (§ 566 a; iE s BGH NJW 12, 3034). Eine **Schiedsabrede** bindet auch den Erwerber (BGH NJW 00, 2346).

5   **4. Haftung des Veräußerers (II).** Zur Abgrenzung sind drei Fallgruppen zu unterscheiden: (a) Ersatzansprüche (zB aus §§ 536a, § 539 II), die *vor dem Eigentumsübergang entstanden* bzw fällig sind, werden von der Übertragung nicht berührt; (b) bei Verpflichtungen, die wegen ihres Charakters *nicht auf den Erwerber übergehen* (Rn 3 aE) und die der Veräußerer nicht mehr zu erfüllen vermag, können sich Ansprüche aus §§ 280, 283 ergeben. **II 1** gilt nur für (c) Ansprüche, die sich *wegen des I gegen den Erwerber richten*. Der Anspruch geht auf Schadensersatz, der gem § 249 I auch eine Naturalrestitution erfassen kann (MK/Häublein 44). Der Vermieter wird unter den im Gesetzestext genannten Voraussetzungen (Beweislast bei ihm) von dem Zeitpunkt an frei, an dem der erste mögliche Beendigungstermin verstrichen ist (StEmmerich 62).

§ 566a Mietsicherheit

¹Hat der Mieter des veräußerten Wohnraums dem Vermieter für die Erfüllung seiner Pflichten Sicherheit geleistet, so tritt der Erwerber in die dadurch begründeten Rechte und Pflichten ein. ²Kann bei Beendigung des Mietverhältnisses der Mieter die Sicherheit von dem Erwerber nicht erlangen, so ist der Vermieter weiterhin zur Rückgewähr verpflichtet.

1   **1. Normzweck.** S 1 dehnt die Übertragungswirkungen des § 566 auf die Sicherungsrechte aus und verschafft damit dem Erwerber einen Anspruch gegen den Veräußerer auf Herausgabe. Gleichzeitig tritt der Erwerber auch in die Pflichten des Veräußerers (Hauptfall: Rückgewähr der Sicherung) ein. Anders als nach der früheren Rechtslage soll sich der Mieter in jedem Fall unabhängig davon an den Erwerber halten können, ob dieser die Sicherheit vom Voreigentümer empfangen oder eine entspr Verpflichtung übernommen hat (BGH NJW 12, 1353, Insolvenz

des Voreigentümers). Der Erwerber übernimmt damit auch bei einer Barkaution die Verpflichtung zur Rückzahlung für angelaufene Zinsen, s § 551 III 3. Hat der Mieter noch keine Sicherheit geleistet oder ist sie verbraucht (Beweislast beim Erwerber), so gilt, weil es sich insoweit um einen schuldrechtlichen Anspruch gegen den Mieter handelt, § 566. Die Bestimmung ist abdingbar. **Anwendungsbereich.** Wie § 566.

2. Eintritt des Erwerbers in die Rechte des Veräußerers. a) Dingliche Wirkungen. Bsp: Der Erwerber wird mit Eigentumsübergang kraft Ges neuer Forderungsinhaber, Sicherungseigentümer, Inhaber eines rgeschäftlich begründeten Pfandrechts, auch Treuhänder einer Mietkaution (s § 551 III). Der Veräußerer ist Nichtberechtigter (ein gutgläubiger Erwerb durch einen Dritten ist, soweit ges vorgesehen, möglich). **b) Schuldrechtliche Wirkungen.** Der Erwerber gewinnt als Rechtsinhaber einen Herausgabeanspruch gegen den Veräußerer. Auch der Mieter kann vom Veräußerer die Herausgabe an den Erwerber verlangen (Karlsruhe NJW-RR 89, 267). Ist der Veräußerer nach Beendigung des Mietverhältnisses noch im Besitz der Sicherheit, so kann sie der Mieter von ihm nur herausverlangen, wenn auch der Erwerber keinen Anspruch gegen den Mieter auf die Sicherheit hat.

3. Haftung des Erwerbers. Der Mieter soll sich auch unabhängig von der zwischen Veräußerer und Erwerber getroffenen Regelung an den Erwerber halten können, weil insbes bei langfristigen Mietverträgen der Mieter Schwierigkeiten haben kann, einen früheren Vermieter noch zu ermitteln. Faktisch wird dies bei Barkautionen einschließlich der Zinsen (s § 551 III) bedeutsam sein. Es können sich aber auch Ansprüche auf Schadensersatz gem §§ 280 I, III, 283 bei anderen Sicherheiten ergeben, wenn sie der Erwerber nicht zurückzuleisten vermag.

4. Subsidiäre Haftung des Veräußerers (S 2). Sie ist wie die des Bürgen akzessorisch. Der Mieter muss ernsthaft versuchen, gegenüber dem Erwerber vorzugehen. Eine Klage ist nicht erforderlich.

§ 566b Vorausverfügung über die Miete

(1) ¹Hat der Vermieter vor dem Übergang des Eigentums über die Miete verfügt, die auf die Zeit der Berechtigung des Erwerbers entfällt, so ist die Verfügung wirksam, soweit sie sich auf die Miete für den zur Zeit des Eigentumsübergangs laufenden Kalendermonat bezieht. ²Geht das Eigentum nach dem 15. Tag des Monats über, so ist die Verfügung auch wirksam, soweit sie sich auf die Miete für den folgenden Kalendermonat bezieht.

(2) Eine Verfügung über die Miete für eine spätere Zeit muss der Erwerber gegen sich gelten lassen, wenn er sie zur Zeit des Übergangs des Eigentums kennt.

§ 566c Vereinbarung zwischen Mieter und Vermieter über die Miete

¹Ein Rechtsgeschäft, das zwischen dem Mieter und dem Vermieter über die Mietforderung vorgenommen wird, insbesondere die Entrichtung der Miete, ist dem Erwerber gegenüber wirksam, soweit es sich nicht auf die Miete für eine spätere Zeit als den Kalendermonat bezieht, in welchem der Mieter von dem Übergang des Eigentums Kenntnis erlangt. ²Erlangt der Mieter die Kenntnis nach dem 15. Tag des Monats, so ist das Rechtsgeschäft auch wirksam, soweit es sich auf die Miete für den folgenden Kalendermonat bezieht. ³Ein Rechtsgeschäft, das nach dem Übergang des Eigentums vorgenommen wird, ist jedoch unwirksam, wenn der Mieter bei der Vornahme des Rechtsgeschäfts von dem Übergang des Eigentums Kenntnis hat.

§ 566d Aufrechnung durch den Mieter

¹Soweit die Entrichtung der Miete an den Vermieter nach § 566c dem Erwerber gegenüber wirksam ist, kann der Mieter gegen die Mietforderung des Erwerbers eine ihm gegen den Vermieter zustehende Forderung aufrechnen. ²Die Aufrechnung ist ausgeschlossen, wenn der Mieter die Gegenforderung erworben hat, nachdem er von dem Übergang des Eigentums Kenntnis erlangt hat, oder wenn die Gegenforderung erst nach der Erlangung der Kenntnis und später als die Miete fällig geworden ist.

§ 566e Mitteilung des Eigentumsübergangs durch den Vermieter

(1) Teilt der Vermieter dem Mieter mit, dass er das Eigentum an dem vermieteten Wohnraum auf einen Dritten übertragen hat, so muss er in Ansehung der Mietforderung dem Mieter gegenüber die mitgeteilte Übertragung gegen sich gelten lassen, auch wenn sie nicht erfolgt oder nicht wirksam ist.

(2) Die Mitteilung kann nur mit Zustimmung desjenigen zurückgenommen werden, der als der neue Eigentümer bezeichnet worden ist.

Anmerkungen zu §§ 566b–566e

1   **1. Funktion der Normen.** Da dem Erwerber gem § 566 ab Eigentumsübergang die Miete zusteht, könnte auch nur er darüber verfügen. Der Veräußerer wäre Nichtberechtigter, seine Verfügung wäre mangels jeglichen Gutglaubensschutzes bei einer Forderungsabtretung ohne Zustimmung des Erwerbers (§§ 182 ff) unwirksam. § 566b schützt in einem zeitlich sehr begrenzten Umfang den durch die Verfügung des Veräußerers begünstigten Dritten, § 566d den Mieter selbst. Im Einzelnen sind die Bestimmungen nicht vollständig. Die Rspr hat sie daher nach Billigkeitsgesichtspunkten fortentwickelt. **Anwendungsbereich.** Die Normen gelten auch für Mietverträge über Grundstücke, Räume, die keine Wohnräume sind (§ 578 I, II), für Mietverträge über eingetragene Schiffe § 566 e (§ 578a).

2   **2. Tatbestand des § 566b. a) Verfügungen des Vermieters** über die Miete. Die Norm erfasst - außerhalb von Änderungen des Mietvertrages selbst (iE StEmmerich § 566 b Rn 10 a; str, aA PalWeidenkaff, § 566b, 4; krit MK/Häublein 566b 8) - alle Rechtsgeschäfte mit Dritten, die sich auf die Mietforderung auswirken. Bsp: Abtretung, Verpfändung. Gleichgestellt ist die Pfändung im Wege der Zwangsvollstreckung. **b) Verfügung vor dem Eigentumsübergang;** s § 566 Rn 3 f. **c)** Die **Zeit der Berechtigung des Erwerbers** beginnt mit dem Eigentumsübergang.

3   **3. Tatbestand des § 566c. a) Ein RGeschäft zwischen Vermieter und Mieter** muss sich auf die an sich bestehende vertragliche Mietforderung beziehen. Eine Abänderung des Mietvertrages selbst (zB Herabsetzen der Miete) fällt unter § 566. Bsp: Erfüllung (Zahlung) einschließlich Annahme an Erfüllungs Statt, Erfüllungssurrogate (Aufrechnungsvereinbarung, Erlass), Stundung. **b) Über die Miete;** für Nebenforderungen gilt § 566c nicht. **c) Außerhalb der Monatsfrist.** Schwierig ist die Frage von **Vorauszahlungen.** Ist im Vertrag eine periodische Zahlungsweise, also keine einmalige Zahlung für die gesamte Mietzeit vereinbart, so fallen nach dem BGH (BGH 37, 351 ff mwN zu § 574 aF) Vorauszahlungen unter die Fristen des § 566c. Gegenüber dem Erwerber wirksam seien jedoch vertragliche Vorauszahlungen, soweit sie zum Aufbau der Sache bestimmt und auch tatsächlich dazu verwandt worden seien (Beweislast beim Mieter); bedenklich.

4   **4. Tatbestand des § 566d.** Die Norm zieht die Konsequenz daraus, dass der Mieter seiner Zahlungsverpflichtung anstelle der Erfüllung auch durch das Erfül-

lungssurrogat der einseitigen Aufrechnung nachkommen kann. Ihm wird deshalb eine dem § 566c entspr Rechtsstellung eingeräumt. S 2 entspricht § 406.

5. Tatbestand des § 566e. Die Bestimmung schützt den Mieter für den Fall 5 einer ihm angezeigten tatsächlichen, aber nicht wirksamen Veräußerung der Mietsache wie einen Schuldner im Fall der Forderungsabtretung, § 409. Die dortigen Ergebnisse können hier verwertet werden.

§ 567 Belastung des Wohnraums durch den Vermieter

¹Wird der vermietete Wohnraum nach der Überlassung an den Mieter von dem Vermieter mit dem Recht eines Dritten belastet, so sind die §§ 566 bis 566e entsprechend anzuwenden, wenn durch die Ausübung des Rechts dem Mieter der vertragsgemäße Gebrauch entzogen wird. ²Wird der Mieter durch die Ausübung des Rechts in dem vertragsgemäßen Gebrauch beschränkt, so ist der Dritte dem Mieter gegenüber verpflichtet, die Ausübung zu unterlassen, soweit sie den vertragsgemäßen Gebrauch beeinträchtigen würde.

1. **Anwendungsbereich.** Wie § 566. 1

2. **Tatbestand. a)** S 1 verstärkt den Schutz des Mieters. Hat der Vermieter einem 2 Dritten sog *gebrauchsentziehende* Rechte (zB Erbbaurecht, Nießbrauch, dingliches Wohnrecht) bestellt, so ist der Dritte wie ein Vermieter verpflichtet, dem Mieter weiterhin den Gebrauch zu gewähren usw (iE s § 535 Rn 11). Dafür gebührt ihm gem §§ 566, 567, 567a und 567b die Miete. Das Recht des Mieters, nach §§ 536 III, 543 II Nr. 1 gegenüber dem Vermieter zu kündigen, bleibt unberührt. **b)** S 2 gibt bei sog *gebrauchsbeschränkenden* Rechten (zB Grunddienstbarkeit, beschränkte persönliche Dienstbarkeit) dem Mieter gegen den Dritten einen Unterlassungsanspruch. Die §§ 566 ff greifen nicht ein. Zu den Rechtsvoraussetzungen iE s Gesetzestext. Die Bestellung einer Hypothek, Grundschuld oder Rentenschuld beeinträchtigt den Gebrauch der Mietsache nicht, § 567 ist nicht anwendbar (s §§ 1123 ff).

§ 567a Veräußerung oder Belastung vor der Überlassung des Wohnraums

Hat vor der Überlassung des vermieteten Wohnraums an den Mieter der Vermieter den Wohnraum an einen Dritten veräußert oder mit einem Recht belastet, durch dessen Ausübung der vertragsgemäße Gebrauch dem Mieter entzogen oder beschränkt wird, so gilt das Gleiche wie in den Fällen des § 566 Abs. 1 und des § 567, wenn der Erwerber dem Vermieter gegenüber die Erfüllung der sich aus dem Mietverhältnis ergebenden Pflichten übernommen hat.

1. **Anwendungsbereich.** Wie § 566. 1

2. **Funktion.** Die Wirkungen des § 566 bzw des § 567 treten ein, wenn der 2 Vermieter das Grundstück usw *nach Überlassung* an den Mieter veräußert bzw belastet (vgl § 566 Rn 2). Bei der Übertragung nach Abschluss des Mietvertrages und *vor Überlassung* gelten zwischen Vermieter und Mieter die mietrechtlichen Nichterfüllungsregelungen (s § 536 III). Zwischen Mieter und Dritten bestehen, von einem Anspruch des Mieters aus § 826 bei einem Verleiten des Vermieters zum Vertragsbruch abgesehen (§ 826 Rn 19), keine Anspruchsbeziehungen. Von diesem allg Grundsatz macht § 567a unter den Voraussetzungen des letzten Satzteils eine Ausnahme. Die **Beweislast** liegt bei dem, der sich darauf beruft.

§ 567b Weiterveräußerung oder Belastung durch Erwerber

¹Wird der vermietete Wohnraum von dem Erwerber weiterveräußert oder belastet, so sind § 566 Abs. 1 und die §§ 566a bis 567a entsprechend anzuwenden. ²Erfüllt der neue Erwerber die sich aus dem Mietverhältnis ergebenden Pflichten nicht, so haftet der Vermieter dem Mieter nach § 566 Abs. 2.

Kapitel 5. Beendigung des Mietverhältnisses

Unterkapitel 1. Allgemeine Vorschriften

§ 568 Form und Inhalt der Kündigung

(1) Die Kündigung des Mietverhältnisses bedarf der schriftlichen Form.

(2) Der Vermieter soll den Mieter auf die Möglichkeit, die Form und die Frist des Widerspruchs nach den §§ 574 bis 574b rechtzeitig hinweisen.

Lit: Börstinghaus: Kündigungsrechtsausschlussvereinbarungen in der Wohnraummiete, NJW 09, 1391.

1   **1. Anwendungsbereich.** II ist auf Mietverträge über Wohnungen iSd § 549a II Nr 1–3 nicht anwendbar.

2   **2. Tatbestand.** Zur **Schriftform**, die für die ordentliche wie auch für die außerordentliche Kündigung gilt, s § 126. Ein Verstoß führt zur Unwirksamkeit gem § 125. Der **Hinweis** auf Widerspruchsmöglichkeit, Form und Frist **(II)** muss „rechtzeitig" geschehen und damit nicht zwingend im Kündigungsschreiben selbst enthalten sein. Zu den Folgen einer Unterlassung s § 574b II 2.

§ 569 Außerordentliche fristlose Kündigung aus wichtigem Grund

(1) ¹Ein wichtiger Grund im Sinne des § 543 Abs. 1 liegt für den Mieter auch vor, wenn der gemietete Wohnraum so beschaffen ist, dass seine Benutzung mit einer erheblichen Gefährdung der Gesundheit verbunden ist. ²Dies gilt auch, wenn der Mieter die Gefahr bringende Beschaffenheit bei Vertragsschluss gekannt oder darauf verzichtet hat, die ihm wegen dieser Beschaffenheit zustehenden Rechte geltend zu machen.

(2) Ein wichtiger Grund im Sinne des § 543 Abs. 1 liegt ferner vor, wenn eine Vertragspartei den Hausfrieden nachhaltig stört, so dass dem Kündigenden unter Berücksichtigung aller Umstände des Einzelfalls, insbesondere eines Verschuldens der Vertragsparteien, und unter Abwägung der beiderseitigen Interessen die Fortsetzung des Mietverhältnisses bis zum Ablauf der Kündigungsfrist oder bis zur sonstigen Beendigung des Mietverhältnisses nicht zugemutet werden kann.

(2a) Ein wichtiger Grund im Sinne des § 543 Absatz 1 liegt ferner vor, wenn der Mieter mit einer Sicherheitsleistung nach § 551 in Höhe eines Betrages in Verzug ist, der der zweifachen Monatsmiete entspricht. Die als Pauschale oder als Vorauszahlung ausgewiesenen Betriebskosten sind bei der Berechnung der Monatsmiete nach Satz 1 nicht zu berücksichtigen. Einer Abhilfefrist oder einer Abmahnung nach § 543 Absatz 3 Satz 1 bedarf es nicht. Absatz 3 Nummer 2 Satz 1 sowie § 543 Absatz 2 Satz 2 sind entsprechend anzuwenden.

(3) Ergänzend zu § 543 Abs. 2 Satz 1 Nr. 3 gilt:
1. Im Falle des § 543 Abs. 2 Satz 1 Nr. 3 Buchstabe a ist der rückständige Teil der Miete nur dann als nicht unerheblich anzusehen, wenn er die

Titel 5. Mietvertrag, Pachtvertrag **§ 569**

Miete für einen Monat übersteigt. Dies gilt nicht, wenn der Wohnraum nur zum vorübergehenden Gebrauch vermietet ist.

2. Die Kündigung wird auch dann unwirksam, wenn der Vermieter spätestens bis zum Ablauf von zwei Monaten nach Eintritt der Rechtshängigkeit des Räumungsanspruchs hinsichtlich der fälligen Miete und der fälligen Entschädigung nach § 546a Abs. 1 befriedigt wird oder sich eine öffentliche Stelle zur Befriedigung verpflichtet. Dies gilt nicht, wenn der Kündigung vor nicht länger als zwei Jahren bereits eine nach Satz 1 unwirksam gewordene Kündigung vorausgegangen ist.

3. Ist der Mieter rechtskräftig zur Zahlung einer erhöhten Miete nach den §§ 558 bis 560 verurteilt worden, so kann der Vermieter das Mietverhältnis wegen Zahlungsverzugs des Mieters nicht vor Ablauf von zwei Monaten nach rechtskräftiger Verurteilung kündigen, wenn nicht die Voraussetzungen der außerordentlichen fristlosen Kündigung schon wegen der bisher geschuldeten Miete erfüllt sind.

(4) Der zur Kündigung führende wichtige Grund ist in dem Kündigungsschreiben anzugeben.

(5) ¹Eine Vereinbarung, die zum Nachteil des Mieters von den Absätzen 1 bis 3 dieser Vorschrift oder von § 543 abweicht, ist unwirksam. ²Ferner ist eine Vereinbarung unwirksam, nach der der Vermieter berechtigt sein soll, aus anderen als den im Gesetz zugelassenen Gründen außerordentlich fristlos zu kündigen.

1. Allgemeines. § 569 ergänzt die allg geltende Bestimmung des § 543 (einschließlich der Erforderlichkeit einer **Abmahnung** gem § 543 III, BGH WuM 10, 352) für Wohnraummietverhältnisse. Für den Vermieter werden die Gründe für eine außerordentliche fristlose Kündigung **abschließend** aufgezählt (**V 2**). 1

2. Kündigung wegen Gesundheitsgefährdung (I). Die Bestimmung wurde aus sozialpolitischen Gründen als zwingende Vorschrift zum Schutz des Mieters geschaffen (Prot II 230). Sonst wäre der Mieter dank des subj Fehlerbegriffs (§ 536 Rn 4) oder auch gem § 536b an den Mietvertrag gebunden, wenn er – etwa bei einer Wohnungsknappheit – eine gesundheitsschädliche Wohnung als „vertragsgemäß" akzeptiert hat. Das Recht steht auch dem gewerblichen Zwischenvermieter zu (BGH 157, 237 ff). 2

3. Kündigung wegen Störung des Hausfriedens (II). a) Allgemeines. Die Bestimmung gilt für Vermieter und Mieter. **Anwendungsbereich:** Die Norm ist auch auf Mietverhältnisse über Räume anwendbar, die keine Wohnräume sind, § 578 II. Sie ist zugunsten des Mieters **zwingend (V I). b) Rechtsvoraussetzungen.** Zur **Pflichtverletzung** auf Vermieterseite s § 535 Rn 11 ff, auf Mieterseite s § 535 Rn 24 ff. Beim **Verschulden** eines Untermieters ist § 540 II zu beachten. Die **Unzumutbarkeit** muss im Einzelfall festgestellt werden. **c) Rechtsfolgen.** Zur Kündigung s § 542 II 2; zur Form bei der Kündigung von Wohnraum s § 568. Schadensersatzansprüche zB aus §§ 280 I iVm 241 II richten sich nach den jeweiligen Voraussetzungen. 3

4. Kündigung wegen Nichtzahlung der Kaution. Durch den mit Ges v 11.3.2013 (BGBl I S 434) eingefügten **II a** ist festgelegt, dass der Vermieter den Mietvertrag ohne Abmahnung fristlos kündigen kann, wenn der Mieter – unabhängig von der Höhe der Kaution – bei der erstmalig zu leistenden Sicherheit gem § 551 mit einem Betrag in Verzug gerät, der zwei Kaltmieten entspricht. Wiederauffüllungsansprüche werden nicht erfasst. Die Kündigung wird nach Eintritt des Verzuges ausgeschlossen, wenn der Vermieter vor der Erklärung befriedigt wird (**§ 543 III 2**). Sie wird unwirksam, wenn der Mieter spätestens bis zum Ablauf von zwei Monaten nach Eintritt der Rechtshängigkeit des Räumungsanspruchs leistet oder sich eine öffentliche Stelle zur Befriedigung verpflichtet (**III Nr 2 S 1**). 4

Teichmann

§§ 570, 571　　　　　　Buch 2. Abschnitt 8. Einzelne Schuldverhältnisse

5　**5. Kündigung wegen Zahlungsverzugs (III). a) Allgemeines.** Die Bestimmung ist zugunsten des Mieters **zwingend (V 1)**. **b) Verzögerungstatbestände (III Nr 1 unter Einbeziehen des § 543 II Nr 3).** Der Mieter zahlt an zwei aufeinander folgenden Terminen die jeweiligen ganzen Mieten nicht; der Mieter zahlt an zwei aufeinander folgenden Terminen nur einen Teil, es fehlt aus diesen beiden Terminen (BGH NJW 08, 3211) mehr als eine Monatsmiete (jeweils einschließlich der Pauschalen für die Betriebskosten bzw Vorauszahlungen, Koblenz, NJW 84, 2369); der Mieter zahlt schleppend, der Rückstand beträgt mindestens zwei Monatsmieten. Zu den zusätzlichen Voraussetzungen des Verzugs s § 543 Rn 6. **c) Nachträgliche Unwirksamkeit der Kündigung (III Nr 2).** § 543 II 2 wird um folgende Tatbestände ergänzt: Der Vermieter wird in der Zeit zwischen Kündigung (KG DWW 84, 192) und zwei Monaten nach Rechtshängigkeit (ZPO 261, 696 III, 700 II) befriedigt oder es geht ihm die Zusage einer öffentl Stelle (zB Sozialamt) zu (BayObLG NJW 95, 338 mwN), es sei denn, es liegt ein Wiederholungsfall innerhalb von zwei Jahren vor. **d) Einschränkung des Kündigungsrechts im Fall einer Mieterhöhungsklage (III Nr 3).** Der Mieter soll, solange er sich gegen eine Mieterhöhung wehrt, nicht ein Kündigungsrisiko tragen. Die Kündigung kann er deshalb vermeiden, wenn er den Erhöhungsbetrag innerhalb von zwei Monaten nach rechtskräftigem Urteil zahlt. Angesichts des engen Wortlauts ist die Norm auf andere Fallkonstellationen nicht anwendbar (BGH ZMR 12, 854; iErg zust Hinz ZMR 12, 842).

6　**6. Angabe des Kündigungsgrundes (IV).** Sowohl Vermieter als auch Mieter müssen die Gegenseite durch eine konkrete Begründung in die Lage versetzen zu überprüfen, ob die Kündigung zu Recht ergangen ist (eingehend AG Dortmund DWW 03, 229 mwN). Bei Zahlungsverzug genügt die Angabe des offenen Gesamtbetrages, wenn sich daraus ohne weiteres der Tatbestand des § 543 II Nr 3 ergibt (BGH DWW 04, 256). Eine fehlende oder ungenügende Begründung führt zur Unwirksamkeit der Kündigung.

§ 570 Ausschluss des Zurückbehaltungsrechts

Dem Mieter steht kein Zurückbehaltungsrecht gegen den Rückgabeanspruch des Vermieters zu.

1　Der Vermieter, der durch das Eigentum regelmäßig genügend Sicherheit für die Ansprüche des Mieters bietet, soll nicht infolge einer Zurückbehaltung wegen relativ geringfügiger Ansprüche einen uU hohen Schaden erleiden (Prot II 189 zu § 556 aF). Die Bestimmung gilt auch für Mietverhältnisse über Grundstücke und Räume, die keine Wohnräume sind (§ 578 I, II).

§ 571 Weiterer Schadensersatz bei verspäteter Rückgabe von Wohnraum

(1) ¹**Gibt der Mieter den gemieteten Wohnraum nach Beendigung des Mietverhältnisses nicht zurück, so kann der Vermieter einen weiteren Schaden im Sinne des § 546a Abs. 2 nur geltend machen, wenn die Rückgabe infolge von Umständen unterblieben ist, die der Mieter zu vertreten hat.** ²**Der Schaden ist nur insoweit zu ersetzen, als die Billigkeit eine Schadloshaltung erfordert.** ³**Dies gilt nicht, wenn der Mieter gekündigt hat.**

(2) **Wird dem Mieter nach § 721 oder § 794a der Zivilprozessordnung eine Räumungsfrist gewährt, so ist er für die Zeit von der Beendigung des Mietverhältnisses bis zum Ablauf der Räumungsfrist zum Ersatz eines weiteren Schadens nicht verpflichtet.**

(3) **Eine zum Nachteil des Mieters abweichende Vereinbarung ist unwirksam.**

Titel 5. Mietvertrag, Pachtvertrag §§ 572, 573

Die Vorschrift schließt sich ergänzend für Wohnraummietverhältnisse an § 546a 1
an. Sie soll den Umfang des Schadensersatzanspruchs weniger in seinen Voraussetzungen – auch § 546a II setzt idR ein Vertretenmüssen voraus – als in seiner Höhe begrenzen. Weitergehende Schadensersatzansprüche sind deshalb im Fall der Bewilligung einer Räumungsfrist nach ZPO 721 oder 794a ausgeschlossen (**II**) oder sonst nach Billigkeitsgesichtspunkten zu reduzieren. Ausnahme: Der Mieter selbst hat gekündigt (**I 3**).

§ 572 Vereinbartes Rücktrittsrecht; Mietverhältnis unter auflösender Bedingung

(1) **Auf eine Vereinbarung, nach der der Vermieter berechtigt sein soll, nach Überlassung des Wohnraums an den Mieter vom Vertrag zurückzutreten, kann der Vermieter sich nicht berufen.**

(2) **Ferner kann der Vermieter sich nicht auf eine Vereinbarung berufen, nach der das Mietverhältnis zum Nachteil des Mieters auflösend bedingt ist.**

Die Bestimmung soll verhindern, dass der Kündigungsschutz zugunsten des Mie- 1
ters durch die Vereinbarung eines Rücktrittsrechts oder einer auflösenden Bedingung ausgehebelt wird. Eine einseitige Lösung vom Vertrag soll dem Vermieter nur unter Einhalten der Kündigungsschutzbestimmungen möglich sein (BT-Drs 14/4553 S 65). Entspr vertragliche Klauseln führen nicht zur Unwirksamkeit des ganzen Mietvertrages, sie entfalten lediglich keine Wirkung. Zum **Überlassen** s § 535 Rn 11.

Unterkapitel 2. Mietverhältnisse auf unbestimmte Zeit

§ 573 Ordentliche Kündigung des Vermieters

(1) **¹Der Vermieter kann nur kündigen, wenn er ein berechtigtes Interesse an der Beendigung des Mietverhältnisses hat. ²Die Kündigung zum Zwecke der Mieterhöhung ist ausgeschlossen.**

(2) **Ein berechtigtes Interesse des Vermieters an der Beendigung des Mietverhältnisses liegt insbesondere vor, wenn**
1. **der Mieter seine vertraglichen Pflichten schuldhaft nicht unerheblich verletzt hat,**
2. **der Vermieter die Räume als Wohnung für sich, seine Familienangehörigen oder Angehörige seines Haushalts benötigt oder**
3. **der Vermieter durch die Fortsetzung des Mietverhältnisses an einer angemessenen wirtschaftlichen Verwertung des Grundstücks gehindert und dadurch erhebliche Nachteile erleiden würde; die Möglichkeit, durch eine anderweitige Vermietung als Wohnraum eine höhere Miete zu erzielen, bleibt außer Betracht; der Vermieter kann sich auch nicht darauf berufen, dass er die Mieträume im Zusammenhang mit einer beabsichtigten oder nach Überlassung an den Mieter erfolgten Begründung von Wohnungseigentum veräußern will.**

(3) **¹Die Gründe für ein berechtigtes Interesse des Vermieters sind in dem Kündigungsschreiben anzugeben. ²Andere Gründe werden nur berücksichtigt, soweit sie nachträglich entstanden sind.**

(4) **Eine zum Nachteil des Mieters abweichende Vereinbarung ist unwirksam.**

1. Funktion. § 573 ist als Ausdruck des sozialen Mietrechts das Kernstück des 1
Kündigungsschutzes für Mietverhältnisse über Wohnräume und legt im Grundsatz

§ 573

fest, dass der *Mieter* das Mietverhältnis ohne Begründung weiterhin durch ordentliche Kündigung beendigen kann, während dem **Vermieter** diese Möglichkeit nur zusteht, wenn er ein **berechtigtes Interesse** an der Vertragsbeendigung hat. Eine ohne diese Voraussetzungen erklärte ordentliche Kündigung ist unwirksam. Die Bestimmung wird ergänzt durch das Recht des Mieters, der Kündigung aus Gründen zu widersprechen, die in seiner Sphäre liegen (s §§ 574 ff). Schließlich müssen als weitere Ausprägungen des Mieterschutzes die asymmetrischen, also unterschiedlichen Kündigungsfristen für Vermieter und Mieter (s § 573) gesehen werden. Ausgleich für die Bindung des Vermieters an den Mietvertrag soll sein Anspruch auf Zustimmung des Mieters zur Erhöhung der Miete sein (s §§ 558, 559). Die Formel „berechtigtes Interesse" **(I 1)** ist wegen ihres Wertungsspielraums eigentlich eine Leerformel und außerhalb der ges genannten Fälle nur schwer konkretisierbar. Sie hat eine Funktion, wenn der begünstigte Personenkreis (s Rn 3 aE) nicht von II erfasst wird (s BGH NJW 12, 2342, Kündigung durch Kirchengemeinde). **Anwendungsbereich:** Ausgenommen sind Wohnungen iSv § 549 II sowie gem § 573a. § 573 ist zugunsten des Mieters **zwingend (IV).**

2 **2. Erhebliche schuldhafte Vertragsverletzungen (II Nr 1).** Zu den **Vertragspflichten** s § 535 Rn 24 ff. Ein: **Zahlungsrückstand** muss in Höhe mindestens einer Monatsmiete mindestens ein Monat lang bestehen; § 569 III Nr 3 ist nicht enstpr anwendbar (BGH NZM 13, 20 mwN; krit Blank NZM 13, 105). Weitere **Bsp**: vertragswidriger Gebrauch wie Überbelegung; nicht zu duldende Untervermietung (strenger BayObLG NJW-RR 95, 969); unberechtigte Überlassung an Dritte; Vernachlässigung; unberechtigte Tierhaltung, Belästigung anderer, soweit dadurch Vermieter oder Mitmieter beeinträchtigt werden. Die **Erheblichkeit** liegt unter der Schwelle des § 543 II Nr 2, muss aber die Interessensphäre des Vermieters ernsthaft berühren. Kleinere Verstöße ohne Wiederholungsgefahr bleiben außer Betracht. Verschulden meint ausschließlich Vorsatz und Fahrlässigkeit iSd § 276. Ein Vertretenmüssen (etwa für die eigene Zahlungsfähigkeit) genügt nicht. § 278 ist anwendbar (**Bsp**: Familienangehörige; BGH NJW 07, 429: Mieterschutzverein). Eine **Abmahnung** sollte, wenn aus dem Vorverhalten nicht sinnlos, gefordert werden, damit der Mieter die Möglichkeit hat, unter ihrem Druck sein Verhalten zu bedenken (StRolfs 54; aA BGH NJW 08, 510 mwN; iE zust Blank WuM 08, 91; sa Loof ZMR 08, 680).

3 **3. Eigenbedarf (II Nr 2). Lit:** Fleindl, Die Begründung der Eigenbedarfskündigung in der mietrechtlichen Praxis, NZM 13, 13. **a) Berechtigter Vermieter.** Das Ges geht von einer natürlichen Person oder auch mehreren natürlichen Personen, einer einfachen Vermietermehrheit gem § 741, aus. Dies hat der BGH zunächst aus Gründen der Interessengleichheit auf die Mitglieder einer **GbR** ausgedehnt (BGH NJW 07, 2845) und dann (BGH NZM 12, 150) auch auf Gesellschafter erstreckt, die der Gesellschaft erst nach dem Bestehen eines Mietverhältnisses beitreten (zum Schutz des Mieters s § 577 a). Für Personenhandelsgesellschaften soll dies nicht gelten (BGH NJW 11, 994). Dort wie bei einer **jur Person** können Schwierigkeiten mit dem Eigenbedarf durch Rückgriff auf **I** überwunden werden (s BGH NJW 12, 2012; krit Häublein WuM 12, 506). **b) Benötigen** bedeutet, dass der Vermieter für sich oder eine begünstigte Person ein vernünftiges Interesse (wirtschaftlicher oder auch nichtwirtschaftlicher Art) an einer längerfristigen (s LG Hamburg NJW-RR 11, 92) Nutzung hat, die Wohnung also in angemessener Frist nutzen will (BGH NJW 05, 2395) und dazu auch in der Lage ist (Teichmann JZ 06, 155 zu BGH aaO). Angesichts der nahe liegenden Funktion des Eigentums, vom Eigentümer genutzt zu werden, sind die Anforderungen nicht zu hoch anzusetzen (BVerfG NJW 94, 310, 2605, BGH NJW 05, 2396). **Bsp:** Aufnahme von Pflegepersonal, kürzerer Weg zum Arbeitsplatz, Wachsen der Familie, Bedürfnis größer werdender Kinder nach eigenen Räumen, Kündigung der selbst gemieteten Wohnung durch deren Vermieter. Ein zukünftiger Bedarf (zB Heirat des Vermieters, Rückkehr in den Heimatort) ist, wenn er sich genügend konkretisieren lässt, zu berücksichti-

Titel 5. Mietvertrag, Pachtvertrag § 573

gen. **c) Benötigen als Wohnung.** Eine geplante Nutzung als gewerblicher Raum kann unter Rn 5 fallen (BGH NJW 13, 225 unter Hinweis auf GG 12, Praxis für Ehepartner). **d)** Zu den **Familienangehörigen,** die nicht bisher im Haushalt gelebt haben müssen, rechnen die Kernfamilie und darüber hinaus enge Verwandte (BGH NJW 10, 1291; krit Wiek WuM 10, 119), Geschwister und deren Nachkommen, Verschwägerte und Pflegekinder, wenn zu ihnen familiäre Beziehungen bestehen, aus denen sich wiederum eine zumindest moralische Pflicht zur Hilfe ergibt (BGH DWW 09, 189); **Zum Haushalt gehörende Personen** sind Personen, die mit dem Vermieter seit längerer Zeit auf Dauer in der Wohnung leben (Familienangehörige, Lebenspartner und dessen Kinder, Wohngemeinschaft, Hausgehilfin, sa §§ 563, 563a Rn 2). **e) Beendeter Eigenbedarf.** Ein Entfallen des Eigenbedarfs soll nach dem 4 BGH (BGH 165, 79; dazu BVerfG NJW 06, 2033; BGH DWW 08, 342) zutr nur bis zum Ende der Kündigungsfrist zu berücksichtigen sein. Dies schließt jedoch entgegen dem BGH einen Missbrauch oder eine nachvertragliche Treuepflichtverletzung nicht aus. **f) Vorgetäuschter Eigenbedarf.** Spiegelt der Vermieter 5 Umstände vor, die einen Eigenbedarf begründen (anders bei unzutr rechtlicher Bewertung, Hamm WuM 84, 96) und zieht der Mieter – auch freiwillig (BGH NJW 09, 2060) – aus, so macht sich der Vermieter gem §§ 280 I, 241 II schadensersatzpflichtig (BGH NJW 05, 2395 m zust Anm Teichmann JZ 06, 155). Ein Anspruch entsteht auch, wenn der Vermieter dem Mieter vor dessen Auszug einen zwischenzeitlich eingetretenen Wegfall der Gründe nicht mitteilt (Karlsruhe NJW-RR 94, 80 mwN). Der Schadensersatz (iE Ostermann WM 92, 346) ist, sofern möglich (BGH NJW 10, 1070; krit Hinz WuM 10, 20), auf Wiedereinzug (Naturalrestitution) gerichtet (LG Hamburg WuM 08, 921), bei endgültigem Wegzug auf Ersatz der durch den Umzug ausgelösten Mehraufwendungen (bei Neuanschaffungen unter Berücksichtigung des Grundsatzes „neu für alt", s Rn 40 vor § 249) sowie auf die Mietdifferenz, bezogen auf eine gleichwertige Wohnung. Zeitlich wird dies teilweise (LG Darmstadt ZMR 94, 165) auf vier Jahre begrenzt. Veräußert der Vermieter die (leer gewordene) Wohnung oder vermietet er sie zu höherem Preis weiter, so sind Bereicherungsansprüche (Eingriff in die Besitzposition) zu prüfen. **g) Missbräuchlich geltend gemachter Eigenbedarf. aa) Ausweichmöglich-** 6 **keit im Haus.** Ist eine entspr Wohnung im Haus bzw in derselben Wohnanlage frei, muss der Vermieter sie anbieten. Sonst ist die Kündigung missbräuchlich (BGH NJW-RR 12, 343). **bb) Widersprüchliche Geltendmachung.** Aus § 242 (Missbrauchsverbot des venire contra factum proprium), leitet die Rspr ab, dass ein Eigenbedarf nicht geltend gemacht werden kann, wenn der Vermieter bei Abschluss eines Vertrages auf unbestimmte Zeit erwogen hatte, den Vertrag in absehbarer Zeit – etwa innerhalb von fünf Jahren – wegen Eigenbedarfs wieder zu kündigen. Das Vertrauen des Mieters, längere Zeit bleiben zu können, habe angesichts der mit einem Umzug verbundenen vielfältigen belastenden Umstände Vorrang (s BGH NJW 13, 1597; dort verneint). Dem ist zuzustimmen. Ein an sich gegebener Anspruch aus §§ 311 II, 241 II führt nicht weiter. Die **Beweislast** für einen Widerspruch trägt der Mieter.

4. Hinderung an angemessener (wirtschaftlicher) Verwertung (II Nr. 3). 7 Anhand dreier Merkmale sollen Abwägungen zwischen den beiden Grundrechtspositionen (s § 549 Rn 1) zum Vorrang des Vermieters führen können (iE s Horst DWW 12, 46): Die **Verwertung** ist zB die eigene Nutzung oder Vermietung zu gewerblichen Zwecken (nicht als Wohnraum, s II Nr 3 S 2), die Sanierung (BayObLG ZMR 84, 59), der Abriss zum Neubau von Wohnungen oder Gewerberäumen (BGH 179, 289 m zust Anm Rolfs/Schlüter JZ 09, 693), die Bestellung dinglicher Nutzungsrechte, der Verkauf. **Angemessen** soll die Verwertung sein, wenn sie „von vernünftigen, nachvollziehbaren Erwägungen getragen ist" (BGH 179, 293 mwN), wobei sich dies auf die Wohnung oder auf den Vermieter beziehen kann. Bsp: Abriss bei nicht sinnvoller Sanierung (BGH NJW-RR 11, 239), eigener finanzieller Bedarf, Veräußerung im Wege der Erbauseinandersetzung, Einsetzen der

§ 573a Buch 2. Abschnitt 8. Einzelne Schuldverhältnisse

Mittel zur anderweitigen Sanierung. Nicht erforderlich ist, dass der Vermieter sonst in Existenznot geriete (BVerfG NJW 89, 973). Nicht genügt, dass sich eine freie Wohnung günstiger veräußern lässt; hier ist der Vermieter an seine frühere Entscheidung gebunden (anders jedoch zutr LG Krefeld DWW 10, 360 für Einfamilienhaus oberer Qualität). Eine **Hinderung** ist anzunehmen, wenn die Verwertung durch das fortbestehende Mietverhältnis faktisch unmöglich wird oder wenn der Vermieter *erhebliche* Nachteile erleidet, die das Bestandsinteresse des Mieters deutlich übersteigen (BGH WuM 12, 426).

8   **5. Durchführung der Kündigung.** Zur **Form** s § 568. Im Kündigungsschreiben sind die **Gründe,** dh die relevanten Umstände darzulegen, aus denen der Vermieter seine Berechtigung zur Kündigung ableitet (gegen eine zu weitgehende Informationspflicht BVerfG NJW-RR 03, 1164). So sind zB bei einem Eigenbedarf die Personen, uU ihre Eigenschaft als „Angehörige" etc und das Interesse an der Wohnung zu benennen (s BGH NJW-RR 12, 14). Allein diese angegebenen Gründe sind maßgebend **(III 1). Nachschieben von Gründen:** Ergänzende, zZ der Abgabe der Kündigungserklärung bereits vorliegende Gründe, die die bereits wirksame Kündigung erläutern oder verstärkend verdeutlichen, können jederzeit nachgeholt werden. Zu berücksichtigen sind auch neue Umstände nach Abgabe der Kündigungserklärung, die den angegebenen Kündigungsgrund weiter abdecken **(III 2)**. Bsp: Weitere Vertragsverletzung nach Zugang der Kündigungserklärung. Ein Auswechseln der Begründung auf Grund **neuer Umstände** (Bsp: jetziger Eigenbedarf statt früherer Störungen) ist entgegen dem Wortlaut des III 2 nicht möglich. Die frühere Rechtslage, in der diese Auffassung allg vertreten wurde (s zB Soe/Heintzmann, § 564b aF) sollte nicht verändert werden (BT-Drs 14/4553 S 66; Pal-Weidenkaff 52).

9   **6. Prozessuales. a)** Zur Zuständigkeit für eine **Klage** s § 535 Rn 23. Der Vermieter kann auf Räumung, der Mieter auf Feststellung der Unwirksamkeit der Kündigung und auf Fortsetzung des Mietverhältnisses klagen. Maßgeblicher Zeitpunkt: letzte mündliche Tatsachenverhandlung (s ZPO 128). Dabei können nur die im Kündigungsschreiben genannten Gründe berücksichtigt werden **(III)**. Die prozessuale Berücksichtigung nachträglicher Gründe ist sehr str (zur materiellrechtlichen Wirkung s Rn 8). Nach Löwe (NJW 72, 2019) soll der Vermieter nach Klageänderung eine neue Kündigung in demselben Verfahren betreiben dürfen, nach PalWeidenkaff (Rn 49) sollen gleichartige Gründe zu berücksichtigen sein; nach LG Hamburg (MDR 75, 143) ist eine Berücksichtigung nie möglich, so dass die Klage stets abzuweisen ist. Angesichts des Risikos für den Mieter, das aus der Ungewissheit über die Wirksamkeit der Kündigung entsteht, erscheint es angemessen, neue Umstände nur zur zusätzlichen Bewertung der angegebenen Gründe heranzuziehen. **b)** Die **Beweislast** für die Voraussetzungen des § 573 trägt grundsätzlich der Vermieter; für das Verschulden nach II Nr 1 gilt § 280 I 2. Bei einem Schadensersatzanspruch wegen **vorgetäuschten Eigenbedarfs** (s Rn 5) trägt der Mieter die Beweislast für das Fehlen rechtfertigender Gründe als Voraussetzung einer Pflichtverletzung. Wird die geräumte Wohnung nicht wie bei der Kündigung angegeben genutzt, so muss der Vermieter die Umstände, die sich gegenüber dem Kündigungsschreiben verändert und ihn zum Nichtbezug veranlasst haben, darlegen und notfalls beweisen (sog sekundäre Behauptungslast, BGH NJW 05, 2397 m insoweit zust Anm Teichmann JZ 06, 156).

§ 573a Erleichterte Kündigung des Vermieters

(1) ¹**Ein Mietverhältnis über eine Wohnung in einem vom Vermieter selbst bewohnten Gebäude mit nicht mehr als zwei Wohnungen kann der Vermieter auch kündigen, ohne dass es eines berechtigten Interesses im Sinne des § 573 bedarf.** ²**Die Kündigungsfrist verlängert sich in diesem Fall um drei Monate.**

Titel 5. Mietvertrag, Pachtvertrag § 573b

(2) **Absatz 1 gilt entsprechend für Wohnraum innerhalb der vom Vermieter selbst bewohnten Wohnung, sofern der Wohnraum nicht nach § 549 Abs. 2 Nr. 2 vom Mieterschutz ausgenommen ist.**

(3) **In dem Kündigungsschreiben ist anzugeben, dass die Kündigung auf die Voraussetzungen des Absatzes 1 oder 2 gestützt wird.**

(4) **Eine zum Nachteil des Mieters abweichende Vereinbarung ist unwirksam.**

Lit: Sonnenschein, Die erleichterte Kündigung für Einliegerwohnraum, NZM 00, 1.

1. Allgemeines. a) Normzweck: Da wegen der räumlichen Berührungspunkte 1 zwischen Vermieter und Mieter die Gefahr persönlicher Reibung groß ist, hat der Gesetzgeber eine grundsätzliche Lösbarkeit, wenn auch unter verlängerten Fristen, vorgesehen. Dem Gesetzeszweck ist nicht zu entnehmen, dass dies nur für Wohnungen mit gemeinsamem Eingang gelten soll (PalWeidenkaff 5). **b) Tatbestand.** Ein 2 **Gebäude** kann auch Räume umfassen, die nicht ausschließlich für Wohnzwecke genutzt werden; der Vermieter muss die gewerblichen Räume nicht selbst nutzen (BT-Drs 14/4553 S 66). Eine **Wohnung** besteht aus einem oder mehreren Räumen mit Nebenräumen, die eine eigenständige Lebensführung ermöglichen (BGH NJW-RR 11, 158). Abgeschlossen müssen die Räume nicht sein (aA Skrobek ZMR 07, 511). **Nicht mehr als zwei** Wohnungen: Nutzt der Vermieter ständig noch eine weitere Wohnung (so zutr LG Saarbrücken MZR 07, 541) oder wird eine frühere Wohnung gewerblich genutzt (BGH NZM 08, 683), so zählen sie nicht mit (aA, vom Zweck des Ges nicht überzeugend, BGH NJW-RR 11, 158). Zu den (um drei Monate verlängerten, s I 2) **Kündigungsfristen** s § 573c I (Bsp: Bei einer Kündigung zwischen dem 4. 12. und dem 3. 1. endet das Mietverhältnis bei einem tatsächlichen Überlassen von weniger als fünf Jahren am 30. 6., bei längerem Überlassen am 30. 9. bzw 31. 12.).

2. Durchführung der Kündigung. Zur **Form** s § 568, zur **Begründung** s III. 3 Eine ohne Begründung erklärte Kündigung ist unwirksam. Zieht der Mieter trotzdem aus, können sich Ansprüche auf Schadensersatz aus §§ 280 I, 241 II ergeben.

§ 573b Teilkündigung des Vermieters

(1) **Der Vermieter kann nicht zum Wohnen bestimmte Nebenräume oder Teile eines Grundstücks ohne ein berechtigtes Interesse im Sinne des § 573 kündigen, wenn er die Kündigung auf diese Räume oder Grundstücksteile beschränkt und sie dazu verwenden will,**
1. **Wohnraum zum Zwecke der Vermietung zu schaffen oder**
2. **den neu zu schaffenden und den vorhandenen Wohnraum mit Nebenräumen oder Grundstücksteilen auszustatten.**

(2) **Die Kündigung ist spätestens am dritten Werktag eines Kalendermonats zum Ablauf des übernächsten Monats zulässig.**

(3) **Verzögert sich der Beginn der Bauarbeiten, so kann der Mieter eine Verlängerung des Mietverhältnisses um einen entsprechenden Zeitraum verlangen.**

(4) **Der Mieter kann eine angemessene Senkung der Miete verlangen.**

(5) **Eine zum Nachteil des Mieters abweichende Vereinbarung ist unwirksam.**

Normzweck. Die Bestimmung soll das Schaffen neuen Wohnraums erleichtern 1 (BT-Drs 12/3254 S 17). Für befristete Mietverhältnisse (§§ 575b ff) gilt § 573b nicht, wie aus der Einordnung in einen anderen Unterabschnitt deutlich werden soll (BT-Drs 14/4553 S 66).

§§ 573c, 573d Buch 2. Abschnitt 8. Einzelne Schuldverhältnisse

§ 573c Fristen der ordentlichen Kündigung

(1) ¹Die Kündigung ist spätestens am dritten Werktag eines Kalendermonats zum Ablauf des übernächsten Monats zulässig. ²Die Kündigungsfrist für den Vermieter verlängert sich nach fünf und acht Jahren seit der Überlassung des Wohnraums um jeweils drei Monate.

(2) Bei Wohnraum, der nur zum vorübergehenden Gebrauch vermietet worden ist, kann eine kürzere Kündigungsfrist vereinbart werden.

(3) Bei Wohnraum nach § 549 Abs. 2 Nr. 2 ist die Kündigung spätestens am 15. eines Monats zum Ablauf dieses Monats zulässig.

(4) Eine zum Nachteil des Mieters von Absatz 1 oder 3 abweichende Vereinbarung ist unwirksam.

1   **1. Allgemeines. a) Normzweck.** Die unterschiedlichen Kündigungsfristen für Vermieter und Mieter sollen einerseits den Mieter in seinem Interesse stützen, insbes den bei länger andauernden Mietverhältnissen geschaffenen Lebensmittelpunkt nicht kurzfristig zu verlieren, andererseits den Mieter nicht dadurch zu stark zu belasten, dass er – zB bei dem Wechsel der Arbeitsstelle, insbes bei einem Einzug in ein Alters- oder Pflegeheim – zu lang gebunden ist und uU doppelte Miete zahlen muss (BT-Drs 14/4553 S 67, 14/5663 S 83). **b) Anwendungsbereich.** Wegen der genannten bes Interessenlage wurde eine spezielle Bestimmung für Wohnräume geschaffen. Zu den Fristen bei Mietverhältnissen über Grundstücke, Räume, die keine Wohnräume sind, und eingetragene Schiffe s § 580a I; zu Mietverhältnissen über Geschäftsräume s § 580a II, zu beweglichen Sachen s § 580a III. **c) Vertragliche Gestaltung.** Die Norm ist außerhalb von vorübergehenden Vermietungen (II) zugunsten des Mieters **zwingend (IV)**. Der Wortlaut erlaubt damit keinen zeitweiligen Ausschluss oder eine Verlängerung der Kündigungsfrist für den Mieter. IErg völlig zutr hat jedoch der BGH im Anschluss an BT-Drs 14/4553 S 69 (zu § 570) „einen zeitweiligen Verzicht des Mieters auf sein Recht zur Kündigung" zugelassen (BGH NJW 11, 61 mwN; in BGH NJW 13, 1597 wird die Möglichkeit eines „beiderseitigen Verzichts" betont), und zwar in AGB für ein Jahre (angemessener wären zwei Jahre, s. Derleder NZM 05, 644), individualvertraglich nun bis zu zehn Jahren (BGH NJW 11, 61), gerechnet vom Zeitpunkt der Vereinbarung (BGH NJW 11, 597).

2   **2. Durchführen der Kündigung.** Zur **Form** s § 568. Maßgebend für den **Fristbeginn** ist der Zugang (§ 130). Bei Berechnung der drei Werktage gem I gilt § 193 nicht, weil die Frist den Kündigungsgegner schützen soll. Der Samstag ist also mitzuzählen (BGH 162, 175; BGH NJW 05, 2155). Die Beweislast liegt beim Kündigenden; zu den Fristen selbst s Gesetzestext.

§ 573d Außerordentliche Kündigung mit gesetzlicher Frist

(1) Kann ein Mietverhältnis außerordentlich mit der gesetzlichen Frist gekündigt werden, so gelten mit Ausnahme der Kündigung gegenüber Erben des Mieters nach § 564 die §§ 573 und 573a entsprechend.

(2) ¹Die Kündigung ist spätestens am dritten Werktag eines Kalendermonats zum Ablauf des übernächsten Monats zulässig, bei Wohnraum nach § 549 Abs. 2 Nr. 2 spätestens am 15. eines Monats zum Ablauf dieses Monats (gesetzliche Frist). ²§ 573a Abs. 1 Satz 2 findet keine Anwendung.

(3) Eine zum Nachteil des Mieters abweichende Vereinbarung ist unwirksam.

1   **1. Funktion des I.** Die zugunsten des Mieters **zwingende (III)** Vorschrift schafft zusammen mit II einen im Wesentlichen **neuen Begriff** für bestimmte ges zugelassene Fälle der außerordentlichen Kündigung (s § 542 Rn 2) und legt fest,

Titel 5. Mietvertrag, Pachtvertrag § 574

dass – außerhalb der Rechtsnachfolge des „bloßen" Erben ohne besonderes Verhältnis zum Mieter (s §§ 563–563a Rn 1, § 564 Rn 1) – der Vermieter auch hier nur bei einem berechtigten Interesse kündigen kann. Das Widerspruchsrecht des Mieters (§ 574) bleibt ebenfalls erhalten (BT-Drs 14/4553 S 68).

2. Funktion des II. Die Vorschrift legt als Legaldefinition zwei ges Fristen fest 2 und regelt weiter, dass die in § 573a I 2 angeordnete Verlängerung für Zweifamilienhäuser sowie für die Teilvermietung (§ 573a II iVm § 573 I 2) hier nicht wirksam wird. Die Norm ist zugunsten des Mieters **zwingend (III).**

§ 574 Widerspruch des Mieters gegen die Kündigung

(1) ¹**Der Mieter kann der Kündigung des Vermieters widersprechen und von ihm die Fortsetzung des Mietverhältnisses verlangen, wenn die Beendigung des Mietverhältnisses für den Mieter, seine Familie oder einen anderen Angehörigen seines Haushalts eine Härte bedeuten würde, die auch unter Würdigung der berechtigten Interessen des Vermieters nicht zu rechtfertigen ist.** ²**Dies gilt nicht, wenn ein Grund vorliegt, der den Vermieter zur außerordentlichen fristlosen Kündigung berechtigt.**

(2) **Eine Härte liegt auch vor, wenn angemessener Ersatzwohnraum zu zumutbaren Bedingungen nicht beschafft werden kann.**

(3) **Bei der Würdigung der berechtigten Interessen des Vermieters werden nur die in dem Kündigungsschreiben nach § 573 Abs. 3 angegebenen Gründe berücksichtigt, außer wenn die Gründe nachträglich entstanden sind.**

(4) **Eine zum Nachteil des Mieters abweichende Vereinbarung ist unwirksam.**

1. Allgemeines. a) Funktion. Als ein weiteres Kernstück des sozialen Miet- 1 rechts (s § 573 Rn 1) berücksichtigt die Norm in einer zweiten Stufe nach § 573 bestimmte Umstände, die in der *Sphäre des Mieters* liegen, zu dessen Gunsten und schränkt das Recht des Vermieters ein, die Wohnung herauszuverlangen, obwohl eine ausgesprochene ordentliche Kündigung bzw außerordentliche Kündigung mit gesetzlicher Frist zunächst wirksam ist (§ 574 gilt nicht bei einer fristlosen Kündigung aus wichtigem Grund gem §§ 543 I, 569). **b) Anwendungsbereich.** Die Bestimmung gilt nicht für Mietverträge über Wohnräume nach § 549 II sowie eingeschränkt für Zeitmietverträge (s § 575a II). **c) Einbezogene Personen.** Zur Familie des Mieters und zu den Angehörigen seines Haushalts s §§ 563, 563a Rn 2. **d) Die Norm ist zugunsten des Mieters zwingend (IV).**

2. Rechtsvoraussetzungen. a) Härte für den Mieter. Gemeint sind Nachteile, 2 die über die üblichen, mit einem Umzug verbundenen Kosten und Erschwernisse einschließlich der sozialen Desintegration hinausgehen. Bsp: Kein Ersatzraum zu zumutbaren Bedingungen, obwohl sich der Mieter darum bemüht hat **(II)**; ein kurzfristiger Zwischenumzug ist idR nicht zumutbar. Bsp: Der Mieter baut selbst, er hat für einen späteren Termin eine andere Wohnung; fortgeschrittene Schwangerschaft (LG Dortmund NJW 65, 2204; AG Aachen MDR 66, 55); hohe Kinderzahl (LG Dortmund aaO); Umschulung der Kinder zu ungünstigem Zeitpunkt (KG DWW 04, 189); erhebliche Krankheit (BGH NZM 05, 144). Hohes Alter allein soll nicht ausreichen; hinzukommen müsse zB Gebrechlichkeit oder eine Behinderung im Knüpfen neuer sozialer Kontakte (LG Oldenburg DWW 91, 240). Die Tatsache, dass dem Mieter eine Räumungsfrist (ZPO 721) bewilligt werden kann, bleibt bei der Interessenabwägung außer Betracht (Stuttgart NJW 69, 240; Oldenburg WuM 70, 132). **b) Keine Rechtfertigung durch Interessen des Vermieters.** Ohne das Vorliegen berechtigter Interessen des Vermieters ist bereits gem § 573 die Kündigung unzulässig, so dass es zu einem Verfahren nach §§ 574 ff überhaupt nicht kommt. Sind Vermieterinteressen zu bejahen, so muss im Rahmen des § 574 zusätzlich das Interesse an einem termingerechten oder

§§ 574a, 574b

möglichst raschen Auszug festgestellt werden. Dieses Interesse kann sich aus denselben Gründen ergeben, die für die Zulässigkeit der Kündigung sprachen. Eigenständige Bedeutung gewinnen die gegenseitigen Interessen im Fall des § 573a. Zu berücksichtigen sind auch hier (s § 573 III) nur die im Kündigungsschreiben angegebenen Gründe; iE s § 573 Rn 8.

3. Rechtsfolgen. Der Mieter gewinnt nach einem Widerspruch (s § 574b) einen *Anspruch auf Fortsetzung des Mietverhältnisses* (s § 574a I), der entweder durch Einigung oder durch gestaltendes Urteil (§ 574a II) realisiert wird. Bis dahin hat der Mieter gegenüber dem Herausgabeanspruch des Vermieters ein Recht zum Besitz und unterliegt wegen der künftigen (rückwirkenden) Verlängerung denselben Mieterpflichten.

§ 574a Fortsetzung des Mietverhältnisses nach Widerspruch

(1) ¹Im Falle des § 574 kann der Mieter verlangen, dass das Mietverhältnis so lange fortgesetzt wird, wie dies unter Berücksichtigung aller Umstände angemessen ist. ²Ist dem Vermieter nicht zuzumuten, das Mietverhältnis zu den bisherigen Vertragsbedingungen fortzusetzen, so kann der Mieter nur verlangen, dass es unter einer angemessenen Änderung der Bedingungen fortgesetzt wird.

(2) ¹Kommt keine Einigung zustande, so werden die Fortsetzung des Mietverhältnisses, deren Dauer sowie die Bedingungen, zu denen es fortgesetzt wird, durch Urteil bestimmt. ²Ist ungewiss, wann voraussichtlich die Umstände wegfallen, auf Grund derer die Beendigung des Mietverhältnisses eine Härte bedeutet, so kann bestimmt werden, dass das Mietverhältnis auf unbestimmte Zeit fortgesetzt wird.

(3) Eine zum Nachteil des Mieters abweichende Vereinbarung ist unwirksam.

1. Normzweck. Die Bestimmung konkretisiert den Anspruch des Mieters gem § 574 dahin, dass er die Fortsetzung des Mietverhältnisses idR nur für eine angemessene Zeit (**I 1**) und uU nur zu modifizierten Konditionen fordern kann (**I 2**).

2. Verfahren/Prozessuales. a) Einigung. Widerspruch und Fortsetzungsverlangen sollen in erster Linie dazu führen, dass die Parteien – der Vermieter unter dem Druck, die Beendigung des Mietverhältnisses nicht durchsetzen zu können – hinsichtlich der Konditionen der Fortsetzung (Dauer, ggf Anheben der Miete auf den ortsüblichen Satz, Übernahme von Nebenleistungen wie Reparaturen, Herausgabe einzelner Räume) eine vertragliche Lösung finden (**II 1**). Auch wenn das alte Mietverhältnis unverändert fortgeführt wird, gilt wegen möglicher Drittinteressen das Schriftformerfordernis des § 550 (MK/Häublein 6). **b)** Zur **Klage** des Mieters auf Fortsetzung s auch ZPO 308a. Maßgebender Zeitpunkt für die Beurteilung der Interessen ist wie stets die letzte mündliche Verhandlung (s ZPO 128). Bei Erfolg ergeht ein insoweit rückwirkendes **Gestaltungsurteil** des Inhalts, dass das Mietverhältnis als identisches (uU mit Modifikationen) über den Kündigungszeitpunkt hinaus – im Regelfall für einen bestimmten Zeitraum (**II 1**) – fortgesetzt wird. Mit der **Klagabweisung** steht fest, dass das Mietverhältnis durch die Kündigung beendet wurde; es gelten die §§ 546a, 571. Zur Bewilligung einer Räumungsfrist s ZPO 721, sa § 571 II. **c)** Die **Beweislast** trägt der Vermieter für den Zugang der Kündigung und den Hinweis nach § 568 II, der Mieter für den Zugang des Widerspruchs und die Härtegründe.

§ 574b Form und Frist des Widerspruchs

(1) ¹Der Widerspruch des Mieters gegen die Kündigung ist schriftlich zu erklären. ²Auf Verlangen des Vermieters soll der Mieter über die Gründe des Widerspruchs unverzüglich Auskunft erteilen.

Titel 5. Mietvertrag, Pachtvertrag § 574c

(2) ¹Der Vermieter kann die Fortsetzung des Mietverhältnisses ablehnen, wenn der Mieter ihm den Widerspruch nicht spätestens zwei Monate vor der Beendigung des Mietverhältnisses erklärt hat. ²Hat der Vermieter nicht rechtzeitig vor Ablauf der Widerspruchsfrist auf die Möglichkeit des Widerspruchs sowie auf dessen Form und Frist hingewiesen, so kann der Mieter den Widerspruch noch im ersten Termin des Räumungsrechtsstreits erklären.

(3) Eine zum Nachteil des Mieters abweichende Vereinbarung ist unwirksam.

1. Form des Widerspruchs (I). Schriftform gem § 126 (I 1). Teilt der Mieter 1 seine Gründe auf Verlangen des Vermieters nicht mit (I 2), so bleibt der Widerspruch dennoch wirksam; der Mieter geht jedoch ein Kostenrisiko ein (ZPO 93b).

2. Verwirken des Anspruchs. a) Hat der Vermieter auf das Recht des Mieters 2 gem § 574 **rechtzeitig hingewiesen**, so muss der Mieter mindestens zwei Monate vor Ablauf der regulären Mietzeit widersprechen **(II 1)**; maßgebend ist insoweit der Zugang (§ 130) beim Vermieter. Der Hinweis des Vermieters ist rechtzeitig, wenn er den Mieter in die Lage versetzt, den Widerspruch nach angemessener Überlegung zu erklären. **b)** Hat der Vermieter **nicht rechtzeitig** hingewiesen, so kann der Mieter noch bis zum ersten Prozesstermin widersprechen **(II 2)**.

§ 574c Weitere Fortsetzung des Mietverhältnisses bei unvorhergesehenen Umständen

(1) Ist auf Grund der §§ 574 bis 574b durch Einigung oder Urteil bestimmt worden, dass das Mietverhältnis auf bestimmte Zeit fortgesetzt wird, so kann der Mieter dessen weitere Fortsetzung nur verlangen, wenn dies durch eine wesentliche Änderung der Umstände gerechtfertigt ist oder wenn Umstände nicht eingetreten sind, deren vorgesehener Eintritt für die Zeitdauer der Fortsetzung bestimmend gewesen war.

(2) ¹Kündigt der Vermieter ein Mietverhältnis, dessen Fortsetzung auf unbestimmte Zeit durch Urteil bestimmt worden ist, so kann der Mieter der Kündigung widersprechen und vom Vermieter verlangen, das Mietverhältnis auf unbestimmte Zeit fortzusetzen. ²Haben sich die Umstände verändert, die für die Fortsetzung bestimmend gewesen waren, so kann der Mieter eine Fortsetzung des Mietverhältnisses nur nach § 574 verlangen; unerhebliche Veränderungen bleiben außer Betracht.

(3) Eine zum Nachteil des Mieters abweichende Vereinbarung ist unwirksam.

1. Tatbestände. § 574c regelt die Frage, wann und auf welche Weise ein gem 1 §§ 574 ff fortgesetztes Mietverhältnis seinerseits beendet bzw (auch wiederholt) fortgesetzt werden kann. Dabei sind mehrere Fälle zu unterscheiden: **a)** Das Mietverhältnis wurde um eine **bestimmte Zeit** auf Grund einer Einigung zwischen den Parteien oder durch Urteil verlängert **(I)**: Der Mieter kann eine weitere Verlängerung nur erreichen, wenn eine wesentliche Änderung der Umstände eintritt, die eine neue Interessenabwägung zugunsten des Mieters (s § 574 Rn 2) rechtfertigen, oder wenn Umstände nicht eintreten, deren erwarteter Eintritt für die Befristung maßgebend gewesen war (Bsp: die vorgesehene Aufnahme des Mieters in ein Pflegeheim zu einem bestimmten Zeitpunkt ist nicht möglich; eine Wieder-Gesundung tritt nicht ein, LG Mannheim ZMR 77, 31). Der Mieter muss gem § 574a die Fortsetzung fordern; die Fortsetzung kann ihrerseits – auf Grund einer Einigung oder auf Grund eines Urteils (s § 574a Rn 2) – für eine bestimmte Zeit oder eine unbestimmte Zeit geschehen. **b)** Das Mietverhältnis wurde auf Grund einer **Einigung** für eine **unbestimmte Zeit** verlängert. Hier gelten die allg Regeln; der 2

§ 575

Vermieter kann gem §§ 573, 573a kündigen, der Mieter kann gem § 574 widersprechen. Es findet eine neue Abwägung unter Berücksichtigung aller Umstände statt. Die Fortsetzung kann auf eine bestimmte oder eine unbestimmte Zeit geschehen. **c)** Das Mietverhältnis wurde durch **Urteil** auf **unbestimmte Zeit** verlängert (**II**, s § 574a Rn 2). **aa)** Bei **unveränderten Umständen** oder unwesentlichen Veränderungen (**II 2**, letzter HS) kann der Mieter bei einer Kündigung durch den Vermieter verlangen, dass das Mietverhältnis ohne neue Interessenabwägung auf unbestimmte Zeit fortgesetzt wird. Der Vermieter trägt die **Beweislast** für eine erhebliche Veränderung (allgM). **bb)** Bei (wesentlich) **veränderten Umständen** tritt dasselbe Verfahren ein wie in Rn 1.

3   **2. Rechtscharakter.** Die Bestimmung ist zugunsten des Mieters **zwingend**. Zum Recht zur **außerordentlichen Kündigung** s zB §§ 543, 569.

Unterkapitel 3. Mietverhältnisse auf bestimmte Zeit

§ 575 Zeitmietvertrag

(1) ¹Ein Mietverhältnis kann auf bestimmte Zeit eingegangen werden, wenn der Vermieter nach Ablauf der Mietzeit
1. die Räume als Wohnung für sich, seine Familienangehörigen oder Angehörige seines Haushalts nutzen will,
2. in zulässiger Weise die Räume beseitigen oder so wesentlich verändern oder instand setzen will, dass die Maßnahmen durch eine Fortsetzung des Mietverhältnisses erheblich erschwert würden, oder
3. die Räume an einen zur Dienstleistung Verpflichteten vermieten will und er dem Mieter den Grund der Befristung bei Vertragsschluss schriftlich mitteilt. ²Anderenfalls gilt das Mietverhältnis als auf unbestimmte Zeit abgeschlossen.

(2) ¹Der Mieter kann vom Vermieter frühestens vier Monate vor Ablauf der Befristung verlangen, dass dieser ihm binnen eines Monats mitteilt, ob der Befristungsgrund noch besteht. ²Erfolgt die Mitteilung später, so kann der Mieter eine Verlängerung des Mietverhältnisses um den Zeitraum der Verspätung verlangen.

(3) ¹Tritt der Grund der Befristung erst später ein, so kann der Mieter eine Verlängerung des Mietverhältnisses um einen entsprechenden Zeitraum verlangen. ²Entfällt der Grund, so kann der Mieter eine Verlängerung auf unbestimmte Zeit verlangen. ³Die Beweislast für den Eintritt des Befristungsgrundes und die Dauer der Verzögerung trifft den Vermieter.

(4) Eine zum Nachteil des Mieters abweichende Vereinbarung ist unwirksam.

Lit: Gather, Neuregelung des Zeitmietvertrages, DWW 12, 204.

1   **1. Allgemeines. a) Normzweck.** Die Bestimmung regelt „zur Rechtsvereinfachung" (BT-Drs 14/4553 S 69, in der Zielsetzung bedenklich) allein den sog „echten" Zeitmietvertrag, dessen Zulässigkeit an enge Grenzen gebunden wird (**I Nr 1–3**) und der, wenn der Befristungsgrund weiter anhält, endet, ohne dass dem Mieter auch nur ein Widerspruchsrecht nach §§ 574 ff zusteht. Dem Vermieter soll ein Anreiz gegeben werden, Wohnungen bis zu einer vorgesehenen anderen Verwendung nicht leerstehen zu lassen (BT-Drs aaO). Das Modell eines befristeten Mietvertrages mit Mieterschutz könne durch einen unbefristeten Vertrag erreicht werden, in dem für eine bestimmte Anfangsphase auf das Kündigungsrecht verzichtet wird (s § 573c Rn 1). **b) Anwendungsbereich.** Bei Mietverhältnissen gem § 549 II Nr 1–3 und III (s dort) sind Zeitmietverträge (mit oder ohne Verlängerung) uneingeschränkt zulässig. **c) Kündigung von Mietverträgen.** Die außerordentliche Kündigung mit

gesetzlicher Frist (s dazu § 575a II) und die fristlose Kündigung aus wichtigem Grund bleiben weiterhin möglich.

2. Rechtsvoraussetzungen des I. a) Die **Dauer der Befristung** kann grundsätzlich frei bestimmt werden. Eine Verlängerungsoption für den Mieter auf bestimmte oder unbestimmte Zeit ist vom Ges nicht vorgesehen (BT-Drs 14/4553 S 69), dürfte aber, da für den Mieter vorteilhaft (s IV), vereinbart werden können. Zulässig ist angesichts von III 1 eine Verlängerungsfrist bei Nichteintritt des Ereignisses. **b) Rechtfertigungsgründe. aa) Künftige Eigennutzung (I 1 Nr 1).** Zu den Familienangehörigen und den Angehörigen des Haushalts s § 573 Rn 3 aE. Ein Bedarf iSd § 573 I Nr 2 (s dort „benötigt") ist nicht erforderlich (BT-Drs 9/1679 S 15), wohl aber, dass die Wohnung als Lebensmittelpunkt, nicht etwa als Zweitwohnung genutzt werden soll. **bb) Umbau (I 1 Nr 2).** Die Baumaßnahmen setzen, wenn es sich nicht um einen Abbruch des Hauses oder eine Auflösung der Wohnung handelt, wesentliche Eingriffe voraus, die nach Art oder Umfang die nach § 554 zu duldenden Maßnahmen übersteigen, zumindest den Auszug des Mieters erfordern. Zulässig ist wohl auch eine Maßnahme, die über die Anpassung an den ortsüblichen Bestand (s § 554 II 3) hinausgeht und eine entspr höhere Miete ermöglicht (BT-Drs 14/4553 S 70 spricht ausdrücklich von einer „Lockerung" gegenüber der bisherigen Rechtslage). **cc) Künftige Nutzung als Werkwohnung (I 1 Nr 3).** Zur Werkwohnung s § 576. Die jetzige befristete Vermietung muss nicht an einen Werksangehörigen geschehen (BT-Drs aaO). **c) Schriftliche Mitteilung bei Vertragsschluss (I 1 aE).** Zur Schriftform s § 126 (eine Textform gem § 126b hätte wohl genügt). Angesichts der schwerwiegenden Einschränkungen des Mieterschutzes (s Rn 1) ist erforderlich, dass das geplante Vorhaben in sich nachvollziehbar konkretisiert und so dargelegt wird, dass der Mieter dessen Realisierungsmöglichkeit zum vorgesehenen Zeitpunkt überprüfen kann. **d) Rechtsfolgen beim Fehlen der Voraussetzungen.** Das Mietverhältnis gilt auf unbestimmte Zeit geschlossen **(I 2)**, so dass ua die §§ 573 f, 574 ff anwendbar sind. Zieht der Mieter aus, so hat er einen Anspruch auf Schadensersatz gem §§ 280 I, 241 II (s die vergleichbare Lage in § 573 Rn 5). Auch dürfte ein zweiter Zeitmietvertrag (mit einem anderen Mieter) unzulässig sein, da der Vermieter diese Möglichkeit (durch den Auszug des Vormieters) rechtsmissbräuchlich erlangt hat.

3. Auskunftsanspruch des Mieters vor Fristablauf (II). Die vorgelagerte Frist von mindestens drei Monaten soll dem Mieter eine hinreichende Dispositionszeit eröffnen. Er muss von sich aus tätig werden, wenn er an einer Verlängerung des Mietverhältnisses interessiert ist.

4. Eintreten des Befristungsgrundes. a) Fristgerechtes Eintreten. Der mitgeteilte Befristungsgrund (Voraussetzungen von I Nr 1, 2 oder 3) muss weiterhin vorliegen; eine Auswechslung ist nicht möglich. Nicht erforderlich ist, dass innerhalb des Tatbestandes auch das konkrete Ereignis identisch bleibt (Bsp: Ein anderes Kind als das ursprünglich genannte soll die Wohnung nutzen, BT-Drs 14/4553 S 71). Die **Beweislast** für den Eintritt trägt der Vermieter **(III 3). b) Verzögertes Eintreten.** Der Mieter kann (wenn er will) vor *Ablauf* der Mietzeit eine entspr Verlängerung verlangen **(III 1)**. Die **Beweislast** dafür, dass (nur) eine Verzögerung vorliegt, trägt der Vermieter **(III 3). c) Entfallen des Befristungsgrundes.** Der Mieter kann vor **Ablauf** der Mietzeit eine unbefristete Verlängerung fordern **(II 2)**.

§ 575a Außerordentliche Kündigung mit gesetzlicher Frist

(1) Kann ein Mietverhältnis, das auf bestimmte Zeit eingegangen ist, außerordentlich mit der gesetzlichen Frist gekündigt werden, so gelten mit Ausnahme der Kündigung gegenüber Erben des Mieters nach § 564 die §§ 573 und 573a entsprechend.

§§ 576–576b

(2) Die §§ 574 bis 574c gelten entsprechend mit der Maßgabe, dass die Fortsetzung des Mietverhältnisses höchstens bis zum vertraglich bestimmten Zeitpunkt der Beendigung verlangt werden kann.

(3) ¹Die Kündigung ist spätestens am dritten Werktag eines Kalendermonats zum Ablauf des übernächsten Monats zulässig, bei Wohnraum nach § 549 Abs. 2 Nr. 2 spätestens am 15. eines Monats zum Ablauf dieses Monats (gesetzliche Frist). ²§ 573a Abs. 1 Satz 2 findet keine Anwendung.

(4) Eine zum Nachteil des Mieters abweichende Vereinbarung ist unwirksam.

1. Normzweck. Die Bestimmung legt fest, dass das Rechtsinstitut der außerordentlichen Kündigung mit gesetzlicher Frist auch für Zeitmietverträge gilt. Demgemäß wird § 573d I (in **I**), II (in **III**) und III (in **IV**) wörtlich wiederholt. **II** bringt – mit der konsequenten Begrenzung auf das Ende der vereinbarten Frist – gesetzestechnisch einen Verweis auf die §§ 574–574c. Deren Anwendung auf § 573d folgt daraus, dass sie nachgeordnet sind. Zur Auslegung iE s § 573d Rn 1.

Unterkapitel 4. Werkwohnungen

§ 576 Fristen der ordentlichen Kündigung bei Werkmietwohnungen

(1) Ist Wohnraum mit Rücksicht auf das Bestehen eines Dienstverhältnisses vermietet, so kann der Vermieter nach Beendigung des Dienstverhältnisses abweichend von § 573c Abs. 1 Satz 2 mit folgenden Fristen kündigen:
1. bei Wohnraum, der dem Mieter weniger als zehn Jahre überlassen war, spätestens am dritten Werktag eines Kalendermonats zum Ablauf des übernächsten Monats, wenn der Wohnraum für einen anderen zur Dienstleistung Verpflichteten benötigt wird;
2. spätestens am dritten Werktag eines Kalendermonats zum Ablauf dieses Monats, wenn das Dienstverhältnis seiner Art nach die Überlassung von Wohnraum erfordert hat, der in unmittelbarer Beziehung oder Nähe zur Arbeitsstätte steht, und der Wohnraum aus dem gleichen Grund für einen anderen zur Dienstleistung Verpflichteten benötigt wird.

(2) Eine zum Nachteil des Mieters abweichende Vereinbarung ist unwirksam.

§ 576a Besonderheiten des Widerspruchsrechts bei Werkmietwohnungen

(1) Bei der Anwendung der §§ 574 bis 574c auf Werkmietwohnungen sind auch die Belange des Dienstberechtigten zu berücksichtigen.

(2) Die §§ 574 bis 574c gelten nicht, wenn
1. der Vermieter nach § 576 Abs. 1 Nr. 2 gekündigt hat;
2. der Mieter das Dienstverhältnis gelöst hat, ohne dass ihm von dem Dienstberechtigten gesetzlich begründeter Anlass dazu gegeben war, oder der Mieter durch sein Verhalten dem Dienstberechtigten gesetzlich begründeten Anlass zur Auflösung des Dienstverhältnisses gegeben hat.

(3) Eine zum Nachteil des Mieters abweichende Vereinbarung ist unwirksam.

§ 576b Entsprechende Geltung des Mietrechts bei Werkdienstwohnungen

(1) Ist Wohnraum im Rahmen eines Dienstverhältnisses überlassen, so gelten für die Beendigung des Rechtsverhältnisses hinsichtlich des Wohn-

Titel 5. Mietvertrag, Pachtvertrag § 576b

raums die Vorschriften über Mietverhältnisse entsprechend, wenn der zur Dienstleistung Verpflichtete den Wohnraum überwiegend mit Einrichtungsgegenständen ausgestattet hat oder in dem Wohnraum mit seiner Familie oder Personen lebt, mit denen er einen auf Dauer angelegten gemeinsamen Haushalt führt.

(2) **Eine zum Nachteil des Mieters abweichende Vereinbarung ist unwirksam.**

Anmerkungen zu den §§ 576–576b

1. Allgemeines. a) Funktion. Die Sonderschriften für sog **Werkwohnungen** 1 (im Schwerpunkt für Arbeitnehmer) als Oberbegriff für **Werkmietwohnungen** (§§ 576, 576a) und **Werkdienstwohnungen** (§ 576b) sollen dem Interesse des Vermieters Rechnung tragen, nach Beendigung des Dienst-/Arbeitsverhältnisses auch das Mietverhältnis zu beenden und die Wohnung einem neuen Arbeitnehmer zur Verfügung stellen zu können. Insoweit ist der Mieterschutz eingeschränkt. Soweit die Bestimmungen keine Regelungen treffen, bleiben die allg Mieterschutznormen anwendbar. **b) Sachlicher Anwendungsbereich.** Vorausgesetzt ist ein Mietvertrag über Wohnraum, der mit Rücksicht auf das Bestehen eines Arbeits- oder Dienstverhältnisses vermietet worden ist. Dies setzt eine Verpflichtung zur unselbstständigen, abhängigen, weisungsgebundenen Tätigkeit voraus. Erfasst wird auch die Beschäftigung leitender Angestellter. Das Überlassen von Wohnungen an Angehörige des öffentl Dienstes unterfällt idR nicht den §§ 576–576b, sondern dem allg Mietrecht. Regelmäßig fehlt die Verknüpfung zwischen Wohnung und konkreter Tätigkeit (sa Rn 2). **c) Zeitlicher Anwendungsbereich.** Die §§ 576–576b gelten für die Zeit **nach** Beendigung des Dienst-/Arbeitsverhältnisses. Eine gleichzeitig mit der Kündigung des Arbeitsverhältnisses erklärte Kündigung setzt die Schutzfristen ab Beendigung des Arbeitsverhältnisses in Gang. Ob während des Arbeitsverhältnisses der Mietvertrag gekündigt werden kann, richtet sich nach dem Vertrag. Enthält er keine Regelung, so ist er kündbar. Es gilt der allg Schutz der §§ 573 f, 574 ff. **d)** Zur **Mitwirkung des Betriebsrats** s BetrVG 87 I Nr 9. **e) Konkurrenzen.** Die Möglichkeit zur außerordentlichen Kündigung (fristlos und mit gesetzlicher Frist) bleibt unberührt. **f)** Die Bestimmung ist zugunsten des Mieters **zwingend** (§§ 576 II, 576a III, 576b II). **g) Sonderbestimmungen** bestehen für Bergarbeiterwohnungen (iE s PalWeidenkaff vor § 576, 11).

2. Werkmietwohnungen (§§ 576, 576a). a) Arten. Zu unterscheiden ist zwi- 2 schen **allg Werkmietwohnungen (§ 576b I Nr 1),** deren Überlassen im Zusammenhang mit dem Arbeitsverhältnis steht, und **funktionsgebundenen Werkmietwohnungen,** bei denen die Überlassung Teil des Dienstvertrages und der Vergütung ist **(§ 576 I Nr 2).** Bsp: Wohnungen für Hausmeister, Wachpersonal, Werksfeuerwehr. **b) Recht zur Kündigung für den Vermieter.** Der Vermieter kann alternativ gem § 573c (unter Anwendung der §§ 573, 573a) kündigen oder den Weg über § 576 I wählen. §§ 573, 574 sind in diesem Fall nicht anwendbar. Das Recht des Mieters zum Widerspruch (§§ 574–574c) ist eingeschränkt (iE s Gesetzestext s § 576a). **c) Durchführung der Kündigung. aa) Zeitlicher Anwendungsbereich.** Die Bestimmungen gelten für die Zeit **nach** Beendigung des Dienst-/Arbeitsverhältnisses. Eine gleichzeitig mit der Kündigung des Arbeitsverhältnisses erklärte Kündigung setzt die Schutzfristen ab Beendigung des Arbeitsverhältnisses in Gang. Ob während des Arbeitsverhältnisses der Mietvertrag gekündigt werden kann, richtet sich nach dem Vertrag. Enthält er keine Regelung, so ist er kündbar. Es gilt der allg Schutz der §§ 573 f, 574 ff. **bb)** Zur **Form** s § 568 I; **inhaltlich** ist der Kündigungsgrund (§ 576 I 1 Nr 1 bzw Nr 2) anzugeben (s Celle DWW 85, 232) und auf das Widerspruchsrecht des Mieters hinzuweisen (§ 568 II), sofern es nicht nach **§ 576a II** ausgeschlossen ist. **cc)** Das **Widerspruchsrecht**

§§ 577, 577a

besteht nur bei allg Werkmietwohnungen, nicht bei funktionsgebundenen Werkwohnungen (**§ 576a II Nr 1**), in den Grenzen des § 576a I, II Nr 2, *wenn der Arbeitgeber entspr diesen Vorschriften kündigt* (str). Zur Frist s § 574b II.

3 **3. Werkdienstwohnungen (§ 576b).** Ohne § 576b hätte der Benutzer nach Ablauf des Dienstvertrages keinen Schutz, da kein Mietvertrag besteht. Unter den genannten Voraussetzungen entsteht ein dem Mietvertrag entspr ges Schuldverhältnis (aA Gaßner AcP 186, 325 ff: gemischttypischer Vertrag) mit den allg Pflichten. Die Nutzungsentschädigung entspricht dem rechnerischen Wert, der während des Arbeitsverhältnisses für das Überlassen der Wohnung vorgesehen war. Eine ordentliche Kündigung und eine außerordentliche Kündigung mit gesetzlicher Frist sind unter den im Ges genannten Voraussetzungen entweder nach den allg Bestimmungen (§§ 573, 573a, 574 ff) oder nach §§ 576, 576a möglich. Zu den Begriffen Familie bzw gemeinsamer Haushalt s §§ 563, 563a Rn 3.

Kapitel 6. Besonderheiten bei der Bildung von Wohnungseigentum an vermieteten Wohnungen

§ 577 Vorkaufsrecht des Mieters

(1) ¹**Werden vermietete Wohnräume, an denen nach der Überlassung an den Mieter Wohnungseigentum begründet worden ist oder begründet werden soll, an einen Dritten verkauft, so ist der Mieter zum Vorkauf berechtigt.** ²**Dies gilt nicht, wenn der Vermieter die Wohnräume an einen Familienangehörigen oder an einen Angehörigen seines Haushalts verkauft.** ³**Soweit sich nicht aus den nachfolgenden Absätzen etwas anderes ergibt, finden auf das Vorkaufsrecht die Vorschriften über den Vorkauf Anwendung.**

(2) **Die Mitteilung des Verkäufers oder des Dritten über den Inhalt des Kaufvertrags ist mit einer Unterrichtung des Mieters über sein Vorkaufsrecht zu verbinden.**

(3) **Die Ausübung des Vorkaufsrechts erfolgt durch schriftliche Erklärung des Mieters gegenüber dem Verkäufer.**

(4) **Stirbt der Mieter, so geht das Vorkaufsrecht auf diejenigen über, die in das Mietverhältnis nach § 563 Abs. 1 oder 2 eintreten.**

(5) **Eine zum Nachteil des Mieters abweichende Vereinbarung ist unwirksam.**

Lit: Bruns, Kündigungsrecht bei Umwandlungen in Wohnungseigentum, ZMR 12, 933.

1 **Funktion.** Durch das zugunsten des Mieters **zwingende** (s **V**) Vorkaufsrecht soll der Mieter (bzw sein Rechtsnachfolger, s **IV**) die Möglichkeit haben, die von ihm tatsächlich genutzte Wohnung (s Gesetzestext: „nach Überlassung") im Fall der Umwandlung in Wohnungseigentum selbst zu erwerben und damit nicht aus ihr verdrängt zu werden (s BT-Drs 12/3254). Vorrang hat freilich das Verwertungsinteresse des Vermieters bei der Veräußerung an Familienangehörige oder Angehörige seines Haushalts (**I 2**, zu den Begriffen s §§ 563, 563a Rn 3). **Rechtsvoraussetzungen:** s Gesetzestext, iÜ §§ 504 ff. Nach der Rspr soll das Vorkaufsrecht nur für den ersten Vorkaufsfall gelten (BGH 167, 61; BGH WuM 07, 465; str, bedenklich). Die Ausübung des Vorkaufsrechts unterliegt der Schriftform (**III**, s dazu § 126).

§ 577a Kündigungsbeschränkung bei Wohnungsumwandlung

(1) **Ist an vermieteten Wohnräumen nach der Überlassung an den Mieter Wohnungseigentum begründet und das Wohnungseigentum veräußert**

Titel 5. Mietvertrag, Pachtvertrag § 577a

worden, so kann sich ein Erwerber auf berechtigte Interessen im Sinne des § 573 Abs. 2 Nr. 2 oder 3 erst nach Ablauf von drei Jahren seit der Veräußerung berufen.

(1a) **Die Kündigungsbeschränkung nach Absatz 1 gilt entsprechend, wenn vermieteter Wohnraum nach der Überlassung an den Mieter**
1. **an eine Personengesellschaft oder an mehrere Erwerber veräußert worden ist oder**
2. **zu Gunsten einer Personengesellschaft oder mehrerer Erwerber mit einem Recht belastet worden ist, durch dessen Ausübung dem Mieter der vertragsgemäße Gebrauch entzogen wird.**

Satz 1 ist nicht anzuwenden, wenn die Gesellschafter oder Erwerber derselben Familie oder demselben Haushalt angehören oder vor Überlassung des Wohnraums an den Mieter Wohnungseigentum begründet worden ist.

(2) ¹Die Frist nach Absatz 1 beträgt bis zu zehn Jahre, wenn die ausreichende Versorgung der Bevölkerung mit Mietwohnungen zu angemessenen Bedingungen in einer Gemeinde oder einem Teil einer Gemeinde besonders gefährdet ist und diese Gebiete nach Satz 2 bestimmt sind. ²Die Landesregierungen werden ermächtigt, diese Gebiete und die Frist nach Satz 1 durch Rechtsverordnung für die Dauer von jeweils höchstens zehn Jahren zu bestimmen.

(2a) Wird nach Veräußerung oder Belastung im Sinne des Absatzes 1a Wohnungseigentum begründet, so beginnt die Frist, innerhalb der eine Kündigung nach § 573 Absatz 2 Nummer 2 oder 3 ausgeschlossen ist, bereits mit der Veräußerung oder Belastung nach Absatz 1a.

(3) **Eine zum Nachteil des Mieters abweichende Vereinbarung ist unwirksam.**

1. Funktion. Ursprünglicher Anlass für das Entstehen der Norm bzw der Vorgängerbestimmungen war, dass In den achtziger Jahren und verstärkt nach der Wiedervereinigung zumeist in Großstädten in Mehrfamilienhäusern vom Großvermieter Eigentumswohnungen gebildet und dann an Erwerber veräußert wurden, die sich nun auf Eigenbedarf beriefen (s BT-Drs 11/6374 S 5). Es sollte zumindest verzögert werden, dass kapitalkräftige Käufer die Mieter – die bisher bei einer Vermietergesellschaft idR mit einer Eigenbedarfsklage nicht rechnen mussten – aus ihrer Wohnung verdrängen. Nach Erlass der Normen sind dann GbRs dazwischengeschaltet worden (s § 573 Rn 3), über die der Mieterschutz ausgehebelt werden konnte (s 14. Aufl § 577a Rn 1). Der durch Ges v 11.3.2013 (BGBl I S 434) eingeführte **I a** versucht, eine neuere Umgehungspraxis zu erfassen. **Nicht anwendbar** ist die Bestimmung auf andere Kündigungsgründe des § 573 I (BGH NJW 09, 1808 mwN). 1

2. Tatbestand. a) Fallgruppen: Bildung von Wohnungseigentum und Veräußerung an eine (natürliche) Einzelperson **(I)**, Veräußerung an eine Personengesellschaft oder Mietermehrheit und Bildung von Wohnungseigentum **(I a S 1 Nr 1,** sa **II a)**, Begründung von eigentümerähnlichen Rechten (Nießbrauch, ErbbauR) für eine Personengesellschaft oder Mietermehrheit und idR Übertragung des Rechts auf eine Einzelperson **(I a S 1 Nr 2,** sa **II a)**. **b) Ausnahmen (I a S 2). aa)** Das Wohnungseigentum war bereits **vor Überlassen** an den Mieter **begründet**. Zur Überlassung s § 535 Rn 11; ein Nachrücken gem § 563 (s §§ 563, 563a Rn 1) verschiebt den Zeitpunkt des Überlassens nicht (BGH NJW 03, 3266). **bb)** Die Mitglieder der erwerbenden GbR oder Gemeinschaft sind **Familien- oder Haushaltsangehörige**; s dazu § 573 Rn 3. 2 3

3. Rechtsfolgen. Es besteht eine **Sperrfrist** für die Eigenbedarfs- und die Verwertungskündigung gem § 573 II Nr 2 und 3 von mindestens *drei Jahren*. Ein Berechtigter kann damit erst nach Fristablauf gem § 573 c kündigen. Die Frist **beginnt** mit dem Erwerb des Eigentums bzw der Begründung eines eigentumsähnlichen Rechts 4

Teichmann

§§ 578, 578a

für den *Ersterwerber*. Maßgebend ist die Eintragung idR im Grundbuch. Dies gilt auch, wenn nach einer Veräußerung an eine GbR bzw Begründung eines dinglichen Rechts Wohnungseigentum begründet wird **(II a)**. Die Frist soll nicht zweimal laufen (BT-Drs 17/10485 S 26). Von der Möglichkeit der **Fristverlängerung** auf maximal zehn Jahre haben die Länder Baden-Württemberg, Bayern, Berlin, Hamburg, Hessen, Nordrhein-Westfalen, zT mit kürzeren Fristen und zeitlich begrenzt, Gebrauch gemacht (MK/Artz 12).

Untertitel 3. Mietverhältnisse über andere Sachen

§ 578 Mietverhältnisse über Grundstücke und Räume

(1) **Auf Mietverhältnisse über Grundstücke sind die Vorschriften der §§ 550, 562 bis 562d, 566 bis 567b sowie 570 entsprechend anzuwenden.**

(2) ¹**Auf Mietverhältnisse über Räume, die keine Wohnräume sind, sind die in Absatz 1 genannten Vorschriften sowie § 552 Abs. 1, § 555a Absatz 1 bis 3, §§ 555b, 555c Absatz 1 bis 4, §555d Absatz 1 bis 6, § 555e Absatz 1 und 2, § 555f und § 569 Absatz 2 entsprechend anzuwenden.** ²**§ 556c Absatz 1 und 2 sowie die aufgrund des § 556c Absatz 3 erlassene Rechtsverordnung sind entsprechend anzuwenden, abweichende Vereinbarungen sind zulässig.** ³**Sind die Räume zum Aufenthalt von Menschen bestimmt, so gilt außerdem § 569 Abs. 1 entsprechend.**

Lit: Fritz, NJW 13, 1138 (Rspr-Übersicht); Ghassemi-Tabar/Leo, AGB im Gewerberaummietrecht, 2011; Gerber/Eckert, Gewerbliches Miet- und Pachtrecht – aktuelle Fragen, 8. Aufl 2013; Hülk, ZfIR 2010, 171 (Rspr-Übersicht); Leo, NZM 2013, 295 (Rspr-Übersicht Obergerichte); Lindner-Figura/Oprée/Stellmann (Hrsg), Geschäftsraummiete, 3. Aufl 2011; Wolf/Eckert, Handbuch des gewerblichen Miet-, Pacht- und Leasingrechts, 10. Aufl 2009.

1 Die Bestimmung trägt der Tatsache Rechnung, dass Vorschriften, die für alle Mietverhältnisse gelten (§§ 535–548), vorangestellt und Mietverhältnisse über Wohnungen (§§ 549–577a) als ein Schwerpunkt an erster Stelle des „Besonderen Teils" des Mietrechts geregelt worden sind (s vor § 535 Rn 2). Für die „übrig bleibenden" Gegenstände (Grundstücke, Räume, die keine Wohnräume sind, einschließlich der Geschäftsräume – sog **gewerbliche Miete** –, eingetragene Schiffe, bewegliche Sachen) werden zum einen durch Verweisungen die Bestimmungen über Wohnraummietverhältnisse nutzbar gemacht (§§ 578, 578a), des weiteren Sondernormen zur Fälligkeit der Miete und zur Kündigung (§§ 579–580a) geschaffen. Heranzuziehen sind also die allg Bestimmungen, Einzelvorschriften zu Wohnraummietverträgen und die Sondernormen der §§ 579 ff. Nicht erwähnte Normen sind auch nicht entspr heranzuziehen (BGHZ 184, 121, BGH NJW 11, 446 zu § 556 für gewerbliche Räume). – Zur Erläuterung s jeweils dort. Die Parteien sind selbstverständlich nicht gehindert, den Bestimmungen des Wohnraummietrechts entspr Regelungen – auch mit Modifikationen – zu treffen (s zB Pfeifer DWW 00, 13; Düsseldorf DWW 00, 196 zur Betriebskostenumlage).

§ 578a Mietverhältnisse über eingetragene Schiffe

(1) **Die Vorschriften der §§ 566, 566a, 566e bis 567b gelten im Falle der Veräußerung oder Belastung eines im Schiffsregister eingetragenen Schiffs entsprechend.**

(2) ¹**Eine Verfügung, die der Vermieter vor dem Übergang des Eigentums über die Miete getroffen hat, die auf die Zeit der Berechtigung des Erwerbers entfällt, ist dem Erwerber gegenüber wirksam.** ²**Das Gleiche gilt für**

Titel 5. Mietvertrag, Pachtvertrag §§ 579–580a

ein Rechtsgeschäft, das zwischen dem Mieter und dem Vermieter über die Mietforderung vorgenommen wird, insbesondere die Entrichtung der Miete; ein Rechtsgeschäft, das nach dem Übergang des Eigentums vorgenommen wird, ist jedoch unwirksam, wenn der Mieter bei der Vornahme des Rechtsgeschäfts von dem Übergang des Eigentums Kenntnis hat. ³§ 566d gilt entsprechend.

Die Vorschrift befreit Vorausverfügungen des Vermieters über die Miete von den engen Grenzen der §§ 566b und 566c. 1

§ 579 Fälligkeit der Miete

(1) ¹Die Miete für ein Grundstück, ein im Schiffsregister eingetragenes Schiff und für bewegliche Sachen ist am Ende der Mietzeit zu entrichten. ²Ist die Miete nach Zeitabschnitten bemessen, so ist sie nach Ablauf der einzelnen Zeitabschnitte zu entrichten. ³Die Miete für ein Grundstück ist, sofern sie nicht nach kürzeren Zeitabschnitten bemessen ist, jeweils nach Ablauf eines Kalendervierteljahrs am ersten Werktag des folgenden Monats zu entrichten.

(2) Für Mietverhältnisse über Räume gilt § 556b Abs. 1 entsprechend.

Die Bestimmung erstreckt die für Wohnraummietverhältnisse geregelte sog Vorschüssigkeit der Miete (bis zum dritten Werktag für den laufenden Monat, s § 556b I) auf Mietverhältnisse über Räume (II) und belässt es für Mietverhältnisse über andere Sachen bei der allg Regelung, dass die Miete am Ende der Mietzeit bzw am Ende des jeweiligen Zeitabschnitts (zB Monat) zu zahlen ist (I). Andere Regelungen, beispielsweise die Vorschüssigkeit der Miete über Sachen nach I, sind selbstverständlich zulässig. 1

§ 580 Außerordentliche Kündigung bei Tod des Mieters

Stirbt der Mieter, so ist sowohl der Erbe als auch der Vermieter berechtigt, das Mietverhältnis innerhalb eines Monats, nachdem sie vom Tod des Mieters Kenntnis erlangt haben, außerordentlich mit der gesetzlichen Frist zu kündigen.

Die – abdingbare – Bestimmung gibt bei Verträgen, die vertraglich nicht gem § 542 I gekündigt werden können, ein außerordentliches Kündigungsrecht mit denselben Fristen; denn der Vermieter wollte die Mietsache uU nur dem verstorbenen Mieter überlassen, der Erbe hat uU kein Interesse an ihr. Der Text entspricht § 564 I 2. 1

§ 580a Kündigungsfristen

(1) Bei einem Mietverhältnis über Grundstücke, über Räume, die keine Geschäftsräume sind, oder über im Schiffsregister eingetragene Schiffe ist die ordentliche Kündigung zulässig,
1. wenn die Miete nach Tagen bemessen ist, an jedem Tag zum Ablauf des folgenden Tages;
2. wenn die Miete nach Wochen bemessen ist, spätestens am ersten Werktag einer Woche zum Ablauf des folgenden Sonnabends;
3. wenn die Miete nach Monaten oder längeren Zeitabschnitten bemessen ist, spätestens am dritten Werktag eines Kalendermonats zum Ablauf des übernächsten Monats, bei einem Mietverhältnis über gewerblich genutzte unbebaute Grundstücke oder im Schiffsregister eingetragene Schiffe jedoch nur zum Ablauf eines Kalendervierteljahrs.

§ 581

(2) **Bei einem Mietverhältnis über Geschäftsräume ist die ordentliche Kündigung spätestens am dritten Werktag eines Kalendervierteljahrs zum Ablauf des nächsten Kalendervierteljahres zulässig.**

(3) **Bei einem Mietverhältnis über bewegliche Sachen ist die ordentliche Kündigung zulässig,**
1. **wenn die Miete nach Tagen bemessen ist, an jedem Tag zum Ablauf des folgenden Tages;**
2. **wenn die Miete nach längeren Zeitabschnitten bemessen ist, spätestens am dritten Tag vor dem Tag, mit dessen Ablauf das Mietverhältnis enden soll.**

(4) **Absatz 1 Nr. 3, Absatz 2 und 3 Nr. 2 sind auch anzuwenden, wenn ein Mietverhältnis außerordentlich mit der gesetzlichen Frist gekündigt werden kann.**

1   Die Bestimmung trifft zunächst für die **ordentliche Kündigung** wegen der jeweiligen Interessenlage unterschiedliche Regelungen für eingetragene Schiffe, Grundstücke – mit weiterer Differenzierung für gewerblich genutzte unbebaute Grundstücke **(I Nr 3)** – und Räume, die keine Wohnräume sind **(I)**, des Weiteren für Geschäftsräume **(II)** und schließlich für bewegliche Sachen **(III)**. Teile der Regelung werden dann für die **außerordentliche Kündigung mit gesetzlicher Frist** (s § 573d) übernommen.

Untertitel 4. Pachtvertrag

§ 581 Vertragstypische Pflichten beim Pachtvertrag

(1) ¹**Durch den Pachtvertrag wird der Verpächter verpflichtet, dem Pächter den Gebrauch des verpachteten Gegenstands und den Genuss der Früchte, soweit sie nach den Regeln einer ordnungsmäßigen Wirtschaft als Ertrag anzusehen sind, während der Pachtzeit zu gewähren.** ²**Der Pächter ist verpflichtet, dem Verpächter die vereinbarte Pacht zu entrichten.**

(2) **Auf den Pachtvertrag mit Ausnahme des Landpachtvertrags sind, soweit sich nicht aus den §§ 582 bis 584b etwas anderes ergibt, die Vorschriften über den Mietvertrag entsprechend anzuwenden.**

Lit: Kern, Pachtrecht, 2012.

1   **1. Allgemeines.** Im Ges wird zwischen der Verpachtung von *Gegenständen* (§§ 581–584b) und der Verpachtung von *landwirtschaftlichen Grundstücken und Betrieben* (§§ 585–597) unterschieden. Die Sonderregelung erklärt sich aus dem Ziel, das Pachtrecht insoweit den landwirtschaftlichen Produktionsformen anzupassen (s § 585 Rn 1). Die Mietrechtsreform (s vor § 535 Rn 2) und das SchRModG haben einige sprachliche Änderungen in den Überschriften und im Gesetzestext gebracht.

2   **2. Begriff.** Der Pachtvertrag ist ein entgeltlicher **Nutzungsvertrag über Gegenstände**. Er unterscheidet sich damit vom Mietvertrag in zwei Punkten. **a)** Verpachtet werden können nicht nur **Sachen** wie Grundstücke, Gebäude und Räume (Verträge über bewegliche Sachen allein kommen praktisch kaum vor), sondern auch **Rechte** wie Patentrechte (durch Lizenzerteilung), Aneignungsrechte (zB Jagd- und Fischereirechte), schuldrechtliche Nutzungsrechte (BGH MDR 68, 233: Bierausschank in einer Festhalle; BGH NJW-RR 10, 198: Milchquote), Gesellschaftsanteile und **Vermögenseinheiten** (zB Handelsgeschäfte, Unternehmen). **b)** Dem Pächter gebühren die **Nutzungen** (§ 100), also über die Gebrauchsvorteile des Mieters hinaus die Früchte gem § 99.

3   **3. Abgrenzungen. a) Mietvertrag.** Da Miet- und Pachtvertrag hinsichtlich des Rechts zum Gebrauch identisch sind, hängt die jeweilige Zuordnung davon ab,

Titel 5. Mietvertrag, Pachtvertrag § 581

ob der vom Nutzungsberechtigten angestrebte wirtschaftliche Erfolg stärker seiner eigenen, originären Leistung entspricht (zB Ladenlokal, Praxisräume; Maschine, da lediglich Hilfsmittel, BGH NJW 68, 693 – dann Miete – oder ob der wirtschaftliche Erfolg „bestimmungsgemäß" (§ 99 I) eintritt, dh in der Sache angelegt ist und grundsätzlich von jedem Geeigneten erzielt werden kann, der die Sache entspr ihrer Anlage einsetzt (zB Handelsgeschäft, Seniorenheim, Düsseldorf, NZM 11, 550, Gastwirtschaft mit Einrichtung und Kundenstamm, Theater, Düsseldorf ZMR 11, 545, Kino) – dann Pacht. Für die Annahme eines Pachtverhältnisses muss also der Vertragsgegenstand seiner vertragsgemäßen Beschaffenheit, Eigenart, Einrichtung und Ausstattung nach zum Erzielen von wirtschaftlichen Erträgen unmittelbar geeignet sein (BGH WM 81, 226, stRspr; krit Mk/Harke 11: bei Wohn-und Geschäftsräumen stets Mietvertrag). **b) Kauf-** und Pachtvertrag rücken dann dicht zusammen, **4** wenn der Käufer/Pächter in erster Linie am Erwerb *bestimmter* Sachfrüchte zur Weiterveräußerung oder zur Verarbeitung interessiert ist (zB Holz auf dem Stamm, Kies aus der Kiesgrube). Im Schwerpunkt ist danach zu unterscheiden, ob eine mengenmäßige Sachleistung (Kauf) oder ein zeitliches Dauerschuldverhältnis (Pacht) gewollt wurde. Läuft der Vertrag auf eine bestimmte oder unbestimmte Zeit und hat der Berechtigte auch pflegerische Pflichten, so deutet dies auf einen Pachtvertrag (iE Ströter BB 79, 1477 mwN; sa BGH NJW-RR 00, 303 mwN). **c) Sonderregelungen** bestehen für die Verpachtung bestimmter Gegenstände, wie zB Kleingärten, Jagd, Fischteiche und Apotheken (iE s PalWeidenkaff 10 ff vor § 581).

3. Formbedürftigkeit, Partner. Der Vertragsschluss bedarf bei Verträgen über **5** Grundstücke und über Räume, wenn der Vertrag länger als ein Jahr dauern soll, der Schriftform (§ 578 I, II iVm § 550); iÜ (zB bei der Verpachtung eines Rechts) ist eine formfreie Vereinbarung möglich. Zur Beteiligung **mehrerer Personen** auf Verpächter- oder Pächterseite s § 535 Rn 2 f.

4. Vertragliche Pflichten. a) Verpächter. aa) Die Pflicht zur **Gebrauchsge- 6 währung (I 1)** entspricht den Vermieterpflichten, umfasst also das Überlassen (bei Rechten selbstverständlich nicht Besitzverschaffung) und, soweit nichts anderes vereinbart ist, das Erhalten der Sache zum vertragsgemäßen Gebrauch sowie die Erfüllung der sich aus der konkreten Abrede ergebenden Nebenpflichten (s § 535 Rn 13 f). **bb) Gewährung des Fruchtgenusses (I 1).** § 581 knüpft damit am weiteren Begriff der Früchte in § 99 (also einschließlich des vollen Substanzabbaus, etwa bei einer Kiesgrube) an, beschränkt aber, da der Pachtvertrag zeit- und nicht substanzbestimmt ist (Rn 5), die Fruchtziehung auf Erträge im Rahmen einer ordnungsgemäßen Wirtschaft (kein Raubbau, nicht Windbruch). Der Pächter erwirbt Eigentum nach §§ 956, 957. **b)** Die Pflichten des **Pächters (I 2)** entsprechen grundsätzlich denen des Mieters (§ 535 Rn 24 ff). Eine Pflicht zur Benutzung des Gegenstandes besteht auch hier grundsätzlich nicht; jedoch wird, anders als beim Mietvertrag, die Wahrnehmung der Obhut ohne ein ordnungsgemäßes Bewirtschaften häufig nicht möglich sein.

5. Anwendung mietrechtlicher Vorschriften (II). Bei einer „entspr Anwen- **7** dung" sind die sich aus dem Pachtverhältnis ergebende Besonderheiten mit zu berücksichtigen. Folgende Bestimmungen sind teilw abgeändert: § 535 durch §§ 582, 582a (die Erhaltung obliegt teilweise dem Pächter, andere Gefahrtragung); § 580a I, II durch §§ 584a I, 584; § 546 durch § 582a III; § 546a durch § 584b; § 580 durch §§ 584a II, 584. Da sich die pachtrechtlichen abändernden Vorschriften zT nur auf Verträge über Grundstücke oder Betriebe beziehen, ist auf den sachlichen Anwendungsbereich genau zu achten. Unanwendbar sind die Kündigungsschutzvorschriften der Mietverhältnisse über Wohnräume (insbes §§ 573 ff, 574 ff). Eine Verpachtung von Wohnungen allein erscheint kaum denkbar. Werden Wohnungen mitverpachtet (im Rahmen der Verpachtung eines Geschäfts, einer Gastwirtschaft), so geht bei der Vertragsbeendigung das Interesse des Verpächters an der Weiterverpachtung vor (desgl MK/Harke 56). Die Interessenlage ist der Vermietung funkti-

§§ 582–583a Buch 2. Abschnitt 8. Einzelne Schuldverhältnisse

onsgebundener Wohnungen (§ 576a II 2) vergleichbar. Entgegen dem Wortlaut sind wegen des Fehlens entspr Vorschriften auch einige Bestimmungen über die **Landpacht** (zB §§ 590a, 590b, 591, 591b, 592) anwendbar.

§ 582 Erhaltung des Inventars

(1) **Wird ein Grundstück mit Inventar verpachtet, so obliegt dem Pächter die Erhaltung der einzelnen Inventarstücke.**

(2) [1]**Der Verpächter ist verpflichtet, Inventarstücke zu ersetzen, die infolge eines vom Pächter nicht zu vertretenden Umstands in Abgang kommen.** [2]**Der Pächter hat jedoch den gewöhnlichen Abgang der zum Inventar gehörenden Tiere insoweit zu ersetzen, als dies einer ordnungsmäßigen Wirtschaft entspricht.**

§ 582a Inventarübernahme zum Schätzwert

(1) [1]**Übernimmt der Pächter eines Grundstücks das Inventar zum Schätzwert mit der Verpflichtung, es bei Beendigung des Pachtverhältnisses zum Schätzwert zurückzugewähren, so trägt er die Gefahr des zufälligen Untergangs und der zufälligen Verschlechterung des Inventars.** [2]**Innerhalb der Grenzen einer ordnungsmäßigen Wirtschaft kann er über die einzelnen Inventarstücke verfügen.**

(2) [1]**Der Pächter hat das Inventar in dem Zustand zu erhalten und in dem Umfang laufend zu ersetzen, der den Regeln einer ordnungsmäßigen Wirtschaft entspricht.** [2]**Die von ihm angeschafften Stücke werden mit der Einverleibung in das Inventar Eigentum des Verpächters.**

(3) [1]**Bei Beendigung des Pachtverhältnisses hat der Pächter das vorhandene Inventar dem Verpächter zurückzugewähren.** [2]**Der Verpächter kann die Übernahme derjenigen von dem Pächter angeschafften Inventarstücke ablehnen, welche nach den Regeln einer ordnungsmäßigen Wirtschaft für das Grundstück überflüssig oder zu wertvoll sind; mit der Ablehnung geht das Eigentum an den abgelehnten Stücken auf den Pächter über.** [3]**Besteht zwischen dem Gesamtschätzwert des übernommenen und dem des zurückzugewährenden Inventars ein Unterschied, so ist dieser in Geld auszugleichen.** [4]**Den Schätzwerten sind die Preise im Zeitpunkt der Beendigung des Pachtverhältnisses zugrunde zu legen.**

§ 583 Pächterpfandrecht am Inventar

(1) **Dem Pächter eines Grundstücks steht für die Forderungen gegen den Verpächter, die sich auf das mitgepachtete Inventar beziehen, ein Pfandrecht an den in seinen Besitz gelangten Inventarstücken zu.**

(2) [1]**Der Verpächter kann die Geltendmachung des Pfandrechts des Pächters durch Sicherheitsleistung abwenden.** [2]**Er kann jedes einzelne Inventarstück dadurch von dem Pfandrecht befreien, dass er in Höhe des Wertes Sicherheit leistet.**

§ 583a Verfügungsbeschränkungen bei Inventar

Vertragsbestimmungen, die den Pächter eines Betriebs verpflichten, nicht oder nicht ohne Einwilligung des Verpächters über Inventarstücke zu verfügen oder Inventar an den Verpächter zu veräußern, sind nur wirksam, wenn sich der Verpächter verpflichtet, das Inventar bei der Beendigung des Pachtverhältnisses zum Schätzwert zu erwerben.

Titel 5. Mietvertrag, Pachtvertrag §§ 582–583a

Anmerkungen zu den §§ 582–583a

1. Überblick. Bei der Behandlung des Inventars im Pachtvertrag sind **verschiedene Formen** möglich. **a)** Das Inventar wird **ohne besondere Abrechnung mitverpachtet**, § 582 (s Rn 4). Der Verpächter bleibt Eigentümer bzw hat einen Anspruch auf Übereignung von Ersatzstücken (zur möglichen Übereignung nach § 930 s dort Rn 16 ff). **b)** Das Inventar wird ebenfalls **mitverpachtet** (der Verpächter bleibt Eigentümer); der Pächter zahlt einen bes **Schätzwert** und erhält seinerseits bei Rückgabe den dann gültigen – idR niedrigeren, sofern es keine Neuanschaffung gab (s Rn 5) – Schätzwert, § 582a (s Rn 5). **c)** Der Pächter **kauft** vom Verpächter das Inventar und erlangt es zum Eigentum, er wird auch Eigentümer des von ihm angeschafften Inventars. Es kann eine Rückkaufsklausel für den Zeitpunkt der Beendigung des Pachtverhältnisses vereinbart sein. Hier trifft § 583a eine Sonderregelung iS einer doppelseitigen Bindung (s Rn 6). **d) Anwendungsbereich.** Pachtverhältnisse über Grundstücke (§ 583a: Betriebe), auch landwirtschaftlich genutzte (sa § 585 II), Räume (§§ 581 II, 580). Die **Beweislast** für sein Eigentum trifft wegen § 1006 den Verpächter. 1

2. Inventar. Der ges nicht festgelegte Begriff richtet sich iE nach der Verkehrsauffassung. Er umfasst idR diejenigen beweglichen Sachen, die in einem räumlichen Verhältnis zum Grundstück stehen und zur Bewirtschaftung des Grundstücks entspr seinem Zweck bestimmt sind. Die Eigentumslage ist unerheblich (s o Rn 1). Inventarstücke können Zubehör (§ 97 iVm § 98) oder Bestandteile (§§ 93 ff) sein. 3

3. Verpachtung des Inventars ohne Sonderberechnung (§§ 582, 583). 4
a) Der Verpächter wird von seiner Pflicht zur **Erhaltung** (§§ 535, 536 Rn 13) hinsichtlich des Inventars **befreit (I).** Die Verpflichtung zur **Ergänzung** ist für Sachen allg nach dem Vertretenmüssen aufgeteilt, bei Tieren weitergehend dem Pächter auferlegt. Die Verpflichtung zur Ergänzung bezieht sich nicht auf jedes Einzelstück, sondern ist aus der Funktionsfähigkeit des Gesamtbestandes zu entwickeln. **b) Sicherheiten für den Pächter (§ 583).** Gesicherte Forderungen sind Ansprüche gem § 582 II 1 und uU auf Rückzahlung einer für das Inventar vereinbarten und gezahlten Kaution (s § 551). Objekt des Pfandrechts: alle im Besitz des Pächters stehenden Inventarstücke, auch wenn Dritte Eigentümer sind (BGH 34, 157, allgM). **c)** Die Bestimmung ist **abdingbar**.

4. Verpflichtung zur (schuldrechtlichen) „Übernahme" und späteren 5
„Rückgewähr" des Inventars zum jeweiligen Schätzwert (§§ 582a, 583).
a) Weiter als bei der einfachen Verpachtung (Rn 4) ist hier die **Erhaltungspflicht** des Verpächters (§ 535 Rn 13) ganz auf den **Pächter** überlagert **(II)**; er trägt die Sachgefahr **(I)** und hat die Befugnis, über die Gegenstände (des Verpächters) zu verfügen **(I)**. Der Eigentumsübergang vom Pächter auf den Verpächter gem **II 2** an allen vom Pächter angeschafften Inventarstücken ist Realakt und damit von dem Willen der Beteiligten unabhängig. Voraussetzung ist selbstverständlich, dass die Sache nicht im Eigentum eines Dritten bleibt; uU erwirbt der Verpächter eine Anwartschaft. **b)** Bei der **Rückgewähr** kann problematisch werden, dass der Pächter aus seiner Sicht notwendige Investitionen getätigt hat, die der Verpächter jedoch nicht übernehmen will (sog **Überinventar**). **III** versucht einen Interessensausgleich, der den Verpächter leicht bevorzugt. Die Ablehnung ist eine empfangsbedürftige Willenserklärung (§ 130). Die **Beweislast** trägt der Verpächter. **c) Sicherung des Pächters:** s § 582a III, iÜ Rn 4. **d)** Die Bestimmung ist **abdingbar**.

5. Inventar im Eigentum des Pächters (§ 583a). Die **zwingende** Norm will 6
verhindern, dass die an sich zweckmäßige Bindung des Pächters einseitig ist und ihn damit zu stark belastet.

§ 584 Kündigungsfrist

(1) **Ist bei dem Pachtverhältnis über ein Grundstück oder ein Recht die Pachtzeit nicht bestimmt, so ist die Kündigung nur für den Schluss eines Pachtjahrs zulässig; sie hat spätestens am dritten Werktag des halben Jahres zu erfolgen, mit dessen Ablauf die Pacht enden soll.**

(2) **Dies gilt auch, wenn das Pachtverhältnis außerordentlich mit der gesetzlichen Frist gekündigt werden kann.**

1   I ändert die ges Frist für die **ordentliche Kündigung** (§ 580a I, II) ab, **II** die Frist des § 580 V für die Fälle der **außerordentlichen Kündigung mit ges Frist** (s § 573d). **Anwendungsbereich**: Pachtverhältnisse über Grundstücke und Räume (§ 580) mit und ohne Inventar sowie über Rechte. Für die selbstständige Verpachtung von beweglichen Sachen gilt § 584 nicht. **Kündigungsschutz**. Bei (Mit-)Verpachtung von Wohnräumen s § 581 Rn 6. Bes Kündigungsschutz gilt für Landpacht und Kleingärten. Zur **Kündigung** selbst s § 542 Rn 4 (Ausnahme: keine ges Form, da § 568 nicht anwendbar ist). § 584 ist **abdingbar**.

§ 584a Ausschluss bestimmter mietrechtlicher Kündigungsrechte

(1) **Dem Pächter steht das in § 540 Abs. 1 bestimmte Kündigungsrecht nicht zu.**

(2) **Der Verpächter ist nicht berechtigt, das Pachtverhältnis nach § 580 zu kündigen.**

1   **Anwendungsbereich**. S die im Text genannten Normen. **I**: Wegen des bes Interesses des Verpächters an der Person des mit der Sache wirtschaftenden Pächters soll der Pächter auch persönlich für die Vertragsdauer gebunden sein. Ein Anspruch auf Unterverpachtung (zum Begriff vgl § 540 Rn 6) besteht nicht; das Versagen einer Unterverpachtung kann keinen Kündigungsgrund abgeben. **II**: Das Kündigungsrecht der Erben bleibt bestehen. § 584a ist **abdingbar**.

§ 584b Verspätete Rückgabe

¹**Gibt der Pächter den gepachteten Gegenstand nach der Beendigung des Pachtverhältnisses nicht zurück, so kann der Verpächter für die Dauer der Vorenthaltung als Entschädigung die vereinbarte Pacht nach dem Verhältnis verlangen, in dem die Nutzungen, die der Pächter während dieser Zeit gezogen hat oder hätte ziehen können, zu den Nutzungen des ganzen Pachtjahrs stehen.** ²**Die Geltendmachung eines weiteren Schadens ist nicht ausgeschlossen.**

1   § 584b bestimmt die Höhe der Entschädigung anders als in § 546a. Bei Ausbeutungsverträgen (zB Kies) ist zu berücksichtigen, dass der Verpächter Vorteile durch die Nichtausbeutung hat (BGH NJW-RR 00, 303). **Anwendungsbereich**: alle Pachtverhältnisse. **Rechtsvoraussetzungen**: S § 546a Rn 2. **Rechtsfolgen**: S § 546a Rn 3; zu den Nutzungen s § 100; zu den weiteren Anspruchsgrundlagen s § 546a Rn 1 (zum Bereicherungsanspruch BGH NJW 68, 197 mit krit Anm Rüber NJW 68, 1613). Der Anspruch besteht auch bei dem Gewähren einer Räumungsfrist (BGH GuT 07, 140). Die Parteien können etwas anderes vereinbaren.

Untertitel 5. Landpachtvertrag

§ 585 Begriff des Landpachtvertrags

(1) ¹**Durch den Landpachtvertrag wird ein Grundstück mit den seiner Bewirtschaftung dienenden Wohn- oder Wirtschaftsgebäuden (Betrieb)**

Titel 5. Mietvertrag, Pachtvertrag   §§ 585a, 585b

oder ein Grundstück ohne solche Gebäude überwiegend zur Landwirtschaft verpachtet. ²Landwirtschaft sind die Bodenbewirtschaftung und die mit der Bodennutzung verbundene Tierhaltung, um pflanzliche oder tierische Erzeugnisse zu gewinnen, sowie die gartenbauliche Erzeugung.

(2) Für Landpachtverträge gelten § 581 Abs. 1 und die §§ 582 bis 583a sowie die nachfolgenden besonderen Vorschriften.

(3) Die Vorschriften über Landpachtverträge gelten auch für Pachtverhältnisse über forstwirtschaftliche Grundstücke, wenn die Grundstücke zur Nutzung in einem überwiegend landwirtschaftlichen Betrieb verpachtet werden.

Lit: Becker, Landpachtrecht, 2012; Faßbender/Lukanow, Landpachtrecht, 3. Aufl. 2005.

1. Funktion. Angesichts des Strukturwandels in der Landwirtschaft durch die altersbedingte Aufgabe vieler Betriebe einerseits und die Notwendigkeit andererseits, die Fläche der verbleibenden Betriebe zur technisch zweckmäßigen Bewirtschaftung zu vergrößern, dafür ab er kein Eigenkapital einsetzen zu können, hat die Verpachtung landwirtschaftlichen Grundbesitzes eine ganz erhebliche Bedeutung. Die Vorschriften versuchen, die Stellung des Pächters als eines selbstständigen Unternehmers mit eigener Entscheidungsbefugnis zu stärken, s insbes §§ 590, 591, 593. 1

2. Tatbestand. Der **Landpachtvertrag** stellt auf die Art der Nutzung ab und umfasst insbesondere Ackerbau, Wiesen- und Weidewirtschaft, Erwerbsgartenbau, Erwerbsobstbau, Weinbau, Imkerei und Binnenfischerei. **Gegenständlich** kann sich der Landpachtvertrag auf Gebäude (Stallungen), Grundstücke ohne Gebäude (die Verpachtung des bloßen Fischereirechts ist deshalb keine Landpacht) und Betriebe beziehen. Der **Vertrag** muss nach LPachtVG 2 ff angezeigt und kann uU behördlich beanstandet werden. 2

§ 585a Form des Landpachtvertrags

Wird der Landpachtvertrag für längere Zeit als zwei Jahre nicht in schriftlicher Form geschlossen, so gilt er für unbestimmte Zeit.

Vgl § 556.   1

§ 585b Beschreibung der Pachtsache

(1) ¹Der Verpächter und der Pächter sollen bei Beginn des Pachtverhältnisses gemeinsam eine Beschreibung der Pachtsache anfertigen, in der ihr Umfang sowie der Zustand, in dem sie sich bei der Überlassung befindet, festgestellt werden. ²Dies gilt für die Beendigung des Pachtverhältnisses entsprechend. ³Die Beschreibung soll mit der Angabe des Tages der Anfertigung versehen werden und ist von beiden Teilen zu unterschreiben.

(2) ¹Weigert sich ein Vertragsteil, bei der Anfertigung einer Beschreibung mitzuwirken, oder ergeben sich bei der Anfertigung Meinungsverschiedenheiten tatsächlicher Art, so kann jeder Vertragsteil verlangen, dass eine Beschreibung durch einen Sachverständigen angefertigt wird, es sei denn, dass seit der Überlassung der Pachtsache mehr als neun Monate oder seit der Beendigung des Pachtverhältnisses mehr als drei Monate verstrichen sind; der Sachverständige wird auf Antrag durch das Landwirtschaftsgericht ernannt. ²Die insoweit entstehenden Kosten trägt jeder Vertragsteil zur Hälfte.

(3) Ist eine Beschreibung der genannten Art angefertigt, so wird im Verhältnis der Vertragsteile zueinander vermutet, dass sie richtig ist.

§§ 586–588   Buch 2. Abschnitt 8. Einzelne Schuldverhältnisse

1   Die Bestimmung soll Streitigkeiten am Ende des Vertrages, insbesondere wegen der Pflichtenteilung nach § 586 I, vermeiden. Die Norm ist **abdingbar**.

§ 586 Vertragstypische Pflichten beim Landpachtvertrag

(1) ¹Der Verpächter hat die Pachtsache dem Pächter in einem zu der vertragsmäßigen Nutzung geeigneten Zustand zu überlassen und sie während der Pachtzeit in diesem Zustand zu erhalten. ²Der Pächter hat jedoch die gewöhnlichen Ausbesserungen der Pachtsache, insbesondere die der Wohn- und Wirtschaftsgebäude, der Wege, Gräben, Dränungen und Einfriedigungen, auf seine Kosten durchzuführen. ³Er ist zur ordnungsmäßigen Bewirtschaftung der Pachtsache verpflichtet.

(2) Für die Haftung des Verpächters für Sach- und Rechtsmängel der Pachtsache sowie für die Rechte und Pflichten des Pächters wegen solcher Mängel gelten die Vorschriften des § 536 Abs. 1 bis 3 und der §§ 536a bis 536d entsprechend.

1   **Funktion.** I 1 wiederholt den Grundsatz des § 535 I. I 2 verlagert dann die erwähnten Ausbesserungspflichten auf den Pächter. Die gewöhnlichen Ausbesserungen umfassen das Beseitigen der durch die normale Abnutzung oder infolge häufigerer Betriebsrisiken auftretenden Schäden. II zieht die Konsequenz aus der grundsätzlichen Verweisung auf das Mietrecht. Die Bestimmung ist **abdingbar**.

§ 586a Lasten der Pachtsache

Der Verpächter hat die auf der Pachtsache ruhenden Lasten zu tragen.

1   S § 535 I 3.

§ 587 Fälligkeit der Pacht; Entrichtung der Pacht bei persönlicher Verhinderung des Pächters

(1) ¹Die Pacht ist am Ende der Pachtzeit zu entrichten. ²Ist die Pacht nach Zeitabschnitten bemessen, so ist sie am ersten Werktag nach dem Ablauf der einzelnen Zeitabschnitte zu entrichten.

(2) ¹Der Pächter wird von der Entrichtung der Pacht nicht dadurch befreit, dass er durch einen in seiner Person liegenden Grund an der Ausübung des ihm zustehenden Nutzungsrechts verhindert ist. ²§ 537 Abs. 1 Satz 2 und Abs. 2 gilt entsprechend.

1   S § 579, vgl. § 556b. Zur Verhinderung s § 537.

§ 588 Maßnahmen zur Erhaltung oder Verbesserung

(1) Der Pächter hat Einwirkungen auf die Pachtsache zu dulden, die zu ihrer Erhaltung erforderlich sind.

(2) ¹Maßnahmen zur Verbesserung der Pachtsache hat der Pächter zu dulden, es sei denn, dass die Maßnahme für ihn eine Härte bedeuten würde, die auch unter Würdigung der berechtigten Interessen des Verpächters nicht zu rechtfertigen ist. ²Der Verpächter hat die dem Pächter durch die Maßnahme entstandenen Aufwendungen und entgangenen Erträge in einem den Umständen nach angemessenen Umfang zu ersetzen. ³Auf Verlangen hat der Verpächter Vorschuss zu leisten.

(3) Soweit der Pächter infolge von Maßnahmen nach Absatz 2 Satz 1 höhere Erträge erzielt oder bei ordnungsmäßiger Bewirtschaftung erzielen

Titel 5. Mietvertrag, Pachtvertrag §§ 589, 590

könnte, kann der Verpächter verlangen, dass der Pächter in eine angemessene Erhöhung der Pacht einwilligt, es sei denn, dass dem Pächter eine Erhöhung der Pacht nach den Verhältnissen des Betriebs nicht zugemutet werden kann.

(4) ¹Über Streitigkeiten nach den Absätzen 1 und 2 entscheidet auf Antrag das Landwirtschaftsgericht. ²Verweigert der Pächter in den Fällen des Absatzes 3 seine Einwilligung, so kann sie das Landwirtschaftsgericht auf Antrag des Verpächters ersetzen.

Zu I s §§ 578 II, 584 I, zu II s §§ 578 II, 554 II. III soll einen Billigkeitsausgleich 1 schaffen Die Vorschrift ist **abdingbar**. Zum Landwirtschaftsgericht s LwVfG 1 ff.

§ 589 Nutzungsüberlassung an Dritte

(1) Der Pächter ist ohne Erlaubnis des Verpächters nicht berechtigt,
1. die Nutzung der Pachtsache einem Dritten zu überlassen, insbesondere die Sache weiter zu verpachten,
2. die Pachtsache ganz oder teilweise einem landwirtschaftlichen Zusammenschluss zum Zwecke der gemeinsamen Nutzung zu überlassen.

(2) Überlässt der Pächter die Nutzung der Pachtsache einem Dritten, so hat er ein Verschulden, das dem Dritten bei der Nutzung zur Last fällt, zu vertreten, auch wenn der Verpächter die Erlaubnis zur Überlassung erteilt hat.

§ 590 Änderung der landwirtschaftlichen Bestimmung oder der bisherigen Nutzung

(1) Der Pächter darf die landwirtschaftliche Bestimmung der Pachtsache nur mit vorheriger Erlaubnis des Verpächters ändern.

(2) ¹Zur Änderung der bisherigen Nutzung der Pachtsache ist die vorherige Erlaubnis des Verpächters nur dann erforderlich, wenn durch die Änderung die Art der Nutzung über die Pachtzeit hinaus beeinflusst wird. ²Der Pächter darf Gebäude nur mit vorheriger Erlaubnis des Verpächters errichten. ³Verweigert der Verpächter die Erlaubnis, so kann sie auf Antrag des Pächters durch das Landwirtschaftsgericht ersetzt werden, soweit die Änderung zur Erhaltung oder nachhaltigen Verbesserung der Rentabilität des Betriebs geeignet erscheint und dem Verpächter bei Berücksichtigung seiner berechtigten Interessen zugemutet werden kann. ⁴Dies gilt nicht, wenn der Pachtvertrag gekündigt ist oder das Pachtverhältnis in weniger als drei Jahren endet. ⁵Das Landwirtschaftsgericht kann die Erlaubnis unter Bedingungen und Auflagen ersetzen, insbesondere eine Sicherheitsleistung anordnen sowie Art und Umfang der Sicherheit bestimmen. ⁶Ist die Veranlassung für die Sicherheitsleistung weggefallen, so entscheidet auf Antrag das Landwirtschaftsgericht über die Rückgabe der Sicherheit; § 109 der Zivilprozessordnung gilt entsprechend.

(3) Hat der Pächter das nach § 582a zum Schätzwert übernommene Inventar im Zusammenhang mit einer Änderung der Nutzung der Pachtsache wesentlich vermindert, so kann der Verpächter schon während der Pachtzeit einen Geldausgleich in entsprechender Anwendung des § 582a Abs. 3 verlangen, es sei denn, dass der Erlös der veräußerten Inventarstücke zu einer zur Höhe des Erlöses in angemessenem Verhältnis stehenden Verbesserung der Pachtsache nach § 591 verwendet worden ist.

Anmerkungen zu §§ 589, 590

1 **a) Gegenstand.** Die Bestimmungen, neben den §§ 590b ff der erste rechtspolitische Schwerpunkt, enthalten Regelungen über personelle (§ 589) und sachliche (§ 590) Veränderungen während der Pachtzeit. **b) Zu § 589 I Nr. 1** s § 540 I 1, zu **II** s § 540 II. Die Norm ist Ausdruck dessen, dass der Verpächter es nicht hinnehmen muss, wenn der Pächter, der noch stärkere Einwirkungsmöglichkeiten auf die Sache als der Mieter hat, aus seiner Verantwortung faktisch ausscheidet. Entgegen § 540 I 2 kann der Pächter deshalb bei einem Versagen der Erlaubnis zur Unterpacht nur nach § 594c kündigen. § 589 I umfasst ihrem Sinn nach nicht eine Verschmelzung. Ein entspr. Verbot müsste vereinbart werden (BGH 150, 369). – Der Gesetzgeber konnte sich, anders als der RegEntw (BT-Drs 10/509 S 19), nicht entschließen, dem Pächter auch gegen den Willen des Verpächters die Möglichkeit zu eröffnen, sich einer Kooperationsgemeinschaft (Betriebsgemeinschaft, Maschinenring) anzuschließen (§ 589 I Nr 2). Obwohl eine Vorschrift wie § 553 fehlt, wird im Einzelfall zu prüfen sein, ob der Verpächter nach § 242 seine Zustimmung zu einer solchen Betriebsform erteilen muss. Zur **Beweislast** beim Verschulden des Dritten s § 278
2 Rn 15 aE. Die Norm ist **abdingbar. c)** Nach **§ 590 I, II** hat der Pächter hingegen eine größere Freiheit bei der Anpassung des Betriebes an sich ändernde Marktverhältnisse oder an technische Notwendigkeiten bei dem Einsatz von Geräten. Dem Erhaltungsinteresse des Verpächters soll Rechnung getragen werden durch die Einschaltung des Landwirtschaftsgerichts (s LwVfG 1 ff) und durch die Begrenzung der Änderungsbefugnis auf Wirkungen während der Pachtzeit. Dies bezieht sich auf die Wahrnehmung von Lieferrechten (BGH 118, 353, „Milchrente"). Gegen Wertveränderungen soll **§ 590 III** schützen. Die Norm ist **abdingbar.**

§ 590a Vertragswidriger Gebrauch

Macht der Pächter von der Pachtsache einen vertragswidrigen Gebrauch und setzt er den Gebrauch ungeachtet einer Abmahnung des Verpächters fort, so kann der Verpächter auf Unterlassung klagen.

1 Zum Unterlassungsanspruch s § 541; zu den Pflichten s § 586 I 2. Den Anbau von gentechnisch verändertem (staatlich zugelassenem) Mais hält das OLG Brandenburg (NJW 08, 2127) für vertragsgemäß. Näher liegt angesichts der allg kontroversen Diskussion die Annahme, der Vertrag enthalte gem § 157 ohne konkreten Hinweis keine entspr Gestattung.

§ 590b Notwendige Verwendungen

Der Verpächter ist verpflichtet, dem Pächter die notwendigen Verwendungen auf die Pachtsache zu ersetzen.

§ 591 Wertverbessernde Verwendungen

(1) **Andere als notwendige Verwendungen, denen der Verpächter zugestimmt hat, hat er dem Pächter bei Beendigung des Pachtverhältnisses zu ersetzen, soweit die Verwendungen den Wert der Pachtsache über die Pachtzeit hinaus erhöhen (Mehrwert).**

(2) ¹**Weigert sich der Verpächter, den Verwendungen zuzustimmen, so kann die Zustimmung auf Antrag des Pächters durch das Landwirtschaftsgericht ersetzt werden, soweit die Verwendungen zur Erhaltung oder nachhaltigen Verbesserung der Rentabilität des Betriebs geeignet sind und dem**

Verpächter bei Berücksichtigung seiner berechtigten Interessen zugemutet werden können. ²Dies gilt nicht, wenn der Pachtvertrag gekündigt ist oder das Pachtverhältnis in weniger als drei Jahren endet. ³Das Landwirtschaftsgericht kann die Zustimmung unter Bedingungen und Auflagen ersetzen.

(3) ¹Das Landwirtschaftsgericht kann auf Antrag auch über den Mehrwert Bestimmungen treffen und ihn festsetzen. ²Es kann bestimmen, dass der Verpächter den Mehrwert nur in Teilbeträgen zu ersetzen hat, und kann Bedingungen für die Bewilligung solcher Teilzahlungen festsetzen. ³Ist dem Verpächter ein Ersatz des Mehrwerts bei Beendigung des Pachtverhältnisses auch in Teilbeträgen nicht zuzumuten, so kann der Pächter nur verlangen, dass das Pachtverhältnis zu den bisherigen Bedingungen so lange fortgesetzt wird, bis der Mehrwert der Pachtsache abgegolten ist. ⁴Kommt keine Einigung zustande, so entscheidet auf Antrag das Landwirtschaftsgericht über eine Fortsetzung des Pachtverhältnisses.

§ 591a Wegnahme von Einrichtungen

¹Der Pächter ist berechtigt, eine Einrichtung, mit der er die Sache versehen hat, wegzunehmen. ²Der Verpächter kann die Ausübung des Wegnahmerechts durch Zahlung einer angemessenen Entschädigung abwenden, es sei denn, dass der Pächter ein berechtigtes Interesse an der Wegnahme hat. ³Eine Vereinbarung, durch die das Wegnahmerecht des Pächters ausgeschlossen wird, ist nur wirksam, wenn ein angemessener Ausgleich vorgesehen ist.

Anmerkungen zu den §§ 590b–591a

1. Funktion. Die neben §§ 589, 590 als zweiter rechtspolitischer Schwerpunkt verstandenen Vorschriften versuchen einen Ausgleich zwischen der Notwendigkeit für den Pächter, uU aufwändige Investitionen für die Wirtschaftlichkeit des Betriebes vornehmen zu müssen, und dem Interesse des Verpächters, aus der Pachtsache nach Möglichkeit nicht belastet zu werden. Die Vorschriften sind bis auf § 591a (s Rn 4) **abdingbar**. 1

2. Tatbestand des § 590b. Zur Berechtigung der Wegnahme s § 539 I, zum Inventar s die Sonderregelungen in § 582 II bzw § 582a II. 2

3. Inhalt der § 591, 591a. Übertragen wird die Regelung des § 590 II wegen des engen sachlichen Zusammenhangs auf Investitionen, die der Pächter vorgenommen hat. Sachlich entspricht die Norm § 99b (BGH 166, 367). Andere Wertsteigerungen werden nicht erfasst (BGH 115, 166 f, Milchreferenzmenge, BGH NJW-RR 01, 273 mwN, Wiederbepflanzungsrecht im Weinbau). Zu **§ 591a** s § 539 II. 3

§ 591b Verjährung von Ersatzansprüchen

(1) **Die Ersatzansprüche des Verpächters wegen Veränderung oder Verschlechterung der verpachteten Sache sowie die Ansprüche des Pächters auf Ersatz von Verwendungen oder auf Gestattung der Wegnahme einer Einrichtung verjähren in sechs Monaten.**

(2) ¹**Die Verjährung der Ersatzansprüche des Verpächters beginnt mit dem Zeitpunkt, in welchem er die Sache zurückerhält.** ²**Die Verjährung der Ansprüche des Pächters beginnt mit der Beendigung des Pachtverhältnisses.**

(3) **Mit der Verjährung des Anspruchs des Verpächters auf Rückgabe der Sache verjähren auch die Ersatzansprüche des Verpächters.**

Die Bestimmung ist wie § 548 weit auszulegen (BGH NJW 97, 2317). 1

§ 592 Verpächterpfandrecht

¹Der Verpächter hat für seine Forderungen aus dem Pachtverhältnis ein Pfandrecht an den eingebrachten Sachen des Pächters sowie an den Früchten der Pachtsache. ²Für künftige Entschädigungsforderungen kann das Pfandrecht nicht geltend gemacht werden. ³Mit Ausnahme der in § 811 Abs. 1 Nr. 4 der Zivilprozessordnung genannten Sachen erstreckt sich das Pfandrecht nicht auf Sachen, die der Pfändung nicht unterworfen sind. ⁴Die Vorschriften der §§ 562a bis 562c gelten entsprechend.

1   1. **Allgemeines. a) Funktion.** § 592 erweitert das Verpächterpfandrecht gegenüber dem Vermieterpfandrecht sowohl hinsichtlich der gesicherten Forderungen als auch der belasteten Objekte; iÜ verbleibt es bei den §§ 562 ff. **b) Andere Pfandrechte** von Düngemittel- und Saatgutlieferanten sowie von Pachtkreditinstituten gehen teilw vor. **c)** Der Verpächter kann auf das Entstehen eines Pfandrechts vertraglich **verzichten**.

2   2. **Gesicherte Forderungen.** Die Beschränkung des § 562 II (künftige Forderungen) gilt nicht für die eigentliche Pacht. Für die Entschädigungsforderungen wird § 562 II wiederholt.

3   3. **Objekte des Pfandrechts. a) Sachen des Pächters:** S § 562 Rn 3. Das Pfandrecht erstreckt sich, anders als gem § 562 I 2, auch auf das zum Wirtschaftsbetrieb erforderliche Gerät und Vieh, auf Dünger und alle Erzeugnisse (ZPO 811 Nr 4). **b) Früchte** werden *nach der Trennung* wegen § 956 bereits nach lit a) erfasst. *Vor der Trennung* werden Früchte vom Verpächterpfandrecht erfasst, wenn im Verlauf des Wachsens von ihnen im natürlichen Wortsinn gesprochen werden kann. Damit geht das Verpächterpfandrecht Pfändungen durch Dritte gem ZPO 810 vor.

§ 593 Änderung von Landpachtverträgen

(1) ¹Haben sich nach Abschluss des Pachtvertrags die Verhältnisse, die für die Festsetzung der Vertragsleistungen maßgebend waren, nachhaltig so geändert, dass die gegenseitigen Verpflichtungen in ein grobes Missverhältnis zueinander geraten sind, so kann jeder Vertragsteil eine Änderung des Vertrags mit Ausnahme der Pachtdauer verlangen. ²Verbessert oder verschlechtert sich infolge der Bewirtschaftung der Pachtsache durch den Pächter deren Ertrag, so kann, soweit nichts anderes vereinbart ist, eine Änderung der Pacht nicht verlangt werden.

(2) ¹Eine Änderung kann frühestens zwei Jahre nach Beginn des Pachtverhältnisses oder nach dem Wirksamwerden der letzten Änderung der Vertragsleistungen verlangt werden. ²Dies gilt nicht, wenn verwüstende Naturereignisse, gegen die ein Versicherungsschutz nicht üblich ist, das Verhältnis der Vertragsleistungen grundlegend und nachhaltig verändert haben.

(3) Die Änderung kann nicht für eine frühere Zeit als für das Pachtjahr verlangt werden, in dem das Änderungsverlangen erklärt wird.

(4) Weigert sich ein Vertragsteil, in eine Änderung des Vertrags einzuwilligen, so kann der andere Teil die Entscheidung des Landwirtschaftsgerichts beantragen.

(5) ¹Auf das Recht, eine Änderung des Vertrags nach den Absätzen 1 bis 4 zu verlangen, kann nicht verzichtet werden. ²Eine Vereinbarung, dass einem Vertragsteil besondere Nachteile oder Vorteile erwachsen sollen, wenn er die Rechte nach den Absätzen 1 bis 4 ausübt oder nicht ausübt, ist unwirksam.

Die Norm stellt eine Modifikation des § 313 dar und geht insoweit als lex specialis 1 vor. Die Veränderung der Verhältnisse kann auf generellen Faktoren (allg Lage der Landwirtschaft, Steuern und Abgaben, Subventionen, aber auch Veränderungen der Pachtpreise) wie auf individuellen Umständen (Verschlechterung des Grundstücks) beruhen (BGH 134, 162). **Abdingbarkeit:** Der Anspruch auf Vertragsänderung kann nicht erschwert, wohl aber erleichtert werden (**V S 1**).

§ 593a Betriebsübergabe

¹Wird bei der Übergabe eines Betriebs im Wege der vorweggenommenen Erbfolge ein zugepachtetes Grundstück, das der Landwirtschaft dient, mit übergeben, so tritt der Übernehmer anstelle des Pächters in den Pachtvertrag ein. ²Der Verpächter ist von der Betriebsübergabe jedoch unverzüglich zu benachrichtigen. ³Ist die ordnungsmäßige Bewirtschaftung der Pachtsache durch den Übernehmer nicht gewährleistet, so ist der Verpächter berechtigt, das Pachtverhältnis außerordentlich mit der gesetzlichen Frist zu kündigen.

Von dem Ausgangspunkt, dass weitgehend landwirtschaftlicher Grundbesitz hin- 1 zugepachtet wird (s § 585 Rn 1), schafft die Bestimmung die Möglichkeit, schon vor dem Erbfall (dann Gesamtrechtsnachfolge ohne Kündigungsmöglichkeit für den Verpächter, s § 584a II) bei der Übertragung des Betriebes unter Lebenden auch die zugepachteten Grundstücke (schuldrechtlich) auf den Nachfolger übergehen zu lassen.

§ 593b Veräußerung oder Belastung des verpachteten Grundstücks

Wird das verpachtete Grundstück veräußert oder mit dem Recht eines Dritten belastet, so gelten die §§ 566 bis 567b entsprechend.

S die angegebenen Normen des Mietrechts. 1

§ 594 Ende und Verlängerung des Pachtverhältnisses

¹Das Pachtverhältnis endet mit dem Ablauf der Zeit, für die es eingegangen ist. ²Es verlängert sich bei Pachtverträgen, die auf mindestens drei Jahre geschlossen worden sind, auf unbestimmte Zeit, wenn auf die Anfrage eines Vertragsteils, ob der andere Teil zur Fortsetzung des Pachtverhältnisses bereit ist, dieser nicht binnen einer Frist von drei Monaten die Fortsetzung ablehnt. ³Die Anfrage und die Ablehnung bedürfen der schriftlichen Form. ⁴Die Anfrage ist ohne Wirkung, wenn in ihr nicht auf die Folge der Nichtbeachtung ausdrücklich hingewiesen wird und wenn sie nicht innerhalb des drittletzten Pachtjahrs gestellt wird.

1. Funktion des S 1. Für das Pachtrecht ist die Lösung des Mietrechts, nur noch 1 „eigentliche" Zeitmietverträge ges zu regeln (s § 575 Rn 1) nicht übernommen worden. Stattdessen wurde die bisherige Regelung eines befristeten Vertrages mit Verlängerungsmöglichkeit beibehalten.

2. Verlängerung auf unbestimmte Zeit. a) Gewollte Funktion des S 2. 2 Die Parteien sollen rechtzeitig erfahren können, ob die andere bereit ist, eine neue Vereinbarung (zu den gleichen Bedingungen) zu schließen, oder ob mit dem Räumen des Grundstücks gerechnet werden muss. Die Vorschrift gilt nicht und sie verfehlt damit ihren Zweck, wenn der andere zwar seine grds Bereitschaft zur Fortsetzung erklärt, jedoch die Bedingungen verändern möchte. Aus einer solchen Erklärung wird man aber nach § 242 (s § 242 Rn 23) unter Berücksichtigung des

§§ 594a–594d

Rechtsgedankens der Norm eine Verpflichtung zur zügigen und fairen Verhandlung ableiten können. **b) Voraussetzungen:** Landpacht über mindestens drei Jahre, schriftliche Anfrage des einen Teils (Zugang nach § 130, Beweislast beim Absender) innerhalb des drittletzten Pachtjahres, Hinweis in der Anfrage auf die Rechtsfolgen eines Schweigens, Nichtbeantwortung durch den anderen Teil innerhalb von drei Monaten (Berechnung nach §§ 188 II, 187 I). Wegen der Unmöglichkeit eines Negativbeweises trägt der andere Teil die **Beweislast** für die rechtzeitige Antwort. **c) Rechtsfolgen.** Fortsetzung auf unbestimmte Zeit; zur Kündigung dann s § 594a.

3 **d)** I. Die Bestimmung ist **abdingbar** (desgl iE PalWeidenkaff 2). In einem solchen Fall besteht, da die Parteien insoweit darauf verzichtet haben, keine Verhandlungspflicht gem 2.

§ 594a Kündigungsfristen

(1) ¹Ist die Pachtzeit nicht bestimmt, so kann jeder Vertragsteil das Pachtverhältnis spätestens am dritten Werktag eines Pachtjahrs für den Schluss des nächsten Pachtjahrs kündigen. ²Im Zweifel gilt das Kalenderjahr als Pachtjahr. ³Die Vereinbarung einer kürzeren Frist bedarf der Schriftform.

(2) Für die Fälle, in denen das Pachtverhältnis außerordentlich mit der gesetzlichen Frist vorzeitig gekündigt werden kann, ist die Kündigung nur für den Schluss eines Pachtjahrs zulässig; sie hat spätestens am dritten Werktag des halben Jahres zu erfolgen, mit dessen Ablauf die Pacht enden soll.

§ 594b Vertrag über mehr als 30 Jahre

¹Wird ein Pachtvertrag für eine längere Zeit als 30 Jahre geschlossen, so kann nach 30 Jahren jeder Vertragsteil das Pachtverhältnis spätestens am dritten Werktag eines Pachtjahrs für den Schluss des nächsten Pachtjahrs kündigen. ²Die Kündigung ist nicht zulässig, wenn der Vertrag für die Lebenszeit des Verpächters oder des Pächters geschlossen ist.

§ 594c Kündigung bei Berufsunfähigkeit des Pächters

¹Ist der Pächter berufsunfähig im Sinne der Vorschriften der gesetzlichen Rentenversicherung geworden, so kann er das Pachtverhältnis außerordentlich mit der gesetzlichen Frist kündigen, wenn der Verpächter der Überlassung der Pachtsache zur Nutzung an einen Dritten, der eine ordnungsmäßige Bewirtschaftung gewährleistet, widerspricht. ²Eine abweichende Vereinbarung ist unwirksam.

§ 594d Tod des Pächters

(1) Stirbt der Pächter, so sind sowohl seine Erben als auch der Verpächter innerhalb eines Monats, nachdem sie vom Tod des Pächters Kenntnis erlangt haben, berechtigt, das Pachtverhältnis mit einer Frist von sechs Monaten zum Ende eines Kalendervierteljahrs zu kündigen.

(2) ¹Die Erben können der Kündigung des Verpächters widersprechen und die Fortsetzung des Pachtverhältnisses verlangen, wenn die ordnungsmäßige Bewirtschaftung der Pachtsache durch sie oder durch einen von ihnen beauftragten Miterben oder Dritten gewährleistet erscheint. ²Der Verpächter kann die Fortsetzung des Pachtverhältnisses ablehnen, wenn die Erben den Widerspruch nicht spätestens drei Monate vor Ablauf des Pachtverhältnisses erklärt und die Umstände mitgeteilt haben, nach denen

Titel 5. Mietvertrag, Pachtvertrag §§ 594e–595

die weitere ordnungsmäßige Bewirtschaftung der Pachtsache gewährleistet erscheint. ³Die Widerspruchserklärung und die Mitteilung bedürfen der schriftlichen Form. ⁴Kommt keine Einigung zustande, so entscheidet auf Antrag das Landwirtschaftsgericht.

(3) Gegenüber einer Kündigung des Verpächters nach Absatz 1 ist ein Fortsetzungsverlangen des Erben nach § 595 ausgeschlossen.

§ 594e Außerordentliche fristlose Kündigung aus wichtigem Grund

(1) Die außerordentliche fristlose Kündigung des Pachtverhältnisses ist in entsprechender Anwendung der §§ 543, 569 Abs. 1 und 2 zulässig.

(2) ¹Abweichend von § 543 Abs. 2 Nr. 3 Buchstaben a und b liegt ein wichtiger Grund insbesondere vor, wenn der Pächter mit der Entrichtung der Pacht oder eines nicht unerheblichen Teils der Pacht länger als drei Monate in Verzug ist. ²Ist die Pacht nach Zeitabschnitten von weniger als einem Jahr bemessen, so ist die Kündigung erst zulässig, wenn der Pächter für zwei aufeinander folgende Termine mit der Entrichtung der Pacht oder eines nicht unerheblichen Teils der Pacht in Verzug ist.

§ 594f Schriftform der Kündigung

Die Kündigung bedarf der schriftlichen Form.

§ 595 Fortsetzung des Pachtverhältnisses

(1) ¹Der Pächter kann vom Verpächter die Fortsetzung des Pachtverhältnisses verlangen, wenn
1. bei einem Betriebspachtverhältnis der Betrieb seine wirtschaftliche Lebensgrundlage bildet,
2. bei dem Pachtverhältnis über ein Grundstück der Pächter auf dieses Grundstück zur Aufrechterhaltung seines Betriebs, der seine wirtschaftliche Lebensgrundlage bildet, angewiesen ist

und die vertragsmäßige Beendigung des Pachtverhältnisses für den Pächter oder seine Familie eine Härte bedeuten würde, die auch unter Würdigung der berechtigten Interessen des Verpächters nicht zu rechtfertigen ist. ²Die Fortsetzung kann unter diesen Voraussetzungen wiederholt verlangt werden.

(2) ¹Im Falle des Absatzes 1 kann der Pächter verlangen, dass das Pachtverhältnis so lange fortgesetzt wird, wie dies unter Berücksichtigung aller Umstände angemessen ist. ²Ist dem Verpächter nicht zuzumuten, das Pachtverhältnis nach den bisher geltenden Vertragsbedingungen fortzusetzen, so kann der Pächter nur verlangen, dass es unter einer angemessenen Änderung der Bedingungen fortgesetzt wird.

(3) Der Pächter kann die Fortsetzung des Pachtverhältnisses nicht verlangen, wenn
1. er das Pachtverhältnis gekündigt hat,
2. der Verpächter zur außerordentlichen fristlosen Kündigung oder im Falle des § 593a zur außerordentlichen Kündigung mit der gesetzlichen Frist berechtigt ist,
3. die Laufzeit des Vertrags bei einem Pachtverhältnis über einen Betrieb, der Zupachtung von Grundstücken, durch die ein Betrieb entsteht, oder bei einem Pachtverhältnis über Moor- und Ödland, das vom Pächter kultiviert worden ist, auf mindestens 18 Jahre, bei der Pacht anderer Grundstücke auf mindestens zwölf Jahre vereinbart ist,

4. der Verpächter die nur vorübergehend verpachtete Sache in eigene Nutzung nehmen oder zur Erfüllung gesetzlicher oder sonstiger öffentlicher Aufgaben verwenden will.

(4) ¹Die Erklärung des Pächters, mit der er die Fortsetzung des Pachtverhältnisses verlangt, bedarf der schriftlichen Form. ²Auf Verlangen des Verpächters soll der Pächter über die Gründe des Fortsetzungsverlangens unverzüglich Auskunft erteilen.

(5) ¹Der Verpächter kann die Fortsetzung des Pachtverhältnisses ablehnen, wenn der Pächter die Fortsetzung nicht mindestens ein Jahr vor Beendigung des Pachtverhältnisses vom Verpächter verlangt oder auf eine Anfrage des Verpächters nach § 594 die Fortsetzung abgelehnt hat. ²Ist eine zwölfmonatige oder kürzere Kündigungsfrist vereinbart, so genügt es, wenn das Verlangen innerhalb eines Monats nach Zugang der Kündigung erklärt wird.

(6) ¹Kommt keine Einigung zustande, so entscheidet auf Antrag das Landwirtschaftsgericht über eine Fortsetzung und über die Dauer des Pachtverhältnisses sowie über die Bedingungen, zu denen es fortgesetzt wird. ²Das Gericht kann die Fortsetzung des Pachtverhältnisses jedoch nur bis zu einem Zeitpunkt anordnen, der die in Absatz 3 Nr. 3 genannten Fristen, ausgehend vom Beginn des laufenden Pachtverhältnisses, nicht übersteigt. ³Die Fortsetzung kann auch auf einen Teil der Pachtsache beschränkt werden.

(7) ¹Der Pächter hat den Antrag auf gerichtliche Entscheidung spätestens neun Monate vor Beendigung des Pachtverhältnisses und im Falle einer zwölfmonatigen oder kürzeren Kündigungsfrist zwei Monate nach Zugang der Kündigung bei dem Landwirtschaftsgericht zu stellen. ²Das Gericht kann den Antrag nachträglich zulassen, wenn es zur Vermeidung einer unbilligen Härte geboten erscheint und der Pachtvertrag noch nicht abgelaufen ist.

(8) ¹Auf das Recht, die Verlängerung eines Pachtverhältnisses nach den Absätzen 1 bis 7 zu verlangen, kann nur verzichtet werden, wenn der Verzicht zur Beilegung eines Pachtstreits vor Gericht oder vor einer berufsständischen Pachtschlichtungsstelle erklärt wird. ²Eine Vereinbarung, dass einem Vertragsteil besondere Nachteile oder besondere Vorteile erwachsen sollen, wenn er die Rechte nach den Absätzen 1 bis 7 ausübt oder nicht ausübt, ist unwirksam.

§ 595a Vorzeitige Kündigung von Landpachtverträgen

(1) Soweit die Vertragsteile zur außerordentlichen Kündigung eines Landpachtverhältnisses mit der gesetzlichen Frist berechtigt sind, steht ihnen dieses Recht auch nach Verlängerung des Landpachtverhältnisses oder Änderung des Landpachtvertrags zu.

(2) ¹Auf Antrag eines Vertragsteils kann das Landwirtschaftsgericht Anordnungen über die Abwicklung eines vorzeitig beendeten oder eines teilweise beendeten Landpachtvertrags treffen. ²Wird die Verlängerung eines Landpachtvertrags auf einen Teil der Pachtsache beschränkt, kann das Landwirtschaftsgericht die Pacht für diesen Teil festsetzen.

(3) ¹Der Inhalt von Anordnungen des Landwirtschaftsgerichts gilt unter den Vertragsteilen als Vertragsinhalt. ²Über Streitigkeiten, die diesen Vertragsinhalt betreffen, entscheidet auf Antrag das Landwirtschaftsgericht.

Anmerkungen zu den §§ 594a–595a

1. Funktion. Die Bestimmungen regeln für nicht befristete und langfristig befris- 1
tete Verträge das Recht zur ordentlichen und außerordentlichen Kündigung (fristlos
und mit ges Frist) in teilweiser Abweichung vom Mietrecht, weil längerfristige
Investitionsinteressen auf dem Spiel stehen können.

2. Ordentliche Kündigung. a) Zulässigkeit. aa) Unbefristete Verträge. 2
Zur Kündigungsfrist s § 594a. Die Fristen können verändert werden; dabei ist die
Form des § 585a für die Verlängerung und die Verkürzung notwendig (§ 594 I 3 ist
überflüssig). **bb) Befristete Verträge mit einer Laufzeit von mehr als dreißig
Jahren:** s § 594b (zwingend). **cc) Verträge auf Lebenszeit des Pächters.** Die
ordentliche Kündigung ist ausgeschlossen, § 594b S 2. **b)** Zur **Form** der Kündigung
s § 594 f (s § 126, Zugang nach § 130, Beweislast beim Absender). **c)** Zum **Kündigungsschutz** s § 595, der im Wesentlichen § 574 entspricht. Die Norm ist allerdings
in Sonderfällen **abdingbar,** § 595 VIII. Das Fortsetzungsverhältnis kann seinerseits
verlängert werden (§ 595 I 2), steht aber auch unter dem Recht zur außerordentlichen Kündigung (§ 595a).

3. Außerordentliche Kündigung. Genannt werden verschiedene Gründe: 3
a) Kündigungsrecht des Verpächters. aa) Außerordentliche fristlose Kündigung: Vertragswidriger Gebrauch der Sache durch den Pächter oder einen Dritten
(§§ 594e I, 543 I), Gefährdung der Pachtsache durch Vernachlässigung (§§ 594e I,
543 II Nr 2), wesentliche Vertragsverletzung allg (§§ 594e I, 543 I, 569 II), Verzug
des Pächters mit einem bestimmten Teil der Pacht (§ 594e I, II). Daneben tritt das
allg Kündigungsrecht aus wichtigem Grund bei Pachtverhältnissen, § 314.
bb) Außerordentliche Kündigung mit ges Frist: Übergang der Pachtsache im
Wege der vorweggenommenen Erbfolge und Ungeeignetheit des Rechtsnachfolgers
(§ 593a), Tod des Pächters, § 594b. **b) Kündigungsrecht des Pächters. aa) Außerordentliche fristlose Kündigung:** Vorenthalten bzw Entzug der Pachtsache
(§§ 594e I, 543 II 1), gesundheitsgefährdende Beschaffenheit der Pachtsache (§ 594e
I, 569 I), wesentliche Vertragsverletzungen durch den Verpächter (§§ 594e I, 569 II).
Daneben tritt das allg Kündigungsrecht aus wichtigem Grund bei Dauerschuldverhältnissen, § 314. **bb) Außerordentliche Kündigung mit ges Frist:** Eigene Berufsunfähigkeit (§ 594c) des Pächters (Kündigungsrecht der Erben, § 594d I). **c)** Die
Beweislast liegt jeweils beim Kündigenden.

§ 596 Rückgabe der Pachtsache

(1) **Der Pächter ist verpflichtet, die Pachtsache nach Beendigung des
Pachtverhältnisses in dem Zustand zurückzugeben, der einer bis zur Rückgabe fortgesetzten ordnungsmäßigen Bewirtschaftung entspricht.**

(2) **Dem Pächter steht wegen seiner Ansprüche gegen den Verpächter ein
Zurückbehaltungsrecht am Grundstück nicht zu.**

(3) **Hat der Pächter die Nutzung der Pachtsache einem Dritten überlassen, so kann der Verpächter die Sache nach Beendigung des Pachtverhältnisses auch von dem Dritten zurückfordern.**

Die Norm erweitert die Rückgabepflicht nach § 546 entspr den sich aus einer 1
sinnvollen Bewirtschaftung ergebenden Notwendigkeiten. Demzufolge sind auch
Anbaurechte idR auf den Verpächter (zurück-) zu übertragen (BGH NZM 12,
157 mit Ausnahmen). Der Pächter kann Ersatz nach § 539 I nur für (notwendige)
Verwendungen verlangen, die über die ordnungsgemäße Bewirtschaftung hinausgehen (zB für die Beseitigung von Unwetterschäden). Eine Pflichtverletzung des Pächters führt zum Schadensersatz bei Rückgabe der Sache aus §§ 280 I, III, 283 oder

aus §§ 280 I, 241 II (BGH NJW 10, 2342); zur **Beweislast** s § 280 I 2. Die Bestimmung ist **abdingbar**. Zu **II** s § 570, zu **III** s § 546 II.

§ 596a Ersatzpflicht bei vorzeitigem Pachtende

(1) ¹Endet das Pachtverhältnis im Laufe eines Pachtjahrs, so hat der Verpächter dem Pächter den Wert der noch nicht getrennten, jedoch nach den Regeln einer ordnungsmäßigen Bewirtschaftung vor dem Ende des Pachtjahrs zu trennenden Früchte zu ersetzen. ²Dabei ist das Ernterisiko angemessen zu berücksichtigen.

(2) Lässt sich der in Absatz 1 bezeichnete Wert aus jahreszeitlich bedingten Gründen nicht feststellen, so hat der Verpächter dem Pächter die Aufwendungen auf diese Früchte insoweit zu ersetzen, als sie einer ordnungsmäßigen Bewirtschaftung entsprechen.

(3) ¹Absatz 1 gilt auch für das zum Einschlag vorgesehene, aber noch nicht eingeschlagene Holz. ²Hat der Pächter mehr Holz eingeschlagen, als bei ordnungsmäßiger Nutzung zulässig war, so hat er dem Verpächter den Wert der die normale Nutzung übersteigenden Holzmenge zu ersetzen. ³Die Geltendmachung eines weiteren Schadens ist nicht ausgeschlossen.

1 **a)** Endet das Pachtverhältnis, aus welchem Grund auch immer (zB Vereinbarung, außerordentliche Kündigung), vor Ablauf des Pachtjahres, so muss der Pächter gem § 596 (sa § 101) dem Verpächter die noch nicht getrennten Früchte belassen; § 596a
2 gibt ihm einen **Ausgleich**. Die Bestimmung ist **abdingbar**. **b)** Lässt sich der Wert der noch nicht getrennten Früchte nicht feststellen, so wird der Pächter auf den
3 **Aufwendungsersatz** beschränkt. **c)** Für den **Holzeinschlag** trifft III eine Sonderregelung.

§ 596b Rücklassungspflicht

(1) **Der Pächter eines Betriebs hat von den bei Beendigung des Pachtverhältnisses vorhandenen landwirtschaftlichen Erzeugnissen so viel zurückzulassen, wie zur Fortführung der Wirtschaft bis zur nächsten Ernte nötig ist, auch wenn er bei Beginn des Pachtverhältnisses solche Erzeugnisse nicht übernommen hat.**

(2) Soweit der Pächter nach Absatz 1 Erzeugnisse in größerer Menge oder besserer Beschaffenheit zurückzulassen verpflichtet ist, als er bei Beginn des Pachtverhältnisses übernommen hat, kann er vom Verpächter Ersatz des Wertes verlangen.

1 § 596b soll den Betrieb bis zur nächsten Ernte sichern und gibt der einen oder der anderen Seite uU einen Wertausgleich (zur Feststellung von Qualität und Menge bei Vertragsbeginn s § 585b). **Anwendungsbereich:** Pacht eines **Betriebes** (s § 585 I); die Norm ist **abdingbar**.

§ 597 Verspätete Rückgabe

¹Gibt der Pächter die Pachtsache nach Beendigung des Pachtverhältnisses nicht zurück, so kann der Verpächter für die Dauer der Vorenthaltung als Entschädigung die vereinbarte Pacht verlangen. ²Die Geltendmachung eines weiteren Schadens ist nicht ausgeschlossen.

1 S § 546a.

Titel 6. Leihe

§ 598 Vertragstypische Pflichten bei der Leihe

Durch den Leihvertrag wird der Verleiher einer Sache verpflichtet, dem Entleiher den Gebrauch der Sache unentgeltlich zu gestatten.

Lit: Haellmigk, Die Leihe in der französischen, englischen und deutschen Rechtsordnung, 2009; Loschelder, Die Dauerleihgabe, NJW 10, 705

1. Allgemeines. a) Begriff: § 598. **b) Rechtsnatur. aa)** Die Leihe ist ein **unvoll-** 1
kommen zweiseitig verpflichtender Vertrag: Zunächst besteht nur die Pflicht des Verleihers zur Gebrauchsüberlassung, während (nicht im Gegenseitigkeitsverhältnis hierzu stehende) Pflichten des Entleihers (Obhuts-, Erhaltungs-, Rückgabepflicht; vgl §§ 601, 603, 604) erst nach Gebrauchsüberlassung entstehen; §§ 320 ff sind unanwendbar. Die Gebrauchsüberlassung erfolgt idR lediglich im Interesse des Entleihers; Folge für die Haftung des Verleihers: §§ 599, 600; für die Vertragsdauer: § 604 Rn 4. Gebrauchspflicht des Entleihers (etwa zu Reklamezwecken) nur, wenn verabredet; konkludente Abrede, wenn Gebrauch zum Sacherhalt erforderlich (zB Reitpferd). **bb)** Die Leihe ist **Konsensualvertrag**, s dazu Rn 7. **c) Abgrenzung** zu anderen, ins- 2
bes Gebrauchsüberlassungsverhältnissen: **aa)** Die Miete (§§ 535 ff) ist entgeltlich (Rn 8). Es können leih- u mietvertragliche Elemente kombiniert werden (BGH NJW-RR 07, 1532: Überlassung von Fotos zur Verwendg gg Archivgebühr: Miete bezüglich der in das Archiv aufgenommenen, Leihe bezüglich der nicht aufgenommenen Fotos, bzw bei verzögerter Aufnahme: Leihe bis zur Aufnahme in das Archiv, Miete danach). Zur Abgrenzung bei Grundstücken u Wohnraum s Nehlsen-von Stryk AcP 187, 552 mN zur Rspr. **bb)** Beim Sachdarlehen (§§ 607 ff) ist nicht dieselbe Sache zurückzugeben (§§ 607–609 Rn 2). Verwahrung, wenn der Verwahrer die Sache nicht gebrauchen darf (Ausstellung einer Sache ist Gebrauch, Celle NJW-RR 94, 1473; Düsseldorf NJW 90, 2001; unentgeltlicher Ausstellungsvertrag: Leihe, ggf gemischter Vertrag mit leihvertraglichen Elementen); Auftrag, wenn Auftragnehmer die Sache im Interesse des Auftraggebers benutzen soll. **cc)** Die unentgeltliche Gebrauchsüberlassung ist auch bei 3
langer Bindungsdauer und wirtschaftlicher Bedeutung keine Schenkung (Rn 10). Bsp: Unentgeltliche Gebrauchsüberlassung einer Wohnung auf Lebenszeit (BGH 82, 354; NJW 85, 1553; Koblenz NJW-RR 96, 843; offen Hamm NJW-RR 96, 717; sa allg BGH 125, 298). **dd)** Die Gebrauchsüberlassung bei **Anbahnung eines Vertrags** (zB 4
Probefahrt, Manuskriptzusendung an Zeitschriftenredaktion) erfolgt im Rahmen des ges Schuldverhältnisses (§ 311 Rn 34) der Vertragsverhandlungen (vgl Köln NJW 96, 1288; ausführlich Celle NJW-RR 02, 259 mN; abweichend [wohl unzutreffend] für einen Sonderfall BGH NJW-RR 02, 1028 mN: vertragl Schuldverhältnis, aber § 604 entsprechend anwendbar; anders BGH NJW-RR 07, 1532: langfristige Zurverfügungstellung von Abzügen zur Auswahl für Fotoarchiv ist Leihvertrag hinsichtlich der nicht verwendeten Fotos; ebenso AG Halle NJW-RR 04, 602: Überlassung Vorführwagen ist Leihvertrag, jedoch ist entspr Anwendung von einzelnen Vorschriften der Leihe (insbes § 606) möglich (BGH 119, 38 f mN und § 606 Rn 2; sa § 599 Rn 3; einschränkend Celle NJW-RR 02, 259 mN). **ee)** Die Überlassung aus **Gefälligkeit** ohne 5
rechtsgeschäftlichen Charakter begründet keine rechtliche Bindung (Rn 17 vor § 104), denn ein ohne Rechtsbindungswillen der Beteiligten eingegangenes Gefälligkeitsverhältnis kann eine an das Vertragsrecht angelehnte Haftung nicht begründen (BGH NJW 10, 3087). Bsp: Spontane Überlassung eines älteren Gebrauchtwagens zur kurzzeitigen Benutzung ist nach den gesellschaftlichen Gepflogenheiten grundsätzlich eine Gefälligkeit ohne Rechtsbindungswillen (OLGR Karlsruhe 2003, 270). (Schadensersatzansprüche bei Gefälligkeit: § 823 f, aber BGH NJW 10, 3087 mN, s a § 606 Rn 2). Indiz für Rechtsbindungswillen (Leihe): Interesse des Benutzers an einer nicht willkürlich abkürzbaren Benutzungsdauer (vgl § 605 Nr 1; BGH 125, 296; NJW 85, 313; Köln NJW-RR 95, 752 mN), zB wenn Verwalter einem Wohnungseigentümer Verwal-

§ 599

tungsunterlagen zur Prüfung außerhalb seiner Geschäftsräume überlässt (BGH NJW-RR 11, 1578); mehrjährige Duldung des Sachgebrauchs (Saarbrücken NJW-RR 02, 1385 für Parken auf Nachbargrundstück: jederzeit kündbarer Leihvertrag). **d) Eigentums- und Besitzverhältnisse.** Der Verleiher braucht nicht Eigentümer der verliehenen Sache zu sein (Koblenz BeckRS 11, 20739). Der Entleiher wird idR, aber nicht notwendig (s a Rn 8 bb) unmittelbarer (§ 854), der Verleiher mittelbarer Besitzer (§ 868).

7   **2. Voraussetzungen der Leihe. a)** Für den **Vertragsschluss** genügt die bloße (formfreie, auch stillschweigende: BGH 12, 399; Köln NJW-RR 95, 752; Saarbrücken NJW-RR 02, 1385) Einigung (**Konsensualvertrag**; hM); die Überlassung der Sache ist zur Vertragsentstehung nicht erforderlich **(kein Realvertrag)**, s a BGH NJW-RR 04, 1566; 12, 1007. **b) Inhalt: Unentgeltliche Gebrauchsgestattung. aa)** Die **Unentgeltlichkeit** (zum Begriff s § 516 Rn 8) ist das wesentliche Merkmal der Leihe. Im allg Sprachgebrauch wird „Leihe" auch für entgeltliche Geschäfte gebraucht, zB Leihwagen, Kostümverleih. **bb) Gestattung** (nicht „Gewährung", dh keine Instandhaltungspflicht des Verleihers [LG Gießen NJW-RR 95, 532]; vgl demgegenüber § 535) des vertragsmäßigen **Gebrauchs** (nicht Verbrauch, auch nicht Fruchtziehung, falls nicht ausdrücklich vereinbart, daher BGH NJW-RR 12, 1007: Preisgeld eines entliehenen Turnierpferdes steht ohne Vertragsregelung dem Verleiher zu); als vereinbart ist idR die Gestattung des Gebrauchs auch durch Hilfspersonen und bei privatem Gebrauch auch durch Familienmitglieder anzusehen. § 598 setzt nicht zwingend den Übergang des unmittelbaren Besitzes auf den Entleiher voraus, denn **Sachherrschaft** des Entleihers ist kein konstitutives Merkmal des Leihvertrags (s BGH NJW-RR 04, 1566; 12, 1007). Erforderlich ist, dass Nutzbarkeit durch den Entleiher sichergestellt ist (BGH NJW-RR 04, 1566 zu Flugzeug für Messung von Rollvorgängen). Maßgebend ist, ob der Vertragszweck die Übergabe erfordert oder andere Nutzungsmöglichkeit ausreicht. Besitzlose Leihe zB (MK/Häublein 6) bei Gestattung der Grundstücksüberfahrt (Köln NJW-RR 92, 1497), Benutzung eines Klaviers im Hause des Verleihers. Das Auslegen von Druckschriften zur Lektüre in Geschäfts-, Praxisräumen begründet daher keine Leihe (s Vorinstanz zu BGH GRUR 85, 131). Zum Ausstellungsvertrag s Rn 2. **c) Gegenstand:** Sachen (§ 90), auch unbewegliche (zB Wohnungsleihe [BGH 82, 354]; Grundstücksleihe an Grundstücksnachbarn für Errichtung und Nutzung eines Anbaus [Karlsruhe FamRZ 04, 1870]; Parkfläche [Saarbrücken NJW-RR 02, 1385]; Unterhaltung eines Gleisanschlusses [München WM 84, 1399], einer Fernwasserleitung auf fremdem Grundstück [BGH 125, 298]; sa Rn 3; Celle NJW-RR 94, 1473 mN [zum RG]; abweichend BGH NJW 97, 3023; NJW-RR 03, 953, IBR 03, 276: Duldung einer Telekommunikationsanlage/Fernwärmeleitung auf fremdem Grundstück soll keine Gebrauchsüberlassung, deshalb keine Leihe, sondern Duldung der Bodeninanspruchnahme sein); Sachgesamtheiten, Tiere (§ 90a); entspr Anwendung auf Gebrauch von Rechten (ErmGraf von Westphalen 2; MK/Häublein 4; aA [§§ 599 f ja, ansonsten §§ 581 ff] PalWeidenkaff 3); Wertpapierleihe, wenn keine Eigentumsübertragung, sonst Sachdarlehen (§§ 607–609 Rn 3).

10   **3. Dauer.** Leihvertrag ist Dauerschuldverhältnis. Leihe mit Abrede dauernden Überlassens ist möglich (BGH 82, 354; Celle NJW-RR 94, 1473 mN; Rn 3, § 604 Rn 3). Ende der Überlassungspflicht bei Vertragsende infolge vereinbarter Befristung (s § 604 I), berechtigter Rückforderung nach § 604 II, III, Kündigung nach § 605 oder § 314 oder § 544 analog (§ 605 Rn 1), Kündigung bei vereinbartem Kündigungsgrund (s stillschweigende Vereinbarung eines Rechts zur jederzeitigen fristlosen Kündigung ohne besondere Gründe Saarbrücken NJW-RR 02, 1385).

§ 599 Haftung des Verleihers

Der Verleiher hat nur Vorsatz und grobe Fahrlässigkeit zu vertreten.

1   **1. Haftung des Verleihers. a)** Die **Haftungsbeschränkung** (sie entspricht § 521) ist die Folge der Uneigennützigkeit der Gebrauchsüberlassung (vgl § 598

Titel 6. Leihe §§ 600–603

Rn 1). **b) Anwendungsbereich.** Die Haftungsbeschränkung gilt nur für das ver- 2
tragliche Erfüllungsinteresse des Entleihers, nicht dagegen bei Schutzpflichtverletzungen des Verleihers (zust PalWeidenkaff § 599 Rn 2; ebenso Larenz, SchR II/1, § 50; MK/Kollhosser [4. Aufl 04] 3, str; aA Medicus, FS Odersky, 1996, 596 f; MK/Häublein 3, 5; Haellmigk, 266). § 599 gilt nicht für die deliktische Haftung bei außervertraglicher Gefälligkeitsleihe (BGH NJW 92, 2475 mN); für vertragliche Leihe kann dann nichts anderes gelten (vgl Schlechtriem, Gutachten II, S 1620 f; AG Grevenbroich NJW-RR 90, 796, str; aA beiläufig – insoweit abzulehnen – BGH NJW 92, 2475; ferner Medicus, FS Odersky, 1996, 597; Haellmigk, 269).

2. Haftung des Entleihers. Der **Entleiher** haftet für jedes Verschulden (§§ 276, 3
278), nicht aber für zufällige Verschlechterung oder zufälligen Untergang der Sache (Larenz, SchR II/1, § 50). Bei einer **Probefahrt** (§ 598 Rn 4) kann stillschweigender Haftungsausschluss in Frage kommen (BGH NJW 80, 1682; einschr Köln NJW 96, 1298: nicht bei Privatverkauf; sa Rn 8 vor § 116), soweit nicht eine bes Haftungserleichterung eingreift (BGH NJW 72, 1363; 79, 643: gefahrgeneigte Tätigkeit); das Gleiche gilt uU auch bei Überlassung eines **Ersatzleihwagens** (BGH NJW 79, 759; abw LG Nürnberg-Fürth NJW-RR 97, 278; AG Münsingen NJW-RR 98, 389).

§ 600 Mängelhaftung

Verschweigt der Verleiher arglistig einen Mangel im Recht oder einen Fehler der verliehenen Sache, so ist er verpflichtet, dem Entleiher den daraus entstehenden Schaden zu ersetzen.

Die Einschränkung der Rechts- und Sachmängelhaftung (Grund: wie § 599 Rn 1) 1
entspricht §§ 523, 524. Nur der Vertrauensschaden ist zu ersetzen, nicht das Erfüllungsinteresse. Mangelfolgeschaden wird von § 600 nicht erfasst; insoweit Haftung nach §§ 280 I, 241 II. Wegen der Haftung des Verleihers aus unerlaubter Handlung vgl § 599 Rn 2.

§ 601 Verwendungsersatz

(1) Der Entleiher hat die gewöhnlichen Kosten der Erhaltung der geliehenen Sache, bei der Leihe eines Tieres insbesondere die Fütterungskosten, zu tragen.

(2) ¹Die Verpflichtung des Verleihers zum Ersatz anderer Verwendungen bestimmt sich nach den Vorschriften über die Geschäftsführung ohne Auftrag. ²Der Entleiher ist berechtigt, eine Einrichtung, mit der er die Sache versehen hat, wegzunehmen.

Keine Verwendung auf entliehene Sache, wenn sie erst der Herstellung der Leihsache dient (Karlsruhe FamRZ 04, 1879). Abdingbar. 1

§ 602 Abnutzung der Sache

Veränderungen oder Verschlechterungen der geliehenen Sache, die durch den vertragsmäßigen Gebrauch herbeigeführt werden, hat der Entleiher nicht zu vertreten.

Abdingbar, § 602 entspricht § 538; vgl Anm dort. 1

§ 603 Vertragsmäßiger Gebrauch

¹Der Entleiher darf von der geliehenen Sache keinen anderen als den vertragsmäßigen Gebrauch machen. ²Er ist ohne die Erlaubnis des Verleihers nicht berechtigt, den Gebrauch der Sache einem Dritten zu überlassen.

§ 604

1 1. Vertragsmäßiger Gebrauch. Der Umfang des **vertragsmäßigen Gebrauchs (S 1)** ergibt sich aus den Vereinbarungen sowie aus der Art und Zweckbestimmung der geliehenen Sache. **Rechte** des Verleihers **bei vertragswidrigem Gebrauch: a)** sofortige Kündigung nach § 605 Nr 2; **b)** Unterlassungsklage entspr § 541; **c)** bei Verschulden (§§ 276, 278) Anspruch auf Schadensersatz bei Sachschäden: §§ 280 I, 241 II; bei Sachuntergang: §§ 280 I, III, 283, 604.

2 2. Unbefugte Gebrauchsüberlassung an Dritte (S 2). Sa Anm zu § 540; S 2 betrifft Fall von § 280 (BGH 37, 310 zu pVv). Rechtsfolgen: Rn 1 [c]; Verschulden des Entleihers muss sich bei der Verletzung der Pflicht aus S. 2 nur auf das eigene vertragswidrige Verhalten und nicht auf den dadurch verursachten Schaden beziehen (BGH NJW 10, 3087 mN). Verschulden des Dritten hat der Entleiher gem § 278 zu vertreten (vgl § 540 II). Herausgabeanspruch gegen den Dritten: § 604 IV. Keine verschuldensunabhängige Haftung durch § 603 S. 2 analog (planwidrige Regelungslücke fehlt) bei einer Gebrauchsüberlassung aus Gefälligkeit, wenn der Gegenstand ohne Wissen des Gefälligen weitergegeben wurde (BGH NJW 10, 3087 mN zum Streitstand).

§ 604 Rückgabepflicht

(1) **Der Entleiher ist verpflichtet, die geliehene Sache nach dem Ablauf der für die Leihe bestimmten Zeit zurückzugeben.**

(2) ¹**Ist eine Zeit nicht bestimmt, so ist die Sache zurückzugeben, nachdem der Entleiher den sich aus dem Zweck der Leihe ergebenden Gebrauch gemacht hat.** ²**Der Verleiher kann die Sache schon vorher zurückfordern, wenn so viel Zeit verstrichen ist, dass der Entleiher den Gebrauch hätte machen können.**

(3) **Ist die Dauer der Leihe weder bestimmt noch aus dem Zweck zu entnehmen, so kann der Verleiher die Sache jederzeit zurückfordern.**

(4) **Überlässt der Entleiher den Gebrauch der Sache einem Dritten, so kann der Verleiher sie nach der Beendigung der Leihe auch von dem Dritten zurückfordern.**

(5) **Die Verjährung des Anspruchs auf Rückgabe der Sache beginnt mit der Beendigung der Leihe.**

1 1. Rückgabepflicht des Entleihers. a) Art und Weise. Die Sache ist in dem Zustand zurückzugeben, der dem vertragsmäßigen Gebrauch (§ 603) entspricht. Zubehör, Früchte usw sind mitherauszugeben, soweit nichts Gegenteiliges verein-
2 bart ist. **b) Ort.** Die Rückgabe erfolgt am Wohnsitz des Gläubigers (**Bringschuld**, BGH NJW-RR 02, 1028 mN; KG MDR 86, 933; s § 269); Schickschuld ist ganz ausnahmsweise als vereinbart anzusehen, wenn die Leihe überwiegend im wirtschaftlichen Interesse des Verleihers erfolgt (s BGH NJW-RR 02, 1028 mN).
3 c) Zeit. Die geliehene Sache ist zurückzugeben bei best Zeitdauer nach deren Ablauf **(I)**, sonst nach dem beabsichtigten Gebrauchmachen von der Sache **(II 1)** oder nach Verstreichen einer angemessenen Zeit für das Gebrauchmachen **(II 2)**. Lässt sich die Dauer auch aus dem Zweck nicht entnehmen, so ist jederzeitige (Grenze: §§ 226, 242) Rückforderung möglich **(III)**. Rückgabepflicht auch nach außerordentlicher Kündigung (**§ 605**) und jeder anderen Vertragsbeendigung (s § 598 Rn 10). Eine **Dauerleihe** ist möglich (s § 598 Rn 3, 10), idR fehlt dem Verleiher aber wegen des unentgeltlichen Charakters ein Geschäftswille zur unbegrenzten Leihe (s Celle NJW-RR 94, 1473). Bei einem zeitlich unbegrenzten Leihzweck (zB Dauerleihgabe eines Museumsausstellungsstücks, dazu Loschelder, NJW 10, 705), bei welchem das dauernde Belassen vereinbart wurde (ist keine Schenkung, s § 598 Rn 3), keine Rückforderung gemäß § 604 I–III, nur nach Kündigung gemäß §§ 605, 314 bzw. § 544 analog (§ 598 Rn 10). Der Entleiher kann dem Rückgabeverlangen des Verleihers nicht entgegenhalten, dass ein Dritter Eigentümer der Leihsache ist (BGH NJW-RR 11, 1579 Tz 8; PalWeidenkaff 3).

Titel 6. Leihe **§§ 605, 606**

2. Rechte des Entleihers. a) Der Entleiher ist im allg **berechtigt,** die Sache 4 schon vor Vertragsende **zurückzugeben.** Anderes gilt nur, wenn die Leihe auch im Interesse des Verleihers liegt (s § 598 Rn 1). **b)** Dem Entleiher kann wegen Verwendungen iSv § 601 II ein Zurückbehaltungsrecht (§ 273) zustehen.

3. Rückgabepflicht Dritter. IV entspricht § 546 II. Unerheblich ist, ob es sich 5 um eine erlaubte oder unerlaubte Gebrauchsüberlassung handelt (vgl zu letzterer § 603 Rn 2).

4. Verjährung. V verdrängt § 199, wurde durch SchRModG geschaffen (s Mansel 6 NJW 02, 91). Verjährungsfrist: § 195; Verjährungsbeginn: V, der **Rückgabeanspruch verjährt** ab Beendigung der Leihe.

§ 605 Kündigungsrecht

Der Verleiher kann die Leihe kündigen:
1. **wenn er infolge eines nicht vorhergesehenen Umstandes der verliehenen Sache bedarf,**
2. **wenn der Entleiher einen vertragswidrigen Gebrauch von der Sache macht, insbesondere unbefugt den Gebrauch einem Dritten überlässt, oder die Sache durch Vernachlässigung der ihm obliegenden Sorgfalt erheblich gefährdet,**
3. **wenn der Entleiher stirbt.**

Außerordentliches (fristloses) **Kündigungsrecht** des Verleihers (nicht des Ent- 1 leihers; Grund: § 604 Rn 3). **Fälle. Nr 1:** Auf Vorhersehbarkeit des Umstandes kommt es nicht an. Ein wirkliches (nicht notwendig ein dringendes) Bedürfnis muss zum Zeitpunkt der Kündigung vorhanden sein, dabei sind aber auch die Belange des Entleihers zu berücksichtigen (BGH 125, 300). Ausreichend: Verwertungsverkauf bei der Wohnungsleihe (Koblenz NJW-RR 96, 843). Keine Schadensersatzpflicht des Verleihers in diesem Fall (BGH aaO, Koblenz aaO). **Nr 2:** Anders als bei § 543 III 1 ist vorherige Abmahnung nicht erforderlich. **Nr 3:** Gilt für den Tod des Verleihers nicht entspr, aber evtl Nr 1. Daneben besteht allg Kündigungsrecht aus (anderem) wichtigem Grund (**§ 314**, vgl Anm dort; das entspricht der fr Rspr: BGH NJW 85, 315). Vertraglich vereinbarte Kündigungsrechte sind möglich (§ 598 Rn 10). Bei der Dauerleihe gilt § 544 entsprechend.

§ 606 Kurze Verjährung

[1]**Die Ersatzansprüche des Verleihers wegen Veränderungen oder Verschlechterungen der verliehenen Sache sowie die Ansprüche des Entleihers auf Ersatz von Verwendungen oder auf Gestattung der Wegnahme einer Einrichtung verjähren in sechs Monaten.** [2]**Die Vorschriften des § 548 Abs. 1 Satz 2 und 3, Abs. 2 finden entsprechende Anwendung.**

1. Ansprüche des Verleihers. a) Zweck: Rasche Abwicklung von beendeten 1 Gebrauchsüberlassungsverhältnissen durch Klärung des Zustands der Sache (BGH 47, 56; 119, 39 mN). Weite Auslegung ist geboten (sa Unterrieder ZIP 96, 859), anwendbar beim Kauf auf Probe (BGH 119, 38 ff), nicht bei Gebrauchsüberlassungen im Rahmen von Arbeitsverhältnissen (BAG NJW 85, 759). **b) Anwendungs-** 2 **bereich** (entspricht § 548). **aa) Sachlich:** § 606 umfasst nicht nur vertragliche Schadensersatzansprüche (pVV, § 280 [Bsp: LAG Mannheim NJW 78, 1400]; §§ 602, 603), sondern auch solche aus cic, § 311 II (BGH 47, 56; 119, 38 f; zur Probefahrt BGH 54, 267 und § 598 Rn 4), ferner konkurrierende Ansprüche aus Eigentum (auch wenn Verleiher nicht selbst Eigentümer, BGH 54, 268) und Delikt (BGH 47, 55; 54, 267; 119, 41; Hamm NJW-RR 96, 177). § 606 setzt stets Leihvertrag voraus und gilt nicht entsprechend für Deliktsansprüche bei reinen Gefälligkeitsver-

§§ 607–609 Buch 2. Abschnitt 8. Einzelne Schuldverhältnisse

hältnissen (§ 598 Rn 5) (OLGR Karlsruhe 03, 270). **bb) Persönlich:** Gilt nicht nur für den Entleiher, sondern auch für von ihm zugezogene Hilfskräfte und Familienangehörige, soweit sie in den Schutzbereich des Vertrags einbezogen sind (BGH 49, 278). **c) Voraussetzungen.** Eine Veränderung (Verschlechterung) der Sache liegt auch bei einem sog wirtschaftlichen Totalschaden eines Kfz vor (Hamm NJW-RR 93, 215 mN), nicht bei Sachuntergang (Rückgabeunmöglichkeit).

4 **2. Verwendungsersatz und Wegnahme.** Ansprüche des Entleihers auf Verwendungsersatz und Wegnahme: § 601 II.

5 **3. Beginn der Verjährung.** Entspr § 548 I 2, 3, II. „Freier Zugang" des Verleihers zur Sache genügt für „Zurückerhalten" (Hamm NJW-RR 96, 177). Verjährungsbeginn verlangt nicht die Rückgabe durch den Entleiher, sondern nur, dass der Verleiher in die Lage versetzt wird, sich durch Ausübung der unmittelbaren Sachherrschaft ungestört ein umfassendes Bild von den Mängeln, Veränderungen und Verschlechterungen zu machen, und dass der Entleiher mit Kenntnisnahme des Verleihers den Besitz vollständig und unzweideutig aufgibt, weil das Leihverhältnis sonst kein tatsächliches Ende findet. Bei besitzloser Leihe (§ 598 Rn 8) endet das Leihverhältnis, wenn der Entleiher den Gebrauch der Leihsache einstellt und der Verleiher davon erfährt (BGH NJW-RR 04, 1566).

Titel 7. Sachdarlehensvertrag

§ 607 Vertragstypische Pflichten beim Sachdarlehensvertrag

(1) ¹**Durch den Sachdarlehensvertrag wird der Darlehensgeber verpflichtet, dem Darlehensnehmer eine vereinbarte vertretbare Sache zu überlassen.** ²**Der Darlehensnehmer ist zur Zahlung eines Darlehensentgelts und bei Fälligkeit zur Rückerstattung von Sachen gleicher Art, Güte und Menge verpflichtet.**

(2) **Die Vorschriften dieses Titels finden keine Anwendung auf die Überlassung von Geld.**

§ 608 Kündigung

(1) **Ist für die Rückerstattung der überlassenen Sache eine Zeit nicht bestimmt, hängt die Fälligkeit davon ab, dass der Darlehensgeber oder der Darlehensnehmer kündigt.**

(2) **Ein auf unbestimmte Zeit abgeschlossener Sachdarlehensvertrag kann, soweit nicht ein anderes vereinbart ist, jederzeit vom Darlehensgeber oder Darlehensnehmer ganz oder teilweise gekündigt werden.**

§ 609 Entgelt

Ein Entgelt hat der Darlehensnehmer spätestens bei Rückerstattung der überlassenen Sache zu bezahlen.

Anmerkungen zu den §§ 607–609

1 **1. Allgemeines. a) Begriff und Rechtsnatur.** Sachdarlehensvertrag gem § 607 I ist ein Vertrag, der den Darlehensgeber zur Übereignung vertretbarer Sachen (§ 91), nicht Geldzeichen (§ 607 II, zum [Geld-]Darlehensvertrag s § 488), und den Darlehensnehmer zur Zahlung eines Darlehensentgelts sowie zur Rückübereignung von Sachen gleicher Art, Güte und Menge verpflichtet. Die Sache kann verbrauchbar

Titel 8. Dienstvertrag und ähnliche Verträge § 610

(§ 92) oder unverbrauchbar sein. Der Sachdarlehensvertrag kommt durch Vertrag zustande (Konsensualtheorie, s § 488 Rn 5) und begründet ein Dauerschuldverhältnis. In den Grundzügen entspricht er weithin dem Darlehensvertrag gem §§ 488 ff. Die Entgeltpflicht kann (s § 607 I 2) abbedungen werden (unentgeltlicher Sachdarlehensvertrag). Verbraucherschützende Regelungen der §§ 491 ff sind auf Sachdarlehen nicht anzuwenden (krit. Habersack BKR 02, 73). **b) Abgrenzung. aa)** Der Sachdarlehens- 2 vertrag unterscheidet sich vom **Darlehensvertrag** gem § 488 insbes darin, dass Gegenstand des Sachdarlehens nicht Geld, sondern vertretbare Sachen sind. **bb)** Bei **Miete und Leihe** ist *dieselbe* Sache zurückzugeben. Beim Sachdarlehen hat der Darlehensnehmer Sachen *gleicher* Art zurückzuübereignen, kann aber auch dieselbe rückübereignen, wenn sie noch die erforderliche Güte hat. **c) Anwendungsfälle. aa) Wertpapier-** 3 **darlehensvertrag;** „**Wertpapierleihe**" ist entgegen dem Sprachgebrauch Sachdarlehensvertrag (BGH 180, 154); Überlassung von Wertpapieren zu Eigentum des Darlehensnehmers (PalWeidenkaff § 607 Rn 2; SoeEckert § 607 Rn 7; Acker, Die Wertpapierleihe, 1991). **bb) Überlassung von Mehrweg-Verpackungen,** zB Flaschen, Kisten, Paletten, Containern. Je nach Vertragsabrede und Individualisierbarkeit Leihe bzw. Miete (selbe Sache ist zurückzugeben, kein Eigentumsübergang), Kauf mit Rückkaufsverpflichtung oder Sachdarlehen (BGH NJW-RR 10, 1432; s ferner Kollhosser/Bork BB 1987, 909; Martinek JuS 87, 515; MK/Kohlhosser [4. Aufl 04] § 598 Rn 22 mN; MK/Berger § 607 Rn 10 ff; SoeEckert § 607 Rn 8; zum Flaschenpfand: vor § 1204 Rn 2; SoeHabersack § 1204 Rn 33 mN); idR Sachdarlehen (BT-Drs 14/ 6040 S 259): Einheitsflaschen (BGH NJW 56, 298); im Transportgewerbe überlassene genormte Pool-Paletten (Frankfurt/M ZIP 82, 1331); Kasten mit Brauereibezeichnung (Celle BB 67, 778). **cc) Überlassung von Rohstoffen,** zB Orangensaftkonzentrat (BGH NJW 85, 2417), Edelmetallen und anderen leicht handelbaren, Kursschwankungen unterliegenden Gütern.

2. Pflichten. a) Der **Sachdarlehensgeber** ist zur Überlassung der Darlehenssa- 4 che verpflichtet, § 607 I 1. Dauerdarlehen ist möglich, s § 598 Rn 10 entsprechend. Regelmäßig schuldet er Eigentumsverschaffung, nicht nur Gebrauchsüberlassung (zu nach DepotG 5 f girosammelverwahrten Wertpapieren s BT-Drs 14/6040 S 259). Bei Mängeln: §§ 434, 435. **b) aa)** Der **Sachdarlehensnehmer** hat die 5 Pflicht zur Entrichtung des vereinbarten Darlehensentgelts **(§ 607 I 2 Fall 1)**, die mit der Überlassungspflicht des Darlehensgebers im Gegenseitigkeitsverhältnis (s § 311 Rn 13) steht. Fällig ist das Entgelt spätestens bei Rückerstattung des Sachdarlehens, **§ 609**. Es handelt sich um eine *Entgelt*forderung (zum Verzug s § 286 III), ferner – trotz des von § 488 I 2 abweichenden Wortlauts – der Rechtsnatur nach um eine Zinsforderung (Bedeutung zB § 289 S 1). § 377 HGB ist beim Sachdarlehen unter Kaufleuten entsprechend anzuwenden (BGH NJW 85, 2417). **bb)** Der Sach- 6 darlehensnehmer hat Sachen gleicher Art, Menge und Güte (s § 243 I) zurückzuübereignen, **§ 607 I 2 Fall 2.** Die Rückerstattungspflicht steht nicht im Gegenseitigkeitsverhältnis; sie ist Abwicklungspflicht. Fällig ist der Rückerstattungsanspruch entweder nach Ablauf der für das Darlehen bestimmten Zeit *oder* nach Kündigung, **§ 608 I.** Ein unbefristeter Sachdarlehensvertrag kann jederzeit von beiden Parteien (ordentlich) gekündigt werden, § 608 II. Eine Teilkündigung ist möglich. Eine Kündigungsfrist ist nicht vorgesehen; abweichende Vereinbarungen sind möglich. § 314 und § 544 analog bleiben unberührt (entsprechend § 605 Rn 1).

§ 610 *(weggefallen)*

Titel 8. Dienstvertrag und ähnliche Verträge

Die Überschrift des Titel 8 wurde mit Wirkung zum 26.2.2013 durch das Patientenrechtegesetz vom 20.2.2013 (BGBl. I S. 277) um die Worte „und ähnliche Verträge" ergänzt, siehe dazu vor § 630a Rn 1. Im ersten Untertitel wird das unveränderte allgemeine Dienstvertragsrecht geregelt.

Untertitel 1. Dienstvertrag

Vorbemerkungen

Lit: Ackermann, Das Informationsmodell im Recht der Dienstleistungen, ZEuP 09, 230; Adam, Arzt- und Anwaltshaftung im Vergleich, VerS 10, 44; Annuß, Arbeitsrecht, 2012; Arbeitskreis Deutsche Rechtseinheit im Arbeitsrecht, Welche wesentlichen Inhalte sollte ein nach Art. 30 des Einigungsvertrages zu schaffendes Arbeitsvertragsgesetz haben?, Gutachten D zum 59. Deutschen Juristentag, Hannover 1992; Boemke, Gegenläufige betriebliche Übung ? Weihnachtsgeld, JuS 09, 1061; Brox/Rüthers/Henssler, Arbeitsrecht, 18. Aufl 2011; Canaris, Die Problematik der Minderung beim Dienstvertrag, FS Karsten Schmidt, 2009, 177; Däubler, Die Auswirkung der Schuldrechtsmodernisierung auf das Arbeitsrecht, NZA 01, 1329; Dütz/Thüsing, Arbeitsrecht, 17. Aufl 2012; Förster, Abschied vom Gegensatz von Werk- und Dienstvertrag, ZGS 10, 460; Gerken/Rieble/Roth/Stein/Streinz, „Mangold" als ausbrechender Rechtsakt, 2009; Gitter/Michalski, Arbeitsrecht, 5. Aufl 2002; Gotthardt, Arbeitsrecht nach der Schuldrechtsreform, 2. Aufl 2003; Griese, Die Gesetzentwürfe der Länder für ein Arbeitsvertragsgesetz, NZA 96, 803; Hahn, Vergütungsansprüche für Dienstleistungen bei fehlender vertraglicher Grundlage, 2004 (rechtsvergleichend); Hanau/Adomeit, Arbeitsrecht, 14. Aufl 2007; Henssler, Arbeitsrecht und Schuldrechtsreform, RdA 02, 129; ders, in: Dauner-Lieb/Konzen/Schmidt, Das neue Schuldrecht in der Praxis, 2003, S 615 ff; Hirte, Berufshaftung, 1996; Hromadka/Maschmann, Arbeitsrecht, Bd. 1: Individualarbeitsrecht, 5. Aufl 2012; Joussen, Arbeitsrecht und Schuldrechtsreform, NZA 01, 745; Junker, Grundkurs Arbeitsrecht, 12. Aufl 2013; Katzenmeier, Arzthaftung, 2002; T. Koch, Die Haftungsfreizeichnung in Forschungs- und Entwicklungsverträgen, 2009; J. Koch, Honoraranspruch nach kurzfristiger Terminabsage bei Dienstleistungen auf Vertrauensgrundlage, FS Strätz, 2009, 289; Lieb, Dienstvertrag, Gutachten III, 183; ders/Jacobs, Arbeitsrecht, 9. Aufl 2006; Löwisch/Caspers/Klumpp, Arbeitsrecht, 9. Aufl 2012; Oetker, Die Ausprägung der Grundrechte des Arbeitnehmers usw, RdA 04, 8; Otto, Arbeitsrecht, 4. Aufl 2008; Preis, Arbeitsrecht. Individualarbeitsrecht, 4. Aufl 2012; ders, Der Arbeitsvertrag, 4. Aufl 2011; ders, Das erneuerte BGB und das BAG, FS BAG, 2004, 123; ders, Arbeitsrecht. Kollektivarbeitsrecht, 3. Aufl 2012; Reiner, Zur Konstruktion des Arbeitnehmerbegriffs durch Referenzrahmen am Beispiel der Natur der Tätigkeit: Eine Gefahr für das dogmatische Erbe von Hugo Sinzheimer, JBl 10, 549; Richardi, Leistungsstörungen und Haftung im Arbeitsverhältnis nach dem SMG, NZA 02, 1004; Richardi/Annuß, Arbeitsrecht, 7. Aufl 2000; Riesenhuber, Die Rechtsbeziehungen zwischen Arbeitnehmern, JZ 99, 711; Schaub, Arbeitsrechts-Handbuch, 14. Aufl 2011; Tillmanns, Strukturfragen des Dienstvertrags, 2007; Matthias Weller, Persönliche Leistungen, 2012; Wendehorst, Vertragsrecht der Dienstleistungen im deutschen und künftigen europäischen Recht, AcP 206 (2006), 205; Wiedemann, Das Arbeitsverhältnis als Austauschs- und Gemeinschaftsverhältnis, 1966; ders, Gerechtigkeit durch Gleichbehandlung, FS BAG, 2004, 265; Willemsen/Sagan, Die Auswirkungen der europäischen Grundrechtecharta auf das deutsche Arbeitsrecht, NZA 11, 258; Zöllner/Loritz/Hergenröder, Arbeitsrecht, 6. Aufl 2008.

I. Inhalt und Abschluss des Dienstvertrages; Typenübersicht und Abgrenzung

1 **1. Austauschvertrag.** Die §§ 611–630 regeln mit dem Dienstvertrag einen gegenseitigen Austauschvertrag, der zur Leistung von Diensten iwS gegen Entgelt verpflichtet. Das SchRModG hat im 8. Titel selbst wenig geändert (s §§ 615, 619a), doch haben die neuen §§ 275 ff auch Auswirkungen auf Dienstverträge (s § 611 Rn 10 ff, 16); wichtig ist auch die Einbeziehung standardisierter Arbeitsverträge in die AGB-Kontrolle, s § 310 IV 2 (s § 310 Rn 12 ff; dazu Henssler RdA 02, 135 ff; Hromadka NJW 02, 2528; Lingemann NZA 02, 181; Reinecke DB 02, 583; Thüsing/Leder BB 04, 42; ferner Däubler NZA 01, 1334; Gotthardt ZIP 02, 277). Der Dienstvertrag begründet regelmäßig (abhängig von der Art und Dauer der Dienste) ein **Dauerschuldverhältnis**. Typisch für den Dienstvertrag ist die Zielsetzung der zugesagten Leistung: Nicht ein Ergebnis wird geschuldet, sondern die Tätigkeit als solche (Abgrenzung Werkvertrag s Rn 15). Obwohl die **Entgeltverpflichtung** üblich ist, sind ausnahmsweise Dienstverträge als unentgeltliche möglich (BGH NJW 77, 2120 – Behandlungsvertrag zwischen Ärzten). Im Zweifel wird

Titel 8. Dienstvertrag und ähnliche Verträge **Vor § 611**

aber bei unentgeltlich zu erbringenden Dienstleistungen ein anderer Vertragstyp als der Dienstvertrag vorliegen, regelmäßig Auftrag. Dienstleistungen, die nicht gegen Entgelt, sondern auf Grund von Mitgliedschaften (Orden, DRK) erbracht werden, fallen nicht unter §§ 611 ff (s Rn 17). Vergütung ist dann Alimentation und nicht Gegenleistung.

2. Grundtypen. a) Dienst- und Arbeitsvertrag. Gegen Entgelt kann eine 2 große Vielfalt verschiedener Dienstleistungen – „jeder Art" – erbracht werden. Wichtigste Unterscheidung ist die zwischen Verträgen, die zu selbstständiger, unabhängiger, eigenbestimmter Tätigkeit verpflichten (**selbstständiger, freier** Dienstvertrag) und unselbstständigen, abhängigen, fremdbestimmten Dienstverhältnissen (**unselbstständiger, abhängiger** Dienstvertrag, Arbeitsvertrag). Die Vorschriften des BGB gelten weitgehend für beide Typen, wobei einzelne Vorschriften speziell oder weitgehend auf den unselbstständigen Dienstvertrag zugeschnitten sind. Gleichwohl hat sich vor allem für diesen letzteren Vertragstypus die Rechtsentwicklung überwiegend außerhalb des BGB vollzogen. Dabei finden Regelungen nicht selten systematisch bedenkliche und auch den rechtssuchenden Arbeitnehmer (= AN) überraschende Standorte. So wurden mit Wirkung zum 1. 1. 03 die **GeWO 105–110** neu gefasst (abgedruckt in Rn 62). Sie enthalten jetzt „Allgemeine arbeitsrechtliche Grundsätze", die für alle AN (GeWO 6 II) gelten (dazu Bauer/Opolony BB 02, 1590; Schöne NZA 02, 829). Durch diese Dekodifikation ist mit dem Arbeitsrecht ein Regelungskomplex entstanden, der sich aus der dogmatischen Einbindung in das Recht des BGB immer weiter entfernt. Seit Dekaden wird deshalb eine Kodifikation des Arbeitsrechts gefordert (vgl Mayer-Maly ArbuR 75, 225, aber auch Lieb, Gutachten III, 188). Art. 30 Einigungsvertrag verlangt die Schaffung eines Arbeitsvertragsgesetzes (dazu Gutachten zum 59. Dt. Juristentag [Lit]; Hromadka NJW 92, 1985); es liegen auch verschiedene Entwürfe vor (Überblick bei Griese NZA 98, 803). Trotz der allgemein erkannten Notwendigkeit ist aber zurzeit nicht mit einer Kodifikation zu rechnen. Verfahrensrechtlich wird die Sonderstellung der Arbeitsverhältnisse berücksichtigt durch Arbeitsgerichtsbarkeit und das im ArbGG geregelte Verfahrensrecht (hierzu Rn 58 ff). **b)** Als **Abgrenzungsmerkmal** 3 wird von der hM das Maß der persönlichen Abhängigkeit des Dienstverpflichteten verwendet. Arbeitnehmer ist derjenige Mitarbeiter, der nicht im Wesentlichen frei seine Tätigkeit gestalten und seine Arbeitszeit bestimmen kann (BAG AP ArbGG 1979 § 2 Nr 83; NJW 84, 1985; NZA 12, 1434; vgl auch u Rn 29, 29a). Positiv gewendet: „AN ist, wer auf Grund eines privatrechtlichen Vertrags im Dienste eines anderen zur Leistung weisungsgebundener, fremdbestimmter Arbeit in persönlicher Abhängigkeit verpflichtet ist", so BAG DB 04, 1436. Entscheidend: Eingliederung in die fremde Arbeitsorganisation (vgl BAG NJW 84, 1985; ferner AP Nr 1, 3, 6 zu § 611 – Abhängigkeit). AN wird nicht dadurch zum freien Mitarbeiter, dass AG sein Weisungsrecht nicht ausübt, s BAG NZA 07, 580 (Fortführung eines Arbeitsverhältnisses als freies Dienstverhältnis unterliegt § 623). Kriterien: Beschäftigter ist Weisungsrecht seines Vertragspartners (Arbeitgebers) unterworfen. Das Weisungsrecht kann Inhalt, Durchführung, Zeit, Dauer und Ort der Tätigkeit betreffen. Abzustellen ist auf die tatsächlichen Umstände, unter denen die Dienstleistung zu erbringen ist (BAG 88, 263 mN). Maßgeblich ist eine Gesamtwürdigung aller maßgebenden Umstände des Einzelfalls (BAG ZUM 07, 507; NJOZ 10, 1706). Als Anhaltspunkte für die Unterscheidung werden ferner die Intensität der Arbeit (BAG NJW 64, 1642), der Ort der Dienstleistungen (Eingliederung in Betrieb als „arbeitsorganisatorische Abhängigkeit", Schaub § 8 Rn 19), Anwendung der einschlägigen Tarifbestimmungen und Schutzbedürftigkeit (Beuthien FS BAG, 1979, 3) genannt. Gleichwohl kann die Einordnung im Einzelfall schwierig sein und letztlich nur präjudiziell geklärt oder erleichtert werden. Bsp für die beiden **Grundtypen** des Dienstvertrages sind die Tätigkeit des frei praktizierenden **Anwalts** oder Arztes als selbstständige Dienstleistung, die des **Fließbandarbeiters** als unselbstständige Beschäftigung.

Mansel

Vor § 611 Buch 2. Abschnitt 8. Einzelne Schuldverhältnisse

4 3. **Gegenseitiger Vertrag.** Die gegenseitigen Hauptleistungspflichten zur Dienstleistung und zur Vergütung stehen im Synallagma; §§ 320 ff sind deshalb grundsätzlich anwendbar (sa BAG BB 85, 2176 zu § 273; BGH BB 88, 290 zu Schadensersatz nach § 325 aF); § 326 I, II wird aber zB durch § 616 (die früheren Sondernormen HGB 63, GewO 133c wurden zum 1.1.2003 aufgehoben) und arbeitsrechtliche Vorschriften (zB EFZG, MuSchG), ferner durch die Berücksichtigung des sog „Betriebsrisikos" (dazu § 615) modifiziert. Die Bedeutung der synallagmatischen Verknüpfung hat auf der Rechtsfolgenseite durch das SchRModG insgesamt abgenommen. Fristlose Kündigung tritt bei begonnenen Dienstverhältnissen an die Stelle des Rücktritts nach §§ 323, 326 V; § 626 ist dabei lex specialis zu § 314 I, § 314 II ist jedoch anwendbar (s § 626 Rn 1). Bei **Streik** ruhen Hauptpflichten, BAG ZIP 00, 512.

5 4. **Zustandekommen. a) Materielle Wirksamkeit.** Für das Zustandekommen von Dienstverträgen gelten die Vorschriften des AT über Abschluss (§§ 145 ff), Geschäftsfähigkeit (§§ 104 ff), Willenserklärungen und -mängel (§§ 116 ff). **Anbahnung** s § 311 II. **Abschlussmängel** wirken nach hM nach Aufnahme der Dienste („Vollzug") grundsätzlich nur ex nunc auflösend; das Dienstverhältnis kann zwar sofort abgebrochen oder gekündigt werden, wird aber für die abgelaufene Zeit als voll wirksam („faktisches" Arbeitsverhältnis) behandelt, vgl BGH WM 95, 614 (Geschäftsführer KG); BAG NJW 00, 2983 (Vertretungsmangel bei Vertragsabschluss). Auch Nichtigkeitsgründe, die bestimmte Personen vor den Wirkungen des eingegangenen Vertrages schützen sollen – Anfechtung nach § 123, Geschäftsfähigkeitsmängel, werden grundsätzlich nicht anders behandelt; für § 123 s BAG NJW 84, 446; 85, 646; NZA-RR 12, 44; Rückwirkung auf Zeitpunkt der Außerfunktionssetzung durch Erkrankung BAG ZIP 99, 459; sa BAG NJW 99, 3655 zu möglichen Einschränkungen aus § 242 (verschwiegene Vorstrafen). Allerdings darf das nicht dazu führen, dass ein Minderjähriger für die Zukunft belastet wird, zB durch vertragliche Schadensersatzpflichten, Einzelheiten Schaub § 35 Rn 37 mwN (beachte aber: Zukunftsbelastung ist im Rahmen der Haftungsbeschränkungsmöglichkeit des § 1629a nicht gegeben); zur Ermächtigung eines Minderjährigen s BAG BB 00, 567. Auch Sittenwidrigkeit bewirkt grundsätzlich eine rückwirkende Nichtigkeit (BAG BB 73, 291 mwN), sofern nicht die geschuldete Leistung selbst sittenwidrig ist (s BAG NJW 76, 1958). Eine als solche sittenwidrige Dienstleistung kann deshalb auch für die Vergangenheit keine „faktische" Gültigkeit des Verhältnisses bewirken. Abschlussmängel bei Anstellungsverträgen der Organe jur Personen vgl BGH 41, 287; Handelsvertreter s BGH 53, 158 f. Rückwirkende **Änderung** möglich (BAG NZA 03, 1332). Zur konkludenten Vertragsänderung eines Teilzeit- in ein Vollzeitarbeitsverhältnis s BAG NZA 07, 801, ständig erbrachte Mindestarbeitsleistung in einem Bedarfsarbeitsverhältnis kann im Einzelfall konkludente Konkretisierung der Arbeitspflichten auf bestimmte Arbeitsbedingungen bewirken (BAG BeckRS 13, 65304), wenn AG die Arbeitsleistung nicht nur abgerufen und erwartet, sondern vom AN als vertraglich geschuldete Leistung gefordert hat. Änderungszustimmung des AN muss aber zweifelsfrei sein; keine konkludente Zustimmung durch bloße Leistungserbringung, denn diese ist auch im Rahmen des Bedarfarbeits-

6 verhältnisses geschuldet. **b) Form.** Abschluss von Dienstverträgen ist grundsätzlich formfrei, auch der Arbeitsvertrag (s GewO 105 S 1, s Rn 62), doch wirkt NachwG 2 I (für wesentliche Vertragsbedingungen: GewO 105 S 2) wie Formzwang für AG; s Grünberger NJW 95, 2809 ff; Birk NZA 96, 283. Niederschrift nicht Gültigkeitsvoraussetzung (Linde/Lindemann NZA 03, 649); Einbeziehung AGB jedoch möglich, obwohl § 305 II, III nicht anwendbar sind, § 310 IV 2 HS 2 (zur AGB-Kontrolle von Schriftformklauseln in Arbeitsverträgen Hromadka DB 04, 1261). Weitere Ausnahmen: befristete Arbeitsverhältnisse, TzBfG 14 IV; Ausbildungsvertrag, BBiG 4 (jedoch nicht konstitutiv!); FernUSG 3; Angestellte von Krankenkassen und Berufsgenossenschaften: SGB VII 144; ferner häufig – nicht konstitutiv – in Tarifverträgen (§ 127), s Schoner BB 69, 182. Formfreiheit wird zunehmend einge-

schränkt, s schon § 623. Bei Verletzung konstitutiver Formvorschriften Rechtsfolge aus § 125, aber bei aufgenommenem Dienstverhältnis keine Rückwirkung der Nichtigkeit (s Rn 5). **c) Abschlussverbote** mit Rechtsfolgen aus § 134 finden sich vor 7 allem in ANschutzges, zB im JArbSchG 5; zu Tarifverträgen und Betriebsvereinbarungen s Schaub § 32 Rn 61; Zustimmungserfordernisse, zB in BetrVG 99 bewirken Schwebezustand (BAG NJW 69, 2111); bei endgültiger Verweigerung Nichtigkeit mit ex-tunc-Wirkung (s LAG BW BB 72, 42; differenzierend zu BetrVG 99 Richardi DB 73, 428, 431). „Schwarzarbeit" s Rn 14 vor § 631; allg Kreizberg, Schwarzarbeit, AR-Blattei SD 1430. Änderungsgebot durch TzBfG 8 f begründeten Anspruch auf Teilzeitarbeit s dazu BAG NJW 04, 386 (verfassungsgemäß), Hromadka NJW 01, 402 (krit). **d) Offenbarungspflichten** bei der Einstellung können 8 im Falle unterlassener oder wahrheitswidriger Auskünfte Anfechtung nach § 123 (sa BAG NZA 12, 34), evtl Schadensersatzansprüche aus §§ 280, 311 II, 241 II begründen. Fragen nach Schwangerschaft, Behinderung und anderen Differenzierungsmerkmalen ia AGG 7 Rn 5. Der Umfang der Offenbarungspflicht richtet sich im konkreten Fall nach der Eigenart des zu besetzenden Arbeitsplatzes; s zu Vorstrafen: BAG NJW 91, 2724, Grenze BZRG 53 I; zu MfS-Tätigkeit: BVerfG 97, 2307; BAG BB 01, 994; zu politischen Überzeugungen, Parteimitgliedschaften oder Organisationszugehörigkeiten bei Einstellung in den öffentlichen Dienst: BAG NZA-RR 12, 43, 45 f. Fragen des Arbeitgebers sind nur zulässig, soweit auf vorgesehene Tätigkeit bezogen (BAG NJW 99, 3654: Vorstrafen; BAG NZA-RR 12, 43, 46: Verfassungstreue; zum Ganzen Thüsing/Lambrich BB 02, 1146); nur *bewusst* falsche Antwort auf *zulässige* Frage rechtfertigt Anfechtung, vgl BAG BB 84, 534; Irrtum AG erforderlich, BAG NZA 01, 315; Anfechtung nur, wenn Irrtum kausal für Vertragsschluss (BAG NZA 12, 34). Auskunftspflicht *nach* Einstellung s BAG BB 96, 749. Auch den AG können Informationspflichten treffen, zB bei drohendem Insolvenzverfahren (s noch BAG NJW 12, 3391). Zum Ganzen Schaub § 26 Rn 10 ff mwN. **e) Abschlusszwang** durch Abschlussgebote in Gesetzen, zB 9 SGB IX (Rehabilitation und Teilhabe behinderter Menschen) 68, 71 ff, Tarifverträgen, Betriebsvereinbarungen oder Einzelarbeitsvertrag. Zu Einschränkungen der Abschlussfreiheit durch Grundrechte abl Boemke NJW 93, 2083; **Änderungszwang** durch TzBfG s oben Rn 7.

5. Parallele Dienstpflichten. Dienstverträge können neben Rechtsbeziehungen 10 bestehen, die an sich selbst schon zu bestimmten Dienstleistungen verpflichten: Ehegatten s § 1353 Rn 15; Kinder s § 1619 Rn 3. Gesellschafter kann zu Dienstleistungen für die Gesellschaft zusätzlich auf Grund Dienstvertrages verpflichtet sein, vgl Beuthien FS BAG, 1979, 1, s aber Rn 13; zur Vereinssatzung s Rn 17.

6. Abgrenzung. a) Auftrag. Mit dem Dienstvertrag ist typischerweise die Ver- 11 einbarung oder jedenfalls die berechtigte Erwartung einer angemessenen Gegenleistung für die versprochenen Dienste verbunden (§§ 611, 612), weshalb an die Beendigung durch Kündigung besondere Anforderungen gestellt werden (§§ 620ff). Der Beauftragte schuldet hingegen **unentgeltlich** Tätigkeit; der Auftrag kann jederzeit **grundlos beendet** werden (§ 671 I, Ausnahme § 671 II); das Weisungsrecht des Auftraggebers ist, anders als das Direktionsrecht des AG nach GewO 106, regelmäßig auf einen bestimmten Auftrag und in seinen Rechtswirkungen begrenzt, weil die Tätigkeit des Beauftragten nicht im Gegenseitigkeitsverhältnis und nicht für die zu zahlenden Vergütung steht (BAG NZA 12, 1435 Tz 17 mN); der dem Beauftragten evtl geschuldete Aufwendungsersatz ist keine Vergütung. **Ehrenamtliche Tätigkeit** erfolgt regelmäßig im Rahmen eines Auftrags, denn Wesen des Arbeitsvertrags ist der gegenseitige Austausch von Arbeit und Lohn. BAG NZA 12, 1435 Tz 17: Erwerbsabsicht des Tätigen ist keine notwendige Bedingung für Arbeitsvertrag, aber wichtiges Abgrenzungskriterium im Rahmen der Gesamtwürdigung des Vertragsverhältnisses. Typischerweise verfolgt ein AN das Ziel, für seine Arbeit ein Entgelt zu erhalten. Auch berührte immaterielle Interessen schließen Abgrenzung nach Erwerbsabsicht als wesentliches Merkmal nicht aus. Auf ideellen Beweggründen

beruhende Tätigkeitspflicht ist im Zweifel Auftrag (BAG NJW 12, 1435 Tz 17), s
12 noch Rn 29. **b) Dienstverschaffung.** Geschuldet wird Verschaffung der Dienstleistung eines Dritten; Bsp Personal-Leasing (s BAG AP Nr 29 zu § 615 – Betriebsrisiko), ANüberlassungsverträge (dazu § 611 Rn 3). Gehaftet wird für sorgfältige Auswahl, nicht für die Güte der „verschafften" Dienstleistungen (BGH NJW 75, 1696).
13 **c) Gesellschaftsvertrag.** Von Gesellschaftern geschuldete Leistungen werden nicht ausgetauscht und individuell empfangen, sondern zu gemeinsamen Zweck an alle erbracht; dienstvertragliche Abreden bleiben daneben möglich, s Rn 10. Zur Abgrenzung im Einzelfall, insbes von Gesellschafter- und Dienstverhältnis mit Gewinnbeteiligung (partiarisches Dienstverhältnis) s § 705 Rn 10; „Scheingesell-
14 schafter" s von Hoyningen-Huene NJW 00, 3233. **d) Geschäftsbesorgung.** Ist ein Geschäft oder Interesse des Geschäftsherrn durch selbstständige Dienstleistungen wahrzunehmen, so wird der darauf gerichtete Dienstvertrag über § 675 durch Regeln des Auftragsrechts ergänzt und modifiziert. ZB Kfz-Vermittlungsvertrag
15 (BGH BeckRS 11, 02216). **e) Werkvertrag.** Die Leistungspflicht ist beim Werkvertrag auf ein Ergebnis gerichtet, während beim Dienstvertrag die Tätigkeit als solche zu erbringen ist (vgl Rn 21 und vor § 631 Rn 3). Insbes bei selbstständigen Dienstleistungen kann die Abgrenzung zum Werkvertrag schwierig sein (s zB Architektenvertrag, Rn 4 vor § 631; **Buchhaltung** s BGH NJW 02, 1571; Forschungsvertrag, Rn 21a). Abgrenzungskriterium: Soll der Verpflichtete nach dem Parteiwillen das Risiko der Erfolgsbewirkung übernehmen (Werkvertrag) oder nicht (Dienstvertrag), s BGH NJW 02, 3323. Zum Abgrenzungskriterium der Entgeltrisikozuweisung s Richardi FS Georgiades, 2006, 349, 355. Zur im Einzelfall schwierigen Abgrenzung bei Internet-Verträgen BGH 184, 345 („Internet-System-Vertrag" ist Werkvertrag); mAnm Coester-Waltjen Jura 10/10, BGB § 307/710. Zur geschichtlichen Entwicklung der Abgrenzung von Dienst- und Werkvertrag Förster
16 ZGS 10, 460. **f) Öffentl Dienst.** Beamte, Richter und Soldaten leisten Dienste nicht auf Grund privatrechtlichen Dienstverhältnisses. Maßgebend sind BeamtenGes, RichterGes, SoldatenGes. Dem öffentl Recht unterstehen ferner die Rechtsbeziehungen zum Gerichtsvollzieher per Vollstreckungs-, Beurkundungs- und Zustellungsaufträgen, vom Notar bei Tätigkeit nach BNotO 1. Auch Maßnahmen nach § 16 SGB II (zB Ein-Euro-Job, betriebliche Praxiserprobung in privatem Unternehmen) begründen lediglich öffentl-rechtl Rverhältn (BAG NZA 08, 760; DB 08, 1159; NZA 07, 1422). Beziehungen der Arbeiter und Angestellten im öffentl Dienst zu ihrem AG richten sich dagegen nach Arbeitsrecht, so dass die §§ 611 ff grundsätzlich anwendbar sind. Zur Rechtslage bei dem heute nicht mehr zu leistenden Zivil-
17 dienst s 14. Aufl. **g) Vereinssatzungen** können Arbeitspflichten vorsehen, s BAG NJW 03, 161 zur Scientology Gemeinschaft; BAG NJW 76, 386 für Schwesternschaft beim Roten Kreuz. Zu Gesellschaftern s Rn 10.

18 **7. Selbstständige Dienstverträge.** Bspe und Abgrenzung: **a) Anstellungsverträge der Organe jur Personen** sind selbstständige Dienstverträge, die auf Geschäftsbesorgung gerichtet sind, Lieb, Gutachten III, 196. Sie können formfrei und konkludent geschlossen werden. Der Anstellungsvertrag ist von dem gesellschaftsrechtlichen Bestellungsakt als Organ zu trennen und endet nicht per se mit dem Wegfall der Organstellung (allerdings ist AG-Vorstandsanstellungsvertrag gem § 134 iVm § 84 I AktG nichtig, wenn unveränderte Weiterführung des Anstellungsverhältnisses trotz Beendigung der Organstellung vereinbart ist, BAG ZIP 09, 2073). Zur Trennung von Organstellung und Anstellungsverhältnis sowie zur Drittanstellung in Konzernverhältnissen: Krämer NotBZ 04, 81 ff, 121 ff. Zur Vereinbarkeit dienstvertraglich verabredeter Anwendung von Kündigungsvorschriften mit Organstellung des GmbH-Geschäftsführers BGH NJW 10, 2343. Zur (wegen § 623) problematischen Umwandlung eines Arbeits- in ein Dienstverhältnis anlässlich der Bestellung eines AN zum Geschäftsführer: Schrader/Straube, GmbHR 05, 904.
19 **b) Anwalt/Steuerberater – Klient:** Mandat ist regelmäßig selbstständiger Dienstvertrag, der eine Geschäftsbesorgung (§ 675) zum Gegenstand hat, BGH NJW-RR

06, 1490, Düsseldorf VersR 93, 703; zum Steuerberatervertrag s BGH WM 06, 1411; vor § 631 Rn 7; sa BAG BB 98, 2061 (RA als freier Mitarbeiter); bei Dauerberatung kann selbstständiger Dienstvertrag vorliegen; auf einmalige, in sich abgeschlossene Leistung gerichteter Einzelauftrag (zB **Gutachten** sa BGH NJW 65, 106 f; Hirte S 12, Rechtsauskunft, Entwurfsanfertigung) ist Werkvertrag BGH 115, 382; BGH NJW-RR 06, 1490. Die Regeln des BGB werden ergänzt und modifiziert durch BRAO und RVG s Hartmann, Kostengesetze, 42. Aufl 2012 Einl II B Rn 9 ff. Erfolgshonorare sind seit Inkrafttreten des G zur Neuregelung des Verbots der Vereinbarung von Erfolgshonoraren am 1.7.2008 (BGBl I 1000) gemäß §§ 49b II BRAO, 4a RVG im Einzelfall zulässig. Bei Anwaltssozietät werden iZw alle Anwälte Vertragspartei, BGH 70, 248 f; Karlsruhe AnwBl 03, 115; zu Scheingesellschaftern s Rn 13. **c) Architekt – Bauherr:** Regelmäßig Werkvertrag, s Rn 4 vor § 631. Ergänzend gilt für das Preisrecht die HOAI. **d) Arzt – Patient:** S § 630a. **Tierarzt**vertrag idR Dienstvertrag, bei Begutachtung (dazu BGH NJW 83, 2078; NJW-RR 12, 541) idR Werkvertrag, zum Zurückbehaltungsrecht am behandelten Tier bei Honorarausstand unabhängig von Vertragstyp s LG Mainz NJW-RR 02, 1181; zur Dokumentationspflicht s Hamm VersR 03, 1139.

e) Forschungs- und Entwicklungsleistungen: Verträge über die Erbringung solcher Leistungen können Dienst- oder Werkverträge sein (ausführlich zur Abgrenzung s Koch S 40 ff). Für die Einstufung ist der im Vertrag zum Ausdruck kommende Parteiwille entscheidend. Es kommt darauf an, ob eine Dienstleistung als solche oder als Arbeitsergebnis deren Erfolg geschuldet wird. Dabei sind mangels einer ausdrücklichen Vertragsabrede die gesamten Umstände des Einzelfalls zu würdigen. Die Beschreibung eines Ziels ist allein kein hinreichendes Indiz für die Annahme eines Werkvertrags (BGH 151, 330 mAnm H. Roth JZ 03, 371). IdR Dienstvertrag, Indiz für Werkvertrag ist höhere Vergütung wegen Risikoübernahme (Roth aaO). **f) Handelsvertreter – Prinzipal:** Selbstständiger Dienstvertrag; HGB 84–92c maßgebend, daneben subsidiär §§ 611 ff, Versicherungsvertreter s BAG ZIP 00, 808; NJW 10, 2455 (Umstände des Einzelfalles entscheidend), sa Rn 29a. **g) Kommissionsvertrag:** Selbstständiger Dienstvertrag auf Geschäftsbesorgung gerichtet, str. **h) Krankenhausvertrag:** S § 630a. **i) Speditionsvertrag:** Selbstständiger Dienstvertrag auf Geschäftsbesorgung gerichtet, RG 109, 87. **j) Detektiv-, Bewachungsverträge** sind regelmäßig Dienstverträge, bei Vereinbarung eines Erfolgshonorars Werkverträge, s Schünemann NJW 03, 1689 zu vielen Vertragsgestaltungen (ua home-sitting); zum Detektiv sa BGH NJW 90, 2549. ANähnliche Selbstständige s Jacobs ZIP 99, 1549; ders NZA 99, 23; Weimar/Goebel ZIP 99, 217 und Rn 290. Zur Parkplatzbewachung s § 688 Rn 9. **k) Privatschulvertrag** ist regelmäßig selbstständiger Dienstvertrag, s BGH NJW 08, 1064; NJW-RR 12, 182 mN. **l) Lebensberatungsvertrag** („Life Coaching") durch Kartenlegen ist idR Dienstvertrag, s BGH NJW 11, 756 = JuS 11, 359 mAnm Faust. Verträge über **Zauber- und Magieleistungen** sind regelmäßig als Dienstverträge auszulegen; Freiwerden von der Gegenleistungspflicht nach § 326 I, 275 IV auch bei einem auf objektiv unmögliche Leistung gerichteten Vertrag nicht, wenn Dienstherr das Risiko der bestehenden objektiven Unmöglichkeit (Zauber und Magie) vertraglich übernommen hat. Bei überhöhtem Honorar: § 138, s BGH NJW 11, 756.

8. Gemischte Verträge. Häufig sind typische Dienstvertragspflichten in einem gemischten Vertrag mit anderen Pflichten zusammengestellt, zB beim Vertrag über Aufnahme in Alters- und Pflegeheim; zum Lohnfuhrvertrag (Gestellung von Kfz und Fahrer) BGH NJW 75, 780; zum Belegarztvertrag s BGH NJW 72, 1128; zum Werttransportvertrag (sa § 688 5) s Schünemann NJW 03, 1689; zum Fitness-Studiovertrag BGH NJW 12, 1431.

II. Unselbstständige Dienstverträge

S hierzu, außer den vorgenannten Lehrbüchern zum Arbeitsrecht, die Spezialkommentare und vor allem die AR-Blattei.

Vor § 611 Buch 2. Abschnitt 8. Einzelne Schuldverhältnisse

29   **1. Begriffe. a)** Regelung durch **Arbeitsrecht.** In der Gliederung des Arbeitsrechtes wird unterschieden zwischen **„Kollektivarbeitsrecht"** (Arbeitskampf-, Koalitions-, Tarifvertrags-, Betriebsverfassungs- und Mitbestimmungsrecht – s dazu die arbeitsrechtliche Speziallit) und **„Individualarbeitsrecht",** das die Ordnung individueller Arbeitsverhältnisse und den Arbeitsschutz regelt. Begründet wird das **Arbeitsverhältnis** zwischen **AG** und **AN** durch den **Arbeitsvertrag** („Eingliederung" als Indiz s Schaub § 29 Rn 10), dessen inhaltlicher Ausgestaltung durch das Arbeitsrecht und §§ 305 ff Schranken gesetzt sind. **AN-Begriff:** s oben Rn 3. **Angestellte** sind AN, die sich von **Arbeitern** vor allem durch die Art ihrer Tätigkeit unterscheiden; Einzelfälle: Sparkassenvorstand auch nach Verlust der Organstellung (Arbeitsverhältnis, BGH NZA 00, 376); Redakteur (AN, LAG Köln NZA-RR 99, 119). **ANähnliche Personen** (s TVG 12a) sind zwar nicht persönlich weisungsgebunden und auch in der Ausgestaltung ihrer Tätigkeit weitgehend selbstständig, aber wegen ihrer wirtschaftlichen Abhängigkeit vom Dienstberechtigten und ihrer sozialen Schutzwürdigkeit AN teilw gleichgestellt, zB Heimarbeiter (dazu Rn 49; ErfK/Preis § 611 Rn 113; Otten NZA 95, 289; Computer-Heimarbeit s Kappus NJW 84, 2384), „Einfirmenvertreter" (vgl HGB 92a); zum Kurierdienstfahrer s BAG BB 01, 2220 mAnm Linnenkohl BB 02, 622. Wirtschaftliche Unselbstständigkeit setzt voraus, dass der Abhängige auf die Verwertung seiner Arbeitskraft angewiesen ist und dass er sich in der Regel an eine einzige Person (oder wenige) gebunden hat, so dass ohne deren Aufträge seine wirtschaftliche Existenz entfiele. Die soziale Schutzbedürftigkeit setzt voraus, dass das Maß der Abhängigkeit nach der Verkehrsanschauung einen solchen Grad erreicht, wie er im Allgemeinen nur in einem Arbeitsverhältnis vorkommt, und dass die geleisteten Dienste nach ihrer sozialen Typik mit denen eines Arbeitnehmers vergleichbar sind (Frankfurt BauR 02, 1874 zu Architektenleistungen). Soll ein als freier Mitarbeiter tätiger Architekt für seine Tätigkeit haften (Gewährleistungsrisiko übernehmen), spricht das gegen Einstufung als ANähnliche Person (s Frankfurt aaO). Sog **freie Mitarbeiter** (häufig im Medienbereich) sind je nach Eingliederung in den Arbeitsprozess entweder Dienstnehmer (BAG NJW 03, 2930 für Berater) oder AN bzw. ANähnliche Person oder – abhängig davon, ob ein Erfolg oder die Tätigkeit geschuldet wird – Werkunternehmer. Entscheidend ist der Grad der persönlichen Abhängigkeit, der sich insbesondere aus der zeitlichen und organisatorischen Einbindung, zB durch einen vom AG einseitig vorgegebenen Stundenplan, ergeben kann (zum Lehrer in JVA s BAG NJW 12, 2903). Anwalt ist trotz seiner Bezeichnung als freier Mitarbeiter als AN bzw ANähnliche Person anzusehen, wenn er innerhalb einer von dem Kanzleiinhaber vorgegebenen Arbeitsorganisation tätig wird, innerhalb derer er hinsichtlich der Zeit, der Dauer und des Ortes der zu erbringenden Dienstleistung der Weisungsbefugnis des Kanzleiinhabers unterworfen ist (Brandenburg NJW 02, 1659). BAG NZA 12, 1433;; zum sog programmgestaltenden Mitarbeiter s BAG AfP 07, 289; BAG 93, 218; zu freiem Rundfunkmitarbeiter s BAG BB 98, 2211; LAG Köln NZA-RR 99, 119; zu Architekt s Frankfurt aaO; weitere Rspr bei Hromadka NZA 97, 1249; Etzel NJW 98, 1190, 1194; NJW 99, 2933, 2937, sowie Rn 29a. Wenn freier Mitarbeiter für seine Tätigkeit haftet und das Gewährleistungsrisiko gegenüber Dritten übernehmen sollte, iZw keine AN ähnliche Person. **b) Scheinselbstständigkeit** ist häufig bei Einmann-Unternehmern gegeben (PalWeidenkaff 11a), bei welchen der Unternehmer für einen Auftraggeber tätig ist, bei dem er zuvor angestellt war und seine Unternehmerleistung als Arbeitsleistung erbracht hatte. Sind die Kriterien des Arbeitsverhältnisses sachlich erfüllt, dann ist der scheinselbstständige „Unternehmer" als AN zu qualifizieren, hierzu Reinecke ZIP 98, 581 ff; Hänlein DB 00, 374; Lampe RdA 02, 18; ErfK/Preis § 611 Rn 98 ff. Entscheidend ist der Grad der persönlichen Abhängigkeit, die von der Weisungsbindung und/oder Eingliederung in fremde Arbeitsorganisation konstituiert wird, vgl BAG NJW 99, 310, aber auch LAG Nds NZA 00, 320 (Frachtführer); BAG ZIP 97, 1714; BAG NZA 12, 733 (Rahmenvereinbarung); BGH NJW 99, 220 (Eismann); LAG Nürnberg BB 99, 793 (Versicherungsvermittler); BAG ZIP 00, 808 (Versicherungsvertreter);

29a

Titel 8. Dienstvertrag und ähnliche Verträge Vor § 611

BAG NJW 98, 1428 (Zeitungszusteller); ArbG Passau BB 98, 1266 (Sargträger); häufig sind zB Franchisenehmer als AN einzustufen, sozialversicherungsrechtlich abweichende Einstufung bei BSG NJW 10, 2539, weitere Bsp bei Reiserer BB 98, 1258; zum Einfirmenhandelsvertreter s Oberthür NZA 01, 126. Versicherungspflicht s SGB IV 7 IV, 2 Nr 2 lit b (Rolfs NZA 03, 65 f; Sommer NZS 03, 169), wobei arbeitsrechtlicher und sozialrechtlicher Begriff des Scheinselbstständigen nicht identisch sind. Ist Scheinselbstständiger als AN zu qualifizieren, so hat das rückwirkend zu erfolgen (kein Anfechtungsrecht, da bloßer Rechtsfolgenirrtum), ie ErfK/Preis § 611 Rn 100 ff. Zur rechtsmissbräuchlichen Berufung auf ANeigenschaft durch freien Mitarbeiter s BAG 120, 104; 104, 86; BAG BB 97, 1484. Die Begründung **vereinsrechtlicher Arbeitspflichten** (BAG NZA 96, 33 [unter B I 2 b]) und die Beauftragung zu **ehrenamtlicher Tätigkeit** (s Rn 11) kann nichtig sein (§§ 134, 138), wenn nur die **Umgehung** zwingender arbeitsrechtlicher Schutznormen erstrebt wird (BAG NZA 12, 1435 Tz 18).

2. Rechtsquellen. Neben die im Folgenden zu bezeichnenden Rechtsquellen **30** des deutschen Rechts tritt verstärkt EU-Recht, das unmittelbar oder mittelbar das deutsche Dienstvertragsrecht beeinflusst und modifiziert; am 28.12.2006 ist die EU-RiLi 2006/123/EG vom 12.12.2006 über Dienstleistungen im Binnenmarkt in Kraft getreten (ABl 2006 L 376/36), die eine Liberalisierung des Dienstleistungsmarktes und Harmonisierung des grenzüberschreitenden Dienstleistungsverkehrs zum Ziel hat und die von den Mitgliedstaaten bis Ende 2009 umzusetzen war (zur Bedeutung insbes für rechtsberatende Berufe Hatje NJW 07, 2357 ff). Zu den Antidiskriminierungs-RiLi s AGG Rn 2 vor 1. Der EuGH hat in seiner viel beachteten **Mangold-Entscheidung** (NJW 05, 3695, dazu insbes Preis NZA 06, 401, zu Recht kritisch 406 ff) die Existenz eines Grundsatzes der Gleichbehandlung in Beschäftigung und Beruf (**primärrechtlicher Gleichbehandlungsgrundsatz**) festgestellt und in der **Kücükdeveci**-Entscheidung (NJW 10, 427) bestätigt. Der Grundsatz habe seinen Ursprung in verschiedenen völkerrechtlichen Verträgen und den gemeinsamen Verfassungstraditionen der Mitgliedstaaten sowie (so ergänzend die Kücükdeveci-Entscheidung) in der mittlerweile in Kraft getretenen Europäischen Grundrechtscharta. Das Urteil wird als Akt unzulässiger Rechtsfortbildung bezeichnet (Preis aaO 408), wenngleich das Mangold-Urteil des EuGH nicht auf einer *verfassungswidrigen* Kompetenzüberschreitung des EUG beruht (BVerfG NJW 10, 3422 – Fall **Honeywell;** sa BAG RIW 06, 700). Die Mangold-Entscheidung betrifft die altersbezogene Beschäftigungsbefristung (s § 620 Rn 3). Die Große Kammer (!) des EuGH sieht das Gleichbehandlungsgebot als einen allgemeinen Grundsatz des Unionsrechts an. Der primärrechtliche Schutz des Einzelnen ist durch alle nationalen Organe (auch durch Gerichte) zu gewährleisten, auch im Rahmen von Streitigkeiten zwischen Privaten (EuGH NJW 10, 427). Der primärrechtliche Gleichbehandlungsgrundsatz gebiete (EuGH NJW 05, 3698; NJW 10, 427 im Anschluss an das Verbot der Altersdiskriminierung, insbes durch die RiLi 2000/78/EG des Rates vom 27.11.2000 zur Festlegung eines allgemeinen Rahmens für die Verwirklichung der Gleichbehandlung in Beschäftigung und Beruf, die er zur Konkretisierung des Grundsatzes heranzieht) für Beschäftigung und Beruf „die Schaffung eines allgemeinen Rahmens zur Bekämpfung der Diskriminierung wegen der Religion oder der Weltanschauung, einer Behinderung, des Alters oder der sexuellen Ausrichtung." **Folge** des primärrechtlichen Gleichbehandlungsgrundsatzes nach EuGH NJW 05, 3695, 3698; NJW 10, 427: Es obliegt dem nationalen Gericht, die volle Wirksamkeit des allgemeinen Verbots der Diskriminierung wegen des Alters zu gewährleisten, indem es nach Ablauf der Umsetzungsfrist der RiLi 2000/78/EG jede entgegenstehende Bestimmung des nationalen Rechts unangewendet lässt, unabhängig von der RiLi-Umsetzung und unabhängig davon, ob das Gericht in den Fällen des AEUV Art 267 II den EuGH im Wege der Vorabentscheidung um Auslegung des Diskriminierungsverbots ersucht oder nicht. Konkret bedeutet das die Unanwendbarkeit des § 622 II 2 BGB (s BAG NJW 10, 3740); zur Bedeutung für tarifvertragliche Verweise auf II 2 s BAG NZA 12, 754; s ferner BAG NZA 12, 866 (tarifliche Altersgrenze für Piloten); BAG NZA 12, 1044 (Sozialauswahl nach Altersgruppen); BAG NZA 12, 1345 (Darlegungslast einer Diskriminierung); BAG NZA 13, 37 (Nichtberücksichtigung im Einstellungsverfahren wegen Alters). Die **Palacios-Entscheidung** des EuGH (NJW 07, 3339, dazu insbes Bauer/Krieger NZA 07, 3672; Kocher RdA 08, 238; Temming NZA 07, 1193) hat eine tarifvertragliche Altersgrenze von 65 Jahren nicht anhand des primärrechtlichen Gleichbehandlungsgrundsatzes, sondern ausschließlich anhand der RiLi 2000/78 überprüft. Darin liegt aber keine Abkehr von der Mangold-Entscheidung (s Bauer/Krieger NZA 07, 3673; anders Temming NZA 07, 1193, 1200). S ferner die Bartsch-Entscheidung EuGH NJW 08, 3417. Der EuGH differenziert seine Rechtsprechung zum unionsrechtlichen Gleichbehandlungsgrundsatz und sieht arbeitsrechtliche Regelaltersgrenzen regelmäßig durch den legitimen Zweck der prospektiven Nachfolge- und Personalentwicklungsplanung als gerechtfertigt an (auch im Rahmen des AGG 10 III 3 Nr 5), s EuGH NZA 10, 1167 (Fall Rosenbladt); EuGH NZA 11, 1100 (Fälle Sabine Hennigs/Eisenbahn-Bundesamt und Land Berlin/Alexander Mai – keine Diskriminierung durch Alterslohnstufen); EuGH NZA 12, 1435 (Fall Johann Odar/Baxter Deutschland GmbH – keine Diskriminierung durch gekürzte Sozialplanabfindung für rentennahe AN bei diskriminierungsfreier Berechnung); EuGH NZA 12, 785 (Altersgrenze von 67 auch bei niedriger Rente keine Diskriminierung); s aber EuGH NZA 11, 397 (Fall Deutsche Lufthansa AG/Gertraud Kumpan – tarifvertragliche Altersgrenze für Kabinenpersonal unzulässig, wenn Abschluss einer Kette befristeter Anschlussarbeitsverträge ermöglicht); EuGH NZA 13, 553 (Fall HK Danmark/Dansk almennyttigt Boligselskab und HK Danmark/Dansk Arbejdsgiverforening – keine verkürzte Kündigungsfrist bei behinderungsbedingten Krankheitsfehlzeiten). **Perspektive:** Mit der Begründung der Mangold-Entscheidung lassen sich neue RiLi, die neue Diskriminierungsverbote enthalten, ebenso als Ausdruck eines primärrechtlichen Gleichbehandlungsgrundsatzes verstehen. (So schafft Sekundärrecht neue Primärrechtsinhalte: Münchhausen-Effekt!). Daher hat die Mangold-Entscheidung Bedeutung weit über das Befristungsrecht und die Altersdiskriminierung hinaus für alle in den genannten (oder künftigen?) RiLi aufgeführten unzulässigen Differenzierungsmerkmale. Kritik an der Vermengung der Ebenen des Primär-, Sekundär- und nationalen Rechts bei Fischinger ZEuP 11, 201, 206 f. Zur Anwen-

31 dung ausländischen Rechts s Rn 61. **Deutsches Recht: a)** Das **GG** enthält in Art 9 III 2 eine unmittelbar geltende arbeitsrechtliche Vorschrift. Nach BAG und BVerfG können andere Grundrechte auf Grund „Drittwirkung", etwa über Generalklauseln wie § 242, Anwendung im Privatrechtsverkehr finden (BAG 48, 134 f; zu einzelnen Grundrechten des AN: Oetker RdA 04, 8 ff; zur unmittelbaren u mittelbaren Drittwirkung in der Rechtsprechung Linnenkohl ua, BB 88, 57 ff) Verfassungswidrige Tarifvertragsbestimmungen sind nichtig (vgl BAG NJW 86, 1007: Ehefrauenzulage). Als Ausprägung des Gleichheitssatzes wird auch die Pflicht des AG zur „**Gleichbehandlung**" im **Arbeitsverhältnis (Benachteiligungsverbot)** gesehen (Wiedemann FS BAG, 2004, 265; BAG NJW 82, 461 mwN; NZA 94, 788: Abfindungen; BGH NJW 95, 1310; BAG NJW 07, 2939: Gleichbehandlung bei freiwilliger Lohnerhöhung nach Betriebsübergang; BAG NZA 11, 693: Darlegungslast des AG bei freiwilliger Entgelterhöhung für bestimmte ANgruppen; BAG NZA 08, 99: Abschluss eines beamtenähnlichen Arbeitsvertrags [zu § 611a aF], BAG NJW 07, 3801; 03, 3150: Weihnachtsgratifikation, zu freiwilligen Leistungen umfassend Weber/Ehrlich ZIP 97, 1681); zu Grenzen des Gleichbehandlungsgrundsatzes sa BAG NZA 12, 31; 12, 618. Gleichbehandlungsgebot erlaubt höheres Arbeitsentgelt, falls Arbeitsplatz anders nicht zu besetzen, BAG BB 96, 855 (sachlicher Differenzierungsgrund); sa BVerfG BB 92 Beil 3, S 6 (Nachtarbeitsverbot für Frauen verfassungswidrig); als ges Regelung s AGG §§ 6 ff, BetrVG 75 I 1 idF des Art. 3 III Gesetz zur Umsetzung europäischer RiLi zur Verwirklichung der Gleichbehandlung vom 14.8.2006 (BGBl 2006 I 1897). Zur Gleichbehandlungspflicht nach dem AGG (Rn 32) s § 611 Rn 30 und AGG 7 ff. Das AGG schreibt in seinem Anwendungsbe-

Titel 8. Dienstvertrag und ähnliche Verträge **Vor § 611**

reich für **Beschäftigungsverhältnisse** – darunter fallen insbes Arbeitsverhältnisse – in AGG §§ 6–18 und für **selbstständige Dienstverträge** (Rn 3 vor § 611) in den AGG §§ 2–5, 19 ff (s AGG § 2 Rn 2, 4, 6) Benachteiligungsverbote wegen bestimmter Gründe (Rn 32, AGG 1) vor. Daneben keine aus Art 3 GG abzuleitende Anspruchsgrundlage „gleicher Lohn für gleiche Arbeit", BAG ZIP 00, 1680, s näher § 612 Rn 8, § 611 Rn 30. Zum Geltungsbereich des Gleichbehandlungsgrundsatzes im Betrieb, Unternehmen und Konzern: Bepler NZA 04, Sonderbeilage zu Heft 18, 3 ff. **b)** IÜ sind die ges Grundlagen des Arbeitsrechts stark zersplittert. **32** Außer dem Dienstvertragsrecht des **BGB** enthalten **GewO** (s allg Rn 2, auszugsweise abgedruckt in Rn 62) und **HGB** (für kaufmännische Angestellte und Handelsvertreter) Vorschriften des Individualarbeitsrechts. Von großer Bedeutung ist das **AGG**, das seit dem 18.8.2006 in Kraft (AGG Rn 1 vor 1) ist, zum zeitlichen Anwendungsbereich s AGG 33. Es ist auch auf selbstständige und unselbstständige Dienstverträge anwendbar. Für Beschäftigungsverhältnisse, insbes Arbeitsverhältnisse (s bei AGG 6) und gleichgestellte Verhältnisse (nur im Rahmen des AGG 6 III auch freie Dienstnehmer und Organpersonen) enthalten die AGG §§ 6–18 besondere Vorschriften. Beschäftigte dürfen aus Gründen der Rasse oder wegen der ethnischen Herkunft, des Geschlechts, der Religion oder Weltanschauung, einer Behinderung, des Alters oder der sexuellen Identität nicht benachteiligt werden (AGG 7). Für alle anderen Dienstnehmer (also nicht für Personen iSv AGG 6) gilt das allgemeine zivilrechtliche Benachteiligungsverbot des AGG 19. Siehe Rn 31, § 611 Rn 46 und die Kommentierung zu dem AGG. Daneben regeln eine Fülle von Gesetzen arbeitsrechtliche Fragen, insbes den Schutz der AN. Sie sind zugänglich in speziellen **Gesetzessammlungen,** zB Nipperdey, Arbeitsrecht (Loseblattsammlung) und Zusammenstellungen der wichtigsten arbeitsrechtlichen Vorschriften, zB Arbeitsgesetze, dtv 5006, eingeleitet von Richardi; sa Rn 41 ff. **c)** Neben dem gesetzten **33** Recht kommen **Gewohnheitsrecht** (BAG NJW 63, 1996) und **Richterrecht** große Bedeutung zu (dazu Hanau/Adomeit B I 9). **d)** Dem Arbeitsrecht eigentümli- **34** che Rechtsquellen sind die Kollektivvereinbarungen **Tarifvertrag, Betriebsvereinbarung** und **Dienstvereinbarung.** So begründet ein Tarifvertrag nicht nur zwischen Tarifvertragsparteien (TVG 2) schuldrechtliche Beziehungen, sondern setzt in seinem **normativen Teil** für seinen Geltungsbereich obj Recht für Inhalt, Abschluss oder Beendigung von Arbeitsverhältnissen, TVG 4. Zur **Allgemeinverbindlicherklärung** und ihrer Vereinbarkeit mit dem GG s BVerfG 44, 322 ff. Auch eine Betriebsvereinbarung (zwischen AG und Betriebsrat, BetrVG 77 II 1) oder eine Dienstvereinbarung (zwischen Dienststelle und Personalrat, BPersVG 73) kann Bestimmungen enthalten, die normativ auf die Einzeldienstverhältnisse einwirken („innerbetriebliche Rechtsetzung", s Waltermann § 36, BetrVG 77 IV 1, BPersVG 73, 75 III, 76 II). **e)** In den von den zwingenden Regeln dieser Rechtsquellen **35** gezogenen Schranken kann das Dienstverhältnis schließlich durch Parteivereinbarung ausgestaltet werden (hierzu Zöllner AcP 176, 224 ff): **aa)** Wie bei sonstigen **36** Verträgen werden auch Dienstverträgen Standardbedingungen zugrunde gelegt, die „**allg Arbeitsbedingungen**" oder „vertragliche Einheitsregelungen". Der Arbeitsvertrag unterfällt gemäß § 310 III Nr. 2 auch dann der Kontrolle der §§ 305c II, 306 ff, wenn der vorformulierte Inhalt nicht zur mehrmaligen Verwendung bestimmt ist und daher keine AGB-Qualität hat, s BAG NJW 05, 3305 ff, 3309; NZA 12, 1089f (zur Kontrolle nach § 307). Kollektivrechtliche Vereinbarungen sind AGB (BAG NZA 09, 896; BeckRS 12, 73033 Tz 29 zum Entgeltrahmentarifvertrag Deutsche Telekom AG). Bei der AGB-Kontrolle sind arbeitsrechtliche Besonderheiten „angemessen zu berücksichtigen", § 310 IV 2, dazu § 310 Rn 13 ff. Dazu, ob AN Verbraucher (s § 310 III) ist, s BAG NJW 05, 3305, 3309; NZA 12, 1089, § 310 Rn 16. Abweichungen von Tarifverträgen, Betriebs- oder Dienstvereinbarungen s §§ 310 IV 3, 307 III 1, aber mE nur, soweit direkt geltend – nicht genereller Standard außerhalb des Geltungsbereichs, str. **bb)** Als stillschwei- **37** gend vereinbarte Inhaltsgestaltung von Arbeitsverträgen wird von der Rspr die „**betriebliche Übung**" gesehen (BAG DB 72, 1168; sa BGH NJW 83, 1190;

Mansel

BAG NZA 84, 256; Einzelheiten s Seiter, Die Betriebsübung, 1967, § 4 B; Hromadka NZA 84, 241; Kettler NJW 98, 435 – auch zur dogmatischen Deutung als Vertrauenshaftung oder vertragliche Regelung –; *Waltermann* RdA 06, 257). Eine betriebliche Übung begründet nach der Vertragstheorie keine Individualabrede (BAG NZA 08, 1233), sondern AGB (BAG NZA 09, 49; NJW 12, 2683). Die durch den AG angebotene Vertragsänderung (zB durch Gewährung von Gratifikationen, Ruhegehalt ua Leistungen) muss jedoch für den AN bei obj Auslegung die Bindungsabsicht zum Ausdruck gebracht haben, damit seine Annahme eine Vertragsänderung bewirken kann (BAG NJW 71, 164); einzelfallbezogene Beurteilung bei Jubiläumszuwendung (bejaht: BAG DB 08, 1808; aber verneint: BAG NJW 04, 3652); sa Etzel NJW 98, 1197 (RsprBericht); Bindung des AG bei doppelter Schriftformklausel indes ausgeschlossen (BAG NJW 03, 3725; sa Hromadka DB 04, 1261); Änderung und Aufgabe betrieblicher Übung durch Änderungsabrede oder -kündigung, s BAG NZA 08, 1233; NZA 10, 283. Keine Änderung mehr durch gegenläufige betriebliche Übung s BAG NZA 12, 350; NJW 09, 2475, s hierzu Boemke JuS 09, 1061. (Nach früherer Rechtsprechung – s zB BAG NJW 00, 308 – war Änderung durch widerspruchslose Hinnahme während 3 Jahren – zB: Hinzufügen eines Freiwilligkeitsvorbehalts bei Weihnachtsgeld – noch anerkannt.) Ein Blankettangebot ist annahmefähig; die Ausfüllung der Zusage kann durch den AG im Rahmen der Billigkeit, § 315 I, oder – bei Untätigkeit des AG – durch das Gericht

38 nach § 315 III 2 erfolgen, BAG BB 75, 1114. **cc)** Inhaltsgestaltend kann auch die Bezugnahme auf einen Tarifvertrag wirken, der mangels Tarifgebundenheit nicht

39 normativ auf das betr Arbeitsverhältnis einwirkt, s § 622 III 2. **dd)** Die Selbstordnungs- und Selbstverwaltungsgarantie der Kirchen ermöglicht es, kirchlichen Mitarbeitern besondere Loyalitätspflichten aufzuerlegen, BVerfG NJW 86, 367; dazu Rüthers NJW 86, 356; Pahlke NJW 86, 350 („dritter Weg"). Zum Rechtsweg bei

40 Gehaltsklagen eines Offiziers der Heilsarmee s OLGR Köln 02, 397. **f) Rangordnung:** Zwingendes Gesetzesrecht, zwingende Bestimmungen eines Tarifvertrages, zwingende Bestimmungen einer Betriebsvereinbarung, vereinbarte Bestimmungen des Arbeitsvertrages, abdingbare Bestimmungen einer Betriebsvereinbarung, abdingbare Bestimmungen eines Tarifvertrages, abdingbare Gesetzesbestimmungen. Der Vorrang der normativen Bestimmungen eines Tarifvertrages oder einer Betriebsvereinbarung vor vertraglichen Vereinbarungen gilt aber nur, soweit nicht letztere dem AN günstiger sind (Günstigkeitsprinzip, TVG 4 III; BAG BB 90, 1841; sa Löwisch BB 91, 59). Zum Verhältnis Tarifvertrag – Betriebsvereinbarung s BetrVG 77 III.

41 **3. Ges ANschutzrecht.** ANschutz war und ist treibendes rechtspolitisches Motiv der Entwicklung und Entfaltung des Arbeitsrechts. Ges Vorschriften zum Schutz der AN stellen deshalb einen großen Teil des Arbeitsrechts dar. Dabei lassen sich Rechtsvorschriften unterscheiden, die direkt auf den Schutz des AN zugeschnitten sind, und solche, die allgemeinere Ziele verfolgen, in der Praxis aber vor allem als Schutzvorschriften zugunsten von AN wirken, zB GerSichG. Direkt AN-Schutz bezweckende Vorschriften wirken einmal als hoheitliche Anordnungen, deren Befolgung den Schutz des Begünstigten als Reflex eintreten lässt, und deren Verletzung staatliche Sanktionen (zB Bußgelder) und evtl Schadensersatzansprüche aus § 823 II auslösen kann. Sie können aber auch dem Geschützten subj Rechte gegenüber dem zur Schutzgewährung Verpflichteten geben, die technisch als zwingende Ausgestaltung des Arbeitsverhältnisses, dh als vom Begünstigten erzwingbare (meist vertragliche) Ansprüche bestimmten Inhalts konstruiert werden. Als allg Teil des Arbeitsschutzrechts ist das ArbSchG zu sehen, das auf eine EG-Rahmenrichtlinie zurückgeht; seine allgemeinen Vorschriften werden durch das bestehende Arbeitsschutzrecht ausgefüllt und ergänzt, s Vogel NJW 96, 2753 ff. Nach Zweck und Geltungsbereich

42 lassen sich folgende Schutzvorschriften unterscheiden: **a) Betriebsschutz.** Bezweckt ist Sicherung der Gesundheit des AN im Betrieb. Bsp solcher Normen ArbSchG; ü sind die ges Regelungen zahlreich und weit verstreut. Das BeschäftigtenschutzG ist seit dem 18.8.2006 aufgehoben; es wurde durch das AGG abgelöst (s noch § 611

Titel 8. Dienstvertrag und ähnliche Verträge **Vor § 611**

Rn 40). **b) Arbeitszeitschutz.** Beschränkung der Höchstarbeitszeit und obligatori- 43
sche Ruhezeiten dienen ebenfalls dem Gesundheitsschutz, s ArbeitszeitG. Bsp: Laden-
schlussG, der früher einschlägige GewO 105b wurde zum 1.1.2003 aufgehoben (s für
GewO nF Rn 62). **c) Kündigungsschutz.** Erschwerung oder Ausschluss der dem 44
Dauerschuldverhältnis „Dienstvertrag" an sich wesenseigenen Lösungsmöglichkeit ist
angesichts der sozialen Abhängigkeit des AN von einem konkreten Beschäftigungsverhältnis rechtspolitische Notwendigkeit. Das KSchG normiert allg den erwünschten
Kündigungsschutz; daneben gelten für bestimmte ANgruppen spezielle Vorschriften,
s § 620 Rn 1. Flankierend TzBfG durch **Befristungs-** und **Bedingungsschutz,**
s § 620 Rn 1, 3. **d) Arbeitsplatzschutz** ist für Situationen geregelt, in denen der AN 45
auf Grund gesamtgesellschaftlicher Verpflichtungen seine Arbeitspflicht vorübergehend nicht erfüllen kann. Bsp: Wehrdienst (ArbPlSchG 1–6). **e)** Die genannten Berei- 46
che des Arbeitsschutzes betreffen vielfach auch bes schutzbedürftige Personengruppen,
zB **aa) Jugendschutz:** Durch Verbot der Kinderarbeit, begrenzte Arbeitszeiten, verlängerten Urlaub, bestimmte Beschäftigungsverbote und erhöhte Fürsorgepflichten
will vor allem das JArbSchG den gebotenen Schutz von Kindern und Jugendlichen
vor schädlichen Belastungen durch unangemessene Arbeitsanforderungen erreichen,
Ausnahmen: KinderarbeitschutzVO (BGBl 1998 I 1508). Einzelheiten Schaub § 161.
bb) Eltern- und Mutterschutz: MuSchG ua Vorschriften enthalten Schutznormen, 47
die den biologischen Sonderbelastungen (Bsp: Beschäftigungsverbote für werdende
und stillende Mütter, MuSchG 3, 4, 6, 8) Rechnung tragen. Elternzeit: Seit dem
1.1.2007 gilt Bundeselterngeld- und ElternzeitG (BEEG) v 5.12.2006 (BGBl I 2748).
Nur rollenbedingte Privilegien können jedoch gegen GG 3 II verstoßen, vgl BVerfG
52, 374 ff (Hausarbeitstag). **cc) Schwerbehinderte** und Gleichgestellte werden durch 48
Einstellungsverpflichtungen, Beschäftigungsvorschriften (s Generalklausel GewO 106
S 3, s Rn 62) und Arbeitsschutzregeln sowie Kündigungsschutz im SGB IX (Rehabilitation und Teilhabe behinderter Menschen) (früher SchwbG) geschützt. – Schutz
pflegender Angehöriger durch PflegeZG vom 28.5.2008 (BGBl I 874, 896); zum
einmaligen Gestaltungsrecht des AN wegen Pflegezeit s BAG NJW 12, 1244. **dd)** Für 49
Heimarbeiter und Hausgewerbetreibende sieht das HeimarbG Arbeitsschutz, Gefah-
renschutz und Entgeltschutz vor.

4. Ges Vorschriften für bestimmte berufliche Tätigkeiten. a) Angestellte: 50
Für Arbeiter und Angestellte gelten vielfach (s zB EFZG, § 616 Rn 2) dieselben arbeitsrechtlichen Normen; Differenzierungen idR verfassungsrechtlich bedenklich, § 622 aF
musste deshalb neugefasst werden (s dort). Die Unterscheidung, soweit sie relevant ist,
kann im Zivilrecht schwierig sein (zur Abgrenzung Arbeiter – Angestellte s Mayer-
Maly, Arbeiter und Angestellte, 1969). Für Angestellte wird auch heute noch die kaufmännische oder Büroarbeit oder eine leitende Tätigkeit als typisch angesehen
(s AVG 3). Eine bes Gruppe bilden die **leitenden Angestellten,** für die teilw ges Sonderregeln gelten, vgl BetrVG 5 III, MitBestG 3, KSchG 14, 17 II. Ihre Tätigkeit ist
durch die Übernahme von beachtlichen unternehmerischen Teilaufgaben (BAG NJW
74, 965 mwN) mit eigenem erheblichen Entscheidungsspielraum (BAG NJW 75, 799;
BAG BB 76, 414) geprägt. **b) Gewerbliche Arbeitsverhältnisse:** Die speziellen Vor- 51
schriften der GewO 105a ff, 133c wurden mit Wirkung zum 1.1.2003 aufgehoben.
GewO §§ 105–110 regeln jetzt allgemeine arbeitsrechtliche Grundsätze, die für alle AN
gelten, s Rn 62. **c) Kaufmännische Arbeitsverhältnisse:** Kaufmännische Dienste in 52
einem Handelsgewerbe, dh für einen Kaufmann als Dienstberechtigten, sind geregelt
in HGB 59–75h. **d) Arbeitsverhältnisse im Bergbau:** Die speziellen Vorschriften 53
der GewO 105b, 154a wurden mit Wirkung zum 1.1.2003 aufgehoben; ua BBergG
enthält Arbeitsschutzvorschriften. **e) Bei Schiffsbesatzungen** gelten für das **Heuerverhältnis** (Dienstverhältnis) in der Binnenschifffahrt Sonderbestimmungen des
BinnSchG (BinnSchG 7, 21–25), in der Seeschifffahrt des SeemansG, in der Rhein-
schifffahrt ist das Abkommen über Arbeitsbedingungen der Rheinschiffer zu beachten.
f) Dienstverhältnisse von **Hausangestellten,** dh Personen, die in die häusliche 54
Gemeinschaft des Dienstberechtigten aufgenommen sind und Dienste für seinen Haus-

Vor § 611 Buch 2. Abschnitt 8. Einzelne Schuldverhältnisse

halt leisten (hauswirtschaftliche, zB Putzen; persönliche, zB Kinderbetreuung), werden vorwiegend vom BGB geregelt; MuSchG, JArbSchG (dazu Rn 46), BUrlG gelten. **Heimarbeiter** s Rn 49.

55 **5. Ausbildungsverhältnisse.** Sie sind Dienstverhältnisse (str), bei denen die Dienstleistungspflicht durch den Ausbildungszweck begrenzt und inhaltlich bestimmt ist, und in denen der Dienstberechtigte nicht nur Vergütung, sondern Vermittlung einer fachlichen Ausbildung schuldet (Hauptzweck ist Ausbildung). Neben BBiG gilt das allg Recht für Arbeitsverträge, insbes das ANschutzrecht, BBiG 3 II. Das BBiG gilt

56 für a) **Lehrverhältnisse;** ferner auf Grund BBiG 19 für b) **Volontärverhältnisse** (dazu Schmidt BB 71, 622 und AR-Blattei D I), c) **Praktikantenverhältnisse** (dazu Schmidt BB 71, 313 und AR-Blattei aaO); d) für **Fortbildungsverhältnisse** s BBiG 1 III, 46, ferner Schmidt BB 71, 44; für Umschulungsverpflichtungen s BAG AP Nr 2

57 zu § 611 – Ausbildungsbeihilfe; e) **Anlernverhältnis** kann unter das BBiG fallen, falls sein Zweck primär auf Erwerb bestimmter beruflicher Fähigkeiten gerichtet ist; „Anlernen" bei Gelegenheit eines normalen Arbeitsverhältnisses fällt nicht unter das BBiG. Zur Rückzahlung von Ausbildungskosten BAG BB 80, 1470 (Hinweispflicht und Unzumutbarkeit); zu AGB-Klausel über Rückzahlung von Ausbildungskosten nach Eigenkündigung durch AN s BAG NZA 12, 738 (mAnm Jesgarzewski RdA 13, 52ff); sa BGH NJW 10, 57 (Inhaltskontrolle von Erlassklauseln), dazu Schönhöft NZA-RR 09, 625.

58 **6. Arbeitsgerichtsbarkeit. Lit:** Grunsky, Kommentar zum Arbeitsgerichtsgesetz, 7. Aufl 1995; Germelmann/Mattes/Prütting, Kommentar zum Arbeitsgerichtsgesetz, 5. Aufl 2004. Mit den „Gerichten für Arbeitssachen" steht ein bes Zweig der Zivilgerichtsbarkeit offen. Zuständigkeit, Aufbau und Verfahren sind geregelt im ArbGG.

59 a) **Zuständigkeit** s ArbGG 2, 2a, 3. b) **Aufbau:** Arbeitsgerichte, Landesarbeitsgerichte, BAG. In allen drei Instanzen treten zu den Berufsrichtern Beisitzer, die je zur Hälfte AG und AN angehören und von den obersten Landesbehörden auf die Dauer von 4 Jahren berufen werden (Einzelheiten ArbGG 20, 37, 43). c) **Parteifähigkeit,**

60 **Prozessvertretung:** ArbGG 10, 11. d) **Verfahrensarten:** Das Urteilsverfahren, ArbGG 46–79, findet in bürgerlichen Rechtsstreitigkeiten statt, ArbGG 2 V. Das Beschlussverfahren, ArbGG 80–100, ist für betriebsverfassungsrechtliche Streitigkeiten eröffnet, ArbGG 2a II. Das Schiedsverfahren, ArbGG 101–110, ist nur für die in ArbGG 101 genannten bürgerlichen Rechtsstreitigkeiten zugelassen. Zum einstweiligen Rechtsschutz im Arbeitsgerichtsprozess: Walker ZfA 05, 45.

61 **7. IPR.** Maßgebend ausdrückliche oder stillschweigende **Parteiwahl,** Rom I-VO 3 (bei Arbeitsverträgen: Rom I-VO 3, 8 I); keine Rückverweisung, Rom I-VO 20. Einschränkung der Parteiwahl jedoch durch **zwingende Schutzvorschriften,** s Rom I-VO 9 (bei Arbeitsverträgen: Rom I-VO 8 I), dazu Junker IPRax 89, 69. Mangels Rechtswahl gilt Recht des Ortes, an dem Dienstleister seinen gewöhnlichen Aufenthaltsort hat, Rom I-VO 4 I b. Für Arbeitsverträge das Recht des Ortes, an dem AN Arbeitsleistung verrichtet, Rom I-VO 8 II. Sollte dieser Ort nicht bestimmbar sein, gilt das Recht am Ort der einstellenden Niederlassung, Rom I-VO 8 III. Es sei denn, zu einer anderen Rechtsordnung bestehen ausnahmsweise offensichtliche engere Beziehungen, Rom I-VO 4 III bzw 8 IV. Zwingende Vorschriften (zB des MuSchG, Bundeserziehungsgeldg etc) können über Rom I-VO 9 auch unabhängig von dem anwendbaren Arbeitsvertragsrecht gelten, s BAG IPRax 03, 258 mAnm Franzen 239. Zum fehlenden Charakter der EFZG 2, 3 als Eingriffsnormen idS s BAG NZA 12, 1153f (noch zu EGBGB 34, aber bereits Bezug nehmend auf Rom I-VO 9).

62 **8. Gewerbeordnung.** Die GewO 105–110 wurden zum 1.1.2003 durch das G. v. 24.8.2002 (BGBl I S 3412) neu gefasst. Sie enthalten jetzt für alle AN geltende (GewO § 6 II) allg Grundsätze, s dazu Rn 2. Zu GewO 105 s Rn 6, § 611 Rn 7; zu GewO 106 s Rn 48; zu GewO 107, 108 s § 611 Rn 31, § 612 Rn 1; zu GewO 109 s § 630 Rn 1; zu GewO 110 s § 611 Rn 27. Die Normen lauten

Titel 8. Dienstvertrag und ähnliche Verträge **Vor § 611**

Gewerbeordnung (Auszug)

in der Fassung der Bekanntmachung vom 22. Februar 1999 (BGBl I S 202),
zuletzt geändert durch Art. 3 G über konjunkturstatistische Erhebungen in bestimmten Dienstleistungsbereichen und zur Änderung von Vorschriften des Zulassungsverfahrens für Bewachungsunternehmen auf Seeschiffen vom 24.4.2013 (BGBl. I S. 930)

§ 6 Anwendungsbereich

(1) **Dieses Gesetz findet keine Anwendung auf die Fischerei, die Errichtung und Verlegung von Apotheken, die Erziehung von Kindern gegen Entgelt, das Unterrichtswesen, auf die Tätigkeit der Rechtsanwälte und Notare, der Rechtsbeistände, der Wirtschaftsprüfer und Wirtschaftsprüfungsgesellschaften, der vereidigten Buchprüfer und Buchprüfungsgesellschaften, der Steuerberater und Steuerberatungsgesellschaften sowie der Steuerbevollmächtigten, auf den Gewerbebetrieb der Auswandererberater und das Seelotsenwesen. Auf das Bergwesen findet dieses Gesetz nur insoweit Anwendung, als es ausdrückliche Bestimmungen enthält; das gleiche gilt für den Gewerbebetrieb der Versicherungsunternehmen, die Ausübung der ärztlichen und anderen Heilberufe, den Verkauf von Arzneimitteln, den Vertrieb von Lotterielosen und die Viehzucht. Ferner findet dieses Gesetz mit Ausnahme des Titels XI auf Beförderungen mit Krankenkraftwagen im Sinne des § 1 Abs. 2 Nr. 2 in Verbindung mit Abs. 1 des Personenbeförderungsgesetzes keine Anwendung.**

(1a) **§ 6c findet auf alle Gewerbetreibenden und sonstigen Dienstleistungserbringer im Sinne des Artikels 4 Nummer 2 der Richtlinie 2006/123/EG Anwendung, deren Dienstleistungen unter den Anwendungsbereich der Richtlinie fallen.**

(2) **Die Bestimmungen des Abschnitts I des Titels VII finden auf alle Arbeitnehmer Anwendung.**

Titel VII. Arbeitnehmer

I. Allgemeine arbeitsrechtliche Grundsätze

§ 105 Freie Gestaltung des Arbeitsvertrages

Arbeitgeber und Arbeitnehmer können Abschluss, Inhalt und Form des Arbeitsvertrages frei vereinbaren, soweit nicht zwingende gesetzliche Vorschriften, Bestimmungen eines anwendbaren Tarifvertrages oder einer Betriebsvereinbarung entgegenstehen. Soweit die Vertragsbedingungen wesentlich sind, richtet sich ihr Nachweis nach den Bestimmungen des Nachweisgesetzes.

§ 106 Weisungsrecht des Arbeitgebers

Der Arbeitgeber kann Inhalt, Ort und Zeit der Arbeitsleistung nach billigem Ermessen näher bestimmen, soweit diese Arbeitsbedingungen nicht durch den Arbeitsvertrag, Bestimmungen einer Betriebsvereinbarung, eines anwendbaren Tarifvertrages oder gesetzliche Vorschriften festgelegt sind. Dies gilt auch hinsichtlich der Ordnung und des Verhaltens der Arbeitnehmer im Betrieb. Bei der Ausübung des Ermessens hat der Arbeitgeber auch auf Behinderungen des Arbeitnehmers Rücksicht zu nehmen.

§ 107 Berechnung und Zahlung des Arbeitsentgelts

(1) Das Arbeitsentgelt ist in Euro zu berechnen und auszuzahlen.

(2) Arbeitgeber und Arbeitnehmer können Sachbezüge als Teil des Arbeitsentgelts vereinbaren, wenn dies dem Interesse des Arbeitnehmers oder der Eigenart des Arbeitsverhältnisses entspricht. Der Arbeitgeber darf dem Arbeitnehmer keine Waren auf Kredit überlassen. Er darf ihm nach Vereinbarung Waren in Anrechnung auf das Arbeitsentgelt überlassen, wenn die Anrechnung zu den durchschnittlichen Selbstkosten erfolgt. Die geleisteten Gegenstände müssen mittlerer Art und Güte sein, soweit nicht ausdrücklich eine andere Vereinbarung getroffen worden ist. Der Wert der vereinbarten Sachbezüge oder die Anrechnung der überlassenen Waren auf das Arbeitsentgelt darf die Höhe des pfändbaren Teils des Arbeitsentgelts nicht übersteigen.

(3) Die Zahlung eines regelmäßigen Arbeitsentgelts kann nicht für die Fälle ausgeschlossen werden, in denen der Arbeitnehmer für seine Tätigkeit von Dritten ein Trinkgeld erhält. Trinkgeld ist ein Geldbetrag, den ein Dritter ohne rechtliche Verpflichtung dem Arbeitnehmer zusätzlich zu einer dem Arbeitgeber geschuldeten Leistung zahlt.

§ 108 Abrechnung des Arbeitsentgelts

(1) Dem Arbeitnehmer ist bei Zahlung des Arbeitsentgelts eine Abrechnung in Textform zu erteilen. Die Abrechnung muss mindestens Angaben über Abrechnungszeitraum und Zusammensetzung des Arbeitsentgelts enthalten. Hinsichtlich der Zusammensetzung sind insbesondere Angaben über Art und Höhe der Zuschläge, Zulagen, sonstige Vergütungen, Art und Höhe der Abzüge, Abschlagszahlungen sowie Vorschüsse erforderlich.

(2) Die Verpflichtung zur Abrechnung entfällt, wenn sich die Angaben gegenüber der letzten ordnungsgemäßen Abrechnung nicht geändert haben.

(3) Das Bundesministerium für Arbeit und Soziales wird ermächtigt, das Nähere zum Inhalt und Verfahren einer Entgeltbescheinigung, die zu Zwecken nach dem Sozialgesetzbuch verwendet werden kann, durch Rechtsverordnung zu bestimmen. Der Arbeitnehmer kann vom Arbeitgeber zu anderen Zwecken eine weitere Entgeltbescheinigung verlangen, die sich auf die Angaben nach Absatz 1 beschränkt.

§ 109 Zeugnis

(1) Der Arbeitnehmer hat bei Beendigung eines Arbeitsverhältnisses Anspruch auf ein schriftliches Zeugnis. Das Zeugnis muss mindestens Angaben zu Art und Dauer der Tätigkeit (einfaches Zeugnis) enthalten. Der Arbeitnehmer kann verlangen, dass sich die Angaben darüber hinaus auf Leistung und Verhalten im Arbeitsverhältnis (qualifiziertes Zeugnis) erstrecken.

(2) Das Zeugnis muss klar und verständlich formuliert sein. Es darf keine Merkmale oder Formulierungen enthalten, die den Zweck haben, eine andere als aus der äußeren Form oder aus dem Wortlaut ersichtliche Aussage über den Arbeitnehmer zu treffen.

(3) Die Erteilung des Zeugnisses in elektronischer Form ist ausgeschlossen.

§ 110 Wettbewerbsverbot

Arbeitgeber und Arbeitnehmer können die berufliche Tätigkeit des Arbeitnehmers für die Zeit nach Beendigung des Arbeitsverhältnisses durch

Titel 8. Dienstvertrag und ähnliche Verträge **§ 611**

Vereinbarung beschränken (Wettbewerbsverbot). Die §§ 74 bis 75 f des Handelsgesetzbuches sind entsprechend anzuwenden.

§§ 111 und 112 (weggefallen)

§§ 113 bis 132a (aufgehoben)

§ 611 Vertragstypische Pflichten beim Dienstvertrag

(1) **Durch den Dienstvertrag wird derjenige, welcher Dienste zusagt, zur Leistung der versprochenen Dienste, der andere Teil zur Gewährung der vereinbarten Vergütung verpflichtet.**

(2) **Gegenstand des Dienstvertrags können Dienste jeder Art sein.**

Allgemeines. Dienstvertrag ist gegenseitiger Vertrag (s Rn 4 vor § 611); Anbahnung, Abschluss und Abschlussmängel s Rn 5 vor § 611. Ausgetauscht wird vor allem Dienstleistung gegen Vergütung (sa BGH NJW 84, 1530 zum Ruhegeld). I normiert diese **Hauptpflichten;** Nebenpflichten sind teils ges (§§ 241 II, 617, 618), teils in Kollektivvereinbarungen geregelt, darüber hinaus von Rspr und Lehre entwickelt worden. **Nebenpflichten** sind auch das Unterlassen systematischen Anfeindens, Schikanierens und Diskriminierens von Arbeitnehmern untereinander oder durch Vorgesetzte (zu Rechtsfolgen des sog „Mobbings" s BAG NZA 07, 1154; NZA 97, 781; LAG Bremen NZA-RR 03, 234 mN; LAG Erfurt, VersR 04, 1468) und von sexuellen Belästigungen am Arbeitsplatz. Siehe jetzt zu den beiden neuen **Benachteiligungsverboten** (Rn 46) gem § 7 (für Beschäftigungsverhältnisse) und gem § 19 (ua für selbstständige Dienstverhältnisse) aus den in AGG 1 genannten Gründen die Kommentierung des AGG. 1

I. Pflichten des Dienstverpflichteten

1. Hauptpflicht. Das ist beim Dienstverpflichteten die **Dienstleistungspflicht** (beim Arbeitsvertrag: Arbeitspflicht), I. Erbracht werden können „Dienste jeder Art", II. Die verschiedenen Dienstleistungen charakterisieren den jeweiligen Dienstvertrag und sind für seine Ausgestaltung ie sowie die Anwendbarkeit spezieller Normen insbes des Arbeitsrechts (s Rn 30 f vor § 611) maßgebend. Vor allem die Vielfalt sog unselbstständiger Dienstverträge (s zur Abgrenzung Rn 3 vor § 611) lässt sich am ehesten nach dem Inhalt und den Besonderheiten der jeweils geschuldeten Dienstleistung gliedern (s Rn 50 vor § 611 zu einzelnen Berufsgruppen). Unabhängig von der beruflichen Typisierung sind noch folgende Ausgestaltungen zu nennen: **a)** Vom Normaltyp der individuell, direkt und endgültig geschuldeten Dienstleistung ist das **mittelbare Dienstverhältnis** (Gehilfenverhältnis) zu unterscheiden. Voraussetzung: AN wird von einem Mittelsmann, der seinerseits selbst Vertragspartner eines Dritten (Unternehmer) ist, beschäftigt, wobei Mittelsmann nicht nur Vorgesetzter des AN sein darf, sondern selbst unternehmerische Befugnisse und Risiken haben muss, BAG NJW 83, 646; Bsp: Verträge zwischen Orchestermitglied – Orchestergesellschaft, Orchestergesellschaft – Rundfunk (vgl BAG DB 76, 346 f). Einzelheiten zu Pflichten und begrenztem Direktionsrecht des Unternehmers s MK/ Müller-Glöge 434 ff, 1016 ff; zum Missbrauch dieser Vertragsgestaltung s BAG NJW 83, 645. Wird das unmittelbare Dienstverhältnis durch eine Kündigung rechtswirksam aufgelöst, dann endet damit ohne weiteres auch das mittelbare Dienstverhältnis, BAG NJW 57, 1165. **b) Leiharbeitsverhältnis:** Überlassung eines AN für eine begrenzte Zeit (auf Grund eines Dienstverschaffungsvertrages, s Rn 12 vor § 611) zu dem Zweck, die Arbeitsleistung des AN dem entleihenden AG zugutekommen zu lassen. Der „verliehene" AN muss zustimmen, § 613 S 2; zur Wählbarkeit eines LeihAN in den Betriebsrat BAG NJOZ 13, 790; NZA 10, 832. Zum 2 3

§ 611

Entleiher wird kein Arbeitsverhältnis begründet (Ausnahme: AÜG 10 I), doch treffen ihn Fürsorgepflichten und Verpflichtungen aus dem Arbeitsschutzrecht; zur Haftung bei Schlechtleistung s Walker AcP 194, 295 ff. Gewerbliche ANüberlassung ist durch das AÜG (zur Neuregelung s Leuchten NZA 11, 608; Raif, GWR 11, 303) sowie Vorschriften außerhalb des AÜG (s Becker ZIP 86, 409 zur Entwicklung) geregelt; Sonderregeln für das Arbeitsverhältnis zwischen AG (Verleiher) und AN in AÜG 9–11, 13; zur Abgrenzung von Dienst- oder Werkvertrag BAG BB 91, 2375. Insbes kann das Rechtsverhältnis zwischen Verleiher und Entleiher als Dienstvertrag (Dienste unter Einsatz von Personal des Verleihers) zu qualifizieren sein, wenn der Verleiher nicht die nach AÜG 1 erforderliche Erlaubnis besitzt, BGH
4 WM 06, 871. **c) Gruppenarbeitsverhältnis** (s Naendrup BlStSozArbR 75, 241, 257): Mehrere AN sind zwecks gemeinsamer Ausführung einer Tätigkeit in einer Gruppe zusammengefasst, und zwar entweder durch den AG („Betriebsgruppe", vgl zur Haftung BAG NJW 74, 2255), oder durch eigene Abrede („Eigengruppe"), zB Musikkapelle, Hausmeisterehepaar. Auch letzterenfalls liegt eine Mehrheit von unmittelbaren Arbeitsverhältnissen vor, die untereinander und gegenüber dem AG durch den gemeinsamen Zweck der Dienstverpflichtungen verbunden sind. Einzelkündigungen sind deshalb iZw ausgeschlossen (Hanau/Adomeit E X); der Kündigungsgrund in der Person eines Gruppenmitglieds rechtfertigt Kündigung aller Verträge. **Jobsharing** s Schüren, Job-sharing, 1983. Zur **Arbeitgebergruppe** s BAG NZA-RR 12, 574 mN; NJW 84, 1703 (krit Wiedemann AP 84, 295); BGB-
5 Gesellschaft als Arbeitgeber s BAG NJW 89, 3035. **d) Probearbeitsverhältnis** s § 620 Rn 4. **e) Teilzeitarbeit** s TzBfG und dazu Richardi/Annuß BB 00, 2201; Hromadka NJW 01, 400. Mit Wirkung zum 1.1.2004 wurde § 14 II a TzBfG geschaffen (BGBl 2003 I 3003), der bei bestimmten Unternehmensneugründungen Befristungen des Arbeitsverhältnisses deutlich erleichtert.

6 **2. Persönliche Leistung.** Dienste sind iZw persönlich zu erbringen, § 613 S 1; die Verpflichtung nicht vererblich. Auch der Anspruch auf die Dienstleistungen ist als Ausnahme von § 398 iZw nicht übertragbar, § 613 S 2. Ob Erbringung der Dienstleistung in Person und für eine bestimmte Person ausbedungen ist, richtet sich nach dem Inhalt des Dienstvertrages (näher Matthias Weller 70ff mN und Beispielen). Bei Fehlen ausdrücklicher Regelung kann Auslegung, die auch die Art und Umstände des Dienstverhältnisses zu berücksichtigen hat, eine Ausnahme von § 613 ergeben, zB bei Mandat an Anwalt einer Sozietät, BGH NJW 63, 1302; s dagegen zur Chefarztleistung Celle NJW 82, 2129; zur Wirksamkeit einer formularmäßigen Stellvertreterregelung beim Wahlarztvertrag BGH 175, 76 = NJW 08, 987. Auch beim mittelbaren Arbeitsverhältnis (Rn 2) hat der Mittelsmann nicht in Person zu leisten. Eine vertragswidrige Ausführung von Dienstleistungen durch Dritte ist nicht Erfüllung, löst die Rechtsfolgen der §§ 280 ff, 314 II, 626, 323 ff mit der für Dienstverträge zu beachtenden Modifikation (sa Rn 4 vor § 611) aus und begründet keinen Anspruch des Dienstverpflichteten aus ungerechtfertigter Bereicherung s hierzu Koblenz MedR 09, 158, mAnm Gessaphe (iE übereinstimmend, dogmatisch krit). Zur Unmöglichkeit persönlicher Dienstleistungen (MK/Müller-Glöge 1035 ff; MK/Ernst § 275 Rn 107 ff; grundlegend Matthias Weller 150ff, 584ff) s §§ 311a I, 275 I, III: Vertrag ist jedenfalls gültig; krit zur Neuregelung Löwisch NZA 01, 465. Die „Höchstpersönlichkeit" hindert aber nicht, dass der Verpflichtete außerhalb der geschuldeten Dienstleistungen Hilfspersonen einsetzt, zB um Nebenpflichten zu erfüllen oder die Dienstleistung vorzubereiten (Bsp: medizinische Assistentin); Haftung nach § 278.

7 **3. Gegenstand und Reichweite der Dienstleistungspflicht. a) Inhalt und Umfang** der Dienstleistungspflicht werden ie durch den Dienstvertrag geregelt; die zur Vereinbarung „jeglicher Dienste" eingeräumte Vertragsfreiheit ermöglicht auch Ausgestaltung der Dienstleistungspflicht hinsichtlich Umfang, Zeit, Ort usw der Leistungserbringung, soweit nicht zwingende ges Bestimmungen, zB des AGG, vorgehen. Unabdingbare spezielle Vorschriften finden sich vor allem für die Arbeits-

Titel 8. Dienstvertrag und ähnliche Verträge **§ 611**

pflicht im Arbeitsrecht als ANschutzrecht sowie in den durch Kollektivvereinbarungen gesetzten Normen (s Rn 34 vor § 611). Grundsätzlich kann der Arbeitsvertrag nach Inhalt und Form (vor § 611 Rn 6) frei vereinbart werden (GewO 105, vor § 611 Rn 62). **b) Direktionsrecht:** Dem Dienstberechtigten kann die Befugnis **8** eingeräumt werden, den Inhalt der Dienstpflicht konkret zu bestimmen, § 315. Das Weisungsrecht ist für Arbeitsverhältnisse in GewO 106 (s vor § 611 Rn 62) geregelt. Es hat im Arbeitsverhältnis besondere Bedeutung, weil eine Festlegung der Einzelheiten der „unselbstständigen" Arbeitsleistung bei Abschluss des Arbeitsvertrages praktisch nicht möglich ist, ihre Erbringung aber − anders als beim selbstständigen Dienstvertrag − eine Konkretisierung der Einzelheiten erfordert. Aufgrund des **Direktions-** oder **Weisungsrechts** kann der Dienstberechtigte Zeit, Ort und Art der Dienstleistung ie (GewO 106 S 1) und auch hinsichtlich der Ordnung und des Verhaltens des AN im Betrieb festlegen (GewO 106 S 2), hierzu allg Berger-Delhey DB 90, 2266; Weber/Ehrich BB 96, 2246; zur korrespondierenden Gehorsamspflicht s Zöllner/Loritz/Hergenröder § 14 IV. Zum Umfang des Weisungsrechts: ggü Filmschauspielern s BAG NZA 07, 974; zur Versetzung BAG NJW 12, 331. Schranken des Weisungsrechts werden durch Vertragsabreden, Betriebsvereinbarungen, Tarifvertragsnormen und gesetzliche Vorschriften gesetzt (GewO 106 S 1), die die Modalitäten der Dienstverpflichtung regeln. Das Weisungsrecht ist nach billigem Ermessen auszuüben (GewO 106), wobei der AG auch auf Behinderungen des AN Rücksicht nehmen muss. Gewissenskonflikte des AN können das Bestimmungsrecht aus § 315 iVm GG 4 ebenfalls einschränken, BAG AP Nr 9 zu GG 4 (mAnm Greiner), NJW 90, 204 f (str, s Reuter BB 86, 385), und Leistungsweigerungsrecht aus § 275 III begründen. Versetzung eines AN s BAG NZA 12, 857f mN; DB 76, **9** 1289. **Nachträgliche** vertragliche **Konkretisierungen** der Leistungspflicht, etwa durch Vereinbarungen, stillschweigende Abrede oder betriebliche Übung, beschränken in ihrem Regelungsbereich das Weisungsrecht ebenfalls (s ferner zu den Mitbestimmungsbefugnissen des Betriebsrats BetrVG 87 I Nr 1−3, 10, 11; 91; 99).
c) Befreiungsgründe: Das Dienstvertragsrecht, insbes das Arbeitsrecht kennt **10** neben dem allg schuldrechtlichen Befreiungsgrund „Unmöglichkeit" nach § 275 I (zB wegen Krankheit) typisch dienstvertragliche Befreiungsgründe von der Leistungspflicht, zB rechtmäßigen Streik (Rn 22), Erholungsurlaub (Rn 43), Mutterschaftsurlaub sowie zahlreiche spezielle ges (zB für Betriebsräte, BetrVG 37 II, III, VI) und tarifvertragliche Freistellungsgründe (Bsp: Pflege eines kranken Kleinkindes, Rn 19), ferner generell § 275 III bei persönlicher Unzumutbarkeit der Leistungserbringung (s dazu klärend Matthias Weller 152ff).

4. Primär- und Sekundärleistungspflichten. a) Auf **Erfüllung** der Dienst- **11** pflicht **kann geklagt** werden, **Zwangsvollstreckung** bei vertretbaren Dienstleistungen ZPO 887, sonst ZPO 888 II; Leistungsweigerungsrechte des AN sind teils von Amts wegen − § 275 I −, teils auf Einrede zu beachten − § 275 II und vor allem III. Das Urteil kann jedoch eine − nach freiem Ermessen zu bestimmende − **Entschädigung** festsetzen, ArbGG 61 II, sa § 275 IV; zum Anspruch auf Unterlassung vertragswidriger Tätigkeit s BGH NJW-RR 88, 353 (Wettbewerbsverstoß GmbH-Geschäftsführer). **b)** Zulässig ist grundsätzlich der durch Vereinbarung einer **12** Vertragsstrafe oder Schadenspauschale ausgeübte Zwang zur Leistungserbringung, s BAG NJW 85, 91 f. **Vertragsstrafen** in formularmäßigen Arbeitsverträgen sind nach § 310 IV 2. HS zulässig (BAG NZA 04, 727), wenn sie hinsichtlich der auslösenden Pflichtverletzung als auch der Höhe der zu leistenden Strafe dem Bestimmtheitsgebot, § 307 I 2, genügen, sa BAG NJW 08, 458, dazu Schramm NJW 08, 1494; Ausnahme BBiG 5 II Nr 1. Verletzungen der Dienstpflicht können durch Nichterfüllung, Verzug oder Schlechterfüllung, (s Rn 16) die **Leistungsstörungen** wie bei anderen Vertragstypen geschehen (s Schlechtriem II Rn 372 ff; Brox/Walker II § 20 Rn 8; ausführlich, zT abweichend Oetker/Maultzsch § 7 D III). Bei zeitlich genau fixierten Dienst- bzw Arbeitspflichten (absolutes Fixge- **13** schäft) (Arbeitsvertrag regelmäßig Fixschuld, s Picker FS Huber, 2006, 531 f) kann

§ 611

und muss versäumte Arbeitszeit wegen Unmöglichkeit grundsätzlich nicht nachgeholt werden, Versäumung ist also (teilw) Nichterfüllung der durch Weisung konkretisierten Dienstpflicht. Dienstpflicht fällt dann gemäß § 275 I wegen Unmöglichkeit
14 der Erfüllung weg (Lieb/Jacobs Rn 158 f). **c)** Gemäß für die Folgen von Störungen in der Erbringung der Dienstleistung sind zwar grundsätzlich die allg Regeln §§ 280 ff, 276, 323 ff, ev auch § 311a II anzuwenden, vgl BGH NJW-RR 88, 420: Schadensersatz nach § 325 aF wegen zu vertretender Unmöglichkeit; zur Anpassung wegen Wegfall der Geschäftsgrundlage BAG NJW 87, 918 und jetzt § 313. Jedoch gelten
15 wichtige Modifikationen und Ergänzungen: **aa)** Bei in Vollzug gesetzten Dienstverhältnissen tritt an die Stelle des Rücktritts die **Kündigung** (s Rn 6 vor §§ 620–639); statt §§ 323, 326 V gelten die §§ 626, 314 II, 628; Auflösung und Schadensersatz können kumuliert werden, § 314 IV. Zur **Abmahnung** nach aF s BAG NJW 86, 1778, NJW 89, 546; von Hoyningen-Huene RdA 90, 193; Schaub NJW 90, 872 ff; jetzt § 314 II (zur Anwendbarkeit neben § 626 s vor § 611 Rn 4, § 626 Rn 1).
16 **bb) Schlechterfüllung.** Auch eine mangelhafte Dienstleistung (Schlecht-/Nichterfüllungsbegriff aber str, s Oetker/Maultzsch § 7 D III 1b bei Fn 114) ist zu **vergüten** (s BGH NJW 90, 2549; NJW 63, 1303; Hamburg Transportrecht 89, 66; Ulrich NJW 84, 585; ErfK/Preis § 611 Rn 683); dies ist jetzt aus § 326 I 2 zu schließen (BT-Drs 14/6040 S 189; s Gotthard Rn 190; s allgemein zu § 326 I 2 bei Schlechtleistung Huber/Faust Rn 5–60 ff), sofern die Dienstleistung nicht mehr fehlerfrei nachgeholt werden kann (zB wegen absoluter Fixschuld, Rn 13, oder sonstiger Unmöglichkeit wie zB Zerstörung des Objekts [etwa zu pflegendes Tier], an welchem die Dienstleistung zu erfolgen hat) und deshalb ein Fall des § 275 vorliegt. Aus der **Nachfristsetzungsregelung** in § 281 I folgt richtigerweise, dass der Dienstberechtigte bei mangelhaften Dienstleistungen **Nacherfüllung** verlangen kann, sofern deren Natur das zulässt (sehr str, s dazu jetzt Matthias Weller 535ff mN, 544). Jedenfalls trifft ihn die Obliegenheit, dem Dienstverpflichteten die Nacherfüllung zu ermöglichen, bevor er Schadensersatz statt der Leistung verlangen kann (offengelassen von BGH WM 06, 1411 für Einzelleistungen mit werkvertraglichem Charakter, die im Rahmen eines Dienstvertrages erbracht werden). Eine **Minderung** kennen die §§ 611 ff **nicht;** eine entsprechende gesetzliche Regelung fehlt (hM; zum Arbeitsrecht s BaR/Fuchs 89 mN; allg anders Oetker/Maultzsch § 7 D III 1b mN zum Streitstand; Schlechtriem II Rn 377) und § 326 I 2 steht entgegen (s statt aller Canaris FS Schmidt, 2002, 178 ff; differenzierend Matthias Weller 551ff, 560ff). Allerdings ist nach einer Ansicht die dann zu zahlende Vergütung idR (soweit sie Minderleistung entspricht, ggf nach ZPO 287 der Vorteil der erbrachten Schlechtleistung für Dienstherrn zu schätzen und bei der Schadensberechnung zu berücksichtigen, s BGH NJW 90, 2550) ein Teil des durch die Schlechterfüllung entstandenen und nach § 280 (bei Nachholbarkeit: §§ 280 I, III, 281; bei Nichtnachholbarkeit: §§ 280 I, III, 283) zu ersetzenden Schadens (BGH NJW 63, 1303; kritisch BaR/Fuchs Rn 88 mN). Der Dienstherr kann ggü dem Vergütungsanspruch des Dienstnehmers mit dem Schadensersatzanspruch aufrechnen (BAG BB 07, 1903). (Schaden dann entspr Rentabilitätsvermutung anzunehmen, sofern man ihr noch folgt, § 284 Rn 1). Mit starken Argumenten (Sperre der §§ 326 I 2, 628 I 2) wendet sich Canaris (aaO 185 f) gegen eine solche „schadensersatzrechtliche Minderungslösung". Er sieht in dem (teilweisen) Verlust des Vergütungsanspruchs bei Fehlen des Gläubigerinteresses gemäß oder analog § 628 I 2 das gesetzliche Lösungsmodell für die Minderungsproblematik beim Dienstvertrag (s aaO 181 ff). – Als Schadensersatz können die Kosten für Ersatzdienste verlangt werden. – Ist die erbrachte Dienstleistung völlig unbrauchbar (zum str. Schlecht-/Nichterfüllungsbegriff s Oetker/Maultzsch aaO), so dass sie als ein völliges Ausbleiben der Leistung anzusehen ist, und ist gleichzeitig die geschuldete Dienstleistung als solche noch nachholbar (anderenfalls Unmöglichkeit nach § 275 I), dann liegt Nichterfüllung vor (ähnlich, aber im Ergebnis unzutreffend, da mangelnde Nachholbarkeit verkennend Koblenz 19. 12. 02, 5 U 669/02, zum Anwaltsvertrag); zur im Einzelfall schwierigen Abgrenzung zwischen **Schlecht- und Nichtleistung** s BGH NJW 90, 2549 f; s noch zur Abgrenzung Teil- und

Titel 8. Dienstvertrag und ähnliche Verträge **§ 611**

Schlechtleistung Canaris aaO 197; Matthias Weller 536f; zum Schaden s Lieb/Jacobs Rn 198 ff. Im Fall der Nichterfüllung ist idR keine Fälligkeit des Vergütungsanspruchs gegeben (§ 614) und es kann das Leistungsverweigerungsrecht gemäß § 320 begründet sein (zum Ausschluss des § 320 bei der bloßen Schlechtleistung s PalGrüneberg § 320 Rn 9; BaR/Fuchs 88 mN; s Koblenz aaO). Zum sich aus wirtschaftlicher Einheit mit Leasingvertrag ergebenden Leistungsverweigerungsrecht s BGH NJW 09, 3295. **Verzögerungsschaden:** §§ 280 I, II, 286; **einfacher Schaden:** § 280 I (zur Haftung eines Anwalts aus § 280 I wegen vermeidbarer Mehrkosten für den Mandanten s OLG Hamm NJOZ 11, 1286 mN). Bei Verletzung von **Nebenpflichten** – zB Wettbewerbsverbot – grundsätzlich kein Zurückbehaltungsrecht hinsichtlich Vergütung, BGH NJW-RR 88, 353; sa BAG NJW 88, 2757 f zur gesetzwidrigen (BUrlG 8) Erwerbstätigkeit während Urlaub. **Einzelfragen:** Zum **Freistellungsanspruch** und zur **Haftungsbegrenzung** s § 619a Rn 2; zur Schlechterfüllung des **Anwaltsvertrags** s BGH NJW-RR 03, 350; Koblenz NJW-RR 03, 272, sa BVerfG NJW 09, 2945 (zivilrechtliche Anwaltshaftung fällt nicht in Schutzbereich der Berufsfreiheit); zur anwaltlichen Pflicht, den sogenannten sicheren Weg zu wählen, s Koblenz VersR 03, 461; Pflichtenmaßstab: Anwalt hat die höchstrichterliche Rechtsprechung zu kennen, s Dahns NJW-Spezial 05, 189; Anwalt darf auf die Richtigkeit der tatsächlichen Angaben des Mandanten vertrauen, Nachforschungspflicht nur, soweit er Unrichtigkeit oder Unvollständigkeit der Angaben kennt oder kennen muss, s BGH NJW 00, 730; NJW 96, 2931. Keine Haftung, wenn Pflichtverletzung (unterlassene Prozesshandlung im Kündigungsschutzprozess) den Schaden nicht verursacht hat (Kündigungsgrund war gegeben), s Düsseldorf VersR 03, 175. Zu den Pflichten bei einem umfassenden Beratungsvertrag eines **Steuerberaters** s Köln OLGR 03, 69. Zur Schlechterfüllung eines **Heimunterbringungs-/Pflege**vertrags s Düsseldorf ZfSch 03, 278. **cc) Haftungsmodifikationen,** zumeist Erleichterungen – sa § 619a –, können auf Grund von Kollektivvereinbarungen oder Individualverträgen gelten; ausnahmsweise werden auch Haftungsverschärfungen verabredet, zB die sog Mankohaftung wegen Mankogeld (vgl BAG AP Nr 20 – Haftung des AN; BAG VersR 75, 292; s aber auch BAG BB 74, 463 f zu den Schranken aus § 138 für solche Abreden) oder Akkordlohn (nur) für fehlerfreie Stücke. **dd) Bei Annahmeverzug** des Dienstberechtigten wird der Verpflichtete frei, § 615 S 1. **ee)** Die den §§ 320, 326 I zugrunde liegende synallagmatische Verknüpfung von Leistung und Gegenleistung wird teilweise gelöst: Arbeiter und Angestellte behalten bei unverschuldeter Krankheit für (regelmäßig) 6 Wochen ihren Lohnanspruch, obwohl sie selbst von ihrer Leistungspflicht frei nach § 275 geworden sind, § 616, BBiG 12 und EFZG 1 (die früher einschlägigen HGB 63, GewO 133c wurden zum 1.1.2003 aufgehoben). Ähnliche Befreiungen von der Arbeitspflicht, die den Lohnanspruch unberührt lassen, enthalten die Vorschriften zum Mutterschutz (s Rn 47 vor § 611), zum Mindesturlaub (BUrlG) sowie über Hausarbeits- und ges Feiertage (s dazu Ges zur Regelung der Lohnzahlung an Feiertagen v. 2.8.1951). Darüber hinaus enthalten Tarifverträge oft weitere Verhinderungsgründe, die von der Arbeitspflicht befreien, den Lohnanspruch jedoch unberührt lassen. **ff)** Wird der Dienstverpflichtete wegen Annahmeverzugs des Dienstberechtigten teilw frei, so behält er grundsätzlich seinen Vergütungsanspruch, § 615 S 1. Darüber wird auf Grund der durch das SchRModGes in § 615 S 3 kodifizierten arbeitsrechtlichen **Betriebsrisikolehre** ein Lohnanspruch auch dann zugestanden, wenn die Erbringung der Arbeitsleistung an Umständen scheitert, die der Sphäre des AG zuzurechnen sind. **gg)** Zurückhalten der Arbeitsleistung ist, sofern nicht ein Zurückbehaltungsrecht (zB wegen Verletzung der Fürsorgepflicht oder Verzugs mit Gehaltszahlung durch den AG, vgl ArbG Hamburg MDR 80, 524) besteht, grundsätzlich Vertragsbruch. **hh)** Besonderheiten gelten jedoch für den legitimen **Streik** – er suspendiert die Arbeitspflicht(en) der berechtigten Teilnehmer, sie verlieren jedoch ihren Vergütungsanspruch, BAG ZIP 00, 512; BAG NJW 89, 122 f, 124 zur Feiertagsvergütung. Der Arbeitsvertrag wird durch den Streik nicht verletzt und bleibt in Kraft; Treuepflichten (Rn 23 ff) sind weiter

17

18 19

20

21

22

§ 611
Buch 2. Abschnitt 8. Einzelne Schuldverhältnisse

zu erfüllen. Zur Auswirkung des rechtmäßigen Streiks auf die individuellen Arbeitsverhältnisse s Seiter, Streikrecht und Aussperrungsrecht, 1975, 230 ff; Waltermann § 31 II. Rechtswidriger Streik ist Eingriff in eingerichteten und ausgeübten Gewerbebetrieb, Schadensersatz aus § 823, s BAG NJW 89, 63; NZA 12, 1378 mwN. Voraussetzungen der Rechtmäßigkeit eines Streiks ie sind str; nach hM (zum Ganzen s von Hoyningen-Huene JuS 87, 505; Seiter aaO S 482 ff mwN) darf ein Arbeitskampf jedoch nur als ultima ratio von tariffähigen Parteien zwecks Abschluss oder Änderung eines Tarifvertrags geführt werden (str; zum politischen Arbeitskampf und zum Demonstrationsstreik s von Hoyningen-Huene aaO; Seiter aaO S 498 ff mwN); ein **Sympathiestreik** ist deshalb idR unzulässig, BAG NJW 85, 2546. Die Möglichkeiten friedlicher Beilegung des Konflikts sowie tarifvertragliche Fristen und Regelungsverfahren (Schlichtung) müssen zuvor versucht worden sein. Durch einstw Verfügung kann nur ein offensichtlich rechtswidriger Streik untersagt werden (LAG Sachsen NZA 08, 59 – Lokführerstreik). Auch für **Warnstreik** gilt ultimaratio-Prinzip, s BAG NJW 89, 58 f; dazu Buchner BB 89, 1334, Picker DB 89 Beil 16; zu neuen Arbeitskampfmitteln von Hoyningen-Huene JuS 87, 505. „Wilder" Streik einer ad-hoc Koalition ist rechtswidrig, BAG SAE 1980, 143. Zum Streik im öffentl Dienst Löwisch, Zulässiger und unzulässiger Arbeitskampf im öffentlichen Dienst, 1980; zum **Bummelstreik** s BGH 70, 277. Auch geplante gesetzwidrige Einzelmaßnahmen (Körperverletzungen, Sachbeschädigungen, Nötigungen) können einen Streik rechtswidrig machen. Aussperrung s Rn 44. Aufruf zu **Flashmob**-Aktion zur Streikunterstützung in Form von plötzlichen Betriebsstörungen im Einzelhandel durch Dritte (zB durch Stehenlassen von gefüllten Einkaufswagen in Ladengeschäften) ist zulässig, wenn der damit verbundene Eingriff in den eingerichteten und ausgeübten Gewerbebetrieb des betroffenen Arbeitgebers aus Gründen des Arbeitskampfrechts gerechtfertigt ist, etwa wenn dem Arbeitgeber wirksame Verteidigungsmöglichkeiten zur Verfügung stehen (BAG NJW 10, 631).

23 **5. Treuepflicht.** Sie umschreibt dogmatisch ein Bündel der in allen Schuldverhältnissen zu findenden, auf § 242 sowie als Schutzpflichten auf § 241 II abgestützten Nebenpflichten (Waltermann § 11 II mwN). Ihre Inhalte hängen ie von der Art des Dienstverhältnisses ab (s hierzu Stürner JZ 76, 384); je wesentlicher das Vertrauen für das jeweilige Verhältnis ist, desto stärker und umfassender ist die Treuepflicht.
24 **Einzelne Ausprägungen. a)** Gebot der **Wahrung der Interessen** des Dienstberechtigten: Es kann uU erfordern, bei Arbeitsausfällen zusätzlich anfallende Aufgaben
25 zu übernehmen, BAG NJW 73, 293. **b) Schadensabwendung.** Der Dienstverpflichtete muss nach § 241 II ihm anvertraute Vermögenswerte des Dienstberechtigten schützen und diesen ggf vor drohenden Schäden warnen (zB durch Hinweis auf Verdacht der Unterschlagung durch Mitarbeiter – vgl BAG NJW 70, 1861; Grenzen der Informationspflicht s BGH NJW-RR 89, 615). Steuerberater hat seinen Mandanten vor Schaden zu bewahren und ihn auch außerhalb seines Auftrags auf steuerliche Fehlentscheidungen hinzuweisen, wenn diese für einen durchschnittlichen Berater auf den ersten Blick ersichtlich sind oder er auf Grund seines persönli-
26 chen Wissens die Sach- und Rechtslage positiv kennt (München 03, 93). **c) Verschwiegenheit:** s UWG 17 I; Geschäfts- und Betriebsgeheimnisse, sa BAG NJW 88, 1686; zu den Grenzen der Verschwiegenheitspflicht s BGH 80, 28 ff; nach Beendigung des Dienstverhältnisses BAG NJW 83, 134, BB 99, 212. Zur ärztlichen Schweigepflicht (§ 203 StGB) bei Behandlung Minderjähriger s Wolfslast, FS Uni
27 Gießen, 2007, 361. **d) Wettbewerbsverbot:** für AN GewO 110 (s vor § 611 Rn 62), HGB 74–75 f; zur Unverbindlichkeit nach HGB 74a s BAG BB 96, 379. Treuwidrig ist die Abwerbung von Kunden des Dienstberechtigten, BGH WM 76, 325; ebenso **konkurrierende Nebentätigkeit,** die das Geschäftsinteresse des Dienstberechtigten zu beeinträchtigen geeignet ist, vgl BAG NJW 77, 646 (Architekt), sa oben Rn 16; sonstige Nebentätigkeiten sind nur dann Vertragsverletzung, wenn sie die Erfüllung der Dienstpflicht beeinträchtigen; eine generell Nebentätigkeit verbietende Vertragsklausel ist dahin auszulegen, dass nur solche Nebentätigkei-

Titel 8. Dienstvertrag und ähnliche Verträge § 611

ten verboten sind, an deren Unterlassung der AG ein berechtigtes Interesse hat, BAG DB 77, 544; Einzelheiten (auch zu Verletzungsfolgen nach BGB aF) s Grunewald NZA 94, 971; zur Nachwirkung bei Beendigung des Dienstvertrages s BGH WM 77, 618 (ohne Vereinbarung grundsätzlich kein Konkurrenzverbot), BAG NJW 76, 343 (nachvertragliches Wettbewerbsverbot grundsätzlich nur gegen Karenzentschädigung); s ferner BAG NJW 78, 1023: Bedingtes Wettbewerbsverbot für AN unverbindlich, gleichwohl ist bei Einhaltung Karenzentschädigung zu zahlen. Zulässig ist der Anruf eines **Headhunters** am Arbeitsplatz, sofern sich das Gespräch auf eine knappe Stellenbeschreibung beschränkt (BGH NJW 04, 2080). **e)** Verbot der Annahme von **Schmiergeld:** s UWG 12. Die Treuepflicht geht aber darüber hinaus (s BAG 11, 208). **f) Unterrichtung** über Nichtaufnahme der Arbeit s BAG NJW 85, 510. **g)** Verantwortung nach SGB III 2 II, III s Beckschulze BB 98, 793 (wohl Programmpunkt, nicht Ausprägung von § 242, vor allem: nicht Pflicht gegenüber AG).

6. Herausgabepflicht. Entspr § 667 2. Alt. ist der Dienstverpflichtete bzw AN **28** verpflichtet, dem Dienstberechtigten bzw AG alles herauszugeben, was er im Rahmen des Dienstverhältnisses aus Geschäftsbesorgungen erlangt. Das Auftragsrecht findet insoweit auch im Dienstvertrags- und Arbeitsrecht Anwendung. Herauszugeben sind alle Vorteile, soweit sie von Dritten nicht nur bei Gelegenheit, sondern gerade auf Grund eines inneren Zusammenhanges mit der Dienstleistung gewährt worden sind, zB Bonusmeilen, s BAG DStR 06, 805f mAnm Eckert; Geschäftsunterlagen, s BAG NZA 12, 501 mAnm Sörup ZD 12, 385.

II. Pflichten des Dienstberechtigten

1. Vergütung. Sie ist Hauptpflicht des Dienstberechtigten. Ausnahmsweise haf- **29** tet Dritter (Generalunternehmer) für tarifliche Löhne seiner Sub- und Nachunternehmer nach AEntG 1a. Auch bei fehlender Vergütungsvereinbarung gilt regelmäßig Entgelt als zugesagt, § 612 I. Zur formularmäßigen **Vorausabtretung** BGH 108, 98; NJW-RR 13, 248f; Kohte BB 89, 2257. Zur Einrede des nicht erfüllten Vertrags s Rn 13 f, 16. **a) Höhe:** Maßgebend ist Vereinbarung, bei Arbeitsverhält- **30** nissen jedoch nur, soweit nicht normative Festsetzungen durch Kollektivvereinbarungen vorgehen (s Rn 34 vor § 611) s zudem zur Herabsetzung des Honorars eines Strafverteidigers BGH NJW 11, 63; Entgeltvereinbarung muss sich an § 138 messen lassen, BAG BB 04, 1909 (allerdings offengelassen bei Tarifverträgen); BAG NZA 12, 974, 978 (zum Lohnwucher); bei fehlender Vereinbarung gilt § 612 II. Die Lohnhöhe kann abhängig von Dauer oder Ergebnis der Dienstleistung: „Zeitlohn" oder „Leistungslohn" (zB Akkordlohn). **Gleichbehandlung**sgrundsatz im **Arbeitsrecht** bei Lohn, Lohnzulagen, Weihnachtsgeld, Abfindungen usw s Rn 31 vor § 611; Abweichung nur in Individualverträgen zulässig, BAG BB 92, 2431. Im Bereich der Vergütung kann Gleichbehandlungsgrundsatz den Vorrang der Vertragsfreiheit durchbrechen, wenn AG den Lohn einer Gruppe von AN nach einem erkennbar generalisierenden Prinzip auf Grund einer abstrakten Regelung gewährt; von einer solchen Regelung darf ein AN nur aus sachlichen Gründen ausgeschlossen werden (BAG BB 05, 1168). Nicht sachwidrig ist das Differenzierungskriterium „Fortbestand des Arbeitsverhältnisses" und der dieser Differenzierung zugrundeliegende Zweck, Mitarbeiter zur künftigen Betriebstreue zu motivieren (BAG NZA 07, 558; s aber BAG GWR 13, 96). AN hat Auskunftsanspruch gegen AG bzgl Gruppenbildung, wenn Verletzung des Gleichbehandlungsgrundsatzes möglich erscheint (BAG BB 05, 1168); zur Darlegungslast des AG bei freiwilliger Entgelterhöhung für bestimmte ANgruppen s BAG NZA 11, 693. Auch „Provisionen" (HGB 65; Einzelheiten Löwisch ZHR 139, 363 ff) sind eine am Ergebnis der Dienstleistungen ausgerichtete Vergütung. Mischsysteme sind häufig, zB „Fixum" plus „Provisionen", „Prämien". Im Arbeitsrecht ist in bestimmten Fällen für zeitliche Mehrarbeit die Mehrarbeitsvergütung ges geregelt, s AZO 15 II. Aus dem **AGG** folgt ein gesetzlicher Gleichbehandlungsgrundsatz in Form eines Benachteiligungs-

verbots für Beschäftigungsverhältnisse und für selbstständige Dienstverträge, s Rn 46
31 und § 612 Rn 8. **b) Art: aa)** Geldvergütung ist die Regel. Berechnung, Zahlung, Abrechnung des Arbeitsentgelts regeln für alle AN GewO 107 f (s vor § 611 Rn 62). IZw wird Bruttolohn vereinbart; ein zur Lohnzahlung verurteilendes Erkenntnisurteil hat auf den Bruttolohn zu lauten (zur Verpflichtung des AG, Steuern und
32 Sozialversicherungsbeiträge einzubehalten und abzuführen, s Rn 39). **bb)** Als Vergütung oder Vergütungsteil können im Rahmen von GewO § 107 II auch Sachleistungen vereinbart werden, zB Überlassung von Wohnung (s aber §§ 565b–e für Dienstwohnung), Kraftfahrzeuge (sa BAG NJW 11, 1469; 12, 1758), Lebensmittel.
33 **c) Fälligkeit** s § 614. **d)** Eine **überzahlte Vergütung** kann gemäß § 812 I 1 1. Alt zurückgefordert werden; allerdings kann der **Rückzahlungsanspruch** ggf einer tarifvertraglichen Ausschlussfrist (zB BAT 70) unterliegen; diese führt anders als die Verjährung (§ 214) nicht nur zu einem Rückzahlungsverweigerungsrecht, sondern zu einem von Amts wegen zu beachtenden Verfall des Anspruchs, BAG NZA 05, 812; Boemke JuS 05, 1143. **e) Sonderformen:** Individualvertrag und Kollektivvereinbarungen können besondere Vergütungsformen – zumeist zusätzlich – vorsehen. Auch die zunächst unverbindliche Gewährung – etwa von Gratifikationen – kann durch vorbehaltlose Wiederholung zur Verpflichtung werden, zB dreimalige Zah-
34 lung von Weihnachtsgeld (BAG 14, 174; s jedoch Rn 37 vor § 611). **aa)** Zusätzliche Leistungen und Sonderzuwendungen (hierzu Schaub ZIP 94, 921; Kamanabrou Jura 99, 455), zu denen auch nicht im Synallagma stehende Entgeltformen im weiteren Sinne zählen, zB Anspruch auf Teilnahme am vergünstigten Personaleinkauf (vgl BAG NZA 05, 1223); **Vermögenswirksame Leistungen** (vgl BAG NJW 77, 75: „Lohn in neuartiger Form", nicht Sparzulage nach 3. VermBG 12, BAG DB 76, 2116); **Anwesenheitsprämie**, BAG NJW 79, 2120, NJW 82, 2789; **Ausbildungsbeihilfen** (zur Rückzahlungspflicht Rn 57 aE vor § 611). AG kann vom AN auf Grund Rückerstattungsabrede nur dann Fortbildungskosten zurückverlangen, wenn der Grund für die vorzeitige Beendigung des Arbeitsverhältnisses in der Sphäre des AN liegt (BAG NJW 04, 3059). **Gratifikationen**, zB Weihnachtsgratifikation (zum Freiwilligkeitsvorbehalt s BAG BB 75, 1531 sowie wN Rn 37 vor § 611; zum formularmäßigen Widerrufsvorbehalt s BAG NJW 11, 2153; zur Kombination von Freiwilligkeits- und Widerrufsvorbehalt in AGB s BAG NZA 12, 81; zur Zulässigkeit und Dauer der durch Rückzahlungsklauseln bewirkten Betriebsbindung s BAG NJW 74, 1671; zur betriebsbedingten Kündigung durch AG s BAG NJW 79, 1222; zur Gleichbehandlung Rn 46, 31 vor § 611, BAG NJW 03, 3150). **Urlaubsgeld** und **13. Monatsgehalt** (kein Anspruch auf anteilige Auszahlung bei vorzeitigem Ausscheiden, falls 13. Monatsgehalt als Weihnachtsgratifikation vereinbart war, BAG DB 72, 443); **Tantiemen** ua Gewinnbeteiligungen. AG kann sich **Rückforderung von Sonderzahlungen** für den Fall vorbehalten, dass AN Betrieb innerhalb der nä drei Monate verlässt; längere Bindungsdauer ist unwirksam, BAG BB 04, 1687, zumindest wenn die Höhe der gezahlten Zuwendung unter einem Monatsbezug liegt (BAG NJW 07, 2279); zur Rückforderung
35 einer Sonderzahlung mit Mischcharakter in AGB s BAG NJW 12, 1532. **bb) Ruhestandsbezüge** (Pensionen, Ruhegeld) sind Vergütung für geleistete Dienste und Fürsorge, str (s Schaub § 81 Rn 9; BGH: Gegenleistung für Betriebstreue, NJW 84, 1530). Sie müssen durch Individual- oder Kollektivvertrag oder betriebliche Übung begründet worden sein. Ein Blankettangebot des AG ist annahmefähig, die erforderliche Bestimmung notfalls durch die Gerichte nach § 315 III 2 vorzunehmen (BAG BB 75, 1115; s Rn 37 vor § 611). Auch Beiträge an Pensionskassen, Lebensversicherungen usw, die ihrerseits dem Dienstverpflichteten bei Eintritt bestimmter Voraussetzungen zu leisten haben, fallen hierunter (hierzu Gumpert BB 74, 606 ff); ebenso Zahlungen an Hinterbliebene des Dienstverpflichteten (Witwenrente, Waisengeld). Wird die gleiche Altersversorgung wie im öffentl Dienst versprochen, so ist eine gleichwertige Altersversorgung geschuldet, falls der AG die gleiche Alterssicherung wie für Angehörige des öffentl Dienstes nicht erreichen kann (BAG DB 75, 1755). Für Gewährung und Ausgestaltung von Ruhegeldzusagen gilt Gleichbehandlungs-

Titel 8. Dienstvertrag und ähnliche Verträge **§ 611**

grundsatz (s Rn 31 vor § 611). Zur **Unverfallbarkeit** von Anwartschaften s 36
BetrAVG 1; zur Insolvenzsicherung BetrAVG 7, bei Gesellschafter/Geschäftsführer
s BGH 77, 233. **Speziallit:** ABA, Handbuch der betrieblichen Altersversorgung,
8. Aufl 1992; Dietrich, AR-Blattei, D, Ruhegeld I; Ahrend/Förster/Cisch/Karst,
Betriebsrentengesetz, 13. Aufl 2012. **Widerruf** von Versorgungszusagen bei groben
Treuepflichtverletzungen, die Berufung auf Zusage als arglistig erscheinen lassen,
BAG NJW 80, 1127; s jedoch auch BAG BB 83, 198. Beschränkung oder Einstellung der Zahlung ist nur zur Behebung wirtschaftlicher Schwierigkeiten und zur
Erhaltung des Betriebes zulässig, BAG NJW 78, 1069; zum Ganzen Hütig DB 78,
693; bei ohnehin erforderlicher Betriebsstilllegung besteht keine Kürzungsmöglichkeit, BAG NJW 72, 733. Zu **Spannungs-** und **Wertsicherungsklauseln** s BAG 37
DB 76, 199; Schaub § 81 Rn 247–252. **Versorgungsausgleich** s § 1587a II Nr 3.

2. Fürsorgepflicht. Korrelat zur Treuepflicht. Sie ist wie diese eine Zusammen- 38
fassung von Nebenpflichten, die durch das Dienstverhältnis und seine jeweiligen
Typen ihre konkrete Ausprägung erfahren und wie bei anderen Verträgen ihre ges
Verankerung in § 242 haben. **a)** Unterscheiden lassen sich **Nebenleistung**spflichten 39
und **Schutz**pflichten nach § 241 II. Nebenpflicht zur Ausstellung eines Zeugnisses:
§ 630, s BAG BB 76, 841; zur korrekten Führung eines Arbeitszeitkontos s BAG
NJW 11, 1163; NZA 12, 870; NJOZ 12, 1687. Fürsorgpflichten gegenüber AN
sind in den Normen des ANschutzrechts in Einzelheiten, aber nicht abschließend
geregelt. Bestimmte öffentl-rechtliche Pflichten des AG wirken im Dienstverhältnis
als privatrechtliche Nebenpflichten. Bei der Feststellung, was die Fürsorgepflicht im
Einzelfall gebietet, sind auch die Wertungsvorgaben der Grundrechte zu beachten,
s BAG NJW 07, 795. Der Arbeitsvertrag begründet keine Schutzpflichten des AN
gegenüber seinen Arbeitskollegen, da er kein **Vertrag mit Schutzwirkung** zu
deren Gunsten ist (Wiedemann, Arbeitsverhältnis, 41; MK/Gottwald § 328 Rn 208;
aA Riesenhuber JZ 1999, 711, 713 f).

Nicht nur **Leben** und **Gesundheit,** sondern auch **Sachen** des AN bzw des freien 40
Dienstnehmers sind, soweit möglich und zumutbar, vor Schaden zu bewahren (s BAG
NJW 66, 1534 zur verkehrssicheren Anlage von Parkplätzen für AN; BAG BB 75,
1343 f zu den Einschränkungen). Allerdings lässt sich aus dem Fürsorgedanken keine
Verpflichtung ableiten, auch unverschuldete Sachschäden des AN zu ersetzen (s BAG
(GS) NJW 62, 411; zu Unfallschäden auf Dienstfahrten im eigenen Pkw BAG NZA
12, 91 (mAnm Schwarze RdA 12, 317ff); NJW 07, 1486; NJW 81, 702, aber auch
LAG Frankfurt NJW 81, 2271; s ferner Rn 45). Fürsorgepflicht verlangt, dass AG das
allgemeine Persönlichkeitsrecht des AN beachtet (zu Gesundheitsdaten in Personalakte
BAG NJW 07, 795; zum nachvertraglichen Einsichtsanspruch in Personalakte BAG BB
11, 1212 mAnm S. Müller, zum Schutz des Persönlichkeitsrechts des AN s Coester, FS
Georgiades, 2006, 737). **Sexuelle Belästigungen** am Arbeitsplatz hat der AG durch
geeignete Maßnahmen zu unterbinden (s BAG NJW 04, 3508 zu BeschSchG 4, jetzt
aufgehoben durch Art. 4 Gesetz zur Umsetzung europäischer RiLi zur Verwirklichung
der Gleichbehandlung vom 14.8.2006 [BGBl 2006 I 1897] mit dessen Inkrafttreten am
18.8.2006; zu AGG 3 IV, 7 I, III, 12 III s nunmehr BAG NJW 12, 407 mAnm Reinhard). Die Pflicht folgt jedenfalls auch aus dem Arbeitsvertrag selbst (**Schutz- und Fürsorgepflicht,** s Rn 1, Rn 41 vor § 611) und regelmäßig aus dem Maßnahmengebot
AGG 12, s dort. Das Benachteiligungsverbot des AGG 19 gilt für selbstständige Dienstnehmer, s bei AGG 19–20 zum Verhältnis Dienstberechtigter und Dienstnehmer.

Die Fürsorgepflicht des Dienstberechtigten kann neben den nichtvermögensrecht- 41
lichen Rechtsgütern und Interessen (s Rn 40) auch die Wahrnehmung von **Vermögensinteressen** des Dienstverpflichteten umfassen, zB die Verpflichtung, Lohn und
Abzüge richtig zu berechnen und Letztere korrekt abzuführen, über Versorgungsmöglichkeiten zu belehren (im öffentl Dienst, BAG NVwZ 85, 941), Auskünfte, die
im Zusammenhang mit dem Dienstverhältnis für wirtschaftliche Dispositionen des
Dienstverpflichteten Bedeutung haben, richtig zu geben, Zeugnisse (sa § 630 sowie
§ 109 GewO – Zeugnisanspruch des AN) und Bestätigungen zu erteilen, durch Voll-

kaskoversicherung Haftungsnachteile für AN zu vermeiden (Stuttgart NJW 80, 1169), den AN nach Verkehrsunfall von Regressansprüchen einer Versicherung freizustellen usw; ferner erhöhte Hinweis- und Aufklärungspflichten im Zusammenhang mit Aufhebungsvertrag, falls Versorgungseinbußen drohen (BAG ZIP 01, 472, s aber
42 auch BAG NZA-RR 12, 148). **b) Verletzungen der Fürsorgepflicht.** Verletzungen der Fürsorgepflicht berechtigen zum Zurückhalten der Dienstleistung und verpflichten zum Schadensersatz sowie ggf zur Ergreifung bestimmter Maßnahmen (zu Anspruch nach §§ 12, 862, 1004 BGB s BAG NJW 07, 794, sa Rn 40). Im Arbeitsrecht gelten jedoch für Personenschäden aus Arbeitsunfällen außerhalb des allg Verkehrs für die Haftung des AG Besonderheiten: SGB VII 104 stellt den AG außer im Falle vorsätzlich verursachter Körperverletzung von jeglicher Haftung frei; auch ein Schmerzensgeldanspruch ist ausgeschlossen, BVerfG NJW 73, 502. An die Stelle der individuellen Haftung des Schadensverursachers tritt ein System kollektiver Schadensabnahme: Der AN hat öffentl-rechtliche Sozialversicherungsansprüche gegen die zuständige Berufsgenossenschaft, die allerdings nicht den gesamten nach §§ 249 ff ersatzfähigen Schaden abnimmt und insbes kein Schmerzensgeld zahlt. Auch mittelbar geschädigte Angehörige und Hinterbliebene haben keine Ansprüche (vgl §§ 844, 845) gegen den AG, SGB VII 104 I (zum Ganzen s Gitter, Schadensausgleich im Arbeitsunfallrecht, 1969; zum Haftungsausschluss hinsichtlich eines Personenschadens nach SGB VII 105, 106 s BAG NJW 03, 1891; zur Neuregelung der früher in der RVO normierten Materie durch SGB VII 104–107 s Plagemann NJW 96, 3174; Rolfs NJW 96, 3177; Waltermann NJW 97, 3401).
42a **c)** Zu SGB III 2 I s Beckschulze BB 98, 791).
43 **3. Urlaub, Freizeitausgleich.** AN und ANähnlichen Personen gegenüber ist der AG zur Urlaubsgewährung, dh zur grundsätzlich unwiderruflichen Befreiung von der Arbeitspflicht für eine bestimmte Zeit bei Fortzahlung des Arbeitslohns verpflichtet (s BAG NZA 09, 1211). Regelung im BUrlG: Mindestdauer (BUrlG 3), ein mindestens 6 Monate bestehendes Dienstverhältnis (Wartezeit, BUrlG 4), Wahl der Urlaubszeit (BUrlG 7 I, II), Verbot der Erwerbstätigkeit im Urlaub (BUrlG 8), Nichtanrechnung von Krankheit während des Urlaubs auf die Urlaubszeit (BUrlG 9, sa 10 für Kur- und Heilverfahren), Höhe des fortzuzahlenden Entgelts (BUrlG 11), Abgeltung (BUrlG 7 IV), Nichtübertragbarkeit (BUrlG 7 III). Einzelheiten s Spezialkommentare, so Dersch/Neumann/Fenski, Bundesurlaubsgesetz, 10. Aufl 2011; Leinemann/Linck, Urlaubsrecht, 2. Aufl 2001. Unionsrechtlich bedingte Änderung (EuGH NJW 09, 495; 12, 290; 12, 509; NZA 12, 851; NVwZ 12, 688) der Rspr des BAG zum Verfall des Urlaubs bei Krankheit des AN bis zum Ende des Urlaubsjahres bzw Übertragungszeitraums; s zB BAG NZA 12, 1087 (partielle Aufgabe der Surrogatstheorie bei der Abgeltung von Urlaub); 12, 1216; NZA-RR 13, 48. Das BUrlG gewährt einen Mindestanspruch; daneben sind speziellere Ges und Kollektivvereinbarungen sowie dem AN günstigere Individualabreden maßgebend. Neben dem Anspruch auf bezahlten Urlaub kann die Fürsorgepflicht eine zeitweise Freistellung von der Arbeitspflicht zusätzlich zum Urlaub erfordern, wenn zwingende Gründe gegeben sind (zB Teilnahme an Beerdigung eines nahen Familienangehörigen); für die Zeit der Freistellung entfällt der Vergütungsanspruch (unbezahlter Urlaub). Vom Urlaub ist der Freizeitausgleich bei einem Arbeitszeitkonto zu unterscheiden. AG erfüllt den sich aus einem Arbeitszeitkonto ergebenden Freizeitausgleichsanspruch regelmäßig durch Freistellung des Arbeitnehmers von seiner Pflicht, Arbeitsleistungen zu erbringen. Diese kann auch widerruflich erfolgen. Die Bestimmung der Zeit mit Arbeitspflichten und der Zeit ohne Arbeitspflichten unterliegt dem Weisungsrecht des Arbeitgebers nach GEWO § 106 S 1. AG hat diese Bestimmung nach billigem Ermessen gem. § 315 III vorzunehmen. Er ist nicht gehindert, an zunächst für arbeitsfrei bestimmten Tagen erneut Arbeit anzuordnen (BAG NZA 09, 1211).
44 **4. Beschäftigung.** AG ist verpflichtet, den AN nach wirksamer Begründung des Arbeitsvertragsverhältnisses (sa BAG NJW 84, 830) zu beschäftigen, falls dieser es

Titel 8. Dienstvertrag und ähnliche Verträge § 611

verlangt und die Beschäftigung für den AG zumutbar ist (Einzelheiten BAG NJW 56, 360; Dütz FS BAG, 1979, 71). Zur Freistellung von der Arbeitspflicht unter Anrechnung der Urlaubsansprüche nach Kündigung s BAG NZA 07, 36 sowie zum Vergütungsanspruch bei Freistellung des AN s BAG NJW 08, 1550. Zur Beschäftigungspflicht nach Kündigung s BetrVG 102 V, BPersVG 79 II, BAG NJW 86, 2965 (wiederholte Kündigung), (GS) NJW 85, 2968; NJW 00, 236 (rechtzeitiger Widerspruch); NJW 04, 315 (Weiterbeschäftigungsanspruch nur, wenn Betriebsrat bei Widerspruch AN konkretisiert oder eindeutige Merkmale zur Individualisierung der betroffenen AN genannt hat). Bereicherungsausgleich, falls Weiterbeschäftigung doch rechtsgrundlos, BAG NJW 87, 2251; AR-Blattei 93, 440 Nr 26; dazu Kreßel JZ 88, 1107 f; Wertheimer AR-Blattei 93, 440 Nr 29. Keine Beschäftigungspflicht bei Teilstreik, BAG BB 95, 410; Beschäftigungs- und Vergütungspflicht ruht auch bei rechtmäßiger **Aussperrung;** zur Zulässigkeit der Abwehraussperrung bei Verhältnismäßigkeit BVerfG NJW 91, 2549; BAG NJW 93, 218.

5. Aufwendungsersatz und Schadenserstattung. a) Macht der Dienstverpflichtete zur Erfüllung seiner Pflichten Aufwendungen, die nicht schon zu den normalen, durch das vereinbarte Entgelt abgegoltenen Kosten der Erbringung seiner Dienstpflichten und der Bereithaltung seiner Arbeitskraft (Lebenshaltungskosten) rechnen, dann sind sie vom Dienstberechtigten in **entspr** Anwendung des § 670 zu vergüten (Bsp: verauslagte Zollgebühren; sa BAG BB 75, 1344: Geschäftsspesen auf Kreditkarte). Dabei handelt es sich um einen allgemeinen Rechtsgrundsatz, der auch für das Arbeitsrecht gilt (BAG NJW 04, 2037; NZA 99, 38). Daher kann der AN, dessen AG die Einrichtung eines Heimarbeitsplatzes und den Wegfall des entsprechenden betrieblichen Arbeitsraums anordnet, von dem AG eine **Nutzungsentschädigung** entspr § 670 verlangen, die der ortsüblichen Miete, gemindert um Vermietergewinn und Erhaltungsaufwandrücklagen entspricht (BAG NJW 04, 2036); s zum Kostenersatz für Einrichtung eines häuslichen Arbeitszimmers BAG NZA 12, 97. Von Verbindlichkeiten hat der Dienstherr den Dienstverpflichteten zu befreien; nicht: Bußgeld wegen Verkehrsverstoß, LAG Schleswig-Holstein BB 00, 1737. **b)** Für Sach- oder Vermögens**schäden** des AN hat AG nach der hL entspr § 670 (andere Begründung bei § 670 Rn 8 ff, 11: Risikohaftung) einzustehen, falls durch Einsatz im Betätigungsbereich des AG entstanden, s BAG (GS) NJW 62, 412, NJW 89, 317; NJW 07, 1486 (auch zu mitwirkendem Verschulden); NJW 96, 1301 f, NZA 12, 91 (Unfall mit Privat-PKW); ferner NJW 95, 2372 (Anwaltskosten).

6. Benachteiligungsverbot im Beschäftigungsverhältnis. Zum persönlichen Anwendungsbereich s AGG 6. Das Benachteiligungsverbot des AGG 7 richtet sich gegen den Beschäftigungsgeber, ua auch gegen **Mitbeschäftigte** (s AGG 7). Gem AGG 7 III ist die Vornahme einer Benachteiligung aus Gründen der Rasse oder wegen der ethnischen Herkunft, des Geschlechts, der Religion oder Weltanschauung, einer Behinderung, des Alters oder der sexuellen Identität (s bereits vor § 611 Rn 32) eine Verletzung vertraglicher Pflichten. Das bedeutet, kraft Gesetzes enthält jeder Beschäftigungsvertrag ein Benachteiligungsverbot iSv AGG 7 zu Gunsten der beim gleichen Beschäftigungsgeber Beschäftigten. Geschlechtsbedingt diskriminierend ist daher Kündigung einer AN wegen In-Vitro-Fertilisation s hierzu EuGH NZA 08, 345 (Verstoß gegen GleichbehandlungsRiLi 76/207/EWG); wegen unzureichender Deutschkenntnisse hingegen nicht ethnisch diskriminierend s BAG BB 10, 1733. Dazu, dass der Beschäftigungsvertrag ein Arbeitsvertrag oder einem Arbeitsvertrag gleichgestellter Vertrag ist, s bei AGG § 6. Zum Maßregelungsverbot im Arbeitsverhältnis s § 612a.

7. Darlegungs- und Beweislast. Klagt AN Arbeitsvergütung ein, hat er darzulegen und ggf zu beweisen, dass er Arbeit verrichtet oder einer der Tatbestände vorgelegen hat, der eine Vergütungspflicht ohne Arbeit normiert; s BAG NZA 12, 998. Für Überstunden s BAG NZA 12, 939.

§§ 611a–612

§ 611a Geschlechtsbezogene Benachteiligung *(aufgehoben)*

§ 611b Arbeitsplatzausschreibung *(aufgehoben)*

1 § 611a und § 611b wurden durch Art. 3 XIV Gesetz zur Umsetzung europäischer RiLi zur Verwirklichung der Gleichbehandlung vom 14.8.2006 [BGBl 2006 I 1897] aufgehoben mit Wirkung zum 18.8.2006 (AGG Rn 1 vor 1). Zur **intertemporalen Anwendbarkeit** auf Altfälle s AGG 33 I. Die in Konkretisierung des allg Gleichbehandlungsgebots (hierzu Rn 31 vor § 611) auf Grund EG-RiLi 76/207 1980 eingeführten und durch 2. Gleichberechtigungsges 1994 (hierzu Mittmann NJW 94, 3049) sowie des Ges vom 29. 6. 98 geänderten beiden Vorschriften verboten geschlechtsbezogene Benachteiligungen bei Ausschreibung (§ 611b), Begründung, Ausgestaltung und Beendigung von Arbeitsverhältnissen (§ 611a). Zu beiden s Voraufl. Seit dem 18.8.2006 ist das **AGG,** insbes AGG 6–16 an ihre Stelle getreten, s dazu Rn 1 vor §§ 620–630.

§ 612 Vergütung

(1) **Eine Vergütung gilt als stillschweigend vereinbart, wenn die Dienstleistung den Umständen nach nur gegen eine Vergütung zu erwarten ist.**

(2) **Ist die Höhe der Vergütung nicht bestimmt, so ist bei dem Bestehen einer Taxe die taxmäßige Vergütung, in Ermangelung einer Taxe die übliche Vergütung als vereinbart anzusehen.**

1 1. **Allgemeines.** § 612 I, II verhindern Vertragsungültigkeit wegen Nichteinigung über wesentlichen Punkt durch eine subsidiäre Vergütungsregelung. Analog anwendbar, wenn über Arbeitsvertrag hinaus höherwertige Dienste erbracht werden, BAG DB 78, 1131. Die Vorschrift gibt kein Wahlrecht zwischen vereinbarter und üblicher Vergütung (BAG DB 79, 409). Gleichbehandlungsgrundsatz (Vor § 611 Rn 31) für Lohngestaltung s III; hierzu Rn 8. Preisvereinbarungen unterliegen nicht der AGB-Inhaltskontrolle (§ 307 III 1), s zu Abgrenzungsfragen BGH NJW 11, 2640; 02, 2386 mN. Zur Berechnung, Auszahlung und Abrechnung des Arbeitsentgelts s GewO 107, 108 (vor § 611 Rn 62). Zur mittelbaren Diskriminierung gem RiLi 76/207/EWG bei „pro rata temporis"-Berechnung der Abfindung s BAG DB 07, 1536. Zur Vorstandsvergütung Martens ZHR 169 (2005), 124 ff.

2 2. **Vergütungspflicht.** Vergütung ist Gegenleistung zur Dienstpflicht. **a) Voraussetzung:** Dienstleistungen müssen ausdrücklich oder durch schlüssiges Verhalten versprochen sein (BAG NJW 74, 380). Zur Vergütung der Erfindung eines Geschäftsführers s BGH GRUR 07, 52; WM 90, 351. Die Rspr des BAG wendet § 612 auch bei nichtigem Arbeitsvertrag oder nichtiger Vergütungsabrede an (AP Nr 2 zu § 138; Nr 20 zu § 612). Eine Vergütung muss „nach den Umständen", dh unter Berücksichtigung von Art, Umfang und Dauer der Dienstleistungen, der Berufs- und Erwerbsverhältnisse des Dienstleistenden sowie der Verkehrssitte (BGH DB 75, 1982) geschuldet sein, Bsp Vergütung von Reisezeiten, s BAG NJW 98, **3** 1581. Sonderzuwendungen sa § 611 Rn 34. **Unentgeltlichkeit** kann auf Grund einer Abrede (aber dann im Zweifel Auftrag [§ 662]) insbes bei entspr Standesregeln vorliegen, ferner zB bei Volontär- oder Praktikantenverhältnis. Bei Gefälligkeiten oder Dienstleistungen im Familienverband fehlt oft schon die Voraussetzung vertraglicher Dienstleistungsverpflichtung s vor § 611 Rn 1, 17. Zu Überstunden s BAG NZA 11, 1335; 12, 148; 12, 862 (kein allgemeiner Rechtsgrundsatz für Vergütungspflicht). Schwierigkeiten bereiten die unentgeltlich, aber in Erwartung späterer Eheschließung oder Erbeinsetzung erbrachten Dienste; das BAG wendet § 612 **4** an (AP Nr 23, 27 zu § 612; NJW 78, 444); sa § 812 Rn 14. **b) Folge:** Vertragliche Vergütungspflicht; Höhe s II.

Titel 8. Dienstvertrag und ähnliche Verträge § 612a

3. Voraussetzungen und Rechtsfolgen des II. a) II setzt als **Voraussetzungen,** dass Vergütung vereinbart oder als vereinbart nach I anzunehmen ist, die Höhe jedoch nicht bestimmt wurde. **Aufklärungspflicht** des Anwalts über voraussichtliche Höhe der Vergütung s BGH NJW 80, 2130. **b) Folge:** Geschuldet ist die **aa)** taxmäßige Vergütung, zB die in einschlägigen amtlichen Gebührenordnungen festgelegte Taxe, soweit sie nicht ohnehin zwingend gilt. **bb)** Fehlt eine maßgebende Taxe, ist hilfsweise die übliche Vergütung geschuldet. Üblich ist die im gleichen Gewerbe oder Beruf am gleichen Ort für vergleichbare Dienstleistungen im Durchschnitt gezahlte Vergütung. Von Verbänden festgelegte Gebühren sind nicht ohne weiteres „übliche", maßgeblich ist ihre Verkehrsgeltung (vgl BGH LM Nr 8). Als üblich gilt auch der entspr Tariflohn (LAG Düsseldorf DB 78, 166; sa MK/Müller-Glöge 30). Bei Krankenbehandlungen ergibt sich die Üblichkeit der Vergütung idR auch aus den Höchstsätzen im Rahmen der Beihilfe für Beamte und Angestellte des öffentlichen Dienstes (unabhängig davon, ob der Schuldner beihilfeberechtigt ist), s LG Trier VersR 03, 846; LG Köln VersR 00, 627.

4. Beweislast. Die für der Höhe nach offen gebliebene Vergütung sprechenden Umstände hat der Dienstverpflichtete zu beweisen, die Abrede der Unentgeltlichkeit der Dienstberechtigte (BGH DB 75, 1982); jedoch München NJW 84, 2537 zur Gebührenvereinbarung Anwalt – Mandant. Behauptet der Mandant, mit seinem Rechtsanwalt eine die gesetzlichen Gebührensätze unterschreitende Pauschalvereinbarung geschlossen zu haben, so trägt er für dieses Vorbringen die Beweislast (Saarbrücken OLGR 03, 82).

5. Gleichbehandlung bei der Lohngestaltung. Dabei ist zu unterscheiden: Zum **Arbeitsverhältnis** s § 611 Rn 30, Rn 31 vor § 611; dazu BAG NJW 93, 3093 f, NJW 97, 2000 (Differenzierungen zwischen sachgerecht gebildeten Gruppen zulässig). Zur „Vereinbarung" BAG BB 93, 651. Rechtsfolgen bei Verstoß: Gleiche Vergütung für diskriminierte Gruppe, BAG NJW 93, 3095; BAG NJW 03, 861. Arbeitsverhältnisse sind auch **Beschäftigungsverhältnisse** iSv AGG 6. Hier verbieten AGG 6 ff auch bei der Lohngestaltung Benachteiligungen speziell aus Gründen der Rasse oder wegen der ethnischen Herkunft, des Geschlechts, der Religion oder Weltanschauung, einer Behinderung, des Alters oder der sexuellen Identität (AGG 7). Für **freie Dienstverträge** gilt das Benachteiligungsverbot der AGG 19 ff, das auch Honorarbenachteiligung aus den gleichen genannten Gründen verbietet. § 612 III gebot die geschlechtsbezogene Gleichbehandlung bei der Lohngestaltung im Arbeitsverhältnis. Eine Entschädigungsregel sanktionierte Verstöße gegen III, s Voraufl. § 611 III wurde durch Art. 3 XIV Gesetz zur Umsetzung europäischer RiLi zur Verwirklichung der Gleichbehandlung vom 14.8.2006 [BGBl 2006 I 1897] mit Wirkung zum 18.8.2006 (AGG Rn 1 vor 1) aufgehoben. Zur intertemporalen Anwendbarkeit auf Altfälle s AGG 33 I. Seit dem 18.8.2006 ist das AGG, insbes §§ 6–16 an seine Stelle getreten, s bei AGG 7.

§ 612a Maßregelungsverbot

Der Arbeitgeber darf einen Arbeitnehmer bei einer Vereinbarung oder einer Maßnahme nicht benachteiligen, weil der Arbeitnehmer in zulässiger Weise seine Rechte ausübt.

Eingefügt durch ARbREG-AnpassungsG, ausf Schilling, Das Maßregelungsverbot des § 612a BGB, Diss. Konstanz 2007. Rechtsausübung des einzelnen AN kann Geltendmachung von Ansprüchen, aber auch Wahrnehmung sonstiger Rechtspositionen sein (BAG NZA 07, 806; 12, 317), zB Antrag auf Vorruhestand. Der Rechtsgedanke des Maßregelungsverbots kann zur Anwendung kommen, wenn AN deshalb benachteiligt wird, weil Betriebsrat sein Mitbestimmungsrecht in zulässiger Weise ausübt (s BAG NZA 08, 56). „In zulässiger Weise" verdeutlicht, dass missbräuchliche Rechtsausübung nicht gedeckt ist, also „benachteiligende" Reaktionen

§§ 613, 613a

möglich bleiben, vgl LAG Hamm NZA-RR 97, 281 (Umsetzung bei Reibereien). „Maßnahme" kann auch Kündigung (BAG NZA 96, 249, NZA 12, 210; LAG Köln NZA 95, 128) oder Unterlassen eines Folgevertragsangebots bei befristet beschäftigtem AN (BAG NZA 12, 317f) oder Vorenthalten von Vorteilen (BAG NZA 07, 865, DB 09, 2496, NZA 12, 33) oder „Treueprämie" für Nichtbeteiligung am Streik (BAG NJW 93, 218) oder Ausschluss von freiwilliger Leistung (BAG NJW 03, 772) sein. Anwesenheitsprämie verstößt jedoch nicht gegen § 612a, ebenso wenig Ausschluss tariflicher Abfindung für den Fall, dass AN Kündigungsschutzklage erhebt, BAG NZA 07, 821. Auch Vollzug einer kollektivrechtlichen Regelung oder einer vertraglichen Vereinbarung ist keine Benachteiligung iSv § 612a (BAG NZA 12, 31). Zwischen Benachteiligung und zulässiger Rechtsausübung muss ein unmittelbarer Zusammenhang bestehen (BAG NZA 07, 865; 12, 321). Rechtsfolge: Erfasste Rechtsgeschäfte sind nichtig (§ 134), nichtrechtsgeschäftliche Anordnungen sind unbeachtlich. Rechtswidrige Benachteiligung ist zu beseitigen, dh ggf Anspruch des AN auf vorenthaltene Leistung (BAG NZA 02, 1389; s aber auch BAG NZA 12, 317f). Schadensersatz gem §§ 611, 280 I; 823 II, 612a. Das speziellere Verbot des AGG 16 geht in seinem Anwendungsbereich § 612a vor (dazu Schilling aaO 213).

§ 613 Unübertragbarkeit

¹Der zur Dienstleistung Verpflichtete hat die Dienste im Zweifel in Person zu leisten. ²Der Anspruch auf die Dienste ist im Zweifel nicht übertragbar.

1 S § 611 Rn 6.

§ 613a Rechte und Pflichten bei Betriebsübergang

(1) ¹Geht ein Betrieb oder Betriebsteil durch Rechtsgeschäft auf einen anderen Inhaber über, so tritt dieser in die Rechte und Pflichten aus den im Zeitpunkt des Übergangs bestehenden Arbeitsverhältnissen ein. ²Sind diese Rechte und Pflichten durch Rechtsnormen eines Tarifvertrags oder durch eine Betriebsvereinbarung geregelt, so werden sie Inhalt des Arbeitsverhältnisses zwischen dem neuen Inhaber und dem Arbeitnehmer und dürfen nicht vor Ablauf eines Jahres nach dem Zeitpunkt des Übergangs zum Nachteil des Arbeitnehmers geändert werden. ³Satz 2 gilt nicht, wenn die Rechte und Pflichten bei dem neuen Inhaber durch Rechtsnormen eines anderen Tarifvertrags oder durch eine andere Betriebsvereinbarung geregelt werden. ⁴Vor Ablauf der Frist nach Satz 2 können die Rechte und Pflichten geändert werden, wenn der Tarifvertrag oder die Betriebsvereinbarung nicht mehr gilt oder bei fehlender beiderseitiger Tarifgebundenheit im Geltungsbereich eines anderen Tarifvertrags dessen Anwendung zwischen dem neuen Inhaber und dem Arbeitnehmer vereinbart wird.

(2) ¹Der bisherige Arbeitgeber haftet neben dem neuen Inhaber für Verpflichtungen nach Absatz 1, soweit sie vor dem Zeitpunkt des Übergangs entstanden sind und vor Ablauf von einem Jahr nach diesem Zeitpunkt fällig werden, als Gesamtschuldner. ²Werden solche Verpflichtungen nach dem Zeitpunkt des Übergangs fällig, so haftet der bisherige Arbeitgeber für sie jedoch nur in dem Umfang, der dem im Zeitpunkt des Übergangs abgelaufenen Teil ihres Bemessungszeitraums entspricht.

(3) Absatz 2 gilt nicht, wenn eine juristische Person oder eine Personenhandelsgesellschaft durch Umwandlung erlischt.

(4) ¹Die Kündigung des Arbeitsverhältnisses eines Arbeitnehmers durch den bisherigen Arbeitgeber oder durch den neuen Inhaber wegen des Über-

gangs eines Betriebs oder eines Betriebsteils ist unwirksam. ²Das Recht zur Kündigung des Arbeitsverhältnisses aus anderen Gründen bleibt unberührt.

(5) Der bisherige Arbeitgeber oder der neue Inhaber hat die von einem Übergang betroffenen Arbeitnehmer vor dem Übergang in Textform zu unterrichten über:
1. den Zeitpunkt oder den geplanten Zeitpunkt des Übergangs,
2. den Grund für den Übergang,
3. die rechtlichen, wirtschaftlichen und sozialen Folgen des Übergangs für die Arbeitnehmer und
4. die hinsichtlich der Arbeitnehmer in Aussicht genommenen Maßnahmen.

(6) ¹Der Arbeitnehmer kann dem Übergang des Arbeitsverhältnisses innerhalb eines Monats nach Zugang der Unterrichtung nach Absatz 5 schriftlich widersprechen. ²Der Widerspruch kann gegenüber dem bisherigen Arbeitgeber oder dem neuen Inhaber erklärt werden.

Lit: Annuß, Der Betriebsübergang in der neuesten Rechtsprechung des BAG, BB 98, 1582; Hanau, Perversion und Prävention bei § 613a BGB, ZIP 98, 1817; Hauck, Neueste Entwicklung der Rechtsprechung zu § 613a BGB, NZA 04, Sonderbeilage zu Heft 18, 17; Hitzfeld, § 613a BGB im System der europäischen Rspr, BB 91, 199; Jaeger, Die Unterrichtungspflicht nach § 613a Abs 5 usw, ZIP 04, 433; Moll, Die Rechtsstellung des AN nach einem Betriebsübergang, NJW 93, 2016; Neef, Die Rechtsprechung des BAG zum Betriebsübergang, NZA-RR 99, 225; Schaub, Ausgewählte Rechtsfragen zu § 613a BGB, ArbRGeg 18, 71; Schiefer, Rechtsfolgen des Betriebsübergangs nach § 613a BGB, NJW 98, 1817; Schmalenberg, Die Tatbestandsvoraussetzungen des Betriebsübergangs gemäß § 613a BGB, NZA 89 Beil 1; Schwanda, Der Betriebsübergang in § 613a BGB unter bes Berücksichtigung des Betriebsbegriffs, 1992; Waas, Rechtsprechung zum Betriebsübergang nach § 613a BGB im Jahr 2004, BB 05, 1445; Willemsen/Lembke, Die Neuregelung von Unterrichtung und Widerspruchsrecht der Arbeitnehmer beim Betriebsübergang, NJW 02, 1159.

1. Allgemeines. Die Regelung hat nach BAG NJW 83, 2283 f drei Ziele: Schutz bestehender Arbeitsplätze, Kontinuität des amtierenden Betriebsrats (zu gewährleisten), Abstimmung der Haftung des alten und des neuen AG. Neben der Erwerberhaftung aus II können HGB 25 oder 128 (BAG NJW 78, 391; sa BAG NZA 88, 246 zu HGB 25) gegeben sein. Änderung EG-BetriebsübergangsRiLi s ZIP 98, 1329. V, VI eingefügt durch Ges zur Änderung des Seemannsgesetzes und anderer arbeitsrechtlicher Gesetze mit Wirkung zum 1.4.2002.

2. Voraussetzungen. a) Bestehendes, auch faktisches **Arbeits**verhältnis; auch ohne Kündigungsschutz (BAG NJW 03, 2473), ebenso dasjenige leitender Angestellter (BAG NJW 03, 2930 mN; BB 78, 914). **Nicht:** Anstellungsvertrag des GmbH-Geschäftsführers (BAG NJW 03, 2473 mN); selbstständiges Dienstverhältnis (BAG NJW 03, 2930 mN); **beendetes Arbeits**verhältnis; bei Betriebsübergang bereits ausgeschiedene AN müssen sich an Veräußerer halten, BAG NJW 87, 3031 (auch wegen Versorgungslasten, sa BAG ZIP 05, 957). **b) Rechtsgeschäftliche** (BAG BB 78, 1720), aber auch wegen Geschäftsfähigkeit unwirksame, vgl BAG NJW 86, 453; nicht notwendig unmittelbare, s BAG NZA-RR 13, 13; NZA 04, 1383; str) **Übertragung eines Betriebs** (klarstellende Definition s BetriebsübergangsRiLi, Rn 1) – nicht: Übernahmemöglichkeit, BAG NJW 99, 2459 – oder eines selbstständig übergangsfähigen Betriebsteils, s hierzu Schwanda aaO S 20 ff. Allgemein liegt ein Betriebsübergang iSv § 613 I vor, wenn ein neuer Rechtsträger die wirtschaftliche Einheit des Betriebs oder eines Betriebsteils unter Wahrung der Identität fortführt (st Rspr; BAG NJOZ 07, 5219; NZA 12, 507; NJW 10, 1689). Ein Betriebsübergang setzt die Wahrung der Identität einer auf gewisse Dauer angelegten, hinreichend strukturierten und selbstständigen wirtschaftlichen Einheit (Betrieb oder Betriebsteil) voraus. Dabei kommt es auf eine Gesamtwürdigung aller Umstände an. Der Übernehmer muss zwar nicht die konkrete Organisation der verschiedenen übertragenen Produktionsfaktoren beibehalten, er muss aber die

§ 613a

funktionelle Verknüpfung der Produktionsfaktoren in ihrer Wechselbeziehung und gegenseitigen Ergänzung fortführen. Der Übergang eines **Betriebsteils** setzt voraus, dass schon beim Betriebsveräußerer eine selbstständig abtrennbare organisatorische Einheit besteht, die innerhalb des betrieblichen Gesamtzwecks einen Teilzweck verfolgt. Diese identifizierbare wirtschaftliche und organisatorische Teileinheit muss beim Betriebserwerber im Wesentlichen unverändert fortbestehen. Die organisatorische Selbstständigkeit braucht beim Betriebserwerber jedoch nicht vollständig bewahrt zu werden (EuGH NJW 09, 2029; BAG NJW 10, 1689; NZA 12, 509). Auch aufschiebend bedingter Kaufvertrag ist geeignetes Rechtsgeschäft (BAG DB 08, 1161). Betriebsteil ist jede unterscheidbare Abteilung oder wirtschaftliche Einheit (hierzu BAG NJW 98, 1883; NZA 11, 1231), die als solche veräußerungsfähig ist (BAG AP Nr 1 zu § 613a), aber auch sächliche oder immaterielle Betriebsmittel, mit denen „arbeitstechnische Teilzwecke" weiterverfolgt werden können, zu den Voraussetzungen sa BAG DB 08, 992; NJW 00, 1589 (nicht: einzelne LKWs, aber BAG NZA 99, 926: Kasernengebäude; EuGH NJW 04, 45: Übergang von Räumen und Inventar ohne Personal reicht bei Krankenhaus-Catering für Betriebsübergang); entscheidend für Annahme eines Betriebsübergangs ist stets die Wahrung der Identität der betreffenden wirtschaftlichen Einheit, BAG ZIP 97, 1975; NJW 99, 1653; ZIP 98, 36 (nicht bei Weiterverpachtung einer Gaststätte und Änderung des Betriebsangebots), ZIP 06, 2181 (nicht bei Änderung des Verkaufskonzepts); BGH NZA 08, 753 (nicht bei Kündigung der Lizenz durch den auch nutzungsberechtigten Patentrechtsinhaber); Übernahme von Personal ist Rechtsfolge, nicht Voraussetzung für Betriebsübergang; nur bei betriebsmittelarmen Betrieben kann Nichtübernahme von Personal den Tatbestand des Betriebsübergangs ausschließen, BAG NZA 04, 1383 = NJW 05, 175 (LS), BeckRS 12, 72438; umgekehrt kann Übernahme einer Gesamtheit von AN bei solchen Betrieben ggf Betriebsübergang begründen (BAG NZA-RR 13, 6). Betriebsübergang auch dann, wenn selbstständige Einheit nicht gewahrt wird, aber die funktionellen Verknüpfungen der übertragenen Produktionsformen, dh der Funktions- und Zweckzusammenhang zwischen den verschiedenen übertragenen Faktoren beibehalten wird und dem Erwerber erlaubt, diese Faktoren zu nutzen, um einer gleichartigen wirtschaftlichen Tätigkeit nachzugehen, ua EuGH NJW 09, 2029; BAG NJW 10, 1689.

3a Zum Inhaberwechsel (maßgeblich ist Wechsel der Rechtspersönlichkeit s BAG NJW 08, 314) und zur Übertragung von **Leitungsmacht** s BAG NZA 12, 1165; DB 08, 1161; NJW 99, 1131; Erwerb von Dritten (Sicherungseigentümer) s BAG NJW 86, 448; umfassend Loritz S 66; nach EuGH BB 94, 1500 sogar Übertragung einzelner (Reinigungs-)Aufgaben an Fremdfirma, dazu jedoch einschränkend EuGH NJW 97, 2039, BAG NJW 98, 1885; NZA-RR 13, 179, BeckRS 12, 67383: Funktions- bzw Auftragsnachfolge allein ist kein Betriebsübergang, BAG NZA 99, 486; Jochums NJW 05, 2580 ff; deshalb Neubesetzung Notariat kein Betriebsübergang, s BAG NZA 00, 371; sa BAG NJW 97, 3188; BAG BB 98, 1162 (Schließung der Kundendienstabteilung und Übertragung des Kundendiensts an Drittfirma: nein); Schließung und Neueröffnung eines Einzelhandelsgeschäfts s BAG NZA 00, 369; zur Übertragung des sog Handlings auf einem Großflughafen s BAG NZA 07, 1296; zur Übernahme eines IT-Service-Betriebs s BAG NZA-RR 13, 6; zur Rspr sa Etzel NJW 98, 1197; 99, 2941. Nicht erforderlich ist *Übereignung* des Betriebsvermögens (BAG NJW 76, 535), ausreichend ist Verpachtung, BAG NJW 81, 2212, Rückgabe nach Pachtende s BAG NJW 99, 2461 (Betriebsübergang nur, wenn Verpächter selbst tatsächlich fortführt). Auch andere Nutzungsvereinbarung (zB Nießbrauch oder untypischer Vertrag) ist ausreichend (BAG NZA 06, 723). Betriebsstilllegung und -übergang schließen sich systematisch aus, BAG NZA-RR 12, 575; ZIP 07, 2136; ZIP 95, 236; sa NZI 13, 151. Zum Betriebsübergang durch eine Reihe sich ergänzender RGeschäfte s BAG BB 87, 1604. Heimarbeitsverhältnis s BAG NZA 98, 1001 (nein); Betrieb durch Auffanggesellschaft s BAG NJW 85, 1574; Übernahme durch Zwangsverwalter BAG NJW 80, 2148; 11, 3596. § 613a ist nicht anwendbar bei Rechtsübergang kraft Ges (Seiter aaO S 42; zu ANrechten

Titel 8. Dienstvertrag und ähnliche Verträge   § 613a

bei ges vollzogenem AGwechsel im Rahmen einer Privatisierung s BVerfG NJW 11, 1427 mAnm Dzida), zB Universalsukzession gem § 1922, § 20 I Nr 1 UmwG oder Stiftungsgesetz (s BAG NZA 06, 848 – „Stiftung Oper in Berlin") oder bei Gesellschafterwechsel, BAG NJW 91, 247. Selbst wenn alle Gesellschafter ausscheiden und ihre Gesellschaftsanteile auf einen oder mehrere Erwerber übertragen, BAG NJW 08, 314. Bei Veräußerung durch **Insolvenzverwalter** s BAG NJW 92, 3189 4 (Ausschluss der Haftung für bei Konkurseröffnung bereits entstandene Ansprüche, auch für Ansprüche aus Sozialplan: BAG NJW 02, 3493); BAG NZA-RR 08, 367 (Betriebsübergang durch Überlassung der Betriebsmittel an Dritten); NZA 03, 318; NJW 87, 1967 (nach Eröffnung auf Grund § 615 entstandene Ansprüche: Haftung); BAG NJW 10, 1835 (Insolvenzverwalter hat für während des Insolvenzverfahrens entstandene Anwartschaften einzustehen, wenn AN vor Betriebsübergang ausscheidet, gem VI widerspricht oder von Betriebsübergang nicht erfasst ist); BAG NJW 92, 3189 (grundlegend). Zur Umstrukturierung eines insolventen Unternehmens mittels Beschäftigungs- und Qualifizierungsgesellschaften Lembke BB 04, 773. Maßgeblich für den **Zeitpunkt** eines Betriebsübergangs ist der Zeitpunkt, in dem der neue Betriebsinhaber die Geschäftstätigkeit tatsächlich weiterführt oder wieder aufnimmt (BAG NZA 08, 825). **c) Widerspruch** (hierzu Willemsen/Lembke, lit. vor 5 Rn 1; Hauck NZA 04, Sonderbeilage 1, 34 ff; Rieble NZA 04, 1 ff; Jochums/Klumpp JuS 06, 687) des AN innerhalb eines Monats nach **Unterrichtung** nach **V** (s Jaeger ZIP 04, 433) hindert Übergang des Arbeitsverhältnisses, VI 1; Adressaten VI 2. Widerspruch ist einseitig empfangsbedürftige WE (BAG NZA 06, 1407 f – Gestaltungsrecht) und bedarf zur Wirksamkeit keines sachlichen Grundes s BAG NZA 05, 43. Weder aus V (noch aus § 242) folgt Anspruch des AN auf Auskunft über Betriebsrentenanwartschaft (ggf Anspruch aus § 4a BetrAVG) s BAG NZA 07, 1285. Unklarheiten der Unterrichtung machen sie wirkungslos und das Widerspruchsrecht dadurch unbefristet, BAG NZA-RR 12, 507; NZA 07, 682; 05, 1302; Mückl JuS 06, 395; zu Auswegen bei fehlerhafter Unterrichtung Olbertz/Ungnad BB 04, 213; zur Anfechtung des Widerspruchs wegen arglistiger Täuschung in Unterrichtung s BAG NJW 12, 1677. Zum Schadensersatzanspruch des AN bei unzureichender Unterrichtung sa BAG NZA 08, 642. Folge des Widerspruchs: Auch AN, die widersprochen haben, können sich nachfolgend auf mangelhafte Sozialauswahl nach § 1 III 1 KSchG berufen. Bei Sozialauswahl keine Berücksichtigung der Widerspruchsgründe mehr wg § 1 III 1 KSchG n. F. (BAG NZA 08, 33 – Aufgabe der bisherigen Rechtsprechung). Kollektivwiderspruch der AN trotz Drucksituation für AG wirksam, sofern keine rechtsmissbräuchlichen Zwecke verfolgt werden (BAG NJW 05, 775; Rieble NZA 05, 1 ff). Zur Verwirkung des Widerspruchsrechts s BAG NZA-RR 12, 507; NZA 07, 793, ausf Löwisch/Göpfert/Siegrist DB 07, 2538. Kein Widerspruchsrecht (mangels Betriebsübergang), wenn Arbeitsverhältnis kraft Gesetzes, zB im Wege der gesellschaftsrechtlichen Gesamtrechtsnachfolge (hier: Verschmelzung) auf neuen AG übergeht und der alte Rechtsträger erlischt (BAG NZA 08, 815).

3. Rechtsfolgen. a) Vertragsübergang (auch Altersteilzeitarbeitsverhältnis in 6 Freistellungsphase ist übergangsfähig, s BAG NZA 08, 705) als Rechtsfolge des Betriebsübergangs (s BAG NJW 92, 3189 zum Zeitpunkt: Übernahme der Leitungs- und Organisationsgewalt) ohne rechtsgeschäftliche Verabredung, ua ohne entspr Kenntnis der Beteiligten. Arbeitsvertragl Anspruch auf verbilligten Eigenproduktbezug (zB Firmenwagenrabatt) geht bei (Teil-)Betriebsübergang idR nur dann auf neuen AG über, wenn dieser die Produktion übernimmt (BAG NZA 05, 941; sa BAG NZA 07, 325: Flugvergünstigungen für AN einer Fluggesellschaft). Auch: Wiedereinstellungsanspruch nach Kündigung, BAG BB 97, 1953; zu diesem Fortsetzungsanspruch s Meyer BB 00, 1032; zur Geltendmachung unverzüglich nach Kenntnis BAG NJW 99, 1134. Kein Fortsetzungsanspruch bei einvernehmlicher Aufhebung, BAG ZIP 99, 320 mAnm Hanau; s aber auch BAG AP Nr 413f zu § 613 a. Rechte und Pflichten aus Kollektivverträgen (Tarifverträge, Betriebsverein-

§ 613a

barungen) werden in das Arbeitsverhältnis zwischen Erwerber und AN transformiert, behalten zwar ihren kollektiv-rechtlichen Charakter, wirken (BAG NZA 10, 41) aber nunmehr individualvertraglich mit dem im Zeitpunkt des Übergangs geltenden Inhalt (statische Fortgeltung – sa BAG NZA 12, 923; 08, 420; BB 95, 676) weiter, **I 2** (zur Fortgeltung von Gesamtbetriebs- als Einzelbetriebsvereinbarungen s BAG NJOZ 12, 866; NZA 03, 670 mAnm Bachner NJW 03, 2861), es sei denn, für das Unternehmen des neuen AG gelten Kollektivverträge mit anderen Regeln, **I 3**. BAG NZA 10, 41: Die transformierten Wirkungen entfallen beim Ende des Tarifvertrags, spätestens nach Ablauf der einjährigen Sperrfrist des I 2 BGB im Verhältnis zwischen Erwerber und AN ersatzlos; ferner gilt nicht das Günstigkeitsprinzip, sondern Ablöseprinzip. I 3 erlaubt aber keine Ablösung einer tariflichen Regelung durch verschlechternde Regelungen einer Betriebsvereinbarung (sog. Überkreuzablösung), jedenfalls außerhalb des Bereichs der erzwingbaren Mitbestimmung des Betriebsrats (BAG NZA 08, 542; BB 10, 2236: Vergütungsregelung; NZA 08, 600: Altersversorgung); zur Ablösung eines Anspruchs aus Betriebsvereinbarung durch beim Betriebserwerber abgeschlossene Betriebsvereinbarung s aber BAG NZA 12, 990.

7 Nach Betriebsübergang können bis dahin verdrängte untertarifliche einzelvertragliche Vereinbarungen wieder Wirkung erlangen (BAG NZA 08, 649). Einzelvertragliche Inbezugnahme eines Tarifvertrags, auch dynamische Inbezugnahme (s BAG NJW 10, 1831; NZA-RR 10, 361), bindet den neuen Betriebsinhaber jedoch nach § 613a I 1 (BAG NZA 08, 366; NJOZ 12, 593: keine analoge Anwendung von § 613 I 3). Zur **Fortgeltung** nachwirkender **Tarifnormen** s BAG NZA 92, 800. Individualvertragliche Weitergeltung tarifvertraglicher Rechte und Pflichten auch, wenn sie erst nach Betriebsübergang wirksam werden sollen (BAG NZA 08, 241); zu Ansprüchen aus einem vor Betriebsübergang geschlossenen, aber erst danach in Kraft getretenen Tarifvertrag s aber BAG NZA 12, 923. Die individualrechtliche Weitergeltung kann vor Ablauf eines Jahres nicht geändert werden, I 2; Ausnahme I 4. Dazu, ob kirchenrechtliche Arbeitsregelungen (weiter)gelten s BAG NZA 02, 1402. Durch den Vertragsübergang wird der neue Betriebsinhaber AG und Schuldner der AN-Ansprüche, auch rückständiger, BAG NJW 77, 1168 (aber nur hinsichtlich des übernommenen Teils, BAG NJW 98, 1883), auch solcher aus Bereicherung oder Delikt, Moll aaO S 2017. Ausnahme: Erwerb im Insolvenzverfahren, s Rn 4. Es gehen nur die Ansprüche aus Arbeitsverhältnis über, zB nicht aus eigenständigem Aktienoptionsplan (dazu BAG NJW 03, 1755 mN). Beschäftigungszeiten beim Betriebsveräußerer werden bei der Berechnung der Wartezeit nach KSchG 1 I angerechnet (BAG NJW 03, 773). Zur Parteinachfolge im Prozess s BAG

8 BB 77, 395; NJW 79, 234. Alter AG scheidet als Dienstberechtigter aus. **Kündigung** s IV und dazu BAG NJW 84, 628; Hanau ZIP 84, 141; Moll aaO S 2020 f. **IV 1** ist eigenständiges Kündigungsverbot, BAG NJW 86, 87; 86, 2008, das auch im Insolvenzverfahren gilt (s dazu BAG NJW 03, 3506; 84, 628) und verhindern soll, dass der in I angeordnete Bestandsschutz unterlaufen wird (Komplementärfunktion); setzt nach IV 1 voraus, dass *Betriebsübergang der tragende Grund, nicht nur der äußere Anlass für die Kündigung ist*. IV 1 ist jedoch dann nicht einschlägig, wenn es neben Betriebsübergang einen sachlichen Grund für Kündigung gibt, IV 2, der aus sich heraus die Kündigung rechtfertigt, s BAG BB 05, 892 (bei Kündigung wegen Teilstilllegung ist Sozialauswahl gemäß § 1 III KSchG auch auf den übergehenden Betriebsteil zu beziehen). Stilllegung des gesamten Betriebs als Kündigungsgrund gehört zu IV 2, BAG NJW 86, 91; Kündigung des Betriebsveräußerers (Insolvenzverwalters) nach einem Erwerberkonzept (Sanierungsplan des Erwerbers) s BAG NJW 03, 3506 oder erst recht auf Grund eines eigenen Sanierungskonzepts s BAG NZA 07, 387; Kündigung aus Rationalisierungsgründen s BAG ZIP 96, 2028. Kein Wiedereinstellungsanspruch aus § 242, wenn einer insolvenzbedingten Kündigung nach Ablauf der Kündigungsfrist ein Betriebsübergang nachfolgt, BAG BB 05, 383 mN. Neue Bundesländer s jedoch EGBGB 232 § 5 II Nr 2 sowie SpTrÜG 16 III. Die Darlegungs- und Beweislast für den Betriebsübergang trägt der AN, der sich

Titel 8. Dienstvertrag und ähnliche Verträge § 614

auf Unwirksamkeit nach IV beruft (BAG NZA 08, 754). **Umgehung** des IV 9
durch in zeitlichem Zusammenhang mit dem Betriebsübergang geschlossene Auflösungsverträge oder veranlasste Eigenkündigung unwirksam (§ 134), BAG GWR 13, 212; BB 12, 453f; 08, 1175; NZA 88, 198; BB 89, 558; ZIP 92, 1408 (Betriebsrentenansprüche gegen Erwerber bleiben jedoch bestehen, s BAG NZA 10, 883); Ausnahmen können evtl bei dreiseitiger Vertragsgestaltung zur Rettung insolvenzgefährdeter Unternehmen gelten: Betriebsmittel werden an Erwerber veräußert, AN schließen Aufhebungsvertrag mit Veräußerer, werden dann von einer Beschäftigungs- und Qualifizierungsgesellschaft (sog BQG) neu angestellt und schließlich von dort an Erwerber ausgeliehen, s zur Zulässigkeit solcher Gestaltungen BAG NZA 12, 152; 07, 866; 06, 145; Krieger/Fischinger NJW 07, 2289; Gaul/Otto ZIP 06, 644. Befristung s BAG NZA 13, 203; ZIP 99, 1322. Keine Umgehung bei einzelvertraglicher Änderungsvereinbarung (Vergütungsabsenkung) nach Betriebsübergang (BAG NJW 08, 939). Zum maßgebenden Zeitpunkt für Kündigungsgrund nach 1 oder 2 BAG NZA 89, 267. Geltung bei geplantem, dann gescheitertem Übergang BAG ZIP 89, 1016. **b) Gesamtschuldnerische Mithaftung** des früheren AG (ggf auch des Insolvenzverwalters s BAG ZIP 07, 1169) für **aa)** vor Übergang entstandene und vor Ablauf eines Jahres seit Übergang fällige (s §§ 614, 271) Ansprüche des AN in voller Höhe, II 1; bei betrieblichen Versorgungsanwartschaften allerdings nur für innerhalb eines Jahres nach Betriebsübergang fällig werdende Betriebsrentenansprüche s BGH NJW 10, 539; **bb)** nach Übergang fällig gewordene Ansprüche anteilig, s II 2, BAG EWiR 92, 859 (Schaub); **cc)** zum (anteiligen) **Ausgleich** im Innenverhältnis nach § 426 s BGH NJW 85, 2643, aber auch Löwisch ZIP 86, 1102 (Vorrang des Vertrages Veräußerer – Erwerber). **c)** Für nach Übergang 11 entstandene Ansprüche keine Mithaftung. Unter gewissen Umständen hat jedoch Betriebserwerber Auskunftsanspruch gegen Betriebsveräußerer (zB zur Erfüllung seiner Zeugnispflicht s BAG NJW 08, 1175). **d)** Wirkungen der Betriebszugehörigkeit (Anwartschaften, Kündigungsschutz) bleiben erhalten. Kündigungsschutz nach KSchG gilt jedoch nicht, wenn Betrieb des Erwerbers Voraussetzungen des § 23 I KSchG nicht erfüllt, s BAG NZA 07, 739. **e)** AN schuldet mit Übertragung entgegen § 613 S 2 Dienstpflichten (s § 611 Rn 6) dem neuen Betriebsinhaber.

4. Abdingbarkeit. § 613a ist wegen Schutzcharakters nicht durch Erwerber und 12
Veräußerer abdingbar, BAG NJW 76, 535 (auch nicht durch Kündigung und Wiedereinstellung, BAG NJW 83, 472 (LS)); zu Lohnverzichten s BAG NJW 88, 3036.

§ 614 Fälligkeit der Vergütung

¹**Die Vergütung ist nach der Leistung der Dienste zu entrichten.** ²**Ist die Vergütung nach Zeitabschnitten bemessen, so ist sie nach dem Ablauf der einzelnen Zeitabschnitte zu entrichten.**

1. Allgemeines. § 614 regelt Vorleistungspflicht des Dienstverpflichteten für die 1
gesamte Dienstleistung oder für Zeitabschnitte, die für die Vergütungsbemessung maßgebend sind (S 2). Fälligkeit des Vergütungsanspruchs tritt – abweichend von § 271 – erst nach Leistung der Dienste (S 1) bzw nach Ablauf der einzelnen Zeitabschnitte (S 2) ein. Rechtsgedanke von § 614 S 2 gilt auch für Betriebsrenten s BAG NZA 08, 320 (LS). Nicht nur spezielle Vorschriften (HGB 64, 87c, sa MK/Müller-Glöge 4f), sondern vor allem Kollektivvereinbarungen (a BetrVG 87 I Nr 4) und rechtsgeschäftliche Abreden – auch stillschweigend getroffene – schränken den Anwendungsbereich erheblich ein (zur Abdingbarkeit durch Betriebsvereinbarung s BAG NJOZ 03, 1391). Entgegen S 2 ist eine nach Stunden oder Tagen berechnete Vergütung üblicherweise am Ende der Arbeitswoche zu zahlen.

2. Wirkung. Dienstverpflichteter kann sich nicht auf § 320 I 1 berufen; § 320 II 2
ist jedoch anwendbar, MK/Müller-Glöge 12; bei Lohnrückstand oder Verletzung

§ 615

anderer Pflichten des Dienstberechtigten kann die Dienstleistung nach § 273 zurückgehalten werden.

3 **3. Vorschüsse und Abschlagszahlung.** Falls nicht vereinbart oder auf Grund von Kollektivvereinbarungen zu gewähren, können Vorschüsse oder Abschläge nur wegen bes Umstände (Notlage) auf Grund Fürsorgepflicht des Dienstberechtigten verlangt werden. Sie sind dann nicht Darlehen, sondern vorzeitige Erfüllung; ihre „Anrechnung" bedarf deshalb keiner rechtsgeschäftlichen Erklärung und unterliegt nicht Einschränkungen für Aufrechnung (§ 394).

4 **4. Wirkungen der Beendigung des Dienstverhältnisses.** Sie rückt spätere Fälligkeit nicht zeitlich nach vorn, BAG BB 73, 144.

§ 615 Vergütung bei Annahmeverzug und bei Betriebsrisiko

¹**Kommt der Dienstberechtigte mit der Annahme der Dienste in Verzug, so kann der Verpflichtete für die infolge des Verzugs nicht geleisteten Dienste die vereinbarte Vergütung verlangen, ohne zur Nachleistung verpflichtet zu sein.** ²**Er muss sich jedoch den Wert desjenigen anrechnen lassen, was er infolge des Unterbleibens der Dienstleistung erspart oder durch anderweitige Verwendung seiner Dienste erwirbt oder zu erwerben böswillig unterlässt.** ³**Die Sätze 1 und 2 gelten entsprechend in den Fällen, in denen der Arbeitgeber das Risiko des Arbeitsausfalls trägt.**

Lit: Luke, § 615 S. 3 BGB – Neuregelung des Betriebsrisikos, NZA 04, 244; Nübold, Die Methode der Anrechnung anderweitigen Verdienstes nach § 615 S 2 BGB, RdA 04, 31; Picker, Fristlose Kündigung und Unmöglichkeit, Annahmeverzug und Vergütungsgefahr im Dienstvertragsrecht, JZ 85, 641, 693; ders, Die Lohngefahr im Dienst- und Arbeitsvertragsrecht nach der Schuldrechtsreform, FS Huber, 2006, 499; Ricken, Annahmeverzug und Prozessbeschäftigung während des Kündigungsrechtsstreits, NZA 05, 323.

1 **1. Allgemeines.** Arbeitskraft kann nicht aufgehoben und zumeist nicht kurzfristig in anderen Dienstverhältnissen verwertet werden, ist aber für die meisten Menschen wichtigste Einkunftsquelle, auf deren stetigen Fluss sie angewiesen sind. Nachleistung wird als unzumutbar bewertet, da sie mit anderen Pflichten kollidieren und Freizeitbedürfnisse beschneiden kann. § 615 belässt deshalb dem Dienstverpflichteten grundsätzlich seinen Vergütungsanspruch, falls die Dienstleistung wegen Annahmeverzugs des Gläubigers nicht erbracht werden konnte (§ 615 ist keine Anspruchsgrundlage, sondern erhält den Erfüllungsanspruch auf die aus § 611 geschuldete Vergütung: BAG BB 03, 740). Gilt für selbstständige wie unselbstständige Dienstverträge (s dazu Rn 2 vor § 611). SchRModG hat S 3 eingefügt und damit klargestellt, dass die Folge des § 326 II auch bei Leistungshinderungen des Dienstverpflichteten gilt, die generell zum Betriebsrisiko des Dienstberechtigten gehören, s § 611 Rn 20. Gilt nur für Arbeitsverhältnisse; für andere Dienstverhältnisse § 326 II.

2 **2. Voraussetzungen.** Bestehendes Dienstverhältnis und Annahmeverzug nach §§ 293 ff (vgl BGH NJW-RR 88, 1265), dh **a)** bestehende Dienstpflicht (falls Freistellungs*vereinbarung*, dh Auslegung der Freistellung als Erlassvertrag, daher kein § 615, sondern für Dauer der Freistellung Entgeltanspruch aus § 611 ohne Anrechnung anderweitigen Verdienstes, wenn nichts anderes verabredet, s BAG NJOZ 03, 1319 mN – anders jedoch wenn „einseitige" Freistellung durch AG als Annahmeverweigerung (§§ 293, 295 S. 1) auszulegen, dann Annahmeverzug ja s BAG NZA 08, 595; NJW 07, 2796 dazu Schwarze RdA 07, 301), grundsätzlich tatsächliches Angebot (§ 294) am Erfüllungsort (vgl BAG 41, 123) zur Arbeitszeit (LAG Köln NZA-RR 03, 128), ausnahmsweise wörtliches Angebot der geschuldeten Leistung (s BAG NZA 07, 974), zB bei Verbot des Zutritts zur Betriebsstätte, unterlassener Bereitstellung von Arbeitsmitteln uä (§ 295); macht AG von vermeintlichem Recht Gebrauch, Arbeitszeitdauer flexibel zu bestimmen, ist § 296 regelmäßig unanwend-

Titel 8. Dienstvertrag und ähnliche Verträge § 615

bar s BAG NZA 07, 803. Angebot einer „leidensgerechten Arbeit" führt nicht zum Annahmeverzug, auch wenn AG gem Direktionsrecht, GewO 106 S 1, Tätigkeit bestimmt hat, die AN aus in seiner Person liegenden Gründen nicht ausüben kann. Sonst Quasidirektionsrecht des AN s BAG NJW 10, 3112. Kündigungsgrund rechtfertigt nicht Annahmeweigerung (sa BGH NJW-RR 88, 1266 zur Beweislast); bei unwirksamer Kündigung muss AG den AN zur Wiederaufnahme auffordern, um § 615 zu vermeiden, BAG NJW 12, 2606; 93, 2637; sa Ricken, lit vor Rn 1. Bei unberechtigter fristloser Kündigung bedarf es grundsätzlich wörtlichen Arbeitsangebots, aA BAG NJW 04, 316 mN; 85, 936; wörtliches Angebot vor Kündigung reicht nicht, BGH NJW 88, 1201; zum Angebot eines befristeten Arbeitsvertrags nach fristloser Kündigung BAG NJW 86, 2846; krit dazu Löwisch DB 86, 2433. Ständige Wiederholung des Arbeitsangebots ist nicht erforderlich (BAG AP Nr 20). Zur Beendigung des Annahmeverzugs bei unwirksamer Kündigung erneute Arbeitsaufforderung erforderlich, BAG NZA 12, 972; 99, 925; sonst Rücknahme der Kündigung und unbefristetes Arbeitsangebot erforderlich, s BAG NJW 04, 316 mN; LAG Köln NZA-RR 03, 308. **b)** Der Dienstverpflichtete muss zur Dienstleistung **3** imstande (**leistungsfähig**) sein, § 297 (kein Annahmeverzug zB bei Strafverbüßung des AN, BAG AP Nr 20). Über den Wortlaut des § 297 hinausgehend muss er während des gesamten Verzugszeitraums auch **leistungswillig** sein, s ua BAG NZA-RR 12, 342. Arg: Sofern die subjektive Leistungsbereitschaft fehlt, ist der Dienstverpflichtete außer Stande, die Arbeitsleistung zu bewirken, BAG NJW 12, 2606; 06, 1022; NZA 04, 1064 (LS). Zur Leistungs(un)willigkeit: bei Streikteilnahme s BAG NJW 12, 3676; bei Nichtannahme des vom AG zur Vermeidung der eingeleiteten Zwangsvollstreckung aus einem Weiterbeschäftigungstitel angebotener urteilsgemäßer Beschäftigung s BAG NZA-RR 12, 342. Zum Fall unwirksamer Kündigung s BAG NJW 87, 2838. **c)** Der Dienstberechtigte muss die angebotenen **4** Leistungen nicht angenommen, § 293, eine evtl erforderliche Mitwirkung unterlassen, § 295 S 1, oder bei einer Zug-um-Zug zu erfüllenden Verpflichtungen Gegenleistung nicht angeboten bzw nicht erfüllt haben, § 298. Nicht wenn Dienstberechtigtem Annahme tatsächlich unmöglich s AG München ArbN 10, Nr 1, 36 (versäumter Massagetermin). Zum Vergütungsanspruch nach § 615 S 1 bei zulässiger Ausübung des Zurückbehaltungsrechts (§ 273 I) an der Arbeitsleistung durch die AN s BAG NZA-RR 08, 371. Obliegenheit zur Planung und Konkretisierung des Arbeitseinsatzes, Verletzung löst Annahmeverzug auch ohne Arbeitsangebot aus, BAG NZA 12, 379; 99, 925. Versäumter Arzttermin s LG Konstanz NJW 94, 3015 einerseits, AG München, AG Calw NJW 94, 3014 andererseits; s zur kurzfristigen Arztterminabsage Koch FS Strätz, 2009, 289 ff (Kündigung gem § 627). **d)** Vertre- **5** tenmüssen des Dienstberechtigten nicht erforderlich.

3. Abgrenzungen und Erweiterungen. a) Unmöglichkeit. Annahmeverzug **6** setzt noch mögliche, dh nachholbare Leistungen voraus (s Nierwetberg BB 82, 995); bei Leistungsunmöglichkeit zB aus gesundheitlichen Gründen deshalb kein Annahmeverzug; Einschätzung des AN nicht maßgebend, BAG BB 99, 2192. Dienstleistungen, vor allem unselbstständige Arbeiten, sind aber zumeist zeitlich fixiert und auf Grund Arbeitszeitschranken nicht oder nur beschränkt nachholbar; die Vereitelung ihrer Erbringung durch Annahmeverzug des Gläubigers bewirkt deshalb regelmäßig faktische Unmöglichkeit (Synthese bei Picker JZ 85, 699; ders FS Huber, 2006, 531 f). Hat der Dienstberechtigte die durch Annahmeverzug eingetretene Unmöglichkeit zu vertreten, bleibt er schon nach § 326 II 1 vergütungspflichtig; bei Eintritt der Unmöglichkeit zur Nachholung der Leistung im Annahmeverzug gilt nach § 326 II 1 das Gleiche (§ 611 Rn 16). § 615 regelt nicht den Sonderfall, wenn auch die **Gegenleistung nicht nachholbar** und somit unmöglich geworden ist, zB wenn Krankenhausträger als AG dem Arzt als AN nicht die als Naturalvergütung vertraglich geschuldeten personellen und sachlichen Mittel zur Verfügung stellt, damit der Arzt Patienten im Rahmen seines arbeitsvertraglich eingeräumten **Liquidationsrechts** (Erwerbschance) behandeln kann. Arzt kann dann

Schaden nach §§ 280 I, III 283 geltend machen (BAG NZA 12, 377 in Änderung seiner Rspr, vgl zu dieser BAG BeckRS 01, 30790460). **b) Betriebsrisikolehre.**

7 Die vom RG (106, 272) und RAG (ARS 3, 116) entwickelte **Sphärentheorie** und vom BAG weiterentwickelte **„Betriebsrisikolehre"** hatte die Vergütungsgefahr davon abhängig gemacht, ob die eine Unmöglichkeit der Dienstleistung bewirkende Betriebsstörung aus der Sphäre des AG stammt, zB als Stromunterbrechung, Ausfall des Rohstoffnachschubs, Brandkatastrophe, Maschinenschaden, Produktionsverbote, Schichtausfall auf Grund Fehlorganisation des Arbeitsablaufs, und damit zum typischen Unternehmerwagnis gehört, oder ob dafür ein Verhalten von anderen AN im gleichen oder einem anderen Betrieb ursächlich gewesen ist (zB Streik, Teilstreik, BAG NJW 80, 1649; Streik in einem anderen Betrieb, BAG NJW 81, 938 f; „Wellenstreik" BAG NJW 98, 3732; zur Abwehraussperrung und den durch den Grundsatz der Verhältnismäßigkeit gezogenen Grenzen ie BAG NJW 80, 1642 ff; Seiter DB 81, 578 und RdA 81, 65; Müller DB 81 Beil 7). Die Betriebsrisikolehre ist durch das SchRModGes in S 3 verankert worden, wobei die zur aF ergangenen Abgrenzungen der Risikosphären weiter zugrunde gelegt werden können (sa Luke, lit vor Rn 1; kritisch zur Inhaltsleere der Vorschrift Picker FS Huber, 2006, 533 ff).

8 Bei **existenzgefährdenden Betriebsstörungen** soll der Gedanke der Betriebsgemeinschaft Lohnkürzung oder Lohnwegfall unabhängig von der Sphäre, aus der die Störung stammt, rechtfertigen. Eine Verschlechterung der Wirtschaftslage entbindet den Unternehmer dagegen nicht von der Lohnfortzahlungspflicht; ihre Bewältigung muss durch normale Abwicklung der Arbeitsverhältnisse (zur außerordentlichen Kündigung s § 626 Rn 14) versucht werden.

9 **4. Wirkungen. a)** Vergütung ist so zu leisten, als wären die Dienste erbracht worden, dh einschl Zusatzleistungen und Sonderformen (Lohnausfallprinzip: BAG BB 03, 740), nicht dagegen „Aufwendungsersatz" für nicht entstandene Aufwendungen. Zur Entschädigung wegen vorenthaltenem Dienstfahrzeug s BAG NZA 10 03, 973. **S 3** ist Rechtsfolgenverweisung, NK/Franzen 60 ff. **b)** Anzurechnen nach S 2 sind anderweitige, durch den Verzug ermöglichte (zur Beurlaubung während Kündigungsstreits LAG SchlH NJW-RR 97, 286) Verdienste (nicht zusätzlich mögliche Nebentätigkeit), das während eines Kündigungsschutzverfahrens tatsächlich bezogene Arbeitslosengeld (BAG NZA 08, 758) sowie böswillig unterlassener Ersatzerwerb (auch bei berechtigtem Widerspruch bei Betriebsübergang, s BAG NZA 98, 750); Anrechnung hypothetischen Ersatzerwerbs setzt voraus, dass dem AN die Aufnahme einer anderweitigen Arbeit nach Treu und Glauben sowie unter Beachtung der Grundrechts auf freie Arbeitsplatzwahl (Art. 12 GG) zumutbar ist, BAG NJW 05, 1068. Bei Änderungskündigung ist Weiterarbeit zu den bisherigen – ggf aber auch zu den geänderten – Arbeitsbedingungen zumutbar, s BAG aaO mN. Ohne Änderungskündigung ist die Arbeit bei dem bisherigen Arbeitgeber nur zumutbar, wenn sie auf den Erwerb von Zwischenverdienst (dh nicht auf eine dauerhafte Änderung des Arbeitsvertrags, die mit einer Verschlechterung für den AN einhergeht) gerichtet ist, BAG NZA 06, 314. Böswilliges Unterlassen erfordert positive Kenntnis des Arbeitnehmers von der Arbeitsmöglichkeit und seine vorsätzliche Untätigkeit. Fahrlässige Unkenntnis reicht nicht aus. Grundsätzlich schließt die Tatsache, dass sich der Arbeitnehmer beim Arbeitsamt als arbeitssuchend gemeldet hat, diesen Vorwurf aus (LAG Köln NZA-RR 03, 308). Böswilliges Unterlassen liegt vor, wenn grundlos zumutbare Arbeit abgelehnt wird oder ein entsprechendes Angebot verhindert wird, BAG NJW 01, 243; unterlassene Meldung beim Arbeitsamt nicht maßgeblich, BAG aaO. Auch Ablehnung einer vom AG unter Überschreitung der Grenzen des Direktionsrechts in einem unstreitig bestehenden Arbeitsverhältnis zugewiesenen Tätigkeit kann böswillig sein s BAG NZA-RR 12, 342f; NZA 07, 561. Ferner die Nichtannahme (gem § 2 KSchG unter Vorbehalt) eines im Zusammenhang mit einer Kündigung erklärten Änderungsangebots, BAG DB 08, 67; zur Zumutbarkeit in dieser Konstellation sa BAG NJW 07, 2060. Nichtannahme eines auf Kündigungsschutzstreit befristeten Arbeitsangebots (oder durch rechtskräftige

Feststellung der Kündigungswirksamkeit auflösend bedingte Vertragsfortsetzung) (s Rn 2) kann böswilliges Unterlassen iSv § 615 S 2 bzw (deckungsgleich) KSchG 11 S 1 Nr 2 sein, BAG NJW 04, 316 mN. Anrechnung auf die Vergütung für die gesamte Dauer des Annahmeverzugs, BGH NJW 94, 2042; aA Boecken NJW 95, 3218, Nübold, lit vor Rn 1: pro rata temporis. Die Art der neu erschlossenen Erwerbsquelle ist unerheblich; auch Gründung eines eigenen Unternehmens kann zu anrechenbaren Erträgen führen. Dem frustrierten Dienstverhältnis nicht entspr Beschäftigungsverhältnisse müssen für die Anrechnung jedenfalls zumutbar sein. Anrechnung von Arbeitsentgelt s KSchG 11 Nr 3, BAG NZA 03, 1332; von Berufsunfähigkeitsrente s BAG aaO, von Rente usw s LAG Köln NZA-RR 96, 286. Ablehnung Weiterbeschäftigungsangebot LAG Köln NZA-RR 96, 361 (treuwidrig). Beweislast für anderweitige Erwerbsquelle und ihre Nutzung bzw treuwidrige Vernachlässigung trägt der Vergütungspflichtige, s BAG NJOZ 03, 1320f mN; BAG NJW 79, 285; zum Auskunftsanspruch des AG s BAG NJOZ 03, 1320ff mN; BGH NJW 94, 2043 f; eidesstattliche Versicherung analog § 260 II BGH aaO. Die Anrechnung bedarf keiner bes Erklärung.

5. Abdingbarkeit. Ja, s BAG NJW 83, 1079 (LS), aber Rechts- und Billigkeitskontrolle, LAG Hessen NZA-RR 96, 445 sowie § 307 II Nr 1; zB Unwirksamkeit einer Betriebsvereinbarung, die von AN verlangt, Annahmeverzugsansprüche, die vom Ausgang eines Kündigungsschutzprozesses abhängen, bereits während des Kündigungsschutzprozesses einzuklagen s BAG NZA 07, 453. Eine in einem Formulararbeitsvertrag enthaltene dreimonatige Ausschlussfrist zur gerichtlichen Geltendmachung von Annahmeverzugsansprüchen kann auch durch Erhebung einer Kündigungsschutzklage des AN gewahrt werden s BAG NZA 08, 757. **11**

§ 616 Vorübergehende Verhinderung

¹**Der zur Dienstleistung Verpflichtete wird des Anspruchs auf die Vergütung nicht dadurch verlustig, dass er für eine verhältnismäßig nicht erhebliche Zeit durch einen in seiner Person liegenden Grund ohne sein Verschulden an der Dienstleistung verhindert wird.** ²**Er muss sich jedoch den Betrag anrechnen lassen, welcher ihm für die Zeit der Verhinderung aus einer auf Grund gesetzlicher Verpflichtung bestehenden Kranken- oder Unfallversicherung zukommt.**

Lit: Moll, Dienstvergütung bei persönlicher Verhinderung, RdA 80, 138; Scholl, Die Unzumutbarkeit der Arbeitsleistung nach § 275 III BGB, Jura 06, 283; Schulz, Entgeltfortzahlung bei Erkrankung von Kindern vom Arbeitnehmern, DB 06, 838.

1. Allgemeines. Sozialpolitisch motivierte (s Mot II S 463) Norm. Regelt allein **1** Fortbestand des Entgeltanspruchs als Ausnahme vom Synallagma des § 323 I aF, jetzt § 326 I („ohne Arbeit kein Lohn") bei unverschuldeter Leistungsstörung auf Seiten des Dienstverpflichteten. Wegfall des Anspruch des Dienstberechtigten auf Dienstleistung ist nicht in § 616, sondern in § 275 geregelt.

2. Voraussetzungen. a) Bestehendes – auch faktisches – Dienstverhältnis mit **2** beiderseits voll wirksamen Hauptpflichten. Vor vertragsgemäßem Beginn nicht anwendbar, wohl aber bei Verhinderung, die über den Arbeitsbeginn hinauswirkt; der Dienstberechtigte hat Arglisteinwand, falls Dienstverpflichteter in Kenntnis des Hinderungsgrundes Dienstvertrag geschlossen hat. Nach Auflösung des Dienstverhältnisses ist § 616 unanwendbar. Für Arbeitsverhältnisse (Arbeiter, Angestellte und Auszubildende) gilt seit 1.6.1994 EFZG, das die auf verschiedene Ges – auch § 616 II aF – verstreuten Lohnfortzahlungsvorschriften zusammengeführt hat (hierzu Diller NJW 94, 1690). **b) Persönlicher Verhinderungsgrund.** Die Hinderung muss **3** in der Person des Dienstverpflichteten oder in seinen persönlichen Verhältnissen begründet sein. Nicht: obj Hinderungsgründe (hL, vgl Schaub § 97 Rn 4), zB Witte-

§ 616

rung, vgl BAG NJW 83, 1079 (LS) = AP Nr 58 zu § 616. Zu unterscheiden sind
4 Krankheit ua Hinderungsgründe. **aa) Krankheit.** Bei unverschuldeter Krankheit und an Feiertagen gilt für AN EFZG 3, 1 II. Im Übrigen: Jede, auch unfallbedingte, physische oder psychische Beeinträchtigung, die Erbringung der Dienstleistung unmittelbar oder mittelbar (wegen Verschlechterungsgefahr oder Heilungshinde-
5 rung) unmöglich macht, sowie die zur Ausheilung erforderliche Zeit. **bb) Andere Hinderungsgründe** aus den persönlichen Verhältnissen können die Dienstleistung unmöglich iSd § 275 I oder unzumutbar iSd § 275 III machen (zB Verhaftung, behördlich angeordnete Quarantäne, Krankheit eines Kindes s BAG NJW 80, 903, Schulz DB 06, 838; Erfüllung religiöser Pflichten, BAG NJW 83, 2600; LAG Hamm NZA 02, 1090 (Gebetspausen nach dem Koran); zum erforderlichen Nachweis BAG BB 79, 1452; Schöffenpflicht s BGHSt NJW 78, 1169); Todesfall von Angehörigen sowie andere wichtige Familienereignisse; gerichtl oder behördliche Vorladungen, gesundheitspolizeiliche Untersuchungen, Umzug usw, s zur aF, zu der insoweit auf Grund Pflichtenkollision Verschulden verneint wurde, Schaub § 97 Rn 15 mwN). Zur Sperre für Lizenz(fußball)spieler BAG NJW 80, 470. – Pflege eines nahen Angehörigen ist unter Bedingungen PflegeZG 2 I, II, 7 ein iSv § 616 beachtlicher Hinderungsgrund. § 616 ist Fortzahlungsgrund iSv PflegZG 2 III (BGBl 2008 I
6 874). **c) Verhältnismäßig unerhebliche Dauer. aa)** Für krankheitsbedingte Hinderung von AN enthält EFZG 3 I Konkretisierung dieser Zeitspanne auf 6 Wochen. Bei mehrmaliger Erkrankung gilt weitere 6-Wochen-Frist; anders aber bei Kettenerkrankungen auf Grund gleichen Grundleidens: Zusammenrechnung, wenn nicht mindestens 6 Monate zwischen Wiederaufnahme der Arbeit und erneuter Erkran-
7 kung liegen; maximal werden also 12 Wochen entgolten (s EFZG 3 I 2). **bb)** Bei anderen Verhinderungen ist auf den konkreten Einzelfall abzustellen, wobei Gesamtdauer des Dienstvertrages, verflossene und noch zu erwartende Beschäftigungszeit, Länge der Kündigungsfrist, die für den Verhinderungsgrund obj erforderliche Zeit usw zu berücksichtigen sind (Faustregeln bei Schaub § 97 Rn 16a; vgl BAG NJW 78,
8 2317: 5 Tage zur Pflege eines kranken Kindes nicht erheblich). **d) Unverschuldete** Verhinderung. Sie ist zusätzlich zur Berechtigung einer Leistungsweigerung nach § 275 I, III erforderlich. Der Maßstab des geschuldeten Verhaltens war zur aF BGB str; erforderliche Abwägungen können heute teilweise schon bei Anwendung des § 275 III (krit zum DiskE Löwisch NZA 01, 466) zu treffen sein. Verschulden deshalb vor allem bei Unmöglichkeit nach § 275 I wichtig; insoweit gelten die Konkretisierungen weiter. Während teilw § 276 angewendet und die erforderliche Sorgfalt an der Dienstverpflichtung gegenüber dem Dienstberechtigten gemessen wird, nimmt die hL richtig an, dass Maßstab das von einem verständigen Menschen im **eigenen Interesse** zu erwartende Verhalten ist, Verschulden also nur bei sog Verschulden gegen sich selbst gegeben ist (zur hM Schaub § 98 Rn 37).
9 Die **Anforderungen** an die **Sorgfalt** zur Selbstbewahrung sind maßvoll; Sportunfälle zB sind nach der Rspr zu § 616 II, III aF und EFZG nur dann als „verschuldet" zu bewerten, wenn eine besonders gefährliche Sportart unternommen (so BAG NJW 72, 1215 – Motocross; nicht: Fußball, BAG NJW 76, 1367; Drachenfliegen, BAG NJW 82, 1014), jedenfalls wenn sie ohne Übung oder angemessene Ausrüstung ausgeübt wurde (LAG Bayern BB 72, 1324 f, Anm Fischer); Verkehrsunfälle und Betriebsunfälle sind nur bei grob fahrlässigem Verstoß gegen obj Verhaltenspflichten (Verkehrsregeln, Unfallverhütungsvorschriften, Nichtanlegen des Sicherheitsgurtes, BAG NJW 82, 1013) verschuldet iSv § 616 (Einzelheiten s Schaub § 98 Rn 37). Selbsttötungsversuch gilt als „unverschuldet", BAG NJW 79, 2326. Alkoholismus ist Frage des Einzelfalles, BAG NJW 83, 2659. Schwangerschaftsabbruch s EFZG 3 II.

10   **3. Rechtswirkungen. a)** Der Dienstverpflichtete behält den Anspruch auf Vergütung als Bruttolohn (BAG BB 78, 1166) einschließlich Zuschlägen, Prämien, Gratifikationen ua Sonderleistungen (auch Sachbezüge wie Wohnung, Kost usw), Wege- und Fahrgeld, BAG BB 76, 464; in EFZG 9 (80% des Lohns) im Vergleich

Titel 8. Dienstvertrag und ähnliche Verträge § 617

zu § 616 s Gutzeit BB 97, 737. **b)** Grundsätzlich kein Vergütungsanspruch 11 beschränkt auf eine verhältnismäßig unerhebliche Zeit, falls die Verhinderung insgesamt länger dauert (BAG 8, 314); die in EFZG 3 I geregelte Entgeltfortzahlung bei Krankheit (oder Unglück) für die Dauer von 6 Wochen greift jedoch auch bei längerdauernder Krankheit ein. **c)** Auf die Vergütung sind Beträge aus ges Kranken- 12 oder Unfallversicherung – nicht: privater und freiwillig abgeschlossener Versicherung – anzurechnen, I 2. Bsp: Krankengeld. I 2 ist nicht erweiterungsfähig und schließt als lex specialis grundsätzlich die Anrechnung anderer Einkünfte – zB Pflege(-kranken)geld, s BAG BB 78, 1116 – oder ihre Inanspruchnahme durch den AG (§ 281) aus. **d)** Anzurechnen ist die nach § 617 I gewährte Krankenversorgung, § 617 I 3. **e)** Verhältnis Vergütungsanspruch – **Schadensersatz:** Der Hinderungs- 13 grund kann von einem Dritten zu verantworten sein. Schadensersatzpflichtiger und Dienstberechtigter können deshalb hinsichtlich des Verdienstes bzw des Verdienstausfalles unechte Gesamtschuldner (BGH 13, 365) sein. Die Frage, wie die Schadensersatzleistung dem Vergütungspflichtigen zugeordnet werden kann, löst EFZG 6 durch eine **cessio legis** des Schadensersatzanspruchs auf den Dienstherrn (s auch 14 BRRG 52); s eine rechtsvergleichende (mit Schweiz) Besprechung bei Bürge JZ 01, 881. Ist der verantwortliche Schädiger Ehegatte des Dienstverpflichteten, dann schließt der Rechtsgedanke des VVG 67 II den Rückgriff des Dienstherrn aus, BGH 66, 104. **Umfang:** Bruttogehalt (BAG BB 78, 1166) und Arbeitgeberanteile zur 15 Sozialversicherung, BGH 43, 382; nicht dagegen Beiträge zur ges Unfallversicherung, BGH NJW 76, 326.

4. Nebenfolgen. a) Der verhinderte Dienstverpflichtete hat die Verhinderung 16 auf Grund Treuepflicht (für AN EFZG 5) unverzüglich anzuzeigen; Unterlassung kann schadensersatzpflichtig machen; Mitwirkung(spflicht) bei Aufklärung der Alkoholismusursachen BAG NJW 83, 2662. **b)** Zur Vorlage eines Attestes sind AN nach 17 EFZG 5 spätestens 4 Tage nach Krankheitsbeginn verpflichtet (zu Unklarheiten dieser Frist s Schaub BB 94, 1629, Diller NJW 94, 1691), auf Verlangen des AG auch früher (Verstoß s EFZG 7); andere Dienstverpflichtete mangels Individual- oder Kollektivvereinbarungen nur auf Verlangen des Dienstherrn aus berechtigtem Anlass.

5. Abdingbarkeit. § 616 ist grundsätzlich **abdingbar** (zB durch die Klausel, nur 18 tatsächlich geleistete Arbeit werde vergütet); zur Abbedingung in GastV s BAG NZA 07, 1072 (LS); bei standardisierten Arbeitsbedingungen aber § 307 II Nr 1. Nicht abdingbar ist der Vergütungsanspruch nach EFZG, doch kann Höhe der Entgeltfortzahlung nach EFZG – einschließlich Bemessungsgrundlage – durch Tarifvertrag geändert werden, EFZG 4.

6. Beweislast. Für Verhinderungsgrund ist der Dienstverpflichtete beweispflich- 19 tig, für Verschulden der Dienstberechtigte (BAG AP Nr 9 zu LFZG 1 mit abl Anm Birk; BAG NJW 83, 2661). Zum Beweiswert ärztlicher Atteste NJW 77, 350; ferner BB 79, 1452.

§ 617 Pflicht zur Krankenfürsorge

(1) **¹Ist bei einem dauernden Dienstverhältnis, welches die Erwerbstätigkeit des Verpflichteten vollständig oder hauptsächlich in Anspruch nimmt, der Verpflichtete in die häusliche Gemeinschaft aufgenommen, so hat der Dienstberechtigte ihm im Falle der Erkrankung die erforderliche Verpflegung und ärztliche Behandlung bis zur Dauer von sechs Wochen, jedoch nicht über die Beendigung des Dienstverhältnisses hinaus, zu gewähren, sofern nicht die Erkrankung von dem Verpflichteten vorsätzlich oder durch grobe Fahrlässigkeit herbeigeführt worden ist. ²Die Verpflegung und ärztliche Behandlung kann durch Aufnahme des Verpflichteten in eine Krankenanstalt gewährt werden. ³Die Kosten können auf die für die Zeit der Erkrankung geschuldete**

§ 618

Vergütung angerechnet werden. ⁴Wird das Dienstverhältnis wegen der Erkrankung von dem Dienstberechtigten nach § 626 gekündigt, so bleibt die dadurch herbeigeführte Beendigung des Dienstverhältnisses außer Betracht.

(2) Die Verpflichtung des Dienstberechtigten tritt nicht ein, wenn für die Verpflegung und ärztliche Behandlung durch eine Versicherung oder durch eine Einrichtung der öffentlichen Krankenpflege Vorsorge getroffen ist.

1   **1. Allgemeines.** Konkretisierung der Fürsorgepflicht (s § 611 Rn 38), die zwar für alle dauernden Dienstverhältnisse gilt, ihre Hauptbedeutung jedoch bei unselbstständigen Dienstverpflichteten hat(te). Durch Ausbau des Sozialversicherungsschutzes ist die Bedeutung des § 617 stark zurückgedrängt, s II.

2   **2. Voraussetzungen. a) Dauerndes Dienstverhältnis** ist Tatfrage; es liegt entweder bei als zeitlich länger bestimmter Dauer (s § 620 I) oder bei unbestimmter,
3   aber als länger beabsichtigter oder tatsächlich erreichter Dauer vor. **b)** Aufnahme in „häusliche Gemeinschaft", die nicht stets die des Dienstherrn sein muss – auch Wohnheim, das AG unterhält, kann genügen, falls arbeitsvertragliche Verpflichtung
4   zur Wohnungsnahme bestand (s BAG AP Nr 1 zu § 618). **c) Erkrankung** (s § 616 Rn 4); Krankheit muss nach Beginn des Dienstverhältnisses und Aufnahme in die
5   häusliche Gemeinschaft entstanden sein. **d) Unverschuldete** Erkrankung; nur Vorsatz oder grobe Fahrlässigkeit („gegen sich selbst", s § 616 Rn 4) sind schädlich.

6   **3. Rechtsfolgen. a)** Pflicht zur Krankenpflege bzw ihrer Verschaffung (I 1); Ersetzungsbefugnis durch (zugunsten des Erkrankten vereinbarte) Aufnahme in ein
7   Krankenhaus, I 2. **b) Dauer.** I 1. **c)** Lohnfortzahlung, aber Anrechnung der Krankenversorgung, I 3 (s § 616 Rn 12). **d)** Klage auf Erfüllung möglich, ferner fristlose Kündigung nach § 626 bei Nichterfüllung: bei schuldhafter Verletzung evtl Schadensersatz (sa § 618 II).

8   **4. Rechtsnatur. a)** Selbstständiger Anspruch, nicht Ausprägung des Vergütungsanspruchs. **b)** Anspruch ist unübertragbar (§ 399), unpfändbar (ZPO 851) und nicht im Voraus abdingbar (§ 619). **c)** Subsidiär gegenüber Leistungen aus ges oder privater Krankenversicherung, II.

9   **5. Sondervorschriften.** SeemannsG 42–53, JArbSchG 42.

§ 618 Pflicht zu Schutzmaßnahmen

(1) Der Dienstberechtigte hat Räume, Vorrichtungen oder Gerätschaften, die er zur Verrichtung der Dienste zu beschaffen hat, so einzurichten und zu unterhalten und Dienstleistungen, die unter seiner Anordnung oder seiner Leitung vorzunehmen sind, so zu regeln, dass der Verpflichtete gegen Gefahr für Leben und Gesundheit soweit geschützt ist, als die Natur der Dienstleistung es gestattet.

(2) Ist der Verpflichtete in die häusliche Gemeinschaft aufgenommen, so hat der Dienstberechtigte in Ansehung des Wohn- und Schlafraums, der Verpflegung sowie der Arbeits- und Erholungszeit diejenigen Einrichtungen und Anordnungen zu treffen, welche mit Rücksicht auf die Gesundheit, die Sittlichkeit und die Religion des Verpflichteten erforderlich sind.

(3) Erfüllt der Dienstberechtigte die ihm in Ansehung des Lebens und der Gesundheit des Verpflichteten obliegenden Verpflichtungen nicht, so finden auf seine Verpflichtung zum Schadensersatz die für unerlaubte Handlungen geltenden Vorschriften der §§ 842 bis 846 entsprechende Anwendung.

Titel 8. Dienstvertrag und ähnliche Verträge **§ 619**

§ 619 Unabdingbarkeit der Fürsorgepflichten

Die dem Dienstberechtigten nach den §§ 617, 618 obliegenden Verpflichtungen können nicht im Voraus durch Vertrag aufgehoben oder beschränkt werden.

1. Allgemeines. Konkretisierung der Fürsorgepflicht (§ 611 Rn 38 ff), die für 1 alle Dienstverhältnisse gilt (BGH NJW 95, 2629: freier Mitarbeiter) und auf Grund einer prinzipiellen Wertung des Risikos einer Tätigkeit in fremdem Organisationsbereich auch auf andere Vertragsverhältnisse analog angewendet wird (s zum Werkvertrag § 631 Rn 24, zum Auftrag § 662 Rn 13). Geschützt sind Leben und Gesundheit des Dienstverpflichteten; zum Schutz seiner Sachgüter s § 611 Rn 40. § 618 wird in seinen Voraussetzungen (Rn 2) durch öffentl-rechtliche Normen des Arbeitsschutzrechtes und Unfallverhütungsvorschriften der Berufsgenossenschaften ergänzt und konkretisiert (vgl BAG DB 83, 234), in seinen Folgen (Rn 4) bei Arbeitsunfällen durch SGB VII 104 ff verdrängt. Sondervorschriften: ArbSchG; HGB 62, JArbSchG 40 ff, HeimarbG 12, SeemannsG 80.

2. Voraussetzungen. a) § 618 I, 1. Fall: **aa) Räume:** Nicht nur Arbeitsräume, 2 sondern auch Waschräume, Treppen, Kantinen; auch Wege im Betriebsbereich, Gärten (BGH 26, 370 f). Das Betreten der Räume muss erlaubt, nicht aber erforderlich sein. **bb) Vorrichtungen und Gerätschaften:** Vor allem Maschinen und Werkzeuge, evtl Schutzkleidung (s LAG Nds LAGReport 03, 289), vgl BAG BB 86, 193: Sicherheitsschuhe; BAG NZA 99, 38. **b)** I, 2. Fall: Unter Anordnung oder 3 Leitung des Dienstberechtigten organisierte Dienstleistungen. Höchstarbeitszeit ist im Interesse des Gesundheitsschutzes einzuhalten; (zB ärztlicher) Bereitschaftsdienst zählt als Arbeitszeit (BAG NZA 04, 927). **c)** II: Aufnahme in häusliche Gemeinschaft, s § 617 Rn 3.

3. Rechtsfolgen. a) In den Fällen Rn 2, 3 muss der Dienstberechtigte im Rah- 4 men des Möglichen („soweit die Natur der Dienstleistung es gestattet") Gefahren von der Person des Dienstverpflichteten abwenden. Konkretisierung der in § 618 I enthaltenen Pflichten des AG durch das ArbSchG s BAG NZA 07, 262 (Hepatitis-C-Infektion des AN wg unterlassener Aufklärung und Schutzvorkehrungen). AN hat nur unter Umständen Anspruch auf Schutzmaßnahmen gegen sommerliche Hitze (Grimm DB 04, 1666 ff). Schafft AN erforderliche Schutzkleidung selbst an, hat er Aufwendungsersatzanspruch entspr § 670, BAG NZA 99, 38. **b)** Im Falle Rn 3 (c) sind Räume, Verpflegung und Arbeitsbedingungen so auszugestalten, dass Körper und Gesundheit, aber auch Sittlichkeit und religiöse Überzeugung des Verpflichteten ungefährdet bleiben.

4. Folgen bei Pflichtverletzungen. a) Erfüllungsanspruch, s BAG NJW 99, 5 162; BAG NJW 09, 2698 mAnm Ritter (Anspruch auf tabakrauchfreien Arbeitsplatz); deshalb begründen § 617, 618 nicht nur Schutzpflichten iSd § 241 II. **b) Leistungsverweigerungsrecht** nach § 273, vgl BAG ZIP 97, 1432 (asbestverseuchte Räume), Zurückbehaltungsrecht nach Sondergesetzen, zB GefahrstoffVO 21, s BAG BB 94, 1011. **c) Schadensersatz** wegen Nebenpflichtverletzung, dessen Umfang in III durch Verweisung auf §§ 842–846 geregelt ist (sa BAG NZA 07, 262). § 253 gilt (daher über §§ 618 III, 253 II ggf auch Schmerzensgeld). **d) Fristlose Kündigung** bei bes schweren Verstößen möglich, § 626. **e)** Konkurrierende Ansprüche aus Delikt bleiben unberührt. § 618 ist nicht Schutzges iS des § 823 II (str).

5. Abdingbarkeit. Nein, s Normtext; § 619 gilt aber nicht bei analoger Anwen- 6 dung des § 618 auf Werkvertrag, BGH 56, 269.

6. Sondervorschriften. Zu SGB VII 104 ff s § 611 Rn 42. 7

§ 619a Beweislast bei Haftung des Arbeitnehmers

Abweichend von § 280 Abs. 1 hat der Arbeitnehmer dem Arbeitgeber Ersatz für den aus der Verletzung einer Pflicht aus dem Arbeitsverhältnis entstehenden Schaden nur zu leisten, wenn er die Pflichtverletzung zu vertreten hat.

1   **1. Allgemeines.** Die durch das SchRModGes auf Vorschlag des Rechtsausschusses eingefügte Norm modifiziert – in Bewahrung der richterrechtlichen Regeln zur Unanwendbarkeit des § 282 aF auf die AN-Haftung aus Vertragsverletzung (vgl BAG NJW 99, 1051 zur Mankohaftung) – die aus § 280 I 2 folgende **Beweislastverteilung** für das **Vertretenmüssen** und flankiert damit die in Auslegung des § 276 aF als „ein anderes bestimmt" entwickelte Haftungsmilderung des AN, die jetzt nach § 276 als „mildere Haftung ... (die) aus des sonstigen Inhalt des Schuldverhältnisses zu entnehmen ist", unverändert weitergilt. § 619a ist nicht selbst Anspruchsgrundlage, sondern knüpft an § 280 I an. Zur Beweislast des Dienstberechtigten hinsichtlich der Pflichtverletzung s München NJW-RR 03, 678. Für entsprechende Anwendbarkeit auf Handwerker, der dauerhaft in Betrieb als Werkunternehmer tätig ist: LAG Frankfurt BB 13, 1726 (nicht rechtskräftig).

2. Arbeitnehmerhaftung bei Schlechtleistung oder Nebenpflichtverletzungen. Lit: Baumann, Die deliktische Außenhaftung des AN in der Privat- und Verfassungsrechtsordnung, BB 94, 1300; Bittner, Die Erfüllung des arbeitsrechtlichen Freistellungsanspruchs, NZA 03, 833; Lipperheide, Arbeitnehmerhaftung zwischen Fortschritt und Rückschritt, BB 93, 720; sa Gutachten E/F Otto/Seewald und Referate Mayer-Maly, Gitter sowie Diskussion 56. DJT, 1986; Schaub, Die Haftungsbegrenzung des Arbeitnehmers, WiB 94, 227; ders, Der Entwurf eines Ges zur Arbeitnehmerhaftung, ZRP 95, 447; Walker, Die eingeschränkte Haftung des Arbeitnehmers unter Berücksichtigung der Schuldrechtsmodernisierung, JuS 02, 736.

2   **a)** Die Erbringung von Dienstleistungen birgt wie jedes menschliche Verhalten Schadensrisiken. Werden sie schuldhaft realisiert, dann hat der Dienstverpflichtete im Prinzip einzustehen: Er haftet vertraglich seinen Vertragspartnern und den in den Schutzbereich des Vertrages einbezogenen Personen (§ 611 Rn 12 f, 16 aE), außervertraglich aus Delikt, insbes §§ 823 ff, zB bei Betrug gegenüber AG (vgl BAG NJW 99, 309 f: Detektivkosten), vor allem aber Dritten, zB dem Leasinggeber des AG bei Beschädigung der geleasten Maschine, vgl BGH 108, 305; krit Baumann aaO; Denck JZ 90, 175. Das Schadensrisiko wird jedoch als Teil des allg Betriebsrisikos des Dienstberechtigten angesehen und aus Fürsorgegesichtspunkten, die einen auch nach GG gebotenen Schutz vor unzumutbarem wirtschaftlichen Risiko verlangen, dem AN ganz oder teilweise abgenommen, BAG (GS) NJW 95, 210 ff; s BAG NJW 99, 1051 zur Mankohaftung. Entsprechend § 254 muss sich der AG das Betriebsrisiko anrechnen lassen, BAG
3   aaO, BGH ZIP 96, 763f. **Schadensabnahme** greift in **3 Fällen** ein: Schädigung des AG (auch Vermögensschäden, vgl BAG NJW 95, 3204: Strafe gegen AG), Verletzung von Arbeitskollegen und Schädigung von Dritten (s Rn 7). Bei **Personenschäden von Arbeitskollegen** wird der AN bereits durch SGB VII, 105 I weitgehend (s § 611 Rn 42) freigestellt. Die Haftungsentlastung entfällt, wenn und insoweit der AN in den Schutzbereich einer Pflichtversicherung einbezogen ist – sie kommt also nicht einem Pflichtversicherer zugute, sondern dieser hat dem ersatzpflichtigen AN Deckung zu gewähren, BGH NJW 92, 900, 902. Zur Haftung und zum Ausgleichsanspruch mitverantwortlicher Dritter s v Caemmerer ZfRVgl 68, 96 f; BGH 61, 53 ff; NJW 76, 1975; zur Außenhaftung Denck, Der Schutz des AN vor der Außenhaftung, 1980; ders
4   BB 89, 1192 zu Fällen in denen AN belastet bleibt. **b) Voraussetzungen.** Rspr und hL setzten für die Verantwortungsentlastung früher voraus, dass der Schadensfall in Ausführung „gefahrgeneigter", dh durch Risikoerhöhung gekennzeichneter Arbeit geschehen war; das BAG hat dieses – schwer zu konkretisierende – Merkmal aufgegeben, s dazu BAG (GS) NJW 95, 212 sowie BGH NJW 94, 856 (Gefahrgeneigtheit nur noch Abwägungsfaktor bei Verschulden und Betriebsrisiko). Heute ist entscheidend,

Titel 8. Dienstvertrag und ähnliche Verträge **Vor §§ 620–630**

dass die schadensverursachende Tätigkeit „betriebsbezogen", also durch den Betrieb veranlasst und auf Grund des Arbeitsverhältnisses geleistet worden war, BAG (GS) NJW 95, 212; BAG NJW 99, 1051; zum Ganzen s Hanau/Rolfs NJW 94, 1439, Schaub aaO je mwN. Die Haftungsbegrenzung kann weder einzel- noch kollektivvertraglich zu Lasten des AN modifiziert werden, BAG NJW 04, 2469. Die Haftungsentlastung wirkt zugunsten von AN (auch Leiharbeiter, BGH NJW 73, 2020) und für leitende Angestellte (BAG NJW 77, 598; BGH ZIP 96, 763 f), wohl aber nicht für aus selbstständigen Dienstverhältnissen Verpflichtete, zB Vertretungsorgane einer juristischen Person (BGH WM 75, 469; sa schon BGH NJW 63, 1102, str; aA Börgen MDR 71, 178; Isele NJW 63, 1100). **c) Folgen. Schädigung des AG:** Bei leichter Fahrlässigkeit entfällt ein Schadensersatzanspruch. Bei mittlerer (normaler) Fahrlässigkeit wird der Schaden unter abwägender Berücksichtigung der Gesamtumstände (Schadensanlass und Schadensfolgen, Verschulden und Betriebsrisiko) nach Billigkeits- und Zumutbarkeitsgesichtspunkten geteilt, vgl BAG (GS) NJW 95, 211 f; BGH NJW 91, 1685. Auch bei grober Fahrlässigkeit Haftungserleichterung möglich, BAG NJW 99, 966, falls Missverhältnis von Verdienst und Schadensrisiko; sa BAG NZA 98, 310 für den Fall „gröbster" Fahrlässigkeit, ferner BGH NJW 96, 1532: Einzelfallbezogene Abwägung; Rsprbericht Etzel NJW 98, 1196; 99, 2939. Auch ein vorsätzlicher Pflichtenverstoß des AN führt nur zu seiner vollen Haftung, wenn der Vorsatz auch den Schaden umfasste (BAG NJW 03, 377). Bei **Schädigung eines Dritten** bleibt der AN diesem grundsätzlich voll haftbar (so Rn 2 sowie BGH NJW 94, 855), ebenso bei Schädigung eines **Arbeitskollegen**, soweit nicht SGB VII, 105 I eingreift; § 619a gilt in diesem Verhältnis nicht (Preis FS BAG, 2004, 149); er hat jedoch gegenüber dem AG einen Freistellungsanspruch unter den gleichen Voraussetzungen, die zur Haftungsentlastung bei Schädigung des AG führen würden (BGH 66, 1 zu Voraussetzungen und Umfang ie). Arbeitsvertrag ist regelmäßig kein Vertrag mit **Schutzwirkung** zugunsten der Arbeitskollegen (s § 611 Rn 39) oder sonstiger Dritter, es sei denn, anderes ist ausdrücklich oder stillschweigend vereinbart. Steht der AG mit dem Dritten in vertraglicher Beziehung, aus der der AG freigezeichnet ist, so ist zu prüfen, ob die Freizeichnung auch zugunsten der AN wirkt und ihre Haftung verhindert. Hat der AG eine solche Ausgestaltung der Freizeichnung versäumt oder nicht durchzusetzen vermocht, dann bleibt er letztlich aus dem Freistellungsanspruch des haftenden AN verantwortlich. Diese Schwäche der vereinbarten Freizeichnung gestattet es auch, Abtretung des Freistellungsanspruchs an den Gläubiger (= Geschädigten) zuzulassen, der damit Zahlung verlangen kann. Bei ges Haftungsbeschränkung des AG gegenüber Dritten ist die Haftung des AN entspr zu kürzen (anders BGH 41, 206: Befreiungsanspruch sei dann auch an Gläubiger nicht abtretbar).

3. Beweislast. a) Bei **deliktischer Haftung** hat der geschädigte AG nach allgemeinen Beweislastregeln Verletzung, kausal verursachten Schaden und Verschulden des AN zu beweisen. **b)** Bei Verletzung von Pflichten aus dem **Dienstvertrag**, seien es Leistungspflichten – ggf Nebenleistungspflichten – oder Schutzpflichten iSd § 241 II, haftet AN nach § 280 I und AG hat Pflichtverletzung, dadurch verursachten Schaden und nach § 619a in Abweichung von § 280 I 2 das „Vertretenmüssen" des AN, dh das Verschulden (Rn 6) des AN zu beweisen. AG hat deshalb Beweislast auch hinsichtlich des für den Haftungsumfang jeweils erforderlichen Verschuldensgrades (hierzu sowie zur gestuften, substantiierten Darlegungslast des AN BAG NJW 99, 1052). ME entspr anwendbar auf Anspruch wegen Verzugsschadens, obwohl § 286 IV nicht in Bezug genommen wird, sowie bei Haftung des AN aus § 311a II, etwa bei Arbeitsvertrag über gesetzlich verbotene Leistung, vgl Löwisch NZA 01, 466.

Vorbemerkungen zu den §§ 620–630

Lit: Becker/Etzel ua, Gemeinschaftskommentar zum KSchG und sonstigen kündigungsschutzrechtlichen Vorschriften, 10. Aufl 2013; Busemann/Schäfer/Bleistein, Kündigung und

Vor §§ 620–630   Buch 2. Abschnitt 8. Einzelne Schuldverhältnisse

Kündigungsschutz im Arbeitsverhältnis, 3. Aufl 1997; Diller/Krieger/Arnold, Kündigungsschutzgesetz plus Allgemeines Gleichbehandlungsgesetz – Sind Arbeitnehmer in Zukunft doppelt vor Kündigungen geschützt?, NZA 06, 887; von Hoyningen-Huene/Linck/Krause, KSchG, 15. Aufl 2013; Löwisch, Kommentar zum KSchG, 9. Aufl 2004; Stahlhacke/Preis/Vossen, Kündigung und Kündigungsschutz, 10. Aufl 2010; Willemsen/Schweibert, Schutz der Beschäftigten im Allgemeinen Gleichbehandlungsgesetz, NJW 06, 2583.

1 **1. Allgemeines.** §§ 620–627 regeln Fälle der Beendigung des Dienstverhältnisses, die §§ 628–630 einzelne Folgen einer Beendigung bzw einer darauf abzielenden Kündigung. Obwohl das BGB auch die Beendigung von Arbeitsverhältnissen durch Kündigung in § 622 erfasst, muss der Komplex der §§ 620 ff als eine immer noch weitgehend durch spezielle Normen des Arbeitsrechts, seien sie durch den Gesetzgeber, durch Kollektivvereinbarungen oder richterliche Rechtschöpfung gesetzt (s zu den Rechtsquellen Rn 30 ff, 44 vor § 611), verdrängte oder ergänzte Regelung gesehen werden. **Allgemeines Kündigungsschutzrecht:** KSchG, insbes KSchG 1, die §§ 138, 242 (beide Normen können Benachteiligungen iSv AGG 1 erfassen und zur Nichtigkeit der Kündigung führen), §§ 620 ff, insbes 626 BGB. **Besonderes** Kündigungsschutzrecht schützt besondere Personengruppen, zB Schwangere/Entbundene (MuSchG 9), Eltern in Elternteilzeit (KSchG 18), Schwerbehinderte (SGB IX 85, 91), Betriebsräte (KSchG 15), s ferner § 622 Rn 11 ff. **Kündigungsrecht und AGG:** AGG ist gem AGG 2 IV nicht anwendbar auf Kündigungen von Beschäftigungsverhältnissen iSv AGG 6 I 1. Normtext AGG 2 IV ist einschr auszulegen: Gesetzgeber wollte Kündigung selbstständiger Dienstverträge nicht erfassen, s BT-Drs 16/2022 v 28.6.2006 S 26 f. AGG 2 IV ordnet statt dessen „ausschließliche" Geltung der Bestimmungen zum allgemeinen und besonderen Kündigungsschutz an (deshalb AGG 2 IV für europarechtswidrig erachtend AGG 2 Rn 15; Wißkirchen DB 06, 1495 f). Versuch einer richtlinienkonformen Auslegung des AGG 2 IV bei Diller/Krieger/Arnold NZA 06, 887 (sa ErfK/Schlachter AGG 2 Rn 17f): *(1)* Die Rechtsunwirksamkeit der Kündigung wegen einer Benachteiligung iSv AGG 1 ist nicht nach dem AGG, sondern dem allgemeinen und besonderen Kündigungsschutzrecht zu beurteilen. Ein Vorgehen nach dem AGG, insbes ersatzweise Geltendmachung von Schadensersatz/Entschädigung nach dem AGG, ist durch AGG 2 IV verwehrt. Die Benachteiligung werde durch Feststellung der Unwirksamkeit der Kündigung ausreichend sanktioniert. (Das ist bei geschlechtsspezifischer Benachteiligung wohl nicht ausreichend, weil Art. 6 II RiLi 76/207/EG idF RiLi 2002/73/EG vom 23.9.2002 bzw Art. 18 RiLi 2006/54/EG v 5.7.2006 [Umsetzungsfrist bis 15.8.2008] einen Ausgleich des entstandenen Schadens zwingend vorschreiben; zu einem Rechtfertigungsversuch s Diller/Krieger/Arnold aaO: Unwirksamkeit der Kündigung als Naturalrestitution). *(2)* Verstoß gegen das Benachteiligungsverbot muss in Beurteilung der Sozialrechtswidrigkeit iSd KSchG bzw (außerhalb Anwendungsbereich KSchG) der Sitten- oder Treuwidrigkeit iSv §§ 138, 242 einbezogen werden (das für ausreichend erachtend: Richardi NZA 06, 886; Willemsen/Schweibert NJW 06, 2584 f); s ferner AGG 12 Rn 3. *(3) (a)* Diller/Krieger/Arnold NZA 06, 887 schlagen für Problemfall, dass die Kündigung nach Gesamtabwägung zwar objektiv gerechtfertigt ist, der Kündigende mit der Kündigung aber zugleich diskriminierende Motive verfolgt hat, vor, AGG 2 IV teleologisch zu reduzieren: Zwar sei Kündigung auch dann wirksam, aber Beschäftigter könne nach AGG 15 II Entschädigung wegen Benachteiligung verlangen. *(b) Kritik:* AGG bleibt aber auch dann bei geschlechtsbezogenen Diskriminierungen hinter aufgehobenem § 611a (s jetzt nach § 611) zurück; geschlechtsdiskriminierende Kündigungen waren gem §§ 134, 611a stets nichtig (Vorauf § 611a Rn 6) – Im Ergebnis ist jedenfalls das deutsche Recht (§ 2 IV, ferner insbes KSchG) **richtlinienkonform auszulegen** und es sind die Wertungen der dem AGG zugrundeliegenden Richtlinien im Rahmen des KSchG zur vollen Geltung zu bringen, s BAG BeckRS 09, 58467; LAG Niedersachsen NZA-RR 08, 350; Hein NZA 08, 1033; Bauer/Krieger NZA 07, 674.

Titel 8. Dienstvertrag und ähnliche Verträge **Vor §§ 620–630**

2. Arten der Beendigungsgründe. Die Beendigungsgründe lassen sich danach 2 unterscheiden, ob das Dienstverhältnis durch rechtsgeschäftliche Erklärung der Parteien aufgelöst wird oder unabhängig von ihrem Willen erlischt. **a) Beendigung** 3 **durch Rechtsgeschäft. aa) Aufhebungsvertrag** ist nach allg Regeln (§ 311 I) jederzeit möglich (vgl BAG BB 94, 785; zum Stand nach der Schuldrechtsreform s Überblick Bauer NZA 02, 169); AGB-Kontrolle: § 310 IV 2 für Aufhebungsvertrag wie für Arbeitsvertrag (s dazu vor § 611 Rn 1); Kündigungsvorschriften finden keine Anwendung (sa Bengelsdorf BB 95, 978); bei Arbeitsvertrag jedoch Schriftform, § 623. Rückwirkung der Aufhebung ist nur bei noch nicht in Vollzug gesetzten Verträgen möglich, hM, dazu StOetker vor § 620 Rn 56 mN; zur Unwirksamkeit bei kollusivem Zusammenwirken eines Vertreters s BAG NJW 97, 1940. Rücktritt nach § 323 oder bei vereinbartem Rücktrittsrecht ist bei Aufhebungsvertrag möglich. – Kein Widerruf nach §§ 312, 355, da Abschluss eines Aufhebungsvertrags kein Haustürgeschäft ist (s § 312 Rn 9 mN; LAG Hamm NZA-RR 03, 402 mN, auch zur Gegenmeinung; LAG Brandenburg BB 03, 1281; Bauer NZA 02, 171 f mN; Henssler RdA 02, 133, str), zudem fehlt es an der Verbrauchereigenschaft (Rn 4). **bb) Anfechtung, Widerruf** des Dienstvertrages nach §§ 119, 123 ist grundsätzlich 4 möglich, doch tritt rückwirkende Nichtigkeitsfolge bei Arbeitsverhältnissen nach allg Regeln nur bis zur Arbeitsaufnahme ein; danach grundsätzlich Ex-nunc-Wirkung, vgl Rn 5 vor § 611. Eine Kündigung, die wegen Verletzung des Kündigungsverbots nach MuSchG nichtig ist, kann grundsätzlich nicht in eine Anfechtung umgedeutet werden, BAG NJW 76, 592. Für Anfechtung, die wahlweise neben außerordentlicher Kündigung möglich ist, gelten die gleichen Grundsätze wie für die Kündigung, BAG NJW 80, 1303 (zur Anfechtungsfrist entsprechend § 626 II). – Kein Widerruf des Arbeitsvertrags nach §§ 312, 355, da AN bei Abschluss arbeitsrechtlicher Verträge kein Verbraucher ist (s Bauer NZA 02, 171 mN; Henssler RdA 02, 133, str, wN bei LAG Hamm NZA-RR 03, 402, LAG hat die Frage offen gelassen). **cc)** Das Dienstverhältnis als Dauerschuldverhältnis kann durch **Kündi-** 5 **gung** beendet werden (zur Rechtsnatur s § 620 Rn 12). Unterschieden werden an bestimmte Fristen gebundene **ordentliche** (§§ 620 II, 621, 622, wohl auch 624) und **außerordentliche, fristlose Kündigungen** (§§ 626, 627). Die in den §§ 621, 623–627 getroffene Regelung für Kündigungen wird für Arbeitsverhältnisse durch § 622, durch speziellere Normen des Kündigungsschutzrechts oder Kollektivvereinbarungen überlagert (hierzu § 622). **dd) Rücktritt** nach §§ 323, 326 V kann nur bis 6 zum Antritt des Dienstverhältnisses, dh bis zum Beginn der Erfüllung von Dienstverpflichtungen erfolgen; nach diesem Zeitpunkt kann nur gekündigt werden. **ee) Ver-** 7 **weigerungserklärung** des gekündigten AN nach KSchG 12, 16. **ff) Lösende Aussperrung** ist wegen Grundsatzes der Verhältnismäßigkeit Ausnahme, vgl BAG (GS) AP Nr 43 zu GG 9 – Arbeitskampf; zum Meinungsstand Schaub § 194 Rn 20. **gg)** Verbleib in der Bundeswehr als Soldat nach Eignungsübung, EignungsübungsG 8 3 I 1, II. **hh)** Widerruf auf Grund Vorbehalt s BAG BB 83, 1791. **b) Selbsttätige Beendigungsgründe** sind **aa)** der in § 620 I (beachte § 625) und TzBfG (seit 1. 1. 9 04 Befristungserleichterung in Phase der Unternehmensgründung durch neuen TzBfG 14 II a, BGBl 2003 I 3003) geregelte **Zeitablauf; bb) Zweckerreichung,** s § 620 II; **cc)** Eintritt einer Resolutivbedingung, vgl BAG NJW 82, 788; **dd) Tod** 10 **des Dienstverpflichteten,** s § 613; **ee)** ausnahmsweise bei personengebundener Dienstberechtigung (zB Krankenpflege) **Tod des Dienstberechtigten** (aA StOetker vor § 620 Rn 65); **ff) Wegfall der Geschäftsgrundlage** beendet nur in Aus- 11 nahmefällen, in denen Kündigung nach § 313 III 2 aus den gleichen Umständen, die die Geschäftsgrundlage berührt haben, nicht möglich war (Kriegsereignisse usw); regelmäßig sind Änderungen der Geschäftsgrundlage nur Kündigungs- (s Schaub § 121 Rn 5) oder Anpassungsgrund, § 313 I, III 2. **gg) Insolvenzverfahren** been- 12 det nur Dienstverhältnisse auf Geschäftsbesorgung, InsO 116; sonst Kündigung, InsO 113; **hh) Erreichung** einer bestimmten **Altersgrenze** auf Grund tarifvertraglicher Normen, Betriebsvereinbarungen (zu den Grenzen s vor § 611 Rn 30) oder

§ 620 Buch 2. Abschnitt 8. Einzelne Schuldverhältnisse

einzelvertraglicher Regelungen als Resolutivbedingung s BAG NZA 86, 327; **ii)** Ablauf einer **Befristung; jj)** Eintritt auflösender **Bedingung** (s § 620 Rn 8).

13   **3. Wirkungen der Beendigung.** Mit **Beendigung** erlöschen grundsätzlich die Hauptpflichten zur Dienstleistung und Vergütung, jedoch kann Verpflichtung zur Zahlung von Ruhestandsbezügen (fort)bestehen. Vor allem bleiben nachwirkende **Abwicklungs- und Nebenpflichten,** nach BGB im Fall fristloser Kündigung Vergütung und Schadensersatz, § 628; Pflicht zur Zeugniserteilung s § 630; daneben sind Pflichten zur Rückgabe von Arbeitsmitteln (Schaub § 151) und Herausgabe bzw Ausfüllung von Arbeitspapieren (hierzu Schaub § 149) usw zu beachten. Verletzung dieser Pflichten kann **Schadensersatzansprüche** nach §§ 280, 286, 276 auslö-
14   sen. Der Dienstvertrag kann darüber hinaus weitere Pflichten für die Zeit nach Beendigung des Dienstverhältnisses vorsehen, zB Wettbewerbsverbote, s GewO 110, HGB 74 und § 611 Rn 27. Zu Dienstwohnungen s §§ 565b ff. Erlass ausstehender Vergütung möglich, BAG NJW 77, 1213, aber nicht ohne weiteres in sog Ausgleichsquittung zu sehen, hierzu BAG NJW 77, 1983 (LS) = in AP KSchG 1969 § 4 Nr 4 (mAnm Herschel). Zur Weiter**beschäftigung** nach Kündigung s § 611 Rn 44.

§ 620 Beendigung des Dienstverhältnisses

(1) **Das Dienstverhältnis endigt mit dem Ablauf der Zeit, für die es eingegangen ist.**

(2) **Ist die Dauer des Dienstverhältnisses weder bestimmt noch aus der Beschaffenheit oder dem Zwecke der Dienste zu entnehmen, so kann jeder Teil das Dienstverhältnis nach Maßgabe der §§ 621 bis 623 kündigen.**

(3) **Für Arbeitsverträge, die auf bestimmte Zeit abgeschlossen werden, gilt das Teilzeit- und Befristungsgesetz.**

Lit: Rsprübersicht Etzel NJW 98, 1195, 99, 2938; Hromadka, Befristete und bedingte Arbeitsverhältnisse, neu geregelt, BB 01, 621; ders, Das neue Teilzeit- und Befristungsgesetz, NJW 01, 400; Lembke, Die sachgrundlose Befristung usw, NJW 06, 325; Preis/Hansch, Die Neuordnung der befristeten Arbeitsverhältnisse im Hochschulbereich, NJW 02, 927; Riesenhuber, Keine Rettung formnichtiger Befristungsabreden im Arbeitsvertrag?, NJW 05, 2268.

1   **1. Allgemeines.** § 620 enthält die wichtigsten Beendigungsmöglichkeiten: Beendigung durch Zeitablauf auf Grund entspr Vereinbarung wird in I anerkannt, Zweckerreichung in II als Beendigungsgrund vorausgesetzt, zur Kündigung wird in II auf die Kündigungsvorschriften §§ 621–623 verwiesen. I (Befristung) gilt nur noch für selbstständige Dienstverträge, s III. Sonderregelungen für Arbeitsverträge in TzBfG (UmsetzungsG zu TeilzeitRiLi 97/81/EG und BefristungsRiLi 99/70/EG – Einzelheiten Hromadka aaO), HRG und HRGÄndG, BErzGG, WissArbVG sowie für LeihAN in AÜG 9 Nr 2, dazu Gaul NJW 97, 1469; für Beschäftigungsverhältnis Sonderregelung in PflegeZG (vor § 611 Rn 48) 6.

2   **2. Befristung.** Sie ist bei selbstständigen Dienstverträgen grundsätzlich zulässig, I. **a)** Sie kann durch Bezeichnung eines Zeitraums (4 Wochen), durch ein Kalenderdatum oder auch einen anderen bestimmbaren Zeitbegriff (Messe, Saison, Lebenszeit, dazu § 624) erfolgen. **b)** Auch bei **Arbeitsverhältnissen** (zur Abgrenzung s vor
3   § 611 Rn 2; für leitende Angestellte s BAG BB 79, 1557) ist Befristung möglich, falls die Voraussetzungen nach **TzBfG** gegeben sind (vor allem **sachlicher Grund,** der ein Komplementärstück zum Kündigungsschutz darstellt; ferner **Schriftform,** welche der Rechtssicherheit dient und den AN warnen soll, dass er keinen Dauerarbeitsplatz erhält; Konsequenz aus Formzweck: Befristungsabrede muss unterschrieben werden, bevor der AN die Arbeit aufnimmt, ansonsten formnichtig, TzBfG 14 IV, § 125, s BAG NJW 05, 2333; krit Riesenhuber NJW 05, 2268); Bsp sachlicher Gründe, die Befristung rechtfertigen, TzBfG 14 I 2 (Aufzählung nicht abschlie-

Titel 8. Dienstvertrag und ähnliche Verträge **§ 620**

ßend, BAG NZA 05, 401). Der sachl Grund der Altersbefristung in TzBfG 14 III 4 aF (AN, die das 52. Lebensjahr vollendet haben) verstieß nach der **Mangold-Entscheidung** des EuGH gegen den allg primärrechtlichen Gleichbehandlungsgrundsatz (s näher vor § 611 Rn 30; BAG RIW 06, 700). Der Entscheidung kommt wegen ihres Rekurses auf den unionsrechtlichen Gleichbehandlungsgrundsatz Rückwirkung zu (BAG NZA 06, 1162 Tz 40: EuGH hat die zeitlichen Wirkungen seines Unanwendbarkeitsausspruchs nicht begrenzt). Nachträgliche Befristung bedarf ebenfalls sachlichen Grundes, BAG NJW 99, 597; Vergleich s BAG NZA 12, 919; 99, 480 (regelmäßig keine Umgehung Kündigungsschutz). Ob durch die Mangold-Entscheidung ausgelöste Neufassung TzBfG 14 III (G v 19.4.2007, BGBl I 538) europarechtskonform ist, wird unterschiedlich beurteilt, s bejahend Temming NZA 07, 1200; ErfK/Müller-Glöge TzBfG 14 Rn 110a; verneinend Wiedemann FS Otto, 2008, 616 f. Ausnahmsweise bedarf es zur Befristung nach TzBfG 14 II und II a keines sachlichen Grundes, s Lembke NJW 06, 325 sowie vor § 620 Rn 9. Befristungskontrolle sollte Umgehung des Kündigungsschutzes verhindern, so dass dessen zwingende Anwendbarkeit vorauszusetzen ist, LAG Köln NZA-RR 99, 118; zu TzBfG s jedoch Hromadka BB 01, 622; sa Hunold NZA 02, 255. **PflegeZG** 6 erlaubt Befristung bis zur Wiederkehr eines einen nahen Angehörigen pflegenden Beschäftigten (PflegeZG 7).

Bei **Zweckbefristung** muss Zweckerreichung in überschaubarer Zeit liegen und 4 vorausseshbar sein, s BAG NZA 88, 201. Bsp sachlicher Gründe waren bis zum TzBfG und können in seiner Auslegung sowie außerhalb seines Anwendungsbereichs berücksichtigt werden: Saisonarbeit, Studentenjobs (BAG NJW 95, 982), Lehrkraftvertretung (einschränkend BAG NZA 99, 928; s aber auch BAG NZA-RR 13, 185), vorübergehender Mehrbedarf an Arbeitskräften (BAG BB 97, 371, nicht jedoch Unsicherheit der Arbeitsmarktentwicklung, BAG NJW 01, 845), sozialer Überbrückungszweck (BAG NZA 99, 1335), absehbare Schließung (BAG NZA 98, 1000), **Probearbeitsverhältnisse** (BAG NJW 03, 1828; BAG BB 78, 1265, sa TzBfG 14 I 2 Nr 5), Aushilfstätigkeit, Vertretung (hierzu BAG BB 13, 189; NZA 12, 1359; BB 96, 1615; s TzBfG 14 I 2 Nr 3), Bedarfsdeckung durch Aushilfslehrer (BAG NZA 87, 739, aber auch NZA 88, 471 [LS]). Bei zunehmender Beschäftigungsdauer sind an den Befristungsgrund höhere Anforderungen zu stellen, BAG BB 78, 501. Kein sachlicher Grund (iSd § 5 Anhang BefristungsRiLi 99/70/EG) ist der bloße Umstand, dass ein nationales Gesetz oder Verordnung die Befristung vorschreibt s EuGH NJW 06, 2465, hierzu Franzen JZ 07, 191. Bei formularmäßiger Zweckbefristung oder Zweckbedingung in einem Dienstvertrag erfolgt Inhaltskontrolle nach §§ 305ff insbes § 309 Nr 9a (2-Jahres-Grenze) s BAG NJW 07, 213. Verpflichtung zur Fortsetzung s BAG NZA 89, 719 (bei venire contra factum proprium). **Befristung einzelner Arbeitsvertragsbedingungen** unterfällt nicht dem TzBfG; sie bedarf keines Sachgrundes mehr zu ihrer Wirksamkeit, AN-Schutz wird über §§ 305 ff gewährleistet (BAG NZA 12, 674; 06, 40), aufgegeben wurde die frühere Rspr: BAG NJW 04, 3140; NZA 05, 218; Seibel/Wilhelm JuS 05, 209; Benecke RdA 05, 48. Unzulässig sind **Kettenarbeitsverträge**, bei denen durch 5 jeweils befristete Vertragsverlängerungen Kündigungsschutzvorschriften umgangen werden; für jede der sukzessiven Befristungen muss sachlicher Grund gegeben sein, BAG NJW 82, 1172, NZA 88, 734, sa EuGH NJW 12, 989. Unsachlich: Vermeidung des 613a, BAG NZA 13, 207; ZIP 95, 1213; sa BAG ZIP 99, 1322. **c)** Bei Befristung 6 auf Lebenszeit oder für länger als 5 Jahre s § 624. **d) Beweislast** für Befristungsdauer BAG NJW 95, 2942. **e)** Bei unwirksamer Befristung: Unbefristeter Dienstvertrag, vgl TzBfG 16 für Arbeitsverträge. **f)** Sachgrundlose Befristung im Hochschulbereich 7 s HRG 57b ff, dazu Preis/Hansch NJW 02, 927.

3. Auflösende Bedingung. Nach BAG NJW 82, 789 Ausnahme, aber zulässig, 8 sofern sachl Grund und keine funktionswidrige Umgehung des Kündigungsschutzes (BAG NZA 04, 311; Joch/Klichowski NZA 04, 302); dagegen unzulässiges Gestaltungsmittel: MK/Hesse vor § 620 Rn 34. Vereinbarung für Arbeitsverhältnis: s

§ 621 Buch 2. Abschnitt 8. Einzelne Schuldverhältnisse

TzBfG 21, dazu ie Hromadka, BB 01, 625: Weitgehende Gleichbehandlung mit Befristung.

9 **4. Zweckerreichung.** Sie ist der Beendigung durch Zeitablauf gleichzubehandeln; Bsp: Pflege eines Kranken bis zur Genesung oder zum Tod.

10 **5. Wirkung des Beendigungseintritts.** Mit Eintritt des Beendigungsgrundes oder -datums **Auflösung,** sofern nicht Fortsetzung gem § 625 geschieht.

11 **6. Verhältnis Befristung/Kündigung.** Außerordentliche Kündigung ist auch bei befristeten Dienstverhältnissen möglich; ordentliche nur, soweit vereinbart, s BAG NJW 81, 246; Herschel/Löwisch 1. Nachtr § 1 Anm 285 ff Rn 13; zur Wirksamkeit einer Kündigungsrecht-AGB im Privatschulvertrag s BGH NJW 08, 1064; Verhältnis Befristung/ordentliche Kündigung zur fristlosen Kündigung s BAG NJW 98, 3515; beachte auch § 624.

12 **7. Rechtsnatur der Kündigung.** Einseitige, empfangsbedürftige Willenserklärung. Bei Arbeitsverträgen Schriftform erforderlich, s § 623; zur Heilung formnichtiger Kündigung (hL) s Klient DB 93, 1874. Mit **Zugang** wird Kündigung unwiderruflich, § 130 I 2. Zugang ist erfolgt, wenn eine schriftliche Kündigung in die tatsächliche Verfügungsgewalt des Empfängers oder einer zum Empfang ermächtigten Person gelangt und damit dem Empfänger die Möglichkeit der Kenntnisnahme verschafft worden ist, BAG NJW 78, 2168 (§ 130 Rn 5). Zugang bei Übermittlung an in einer gemeinsamen Wohnung lebenden Ehegatten außerhalb der Wohnung BAG NJW 11, 2604, Zugang bei Annahmeverweigerung durch Angehörige s NJW 93, 1093. Zur Kündigung des urlaubsabwesenden AN vgl BAG NJOZ 12, 2088; NJW 89, 607; zur Anfechtung durch AN wegen Drohung BAG NJW 80, 2213, wegen Irrtums BAG NJW 92, 2174 (regelmäßig nein).

13 **8. Wirkung der Kündigung.** Sie tritt erst zum Kündigungszeitpunkt ein; bis dahin bleiben Dienst-, Vergütungs- und Beschäftigungspflicht (vgl BAG NJW 77, 215; WM 78, 309) grundsätzlich bestehen. Änderungskündigung s Berkowsky BB 99, 1266 mwN.

§ 621 Kündigungsfristen bei Dienstverhältnissen

Bei einem Dienstverhältnis, das kein Arbeitsverhältnis im Sinne des § 622 ist, ist die Kündigung zulässig,
1. **wenn die Vergütung nach Tagen bemessen ist, an jedem Tag für den Ablauf des folgenden Tages;**
2. **wenn die Vergütung nach Wochen bemessen ist, spätestens am ersten Werktag einer Woche für den Ablauf des folgenden Sonnabends;**
3. **wenn die Vergütung nach Monaten bemessen ist, spätestens am 15. eines Monats für den Schluss des Kalendermonats;**
4. **wenn die Vergütung nach Vierteljahren oder längeren Zeitabschnitten bemessen ist, unter Einhaltung einer Kündigungsfrist von sechs Wochen für den Schluss eines Kalendervierteljahrs;**
5. **wenn die Vergütung nicht nach Zeitabschnitten bemessen ist, jederzeit; bei einer die Erwerbstätigkeit des Verpflichteten vollständig oder hauptsächlich in Anspruch nehmenden Dienstverhältnis ist jedoch eine Kündigungsfrist von zwei Wochen einzuhalten.**

1 **1. Allgemeines.** § 621 regelt die Fristen ordentlicher Kündigung für Dienstverhältnisse, die nicht Arbeitsverhältnisse sind (für Arbeitsverhältnisse s § 622). § 621 ist **abdingbar;** Laufzeitregeln in AGB müssen sich jedoch an § 309 Nr 9a und den Befristungs- und Kündigungsvorschriften des BGB messen lassen, BGH NJW 85, 2586 (Internatsvertrag); BGH NJW 09, 1334 (Telefonfestnetzanschlussvertrag). Bei Unterrichts- und Berufsausbildungsverträgen kann Ausschluss der Kündigung für längere Zeit unangemessen nach AGBG 9 I aF – jetzt § 307 I – sein, BGH NJW

93, 329. Kündigung in kirchlichen Organisationen s Düsseldorf BB 92, 774, Anm Rust aaO 776 zur Rspr.

2. Fristen. a) Frist**beginn** mit Zugang der Kündigung; auch bei einer Kündigung vor Dienstantritt beginnt Frist nicht erst mit der geplanten Arbeitsaufnahme (BAG NJW 04, 3444). **Länge:** Entscheidend ist Bemessungsgrundlage der Vergütung, nicht Datum der jeweiligen Zahlung. **b)** Für die Fristen Nr 1, 3 gilt § 193; für Nr 4 und die 2-Wochen-Frist der Nr 5 HS 2 gelten §§ 187, 188 II, nicht § 193 (s BGH NJW 05, 1354; BAG NJW 70, 1470; BGH 59, 268). **c)** Nr 5 betrifft Fälle wie Vergütung durch Provisionen, Gewinnbeteiligung usw.

3. Folge bei Fristversäumung. Bei nicht fristgerechter Kündigung ist iZw Kündigung zum nächsten zulässigen Termin anzunehmen.

§ 622 Kündigungsfristen bei Arbeitsverhältnissen

(1) **Das Arbeitsverhältnis eines Arbeiters oder eines Angestellten (Arbeitnehmers) kann mit einer Frist von vier Wochen zum Fünfzehnten oder zum Ende eines Kalendermonats gekündigt werden.**

(2) **¹Für eine Kündigung durch den Arbeitgeber beträgt die Kündigungsfrist, wenn das Arbeitsverhältnis in dem Betrieb oder Unternehmen**
1. **zwei Jahre bestanden hat, einen Monat zum Ende eines Kalendermonats,**
2. **fünf Jahre bestanden hat, zwei Monate zum Ende eines Kalendermonats,**
3. **acht Jahre bestanden hat, drei Monate zum Ende eines Kalendermonats,**
4. **zehn Jahre bestanden hat, vier Monate zum Ende eines Kalendermonats,**
5. **zwölf Jahre bestanden hat, fünf Monate zum Ende eines Kalendermonats,**
6. **15 Jahre bestanden hat, sechs Monate zum Ende eines Kalendermonats,**
7. **20 Jahre bestanden hat, sieben Monate zum Ende eines Kalendermonats.**
²Bei der Berechnung der Beschäftigungsdauer werden Zeiten, die vor der Vollendung des 25. Lebensjahrs des Arbeitnehmers liegen, nicht berücksichtigt.

(3) **Während einer vereinbarten Probezeit, längstens für die Dauer von sechs Monaten, kann das Arbeitsverhältnis mit einer Frist von zwei Wochen gekündigt werden.**

(4) **¹Von den Absätzen 1 bis 3 abweichende Regelungen können durch Tarifvertrag vereinbart werden. ²Im Geltungsbereich eines solchen Tarifvertrags gelten die abweichenden tarifvertraglichen Bestimmungen zwischen nicht tarifgebundenen Arbeitgebern und Arbeitnehmern, wenn ihre Anwendung zwischen ihnen vereinbart ist.**

(5) **¹Einzelvertraglich kann eine kürzere als die in Absatz 1 genannte Kündigungsfrist nur vereinbart werden,**
1. **wenn ein Arbeitnehmer zur vorübergehenden Aushilfe eingestellt ist; dies gilt nicht, wenn das Arbeitsverhältnis über die Zeit von drei Monaten hinaus fortgesetzt wird;**
2. **wenn der Arbeitgeber in der Regel nicht mehr als 20 Arbeitnehmer ausschließlich der zu ihrer Berufsbildung Beschäftigten beschäftigt und die Kündigungsfrist vier Wochen nicht unterschreitet.**
²**Bei der Feststellung der Zahl der beschäftigten Arbeitnehmer sind teilzeitbeschäftigte Arbeitnehmer mit einer regelmäßigen wöchentlichen Arbeitszeit von nicht mehr als 20 Stunden mit 0,5 und nicht mehr als 30 Stunden mit 0,75 zu berücksichtigen. ³Die einzelvertragliche Vereinbarung längerer als der in den Absätzen 1 bis 3 genannten Kündigungsfristen bleibt hiervon unberührt.**

§ 622

(6) Für die Kündigung des Arbeitsverhältnisses durch den Arbeitnehmer darf keine längere Frist vereinbart werden als für die Kündigung durch den Arbeitgeber.

Lit: Adomeit/Thau, Das Gesetz zur Vereinheitlichung der Kündigungsfristen von Arbeitern und Angestellten, NJW 94, 11; Hromadka, Rechtsfragen zum Kündigungsfristengesetz, BB 93, 2372; Kamanabrou, Die Arbeitgeberkündigung, Jura 05, 102; Krause, Nach der Kündigung: Weiterbeschäftigung, Freistellung, Annahmeverzug, NZA 05, Sonderbeilage 1 zu Heft 10, 51; Lettl, Der arbeitsrechtliche Kündigungsschutz nach den zivilrechtlichen Generalklauseln, NZA-RR 04, 57; Löwisch, Kommentar zum Kündigungsschutzges, 9. Aufl 2004; ders, Tarifliche Regelungen von Arbeitgeberkündigungen, DB 97, 877; Rsprübersicht Etzel NJW 98, 1199; 99, 2942.

1 **1. Allgemeines.** BVerfG NJW 90, 2246 hatte Gleichbehandlung von Arbeitern und Angestellten bei Kündigungsfristen aufgegeben. Auch mussten Unterschiede für AN in den neuen und alten Bundesländern eingeebnet werden. Durch das KündFG sind deshalb § 622 insgesamt neu gefasst worden. Übergangsregelung s EGBGB 22. Auswirkung auf bestehende Tarif- und Arbeitsverträge s Worzalla NZA 94, 145.

2 **2. Anwendungsbereich. a) Kündigungsfrist** wird in I für Arbeitsverhältnisse (s Rn 28 ff vor § 611) allgemein auf 4 Wochen festgesetzt; zu kündigen ist 4 Wochen vor den Endterminen 15. oder Monatsende. Nicht abdingbare Mindestfrist, s Kramer BB 97, 731. Siehe aber § 12 KSchG (Sonderkündigungsrecht des AN), dazu BAG NJW 08, 1466. Gruppenspezifische Differenzierungen sind nicht vorgesehen, aber in Tarifverträgen möglich (s IV). Für Kündigung durch **AG** verlängert II die Kündigungsfristen nach der Dauer der Betriebszugehörigkeit; Berücksichtigung Ausbildungszeit s BAG NJW 00, 1355. Auf freie Dienstverträge wohl nicht anwendbar, s LAG Berlin NZA-RR 97, 424. **II 2** verstößt gegen unionsrechtliches Verbot der Altersdiskriminierung und hat daher unangewendet zu bleiben, EuGH RIW 10, 144 (**„Kücükdeveci"**-Entscheidung); BAG NJW 10, 3740; NJW 11, 1626; s vor § 611 Rn 30. Dem Bundestag lagen Gesetzesentwürfe zur Streichung des II 2 vor s BT-Drs 17/657, 17/775, BT-AusschussDrs 17(11)489. Bei nicht fristgerechter Kündigung tritt wie nach früherem
3 Recht iZw Kündigungswirkung zum nächsten Termin ein. **b)** Sonderregelung für **Probezeit** s III. Vereinbarung einer Probezeit auch in befristeten Arbeitsverhältnissen zulässig (BAG NZA 08, 521). Zwei-Wochen-Frist gilt nicht für Probezeit in Berufsausbildungsverhältnissen, s § 15 I BBiG (BAG NJW 05, 1678). Eine einzelfallbezogene Angemessenheitskontrolle bezogen auf die Dauer der Probezeit findet nicht statt, s BAG NZA 08, 521. **c)** Sonstige Dienstverhältnisse: §§ 621, 624, 627; Grenzfall GmbH-Geschäftsführer s Hümmerich NJW 95, 1177; nach Verlust der Organstellung s BGH NJW 00, 2983.

4 **3. Gestaltungsmöglichkeiten. a) Abweichung,** also Verlängerungen oder auch Verkürzungen der Fristen sowie gruppenspezifische Differenzierungen – etwa nach Tätigkeitsmerkmalen oder Wirtschaftsbereichen – durch **Tarifvertrag** sind möglich; hierzu Kramer ZIP 94, 929; Löwisch DB 98, 877. Änderungen können nicht nur für Fristendauer, sondern auch für Kündigungstermine, Fristlauf und für die Voraussetzungen der Fristverlängerungen (Betriebszugehörigkeitsdauer usw) vereinbart werden. Erstreckung auf nicht tarifgebundene Vertragsparteien durch einzelvertragliche Abrede s IV 2. Bei tariflichem Ausschluss ordentlicher Kündigung (krit hierzu Sieben NJW 05, 1095) bleibt außerordentliche Kündigung möglich, s
5 hierzu BAG NJW 85, 1859. **b)** Verkürzung durch Individualabrede ausnahmsweise möglich, V 1 (kurzbeschäftigte Aushilfskräfte – Nr 1 – oder Kleinbetriebe, Definition s Nr 2). Ansonsten ist Verkürzung auch in Individualabreden nicht möglich
6 („nur"). **c) Verlängerung** der jeweils geltenden Kündigungsfrist durch Individualabrede jederzeit möglich, V 2. **d)** Für ANkündigungen darf keine längere Frist als für AGkündigungen vereinbart werden, VI; gilt für tarifvertragliche wie individualvertragliche Änderungen der ges Fristen.

Titel 8. Dienstvertrag und ähnliche Verträge **§ 622**

4. Kündigungsschutzrecht. Lit s vor Rn 1 sowie vor Rn 1 vor §§ 620–622; zu 7
den ideologischen Wurzeln des richterrechtlich entwickelten Kündigungsschutzes
Rüthers NJW 98, 1433. § 622 wird überlagert und ergänzt durch (auch landesgesetzliche) Regelungen außerhalb des BGB, aber auch sonst ist bei Kündigungsauswahl
nach § 242 ein Mindestmaß an sozialer Rücksichtnahme zu wahren, BAG ZIP 01,
2242. Der Kündigungsschutz wird durch Kündigungsschutzrecht allg verstärkt, und
zwar ie durch völligen Ausschluss der Kündigungsmöglichkeit während bestimmter
Zeiten (zB Schwangerschaft, Mutterschaftsurlaub, Ausbildung), durch Setzung längerer Kündigungsfristen (s aber auch HeimarbeitsG 29 I), durch das Wirksamkeitserfordernis der Zustimmung einer Behörde (zB des Integrationsamts bei jeder Kündigung schwerbehinderter AN s SGB IX 85, 91; hierzu ArbG Düsseldorf, NZA-RR
05, 138) oder des Betriebsrates (s BetrVG 103), oder durch die Voraussetzung der
Anhörung des Betriebsrates (BetrVG 102). Zum Beschäftigungsanspruch während
des Kündigungsverfahrens s Nachw bei § 611 Rn 44. Einzelne Ges mit Kündigungsschutznormen **a) KSchG** schränkt als allg Kündigungsschutz die Möglichkeiten der 8
Kündigung ein. Zum **Verhältnis zu AGG** s Rn 1 vor §§ 620–630. KSchG wurde
zum 1. 1. 04 durch Art. 1 Gesetz zu Reformen des Arbeitsmarkts (BGBl 03 I 3002)
geändert; s dazu Bader NZA 04, 65; Bauer/Krets NJW 03, 537; Bauer/Krieger (Lit
vor § 611); dies NZA 04, 77; Gaul DB 02, 2486; Giesen/Besgen NJW 04, 185;
Schmidt NZA 04, 79; Thüsing/Stelljes BB 03, 1673; Willemsen/Annuß NJW 04,
177; sa Löwisch NZA 03, 689. **Anwendungsbereich:** KSchG **4–7, 13 I 1, 2** sind
unabhängig von der ANzahl des Betriebs anzuwenden. Die Vorschriften wurden
teilweise zum 1. 1. 04 neu gefasst, so gilt die Frist des KSchG 4 jetzt für die Geltendmachung jeder Unwirksamkeit der Kündigung gleich aus welchem Grund, s dazu
Schmidt NZA 04, 79 mN; s. aber zu Umdeutung einer ordentlichen Kündigung
mit fehlerhafter Kündigungsfrist in eine zum richtigen Kündigungstermin BAG
NJW 10, 3740. Neben der punktuellen **Kündigungsschutzklage** nach KSchG 4,
mit der nur eine konkrete Kündigung angegriffen wird, kann der AN unter gewissen
Voraussetzungen auch eine allgemeine **Feststellungsklage** nach ZPO 256 erheben,
bei der alle in Betracht kommenden Beendigungsgründe zu erörtern sind, BAG
NJW 06, 395. Die **anderen Normen** des KSchG galten gemäß KSchG 23 I 2
nicht in Betrieben mit fünf oder weniger AN; sie gelten nach KSchG 23 I 3 **ab
1. 1. 04** auch nicht in Betrieben mit zehn oder weniger AN, wobei im Fall S 3 nur
die AN, deren Arbeitsverhältnis nach 31. 12. 03 begonnen hat (dazu Bauer NZA
04, 67), gezählt werden (TeilzeitAN: KSchG 23 I 4). Daraus folgt, dass AN, die
vor dem 1. 1. 04 (AltAN) in einem Betrieb mit mehr als fünf AN beschäftigt waren,
nach dem Stichtag Kündigungsschutz nach KSchG 1 ff nF genießen, solange noch
mehr als fünf AltAN oder mehr als zehn AN insgesamt (einschließlich der AltAN)
im Betrieb beschäftigt werden. Nach KSchG 1 I muss die Kündigung **„sozial
gerechtfertigt"** sein. Ein sozial gerechtfertigter Kündigungsgrund kann **aa)** in der 9
Person/dem **Verhalten** des AN (KSchG 1 II 1) gegeben sein, insbes bei Umständen, die auf einer in den persönlichen Verhältnissen oder Eigenschaften des AN
liegenden Störquelle beruhen (BAG NJW 05, 3447, 3448), zB mangelhafte Leistungen, systematische Vortäuschung der Arbeitspflichtenerfüllung (BAG NZA-RR 12,
12), Unzuverlässigkeit, Verstoß gegen ein ausdrückliches Verbot der privaten Nutzung des dienstlichen Internetanschlusses (je nach Umständen und Interessenabwägung im Einzelfall, s BAG NJW 13, 104), häufige oder langandauernde Erkrankung,
s hierzu BAG NJW 85, 2783; 90, 2340 (häufige Kurzerkrankungen); bei gesundheitlich bedingter Leistungsunfähigkeit oder Krankheit ist Kündigung nur „letztes Mittel", BAG NJW 81, 298; BB 92, 1930 (bei krankheitsbedingter Minderung der
Leistungsfähigkeit Kündigung sozial gerechtfertigt bei erheblicher Beeinträchtigung
betrieblicher Interessen); Störung des Arbeitsfriedens (vgl jedoch BAG NJW 83,
700), Straftaten oder Tätlichkeiten gegen Kollegen (zur Freiheitsstrafe s BAG NJW
86, 342), Vertrauensbruch durch vorsätzliche, rechtswidrige – ggf strafbare – gegen
das Vermögen des AG gerichtete Handlung (BAG NZA 12, 1025), zahlreiche
Lohnpfändungen oder -abtretungen, BAG NJW 82, 1063, Leistungsverweigerung

§ 622 Buch 2. Abschnitt 8. Einzelne Schuldverhältnisse

(sa für Gewissensgründe LAG Düsseldorf BB 88, 1750; Wendeling/Schröder BB 88, 1742); Tragen eines traditionellen islamischen Kopftuchs durch Verkäuferin in Kaufhaus allein ist kein Kündigungsgrund (BAG NJW 03, 1685; dazu BVerfG NVwZ 03, 1225; Hovels NZA 03, 1370; Adam NZA 03, 1375; allg zur arbeitsrechtlichen „Kopftuchfrage": Thüsing NJW 03, 405 und 3441); wenn für den AN ein Beschäftigungsverbot besteht, etwa im Zusammenhang mit verbotener Sonntagsarbeit, ArbZG 9 I (BAG NJW 05, 3447, 3448). Bei verhaltensbedingter Kündigung ist grundsätzlich zunächst abzumahnen, vgl BAG AP Nr 12 zu § 1 KSchG 1969, Anm Bickel; zu den Ausnahmen s BAG NZA 12, 1026 mN. Abmahnungsgründe können (sofern nicht vorbehalten) nicht als Kündigungsgründe herangezogen werden, s BAG NZA-RR 12, 43; NJW 10, 1398; ferner s BAG NZA 08, 403 (Grundsatz gilt auch außerhalb des KSchG); BAG NZA 03, 1388 f. Zur Bedeutung einer Abmahnung für Kündigungsgründe s bereits BAG NJW 89, 2493 f. Treten nach der Abmahnung weitere Pflichtverletzungen zu den abgemahnten hinzu oder werden frühere Pflichtverletzungen dem Arbeitgeber erst nach Ausspruch der Abmahnung bekannt, kann er auf dieser zur Begründung einer Kündigung zurückgreifen und dabei die bereits abgemahnten Verstöße unterstützend heranziehen (BAG NZA-
10 RR 12, 47; NJW 10, 1398). **bb)** durch dringende **betriebliche Erfordernisse** (KSchG 1 II 1), zB Auftragsrückgang oder Rationalisierung geboten sein. Dabei muss allerdings die Auswahl der zu kündigenden AN wieder sozial gerechtfertigt sein (KSchG 1 II 1, III). Seit 1. 1. 04 werden als alleinige **Faktoren der sozialen Auswahl** die Dauer der Betriebszugehörigkeit, Lebensalter, Unterhaltspflichten und Schwerbehinderung berücksichtigt (KSchG 1 III 1), wobei keinem Faktor absoluter Vorrang zukommt (beschränkte Ausnahme: KSchG 1 IV, V; zu Änderung gegenüber altem Recht s Willemsen/Annuß NJW 04, 179; KSchG 1 V knüpft an KSchG idF von 1996 an). Die Kriterien sind ausreichend zu berücksichtigen; im Einzelnen hat der AG daher einen begrenzten Wertungsspielraum (weiter eingeschränkter gerichtlicher Prüfungsmaßstab im Fall KSchG 1 IV, V 2). In die soziale Auswahl sind (bei erleichterten Bedingungen gegenüber der Gesetzesfassung vor dem 1. 1. 04, s Bader NZA 02, 74) nicht einzubeziehen AN iSv KSchG 1 III 2 (vor allem betriebliche **Leistungsträger**), sofern der AG ein entsprechendes betriebliches Interesse (nicht erforderlich: notwendiges Bedürfnis, Willemsen/Annuß NJW 04, 179 mN) bejaht; ihm steht es frei, von KSchG 1 III 2 Gebrauch zu machen oder nicht. Die Sozialauswahl ist allein **betriebsbezogen** vorzunehmen, sie muss nicht unter Einbeziehung von AN aus anderen Betrieben des Unternehmens erfolgen; diese Beschränkung gilt selbst dann, wenn sich der AG im Arbeitsvertrag ein betriebsübergreifendes Versetzungsrecht vorbehalten hat, BAG NJW 05, 3446. Grundsatz der **Verhältnismäßigkeit** verlangt, dass AN zumutbare Weiterbeschäftigung auf freiem Arbeitsplatz angeboten wird, BAG NJW 85, 1798; sa Krause lit vor Rn 1. Verteidigung des gekündigten AN: KSchG 4; zum vorläufigen Rechtsschutz Schaub NJW
10a 81, 1807. Bei betriebsbedingten Kündigungen (KSchG 1 II 1) kann der AG mit der Kündigungserklärung mitteilen, dass der AN bei Nichtklage gegen die Kündigung innerhalb der Frist des KSchG 4 S 1 einen **Abfindungsanspruch** erwirbt (KSchG 1a, in Kraft seit 1. 1. 04, dazu Giesen/Besgen NJW 04, 185; Bauer/Krieger NZA 04, 77). Voraussetzungen sind die Information des AN durch den AG (es gilt Form des § 623) und Fristablauf. Anspruchshöhe gesetzlich festgelegt: KSchG 1a II. Gesetzlicher Anspruch, kein rechtsgeschäftlicher (BT-Drs 15/1204 S 12; Willemsen/Annuß NJW 04, 182 mN; str, aA Preis DB 04, 71 f; Bauer/Krieger NZA 04, 77 f). „Anfechtung" der Fristversäumnis durch AN nach §§ 119 ff scheidet mangels Willenserklärung des AN aus. Aber: Nachträgliche Klagezulassung nach KSchG 5 lässt Anspruch aus KSchG § 1a ex tunc entfallen. Neben gesetzlichen Anspruch kann ein rechtsgeschäftlich begründeter treten, wenn Vertragsschlussvoraussetzungen vorliegen; Höhe dieses Abfindungsanspruchs nach Vereinbarung. Zum Verhältnis GG
10b 6 I zur Kirchenautonomie bei religionsbedingter Kündigung BVerfG NJW 86, 367 sowie vor § 611 Rn 39. **Bes Kündigungsschutz** besteht bei Massenentlassungen durch sog Entlassungssperre und Anzeigepflicht gegenüber dem Arbeitsamt, KSchG

Titel 8. Dienstvertrag und ähnliche Verträge **§§ 623, 624**

17, 18 (s hierzu EuGH NJW 05, 1099; Löwisch NJW 78, 1237) sowie weitgehenden Ausschluss der Kündigung für Mitglieder des Betriebsrates, der Jugend- oder Bordvertretung, KSchG 15 I. **cc)** Sozial ungerechtfertigt ist die Kündigung auch unter 11 den Voraussetzungen des KSchG 1 II 2 bei berechtigtem Widerspruch der zuständigen **betrieblichen Arbeitnehmervertretung.** Weitere Kündigungsbeschränkungen: **b)** MuSchG 9; **c)** SGB IX (Rehabilitation und Teilhabe behinderter Men- 12 schen) 69, 85 f, 91; PflegeZG 5, 7 für Beschäftigte, die nahe Angehörige pflegen. **d)** HeimarbG 29 ff; dazu Schmidt NJW 76, 930; **e)** für Bergleute mit Bergmannsversorgungsschein; **f)** zum Wehrdienst oder zu Wehrübungen Einberufene s ArbPlSchG 2 ff; **g)** für Auszubildende s BBiG 15 II; **h)** bei ANähnlichen Personen 13 muss eine sog „Ankündigungsfrist" eingehalten werden, BAG 19, 325. Keine entsprechende Anwendung von § 622 auf ANähnliche Personen (BAG BB 07, 2298).

§ 623 Schriftform der Kündigung

Die Beendigung von Arbeitsverhältnissen durch Kündigung oder Auflösungsvertrag bedürfen zu ihrer Wirksamkeit der Schriftform; die elektronische Form ist ausgeschlossen.

Allgemeines. Zwingende Schriftform für Kündigung eingeführt durch Arbeits- 1 gerichtsbeschleunigungsG Art 2, in Kraft seit 1. 5. 00 (s Richardi/Annuß NJW 00, 1231; Preis/Gotthardt NZA 00, 348; Opolony NJW 00, 2171; Rolfs NJW 00, 1227). Die Originalurkunde muss vom AG unterzeichnet sein (Lesbarkeit des Namenszugs nicht erforderlich, s BAG NZA 07, 377; NZA 13, 524) und dem AN zugehen. Es genügt, wenn AN Kopie erhält, solange er zuvor die Möglichkeit hatte, vom Inhalt des Originals Kenntnis zu nehmen (BAG NZA 05, 513). Bei Kündigung durch Vertreter muss das Vertretungsverhältnis in der Urkunde deutlich zum Ausdruck kommen, BAG BB 05, 1627; NZA 08, 348 (bzgl GbR); maßgeblich sind – unabhängig von dem in einer Kündigung gebrauchten Zusatz (i. A./i. V.) – die Gesamtumstände sa BAG NZA 08, 403. Ggf Zurückweisungsrecht (§ 174), aber nicht bei gesetzlicher oder organschaftlicher Vertretung s BAG NZA 07, 377. Zeitlicher Anwendungsbereich: BAG NZA 01, 718. Befristung Arbeitsverträge – Form: TzBfG 14 IV. Bei Änderungskündigung erstreckt sich Schriftformerfordernis auch auf das Änderungsangebot, BAG NZA 05, 635. In bestimmten Konstellationen ist auch Klageverzichtsvereinbarung als formbedürftiger Auflösungsvertrag iSv § 623 zu qualifizieren s BAG NZA 07, 1227. Gerichtlicher Vergleich (§ 278 VI ZPO) wahrt analog § 127a die für Aufhebungsverträge und Befristungsabreden erforderliche Schriftform s BAG 07, 466 (aA Foerste NJW 01, 3105; Knauer/Wolf NJW 04, 2859). Verstoß führt zur Nichtigkeit nach § 125 S 1; die Berufung auf den Formmangel verstößt nur ausnahmsweise gegen § 242 BGB (BAG NJW 05, 844). – Bestellung eines AN zum GmbH-Geschäftsführer kann nach BAG NZA 07, 1095 trotz § 623 zur konkludenten Auflösung des Arbeitsverhältnisses führen, Auslegungsfrage, s BAG NZA 13, 55f; NZA 13, 397; aA Haase GmbHR 04, 279; Schrader/Straube GmbHR 05, 904; dazu Gravenhorst NJW 07, 3230. Voraussetzung dazu: Einhaltung der Form des § 623 durch schriftlich geschlossenen Geschäftsführerdienstvertrag; s BAG NZA 07, 1095; GWR 11, 479.

§ 624 Kündigungsfrist bei Verträgen über mehr als fünf Jahre

¹Ist das Dienstverhältnis für die Lebenszeit einer Person oder für längere Zeit als fünf Jahre eingegangen, so kann es von dem Verpflichteten nach dem Ablauf von fünf Jahren gekündigt werden. ²Die Kündigungsfrist beträgt sechs Monate.

1. Allgemeines. Schutz des Dienstnehmers vor übermäßiger Bindung durch 1 langfristige Dienstverträge; vgl auch AktG 84 I 5.

§§ 625, 626

2 **2. Anwendungsbereich.** § 624 gilt für alle befristeten Dienstverhältnisse, zB auch Berufsfußballer (Kelber NZ 00, 11), Handelsvertreter (s Hamm BB 78, 1335; Ballerstedt JZ 70, 372 mwN), nicht aber für gemischte Verträge mit dienstvertraglichen Elementen (s zum Tankstellenstationärsvertrag BGH NJW 69, 1662) oder auf für 5 Jahre befristeten Vertrag mit Verlängerungsmöglichkeit, BAG BB 92, 639. Die Art der Befristung ist unerheblich, also nicht nur bestimmter Zeitraum (6 Jahre) oder Kalenderdatum, sondern auch künftiges Ereignis, dessen genaues Datum noch nicht feststeht („Lebenszeit"; zur Zulässigkeit eines Arbeitsvertrages auf Lebenszeit: BAG BB 04, 2303).

3 **3. Abdingbarkeit.** S 1 ist zwingend; die Frist des S 2 darf verkürzt, aber nicht verlängert werden.

4 **4. Folge.** Kündigungsmöglichkeit nach Ablauf von 5 Jahren seit Dienstantritt mit 6monatiger Frist, nicht Nichtigkeit.

§ 625 Stillschweigende Verlängerung

Wird das Dienstverhältnis nach dem Ablauf der Dienstzeit von dem Verpflichteten mit Wissen des anderen Teiles fortgesetzt, so gilt es als auf unbestimmte Zeit verlängert, sofern nicht der andere Teil unverzüglich widerspricht.

1 **1. Allgemeines.** Fortsetzung des an sich beendeten (durch Kündigung, Aufhebungsvertrag, Zeitablauf, sa Anm 2) Dienstverhältnisses **gilt** als Vereinbarung der Verlängerung auf unbestimmte Zeit.

2 **2. Anwendungsbereich. a)** Alle Dienstverhältnisse (nicht: Vorstand AG, Karlsruhe WM 96, 168); **b)** unanwendbar bei Beendigung durch Tod einer Partei oder Zweckerreichung.

3 **3. Voraussetzungen. a)** Ablauf der Dienstzeit; **b)** Fortsetzung der Tätigkeit durch den Dienstverpflichteten unmittelbar nach Ablauf des Dienstverhältnisses (für Arbeitsverhältnis BAG NZA 99, 482; BAG NZA 02, 780); **c)** Kenntnis des Dienstberechtigten; **d)** Unterbleiben eines unverzüglichen (s § 121) Widerspruchs.

4 **4. Widerspruch.** Er ist einseitige, empfangsbedürftige Willenserklärung.

5 **5. Wirkung.** Verlängerung zu den alten Bedingungen durch Fiktion („gilt"), so dass Willensmängel unerheblich sind (daher keine §§ 119 ff). Erforderlich ist allerdings Kenntnis des Dienstberechtigten von der Fortsetzung.

§ 626 Fristlose Kündigung aus wichtigem Grund

(1) **Das Dienstverhältnis kann von jedem Vertragsteil aus wichtigem Grund ohne Einhaltung einer Kündigungsfrist gekündigt werden, wenn Tatsachen vorliegen, auf Grund derer dem Kündigenden unter Berücksichtigung aller Umstände des Einzelfalles und unter Abwägung der Interessen beider Vertragsteile die Fortsetzung des Dienstverhältnisses bis zum Ablauf der Kündigungsfrist oder bis zu der vereinbarten Beendigung des Dienstverhältnisses nicht zugemutet werden kann.**

(2) **¹Die Kündigung kann nur innerhalb von zwei Wochen erfolgen. ²Die Frist beginnt mit dem Zeitpunkt, in dem der Kündigungsberechtigte von den für die Kündigung maßgebenden Tatsachen Kenntnis erlangt. ³Der Kündigende muss dem anderen Teil auf Verlangen den Kündigungsgrund unverzüglich schriftlich mitteilen.**

Lit: Schulte-Westenberg, Rechtsprechungsübersicht, NZA 05, 617.

Titel 8. Dienstvertrag und ähnliche Verträge § 626

1. Allgemeines. Konkrete Ausprägung des durch das SchRModGes in § 314 normierten Rechtsprinzips; § 626 geht § 314 I als lex specialis vor (Gotthardt, Lit Vor § 611 Rn 221 mwN); § 314 II gilt jedoch auch für Arbeitsverhältnis und stellt Abmahnungserfordernis auf ges Grundlage (Gotthardt aaO Rn 224 f). Regelmäßig kann offen bleiben, ob sich das Recht zur außerordentlichen Kündigung nach § 626 oder nach § 314 richtet. Denn die Anforderungen an einen wichtigen Grund im Sinne I und des § 314 I 2 sind, wie sich aus dem Wortlaut der beiden Vorschriften ergibt, inhaltlich im Wesentlichen gleich (BGH WM 11, 81). Soweit es um die Auflösung eines Dauerschuldverhältnisses geht, haben die §§ 626, 314 Vorrang vor § 313, sa Feldhahn NJW 05, 3381.

2. Anwendungsbereich. a) Alle selbstständigen und unselbstständigen Dienstverhältnisse, insbes auch Arbeitsverhältnisse, die auf bestimmte oder unbestimmte Zeit geschlossen sind, oder Verträge mit „Schwerpunkt" im Dienstvertragsrecht (s BGH NJW 84, 2091, 2093 zu Internatsvertrag). Für selbstständige Dienstverhältnisse beachte jedoch § 627. **b)** Sonderregeln für: Schiffsbesatzungen (SeemannsG 64–68, 78 I), Handelsvertreter (HGB 89a; sa BGH NJW 11, 3361), Ausbildungsverhältnisse (BBiG 15), Heimarbeiter (HeimarbG 29). Ausschluss der fristlosen Kündigung: MuSchG 9; Mitwirkungs- und Zustimmungserfordernisse s Rn 16. **c)** IÜ lassen Kündigungsschutzvorschriften das Recht zur fristlosen Kündigung generell unberührt, s KSchG 13; Abfindung s KSchG 13 I 3; zur Verteidigung gegen eine fristlose Kündigung s KSchG 13 iVm KSchG 4 S 1 sowie Rn 27. Die außerordentliche Kündigung bleibt insbes möglich, wo ordentliche Kündigung ausgeschlossen ist, BAG NJW 85, 1851, NJW 00, 828 (Alkoholismus). Zur Einhaltung ordentlicher Kündigungsfrist statt II s BAG NZA 98, 771; möglicherweise künftig differenzierend s BAG NZA 13, 224. Zur **vereinbarten** fristlosen Kündigungsmöglichkeit s jedoch BGH NJW 81, 2748 (Mindestfrist aus § 622 I 2).

3. Abdingbarkeit. Das Recht zur fristlosen Kündigung ist weder durch Kollektiv- noch durch Individualvertrag abdingbar, vgl Schaub § 127 Rn 10 ff; Jena NZG 99, 1069, insbesondere nicht über das gesetzliche Maß hinaus erweiterbar, BAG NZA-RR 05, 440. Formularmäßig ohne kompensatorische Gegenleistung erklärter Verzicht des AN auf Erhebung einer Kündigungsschutzklage ist unwirksam (BAG NZA 08, 219). Von der Zustimmung Dritter kann die Wirksamkeit einer fristlosen Kündigung nicht abhängig gemacht werden, BGH NJW 73, 1122. Das Kündigungsrecht kann jedoch für den AG so konkretisiert werden, dass dieser nur persönlich kündigen kann, BAG DB 76, 441. Die Vereinbarung (mit Vorstand einer Genossenschaft) einer Zahlung (Abfindung/Übergangsgeld) für Fall der außerordentlichen Kündigung ist unwirksam s BGH NZG 08, 471.

4. Kündigungsvoraussetzung „wichtiger Grund". Zur Kündigungsvoraussetzung „wichtiger Grund" müssen **Tatsachen** obj gegeben sein – 1. Prüfungsstufe –, deren Gewicht **„unter Berücksichtigung aller Umstände"** und **„unter Abwägung der Interessen beider Vertragsteile"** die **Fortsetzung** des Dienstverhältnisses bis zum Ablauf der Kündigungsfrist bei ordentlicher Kündigung oder bis zum vereinbarten Endtermin für den Kündigenden **„unzumutbar"** machen – 2. Prüfungsstufe –, s BAG NJW 06, 2939; NZA 13, 28 Tz 20; BGH NJW 93, 464, NJW 00, 1973. Unzumutbarkeit ist nicht entspr KSchG 9 I 1 auszulegen, BAG NJW 82, 2015. Unzumutbarkeit im Allgemeinen ist dann anzunehmen, wenn die Gründe, auf die die Kündigung gestützt wird, im Risikobereich des Kündigungsgegners liegen (BGH NJW 10, 1874). Wird der Kündigungsgrund hingegen aus Vorgängen hergeleitet, die dem Einfluss des Kündigungsgegners entzogen sind und aus der eigenen Interessensphäre des Kündigenden herrühren, rechtfertigt dies nur in Ausnahmefällen die fristlose Kündigung (BGH WM 11, 81). Die Abgrenzung der Risikobereiche ergibt sich dabei aus dem Vertrag, dem Vertragszweck und den anzuwendenden gesetzlichen Bestimmungen (BGH NJW 10, 1875). Daher hat der Inhaber eines DSL-Anschlusses kein Recht zur Kündigung des mit dem Telekom-

§ 626

munikationsunternehmen geschlossenen Vertrags vor Ablauf der vereinbarten Laufzeit, wenn er an einen Ort umzieht, an dem keine Leitungen verlegt sind, welche die
7 Nutzung der DSL-Technik zulassen (BGH WM 11, 81). **a)** Auch ein dringender, schwerwiegender Verdacht strafbarer Handlungen oder schwerer Vertragsverletzungen kann „Tatsache" sein, BAG NJW 93, 83, NJW 00, 1970 f (zur Einstellung Ermittlungsverfahren: Kündigung nicht unwirksam), NZA 13, 137, doch ist bei **Verdachtskündigung** AN zu hören, dazu BAG NZA 13, 140f, NZA-RR 08, 344; zur Tatkündigung bei fehlender ANanhörung zur Verdachtskündigung s BAG BB 10, 1856 (mAnm Meinel), NJW 96, 540 (Wirksamkeitsvoraussetzung für Kündigung); sa Lücke BB 97, 1842, BB 98, 2259. Einleitung staatsanw Ermittlungsverfahrens und richterl DurchsuchungsAO sollen nach BAG DB 08, 709 (LS) allein noch
8 keinen dringenden Tatverdacht begründen; sa BAG NZA 13, 137. **b)** „Tatsachen" und die „zu berücksichtigenden Umstände" müssen behauptet und bewiesen werden, entspr Feststellungen sind also der Revision weitgehend entzogen (BAG JZ 75, 739; NJW 00, 1971). „Berücksichtigung aller Umstände", „Abwägung der Interessen" sind unbestimmte Rechtsbegriffe, deren wertende Anwendung und Auslegung revisibel sind (vgl BAG JZ 75, 737 mAnm Säcker JZ 75, 740, insbes zur Interessenabwägung; BAG NJW 00, 1971ff). Auch schuldlose Pflichtverletzung
9 kann (ausnahmsweise) wichtiger Grund sein, BAG NJW 99, 3140. **c)** Der „wichtige Grund" ist deshalb immer Resultat einer Bewertung der Umstände auf Grund des Einzelfalles, BAG NJW 79, 239, wobei Verhältnismäßigkeit zu beachten ist: Sie kann gebieten, zunächst anderen – freien – Arbeitsplatz anzubieten, vgl BAG NJW 79, 333 (Entziehung der Fahrerlaubnis), NZA 13, 146f (heimlicher Mitschnitt von Personalgesprächen), und pflichtwidriges Verhalten **abzumahnen,** s BAG NJW 00, 1973; NZA 13, 29 sowie jetzt § 314 II, s aber auch BAG NJW 11, 2905 (Entbehrlichkeit einer Abmahnung bei Arbeitszeitbetrug). Durch mehrfache Abmahnungen mit Kündigungsandrohungen, denen jedoch zunächst keine Kündigung folgt, verwirkt der AG sein Kündigungsrecht idR nicht, BAG NZA 05, 459. Es gibt kaum (laut BAG JuS 11, 175 sogar keine) „absolute" Gründe, deren Gewicht nicht durch andere Umstände derart gemindert werden könnte, dass auf Grund der gebotenen Interessenabwägung eine befristete Fortsetzung des Arbeitsverhältnisses zumutbar wäre, vgl BAG NJW 85, 1853 (Diebstahl/Dauer der Betriebszugehörigkeit), BAG BB 95, 2063 (krankheitsbedingte Leistungsminderung), BAG NZA-RR 12, 567 („Stalking"), BAG NZA 13, 27 (Verstoß gegen ausdrückliches Verbot privater Internetnutzung und Herunterladen pornografischen Bildmaterials). Die in der Lit zusammengestellten umfangreichen Kataloge von Kündigungsgründen (s Schaub § 127 Rn 60 ff) geben deshalb nur Bsp; das Gewicht der angegebenen Gründe kann nur im Kontext des konkreten Falles ermessen werden, vgl BAG DB 76, 2358. Die Einteilung in Kündigungsgründe des Dienstverpflichteten einerseits und des Dienstberechtigten andererseits kann ebenso nur zu einem ersten Überblick
10 verhelfen wie Gliederungen, die ordnen nach **aa)** Verschulden bei Vertragsschluss (vor allem durch Täuschung); **bb)** Verletzung von Hauptpflichten (zB beharrliche Arbeitsverweigerung oder ihre Ankündigung, BAG BB 97, 1101; auch bei rechtswidrigem Streik, vgl BAG NJW 79, 239; längere Strafhaft, BAG NZA 95, 777; eigenmächtiger Urlaubsantritt, BAG NJW 94, 1894; vorgetäuschte Krankheit; Geschäftsführerpflichten nach Gesetz und Satzung s BGH NZG 08, 316; NZA 08, 648 (Verletzung der Insolvenzantragspflicht); NJW-RR 02, 173; beim Dienstberechtigten erheblicher Rückstand mit der Leistung der Vergütung, BAG NZA 07, 1419; NJW 02, 1593 mN; wiederholte Unpünktlichkeiten, BGH NJW 89, 547, BAG BB 97, 1949; ausschweifendes Surfen im Internet/privater Datendownload/ Aufruf pornographischer Internetseiten während der Arbeitszeit zu privaten Zwe-
11 cken, BAG NJW 13, 104; 06, 540; 06, 2939; Kramer, NZA 06, 194). **cc)** Verletzung von Neben- und Treuepflichten des Dienstverpflichteten, zB Verrat von Geschäftsgeheimnissen (LAG Berlin RDV 04, 129), Vollmachtsmissbrauch, Verstoß gegen vertragliches Wettbewerbsverbot (BAG NJW 09, 105), verbotener Wettbewerb (LAG Köln NZA 95, 994), im Einzelfall auch abredewidrige Berichterstattungsten-

Titel 8. Dienstvertrag und ähnliche Verträge § 626

denz von Medienmitarbeiter (s LAG Sachsen-Anhalt NZA-RR 03, 244); Annahme von Schmiergeldern, Täuschung von Vorstandsmitgliedern (vgl. Düsseldorf DB 83, 1036); auch: nicht genehmigte Nebentätigkeit (BAG NZA-RR 07, 571, 575; LAG Hamm NZA-RR 99, 126) oder Nebentätigkeit trotz Krankschreibung (BAG BB 94, 142); sa Hunold NZA-RR 03, 57. Zur Strafanzeige gegen den AG durch einen AN s BAG NZA 07, 502; EGMR NJW 11, 3501 („Whistleblowing").
dd) Verstoß gegen Neben- und Fürsorgepflichten durch den Dienstberechtigten (zB §§ 617, 618); **ee)** strafbare Handlungen (auch wenn nur geringwertige Sachen **12** betroffen oder nur geringfügiger Schaden verursacht s BAG JuS 11, 175), zB Diebstahl, LAG Köln NZA-RR 00, 24; LAG S-Anhalt NZA-RR 99, 473; sa BAG NJW 00, 1972, uU auch außerhalb der Dienstsphäre, private Trunkenheitsfahrt des Berufskraftfahrers, BAG NJW 79, 332, Urkundenfälschung s BAG DB 97, 1411; Spesenbetrug s BAG NZA 08, 637; Falschaussage im Prozess zulasten des AG s BAG ZInsO 08, 335f; Verletzung der Vertraulichkeit des Wortes, s BAG NZA 13, 143; Nachstellung, s BAG NZA-RR 12, 567; zur „Verdachtskündigung" s o (Rn 7). **ff)** Gefährdung der Mitarbeiter, BAG NJW 77, 1504, sowie Ehrverletzungen, insbes wenn sie den Arbeitsfrieden stören; ausländerfeindliche Äußerungen, LAG Hamm BB 95, 678; Gewalttätigkeit, LAG Hamm NZA-RR 96, 291, Beleidigungen und Drohungen gegenüber leitenden Angestellten, LAG Berlin NZA 98, 167; sexuelle Belästigungen (je nach Intensität und Umfang, BAG NJW 12, 407; 04, 3508). **gg)** Krankheit (nur ausnahmsweise, vgl BAG BB 95, 2063, zB bei tarifbe- **13** dingtem Ausschluss ordentlicher Kündbarkeit im Fall erheblicher Störung des Austauschverhältnisses, BAG NZA 04, 1271); aber: Drohung mit Krankheit, um Urlaubsverlängerung zu erhalten, als wichtiger Grund s BAG BB 93, 434, Wertheimer EWiR 93, 762, Alkoholproblem s BAG DB 97, 2386; **hh)** Betriebseinstellung **14** oder -einschränkung (nur ausnahmsweise, zB wenn ordentliche Kündigung vertraglich ausgeschlossen ist oder bei Anstellung auf Lebenszeit, s BAG BB 04, 2303; BGH WM 75, 761); uU auch als außerordentliche Änderungskündigung, s BAG NZA 07, 1445; NJW 76, 1334; AG muss vor außerordentlicher betriebsbedingter Kündigung zunächst alle zumutbaren, eine Weiterbeschäftigung ermöglichenden Mittel ausschöpfen, BAG NZA 08, 48; **ii)** Betriebsfrieden störende Betätigung für eine politische Partei s BAG NJW 84, 1142; BAG NZA 04, 501 (schwerwiegender Verstoß eines Tendenzträgers gegen Tendenz des Arbeitgebers); Tätigkeit für Stasi s LAG Berlin DB 92, 1988 (EinV Sonderregelung gegenüber § 626); Scholz BB 91, 2515; zur Verletzung von Loyalitätspflichten kirchlicher Mitarbeiter s BVerfG NJW 86, 369; BAG NJW 94, 3032 (Verstoß gegen tragende Grundsätze des Kirchenrechts); BAG NJW 12, 1099; Ehescheidung (vom AG) BAG NJW 96, 1300, NZA 98, 145; zum unheilbaren Zerwürfnis beider GmbH-(Mit)Geschäftsführer s BGH WM 09, 551; **jj)** unberechtigte fristlose Kündigung durch anderen Teil, BGH NJW 94, 444. **d) Beweislast** für Kündigungsgründe (Tatsachen) und die Rechtferti- **15** gungsgründe ausschließenden Umstände trägt der Kündigende, BGH NJW 03, 431; BAG NJW 88, 438 (behauptete Wettbewerbserlaubnis), doch bedarf es für Rechtfertigung substantiierten Vortrags des Gekündigten, BAG aaO.

5. Mitwirkung. a) des anderen Teils ist nicht erforderlich; auch Unterlassen **16** einer aus Fürsorgegesichtspunkten gebotenen Anhörung macht die Kündigung nicht unwirksam, vgl BAG NJW 77, 1415 (anders bei Verdachtskündigung, s BAG NZA 87, 699); allerdings kann eine **Abmahnung** erforderlich sein, BAG NJW 13, 105f; 00, 1973 sowie § 314 II; zur Bedeutung für Kündigungsgründe BAG aaO sowie NJW 89, 2493f; NZA-RR 12, 47f. **b)** Im Anwendungsbereich des BetrVG oder **17** BPersVG ist der Betriebsrat (oder Personalrat) anzuhören; eine ohne Anhörung ausgesprochene Kündigung ist unwirksam (zu den Anforderungen an die Betriebsratsanhörung s BAG DStR 08, 884 f), BetrVG 102 I 2; BPersVG 79 III; **c)** zustimmungsbedürftig ist die fristlose Kündigung der Inhaber von bestimmten Ämtern auf Grund der Betriebsverfassung nach BetrVG 103 I, zB Mitglieder des Betriebsrats,

§ 626

der Jugendvertretung, entspr für den öffentl Dienst BPersVG 47; s ferner SGB IX 96 III bei Vertrauensleuten der Schwerbehinderten.

18   **6. Kündigungserklärung.** Sa § 620 Rn 12. Sie muss Kündigungswillen ausdrücklich oder schlüssig, zB aus der beigefügten Begründung, erkennen lassen, BAG NJW 83, 303. Grundsätzlich formlos möglich, beachte jedoch § 623, BBiG 15 III, SeemannsG 62; Form kann auch durch Tarifvertrag oder Individualabrede vorgesehen sein. Zur Angabe von Gründen s II 3, Rn 23, ferner BBiG 15 III. Zur Missbräuchlichkeit der Berufung auf Nichtigkeit vom AN selbst erklärter Kündigung s BAG NJW 98, 1660; ZIP 09, 1634; NZA-RR 12, 129.

19   **7. Frist des § 626 II. a) Erklärungsfrist** in II soll verhindern, dass alte Gründe nach Belieben zur fristlosen Kündigung eingesetzt werden können. Kündigung muss innerhalb der Frist zugehen, BAG NJW 78, 2168. Gilt auch für selbstständige Dienstverhältnisse, BGH NJW 99, 355. Frist ist nicht abdingbar, auch nicht durch Tarifvertrag, BAG BB 78, 1166. Sie gilt auch bei KSchG 15, BAG NJW 78, 661. Die 2-Wochen-Frist, II 1, läuft ab Kenntnis der maßgebenden Tatsachen, II 2; zur Kenntnis BGH NJW 96, 1403 (erforderlich ist zuverlässige und möglichst vollständige positive Kenntnis von den für die Kündigung maßgebenden Tatsachen s BAG NJW 09, 105; 11, 2232; ferner BGH WM 76, 379 f (zum Kenntniszeitpunkt bei fortgesetzten Verfehlungen), BGH NJW-RR 02, 173 (Person oder Organ, auf deren Wissen es ankommt – zur Entscheidung über Kündigung befugt), BAG NZA 08, 348 (bei GbR Fristbeginn, sobald ein Gesellschafter Kenntnis erlangt), BAG NJW 97, 1656 (Fristbeginn bei Dauerstörtatbestand), BAG NJW 94, 1675 (Verdacht strafbarer Handlungen), BAG NZA 00, 381 (Ergebnis Strafverfahren); zur Hemmung während Sachverhaltsaufklärung (notwendig erscheinende Maßnahmen, gebotene Eile), insbesondere Anhörung, s BAG NZA 07, 744; BAG 73, 42; NJW 89, 734; zur Kenntnis bei jur Personen s BGH NJW 84, 2690 (Genossenschaft), BGH NJW-RR 02, 173 (GmbH: Mitglieder Gesellschafterversammlung), 81, 166 (AG); bei Bundesbahn s BAG BB 78, 1166. Kein Fristablauf bei unverändertem

20   Dauerkündigungsgrund (BAG NZA 04, 1271). **Ausschlussfrist,** die von Amts wegen zu beachten ist. Darlegungs- und Beweislast für Fristeinhaltung trifft Kündigungsberechtigten, BAG NZA 07, 746. Sie läuft für jeden Kündigungsgrund neu; zur Beurteilung „aller Umstände" können aber auch ausgeschlossene Gründe herangezogen werden. Nach Kündigung aufgedeckte Kündigungsgründe können nachgeschoben werden, BAG NZA 08, 636; NJW 98, 102; krit Schwerdtner NZA 87, 361. Bei laufendem Strafverfahren kann der AG abwarten, bis (und ob) seine Kenntnis der wesentlichen Strafumstände durch ein rechtskräftiges Strafurteil bestätigt wird, BAG NZA 00, 381. Bei Einräumung einer Bedenkzeit kann die Berufung auf Fristablauf

21   rechtsmissbräuchlich sein, BGH NJW 75, 1698. **Versäumung** der Erklärungsfrist wirkt wie Fehlen eines wichtigen Grundes, BAG NJW 72, 1878 (Folge: Heilung über KSchG 13 I möglich, aA Güntner BB 73, 1496: § 134). Verhältnis zur Verwirkung (Frist ist gesetzlich konkretisierter Verwirkungstatbestand) s BAG NZA 07, 744; NJW 86, 2338. **b)** Für die Bestimmung einer angemessenen Frist gilt II nicht, BGH NJW 82, 2432 (Eigenhändler).

22   **8. Wirkung.** Die Kündigung wirkt **fristlos,** jedoch ist Gewährung einer Auslauffrist möglich, BGH WM 75, 761; der Kündigende ist dann durch Ausübung und Verbrauch des Kündigungsrechts an die selbst gesetzte Frist gebunden.

23   **9. Begründungspflicht.** Sie besteht auf Verlangen des Gekündigten, II 3; Verweigerung der schriftlichen Begründung macht die Kündigung nicht unwirksam, sondern den Kündigenden evtl schadensersatzpflichtig.

24   **10. Umdeutung.** Konversion einer nichtigen außerordentlichen Kündigung **a)** in eine ordentliche Kündigung ist zulässig, s BAG NZA 85, 286 (muss mutmaßlichem Willen des AG, für AN erkennbar, entsprechen, BGH NJW 98, 76). Einzel-

Titel 8. Dienstvertrag und ähnliche Verträge § 627

heiten Hager BB 89, 693; **b)** in Anfechtung wegen gleicher Voraussetzungen und Folgen – vgl Rn 4 vor § 620 – nicht sinnvoll. 25

11. Druckkündigung. Druck der Belegschaft durch Drohung mit Arbeitsniederlegung rechtfertigt fristlose Kündigung nicht (vgl aber BAG NJW 76, 869); der Anlass für das Verhalten der Belegschaft in der Person des zu Kündigenden kann jedoch ein „wichtiger Grund" für den AG zur Kündigung sein, wobei aber II zu beachten bleibt (s BAG aaO 870). 26

12. Rechtsschutz. Verteidigung gegen Kündigung s KSchG 4, 13 I 2 (Feststellungsklage); in anderen Fällen ZPO 256 oder Leistungsklage auf Lohn oder Beschäftigung. Bei nachträglichem Wegfall des Kündigungsgrundes Wiedereinstellungsanspruch, Oetker ZIP 00, 643. 27

§ 627 Fristlose Kündigung bei Vertrauensstellung

(1) **Bei einem Dienstverhältnis, das kein Arbeitsverhältnis im Sinne des § 622 ist, ist die Kündigung auch ohne die in § 626 bezeichnete Voraussetzung zulässig, wenn der zur Dienstleistung Verpflichtete, ohne in einem dauernden Dienstverhältnis mit festen Bezügen zu stehen, Dienste höherer Art zu leisten hat, die auf Grund besonderen Vertrauens übertragen zu werden pflegen.**

(2) **¹Der Verpflichtete darf nur in der Art kündigen, dass sich der Dienstberechtigte die Dienste anderweit beschaffen kann, es sei denn, dass ein wichtiger Grund für die unzeitige Kündigung vorliegt. ²Kündigt er ohne solchen Grund zur Unzeit, so hat er dem Dienstberechtigten den daraus entstehenden Schaden zu ersetzen.**

1. Allgemeines. Erweiterung der Möglichkeiten fristloser Kündigung für beide Vertragsparteien (s Einschränkung für Dienstverpflichteten II) selbstständiger Dienstverhältnisse, die zusätzlich durch die Art der Dienstleistungen qualifiziert sind, auf Grund der bes Vertrauensstellung der Dienstverpflichteten und ihrer wirtschaftlichen Unabhängigkeit. Abweichend Matthias Weller 604f mN „für rechtsfortbildende Korrektur des § 627" durch Beschränkung auf Kündigungsrecht des Gläubigers. 1

2. Voraussetzungen. a) Selbstständiges Dienstverhältnis (dazu vor § 611 Rn 2, 3); **b)** Dienste höherer Art, die bes Vertrauen voraussetzen, dazu Matthias Weller 175ff; vgl Celle NJW 81, 2762 (Unterricht); BGH WM 06, 1411 (Steuerberatung); LG Kassel NJW-RR 99, 1281 (Meditationsseminar); Düsseldorf NJW 99, 3129 (Projektsteuerung); BGH NJW 89, 1480 (Partnervermittlung); BGH WM 04, 2398 (Inkassoauftrag); BGH NZBau 05, 509 (finanzwirtschaftliche Baubetreuung); BGH NJW 11, 2955 (Pflegevertrag); KG MedR 10, 35 (Arztvertrag, s J Koch FS Strätz, 2009, 289ff zur kurzzeitigen Terminabsage als Kündigung; zum Behandlungsabbruch als Kündigung Martin Schwab JuS 13, 256). Bes Vertrauen iSd § 627 wird idR nur einem Menschen entgegengebracht, nicht einer jurist Person, Köln BauR 04, 1833 (LS). **c)** Kein dauerndes Dienstverhältnis mit festen Bezügen, s dazu BGH NJW 11, 3575. Bsp: Arzt (Karlsruhe MedR 95, 374: Orthopäde; KG MedR 10, 35: Zahnarzt), Rechtsanwalt, Steuerberater, Ehebahnung, BGH NJW 87, 2808. Merkmale „dauerndes Dienstverhältnis" und „feste Bezüge" sind kumulative Negativvoraussetzungen des § 622, BGH NJW 11, 3576 mwN. In der Höhe schwankende sind keine „festen" Bezüge, BGH WM 49, 796. Feste Bezüge für Teilbereich eines umfassenden Vertrags aber kein Hindernis für Kündigungsmöglichkeit gem § 627, BGH WM 10, 626. Näher und differenzierend Matthias Weller 605ff. 2

3. Rechtsfolge. a) Fristlose Beendigung des Dienstverhältnisses ex nunc durch Kündigung auch ohne wichtigen Grund möglich, l. Auslauffrist kann eingeräumt werden, s § 626 Rn 22. Nach der Kündigung hat der Dienstverpflichtete mit Blick 3

§ 628

auf mangelhaft erbrachte Einzelleistungen mit werkvertraglichem Charakter kein Nachbesserungsrecht mehr, BGH WM 06, 1411. **b)** Vergütung s § 628 I.

4. § 627 II. Eine **Beschränkung** für den Dienstverpflichteten enthält II: **a)** Die Kündigung darf nicht zur Unzeit (zB wenn die vom Patienten benötigten Dienste nicht anderweitig beschafft werden können, etwa bei einer Monopolstellung des Arztes, KG MedR 10, 35) erfolgen, II 1, es sei denn, **b)** ein wichtiger Grund ist gegeben. Unzumutbarkeit der Fortsetzung soll neben wichtigem Grund nicht erforderlich sein, PalWeidenkaff 7. **c) Rechtsfolge** der Kündigung zur Unzeit: Schadensersatzanspruch II 2, nicht: Unwirksamkeit der Kündigung; uU nach § 253 II auch Schmerzensgeld (KG MedR 10, 35).

5. Abdingbarkeit. Sowohl I als auch II sind **abdingbar;** zu AGB s jedoch BGH NJW 89, 1480; 11, 2955.

§ 628 Teilvergütung und Schadensersatz bei fristloser Kündigung

(1) [1]Wird nach dem Beginn der Dienstleistung das Dienstverhältnis auf Grund des § 626 oder des § 627 gekündigt, so kann der Verpflichtete einen seinen bisherigen Leistungen entsprechenden Teil der Vergütung verlangen. [2]Kündigt er, ohne durch vertragswidriges Verhalten des anderen Teiles dazu veranlasst zu sein, oder veranlasst er durch sein vertragswidriges Verhalten die Kündigung des anderen Teiles, so steht ihm ein Anspruch auf die Vergütung insoweit nicht zu, als seine bisherigen Leistungen infolge der Kündigung für den anderen Teil kein Interesse haben. [3]Ist die Vergütung für eine spätere Zeit im Voraus entrichtet, so hat der Verpflichtete sie nach Maßgabe des § 346 oder, wenn die Kündigung wegen eines Umstands erfolgt, den er nicht zu vertreten hat, nach den Vorschriften über die Herausgabe einer ungerechtfertigten Bereicherung zurückzuerstatten.

(2) Wird die Kündigung durch vertragswidriges Verhalten des anderen Teiles veranlasst, so ist dieser zum Ersatz des durch die Aufhebung des Dienstverhältnisses entstehenden Schadens verpflichtet.

Lit: Canaris, Die Problematik der Minderung beim Dienstvertrag, FS Karsten Schmidt, 2009, 177; Gessert, Schadensersatz nach Kündigung, 1987, Henssler/Deckenbrock, Der (Teil-)Vergütungsanspruch des Rechtsanwalts im Falle vorzeitiger Mandatsbeendigung im Normgefüge des § 628 BGB, NJW 05, 1.

1. Allgemeines. Abwicklungsvorschrift für außerordentlich (nicht notwendig fristlos, s BAG NJW 02, 1593) gelöste Dienstverhältnisse; gilt auch bei Entzug des Anwaltsmandats (Henssler/Deckenbrock, lit vor Rn 1); Regelung der Teilvergütung für bereits erbrachte Dienste, Rückzahlung für vorgeleistete Vergütungen und Ersatz evtl Auflösungsschadens. Gilt für alle Dienstverhältnisse, auch für Anwaltsvertrag, BGH NJW 87, 315, Steuerberatervertrag (LG Duisburg NJW-RR 02, 277); Sondervorschriften HGB 89a II, BBiG 16, SeemannsG 66 II, 70.

2. Teilvergütungsanspruch. Der **Teilvergütungsanspruch** des Verpflichteten hat neben dem Beginn der Dienstleistung durch Erbringung von Teilleistungen weiter zur **Voraussetzung a)** Auflösung des Dienstverhältnisses durch Kündigung nach §§ 626 oder 627. **b) Einschränkung:** Ist die Kündigung **aa)** durch vertragswidriges Verhalten des Dienstverpflichteten veranlasst. Ein **vertragswidriges** Verhalten setzt, obwohl nach dem Wortlaut ein objektiv vertragswidriges Verhalten genügen würde, **schuldhaftes** Verhalten iSd §§ 276, 278 voraus (BGH NJW 11, 1674 Tz 13; NJW 95, 1954, 1955 mwN; Schellenberg, VersR 07, 1343, 1346). Dazu ist nicht erforderlich (BGH NJW 11, 1674 Tz 14 mN), dass das vertragswidrige Verhalten als schwerwiegend (so PalWeidenkaff 4, 69. Aufl) oder als wichtiger

Grund iSd § 626 I anzusehen ist (so Brandenburg NJW-RR 01, 137; Canaris, FS Karsten Schmidt, 2009, 177, 182; Henssler/Deckenbrock, NJW 05, 1, 2; Schellenberg, VersR 07, 1343, 1346; aA ErmBelling 9; StPreis 25). Eine solche Beschränkung auf qualifiziertes vertragswidriges Verhalten, das dem Kündigenden unter Berücksichtigung aller Umstände des Einzelfalles und unter Abwägung der Interessen beider Vertragsteile die Fortsetzung des Dienstverhältnisses unzumutbar macht, ergibt sich weder aus dem Text noch der Entstehungsgeschichte der Norm (BGH NJW 11, 1674 Tz 14). Doch reicht **nicht jeder geringfügige Vertragsverstoß** des Dienstverpflichteten aus, um den Entgeltanspruch entfallen lässt. Das Recht zur fristlosen Kündigung eines Dienstvertrages ersetzt ein Rücktrittsrecht, das im Falle einer Schlechtleistung bei einer unerheblichen Pflichtverletzung ausgeschlossen ist (§ 323 V 2). Für die Vergütung gekündigter Dienste höherer Art (§§ 627, 628 BGB) ist eine entsprechende Einschränkung vorzunehmen. Sie ergibt sich aus dem § 242 BGB zu entnehmenden Übermaßverbot, wonach bestimmte schwerwiegende Rechtsfolgen bei geringfügigen Vertragsverletzungen nicht eintreten. Abzustellen ist dabei auf das Verhalten, auf das die Kündigung gestützt wurde (BGH NJW 11, 1674 Tz 14, s § 242 Rn 40). **bb)** oder vom Verpflichteten selbst grundlos, dh ohne durch Vertragswidrigkeiten des Dienstberechtigten veranlasst, ausgesprochen worden, dann Teilvergütungsanspruch nur, soweit erbrachte Dienste trotz Abbruchs für Empfänger von Wert sind, I 2 (sa BAG BB 85, 122; BGH NJW 85, 41 zur Wertlosigkeit und ihren Ursachen). Grundlegend zu Funktion, Bedeutung und Anwendungsbereich des I 2 s Canaris aaO 181 ff. **Beweislast** für Vorliegen der Voraussetzungen des I 2 hat Dienstberechtigter, BGH BeckRS 12, 25542 mwN; NJW 97, 188 (für Vertragswidrigkeit).

3. Erstattung von Vorauszahlungen. In I 3 geregelt; bei vom Empfänger zu vertretenden Kündigungsgründen haftet er nach § 347, sonst nach Bereicherungsrecht.

4. Schadensersatzanspruch. Ist wegen Auflösungsverschuldens gegeben, wenn **a)** die **Kündigung** vom anderen (oder seinen Erfüllungsgehilfen, vgl. BGH NJW 84, 2094 für Internatsschüler) in zu vertretender Weise (Rn 3) veranlasst worden ist. Wechselseitige Ansprüche sind aber nicht gegeben, wenn jeder selbst auch aus wichtigem, zu vertretendem Grund kündigen konnte, BAG NJW 66, 1835; BGH 44, 271. Bei **Aufhebungsvertrag** soll nach BAG NJW 71, 2093, II entspr anwendbar sein. **b) Art** und **Umfang** des Schadensersatzes: §§ 249 ff; **aa)** für Dienstberechtigten zB höhere Kosten für Ersatzkraft, Geschäftsverluste; Inseratskosten s unten sub cc); **bb)** für Dienstverpflichteten zB Lohndifferenz/Vergütungsausfall (begrenzt auf Zeitraum einer fiktiven Kündigungsfrist); AN kann von AG (nicht aber von Rechtsanwalt, der Kündigungsschutzprozess schuldhaft verliert, BAG NZA 07, 753) Entschädigung für Verlust des Bestandsschutzes verlangen (Bemessung entsprechend §§ 9, 10 KSchG) s BAG NZA 07, 1419; NJW 02, 1593. **cc) Ersatz** nach **I 2** nur, soweit seine bisherigen Leistungen infolge der Kündigung für den anderen Teil kein Interesse haben. Das **Interesse fällt weg**, soweit der Dienstberechtigte die Arbeiten nicht mehr wirtschaftlich verwerten kann, sie also für ihn nutzlos geworden sind (BGH NJW 85, 41; 97, 189; BeckRS 11, 11774; NJW-RR 12, 295). Es genügt demnach zum einen nicht, dass die Leistung objektiv wertlos ist, wenn der Dienstberechtigte sie gleichwohl nutzt (OLG Naumburg, NJW-RR 08, 1056, 1057), zum anderen aber auch nicht, dass der Dienstberechtigte sie nicht nutzt, obwohl er sie wirtschaftlich verwerten könnte. **Ersatzfähig:** Kosten, die bei ordnungsmäßiger Einhaltung der Kündigungsfrist vermeidbar gewesen wären, BAG NJW 84, 2847 (zu Inseratskosten); sa Weiß JuS 85, 593 zum unkündbaren AN. Bei schuldhaft unterlassener Schadensminderung (zB Unterlassen anderweitigen Erwerbs) § 254.

5. Abdingbarkeit. Ja, insbes können die Rechtsfolgen des § 649 vereinbart werden, BGH LM Nr 3 zu § 611.

§§ 629, 630

§ 629 Freizeit zur Stellungssuche

Nach der Kündigung eines dauernden Dienstverhältnisses hat der Dienstberechtigte dem Verpflichteten auf Verlangen angemessene Zeit zum Aufsuchen eines anderen Dienstverhältnisses zu gewähren.

1. Allgemeines. Konkrete Ausprägung der Fürsorgepflicht. Freistellung kann nicht nur bei Kündigung jedes (zu Ausnahmen: StPreis 7 ff mN) Dienstverhältnisses, sondern auch bei befristetem Dienstverhältnis verlangt werden. Nicht abdingbar.

2. Umfang der Freistellung. Für Häufigkeit, Dauer und Zeitpunkt der Freistellung sind die Umstände des konkreten Dienstverhältnisses und des Arbeitsmarktes maßgebend.

3. Vergütungspflicht. Sie bleibt für die Dauer der **angemessenen Zeit** bestehen.

§ 630 Pflicht zur Zeugniserteilung

¹Bei der Beendigung eines dauernden Dienstverhältnisses kann der Verpflichtete von dem anderen Teil ein schriftliches Zeugnis über das Dienstverhältnis und dessen Dauer fordern. ²Das Zeugnis ist auf Verlangen auf die Leistungen und die Führung im Dienst zu erstrecken. ³Die Erteilung des Zeugnisses in elektronischer Form ist ausgeschlossen. ⁴Wenn der Verpflichtete ein Arbeitnehmer ist, findet § 109 der Gewerbeordnung Anwendung.

Lit: Adam, Praxisprobleme des Zeugnisrechts, MDR 05, 553; Loewenheim, Schadenshaftung unter Arbeitgebern wegen unrichtiger Arbeitszeugnisse, JZ 80, 469; Schleßmann, Das Arbeitszeugnis, 20. Aufl 2012; Schulz, Alles über Arbeitszeugnisse, 8. Aufl 2009; Stiller, Der Zeugnisanspruch in der Insolvenz des Arbeitgebers, NZA 05, 330; Stück, Das Arbeitszeugnis, MDR 06, 791; Venrooy, Das Dienstzeugnis, 1984.

1. Allgemeines. Nebenpflicht des Dienstherrn, die in allen Dienstverhältnissen gilt (BGH 49, 30: GmbH-Geschäftsführer), die nicht Arbeitsverhältnisse sind, s S 4. Für alle Arbeitsverhältnisse gilt GewO § 109 (s vor § 611 Rn 62; PalWeidenkaff Anhang § 630 Rn 1 ff). Aufgehoben zum 1.1.2003 wurden HGB 73, GewO 113 (s vor § 611 Rn 62). Sondervorschriften: SeemannsG 19, BBiG 8.

2. Zeugnisanspruch. Der Anspruch entsteht mit Kündigung; aus Fürsorgepflicht kann AG aber schon vorher zu Zwischenzeugnis verpflichtet sein. AG (auch Betriebserwerber gem § 613a) ist bei Erteilung des Endzeugnisses an Inhalt des Zwischenzeugnisses gebunden (BAG NJW 08, 1175). Verwirkung möglich, BAG NJW 08, 1175 (Umstände des Einzelfalls); NJW 88, 1616. Holschuld, BAG NJW 95, 2373. Erfüllung durch Gehilfen s LAG Köln NZA 95, 685. In der Insolvenz schuldet der Insolvenzverwalter das Arbeitszeugnis, BAG NJW 05, 460. Zum Zeugnisanspruch im Zwangsvollstreckungsverfahren s BAG NZA 12, 1244 und bei Betriebsübergang (§ 613a) s BAG NJW 08, 1175.

3. Inhalt. a) Stets Name, Dauer und Art der Dienstleistung, S 1 (sog Arbeitsbescheinigung); zu (geänderten) Vornamen und Geschlecht s LAG Hamm NZA-RR 99, 455; **b)** auf Verlangen auch Zeugnis über Leistungen **und** Führung (sog qualifiziertes Zeugnis), nicht nur über einen der beiden Punkte; zur Unterscheidung von deskriptivem und evaluativem Teil – und zur Beweislast im Streitfall – informativ LAG Köln NZA-RR 97, 84. Mitgliedschaft im Betriebsrat soll nur aufgenommen werden, falls mit völliger Freistellung verbunden gewesen, LAG Hamm DB 76, 1112. Hinsichtlich Bedeutung bestimmter Formulierungen hat sich eine verschlüsselte Sprache entwickelt, etwa „pünktlich", ArbG Bayreuth NZA 92, 799, „zu unserer Zufriedenheit" (= unterdurchschnittliche Leistung, LAG Köln NZA-

Titel 8. Dienstvertrag und ähnliche Verträge **Vor § 630a**

RR 00, 235); sa LAG Hamm BB 00, 1090 mAnm Schleßmann sowie BAG NJW 12, 1754 mAnm Gäntgen RdA 12, 371; gute Wünsche und Dank nicht zwingende Bestandteile, s BAG NJW 01, 2995; NZA 13, 324. Zum Inhalt ie Schleßmann, BB 88, 1322 ff; zur Angabe des Vertragsbeendigungsgrundes s Popp NZA 97, 588. Form (Firmenbogen) BAG NJW 93, 2197. **Nicht:** Anspruch auf Berichtigung, BAG NJW 88, 1616, str. **c)** Geknicktes Zeugnis zulässig, BAG NJW 00, 1060 mAnm Schleßmann BB 00, 412.

4. Schadensersatz aus Verzug. Bei nicht rechtzeitiger Erteilung, aus § 280 I bei Unrichtigkeit oder bei Nichterteilung (Weigerung). Beweiserleichterung nach § 252 S 2, s BAG BB 76, 841.

5. Abdingbarkeit. Vor Beendigung des Dienstverhältnisses nicht abdingbar; späterer Verzicht ist wohl zulässig (str, offengelassen in BAG NJW 75, 407 mwN); Ausgleichsklausel im Vergleich regelmäßig kein Verzicht, BAG aaO.

6. Rechtsfolgen des unrichtigen Zeugnisses. a) Im Verhältnis zum Empfänger ist der Aussteller an seine Angaben gebunden, BAG NJW 72, 1214; NZA 13, 324. **b)** Bei Nachteilen für den Empfänger aus unrichtigen Angaben s Rn 3 aE, 5. **c)** Gegenüber Dritten (neuem AG) bei Schönfärberei Schadensersatzpflicht aus § 826 möglich, BGH NJW 70, 2291; zur „Rückrufpflicht" bei falschem Zeugnis BGH 74, 281 (Haftung nach vertraglichen oder vertragsähnlichen Grundsätzen), s dazu Venrooy 212 ff mwN.

Untertitel 2. Behandlungsvertrag

Vorbemerkungen

Lit: Deutsch, Deutsche Sonderwege zur Arzthaftung, NJW 12, 2009; Hart, Ein Patientenrechtegesetz ohne Eigenschaft, GesR 12, 385; ders, Patientensicherheit nach dem Patientenrechtegesetz, MedR 13, 159; Katzenmeier, Arzthaftung (2002); ders, Der Behandlungsvertrag – Neuer Vertragstypus im BGB, NJW 13, 817; Kubella, Patientenrechtegesetz (2011); Mäsch, Demokratisches Schamanentum in Wahlkampfzeiten – Risiken und Nebenwirkungen des Patientenrechtegesetzes, NJW 13, 1354; Preis/Schneider, Das Patientenrechtegesetz – eine gelungene Kodifikation?, NZS 13, 281; Prütting, Die Beweislast im Arzthaftungsprozess und das künftige Patientenrechtegesetz, FS Helmut Rüßmann, 2013, 609; Rehborn, Patientenrechtegesetz 2013 – Behandlungsvertrag, Mitwirkung, Information, Einwilligung, Aufklärung, MDR 13, 497; ders, Patientenrechtegesetz 2013 – Dokumentation, Haftung, Beweislast, MDR 13, 564; Schneider, Der Behandlungsvertrag, JuS 13, 104; Spickhoff, Die Entwicklung des Arztrechts 2012/2013, NJW 13, 1714; Thole, Das Patientenrechtegesetz, MedR 13, 145; Thurn, Das Patientenrechtegesetz – Sicht der Rechtsprechung, MedR 13, 153.

1. Neuregelung. Titel 8 wurde mit Wirkung zum 26.2.2013 durch das Patientenrechtegesetz vom 20.2.2013 (BGBl 2013 I 277) um den 2. Untertitel erweitert. **Gesetzesbegründung:** BT-Drs 17/10488; Änderungen im Rechtsausschuss des Bundestags: BT-Drs 17/11710. Zur **Gesetzgebungsgeschichte** Katzenmeier NJW 13, 817 mN. Die Normen sollen im Wesentlichen die bis zum Erlass bestehende **Rechtsprechung kodifizieren** (s BT-Drs 17/10488 S 10). Sie kann daher bei der Normauslegung weiterhin mit der erforderlichen Vorsicht berücksichtigt werden. **Kritik** an Neuregelung ua: Katzenmeier NJW 13, 822f; Preis/Schneider NZS 13, 281; Thurn MedR 13, 153; ferner die Polemik bei Mäsch NJW 13, 1354.

2. Vertragstypus. a) Behandlungsvertrag. Regelmäßig ist ein Vertrag mit einem Arzt (Zahnarzt) oder anderem medizinischen Therapeuten (dazu § 630d Rn 5f) dahin auszulegen, dass nur eine den allgemeinen Grundsätzen der ärztlichen Wissenschaft in der Sorgfalt entsprechende medizinische Behandlung, nicht aber ihr – immer auch von der körperlichen und seelischen Verfassung des Patienten abhängiges – Gelingen versprochen wird (BGH BeckRS 11, 11774; BGH 63, 306;

Vor § 630a

Zweibrücken NJW 83, 2094; Karlsruhe MedR 95, 374 [Prothese]; ausführlich Katzenmeier S 99 ff mN). Daher ist ein solcher Vertrag regelmäßig ein **selbstständiger Dienstvertrag** (Vorb § 611 Rn 3; § 627 Rn 2; § 630b Rn 1) in der Form des Behandlungsvertrags. Er wird durch die §§ 630a – 630h, ergänzend (s § 630b) durch die §§ 611ff geregelt. **Hauptpflichten** sind für **Behandelnden** die Behandlungspflicht (§ 630a I) und die therapeutische Informationspflicht (§ 630c II 1), Aufklärungspflicht (§ 630e) (Hart MedR 13, 160) und die Pflicht zur Einholung der Einwilligung (§ 630d). **Nebenpflichten** des Behandelnden sind die wirtschaftliche Informationspflicht (§ 630c III) und die Fehleroffenbarungspflicht (§ 630c II 2). Hauptpflicht des **Patienten** ist die Vergütungspflicht (§ 630a I). § 630c I statuiert für den Patienten nur Obliegenheiten, keine einklagbare Mitwirkungspflicht (§ 630c

3 Rn 2). **b) Werkvertrag.** § 630a ist kein zwingendes Recht. Den Vertragsparteien steht es – wie bisher – frei, durch Parteiabrede den Behandlungsvertrag zu modifizieren und zB auch als Werkvertrag auszugestalten. Es entscheidet die Vertragsabrede über Tätigkeitspflicht oder Erfolgsversprechen als vertragstypische Leistungspflicht, s Rn 3f Vorb § 631. Zur Schlechterfüllung s § 630b Rn 5, § 630h Rn 1f, § 611 Rn

4 16. **c) Gemischter Vertrag.** Soweit neben der ärztlichen Behandlung auch eine technische Anfertigung einer (Zahn)Prothese geschuldet ist, gelten hinsichtlich Mängeln der **Prothese** wegen des insoweit regelmäßig verabredeten werkvertraglichen Charakters die werkvertraglichen Gewährleistungsvorschriften, sofern der Mangel die Prothese selbst betrifft. Hinsichtlich der Defizite in der spezifisch (zahn)ärztlichen Planung und Gestaltung der neuen Versorgung (zB Bisshöhe, fehlende Okklusion, Größe der neu gestalteten Zähne) und hinsichtlich des Einsetzens wie Anpassen der technischen Anfertigung am Körper gilt Dienstvertragsrecht (BGH

5 BeckRS 11, 11774; BGH 63, 305), jetzt in der Form des Behandlungsvertrags. **d) Sozialversicherung.** Auch der Behandlungsvertrag eines sozialversicherten Patienten ist regelmäßig Dienstvertrag (BGH 76, 261 [zur pVV]; 97, 276, str, bejaht von zivilrechtlich hM, verneint von sozialrechtlich hM, s Katzenmeier S 94 ff). Das ist nun auch aus § 630a zu folgern (Katzenmeier NJW 13, 817 Fn 11; BT-Drs 17/10488 S 18f; sa Rehborn MDR 13, 497; kritisch Preis/Schneider NZS 13, 282). Inhalt des Behandlungsvertrags mit sozialversichertem Patienten wird weitgehend durch

6 SGB V bestimmt, s Rehborn MDR 13, 497. **e) Angestellter Arzt.** Klinikärzte, Betriebsärzte, Schiffsärzte usw sind im jeweiligen Anstellungsverhältnis gegenüber dem Dienstberechtigten (Klinik usw) unselbstständig Dienstverpflichtete (s zum Krankenhausvertrag § 630a Rn 13ff).

7 **3. Intertemporaler Anwendungsbereich.** Die §§ 630a – 630h sind auf alle Behandlungsverträge anzuwenden, die an oder nach dem 26.2.2013 (Stichtag) geschlossen wurden. Patientenrechtegesetz (s Rn 1) hat auf Übergangsregelung (etwa in EGBGB 229) verzichtet. Es gilt daher das allgemeine Regelungsprinzip des intertemporalen Privatrechts für das Vertragsrecht. Danach fallen nur die ab dem Stichtag des Inkrafttretens von Neuvorschriften abgeschlossenen Verträge insgesamt unter das neue Rechtsregime (entsprechend EGBGB 229 § 5 S 1). Für die **zuvor abgeschlossenen Verträge** sind die §§ 630a – 630h (entsprechend EGBGB 229 § 5 S 2) insoweit anzuwenden, als es Vorgänge nach Inkrafttreten der §§ 630a – 630h betrifft, wie zB die Erfüllung von am oder nach dem Stichtag anfallenden Informations-, Aufklärungs- oder Dokumentationspflichten, die Befolgung von Mitwirkungsobliegenheiten oder die Erfüllung der Pflicht zur Einholung von am oder nach dem Stichtag erforderlich werdenden Einwilligungen, zur dann zu gewährenden Akteneinsicht und zur Dokumentation der Behandlungen, die am oder nach dem 26.2.2013 erfolgen. Es dürften in der Praxis **keine besonderen intertemporalen Probleme** auftreten, da sich der Gesetzgeber weitgehend erfolgreich um Kontinuität der Rechtslage bemüht hat und versucht hat, das geltende Richterrecht zu kodifizieren.

8 **4. Konkurrenzen.** Die §§ 630a – 630h und die Vertragshaftung gem § 280 (s § 630h Rn 2) verdrängen das **deliktische Arzthaftungsrecht** (s § 823 Rn 108ff) nicht. Zum Verhältnis beider s § 630h Rn 4 ff.

Titel 8. Dienstvertrag und ähnliche Verträge §630a

5. Normauslegung. Die §§ 630a – 630h sollen dem bis zum 26.2.2013 entwi- 9
ckelten **Richterrecht** entsprechen (sa Rn 7). Daher kann – mutatis mutandis – auf
die bisherige Rspr zur Vertragshaftung von Behandelnden bei der Auslegung der
Normen zurückgegriffen werden.

6. Anwendungsbereich. a) Vertragsordnung der §§ 630a – 630h. Von 10
ihrem **systematischen Standort** aus regeln die §§ 630a – 630h **nur Vertragspflichten** und mit diesen zusammenhängende Rechtsfragen. Dies wird auch in der
Gesetzesbegründung deutlich, wenn es dort zu § 630h heißt „Die Norm basiert auf
der allgemeinen Haftungsregelung des § 280 I und regelt die davon abweichenden
Besonderheiten der Beweislastverteilung im Anwendungsbereich der §§ 630a ff. für
das Vertragsrecht. Die Haftung nach den deliktischen Vorschriften der §§ 823 ff.
bleibt hiervon grundsätzlich unberührt." Der Regelungsanspruch der §§ 630a – 630h
ergreift nicht auch das Deliktsrecht. Das gilt im Grundsatz auch für die Normen
betreffend vertragliche Pflichten zur Aufklärung, Information, Dokumentation, Einholung von Einwilligungen oder Gestattung der Akteneinsichtnahme. Nur wenn
sie ihren systematischen Standort im **Allgemeinen Teil des BGB** oder des **Schuldrechts** gefunden hätten, hätten sie unmittelbare Anwendung bei deliktischen und
vertraglichen Schuldverhältnissen finden können. **b) Ausstrahlungswirkung auf** 11
das Deliktsrecht. Bis zum Inkrafttreten der §§ 630a ff wurde in Urteilen vielfach
nicht ausreichend klar zwischen der behandlungsrechtlichen Vertrags- und der entsprechenden Delikthaftung unterschieden; beide Haftungsordnungen wurden
soweit als möglich **parallel entwickelt,** insbeson bei Fragen der Information, Aufklärung, Dokumentation, Einwilligung, Akteneinsicht usw. Es steht zu erwarten,
dass es zu Wechselwirkungen der vertragsbezogenen Vorschriften der §§ 630a –
630h auf die Delikthaftung kommen wird, etwa im Bereich der deliktischen Infor-
mations-, Aufklärungspflichten oder bei der Einwilligung als Rechtfertigungsgrund
der mit der Durchführung einer medizinischen Maßnahme verbundenen Körperverletzung (dazu § 823 Rn 3, 110). **c) §§ 630a ff als Schutzgesetze.** Offen ist, ob 12
einzeln Normierungen von Vertragspflichten durch die §§ 630a – 630h als Schutzgesetze iSv § 823 II zu qualifizieren sind. Deutsch (NJW 12, 2012) weist darauf hin.
Er bejaht (auf der Grundlage des insoweit vom Gesetz nicht abweichenden Regie-
rungsentwurfs) den Schutzgesetzcharakter etwa von § 630a II (Behandlung nach
anerkanntem Standard) und stellt fest, dass die Entwicklung der Rechtsprechung
insoweit völlig offen erscheint. **d) Eigenständigkeit des Deliktsrechts.** Eigenstän- 13
dige Bedeutung hat die Delikthaftung (wie bisher, s § 823 Rn 108ff), soweit eine
vertragliche Haftungsgrundlage fehlt, sei es, dass einer Behandlung kein Behandlungsvertrag zugrunde liegt oder der Geschädigte keine vertraglichen Ansprüche aus
dem Behandlungsvertrag gegen denjenigen, der die Behandlung durchgeführt hat,
geltend machen kann (so BT-Drs 17/10488 S 17). Die Rspr kann ferner das Feld
der Delikthaftung (als alleiniger oder mit der Vertragshaftung konkurrierenden
Haftungsgrund) nutzen, um das Recht der Behandlungshaftung methodisch **einfacher fortzubilden,** als dies nun wegen des Normenkorsetts der §§ 630a ff im
Vertragsrecht möglich ist.

§ 630a Vertragstypische Pflichten beim Behandlungsvertrag

(1) **Durch den Behandlungsvertrag wird derjenige, welcher die medizinische Behandlung eines Patienten zusagt (Behandlender), zur Leistung der
versprochenen Behandlung, der andere Teil (Patient) zur Gewährung der
vereinbarten Vergütung verpflichtet, soweit nicht ein Dritter zur Zahlung
verpflichtet ist.**

(2) **Die Behandlung hat nach den zum Zeitpunkt der Behandlung bestehenden, allgemein anerkannten fachlichen Standards zu erfolgen, soweit
nicht etwas anderes vereinbart ist.**

§ 630a

1 1. Vertragsparteien. Parteien des Behandlungsvertrages sind nach I zu unterscheiden von den realiter behandelnden und den behandelten Personen. Kein Vertrag entsteht bei der Behandlung eines Bewusstlosen oder nicht vertretenen (beschränkt) **Geschäftsunfähigen;** hier gelten die Regeln der GoA, auch hinsichtlich der Behandlungskosten (Looschelders BT Rn 614a). **a) Behandelnder.** Das ist – entgegen dem allgemeinen Wortsinn (Katzenmeier NJW 13, 818) – die natürliche oder juristische Person, welche die Behandlung verspricht. Das ist nicht notwendig die natürliche Person, welche die Behandlung in personam durchführt. So können zB eine Praxisgemeinschaft bzw Berufsausübungsgemeinschaften (Rehborn MDR 13, 498), ein Krankenhausträger oder der Träger eines Medizinischen Versorgungszentrums (SGB V 95) Behandelnder iSv § 630a sein. Die in concreto behandelnden Ärzte sind dann die **Erfüllungsgehilfen** des Behandelnden (§ 278), nicht aber selbst Behandelnde iSv § 630a (s BT-Drs 17/10488 S 18). Ist der Behandelnde eine juristische Person (zB Krankenhausträger) und wird für ihn ein weisungsunabhängiger Arzt (regelmäßig zB **Chefarzt**) tätig, so haftet der Behandelnde für die Behandlung durch diesen Arzt vertraglich nach §§ 280, 31, ggf 89 (zu den möglichen
3 Haftungsgründen iSv § 31 s NK/Lochner § 31 Rn 8). **b) Patient.** Das ist der andere Vertragspartner, dem der Behandelnde die Leistungserbringung durch die Behandlung verspricht. Der Patient verpflichtet sich, dafür für diese Behandlung eine Vergütung zu gewähren, sofern der Behandlungsvertrag (wie regelmäßig) entgeltlich ist (dazu s Rn 10ff). Patient ist nicht zwingend die natürliche Person, an welcher die Heilbehandlung erfolgt. Patient iSv § 630a sind zB die Eltern des zu behandelnden Kindes bzw Betreuer, wenn sie den Vertrag über die Behandlung des **Kindes** bzw **Betreuten** in eigenem Namen abschließen. Schließen sie ihn im Namen des Kindes bzw Betreuten ab, so sind Patient und behandelte Person identisch. Ist der Patient (Vertragspartner des Behandelnden) nicht die behandelte Person, dann ist sie regelmäßig berechtigter Dritter iSv § 328 I (§ 328 Rn 5; Medicus SchR II 673; Looschelders BT Rn 614a; StJagmann § 328 Rn 132ff; zum Behandlungsvertrag des Sorgeberechtigten zugunsten seines Kindes s BGH NJW 84, 1400). Fall des § 328 I zB auch: Gasteltern schließen Behandlungsvertrag in eigenem Namen zugunsten eines volljährigen Au-pair ab. Ob berechtigender (echter) oder ermächtigender (unechter) Behandlungsvertrag zugunsten Dritter (generell zur Unterscheidung Vorb § 328 Rn 5) vorliegt, entscheidet die Vertragsgestaltung, Auslegungsfrage des Einzelfalls, §§ 133, 157. Eine Pflicht, sich der Behandlung zu unterziehen, entsteht für den Dritten aus dem **Behandlungsvertrag zugunsten Dritter** nicht. Das Rechtsverhältnis zwischen dem Dritten (behandelte Person) und dem Versprechenden (Behandelnder) ist vertragsähnlich; aus ihm können sich dann, *wenn* der Dritte die Behandlung in Anspruch nimmt, beiderseitige Sorgfaltspflichten (§ 328 Rn 11) und weitere Nebenpflichten des Dritten gegenüber dem Behandelnden sowie Obliegenheiten des Dritten ergeben, wie die Möglichkeit des Mitverschuldens (§ 254) (StJagmann § 328 Rn 44). Ist die behandelte Person weder Patient noch berechtigter Dritter kann sie in den **Schutzbereich des Behandlungsvertrags** einbezogen sein (dazu s § 328 Rn 35; zur Behandlung einer Schwangeren und der Rechtsstellung des [ungeborenen] Kindes s BGH NJW 89, 1541); auch hieraus erwächst für den Dritten keine Pflicht, sich der Behandlung zu unterziehen.

4 2. Vertragstypische Behandlungspflicht. Die vertragscharakteristische Leistung des Behandlungsvertrages wird von natürlichen Personen an natürlichen Personen erbracht. Sie können, müssen aber nicht notwendig auch die Vertragspartner (Rn 1ff) sein. Vertragsprägend ist die medizinische Behandlung einer Person, nicht notwendig eines Patienten (s Rn 3), durch die behandelnde Person, nicht notwendig der Behandelnde iSv I ist (Rn 2). Zum Vertragstypus s Vorb § 630a Rn 2.
5 a) Behandlung. Das ist die Behandlung **am Menschen.** Dazu gehören Diagnose, Therapie und „damit sämtliche Maßnahmen und Eingriffe am Körper eines Menschen, um Krankheiten, Leiden, Körperschäden, körperliche Beschwerden oder seelische Störungen nicht krankhafter Natur zu verhüten, zu erkennen, zu heilen

Titel 8. Dienstvertrag und ähnliche Verträge **§ 630a**

oder zu lindern" (BT-Drs 17/10488 S 17 unter Zitierung von Laufs/Kern, Handbuch des Arztrechts, 4. Aufl. 2010, § 29 Rn. 4 ff.). Auch **medizinästhetische Behandlungen** (zB Schönheitsoperationen) sind daher iSv **I** Behandlungsverträge. Der Vertragstypus setzt keine medizinische Indikation voraus (Katzenmeier NJW 13, 818 Fn 15; BT-Drs 17/10488 S 17), also nicht zwingend eine **Heilbehandlung. b) Kein Arztvorbehalt.** Unter § 630a ff fallen nach BT-Drs 17/10488 S 17 **alle** 6 humanmedizinischen Behandlungen durch Angehörige der **Heilberufe:** Ärzte, Zahnärzte, psychologische Psychotherapeuten, Kinder- und Jugendpsychotherapeuten und Angehörige anderer Heilberufe (zur Parallelität bei der deliktischen Arzthaftung s § 823 Rn 109: Hebamme, Krankengymnast). Das sind nach BT-Drs 17/ 10488 S 17 jedenfalls diejenigen, deren Ausbildung nach GG 74 I Nr 19 durch Bundesgesetz (Hebammen, medizinische Masseure und medizinische Bademeister, Ergotherapeuten, Logopäden, Physiotherapeuten usw) geregelt ist. Bei ihnen setzt die Berufsausübung oder die Führung der Berufsbezeichnung eine staatlich geregelte Ausbildung voraus (ähnliche Definition in § 4 Nr 1 Kinderschutz-Kooperationsgesetz). Dazu zählen auch die nichtärztlichen Psychotherapeuten, Orthoptisten, Podologen. Die Gesetzesbegründung hat somit die Behandlung nicht auf den Kreis der Berufsträger eines akademischen (universitären) Heilberufs beschränkt (kritisch Thurn MedR 13, 154). **Heilpraktiker** fallen in den Kreis der Behandelnden iSv § 630a. Für sie ist zwar keine besondere medizinische Ausbildung vorgeschrieben, aber sie werden erst nach einer Überprüfung ihrer Kenntnisse und Fähigkeiten zur Heilbehandlung zugelassen (BT-Drs 17/10488 S 17). Vor allem substituieren sie oft eine ärztliche Tätigkeit nach ihrem Selbstverständnis und dem ihrer Patienten. **c)** 7 **Auftreten als Behandelnder.** Erfüllt ein Behandelnder nicht die beruflichen Qualifikationen iSv Rn 4 f, 6; täuscht er deren Vorliegen gegenüber dem Patienten aber vor (zB Auftreten als Arzt oder anerkannter Heilpraktiker) und verspricht er eine Behandlung iSv Rn 4 f, so liegt ein Behandlungsvertrag vor. **d) Kein Behandeln-** 8 **der.** Berufsträger der **Hilfsberufe** wie zB medizinische Fachangestellte (Arzthelfer), Medizinisch-technische Assistenten usw sind keine Behandelnden iSv § 630a. Mit ihnen schließt der Patient zudem regelmäßig keine eigenen Verträge. Sie können aber Erfüllungsgehilfen des Behandelnden sein, wenn sie im Rahmen seiner Pflichten zur Behandlung entsprechend eingesetzt werden (zB Setzen von Spritzen, Blutabnahme usw). Unter I fallen nicht Verträge mit **Apothekern,** da sie nicht zur Behandlung befugt sind (so BT-Drs 17/10488 S 17; kritisch Thurn MedR 13, 154). Keine Behandlung iSv I sind **Pflege oder Betreuung.** Für Verträge über die Erbringung reiner Pflege- oder Betreuungsleistungen gelten die §§ 630a ff nicht, sondern §§ 611 ff, ggf mit Elementen anderer Vertragstypen wie Miete, Kauf usw (gemischter Vertrag), vorrangig etwa das Gesetz über Wohnraum mit Pflege- oder Betreuungsleistungen (BT-Drs 17/10488 S 18). Zur Schlechterfüllung eines **Heimunterbringungs-**/Pflegevertrags s Düsseldorf ZfSch 03, 278. Keine Behandlung iSv I erfolgt bei der **Gesundheits- und Körperpflege** (zB durch Fitness- und Sporttrainer, Kosmetiker, Orthopädieschuhmacher, Sauna- oder Solarienbetreiber, Schönheitspfleger usw). Das **Tätowieren** ist keine Behandlung iSv I; hier gilt Werkvertragsrecht (s Vorb § 611 Rn 8). **e) Tiermedizin.** Tierbezogene Verträge sind 9 regelmäßig Dienstverträge (Vorb § 611 Rn 21). Es sind keine Behandlungsverträge iSv § 630a, da die Informationspflichten ab § 630c ff auf die Behandlung von Menschen ausgerichtet sind und dem Schutz ihres Rechts zur Selbstbestimmung dienen (BT-Drs 17/10488 S 18). Einzelregelungen, etwa die Grundsätze zur Beweislastverteilung (s jetzt § 630h), können auf tiermedizinische Verträge entsprechend angewendet werden (BT-Drs 17/10488 S 18, zur bisherigen Rspr s BGH BeckRS 05, 04007, OLG Schleswig BeckRS 11, 18128 unter II B 1 b cc mN). Die Rspr zum Entscheidungskonflikt bei unterlassener Eingriffsaufklärung in der Humanmedizin ist aber zB auf die Haftung des Veterinärmediziners nicht anwendbar (s Oldenburg RdL 13, 93).

3. Vergütungspflicht des Patienten. Der Behandlungsvertrag ist regelmäßig 10 ein **entgeltlicher Austauschvertrag** (s § 611 Rn 1, 4). Den Patienten (Rn 3) trifft

§ 630a Buch 2. Abschnitt 8. Einzelne Schuldverhältnisse

im Regelfall eine Vergütungspflicht nach I. Behandlungs- und Vergütungspflicht
11 stehen sich als synallagmatische Hauptflichten gegenüber. **a) Entgeltlichkeit.** Die
Entgeltlichkeit wird nach §§ 630b, 612 vermutet (s bei § 612). Unentgeltlicher
Behandlungsvertrag ist zulässig. § 630a I, §§ 612 iVm § 630b sind dispositiv. Zu
Abgrenzung und Beispielen für den Behandlungsvertrag s Vorb § 611 Rn 1, § 612
Rn 6; § 662 Rn 5. Fehlt ausnahmsweise Abrede über die Vergütungshöhe, so ist
nach § 612 II der einschlägige staatlich festgesetzte Vergütungssatz (Taxe), sonst die
übliche Vergütung geschuldet. Es gelten in ihrem Anwendungsbereich die einschlägigen Gebührenordnungen als zwingendes (s Rehborn MDR 13, 498) Preisrecht,
zB GOÄ für Ärzte, GOZ für Zahnärzte, KrankenhausG, KrankenhausentgeltG.
12 **b) Privatpatient, Kassenpatient.** Auch ein sozialversicherungspflichtiger Patient
(Kassenpatient) schließt einen Behandlungsvertrag mit dem Behandelnden ab (s
Vorb § 630a Rn 5). Den Besonderheiten beim Vergütungsanspruch trägt I, letzter
HS Rechnung: „soweit nicht ein Dritter zur Zahlung verpflichtet ist." BT-Drs 17/
10488 S 18 mN: Der Arzt hat sich durch seine kassenärztliche Zulassung und
seine Mitgliedschaft in der Kassenärztlichen Vereinigung mit der Abrechnung seiner
Behandlungsleistung über die Kassenärztliche Vereinigung mit den Krankenkassen
einverstanden erklärt. Aus seinem Mitgliedschaftsrecht folgt gem SGB V 85 IV 1,
2 sein öffentlich-rechtlicher und vor den Sozialgerichten zu verfolgender Vergütungsanspruch gegen die Kassenärztliche Vereinigung. Diese ihrerseits rechnet er selbst auf
der Grundlage der mit den Krankenkassen geschlossenen öffentlich-rechtlichen
Gesamtverträge nach den SGB V 82 ff, 85 ab. Daher entsteht bei Kassenpatienten
kein unmittelbarer Vergütungsanspruch des Behandelnden gegen den Patienten für
solche Leistungen, die von den gesetzlichen Krankenkassen erstattet werden. Allerdings Vergütungsanspruch gegen den Patienten, wenn er Kostenerstattung nach
SGB V 13 II gewählt hat (BT-Drs 17/10488 S 18).

13 **4. Krankenhausvertrag.** Das Patientenrechtegesetz will an dem Krankenhausvertrag mit seinen drei Erscheinungsformen nichts ändern (kritisch Preis/Schneider
14 NZS 13, 282). **a) Vertragsgestaltungen.** Es sind weiterhin wie bisher drei Typen
(hierzu Uhlenbruck NJW 73, 1399; BT-Drs 17/10488 S 18f; Looschelders BT Rn
619ff) zu unterscheiden: **Totaler** Krankenhausvertrag: Bei totaler, alle Leistungen
umfassender Aufnahme gemischter Vertrag, in dem Elemente des selbstständigen
Dienstvertrages vorherrschend und wesensbestimmend sind. **Gespaltener** Krankenhausvertrag: Getrennte Dienstverträge mit Krankenhausträger und (Beleg-)Arzt.
Totaler Krankenhausaufnahmevertrag **mit Arzt-Zusatzvertrag** (wie 1. Alt plus
zusätzliche ärztliche Leistungen); vgl. zur Frage, wer Vertragspartner eines in einer
Krankenhaus**ambulanz** behandelten Kassenpatienten ist, BGH NJW 06, 767; BGH
NJW 10, 2580; s ferner BaR/Fuchs § 611 Rn 16. Es entscheidet konkrete Vertrags-
15 abrede. **b) Wahlärztliche Behandlung.** Neuregelung ändert Grundlage für die
Rspr zur wahlärztlichen Behandlung im Rahmen eines stationären Krankenhausaufenthalts nicht (BT-Drs 17/10488 S 18). Es ist hier regelmäßig anzunehmen, dass
der Patient mit dem Krankenhausträger einen Krankenhausvertrag und mit dem
behandelnden liquidationsberechtigten Arzt einen Behandlungsvertrag abschließt
(BT-Drs 17/10488 S 18, s den Überblick bei BaR/Fuchs § 611 Rn 17). Arzt als
Behandelnder iSv I wird dabei in der Praxis oft durch Krankenhausträger vertreten
(bei entsprechender Wahlleistungsvereinbarung zwischen Arzt und Patient im Rahmen des Krankenhausvertrags), oder es kommt zu einer isolierten Abrede zwischen
dem Arzt und dem Patienten (zur bisherigen Rspr s BGH BeckRS 05, 04007; OLG
Schleswig BeckRS 11, 18128 unter II B 1 b cc mN).

16 **5. Geschuldete Sorgfalt (II).** II konkretisiert § 276 II (BT-Drs 17/10488 S 19
17 spricht von „ergänzen"). **a) Fachlicher Standard.** Der Behandelnde schuldet nach
II HS 1 die Behandlung nach den zum Zeitpunkt der Behandlung bestehenden,
allgemein anerkannten fachlichen Standards seines jeweils ausgeübten Heilberufs
(zum ärztlichen Standard s Laufs/Katzenmeier/Lipp-Katzenmeier Arztrecht, 6. Aufl
2009, Rn 4 ff; Katzenmeier NJW 13, 818). Für Ärzte ist im Regelfall auf den

jeweiligen Stand naturwissenschaftlicher Erkenntnis und ärztlicher Erfahrung abzustellen, der zur Erreichung des Behandlungsziels erforderlich ist und sich in der Erprobung bewährt hat (BT-Drs 17/10488 S 19; bisher zB BGH 113, 301). Um den erforderlichen Erkenntnisstand zu erlangen, muss der behandelnde Arzt die einschlägigen Fachzeitschriften des entsprechenden Fachgebiets, in dem er tätig ist, regelmäßig lesen (Hamm NJW 00, 1802; BGH NJW 91, 1535). Es gilt insoweit der **Facharztstandard**, der für das jeweilige Fachgebiet im Zeitpunkt der Behandlung maßgeblich ist. Etwas anderes kann nur dann gelten, soweit es auf die Spezialkenntnisse des Facharztes im Einzelfall gerade nicht ankommt (BT-Drs 17/10488 S 19). Ein **Abweichen** des Behandelnden vom allgemeinen Standard führt nicht notwendig zu einem Behandlungsfehler, denn das auf ärztliche Behandlung gerichtete Vertragsverhältnis legt etwa den Arzt grundsätzlich nicht auf ein bestimmtes ärztliches Vorgehen fest, sondern verpflichtet ihn im Zweifel allein zu dem in der jeweiligen Situation sachgerechten ärztlichen Vorgehen (BGH NJW 89, 1540). Abweichungen von dem allgemeinen Standard sind auch zulässig, wenn der Behandelnde nachvollziehbar begründet, dass die Befindlichkeit seines Patienten so stark von der Regel abweicht, dass eine modifizierte Strategie ergriffen werden muss (BT-Drs 17/10488 S 19). Insoweit soll dem Behandelnden nach BT-Drs 17/10488 S 19 sowohl beim Diagnoseverfahren wie auch bei der Therapie ein ausreichender Beurteilungs- und Entscheidungsspielraum verbleiben, in dessen Rahmen er zur sachgerechten Ausübung seines Ermessens verpflichtet ist (BT-Drs 17/10488 S 20). Hierzu bedarf es keiner abweichenden Vereinbarung iSv II HS 2; dies liegt vielmehr im Rahmen des Behandlungsermessens (anders vielleicht Katzenmeier NJW 13, 818). Zu abweichenden Vereinbarungen s Rn 20f. **b) Leit- und Richtlinien.** Die **18** von wissenschaftlichen Fachgesellschaften, -gremien oder -verbänden festgestellten sogenannten Leitlinien haben trotz ihrer wissenschaftlichen Fundierung allein Informationscharakter. Sie können nicht unbesehen mit dem zur Beurteilung eines Behandlungsfehlers gebotenen medizinischen Standard gleichgesetzt werden (BGH Gesundheitsrecht 08, 361). Sie sind keine aus sich heraus verbindliche Handlungsanleitung für Behandelnde (Köln BeckRS 13, 03953; unzutreffend BT-Drs 17/10488 S 19, zur Kritik an BT-Drs s auch Katzenmeier NJW 13, 818 Fn 17), denn ihre diskutierte Legitimität als rechtlich verbindlicher Standard, ihre unterschiedliche Qualität und Aktualität erlauben dies nicht (Köln BeckRS 13, 03953). Die Leitlinien können zwar eine zu beachtende Erkenntnisquelle zur Feststellung des relevanten Sorgfaltsstandards sein. Sie sind es aber nur dann, wenn sie den maßgeblichen Standard des entsprechenden Heilberufs bzw bei Ärzten den relevanten Facharztstandard für den zu begutachtenden Fall mit seinen individuellen Gegebenheiten im Behandlungszeitpunkt wiedergeben. Das bedeutet, dass eine medizinische Behandlung, die nicht den Leitlinien entspricht, nicht zwingend behandlungsfehlerhaft ist (Köln BeckRS 13, 03953), sondern auch umgekehrt das Abweichen von einer Leitlinie oder Richtlinie im Einzelfall gerade geboten sein kann. Sie können daher im Prozess auch kein Sachverständigengutachten ersetzen (BGH Gesundheitsrecht 08, 361). Auch die von der Bundesärztekammer herausgegebenen **Richtlinien** können den Erkenntnisstand der medizinischen Wissenschaft nur deklaratorisch wiedergeben, nicht aber konstitutiv begründen (Hamm NJW 00, 1802 mN). Zu diesem s Rn 16. **c) Nichtärztliche Heilberufe.** Bei den nichtärztli- **19** chen Gesundheitsfachberufen (s Rn 5f) ist im Rahmen von **II** auf die sich aus dem Berufsstand jeweils ergebenden **heilberuflichen Sorgfaltsanforderungen** und Standards abzustellen. Die Einhaltung ärztlicher Standards wird dabei nicht verlangt. II fordert vielmehr die typischerweise von einem Angehörigen dieses Heilberufs zu erwartenden fachgerechten medizinischen Behandlungskenntnisse (BT-Drs 17/10488 S 19, dort insbesondere auch zu den Anforderungen an Standards der Heilpraktiker, dazu sa VG Oldenburg 18.11.2008 – 7 A 1324/08 –, juris, Tz 58). Da es an einem einheitlichen Berufs- und Kenntnisstand des Berufsstands der Heilpraktiker fehlt, will BGH NJW 1991, 1537 auf den Erwartungshorizont eines durchschnittlichen Patienten zurückgreifen, der sich von einem Heilpraktiker

behandeln lässt (sa Bamberg VersR 02, 323). Allerdings hat ein Heilpraktiker oder ein Angehöriger eines anderen Gesundheitsfachberufs, der **invasive Behandlungsmethoden** bei seinen Patienten anwendet, insoweit dieselben Sorgfaltspflichten zu erfüllen wie ein Arzt für Allgemeinmedizin, der sich solcher Methoden bedient. Das gilt auch hinsichtlich seiner Fortbildung und hinsichtlich Nutzen und Risiken dieser Therapiearten (für den Heilpraktiker: BGH NJW 91, 1535; Hamm
20 BeckRS 12, 14530; Bamberg VersR 02, 323; BT-Drs 17/10488 S 19). **d) Methodenwahl.** Soweit sich in einem Bereich noch **kein Standard** entwickelt hat, ist die Sorgfalt eines vorsichtig Behandelnden geschuldet (BT-Drs 17/10488 S 19 unter Bezug auf BGH VersR 07, 997). Soweit **gleichwertige Behandlungsmethoden** zur Verfügung stehen, ist der Behandelnde bei der Wahl der richtigen Behandlungsmethode grundsätzlich frei und nur an die Regeln der medizinischen Wissenschaft gebunden, die eine maßvolle Behandlung gebietet (BT-Drs 17/10488
21 S 19). **e) Privatautonome Standardabweichung (II HS 2).** II HS 2 erlaubt abweichende Standardvereinbarungen. Daher kann der Behandelnde mit dem Patienten auch neue, unerprobte Behandlungsmethoden verabreden. Er kann auch, soweit es ohne Gesundheitsgefährdung der behandelten Person möglich ist, Standardabweichungen nach unten (zB bei Zahnbehandlung) vereinbaren, nicht aber über die Grenze der gesundheitlichen Dispositionsbefugnis (StGB 228) hinaus. Der Patient kann mit dem Behandelnden bei mehreren möglichen Behandlungsmethoden die anzuwendende vereinbaren. Arzt hat über Behandlungsalternativen aufzuklären (§ 630e I 3). Bei Abrede einer bestimmten Behandlungsalternative ist der die Behandlung als Erfüllungsgehilfe durchführende Arzt nicht befugt, das gewählte Behandlungskonzept eigenmächtig zu ändern (BGH NJW 89, 1540). Ist der Patient mit der zu behandelnden Person nicht identisch und vertritt der Patient die behandelte Person nicht (wie zB Eltern das Kind nach §§ 164, 1629), treten bei privatautonomen Standardabweichungen besondere Aufklärungs- und Einwilligungsfragen auf, s bei § 630c ff.

§ 630b Anwendbare Vorschriften

Auf das Behandlungsverhältnis sind die Vorschriften über das Dienstverhältnis, das kein Arbeitsverhältnis im Sinne des § 622 ist, anzuwenden, soweit nicht in diesem Untertitel etwas anderes bestimmt ist.

1   **1. Allgemeines.** § 630b hat nur **klarstellende Funktion**. Subsidiär sind neben den §§ 630a – 630h die §§ 611ff anzuwenden, sofern sie den selbstständigen Dienstvertrag (und nicht den Arbeitsvertrag) regeln. Dies folgt schon daraus, dass der Behandlungsvertrag ein spezieller Dienstvertrag ist (Vorb § 630a Rn 2). Die Verweisung ist eine **Rechtsgrundverweisung**.

2   **2. Vergütung.** § 612, s § 630a Rn 9f.

3   **3. Persönliche Leistungserbringung.** § 613. Dienste sind iZw persönlich zu erbringen, § 613 S 1 (dazu § 611 Rn 6). Im Behandlungsvertrag kann **Delegationserlaubnis** vereinbart werden; ist Behandelnder juristische Person (s § 630a Rn 1), so ist regelmäßig nicht nur Behandlung durch Organ (zB Chefarzt, s § 630a Rn 2), sondern auch durch angestellte Ärzte etc als Erfüllungsgehilfen vereinbart (§ 630a Rn 2). Durchführung der Aufklärung nach § 630e II Nr 1 kann auf eine Person übertragen werden, die über die zur sachgerechten Aufklärung notwendige Befähigung verfügt. **Arztvorbehalte** aus anderen Vorschriften bleiben unberührt (BT-Drs 17/10488 S 20f). Nach SGB V 15 I 2 dürfen erforderliche Hilfeleistungen anderer Personen nur erbracht werden, wenn sie vom (Zahn-)Arzt angeordnet und von ihm verantwortet werden. Die Übertragung einer solchen, der Delegation zugänglichen medizinischen Behandlungsmaßnahme auf einen anderen als den eigentlich Behandelnden bedarf der Zustimmung des Patienten (BT-Drs 17/10488 S 21). Im Übrigen bleiben die Vorschriften betreffend den Ausschluss von Delegatio-

nen unberührt. Ist der Patient mit der zu behandelnden Person nicht identisch und vertritt der Patient die behandelte Person nicht (wie zB Eltern das Kind nach §§ 164, 1629), treten bei Delegation besondere Aufklärungs- und Einwilligungsfragen auf, s bei § 630c ff. Zu den engen Grenzen der Zulässigkeit der Vertretung bei sog **Chefarztbehandlung** bei Wahlleistungen s BGH NJW 08, 987. Im Zweifel ist vereinbarte Chefarztbehandlung als persönliche Leistung des Chefarztes geschuldet.

4. Fälligkeit der Vergütung. § 614. Die Fälligkeitsregelungen der **Gebühren-** **4** **ordnungen** gehen vor, s zB GOÄ 12 I, GOZ 10.

5. Kündigung. §§ 626 ff. Anwendbarkeit des § 627 auf den Behandlungsvertrag **5** hängt von Tatbestandserfüllung des § 627 im Einzelfall ab. Behandlungsvertrag als selbstständiger, nicht dauernder Dienstvertrag mit einem Arzt oder Zahnarzt fällt darunter (§ 627 Rn 2); nach Katzenmeier NJW 13, 818 für Heilpraktiker offen.

6. Arbeitsvertrag. S Vorb § 630a Rn 6. **6**

§ 630c Mitwirkung der Vertragsparteien; Informationspflichten

(1) Behandelnder und Patient sollen zur Durchführung der Behandlung zusammenwirken.

(2) ¹Der Behandelnde ist verpflichtet, dem Patienten in verständlicher Weise zu Beginn der Behandlung und, soweit erforderlich, in deren Verlauf sämtliche für die Behandlung wesentlichen Umstände zu erläutern, insbesondere die Diagnose, die voraussichtliche gesundheitliche Entwicklung, die Therapie und die zu und nach der Therapie zu ergreifenden Maßnahmen. ²Sind für den Behandelnden Umstände erkennbar, die die Annahme eines Behandlungsfehlers begründen, hat er den Patienten über diese auf Nachfrage oder zur Abwendung gesundheitlicher Gefahren zu informieren. ³Ist dem Behandelnden oder einem seiner in § 52 Absatz 1 der Strafprozessordnung bezeichneten Angehörigen ein Behandlungsfehler unterlaufen, darf die Information nach Satz 2 zu Beweiszwecken in einem gegen den Behandelnden oder gegen seinen Angehörigen geführten Straf- oder Bußgeldverfahren nur mit Zustimmung des Behandelnden verwendet werden.

(3) ¹Weiß der Behandelnde, dass eine vollständige Übernahme der Behandlungskosten durch einen Dritten nicht gesichert ist oder ergeben sich nach den Umständen hierfür hinreichende Anhaltspunkte, muss er den Patienten vor Beginn der Behandlung über die voraussichtlichen Kosten der Behandlung in Textform informieren. ²Weitergehende Formanforderungen aus anderen Vorschriften bleiben unberührt.

(4) Der Information des Patienten bedarf es nicht, soweit diese ausnahmsweise aufgrund besonderer Umstände entbehrlich ist, insbesondere wenn die Behandlung unaufschiebbar ist oder der Patient auf die Information ausdrücklich verzichtet hat.

1. Zusammenwirken (I). a) Allgemeines. Allgemeine Obliegenheit des Pati- **1** enten und des Behandelnden zur Durchführung der Behandlung im Rahmen des Behandlungsvertrages einvernehmlich zusammenzuwirken (Hart GesR 12, 386: Mitwirkungsobliegenheit). Soll nach BT-Drs 17/10488 S 21 den Partnerschaftsgedanken zwischen dem Behandelnden und dem Patienten betonen. I hat eher lyrischen Charakter, kann aber als Auslegungsdirektive herangezogen werden. Rehborn MDR 13, 498 mN: I ist Manifestierung der §§ 242, 254. Berechtigte Normkritik bei Thurn MedR 13, 154 („für Kabarettisten, regelungsarm, banal"). **b) Informati-** **2** **onsobliegenheit des Behandelten.** Patient soll die für Behandlung bedeutsamen Umstände zeitnah offen legen und dem Behandelnden auf diese Weise ein Bild von seiner Person und seiner körperlichen Verfassung vermitteln (BT-Drs 17/10488 S 21). Dies folgt auch ohne I daraus, dass ihn bei Schadensersatzverlangen sonst ein

§ 630c

Mitverschulden (§ 254) trifft. Sind Patient und behandelte Person nicht identisch (s § 630a Rn 3), besteht kein Behandlungsverhältnis iSv §§ 630a I, 630c I, aber Nebenpflichten und Mitverschulden des Dritten aus vertragsähnlicher Beziehung iSv § 328 möglich (s § 630a Rn 3). Gleiches Ergebnis wird im Rahmen der Deliktshaftung (s § 630h) unabhängig von I über § 254 erreicht.

3 **2. Therapiebezogene Informationspflicht des Behandelnden (II 1).** II 1 regelt **therapeutische Aufklärung** zur Sicherung des Behandlungserfolgs (deshalb auch **Sicherungsaufklärung**) zu Beginn der Behandlung und fortlaufend bei weiterer Notwendigkeit infolge neuer Entwicklungen des Behandlungsverlaufs. II 1 will inhaltlich die von der Rechtsprechung entwickelten und als „therapeutische Aufklärung" bzw. als „Sicherungsaufklärung" bezeichneten Grundsätze, die fortgelten sollen, kodifizieren (BT-Drs 17/10488 S 21). Ist die Person, welche die Behandlung durchführt, nicht Behandelnder (s § 630a Rn 2), trifft jene Person dieselbe Pflicht als deliktische Pflicht. Information ist der Person geschuldet, die behandelt wird, auch wenn sie nicht Patient iSv § 630a I sein sollte (s § 630a Rn 3), denn sie dient der Sicherung des Erfolgs der Behandlung an dieser Person. Bei Minderjährigen und Betreuten nehmen deren Informationsrechte deren Vertreter wahr. § 630d I 2 gilt entsprechend.

4 **a) Erforderlicher Inhalt.** Information über die zur und nach der Therapie zu ergreifenden Maßnahmen, zB über die Medikation (Einnahme, Dosis, Unverträglichkeiten, Nebenfolgen), über einen Verbandswechsel, Nachuntersuchungen usw, soweit für eigenes therapiegerechtes Verhalten und zur Vermeidung einer möglichen Selbstgefährdung der behandelten Person erforderlich (BT-Drs 17/10488 S 21 unter Verweis auf BGH VersR 05, 228). Sicherungsaufklärung, die sich auf die allgemeinen Risiken der Erkrankung beschränkt, auch wenn diese die Konsequenz möglichen Versterbens umfassen, ist nicht ausreichend, wenn sich aus Medikamentenumstellung besondere Gefahren ergeben. Sicherungsaufklärung muss dann spezifisch darüber
5 informieren (Köln BeckRS 12, 12874). **b) Begleitinformationen.** Informationen über die Diagnose, Therapie, voraussichtliche gesundheitliche Entwicklung, Anamnese, mögliche Untersuchungen sowie Notwendigkeit von Befunderhebungen dienen primär nicht der Sicherung des Behandlungserfolgs, sondern der Selbstbestimmungsaufklärung des § 630e II (deshalb kritisch zum Normtext Katzenmeier NJW 13, 818; Spickhoff ZRP 12, 67). Erweiterte Information auch über diese Umstände dient jedoch im Rahmen der Sicherungsaufklärung dazu, Notwendigkeit und Wirksamkeit der Informationen zur Sicherung des Behandlungserfolgs zu erhellen. Sie sollen Patienten zur **Mitwirkung iSv I** bei der Sicherung des Therapieerfolgs veranlas-
6 sen. **c) Verstoß gegen II 1: Haftung** nach § 280 (daneben aus § 823). Bei einer auf eine konkrete Verhaltensweise ausgerichteten Sicherungsaufklärung spricht eine tatsächliche **Vermutung für ein aufklärungsrichtiges Verhalten** des Patienten, bei unzureichender Sicherungsaufklärung kein **Mitverschulden** des Patienten wegen Entlassungswunsch (Köln BeckRS 12, 12874).

7 **3. Fehlerbezogene Informationspflicht des Behandelnden (II 2).** Behandelnder hat ihm erkennbare Umstände, welche die Annahme eines Behandlungsfehlers von ihm, einem anderen Behandelnden, Erfüllungsgehilfen oder Organen von Behandelnden (s § 630a Rn 2) dem Patienten (bzw dem Dritten, s § 630a Rn 3) offenzulegen (kritisch Thurn MedR 13, 155; Preis/Schneider NZS 13, 283; allgemein dazu Olzen/Uzunovic JR 12, 447; Schelling/Wartnjen MedR 12, 506). II 2 soll status quo kodifizieren (BT-Drs 17/10488 S 21; kritisch zu dieser Wertung Katzenmeier NJW 13, 819 mN). Nur über die **Umstände** (Normtext: „über diese"), nicht über die Bewertung als Behandlungsfehler hat Behandelnder zu informieren. Nur ihm **erkennbare** Umstände sind erfasst. Keine Nachforschungspflicht (BT-Drs 17/10488 S 21). Informationspflicht nur auf **Nachfrage** des Patienten (bzw des Dritten, s § 630a Rn 3). **Ungefragt nur** zur Abwendung fortbestehender oder künftig möglicher gesundheitlicher Gefahren, die diese Umstände hervorgerufen haben bzw künftig hervorrufen können. Behandelnder hat keine umfassende Pflicht zur Wahrung der Interessen des Behandelten, sondern allein Pflicht zur **Gesundheitsfürsorge** (BT-

Titel 8. Dienstvertrag und ähnliche Verträge § 630d

Drs 17/10488 S 21). II 2 hat nicht auch Sekundärzweck, die Vorbereitung von Arzthaftungsansprüchen zu erleichtern (Katzenmeier NJW 13, 819; aA Wagner VersR 12, 795). Information muss in **verständlicher Weise** erfolgen, ggf ist Dolmetscher zuziehen. Information muss so erfolgen, dass der Patient (bzw behandelter Dritter) auch sprachlich folgen kann (s Karlsruhe BeckRS 12, 24993). Keine versicherungsrechtlichen Nachteile für Behandelnden gegenüber seinem Haftpflichtversicherer, wenn Behandelnder der Pflicht aus II 2 nachkommt (Rehborn MDR 13, 499). **Unterlassen der Information:** Haftung nach § 280 I, ohne praktische haftungsrechtliche Bedeutung (s Katzenmeier NJW 13, 819 mN; ferner Wagner VersR 12, 796ff), kann aber berufsrechtliche Bedeutung erlangen (s Rehborn MDR 13, 499). Fehlerfolge von II 2 ist nicht Beweislastumkehr (s Thurn MedR 13, 155). II 2 regelt **Vertragspflicht;** sofern die die Behandlung durchführende Person keine eigene Vertragsbindung mit Patienten hat, entscheidet allein das Deliktsrecht, ob ihn eine entsprechende deliktische Offenbarungspflicht trifft.

4. Beweisverwertungsverbot (II 3). Pflicht aus II 2 soll keine straf- oder ordnungswidrigkeitsrechtlichen Folgen haben, daher sieht II 3 ein strafprozessuales Beweisverwertungsverbot vor (dazu ausführlich Wagner VersR 12, 796f). Einbezogen werden Behandlungsfehler von den in StPO 52 I bezeichneten Angehörigen des Behandelnden, auf die er nach II 2 (Rn 7) hinweisen muss (Angehörigenbezug erst im Rechtsausschuss s BT-Drs 17/11710 S 10). 8

5. Kostenbezogene Informationspflicht des Behandelnden (III). III 1 regelt die **wirtschaftliche Aufklärung** (zur bisherigen Rspr Thurn MedR 13, 156). Es ist über die voraussichtliche **Kostenhöhe,** nicht nur die Art und Weise der Kostenberechnung zu informieren (Katzenmeier NJW 13, 819; Rehborn MDR 13, 500 mN; für weitherzige Auslegung Thurn MedR 13, 156; für enge Grenzen hingegen Schelling/Warntjen MedR 12, 509). Information muss mindestens (s § 126b Rn 4) in **Textform** (§ 126b) erfolgen. Fehlerfolge: Nichtigkeit (§ 125 S 1, StHertel § 126b Rn 36). Keine weitergehende wirtschaftliche Beratungspflicht (BT-Drs 17/10488 S 22). **III 2:** Weitergehende Formanforderungen aus anderen Vorschriften bleiben unberührt (zB KrankenhausentgeltG 17 II). Unterlassen der wirtschaftlichen Aufklärung: Haftung nach § 280 I, Patient kann mit Schadensersatzanspruch gegen Entgeltanspruch des Behandelnden aufrechnen (BT-Drs 17/10488 S 22 unter Hinweis auf BGH VersR 00, 999). Insoweit keine Beweislastumkehr zugunsten des Patienten (BT-Drs 17/10488 S 22). 9

6. Wegfall der Informationspflichten (IV). Unter den Voraussetzungen des IV können die Informationspflichten nach II und III entfallen oder (maiore ad minus) im Standard gemindert sein. Unaufschiebbarkeit der Behandlung oder Informationsverzicht des Patienten sind nur **Regelbeispiele. Anforderungen an Verzicht** sind hoch anzusetzen; Verzichtswille ist im Zweifel nicht anzunehmen. Bewusstsein der Komplikationsmöglichkeit bei Eingriff erforderlich (München BeckRS 10, 13666). Nur ganz ausnahmsweise Wegfall der Informationspflicht aus therapeutischen Gründen wegen sonst drohendem schweren körperlichen oder seelischen Schaden (s § 823 Rn 113 mN: grundsätzlich **kein therapeutisches Privileg**). BT-Drs 17/10488 S 23 sieht besondere Umstände iSv IV auch, wenn Patient nötige Sachkunde besitzt, zB weil er selbst Arzt ist oder Kenntnis aufgrund ähnlicher Vorbehandlungen oder **Vorwissens** hat. Nur unter engen Voraussetzungen dadurch Wegfall der Informationspflicht, s § 630e Rn 9f. 10

§ 630d Einwilligung

(1) ¹Vor Durchführung einer **medizinischen Maßnahme, insbesondere eines Eingriffs in den Körper oder die Gesundheit, ist der Behandelnde verpflichtet, die Einwilligung des Patienten einzuholen.** ²**Ist der Patient einwilligungsunfähig, ist die Einwilligung eines hierzu Berechtigten einzu-**

Mansel 929

§ 630d

Buch 2. Abschnitt 8. Einzelne Schuldverhältnisse

holen, soweit nicht eine **Patientenverfügung nach § 1901a Absatz 1 Satz 1 die Maßnahme gestattet oder untersagt.** ³**Weitergehende Anforderungen an die Einwilligung aus anderen Vorschriften bleiben unberührt.** ⁴**Kann eine Einwilligung für eine unaufschiebbare Maßnahme nicht rechtzeitig eingeholt werden, darf sie ohne Einwilligung durchgeführt werden, wenn sie dem mutmaßlichen Willen des Patienten entspricht.**

(2) **Die Wirksamkeit der Einwilligung setzt voraus, dass der Patient oder im Fall des Absatzes 1 Satz 2 der zur Einwilligung Berechtigte vor der Einwilligung nach Maßgabe von § 630e Absatz 1 bis 4 aufgeklärt worden ist.**

(3) **Die Einwilligung kann jederzeit und ohne Angabe von Gründen formlos widerrufen werden.**

1   **1. Einwilligungserfordernis (I 1).** Normzweck von I 1 ist Wahrung des **Selbstbestimmungsrechts** des Patienten (GG 1 I, 2 I, s BT-Drs 17/10488 S 23). Behandelnden trifft **Vertragspflicht** gegenüber dem Patienten, vor Durchführung einer medizinischen (therapeutischen oder diagnostischen) Maßnahme Einwilligung des Patienten (bzw des Dritten, wenn er die behandelte Person ist, s § 630a Rn 3) einzuholen. Durchführung ohne erforderliche (s Rn 6) Einwilligung (oder nachträgliche Zustimmung [Genehmigung]) ist **Vertragsverletzung.** Dann Haftung nach § 280 I. Bei Eingriff in den Körper oder die Gesundheit ist Einwilligung zugleich **deliktischer Rechtfertigungsgrund** (s näher § 823 Rn 110ff).

2   **2. Aufklärung und Einholung (I, II).** Behandelnder hat ausdrücklich und unmissverständlich nach Einwilligung aktiv zu fragen (I 1). Einwilligung nach II nur **wirksam** (zur Rechtslage außerhalb § 630a ff s Nachweise bei Looschelders BT Rn 615b), wenn zuvor fehlerfrei und ausreichend nach § 630e aufgeklärt wurde oder nach § 630e III Aufklärungspflicht entfiel (s näher § 630e). II ist deklaratorisch, da § 630e eingreift. Alternativrechtfertigung mit hypothetischer Einwilligung möglich: § 630h II 2. **Beweislast:** § 630h II.

3   **3. Einwilligungs-, Aufklärungsfähigkeit (I 2, II HS 2).** Einwilligung ist keine Willenserklärung (§ 823 Rn 54). Einwilligungsfähigkeit wird durch natürliches Einsichtsvermögen des Behandelten (Rn 1) und seine Urteilskraft bezogen auf die Art und Bedeutung der medizinischen Maßnahme (Rn 1) bestimmt. Volljährige sind grundsätzlich einwilligungsfähig. S näher § 823 Rn 54, 111 ff. Der Behandelnde muss sich davon überzeugen, dass der Patient die natürliche Einsichts- und Steuerungsfähigkeit besitzt und Art, Bedeutung, Tragweite und Risiken der medizinischen Maßnahme erfassen und seinen Willen hiernach ausrichten kann (BT-Drs 17/10488 S 23). **Beweislast** hat, wer sich auf Einwilligungsunfähigkeit beruft (BT-Drs 17/10488 S 23). Bei **Minderjährigen** kommt es für die Einwilligung auf die Umstände des Einzelfalles an, ob seine Eltern als gesetzliche Vertreter, gegebenenfalls der Minderjährige allein oder auch der Minderjährige und seine Eltern gemeinsam einwilligen müssen (BT-Drs 17/10488 S 23 unter Verweis auf Nebendahl MedR 09, 197; zu einem Vetorecht s BGH NJW 07, 217). Die Einwilligungsfähigkeit Minderjähriger ist im Regelfall dann gegeben, wenn sie über die behandlungsspezifische natürliche Einsichtsfähigkeit verfügen. Ebenso bei **Betreuten.** Bei Einwilligungsunfähigkeit bedarf es der ersatzweisen Einwilligung durch den **Berechtigten (I 2, II HS 2),** s noch § 630e. Das ist bei Minderjährigen der gesetzliche Vertreter (Eltern: § 1629, Vormund: §§ 1793, 1800); zu Grenzen s §§ 1631b, 1631c bei Unterbringung und Sterilisation. Einwilligung der Eltern kann ggf nach § 1666 III Nr 5 ersetzt werden. Bei einem Betreuten ist Berechtigter der Betreuer (§ 1896-1908a Rn 16) bzw der in einer Vorsorgevollmacht bestellte rechtsgeschäftliche Vertreter (§ 1896 II, dazu § 1896–1908a Rn 15, 26), zu Grenzen §§ 1904 – 1906 bei schwerwiegenden Maßnahmen, Unterbringung und Sterilisation (dazu § 1896-1908a Rn 20-22). Zu ergänzender Erläuterung gegenüber behandelter Person mit Verständnisproblemen s **§ 630e IV, V.**

Titel 8. Dienstvertrag und ähnliche Verträge § 630e

4. Patientenverfügung (I 2 HS 2). Eine Patientenverfügung nach § 1901a ist 4 zu beachten (§ 1901b). Es bestehen aber besondere Anforderungen, dazu BT-Drs 17/10488 S 23f: Eine Patientenverfügung, die eine Einwilligung in eine ärztliche Maßnahme enthält, ist nur mit vorangegangener ärztlicher Aufklärung oder bei erklärtem Aufklärungsverzicht wirksam. Enthält eine Patientenverfügung keinen ausdrücklich erklärten Verzicht auf eine ärztliche Aufklärung, ist die Patientenverfügung in diesen Fällen nur als Indiz für den mutmaßlichen Willen zu werten. Es bedarf dann immer einer Entscheidung des Betreuers oder des Bevollmächtigten über die Zulässigkeit des ärztlichen Eingriffs (BT-Drs 16/8442, S. 14).

5. Sonstige Anforderungen an Einwilligung (I 3). I 3 stellt klar, dass weiter- 5 gehende Anforderungen an die Einwilligung aus anderen Vorschriften (s zB zu Grenzen bei Einwilligungsunfähigkeit Rn 3; dem **Gendiagnostikgesetz,** dazu und zu seiner **Spezialität** Preis/Schneider NSZ 13, 284, bei Patientenverfügung s Rn 4) unberührt bleiben.

6. Entbehrlichkeit (I 4). I 4 regelt, unter welche Voraussetzungen (Unauf- 6 schiebbarkeit der Maßnahme, zB bei Notfall) keine Einwilligung erforderlich ist. Die Behandlung muss aber stets dem mutmaßlichen Willen des Behandelten entsprechen. Dazu BT-Drs 17/10488 S 24 unter Bezug auf BGH NJW 77, 338; VersR 00, 605: Der mutmaßliche Wille ist aus den persönlichen Umständen des Betroffenen und seinen individuellen Interessen, Wünschen, Bedürfnissen und Wertvorstellungen zu ermitteln. Objektive Kriterien, etwa wie sich eine verständige durchschnittliche behandelte (zu behandelnde) Person üblicherweise entscheiden würde, treten in den Hintergrund. Diese können lediglich für die Ermittlung ihres individuellen hypothetischen Willens herangezogen werden.

7. Widerruf (III). Einwilligung kann jederzeit (aber nicht mit Rückwirkung) 7 ohne Angabe von Gründen formlos gegenüber Behandelndem (oder anderer behandelnden Person, s § 630a Rn 2) mit Wirkung ab Widerrufszugang widerrufen werden. Eventuelle Willensmängel des Patienten sind bei der Auslegung und der Wirksamkeit der Einwilligung und gegebenenfalls im Rahmen einer Anfechtung zu berücksichtigen; insoweit bedarf es keines Widerrufs (BT-Drs 17/10488 S 41).

§ 630e Aufklärungspflichten

(1) **¹Der Behandelnde ist verpflichtet, den Patienten über sämtliche für die Einwilligung wesentlichen Umstände aufzuklären. ²Dazu gehören insbesondere Art, Umfang, Durchführung, zu erwartende Folgen und Risiken der Maßnahme sowie ihre Notwendigkeit, Dringlichkeit, Eignung und Erfolgsaussichten im Hinblick auf die Diagnose oder die Therapie. ³Bei der Aufklärung ist auch auf Alternativen zur Maßnahme hinzuweisen, wenn mehrere medizinisch gleichermaßen indizierte und übliche Methoden zu wesentlich unterschiedlichen Belastungen, Risiken oder Heilungschancen führen können.**

(2) **¹Die Aufklärung muss**
1. **mündlich durch den Behandelnden oder durch eine Person erfolgen, die über die zur Durchführung der Maßnahme notwendige Ausbildung verfügt; ergänzend kann auch auf Unterlagen Bezug genommen werden, die der Patient in Textform erhält,**
2. **so rechtzeitig erfolgen, dass der Patient seine Entscheidung über die Einwilligung wohlüberlegt treffen kann,**
3. **für den Patienten verständlich sein.**

²Dem Patienten sind Abschriften von Unterlagen, die er im Zusammenhang mit der Aufklärung oder Einwilligung unterzeichnet hat, auszuhändigen.

§ 630e

(3) Der Aufklärung des Patienten bedarf es nicht, soweit diese ausnahmsweise aufgrund besonderer Umstände entbehrlich ist, insbesondere wenn die Maßnahme unaufschiebbar ist oder der Patient auf die Aufklärung ausdrücklich verzichtet hat.

(4) Ist nach § 630d Absatz 1 Satz 2 die Einwilligung eines hierzu Berechtigten einzuholen, ist dieser nach Maßgabe der Absätze 1 bis 3 aufzuklären.

(5) ¹Im Fall des § 630d Absatz 1 Satz 2 sind die wesentlichen Umstände nach Absatz 1 auch dem Patienten entsprechend seinem Verständnis zu erläutern, soweit dieser aufgrund seines Entwicklungsstandes und seiner Verständnismöglichkeiten in der Lage ist, die Erläuterung aufzunehmen, und soweit dies seinem Wohl nicht zuwiderläuft. ²Absatz 3 gilt entsprechend.

1 **1. Selbstbestimmungsaufklärung (I). a) Allgemeines.** Behandelnder hat eine sog **Eingriffs- und Risikoaufklärung** durchzuführen. § 630e soll bisherige **Rspr kodifizieren**, aber keine Neuerungen bringen (BT-Drs 17/10488 S 24). Inhaltliche Parallelität zur Selbstbestimmungsaufklärung im Deliktsrecht (s näher § 823 Rn 113ff) soll gewahrt bleiben. **I 1** begründet eine **Vertragspflicht.** Behandelte Person (Patient oder behandelter Dritter, s § 630a Rn 3) bzw zur Einwilligung Berechtigter (§ 630 I 2) kann nur wirksam iSv § 630d einwilligen, wenn Einwilligung auf der Basis ausreichender Kenntnis der Tragweite, Chancen und Gefahren der medizinischen Maßnahme, in die sie einwilligen soll, erfolgt. Nur dann ist ihr **Selbstbestimmungsrecht** über ihre Person gewahrt (BT-Drs 17/10488 S 24 unter Bezug auf BGH VersR 1959, 153). **Beweislast:** Aufklärung und Einwilligung iSv §§ 630d, 630e hat der Behandelnde zu beweisen (§ 630h II). **Unterlassene oder unzureichende**
2 **(fehlerhafte) Aufklärung** nach § 630e: s § 630 d Rn 1. **b) Inhalt.** Art und Weise sowie Umfang und Intensität der Aufklärung richten sich nach der individuell-konkreten jeweiligen Behandlungssituation, der geplanten medizinischen Maßnahme, ihrer Dringlichkeit und ihrer Erfolgschancen (s Katzenmeier NJW 13, 820 mit Fn 43). **I 2** zählt beispielshaft und nicht abschließend regelmäßig **aufklärungsrelevante Umstände** auf. Dazu zählen auch **Behandlungsalternativen (I 3)**, s bereits § 630a Rn 20; näher dazu § 823 Rn 114. Therapiefreiheit des Behandelnden ist insoweit eingeschränkt (BT-Drs 17/10488 S 24; BGH NJW 05, 1718). Karlsruhe BeckRS 12, 24993 (unter II 3 a): Arzt muss über Behandlungsalternativen aufklären, „wenn gleichermaßen indizierte und übliche Behandlungsmethoden mit wesentlich unterschiedlichen Risiken und Erfolgschancen eine echte Wahlmöglichkeit für den Patienten begründen. Zwar ist die Wahl der Behandlungsmethode grundsätzlich primär Sache des Arztes. Er muss dem Patienten daher im Allgemeinen nicht ungefragt erläutern, welche Behandlungsmethoden theoretisch in Betracht kommen, solange er eine Therapie anwendet, die dem medizinischen Standard genügt. Die Wahrung des Selbstbestimmungsrechts des Patienten erfordert aber eine Unterrichtung über eine alternative Behandlungsmöglichkeit, wenn für eine medizinisch sinnvolle und indizierte Therapie mehrere gleichwertige Behandlungsmöglichkeiten zur Verfügung stehen, die zu jeweils unterschiedlichen Belastungen des Patienten führen oder unterschiedliche Risiken und Erfolgschancen bieten. Dem Patienten muss in diesem Fall nach entsprechend vollständiger ärztlicher Aufklärung die Entscheidung überlassen bleiben, auf welchem Wege die Behandlung erfolgen soll und auf welches Risiko er sich einlassen will (vgl. BGH, VersR 11, 1146, juris Tz. 10 mwN)." Über therapeutische Verfahren, die sich erst in der Erprobung befinden und damit noch nicht zum medizinischen Standard zählen, muss der Behandelnde den Patienten (bzw zur Einwilligung Berechtigten, Rn 1) nach BT-Drs 17/10488 S 24 nicht ungefragt aufklären, selbst wenn sie an sich als Therapiealternativen in Betracht kämen (dagegen aber zu Recht für Heilversuch Katzenmeier NJW 13, 820 mN). Motive verlangen schonende Aufklärung bei Heileingriffen und schonungslose Aufklärung bei kosmetisch-ästhetischen Eingriffen (BT-Drs 17/10488 S 25, dort allerdings fälschlich als Frage der Verständlichkeit der Aufklärung angesprochen). Entscheidend für das Maß

Titel 8. Dienstvertrag und ähnliche Verträge § 630e

der Aufklärung sind allein die Frage der Erforderlichkeit des Eingriffs (, die bei Heilbehandlung regelmäßig anders zu bewerten ist als bei kosmetischer Behandlung,) und die mit ihm verbundenen Gefahren, nicht aber eine sittliche Bewertung des Behandlungswunschs. S bisher etwa Stuttgart NJW-RR 03, 89: Arzt ist bei experimenteller [Laser-]Therapie, die in ihrer Zielsetzung einer kosmetischen Operation nahe steht (Brillenersatz), zur intensiven und schonungslosen Aufklärung des Patienten verpflichtet. **b) Anforderungen an Aufklärung (II).** II 1 regelt die formellen 3 Anforderungen an eine ordnungsgemäße Aufklärung, s Normtext II 1, dazu Katzenmeier NJW 13, 820; Rehborn MDR 13, 501. In einfach gelagerten Fällen kann der Arzt den Patienten grundsätzlich auch in einem telefonischen Gespräch über die Risiken eines bevorstehenden Eingriffs aufklären, wenn der Patient damit einverstanden ist (BGH NJW 10, 2430; BT-Drs 17/10488 S 24). Aufklärung kann nicht durch Textform ersetzt werden, nur ergänzt (II 1 Nr. 1, zu Textform s § 630c Rn 9). **c)** 4 **Aufklärende Person (II 1 Nr. 1).** Aufklärung kann durch Behandelnden oder spezielle Aufklärungsperson erfolgen. Arzt, der einen operativen Eingriff durchführt, muss daher zB nicht mit der Person des Aufklärenden identisch sein (BT-Drs 17/10488 S 24). Aufklärungsperson ist nur der, der von dem Behandelnden mit der Aufklärung betraut wird und über die zur Durchführung der einwilligungsrelevanten Maßnahme notwendige Ausbildung (zur kurzfristigen Änderung im Gesetzgebungsverfahren Hart MedR 13, 162) verfügt. Nimmt ein Arzt den Eingriff vor, so muss auch ein Arzt die Aufklärung durchführen. Entsprechendes gilt für die anderen Gesundheitsberufe wie zB Hebammen, Krankengymnasten usw. Delegation an Assistenten oder Praxishelfer mit anderer Ausbildung ist nicht zulässig (BT-Drs 17/10488 S 42; anderes Verständnis bei Katzenmeier NJW 13, 820 mN zum bisherigen Meinungsstand, der auch eine entsprechende Ausbildung der aufklärenden Person verlangt). II 1 Nr. 1 verlangt die erforderliche adäquate fachliche Qualifikation, deren Vorliegen grundsätzlich durch den entsprechenden Ausbildungsabschluss nachgewiesen wird. Im Falle einer Einwilligung zB in eine anstehende Operation muss die aufklärende Person den notwendigen theoretischen und praktischen Kenntnisstand besitzen, denn nur dann hat sie die zur *Durchführung* der Maßnahme *notwendige* Ausbildung. Ausbildung meint hier nicht nur die theoretische, sondern auch praktische Ausbildung (skeptisch Hart MedR 13, 162; abweichend Rehborn MDR 13, 501: theoretische Kenntnisse sollen ausreichen, erforderliche praktische Erfahrung sei nicht vorausgesetzt; im Ergebnis ebenso Katzenmeier NJW 13, 820). Soweit Literatur davon ausgeht, Norm verlange nicht auch die praktische Ausbildung, sondern allein die theoretische, hat Behandelnder Kontroll- und Organisationspflicht hinsichtlich der Sicherstellung der Qualität der Aufklärung durch allein theoretisch ausreichend Ausgebildete (s Hart MedR 13, 162). Aufklärung für gesonderte Maßnahmen muss unter Umständen jeweils eigenständig erfolgen. So hat nach BT-Drs 17/10488 S 24 etwa der Operateur über die Risiken der Operation und ein Anästhesist über die Risiken der Narkose aufzuklären. **d) Rechtzeitigkeit (II 1 Nr. 2).** 5 Aufklärung muss zu einem so frühen Zeitpunkt erfolgen, dass behandelte Person ausreichend (Normtext: „rechtzeitig", „wohlüberlegt") Bedenkzeit hat. Frage des Einzelfalls; hängt von Schwere, Art, Risiken des Eingriffs und den Heilungschancen usw ab. Bedenkzeit soll Wahrnehmung des Selbstbestimmungsrechts ermöglichen. BT-Drs 17/10488 S 25 will es bei operativen Eingriffen regelmäßig ausreichen lassen, wenn die Aufklärung am Vortag des Eingriffs erfolgt. 30 Minuten zwischen Beginn der Aufklärung und der Einleitung der Narkose dürfte hingegen danach zu kurz sein. **e) Verständlichkeit (II 1 Nr. 3).** Aufklärung muss sich an Verständnishorizont des 6 Empfängers orientieren, jedenfalls soweit als möglich fachsprachenfrei; ggf Dolmetscher, Gebärdendolmetscher (Kostentragungspflicht des Sozialleistungsträgers nach SGB I 17 II). **f) Mündlichkeit (II 1 Nr 1).** Aufklärung muss mündlich erfolgen (II 7 1 Nr. 1); schriftliche Aufklärung nicht mehr ausreichend (Rehborn MDR 13, 501 unter Hinweis auf abweichende bisherige Rspr). **g) Unterlagenaushändigung (II** 8 **2).** Hat behandelte Person im Zusammenhang mit der Aufklärung oder Einwilligung Unterlagen (zB Aufklärungsprotokolle, schriftliche Einwilligungserklärungen etc)

Mansel

§ 630f Buch 2. Abschnitt 8. Einzelne Schuldverhältnisse

unterzeichnet, so sind ihr davon nach II 2 Abschriften auszuhändigen. Abschriften: Durchschrift, Kopie. Behandelte Person muss nicht danach fragen. Gesetz regelt Fehlerfolge nicht. Zweck: Eigendokumentation. Ferner (Rehborn MDR 13, 502) Verhinderung der späteren Manipulation durch Behandelnden von Dokumenten zum Beweis der Einwilligung und Aufklärung; führt zu **Beweisvorteil** des Einwilligenden.

9   **2. Aufklärungsadressat (IV, V).** Adressat der Aufklärung ist derjenige, dessen Einwilligung es bedarf. Das ist die behandelte Person (Rn 1). Ist sie **einwilligungsunfähig**, bedarf es der Einwilligung des **Berechtigten** (s § 630e I 2, dazu § 630d Rn 3). Aufklärung (I – III) hat sich dann an diesen zu richten **(IV)**. In diesem Fall muss behandelte Person in angepasster Weise von der Maßnahme und ihrer Bedeutung (I, s Rn 2) informiert werden, soweit sie eine Verständnismöglichkeit hat. Art und Weise der Information hängt von den individuellen Umständen der Person und der medizinischen Maßnahme ab, für die es der Einwilligung bedarf (V 1). Erläuterung kann nach V 2, III (s Rn 9f) entbehrlich sein.

10 **3. Entbehrlichkeit oder Standardminderung (III).** III regelt, unter welchen Voraussetzungen (Unaufschiebbarkeit der Maßnahme, zB bei Notfall, Verzicht) keine Aufklärung erforderlich ist oder (maiore ad minus) im Standard geminderte, allgemeinere Aufklärung erfolgen kann. Parallelregelung in § 630 c IV, s daher näher § 630c Rn 10. Regelmäßig kein Wegfall der Aufklärungspflicht aus therapeutischen Gründen, da im Regelfall **kein therapeutisches Privileg** (s § 630c Rn 10; BT-Drs 17/10488 S 25). **Vorwissen** der behandelten Person kann Aufklärungspflicht uU entfallen lassen, wenn sich Vorwissen präsent und konkret auf durchzuführende Maßnahme bezieht. Rspr zum Deliktsrecht ist mit Annahme einer Entbehrlichkeit wegen **Voraufklärung** zu Recht zurückhaltend, s BGH NJW 94, 2414 (Risiko muss Patient klar vor Augen stehen, damit Voraufklärung ausreichend ist); Köln MedR 04, 567 (bei Dauerbehandlung verzichtbar); Hamm BeckRS 13, 04815; die restriktive Handhabung hat erst recht im Vertragsrecht zu gelten, denn hier ist Aufklärungspflicht besondere Vertragspflicht.

§ 630f Dokumentation der Behandlung

(1) ¹Der Behandelnde ist verpflichtet, zum Zweck der Dokumentation in unmittelbarem zeitlichen Zusammenhang mit der Behandlung eine Patientenakte in Papierform oder elektronisch zu führen. ²Berichtigungen und Änderungen von Eintragungen in der Patientenakte sind nur zulässig, wenn neben dem ursprünglichen Inhalt erkennbar bleibt, wann sie vorgenommen worden sind. Dies ist auch für elektronisch geführte Patientenakten sicherzustellen.

(2) ¹Der Behandelnde ist verpflichtet, in der Patientenakte sämtliche aus fachlicher Sicht für die derzeitige und künftige Behandlung wesentlichen Maßnahmen und deren Ergebnisse aufzuzeichnen, insbesondere die Anamnese, Diagnosen, Untersuchungen, Untersuchungsergebnisse, Befunde, Therapien und ihre Wirkungen, Eingriffe und ihre Wirkungen, Einwilligungen und Aufklärungen. ²Arztbriefe sind in die Patientenakte aufzunehmen.

(3) Der Behandelnde hat die Patientenakte für die Dauer von zehn Jahren nach Abschluss der Behandlung aufzubewahren, soweit nicht nach anderen Vorschriften andere Aufbewahrungsfristen bestehen.

1   **1. Dokumentationspflicht (I). a) Allgemeines.** Pflicht aus I ist vertragliche **Nebenpflicht** des Behandelnden gegenüber dem Patienten bzw dem behandelten Dritten iSv 630a Rn 3. Unabhängig von I auch deliktische und berufsrechtliche Pflicht (Thurn MedR 13, 156); setzt dann keine Vertragsbindung zwischen behandelndem Arzt und behandelter Person voraus. Norm nimmt bisherige (deliktische)

Titel 8. Dienstvertrag und ähnliche Verträge § 630f

Rechtsprechung auf, s Hart GesR 12, 387. **b) Normzweck. I** dient **primär** der 2 Sicherung der folgerichtigen Durchführung der Behandlung, der Behandlungskontinuität, der Vermeidung von Doppeluntersuchungen und erleichtert Arztwechsel. Pflicht hat insoweit **therapeutischen** Zweck (BT-Drs 17/10488 S 25f). Weitere **sekundäre Zwecke:** Wahrung der **Persönlichkeitsrechte** des Behandelten durch Dokumentation und Rechenschaftspflicht des Behandelnden; Behandelter soll Behandlung nachvollziehen können. Zudem **faktische Beweissicherung** für den Fall eines etwaigen Behandlungsfehlers (BT-Drs 17/10488 S 25f), s noch Rn 4. Pflicht zur Dokumentation von Aufklärung und **Einwilligung** in II 1 hat auch therapeutische Bedeutung (aA Preis/Schneider NZS 13, 285; Rehborn MDR 13, 566), denn es wird die Zulässigkeit der Therapie dokumentiert, von Bedeutung besonders bei Dauertherapie. Daneben wird Beweissicherungszweck verfolgt. **c)** 3 **Dokumentationsform (I 1).** Papierform oder elektronische Form, zB auch elektronisch gespeichertes Video von einem operativen Eingriff (BT-Drs 17/10488 S 25 f. **d) Dokumentationsfrist und -gegenstand (II).** II benennt den Dokumenta- 4 tionsgegenstand (ausführlich dazu Rehborn MDR 13, 566). Die Aufzählung des II 1 ist nicht abschließend. Über bisherige Rspr geht die Pflicht zur Dokumentation von Einwilligungen und Aufklärungen hinaus (Rehborn MDR 13, 566). Nach II 2 sind auch Arztbriefe als Transferdokumente, die der Kommunikation zwischen zwei Ärzten dienen, aufzunehmen, weil sie Auskunft über den Gesundheitszustand der behandelten Person geben können (BT-Drs 17/10488 S 26). Aufzunehmen sind auch elektronische Befundergebnisse (zB elektronische Röntgen-, oder Videoaufnahmen). **Frist:** Die Eintragungen in die Patientenakte sollen zur Vermeidung von Unrichtigkeiten nach I 1 in unmittelbarem zeitlichem Zusammenhang mit der Behandlung vorgenommen werden; das verlangt einen direkten Bezug zur jeweiligen Maßnahme. Rehborn (MDR 13, 565) erachtet Monatsfrist als regelmäßig ausreichend. Dies erscheint zu lange. **e) Berichtigungen (I 2, 3).** I 2, 3 schaffen 5 die Vertragspflicht, Berichtigungen transparent und nachvollziehbar vorzunehmen. Normvorbilder sind HGB 239 III, AO 146 IV. Norm begegnet damit explizit einer gelegentlichen Praxis, Patientendokumentation für forensische Verwendung nachzubessern. Motive (BT-Drs 17/10488 S 26) nennen als Normzweck die fälschungssichere Organisation der Dokumentation (s bereits Rn 1) in Anlehnung an die Grundsätze ordnungsgemäßer Buchführung. I 3 stellt klar, dass dies auch bei elektronisch geführter Patientenakte gilt und die eingesetzte Software nachträgliche Änderungen erkennbar machen muss.

2. Dokumentationsversäumnis. Bei Dokumentationsfehlern zu Lasten des 6 Behandelnden besondere **Beweislastregelung** des § 630h III. Bei fehlender Dokumentation von Einwilligung und Aufklärung wird Fehlen der Aufklärung und Einwilligung vermutet, sofern beide als „medizinisch gebotene wesentliche Maßnahme" iSv § 630h III qualifiziert werden (an dieser Qualifikation zweifelnd Preis/Schneider NSZ 13, 285). Ferner: **Haftung** nach § 280 I, sofern Dokumentationsmangel kausal für Schaden ist (selten nachweisbar); regelmäßig nur dann, wenn Dokumentationsmangel Ursache für Fehlbehandlung ist, zB weil Medikation übersehen oder (Katzenmeier NJW 13, 821) Ursache für Falschbehandlung durch nachfolgenden Arzt ist.

3. Aufbewahrungsfrist (III). a) Frist. Zehnjahresfrist orientiert sich an § 10 III 7 der (Muster-)Berufsordnung für die deutschen Ärztinnen und Ärzte (Stand 2006). Sie entspricht GenDG 12 I 1. **b) Fristenlauf (III Halbs 1).** Taggenaue **Berech-** 8 **nung,** kein ultimo-Fristablauf zum Jahresende. **Beginn** der Frist nach III: Abschluss der Behandlung einer bestimmten Erkrankung (ebenso Rehborn MDR 13, 566). **c) Fehlerfolge.** Wird Patientenakte nicht aufbewahrt, wird vermutet, dass medizi- 9 nische Maßnahme nicht getroffen wurde (§ 630h III Halbs 2). **d) Andere Vor-** 10 **schriften (III Halbs 2).** GenDG ist lex specialis (dazu Preis/Schneider NZS 13, 284). Sonstige Normen mit kürzeren bzw längeren Fristen (zB RöntgenVO 28 III 1; Strahlenschutzverordnung 42 I: 30 Jahre; GenDG 12 I 3: einzelfallbezogene

Mansel 935

§ 630g

Verlängerung) bleiben unberührt. BT-Drs 17/10488 S 26 entnimmt III, dass der gesundheitliche Zustand des Patienten oder die Gegebenheiten im Einzelfall längere Aufbewahrungszeiten erfordern können. Dies ist dem Normtext von III nicht zu entnehmen und kann im Einzelfall allenfalls durch Auslegung (§§ 133, 157) dem Vertrag entnommen werden. Katzenmeier NJW 13, 820 Fn 54; BT-Drs 17/10488 S 26 empfehlen zur effektiven Haftungsprophylaxe eine Aufbewahrung bis Ablaufmaximalverjährungsfrist von 30 Jahren gemäß § 199 II.

§ 630g Einsichtnahme in die Patientenakte

(1) ¹Dem Patienten ist auf Verlangen unverzüglich Einsicht in die vollständige, ihn betreffende Patientenakte zu gewähren, soweit der Einsichtnahme nicht erhebliche therapeutische Gründe oder sonstige erhebliche Rechte Dritter entgegenstehen. ² Die Ablehnung der Einsichtnahme ist zu begründen. ³§ 811 ist entsprechend anzuwenden.

(2) ¹Der Patient kann auch elektronische Abschriften von der Patientenakte verlangen. ²Er hat dem Behandelnden die entstandenen Kosten zu erstatten.

(3) ¹Im Fall des Todes des Patienten stehen die Rechte aus den Absätzen 1 und 2 zur Wahrnehmung der vermögensrechtlichen Interessen seinen Erben zu. ²Gleiches gilt für die nächsten Angehörigen des Patienten, soweit sie immaterielle Interessen geltend machen. ³Die Rechte sind ausgeschlossen, soweit der Einsichtnahme der ausdrückliche oder mutmaßliche Wille des Patienten entgegensteht.

1   **1. Einsichtnahmerecht (I 1 HS 1). a) Allgemeines.** Pflicht zur Gewährung der Einsichtnahme (I 1) bzw der Ablehnungsbegründung (I 2) ist **vertragliche Nebenpflicht** des Behandelnden gegenüber der **behandelten Person** (Patienten bzw behandelter Dritter iSv 630a Rn 3). Ist behandelte Person nicht Patient (§ 630a Rn 3), dann kein Einsichtsrecht des Patienten aus Vertrag, nur aus sonstigen Bestimmungen, zB kraft elterlicher Sorge oder Betreuungsrecht. Norm nimmt bisherige (deliktische) Rechtsprechung auf, s Hart GesR 12, 387; Rehborn MDR 13, 566, bezogen auf behandelnde Personen ohne Vertragsbindung zur behandelten Person
2   weiterhin eigene Bedeutung hat. **b) Normzweck.** § 630g beruht auf informationellem Selbstbestimmungsrecht der behandelten Person (BT-Drs 17/10488 S 26; Katzenmeier NJW 13, 821). Sie hat Recht auf Datenkenntnis, da die Dokumentation höchstpersönliche Daten umfasst. Norm geht auf BVerfG (NJW 06, 1116) zurück.
3   **c) Einsichtnahme.** Behandelnder (aufgrund Deliktsrechts auch Arzt ohne Vertragsbindung zum Patienten oder davon abweichender dritter Person, S § 630a Rn 3) muss Einsicht in **Originalpatientenakte** gewähren. Nach I 1 ist die Akte vollständig vorzulegen, also alle Aktenbestandteile (Ausnahme Rn 10). Akte meint
4   auch die elektronische Akte, s II, § 630f Rn 3. **d) Unverzüglich.** Auf Verlangen unverzüglich, also ohne schuldhafte Verzögerung (§ 121 Rn 2), zu gewähren, aber nicht zwingend sofort (sofort: so schnell wie obj möglich, also schneller als unverzüglich, s § 859 Rn 2). Arzt bleibt kurze Prüfungsfrist hinsichtlich der Grenzen des Einsichtsrechts (Rn 7ff); zu großzügig in der Zeitbemessung Rehborn MDR 13, 567. Zulässig erscheint, dass Patient in Sprechstunde Einsichtnahme in Sprechstundenunterlagen verlangt und Arzt in seinem Beisein die Prüfung durchführt, sofern das in dem vorgesehenen Sprechstundentermin zeitlich möglich ist. Patient kann
5   dann zur Beweissicherung Fotografie der Aktenteile anfertigen (s Rn 5). **e) Einsicht und Einsichtsort (I 3). Einsicht:** Ausreichend Zeit zur Durchsicht und Anferti-
6   gung von Notizen, ggf Fotografien oder Fotokopien (Rn 4). **f) Einsichtsort (I 3).** An ungestörtem Ort. Einsichtsort: s I 3, § 811, dort, wo Akte sich bestimmungsgemäß befindet, aus wichtigem Grund auch an anderem Ort, dann Kostentragung durch Einsichtsberechtigten, s I 3, § 811 II. Bsp nach BT-Drs 17/10488 S 26: Recht

Titel 8. Dienstvertrag und ähnliche Verträge **§ 630g**

auf Einsichtnahme am Aufenthaltsort des Einsichtsberechtigten bei einer schweren Erkrankung oder bei Umzug des Behandelnden.

2. Grenzen (I 1 HS 2). Einsichtnahme kann nur aus therapeutischen Gründen 7 oder erheblichen Rechten Dritter verweigert werden. Stets Einzelfallbetrachtung nötig. Keine schematische Verweigerung per se. Stets Herstellung der **praktischen Konkordanz** (zum Abwägungsprozess allgemein Hesse, Grundzüge des Verfassungsrechts der Bundesrepublik Deutschland, 20. Aufl 1999, Rn 318ff) zwischen den grundrechtlichen Positionen des Einsichtswilligen und der anderen Personen erforderlich. Abzuwägen sind der Schutz des Einsichtsberechtigten, die Achtung seines Einsichtsrechts und das Persönlichkeits- und informationelle Selbstbestimmungsrecht betroffener Dritter. **a) Therapeutische Gründe.** Nur zum Schutz der 8 behandelten Person. Nur, wenn erheblicher Schaden bei behandelter Person durch Einsichtnahme zu erwarten ist. BT-Drs 17/10488 S 26: Behandelte Person hat grundsätzlich selbst eigenverantwortlich zu entscheiden, wo die Grenzen ihres Informationsbedürfnisses sind. Behandelnder hat dies nicht für behandelte Person zu entscheiden. Verweigerung zulässig bei sonst zu erwartender erheblicher gesundheitlicher (Selbst-)Schädigung des Patienten. Stets Einzelfallbetrachtung nötig. **b)** 9 **Rechte Dritter.** Verweigerung zulässig, soweit in die Aufzeichnungen sensible Informationen über die Persönlichkeit dritter Personen eingeflossen sind, die ihrerseits schutzwürdig sind (BT-Drs 17/10488 S 26 unter Hinweis auf Laufs/Katzenmeier/Lipp, Arztrecht, 6. Aufl 2009, IX B Rz 59) (Schutz des Persönlichkeitsrechts des Dritten). Aber auch, wenn Dritte sensible Informationen über die behandelte Person mitgeteilt haben und als **Informationsgeber** schutzwürdig sind (Schutz des informationellen Selbstbestimmungsrechts des Dritten). Beispiel (in Anlehnung an BT-Drs 17/10488 S 26): Minderjähriger Patient und Informationen über Persönlichkeit des Minderjährigen von seinen bzw Informationen über Persönlichkeit seiner sorgeberechtigten **Eltern** sind in Akte enthalten. Stets Einzelfallbetrachtung erforderlich (BT-Drs 17/10488 S 26). Aufzeichnung vornehmender **Behandelnder** muss regelmäßig Einsichtnahme auch in Niederschriften seiner persönlichen Eindrücke oder subjektiven Wahrnehmungen betreffend die behandelte Person hinnehmen, da Gesetzestext insoweit keine Ausnahme vorsieht (kritisch unter Hinweis auf andere deliktische Rspr und das Berufsrecht Preis/Schneider NZS 13, 285). Im Regelfall daher kein Einsichtsverweigerungsrecht des Behandelnden hinsichtlich seiner Notizen zu seinen subjektiven Wahrnehmungen. Behandelnder ist nicht Dritter iSv I 1 HS 2, kann sich aber im Einzelfall auf Schutz seines allgemeinen Persönlichkeitsrechts berufen (Regborn MDR 13, 566f mN). **c) Partielle Verweigerung** 10 **bzw begleitete Einsichtnahme.** Wenn die Verweigerungsgründe sich nur auf Aktenteile beziehen, dann ist nur partielle Verweigerung zulässig (Ausnahme zu Rn 3), keine Totalverweigerung, denn Verweigerung soll besonderer Einzelfall sein. BT-Drs 17/10488 S 26: Statt Total- oder Teilverweigerung zu prüfen, ob eine durch den Behandelnden unterstützende oder eine begleitete Einsichtnahme in Betracht kommt, ob dritte Person Einsichtnehmenden bei Einsichtnahme unterstützend begleitet. Stets Einzelfallbetrachtung nötig. Erforderlich ist eine Abwägung der berechtigten Interessen der betroffenen Dritten mit dem Selbstbestimmungsrecht des Patienten. **d) Begründung (I 2).** Ablehnung ist zu begründen (I 2); Begrün- 11 dung kann aus Schutzgründen für Verweigerungsgrund nicht detailliert offen legen, sonst liefe Verweigerungsrecht leer. Daher sind an Begründung keine zu hohen Anforderungen zu stellen; unzulässig ist aber Pauschalbegründung.

3. Abschriften (II). II 1 gibt Einsichtsberechtigtem Recht auf Abschrift von in 12 Textform erstellter wie von elektronischer Dokumentation durch Ausdrucke, Kopien, maschinenlesbare Datenkopien oder Dateien in elektronischer Form, ggf auch Kopie einer Videoaufnahme. Einsichtsberechtigter kann auch (maiore ad minus) Patientenakte fotografieren. Ist Holschuld, kein Anspruch auf Herausgabe der Originale; kein Anspruch auf beglaubigte Abschriften, eidesstaatlicher Versicherungen der Vollständigkeit der Abschriften etc (Rehborn MDR 13, 566f). II 2:

§ 630h   Buch 2. Abschnitt 8. Einzelne Schuldverhältnisse

Kostentragung durch Einsichtsberechtigten. Entspricht § 811 II 1, s dazu § 811 Rn 8. Nur Aufwendungsersatz, kein Zeithonorar für Erstellung der Abschriften, s Rehborn MDR 13, 567.

13   **4. Postmortales Einsichtsrecht (III).** Einsichtsberechtigt sind – wie schon bisher (s Laufs/Katzenmeier/Lipp, Arztrecht, 6. Aufl 2009, IX B Rn. 65, worauf BT-Drs 17/10488 S 26 hinweist) – im Falle des Todes des Einsichtsberechtigten Erben oder nahe Angehörige, je nach verfolgtem Interesse (zur Unterscheidung zwischen postmortalen vermögensrechtlichen und ideellen Interessen s BGH NJW 00, 2195).

14   **a) Erben.** Nur hinsichtlich vermögensrechtlicher Interessen, zB für Arzthaftungsprozess oder (Rehborn MDR 13, 567) für Ermittlung Geschäfts- bzw Testierfähig-

15   keit. Erben: § 1922 I. **b) Nächste Angehörige.** Nur hinsichtlich immaterieller Interessen, zB für Klage aus postmortalem Persönlichkeitsrecht; im Rahmen von Strafverfolgungsmaßnahmen. Nächste Angehörige: s Transplantationsgesetz 1a Nr

16   5. **b) Grenze.** Kein Einsichtsrecht Dritter gegen ausdrücklichen oder mutmaßlichen Willen behandelter Person zur Wahrung seiner postmortalen Grundrechtspositionen (zu diesen BGH NJW 00, 2195).

§ 630h Beweislast bei Haftung für Behandlungs- und Aufklärungsfehler

(1) **Ein Fehler des Behandelnden wird vermutet, wenn sich ein allgemeines Behandlungsrisiko verwirklicht hat, das für den Behandelnden voll beherrschbar war und das zur Verletzung des Lebens, des Körpers oder der Gesundheit des Patienten geführt hat.**

(2) **¹Der Behandelnde hat zu beweisen, dass er eine Einwilligung gemäß § 630d eingeholt und entsprechend den Anforderungen des § 630e aufgeklärt hat. ²Genügt die Aufklärung nicht den Anforderungen des § 630e, kann der Behandelnde sich darauf berufen, dass der Patient auch im Fall einer ordnungsgemäßen Aufklärung in die Maßnahme eingewilligt hätte.**

(3) **Hat der Behandelnde eine medizinisch gebotene wesentliche Maßnahme und ihr Ergebnis entgegen § 630f Absatz 1 oder Absatz 2 nicht in der Patientenakte aufgezeichnet oder hat er die Patientenakte entgegen § 630f Absatz 3 nicht aufbewahrt, wird vermutet, dass er diese Maßnahme nicht getroffen hat.**

(4) **War ein Behandelnder für die von ihm vorgenommene Behandlung nicht befähigt, wird vermutet, dass die mangelnde Befähigung für den Eintritt der Verletzung des Lebens, des Körpers oder der Gesundheit ursächlich war.**

(5) **¹Liegt ein grober Behandlungsfehler vor und ist dieser grundsätzlich geeignet, eine Verletzung des Lebens, des Körpers oder der Gesundheit der tatsächlich eingetretenen Art herbeizuführen, wird vermutet, dass der Behandlungsfehler für diese Verletzung ursächlich war. ²Dies gilt auch dann, wenn es der Behandelnde unterlassen hat, einen medizinisch gebotenen Befund rechtzeitig zu erheben oder zu sichern, soweit der Befund mit hinreichender Wahrscheinlichkeit ein Ergebnis erbracht hätte, das Anlass zu weiteren Maßnahmen gegeben hätte, und wenn das Unterlassen solcher Maßnahmen grob fehlerhaft gewesen wäre.**

1   **1. Anspruchsgrundlagen.** §§ 630a – 630h regeln nicht die Anspruchsgrundlage der Haftung für Behandlungs- und Informations-, Aufklärungsfehler und sonstige Vertragsverletzungen. Es gelten daher die allgemeinen Vorschriften (zu ihnen s § 823

2   Rn 108f). **a) Vertragshaftung.** Insbes §§ 280 (s näher Rn 7, 9), 281, 282; nur ausnahmsweise § 283, ggf iVm §§ 278 bzw 31, 89 (s § 630a Rn 2). Arzt haftet bei fehlgeschlagener **Schwangerschaftsverhütung** in Höhe des zur Existenzsicherung des Kindes erforderlichen Unterhaltsbetrags; auch der nichtehel Vater ist in Schutz-

Titel 8. Dienstvertrag und ähnliche Verträge § 630h

bereich des Behandlungsvertrags einbezogen (BGH NJW 07, 989). **b) Deliktshaftung.** § 823 I, II, ggf iVm §§ 31, 89, §§ 831, ggf § 839, GG 34, s zur Deliktshaftung § 823 Rn 108–123. **c) Allgemeines.** Zur Arzthaftung s umfassend Katzenmeier; sa Spindler/Rieckers JuS 04, 272 (zu Auswirkungen des SMG und der Schadensrechtsreform), im Vergleich zur Anwaltshaftung s Adam VerS 10, 44; Karlsruhe MedR 03, 104 (kein Mitverschulden des Patienten, wenn Arzt eine kontraindizierte Operation auf drängenden Patientenwunsch durchführt; Arzt muss Operation in jedem Fall verweigern). 3 4

2. Vertrags- und Deliktshaftung. a) Anspruchskonkurrenz. Beide Haftungsarten stehen weiter in freier Anspruchskonkurrenz (BT-Drs 17/10488 S 17). Infolge der Neuregelung des Schmerzensgeldanspruchs 2002 durch § 253 nF kann auch bei vertraglichen Schadenersatzansprüchen Schmerzensgeld gewährt werden. Daher besteht **kein Rechtsfolgenunterschied** zwischen beiden Haftungsarten. **b) Wechselwirkungen.** Zur Auslegung der §§ 630a – 630h und den Wechselwirkungen zum Deliktsrecht s Vorb § 630a Rn 8f. 5 6

3. Normzweck. § 630h trifft besondere Regelungen für die **Beweislastverteilung bei der Vertragshaftung** für Behandlungs- und Aufklärungsfehler im Rahmen von Behandlungsverträgen iSv 630a. Nach der Gesetzesbegründung ist es das Ziel des § 630h, die von der **Rechtsprechung entwickelten Grundsätze** zur Beweislastverteilung aus dem Arzthaftungsrecht systematisch in einer Vorschrift zusammenzufassen und auf sämtliche medizinischen **Behandlungsverträge** zu erstrecken. Die Gesetzesbegründung betont zu Recht (s Vorb § 630a Rn 10ff), dass die Haftung nach den deliktischen Vorschriften der §§ 823 ff hiervon grundsätzlich unberührt bleibt (BT-Drs 17/10488 S 27). 7

4. Vertragliche Haftungsgrundlage und Beweislast. § 630h ergänzt § 280 um eine abweichende Beweislastregel. **a) Zentrale Haftungsnorm.** § 280 ist die zentrale Haftungsnorm für Haftung aus Behandlungsvertrag (dazu auch BT-Drs 17/10488 S 27). Verletzt der Behandelnde, sein Erfüllungsgehilfe (§ 278) oder Organ (§§ 31, 89) (s § 630a Rn 2) eine Pflicht aus dem Behandlungsvertrag, insbeson die Behandlungspflicht nach § 630a, so liegt darin Pflichtverletzung iSv § 280 I. Der Patient (bzw der den Vertragsanspruch erhebende Berechtigte oder in den Schutzbereich einbezogene behandelte Dritte, s § 630a Rn 3) muss **zur Anspruchsbegründung beweisen** (s näher § 280 Rn 27): (1) den Abschluss eines Behandlungsvertrages, (2) das Bestehen der Vertragspflicht iSv § 280 I, (3) die objektive Verletzung der Pflicht, (4) die haftungsbegründende Kausalität zwischen dem Tun oder Unterlassen des Behandelnden (ggf iVm §§ 278 bzw 31, 89) und der Pflichtverletzung, (5) seinen Schaden und (6) die haftungsausfüllende Kausalität der Pflichtverletzung für seinen Schaden. (7) Der Behandelnde (ggf iVm §§ 278 bzw 31, 89) muss die Pflichtverletzung auch subjektiv zu vertreten haben iSv § 276 (innere Sorgfalt). **b) Vermutung des § 280 I 2.** Steht die objektive Pflichtverletzung fest, zB der Behandlungsfehler, dann greift die Vermutung des § 280 I 2 ein (s § 280 Rn 27; ebenso BT-Drs 17/10488 S 27 unter Hinweis auf Katzenmeier, Arzthaftung, § 8 S. 491f., 493; PalGrüneberg § 280 Rn 34, 42; BaRo/Spindler § 823 Rn 784. S ferner etwa Deutsch NJW 12, 2012 mN; ausf Kubella 125ff; Prütting FS Rüssmann, 2013, 617f; zur früher abweichenden Rspr s Katzenmeier NJW 13, 821 mN). Nach § 280 I 2 muss der Behandelnde beweisen, dass er die objektiv Pflichtverletzung subjektiv nicht zu vertreten hat. **c) Gesetzliche Tatsachenvermutungen (I – V).** I – V stellen widerlegliche gesetzliche Tatsachenvermutungen iSv ZPO 292 auf (Katzenmeier NJW 13, 821; Prütting FS Rüssmann, 2013, 616). Somit **Beweislastumkehr** zugunsten des Anspruchstellers; die vermutete Tatsache (Vertragsverletzung) braucht nicht behauptet zu werden (ThP ZPO § 292 Rn 2). Der Behandelnde kann nach ZPO 292 S 1 die Tatsachenvermutung nur durch den Beweis des Gegenteils (Vollbeweis) widerlegen oder nach allgemeinen Regeln einen Gegenbeweis gegen die Vermutungsbasis erbringen. Insoweit genügt dann die Erschütterung der 8 9 10 11

§ 630h Buch 2. Abschnitt 8. Einzelne Schuldverhältnisse

Überzeugung des Richters vom Vorliegen der Vermutungsbasis (MüKoZPO-Prütting ZPO § 292 Rn 20; BT-Drs 17/10488 S 28). I – V wollen die bisherige **Rspr kodifizieren** und nehmen zT wörtlich Urteilsleitsätze auf (Hart MedR 13, 163; Katzenmeier NJW 13, 821; Thurn MedR 13, 156).

12 **5. Voll beherrschbares Risiko (I). a) Normzweck.** I entspricht der Rspr zum „voll beherrschbaren Risiko" (BGH VersR 91, 1059; NJW 95, 1618; NJW 07, 1682; Naumburg, NJW-RR 13, 537; § 823 Rn 119f aE). Darlegungs- und Beweislast hat Behandelnder, soweit Risiken nicht vorrangig aus den Eigenheiten des menschlichen Organismus erwachsen, sondern durch den Klinikbetrieb oder die Arztpraxis gesetzt und durch sachgerechte Organisation und Koordinierung des Behandlungsgeschehens objektiv voll beherrscht werden können (sog. voll beherrschbare Risiken) (BGH NJW 07, 1682). Behandlungsfehler und damit eine obj Pflichtverletzung wird vermutet, wenn die Verletzung des Lebens, des Körpers oder der Gesundheit des Patienten aus einer Gefahr herrührt, die dem Herrschafts- und Organisationsbereich des Behandelnden zuzuordnen ist, soweit der Behandelnde die Gefahren aus diesem Bereich objektiv voll beherrschen kann. Dies sind Risiken, die nach dem Erkennen mit Sicherheit ausgeschlossen werden können. Für gesetzliche Vermutung unbeachtlich, wieweit das Risiko konkret vermeidbar war. Entscheidend ist vielmehr die Zuordnung des Risikos zu dem Herrschafts-
13 und Organisationsbereich des Behandelnden (BT-Drs 17/10488 S 28). **b) Voraussetzungen.** Anspruchssteller muss darlegen und beweisen, dass eines der Rechtsgüter iSv I verletzt ist und dass sich dabei ein für den Behandelnden voll beherrschbares Behandlungsrisiko (gleichgültig, ob allgemeines oder spezielles Risiko) verwirklicht hat (Katzenmeiner MedR 13, 821; Hart GesR 13, 387: allgemeines Behandlungsrisiko ist auch schlechte Behandlungsorganisation). Alle von der Rechtsprechung unter dem Oberbegriff des voll beherrschbaren Risikos entwickelten Fallgruppen werden durch I erfasst (BT-Drs 17/10488 S 28): Geräteeinsatz, Hygienestandards, Koordinierung und Organisation von Behandlungsabläufen, Lagerungsfehler, Trans-
14 portverletzung usw (BT-Drs 17/10488 S 28; Rehborn DR 13, 568 mN). **c) Vermutung.** Es wird vermutet, dass der Behandelnde seine Behandlungspflichten verletzt hat. Der Behandelnde kann dann nach ZPO 292 die Vermutung durch den Beweis des Gegenteils entkräften. Dieser kann sowohl durch den vollen Beweis dafür erbracht werden, dass ein Behandlungsfehler, der die Pflichtverletzung begründet, nicht vorliegt als auch durch den Gegenbeweis gegen die Vermutungsbasis geführt werden. Im letzteren Fall genügt es, die Überzeugung des Richters vom Vorliegen des voll beherrschbaren Behandlungsrisikos zu erschüttern (MüKo-ZPO/ Prütting § 292 Rn 20; BT-Drs 17/10488 S 28). Kausalitätsfragen sind von I nicht erfasst.

15 **6. Einwilligung und Aufklärung (II). a) Normzweck.** II regelt die Beweislast im Zusammenhang mit der Aufklärung und der Einwilligung. BT-Drs 17/10488 S 28: Die Regelung ist nötig, um die insoweit bestehende bisherige Beweislastverteilung, die auf dem Deliktsrecht beruht (dazu § 823 Rn 113ff), an das neue vertragliche Regelungskonzept anzupassen. Nach den allgemeinen vertraglichen Haftungsgrundsätzen wäre ansonsten, anders als nach bisher geltendem Recht, der Patient sowohl für seine Behauptung, die Aufklärung sei fehlerhaft oder sei unterblieben als auch für seine Behauptung, der Behandelnde habe die Einwilligung in den Eingriff nicht eingeholt, beweisbelastet. Von diesem Grundsatz macht II 1 daher eine Ausnahme und weist dem Behandelnden die Beweislast für die erfolgte Aufklärung und für die Einholung einer wirksamen Einwilligung zu (zum Vorstehenden BT-Drs 17/ 10488 S 28). **b) II.** Behandelnde muss beweisen, dass er den Patienten (bzw behandelte Person, s § 630a Rn 3) oder den zur Einwilligung gemäß § 630d I 2 Berechtigten ordnungsgemäß nach Maßgabe des § 630e über sämtliche maßgeblichen Umstände einer Maßnahme aufgeklärt und eine wirksame Einwilligung eingeholt hat (BT-Drs 17/10488 S 28; sa § 823 Rn 113ff). Hat der Behandelnde den Patienten (bzw behandelte Person, s § 630a Rn 3) zwar teilweise nicht ordnungsgemäß aufge-

Titel 8. Dienstvertrag und ähnliche Verträge § 630h

klärt, verwirklicht sich jedoch ein (anderes) Risiko, über das der Behandelnde umfassend und ordnungsgemäß aufgeklärt hat, so kann sich der Patient auf den Aufklärungsfehler nicht berufen. Entscheidend ist der Schutzzweck der Aufklärung. Es ist zu fragen, ob sich das in dem Aufklärungsdefizit enthaltende aufklärungspflichtige Behandlungsrisiko in die Primärschädigung umgewandelt hat (BT-Drs 17/10488 S 28 unter Hinweis auf BGH NJW 00, 1784; Laufs/Katzenmeier/Lipp, Arztrecht, 6. Aufl 2009, B Rn. 55f; sa § 823 Rn 115). **c) Hypothetische Einwilligung (II 2).** 17 II 2 überträgt dem Behandelnden die Darlegungs- und Beweislast für den hypothetischen Kausalverlauf (s München BeckRS 11, 27037). Hätte der Patient den Eingriff ohnehin vornehmen lassen, fehlt es an dem für die Schadenersatzhaftung erforderlichen Ursachenzusammenhang zwischen der unterbliebenen bzw. unzureichenden Aufklärung und dem eingetretenen Schaden. Die Folge ist, dass der Behandelnde nicht für die Verletzung seiner Pflicht zur Einholung einer Einwilligung und die Verletzung seiner Aufklärungspflicht einzustehen hat und dem Patienten weder zum Ersatz eines Schadens noch zur Zahlung eines Schmerzensgeldes verpflichtet ist (so BT-Drs 17/10488 S 28). An den Beweis der hypothetischen Einwilligung sind strenge Anforderungen zu stellen; er ist durch den Behandelnden nicht geführt, wenn der Patient plausible Gründe dafür darlegen kann, dass er sich auch bei ordnungsgemäßer Aufklärung in einem ernsthaften Entscheidungskonflikt über die Vornahme der Maßnahme befunden hätte (BGH VersR 98, 766 f). Ausreichend ist eine im Einzelfall nachvollziehbare und plausible Darlegung des Patienten, dass ihn die Frage, ob er die Maßnahme in dem konkreten Umfang tatsächlich durchführen soll, ernsthaft und nachhaltig in einen inneren Konflikt versetzt hätte. Hierfür ist allein der jeweilige Patient und dessen Entscheidung im Einzelfall maßgeblich. Kann der Patienten durch plausible Darlegung eines ernsthaften Entscheidungskonflikts ernsthafte Zweifel an der Behauptung des Behandelnden wecken, der Patient hätte auch bei ordnungsgemäßer Aufklärung in die Maßnahme eingewilligt, ist der Beweis der hypothetischen Einwilligung nicht geführt und die Durchführung der Maßnahme als pflichtwidrig im Sinne des § 280 I zu charakterisieren (so BT-Drs 17/10488 S 28; s dazu noch Rehborn MedR 13, 567; Katzenmeier NJW 13, 821).

7. Dokumentationsmangel (III). Nach III wird vermutet, dass medizinisch 18 gebotene wesentliche Maßnahmen, die entgegen der Dokumentationspflicht des § 630f nicht in der Patientenakte dokumentiert sind, nicht getroffen wurden (dazu Katzenmeier NJW 13, 821; Rehborn MedR 13, 568; BGH VersR 99, 190 f; BT-Drs 17/10488 S 28). Aber nur Vermutung, dass der Befund ansonsten ein für den Behandelnden reaktionspflichtiges Ergebnis erbracht hätte (BT-Drs 17/10488 S 28f; Laufs/Katzenmeier/Lipp, Arztrecht, 6. Aufl 2009, XI 103).

8. Fehlende Befähigung (IV). War der Behandelnde für die von ihm vorge- 19 nommene Behandlung nicht befähigt, so stellt bereits die Übertragung einen Behandlungsfehler dar (§ 823 Rn 120; sa Katzenmeier NJW 13, 821 Fn 70). Nach IV wird vermutet, dass Befähigungsmangel für den Eintritt der Verletzung des Lebens, des Körpers oder der Gesundheit ursächlich war (Rehborn MedR 13, 568). Befähigung: tatsächliche Fachkompetenz (Rehborn MedR 13, 568).

9. Grober Behandlungsfehler (V). V nimmt Rspr zum groben Behandlungs- 20 fehler auf (Katzenmeier NJW 13, 821f; Rehborn MDR 13, 568f). S dazu näher § 823 Rn 119ff; sa Looschelders BT Rn 617c f; BT-Drs 17/10488 S 30 ff. Steht ein grober Behandlungsfehler fest, so kehrt sich die Beweislast im Zusammenhang mit der haftungsbegründenden Kausalität zu Gunsten des Patienten und zum Nachteil des Behandelnden um. Gleichwohl soll dem Behandelnden in Übereinstimmung mit der bisherigen Rechtsprechung die Möglichkeit verbleiben, dieser Beweislastumkehr entgegen zu wirken. Dies ist etwa möglich, indem der Behandelnde beweist, dass der Behandlungsfehler nicht generell geeignet war, einen Gesundheitsschaden der eingetretenen Art herbeizuführen. Die Beweislastumkehr kommt ferner dann nicht in Betracht, wenn der Behandelnde beweist, dass jeglicher Ursachenzu-

Vor § 631 Buch 2. Abschnitt 8. Einzelne Schuldverhältnisse

sammenhang zwischen dem groben Behandlungsfehler und der Rechtsgutsverletzung aufgrund der besonderen Umstände des Einzelfalls „äußerst unwahrscheinlich" ist (BGH VersR 11, 1148; BT-Drs 17/10488 S 30f).

Titel 9. Werkvertrag und ähnliche Verträge

Untertitel 1. Werkvertrag

Vorbemerkungen

Lit (allgemein): Fikentscher, Der Werkverschaffungsvertrag, AcP 190, 35; Greimer, Grenzfragen des Erfolgsbezugs im Werkvertragsrecht, AcP 211, 221; Hager/Maultzsch, Verjährung von Mängelrechten und Vorteilausgleichung in Werkvertragsketten, FS Werner, 2009, 393; Lembcke, Der neue § 310 Abs. 1 Satz 3 BGB, ZGS 09, 308; Mehring, Der Anspruch auf großen Schadensersatz im Werkvertragsrecht, ZGS 09, 310; Teichmann, Empfiehlt sich eine Neukonzeption des Werkvertragsrechts? Gutachten 55. DJT, 1984; Wendehorst, Das Vertragsrecht der Dienstleistungen im deutschen und künftigen europäischen Recht, AcP 204, 205; Weyers, Werkvertrag, Gutachten II, 1115; ders, Typendifferenzierung im Werkvertragsrecht, AcP 182, 60.

Lit (zur Reform 2002 und zu Spezialfragen): Böttcher, Die Kündigung eines Werkvertrages aus wichtigem Grund nach dem Schuldrechtsmodernisierungsgesetz, ZfBR 03, 213; Däubler, Zugverspätungen als Rechtsproblem, NJW 03, 2651; Derleder, Der Wechsel zwischen den Gläubigerrechten bei Leistungsstörungen und Mängeln, NJW 03, 998; ders, Wohnungseigentum unter modernisiertem Werkvertragsrecht, NZM 03, 81; ders, Die Modernisierung des Werkvertragsrechts und das Wohnungseigentum, ZWE 03, 211; Gsell, Zum Verhältnis von vertraglicher und deliktsrechtlicher Haftung beim Werkvertrag, JZ 05, 1171; Hertel, Werkvertrag und Bauträgervertrag nach der Schuldrechtsreform, DNotZ 02, 6; Hofmann/Joneleit, Veräußerung bebauter Grundstücke: Rückkehr zu dogmatischen Abgrenzungskriterien, NZBau 03, 641; Horsch/Hänsel, Konzernbürgschaften – taugliche Sicherungsmittel nach § 648a BGB?, BauR 03, 462; Kilian, Der Begutachtungsvertrag nach der Schuldrechtsreform, NZV 04, 489; Koch, Macht Parametrisierung Standardsoftware zur unvertretbaren Sache?, ITRB 04, 13; J. Kohler, Verfassungswidrigkeit des § 640 Abs. 2 BGB?, JZ 03, 1081; C. Knütel, Zur Selbstvornahme nach § 637 Abs. 1 BGB nF, BauR 02, 689; Mankowski, Werkvertragsrecht – Die Neuregelung durch § 651 BGB und der Abschied vom Werklieferungsvertrag, MDR 03, 854 (mit umfassenden Nachw); Maultzsch, Zum zeitlichen Anwendungsbereich der kauf- und werkvertraglichen Mängelrechte am Beispiel der §§ 439 Abs. 3, 635 Abs. 3 BGB, ZGS 03, 411; Meub, Schuldrechtsreform – Das neue Werkvertragsrecht, DB 02, 131; Mundt, Baumängel und der Mängelbegriff des BGB-Werkvertragsrechts nach dem Schuldrechtsmodernisierungsgesetz, NZBau 03, 73; Neyheusel, Rechtsfragen bei der „Baubegleitenden Qualitätsüberwachung", BauR 04, 401; Pause, Baucontrolling – Baubegleitende Qualitätsüberwachung, BTR 02; Peters, Das Baurecht im modernisierten Schuldrecht, NZBau 02, 113; Reinkenhof, Das neue Werkvertragsrecht, Jura 02, 433; H. Roth, Die Reform des Werkvertragsrechts, JZ 01, 543; ders, Das neue Kauf- und Werkvertragsrecht, in: Koller/H. Roth/Zimmermann, Schuldrechtsmodernisierungsgesetz 2002, 2002, 67; ders, Die Einordnung von Forschungs- und Entwicklungsleistungen, JZ 03, 371; Richardi, Die Bedeutung der Entgeltrisikozuweisung für den Dienst- und Werkvertrag, FS Georgiades, 2005, 349; Schudnagies, Das Werkvertragsrecht nach der Schuldrechtsreform, NJW 02, 396; Schuhmann, Recht und Management der Projektverträge, BuW 04, 417; Schweinoch/Roas, Paradigmenwechsel für Projekte: Vertragstypologie der Neuerstellung von Individualsoftware, CR 04, 326; Sienz, Anmerkungen zu einer richtlinienkonformen Auslegung der §§ 633 Abs. 2, 651 BGB nF, FS Thode, 2005, 627; Spindler/Klöhn, Fehlerhafte Informationen und Software usw – Vertragsrechtliche Haftung, VersR 03, 273; A. Teichmann, Kauf- und Werkvertrag in der Schuldrechtsreform, ZfBR 02, 13; C. Teichmann, Schuldrechtsmodernisierung 2001/2002 – Das neue Werkvertragsrecht, JuS 02, 417; Tettinger, Nahe Mangelfolgeschäden nach der Schuldrechtsreform, ZGS 06, 96; Thode, Die wichtigsten Änderungen im BGB-Werkvertragsrecht usw, NZBau 02, 297, 360; Vogel, Werkvertragliche Haftung des Veräußerers eines einer Neuherstellung gleichkommenden sanierten Altbaus usw, ZfIR 05, 139; Voit, Die Änderungen des allgemeinen Teils des Schuldrechts durch das Schuldrechtsmodernisierungsgesetz und ihre Auswirkungen auf das Werkvertragsrecht,

Titel 9. Werkvertrag und ähnliche Verträge **Vor § 631**

BauR 02, 145 ff (Sonderheft 1); Vorwerk, Mängelhaftung des Werkunternehmers und Rechte des Bestellers nach neuem Recht, BauR 03, 1; Wertenbruch, Die Anwendung des § 275 BGB auf Betriebsstörungen beim Werkvertrag, ZGS 03, 53; Weyer, § 639 II BGB aF durch § 203 nF ersetzt, nicht ersatzlos weggefallen, NZBau 02, 366.

Lit (zur Reform 2008 – Forderungssicherungsgesetz): Christiansen, Bauvertrag – Vorleistung und vorzeitige Leistung – unter Einbeziehung des Entwurfs zum Forderungssicherungsgesetz BR-Dr. 458/04, ZfBR 04, 736; Deckers, Unwirksame VOB/B-Klauseln im Verbrauchervertrag, NZBau 08, 627; Frerick, Modifizierter Entwurf eines Forderungssicherungsgesetzes – der wesentliche Inhalt, ZfBR 04, 627; Ganten, Wie sollte ein „Forderungssicherungsgesetz" im BGB aussehen?, ZfBR 06, 203; von Gehlen, Das Gesetz zur Sicherung von Werkunternehmeransprüchen und zur verbesserten Durchsetzung von Forderungen, NZBau 08, 612; Grauer, Deutscher Baugerichtstag – Arbeitskreis I – „Empfehlen sich neue gesetzliche Regelungen zur Absicherung des Vergütungsanspruchs der Bauunternehmer?", BauR 06, 1557; Heiland, Forderungssicherungsgesetz: Als Anspruch ist § 648a BGB ein scharfes Schwert!, IBR 08, 493; ders, FoSiG: Abschlagszahlungen nach dem neuen § 632a BGB: Alte und neue Zweifelsfragen!, IBR 08, 627; ders, FoSiG: Drei gute Gründe für die Klagbarkeit des Anspruchs aus dem neuen § 648a BGB im Urkundsprozess!, IBR 08, 628; Hildebrandt, Das neue FoSiG, BauR 09, 4; Horne, Gesetzgebungsaktivitäten im Bereich des privaten Baurechts, BauR 05, 449; Huber, FoSiG – Neues aus der zivilrechtlichen Reformküche des Gesetzgebers, JuS 09, 23; Kniffka, Offene Fragen zu § 648a BGB, BauR 07, 246; Kupka/Brei, Verbesserte Rechtsstellung der Bauhandwerker durch das Forderungssicherungsgesetz?, ZfBR 06, 3; Leidig, Volle Kraft zurück? – Die neuerlichen Änderungen des Bauforderungssicherungsgesetzes, NJW 09, 2919; Möller, Der Entwurf eines Forderungssicherungsgesetzes (EFoSiG), BauR 05, 1849; Otto/Spiller, Überblick über das neue FoSiG, ZfIR 09, 1; Pauly, Das neue Forderungssicherungsgesetz (FoSiG) im Überblick, ZGS 09, 347; Peters, Kritische Würdigung des Entwurfs eines Forderungssicherungsgesetzes, ZRP 06, 142; Scherzer, Die Sicherung von Forderungen der am Bau Tätigen aus rechtsvergleichender Sicht, 2008; Schubert, Die Durchgriffsfälligkeit nach § 641 Abs. 2 BGB – eine wenig bekannte und unterschätzte Vorschrift – unter besonderer Berücksichtigung des Bauträgervertrages, ZfBR 05, 219; Seibel, Die Prüfungskompetenz des Gerichtsvollziehers bei Zug um Zug zu erbringenden Mängelbeseitigungsmaßnahmen, ZfBR 08, 330; Stammkötter, Bauforderungssicherungsgesetz 2009 (früher GSB): Die wichtigsten Neuerungen, IBR 08, 630; Wronna, Kündigung: § 648a-Bürgschaft sichert nur Vergütungsanspruch für erbrachte Leistungen!, IBR 08, 325 – s ferner NZBau, Beilage zu Heft 10/2008 (Wiedergabe Gesetzestext und Arbeitshilfen).

1. Allgemeines. Das SchRModG hat durch den Wegfall des Werklieferungsvertrags (s § 651 Rn 1) vor allem zahlreiche bisher dem Werkvertragsrecht unterstellte Verträge dem Kaufrecht zugeordnet (s ausführlich Mankowski MDR 03, 854). Es hat ferner bedeutsame Änderungen bei der Haftung des Unternehmers für die vertragsgemäße Beschaffenheit und der Verjährung gebracht, §§ 633 ff. Der Unternehmer muss nicht nur „herstellen", sondern auch rechtsmängelfrei „verschaffen", dh ggf Besitz übertragen und übereignen. Das Gesetz zur Sicherung von Werkunternehmeransprüchen und zur verbesserten Durchsetzung von Forderungen (**Forderungssicherungsgesetz** – FoSiG) vom 23.10.2008 soll die Durchsetzung der Vergütungsansprüche des Unternehmers (insbesondere des Bauunternehmers) verbessern. Es trat in der Fassung der Beschlussempfehlung des Rechtsausschusses (BT-Drs 16/9787) am 1.1.2009 in Kraft (BGBl 2008 I 2022; Gesetzesantrag: BR-Drs 878/05, Gesetzesentwurf: BT-Drs 16/511). Das Gesetz hat ua §§ 632a, 641 II u III, 648a I, IV u V, 649 geändert und den wirkungslosen § 641a (Fertigstellungsbescheinigung mit Abnahmefiktion) gestrichen sowie § 204 I Nr 8 an die Streichung angepasst; s dazu Pauly ZGS 09, 347. Zu den Änderungen in §§ 308, 309 u 310 s dort; vGehlen NZBau 08, 618 f; Deckers NZBau 08, 627, Lembcke ZGS 09, 308, jeweils auch zu den Auswirkungen auf VOB/B (zu VOB s Rn 21). Zu den zum 1.1.2009 in Kraft getretenen Änderungen des **Bauforderungssicherungsgesetz**es s Leidig NJW 09, 2919. Übergangsrecht: EGBGB 229 § 18 (richtig: 19); zum zeitlichen Anwendungsbereich des FoSiG sa BGH NJW-RR 13, 393.

2. Vertragsparteien/-gegenstand. Unternehmer iSv §§ 631 ff meint den Werkverpflichteten (§ 14 ist nicht zu prüfen.). **Gegenstand des Werkvertrages** können sowohl die Herstellung oder Veränderung einer Sache, insbes deren Reparatur, als auch andere, durch Dienstleistungen erreichbare Leistungs**ergebnisse** sein, § 631 II. Es können auch nichtverkörperte Ergebnisse geschuldet sein. Durch die

Neuregelung des § 651 ist das Werkvertragsrecht des § 631 bei Herstellung beweglicher Sachen auf Fälle der Veränderung bestellereigener Sachen oder Herstellung aus bestellereigenem Material ohne Eigentumserwerb des Unternehmers nach § 950 beschränkt (s § 651 Rn 1). – Bei Bauwerk auf Grundstück des Unternehmers, das nach Fertigstellung auf Besteller zu übereignen ist – etwa Eigentumswohnung –, wohl Kaufrecht, s § 438 I Nr 2a), sa Rn 5. Gleichwohl bleiben die §§ 631 ff auf eine Vielfalt von Werkvertragstypen anwendbar, s Mankowski MDR 03, 856; Weyers, Gutachten II, 1196 sowie ders zur Funktion als AT für ausdifferenzierte Sonderregelungen AcP 182, 76 ff.

3. Abgrenzung von anderen Vertragstypen. Die große Spannbreite der als Gegenstand eines Werkvertrages möglichen Leistungen erfordert Abgrenzung von anderen Vertragstypen. Entscheidendes **Abgrenzungsmerkmal** ist nach hM (s umfassend und krit dazu Wendehorst AcP 204, 239 ff mN) das vom Unternehmer geschuldete Ergebnis, der „Erfolg". Genauer: Die Abgrenzung richtet sich danach, ob der Schuldner ein **Erfolgseintrittsversprechen** (Werkvertrag) oder ein Versprechen sorgfältigen Tätigwerdens (Erfolgsbemühen: Dienstvertrag) abgibt (BGH 145, 190 f; 151, 330 ff; NJW 02, 1572, alle mN; Teichmann Gutachten 19 ff, 29; zur Rspr s Ganten FS Thode, 2005, 21 ff; sa Wendehorst AcP 204, 240 f, zu Auflösungserscheinungen s ebda 245 f, zu einer Präzisierung anhand der Entgeltrisikozuweisung s Richardi FS Georgiades, 2005, 355 ff, zu Vorschlägen de lege ferenda im europäischen Kontext [allgemeiner Dienstleistungsvertrag] s ebda 279–281, 298 f). Nicht relevant (auch abl Wendehorst aaO 243 f) ist die Unterscheidung danach, ob die Leistung punktuell ausgetauscht wird (soll Indiz für Werkvertrag sein) oder dauerhaft erbracht wird (soll Indiz für Dienstvertrag sein). Das Zeitmoment hat keine Grundlage in § 631. Eine Abgrenzung danach würde in Teilen eine Neuqualifikation anerkannter Vertragsarten verlangen, die nicht angezeigt ist. Ebensowenig ist deshalb auf das Kriterium der Leistungssteuerung abzustellen (s Wendehorst aaO 244 f). Bei **gemischten Verträgen** kommt es darauf an, welche Leistungen dem Vertrag das Gepräge geben, BGH WM 96, 1786 (Überlassung Kran mit Personal; ähnlich Celle BauR 05, 603), wenn eine gespaltene Betrachtung des jeweils gestörten Elements nicht durchführbar ist (s § 311 Rn 30 ff, insbes 33). Ein Leistungserfolg ist beim **körperlichen** wie auch beim **unkörperlichen Werk** geschuldet, s Weyers AcP 182, 65. **Entgeltlichkeit** ist typisch, aber nicht Wesensmerkmal des Werkvertrages (s § 632 I) (Teichmann Gutachten 33). Ist Entgeltlichkeit verabredet, dann Werkvertrag. Bei Unentgeltlichkeit im Zweifel Auftrag. Unentgeltlicher Werkvertrag aber möglich, wenngleich keinesfalls typisch. Entscheidend für die Annahme eines Werkvertrags ist dann der Parteiwille, die mit differenzierten Gewährleistungsregeln abgesicherten Erfolgspflichten des Werkvertrags übernehmen zu wollen.

4. Abgrenzungsbeispiele. Bspe zur Abgrenzung ie (Vertragstypen nach alphabetisch geordneten Stichworten): **Abschlepp**vertrag (Werkvertrag, aber HGB 407 ff, s LG Frankfurt VersR 02, 1260, dazu Protsch 1261); **Access-Provider-**Vertrag (schwerpunktmäßig Dienstvertrag, BGH NJW 05, 2076); **Anwalt** (regelmäßig Dienstvertrag, s Rn 19 vor § 611; § 675 gilt); **Anzeigen**vertrag (Werkvertrag, Abnahme: § 646 Rn 3); **Architekt** (Werkvertrag, s § 634a I Nr 2; BGH 31, 227, ZfBR 86, 123, auch für bestimmte Teilleistungen des Architektenwerks, die Gegenstand selbstständiger Verträge sind, BGH 45, 376; Genehmigungsplanung BGH NJW 03, 287; Bauführung BGH NJW 82, 438; aber Hamm NJW-RR 95, 401: Beratung über Mängelbeseitigung als Dienstvertrag); **Abbruch**vertrag (Werkvertrag, BGH WM 74, 391 – Flugzeughalle); Erwerb von **Altbauten** (BGH NJW 07, 3275: Werkvertrag, wenn Bauleistung nach Umfang und Bedeutung Neubauarbeiten vergleichbar; sa Werkvertrag, wenn mit Herstellungsverpflichtung verbunden, BGH NJW 05, 1115); **Anlagen**vertrag (bei Errichtung auf bestellereigenem Grundstück Werk, sonst § 651, sa Dünnweber, Vertrag zur Erstellung einer schlüsselfertigen Anlage im internationalen Wirtschaftsverkehr, 1984; bei grenzüberschreitendem Vertrag über bewegliche Sache uU CISG anwendbar); **Arzt** (regelmäßig Dienstver-

Titel 9. Werkvertrag und ähnliche Verträge **Vor § 631**

trag, s Rn 21ff vor § 630a; Zahnarzt s Rn 2 vor § 630a, 12; BGH NJW 11, 1674 mN; bei Zahnprothesen Werkvertrag nur hinsichtlich der technischen Anfertigung der Prothese s Rn 4 vor § 630a; Tierarzt: § 630a Rn 9; Röntgenaufnahme für anderen Arzt s Düsseldorf MDR 85, 1028; **Auskunft** (Werkvertrag, falls bestimmte Information beschafft werden soll – Erfolg –, RG 115, 125; ferner München BB 80, 717 – Steuerberater –); **Anschriftendatei** (Generierung und Erfassung von Anschriften in Computerdatei: Werkvertrag, Düsseldorf ZGS 04, 437); **Austauschmotor** (Werkvertrag, Karlsruhe NJW-RR 92, 1014); **Bau**vertrag (Werkvertrag, näher, auch zu VOB/B, s NK/Leupertz Anhang III zu §§ 631–651 und NK/Langen Anhang IV zu §§ 631–651; zum Vergaberecht sa NK/Kus Anhang II zu §§ 631–651), sa Rn 21, es sei denn, Unternehmer hat Eigentum oder Miteigentum nach vollständiger Fertigstellung zu übertragen, dann Kauf, s § 438 I Nr 2a); s PalSprau Vor § 633 Rn 3: Für Grundeigentum Kauf, für Bauwerk Werkvertrag (praktische Bedeutung: § 637), bei fertigem Bau aber Kaufrecht; **Bau**controlling (Werkvertrag, BGH 149, 57; sa Heinrich, Der Baucontrolling-Vertrag, 1987; Neyheusel BauR 04, 404 f); zu **Bauherren-** und **Bauträgermodellen** s v Craushaar/Ruge (Hgb), Aktuelle Baumodelle, 1992; Locher/Koeble, Baubetreuungs- und Bauträgerrecht, 4. Aufl 1985; zu Bauplanungsverträgen s NK/Langen Anhang I zu §§ 631–651; **Bauträgervertrag** enthält werk- und kaufvertragliche Elemente sowie uU Bestandteile aus Auftrags- und Geschäftsbesorgungsrecht, BGH 96, 277 f; **Beförderung** (Werkvertrag, s jedoch Rn 10, HGB 407 ff und Sondergesetze können eingreifen); ie: Beförderung mit Luftfahrzeug BGH NJW 74, 852 mwN; auf Binnenschiff BGH NJW 59, 1366; auf Seeschiff s RG SeuffA 58, Nr 84; mit Kraftfahrzeug RG 62, 119; **Bodenaushub** (Werk, s Düsseldorf NJW-RR 99, 1432); **Buchführung** (s BGH NJW 02, 1571: Werk- oder typengemischter Vertrag); **Computersoftware** (Herstellung eines individuellen Programms – Werkvertrag, BGH NJW 90, 3008; Entwicklung s von Westphalen CR 00, 73: Werk; abw Schneider CR 03, 317 mN; Schweinoch/Roas CR 04, 326; Verkauf Standardsoftware: Kaufvertrag; Parametrisierung von Standardsoftware idR Werkvertrag, s Koch ITRB 04, 13); **Deckvertrag** (Werkvertrag, Breslau OLG 18, 96); **Entsorgung** von Dung (Werkvertrag, Oldenburg NJW-RR 99, 1575); **Forschungs-** und Entwicklungsvertrag (s vor § 611 Rn 21a); **Garantievertrag** (kein Werkvertrag, da Erfolgsbezogenheit keine Wertschöpfung beinhaltet); **Gebäudereinigung** (Werkvertrag, Hamburg MDR 72, 866); **Gutachten** (Werkvertrag, BGH NJW 06, 2472; 67, 719 mwN); **Ingenieur** (Werkvertrag, falls Ergebnis geschuldet, zB Vermessung, BGH 58, 225; § 634 I Nr 2; sa freier Mitarbeiter: Dienstvertrag, BGH NJW 95, 2629); „Internet-System-Vertrag" (Werkvertrag, BGH NJW 10, 1449); **Klassifikationsvertrag** (s Basedow/Wurmnest VersR 05, 328 ff); **Konzert** (Werk, s AG Herne-Wanne NJW 98, 3651); **Kommissions**vertrag (hL Dienstvertrag, str); **Lohnbrau**vertrag (Werkvertrag, FG München ZfZ 04, 245); **Lohnveredelung** Textil (Werkvertrag, BGH NJW-RR 92, 626); **Partnervermittlung** (nach Karlsruhe NJW 85, 2035 überwiegend Dienstvertrag, str); wiederkehrende **Prüfung durch Sachkundigen** zur Erfüllung von berufsgenossenschaftlichen Unfallverhütungsvorschriften (Werkvertrag, BGH NJW-RR 09, 1398); **Projektsteuerung** s BGH NJW 99, 3118 (Auslegungsfrage); **Reiseveranstalter** (s §§ 651a–k); **Schlepp**vertrag (regelmäßig Werkvertrag, BGH NJW 58, 1629); **Sterilisation** (wohl Dienstvertrag, s BGH 76, 254, 261, jetzt § 630a); allgemeine Wahrnehmung steuerlicher Interessen durch **Steuerberater** (Dienstvertrag, BGH NJW-RR 06, 1490); Erstellung der **Steuererklärung** oder Erbringung einer sonstigen abgeschlossenen einmaligen Leistung (Gutachten, Rechtsauskunft, Bilanz, Prüfung der Insolvenzreife) durch Steuerbevollmächtigten (Werkvertrag BGH NJW 12, 3166 mN mAnm Keller; NJW-RR 06, 1490; KG NJW 77, 110; aA Martens NJW 77, 766); Tätowierung (Werkvertrag s AG Heidelberg NJW-RR 03, 19); **Telekommunikations**vertrag (idR Dienstvertrag, s BGH NJW 02, 361, str, sa Schuster CR 06, 444, Downloadvertrag kann Werk- oder Kaufvertrag sein, s Spindler/Klöhn CR 03, 81; Sondernormen s Rn 10); **Verlagsvertrag** (Rn 10); **Wartung** Datenverarbeitungsanlage (Werkvertrag, Frankfurt

Vor § 631 Buch 2. Abschnitt 8. Einzelne Schuldverhältnisse

WRP 83, 626); **Webdesign** (Werkvertrag, OLGR Düsseldorf 03, 309); **Werbung** (kann Werkvertrag sein, s BGH NJW 84, 2406; sa Fikentscher AcP 190, 37 ff: Werkverschaffung; s Anzeigenvertrag Rn 4); **Wirtschaftsprüfer** (Werkvertrag, § 675; Saarbrücken BB 78, 1434).

9 **5. Gemischte Verträge.** Gemischte Verträge mit werkvertragsähnlichen Elementen sind häufig, zB Industrieanlage und Management für bestimmte Zeit; Buchführung (BGH NJW 02, 1571); **Access-Provider**-Verträge enthalten werk-, dienst-, miet- und pachtrechtliche Elemente (s Gey KR 05, 120). Zur Vertragsqualifikation s Rn 3.

10 **6. Sonderregelungen. a)** Für Werkverträge über **Beförderung**sleistungen wird die Regelung des BGB teilw durch spezielle Vorschriften verdrängt; s für Landfrachtgeschäfte HGB 407 ff, zum Abschleppvertrag s Rn 4; für Seefrachtgeschäfte HGB 556, 664 ff. Die VO (EG) 261/2004 regelt Mindestrechte von Fluggästen bei Verzögerung und Nichtbeförderung, s dazu Giesberts/Kleve NVZ 10, 273; Hoppendietzel/Schmied NJW 10, 1905; Tonner VuR 10, 209; EuGH NJW 13, 671; 11, 3776; 11, 2865; 10, 43; BGH BeckRS 13, 00107, NJW 13, 682; 10, 2281; 09, 2740. S ferner die parallele Schiffs-Fahrgast-VO (ABl 2010 L 334/1) und Bus-Fahrgast-VO (ABl 2011 L 55/1). **b)** für **grenzüberschreitende** Beförderungen gelten zahlreiche in internationalen Abkommen – zB CIV, CIM, CMR, WA, Haager Regeln – geregelte Vorschriften; **c) Telekommunikation**sverträge: TDG, TKG, TKV. Gesetz zur Bekämpfung des Missbrauchs von 0190er-/0900er-Mehrwertdiensterufnummern (BGBl 2003 I 1590) regelt in §§ 43a, 43b TKG für Verträge mit Letztverbrauchern Preisgrenzen, Verbindungshöchstdauer, Legitimierungsverfahren, Preisansagepflichten etc bei Mehrwertdiensterufnummern. Entgeltanspruch nur bei Einhaltung der Preisansagepflichten (§ 43b I); Kunde muss zwar keinen Dialer-Schutz installieren (BGH 158, 201, dazu Oechsler LMK 04, 114), aber alle ihm zumutbaren, geeigneten Maßnahmen treffen, um eine von ihm nicht gewollte Nutzung seines Anschlusses zu unterbinden (s BGH NJW 12, 2878). Zur Hinweispflicht des Telekommunikationsanbieters: bzgl zu Kostenexplosion führender Nutzung s BGH aaO; bei Änderung der Entgeltberechnung s BGH NJW 12, 2103. Zur Beweislast bei Abrechnung von Leistungen durch Betreiber eines Mobilfunknetzes s AG Aachen NJW-RR 04, 1569; s aber noch LG Duisburg MMR 05, 195. Zur Wirksamkeit von AGB-Klauseln für Mobilfunkverträge mit bestimmter Laufzeit und für Prepaidkarten-Verträge s BGH VersR 12, 323. **d)** Verlagsvertrag wird durch
11 das Verlagsgesetz geregelt. **e)** Werkverträge werden häufig zu **Standardbedingungen** geschlossen. AGB iSv § 305 I 1 nur bei Absicht der Mehrfachverwendung im Zeitpunkt des Vertragsschlusses, BGH WM 01, 2346. Einbeziehungs- und Inhaltskontrolle s §§ 305 ff, Einbehalt der Vergütung durch Besteller s BGH 136, 32 (nur bei angemessener Austauschmöglichkeit zulässig), BGH BB 02, 593; Einbeziehung Rn 21; zur Unwirksamkeit einer „bring-or-pay-AGB-Klausel" s BGH ZfBR 13, 151; zu VOB/B s BGH NZBau 08, 640, dazu und zu Änderungen durch FoSiG s Deckers NZBau 08, 627 ff; Lembcke ZGS 09, 308; Pauly ZGS 09, 247, ferner Nachw Rn 2; sa Lit zu VOB Rn 21.

12 **7. Abschluss. a)** Für den Abschluss des Werkvertrags gelten die allg Vorschriften (Ausnahmen s Rn 10). Eine Annahme eines Angebots unter Veränderung der Bauzeit ist daher eine Ablehnung verbunden mit einem neuen Antrag (BGH NJW 12, 3505; 05, 1653). Zum Vertragsschluss bei online-Buchung und dabei erforderlicher Personenbezeichnung des Fluggastes bei Nutzung eines automatisierten Buchungs- oder Bestellsystems s BGH NJW 13, 599f mAnm Hopperdietzel: Im Zweifel kein Vertragsschluss, wenn zwingend verlangte Personenbezeichnung unterbleibt. Bei Auslegung kommt konkreten Leistungsbeschreibungen größere Bedeutung als Plänen zu (BGH NJW 03, 743 zum Dissens); Vergütungsvereinbarung wegen § 612 nicht zwingend, s Düsseldorf NZBau 02, 279; zur Darlegungs- und Beweislast von nach Zeitaufwand bemessenen Lohnansprüchen

Titel 9. Werkvertrag und ähnliche Verträge **Vor § 631**

s BGH NJW 09, 3426; dazu § 632 Rn 14. Er ist grundsätzlich **formfrei,** doch können die Parteien für den Vertrag oder einzelne Abreden Einhaltung bestimmter Formen verabreden (VOB/A 29); zur Einbeziehung der VOB Rn 21. Bei gemischten oder zusammengesetzten Verträgen, die Teile eines formbedürftigen Geschäftes enthalten, besteht Formzwang, soweit einheitlicher Vertrag vorliegt (Bsp: Verpflichtung zur Übertragung eines Grundstücks und zur Erstellung eines Gebäudes auf diesem Grundstück, s BGH NJW 81, 274; mwN s Jagenburg NJW 93, 105). Zur direkten **Vertretung** von Bauherren durch Baubetreuer s BGH 76, 86; von Unternehmer durch Subunternehmer s Koblenz BauRB 05, 70 (dort fehlende Vollmacht). Zur Abgrenzung Vertragsänderung/neuer selbstständiger Vertrag (wenn neues Leistungsziel verabredet) s BGH NJW 02, 1492; zur Erweiterung des Leistungsprogramms eines Pauschalpreisvertrags s BGH NJW-RR 02, 740. **b)** Werkverträge können **sittenwidrig** sein. An der Unfallstelle geschlossene 13 **Abschleppverträge** (Rn 4, 10), vom BGH als wettbewerbswidrig beurteilt (BGH NJW 75, 689, 691), können auch sittenwidrig sein, falls Ausnutzung einer Notlage und Übervorteilung vorliegen. **c)** Werkverträge können **wegen Gesetzesversto-** 14 **ßes nichtig** sein, § 134; s zu TKG Rn 10. **Schwarzarbeit:** Nur bei beiderseitigem Verstoß gegen BSchwArbG Vollnichtigkeit, s BGH NJW 85, 2404; keine Nichtigkeit bei fehlender Eintragung in Handwerksrolle, BGH 88, 244; sa § 134 Rn 11, § 818 Rn 14; Grünberger NJW 95, 14 (zur Änderung des BSchwArbG); Köhler JZ 90, 466. Vertrag „**ohne Rechnung**" (= ohne Umsatzsteuerberechnung und ohne Angabe als Einnahme bei dem Werkunternehmer) ist bis auf diese Abrede regelmäßig wirksam, da nur Teilnichtigkeit (§ 139) der Entgeltabrede, s BGH NJW-RR 08, 1050; 1051 mit zustimmender Anmerkung von Peters NJW 08, 2478. **d) Haustürverträge,** zB Reparaturen, s § 312; Widerrufsrecht (s für Bau- 15 vertrag BGH 171, 364; Koblenz BauR 04, 1951: §§ 501 S 1, 355 I 1 und §§ 505 I 1 Nr 1, 355 I 1). **e)** Zur Anfechtung wegen Kalkulationsirrtums s § 119 Rn 10. 16 **f) Ausschreibung** ist invitatio ad offerendum, Angebot = Offerte, Zuschlag = Annahme, doch gelten Besonderheiten für Ausschreibungen der öffentl Hand, GWB 97 ff, hierzu Jagenburg/Brück NJW 00, 2242. Auch sonst Verhaltensgebote Geheimhaltung, Gleichbehandlung Bieter, Information, Transparenz; Verletzung evtl cic, BGH NJW 01, 3698 (öffentl Auftraggeber).

8. Mehrere Unternehmer. a) Soll ein Gesamtwerk auf Grund rechtlich selbst- 17 ständiger Werkverträge mit unterscheidbaren Leistungsgegenständen erreicht werden, dann schulden die einzelnen Unternehmer jeweils nur ihr eigenes Werk und sind nicht Gesamtschuldner des gesamten Bauwerks oder aller Teilwerke, BGH BauR 75, 131. Sind ihre Leistungen so aufeinander bezogen, dass Leistungsstörungen eines Unternehmers sich notwendig im Werk eines anderen Unternehmers auswirken, dann werden die Verpflichteten hinsichtlich der Primärleistungen deshalb nicht Gesamtschuldner, doch gebietet der gemeinsame Zweck der Gewährleistungsverpflichtungen, dem Besteller für den im Bauwerksmangel konkretisierten Nachteil der mangelhaften Leistungen Ansprüche gegen die Beteiligten – zB Architekt und Bauunternehmer – als **Gesamtschuldner** zu gewähren (BGH 43, 230 f; Rostock BauRB 05, 74), und zwar auch, soweit ein Beteiligter (noch) Mängelbeseitigung schuldet oder Rücktritt oder Minderung geltend gemacht werden kann, BGH 51, 278; sa Kaiser ZfBR 85, 101 ff. Gesamtschuldnerische Haftung auch, wenn Mängel Ursache in Gewerken beider Unternehmer haben und wirtschaftlich sinnvoll nur einheitlich beseitigt werden können (BGH JZ 04, 248, 249 mAnm Ehmann). Unternehmer und Verkäufer eines Werkvertragsgegenstands haften uU ebenfalls gesamtschuldnerisch (BGH NJW 12, 1070; 12, 1071 – Gesamtschuldnerschaft von Tierverkäufer und ankaufsuntersuchendem Tierarzt). Im Innenverhältnis richtet sich der Ausgleich danach, wer die Verantwortung für den Baumangel nach seinem Pflichtenkreis und dem Gewicht seiner Pflichten im Verhältnis zu denen des oder der anderen zu tragen hat, BGH 58, 221; JZ 04, 248, 250 mAnm Ehmann; Wussow NJW 74, 14. UU kann der geschädigte Bauherr aus § 254 verpflichtet sein, zunächst nur einen der Verantwortlichen in Anspruch zu nehmen (BGH JZ 63, 596). Zur Prüfungs- und **Hinweispflicht** des Unternehmers gegenüber dem Besteller bei Verwendung von Leistungen anderer Unternehmer s § 634 Rn 6. **b)** Sind mehrere Unternehmer an der Werkentstehung beteiligt und ist die Verantwortung für einen Mangel str, dann muss der Besteller Verursachung und Vertragsverletzung durch den jeweils in Anspruch Genommenen beweisen, BGH BauR 75, 131. Zur Mitursächlichkeit der Vertragsverletzungen mehrerer Unternehmer s BGH WM 71, 1058; zu **Beweiserleichterungen** bei bewiesener Mangelhaftigkeit und möglicher Mitverursachung BGH BauR 75, 131. Soweit ausnahmsweise deliktische Haftung mehrerer in Betracht kommt, wird die Situation des Verletzten durch die Anwendbarkeit des § 830 I 2 erleichtert, s LM Nr 4 zu § 830. **c)** Bei Beteiligung mehrerer Unternehmer an einem wirtschaftlich einheitlichen Werk ist zu beachten, inwieweit ein Unternehmer im Verhältnis zum anderen bei der Mängelentstehung als Erfüllungsgehilfe des Bestellers gesehen werden kann. Beauftragt Besteller in selbstständigen Verträgen einen Unternehmer (zB Architekt) und einen Sonderfachmann (zB Bodengutachter), ist keiner der Erfüllungsgehilfe des Bestellers im Vertragsverhältnis zum jeweils anderen (BGH ZIP 03, 1990). **d)** Zwischen **Subunternehmern** des Unternehmers und Werkbesteller bestehen grundsätzlich keine Vertragsbeziehungen, BGH BauR 75, 134 (s jedoch LG Kassel NJW 83, 827, BGH NZBau 07, 703), es sei denn, der Hauptunternehmer konnte den Besteller auf Grund Vertretungsmacht verpflichten (zum Baubetreuer s o Rn 12). Der Besteller kann jedoch Ansprüche gegen die Subunternehmer aus § 328 oder auf Grund Abtretung erwerben (hierzu Schlechtriem ZfBR 83, 101); auch Schutzpflichten zu seinen Gunsten können direkt entstehen, s § 631 Rn 16. Zwischen Unternehmer und Besteller vereinbarter Haftungsausschluss kann sich auf durch Unternehmer beauftragten Subunternehmer erstrecken, BGH VersR 10, 1230. Steht fest, dass der Unternehmer vom Werkbesteller wegen Mängeln am Werk nicht mehr in Anspruch genommen wird, so kann er nach den Grundsätzen der Vorteilsausgleichung gehindert sein, seinerseits Ansprüche wegen dieser Mängel gegen den Subunternehmer geltend zu machen, s BGH NJW 07, 2695; 07, 2697 (Bauvertrag); krit dazu Hager/Maultzsch FS Werner 393, 404 ff. Erbringt Subunternehmer Teil der geschuldeten Leistung auf Grund gesonderten Vertrags unmittelbar an Besteller, wird Leistungserbringung gegenüber Hauptunternehmer unmöglich, BGH NJW 10, 1282 (auch zur Vergütungsberechnung des Sub- gegen Hauptunternehmer).

21 **9. Werkverträge über Bauleistungen.** Sie haben sich zu einem Spezialgebiet entwickelt; Neuregelung des Verjährungsrechts – § 438 I Nr 2a) – belässt jetzt aber Kauf neuer Bauwerke im KaufR. **Lit:** Basty, Der Bauträgervertrag, 7. Aufl 2012; Blank, Bauträgervertrag, 4. Aufl 2010; Derleder, Der Bauträgervertrag nach der Schuldrechtsmodernisierung, NZBau 04, 237; Grziwotz, Hinweisbrief und Bauträgervertrag, MDR 05, 1270; Hildebrandt, Die Abnahme des Gemeinschaftseigentums vom Bauträger nach der Schuldrechtsreform, BTR 04, 211; Kanzleiter, Vertragsfreiheit und Bauträgervertrag nach der Schuldrechtsreform, DNotZ 06, 246; NK/Langen Anhang I und IV zu §§ 631–651; NK/Leupertz Anhang III zu § 631–651; Pause, Bauträgerkauf und Baumodelle, 5. Aufl 2011; Ullmann, Bauträgervertrag – quo vadit, NJW 02, 1073; RsprÜbersichten ua: Jagenburg/Kesselring NJW 00, 3243; Jagenburg/Weber NJW 01, 191, 3453; Schmidt WM 01, 1741; sa Keilholz, Baurecht, Gutachten III, 241; Locher, Das private Baurecht, 8. Aufl 2012; Quack, Grundlagen des privaten Baurechts, 2. Aufl 1994; Vogel, Auswirkungen und Einfluss des Gemeinschaftsrechts auf das private Baurecht, BauR 06, 744; sa Lit zu § 633; zur **MaBV** s Marcks, Makler- und Bauträgerverordnung mit § 34c GewO, 8. Aufl 2009. Zum **Bauforderungssicherungsgesetz** s Rn 1. Die **Vergabe- und Vertragsordnung für Bauleistungen (VOB)** – Teil B – ist nicht Rechtsnorm, sondern Mustervertrag, so dass ihre Geltung der Vereinbarung bedarf; zum Verhältnis AGB – VOB s § 308 Nr 5 und § 309 Nr 8b) ff (Einbeziehung nur im Ganzen); zur Inhaltskontrolle vor der Schuldrechtsreform: BGH 157, 346 (jede, selbst geringfügige inhaltliche Abweichung, eröffnet Inhaltskontrolle, dazu Gehlen NZBau 04, 313; Hartung NJW 04, 2139); BGH 86, 139 ff; 96, 129 (keine isolierte Übernahme der Verjährungsfrist aus VOB/B 13, aber auch BGH NJW 87, 837; Zweibrücken BB 95, 13 (Unwirksamkeit einzelner Klauseln); Einbeziehung gegenüber Privatmann nicht durch bloßen Hinweis, BGH NJW 90, 715, sa NJW-RR 99, 1246 sowie Jagenburg/Reichelt NJW 00, 2630; Einbeziehung in Bauträgervertrag s Tempel NZBau 03, 465; Mehrings NJW 98, 3457; zu VOB/B 13: BGH 153, 244; Weyer BauR 03, 613; zur Fälligkeit von Werklohnforderung mangels Beanstandungen der Prüfbarkeit der Schlussrechnung binnen Zweimonatsfrist gem VOB/B 16 Nr 3 s BGH NJW 11, 918. **Lit** zur VOB: Heiermann/Riedl/Rusam, Handkommentar zur VOB, 13. Aufl 2013; Ganten/Jansen/Voit, Beck'scher VOB- und Vergaberechts-Kommentar. VOB Teil B – Allgemeine Vertragsbedingungen für die Vergabe von Bauleistungen, 3. Aufl 2013; Ingenstau/Korbion/Kratzenberg/Leupertz, VOB – Teile A und B, 18. Aufl 2013; Korbion/Hochstein, Der VOB-Vertrag, 9. Aufl 2008; Nicklisch/Weick, VOB. Verdingungsordnungen für Bauleistungen – Teil B, 3. Aufl 2001; RsprÜbersichten: Jagenburg NJW 96, 1998; 98, 2494 und 2640. Zur VOB 2002 Kratzenberg NZBau 02, 17; Kiesel NJW 02, 2064; Voppel NZBau 03, 6; zur Auswirkung des FoSiG s Rn 1, 11.

§ 631 Vertragstypische Pflichten beim Werkvertrag

(1) Durch den Werkvertrag wird der Unternehmer zur Herstellung des versprochenen Werkes, der Besteller zur Entrichtung der vereinbarten Vergütung verpflichtet.

(2) Gegenstand des Werkvertrags kann sowohl die Herstellung oder Veränderung einer Sache als auch ein anderer durch Arbeit oder Dienstleistung herbeizuführender Erfolg sein.

Lit: Hildebrandt, Aufgedrängte Abnahme – Keine Abnahme gegen den Willen des Auftragnehmers vor Fertigstellung des Werkes, BauR 05, 788.

I. Hauptpflichten des Unternehmers

1. Gegenseitiger Vertrag. § 631 regelt die für den Werkvertrag charakteristi- 1 schen Hauptpflichten und beschreibt in II die möglichen Gegenstände dieses Vertragstyps. Der Werkvertrag ist ein gegenseitiger Vertrag. Synallagmatisch verbunden sind Herstellung und Verschaffung in vertragsgemäßer Beschaffenheit – § 633 – durch den „Unternehmer" mit der Verpflichtung des „Bestellers", die vereinbarte Vergütung zu entrichten, I. Der Vertrag legt Art und Eigenschaften des Werkes – s § 633 II, III – Herstellungszeitraum, Fertigstellungszeitpunkt, Erfüllungsort (Bauleistungen s BGH NJW 12, 861) und Auftragsumfang („vorauseilende Leistung" s Düsseldorf NJW-RR 96, 269) fest. HOAI enthält keine normativen Leitbilder für Inhalt von Architekten- und Ingenieurverträgen, sondern nur Gebührentatbestände, BGH NJW 97, 587; 99, 427; 04, 2589, s auch NZBau 07, 180; 08, 260; zu Auslegungskonsequenzen bei Architekten- und Ingenieurverträgen betreffend Einbeziehung v Leistungsphasen nach HOAI, zum Fall vertraglicher Bezugnahme BGH NZBau 07, 653; 11, 622 f. Bei stufenweiser Beauftragung sind einzelne Werke geschuldet und zu vergüten, zB Entwurfsplanung, Genehmigungsplanung usw, BGH NJW 98, 135 f. Machen Änderungen auf einer vorgelagerten Planungsstufe Änderungen der auf einer nachgelagerten Planungsstufe (auf Verlangen des Bestellers) bereits erbrachten Leistungen notwendig, sind diese nur bei ausdrücklicher vertraglicher Regelung von der Leistungspflicht des Unternehmers erfasst und iü gesondert zu vergüten, s BGH NZBau 07, 653. Für Leistungsstörungen gelten die allg Regeln, für Abweichungen von der vertragsgemäßen Beschaffenheit enthalten die §§ 634 ff ergänzende Vorschriften.

§ 631

2   2. Persönliche Leistungspflicht. Das Werk ist im Regelfall **nicht** persönlich herzustellen, Hinzuziehung von Gehilfen ist deshalb möglich. Aus der Natur des geschuldeten Werkes kann sich aber anderes ergeben (Bsp: Portrait). Für hinzugezogene Dritte (auch Subunternehmer) Schadensersatzhaftung auf Grund § 278, soweit sie in den Herstellungsvorgang einbezogen sind, evtl auch aus Delikt bei Verletzung einer Kontrollpflicht, BGH ZIP 98, 1075; zum **Subunternehmer** sa Schmeel, MDR 00, 999 und vor § 631 Rn 20; ansonsten schuldet Unternehmer Herstellungserfolg unabhängig von Störungsursachen (eigenes Versagen, Ausfall Dritter usw).

3   3. Gläubiger. Gläubiger der Werkleistung ist der Besteller. Begünstigung eines Dritten ist möglich. Wichtig ist die Einbeziehung Dritter bei den Schutzpflichten (s Rn 16).

4   4. Herstellungsrecht. Ein Recht des Unternehmers auf Herstellung besteht **nicht**. Es kann aber verabredet werden und sich auf Grund Auslegung des Vertrages ergeben (Bsp: Auftritt eines Künstlers).

II. Nebenpflichten des Unternehmers

5   1. Nebenleistungspflichten. Sie können sich aus der Natur des Werkvertrages ergeben, zB zur **Beratung** (Düsseldorf NZBau 04, 453: Hinweis auf wirtschaftliche Risiken des Bauvorhabens), **Information** (OLGR Saarbrücken 05, 190: technische Eignung des Werks), **Prüfung, Aufklärung, Überwachung** (BGH NJW 00, 280: Prüfung vom Besteller angelieferter Sachen; BGH NJW 11, 2645 mN: Prüfung der Vorarbeiten oder Planungen eines anderen Unternehmers; BGHR 03, 1053: Hinweis auf erkennbare Gefahren für Werk, zB Frostschadensgefahr an verlegtem Rohr; BGH NJW 11, 3291 mAnm Kapellmann: Information über Gefahr von Rissbildung in Bodenplatte im Winter; Herausgabe von Versicherungsleistungen s Dresden NJW-RR 98, 373; bei Bauvertrag aus oder entsprechend VOB (Beseitigung von Bauschutt usw). Generell sind Vertragspartner einander und deshalb auch Unternehmer verpflichtet alles zu tun, was Leistungserfolg herbeiführt, und zu unterlassen, was diesen beeinträchtigen oder gefährden könnte, BGH NJW-RR 95, 1241 f; Einschränkung BGH NJW 00, 2102. Eine ges Nebenpflicht regelt § 650 II; zumeist aber sind Nebenpflichten Ergebnis normativer Vertragsauslegung. Bei Zeithonorar besteht Nebenpflicht zur **wirtschaftlichen Leistungserbringung**, s § 632 Rn 15.

6   Ermittlung der Bausumme (Kostenschätzung) als Nebenleistungspflicht aus Architektenvertrag, s BGH NJW 94, 857 zur aF sowie § 632 III; bei selbstständigem Vertrag eigener Werkvertrag. Haftung nach § 280 I 1, III iVm § 281; Rücktritt (nur)

7 nach § 323 V 1. Bauträger muss den Bauherrn bei der **Durchsetzung abgetretener Gewährleistungsansprüche** gegen die Bauhandwerker unterstützen (Ohmen

8 DNotZ 75, 346 f). Kann das hergestellte Werk nur mit **Bedienungsanleitungen** oder **Gebrauchsanweisungen** richtig benutzt werden, dann wird der Unternehmer regelmäßig verpflichtet sein, sie mitzuliefern. Verpflichtung des Bauunterneh-

9 mers und Architekten, dem Bauherrn **Baupläne**, statische Berechnungen, Entwässerungspläne, Bewehrungspläne usw **zu überlassen**, ist zweifelhaft (grundsätzlich bejahend OLGR Köln 05, 152, es sei denn, Auftrag wurde entzogen und durch anderen Unternehmer vollendet; dann letzterer herausgabepflichtig; s für Kauf Hamm MDR 76, 43, bejahend; Karlsruhe NJW 75, 694, abl, dazu Koeble NJW 75, 695); wohl zu bejahen gegen Erstattung der Kopierkosten. Zur **Abstimmungs-**

10 pflicht mehrerer Werkunternehmer BGH WM 70, 355. **Übereignung** und **Besitzverschaffung** gehören zum Pflichtenprogramm des Unternehmers, falls und soweit erforderlich (s jedoch § 651 Rn 1), so dass auch Verschaffung frei von Rechtsmängeln geschuldet ist, § 633 I, III; sa § 632a S 3, § 633 Rn 2. Ein **nachträglicher EV** ist zwar wirksam, kann aber vertragswidrig sein (Bsp: Austauschmotor, BGH 18, 226). Als Nebenleistungspflicht kann eine Verpflichtung des Unternehmers, das

11 hergestellte Werk dem Besteller **zur Abnahme zu bringen** oder bis **zur Abholung zu verwahren,** gegeben sein; Rechnungslegung kann Gegenstand einer

Titel 9. Werkvertrag und ähnliche Verträge §631

Nebenpflicht sein (s VOB/B 14). Der Architekt schuldet **Aufklärung** über Ursachen sichtbarer Baumängel, BGH BauR 07, 423. Pflicht des umfassend beauftragten Architekten/Ingenieurs zur Klärung von Mängelursachen, selbst wenn zu diesen eigene Planungs- oder Aufsichtsfehler gehören, s BGH NJW 11, 3086f; diese Pflicht besteht aber für andere Sonderfachleute grundsätzlich nicht, s BGH ebda. **Nachvertragliche** Aufklärungs- und Betreuungspflichten s BGH NJW 83, 876 (Bauunternehmer), NJW-RR 01, 383 (Architekt). 12

2. Schutz- und Sicherungspflichten. Aus § 241 II. **a)** Regelmäßig treffen den Unternehmer **Schutzpflichten** zugunsten der körperlichen Integrität des Bestellers, so bei Beförderungsverträgen – der Reisende soll heil, nicht nur überhaupt ans Ziel kommen – und bei Bau- und Architektenverträgen. Zu Informationsnebenpflichten (§ 242 Rn 19) des Architekten s Düsseldorf NZBau 02, 457. Für entsprechende Anwendung des § 619 in einem Sonderfall auf Handwerker, der dauerhaft im Betrieb als Werkunternehmer tätig ist: LAG Frankfurt BB 13, 1726ff (nicht rechtskräftig). **b) Obhut:** Der Unternehmer muss die zu bearbeitende Sache vor Schaden oder Verlust bewahren (BGH NJW 83, 113; Versicherungspflicht s AG Düsseldorf VersR 87, 1122 mAnm Gaster). Nichtvertragsgemäße Bearbeitung und dadurch versachte Verschlechterung werden durch die spezielleren §§ 634ff geregelt; zur Haftung aus Delikt s § 634a Rn 1; bei Haftung aus Delikt in Anspruch genommen, trägt die Beweislast für Einwilligung in Tätigwerden infolge Werkvertrags, s BGH VersR 05, 282. **c)** Den Unternehmer können auch **Obhutspflichten** auf Grund § 241 II bezüglich bestellereigener Sachen treffen, die nicht selbst Gegenstand des herzustellenden Werkes sind (s BGH VersR 76, 166: Brandverursachung bei Schweißarbeiten). Die Abgrenzung zur Hauptpflicht, vertragsgemäß herzustellen und den zu bearbeitenden Gegenstand nicht zu verschlechtern, kann bei zusammengesetzten Sachen schwierig sein. Zu Obhutspflichten beim Personentransport s Celle Reise-Recht aktuell 02, 86 (betrunkener Fahrgast). **d)** Der Werkvertrag hat **Schutzwirkungen** auch **zugunsten Dritter**, zB Familienangehöriger (BGH BB 94, 1455), GmbH-Gesellschafter/-Geschäftsführer (BGH NJW 12, 3165 mAnm Keller), Betriebsangehöriger (BGH VersR 74, 889), der Nachunternehmer des Unternehmers. Erweiterungen (zB Kreditgeber und andere Finanzierungsbeteiligte, Kapitalanleger, Käufer) können sich aus dem konkreten Vertrag ergeben (BGH WM 71, 1100; NJW 04, 3035: Gutachterauftrag für Bodenwertgutachten). **Sachwalterhaftung** s § 311 III 2. 13 14 15 16

III. Rechtsfolgen von Pflichtverletzungen

1. Verletzung von Hauptpflichten. Störungen der Hauptleistungspflicht „Herstellung des versprochenen Werks" richten sich nach §§ 280 ff (Schadensersatz neben oder statt der Leistung), §§ 323 ff (Rücktritt), evtl mit Schadensersatz, § 325, § 326 I (Wegfall der Vergütungspflicht, aber § 326 II), evtl § 314 (Kündigung aus wichtigem Grund); einklagbarer Erfüllungsanspruch § 241, sofern nicht § 275. Zu Mängeln s §§ 634 ff. Unberechtigte Vertragsaufsage vor Fälligkeit der Leistungsverpflichtung des Unternehmers (antizipierter Vertragsbruch) jetzt § 323 IV. 17

2. Verletzung von Nebenleistungspflichten. Bei Nebenleistungspflichten kann auf Erfüllung geklagt werden; Verletzungen, Schadensersatz §§ 280 ff, Rücktritt § 323 (aber V 1), dabei unerheblich, ob Verspätung der Herstellung auf Verletzung von Haupt- oder Nebenpflicht zurückzuführen ist, s zur aF BGH NJW 01, 2024; Kündigung § 314, aber auch § 649. 18

3. Verletzung von Schutzpflichten. Schadensersatz §§ 282, 280, Rücktritt § 324. 19

4. Verjährung. Geregelt in §§ 195, 199, 218; Ansprüche und Rechte wegen Werkmangels (§ 634) verjähren nach §§ 634a, 218. 19a

Mansel

§ 631 Buch 2. Abschnitt 8. Einzelne Schuldverhältnisse

IV. Pflichten des Bestellers

20 **1. Hauptpflichten.** Hauptpflichten des Bestellers sind Leistung der Vergütung und Abnahme. Handwerkersicherung nach §§ 648, 648a zählen nicht zu den Hauptpflichten, tendenziell ebenso PalSprau 24, zur Fragestellung Schmitz BauR 09, 714. Der sog Werklohn muss nicht in Geld bestehen (BGH WM 74, 391: Überlassung demontierter Halle). Vertragliche Modifikationen der Gegenleistungspflicht des Bestellers sind in den Grenzen der §§ 134, 138 BGB sowie der §§ 305 ff zulässig. Formen der Vergütungsvereinbarung (Pauschalpreis, Einheitspreis, Stundenlohn, Selbstkostenpreis) s Grimme, Lit zu § 632; Abschlagszahlungen s § 632a. Beschränkungen der Abtretbarkeit des Werklohnanspruchs sind grundsätzlich nicht sittenwidrig (BGH 51, 113). Der Vergütungsanspruch entsteht mit Vertragsschluss, er wird fällig mit Abnahme bzw Abnahmefiktion (§ 641), falls nichts anderes vereinbart ist. Die Regelung der Fälligkeit mit Fertigstellungsbescheinigung ist mit Aufhebung des § 641a durch das FoSiG (s vor § 631 Rn 1) weggefallen. Werklohnforderung ist, wenn keine Vorleistungspflicht des Bestellers vereinbart ist, vor Erbringung der Werkleistung nicht durchsetzbar (§ 320) – selbst bei vertraglicher Abweichung von § 641, s BGH BeckRS 13, 03816 mN. Für Höhe und Berechnungsmodalitäten ist der Vertragsinhalt ausschlaggebend (s § 632); nachträgliche konkludente Stundenlohnabrede idR nicht durch Unterzeichnung von Stundenlohnnachweisen, idR auch keine Vollmacht des Bauleiters/Architekten zur Änderung der Werklohnab-
21 rede, s BGH NZBau 04, 31. **Erfüllungsort** bei Bauvertrag s BGH NJW 12, 861; 86, 935 (Ort der Bauleistung); für Vergütungsanspruch bei Anwaltswerkvertrag s BGH NJW 04, 55 (nur bei Abrede am Kanzleisitz [zu ZPO 29]). Erhöhung nach Treu und Glauben s RG 150, 91 ff; Korrekturen wegen fehlender Geschäftsgrundlage BGH VersR 65, 804 sowie jetzt § 313 III. Zulässig sind als „Kostenanpassungsklauseln" (Hamm DB 75, 684) usw bezeichnete Bestimmungsvorbehalte (§ 316) in Individualabreden; formularmäßige Preisänderungsklauseln s dagegen BGH BB 85, 1351, § 309 Nr 1, 307. Schlussrechnung als Ausübung eines Bestimmungsrechts s Schiebel BB 91, 2089 ff. Zur Bestimmbarkeit s Micklitz ZIP 86, 285. Errichten Bauherren gemeinschaftlich eine Wohnungseigentumsanlage, dann schulden sie entgegen § 427 nur anteilig, BGH 75, 26. **Mitwirkung** bei Werkerstellung ist keine Hauptpflicht, nur bei besonderer Abrede, regelmäßig auch keine Nebenpflicht,
22 sondern Obliegenheit, s § 642 Rn 1. **Verjährung** der Vergütungsansprüche: §§ 195, 199; bei gleichzeitiger Verpflichtung zur Grundstücksveräußerung § 196 HS 2. Verwirkung: BGH NJW 03, 824. Zur Verjährung des Rückforderungsanspruchs bei überzahlter Vergütung: BGH NJW 12, 3569 (Architektenhonorar).

23 **2. Neben- und Schutzpflichten. a) Nebenpflichten** des Bestellers können Nebenleistungs- oder Schutzpflichten sein. Zur erforderlichen Mitwirkung des Bestellers s § 642. Nebenleistungspflichten können sich aus entspr Abreden (Bsp: Abruf der Werkleistung, BGH NJW 72, 99) oder aus §§ 241 II, 242 ergeben. Verjäh-
24 rung: §§ 195, 199. **b) Schutzpflichten** hinsichtlich der Rechts- und Lebensgüter des Unternehmers sind auf der Grundlage von § 241 II je nach Art des Werkes und den Umständen seiner Herstellung anzunehmen; dazu ua BGH BeckRS 13, 03235 (Fürsorgepflicht bzgl Beschädigung eines Mähdreschers). Der Bauunternehmer hat die Baustelle durch zumutbare Vorkehrungen so abzusichern, dass der von ihm beauftragte Subunternehmer vor Schaden bewahrt bleibt (BGH VersR 75, 41). Falls der Unternehmer Leistungen im Bereich des Bestellers zu erbringen hat, ist § 618 analog anwendbar (BGH 5, 62 f; aA Stuttgart NJW 84, 1904 für Verlust aus Unfall eines AN). § 619 gilt jedoch beim Werkvertrag, BGH 56, 274, soweit es nicht um AN des Unternehmers geht, BGH 26, 372.

25 **3. Schutzpflichten beider Parteien.** Die Schutzpflichten beider Seiten für Gesundheit und Eigentum des jeweils anderen, deren Verletzung Schadensersatzansprüche oder Rücktrittsrecht – §§ 282, 324 – auslöst, sind allg Verhaltenspflichten, die durch die Werkvertragssituation konkretisiert worden sind; sie bestehen schon

Titel 9. Werkvertrag und ähnliche Verträge § 632

bei Vertragsanbahnung, § 311 II, und sind von der Gültigkeit des Werkvertrages unabhängig (Thiele JZ 67, 649 ff mwN). Ihr Vorteil gegenüber deliktischer Schadenshaftung liegt in der Anwendbarkeit des § 278. Verjährung: §§ 195, 199.

§ 632 Vergütung

(1) **Eine Vergütung gilt als stillschweigend vereinbart, wenn die Herstellung des Werkes den Umständen nach nur gegen eine Vergütung zu erwarten ist.**

(2) **Ist die Höhe der Vergütung nicht bestimmt, so ist bei dem Bestehen einer Taxe die taxmäßige Vergütung, in Ermangelung einer Taxe die übliche Vergütung als vereinbart anzusehen.**

(3) **Ein Kostenanschlag ist im Zweifel nicht zu vergüten.**

Lit: Bauer, Der langsame Gutachter – treuwidrige Abrechnung „verbummelter" Stunden, JZ 10, 181; Cuypers, Der Werklohn des Bauunternehmers, 2000; Greimer, AcP 211, 221; Grimme, Die Vergütung beim Werkvertrag, 1987; Kilian, Deregulierung des anwaltlichen Vergütungsrechts im Bereich Beratung und Begutachtung, BB 06, 1509.

1. Allgemeines. I trifft Vorsorge für den Fall, dass keine Vergütungsvereinbarung getroffen worden ist, II will die durch unterlassene Bestimmung der Höhe der Vergütung gebliebene Lücke füllen. Fehlende Preisangabe bedeutet deshalb nicht Vertragsschluss wegen Einigungsmangels. § 632 findet auch Anwendung, wenn ein Werkvertrag geändert und zusätzliche Leistungen vereinbart werden, ohne dass deren Vergütung geregelt wird. III eingefügt durch SchRModG. **Abschlagzahlungen** s § 632a, Fälligkeit ansonsten § 641 (BGH NJW 02, 2640: betagte Verbindlichkeit). Zu Telekommunikationsgebühren bei Mehrwertdienstenummern (Dialern) vor § 631 Rn 10. Zur Gebührenvereinbarung in Verträgen mit Architekten und Tragwerksingenieuren s HOAI 4 (s dazu BGH NJW 09, 2199 – Wirksamkeit eines Zeithonorars; NJW-RR 12, 653 – Mindestsatzüberschreitung und Tafelhöchstwertunterschreitung; NJW 12, 1792 mAnm Preussner – Mindestsatzunterschreitung). Zur Rechtslage bei Gebührenvereinbarungen für außergerichtliche anwaltliche Tätigkeit s Kilian BB 06, 1509; Schneider NJW 06, 1905. Verjährung: § 631 Rn 22.

2. Werkvertragsschluss/-inhalt und § 632. § 632 gilt nur für die **Vergütungspflicht aus zustande gekommenem Werkvertrag**. Angebotskosten und Vorarbeiten fallen nicht darunter, falls der Vertragsschluss scheitert, BGH NJW 79, 2202; 82, 766 (zu AGBG 9), es sei denn, bestimmte Projektierungsleistungen sind Gegenstand eines eigenen Vertrages (BGH NJW-RR 05, 20; sa Hamburg MDR 85, 321; Vygen, FS Korbion, 1986, 439; ferner VOB/A 20). Die anrechenbaren Kosten des Unternehmers werden durch den Vertragsgegenstand bestimmt und begrenzt (s BGH BauR 99, 1045). Ob reine Planungskosten vergütungsrelevant sind, entscheidet die Vertragsabrede, ohne besondere Abrede sind sie in den Ausführungskosten enthalten (BGH NJW-RR 03, 593). **Vorentwurf** eines Architekten wird regelmäßig für vergütungspflichtig gehalten (BGH BB 67, 263; sa OLGR Bremen 04, 423), auch wenn er als „unverbindlich" zugesagt wurde (sa HOAI 15); jedenfalls, wenn Werkleistung nachträglich vom Auftraggeber entgegen genommen und verwertet wird (Saarbrücken BauR 05, 7768). **Kostenanschlag** als solcher iZw nicht vergütungspflichtig; zu AGB Teichmann (Lit vor § 631), aaO 19. Konkludenter Vertragsabschluss mit Vergütungspflicht nach II, wenn Unternehmer Besteller vor Mängeluntersuchung (hinreichend deutlich, sonst kein Entgelt: Celle BauR 03, 265) mitteilt, dass er bei Mängelfreiheit die Untersuchungskosten in Rechnung stellen werde und Besteller auf Untersuchung besteht (Karlsruhe MDR 03, 1108).

3. Anwendungsbereich. a) § 632 kommt nicht zur Anwendung, falls der Preis bestimmt oder als bestimmbar (hierzu jedoch Micklitz ZIP 86, 285) vereinbart ist. Auch aus Handelsbrauch kann sich ein bestimmter Preis ergeben, LM Nr 3. Zu

§ 632

AGB-Entgeltklauseln s BGH NJW-RR 12, 1261: Wird eine Leistung (zB Grundeintrag in ein Branchenverzeichnis im Internet) regelmäßig unentgeltlich angeboten, so wird eine Entgeltklausel, die nach der drucktechnischen Gestaltung des Antragsformulars so unauffällig in das Gesamtbild eingefügt ist, dass sie von dem Vertragspartner des Klauselverwenders dort nicht vermutet wird, nach § 305 c I nicht Vertragsbestandteil. **Kostenanschlag** ist noch keine Preisvereinbarung (s § 650), kann

5 aber in den Vertrag als Vergütungsbestimmung übernommen worden sein. **b)** Preis kann Pauschal- oder Einheitspreis sein; Preisbestimmung liegt auch dann vor, falls der Endpreis anhand bestimmter Daten wie Massen und Mengen beim Einheitspreis berechnet werden muss, die erst nach Fertigstellung vorliegen (Aufmaß), der preisbestimmende Berechnungsfaktor aber vereinbart ist; zu Lohngleitklauseln s Mantscheff BauR 75, 189. Im Pauschalpreis nicht vorgesehene erhebliche Zusatzleistungen sind gesondert zu vergüten, s BGH NJW-RR 02, 742. Bedeutung **Festpreis**

6 ist Auslegungsfrage. **c)** Nichterwähnung der **Mehrwertsteuer** führt nicht zur Anwendung des II oder gar zur Verpflichtung des Bestellers, die Mehrwertsteuer als Teil der üblichen Vergütung zu zahlen; sie ist vielmehr in einem Pauschalpreis enthalten (Karlsruhe OLG 72, 202); s aber auch BGH DB 75, 1741 f und HOAI 9. Für Kaufleute kann auf Grund Handelsbrauchs anderes maßgebend sein, s Schaum-

7 burg/Schaumburg NJW 75, 1261 f. **d)** II scheidet aus, wenn ein Bestimmungsrecht hinsichtlich des Preises eingeräumt worden ist (s § 631 Rn 20). Er ist aber lex specia-

8 lis zu § 316 (s Rn 12). **e)** Bei behördlichen Preisfestsetzungen, die zwingend sind, gilt § 632 nicht (s zB GüKG 20 ff, BGH 8, 69 f; zur Vergütung öffentlich bestellter

9 Vermessungsingenieure s Holthausen NZBau 04, 479). **f)** Sondervorschriften für Bauverträge enthält VOB/B 2. Bedeutung einer Schlussrechnung s VOB/B 14 Nr 3, 16 Nr 3; zur Schlussrechnung eines Architekten BGH NJW 78, 319.

10 **4. Voraussetzungen und Rechtsfolgen des II. a)** Zur Bestimmung der Höhe ist zunächst auf die **Taxe,** dh behördlich festgesetzte, aber abdingbare Preise abzu-
11 stellen. **b) Üblichkeit** bedeutet Vergütung, die zurzeit des Vertragsschlusses nach allgemeiner Auffassung der beteiligten Kreise am Ort der Werkleistung gezahlt wird, BGH NJW 01, 151; 04, 3484; 06, 2472; NJW-RR 07, 123 (ggf auch am Markt verbreitete Berechnungsregel); gilt auch für Abrechnung nach Kündigung nach § 649 S 2, BGH NZBau 00, 73. HOAI darf als verkehrsüblich angesehen werden, Düsseldorf BauR 81, 401, gilt also mangels abw Preisvereinbarungen beim Architekten- oder Ingenieurvertrag. Zur Vergütung außergerichtlicher anwaltlicher Tätig-
12 keit (Gutachten) s Kilian BB 06, 1509; Schneider NJW 06, 1906. **c)** Gibt es weder eine Taxe noch verkehrsübliche Preise, so erfolgt ergänzende Vertragsauslegung (BGH NJW 06, 2472), führt sie nicht weiter, so sind § 316 iVm § 315 anzuwenden (BGH 94, 100; differenzierend StPeters/Jacoby 54).

13 **5. Beweislast. a) Umstände**, nach denen Leistung nur gegen Vergütung zu erwarten ist, hat Unternehmer (Architekt, s BGH NJW 97, 3017; NJW-RR 05, 21), dass gleichwohl unentgeltlich geleistet werden sollte, hat Besteller zu beweisen, BGH NJW 87, 2742; Saarbrücken NZBau 02, 576; OLGR Celle 04, 479 (Sicher-
14 heits- und Gesundheitskoordinator). **b)** Beweislast **für** bestimmte **Vergütung** oder fehlende Vergütungsabrede gegenüber substantiierter Behauptung des Bestellers hat Unternehmer, BGH NJW-RR 92, 848; NJW 97, 3017 (Architekt, Bauvoranfrage); NJW-RR 02, 159; NJW 06, 2472; Düsseldorf NZBau 03, 442; Koblenz MDR 04, 386; Baumgärtel FS Heiermann 1995, 4, str; Unterzeichnung von Stundenlohnnachweisen durch Bauleiter genügt für entsprechende Lohnabrede nicht, s BGH NJW-RR 04, 92. Bei Mehrleistungen: Beweis, dass Festpreis nicht Mehrleistung erfasst und Beweis der Mehrleistungsabrede durch Unternehmer (BGH NJW 02, 740; Nürnberg NJW-RR 02, 1099). Zu den Anforderungen an nachträgliche Stundenlohnabreden s BGH NJW-RR 04, 92; Behauptung **nachträglicher** Vereinbarung des Preises (statt „üblicher") hat Besteller zu beweisen, BGH BauR 03, 1382;
15 NJW 82, 1523 (Maklervertrag). **c)** Bei **Zeithonorar** (Stundensatz, Tagessatz verabredet) muss Unternehmer nach BGH NJW 09, 2199, 3426 Anzahl der Stunden

und vereinbarten Stundensatz darlegen und beweisen, er muss Arbeitsstunden nicht einzelnen Tätigkeiten zuordnen oder zeitlich aufschlüsseln, denn Unternehmer ist frei, wann er seine Leistungen erbringt. Abweichende **Aufschlüsselungsabrede** kann ausdrücklich oder konkludent getroffen worden sein. Vertragliche Aufschlüsselungsabrede muss sich hinreichend deutlich aus den Umständen ergeben, da Unternehmer zur Erfüllung Dokumentationsaufwand zu betreiben hat. Nach BGH NJW 00, 1107; NJW 09, 2199, 3426 (ebenso: Karlsruhe BauR 03, 739 f; Düsseldorf NJW-RR 03, 455; Hamm BauR 02, 320 f; Celle NZBau 04, 41; StPeters/Jacoby 14) begründet die Vereinbarung einer Stundenlohnvergütung für Werkleistungen nach § 242 zugleich eine vertragliche **Nebenpflicht zur wirtschaftlichen Leistungserbringung.** Bei Nebenpflichtverletzung hat Besteller Anspruch aus § 280 I auf Freistellung von der Vergütung des zeitlichen Aufwands, der auf einer unwirtschaftlichen Leistungserbringung beruht (BGH NJW 00, 1107; NJW 09, 2199, 3426; Karlsruhe BauR 03, 739 f; Düsseldorf NJW-RR 03, 455; 1241; BaR/Voit, § 631 Rn 80; Keldungs, BauR 02, 322; aA Celle NZBau 04, 41, Voraufl Rn 14: Keine Aufspaltung in Durchführungshauptpflicht und Wirtschaftlichkeitsnebenpflicht; ebenso Bauer JZ 10, 181, 190: Unwirtschaftlichkeitseinrede aus § 242 gegen vollen Vergütungsanspruch; ähnlich Hamm BauR 02, 320 f; StPeters/Jacoby 14). Besteller muss für § 280 I Tatsachen beweisen, aus denen sich die Unwirtschaftlichkeit der Leistungserbringung des Unternehmers ergibt. Ist Besteller aber Beweisführung mangels Einsicht in konkrete Unternehmerleistung nicht möglich, trifft Unternehmer sekundäre Darlegungslast (BGH NJW 09, 3426); zum Umfang der sekundären Darlegungslast s BGH NJW 09, 2199, hinsichtlich Darlegungslastverteilung übereinstimmend Bauer JZ 10, 181. Nach Celle NZBau 04, 41 Umkehr der Darlegungs- und Beweislast bei vorbehaltloser **Unterzeichnung des Stundenzettels** durch Besteller, sofern auf Abrechnungszettel Arbeiten nach Art und Umfang, Dauer, Person genau bezeichnet. – Unterzeichnung Abrechnungszettel/Rechnung ist kein Anerkenntnis, s Düsseldorf NJW-RR 03, 455.

§ 632a Abschlagszahlungen

(1) ¹Der Unternehmer kann von dem Besteller für eine vertragsgemäß erbrachte Leistung eine Abschlagszahlung in der Höhe verlangen, in der der Besteller durch die Leistung einen Wertzuwachs erlangt hat. ²Wegen unwesentlicher Mängel kann die Abschlagszahlung nicht verweigert werden. ³§ 641 Abs. 3 gilt entsprechend. ⁴Die Leistungen sind durch eine Aufstellung nachzuweisen, die eine rasche und sichere Beurteilung der Leistungen ermöglichen muss. ⁵Die Sätze 1 bis 4 gelten auch für erforderliche Stoffe oder Bauteile, die angeliefert oder eigens angefertigt und bereitgestellt sind, wenn dem Besteller nach seiner Wahl Eigentum an den Stoffen oder Bauteilen übertragen oder entsprechende Sicherheit hierfür geleistet wird.

(2) Wenn der Vertrag die Errichtung oder den Umbau eines Hauses oder eines vergleichbaren Bauwerks zum Gegenstand hat und zugleich die Verpflichtung des Unternehmers enthält, dem Besteller das Eigentum an dem Grundstück zu übertragen oder ein Erbbaurecht zu bestellen oder zu übertragen, können Abschlagszahlungen nur verlangt werden, soweit sie gemäß einer Verordnung auf Grund von Artikel 244 des Einführungsgesetzes zum Bürgerlichen Gesetzbuche vereinbart sind.

(3) ¹Ist der Besteller ein Verbraucher und hat der Vertrag die Errichtung oder den Umbau eines Hauses oder eines vergleichbaren Bauwerks zum Gegenstand, ist dem Besteller bei der ersten Abschlagszahlung eine Sicherheit für die rechtzeitige Herstellung des Werkes ohne wesentliche Mängel in Höhe von 5 vom Hundert des Vergütungsanspruchs zu leisten. ²Erhöht sich der Vergütungsanspruch infolge von Änderungen oder Ergänzungen

§ 632a

des Vertrages um mehr als 10 vom Hundert, ist dem Besteller bei der nächsten Abschlagszahlung eine weitere Sicherheit in Höhe von 5 vom Hundert des zusätzlichen Vergütungsanspruchs zu leisten. ³Auf Verlangen des Unternehmers ist die Sicherheitsleistung durch Einbehalt dergestalt zu erbringen, dass der Besteller die Abschlagszahlungen bis zu dem Gesamtbetrag der geschuldeten Sicherheit zurückhält.

(4) Sicherheiten nach dieser Vorschrift können auch durch eine Garantie oder ein sonstiges Zahlungsversprechen eines im Geltungsbereich dieses Gesetzes zum Geschäftsbetrieb befugten Kreditinstituts oder Kreditversicherers geleistet werden.

1   **1. Allgemeines.** Eingefügt durch das ZBG, geltend ab 1.5.2000 für geschlossene Verträge (EGBGB 229 § 1 II 1). Durch FoSiG (vor § 631 Rn 1 mit Wirkung zum 1.1.2009, s EGBGB 229 § 18 [richtig: 19]) wurden II–IV angefügt, I neu gefasst und an Parallelbestimmung des VOB/B 16 Nr 1 angepasst. Dadurch wird Anspruch auf Abschlagszahlungen ausgeweitet (BT-Drs 16/511 S 14). § 632a soll Vorleistungs- und Vorfinanzierungslast des Unternehmers durch Ansprüche auf Abschlagszahlungen mildern. Die Vorschrift soll sicherstellen, dass der Unternehmer eine Abschlagszahlung verlangen kann, wenn der Besteller einen festen Wert bekommen hat (BT-Drs 16/9787 S 18). Sie gilt für alle Werkverträge. **Lit.** zu § 632a aF s 12. Aufl.
2   **Vorauszahlungen** (PalSprau 4) erfasst § 632a nicht. **Abweichende Vereinbarungen** zulässig, in AGB jedoch § 307; § 632a hat Leitbildfunktion, Ullmann NJW 02, 1075. Zur Unwirksamkeit einer AGB-Abschlagszahlungsklausel bei Verbrauchervertrag (III) s BGH NJW 13, 219.

3   **2. Voraussetzungen (I). a) Teilweise erbrachte Unternehmerleistung (I 1–4):** Jede Erfüllungshandlung des Unternehmers (Tätigkeit, Sachzuwendung, zB Material, auch alle über § 946 in das Bestellereigentum gelangten Sachen), die zu **Wertzuwachs** bei Besteller führte. Wertzuwachs gegeben, wenn als Teilleistung selbstständig bewertbar (zB auf Grund Aufschlüsselung der Vergütungsanteile). Nicht mehr entscheidend, ob Teilleistung einen abgeschlossenen Teil des Werks darstellt oder nicht (BT-Drs 16/511 S 14). Entscheidend, ob sie selbstständig abrechenbar ist, weil ihr im Verkehr ein eigenständiger Vertragswert zugemessen werden kann. Daher zB keine Abschlagszahlung, wenn Gutachter eine Besichtigung durchgeführt und erste Gutachtenüberlegungen angestellt hat (sofern nichts abweichend geregelt) (BT-Drs 16/9787 S 18). Teilleistungen können einen Abschlagszahlungsanspruch auch auslösen, wenn keine Eigentumsübertragung am Teilwerk erfolgt oder dafür Sicherheit geleistet wird (BT-Drs 16/511 S 14: zB bei Entwicklung individueller Software oder bei Erstellung eines aus mehreren Teilen bestehenden
4   Gutachtens). **b)** Leistung muss **vertragsgemäß** sein, also geschuldet und **im wesentlichen** (I 2, ähnlich § 640 I 2, s § 640 Rn 3) mangelfrei (§ 633 Rn 4 ff). Anders als bei § 640 bezieht sich der Begriff „unwesentlicher Mangel" in § 632a I 2 auf das Teilwerk, das die jeweilige Abschlagszahlung auslöst und nicht auf das Gesamtwerk (BT-Drs 16/9787 S 18). Bei wesentlichem Mangel des Teilwerks besteht kein Anspruch auf Abschlagszahlung. **Leistungsverweigerungsrecht** nach
5   I 3 entsprechend § 641 III. **c)** Nachweis gemäß **I 4** durch klar nachvollziehbare und daher **prüfbare Aufstellung** der erbrachten Leistungen und des auf sie entfallenden Vergütungsanteils. Sie muss rasche und sichere Beurteilung der Leistungen ermögli-
6   chen (BT-Drs 16/9787 S 18). **d) Höhe** der Abschlagszahlung richtet sich nach Wertzuwachs beim Besteller, der grundsätzlich anteilig nach dem Verhältnis von Teilleistung zu Gesamtleistung an der Gesamtvergütung auf der Grundlage des Vertrags zu bemessen ist (s PalSprau 9). Nach UStG ist in der nachzuweisenden Höhe des Wertes der vertragsgemäßen Leistung die darauf entfallende **Umsatzsteuer**
7   enthalten (BT-Drs 16/511 S 14). **e)** I 1–4 gelten nach I 5 auch für **Stoffe und Bauteile. Eigentumserwerb** des Bestellers an Teilwerk, Stoffen oder Bauteilen durch Übereignung (§§ 929 ff), I 5 oder Einbau (§ 946, s Rn 3). Bei fehlendem

Titel 9. Werkvertrag und ähnliche Verträge § 632a

Eigentumserwerb des Bestellers kann Unternehmer Anspruch auf Abschlagszahlung durch **Sicherheitsleistung** in Höhe der Zahlung erreichen (**I 5 Hs 2**). Wahlrecht zwischen Eigentumsübertragung und Sicherheit für den Besteller in I 5 entspricht VOB/B 16 (BT-Drs 16/511 S 15). **f) Beweislast.** Unternehmer hat Vereinbarung **8** oder Voraussetzung „Teilleistung" oder „Herstellung oder Lieferung von Stoffen oder Bauteilen" sowie Art, Umfang, Wert und Mangelfreiheit zu beweisen, Besteller Fälligkeit der Gesamtvergütung, s Hamm NJW-RR 99, 528. Zu (behaupteten) Überzahlungen und Rückzahlungsansprüchen – Behauptungs- und Beweislast – s BGH NJW 02, 1567, NJW-RR 08, 328.

3. Rechtsfolgen (II). Anspruch auf Abschlagszahlung (I) in wertentsprechender **9** Höhe zu den Teilleistungen einschl MWSt auch ohne Abnahme (bei Abnahme § 641 I 2). Vereinbarungen über Höhe von Teilleistungen haben Vorrang, s BGH 140, 365. Selbstständiger (Teil)vergütungsanspruch, der aber im Gesamtvergütungsanspruch nach § 631 I aufgeht, sobald dieser fällig ist. Gestaffelte Abschlagszahlungen je nach Fortschritt des Werks möglich. Verlangt Unternehmer ohne sachlichen Grund **Vielzahl von Abschlagszahlungen,** hat Besteller wegen Rechtsmissbrauchs (§ 242 Rn 37 ff) das Recht, nur einzelne (im Betrag entsprechend erhöhte) Abschlagszahlungen zu erbringen. Wegen ihres vorläufigen Charakters stellen Abschlagszahlungen **keine Teilabnahmen** (§ 640 Rn 6) dar (BT-Drs 16/511 S 15).

4. Bauträgervertrag (II). II stellt Verhältnis zu anderen Abschlagszahlungsrege- **10** lungen klar. II betrifft Bauträgerverträge, für die die zulässigen Abschlagszahlungen in der Verordnung über die Abschlagszahlungen bei Bauträgerverträgen vom 23.5.2001 (BGBl I S 981) unter Verweis auf die Makler- und Bauträgerverordnung (MaBV) festgelegt sind. **Verweisung** auf EGBGB 244 ist dynamische Verweisung (BT-Drs 16/511 S 15). **Umbau** (II): entspricht HOAI 3 Nr 5. Danach sind Umbauten Umgestaltungen eines vorhandenen Objekts mit wesentlichen Eingriffen in Konstruktion und Bestand. § 3 Nr 6 HOAI kann auch Modernisierungen erfassen (BT-Drs 16/511 S 15). An die Stelle einer nach MaBV 3 II, 12 iVm § 134 nichtigen Zahlungsvereinbarung tritt nicht § 632a, sondern § 641 I, s BGH 171, 364. Zum Bauträgervertrag bei Verbraucher-Besteller s Rn 11.

5. Verbrauchervertrag (III). Besteller entsteht häufig erheblicher Mehrauf- **11** wand, wenn das Bauwerk insbesondere im Fall der Insolvenz des Bauunternehmers nicht vollendet oder mangelhaft errichtet wird. Diesem **Sicherungsbedürfnis** soll III bei einem Verbrauchervertrag Rechnung tragen. III ist Sonderregelung für **Bauverträge** (Werkvertrag über Bauleistungen, einschließlich Bauträger- und Generalübernehmervertrag), bei denen Besteller **Verbraucher** (§ 13) ist. Unternehmer muss nicht Voraussetzungen des § 14 erfüllen. Besteller kann Sicherheitsleistung für seinen Erfüllungsanspruch in Höhe von 5 Prozent der Vergütung beanspruchen. Sicherungsumfang orientiert sich an VOB/A 14 Nr 2 für Bauaufträge der öffentlichen Hand. Weitere Sicherheit s **III 2:** 10%-Grenze gilt ab zweiter Abschlagszahlung. **Sicherungszweck:** Sicherheit für die rechtzeitige und vollständige Herstellung des Werkes ohne wesentliche Mängel (Rn 4) zu leisten. Sicherheit deckt alle Ansprüche ab, die darauf beruhen, dass die Unternehmerleistung hinter der vertraglich vorausgesetzten Tauglichkeit oder Werthaltigkeit zurückbleibt. Erfasst werden auch alle Ansprüche wegen Überschreitung der Bauzeit.

6. Art der Sicherheit (III 3, IV). S **IV;** §§ 232 ff nach Wahl des Unternehmers. **12** Zur Sicherheitsleistung s auch § 648a. Bei Verbrauchervertrag (Rn 11) kann Unternehmer nach **III 3** Sicherheitsleistung durch **Einbehalt** verlangen (entspricht VOB/B 17 Nr 6). Der Besteller hat dann Abschlagszahlungen so lange zurückzuhalten, bis die geschuldete Sicherheit von 5 Prozent erbracht ist. **Rückgabe** der Sicherheit durch Besteller, wenn Unternehmer vollständig und mangelfrei erfüllt hat, denn dann kann Sicherungsfall nicht mehr eintreten. **Verwertung** durch Besteller, wenn gesicherter Anspruch wegen mangelhafter oder verspäteter Erfüllung durch Unternehmer entstand (PalSprau 19).

Vorbemerkungen zu §§ 633–639

1 §§ 633–639, die §§ 633–639 aF ersetzen, sind dogmatisch stringenter als die aF konzipiert. Das Pflichtenprogramm des Unternehmers hinsichtlich der Beschaffenheit – § 633 – ist in enger Anlehnung an das Pflichtenprogramm des Verkäufers geregelt, die Rechtsbehelfe des Bestellers bei vertragswidriger Beschaffenheit, dh bei Sach- oder Rechtsmängeln, sind in weitgehender Parallele zum Kaufrecht mit dem allgemeinen System der Rechtsbehelfe bei Pflichtverletzungen des Schuldners verzahnt, s § 634. Für altem Recht unterliegende Verträge – dh vor dem 1. 1. 02 geschlossene Verträge, EGBGB 229 § 5 S 1, bei Werkverträgen als Dauerschuldverhältnisse noch bis zum 31. 12. 02, S 2 – wird auf 9. Aufl verwiesen; zur Übergangsregelung für die Verjährung s § 634a Rn 13.

§ 633 Sach- und Rechtsmangel

(1) **Der Unternehmer hat dem Besteller das Werk frei von Sach- und Rechtsmängeln zu verschaffen.**

(2) [1]**Das Werk ist frei von Sachmängeln, wenn es die vereinbarte Beschaffenheit hat.** [2]**Soweit die Beschaffenheit nicht vereinbart ist, ist das Werk frei von Sachmängeln,**
1. **wenn es sich für die nach dem Vertrag vorausgesetzte, sonst**
2. **für die gewöhnliche Verwendung eignet und eine Beschaffenheit aufweist, die bei Werken der gleichen Art üblich ist und die der Besteller nach der Art des Werkes erwarten kann.**

[3]**Einem Sachmangel steht es gleich, wenn der Unternehmer ein anderes als das bestellte Werk oder das Werk in zu geringer Menge herstellt.**

(3) **Das Werk ist frei von Rechtsmängeln, wenn Dritte in Bezug auf das Werk keine oder nur die im Vertrag übernommenen Rechte gegen den Besteller geltend machen können.**

1 **1. Allgemeines. a)** I verpflichtet Unternehmer zur Herstellung eines Werks frei von Sach- und Rechtsmängeln und legt in II fest, wie die vertragsgemäße
2 *(Soll)*beschaffenheit zu bestimmen ist. **b)** „Zu verschaffen" in I 1 meint in Ergänzung zu § 631 I auch Übereignung und Übergabe, soweit erforderlich (sa § 631 Rn 10,
3 § 632a II). **c)** Maßgebender Zeitpunkt für vertragsgemäße Beschaffenheit: Gefahrübergang, § 644 (nicht abw LG Leipzig BauR 04, 1457: kein Mangel im Zeitpunkt § 644, wenn Werk (Tür) zur Zeit des Vertragsschlusses, nicht aber bei Abnahme BauO entspricht, sofern die geänderte Norm nur eine Bauordnungsvorschrift ist, die der vorbeugenden Gefahrenabwehr dient, sie aber noch nicht als Regel der Technik zu verstehen ist).

4 **2. Vertragsgemäße Beschaffenheit (II 1, 2).** *Mängelfreiheit.* **a) Vereinbarung,** II 1, legt primär Sollbeschaffenheit fest. Jede Vereinbarung in oder auch außerhalb des eigentlichen Werkvertrages genügt. Besondere Zusicherung ist nicht erforderlich, kann aber evtl Garantie iSv §§ 276, 639 sein. Vereinbarung grundsätzlich formfrei möglich. Auch lediglich einseitige Vorstellung einer Partei kann genügen, wenn die andere in Kenntnis des Willens des Erklärenden den Vertrag schließt (BGH NJW 04, 2156 zu Wohnfläche). Zur vereinbarten **Beschaffenheit** gehören alle Eigenschaften des Werks, die nach der Vereinbarung der Parteien den vertraglich geschuldeten Erfolg herbeiführen sollen (BGH NJW 11, 3780 mAnm Voit; 08, 512). Der vertraglich geschuldete Erfolg bestimmt sich nicht allein nach der zu seiner Erreichung vereinbarten Leistung oder Ausführungsart, sondern auch danach, welche Funktion das Werk nach dem Willen der Parteien erfüllen soll (BGH NJW 11, 2645 mN). Abweichung von der vereinbarten Beschaffenheit (Mangel) gegeben,

Titel 9. Werkvertrag und ähnliche Verträge **§ 633**

wenn der mit dem Vertrag verfolgte Zweck der Herstellung eines Werks nicht erreicht wird und das Werk seine vereinbarte oder nach dem Vertrag vorausgesetzte Funktion nicht erfüllt (BGH NJW 11, 3780f mAnm Voit; 08, 512 f mwN = BGH 174, 110). Das gilt unabhängig davon, ob die Parteien eine bestimmte Ausführungsart vereinbart haben oder die anerkannten Regeln der Technik eingehalten worden sind (BGH NJW 08, 512). Ist die **Funktionstauglichkeit** für den vertraglich vorausgesetzten oder gewöhnlichen Gebrauch vereinbart und ist dieser Erfolg mit der vertraglich vereinbarten Leistung (im Sinne einer technischen Durchführungsvereinbarung) oder Ausführungsart oder den anerkannten **Regeln der Technik** nicht zu erreichen, schuldet der Unternehmer die vereinbarte Funktionstauglichkeit (BGH NJW 11, 3781; 08, 512 f; je mwN). Generell: Bei Divergenz von Vereinbarung und anerkannten Regeln der Technik (s noch Rn 3, 6) geht Vereinbarung vor (BGH NJW 08, 512 f mwN; WM 06, 447; NJW-RR 02, 1533; NJW-RR 95, 472; Oldenburg CR 04, 175; Medicus ZfBR 84, 155, zu DIN-Normen Motzke ZfBR 87, 2, 5, sa BGH NJW 09, 2439). Eine Entsprechung zu § 434 I 3 – **öffentliche Äußerungen** von Herstellern usw – fehlt, doch wird man Zurechnung solch öffentlicher Äußerungen, etwa in der Werbung, zur Vertragsschlusserklärung des Unternehmers auch dann, wenn sie nicht selbst von ihm stammen, nicht ausschließen können (Auslegungsfrage), etwa, wenn der Unternehmer in Vertragsverhandlungen sich für Material, Einbauteile usw auf Herstellerprospekte bezieht. **Beweislast** hat, wer sich auf bestimmte Beschaffenheitsvereinbarungen oder Abweichung beruft, also Besteller für Pflichtenprogramm hinsichtlich Beschaffenheit und Mangelsymptome, s BGH 110, 101 (zum Architektenwerk BGH NJW 98, 135 f); BGHR 04, 1604; OLGR Frankfurt 04, 259, der Unternehmer für Erfüllung in vertragsgemäßer Beschaffenheit, s Nierwetberg NJW 93, 1745. Sa Braunschweig NZBau 04, 550: Unternehmer trägt Beweislast, dass Mangel auf bestellereigene Sache zurückzuführen ist. BGH NJW 11, 3780 mAnm Voit: Unternehmer trägt Darlegungs- und Beweislast, dass Nichterfüllung der Funktion auf bindender Anordnung einer untauglichen Ausführungsweise durch den Besteller beruht. BGH NJW 11, 3781; 08, 511 (= BGH 174, 110, s dazu Lucenti NJW 08, 962): Unternehmer ist dann nicht für den Werkmangel verantwortlich, wenn er auf verbindliche Vorgaben des Bestellers oder von diesem gelieferte Stoffe oder Bauteile oder Vorleistungen anderer Unternehmer zurückzuführen ist und der Unternehmer seine Prüfungs- und Hinweispflicht erfüllt hat. Es ist dann nach Treu und Glauben geboten, den Unternehmer unter der Voraussetzung aus der Mängelhaftung zu entlassen, dass er seine ebenfalls auf die ordnungsgemäße Vertragserfüllung gerichtete Pflicht erfüllt hat, den Besteller auf die Bedenken hinzuweisen, die ihm bei der gebotenen Prüfung gegen die Geeignetheit der verbindlichen Vorgaben, der gelieferten Stoffe oder Bauteile oder der Vorleistung anderer Unternehmer gekommen sind oder bei ordnungsgemäßer Prüfung hätten kommen müssen. Unternehmer trägt daher Beweislast dafür, dass er seine Prüfungs- und Hinweispflicht in Bezug auf unzureichende Vorleistung eines anderen Unternehmers erfüllt hat. Nach Abnahme bzw Abnahmefiktion iSv § 641 I 3 trägt Besteller Beweislast für Mängel. **Einzelfälle:** Unterschied zwischen vereinbarter und tatsächlicher **Bauausführung** ist Mangel, auch wenn Werk funktionstauglich ist, s Celle BauR 03, 1408 (Schornstein), Schleswig-Holstein BauR 04, 1946 (Wärmedämmung), oder sogar technisch besser ist (BGH NJW 02, 3543). Architektenplanung ist mangelhaft, wenn vereinbarte **Baukosten**obergrenze überschritten wird (Celle NJW-RR 03, 1177); Kostentoleranz nur bei entsprechender Vertragsabrede, s BGH NJW-RR 03, 877; Naumburg IBR 05, 31 (rechtskräftig: BGH 30. 9. 04 – VII ZR 318/03); BGH NJW-RR 03, 593, dazu Schwenker EWiR 04, 487. Vereinbaren die Parteien, dass für Inhalt und Umfang der Werkvertragspflichten des Architekten das Leistungsbild des HOAI 15 II entsprechend gilt, hat der Architekt ein **Bautagebuch** zu führen, sonst liegt ein Leistungsmangel vor: Pflicht zu Aushändigung an Besteller besteht grundsätzlich nicht; Einbehaltung durch Architekten begründet keinen Leistungsmangel (BGH NZBau 11, 622 zu § 634 aF). Iü richten sich Pflichten des Architekten nach den vertraglich

Mansel

begründeten Interessen des Bestellers (BGH 159, 376: Zusammenstellung der Vorplanungsergebnisse). **Risiko** geringerer Haltbarkeit, kürzerer Nutzungsdauer, erhöhter Betriebs- oder Instandsetzungskosten bedingen Mangel, auch bei (zurzeit) voller Funktionsfähigkeit (BGH 153, 280). BGH NJW 08, 511 (fehlende Funktionsfähigkeit einer Heizung); BGH 153, 280 (Mangel, wenn Betondecke nicht vereinbarte Nutzlast tragen kann, auch wenn sie nach derzeitigem Erkenntnisstand für alle denkbaren Benutzungsfälle ausreicht); BGH NJW 98, 3708; sa LG Lübeck NJW-RR 03, 305; Weitersheim BauR 04, 381. Beim Bauträgervertrag mit Übereignungspflicht sind vereinbarte **Wohnflächen** Beschaffenheitsmerkmale (BGH NJW 04, 2156; 99, 1859; BGH 146, 256; 145, 129 mN); Unterschreitung bei Bauerstellung begründet Mangel (BGH NJW 04, 2156; 99, 1859; BGH 146, 256 mN). **Verspä-**
5 **tung** eines Flugs ist kein Mangel (BGH NJW 09, 2743). **b)** II 2 enthält **Auslegungsregeln,** die eingreifen, soweit Vereinbarungen fehlen oder unbeweisbar bleiben; dogmatisch handelt es sich (zum Parallelproblem bei § 434 I 2, 3 s Mansel AcP 204, 418) um vermutete Vereinbarungen. An erster Stelle kommt es auf die nach dem Vertrag vorausgesetzte Verwendung an (Bsp: Gebäude für Chip-Herstellung: Reinlufträume); auch Eignung als Grundlage für Folgeleistungen, Köln NJW-RR 94, 1045. In der Sache entspricht II 2 Nr 1 dem „nach dem Vertrag vorausgesetzten Gebrauch" in § 633 I aF; erforderlich ist also auch nach der Neufassung Kenntnis
6 des Unternehmers („*vorausgesetzte* Verwendung"). **c)** Hilfsweise greift II 2 Nr 2 ein, der nach seiner Funktion „Wert oder Tauglichkeit zu dem gewöhnlichen Gebrauch" in § 633 I aF entspricht. Hier gewinnen auch technische Regelwerke Bedeutung, s Hamm BauR 94, 246: Schallschutz; im Allgemeinen ist deshalb Werkleistung mangelhaft, wenn sie zurzeit der Abnahme anerkannten Regeln der Technik als vertraglichem Mindeststandard nicht entspricht (BGH NJW 98, 2815), es sei denn, aus der Abrede folgt anderes, s Rn 4. Kein Mangel, wenn nur eine Bauordnungsvorschrift verletzt wird, die noch nicht als Regel der Technik zu verstehen ist, s Rn 3. Gegenüber Gesetzesfassung vor 2002 erfolgt jetzt stärkere Einschränkung durch Berechtigung der Erwartungen des Bestellers *(erwarten kann)* sowie den Verweis auf die *übliche* Beschaffenheit von Werken der gleichen Art. Bsp: Individualsoftware, die wohl nie fehlerfrei läuft, gleichwohl aber vertragsgemäß beschaffen, also mangelfrei, sein kann (zu unvermeidbaren Softwarefehlern s Heussen CR 04, 1).

7 **3. Aliud und Minus (II 3).** Sie werden als Mängel behandelt, II 3. Wichtig ist
8 das für die Verjährung, aber auch für Rücktritt, s § 323 V 1 oder 2. **a) Aliud** ist mangelhaftes Werk stets (und nur) dann, wenn Unternehmer damit erfüllen wollte;
9 anders Ersatzangebot (evtl GoA). **b) Minus** ist jede Unvollständigkeit des Werks, etwa nur teilweise Inspektion eines Kanals (BGH NJW 02, 816 zur aF: Teilweise Nichtausführung des Werks als Mangel). Bei teilweiser Nichtleistung – Bsp: Verputz für mehrere Reihenhäuser nur an einem Haus angebracht – bleibt es bei den allgemeinen Regeln für Teil(nicht)leistung (PalSprau § 633 Rn 8).

10 **4. Rechtsmängelfreiheit (III).** Dingliche oder obligatorische, auch Immaterialgüterrechte (hergestellte Software verletzt UrheberR) Dritter. Nicht: Nur behauptete Rechte. Öffentliche Nutzungsbeschränkungen sind Sachmangel; Unterscheidung von Rechts- und Sachmangel hat wegen Gleichbehandlung jedoch Bedeutung verloren. **Beweislast** für Rechtsmängelfreiheit hat Unternehmer (nur), wenn Besteller substantiiert Rechte Dritter behauptet.

§ 634 Rechte des Bestellers bei Mängeln

Ist das Werk mangelhaft, kann der Besteller, wenn die Voraussetzungen der folgenden Vorschriften vorliegen und soweit nicht ein anderes bestimmt ist,
1. nach § 635 Nacherfüllung verlangen,
2. nach § 637 den Mangel selbst beseitigen und Ersatz der erforderlichen Aufwendungen verlangen,

Titel 9. Werkvertrag und ähnliche Verträge **§ 634**

3. **nach den §§ 636, 323 und 326 Abs. 5 von dem Vertrag zurücktreten oder nach § 638 die Vergütung mindern und**
4. **nach den §§ 636, 280, 281, 283 und 311a Schadensersatz oder nach § 284 Ersatz vergeblicher Aufwendungen verlangen.**

Lit: Hillig, Die Mängelhaftung des Bauunternehmers im deutschen und englischen Recht, 2010; Peters, Die fehlerhafte Planung des Bestellers und ihre Folgen, NZBau 08, 609; Popescu/Majer, Gewährleistungsansprüche bei einem wegen Ohne-Rechnung-Abrede nichtigen Vertrag, NZBau 08, 424.

1. Allgemeines. § 634, Rechtsgrundverweisung, die Rechte und Ansprüche des **1** Bestellers bei vertragswidriger Beschaffenheit des Werks in das allgemeine System der Rechtsbehelfe des Gläubigers bei Pflichtverletzungen des Schuldners integriert, wobei wie in der Parallelnorm zum Kaufrecht – § 434 – zusätzlich zu den allgemeinen Voraussetzungen für Rechtsbehelfe, auf die hier zu verweisen ist – s §§ 280, 323 ff –, in den §§ 634, 635 ff noch spezielle, auf die Besonderheiten vertragswidriger Beschaffenheit abgestimmte positive oder negative Voraussetzungen geregelt sind. Hat sich die mangelhafte Bauleistung des Unternehmers im Bauwerk verkörpert, handelt er regelmäßig treuwidrig, wenn er sich zur Abwehr von Mängelansprüchen auf die Gesamtnichtigkeit des Werkvertrags wegen Ohne-Rechnung-Abrede beruft, s BGH NZBau 08, 434 f und 436, dazu Popescu/Majer NZBau 08, 424; Entscheidung ist zu sehen vor dem Hintergrund der spezifischen Interessenlage im Bauwerkvertrag. Zur Sekundärhaftung eines Architekten, der nur mit Aufgaben der Leistungsphasen 1–6 gem HOAI 15 II betraut ist, s BGH NJW 09, 3360; sa NJW 11, 3086: Grundsätzlich keine Übertragbarkeit der Sekundärhaftungsgrundsätze auf Sonderfachleute. Zur Abgrenzung zw deliktsrechtlicher Amts- und werkvertraglicher Mängelhaftung s BGH NJW 13, 603.

2. Ansprüche und Gestaltungsrechte. a) Vorrangig kann – und muss – der **2** Besteller Nacherfüllung nach Maßgabe des § 635 verlangen, Nr 1; Anspruch auf Aufwendungsersatz im Falle berechtigter Selbstvornahme, s zunächst § 637; Recht zum Rücktritt oder zur Minderung s §§ 323, 326 V, 636 (Rücktritt, dazu § 636 Rn 2–6) oder § 638 (Minderung); Ansprüche auf Schadensersatz s §§ 636, 280, 281, 283 sowie 311a II (dazu § 636 Rn 7–11); Anspruch auf Aufwendungsersatz s § 284; Einzelheiten s Kommentierung dieser Vorschriften. Ohne abw Vereinbarung gelten für Mängelbeseitigungsrecht nur ges Einschränkungen (s BGH NJW 10, 3649: Unternehmer hat Mängelbeseitigungspflicht, auch wenn Verantwortlichkeit bei Inanspruchnahme noch ungeklärt, u darf Mängelbeseitigung nicht von Verpflichtung durch Besteller zur Kostenübernahme für Verantwortlichkeitsuntersuchung abhängig machen). **b)** §§ 634 ff gelten erst ab **Gefahrübergang,** dh zumeist nach **3** Abnahme; vorher hat Besteller bei sich abzeichnenden Mängeln den allgemeinen Erfüllungsanspruch aus § 633 I, evtl Rücktrittsrecht aus § 323 IV, teilw aA PalSprau vor § 633 Rn 7.

Nacherfüllungsanspruch und Schadensersatzanspruch können grundsätzlich **abge- 4 treten** werden, auch wenn Werk nicht mitveräußert wird; auch die Gestaltungsrechte Rücktritt und Minderung können an einen Dritten, insbesondere den Erwerber des Werks oder Grundstücks, auf dem Bauwerk errichtet worden ist, übertragen oder ihm zur Ausübung überlassen werden; evtl Ermächtigung des Zedenten zur Ausübung im eigenen Namen und Prozessführungsbefugnis (Bsp: Bauträger, der Mängelansprüche an Erwerber abgetreten hat, s BGH 70, 389). Zur **Geltendmachung** von Gewährleistungsansprüchen durch die Wohnungseigentümergemeinschaft im Wege gesetzlicher oder gewillkürter Prozessstandschaft s BGH NJW 07, 1952. **c)** Vorrangig gelten **5 §§ 320–322.** Besteller kann Bezahlung einer fälligen Abschlagsforderung wegen bis dahin aufgetretener Baumängel gem § 320 in angemessenem Verhältnis zum voraussichtlichen Beseitigungsaufwand verweigern, s BGH NJW 12, 56f mN. Scheitert Fertigstellung daran, dass angebotene Mängelbeseitigung abgelehnt wird, kann Unternehmer nach § 322 II vorgehen, BGH NJW 02, 1262. **d) Befreiung von Sach- und 6**

Rechtsmangelhaftung: Nach § 242 Befreiung von verschuldensunabhängiger Mängelhaftung, wenn Mangel auf verbindliche Vorgaben des Bestellers oder von ihm gelieferte Stoffe oder Bauteile oder Vorleistungen anderer Unternehmer zurückzuführen ist und Unternehmer seine eigene **Prüfungs- und Hinweispflicht erfüllt** hat (BGH LM § 633 BGB Nr 3; NJW 87, 643; NZBau 11, 747 mN; 05, 456; s ausführlich Peters NZBau 08, 609; Fehlverständnis bei Vorwerk BauR 03, 6). Haftung widerspräche dann der gesetzlichen Risikozuordnung iSv § 645 (BGH NJW 08, 514 = BGH 174, 110 mwN). Prüfungs- und Hinweispflicht des Unternehmers ist erfüllt, wenn Unternehmer den Besteller auf die Bedenken hinweist, die ihm bei der gebotenen Prüfung gegen die Geeignetheit der verbindlichen Vorgaben, der gelieferten Stoffe oder Bauteile oder der Vorleistung anderer Unternehmer gekommen sind oder bei ordnungsgemäßer Prüfung hätten kommen müssen (vgl BGH NJW 08, 513). Ausmaß, **Inhalt** und Grenzen der Pflicht sind im **Einzelfall** nach **Zumutbarkeit** zu bestimmen (BGH NJW 08, 514; 87, 643). **Faktoren:** vom Unternehmer zu erwartendes Fachwissen, alle Umstände, die für den Unternehmer bei hinreichend sorgfältiger Prüfung als bedeutsam erkennbar sind (s BGH aaO; NJW 02, 1565). Bei engem Zusammenhang des Werks mit Vorarbeit oder Planung eines anderen muss Unternehmer uU durch Erkundigungen prüfen, ob Vorarbeiten, Stoffe, Bauteile oder Planung eine geeignete Grundlage für sein Werk bieten und keine Eigenschaften besitzen, die den Erfolg seiner Arbeit in Frage stellen können (BGH NJW 11, 2645; 08, 514; 87, 643). Auch wenn er den Besteller darauf hingewiesen hat, dass bestimmte Voraussetzungen für sein Werk vorliegen müssen, muss er sich grundsätzlich vor Ausführung seines Werks vergewissern, ob diese Voraussetzungen eingehalten sind (s BGH NJW 00, 280). Es bedarf regelmäßig der eigenständigen Überprüfung, bloße Absprachen mit Vorunternehmer genügen nicht (Frage der Zumutbarkeit im Einzelfall).

§ 634a Verjährung der Mängelansprüche

(1) **Die in § 634 Nr. 1, 2 und 4 bezeichneten Ansprüche verjähren**
1. **vorbehaltlich der Nummer 2 in zwei Jahren bei einem Werk, dessen Erfolg in der Herstellung, Wartung oder Veränderung einer Sache oder in der Erbringung von Planungs- oder Überwachungsleistungen hierfür besteht,**
2. **in fünf Jahren bei einem Bauwerk und einem Werk, dessen Erfolg in der Erbringung von Planungs- oder Überwachungsleistungen hierfür besteht, und**
3. **im Übrigen in der regelmäßigen Verjährungsfrist.**

(2) **Die Verjährung beginnt in den Fällen des Absatzes 1 Nr. 1 und 2 mit der Abnahme.**

(3) ¹**Abweichend von Absatz 1 Nr. 1 und 2 und Absatz 2 verjähren die Ansprüche in der regelmäßigen Verjährungsfrist, wenn der Unternehmer den Mangel arglistig verschwiegen hat.** ²**Im Falle des Absatzes 1 Nr. 2 tritt die Verjährung jedoch nicht vor Ablauf der dort bestimmten Frist ein.**

(4) ¹**Für das in § 634 bezeichnete Rücktrittsrecht gilt § 218.** ²**Der Besteller kann trotz einer Unwirksamkeit des Rücktritts nach § 218 Abs. 1 die Zahlung der Vergütung insoweit verweigern, als er auf Grund des Rücktritts dazu berechtigt sein würde.** ³**Macht er von diesem Recht Gebrauch, kann der Unternehmer vom Vertrag zurücktreten.**

(5) **Auf das in § 634 bezeichnete Minderungsrecht finden § 218 und Absatz 4 Satz 2 entsprechende Anwendung.**

Lit: Hager/Maultzsch, Verjährung von Mängelrechten und Vorteilsausgleichung in Werkvertragsketten, FS Werner, 2009, 393; Hormann, Die Sekundärhaftung des Architekten, BTR 05, 202; Lauer, Verjährung des Mängelanspruchs und Sekundärhaftung im Architektenrecht, BauR 03, 1639; Budzikiewicz in: Mansel/Budzikiewicz, Das neue Verjährungsrecht, 2002, § 5

Titel 9. Werkvertrag und ähnliche Verträge § 634a

Rn 202–288; Putzier, Wann beginnt die fünfjährige Gewährleistungsfrist für den Architekten?, NZBau 04, 177; Saerbeck, Verjährungsprobleme im Baurecht zum Jahreswechsel 2004/2005, ZfIR 04, 885; Sterner/Hildebrandt, Hemmung und Unterbrechung der Verjährung von Mängelansprüchen nach neuem Recht und neuester Rechtsprechung, ZfIR 06, 349; Schudnagies, Die Verjährung im Architektenrecht nach der Schuldrechtsreform, 2006; Ulmer, Verjährung der Mängelansprüche beim Werkvertrag, ITRB 03, 162; Virneburg, Die Verlängerung der Verjährungsfrist für Werkmängelansprüche durch Auftraggeber-AGB – Die Rechtslage nach altem und neuem Recht, FS Thode, 2005, 201; Weyer s Lit vor § 611.

1. Allgemeines. a) Die **Sonderregelung** des § 634a gilt für die Rechtsbehelfe 1 des *Bestellers* bei *vertragswidriger Beschaffenheit* des Werks. Verjährungsfrist des § 634a **beginnt** erst zu laufen, wenn die Abnahme erfolgte oder endgültig verweigert wird (BGH NJW 10, 3573 in Änderung von BGH NZBau 00, 22) oder Umstände gegeben sind, nach denen eine Erfüllung des Vertrages nicht mehr in Betracht kommt (BGH NJW 11, 1224) oder ein Verzicht auf die Abnahme gegeben ist (Hamm BeckRS 11, 1909). Auch die Verjährung eines vor der Abnahme des Bauwerks auf Grund eines VOB-Vertrags entstandenen Anspruchs des Auftraggebers auf Ersatz der Mängelbeseitigungskosten (VOB/B 8 Nr 3 II 1) beginnt grundsätzlich nicht vor der Abnahme (s BGH NJW 12, 1137 mAnm Schwenker – noch zu § 638 I aF).

Hingegen gelten die **allgemeinen Verjährungsvorschriften** der §§ 195, 199, ggf (zB Erfüllungsansprüche aus Bauträgervertrag mit Grundstücksübereignungspflicht, s näher Mansel/Budzikiewicz § 4 Rn 32–37; NK/Mansel/Stürner § 196 Rn 25) §§ 196, 200 für die Ansprüche und (iVm § 218) für die Rechte des Unternehmers sowie für andere Rechtsbehelfe des Bestellers als solche wegen Mängeln (zum Schadensersatz statt der Leistung Stöber ZGS 05, 291 ff), für Ansprüche *auf Grund* Rücktritts oder Minderung, selbst wenn sie sich aus Mängelrechten des Bestellers ergeben (zB Anspruch auf Rückzahlung des Vorschusses auf Mängelbeseitigung, BGH NJW 10, 1195). Nach hM (s zB BaR/Voit 33 mN; StPeters/Jacoby 12 mit älteren Nachweisen; krit aber iE zust NK/Katzenmeier § 823 Rn 31, 39 ff mN; s noch Gsell JZ 05, 1171) gelten die §§ 195, 199 auch für mangelverursachte Deliktsansprüche (zB Weiterfresserschäden). Nach der Gegenauffassung findet § 634a auf konkurrierende Deliktsansprüche wegen mangelverursachter Schäden an den durch den Unternehmer bearbeiteten Sachen des Bestellers und an seinen sonstigen Rechtsgütern (mit Ausnahme für Verletzung von Leben, Gesundheit, Körper) Anwendung, s näher Mansel/Budzikiewicz § 5 Rn 274 ff; dies Jura 03, 1 mN; zust ua Roth JZ 01, 544; BaR/Spindler § 823 Rn 0.36. **b) Vereinbarungen** über die 2 Verjährung s §§ 202, 307, 309 Nr 7, Nr 8b ff (zur AGB-Kontrolle s BGH NJW-RR 02, 664). **c)** Hemmung oder Neubeginn des Fristlaufs richten sich nach §§ 203– 3 213, die Rechtsfolgen der Verjährung nach §§ 212 ff. Insbesondere ist jetzt § 639 II aF als § 203 verallgemeinert worden (näher Mansel/Budzikiewicz § 7 Rn 21 ff; BaR/Voit 18 mN; Weyer NZBau 02, 366); zT greift auch eine stillschweigende Verjährungsabrede ein (Mansel/Budzikiewicz aaO; dies, in: NK § 203 Rn 36, 38; aA BaR/Voit aaO). Ausfüllung des Verhandlungsbegriffs in § 203 S 1 durch die Rechtsprechung zu § 852 II, 639 II aF, vgl BGH NJW 07, 587. Für Hemmung der Verjährung genügt Hinweis auf Mangelerscheinungen, Darlegung von Ursachen bedarf es nicht, s BGH NJW 08, 576. Zur Reichweite der Verjährungsunterbrechung auf Grund einer Streitverkündung (§ 204 I Nr 6) in einem Bauprozess, s BGH NJW 12, 674 (zu § 209 II Nr 4 aF). In Zusage der Mängelbeseitigung liegt konkludentes Anerkenntnis bzw Verjährungsverzicht nur, wenn Auslegung ergibt, dass Zusage unabhängig von Verjährungseintritt gelten soll. Das ist nur anzunehmen, wenn nach §§ 133, 157 davon auszugehen ist, dass Erklärender drohenden Verjährungseintritt erkannt hat, sa OLGR München 05, 112: Zum Neubeginn nach § 639 I aF (jetzt Hemmung nach § 204 I Nr 7) bei selbstständigem Beweisverfahren, das Wohnungsverwalter betreibt, s BGH NJW 03, 3196 (s zur Beendigung des selbstständigen Beweisverfahrens und zum Ende der damit verbundenen Hemmung BGH NJW 11, 594); München NZM 02, 1032; ein selbstständiges Beweisverfahren

§ 634a

wegen Mängeln hat keinen Einfluss auf Verjährung der Werklohnforderung. Ihre Verjährung wird aber gem § 204 I Nr 7 BGB gehemmt, wenn der Auftragnehmer zur Aufklärung von Werkmängeln ein selbstständiges Beweisverfahren veranlasst, um die Abnahmereife seiner Werkleistungen und die tatsächlichen Voraussetzungen für die Fälligkeit seines Werklohnanspruchs nachweisen zu können, s BGH NJW

4 12, 1140. **d)** Das Dogma, Gestaltungsrechte könnten nicht verjähren, hat zu der kuriosen Regel des § 218 geführt, die für Rücktritt oder Minderung wegen Mängeln in IV 1, V in Bezug genommen wird.

5 **2. Anwendungsbereich. a)** § 634a unterscheidet drei Gruppen von Werken und darauf bezogene Verjährungsnormen; ergänzend gilt Regelverjährung für Rechtsbehelfe wegen arglistig verschwiegener Mängel, III 1 (Rn 11). Die bisherigen Sonderverjährungen nach BRAO 51b und SteuerberaterGes 68 wurden zum 15. 12. 04, WirtschaftsprüferO 51a wurde zum 1. 1. 04 zugunsten der Regelverjährung aufgehoben (näher Mansel/Budzikiewicz NJW 05, 321; Sontheimer, DStR 05,

6 834). **b)** Die Sonderfristen gelten für alle vertraglichen Ansprüche und Rechtsbehelfe des Bestellers, so dass bei Schadensersatzansprüchen nicht mehr zu differenzieren ist zwischen Mangelschaden, näheren und entfernten Mangelfolgeschäden (s dazu Tettinger ZGS 06, 96; krit zur gesetzgeberischen Einbeziehung vertraglicher Schadensersatzansprüche viele, vgl Zimmermann JZ 01, 689 f, Mansel/Budzikiewicz § 5 Rn 17 ff, 121 mN).

7 **3. Arbeiten an Bauwerken (I Nr 2). a) Arbeiten am Bauwerk (I Nr 2)** Rechtsbehelfe wegen Mängeln bei Bauwerken sowie Werken, deren Erfolg in der Erbringung von Planungs- oder Überwachungsleistungen für ein Bauwerk besteht, verjähren in fünf Jahren, I Nr 2; Fristbeginn Abnahme, II, dazu Mansel/Budzikiewicz § 5 Rn 202 ff. **Bauwerk** entspricht § 638 I 1 aF, so dass die bisherige Auslegung dieses Begriffs übernommen werden kann. Bauwerk ist – sachenrechtliche Einordnung ohne Bedeutung – eine unbewegliche, durch Verwendung von Arbeit und Material in Verbindung mit dem Erdboden hergestellte Sache (BGH NJW 13, 602; NJW-RR 03, 1320 – beide mN zu § 638 I 1 aF). Bauwerk ist daher nicht gleich Gebäude, sondern ein umfassenderer Begriff, s BGH 57, 61 (Rohrbrunnen), BGH NJW 83, 567 (Schwimmbecken), BGH 117, 121 (Containerkombination), BGH NJW-RR 98, 89 (Autowaschanlage); BGH NJW-RR 02, 664 (Müllpresse). BGH NJW 13, 602 (zu § 638 I 1 aF): Erneuerung eines Trainingsplatzes mit Rollrasen, Rasentragschicht, Bewässerungsanlage, Rasenheizung und Kunstfaserverstärkung ist Bauwerk. München NJW-RR 11, 379: Einbau allein der Rasentragschicht kein Bauwerk, sondern Arbeit an einem Grundstück. **Arbeiten am Bauwerk:** Maßgebend ist weiter, ob ein Bauwerk „hergestellt" oder „wiederhergestellt" iwS wird, wozu alle für Bestand (BGH NJW 84, 168 – Drainage –), Erneuerung oder Ergänzung (BGH NJW 74, 136 – Klimaanlage –; BGH NJW-RR 90, 787 – Einbauküche –; BGH NJW 91, 2486 – Teppichboden –; BGH NJW 13, 601 – Trainingsplatz mit umfangreicher Ausstattung, s o) wesentlichen Arbeiten gehören. Erforderlich ist die **Neuerrichtung oder grundlegende Erneuerung.** Grundlegende Erneuerungsarbeiten sind Arbeiten an bestehendem Bauwerk, die insgesamt einer ganzen oder teilweisen Neuerrichtung gleichzuachten sind (BGH NJW 13, 602 mN; 02, 2100 mN; Düsseldorf NJW 04, 3140). Grund: Normzweck der längeren Verjährungsfrist bei solchen umfassenden Erneuerungsarbeiten (Bsp: Altbaukernsanierung) gleich, da wie bei Neuerrichtung allgemein die Gefahr besteht, dass Mängel erst nach Jahren erkannt werden (BGH NJW 84, 168; Düsseldorf aaO). Daher nicht erfasst: bloße Bearbeitung oder Reparatur, die nach Umfang, Art, Funktion einer Neuerrichtung nicht gleich kommt (Kosten und Dauer der Maßnahmen können Indiz sein). Als Arbeiten am Bauwerk sind auch **Einzelleistungen** von Bauhandwerkern, die wesentliche Bestandteile des Gebäudes betreffen und der Neuerrichtung oder Erneuerung dienen sollen, zu sehen (s Mansel/Budzikiewicz § 5 Rn 80, 224; Düsseldorf NJW 04, 3140), zB Dach, BGH 19, 325 f, Estrich, Fußboden, Außenanstrich, umfangreiche Malerarbeiten, BGH NJW 93, 3195, Reparatur

Küchenzeile KG NJW-RR 96, 1010; BGH NJW-RR 03, 1320 mN. Dies gilt auch bei Bearbeitung oder Fertigung von Bauwerksteilen, die nicht auf der Baustelle ausgeführt werden, BGH NJW 80, 2081, sondern von Subunternehmern, s BGH NJW 02, 2100 mN (dem steht Selbsteinbau durch Besteller nicht gleich, s BGH aaO); BGH NJW-RR 90, 1108. Keine Arbeit am Bauwerk: Erstellung von Software für die Steuerung einer (Heizungs)anlage (Düsseldorf NJW 03, 3140. Kein Bauwerk, sondern **Arbeit an Grundstück**, s I Nr 1: Reinigung eines Hausabwasserkanals (BGH NJW-RR 02, 1238); Aufbringen von Straßenbelag (Brandenburg BauR 04, 1313). **b)** I Nr 2 HS 2 erfasst die **geistigen Planungs- und Überwachungsleis-** **8** **tungen**, die der Errichtung eines Bauwerks dienen. Das sind vor allem die Leistungen der Architekten, Statiker, Vermessungsingenieure und weiterer Ingenieure, die bestimmungsgemäß ihre Verkörperung im Bauwerk finden (Düsseldorf NJW 03, 3140, § 638 I 1 aF wurde bereits wie I Nr 2 HS 2 ausgelegt, dazu BGH NJW 13, 602; 99, 2434; Düsseldorf NJW-RR 99, 815; München MDR 74, 753). Auch erfasst Baucontrollerleistungen. Entscheidend: Leistung muss für ein Bauwerk („hierfür") bestimmt sein. Nr 2 greift auch ein, wenn die Mängel dieser geistigen Werke sich nicht als Bauwerksmängel niedergeschlagen haben, etwa, weil das Bauwerk nicht errichtet wird (PalSprau 10). Gleichbehandlung aller am Bauwerk Beteiligten hinsichtlich Frist ist nicht voll durchzuhalten, da der Fristbeginn unterschiedlich sein kann (zum Verjährungsfristbeginn von Mängelrechten bei Kündigung eines Architektenvertrags BGH IBR 09, 277). Ausgleich bei mehreren auf Grund Mängelgewährleistung Verpflichteten nach §§ 426, 254.

4. Arbeiten an Sachen (I Nr 1). Arbeiten an Grundstücken oder beweglichen **9** Sachen, s § 90. Zur Abgrenzung Arbeiten an Grundstück von Bauwerken s Rn 7. Bei **beweglichen Sachen** wird **Herstellung** meist zu § 651 führen, s § 651 Rn 1. Da jeweils 2-Jahresfrist, Unterschiede nur beim Fristbeginn (Ablieferung nach § 438 II, Abnahme nach § 634a II). **Wartung** oder **Veränderung** einer Sache sowie Planungs- oder Überwachungsleistungen *hierfür* verjähren in zwei Jahren. **Sonderfachleute** auch hier Architekten, Statiker, Ingenieure usw (s Rn 8). Fristbeginn mit Abnahme (II), dazu Mansel/Budzikiewicz § 5 Rn 202 ff.

5. Sonstige Werkleistungen (I Nr 3). Alle nicht unter I Nr 1 und Nr 2 zu **10** subsumierenden Werkleistungen unterliegen nach **I Nr 3** den allgemeinen Verjährungsregeln. Insbesondere unkörperliche Werke, sofern nicht Planungs- oder Überwachungsleistungen nach Nr 1 oder Nr 2, also zB Gutachten, Beförderungen, Erstellung einer Anschriftendatei (s vor § 631 Rn 5, Düsseldorf ZGS 04, 437), auch Individualsoftwareentwicklung (Mansel NJW 02, 96; ders/Budzikiewicz § 5 Rn 246; zustimmend BaR/Voit 12 mN). Ferner erfasst: Leistungen am menschlichen Körper und an Tieren (zum tierärztlichen Behandlungsvertrag Bemmann VersR 05, 762), soweit hier Werkvertrag (selten, vor § 611 Rn 21). Abgrenzung zum Dienstvertrag aus Gründen der Verjährung nicht erforderlich (wohl aber bei der AGB-Kontrolle wegen Leitbild). Es gilt gem I Nr 3 die Regelverjährung (auch für Beginn) der §§ 195, 199, dazu Mansel/Budzikiewicz § 5 Rn 202 ff. Bei Individualsoftwareentwicklung soll nach Metzger AcP 204, 243 aber für Fristbeginn § 634a II entspr gelten.

6. Arglist. Bei arglistigem Verschweigen eines Mangels gelten nach III 1 wieder **11** Regelfristen der §§ 195, 199. Bei Mängeln von Bauwerken oder entsprechenden Planungs- oder Überwachungsleistungen jedoch Ablaufhemmung nach III 2: Arglist privilegiert nicht. Arglist, wenn Unternehmer bewusst abredewidrig nicht erprobten (Bau)stoff verwendet und treuwidrig hierauf und auf das verbundene Risiko nicht hinweist (BGH NJW 02, 2776; LG Hamburg v 25. 2. 04 – 417 O 92/02, IBR 04, 309). Arglistig verschweigt, wer sich bewusst ist, dass ein bestimmter Umstand für die Entschließung seines Vertragspartners erheblich ist, nach Treu und Glauben diesen Umstand mitzuteilen verpflichtet ist und ihn trotzdem nicht offenbart, s BGH NJW 02, 2776 (Bewusstsein fehlt, wenn Verursacher Mangel als solchen nicht

§ 635 Buch 2. Abschnitt 8. Einzelne Schuldverhältnisse

wahrnimmt, s BGH NJW-RR 10, 1604, zu § 638 I aF; sa BGH NZBau 12, 360). Unternehmer verschweigt Gründungsmangel arglistig, wenn er trotz entsprechender Vertragspflicht die Baugrunduntersuchung unterlassen hat und den Besteller bei der Abnahme des Hauses nicht darauf und die damit verbundenen Risiken hinweist (BGH NZBau 12, 359 mAnm Pützenbacher). Die Arglistverjährung führt regelmäßig zum Unterlaufen der Sonderverjährungsfristen (Mansel/Budzikiewicz § 5 Rn 252 f; zu § 638 I aF s 9. Aufl Rn 2). Denn Arglist wird schon angenommen bei Verschweigen von Mängeln trotz Offenbarungspflicht nach Treu und Glauben (BGH 117, 318); Unternehmer muss sich arglistiges Verschweigen seiner Leute (evtl auch seiner Subunternehmer und deren für die Prüfung der Leistung verantwortlichen Mitarbeiter, vgl BGH 169, 255) zurechnen lassen. Arglist auch, wenn ein Organisationsmangel zur Unkenntnis des Unternehmers geführt hat (BGH 117, 318; 174, 32; gilt jedoch nur, wenn Unternehmer vorgeworfen werden kann, er habe durch entsprechende Organisation die Arglisthaftung vermeiden wollen, BGH NJW-RR 10, 1604). Arglist auch bei eigener Ausführung der geschuldeten Leistung, wenn sich der Unternehmer bewusst unwissend hält, s Düsseldorf NZBau 05, 402.

12 **7. Zurückbehaltungsrecht.** Trotz Verjährung der Rechtsbehelfe wegen Mängeln kann der Besteller – weitergehend als nach §§ 639 I, 478 aF, da Rüge nicht vorausgesetzt – seine Leistung zurückhalten, sofern er auf Grund Rücktritts oder Minderung hätte zurückhalten können, IV 2, V; geleistete Anzahlungen können jedoch nicht zurückverlangt werden, § 214 II. Bei Zurückhaltung trotz Unwirksamkeit des Rücktritts auf Grund Verjährung kann der Unternehmer zurücktreten, IV 3, um Beendigung der Schwebelage und des Vertrages zu erreichen.

13 **8. Übergangsregelung.** Neuregelung ab 1.1.2002, EGBGB 229 § 6 I 1, aber bei über den Jahreswechsel laufenden Verjährungsfristen gilt grundsätzlich die kürzere bzw früher endende Frist, EGBGB 229 § 6 III, IV. Für Beginn, Hemmung, Ablaufhemmungen, Neubeginn und Ende von Unterbrechungen nach altem Recht s EGBGB 229 § 6 I 2, 3 II (s Mansel/Budzikiewicz § 10).

§ 635 Nacherfüllung

(1) Verlangt der Besteller Nacherfüllung, so kann der Unternehmer nach seiner Wahl den Mangel beseitigen oder ein neues Werk herstellen.

(2) Der Unternehmer hat die zum Zwecke der Nacherfüllung erforderlichen Aufwendungen, insbesondere Transport-, Wege-, Arbeits- und Materialkosten zu tragen.

(3) Der Unternehmer kann die Nacherfüllung unbeschadet des § 275 Abs. 2 und 3 verweigern, wenn sie nur mit unverhältnismäßigen Kosten möglich ist.

(4) Stellt der Unternehmer ein neues Werk her, so kann er vom Besteller Rückgewähr des mangelhaften Werkes nach Maßgabe der §§ 346 bis 348 verlangen.

Lit: Jungmann, Die Verknüpfung der kauf- und werkvertraglichen Rückgewährsansprüche (§§ 439 Abs. 4, 635 Abs. 4 BGB) mit Ersatzlieferungs- bzw. Neuherstellungsansprüchen, ZGS 04, 263; Kohler, Nutzungsvergütung in Fällen der §§ 439 Abs. 4 und 635 Abs. 4 BGB?, ZGS 04, 48; Mehring, Der Anspruch auf großen Schadensersatz im Werkvertragsrecht, ZGS 09, 310; Muffler, Das Mängelbeseitigungsrecht des Werkunternehmers und die Doppelsinnigkeit der Nacherfüllung, BauR 04, 1356; Rodemann/Schwenker, Gibt es im Kauf- und Werkvertragsrecht einen verschuldensunabhängigen Anspruch auf Ersatz der Aus- und Einbaukosten mangelhafter Baustoffe?, ZfBR 11, 634; Schroeter, Das Recht zur zweiten Andienung im System des Schuldrechts, AcP 207, 35.

1 **1. Allgemeines. Nacherfüllung** ist primärer Rechtsbehelf des Bestellers (dazu Schroeter AcP 207, 35), doch lässt I dem Unternehmer die Wahl, auf welche Art

Titel 9. Werkvertrag und ähnliche Verträge **§ 635**

der Nacherfüllung er den versprochenen Erfolg „mangelfreies Werk" erreicht, dh durch Mängelbeseitigung oder Neuherstellung. Soweit möglich (s § 275 I), muss Nachbesserung zu fehlerfreiem Werk führen; bei möglicher Nachbesserung kann Unternehmer nicht Minderleistung als Nachbesserung erbringen und Minderwert durch Minderungsbetrag abgelten, sofern Besteller nicht zustimmt (BGH ZIP 03, 1203). Ist Mängelbeseitigung nur auf eine bestimmte Weise möglich, ist Unternehmer verpflichtet, diese vorzunehmen. Abweichendes Beseitigungsangebot des Unternehmers ist dann untauglich; Besteller kann es zurückweisen (BGH NJW 11, 1872). Auch bei Rechtsmängeln ist Nacherfüllung nach Wahl des Unternehmers durch Ablösung des Rechts des Dritten oder Herstellung eines unbelasteten Werks zu leisten. Zur Verwirkung des Rechts auf Nacherfüllung s Köln NJW-RR 03, 802. Einverständnis mit bestimmter Art der Nachbesserung bedeutet nicht Verzicht auf (sonstige) Rechtsbehelfe, BGH WM 02, 861 mAnm Kellermann JA 02, 532 (zu § 633 aF). Nach fruchtlosem Ablauf der dem Unternehmer zur Nacherfüllung gesetzten Frist (§§ 636, 323 I, 637) ist der Besteller nicht verpflichtet, das Unternehmerangebot zur Mängelbeseitigung anzunehmen (BGH 154, 123). Nachbesserung hinsichtlich Einzelleistung mit werkvertraglichem Charakter scheidet jedenfalls dann aus, wenn Fehler erst nach Beendigung des zugrunde liegenden Dienstverhältnisses von neu beauftragtem Dienstverpflichtetem entdeckt wurde, BGH NJW-RR 06, 1491 (bezogen auf Steuerberatungsleistungen, s vor § 631 Rn 8).

2. Nacherfüllungskosten (II). a) Nacherfüllung muss für den Besteller **unent-** 2 **geltlich** sein, II: Nacherfüllungskosten sind durch die nach § 631 I geschuldete Vergütung für den versprochenen Erfolg abgegolten, s schon BGH NJW 96, 3270 mwN (Nachbesserungskosten gehören zum Erfüllungsrisiko), soweit Besteller Kosten zum Auffinden des Mangels und Durchsetzung des Nacherfüllungsanspruchs hat, zB Transport-, Gutachter-, Anwaltskosten, hat er Erstattungsanspruch s BGH 113, 261; BGH NJW-RR 99, 813; BayObLG NJW-RR 02, 1668; sa BaR/Voit 9 mN; daneben bei Verschulden Schadensersatzanspruch (§§ 634 Nr 4, 636, 280, 281) s BGH NJW-RR 03, 452. **b)** Unternehmer muss nachbessern, bis die vereinbarte 3 Funktionstauglichkeit erreicht ist. Sind dazu Leistungen notwendig, die von der vereinbarten Leistung oder Ausführungsart nicht erfasst sind, ist zu prüfen, ob der Besteller deren Kosten im Rahmen der Vorteilsausgleichung unter dem Gesichtspunkt der Sowieso-kosten zu übernehmen hat (BGH NJW 08, 513 = BGH 174, 110; NJW-RR 07, 597; NJW 94, 2826; BGH 91, 211, alle mwN). **„Sowieso-Kosten"** sind notwendige Mehrkosten ordnungsgemäßer Ausführungen. Sie hat Besteller zu tragen, es sei denn, Unternehmer hat Höhe der Herstellungskosten garantiert (BGH NJW 94, 2826); zur Berechnung s BGH ZfBR 93, 12. Vorteilsausgleich auch für unvermeidbaren Mehrwert durch Mängelbeseitigung, BGH 91, 206; NJW 02, 131 f (bessere Wärmedämmung). **c)** Mit **Mängelbeseitigung verbun-** 4 **dene** Vorbereitungs- und Neben**arbeiten** sowie zur Wiederherstellung des früheren Zustandes erforderliche Arbeiten (BGH 96, 221), etwa Behebung der durch Nachbesserung verursachten Schäden, sind erfasst, PalSprau 6; nicht jedoch Mangelfolgeschäden an anderen Sachen als dem Werk, insoweit nur Schadensersatz aus § 280 (BGH 96, 221) oder Delikt (s § 634a Rn 1); ebenso Gewinnentgang während Mängelbeseitigung: (nur) Schadensersatz nach § 280 (BGH 72, 31). **d)** Mitverursachung 5 eines Mangels durch Besteller: Teilweise Kostentragung entspr § 254, s BGH NJW 99, 416, PalSprau 7. Zur Bestimmung der Höhe der anteiligen Kosten s BGH NJW 10, 2571. **e)** Vertraglich vereinbarte **Kostenerstattung** durch Besteller s BGH NJW 6 99, 416. **f)** Im Prozess Vergütung **Zug um Zug** gegen Mängelbeseitigung (s zu § 322 II BGH NJW 02, 1262), diese evtl Zug um Zug gegen Zuschusszahlung des Sowieso-Kosten, Vorteilsausgleich oder Mitverursachung des Bestellers („doppelte Zug um Zug-Verurteilung", BGH 90, 354).

3. Einwendungen und Einreden. Unternehmer kann **Nacherfüllung ver-** 7 **weigern,** wenn Erreichen des versprochenen Erfolgs durch Nacherfüllung jeglicher Art **a)** objektiv oder subjektiv **unmöglich** ist, § 275 I (Einwendung), also faktische

§ 636

Unmöglichkeit auf Grund Natur des Werkes (zeitgebundene Leistung), technische oder juristische Unmöglichkeit (Bauverbot, s BGH NJW 01, 1642), **b)** im Rahmen der nach § 275 II oder III anzustellenden Abwägungen wirtschaftlich oder persönlich **unzumutbar** ist (Einrede), s § 275 II, III. **c)** Allein auf Grund unverhältnismäßiger Kosten, III (Einrede); entspr § 633 II 3 aF, wobei **Unverhältnismäßigkeit** vor allem im Vergleich zum objektiven Wertverlust des Werks durch den Mangel und den objektiven Gesamtwert des mangelfreien Werks zu ermitteln ist, PalSprau 12; BGH NZBau 06, 110; Celle BauR 05, 1176. Verschuldensgrad des Unternehmers ist in Unverhältnismäßigkeitsabwägung einzubeziehen, s BGH NJW 13, 371f Tz 12 mAnm Zepp. **d) Folge der** berechtigten **Leistungsweigerung** durch Unternehmer: Anspruch auf Werklohn bleibt zwar bestehen und Leistungsweigerungsrecht des Bestellers nach § 641 III scheidet aus, ebenso Recht der Selbstvornahme, § 637 I aE, aber Besteller hat ohne Fristsetzung Rücktrittsrecht bei erheblichen Mängeln, §§ 326 V, 323 V 2 oder Minderungsrecht, § 638 I 1 (auch bei unerheblichen Mängeln: § 638 I 2). Hat Unternehmer unterbleibende Nacherfüllung zu vertreten, dann Schadensersatz statt der Leistung, §§ 280 I, II, III, 281 I, 284, 636 (s § 636 Rn 7–10), oder neben der Leistung, § 280 I. Bei unerheblichen Mängeln kein Schadensersatz statt der *ganzen* Leistung (§§ 281 I 3 bzw 283 2). Fristsetzung nach § 281 I 1 ist dann, wenn Leistungsverweigerungsrecht des Unternehmers nach § 635 III ausgeübt wird, nach § 636 nicht erforderlich (s BGH NJW 13, 370 Tz 8 mAnm Zepp).

11   **4. Schlechterfüllung. Mangelhafte Nacherfüllung** ist erneute Pflichtverletzung, die über § 634 die gleichen Rechtsbehelfe des Bestellers wie beim Erstmangel auslöst, aber vor allem als Fehlschlagen der Nacherfüllung sofort zum Recht auf Selbstvornahme, § 637 I, II 2, sowie zum Rücktritt und Schadensersatzanspruch, § 636, führt. Ist durch Nacherfüllung der vertragsgemäße Werkzustand nicht vollständig zu erreichen, dann kann für unvermeidbaren Minderwert gemindert werden, s § 638 Rn 6.

12   **5. Vertragliches Rückabwicklungsverhältnis (IV).** Wählt Unternehmer Neuherstellung, hat Besteller das mangelhafte Werk, soweit erhalten, nach §§ 346, 348 zurückzugewähren.

§ 636 Besondere Bestimmungen für Rücktritt und Schadensersatz

Außer in den Fällen der §§ 281 Abs. 2 und 323 Abs. 2 bedarf es der Fristsetzung auch dann nicht, wenn der Unternehmer die Nacherfüllung gemäß § 635 Abs. 3 verweigert oder wenn die Nacherfüllung fehlgeschlagen oder dem Besteller unzumutbar ist.

1   **1. Allgemeines.** Aufgrund der Verweisung in § 634 Nr 3, 4 richten sich die Rechtsbehelfe „Rücktritt" und „Schadensersatz" des Bestellers bei vertragswidriger Beschaffenheit nach den allgemeinen Regeln; § 636 entbindet zusätzlich in bestimmten Fällen von der nach den allgemeinen Regeln grundsätzlich erforderlichen Fristsetzung für die Nacherfüllung, wobei die Regelung in § 636 sich teilweise mit den allgemeinen Gründen für die Entbehrlichkeit der Fristsetzung überschneidet.

2   **2. Rücktritt.** Grundsätzlich ist Fristsetzung zur Nacherfüllung Voraussetzung, § 323 I; auch nach neuem Recht muss Besteller mit Fristsetzung jedenfalls Mangelerscheinungen angeben, vgl zur aF BGH 150, 226; BGH NJW-RR 99, 1330 f; Ausnahmen von Fristsetzung s §§ 323 II, 326 V, s § 323 Rn 11 ff, § 326 Rn 27 ff; zu unangemessen kurzen Fristen s § 323 Rn 8; bei Prüfung der Angemessenheit ist zu berücksichtigen, dass, wenn Besteller zuvor in Annahmeverzug war, Unternehmer es nicht zuzumuten ist, sich dauernd zur Erbringung der restlichen Werkleistung bereitzuhalten, BGH NJW 07, 2761. **Fristsetzung** ist aber ferner **entbehrlich,** –
3   in der Prüfungsreihenfolge oft vorrangig – **a)** wenn Unternehmer Nacherfüllung nach § 635 III wegen unverhältnismäßiger Kosten **verweigert** (BGH NJW 13, 370

Titel 9. Werkvertrag und ähnliche Verträge **§ 636**

Tz 8 mAnm Zepp); Weigerung aus anderen Gründen muss gleichstehen, § 323 II Nr 1. Keine Fristsetzung, wenn Unternehmer Gewährleistungspflicht schlechthin bestreitet oder die Mangelbeseitigung in anderer Weise bestimmt und endgültig verweigert (BGH NJW-RR 03, 1602). **b)** wenn Nacherfüllung **fehlgeschlagen** 4 ist; entsprechend § 440 S 2 wird man regelmäßig zwei Versuche zugestehen müssen, enger PalSprau 15; **c)** wenn Nacherfüllung für den Besteller **unzumutbar** ist, zB bei 5 schwerwiegenden Unannehmlichkeiten, Interessewegfall durch Zeitablauf (PalSprau 16). **d) Kein Rücktritt** trotz Fristablaufs oder Entbehrlichkeit der Fristsetzung bei 6 „unerheblichem" Mangel, § 323 V 2; bei Werkmängeln, insbesondere Bauwerkmängeln, ist bei Beurteilung der „Unerheblichkeit" den Besonderheiten des jeweiligen Werks und den Schwierigkeiten der Rückabwicklung Rechnung zu tragen. Soweit Rückgabe, etwa nach der Natur des Werkes oder auf Grund Einbaus als wesentlicher Bestandteil (Bauwerk) nicht in Betracht kommt, ist Wertersatz geschuldet § 346 II, wobei mangelbedingter Minderwert abzuziehen ist (§ 638 III analog – s BGH NJW 11, 3085). Grundlage für die Wertersatzermittlung: Werklohn (BGH ebda). **Rücknahmepflicht** des Unternehmers nach Rücktritt s BGH 87, 104.

3. Schadensersatz. a) Zusätzliche Voraussetzung ist „Vertretenmüssen", s 7 § 280 Rn 8 ff, § 311a 7; bei Werkherstellung dürften anfängliche Mängel iS § 311a II Ausnahme sein, etwa bei zu verwendenden, schon vorhandenen Materialien, Plänen usw. Unternehmer (zB Architekt) muss die Fachkenntnisse aufweisen, die für die versprochene Werkerstellung erforderlich sind; keine Entschuldigung durch Hinweis, dass Kenntnisse in Ausbildung (Studium) nicht vermittelt wurden (BGH ZIP 03, 1990). Zum Erfüllungsgehilfen s vor § 631 Rn 19. **Mitverschulden** des Bestellers nach § 254, zB wenn Besteller selbst Werkleistungen erbringt und dazu Leistungen seines Subunternehmers ungeprüft übernimmt (BGH NJW-RR 03, 1238) oder wenn er blind auf rechtliche Annahmen eines Architekten vertraut hat (BGH NJW 13, 684); ggf auch Verstoß gegen Schadensminderungspflicht nach § 254 II, wenn Besteller Baumangel erst nach Jahren beseitigen lässt (BGH NJW-RR 04, 739) oder mit (sich später herausstellend) erfolgloser Mängelbeseitigungsmaßnahme einverstanden ist (BGH NJW 10, 3299). Veräußerung der Sache berührt Schadensersatzanspruch in Höhe der zur Mängelbeseitigung erforderlichen Kosten nicht (stRspr BGH NJW-RR 04, 1462 mN). Vorteilsanrechnung bei Selbstnutzung oder Erzielung von Mieteinnahmen (s BGH NJW 06, 53; 09, 1870; NZBau 06, 312); jedoch keine Vorteilsanrechnung „neu für alt", wenn Vorteile ausschließlich auf Verzögerung der Mängelbeseitigung beruhen (s Koblenz VersR 09, 1282); ebenfalls nicht anrechenbar: Eigenheimzulage (s BGH NJW 10, 675). In Bezug auf vergebliche Aufwendungen kommt dem Besteller grundsätzlich die Rentabilitätsvermutung (widerleglich) zugute (zB bei Finanzierungskosten für Wohnungserrichtung, s BGH NJW 09, 1870); allerdings nicht für Aufwendungen, die erst in Folgegeschäften mit dem Vertragsgegenstand getätigt worden sind, s BGH NJW-RR 06, 1310 f. **b)** Aufgrund Verweisung auf §§ 280 ff, 311a II ist zu unterscheiden: Besteller kann 8 **Schadensersatz neben der Leistung**, etwa für Mangelfolgeschaden, Schaden aus Schutzpflichtverletzung, § 282, oder – unter den weiteren Voraussetzungen des § 286 – Verzugsschaden verlangen; insoweit ist Nachfrist (oft) ohnehin entbehrlich. Bei Mangelschaden (Minderwertschaden) ist dagegen grundsätzlich Fristsetzung zur Nacherfüllung erforderlich, es sei denn, § 636 (s oben Rn 3–5) greift ein; gleichstehen müssen Berufung des Unternehmers auf § 275 sowie die Fälle des § 281 II; sa BGH NJW-RR 12, 269. **c) Schadensersatz statt der Leistung** erfordert regelmä- 9 ßig Fristsetzung, es sei denn, Unternehmer kann Nacherfüllung nach § 275 verweigern, § 283, die Voraussetzungen des § 281 II liegen vor oder Nachfrist ist nach § 636 entbehrlich (zu § 636 Var 1 s BGH NJW 13, 370 Tz 8 mAnm Zepp; sa Rn 3–5); Entsprechendes gilt für Ersatz der frustrierten Aufwendungen, § 284. **d)** Der 10 **Schadensersatzanspruch** statt der Leistung tritt ganz oder teilweise an die Stelle des Erfüllungsanspruchs, so dass er so bemessen sein muss, dass dem Besteller die Mittel zur Verfügung gestellt werden, den vertraglich geschuldeten Erfolg (Kom-

Mansel

§ 636

pensation für die fehlerhafte Leistung) herbeizuführen (sa BGH NJW 13, 371f; 06, 2914). Es gibt dabei zwei Berechnungsweisen: kleiner und großer (Schadensersatz statt der ganzen Leistung) Schadensersatz, s näher § 281 Rn 18, 22; Mehring ZGS 09, 310. Der Schadensersatz statt der **ganzen Leistung** setzt nach § 281 I 3 einen erheblichen Mangel (Mangel ist Pflichtverletzung iSv § 280 ff) voraus. Schadensersatz statt der ganzen Leistung meint die Liquidation des ganzen Vertrages, d. h. Besteller kann dann das volle Erfüllungsinteresse unter Rückgabe des mangelhaften Werks bzw an den Gegenständen des Bestellers Wiederherstellung des früheren Zustands (bei mangelhaftem Bauwerk zB Abriss, s BGH NJW 06, 2914) verlangen, vgl § 281 V. Ein bereits geleisteter Werklohn ist dabei ein Mindestschadensposten des Bestellers. Der noch nicht erfüllte Werklohnanspruch geht dann (jedenfalls wenn noch keine Fälligkeit durch Abnahme eintrat) unter (BGH NJW 06, 2912). Der Schadensersatz bemisst sich danach, welche Kosten erforderlich sind, um das ver-

11 sprochene Werk zu errichten. **e)** Beim **kleinen** Schadensersatz behält der Besteller die Werkleistung und zahlt den Werklohn, daneben kann er als Schadensersatz wahlweise die Mangelbeseitigungskosten oder den eingetretenen merkantilen Minderwert der Werkleistung verlangen (s BGH NJW 13, 371 Tz 10 mN und mAnm Zepp; NJW-RR 05, 1039 unter II 2 a). Allerdings sollte es dem Besteller unbenommen sein, neben den Mangelbeseitigungskosten weiteren Schadensersatz für einen verbleibenden Rest-Minderwert, der sich nicht durch die Mangelbeseitigung beheben lässt, zu erhalten. Zur Schätzung (ZPO 287 I) eines Mindestbetrags für einen merkantilen Minderwert s BGH NJW 13, 525 (Minderwert eines Gebäudes nach Beseitigung von Rissen im Innen- und Außenputz – noch zu § 635 aF). Nach BGH NJW 05, 2771 (dazu Kessen BauR 05, 1691) stehen sich Werklohn und Schadensersatzanspruch für die Mehrkosten, die der Besteller zur Fertigstellung aufwenden musste, aufrechenbar gegenüber (keine Verrechnung, ebenso BaR/Voit 54 mN zum Streitstand). Deshalb greifen insoweit auch vertragliche bzw gesetzliche Aufrechnungsverbote (Überprüfung ggf nach § 309 Nr 3, § 307 I BGB), sofern die

12 Auslegung ergibt, dass sie diese Aufrechnungslage erfassen sollen. **f)** Bei der Berechnung des kleinen und des großen Schadensersatzes sind die Kosten für die fehlerfreie Werkerstellung zu ersetzen (s Rn 10 f). Entsprechend § 251 II (s BGH NJW 06, 2912 zum großen, BGH 59, 365 f, NJW-RR 05, 1039 zum kleinen Schadensersatz; die altrechtlichen Entscheidungen sind auf das 2002 reformierte Gewährleistungsrecht übertragbar; an diese Rspr anknüpfend BGH NJW 13, 371; aA Mehring ZGS 09, 310) und dem Rechtsgedanken des § 635 III kann der Unternehmer einwenden, die Kosten der Herstellung des vertragsgerechten Zustandes seien unverhältnismäßig (vgl jetzt BGH NJW 13, 371f; aA Mehring ZGS 09, 310: keine Notwendigkeit für Analogie, da Abwägung im Rahmen des Merkmals „mehr als unerhebliche Pflichtverletzung" vorzunehmen sei). Maßgebend ist der gesamte Aufwand, ggf auch für die Entfernung des mangelhaften Werkes und die Herstellung eines neuen Werkes. **Kostenunverhältnismäßigkeit** ist dann anzunehmen, wenn der damit in Richtung auf die Beseitigung des Mangels erzielte (Teil-)Erfolg bei Abwägung aller Umstände des Einzelfalls in keinem vernünftigen Verhältnis zur Höhe des dafür gemachten Geldaufwandes steht. In einem solchen Fall würde es Treu und Glauben widersprechen, wenn der Besteller diese Aufwendungen dem Unternehmer anlasten könnte. Unverhältnismäßigkeit idR nur (s BGH aaO), wenn einem objektiv geringen Interesse des Bestellers an einer ordnungsgemäßen Leistung ein ganz erheblicher und deshalb unangemessener Aufwand gegenübersteht (nach Ansicht v Mehring ZGS 09, 310 ist insb auch Weiterverwertungsmöglichkeit des Werks durch Unternehmer nach Rückabwicklung zu berücksichtigen). Hat Besteller objektiv berechtigtes Interesse, insbes weil Funktionsfähigkeit des Werkes spürbar beeinträchtigt ist, dann kann ihm regelmäßig nicht wegen hoher, aber unter Abwägung aller Umstände noch verhältnismäßiger Kosten die Kompensation für die fehlende Vertragserfüllung verweigert werden. Sind die Kosten verhältnismäßig, dann folgt insoweit aus der Schadensminderungspflicht (§ 254 II) und § 242 nichts anderes. Beansprucht der Besteller werkvertraglichen Schadensersatz in Höhe der Mängelbeseitigungskosten,

Titel 9. Werkvertrag und ähnliche Verträge **§ 637**

ist die Unverhältnismäßigkeit iSd § 251 II 1 ebenso zu beurteilen wie die des unverhältnismäßigen Nacherfüllungsaufwands (BGH NJW 13, 371f Tz 12). Besteller kann mangelbedingten Schadensersatz stets nur in Höhe der **Verkehrswertminderung,** nicht aber in Höhe der **Mangelbeseitigungskosten** beanspruchen, wenn der Unternehmer die Nacherfüllung zu Recht nach § 635 als unverhältnismäßig verweigert hat (BGH NJW 13, 371f Tz 12 mAnm Zepp; anders noch 14. Aufl, wonach bei Unverhältnismäßigkeit statt der Mängelbeseitigungskosten die Kosten für eine verhältnismäßige Ersatzlösung und ggf der merkantile Minderwert bzw. ein evtl Benutzungsmehraufwand als Schaden verlangt werden können sollte). Aus § 636 ergibt sich, dass die Verweigerung der Nacherfüllung nach § 635 III nicht den Schadensersatzanspruch statt der Leistung gemäß §§ 634 Nr. 4, 280 I, III, 281 I entfallen lässt (dazu BGH NJW 13, 370 Tz 8 mN). **g)** Bei **Bauherrengemeinschaft** 13 kann jeder Bauherr Ersatz der gesamten Kosten verlangen, die zur Mängelbeseitigung statt Nacherfüllung durch Unternehmer erforderlich sind, vgl zu § 635 aF BGH NJW 99, 1705.

§ 637 Selbstvornahme

(1) **Der Besteller kann wegen eines Mangels des Werkes nach erfolglosem Ablauf einer von ihm zur Nacherfüllung bestimmten angemessenen Frist den Mangel selbst beseitigen und Ersatz der erforderlichen Aufwendungen verlangen, wenn nicht der Unternehmer die Nacherfüllung zu Recht verweigert.**

(2) ¹**§ 323 Abs. 2 findet entsprechende Anwendung.** ²**Der Bestimmung einer Frist bedarf es auch dann nicht, wenn die Nacherfüllung fehlgeschlagen oder dem Besteller unzumutbar ist.**

(3) **Der Besteller kann von dem Unternehmer für die zur Beseitigung des Mangels erforderlichen Aufwendungen Vorschuss verlangen.**

Lit: Dauner-Lieb/Dötsch, § 326 II 2 BGB (analog) bei der Selbstvornahme?, NZBau 04, 233; Herresthal/Riehm, Die eigenmächtige Selbstvornahme im allgemeinen und besonderen Leistungsstörungsrecht, NJW 05, 1457; Katzenstein, Kostenersatz bei eigenmächtiger Selbstvornahme der Mängelbeseitigung nach § 326 Abs 2 Satz 2 BGB?, ZGS 04, 144; ders, Kostenersatz bei eigenmächtiger Selbstvornahme der Mängelbeseitigung – ein Plädoyer für die Abkehr von einer verfestigten Rechtspraxis, ZGS 04, 300; Kniffka, Keine Kostenerstattung bei verfrühter Selbstvornahme, BauR 05, 1024; Mundt, Zur angemessenen Nachbesserungsfrist bei witterungsabhängigen Nachbesserungsarbeiten, BauR 05, 1397; Weise, Ersatzansprüche nach eigenmächtiger Selbstvornahme der Nacherfüllung, NJW-Spezial 05, 261.

1. Allgemeines. Entspricht in der Funktion § 633 III aF, aber Abweichungen in 1 den Voraussetzungen sowie Ergänzung um Anspruch auf Kostenvorschuss, III; sa VOB/B 13 Nr 5 II.

2. Voraussetzungen Selbstvornahme. a) Ablauf einer angemessenen Frist zur 2 Nacherfüllung (sa BGH NZBau 13, 32), es sei denn (dazu Knütel BauR 02, 689), Fristsetzung ist entsprechend § 323 II entbehrlich, II 1, oder Nacherfüllung ist fehlgeschlagen oder für Besteller unzumutbar, II 2 (wie für Rücktritt oder Schadensersatz, vgl § 636 Rn 4, 5). Zur Folge der Selbstvornahme ohne erforderliche Fristsetzung s Rn 11. **b)** *Vertretenmüssen* des Unterbleibens der Nacherfüllung in der gesetzten 3 Frist **nicht** erforderlich, deshalb Wirkung des Fristablaufs auch bei entschuldbarer Unkenntnis seiner Bedeutung. Nachbesserungsangebot nach Fristablauf muss nicht angenommen werden (Frankfurt WE 05, 237); jedoch **c)** kein Recht zur Selbstvor- 4 nahme, wenn Unternehmer nach §§ 275, 635 III, also *zu Recht,* Nacherfüllung verweigern kann; soweit wirksame Verweigerung Erhebung der entspr Einrede verlangt, muss sich Unternehmer auf Verweigerungsgrund berufen (haben). Hält Besteller nach Fristablauf an seinem Nacherfüllungsverlangen fest, ist ihm Berufung auf § 637 verwehrt (§ 242), Celle NZBau 05, 153. Aufforderung, Sicherheit gem § 648a zu

Mansel

§ 638

bestellen, hindert Recht zur Selbstvornahme nicht (Köln BeckRS 05, 12592). Nur Mangelbeseitigung ist Selbstvornahme, nicht aber die bloße Beseitigung nachteiliger Wirkungen des Mangels (zB keine Selbstvornahme durch Einbau längerer Türen bei zu niedrigem Estrich), s BGH NJW-RR 09, 1175 (zu § 633 III aF).

5 **3. Rechtsfolgen. a)** Anspruch auf Ersatz der erforderlichen Aufwendungen, die durch Mängelbeseitigung durch Besteller oder beauftragten Dritten entstehen, für letzteren Fall sa § 257. Ersatz auch bei nutzlosen, BGH NJW-RR 89, 88, oder fehlgeschlagenen Aufwendungen; entscheidend „Erforderlichkeit", dh aus wirtschaftlicher Sicht und ggf auf Grund sachkundiger Beratung geeignete und Erfolg versprechende Maßnahmen zur Mängelbeseitigung einschließlich der Kosten des Auffindens der Mangelursachen, s BGH 113, 251. Evtl höhere Kosten als bei Nacherfüllung durch Unternehmer gerechtfertigt, Grenze: Rechtsgedanke des § 254 II 1. „Sowieso-Kosten" s § 635 Rn 3. Haben einzelne Wohnungseigentumserwerber Mängel am Gemeinschaftseigentum beseitigt, muss nicht Zahlung an die Eigentümergemeinschaft verlangt werden; Klage auf Zahlung an sich selbst ist zulässig, vgl
6 BGH NJW-RR 05, 1472 f. **b)** Anspruch auf Kostenvorschuss (Geldbetrag), es sei denn, Besteller kann – BGH 68, 372; NJW-RR 03, 1601; Nürnberg NJW-RR 03, 1601 – oder will – s hierzu BGH NJW 10, 1192 – Mangel nicht innerhalb angemessener Frist (BGH NJW 10, 1192 – Angemessenheit der Frist) beseitigen. Zum Rückzahlungsanspruch bei bereits entrichtetem Kostenvorschuss s BGH NJW
7 10, 1192; zur Verjährung des Rückzahlungsanspruchs § 634a Rn 1. Höhe: Mutmaßliche Mängelbeseitigungskosten; auch hier § 254 II 1 entspr anwendbar. Zur Auf-
8 rechnung gegen Werklohn s Verzinsung s BGH NJW 85, 2325; Übergang vom Vorschussanspruch zum Schadensersatzanspruch: Klageänderung, BGH WM 98, 1142. Kein Vorschuss, falls bereits ausreichende Sicherheit gestellt, BGH 47, 272,
9 oder Werklohneinbehalt möglich, s Karlsruhe Justiz 83, 386. Trotz Vorschusses kann noch Schadensersatz verlangt und gegen Rückzahlungsanspruch aufgerechnet werden, BGH 105, 106 f. Beweislast für Verwendung des Vorschusses zur Mängel-
10 beseitigung – Besteller – s BGH NJW 90, 1476. **c) Verjährung** § 634a.
11 **d) Anspruchskonkurrenz:** Ansprüche aus Bereicherung oder GoA stehen dem Besteller daneben nicht zu, da sonst die Voraussetzungen (oben Rn 2–4) unterlaufen werden könnten (aA Katzenstein ZGS 04, 304 f; Herresthal/Riehm NJW 05, 1459 f). Auch keine Anrechnung ersparter Aufwendungen nach **§ 326 II 2, IV (analog)**, wenn Besteller den Mangel beseitigt, ohne zuvor die erforderliche Nachfrist zu setzen (s Dauner-Lieb/Dötsch NZBau 04, 235; aA BaR/Voit 17; zum Kaufrecht: BGH NJW 05, 1349 ff, 3211 mN).

§ 638 Minderung

(1) ¹**Statt zurückzutreten, kann der Besteller die Vergütung durch Erklärung gegenüber dem Unternehmer mindern.** ²**Der Ausschlussgrund des § 323 Abs. 5 Satz 2 findet keine Anwendung.**

(2) **Sind auf der Seite des Bestellers oder auf der Seite des Unternehmers mehrere beteiligt, so kann die Minderung nur von allen oder gegen alle erklärt werden.**

(3) ¹**Bei der Minderung ist die Vergütung in dem Verhältnis herabzusetzen, in welchem zur Zeit des Vertragsschlusses der Wert des Werkes in mangelfreiem Zustand zu dem wirklichen Wert gestanden haben würde.** ²**Die Minderung ist, soweit erforderlich, durch Schätzung zu ermitteln.**

(4) ¹**Hat der Besteller mehr als die geminderte Vergütung gezahlt, so ist der Mehrbetrag vom Unternehmer zu erstatten.** ²**§ 346 Abs. 1 und § 347 Abs. 1 finden entsprechende Anwendung.**

Lit: Deckers, Minderung des Architektenhonorars trotz plangerechter und mängelfreier Entstehung des Bauwerks, BauRB 04, 373; Schmid, Welchen Wert haben Reisepreisminderungsta-

Titel 9. Werkvertrag und ähnliche Verträge **§ 639**

bellen?, NJW 05, 2945; Siemens, Architektenhonorarkürzung bei unvollständig erbrachten Teilleistungen, BauR 05, 1843.

1. Allgemeines. SchRModG hat Minderung als Gestaltungsrecht geregelt, die 1 Berechnungsformel aus §§ 634 II 3, 472 aF beibehalten, für die Einsatzfaktoren der Minderungsformel aber Schätzung zugelassen, III 2.

2. Voraussetzungen. a) Mangel iSv § 633 II bis III, also einschl Rechtsmangel 2 oder Minderleistung. **b)** „Statt Rücktritt": Alle Rücktrittsvoraussetzungen müssen 3 gegeben sein, insbesondere regelmäßig Frist zur Nacherfüllung; jedoch Minderung auch bei unerheblichem Mangel möglich, I 2 (teilweise abw von §§ 459 I 2, 462 aF).

3. Minderungserklärung. Geltendmachung der Minderung durch einseitige, 4 bedingungsfeindliche, unwiderrufliche, empfangsbedürftige (Gestaltungs)erklärung des Bestellers. Bei mehreren Beteiligten Erklärung nur von allen oder gegen alle, II; gilt nicht bei getrennten Verträgen.

4. Berechnungsformel (III). Wie § 441 III 1. Einsatzfaktoren, „Wert des man- 5 gelfreien Werks" und (wirklicher) Wert des mangelhaften Werks, und damit Minderungsbetrag insgesamt sind ggf durch Schätzung zu ermitteln, III 2. Stichtag Vertragsschluss, III 1. Berücksichtigung des Verhaltens des Bestellers nach § 242, BGH NJW 84, 2457; mE auch Rechtsgedanke des § 254 anwendbar. Keine Berechnung nach Mängelbeseitigungskosten, wenn Nachbesserung unmöglich oder unverhältnismäßig (BGH 153, 280). III gilt analog für vom Besteller geschuldeten Wertersatz nach Rücktritt wegen eines Mangels (BGH NJW 11, 3085).

5. Rechtsfolgen. a) Minderung, evtl völliger Wegfall der Vergütungspflicht. 6 Rückerstattung auf Grund Minderung zu viel gezahlter Vergütungen: Eigener vertraglicher Rückabwicklungsanspruch, IV 1, der sich auf den zu erstattenden Betrag und evtl gezogene Nutzungen richtet, IV 2 iVm § 346 I, uU auch auf mögliche, aber unterbliebene Nutzungen, s IV 2 iVm § 347 I 1 (nicht S 2). Wegen eines **technischen Minderwerts** des erbrachten im Vergleich zum geschuldeten Werk kann gemindert werden. Führt technischer Minderwert zu eingeschränkter Verwertbarkeit, dann auch Minderung für **merkantilen Minderwert** (BGH 153, 280). **b)** Minderung und Schadensersatzanspruch schließen sich bezogen auf selben Man- 7 gel aus. Wegen eines bestimmten Mangels entweder Minderung (dann entfällt hinsichtlich des Mangels Erfüllungsanspruch) oder Schadensersatzanspruch (PalSprau § 634 5; BaR/Voit 3; Vorwerk BauR 03, 13; abweichend Teichmann ZfBR 02, 17; aA 10. Aufl; Derleder NJW 03, 1002).

6. Verjährung. Durch Unwirksamkeit der erklärten Minderung bei verjährtem 8 Nacherfüllungsanspruch s § 634a Rn 4.

§ 639 Haftungsausschluss

Auf eine Vereinbarung, durch welche die Rechte des Bestellers wegen eines Mangels ausgeschlossen oder beschränkt werden, kann sich der Unternehmer nicht berufen, soweit er den Mangel arglistig verschwiegen oder eine Garantie für die Beschaffenheit des Werkes übernommen hat.

Lit: Podehl, Lieferung von Investitionsgütern/Anlagenbauverträge: Der Ausschluss der Haftung für sog Folgeschäden, DB 05, 2453; Seibt, Rechtssicherheit beim Unternehmens-, Beteiligungs- und Anlagenverkauf – Analyse der Änderungen bei §§ 444, 639 BGB, NZG 04, 801; Stadler, Haftungsrisiken bei Übernahme von Beschaffenheitsgarantien in IT-Verträgen nach neuem Recht, ITRB 04, 233.

1. Allgemeines. Durch SchRModG eingefügte, § 444 entsprechende Vorschrift 1 übernimmt zum einen § 637 aF (Arglist) und zum anderen, in modifizierter Form, AGBG 11 Nr 11 (Garantie) in das neue Recht. Der Normtext wurde durch Ges v

§ 640

2. 12. 04 neu gefasst. Bislang schloss die Norm in ihrer 2. Alternative ausdrücklich nur aus, dass uneingeschränkt formulierte Beschaffenheitsgarantien durch intransparente oder überraschende, gesonderte Abreden ausgehöhlt werden. Jetzt Klarstellung, dass § 639 auch nicht hindert, selbstständige oder unselbstständige (s [zu § 444] Canaris, Karlsruher Forum 2002, 85; Faust ZGS 02, 271 f mN auch zur Gegenansicht) Beschaffenheitsgarantien nur eingeschränkt zu erteilen, zB nach Haftungshöhe oder Haftungszeitraum zu beschränken. Das ist zulässig, wenn die Garantieerklärung selbst die Haftungsbeschränkung vorsieht (so bereits vor der Normtextänderung [meist zu § 444] Dauner-Lieb/Dötsch, Schuldrecht Aktuell, 2003; Canaris, Karlsruher Forum 2002, 85; Faust ZGS 02, 272; Mansel/Budzikiewicz § 5 Rn 178, 228; sa BMJ ZGS 03, 207; zur klarstellenden Änderung s Seibt, NZG 04, 801; vertiefend zum Anlagenvertrag s Michaelis de Vasconcellos NZBau 02, 121). Zur Verjährung von Garantieansprüchen s Mansel/Budzikiewicz § 5 Rn 288. Zur AGB-Beschränkung insbes durch § 309 Nr 8, 12 s Mansel NJW 02, 97 mN.

2 **2. Voraussetzungen. a) Alt 1: Arglistiges Verschweigen** von Mängeln, dh Verschweigen eines als solchen bekannten Mangels im Bewusstsein, dass für Entscheidung des Bestellers zur Abnahme von Bedeutung; Offenbarungspflicht aus § 242 bei Abnahme oder Vollendung, s BGH 62, 63. Zurechnung der (erforderlichen) Kenntnis von entscheidungsbefugten Mitarbeitern, insbesondere, wenn an Abnahme beteiligt, nicht jedoch Kenntnis jedes Arbeiters; Verschweigen von Subunternehmern zurechenbar evtl nach § 278, BGH 66, 43; 169, 255; Verschweigen von für die Prüfung der Leistung verantwortlichen Mitarbeitern des Subunternehmers uU zurechenbar, s BGH 169, 255; allgemein zum Organisationsmangel, der
3 zur Zurechnung von Mitarbeiterkenntnissen führt, s § 634a Rn 11. **b)** oder **Alt 2: Garantie** ist Verpflichtung, unabhängig von Verschulden Beschaffenheitszusagen zu verantworten („Vertretenmüssen", s § 276), also wie bei Zusicherung alten Rechts Haftungswille erforderlich, der aber bei objektiver Auslegung aus Wortwahl zu schließen ist.

4 **3. Rechtsfolgen. a)** Auf unzulässig einschränkende Vereinbarung kann sich Unternehmer nicht berufen, so dass die ges Rechtsbehelfe vom Besteller unbeschadet der Beschränkung geltend gemacht werden können. Werkvertrag als solcher bleibt gültig, da Vereinbarung nicht nichtig („nicht berufen"), § 139 ist deshalb nicht
5 zu prüfen. **b)** Zeitpunkt der Vereinbarung – vor oder nach Abnahme – unerheblich,
6 PalSprau 4. **c)** Gilt insbesondere für Individualvereinbarungen; §§ 305 ff bleiben
7 unberührt, deshalb auch § 307 evtl zu Lasten des Bestellers als Verwender. **d)** Soweit weitergehende Rechte eingeräumt worden sind, müssen ihre Rechtsfolgen parteiautonom modifiziert werden können, s § 443 I, s Rn 1. **e)** Nur auf arglistig verschwiegene Mängel bzw garantierte Beschaffenheit bezogen; für andere Mängel bleiben vorbehaltlich §§ 307–309 parteiautonome Beschränkungen der Rechtsbehelfe des Bestellers möglich. Beim Erwerb neu errichteter oder so zu behandelnder Häuser ist ein formelhafter Ausschluss der Sachmängelgewährleistung grundsätzlich auch im notariellen Individualvertrag unwirksam (§ 242), es sei denn ausführliche Belehrung des Erwerbers, s BGH BauR 07, 1036.

§ 640 Abnahme

(1) ¹**Der Besteller ist verpflichtet, das vertragsmäßig hergestellte Werk abzunehmen, sofern nicht nach der Beschaffenheit des Werkes die Abnahme ausgeschlossen ist.** ²**Wegen unwesentlicher Mängel kann die Abnahme nicht verweigert werden.** ³**Der Abnahme steht es gleich, wenn der Besteller das Werk nicht innerhalb einer ihm vom Unternehmer bestimmten angemessenen Frist abnimmt, obwohl er dazu verpflichtet ist.**

(2) **Nimmt der Besteller ein mangelhaftes Werk gemäß Absatz 1 Satz 1 ab, obschon er den Mangel kennt, so stehen ihm die in § 634 Nr. 1 bis 3**

Titel 9. Werkvertrag und ähnliche Verträge **§ 640**

bezeichneten Rechte nur zu, wenn er sich seine Rechte wegen des Mangels bei der Abnahme vorbehält.

Lit: Bartsch, Themenfelder einer umfassenden Regelung der Abnahme, CR 06, 7; Basty, Zur Abnahme von Gemeinschaftseigentum durch einen sondernutzungsberechtigten Wohnungseigentümer, MittBayNot 05, 228; Bolz/Gross, Ausgewählte Rechtsfragen zur Abnahme, BauRB 05, 274; Böggering, Die Abnahme beim Werkvertrag, JuS 78, 512; Brügmann/Kenter, Abnahmeanspruch nach Kündigung von Bauverträgen, NJW 03, 2121; Cuypers, Die Abnahme beim Bauvertrag in Theorie und Praxis, BauR 90, 537; Fritsch, Die Abnahme des Gemeinschaftseigentums vom Bauträger durch den Verwalter und sonstige Dritte, BauRB 04, 28; Henkel, Werkvertrag – Der abschließende Charakter der Abnahmefiktion in § 640 Abs 1 S 3 BGB, MDR 03, 913; ders, Die Pflicht des Bestellers zur Abnahme eines unwesentlich unfertigen Werks, MDR 04, 361; Hildebrandt, Die Abnahme des Gemeinschaftseigentums vom Bauträger nach der Schuldrechtsreform, BTR 04, 211; ders, Aufgedrängte Abnahme – Keine Abnahme gegen den Willen des Auftragnehmers vor Fertigstellung des Werkes, BauR 05, 788; Jakobs, Die Abnahme beim Werkvertrag, AcP 183, 145; Keilholz, Um eine Neubewertung der Abnahme im Werkvertrags- und Baurecht, BauR 82, 121; Kniffka, Abnahmeverweigerung wegen Mangels mit erheblichem Gefahrenpotential und geringen Beseitigungskosten, BauR 05, 732; Kohler, Verfassungswidrigkeit des § 640 Abs 2 BGB?, JZ 03, 1091; Schliemann, Leistungsverweigerungsrecht des Unternehmers bei pflichtwidrig verweigerter Abnahme, ZfIR 05, 683; Schneider, Die Abnahme in der Praxis internationaler Bau- und Anlagenverträge, ZfBR 84, 101; Thode, Werkleistung und Erfüllung im Bau- und Architektenvertrag, ZfBR 99, 116.

1. Allgemeines. a) Die Abnahme verändert die Gefahrtragung (§ 644), kann **1** Ansprüche wegen Mängel abschneiden (II), lässt die Vergütung fällig (und verzinslich) werden (§ 641) und die Verjährungsfristen nach § 634a beginnen. Den unterschiedlichen Funktionen der Abnahme entsprechen an sich verschiedene Momente beim Abnahmevorgang: Während der Gefahrübergang wie beim Kauf eher auf eine Änderung der Besitzlage zugeschnitten ist (Abnahme als körperliche Übergabe an den Besteller), sind die Folgen für Gewährleistung, Fälligkeit der Vergütung und Verjährungsfrist eher an einer rechtsgeschäftlichen Billigung des Werkes orientiert (teilw abweichend Böggering JuS 78, 515 ff). ZBG hat I 2, 3 eingefügt, um Zahlungsverzögerungen durch Abnahmeverweigerungen zu beschränken, hierzu Korbion MDR 00, 932. Zur Abnahmepflicht bei gekündigtem Vertrag s BGH NJW 03, 1452; Brügmann/Kenter NJW 03, 2121. **b)** Nach hM war Abnahme „**körperliche 2 Hinnahme**", verbunden mit der „Anerkennung als in der Hauptsache vertragsmäßige Erfüllung" (BGH 48, 262; NJW-RR 93, 1462; zur Rspr sa ZfBR 81, 226 f). Aufgrund ZBG ist deutlicher zu unterscheiden (PalSprau 2) zwischen rechtsgeschäftlicher Billigung, die auch konkludent erfolgen kann, und Abnahmefiktion – I 3 (Rn 5) – sowie Abnahmeersatz durch Vollendung – § 646. Entgegennahme des reparierten Fahrzeugs allein ist nicht Abnahme, Düsseldorf NZV 94, 433. Bau auf dem Grundstück des Bestellers, ferner Architekten- (BGH 37, 345; sa Jagenburg BauR 80, 406), Geologen- (BGH 72, 261) und Statikerwerk (BGH 48, 263), erfordern zur Abnahme Billigungserklärung, die aber schlüssig dem Unternehmer gegenüber zum Ausdruck gebracht werden kann, BGH WM 92, 1580; NJW-RR 10, 748 (Statik); (keine) Abnahme durch begünstigte Dritte, sofern nicht ermächtigt, s BGH NJW-RR 00, 164. Abnahme beim Anzeigenvertrag: § 646 Rn 3. **c) Still- 3 schweigende Abnahme,** wenn nach den Umständen des Einzelfalls das Verhalten des Bestellers den Schluss rechtfertigt, er billige das Werk als im Wesentlichen vertragsgemäß (BGH NZBau 06, 123; NJW-RR 99, 1246). Das setzt regelmäßig Einschätzung durch Parteien voraus, dass Werk abnahmefähig erbracht ist (BGH NJW-RR 06, 303). „**Abnahmereife**" auf Grund I 2 auch bei unwesentlichen Mängeln (s VOB/B 12 Nr 3, krit Motzke NZBau 00, 493; nach Henkel MDR 04, 361 auch bei wenigen noch offenen Restarbeiten). Beweislast für Unwesentlichkeit trägt Unternehmer, Kiesel NJW 00, 1676. Hausabnahme durch Schlüsselübergabe s Hamm NJW-RR 93, 341. Vorbehaltlose Zahlung der Schlussrechnung Karlsruhe BauR 04, 1994 (Tragwerksplaner). Bestimmungsgemäße Ingebrauchnahme kann stillschweigende Abnahme sein, wenn auch noch nicht mit der ersten Nutzungs-

§ 640   Buch 2. Abschnitt 8. Einzelne Schuldverhältnisse

handlung (BGH NJW 85, 732; sa OLGR Jena 05, 898); nicht bei Abnahmeweigerung wegen Mängeln, BGH NJW-RR 99, 1246 zur aF, jetzt evtl I 2. Ist **förmliche Abnahme** vereinbart, dann müssen zur Annahme einer stillschweigenden Abnahme Tatsachen festgestellt sein, aus denen sich unzweideutig ergibt, dass die Parteien auf die vereinbarte förmliche Werkabnahme durch schlüssiges Verhalten verzichtet haben, s BGH NJW 93, 1065 mN. Berufung auf vereinbarte förmliche Abnahme kann treuwidrig sein, s OLGR Jena 05, 898. Besonderheiten beim Bauvertrag Cuypers aaO S 541. Sa § 646 zum Wegfall des Abnahmeerfordernisses auf Grund
4 Beschaffenheit des Werkes. **d)** Außerhalb der speziellen Werkvertragsvorschriften hat die mit Abnahme geschehene Annahme der Leistung des Unternehmers ebenfalls Wirkungen, zB Verlust des Anspruchs auf Vertragsstrafe bei vorbehaltloser Annahme (s Hamm BB 75, 852 f – § 341 III kann in AGB nicht abbedungen werden).

5   **2. Abnahmepflicht(verletzung).** Nach I ist der Besteller zur Abnahme verpflichtet, soweit Abnahme in Betracht kommt; Klage auf Abnahme s BGH NJW 96, 1749; hierzu Siegburg ZfBR 00, 507. Nicht abnahmefähiges Werk: § 646. Die **Abnahmepflicht ist Hauptpflicht;** vorausgesetzt ist **Abnahmereife** (oben Rn 3). Besteller kommt bei unberechtigter Abnahmeweigerung in Verzug, und der Unternehmer kann nach §§ 323, 281 vorgehen; vor allem führt Verstreichen einer zur Abnahme gesetzten angemessenen Frist (BGH NJW 03, 200 [§ 640 aF]) zu **I 3**, dh **Abnahmefiktion** und damit zu allen Abnahmewirkungen (Rn 2) (dazu Motzke NZBau 00, 494, krit Kiesel NJW 00, 1677; Hövel NZBau 06, 9).

6   **3. Teilabnahmen.** Sind möglich (s I 1), doch ist der Besteller dazu nicht verpflichtet, falls entspr Vereinbarungen nicht getroffen wurden (s aber VOB/B 12 Nr 2). Teilabnahme und der dafür erforderliche Wille des Bestellers können nicht vermutet werden (s BGH NJW 64, 647: Benutzung eines Bauwerks nicht notwendig Teilabnahme des Architektenwerks; s aber BGH NJW 85, 732 zur teilw Ingebrauchnahme). Teilleistung als Grundlage für Abschlagszahlung iSv 632a ist für sich genommen keine Teilabnahme (§ 632a Rn 9).

7   **4. Abnahme trotz Mangelkenntnis (II). a)** Bei Mängeln bleibt Erfüllungsanspruch als Mängelbeseitigungsanspruch bestehen, s BGH 96, 120. **Vorbehaltlose Abnahme** trotz Mangelkenntnis führt nach II zum Verlust bestimmter Ansprüche – § 634 Nr 1, 2 – und Rechte – § 634 Nr 2, 3 –, belässt Besteller aber Schadensersatzansprüche; insoweit jedoch auch Verzicht möglich, s 9. Aufl. Im Gebrauch des Werks allein ist ein solcher Verzicht aber nicht zu sehen, da Gebrauch zur Minderung des Nutzungsausfallschadens nach § 254 II geboten sein kann. Unterschiede zwischen § 640 II und § 442 I (Kaufvertrag) werden (als verfassungsrecht-
8   lich) nicht gerechtfertigt angesehen (s näher Kohler JZ 03, 1081). **b)** II gilt nicht
9   bei Abnahmefiktionen aus **I 3**. **c)** Abnahme von Gemeinschaftseigentum (Eigentumswohnungen) ist von jedem „Erwerber" vorzunehmen, BGH NJW 85, 1552, sa § 633 Rn 10.

10   **5. Beweislast.** Bei Abnahmeweigerung hat der Unternehmer vollständige Herstellung, dh Mängelfreiheit bzw Unwesentlichkeit von Mängeln (Rn 3) zu beweisen; nach Abnahme trifft die Beweislast für Mängel den Besteller, BGHR 04, 1603, sa § 633 Rn 4. Der Unternehmer hat etwaige Kenntnis des Bestellers zu beweisen, falls II zu prüfen ist, der Besteller ggf seinen behaupteten Vorbehalt. Wer sich auf Verjährung beruft, hat ggf auch Abnahme zu beweisen, BGH NJW 74, 96.

11   **6. VOB/B.** Der Unternehmer kann nach Fertigstellung Abnahme verlangen, 12 Nr 1 und 2; wird keine Abnahme verlangt, so gilt sie mit Ablauf von 12 Werktagen nach schriftlicher Mitteilung über die Fertigstellung als erfolgt, 12 Nr 5; bei Inbenutzungnahme gilt die Abnahme nach 6 Werktagen als erfolgt, 12 Nr 5 II; dazu auch Cuypers aaO 541.

§ 641 Fälligkeit der Vergütung

(1) ¹Die Vergütung ist bei der Abnahme des Werkes zu entrichten. ²Ist das Werk in Teilen abzunehmen und die Vergütung für die einzelnen Teile bestimmt, so ist die Vergütung für jeden Teil bei dessen Abnahme zu entrichten.

(2) ¹Die Vergütung des Unternehmers für ein Werk, dessen Herstellung der Besteller einem Dritten versprochen hat, wird spätestens fällig,
1. soweit der Besteller von dem Dritten für das versprochene Werk wegen dessen Herstellung seine Vergütung oder Teile davon erhalten hat,
2. soweit das Werk des Bestellers von dem Dritten abgenommen worden ist oder als abgenommen gilt oder
3. wenn der Unternehmer dem Besteller erfolglos eine angemessene Frist zur Auskunft über die in den Nummern 1 und 2 bezeichneten Umstände bestimmt hat.

²Hat der Besteller dem Dritten wegen möglicher Mängel des Werks Sicherheit geleistet, gilt Satz 1 nur, wenn der Unternehmer dem Besteller entsprechende Sicherheit leistet.

(3) Kann der Besteller die Beseitigung eines Mangels verlangen, so kann er nach der Fälligkeit die Zahlung eines angemessenen Teils der Vergütung verweigern; angemessen ist in der Regel das Doppelte der für die Beseitigung des Mangels erforderlichen Kosten.

(4) Eine in Geld festgesetzte Vergütung hat der Besteller von der Abnahme des Werkes an zu verzinsen, sofern nicht die Vergütung gestundet ist.

Lit: von Gehlen, Das Gesetz zur Sicherung von Werkunternehmeransprüchen und zur verbesserten Durchsetzung von Forderungen, NZBau 08, 612; Schubert, Die Durchgriffsfälligkeit nach § 641 Abs. 2 BGB – eine wenig bekannte und unterschätzte Vorschrift – unter besonderer Berücksichtigung des Bauträgervertrages, ZfBR 05, 219. Lit. zu § 641 aF s 12. Aufl.

1. Allgemeines. II, III eingefügt durch ZBG und durch FoSiG (vor § 631 Rn 1) geändert. Übergangsrecht: EGBGB 229 § 1 II, § 18 [richtig: § 19]. Die **Fälligkeit der Vergütung** ergibt sich ebenso wie die Verpflichtung zu Anzahlungen, Abschlagszahlungen oder das Recht, einen Teilbetrag als Sicherheit einzubehalten, dh insoweit die Fälligkeit hinauszuschieben, in erster Linie aus den Parteivereinbarungen (s BGH MMR 02, 700 und Rn 5), hilfsw aus § 641. Schlussrechnung hat für Fälligkeit grundsätzlich keine Bedeutung, Stuttgart NJW 94, 17, es sei denn, sie ist von Parteien als Fälligkeitsvoraussetzung vereinbart worden (BGH MMR 02, 700; Auslegungsfrage, Stuttgart NJW-RR 99, 527); s jedoch zur Bindungswirkung für Gläubiger Frankfurt NJW-RR 98, 374. Unabhängig vom vereinbarten oder hilfsw nach § 641 zu bestimmenden Fälligkeitszeitpunkt wird der Unternehmer durch die grundlose, endgültige **Weigerung** des Bestellers, **Mitwirkungshandlung** vorzunehmen, berechtigt, den Werklohn vor Fertigstellung des Werkes zu fordern als Schadensersatz bzw gemäß § 326 II (PalSprau 5; BGH 50, 178 f; BGH NJW 05, 1650); bei Abnahmeweigerung s § 640 I 2 sowie § 640 Rn 5. 1

2. Fälligkeit (I). Nach I ist der Unternehmer iZw **vorleistungspflichtig** (s Frankfurt ZfBR 82, 166; sa BGH NJW 10, 1449; aA Peters aaO S 341); sein Vergütungsanspruch wird erst fällig bei Abnahme, Abnahmefiktion nach §§ 640 I 3 oder annahmeäquivalenter Vollendung (s § 646, BGH WM 89, 151 zu Frachtvertrag) des Werkes; gilt auch für Vergütungsforderung aus einem gekündigten Bauvertrag (BGH NJW 06, 2476). **Annahmeverzug** ersetzt für sich genommen die Abnahme nicht (BGH 149, 289). Nimmt der Besteller die vom Unternehmer angebotene ausreichende Mängelbeseitigung nicht an, gerät er in Annahmeverzug; der Unternehmer kann dann gemäß § 322 II auf Werklohn nach Empfang der Gegen- 2

§ 641

leistung klagen (BGH 149, 289). **Fälligkeit ohne Abnahme** nach st Rspr bei mangelhaftem Werk auch, wenn der Besteller nicht mehr Erfüllung des Vertrages, sondern Minderung oder Schadensersatz verlangt (BGH NJW 06, 2476; 05, 3575; 02, 3019; Koblenz BauR 03, 1728) oder die Abnahme des Werks ernsthaft und endgültig verweigert wird (BGH NJW 06, 2476; s Rn 1). – Rechnungsstellung unerheblich, BGH 79, 178 f; Grimme NJW 87, 468, str; anders zB HOAI 8 I (prüffähige Schlussrechnung); anderes, zB Fälligkeit bei prüffähiger Rechnung, kann vereinbart werden, zur VOB/B s Rn 8. Bei Verschlechterung der Leistungskapazität des Bestellers jedoch § 321, s zur aF BGH WM 85, 1297. Bei berechtigter Abnahmeweigerung auch keine teilw Fälligkeit für mangelfreie Teilleistungen, sofern nicht I 2 gegeben ist (Karlsruhe MDR 67, 669); sa BGH NJW-RR 05, 1260: Teilleistungen werden nicht allein dadurch fällig, dass das Werk (Sanierung) einverständlich nicht vollendet wird (zu HOAI).

3 3. Teilabnahme (I 2). Sa § 640 Rn 6. Sie lässt den Vergütungsanspruch teilw fällig werden, muss vereinbart sein und setzt bestimmte Teilvergütung(en) voraus.

4 4. Durchgriffsfälligkeit (II). a) Betrifft Fälligkeit in der **Leistungskette** (PalSprau 7). Fälligkeit spätestens – vereinbarte Fälligkeit hat Vorrang –, wenn Besteller seinerseits von einem Dritten für das Werk (Leistungsidentität, PalSprau 7) ganz oder teilweise (auch Abschlagszahlungen) Vergütung erhalten hat (II 1 Nr 1), *soweit* das Werk des Bestellers von Drittem nach § 640 I 1 abgenommen bzw Abnahmefiktion des § 640 I 3 (s § 640 Rn 5) eingreift (II 1 Nr 2) *oder* erfolglos Auskunft iSv II 1 Nr 3 verlangt wurde. Bsp: Generalunternehmer hat vom Auftraggeber Zahlung erhalten für abgenommenes Werk des Subunternehmers, Vergütungsanspruch des Subunternehmers wird dadurch unabhängig von Abnahme fällig; andere Fälligkeitsvoraussetzungen bleiben unberührt (s PalSprau 7; Ganten ZfBR 06, 206). Entspr Auskunftsanspruch des (Sub)Unternehmers, Kiesel NJW 00, 1678. Unrichtige Auskunft iSv II 1 Nr 3 löst Schadensersatzanspruch des Unternehmers nach § 280 I aus (PalSprau 8), keine Fälligkeit (PalSprau 8; Hildebrand BauR 09, 9; aA Möller BauR 05, 1853; Leinemann NJW 08, 3748: Fälligkeit tritt ein). **b) Sicherheitsleistung (II 2),** durch die Besteller Zahlung seines Vertragspartners trotz Mängel des Werks erlangt, löst Durchgriffsfälligkeit nur aus, wenn und soweit Unternehmer seinerseits Sicherheit leistet; nicht nur die Höhe, sondern auch die Art der Sicherheit soll derjenigen entsprechen, die der Besteller dem Dritten geleistet hat (BT-Drs 16/511 S 16).

6 5. Zurückbehaltungsrecht (III). Wegen vertragswidriger Beschaffenheit des Werks aus § 320; Höhe entspr Nacherfüllungskosten, jedoch hatte Rspr **Druckzuschlag** entwickelt (s 9. Aufl § 633 Rn 29), dessen Minimum jetzt III konkretisiert. III greift **ab Fälligkeit** des Mangelbeseitigungsanspruchs ein (vor dem 1.1.2009 wurde auf Abnahme abgestellt, Änderung durch FoSiG, s vor § 631 Rn 1). III ändert nichts daran, dass der Unternehmer darlegungs- und beweispflichtig ist in Bezug auf die Unangemessenheit der einbehaltenen Vergütung und damit auf die Höhe der Mängelbeseitigungskosten, BGH NJW-RR 08, 401. Befindet sich Besteller mit Annahme der Mängelbeseitigung im Verzug, steht ihm Zurückbehaltungsrecht nur noch in Höhe der einfachen Nacherfüllungskosten zu (Celle NZBau 04, 328). Zurückbehaltungsrecht in Bezug auf Bareinbehalt nach VOB/B 17 Nr 8 S 2 entspricht in Höhe Leistungsverweigerungsrecht nach §§ 320, 641 III, BGH NJW-RR 08, 401. Nach Heiland BauR 04, 1209 ist Abwendung durch **Sicherheitsleistung** nach § 273 III (anders als nach § 320 I 3) bei § 641 III zulässig (aA Kohler BauR 03, 1807).

7 6. Zinspflicht (IV). Sie besteht ab Fälligkeit, für den Zinssatz gilt wieder Parteivereinbarung, hilfsw §§ 246, 288, 247; prüffähige Rechnung als vereinbarte Voraussetzung für Zinslauf s Frankfurt NJW-RR 00, 755.

Titel 9. Werkvertrag und ähnliche Verträge §§ 641a–643

7. Vereinbarte Fälligkeiten. Sie sind insbes in VOB/B 14 I Nr 1, 16 Nr 3 **8** enthalten – Abschlagszahlungen entspr den tatsächlich erbrachten Leistungen (Nr 1), Schlusszahlungen spätestens 2 Monate nach Prüfung und Feststellung der Schlussrechnung (Nr 3). Grundsätzlich setzt Fälligkeit des (Rest)werklohnanspruchs auch nach VOB/B 16 Abnahme voraus, s Rspr ZfBR 85, 127. Formularmäßiges Hinausschieben (60 Monate) unzulässig, Hamm NJW-RR 88, 726. Zur Leitbildfunktion des § 641 bei Kontrolle von AGB (hier: Einbehalt zur Sicherheit) BGH NJW 11, 2195 (unangemessene Benachteiligung des Auftragnehmers, wenn er für einen Zeitraum über die Abnahme hinaus wegen Gewährleistungsansprüchen eine Sicherheit von 10% der Auftrags- bzw. Abrechnungssumme leisten muss); BGH ZfBR 11, 754 (zur Unwirksamkeit einer Sicherungsabrede, wenn auf die Einrede aus § 768 verzichtet wird); BGH NZBau 05, 219; BGH NJW 97, 2598 (zu AGBG 9 [§ 307]: 5% unzulässig, wenn kein angemessener Ausgleich zugestanden wird; Möglichkeit der Ablösung durch Bürgschaft auf erstes Anfordern ist kein angemessener Ausgleich); BGH 157, 29 (zu AGBG 9: 5% der Bausumme für Dauer der Gewährleistungsfrist zulässig, wenn Ablösung durch selbstschuldnerische unbefristete Bürgschaft möglich); Rostock BauR 05, 1037 (zu AGBG 9: 5% für Dauer der Gewährleistung auch dann unzulässig, wenn Einbehalt bzw Bürgschaft auf erstes Anfordern nach zwei Jahren freizugeben ist, sofern bei einer Kontrollbegehung keine Mängel festgestellt werden); sa BGH NJW-RR 06, 599 (5% weicht vom Leitbild des HOAI 8 II ab).

§ 641a Fertigstellungsbescheinigung *(aufgehoben)*

§ 641a aF regelte eine Abnahmefiktion durch Erteilung einer Fertigstellungsbe- **1** scheinigung. Norm wurde durch ZBG eingefügt, war in der Praxis bedeutungslos und wurde mit Wirkung vom 1.1.2009 aufgehoben durch FoSiG (vor § 631 Rn 1). Das Vorhaben, § 641a durch ein Institut der vorläufigen Zahlungsanordnung (ZPO 302a-Entwurf) zu ersetzen (BT-Drs 16/511 S 16), wurde einstweilen fallen gelassen (BT-Drs 16/9787 S 19). § 641a aF gilt für Verträge, die zwischen 1.5.2000 bis 31.12.2008 abgeschlossen wurden, s EGBGB 229 § 1 II und § 18 (richtig: 19) II.

§ 642 Mitwirkung des Bestellers

(1) **Ist bei der Herstellung des Werkes eine Handlung des Bestellers erforderlich, so kann der Unternehmer, wenn der Besteller durch das Unterlassen der Handlung in Verzug der Annahme kommt, eine angemessene Entschädigung verlangen.**

(2) **Die Höhe der Entschädigung bestimmt sich einerseits nach der Dauer des Verzugs und der Höhe der vereinbarten Vergütung, andererseits nach demjenigen, was der Unternehmer infolge des Verzugs an Aufwendungen erspart oder durch anderweitige Verwendung seiner Arbeitskraft erwerben kann.**

§ 643 Kündigung bei unterlassener Mitwirkung

[1]**Der Unternehmer ist im Falle des § 642 berechtigt, dem Besteller zur Nachholung der Handlung eine angemessene Frist mit der Erklärung zu bestimmen, dass er den Vertrag kündige, wenn die Handlung nicht bis zum Ablauf der Frist vorgenommen werde.** [2]**Der Vertrag gilt als aufgehoben, wenn nicht die Nachholung bis zum Ablauf der Frist erfolgt.**

§§ 642, 643

Anmerkungen zu den §§ 642, 643

Lit: Armbrüster/Bickert, Unzulängliche Mitwirkung des Auftraggebers beim Bau- und Architektenvertrag, NZBau 06, 153; Hartmann, Der Gegenleistungsanspruch des Werkunternehmers bei unterlassener Mitwirkung des Bestellers, BB 96, 322; Lachmann, Die Rechtsfolgen unterlassener Mitwirkungshandlungen des Werkbestellers, BauR 90, 409; Müller-Foell, Die Mitwirkung des Bestellers beim Werkvertrag, 1982.

1   **1. Allgemeines.** Das Ges hat dem Besteller hinsichtlich der erforderlichen **Mitwirkung** nicht eine Neben(leistungs)pflicht auferlegt, sondern eine „Obliegenheit" (differenzierend Armbrüster/Bickert NZBau 06, 154; Müller-Foell aaO S 103). Der Besteller kann sich jedoch zur Mitwirkung (zB Abruf) verpflichten, s BGH NJW 72, 99. Darüber hinaus hat die Rspr des BGH Mitwirkung als „Vertragspflicht im weitesten Sinne" qualifiziert (BGH 11, 83); Vereinbarung als echte Leistungspflicht möglich. Vergütungsanspruch bei Verweigerung der Mitwirkung s Düsseldorf NJW-RR 00, 466 (Baustellenverweis). Zur Auswirkung auf Abnahme s § 641 Rn 1. Zur Prüfungs- und Hinweispflicht des *Unternehmers* s § 634 Rn 6.

2   **2. Rechtsbehelfskonkurrenzen.** Kommt der Besteller durch das Unterlassen der erforderlichen Mitwirkung in Annahmeverzug (s § 295), so kann der Unternehmer **Entschädigung** verlangen – § 642 I – oder nach § 643 vorgehen und damit ggf zur **Aufhebung des Vertrages** kommen, s Düsseldorf NJW-RR 00, 466 (Baustellenverweis durch Besteller); allg Rechtsbehelfe bleiben daneben möglich, BGH 50, 178. Haftung gegenüber Nachunternehmen s BGH NJW 00, 1336, dazu Gehlen ZfBR 00, 291.

3   **3. Schadensersatz. a)** § 642 gewährt eigenständigen Entschädigungsanspruch (RG 100, 47; MK/Busche § 642 Rn 16; aA StPeters/Jacoby § 642 Rn 24: „Vergütungsanspruch eigener Art") und setzt Vertretenmüssen nicht voraus. Bei obj unmöglich gewordener Mitwirkung des Bestellers gilt § 645. Die Höhe der Entschädigung bestimmt sich nicht nach §§ 249 ff (auch § 254 unanwendbar, s Pal-Sprau § 642 Rn 5), sondern nach § 642 II; der Unternehmer soll dafür entschädigt werden, dass seine zeitlichen Dispositionen beeinträchtigt werden und Nachteile durch das Bereithalten von Arbeitskraft und Kapital entstehen, s Düsseldorf NJW-RR 96, 1508; Köln NJW-RR 04, 818 (nicht Ersatz von Überstundenvergütung nach Beendigung des Annahmeverzugs). Anspruch umfasst nicht Wagnis und Gewinn, Braunschweig BauR 04, 1621 (Baustopp wegen archäologischer Funde).

4   **b)** Die Entschädigung kann, falls der Vertrag durchgeführt wird, neben der uneingeschränkt zu leistenden Vergütung verlangt werden (RG 100, 47; BGH NZBau 00, 187); bei Kündigung kann sie neben der Teilvergütung (§§ 643, 645 I 2) gefordert werden (s Rn 7). **Weitergehende Schadensersatzansprüche** wegen zu vertretender Pflichtverletzung des Bestellers bleiben **möglich,** s BGH NJW 72, 100; Armbrüster/Bickert NZBau 06, 155 ff. Anwendbarkeit neben VOB/B 6 Nr 6 s BGH 159, 161, ZfBR 00, 248.

5   **4. Fristsetzung und Kündigungsandrohung. a)** Durch Fristsetzung kann sich Unternehmer nach § 643 Klarheit verschaffen. Fristsetzung durch Vertreter ohne Vertretungsmacht: Genehmigung (§ 177) nur bis Fristablauf (BGH NJW-RR 03, 303). – Die Aufhebung nach Ablauf der Frist gilt nur, falls der Unternehmer nichts anderes erklärt. Er kann deshalb die Wirkung der Fristsetzung bis zum Fristablauf zurücknehmen. Kann der Besteller die Mitwirkung nicht erbringen, dann erübrigt
6   sich Fristsetzung, RG 94, 29 f. **b)** Die Frist muss so bemessen sein, dass von einem
7   vertragstreuen Partner die Mitwirkung erbracht werden kann. **c)** Die Aufhebung des Vertrages mit Ablauf der Frist gibt dem Unternehmer einen Anspruch auf einen der geleisteten Arbeit entspr Teil der Vergütung und Ersatz der in der Vergütung nicht inbegriffenen Auslagen, § 645 I. Daneben können die nach § 642 ersatzfähigen

Titel 9. Werkvertrag und ähnliche Verträge §§ 644, 645

„Bereithaltekosten" verlangt werden. Ein weitergehender Schadensersatzanspruch verbleibt dem Unternehmer bei Verschulden des Bestellers, § 645 II. Grundsätzlich kein Einfluss der Kündigung auf Schadensersatzanspruch des Bestellers wegen mangelhafter Teilleistungen (BGH NJW-RR 06, 1309).

5. Abdingbarkeit/Sonderregeln. Die §§ 642, 643 sind dispositives Recht; **8** VOB/B 9 Nr 1–3 entspricht ihnen weitgehend. Neben § 643 hat Unternehmer Kündigungsrecht aus wichtigem Grund (Rechtsgedanke § 314, s NK/Raab § 643 Rn 13 ff).

§ 644 Gefahrtragung

(1) ¹Der Unternehmer trägt die Gefahr bis zur Abnahme des Werkes. ²Kommt der Besteller in Verzug der Annahme, so geht die Gefahr auf ihn über. ³Für den zufälligen Untergang und eine zufällige Verschlechterung des von dem Besteller gelieferten Stoffes ist der Unternehmer nicht verantwortlich.

(2) Versendet der Unternehmer das Werk auf Verlangen des Bestellers nach einem anderen Ort als dem Erfüllungsort, so findet die für den Kauf geltende Vorschrift des § 447 entsprechende Anwendung.

§ 645 Verantwortlichkeit des Bestellers

(1) ¹Ist das Werk vor der Abnahme infolge eines Mangels des von dem Besteller gelieferten Stoffes oder infolge einer von dem Besteller für die Ausführung erteilten Anweisung untergegangen, verschlechtert oder unausführbar geworden, ohne dass ein Umstand mitgewirkt hat, den der Unternehmer zu vertreten hat, so kann der Unternehmer einen der geleisteten Arbeit entsprechenden Teil der Vergütung und Ersatz der in der Vergütung nicht inbegriffenen Auslagen verlangen. ²Das Gleiche gilt, wenn der Vertrag in Gemäßheit des § 643 aufgehoben wird.

(2) Eine weitergehende Haftung des Bestellers wegen Verschuldens bleibt unberührt.

Anmerkungen zu den §§ 644, 645

Lit: Bolz, Zur Gefahrverteilung nach §§ 644, 645 BGB und den Ansprüchen des Auftragnehmers bei Beschädigung der Werkleistung vor Abnahme, BauRB 04, 313.

1. Allgemeines. §§ 644, 645 modifizieren die allg Regeln der Gefahrtragung. **1** Schadensersatzansprüche wegen Pflichtverletzung(en), die von einer Seite zu vertreten sind, bleiben unberührt (s Rn 11 ff). Bei der Gefahrtragung wird zwischen Leistungs- und Vergütungsgefahr unterschieden. Entscheidende Bedeutung kommt sowohl für die Leistungsgefahr (teilw aA Kohler JZ 03, 1081) als auch für die Vergütungsgefahr der Abnahme zu. § 645 ist eigene Anspruchsgrundlage (s Maties JURA 09, 379). Nach BGH 83, 203 ist in § 645 I 1 letztlich „Billigkeitsgedanke verankert"; die Vorschrift hat deshalb kei der Kontrolle von AGB Maßstabsfunktion, s BGH WM 85, 58; Naumburg NZBau 05, 107. Zur Anwendung auf VOB-Vertrag BGH NJW 98, 457. Abschluss eines Aufhebungsvertrages nach Unmöglichwerden der Werkleistung hindert Anwendbarkeit des § 645 nicht, BGH NZBau 05, 285 mAnm Motzke BrBp 05, 302.

2. Leistungsgefahr. Vor der Abnahme muss der Unternehmer das untergegan- **2** gene oder beschädigte Werk ggf neu herstellen; Grenze § 275 I oder II, III. Nach

§ 645

Abnahme bzw bei Abnahmefiktion nach § 640 I 3 und nach Vollendung in den Fällen des § 646 wird der Unternehmer bei nicht zu vertretendem Untergang oder Verschlechterung frei. Bei Annahmeverzug des Bestellers werden die zu vertretenden Umstände und damit die Leistungsgefahr nach § 300 I gemildert.

3 **3. Vergütungsgefahr.** Regelung der Vergütungsgefahr bei vom Unternehmer
4 nicht zu überwindendem Leistungshindernis (§ 275) s § 326 I, II. **a)** Abw von § 326 I wird jedoch die Vergütungsgefahr dem Unternehmer nach § 644 I vor der vollständigen Leistungsbewirkung bereits **mit Abnahme** – oder Abnahmefiktion nach § 640 I 3 sowie bei abnahmeäquivalenter Vollendung, § 646 – abgenommen; er kann die volle Vergütung verlangen, das Werk nach Abnahme untergeht oder aus anderen Gründen nicht mehr vollständig erbracht werden kann, bei Teilvollständigkeit freilich nur für die bis zum Schadensereignis erbrachte Leistung, BGH NJW 98, 457; Berechnung nach den gleichen Grundsätzen, die Rspr für Vergütung erbrachter Leistungen nach gekündigtem Werkvertrag entwickelt hat, BGH NJW 99, 2036 f. Minderungsrechte wegen Mängeln oder andere, vor Abnahme bereits entstandene Gewährleistungsbehelfe bleiben, soweit ihre Erfüllung noch möglich ist, dem Besteller erhalten. Entspr § 326 II geht die Vergütungsgefahr nach § 644 I 1 auch bei Annahmeverzug des Bestellers über; geht also das Werk infolge leichter Fahrlässigkeit unter, braucht der Unternehmer nicht neu herzustellen (§ 300 I), kann aber Vergütung verlangen. Schließlich kann der Unternehmer nach § 644 II iVm § 447 I die Vergütung verlangen, falls das auf Verlangen des Bestellers versandte Werk auf
5 dem Transport untergeht. **b) Ursächlichkeit** des Bestellers für das Leistungshindernis beließe dem Unternehmer den Vergütungsanspruch nach § 326 II 1 nur, wenn der Besteller den ursächlich gewordenen Umstand zu vertreten hatte. Darüber hinaus rechnet § 645 I 1 dem Besteller bereits solche Ursachen zu, die den Werkerfolg vor Abnahme auf Grund von Mängeln des „gelieferten" Stoffes oder von Anweisungen des Bestellers (zB Anweisung der Arbeitseinstellung führt zu späteren Frostschäden) verhindern oder beeinträchtigen, zB Anordnung der Verwendung ungeeigneter Baustoffe, BGH NJW 96, 2372 f; vgl v Craushaar aaO S 17 zu dadurch verursachten Mängeln des Werks. Allerdings kann der Unternehmer dann nicht die volle Vergütung verlangen, sondern nur einen seiner geleisteten Arbeit entsprechenden Vergütungsteil sowie Ersatz der Auslagen, die durch die Vergütung nicht gedeckt sind (s zur Berechnung Rn 4, BGH NJW 99, 2036 f). *Wunsch* des Bestellers
6 ist jedoch nicht Anweisung, s BGH 77, 324. **aa)** „Mangel" bedeutet jede bei Übergabe oder Arbeitsbeginn angelegte Untauglichkeit zur vertragsgemäßen Herstellung, **„Stoff"** ist jedes Objekt, ggf auch die Person des Bestellers oder eines Dritten, mit oder an der das Werk hergestellt werden soll (BGH 60, 20; BGH NZBau 05, 285; sa Köhler, Unmöglichkeit und Geschäftsgrundlage bei Zweckstörungen im Schuldverhältnis, 1971, S 34 ff, 46; Picker JZ 85, 693, 703; ders FS Huber 2006, 520 ff – „Substratsgefahr" –), zB auch der Baugrund, selbst wenn Besteller nicht Eigentümer ist (Naumburg NZBau 05, 107). Unternehmer muss Arbeit am Drehbuch beenden, weil Besteller Rechte am Drehbuchstoff verloren hat (OLGR Brandenburg 05, 440 zum Dienstvertrag). Zeitweiliges Erfüllungshindernis (Krieg, politische Verhältnisse) kann nach Rspr gleichstehen, wenn Risiko des Bestellers, weil dieser ihm näher steht, BGH 83, 200, 203 (dazu Vetter RIW 84, 170); abzulehnen,
7 s Rn 10. **bb)** Dagegen ist § 645 I 1 unanwendbar, wenn der Unternehmer die Unausführbarkeit mitverursacht und zu vertreten hat, etwa bei fehlerhafter Aufklärung über erforderliche Stoffbeschaffenheit oder gesundheitliche Voraussetzungen, bei unterlassenen Warnungen vor Ungeeignetheit der vom Besteller gegebenen Anweisungen, versäumter Prüfung des gestellten Materials, des Baugrundes auf seine Geeignetheit hin usw. Zur Prüfungs- und Hinweispflicht des Unternehmers s § 634
8 Rn 6. **c)** Die teilw Vergütung ist nicht Entschädigung, sondern Quote der vereinbarten Vergütung, die sich in Relation zur teilw Erbringung des Werkes errechnet, s Rn 4. Auslagenersatz ist dagegen ein Teil des negativen Interesses, der aber durch die Teilvergütung partiell mit abgedeckt sein kann.

Titel 9. Werkvertrag und ähnliche Verträge § **646**

4. Risikoverlagerung. a) Risikoverlagerung **analog** § 645 I 1 nur bei vergleich- 9
baren Tatbeständen (Einzelfallanalogie). Die § 326 modifizierende Risikoverteilung
des § 645 I 1 kann daher in vorsichtiger Analogie auf *einzelne* Leistungshindernisse
angewendet werden, in denen Maßnahmen oder Verhalten des Bestellers eine
Gefahrerhöhung für das Werk veranlasst haben, und die Gefahrverwirklichung zur
Verhinderung vollständiger Werkherstellung geführt hat (s BGH 40, 75: abge-
brannte Scheune), oder Gründe in der Person des Bestellers oder seine Handlungen
Untergang oder Unmöglichkeit vollständiger Herstellung bewirkt haben, s BGH
NJW 98, 457 (Schürmann-Bau). **b)** § 645 I 1 soll entspr anwendbar sein, wenn 10
Leistungshindernis aus politischen Verhältnissen folgt, denen Besteller „näher steht",
BGH 83, 203, sa Rn 6. Das ist wegen des begrenzten Anwendungsbereichs (Rn 9)
des § 645 nicht zulässig. Deshalb ist auch (allg) **Sphärentheorie** (insbes Beuthien,
Zweckerreichung und Zweckstörung im Schuldverhältnis, 1969, S 242 ff: Risiko-
verlagerung für *alle* aus der Bestellersphäre kommenden Leistungshindernisse; weites
Verständnis auch bei Köhler [Rn 6] S 38 ff) abzulehnen (hL, s näher SoeTeichmann,
§ 645, 14 mwN; offengelassen in BGH 60, 19; s ferner ZfBR 82, 24, 71). Im
Verhältnis Bau- zu Generalunternehmer kann Störung durch Bauherren für Bauunternehmer Entschädigungsanspruch auslösen, München NJW-RR 92, 348. Nicht:
Von anderen Handwerkern verursachter Untergang, BGH 78, 352, oder Fehler
eines Vorunternehmers, BGH 95, 128.

5. Zu vertretende Leistungsstörungen. a) Bei vom **Besteller** zu vertretender 11
Verhinderung vollständiger Werkerbringung kann nach § 645 II eine weitergehende
Haftung nach den allg Regeln eintreten: Unternehmer behält nach § 326 II 1 den
Anspruch auf die – uU um ersparte Aufwendungen zu kürzende – Vergütung; bei
Beschädigung oder Verschlechterung, die eine Herstellung möglich bleiben lassen,
kann der Unternehmer seine Mehraufwendungen aus § 280 I ersetzt verlangen.
b) Vom **Unternehmer** zu vertretende Leistungsstörungen richten sich ebenfalls 12
grundsätzlich nach allg Regeln. Für eventuelle Beeinträchtigungen des vom Besteller
gestellten Materials hält § 644 I 2 noch einmal fest, dass eine Haftung des Unternehmers für Zufall nicht eintritt; Beweislast für Vertretenmüssen s § 280 I 2. Geht das
Werk unter, während der Unternehmer im Verzug ist, gilt § 287 S 2. Verschlechterungen des bestellereigenen Materials vor Abnahme, die sich als Mängel des Werks
auswirken, richten sich dagegen, wenn Herstellung möglich bleibt, nur nach
§§ 633 ff. **c)** Hat ein **Dritter** die Beschädigung oder den Verlust des Werkes vor 13
Abnahme zu vertreten, so kann Besteller nach den Grundsätzen der Drittschadensliquidation (s vor 249–253 Rn 19) Verlust des Unternehmers geltend machen und
muss seine Ansprüche dem Unternehmer auf Verlangen abtreten (BGH NJW 70,
41).

6. Sonderregeln. Finden sich für die Gefahrverteilung zB in HGB 420 II, 630, 14
VerlagsG 33 sowie in AGB. VOB/B 7 lässt die Vergütungsgefahr bereits mit (gänzlicher oder teilweiser) „Ausführung" vor Abnahme übergehen, falls der Unternehmer
die Beschädigung oder Zerstörung des Teilwerks nicht zu vertreten hat; sa BGH
NJW 12, 2105.

§ **646** Vollendung statt Abnahme

**Ist nach der Beschaffenheit des Werkes die Abnahme ausgeschlossen, so
tritt in den Fällen des § 634a Abs. 2 und der §§ 641, 644 und 645 an die
Stelle der Abnahme die Vollendung des Werkes.**

1. Allgemeines. § 646 lässt die Abnahmewirkungen „Verjährungsbeginn", „Fäl- 1
ligkeit und Verzinslichkeit der Vergütung" und „Gefahrtragung" dann mit Vollendung des Werkes eintreten, wenn nach seiner Beschaffenheit eine **Abnahme ausgeschlossen** ist. Wann Abnahme auf Grund Beschaffenheit des Werkes nicht in
Betracht kommt, ist str. Teilw wird die Grenze zwischen verkörpertem und nicht

Mansel 983

§ 647

verkörpertem Werk gezogen (RG 110, 406 ff; aA SoeTeichmann 1), teilw wird jedes Werk als abnahmefähig angesehen, so dass § 646 funktionslos wäre (StPeters/Jacoby 7 ff). Zutr, dass Rechtsverkehr auch ohne § 646 auskommen könnte. Aber Gesetz soll dann zu erwartende Billigungsfiktionen vermeiden. Daher wurde Vollendung als Kategorie eingeführt. Deshalb kann Abgrenzung nur mittels der **Verkehrsanschauung** erfolgen. Vielfach wird bei nicht-körperlichen Werken, bei denen Hinwegnahme nach der Natur der Sache ausscheidet, nach der Verkehrsanschauung auch eine Billigungserklärung nicht erwartet, weil ein endgültiger, nicht mehr abänderbarer Zustand geschaffen wurde (s aber Rn 3), zB Theateraufführung, nach Ankunft am Zielort aus Personen- und Güterbeförderung. Geltung der Vollendung statt Abnahme kann vereinbart werden.

2   **2. Vollendung.** Ist im Wesentlichen vertragsgemäße Fertigstellung (BGH NJW 93, 1064 f „bei natürlicher Betrachtung als Erfüllung der geschuldeten Leistung zu sehen"). Mängel oder Fehlen zugesicherter Eigenschaften schließen Vollendung iSd § 646 nicht aus, denn die Verweisung auf § 634a II würde andernfalls leerlaufen.

3   **3. Einzelfälle.** Architektenwerk (BGH 37, 345, s Putzier NZBau 04, 179 f) und Statikerleistung (BGH 48, 263) sind abnahmefähig; AG Dresden NJW-RR 99, 562 für Anzeigenwerbevertrag: Abnahme (des Anzeigenentwurfs, StPeters/Jacoby vor §§ 631 ff Rn 33) trotz Vollendung erforderlich (aA Vollendung: LG Hannover NJW-RR 1989, 1525; AG Rheda-W MDR 02, 509). Beförderung dagegen: Vollendung bei vollständiger Ausführung, s BGH WM 89, 151 mN; Düsseldorf VersR 83, 632 mN.

§ 647 Unternehmerpfandrecht

Der Unternehmer hat für seine Forderungen aus dem Vertrag ein Pfandrecht an den von ihm hergestellten oder ausgebesserten beweglichen Sachen des Bestellers, wenn sie bei der Herstellung oder zum Zwecke der Ausbesserung in seinen Besitz gelangt sind.

Lit: Kartzke, Unternehmerpfandrecht des Bauunternehmers nach § 647 an beweglichen Sachen des Bestellers, ZfBR 93, 205.

1   **1. Allgemeines.** Das Vorleistungsrisiko des Unternehmers wird durch die in §§ 647, 648 geregelten Sicherheiten zu mildern versucht. An beweglichen Sachen des Bestellers, die Gegenstand oder Ergebnis der werkvertraglichen Herstellungspflicht und dazu in den Besitz des Unternehmers gelangt sind, hat dieser deshalb ein ges Pfandrecht für seine vertraglichen Ansprüche.

2   **2. Gesicherte Ansprüche.** Nur, aber alle **Ansprüche aus dem Werkvertrag** sind gesichert, also solche auf Vergütung, Auslagen- und Aufwendungsersatz, Entschädigung (§ 642) und Schadensersatz, Schadensersatzpauschalen oder Vertragsstrafen (zur AGB-Inhaltskontrolle, 5% Bausumme, s BGH NJW-RR 03, 836, MK/Busche 14. Nicht gesichert sind Ansprüche aus Delikt, GoA oder Bereicherung.

3   **3. Bewegliche Sachen des Bestellers. a)** Die beweglichen Sachen (für Bauwerke, Bauwerksteile oder Schiffe s § 648 I, für Schiffe oder Schiffsbauten § 648 II; zum Verhältnis § 647 zu § 648 s Kartzke aaO 206) müssen Eigentum des Bestellers sein. Gehören zu verarbeitende Materialien weiter dem Unternehmer oder wird er nach § 950 (zunächst) Eigentümer, entsteht kein Pfandrecht; dann jedoch ohnehin § 651 und Sicherung durch EV; zum Eigentumserwerb bei bestellereigenem Material sa § 651 Rn 1. Gehören die Sachen einem Dritten, kommt nur Erwerb eines **Vertrags**pfandrechts (mit Zustimmung des Eigentümers oder auf Grund guten Glaubens) in Betracht; das ges Pfandrecht nach § 647 kann dagegen nicht gutgl oder auf Grund Verfügungsermächtigung erworben werden (BGH 34, 125 f; 34, 153 ff; str, s ie § 1257 Rn 2). Zum Verwendungsersatz und Zurückbehaltungsrecht des

Titel 9. Werkvertrag und ähnliche Verträge § 648

Unternehmers an Sachen, die dem Besteller (Leasingnehmer) nicht gehören, gemäß § 1000 und § 273 s BGH NJW 02, 2875; OLGR Hamm 04, 182. **b)** Ein ges **Pfandrecht** kann dagegen an einer Anwartschaft des Bestellers entstehen (s BGH NJW 65, 1475 für Vermieterpfandrecht), ist aber beim EVkauf durch die Rücktrittsmöglichkeit des Verkäufers im Krisenfall gefährdet. Dem Unternehmer helfen aber bei Beendigung der Besitzberechtigung durch Rücktritt des Eigentümers vom Kaufvertrag die §§ 994, 1000, 1003 (s BGH 34, 127 ff; aA vor §§ 994–1003 Rn 5).

4. Sonderregeln. Beförderungsunternehmen des **Handelsrechts** können ges 5 Pfandrechte am Beförderungsgut auch gutgläubig erwerben (s HGB 441 ff, 366 III, 623).

§ 648 Sicherungshypothek des Bauunternehmers

(1) ¹**Der Unternehmer eines Bauwerks oder eines einzelnen Teiles eines Bauwerks kann für seine Forderungen aus dem Vertrag die Einräumung einer Sicherungshypothek an dem Baugrundstück des Bestellers verlangen.** ²**Ist das Werk noch nicht vollendet, so kann er die Einräumung der Sicherungshypothek für einen der geleisteten Arbeit entsprechenden Teil der Vergütung und für die in der Vergütung nicht inbegriffenen Auslagen verlangen.**

(2) ¹**Der Inhaber einer Schiffswerft kann für seine Forderungen aus dem Bau oder der Ausbesserung eines Schiffes die Einräumung einer Schiffshypothek an dem Schiffsbauwerk oder dem Schiff des Bestellers verlangen; Absatz 1 Satz 2 gilt sinngemäß.** ²**§ 647 findet keine Anwendung.**

Lit: Busz, Der Anspruch des Werkunternehmers bei nicht fristgerechter Sicherheitsleistung des Auftraggebers, NZBau 04, 10; Litzka, § 648 BGB: Ein zahnloser Tiger gegenüber Lebensversicherungsunternehmen?, BauR 04, 1214; Motzke, Die Bauhandwerkersicherungshypothek, 1981; Scheef, Risiken bei der zwangsweisen Durchsetzung der Eintragung einer Bauhandwerkerversicherung, BauRB 04, 186; Siegburg, Die Bauwerksicherungshypothek, 1989. S auch Lit zu § 648a.

1. Allgemeines. a) Bei Bauwerken, Schiffsbauten oder Schiffsreparaturen gibt 1 das Ges anders als bei beweglichen Sachen nach § 647 dem Unternehmer nicht eine ipso iure entstehende dingliche Sicherheit, sondern nur einen schuldrechtlichen Anspruch auf ihre Einräumung. Da dieser Anspruch erst mit Baubeginn entsteht, kommt der Unternehmer wegen bereits bestehender Belastungen des Grundstücks häufig zu spät. Der Unternehmer muss ggf versuchen, eine Vormerkung, notfalls vermittels einstw Verfügung (§ 885 I), zur Sicherung des Anspruchs auf Einräumung der Hypothek ins Grundbuch zu bringen, unten Rn 11; s hierzu jedoch Peters NJW 81, 2550. AGB-Verzicht auf diesen Anspruch ist unwirksam, BGH 91, 145; Karlsruhe NJW-RR 97, 658. Nicht anwendbar bei Abriss eines Hauses, Bremen MDR 96, 45. **b)** Eine Verbesserung der Stellung von Baugläubigern bezwecke das 2 **BauFdgG,** dessen Sicherungsmittel „Bauvermerk", „Bauhypothek" und „Baugeldhypothek" mangels der erforderlichen DVO keine Bedeutung erlangt haben. BauFdgG wurde durch FoSiG mit Wirkung zum 1.1.2009 (vor § 631 Rn 1) modifiziert und auf Baubetreuer erstreckt. BauFdgG ist als **SchutzGes** iSv § 823 II für Praxis bedeutsam, so dass Bauträger, Generalunternehmer, Baubetreuer usw und ihre Organe deliktisch haften, falls ihnen zugeflossenes „Baugeld" nicht an Baugläubiger, zB Subunternehmer, gelangt, s BGH NJW 82, 1038 (Generalunternehmer als Baugeldempfänger), NJW 86, 1105 (Verkäufer schlüsselfertiger Häuser); WM 86, 489 (Bauträgerkredit als Baugeld); Dresden BauR 05, 1649 (auch bei unwirksamem Vertragsverhältnis von Baugläubiger und Baugeldempfänger) mAnm Handschumacher; Orlowski, Rsprübersicht ZfBR 87, 195. Zur Baugeldverwendungspflicht sowie Darlegungs- und Beweislast BGH NJW-RR 13, 340. Zum erforderlichen Vorsatz BGH NJW 85, 135 mAnm Deutsch; zum Ganzen Schulze-Hagen, NJW

§ 648
Buch 2. Abschnitt 8. Einzelne Schuldverhältnisse

3 86, 2403. **c) Weitergehende Sicherung** von Bauunternehmern nach § 648a; soweit eine nach dieser Vorschrift zu beanspruchende Sicherheit gestellt worden ist, entfällt der Anspruch aus § 648, s § 648a IV. Dagegen entfällt Sicherungsanspruch nicht auf Grund vereinbarten Sicherungseinbehalts, BGH NJW 00, 1639; aA Kleefisch/Herchen NZBau 06, 202 ff.

4 **2. Pfandobjekt.** Verlangt werden kann Einräumung einer **Sicherungshypothek** am **Baugrundstück** des **Bestellers**. Bau*material* kann dagegen Pfandobjekt nach § 647 sein, s Kratzke aaO (Lit § 647). Zur Sicherungshypothek s §§ 1184, 1185, **5** 873 I, 1113 ff. **a)** Pfandobjekt ist das dem Besteller gehörende Grundstück, auf dem das vertraglich vereinbarte Bauwerk (dazu auch Rn 7) hergestellt wird. Beim Bau auf fremdem Boden (zB durch Bauträger) besteht kein Anspruch gegen den Eigentümer des Baugrundstückes aus § 648. Wirtschaftliche Verflechtung von Grundstückseigentümer und Besteller reicht nicht aus, um in „wirtschaftlicher Betrachtungsweise" Identität von Eigentümer und Besteller anzunehmen, schon gar nicht mehr nach Einführung des § 648a, Raabe BauR 97, 757; aA KG NJW-RR 99, 1247, sa Naumburg NZBau 00, 79; in Ausnahmefällen kann Berufung auf jur Verschiedenheit jedoch an § 242 scheitern, BGH 102, 95, 100; Celle BauR 06, 543; Schlechtriem, FS Korbion, 1986, 359. Bei Durchgriffshaftung des Gesellschafters/Eigentümers ebenfalls Anspruch auf Eintragung, s KG NJW-RR 87, 1231; aA Slapnicar BB 93, 236. Baut der Besteller ein Gebäude teils auf eigenem, teils auf fremdem Grundstück, dann kann auf dem bestellereigenen Grundstück eine Hypothek für die gesamte Werklohnforderung eingetragen werden, BGH NJW 00, 1862; bei mehreren Grundstücken des Bestellers Gesamthypothek, BGH aaO, ohne dass es auf die den einzelnen Grundstücken zugeflossenen Werte ankommt. Erst recht kann bei nach Baubeginn aufgeteiltem Baugrundstück Gesamthypothek verlangt werden, Frankfurt OLGZ 85, 193. Pfandobjekt kann auch ein Erbbaurecht des Bestellers (BGH 91, 142) oder Wohnungseigentum (Einzelheiten s § 1114; ferner Weitnauer **6** § 3, 29 f) sein. **b)** Wird belastetes Grundstück später in Wohnungseigentum aufgeteilt, dann setzt sich die Sicherungshypothek als Gesamthypothek an den einzelnen Einheiten fort. Entspr auch das Verlangen auf Einräumung einer Gesamthypothek an mehreren Eigentumswohnungen sowie einer entspr Vormerkung (Hamm NJW-RR 99, 383) gerechtfertigt, solange Besteller und Wohnungseigentümer noch identisch sind (München NJW 75, 221; Köln OLG 75, 20, str; aA Frankfurt NJW 74, 62f mAnm Schmalzl). Die Käufer sind nur durch rechtzeitige Auflassungsvormerkungen zu schützen.

7 **3. Zu sichernde Forderungen. a)** Die Sicherungshypothek kann zur **Sicherung aller Forderungen aus** dem **konkreten Werkvertrag** verlangt werden (s § 647 Rn 2; zur Sicherungsfähigkeit eines Anspruchs auf Verzugsschaden s BGH NJW 74, 1761; nicht: Schadensersatz wegen Bauunterbrechung, Jena OLG-NL 98, **8** 150). **Lieferanten,** die Bauteile oder Materialien auf Grund Kaufvertrags leisten, haben keinen Anspruch aus I, auch wenn sie durch den Einbau ihr Eigentum verlieren. Der Unternehmer muss aber nicht notwendig Bauunternehmer sein. Entscheidend für die Sicherungsfähigkeit ist die rechtliche Beziehung, durch die sich jemand als Unternehmer zur Herstellung eines Bauwerks (dazu § 634a Rn 7) oder eines einzelnen Bauwerksteils auf bestellereigenem Grundstück verpflichtet. **Subunternehmer,** die vertragliche Beziehungen nur mit dem Unternehmer, nicht aber mit dem Bauherrn-Eigentümer haben, können keine Sicherungshypothek verlangen, **9** Dresden NJW-RR 00, 1412. **b)** Durch die Sicherungsfähigkeit von Forderungen wegen Herstellung von Bauwerksteilen werden die einzelnen Handwerker geschützt, die am Neubau oder bei Umbauten oder Reparaturen Bauwerksteile auf Grund Werkvertrages mit dem Eigentümer herstellen. Arbeiten **an** einem Grundstück **oder an** einem **Gebäude,** durch die nicht ein Bauwerk oder Bauwerksteil hergestellt wird, sollen nicht sicherungsfähig sein (Malerarbeiten an Altbau: Celle NJW 54, 1607; Teppichboden: LG Düsseldorf NJW-RR 99, 383); zweifelhaft, da **entscheidend** für das Sicherungsbedürfnis die **durch Vorleistung erbrachte**

Titel 9. Werkvertrag und ähnliche Verträge   § 648a

Wertschöpfung des Unternehmers sein sollte, die nicht zurückbehalten oder anders als Sicherheit verwendet werden kann (s Prot II, 326; BGH 68, 183; gegen Parallele zu § 638 aF auch Motzke aaO S 167). Zutr hat deshalb auch der BGH dem Architekten Anspruch auf Einräumung einer Sicherungshypothek nach I gegeben (BGH 51, 190 ff; aA Tempel JuS 73, 416 f; sa Düsseldorf NJW-RR 00, 166 für gekündigten Architektenvertrag). Auch andere geistige Leistungen, zB die des Statikers, sind deshalb sicherungsfähig, falls auf Grund Vertrages mit dem Eigentümer erbracht. Architekt hat erst dann Anspruch auf eine Sicherung seiner Honorarforderung, wenn Bauarbeiten begonnen haben (Hamburg NJW-RR 10, 376; sa BGH 144, 138). **c)** Soweit und solange **Werk mangelhaft** ist, kann Einräumung einer Sicherungshypothek nicht einer entspr Vormerkung nicht verlangt werden, BGH 68, 180; Celle BauR 86, 588 (subsidiäre Haftung des Unternehmers); aA Peters NJW 81, 2551, Hamm NJW-RR 00, 571: Herabsetzung der zu sichernden Werklohnforderung. Soweit Zahlung verweigert werden kann – sa § 641 III –, jedenfalls kein Sicherungsanspruch; Prüfung eines Antrags auf Vormerkung im Wege der einstweiligen Verfügung muss deshalb auch Leistungsverweigerungsrechte des Bestellers berücksichtigen, str. **10**

4. Teilsicherung (I 2). Obwohl vor Abnahme, Abnahmefiktion oder Vollendung Vergütungsansprüche nach BGB (§§ 641 I, 646) nicht fällig werden, kann der Unternehmer nach I 2 bereits vorher für einen der **geleisteten Arbeit** entspr **Vergütungsteil** und darin nicht mit abgegoltene Auslagen Sicherung verlangen. Auch hier ist der Grundgedanke, eine notwendig als Vorleistung („geleistete Arbeit") dem Besteller zugutekommende Werterhöhung sicherungsfähig zu machen. Folgerichtig wird der Anspruch versagt, wo Leistung des Unternehmers keine Werterhöhung des Grundstücks bewirkt hat, Jena NJW-RR 99, 384, oder Vorarbeiten noch nicht als Werkleistung wenigstens teilw dem Bauwerk zugutegekommen sind, sei es, dass der Unternehmer die zum Einbau vorgesehenen Teile zurückgehalten hat (RG 58, 303) oder die Pläne des Architekten keine Verwendung gefunden haben (Düsseldorf NJW 72, 1863; umfassend Siegburg aaO S 219 ff). Für künftige Forderung jedoch Vormerkung, Düsseldorf NJW-RR 94, 786. **11**

5. Abdingbarkeit. In AGB: nein, Siegburg aaO S 285 ff; sa BGH 91, 139 und Rn 1. **12**

§ 648a Bauhandwerkersicherung

(1) ¹Der Unternehmer eines Bauwerks, einer Außenanlage oder eines Teils davon kann vom Besteller Sicherheit für die auch in Zusatzaufträgen vereinbarte und noch nicht gezahlte Vergütung einschließlich dazugehöriger Nebenforderungen, die mit 10 vom Hundert des zu sichernden Vergütungsanspruchs anzusetzen sind, verlangen. ²Satz 1 gilt in demselben Umfang auch für Ansprüche, die an die Stelle der Vergütung treten. ³Der Anspruch des Unternehmers auf Sicherheit wird nicht dadurch ausgeschlossen, dass der Besteller Erfüllung verlangen kann oder das Werk abgenommen hat. ⁴Ansprüche, mit denen der Besteller gegen den Anspruch des Unternehmers auf Vergütung aufrechnen kann, bleiben bei der Berechnung der Vergütung unberücksichtigt, es sei denn, sie sind unstreitig oder rechtskräftig festgestellt. ⁵Die Sicherheit ist auch dann als ausreichend anzusehen, wenn sich der Sicherungsgeber das Recht vorbehält, sein Versprechen im Falle einer wesentlichen Verschlechterung der Vermögensverhältnisse des Bestellers mit Wirkung für Vergütungsansprüche aus Bauleistungen zu widerrufen, die der Unternehmer bei Zugang der Widerrufserklärung noch nicht erbracht hat.

(2) ¹Die Sicherheit kann auch durch eine Garantie oder ein sonstiges Zahlungsversprechen eines im Geltungsbereich dieses Gesetzes zum Geschäfts-

§ 648a

betrieb befugten Kreditinstituts oder Kreditversicherers geleistet werden. ²Das Kreditinstitut oder der Kreditversicherer darf Zahlungen an den Unternehmer nur leisten, soweit der Besteller den Vergütungsanspruch des Unternehmers anerkennt oder durch vorläufig vollstreckbares Urteil zur Zahlung der Vergütung verurteilt worden ist und die Voraussetzungen vorliegen, unter denen die Zwangsvollstreckung begonnen werden darf.

(3) ¹Der Unternehmer hat dem Besteller die üblichen Kosten der Sicherheitsleistung bis zu einem Höchstsatz von 2 vom Hundert für das Jahr zu erstatten. ²Dies gilt nicht, soweit eine Sicherheit wegen Einwendungen des Bestellers gegen den Vergütungsanspruch des Unternehmers aufrechterhalten werden muss und die Einwendungen sich als unbegründet erweisen.

(4) Soweit der Unternehmer für seinen Vergütungsanspruch eine Sicherheit nach den Absätzen 1 oder 2 erlangt hat, ist der Anspruch auf Einräumung einer Sicherungshypothek nach § 648 Abs. 1 ausgeschlossen.

(5) ¹Hat der Unternehmer dem Besteller erfolglos eine angemessene Frist zur Leistung der Sicherheit nach Absatz 1 bestimmt, so kann der Unternehmer die Leistung verweigern oder den Vertrag kündigen. ²Kündigt er den Vertrag, ist der Unternehmer berechtigt, die vereinbarte Vergütung zu verlangen; er muss sich jedoch dasjenige anrechnen lassen, was er infolge der Aufhebung des Vertrages an Aufwendungen erspart oder durch anderweitige Verwendung seiner Arbeitskraft erwirbt oder böswillig zu erwerben unterlässt. ³Es wird vermutet, dass danach dem Unternehmer 5 vom Hundert der auf den noch nicht erbrachten Teil der Werkleistung entfallenden vereinbarten Vergütung zustehen.

(6) ¹Die Vorschriften der Absätze 1 bis 5 finden keine Anwendung, wenn der Besteller
1. eine juristische Person des öffentlichen Rechts oder ein öffentlich-rechtliches Sondervermögen ist, über deren Vermögen ein Insolvenzverfahren unzulässig ist, oder
2. eine natürliche Person ist und die Bauarbeiten zur Herstellung oder Instandsetzung eines Einfamilienhauses mit oder ohne Einliegerwohnung ausführen lässt.

²Satz 1 Nr. 2 gilt nicht bei Betreuung des Bauvorhabens durch einen zur Verfügung über die Finanzierungsmittel des Bestellers ermächtigten Baubetreuer.

(7) Eine von den Vorschriften der Absätze 1 bis 5 abweichende Vereinbarung ist unwirksam.

Lit: Heiland, Forderungssicherungsgesetz: Als Anspruch ist § 648a BGB ein scharfes Schwert!, IBR 08, 493; ders, FoSiG: Drei gute Gründe für die Klagbarkeit des Anspruchs aus dem neuen § 648a BGB im Urkundsprozess!, IBR 08, 628; Kniffka, Offene Fragen zu § 648a BGB, BauR 07, 246; Maties, Bauhandwerkersicherung gemäß § 648a BGB als Möglichkeit zur Lösung vom Vertrag?, JURA 09, 379; Schmitz, Der neue § 648a BGB, BauR 09, 714; Wronna, Kündigung: § 648a-Bürgschaft sichert nur Vergütungsanspruch für erbrachte Leistungen!, IBR 08, 325.

Lit zum FoSiG: vor § 631;

Lit zum bisherigen Recht: 12. Aufl.

1. Allgemeines. Unzureichender Schutz des § 648 für Bauhandwerker (s § 648 Rn 1, 5) war Anlass für das am 1. 5. 93 in Kraft getretene Bauhandwerkersicherungs-Ges und § 648a, teilw nF durch SchRModG, nicht hingegen bauvertraglich geregelte Sicherheitenbestellungen zu beschränken (BGH NJW 10, 2272). Neuregelung von I, V, VI durch FoSiG (vor § 631 Rn 1); nach EGBGB 229 § 18 (richtig: 19) gilt Neufassung für ab 1.1.2009 neu abgeschlossene Verträge, näher zum Übergangsrecht

Titel 9. Werkvertrag und ähnliche Verträge § 648a

PalSprau 2. § 648a I gewährte bisher Leistungsverweigerungsrecht, jetzt Sicherungsanspruch.

2. Voraussetzungen. a) Werkvertrag über **Bauwerk** (§ 634a Rn 7) oder Bauwerksteile. Kreis der geschützten Baugläubiger wie in § 648 I, also auch Architekt (auch nur planender, Düsseldorf NJW-Spezial 05, 169), Statiker, nicht aber: Bauteilelieferant (BR-Drs 12/1836 S 8), lediglich mit vorbereitenden Rodungsarbeiten beauftragter Unternehmer (BGH NZBau 05, 281, abl Vogel ZfIR 05, 285); Bauträger s Wagner WM 01, 723; Anlagenbau s Buscher/Theurer BauR 05, 902. Geschützt aber auch Nach- oder Subunternehmer gegenüber Hauptunternehmer (PalSprau 8, KG BauR 05, 1035: Nachunternehmer gegenüber Dach-ARGE); aA wohl Gutbrod DB 1993, 1560). Nicht: Bauträgervertrag oder Werklieferungsvertrag, s PalSprau 6. **b) Zu sichernde Ansprüche** des Unternehmers: offene Vergütungsansprüche des Unternehmers (**I 1**, auch bei Kündigung s **V**), insbes nach § 632 bzw 649 S 2, einschließlich Zins- und anderen Nebenforderungen (PalSprau 7, 14). Ansprüche auf Vergütungssurrogat (**I 2**) wie zB auf Schadensersatz statt Leistung (§ 280). **c)** Auch für **bereits erbrachte und abgenommene Leistungen** (BGH NJW 04, 1525; s ausführlich Maties Jura 09, 381). 2

3

3a

3. Rechtsfolge. a) Unternehmer hat gegen Besteller Anspruch auf Bestellung einer **Sicherheit (I).** Verjährung: §§ 195, 199. Sicherheiten s §§ 232–239, Sicherheit nach II (Garantie oder sonstiges Zahlungsversprechen); unter II fallen etwa Bürgschaften (nicht aber Abtretung der durch Bürgschaft gesicherten Werklohnforderung des Bestellers gegen seinen Auftraggeber, BGH NJW-RR 06, 29), Garantien, Schuldbeitritte, Abtretung einer Darlehenszusage (BGH NJW-RR 04, 1347), wechsel- oder scheckrechtliche Indossamentsverbindlichkeiten bestimmter, im Geltungsbereich dieses Gesetzes zum Geschäftsbetrieb befugter (dazu KWG 32; zu Instituten aus anderen Staaten s KWG 53b, 53c) Kreditinstitute oder Kreditversicherer. Gedacht ist vor allem an Auszahlungsgarantien der das Bauvorhaben durch Darlehen an den Besteller finanzierenden Bank, denn die Garantie soll eng an die Baufinanzierung angelehnt sein. Garantie oder Bürgschaft „auf erstes Anfordern" zu zahlen zulässig, BGH NJW 02, 1198; Geltendmachung kein Rechtsmissbrauch, BGH aaO. **b)** Sicherheit bis zur **Höhe** des voraussichtlichen Vergütungsanspruchs, einschließlich Nebenforderungen, Ansatz 10% des zu sichernden Vergütungsanspruchs **(I 2);** gesamter Werklohn maßgebend und sicherungsfähig, auch wenn Raten- oder Abschlagszahlungen vereinbart sind, BGH NJW 01, 823 f. Von Bürgschaft nicht umfasst (§ 767 I S 3) sind Entgeltforderungen für spätere Auftragserweiterungen nach VOB/B 1 Nr 3, Nr 4 S 1 oder VOB/B 1 Nr 4 S 2, selbst wenn bei Bürgschaftsvertragsschluss ersichtlich, dass Werkvertrag VOB/B unterliegt (BGH NJW 10, 1668 mN, str). Sicherungsanspruch auch bei Mängeln, solange Unternehmer zur Beseitigung bereit und in der Lage ist, BGH NJW 01, 824 f; NJW-RR 08, 31. Bei Berechnung werden die Ansprüche nicht angesetzt, mit denen Besteller gegen Vergütungsanspruch **aufrechnen** kann, es sei denn, Fall **I 4** liegt vor. **c)** Sicherheit ist tauglich trotz vorbehaltenen **Widerrufs** des Sicherungsgebers, I 5. Bei Widerruf der Sicherheit nach I 5 hat Unternehmer **Verschlechterungseinrede** nach § 321. **d)** Bei Bestellung (nicht aber durch das bloße Verlangen, Düsseldorf NJW-RR 04, 18) einer Sicherheit kein Anspruch auf Sicherungshypothek nach § 648, vgl **IV.** Folgen unterlassener oder unzureichender Sicherheitsleistung: **Leistungsverweigerungsrecht** (s BGH NJW-RR 09, 892: auch bei erfolgter Abtretung der Gewährleistungsrechte durch Besteller) und **Kündigungsrecht** nach **V**. Nachfrist nach § 648a V, § 643 S 1 kann erst nach fruchtlosem Ablauf der Frist zur Sicherleistung nach § 648a I gesetzt werden (BGH NJW-RR 11, 235 zu § 648a aF). **e) Kostentragung** s III.
f) Ausnahmen: s VI. 4

5

6

7

8

4. Herausgabe der Sicherheit. Erst nach vollständiger Bezahlung des Auftragnehmers, Brandenburg NJW-Spezial 05, 167. 9

Mansel

§ 649

10 **5. Abdingbarkeit.** Anspruch auf Bestellung einer Sicherheit und Rechtsbehelfe sind **freizeichnungsfest, VII;** Befristung macht als Sicherheit gestellte Bürgschaft nicht unwirksam, Oldenburg EWiR 99, 111 (Siegburg). Keine Anwendung des VII, wenn Sicherungsabrede vertraglich vereinbart wurde, BGH NJW 06, 2475.

§ 649 Kündigungsrecht des Bestellers

¹Der Besteller kann bis zur Vollendung des Werkes jederzeit den Vertrag kündigen. ²Kündigt der Besteller, so ist der Unternehmer berechtigt, die vereinbarte Vergütung zu verlangen; er muss sich jedoch dasjenige anrechnen lassen, was er infolge der Aufhebung des Vertrags an Aufwendungen erspart oder durch anderweitige Verwendung seiner Arbeitskraft erwirbt oder zu erwerben böswillig unterlässt. ³Es wird vermutet, dass danach dem Unternehmer 5 vom Hundert der auf den noch nicht erbrachten Teil der Werkleistung entfallenden vereinbarten Vergütung zustehen.

Lit: Boldt, Die Kündigung des Bauvertrags aus wichtigem Grund durch den Auftraggeber nach neuem Recht, NZBau 02, 655; Leineweber, Kündigung bei Pauschalverträgen – Möglichkeiten und Problemlösungen für den Auftragnehmer im Zusammenhang mit der Abrechnung, ZfBR 05, 110; Markus, § 649 S 2 BGB: Die Anrechnung der tatsächlich ersparten Aufwendungen auf die kalkulierten Kosten, NZBau 05, 417; Quack, Einige Probleme der Vergütungsabrechnung nach § 649 S 2 BGB, FS von Craushaar, 1997, 309; Rodemann, Die Abrechnung eines Bauvertrags nach Kündigung, BauRB 04, 22; Schmidt, Zur unberechtigten Kündigung aus wichtigem Grund beim Werkvertrag, NJW 95, 1313; Ultsch, Rückgabe von Fußball-WM-Tickets nach § 649 BGB, ZGS 05, 261; Voit, Die außerordentliche Kündigung des Werkvertrages durch den Besteller, BauR 02, 1776; ders, FS Honsell, 2002, 415.

1 **1. Allgemeines.** S 1 gewährt (nur) dem Besteller ein Kündigungsrecht. Auch anwendbar auf für unbestimmte Dauer über fortgesetzte Werkleistung geschlossene Verträge (BGH NJW 11, 915; BaR/Voit 27; aA Hamburg, MDR 72, 866; Düsseldorf BeckRS 11, 04208; ErmSchwenker 9; MK/Busche 4; StPeters/Jacoby 65). Gründe müssen für die Kündigung nicht angeführt werden. Dem Unternehmer wird als Ausgleich für dieses einseitige Kündigungsrecht des Bestellers im Falle seiner Ausübung der Anspruch auf die Vergütung belassen, S 2 (s Rn 4). Gilt nicht für Bauträgervertrag: Kündigung nur aus wichtigem Grund, BGH 96, 279. Vertragliche Modifikation s Rn 11. Zum Kündigungsrecht des Unternehmers s §§ 642, 643 Rn 8.

2 **2. Durchführung.** Kündigung erfolgt durch einseitige, empfangsbedürftige Willenserklärung. Sie ist formlos, auch durch schlüssiges Verhalten (Hamm NJW-RR 92, 889) möglich, es sei denn, die Parteien haben etwas anderes vereinbart (zur VOB s Rn 11). Schlüssig durch eigene Werkausführung des Bestellers zum Ausdruck gebrachte Kündigungsabsicht nach entspr Vorankündigung (s BGH WM 72, 1026) oder bei Beauftragung anderen Unternehmers (Düsseldorf NZBau 02, 515; Saarbrücken BauRB 05, 76; s aber Koblenz NJW-RR 04, 1670). Im Regelfall ist eine außerordentliche Kündigung zugleich als freie Kündigung nach § 649 zu verstehen, s BGH 156, 82.

3 **3. Folgen. a) Auflösung** ex nunc. Für die Vergangenheit bleibt der Werkvertrag in Kraft, zB als Rechtsgrund für bereits erbrachte Leistungen, BGH NJW 82, 2553. Der Besteller kann (RG 104, 94) und muss deshalb bereits geleistete Teilwerke behalten. Auch ein nach § 642 entstandener Entschädigungsanspruch bleibt von der Kündigung unberührt, da seine Erfüllung nicht weitere Durchführung des gelösten Werkvertrags bedeutet. Durch Kündigung wird Vertrag auf den bis zur Kündigung erbrachten Teil der Werkleistungen beschränkt. Für diesen Teil beendet Kündigung nicht das Erfüllungsstadium des Vertrags, so dass dem Besteller die Erfüllungsansprüche für diesen Werkteil (zum Vergütungsanspruch s Rn 4) noch zustehen (BGH NJW 03, 1452). Unternehmer hat daher diesen Werkteil (für sich genommen) mangelfrei zu erbringen (BGH NJW 03, 1452; Mängelbeseitigungsrecht des Unter-

Titel 9. Werkvertrag und ähnliche Verträge **§ 649**

nehmers s BGH WM 89, 1434; zur Beweislast: KG NZBau 03, 37). Erfüllungsstadium endet auch bei gekündigtem Vertrag erst mit Abnahme bzw. Abnahmefiktion, -ersatz (s § 640 Rn 2) (BGH NJW 06, 2476; 03, 1452; NK/Raab 16 mN; aA BaR/Voit 8 f; SoeTeichmann 14). Kündigung ist keine konkludente Abnahme (s BGH NJW 06, 2476; 03, 1452). Der bis zur Kündigung noch nicht erbrachte Werkteil ist nicht mehr geschuldet; zum entsprechenden Vergütungsanspruch s Rn 4. **b) Ver-** 4 **gütung** bereits **erbrachter Leistungen** (Rn 3): Vertragsabrede bzw. § 632; für Fälligkeit dieses Werklohnanteils ist Abnahme (bzw. Abnahmefiktion, -ersatz, s § 640 Rn 2) der erbrachten Teilleistung erforderlich, da die Abnahme hier die gleiche Funktion erfüllt wie bei einem nicht gekündigten Vertrag (BGH NJW 06, 2476; zuvor ebenso NK/Raab 16; aA bisherige Rspr und hM, s BGH NJW 93, 1973). Vergütungsanspruch entfällt, falls das bereits erbrachte (Teil-)Werk infolge von Mängeln für den Besteller völlig wertlos ist (BGH NJW 75, 826; Beweislast für Mangelfreiheit des Teilwerks trägt Unternehmer, BGH NJW 93, 1974). Hinsichtlich **nicht mehr erbrachten Werkteils** bleibt nach S 2 der (anteilige!) Vergütungsanspruch des Unternehmers grundsätzlich unberührt, aber Abzüge (Rn 5, s aber auch § 650 I); MWSt s BGH 101, 130, aber auch BGH NJW 99, 3261 zur RiLi 77/388; USt s BGH 174, 267. Abzurechnen ist der konkrete Vertrag; Vergütung kann nicht nach Üblichkeit berechnet werden, BGH NJW 98, 1064. Maßgebend ist der auf erbrachte Leistungen entfallende Vergütungsanteil, nicht hingegen vereinbarte Zahlungsmodalitäten (s BGH NJW 11, 915). Der Anspruch aus S 2 ist der ursprüngliche Vergütungsanspruch (BGH NJW 84, 1455; Beigel BauR 97, 782), nicht etwa ein Entschädigungsanspruch; er entfällt, wenn Vertrag wirksam widerrufen wurde (zB nach § 312, s BGH 171, 364). Anspruch umfasst den Geschäftsgewinn, belässt aber auch einen evtl Geschäftsverlust beim Unternehmer (Einzelheiten s van Gelder NJW 75, 190 f); zur Berechnung bei Einheitspreisvertrag s BGH NJW 96, 1282, zum Pauschalpreisvertrag s BGH NJW 00, 1257 (Wert der erbrachten Leistungen im Verhältnis zum Wert der geschuldeten Gesamtleistung), BGH NZBau 04, 503 (Prüfbarkeit der Schlussrechnung setzt nicht notwendig Aufmass voraus), BGH NZBau 04, 549; 04, 503 (Beweiserleichterung durch Schätzung nach § 287 ZPO). Funktionell ist der Vergütungsanspruch einem Schadensersatzanspruch allerdings vergleichbar (BGH NJW 73, 1191 für einen vertraglich vereinbarten Vergütungsanspruch; sa Düsseldorf NJW-RR 97, 625: Unberechtigte Erhebung eines Schadensersatzanspruchs als Kündigung iSv § 649). Gilt auch bei unberechtigter fristloser Kündigung des Bestellers, krit B. Schmidt NJW 95, 1313, 1315. **Pauschaler Vergütungsanspruch** nach S 3: Widerlegliche Vermutung, dass Vergütungsanspruch 5% des Werklohns umfasst, der auf die nicht erbrachte Werkleistung entfällt. Zur Darlegungslast des Unternehmers s BGH NJW-RR 11, 1588. **c)** Nach S 2, 2. HS mindert sich der Vergütungsanspruch um **ersparte Aufwen-** 5 **dungen** (hierzu ausführlich Markus NZBau 05, 417) und (oder) **anderweitigen** – möglichen oder aktuellen – **Erwerb** durch Einsatz der freigewordenen Arbeitskraft des Unternehmers (zur Kausalität zwischen Kündigung und Ersatzauftrag s Saarbrücken NZBau 05, 693). Überobligationsmäßiger Ersatzerwerb kommt Besteller nicht zugute. Der Besteller hat nicht etwa (aufrechenbare) Gegenansprüche oder nur Einrede, sondern der Vergütungsanspruch des Unternehmers ist nach Maßgabe dieser Vorschrift von vornherein begrenzt, BGH WM 80, 1450. Der Grundgedanke 6 der Vorschrift – gebotene Vorteilsanrechnung – erlaubt eine entspr Anwendung auf den Fall, dass der Unternehmer sein Arbeits**ergebnis** anderweitig gewinnbringend verwerten kann oder verwertet hat (BGH NJW 69, 238 – Architektenpläne; BGH WM 88, 1572; Hamm NJW-RR 92, 889 – Veräußerungserlös für gefertigte Teile). Bei Feststellung der ersparten Aufwendungen, die nur für das konkrete Geschäft erforderlich gewesen sein dürfen, bleiben allg Geschäftsunkosten außer Betracht. Bei Verlustgeschäft kann der Vergütungsanspruch völlig entfallen, wenn verlustbrin- 7 gende Aufwendungen erspart worden sind (Einzelheiten van Gelder NJW 75, 190 f). Beweislast für ersparte Aufwendungen, anderweitig erfolgten oder böswillig unterlassenen Erwerb hat Besteller, BGH NJW 01, 385; jedoch muss Unternehmer dazu

§ 650

Grundlagen der Kalkulation offenlegen, BGH NJW 97, 733. BGH NJW 96, 3271: keine Pauschalierung, abzustellen ist auf den konkreten Vertrag, Darlegungslast beim Unternehmer, BGH 131, 362, s jedoch auch BGH NJW 99, 1254 f (evtl differenzierte Darstellung der Kalkulation entbehrlich; keine schematische Festlegung der Anforderungen an Kalkulation), Düsseldorf BauRB 05, 71 (Gesamtbetrachtung kann zulässig sein); zur Kostenentwicklung s BGH NJW 99, 3261. Zur „Böswilligkeit" des Unterlassens anderweitigen Erwerbs s Koblenz NJW-RR 92, 851: Schädigungsabsicht nicht erforderlich. **d)** Allein wegen der Kündigung des Bestellers hat
8 Unternehmer keinen Schadensersatzanspruch (sa Rn 9 f). **e) Kündigung aus wichtigem Grund** entspr § 314 stets möglich, Abgrenzung zu § 649 S 1 s BGH NJW-RR 99, 560; nur Anspruch auf anteilige Vergütung erbrachter Leistungen, wenn und soweit mangelfrei, für Besteller brauchbar oder zumutbar verwertbar, s BGH NJW 97, 3018; BGH BGHR 05, 887.

9   **4. Andere Rechtsbehelfe des Bestellers.** Bleiben unberührt, zB Schadensersatz (s BGH NJW 83, 2439), Kündigung aus wichtigem Grund nach § 314 mit Teilvergütungspflicht (s Rn 10) oder Kündigung ohne Vergütungspflicht, falls der Unternehmer schuldhaft die erfolgreiche Durchführung des Vertrages gefährdet
10 (BGH 31, 229). Bei **außerordentlicher Kündigung** des Bestellers aus wichtigem Grund nach § 314 Abwicklung nicht nach S 2, BGH NZBau 01, 621; ZIP 00, 1535; Unternehmer behält Teilvergütungsanspruch nur für mangelfreies Teilwerk, BGH NJW 93, 1973. Für dogmatische Verankerung dieses Kündigungsrechts in § 649 nach SchRModG und teleologische Reduktion von S 2 Voit, FS Honsell, 2002, 431 ff. Kündigung durch Unternehmer (Architekt) aus wichtigem Grund s § 314, zur aF BGH NJW-RR 89, 1249; Köln NJW 93, 73 (Störung des Vertrauensverhältnisses); zur Beweislast für tatsächliche Voraussetzungen BGH WM 90, 1756, zum Vertretenmüssen schon nach altem Recht BGH NJW 99, 418: nicht § 276. Zur Regelung der Rechtsfolgen durch die Parteien in Anlehnung an § 649 S 2 s BGH NJW 96, 3271.

11 **5. Sonderregeln/Abdingbarkeit.** Ges Sonderregeln finden sich im Beförderungsrecht, s HGB 415, 667 ff, KVO 27, WA Art 12 I. Vertragliche Modifikationen sind in AGB und individualvertraglich grundsätzlich zulässig, s BGH 87, 120; 92, 244; BGH NJW 99, 3261. Im Einzelnen: Kündigungsrecht nach § 649 **S 1** kann individualvertraglich ausgeschlossen werden (BGH NJW 11, 917 Tz 16; zum stillschweigenden Ausschluss s Düsseldorf BauRB 05, 71), aber *nicht* in **AGB** (BGH NJW 99, 3261). Kein Ausschluss des § 649 **S 2** durch isolierte Vereinbarung der Abrechnungsregelung aus VOB/B 6 Nr 5 (BGH 92, 244). Vor allem aber sind (in Architektenverträgen) Abrechnungsklauseln unwirksam, die dem Auftragnehmer die Möglichkeit des Nachweises nehmen, dass der Unternehmer (Architekt) höhere Aufwendungen erspart hat (BGH NJW 97, 259; s aber auch BGH NJW-RR 98, 594: Architekt kann nicht höheres als das pauschalierte Honorar verlangen); sa oben Rn 7. Zur AGB-Vergütungsabrede (10% der Gesamtkosten) s Düsseldorf ZGS 05, 357. Beachte VOB/B 8 Nr 5 (Schriftform für Kündigung). Prüfungsmaßstäbe für die Wirksamkeit einer vom Unternehmer gestellten AGB-Klausel, welche die Höhe der Vergütung des Unternehmers nach § 649 S 2 bei vorzeitiger Vertragsbeendigung mit einer Pauschale regelt: §§ 308 Nr 7a, 309 Nr 5b (BGH NJW 11, 3030 mAnm Schwenker). § 649 **S 3** ist kein ges Leitbild für Pauschalierungsabreden für den Fall einer freien Kündigung (BGH NJW 11, 1954).

§ 650 Kostenanschlag

(1) **Ist dem Vertrag ein Kostenanschlag zugrunde gelegt worden, ohne dass der Unternehmer die Gewähr für die Richtigkeit des Anschlags übernommen hat, und ergibt sich, dass das Werk nicht ohne eine wesentliche Überschreitung des Anschlags ausführbar ist, so steht dem Unternehmer,**

Titel 9. Werkvertrag und ähnliche Verträge **§ 650**

wenn der Besteller den Vertrag aus diesem Grund kündigt, nur der im § 645 Abs. 1 bestimmte Anspruch zu.

(2) Ist eine solche Überschreitung des Anschlags zu erwarten, so hat der Unternehmer dem Besteller unverzüglich Anzeige zu machen.

Lit: Köhler, Die Überschreitung des Kostenanschlags, NJW 83, 1633; Kirschnek, Der unverbindliche Kostenanschlag, 2000 (Diss Tübingen); Pahlmann, Die Bindungswirkung des unverbindlichen Kostenvoranschlags, DRiZ 78, 367; Rohlfing/Thiele, Überschreitung des Kostenvoranschlags durch Werkunternehmer, MDR 98, 632; Schenk, Der Kostenvoranschlag nach § 650 BGB und seine Folgen, NZBau 01, 465; Werner, Anwendungsbereich und Auswirkungen des § 650 BGB, FS Korbion, 1986, 473.

1. Allgemeines. I modifiziert § 649: Kann die Kündigung auf eine wesentliche 1 Überschreitung des dem Werkvertrag zugrundegelegten Kostenanschlags gestützt werden, dann schuldet der Besteller nur die nach I zu berechnenden Vergütungsteile und Auslagen. Eine sich abzeichnende Kostenüberschreitung muss der Unternehmer unverzüglich anzeigen, II; Pflichtverletzungsfolgen nach allgemeinen Regeln, insbesondere § 280 I 1.

2. Voraussetzungen der Kündigung. a) Kostenanschlag muss beim **Ab-** 2 **schluss** als (Teil der) Geschäftsgrundlage **zugrunde gelegt** worden sein. Er kann vom Besteller oder vom Unternehmer oder von beiden gemeinsam erstellt worden sein; setzt voraus, dass Unternehmer sich zwecks fachmännischer Kalkulation informiert, Köln NJW-RR 98, 549 (Spediteur). § 650 unanwendbar, wenn Überschreitung auf unzutreffende Bestellerangaben (zB Umfang des Werkes) zurückzuführen ist, s BGH NJW 11, 989. Der Kostenanschlag nach § 650 muss sich auf das vom Unternehmer als eigenes zu erbringende Werk beziehen – Überschreitung der Bausumme ist beim Vertrag mit dem Architekten kein Kündigungsgrund nach § 650, obwohl der Vergütungsanspruch des Architekten dadurch erhöht werden kann (BGH 59, 339). Kostenanschlag ist unverbindlich (Frankfurt NJW-RR 89, 209); wird er in den Vertrag als Werklohnvereinbarung einbezogen, dann gilt § 650 nicht, denn es besteht dann kein Grund, dem Besteller eine Kündigung zu erleichtern. **b)** Die Überschreitung muss **wesentlich** sein, dh die Endkosten müssen die Summe 3 des Anschlags **erheblich** überschreiten; s dazu Köhler NJW 83, 1633. Auch darf die Kostensteigerung nicht durch nachträglich vom Besteller veranlasste Änderungen des Werks verursacht sein, da insoweit der Kostenanschlag nicht Geschäftsgrundlage sein konnte. **c)** Das Werk darf noch nicht abgenommen sein (PalSprau 2). 4

3. Folgen. Es treten die gleichen Folgen wie bei einer Kündigung nach § 649 5 ein (s § 649 Rn 3 ff), doch wird durch Verweisung auf § 645 I die Verpflichtung des Bestellers beschränkt auf Leistung einer Teilvergütung und Ersatz der darin nicht inbegriffenen Auslagen (s zur Berechnung § 645 Rn 8); § 649 S 3 hat hier keine Entsprechung.

4. Anzeige (II). Sie soll Besteller informieren und Entscheidung ermöglichen. 6 **a) Schadensersatzanspruch** bei Verletzung geht auf Wiederherstellung des Zustandes, der bei rechtzeitiger Anzeige entstanden wäre – regelmäßig hätte der Besteller gekündigt und deshalb nur noch den nach I iVm § 645 I geschuldeten Teil seiner Verpflichtung zu erfüllen gehabt. Nach Frankfurt OLGZ 84, 198 zum alten Recht Freistellungsanspruch bzgl über Kostenanschlag hinausgehender Vergütungspflicht; Einzelheiten str, s Köhler NJW 83, 1634; Werner, aaO S 476. § 254 bleibt jedoch anwendbar, falls der Besteller die zu erwartende Überschreitung kennen musste. **b)** Bei positiver Kenntnis fehlt bereits der Kausalzusammenhang zwischen 7 unterlassener Anzeige und Schaden. Anzeigepflicht auch bei Kostenüberschreitung auf Grund Weisungen des Bestellers.

5. Konkurrenz. a) Bei Irrtum des Bestellers bezüglich der Kosten bleiben die 8 allg Anfechtungsregeln anwendbar (zum Kalkulationsirrtum s § 119 Rn 10); bei

§ 651

Buch 2. Abschnitt 8. Einzelne Schuldverhältnisse

9 Täuschung durch den Unternehmer kann nach § 123 I angefochten werden. **b)** Eine schuldhaft falsche Kostenschätzung durch den Unternehmer vor Vertragsschluss kann cic sein (Frankfurt NJW-RR 89, 210), s § 311 II, evtl auch Delikt (§§ 826, 823 II iVm StGB 263). Zur Haftung des Architekten für falsche Kostenschätzung sa § 631 Rn 6; Rspr zur aF in ZfBR 82, 161.

§ 651 Anwendung des Kaufrechts

¹**Auf einen Vertrag, der die Lieferung herzustellender oder zu erzeugender beweglicher Sachen zum Gegenstand hat, finden die Vorschriften über den Kauf Anwendung.** ²**§ 442 Abs. 1 Satz 1 findet bei diesen Verträgen auch Anwendung, wenn der Mangel auf den vom Besteller gelieferten Stoff zurückzuführen ist.** ³**Soweit es sich bei den herzustellenden oder zu erzeugenden beweglichen Sachen um nicht vertretbare Sachen handelt, sind auch die §§ 642, 643, 645, 649 und 650 mit der Maßgabe anzuwenden, dass an die Stelle der Abnahme der nach den §§ 446 und 447 maßgebliche Zeitpunkt tritt.**

Lit: Bräutigam/Rücker, Softwareerstellung und § 651 BGB, CR 06, 361; Fischer, Umsatzrealisationszeitpunkt bei Werklieferungsverträgen nach der Schuldrechtsreform, BB 04, 657; Hagen, Der neue Warenlieferungsvertrag, JZ 04, 713; Klinck, Der Einfluss des § 651 BGB auf das Eigentum am Werk, JR 06, 1; Koch, Mangel Parametrisierung Standardsoftware zur unvertretbaren Sache?, ITRB 04, 13; Konopka/Acker, Schuldrechtsmodernisierung – Anwendungsbereich des § 651 BGB im Bau- und Anlagenbauvertrag, BauR 04, 251; Leistner, Die richtige Auslegung des § 651 BGB im Grenzbereich von Kaufrecht und Werkvertragsrecht, JA 07, 88; Metzger, Der neue § 651 BGB, AcP 204, 231; Mankowski, s vor § 631; Müller-Hengstenberg, Vertragstypologie der Computersoftwareverträge, CR 04, 161; Nitschke, Das bewegliche Fußballstadion, BauR 04, 1340; Redeker, Softwareerstellung und § 651 BGB, CR 04, 88; Roth, s vor § 631; Schmidl, Softwareerstellung und § 651 BGB, MMR 04, 590; Schuhmann, Werkvertrag oder Kaufvertrag – § 651 BGB im Lichte der Verbrauchsgüterkaufrichtlinie, ZGS 05, 250; ders, Formularverträge im Grenzbereich von Kauf- und Werkvertragsrecht, JZ 08, 115; Schweinoch/Roas, Paradigmenwechsel für Projekte: Vertragstypologie der Neuerstellung von Individualsoftware, CR 04, 326; Ulbrich/Ulbrich, Probleme der kaufmännischen Rügepflicht bei Werklieferungsverträgen in Verbindung mit Bauwerken, FS Thode, 2005, 181.

1 **1. Voraussetzungen. a)** Das SchRModG hat den Werklieferungsvertrag aF entfallen lassen (insoweit in teils überschießender [krit Roth JZ 01, 546] Umsetzung der VerbrGüKaufRiLi, s Mankowski MDR 03, 854f; zur richtlinienkonformen Auslegung s Metzger AcP 204, 253ff). § 651 erfasst nur Verträge über **bewegliche Sachen**, also alle körperlichen Gegenstände (§ 90), die nicht Grundstück oder Grundstücksbestandteil (§§ 93 f) sind. Verträge über Herstellung eines Bauwerks und Arbeiten am **Grundstück** fallen daher nicht unter § 651 (BGH NJW 06, 904; 06, 2551; Düsseldorf BauR 05, 1636: Ausbau-, Fertighaus; zur Vertragstypisierung grundstücksbezogener Leistungen sa Schuhmann ZGS 05, 250; zum Einbau beweglicher Sachen in Bauwerke und zu Scheinbestandteilen iSv § 95 s Mankowski MDR 03, 856; Metzger AcP 204, 263; Knopka/Acker BauR 04, 251, je mN zum Streitstand). Verträge über **geistige** und **künstlerische Leistungen** (zB Auftragsoper, Gutachten, Drehbuch, Buchführungsunterlagen, Theateraufführung, Architektenwerk, Designentwurf, individuelles Kunstwerk wie Portrait, Skulptur usw) fallen auch dann nicht unter § 651, wenn die Leistungsergebnisse schriftlich oder sonst verkörpert sind. Grund: Vertragsprägend ist geistige bzw künstlerische Leistung. Bei Verträgen über Massenproduktion (also nicht, wenn Künstler limitierte Auflage von Lithographien herstellt) der Verkörperung solcher Werke (zB Poster von Portraitstudie, PalSprau 5: Porzellanfiguren in Serie) ist Schwerpunkt nicht mehr die geistige Leistung, sondern die Massenfabrikation. Sie sind Verträge über Sachherstellung und unterfallen § 651 (aA PalSprau 5). Herstellung von **Individualsoftware** ist Werkvertrag (BGH NJW 01, 1719; 04, 782); zu Verträgen über Softwareerstellung s noch Bräutigam/Rücker CR 06, 361. Auf die **Herstellung vertretbarer Sachen**

Titel 9. Werkvertrag und ähnliche Verträge **§ 651**

(§ 91 Rn 1: nach Verkehrsanschauung austauschbar, s BGH NJW 71, 1793: nicht, wenn individuell auf Besteller zugeschnitten) findet – wie nach § 651 aF – Kaufrecht ohne Ergänzungen Anwendung (sog Lieferungskauf); auf Herstellung und Lieferung **unvertretbarer Sachen** Kaufrecht mit ergänzenden Vorschriften des Werkvertragsrechts (s BGH BB 10, 1561; s aber auch NJW-RR 11, 1240 zu § 651 aF). Kaufvertragsrecht ist auf alle Verträge (auch **zwischen Unternehmen**) über Lieferung herzustellender und erzeugender beweglicher Sachen anzuwenden, auch wenn sie Planungsleistungen umfassen, sofern diese nicht den Schwerpunkt des Vertrags bilden, sonst Werkvertragsrecht (BGH NJW 09, 2877). **Erzeugung** ist tierische und pflanzliche Produktion; sie steht der Sachherstellung gleich. **Abgrenzung:** Neuherstellung fällt unter § 651; Arbeit an Sache, die nicht Neuherstellung bedeutet: Werkvertrag. Ist Sache bereits neuhergestellt oder ist Anfertigung der Sache nicht (Auslegungsfrage, §§ 133, 157) Vertragsgegenstand (z. B. Subskriptionskauf eines noch zu bindenden Buchs): Kaufrecht. Ob Neuherstellung vorliegt, ist entsprechend § 950 (s dort Rn 3) zu beurteilen: Entscheidend sind wirtschaftliche Gesichtspunkte und Verkehrsanschauung. § 651 setzt weiter voraus, dass Besteller nicht bereits **Eigentümer** der Sache ist (ua BaR/Voit 8ff; PalSprau 2; aA NK/Raab 26; Mankowski MDR 03, 854 f), denn § 651 geht von Übereignungspflicht des Unternehmers („Lieferung") aus, die er nicht hat, wenn Besteller bereits Eigentümer ist. Daher: Falls Verarbeitung bestellereigenen Materials zu Eigentum des Unternehmers führt, ist § 651, nicht Werkvertragsrecht anzuwenden. Falls Verarbeitung zu Eigentum des Bestellers führt, greift § 651 nicht, sondern Werkvertragsrecht. Dazu, ob der Unternehmer bei Verarbeitung von **bestellereigenem Material** zur neuen Sache Eigentümer nach § 950 wird, s § 950 Rn 8 aE (bisherige hM: nein, vielmehr Besteller; aA vor dem Hintergrund des § 651 nF: Röthel NJW 05, 628 f; sa Hagen JZ 04, 716 ff; abl dazu Klinck JR 06, 1). Von § 651 **abweichende Vereinbarungen** sind im Rahmen der zwingenden Normen (zB § 475) des sonst nach § 651 eigentlich bestimmten Vertragstypus möglich (sa PalSprau 1; Schuhmann JZ 08, 115). **b)** Das **2 Pflichtenprogramm** des Herstellers bestimmt sich nach §§ 433 I, 434, 435. Rechte des Bestellers bei Pflichtverletzungen des Lieferanten: § 437; der Besteller ist nach § 433 II zur Abnahme und Kaufpreiszahlung verpflichtet. Zur Haftung für Werbeaussagen nach §§ 651, 434 I 3 s Mankowski MDR 03, 860. **c)** Ist der Besteller/ **3** Käufer **Verbraucher**, dann gelten ergänzend §§ 474 ff (ohne §§ 478 f, s Mankowski MDR 03, 858). **d)** Für **Bauwerk** herzustellende Fertigteile: Kauf (BGH NJW 09, 2877: Zweckbestimmung der Teile nicht maßgebend), obwohl evtl Eigentumserwerb nach § 946; sa Düsseldorf NJW-RR 02, 14; PalSprau 5: Ein Hausbausatzvertrag, bei dem die Lieferung des zum Selbsteinbau vorgesehenen Baumaterials im Vordergrund steht und der Lieferant zusätzlich lediglich die Erstellung der Pläne und der Statik übernimmt sowie zusagt, dass sein technischer Sachbearbeiter dem Erwerber bei der Bauausführung gerne beratend zur Seite stehe, ist ein Kaufvertrag mit werkvertraglichen Zusatzleistungen.

2. Mängelhaftung des Herstellers/Verkäufers (S 2). Im Falle eines Mangels **4** des vom Besteller gelieferten Stoffes entfällt sie nach S 2 entsprechend § 442 I 1. § 637 I, III gelten nicht; Kaufrecht kennt keine Selbstvornahme und keinen Vorschussanspruch (s BGH NJW 05, 1350 mN, 3211; str, s § 439 Rn 8; zur Kontroverse: Dauner-Lieb/Dötsch ZGS 03, 250; Lorenz NJW 03, 1417 ff; ders ZGS 03, 398 f). HGB 377 anwendbar.

3. Ergänzend anzuwendende Werkvertragsvorschriften. S 3 sieht Anwen- **5** dung der §§ 642, 643, 645, 649, 650 auf die Lieferung nicht vertretbarer Sachen vor (Ausnahme Verbrauchsgüterkauf, § 474 II): **a) Nach S 3 ist bei nicht vertretbaren Sachen** der Besteller zur Mitwirkung verpflichtet (arg § 642); bei unterlassener Mitwirkung kann der Verkäufer/Unternehmer angemessene Entschädigung verlangen, wenn der Käufer dadurch nicht in Abnahmeverzug kommt. Nach § 643 kann er auch Nachfrist mit Kündigungsandrohung setzen mit der Folge § 643 S 2. Höhe der Vergütung bei Aufhebung des Vertrages durch Fristablauf s § 645 I 2. **b)** Beruht **6**

§ 651a Buch 2. Abschnitt 8. Einzelne Schuldverhältnisse

Untergang, Verschlechterung oder Unausführbarkeit des Werkes ursächlich auf Mangel des vom Käufer gestellten Stoffes oder seinen für die Werkausführung erteilten Anweisungen, kommt es zum Gefahrübergang, falls nicht der Unternehmer/ Verkäufer diesen Umstand zu vertreten hat. Unternehmer hat jedoch nur Anspruch
7 auf Teilvergütung, § 645 I 1. **c)** Der Käufer einer herzustellenden nicht vertretbaren Sache kann jederzeit kündigen, schuldet dann aber den Preis abzüglich ersparter Aufwendungen oder anderweitigen Erwerbs des Unternehmers/Verkäufers, § 649
8 S 2. **d)** Ein Kostenanschlag ist grundsätzlich unentgeltlich (s § 632 III), doch gibt Überschreitung dem Käufer ein Kündigungsrecht ohne volle Vergütung, dh nur Teilvergütung nach § 650, 645 I 1, S 3. Anzeigepflicht des Verkäufers/Unternehmers: § 650 II.

9 **4. Verjährung.** Lieferansprüche Käufer §§ 195, 199 I, IV, Gewährleistungsansprüche § 438, evtl § 479; Ansprüche gegen Sonderfachleute, die Herstellung von Baumaterial, herzustellende Fertigteile (Rn 3) usw planen und überwachen, sollten in § 634a I Nr 2 entspr, erweiternder Auslegung des § 438 I Nr 2 in 5 Jahren ab Abnahme *ihrer* Leistung verjähren, s Mansel (Lit vor § 634a) 170. Ansprüche des Verkäufers/Unternehmers §§ 195, 199 I, IV.

Untertitel 2. Reisevertrag

§ 651a Vertragstypische Pflichten beim Reisevertrag

(1) ¹Durch den Reisevertrag wird der Reiseveranstalter verpflichtet, dem Reisenden eine Gesamtheit von Reiseleistungen (Reise) zu erbringen. ²Der Reisende ist verpflichtet, dem Reiseveranstalter den vereinbarten Reisepreis zu zahlen.

(2) Die Erklärung, nur Verträge mit den Personen zu vermitteln, welche die einzelnen Reiseleistungen ausführen sollen (Leistungsträger), bleibt unberücksichtigt, wenn nach den sonstigen Umständen der Anschein begründet wird, dass der Erklärende vertraglich vorgesehene Reiseleistungen in eigener Verantwortung erbringt.

(3) ¹Der Reiseveranstalter hat dem Reisenden bei oder unverzüglich nach Vertragsschluss eine Urkunde über den Reisevertrag (Reisebestätigung) zur Verfügung zu stellen. ²Die Reisebestätigung und ein Prospekt, den der Reiseveranstalter zur Verfügung stellt, müssen die in der Rechtsverordnung nach Artikel 238 des Einführungsgesetzes zum Bürgerlichen Gesetzbuche bestimmten Angaben enthalten.

(4) ¹Der Reiseveranstalter kann den Reisepreis nur erhöhen, wenn dies mit genauen Angaben zur Berechnung des neuen Preises im Vertrag vorgesehen ist und damit einer Erhöhung der Beförderungskosten, der Abgaben für bestimmte Leistungen, wie Hafen- oder Flughafengebühren, oder einer Änderung der für die betreffende Reise geltenden Wechselkurse Rechnung getragen wird. ²Eine Preiserhöhung, die ab dem 20. Tage vor dem vereinbarten Abreisetermin verlangt wird, ist unwirksam. ³§ 309 Nr. 1 bleibt unberührt.

(5) ¹Der Reiseveranstalter hat eine Änderung des Reisepreises nach Absatz 4, eine zulässige Änderung einer wesentlichen Reiseleistung oder eine zulässige Absage der Reise dem Reisenden unverzüglich nach Kenntnis von dem Änderungs- oder Absagegrund zu erklären. ²Im Falle einer Erhöhung des Reisepreises um mehr als fünf vom Hundert oder einer erheblichen Änderung einer wesentlichen Reiseleistung kann der Reisende vom Vertrag zurücktreten. ³Er kann stattdessen, ebenso wie bei einer Absage der Reise durch den Reiseveranstalter, die Teilnahme an einer mindestens

Titel 9. Werkvertrag und ähnliche Verträge § 651a

gleichwertigen anderen Reise verlangen, wenn der Reiseveranstalter in der Lage ist, eine solche Reise ohne Mehrpreis für den Reisenden aus seinem Angebot anzubieten. ⁴Der Reisende hat diese Rechte unverzüglich nach der Erklärung durch den Reiseveranstalter diesem gegenüber geltend zu machen.

Lit: Bergmann, VuR 12, 259 (Rspr-Übersicht); Flöthmann, ZfSch 12, 188 (Rspr-Übersicht); Führich, Reiserecht, 6. Aufl 2010; ders. Basiswissen Reiserecht, 2. Aufl 2011; Staudinger/ Krüger, NJW 13, 913 (Rspr-Übersicht); Tonner, Der Reisevertrag, 5. Aufl 2007.

1. Allgemeines. a) Funktion der §§ 651a–l: Die Bestimmungen sind 1979 im 1 Zusammenhang mit der wachsenden Verbreitung der *Pauschalreise* (s aber jetzt Rn 5) in das BGB aufgenommen und durch Ges vom 24.6.1994 an die EG-RiLi vom 13. 6. 90 (ABl L 158 S 59) angepasst worden. Sie sind richtlinienkonform auszulegen. **b) Anwendbarkeit anderer Normen.** Soweit die §§ 651a–k keine Regelung enthal- 2 ten, gelten idR die §§ 631 ff, iÜ sind die allg Regeln wie für jeden schuldrechtlichen Vertrag (zB § 314) anwendbar. Ansprüche aus **unerlaubter Handlung** können eingreifen, wenn den Veranstalter eine eigene *eigene Organisationspflicht* für die Sicherheit des Reisenden bei den Leistungsträgern trifft (BGH 103, 290 mit zust Anm Teichmann/Mildner JZ 88, 664; AG Hannover RRa 04, 75). Da die **Pflichten des Reisenden** nur teilweise geregelt sind, kann insoweit zB auch auf mietrechtliche Normen (zB bei Verletzung der Hotelordnung, vgl LG Frankfurt NJW 94, 375) oder auf allg Grundsätze zurückgegriffen werden. **c)** Die Bestimmungen sind **nicht** zum Nachteil des Reisenden **abdingbar,** § 651 m. Außerdem sind, da für Pauschalreisen idR AGB vereinbart werden (sa Rn 9), die §§ 307 ff zu beachten (sa Rn 11).

2. Sachlicher Anwendungsbereich, Begriffe (I). a) Allgemeines. Die §§ 651a ff 3 knüpfen, anders als spätere verbraucherschützende Bestimmungen (§§ 474 ff, sa ProdHaftG § 1 S 2), nicht an die Person des Verbrauchers an, sondern stellen, dem damaligen Verständnis entsprechend, auf die *private, pauschal gebuchte Urlaubsreise* als **Schutzobjekt** ab, die mit dem Begriff des *Reisevertrages* gekennzeichnet wird. Der Vertrag seinerseits umfasst drei Merkmale: Reiseveranstalter, Reiseleistung, Gesamtheit von Reiseleistungen. Dies führt zu vielfältigen Unklarheiten bei der Normanwendung. **b) Reiseveranstalter** ist, wer Reiseleistungen *organisiert* (EuGH RRa 02, 119; BGH 4 130, 128) und *anbietet,* sie also aus der Sicht eines „durchschnittlichen Reisekunden" (BGH NJW 2013, 309) in **eigener Verantwortung** auf den Markt bringt. Abzustellen ist damit darauf, wie ein Empfänger (BGH NJW 11, 599) Äußerungen, zB die Werbung (Katalog, Internet), das Anmeldeformular, ausgehändigte AGB, uU auch die Rechnung verstehen darf (s LG Düsseldorf RRa 10, 176). Die Reiseleistungen werden idR durch Dritte (Leistungsträger, s Rn 8) erbracht, teilw auch durch den Veranstalter selbst (BGH NJW 00, 1639 mwN). Auf Häufigkeit und Gewerbsmäßigkeit der Tätigkeit kommt es nicht an. Veranstalter sein können zB der Zeitungsverlag bei einer Leserreise, der Träger einer Schule bei einer Klassenfahrt (AG Essen NJW-RR 93, 1401). Reiseveranstalter ist auch, wer mehrere Einzelleistungen selbst anbietet, die der Reisende – etwa in Online-Portalen – zusammenstellen kann. Reiseveranstalter ist *nicht,* wer ein anderes Unternehmen mit der Organisation beauftragt und dessen alleinige Verantwortlichkeit deutlich zum Ausdruck bringt (sa Rn 12). Das **Reisebüro** ist Veranstalter, wenn es sich nicht auf die reine Vermittlung beschränkt, sondern die Reise – auch auf Wunsch des Reisenden – zusammenstellt und organisiert (EuGH RRa 02, 117, Club Tour; s dazu Eckert RRa 03, 196; BGH NJW 11, 600; BGH RRa 11, 29; krit Tonner RRa 11, 58). Bei der Veräußerung von Flugtickets, die beim sog Consolidator erworben werden, ist wohl ein Eigengeschäft des Reisebüros, keine Vermittlung anzunehmen (Führich RRa 09, 233 gegen LG Würzburg aaO). Bei *Privatangeboten* sind die § 651a ff nicht anwendbar (LG Frankfurt NJW-RR 89, 48: Mieten einer Ferienwohnung vom Eigentümer). **c) Reiseleistung** 5 ist die touristische Reise (s EG-RiLi Art 2 Nr 1) oder Urlaubsreise, also nicht die Geschäftsreise und auch nicht die Reise zu Ausbildungszwecken (s aber § 651l).

§ 651a

d) Gesamtheit von Reiseleistungen. Die Umschreibung bezieht sich auf das klassische Bild der als Einheit angebotenen Reise mit mehreren Komponenten (s EG-RiLi Art 2 Nr 7), Bsp: Flug mit Unterkunft; Hotel und Wellness-Programm. Angesichts der vielfältigen Differenzierungen in der Praxis ist das Merkmal jedoch nicht mehr geeignet, den Schutzzweck des Ges zu unterstellen, auf dem Markt angebotene **Urlaubsreise** zu umgrenzen. Der BGH (grundlegend BGH JZ 85, 844 mit Anm Blaurock) stellt systematisch in erster Linie auf den Reiseveranstalter (s Rn 4) ab und wendet die §§ 651a ff teilw analog auf das Angebot von Einzelleistungen an (nach EG-RiLi Art 8 ist eine weitergehende Anwendung zulässig). Der „Gesamtheit von Reiseleistungen" (= mehr als eine wesentliche Leistung) kommt damit zutr nur eine Indizwirkung für eine touristische (organisierte) Reiseleistung zu (enger allerdings an die „Pauschalreise" anknüpfend jetzt BGH NJW 13, 1674, Kreuzfahrt). Unklar bleibt aber in der Rspr die Einordnung im Einzelnen (zutr bejaht bei Ferienhaus, BGH NJW 13, 308 mkrit Anm Müller; Mobilheim, Düsseldorf NJW-RR 98, 50; Boots-Charter, Hamm NJW-RR 94, 441, nach BGH 130, 130 jedoch Mietvertrag). Der bloße Transport fällt nicht unter die Normen, weil der Ortswechsel allein (anders als zB bei der Kreuzfahrt, BGH NJW 13167 mwN) nicht Inhalt einer Urlaubsreise ist (AG Bad Homburg, RRa 05, 41, Charterflug), ebenso nicht die reine Unterkunft (auch im Ferienhotel), weil der Reisende seinen Urlaub selbst gestaltet. **e)** Die **Beweislast** für den Abschluss eines Reisevertrages liegt beim Reisenden. Ein Pauschalpreis ist ein Indiz für einen solchen Vertrag (MK/Tonner

6 Rn 134). **f)** Liegt **kein Reisevertrag** vor, so ist nach allg Kriterien zu qualifizieren. Es kann zB ein Mietvertrag über eine Wohnung geschlossen sein (LG Frankfurt NJW-RR 89, 48) oder ein Werk-, Geschäftsbesorgungs- bzw typengemischter Vertrag mit demjenigen vorliegen, der die Leistung erbringt (Fluggesellschaft, Hotel). In diesem Fall tritt das Reisebüro bzw der Reiseveranstalter als Vermittler auf (s Rn 12).

7 **3. Vertragsbeteiligte. a) Partner des Reisevertrages** sind der Reiseveranstalter und der Reisende; dieser muss nicht selbst an der Reise teilnehmen und braucht deshalb kein Verbraucher zu sein (BGH NJW 02, 2238 Incentive-Reise). Bei **mehreren Reiseteilnehmern** kann der Buchende alleiniger Vertragspartner eines Vertrages für sich und zgDr sein (zB bei Familienreisen, BGH NJW 10, 2950) bzw als Bote (LG Frankfurt NJW-RR 88, 247) oder Stellvertreter der übrigen Reisenden auftreten (BGH NJW 02, 2238). Er kann sich auch, was durch AGB nicht ausgeschlossen werden kann (BGH NJW 12, 2107), Ansprüche abtreten lassen.

8 **b) Andere Beteiligte.** Mit dem **Reisebüro** kann, sofern es nicht Veranstalter ist (s. Rn 4), ein (unentgeltlicher) Vertrag gem § 675 zustande kommen, wenn es den Reisenden bei der Auswahl berät (hL, s MK/Tonner Rn 46; Führich RRa 06, 196 mwN; offen gelassen in BGH NJW 06, 2321); zum **Kundengeldabsicherer** s § 651k Rn 3); mit den sog **Leistungsträgern** wie zB Paketanbieter, Fluggesellschaft, Busunternehmen, Bahn (BGH NJW 2011, 371), Hotel kommt keine Vereinbarung zustande. Da sich der Reisende in weitem Umfang dem Reiseveranstalter während der Reise anvertraut, wird man den Vertrag zwischen Veranstalter und Leistungsträger (zB Geschäftsbesorgung, Werkvertrag, Dienstvertrag, Miete) als Vertrag mit Schutzwirkungen für den Reisenden (s § 328 Rn 19 ff) auslegen können (weitergehend BGH 93, 273 ff: Vertrag zgDr, zust Gitter JR 85, 460, Gottwald JZ 85, 575).

9 **4. Abschluss des Reisevertrages. a) Einfluss des AGG. aa) Anwendungsbereich des AGG.** Da Reiseleistungen definitionsgemäß auf dem Markt (s Rn 5), also öffentlich und typischerweise für eine Vielzahl von Personen zu gleichen Bedingungen angeboten werden (s AGG 2 Nr 8), ist AGG 19 I Nr 1 anwendbar. Damit sind bei Abschluss und Durchführung der Reise Differenzierungen nach Rasse und ethnischer Herkunft (s AGG 1) generell unzulässig (s AGG 19 II, keine Ausnahme durch AGG 20). Differenzierungen wegen des Geschlechts, der Religion oder Weltanschauung, einer Behinderung, des Alters oder der sexuellen Identität bedürfen einer sachlichen Rechtfertigung (AGG 20 I). Dies dürfte bei einer schlüssigen Kon-

Titel 9. Werkvertrag und ähnliche Verträge § 651a

zeption unproblematisch sein. Beispiele: Reisen für Jugendliche, Senioren, Familien, Männer, Frauen (RegBegr BT-Drs 16/1780 S 43), Reisen für Vereinsmitglieder, Reisen religiösen Inhalts (BT-Drs 16/1786 S 44), Reisen, die bestimmte Anforderungen stellen (zB Hochgebirgstour). Kein sachlicher Grund ist die Befürchtung, andere Reisende würden den Teilnehmer wegen einer der im Ges genannten Merkmale nicht akzeptieren (sa § 651c, 1). **bb)** Der Reisende muss **Indizien nachweisen,** die eine Diskriminierung nahe legen. Dann trägt der Veranstalter die Beweislast dafür, dass kein Verstoß gegen das AGG vorgelegen hat (AGG 15). **cc) Rechtsfolgen.** Anspruch auf Teilnahme als **Beseitigungsanspruch** (AGG 21 I), **Anspruch auf Schadensersatz** im Fall des Vertretenmüssens mit Beweislastumkehr (AGG 21 II), Entschädigung nach § 253 II (AGG 21 II, BT-Drs 16/1786 S 46; iE s § 253 Rn 5). **b) Angebot und Annahme.** IdR gibt der Reisende das Angebot mit seiner 10
Anmeldung ab. Bei einer Buchung im Reisebüro handelt dieses regelmäßig als Empfangsbote, uU auch als Stellvertreter des Veranstalters (zur Abgrenzung s § 164 Rn 14). Das Angebot kann sofort oder in der Frist des § 147 II (als angemessen gelten zwei Wochen, Führich Rn 109) angenommen werden. Das Reisebüro ist hier Erklärungsbote oder Stellvertreter des Veranstalters. Der Vertrag kann formfrei geschlossen werden; jedoch muss der Veranstalter gem III bei Vertragsschluss oder unverzüglich danach eine schriftliche **Reisebestätigung** mit detaillierten Angaben aushändigen (s InfoV § 6 II; Text s. Anh § 651m). Eine Unterlassung führt nicht zur Unwirksamkeit des Vertrages, sondern stellt eine Pflichtverletzung iSd §§ 280 ff dar. Bei **Online-Buchungen** kommt der Vertrag durch das Einbuchen von Daten des Kunden und die − uU sofortige − Bestätigung zustande. Die §§ 312b–d sind gem § 312b III Nr 6 nicht anwendbar (s § 312b Rn 10; ausf Führich 114), wohl aber § 312 iVm InfoV 3 (Text s Anh § 312d). Auch hier muss die Reisebestätigung ausgehändigt werden. **c) Einbeziehen von AGB.** InfoV 6 III (Text s Anh § 651m) 11
modifiziert die §§ 305 f, 310 I insoweit, als ein Hinweis vor der Kenntnis-Verschaffung bei Vertragsschluss (§ 305 II) nicht genügen. AGB müssen „vor Vertragsschluss" **ausgehändigt** werden (dazu BGH NJW 09, 1487 m zust Anm Führich; ders RRa 09, 114). Möglich ist auch der Verweis auf einen dem Reisenden zur Verfügung gestellten Prospekt mit den AGB, InfoV 6 IV. Hinzukommen muss die **Einbeziehungsvereinbarung** gem § 305 II. Bei Buchungen weniger als sieben Werktage vor dem vorgesehenen Reisetermin gilt InfoV 4 nicht.

5. Vermittlerklausel (II). Die „klarstellende" (s. BT-Drs 8/2343 S 8) Bestim- 12
mung enthält den allg Rechtsgrundsatz der protestatio facto contraria (s dazu Teichmann FS K. Michaelis, 1970, S 307 ff), dass man sich durch eine andere Wortwahl einem zwingenden Ges nicht entziehen kann (so in der Sache BGH 61, 281; desgl MK/Tonner 90). Zwingend − s § 651m − ist hier § 651a I, wonach der Veranstalter, der die Reise organisiert (s Rn 4), die **wesentlichen,** den Charakter der Reise bestimmenden Reiseleistungen − idR durch Leistungsträger − auch erbringen muss (BGHZ 156, 224 m zust Anm Staudinger RRa 04, 44). **Zusätzliche** Leistungen kann der Veranstalter − durch einen eindeutigen Hinweis auf den verantwortlichen Unternehmer − vermitteln (BGH RRa 07, 221). Entscheidend ist insoweit die Auslegung aus dem Empfängerhorizont, wobei auch der Reiseprospekt heranzuziehen ist (BGH NJW 11, 372).

6. Pflichten des Veranstalters. a) Hauptpflicht: Mangelfreie (§ 651c) Durch- 13
führung entspr der Vereinbarung. Der Inhalt ergibt sich idR aus dem Prospekt, BGB-InfoV 4 (s Anh § 651m). Die Parteien können jedoch abweichende Vereinbarungen treffen. **b)** Die vertraglichen **Nebenleistungspflichten** spielen eine untergeordnete Rolle; denn viele Schlechtleistungen sind als Fehler der Reise zu qualifizieren (Teichmann JZ 93, 828 f). Bsp: schlechter Tennisunterricht, durch Skilehrer verursachter Unfall (München NJW-RR 02, 694). Zu den vorvertraglichen **Informationspflichten** s BGB-InfoV 5, 6 (Anh § 651m, dazu Tempel NJW 96, 1625; sa BGH NJW 06, 3138: keine Informationspflicht über Reiseabbruchversicherung). Hinzukommen können vorvertragliche Schutzpflichten (BGH NJW 02, 3700: War-

§ 651a
Buch 2. Abschnitt 8. Einzelne Schuldverhältnisse

nung vor Hurrikan vor der Abreise). Weitere Verpflichtungen können sich aus dem
14 Charakter des Reisevertrages als Dauerschuldverhältnis ergeben. **c) Schutzpflichten des Veranstalters** sichern im Gegensatz zum Leistungsinteresse („Bekommen")
das Integritätsinteresse („Bewahren") des Reiseteilnehmers (s § 241 Rn 10). Ihr Ausmaß ist ggü dem Lebensrisiko des Einzelnen auf der Reise abzugrenzen (Teichmann
RRa 09, 258, 261 f). Eine Verletzung wird von der Rspr ebenfalls als Mangel, also
als nicht ordnungsgemäße Leistung iSd § 241 Abs 1 qualifiziert (s. z. B. BGH NJW
07; 2549, dazu Tonner, NJW 2007, 2738; Staudinger, RRa 2007, 245). Besser
erscheint eine systemgerechte Zuordnung zu § 241 Abs 2, wobei auf Ersatzansprüche
(aus § 280 Abs 1) § 651g analog anzuwenden ist (Teichmann RRa 09, 258 ff).

15 **d) Änderung der Leistungen, Absage (V).** Erforderlich ist ein entspr Vorbehalt,
der in AGB nur für zumutbare Leistungsänderungen zulässig ist, § 308 Nr 4. „Sieht
sich der Veranstalter vor der Abreise (zu der Änderung) gezwungen" (RiLi Art 4
Abs 5 S 1), so darf er zumutbare Abänderungen vornehmen, ohne dass die Reise
mangelhaft wird. Bsp: Verschiebung des Abflugs um einige Stunden (zu weitgehend
AG Kleve RRa 01, 144, 10 Std); Ankunft in der Nacht bei anschließendem Badeurlaub (AG Duisburg RRa 05, 169). Bei erheblichen zulässigen Änderungen (zB
Ankunft in der Nacht bei anschließender mehrtägiger Busreise, LG Koblenz, RRa
03, 260) steht dem Reisenden jedoch, falls möglich, ein Anspruch auf Teilnahme
an einer gleichwertigen Ersatzreise bzw gem V S 2 ein Rücktrittsrecht und eine
Entschädigung gem § 651 f zu, sofern dessen Voraussetzungen vorliegen (AG Frankfurt/M RRa 01, 310). Die **Änderung** muss unverzüglich (§ 121) erklärt werden,
sie ist vor jedem Reiseteil möglich. Die **Absage** (in der Sache ein Rücktritt) tritt
neben § 651j; sie kann, da auf die Reise insgesamt bezogen, naturgemäß nur bis
zum Reisebeginn erklärt werden.

16 **7. Leistungspflicht des Reisenden (I 2). a)** Zahlen des vereinbarten **Reisepreises** und evtl Zusatzkosten (Visa, Versicherung). Eine **Vorauszahlung** muss
vereinbart werden und ist nur zulässig, wenn der Reisende einen Sicherungsschein
erhält (§ 651k IV). Bei der an § 307 I (Prinzip des § 320) zu messenden Höhe sind
die Interessen des Veranstalters an der Ernsthaftigkeit von Buchungen und an dem
Abdecken mittlerer Stornokosten (s § 651i Rn 3) gegen das Interesse des Reisenden
abzuwägen, keine zu hohe Leistung zunächst ohne Gegenleistung erbringen zu
müssen. Vorauszahlungen sollten also in der Höhe angemessener Stornokosten (s
§ 651i Rn 3) bis zum Termin für die Restzahlung zulässig sein (BGH NJW 06,
3136 unter Billigung von 20% des Reisepreises; krit Staudinger NJW 06, 3136;
unzutr anders Dresden NJW-RR 12, 1134: Orientierung an den Kosten der Reise).
Die **Fälligkeit der Restzahlung** sollte auf circa 30 Tage vor Reiseantritt vereinbart
werden können; dem Veranstalter muss bei Nichtzahlung eine angemessene Frist
zum Rücktritt und zur anderweitigen Verwertung bleiben. Die **Teilnahme** selbst
gehört nicht zur Leistungspflicht. Nimmt der Reisende teil, so ergeben sich weitere
Nebenpflichten. Bsp: Vorlage von Reisedokumenten, Melden ansteckender Krankheiten, Pünktlichkeit beim Erscheinen zu Veranstaltungen, Obhutspflichten für die
von ihm genutzten Gegenstände, Verhalten im Hotel (zu den Rechtsfolgen s Rn 2).

17 **b) Änderungen des Reisepreises. aa) Änderungen im Vergleich zur Preisangabe im Prospekt.** Die Neufassung von BGB-Info 4 II (s Anh § 651m) erlaubt,
Prospektpreise zu modifizieren, sofern sich dies der Veranstalter dort vorbehalten
hat und sich nach Ausgabe zB Beförderungskosten, Flughafengebühren oder Wechselkurse ändern (Nr 1). Zulässig ist bei Vorbehalt weiter eine Änderung (Erhöhung),
wenn der Veranstalter zusätzliche Kontingente zu höherem Preis nachkaufen muss
(Nr 2) – sehr bedenklich, weil mit kleinen Kontingenten zu „Lockvogelpreisen"
geworben werden kann. Die Änderung muss *vor Vertragsschluss* (zB durch das Reise-
18 büro) erklärt werden. **bb) Änderungen des vereinbarten Reisepreises (IV). Lit:**
Eckert, H. W., Preiserhöhungsklauseln im Reisevertrag auf der Grundlage der Rspr
des BGH, RRa 05, 1. AGB-Klauseln müssen zum einen dem Transparenzgebot
(§ 307 I 2) entsprechen, dh den Modus erkennen lassen, nach dem bestimmte Kosten

Titel 9. Werkvertrag und ähnliche Verträge §651b

(s die Aufzählung in **IV S 1**) auch abhängig vom Entstehen ihres Zeitpunktes überwälzt werden können (BGH NJW 03, 507; BGH NJW 03, 746 m krit Anm Schmid NJW 03, 947 und zust Anm Führich RRa 03, 4). Sachlich dürfen sie nur nach Vertragsschluss (und nicht nach Erscheinen des Prospektes) entstandene Mehrkosten erfassen; sie müssen ein nachvollziehbares Verteilungsverfahren vorsehen, das ohne Gewinnanteile für den Veranstalter den Reisenden allein mit den auf ihn entfallenden weiteren Kosten belastet (iE s Eckert RRa 05, 3 ff).

§ 651b Vertragsübertragung

(1) ¹**Bis zum Reisebeginn kann der Reisende verlangen, dass statt seiner ein Dritter in die Rechte und Pflichten aus dem Reisevertrag eintritt.** ²**Der Reiseveranstalter kann dem Eintritt des Dritten widersprechen, wenn dieser den besonderen Reiseerfordernissen nicht genügt oder seiner Teilnahme gesetzliche Vorschriften oder behördliche Anordnungen entgegenstehen.**

(2) **Tritt ein Dritter in den Vertrag ein, so haften er und der Reisende dem Reiseveranstalter als Gesamtschuldner für den Reisepreis und die durch den Eintritt des Dritten entstehenden Mehrkosten.**

Lit: Hager, **Die Vertragsübertragung nach § 651 b BGB**, RRa 2012, 214.

1. Allgemeines. a) Normzweck. Auch bei einem Reisevertrag soll der 1
Reisende die Möglichkeit haben, die – als Anspruch – erworbene vertragliche Leistung anderweit zu verwerten, wenn er sie selbst nicht nutzen kann oder will. Das Ges sieht deshalb in den Fällen, in denen kein besonderes Interesse an der Person oder an bestimmten Eigenschaften besteht (Beweislast beim Veranstalter, s **I 2**), vor, dass der Reisende für sich oder auch für einen anderen Teilnehmer (zB Familienangehörigen) eine Ersatzperson benennt, um den kostspieligen Rücktritt (s § 651i) zu vermeiden. **b) Jur Konstruktion.** Der Reisende erhält einen **Anspruch** 2
gegen den Veranstalter auf eine Vertragsübernahme durch den Ersatzreisenden (aA PalSprau 1: keine Zustimmung des Veranstalters erforderlich). Der Ersatzreisende rückt in die Rechtsstellung ein, er muss deshalb frühere Erklärungen und Handlungen gegen sich gelten lassen.

2. Tatbestand. a) Das **Verlangen, dass ein Dritter teilnimmt,** ist ein Gestal- 3
tungsrecht; die Regeln über Willenserklärungen gelten entspr. Es muss dem Reiseveranstalter bzw einem von ihm Bevollmächtigten zugehen. Die Möglichkeit der Erklärung „bis zum Reisebeginn" (**I 1**) umfasst theoretisch zB noch den Telefonanruf in der Zentrale vor Abgabe des Flugtickets am Schalter. Dann aber wird der Veranstalter nicht in der Lage sein, zum Widerspruch berechtigende Hindernisse zu überprüfen. Entgegen dem Wortlaut des Ges wird man die Frist je nach den Umständen des Einzelfalles, etwa bei bes Erfordernissen an die Reise (s Rn 4), einschränken müssen (StEckert 7). **b) Recht zum Widerspruch (I 2).** Die Aufzäh- 4
lung soll abschließend sein (BT-Drs 8/2348 S 8). Bsp für **bes Erfordernisse:** Tropentauglichkeit, spezielle Kenntnisse und Fähigkeiten; Zugehörigkeit zu dem Personenkreis, für den die Reise ausgeschrieben ist. Bsp für **ges Vorschriften und behördliche Anordnungen:** Impfbestimmungen, Sammelvisa, ges Vorschriften, die dem Hotelier eine Auswechslung untersagen. Von der Formulierung nicht erfasst ist zB der Fall, dass der Hotelier durch die Sitte seines Landes an der Aufnahme des Dritten gehindert ist. Unberücksichtigt bleiben danach auch zB Sicherheitsregeln, die von einem privaten Leistungsträger (Flug-, Schifffahrtsgesellschaft) entwickelt werden und die eine kurzfristige Auswechslung ausschließen. Eine ausdehnende Auslegung der Bestimmung ist bei ähnlich zwingenden Gründen wie bei einem Ges erforderlich. **Beweislast** beim Veranstalter. Ein **unzulässiger Widerspruch** löst theoretisch einen Anspruch auf Zustimmung, zumeist auf Schadensersatz gem §§ 241 II, 280 I aus.

Vor §§ 651c–651f, § 651c Buch 2. Abschnitt 8. Einzelne Schuldverh.

5 **3. Mehrkosten.** Sie können entgegen dem Wortlaut des § 651l auch durch AGB (entspr Anwendung von § 308 Nr 7) pauschaliert werden (aA StEckert 28; MK/Tonner 12). Eine Vorleistungspflicht für den Reisenden kann nicht vereinbart weren (LG Frankfurt/M RRa 12, 76); zur gesamtschuldnerischen Haftung s §§ 421 ff.

Vorbemerkungen zu den §§ 651c–651f

Lit: Tonner/Krause, Urlaub und Witterungsrisiko, NJW 00, 3665.

1 **1. Anwendungsbereich.** Die Bestimmungen knüpfen an den traditionellen Begriff der *fehlerhaften* Erfüllung an und lassen grds die §§ 280 ff, 323 ff – anders als bei Kauf- und Werkvertrag – unberührt. Der BGH hat sich allerdings im Anschluss an einen Teil der Lit (s zB Wolter AcP 183, 35 ff) entschlossen, auch bei nachträglicher *Unmöglichkeit* nur die §§ 651c ff anzuwenden (BGH 97, 259 ff, zust Teichmann JZ 86, 759; krit Schwark JR 86, 500). Die §§ 320–322 bleiben (als auf Erfüllung und nicht auf die Mängelhaftung bezogen) weiter anwendbar.

2 **2. Überblick: Rechte des Reisenden bei Leistungsstörungen. a) Mangelhafte Leistung. aa) „Einfacher" Mangel.** Anspruch auf Abhilfe und nach vergeblichem Fristablauf Recht zur eigenen Beseitigung auf Kosten des Reiseveranstalters (§ 651c II, III); Minderung des Reisepreises für die Zeit der Beeinträchtigung (§ 651d); Schadensersatz im Fall eines zu vertretenden Mangels (§ 651 f I). **bb) Erhebliche Beeinträchtigung.** Wie Anm 2a aa, zusätzlich Recht zur „Kündigung" (§ 651e) und im Fall des Vertretenmüssens Anspruch auf Schadensersatz
3 wegen vertaner Urlaubszeit (§ 651 f II). **b) Verzug und Unmöglichkeit. aa)** Die Regeln über den **Verzug** sind grds anwendbar (sa BGH NJW 09, 2743). Bei kurzen Reisen kann, wenn keine relevante Restzeit übrig bleibt, Unmöglichkeit eintreten (BGH 60, 16), sog absolutes Fixgeschäft (s § 275 Rn 14) – für die wiederum die §§ 651 cc ff gelten (s Rn 1). Der Verzug mit einer **Teilleistung** kann bei entspr Ausmaß (s § 651c Rn 1) einen Mangel auslösen, wenn die Reiseleistung in der dafür vorgesehenen Zeit oder in der Folgezeit beeinträchtigt wird (Bsp: das Hotel steht nicht rechtzeitig zur Verfügung, die Ankunft am Reiseziel verspätet sich). **bb) Vom Reiseveranstalter zu vertretende (anfängliche, nachträgliche) Unmöglichkeit.** Anwendbar sind § 651e, wegen des Ersatzes für entgangene Urlaubszeit s § 651 f II. **cc) Unmöglichkeit aus der Sphäre des Reisenden vor Reiseantritt.** Wohl ausschließliche Anwendung des § 651i (s § 651i Rn 1; anders noch BGH 60, 17 f vor Erlass des Ges: §§ 323 f aF, 645). **dd) Unmöglichkeit aus der Sphäre des Reisenden nach Reiseantritt.** § 645 (aA Frankfurt OLGZ 84 S 86: §§ 323 f). **ee) Von keiner Seite zu vertretende Unmöglichkeit:** Anwendbar wohl § 651j (s § 651j Rn 1). **ff) Schutzpflichtverletzungen:** Ansprüche aus § 241 Abs 2 iVm § 280 Abs 1, bei Körperverletzungen neben § 651d (zum Mangel s § 651c Rn 2) auch aus § 831 sowie aus § 823 wegen fehlender Überprüfung des Leistungsträgers (eigene Verkehrssicherungspflicht, BGH NJW 06, 2918, splitternde Eingangstür bei Werbung mit „kindgerechter Ausstattung"; BGH NJW 06, 3268, Wasserrutsche; sa Echtermeyer RRA 03, 60). **gg)** Zur Verletzung **vorvertraglicher Pflichten** s § 311 Abs 2.

§ 651c Abhilfe

(1) **Der Reiseveranstalter ist verpflichtet, die Reise so zu erbringen, dass sie die zugesicherten Eigenschaften hat und nicht mit Fehlern behaftet ist, die den Wert oder die Tauglichkeit zu dem gewöhnlichen oder nach dem Vertrag vorausgesetzten Nutzen aufheben oder mindern.**

Titel 9. Werkvertrag und ähnliche Verträge § 651c

(2) ¹Ist die Reise nicht von dieser Beschaffenheit, so kann der Reisende Abhilfe verlangen. ²Der Reiseveranstalter kann die Abhilfe verweigern, wenn sie einen unverhältnismäßigen Aufwand erfordert.

(3) ¹Leistet der Reiseveranstalter nicht innerhalb einer vom Reisenden bestimmten angemessenen Frist Abhilfe, so kann der Reisende selbst Abhilfe schaffen und Ersatz der erforderlichen Aufwendungen verlangen. ²Der Bestimmung einer Frist bedarf es nicht, wenn die Abhilfe von dem Reiseveranstalter verweigert wird oder wenn die sofortige Abhilfe durch ein besonderes Interesse des Reisenden geboten wird.

Lit: Rodegra: Kreuzfahrt mit Mängeln, NJW 11, 1766.

1. **Mangel (I). a) Fehler. aa)** Entspr der subj Fehlertheorie ist wie in § 633 I ein **1 Fehler** jede negative Abweichung vom vereinbarten Leistungsprogramm. Es sind jedoch **Einschränkungen** zu berücksichtigen: So sind gem § 157 subj empfundene Beeinträchtigungen aus gesellschaftlichen Gründen, iU auch aus den Wertungen des AGG (s § 651a Rn 9), hinzunehmen (zB AG Bad Homburg RRa 01, 38: Senioren im Hotel; AG Duisburg RRa 04, 119: Schulkinder im Hotel). Weiter stellen sog Unannehmlichkeiten des Massenverkehrs keinen Mangel dar (zB AG Duisburg RRa 04, 119: Wartezeiten am Buffet). Schließlich fallen nicht zu vermeidende Gefahren in die Risikosphäre des Reisenden (zB AG Bad Homburg, RRa 97, 154: Schlange im Hotelzimmer in Senegal; LG Bremen, RRa 02, 165: Überfall bei Landgang). Der **Leistungsinhalt** wird regelmäßig durch den zum Zeitpunkt des Vertrages erkennbar geltenden (LG Landau NJW-RR 98, 192; Tempel RRa 98, 147), vom Veranstalter herausgegebenen **Prospekt** bestimmt, dessen Inhalt vollständig und wahr sein muss (MK/Tonner § 651c Rn 40) und aus dem Empfängerhorizont zu werten ist (AG Frankfurt MDR 91, 837). Der Veranstalter ist an diese Angaben gebunden (InfoV 4 II, Text s Anh § 651m). Hinzukommen können Zusatzabreden (zu eng AG Hannover RRa 03, 122 m krit Anm Führich: behindertengerechter Zugang zum Hotelzimmer). **bb) Beispiele.** Mängel können auftreten **2** etwa beim **Transport des Reisenden** (AG Frankfurt/M RRa 03, 168: einfacher statt Komfortbus, LG Kleve NJW-RR 02, 1058: nicht im Katalog genannte Fluggesellschaft) oder seines Gepäcks (AG Frankfurt/M RRa 02, 22: Verzögerung). **Flugverspätungen** müssen sich auf die Qualität der Reise auswirken. Dies wird idR bei einer Verzögerung von 3 Std und mehr angenommen (s zB AG Düsseldorf RRa 2009, 83; iE s Teichmann JZ 06, 448 f). Zu direkten Ansprüchen gegen das Flug- bzw. Bahnunternehmen s § 651 f Rn 8. Weitere Beispiele für Mängelbereiche: **Unterkunft** (Frankfurt/M MDR 02, 267, nicht fertig gestelltes Hotel; LG Frankfurt RRa 08, 25, nicht behindertengerechtes Hotel; Düsseldorf RRa 01, 49: verschmutztes Hotel; Celle RRa 05, 17: niedrigere Kategorie; AG Kleve NJW-RR 02, 562: fehlendes Kinderbett; LG Düsseldorf RRa 04, 14: Ausfall der Klimaanlage; Düsseldorf RRa 01, 49: Ungeziefer; AG Bad Homburg RRa 04, 210: Baulärm; LG Frankfurt/M RRa 05, 165: nächtliches Fußballspielen), **Verpflegung** (Celle RRa 05, 17: mindere Qualität; LG Düsseldorf NJW 01, 1872, Salmonellenerkrankung), auch **Dienstleistungen** (LG Frankfurt RRa 97, 33; fehlende Kinderbetreuung; AG Neuwied RRa 03, 269: fehlende Animation), zu **Verletzungen** führende Zustände oder Handlungen (BGH NJW 07, 2550). Nicht erkennbare Gefahren (Düsseldorf NJW-RR 03, 14: schwer erkennbare Stufe) stellen ebenfalls einen Mangel dar, erkennbare Gefahren fallen hingegen idR in das Lebensrisiko des Reisenden (LG Frankfurt/M NJW-RR 02, 1485, nasse Fliesen am Pool; Celle RRa 03, 13: unbewachter angepflockter Esel im Außenbereich; s aber BGH NJW 00, 1188 und RRa 05, 12: erkennbar nervöses Reitpferd, das der Reisende aus Gefälligkeit gegenüber einem Kind übernimmt). Ein durch einen Mangel verursachter Unfall eines Reisenden bzw dessen Erkrankung kann die Reise **naher Angehöriger** beeinträchtigen (LG Düsseldorf NJW 01, 1872). **cc)** Die Beeinträchtigung des **Umfeldes** (Bsp: nicht-hoteleigener Strand) ist, da nicht im Leistungsprogramm,

§ 651d Buch 2. Abschnitt 8. Einzelne Schuldverhältnisse

kein Mangel, sollte aber als eine typische Störung dann mit erfasst werden, wenn der Veranstalter dafür das Verwendungsrisiko übernommen hat (iE Teichmann JZ 90, 1118 f; sehr str; desgl LG Essen RRa 03, 24; aA AG Bad Homburg RRa 04, 210). **b)** Umstände außerhalb des Leistungsprogramms können durch eine **Zusicherung** erfasst werden (s Hamburg RRa 09, 17, Packeis; dort iErg zweifelhaft). Sonst spielt eine Abgrenzung zum Mangel wegen der Gleichheit der Rechtsfolgen keine Rolle. **c) Beweislast:** Reisender.

4 **2. Abhilfeverlangen (II).** Die Erklärung ist an den örtlichen Reiseleiter, sofern vorhanden (s BGH 108, 62, sa BGB-InfoV § 5 Nr 7), sonst, sofern zumutbar, an den Veranstalter (Zentrale) zu richten. Der Leistungsträger (zB Hotelier) ist, soweit nicht vom Veranstalter ermächtigt, Bote des Reisenden (weitergehend Führich Rn 266: Soweit kein Reiseleiter vorhanden, muss sich der Veranstalter den Leistungsträger als Adressat zurechnen lassen; sa MK/Tonner 43: uU stillschweigend ermächtigt). Abhilfe muss nicht verlangt werden, wenn sie eine „Förmelei" wäre, weil sie zB der Veranstalter von vornherein verweigert (BGH NJW 12, 2107). Folgen eines unterlassenen erforderlichen Abhilfeverlangens: kein Recht nach §§ 651c III, 651e II; die übrigen Gewährleistungsrechte bleiben erhalten. Die **Beweislast** für Zugang und Fristsetzung trägt der Reisende. Die **Abhilfe selbst** muss im Rahmen des Zumutbaren gleichwertig sein (LG Frankfurt NJW 85, 1474), uU, wie aus II 2 geschlossen werden kann, aus zumutbar besseren Leistungen bestehen (zB Taxi bei nicht gestelltem Bus, Zimmer besserer Kategorie, KG NJW-RR 93, 1209). Zu **II 2** s § 635 Rn 8 f. Die **Beweislast** für eine ordnungsgemäße Abhilfe bzw eine Unzumutbarkeit trägt der Veranstalter.

5 **3. Recht auf Selbsthilfe (III).** Wie § 634 Nr 2 fordert die Bestimmung das Setzen einer angemessenen Frist. IdR werden relativ kurze Fristen angemessen sein, da dem Reisenden wegen der zeitlichen Begrenzung der Reise eine spätere Abhilfe nichts mehr nutzt (BT-Drs 8/786 S 26). Zur **Entbehrlichkeit der Fristsetzung** s § 637 II. **Beweislast** beim Reisenden.

§ 651d Minderung

(1) ¹Ist die Reise im Sinne des § 651c Abs. 1 mangelhaft, so mindert sich für die Dauer des Mangels der Reisepreis nach Maßgabe des § 638 Abs. 3. ²§ 638 Abs. 4 findet entsprechende Anwendung.

(2) Die Minderung tritt nicht ein, soweit es der Reisende schuldhaft unterlässt, den Mangel anzuzeigen.

Lit: Schattenkirchner, Preisminderung bei Reisemängeln, 2. Aufl. 2012.

1 **1. Minderung (I).** Sie tritt wie nach § 536 ohne eine Erklärung des Berechtigten kraft Ges ein. Als **Bezugspunkt** gilt idR der Reisepreis (ohne Versicherungen). Bei zeitlich begrenzten Beeinträchtigungen (zB Flugverspätungen, Unfällen) wird teilw auf den **Tagesreisepreis** (Gesamtpreis, geteilt durch die Reisetage, Celle RRa 03, 10; unzutr krit Putzka RRa 08, 10) abgestellt. Die Anzahl der Tage richtet sich nach der Dauer der Beeinträchtigung, auch bei Unfällen und Erkrankungen (LG Düsseldorf NJW-RR 01, 1063), uU auch von Angehörigen (LG Düsseldorf NJW 01, 1872). Bei der Schätzung (s § 638 III, Frankfurt/M RRa 03, 256) der **Minderungsquote** ist in einem ersten Schritt das prozentuale Ausmaß der Störung an der beeinträchtigten Teilleistung (zB bei der Unterkunft) zu ermitteln, dann der Anteil der beeinträchtigten Leistung an der auf den Tag bezogenen Gesamtleistung (zB Unterkunft neben Verpflegung und Animation, s Frankfurt RRa 03, 256). Allerdings können Beeinträchtigungen auf andere Leistungsteile ausstrahlen (AG Frankfurt/M NJW-RR 91, 954, Tauchkurs auf den Malediven; Celle RRa 04, 161: entlegenes Ferienhaus und Mietwagenkosten). Bei Nebenleistungen (Tenniskurs im Ferienurlaub) geschieht der Abzug von den Gebühren, uU zusätzlich vom Tagesrei-

Titel 9. Werkvertrag und ähnliche Verträge § 651e

sepreis wegen der beeinträchtigten Freizeitgestaltung (LG Frankfurt NJW-RR 90, 760; Düsseldorf NJW-RR 92, 1461). Eine **Rückwirkung** der Minderung auf frühere mangelfreie Leistungsteile ist abzulehnen (so aber BGH NJW 08, 2775; zust Buxbaum RRa 09, 58 mwN). Möglich sind Ansprüche auf Schadensersatz (s § 651a Rn 15, 651 f Rn 1). Teilw sind aus zahlreichen Urteilen Minderungstabellen entwickelt worden (s zB LG Frankfurt/M NJW 94, 1639, ADAC NJW 05, 25), die freilich den Wertungsspielraum zu stark eingrenzen (krit zB Schmid NJW 05, 2945).

2. Anzeige. a) Die **Anzeige** muss unverzüglich (§ 121) gegenüber dem Veranstalter oder seinem Vertreter (s § 651c Rn 4) erfolgen. Das Reisebüro ist, wenn es vom Veranstalter ständig mit der Vermittlung von Verträgen betraut wird, in ausdehnender Anwendung von HGB 91 II auch als ermächtigt anzusehen, die Erklärung entgegenzunehmen (s BGH 102, 83, Führich 417) Die Anzeige muss zur Möglichkeit der Nachprüfung sämtlicher Mängel substantiiert beschreiben (LG Essen RRa 03 24). Die Anzeigepflicht entfällt, wenn der Veranstalter den Mangel kennt oder fahrlässig nicht kennt, wenn die Mitteilung unmöglich ist oder wenn der Mangel nicht beseitigt werden kann (aA LG Duisburg RRa 06, 22: Der Veranstalter müsse wissen, ob der Reisende die Veränderung als Beeinträchtigung empfinde). Die **Beweislast** liegt zunächst beim Veranstalter dafür, dass er erreichbar war (Schmid/Hopperdietzel NJW 10, 1263). Der Reisende muss dann den Zugang der Anzeige beweisen bzw, dass die Anzeige entbehrlich oder eine Unterlassung nicht zu vertreten war (ähnlich MK/Tonner 23). **b)** Die **Rechtsfolgen** der schuldhaft **unterlassenen Anzeige (II)** erschöpfen sich nach dem Wortlaut des Ges im Entfallen der Minderung. Da den Reisenden aber eine Obhutspflicht treffen kann (Rn 13 aE vor § 651a), sind auch Schadensersatzansprüche des Leistungsträgers aus §§ 241 II, 280 I (Geltendmachung im Wege der Drittschadensliquidation, s dazu Rn 19 ff vor § 249), uU auch Ansprüche aus unerlaubter Handlung denkbar.

2

3

§ 651e Kündigung wegen Mangels

(1) ¹**Wird die Reise infolge eines Mangels der in § 651c bezeichneten Art erheblich beeinträchtigt, so kann der Reisende den Vertrag kündigen.** ²**Dasselbe gilt, wenn ihm die Reise infolge eines solchen Mangels aus wichtigem, dem Reiseveranstalter erkennbaren Grund nicht zuzumuten ist.**

(2) ¹**Die Kündigung ist erst zulässig, wenn der Reiseveranstalter eine ihm vom Reisenden bestimmte angemessene Frist hat verstreichen lassen, ohne Abhilfe zu leisten.** ²**Der Bestimmung einer Frist bedarf es nicht, wenn die Abhilfe unmöglich ist oder vom Reiseveranstalter verweigert wird oder wenn die sofortige Kündigung des Vertrags durch ein besonderes Interesse des Reisenden gerechtfertigt wird.**

(3) ¹**Wird der Vertrag gekündigt, so verliert der Reiseveranstalter den Anspruch auf den vereinbarten Reisepreis.** ²**Er kann jedoch für die bereits erbrachten oder zur Beendigung der Reise noch zu erbringenden Reiseleistungen eine nach § 638 Abs. 3 zu bemessende Entschädigung verlangen.** ³**Dies gilt nicht, soweit diese Leistungen infolge der Aufhebung des Vertrags für den Reisenden kein Interesse haben.**

(4) ¹**Der Reiseveranstalter ist verpflichtet, die infolge der Aufhebung des Vertrags notwendigen Maßnahmen zu treffen, insbesondere, falls der Vertrag die Rückbeförderung umfasste, den Reisenden zurückzubefördern.** ²**Die Mehrkosten fallen dem Reiseveranstalter zur Last.**

1. Funktion. § 651e normiert in der Sache ein *Rücktrittsrecht,* da die Erklärung Rückwirkungen hat (s. Rn 5). Der Begriff „Kündigung" meint sonst systematisch etwas anderes (s § 649 Rn 3 ff).

1

2. Recht zur „Kündigung". a) Zum **Mangel** s § 651c Rn 1. **b)** Eine **erhebliche Beeinträchtigung der Reise** wird teilweise bei einer Minderungsquote (s

2

Teichmann 1005

§ 651f

§ 651d Rn 1) von 20% (LG Frankfurt/M RRa 05, 165, stRspr) bzw 50% (Celle RRa 05, 21) angenommen, zutr allg auf die Unzumutbarkeit des Verbleibens (Frankfurt/M RRa 06, 162) bzw des Reiseantritts (BGH NJW 09, 288) abgestellt. **Beweislast** zu a) und b) beim Reisenden (vgl die andere Regelung in § 542 III).

3 **c) „Wird ... beeinträchtigt".** Auch ein nicht zu behebender Mangel *vor* Reiseantritt berechtigt zur Kündigung (MK/Tonner 4). **d) Fehlende Abhilfe.** Str ist, wieweit der Reisende eine andere Leistung als Abhilfe (s § 651c Rn 3) akzeptieren muss. Gewisse, uU nach § 651d auszugleichende Erschwerungen sind im Rahmen des Zumutbaren hinzunehmen. Unzumutbar sind jedoch wesentliche Veränderungen der Reise (LG Frankfurt RRa 03, 26: Verkürzung einer Busreise um mehrere Tage). Bei einem Wechsel der Fluggesellschaft wird teilw auf die subj Befindlichkeit des Reisenden (LG Köln RRa 01, 115), zutr jedoch auf obj Kriterien der Zuverlässigkeit abgestellt (LG Bonn RRa 01, 115). Die **Beweislast** für eine fristgerecht geleistete bzw angebotene zumutbare Abhilfe trägt der Veranstalter.

e) Vergebliche Fristsetzung bzw andere Gründe (II). Zur Angemessenheit der Frist s § 651c Rn 5.

4 **3. Ausübung der „Kündigung".** Die (Willens-)Erklärung muss dem Veranstalter oder seinen Repräsentanten (Empfangsvertreter) zugehen (vgl § 651c Rn 4). Wenn ein Reisebüro ist vom Veranstalter ständig mit der Vermittlung von Verträgen betraut wird, ist es in ausdehnender Anwendung von HGB 91 II auch als ermächtigt anzusehen, die Erklärung entgegenzunehmen (BGH 102, 83 für die Mängelanzeige, s § 651 d Rn 2). Die **Beweislast** für den Zugang liegt beim Reisenden.

5 **4. Folgen der „Kündigung".** Es entsteht ein Rückabwicklungsschuldverhältnis gem §§ 346 ff (BGH 85, 59 ff).

§ 651f Schadensersatz

(1) **Der Reisende kann unbeschadet der Minderung oder der Kündigung Schadensersatz wegen Nichterfüllung verlangen, es sei denn, der Mangel der Reise beruht auf einem Umstand, den der Reiseveranstalter nicht zu vertreten hat.**

(2) **Wird die Reise vereitelt oder erheblich beeinträchtigt, so kann der Reisende auch wegen nutzlos aufgewendeter Urlaubszeit eine angemessene Entschädigung in Geld verlangen.**

1 **1. Funktion.** Die durch das SchRModG nicht veränderte Norm trifft keine Unterscheidung zwischen der (mangelhaften) Erfüllung gem § 241 I und der Verletzung von Schutzpflichten gem § 241 II. Diese werden von der Rspr als „Sicherheitsdefizit" in den Mangelbegriff mit einbezogen (zB BGH NJW 07, 2551; Köln RRa 09, 134; zur Kritik s § 651a Rn 14).

2 **2. Vermögensschaden (I). a) Voraussetzungen. aa)** Zum **Mangel** s § 651c Rn 1, 2. Auf die Erheblichkeit der Beeinträchtigung kommt es iGgs zu § 651e nicht an; allerdings muss die Toleranzschwelle des § 651c I (§ 651c Rn 1) erreicht sein.

3 **bb)** Das **Vertretenmüssen** kann sich auf die Sphäre des Veranstalters (§ 276) selbst (zB Prospektangaben, Planung, Auswahl und Überwachung der Leistungsträger einschließlich der Einrichtungen, s BGH 103, 298; grds zust Teichmann JZ 88, 661) oder die des Leistungsträgers (§ 278) beziehen (BGH RRa 12, 166 m zutr differenzierender Anm Führich RRa 12, 166, Flughafenbetreiber als Erfüllungsgehilfe des Veranstalters). Ein **Streik** des Personals ist außerhalb der Einflusssphäre des Leistungsträgers dem Veranstalter zwar als Mangel iSd § 651d (aA LG Hannover NJW-RR 89, 820, Flughafenpersonal), nicht aber als zu vertretender Umstand zuzurechnen (iE Teichmann, JZ 79, 739 f; sehr str; aA LG Frankfurt NJW-RR 91, 630). Die **Beweislast** (für ein Nicht-Vertretenmüssen) trägt der Veranstalter (iE s BGH

Titel 9. Werkvertrag und ähnliche Verträge §651g

NJW 05, 418; sa § 280 I 2). **cc)** Eine **Mängelanzeige** bzw ein **Abhilfeverlangen** 4
sind nicht erforderlich, soweit der eingetretene Schaden dadurch nicht verhindert
werden konnte (BGH 92, 177, zust Gitter JR 85, 328). **b) Rechtsfolgen.** Der zu 5
ersetzende Vermögensschaden (s Rn 3 ff vor § 249) umfasst die Aufwendungen für
eine Selbsthilfe (BGH NJW 12, 2107), zB Kosten für die Suche einer anderen
Unterkunft, Taxikosten, Telefonkosten, Mehrpreis für eine andere Unterkunft, aber
auch vergebliche Aufwendungen, zB Rückflug mit Linienmaschine, Kosten für
Hin- und Rückfahrt bei Ferienwohnung mit eigener Anreise (s zB LG Berlin NJW-
RR 05, 79).

3. Nichtvermögensschaden (II). a) Tatbestand. Eine **Vereitelung** – bei der 6
es keiner Kündigung bedarf – liegt auch vor, wenn der Veranstalter statt des vereinbarten einen anderen nicht voll geeigneten Urlaubsort anbietet und dies der Reisende ablehnt (BGH 161, 389, s dazu Fischer RRa 05, 98). Eine **erhebliche
Beeinträchtigung** wird – starr oder „als Anhaltspunkt" – idR bejaht, wenn die
Minderungsquote (s § 651e Rn 2) 50% erreicht (Frankfurt RRa 06, 81; für eine
niedrigere Quote öst OGH RRa 10, 285; LG Duisburg RRa 06, 68, desgl bei
einer subj Empfindlichkeit gegen Baulärm AG Bad Homburg NJW-RR 01, 349).
b) Die **Höhe der Entschädigung** hängt, da ein immaterieller Schaden geltend 7
gemacht wird, nicht vom Einkommen des Reisenden ab (BGH JZ 05, 732). Teilw
wird vom Reisepreis (auch Tagesreisepreis) ausgegangen, der nicht noch einmal
in voller Höhe zugesprochen werden muss (nach BGH aaO sind 50% im Rahmen
der Revision nicht zu beanstanden). Teilw wird ein fester Tagessatz zugrunde
gelegt (zB Düsseldorf, NJW-RR 03, 59 und Celle NJW-RR 03, 200: 52 €). Davon
soll dem Reisenden ein der Minderungsquote entspr Betrag zustehen. **c)** Zum
Schmerzensgeld bei Verletzungen etc s § 253 Rn 3 ff (iE Jaeger RRa 10, 58).

4. Ergänzung: Unmittelbare Ansprüche gegen den Leistungsträger. Lit: 8
Hopperdietzel, RRa 2012, 210. Bei **Flügen** steht dem Reisenden im Fall einer
Nichtbeförderung oder einer Verspätung (s zB EuGH, AZ C-581/10, NJW 13
671) ein Ausgleich nach VO (EG) 261/04 Art 7 zu und zwar auch dann, wenn ein
gebuchter Anschlussflug verpasst wurde (EuGH NJW 13, 1291). Er beträgt zB bei
einer Verspätung der Ankunft um mehr als 3 Std bei Flügen von mehr als 1500 km
innerhalb der EU 400 €, über die EU hinaus 600 € (BGH NJW 10, 2282, zust
Schmid RRa 10, 74; EuGH NJW 10, 43, dazu Staudinger/Schürmann NJW 10,
2779; Staudinger RRa 10, 14). Kein Anspruch besteht bei nicht beherrschbaren
außergewöhnlichen Umständen (verneint zB bei technischem Defekt, EuGH NJW
09, 349; iE s Bartlik RRa 09, 272; bejaht bei Streik, BGH NJW 13, 374) und
rechtzeitiger Information. Er ist wohl auf Ansprüche gegen den Veranstalter aus
demselben Sachverhalt **anrechenbar**, s EU-VO 261/04 Art 12 I 2 (offen gelassen
bei Kummer RRa 09, 271). Bei **Bahnreisen** kann eine Verspätung von mehr als
60 min Ausgleichsansprüche gem VO (EG) 1371/07 und Ges v 26. 5. 09 (BGBl I
11469) auslösen (iE s Bollweg RRa 10, 106).

§651g Ausschlussfrist, Verjährung

(1) ¹**Ansprüche nach den §§ 651c bis 651f hat der Reisende innerhalb
eines Monats nach der vertraglich vorgesehenen Beendigung der Reise
gegenüber dem Reiseveranstalter geltend zu machen.** ²**§ 174 ist nicht anzuwenden.** ³**Nach Ablauf der Frist kann der Reisende Ansprüche nur geltend
machen, wenn er ohne Verschulden an der Einhaltung der Frist verhindert
worden ist.**

(2) ¹**Ansprüche des Reisenden nach den §§ 651c bis 651f verjähren in
zwei Jahren.** ²**Die Verjährung beginnt mit dem Tage, an dem die Reise
dem Vertrag nach enden sollte.**

§ 651h

Lit: Kappus, Anspruchsanmeldung nach Urlaubsende: Reisendenfalle - oder doch Veranstalterstrick?, RRa 2012, 58; Schmid/Hopperdietzel: Rechtsfallen im Reiserecht: Verpasste Fristen, NJW 09, 2025.

1　**1. „Verfristung" des Anspruchs (I). a)** Anmeldung durch den **Reisenden**. Die Frist gilt auch für den, dem Ansprüche durch Ges oder RGeschäft abgetreten wurden (BGH 159, 354; BGH VersR 10, 1274). **b) Nach vertraglich vorgesehener Beendigung der Reise.** Die Ansprüche können auch vor vertraglichem Reiseende, selbst vor Reisebeginn geltend gemacht werden (AG Köln NJW-RR 89,
2　1527). **c) Inhalt der Erklärung.** Sie muss, damit sich der Veranstalter darauf einstellen kann, den Sachverhalt hinreichend klar beschreiben und erkennen lassen, dass tatsächlich Ansprüche geltend gemacht werden. Die Äußerung, der Reisende wolle „die Situation nicht auf sich beruhen lassen", genügt (BGH RRa 05, 112). Eine Bezifferung ist nicht erforderlich (AG Köln NJW-RR 89, 1527). Ein Dritter (zB Vertragschließender, s § 651a Rn 7, Rechtsanwalt) muss dazu bevollmächtigt sein (Karlsruhe NJW-RR 91, 54). § 174 ist nun ausdrücklich ausgeschlossen. Bei fehlender Vollmacht ist eine Genehmigung auch nach Fristablauf möglich (BGH NJW 10, 2952 m zust Anm Tonner). § 180 S 1 ist wohl wie § 174 nicht anwendbar (offen gelassen in BGH aaO). Die Erklärung bedarf **keiner Form** (BGH 90, 365).
3　**d) Adressat** ist die vom Veranstalter in der Reisebestätigung benannte Stelle, s
4　BGBInfoV (s Anh 651m) § 6 Nr 8 (zB Hauptsitz, LG Kleve NJW 99, 1117). **e)** Die **Berechnung der Monatsfrist** geschieht nach §§ 187 I, 188 II 1. Bsp: Reiseende 3. April, Fristablauf 3. Mai 24.00 Uhr, sa § 193. **f) Schuldloses Versäumen.** Bsp: Nicht ordnungsgemäßer Hinweis gem InfoV (s Anh § 651m) 6 II 8 oder 6 IV (BGH NJW 07, 2552); Arbeitsunfähigkeit zu 80% infolge des auf dem Rückflug erlittenen Unfalls (LG Köln NJW-RR 06, 23); zunächst nicht erkennbare Spätschäden (BGH NJW 07, 2553; zust Tonner NJW 07, 2738; Staudinger RRa 07, 247); unverschuldete Unkenntnis des Sozialversicherers (BGH 159, 357), versehentliches Geltendmachen beim Unzuständigen (München NJW-RR 90, 892: Reisebüro). Nach Erkennen des Hindernisses müssen die Ansprüche unverzüglich (§ 121) erneut erho-
5　ben werden (s BGH VersR 10, 914). **g) Rechtsfolgen.** Aus dem Zweck, dem Veranstalter eine hinreichende Orientierung über möglicherweise noch drohende Forderungen zu geben, sollten alle vertraglichen Ansprüche, nicht nur die aus §§ 651c ff (so München NJW-RR 87, 493; Düsseldorf NJW-RR 90, 825) erfasst werden, zumal die Abgrenzung im Einzelnen zufällig sein kann (aA MK/Tonner 2 f). Ansprüche aus unerlaubter Handlung bleiben unberührt (Köln NJW-RR 92, 1185; aA LG Frankfurt RRa 98, 160).

6　**2. Verjährung (II).** Lit: Führich NJW 02, 1082. S Gesetzestext. Schadensersatzansprüche wegen Körperverletzung etc. verjähren gem § 199 II. Zur **Abdingbarkeit** s § 651g S 2.

§ 651h Zulässige Haftungsbeschränkung

(1) **Der Reiseveranstalter kann durch Vereinbarung mit dem Reisenden seine Haftung für Schäden, die nicht Körperschäden sind, auf den dreifachen Reisepreis beschränken,**
1. **soweit ein Schaden des Reisenden weder vorsätzlich noch grob fahrlässig herbeigeführt wird oder**
2. **soweit der Reiseveranstalter für einen dem Reisenden entstehenden Schaden allein wegen eines Verschuldens eines Leistungsträgers verantwortlich ist.**

(2) **Gelten für eine von einem Leistungsträger zu erbringende Reiseleistung internationale Übereinkommen oder auf solchen beruhende gesetzliche Vorschriften, nach denen ein Anspruch auf Schadensersatz nur unter bestimmten Voraussetzungen oder Beschränkungen entsteht oder geltend gemacht werden kann oder unter bestimmten Voraussetzungen ausge-**

Titel 9. Werkvertrag und ähnliche Verträge **§ 651i**

schlossen ist, so kann sich auch der Reiseveranstalter gegenüber dem Reisenden hierauf berufen.

1. Vertragliche Haftungsbeschränkung. Nach BGH 100, 182 sollte sich die 1 aF nur auf vertragliche, nicht auf deliktische Ansprüche beziehen. Die in Kenntnis dieser Rspr gewählte neuere weite Formulierung gibt wohl diese Unterscheidung auf (iErg desgl StEckert 18; aA Mk/Tonner 4 ff) und differenziert zwischen Körperschaden und nicht-körperlichem Schaden. Der Begriff „Körperschaden" ist weit zu verstehen; er umfasst auch Gesundheitsschäden (sa § 823 Rn 3) und die Verletzung des Lebens selbst (StEckert 16 mwN).

2. Begrenzung auf Grund internationaler Abkommen. Rein nationale ges 2 Beschränkungen genügen nicht. § 651h II gilt nicht bei einer eigenen Verantwortlichkeit des Veranstalters.

§ 651i Rücktritt vor Reisebeginn

(1) **Vor Reisebeginn kann der Reisende jederzeit vom Vertrag zurücktreten.**

(2) ¹**Tritt der Reisende vom Vertrag zurück, so verliert der Reiseveranstalter den Anspruch auf den vereinbarten Reisepreis.** ²**Er kann jedoch eine angemessene Entschädigung verlangen.** ³**Die Höhe der Entschädigung bestimmt sich nach dem Reisepreis unter Abzug des Wertes der vom Reiseveranstalter ersparten Aufwendungen sowie dessen, was er durch anderweitige Verwendung der Reiseleistungen erwerben kann.**

(3) **Im Vertrag kann für jede Reiseart unter Berücksichtigung der gewöhnlich ersparten Aufwendungen und des durch anderweitige Verwendung der Reiseleistungen gewöhnlich möglichen Erwerbs ein Vomhundertsatz des Reisepreises als Entschädigung festgesetzt werden.**

1. Allgemeines. a) Funktion. Der Anspruch ist § 649 nachgebildet, gibt aber, 1 im Ergebnis ohne größere Relevanz, keinen Anspruch auf Teilerfüllung, sondern auf Entschädigung. Dieser Ersatzanspruch, im Kern auf das Erhalten des kalkulierten Gewinns beim Veranstalter gerichtet, kann konkret berechnet (**II 2**) oder durch eine Stornoklausel pauschaliert (**III**) werden. **b) Anwendungsbereich.** Die Norm beschränkt das Recht des Reisenden auf die Zeit bis *Reiseantritt* und spricht demgemäß (anders als § 649) von „Rücktritt". Sie sollte auf den Abbruch der Reise (zB bei eigener Krankheit, Tod eines Angehörigen) entsprechend angewandt werden. Insoweit besteht eine vergleichbare tatsächliche wie rechtliche Situation: In beiden Fällen beendet der Reisende die Vertragsbeziehung ohne rechtfertigende Begründung, die Interessen des Veranstalters sind in gleicher Weise gewahrt (aA Führich 515; StEckert 9: § 326 II 2). **Verhältnis zu anderen Normen.** Praktisch überlagert die Bestimmung, weil es auf einen Grund nicht ankommt, § 651a IV 2 und § 651e. Der Reisende wird aber in solchen Fällen wegen der vergleichsweise ungünstigeren Rechtsfolgen regelmäßig seine Auflösungserklärung nicht auf § 651i stützen wollen (so zutr LG Leipzig NJW-RR 05, 995). Zur Unmöglichkeit aus der Sphäre des Reisenden (ohne Auflösungsklärung) s Rn 3 vor § 651c.

2. Berechnung (II). Hier sind die ersparten Aufwendungen (nicht anfallende 2 Kosten für die Vertragserfüllung) und die Beträge abzuziehen, die der Veranstalter obj (BT-Drs 8/2343, S 12) hätte anderweitig erzielen können. Bei einer Kündigung *nach Reisebeginn* (s Rn 1) wird dazu idR keine Gelegenheit bestehen.

3. Stornoklauseln. Als idR Teile von AGB müssen sie in den Vertrag einbezogen 3 werden (s § 651a Rn 11). Die Stornogebühr soll die durch den Rücktritt entstehenden **Mehrkosten** und das *durchschnittliche* **Ausfallrisiko** abdecken. Das Ausfallrisiko (Storno gegenüber dem Leistungsträger, Gemeinkosten, entgangener Gewinn) ist nach der Art der Reise (Charter, Linienflug, Ferienhaus, Hotel, s dazu Frankfurt/M

§ 651j Buch 2. Abschnitt 8. Einzelne Schuldverhältnisse

NJW-RR 01, 1498; Hamm NJW-RR 02, 1348: Theater) unterschiedlich. Dementsprechend ist zu differenzieren. Bei Flugkosten werden – dank der Überbuchungspraxis und des Last-Minute-Marktes wohl zu hoch – bei Rücktritt mindestens 30/22/15/7 Tage vor Beginn der Reise 15%/20%/ 30%/45%, danach 55% für zulässig angesehen, bei Ferienhäusern (eigene Anreise) und Rücktritt mindestens 60/35 Tage vor vertraglich vorgesehener Nutzung 20%/50%, später 80% (Führich 522). Dem Reisenden darf der **Gegenbeweis** nicht abgeschnitten werden, dass der Schaden des Veranstalters wesentlich niedriger ist als die geltend gemachte Pauschale; §§ 308 Nr 7, 309 Nr 5b sind anwendbar (BGH NJW 92, 3158; 92, 3163; Führich 523; Tempel NJW 02, 2005; MK/Tonner 29).

§ 651j Kündigung wegen höherer Gewalt

(1) **Wird die Reise infolge bei Vertragsabschluss nicht voraussehbarer höherer Gewalt erheblich erschwert, gefährdet oder beeinträchtigt, so können sowohl der Reiseveranstalter als auch der Reisende den Vertrag allein nach Maßgabe dieser Vorschrift kündigen.**

(2) ¹**Wird der Vertrag nach Absatz 1 gekündigt, so findet die Vorschrift des § 651e Abs. 3 Satz 1 und 2, Abs. 4 Satz 1 Anwendung.** ²**Die Mehrkosten für die Rückbeförderung sind von den Parteien je zur Hälfte zu tragen.** ³**Im Übrigen fallen die Mehrkosten dem Reisenden zur Last.**

Lit: Schmid, Krieg in der Nähe des Urlaubslandes – ein Fall der „höheren Gewalt"?, MDR 03, 974; Tempel, Probleme der Berechnung von Vergütung und Entschädigung bei höherer Gewalt in Reisesachen, NJW 97, 621; ders, Zur Kündigung von Reiseverträgen wegen terroristischer Anschläge, NJW 98, 1827.

1   **1. Funktion.** Bei der Bestimmung handelt es sich um eine Spezialvorschrift im Bereich der Störung der Geschäftsgrundlage (BGH NJW 13, 1674 mwN), die, soweit sie eingreift, als lex specialis (s. „allein nach Maßgabe dieser Vorschrift") gegenüber § 313, insbes gegenüber §§ 651c–f **ausschließlich anwendbar** ist (BT-Drs 12/7334 S. 11). Für nicht erfasste Fälle (Bsp: aus außerhalb der Risikosphäre liegenden Gründen nicht durchführbare Anreise zum Ausgangspunkt einer Kreuzfahrt, BGH aaO: Rechtsfolgen des § 651j; zutr krit Tonner NJW 13, 1674).

2   **2. Voraussetzungen (I). a) Höhere Gewalt** ist „ein von außen kommendes, keinen betrieblichen Zusammenhang (dh mit dem Risikobereich des Veranstalters) aufweisendes, auch durch äußerste, vernünftigerweise zu erwartende Sorgfalt nicht abwendbares Ereignis" (BGH 100, 188; BGH NJW 02, 2238). Bsp: Krieg, Terroranschlag, Reaktorunfall (BGH 109, 224, Tschernobyl, dazu Teichmann JZ 90, 436); Epidemie (AG Augsburg RRa 05, 84: SARS), Naturkatastrophe (Frankfurt RRa 00, 165, Hurrikan), behördliche Maßnahmen (Frankfurt RRa 04, 258 mBespr Führich RRa 05, 50), Streik des nicht zur Sphäre des Veranstalters zählenden Personals wie Fluglot-
3   sen, Zoll (desgl MK/Tonner 8); nicht Vogelschlag (KG VersR 09, 1375). **b) Einwirkungen auf die Reise.** Mit einer **erheblichen Erschwerung oder Beeinträchtigung** sind Auswirkungen gekennzeichnet, die eine Fortsetzung für den Reisenden oder eine weitere Durchführung für den Veranstalter unter Berücksichtigung des mit einer Urlaubsreise verfolgten Zwecks aus nachvollziehbaren Gründen unzumutbar machen (Führich 549; zu eng Bremen MDR 13, 142: nur Sicherheitsgefährdung für den Reisenden). Die Vereitelung, im Text des Ges nicht erwähnt, wird von der Norm mit erfasst (Frankfurt NJW-RR 05, 282). Die **erhebliche Gefährdung** kennzeichnet das bevorstehende Risiko einer Beeinträchtigung. Dafür muss zum Zeitpunkt der Kündigungserklärung (BGH 109, 226) eine Prognoseentscheidung getroffen werden. Bei drohenden Naturereignissen (Hurrikan) soll angesichts der Risiken uU auch für das Leben eine Wahrscheinlichkeit von 25% genügen, dass das Urlaubsgebiet betroffen

Titel 9. Werkvertrag und ähnliche Verträge **§ 651k**

wird (BGH NJW 02, 258; AG Neuwied RRa 06, 170. Für Epidemien soll ausschlaggebend sein, ob eine „flächendeckende" Verbreitung im Urlaubsgebiet mit entspr Infektionsgefahr befürchtet werden muss (zutr krit Führich RRa 03, 55). Bei möglichen terroristischen Anschlägen soll es darauf ankommen, ob das konkrete Urlaubsziel im Blickpunkt steht und angesichts von Wollen und Kapazität mit der ernsthaften Möglichkeit eines Anschlags gerechnet werden muss (LG Amberg NJW-RR 04, 1140: Anschläge auf Bali gefährden nicht die gesamte Insel; LG Düsseldorf RRa 08, 117: Einzelne zeitgleiche Anschläge in der Türkei führen nicht zu einer allg Gefährdung). Bei flächendeckenden Gefährdungen muss die Gefährdung nahe liegen (Bremen MDR 13, 142, Fukushima). Maßgebend sind obj Kriterien, wobei Warnungen des Auswärtigen Amtes ein Indiz, aber kein ausschließliches Kriterium sein können. **c) Nicht vorher-** 4 **sehbar** s § 276 Rn 28 ff. Konnte der Veranstalter das Ereignis vorhersehen, so liegt (neben einer Pflichtverletzung zur Warnung s § 651a Rn 15) ein idR zu vertretender Mangel vor. Die Einwilligung des Reisenden in ein vorhergesehenes Risiko kann gem § 254 relevant sein (s § 254 Rn 14 ff). **d)** Die **Beweislast** liegt bei dem, der sich auf den entspr Umstand beruft.

3. Kündigung. Die Erklärung ist zu jeder Zeit, also auch nach Antritt der Reise 5 möglich. Zum Adressaten s § 651g Rn 3. Nimmt ein **Dritter** an Stelle des Reisenden die Leistung in Anspruch (§ 651b I), so ist nach Reiseantritt auch der Dritte zu Abgabe (s § 651b Rn 2) und Empfang der Kündigungserklärung berechtigt.

4. Rechtsfolgen. S Wortlaut des Ges. 6

§ 651k Sicherstellung, Zahlung

(1) ¹**Der Reiseveranstalter hat sicherzustellen, dass dem Reisenden erstattet werden**
1. **der gezahlte Reisepreis, soweit Reiseleistungen infolge Zahlungsunfähigkeit oder Eröffnung des Insolvenzverfahrens über das Vermögen des Reiseveranstalters ausfallen, und**
2. **notwendige Aufwendungen, die dem Reisenden infolge Zahlungsunfähigkeit oder Eröffnung des Insolvenzverfahrens über das Vermögen des Reiseveranstalters für die Rückreise entstehen.**

²**Die Verpflichtungen nach Satz 1 kann der Reiseveranstalter nur erfüllen**
1. **durch eine Versicherung bei einem im Geltungsbereich dieses Gesetzes zum Geschäftsbetrieb befugten Versicherungsunternehmen oder**
2. **durch ein Zahlungsversprechen eines im Geltungsbereich dieses Gesetzes zum Geschäftsbetrieb befugten Kreditinstituts.**

(2) ¹**Der Versicherer oder das Kreditinstitut (Kundengeldabsicherer) kann seine Haftung für die von ihm in einem Jahre insgesamt nach diesem Gesetz zu erstattenden Beträge auf 110 Millionen Euro begrenzen.** ²**Übersteigen die in einem Jahr von einem Kundengeldabsicherer insgesamt nach diesem Gesetz zu erstattenden Beträge die in Satz 1 genannten Höchstbeträge, so verringern sich die einzelnen Erstattungsansprüche in dem Verhältnis, in dem ihr Gesamtbetrag zum Höchstbetrag steht.**

(3) ¹**Zur Erfüllung seiner Verpflichtung nach Absatz 1 hat der Reiseveranstalter dem Reisenden einen unmittelbaren Anspruch gegen den Kundengeldabsicherer zu verschaffen und durch Übergabe einer von diesem oder auf dessen Veranlassung ausgestellten Bestätigung (Sicherungsschein) nachzuweisen.** ²**Der Kundengeldabsicherer kann sich gegenüber einem Reisenden, dem ein Sicherungsschein ausgehändigt worden ist, weder auf Einwendungen aus dem Kundengeldabsicherungsvertrag noch darauf berufen, dass der Sicherungsschein erst nach Beendigung des Kundengeldabsicherungsvertrags ausgestellt worden ist.** ³**In den Fällen des Satzes 2 geht der Anspruch des Reisenden gegen den Reiseveranstalter auf den Kunden-**

§ 651k

geldabsicherer über, soweit dieser den Reisenden befriedigt. ⁴Ein Reisevermittler ist dem Reisenden gegenüber verpflichtet, den Sicherungsschein auf seine Gültigkeit hin zu überprüfen, wenn er ihn dem Reisenden aushändigt.

(4) ¹Reiseveranstalter und Reisevermittler dürfen Zahlungen des Reisenden auf den Reisepreis vor Beendigung der Reise nur fordern oder annehmen, wenn dem Reisenden ein Sicherungsschein übergeben wurde. ²Ein Reisevermittler gilt als vom Reiseveranstalter zur Annahme von Zahlungen auf den Reisepreis ermächtigt, wenn er einen Sicherungsschein übergibt oder sonstige dem Reiseveranstalter zuzurechnende Umstände ergeben, dass er von diesem damit betraut ist, Reiseverträge für ihn zu vermitteln. ³Dies gilt nicht, wenn die Annahme von Zahlungen durch den Reisevermittler in hervorgehobener Form gegenüber dem Reisenden ausgeschlossen ist.

(5) ¹Hat im Zeitpunkt des Vertragsschlusses der Reiseveranstalter seine Hauptniederlassung in einem anderen Mitgliedstaat der Europäischen Gemeinschaften oder in einem anderen Vertragsstaat des Abkommens über den Europäischen Wirtschaftsraum, so genügt der Reiseveranstalter seiner Verpflichtung nach Absatz 1 auch dann, wenn er dem Reisenden Sicherheit in Übereinstimmung mit den Vorschriften des anderen Staates leistet und diese den Anforderungen nach Absatz 1 Satz 1 entspricht. ²Absatz 4 gilt mit der Maßgabe, dass dem Reisenden die Sicherheitsleistung nachgewiesen werden muss.

(6) **Die Absätze 1 bis 5 gelten nicht, wenn**
1. der Reiseveranstalter nur gelegentlich und außerhalb seiner gewerblichen Tätigkeit Reisen veranstaltet,
2. die Reise nicht länger als 24 Stunden dauert, keine Übernachtung einschließt und der Reisepreis 75 Euro nicht übersteigt,
3. der Reiseveranstalter eine juristische Person des öffentlichen Rechts ist, über deren Vermögen ein Insolvenzverfahren unzulässig ist.

1 **1. Allgemeines. a) Normzweck.** Durch einen zusätzlichen Anspruch gegen einen solventen Dritten sollen finanzielle Risiken für den Fall einer – auch mit Betrug verbundenen (EuGH NJW 12, 1135, zust Staudinger RRa 21, 106) - Insolvenz des Veranstalters aufgefangen werden, die sich aus der Vorleistungspflicht des Reisenden ergeben. Gesichert sind zB die Vorauszahlungen der Reisevergütung (BGH RRa 03, 11) auch durch Dritte (AG München RRa 03, 81), der Rückabwicklungsanspruch im Fall des Rücktritts (BGH NJW 12, 997, Veranstalterrücktritt), das sukzessiv auszuhändigende Taschengeld bei einem Gastschulaufenthalt (Köln RRa 03, 136), Aufwendungen für das vom Veranstalter nicht bezahlte Hotel (EuGH NJW 98, 2201, dazu Tonner EuZW 98, 348; Huff RRa 98, 131) und die Rückreise, nicht jedoch Gewährleistungsansprüche (BGH NJW-RR 05, 783). Die Wege der Sicherung sind variabel **(I 2 Nr 1, 2)**, um kleineren und ausländischen Veranstaltern geeignete Möglichkeiten zu eröffnen
2 (sa **VI**). **b) Beweislast.** Der Reisende muss Entstehen und Fälligkeit des Anspruchs, also die Insolvenz des Veranstalters und das Ausfallen von Reiseleistungen beweisen; dem Kundengeldabsicherer obliegt dann zu beweisen, dass die Insolvenz für den Ausfall nicht kausal war (BGH NJW 2002, 2240).

3 **2. Sicherungsscheine.** Sie können vom Kundengeldabsicherer oder von dem Veranstalter ausgestellt werden, der zur Verpflichtung des Kundengeldabsicherers ermächtigt ist **(III 1)**. Der Vertrag zwischen Veranstalter und Kundengeldabsicherer ist ein Vertrag zgDr, der dem Reisenden (anders als in § 334) einen einwendungs- und einredefreien Anspruch verschafft **(III 2)**. Der Reisevermittler (zB Reisebüro) hat den Sicherungsschein auf seine Gültigkeit hin zu überprüfen **(III 4)**; auch darf er Anzahlungen nicht ohne Aushändigung eines Sicherungsscheins annehmen **(IV 1)**. Geschaffen wird damit ein Ersatzanspruch gegen den Reisevermittler (aus §§ 241 II, 280 I bei Nichtprüfung, aus §§ 280 I, III iVm 281 bzw 283 bei Nichtaushändigung, jeweils iVm § 675), falls Ansprüche gegen den Kundengeldversicherer wegen

Titel 9. Werkvertrag und ähnliche Verträge **§ 651l**

der Nichtaushändigung oder der Unwirksamkeit des Sicherungsscheins nicht durchsetzbar sind.

3. Ermächtigung des Reisevermittlers zum Empfang des Reisepreises **4**
(IV 2). Nimmt der Vermittler gegen Aushändigung des Sicherungsscheines Zahlungen an, so gilt er idR zum Inkasso ermächtigt (Ausnahme: ausdrücklicher gegenteiliger Hinweis in der Reisebestätigung, Führich NJW 01, 3086). Der Reisende hat dann unter den Voraussetzungen von I einen Anspruch gegen den Kundengeldabsicherer.

4. Ausnahmen von der Absicherungspflicht (VI). Die Ausnahmekriterien **5**
in der jeweiligen Nr müssen *kumulativ* gegeben sein. Der Sicherungspflicht unterliegt also stets (dh auch bei gelegentlichen Reisen und Tagesreisen) der **gewerbliche** Veranstalter, wenn die Reise einen Bezug zu seinem Gewerbe hat **VI Nr 1** (Bsp: Leserreise). Es sollte der Gefahr Rechnung getragen werden, dass eine gewerbliche Insolvenz auf die Reise durchschlägt (BT-Drs 12/5364 S 13). **Nichtgewerbliche** Veranstalter (Bsp: Sportvereine) sind befreit, wenn sie nur **gelegentlich** Reisen veranstalten. Gemeint sind dabei ein bis zwei Reisen pro Jahr, ohne dass dahinter ein festes Veranstaltungsprogramm steht (BT-Drs 12/5354 S 13). Zu den jur Personen des öffentl Rechts gem **VI Nr 3** zählen zB Kirchengemeinden, uU Volkshochschulen.

§ 651l Gastschulaufenthalte

(1) ¹Für einen Reisevertrag, der einen mindestens drei Monate andauernden und mit dem geregelten Besuch einer Schule verbundenen Aufenthalt des Gastschülers bei einer Gastfamilie in einem anderen Staat (Aufnahmeland) zum Gegenstand hat, gelten die nachfolgenden Vorschriften. ²Für einen Reisevertrag, der einen kürzeren Gastschulaufenthalt (Satz 1) oder einen mit der geregelten Durchführung eines Praktikums verbundenen Aufenthalt bei einer Gastfamilie im Aufnahmeland zum Gegenstand hat, gelten sie nur, wenn dies vereinbart ist.

(2) Der Reiseveranstalter ist verpflichtet,
1. für eine bei Mitwirkung des Gastschülers und nach den Verhältnissen des Aufnahmelands angemessene Unterbringung, Beaufsichtigung und Betreuung des Gastschülers in einer Gastfamilie zu sorgen und
2. die Voraussetzungen für einen geregelten Schulbesuch des Gastschülers im Aufnahmeland zu schaffen.

(3) Tritt der Reisende vor Reisebeginn zurück, findet § 651i Abs. 2 Satz 2 und 3 und Abs. 3 keine Anwendung, wenn der Reiseveranstalter ihn nicht spätestens zwei Wochen vor Antritt der Reise jedenfalls über
1. Namen und Anschrift der für den Gastschüler nach Ankunft bestimmten Gastfamilie und
2. Namen und Erreichbarkeit eines Ansprechpartners im Aufnahmeland, bei dem auch Abhilfe verlangt werden kann,

informiert und auf den Aufenthalt angemessen vorbereitet hat.

(4) ¹Der Reisende kann den Vertrag bis zur Beendigung der Reise jederzeit kündigen. ²Kündigt der Reisende, so ist der Reiseveranstalter berechtigt, den vereinbarten Reisepreis abzüglich der ersparten Aufwendungen zu verlangen. ³Er ist verpflichtet, die infolge der Kündigung notwendigen Maßnahmen zu treffen, insbesondere, falls der Vertrag die Rückbeförderung umfasste, den Gastschüler zurückzubefördern. ⁴Die Mehrkosten fallen dem Reisenden zur Last. ⁵Die vorstehenden Sätze gelten nicht, wenn der Reisende nach § 651e oder § 651j kündigen kann.

Lit: Klein, Neues zum Gastschulaufenthaltsrecht, RRa 08, 2.

§ 651m

1 1. Normzweck. Der Gesetzgeber hat für einen Gastschulaufenthalt von mehr als drei Monaten im Ausland, der von einem Veranstalter angeboten wird (s § 651a Rn 4), einzelne Bestimmungen des Reiserechts, teilweise in modifizierter Form, für anwendbar erklärt, um aufgetretenen Schwierigkeiten (s zB BGH NJW 93, 263; Karlsruhe NJW 98, 841 mit Anm Teichmann, RRa 98, 232) zu begegnen. **Reisender** ist auch hier der Vertragspartner, der mit dem Gastschüler regelmäßig nicht identisch ist (Bsp: Vertrag mit den Eltern zugunsten des minderjährigen Kindes); zu den Einzelheiten s Gesetzestext.

2 2. Besonderheiten. Bei **Schulaufenthalten unter drei Monaten** oder Aufenthalten, die mit einem Praktikum verbunden sind, gilt § 651l – was selbstverständlich ist, – wenn dessen Anwendung vereinbart wird **(I 2).** Eine solche Vereinbarung ist naturgemäß auch bei dem Anbieten von Au-Pair-Plätzen möglich. Wird keine Vereinbarung getroffen, so erscheint eine entspr Anwendung der §§ 651a ff einschließlich des § 651l als zweckmäßig (BT-Drs 14/5944 S 14; Führich NJW 01, 3086). Dabei muss freilich die Analogiefähigkeit der Normen im Einzelnen geklärt werden (s dazu Teichmann RRa 98, 233).

§ 651m Abweichende Vereinbarungen

¹Von den Vorschriften der §§ 651a bis 651l kann vorbehaltlich des Satzes 2 nicht zum Nachteil des Reisenden abgewichen werden. ²Die in § 651g Abs. 2 bestimmte Verjährung kann erleichtert werden, vor Mitteilung eines Mangels an den Reiseveranstalter jedoch nicht, wenn die Vereinbarung zu einer Verjährungsfrist ab dem in § 651g Abs. 2 Satz 2 bestimmten Verjährungsbeginn von weniger als einem Jahr führt.

1 Die Verkürzung der Verjährung in AGB muss § 309 Nr 7 beachten; sonst liegt ein zeitweiser Ausschluss vor (BGH NJW 09, 1487 m zust Anm Führich; ders RRa 09, 119).

Anhang: BGB-InfoV (Auszug)

§ 4 Prospektangaben

(1) Stellt der Reiseveranstalter über die von ihm veranstalteten Reisen einen Prospekt zur Verfügung, so muss dieser deutlich lesbare, klare und genaue Angaben enthalten über den Reisepreis, die Höhe einer zu leistenden Anzahlung, die Fälligkeit des Restbetrags und außerdem, soweit für die Reise von Bedeutung, über folgende Merkmale der Reise:
1. Bestimmungsort,
2. Transportmittel (Merkmale und Klasse),
3. Unterbringung (Art, Lage, Kategorie oder Komfort und Hauptmerkmale sowie – soweit vorhanden – ihre Zulassung und touristische Einstufung),
4. Mahlzeiten,
5. Reiseroute,
6. Pass- und Visumerfordernisse für Angehörige des Mitgliedstaates, in dem die Reise angeboten wird, sowie über gesundheitspolizeiliche Formalitäten, die für die Reise und den Aufenthalt erforderlich sind,
7. eine für die Durchführung der Reise erforderliche Mindestteilnehmerzahl sowie die Angabe, bis zu welchem Zeitpunkt vor dem vertraglich vereinbarten Reisebeginn dem Reisenden die Erklärung spätestens zugegangen sein muss, dass die Teilnehmerzahl nicht erreicht und die Reise nicht durchgeführt wird.

(2) ¹Die in dem Prospekt enthaltenen Angaben sind für den Reiseveranstalter bindend. ²Er kann jedoch vor Vertagsschluss eine Änderung erklären, soweit er sich dies in dem Prospekt vorbehalten hat. ³Der Vorbehalt einer Preisanpassung ist insbesondere aus folgenden Gründen zulässig:
1. aufgrund einer Erhöhung der Beförderungskosten, der Abgaben für bestimmte Leistungen, wie Hafen- oder Flughafengebühren, oder einer Änderung der für die betreffende Reise geltenden Wechselkurse nach Veröffentlichung des Prospektes,
2. wenn die vom Kunden gewünschte und im Prospekt ausgeschriebene Pauschalreise nur durch den Einkauf zusätzlicher Kontingente nach Veröffentlichung des Prospektes verfügbar ist. ⁴Der Reiseveranstalter und der Reisende können vom Prospekt abweichende Leistungen vereinbaren.

(3) Die Absätze 1 und 2 gelten entsprechend, soweit Angaben über die veranstalteten Reisen in einem von dem Reiseveranstalter zur Verfügung gestellten Bild- und Tonträger enthalten sind.

§ 5 Unterrichtung vor Vertragsschluss

Der Reiseveranstalter ist verpflichtet, den Reisenden, bevor dieser seine auf den Vertragsschluss gerichtete Willenserklärung (Buchung) abgibt, zu unterrichten über
1. Pass- und Visumerfordernisse, insbesondere über die Fristen zur Erlangung dieser Dokumente; diese Verpflichtung bezieht sich auf die Erfordernisse für Angehörige des Mitgliedstaates, in dem die Reise angeboten wird,
2. gesundheitspolizeiliche Formalitäten, soweit diese Angaben nicht bereits in einem von dem Reiseveranstalter herausgegebenen und dem Reisenden zur Verfügung gestellten Prospekt enthalten und inzwischen keine Änderungen eingetreten sind.

§ 6 Reisebestätigung, Allgemeine Reisebedingungen

(1) Der Reiseveranstalter hat dem Reisenden bei oder unverzüglich nach Vertragsschluss eine Urkunde über den Reisevertrag (Reisebestätigung) auszuhändigen.

(2) Die Reisebestätigung muss, sofern nach der Art der Reise von Bedeutung, außer den in § 4 Abs. 1 genannten Angaben über Reisepreis und Zahlungsmodalitäten sowie über die Merkmale der Reise nach § 4 Abs. 1 Nr. 2, 3, 4, 5 und 7 folgende Angaben enthalten:
1. endgültiger Bestimmungsort oder, wenn die Reise mehrere Aufenthalte umfasst, die einzelnen Bestimmungsorte sowie die einzelnen Zeiträume und deren Termine,
2. Tag, voraussichtliche Zeit und Ort der Abreise und Rückkehr,
3. Besuche, Ausflüge und sonstige im Reisepreis inbegriffene Leistungen,
4. Hinweise auf etwa vorbehaltene Preisänderungen sowie deren Bestimmungsfaktoren (§ 651a Abs. 4 des Bürgerlichen Gesetzbuchs) und auf nicht im Reisepreis enthaltene Abgaben,
5. vereinbarte Sonderwünsche des Reisenden,
6. Namen und ladungsfähige Anschrift des Reiseveranstalters,
7. über die Obliegenheit des Reisenden, dem Reiseveranstalter einen aufgetretenen Mangel anzuzeigen, sowie darüber, dass vor der Kündigung des Reisevertrags (§ 651e des Bürgerlichen Gesetzbuchs) dem Reiseveranstalter eine angemessene Frist zur Abhilfeleistung zu setzen ist, wenn nicht die Abhilfe unmöglich ist oder vom Reiseveranstalter verweigert

wird oder wenn die sofortige Kündigung des Vertrags durch ein besonderes Interesse des Reisenden gerechtfertigt wird,
8. über die nach § 651g des Bürgerlichen Gesetzbuchs einzuhaltenden Fristen, unter namentlicher Angabe der Stelle, gegenüber der Ansprüche geltend zu machen sind,
9. über den möglichen Abschluss einer Reiserücktrittskostenversicherung oder einer Versicherung zur Deckung der Rückführungskosten bei Unfall oder Krankheit unter Angabe von Namen und Anschrift des Versicherers.

(3) **Legt der Reiseveranstalter dem Vertrag Allgemeine Geschäftsbedingungen zugrunde, müssen diese dem Reisenden vor Vertragsschluss vollständig übermittelt werden.**

(4) ¹**Der Reiseveranstalter kann seine Verpflichtungen nach den Absätzen 2 und 3 auch dadurch erfüllen, dass er auf die in einem von ihm herausgegebenen und dem Reisenden zur Verfügung gestellten Prospekt enthaltenen Angaben verweist, die den Anforderungen nach den Absätzen 2 und 3 entsprechen.** ²**In jedem Fall hat die Reisebestätigung den Reisepreis und die Zahlungsmodalitäten anzugeben.**

(5) ¹**Die Absätze 1 bis 4 gelten nicht, wenn die Buchungserklärung des Reisenden weniger als sieben Werktage vor Reisebeginn abgegeben wird.** ²**Der Reisende ist jedoch spätestens bei Antritt der Reise über die in Absatz 2 Nr. 7 bezeichnete Obliegenheit und die in Absatz 2 Nr. 8 bezeichneten Angaben zu unterrichten.**

Titel 10. Mäklervertrag

Vorbemerkungen

1 **1. Allgemeines. a) Begriff. Maklervertrag** ist der zwischen Auftraggeber (§§ 652 ff verwenden diesen Begriff nicht) und Makler geschlossene Vertrag, durch den sich der Auftraggeber dem Makler gegenüber zur Zahlung einer Vergütung (zur ergänzenden Vertragsauslegung von Maklerprovisionsrecht s Würdinger ZflR 06, 6) für den Fall verpflichtet, dass ein Vertragsschluss mit einem Dritten (Hauptvertrag) auf Grund der (Nachweis- oder Vermittlungs-)Tätigkeit des Maklers zustande kommt. Zu den einzelnen Merkmalen näher § 652 Rn 4–27. Überblick: Waibel/Reichstädter Jura 02, 649; Weishaupt JuS 03, 1166; zur Neubewertung des Vertragstypus s Thomale JZ 12, 716; zu Reformüberlegungen s Seidenberg, Die notwendige Neuordnung des Wohnungs- und Immobilienmaklerrechts und seine Integration
2 in das BGB, 2000. **b) Arten.** Nach der Art der Maklerleistung zu unterscheiden sind **Nachweis-** und **Vermittlungsmakler** (§ 652 Rn 8 ff), nach ihrem Gegen-
3 stand **Zivil-** (Rn 9) und **Handelsmakler** (Rn 12). **c) Rechtsnatur.** Der gewöhnliche Maklervertrag (zum Alleinauftrag s § 652 Rn 34 [cc]) ist, da der Makler zum **Tätigwerden** lediglich berechtigt, aber nicht verpflichtet ist, kein gegenseitiger Vertrag (BGH 94, 100 mN), sondern ein **einseitig** den Auftraggeber **verpflichtender Vertrag eigener Art** (hM; anders – mit auch bereicherungsrechtlicher Argumentation – Thomale JZ 12, 718ff: Nicht durchsetzbare Hauptpflicht des Maklers zum Tätigwerden; Auftraggeber habe Erfüllungsforderung im Sinne eines passiven Behaltensgrunds und Recht auf analog §§ 243 II, 263 II, 315 I vom Makler zu konkretisierende Tätigkeit). Auch die Provisionspflicht des Auftraggebers entsteht nur (bedingt) bei erfolgreichem Tätigwerden des Maklers, nämlich bei Zustandekommen des Hauptvertrags (**Erfolgsprovision**). Vorher wird der Auftraggeber durch die Einschaltung des Maklers nicht in seiner **Entschließungs-** und **Abschlussfreiheit** beschränkt: Er kann den Auftrag jederzeit widerrufen, sich selbst weiterhin um einen Vertragsabschluss bemühen, weitere Makler einschalten und

Titel 10. Mäklervertrag **Vor § 652**

sogar ein seinem Auftrag voll entspr oder sogar günstigeres Angebot ablehnen (BGH NJW 67, 1226; 75, 648; KG NJW-RR 86, 598: wesentlicher Grundgedanke der ges Regelung; Düsseldorf BeckRS 11, 13916: Auftraggeber bleibt Herr des Geschäfts. § 162 BGB ist daher nicht anwendbar). Als echter Vertrag erzeugt der Maklervertrag auch **Nebenpflichten** (ie § 654 Rn 3 ff), deren Verletzung die Parteien schadensersatzpflichtig macht. Zu einer Neubewertung der Pflichtenstruktur des Maklervertrags: Thomale JZ 12, 716 ff. **d) Verhältnis zur Gegenpartei.** Mit 4 dem Vertragspartner des Auftraggebers ist der Makler – abgesehen vom Doppelauftrag (dazu § 654 Rn 11) – **vertraglich nicht verbunden.** Er haftet deshalb bei bewusst falscher Auskunft oder arglistigem Verschweigen idR nur auf Grund unerlaubter Handlung (§ 826), bei fahrlässiger Falschangaben ausnahmsweise als Dritter nach cic-Grundsätzen (§ 311 III 1); Bsp: Handelsmakler (HGB 98); Anlagevermittler (BGH 74, 109; NJW 83, 1731; sa allg § 676 Rn 9); Vermittler im Börsentermin- (BGH NJW 81, 1266) und Gebrauchtwagenhandel (BGH 79, 283; NJW 83, 218). **Vertretungsmacht** besitzt der Makler als Vermittler **nicht;** er ist **Dritter** iSd § 123 II, uU aber **Erfüllungsgehilfe** einer Vertragspartei (vgl BGH NJW 01, 358 f.; NJW 96, 451 f mN; NJW-RR 97, 116).

2. Abgrenzung zu Dienstleistungs- und anderen Verträgen (dazu Gilles 5 **NJW 83, 365). a)** Im Gegensatz zum **Auftrag** (§ 662) ist der Maklervertrag entgeltlich; der Makler kann allerdings nicht wie der Beauftragte Ersatz seiner Aufwendungen verlangen (§ 652 II gegenüber § 670; ie § 652 Rn 31 f). Str ist auch, ob der Makler, da er nur für den Fall eines erfolgreichen Tätigwerdens Ansprüche gegen seinen Auftraggeber hat, überhaupt ein Geschäft für einen anderen besorgt (so Reuter NJW 90, 1324 mN). Eine Geschäftsbesorgung scheidet jedenfalls bei Fehlen eines Vertragsschlusses aus (BGH DB 81, 1818; wichtig für HGB 354). **b)** Im 6 Gegensatz zum **Dienstvertrag** (§ 611) wird durch den Maklervertrag keine Pflicht zum Tätigwerden begründet (BGH NJW 85, 2478). Wird eine solche Pflicht vereinbart, so wird der Vertrag zum Maklerdienstvertrag (BGH NJW-RR 91, 628). IdR besteht auch hier ein Vergütungsanspruch nur bei Erfolg der Maklertätigkeit (BGH 99, 382; Bsp: Alleinauftrag, s § 652 Rn 33 ff); die Parteien können aber auch eine Vergütung nur für die Tätigkeit als solche vereinbaren (BGH 87, 313; NJW 88, 968 mN); zum Ehevermittlungsdienstvertrag vgl § 656 Rn 4. Zum **Sportmanagementvertrag** als gemischt dienst- und maklerrechtlichem Vertrag s Karakaya/Buch ZRP 02, 193. **c)** IGgs zum **Werkvertrag** (§ 631) fehlt die Pflicht, einen Vermitt- 7 lungserfolg zu gewährleisten. Ein ausnahmsweises Einstehen für einen solchen Erfolg kann aber vereinbart werden (selten; Bsp: BGH NJW 88, 968: dann Maklerwerkvertrag; krit Schäfer NJW 89, 210). Zur Abgrenzung vom Maklerdienstvertrag s BGH NJW-RR 91, 628; vom **Geschäftsbesorgungsvertrag** s BGH NJW-RR 91, 915; **Handelsvertretung** s BGH NJW 92, 2819 f mN; § 652 Rn 14. Das **Reisebüro** ist (iGgs zum Veranstalter: BGH NJW 04, 682; BGH 119, 158 f) idR Vermittler (Makler; BGH NJW 11, 599; LG Konstanz NJW-RR 92, 691). **d)** Verpflichtet 8 sich der Käufer dem Verkäufer gegenüber zur Zahlung einer Gebühr an den vom Verkäufer beauftragten Makler, so kann darin (abw von § 329) ein **Vertrag zgDr** (§ 328 I) liegen (BGH 138, 172; sa § 328 Rn 5; zu vorvertraglichen Aufklärungspflichten des drittbegünstigten Maklers s Althammer NZM 06, 163 ff); desgl sind negative Provisionsklauseln im Hauptvertrag möglich (s Düsseldorf NJW-RR 95, 1525).

3. Maklerrecht. a) Anwendungsbereich. Die §§ 652 ff gelten nur für die bür- 9 gerlich-rechtliche Geschäfte (insbes Grundstücks- und Geschäftsverkäufe, Miet-, Pacht- und Darlehensverträge [zur Kreditvermittlung für Verbraucher und Existenzgründer iSv § 507 durch Unternehmer gegen Entgelt s §§ 655a–e und Anm dort], Hypothekengeschäfte, Ehen [für diese Vermittlung vgl ferner § 656]) vermittelnde (nachweisenden) **Zivilmakler,** subsidiär auch für den **Handelsmakler;** zur Abgrenzung vgl Rn 12. **b) Bedeutung.** Der Makler führt Angebot und Nachfrage 10 zusammen und übt damit eine wichtige volkswirtschaftliche Funktion in der Marktwirtschaft aus. Die **ges Regelung** des **BGB** ist zu dürftig (s BGH NJW 87, 2431) und wird der großen praktischen Bedeutung des Maklerrechts nicht gerecht (daran hat das SchRModG nichts geändert). Das Ges wird durch eine **umfangreiche Kasuistik** der Rspr ergänzt. Daneben sind des Gebräuche und die Verkehrssitte von Bedeutung (§§ 157, 242). Ergänzend gelten **Sonderregelungen** (Rn 12 ff).

11 **c) Abdingbarkeit.** Die Regelung des BGB ist grundsätzlich **dispositiv** (§§ 652–654, vgl BGH NJW 83, 1131; zwingend: §§ 655, 656). Da sie den Schutz des Auftraggebers verfolgt („Maklers Müh ist oft umsonst"), sind den Makler begünstigende abw Vereinbarungen in der Praxis verbreitet (dazu § 652 Rn 28 ff, 31 f). Vereinbarungen, durch die vom ges **Leitbild des Maklervertrags** iSd § 652 (s BGH 60, 247, 381 und 390; 61, 21; 99, 382; 119, 33 f; dazu gehören: Erfolgsabhängigkeit der Provision; Entschließungsfreiheit des Auftraggebers; Ursächlichkeit von echter Maklertätigkeit für den Vertragsschluss; s § 652 Rn 28 ff) abgewichen wird, können nur durch Individualvereinbarung (§ 305 I 3) wirksam getroffen werden (§ 307 II Nr 1; BGH 99, 382); ferner sind bei Verwendung von AGB (verbreitet die des Rings Deutscher Makler) und Formularverträgen die Schranken des Abschnitts 2 des Buches 2 (§§ 305 ff), insbes §§ 308 Nr 5, 6, 7; 309 Nr 5, 6, 12 zu

12 beachten (s § 652 Rn 29, 32, 41 f). **d) Sonderregelungen. aa)** Der **Handelsmakler** (HGB 93 ff) vermittelt gewerbsmäßig bestimmte Handelsgeschäfte (HGB 93 I); Kaufmannseigenschaft ist nicht erforderlich (HGB 93 III); Zivilmakler kann Kaufmann sein; Unterschied wichtig vor allem für HGB 354 I (s dazu BGH 95, 398). Anwendungsbereich HGB 354 I wurde durch Neufassung HGB 1 I ausgeweitet (Heße NJW 02, 1835). Immobilienmakler ist als solcher stets Zivilmakler, HGB

13 93 II (aA Heße aaO mN). **bb) Wohnungsvermittler** ist, wer (nicht notwendig gewerbsmäßig) Mietverträge über Wohnraum vermittelt oder entspr Abschlussmöglichkeiten nachweist (WoVermG 1 I, 7; ie BGH, NJW 10, 1385; BGH, Hamburg NJW-RR 95, 880 mN). Die weitgehend zwingend ausgestaltete ges Regelung enthält zahlreiche Schutzbestimmungen zugunsten des Wohnungssuchenden. Besonderheiten: nur Erfolgsprovision ist zulässig (WoVermG 2 I, V) und auf 2 Monatsmieten beschränkt (WoVermG 3 II), die Vereinbarung von Auslagenerstattung (WoVermG 3) und Vertragsstrafen (WoVermG 6) nur eingeschränkt möglich; die Leistung von Vorschüssen ist untersagt (WoVermG 2 IV, V; dazu LG Hamburg NJW-RR 90, 1490). Koppelungsgeschäfte sind unzulässig (WoVermG 3 IV 1); Verwalter sind von der Vermittlung ausgeschlossen (WoVermG 2 II Nr 2, 3; s § 652 Rn 14); Wohnungsvermittler darf Wohnräume nur bei Beauftragung durch Berechtigten (idR Vermieter) anbieten (WoVermG 6 I); Maklervertrag bei Verstoß nicht nach § 134 nichtig; dazu BGH NJW 02, 3015; krit. Tonner JZ 03, 158); eine Provisionszusage des Mieters an den Wohnungsvermittler ist nicht schon deshalb unwirksam, weil dieser gegenüber dem Eigentümer oder Vermieter eine Mietgarantie übernommen hatte (BGH NJW-RR 06, 728); vgl ie die Hinweise auf das WoVermG bei den Anm zu § 652. Zur Rspr des BGH s Fischer NJW 07, 3107; NZM 11, 529. Verschiedene Bundesländer haben einen Gesetzesentwurf vorgelegt (BR-Dr 177/13 v. 6.3.2013), wonach die Maklerprovision derjenige zu zahlen hat, der den Makler beauftragt hat **(Bestellerprinzip);** das ist regelmäßig nicht der Wohnungssuchende. Die Kostenabwälzung auf ihn soll verboten werden (zur Reformdiskussion s Klenner ZRP 13, 98). **Lit:** Breiholdt, Wer ist Verwalter im Sinne von § 2 Abs 2 Nr 3 WoVermittG?, NJW 88, 398; v Hoyningen-Huene, Schutz bei der Wohnungsvermittlung, BB 73, 920; Morath, Der Provisionsanspruch unter § 2 WoVermittG – Grenzen der Verwaltertätigkeit des Maklers, NZM 06, 330; Rebmann, Regelung der Wohnungsvermittlung, DB 72, 125; Reich/Tonner, Neue Tendenzen im Verbraucherschutz gegenüber Allgemeinen Geschäftsbedin-

14 gungen (AGB) (II), DB 74, 1212. **cc)** Zum **Darlehensvermittler** und zum **Darle-**

15 **hensvermittlungsvertrag** iSv § 655a vgl Anm dort. **dd)** Der **Versicherungsmakler** ist idR Handelsmakler (HGB 93 I; BGH 94, 359; NJW 86, 1037; Looschelders/Götz JR 06, 65; Spielberger VersR 84, 1014). Zu besonderen Mitteilungs- und

16 Beratungspflichten sowie Vertretungsregeln s VVG 59 ff. **ee)** Der gewerbsmäßige

Titel 10. Mäklervertrag **§ 652**

Anlagevermittler bedarf der Erlaubnis (Rn 19). **ff) Arbeitsvermittlung:** s § 655. **e) Vermittlungsverbote. aa)** Die private **Adoptionsvermittlung** ist verboten (AdVermG 5). **bb)** Die entgeltliche **Darlehensvermittlung** ist im Reisegewerbe 17 verboten (GewO 56 I Nr 6); Folge bei Verstoß: § 134, da nur dann der Darlehensnehmer genügend geschützt ist (BGH NJW 99, 1637). Zu **Verbraucherdarlehensverträgen** im Reisegewerbe § 134 Rn 9. **cc) Notare** dürfen keine Darlehen und 18 Grundstücksgeschäfte vermitteln (BNotO 14 IV; § 134 gilt für beurkundenden Notar: BGH NJW-RR 90, 948). Rechtsanwälte als Sozien eines Anwaltsnotars dürfen keine Maklerverträge über Grundstücke schließen (bei Verstoß: Nichtigkeit), BGH NJW 01, 1570. **Steuerberater** dürfen nicht gewerbsmäßige Makler sein (aber kein Fall von § 134, uU aber von § 138: BGH 95, 83 ff). Für **Rechtsanwälte** besteht kein entspr Verbot (BGH NJW 04, 212; BGH NJW 92, 682; s aber o zu BGH NJW 01, 1570), jedoch stellt die Tätigkeit eines RA iZw keine Maklertätigkeit dar (BGH NJW 85, 2642; Hamm NJW-RR 95, 951; anders aber bei Anlageberatung und -vermittlung: BGH NJW 80, 1855); Folge bei Vereinbarung von Erfolgshonorar: BRAO 49b II (BGH NJW 92, 682 mN); Folge bei dauerhafter Maklertätigkeit: Entzug der Anwaltszulassung wegen Unvereinbarkeit mit Anwaltstätigkeit (BGH NJW 04, 212; BGH NJW 92, 682 mN). **dd)** Gelegenheitsmaklertätigkeit eines **Beamten** ohne Genehmigung macht den Maklervertrag nicht nichtig (Schleswig SchlHA 74, 205). **f) Gewerberechtliche Vorschriften.** Einer behördlichen 19 **Erlaubnis** bedarf der gewerbliche Makler von Grundstücken, Wohn- und Geschäftsräumen, Darlehen und Kapitalanlagen (GewO 34c I Nr 1–3; dazu § 652 Rn 6; Ausnahme: Vermittlung von Teilzeitnutzung von Wohngebäuden, vgl GewO 34c V Nr 6). Zusätzliche **Pflichten** (zB Sicherheitsleistung, Auskunft, Aufbewahrung von Geschäftsunterlagen) für diesen Personenkreis begründet iVm GewO 34c III die MaBV; dazu Glaser JR 75, 274; Schmidt BB 75, 995. Ein Verstoß gegen Vorschriften der MaBV ist für die Wirksamkeit des Vertrages ohne Bedeutung (Frankfurt/M NJW 79, 878; Halbe NJW 77, 1437; speziell zur Sicherheitsleistung Bremen NJW 77, 638: pVV).

4. Hilfsgeschäfte bei Zusammenarbeit mehrerer Makler. Der Makler kann 20 sich bei der Erbringung der Maklertätigkeit der Mitarbeit von Hilfskräften (§ 278) bedienen; er kann auch mit anderen Maklern zusammenarbeiten (ie Breiholdt MDR 86, 549). **a)** Ein **Gemeinschaftsgeschäft** liegt vor, wenn mehrere Makler vereinbarungsgemäß auf entgegengesetzter Seite tätig werden und gegenseitig Mitteilungen (zu den Anforderungen an deren Qualität vgl Hamburg MDR 73, 225) über konkrete Geschäftsmöglichkeiten austauschen (BGH NJW-RR 87, 171; ie Breiholdt BB 93, 600); Inhalt ist idR partiarisches RGeschäft (Breiholdt aaO und MDR 86, 549), ggf gem § 157 zu ergänzen (BGH NJW 82, 1052). Rechtsfolge: Gebührenteilung (BGH BB 63, 835), uU Schadensersatz (Karlsruhe NJW-RR 93, 762). **b)** Beschränkt sich die Mitarbeit auf gelegentliche Mitteilungen einzelner Vertrags- 21 möglichkeiten ohne Zusammenarbeitsvereinbarung, so handelt es sich um ein sog **Zubringergeschäft** mit nur geringerem Provisionsanteil des Zubringermaklers (BGH NJW 74, 1082). **c)** Beim **Untermaklervertrag** verbinden sich Haupt- und 22 Untermakler zur gemeinsamen Durchführung von Maklergeschäften derart, dass der Untermakler an den entspr Provisionen beteiligt wird (partiarisches Rechtsverhältnis bes Art, BGH BB 66, 1367; Stuttgart NJW-RR 02, 52; Abgrenzung zum freien Mitarbeiter: BGH BB 82, 1876 f). Vertragspartner des Auftraggebers ist allein der Hauptmakler, der – abgesehen vom Fall der Arglist (Hamburg BB 54, 173) – trotz Bestehens eines Untermaklervertrages in seinen Entschließungen frei bleibt (BGH BB 68, 729).

Untertitel 1. Allgemeine Vorschriften

§ 652 Entstehung des Lohnanspruchs

(1) ¹**Wer für den Nachweis der Gelegenheit zum Abschluss eines Vertrags oder für die Vermittlung eines Vertrags einen Mäklerlohn verspricht, ist**

§ 652

zur Entrichtung des Lohnes nur verpflichtet, wenn der Vertrag infolge des Nachweises oder infolge der Vermittlung des Mäklers zustande kommt. ²Wird der Vertrag unter einer aufschiebenden Bedingung geschlossen, so kann der Mäklerlohn erst verlangt werden, wenn die Bedingung eintritt.

(2) ¹Aufwendungen sind dem Mäkler nur zu ersetzen, wenn es vereinbart ist. ²Dies gilt auch dann, wenn ein Vertrag nicht zustande kommt.

1 1. **Allgemeines. Lit:** Thomale, Der Maklervertrag als Hybrid der Vertragstypenlehre, JZ 12, 716; Würdinger, Die drei Säulen des Maklerprovisionsrechts, JZ 09, 349. **a)** Der **Vergütungsanspruch** des Maklers (dazu Rn 26, 27) setzt nach dem **ges Leitbild** des Maklervertrags (Rn 11 vor § 652) voraus: Zustandekommen eines Maklervertrages (Rn 4 ff) sowie des Hauptvertrags mit einem Dritten (Rn 11 ff und 16 ff), Ursächlichkeit der Maklerleistung (Rn 8 ff) für den Abschluss des Hauptvertrages (Rn 24) und Kenntnis von der Maklertätigkeit spätestens bei Vertragsschluss (Rn 25). Dies gilt beim **gewöhnlichen** Maklervertrag (Rn 1 und 3 vor § 652) wie bei der verkehrstypischen Sonderform des **Alleinauftrags** (BGH 60, 381; Rn 33 ff). Durch **Vereinbarung** können die Voraussetzungen für den Vergütungsanspruch ohne Änderung des Vertragstyps nur in bestimmten Grenzen **abbedungen** werden (Rn 29, 30); andererseits können vertraglich **weitere Voraussetzungen** geschaffen
2 werden (Rn 30). **b)** Ein **Aufwendungserstattungsanspruch** des Maklers muss stets bes vereinbart sein (Rn 31 ff; Rn 5 vor § 652). **c) Schadensersatzansprüche** des Maklers kommen praktisch nur beim Alleinauftrag vor (Rn 40; sa allg § 654
3 Rn 9). **d)** Einen **Rückforderungsanspruch** hat der **Auftraggeber,** wenn der Makler Leistungen (Vergütung; Aufwendungsersatz) empfangen hat, ohne dass ein entspr Anspruch bestanden hat (§ 812 I 1 Alt 1; ie Wank NJW 79, 193). Bsp: Zahlung nicht geschuldeter erfolgsunabhängiger Provision. Bei unwirksamer AGB-Klausel steht § 814 nicht entgegen (s BGH NJW 81, 278). **Sondervorschriften** für **Wohnungsvermittlung:** WoVermG 5 (Ausschluss von § 817 S 2; uU [s §§ 195, 199 I] kurze Verjährung).

4 2. **Maklervertrag. a) Zustandekommen.** Der Vertragsschluss ist **stillschweigend** möglich (vgl § 653 I; Ausnahme bei Formzwang: Rn 5; Pauly MDR 06, 549). Maklervertrag ist unternehmensbezogenes Geschäft, Folge: § 164 Rn 3. Zu beachten ist, dass nicht jede Inanspruchnahme von Maklerdiensten in Kenntnis der Maklereigenschaft des Leistenden zu einem Vertragsschluss führt; insbes wenn der Makler bereits für einen Auftraggeber tätig ist, sind strenge Anforderungen an den Verpflichtungswillen des mit ihm in Kontakt tretenden Interessenten zu stellen (BGH NJW 12, 2269 Tz 10; BGH 95, 396 f; NJW-RR 91, 371), Abschlusszweifel gehen zu Lasten des Maklers (BGH NJW 84, 232; Düsseldorf NJW-RR 98, 565). **Einzelfragen** (eingehend mN MK/Roth 44 ff; zur Rspr des BGH s Fischer NJW 07, 3107): In der Nachfrage des Interessenten auf die Suchanzeige des Maklers (weder Angebot noch Aufforderung dazu: KG NJW 58, 64) liegt idR noch kein schlüssiges Vertragsangebot, das vom Makler durch die Erteilung der gewünschten Auskünfte oder Entfaltung vermittelnder Tätigkeit angenommen werden könnte (BGH 95, 395 mN; aA Hamburg MDR 85, 673); Grund: Der Interessent darf davon ausgehen, dass der Makler (lediglich) für seinen (einen) Auftraggeber tätig wird (BGH NJW 05, 3779; BGH 95, 395; NJW-RR 87, 173); anders aber, wenn sich der Kunde mit einem Suchauftrag an den Makler wendet (BGH NJW 05, 3779; Köln NJW-RR 87, 1529; Hamburg NJW-RR 96, 1464; einschr Hamm NJW-RR 94, 1540). Will der Makler (auch) mit dem Interessenten in Vertragsbeziehungen treten **(Doppelmakler)**, muss er ihn **klar und deutlich** (dazu Fischer NZM 02, 480 mN), wenn auch nicht notwendig ausdr (LM Nr 6; bloße Beifügung von AGB reicht aber nicht: Bremen OLGZ 65, 20; aA Koblenz WM 84, 1192; Hamm NJW-RR 88, 688: uU aber unwirksam gem § 305c I) auf die entstehende Provisionsverpflichtung hinweisen, **bevor** die Maklerleistung erbracht und entgegengenommen wird (BGH 95, 395; NJW-RR 87, 173 f). Gefallen lassen von Maklerdiensten – in Kenntnis

Titel 10. Mäklervertrag § 652

des Provisionsverlangens (BGH NJW-RR 07, 401 f; Schleswig NJW 07, 1982) – führt dann zum Vertragsschluss (BGH 95, 397). Die Bekanntgabe der (zu übernehmenden) „Käuferprovision" genügt nicht, wenn sie der Käufer als Bestandteil des (künftigen) **Kaufvertrags** verstehen darf (BGH 95, 396; Hamm NJW-RR 95, 819) (Auslegungsfrage des Einzelfalls). Stillschweigender Vertragsschluss (§§ 133, 157), wenn der Makler in einem **Zeitungs- oder Internetinserat** (invitatio ad offerendum) sein Provisionsverlangen ausdrücklich und für einen durchschnittlichen Interessenten unmissverständlich zum Ausdruck gebracht hat und Interessent auf seine daraufhin erfolgte Makleranfrage Namen und Anschrift des Verkäufers erhält (BGH NJW 12, 2269 Tz 11 [zum Internetinserat] im Anschluss an MK/Roth 51. OLG Hamm BeckRS 12, 16603 folgt BGH „jedenfalls für den Fall im Internet beworbener Objekte"). Dabei genügt die Angabe „Provision". Im Regelfall ist die genauere Angabe „Käuferprovision" nicht erforderlich, da nach der Verkehrsanschauung bei typischer Vertragsgestaltung regelmäßig der Käufer die Provision zu übernehmen hat. Anders, wenn sonstige Umstände oder Hinweise in der Anzeige die Vermutung nahe legen, es sei nicht an das Provisionsverlangen des Maklers gegenüber den möglichen Käufern gedacht. Der bloße Umstand, dass der Makler bereits in vertraglicher Beziehung mit dem Verkäufer steht, genügt dabei aber nicht (BGH NJW 12, 2270 Tz 13). Auch bei entspr Hinweis des Maklers führt die Verwertung der Maklerinformation dann nicht zum Vertragsschluss, wenn der Interessent eine Provisionszahlung vorher abgelehnt hat (BGH NJW 13, 2269 Tz 10; BGH 95, 396; NJW-RR 96, 114 f); Bekanntgabe des Objekts vor Vertragsschluss geschieht auf eigenes Risiko des Maklers (BGH 95, 400). Kein Vertragsschluss, wenn Interessent vor (später erfolgter) Inanspruchnahme der Maklerdienste mitteilt, eine Provision (zB wegen Vorkenntnis des Objekts) nicht zahlen zu wollen (BGH ZIP 02, 1091). **b) Wirksamkeit. aa)** Abschluss grundsätzlich **formfrei** möglich; Ausnahmen: 5 § 311b I 1 gilt bei Übernahme entspr Veräußerungs-(Erwerbs-)pflicht durch den Auftraggeber (Rn 42), § 126 bei Auftragserteilung durch Gemeinde (BGH MDR 66, 753), § 655b I für Darlehensvermittlungsaufträge (s dort Rn 13). **bb)** Bsp für 6 sonstige **Unwirksamkeitsgründe:** Verstoß gegen ges Vermittlungsverbote (Rn 16 ff vor § 652); Verstoß gegen RBerG (vgl BGH 37, 258), jedoch ist dem Makler in gewissem Umfang rechtsberatende Tätigkeit erlaubt (sehr weitgehend BGH NJW 74, 1328: Fertigung von Vertragsentwürfen); unzulässiges Koppelungsgeschäft bei Wohnungsvermittlung berührt die Wirksamkeit des Maklervertrags *nicht* (WoVermG 3 IV), desgleichen nicht die fehlende Gewerbeerlaubnis (Rn 19 vor § 652) des gewerbsmäßig tätigen Grundstücksmaklers (BGH 78, 271). **cc) Bsp für § 138:** Vermittlung unter Einsatz von Schmiergeld (BGH 94, 272; NJW-RR 87, 42); Vermittlung von wucherischem (sittenwidrigem) Kredit; Vereinbarung auffällig überhöhter Provision (BGH WM 03, 2036; BGH 125, 137 ff: Übererlösklausel; mR krit Martinek JZ 94, 1048). **c)** Die **Dauer** ist grundsätzlich unbestimmt. Kündigung 7 (Widerruf) durch den Auftraggeber ist idR jederzeit möglich (BGH WM 86, 72 f; Koblenz OLGZ 84, 491 mN; vgl Rn 3 vor § 652), durch den Makler nur gem § 626 (str; aA PalSprau 12; MK/Roth 87; StReuter 65: jederzeitiges Kündigungsrecht, wenn keine eigene Ausführungspflicht übernommen); Vereinbarung von fester Laufzeit und von Kündigungsfristen aber möglich und bei Alleinauftrag üblich (Rn 33, 34). Hat der Makler seine Leistung bereits erbracht, kann sich der Auftraggeber nicht durch Kündigung seiner Provisionspflicht entziehen. Das Vertragsverhältnis endet mit dem **Tod des Maklers** (§ 673 S 1 entspr; BGH NJW 65, 964) und bei **Insolvenz des Auftraggebers** (InsO 115, 116 entspr); keine Beendigungsgründe sind der Tod des Auftraggebers (§ 672 S 1 entspr; lediglich Kündigungsrecht der Erben) und die Insolvenz des Maklers; der vor oder nach Verfahrenseröffnung entstandene Provisionsanspruch gehört zur Masse (InsO 35). **d) Beweislast:** Makler für Vertragsinhalt (BGH NJW-RR 90, 629).

3. Maklerleistung. (Lit: Fischer, Nachweis- und Vermittlungsleistung im Lichte 8 der maklerrechtlichen Rechtsprechung, NJW 07, 183: ders, Aktuelle höchstrichter-

§ 652

liche Rechtsprechung zum Immobilien-Maklerrecht, NZM 11, 529). Makler trifft eine Tätigkeitspflicht nur bei entsprechende Vertragsabrede (vor § 652 Rn 1); **Tätigkeitsabrede** insbes bei Alleinauftrag (Rn 33f). **a) Nachweis der Gelegenheit** zum Vertragsschluss setzt voraus, dass der Makler dem Auftraggeber den Gegenstand und den Vertragspartner des angestrebten Geschäfts derart benennt, dass er von sich aus die Vertragsverhandlungen mit der ihm bis dahin als Interessenten unbekannten Person aufnehmen kann (BGH 161, 349; NJW-RR 88, 1398 mN; NJW-RR 10, 1386 mN); bloße Objektangabe als solche genügt nicht (BGH 119, 33; NJW-RR 97, 884), es sei denn, Angaben sind offenkundig, zB weil die Anschrift des Verkäufers mit der Objektadresse übereinstimmt (s BGH NJW 06, 3062, dazu Armbrüster LMK 06, 189640). Ein indirekter Nachweis (Hinführung zu dem dann vermittelnden Makler) genügt nicht (zur Abgrenzung BGH NJW 77, 41). Grundstücksnachweis setzt idR voraus, dass der benannte Dritte Eigentümer oder verfügungsberechtigt ist (KG OLGZ 85, 369; einschr BGH NJW-RR 96, 113: Verschaffungsmöglichkeit genügt). Käufernachweis scheitert nicht an Unentschlossenheit des potentiellen Käufers bzgl des konkreten Objekts (BGH NJW-RR 09, 1283 f). Nachweis *vor* Abschluss des Maklervertrags ist möglich (BGH NJW 98, 63; NJW-
9 RR 91, 686). **b) Vermitteln** eines Vertrages verlangt, dass der Makler die Verbindung zu dem Auftraggeber nicht notwendig unbekannten (BGH NJW 81, 277; DB 84, 980; s Rn 8) Dritten aufnimmt und auf diesen in Richtung auf einen Vertragsschluss mit dem Auftraggeber einwirkt (BGH 114, 95; NJW 90, 2745); die Abschlussbereitschaft des künftigen Vertragspartners und damit den Vertragsschluss herbeiführt (BGH 112, 63) oder fördert (BGH NJW 76, 1844). Eine Mitwirkung beim Vertragsschluss ist weder erforderlich (BGH WM 74, 257) noch ausreichend (LG München I BB 74, 1319 mit zust Anm v Hoyningen-Huene; LG Hamburg MDR 74, 490). Bsp: Vertragsschluss durch den abschlussbevollmächtigten Makler
10 mit einem abschlusswilligen Interessenten ist kein „Vermitteln" (sa Rn 14). **c) Nicht ausreichend** ist eine **sonstige** den Vertragsschluss oder einen gleichwertigen wirtschaftlichen Erfolg **fördernde Tätigkeit;** Bsp: Sachkundige Beratung des Bieters in der Zwangsversteigerung (BGH 112, 60 ff mN, auch zur aA; 119, 34); Betreuung; Anlageberatung; Beschaffung von Unterlagen und dergl (sa Rn 39). **Ob** eine Nachweis- oder Vermittlungstätigkeit geschuldet ist, ist iZw durch Auslegung zu ermitteln (nachträgliche Änderung möglich); zu entspr Kriterien vgl BGH NJW 67, 1366; Koblenz NJW-RR 92, 891 f. „Vermittlungsprovision" kann daher (§§ 133, 157) auch für Nachweis geschuldet sein (München NJW-RR 96, 239). **d) Abdingbar** durch selbstständige Provisionsversprechen: Rn 29.

11 **4. Verschiedenheit von Makler und Drittem. a) Allgemeines.** Das Erfordernis der Selbstständigkeit von Makler und Drittem folgt aus der für den Maklervertrag typischen Dreiecksbeziehung (Rn 1 vor § 652) und dem Gebot der Unparteilichkeit (Neutralität) des Maklers (vgl § 654; WoVermG 2 II Nr 2, 3). Als „Dritter" iSv Rn 1 kommt daher nicht in Frage, wer – wirtschaftlich betrachtet – mit einer Vertragspartei identisch ist (Rn 12), als Makler nicht, wer mit dem Vertragsgegner seines Auftraggebers wirtschaftlich oder rechtlich verflochten ist (Rn 13) oder in
12 einem Abhängigkeitsverhältnis zu ihm steht (Rn 14). **b) Eigengeschäfte des Maklers.** Kein Provisionsanspruch entsteht beim **Selbsteintritt** des Maklers (BGH NJW 92, 2819 mN, allgM). Das Gleiche gilt bei erheblicher wirtschaftlicher **Mitbeteiligung** des Maklers am Hauptgeschäft (BGH NJW 73, 1649; 75, 1216); Grund: Eigeninteresse des Maklers. Bsp: Gegenstand des Hauptvertrags ist eine dem Makler gehörige Sache oder ein ihm zustehendes Recht oder eine seiner Nutzung oder seiner Verwaltung unterliegende Sache (vgl WoVermG 2 II Nr 2; unterscheidend beim Verwalter einer Wohnungseigentumsanlage LG Hamburg MDR 88, 407 f).
13 **c) „Verflechtung" des Maklers.** Kein Vergütungsanspruch entsteht, wenn der Makler mit der Gegenpartei wirtschaftlich oder rechtlich „verflochten" ist (BGH 138, 174; NJW 92, 2818); uU kann Anspruch auf Grund eines unabhängigen Provisionsversprechens bestehen, wenn der Auftraggeber die Zusage in Kenntnis der

Titel 10. Mäklervertrag **§ 652**

Verflechtung abgibt (BGH 112, 242 mN; 138, 173; BGH NJW 03, 1249, 1393 mAnm Tonner LMK 03, 121; Karlsruhe VersR 03, 202; Breiholdt/Adamy Wohnungseigentümer 02, 87 zur sonstigen Rspr; sa Rn 29). Abweichendes Verständnis bei Thomale JZ 12, 719f: provisionsbezogene Nebenpflicht des Maklers zur Offenlegung der Verflechtung, bei Verletzung Verlust des Provisionsanspruchs. **aa) „Echte" Verflechtung.** Makler ist schon begrifflich nicht, wer mit einer der Vertragsparteien wirtschaftlich identisch ist. Grund: Fehlen echter Maklerleistung (Rn 8 ff). Entscheidend sind wirtschaftliche Verhältnisse und nicht gesellschaftsrechtliche Gestaltung (BGH NJW 85, 2473). Bsp: Kapitalmäßige Beteiligung an Vertragsgegner und umgekehrt (BGH MDR 77, 126; ungenügend: einflussloser Aktienbesitz als „Kleinaktionär"); Zugehörigkeit zu gemeinsamer Obergesellschaft (BGH NJW 74, 1130); Identität von Vertretungsorganen (BGH 116, 296); nicht erforderlich ist wechselseitige Beherrschung (BGH MDR 77, 126; teilw abw Karlsruhe NJW-RR 96, 630). Keine Fiktion einer tatsächlich nicht bestehenden Verflechtung über HGB 15 I (BGH NJW 09, 1809 f). **bb) „Unechte" Verflechtung.** **14** Makler kann auch nicht sein, wer zur Gegenpartei seines Kunden in einer solchen Beziehung steht, dass er sich im Falle eines Streits bei regelmäßigem Verlauf auf die Seite der Gegenpartei stellen wird (BGH NJW-RR 98, 992, str; aA Dehner NJW 93, 2225: § 654 entspr). Grund: Institutionalisierter Interessenkonflikt (BGH 112, 242 mN; 138, 174). Bsp: Makler wird im Rahmen eines Dienst-, Arbeits-, Organschafts- oder Vertretungsverhältnisses zur Gegenpartei tätig (BGH 138, 174 ff) oder ist deren Handelsvertreter (BGH NJW-RR 98, 992 mN). Auf Dauer angelegte Tätigkeit eines Versicherungsmaklers für einen Lebensversicherer kann für Annahme einer „unechten" Verflechtung reichen, wenn Makler die Produkte unter seinem Namen besonders bewirbt (BGH NJW 12, 1504). Im Falle WEG-Verwalter (als Makler des Käufers) kein Verflechtungstatbestand (BGH MDR 03, 1394 mN; NJW-RR 05, 1033), es sei denn, von seiner Zustimmung nach WEG 12 hängt der Wohnungsverkauf ab (BGH NJW 03, 1249 mN; Rspr-Überblick bei Breiholdt/Adamy Wohnungseigentümer 02, 87). Im Fall der Bevollmächtigung durch die Gegenpartei aber nur, wenn der Makler über den Abschluss des Hauptvertrags selbstständig zu entscheiden hat (BGH NJW-RR 98, 992; Dehner NJW 93, 2225). Unschädlich ist die mit dem **Auftraggeber** bestehende (unechte) Verflechtung, denn sie begründet für den Makler keinen Interessenkonflikt (BGH WM 76, 1334; StReuter §§ 652, 653 Rn 161 zu Recht gegen Köln NZM 03, 241 für WEG-Verwalter, der als Makler des Verkäufers tätig wird). **cc) Zwingende Sonderregelung** bei Wohnungsvermittler: WoVermG 2 II Nr 2, 3; V (dazu BVerfG 76, 128 ff); der Wohnungsverwalter kann nicht Vermittler sein (WoVermG 2 II Nr 2; Norm gilt nicht für WEG-Verwalter [BGH 02, 1393 mN auch zur überwiegenden Gegenansicht], es sei denn, er nimmt für Wohnungseigentümer weitergehende Aufgaben wahr [s LG Hannover MDR 97, 1115; Bethge/Gause NJW 97, 2800; Breiholdt MDR 86, 284]). **d) Das Bestehen einer Ehe** zwischen Makler und Vertragsgegner **15** steht einem Provisionsanspruch idR entgegen (BVerfG 78, 130; BGH NJW 87, 1009), ist jedoch unschädlich bei Offenlegung (BVerfG 78, 131; BGH aaO; krit Schäfer MDR 89, 699). IdR unschädlich sind rein persönliche Beziehungen zum Vertragsgegner (BGH NJW 87, 1008 f mN).

5. Zustandekommen des Hauptvertrags. a) Maßgeblicher Vertrag ist der **16** vom Makler herbeizuführende Vertrag (BGH NJW-RR 91, 51), uU auch Folgevertrag (Begriff: Rn 29 [bb]; BGH aaO). Der Provisionsanspruch entsteht – schon und erst – mit Abschluss des **schuldrechtlichen Verpflichtungsvertrags** (BGH NJW 83, 1131); unerheblich sind Weiterbestand (Rn 23) und Vertragsdurchführung (dingliche Erfüllungsgeschäfte), nicht ausreichend die Eingehung vorbereitender Bindungen (Rn 18). Der Vergütungsanspruch des Kredit-(Finanz-)maklers setzt allerdings – trotz der ges Einordnung des Darlehens als Konsensualvertrag (§ 488 I) – **Auszahlung der Darlehenssumme** an den Auftraggeber voraus (Köln MDR 93, 1175; Dehner NJW 91, 3255 mN, str; aA BGH NJW 82, 2662 mN: Abschluss

§ 652

bindenden Darlehensversprechens genügt; differenzierend BGH NJW 88, 968 f: Auslegungsfrage im Einzelfall). Grund: Erst dann ist der wirtschaftliche Erfolg der Maklertätigkeit (Erfolgshonorar) eingetreten (sa §§ 655c, 655e, 495, 503 I zum Dar-
17 lehensvermittlungsvertrag zwischen Unternehmer und Verbraucher). **b) Zeitpunkt.** Eine zeitliche Begrenzung für den Abschluss besteht nicht. Nicht erforderlich ist, dass der Zeitpunkt des Zustandekommens in die Laufzeit des Maklervertrags fällt (BGH NJW 66, 2008); auch Abschluss nach dem Tod des Maklers berührt den
18 Provisionsanspruch nicht (BGH NJW 84, 359). **c) Inhalt.** Der geschlossene Vertrag muss dem beabsichtigten bei wirtschaftlicher Betrachtung inhaltlich entsprechen (BGH NJW 88, 968 mN); maßgebend ist, ob der vom Auftraggeber erstrebte wirtschaftliche Erfolg eintritt (BGH NJW 98, 2278; 08, 652); unwesentliche Abweichungen sind unschädlich (BGH NJW 82, 2663). Bsp für **inhaltliche Identität (Gleichwertigkeit):** Abweichungen in den Bedingungen (zB Preis; Höhe des Darlehensbetrags; Nebenpunkte) in gewissen Grenzen (BGH NJW 88, 968); wirtschaftlich gleichwertiges Objekt (Frankfurt/M MDR 75, 315); uU Erwerb von wesentlichem Teil (BGH NJW-RR 90, 185); Übernahme von Besitz-GmbH anstelle von Grundstückskauf (BGH NJW 98, 2277); Teilanmietung bei Gesamtvermietungsnachweis (BGH NJW-RR 96, 114). Bsp für *wirtschaftliche Ungleichheit:* Erheblicher Preisunterschied (München MDR 10, 615: 38%; Dresden NJW-RR 09, 931: 25%; Düsseldorf NJW-RR 93, 1272: 22%; Celle MDR 07, 1410: über 20%; Brandenburg NJW-RR 00, 1505: über 15%); Erwerb in der Zwangsversteigerung statt Kauf (BGH 112, 60; BGH NJW 99, 2271;, str; NJW 99, 2271; zur Abgrenzung s BGH NJW-RR 93, 120), Provisionspflicht durch AGB nicht vereinbar (BGH 119, 32 ff; abl Schwarz NJW 93, 306); Kauf-Vorvertrag (Kaufanwartschaftsvertrag) statt Kauf (BGH NJW 75, 647; WM 76, 28; abw Vereinbarung aber möglich, vgl Rn 29); Verpachtung statt Verkauf; Erwerb eines Grundstücksteils statt des Alleineigentums (BGH NJW 87, 1628: Frage des Einzelfalls; ebenso BGH NJW 08, 652: Gleichwertigkeit im konkreten Fall angenommen). **Keine** Frage inhaltlicher Identität ist Erwerb vom (benannten) Nichteigentümer und Zwischenerwerber statt „unmittel-
19 bar" vom Eigentümer (vgl BGH NJW-RR 96, 113). **d) Parteien** des Hauptvertrags müssen der Auftraggeber und der vom Makler nachgewiesene (vermittelte) Dritte sein (abw Vereinbarung auch in AGB möglich, s BGH NJW 87, 2431). Abweichungen in der **persönlichen Identität** können aber unschädlich sein, wenn das zustande gekommene Geschäft für den Auftraggeber wirtschaftlich gleichwertig ist (BGH NJW-RR 97, 1276; 98, 411); dies ist bei bes engen persönlichen, rechtlichen oder wirtschaftlichen Beziehungen zwischen ihm und der Partei des Hauptvertrags idR der Fall (BGH NJW-RR 98, 411). Kriterium: Auftraggeber muss die Maklerleistung, wenn auch auf Umwegen, auch in irgendeiner Weise zugutekommen (Jena NJW-RR 05, 1509). Bsp: Abschluss durch einen nahen Familienangehörigen des Auftraggebers (BGH NJW 76, 1844; aA Hamm NJW-RR 88, 686), seinen Lebensgefährten (BGH NJW 91, 490) oder eine mit ihm verflochtene (BGH NJW 84, 359; Koblenz NJW-RR 94, 180; München NJW-RR 95, 1526) oder wirtschaftlich identische Gesellschaft (BGH NJW 95, 3311; Karlsruhe NJW-RR 95, 1137); Auftraggeber oder sein Rechtsnachfolger (BGH WM 93, 2259) erwirbt das nachgewiesene Objekt nicht von dem ihm benannten Dritten, sondern von einem an dessen Stelle getretenen anderen Vertragspartner (BGH WM 76, 28). Zur Ausübung eines
20 Vorkaufsrechts s Rn 21. **e) Wirksamkeit. Lit:** Altmeppen, Provisionsansprüche bei Vertragsauflösung, 1987. Der Hauptvertrag muss wirksam zustande gekommen und darf nicht wegen einer im Vertragsschluss selbst liegenden Unvollkommenheit wieder beseitigt worden sein. Ein Provisionsanspruch besteht daher nicht, wenn der Hauptvertrag an Bestandsmängeln leidet (Rn 21) oder noch nicht vollwirksam geworden ist (Rn 22). Dagegen ist die nachträgliche Beseitigung eines fehlerfrei zustande gekommenen Vertrags für den Provisionsanspruch bedeutungslos (Rn 23).
21 **aa) Anfängliche Mängel** des Hauptvertrags. **Bsp:** (1) **Formnichtigkeit** (§ 125); der Provisionsanspruch entsteht erst bei Heilung (zB gem § 311b I 2), nicht schon, wenn die Gegenseite zur Durchführung des formnichtigen Vertrags bereit ist (Celle

Titel 10. Mäklervertrag **§ 652**

OLGZ 69, 417), auch nicht, wenn der Auftraggeber für den Formmangel verantwortlich ist (Köln MDR 56, 738 und hM; aA Rust MDR 59, 449; sa Kohler NJW 57, 327). (2) Wirksame **Anfechtung** (§§ 119, 123, 142 I), auch wegen Täuschung durch den Auftraggeber (hM, aber abw Vereinbarung in AGB möglich: BGH NJW 88, 3012 f); Grund: Auch bei ordnungsgemäßem Verhalten kein Vertragsschluss. Vertragsaufhebung aus Gründen, die zur Anfechtung berechtigen, (Köln NJW-RR 97, 693) und Rückabwicklung eines nach § 123 Abs 1 anfechtbaren Vertrags nach vertraglichem Gewährleistungsrecht innerhalb der Anfechtungsfrist (BGH NJW 01, 967; GuT 08, 155 f) steht der Anfechtung gleich. Ebenso die fristlose Kündigung des Beitritts zu einer Publikums-KG (BGH NJW 79, 976). (3) Ausübung eines **Vorkaufsrechts** bei Erstkäufer als Auftraggeber (BGH NJW 82, 2663; zur evtl Provisionspflicht des Vorkaufsberechtigten vgl BGH 131, 321 ff mN; klarstellend BGH NJW-RR 07, 564: keine Begründung der Provisionspflicht im vermittelten Vertrag, sondern lediglich Verteilung bereits entstandener Maklerkosten. (4) zum Fall der **anfänglichen Unmöglichkeit** der Erfüllung des Hauptvertrags s Würdinger ZMR 05, 324. **bb) Späteres Vollwirksamwerden** des Hauptvertrags. **Bsp:** Bei Vereinbarung einer **aufschiebenden Bedingung** entsteht der Vergütungsanspruch erst mit Bedingungseintritt **(I 2);** bis zum Bedingungseintritt ist (abw von Rn 23) provisionsfreie Vertragsaufhebung möglich (BGH NJW 84, 359); beim **genehmigungsbedürftigen Vertrag** erst mit der Erteilung der Genehmigung (BGH 60, 385; NJW-RR 91, 1073; 92, 558 f; 08, 564 f; sa 01, 840); ist ein befristetes **vorbehaltloses Rücktrittsrecht** vereinbart, erst mit Ablauf der Rücktrittsfrist (BGH 66, 270; NJW-RR 93, 249; Dehner NJW 97, 21 f; zum Rücktrittsvorbehalt iÜ s Rn 23). **f) Nachträglicher Wegfall des Vertrags.** Ohne Einfluss auf den mit Abschluss des Vertrags (Rn 16) entstehenden Provisionsanspruch sind: Vereinbarung einer **auflösenden Bedingung** (BGH NJW 82, 2663 mN; aA ErmWerner 38 mN); (vorzeitige) Kündigung (BGH 162, 67); Ausübung eines **ges Rücktrittsrechts** (BGH NJW 74, 695), „großer Schadensersatz" (BGH NJW 09, 2810 f zu § 463 aF) oder Erklärung der **Minderung**, Ausübung eines **vertraglichen Rücktrittsrechts,** soweit es an bestimmte sachliche Voraussetzungen geknüpft ist (BGH NJW 97, 1582 mN), anders, wenn der Vertrag in der Schwebe bleiben sollte (BGH NJW-RR 93, 249; Schleswig NJOZ 10, 1982; Karlsruhe NJW-RR 05, 574. Grund: **I 2** entspr: BGH NJW 97, 1582; BB 98, 1028; §§ 133, 157: BGH NJW 97, 1583 f mit krit Anm Theobald JZ 97, 1120; Rücktrittsvorbehalt ist Auslegungsindiz für Schwebesituation, s LG Berlin ZMR 05, 459); **vertragliche Wiederaufhebung** des abgeschlossenen Vertrags (BGH NJW 87, 1628). Grund: Das Risiko der (nicht sachgerechten) Erfüllung des Hauptvertrags trägt iZw der Auftraggeber (BGH NJW 86, 1166). Dass der Vertragspartner des Maklers das mit dem Hauptvertrag bezweckte Ziel erreicht, ist nicht **Geschäftsgrundlage** des Maklervertrags (BGH NJW-RR 05, 1506; zur Störung der Geschäftsgrundlage s Würdinger NZM 06, 167).

6. Kausalzusammenhang. Lit: Diebold, Voraussetzung des Provisionsanspruchs, 1987; Fischer, Nachweis- und Vermittlungsleistung im Lichte der maklerrechtlichen Rechtsprechung, NJW 07, 183; Schwerdtner, Erfolg und Arbeitserfolg, NJW 89, 2987. Die Maklerleistung (Rn 8 ff) muss für den Vertragsschluss (Rn 16 ff) **ursächlich** geworden sein **(I 1: „infolge";** BGH 60, 381; zwingend in WoVermG 2 I, V; iÜ aber Individualvereinbarungen möglich: Rn 29, 30), bei Folgeverträgen idR zu bejahen (BGH NJW-RR 91, 51 mN). Die zum *Schadensersatz*anspruch entwickelten Grundsätze sind nicht uneingeschränkt anwendbar. Grund: Der Kausalbeitrag ist Voraussetzung für den – vollen – *Vergütungs*anspruch. **Mitursächlichkeit** genügt (BGH LM Nr 25; NJW 80, 124; MK/Roth 176; krit und einschr Knütel ZHR 144, 302 ff), soweit die *Maklerleistung* einen für das Zustandekommen des Hauptvertrags wesentlichen Kausalbeitrag bildet (BGH NJW 83, 1849 f; ie und klarstellend BGH 141, 45 ff). Die Maklerleistung ist auch dann wesentlich, wenn der ursprüngliche Nachweis des Maklers sich erst im späteren Vertragsschluss nieder-

§ 652

schlägt, der in angemessenem nachfolgendem Zeitabstand erfolgt (BGH NJW 99, 1255 ff). **Unterbrechung des Kausalzusammenhangs** ist möglich (Rspr stellt strenge Anforderungen, vgl Lauer MDR 86, 810 f; bedenklich, wenn der Makler den Erfolg nicht *allein* herbeiführen konnte), soll aber bei Wiederaufnahme unterbrochener Verhandlungen ohne den Makler idR zu verneinen sein (so BGH NJW 80, 123 f; NJW-RR 96, 691; krit Knütel ZHR 144, 324 f; abw Bamberg NJW-RR 98, 565 bei Unterbrechung von ca 1½ Jahren), zumindest bei nur vorübergehendem Sinneswandel (BGH NJW 08, 652) und selbst bei Abschluss eines anderweitigen Vertrages mit zeitlich befristetem vorbehaltlosen Rücktrittsrecht vor dessen endgültiger Wirksamkeit (BGH NJW-RR 07, 403). Ein **Nachweis** des Maklers ist idR nur bei fehlender Vorkenntnis des Auftraggebers ursächlich (BGH WM 84, 62; Karlsruhe NJW-RR 94, 509; einschr Celle NJW-RR 95, 501), bei entspr Nachweis durch mehrere Makler also idR nur der Erstnachweis (Hamm BB 95, 1977); eine Zweitinformation eines anderen Maklers ist gleichwohl aber dann kausal, wenn sie den Anstoß gab, sich näher mit dem Objekt zu befassen (vgl BGH NJW 83, 1849; Lauer MDR 86, 809) und zusätzliche Informationen enthält (BGH NJW-RR 90, 1270; 96, 115). Der Auftraggeber muss auf seine **Vorkenntnis hinweisen** (Hamburg NJW-RR 87, 175, s a Naumburg OLGR 06, 418 str, aA Stuttgart NJW-RR 02, 1482; Koblenz NJW-RR 91, 249; ie § 654 Rn 9). Der Ursachenbeitrag eines dem Auftrag entspr (vgl Rn 18) Erstnachweises braucht nicht schon mit einem günstigeren Zweitnachweis eines anderen Maklers zu entfallen (BGH NJW 81, 388); ist aber der Vertrag auf Grund einer (von der nachgewiesenen ersten verschiedenen) anderen Abschlussmöglichkeit zustande gekommen, so fehlt es an einem entspr Nachweis (BGH NJW-RR 91, 950; Karlsruhe NJW-RR 95, 753). Für die Ursächlichkeit der **Vermittlung** genügt, dass die Bemühungen des Maklers die Abschlussbereitschaft des Gegners irgendwie gefördert haben (Rn 9) oder spätere Neuverhandlungen auf ihnen aufbauen (Karlsruhe NJW-RR 95, 753). Zur Kausalität bei späterem Vertragsabschluss durch Verwandten des Auftraggebers s München NZM 05, 71. **Beweislast:** Makler für (mit-)ursächliches Angebot und Vertragsschluss (BGH NJW 79, 869), Auftraggeber für (mögliche) Vorkenntnis (BGH WM 84, 63), Makler für Mitursächlichkeit trotz Vorkenntnis (BGH NJW 71, 1135; ie Baumgärtel/Laumen/Prütting I 19 ff). **Beweiserleichterungen:** Kommt es in angemessenem Zeitabstand (nicht mehr nach 19 Monaten, s BGH NJW 06, 3062, dazu Armbrüster LMK 06, 189640) nach Zugang eines Maklerangebots an den Auftraggeber zu einem entspr Vertragsschluss, so ist von dessen Ursächlichkeit auszugehen (BGH 141, 40; NJW 71, 1133; 77, 42); dies gilt nicht bei gleichzeitigem Zugang inhaltsgleicher Angebote verschiedener Makler (BGH NJW 79, 869).

25 **7. Kenntnis.** Kenntnis von der **Maklertätigkeit** seitens des Auftraggebers spätestens bei Abschluss des Hauptvertrags (hM, aber str, s Dehner NJW 97, 22 mN; einschr BGH NJW-RR 94, 1261, wenn der Vertrag auch bei Kenntnis so geschlossen worden wäre). Selbstverschuldete Unkenntnis steht gleich (München NJW 68, 894). Sicherung des Maklers durch Rückfrageklauseln: Rn 29 (bb).

26 **8. Vergütung. a)** Die **Höhe** der **Vergütung** (Bezeichnungen: „Lohn", Provision, Gebühr, Courtage) richtet sich nicht nach dem Umfang der aufgewendeten Maklertätigkeit, sondern dem Interesse des Auftraggebers am Vertragsschluss (Erfolgsprovision, s Rn 3, 11 vor § 652). Maßgebend ist die Vereinbarung, sonst § 653. IdR wird ein Hundertsatz des Kaufpreises (zu dessen Berechnung für den Verkäufermakler beim Unternehmenskauf s BGH NJW 95, 1739) vereinbart (vgl BGH 125, 139: „bekanntermaßen"), bei gewerbsmäßiger Wohnungsvermittlung muss ein Bruchteil oder Vielfaches der Wohnungsmiete angegeben werden (WoVermG 3 I, 7). Erreicht der Verkäufer eine Erhöhung des vom Makler zunächst niedriger ausgehandelten Kaufpreises, so ist dieser maßgebend (Nürnberg OLGZ 77, 219). Die Herabsetzung einer unverhältnismäßig hohen Vergütung ist nur ausnahmsweise nach § 655 möglich (für entspr Anwendung MK/Roth 67). **Schranken** für Provisionshöhe: § 138 (s Rn 6, 29, 30: Übererlösklauseln); StGB 291 I Nr 4; bei

Titel 10. Mäklervertrag **§ 652**

der Wohnungsvermittlung ist die Provision auf 2 Monatsmieten begrenzt (WoVermG 3 II). Zur Provisionsberechnung steht dem Makler ein **Auskunftsanspruch** gegen den Kunden zu (§ 654 Rn 9). **b)** Die **Fälligkeit** tritt erst mit Vollwirksamkeit des Vertrages ein (Rn 20–22). Fälligkeitsklauseln: Rn 29 (bb). **c) Verjährung:** §§ 195, 199 I. 27

9. Abw Vereinbarungen über Ursächlichkeit und über Vergütung. Durch Vereinbarung können in gewissen Grenzen die ges Voraussetzungen des Provisionsanspruchs (Rn 8–25) zugunsten des Maklers abbedungen werden (Rn 29, 30); andererseits kann die Vergütung auch zugunsten des Auftraggebers von zusätzlichen Voraussetzungen abhängig gemacht werden (Rn 30). **a) Erweiterungen des Vergütungsanspruchs. aa) Allgemeines.** Eine **erfolgsunabhängige Provision** widerspricht dem „ges Leitbild" des Maklervertrags (Rn 11 vor § 652). Sie kann nicht vereinbart werden bei der **Wohnungsvermittlung** (WoVermG 2 I, V, 5; vgl BGH NJW-RR 10, 1386) und durch **AGB** (§§ 305c I, 307 II Nr 1; vgl BGH 99, 382; 103, 240; auch nicht als Entgelt für Reservierung im Rahmen einer Nebenabrede, BGH NJW 10, 3569 f), sondern nur durch Einzelabrede (vgl § 305 I 3 und dazu BGH NJW 91, 1679 betr AGBG 1 II, ie str; s Schwerdtner NJW 90, 369). Unwirksam sind daher alle nicht individuell getroffenen Abreden (sa Jena NJW-Spezial 05, 243), die die Abhängigkeit des Vergütungsanspruchs vom wirksamen Zustandekommen des Hauptvertrags oder einer ursächlich gewordenen Maklerleistung aufheben oder lockern (BGH 61, 21; NJW 84, 2163; NJW-RR 86, 347). Bsp: Provision unabhängig von behördlicher Genehmigung des Hauptvertrags (BGH 60, 385; s a Hamburg MDR 75, 663), schon bei Abschluss eines Vorvertrags (BGH NJW 75, 647; NJW-RR 91, 1073), bei wegen Verflechtung fehlender oder nicht provisionspflichtiger Maklerleistung (BGH LM Nr 54; BB 78, 1089; WM 77, 416); **selbstständiges Provisionsversprechen** (selten) setzt entspr klare Vereinbarung voraus (vgl BGH NJW 81, 278; WM 84, 63; NJW-RR 93, 430). Es stellt keinen eigenen Vertragstyp dar. Nur bei völlig fehlender Gegenleistung kann Provisionszusage als Schenkungsversprechen ausgelegt werden; diese Auslegung liegt im geschäftlichen Verkehr aber fern (BGH NJW-RR 07, 56 mwN). Vorangehende Aufklärung über eine bestehende Verflechtung (Rn 13) ist erforderlich (BGH NJW 91, 168). **bb) Einzelne Klauseln (alphabetische Reihenfolge). Fälligkeitsklauseln:** Zulässig, soweit (nur!) die Fälligkeit auf einen Zeitpunkt vor Vollwirksamwerden des Hauptvertrags vorverlegt (nicht aber durch AGB: Hamm NJW-RR 96, 1527) oder auf den der Vertragsdurchführung hinausgeschoben wird (BGH MDR 80, 1007); Schranke bei Wohnungsvermittlung: Vorschuss unzulässig (WoVermG 2 IV, V). **Folgegeschäftsklauseln:** Provisionspflicht des Auftraggebers besteht bei entspr Vertragsinhalt (Rn 16; §§ 133, 157) auch bei Abschluss weiterer Geschäfte, die sich aus dem vom Makler vermittelten (nachgewiesenen) Erstgeschäft ergeben (BGH NJW-RR 91, 51). In AGB unwirksam (§§ 305c I, 307 II Nr 1; BGH 60, 243; abw bei Versicherungsmakler BGH NJW 86, 1036), ausgeschlossen bei Wohnungsvermittlung durch WoVermG 2 II Nr 1, V („Fortsetzung, Verlängerung oder Erneuerung des Mietvertrags"). **Fortzahlungsklausel:** Formularmäßige Fortzahlungsverpflichtung ist unabhängig vom späteren Schicksal des Hauptvertrages bei selbstständigen Provisionsabreden wirksam (s BGH 162, 67; VersR 05, 404, dazu Loritz NJW 05, 1757; Reiff LMK 05, 88 [zum vermittelten Versicherungsvertrag]). **Gleichstellungsklauseln:** Provisionspflicht des Auftraggebers auch bei Erwerb in der Zwangsvollstreckung oder eines anderen Objekts; in AGB unwirksam (BGH 119, 32; Rn 18). In einer **Reservierungsvereinbarung** kann eine erfolgsunabhängige Teilprovision nicht vereinbart werden (BGH 103, 239; NJW 10, 3569 f; Hamm NJW-RR 89, 1209; sa Rn 32). **Rückforderungsausschlussklausel:** Ausschluss des Rechts auf Rückforderung bereits gezahlter Provision. In AGB unwirksam (§ 307 II Nr 1; BGH NJW 84, 2163). **Rückfrageklauseln:** Der Auftraggeber ist vor Abschluss eines Vertrags ohne Mitwirkung des Maklers während der Laufzeit des Maklervertrags zur Rückfrage beim Makler verpflichtet, andernfalls er die Nicht- 28

29

§ 652   Buch 2. Abschnitt 8. Einzelne Schuldverhältnisse

ursächlichkeit der Maklertätigkeit nicht geltend machen kann. In AGB unwirksam (§§ 307 II Nr 1, 309 Nr 12). **Übererlösklauseln:** Der Auftraggeber beteiligt den Makler durch erhöhte Provision an einem über den vorgegebenen Betrag hinausgehenden Erlös; uU sittenwidrig (BGH 125, 138 ff; dazu Martinek JZ 94, 1048) oder treuwidrig (§ 654 Rn 10), jedenfalls bestehen gesteigerte Maklerpflichten (Düsseldorf NJW-RR 96, 1012). **Verweisungs- und Widerrufsklauseln:** Rn 42. **Vorkenntnisklauseln:** Der Auftraggeber ist zu Anzeige oder Widerspruch innerhalb bestimmter Frist verpflichtet, andernfalls das Objekt als bisher unbekannt gilt oder anerkannt wird. In AGB unwirksam bei Ursächlichkeitsfiktion (§ 309 Nr 12; BGH NJW 71, 1133; 76, 2346; einschr München OLGZ 78, 448). **Weitergabeklauseln** begründen Provisionspflicht, wenn unbefugte Weitergabe des Nachweises zum Abschluss mit einem Dritten führt (BGH NJW 87, 2431; Frankfurt/M MDR 94,
30   36). Zu Maklerklauseln in Kaufverträgen s Bethge NZM 02, 193. **b) Einschränkungen des Vergütungsanspruchs.** Einzelne Abreden: **Hinausschieben der Provisionszahlung** bis zur Ausführung des Hauptvertrags (zB Auflassung und Eintragung; Baubeginn); iZw nur **Fälligkeitsabrede** (dann Fälligwerden spätestens nach angemessener Frist, HGB 87a III entspr), nicht zusätzliche Entstehungsbedingung (dann § 162; s BGH NJW 86, 1035, str). **Abwälzung der Provisionszahlung** auf den Vertragspartner des Auftraggebers: Auftraggeber haftet dem Makler nur dann, wenn die Voraussetzungen für einen Provisionsanspruch vorliegen (LM Nr 25) und die Provision vom Vertragspartner (zB Käufer, Mieter) nicht zu erlangen ist (Hamburg MDR 69, 665; Piehler DNotZ 83, 29 f). **Vereinbarungen über die Provision im Hauptvertrag** sind als echter **Vertrag zgDr** möglich (BGH 138, 172) und begründen einen unmittelbaren Anspruch des Maklers gegen die Vertragspartei (idR den Käufer, s BGH aaO; Rn 8 vor § 652).

31   **10. Aufwendungen (II).** Ein Aufwendungsersatzanspruch besteht nicht kraft Ges, auch dann nicht, wenn kein Provisionsanspruch entsteht **(II 2),** sondern bedarf bes **Vereinbarung (II 1;** Ausnahme: Rn 39). **Schranken: a) Wohnungsvermittlung.** Auslagenerstattung ist grundsätzlich ausgeschlossen (WoVermG 3 III 1); zulässig ist die Vereinbarung der Erstattung nachweisbar entstandener Auslagen im Nichterfolgsfall in voller Höhe (WoVermG 3 III 3), im Erfolgsfall nur, soweit diese eine
32   Monatsmiete übersteigen (WoVermG 3 III 2). **b) AGB-Vereinbarung.** Das ges Leitbild des Maklervertrags verbietet die Vereinbarung eines – auch erfolgsunabhängigen – **Aufwendungsersatzanspruches** nicht (BGH 99, 383; NJW 88, 411). Dieser muss sich aber auf den Ersatz der konkreten Aufwendungen beziehen (BGH 99, 383). Eine Pauschalierung ist nur bis zu einem mäßigen Höchstbetrag zulässig; unzulässig ist jedoch die Vereinbarung einer Aufwendungspauschale in Höhe eines Prozentanteils des Preises oder Gegenstandswerts (BGH 99, 384). Eine **Reservierungsvereinbarung** (Rn 29 [bb]) kann, auch soweit formfrei möglich, uU (Bsp: fehlende Befristung, unangemessen niedriger Kaufpreis) sittenwidrig sein (BGH 103, 241 f). **Einzelne Klauseln:** Rn 42.

33   **11. Alleinauftrag. a) Allgemeines. aa) Begriff.** Maklervertrag bes Art, bei dem der Makler **verpflichtet** ist, während einer **bestimmten Zeit** auf die Vermittlung oder die Gelegenheit zum Abschluss eines Vertrags **hinzuwirken** (ie Rn 35–
34   40). **bb) Bedeutung.** Durch den Alleinauftrag wird der **Pflichtenkreis des Maklers** erweitert (Rn 36) und eine echte vertragliche **Bindung des Auftraggebers** begründet; die Chance erfolgreicher Maklertätigkeit wird dadurch erhöht. Unberührt bleiben die Grundsätze der Entschließungs-(Abschluss-)freiheit des Auftraggebers (BGH NJW 67, 1225) und der Erfolgsprovision (BGH 60, 381; 99, 382; Rn 38). **cc) Rechtsnatur. Maklerdienstvertrag** (BGH NJW 88, 968 mN; sa Rn 6 vor § 652), der aber **kein gegenseitiger** Vertrag ist (BGH 63, 74 mAnm
35   Knüfer LM Nr 51, str). **b) Voraussetzungen. aa) Zustandekommen.** IdR durch **ausdr** Erklärungen (Bsp: „Alleinauftrag", „Festauftrag", „Festanhandgabe" uä), stillschweigender Abschluss nur bei Eindeutigkeit der Vereinbarung (selten), seit 1.1.1999 (Inkrafttreten des GWB idF der Bek vom 26.8.1998, BGBl I 2547) idR

Titel 10. Mäklervertrag **§ 652**

formfrei möglich (aA zu GWB 34 aF Heße NJW 98, 561; E. Schneider MDR 98, 69, je mN; wegen Ausnahmen s Rn 5). **bb) Inhalt. Tätigkeitspflicht des Mak- 36 lers:** Der Makler ist verpflichtet, mit aller Kraft für den Auftraggeber tätig zu werden und dessen Interessen zu wahren (BGH NJW 85, 2478; 92, 2819, allgM); ihn trifft auch die Pflicht zu sachkundiger Beratung (BGH WM 73, 1383). **Unterlassungspflicht des Auftraggebers:** Der Auftraggeber darf während der Laufzeit des Vertrags (Rn 37) keine Dienste weiterer Makler in Anspruch nehmen **(Verbot von Doppelaufträgen);** dagegen besteht für den Auftraggeber **kein Verbot von Eigengeschäften** („Direktabschlüssen"; BGH 60, 382 mN; 88, 371); soll auch diese Möglichkeit ausgeschlossen werden, so bedarf es einer bes eindeutigen Vereinbarung; eine Aufnahme in AGB genügt dazu nicht (BGH 60, 377; 88, 371; NJW 91, 1679; Schwerdtner NJW 90, 369). Nicht ausreichend ist zB die kombinierte Bezeichnung als „Allein- und Festauftrag" (Düsseldorf MDR 73, 582) oder als „Alleinverkaufsrecht" (BGH WM 76, 533). **cc) Dauer.** Der Alleinauftrag ist idR **37** für eine **bestimmte Frist** „fest" (s Rn 35) abgeschlossen **(Ausschluss des Widerrufsrechts** des Auftraggebers), danach kündbar. Fehlt eine zeitliche Begrenzung, so gilt angemessene Frist (Bsp: 6 Monate; uU auch erheblich länger, vgl BGH NJW-RR 94, 560 mN). Ein der Vereinbarung widersprechender Widerruf ist dem Makler gegenüber unwirksam. Ausnahmsweise besteht jederzeitiges Widerrufsrecht des Auftraggebers bei wichtigem Grund (§ 626 entspr); Bsp: BGH NJW 69, 1626; WM 70, 1459. Ist der Makler für längere Zeit untätig geblieben, so kann Vertragsbeendigung uU ohne Auflösungserklärung eintreten (BGH WM 77, 871). **c) Rechtsfol- 38 gen. aa)** Der **Provisionsanspruch** besteht auch beim Alleinauftrag nur, wenn die Voraussetzungen der Rn 4–25 erfüllt sind. Zur wirksamen Abbedingung der Ursächlichkeit der Maklerleistung und zur Vereinbarung einer erfolgsunabhängigen Provision vgl Rn 41, 42. **bb) Aufwendungsersatz.** II gilt auch für den Alleinauf- **39** trag; Schranken für vereinbarten Erstattungsanspruch: wie Rn 31, 32, einzelne Klauseln: Rn 42. **Ohne** entspr **Vereinbarung** kann ausnahmsweise Ersatzanspruch dann gegeben sein, wenn der Makler konkrete über die übliche Maklertätigkeit hinausgehende Leistungen übernimmt und es nicht zur Entstehung eines Vergütungsanspruchs kommt (Hamm NJW 73, 1976 arg §§ 675, 670). **cc) Schadensersatz. 40** Durch einen vertragswidrigen Abschluss während der Bindungsdauer (Rn 36, 37) macht sich der Auftraggeber dem Makler nach allg Grundsätzen schadensersatzpflichtig (pVV; BGH 60, 381; ie § 654 Rn 9). Der Schaden besteht in der entgangenen Verdienstmöglichkeit (§ 252), uU in nutzlosen Aufwendungen. Der zweite Makler kann für diesen Schaden aus cic (§ 311 II) haften, wenn er den Auftraggeber über die Schadensersatzpflicht gegenüber dem ersten Makler nicht aufklärt (Hamm NJW-RR 98, 842). **Beweislast:** Makler für schuldhafte Vertragsverletzung des Auftraggebers, ferner dafür, dass er einen anderen zum Abschluss unter den vertragsmäßigen Bedingungen bereiten und fähigen Interessenten gestellt hätte (BGH NJW 66, 2008). Ges Erleichterungen: § 252 S 2; ZPO 287; Änderung (Aufhebung) der Beweislastverteilung durch AGB: Rn 41, 42. **d) Bes Abreden. aa) Allgemeines. 41** Das Interesse des Maklers geht dahin, sich vor **Vertragsverletzungen** seines Auftraggebers zu schützen und den **Nachweis eines entstandenen Schadens** nicht führen zu müssen. Hierfür in Frage kommende Klauseln: **Erweitertes Provisionsversprechen** (Provisionspflicht auch für vom Makler nicht verursachtes Geschäft; kein Verschuldens- und Schadensnachweis); **pauschalierter Schadensersatzanspruch** (kein Schadensnachweis seitens des Maklers); Versprechen einer (herabsetzbaren: § 343) **Vertragsstrafe;** Vereinbarung von **Auslagenerstattung** bei Nichtentstehen eines Provisionsanspruchs. Für die Wirksamkeit derartiger Klauseln (sa Rn 29–32) gilt: Bei der **Wohnungsvermittlung** sind erweiterte Provisionsversprechen unwirksam (WoVermG 2 I, V); in gewissen Grenzen zulässig sind die Vereinbarung der Erstattung nachweislich entstandener Auslagen (WoVermG 3 III) und von geringen Vertragsstrafen (WoVermG 4). In **AGB** unwirksam sind Klauseln, die eine erfolgsunabhängige Provision vorsehen oder in die Abschlussfreiheit des Auftraggebers eingreifen (§§ 305c I, 307 II Nr 1; BGH NJW 85, 2478); Schranken

§ 653

bestehen für die Pauschalierung von Ersatzansprüchen und für Vertragsstrafen (§ 309 Nr 5, 6, 12; sa Beuthien, FS Larenz, 1973, 495). **bb) Einzelne Klauseln** (alphabetische Reihenfolge). **Nichtabschlussklauseln:** Der Auftraggeber ist verpflichtet, bei Nichtabschluss mit einem abschlussbereiten Interessenten die (Gesamt-)Provision („Reugeld" und dergl) zu bezahlen. Keine echte Vertragsstrafe, da keine Anknüpfung an vertragswidriges Verhalten des Auftraggebers (uU aber Strafgedinge gem § 343 II; s BGH 76, 47). In AGB unwirksam (BGH 103, 239 f; NJW 79, 367), auch in Individualabrede uU beim Doppelmakler (BGH 61, 17); soweit überhaupt zulässig, bedarf die Abrede bei Grundstücken wegen des mittelbaren Abschlusszwangs der Form des § 311b I 1 (BGH 76, 47; NJW-RR 94, 559 zu § 313 aF str): Formfrei möglich ist die Vereinbarung von wesentlich unter dem Provisionsanspruch liegendem (pauschaliertem) Aufwendungsersatz (BGH 61, 24 mAnm Pfretzschner LM Nr 46; 76, 48 mN; nach BGH 103, 239 mN; Dresden BB 97, 2342 höchstens 10% der vereinbarten Provision; sa Rn 32). **Verweisungs- und Zuziehungsklauseln:** Der Auftraggeber ist verpflichtet, sämtliche Interessenten (auch „eigene") an den Makler zu verweisen; bei Abschluss des Geschäfts ohne die Mitwirkung („Hinzuziehung") des Maklers hat er die volle (uU doppelte) Provision zu zahlen. IZw Schadenspauschale (so zutr Hauß Anm LM Nr 44; Grund: Anknüpfung an Vertragsverletzung des Auftraggebers), nicht Vertragsstrafe (BGH 60, 384 gegenüber BGH 49, 89). In AGB unwirksam, soweit bei Abschluss mit einem vom Auftraggeber selbst gefundenen Interessenten volle Provision oder angemessene Vergütung geschuldet sein soll (BGH 60, 377; 88, 371 f; 99, 377, neuere Rspr); zulässig aber Vereinbarung von Auslagenerstattung für den Fall des Vertragsbruchs des Auftraggebers (BGH 60, 382). **Widerrufsklauseln:** Der Auftraggeber ist verpflichtet, die Gesamtprovision zu zahlen, wenn er den Alleinauftrag vorzeitig widerruft (kündigt, zurückzieht usw). Die Klausel ist stets dahin zu ergänzen, dass eine Provisionspflicht nur besteht, wenn der Widerruf zu einem vertragswidrigen Abschluss geführt hat (BGH NJW 67, 1226; KG NJW 65, 1277). Kein Reugeld iSv § 359 (unzutr München NJW 69, 1630), sondern Schadenspauschalierung oder Vertragsstrafeversprechen gem § 343 II. Wirksamkeit: wie „Verweisungs- und Zuziehungsklauseln". In AGB unwirksam sind auch **Bindungsklauseln,** durch die sich der Auftraggeber langfristig zur Unterlassung von Eigengeschäften verpflichtet (BGH NJW 86, 1173).

§ 653 Mäklerlohn

(1) **Ein Mäklerlohn gilt als stillschweigend vereinbart, wenn die dem Mäkler übertragene Leistung den Umständen nach nur gegen eine Vergütung zu erwarten ist.**

(2) **Ist die Höhe der Vergütung nicht bestimmt, so ist bei dem Bestehen einer Taxe der taxmäßige Lohn, in Ermangelung einer Taxe der übliche Lohn als vereinbart anzusehen.**

1. Bedeutung. I begründet ges **Vermutung** für Entgeltlichkeit des zustande gekommenen (Rn 2) Maklervertrags (entspr §§ 612 I, 632 I, 689), **II** ist **Auslegungsregel** für die **Höhe** der (unbestimmt) vereinbarten Vergütung.

2. Voraussetzungen. In beiden Fällen rechtswirksames Zustandekommen eines Maklervertrags (auch stillschweigend: § 652 Rn 4) und Übertragung einer konkreten Maklerleistung (BGH NJW-RR 89, 1072; 91, 371, stRspr); Fehlen einer (ausdr) Vergütungsvereinbarung **(I)** oder einer (ausdr) Vereinbarung über die Höhe der Vergütung **(II);** Vorliegen von für die Entgeltlichkeit der Maklerleistung sprechenden „Umständen" bei **I** (dazu BGH NJW-RR 88, 1198 mN). Bsp: Gewerbsmäßige Maklertätigkeit (sa RGB 354); dagegen idR nicht: Gelegenheitsvermittlung durch Architekt (BGH NJW 70, 700). Die **Beweislast** für die tatsächlichen Voraussetzungen der Vermutung trifft den Makler (BGH NJW 65, 1226), für die Vereinbarung der Unentgeltlichkeit den Auftraggeber (BGH NJW-RR 10, 257; NJW 81, 1444),

Titel 10. Mäklervertrag **§ 654**

desgl für die nachträgliche Vereinbarung einer niedrigeren Vergütung (BGH NJW 82, 1523 f).

3. Rechtsfolgen. a) Vergütungsanspruch des Maklers bei **I;** für die Höhe gilt idR Rn 3 (b); bestehende **Obergrenzen:** § 652 Rn 26 aE. **b)** Die Höhe der Vergütung **(II)** wird in folgender Reihenfolge bestimmt: Zunächst gilt der taxmäßige Lohn (Taxen bestehen nicht), sodann die (orts-)**übliche Vergütung** (vgl dazu BGH 125, 139); allg Verkehrsgeltung bei den beteiligten Kreisen ist erforderlich. Auskunft geben die Industrie- und Handelskammer oder der örtliche Maklerverband. Ist ein „fester" Satz nicht feststellbar, so wird im Rahmen der **„üblichen Vergütungsspanne"** eine **angemessene** Provision geschuldet (BGH 94, 103 f): §§ 315, 316 sind idR unanwendbar (BGH 94, 102 f; NJW-RR 94, 1261 mN; krit Dehner NJW 97, 23; ie Vollkommer JZ 85, 879 ff). 3

§ 654 Verwirkung des Lohnanspruchs

Der Anspruch auf den Mäklerlohn und den Ersatz von Aufwendungen ist ausgeschlossen, wenn der Mäkler dem Inhalt des Vertrags zuwider auch für den anderen Teil tätig gewesen ist.

1. Allgemeines. a) Bedeutung: Sonderfall der Verwirkung (dh des Verlustes) des Vergütungsanspruchs wegen schwerer Treuepflichtverletzung des Maklers. **b) Anwendungsbereich.** § 654 gilt unmittelbar nur für die unerlaubte **Doppeltätigkeit** (Rn 11), ist jedoch in anderen Fällen schwerer Verletzung der maklerrechtlichen Treuepflicht **entspr anwendbar** (Rn 10). Eine entspr Anwendung des § 654 auf andere **Rechtsverhältnisse** ist nur in engen Grenzen möglich (zB bei vorsätzlichem Parteiverrat iSv StGB 356 eines RA: BGH NJW 81, 1212; ferner bei Handelsvertreter, vgl BGH NJW 74, 137; Insolvenzverwalter, s BGH 159, 131, NJW 11, 1732; Vermögensverwalter, vgl BGH NJW-RR 12, 411, und Zwangsverwalter, s BGH NJW-RR 09, 1710; 10, 426). Ausgeschlossen ist eine entspr Anwendung **zu Lasten des** (treuwidrig handelnden) **Auftraggebers** (BGH MDR 68, 405; Frankfurt/M MDR 94, 35). **c) Abgrenzung.** Schuldhafte Verletzung maklervertraglicher Treue-(Neben-)pflichten (Rn 3 ff) führt nach allg Grundsätzen (pVV) zu **Anspruch auf Schadensersatz** (§ 280 I) und damit auch zu Einwendungen gegen den Vergütungsanspruch (Rn 13). 1

2

2. Maklervertragliche Treuepflichten. a) Allgemeines. Der Maklervertrag begründet für beide Parteien ein bes Treueverhältnis, aus dem sich verschiedene Nebenpflichten ergeben, die sich zu einer bes Treuepflicht steigern können (Pauly JR 98, 354 f; ie str). Die Treuepflicht ist umso strenger, je enger das Vertrauensverhältnis ist (zB beim Vertrauensmakler). Maßgebend im Einzelfall sind auch die wirtschaftliche Bedeutung des Geschäfts und die Unerfahrenheit des Auftraggebers (ie Rn 4–8). **Rechtsfolgen** bei Pflichtverletzung: Schadensersatzanspruch unter den Voraussetzungen der pVV (§ 280 I), jedes Verschulden genügt (BGH NJW 82, 1146 und 1147). Schranken der Freizeichnung bei Treuepflichtverletzung: Rn 12, 13; vgl iÜ § 309 Nr 7 Buchst b. **b)** Der **Makler** ist allg verpflichtet, im Rahmen des Zumutbaren die Interessen seines Auftraggebers zu wahren (BGH NJW 83, 1848). Darf er für beide Seiten tätig werden (**Doppelmakler**, dazu Rn 11), ist er in strenger Unparteilichkeit zu gleichmäßiger Interessenwahrung verpflichtet (BGH 48, 348; 61, 23 – „ehrlicher Makler"). Ie kommen als **Nebenpflichten** in Frage: **aa) Mitteilungs- und Aufklärungspflichten.** Der Makler muss alle ihm bekannten Umstände, die sich auf den Geschäftsabschluss beziehen und für die Willensentschließung des belehrungsbedürftigen Auftraggebers erkennbar von Bedeutung sind, mitteilen (BGH NJW 81, 2686; 82, 1146; NJW-RR 88, 366). Nicht notwendig maßgebend sind die allg Informationspflichten gem MaBV 10, 11. Bsp: Wirtschaftliche Verhältnisse des Vertragsgegners (BGH WM 69, 880; Koblenz NJW-RR 97, 888; sa BGH 25, 125); Unzuverlässigkeit des bauleitenden Architekten (BGH JZ 3

4

5

Mansel 1031

§ 654

Buch 2. Abschnitt 8. Einzelne Schuldverhältnisse

68, 69); Höhe des als Provision vereinbarten Übererlöses (Düsseldorf NJW-RR 96, 1012; sa § 652 Rn 29, 30); drohender Anfall doppelter Provision (Hamm BB 95, 1978); Falschangaben des Kunden über Hausbockbefall des vermittelten Objekts (BGH NJW 05, 3778, dazu Althammer NZM 06, 168; Benedict EwiR 05, 857). Aufklärungspflicht kann auch rechtliche Hinweise gebieten (BGH NJW 81, 2686: bestehende Kündigungsschranken; s RBerG 5 Nr 1). Im Allgemeinen keine Aufklärungspflicht hinsichtlich des Maklervertrags selbst (BGH NJW-RR 07, 1504).

6 bb) Umfassende Beratungs- und Aufklärungspflichten bestehen bei Anlage- (BGH BeckRS 13, 01194; NJW 82, 1095 mN; sa Rn 4 vor § 652), Finanzierungs- (BGH NJW-RR 91, 628; Oldenburg NJW-RR 05, 1287) und Versicherungsvermittlung (BGH 94, 358 ff; NJW-RR 09, 1688; Rn 15, 16 vor § 652). **7 cc) Erkundigungs- und Nachforschungspflichten** obliegen dem Makler idR nur bei entspr Vereinbarung oder Verkehrssitte. Bsp: Ermittlung der zulässigen Bebauung bei Baugrundstück (BGH NJW 82, 1147), von anfallenden Steuern bei Grundstücksverträ- **8** gen (München NJW 61, 1534; zulässig: RBerG 5 Nr 1). **dd) Prüfungspflichten** bestehen ebenfalls nur bei entspr Vereinbarung (auch durch Ankündigung). Der Makler ist idR nicht verpflichtet, Angaben des Verkäufers vor ihrer Weitergabe an den Kaufinteressenten nachzuprüfen (BGH NJW 82, 1147; Hamm NJW-RR 96, 1081 f), es sei denn, sie sind nach in seinem Berufsstand vorauszusetzenden Kenntnissen als unrichtig, nicht plausibel oder bedenklich einzustufen (BGH NJW-RR 07, 711); bei Weitergabe von Behördenauskünften gilt § 276 (BGH NJW 82, 1147). **ee) Nachwirkende Treuepflicht** (Düsseldorf NJW-RR 90, 372 f; Hamm NJW- **9** RR 97, 889). **c)** Den **Auftraggeber** treffen Pflichten zur Verschwiegenheit, Vertraulichkeit (BGH NJW 87, 2432), Sorgfalt und Aufklärung (BGH WM 72, 444; Pauly JR 98, 354 f), auch über bestehende Vorkenntnis (MK/Roth § 652 Rn 183, 194; StReuter § 652, 653 Rn 209, iE auch Hamburg NJW-RR 87, 175; Karlsruhe NJW-RR 94, 510; einschr Celle NJW-RR 95, 501, str; aA BGH WM 84, 63; Koblenz MDR 90, 1115; nach BGH kann Anzeigepflicht bzgl Vorkenntnis auch nicht durch AGB begründet werden, NJW 76, 2345). **Rechtsfolgen** bei unberechtigter Weitergabe usw: Rn 3 (BGH NJW 87, 2432), uU sogar Provisionspflicht (Schäfer BB 90, 2277 ff; Pauly JR 98, 356; § 162 entspr, str; sa § 652 Rn 19 und 29 [bb]). **Auskunft** kann der Makler nur über die für die Entstehung und Berechnung des Provisionsanspruchs maßgeblichen Tatsachen verlangen, nicht über die Höhe (BGH NJW-RR 90, 1371 mN; Koblenz NJW-RR 04, 414; Düsseldorf NJW-RR 96, 1464; sa §§ 259–261 Rn 3). Für die **Grundbucheinsicht** des Maklers besteht berechtigtes Interesse iSv GBO 12 (vgl Stuttgart Rpfleger 83, 272).

10 **3. Verwirkung (Verlust) des Vergütungsanspruchs. a) Voraussetzungen (alternativ). aa) Schwerwiegende Treupflichtverletzung des Maklers.** Erforderlich ist **(obj)**, dass der Makler unter Verletzung wesentlicher Vertragspflichten (Rn 4–8) dem Interesse des Auftraggebers in schwerwiegender Weise zuwidergehandelt hat; **(subj)** schweres Verschulden des Maklers (Vorsatz oder diesem nahekommende grobe Leichtfertigkeit; § 278 ist anwendbar, KG NJW-RR 88, 686) und **Lohnunwürdigkeit:** Makler hat den Lohn nach allg Rechts- und Billigkeitsempfinden nicht verdient (BGH 36, 327; 92, 185 f; krit Reuter NJW 90, 1325 f). Unerheblich ist, ob dem Auftraggeber durch die Treuwidrigkeit ein Schaden entstanden ist (Grund: Strafsanktion; vgl BGH 36, 326; NJW 87, 1008 mN; NJW-RR 90, 372; anders in den Fällen von Rn 3). Bsp: Treuwidrige Übererlösklausel bei Alleinauftrag (Düsseldorf NJW-RR 97, 1278); nicht ausreichend: Verwendung unzulässiger AGB (z. B. Verweisungsklausel) ohne erschwerende weitere Umstände (BGH NJW 12, 3718 im Anschluss an NJW-RR 05, 1423). Der Grund für die Verwirkung kann auch in einem Verhalten des Maklers nach Abschluss seiner Tätigkeit liegen (BGH 92, 185 f mN), nicht aber nach Abschluss des Hauptvertrages und Zahlung der Provision (BGH 92, 187). Bsp: Bestechung von Angestellten oder Beratern des Auftraggebers durch den Makler (LM Nr 2; MK/Roth 21); Verheimlichung von mit dem Gegner getroffenen Sondervereinbarungen gegenüber dem

Titel 10. Mäklervertrag **§ 655**

Auftraggeber (Bsp: Hamm NJW-RR 88, 689), wie Provisionszahlung des Kreditinstituts an den Kreditvermittler (Karlsruhe NJW-RR 95, 500); verheimlichtes Eigeninteresse am Geschäft (BGH NJW 83, 1848); Nichtweitergabe von günstigem Angebot und Ausnutzung für eigenen Zwischengewinn (Brandenburg NJW-RR 95, 696); anschließende Vermittlung an einen Käufer, den der vorherige Auftraggeber strikt abgelehnt hat (Hamm NJW-RR 97, 889); Vortäuschung von formgültiger Ankaufsverpflichtung oder Reservierungsvereinbarung (BGH NJW-RR 92, 818 mN); Verhinderung von Preisverhandlungen (Hamm NJW-RR 97, 371). Zu Konstruktionsfragen s Thomale JZ 12, 720. **bb) Treuwidrige Doppeltätigkeit.** Erforderlich ist (obj) eine **unerlaubte** Doppeltätigkeit des Maklers; die subj Erfordernisse gem Rn 10 brauchen dagegen nicht vorzuliegen (BGH 48, 350). Doppeltätigkeit ist dem Makler nicht grundsätzlich untersagt (BGH 61, 23; NJW-RR 98, 993; WM 03, 2061 mN; Köln NJW-RR 04, 271) und ist teilw üblich (zB bei Grundstücksmaklern). Erlaubte Doppeltätigkeit setzt voraus: Vertragliche Gestattung (Einverständnis beider Auftraggeber ist erforderlich: BGH 61, 21) oder fehlende Interessenkollision. Bsp: Vermittlungsmakler für Verkäufer kann Nachweismakler für Käufer sein (BGH WM 03, 2062 [auch ohne Gestattung] mN, auch zur Gegenansicht; BGH NJW 70, 1075; Dresden NJW-RR 94, 885 f); dagegen keine Kombination von Vertrauens- und Vermittlungsmakler (BGH NJW 64, 1468). Auch beim erlaubten Doppelauftrag liegt treuwidrige Doppeltätigkeit immer dann vor, wenn der Doppelmakler seine **Pflicht zur Unparteilichkeit** (Rn 4) verletzt. Bsp: Einseitiges Eingreifen in Preisverhandlungen zugunsten einer Partei (BGH 48, 344); Vereinbarung einer erfolgsunabhängigen Provision mit dem einen Auftraggeber ohne entspr Bindung des anderen (BGH 61, 17); Abschluss einer (formnichtigen) „Ankaufsverpflichtung" mit dem zweiten Auftraggeber, um ihm eine (in Wahrheit nicht bestehende) Abschlussbindung vorzutäuschen (BGH NJW 81, 280; KG NJW-RR 86, 598). Bei beidseitigem Vermittlungsmakler muss **Doppelauftrag** für beide Seiten wenigstens **erkennbar** sein u Auftraggeberinteressen durch konkrete Maklertätigkeit nicht verletzen (BGH NJW-RR 03, 991; WM 03, 2062; Köln NJW-RR 04, 271; Karlsruhe OLGR 06, 3). **b) Rechtsfolgen.** Kein Vergütungs- und Aufwendungsersatzanspruch, § 254 ist unanwendbar (BGH 36, 326); Rückgewährpflicht, soweit nicht verdienter Lohn bereits geleistet (KG NJW-RR 86, 600; anders aber bei verdientem Lohn: BGH 92, 186 f), uU Pflicht zum Schadensersatz (Rn 13; BGH NJW-RR 05, 1425: Mindestschaden besteht in Maklerprovision) oder Anfechtbarkeit des Maklervertrages gem § 123 (Frankfurt/M NJW-RR 88, 1199). Keine Freizeichnung von Beschränkungen des Doppelmaklers (BGH NJW 64, 1467). 11

12

4. Konkurrenzen. Bei Entstehung eines (Folge-)Schadens können sich der Schadensersatzanspruch aus § 280 I (Rn 3, 12) und die Verwirkungsfolge überschneiden (zur Abgrenzung: BGH 36, 323; 92, 186). Für den Schadensersatzanspruch gilt § 254 (BGH 36, 328; ie Budde MDR 86, 896). Minder schwere Treuepflichtverletzungen (Rn 4–8) berühren den Bestand des Vergütungsanspruchs nicht unmittelbar (BGH NJW 81, 2297), wohl aber bestehen idR Gegenrechte gem § 273 I, 387 (s zB BGH NJW 81, 2685). 13

§ 655 Herabsetzung des Mäklerlohns

¹Ist für den Nachweis der Gelegenheit zum Abschluss eines Dienstvertrags oder für die Vermittlung eines solchen Vertrags ein unverhältnismäßig hoher Mäklerlohn vereinbart worden, so kann er auf Antrag des Schuldners durch Urteil auf den angemessenen Betrag herabgesetzt werden. ²Nach der Entrichtung des Lohnes ist die Herabsetzung ausgeschlossen.

Der **Anwendungsbereich von § 655** umfasst nur Nachweis und Vermittlung 1
von Dienstverträgen, zB die zulässige Arbeitsvermittlung. Sonderregelung der Ver-

mittlungsverträge mit Arbeitssuchenden durch SGB III 296 ff, 402, 404, 421; SGB III 296 III verdrängt § 655 (StReuter Rn 11 mN; aA BGH NJW 10, 3225, denn im Einzelfall kann der vereinbarte Maklerlohn auch unterhalb der gesetzlichen Höchstgrenze unter Berücksichtigung des Vermittlungsaufwands des Maklers und des wirtschaftlichen Nutzens aus dem vermittelten AVertrag unverhältnismäßig hoch sein.). Eine **entspr** Anwendung von § 655 auf sonstige Maklerverträge scheidet aus (hM; aA MK/Roth 9 „wenigstens" für Alleinaufträge) § 655 entspricht § 343, die Grundsätze gem § 343 Rn 4 ff gelten entspr (vgl BGH NJW 10, 3226). „Unverhältnismäßig hoch" ist die im Vergleich zur „üblichen" (s § 653 Rn 3) erheblich überhöhte Vergütung; maßgebend ist das obj Leistungsmissverhältnis (wie bei § 138 I, aber ohne die „bes Umstände"; vgl dazu BGH 125, 137 ff) zZ der Geltendmachung (abw von § 138 I, s dort Rn 3, 4), nicht der Umfang der entfalteten Maklertätigkeit (aA Rieble DB 94, 1780).

Untertitel 2. Darlehensvermittlungsvertrag zwischen einem Unternehmer und einem Verbraucher

Vorbemerkungen

Lit: Habersack/Schürnbrand, Der Darlehensvermittlungsvertrag nach neuem Recht, WM 03, 261; Kohte, Zum Anspruch des Kreditvermittlers auf Auslagenerstattung, VuR 03, 187; Stillner, Verbraucherkreditgeschäfte – Eine Einführung, VuR 02, 79.

1   **1. Vorschriften des Untertitels 2.** Diese entsprechen weitgehend den aufgehobenen VerbrKrG 1 I, II, 15–18. Daher haben Lit und Rspr zu diesen Bestimmungen auch jetzt noch Bedeutung; sachlicher Anwendungsbereich verengt, da nur Vermittlung eines Darlehensvertrags, s Habersack/Schürnbrand WM 03, 261. Änderung durch Art 1 Nr 39–43 Gesetz zur Umsetzung der Verbraucherkreditrichtlinie, des zivilrechtlichen Teils der Zahlungsdiensterichtlinie sowie zur Neuordnung der Vorschriften über das Widerrufs- und Rückgaberecht v. 29.7.2009 (Wirkung ab 11.6.2010), BGBl 2009 I 2355, und Art 1 Nr 10–13 Gesetz zur Einführung einer Musterwiderrufsinformation für Verbraucherdarlehensverträge, zur Änderung der Vorschriften über das Widerrufsrecht bei Verbraucherdarlehensverträgen und zur Änderung des Darlehensvermittlungsrechts v. 24.7.2010 (Wirkung ab 30.7.2010), BGBl 2010 I 977. Zu intertemporalen Fragen Bülow NJW 10, 1713.

2   **2. Unterscheidung. Drei Verträge** sind zu unterscheiden: **a)** der **Darlehens-**
3   **vermittlungsvertrag** zwischen einem Unternehmer (§ 14), dem sog Darlehensvermittler (§§ 655b–655d), und einem Verbraucher (§ 13); § 655a; **b)** der **Verbraucherdarlehensvertrag** zwischen dem Verbraucher (§ 13) als (künftigem) Darlehensnehmer, dem der Darlehensvertrag vermittelt (nachgewiesen) werden soll oder vermittelt (nachgewiesen) worden ist (Rn 2), und einem Unternehmer (§ 14) als Darlehensgeber (§ 491 I), der nicht mit dem Darlehensvermittler als Mak-
4   ler identisch sein darf; **c)** die **Vergütungsvereinbarung** zwischen Darlehensvermittler (Unternehmer, §§ 14, 655a, s Rn 2) und Darlehensgeber (Unternehmer, §§ 14, 491 I). Zum Darlehensvermittler beachte § 655a II 1, Art 247 § 13 II Nr 2 EGBGB.

5   **3. Existenzgründer.** Zur Gleichstellung eines **Existenzgründers iSv § 512** s § 655e II (ie §§ 655a–655e Rn 15). Anwendung auf seit dem 11. 6. 10 geschlossene Verträge über die Vermittlung entgeltlicher Finanzierungshilfen; für Altfälle keine **entsprechende Anwendung** der §§ 655a ff auf Vermittlung entgeltlicher Zahlungsaufschübe, Teilzahlungsgeschäfte, Finanzierungsleasing etc (PalSprau § 655 a Rn 3; zum früheren Recht Habersack/Schürnbrand WM 03, 262).

Titel 10. Mäklervertrag §§ 655a–655d

§ 655a Darlehensvermittlungsvertrag

(1) ¹Für einen Vertrag, nach dem es ein Unternehmer unternimmt, einem Verbraucher gegen ein vom Verbraucher oder einem Dritten zu leistendes Entgelt einen Verbraucherdarlehensvertrag oder eine entgeltliche Finanzierungshilfe zu vermitteln oder ihm die Gelegenheit zum Abschluss eines solchen Vertrags nachzuweisen, gelten vorbehaltlich des Satzes 2 die folgenden Vorschriften. ²Dies gilt nicht in dem in § 491 Abs. 2 bestimmten Umfang.

(2) ¹Der Darlehensvermittler hat den Verbraucher über die sich aus Artikel 247 § 13 Absatz 2 des Einführungsgesetzes zum Bürgerlichen Gesetzbuche ergebenden Einzelheiten in der dort vorgesehenen Form zu unterrichten. ²Der Darlehensvermittler ist gegenüber dem Verbraucher zusätzlich wie ein Darlehensgeber gemäß § 491a verpflichtet. ³Satz 2 gilt nicht für Warenlieferanten oder Dienstleistungserbringer, die in lediglich untergeordneter Funktion als Darlehensvermittler tätig werden, etwa indem sie als Nebenleistung den Abschluss eines verbundenen Verbraucherdarlehensvertrags vermitteln.

§ 655b Schriftform bei einem Vertrag mit einem Verbraucher

(1) ¹Der Darlehensvermittlungsvertrag mit einem Verbraucher bedarf der schriftlichen Form. ²Der Vertrag darf nicht mit dem Antrag auf Hingabe des Darlehens verbunden werden. ³Der Darlehensvermittler hat dem Verbraucher den Vertragsinhalt in Textform mitzuteilen.

(2) Ein Darlehensvermittlungsvertrag mit einem Verbraucher, der den Anforderungen des Absatzes 1 Satz 1 und 2 nicht genügt oder vor dessen Abschluss die Pflichten aus Artikel 247 § 13 Abs. 2 des Einführungsgesetzes zum Bürgerlichen Gesetzbuche nicht erfüllt worden sind, ist nichtig.

§ 655c Vergütung

¹Der Verbraucher ist zur Zahlung der Vergütung nur verpflichtet, wenn infolge der Vermittlung oder des Nachweises des Darlehensvermittlers das Darlehen an den Verbraucher geleistet wird und ein Widerruf des Verbrauchers nach § 355 nicht mehr möglich ist. ²Soweit der Verbraucherdarlehensvertrag mit Wissen des Darlehensvermittlers der vorzeitigen Ablösung eines anderen Darlehens (Umschuldung) dient, entsteht ein Anspruch auf die Vergütung nur, wenn sich der effektive Jahreszins nicht erhöht; bei der Berechnung des effektiven Jahreszinses für das abzulösende Darlehen bleiben etwaige Vermittlungskosten außer Betracht.

§ 655d Nebenentgelte

¹Der Darlehensvermittler darf für Leistungen, die mit der Vermittlung des Verbraucherdarlehensvertrags oder dem Nachweis der Gelegenheit zum Abschluss eines Verbraucherdarlehensvertrags zusammenhängen, außer der Vergütung nach § 655c Satz 1 ein Entgelt nicht vereinbaren. ²Jedoch kann vereinbart werden, dass dem Darlehensvermittler entstandene, erforderliche Auslagen zu erstatten sind. ³Dieser Anspruch darf die Höhe oder die Höchstbeträge, die der Darlehensvermittler dem Verbraucher gemäß Artikel 247 § 13 Absatz 2 Satz 1 Nummer 4 des Einführungsgesetzes zum Bürgerlichen Gesetzbuche mitgeteilt hat, nicht übersteigen.

§§ 655a–655e

§ 655e Abweichende Vereinbarungen, Anwendung auf Existenzgründer

(1) ¹Von den Vorschriften dieses Untertitels darf nicht zum Nachteil des Verbrauchers abgewichen werden. ²Die Vorschriften dieses Untertitels finden auch Anwendung, wenn sie durch anderweitige Gestaltungen umgangen werden.

(2) Existenzgründer im Sinne des § 512 stehen Verbrauchern in diesem Untertitel gleich.

Anmerkungen zu den §§ 655a–655e

1 **1. Allgemeines.** Der **Darlehensvermittlungsvertrag** ist ein speziell ausgeformter **Maklervertrag** hinsichtlich der Vertragspartner (Rn 2 vor § 655a), des Vertragsgegenstandes (§ 655a), der Vergütung (§ 655c), der Form (§ 655b) und des Verschlechterungsverbots (§ 655e).

2 **2. Vertragspartner.** § 655a; dazu Rn 2 vor § 655a. Der Darlehensvermittler (Unternehmer, § 14) kann Zivil- oder Handelsmakler sein (Rn 9, 12 vor § 652). Auftraggeber (kein Ausdruck der §§ 652 ff, s Rn 1 vor § 652) ist der (künftige) Darlehensnehmer; er muss Verbraucher sein (§ 13, s Anm dort).

3 **3. Vertragsgegenstand. Nachweis** oder **Vermittlung** eines **Verbraucherdarlehensvertrags** (Begriff: § 491 I). Der Zweck des Darlehens liegt in der Privatsphäre des Darlehensnehmers (Verbrauchers) oder im Bereich seiner unselbstständigen Berufstätigkeit (ie § 13 Rn 3). Der **Zweck** muss im Vertrag angesprochen sein (nicht notwendig ausdr, dann Auslegung). Unterfällt der Gegenstand des Verbraucherdarlehensvertrags dem § 491 II (Nettodarlehensbetrag nicht über 200 Euro, verbilligtes AG-Darlehen oder verbilligtes öffentl Wohnungsbauförderdarlehen), so sind die §§ 655b–655e unanwendbar, **§ 655a I 2.**

4 **4. Vergütung. a)** Nachweis oder Vermittlung **muss** gegen Entgelt erfolgen. Gläubiger: der Darlehensvermittler; Schuldner: der Darlehensnehmer oder ein Dritter (infolge der Neuregelung 2010 [s §§ 655a–655e Rn 1] auch der Darlehensgeber; für vor dem 11. 6. 10 abgeschlossene Verträge war es noch ungenügend, dass Darlehens-
5 geber schuldet und beim Darlehensnehmer Regress nehmen kann, vgl § 329). **b)** Vor Vertragsschluss ist die **Höhe** der Vergütung anzugeben, zu den erforderlichen Anga-
6 ben s § 655a II 1 iVm EGBGB Art 247 § 13 I Nr 1. **c) Voraussetzungen** für Vergütungspflicht **entspr dem Maklervertrag** (§ 652 Rn 4–27): Kausalität der Tätigkeit des Darlehensvermittlers (Maklers) für den wirksamen Abschluss eines Verbraucherdarlehensvertrags; zum Schutz des Verbrauchers treten **weitere Voraussetzungen** hinzu: **Auszahlung** des Darlehens an den Verbraucher (bloßer Abschluss des Darlehensvertrags als Konsensualvertrag [vgl § 488 I] garantiert nicht die Auszahlung), **kein Widerrufsrecht** bzgl des Darlehensvertrags mehr, § 655c S 1 mit §§ 495, 355 (erst dann, nicht solange das Widerrufsrecht noch gegeben ist, besteht die Vergütungs-
7 pflicht). Zur bes Lage bei **Umschuldungsdarlehen** vgl § 655c S 2. **d)** Ein **zusätzliches Entgelt** („Nebenentgelt") für die Maklertätigkeit darf der Darlehensvermittler nicht vereinbaren, außer Erstattung erforderlicher Auslagen, § 655d; Schriftform Rn 9; Begrenzung auf die vor Vertragsschluss mitgeteilte Höhe (§ 655d S 2). Auslagen: Aufwendungen für Rechnung Auftraggeber, zB Kosten Wertgutachten. Keine Abwälzung von Betriebskosten (zB Fahrtkostenentgelt), s AG Daun VuR 03, 187
8 mAnm Kohte. **e) Abw Vereinbarungen** zum Nachteil des Verbrauchers sind unwirksam, § 655e I 1. Zum **Umgehungsverbot** s § 134 Rn 18. Widerrufsrecht nach § 312 kann bestehen (Habersack/Schürnbrand WM 03, 263 f).

9 **5. Form des Darlehensvermittlungsvertrags. a)** Grundsatz: **Schriftform**, § 655b I 1 (dazu § 126 I, II); möglich: elektronische Form (§ 126 III: kein Ausschluss in § 655b I) und notarielle Beurkundung (§ 126 IV). Formerfordernisse gelten auch

Titel 10. Mäklervertrag § 656

für Vollmacht zum Abschluss des Vermittlungsvertrags (Habersack/Schürnbrand WM 03, 262 f mN, auch zur Gegenmeinung). **b)** Rechtzeitig vor Vertragsschluss sind Angaben zur **Vergütung des Darlehensvermittlers,** (Rn 5) in Textform mitzuteilen (§ 655a II 1 iVm Art 247 § 13 EGBGB), ferner die zwischen Darlehensvermittler und Darlehensgeber vereinbarte Vergütung, (Rn 4 vor § 655a). **c)** Der Vermittlungsvertrag darf nicht mit dem Antrag auf Hingabe des Darlehens (dh mit der Vertragserklärung des [künftigen] Darlehensnehmers) verbunden werden **(Verbindungsverbot),** § 655b I 2, damit Vermittlungs- und Darlehensvertrag erkennbar getrennt sind. **d)** Der **Vertragsinhalt** ist dem Verbraucher vom Darlehensvermittler in **Textform** (§ 126b) mitzuteilen (einklagbare Nebenpflicht des Darlehensvermittlers), § 655b I 3. Grund: Der Verbraucher soll den Vertrag lesbar in Händen halten (das ist nach §§ 126 II 1, 126a II nicht gewährleistet; bei Einhaltung von § 126 II 2 ist die Mitteilung in Textform überflüssig, da die Urkunden ausgetauscht werden und den gesamten Vertragstext enthalten [müssen], § 126 Rn 5). **e) Bei Nichteinhaltung** von § 655b I 1 und 2 (Schriftform oder zulässiger Ersatz; Beachtung des Verbindungsverbots: Rn 11) und § 655b II 1 (vorvertragliche Informationspflichten) ist der Vermittlungsvertrag **nichtig,** § 655b II. Schutzzweck der §§ 655a ff schließt dann jeglichen Vergütungs(ersatz)anspruch aus, insbes aus § 812, HGB 354 (ähnlich BGH 163, 332 [zu VerbrKG 15 II], dazu Heinrichs LMK 05, II, 102). Verletzung von § 655b I 3 (Vertragsmitteilung in Textform) führt nicht zur Nichtigkeit.

6. Charakter der §§ 655a–655e. Die §§ 655a–655e sind **halbzwingend,** dh **Abweichungen zuungunsten des Verbrauchers** sind **unwirksam,** § 655e I 1, zB Vereinbarung eines leistungsunabhängigen Entgelts (Rn 8, 9). Zum Umgehungsverbot, § 655e I 2, s § 134 Rn 18.

7. Darlehensvermittlungsverträge. Für **Darlehensvermittlungsverträge** eines Unternehmers (§ 14) mit einem **Existenzgründer** gelten die §§ 655a–655e I (§ 655e II mit § 512). **Voraussetzungen:** Der Existenzgründer ist eine natürliche Person (§ 13 Rn 2), der ein Darlehensvertrag nicht über 75 000 Euro zwecks Aufnahme einer gewerblichen oder selbständigen beruflichen Tätigkeit nachgewiesen oder vermittelt werden soll (vgl § 512). Der Existenzgründer iSv § 512 ist kein Verbraucher; daher ist § 655e II notwendig.

Untertitel 3. Ehevermittlung

§ 656 Heiratsvermittlung

(1) ¹Durch das Versprechen eines Lohnes für den Nachweis der Gelegenheit zur Eingehung einer Ehe oder für die Vermittlung des Zustandekommens einer Ehe wird eine Verbindlichkeit nicht begründet. ²Das auf Grund des Versprechens Geleistete kann nicht deshalb zurückgefordert werden, weil eine Verbindlichkeit nicht bestanden hat.

(2) **Diese Vorschriften gelten auch für eine Vereinbarung, durch die der andere Teil zum Zwecke der Erfüllung des Versprechens dem Mäkler gegenüber eine Verbindlichkeit eingeht, insbesondere für ein Schuldanerkenntnis.**

1. Allgemeines. a) Zweck des Ausschlusses des Rechtsschutzes (der Rechtsverbindlichkeit; s Rn 5): Ehemaklerprozesse sind wegen ihrer Eingriffe in die Intimsphäre der Ehegatten unerwünscht und sollen verhindert werden (BGH 106, 347; krit Gilles FamRZ 85, 132 f). Rechtspolitisch umstr (vgl MK/Roth 2 mN; deswegen einschr LG Berlin MDR 83, 753). § 656 mit GG vereinbar (BVerfG 20, 31; Frankfurt/M NJW 83, 397; MK/Roth 2 mN zur aA). **b) Anwendungsbereich.** Gilt für **sämtliche** Ehemaklerverträge, auch soweit sie nicht am „Leitbild" des

§ 656

§ 652 orientiert, sondern (wie häufig in AGB) als **Eheanbahnungsverträge** (Rn 4) ausgestaltet sind (BGH 106, 347 mN, str; Abgrenzung zur Partnerschaftsanbahnung: Rn 3). Erfasst werden auch **Umgehungsgeschäfte,** wie zum Zweck der Erfüllung des Provisionsversprechens eingegangene (selbstständige) Verbindlichkeiten **(II).** Bsp: Abgabe eines Schuldanerkenntnisses (II) oder Eingehung einer Wechselverbindlichkeit; uU auch Forderungsabtretung (LG Köln NJW 85, 2957 mN) und Nebenverträge des Auftraggebers mit Dritten (zum finanzierten Ehemaklervertrag näher Rn 5). Uneingeschränkt **wirksam** sind Nebenverträge des Maklers mit Dritten (BGH NJW 64, 546). Gilt auch für Vermittlung von Lebenspartnerschaften
3 (LPartG). **c) Abgrenzung. Entspr** angewandt wird § 656 mit Blick auf dessen Zweck (Rn 1) auf Verträge über die bloße (von Eheschließungs- bzw. LPart-Gründungsvorhaben unabhängige) Vermittlung (den Nachweis) eines **Partners** („Partnerschaftsvermittlungsverträge" und dergl: BGH 112, 122; FamRZ 04, 775; Hamm MDR 89, 452 f; Oldenburg NJW-RR 92, 445; AG Braunschweig NJW-RR 91, 183; 92, 446; 93, 954; Compensis/Reiserer BB 91, 2457 ff mN; aA Düsseldorf NJW-RR 87, 691; Peters NJW 89, 2795 mN; Vollkommer/Grün JZ 91, 96); **nicht** jedoch auf die Begründung der Mitgliedschaft in „Freizeitclubs" (Frankfurt/M NJW 84, 180 f; LG Frankfurt/M NJW-RR 92, 312). Es handelt sich – trotz vielfach abw AGB-Ausgestaltung – nicht um Werk-, sondern um Dienstverträge iSv §§ 611, 627 (so BGH 106, 343 ff mN; Koblenz NJW-RR 04, 268, auch zur aA). Rechtsfolgen: Rn 5, 6. **d) Gewerberechtliche Bestimmungen** für die Ehevermittlung enthält zT das Landesrecht (vgl BayVGH GewA 84, 122).

4 **2. Ehemaklervertrag. a) Vertragsgestaltung.** Gewöhnlicher, auf Eheschließung gerichteter Maklervertrag iSd § 652 I (selten) oder (in AGB verbreitet) **Eheanbahnungsvertrag** (Rn 2 mN); bei diesem verpflichtet sich der „Dienstleistungsverpflichtete" gegen eine nach Zeitabschnitten bemessene, vom Zustandekommen der Ehe unabhängige Vergütung zur Förderung der Eheschließung wiederkehrende (Dienst-)Leistungen zu erbringen; Leitbild: §§ 611 ff (BGH 99, 382). Konsequenz wegen **I 2** (vgl Rn 2 mN): Hohe (häufig drittfinanzierte) Vorauszahlungen bei Vertragsschluss (Bezeichnungen: „Anmeldegebühr", Mitgliedsbeitrag, Einschreibgebühr, Unkostenpauschale) ohne entspr Leistungsanspruch (Rn 5). Zur Inhaltskontrolle pauschalierter Schadens- u Aufwandsersatzklauseln bei Rücktritt in Vermittlungsvertrags-AGB (zu Rn 3): BGH NJW 91, 2763; Hamm NJW-RR 91,
5 182, sa Vahle VR 95, 238 ff. **b) Rechtsfolgen. aa) Allgemeines.** Der Ehemaklervertrag begründet eine „unvollkommene Verbindlichkeit (Naturalobligation), die zwar erfüllt, nicht aber eingeklagt werden kann" (BGH 87, 314 f mN; zu dieser Einordnung und ihren Folgen s Schulze, Die Naturalobligation, 517 ff). Sie ist damit (nichtdurchsetzbare) Forderung, nicht bloßer Erwerbsgrund (Schulze, Die Naturalobligation, 517 ff) Er schafft einen die Rückforderung ausschließenden Erwerbsgrund iSd § 812 I 1, 1. Fall **(I 2),** ferner Schutz- und Sorgfaltspflichten, deren Verletzung zu Schadensersatzansprüchen aus pVV führen kann (BGH 25, 124; München NJW-RR 86, 796 f). Leistungsansprüche auf **Vergütung (I 1), Aufwendungsersatz** (hM, s Müller JuS 81, 256 mN) oder **Tätigwerden des Maklers** (BGH NJW 86, 928), desgl Ansprüche auf **Schadensersatz** wegen Nichterfüllung (BGH 25, 124; NJW 86, 928) oder vorzeitiger Vertragsbeendigung (s Hamm NJW-RR 91, 183) sind jedoch nicht durchsetzbar; ihre Titulierung und Vollstreckung ist uU (§ 826) unzulässig (ie str; s BVerfG NJW 93, 1125; AG Braunschweig NJW-RR 93, 954 f). Zur Finanzierung des Maklervertrags wird häufig Darlehen aufgenommen. Str, ob Wirkung des § 656 auf Verhältnis zum Darlehens-
6 geber erstreckt werden soll, vgl StReuter 17 f mN. **bb) Ansprüche des Auftraggebers auf Rückforderung erbrachter Leistungen** (Bezeichnungen: Rn 4). **Ausgeschlossen** ist nur die auf **I 1, II** gestützte Rückforderung **(I 2); zulässig** ist sie dagegen, soweit (andere) Unwirksamkeits- oder Beendigungsgründe geltend gemacht werden (BGH 106, 347). Bsp: Vertragsnichtigkeit (§§ 104 ff; 119, 123, 142; zur Anfechtbarkeit bei „Lockvogelangeboten" s BGH NJW 08, 982); Vertrags-

Titel 11. Auslobung §657

beendigung durch **Kündigung** (§§ 627, 628, vgl BGH 106, 347; NJW 91, 2763; Nürnberg NJW-RR 97, 1556; AG Frankfurt VuR 00, 251; Dehner NJW 93, 3242 ff), bei Anbahnungsverträgen aber nicht schon Erfolglosigkeit der Maklertätigkeit während der Vertragsdauer (BGH 87, 321; anders für reinen Vermittlungsvertrag Koblenz MDR 93, 420). **c)** Bei Fallgestaltung gem Rn 3 und 4 ist **jederzeitiges Kündigungsrecht** nicht ausschließbar (BGH 87, 319; 106, 346 [für AGB]; Düsseldorf NJW-RR 87, 691; Beckmann FamRZ 85, 23, str); der Vertrag endet spätestens entspr § 672 (AG Dortmund NJW-RR 91, 689).

Titel 11. Auslobung

§ 657 Bindendes Versprechen

Wer durch öffentliche Bekanntmachung eine Belohnung für die Vornahme einer Handlung, insbesondere für die Herbeiführung eines Erfolges, aussetzt, ist verpflichtet, die Belohnung demjenigen zu entrichten, welcher die Handlung vorgenommen hat, auch wenn dieser nicht mit Rücksicht auf die Auslobung gehandelt hat.

1. Allgemeines. a) Begriff: Öffentlich bekannt gemachtes Versprechen einer 1 Belohnung für die Vornahme einer Handlung, insbes die Herbeiführung eines Erfolgs, § 657 1. HS. **b) Rechtsnatur:** Kein Vertragsangebot an einen unbestimmten Personenkreis, sondern **einseitiges Rechtsgeschäft** (BGH NJW 83, 443; s Rn 5 vor § 104, § 311 Rn 1; zur Möglichkeit der Ausgestaltung als Naturalobligation s Schulze, Die Naturalobligation, 566). Zugang und Annahme der Willenserklärung (§§ 104 ff) sind unerheblich; sa Rn 2 [e]. **c)** Eine bes **Art** der Auslobung ist das 2 Preisausschreiben (s § 661). **d)** Zur uU schwierigen **Abgrenzung** von Spiel und Wette (Verträge!) s Rn 5 aE; zur Gewinnzusage (gesetzliches Schuldverhältnis) s § 661a Rn 2. **e) Entspr Anwendung** der §§ 657–661 auf vertragliche Beziehungen ist möglich (BGH 17, 366; Knütel ZHR 144, 311 zu § 660 I).

2. Voraussetzungen. a) Die zugesagte **Belohnung** kann in jedem, auch einem 3 nichtvermögenswerten Vorteil bestehen (BGH NJW 84, 1118). Sie darf nicht gegen zwingende ges Bestimmungen, wie zB §§ 134, 138, UWG 1, WoVermG 2 II (AG Freiburg NJW-RR 91, 12) verstoßen. **b) Öffentl Bekanntmachung** bedeutet 4 Kundgabe nicht unbedingt gegenüber jedermann, jedoch gegenüber einem individuell unbestimmten Personenkreis (München NJW 83, 759), zB durch Presse, Rundfunk, Internet. Zum Ausschluss einzelner Personen bei Quizgewinnspielen s München NJW-RR 05, 1401; BGH NJW-RR 07, 392; zum Widerruf § 658. **c) Vornahme einer Handlung** (auch Unterlassung) ist Realakt (Geschäftsfähigkeit 5 nicht erforderlich); **Herbeiführung eines bestimmten Erfolgs** ist zwar der Hauptanwendungsfall (zB Wiedererlangung einer verlorenen Sache, Aufdeckung einer strafbaren Handlung, Mitteilung einer Beobachtung), aber nicht begriffsnotwendig. Ein Interesse an der Vornahme der Handlung seitens des Auslobenden ist nicht zu fordern; eine Auslobung ist also auch dann gegeben, wenn der Auslobende (meist zu Reklame- und Werbezwecken) gerade die Unmöglichkeit der Vornahme der Handlung beweisen will (Bsp: Karlsruhe Justiz 80, 436; dazu Kornblum JuS 81, 801). Bei ganz leicht zu erfüllenden Bedingungen kann genehmigungsbedürftige Ausspielung (§§ 762, 763) vorliegen (Stuttgart MDR 86, 757; Düsseldorf NJW 97, 2122; LG München MMR 05, 389; Ernst NJW 06, 186, str; s § 763 Rn 2 aE). Abgrenzung zur Wette: Gergen JA 04, 760.

3. Rechtsfolge. Der **Anspruch auf Belohnung** hängt nicht davon ab, dass der 6 Handelnde Kenntnis von der Auslobung hatte (Rn 1 [b]). Ob allerdings auch eine Handlung vor Bekanntmachung der Auslobung genügt, ist Auslegungsfrage. Beim Tod des Auslobenden geht die Verpflichtung zur Gewährung der Belohnung auf

§ 658 Widerruf

(1) ¹**Die Auslobung kann bis zur Vornahme der Handlung widerrufen werden.** ²**Der Widerruf ist nur wirksam, wenn er in derselben Weise wie die Auslobung bekannt gemacht wird oder wenn er durch besondere Mitteilung erfolgt.**

(2) **Auf die Widerruflichkeit kann in der Auslobung verzichtet werden; ein Verzicht liegt im Zweifel in der Bestimmung einer Frist für die Vornahme der Handlung.**

1   **Widerruf** durch nicht empfangsbedürftige öffentl Bekanntmachung der Art, in die Auslobung erfolgte, oder empfangsbedürftige Willenserklärung an diejenigen (auch bestimmte Personen, BGH NJW-RR 07, 392), denen gegenüber widerrufen werden soll, ist bis zur Vornahme der Handlung (§ 657 Rn 5) **frei** möglich. Kein Kontrahierungszwang (München NJW-RR 05, 1401). **Ausnahme:** Verzicht auf Widerruf in der Auslobung (iZw bei Fristbestimmung, § 658 II HS 2; notwendig bei § 661 I) oder durch Erklärung best Personen gegenüber. Bei **wirksamem Widerruf** kein Aufwendungs- oder Schadensersatzanspruch für Vorbereitungshandlungen. Anfechtung entspr §§ 119 ff, 123 ist auch bei Widerrufsverzicht zulässig; sie ist in der Widerrufsform des § 658 I zu erklären. Der Widerruf iSv § 658 ist kein Fall des § 355.

§ 659 Mehrfache Vornahme

(1) **Ist die Handlung, für welche die Belohnung ausgesetzt ist, mehrmals vorgenommen worden, so gebührt die Belohnung demjenigen, welcher die Handlung zuerst vorgenommen hat.**

(2) ¹**Ist die Handlung von mehreren gleichzeitig vorgenommen worden, so gebührt jedem ein gleicher Teil der Belohnung.** ²**Lässt sich die Belohnung wegen ihrer Beschaffenheit nicht teilen oder soll nach dem Inhalt der Auslobung nur einer die Belohnung erhalten, so entscheidet das Los.**

§ 660 Mitwirkung mehrerer

(1) ¹**Haben mehrere zu dem Erfolg mitgewirkt, für den die Belohnung ausgesetzt ist, so hat der Auslobende die Belohnung unter Berücksichtigung des Anteils eines jeden an dem Erfolg nach billigem Ermessen unter sie zu verteilen.** ²**Die Verteilung ist nicht verbindlich, wenn sie offenbar unbillig ist; sie erfolgt in einem solchen Fall durch Urteil.**

(2) **Wird die Verteilung des Auslobenden von einem der Beteiligten nicht als verbindlich anerkannt, so ist der Auslobende berechtigt, die Erfüllung zu verweigern, bis die Beteiligten den Streit über ihre Berechtigung unter sich ausgetragen haben; jeder von ihnen kann verlangen, dass die Belohnung für alle hinterlegt wird.**

(3) **Die Vorschrift des § 659 Abs. 2 Satz 2 findet Anwendung.**

Anmerkung zu den §§ 659, 660

1   §§ 659, 660 enthalten **dispositive Regelungen,** abw Bestimmung (§§ 657, 133) ist möglich (Karlsruhe Justiz 80, 437; Kornblum JuS 81, 803). Konkurrieren mehrere

Titel 11. Auslobung **§§ 661, 661a**

selbstständige Anspruchsprätendenten (§ 659), so gilt zunächst der **Prioritätsgrundsatz** (I), iU wie stets im Falle der Herbeiführung des einheitlichen Erfolgs durch das Zusammenwirken mehrerer (§ 660) der **Teilungsgrundsatz** (§§ 659 II 1, 660 I) und bei Unteilbarkeit der Belohnung **Entscheid durch Los** (§§ 659 II 2, 660 III). Zur Abgrenzung von § 659 und § 660: BGHR BGB § 659 Abs 1 Beweislast 1. Bei Streit unter den Beteiligten iSv § 660 II darf (§ 372) bzw. bei Verlangen eines Beteiligten muss (§ 660 II HS 2) der Auslobende für alle hinterlegen. Näher zu Prozessfragen des § 660 Wieser Rn 1 ff. **Entspr** Anwendung: § 657 Rn 2 [e].

§ 661 Preisausschreiben

(1) **Eine Auslobung, die eine Preisbewerbung zum Gegenstand hat, ist nur gültig, wenn in der Bekanntmachung eine Frist für die Bewerbung bestimmt wird.**

(2) ¹**Die Entscheidung darüber, ob eine innerhalb der Frist erfolgte Bewerbung der Auslobung entspricht oder welche von mehreren Bewerbungen den Vorzug verdient, ist durch die in der Auslobung bezeichnete Person, in Ermangelung einer solchen durch den Auslobenden zu treffen.** ²**Die Entscheidung ist für die Beteiligten verbindlich.**

(3) **Bei Bewerbungen von gleicher Würdigkeit findet auf die Zuerteilung des Preises die Vorschrift des § 659 Abs. 2 Anwendung.**

(4) **Die Übertragung des Eigentums an dem Werk kann der Auslobende nur verlangen, wenn er in der Auslobung bestimmt hat, dass die Übertragung erfolgen soll.**

Preisausschreiben ist eine Auslobung mit der Besonderheit, dass eine **Teil-** 1 **nahme an einem Wettbewerb** („Bewerbung") erfolgen muss **(I)** und dass über die Berechtigung durch bes Preiszuerkennung **(Preisrichter)** entschieden wird **(II 1)**. Die Stellung des in der Auslobung bestimmten Preisrichters oder des Auslobenden selbst ist der des Schiedsrichters ähnlich. Dessen Entscheidung ist **bindend (II 2)**; §§ 317–319 gelten nicht. Eine sachliche Überprüfung durch das Gericht ist ausgeschlossen (BGH MDR 66, 572). Grobe Verfahrensfehler können im Rahmen von ZPO 1059 geltend gemacht werden (BGH NJW 83, 442; 84, 1118). Bei einem Einladungswettbewerb für Architekten steht nur dem ersten Preisträger ein Rechtsanspruch auf weitere Beauftragung zu. Der Auslober darf keinen Nachplatzierten beauftragen. Grund: Bindung an Urteil des Preisgerichts (München NJW-RR 01, 1532). Zur Möglichkeit der Lösung des Auslobers von der Zusage bei sog Realisierungswettbewerben BGH MDR 04, 1048; Schudnagies BauR 05, 1244. Sinn der beim Preisausschreiben notwendigen **Fristbestimmung (I)** ist die Vermeidung von Verzögerungen durch den Auslobenden und die Preisrichter (BGH NJW 84, 1119). Folge der Fristbestimmung: Unwiderruflichkeit des Preisausschreibens nach § 658 II (Anfechtung bleibt möglich). Zur Abgrenzung vom Spiel s § 657 Rn 5 aE. Der Veranstalter des Preisausschreibens erlangt keine Eigentums-, Urheber- oder Verwertungsrechte an eingesandten Preiswerken, diese muss er sich – soweit möglich (s UrhG 31 ff) – in den Bedingungen gesondert übertragen lassen (s **IV** für das Eigentum). Erklärungen in Preisausschreiben über die „beabsichtigte" Übertragung von Leistungen an einen Preisträger sind iZw verbindlich (BGH 88, 382 ff; NJW 87, 2370 und allg § 241 Rn 23 ff). Zur Bedeutung der häufig verwendeten Klausel „Der Rechtsweg ist ausgeschlossen" s StBergmann § 657 Rn 92.

§ 661a Gewinnzusagen

Ein Unternehmer, der Gewinnzusagen oder vergleichbare Mitteilungen an Verbraucher sendet und durch die Gestaltung dieser Zusendungen den

§ 661a

Eindruck erweckt, dass der Verbraucher einen Preis gewonnen hat, hat dem Verbraucher diesen Preis zu leisten.

Lit: Baldus, Kann sich dem objektiven Empfängerhorizont etwas aufdrängen?, ZGS 04, 297; Braun, Einklagbarkeit von aus dem Ausland stammenden Gewinnzusagen, MDR 03, 351; Dörner, Haftung für Gewinnzusagen, FS Kolhosser, 2004, II 75; Felke/Jordans, Internationalrechtliche Fragen von Gewinnzusagen, IPRax 04, 409; Leible, Luxemburg locuta, NJW 05, 796; ders, Gewinnbestätigung aus Luxemburg, IPRax 03, 28; ders, Bingo! – Gewinnbestätigung jetzt auch aus Karlsruhe, NJW 03, 407; Leipold, Der Anspruch aus Gewinnzusage usw, FS Musielak, 2004, 317; S. Lorenz, Gewinnmitteilung als geschäftsähnliche Handlung, NJW 06, 472; ders, Internationale Zuständigkeit deutscher Gerichte und Anwendbarkeit von § 661a usw, IPRax 02, 192; ders, Gewinnmitteilungen aus dem Ausland usw, NJW 00, 3305; Mörsdorf-Schulte, Autonome Qualifikation der isolzierten Gewinnzusage, JZ 05, 770; Piekenbrock/Schulze, Internationale Zuständigkeit usw, IPRax 03, 328; T. Pfeiffer, Internationale Zuständigkeit usw, LMK 03, 79; Schäfer, Gewinnzusage nach § 661a BGB im System des Bürgerlichen Rechts, JZ 05, 982; Schmidt-Räntsch, Gewinnzusagen im Schuldrecht, FS Huber, 2006, 575; Schneider, Erfüllungszwang bei Gewinnzusage – verfassungsmäßig?, BB 02, 1653; Slonina, Haftung aus Gewinnzusagen in IPR und IZPR zwischen Verbraucherschutz und Lauterkeitsrecht, RdW 06, 748; Schreiber, Verbrauchersachen, NJW 02, 543; Schulze, Die Naturalobligation, 2008, 566 f; Schwartze, Die Bestimmung des auf grenzüberschreitende Gewinnzusagen anwendbaren Rechts nach Rom I und Rom II, FS Koziol, 2010, 407; Staudinger, Internationale Zuständigkeit usw, JZ 03, 852; Timme, Internationalzivilprozessuale Aspekte und Auslegungsfragen bei Gewinnmitteilungen aus dem Ausland gem § 661a BGB, JuS 03, 638; M. Vollkommer, Der Verbraucher als Wettbewerbshüter usw, GS W. Blomeyer, 2004, 845; G. Wagner/Potsch, Gewinnzusagen aus dem Inland und Ausland, Jura 06, 401; Weber, Neue Erscheinungsformen der Gewinnzusage im Internet, MMR 10/08, X.

1 **1. Allgemeines. a) Zweck:** Verbraucher- und Wettbewerbsschutz durch Begründung von Leistungspflichten (Zwang zur Einhaltung der Gewinnzusage). Damit soll die irreführende Werbepraxis unterbunden werden, dass Unternehmer Verbrauchern Mitteilung über (angebliche) Gewinne machen, die sie zum Warenkauf oder Abschluss von anderen Verträgen verleiten soll, während der Gewinn den Verbrauchern auch bei Nachfrage nicht bzw. nicht vollständig ausgehändigt wird (BGH NJW 03, 428; ZIP 04, 38 mN). § 661a ist verfassungsgemäß (BGH NJW 03, 3620; BVerfG NJW 04, 762). Die Norm wurde anlässlich der Umsetzung der FernAbsRiLi geschaffen, beruht aber nicht auf gemeinschaftsrechtlichen Vorgaben. § 661a ergänzt das UWG und hat allgemein-zivilrechtlichen Sanktionscharakter (dazu Schäfer JZ 05, 981 ff), setzt aber keinen UWG-Verstoß des Unternehmers tatbestandlich voraus. Doch wird er idR gegeben sei (Lorenz aaO 3306 mN). § 661a ordnet keine Strafzahlung an, sondern Erfüllungsanspruch (BGH ZIP 04, 38 f mN, auch zur Gegenauffassung; Schmidt-Räntsch FS Huber, 576). Zur Verbindlichkeit

2 als Sanktion missbräuchlichen Verhaltens s Schulze 567. **b)** § 661a regelt kein rechtsgeschäftliches, sondern ein **gesetzliches Schuldverhältnis** (so jetzt auch BGH NJW 06, 230, 232; offen noch BGH NJW 03, 3621, ZIP 04, 38; aA StBergmann 16: rechtsgeschäftlich; für rechtsgeschäftsähnliches Schuldverhältnis, s § 311 II, LG Braunschweig IPRax 02, 214: Sonderform des cic). Der Anspruch auf Leistung des mitgeteilten Preises setzt keine Willenserklärung des Unternehmers oder des Verbrauchers voraus. **Abgrenzung:** Auslobung (§ 657) verlangt (anders als § 661a) die öffentl Bekanntmachung einer entspr Willenserklärung und die Herbeiführung eines Erfolgs. § 661 (Preisausschreiben) setzt zusätzlich die Preisbewerbung (§ 661 Rn 1) voraus, die Gewinnzusage jeweils nicht. Kann eine Gewinnmitteilung und die Reaktion des Empfängers darauf als eine Ausspielung (§§ 762 f) oder eine Schenkung (§ 516) ausgelegt werden (s Lorenz aaO 3306 mN), so wird idR wegen § 763 (fehlende staatliche Genehmigung) bzw. § 518 I 1 (fehlende notarielle Beurkun-

3 dung) kein vertraglicher Leistungsanspruch bestehen. **c) Anwendungsbereich. Persönlich:** Rn 5. **intertemporal** ist § 661a auf alle Sachverhalte, die nach dem 29.6.2000 entstanden sind, anzuwenden (EGBGB 229 § 2; zu Vorwirkungen über § 242 s AG Heinsberg NJW-RR 01, 1274). Die Zusendung der Mitteilung erfolgt idR vom Ausland aus; zum **int** Anwendungsbereich und **Gerichtsstand** s EuGH

Titel 11. Auslobung **§ 661a**

NJW 05, 811, 814: Bei Gewinnzusage in Zusammenhang mit Warenbestellung und bei isolierter Gewinnzusagen gilt der Vertragsgerichtsstand des EuGVÜ/EuGVVO Art 5 I, wenn nicht (s EuGH EuZW 09, 489) der Verbrauchergerichtsstand des EuGVVO Art 15 I lit c eingreift, der lex specialis ist. § 661a ist als international zwingende Norm iSv Rom I-VO Art 9 (so BGH NJW 06, 232 zu EGBGB 34 aF) bzw bei deliktischer Qualifikation: Rom II-VO Art 16 (Nachweise zu den VO s vor § 241 Rn 13) durch deutsche Gerichte stets anzuwenden. Der Anwendungsbereich welcher der beiden Verordnungen eröffnet ist, hängt von der Qualifikation der Gewinnzusage als vertraglich oder deliktisch ab. Sie ist str, s nur den Meinungsstand bei StFezer/Koos BGB Int Wirtschaftrecht Rn 409 ff. Für vertragliche Qualifikation: PalThorn Rom I-VO Art 9 Rn 8, Art 1 Rn 3, Rom II-VO Art 1 Rn 4 (Anwendung von Rom I-VO Art 6 und nicht von Rom I-VO Art 9); MK/Junker Rom II-VO Art 1 Rn 22.

2. Voraussetzungen. a) Die **Mitteilung** muss bei einem durchschnittlichen 4 Verbraucher in der Lage des Empfängers den Eindruck erwecken, dass er einen Preis (bereits!) gewonnen hat (Auslegung nach dem obj erklärten Willen, § 133 Rn 10; s AG Cloppenburg NJW-RR 01, 1275; Lorenz aaO 3306). Ein entspr subj Verständnis bei dem konkreten Anspruchsteller ist (wegen des Sanktionscharakters, Rn 1) nicht erforderlich. Einschränkungen des Preisgewinns (zB Unverbindlichkeitserklärungen) sind unbeachtlich, wenn sie in der obj Erscheinungsform deutlich hinter der Gewinnmitteilung zurücktreten (Dresden IPRax 02, 421; Hamm MDR 03, 17; Koblenz VersR 03, 377). Allg Aussagen wie „Es gelten unsere anzufordernden Ausspielbedingungen" sind daher idR ohne Bedeutung (zur AGB-Kontrolle s AG Cloppenburg aaO, auch zur Unbeachtlichkeit einer an den Preis gekoppelten Forderung einer Unkostenpauschale). Gewinnzusage ist zu bejahen, auch wenn die Preisauszahlung erst durch den Verbraucher angefordert werden muss. Gewinnmitteilung muss **verkörpert** sein, zB Schriftstück, Fax, oder verkörperbar wie bei SMS-Textnachricht, E-Mail (ebenso LG Köln 27.8.2008 – 2 O 120/08, BeckRS 08, 19101). Nicht ausreichend daher [scheinbar] individualisierter Werbebanner als Pop-up-Fenster auf aufgerufener Internetseiten (LG Köln aaO; aA Weber MMR 10/08, X mit guten Argumenten). Als **Preis** kommt jeder Vorteil (Forderung, Bargeld, Sachen, Dienstleistungen usw; Koblenz VersR 03, 377: Guthaben), auch ein nichtvermögensrechtlicher (zB Einladung in das Heim eines bekannten Künstlers, sa Schmidt-Räntsch FS Huber, 581) in Betracht. Spielelement nicht erforderlich (AG Brehm NJW-RR 02, 417). Bestimmbarkeit des Preises genügt. Die Mitteilung ist **geschäftsähnliche Handlung** (Lorenz aaO 3307; jetzt auch BGH NJW 06, 232; aA StBergmann: Willenserklärung). Für RGeschäfte gelten daher grundsätzlich *entspr* (Rn 23 vor § 104), etwa auch § 164 II (AG Cloppenburg aaO). Unternehmer muss geschäftsfähig sein; Verbraucher kann geschäftsunfähig sein, da der ges Anspruch ohne sein Zutun entsteht und ihm nicht nachteilig ist. Deshalb (abweichend vom Grundsatz bei geschäftsähnlichen Handlungen) keine entspr Anwendung des § 131 (sa Schmidt-Räntsch FS Huber, 582; aA StBergmann 49: § 131 gilt, da Mitteilung Willenserklärung ist). § 661a ist spezielle Regelung gegenüber Anfechtung nach § 119 I durch den Unternehmer wegen Irrtums über den Gewinnmitteilungscharakter oder Rechtsfolgenirrtum. **Widerruf** der Mitteilung (analog § 658) ist wegen des Sanktionscharakters (Rn 1) nicht möglich (ebenso: Dörner FS Kohlosser 78; PalSprau 4). **b) Schuldner** ist der Versender. Das ist 5 nach der Rspr des BGH derjenige, den ein durchschnittlicher Verbraucher in der Lage des Empfängers einer Gewinnzusage als Versprechenden ansieht (BGH NJW-RR 05, 1365; NJW 05, 827; 04, 3555), wenn dieser die Gewinnmitteilung an den Empfänger veranlasst hat. Es gelten die Vertretungsvorschriften (Rn 4), insbes die Grundsätze für unternehmensbezogene Geschäfte und die Grundsätze für Handeln unter fremdem/falschem Namen (§ 164 Rn 3 ff). Danach ist Sender auch derjenige, der dem Empfänger unter nicht existierenden oder falschen Namen, Firmen, Geschäftsbezeichnungen oder Anschriften Gewinnmitteilungen zukommen lässt

(BGH aaO). § 661a gestattet keinen Durchgriff auf den Geschäftsführer oder Gesellschafter einer die Gewinnzusage erteilenden juristischen Person (BGH NJW 04, 3039), wenn diese nicht selbst als Versender im obigen Sinn eingestuft werden kann. Für einen weiteren, wettbewerbsrechtlich-deliktisch geprägten Versenderbegriff M. Vollkommer GS Blomeyer, 2004, 852 f.; sa Frankfurt NJW-RR 05, 1366 ff.; LG Wuppertal NJW-RR 01, 1275 f. – Der Schuldner muss Unternehmer iSv § 14 sein. Absendung der Mitteilung wird von dem Unternehmer oft bestritten; zu Beweisfragen (ZPO 286): AG Cloppenburg aaO; LG Wuppertal aaO. **Gläubiger** ist der Mitteilungsempfänger; er muss Verbraucher iSv § 13 sein. Für §§ 13 f ist auf den begleitenden Vertragsabschluss, den die Gewinnmitteilung herbeiführen soll (zB beworbene Warenbestellung, s LG Wuppertal NJW-RR 01, 1276), abzustellen, bei isolierten Gewinnzusagen darauf, dass Mitteilung für den Sender seiner gewerblichen/beruflichen Tätigkeit zugeordnet werden kann, für den Empfänger hingegen nicht (Wagner/Potsch Jura 06, 402). – Die Mitteilung muss dem Empfänger als gerade an ihn persönlich gerichtet zugegangen sein, da sonst kein obj Erklärungswert der Gewinnzusage an ihn besteht; daher ist idR die namentliche Bezeichnung des Adressaten erforderlich. Erklärungen an unbestimmten Personenkreis ohne Individualisierung einzelner sind nicht ausreichend (PalSprau 2; weiter StBergmann 40).

6 **3. Rechtsfolge:** Der Anspruch auf Erfüllung der Gewinnzusage entsteht mit Zugang (§ 130 Rn 5 ff) der Mitteilung beim Verbraucher (Nürnberg NJW 02, 3640). Erfüllungsort: Verbraucherwohnsitz (BGH NJW 06, 234; aA StBergmann 54; differenzierend Mörsdorf-Schulte JZ 05, 778). Leistungsstörungen: §§ 280 ff, 311a; wird Schadensersatz statt des Preises verlangt: § 280 III bzw § 311a II. Bei Kopplung von Gewinnzusage und Vertragsangebot kommt § 138 I in Bezug auf den daraufhin abgeschlossenen Vertrag in Betracht (BGH NJW 05, 2991). Sofern der Verbraucher einen Anspruch auf Erfüllung einer Gewinnzusage in der Insolvenz des Versenders geltend macht, ist er nachrangiger Insolvenzgläubiger (BGH ZIP 08, 975).

Titel 12. Auftrag, Geschäftsbesorgungsvertrag und Zahlungsdienste

Untertitel 1. Auftrag

§ 662 Vertragstypische Pflichten beim Auftrag

Durch die Annahme eines Auftrags verpflichtet sich der Beauftragte, ein ihm von dem Auftraggeber übertragenes Geschäft für diesen unentgeltlich zu besorgen.

1 **1. Allgemeines. a) Begriff. Auftrag** ist die vertragliche Übernahme der unentgeltlichen Geschäftsbesorgung für einen anderen (ie Rn 8 ff). Der allg Sprachgebrauch und zT auch BGB und ZPO verwenden den Begriff in einem abw – weite-
2 ren – Sinn; Bsp: §§ 662, 663; ZPO 176, 753. **b) Rechtsnatur.** Der Auftrag ist ein unvollkommen zweiseitiger Vertrag (§ 311 Rn 12), weil der Auftraggeber nur uU und auch nicht als Gegenleistung Pflichten übernimmt (Rn 13). Wegen der Unentgeltlichkeit (Rn 7 und 11) ist er Gefälligkeitsvertrag (ohne Haftungserleichterung,
3 Rn 14). **c) Bedeutung.** Der Auftrag gehört zu den Dienstleistungsverträgen iwS (Esser/Weyers § 27 I); kann sowohl auf Dienste wie auf einen Erfolg gerichtet sein. Kennzeichnend ist das bes Vertrauensverhältnis (zB § 671 Rn 1). Er ist die Grundform für alle Verträge auf fremdnützige Interessenwahrung. Bsp: Unentgeltlicher Treuhandvertrag unterfällt §§ 662 ff (BGH NJW 02, 2460; zum Bankauftrag BGH NZBau 03, 670; unentgeltliche Anlagevermittlung Frankfurt NJW-RR 03, 414); entgeltlicher § 675, s § 675 Rn 12. Die Hauptbedeutung der §§ 662 ff liegt in der Ergänzung des Rechts der entgeltlichen Geschäftsbesorgungsverträge (ie Musielak
4 Gutachten II, S 1229 ff). **d) Anwendungsbereich.** Die Auftragsvorschriften sind

Titel 12. Auftrag § 662

entspr anwendbar zB gem §§ 27 III, 48 II, 86, 675, 681, 683, 713, 1835 I, 1915, 1991, 2218 I. Ein Auftrag bzw. auftragsähnliches Rechtsverhältnis besteht zwischen **Ehegatten,** von denen der eine das Vermögen des anderen verwaltet (BGH NJW 00, 3200 mN; Köln MDR 98, 911; sa § 1413 Rn 2; Gerhard FamRZ 06 1793; Übernahme der Wirtschaftsführung allein genügt nicht; an die Annahme eines Vertragsverhältnisses unter Ehegatten sind keine geringen Anforderungen zu stellen: BGH aaO), im eigenen Namen versichert (LG Köln NJW 77, 1969) oder dem anderen die Aufnahme von Bankkrediten durch Begebung von Sicherheiten ermöglicht (BGH NJW 89, 1920; Karlsruhe WM 91, 1163; Bremen NJW 05, 3502). Erteilung einer Kontovollmacht unter Ehegatten sagt alleine noch nichts darüber aus, ob zwischen den Ehegatten begleitender Auftrag abgeschlossen wird: BGH NJW 00, 3200; ähnlich für nichteheliche Lebensgemeinschaft: OLGR Zweibrücken 05, 132). Die Auftragsvorschriften sind auf **öffentl-rechtliche Auftragsverhältnisse** entspr anwendbar (VwVfG 62 S 2; ie MK/Seiler 68 f mN; VG Potsdam LKV 06, 284). Nach Beendigung der **staatlichen Verwaltung** von Vermögenswerten gelten die §§ 666–668 für die gesamte Verwaltungszeit (VermG 11a III: BGH 126, 324; 140, 360; NJW 00, 3059; 144, 109, auch zu Einigungsvertrag 22 s 109 f, 110; VermG 15 I: BGH 140, 11 und 356; zur privaten Verwaltung von Bodenreformgrundstücken s EGBGB 233 § 11 IV 2: BGH 143, 375.)

2. Abgrenzung. a) Gefälligkeitsverhältnis. Der Unterschied liegt im Rechts- 5 bindungswillen, der bei nur gesellschaftlichen Zusagen sowie bei Gefälligkeiten des täglichen Lebens fehlt. Sein Vorliegen ist nach den Umständen des Einzelfalles nach obj Kriterien zu beurteilen (vgl BGH 88, 382 mN und näher § 241 Rn 23 ff). Stehen erkennbar wirtschaftliche Interessen des Auftraggebers auf dem Spiel, so lässt dies idR auf Rechtsbindungswillen schließen (BGH 56, 210; NJW-RR 90, 205 mN; 93, 795; NJW 12, 3367), insbes kann auch bei Nachbarschaftshilfe ein Auftrag vorliegen (s Hamm NJW-RR 01, 455), etwa wenn eine erhöhte allg Schadensgefahr besteht. Übernahme einer ärztlichen Hilfeleistung im Einvernehmen mit Unfallopfer (oder anwesenden Angehörigen) durch einen zufällig anwesenden und seinen Beruf nennenden Arzt begründet regelmäßig Auftrag, nicht entgeltlichen Behandlungsvertrag (München NJW 06, 1883). Regelmäßige Beauftragung eines Bekannten mit Bargeldabhebungen von Konto und Ablieferung des Geldes ist wegen der wirtschaftlichen Relevanz Auftrag (Naumburg NJOZ 03, 657). Bei Auflassungsvollmacht zugunsten des Urkundspersonals beim Grundstückskaufvertrag liegt wegen wirtschaftlicher Bedeutung idR kein Gefälligkeitsverhältnis, sondern Auftrag zugrunde (BGH DNotZ 03, 836). Bei Übernahme politischer Tätigkeit ist ein Rechtsbindungswillen idR zu verneinen (BGH 56, 204); zur unentgeltlichen Raterteilung: § 675 II. Ehrenamtliche Tätigkeit regelmäßig Auftrag, nicht Dienstvertrag (vor § 611 Rn 11, dort Abgrenzung zum Dienstvertrag); Abgrenzung zum Werkvertrag vor § 631 Rn 3. **b) Auftrag und Vollmacht.** Die einseitig zu erteilende 6 Vollmacht ist streng von dem ihr zugrundeliegenden Rechtsverhältnis, zB einem Auftragsvertrag, zu unterscheiden. Der Auftrag betrifft das Innenverhältnis zwischen Auftraggeber und Auftragnehmer, die Vollmacht hingegen das Außenverhältnis zu einem Dritten (ie § 167 Rn 1). Eine isolierte Vollmacht ist denkbar, aber unüblich. Einer Vollmacht liegt bei Unentgeltlichkeit idR ein Auftrag zugrunde (BGH DNotZ 03, 836; zur Auflassungsvollmacht s Rn 5); dagegen ist der Auftrag nicht ohne weiteres mit einer Vollmachtserteilung verbunden. **c)** Vom **Geschäftsbesor-** 7 **gungsvertrag** (und damit auch vom Dienst- und Werkvertrag: § 675) unterscheidet sich der Auftrag durch seine Unentgeltlichkeit (Rn 11; sa § 675 Rn 4 ff).

3. Voraussetzungen des Auftrags. a) Abschluss, Vertragsabwicklung und 8 Beendigung des Auftrags folgen grundsätzlich den allg Regeln über Verträge. Stillschweigende Vertragsschluss etwa, wenn Kaufvertragsparteien sich einigen, dass losgelöst v § 439 der Käufer die Nacherfüllungshandlungen vornehmen soll (dazu Hellwege AcP 206, 166). Der Vertrag ist formfrei, auch wenn er auf Grundstücksbeschaffung oder -veräußerung gerichtet ist, sofern diese Pflichten unmittelbar aus

§ 662

dem Gesetz (§ 667) folgen (BGH 85, 248 f; näher § 311b Rn 24). Bei bereits tatsächlicher oder rechtlicher Gebundenheit des Auftraggebers bedarf es aber der notariellen Form (ebenso für die mit dem Auftrag verbundene Abschlussvollmacht, § 311b Rn 29; zur Formbedürftigkeit eines unwiderruflichen Auftrags zur Nachlassverwaltung für den Todesfall siehe allg RG 139, 43). Bei Nichtigkeit des Vertrags gelten nach der Rspr §§ 677 ff (str; ie § 677 Rn 6). Beweislast für erteilte Weisungen bei
9 Auftraggeber (BGH NJW-RR 04, 927). **b)** Der Beauftragte ist zur **Besorgung eines Geschäfts** für den Auftraggeber verpflichtet. Der Begriff der Geschäftsbesorgung ist weit auszulegen und umfasst jede – selbstständige oder unselbstständige, wirtschaftliche oder nichtwirtschaftliche – Tätigkeit in fremdem Interesse (BGH 56, 207; NJW 12, 3367). Er ist damit weiter als in § 675 (Musielak, Gutachten II, S 1222 mN, hM, s § 675 Rn 4 ff). **aa)** Die Verpflichtung muss auf eine einzelne oder einen Komplex von **Tätigkeiten** (Verwaltung) – rechtlicher oder tatsächlicher Art – gerichtet sein. Bloßes Unterlassen, Gewährenlassen, Dulden oder Geben (dann § 516) fallen nicht darunter. Geschuldet ist nicht Erfolg, sondern sorgfältiges (§ 276) Bemühen um Ausführung des Auftrags (Bamberg NJOZ 03, 665; sa BGH NJW-
10 RR 02, 1272 zur Effektenkommission). **bb) In fremdem Interesse** liegt die Tätigkeit, wenn sie eigentlich der Sorge eines anderen obliegen würde und dessen Interesse fördert (RG 97, 65 f; BGH NJW 12, 3367 näher Oetker/Maultzsch § 11 B II 1 mN). Dies wird nicht dadurch ausgeschlossen, dass der Beauftragte zugleich eigene Interessen mitverfolgt (BGH 56, 207). Das Interesse kann auch nichtvermögensrechtlich sein. **cc)** Bsp für mögliche Geschäftsbesorgungen: Innenverhältnis zwischen Hauptschuldner und Bürge oder anderem Sicherungsgeber (RG 59, 12, 209; BGH LM Nr 2 zu § 516), zB bei der Sicherungsübereignung und -zession (RG 59, 191; einschr LG Hamburg MDR 78, 51) oder bei der Sicherungsgrundschuld (Budzikiewicz ZGS 02, 279, 357 mN; zur GoA nach Fortfall des Sicherungszwecks vor § 677 Rn 7); Gefälligkeitsakzept (RG 120, 208); Kreditauftrag iSd § 778 (RG 56, 134 f); Geltendmachung abgetretener Gewährleistungsansprüche, wenn der Zedent das Risiko der Schadloshaltung trägt (BGH 92, 126 f); Unfallhilfe (BGH 33, 257); Abgabe von Willenserklärungen als Vertreter (Rn 5 f zur Auflassungsvollmacht). Auftrag zwischen Darlehensnehmer und Insolvenzschuldner, wenn Darlehensgeber auf Anweisung des Darlehensnehmers an Insolvenzschuldner zahlt und Darlehensnehmer dem Insolvenzschuldner Weisung erteilt, den Betrag an einen Dritten weiterzuleiten. Betrag ist Vorschuss iSd § 669 (München BeckRS 05,
11 04192). **c)** Die Geschäftsbesorgung erfolgt **unentgeltlich** (zum Aufwendungsersatz entsprechend § 1835 III s § 670 Rn 2). Ein vereinbarter Aufwendungsersatz beseitigt die Unentgeltlichkeit nicht, denn er gleicht allein die Vermögenseinbußen des Beauftragten aus. Eine Zuwendung des Auftraggebers nach Vertragsschluss ist iZw nicht als Schenkung zu werten (RG 72, 191; 74, 142); dazu, ob darin eine nachträgliche Umwandlung in ein entgeltliches Geschäftsbesorgungsverhältnis gesehen werden kann, vgl RG 72, 191. Liegen Umstände gem § 612 I vor, trägt die Beweislast für die Unentgeltlichkeit der Geschäftsbesorgung der Dienstberechtigte (BGH MDR 75, 739).

12   **4. Rechtsfolgen. a) Pflichten des Beauftragten.** Dazu ie §§ 663–668. Daneben bestehen auf Grund des dem Auftrag eigentümlichen Vertrauensverhältnisses im Einzelfall weitere Pflichten, zB Pflicht des Beauftragten zur Verschwiegenheit (BGH 27, 246), zur Prüfung, Information, Belehrung und ggf auch Warnung (BGH 131, 353), insbes wenn der Beauftragte sachverständig ist (vor allem bei Banken, Rechtsanwälten und Steuerberatern: BGH 23, 222; 72, 102; NJW 85, 43; 94, 2541; 98, 1486; bei Treuhändern im Rahmen von Bauherrenmodellen: BGH 102, 225; Nürnberg OLGZ 90, 449 f; sa § 665 Rn 6; § 666 Rn 2), Obhutspflicht bezüglich übergebener Sachen, uU Pflicht zum Ergreifen von Vorsichts- und Sicherungsmaßnahmen (BGH 32, 70; NJW-RR 93, 795); uU kann auch eine Schutzpflicht (§ 241 II) gegenüber Angehörigen und Vertragspartnern des Auftraggebers bestehen (s § 328 Rn 36, 39). Pflichtverletzung führt zu Schadenshaftung nach § 280 I; wird

bei der Verletzung von Leistungspflichten (§§ 662, 666, 667, zur Abgrenzung s noch § 667 Rn 4 unter c) oder im Fall des § 282 Schadensersatz statt Leistung oder stattdessen Aufwendungsersatz (§ 284) verlangt, so sind die §§ 280 II, III, 281 ff zusätzlich heranzuziehen (Oetker/Maultzsch § 11 B IV 5). Bei anfänglicher Unmöglichkeit der Leistungserbringung durch den Beauftragten gilt § 311a II. **b)** **Mögliche** **Pflichten des Auftraggebers** folgen aus §§ 669, 670 (Leistungsstörungen: §§ 280 ff, es gilt Rn 12 aE entspr). Er hat nicht die Pflicht, dem Beauftragten die Erfüllung des Auftrags zu ermöglichen (s a § 669 Rn 2). Doch muss er den Beauftragten genügend informieren und ihn auf ihm bekannte Gefahren aufmerksam machen (§ 241 II). Falls die übernommene Leistung bei Vereinbarung einer Vergütung dienstvertraglicher Art wäre, besteht die Fürsorge- und Schutzpflicht analog §§ 618 f (BGH 16, 265) bzw ist § 241 II inhaltlich entsprechend §§ 618 f auszulegen. Zur Haftung für Zufallsschäden s § 670 Rn 8 ff. **c) Haftungsmaßstab bei Pflichtverletzungen:** 14 § 276, falls nichts anderes vereinbart ist (BGH 30, 40, 47). Die Anwendung eines milderen Haftungsmaßstabes (entspr §§ 521, 599, 690, 708, 1359) wird im allg unter Hinweis auf das zwischen den Parteien bestehende Vertrauensverhältnis abgelehnt (BGH 21, 110; s a § 241 Rn 26). Auch die Grundsätze über die Haftung des Arbeitnehmers bei betriebsbedingter Tätigkeit (§ 276 Rn 53; § 619a Rn 2ff) können nicht entspr herangezogen werden (BGH 30, 40, 49; ErmBerger 25; str; aA ErmEhmann [12. Aufl 08] 21 (§ 690 analog) mN). Dagegen wird man bei einem Auftrag zur Abwendung einer dringenden Gefahr § 680 entspr anwenden können. Für Gehilfenhaftung §§ 664, 278.

§ 663 Anzeigepflicht bei Ablehnung

¹Wer zur Besorgung gewisser Geschäfte öffentlich bestellt ist oder sich öffentlich erboten hat, ist, wenn er einen auf solche Geschäfte gerichteten Auftrag nicht annimmt, verpflichtet, die Ablehnung dem Auftraggeber unverzüglich anzuzeigen. ²Das Gleiche gilt, wenn sich jemand dem Auftraggeber gegenüber zur Besorgung gewisser Geschäfte erboten hat.

1. Anwendungsbereich. Überwiegend bei der Anbahnung von entgeltlichen 1 Geschäftsbesorgungsverträgen (§ 675). Sondervorschrift für Rechtsanwälte: BRAO 44. Amtshaftungsbestimmungen gehen vor, falls das Verhalten eine Amtspflichtverletzung bedeutet. § 663 gilt auch für die in HGB 362 aufgeführten Personen, falls die bes Voraussetzungen dieser Vorschrift fehlen.

2. Voraussetzungen. a) Öffentl Bestellung: nicht notwendig durch Behörde, 2 sondern dem Publikum gegenüber auch durch private Organisationen. **b) Öffentl Sicherbieten,** zB durch Presse, im Internet auf einer Website, durch Postwurfsendungen der Massen-Email, Anschläge, in öffentl Geschäftslokal (Aufforderung zur Auftragserteilung). **c)** Gegensatz zu o [b] ist individuelles **Sicherbieten gegenüber Auftraggeber (S 2).**

3. Rechtsfolgen. § 663 regelt für den darin aufgeführten Personenkreis eine (zu 3 §§ 311 II spezielle) vorvertragliche Pflicht (sondertatbestandliche Ausprägung der cic) zur unverzüglichen (§ 121) Mitteilung der Ablehnung eines Auftrages (Anzeige). Mitteilung ist geschäftsähnliche Handlung (StMartinek 11), Erfüllung dieser Pflicht mit Absendung, Zugang nicht erforderlich (str, s BaR/Fischer 3 mN). Bei entgeltlicher Geschäftsbesorgung auch § 675a. Folge des Schweigens ist nicht wie in HGB 362 die Fiktion der Annahme, sondern die Begründung eines Schadensersatzanspruchs wegen Verletzung der ges Mitteilungspflicht (§§ 280 I, 663, anders Oetker/Maultzsch § 11 B III: §§ 311 II, 280 I). Zu ersetzen ist der **Vertrauensschaden,** also der dem Auftraggeber durch die unterbliebene oder verspätete Ablehnung entstandenen Schaden (da ein Fall der cic, vgl BGH NJW 84, 867; Grunewald JZ 84, 708; zum Ersatz des neg Interesses s NK/Magnus vor § 249-255 Rn 24). Liegt eine Annahme zB gem § 151 vor, so entfällt § 663.

§ 664 Unübertragbarkeit; Haftung für Gehilfen

(1) ¹Der Beauftragte darf im Zweifel die Ausführung des Auftrags nicht einem Dritten übertragen. ²Ist die Übertragung gestattet, so hat er nur ein ihm bei der Übertragung zur Last fallendes Verschulden zu vertreten. ³Für das Verschulden eines Gehilfen ist er nach § 278 verantwortlich.

(2) Der Anspruch auf Ausführung des Auftrags ist im Zweifel nicht übertragbar.

1   **1. Allgemeines. a)** I 1 und II geben Auslegungsregeln. **b) Entspr Anwendung** von I auf entgeltliche Geschäftsbesorgungsverträge ist nicht schlechthin ausgeschlossen, obwohl § 675 den § 664 nicht nennt (BGH NJW 10, 2346; näher § 675 Rn 11).

2   **2. Übertragung der Ausführung (Substitution). a) Begriff und Abgrenzung.** Substitution bedeutet, dass der Beauftragte die Geschäftsbesorgung ganz oder teilw einem Dritten zu eigener Verantwortung überträgt; nicht erforderlich ist, dass er selbst aus jeder Tätigkeit ausscheidet (BGH NJW 93, 1705; ErmBerger 2; Koller ZIP 85, 1247). Demgegenüber dient die **Zuziehung von Gehilfen** (I 3, Rn 5 f) lediglich der Unterstützung des Beauftragten. Weder Substitution noch Gehilfenzuziehung liegen vor, wenn der (erste) Beauftragte lediglich die Einschaltung eines weiteren Beauftragten zu „veranlassen" hat (sog weitergeleite-
3   ter Auftrag; ie Kümpel WM 96, 1893; s a Rn 6). **b) Zulässigkeit.** Substitution ist wegen des bes Vertrauensverhältnisses iZw **verboten** (I 1) und nur bei **Gestattung** (I 2; nicht allg durch AGB: LG Köln WM 00, 720; Hansen BB 89, 2424; Kümpel WM 96, 1896; str, offen: Bamberg NJOZ 03, 667) **ausnahmsweise** zulässig. Für die Gestattung ist der Beauftragte beweispflichtig. Gestattung kann schlüssig erklärt werden (SoeBeuthien 4; Bamberg NJOZ 03, 667); sie kann sich
4   aus der Verkehrssitte (§ 157) oder aus § 665 ergeben. **c) Rechtsfolgen.** Bei **erlaubter Substitution** entsteht ein unmittelbares Vertragsverhältnis zwischen dem Auftraggeber und dem Dritten, wenn der Beauftragte als Vertreter im Namen und mit Vollmacht des Auftraggebers den Dritten beauftragt hat. Der Beauftragte haftet nur für eigenes Verschulden bei der Übertragung, lediglich ausnahmsweise auch bei der Anleitung und Überwachung des Dritten (BGH NJW 93, 1706). Hat der Erstbeauftragte den Dritten in eigenem Namen unterbeauftragt, entsteht Auftragsverhältnis nur zwischen ihnen, nicht zwischen Drittem und Erstauftraggeber. Schadensersatzansprüche des Erstbeauftragten gegen den Dritten aus Verletzung des Unterauftrags hat der Erstbeauftragte an den Erstauftraggeber abzutreten nach § 667; keine Abtretung, soweit Erstbeauftragter selbst wegen Auswahl- und Überwachungspflichten dem Erstauftraggeber gegenüber haftet. Bei der **verbotenen Substitution** haftet der Beauftragte nach I 1 iVm § 280 I für jeglichen aus der Weitergabe des Auftrags adäquat entstandenen Schaden (s Koller ZIP 85, 1248). Zwischen Auftraggeber und Drittem bestehen keine unmittelbaren Vertragsbeziehungen; doch kann der Beauftragte den „Drittschaden" des Auftraggebers geltend machen (Rn 19 ff vor § 249) bzw er muss seinen Schadensersatzanspruch gem § 667 an den Auftraggeber abtreten.

5   **3. Zuziehung von Gehilfen. a)** Sie ist **zulässig**, sofern sich aus dem Auftrag oder der Eigenart des aufgetragenen Geschäfts nichts anderes ergibt. **b) Haftung.** Bei zulässiger Zuziehung eines Gehilfen wird dessen Verschulden dem Beauftragten gemäß I 3, § 278 zugerechnet; iü haftet der Beauftragte wie bei nicht gestatteter
6   Substitution (Rn 4). **c) Abgrenzung** zur Substitution: Rn 2. Keine Gehilfenzuziehung liegt vor, wenn der Beauftragte überhaupt nur verpflichtet ist, eine geeignete Person zur Durchführung einer Aufgabe heranzuziehen. Bsp: Hausverwalter beauftragt Handwerker mit Durchführung von Reparaturen.

7   **4. Unübertragbarkeit des Anspruchs auf Ausführung (II).** Vgl Rn 1 und zu den Folgen der Unübertragbarkeit §§ 399, 400 Rn 5. Die übrigen aus dem Auftrag erwachsenen Ansprüche (zB §§ 666, 667) sind idR übertragbar.

Titel 12. Auftrag **§ 665**

§ 665 Abweichung von Weisungen

¹Der Beauftragte ist berechtigt, von den Weisungen des Auftraggebers abzuweichen, wenn er den Umständen nach annehmen darf, dass der Auftraggeber bei Kenntnis der Sachlage die Abweichung billigen würde. ²Der Beauftragte hat vor der Abweichung dem Auftraggeber Anzeige zu machen und dessen Entschließung abzuwarten, wenn nicht mit dem Aufschub Gefahr verbunden ist.

1. Allgemeines. a) Grundsatz. Der Beauftragte ist an Weisungen (Rn 2) des 1 Auftraggebers gebunden; § 665 erwähnt nur eine (von mehreren) Ausnahmen (Rn 4–6). Der Auftraggeber kann seine Weisungen (durch Gegenweisung) frei widerrufen (BGH 103, 145; Rn 2 f). **b) Weisung. aa)** Sie regelt die Vertragspflich- 2 ten des Beauftragten und ist eine empfangsbedürftige, einseitige Willenserklärung. Für den **Inhalt** der Weisung ist nicht deren Wortlaut maßgebend, er ist ggf durch Auslegung unter Berücksichtigung des mutmaßlichen Willens des Auftraggebers und der Verkehrssitte zu ermitteln. Bei Zweifeln muss nachgefragt werden (BGH NJW 91, 488; München NJW-RR 95, 814: Mehrdeutiger Betrag). Risiko, den Auftrag auf Grund der Weisung nicht mehr ausführen zu können, liegt beim Auftraggeber (KG MDR 07, 451), ebenso Beweislast für Weisungsinhalt (BGH NJW-RR 04, 927). Weisung ist zB die Anlagerichtlinie im Rahmen eines Vermögensverwaltungsvertrags (BGH 137, 73 ff); das Unterschreiben des Belastungsbelegs durch den Kreditkarteninhaber (BGH NJW 02, 3698; Karlsruhe NJW-RR 91, 238 mN; LG Tübingen NJW-RR 95, 746, str). Grundsätzlich ist Weisung des Kreditkarteninhabers unwiderruflich, hM, BGH NJW 02, 3698. Das Fälschungsrisiko trägt bei Weisungen idR der Beauftragte (BGH NJW 01, 2969; 94, 2358 und 3345 mN, stRspr; sa u Rn 8); Ausnahme: der Auftraggeber hat einen Rechtsschein geschaffen, der sich gerade auf die Echtheit der Weisung bezieht (BGH 01, 2969 mN). Überweisungsauftrag (zum mehrgliedrigen Überweisungsverkehr, Geltung § 675, s BGH NJW 03, 1399 f mN; BKR 03, 217) im Rahmen eines Girovertrags ist Weisung (BGH 98, 26; ie Häuser NJW 94, 3121); jetzt (s EGBGB 228). Zur Auslegung des Überweisungsbelegs (Bedeutung von Empfängerbezeichnung, Kontonummer) s BGH NJW 03, 1389 f mN. **bb)** Der **Widerruf** wirkt nur für die Zukunft (BGH 3 17, 326). Er ist nur möglich, solange die Weisung noch nicht ausgeführt ist (BGH 103, 145). Beim Einzugsermächtigungsverfahren ist auf Widerspruch des Kontoinhabers die Belastungsbuchung rückgängig zu machen (BGH 95, 106; NJW 96, 989; s Häuser WM 91, 1 ff; Rinze JuS 91, 203 ff).

2. Ausnahmen (S 1, 2). a) Der Beauftragte ist zur Abweichung von Weisungen 4 **berechtigt, aa)** wenn er den Umständen nach annehmen darf, dass der Auftraggeber bei Kenntnis der Sachlage die Abweichung billigen würde und Gefahr im Verzuge ist oder er den Auftraggeber von seinem Vorhaben unterrichtet, innerhalb angemessener Frist (§ 147 II) jedoch eine gegenteilige Entschließung des Auftraggebers nicht erhalten hat (Musielak, Gutachten II, S 1230, hM); **bb)** bei entspr 5 **Erlaubnis. b)** Der Beauftragte kann aber uU auch **verpflichtet** sein, von den 6 erteilten Weisungen abzuweichen oder den Auftraggeber zumindest auf Bedenken hinzuweisen (in § 665 nicht geregelt, folgt aber aus §§ 157, 242, 241 II), insbes bei Eintritt unvorhergesehener Umstände, die dem Auftraggeber unbekannt sind; gleiches gilt für einen kundigen Beauftragten (zB Bank, RA, Steuerberater) gegenüber einem unkundigen Auftraggeber (zB Bankkunde, Mandant; vgl auch § 662 Rn 12). **Fehlt** es an einer erforderlichen Weisung, kann der Beauftragte zu ihrer Herbeiführung verpflichtet sein (vgl BGH 131, 352 f). Unterlässt er Hinweis bzw Abweichung, so ist Haftung gemäß § 280 möglich. Keine Hinweis-, Abweichungspflicht, wenn Auftraggeber (wirtschaftliches) Risiko kennt, s Brandenburg NZG 02, 675.

3. Rechtsfolgen. a) Bei **berechtigter Abweichung** (Rn 4 f) ist der Beauftragte 7 in jedem Fall zur nachträglichen Benachrichtigung des Auftraggebers verpflichtet

Mansel 1049

§ 666

(§ 666). Bei Verletzung der Pflicht kann eine Haftung nach § 280 begründet sein (näher § 662 Rn 12). Bestand eine **Pflicht zur Abweichung** (Rn 6), so hat der Beauftragte weitergehende Aufklärungs- und Belehrungspflichten. Bei **Banken** dürfen diese allerdings nicht überspannt werden, da diesen die Rechtsbeziehungen zwischen ihrem Kunden und dem Dritten zumeist unbekannt sind (zB BGH NJW 63, 1872; 78, 1852). Eine Rechtspflicht der Banken, ihre Kunden vor einem risikobehafteten Geschäft zu warnen, besteht im allg nicht (BGH NJW 92, 2147 mN; NJW-RR 92, 880 ff mN; Vortmann WM 89, 1557 mN); jedoch kann uU abw gelten (zB BGH 72, 92; 123, 126; NJW 97, 1362; NJW-RR 92, 374 f; Köln WM 95, 384); sa § 280 Rn 60. **b)** Bei **unberechtigter Abweichung** von Weisungen des Auftraggebers macht sich der Beauftragte schadensersatzpflichtig (BGH 137, 69) gemäß § 280 (näher § 662 Rn 12). Ferner: Der Auftraggeber braucht das ausgeführte Geschäft nicht als Erfüllung gelten zu lassen. Folge: Kein Erstattungsanspruch des Beauftragten gem § 670 (BGH NJW 80, 2131; Hamm NJW-RR 92, 1139), wohl aber Rückerstattungsanspruch des Auftraggebers gem § 667 (BGH 108, 390; 130, 91; sa § 667 Rn 2 ff). Ist der Auftraggeber für die Abweichung mitverantwortlich, kann der Anspruch entspr § 254 gemindert oder ausgeschlossen sein (BGH 130, 95 mN; BGH NJW-RR 00, 273). Die Geltendmachung ist unzulässig (§ 242 Rn 32 ff), wenn trotz der Abweichung der erstrebte Zweck erreicht wurde (BGH 130, 96; NJW 91, 3209; München WM 95, 2139). Ausgeführte gefälschte Weisungen (Rn 2) können dem Auftraggeber nach Rechtsscheingrundsätzen (§§ 172 II, 173) zuzurechnen sein (zu Überweisungsaufträgen nach bisherigem Recht [s Rn 2]: BGH NJW 01, 2969, 94, 2358 und 3345 mN; BGH 130, 92; NJW-RR 92, 1265). Der Auftraggeber trägt die **Beweislast** für Inhalt und Umfang des erteilten Auftrags, der Beauftragte für die weisungsgemäße Erfüllung (BGH 130, 94 f mN) und eine evtl Änderung der Weisung (BGH NJW 91, 487).

§ 666 Auskunfts- und Rechenschaftspflicht

Der Beauftragte ist verpflichtet, dem Auftraggeber die erforderlichen Nachrichten zu geben, auf Verlangen über den Stand des Geschäfts Auskunft zu erteilen und nach der Ausführung des Auftrags Rechenschaft abzulegen.

1. **1. Allgemeines.** Die **dispositive Vorschrift** (einschr BGH MDR 85, 32) begründet eine Vorleistungspflicht des Beauftragten; dieser kann daher einem Anspruch nach § 666 gegenüber idR **kein Zurückbehaltungsrecht** geltend machen (§ 273 Rn 13; Ausnahme: s Hamm WM 92, 1100). Zur **Abtretbarkeit** und Vererblichkeit eines solchen Anspruchs vgl §§ 259–261 Rn 2. BGH NJW 12, 917: **Alt. 2** begründet eine aus dem Auftragsvertrag folgende unselbstständige Nebenpflicht auf Auskunft. Sie verjährt grundsätzlich nicht vor Beendigung des Auftragvertrags. Bei Verletzung der Informationspflichten ist der Beauftragte **schadensersatzpflichtig** nach § 280 I, II (§ 662 Rn 12). Zur entsprechenden Anwendung s SoeBeuthien 19; BGH WM 02, 2425 (zu VermG 3 III); BGH VIZ 02, 409 (zu VermG 11a III 1). Bei **Kontopfändung** sind zwei auf § 666 beruhende Auskunftsansprüche zu unterscheiden: (1) Der als Nebenanspruch des gepfändeten Hauptanspruchs auf den Gläubiger übergehende (§§ 412, 401) Auskunftsanspruch zielt darauf ab, Gegenstand und Betrag des Hauptanspruchs zu ermitteln. Zum Übergang als unselbstständiges Nebenrecht bei der Forderungspfändung s auch LG Cottbus JurBüro 02, 659. (2) Der Anspruch des Kontoinhabers auf Erteilung von Kontoauszügen und Rechnungsabschlüssen ist ein selbstständiger Anspruch aus dem Girovertrag bzw Zahlungsdienstevertrag (§ 675 f), der bei einer Kontenpfändung nicht als Nebenanspruch mit der Hauptforderung mitgepfändet werden kann (BGH NJW 06, 217 zum Girovertrag). Zum Verhältnis Girovertrag/Zahlungsdienstevertrag s § 675 f; Palandt/Sprau § 675 f Rn 10.

2. **2. Informationspflichten.** Sie treffen den Beauftragten teils unaufgefordert (su [a]), teils nur auf Verlangen (Rn 3 f). Bei **mehreren** Auftraggebern gilt nach bisher

Titel 12. Auftrag § 667

hM § 432 (ist Individualanspruch des einzelnen Auftraggebers ausnahmsweise nach § 242 möglich: BGH NJW 96, 657; LG Kleve WM 07, 830 f). Die Informationsrechte sind dem Auftraggeber selbstständig zustehende Rechte; sie setzen keinen weitergehenden Anspruch voraus, zu dessen Vorbereitung die begehrte Information dienen soll (BGH NJW 01, 1486; zur prozessualen Folge: BGH NJW 00, 3199 f). Die Informationspflicht besteht unabhängig davon, ob der Auftraggeber die Information selbst auf zumutbare Weise erlangen kann. Eine Auskunft kann bei berechtigtem Interesse mehrfach begehrt werden, etwa weil bereits erteilte Informationen verloren gingen (BGH NJW 01, 1487). Die Informationspflicht ist nach Inhalt und Umfang durch § 242 begrenzt; sie unterliegt lediglich den Schranken des Schikaneverbots (§ 226) und der unzulässigen Rechtsausübung (§ 242), s zur Anwaltsauskunft Karlsruhe NJW-RR 02, 708. Zweifelhaft: Koblenz ZMR 03, 111 geht davon aus, dass ein Auftraggeber, der über längere Zeit den Eindruck erweckt, keine näheren Informationen zu wünschen, sein Recht aus § 666 verwirken kann. Soweit die Information nur Zug um Zug gegen Kostenerstattung (§ 670) erteilt werden muss, ist der Informationsaufwand für den Beauftragten kein Weigerungsgrund (BGH NJW 01, 1487 f). Bei der Erfüllung der Informationspflichten aus § 666 gilt § 130 I 1 nicht (BGH NJW 02, 2703). Ob eine Informationspflicht auch die Pflicht umfasst, auf die Konsequenzen und die (wirtschaftliche) Bedeutung der vollständig und unmissverständlich erteilten Informationen hinzuweisen, hängt von der näheren Ausgestaltung des Auftrags ab; sie ist nicht gegeben bei einem Geschäftsbesorgungsvertrag (s § 675 Rn 1) in Form eines Wertpapierdepotvertrags (BGH NJW 05, 1113 Klarstellung zu NJW 02, 2703). Beachte noch § 675a. **a) Benachrichtigungspflicht.** Umfang der notwendigen Mitteilungen bestimmt sich nach dem Einzelfall. Sie kann sich uU zur Warnpflicht steigern (§ 665 Rn 7). Bsp: Unterrichtung über die Nichteinlösung einer Lastschrift (BGH NJW 89, 1671; zust Terpitz NJW 89, 2740). **b) Die Auskunftspflicht** bezieht sich auf den – uU laufenden – Stand des Geschäfts. Auskunftsumfang: §§ 259–261 Rn 4–6; BGH NJW 12, 919. Sonderfall des § 260, allerdings setzt § 666 nicht notwendig einen konkreten Hauptanspruch voraus, dessen Durchsetzung das Auskunftsrecht dienen muss (Saarbrücken NJW-RR 10, 1333). **c) Die Rechenschaftspflicht** besteht nach Ausführung des Auftrags, nicht erst nach vollständiger Erledigung (RG 56, 118; BGH NJW 12, 919). Bei laufender Verwaltung hat sie uU periodisch zu erfolgen. Der Beauftragte hat die Beweislast für die Richtigkeit der Rechnung. Pflichteninhalt: §§ 259–261 Rn 8; darüber hinaus ist der Beauftragte verpflichtet, in verkehrsüblicher Weise die wesentlichen Einzelheiten seines Handelns zur Auftragsausführung darzulegen und dem Auftraggeber die notwendige Übersicht über das besorgte Geschäft zu verschaffen (BGH 109, 266). Auch Belege, die nicht bereits nach § 667 (dort Rn 4) herauszugeben sind, müssen vorgelegt werden (BGH aaO). Ein Verzicht auf exakte Rechnungslegung (konkludent zB durch widerspruchslose, mehrjährige Hinnahme ungenauer, gerundeter Abrechnungen) kann einen Verzicht auf sich bei genauer Abrechnung ergebende Zahlungsansprüche beinhalten. Doch ist das nur für verhältnismäßig geringfügige Ansprüche anzunehmen (BGH NJW 01, 1131). Eine Einschränkung des Anspruchs ist gem § 242, nach BDSG (va § 4 I) oder bei legitimen Geheimhaltungsinteressen des Schuldners oder eines Dritten möglich, insbes wenn Schuldner und Gläubiger in einem Wettbewerbsverhältnis stehen. BGH NJW 12, 58: Vermittler für Vermietung einer Ferienwohnung muss dem Eigentümer die Mietverträge und die Abrechnungen mit den Mietern herausgeben, auch wenn dadurch ein Wettbewerbsverhältnis mit dem Eigentümer entsteht. Keine Einschränkung bei überwiegendem Kontrollinteresse des Auftraggebers, s dazu zB BGH NJW 07, 1528 f.

§ 667 Herausgabepflicht

Der Beauftragte ist verpflichtet, dem Auftraggeber alles, was er zur Ausführung des Auftrags erhält und was er aus der Geschäftsbesorgung erlangt, herauszugeben.

§ 667

Buch 2. Abschnitt 8. Einzelne Schuldverhältnisse

Lit: Helms, Gewinnherausgabe als haftungsrechtliches Problem, 2007.

1. Allgemeines. a) Herausgabepflicht ist Folge der **Fremdnützigkeit des Auftrags**. Der Beauftragte soll durch dessen Ausführung weder Vor- noch Nachteile haben (BGH NJW-RR 92, 561). § 667 ist dispositiv (BGH NJW-RR 97, 778). Zweck ist die Abschöpfung des bei dem Beauftragten vorhanden Vorteils, nicht aber der Ausgleich eines bei dem Auftraggeber entstandenen Vermögensausfalls (BGH NJW 01, 2477, s noch Rn 7; zur Durchsetzung der Interessenwahrungspflicht des Beauftragten ggü dem Auftraggeber weitergehend Mülbert, ZHR 172, 197 ff). Herausgabepflicht kann abbedungen oder modifiziert werden (BGH NJW-RR 1997, 778; BAG ZIP 08, 1184). **b) Entspr Anwendung:** §§ 675, 681 S 2, 687 II; private Amtsverhältnisse (zB Vereinsvorstand, Testamentsvollstrecker, Pfleger, Verwalter, §§ 27 III, 48 II, 713, 2218; WEG 26 ff); Treuhandverhältnisse; staatliche Verwaltung iSd VermG bzw. private Verwaltung bei Bodenreformgrundstücken (§ 662 Rn 4 aE); zum Arztvertrag s Rn 4.

2. Voraussetzungen. Der Auftragnehmer muss auf Grund eines rechtswirksamen **Auftragsvertrags** (sonst §§ 812 ff) **etwas** zur Auftragsausführung **erhalten** (Rn 3) oder aus der Geschäftsbesorgung **erlangt** (Rn 4) haben. Nicht erforderlich ist, dass das Empfangene beim Auftragnehmer noch vorhanden ist, denn der Erstattungsanspruch besteht (gerade) auch bei auftrags-(weisungs-)widriger Verwendung (BGH 87, 380; 130, 91; WM 04, 184) und setzt kein Verschulden voraus (BGH NJW-RR 00, 273; dies gilt auch für Rechtsfolgenverweisung des § 1978 I 1, s BGH ZEV 08, 237); sa § 665 Rn 8; uU ist aber der Rechtsgedanke der §§ 635 III, 251 II zu beachten (BGH NJW 88, 700). Zum Übergang des Anspruchs aus § 667 als unselbstständiges Nebenrecht nach § 401 s BGH NJW-RR 07, 846. **a) Zur Ausführung des Auftrags erhalten** ist alles, was dem Beauftragten zum Zweck der Auftragsausführung vom Auftraggeber oder einem Dritten zur Verfügung gestellt wird (BGH NJW-RR 04, 1290). Bsp: Urkunden, Zeichnungen, Werkzeug, Schlüssel von Wohnungseigentumsanlage (BayObLG ZMR 85, 307), Steuerunterlagen (BGH NJW 02, 825), namentlich Geld (BGH NJW 09, 840), auch als Vorschuss (BGH NJW 97, 48), insbes in Form von Giroguthaben (KG NJW-RR 96, 427). Auf die Eigentumsverhältnisse (dazu Rn 5) kommt es nicht an; Frage des Einzelfalls, ob der Beauftragte an ihm übergebenem Geld Eigentum erlangt (RG 101, 307).

b) Aus der Geschäftsbesorgung erlangt sind alle Gegenstände (Vermögenswert ist nicht erforderlich), die Beauftragte im inneren Zusammenhang mit der Geschäftsbesorgung (auch durch weisungswidriges Verhalten, Koblenz, VersR 09, 405; nicht: bei Gelegenheit) tatsächlich erhält (BGH 109, 264; NJW 00, 2672; NJW-RR 04, 1290), einschließlich der Früchte, Zinsen, Nutzungen und der Ansprüche gegen Dritte (zB Schadensersatzanspruch gegen einen Unterbeauftragten, § 664; auch Restitutionsanspruch nach VermG, vgl BGH DtZ 96, 28), auch Urkunden, Unterlagen und Belege (BGH NJW 88, 2607: nicht aber für sich selbst angefertigte private Arbeitsunterlagen; ebenso LG Nürnberg WM 07, 647 für Bankaufzeichnungen nach dem WpHG wie Datenerfassungsbogen bei Wertpapierdepot; für RA BRAO 50: ie BGH 109, 264 ff). Es sind daher auch die vom Beauftragten über die Geschäftsbesorgung selbst angelegten Akten, sonstigen Unterlagen und Dateien – mit Ausnahme von privaten Aufzeichnungen – herauszugeben (RGZ 105, 395; BGH NJW 04, 1290; BGH 109, 264 f; NJW 12, 59: Vermittler für Vermietung einer Ferienwohnung muss Mietverträge und Abrechnungen mit den Mietern herausgeben; KG NJW 71, 567; Hamm NJW-RR 1988, 269). Für Krankenunterlagen gilt regelmäßig mangels zugrundeliegenden Auftragsverhältnisses (§ 675 erfasst Arztvertrag nicht) § 667 nicht, es besteht idR aber entspr Nebenpflicht (LG Köln MedR 11, 168 mwN; Lux, Gesundheitsrecht 04, 6; str; s § 242 Rn 22; §§ 809–811 Rn 10) zur Herausgabe aller Aufzeichnungen, auch Röntgenaufnahmen und Patientenkartei, in gut lesbarer Kopie gegen Kostenersatz (LG Köln MedR 11, 168, auch zur Frage, wie eine Patientenkartei zu führen ist). Zum Erlangen eines Schadensfreiheitsrabatts s Gregor VersR 06, 485. Nicht erlangt sind vertraglich

Titel 12. Auftrag § 667

geschuldete Arbeitsergebnisse (BGH NJW 89, 1217, MK/Seiler 2, näher u [c]). Erlangt sind auch die dem Auftragnehmer zugewendeten **Sondervorteile** (Sonderprovisionen und Schmiergelder), die eine Willensbeeinflussung zum Nachteil des Auftraggebers befürchten lassen. Dass sie nach dem Willen des Dritten gerade nicht für den Auftraggeber bestimmt waren, ist unbeachtlich (BAG aaO; BGH 39, 1; NJW-RR 92, 560 f; NJW 00, 2672 mN; NJW 01, 2477 mN; Koblenz NJW-RR 91, 921 f; LG Bonn NJW-RR 03, 1502, str, s Medicus JuS 85, 662; bei Beamten folgt der Anspruch auf Schmiergeldherausgabe nicht aus §§ 681, 667, 666, sondern ggf aus § 71 II BBG, s vor § 677 Rn 8). Erlangt sind auch sog Bonusmeilen aus Auftragsreisen (BAG NJW 06, 3804 f); Auftraggeber als dem Gefahr- und Kostentragenden gebühren alle Vorteile. **Nicht** hierher gehören persönliche Geschenke, die der Beauftragte anlässlich der Geschäftsbesorgung erhält (RG 55, 91), sowie allg übliche Trinkgelder. In **zeitlicher** Hinsicht „erlangt" hat der Beauftragte mit der Vollendung des Rechtserwerbs (BGH NJW 07, 2640 unter Aufgabe von BGH 71, 380, daher entsteht zB Anspruch aus § 667 auf Herausgabe von Mandantengeldern erst mit Gutschrift auf Anwaltskonto und ist nicht schon bedingt oder betagt mit Begründung des Anwaltsmandats. Hat insolvenzrechtliche Relevanz.). Kenntnis vom Erlangen ist nicht erforderlich. Eine Gutschrift ist erlangt, sobald der Überweisungsauftrag unwiderruflich geworden ist und dem Empfänger ein Recht auf den überwiesenen Betrag zusteht s § 665 Rn 3). **c) Vertragliche Leistung (Arbeitsergebnis).** Nicht aus § 667, sondern aus § 662 (ggf iVm § 675) folgt die Pflicht zur Übergabe des vertraglich geschuldeten Arbeitsergebnisses (z B Gutachten, Jahresabschluss, Steuererklärung etc) (s BGH NJW-RR 04, 1290; NJW 88, 2607; NJW 89, 1217), denn es ist nicht erlangt, sondern Gegenstand des vertraglichen Erfüllungsanspruchs aus § 662. Relevant wird der Unterschied vor allem in der Insolvenz des Beauftragten: Das vertraglich geschuldete Arbeitsergebnis kann der Insolvenzverwalter nicht honorarfrei zur Masse ziehen (BGH NJW 04, 1290). Die vom Beauftragten über die Geschäftsbesorgung **selbst angelegten Akten** und **Dateien** (zB DATEV-Unterlagen eines Steuerberaters; ferner Kundenanschriften eines Handelsvertreters, auch wenn dieser die Kunden selber geworben hat, BGH NJW 09, 1420) sind nach § 667 herauszugeben, soweit sie das versprochene Arbeitsergebnis vorbereiten, und nach § 662, soweit sie das Arbeitsergebnis enthalten (BGH NJW-RR 04, 1290 mN). An den vom Auftraggeber zur Auftragsausführung überlassenen Unterlagen und anderen Gegenständen können dem Auftraggeber – jedenfalls wenn er Eigentümer blieb – im Einzelfall Rechte aus ZPO 771 bzw InsO 47 S 1 zustehen (zur Lage hinsichtlich des obligatorischen Herausgabeanspruchs aus § 667 s BaR/Fischer 7 mN; aA StMartinek 21).

3. Rechtsfolgen. a) Inhalt des Anspruchs. Schuldrechtlicher Herausgabeanspruch auf das (tatsächlich) Erhaltene oder Erlangte (Rn 6). Ie richtet sich der Inhalt des Herausgabeanspruchs nach der Art des Herausgabeobjekts (Sache, Recht, Geld) und der daran bestehenden Rechtslage, also auf Besitzverschaffung, wenn Auftraggeber bereits unmittelbar Eigentum erworben hat (zB gem § 164; durch antizipiertes Besitzkonstitut, § 930, oder Geschäft für den, den es angeht, § 164 Rn 5), sonst auf Rechts-(Eigentums-)übertragung (§§ 398, 873, 925, 929; bei treuhänderischer Registrierung eines Domainnamens auf dessen Übertragung oder Umschreibung, BGH NJW 10, 3440). Bei abzutretenden Forderungen ist HGB 392 II nicht ausdehnungsfähige Sondervorschrift (krit Musielak, Gutachten II, S 1302 ff, 1312). Auch im Fall des § 925 (Bsp: BGH 82, 296) bedarf Auftrag nicht der Form des § 311b (§ 662 Rn 8). **Verjährung:** §§ 195, 199. Ist der Anspruch auf Grundstücksübereignung gerichtet, gelten §§ 196, 200. Die lange Frist des § 197 I Nr 1 gilt nicht (NK/Mansel/Stürner § 197 Rn 27). Verjährungsbeginn setzt Anspruchsfälligkeit voraus (§ 199 Rn 2 bzw § 200 Rn 2). Fälligkeit ab Herausgabeverlangen, spätestens ab Auftragsbeendigung (BGH NJW 12, 61 mN: Anspruch aus § 666 Var. 3 grundsätzlich erst nach Beendigung des Auftrags fällig; abw BGH 109, 264; s Budzikiewicz ZGS 02, 279, 357 mN). Beachte BGH NJW 12, 917: Auskunftsanspruch aus § 666

§ 667 Buch 2. Abschnitt 8. Einzelne Schuldverhältnisse

Var. 2 verjährt grundsätzlich nicht vor Beendigung des Auftragsvertrags. **Konkurrenzen** mit anderen Herausgabeansprüchen: § 985, wenn das Erhaltene (Erlangte; Rn 3 f) im Eigentum des Auftraggebers steht; § 687 II (str bei Schmiergeld, s Rn 4
6 sowie Helms aaO 390); 823 ff. **b) Umfang:** Herauszugeben ist das Erhaltene und Erlangte (Rn 2 ff), soweit es dem Beauftragten tatsächlich zugeflossen ist und nicht verabredungsgemäß verwendet oder an den Geber zurückgeflossen ist (BGH NJW 09, 840; WM 04, 184; NZG 03, 215; NJW 01, 2477). Nach BGH NJW-RR 07, 1373 keine Herausgabe erfolgt, wenn im Einzelfall Auftraggeber nur formal, aber nicht wirtschaftlich über Erlangtes verfügen kann (gilt nicht, soweit Beauftragter nicht vertragswidrig handelte). Ist Geld erlangt, so ist die Herausgabe einer Geldsumme geschuldet, nicht nur die der erlangten Zahlungsmittel (BGH 143, 378; BGH NZG 03, 215, in Abgrenzung zu BGH NJW 01, 2477). Die Annahme einer gewöhnlichen Geldschuld wäre aber für den Beauftragten zu belastend. Die Herausgabepflicht ist daher nicht erfolgs-, sondern handlungsbezogen. Verzugszins: § 288 I (BGH NJW 05, 3709 f), s noch bei Eigenverwendung § 668. Weisungswidrige Verwendung befreit den Beauftragten nicht (Rn 2), doch kann Mitverschulden des Auftraggebers uU zur Minderung des Anspruchs entspr § 254 führen (BGH 130, 95 f; NJW-RR 98, 484; NJW-RR 00, 273; s § 665 Rn 8). Weisungsgemäße Verwendung muss Beauftragter beweisen (BGH NJW-RR 08, 1373; NZG 03, 215; WM 04, 184). Hat er pflichtwidrig nichts (zu wenig) erlangt, kommt nur Schadensersatzanspruch in Frage (Rn 7). Beauftragter muss Geld herausgeben, über das er abredegemäß verfügt hat. Dies gilt auch bei Nichtigkeit des Auftragsver-
7 trags (BGH NJW 12, 3366). **c) Gefahrtragung und Schadensersatz.** Der Auftraggeber trägt die Gefahr des zufälligen Untergangs des vom Beauftragten für den Auftrag Empfangenen und aus dem Auftrag Erlangten (§ 275 I; s BGH 82, 296), das Insolvenzrisiko bei Verfall von Guthaben durch Bankzusammenbruch bei fehlender Absicherung (s a Ostler NJW 75, 2273; BGH NJW 06, 987), das Diebstahlsrisiko (BGH NJW 06, 987) sowie die **Versendungsgefahr** bei Übermittlung von erlangtem Geld (§ 270 I gilt nicht, hM, BGH NJW 05, 3710; BGH 28, 128; s § 270 Rn 2); Ausnahme bei übernommener Garantie. Der Beauftragte übernimmt allein durch den Auftrag **keine Garantie** iSv § 276 I 1 für die Herausgabe des Erlangten u Erhaltenen (auch nicht für Herausgabe von erlangtem Geld). Hat der Beauftragte den Untergang des herauszugebenden Gegenstands oder seine anderweitige Herausgabeunmöglichkeit zu vertreten (z B bei mangelnder Diebstahlsicherung oder bei Geldanlage bei durch zu niedrigen Sicherungsfonds gesicherter Bank, s BGH NJW 06, 987); haftet er auf **Schadensersatz** (§§ 280 I, III, 283, 249). Das gilt wegen der Risikozuweisung an den Auftraggeber im Verhältnis zum Beauftragten (BGH NJW 05, 3710) (mangels abweichender Abrede) auch für Pflicht zur **Geldsummenherausgabe** nach § 667; es besteht keine verschuldensunabhängige Einstandspflicht (§ 276 Rn 40, 45) für Geldsummenherausgabe (Rn 6) (BGH NJW 06, 987; 05, 3710; NK/Schwab 15; PalSprau 7; SoeBeuthien 18; Beuthien/Hieke JZ 01, 257; Ostler aaO 2274; MK/Seiler 22a; ErmBerger 12; aA ErmEhmann [12. Aufl 08] 15; StSchmidt vor §§ 244 ff Rn C 3; noch offen gelassen in BGH 143, 378; NJW 02, 2316; 03, 743). Ersatzwerte sind herauszugeben (§ 285; s BGH 143, 380; BAG NJW 86, 865). Als erlangter Ersatz kommen die Befreiung von einer Verbindlichkeit oder ersparte Aufwendungen in Betracht (BGH 143, 380). Schadensersatzhaftung nach §§ 280, 249 auch für auftragswidrig **nicht gezogene Vorteile** (näher § 662 Rn 12). Bei pflichtwidrigen Handlungen (zB vorzeitiges Eingehen von Bürgschaften, s BGH aaO; Verfügung über Auftragsgut) ist der Auftraggeber so zu stellen, als hätte der
8 Beauftragte nicht pflichtwidrig gehandelt (BGH NJW 02, 2460 mN). **d)** Das **Zurückbehaltungsrecht** (§ 273) des Beauftragten wegen seines Aufwendungsersatzanspruchs (§ 670) kann auch außerhalb entsprechender Vertragsabreden im Einzelfall (§ 242) ausgeschlossen sein (RG 160, 59; LM Nr 15 zu § 313); ebenso das Recht zur **Aufrechnung** (BGH 54, 247; 71, 383; Zweibrücken NJW 85, 1034).
9 **e) Beweislast.** Der Auftraggeber muss den Erhalt (Hilfe: § 666) bzw die Überlassung und den Wert der überlassenen Gegenstände (BGH NJW-RR 87, 963), der

Titel 12. Auftrag §§ 668–670

Beauftragte die auftragsmäßige Verwendung und den Verbleib der Einnahmen nachweisen (BGH 130, 94; NJW 97, 48); Haftung für unaufklärbare Kassenfehlbestände: BAG NJW 99, 1051; s zur Beweislast bei AN-Haftung § 619a.

§ 668 Verzinsung des verwendeten Geldes

Verwendet der Beauftragte Geld für sich, das er dem Auftraggeber herauszugeben oder für ihn zu verwenden hat, so ist er verpflichtet, es von der Zeit der Verwendung an zu verzinsen.

Bei Eigenverwendung von Geld besteht eine von sonstigen Ansprüchen (§ 280; 1 § 823 II iVm StGB 246, 266), insbes auch vom Verschulden unabhängige Verzinsungspflicht als Mindestfolge. Zinshöhe: § 246, HGB 352. Zu Verzugszinsen (§ 288 I) s § 667 Rn 6.

§ 669 Vorschusspflicht

Für die zur Ausführung des Auftrags erforderlichen Aufwendungen hat der Auftraggeber dem Beauftragten auf Verlangen Vorschuss zu leisten.

1. Allgemeines. Die **nicht zwingende Vorschrift** kann auch auf Grund der 1 Natur des Auftrags ausgeschlossen sein, zB beim Kreditauftrag (§ 778). Spezialregelung: §§ 637 III, 775. **Entspr** Anwendung bei §§ 675 I, 713, 27 III, 48 II, 86

2. Umfang und Durchsetzbarkeit. Vorschuss ist nur für die objektiv erforder- 2 lichen (anders § 670) Aufwendungen (Begriff: § 670 Rn 2) auf Anforderung („Verlangen") stets in Geld zu leisten. Bei Nichtleistung kann der Beauftragte die Ausführung des Auftrags verweigern (BGH 77, 63). Der Anspruch auf Vorschuss kann idR nicht eingeklagt werden (Grund: kein Recht zur Ausführung, s § 662 Rn 13), str; anders in den Fällen der §§ 637 III (dort Rn 6 ff), 675; zu zeitlichen Grenzen der Vorschussrückerstattung bei Reisescheckdiebstahl s Frankfurt NJW-RR 03, 555.

§ 670 Ersatz von Aufwendungen

Macht der Beauftragte zum Zwecke der Ausführung des Auftrags Aufwendungen, die er den Umständen nach für erforderlich halten darf, so ist der Auftraggeber zum Ersatz verpflichtet.

Lit: Fonk, Auslagenersatz für Aufsichtsratsmitglieder, NZG 09, 761; Genius, Risikohaftung des Geschäftsherrn, AcP 173, 481; Honsell, Die Risikohaftung des Geschäftsherrn, FS v. Lübtow, 1980, 485; Köhler, Arbeitsleistungen als „Aufwendungen"?, JZ 85, 359; sa Lit zu § 683.

1. Allgemeines. a) Pflicht zum Aufwendungsersatz ist Folge der Fremdnützig- 1 keit der Geschäftsbesorgung (§ 667 Rn 1; BGH NZI 12, 256), die auch durch Entgeltlichkeit (§ 675; vgl u [b]) nicht ausgeschlossen wird. § 670 ist abdingbar (BGH NJW 12, 2338 Tz 19; Pal/Sprau 1), vertragliche Abreden zum Aufwendungsersatz gehen vor. **b)** Weiter **Anwendungsbereich** über Geschäftsbesorgungsvertrag (§ 675) und GoA (§ 683 Rn 6; sa allg § 662 Rn 4 mit Bsp); vielfach bestehen Sonderregelungen (vgl Rn 2); zur „entspr" Anwendung Rn 2 aE, 11.

2. Aufwendungsersatzanspruch. a) Voraussetzungen. aa) Aufwendungen 2 müssen auf einem tatsächlich **erteilten Auftrag** beruhen (BGH NJW 01, 2969; sa 665 Rn 2). Beweislast für Auftrag und Aufwendung hat Beauftragter (BGH NJW-RR 09, 1667; AG Essen NJW-RR 01, 699). Aufwendungen sind alle freiwilligen Vermögensopfer, die der Beauftragte zur Erreichung des Auftragszwecks erbringt (BGH NJW 98, 1285 mN; BAG BB 98, 2528; BGH 140, 361; zur Abgrenzung vom Schaden: Rn 9; allg BGH NJW-RR 94, 87; § 249 Rn 3 f). Dazu gehören

§ 670

auch die auf Weisung des Auftraggebers getätigten (RG 93, 53; BGH WM 12, 1344 Tz 41) und die mit der Auftragsausführung notwendig verbundenen Aufwendungen (RG 75, 212; BGH 8, 228), darüber hinaus nach hM auch bestimmte Zufallsschäden (ie Rn 9). Jede Leistung von Vermögenswerten kommt in Frage, zB die Ausgabe von Geld (Auslagen, Kosten, Steuern, zB entstandene MWSt, s Schaumburg NJW 74, 1737, uU verauslagte Schmiergelder, vgl Rn 4, uU Prozesskosten, vgl BGH NJW 89, 1285; NJW-RR 98, 1511); uU Verteidigerkosten (BAG NJW 95, 2372); Vorstellungskosten (BAG NZA 89, 468); uU Reparaturkosten (BAG BB 96, 433: Schaden am betrieblich genutzten AN-eigenen Pkw), auch die Eingehung von Verbindlichkeiten (s § 257; BGH NJW 89, 1922; NJW-RR 05, 890); Stellung von Kreditsicherheiten für Ehepartner (Hamm FamRZ 03, 670; München FPR 03, 502); Kreditaufnahme für Zwecke des Ehepartners (München aaO); **nicht** aber, da unentgeltlich zur Verfügung zu stellen, die eingesetzte Arbeitskraft, der entgangene Verdienst (BGH NJW-RR 88, 746; BGH 140, 361), ferner nicht allgemeine Geschäftsunkosten und der normale Sachverschleiß bei Auftragsdurchführung (BAG BB 98, 2528); anders (entsprechend § 1835 III) nur, wenn sich die Notwendigkeit bestimmter Dienstleistungen, die dem Beruf oder Gewerbe des Beauftragten angehören, erst im Verlauf der Auftragsausführung ergibt (ie Köhler aaO S 360 f; weitergehend bei GoA § 683 Rn 6; aA BaR/Fischer 9). Bei **Geschäftsbesorgungsverträgen** (Rn 1, b) ist die Vergütung für die Besorgung des Geschäfts vereinbart bzw. gilt als stillschweigend vereinbart (§§ 612, 632); § 670 greift insoweit nur für andere Aufwendungen ein; uU sind gewisse Aufwendungen schon durch die vereinbarte Vergütung mit abgegolten (Musielak, Gutachten II, S 1297; BayObLG NJW-RR 01, 1232). Entspr Anwendung bei Aufwendung von **AG-Aufsichtsratsmitgliedern** ist str, nach Fonk NZG 09, 761, 771 sollen stattdessen die Vorschriften über Honorierung gerichtlich bestellter Aufsichtsratsmitglieder analog gelten. Entspr Anwendung des § 670 auf **Arbeitsverträge** in stdg Rspr (s zB BAG BB 98, 2527 f; BAG 12.4.2011, 9 AZR 14/10), zur Risikohaftung s Rn 11. Haben die Parteien des Arbeitsvertrags von einer Regelung des Aufwendungsersatzes nicht versehentlich, sondern bewusst abgesehen, fehlt es an der unbewussten Regelungslücke für eine entspr Anwendung des § 670. Daher hat ein Lehrer keinen Anspruch aus § 670 gegen AG auf Ersatz seiner Aufwendungen für ein von ihm genutztes häusliches Arbeitszimmer (BAG 12.4.2011, 9 AZR 14/10). Bei entspr Anwendung des § 670 außerhalb von Vertragsverhältnissen (s § 662 Rn 4 aE: **staatliche Verwaltung** usw): schließt der Aufwendungsersatzanspruch des Geschäftsführers den Anspruch auf die übliche Vergütung mit ein, wenn die Geschäftsbesorgung in die berufliche oder gewerbliche Tätigkeit des Geschäftsführers fällt und im zugrundeliegenden Rechtsverhältnis – anders als bei § 662 – Unentgeltlichkeit nicht gegeben ist (BGH 140, 361 mN). Sonderregelungen für: RA (RVG 46), Handelsvertreter (HGB 87d), Kommissionär (HGB 396 II), OHG-Gesellschafter (HGB 110). Aufwendungen bei

3 Dienst- und Arbeitsverträgen: BAG NZA 86, 324 f; ie § 611 Rn 45. **bb) Sorgfaltsmaßstab.** Der Beauftragte muss die Aufwendung nach allgemein verständigem Ermessen **für erforderlich halten dürfen** (nicht der Fall bei entgegenstehendem Verbot: BGH 37, 263 f; NJW 77, 432; BB 78, 1416; sa § 677 Rn 5); entscheidend ist das Interesse des Auftraggebers (BGH 95, 388 f). BGH NJW 12, 2337 Tz 20, 27ff mN: subjektiv-objektiver Maßstab. Ist Aufwendung objektiv nicht notwendig, Ersatz nur, wenn Beauftragter sie nach sorgfältiger, den Umständen des Falls nach gebotener Prüfung für erforderlich halten durfte. Maßgebend ist der Zeitpunkt der

4 Tätigung der Aufwendung (BGH NJW 89, 1285). **b) Rechtsfolge:** Anspruch auf **Wertersatz,** grundsätzlich gerichtet auf Geld (Verzinsungspflicht: § 256), bei Eingehung einer Verbindlichkeit auf Schuldbefreiung (§ 257). BGH NZG 12, 1024 Tz 30: Umwandlung des Freistellungs- in Zahlungsanspruch bei ernsthafter und endgültiger Erfüllungsverweigerung. Kein Schadensersatzanspruch, §§ 249 ff gelten nicht. Der Anspruch ist vom Erfolg der Tätigkeit des Beauftragten unabhängig (iE **nutzlose Aufwendungen**), doch sind verschuldete (Rn 3) und von der Rechtsordnung missbilligte Aufwendungen (idR Schmiergelder, vgl BGH 94, 272) nicht erstattungsfä-

Titel 12. Auftrag **§ 670**

hig. Verjährung: §§ 195, 199. Aufwendungsersatzansprüche entstehen (werden fällig, s § 199 Rn 2) iSv § 199 I Nr 1 in dem Zeitpunkt, in welchem die Aufwendung gemacht wird (zum bisherigen Recht s BGH 143, 17). – Die Rechtsgrundsätze zur insolvenzfesten Sicherungsmöglichkeit eines Anspruchs aus § 774 gelten auch für den Aufwendungsersatzanspruch des Bürgen aus §§ 675, 670, s BGH NJW 08, 1007.

3. Schadensersatzanspruch. a) Allgemeines. Eine Haftung des Auftraggebers 5 (Geschäftsherrn) für Schäden, die der Beauftragte (Geschäftsführer) bei Auftragsdurchführung erleidet, kann sich ergeben: **aa)** bei **Verschulden** des Auftraggebers aus §§ 280 ff (insb § 280 I, § 662 Rn 13), ggf mit § 311 II (cic) (Verletzung von Schutz- und Aufklärungspflichten, § 241 II; die §§ 618, 619 gelten entsprechend, s § 662 Rn 13; BGH 16, 269; sa Pflicht gem § 254 II 1); **bb) ohne Verschulden** 6 (Zufallsschäden) aus bes vertraglicher Haftungsübernahme (§ 276 Rn 39 ff: Garantieübernahme, selten) und aus **Risikohaftung** (Rn 8 ff). **cc)** Bei Schädigung Dritter im Rahmen öffentl-rechtlicher Inanspruchnahme zu Dienst- und Hilfeleistungen (zB durch Polizei oder Verwaltungsbehörden) scheidet Auftrag (§§ 662, 670) als Anspruchsgrundlage idR aus (abw noch zB RG 94, 169; 98, 195); in Frage kommen bei amtlichem Verschulden **Amtshaftung** (GG 34, § 839), sonst **Aufopferung** (§ 839 Rn 1). **dd)** Ges **Unfallversicherungsschutz** des Helfers: SGB VII 2 I Nr 11, 7 13, 128 I Nr 7. Besteht unabhängig von einem Verschulden (BSG MDR 83, 699 f). Zum Forderungsübergang vgl Rn 10. **Versorgungsanspruch** nach **OEG** bei Gesundheitsschaden durch Vorsatztat: § 683 Rn 9. **b) Risikohaftung des Auftrag-** 8 **gebers. aa) Voraussetzungen.** Der Beauftragte erleidet als adäquate Folge der Auftragsausführung ohne Verschulden des Auftraggebers einen Schaden, der auf einer der Geschäftsbesorgung eigentümlichen erhöhten Gefahr (Gegensatz: allg Lebensrisiko) beruht (vgl BGH NJW 93, 2235 mN). Bsp: Verletzung des vom Opfer zugezogenen Helfers bei Festnahme eines bewaffneten Rechtsbrechers (BGH 52, 115). **bb) Rechtsgrundlage.** BGB enthält keine Regelung (RG 94, 171); 9 Annahme eines konkl Garantievertrags bei der GoA (so RG 94, 169) versagt regelmäßig; die hM will in „entspr" Anwendung von § 670 die infolge bewusst übernommener Gefahren erlittenen Schäden den Aufwendungen (Rn 2) gleichstellen (BGH 92, 271 mN; NJW 93, 2235; NK/Schwab 11; MK/Seiler 14 iVm § 683, 18; StMartinek 23 ff mit Einschränkungen Rn 24–30). Gekünstelt; auch würde die folgerichtige Anwendung der Grundsätze von Rn 4 vielfach zu unbefriedigenden Ergebnissen führen (iE allgM). Nach anderer und zutr Auffassung folgt die Zufallshaftung des Auftraggebers aus dem Grundsatz der **Risikozurechnung** bei schadensgeneigter Tätigkeit in fremdem Interesse (BGH 89, 157 mN und 160; Honsell aaO 496; Genius AcP 173, 511 ff, Canaris RdA 66, 41, str; sa § 683 Rn 7). **cc) Rechtsfolge.** 10 Echter **Schadensersatzanspruch** (str, aA BGH 92, 271; vgl Rn 9), §§ 249 ff gelten, insbes auch § 254 (BAG NJW 81, 702, offen gelassen in BGH 52, 123), bei Tod des Helfers auch §§ 844, 845 (RG 167, 89). **Schadensumfang:** Der Grundsatz der Totalreparation (Rn 2 vor § 249) ist gem § 242 eingeschränkt (Grund: keine Verschuldenshaftung); weitergehend soll nach hM überhaupt nur „angemessene Entschädigung" geschuldet sein (BGH 38, 279; Celle NJW 65, 2350; Wollschläger aaO [Lit zu § 677] 298; s auch ErmBerger 20). Anspruch auf Schmerzensgeld besteht entspr § 253 (Däubler JuS 02, 626) (aufgehobener [s § 253 Rn 1] § 847 aF war nicht entspr anwendbar, BGH 52, 117). **Konkurrenzen:** Konkurrenz zu Erstattungspflicht aus § 439 II ist streitig, s Hellwege AcP 206, 162 ff; Ansprüche aus ges Unfallversicherung (Rn 7) schließen Ersatzanspruch nicht aus (BGH 52, 115; NJW 81, 760); idR Forderungsübergang auf Sozialversicherungsträger: SGB X 116 I (bis 30. 6. 83 RVO 1542 I; vgl BGH 92, 271; ie Otto JuS 84, 688, str), nicht auf AG gem EntGFG 6 (vgl LG Trier NJW-RR 94, 483 zu heute aufgehobenem LFZG 4). **dd) Entspr Anwendung** auf **Geschäftsbesorgungs- und Arbeitsverträge** 11 (§§ 675, 611) bei außergewöhnlichem, nicht bereits durch Vergütung mit abgegoltenem Schaden (BAG 59, 206; NJW 95, 2372; BB 98, 2528; NJW 04, 2036; Berndt NJW 97, 2215; ie § 611 Rn 45); zur entspr Anwendung auf Erstattungspflicht aus

Mansel 1057

§ 439 II s Kandler, Kauf und Nacherfüllung, 2004, 446 mN; zur entsprechenden Anwendung auf Vereinsmitglieder, dabei Anspruch auf Freistellung von der Haftung Dritter, s BGH NJW 05, 981.

§ 671 Widerruf; Kündigung

(1) **Der Auftrag kann von dem Auftraggeber jederzeit widerrufen, von dem Beauftragten jederzeit gekündigt werden.**

(2) **¹Der Beauftragte darf nur in der Art kündigen, dass der Auftraggeber für die Besorgung des Geschäfts anderweit Fürsorge treffen kann, es sei denn, dass ein wichtiger Grund für die unzeitige Kündigung vorliegt. ²Kündigt er ohne solchen Grund zur Unzeit, so hat er dem Auftraggeber den daraus entstehenden Schaden zu ersetzen.**

(3) **Liegt ein wichtiger Grund vor, so ist der Beauftragte zur Kündigung auch dann berechtigt, wenn er auf das Kündigungsrecht verzichtet hat.**

1 1. **Allgemeines. a) Grund.** Die jederzeitige Lösbarkeit des Auftragsverhältnisses folgt für den Auftraggeber aus dem bes persönlichen Vertrauensverhältnis, für den Beauftragten aus der Unentgeltlichkeit seiner Tätigkeit (vgl Nichtzitat von § 671 in
2 § 675 1. HS). **b)** Widerruf (Rn 3) und Kündigung (Rn 4) sind einseitige empfangsbedürftige **Willenserklärungen** (Rn 1 f vor § 104), die auch unter einer Bedingung möglich sind (bei Kündigung str). Wirkung: Rn 5. **c) Andere Beendigungsgründe** sind **aa)** allg: zB Zeitablauf, Zweckerreichung, Unmöglichkeit, **bb)** im bes: §§ 672, 673, InsO 115.

3 2. **Beendigung des Auftrags. a) durch Widerruf des Auftraggebers (I).** Das (vererbliche: § 672 Rn 3) Widerrufsrecht ist beim lediglich oder überwiegend fremdnützigen Auftrag **unverzichtbar** (Grund: uneingeschränkte Bindung des Auftraggebers an den Willen des Beauftragten mit persönlichem Vertrauensverhältnis unvereinbar, vgl Rn 1), anders nur dann, wenn der Beauftragte ein erhebliches Eigeninteresse an der Auftragsdurchführung hat (BAG ZIP 08, 1184; BGH NJW 71, 956; Zweibrücken OLGZ 85, 46 mN) oder auch den Interessen Dritter dient (BAG aaO). Ausschluss des Users eines Internetforums durch Widerruf gem I möglich, s Feldmann/Heidrich CR 06, 406. **Zeitliche Schranke** für Widerrufsrecht: vollständige Auftragsdurchführung (BGH NJW 91, 2210 und Rn 2 [aa]). Bei **Mehrheit von Auftraggebern** ist grundsätzlich jeder Einzelne zum Widerruf berechtigt (BGH BB 64, 699), sofern sich aus dem Gemeinschaftsverhältnis nichts Gegenteiliges ergibt (RG 160, 127). Vom Auftragswiderruf zu unterscheiden ist Widerruf einer
4 **Weisung** innerhalb eines bestehenden Auftrags (§ 665 Rn 3). **b) durch Kündigung des Beauftragten.** Jederzeitiges Kündigungsrecht **(I)** kann vertraglich eingeschränkt werden (Bsp: Karlsruhe WM 91, 1163). Grenze: Kündigungsrecht aus wichtigem Grund (dazu § 314 Rn 5 f; § 626 Rn 6 ff) ist unverzichtbar **(III,** zwingend). Verbot der **Kündigung zur Unzeit (II;** entspr Anwendung: vgl § 675 2. HS) berührt die **Wirksamkeit** der dennoch erklärten Kündigung nicht (allgM, krit Venrooy JZ 81, 57; s aber allg § 242 Rn 36). Beauftragter, der ohne wichtigen Grund zur Unzeit kündigt, macht sich aber (unabhängig von § 280 I und auch ohne Verschulden) nach **II 2 schadensersatzpflichtig.** Schadensumfang: Vertrauensinteresse (str).

5 3. **Rechtsfolgen.** Widerruf und Kündigung beenden das Auftragsverhältnis für die Zukunft; sie haben **keine dingliche Wirkung.** Entstandene Rechte aus §§ 667, 670 werden fällig. Eine erteilte **Vollmacht** erlischt mit Auftrag (§ 168 S 1, beachte §§ 672 S 2, 674), im Prozess gilt ZPO 87. Ermächtigung infolge gewillkürter Prozessstandschaft erlischt (BGH NJW 00, 738).

§ 672 Tod oder Geschäftsunfähigkeit des Auftraggebers

¹Der Auftrag erlischt im Zweifel nicht durch den Tod oder den Eintritt der Geschäftsunfähigkeit des Auftraggebers. ²Erlischt der Auftrag, so hat der Beauftragte, wenn mit dem Aufschub Gefahr verbunden ist, die Besorgung des übertragenen Geschäfts fortzusetzen, bis der Erbe oder der gesetzliche Vertreter des Auftraggebers anderweit Fürsorge treffen kann; der Auftrag gilt insoweit als fortbestehend.

1. Allgemeines. a) Bedeutung. S 1 enthält eine widerlegbare **Auslegungsregel,** die gem § 168 S 1 auch für die mit dem Auftrag (Geschäftsbesorgungsvertrag, § 675) verbundene Vollmacht gilt (Rn 3). Gegenteiliges kann sich aus der ausdr Vereinbarung oder aus den Umständen (höchstpersönlicher Inhalt des Auftrags) ergeben (BGH NJW-RR 90, 131). **b) Anwendungsbereich.** Die Auslegungsregel (Rn 1) gilt auch im **Grundbuchverkehr** für den Vollmachtsnachweis (GBO 29), Vorlage einer entspr Urkunde des Erblassers genügt (KG DNotZ 72, 20; StMartinek 17, str). Sie ist **entspr** anwendbar bei beschränkter Geschäftsfähigkeit des Auftraggebers, Wegfall der ges Vertretung und Erlöschen einer jur Person (str).

2. Fortdauer des Auftragsverhältnisses. Aufträge zgDr auf den Todesfall sind möglich (auch zur Vornahme von Schenkungen: § 331 Rn 3 ff); doch geht beim Tod des Auftraggebers das **Widerrufsrecht** (§ 671 Rn 3) uneingeschränkt (Ausschluss unzulässig: BGH WM 76, 1130) auf den **Erben** über (§ 331 Rn 7). War der Beauftragte zugleich bevollmächtigt (Rn 1), kann er nach dem Tode des Auftraggebers von der (postmortalen) Vollmacht Gebrauch machen, ohne die Stellungnahme des Erben einholen zu müssen (BGH NJW 69, 1245 mit abl Anm Finger S 1624, str; aA Flume II § 51, 5b arg Pflichtbindung des Beauftragten gegenüber dem Erben).

3. Erlöschen des Auftragsverhältnisses (S 2). Beauftragten trifft Fürsorgepflicht, uU **Notbesorgungspflicht;** insoweit Fiktion der Fortdauer des Auftrags. Folge: Auftragsrecht gilt, nicht GoA. Verletzung der Pflicht begründet Schadensersatzpflicht. Bei fehlender Kenntnis vom Erlöschen: §§ 674, 169. **Sonderregelung:** InsO 115 II, III.

§ 673 Tod des Beauftragten

¹Der Auftrag erlischt im Zweifel durch den Tod des Beauftragten. ²Erlischt der Auftrag, so hat der Erbe des Beauftragten den Tod dem Auftraggeber unverzüglich anzuzeigen und, wenn mit dem Aufschub Gefahr verbunden ist, die Besorgung des übertragenen Geschäfts fortzusetzen, bis der Auftraggeber anderweit Fürsorge treffen kann; der Auftrag gilt insoweit als fortbestehend.

1. Allgemeines. Grund der (dem § 672 entgegengesetzten) **Auslegungsregel** des S 1: persönliches Vertrauensverhältnis zum Beauftragten. Gilt nicht entspr bei Geschäftsunfähigkeit und beschränkter Geschäftsfähigkeit des Beauftragten; insoweit richtet sich Erlöschen des Auftrags nach den allg Regeln (§ 671 Rn 2 [c]; aA BaR/Fischer 2 mN). Bsp: Auftrag zum rechtsgeschäftlichen Handeln wird mit Eintritt der Geschäftsunfähigkeit unmöglich (§§ 105, 275).

2. Rechtsfolgen. Erlischt der Auftrag (Geschäftsbesorgungsvertrag, § 675), trifft die Erben eine **Fürsorgepflicht** (Inhalt: Anzeige, uU Notbesorgung, **S 2;** vgl § 672 Rn 4; evtl auch § 259 II, BGH 104, 372), **besteht er fort,** folgt Anzeigepflicht der Erben bereits aus §§ 662 ff, 666, 1922.

3. Entsprechende Anwendung. Bei Anwendung bei Geschäftsbesorgungsvertrag (§ 675 I), Tod des Testamentsvollstreckers (§ 2218 I), Erlöschen jur Person (anders bei Verschmelzung: LG Koblenz NJW-RR 98, 39; abweichend: K. Schmidt DB 01, 1019 ff).

§§ 674, 675

§ 674 Fiktion des Fortbestehens

Erlischt der Auftrag in anderer Weise als durch Widerruf, so gilt er zugunsten des Beauftragten gleichwohl als fortbestehend, bis der Beauftragte von dem Erlöschen Kenntnis erlangt oder das Erlöschen kennen muss.

1 **1. Allgemeines. a) Zweck.** Schutz des gutgläubigen Beauftragten gegen Schäden aus Durchführung eines vermeintlich noch fortbestehenden Auftrags (BGH 74, 257 f). **b) Anwendungsbereich.** Gilt nicht beim **Widerruf** des Auftrags (§ 671 Rn 3); Grund: Beauftragter ist durch § 130 idR ausreichend geschützt. **Sonderregelung:** InsO 115 III.

2 **2. Voraussetzungen. a)** Beendigung des Auftragsverhältnisses (Geschäftsbesorgungsvertrags, § 675) in anderer Weise als durch Widerruf (§ 671 Rn 2 [c]). **b)** Unverschuldete Unkenntnis des Beauftragten von o a (vgl § 122 II).

3 **3. Rechtsfolgen.** Fiktion des Fortbestands des Auftrags zugunsten des Beauftragten, dh bis zum Zeitpunkt der Kenntniserlangung (fahrlässigen Unkenntnis) vom Auftragswegfall (Bsp: BGH NJW 00, 739 f) bestehen vertragliche Ansprüche gegen den Auftraggeber (Rechtsnachfolger), insbes aus § 670 (wichtig, weil im Fall von Rn 2 [a] regelmäßig GoA und damit § 683 ausscheidet); im gleichen Umfang besteht auch die Vollmacht gegenüber gutgläubigen Dritten fort, § 169. Bei Tätigwerden treffen aber den Beauftragten auch die Pflichten aus §§ 666, 667; iÜ kann der Auftraggeber aus § 674 keine Rechte herleiten.

Untertitel 2. Geschäftsbesorgungsvertrag

Kapitel 1. Allgemeines

§ 675 Entgeltliche Geschäftsbesorgung

(1) Auf einen Dienstvertrag oder einen Werkvertrag, der eine Geschäftsbesorgung zum Gegenstand hat, finden, soweit in diesem Untertitel nichts Abweichendes bestimmt wird, die Vorschriften der §§ 663, 665 bis 670, 672 bis 674 und, wenn dem Verpflichteten das Recht zusteht, ohne Einhaltung einer Kündigungsfrist zu kündigen, auch die Vorschrift des § 671 Abs. 2 entsprechende Anwendung.

(2) Wer einem anderen einen Rat oder eine Empfehlung erteilt, ist, unbeschadet der sich aus einem Vertragsverhältnis, einer unerlaubten Handlung oder einer sonstigen gesetzlichen Bestimmung ergebenden Verantwortlichkeit, zum Ersatz des aus der Befolgung des Rates oder der Empfehlung entstehenden Schadens nicht verpflichtet.

Lit: Assmann, Die Pflicht von Anlageberatern und Anlagevermittlern zur Offenlegung von Innenprovisionen, ZIP 09, 2125; Habersack, Die Pflicht zur Aufklärung über Rückvergütungen und Innenprovisionen und ihre Grenzen, WM 10, 1245; Häuser, Girovehältnis, Gutachten II, S 1317; Herresthal, Die Pflicht zur Aufklärung über Rückvergütungen und die Folgen ihrer Verletzung, ZBB 09, 348; Hopt, Interessenwahrung und Interessenkonflikte im Aktien-, Bank- und Berufsrecht – Zur Dogmatik des modernen Geschäftsbesorgungsrechts, ZGR 04, 1; Illmer, Systematik der (entgeltlichen) Geschäftsbesorgung, Rabelst 76 (2012) 836; Lippe/Voigt, Offenlegungspflichten der Anlageberater jenseits von Rückvergütungen – unterschiedliche Anforderungen an Anlageberater bei der Offenlegung von Innenprovisionen durch verschiedene BGH-Senate?, BKR 11, 151; Musielak, Entgeltliche Geschäftsbesorgung, Gutachten II, S 1209; Zugehör, Grundsätze der zivilrechtlichen Haftung der Rechtsanwälte, Steuerberater und Wirtschaftsprüfer, 2009.

1 **1. Allgemeines. a) Zweck und Bedeutung.** § 675 unterstellt bestimmte entgeltliche gegenseitige Verträge, die eine Geschäftsbesorgung zum Inhalt haben, dem Auftragsrecht (ausgenommen §§ 662, 664, eingeschränkt § 671, s Rn 10). Grund:

Es enthält allg Vorschriften, die bei Tätigkeit im fremden Interessenbereich unabhängig von der Entgeltlichkeit Anwendung finden (§ 662 Rn 3). Rechtsvergleichend: Illmer 839 ff. **b)** Der **Anwendungsbereich** deckt sich mit dem des 2 Geschäftsbesorgungsvertrags (Rn 3). Eine **Einzelanalogie** zu bestimmten Auftragsvorschriften bei gewöhnlichen Dienst- oder Werkverträgen wird durch § 675 nicht ausgeschlossen (Musielak aaO, S 1229). Bsp: Arbeitsvertrag (BAG 12, 24; 19, 86; NJW 63, 1221; sa § 670 Rn 11; Rn 14, 18 ff vor § 611). Die Abgrenzungsfrage (Rn 4 ff) verliert dadurch an Bedeutung (ErmEhmann Rn 1 und § 667 Rn 1 f). Für **Zahlungsdienste** (Begriff: § 675c III verweist auf ZahlungsdiensteaufsichtsG, insbesondere § 1 II, X) s § 675c.

2. Voraussetzungen. a) Geschäftsbesorgungsvertrag ist jeder auf eine 3 Geschäftsbesorgung (Rn 4 ff) gerichtete Dienst- oder Werkvertrag (§§ 611 ff; 631 ff). **Verbotene** Geschäftsbesorgung: zB RDG 3 RBerG 1, 8; Bsp (noch zu RBerG 1, 8 aF): Umfassende Unfallschadensabwicklung durch Bank (BGH 61, 317; NJW 77, 38 und 431; 78, 2100); rechtliche Abwicklung eines Grundstückserwerbers/Fondsbeitritts im Rahmen eines Steuersparmodells durch GbR-Geschäftsführerin (BGH NJW 07, 1816). Bei Nichtigkeit des Geschäftsbesorgungsvertrags (zB gem § 134 bei Verstoß gegen RBerG [zum Problem der Teilnichtigkeit s BGH NJW-RR 07, 396]) wendet die Rspr meist (zB BGH 157, 175; ZIP 05, 1599; NJW 12, 3368 m Anm Armgardt) die §§ 677 ff an, abl hL, s § 677 Rn 6. **b) Geschäftsbesorgung.** 4 Der **Begriff** ist in § 675 **enger** als in §§ 662 (dort Rn 9 f) und 677 (dort Rn 2; vgl Larenz, SchR II/1, § 56 V, hM; krit MK/Seiler § 662 Rn 12 ff). **Geschäftsbesorgung** ist eine selbstständige Tätigkeit wirtschaftlicher Art, die nicht in einer bloßen Leistung an einen anderen, sondern in der Wahrnehmung seiner Vermögensinteressen besteht (BGH NJW 89, 1217, hM, str; teilw krit Musielak aaO, S 1220 ff). **aa) Selbstständigkeit** verlangt eigenverantwortliche Überlegung und Willensbil- 5 dung des Geschäftsbesorgers; sie fehlt bei Dienstleistungen in abhängiger Stellung, insbes bei Arbeitsverträgen (str, s aber Rn 2 aE). **bb) Wirtschaftlicher Art** ist eine 6 Tätigkeit, die sich (unmittelbar) auf das Vermögen des Geschäftsherrn bezieht; fehlt zB bei Arzt (s § 667 Rn 4) und Erzieher. **cc) Wahrnehmung fremder Vermö-** 7 **gensinteressen** betrifft Angelegenheiten, die an sich der Sorge des Geschäftsherrn obliegen. IdR ist ein Tätigwerden im Rechts-(Prozess-)verkehr erforderlich; kennzeichnend sind Vertretungsmacht, Verfügungsbefugnis, Prozessführungsbefugnis und bes Treuebindung des Geschäftsbesorgers. Bsp: Besorgung von RGeschäften für Rechnung eines Anderen (Kommissionär und andere mittelbare Stellvertreter; Bankgeschäfte); Prozessführung; Rechts- und Vermögensberatung und -verwaltung; Treuhandverhältnisse (ie Rn 12). Interessenwahrnehmung **fehlt** bei Führung eigener Geschäfte. Bsp: Leistung von Handwerker (auch Bauunternehmer) „an" den Besteller; Überprüfung bereits diskontierter Wechsel durch die Bank; Schaffung des Aufgabenkreises des Geschäftsherrn erst mit Hilfe des Vertragspartners (Vertrag mit dem nur planenden Architekten, BGH 45, 229, str, sa Rn 12). Ein **eigenes** Interesse des Handelnden schließt Geschäftsbesorgung nicht aus (Musielak aaO, S 1225). **dd) Keine** Geschäftsbesorgung ist die Tätigkeit von öffentl Amtsträgern, wie die 8 des Gerichtsvollziehers (RG 82, 85) und Notars (BNotO 1, 24 I; BGH NJW-RR 90, 630).

3. Rechtsfolgen. a) Anwendung von Auftragsrecht. Primär gelten die ver- 9 traglichen Vereinbarungen, ferner das für die einzelnen Vertragstypen (Handelsvertreter, Kommissionär, Spediteur) bestehende handels- oder berufsrechtliche (zB BRAO) Sonderrecht. Erst sekundär gilt nach Maßgabe des § 675 **Auftragsrecht** und, soweit dieses keine Regelung trifft, Dienst- und Werkvertragsrecht, zB hinsichtlich der Vergütung (§§ 612, 632), der Kündigung (Rn 10 f). **Entspr Anwendung** verlangt stets Prüfung, ob durch die Natur des bes Rechtsverhältnisses die Anwendung nicht ausgeschlossen ist; zum Ersatz von Aufwendungen und Schäden s § 670 Rn 2 und 11. **Einzelanalogie** zu Auftragsvorschriften: Rn 2. Aus dem gesetzlichen Leitbild, das in den §§ 242, 675 I, 667, HGB 383 ff zum Ausdruck

§ 675

kommt, folgt, dass Anlageberater aus dem **Anlageberatungsvertrag** zur Wahrung der Interessen seines eine Kapitalanlage suchenden Auftraggebers verpflichtet ist. Er muss vertragswidrige Interessenkonflikte in ihrem konkreten Ausmaß offen legen (BGH WM 11, 640). Daher **Aufklärungspflicht über** die genaue Höhe der ihr zufließenden **Provision** (Kick back, Innenprovision, Rückvergütung) für die erfolgreiche Empfehlung einer Kapitalanlage, näher § 242 Rn 19. Sie besteht stets bei bankmäßig gebundenen Anlageberatern (s BGH NJW 10, 2339, 2340 mN). Bei freien, nicht bankmäßig gebundenen Anlageberatern keine entsprechende Aufklärungspflicht – soweit nicht WpHG 31d eingreift –, wenn der Anleger selbst keine Provision an den Berater zahlt und offen ein Agio oder Kosten für die Eigenkapitalbeschaffung ausgewiesen werden, aus denen ihrerseits die Vertriebsprovisionen aufgebracht werden und so lange diese nicht eine Größenordnung von 15% des einzubringenden Kapitals überschreiten (BGH NJW-RR 12, 372; 11, 913; BeckRS 12, 03298; 11, 13871; BGH WM 11, 640, BGHZ 185, 185); genauso zu behandeln ist eine 100%ige Tochtergesellschaft einer Bank, die selbstständig in der Anlageberatung tätig ist (BGH NJW 12, 2952). S zur Pflichtenbegründung und der Fallgruppendifferenzierung (str) Assmann, ZIP 09, 2125, Habersack, WM 10, 1245; Lippe/Voigt, BKR 11, 151; die Frage, ob bei Verstoß gegen diese Aufklärungspflicht vor dem 19. 12. 06 ein Fahrlässigkeit ausschließender Rechtsirrtum vorliegt und ob die Rechtsprechung zur Aufklärungspflicht für Sachverhalte, die in den Anwendungsbereich des WpHG nF fallen (Stichtag: 1. 11. 07), eingreift bzw eine Vorlage an den EuGH erfordert, untersucht Herresthal, ZBB 09, 348. – Zu Auslagerersatzklauseln

10 s BGH NJW 12, 2337. **b) Nicht** anwendbare Vorschriften: Rn 1. **aa)** Für die **Vertragsbeendigung,** insbes die **Kündigung,** gilt Dienst- und Werkvertragsrecht, also anstelle von § 671 I die §§ 620 ff, 643, 649; § 671 II ist jedoch (vgl **Schlusshalbs)** anwendbar, wenn der Geschäftsbesorger ohne Einhaltung einer Kündigungsfrist kündigen kann (zB im Fall der §§ 621 Nr 5, 626, 627 I, sa dort II). Geschäftsbesorgungsvertrag erlischt nach §§ 115, 116 InsO mit Wirkung für die Zukunft (BGH NJW-RR 05, 51 f; BGH 168, 278; NJW-RR 07, 848; 08, 1008, s § 671 Rn 2).

11 **bb) Unterbeauftragung und Weitergabe des Auftrags.** Anstelle von § 664 I 1, II gilt beim Geschäftsbesorgungsdienstvertrag der inhaltsgleiche § 613, entspr Anwendung auf Geschäftsbesorgungswerkvertrag ist bei bes Vertrauensverhältnis möglich (Larenz, SchR II/1, § 56 V; Musielak aaO, S 1228 f). Bei § 664 I 2 ist entspr Anwendung nicht schlechthin ausgeschlossen (StMartinek § 664 Rn 22; MK/Heermann 24; Koller ZIP 85, 1246, str). Gestattung der Übertragung der Geschäftsbesorgung und Beschränkung der Haftung des Geschäftsführers auf Auswahlverschulden ist möglich (§ 311 I), jedoch wird auch bei befugter Übertragung der Ausführung von voller Haftung für den Untergeschäftsführer (§ 278) auszugehen sein. Abgrenzung zur „Weiterleitung" von Kundenaufträgen durch Banken: § 664 Rn 2 aE; ie Kümpel WM 96, 1893. Sondervorschriften für Spediteur: HGB 408; Anwalt: BRAO 53.

12 **4. Einzelne Geschäftsbesorgungsverträge. Agenturverträge,** zB Werbeagenturvertrag (Hamm GRUR 88, 564; Möhring/Illert BB 74, 65), Agenturvertrag über „in Kommission" („Zahlung") gegebene Gebrauchtwagen (BGH 89, 134 f; Behr AcP 185, 401 ff; sa § 311 Rn 23, 26; § 365 Rn 2; uU Maklervertrag: Stuttgart NJW-RR 88, 892); zur Einordnung eines Pkw-Verkaufs auf Provision s BGH NJW 11, 1726; uU **Architektenvertrag** (s Rn 4 vor § 631), zB soweit Verhandlungen mit Dritten zu führen sind, die über Hilfstätigkeiten hinausgehen (BGH 45, 229, str; aA – idR § 675 – Musielak aaO, S 1241 ff); **Bankverträge** (s Petersen JURA 04, 627), zB Scheck-, Depot- (BGH NJW 91, 978, s ScheckG, DepotG) Effektenkommissions– (Köln WM 95, 383 f) und Akkreditivbestellungsvertrag (§ 783 Rn 12), Dokumenteninkassoauftrag (BGH 95, 154), unechtes Factoring (BGH 58, 366; Musielak aaO, S 1253 f; § 398 Rn 31), Avalkredit (BGH 95, 380 f), uU auch Akzeptkredit s Rn 19 vor § 488); zur Wirksamkeit von Vorsorgevollmachten s § 1896 Rn 26 sowie Teersteegen NJW 07, 1717; Zimmermann BKR 07, 226. Für

Titel 12. Auftrag § 675

Verträge über **Zahlungsdienste** s 675c–676c. **Baubetreuungsverträge:** Baubetreuer ist ua, wer Bauvorhaben gewerbsmäßig in fremdem Namen für fremde Rechnung wirtschaftlich vorbereitet oder durchführt (GewO 34c I Nr 2b; BGH 126, 330), auch bei Vereinbarung eines Festpreises (BGH 67, 334) und bei Baurichtungsgemeinschaft als Auftraggeber (BGH 76, 89; Rspr-Übersicht: Jagenburg NJW 90, 292 ff; Doerry WM SonderBeil 8/91, 5 f; Weber NJW 10, 1855); die Verträge mit dem **RA** (Geschäftsbesorgungsdienstvertrag: BGH 71, 381; NJW 85, 2642 und Rn 19 vor § 611; sa § 276 Rn 32; zur Anwaltshaftung s § 280 Rn 60; BGH BeckRS 11, 11768; NJW 09, 2949 mit Anm Römermann 2924; NJW-RR 08, 1236; NJW 07, 2486, 2488 [Umfang der Beratungspflicht]; NJW 11, 2649 [Pflicht zur Pfändung und Überweisung der Klageforderung]; NJW 08, 1310 f [kein Zurechnungszusammenhang zw anwaltlicher Pflichtverletzung und Schaden bei bestimmten Fehlern des Gerichts]; NJW 08, 1307 f [cic]; NJW 03, 822 [Wegfall Sekundärhaftung bei Beauftragung anderen Anwalts]; BVerfG NJW 02, 2937 mit Anm Zugehör NJW 02, 3225, Anm Henssler/Müller EWiR 03, 165; jetzt abweichend BVerfG NJW 09, 2945 (zu BGH NJW 09, 987); NJW 12, 2435 mAnm Grunewald [Haftung einer Anwaltssozietät]; NJW 13, 540 mAnm Schultz [zur Haftung wegen eines Vorprozesses] BGH NJW 10, 73 ff; [anwaltliche Hinweispflicht, Verhältnis Anwalts-/Gerichtsfehler]; zum Einbezug Dritter in den Schutzbereich des Anwaltsvertrags s BGH NJW 04, 3630) und den Angehörigen anderer beratender Berufe wie **Patentanwalt** (BGH 52, 361), **Rechtsbeistand** (BGH MDR 85, 31), **Steuerberater** und **-bevollmächtigter** (BGH 115, 386 mN; zur Informationspflicht s BGH NJW-RR 07, 1556 f; NJW 04, 3487; zur Pflicht, den Mandanten vor steuerstrafrechtlicher Verfolgung zu bewahren BGH WM 10, 993; zum Mitverschulden des Mandanten BGH BeckRs 11, 18258); zur Einbeziehung Dritter BGH NZG 11. 1384); bei der Verpflichtung zur Prüfung der Insolvenzreife eines Unternehmens liegt hingegen ein Werkvertrag vor (BGH NJW 12, 3165 mAnm Keller); **Wirtschaftsprüfer** (ie Brandner ZIP 84, 1187); zur Einordnung des dauerhaften Vertrags mit einem Wirtschaftsprüferunternehmen als Dienste höherer Art und damit als Dienstvertrag s BGH NJW 11, 3575; **Anlageberater** (BGH ZIP 04, 1154; OLGR Celle 05, 60; Musielak aaO, S 1234 ff); zur Zustandekommen eines Anlageberatungsvertrags und zur Einbeziehung Dritter s München WM 10, 1798; zur Beratungspflicht BGH NJW-RR 09, 687 ff; 10, 349 ff; 11, 329; NJW 11, 1949; in Bezug auf Gesetzesänderungen NJW 12, 380; zur neu eingefügten Protokollierungspflicht nach § 34 II a WpHG s Brinkmann BKR 10, 45, zur Aufklärungspflicht bei Anlageberatung s Rn 9; zur Plausibilitätsprüfung eines Prospekts BGH NJW-RR 13, 371; reine **Reisevermittler**, soweit kein Fall des § 651a II vorliegt (Hamburg NJW 82, 1537; LG Göttingen NJW-RR 90, 1397), zur Abgrenzung der Reisevermittlung und der Reiseveranstaltung BGH NJW 11, 599; die Verträge mit **Treuhändern** (BGH 76, 131; 124, 300; NJW 98, 2969; 09, 1738 [unselbstständige Stiftung]; NZG 13, 229 [Treuhandgesellschafter]; § 662 Rn 3; umfassend zum Treuhandvertrag SoeBeuthien vor § 662 Rn 21 ff; Grundmann, Der Treuhandvertrag, 1997), **Verwaltern** (Geschäftsbesorgungsdienstvertrag; BGH NJW-RR 08, 1270; WM 65, 1181), zB Haus-, Guts-, Vermögens- oder Wohnungseigentumsverwalter (BGH 78, 65; 137, 73; NJW 98, 681; 02, 1868 **[Depotverwaltung]**), **Organen** von jur Personen (BGH NJW 85, 1900: Beirat einer KG; Rn 18 vor § 611), **Kommissionären** (HGB 383 ff; Musielak aaO, S 1258 ff), **Handelsvertretern** (HGB §§ 84 ff; Musielak aaO, S 1254 ff) und **Versicherungsvermittlern** (BGH 94, 358 ff), **Kautionsversicherungsvertrag** (BGH NJW-RR 08, 1007; 168, 276; WM 10, 1397, auch zur Behandlung in der Insolvenz, krit Habersack BKR 07, 74). Zur Rechenschaftspflicht eines Ferienwohnungs-Vermieters s BGH NJW 12, 58. Zum Verwaltervertrag bei Wohnungseigentum s BGH NJW-RR 11, 1093.

5. Rat, Empfehlung (II). Lit.: Altenburger, Grundlagen der Dritthaftung von Sachverständigen für fahrlässig falsche Beleihungswertgutachten, WM 94, 1597; Benedict, Die Haftung des Anlagevermittlers, ZIP 05, 2129, Breinersdorfer, Die Haftung der Banken für Kreditauskünfte gegenüber dem Verwender, 1991; Canaris, Die Vertrauenshaftung im deutschen Privat-   **13**

§ 675 Buch 2. Abschnitt 8. Einzelne Schuldverhältnisse

recht,1971; ders, Die Haftung für falsche Meldungen über Millionenkredite gemäß § 14 KWG, ZIP 87, 409 und WM 87, 1441; ders, Die Haftung des Experten gegenüber Dritten, ZHR 163 (1999), 206; ders, Die Schadensersatzpflicht der Kreditinstitute für eine unrichtige Finanzierungsbestätigung als Fall der Vertrauenshaftung, FS Schimansky, 1999, S. 43; ders, Die Vertrauenshaftung im Lichte der Rechtsprechung des BGH, Festgabe 50 Jahre BGH, 2000, 129; ders, Die Vermutung „aufklärungsrichtigen Verhaltens" und ihre Grundlagen, FS Hadding, 2004, 3; Czub, Der Beratungsvertrag zur Förderung des Entschlusses zum Immobilienkauf als Kapitalanlage, ZfIR 07, 41; Damm, Entwicklungstendenzen der Expertenhaftung, JZ 1991, 37; Ebke/Scheel, Die Haftung des Wirtschaftsprüfers für fahrlässig verursachte Vermögensschäden Dritter, WM 1991, 391; Ellenberger, Die neuere Rechtsprechung des Bundesgerichtshofes zu Aufklärungs- und Beratungspflichten bei der Anlageberatung, WM 01, Sonderbeilage 1; Förster, Die Prospekthaftung der organisierten und grauen Kapitalmärkte, Diss. Gießen 2002; Geibel, Kapitalanlegerschaden, 2002; Grunewald, Zur Haftung von Fachleuten im Zivilrechtsverkehr, JZ 1982, 631; Herrmann, Die Sachwalterhaftung vermögenssorgender Berufe, JZ 1983, 424; Hirte, Berufshaftung, 1996; Honsell, Zum stillschweigenden Auskunftsvertrag mit Schutzwirkung für Dritte, JZ 1985, 953; Hopt, Nichtvertragliche Haftung usw, AcP 183, 608; Jost, Vertragslose Auskunfts- und Beratungshaftung, 1991; Kieninger, Informations-, Aufklärungs- und Beratungspflichten beim Abschluss von Versicherungsverträgen, AcP 198, 194; Kersting, Die Dritthaftung für Informationen im Bürgerlichen Recht, 2007; Koch, § 311 Abs 3 BGB als Grundlage einer vertrauensrechtlichen Auskunftshaftung, AcP 204, 59; Klöhn, Die „allgemein bekannte Tatsache" im Recht der Anlageberatung und Anlagevermittlung, ZIP 10, 1005; Köndgen (Hgb), Neue Entwicklungen im Bankhaftungsrecht, 1987; Koller, Anmerkung, Zum Auskunftsvertrag bei der Anlagevermittlung, EWiR 05, 665; Lang, Aufklärungspflichten bei der Anlageberatung, 1995; Lammel, Zur Auskunftshaftung, AcP 179, 358; Lorenz, Haftung für primäre Vermögensschäden bei der Erteilung einer unrichtigen Auskunft, FS Larenz, 1973, 575; Loewenheim, Zur Abgrenzung von vertraglicher und deliktischer Verantwortlichkeit, JZ 80, 469; Mansel, Immaterialität, Ubiquität und Paradoxität der Information und das Produkthaftungsgesetz, FS Schütze, 1999, 485; ders, Reziprozität und Utilität als Auslegungselemente bei konkludentem Vertragsschluß - am Beispiel unentgeltlicher Informationsgewährung; GS Lüderitz, 2000, 487; ders, Eigen- und Fremdverantwortung im haftungsrecht, 2000, 435; ders, Informationshaftungsrechtliche Verkehrspflichten im Rahmen des § 823 Abs. 1 BGB, FS Werner Lorenz, 2001, 215; Masch, Die Dritthaftung von Banken bei fehlerhaften Eigenauskünften, 2005; Müller, Auskunftshaftung nach deutschem und englischem Recht, Diss. Freiburg 1995; Müller-Graff, Die Geschäftsverbindung als Schutzpflichtverhältnis, JZ 1976, 153; Raeschke-Kessler, Bankenhaftung bei der Anlageberatung usw, WM 93, 1830; Martin Schwab, Die Vermutung aufklärungsrichtigen Verhaltens bei mehreren hypothetischen Entscheidungsmöglichkeiten, NJW 12, 3274; Schlick, Die aktuelle Rechtsprechung des III. Zivilsenats des BGH zum Kapitalanlagerecht, WM 11, 154; Strauch, Rechtsgrundlagen der Haftung für Rat, Auskunft und Gutachten, JuS 92, 897; Thiel, Die Haftung der Anlageberater und Versicherungsvermittler, 2005.

a) Allgemeines. aa) Zweck. Klarstellung durch II, daß durch Wissensmitteilung oder Meinungsäußerung (Auskunft, Rat, Empfehlung) allein kein RGeschäft und damit keine Verbindlichkeit begründet wird (ges Regelfall), soweit nicht bei Unrichtigkeit vertragliche (Rn 16-23) oder deliktische Haftung (Rn 24) eingreifen (Ausnahmen). Wissensmitteilung oder Meinungsäußerung selbst ist nur Wissenserklärung, keine Willenserklärung. Verbindlich ist damit nur die vertragsmäßig oder im Rahmen eines vertragsähnlichen Vertrauensverhältnisses erteilte Auskunft, andernfalls liegt unverbindliche Gefälligkeit vor (vgl § 241 Rn 23ff; § 662 Rn 5); hier kann Haftung nur auf Delikt gestützt werden (Rn 24).

14 **bb) Bedeutung.** Das ges Regel-Ausnahme-Verhältnis gilt nicht für weite Bereiche des Wirtschaftsverkehrs. Auskünfte, die von Personen mit bes Sachkunde im Rahmen ihres Berufs oder Gewerbes erteilt werden (zB von Auskunftei, Anwalt, Arzt, Bank, öffentl bestellten Sachverständigen, Steuerberater, Wirtschaftsprüfer usw) ergehen iZw auf vertraglicher Grundlage (Rn 16ff).

15 **cc) Auskunftshaftung, Informationshaftung.** Bei der Informationshaftung verwirklicht sich der Informationsschaden allein durch eine Willensinteraktion des Informationsgebers (Auskunftsgeber) und des Informationsverwenders (Auskunftsnehmer). Zu der Fehlinformation des ersten muss die darauf aufbauende Fehldisposition des zweiten hinzutreten. Das Haftungsgeschehen der Informationshaftung ist daher notwendig zweiaktig. Die Informationshaftung ist eine Haftung wegen veranlasster Fehldisposition (s Mansel FS Henrich 425f). Die vertragliche Haftung (§ 280)

Titel 12. Auftrag **§ 675**

für schuldhaft unsorgfältig erteilte Auskünfte setzt voraus: Bestehen eines Vertrags oder vertragsähnlichen Vertrauensverhältnisses (Rn 16-19), aus dem sich eine Auskunftspflicht ergibt; schuldhafte Verletzung dieser Pflicht durch sorgfaltswidrige Erteilung von Auskunft und kausal daraus entstehender Schaden (Rn 21). Rechtsfolge: Schadensersatzpflicht (Rn 22). Außervertragliche Haftung: Rn 24.

b) Auskunftsvertrag und geschäftlicher Auskunftskontakt. aa) Selbständi- 16 **ger Auskunftsvertrag.** Hier ist die Auskunftserteilung Hauptleistung. Bsp: Auskunft durch Auskunftei; Rechtsgutachten durch RA; Anlageberatung durch Bank (BGH 100, 118; 123, 128; ie Raeschke-Kessler WM 93, 1831); genetische Beratung durch Arzt (BGH 124, 130 f). Er ist seiner Rechtsnatur nach bei Unentgeltlichkeit Auftrag, sonst Dienstvertrag (meist mit Geschäftsbesorgungscharakter, str; s Musielak, Gutachten II, S 1234) oder Werkvertrag (vgl BGH 67,4), bei medizinischer Auskunft kann Behandlungsvertrag in Betracht kommen (§ 630a). Sichert der Auskunftgeber die Richtigkeit ohne Rücksicht auf Verschulden zu, liegt Garantievertrag vor (Rn 13ff vor § 765).

bb) Auskunft als Nebenpflicht, gemischter Vertrag. Bei allen Vertragstypen 17 kann eine vertragliche Nebenpflicht zur Auskunftserteilung bestehen. Bsp: Anlageberatung durch geschäftsbesorgenden Anlageberater (BGH NJW-RR 87, 936; aber uU schon Fall von Rn 16), Steuerberater (BGH 83, 333) oder RA (BGH NJW 94, 1406); Beratung über einzuhaltende Verarbeitungsrichtlinien durch Verkäufer (BGH 88, 135; § 433 Rn 23; allg § 241 Rn 21). Zur Abgrenzung zum Beratungsvertrag BGH BeckRS 12, 21003. Abgrenzung zum gemischten Vertrag nach Bedeutung der Auskunftspflicht, s BGH NJW 1978, 997.

cc) Stillschweigender Vertragsschluss, Vertrauenshaftung. Ein **still-** 18 **schweigender Auskunftsvertrag** wird angenommen, wenn die Auskunft für den Empfänger erkennbar von erheblicher Bedeutung ist und er sie zur Grundlage wesentlicher Entschlüsse machen will, insbes wenn der Auskunftgeber über besondere Sachkunde verfügt oder er mit der Auskunftserteilung eigene wirtschaftliche Interessen verfolgt (BGH 74, 106; 123, 128; NJW 91, 352 mN; 92, 2082 f mN; 3168; NJW-RR 95, 620; NJW 09, 1141, stRspr). In diesem Fall wird der **Wissenserklärung** der Auskunft zugleich eine **Willenserklärung** der rechtsgeschäftlichen Haftungsbereitschaft für sorgfaltsgemäße Erteilung der Wissenserklärung entnommen. Bsp: Kreditauskunft von Bank an Nichtkunden (BGH NJW 72, 1200); Auskunft von Fachmann über Bonität des zukünftigen Geschäftspartners des Auskunftsempfängers (BGH NJW 03, 1521 [Auskunft durch Bank], NJW-RR 86, 1307 f [Auskunft durch Wirtschaftsprüfer]); Anlageempfehlung von Anlagevermittler (BGH NJW-RR 07, 925; NJW 07, 1362; NJW-RR 05, 1120; 70, 360; 74, 107); Anlagevermittlung durch Bank (BGH 100, 118 f; 123, 126; sa Rn 16). Zur Abgrenzung zum Beratungsvertrag BGH BeckRS 12, 21003. Vertragsverhandlungen führende Dritte können zur Auskunftserteilung stillschweigend bevollmächtigt sein; der Beratungsvertrag kommt dann mit dem Vertretenen zustande (BGH 140, 111; NJW 03, 1811). Indizien für eine vertragliche Bindung sind die Vereinbarung einer Vergütung, die geplante Anknüpfung einer Geschäftsbeziehung (München MDR 74, 666), dagegen ist bloße Gelegenheitsauskunft meist unverbindliche Gefälligkeit (Rn 13; Bsp: BGH NJW 91, 352 f). Bei **Unentgeltlichkeit** ist im Zweifel kein Vertragsschluss anzunehmen (s Mansel Gedächtnisschrift Lüderitz, 2000, S 506, str). Bei Herausgabe einer Gebrauchsanweisung liegt idR kein Rechtsbindungswille des Herstellers gegenüber dem Endabnehmer vor (BGH NJW 89, 1029 f). Abgrenzung ist oft zweifelhaft, die Annahme stillschweigender Willenserklärungen läuft häufig auf bloße Fiktion hinaus.

dd) Vertrauenshaftung. Deshalb wird in Literatur eine (zT berufsspezifische) 19 Vertrauenshaftung angenommen (grundlegend Canaris Vertrauenshaftung; ders ZHR 163 [1999], 206; ders, FS Schimansky; ders, Festgabe BGH; ferner: Lorenz 616 ff; Lammel AcP 179, 358 ff; Grunewald JZ 82, 631; Damm JZ 91, 375 ff; ähnlich Hirte aaO S 412 ff: Dienstleistungshaftung; Jost aaO S 254 ff: Erklärungshaftung; Koch AcP 204, 59: § 311 III als Grundlage vertrauensrechtlicher Auskunftshaf-

§ 675 Buch 2. Abschnitt 8. Einzelne Schuldverhältnisse

tung). Ähnlich im Falle eines **unmittelbaren (nicht-rechtsgeschäftlichen) Auskunftskontakts** die ältere Rechtsprechung: BGH 74, 287: „sozialer Kontakt". Bsp: Auf Dauer angelegte Geschäftsverbindung, wenn sich ein Vertrauensverhältnis herausgebildet hat und die Auskunftserteilung im inneren Zusammenhang mit der Geschäftsverbindung steht (Celle NJW-RR 89, 37; Müller-Graff JZ 76, 153); Scheckauskünfte unter Banken (BGH 61, 177; Köln ZIP 83, 1438); Bank-zu-Bank-Auskünfte (BGH NJW-RR 91, 1265; ie Breinersdorfer WM 92, 1557); Auskünfte unter Lieferanten über Bonität von Kunden (BGH WM 69, 247). Die aktuelle Rechtsprechung nimmt diese Begründungslinien seltener auf.

20 ee) **Mittelbarer Auskunftskontakt.** Beim mittelbaren Auskunftskontakt handelt es sich um Fälle der Weitergabe an Dritte von (idR schriftlich) erteilten Auskünften an den Weitergebenden. Bsp: Erstellung von Gutachten und Berichten durch Sachverständige, Steuerberater, Wirtschaftsprüfer, Banken, Versicherungen usw, die vom Auftraggeber Dritten vorgelegt werden; hierher gehört auch die Ausstellung eines Dienstzeugnisses (BGH 74, 289 ff, str; krit Loewenheim JZ 80, 469). Nach hM ist **Auskunftsvertrag zgDr (§ 328)** und **mit Schutzwirkung für Dritte** (§ 328 Rn 39) dann anzunehmen, wenn die Auskunft erkennbar (auch) für einen Dritten bestimmt ist (str; so BGH BeckRS 04, 08030; NJW 02, 1197; BGH 127, 380 f mit zust Anm Medicus JZ 95, 308; Kersting aaO 548; PalGrüneberg § 311 Rn 60 mN; aA J. Koch AcP 204, 59 [über § 311 III]; wN zur aA bei Hirte aaO S 390); da obj Kriterien (iSv § 328 Rn 25) fehlen, vielfach nur Fiktion (krit und abl Ebke/Scheel WM 91, 391 ff mwN). Dagegen begründet die Weitergabe der Auskunft durch einen verdeckten Stellvertreter keinen Fall zulässiger **Drittschadensliquidation** (BGH NJW 96, 2735; iE aA Altenburger aaO 1610 f). Ist die Auskunft für einen abgrenzbaren Personenkreis bestimmt (zB Expertise über Kunstwerk zur Vorlage an Käuferkreis), kann uU Vertrag mit dem, „den es angeht", in Frage kommen (BGH 12, 109; NJW 79, 1596 f; 91, 352; Herrmann JZ 83, 424, str; einschr BGH NJW 73, 321; MDR 76, 748), bedenklich (Altenburger aaO 1603, 1610). **Auskunftsvertrag mit dem, den es angeht**, kann nur bei eindeutig erklärtem Haftungswillen des Auskunftsgebers angenommen werden (s BGH NJW 1979, 1596f) und ist im Zweifel zu verneinen. – Zum Drittschutz beim Steuerberatungsvertrag NJW 12, 3165. **Zum Einbezug** der Gesellschafter und Geschäftsführer in den Schutzbereich eines zwischen GmbH und Steuerberater geschlossenen Vertrags zur Prüfung einer möglichen Insolvenzreife der GmbH s BGH NJW 12, 3165.

21 c) **Unrichtige Auskunft und Schaden. aa) Pflichten des Auskunftgebers.** Auskunftgeber muss Auskunft **sorgfältig** erstatten und sich um **Richtigkeit und Vollständigkeit** bemühen (BGH 74, 110; 116, 211 f; 123, 129). Fehlen hinreichende Erkenntnisquellen für die Auskunftserteilung, muß dies klar zum Ausdruck gebracht werden (BGH 123, 129 f). Banken obliegt die Pflicht zur *„anlegergerechten"* und zur *„objektgerechten"* Beratung (BGH 123, 128 f; dazu zB Escher-Weingart JZ 94, 104; Mutter MDR 94, 233; zu den Bank-Verhaltenspflichten gem WpHG 31 ff s ie Gaßner/Escher WM 97, 93 ff; sa § 280 Rn 60). Bestehen und Umfang einer **Pflicht zur Nachforschung** richtet sich nach den Umständen des Einzelfalls (BGH 70, 362; 111, 80 mN; NJW-RR 93, 343). Bsp: Plausibilitätsprüfung von Prospekt bei Anlageberatung (BGH 100, 122 f) und Anlagevermittlung (BGH NJW-RR 07, 925; 05, 1120), uU umfangreiche eigene Informationsbeschaffung (BGH 123, 129; weniger streng noch BGH 74, 111). Grund: geschuldet ist anlegergerechte Beratung (BGH 123, 129; NJW 95, 322). Bei Vorwissen des Anlegers besteht nur eingeschränkte Nachforschungspflicht (BGH NJW 96, 1744: Betreuung durch Vermögensberater). Bei ursprünglich unrichtiger Auskunft besteht eine **Pflicht zur Richtigstellung** nach Kenntnis der Unrichtigkeit (BGH 74, 286, 292 für unrichtiges Dienstzeugnis); anders bei nachträglicher Veränderung der Umstände (BGH 61, 178 für Scheckauskunft). Ein vorangegangener Aufklärungsmangel wirkt idR bei späteren Folgegeschäften fort (Umstände entscheiden: s Düsseldorf WM 95, 1752; Köln NJW-RR 96, 689). Vertraulichkeit der Auskunft richtet sich nach dem Parteiwillen im Einzelfall.

bb) **Vertretenmüssen, Mitverschulden.** Haftung für jedes Verschulden 22
(§§ 276, 278), auch leichte Fahrlässigkeit (BGH 13, 200; Hopt aaO S 253 gegen
BGH 70, 362 f); bedenkenswert Honsell JZ 85, 953: bei Unentgeltlichkeit § 521
entspr. Bei Garantievertrag (Rn 16) ohne Verschulden. Für Vorsatz genügt Kenntnis
der Unrichtigkeit der Auskunft, auf die Schädigung braucht sich der Vorsatz nicht
zu erstrecken (anders bei Rn 24). Haftungsausschluss war früher häufig (s AGB
Banken 10 und AGB Sparkassen 7 idF bis 1991; dazu BGH 100, 124 mN). Die
AGB der Banken und Sparkassen enthalten seit 1992 keinen Haftungsausschluss
mehr (s Hoeren NJW 92, 3264). Allg Schranken bei AGB: § 309 Nr 7, 307; iÜ ist
Freizeichnung allg unwirksam bei Vorsatz und grobem Verschulden von verfassungsmäßig berufenen Vertretern und leitenden Angestellten (zB Filialleiter; Wirtschaftsredakteur eines Börsendienstes: BGH 70, 364; allg § 276 Rn 54ff), ferner
nach § 242 bei Beratung zum eigenen Vorteil (BGH 13, 201; WM 71, 818). § 254
kann uU bei risikobehafteter Empfehlung eingreifen (BGH 70, 365 mN; 100, 125;
NJW 84, 356 f; NJW-RR 93, 1115 f).

cc) **Schaden, Kausalität.** Der zu ersetzende **Schaden** (§§ 249 ff) umfasst idR 23
das negative Interesse (BGH 03, 1521; 116, 214; NJW-RR 95, 620 mN), begrenzt
durch den Schutzwzeck der verletzten Pflicht (BGH 116, 212 ff; 124, 134). Bsp:
Unterhaltsbedarf für behindertes Kind bei fehlerhafter genetischer Beratung (BGH
124, 134 ff; zust Deutsch NJW 94, 776; abl Roth NJW 94, 2402). **Verjährung:**
§§ 195, 199 (BGH NJW 10, 3292 Tz 25 zum Auskunftsvertrag). **Beweiserleichterungen** für beratungsgemäßes Verhalten bestehen beim **Kausalitätsbeweis** (BGH
123, 311: Steuerberater; 126, 217: RA). Zur Kausalitätsvermutung aufklärungsrichtigen Verhaltens s BGH NJW 11, 1949 Tz 40; NJW 11, 3227 Tz 33; Canaris FS
Hadding 3; ferner Geibel 161ff, Rohlfing, WM/BHReport 06, 652; uU gilt **Beweislastumkehr** (BGH NJW 12, 2427 mN; ferner BGH NJW 08, 2854: keine Beweislastumkehr bei fehlerhaften schriftlichen Beratungsunterlagen im Unterschied zur
Prospekthaftung; BGH 124, 152: Terminoptionsvermittler; ie § 280 Rn 29).

d) **Deliktische Informationshaftung.** S dazu Mansel, FS Werner Lorenz, 2001, 24
215. Eine Haftung kann sich auch ergeben aus Delikt gemäß § 826 bei wissentlich
bzw grob leichtfertig (insbes Gewissenlosigkeit) falscher Auskunft und dem Bewusstsein möglicher Schädigung durch die erteilte Auskunft (BGH NJW 86, 181 f; 91,
33 und 3282; 92, 3174; sa § 826 Rn 14); gemäß § 824, § 823 II iVm StGB 263;
BörsG § 44; ferner bei gerichtlichen Sachverständigen aus § 839 a (zur früheren
Rechtslage vgl BVerfG 49, 304 gegen BGH 62, 54); bei Amtspflichtverletzungen
durch schuldhaft unrichtige amtliche Auskunft aus § 839, GG 34 (zB BGH NJW
03, 3049). Zur Produkthaftung infolge fehlerhafter Information s Mansel FS Schütze
485.

§ 675a Informationspflichten

**Wer zur Besorgung von Geschäften öffentlich bestellt ist oder sich dazu
öffentlich erboten hat, stellt für regelmäßig anfallende standardisierte
Geschäftsvorgänge (Standardgeschäfte) schriftlich, in geeigneten Fällen
auch elektronisch, unentgeltlich Informationen über Entgelte und Auslagen
der Geschäftsbesorgung zur Verfügung, soweit nicht eine Preisfestsetzung
nach § 315 erfolgt oder die Entgelte und Auslagen gesetzlich verbindlich
geregelt sind.**

Lit: Gößmann/van Look, Die Banküberweisung nach dem Überweisungsgesetz, WM 00,
Sonderbeil 1; Hoffmann, Spezielle Informationspflichten im BGB und ihre Durchsetzung, ZIP
05, 829; Nobbe, Neuregelungen im Verbraucherkreditrecht, WM 11, 625.

1. Normgeschichte. I 2, II aF (s 13. Aufl) setzten die RiLi 97/5/EG über grenz- 1
überschreitende Überweisungen (Überweisungsrichtlinie) enthaltenen Informationspflichten bei Zahlungsdiensten um. Die Überweisungsrichtlinie wurde durch

§ 675b

die Zahlungsdiensterichtlinie 2007/64/EG v 13. 11. 07 (ABl. EU Nr. L 319/1) ersetzt. Diese regelt die von Zahlungsdienstleistern bei der Erbringung von Zahlungsdiensten (§ 675c III) zu beachtenden Informationspflichten abschließend. Daher waren I 2 und II aF mit Wirkung vom 31. 10. 09 durch Art 1 Nr 46 Ges zur Umsetzung der Verbraucherkreditrichtlinie, des zivilrechtlichen Teils der Zahlungsdiensterichtlinie sowie zur Neuordnung der Vorschriften über das Widerrufs- und Rückgaberecht vom 29. 7. 09 (BGBl I 2355) aufzuheben (BT-Drs 16/11643, S 98). Zu diesem Ges s Ady/Paetz, WM 09, 1061. Die Verordnungsermächtigung des II aF wurde in EGBGB 239 übernommen.

2 **2. Voraussetzungen.** Für Geschäftsbesorgungen iSd § 663 (s § 663 Rn 2) hat der Beauftragte sog **Vorabinformationspflichten** zu standardisierten Dienst- und Werkleistungen aufzustellen, wenn er zur Geschäftsbesorgung öffentlich bestellt wurde oder erboten hat (wie § 663 Rn 2). **Standardgeschäft** ist bei Verwendung von AGB bzw Preistafeln zu vermuten (ähnlich PalSprau 2; BT-Drs 14/765 S 15); nach § 675a aE kein Standardgeschäft wenn eine Preisfestsetzung nach § 315 erfolgt oder die Entgelte und Auslagen gesetzlich verbindlich geregelt sind. **Aktivlegitimiert** sind nur tatsächliche und potenzielle Kunden oder Auftraggeber des Auskunftspflichtigen, denn § 675a regelt einen individuellen **Anspruch auf Geschäftsanbahnungsinformationen** (BT-Drucks 14/745, S 15 zu § 676 E; BGH NJW-RR 10, 1712). Daher steht der Anspruch nur Personen zu, die Dienstleistungen des Auskunftspflichtigen in Anspruch nehmen und einen Vertrag mit ihm schließen oder dies prüfen (BGH NJW-RR 10, 1714; Gößmann/van Look, WM 00, Beilage Nr 1, S 16; StMartinek § 675a Rn 3, 18; MK/Heermann 1; PWW/Fehrenbacher Rn 4), nicht Verbraucherverbänden. Mangels Regelungslücke kann § 675a auch nicht zu ihren Gunsten analog angewendet werden (BGH NJW-RR 10, 1714; Frankfurt VuR 10, 228).

3 **3. Rechtsfolge.** Die geschuldete Information muss nur **zur Kenntnisnahme bereitgehalten** werden, zB durch Aushang in den Geschäftsräumen, Bereitstellung im Internet oder an einem Lesegerät (BGH NJW-RR 10, 1712 unter Hinweis auf StMartinek § 675a Rn 11; MK/Heermann 1; PalSprau 4). Eine Übermittlung per E-Mail, Fax oder Briefpost ist nicht geschuldet (BGH NJW-RR 10, 1712). Der (potentielle) Kunde (dazu BGH NJW-RR 10, 1712) hat einen ges Anspruch auf Erfüllung und uU einen Anspruch auf Schadensersatz gem §§ 311 II, 241 II, 280 I; § 823 II; s einschränkend Möllers/Leisch JZ 00, 1085 f.

4 **4. Kreditinstitute.** § 675a regelt nicht Informationspflichten betreffend die Erbringung von **Zahlungsdiensten**. Diese sind in § 675d, EGBGB 248 § 4, 13 geregelt (BGH NJW-RR 10, 1712). Soweit aber Kreditinstitute nicht zur Erbringung von Zahlungsdiensten, sondern von anderen Diensten tätig werden, ordnet § 675a weiterhin die Pflicht zur Information über deren Entgelte und Auslagen der Geschäftsbesorgung an.

§ 675b Aufträge zur Übertragung von Wertpapieren in Systemen

Der Teilnehmer an Wertpapierlieferungs- und Abrechnungssystemen kann einen Auftrag, der die Übertragung von Wertpapieren oder Ansprüchen auf Herausgabe von Wertpapieren im Wege der Verbuchung oder auf sonstige Weise zum Gegenstand hat, von dem in den Regeln des Systems bestimmten Zeitpunkt an nicht mehr widerrufen.

1 **1. Normgeschichte.** § 675b verkürzt den § 676 aF auf dessen S 3. § 676 wurde im Zuge des Überweisungsgesetzes und der Umsetzung der Überweisungsrichtlinie (§ 675a Rn 1) eingeführt. § 676 S 3 aF und jetzt § 675b setzt als Ausnahme Art 5 RiLi 98/26/EG über die Wirksamkeit von Abrechnungen in Zahlungs- sowie Wertpapierliefer- und -abrechnungssystemen (Finalitätsrichtlinie – ABl. EG Nr L 166/45) um. Art 5 Finalitätsrichtlinie verlangt, dass Zahlungs- und Wertpapierauf-

Titel 12. Auftrag   **Vor §§ 675c–676c**

träge innerhalb von Zahlungs- sowie Wertpapierliefer- und -abrechnungssystemen ab dem in den Systemregeln definierten Zeitpunkt unwiderruflich sein müssen (BT-Dr 16/11643, S 98).

2. Voraussetzungen. a) Wertpapierlieferungs- und Abrechnungssystem. 2
Der Begriff des Wertpapierlieferungs- und Abrechnungssystems entspricht demjenigen in KWG 1 XVI **b) Übertragungsvertrag.** Das KrInstitut verpflichtet sich in dem 3 Geschäftsbesorgungsvertrag (§ 675), idR in Sammelverwahrung, also nicht beim Institut selbst gehaltene, sog depotpflichtige Wertpapiere, auf einen anderen zu übertragen. Dies geschieht in der Weise, dass entspr Miteigentumsanteile am Sammeldepot (DepotG 6 I) von dem Wertpapierkonto des Übertragenden abgebucht und gem DepotG 24 dem Konto des Begünstigten gutgeschrieben werden (erfolgsbezogene Leistung iSd §§ 675, 631). Bei Wertpapieren in Sonderverwahrung, zB bei einer Depotbank im Ausland, überträgt der Kunde idR zunächst einen Anspruch auf Umschreibung des Eigentums an dem Wertpapier auf den Begünstigten. **c) Vertrag-** 4 **liche Beziehungen zwischen den Beteiligten.** Das **Valutaverhältnis** zwischen dem Übertragenden und dem Begünstigten (Bsp: Kauf, Schenkung) bildet idR die Grundlage für den Transfer. Überweist der Kunde auf ein eigenes anderes Wertpapierkonto, so fehlt es am Valutaverhältnis. Der im Ges geregelte Übertragungsvertrag zwischen Kunde und ausführendem KrIntitut ist das **Deckungsverhältnis,** das dem Kunden den Transfer, zu dem er sich im Valutaverhältnis verpflichtet hat, ermöglicht. Das **Zuwendungsverhältnis** wird durch uU mehrere Verträge gebildet, in denen sich sog zwischengeschaltete KrInstitute gegenüber dem jeweiligen Vorinstitut zur Weiterleitung bis zum KrInstitut des Begünstigten verpflichten. **d) Widerruf.** Der 5 Übertragende (Kunde) kann zum einen gegenüber seinem Vertragspartner, also dem erstausführenden KrInstitut, den Vertrag durch Widerruf beenden bzw die Weisung zur Übertragung widerrufen, das seinerseits dem KrInstitut des Begünstigten Nachricht geben muss. Der Kunde kann aber die Kündigung auch unmittelbar dem KrInstitut des Empfängers zuleiten (BT-Drs 14/745 S 27), das dann als Bote (zB durch Rückleitung der Wertpapiere) das ausführende KrInstitut informiert. **Maßgebender Zeitpunkt:** Das KrInstitut des Begünstigten muss die Möglichkeit haben, im standardisierten Geschäftsverkehr die Gutschrift noch rechtzeitig zu stoppen. Entscheidend ist daher der durch die Regeln des Systems (Rn 2) bestimmten Zeitpunkt.

Untertitel 3. Zahlungsdienste

Vorbemerkungen zu den §§ 675c–676c

Lit: Bitter, Problemschwerpunkte des neuen Zahlungsdiensterechts – Überweisung und Lastschrift, WM 10, 1725; ders, Problemschwerpunkte des neuen Zahlungsdiensterechts – Kreditkartenzahlung und allgemeine Prinzipien, WM 10, 1773; Derleder, Die Europäisierung des Rechts der Zahlungsdienste und des Verbraucherkredits, NJW 09, 3195; Ellenberger/Findeisen/Nobbe, Kommentar zum Zahlungsverkehrsrecht 2010; Grundmann, Das neue Recht des Zahlungsverkehrs – Grundsatzüberlegungen und Überweisungsrecht, WM 09, 1109; ders, Lastschrift, Kartenzahlung und Ausblick, WM 09, 1157; Köndgen, Das neue Recht des Zahlungsverkehrs, JuS 11, 481; Nobbe, Neuregelungen im Zahlungsverkehrsrecht – Ein kritischer Überblick, WM 11, 961; Reymann, Überweisung und SEPA-Zahlungsdienste – Basiswissen, JuS 12, 781; Rühl, Weitreichende Änderungen im Verbraucherdarlehensrecht und Recht der Zahlungsdienste, DStR 09, 2256; Werner, Rechtliche Neuerungen im Lastschriftverfahren – insbesondere das SEPA-Lastschriftverfahren, BKR 10, 9; ders, Das Weisungsrecht im Überweisungsrecht, BKR 10, 353.

1. Zweck der Regelungen. Durch die Bestimmungen des Untertitels 3 wird 1 die ZahlungsdiensteRiLi 2007/64/EG vom 13.11.2007 in deutsches Recht umgesetzt. Die Neuregelung erfolgt durch das Gesetz zur Umsetzung der Verbraucherkre-

§§ 675c, 675d

Buch 2. Abschnitt 8. Einzelne Schuldverhältnisse

ditRiLi, des zivilrechtlichen Teils der ZahlungsdiensteRiLi sowie zur Neuordnung der Vorschriften über das Widerrufs- und Rückgaberecht vom 29.7.2009 (BGBl I 2009, 2355 ff). Die §§ 675c–676c traten mit Wirkung zum 31.10.2009 in Kraft. Sie sind anwendbar auf Zahlungsvorgänge nach dem 31.10.2009 (BGH ZIP 12, 1014). Mit Wirkung zum 31.3.2012 trat die SEPA-Verordnung Nr. 260/12 in Kraft, die feste Endzeiten für Besonderheiten nationaler Zahlungsverkehrsregelungen nebst befristeter Verlängerungsoption vorsieht. Das auf nationaler Ebene umsetzende Gesetz zur Begleitung der Verordnung (EU) Nr. 260/2012 zur Festlegung der technischen Vorschriften und der Geschäftsanforderungen für Überweisungen und Lastschriften in Euro und zur Änderung der Verordnung (EG) Nr. 924/2009 (SEPA-Begleitgesetz, BT-Drs 17/10038, BGBl I 610) trat am 9.4.2013 in Kraft.

2   **2. Inhaltliche Änderungen.** Die Vorschriften ersetzen die bisherigen Regelungen zum Überweisungsvertrag (§§ 676a–676c aF basierend auf der Überweisungs-RiLi sowie dem Art 8 der FernabsatzRiLi), zum Zahlungsvertrag (§§ 676d bis 676e aF) sowie zum Girovertrag (§§ 676 f–676h aF). Ziel der ZahlungsdiensteRiLi ist die Schaffung eines einheitlichen rechtlichen Rahmens für Zahlungsdienste innerhalb des europäischen Wirtschaftsraums (EWR) zwecks Einführung eines einheitlichen Euro-Zahlungsverkehrsraums (SEPA – single european payments area) nebst einem einheitlichen aufsichtsrechtlichen Rahmen. Die RiLi beabsichtigt die Vollharmonisierung der Zahlungsdienste im EWR, Art 86. Dieses Ziel ist bei der richtlinienkonformen Auslegung der §§ 675c ff zu berücksichtigen. Die letztinstanzliche Entscheidung über die Auslegung der ZahlungsdiensteRiLi obliegt dem EuGH. Bei Zweifeln über die Vereinbarkeit von deutschem Recht mit den europäischen Regelungen ist der EuGH im Rahmen einer Vorabentscheidung nach AEUV 267 anzurufen.

3   **3. Ergänzende vertragliche Vereinbarungen.** Die Rahmenvorschriften werden ergänzt durch verschiedene Vereinbarungen und Regelwerke innerhalb der einzelnen Vertragsbeziehungen, zB Interbankenabkommen (auf europäischer Ebene: sog Rulebooks des European Payments Council [EPC]), Allgemeine Geschäftsbedingungen der Banken, Bankbedingungen für den Überweisungsverkehr, für Zahlungen mittels Lastschrift, für die Ausgabe von Kreditkarten etc (s dtv-Texte BankR). Über § 675 c III finden die Begriffsbestimmungen des KWG und des ZAG Anwendung (sa § 675 f Rn 1, 2).

Kapitel 1. Allgemeine Vorschriften

§ 675c Zahlungsdienste und elektronisches Geld

(1) **Auf einen Geschäftsbesorgungsvertrag, der die Erbringung von Zahlungsdiensten zum Gegenstand hat, sind die §§ 663, 665 bis 670 und 672 bis 674 entsprechend anzuwenden, soweit in diesem Untertitel nichts Abweichendes bestimmt ist.**

(2) **Die Vorschriften dieses Untertitels sind auch auf einen Vertrag über die Ausgabe und Nutzung von elektronischem Geld anzuwenden.**

(3) **Die Begriffsbestimmungen des Kreditwesengesetzes und des Zahlungsdiensteaufsichtsgesetzes sind anzuwenden.**

§ 675d Unterrichtung bei Zahlungsdiensten

(1) [1]**Zahlungsdienstleister haben Zahlungsdienstnutzer bei der Erbringung von Zahlungsdiensten über die in Artikel 248 §§ 1 bis 16 des Einführungsgesetzes zum Bürgerlichen Gesetzbuche bestimmten Umstände in der dort vorgesehenen Form zu unterrichten.** [2]**Dies gilt nicht für die Erbringung von Zahlungsdiensten in der Währung eines Staates außerhalb des**

Titel 12. Auftrag §§ 675c–675e

Europäischen Wirtschaftsraums oder die Erbringung von Zahlungsdiensten, bei denen der Zahlungsdienstleister des Zahlers oder des Zahlungsempfängers außerhalb des Europäischen Wirtschaftsraums belegen ist.

(2) Ist die ordnungsgemäße Unterrichtung streitig, so trifft die Beweislast den Zahlungsdienstleister.

(3) ¹Für die Unterrichtung darf der Zahlungsdienstleister mit dem Zahlungsdienstnutzer nur dann ein Entgelt vereinbaren, wenn die Information auf Verlangen des Zahlungsdienstnutzers erbracht wird und der Zahlungsdienstleister
1. diese Information häufiger erbringt, als in Artikel 248 §§ 1 bis 16 des Einführungsgesetzes zum Bürgerlichen Gesetzbuche vorgesehen,
2. eine Information erbringt, die über die in Artikel 248 §§ 1 bis 16 des Einführungsgesetzes zum Bürgerlichen Gesetzbuche vorgeschriebenen hinausgeht, oder
3. diese Information mithilfe anderer als der im Zahlungsdiensterahmenvertrag vereinbarten Kommunikationsmittel erbringt.

²Das Entgelt muss angemessen und an den tatsächlichen Kosten des Zahlungsdienstleisters ausgerichtet sein.

(4) Zahlungsempfänger und Dritte unterrichten über die in Artikel 248 §§ 17 und 18 des Einführungsgesetzes zum Bürgerlichen Gesetzbuche bestimmten Umstände.

§ 675e Abweichende Vereinbarungen

(1) Soweit nichts anderes bestimmt ist, darf von den Vorschriften dieses Untertitels nicht zum Nachteil des Zahlungsdienstnutzers abgewichen werden.

(2) ¹Für Zahlungsdienste im Sinne des § 675d Abs. 1 Satz 2 sind § 675q Abs. 1 und 3, § 675s Abs. 1, § 675t Abs. 2, § 675x Abs. 1 und § 675y Abs. 1 und 2 sowie § 675z Satz 3 nicht anzuwenden; soweit solche Zahlungsdienste in der Währung eines Staates außerhalb des Europäischen Wirtschaftsraums erbracht werden, ist auch § 675t Abs. 1 nicht anzuwenden. ²Im Übrigen darf für Zahlungsdienste im Sinne des § 675d Abs. 1 Satz 2 zum Nachteil des Zahlungsdienstnutzers von den Vorschriften dieses Untertitels abgewichen werden; soweit solche Zahlungsdienste jedoch in Euro oder in der Währung eines Mitgliedstaats der Europäischen Union oder eines anderen Vertragsstaats des Abkommens über den Europäischen Wirtschaftsraum erbracht werden, gilt dies nicht für § 675t Abs. 1 Satz 1 und 2 sowie Abs. 3.

(3) Für Zahlungsvorgänge, die nicht in Euro erfolgen, können der Zahlungsdienstnutzer und sein Zahlungsdienstleister vereinbaren, dass § 675t Abs. 1 Satz 3 und Abs. 2 ganz oder teilweise nicht anzuwenden ist.

(4) Handelt es sich bei dem Zahlungsdienstnutzer nicht um einen Verbraucher, so können die Parteien vereinbaren, dass § 675d Abs. 1 Satz 1, Abs. 2 bis 4, § 675 f Abs. 4 Satz 2, die §§ 675g, 675h, 675j Abs. 2 und § 675p sowie die §§ 675v bis 676 ganz oder teilweise nicht anzuwenden sind; sie können auch eine andere als die in § 676b vorgesehene Frist vereinbaren.

Anmerkungen zu den §§ 675c–675e

1. Anwendungsbereich, § 675c. Die §§ 675c ff regeln die Abwicklung von Zahlungsdiensten (zum Begriff s § 675 f Rn 1). Der auf die Erbringung von Zahlungsdiensten gerichtete Vertrag ist ein Geschäftsbesorgungsvertrag, § 675c I. Die Vorschriften über die Zahlungsdienste sind leges speciales zum allgemeinen Auftragsrechts. 1

Berger 1071

§ 675f Buch 2. Abschnitt 8. Einzelne Schuldverhältnisse

2 **2. Informationspflichten, § 675d.** Dem Zahlungsdienstnutzer (und nur diesem: BGH WM 10, 647) sollen transparente Vertragsbedingungen und -informationen zur Verfügung gestellt werden. Den Zahlungsdienstleister (zum Begriff s § 675 f Rn 2) trifft daher eine umfangreiche **Unterrichtungspflicht**, die im Einzelnen in **EGBGB 248 §§ 1–16** geregelt ist. Die Unterrichtungspflichten schreiben dem Zahlungsdienstleister vor, welche konkreten Informationen auf welche Art und Weise zu erteilen sind. Pflichtverletzungen können Schadensersatzansprüche aus §§ 823 II, 280 I, 311 II begründen. Die Informationen sind, soweit sie nach Art und Umfang im ges geregelten Rahmen liegen, **kostenlos** zu erbringen. Bei der Informationsübermittlung („unterrichten") ist zu unterscheiden: Mitteilung oder Übermittlung und Zugänglichmachen. Mitteilung oder Übermittlung ist die aktive Informationsbekanntgabe durch den Zahlungsdienstleister, Zugänglichmachen erfordert nur die Bereitstellung der Information durch diesen.

3 **3. Ausnahmeregelungen, § 675e.** Der sachliche Anwendungsbereich der §§ 675c ff erfasst den innerstaatlichen Zahlungsverkehr sowie alle Zahlungen mit Auslandsbezug, nicht nur Zahlungen innerhalb der Mitgliedsstaaten. Einzelne Regelungen (§ 675d I 2, § 675e II, III) finden jedoch keine Anwendung auf Zahlungsvorgänge mit Drittstaatenbezug. Ein Zahlungsvorgang mit Drittstaatenbezug liegt vor, wenn der Zahlungsdienstleister des Zahlers oder der des Zahlungsempfängers seinen Sitz (dh die tatsächliche Belegenheit der Stelle, die den Zahlungsdienst erbringt [BT-Drs 16/11643 S 100]) außerhalb des EWR innehat **(Drittstaatenzahlungsdienstleister)** oder die Zahlung in einer Währung eines Staates außerhalb des europäischen Wirtschaftsraums erfolgt **(Drittstaatenwährung).** Zum EWR gehören derzeit alle 28 EU-Staaten sowie Island, Norwegen, Liechtenstein, von denen aber nicht alle die Gemeinschaftswährung führen. Daher ist Fremdwährung nicht gleichzusetzen mit Drittstaatenwährung. Darüber hinaus gelten die Regelungen nur begrenzt für Kleinbetragsinstrumente und für elektronisches Geld, § 675i II. Die Vorschriften über die Zahlungsdienste sind **zugunsten** eines Zahlungsdienstnutzers **dispositiv**, abweichende Vereinbarungen **zu** seinen **Lasten** sind nur unter den Voraussetzungen des **§ 675e** zulässig.

Kapitel 2. Zahlungsdienstevertrag

Lit: Bitter, Das neue Pfändungsschutzkonto (P-Konto) – eine Zwischenbilanz, ZIP 11, 149; Kropf/Habl, Aktuelle Entwicklungen zur Zulässigkeit von Bankentgelten, BKR 12, 141.

§ 675f Zahlungsdienstevertrag

(1) **Durch einen Einzelzahlungsvertrag wird der Zahlungsdienstleister verpflichtet, für die Person, die einen Zahlungsdienst als Zahler, Zahlungsempfänger oder in beiden Eigenschaften in Anspruch nimmt (Zahlungsdienstnutzer), einen Zahlungsvorgang auszuführen.**

(2) ¹**Durch einen Zahlungsdiensterahmenvertrag wird der Zahlungsdienstleister verpflichtet, für den Zahlungsdienstnutzer einzelne und aufeinander folgende Zahlungsvorgänge auszuführen sowie gegebenenfalls für den Zahlungsdienstnutzer ein auf dessen Namen oder die Namen mehrerer Zahlungsdienstnutzer lautendes Zahlungskonto zu führen.** ²**Ein Zahlungsdiensterahmenvertrag kann auch Bestandteil eines sonstigen Vertrags sein oder mit einem anderen Vertrag zusammenhängen.**

(3) ¹**Zahlungsvorgang ist jede Bereitstellung, Übermittlung oder Abhebung eines Geldbetrags, unabhängig von der zugrunde liegenden Rechtsbeziehung zwischen Zahler und Zahlungsempfänger.** ²**Zahlungsauftrag ist jeder Auftrag, den ein Zahler seinem Zahlungsdienstleister zur Ausführung eines Zahlungsvorgangs entweder unmittelbar oder mittelbar über den Zahlungsempfänger erteilt.**

Titel 12. Auftrag **§ 675f**

(4) ¹Der Zahlungsdienstnutzer ist verpflichtet, dem Zahlungsdienstleister das für die Erbringung eines Zahlungsdienstes vereinbarte Entgelt zu entrichten. ²Für die Erfüllung von Nebenpflichten nach diesem Untertitel hat der Zahlungsdienstleister nur dann einen Anspruch auf ein Entgelt, sofern dies zugelassen und zwischen dem Zahlungsdienstnutzer und dem Zahlungsdienstleister vereinbart worden ist; dieses Entgelt muss angemessen und an den tatsächlichen Kosten des Zahlungsdienstleisters ausgerichtet sein.

(5) In einem Zahlungsdiensterahmenvertrag zwischen dem Zahlungsempfänger und seinem Zahlungsdienstleister darf das Recht des Zahlungsempfängers, dem Zahler für die Nutzung eines bestimmten Zahlungsauthentifizierungsinstruments eine Ermäßigung anzubieten, nicht ausgeschlossen werden.

1. Begriff. Zahlungsdienste sind alle Zahlungsvarianten des bargeldlosen Zahlungsverkehrs (zB Zahlungen per Überweisung, Lastschrift, [Kredit-]Kartenzahlungen, ZAG 1 II iVm X), die ein Zahlungsdienstleister erbringt, um die Übertragung von Buchgeld zwischen zwei Zahlungsdienstnutzern zu ermöglichen. Bereits die Ausgabe von Zahlungsinstrumenten wie Giro-, Geld- und Kreditkarte (sog Zahlungsauthentifizierungsgeschäfte, ZAG 1 II Nr 4; zum Begriff s § 675k Rn 1) wird vom Begriff des Zahlungsdienstes erfasst. Bargeldgeschäfte unterfallen dem Begriff des Zahlungsdienstes, wenn das Bargeld in Form von Buchgeld in den Geldkreislauf eingebracht wird und der Vorgang nicht nur der Abwicklung der Bezahlung von Waren oder eines Geldwechselgeschäftes etc dient. Die Bereitstellung von Geldbeträgen eines Zahlungsdienstnutzers an einen anderen mittels Scheck, Wechsel, Reisescheck, Postanweisung oder Gutschein stellt keinen Zahlungsdienst dar, ZAG 1 X Nr 6. Ebenso werden sog Prepaid-Zahlungsinstrumente nicht erfasst (ZAG 1 X Nr 10). 1

2. Vertragsparteien. a) Zahlungsdienstleister. Gem ZAG 1 I sind alle diejenigen Zahlungsdienstleister, die gewerbsmäßig oder in einem Umfang, der einen in kaufmännischer Weise eingerichteten Geschäftsbetrieb erfordert, Zahlungsdienste erbringen. Darunter fallen neben den KrInstituten, auch die E-Geld-Institute, der Bund, die Länder, die Gemeinden und Gemeindeverbände sowie die Träger bundes- oder landesmittelbarer Verwaltung, soweit sie nicht hoheitlich handeln, ferner die Europäische Zentralbank, die Deutsche Bundesbank sowie andere Zentralbanken in den Mitgliedstaaten der EU oder den anderen Staaten des Abkommens über den EWR, wenn sie nicht in ihrer Eigenschaft als Währungsbehörde oder andere Behörde handeln. **b) Zahlungsdienstnutzer** ist jede natürliche oder juristische Person, die Zahlungsdienste in Anspruch nimmt, sei es als Zahler oder als Zahlungsempfänger oder beides (zB bei Geldtransaktionen zugunsten/zulasten des eigenen Zahlungskontos). Die Vorschriften über Zahlungsdienste unterscheiden zwischen Verbrauchern und Nichtverbrauchern als Zahlungsdienstnutzer. Diese Differenzierung ist wegen der **Abdingbarkeit** einzelner Vorschriften von **Bedeutung** (s § 675e I, IV). 2

3

3. Vertragsinhalt. a) Allgemeines. Der Zahlungsdienstevertrag ist Geschäftsbesorgungsvertrag, § 675c I. Der Vertragsschluss ist formfrei, außer wenn Formbedürftigkeit wegen eines sonstigen Vertrages (II 2) zB §§ 492, 504, 505 vorliegt. Zur Formbedürftigkeit von Informationen und Vertragsbedingungen s EGBGB 248 § 3 ff. Ein Zahlungskonto (II 2 aE) kann die Grundlage für den Zahlungsdiensterahmenvertrag darstellen, die Kontoführung selbst ist jedoch kein Zahlungsdienst, arg ZAG 1 II. Die einzelnen Zahlungsvorgänge werden bei einem zugrundeliegenden Rahmenvertrag nicht länger durch Vertrag ausgelöst (zum alten Recht s § 676a aF), sondern durch Weisung iSd § 665. Der Zahlungsauftrag begründet das **Deckungsverhältnis** zwischen dem Zahlungsdienstleister und seinem Nutzer. Das Vertragsverhältnis zwischen Zahlungsempfänger und dessen Zahlungsdienstleister **(Inkassoverhältnis)** stellt einen 4

5

Berger 1073

§ 675f

eigenen Zahlungsdienstevertrag dar. Keine Rechtsbeziehungen bestehen zwischen Zahler und Zahlungsdienstleister des Empfängers sowie Zahlungsempfänger und Zahlungsdienstleister des Zahlers. Das Vertragsverhältnis zwischen Zahler und Zahlungsempfänger (**Valutaverhältnis**) ist der rechtliche Grund für die Zahlung. Welcher Rechtsgrund dem Zahlungsdienst zugrunde liegt, ist unbeachtlich (**III**). Vor der Neuregelung hatten die §§ 676d ff aF (Zahlungsvertrag) die vertraglichen Beziehungen zwischen den in den Zahlungsvorgang involvierten Kreditinstituten gestaltet (**Zuwendungsverhältnis**). Diese Rechtsbeziehungen sind nunmehr durch Interbankenverträge (auf europäischer Ebene: Rulebooks des European Payments Council [EPC])
6 geregelt. **b) Einzelne Zahlungsdienste. aa)** Bei der **Überweisung** erteilt der Zahlungsdienstnutzer seinem Zahlungsdienstleister die Weisung, dem Zahlungsempfänger (über dessen Zahlungsdienstleister) einen bestimmten Geldbetrag zu übermitteln. Der Zahlungsempfänger erwirbt dadurch einen Anspruch gegen seinen Zahlungsdienstlei-
7 ter auf Gutschrift und aus der Gutschrift (s § 675t Rn 2 f). **bb)** Gem ZAG 1 IV ist eine **Lastschrift** ein vom Zahlungsempfänger ausgelöster Zahlungsvorgang zur Belastung des Zahlungskontos des Zahlers, dem dieser gegenüber dem Zahlungsempfänger, dessen Zahlungsdienstleister oder seinem eigenen Zahlungsdienstleister zustimmt (s
8 § 675j). **(1)** Die **SEPA-Basis- bzw. Firmenlastschriftvereinbarung** (sog SEPA-Lastschriftmandat) beinhaltet die Ermächtigung des Gläubigers, den Betrag vom Konto des Schuldners einzuziehen **und** darüber hinaus eine an den Zahlungsdienstleister des Schuldners (Zuwendungsverhältnis) gerichtete **Weisung** (Zahlungsauftrag iSd § 675 f III 2), die vom Gläubiger auf das Schuldnerkonto gezogene SEPA-Lastschrift einzulösen. Die Weisung an die Schuldnerbank geht dieser durch den Zahlungsempfänger als Erklärungsboten (s § 130 Rn 7 ff) über dessen Zahlungsdienstleister zu. Der SEPA-Lastschriftauftrag ist daher ebenfalls eine **autorisierte Zahlung.**
9 **(2)** Lastschriftzahlungsvorgänge im **Einzugsermächtigungsverfahren** waren bis zur Anpassung an das SEPA-Lastschriftverfahren zum 9.7.2012 **nicht autorisierte Zahlungen.** Im Valutaverhältnis erteilte der Schuldner (Zahler) dem Gläubiger (Zahlungsempfänger) die Ermächtigung, von seinem Konto einen Geldbetrag abzubuchen. Über die Zahlungsdienstleister wurde das Konto des Schuldners mittels Lastschrift belastet. Nach der Genehmigungstheorie des BGH (BGH WM 10, 1546 mN) waren diese Zahlungen bis zur (ausdrücklichen oder konkludenten) Genehmigung oder bis zum Eintritt der Genehmigungsfiktion (s 675j Rn 2) nicht autorisierte Zahlungen.
10 Ebenfalls nicht autorisiert war die Zahlung im **elektronischen Lastschriftverfahren** (ELV), die insbesondere im Einzelhandel genutzt wird. Der Nutzer ermächtigt den Zahlungsempfänger durch Einsatz seiner Girokarte nebst Unterschrift, den angegebenen Betrag von seinem Konto einzuziehen. Durch die Anpassung wurden die beiden Lastschriften dem SEPA-Basislastschriftverfahren gleichgestellt, die nationalen Lastschriften (Einzugsermächtigungsverfahren und ELV) werden erst zum 1.2.2016 abgeschaltet. Zum Erstattungsanspruch s § 675 x Rn 2. Zur Abdingbarkeit s § 675 e.
11 **(3)** Lastschriften im **Abbuchungsverfahren** sind **autorisierte Zahlungen.** Der Schuldner erteilt seinem Zahlungsdienstleister (Deckungsverhältnis) unmittelbar die Weisung (Zahlungsauftrag iSd III 2), vom Gläubiger eingehende Lastschriften einzulösen. Erstattungsansprüche gem § 675x II sind für diese Lastschriftart idR durch
12 AGB (LastschriftAbb Nr 2.5) ausgeschlossen (sa § 675 x Rn 2). **cc)** Mit dem Einsatz seiner **Zahlungskarte** (Girokarte mit PIN [sog Electronic-Cash] oder Kreditkarte) autorisiert der Zahler (Karteninhaber) seinen Zahlungsdienstleister, die unter Nutzung der Zahlungskarte eingehenden Zahlungsverpflichtungen zu erfüllen (iE s Walz/ZVRecht S 705 f). Die Kartenzahlung dient dem Zahlungsempfänger als Bargeldersatz (BGH NJW 02, 285). Mit Autorisierung der Zahlung gibt der kartenausgebende Zahlungsdienstleister ein abstraktes Schuldversprechen iSd §§ 780, 781 ab (BGH NJW 02, 2234), ein Widerruf nach Autorisierung ist daher ausgeschlossen, § 675p II (s aber § 675x I).

Titel 12. Auftrag § 675f

4. Hauptleistungspflichten. Hauptleistungspflicht des **Zahlungsdienstleisters** 13 ist die Erbringung von Zahlungsdienstleistungen in Form von Zahlungsvorgängen **(III)** für einen Zahlungsdienstnutzer, sei es in Form eines Einzelvorganges oder für eine Mehrzahl von Zahlungsvorgängen. Bedeutsam ist diese Unterscheidung lediglich hinsichtlich der Informationspflichten (EGBGB 248 §§ 3, 10). Der Zahlungsdienstleister schuldet nicht nur die Ausführung des Zahlungsauftrages, sondern auch den Erfolg in Form des vollständigen und fristgerechten Zahlungseingangs beim Zahlungsdienstleister des Zahlungsempfängers, § 675s I 1. Der Einzelvertrag endet 14 mit Ausführung, ggf auch durch Widerruf (§ 675p), der Rahmenvertrag (Dauerschuldverhältnis) kann durch ordentliche Kündigung (§ 675h) oder außerordentlich (§§ 314, 626) beendet werden. Der **Zahlungsnutzer** ist verpflichtet, das für die Leistung vereinbarte Entgelt **(IV)** zu entrichten.

5. Zahlungskonto. a) Begriff. Gem ZAG 1 III ist ein **Zahlungskonto** ein 15 auf den Namen eines oder mehrerer Zahlungsdienstnutzer lautendes und der Ausführung von Zahlungsvorgängen dienendes Konto, das die Forderungen und Verbindlichkeiten zwischen dem Zahlungsdienstnutzer und -leister innerhalb der Geschäftsbeziehung buch- und rechnungsmäßig darstellt und für den Zahlungsdienstnutzer dessen jeweilige Forderung gegenüber dem Zahlungsdienstleister bestimmt. Das Zahlungskonto beruht auf einem **gegenseitigen Geschäftsbesorgungsvertrag** iSd § 675 als Rahmenvertrag (Dauerschuldverhältnis). Das Zahlungskonto ist grds Guthabenkonto (idR unregelmäßige Verwahrung, s § 700 Rn 3), kann aber gem II 2 auch einen Darlehensvertrag (§ 488) umfassen. **b) Kon-** 16 **toinhaber** ist regelmäßig der als solcher im Vertrag Bezeichnete (BGH WM 94, 2270). Minderjährige bedürfen der Einwilligung des ges Vertreters (§ 107) auch bei kostenfrei geführtem Konto, weil zumindest über die einbezogenen AGB besondere Pflichten und Obliegenheiten entstehen. **aa)** Bei einer **Mehrheit von** 17 **Kontoinhabern** ist bei einem sog **Oder-Konto** jeder Inhaber allein verfügungsberechtigt, es liegt Gesamtgläubigerschaft (§ 428) bzw Gesamtschuldnerschaft (§ 421) vor (BGH NJW-RR 93, 233). Bei einem sog **Und-Konto** sind die Inhaber nur gemeinsam verfügungsberechtigt, es besteht eine Gesamthands- (GbR, Erbengemeinschaft) oder eheliche Gütergemeinschaft) oder eine Bruchteilsgemeinschaft (§ 741). Eine Befugnis jedes Kontoinhabers, nach § 432 Leistung an alle zu verlangen (einfache Forderungsgemeinschaft), besteht nach dem anzunehmenden Parteiwillen nicht (MK/Schmidt § 741 Rn 55; Hamburg NZG 2000, 786; str). **bb)** Bei 18 einem **Treuhandkonto** ist zwischen Ermächtigungstreuhand und der Vollrechtstreuhand zu unterscheiden (zur Abgrenzung iE s Zweibrücken WM 00, 2489). Bei der Ermächtigungstreuhand bleibt der Treugeber Inhaber des Kontos, über das der Treuhänder im eigenen Namen verfügen darf. Bei der Vollrechtstreuhand ist Kontoinhaber der Treuhänder. Wird das Treuhandverhältnis offen gelegt, so verzichtet das Kreditinstitut regelmäßig auf ein Pfandrecht; der Treuhänder ist zudem berechtigt, Drittwiderspruchsklage zugunsten des Treugebers zu erheben (BGH WM 90, 1954; BVerfG 64, 1 [22]; zur Offenlegung sa Brandenburg WM 99, 267). **c)** Der **Vertragsschluss** ist grds formfrei, wird aber wegen der Legitima- 19 tionsprüfungspflicht nach AO 154 und wegen der Einbeziehung von AGB regelmäßig schriftlich erfolgen. Kein Kontrahierungszwang für Privatbanken zum Führen eines Zahlungskontos (LG Berlin 10 S 4/08 [juris]); ggf aber öffentl-rechtlicher Anspruch (VG Frankfurt/M ZIP 11, 370; OVG Lüneburg ZIP 10, 1790). **d) Kon-** 20 **toführung. aa) Allgemeines.** Das Konto ist wie jedes Bankkonto ein Handelsbuch iSv HGB 238 f. Die Eintragungen im Sinne einer nachvollziehbaren Dokumentation der abgewickelten Geschäfte nach Art, Zeit und Ursache und die sonst erforderlichen Aufzeichnungen (zB über das Bestehen von Vollmachten) müssen vollständig, richtig, zeitgerecht und geordnet vorgenommen werden (HGB 239 II). Auch ist der Inhaber durch Auszüge bzw Zugriff auf die Datei über die Abwicklung zu informieren, § 666. Zum Übergang bei der Forderungspfändung s § 666 Rn 1. **bb)** IdR wird das Konto als **Kontokorrent** (s HGB 355) 21 geführt. Aus Gründen der Vereinfachung werden die einzelnen Geschäftsvorfälle (Abbuchungen, Eingänge) nicht gesondert abgerechnet, sondern innerhalb einer Periode (zB einem Quartal) als Rechnungsposten festgehalten und am Ende durch Verrechnung abgewickelt. Vor der Saldierung haben die Buchungen nur eine deklaratorische Bedeutung, die die Auffassung der KrInstituts zur materiellen Rechtslage (über den Verlauf der durchgeführten Bankgeschäfte) wiedergibt (BGH 105, 269). Die widerspruchslose Empfangnahme des Kontoauszugs stellt deshalb auch kein Anerkenntnis des Kunden dar (BGH 73, 207). Fehlbuchungen können bis zum Rechnungsabschluss berichtigt werden (BGH NJW 01, 454; Frankfurt WM 99, 3208: Gutschrift bei einem scheinbar Berechtigten; sa BGH NJW 01, 2629). Anders als beim allg Kontokorrent kann der Kunde – auf Grund des Verwahrungsvertrages gem § 700 als causa (s Rn 15) – über sein Guthaben (zB durch Überweisung) verfügen oder es sich auch auszahlen lassen. Im Rahmen der getroffenen Darlehensabrede kann er auch bei einem negativen Kontostand im vertraglich vorgesehenen Rahmen Verfügungen bzw Auszahlungen vornehmen. Ein Guthaben ist wegen der erwähnten causa pfändbar. Durch die **Saldierung** am Ende der vereinbarten Periode wird der festgestellte Saldo jeweils anerkannt; er stellt eine selbstständige Forderung der einen oder anderen Seite dar (MK-HGB/Hadding/Häuser ZahlungsV A 204 ff mwN). Zum Anspruch auf Gut-

22 schrift und aus der Gutschrift s §§ 675s f Rn 2 f. **cc)** Zu Besonderheiten beim **Pfändungsschutzkonto** ZPO 850 k s Bitter ZIP 11, 149. Zum Entgelt **(IV, V)** Kropf /Habl, BKR 12, 141.

§ 675g Änderung des Zahlungsdiensterahmenvertrags

(1) Eine Änderung des Zahlungsdiensterahmenvertrags auf Veranlassung des Zahlungsdienstleisters setzt voraus, dass dieser die beabsichtigte Änderung spätestens zwei Monate vor dem vorgeschlagenen Zeitpunkt ihres Wirksamwerdens dem Zahlungsdienstnutzer in der in Artikel 248 §§ 2 und 3 des Einführungsgesetzes zum Bürgerlichen Gesetzbuche vorgesehenen Form anbietet.

(2) ¹Der Zahlungsdienstleister und der Zahlungsdienstnutzer können vereinbaren, dass die Zustimmung des Zahlungsdienstnutzers zu einer Änderung nach Absatz 1 als erteilt gilt, wenn dieser dem Zahlungsdienstleister seine Ablehnung nicht vor dem vorgeschlagenen Zeitpunkt des Wirksamwerdens der Änderung angezeigt hat. ²Im Fall einer solchen Vereinbarung ist der Zahlungsdienstnutzer auch berechtigt, den Zahlungsdiensterahmenvertrag vor dem vorgeschlagenen Zeitpunkt des Wirksamwerdens der Änderung fristlos zu kündigen. ³Der Zahlungsdienstleister ist verpflichtet, den Zahlungsdienstnutzer mit dem Angebot zur Vertragsänderung auf die Folgen seines Schweigens sowie auf das Recht zur kostenfreien und fristlosen Kündigung hinzuweisen.

(3) ¹Änderungen von Zinssätzen oder Wechselkursen werden unmittelbar und ohne vorherige Benachrichtigung wirksam, soweit dies im Zahlungsdiensterahmenvertrag vereinbart wurde und die Änderungen auf den dort vereinbarten Referenzzinssätzen oder Referenzwechselkursen beruhen. ²Referenzzinssatz ist der Zinssatz, der bei der Zinsberechnung zugrunde gelegt wird und aus einer öffentlich zugänglichen und für beide Parteien eines Zahlungsdienstevertrags überprüfbaren Quelle stammt. ³Referenzwechselkurs ist der Wechselkurs, der bei jedem Währungsumtausch zugrunde gelegt und vom Zahlungsdienstleister zugänglich gemacht wird oder aus einer öffentlich zugänglichen Quelle stammt.

(4) Der Zahlungsdienstnutzer darf durch Vereinbarungen zur Berechnung nach Absatz 3 nicht benachteiligt werden.

Titel 12. Auftrag §§ 675g, 675h

§ 675h Ordentliche Kündigung eines Zahlungsdiensterahmenvertrags

(1) ¹Der Zahlungsdienstnutzer kann den Zahlungsdiensterahmenvertrag, auch wenn dieser für einen bestimmten Zeitraum geschlossen ist, jederzeit ohne Einhaltung einer Kündigungsfrist kündigen, sofern nicht eine Kündigungsfrist vereinbart wurde. ²Die Vereinbarung einer Kündigungsfrist von mehr als einem Monat ist unwirksam.

(2) ¹Der Zahlungsdienstleister kann den Zahlungsdiensterahmenvertrag nur kündigen, wenn der Vertrag auf unbestimmte Zeit geschlossen wurde und das Kündigungsrecht vereinbart wurde. ²Die Kündigungsfrist darf zwei Monate nicht unterschreiten. ³Die Kündigung ist in der in Artikel 248 §§ 2 und 3 des Einführungsgesetzes zum Bürgerlichen Gesetzbuche vorgesehenen Form zu erklären.

(3) ¹Im Fall der Kündigung sind regelmäßig erhobene Entgelte nur anteilig bis zum Zeitpunkt der Beendigung des Vertrags zu entrichten. ²Im Voraus gezahlte Entgelte, die auf die Zeit nach Beendigung des Vertrags fallen, sind anteilig zu erstatten.

Anmerkungen zu den §§ 675g, 675h

1. Allgemeines. Die Vorschriften regeln Änderung und Beendigung des Zahlungsdiensterahmenvertrags. Der einzelne Zahlungsdienst ist mit dessen Ausführung beendet. Für Zusatzvereinbarungen, die nicht Zahlungsdienste betreffen, gelten die allg Bestimmungen. 1

2. Änderung des Zahlungsdiensterahmenvertrags, § 675g. a) Will der Zahlungsdienstleister den Zahlungsdiensterahmenvertrag ändern, muss er dem Zahlungsdienstnutzer sein **Angebot** (§ 145) spätestens **zwei Monate vor der Änderung** unterbreiten. Der Zahlungsdienstleister hat die Änderungen gem EGBGB 248 § 3 in Textform (§ 126b) mitzuteilen. Der Fristlauf beginnt mit Zugang des Angebots (§ 130), die Fristberechnung erfolgt nach §§ 187 I, 188 II, III. Die Vorschrift verpflichtet nur den Zahlungsdienstleister, nicht erfasst sind Vertragsänderungen, die durch den Zahlungsdienstnutzer veranlasst werden. Diese sind nicht § 675g I unterworfen. **b)** Die **vertragliche Änderung** eines Schuldverhältnisses setzt **zwei übereinstimmende Willenserklärungen** voraus. Wer schweigt, gibt keine Erklärung ab (§ 116 Rn 10). Dem Schweigen des Zahlungsdienstnutzers kann aber die Bedeutung einer **Annahmeerklärung** (Zustimmungsfiktion) zukommen, wenn dies zwischen den Parteien zuvor vereinbart wurde (s AGB-Banken Nr 1 [2]) und der Zahlungsdienstleister seinem Vertragspartner mit dem Änderungsangebot auf die Bedeutung seines Schweigens hingewiesen hat, § 675g II 1, 3 (sa § 308 Nr 5). Widerspricht der Zahlungsdienstnutzer der Änderung bis zum beabsichtigten Änderungszeitpunkt, bleibt der Vertrag mit altem Inhalt bestehen. 2

3

3. Beendigung des Zahlungsdiensterahmenvertrags. a) Durch den **Zahlungsdienstnutzer. aa)** Ist der Vertrag auf bestimmte Zeit geschlossen, endet er mit Zeitablauf. Der Tod des Zahlungsdienstnutzers lässt die Wirksamkeit des Vertrags unberührt, bei Eröffnung des Insolvenzverfahrens über das Vermögen eines Zahlungsdienstnutzers s InsO 116, 115. **bb)** Der Zahlungsdienstnutzer kann den Vertrag **ordentlich** ohne weitere Voraussetzungen (§ 675h I) jederzeit kostenfrei und fristlos **kündigen**, abweichend kann vertraglich eine Kündigungsfrist von höchstens einem Monat vereinbart werden. Die Kündigungserklärung ist nicht formbedürftig. Sofern auch die Kontoführung Vertragsinhalt ist, enden mit Kündigung auch die Zusatzvereinbarungen (AGB-Girocard/-Kreditkarten), Guthaben sind auszuzahlen, Verbindlichkeiten zurückzuführen (sa HGB 355 III). Die idR im Eigentum des Zahlungsdienstleisters (vgl AGB-Girocard A.II.4) verbliebenen Zahlungskarten sind herauszugeben. **b)** Der **Zahlungsdienstleister** kann ordentlich nur **kündigen**, falls 4

5

6

§ 675i

ein Kündigungsrecht vorbehalten wurde (vgl AGB-Banken 19 [1]). Im Falle der Vereinbarung eines Kündigungsrechts muss die Kündigungsfrist mindestens zwei Monate betragen. Eine privatrechtlich organisierte Bank ist nicht verpflichtet eine Interessenabwägung vorzunehmen, das Recht zur ordentlichen Kündigung kann allenfalls wegen Rechtsmissbrauchs ausgeschlossen sein (BGH BB 13, 321; zur Kollision mit dem öffentl-rechtl Kontrahierungszwang: Hamburg WM 12, 1243, Naumburg ZIP 12,

7 1119). c) Das Recht zur **außerordentlichen Kündigung** aus wichtigem Grund bleibt von § 675h unberührt und richtet sich nach §§ 314, 626. Der Zahlungsdienstnutzer hat bei Vertragsänderungen bis zu deren Inkrafttreten das Recht zur kostenfreien und fristlosen Kündigung, hierauf ist er mit dem Änderungsangebot (s Rn 2) hinzuweisen. Zur Form s 675g Rn 3, zur Abdingbarkeit s § 675e.

§ 675i Ausnahmen für Kleinbetragsinstrumente und elektronisches Geld

(1) ¹Ein Zahlungsdienstevertrag kann die Überlassung eines Kleinbetragsinstruments an den Zahlungsdienstnutzer vorsehen. ²Ein Kleinbetragsinstrument ist ein Mittel,
1. mit dem nur einzelne Zahlungsvorgänge bis höchstens 30 Euro ausgelöst werden können,
2. das eine Ausgabenobergrenze von 150 Euro hat oder
3. das Geldbeträge speichert, die zu keiner Zeit 150 Euro übersteigen.

³In den Fällen der Nummern 2 und 3 erhöht sich die Betragsgrenze auf 200 Euro, wenn das Kleinbetragsinstrument nur für inländische Zahlungsvorgänge genutzt werden kann.

(2) Im Fall des Absatzes 1 können die Parteien vereinbaren, dass
1. der Zahlungsdienstleister Änderungen der Vertragsbedingungen nicht in der in § 675g Abs. 1 vorgesehenen Form anbieten muss,
2. § 675l Satz 2, § 675m Abs. 1 Satz 1 Nr. 3, 4, Satz 2 und § 675v Abs. 3 nicht anzuwenden sind, wenn das Kleinbetragsinstrument nicht gesperrt oder eine weitere Nutzung nicht verhindert werden kann,
3. die §§ 675u, 675v Abs. 1 und 2, die §§ 675w und 676 nicht anzuwenden sind, wenn die Nutzung des Kleinbetragsinstruments keinem Zahlungsdienstnutzer zugeordnet werden kann oder der Zahlungsdienstleister aus anderen Gründen, die in dem Kleinbetragsinstrument selbst angelegt sind, nicht nachweisen kann, dass ein Zahlungsvorgang autorisiert war,
4. der Zahlungsdienstleister abweichend von § 675o Abs. 1 nicht verpflichtet ist, den Zahlungsdienstnutzer von einer Ablehnung des Zahlungsauftrags zu unterrichten, wenn die Nichtausführung aus dem Zusammenhang hervorgeht,
5. der Zahler abweichend von § 675p den Zahlungsauftrag nach dessen Übermittlung oder nachdem er dem Zahlungsempfänger seine Zustimmung zum Zahlungsauftrag erteilt hat, nicht widerrufen kann, oder
6. andere als die in § 675s bestimmten Ausführungsfristen gelten.

(3) ¹Die §§ 675u und 675v sind für elektronisches Geld nicht anzuwenden, wenn der Zahlungsdienstleister des Zahlers nicht die Möglichkeit hat, das Zahlungskonto oder das Kleinbetragsinstrument zu sperren. ²Satz 1 gilt nur für Zahlungskonten oder Kleinbetragsinstrumente mit einem Wert von höchstens 200 Euro.

1 Kleinbetragsinstrumente (Legaldef I 2, 3) sowie Elektronisches Geld (E-Geld) unterfallen ebenfalls dem Begriff des Zahlungsdienstes. E-Geld ist laut Legaldefiniton (§ 675 c III, KWG 1 XIV) eine Werteinheit in Form einer Forderung gegen die ausgebende Stelle, die auf elektronischen Datenträgern gespeichert ist, gegen Entgegennahme eines Geldbetrags ausgegeben und von Dritten als Zahlungsmittel angenommen wird, ohne gesetzliches Zahlungsmittel zu sein. E-Geld hat zwei Erschei-

nungsformen: kartengestütztes E-Geld (zB Geldkarte, Prepaidkarte) und softwarebasiertes E-Geld (Netzgeld). Die §§ 675 c ff erfassen nur Zahlungsdienstleister (s § 675 f Rn 2), daher unterfallen zB Prepaidtelefonkarten nicht der Regelung. Da das Verlust- und Missbrauchsrisiko für den Zahlungsdienstnutzer begrenzt ist, soll die Verwendung dieser Zahlungsinstrumente nicht durch Informationspflichten und Schutzmechanismen erschwert werden.

Kapitel 3. Erbringung und Nutzung von Zahlungsdiensten

Unterkapitel 1. Autorisierung von Zahlungsvorgängen; Zahlungsauthentifizierungsinstrumente

§ 675j Zustimmung und Widerruf der Zustimmung

(1) ¹**Ein Zahlungsvorgang ist gegenüber dem Zahler nur wirksam, wenn er diesem zugestimmt hat (Autorisierung).** ²**Die Zustimmung kann entweder als Einwilligung oder, sofern zwischen dem Zahler und seinem Zahlungsdienstleister zuvor vereinbart, als Genehmigung erteilt werden.** ³**Art und Weise der Zustimmung sind zwischen dem Zahler und seinem Zahlungsdienstleister zu vereinbaren.** ⁴**Insbesondere kann vereinbart werden, dass die Zustimmung mittels eines bestimmten Zahlungsauthentifizierungsinstruments erteilt werden kann.**

(2) ¹**Die Zustimmung kann vom Zahler durch Erklärung gegenüber dem Zahlungsdienstleister so lange widerrufen werden, wie der Zahlungsauftrag widerruflich ist (§ 675p).** ²**Auch die Zustimmung zur Ausführung mehrerer Zahlungsvorgänge kann mit der Folge widerrufen werden, dass jeder nachfolgende Zahlungsvorgang nicht mehr autorisiert ist.**

1. Zustimmung. Ein Zahlungsvorgang wird gegenüber dem Zahler wirksam, wenn dessen Zustimmung (§§ 182, 184) vorliegt. Nur dann hat der Zahlungsdienstleister einen Anspruch auf Aufwendungsersatz aus § 675c iVm § 670. Die Zustimmung **(Autorisierung)** ist eine einseitige, empfangsbedürftige **Willenserklärung;** hinsichtlich Zugang und Anfechtung gelten die allg Regeln. IdR wird eine Einwilligung darin liegen, dass der Zahler oder sein Vertreter (§§ 164 ff) einen Zahlungsauftrag (Weisung, § 665) erteilt. Eine Genehmigung (§ 184) eines Zahlungsvorgangs ist nur wirksam, wenn dies zuvor zwischen Zahlungsdienstleister und Nutzer vereinbart wurde, I 2. Die **Art und Weise** der Autorisierung kann vertraglich bestimmt werden, auch konkludent. Die Erklärung kann dem Zahlungsdienstleister unmittelbar (zB bei Überweisungen) oder mittelbar über den Zahlungsempfänger (zB bei SEPA-Lastschriften) zugehen. Fehlt eine wirksame Autorisierung, kann der Zahlungsdienstnutzer Erstattung des ihm belasteten Betrages nach § 675u verlangen. Zur Authorisierung von Lastschriften s § 675 Rn 10, zum Zahlungsauthentifizierungsinstrument s § 675 l Rn 1. 1

2. Widerruf. Der Widerruf der Zustimmung ist eine formfreie Willenserklärung. Ein Zahlungsauftrag wird nicht wirksam, wenn dem Zahlungsdienstleister vorher oder gleichzeitig ein Widerruf zugeht (§ 130 I 2). Entscheidend dabei ist allein der Zeitpunkt des Zugangs, nicht der Kenntnisnahme (s § 675n Rn 1). Zum Erstattungsanspruch bei nichtautorisierten Zahlungen s § 675 u, bei autorisierten Zahlungen s § 675 x, zur Abdingbarkeit s § 675 e. 3

§ 675k Nutzungsbegrenzung

(1) **In Fällen, in denen die Zustimmung mittels eines Zahlungsauthentifizierungsinstruments erteilt wird, können der Zahler und der Zahlungs-**

dienstleister Betragsobergrenzen für die Nutzung dieses Zahlungsauthentifizierungsinstruments vereinbaren.

(2) ¹Zahler und Zahlungsdienstleister können vereinbaren, dass der Zahlungsdienstleister das Recht hat, ein Zahlungsauthentifizierungsinstrument zu sperren, wenn
1. sachliche Gründe im Zusammenhang mit der Sicherheit des Zahlungsauthentifizierungsinstruments dies rechtfertigen,
2. der Verdacht einer nicht autorisierten oder einer betrügerischen Verwendung des Zahlungsauthentifizierungsinstruments besteht oder
3. bei einem Zahlungsauthentifizierungsinstrument mit Kreditgewährung ein wesentlich erhöhtes Risiko besteht, dass der Zahler seiner Zahlungspflicht nicht nachkommen kann.

²In diesem Fall ist der Zahlungsdienstleister verpflichtet, den Zahler über die Sperrung des Zahlungsauthentifizierungsinstruments möglichst vor, spätestens jedoch unverzüglich nach der Sperrung zu unterrichten. ³In der Unterrichtung sind die Gründe für die Sperrung anzugeben. ⁴Die Angabe von Gründen darf unterbleiben, soweit der Zahlungsdienstleister hierdurch gegen gesetzliche Verpflichtungen verstoßen würde. ⁵Der Zahlungsdienstleister ist verpflichtet, das Zahlungsauthentifizierungsinstrument zu entsperren oder dieses durch ein neues Zahlungsauthentifizierungsinstrument zu ersetzen, wenn die Gründe für die Sperrung nicht mehr gegeben sind. ⁶Der Zahlungsdienstnutzer ist über eine Entsperrung unverzüglich zu unterrichten.

§ 675l Pflichten des Zahlers in Bezug auf Zahlungsauthentifizierungsinstrumente

¹Der Zahler ist verpflichtet, unmittelbar nach Erhalt eines Zahlungsauthentifizierungsinstruments die zumutbaren Vorkehrungen zu treffen, um die personalisierten Sicherheitsmerkmale vor unbefugtem Zugriff zu schützen. ²Er hat dem Zahlungsdienstleister oder einer von diesem benannten Stelle den Verlust, den Diebstahl, die missbräuchliche Verwendung oder die sonstige nicht autorisierte Nutzung eines Zahlungsauthentifizierungsinstruments unverzüglich anzuzeigen, nachdem er hiervon Kenntnis erlangt hat.

§ 675m Pflichten des Zahlungsdienstleisters in Bezug auf Zahlungsauthentifizierungsinstrumente; Risiko der Versendung

(1) ¹Der Zahlungsdienstleister, der ein Zahlungsauthentifizierungsinstrument ausgibt, ist verpflichtet,
1. unbeschadet der Pflichten des Zahlungsdienstnutzers gemäß § 675l sicherzustellen, dass die personalisierten Sicherheitsmerkmale des Zahlungsauthentifizierungsinstruments nur der zur Nutzung berechtigten Person zugänglich sind,
2. die unaufgeforderte Zusendung von Zahlungsauthentifizierungsinstrumenten an den Zahlungsdienstnutzer zu unterlassen, es sei denn, ein bereits an den Zahlungsdienstnutzer ausgegebenes Zahlungsauthentifizierungsinstrument muss ersetzt werden,
3. sicherzustellen, dass der Zahlungsdienstnutzer durch geeignete Mittel jederzeit die Möglichkeit hat, eine Anzeige gemäß § 675l Satz 2 vorzunehmen oder die Aufhebung der Sperrung gemäß § 675k Abs. 2 Satz 5 zu verlangen, und
4. jede Nutzung des Zahlungsauthentifizierungsinstruments zu verhindern, sobald eine Anzeige gemäß § 675l Satz 2 erfolgt ist.

Titel 12. Auftrag §§ 675k–675m

²Hat der Zahlungsdienstnutzer den Verlust, den Diebstahl, die missbräuchliche Verwendung oder die sonstige nicht autorisierte Nutzung eines Zahlungsauthentifizierungsinstruments angezeigt, stellt sein Zahlungsdienstleister ihm auf Anfrage bis mindestens 18 Monate nach dieser Anzeige die Mittel zur Verfügung, mit denen der Zahlungsdienstnutzer beweisen kann, dass eine Anzeige erfolgt ist.

(2) **Die Gefahr der Versendung eines Zahlungsauthentifizierungsinstruments und der Versendung personalisierter Sicherheitsmerkmale des Zahlungsauthentifizierungsinstruments an den Zahler trägt der Zahlungsdienstleister.**

Anmerkungen zu den §§ 675k–675m

1. Allgemeines. § 675k regelt Einzelheiten zur Nutzung von Zahlungsauthentifizierungsinstrumenten. Ein **Zahlungsauthentifizierungsinstrument** ist jedes personalisierte Instrument oder Verfahren, das zwischen Zahlungsdienstleister und Zahlungsdienstnutzer für die Erteilung von Zahlungsaufträgen vereinbart wird und das vom Zahlungsdienstnutzer eingesetzt wird, um einen Zahlungsauftrag zu erteilen (§ 675 c III, ZAG 1 V), zB Girokarte **mit** PIN oder Unterschrift; Kreditkarte **mit** PIN oder Unterschrift; Online-Banking unter Nutzung von PIN **und** (i)TAN oder elektronischer Signatur; Telefonbanking **mit** Passwort. Die Daten auf Kreditkarten stellen weder ein Zahlungsauthentifizierungsinstrument noch ein personalisiertes Sicherheitsmerkmal dar, so dass bei **ausschließlicher** Nutzung der Kreditkarte oder einer Überweisung noch **keine Zahlungsauthentifizierung** vorliegt. Die Vertragsparteien können Betragsobergrenzen für auszuführende Zahlungsvorgänge festlegen. Die **Sperrung** eines Zahlungsauthentifizierungsinstruments ist einvernehmlich stets möglich, einseitig nur, wenn die vertragliche Grundlage für die Nutzung entfällt oder wenn eine Sperrmöglichkeit des Zahlungsauthentifizierungsinstruments vertraglich vereinbart wurde (zB AGB-Girocard II.5). Eine derartige Vereinbarung ist nur in den in **§ 675k II** geregelten Fällen zulässig, abweichende vertragliche Vereinbarungen scheitern an § 675e I. Zur Unterrichtung s § 675 d Rn 2. 1

2. Sorgfaltspflichten. a) Unmittelbar **nach Erhalt** (zum Risiko der Versendung s § 675m II) eines Zahlungsauthentifizierungsinstruments ist der Zahler verpflichtet, alle zumutbaren Vorkehrungen zu treffen, um die **personalisierten Sicherheitsmerkmale** (PIN, TAN, Passwort oder Signatur) vor dem unbefugten Zugriff Dritter zu schützen, § 675l I. Unbefugt ist ein Zugriff, wenn er durch vertragliche Vereinbarungen nicht gedeckt ist, zB Bekanntgabe von TANs über Pharming (BGH NJW 12, 2422). Die Preisgabe von Kartennummer und Ablaufdatum bei Bestellungen per Kreditkarte im Internet stellt keine **Sorgfaltspflichtverletzung** dar, denn die Bekanntgabe entspricht der bestimmungsgemäßen Verwendung der Kartendaten entsprechend einer Vorlage der Kreditkarte im Präsenzgeschäft. Die nicht sichere Verwahrung der Zahlungskarte begründet ausweislich des Wortlauts der Vorschrift **keine Pflichtverletzung** (s aber § 675v II), denn die Zahlungskarte ist kein personalisiertes Sicherheitsmerkmal. Die dem Zahlungsdienstnutzer auferlegten Sorgfaltspflichten müssen zumutbar sein (Borges NJW 12, 2385 mwN). **b)** Nicht unverzügliche (§ 121) Anzeige des Verlust oder Mißbrauchs (S 2) begründet Anspruch des Zahlungsdienstleisters aus § 280 I. **Art und Umfang der Sorgfaltspflicht** variieren je nach Zahlungsauthentifizierungsinstrument. Sie kann vertraglich geregelt werden (BT-Drs 16/11643 S 107). Die Wirksamkeit einer solchen Vereinbarung unterliegt der Inhaltskontrolle nach §§ 307 ff; eine Ausweitung der Sorgfaltspflichten verstößt jedoch gegen § 675e I. Darüber hinaus hat der Zahlungsdienstleister dem Nutzer mitzuteilen, welche die Pflicht zur sicheren Verwahrung erfüllen kann, EGBGB 248 § 4 Nr 5a. Zu den Pflichten des Zahlungsdienstleisters in Bezug auf Zahlungsauthentifizierungsinstrumente s § 675m I. Weitere Pflichten: Auswahl sicherer Verfah- 2 3

§§ 675n–675p

ren (zB PIN/TAN Systeme [KG WM 11, 493]), Zurverfügungstellen sicherer Online-Verbindung im Onlinebanking und Pflicht zur Information und Aufklärung über Gefahren (iE Borges NJW 12, 2385); zur Haftung s §§ 675u ff.

Unterkapitel 2. Ausführung von Zahlungsvorgängen

§ 675n Zugang von Zahlungsaufträgen

(1) ¹Ein Zahlungsauftrag wird wirksam, wenn er dem Zahlungsdienstleister des Zahlers zugeht. ²Fällt der Zeitpunkt des Zugangs nicht auf einen Geschäftstag des Zahlungsdienstleisters des Zahlers, gilt der Zahlungsauftrag als am darauf folgenden Geschäftstag zugegangen. ³Der Zahlungsdienstleister kann festlegen, dass Zahlungsaufträge, die nach einem bestimmten Zeitpunkt nahe am Ende eines Geschäftstags zugehen, für die Zwecke des § 675s Abs. 1 als am darauf folgenden Geschäftstag zugegangen gelten. ⁴Geschäftstag ist jeder Tag, an dem der an der Ausführung eines Zahlungsvorgangs beteiligte Zahlungsdienstleister den für die Ausführung von Zahlungsvorgängen erforderlichen Geschäftsbetrieb unterhält.

(2) ¹Vereinbaren der Zahlungsdienstnutzer, der einen Zahlungsvorgang auslöst oder über den ein Zahlungsvorgang ausgelöst wird, und sein Zahlungsdienstleister, dass die Ausführung des Zahlungsauftrags an einem bestimmten Tag oder am Ende eines bestimmten Zeitraums oder an dem Tag, an dem der Zahler dem Zahlungsdienstleister den zur Ausführung erforderlichen Geldbetrag zur Verfügung gestellt hat, beginnen soll, so gilt der vereinbarte Termin für die Zwecke des § 675s Abs. 1 als Zeitpunkt des Zugangs. ²Fällt der vereinbarte Termin nicht auf einen Geschäftstag des Zahlungsdienstleisters des Zahlers, so gilt für die Zwecke des § 675s Abs. 1 der darauf folgende Geschäftstag als Zeitpunkt des Zugangs.

§ 675o Ablehnung von Zahlungsaufträgen

(1) ¹Lehnt der Zahlungsdienstleister die Ausführung eines Zahlungsauftrags ab, ist er verpflichtet, den Zahlungsdienstnutzer hierüber unverzüglich, auf jeden Fall aber innerhalb der Fristen gemäß § 675s Abs. 1 zu unterrichten. ²In der Unterrichtung sind, soweit möglich, die Gründe für die Ablehnung sowie die Möglichkeiten anzugeben, wie Fehler, die zur Ablehnung geführt haben, berichtigt werden können. ³Die Angabe von Gründen darf unterbleiben, soweit sie gegen sonstige Rechtsvorschriften verstoßen würde. ⁴Der Zahlungsdienstleister darf mit dem Zahlungsdienstnutzer im Zahlungsdiensterahmenvertrag für die Unterrichtung über eine berechtigte Ablehnung ein Entgelt vereinbaren.

(2) Der Zahlungsdienstleister des Zahlers ist nicht berechtigt, die Ausführung eines autorisierten Zahlungsauftrags abzulehnen, wenn die im Zahlungsdiensterahmenvertrag festgelegten Ausführungsbedingungen erfüllt sind und die Ausführung nicht gegen sonstige Rechtsvorschriften verstößt.

(3) Für die Zwecke der §§ 675s, 675y und 675z gilt ein Zahlungsauftrag, dessen Ausführung berechtigterweise abgelehnt wurde, als nicht zugegangen.

§ 675p Unwiderruflichkeit eines Zahlungsauftrags

(1) Der Zahlungsdienstnutzer kann einen Zahlungsauftrag vorbehaltlich der Absätze 2 bis 4 nach dessen Zugang beim Zahlungsdienstleister des Zahlers nicht mehr widerrufen.

Titel 12. Auftrag **§§ 675n–675q**

(2) ¹Wurde der Zahlungsvorgang vom Zahlungsempfänger oder über diesen ausgelöst, so kann der Zahler den Zahlungsauftrag nicht mehr widerrufen, nachdem er den Zahlungsauftrag oder seine Zustimmung zur Ausführung des Zahlungsvorgangs an den Zahlungsempfänger übermittelt hat. ²Im Fall einer Lastschrift kann der Zahler den Zahlungsauftrag jedoch unbeschadet seiner Rechte gemäß § 675x bis zum Ende des Geschäftstags vor dem vereinbarten Fälligkeitstag widerrufen.

(3) Ist zwischen dem Zahlungsdienstnutzer und seinem Zahlungsdienstleister ein bestimmter Termin für die Ausführung eines Zahlungsauftrags (§ 675n Abs. 2) vereinbart worden, kann der Zahlungsdienstnutzer den Zahlungsauftrag bis zum Ende des Geschäftstags vor dem vereinbarten Tag widerrufen.

(4) ¹Nach den in den Absätzen 1 bis 3 genannten Zeitpunkten kann der Zahlungsauftrag nur widerrufen werden, wenn der Zahlungsdienstnutzer und sein Zahlungsdienstleister dies vereinbart haben. ²In den Fällen des Absatzes 2 ist zudem die Zustimmung des Zahlungsempfängers zum Widerruf erforderlich. ³Der Zahlungsdienstleister darf mit dem Zahlungsdienstnutzer im Zahlungsdiensterahmenvertrag für die Bearbeitung eines solchen Widerrufs ein Entgelt vereinbaren.

(5) Der Teilnehmer an Zahlungsverkehrssystemen kann einen Auftrag zugunsten eines anderen Teilnehmers von dem in den Regeln des Systems bestimmten Zeitpunkt an nicht mehr widerrufen.

§ 675q Entgelte bei Zahlungsvorgängen

(1) Der Zahlungsdienstleister des Zahlers sowie sämtliche an dem Zahlungsvorgang beteiligte zwischengeschaltete Stellen sind verpflichtet, den Betrag, der Gegenstand des Zahlungsvorgangs ist (Zahlungsbetrag), ungekürzt an den Zahlungsdienstleister des Zahlungsempfängers zu übermitteln.

(2) ¹Der Zahlungsdienstleister des Zahlungsempfängers darf ihm zustehende Entgelte vor Erteilung der Gutschrift nur dann von dem übermittelten Betrag abziehen, wenn dies mit dem Zahlungsempfänger vereinbart wurde. ²In diesem Fall sind der vollständige Betrag des Zahlungsvorgangs und die Entgelte in den Informationen gemäß Artikel 248 §§ 8 und 15 des Einführungsgesetzes zum Bürgerlichen Gesetzbuche für den Zahlungsempfänger getrennt auszuweisen.

(3) Bei einem Zahlungsvorgang, der mit keiner Währungsumrechnung verbunden ist, tragen Zahlungsempfänger und Zahler jeweils die von ihrem Zahlungsdienstleister erhobenen Entgelte.

Anmerkungen zu den §§ 675n–675q

1. Zugang des Zahlungsauftrags, § 675n. Der Zahlungsauftrag muss dem Zahlungsdienstleister des Zahlers entweder unmittelbar durch den Zahler oder mittelbar über den Zahlungsempfänger als dessen Erklärungsboten (s § 675 f Rn 11 ff) zugehen, **§ 675n I.** Nach Zugang kann der Zahlungsauftrag grds nicht mehr widerrufen werden, § 675 p. **Zugegangen** ist der Zahlungsauftrag, wenn er so in den Machtbereich des Zahlungsdienstleisters gelangt ist, dass dieser unter normalen Verhältnissen die Möglichkeit der Kenntnisnahme hat (s § 130 Rn 4). Zum **Bereich des Empfängers** gehören die von ihm zur Entgegennahme von Erklärungen bereitgehaltenen Einrichtungen (zB Onlinebankingserver, Bankbriefkasten, E-Mail-Postfach). Der Zahlungsdienstleister kann festlegen, dass Zahlungsaufträge, die ihm nach einer bestimmten **Uhrzeit** (sog cut-off-Zeit) zugehen, erst als am nächsten Geschäftstag zugegangen gelten. Dabei ist **Geschäftstag** der Tag, an dem der jeweilige an dem Zahlungsvorgang beteiligte Zah-

§§ 675n–675q   Buch 2. Abschnitt 8. Einzelne Schuldverhältnisse

lungsdienstleister den erforderlichen Geschäftsbetrieb unterhält. Abzustellen ist dabei auf die **kontoführende Stelle** des Zahlungsdienstleisters. Da gerade überregionale Zahlungsdienstleister über nur ein Rechenzentrum verfügen, kann dies zu Abweichungen in den Geschäftstagen führen, denn das Rechenzentrum ist nicht notwendigerweise an der kontoführenden Stelle belegen (zB Feiertag im Bundesland am Standort des Rechenzentrums, im Bundesland der kontoführenden Stelle jedoch nicht). Regelungen über Geschäftstage (zB nur werktags außer Samstag, nicht Silvester [AGB-Überweisung 1.4 [2]) in den AGB sind zulässig (BGH NJW 10, 2879). Zur Mitteilungspflicht s EGBGB § 4 Nr 2 lit d. Sobald ein Zahlungsauftrag dem Zahlungsdienstleister des Zahlers wirksam zugegangen ist, beginnt die **Ausführungsfrist** nach § 675s zu laufen. Für **Terminzahlungen** bestimmt § 675n II den vom Zahlungsdienstnutzer bestimmten Termin als Zugangszeitpunkt für den Beginn der Fristlaufs; ein solcher Zahlungsauftrag kann nur bis zum Ende des Geschäftstags vor dem vereinbarten Termin widerrufen werden, § 675p III 2.

3   **2. Ablehnung der Ausführung, § 675o.** Die Ausführung eines Zahlungsauftrags kann durch den Zahlungsdienstleister nur abgelehnt werden, wenn nicht alle im Zahlungsdienste(rahmen)vertrag vertraglich vereinbarten Ausführungsbedingungen erfüllt sind, arg § 675o II. Als mögliche Ablehnungsgründe kommen fehlerhaft ausgefüllte Zahlungsaufträge, fehlendes Guthaben oder Kredit oder Verstöße gegen gesetzliche Regelungen (zB AWG, GWG) in Betracht (sa AGB-Überweisung 1.7 [1]). Bei möglichem Missbrauch der Vertretungsmacht (s § 164 Rn 8) steht dem Zahlungsdienstleister ein Weigerungsrecht nur bei ganz erheblichen Verdachtsmomenten zu (BGH WM 04, 1546). Über eine **Ablehnung** hat der Zahlungsdienstleister seinen Zahlungsdienstnutzer unverzüglich, dh ohne schuldhaftes Zögern (§ 121 I 1) zu **unterrichten**, spätestens jedoch innerhalb der Fristen des § 675 s. Das kann auf jedem verfügbaren Weg (Telefon, Fax etc) geschehen. Eine Pflichtverletzung kann Schadensersatzansprüche aus § 280 I begründen. Der Zahlungsdienstleister kann für die Benachrichtigung ein Entgelt verlangen, § 675p IV 2 (zur alten Rechtslage: BGH 146, 377), nicht aber, falls er eine nicht autorisierte Zahlung ablehnt (BGH WM 12, 1383), denn in diesem Fall liegt kein Zahlungsauftrag vor.

4   **3. Unwiderruflichkeit des Auftrags, § 675p. a)** Gem § 675p I ist der Zahlungsauftrag ab Zugang (Rn 1 f) beim Zahlungsdienstleister **unwiderruflich**, es sei denn, die Vertragspartner haben eine andere Vereinbarung getroffen (s § 675p IV 2). Damit liegt der **Zeitpunkt** der Unwiderruflichkeit eines Zahlungsauftrags nach neuer Rechtslage erheblich früher als der nach § 676a IV 1 aF für den Überweisungsvertrag. Der Überweisungsvertrag war bisher erst dann nicht mehr kündbar, wenn dem Empfängerinstitut der Überweisungsbetrag zur Gutschrift zur Verfügung gestellt wurde (BGH 170, 121). Ein Widerruf des Nutzers (Gegenweisung iSd § 665) an einen anderen als seinen Zahlungsdienstleister ist nunmehr wirkungslos (HK-BGB § 675p Rn 2; „ist unzulässig": Grundmann WM 09, 1109 [1115], aA Werner BKR 10, 353 [355]; vgl zum alten Recht BGH 170, 121). Auch der Widerruf eines Zahlungsdienstleisters gegenüber einem anderen Zahlungsdienstleister ist nur noch bis zu einem bestimmten, im jeweiligen Zahlungssystem (zum Begriff s ZAG 1 VI) geregelten Zeitpunkt zulässig, § 675p V, danach ist der Auftrag auszuführen. Zur
5 Mitteilungspflicht s EGBGB § 4 Nr 2 lit c). **b) § 675p II** regelt Besonderheiten der vom **Zahlungsempfänger ausgelösten, aber vom Zahler autorisierten Zahlungen.** Hierunter fallen insbesondere Kreditkartenzahlungen sowie Zahlungen im Electronic Cash (s § 675 f Rn 12). Diese Zahlungsaufträge können ab Übermittlung an den Zahlungsempfänger (zB den Zahlungskarten akzeptierenden Händler) nicht mehr widerrufen werden, denn die Kartenzahlung dient diesem als **Bargeldersatz.** Für **Lastschriften** (s § 675 f Rn 10 f) gilt die Sonderregelung des § 675p II 2. Im Falle des fristgerechten Widerrufs der Autorisierung von Lastschriftzahlungsaufträgen liegt eine nicht (mehr) autorisierte Zahlung vor.

6   **4. Abzugsverbot.** vgl § 675q.

Titel 12. Auftrag § 675r

§ 675r Ausführung eines Zahlungsvorgangs anhand von Kundenkennungen

(1) ¹Die beteiligten Zahlungsdienstleister sind berechtigt, einen Zahlungsvorgang ausschließlich anhand der von dem Zahlungsdienstnutzer angegebenen Kundenkennung auszuführen. ²Wird ein Zahlungsauftrag in Übereinstimmung mit dieser Kundenkennung ausgeführt, so gilt er im Hinblick auf den durch die Kundenkennung bezeichneten Zahlungsempfänger als ordnungsgemäß ausgeführt.

(2) Eine Kundenkennung ist eine Abfolge aus Buchstaben, Zahlen oder Symbolen, die dem Zahlungsdienstnutzer vom Zahlungsdienstleister mitgeteilt wird und die der Zahlungsdienstnutzer angeben muss, damit der andere am Zahlungsvorgang beteiligte Zahlungsdienstnutzer oder dessen Zahlungskonto zweifelsfrei ermittelt werden kann.

(3) Ist eine vom Zahler angegebene Kundenkennung für den Zahlungsdienstleister des Zahlers erkennbar keinem Zahlungsempfänger oder keinem Zahlungskonto zuzuordnen, ist dieser verpflichtet, den Zahler unverzüglich hierüber zu unterrichten und ihm gegebenenfalls den Zahlungsbetrag wieder herauszugeben.

Lit: Bartels, Zur bereicherungsrechtlichen Rückabwicklung von Überweisungen nach Umsetzung der Zahlungsdiensterichtlinie, WM 10, 1828; Belling, Zahlungsdiensterecht und Bereicherungsausgleich bei nicht autorisierten Zahlungsvorgängen, JZ 10, 708; Kiehnle, Zum Bereicherungsausgleich bei versehentlicher Doppelüberweisung, EWiR 10, 485; Rademacher, § 675 u BGB: Einschränkung des Verkehrsschutzes im Überweisungsrecht?, NJW 11, 2169; Schulte am Hülse,Welchering, Der Anscheinsbeweis bei missbräuchlicher Bargeldabhebung an Gldautomaten mit Karte und Geheimzahl, NJW 12, 1262; Winkelhaus, Der Bereicherungsausgleich im Lichte des neuen Zahlungsdiensterechtes, BKR 10, 441.

Abweichend vom bisherigen Recht (Kontoaufrufprüfung BGH NJW 04, 2517) **1** erlaubt die Vorschrift dem Zahlungsdienstleister nunmehr, Zahlungsaufträge allein nach den vom Nutzer angegebenen **Kundenkennung** (IBAN, Kontonummer und BLZ, str; nur IBAN: PalSprau 2; Bitter WM 10, 1725) auszuführen. Die SEPA-VO schreibt die Verwendung der IBAN ab 1. 2. 14 zwingend vor, zeitlich begrenzte Ausnahmen sind zugelassen. Es findet kein Abgleich mehr statt zwischen angegebener Empfängerkontonummer und angegebenem Empfängernamen. Verschreibt oder vertippt sich der Zahler und entspricht die unrichtige Kundenkennung einem anderen als dem beabsichtigten Zahlungsempfänger, kann der Zahlungsdienstleister den Zahlungsbetrag gleichwohl dem angegebenen Konto gutschreiben, der **Auftrag** gilt als **ordnungsgemäß** ausgeführt. Der durch die Kundenkennung identifizierte Kontoinhaber (und nicht der namentlich bezeichnete Empfänger) erwirbt den Anspruch auf Gutschrift gem § 675t I. Der Zahlungsdienstnutzer hat zwar einen **2 bereicherungsrechtlichen Anspruch** (s § 812 Rn 35 ff) gegen den (falschen) Zahlungsempfänger, er trägt aber das Risiko der Durchsetzbarkeit. Ihm steht allenfalls ein Anspruch auf zumutbare Bemühungen der Wiederbeschaffung des Zahlungsbetrages gegen seinen Zahlungsdienstleister zu, § 675y III. Zwecks Identifizierung des unbekannten Bereicherten hat der Nutzer einen Auskunftsanspruch gegen den eigenen Zahlungsdienstleister aus § 675y V (s § 675 f Rn 5: Keine Vertragsbeziehung zum fremden Zahlungsdienstleister). Kann die Kundenkennung erkennbar **keinem** Empfängerkonto zugeordnet werden, hat der Zahlungsdienstleister den Zahler hiervon unverzüglich (§ 121) zu unterrichten und den Betrag aus dem fehlgeschlagenen Zahlungsvorgang wieder gutzuschreiben (**III**). Erkennbar ist ihm die Unmöglichkeit der Zuordnung, wenn die technische Prüfung (Kohärenzprüfung) der Kundenkennung (ggf in Zusammenhang mit der Zahlungsdienstleisterkennung) ergeben hat, dass das Konto nicht existent sein kann.

§ 675s Ausführungsfrist für Zahlungsvorgänge

(1) ¹Der Zahlungsdienstleister des Zahlers ist verpflichtet sicherzustellen, dass der Zahlungsbetrag spätestens am Ende des auf den Zugangszeitpunkt des Zahlungsauftrags folgenden Geschäftstags beim Zahlungsdienstleister des Zahlungsempfängers eingeht; bis zum 1. Januar 2012 können ein Zahler und sein Zahlungsdienstleister eine Frist von bis zu drei Geschäftstagen vereinbaren. ²Für Zahlungsvorgänge innerhalb des Europäischen Wirtschaftsraums, die nicht in Euro erfolgen, können ein Zahler und sein Zahlungsdienstleister eine Frist von maximal vier Geschäftstagen vereinbaren. ³Für in Papierform ausgelöste Zahlungsvorgänge können die Fristen nach Satz 1 um einen weiteren Geschäftstag verlängert werden.

(2) ¹Bei einem vom oder über den Zahlungsempfänger ausgelösten Zahlungsvorgang ist der Zahlungsdienstleister des Zahlungsempfängers verpflichtet, den Zahlungsauftrag dem Zahlungsdienstleister des Zahlers innerhalb der zwischen dem Zahlungsempfänger und seinem Zahlungsdienstleister vereinbarten Fristen zu übermitteln. ²Im Fall einer Lastschrift ist der Zahlungsauftrag so rechtzeitig zu übermitteln, dass die Verrechnung an dem vom Zahlungsempfänger mitgeteilten Fälligkeitstag ermöglicht wird.

§ 675t Wertstellungsdatum und Verfügbarkeit von Geldbeträgen

(1) ¹Der Zahlungsdienstleister des Zahlungsempfängers ist verpflichtet, dem Zahlungsempfänger den Zahlungsbetrag unverzüglich verfügbar zu machen, nachdem er auf dem Konto des Zahlungsdienstleisters eingegangen ist. ²Sofern der Zahlungsbetrag auf einem Zahlungskonto des Zahlungsempfängers gutgeschrieben werden soll, ist die Gutschrift, auch wenn sie nachträglich erfolgt, so vorzunehmen, dass der Zeitpunkt, den der Zahlungsdienstleister für die Berechnung der Zinsen bei Gutschrift oder Belastung eines Betrags auf einem Zahlungskonto zugrunde legt (Wertstellungsdatum), spätestens der Geschäftstag ist, an dem der Zahlungsbetrag auf dem Konto des Zahlungsdienstleisters des Zahlungsempfängers eingegangen ist. ³Satz 1 gilt auch dann, wenn der Zahlungsempfänger kein Zahlungskonto unterhält.

(2) ¹Zahlt ein Verbraucher Bargeld auf ein Zahlungskonto bei einem Zahlungsdienstleister in der Währung des betreffenden Zahlungskontos ein, so stellt dieser Zahlungsdienstleister sicher, dass der Betrag dem Zahlungsempfänger unverzüglich nach dem Zeitpunkt der Entgegennahme verfügbar gemacht und wertgestellt wird. ²Ist der Zahlungsdienstnutzer kein Verbraucher, so muss dem Zahlungsempfänger der Geldbetrag spätestens an dem auf die Entgegennahme folgenden Geschäftstag verfügbar gemacht und wertgestellt werden.

(3) Eine Belastung auf dem Zahlungskonto des Zahlers ist so vorzunehmen, dass das Wertstellungsdatum frühestens der Zeitpunkt ist, an dem dieses Zahlungskonto mit dem Zahlungsbetrag belastet wird.

Anmerkungen zu den §§ 675s, 675t

1   **1. Ausführungsfristen.** Der Zahlungsdienstleister schuldet den fristgerechten Eingang des Zahlungsbetrags beim Empfängerzahlungsdienstleister, § 675s I. Die in § 675s I normierten **Ausführungsfristen** gelten für Zahlungsvorgänge, bei denen ein Zahlungsbetrag – ggf auch über zwischengeschaltete Institute – weitergeleitet wird, unabhängig davon, ob Zahler oder Zahlungsempfänger ein Zahlungskonto unterhalten. Der Fristenlauf beginnt mit dem Tag, an welchem der Zahlungsauftrag

Titel 12. Auftrag Vor §§ 675u–676c

dem Zahlungsdienstleister des Zahlers zugeht (§ 675n I). Fällt der Zeitpunkt des Zugangs nicht auf einen Geschäftstag dieses Zahlungsdienstleisters, gilt der Zahlungsauftrag als am darauf folgenden Geschäftstag zugegangen (§ 675n I 2). Der Zahlungsbetrag muss beim **Zahlungsdienstleister** des Zahlungsempfängers innerhalb der Frist **eingehen**. Dieser hat dem Zahlungsempfänger den Betrag **unverzüglich** (§ 675t I) und ungekürzt (s aber § 675q II) zur Verfügung zu stellen. Bei **Filialüberweisungen,** bei denen nur ein Zahlungsdienstleister beteiligt ist (Konto von Zahler und Empfänger im gleichen Kreditinstitut), ist § 675t I vorrangig anzuwenden. Im Falle eines Zahlungsvorgangs über den Zahlungsempfänger (**§ 675s II;** zu Lastschriften s § 675 f Rn 8) ist die vertragliche Vereinbarung maßgeblich.

2. Anspruch auf und aus der Gutschrift. a) Der **Anspruch auf die Gut-** 2 **schrift** steht dem – durch die **Kundenkennung** identifizierten (Bitter WM 10, 1725 [1728]) – Zahlungsempfänger unverzüglich (§ 121) nach Mittelzufluss an seinen Zahlungsdienstleister zu, § 675t I 1.

Eine Verfügbarkeit iSd § 675t I liegt auch dann vor, wenn ein Zahlungsbetrag 3 auf einem debitorisch geführten Konto gutgeschrieben wird. Muss der Zahlungsdienstleister des Zahlungsempfängers – etwa im Falle des Einzugs einer Lastschrift – damit rechnen, dass er im Verhältnis der Zahlungsdienstleister untereinander den Betrag wieder zu erstatten hat (zB wegen des Erstattungsanspruchs des Zahlers aus § 675x), so kann er die Gutschrift unter einer entsprechenden Bedingung („Eingang vorbehalten: E.v.") erteilen. Für den Zinsberechnungsbeginn (valutarische Gutschrift) ist der Betrag dem Zahlungsempfänger tagggleich gutzuschreiben (§ 675t I 2).
b) Einen **Anspruch aus der Gutschrift** erwirbt der Begünstigte, sobald der Zah- 4 lungsdienstleister diesem die Daten der Gutschrift durch einen Organisationsakt mit nach außen erkennbarem **Rechtsbindungswillen** (zB durch Kenntnisgabe des schriftlichen oder elektronischen Kontoauszugs StOmlor 7) ohne Vorbehalt zugänglich gemacht hat (BGH WM 00, 25), wobei eine ohne Prüfung in den elektronischen Datenbestand übernommene Gutschrift regelmäßig unter dem Vorbehalt der **Nachdisposition** steht (BGH WM 05, 1019). Einer Annahme der Gutschrift durch den Begünstigten bedarf es nicht, er braucht auch von der Gutschrift keine Kenntnis zu erlangen (BGH NJW 88, 1320). Inhaltlich bedeutet die Gutschrift ein **abstraktes** 5 **Schuldversprechen** iSd §§ 780, 781 (BGH WM 05, 1019). Wegen der abstrakten Natur sind **Einwendungen und Einreden** sowohl aus dem Deckungs- als auch aus dem Valutaverhältnis **unzulässig** (zur Zurückweisung einer Gutschrift durch den Zahlungsempfänger: BGH WM 95, 149). Hat die Bank dem Empfänger den Zahlungsbetrag gutgeschrieben, kann sie sich grundsätzlich nicht mehr darauf berufen, dass sie selbst keine Deckung erhalten habe. Bei einer **irrtümlichen Gutschrift** kommt eine Stornierung auf Grund vertraglicher Vereinbarung (auch durch AGB; zur Wirksamkeit: LG Bonn BKR 07, 519) in Betracht, allerdings nur bis zum nächsten Rechnungsabschluss. Das Stornorecht setzt regelmäßig ein Versehen der Bank bei der Gutschrift voraus (BGH NJW 01, 453). Danach hat die Bank nur noch Ansprüche aus § 812 oder die Einrede aus § 821 (BGH 72, 9; ZIP 00, 1291)..

Unterkapitel 3. Haftung

Lit: s vor § 675c; s § 675r; Borges, Haftung für Identitätsmissbrauch im Online-Banking, NJW 12, 2385; Rademacher, § 675u BGB: Einschränkung des Verkehrsschutzes im Überweisungsrecht?, NJW 11, 2196; Scheibengruber, Zur Zulässigkeit und Sinnhaftigkeit der Verlagerung des Missbrauchsrisikos bei Zahlungsdiensten auf die Nutzer, BKR 2010, 15.

Vorbemerkungen zu den §§ 675u–676c

Die §§ 675u–676c regeln Einzelheiten zur Haftung von Zahlungsdienstleister und 1 Zahlungsdienstnutzer, wobei §§ 675 u, 675 v die nicht autorisierten Zahlungen betreffen, 675 x Rückerstattungsansprüche bei autorisierter Zahlung, §§ 675 y, 676 und 676 a nicht od fehlerhaft ausgeführte Zahlungsvorgänge und §§ 675 z, 676 b und c insbesondere Ausschluss und Beschränkung der Haftung sowie das Verhältnis zu anderen Haftungsansprüchen regeln. Der Rechtsbegriff der Haftung beinhaltet neben Erstattungs- und Schadensersatzansprüchen auch Erfüllungsansprüche (zum Begriff s § 241 Rn 18).

§ 675u Haftung des Zahlungsdienstleisters für nicht autorisierte Zahlungsvorgänge

¹Im Fall eines nicht autorisierten Zahlungsvorgangs hat der Zahlungsdienstleister des Zahlers gegen diesen keinen Anspruch auf Erstattung seiner Aufwendungen. ²Er ist verpflichtet, dem Zahler den Zahlungsbetrag unverzüglich zu erstatten und, sofern der Betrag einem Zahlungskonto belastet worden ist, dieses Zahlungskonto wieder auf den Stand zu bringen, auf dem es sich ohne die Belastung durch den nicht autorisierten Zahlungsvorgang befunden hätte.

§ 675v Haftung des Zahlers bei missbräuchlicher Nutzung eines Zahlungsauthentifizierungsinstruments

(1) ¹Beruhen nicht autorisierte Zahlungsvorgänge auf der Nutzung eines verlorengegangenen, gestohlenen oder sonst abhanden gekommenen Zahlungsauthentifizierungsinstruments, so kann der Zahlungsdienstleister des Zahlers von diesem den Ersatz des hierdurch entstandenen Schadens bis zu einem Betrag von 150 Euro verlangen. ²Dies gilt auch, wenn der Schaden infolge einer sonstigen missbräuchlichen Verwendung eines Zahlungsauthentifizierungsinstruments entstanden ist und der Zahler die personalisierten Sicherheitsmerkmale nicht sicher aufbewahrt hat.

(2) Der Zahler ist seinem Zahlungsdienstleister zum Ersatz des gesamten Schadens verpflichtet, der infolge eines nicht autorisierten Zahlungsvorgangs entstanden ist, wenn er ihn in betrügerischer Absicht ermöglicht hat oder durch vorsätzliche oder grob fahrlässige Verletzung
1. einer oder mehrerer Pflichten gemäß § 675l oder
2. einer oder mehrerer vereinbarter Bedingungen für die Ausgabe und Nutzung des Zahlungsauthentifizierungsinstruments
herbeigeführt hat.

(3) ¹Abweichend von den Absätzen 1 und 2 ist der Zahler nicht zum Ersatz von Schäden verpflichtet, die aus der Nutzung eines nach der Anzeige gemäß § 675l Satz 2 verwendeten Zahlungsauthentifizierungsinstruments entstanden sind. ²Der Zahler ist auch nicht zum Ersatz von Schäden im Sinne des Absatzes 1 verpflichtet, wenn der Zahlungsdienstleister seiner Pflicht gemäß § 675m Abs. 1 Nr. 3 nicht nachgekommen ist. ³Die Sätze 1 und 2 sind nicht anzuwenden, wenn der Zahler in betrügerischer Absicht gehandelt hat.

§ 675w Nachweis der Authentifizierung

¹Ist die Autorisierung eines ausgeführten Zahlungsvorgangs streitig, hat der Zahlungsdienstleister nachzuweisen, dass eine Authentifizierung erfolgt ist und der Zahlungsvorgang ordnungsgemäß aufgezeichnet, verbucht sowie nicht durch eine Störung beeinträchtigt wurde. ²Eine Authentifizierung ist erfolgt, wenn der Zahlungsdienstleister die Nutzung eines bestimmten Zahlungsauthentifizierungsinstruments, einschließlich seiner personalisierten Sicherheitsmerkmale, mit Hilfe eines Verfahrens überprüft

Titel 12. Auftrag **§§ 675u–675w**

hat. ³Wurde der Zahlungsvorgang mittels eines Zahlungsauthentifizierungsinstruments ausgelöst, reicht die Aufzeichnung der Nutzung des Zahlungsauthentifizierungsinstruments einschließlich der Authentifizierung durch den Zahlungsdienstleister allein nicht notwendigerweise aus, um nachzuweisen, dass der Zahler
1. den Zahlungsvorgang autorisiert,
2. in betrügerischer Absicht gehandelt,
3. eine oder mehrere Pflichten gemäß § 675l verletzt oder
4. vorsätzlich oder grob fahrlässig gegen eine oder mehrere Bedingungen für die Ausgabe und Nutzung des Zahlungsauthentifizierungsinstruments verstoßen
hat.

Anmerkungen zu den §§ 675u–675w

1. Nicht autorisierter Zahlungsvorgang. a) Allgemeines. Bei nicht autorisierter Ausführung einer Zahlung steht dem Zahlungsdienstleister kein Aufwendungsersatz aus § 675c I iVm § 670 zu, er ist auf Ansprüche aus § 675v beschränkt. Wurde dennoch ein Konto des Zahlers belastet, hat dieser einen **Erstattungsanspruch**, § 675u S 2. Der Zahler ist von seinem Zahlungsdienstleister so zu stellen, wie er stünde, wenn er die Zahlung nicht ausgelöst hätte, dh der Zahlungsbetrag und evtl angefallene Sollzinsen sind zu erstatten, entgangene Guthabenzinsen zu vergüten. Diese Regelung ist abschließend (§ 675z S 1). Ansprüche des Zahlungsdienstnutzers, die auf dieselbe Rechtsfolge wie der Anspruch aus § 675u gerichtet und auf Grund der Regelverjährung nach §§ 195, 199 günstiger sind als der nach § 676b II wohl nach 13 Monaten verjährende Erstattungsanspruch, bestehen daneben nicht. Zur Informationspflicht s EGBGB 248 § 4 I Nr 5 lit d.

b) Verschuldensunabhängige Haftung, § 675 v I 1. Der Zahlungsdienstnutzer haftet verschuldensunabhängig, wenn der nicht autorisierte Zahlungsvorgang durch die Nutzung eines nach Erhalt (s § 675l Rn 2) nicht grob **fahrlässig abhanden gekommenen** (arg II) körperlichen Zahlungsauthentifizierungsinstruments (s § 675l Rn 1 f) ausgelöst wurde (BT-Drs 16/11643 S 114: kein Abhandenkommen bei Herstellung einer Kreditkartenkopie; Fälschen einer Unterschrift). Der Anspruch des Zahlungsdienstleisters ist als **Schadensersatzanspruch** ausgestaltet. Die Haftung ist in zweifacher Hinsicht beschränkt: zum einen haftet der Nutzer nur für den vor Zugang der Anzeige des Abhandenkommens entstandenen Schaden (§ 675v III); zum anderen ist die Haftung auf 150 Euro beschränkt (§ 675v I 1). **c) Verschuldensabhängige Haftung**, § 675v I 2, II aa) Beruht der nicht autorisierte Zahlungsvorgang auf einer sonstigen missbräuchlichen Verwendung eines Zahlungsauthentifizierungsinstruments (zB Phishing, Pharming, Skimming) bei Vorliegen einer fahrlässigen **Pflichtverletzung** aus § 675l (s aber § 280 I 2), haftet der Nutzer bis zum Zugang der Verlustanzeige und nur beschränkt bis zu einem Betrag von 150 Euro, § 675v I 2. PIN und TAN im Onlinebanking sind personalisierte Sicherheitsmerkmale, daher kommt bei missbräuchlicher Verwendung nur eine verschuldensabhängige Haftung wegen nicht sicherer Aufbewahrung dieser in Betracht (Scheibengruber BKR 10, 15). **bb)** Bei **vorsätzlicher oder grob fahrlässiger** Verletzung seiner Sorgfaltspflichten aus § 675l (§ 675v II Nr 1) oder einer vereinbarten Nutzungs- und Ausgabebedingung eines Zahlungsauthentifizierungsinstruments (§ 675v II Nr 2) haftet der Nutzer für den **gesamten Schaden**.

Nach bisheriger Rechtsprechung (zB Düsseldorf BKR 08, 41) stellt die Aufbewahrung einer Zahlungskarte in einem Fahrzeug eine grob fahrlässige Pflichtverletzung dar mit der Folge, dass der Nutzer für die durch den Diebstahl entstandenen Schäden haftet. Diese Fälle werden nun von § 675v II Nr 2 erfasst, sofern eine entsprechende (der Inhaltskontrolle nach §§ 307 ff unterliegende) Vereinbarung vorliegt, denn das Gemeinschaftsrecht (ZahlungsdiensteRiLi 61, 56) schließt eine wei-

§ 675x

tergehende Haftung bei grober Fahrlässigkeit nicht aus (sa KG MDR 10, 1206). Vorliegen und Umfang der Fahrlässigkeit richten sich nach einzelstaatlichem Recht (Erwägungsgrund 33 der RiLi). **Grobe Fahrlässigkeit** liegt vor: bei gemeinsamer Verwahrung von Karte und PIN (BGH WM 12, 164), bei Zurücklassen der Zahlungskarte in einem Einkaufswagen oder einem verschlossenen, aber Dritten zugänglichen Raum (Düsseldorf BKR 08, 41) oder in verschlossenem Pkw (LG Berlin WM 10, 2353). **Keine grobe Fahrlässigkeit** hingegen, wenn ein Dritter Zahlungskarte und PIN nicht in einem Zugriff erlangen kann (BGH NJW 01, 286), Eingabe von mehreren TANs nach Aufforderung (sog Pharming od Phishing BGH NJW 12, 2422; KG WM 11, 493; anders LG Berlin NJW-RR 12, 570), bei Mitführen der als Telefonnummer verschlüsselten PIN (Frankfurt/M NJW-RR 04, 206). Zum Haftungsausschluss s **III.** Zur Abdingbarkeit s § 675 e.

6   **2. Beweislast, § 675w.** Nach allg Regeln. Die Aufzeichnung der Authentifizierung, also die Nutzung des Zahlungsauthentifizierungsinstruments nebst persönlicher Sicherheitsmerkmale reicht weder für den Beweis einer Zahlungsautorisierung noch einer Pflichtverletzung und damit des Verschuldens des Zahlungsdienstnutzers aus, § 675w S 3. Im Übrigen freie Beweiswürdigung (ZPO 286). Zum Anscheinsbeweis (zum Begriff s Rn 51 vor § 249): BGH WM 12, 164; BGH 160, 314; 170, 18; Schulte am Hülse Welchering NJW 12, 1262; Nobbe WM 11, 967; Scheibengruber BKR 10, 15.

§ 675x Erstattungsanspruch bei einem vom oder über den Zahlungsempfänger ausgelösten autorisierten Zahlungsvorgang

(1) ¹**Der Zahler hat gegen seinen Zahlungsdienstleister einen Anspruch auf Erstattung eines belasteten Zahlungsbetrags, der auf einem autorisierten, vom oder über den Zahlungsempfänger ausgelösten Zahlungsvorgang beruht, wenn**
1. **bei der Autorisierung der genaue Betrag nicht angegeben wurde und**
2. **der Zahlungsbetrag den Betrag übersteigt, den der Zahler entsprechend seinem bisherigen Ausgabeverhalten, den Bedingungen des Zahlungsdiensterahmenvertrags und den jeweiligen Umständen des Einzelfalls hätte erwarten können; mit einem etwaigen Währungsumtausch zusammenhängende Gründe bleiben außer Betracht, wenn der zwischen den Parteien vereinbarte Referenzwechselkurs zugrunde gelegt wurde.**
²Der Zahler ist auf Verlangen seines Zahlungsdienstleisters verpflichtet, die Sachumstände darzulegen, aus denen er sein Erstattungsverlangen herleitet.

(2) **Im Fall von Lastschriften können der Zahler und sein Zahlungsdienstleister vereinbaren, dass der Zahler auch dann einen Anspruch auf Erstattung gegen seinen Zahlungsdienstleister hat, wenn die Voraussetzungen für eine Erstattung nach Absatz 1 nicht erfüllt sind.**

(3) **Der Zahler kann mit seinem Zahlungsdienstleister vereinbaren, dass er keinen Anspruch auf Erstattung hat, wenn er seine Zustimmung zur Durchführung des Zahlungsvorgangs unmittelbar seinem Zahlungsdienstleister erteilt hat und er, sofern vereinbart, über den anstehenden Zahlungsvorgang mindestens vier Wochen vor dem Fälligkeitstermin vom Zahlungsdienstleister oder vom Zahlungsempfänger unterrichtet wurde.**

(4) **Ein Anspruch des Zahlers auf Erstattung ist ausgeschlossen, wenn er ihn nicht innerhalb von acht Wochen ab dem Zeitpunkt der Belastung des betreffenden Zahlungsbetrags gegenüber seinem Zahlungsdienstleister geltend macht.**

(5) ¹**Der Zahlungsdienstleister ist verpflichtet, innerhalb von zehn Geschäftstagen nach Zugang eines Erstattungsverlangens entweder den vollständigen Betrag des Zahlungsvorgangs zu erstatten oder dem Zahler**

Titel 12. Auftrag § 675x

die Gründe für die Ablehnung der Erstattung mitzuteilen. ²Im Fall der Ablehnung hat der Zahlungsdienstleister auf die Beschwerdemöglichkeit gemäß § 28 des Zahlungsdiensteaufsichtsgesetzes und auf die Möglichkeit, eine Schlichtungsstelle gemäß § 14 des Unterlassungsklagengesetzes anzurufen, hinzuweisen. ³Das Recht des Zahlungsdienstleisters, eine innerhalb der Frist nach Absatz 4 geltend gemachte Erstattung abzulehnen, erstreckt sich nicht auf den Fall nach Absatz 2.

(6) Absatz 1 ist nicht anzuwenden auf Lastschriften, sobald diese durch eine Genehmigung des Zahlers unmittelbar gegenüber seinem Zahlungsdienstleister autorisiert worden sind.

1. Erstattung bei Blankoautorisierung, I. Die Vorschrift gewährt dem Zahler 1 einen Erstattungsanspruch gegen seinen Zahlungsdienstleister im Falle der Belastung durch einen vom Zahlungsempfänger ausgelösten Zahlungsvorgang, den der Zahler zwar **dem Grunde** aber **nicht der Höhe** nach autorisiert hat. Von I sind vom Zahlungsempfänger ausgelöste und nicht genehmigte **(VI)** Zahlungen (insbesondere Kreditkartenbelastungen) erfasst, bei denen die Kreditkartendaten im Telefon- oder Mailorderverfahren angegeben oder ein Blankokartenabdruck (BT-Drs 16/11643 S 115) erstellt wurde. Der **Zahlungsbetrag** wird erst durch den **Zahlungsempfänger** festgelegt. Trotz Autorisierung (§ 675 j) des Zahlungsvorgangs gewährt die Vorschrift dem Zahler einen Anspruch auf Wiedergutschrift, wenn bei der Autorisierung der **genaue Betrag nicht** angegeben wurde **und** der Zahlungsbetrag den Betrag übersteigt, den der Zahler vernünftigerweise hätte **erwarten** können. Kann dieser unter Berücksichtigung der Umstände nach **I Nr 2** darlegen, dass er mit einer solchen Belastung nicht hat rechnen müssen, hat er einen Anspruch auf Erstattung des **vollständigen** Betrags. Ansprüche aus dem Grundgeschäft (Valutaverhältnis) bleiben von der Vorschrift unberührt.

2. Erstattungen im Lastschriftverfahren, II, III. a) Im **Lastschriftverfahren** 2 können Nutzer und Zahlungsdienstleister über I hinausgehende Erstattungsansprüche vereinbaren. **II** erfasst Zahlungsvorgänge im Einzugsermächtigungs-, **SEPA-Basislastschriftverfahren** und Zahlungen im ELV (s § 675 f Rn 11). **III** betrifft Lastschriften im Abbuchungs- und SEPA-Firmenlastschriftverfahren (s § 675 f Rn 10). Hier kann der Anspruch auf Erstattung ausgeschossen werden. Für Verbraucher gilt dies im Abbuchungslastschriftverfahren nur dann, wenn keine Blankoautorisierung vorlag, andernfalls besteht der Anspruch aus I, § 675 e I, IV. **b) Regress.** 3 Macht der Nutzer von seinem Erstattungsanspruch Gebrauch, so hat ihm der Zahlungsdienstleister den belasteten Betrag gutzuschreiben **(I).** Der Zahlungsdienstleister hat dann seinerseits auf Grund der SEPA-Interbanken-Verfahrensregeln (SEPA [CORE/B2B] Direct Debit Scheme Rulebook; vgl Rn 3 vor § 675c) einen Anspruch auf Rückvergütung gegen das Empfängerinstitut. Dieses wiederum wird auf Grund eines in der Inkasso-Vereinbarung (s AGB-Banken Nr 9.[1]) vorbehaltenen Rückbelastungsrechts den Zahlungsempfänger belasten. Die Rückbelastung des Zahlungsempfängers lässt die Erfüllung im Valutaverhältnis rückwirkend (§§ 158 II, 159) entfallen (Canaris BankR Rn 636; Bitter WM 10, 1725; BGH NJW 10, 3510; str). Der Anspruch aus **IV** fällt im Falle der Eröffnung eines Insolvenzverfahrens in analoger Anwendung des § 377 I nicht in die Insolvenzmasse (BGH NJW 10, 3510; krit Bitter WM 10, 1725).

3. Ausschlussfrist. Gem **IV** muss der Zahler den Anspruch innerhalb einer 4 Ausschlussfrist von acht Wochen (zur Fristberechnung: §§ 187 I, 188 II) ab dem Zeitpunkt der Belastung geltend machen. Dieses Recht ist kein Widerrufsrecht iSd § 675j II, sondern gibt dem Belasteten einen **eigenständigen** Anspruch, der die Autorisierung des Zahlungsvorgangs nicht entfallen lässt (BGH NJW 10, 3510). Der Zahlungsdienstleister hat innerhalb der Frist des **V** auf das Erstattungsverlangen entweder durch Zahlung oder Ablehnung des Anspruchs zu reagieren; den Anspruch

§ 675y

auf Erstattung einer Einzugsermächtigungs- bzw SEPA-Basislastschrift **(II)** kann der Zahlungsdienstleister nicht ablehnen, **V 3**.

§ 675y Haftung der Zahlungsdienstleister bei nicht erfolgter oder fehlerhafter Ausführung eines Zahlungsauftrags; Nachforschungspflicht

(1) ¹Wird ein Zahlungsvorgang vom Zahler ausgelöst, kann dieser von seinem Zahlungsdienstleister im Fall einer nicht erfolgten oder fehlerhaften Ausführung des Zahlungsauftrags die unverzügliche und ungekürzte Erstattung des Zahlungsbetrags verlangen. ²Wurde der Betrag einem Zahlungskonto des Zahlers belastet, ist dieses Zahlungskonto wieder auf den Stand zu bringen, auf dem es sich ohne den fehlerhaft ausgeführten Zahlungsvorgang befunden hätte. ³Soweit vom Zahlungsbetrag entgegen § 675q Abs. 1 Entgelte abgezogen wurden, hat der Zahlungsdienstleister des Zahlers den abgezogenen Betrag dem Zahlungsempfänger unverzüglich zu übermitteln. ⁴Weist der Zahlungsdienstleister des Zahlers nach, dass der Zahlungsbetrag rechtzeitig und ungekürzt beim Zahlungsdienstleister des Zahlungsempfängers eingegangen ist, entfällt die Haftung nach diesem Absatz.

(2) ¹Wird ein Zahlungsvorgang vom oder über den Zahlungsempfänger ausgelöst, kann dieser im Fall einer nicht erfolgten oder fehlerhaften Ausführung des Zahlungsauftrags verlangen, dass sein Zahlungsdienstleister diesen Zahlungsauftrag unverzüglich, gegebenenfalls erneut, an den Zahlungsdienstleister des Zahlers übermittelt. ²Weist der Zahlungsdienstleister des Zahlungsempfängers nach, dass er die ihm bei der Ausführung des Zahlungsvorgangs obliegenden Pflichten erfüllt hat, hat der Zahlungsdienstleister des Zahlers dem Zahler gegebenenfalls unverzüglich den ungekürzten Zahlungsbetrag entsprechend Absatz 1 Satz 1 und 2 zu erstatten. ³Soweit vom Zahlungsbetrag entgegen § 675q Abs. 1 und 2 Entgelte abgezogen wurden, hat der Zahlungsdienstleister des Zahlungsempfängers den abgezogenen Betrag dem Zahlungsempfänger unverzüglich verfügbar zu machen.

(3) ¹Ansprüche des Zahlungsdienstnutzers gegen seinen Zahlungsdienstleister nach Absatz 1 Satz 1 und 2 sowie Absatz 2 Satz 2 bestehen nicht, soweit der Zahlungsauftrag in Übereinstimmung mit der vom Zahlungsdienstnutzer angegebenen fehlerhaften Kundenkennung ausgeführt wurde. ²In diesem Fall kann der Zahler von seinem Zahlungsdienstleister jedoch verlangen, dass dieser sich im Rahmen seiner Möglichkeiten darum bemüht, den Zahlungsbetrag wiederzuerlangen. ³Der Zahlungsdienstleister darf mit dem Zahlungsdienstnutzer im Zahlungsdiensterahmenvertrag für diese Wiederbeschaffung ein Entgelt vereinbaren.

(4) Ein Zahlungsdienstnutzer kann von seinem Zahlungsdienstleister über die Ansprüche nach den Absätzen 1 und 2 hinaus die Erstattung der Entgelte und Zinsen verlangen, die der Zahlungsdienstleister ihm im Zusammenhang mit der nicht erfolgten oder fehlerhaften Ausführung des Zahlungsvorgangs in Rechnung gestellt oder mit denen er dessen Zahlungskonto belastet hat.

(5) Wurde ein Zahlungsauftrag nicht oder fehlerhaft ausgeführt, hat der Zahlungsdienstleister desjenigen Zahlungsdienstnutzers, der einen Zahlungsvorgang ausgelöst hat oder über den ein Zahlungsvorgang ausgelöst wurde, auf Verlangen seines Zahlungsdienstnutzers den Zahlungsvorgang nachzuvollziehen und seinen Zahlungsdienstnutzer über das Ergebnis zu unterrichten.

Titel 12. Auftrag **§ 675z**

1. Allgemeines. Ansprüche des Nutzers bei Leistungsstörungen; solche sind: 1
Nicht erfolgte oder gescheiterte Ausführung, nicht vollständige Weiterleitung des
Zahlungsbetrages, verspätete oder fehlgeleitete Ausführung. Der Zahlungsdienstleister haftet für Störungen nach allg Regeln (s §§ 280 I, 276). Zur Informationspflicht
s EGBGB 248 § 4 I Nr 5.

2. Leistungsstörungen im Deckungsverhältnis, I. a) Der Zahlungsdienstleis- 2
ter des Nutzers schuldet (nur) den **rechtzeitigen Eingang** des **(ungekürzten,** s
§ 675q) **Betrags** beim Zahlungsdienstleister des Zahlungsempfängers, § 675s I.
b) Bei **nicht erfolgter Ausführung** eines Zahlungsvorgangs sieht die Vorschrift 3
keine Rechtsfolge vor. In einem solchen Fall bleibt der Erfüllungsanspruch aus der
Weisung (§ 665) bestehen. Daneben hat der Zahlungsdienstnutzer einen verschuldensabhängigen Schadensersatzanspruch aus § 280 I iVm § 675z S 2. **c)** Ist eine dem 4
Konto des Zahlers belastete Zahlung nicht beim Empfängerinstitut eingegangen
oder kann bei einem über den Empfänger ausgelösten Zahlungsvorgang (zB Lastschrift) der Zahlungsdienstleister des Zahlungsempfängers keinen Zahlungseingang
verzeichnen **(verloren gegangene Zahlung),** ist der Zahler von seinem Zahlungsdienstleister so zu stellen, wie er stünde, wenn die Zahlung nicht ausgelöst worden
wäre **(I 1, II 2),** dh der Zahlungsbetrag und evtl angefallene Sollzinsen sind zu
erstatten, entgangene Guthabenzinsen zu vergüten (PalSprau 5, 9: valutarische
Rückbuchung). **d)** Im Fall **verspäteter Zahlungsvorgänge** (s § 675s) hat der Zah- 5
lungsdienstnutzer gegen seinen Zahlungsdienstleister einen Schadensersatzanspruch
aus § 280 I iVm § 675z S 2, soweit dieser die Verzögerung zu vertreten hat. **e)** Im 6
Fall einer **gekürzten** Weiterleitung des Zahlungsbetrags vgl **I 3;** Zum Erstattungsanspruch von Zinsen und Entgelten vgl **IV.** Zur Nachforschungspflicht vgl **V.**

3. Leistungsstörungen im Inkassoverhältnis, II. a) Ab **Zahlungseingang** 7
beim Empfängerzahlungsdienstleister hat der Zahlungsempfänger einen Anspruch
auf ungekürzte (s § 675q II) und unverzügliche Gutschrift, § 675t I. **b)** Im Falle einer 8
über den **Zahlungsempfänger ausgelösten Zahlung** schuldet der Zahlungsdienstleister des Empfängers die **ordnungsgemäße Übermittlung** des Zahlungsauftrags an den Zahlungsdienstleister des Zahlers, **II 1. c)** Im Fall eines Abzugs von 9
Entgelten vgl **II 3;** Zum Erstattungsanspruch von Zinsen (s Rn 4) und Entgelten
vgl **IV.** Zur Nachforschungspflicht vgl **V.**

4. Ausschluss. Der Zahlungsdienstnutzer hat keine Ansprüche gegen seinen 10
Zahlungsdienstleister, wenn die fehlerhafte Ausführung auf eine fehlerhafte Kundenkennung (§ 675r) zurückzuführen ist, **III.**

§ 675z Sonstige Ansprüche bei nicht erfolgter oder fehlerhafter Ausführung eines Zahlungsauftrags oder bei einem nicht autorisierten Zahlungsvorgang

¹Die §§ 675u und 675y sind hinsichtlich der dort geregelten Ansprüche
eines Zahlungsdienstnutzers abschließend. ²Die Haftung eines Zahlungsdienstleisters gegenüber seinem Zahlungsdienstnutzer für einen wegen
nicht erfolgter oder fehlerhafter Ausführung eines Zahlungsauftrags entstandenen Schaden, der nicht bereits von § 675y erfasst ist, kann auf
12 500 Euro begrenzt werden; dies gilt nicht für Vorsatz und grobe Fahrlässigkeit, den Zinsschaden und für Gefahren, die der Zahlungsdienstleister
besonders übernommen hat. ³Zahlungsdienstleister haben hierbei ein Verschulden, das einer zwischengeschalteten Stelle zur Last fällt, wie eigenes
Verschulden zu vertreten, es sei denn, dass die wesentliche Ursache bei
einer zwischengeschalteten Stelle liegt, die der Zahlungsdienstnutzer vorgegeben hat. ⁴In den Fällen von Satz 3 zweiter Halbsatz haftet die von dem
Zahlungsdienstnutzer vorgegebene zwischengeschaltete Stelle anstelle des
Zahlungsdienstleisters des Zahlungsdienstnutzers. ⁵§ 675y Abs. 3 Satz 1 ist

auf die Haftung eines Zahlungsdienstleisters nach den Sätzen 2 bis 4 entsprechend anzuwenden.

§ 676 Nachweis der Ausführung von Zahlungsvorgängen

Ist zwischen dem Zahlungsdienstnutzer und seinem Zahlungsdienstleister streitig, ob der Zahlungsvorgang ordnungsgemäß ausgeführt wurde, muss der Zahlungsdienstleister nachweisen, dass der Zahlungsvorgang ordnungsgemäß aufgezeichnet und verbucht sowie nicht durch eine Störung beeinträchtigt wurde.

§ 676a Ausgleichsanspruch

Liegt die Ursache für die Haftung eines Zahlungsdienstleisters gemäß den §§ 675y und 675z im Verantwortungsbereich eines anderen Zahlungsdienstleisters oder einer zwischengeschalteten Stelle, so kann er vom anderen Zahlungsdienstleister oder der zwischengeschalteten Stelle den Ersatz des Schadens verlangen, der ihm aus der Erfüllung der Ansprüche eines Zahlungsdienstnutzers gemäß den §§ 675y und 675z entsteht.

§ 676b Anzeige nicht autorisierter oder fehlerhaft ausgeführter Zahlungsvorgänge

(1) Der Zahlungsdienstnutzer hat seinen Zahlungsdienstleister unverzüglich nach Feststellung eines nicht autorisierten oder fehlerhaft ausgeführten Zahlungsvorgangs zu unterrichten.

(2) ¹Ansprüche und Einwendungen des Zahlungsdienstnutzers gegen den Zahlungsdienstleister nach diesem Unterkapitel sind ausgeschlossen, wenn dieser seinen Zahlungsdienstleister nicht spätestens 13 Monate nach dem Tag der Belastung mit einem nicht autorisierten oder fehlerhaft ausgeführten Zahlungsvorgang hiervon unterrichtet hat. ²Der Lauf der Frist beginnt nur, wenn der Zahlungsdienstleister den Zahlungsdienstnutzer über die den Zahlungsvorgang betreffenden Angaben gemäß Artikel 248 §§ 7, 10 oder § 14 des Einführungsgesetzes zum Bürgerlichen Gesetzbuche unterrichtet hat; anderenfalls ist für den Fristbeginn der Tag der Unterrichtung maßgeblich.

(3) Für andere als die in § 675z Satz 1 genannten Ansprüche des Zahlungsdienstnutzers gegen seinen Zahlungsdienstleister wegen eines nicht autorisierten oder fehlerhaft ausgeführten Zahlungsvorgangs gilt Absatz 2 mit der Maßgabe, dass der Zahlungsdienstnutzer diese Ansprüche auch nach Ablauf der Frist geltend machen kann, wenn er ohne Verschulden an der Einhaltung der Frist verhindert war.

§ 676c Haftungsausschluss

Ansprüche nach diesem Kapitel sind ausgeschlossen, wenn die einen Anspruch begründenden Umstände
1. auf einem ungewöhnlichen und unvorhersehbaren Ereignis beruhen, auf das diejenige Partei, die sich auf dieses Ereignis beruft, keinen Einfluss hat, und dessen Folgen trotz Anwendung der gebotenen Sorgfalt nicht hätten vermieden werden können, oder
2. vom Zahlungsdienstleister auf Grund einer gesetzlichen Verpflichtung herbeigeführt wurden.

Titel 12. Auftrag   Anh. §§ 675–676c

Anmerkungen zu den §§ 675z–676c

1. Haftungsbegrenzung, § 675z. Die in den §§ 675u, 675y geregelten Ansprüche des Zahlungsdienstnutzers gegen seinen Zahlungsdienstleister wegen mangelhafter oder nicht autorisierter Zahlungsaufträge sind **abschließend**. Die Ansprüche unterliegen der Ausschlussfrist des **§ 676b II**. Die Unterrichtung hat unverzüglich (§ 121) nach Feststellung des fehlerhaften Zahlungsvorgangs zu erfolgen, § 676b I; bei Pflichtverletzung: § 280 I (arg Wortlaut ZahlungsdiensteRiLi 58, sa Düsseldorf BKR 08, 41; aA PalSprau § 676b Rn 2: nur Obliegenheit des Zahlungsdienstnutzers). Ansprüche des Zahlungsdienstnutzers aus anderen Anspruchsgrundlagen, die auf Grund der Regelverjährung nach §§ 195, 199 für den Nutzer günstiger sind, bestehen daneben nicht. Zur Beweislast für eine ordnungsgemäße Ausführung des Zahlungsauftrages s § 676.

2. Haftungsumfang. Folgeschäden (zB Verzugsschäden oder entgangener Gewinn) wegen mangelhafter oder nicht autorisierter Ausführung von Zahlungsaufträgen unterfallen nicht den §§ 675u, 675y und sind als **verschuldensabhängiger** Schadensersatz gem § 280 I geltend zu machen. Der Zahlungsdienstleister kann die Haftung für fahrlässiges Handeln der Höhe nach begrenzen, § 675z S 2. Für Folgeschäden, die aus nicht autorisierten Zahlungen (§ 675u) erwachsen, haftet der Zahlungsdienstleister unbeschränkt, arg § 675z S 2. Die Ansprüche unterliegen ebenfalls der 13-monatigen Ausschlussfrist (§ 676b II), **§ 676b III.**

3. Zwischengeschaltete Zahlungsdienstleister. Diese handeln als Erfüllungsgehilfen (§ 278) des Zahlungsdienstleisters, dessen Nutzer die Zahlung veranlasst hat, es sei denn, der Nutzer hat die Einschaltung einer bestimmten zwischengeschalteten Stelle vorgegeben und die wesentliche Ursache für den Fehler liegt bei dieser Stelle, **§ 675z S 3.** Haftet der Zahlungsdienstleister aus den §§ 675u, 675y für einen Erfüllungsgehilfen, kann er von diesem Erstattung seines Schadens verlangen, **§ 676a.**

4. Haftungsausschluss, § 676c. Für Drittstaatenzahlungsvorgänge (s § 675c Rn 3) wird dem Zahlungsdienstleister das Verschulden seiner als Erfüllungsgehilfen zwischengeschalteten Stelle nicht zugerechnet. Ansprüche sind ausgeschlossen, wenn die sie begründenden Umstände auf höherer Gewalt oder Gesetzesänderung beruhen, § 676c.

§§ 676d–676h *(aufgehoben)*

Anhang zu §§ 675–676c
EGBGB (Einführungsgesetz zum Bürgerlichen Gesetzbuch)

idF v 21.9.1994, BGBl I 2494; zuletzt geändert durch Art 7 Ges v 23.6.2011, BGBl I 1266

(Auszug)

Art 248 Informationspflichten bei der Erbringung von Zahlungsdienstleistungen

Abschnitt 2. Zahlungsdiensterahmenverträge

§ 3 Besondere Form

Bei Zahlungsdiensterahmenverträgen (§ 675 f Abs. 2 des Bürgerlichen Gesetzbuchs) hat der Zahlungsdienstleister dem Zahlungsdienstnutzer die in den §§ 4 bis 9 genannten Informationen und Vertragsbedingungen in **Textform** mitzuteilen.

§ 4 Vorvertragliche Informationen

(1) Die folgenden vorvertraglichen Informationen und Vertragsbedingungen müssen rechtzeitig vor Abgabe der Vertragserklärung des Zahlungsdienstnutzers mitgeteilt werden:

1. zum Zahlungsdienstleister
   a) den Namen, die ladungsfähige Anschrift seiner Hauptverwaltung und gegebenenfalls seines Agenten oder seiner Zweigniederlassung in dem Mitgliedstaat, in dem der Zahlungsdienst angeboten wird, sowie alle anderen Anschriften einschließlich E-Mail-Adresse, die für die Kommunikation mit dem Zahlungsdienstleister von Belang sind, und
   b) die für den Zahlungsdienstleister zuständigen Aufsichtsbehörden und das bei der Bundesanstalt für Finanzdienstleistungsaufsicht geführte Register oder jedes andere relevante öffentliche Register, in das der Zahlungsdienstleister als zugelassen eingetragen ist, sowie seine Registernummer oder eine gleichwertige in diesem Register verwendete Kennung,
2. zur Nutzung des Zahlungsdienstes
   a) eine Beschreibung der wesentlichen Merkmale des zu erbringenden Zahlungsdienstes,
   b) Informationen oder Kundenkennungen, die für die ordnungsgemäße Ausführung eines Zahlungsauftrags erforderlich sind,
   c) die Art und Weise der Zustimmung zur Ausführung eines Zahlungsvorgangs und des Widerrufs eines Zahlungsauftrags gemäß den §§ 675j und 675p des Bürgerlichen Gesetzbuchs,
   d) den Zeitpunkt, ab dem ein Zahlungsauftrag gemäß § 675n Abs. 1 des Bürgerlichen Gesetzbuchs als zugegangen gilt, und gegebenenfalls den vom Zahlungsdienstleister gemäß § 675n Abs. 1 Satz 3 festgelegten Zeitpunkt,
   e) die maximale Ausführungsfrist für die zu erbringenden Zahlungsdienste und
   f) die Angabe, ob die Möglichkeit besteht, Betragsobergrenzen für die Nutzung eines Zahlungsauthentifizierungsinstruments gemäß § 675k Abs. 1 des Bürgerlichen Gesetzbuchs zu vereinbaren,
3. zu Entgelten, Zinsen und Wechselkursen
   a) alle Entgelte, die der Zahlungsdienstnutzer an den Zahlungsdienstleister zu entrichten hat, und gegebenenfalls deren Aufschlüsselung,
   b) gegebenenfalls die zugrunde gelegten Zinssätze und Wechselkurse oder, bei Anwendung von Referenzzinssätzen und -wechselkursen, die Methode für die Berechnung der tatsächlichen Zinsen sowie der maßgebliche Stichtag und der Index oder die Grundlage für die Bestimmung des Referenzzinssatzes oder -wechselkurses, und
   c) soweit vereinbart, das unmittelbare Wirksamwerden von Änderungen des Referenzzinssatzes oder -wechselkurses gemäß § 675g Absatz 3 des Bürgerlichen Gesetzbuchs,
4. zur Kommunikation
   a) die Kommunikationsmittel, sofern sie zwischen den Parteien für die Informationsübermittlung und Anzeigepflichten vereinbart werden, einschließlich ihrer Anforderungen an die technische Ausstattung des Zahlungsdienstnutzers,
   b) Angaben dazu, wie und wie oft die nach diesem Artikel geforderten Informationen mitzuteilen oder zugänglich zu machen sind,
   c) die Sprache oder Sprachen, in der oder in denen der Vertrag zu schließen ist und in der oder in denen die Kommunikation für die Dauer des Vertragsverhältnisses erfolgen soll, und

d) einen Hinweis auf das Recht des Zahlungsdienstnutzers gemäß § 5, Informationen und Vertragsbedingungen in einer Urkunde zu erhalten,
5. zu den Schutz- und Abhilfemaßnahmen
   a) gegebenenfalls eine Beschreibung, wie der Zahlungsdienstnutzer ein Zahlungsauthentifizierungsinstrument sicher verwahrt und wie er seine Anzeigepflicht gegenüber dem Zahlungsdienstleister gemäß § 675l Satz 2 des Bürgerlichen Gesetzbuchs erfüllt,
   b) soweit vereinbart, die Bedingungen, unter denen sich der Zahlungsdienstleister das Recht vorbehält, ein Zahlungsauthentifizierungsinstrument gemäß § 675k Abs. 2 des Bürgerlichen Gesetzbuchs zu sperren,
   c) Informationen zur Haftung des Zahlers gemäß § 675v des Bürgerlichen Gesetzbuchs einschließlich Angaben zum Höchstbetrag,
   d) Angaben dazu, wie und innerhalb welcher Frist der Zahlungsdienstnutzer dem Zahlungsdienstleister nicht autorisierte oder fehlerhaft ausgeführte Zahlungsvorgänge gemäß § 676b des Bürgerlichen Gesetzbuchs anzeigen muss, sowie Informationen über die Haftung des Zahlungsdienstleisters bei nicht autorisierten Zahlungsvorgängen gemäß § 675u des Bürgerlichen Gesetzbuchs,
   e) Informationen über die Haftung des Zahlungsdienstleisters bei der Ausführung von Zahlungsvorgängen gemäß § 675y des Bürgerlichen Gesetzbuchs und
   f) die Bedingungen für Erstattungen gemäß § 675x des Bürgerlichen Gesetzbuchs,
6. zu Änderungen der Bedingungen und Kündigung des Zahlungsdiensterahmenvertrags
   a) soweit vereinbart, die Angabe, dass die Zustimmung des Zahlungsdienstnutzers zu einer Änderung der Bedingungen gemäß § 675g des Bürgerlichen Gesetzbuchs als erteilt gilt, wenn er dem Zahlungsdienstleister seine Ablehnung nicht vor dem Zeitpunkt angezeigt hat, zu dem die geänderten Bedingungen in Kraft treten sollen,
   b) die Vertragslaufzeit und
   c) einen Hinweis auf das Recht des Zahlungsdienstnutzers, den Vertrag zu kündigen, sowie auf sonstige kündigungsrelevante Vereinbarungen gemäß § 675g Abs. 2 und § 675h des Bürgerlichen Gesetzbuchs,
7. die Vertragsklauseln über das auf den Zahlungsdiensterahmenvertrag anwendbare Recht oder über das zuständige Gericht und
8. einen Hinweis auf das Beschwerdeverfahren gemäß § 28 des Zahlungsdiensteaufsichtsgesetzes sowie auf das außergerichtliche Rechtsbehelfsverfahren nach § 14 des Unterlassungsklagengesetzes.

(2) Wenn auf Verlangen des Zahlungsdienstnutzers der Zahlungsdiensterahmenvertrag unter Verwendung eines Fernkommunikationsmittels geschlossen wird, das dem Zahlungsdienstleister die Mitteilung der in Absatz 1 bestimmten Informationen und Vertragsbedingungen in Textform nicht gestattet, hat der Zahlungsdienstleister dem Zahlungsdienstnutzer diese unverzüglich nach Abschluss des Vertrags in der in den §§ 2 und 3 vorgesehenen Form mitzuteilen.

(3) Die Pflichten gemäß Absatz 1 können auch erfüllt werden, indem eine Abschrift des Vertragsentwurfs übermittelt wird, die die nach Absatz 1 erforderlichen Informationen und Vertragsbedingungen enthält.

Abschnitt 3. Einzelzahlungsverträge

§ 12 Besondere Form

¹Bei einem Einzelzahlungsvertrag, der nicht Gegenstand eines Zahlungsdiensterahmenvertrags ist, hat der Zahlungsdienstleister dem Zahlungsdienstnutzer die in § 13 genannten Informationen und Vertragsbedingungen in leicht zugänglicher Form zur Verfügung zu stellen. ²Auf Verlangen des Zahlungsdienstnutzers stellt ihm der Zahlungsdienstleister die Informationen und Vertragsbedingungen in Textform zur Verfügung.

§ 13 Vorvertragliche Informationen

(1) ¹Die folgenden vorvertraglichen Informationen und Vertragsbedingungen sind rechtzeitig vor Abgabe der Vertragserklärung des Zahlungsdienstnutzers zur Verfügung zu stellen:
1. die vom Zahlungsdienstnutzer mitzuteilenden Informationen oder Kundenkennungen, die für die ordnungsgemäße Ausführung eines Zahlungsauftrags erforderlich sind,
2. die maximale Ausführungsfrist für den zu erbringenden Zahlungsdienst,
3. alle Entgelte, die der Zahlungsdienstnutzer an den Zahlungsdienstleister zu entrichten hat, und gegebenenfalls ihre Aufschlüsselung,
4. gegebenenfalls der dem Zahlungsvorgang zugrunde zu legende tatsächliche Wechselkurs oder Referenzwechselkurs.

²Die anderen in § 4 Abs. 1 genannten Informationen sind, soweit sie für den Einzelzahlungsvertrag erheblich sind, dem Zahlungsdienstnutzer ebenfalls zur Verfügung zu stellen.

(2) Wenn auf Verlangen des Zahlungsdienstnutzers der Einzelzahlungsvertrag unter Verwendung eines Fernkommunikationsmittels geschlossen wird, das dem Zahlungsdienstleister die Informationsunterrichtung nach Absatz 1 nicht gestattet, hat der Zahlungsdienstleister den Zahlungsdienstnutzer unverzüglich nach Ausführung des Zahlungsvorgangs in der Form zu unterrichten, die in den §§ 2 und 12 vorgesehen ist.

(3) Die Pflichten gemäß Absatz 1 können auch erfüllt werden, indem eine Abschrift des Vertragsentwurfs übermittelt wird, die die nach Absatz 1 erforderlichen Informationen und Vertragsbedingungen enthält.

Titel 13. Geschäftsführung ohne Auftrag

Vorbemerkungen

Lit: Baldringer/Jordans, Beurteilung des „Abschleppfalles" nach bürgerlichem Recht usw, NZV 05, 75; Beuthien, Die unberechtigte GoA im bürgerlichrechtlichen Anspruchssystem, FS Söllner, 2000, 125; Brennecke, Ärztliche Geschäftsführung ohne Auftrag, 2010; Ebert, Das Recht auf den Eingriffserwerb, ZIP 02, 2296; Falk, Von Titelhändlern und Erbensuchern – Die GoA-Rechtsprechung am Scheideweg, JuS 03, 833; Giesen, Das Recht der fremdnützigen Geschäftsbesorgung (Unberechtigte und unechte GoA), Jura 1996, 344; Gursky, Der Tatbestand der GoA, AcP 185 (1985), 13; Gutzeit/Vrban, Bestattung ohne Auftrag, NJW 12, 1630; Hahn, Vergütungsansprüche für Dienstleistungen bei fehlender vertraglicher Grundlage, 2004; Hau, Geschäftsführung ohne Verbraucherauftrag, NJW 01, 2863; Helm, Gutachten III, S 335; Henssler, Grundfälle usw im Recht der GoA, JuS 91, 924; Hopt, Interessenwahrung und Interessenkonflikt usw, ZGR 04, 1; Lange, Geschäftsführung ohne Auftrag bei nicht geschuldeten Schönheitsreparaturen?, NZM 07, 785; Kossek, Honoraransprüche des gewerblichen Erbensuchers in Deutschland und Österreich. Zugleich ein Beitrag zur Begrenzung des Instituts der Geschäftsführung ohne Auftrag, 2010; Loyal, Die entgeltliche GoA, 2011; ders, Der fremdnützige Leistungszweck, JZ 12, 1102; Martinek/Theobald, Grundfälle zum Recht der GoA, JuS 97, 612, 805,

Titel 13. Geschäftsführung ohne Auftrag **Vor § 677**

992, JuS 98, 27; Oppermann, Konstruktion und Rechtspraxis der GoA, AcP 193 (1993), 497; Reichard, Negotium alienum und ungerechtfertigte Bereicherung – Zur Entbehrlichkeit des § 687 Abs. 2 BGB, AcP 193 (1993), 567; Schmidt, Der Anwendungsbereich der berechtigten GoA, JuS 04, 862; Seiler, Grundfälle zum Recht der GoA, JuS 87, 368; Schubert, Der Tatbestand der GoA, AcP 178 (1978), 425; Schoch, Geschäftsführung ohne Auftrag im Öffentlichen Recht – Entwicklung der Rechtsprechung im letzten Jahrzehnt, Die Verwaltung 38 (2005), 91; Stamm, Regressfiguren im Zivilrecht, 2000; ders, Die Rückführung des sog „auch fremden Geschäfte" von der Geschäftsführung ohne Auftrag auf die Gesamtschuld, Jura 02, 730; Wendtland, Der Dombrandfall usw, Jura 04, 325; Wenckstern, Die Geschäftsanmaßung als Delikt, AcP 200 (2000), 240; Wittmann, Begriff und Funktion der GoA, 1981; Wollschläger, Die Geschäftsführung ohne Auftrag, 1976.

1. Allgemeines. a) Begriff. GoA liegt vor, wenn jemand (Geschäftsführer) für 1 einen anderen (Geschäftsherrn) Angelegenheiten wahrnimmt („ein Geschäft besorgt"), ohne von ihm beauftragt oder sonstwie dazu berechtigt zu sein (§ 677). Vor Übernahme der Geschäftsführung fehlt zwischen den Parteien *jede* auf Geschäftsbesorgung gerichtete Rechtsbeziehung (§ 677 Rn 6 f), Geschäftsführung „oA" daher ungenau. **b) Bedeutung.** Das bes ges Ausgleichsschuldverhältnis (§ 677 2 Rn 8) will fremdnütziges Handeln durch Begünstigung des rechtmäßig handelnden Fremdgeschäftsführers (§§ 680, 683; Rn 4) fördern, andererseits den Geschäftsherrn vor unbefugter und unerwünschter Einmischung in seine Angelegenheiten schützen (§§ 677, 678, 684; Rn 5 f). Demgegenüber sieht Wollschläger aaO die Hauptaufgabe der GoA in einer richtigen Güter-, Lasten- und Risikozuweisung bei vertragsloser Tätigkeit für andere am Maßstab einer ges Eingriffsordnung (krit Schubert AcP 178, 432 ff; Wittmann aaO; vermittelnd Helm aaO S 364 ff; Oppermann AcP 193, 502). Rechtsvergleichend und zum Europäischen Privatrecht s v. Bar, The Principles of European Law on Benevolent Intervention in Another's Affairs and unjust Enrichment, ERA-Forum 06, 204 mN. **c) Rechtsnatur.** 3 Geschäftsübernahme ist kein RGeschäft, ob geschäftsähnliche Handlung ist str; s § 682 Rn 2.

2. Arten und Abgrenzung. a) Bei der **berechtigten GoA** liegt die Über- 4 nahme der Geschäftsführung im Interesse des Geschäftsherrn und entspricht seinem Willen (vgl § 683 S 1, Voraussetzungen ie § 677 Rn 2 ff). Folge: Zwischen Geschäftsführer und Geschäftsherrn kommt ein **auftragsähnliches ges Schuldverhältnis** zustande. Inhalt: § 677 Rn 8. Anwendbar sind: §§ 677, 679, 680–683, 684 S 2, 686. Berechtigte GoA ist **Rechtsgrund** iSv § 812 I (hM; BGH NJW 12, 526 Tz 41; 93, 3196; NJW 69, 1207; Wittmann 139 f; NK/Schwab 83 mN; anders [§§ 677ff gehen bei berechtigter und unberechtigter GoA als lex specialis den §§ 812ff vor] MK/Seiler vor § 677 Rn 15; StBergmann vor § 667 Rn 242 mN) und **Rechtfertigungsgrund** (hM; BGH LM BGB § 683 Nr. 2; Wittmann 141 ff; NK/Schwab 84 mN; anders [kein Rechtfertigungsgrund, Rechtfertigung nur durch allgemeine Güter- und Pflichtenabwägung] MK/Seiler vor § 667 Rn 17; StBergmann vor § 677 Rn 245 mN) Geschäftsführer haftet nur für **„Ausführungsverschulden".** § 678 Rn 3. GoA begründet **keine Vertretungsmacht** für den Geschäftsführer (BGH 69, 327); schließt dieser für den Geschäftsherrn mit einem Dritten ein RGeschäft (vgl § 677 Rn 2), so gelten im Außenverhältnis die §§ 177 ff (bei §§ 679, 680 aA Bertzel AcP 158, 148). Zum Verhältnis der §§ 179, 684 (Anspruchskonkurrenz) s BGH NJW-RR 04, 81; NJW 01, 3185; NJW-RR 89, 970. Geschäftsführer hat keinen Anspruch auf Genehmigung (BGH NJW 51, 398, str). **b)** Bei der **unberechtigten GoA** (Kritik an der Kategorie: StBergmann 5 vor § 677 Rn 96 ff mN) fehlen die Voraussetzungen gem Rn 4, das ges Schuldverhältnis entsteht nicht. Die mit der Geschäftsführung verbundenen Eingriffe in den fremden Rechtskreis sind widerrechtlich (§§ 823 ff), Vermögensverschiebungen rechtsgrundlos (§§ 684 S 1, 812 ff). Der Geschäftsführer haftet bei Übernahmeverschulden auch ohne Ausführungsverschulden (§ 678), iÜ gelten auch die §§ 680, 681 S 1, 682. Der Geschäftsherr kann mit der Folge der Rn 4 genehmigen, §§ 684 S 2, 184 I. **c) Unechte GoA.** Überhaupt kein Fall der Geschäftsführung (Rn 1) 6 liegt vor, wenn jemand ein fremdes Geschäft als sein eigenes behandelt. Fälle: irrtümliche und angemaßte Eigengeschäftsführung (§ 687 I und II). Bei letzterer stehen aber dem Geschäftsherrn die Rechte aus GoA zu (§ 687 II).

7 3. Anwendungsbereich. Rechtsfolgenverweisungen enthalten §§ 539 I, 601 II, 994 II, 1049, 1216, 1959, 1978. GoA kann vorliegen, wenn nach Beendigung des Auftrags Geschäfte weitergeführt werden (Budzikiewicz ZGS 02, 279, 357 mN). GoA ist **ausgeschlossen**, sofern sie die ges (zivil- oder öffentl-rechtlich) vorgesehene **Risikoverteilung** zwischen den Beteiligten verändern würde (BGH NJW 00, 73) (s noch § 677 Rn 6 f). Daher keine GoA, wenn Geschäftsführer durch die Geschäftsführung einen Vertragsabschluss mit dem Geschäftsherrn herbeiführen möchte, denn jede Seite trägt das Risiko eines Scheiterns der Vertragsverhandlungen (Privatautonomie). Insoweit getätigte Aufwendungen des Geschäftsführers fallen in seinen Risikobereich und können nicht dem Geschäftsherrn angelastet werden (BGH NJW-RR 06, 650; NJW 00, 73 mit Anm Schulze JZ 00, 523, Anm Emmerich JuS 00, 603, Anm Ehmann LM Nr 40 zu § 677: Erbensucher kann von ermittelten Erben keinen Aufwendungsersatz verlangen; zustimmend Hahn 326 f; nur im Ergebnis zustimmend: Kossek 299 ff; anders noch BGHR BGB § 677 Erbensucher 1 [1990]). Keine GoA bei abschließender ges **Sonderregelung** (BGH 140, 109 f mN; NJW-RR 01, 1283; BSG 85, 110). Bsp: § 241a (Erbringung unbestellter Leistungen durch einen Unternehmer an einen Verbraucher, dazu näher Hau aaO S 2864 f; § 241a Rn 5; LG Berlin NJW-RR 05, 64 [obiter dictum]); § 426 (Ausgleich bei Gesamtschuld; § 426 Rn 14 ff); §§ 437, 439 (keine GoA bei Selbstvornahme der Nacherfüllung: BGH NJW 05, 1350 mN, 3211); §§ 965 ff (Fund); HGB 740, 749 (Hilfeleistung in Seenot, dazu BGH 69, 197); ZPO 89 (Geschäftsführung im Prozess); VVG 62, 63 (Schadensminderung); BSHG 90, 91 (Rückgriff bei Sozialhilfe); BVG 52 (Rückgriff bei Unterhaltsleistungen); sa § 677 Rn 6 f. GoA ist idR ausgeschlossen, sofern die Geschäftsbesorgung in der Erbringung von Leistungen für einen sozialrechtlichen Leistungsträger besteht, da das Sozialrecht den Rückgriff abschließend regelt (anders begründet: BGH NJW-RR 01, 1283). Ansprüche aus GoA können neben solche aus § 22 II WHG treten (BGH NJW 99, 3635). GoA ausgeschlossen, soweit das Naturalleistungsprinzip (§ 2 II 1 SGB V) in der ges Krankenversicherung gilt (BGH 140, 104 ff mit Anm
8 Ruland JuS 99, 618 und Eichenhofer JZ 99, 363). GoA im **öffentl Recht** ist möglich (Überblick: Schoch die Verwaltung 38 [2005] 91 ff), sofern keine abschließende Sonderregelung, s BGH NJW 04, 513; BVerfG NJW 11, 3217 Tz 13 (Erstattungsanspruch aus GoA wegen Abschleppens ist nicht nachBay Polizeirecht zu bemessen) mN, dazu Linke DVBl 06, 148; BayObLGZ 02, 35 (Aufwendungersatz der Feuerwehr nach Bay Landesrecht); LG Berlin NJW-RR 05, 64 f (Verwaltungsakt nach Berliner Ordnungsrecht enthält abschließende Kostenregelung); BVerwG NJW 02, 1968 (Schmiergeldherausgabe nach § 70 S 1 BBG, s § 667 Rn 4); VG Gelsenkirchen NJW 02, 1818 (Kostenerstattung der Eltern an Schule wegen Klassenfahrt); OVG Koblenz DVBl 03, 411 (Straßenbauarbeiten); AG Peine NVwZ-RR 02, 711 (Rettungseinsatz, dazu § 683 Rn 6) (BGH 30, 169; BGH 109, 358; 140, 110; 143, 14; NJW-RR 01, 1283; BVerwG 80, 170; BSG NJW 91, 2373; BSG 85, 110; Köln NJW-RR 95, 570, hM, str; aA AG Frankfurt NJW-RR 90, 731 mN); ie ErmEhmann 12 ff vor § 677; Oppermann AcP 193, 513 ff; sa Bsp in § 677 Rn 3 f; ferner Ell NVwZ 03, 913 (zur Erstattung verkehrsrechtlicher Kosten); Dahm NVwZ 05, 172; Geres NJW 04, 1909 (zu Befreiungs-/Freilassungskosten entführter Auslandsdeutscher). Die §§ 677 ff sind im Bereich des öffentl Rechts nur mit Einschränkungen anwendbar (BGH NJW-RR 01, 1284; zum auch-privaten Geschäft s VGH Baden-Württemberg NVwZ-RR 04, 473). Diensthandlung Beamter kann GoA für Körperschaft begründen, nicht für Beamten selbst (BGH NJW 04, 515). Zur persönlichen Haftung des Bürgermeisters wegen nichtigem Rechtsgeschäft der Gemeinde s BGH 157, 168.

§ 677 Pflichten des Geschäftsführers

Wer ein Geschäft für einen anderen besorgt, ohne von ihm beauftragt oder ihm gegenüber sonst dazu berechtigt zu sein, hat das Geschäft so zu führen, wie das Interesse des Geschäftsherrn mit Rücksicht auf dessen wirklichen oder mutmaßlichen Willen es erfordert.

1. Bedeutung und Anwendungsbereich. Umschreibung der **Hauptpflicht** 1 des Geschäftsführers (Rn 9) bei berechtigter GoA (Rn 4 vor § 677), Anspruchsgrundlage bei fehlerhafter Geschäftsführung (Rn 9 [cc]). Bei unberechtigter GoA (Rn 5 vor § 677) gilt § 677 nicht (str, s zum Problem StBergmann vor § 677 Rn 96 f, dort Kritik Rn 98 mN, str), der Geschäftsführer hat die Ausführung des Geschäfts zu unterlassen.

2. Voraussetzungen der berechtigten GoA. Die Voraussetzungen der 2 berechtigten GoA ergeben sich aus § 677; su [a]; Rn 3ff und § 683 S 1 (Rn 5). **a) Geschäftsbesorgung** ist wie in § 662 (dort Rn 9 f) iwS zu verstehen; umfasst tatsächliche Handlungen (BGH NJW 78, 1258) des Geschäftsführers (auch bloßes Geben, str) und Rechtsgeschäfte. Handeln in eigener Person ist nicht erforderlich (BGH 67, 371). **b) Fremdes Geschäft** (Geschäft für einen „anderen") ist jede 3 Angelegenheit, die nicht ausschließlich eine solche des Geschäftsführers selbst ist, sondern zumindest auch in den Sorgebereich eines anderen fällt (BGH NJW-RR 01, 1284 mN). Die Zugehörigkeit zum fremden Rechtskreis kann sich bereits aus dem Inhalt des Geschäfts ergeben **(obj fremdes Geschäft).** Bsp: Hilfeleistungen, Rettungshandlungen (BGH 33, 254 ff; 67, 371); Notstromlieferung durch Energieversorger (BGH WM 05, 1712), Maßnahmen der Gefahrenabwehr (BGH 43, 191 f; NJW 78, 1258); die sog Selbstsperrung im Straßenverkehr dann, wenn sich der Kraftfahrer nach StVG 7 II entlasten kann (BGH 38, 275; 72, 154 [obiter]; ie Frank JZ 82, 737 mN; § 683 Rn 7); Tilgung fremder Schuld (BGH 47, 370; WM 99, 2032); Stellung einer Sicherheit für fremde Schuld (BGH NJW 07, 63); Veräußerung fremder Sache (RG 138, 48 f); nicht dagegen unberechtigte Untervermietung (BGH 131, 306: Vertragswidriger Gebrauch); nicht: Registrierungsantrag für domain, die fremde Kennzeichnungskraft verletzt (so BGH K& R 02, 309; dazu Pahlow WRP 02, 1228; aA Kieser K&R 02, 547). Fehlt obj Fremdbezogenheit, bedarf es einer erkennbaren Bestimmung durch den Geschäftsführer (BGH 82, 330 f; NJW-RR 01, 1283) **(subj fremdes Geschäft).** Der Fremdheit des Geschäfts steht nach der Rechtsprechung des BGH nicht entgegen, dass der Geschäftsführer mit der Handlung auch – sogar vornehmlich – eigene Belange wahrnimmt **("auch-fremdes" Geschäft;** BGH 40, 30; 82, 330; 110, 314; 114, 250; 143, 15; BGH NJW-RR 05, 641; ausf Nachweise: BGH BZBau 04, 35; NJW 00, 72; NJW 09, 2590; krit BGH NJW-RR 01, 1283, str; krit und stark einschr SoeBeuthien 9 ff; MK/Seiler 9 ff mN, bes 15; abl Schubert AcP 178, 435 ff; grundlegend Stamm aaO 95 ff, 163 ff; ders Jura 02, 730; sa Falk JuS 03, 833; sa Rn 7; abl Kossek 299 ff;). Bsp: Löschen des Brandes durch die Feuerwehr ist GoA für den Brandverursacher (BGH 40, 28); Gefahrenbeseitigung durch die Polizei für den Störer (BGH 65, 354); Bergungsmanöver durch die Behörde für den Berechtigten des verlorenen oder verunglückten Gegenstands (BGH 63, 167; 65, 385); Störungsbeseitigung durch den beeinträchtigten Besitzer (AG Frankfurt NJW 90, 917: Abschleppen von Privat, ie str; s mN Janssen NJW 95, 624 f; Baldringer/Jordans NZV 05, 75) oder Eigentümer (Eigentümer, der Störung – zB kontaminierte Erde – selbst beseitigt hat, kann von dem nach § 1004 I 1 an sich hierzu verpflichteten Störer Ersatz der erforderlichen Beseitigungsaufwendungen verlangen: hM u stRspr s BGH NJW 05, 1366 mN; 12, 1080 Tz 6), auch bei eigener Polizeipflicht (BGH 110, 314 ff; abw Stuttgart NJW-RR 96, 850); berechtigte vorprozessuale Abmahnung durch den Wettbewerbsverband für den Wettbewerbsstörer (so BGH 52, 399; 115, 212; Düsseldorf NJW-RR 02, 122, weiter noch Düsseldorf NJW-RR 03, 566; Schranken: UWG 13 V, sa § 683 Rn 6; aA ua Einsiedler WRP 03, 354 mN; sa LG Frankfurt NJW-RR 03, 547); nicht aber unberechtigte wettbewerbsrechtliche Abmahnung (oder AGB-Abmahnung) (BGH NJW 95, 715; sa AG Lahr NJW-RR 02, 1125 zum Abschlussschreiben); anders als bei einer vor Einleitung eines Gerichtsverfahrens ausgesprochenen Abmahnung besteht kein Interesse des Schuldners, nach Erlass einer Verbotsverfügung noch abgemahnt zu werden (BGH NJW-RR 10, 1132); Mangelbeseitigung auch für anderen Unternehmer (Hamm NJW-RR 92, 849, str); Heimpflege eines Sozialhilfeberechtigten (Köln NJW-RR 95, 570); nicht jedoch Heilbehandlung eines Untersuchungsgefangenen (BGH 109, 358); Erfüllung eines (vermeintlich bestehenden) Verwaltungsverhältnisses nach dem VermG ist GoA für Grundstückseigentümer (BGH 143, 14 f). Ausdrücklich offengelassen für Polizeihandeln etc: BGH WM 04, 514. GoA ausgeschlossen bei Geschäftsführung zum Zweck der Vorbereitung und Anbahnung eines Vertrags zwischen dem Geschäftsführer und dem Geschäftsherrn (Rn 7 vor § 677). Geschäftsbesorgung zugleich für **mehrere Geschäftsherrn** ist möglich. Bsp: Unfallhilfe ist GoA für den Verletzten, den Unterhaltspflichtigen und die Krankenkasse (vgl BGH 33, 251; vgl auch BGH 67, 372: anderer Rettungspflichtiger); doch ist außer dem unmittelbar Begünstigten nicht schon jeder an der Geschäftsführung **mittelbar interessierte** Geschäftsherr (BGH 54, 161; 72, 153; 82, 330; NJW-RR 12, 163). Bsp: Die Vermietbarkeit erhöhende Umbaumaßnahmen durch den Gläubiger sind keine GoA für den Mietausfallbürgen (BGH 82, 329); Beseitigung von Ölschaden ist keine GoA im Verhältnis zum Haftpflichtversicherer des Tankwagenhalters (BGH 72, 153); ein Mieter, der auf Grund einer unerkannt unwirksamen Endrenovierungsklausel Schönheitsreparaturen in der Mietwohnung vornimmt, führt kein Geschäft des Vermieters, sondern wird nur im eigenen Rechts- und Interessenkreis tätig, weil er eine Leistung erbringen will, die rechtlich und wirtschaftlich Teil des von ihm für die Gebrauchsüberlassung an der Wohnung geschuldeten Entgelts ist (BGH NJW 09, 2591 f). Abgrenzung oft zweifelhaft; krit zur Rspr Schubert AcP 178, 444 ff, grundsätzlich zust dagegen Wollschläger aaO (rechtstatsächlicher Regelfall der GoA). **c) Fremdgeschäftsführungswille.** Der Geschäftsführer muss den Willen und das Bewusstsein gehabt haben, die Angelegenheiten eines anderen zu besorgen oder wenigstens mitzubesorgen (BGH 40, 30; 63, 170; 65, 357 und 387); Rspr stellt nur geringe Anforderungen. Bei obj fremden Geschäften (Rn 3) wird er vermutet (BGH 40, 31; 70, 396; 98, 240; 143, 14 f mN; NJW 00, 72 mN; NJW-RR 01, 1284; 04, 82 mN; NJW 12, 1650 Tz 16; stRspr, NK/Schwab 59; PalSprau 4; str; krit Stamm Jura 02, 730; StBergmann Rn 170 vor § 677 mN; Kossek 218 ff, 299 ff); Gegenteil ist zu beweisen. Dies gilt auch bei den obj „auch-fremden" Geschäften (BGH 65, 357; 98, 240; 143, 15; NJW 00, 73 mN; NJW-RR 01, 1284 mN; NJW-RR 04, 82 mN, hM; krit Beuthien JuS 87, 848; Gursky AcP 185, 38 ff), selbst bei Reflexhandlungen im Straßenverkehr (Rn 3). Zu einer solchen Vermutung bei Durchführung der baurechtlichen Erschließung s differenzierend BGH 61, 363; NVwZ 02, 511 f. Bei subj fremden Geschäften (Rn 3) ist der Geschäftsführer für den Fremdgeschäftsführungswillen beweispflichtig (BGH 40, 31; 82, 331). Der Wille, das Geschäft gleichzeitig für den Geschäftsherrn zu führen, muss nach außen hinreichend deutlich geworden sein (BGH NJW-RR 01, 1284 mN; Stuttgart 02, 26 f). Dass der Geschäftsführer in Erfüllung einer eigenen (öffentl-rechtlichen oder gegenüber einem Dritten [s Rn 6 f] bestehenden privatrechtlichen) Verpflichtung handelt, schließt den Geschäftsbesorgungswillen nicht aus (hM, str; aA Schubert aaO; sa Rn 6). Bsp: Hilfsmaßnahmen von Feuerwehr, Polizei usw im Rahmen ihrer Pflichtaufgaben, Nachw in Rn 3. Irrtum über die Person des Geschäftsherrn berührt Geschäftsführungswillen nicht (§ 686), wohl aber Irrtum über die Fremdheit des Geschäfts (§ 687 I). Der Geschäftsherr braucht noch nicht zu existieren (Nürnberg NJW-RR 87, 406). Fehlt trotz Kenntnis der Fremdheit Fremdgeschäftsführungsabsicht, liegt § 687 II vor. **d) Wille und Interesse des Geschäftsherrn.** Die Übernahme der Geschäftsführung muss grundsätzlich dem Interesse und dem – bes festzustellenden (BGH 82, 331) –

Titel 13. Geschäftsführung ohne Auftrag **§ 677**

wirklichen oder mutmaßlichen Willen des Geschäftsherrn entsprechen (§ 683 S 1 mit § 677; s Rn 2 ff). Erweiterungen bestehen im Fall der §§ 683 S 2 iVm 679 und bei nachträglicher Genehmigung der Geschäftsführung, §§ 684 S 2, 184 I. Bei irrtümlicher Annahme des Vorliegens eines dieser "Berechtigungsgründe" ist GoA nicht berechtigt (§ 683 Rn 2 ff); beruht Irrtum auf Fahrlässigkeit, gilt § 678.
e) Fehlen bestehender Geschäftsbesorgungsberechtigung. aa) Zwar hindert **6** der Umstand, dass sich der Geschäftsführer zur Leistung verpflichtet hat oder für verpflichtet hält, nach der Rspr des BGH (s NJW-RR 05, 639 unter II 3a; NZG 05, 41 unter II 3b; NJW 93, 3196 unter II 2a; NJW 71, 609 unter III 2a; 12, 3368 Tz 27; BGH 37, 262 f) einen Rückgriff auf § 677 (zum auch fremden Geschäft s Rn 3) grundsätzlich nicht. Die GoA ist aber **ausgeschlossen**, wenn zwischen den **Parteien** ein bes **vertragliches** (BGH NZBau 04, 35 mN; Bsp: Auftrag einschließlich entgeltlicher Geschäftsbesorgung, § 675; Werkvertrag mit WEG-Verwalter schließt GoA-Anspruch gegen begünstigten WEG-Eigentümers aus [BGH NZBau 04, 34, 36]; Gesellschaft; Kommission; bes Benutzungsverhältnis [BGH 63, 120] ua) oder **ges Rechtsverhältnis** (Bsp: Rechtsstellung als ges Vertreter, Organ, Träger eines privaten Amtes; bes öffentl-rechtliches Rechtsverhältnis: BGH 109, 358; AG Frankfurt NJW-RR 90, 731 mN) besteht, aus dem sich bereits eine Geschäftsführungsbefugnis bzw -pflicht für den Geschäftsführer ergibt, **sofern** (s BGH NJW-RR 04, 83; 04, 956; NVwZ-RR 11, 925 Tz 8 mAnm Haager; NVwZ-RR 12, 707 Tz 16 zu GoA bei Straßenreinigung) es die Geschäftsbesorgung einschließlich der Entgeltfrage **abschließend** (sa vor § 677 Rn 7) regelt. Dann gelten nur die Regeln des bes Geschäftsbesorgungsverhältnisses (BGH NZBau 04, 35 mN; BGH NJW-RR 89, 1256 f für Vertrag zwischen GmbH und Geschäftsführer; sa Rn 7 vor § 677). Das gilt auch, wenn die Tätigkeit des "Geschäftsführers" (zB Bauunternehmers) auf einem mit einem **Dritten** (zB Generalunternehmer) geschlossenen Vertrag beruht, der die Rechte und Pflichten beider, insbes das Entgelt umfassend regelt. Eine solche umfassende Regelung ist grundsätzlich abschließend, auch im Verhältnis zu den Auftraggebern des Dritten (Bauherren), denen die Tätigkeit des Bauunternehmers auch zugutekommt. Mit der vertraglich vereinbarten Vergütung erhält er die Bezahlung, die er (im Rahmen der Zuweisung des Insolvenzrisikos) innerhalb der Privatrechtsordnung erwarten kann. Die spätere Insolvenz des vergütungspflichtigen Vertragspartners (Generalunternehmers) eröffnet nicht den GoA-Rückgriff auf dessen Auftraggeber (Bauherr) (BGH NJW-RR 04, 83 und 956 mN). Zur GoA bei unbestellten Bauleistungen s Leupertz BauR 05, 775. Bei Geschäftsführung auf Grund eines **nichtigen Vertragsverhältnisses** scheidet GoA aus (ErmEhmann Rn 10 mN vor § 677; SoeBeuthien 16; Canaris NJW 85, 2405 mN; Lorenz NJW 96, 885 ff; Koblenz NJW 99, 2904; iE LG Mainz NJW-RR 98, 48, str; aA BGH 37, 263; 101, 399 mN; 109, 152; 140, 109; 143, 13, 16 (obiter dictum); 157, 175; NJW 93, 3196; 94, 578; 97, 48; 00, 73 und 973 mN (obiter dictum); 12, 3368 Tz 27 (GoA durch Geldübermittlung im Schenkkreis; ZIP 05, 1599; BayObLG NJW-RR 00, 155; BGH NJW-RR 93, 200 f [Formmangel]; BGH NJW-RR 89, 970 f, BaR/Gehrlein 18; StBergmann vor § 677 Rn 336 mN [bei verweigerter Genehmigung bei falsus procurator]; beiläufig abw BGH NJW 95, 727: Anwendung von § 812; dazu Lorenz NJW 96, 886; wie BGH: PWW/Fehrenbacher 18; StBergmann vor § 677 Rn 334 f; anders NK/Schwab 43 ff: GoA mit entspr Anwendung der §§ 814, 815, 817 S 2); Grund: Vorrang von §§ 812 ff. **bb)** Regelmäßig **nicht ausgeschlossen** **7** (s aber Rn 6 zur abschließenden Drittvertragsregelung, sa vor § 677 Rn 7) wird GoA durch die einem **Dritten** gegenüber bestehende Pflicht zur Vornahme der Handlung (BGH 61, 363; BGH 143, 14, 16; WM 04, 184; str; aA Koblenz OLGZ 92, 332; LG Landau NJW 00, 1046; Weishaupt NJW 00, 03 mN; Schubert AcP 178, 435 ff, 443, diesem teilw zust MK/Seiler 10). Bsp: Heilbehandlung von (vermögenslosen) Familienangehörigen (aA Koblenz OLGZ 92, 332); durch bestehende **allg Hilfeleistungspflicht** nach StGB 323c: GoA dann vielmehr geboten (Rettungshandlungen!); durch bestehende **Selbsthilferechte** des Geschäftsfüh-

§ 678

rers, zB gem §§ 859 I, III, 227, 229; Grund: Fehlende Ausgleichsregelung (vgl MK/Seiler 34; aA StBergmann vor § 677 Rn 293: Ausgleichsanspruch ergibt sich aus Selbsthilferecht selbst). Auch kein Ausschluss der GoA, wenn RGeschäft (BGH NJW 00, 424; WM 00, 973; NJW-RR 05, 641) oder bes öfftl-rechtliches Verhältnis (BGH 143, 16), das den Geschäftsführer zur Geschäftsführung berechtigen würde, irrtümlich als bestehend angenommen wird. Anders bei nichtigem Vertrag: Rn 6.

8   **3. Rechtsfolgen der berechtigten GoA. a) Allgemein:** Zwischen Geschäftsführer und Geschäftsherrn entsteht ein auftragsähnliches (§§ 662 ff) **ges Ausgleichsschuldverhältnis**, aus dem notwendigerweise Pflichten des Geschäftsführers (Rn 9), uU auch Pflichten des Geschäftsherrn (Rn 10) entstehen (**unvollkommen**
9 **zweiseitiges Schuldverhältnis**, s § 311 Rn 12). **b) Pflichten des Geschäftsführers. aa)** Die **Hauptpflicht** besteht in der ordnungsgemäßen **Ausführung** (Durchführung) des übernommenen Geschäfts (§ 677); maßgebend ist dabei in erster Linie das obj Interesse des Geschäftsherrn, nicht so sehr sein Wille (arg Wortlaut § 677 „mit Rücksicht" iGgs zu § 683 S 1 „und"; str). Pflicht zur Fortführung einer begonnenen Geschäftsführung besteht im allg nicht, doch darf Tätigkeit nicht zur Unzeit abgebrochen werden (§ 671 II entspr). Da GoA nur auf Überbrückung eines Zeitraums angelegt, beschränkt sich die Pflicht auf bewahrende Maßnahmen. Nicht erfasst sind darüber hinausgehende („nützliche") Maßnahmen, welche die Rechtsposition des Geschäftsherrn verändern (BGH NJW-RR 08, 759: keine Pflicht zur Mieterhöhung). Zuziehung von Hilfskräften ist zulässig (Rn 2). **bb)** Die **Nebenpflichten** entsprechen denen eines Beauftragten: § 681 Rn 1. **cc) Haftung** des Geschäftsführers bei Verletzung der Pflichten gem §§ 677, 681: § 678 Rn 3. **c) Pflichten des**
10 **Geschäftsherrn:** Aufwendungs- und Schadensersatz (§ 683 S 1 und dort Rn 6 ff).
d) Verjährung der Ansprüche des Geschäftsführers und Geschäftsherrn idR nach §§ 195, 199; zu Ausnahmen beim Erstattungsanspruch vgl § 683 Rn 10.

§ 678 Geschäftsführung gegen den Willen des Geschäftsherrn

Steht die Übernahme der Geschäftsführung mit dem wirklichen oder dem mutmaßlichen Willen des Geschäftsherrn in Widerspruch und musste der Geschäftsführer dies erkennen, so ist er dem Geschäftsherrn zum Ersatz des aus der Geschäftsführung entstehenden Schadens auch dann verpflichtet, wenn ihm ein sonstiges Verschulden nicht zur Last fällt.

1   **1. Bedeutung.** Anspruchsgrundlage für selbstständigen **Schadensersatzanspruch** bei **unberechtigter GoA** (Rn 5 vor § 677). Die verschärfte Haftung (Rn 2) dient dem Schutz des Geschäftsherrn.

2   **2. Haftungsvoraussetzungen.** Voraussetzung der Haftung des **unberechtigten Geschäftsführers** ist ein **Übernahmeverschulden** (§ 276 I, aber § 680). Zu ersetzen sind alle bei der Ausführung adäquat kausal entstandenen Schäden (auch Zufallsschäden!). Bsp: Dazu zählen auch die Anwaltskosten des zu Unrecht wettbewerbsrechtlich Abgemahnten (LG Düsseldorf NZBau 01, 583; zum Anspruch des Abmahnenden s § 683 Rn 6). **Beweislast** für HS 1 sowie Umfang des Schadens und Kausalzusammenhang: Geschäftsherr; Hilfen: §§ 681, 666 (dazu BGH NJW 84, 1462). Ohne Übernahmeverschulden haftet der unberechtigte Geschäftsführer für ein **Ausführungsverschulden** nur nach §§ 823 ff.

3   **3. Haftung bei berechtigter GoA.** Bei berechtigter GoA haftet der Geschäftsführer nur wegen fehlerhafter Ausführung (§ 677 Rn 9 [cc]; nie wegen Übernahme, Rn 4 vor § 677) wegen Verletzung der Pflichten aus dem ges Schuldverhältnis, §§ 280 ff. Verschuldensmaßstab: § 276 I, Erleichterung: § 680. **Anspruchskonkurrenz** mit §§ 823 ff, 839 möglich, doch ist § 839 I 2 nicht anwendbar, vgl § 680 Rn 1.

Titel 13. Geschäftsführung ohne Auftrag § 679

§ 679 Unbeachtlichkeit des entgegenstehenden Willens des Geschäftsherrn

Ein der Geschäftsführung entgegenstehender Wille des Geschäftsherrn kommt nicht in Betracht, wenn ohne die Geschäftsführung eine Pflicht des Geschäftsherrn, deren Erfüllung im öffentlichen Interesse liegt, oder eine gesetzliche Unterhaltspflicht des Geschäftsherrn nicht rechtzeitig erfüllt werden würde.

Lit: Luig, Historische Betrachtungen zur Frage der Unbeachtlichkeit des entgegenstehenden Willens des Geschäftsherrn nach § 679 BGB bei der Geschäftsführung ohne Auftrag, FS Wiegand, 2005, 1015.

1. Allgemeines. Ausnahme von § 678, Erweiterung von § 683 S 1 (vgl dort S 2). 1 Die Übernahme und die Ausführung des Geschäfts sind trotz entgegenstehenden Willens des Geschäftsherrn gerechtfertigt. **Folgen:** Keine Haftung nach § 678, Aufwendungsersatz gem § 683 S 2 und allg § 677 Rn 8 ff.

2. Voraussetzungen (alternativ). a) Pflicht des Geschäftsherrn, deren 2 Erfüllung und Übernahme durch den Geschäftsführer (zusätzliches Erfordernis; fehlt zB bei der Tilgung einer fremden Geldstrafe) im **öffentl Interesse** liegt. Allg Rechtstreueinteresse reicht nicht. § 679 verlangt ein gesteigertes öffentl Interesse; gegeben, wenn Nichtvornahme die Belange der Allgemeinheit beinträchtigen würde (RGRK/Steffen 5; StBergmann 21; enger NK/Schwab 3). Bsp: Erfüllung einer Verkehrssicherungspflicht (BGH 65, 358 und 386); uU Errichtung von Gefahrenschutzanlage gegenüber Fernstraße (BGH NJW 78, 1258); Abwehr konkreter Gefahren- und Notsituation für hochwertige Rechtsgüter (AG Bremen NJW-RR 86, 355; AG Schöneberg NJW 84, 2954); Rettungseinsatz (AG Peine NVwZ-RR 02, 711, dazu § 683 Rn 6); Beseitigung von Zustandsstörungen (BGH 110, 318) und von Wettbewerbsverstößen (nur durch Berechtigte, nicht durch jedermann, s § 677 Rn 3; zum Abschlussschreiben s AG Lahr NJW-RR 02, 1125; sa § 683 Rn 6; sa UWG 13 V), idR auch von Parkverstößen (einschl AG Frankfurt NJW-RR 90, 731; dagegen zutr Janssen NJW 95, 625 mN); rechtzeitige Erfüllung sozialrechtlicher Leistungen (BSG NJW 91, 2374); Übernahme der Bestattungskosten (BGH NJW 12, 1648; dazu Gutzeit/Vrban, ebda 1630 mit Hinweis auf Rsprtendenz 1633). Erfüllung der Pflicht aus öffentl-rechtlicher Norm zur Schaffung von Kfz-Stellplätzen bei Bauvorhaben (BGH NJW-RR 08, 686). Verwaltungsakt kann abschließende Konkretisierung des öffentl Interesses enthalten (LG Berlin NJW-RR 05, 64 zu Sicherungskosten bei der „Love-Parade"). Notwendig ist eine privat- oder öffentl-rechtliche **Rechtspflicht;** eine sittliche Verpflichtung allein genügt nicht (kein Anspruch von Pflegeeltern gegen Gemeinde bei Vollzeitpflege des Pflegekindes: Karlsruhe JAmt 05, 40). Die Rettung eines **Selbstmörders** ist entspr § 679 wegen der Wertung des § 323c StGB stets als berechtigte GoA anzusehen (BayObLGZ 68, 204; BaR/Gehrlein 6; aA NK/Schwab 12f mN [Wille des Geschäftsherrn sittenwidrig und damit unbeachtlich; obj Wille ist nach § 323c StGB zu bestimmen; differenzierend zum Appellselbstmörder]; sa RGRK/Steffen vor § 677 Rn 71; StBergmann 24 [wegen § 323c StGB nicht unter § 679]; aA MK/Seiler 13 [falle nicht unter § 679, aber gerechtfertigt nach § 684 S 2, daher § 683]; sa SoeBeuthien 13; aA ErmEhmann 5 [§ 683, da Suizid Appellcharakter habe und wirklicher Wille auf Rettung gerichtet sei]; sa § 683 Rn 5); iÜ ausnahmsweise anzuerkennende sittliche Verpflichtung (Larenz, SchR II/1, § 57 I a: Menschenpflicht). Zur Haftung nach § 823 wegen Herausforderung der Rettungsmaßnahme s MK/Seiler 13; R. Zimmermann FamRZ 79, 103 ff; aber: für § 823 I erforderliches Verschulden und Rechtswidrigkeit der Handlung des Selbstmörders ist nicht gegeben; zum Deliktsanspruch des herausgeforderten Nothelfers allgemein s noch § 683 Rn 9. **b) Ges Unterhaltspflicht** umfasst 3 auch die Verschaffung ärztlicher Hilfe (BGH 33, 256). Öffentl Interesse insoweit stets gegeben.

§ 680 Geschäftsführung zur Gefahrenabwehr

Bezweckt die Geschäftsführung die Abwendung einer dem Geschäftsherrn drohenden dringenden Gefahr, so hat der Geschäftsführer nur Vorsatz und grobe Fahrlässigkeit zu vertreten.

Lit: Dietrich, Auftraglose Hilfeleistung in gefährlichen Situationen, JZ 74, 535.

1   **1. Allgemeines. a) Zweck.** Die **Haftungserleichterung** für den Geschäftsführer soll die Bereitschaft zur Nothilfe fördern. **b) Anwendungsbereich.** § 680 gilt bei berechtigter und unberechtigter GoA (§§ 677, 678), für Übernahme- und Ausführungsverschulden; für konkurrierende Ansprüche des Geschäftsherrn aus §§ 823 ff (BGH NJW 72, 475; Hamburg VersR 84, 759); bei Zusammentreffen mit Amtshaftung (§ 839, GG 34; abl Wollschläger [Lit vor § 677] S 284) kommt eine weitere Einschränkung der Haftung des Geschäftsführers aus § 839 I 2 nicht in Betracht (BGH 63, 171). Bei Schadensersatzanspruch des Geschäftsführers gegen den Geschäftsherrn (§§ 683, 823 ff) gilt § 680 iVm 254, dh bei nur leichter Fahrlässigkeit des Geschäftsführers trägt Geschäftsherr dessen Schaden voll (BGH 43, 194; MDR 72, 487). **Einschränkung:** Haftungsmilderung **gilt nicht** im Fall von § 677 Rn 7 für „professionelle Nothelfer" wie Notärzte und Rettungssanitäter (zutr Wollschläger [Lit vor § 677] S 283 f, Brennecke S 132, tendenziell ebenso München NJW 06, 1885, str; aA MK/Seiler 6); Grund: Hilfeleistung in medizinischen Notfällen ist Berufsalltag.

2   **2. Voraussetzungen.** Die **Gefahr** für die Person oder das Vermögen des Geschäftsherrn oder seiner nächsten Angehörigen (entspr bei Wahrung öffentl Interessen, LG München I NJW 76, 898, str) braucht tatsächlich nicht zu bestehen (PalSprau 2, hM; aA StBergmann 12 f; MK/Seiler 5); der Geschäftsführer muss jedoch ohne grobe Fahrlässigkeit (PalSprau 2; aA BAG NJW 76, 1230; Dietrich JZ 74, 539 mN, hM: unverschuldet) vom Bestehen einer derartigen Gefahr überzeugt sein. Ob Eingreifen erfolgreich, ist unerheblich (BGH 43, 192).

3   **3. Haftungsmaßstab. Vorsatz** und **grobe Fahrlässigkeit:** § 276 Rn 15 ff, 33 ff.

§ 681 Nebenpflichten des Geschäftsführers

¹Der Geschäftsführer hat die Übernahme der Geschäftsführung, sobald es tunlich ist, dem Geschäftsherrn anzuzeigen und, wenn nicht mit dem Aufschub Gefahr verbunden ist, dessen Entschließung abzuwarten. ²Im Übrigen finden auf die Verpflichtungen des Geschäftsführers die für einen Beauftragten geltenden Vorschriften der §§ 666 bis 668 entsprechende Anwendung.

1   **Konkretisierung** der Nebenpflichten des Geschäftsführers (Hauptpflicht: § 677 Rn 9). **S 1: Anzeige-** und **Abwartepflicht** (entspr § 665 S 2). Bei schuldhafter Nichtanzeige Schadensersatzpflicht (§ 678 Rn 3; Bsp: BGH NJW-RR 05, 1428; LAG Düsseldorf MDR 89, 1027), doch bleibt der Aufwendungsersatzanspruch des Geschäftsführers (§ 683) unberührt (BGH 65, 357). **S 2: Weitere Nebenpflichten:** Auskünfte über den Stand des Geschäfts und Rechenschaftslegung (§ 666); Herausgabe des aus der Geschäftsführung Erlangten (§ 667, umfasst Eingriffserwerb, vgl § 687 Rn 8 f); Verzinsung fremdbestimmten Geldes (§ 668).

Titel 13. Geschäftsführung ohne Auftrag §§ 682, 683

§ 682 Fehlende Geschäftsfähigkeit des Geschäftsführers

Ist der Geschäftsführer geschäftsunfähig oder in der Geschäftsfähigkeit beschränkt, so ist er nur nach den Vorschriften über den Schadensersatz wegen unerlaubter Handlungen und über die Herausgabe einer ungerechtfertigten Bereicherung verantwortlich.

1. Allgemeines. a) Zweck: Schutz des nicht vollgeschäftsfähigen (§§ 104, 106, 114) Geschäftsführers. **b)** Inhalt der **Haftungsbeschränkung. aa)** bei **Schadensersatz:** §§ 823 ff iVm §§ 827 ff statt §§ 677, 678, 681 S 1; 687 II; **bb)** bei **Herausgabe:** §§ 812 ff statt 681 S 2, 667, 668. Es handelt sich jeweils um Rechtsgrundverweisungen (str, ie Hassold JR 89, 360 ff; Wörlen/Leinhas JA 06, 22). 1

2. Geschäftsfähigkeit des Geschäftsführers. Ist keine Voraussetzung für die Entstehung des ges Schuldverhältnisses (§§ 677 Rn 8 ff). Grund: GoA ist im Verhältnis zum Geschäftsherrn nur tatsächliches Tun; das ges Schuldverhältnis bringt wegen § 682 für den geschützten Personenkreis keine Gefahren, andererseits stehen ihm die Rechte aus der Geschäftsführung, insbes der Aufwendungs-(Schadensersatz-)anspruch gem § 683 zu (str, ebenso Larenz, SchR II/1, § 57 I a aE; Hassold JR 89, 362; einschr StBergmann 4; MK/Seiler 4; aA [Willenserklärung, jedenfalls geschäftsähnliche Handlung] Loyal 293ff, ders, JZ 21, 1107 mN; [geschäftsähnliche Handlung, §§ 107 ff entspr anwendbar]: LG Aachen NJW 63, 1253, früher hM). 2

3. Geschäftsfähigkeit des Geschäftsherrn. Ist unerheblich; soweit es auf seinen Willen ankommt (vgl §§ 683 S 1, 684 S 2), ist der seines ges Vertreters maßgebend. 3

§ 683 Ersatz von Aufwendungen

¹**Entspricht die Übernahme der Geschäftsführung dem Interesse und dem wirklichen oder dem mutmaßlichen Willen des Geschäftsherrn, so kann der Geschäftsführer wie ein Beauftragter Ersatz seiner Aufwendungen verlangen.** ²**In den Fällen des § 679 steht dieser Anspruch dem Geschäftsführer zu, auch wenn die Übernahme der Geschäftsführung mit dem Willen des Geschäftsherrn in Widerspruch steht.**

Lit: Chiusi, Der Ersatz von Aufwendungen des Geschäftsführers ohne Auftrag, FS Ress, 2005, 1425; v Hippel, Die Entschädigung des Nothelfers, FS K. Sieg, 1976, 171; Otto, Ausgleichsansprüche des Geschäftsführers bei berechtigter GoA, JuS 84, 684; Stoll, Rechtsfragen bei Hilfeleistung in vermeintlicher Not, FS Weitnauer, 1980, 411; sa Lit zu § 670, vor §§ 677.

1. Allgemeines. § 683 umschreibt (zusammen mit § 677, vgl dort Rn 2 ff) die **Voraussetzungen** der berechtigten GoA und bildet die **Anspruchsgrundlage** für Ansprüche des Geschäftsführers gegen den Geschäftsherrn (Rn 6 ff; § 677 Rn 10). 1

2. Voraussetzungen. Die Voraussetzungen für Erstattungsansprüche (sie entsprechen den Voraussetzungen für die berechtigte GoA überhaupt, s § 677 Rn 2 ff), insbes die Voraussetzungen gem S 1 müssen **obj** vorliegen (Rn 3 f), auch schuldlos irrige Annahme durch den Geschäftsführer genügt nicht (Frankfurt MDR 76, 1021; MK/Seiler 1, 12, allgM); dies gilt auch im Fall des § 680 bei vermeintlicher Notsituation (hM, vgl Stoll aaO S 414 f mN, str; aA Dietrich JZ 74, 539; Fricke MDR 77, 315), unbefriedigend; Abhilfe: Rn 9. **a) Im Interesse des Geschäftsherrn liegt die** Übernahme der Geschäftsführung, wenn sie ihm obj nützlich ist (Würdigung der Gesamtumstände). Maßgebender Zeitpunkt: Übernahme (Frankfurt NJW-RR 96, 1337); ob Ausführung erfolgreich, ist daher unerheblich (Frankfurt aaO); existiert die andere Person noch nicht, ist Zeitpunkt ihrer Entstehung maßgebend (Nürnberg NJW-RR 87, 406). Daneben bestehendes eigenes Interesse des Geschäftsführers schadet nicht (BGH 52, 399; sa § 677 Rn 3 f). **b) Wille des Geschäftsherrn.** In erster Linie ist der **wirkliche,** geäußerte **Wille** maßgebend. Fehlt dieser oder ist er 2 3 4

§ 683 Buch 2. Abschnitt 8. Einzelne Schuldverhältnisse

nicht erkennbar (nicht notwendig für den Geschäftsführer), so kommt es auf den **mutmaßlichen Willen** an (Frage: Hätte der Geschäftsherr bei obj Beurteilung der Gesamtumstände der Geschäftsübernahme zugestimmt?); dieser entspricht idR dem Interesse (BGH 47, 374; NJW-RR 89, 970). **c)** Interesse **und** Willen muss die Geschäftsführung idR entsprechen (Kumulation; Anforderungen: BGH 82, 331). Allein das Interesse entscheidet im Fall des S 2 mit § 679. Bei ausnahmsweisem Auseinanderfallen von Interesse und wirklichem (aber unvernünftigem) Willen geht der **interessenwidrige Wille** vor (vgl BGH 138, 287, str); Grund: Niemandem soll etwas gegen seinen Willen aufgezwungen werden.

6   **3. Rechtsfolgen. a) Aufwendungsersatz.** Der Anspruch richtet sich nach Auftragsrecht (S 1 – „wie ein Beauftragter" – iVm § 670). Zu ersetzen sind alle (auch erfolglose) Aufwendungen (zum Begriff: § 670 Rn 2), die der Geschäftsführer nach seinem subj vernünftigen Ermessen unter Berücksichtigung seiner Pflichten nach § 677 für **erforderlich** halten durfte. Bsp: Abschleppkosten eines verbotswidrig geparkten Kfz (AG Frankfurt NJW 90, 917; dazu Baldringer/Jordans NZV 05, 75); Kosten von Rettungseinsatz (LG Köln NJW-RR 91, 990); Besuchskosten von nahen Angehörigen eines Unfallverletzten in angemessenem Umfang (BGH NJW 79, 598); Beerdigungskosten (KG OLGZ 79, 430; BGH NJW 12, 1648) auch bei Inanspruchnahme eines totenfürsorgeberechtigten Nichterben (BGH NJW 12, 1651 mN); notwendige vorprozessuale Abmahnkosten (BGH 52, 400; GRUR 12, 305 ; BGH 115, 212: kurze Verjährung UWG 21; sa § 683 Rn 3; § 677 Rn 3; § 678 Rn 2; § 679 Rn 2; § 280 Rn 51; UWG 13 V). **Weitergehend** als bei § 670 umfasst der Anspruch die übliche Vergütung, wenn die Geschäftsführung in den Bereich der gewerblichen oder beruflichen Tätigkeit des Geschäftsführers fällt (BGH 65, 389 f; 69, 36; NJW-RR 89, 970 f; BGH 143, 16 mN; NJW 12, 1648; hM; Gründe: ua § 1835 III entspr; ie Köhler JZ 85, 361 ff mN), und die allg Geschäftskosten (sog Gemeinkostenzuschlag; BGH 65, 389); deshalb unzutreffend AG Peine NVwZ-RR 02, 711 (Rettungskosten ohne Vorhaltekosten). **Abmahnkosten** sind regelmäßig erforderliche Aufwendungen; dies bezieht sich jedoch lediglich auf die erste Abmahnung, eine zweite Abmahnung entspricht nicht dem Interesse und mutmaßlichen Willen des Geschäftsherrn (BGH NJW 10, 1209). Kosten für Patentanwalt als Zweitanwalt nur erforderlich, soweit Mitwirkung Patentanwalt erforderlich. Im Regelfall anzunehmen, soweit der Patentanwalt Aufgaben übernommen hat, die (zB Recherchen zum Registerstand oder zur Benutzungslage) zum typischen Arbeitsgebiet eines Patentanwalts gehören (BGH GRUR 12, 756). Kosten für Abmahnungsbeauftragung eines RA sind nicht erforderlich, wenn der Abmahnende (zB RA, Unternehmen mit einer eigenen Rechtsabteilung oder Verbände zur Förderung gewerblicher Interessen) in der Lage ist, Verstöße selbst zu erkennen und zu verfolgen. Das ist er bei typischen und durchschnittlich schwer zu verfolgenden Wettbewerbsverstößen (stRspr BGH NJW 04, 2448 mN; BGH NJW 84, 2525; Düsseldorf NJW-RR 02, 122; AG Frankenberg MDR 01, 466 mit im konkreten Fall zu Recht krit Anm Schneider S 467; zudem BGH NJW 04, 2448: keine Eigenmandatierung des abmahnenden RA; ähnlich AG Hamburg MDR 02, 167: Kein obj nützliches Geschäft für den Abgemahnten, wenn die Widerrechtlichkeit des abgemahnten Verhaltens in den Verkehrskreisen des Abgemahnten offensichtlich bekannt. Bsp: Mahnt ein Rechtsanwalt in eigener Sache einen Versender von Werbefaxen ab, dann ist der Hinweis auf die Widerrechtlichkeit des Versendens von Werbefaxen kein obj nützliches Geschäft, da diese Information allgemein bekannt ist; das berufliche Tätigwerden ist nicht erforderlich); zu Kosten der Gegenabmahnung BGH MMR 04, 667, dazu Dittmer EWiR 05, 207; zum Anspruch gegen den Abmahnenden s § 678 Rn 2; dies gilt auch außerhalb des Wettbewerbsrechts: Nicht erforderlich ist die sofortige Einschaltung eines RA zur Geltendmachung von einfach gelagerten Schadensersatzansprüchen, wenn der Geschädigte über die notwendigen Kenntnisse zur Abwicklung des konkreten Schadensfalls verfügt (BGH NJW-RR 07, 713; 856). Die Haftung des Bürgen für Rechtsverfolgungskosten des

Titel 13. Geschäftsführung ohne Auftrag §§ 684, 685

Gläubigers ist in § 767 II speziell geregelt, so dass daneben die Grundsätze der GoA nicht anwendbar sind (BGH NJW 09, 1882). **b) Schadensersatz.** Der Geschäfts- 7 herr haftet dem Geschäftsführer auch für erlittene **Schäden,** die aus einer mit der Geschäftsführung typischerweise verbundenen Gefahr erwachsen sind (BGH NJW 93, 2235 mN; Saarbrücken OLGZ 91, 483 mN). Begründung: § 670 Rn 8 ff. Bsp: Selbstoppferung im Straßenverkehr (dazu § 677 Rn 3; MK/Seiler 23 mN); Hilfeleistung und Rettungshandlungen in Notfällen (vgl mN § 679 Rn 2). **c) Unfallversi-** 8 **cherungsschutz** des Geschäftsführers bei Rettungshandlungen: § 670 Rn 7 und 10. **d) Konkurrenzen.** Der Nothelfer hat gegen denjenigen, der die Gefahrenlage 9 durch rechtswidrige und schuldhafte Handlung herbeigeführt hat, einen Schadensersatzanspruch gem §§ 823 ff, wenn sein Eingreifen „herausgefordert" war (BGH 101, 220 mN; sa § 823 Rn 24); weitergehend nach Stoll (aaO S 423 ff) gegen den (vermeintlich) Gefährdeten einen Billigkeitsanspruch entspr § 829; gegen das Land einen Versorgungsanspruch, wenn er (ua) bei der Abwehr eines vorsätzlichen, rechtswidrigen tätlichen Angriffs auf einen anderen einen Gesundheitsschaden erlitten hat (ie OEG 1, 4). S allg vor § 677 Rn 4. **e)** Der Anspruch gem Rn 6 **verjährt** gem 10 §§ 195, 199 (§ 677 Rn 10); Ausnahmen können im Einzelfall bestehen, wenn kürzer verjährende Schulden getilgt worden sind (ie BGH 115, 211 f zu § 21 UWG; Bsp: Abmahnkosten, s Rn 6).

§ 684 Herausgabe der Bereicherung

¹Liegen die Voraussetzungen des § 683 nicht vor, so ist der Geschäftsherr verpflichtet, dem Geschäftsführer alles, was er durch die Geschäftsführung erlangt, nach den Vorschriften über die Herausgabe einer ungerechtfertigten Bereicherung herauszugeben. ²Genehmigt der Geschäftsherr die Geschäftsführung, so steht dem Geschäftsführer der in § 683 bestimmte Anspruch zu.

1. S 1. Bei **unberechtigter GoA** sind bereits empfangene Leistungen rechts- 1 grundlos erfolgt (Rn 5 vor § 677); deshalb Rechtsfolgenverweisung (str, aA Gursky AcP 185, 40; umfassend Loyal Jz 12, 1102 mN: Rechtsgrundverweisung) auf die §§ 812 ff (Ausnahme: § 685 I). Der Anspruch auf Wertersatz (S 1 iVm § 818 II) ist der Höhe nach durch § 670 beschränkt (M. Wolf JZ 66, 470; aA Loyal JZ 12, 1108 mN; Koller DB 74, 2388). Beruht die Bereicherung auf der Erfüllung einer gegenüber einem Dritten bestehenden Verpflichtung (s § 677 Rn 7), besteht der Anspruch nicht (Hamm NJW 74, 952).

2. S 2. Die **Genehmigung** (§ 184 entspr, s BGH NJW 89, 1673; Bsp: BGH 2 144, 354) macht die Geschäftsführung (Innenverhältnis) zu einer berechtigten ohne Vorliegen der Voraussetzungen des § 683 (BGH 128, 213); ein Auftragsverhältnis entsteht dadurch nicht. Zum Erfordernis einer (konkludenten) Genehmigung einer Einzugsermächtigungslastschrift vgl. BGH BB 11, 204 ff; NJW 10, 3510 ff; WM 10, 2307 ff. Zum Außenverhältnis s Rn 4 vor § 677.

§ 685 Schenkungsabsicht

(1) Dem Geschäftsführer steht ein Anspruch nicht zu, wenn er nicht die Absicht hatte, von dem Geschäftsherrn Ersatz zu verlangen.

(2) Gewähren Eltern oder Voreltern ihren Abkömmlingen oder diese jenen Unterhalt, so ist im Zweifel anzunehmen, dass die Absicht fehlt, von dem Empfänger Ersatz zu verlangen.

I: Schließt nicht nur § 683, sondern auch § 684 S 1 aus (BGH NJW 85, 314), 1 nicht aber Ausgleich gem § 812 I 2 Alt 1 (BGH 111, 128 ff). Beweislast: Geschäftsherr. Bsp: Baut ein Lebensgefährte die gemeinsam mit der Lebensgefährtin bewohnte

§§ 686, 687   Buch 2. Abschnitt 8. Einzelne Schuldverhältnisse

und deren Vater gehörende Wohnung aus, so steht regelmäßig die gemeinsame Lebensführung der Lebensgefährten im Vordergrund; das spricht gegen die Absicht, Aufwendungsersatz vom Vater zu erlangen (Hamm FamRZ 02, 160; LG Karlsruhe FamRZ 05, 517). **II:** Ges Vermutung für fehlende Ersatzabsicht (BGH 38, 305; NJW 98, 979); sie greift ein, soweit die Unterhaltsleistungen des Elternteils usw über das geschuldete Maß (vgl § 1610; sonst schon Ausschluss gem § 1648 letzter HS) hinausgehen (BGH NJW 98, 979).

§ 686 Irrtum über die Person des Geschäftsherrn

Ist der Geschäftsführer über die Person des Geschäftsherrn im Irrtum, so wird der wirkliche Geschäftsherr aus der Geschäftsführung berechtigt und verpflichtet.

1   Vgl § 677 Rn 4. Irrtum über die Voraussetzungen berechtigter GoA: § 683 Rn 2 ff; über Geschäftsführungspflicht: § 677 Rn 7; über Gefahrenlage iSd § 680 dort Rn 2.

§ 687 Unechte Geschäftsführung

(1) **Die Vorschriften der §§ 677 bis 686 finden keine Anwendung, wenn jemand ein fremdes Geschäft in der Meinung besorgt, dass es sein eigenes sei.**

(2) ¹**Behandelt jemand ein fremdes Geschäft als sein eigenes, obwohl er weiß, dass er nicht dazu berechtigt ist, so kann der Geschäftsherr die sich aus den §§ 677, 678, 681, 682 ergebenden Ansprüche geltend machen.** ²**Macht er sie geltend, so ist er dem Geschäftsführer nach § 684 Satz 1 verpflichtet.**

Lit: Beuthien, Was ist vermögenswert, die Persönlichkeit oder ihr Image? Begriffliche Unstimmigkeiten in den Marlene-Dietrich-Urteilen, NJW 03, 1220; Isele, Die Reichweite des Anspruchs auf Herausgabe des Eingriffserwerbs nach BGB § 687 Abs. 2, FS Cohn, 1976, S 75; sa Lit zu § 667.

1   **1. Allgemeines. I** enthält lediglich **Klarstellung** (Rn 6 vor § 677), **II** eine (in Rechtsfolgenverweisung gekleidete) **selbstständige Anspruchsgrundlage** (Rn 5), die die allg schadensersatz- und bereicherungsrechtlichen Ansprüche (Rn 3 f) sowie spezielle Entschädigungsansprüche (Rn 10 ff) ergänzt.

2   **2. Irrtümliche Eigengeschäftsführung (I). a) Voraussetzungen: aa) obj:** wie Rn 6; **bb) subj:** Der eigennützig (Rn 7) Handelnde irrt über die Fremdheit des Geschäfts. Irrtum kann auch verschuldet sein. **b) Rechtsfolgen:** GoA-Recht (auch § 684 S 2) unanwendbar (**I;** s Rn 1). Der Geschäftsführer **haftet** nach den allg Vorschriften. Anspruchsgrundlagen: **aa)** Bei Verschulden **Schadensersatzanspruch** aus uH (§§ 823 ff, 249 ff). Erleichterungen und Sondervorschriften bei Eingriffen in fremde Ausschließlichkeitsrechte: Rn 10 ff; **bb)** unabhängig von Verschulden **Bereicherungsanspruch** (§§ 812 I 1, 2. Alt, 818 I, II – Eingriffskondiktion –) auf Herausgabe des Erlangten bzw Wertersatz (zB Nutzungsvergütung, angemessene und übliche Lizenzgebühr, BGH 99, 248), im Fall des § 816 I einschließlich des Verletzergewinns (str, s § 816 Rn 8–10); **cc)** sonstige Anspruchsgrundlagen: §§ 946 ff; 985 ff. Haftung des **Geschäftsherrn:** §§ 812 ff; 994 ff.

3

4

5   **3. Unerlaubte Eigengeschäftsführung (II). a) Allgemeines. aa) Bedeutung.** Die auf Herausgabe des **Eingriffserwerbs** gerichtete **selbstständige Anspruchsgrundlage** enthält eine wesentliche Verbesserung der Rechtsstellung des Geschäftsherrn gegenüber den allg Vorschriften (§§ 249, 252 S 2; 818 II; s Rn 3 f). **bb) Grund.** Niemand soll aus widerrechtlichen Eingriffen in den fremden

Titel 13. Geschäftsführung ohne Auftrag **§ 687**

Rechtskreis (s BGH 119, 259) unverdient eigene Vorteile ziehen; der Verletzergewinn gebührt dem Rechtsinhaber, denn der eigennützig und unredlich Handelnde ist gegenüber dem Verletzten nicht schutzwürdig. **cc) Entspr Anwendbarkeit** des Rechtsgedankens aus II 1 im Schadensrecht: Rn 10. **b) Voraussetzungen.** **aa) obj:** Führung eines obj fremden Geschäfts (BGH 75, 205; sa § 677 Rn 3) gegen (ohne) den Willen des Berechtigten (BGH 119, 259). Jedes unbefugte Tätigwerden im fremden Rechtskreis genügt (Rn 5 [bb]). Bsp: Veräußerung (Vermietung, Nutzung, Verwertung) einer fremden Sache (BGH 75, 205); Eingriff in fremde vermögenswerte Ausschließlichkeitsrechte, nicht Vertragsverletzungen (BGH NJW-RR 89, 1256 f) wie unbefugte Untervermietung (BGH 131, 306 mN, str), Verletzung eines Alleinvertriebsrechts (BGH NJW 84, 2411) oder eines vertraglichen Wettbewerbsverbots (BGH NJW 88, 3018; abweichend für Verletzung von AktG 88 I durch den Vorstand der AG Köln VersR 00, 108), soweit nicht in vertragliche Beziehungen zwischen dem Berechtigten mit einem Dritten eingegriffen wird (BGH NJW-RR 89, 1257). Handeln im eigenen Namen ist möglich. Gleichgültig ist, ob der Geschäftsherr das Geschäft überhaupt für sich vorgenommen hätte. **bb) subj:** Der Eingreifer muss **wissen,** dass es sich um ein fremdes Geschäft (Rn 6) handelt (Vorsatz, s BGH 119, 259), und es zum **eigenen Vorteil** ausführen wollen (eigennütziges Verhalten; kein Fremdgeschäftsführungswille). Kenntnis der Anfechtbarkeit des zur Geschäftsführung berechtigenden RGeschäfts genügt (§ 142 II; dazu RG 138, 49), nicht aber fahrlässige Unkenntnis der Fremdheit (dann Rn 2 ff). **c) Rechtsfolgen. aa) Ansprüche** des durch die unerlaubte Eigengeschäftsführung Betroffenen: Er hat: (1) Anspruch auf **Herausgabe** des durch den Eingriff **Erlangten (II 1, §§ 681, 667** – Eingriffserwerb) einschließlich des Verletzergewinns (BGH 82, 308); Umfang wie § 667 Rn 4 ff (umfasst gezogene Nutzungen, Zinsen [**II 1,** §§ 681, 668] und Ersatzwerte aus Folgegeschäften), ob der Geschäftsherr den Gewinn erzielt hätte, ist gleichgültig (Rn 5 [bb]); (2) Anspruch auf **Auskunft und Rechnungslegung (II 1,** §§ 681, 666); (3) Anspruch auf **Schadensersatz (II 1,** § 678; umfasst zufällige Ausführungsschäden, § 678 Rn 2). **Verjährung:** §§ 195, 199 (§ 677 Rn 10). Die Geltendmachung der Rechte nach **II 1** lässt die Rechtswidrigkeit des Eingriffs unberührt; lediglich die Verfügung des Geschäftsführers wird wirksam (§ 185 II 1 1. Alt). IÜ stehen dem Geschäftsherrn die allg Ansprüche zu (Rn 3 f); Geltendmachung von Verletzungsschaden neben Gewinnherausgabe ist ausgeschlossen, nicht aber von weitergehendem Begleitschaden (BGH 44, 382 zur Lizenzgebühr). **bb) Ansprüche des Geschäftsführers:** Ersatz von Aufwendungen in Höhe der Bereicherung des Geschäftsherrn (**II 2,** § 684 S 1; Helms aaO 194). Da der Bereicherungsanspruch Geltendmachung der Rechte gem II 1 durch den Geschäftsherrn voraussetzt (BGH 39, 188), führt er idR zu einem Abzug von dem herauszugebenden Gewinn (Rn 8).

4. Sonderfälle. a) Allgemeines. Bei **Eingriffen in fremde Ausschließlichkeitsrechte** (insbes Immaterialgüterrechte) kann nach gewohnheitsrechtlicher Fortbildung der §§ 249, 252 auch eine angemessene Lizenzgebühr oder die Herausgabe des Verletzergewinns als („bes berechneter") Schaden verlangt werden (BGH 57, 117 ff; 119, 25 ff, 29; ErmEhmann 11 ff; Helms aaO 134; zu Ansprüchen aus Eingriffskondiktion § 818 Rn 21–25). **b)** Bei Verletzung von **Urheberrechten** und **gewerblichen Schutzrechten** ist Gewinnherausgabeanspruch zT Gegenstand von Sondervorschriften (UrhG 97; PatG 47 II; GebrMG 15 II; GeschmMG 14a I). Gleiche Grundsätze gelten bei Verletzung von geschützten **Marken** und **Kennzeichen** (*arg* MarkenG 14 VI, 128 II; sa zum früheren WZG BGH 34, 320; 44, 374; 99, 247). Daneben gilt **II 1** (vgl UrhG 97 III, GeschmMG 14a II und BGH 34, 320), Verjährung infolge Änderung der für II 1 geltenden §§ 195, 199 und der für die Sondervorschriften geltenden UrhG 102, PatG 33 III, GebrMG 24c, MarkenG 20, GeschmMG 14a III jetzt einheitlich. **c)** Auf Eingriffe in den Zuweisungsgehalt des **Eigentums** (Bsp: gewerbliche Verwertung des Bildes einer fremden Sache) ist **II 1** anwendbar (Ruhwedel JuS 75, 245; Schmieder NJW 75, 1164; sa Baur JZ 75,

6

7

8

9

10

11

12

§ 688

493; Pfister JZ 76, 156), nicht dagegen bei unberechtigter Führung eines fremden
13 **Unternehmens** (BGH 7, 218, str). **d)** Bei Eingriff in **wettbewerbsrechtliche Positionen** kann II 1 eingreifen, zB bei wettbewerbswidriger sklavischer Nachah-
14 mung (BGH 57, 116); ie str, s StBergmann 26 ff. **e)** Bei Verletzung des **Persönlichkeitsrechts** (grundlegend Beuthien NJW 03, 1220; Helms aaO 173), insbes durch unbefugte Bildverwertung, hat der Verletzte Anspruch auf angemessene Lizenzgebühr (BGH 20, 353 u 354 f; Rn 10) oder den vom Verletzer erzielten Gewinn (Beuthien aaO), soweit nicht die Genehmigung der Verwertung von vornherein ausgeschlossen ist (BGH 26, 353; 44, 375, str; s Beuthien aaO, ferner allg § 812 Rn 49–55). II 1 ist bei kommerzieller Verwertung anwendbar (Schlechtriem DRiZ 75, 69 und FS Hefermehl, 1976, S 458 f); bei schwerwiegender ideeller Beeinträchtigung besteht Anspruch auf Ersatz des Nichtvermögensschadens (BGH 35, 369, stRspr; ie § 823 Rn 88; § 253 Rn 4).

Titel 14. Verwahrung

§ 688 Vertragstypische Pflichten bei der Verwahrung

Durch den Verwahrungsvertrag wird der Verwahrer verpflichtet, eine ihm von dem Hinterleger übergebene bewegliche Sache aufzubewahren.

Lit: Herrmann, Von einem verschwiegenen Landstrich, einem Schlüsselbegriff und Typenproblemen, FS Reuter, 2010, 525.

1 **1. Allgemeines. a) Begriff.** Der Verwahrungsvertrag ist ein (uU gegenseitiger, Rn 5) Vertrag, bei dem der Verwahrer als Hauptpflicht (Rn 9, 14) die Aufbewahrung einer ihm vom Hinterleger übergebenen Sache schuldet. Verwahrung ist **fremdnützige**, im Interesse des Hinterlegers geleistete Tätigkeit (ähnlich: § 662).
2 Konsequenzen daraus: §§ 690, 693, 695. **b) Gegenstand.** Verwahrung ist nur bei beweglichen Sachen (Rn 2 f vor § 90) und Tieren (§ 90a, Schleswig SchlHA 00, 196; Brandenburg NJW-RR 06, 1558) möglich; bei Bewachung von Grundstücken
3 kommen Dienstvertrag (§ 611) oder Auftrag (§ 662) in Betracht. **c) Zum Zustandekommen** des Vertrags ist Übergabe der Sache nicht erforderlich (Konsensualvertrag, Larenz, SchR II/1, § 58; BGH 46, 48 für Lagervertrag; v. Westphalen WM 84, 18 für Depotvertrag; aA [Realvertrag] EnnL § 169, 1), jedoch begründet nur der durch Übergabe vollzogene Vertrag ein Dauerschuldverhältnis (s § 311 Rn 14).

4 **2. Arten der Verwahrung. a) Unentgeltliche Verwahrung** ist, da nicht notwendig auch Pflichten des Hinterlegers entstehen (zB aus §§ 693, 694), unvollkom-
5 men zweiseitiger Vertrag (§ 311 Rn 12). **b) Entgeltliche Verwahrung** ist gegenseitiger Vertrag, §§ 320 ff sind anwendbar (sa Rn 14ff). Stillschweigende Entgeltvereinbarung: § 689 Rn 1. Für die wirtschaftlich bedeutsamsten Fälle bestehen **Sonderregelungen. aa)** Lagergeschäft nach HGB 467 ff und OrderlagerscheinVO v 16. 12. 31; bei Kommission ist Kommissionär nach HGB 390 für Verlust des in seiner Verwahrung befindlichen Guts verantwortlich und hat Schadensersatz zu leisten, s Frankfurt 3. 11. 03, 16 U 31/03. **bb)** Wertpapierverwahrung nach DepotG. Lit: Peters JuS 76, 424; zu (international) intermediär verwahrten Wertpapieren s Reuschle IPRax 03, 495; ders. BKR 03, 562. **cc) Bewachungsgewerbe:** GewO 34a und VO vom 1.6.76 (BGBl 1976 I 1341). **c) Unregelmäßige Verwahrung** (Hinterlegungsdarlehen): § 700 mit Rn 1 f.
6 **d) Öffentl-rechtliche Verwahrung.** Ein öffentl-rechtliches Verwahrungsverhältnis (Beljin/Micker JuS 03, 972 f) entsteht, wenn eine Behörde (AG Hamm MDR 78, 51; weitergehend Müller JuS 77, 232 mN) bei Wahrnehmung einer öffentl-rechtlichen Aufgabe fremde Sachen in Besitz nimmt und den Berechtigten dadurch an eigenen Sicherungs- und Obhutsmaßnahmen hindert (BGH MDR 75, 213 mN, stRspr); diese Voraussetzungen fehlen bei der Beschlagnahme von

Titel 14. Verwahrung § 688

Forderungen und Bankguthaben (BGH 34, 354; WM 62, 1033). Haftung der verwahrenden Behörde: §§ 688 ff mit Ausnahme von § 690 (BGH 4, 192; VG Arnsberg MDR 75, 255), §§ 254, 276, 278 entspr anwendbar (BGH NJW 90, 1230 f), § 839 I 2 gilt nicht (BGH NJW 90, 1231). Der ordentliche Rechtsweg ist gegeben (VwGO 40 II; BGH 76, 12; einschr Müller JuS 77, 233 mN). Zum Rückgabeort s § 697 Rn 1. **e)** Die **Hinterlegung** nach der HinterlO ist ges bes 7 geregelt; Rn 6 gilt nicht. Bedeutsam ua bei §§ 372 ff. § 700 ist nicht anwendbar.
f) Einlagerung durch den **Gerichtsvollzieher** (ZPO 808 ff) begründet uU Verwahrungs-(Lager-)vertrag mit dem Justizfiskus (BGH 89, 84 f). **g) Besondere amtliche Verwahrung** gem §§ 2258a und b, 2300; s ferner BeurkG 54a ff (Verwahrung durch Notar), dazu Frankfurt NJW-RR 03, 1646.

3. Abgrenzung der Verwahrung von anderen Schuldverhältnissen. 8
a) Vom **reinen Gefälligkeitsverhältnis** bei Unentgeltlichkeit (Rn 4): Interessenlage (§ 241 Rn 24; § 662 Rn 5) und Einzelumstände (AG Berlin-Schöneberg NJW-RR 86, 113) sind zu berücksichtigen. **b) Auftrag** (§ 662) verlangt ein Tätigwerden (§ 662 Rn 9 f); sa Rn 14. **c) Sachdarlehen** (§ 607): § 700 Rn 1 f.
d) Gebrauchsüberlassungsverträge (§§ 535; 598) gestatten Gebrauch der 9 Sache. Bei Verbringung von Sachen in fremde Räume ist entscheidend, ob der Raumgeber zusätzlich (s Rn 5) eine Obhutspflicht als Hauptpflicht (dann Verwahrung) oder nur als Nebenpflicht (dann atypische Miete) übernimmt (vgl BGH 3, 200). **Einzelfragen:** Verwahrung in Bank- und Gepäckschließfach ist Miete (RG 141, 99; Hamburg OLGZ 01, 354). Aufbewahrung in Spind im Umkleideraum eines Schwimmbads, wobei Badbenutzer den Spindschlüssel behält, ist keine Verwahrung, da nur Gewahrsamslockerung, keine Sachherrschaftsaufgabe (Hamm NJW-RR 05, 1334). Bei Einstellen von Kfz in gewöhnlichen Parkhaus liegt idR Miete der Stellfläche vor, nicht Verwahrung (Düsseldorf NJW-RR 01, 1607 für „Urlauberparkhaus" nahe Flughafen; vermittelnd Medicus Karlsruher Forum 83, 174: Kombinationsvertrag); eine Bewachungspflicht obliegt aber dem Unternehmer beim bewachten Parkplatz (deshalb für Verwahrungsvertrag Köln NJW-RR 94, 25; offengelassen von BGH 68, 1718; Karlsruhe NJW-RR 04, 1610) und bei Sammelgaragen (Verwahrungsvertrag: AG Frankfurt VersR 65, 1063; Mietvertrag mit Nebenpflicht: KG VersR 68, 441; offen BGH DB 74, 426), dagegen idR nicht dem Hotelinhaber bei Inanspruchnahme eines entgeltlichen Hotelparkplatzes (Hamburg VersR 89, 1266 mN; § 701 Rn 10). Vorhandensein einer Videoanlage berechtigt noch nicht zur Annahme einer Bewachung des Parkplatzes (Düsseldorf NJW-RR 01, 1607). Pferdeeinstellungsvertrag ist Verwahrung, nicht Miete (LG Ulm NJW-RR 04, 854). **e) Sonstige Rechtsver-** 10 **hältnisse mit Obhutspflichten für fremde Sachen.** Zahlreiche Rechtsverhältnisse bringen es mit sich, dass Sachen der einen Vertragspartei in Gewahrsam und Gefahrenbereich der anderen gelangen. Bsp: Miete (Rn 9), Beherbergung (§ 701 Rn 7–9), Leihe, Kauf (§ 433 Rn 20), Werkvertrag (zur Reparatur übergebene Sache), Geschäftsbesorgungsverträge usw. Inwieweit den betreffenden Vertragsteil **überhaupt** Obhutspflichten treffen, ob diese **Nebenpflichten** (§ 241 Rn 9) im Rahmen des zwischen den Parteien bestehenden Vertragsverhältnisses sind oder ob gar ein **selbstständiger Verwahrungsvertrag** zustandekommt, ist Frage des Einzelfalls. **Überblick: aa) Keine Verwahrungspflicht** wird im allg für 11 Angehörige freier Berufe (Arzt, RA) und Gewerbetreibende (Gaststätte) durch Garderobenablage in Wartezimmern und Geschäftsräumen begründet (RG 99, 35; BGH NJW 80, 1096; AG Seligenstadt MDR 90, 439; AG Miesbach VersR 03, 32); anders, wenn für den Kunden die Verpflichtung zur Ablage in einem besonderen, seiner Beaufsichtigung entzogenen Raum besteht (KG MDR 84, 846; LG Hamburg NJW-RR 86, 829; sa Rn 12); nicht ausreichend: Angebot des Kellners, Jacke an der Garderobe aufzuhängen (AG Miesbach VersR 03, 32).
bb) Vielfach folgt eine Verwahrungspflicht als **Nebenpflicht** aus dem zwischen 12 den Parteien bestehenden Rechtsverhältnis. Bsp: Verwahrung von Sachen durch

§ 689　Buch 2. Abschnitt 8. Einzelne Schuldverhältnisse

Vormünder, Geschäftsführer, Beauftragte, Ärzte (LG Hannover NJW 83, 1381; sa Rn 11), Krankenhausträger (Karlsruhe DB 74, 2298) und Arbeitgeber (BAG 7, 283; 9, 34; 17, 231; zur Diskussion, ob die Aufbewahrungspflicht des Arbeitgebers eine Haupt- oder eine Nebenleistungspflicht ist, s Herrmann aaO S 532 ff) im Rahmen ihres Pflichtenkreises; Theatergarderobe; Obhutspflichten von Kommissionär und Spediteur: HGB 388 ff, 407 ff; von Kfz-Betrieb (Nürnberg OLGZ 79, 220); Annahmeverzug des Gläubigers (§ 304). In erster Linie gelten dann die Regeln des betr Rechtsverhältnisses, daneben finden die §§ 688 ff (außer § 690)
13　ergänzend Anwendung. **cc) Selbstständiger Verwahrungsvertrag** kommt zB bei bes bewachter (entgeltlicher) Garderobenablage (Theater, Museen usw; zu Gaststätten s Rn 11) in Frage (RG 113, 425). Zur Inanspruchnahme von Parkplätzen: Rn 9; zur Freizeichnung: Rn 16. Bei „stehengelassenen" Grundschulden will Amann DNotZ 02, 122 §§ 688 ff, insbes § 695 S 1 analog anwenden; dagegen mR Budzikiewicz ZGS 02, 357.

14　**4. Pflichten des Verwahrers. a) Hauptpflicht** besteht in **Gewährung von Raum und Obhut** (BGH 3, 200), umfasst also Schutz vor Schaden sowie Be- und Überwachung (Fürsorgepflicht). Welche Maßnahmen insoweit ie zu treffen sind, hängt vom jeweiligen Verwahrungsobjekt (zB Fütterung und Pflege bei Tieren; dann Aufwendungsersatz nach § 693) und der drohenden Gefahr (zB Mitteilung von Pfändung, Erkrankung von Tieren, Schleswig SchlHA 00, 196) ab. Die Obhutspflicht erstreckt sich auf die Sachen in ihrer Gesamtheit (auch Inhalt eines Kfz: BGH NJW 69, 790). Ohne bes Abrede besteht keine Instandhaltungspflicht, aber auch
15　kein Gebrauchsrecht. **b) Nebenpflicht** (nie im Gegenseitigkeitsverhältnis) ist die Pflicht zu (vollständiger) **Rückgabe** der (unbeschädigten) Sache gem §§ 695, 697.
16　**c) Haftung des Verwahrers** bei Nichterfüllung der Pflichten gem Rn 14 f wegen Pflichtverletzung nach §§ 280 I wegen Verletzung seiner Obhutspflicht, nach aA gemäß §§ 280 I, III iVm § 281 (behebbare Beschädigung) bzw § 283 (unbehebbare Beschädigung), str (zum Streitstand und weiteren Ansichten s Looschelders Schuldrecht BT Rn 895). Erleichterung § 690. Hinterleger kann Drittschaden geltend machen (Rn 20 vor § 249). **Beweislast:** § 280 I 2 (§ 282 aF: BGH NJW 90, 1230 f). Beweislastverschiebung in AGB zu Lasten des Hinterlegers ist unwirksam (§ 309 Nr 12a, BGH 41, 151). **Freizeichnung** ist in den Schranken der §§ 276 II, 278 S 2, 134, 138, 242; §§ 307, 309 Nr 7 u 8, 310 möglich. Bei Verwendung vorformulierter Klauseln (zB bei Parkplätzen, Garderoben usw) ist zur Einbeziehung deutlich sichtbarer Aushang am Ort des Vertragsschlusses erforderlich (§ 305 II Nr 1, RG 113, 427). Die Bewachungspflicht darf durch Haftungsausschluss nicht nahezu vollständig ausgehöhlt werden (BGH 33, 216; ie Güllemann NJW 72, 891 mN). **Verjährung:** §§ 195, 199; für Rückforderungsrecht und Rücknahmeanspruch s aber § 695 S 2 u § 696 S 3; Sondervorschriften: HGB 475a, 439.

17　**5. Pflicht des Hinterlegers. a) Hauptpflicht: Vergütung,** soweit entgeltlich (§ 689; Rn 5). **b) Nebenpflichten:** Anzeigepflicht zugunsten des Verwahrers (§ 694); Ersatz von Aufwendungen (§ 693); Rücknahme der Sache nach §§ 696 f. **c) Haftung** des Hinterlegers: § 694 mit Anm.

§ 689 Vergütung

> Eine Vergütung für die Aufbewahrung gilt als stillschweigend vereinbart, wenn die Aufbewahrung den Umständen nach nur gegen eine Vergütung zu erwarten ist.

1　Höhe der Vergütung: §§ 612 I, 632 II entspr, sonst § 316. Sonderregelung: HGB 354 I, 467 II. Aufwendungsersatz (§ 693) steht auch dem unentgeltlichen Verwahrer zu.

Titel 14. Verwahrung §§ 690–694

§ 690 Haftung bei unentgeltlicher Verwahrung

Wird die Aufbewahrung unentgeltlich übernommen, so hat der Verwahrer nur für diejenige Sorgfalt einzustehen, welche er in eigenen Angelegenheiten anzuwenden pflegt.

Haftungsmaßstab: § 277. Haftungserleichterung unabhängig vom Rechtsgrund 1 (auch §§ 823 ff; Koblenz AnwBl 89, 50) wegen Unentgeltlichkeit (weitergehend §§ 521, 599, 680). Gilt **nicht** (§ 276 anwendbar) bei entgeltlichem Verwahrungsvertrag (§ 688 Rn 5, 13), bei Verwahrung als Nebenpflicht eines entgeltlichen Vertrags (§ 688 Rn 10 ff), bei öffentl-rechtlicher Verwahrung (§ 688 Rn 6).

§ 691 Hinterlegung bei Dritten

¹Der Verwahrer ist im Zweifel nicht berechtigt, die hinterlegte Sache bei einem Dritten zu hinterlegen. ²Ist die Hinterlegung bei einem Dritten gestattet, so hat der Verwahrer nur ein ihm bei dieser Hinterlegung zur Last fallendes Verschulden zu vertreten. ³Für das Verschulden eines Gehilfen ist er nach § 278 verantwortlich.

Grund: Vertrauensverhältnis. Ausnahmen: DepotG 3, 5. Folgen bei befugter und 1 unbefugter Weitergabe: wie § 664 Rn 4, 6.

§ 692 Änderung der Aufbewahrung

¹Der Verwahrer ist berechtigt, die vereinbarte Art der Aufbewahrung zu ändern, wenn er den Umständen nach annehmen darf, dass der Hinterleger bei Kenntnis der Sachlage die Änderung billigen würde. ²Der Verwahrer hat vor der Änderung dem Hinterleger Anzeige zu machen und dessen Entschließung abzuwarten, wenn nicht mit dem Aufschub Gefahr verbunden ist.

Anders als bei § 665 keine Bindung an einseitige Weisungen. Unberechtigte 1 Änderung: Schadensersatzpflicht (§ 688 Rn 16).

§ 693 Ersatz von Aufwendungen

Macht der Verwahrer zum Zwecke der Aufbewahrung Aufwendungen, die er den Umständen nach für erforderlich halten darf, so ist der Hinterleger zum Ersatz verpflichtet.

Umfang wie bei § 670; keine Erstattung von Aufwendungen, zu deren Über- 1 nahme der Verwahrer nach dem Vertrag (Vergütung!) verpflichtet ist, vor allem Raumgewährung. Aufwendungsersatzanspruch gibt Zurückbehaltungsrecht (§ 273); ges Pfandrecht nur nach HGB 475b. Zum Aufwendungsersatz während Zurückbehaltung: Celle NJW 67, 1967.

§ 694 Schadensersatzpflicht des Hinterlegers

Der Hinterleger hat den durch die Beschaffenheit der hinterlegten Sache dem Verwahrer entstehenden Schaden zu ersetzen, es sei denn, dass er die Gefahr drohende Beschaffenheit der Sache bei der Hinterlegung weder kennt noch kennen muss oder dass er sie dem Verwahrer angezeigt oder dieser sie ohne Anzeige gekannt hat.

Verletzung der Anzeigepflicht (§ 688 Rn 17) begründet **Haftung** aus §§ 280 I, 1 282, 241 II für **vermutetes Verschulden** des Hinterlegers. Voraussetzungen für

Entlastung: Schuldlosigkeit des Hinterlegers, Anzeigeerstattung oder Kenntnis des Verwahrers (bei fahrlässiger Unkenntnis gilt § 254).

§ 695 Rückforderungsrecht des Hinterlegers

¹Der Hinterleger kann die hinterlegte Sache jederzeit zurückfordern, auch wenn für die Aufbewahrung eine Zeit bestimmt ist. ²Die Verjährung des Anspruchs auf Rückgabe der Sache beginnt mit der Rückforderung.

1 1. **Modalitäten der Rückforderung.** Hinterleger hat stets (auch bei § 688 Rn 5) ein jederzeitiges (doch nicht zur Unzeit ausübbares, § 242), abdingbares (MK/Henssler 2, str) **Rückforderungs-** und damit **Kündigungsrecht.** Vertragsbeendigung daher bereits vor Rückgabe möglich (str). Rückgabe kann im Rahmen depotmäßiger Wertpapierübertragung durch Umbuchung erfolgen (BGH 161, 101 f, zust Henrichs/Kastberg LMK 05, 73). **Haftung** des Verwahrers bei Nichtrückgabe: § 688 Rn 16. **Gegenrechte** des Verwahrers: §§ 273, 689, 693; während der Zurückbehaltung besteht kein Vergütungsanspruch (Celle NJW 67, 1967).

2 2. **Verjährung.** Wegen der nunmehr **kurzen Verjährungsfrist** von drei Jahren (§ 195), musste der Beginn der Verjährung neu geregelt werden (bisher Verjährungsbeginn sog verhaltener Ansprüche sofort, dh mit Hinterlegung, BGH NJW-RR 00, 647); sonst Anspruchsverlust des Hinterlegers nach drei Jahren (Spezialregelung zu § 199).

§ 696 Rücknahmeanspruch des Verwahrers

¹Der Verwahrer kann, wenn eine Zeit für die Aufbewahrung nicht bestimmt ist, jederzeit die Rücknahme der hinterlegten Sache verlangen. ²Ist eine Zeit bestimmt, so kann er die vorzeitige Rücknahme nur verlangen, wenn ein wichtiger Grund vorliegt. ³Die Verjährung des Anspruchs beginnt mit dem Verlangen auf Rücknahme.

1 S 1 (nicht aber S 2, StReuter 3, str) ist abdingbar. Nichtrücknahme führt nach §§ 293 ff zum Annahmeverzug und nach § 286 zum Schuldnerverzug (dann ggf § 280: BayObLG ZMR 02, 67). Sonderregelung: HGB 473. Zur Neuregelung des Verjährungsbeginns s § 695 Rn 2. Für Verallgemeinerung der Regelung in §§ 604 V, 695 S 2, 696 S 3 für alle verhaltenen Ansprüche Mansel/Budzikiewicz § 3 Rn 88.

§ 697 Rückgabeort

Die Rückgabe der hinterlegten Sache hat an dem Ort zu erfolgen, an welchem die Sache aufzubewahren war; der Verwahrer ist nicht verpflichtet, die Sache dem Hinterleger zu bringen.

1 Abdingbar (PalSprau 1). Verdrängt für Geldschulden § 270 (PalSprau 1). Rückgabe von in Strafverfahren beschlagnahmten Sachen erfolgt am Aufbewahrungsort, keine Zusendung (BGH NJW 05, 988; abweichend Kemper NJW 05, 3681 f mN).

§ 698 Verzinsung des verwendeten Geldes

Verwendet der Verwahrer hinterlegtes Geld für sich, so ist er verpflichtet, es von der Zeit der Verwendung an zu verzinsen.

§ 699 Fälligkeit der Vergütung

(1) ¹Der Hinterleger hat die vereinbarte Vergütung bei der Beendigung der Aufbewahrung zu entrichten. ²Ist die Vergütung nach Zeitabschnitten

bemessen, so ist sie nach dem Ablauf der einzelnen Zeitabschnitte zu entrichten.

(2) Endigt die Aufbewahrung vor dem Ablauf der für sie bestimmten Zeit, so kann der Verwahrer einen seinen bisherigen Leistungen entsprechenden Teil der Vergütung verlangen, sofern nicht aus der Vereinbarung über die Vergütung sich ein anderes ergibt.

§ 700 Unregelmäßiger Verwahrungsvertrag

(1) ¹Werden vertretbare Sachen in der Art hinterlegt, dass das Eigentum auf den Verwahrer übergehen und dieser verpflichtet sein soll, Sachen von gleicher Art, Güte und Menge zurückzugewähren, so finden bei Geld die Vorschriften über den Darlehensvertrag, bei anderen Sachen die Vorschriften über den Sachdarlehensvertrag Anwendung. ²Gestattet der Hinterleger dem Verwahrer, hinterlegte vertretbare Sachen zu verbrauchen, so finden bei Geld die Vorschriften über den Darlehensvertrag, bei anderen Sachen die Vorschriften über den Sachdarlehensvertrag von dem Zeitpunkt an Anwendung, in welchem der Verwahrer sich die Sachen aneignet. ³In beiden Fällen bestimmen sich jedoch Zeit und Ort der Rückgabe im Zweifel nach den Vorschriften über den Verwahrungsvertrag.

(2) Bei der Hinterlegung von Wertpapieren ist eine Vereinbarung der im Absatz 1 bezeichneten Art nur gültig, wenn sie ausdrücklich getroffen wird.

1. Allgemeines. a) Wesen. Der nur bei vertretbaren Sachen (§ 91 Rn 2) mögliche **unregelmäßige** (uneigentliche) **Verwahrungsvertrag** ist weder Darlehen noch Verwahrung, sondern begründet (Konsensualvertrag) ein Schuldverhältnis eigener Art (Hinterlegungsdarlehen). Merkmale: Eigentumsübergang auf den Verwahrer (wie § 607 und § 488, abw von § 688), überwiegendes Verwahrungsinteresse des Hinterlegers (wie § 688 Rn 1, abw von §§ 488, 607). **b) Rechtsfolgen.** Eigentumsverlust des Hinterlegers durch Übereignung. Entstehen eines schuldrechtlichen Liefer- oder Zahlungsanspruchs; ie gelten §§ 488 ff bzw 607 ff, sa BGH r+s 08, 165 f (**I 1 u 2** – redaktionelle Anpassung an Neufassung der Darlehensvorschriften), doch hat Hinterleger ein jederzeitiges (abdingbares) Rückforderungsrecht (**I 3**, §§ 695, 697); Folge davon: niedrigerer Zinsfuß als bei Darlehen. Keine Verzinsungspflicht aus § 698, da Norm nur den Fall der pflichtwidrigen Verwendung hinterlegten Geldes durch den Verwahrer bei einer regelmäßigen Verwahrung iS von § 688 betrifft (MK/Henssler, § 698 Rn 5). 1

2

2. Anwendungsbereich. Fälle der Summenverwahrung, insbes Einlagen auf Girokonto (BGH 124, 257 f; 131, 63 f; 145, 339; NJW 96, 2032 f; NJW-RR 12, 503 Tz 11, sa NJW 12, 2422 Tz 15 (incidenter); Canaris WM 96, 238; aA v. Westphalen WM 95, 1212 ff, 1215); Spareinlagen (§ 808 Rn 5; München WM 83, 1295; aA [§§ 488 ff in unmittelbarer Anwendung] BGH 64, 278; PalSprau § 808 Rn 6 mN) (zur Legitimationswirkung einer Empfangsbestätigung und zur Beweislastumkehr zugunsten des Kreditinstituts s LG Frankfurt BKR 04, 39); Eingänge auf Anderkonto (BGH 76, 13). Zur Abgrenzung v Darlehen u unregelmäßiger Verwahrung s Servatius BKR 05, 297. Auf die regelmäßige Wertpapierverwahrung (§ 688 Rn 5) findet § 700 keine Anwendung (DepotG 15 I). Die unregelmäßige Verwahrung wird durch die Vorschrift des **II** (verschärft durch DepotG 15 II) erschwert. 3

Titel 15. Einbringung von Sachen bei Gastwirten

§ 701 Haftung des Gastwirts

(1) Ein Gastwirt, der gewerbsmäßig Fremde zur Beherbergung aufnimmt, hat den Schaden zu ersetzen, der durch den Verlust, die Zerstörung

oder die Beschädigung von Sachen entsteht, die ein im Betrieb dieses Gewerbes aufgenommener Gast eingebracht hat.

(2) ¹Als eingebracht gelten
1. Sachen, welche in der Zeit, in der der Gast zur Beherbergung aufgenommen ist, in die Gastwirtschaft oder an einen von dem Gastwirt oder dessen Leuten angewiesenen oder von dem Gastwirt allgemein hierzu bestimmten Ort außerhalb der Gastwirtschaft gebracht oder sonst außerhalb der Gastwirtschaft von dem Gastwirt oder dessen Leuten in Obhut genommen sind,
2. Sachen, welche innerhalb einer angemessenen Frist vor oder nach der Zeit, in der der Gast zur Beherbergung aufgenommen war, von dem Gastwirt oder seinen Leuten in Obhut genommen sind.

²Im Falle einer Anweisung oder einer Übernahme der Obhut durch Leute des Gastwirts gilt dies jedoch nur, wenn sie dazu bestellt oder nach den Umständen als dazu bestellt anzusehen waren.

(3) **Die Ersatzpflicht tritt nicht ein, wenn der Verlust, die Zerstörung oder die Beschädigung von dem Gast, einem Begleiter des Gastes oder einer Person, die der Gast bei sich aufgenommen hat, oder durch die Beschaffenheit der Sachen oder durch höhere Gewalt verursacht wird.**

(4) **Die Ersatzpflicht erstreckt sich nicht auf Fahrzeuge, auf Sachen, die in einem Fahrzeug belassen worden sind, und auf lebende Tiere.**

Lit: Hellwege, Der formularmäßige Ausschluss der Haftung der Gastwirte für eingebrachte Sachen im Deutschland des 19. Jahrhunderts, ZNR 07, 240; Hohloch, Grundfälle zur Gastwirtshaftung, JuS 84, 357; Kunz, Schlafwagenrecht – Ein unbekanntes Rechtsgebiet, VersR 86, 7; Lindemeyer, Die Haftung des Hotelwirts für die eingebrachten Sachen des Gastes, insbesondere bei Diebstählen, BB 83, 1504; Medicus, Zur Haftung für untergestellte Kfz, Karlsruher Forum 83, 171; Müller/Doepfner, Ein Wochenende in München, JA 05, 108; Zimmermann, Die Geschichte der Gastwirtshaftung in Deutschland, Usus modernus pandectarum, K. Luig zum 70. Geburtstag, 2007, 271 ff.

1 **1. Allgemeines. a) Ges Erfolgshaftung.** Der Gastwirt haftet gem §§ 701 ff unabhängig vom Bestehen eines Vertrags und unabhängig von einem Verschulden (Zufallshaftung aus ges Schuldverhältnis: StWerner 5 vor § 701; Zimmermann aaO S 318) summenmäßig beschränkt (§ 702) aber grundsätzlich unabdingbar für eingebrachte Sachen des Gastes. **Grund:** Ges Einstandspflicht für Schäden, in denen sich die Betriebsgefahr verwirklicht; bes Schutzwürdigkeit des Gastes (fehlende Beaufsichtigungs- und unzureichende Verschlussmöglichkeit). Zur Geschichte der Gastwirtshaftung in Deutschland s Hellwege ZNR 07, 240 ff; Zimmermann aaO
2 S 271 ff. **b) Anspruchskonkurrenzen.** Die §§ 701 ff wollen nur einen Mindestschutz des Gastes sichern, weitergehende vertragliche (§ 280) und ges Ansprüche (Körperschaden des Gastes; Kfz-Schaden) bleiben daher unberührt (BGH 63, 336).
3 Vor allem kommen Ansprüche in Frage: **aa)** aus gleichzeitig abgeschlossenem **Hotelaufnahme-**(Beherbergungs-)**vertrag.** Er ist ein gemischter Vertrag (§ 311 Rn 30) mit stark mietrechtlichem Einschlag (§§ 535 ff; BGH 71, 177; 77, 119; Ramrath AcP 189, 561), auf den aber auch §§ 611 ff, 631 ff und uU 433 ff zur Anwendung kommen (BGH NJW 63, 1449). Für Beschädigung des auf dem zugewiesenen Hotelparkplatz abgestellten Pkw daher Haftung gem § 536a (BGH 63, 333; ie Medicus aaO S 171 ff) oder aus vertraglicher Pflichtverletzung (§§ 280 iVm 276, 278; 311 II, 241 II) möglich (LG Frankfurt NJW-RR 96, 1425: Schneeräumschaden). **bb)** aus selbständigem **Verwahrungsvertrag** (§§ 688 ff). Selten, nur bei besten Anhaltspunkten (zB gebührenpflichtige Hotelgarage; vgl BGH NJW 69, 790), bloße Zurverfügungstellung von Abstellplatz genügt nicht (arg IV); **cc)** Ü aus §§ 823 ff,
4 831 (Bsp: Köln NJW-RR 87, 1111). **c) Abgrenzung.** §§ 701 ff iVm § 278 gelten **nicht** für den **Reiseveranstalter** iSv § 651a I (LG Frankfurt NJW 94, 1477; Mün-

Titel 15. Einbringung von Sachen bei Gastwirten § 701

chen RRa 99, 174; Düsseldorf NJW-RR 03, 776 f; LG Duisburg RRa 05, 225, früher str).

2. Haftungsvoraussetzungen. a) Gastwirt (I) ist nur der gewerbsmäßige Herbergswirt, also der **Inhaber eines Beherbergungsbetriebs** (Hotel, Pension, Fremdenheim usw), nicht der Schank- oder Speisewirt (Inhaber von Gaststätte, Restaurant; vgl BGH NJW 80, 1096). Beherbergung setzt gewissen Service voraus, die bloße Vermietung von Räumen (Zimmern, Appartements, Tagungsräumen) genügt daher nicht (nur § 535: Liecke NJW 82, 1801), desgl nicht das Stellen eines Campingplatzes (Koblenz NJW 66, 2017). Der Beherbergungszweck darf gegenüber anderen Zwecken (zB Ausbildung, Durchführung von Heilverfahren, Beförderung) nicht in den Hintergrund treten; Beherbergungsbetrieb iSv I fehlt daher idR bei Internat, Sanatorium (RG 112, 58), Passagierschiff (anders bei „schwimmendem Hotel"), Schlafwagen (Kunz aaO S 11, str). **b) Gastaufnahme (I)** setzt voraus, dass zwischen Gast und Wirt ein **tatsächlicher Kontakt** (§§ 104 ff unanwendbar) **zum Zweck der Beherbergung** (nicht: zur Einnahme von Mahlzeiten, s AG Miesbach VersR 03, 1400) hergestellt ist. Zustandekommen eines (wirksamen) Beherbergungsvertrages ist unerheblich (BGH 63, 71 und 336); aufgenommen sind auch die Begleitpersonen (zB Angehörige) des zahlenden Gastes. **Zeitlich** ist die Aufnahme bereits vor dem Beginn der eigentlichen Beherbergung möglich (zB bei Abholen vom Bahnhof) und kann sich über diese hinaus erstrecken (zB bis zur Abholung von eingestelltem Gepäck; arg II Nr 2). **c) Sacheinbringung (I, II). aa) Eingebracht** sind alle in die Obhut des Gastwirts gelangten Sachen, ie: die während der (angemessen erweiterten, Rn 9) Beherbergungsdauer vom Gast (Rn 6) in die Räumlichkeiten des Betriebs (zB auch unentgeltlich zur Verfügung gestellte Tagungsräume, LG Koblenz NJW 83, 760; Lindemeyer BB 83, 1505; aA Liecke NJW 82, 1800) verbrachten Gegenstände, ferner alle dem Wirt oder seinem Personal außerhalb der Betriebsräume übergebenen Sachen (kasuistische Umschreibung: II Nr 1). **Besitz** verbleibt (Unterschied zu § 688) dem Gast (daher auch Kleidungsstücke eingebracht). **Eigentumslage** unerheblich, auch nicht dem Gast gehörende Sachen werden erfasst (ges geregelter Fall der Drittschadensliquidation). **bb) Leute** des Gastwirts: Alle Hilfskräfte (Angestellte, Arbeiter, auch Familienangehörige), die im Zusammenhang mit dem Gewerbebetrieb, wenn auch nur vorübergehend, für den Gastwirt tätig werden und entweder von ihm bestellt oder den Umständen nach als bestellt anzusehen sind (II aE). Tätigwerden in Erfüllung des Beherbergungsvertrags wird nicht vorausgesetzt (Rn 5, 6), Begriff ist daher weiter als der des Erfüllungsgehilfen nach § 278. **cc) Die Einbringungszeit** geht weiter als die eigentliche Beherbergungsdauer (vgl II Nr 2) und entspricht der Aufnahmedauer (Rn 6). Eingebracht sind bereits vorausgesandtes Gepäck und noch für eine angemessene Dauer vom Wirt sichergestellte zurückgelassene Sachen (Lindemeyer BB 83, 1504; einschr PalSprau 9). **d) Nicht geschützte Objekte. IV:** Kfz und lebende Tiere. **Grund:** Diebstahlsrisiko bei Kfz trifft den Halter; er kann sich dagegen durch Versicherung schützen. Tierobhut ist für Gastwirt betriebsfremd. Der Begriff des **Fahrzeugs** umfasst Fahrzeuge aller Art (auch Motorräder, Fahrräder), gleich, ob zur Anreise benutzt oder nur mitgeführt (zB Boot; LG Bückeburg NJW 70, 1853), nicht aber Kinderwagen und Krankenfahrstühle (str, Nachw bei LG Bückeburg aaO). Vertragliche Haftung des Gastwirts wird durch IV nicht ausgeschlossen (Rn 2 f). **e) Schadensverursachung (III).** Wer den Schaden verursacht hat (Wirt, Hotelpersonal, andere Gäste, Dritte), ist grundsätzlich gleichgültig, ebenso etwaiges Verschulden (Rn 1). **Ausgenommen** sind außerhalb des Betriebsrisikos liegende Schäden. Dies ist der Fall **aa) bei Alleinverursachung** durch den Gast oder dessen Begleiter; Verschulden unerheblich. Bei Mitverschulden des Gastes gilt § 254 (BGH 32, 150); Mitverschulden bei unterlassener Safenutzung: Köln JMBl NW 05, 44, bei Nutzung von Zimmersafe statt Hotelsafe Karlsruhe NJW-RR 05, 462, bei Liegenlassen von Wertgegenständen im Zimmer s Zimmermann aaO S 320; Hinweispflicht des Gastwirts auf Sicherheitsmängel; § 702 Rn 3. **bb)** bei **Sachbeschaf-**

Mansel

§ 702

fenheit als Ursache; **cc) bei höherer Gewalt,** dh Ursache ist ein äußeres, betriebsfremdes Ereignis, das bei aller Vorsicht nicht voraussehbar und abwendbar war (RG 75, 390; LG Gießen NJW-RR 97, 627). Bsp: Brand bei Brandstiftung, Raubüberfall; dagegen nicht innen entstandener Hotelbrand, Hoteldiebstähle (Lindemeyer BB 83, 1505).

12   **3. Beweislast.** Gast muss das Einbringen und den Verlust während der Einbringungszeit beweisen (Baumgärtel/Laumen/Prütting 1), der Wirt höhere Gewalt.

§ 702 Beschränkung der Haftung; Wertsachen

(1) **Der Gastwirt haftet auf Grund des § 701 nur bis zu einem Betrag, der dem Hundertfachen des Beherbergungspreises für einen Tag entspricht, jedoch mindestens bis zu dem Betrag von 600 Euro und höchstens bis zu dem Betrag von 3500 Euro; für Geld, Wertpapiere und Kostbarkeiten tritt an die Stelle von 3500 Euro der Betrag von 800 Euro.**

(2) **Die Haftung des Gastwirts ist unbeschränkt,**
1. **wenn der Verlust, die Zerstörung oder die Beschädigung von ihm oder seinen Leuten verschuldet ist,**
2. **wenn es sich um eingebrachte Sachen handelt, die er zur Aufbewahrung übernommen oder deren Übernahme zur Aufbewahrung er entgegen der Vorschrift des Absatzes 3 abgelehnt hat.**

(3) ¹**Der Gastwirt ist verpflichtet, Geld, Wertpapiere, Kostbarkeiten und andere Wertsachen zur Aufbewahrung zu übernehmen, es sei denn, dass sie im Hinblick auf die Größe oder den Rang der Gastwirtschaft von übermäßigem Wert oder Umfang oder dass sie gefährlich sind.** ²**Er kann verlangen, dass sie in einem verschlossenen oder versiegelten Behältnis übergeben werden.**

1   **1. Allgemeines.** Die Gastwirtshaftung (§ 701 Rn 1) ist grundsätzlich summenmäßig beschränkt (Rn 2) und insoweit unabdingbar (§ 702a I 1); bei Verschulden, bes übernommener Aufbewahrung oder deren unberechtigter Ablehnung ist sie dagegen unbeschränkt (Rn 3), jedoch zT abdingbar (§ 702a I 2).

2   **2. Grundsatz der summenmäßig beschränkten Haftung (I).** Die Beschränkung errechnet sich aus einer Kombination des täglichen Beherbergungspreises (Nettopreis ohne Zuschläge für Bedienung, Heizung, Frühstück) mit Mindest- (600 Euro) und Höchstsätzen (3500 Euro; bei Geld, Wertpapieren und Kostbarkeiten 800 Euro. Zum Begriff der Kostbarkeit: § 372 Rn 2; umfasst Luxusuhren (AG Frankfurt VersR 86, 271), idR nicht Pelze (RG 105, 204; Hamm VersR 82, 1081). Bei **Beherbergung mehrerer** in einem Zimmer haftet der Gastwirt jedem einzelnen bis zum (nach dem anteiligen Beherbergungspreis ermittelten) Höchstbetrag; dies gilt auch bei Aufnahme einer Familie, unabhängig von der Person des Vertragschließenden (BGH 63, 65). Bei **mitwirkendem Verschulden** des Gastes (§ 254) ist erst die Schadenssumme nach dem Grad der Verursachung zu teilen und der auf den Gastwirt entfallende Teil auf den Höchstbetrag nach I zurückzuführen (BGH 32, 149; 63, 73).

3   **3. Fälle der unbeschränkten Haftung (II).** Beweislast hat Gast (Bamberg OLGR 02, 307). **a) Nr 1: Verschulden.** Hauptanwendungsgebiet: Verletzung von Verkehrssicherungspflichten (ie Lindemeyer BB 83, 1506 f; Itzehoe VersR 00, 894: Sicherheitsschlösser nicht erforderlich). Gastwirt muss auf verborgene Sicherheitsmängel des Zimmersafes hinweisen, s Karlsruhe NJW-RR 05, 462. Leichte Fahrlässigkeit genügt. **b) Nr 2: Aufbewahrung** (nicht nur von Wertsachen) ist mehr als Übernahme der Obhut (§ 701), echte Nebenabrede mit Einigung der Parteien iSv § 688 (aA MK/Henssler 11). Die Verpflichtung zur Aufbewahrung **(III 1)** richtet sich nach Wert, Umfang und Beschaffenheit der Sache im Verhältnis zu Größe und

Titel 15. Einbringung von Sachen bei Gastwirten §§ 702a–704

Rang der Gastwirtschaft. Übergabe in verschlossenem oder versiegeltem Behältnis kann (zB bei Geldscheinen) verlangt werden (III 2).

§ 702a Erlass der Haftung

(1) ¹Die Haftung des Gastwirts kann im Voraus nur erlassen werden, soweit sie den nach § 702 Abs. 1 maßgeblichen Höchstbetrag übersteigt. ²Auch insoweit kann sie nicht erlassen werden für den Fall, dass der Verlust, die Zerstörung oder die Beschädigung von dem Gastwirt oder von Leuten des Gastwirts vorsätzlich oder grob fahrlässig verursacht wird oder dass es sich um Sachen handelt, deren Übernahme zur Aufbewahrung der Gastwirt entgegen der Vorschrift des § 702 Abs. 3 abgelehnt hat.

(2) Der Erlass ist nur wirksam, wenn die Erklärung des Gastes schriftlich erteilt ist und wenn sie keine anderen Bestimmungen enthält.

Summenmäßig beschränkte **Haftung** (§ 702 Rn 2) ist **zwingend (I 1)**. Unbeschränkte Haftung (§ 702 Rn 3) ist zwingend **(I 2)** bei vorsätzlicher oder grob fahrlässiger Verursachung des Schadens (enger als § 702 II Nr 1) und zu Unrecht abgelehnter Aufbewahrung (§ 702 II Nr 2, 2. Alt iVm III). **Freizeichnung** also nur möglich für über die summenmäßige Begrenzung hinausgehende Schäden infolge leichter Fahrlässigkeit (vgl § 702 II Nr 1) sowie an zur Aufbewahrung übergebenen Sachen (§ 702 II Nr 2, 1. Alt). **Form der Freizeichnung (II):** § 126; Rechtsfolge bei Formverstoß: § 125. 1

§ 703 Erlöschen des Schadensersatzanspruchs

¹Der dem Gast auf Grund der §§ 701, 702 zustehende Anspruch erlischt, wenn nicht der Gast unverzüglich, nachdem er von dem Verlust, der Zerstörung oder der Beschädigung Kenntnis erlangt hat, dem Gastwirt Anzeige macht. ²Dies gilt nicht, wenn die Sachen von dem Gastwirt zur Aufbewahrung übernommen waren oder wenn der Verlust, die Zerstörung oder die Beschädigung von ihm oder seinen Leuten verschuldet ist.

Anzeige **(S 1)** nach § 130 soll dem Gastwirt ermöglichen, Ermittlungen zum Schaden anzustellen; deshalb konkrete Angaben nötig. Zur Unverzüglichkeit: § 121 Rn 3. Verschuldensmaßstab **(S 2)** wie in § 702 Rn 3 [a]. 1

§ 704 Pfandrecht des Gastwirts

¹Der Gastwirt hat für seine Forderungen für Wohnung und andere dem Gast zur Befriedigung seiner Bedürfnisse gewährte Leistungen, mit Einschluss der Auslagen, ein Pfandrecht an den eingebrachten Sachen des Gastes. ²Die für das Pfandrecht des Vermieters geltenden Vorschriften des § 562 Abs. 1 Satz 2 und der §§ 562a bis 562d finden entsprechende Anwendung.

Ges besitzloses Pfandrecht (§ 1257) des Gastwirts (§ 701 Rn 5) an pfändbaren (S 2 iVm § 562 I 2) dem Gast gehörenden (iGgs zu § 701, dort Rn 7; gutgläubiger Erwerb ausgeschlossen, § 1257 Rn 2) Sachen (Weimar ZMR 80, 68 mN, str). Erfasst sind nur eingebrachte Sachen (§ 701 II). Ein Vermieterpfandrecht besteht daneben nicht. Zu § 562a S 2: Der Mitnahme des ganzen Gepäcks bei Abreise, nicht aber der vorübergehenden Entfernung einzelner Gepäckstücke kann der Wirt widersprechen. Vgl iÜ Anm zu §§ 562–562d. 1

Titel 16. Gesellschaft

§ 705 Inhalt des Gesellschaftsvertrags

Durch den Gesellschaftsvertrag verpflichten sich die Gesellschafter gegenseitig, die Erreichung eines gemeinsamen Zweckes in der durch den Vertrag bestimmten Weise zu fördern, insbesondere die vereinbarten Beiträge zu leisten.

Lit: Ascheuer, Der Anteil des Gesamthänders am Gesamthandsvermögen, 1992; Altmeppen, Schutz vor „europäischen" Kapitalgesellschaften, NJW 04, 97; ders, Die akzessorische Haftung der Gesellschafter einer Personengesellschaft für einen Drittanspruch ihres Mitgesellschafters, NJW 09, 2241; Baumann, Die Einmann-Personengesellschaft, BB 98, 225; Bestelmeyer, Die klinisch tote BGH-GbR, Rpfleger 10, 169; Beuthien, Zur Grundlagenungewissheit des deutschen Gesellschaftsrechts, NJW 05, 855; Canaris, Die Übertragung des Regelungsmodells der §§ 125–130 HGB auf die Gesellschaft bürgerlichen Rechts als unzulässige Rechtsfortbildung contra legem, ZGR 04, 69; Cordes, Die Gesellschaft bürgerlichen Rechts auf dem Weg zur juristischen Person?, JZ 98, 545; Eickmann, Die Gesellschaft bürgerlichen Rechts im Grundbuchverfahren, Rpfleger 85, 85; Geibel, Folgeprobleme der Rechtsfähigkeit von Gesellschaften bürgerlichen Rechts, WM 07, 1496; Göckeler, Die Stellung der Gesellschaft des bürgerlichen Rechts im Erkenntnis-, Vollstreckungs- und Konkursverfahren, 1992; Grunewald, Der Ausschluß aus Gesellschaft und Verein, 1987; Gummert, Haftung und Haftungsbeschränkung bei der BGB-Außengesellschaft, 1991; Heller, Der Zivilprozeß der Gesellschaft bürgerlichen Rechts, 1989; Hirte, Die Entwicklung des Unternehmens- und Gesellschaftsrechts in Deutschland in den Jahren 2000–2002, NJW 03, 1285; ders, Die Entwicklung des Personengesellschaftsrechts in Deutschland in den Jahren 2003–2004, NJW 05, 718; Hopt, Europäisches Gesellschaftsrecht – Krise und neue Anläufe, ZIP 98, 96; Jagenburg/Schröder, Der ARGE-Vertrag, 2. Aufl 2008; Jaschke, Gesamthand und Grundbuchrecht, 1991; Kummer, Die Grundzüge der fehlerhaften Gesellschaft bürgerlichen Rechts, Jura 06, 330; Lautner, Alles wieder beim Alten? Die gesetzliche Neuregelung zur Teilnahme der GbR am Grundstücksverkehr, DNotZ 09, 650; Lutter, Theorie der Mitgliedschaft, AcP 180, 84; Pohlmann, Rechts- und Parteifähigkeit der GbR, NJW 04, 1421; Scherer, Neuregelung für Grundstücksgeschäfte unter der GbR – Rückschritt auf dem Weg zur Rechtsfähigkeit der GbR, NJW 09, 3063; Schlinker, Haftung für Beratungsfehler nach Umwandlung einer Amwalts-GbR in eine LLP, NJW 11, 2091; K. Schmidt, Zur Vermögensordnung der Gesamthands-BGB-Gesellschaft, JZ 85, 909; ders, Zur „Außenhaftung der Innengesellschaft", JuS 88, 444; ders, Die BGB-Außengesellschaft: rechts- und parteifähig, NJW 01, 993; ders, Die Gesellschafterhaftung bei der GbR als gesetzliches Schuldverhältnis, NJW 03, 1897; Schulze-Osterloh, Der gemeinsame Zweck der Personengesellschaften, 1973; Schwark, Voraussetzungen und Grenzen der persönlichen Gesellschafterhaftung in der GbR, DZWir 92, 441; Sommer/Treptow/Dietlmeier, Haftung für Berufsfehler nach Umwandlung einer Freiberufler-GbR in eine Partnerschaftsgesellschaft, NJW 11, 1551; A. Teichmann, Gestaltungsfreiheit in Gesellschaftsverträgen, 1970; Timm, Die Rechtsfähigkeit der Gesellschaft bürgerlichen Rechts und ihre Haftungsverfassung, NJW 95, 3209; Ulmer, Die höchstrichterlich „enträtselte" Gesellschaft bürgerlichen Rechts, ZIP 01, 583; ders, Die Haftungsverfassung der BGB-Gesellschaft, ZIP 03, 1113; ders, Gläubigerschutz bei Scheinauslandsgesellschaften, NJW 04, 1201; Ulmer/Steffek, Grundbuchfähigkeit einer rechts- und parteifähigen GbR, NJW 02, 330; Wagner, Aktuelle Fragen und Probleme bei Publikumsgesellschaften, NJW 13, 198; Weimar, Einmann-Personengesellschaften – ein neuer Typ des Gesellschaftsrechts?, ZIP 97, 1769; Wertenbruch, Die Parteifähigkeit der GbR – die Änderungen für die Gerichts- und Vollstreckungspraxis, NJW 02, 324; ders, Die Rechtsprechung zum Personengesellschaftsrecht in den Jahren 2003–2005, NZG 06, 408; H. P. Westermann, Vertragsfreiheit und Typengesetzlichkeit im Recht der Personengesellschaften, 1970; ders, Die Gesellschaft bürgerlichen Rechts auf dem Wege in die Rechtsfähigkeit, WM 13, 441; Wiedemann, Rechte und Pflichten des Personengesellschafters, WM/Sonderbeilage 7/92 – Rspr-Übersichten: Brandes WM 89, 1357; 90, 1221; Grunewald/Müller JZ 97, 698; Koch NJW 90, 158; 89, 2662; 87, 2483; 86, 1651; Langenfeld BWNotZ 03, 1; Reuter JZ 86, 16, 72; Hirte NJW 10, 2177, 2182; 11, 656, 660 f.; 12, 581, 584;13, 1204,1208; Böttcher NJW 12, 822 u 2769 (GbR u Immobilienverkehr).

1. Wesen der Gesellschaft. Konstitutive Merkmale des Gesellschaftsvertrags **1** sind der vereinbarte gemeinsame Zweck und die entspr Förderungspflicht aller Vertragspartner. Die Förderung muss allerdings nicht unbedingt in einem bes Beitrag

Titel 16. Gesellschaft **§ 705**

bestehen, sie kann zB bei angesehenen und kreditwürdigen Gesellschaftern schon in der bloßen Beteiligung liegen (vgl zur „beitraglosen" Beteiligung § 706 Rn 9). Die mit Abschluss des Gesellschaftsvertrages entstehende Gesellschaft war nach seit 1900 bestehender hM eine *Personengemeinschaft ohne eigene Rechtsfähigkeit bzw Teilrechtsfähigkeit* (offen BGH NJW 98, 1220; 2904; 99, 3484 f). Dementspr folgerte man auf fehlende Parteifähigkeit (BGH 80, 227; NJW 97, 1236; 00, 291, 292) und Beteiligtenfähigkeit (BFH 129, 528/529), fehlende Konkursfähigkeit (BGH 23, 313), fehlende Grundbuchfähigkeit (BGH 45, 348; Düsseldorf NJW 97, 1991), fehlende Markenrechtsfähigkeit (BGH NJW-RR 01, 114, 116) und fehlende Wechselfähigkeit (BGH 59, 184); ebenso auf ihre Unfähigkeit, Verwalter nach dem WEG (BGH NJW 89, 2060; Fortgeltung gem BGH NJW 06, 2190 ungeachtet der grundsätzlichen Anerkennung der Teil-Rechtsfähigkeit), für sich allein Arbeitgeber (BAG NJW 89, 3035), Unternehmer im sozialrechtlichen Sinne (BSG 61, 15, 17) oder Schuldner (BGH 74, 241 ff; 117, 176; offen 142, 321 = NJW 99, 3483) zu sein; endlich noch in neuerer Zeit auf Anwendbarkeit des Verbraucherschutzes (BGH JZ 02, 456 mAnm Artz: §§ 13, 488 ff nF bzw VerbrKrG aF). Die neuere Entwicklung betonte hingegen die rechtliche Verselbstständigung des Sondervermögens: Parteifähigkeit im Steuerverfahren (BFH NJW 87, 1720: Grunderwerbsteuer; NJW-RR 98, 392: Umsatzsteuer; BFH 224, 233, 237 ff = NJW 09, 2624: „Dreiobjektgrenze" ohne Einrechnung der Gesellschafter, EStG 15); Insolvenzfähigkeit gem InsO 11 II Nr 1 (hierzu Prütting ZIP 97, 1725); Scheckfähigkeit (BGH 136, 258 unter Aufgabe der früheren Gegenansicht zur Wechselfähigkeit). Die Möglichkeit der Mitgliedschaft in anderen Gesellschaften bzw jur Personen wird weithin bejaht (BGH 118, 83, 99 f für AG; 116, 86 für eG; 78, 311 für GmbH; NJW 98, 376 für BGB-Gesellschaft; 01, 3122 für KG; vgl dazu HGB 162 I 2). Eine grundlegende Änderung der Rspr brachte das – allerdings nicht rechtskräftig gewordene – Versäumnisurteil BGH 146, 341 ff (zum Fortgang BGH NJW 02, 1207), das *(Teil-)Rechtsfähigkeit* der (Außen-)Gesellschaft (§ 14 II) sowie in entspr Umfang auch Parteifähigkeit bejaht (BGH NJW 11, 1595 zu ZPO 116 I Nr 2; zur Klagumstellung auf einzelne Gesellschafter Celle NJW-RR 10, 238) und Schuldnerstellung mit akzessorischer Gesellschafterhaftung analog HGB 128 f annimmt (BGH NZG 10, 264 Rn 40 ff; gleiche Verjährung wie Gesellschaftsschuld; § 197 I Nr 4). Trotz grundsätzlicher Rechtsfähigkeit kann sich bei einzelnen Rechtspositionen aus dem jeweiligen Gesetzeszweck ergeben, dass die Gesellschaft als Zuordnungsobjekt nicht in Betracht kommt (vgl BGH NJW 06, 2190: kein WEG-Verwalter; BVerwG NZG 06, 268: keine Finanzportfolioverwaltung iSd KWG 1 I a 2 Nr 3; dazu BVerwG NVwZ 06, 926). Das Urteil ist zwar in Schrifttum überwiegend positiv aufgenommen worden (vgl ua K. Schmidt NJW 01, 993; Ulmer ZIP 01, 585; Habersack BB 01, 477; Westermann NZG 01, 289; Wiedemann JZ 01, 661; krit Canaris ZGR 04, 69) und hat in der Rspr – regelmäßig ohne tiefer gehende Erwägungen – breite Gefolgschaft gefunden (BAG NJW 05, 1004; BFH NJW 04, 2773; BPatG GRUR 06, 170; BSG Breith 05, 58). Auch die Obergerichte haben sich in den bisher veröffentlichten Entscheidungen fast ausnahmlos dem BGH angeschlossen (vgl auch VGH Mannheim NVwZ 03, 1403; offen BVerwG NVwZ 05, 268). Die Eigentumsgrundrechtsfähigkeit und Parteifähigkeit bzgl der Verfahrensgrundrechte aus GG 101 I 2 und 103 bejaht eine Kammer des BVerfG (NJW 02, 3533; krit Stürner JZ 03, 44). Die Grundsatzentscheidung BGH 146, 341, die eine nicht rechtskräftige Versäumnisentscheidung war und nach Einspruch und Erledigung nicht mehr existent ist, stößt freilich nicht nur im Hinblick auf die unterbliebene Anrufung des Großen Senats nach GVG 132 III, IV und des Gemeinsamen Senats der obersten Gerichtshöfe des Bundes (RsprEinhG 2 I) auf Bedenken (dazu Jauernig NJW 01, 2232; Heilungsversuche im erledigungsbedingten Kostenbeschluss BGH NJW 02, 1207; dazu Stürner JZ 02, 1108). Als einen verfassungsrechtlich bedenklichen Akt (BVerfGE 34, 269, 286 ff; 49, 304, 320; 65, 182, 191 ff; ohne Tiefgang insoweit leider BVerfG NJW 02, 3533; krit Stürner JZ 03, 44) richterlicher Rechtsfortbildung contra legem (vgl insbes ZPO 736; zutr insoweit Prütting EWiR 01, 342

§ 705 Buch 2. Abschnitt 8. Einzelne Schuldverhältnisse

und Canaris ZGR 04, 117; dazu wiederum BGH NJW11, 2049 mit der üblichen „Umdeutung" der Vorschrift), für den keine zwingende Veranlassung bestand (Zöllner, FS Kraft, 1998, 701), ist ihm – entgegen der hM – nicht uneingeschränkt voll zu folgen (abwertend zu kritischen Stimmen Altmeppen NJW 11, 1905: „so gut wie niemand"). Zwar wurden in der Zwischenzeit einige offen gebliebene Fragen geklärt (Ulmer ZIP 03, 1113): Anwendbarkeit von § 31 analog (BGH 172, 169, 172 = NJW 07, 2491; 03, 1445; vgl §§ 714, 715 Rn 7) und von HGB 130 analog (BGH NJW 03, 1803; vgl §§ 738–740 Rn 4). Dennoch bleiben weiterhin störende Probleme: fehlende Registerpublizität (Wertenbruch NJW 02, 324, 329; Wagner ZZP 117, 322 f; BGH ZIP 02, 174, 175 f; NJW 04, 838; 06, 2190 mit folgerichtiger Verneinung der Möglichkeit, WEG-Verwalter zu sein; vgl aber auch LG Berlin NZG 05, 281), fortbestehende Unklarheiten bei der Grundbuchfähigkeit und Teilnahme am Grundstücksrechtsverkehr (dazu BGH 179, 102, 104 = NJW 09, 594; NJW 11, 1958; 08, 1378), die auch der neue § 899a nicht befriedigend klären konnte (Lautner DNotZ 09, 650; Scherer NJW 09, 3063; Krüger NZG 10, 801; Steffek ZIP 09, 1445; Bestelmeyer Rpfleger 10, 169; Altmeppen und Kesseler NJW 11, 1905 und 1909; ferner Zweibrücken NJW 10, 384; Saarbrücken ZIP 10, 1290; KG NZG 10, 861; Oldenburg ZIP 10, 1846; München NJW-RR 10, 888; Brandenburg NJW-RR 11, 166; Hirte NJW 11, 660; Suttmann NJW 13, 423); Anpassungsschwierigkeiten bei der Zwangsvollstreckung vor allem in Grundstücke (BGH NJW 11, 616 f; 1449; dazu Reymann NJW 11, 1412 und §§ 714, 715 Rn 10), Abgrenzung teilrechtsfähiger Außengesellschaften von „gewöhnlichen" BGB-Gesellschaften (Ulmer ZIP 01, 585, 592; K. Schmidt NJW 03, 1897, 1903), Anwendbarkeit von HGB 28 analog (abl für Anwaltssozietät BGH NJW 04, 837; für aufnehmende Partnerschaft NJW 10, 3721; §§ 738–740 Rn 4), Anrechnung von Tilgungen bei quotaler Gesellschafterhaftung (BGH NJW 11, 2040; 2045; K. Schmidt NJW 11, 2001), Zurechnung des Eigenbedarfs eines Gesellschafters zur vermietenden Gesellschaft (BGH NJW 11, 994; 09, 2738; 07, 2845; sa §§ 738–740 Rn 4); Geltung des Minderjährigenschutzes (§§ 1643, 1821) bei Grundstücksverfügungen, falls ein Gesellschafter minderjährig ist (Nürnberg NJW 13, 82). Angesichts der Dauerbeschäftigung von Gerichten und Gesetzgeber mit den Folgen dieser forschen Rechtsfortbildung contra legem stellt sich mehr denn je die Frage nach der „Entzauberung" der Lehre von der rechtsfähigen BGB-Gesellschaft (Beuthien NZG 11, 481; zurückhaltend Westermann WM 13, 441; nach wie vor überzeugt K. Schmidt NJW 11, 2007; Altmeppen NJW 11, 1905). Sie wird mehr und mehr zum Beispiel einer gesetzesdurchbrechenden Rechtsfortbildung, die einer allzu selbstbewussten Richterschaft und Rechtslehre ihre Entstehung verdankt und mehr Wirrnis als bessere Übersicht zur Folge hatte. Die Kommentierung erfolgt deshalb weiterhin und zumindest vorläufig „zweigleisig" unter Berücksichtigung der neuen Lehre und der traditionellen Auffassung, was auch den Vorteil sachgerechter Einordnung neuer und älterer Entscheidungen hat, vor allem wenn die fortbestehende Bedeutung älterer Entscheidungen noch nicht endgültig geklärt ist. Die *„traditionelle" Auffassung* (BGH 146, 344) hat demgegenüber nach wie vor den Vorzug dogmatischer Stimmigkeit. Träger von Rechten und Pflichten sind nach ihr die einzelnen Gesellschafter in ihrer Verbundenheit *(Gesamthandsgemeinschaft)*. Organisationsvorschriften regeln das Verhältnis der gesamthänderisch verbundenen Gesellschafter untereinander und gegenüber Dritten: Geschäftsführung (§§ 709 ff) und Vertretung (§§ 714, 715), Zuordnung des Gesamthandsvermögens (§§ 718 ff). Die fehlende Rechtsfähigkeit der Gesellschaft führt zu bes Regelungen vor allem bei der *Geltendmachung von Rechten* (vgl §§ 709–713 Rn 10 ff) und der *Haftung* (vgl Vor

2 § 420 Rn 3 f; §§ 714, 715 Rn 1–7, 9 ff; §§ 738–740 Rn 2 ff). Die Verbindung der Gesellschafter zu gemeinsamer Zweckerreichung fordert wechselseitiges persönliches Vertrauen; es gilt deshalb der *Grundsatz der personellen Geschlossenheit der Gesellschaft*. Dieser Grundsatz findet deutlichen Ausdruck in §§ 717, 718, 723 ff, wird aber durch mannigfache Arten des vereinbarten Gesellschafterwechsels (vgl §§ 718–720 Rn 7 ff; §§ 736, 737 Rn 1, 10, 11; §§ 738–740 Rn 1 ff) praktisch oft durchbrochen.

Titel 16. Gesellschaft § 705

Die *Treuepflicht* des Gesellschafters gegenüber seinen Mitgesellschaftern (§ 242) fordert die Förderung des gemeinsamen Zwecks (auch im Abwicklungsstadium, BGH NJW 60, 718 ff; Hamm NZG 99, 996), beinhaltet aber keine Fürsorgepflicht für persönliche Interessen der Mitgesellschafter (BGH NJW 62, 859); obwohl das Ges ein Wettbewerbsverbot nicht normiert, gilt es insbes bei gewichtiger Stellung des Gesellschafters entspr HGB 112 (s BGH 89, 165, str; Römermann BB 98, 1489; Armbrüster ZIP 97, 261, 272); auch nach Ausscheiden verstößt nicht jedes Wettbewerbsverbot gegen § 138 I (BGH NJW 91, 700; 05, 3061 für Mandatsschutzklausel; gem NJW 00, 2584; NZG 04, 35 hier zwei Jahre als regelmäßige Obergrenze; NJW 02, 3536 und 3538 für aus Gemeinschaftspraxis ausscheidende Vertragsarzt; dazu Wertenbruch NJW 03, 1904). Die Treuepflicht kann auch die Mitwirkung bei Vertragsänderung oder bestimmten Geschäftsführungsmaßnahmen gebieten (vgl §§ 709–713 Rn 2 und 9). Der *Grundsatz gleichmäßiger Behandlung* (vgl §§ 706 I, 709, 711, 722 I, 734, 735) aller Gesellschafter verlangt, dass insbes bei Mehrheitsbeschlüssen (s §§ 709–713 Rn 8) von der Gleichbehandlung auszugehen ist und ungleiche Behandlung im Vertrag unzweideutig geregelt sein muss; nur ausnahmsweise besteht bei unberechtigten Sonderzuwendungen ein Gleichstellungsanspruch (Karlsruhe ZIP 83, 445: idR Rückabwicklung). 3

2. Abgrenzungen. a) Bei der **Bruchteilsgemeinschaft** (§§ 741 ff) erschöpft sich der Zweck in werterhaltender Verwaltung und Abwicklung, die Gesellschaft erfordert einen der bloßen Rechtsverbundenheit übergeordneten Zweck (vgl § 741 Rn 1–3). Die Regelungen zur Bruchteilsgemeinschaft haben als „Minimalregelungen" Auffangfunktion (vgl § 741 Rn 4). **b)** Der **nichtrechtsfähige Verein** ist entgegen § 54 S 1 vielfach nach Vereinsrecht zu beurteilen (§ 54 Rn 5 ff, 12 ff). Körperschaftliche Struktur (§§ 709–713 Rn 4) und Mitgliederwechsel (§§ 736, 737 Rn 1 ff) als Elemente gesellschaftsvertraglicher Gestaltung gestatten fließende Übergänge von vereins- zu gesellschaftsmäßigen Formen mit gemischter Rechtsanwendung (BGH NJW 79, 2305 – Werbegemeinschaft; Reuter AcP 181, 3, 8; ZGR 81, 364). Für den rechtsfähigen Verein in Gründung gilt Gesellschaftsrecht oder das für nicht rechtsfähige Vereine geltende Recht (BGH 146, 190, 197). **c)** Von der **OHG** unterscheidet sich die BGB-Gesellschaft dadurch, dass deren Zweck auf den Betrieb eines Handelsgewerbes unter gemeinsamer Firma gerichtet ist (hierzu BGH 32, 311 ff; NJW-RR 90, 799; zum Namensrecht Karlsruhe NJW-RR 86, 582) und der aufgenommene Geschäftsbetrieb dann tatsächlich kaufmännisches Handelsgewerbe ist (HGB 105 I, 123 I; BGH 70, 134). Sofern es hieran in irgendeinem Stadium fehlt (HGB 1 II, 2, 3), besteht eine BGB-Gesellschaft (BGH 32, 313; 59, 181 ff; 69, 97; NJW 67, 821 f; BAG NJW 88, 223; Koblenz, ZIP 90, 1269), es sei denn, die Firma ist ins Handelsregister eingetragen (HGB 2 S 1, 19 I Nr 2; hierzu K. Schmidt NJW 98, 2164 mN); der Wandel von der BGB-Gesellschaft zur OHG und umgekehrt vollzieht sich unter voller Wahrung der Identität (hM), so dass zB keine Rechtsübertragung nötig ist und die Verbindlichkeiten übergehen (BGH 69, 101; 76, 324). Bei der Haftung der BGB-Gesellschafter nach außen sind die Grundsätze der Rechtsscheinhaftung zu berücksichtigen (BGH 32, 313; NJW 82, 45 für HGB 5; BGH 61, 65; 69, 99; NJW 80, 785 für kommanditistengleiche Haftung, sa §§ 714, 715 Rn 4 ff, 10); zu prüfen ist bei nicht entstandener Handelsgesellschaft überdies Vertreterhaftung entspr § 179 I (BGH 63, 48; 69, 101; 76, 322), ferner bei noch nicht entstandener GmbH und Co KG Haftung des Handelnden analog GmbHG 11 II (vgl aber BGH 69, 102; 76, 324). **d) Vorgesellschaften** sind als Kapitalgesellschaften im Gründungsstadium zwischen Satzungsfeststellung und Eintragung keine BGB-Gesellschaften, sondern Vereinigungen sui generis, auf die das Recht der zu gründenden jur Personen Anwendung findet (BGH 79, 241; 80, 214; 143, 314, 319), ausgenommen Regeln, die volle Rechtsfähigkeit voraussetzen (BGH 51, 32; 80, 214; 143, 314, 319 mN); bes umstrittener Spezialfall: Einmann-Vorgesellschaften bei GmbH (Hüffer und K. Schmidt ZHR 81, 521, 540; sa Baumann BB 98, 225; Weimar ZIP 97, 1772). Rspr und hM erachten die Vorgesellschaft für aktiv (BGH 5 6 7 8

Stürner 1125

§ 705

169, 270 = NJW 07, 589; 98, 1080 mN; 08, 2441: auch nach Aufgabe der Eintragungsabsicht) und passiv parteifähig (BGH 79, 241; aA bei fehlender Eintragungsfähigkeit Köln NJW-RR 98, 1047) sowie beteiligtenfähig im FGG-Verfahren (BGH 117, 323), nach hM ist sie darüber hinaus unabhängig vom Streit um die (Teil-)Rechtsfähigkeit der BGB-Gesellschaft sowohl aktiv als auch passiv scheck- und wechselfähig (vgl BGH NJW 98, 1080; sa 97, 2755: Scheckfähigkeit der ARGE; sa Rn 1) und grundbuchfähig (BGH 45, 348). Die körperschaftlichen Organe können als Vertreter der Vorgesellschaft handeln, im kaufmännischen Verkehr mit nach außen unbeschränkbarer Vertretungsmacht (Beuthien NJW 97, 565). Vom Handeln im Namen der Vorgesellschaft ist das Handeln für eine noch nicht existente Kapitalgesellschaft zu unterscheiden; für Letzteres gelten AktG 41 I 2, GmbHG 11 II (BGH 80, 129; 182; NJW 82, 932; 98, 1645; Karlsruhe ZIP 98, 958: Haftung für rechtsgeschäftsähnliches Handeln; hierzu Michalski NZG 98, 248). Nach alter Rspr hafteten für Verpflichtungen aus Handeln der Vertretungsorgane die Vorgesellschafter als Gesamtschuldner, wobei regelmäßig der Wille zur Haftungsbegrenzung auf das einzusetzende Kapital anzunehmen war (BGH 65, 382; 72, 47 ff; 80, 144; 86, 125). Mit Eintragung der jur Person erlosch die Vorgesellschafterhaftung, weil jetzt die Kapitalgesellschaft haften sollte (kein „Vorbelastungsverbot", BGH 80, 129; 182; NJW 82, 932). Für eine Unterbilanz, die aus dieser Vorbelastung resultierte, hafteten die Vorgesellschafter nunmehr der Kapitalgesellschaft (BGH 80, 129; 105, 300). Nach jüngerer Rspr soll die Vorgesellschafteraußenhaftung ganz entfallen, die Gläubiger sind auf die Pfändung der unbeschränkten Ansprüche der (Vor-)Gesellschaft gegen die Vorgesellschafter aus einer bis zur Eintragung andauernden Verlustdeckungshaftung bzw aus einer an die Eintragung geknüpften Vorbelastungs-(Unterbilanz-)haftung verwiesen (BGH ZIP 1996, 590 mAnm K. Schmidt; BGH 134, 333 = NJW 97, 1507 mAnm Altmeppen; hierzu K. Schmidt ZIP 97, 671; Ensthaler BB 97, 257; zur bilanzmäßigen Bewertung BGH NZG 98, 102; BAG ZIP 96, 1548; NJW 97, 3331; 98, 628; BSG ZIP 96, 1549; aA LSG Stuttgart NJW-RR 97, 1463 mAnm Altmeppen ZIP 97, 1653; LAG Köln ZIP 97, 1921; zum Ganzen Baumann JZ 98, 597; Michalski/Barth NZG 98, 525). Bei Vermögenslosigkeit der Vorgesellschaft oder Geschäftsfortführung nach Aufgabe der Eintragungsabsicht haften die Gründer für sämtliche Verbindlichkeiten, auch für die bis zum Scheitern entstandenen, nach personengesellschaftsrechtlichen Grundsätzen (BGH 152, 290; 80, 129; 142 f; NJW 08, 2442; BFH 185, 356; BAG 93, 151; NZG 06, 673; BSG 85, 192, 200; offen BGH 143, 314, 319 f; 134, 341). Die *Auflösung* einer Vorgesellschaft erfolgt gem §§ 723, 730 ff (BGH 51, 34); die Zuständigkeit ergibt sich abweichend von §§ 730 ff aus GmbHG 60 ff, 66, AktG 265 I; keine Nachsusspflicht gem § 735, jedoch Aufwendungsersatzansprüche der gem GmbHG 11 haftenden Geschäftsführer (§§ 675, 670, 421; BGH 86, 125). Lit: Ghassemi-Tabar/Eckner NJW 12, 806.

9 **e) Vorgründungsgesellschaften** entstehen durch Vorvertrag, der auf künftige Gesellschaftsgründung gerichtet ist. Sie sind BGB-Gesellschaften, soweit nicht HGB 105 ff eingreifen; dies gilt auch, wenn eine Kapitalgesellschaft geplant ist (BGH 91, 151; NJW 98, 1645 = NZG 98, 382 mAnm Reinersdorff: keine Identität mit späterer Gesellschaft; 04, 663; Stuttgart NZG 02, 910). Außenhaftung der Vorgesellschafter gestaltet sich wie bei BGB-Gesellschaft (BGH WM 96, 722; NJW 98, 1645), ohne dass sie auf die später entstehende Vorgesellschaft oder Kapitalgesellschaft ohne bes RGeschäft übergeht (BGH NJW-RR 01, 1042, 1043). Möglich ist auch eine faktische Vorgründungsgesellschaft, wenn künftige Gründer der GmbH ohne Gründungsvertrag gemeinsam auftreten (Düsseldorf NJW-RR 96, 551). **f)** Beim **partiarischen Vertrag**

10 besteht das Entgelt eines Teils (auch) in der Beteiligung an dem Gewinn, den der andere Teil mit Hilfe der gewährten Leistung erzielt (zB Darlehen); es fehlt also letztlich am gemeinsamen Zweck, da nur das beiderseitige Eigeninteresse die vertragliche Verbindung bestimmt (vgl BGH BB 67, 349; FamRZ 87, 678; NJW 90, 574; 92, 2696; BGH 127, 176). Die Übergänge zur Gesellschaft sind allerdings fließend („gesellschaftsähnliche Verträge"). Je stärker das wechselseitige Vertrauensverhältnis und die Verbindung der beiderseitigen Belange, desto eher

Titel 16. Gesellschaft **§ 705**

liegt die entspr Anwendung gesellschaftsrechtlicher Normen nahe, die allerdings den konkreten Vertragszweck berücksichtigen muss (LM Nr 6 zu § 723); entspricht der Gewinn- eine Verlustbeteiligung, liegt stets die Annahme eines Gesellschaftsverhältnisses nahe (BGH FamRZ 87, 677; Düsseldorf NJW-RR 95, 1247; Schleswig NZG 00, 1176). Negativbeispiele: Vertrag Reisebüro-Kaufhaus (LM Nr 13 zu § 276 [H]); Vertrag Künstler – Manager (BGH NJW 83, 1191); Vertrag Verlag – Buchklub mit exklusiven Vertriebsrechten (BGH WM 82, 588). **g)** Seit dem 1.7.1995 steht nach dem Partnerschaftsgesellschaftsgesetz v 25.7.1994 (BGBl I, 1744) natürlichen Personen zur gemeinsamen Ausübung best freier Berufe die **Partnerschaft** als registerfähige Gesellschaftsform zur Verfügung (**Lit:** Eggesiecker, Die Partnerschaftsgesellschaft für Freie Berufe, 1996; Henssler, Partnerschaftsgesellschaftsgesetz, 2. Aufl 2008; Meilicke/v. Westphalen/Hoffmann/Lenz/Wolff, PartGG, 2. Aufl 2006; Michalski/Römermann, PartGG, 3. Aufl 2005; MK/Ulmer/Schäfer, PartGG; K. Schmidt NJW 95, 1 mwN; W. Lüke JuS 95, 847; Römermann/Spönemann NZG 98, 15). Bis zu ihrer Eintragung ins Partnerschaftsregister (VO v 16.6.1995, BGBl I, 808; hierzu Schaub NJW 96, 625) folgt sie dem Recht der BGB-Gesellschaft, danach dem des PartGG, das weitgehend auf das Recht der OHG verweist. Der Zusatz „Partnerschaft" bzw „und Partner" ist Gesellschaften anderer Rechtsform im Falle der Neugründung oder Umbenennung nach Inkrafttreten des PartGG verwehrt (BGH NJW 97, 1854; so auch Karlsruhe NZG 98, 179 mAnm Römermann für den Fall der Unternehmensveräußerung gem HGB 22, PartGG 2; sa KG NZG 04, 614: „Partners" unzulässig; Bedenken wegen EGV 43, 48 von Wertenbruch NZG 06, 409); nach PartGG 11 ist dieser Zusatz seit dem 1.7.1997 darüber hinaus auch für bereits bestehende BGB-Gesellschaften bzw OHG unzulässig und der Partnerschaft vorbehalten, sofern kein Hinweis auf eine andere Rechtsform hinzugefügt wird (s Seibert ZIP 97, 1046; Römermann NZG 98, 121). HGB 28 ist auf Partnerschaft für Altschulden eintretender früherer GbR-Sozien nicht anwendbar (BGH NJW 10, 3720). Der eintretende Partner haftet für Fehler seines Vorgängers bei Erledigung eines übernommenen Auftrags (BGH NJW 10, 1360). Zur Haftung nach Umwandlung einer GbR in eine Partnerschaft s Sommer/Treptow/Dietlmeier NJW 11, 1551; zur geplanten Partnerschaft mit beschränkter Berufshaftung Hirte NJW 13, 1208. **h)** Auf EG-Ebene steht mit der **Europäischen wirtschaftlichen Interessenvereinigung** (EWIV, BGBl I 88, 514) Partnern unterschiedlicher EG-Staaten eine bes Kooperationsform zur Verfügung. Die EWIV kann wie die OHG selbst Träger von Rechten und Pflichten sein; zur Firma der EWIV s EuGH ZIP 98, 68; vgl auch HGB 19 I Nr 2. **Lit:** Leutner, Das Recht der EWIV, 1994; Bach BB 90, 1432; Schlüter EuZW 02, 589; Selbherr/Manz, Kommentar zur EWIV, 1995; Steding BuW 02, 197. **i)** Zur Bedeutung der BGB-Gesellschaft als Auffangrechtsform nicht anerkennungsfähiger **ausländischer Gesellschaften** s Rn 12 aE.

3. Anwendungsfälle der BGB-Gesellschaft. (Sa K. Schmidt § 58 II, III): **11** Kleingewerblich tätige Gesellschaften, wenn die Firma nicht ins Handelsregister eingetragen ist (vgl HGB 105 I, 1 II, 105 II 1; sa Rn 7); Anwaltssozietäten (BGH 56, 357; 124, 47; 172, 69; NJW-RR 87, 1073; 00, 1561; 03, 169; K. Schmidt NJW 05, 2801; zur Haftung bei Umwandlung in eine LLP Schlinker NJW 11, 2091), auch mit Steuerberatern (BGH 83, 330; NJW 90, 2133) und von Anwaltsnotaren mit Wirtschaftsprüfern (BVerfG NJW 98, 2269; unzulässig jedoch eine Sozietät Steuerberater-Diplom-Finanzwirt, BGH NJW-RR 97, 761) sowie überörtliche Sozietäten (BGH 108, 294 f); ärztliche Gemeinschaftspraxis (BGH 97, 276 f; NJW 02, 3536; 3538; 06, 438 für Belegärzte), wobei allerdings die bloße Vereinbarung über gemeinschaftliche Praxisbenutzung von der vollen beruflichen Sozietät zu unterscheiden ist (zur „Scheinsozietät" mit entspr Haftungsfolgen BGH 70, 249; 124, 47; NJW 91, 1225; 00, 1334; 1561; sa zum PartGG Rn 10, ferner §§ 709–713 Rn 10, §§ 714, 715 Rn 7); Arbeitsgemeinschaft von Unternehmen als Gelegenheitsgesellschaft zur Durchführung größerer Vorhaben (BGH 72, 271; 146, 341; NJW

§ 705 Buch 2. Abschnitt 8. Einzelne Schuldverhältnisse

82, 2816; 97, 2755; BAG ZIP 82, 987; aA wegen HGB 1 II nF Dresden NJW-RR 03, 258 und OLGR Frankfurt 05, 258: OHG; offen KG NJW-RR 10, 1602; sa Rn 12), insbes in der Bauwirtschaft oft körperschaftlich strukturiert (sa §§ 709–713 Rn 4); Bauherrengemeinschaften (BGH NJW-RR 88, 220; 617; 96, 869; NJW 92, 1882: Innengesellschaft, im Außenverhältnis Bruchteilsgemeinschaft; s Rn 24 ff); Durchführung eines Beratungsauftrags durch mehrere Berater (BGH NJW 99, 1180); gemeinschaftlicher Altimmobilienerwerb (Reithmann NJW 92, 651); Erhaltung eines historischen Gebäudes (Karlsruhe NZG 03, 325); Beteiligung an einem Hotel (Saarbrücken NJW-RR 98, 550); Immobilienfonds (vgl BGH 150, 1; NJW 01, 2719; EuGH NJW 10, 1511 mAnm Miras und BGH 186, 167 = NJW 10, 3096: Beitritt als Haustürgeschäft); Vorgründungs- (Karlsruhe NJW-RR 87, 671; Hamm NJW-RR 89, 616; BB 92, 1081; sa Rn 9) und Sanierungsgesellschaften

12 (Hamm NJW-RR 88, 1119; zur Sanierungsvereinbarung als „Gemeinschaft mit gesellschaftsrechtlichen Zügen" BGH 116, 327); Poolverträge zur gemeinschaftlichen Verwertung von Sicherheiten in der Insolvenz (BGH NJW 89, 896 – differenzierend Stürner ZZP 94, 275 ff); Stimmrechtskonsortien unter Aktionären (Schröder ZGR 78, 578; BGH NJW 87, 891; 10, 1208 = NZG 10, 62) oder Kommanditisten einer Publikumsgesellschaft (BGH 125, 77); Gemeinschaft an GmbH-Anteil bei Errichtung (BGH 78, 311; krit Koch ZHR 82, 118; sa §§ 714, 715 Rn 5) sowie an Anteil an anderer GbR (BGH NJW 98, 376); Schutzgemeinschaften im Gesellschaftsrecht (Schrötter NJW 79, 2592); Gesellschaften zur Poolung von Ansprüchen bei Massenklagen (Koch NJW 06, 1649; Mann NJW 10, 2391; Heß AG 03, 113, 123; s aber BGH NJW 11, 2581 u 12, 2435: wegen § 134, RBerG Art 1 § 1 I 1 keine wirksame Prozessführungsbefugnis aus gewillkürter Prozessstandschaft; nunmehr RDG 2 II, 6 I, 10 I Nr 1 u dazu Mann NJW 10, 2391); uU Holding-Gesellschaften bei verbundenen Unternehmen oder Kartelle (BGH NJW 83, 818); Interessengemeinschaften, zB für Vergnügungsfahrten (BGH 46, 315), Fahr- (Mädrich NJW 82, 859) und Wohngemeinschaften (Brunn MDR 89, 130), gemeinsame Heizölbestellung (LG Konstanz NJW 87, 2521; aA LG Augsburg NJW-RR 04, 853; krit auch K. Schmidt JuS 88, 444; sa § 741 Rn 4); Tippgemeinschaften in Form der Innengesellschaft (Karlsruhe NJW-RR 88, 1267; München NJW-RR 88, 1268 mN); Vertriebsgesellschaften (BGH NJW 83, 1188); Verwertungsgemeinschaft mehrerer Miturheber (BGH NJW 82, 641; 83, 1192; NZG 98, 501; UrhG 8, 9); Nutzungs- und Entwicklungsgemeinschaft an einem Grundstück (BGH NJW-RR 98, 1488). Inwieweit HGB 1 ff, 105 nF teilweise eine Grenzverschiebung zugunsten der OHG bzw KG mit sich bringen werden, bleibt abzuwarten (s dazu K. Schmidt NJW 98, 2164 ff; Rohrbeck, NZG 99, 104; bei Arbeitsgemeinschaft im Bauwesen nunmehr Dresden NJW-RR 03, 258 und OLGR Frankfurt 05, 258 für OHG; offen KG NJW-RR 10, 1602; sa Joussen BauR 99, 1063). Bei **ausländischen Gesellschaften** richtet sich die Rechts- und Parteifähigkeit nach Gründungsrecht, soweit Niederlassungsfreiheit Anerkennung verlangt, wie dies innerhalb der EU (zutreffend BGH NJW 03, 1461; zu EG 43, 48 aF (= AEUV 49, 54 nF); EuGH NJW 99, 2027; 03, 3331, 3333; zu den EFTA-Staaten BGH NJW 05, 3351) und gegenüber den USA der Fall ist (BGH NJW 03, 1607; Art XXV Abs 5 Deutschamerikanischer Freundschaftsvertrag). Versuche des BGH, den Erfordernissen der Niederlassungsfreiheit gerecht zu werden, indem man ausländische Gesellschaften als teilrechtsfähige BGB-Gesellschaften behandelt (BGH 151, 204), haben sich als verfehlt und kurzsichtig erwiesen wie auch Bestrebungen der Literatur, die sog „Sitztheorie" zu retten (Absage daher in BGH NJW 03, 1461; sa 05, 1649: keine Anwendung von GmbHG 11; kritisch Altmeppen NJW 04, 99; dagegen Ulmer NJW 04, 1201; sa Goette ZIP 06, 541). BGH 151, 204 mag für ausländische Gesellschaften von Bedeutung bleiben, für die Niederlassungsfreiheit nicht gilt (vgl Hamburg BB 07, 1519).

13 Zwischen **Eheleuten,** die in Gütertrennung oder Zugewinngemeinschaft leben, kann eine (Innen)Gesellschaft bestehen, wenn ein Ehegatte über das Maß ehelicher Pflicht hinaus im Erwerbsgeschäft des anderen Teils mitarbeitet oder wenn ein

Titel 16. Gesellschaft **§ 705**

Ehegatte Vermögen (als Kapital oder Haftungssubstrat) für ein Erwerbsgeschäft zur Verfügung stellt, das dem Familienunterhalt dient (BGH WM 90, 1464; NJW-RR 90, 736; 88, 261; NJW 89, 1921 f: stets kommt es auf die Umstände des Einzelfalles an). Die Innengesellschaft kann durch schlüssiges Verhalten zustandekommen, sofern ausdr getroffene Vereinbarungen nicht im Widerspruch dazu stehen (BGH NJW 95, 3384), rein faktische Willensübereinstimmung reicht nicht (BGH NJW 99, 2966; dazu Grziwotz DNotZ 00, 486; BGH 165, 6 = NJW 06, 1269; NJW 12, 3375). Nicht ausreichend für eine Innengesellschaft ist idR die beiderseitige Finanzierung eines Familienwohnheims (BGH 84, 366; FamRZ 89, 148; NJW 83, 1846; 74, 1554) oder überhaupt das Bestreben, die eheliche Lebensgemeinschaft zu verwirklichen (BGH NJW 74, 2045; Vermögensanlage zur späteren Alterssicherung kann darüber hinausgehen, Schleswig NJW-RR 04, 972). Jedoch können Eheleute *ausdrücklich* eine Außengesellschaft zum Erwerb eines Eigenheims gründen („Eigen- **14** heim-Gesellschaft": BGH NJW 82, 170; krit K. Schmidt AcP 182, 481), aber auch durch abweichende vertragliche Gestaltung Gesellschaftsrecht ganz verdrängen (BGH NJW-RR 88, 261; BGH 165, 5 f = NJW 06, 1269). Bei Ehegatteninnengesellschaft erfolgt Abwicklung durch Wertausgleich in Geld (BGH NJW 83, 2375; 74, 2279). Entspr Anspruch besteht neben dem Anspruch auf Zugewinnausgleich (BGH 165, 7 f = NJW 06, 1269). Beim Fehlen einer Gesellschaft können im Falle der Eheauflösung Rückabwicklungsansprüche auf Grund Wegfalls der Geschäftsgrundlage bestehen (BGH 177, 193; 183, 242; 84, 368; NJW 74, 1554; 2045; 99, 2965; dazu Grziwotz DNotZ 00, 486; BGHNJW 11, 2880; 12, 3375; NJW-RR 90, 834; BGH 115, 264 mAnm Tiedtke JZ 92, 1025 für verlöbnisbedingte Wertschöpfung; BGH NJW 97, 2747 betr ehebezogene Zuwendungen bei Güterstandswechsel während intakter Ehe); uU Auftragsrecht (BGH NJW 89, 1922); sa § 1353 Rn 18 ff und zur Bruchteilsgemeinschaft bei gemeinsamem Erwerb § 741 Rn 2; zum Ausgleich gesamtschuldnerischer Haftung § 426 Rn 5 ff; zur Systematik des „Nebengüterrechts" Herr NJW 12, 1847 u 3486. Zwischen Eltern und Kind wird regelmäßig keine Gesellschaft vereinbart sein (OLGR Saarbrücken 04, 389 für Förderung einer Profisportkarriere des Kindes). Bei **nichtehelichen Lebensgemein-** **15** **schaften** kann vor allem bezüglich wertvollerer Gegenstände eine Innengesellschaft vorliegen, wenn beim Erwerb ein gemeinsamer Wert geschaffen werden soll und nicht nur gemeinsame Benutzung geplant ist (BGH 77, 55; 84, 390; NJW 86, 51; 96, 2727; 97, 3371 f; FamRZ 89, 147). Entgegen früherer Rechtsprechung (BGH NJW 99, 2964; NJW-RR 96, 1473; WM 00, 522) ist wie bei der Ehegatteninnengesellschaft (Rn 13) ein zumindest schlüssig zustandegekommener Vertrag erforderlich (BGH 165, 10 = NJW 06, 1270; 08, 443; 11, 2881). Indiz für eine Innengesellschaft ist neben der formal-dinglichen Zuordnung auch die Bedeutung des Wertschöpfungsbeitrags des Partners, der nicht (Mit-)Eigentümer ist (BGH NJW 92, 906; NJW-RR 93, 774; NJW 97, 3371 f), auch hier (vgl Rn 13) ist aber immer eine Gesamtwürdigung aller Umstände erforderlich (BGH NJW-RR 03, 1659). IdR gibt es keine Gesellschaft bezüglich des gesamten Vermögens (Düsseldorf NJW 79, 1509; Saarbrücken NJW 79, 2050; Frankfurt NJW 82, 1885), ebenso wenig wenn sich der Zweck auf das eheähnliche Zusammenleben beschränkt (hM, zB BGH 177, 193 = WM 08, 1801; NJW 11, 2881; Diederichsen NJW 83, 1023; FamRZ 88, 895; aA zB Battes ZHR 143, 385; JZ 88, 909 ff); dagegen Annahme einer Gesellschaft bezogen auf das gemeinsame Mietverhältnis (str, vgl Düsseldorf NJW- **16** RR 98, 658). Soweit nach Beendigung der Lebensgemeinschaft noch Darlehen für Gegenstände des anderen Teils zu tilgen sind, bestehen Aufwendungsersatzansprüche, §§ 662, 677, 670 (BGH NJW 81, 1503; s aber die Abgrenzung BGH NJW 83, 1055 und Oldenburg NJW 86, 1817); uU § 826 bei Täuschung über Trennungsabsicht (Celle NJW 83, 1065). Bei erheblichen finanziellen oder persönlichen Zuwendungen in ein Unternehmen des Lebensgefährten liegen Absicht zur Schaffung eines gemeinsamen Werts und damit Innengesellschaft nahe (BGH 84, 388). Rückabwicklung der Innengesellschaft erfolgt durch Geldzahlung (BGH NJW 83, 2376; 85, 1841; 86, 51; Köln FamRZ 93, 433; s Rn 24 aE). Bei klarer vertraglicher Abrede

Stürner

§ 705

kann über Beendigung des Zusammenlebens hinaus wechselseitige Leistungspflicht gewollt sein (BGH NJW 86, 374 für Unterhalt von Mutter und Kindern; hierzu Battes JZ 86, 240; ähnlich Hamm FamRZ 83, 1120); denkbar sind auch vertragliche Abwicklungsregelungen (KG FamRZ 83, 1117). Die neuere Rspr lässt bei Schaffung von Vermögenswerten erheblicher wirtschaftlicher Bedeutung neben gesellschaftsrechtlichen Ansprüchen vermehrt bereicherungsrechtliche Ausgleichansprüche oder Ansprüche wegen Wegfalls der Geschäftsgrundlage zu (BGH 177, 201 ff = NJW 08, 3279 ff; 3282; zust von Proff NJW 08, 3266; BGH NJW 11, 2881 ff; einschränkend aber BGH 183, 242 = NJW 10, 998). Haftungsmilderung während des Zusammenlebens analog §§ 708, 1359 (Oldenburg NJW 86, 2259). Zur Bruchteilsgemeinschaft s § 741 Rn 3; zum Ausgleich gesamtschuldnerischer Haftung § 426 Rn 8. Für **eingetragene Lebenspartner** müssen die für Eheleute geltenden Regeln entspr Anwendung finden (Rn 13), weil sie der Sache nach eine Korrektur des Güterrechts darstellen, wie es auch für Lebenspartner gelten soll (LPartG §§ 6, 7).

17 **4. Gesellschaftsvertrag. a)** Der **Abschluss** des Gesellschaftsvertrages unterliegt *regelmäßig keiner Form*. Sonderfälle (sa Reimann DStR 91, 154): Einbringung von Grundstücken (§ 706 Rn 6 f); Erwerbsverpflichtung der beitretenden Gesellschafter (BGH NJW 78, 2506), nicht aber Pflicht der Gesellschaft zur Verschaffung *fremden* Grundeigentums oder wenn Zweck einer Grundstücksgesellschaft allein auf „Verwaltung und Verwertung" ohne bindende Erwerbspflicht gerichtet ist (BGH NJW 96, 1280; 98, 376); schenkweise Beteiligung (§ 706 Rn 9); Gründung einer Gesellschaft durch Eheleute in Gütergemeinschaft, §§ 1418, 1410 (BGH 65, 81 ff; anders bei Drittbeteiligung, BayObLG DNotZ 82, 174: § 1417 II). *Gesellschafter* können auch jur Personen oder Handelsgesellschaften sein, ebenso die BGB-Gesellschaft (BGH NJW 98, 376; Rz RG 136, 240; Düsseldorf NJW-RR 86, 1295; aA BGH 49, 296; Zweibrücken OLGZ 82, 156; bejahend bei GmbH-Vorgesellschaft BGH 78, 311; str) oder der nichteingetragene Verein; umgekehrt kann die BGB-Gesellschaft nach nunmehr hM überall Mitglied sein (BGH 118, 83, 99 f: AG; 116, 86: eG; 78, 311: GmbH; NJW 01, 3122: KG; NJW-RR 90, 799: Verschmelzung mit Personenhandelsgesellschaft; aA noch BGH 46, 296; ZIP 90, 505 für OHG bzw KG; sa Rn 1 mN). Ist die BGB-Gesellschaft Gesellschafterin einer AG oder GmbH, so besteht für die BGB-Gesellschafter hinsichtlich der Einlageverpflichtung keine Möglichkeit zur Haftungsbeschränkung (BGH 78, 311; NJW 92, 2226; sa §§ 714, 715 Rn 5). *Bei Minderjährigen* besteht Genehmigungserfordernis (§§ 1643 I, 1822 Nr 3) und ggf Notwendigkeit einer Pflegerbestellung, §§ 1795 II, 181, 1629 II (Zweibrücken OLGZ 80, 214); zur Haftungsbegrenzung § 723 und §§ 723–728 Rn 17 mN. **b)** Zur **Abänderung** des Gesellschaftsvertrages vgl §§ 709–713
18 Rn 7 ff. **c)** Die **Anwendung der Vorschriften über den gegenseitigen Vertrag** (§§ 320 ff) ist nur in sehr modifizierter Form denkbar. ZB ist ein Leistungsverweigerungsrecht gem § 320 bei mehrgliedriger Gesellschaft abzulehnen, weil andernfalls das Säumen eines Gesellschafters die Gesellschaft lahmlegen könnte (LM Nr 11 zu § 105 HGB). Wegen Leistungsstörungen im Zusammenhang mit der gesellschaftsvertraglichen „Hauptpflicht", der Beitragspflicht, vgl § 706 Rn 3 ff.
19 **d) Abschlussmängel** (**Lit:** K. Schmidt § 6 und AcP 186, 421). Sofern der Gesellschaftsvertrag nach allg Vorschriften von Anfang an nichtig wäre (vgl §§ 104 ff, 134, 138, 142 I, Dissens: BGH NJW 92, 1502) oder widerrufen werden kann (BGH NJW 01, 2718; NJW-RR 05, 628: HWiG 2, 3 aF bzw § 312, 355 nF, dazu EuGH NJW 10, 151 mit Besprechung Kindler NZG 10, 603; BGH WM 08, 1026; BGH 186, 167 = NJW 10, 3096 für Immobilienfonds; ähnlich NJW 13, 155; NJW-RR 12, 1060; 11, 1060), gelten zum Schutze des Rechtsverkehrs und zur zweckentspr Rückabwicklung unter den Gesellschaftern bes Regeln (*„fehlerhafte Gesellschaft"*). Voraussetzung dafür ist allerdings der Abschluss eines – wenn auch unwirksamen – Vertrages (BGH NJW 11, 68), eine bloße Scheingesellschaft reicht nicht aus; insoweit können aber die Grundsätze der Rechtsscheinhaftung zur Haftung nicht selbst handelnder Scheingesellschaften führen (BGH NJW 11, 68). **aa) Voraussetzun-**

Titel 16. Gesellschaft § 705

gen. Die Gesellschaft muss „in Vollzug gesetzt" sein, und zwar entweder durch Aufnahme von Rechtsbeziehungen zu Dritten oder durch Erfüllung von Einlagepflichten (vgl für Vorgesellschaft BGH 13, 321; für Gesellschafterbeitritt BGH NJW 78, 2506; 92, 1502; 88, 1323: Mitwirkung aller Gesellschafter nötig; für Gesellschafternachfolge NJW 88, 1324 mwN – str). **bb) Rechtsfolgen.** Die Fehlerhaftigkeit 20 des Vertrages ist ein zur Auflösung führender wichtiger Grund (vgl für OHG und KG BGH 3, 290 ff; 47, 300 ff; 63, 345 f), der zur Kündigung analog § 723 berechtigt und damit zur Auseinandersetzung (§§ 731 ff) oder uU zum Ausscheiden (§§ 736 f; BGH NJW 82, 879; 00, 3559 f; 01, 2720; BGH 63, 345 ff und Hamm NJW 78, 225) führt (vgl aber §§ 736, 737 Rn 3). Die Gesellschaft ist im Verhältnis zu den Gläubigern und zwischen den Gesellschaftern rechtlich wirksam (vgl BGH 63, 344; 55, 8; NJW 92, 2698; 1502; 01, 2720; NJW-RR 07, 259: Insolvenzfähigkeit). Der Fehler kann jedoch je nach dem Schutzzweck der Normen, die gewöhnlicherweise zur Nichtigkeit führen, auf das Gefüge der Gesellschaft bzw Abwicklungsgesellschaft von Einfluss sein (vgl BGH NJW 05, 1785). Der *Schutz des Minderjährigen* hat zur Folge, dass den Minderjährigen keine Pflichten treffen (zB Beitragspflicht, Geschäftsführungspflicht, Außenhaftung: BGH 17, 167 ff; sa zur Haftungsbegrenzung zugunsten Minderjähriger § 723 I nF; hierzu §§ 723–728 Rn 17 mN), wohl aber die übrigen Gesellschafter (BGH NJW 83, 748); hingegen wird seine Teilnahme an der Gewinnverteilung zu bejahen sein; Einlagen kann er nach allg Vorschriften (§§ 985, 812 ff) zurückfordern. Gleiches gilt für die Fälle des § 105 II (BGH NJW 92, 1503). Der *arglistig Getäuschte* oder *Bedrohte* muss keine Beiträge leisten, soweit sie nicht Gläubigern, sondern dem Täuschenden zugute kämen (vgl BGH 26, 335; NJW-RR 88, 1379; vgl auch § 706 Rn 3). Zu Besonderheiten bei der stillen Gesellschaft BGH NJW-RR 04, 1408; 06, 180; dazu Wertenbruch NJW 05, 2823; Blaurock WuB II H § 230 HGB 1.05. Sofern der *Gesellschaftszweck* gegen die guten Sitten (§ 138 I, zB Bordellbetrieb, einschr BGH NJW-RR 88, 1379; sa NZG 03, 771) oder gegen das Ges verstößt (BGH 62, 240: RBerG, nunmehr RDG; BGH 75, 217: ApothG; BGH 97, 250: BerufsO), verdient das Verhältnis unter den Gesellschaftern keinen Bestandsschutz, so dass es in diesen Fällen zur üblichen Rückabwicklung (§§ 812 ff) kommt. **cc) Die Nichtigkeit einzelner Klauseln** (zB Sittenwidrigkeit 21 der Gewinnbeteiligungsquote einer Geliebten BGH NJW 70, 1541) führt zunächst zur Geltung dispositiven Rechts bzw einer angemessenen Regelung (BGH 47, 301). Nur wenn gem § 139 der Gesamtvertrag nichtig wäre, gelten die Grundsätze der fehlerhaften Gesellschaft (BGH NJW 82, 879). **dd) Bei fehlerhaftem Eintritt oder** 22 **Ausscheiden** eines Gesellschafters (BGH 44, 236; NJW 03, 1252; 00, 3558; 78, 2506; NJW-RR 03, 533; §§ 736, 737 Rn 6) bleibt in entspr Anwendung der dargestellten Grundsätze die Änderung des Gesellschafterbestandes wirksam (anders für Vorgesellschaft BGH NJW-RR 05, 469). Der BGH hält hieran auch im Falle nichtiger Übertragung im Rahmen einer Treuhand-Publikumsfondsgesellschaft fest (BGH 186, 264 ff = NJW-RR 10, 1405). Nach hM ist zwar der Beitritt zu einer Gesellschaft nach § 312 widerruflich (s Rn 19), allerdings nur mit der Folge der Anwendung der Grundsätze über die fehlerhafte Gesellschaft (dazu BGH WM 08, 1026; EuGH NJW 10, 1511; BGH 186, 169 f = NJW 10, 3096; 13, 158; NJW-RR 12, 1063). Für beschränkt Geschäftsfähige (§ 105 II) sollen auch hier die Grundsätze der fehlerhaften Gesellschaft *nicht* gelten (BGH NJW 92, 1503). Sind **gewöhnliche Vertragsänderungen** fehlerhaft, besteht nur ausnahmsweise ein Bedürfnis für einen Bestandsschutz (BGH 62, 27; NJW 92, 302 für Nachfolgeregelung). **e)** 23 **Inhaltskontrolle und Verbraucherschutz.** Bei *formularmäßigen Massenverträgen* gilt der Grundsatz objektiver Vertragsauslegung, die das Revisionsgericht vornehmen kann (BGH NJW 99, 3113; 11, 921 u 1669; 12, 1440; NZI 11, 868 für Publikumsgesellschaften). Es besteht trotz AGBG 23 I aF bzw § 310 IV nF die Möglichkeit richterlicher Inhaltskontrolle gem §§ 242, 315 (vgl BGH 64, 241; 84, 14; NJW 82, 879; 2495 für Publikums-KG; Schneider ZGR 78, 1; BGH 127, 176 für stille Gesellschaft); zur Bedeutung der EU-Richtlinie Drygale ZIP 97, 968; unklare belastende Klauseln sind eng auszulegen (BGH NJW 79, 2102; JZ 79, 190). §§ 312

§ 705 Buch 2. Abschnitt 8. Einzelne Schuldverhältnisse

I 1 Nr 2, 355 finden auf Verträge über den Beitritt zu einer Gesellschaft Anwendung, die der Kapitalanlage dienen soll (EuGH NJW 10, 1511; BGH 186, 167 = NJW 10, 3096; 13, 156; NJW-RR 11, 1060; 12, 1060 mit Ausführungen zu einem vereinbarten Widerrufsrecht gem §§ 355, 357; sa §§ 736, 737 Rn 10).

24 **5. Innengesellschaft.** Bei der sog Innengesellschaft (**Lit:** Steckhan, Die Innengesellschaft, 1966; sa K. Schmidt JuS 88, 444), die auch stillschweigend begründet werden kann (BFH NJW 97, 2702 ff mN; zurückhaltend BGH NJW-RR 09, 178), tritt im Rechtsverkehr nur ein Gesellschafter im eigenen Namen auf; er ist Träger von Rechten und Pflichten (Bsp: Innengesellschaft der Treugeber eines treuhänderischen Kommanditisten einer Publikumsgesellschaft: BGH NJW 10, 439; 11 921; 13, 452 u 862 mNw; Stöber NJW 13, 832) . Im Innenverhältnis haben sich aber alle Gesellschafter zur Erreichung eines gemeinsamen Zwecks verpflichtet, es können im Innenverhältnis – von den Vertretungs- (§§ 714 f) und Vermögensvorschriften (§§ 718 ff) abgesehen – alle gesellschaftsrechtlichen Regeln Anwendung finden: Geschäftsführungsregeln; Kontrollrechte (BGH NJW 10, 439; 11, 921); Beitragspflicht; Gewinn- und Verlustbeteiligung etc (vgl BGH 12, 315). Typischerweise bleibt der in eigenem Namen handelnde Gesellschafter Inhaber aller Rechte, so dass ein Gesamthandsvermögen mit Außenbeziehung nicht entsteht (BGH WM 65, 793; sa NJW 88, 414 und WM 90, 1465; NJW 92, 832); soweit allerdings gesellschaftsvertragliche Ansprüche gegen Mitgesellschafter (zB auf Beitragsleistung an den Außengesellschafter oder auf ordnungsmäßige Geschäftsführung) den Gesellschaftern gemeinsam zustehen (vgl § 706 Rn 2 ff, §§ 709–713 Rn 11), wird doch im Verhältnis zwischen den Gesellschaftern Gesamthandsvermögen vorliegen; nicht bestimmungsgemäße Verwendung der Einlage verpflichtet zu Schadensersatz, der im Ausgleich des Wertverlustes der Beteiligung besteht (BGH NJW 88, 414, dazu Windbichler ZGR 89, 440 ff). Bei der Regelung des Innenverhältnisses, insbes der Geschäftsführungsbefugnis, herrscht Gestaltungsfreiheit, die zB von Gesamtgeschäftsführung (§ 709) bis zur Alleinbefugnis eines nach außen nicht handlungsbefugten Innengesellschafters reicht (LM Nr 11). Bei Auflösung einer Innengesellschaft entstehen idR Zahlungsansprüche gegen den Vermögenstreuhänder (entspr HGB 235, §§ 738 ff; BGH NJW-RR 09, 178), eine Liquidation (§§ 730 ff) findet nicht statt (BGH WM 86, 1144; NJW 90, 574; zum Bewertungszeitpunkt der Auflösung BGH 142, 155 f =
25 NJW 99, 2967; sa Rn 16). Die *stille BGB-Gesellschaft* (**Lit:** Blaurock, Handbuch der Stillen Gesellschaft, 7. Aufl 2010) ist eine Sonderform der Innengesellschaft mit abw Sonderregelung insbes zur Beteiligung am Geschäftsergebnis (zur Abgrenzung Köln NJW-RR 96, 28). HGB 230 ff finden auf stille BGB-Gesellschaft weithin entspr Anwendung (MK/Ulmer 287; BGH NJW 82, 99 und JuS 82, 139; NJW 92, 2697; sa NJW 97, 3370 betr Vorausabtretung der Auseinandersetzungsforderung; BFH NJW 97, 2703). Sofern der Vertrag die interne Beteiligung des „Stillen" am *ganzen* Gesellschaftsvermögen vorsieht, liegt eine atypische stille Gesellschaft vor (BGH 7,
26 177 f; sa NJW 98, 1946). Die *Unterbeteiligung* (**Lit:** Blaurock, Unterbeteiligung und Treuhand an Gesellschaftsanteilen, 1981; Paulick ZGR 74, 253) ist eine BGB-Innengesellschaft, die sich auf den Anteil an einer Personen- oder Kapitalgesellschaft bezieht (BGH NJW 94, 2887 – Abgrenzung zur Treuhand; NJW-RR 12,567: Unterbeteiligung zu Anlagezwecken); §§ 723, 724 sind daher für die Unterbeteiligung zwingendes Recht (BGH 50, 320 ff). Auflösung der Hauptgesellschaft kann Kündigungsgrund sein (BGH 84, 379). Der Anspruch auf Rechnungsabschluss (§ 721 I) wird durch HGB 233 I präzisiert, nicht durch § 666 (BGH 50, 323; NJW-RR 95, 166); ein neutraler Dritter kann Bücher der Hauptgesellschaft zur Kontrolle einsehen (aA BGH 50, 324; sa WM 84, 807). Vorschriften über stille Gesellschaft (HGB 230 ff) sind weitgehend entspr anwendbar (MK/Ulmer Vor § 705, 92). Bei Unterbeteiligungen zu Anlagezwecken findet § 708 auf Aufklärungspflichtverletzungen im vorvertraglichen Stadium keine Anwendung (BGH NJW-RR 12, 569).Unklare Abfindungsvereinbarungen bedürfen einer Auslegung, die nicht nur einseitig die Interessen des Unterbeteiligten im Blick hat (BGH DStR 03, 563).

Titel 16. Gesellschaft § 706

6. Prozessuales. Zur Parteifähigkeit und zur Streitgenossenschaft im Aktivprozess vgl §§ 709–713 Rn 10 und im Passivprozess vgl §§ 714, 715 Rn 10, dort auch zur Realisierung der Haftung durch Zwangsvollstreckung. Der Gesellschaftsvertrag kann vorsehen, dass bei Streitigkeiten unter den Gesellschaftern der Klage vor den ordentl Gerichten der Schlichtungsversuch eines Gesellschaftsorgans (§§ 709–713 Rn 4) vorzuschalten ist (BGH NJW 77, 2263).

§ 706 Beiträge der Gesellschafter

(1) **Die Gesellschafter haben in Ermangelung einer anderen Vereinbarung gleiche Beiträge zu leisten.**

(2) **¹Sind vertretbare oder verbrauchbare Sachen beizutragen, so ist im Zweifel anzunehmen, dass sie gemeinschaftliches Eigentum der Gesellschafter werden sollen. ²Das Gleiche gilt von nicht vertretbaren und nicht verbrauchbaren Sachen, wenn sie nach einer Schätzung beizutragen sind, die nicht bloß für die Gewinnverteilung bestimmt ist.**

(3) **Der Beitrag eines Gesellschafters kann auch in der Leistung von Diensten bestehen.**

1. Terminologie. Beiträge sind noch zu bewirkende Leistungen, Einlagen sind bereits bewirkte Leistungen der Gesellschafter an die Gesellschaft (vgl §§ 706 I, 707; str).

2. Anspruch auf Beitragsleistung. a) Anspruchsinhaber ist die Gesellschaft bzw die Gesamthandsgemeinschaft (§§ 709–713 Rn 11), die Ansprüche fallen in das Gesamthandsvermögen (§ 718 I). **b)** Die **Beitragshöhe** richtet sich nach dem Gesellschaftsvertrag, die Gleichbehandlungsregel gem I gilt nur subsidiär. Die *Bewertung* der Einlage ist nur für das Verhältnis der Gesellschafter untereinander von Bedeutung (Gewinnbeteiligung, Anteil am Liquidationserlös), da ja gegenüber Gläubigern – anders als bei Kapitalgesellschaften und Kommanditisteneinlage – volle persönliche Haftung besteht; folglich ist die Bewertung der freien Vereinbarung der Gesellschafter überlassen bis zur Grenze der Sittenwidrigkeit (BGH 17, 134). **c)** Bei **Leistungsstörungen** im Zusammenhang mit der Beitragspflicht sind die allg schuldrechtlichen Vorschriften nur gesellschaftsrechtlich modifiziert anwendbar (vgl § 705 Rn 18). **aa)** Ein Gesellschafter kann den Beitrag nicht gem § 320 verweigern, weil ein Mitgesellschafter auch nicht erfüllt (LM Nr 11 zu § 105 HGB); anders bei unmotiviertem Herausgreifen eines von mehreren säumigen Gesellschaftern oder bei Zweimanngesellschaft (hM). Die Täuschung eines Gesellschafters beim Vertragsschluss berechtigt ihn allenfalls zur Verweigerung des Beitrags, wenn der Beitrag im Rahmen der faktischen Gesellschaft dem Betrüger zugute käme, nicht aber wenn der Beitrag der Verteilung des Verlusts auf alle gutgl Gesellschafter dienen soll (BGH 26, 335). § 321 gewährt dem Beitragspflichtigen ein Leistungsverweigerungsrecht nur für den Fall, dass sich die Vermögenslage aller übrigen Gesellschafter in einer Weise verschlechtert hat, die den Gesellschaftszweck in Frage stellt (teilw str). **bb)** Nicht zu vertretende Unmöglichkeit führt zur Leistungsbefreiung (§ 275 I) nur, wenn nach dem Vertrag nicht ersatzweise Geldleistung geschuldet ist (BGH DB 72, 2201); die übrigen Gesellschafter werden nicht ohne weiteres frei, uU sind aber §§ 723, 726 gegeben. Minderung des Gewinnanteils entspr § 323 I aF bzw § 326 I nF ist zu erwägen (teilw abw RG 158, 326). **cc)** § 326 II ist bei Nichtleistung anwendbar, die andere Gesellschafter und damit die Gesellschaft (§ 278) zu vertreten haben; Ersatzanspruch der Gesellschaft gegenüber dem schuldigen Gesellschafter. **dd)** Verschuldete Pflichtverletzungen berechtigen die Gesellschaft zu Schadensersatz (§§ 280, 286); dagegen ist bei einer in Vollzug gesetzten Gesellschaft Rücktritt gem § 323 für alle Teile (Gesellschaft, Mitgesellschafter, beitragspflichtiger Gesellschafter bei gestörter Gewinnauszahlung) ausgeschlossen; statt dessen gelten §§ 723, 737 (vgl BGH WM 67, 420 und zuletzt NZG 05, 472). **ee)** PVV – nunmehr: Schadensersatz

27

1

2

3

4

5

aus § 280 I iVm § 241 II – ist gegeben, wenn ein Gesellschafter die Einlage durch widerrechtliche Entnahmen eines Mitgesellschafters finanziert; Schadensersatzpflicht besteht dann in Höhe der Entnahmen (LM Nr 1). **d) Einbringungsarten** (vgl Sudhoff NJW 78, 1401). **aa)** Für die **Übertragung zu vollem Eigentum** gibt II eine ges Vermutung, die bei Sachen gem §§ 91, 92 und geschätzten Sachen gilt, sofern die Schätzung nicht bloß interner Bewertung (vgl Rn 2) dient. Bei Einbringung von Grundstücken sind §§ 311b, 925, 873 zu beachten (BGH WM 67, 951). Einbringung von Wirtschaftsgütern gegen Einräumung von Mitgliedsrechten oder Schuldentilgung unterliegt grundsätzlich voll der Umsatzsteuer (BFH 179, 189 mN; NJW -RR 98, 392 betr Vorsteuerabzugsberechtigung der GbR – vor dem Hintergrund der vom BFH angenommenen Teilrechtsfähigkeit der GbR konsequent; vgl aber § 705 Rn 1). Gutgl Erwerb setzt Gutgläubigkeit aller Gesellschafter – auch des einbringenden – voraus (BGH BB 59, 318; allg zur Erheblichkeit der Kenntnis einzelner Gesellschafter BGH 34, 297). *Rechtsmängelhaftung* und *Sachmängelhaftung* (§§ 434 ff, 459 ff aF) sind im reformierten Schuldrecht einheitlich in §§ 434 f, §§ 437 ff iVm § 280 ff, 323, 326 nF geregelt; diese Vorschriften gelten modifiziert: An die Stelle des Rücktrittsrechts treten bei schweren Fällen §§ 723, 737 (Rn 5). Bei Minderung oder völliger Unbrauchbarkeit kann Wertersatz geschuldet sein. Nach Maßgabe der §§ 437, 440, 323 I nF wird nunmehr allerdings regelmäßig zunächst eine Aufforderung zur mängelfreien Nacherfüllung (§ 439) vorausgehen müssen. § 447 ist unanwendbar (hM). Bei Einbringung von Vermögen galt § 419 aF *nicht* (BGH WM 64, 114), ebenso wenig gilt HGB 28 bei Einbringung eines Einzelhandelsgeschäfts in eine OHG (vgl BGH WM 72, 22). **bb)** Bei **Einbringung dem Werte nach** bleibt der Gesellschafter nach außen Eigentümer, im Innenverhältnis wird aber die Sache wie Gesamthandseigentum behandelt (BGH NJW-RR 09, 1698: keine dingliche Drittwirkung). Die formnichtige Einbringungspflicht bei Grundstücken (vgl Rn 6) kann die Pflicht zur Einbringung dem Werte nach beinhalten (BGH WM 67, 951). **cc)** Bei **Einbringung zum Gebrauch** gelten §§ 535 ff entsprechend. Neben die Ansprüche aus §§ 536 ff kann uU Wertersatzanspruch oder Kündigungsrecht (§ 723) treten. §§ 535 I 2, 538 sind nicht ohne weiteres anwendbar. Für Gefahrtragung gelten §§ 707, 732 S 2. **dd)** Für die **Einbringung von Diensten** gem III gelten § 611 ff sinngemäß (s Köln NZG 01, 165); soweit erfinderische Tätigkeit zur Dienstleistung gehört, ist idR ein Anspruch der Gesellschaft auf Übertragung des in der Person des Erfinders entstandenen Patents zu bejahen (BGH NJW 55, 542). Schlechtleistung verpflichtet zu Schadensersatz, früher aus pVV (BGH NJW 83, 1189), nunmehr aus § 280 I (ggf iVm § 241 II). **ee) Leistung an Erfüllungs Statt** kann bei Erfüllung einer Gesamthandsschuld aller Gesellschafter vorliegen (BGH NJW 84, 2290; ähnlich Karlsruhe NJW-RR 96, 746).

3. Beitragslose Beteiligung. Die beitragslose Beteiligung eines Gesellschafters am Gesellschaftsvermögen ist bei der Außengesellschaft nicht Schenkung, soweit der Gesellschafter persönliche Haftung bzw Verlustbeteiligung übernimmt (BGH BB 59, 574; 65, 472); anders wohl aber bei Zuwendung eines weiteren Kapitalanteils an den bereits haftenden Gesellschafter, bei Zuwendung eines Kommanditanteils (BGH WM 90, 1381) und bei Zuwendung eines Anteils an einer Innengesellschaft (sa Herrmann ZHR 83, 313). Im letzteren Falle ist die Schenkung nicht schon mit dem Abschluss des Vertrages und der Einbuchung des Anteils vollzogen, so dass keine Heilung des formnichtigen Vertrags (§ 518 II) eintritt (BGH 7, 179; 380; BFH 220, 515 = NJW-RR 08, 986; sehr str, mit der Rspr zum Anteilsübergang auf den Todesfall kaum zu vereinbaren, vgl § 2325 Rn 5 mN).

4. Verpflichtungen aus besonderem Vertrag. Die Abgrenzung von gesellschaftsvertraglicher Beitragsleistung und Verpflichtungen kraft bes Vertrages hängt davon ab, ob die Leistungspflicht der Gesellschafterstellung entspringt oder ob es sich um ein gewöhnliches Schuldverhältnis wie zu einem Dritten handelt („Drittverhältnis"; München NZG 00, 1124); Bsp: Beschäftigungsverhältnis (BSG NJW 66, 2186); Miete (BGH NJW 83, 749; hierzu Walter JZ 83, 260); Ansprüche aus gleichzeitiger Bruchteilsgemeinschaft zwischen den Gesellschaftern (BGH WM 75, 196). Die Pflicht eines Gesellschafters zur Darlehensgewährung kann Beitrag bzw Einlage sein (BGH 70, 63; 93, 161; NJW 85, 974 für Publikumsgesellschaften).

§ 707 Erhöhung des vereinbarten Beitrags

Zur Erhöhung des vereinbarten Beitrags oder zur Ergänzung der durch Verlust verminderten Einlage ist ein Gesellschafter nicht verpflichtet.

1. Anwendungsbereich. a) § 707 betrifft allein das **Innenverhältnis**. Wegen fehlender Erhöhungspflicht kann der geschäftsführende Gesellschafter Aufwendungsersatz (§§ 713, 670; HGB 110) grundsätzlich nur aus dem Gesamthandsvermögen, nicht vom einzelnen Gesellschafter verlangen (BGH 37, 101; NJW 80, 340; 11, 1731; G. Walter JuS 82, 82 mN; vgl §§ 714, 715 Rn 12), es sie denn, die Gesellschaft hat keine freien Mittel; dann können die einzelnen Gesellschafter beschränkt auf ihren Verlustanteil schon vor der Auseinandersetzung beansprucht werden (BGH NJW 80, 339; 11, 1731; sa §§ 731-735 Rn 9). **b) Zeitlich** gilt die Vorschrift nur bis zur Auflösung; im Abwicklungsstadium besteht Nachschusspflicht gem § 735. **c)** Im **Außenverhältnis** haftet der Gesellschafter den Gesellschaftsgläubigern, auch soweit es sich um Forderungen von Gesellschaftern aus Drittverhältnissen handelt (vgl § 706 Rn 10). Wenn ein Gesellschafter einen Gesellschaftsgläubiger befriedigt hat, kann er trotz § 707 die Mitgesellschafter als Gesamtschuldner anteilig beanspruchen, wobei sich der Ausgleich gemäß § 426 an der Gewinn- und Verlustbeteiligung oder an § 254 orientiert (BGH NJW-RR 08, 256; 09, 49). Aus der Treuepflicht des nicht ausgeschiedenen, ausgleichsberechtigten Gesellschafters folgt allerdings die bloß subsidiäre Haftung der Mitgesellschafter, solange sich im Gesamthandsvermögen frei verfügbare Mittel zur Befriedigung finden (BGH 37, 302; NJW 80, 340; 81, 1096; 11, 1731; BGH 103, 72 = NJW 88, 1376; NJW-RR 89, 866; G. Walter JuS 82, 83 f; Hadding/Häuser WM 88, 1587 f; vgl iÜ § 426 Rn 4; §§ 714, 715 Rn 11 f; §§ 731–735 Rn 9).

2. Inhalt. a) Abweichend von § 707 kann der Gesellschaftsvertrag über die Einlageschuld hinausgehende Beitragspflichten vorsehen, Voraussetzung ist eine **vertraglich vereinbarte** oder zumindest objektiv bestimmbare oder voraussehbare **Beitragshöhe** (BGH 183, 6 = NJW 10, 67; NJW 12, 1440/41; NJW-RR 07, 832; 08, 419; 09, 753 u 1667); sofern die Höhe nur aus Sinn und Zweck der Gesellschaft bestimmbar ist, kann in diesem Rahmen Beitragserhöhung verlangt werden (BGH NJW 80, 340; NJW-RR 05, 1348; 06, 828; 830: Festlegung dann iZw durch Geschäftsführer, nicht durch Gesellschaftsbeschluss). Bei genauer Bestimmung bleibt indessen bei Notlage nur die Auflösung (§ 726, vgl aber auch Celle NZG 06, 18). **b) Beitragserhöhung auf Grund Mehrheitsbeschlusses** kann der Gesellschaftsvertrag vorsehen, wobei hinreichende Deutlichkeit erforderlich ist (BGH NJW 79, 419; 83, 164); insbes genügt nicht ohne weiteres die generelle Ermächtigung zur Änderung des Vertrages auf Grund Mehrheitsbeschlusses (BGH 8, 41 f; 66, 85; NJW-RR 07, 757; 07, 1521), weil es sich um eine bes bedeutsame Änderung handelt (vgl §§ 709–713 Rn 8); relative Wirksamkeit gegenüber zustimmenden Gläubigern ist denkbar (BGH NJW-RR 09, 1264). **c)** Aus der fehlenden Nachschusspflicht folgt, dass die **Leistungsgefahr** nach Leistung der Einlage die Gesellschaft trifft. **d) Freiwillige Erhöhung** bedarf der Zustimmung aller Gesellschafter (Gewinn- und Verlustquote!); ihre Verweigerung ist nur ausnahmsweise treuwidrig (BGH NJW-RR 06, 829; zum Sonderfall „Sanieren oder Ausscheiden" oder bei Publikumsgesellschaft BGH 183, 8 ff = NJW 10, 67 f einerseits und BGH NJW 11, 1667 andererseits). **e)** Zu Beitragsklauseln in **Massengesellschaften** BGH NJW-RR 05, 1348; 06, 828; 830 f und § 705 Rn 23.

§ 708 Haftung der Gesellschafter

Ein Gesellschafter hat bei der Erfüllung der ihm obliegenden Verpflichtungen nur für diejenige Sorgfalt einzustehen, welche er in eigenen Angelegenheiten anzuwenden pflegt.

1 **1. Zweck und Inhalt.** Nach dem Zweck der Vorschrift sollen sich die Gesellschafter so nehmen, wie sie sind (RG 143, 215); § 708 verweist auf § 277. Die vielfach als rechtspolitisch verfehlt betrachtete Regelung wird eng ausgelegt. Sie **gilt nur** bei Wahrnehmung spezifisch gesellschaftsvertraglicher Pflichten (zB Geschäftsführung; Pflichten von Mitgliedern einer Seilschaft, Schünemann VersR 82, 827, 1131), erfasst dann allerdings vertragliche und deliktische Ansprüche (LM Nr 1a). Sie **gilt nicht: a)** Bei Überschreitung der Geschäftsführungsbefugnis mit der Folge einer Haftung früher aus pVV, nunmehr aus §§ 280 I, 241 II (BGH NJW-RR 88, 996; NJW 97, 314 für OHG; sa NJW-RR 89, 1256 für GmbH; anders RG 158, 312: §§ 677 ff; MK/Ulmer/Schäfer, 8 ff). Für den Geschäftsführer einer GbR gilt die sog Geschäftschancenlehre, nach der er seine Treuepflicht verletzt, wenn er im Geschäftszweig seiner Gesellschaft eigennützige Geschäfte ohne Zustimmung der Gesellschafter betreibt (BGH NJW-RR 13, 365); HGB 113 ist nicht entsprechend anzuwenden, so dass es bei Schadensersatzansprüchen mit Verjährung
2 gem § 195 bleibt (BGH NJW-RR 13, 366). **b)** Im Rahmen von sog „Drittverhältnissen" (§ 706 Rn 10) zwischen Gesellschaft und Gesellschafter (BGH NJW 80, 232). **c)** Im Straßenverkehr beim Lenken eines Kraftfahrzeugs durch einen Gesellschafter (BGH 46, 317 f; str); wohl aber hat sie Geltung beim Lenken eines Flugzeugs
3 als gesellschafterische Aufgabe (LM Nr 1a, zweifelhaft). **d)** Bei der Gemeinschaft gem §§ 741 ff (BGH 62, 245) und bei partiarischen Rechtsverhältnissen (LM Nr 13 zu § 276 [H]). **e)** Für die Pflichten eines Gesellschafters als **Organwalter einer Publikumsgesellschaft** mit körperschaftlicher Struktur (§§ 709–713 Rn 4) ohne persönliches Vertrauensverhältnis (BGH 69, 209; 75, 327, hierzu Hüffer ZGR 81, 348). **f)** Für Pflichtverletzungen gegenüber künftigen Mitgesellschaftern bei Haftung früher aus cic, nunmehr aus §§ 311 II, 241 II, 280 I (BGH NJW-RR 12, 569: Verletzung der Aufklärungspflicht bei Kapitalanlagen; KG NZG 99, 199).

2. Prozessuales. Die Beweislast für den abgemilderten Sorgfaltsmaßstab liegt bei dem in Anspruch genommenen Gesellschafter (BGH NJW 90, 575).

§ 709 Gemeinschaftliche Geschäftsführung

(1) **Die Führung der Geschäfte der Gesellschaft steht den Gesellschaftern gemeinschaftlich zu; für jedes Geschäft ist die Zustimmung aller Gesellschafter erforderlich.**

(2) **Hat nach dem Gesellschaftsvertrag die Mehrheit der Stimmen zu entscheiden, so ist die Mehrheit im Zweifel nach der Zahl der Gesellschafter zu berechnen.**

§ 710 Übertragung der Geschäftsführung

¹Ist in dem Gesellschaftsvertrag die Führung der Geschäfte einem Gesellschafter oder mehreren Gesellschaftern übertragen, so sind die übrigen Gesellschafter von der Geschäftsführung ausgeschlossen. ²Ist die Geschäftsführung mehreren Gesellschaftern übertragen, so findet die Vorschrift des § 709 entsprechende Anwendung.

§ 711 Widerspruchsrecht

¹Steht nach dem Gesellschaftsvertrag die Führung der Geschäfte allen oder mehreren Gesellschaftern in der Art zu, dass jeder allein zu handeln

berechtigt ist, so kann jeder der Vornahme eines Geschäfts durch den anderen widersprechen. ²Im Falle des Widerspruchs muss das Geschäft unterbleiben.

§ 712 Entziehung und Kündigung der Geschäftsführung

(1) Die einem Gesellschafter durch den Gesellschaftsvertrag übertragene Befugnis zur Geschäftsführung kann ihm durch einstimmigen Beschluss oder, falls nach dem Gesellschaftsvertrag die Mehrheit der Stimmen entscheidet, durch Mehrheitsbeschluss der übrigen Gesellschafter entzogen werden, wenn ein wichtiger Grund vorliegt; ein solcher Grund ist insbesondere grobe Pflichtverletzung oder Unfähigkeit zur ordnungsmäßigen Geschäftsführung.

(2) Der Gesellschafter kann auch seinerseits die Geschäftsführung kündigen, wenn ein wichtiger Grund vorliegt; die für den Auftrag geltende Vorschrift des § 671 Abs. 2, 3 findet entsprechende Anwendung.

§ 713 Rechte und Pflichten der geschäftsführenden Gesellschafter

Die Rechte und Verpflichtungen der geschäftsführenden Gesellschafter bestimmen sich nach den für den Auftrag geltenden Vorschriften der §§ 664 bis 670, soweit sich nicht aus dem Gesellschaftsverhältnis ein anderes ergibt.

Anmerkungen zu den §§ 709–713

1. **Regelungsbereich.** Die Vorschriften behandeln nur die **Geschäftsführungsbefugnis** und damit das Innenverhältnis zwischen den Gesellschaftern. Gem § 714 entspricht aber die Vertretungsbefugnis nach außen der Geschäftsführungsbefugnis.

2. **Formen der Geschäftsführung. a) Einstimmigkeitsprinzip,** § 709 I. Eine Verpflichtung der einzelnen Gesellschafter zur Zustimmung besteht zwar grundsätzlich nicht. Die übrigen Gesellschafter haben aber einen klagbaren Anspruch auf Zustimmung, wenn eine notwendige Geschäftsführungsmaßnahme gem § 744 II HS 2 ansteht (BGH 17, 183) oder wenn ein Gesellschafter einer Maßnahme nicht zustimmt, die Zweck und Interesse der Gesellschaft erfordern und gegen die sich kein Zweckmäßigkeitsgesichtspunkt vorbringen lässt (LM Nr 2/3 zu § 709; Stuttgart NJW-RR 11, 40). Darüber hinaus kann die beharrliche Verweigerung jeder Mitwirkung bei der Willensbildung und Beschlussfassung zu einem Anspruch auf Zustimmung führen, gegen den nicht mehr Unzweckmäßigkeit sondern nur noch Pflichtwidrigkeit der geplanten Maßnahme eingewendet werden kann (BGH NJW 72, 862). Einstimmigkeit ist die ges Regelform, anders bei der OHG gem HGB 115. **b) Das Mehrheitsprinzip** mit Auslegungsregel zugunsten gleichen Stimmrechts aller Gesellschafter (§ 709 II); praktisch häufig ist jedoch das Stimmrecht nach Kapitalbeteiligung (BGH NJW 83, 819). Insbesondere bei Publikumsgesellschaften entspricht idR Beschlussfassung durch die Gesellschafterversammlung nach dem Mehrheitsprinzip gesellschaftsvertraglicher Regelung (BGH NJW 12, 1440: Beschluss über Auseinandersetzungsbilanz). **c) Geschäftsführungsbefugnis mehrerer Gesellschafter** mit der Wahlmöglichkeit zwischen Einstimmigkeits- und Mehrheitsprinzip (§ 710). **d) Einzelgeschäftsführung** eines oder mehrerer Gesellschafter (§§ 710, 711). Der Widerspruch der übrigen geschäftsführenden Gesellschafter hat Außenwirkung (§ 714), soweit der Geschäftspartner vom Widerspruch unterrichtet war (str, vgl BGH 16, 397; DStR 08, 1745 f; Loritz WM 80, 294); zur OHG vgl HGB 126 II, 115 mit abw Regelung. Ein Widerspruch, der Gesellschaftsinteressen offensichtlich außer acht lässt, ist wirkungslos (vgl LM Nr 11 zu § 105 HGB;

BGH NJW 86, 844). Soll ein Vertrag erkennbar nur durch mehrere Gesellschafter gemeinsam abgeschlossen werden können, so kommt er iZw erst dann zustande, wenn der letzte dieser Gesellschafter die notwendige Willenserklärung abgegeben hat. Dies gilt auch, wenn vorher bereits ein einzelvertretungsbefugter Gesellschafter
4 dem Vertragsschluss zugestimmt hat (BGH DStR 08, 1743). **e)** Die **gesellschaftsvertragliche Gestaltung** kann abw von den ges Typen Arbeitsteilung zwischen den Geschäftsführern oder Zustimmungspflichten nicht geschäftsführungsberechtigter Gesellschafter (BGH NJW 99, 572) vorsehen und eine körperschaftsähnliche Organisation mit bes Beschluss- und Vertretungsorganen (zB „Beirat") schaffen (vgl BGH BB 61, 304; **Lit:** Nitschke, Die körperschaftlich strukturierte Personengesellschaft, 1970). Die Geschäftsführung kann aber nicht insgesamt auf Dritte übertragen werden (s § 717 Rn 2), organschaftlicher Geschäftsführer bzw Vertreter kann nur ein Gesellschafter sein (BGH 33, 108; 36, 292; 41, 369; NJW-RR 94, 98); jedoch können Dritte durch Auftrag mit umfassenden Geschäftsführungsbefugnissen betraut und Generalbevollmächtigte sein, was faktisch zur weitgehenden Durchbrechung des Prinzips der *Selbstorganschaft* führt (BGH 36, 294 ff; NJW 82, 877; 1817; 83, 2499; 06, 2981; 11, 2042; NJW-RR 94, 98; ZIP 05, 1363; Werra, Zum Stand der Diskussion um die Selbstorganschaft, 1991 – s noch Rn 7). Bei Publikumsgesellschaften kann die Geschäftsführung für die Gesellschafter eine Rechtsberatung darstellen, die unter die Zulässigkeitskontrolle des Rechtsberatungsrechtes fällt (so für
5 das alte RBerG BGH NJW-RR 07, 1200). **f)** Die **vertragliche Vereinbarung** über die Geschäftsführung kann formlos und schlüssig getroffen sein (BGH 16, 396). Bei Umwandlung einer OHG in eine BGB-Gesellschaft gelten die alten Geschäftsführungsregeln weiter (BGH NJW 71, 1698; 87, 3126).

6 **3. Gegenstand der Geschäftsführung.** Dies sind alle Maßnahmen rechtsgeschäftlicher und tatsächlicher Art, die vom Gesellschaftszweck gedeckt sind. Eine der OHG entspr Regelung (HGB 116 I) mit der Einschränkung auf „gewöhnliche Geschäfte" kann gesellschaftsvertraglich vereinbart werden. Nicht zur Geschäftsführung gehören „Grundlagengeschäfte"; zur sog Geschäftschancenlehre s § 708 Rn 1.

7 **4. Grundlagengeschäfte.** Unter diesen überkommenen Begriff fasst man alle Geschäfte, die Zweck und Organisation der Gesellschaft ändern, insbes also Art der Geschäftstätigkeit, Höhe der Beiträge (vgl § 707 Rn 3), Gewinnbeteiligung (vgl §§ 721, 722 Rn 6), Auflösung, Ausschließung (vgl §§ 736, 737 Rn 7 ff), Änderung der Geschäftsführungsbefugnisse etc. **a)** Für Grundlagengeschäfte gilt der **Grundsatz der Einstimmigkeit,** weil sie den von allen Gesellschaftern als Vertragspartner geschlossenen Gesellschaftsvertrag ändern; anders uU bei Publikumsgesellschaften, wo das Einstimmigkeitserfordernis etwa für die Abberufung bzw Neubestellung eines Geschäftsführers mit § 242 kollidieren kann (BGH NJW 82, 2495; WM 83, 1407 betr Fremdgeschäftsführer; BGH 102, 178 f betr Gründungsgesellschafter). Vertragsänderung kann bei fehlender Aufklärung jugendlich unerfahrener Gesellschafter anfechtbar sein (BGH NJW 92, 302). Stillschweigende Änderung durch widerspruchslose Übung ist denkbar (BGH NJW 95, 2844; 96, 1678, 1680; zurückhaltend NJW-RR 05, 1196; Köln NZG 98, 767; anders bei Publikumsgesellschaft:
8 BGH NJW 90, 2684). **b)** Änderungen durch **Mehrheitsentscheidungen** (Lit: K. Schmidt § 16 II 4, III; Röttger, Die Kernbereichslehre im Recht der Personenhandelsgesellschaften, 1989; zum Verfahren Rn 19 ff) kann der Gesellschaftsvertrag vorsehen. Für wesentliche Änderungen genügen aber allgemeingehaltene Klauseln nicht, vielmehr muss sich das Mehrheitsprinzip insoweit aus dem Vertrag konkret und deutlich ergeben (BGH 8, 41 ff; 48, 253; 66, 85; NJW 83, 164); anders wiederum bei bes mitgliedsstarken Gesellschaften bzw Publikumsgesellschaften (BGH 85, 350; 71, 58; 170, 283; 179, 13; NJW 85, 973, 974; 91, 692; 12, 1440; hierzu schon Marburger NJW 84, 2252; Wiedemann JZ 83, 559; sa für Neueintritt bei Massengesellschaften §§ 738–740 Rn 10). Mehrheitsbeschlüsse können aber nicht den *Kernbereich gesellschaftlicher Rechte* oder bereits entstandene Ansprüche einzelner Gesellschafter entziehen (BGH 170, 288; 179, 21; NJW 85, 973, 974; 95, 195; 12,

Titel 16. Gesellschaft   §§ 709–713

1441; WM 86, 1557; dazu Löffler NJW 89, 2656; sa § 707 Rn 3); sie sind dem *Gleichbehandlungsgrundsatz* (§ 705 Rn 4) verpflichtet (BGH 85, 361; NJW 85, 974).
c) Eine **Verpflichtung zur Zustimmung** kraft gesellschaftlicher Treuepflicht 9
(§ 705 Rn 3) ist nur ausnahmsweise anzunehmen, wenn die verständige Weiterverfolgung des Gesellschaftszwecks eine Anpassung dringend gebietet (BGH 44, 41; 64, 257; NJW 11, 1669; neuere Beispielsfälle: NJW 85, 973, 974: Erhaltung der Liquidität, s aber NJW 11, 1669; NJW 87, 953 f und NJW-RR 05, 264: Nachfolgeregelung; BGH 102, 176: Abberufung eines Geschäftsführers aus wichtigem Grund – zum Ganzen Horn AcP 181, 271) und die Anpassung auch unter Berücksichtigung der eigenen Belange zumutbar erscheint (BGH 64, 257 f; NJW 87, 954; 95, 195; BGH 183, 1 = NJW 10, 65; 11, 1670); idR ist Zustimmungsklage erforderlich, anders bei Publikumsgesellschaften (BGH NJW 85, 974; NJW-RR 89, 995) oder bei ganz existentieller Bedeutung der Beschlussfassung (BGH WM 86, 1557).

5. Befugnis zur Rechtswahrnehmung. Die Befugnis zur Verfolgung von 10
Ansprüchen und Rechten der Gesellschaft bzw Gesellschafter ist primär eine Frage der Rechtsinhaberschaft und Geschäftsführungsbefugnis; die Stellvertretung nach außen wirft demgegenüber kaum Probleme auf. Es ist zu unterscheiden:
a) Ansprüche gegen Dritte bzw gegen Gesellschafter aus Drittverhältnissen (vgl § 706 Rn 10): Anspruchsinhaber ist die Gesamthand (BGH NJW 98, 1220: Mietzinsansprüche, entspr Anwendung von § 566 nach Gesellschafterwechsel; hierzu §§ 738–740 Rn 4). Zur Rechtsverfolgung und Stellvertretung (§ 714) sind nur die geschäftsführungsbefugten Gesellschafter berufen, §§ 709–711 (BGH 39, 15; 102, 154; BayObLGZ 90, 261). Partei eines Prozesses sind nach traditioneller Auffassung die durch ihre Geschäftsführer vertretenen Gesellschafter als notwendige Streitgenossen (BGH NJW 00, 291; WM 63, 729; Rostock NJW-RR 95, 381); sofern ein Gesellschafter aus Drittverhältnis verklagt wird, nur die „übrigen" Gesellschafter. Bei unvollständiger Angabe der Gesellschafter ist Berichtigung des Rubrums ausreichend – Aktivlegitimation und Prozessführungsbefugnis sind nicht betroffen (BGH NJW 97, 1236). Hält man die Gesellschaft mit der hM für parteifähig (BGH 146, 341; s § 705 Rn 1), so tritt sie selbst als Kläger auf, die Gesellschafter können nur als Prozessstandschafter klagen (Dresden NZG 06, 622; Brandenburg NZG 06, 381 f: schutzwürdiges eigenes Interesse hieran besteht grundsätzlich nicht; s aber BGH NJW 02, 2958; regelmäßig Klage der Gesellschaft gewollt – fragwürdig LG Berlin NJW-RR 02, 1378 –, deswegen kein Parteiwechsel, sondern Rubrumsberichtigung, BGH NJW 03, 1043; dazu Jacoby NJW 03, 1645; Eckert EWiR 03, 357; BGH NJW-RR 06, 42; zur Rechtsmittelbefugnis NZG 04, 613; zur Gesellschaft auf Beklagtenseite §§ 714, 715 Rn 10). § 432, der Ansprüche des einzelnen Gesellschafters rechtfertigen könnte, wird durch die spezielleren Organisationsvorschriften der §§ 709–711 verdrängt. Nur *ausnahmsweise* greifen die gesellschaftsrechtlichen Sondervorschriften nicht ein, wenn nämlich die anderen Gesellschafter im Zusammenwirken mit dem Schuldner die Rechtsverfolgung gesellschaftswidrig verweigern; dann besteht der Anspruch des Einzelgesellschafters aus § 432 unabhängig von der Geschäftsführungsbefugnis (großzügiger noch BGH 12, 313; sehr einschr aber BGH 17, 346; 39, 14 ff; 102, 155; NJW 00, 734; Stuttgart NJW-RR 11, 41; BGH WM 91, 1753: wirksames Handeln eines Gesellschafters einer zweigliedrigen Gesellschaft, wenn anderer Gesellschafter auf Grund § 181 selbst am Handeln gehindert ist und gleichzeitig seinen Gesellschaftsanteil treuhänderisch für den handelnden Gesellschafter hält). Diese Ausnahme gilt nur für die BGB-Gesellschaft, nicht für die OHG (BGH NJW 73, 2199). Sofern die Voraussetzungen des Notgeschäftsführungsrechts (§ 744 II) vorliegen, kann bei *allen* Personalgesellschaften der Gesellschafter in *eigenem* Namen auf Leistung an alle Gesellschafter klagen (BGH 17, 187; NJW 92, 113; s aber BFH NZG 98, 476: keine Anfechtungsbefugnis bzgl an GbR gerichteten Umsatzsteuerbescheid, zweifelhaft; vgl § 705 Rn 1 mN); der konstruktiv richtige Weg zu diesem Ergebnis führt über § 432: der entspr geltende § 744 II setzt die gesellschaftsrechtlichen Organisationsnormen außer Kraft und schafft damit Raum

Stürner

§§ 709–713   Buch 2. Abschnitt 8. Einzelne Schuldverhältnisse

für die Grundnorm § 432 (str; offen BGH DB 79, 979; vgl aber Düsseldorf NJW-RR 03, 514 und OLGR Karlsruhe 06, 237; sa §§ 743–748 Rn 15). Wenn die Voraussetzungen einer ausnahmsweisen Geltung des § 432 nicht vorliegen, muss der Gesellschafter notfalls die geschäftsführungsbefugten Mitgesellschafter auf Mitwirkung verklagen (BGH NJW 82, 641; 83, 1193; Stuttgart NJW-RR 11, 41). Zulässig ist gewillkürte Prozessstandschaft eines Gesellschafters (BGH NJW 88, 1586 f; 96, 2860) bzw Einziehungsermächtigung (BGH NJW 87, 3122). Für Gebührenforderungen der Anwaltssozietät nimmt BGH NJW 96, 2859 Gesamthandsgläubigerschaft
11 an, s §§ 428–430 Rn 3. **b) Ansprüche der Gesellschaft aus dem Gesellschaftsverhältnis** (Lit: Hadding, Actio pro socio, 1966; Steding, Actio pro socio – unfreundlicher Akt in Personengesellschaften?, Wirtschaftsrecht 93, 58; Bork/Oepen, Einzelklagebefugnisse des Personengesellschafters, ZGR 01, 551) werden von den geschäftsführungs- und vertretungsbefugten Gesellschaftern bzw vertretungsberechtigten Dritten (BGH NJW 83, 2498; s Rn 4) geltend gemacht; sie gehen auf Leistung an die Gesellschaft bzw nach traditioneller Auffassung an die Gesamtheit der Gesellschafter (Ausnahme: Auskunftsanspruch, der auf Leistung an die übrigen Gesellschafter geht). *Daneben* hat jeder Gesellschafter als Partner des Gesellschaftsvertrages einen Anspruch auf Erfüllung der vertraglichen Leistungspflichten an die Gesamthand (actio pro socio; BGH NJW 00, 505: Rückführung ungerechtfertigter Entnahmen); er entspricht dem Vertrag und bedarf keiner Herleitung aus § 432 (BGH 10, 101; 25, 49 f; NJW 73, 2199; 92, 1892: Gesellschaftsvertrag prägt auch inhaltliche Ausformung der actio, zB kein umfassender Auskunftsanspruch eines Kommanditisten). Die Einordnung als Prozessstandschaft oder vertraglicher Anspruch lässt BGH NJW-RR 10, 1123 neuerdings wieder zu Unrecht offen. Nur ausnahmsweise kann Leistung an den Anspruchsinhaber verlangt werden, wenn der Anspruchsgegenstand bei Auseinandersetzung einer Zweimanngesellschaft allein ihm zukommt (BGH 10, 102). Ihre Verfolgung kann vor dem Hintergrund treuwidrigen Verhaltens des klagenden Gesellschafters rechtsmissbräuchlich sein (BGH NJW-RR 10, 1123). Die actio pro socio wird mit dem Ausscheiden des klagenden Gesellschafters unzulässig (Karlsruhe NJW 95, 1296; hierzu Früchtl NJW 96, 1327 mN); ohne Zustimmung der übrigen Gesellschafter ist eine gewillkürte Prozess-
12 standschaft nicht möglich. **c) Ansprüche eines Gesellschafters gegen einen Mitgesellschafter** können entstehen, wenn dem Gesellschafter durch treuwidriges Verhalten des Mitgesellschafters individueller Schaden entstanden ist (BGH NJW 62, 859; Düsseldorf WM 83, 1320: rechtswidriger Ausschluss). Hierher gehören Ansprüche kapitalanlegender Gesellschafter einer Publikumsgesellschaft gegen Mitgesellschafter oder vertrauensbildende Repräsentanten der Publikumsgesellschaft früher aus cic, nunmehr aus §§ 311 II, 241 II, 280 I, falls bei Vertragsschluss Aufklärungspflichten verletzt sind (BGH 71, 286; 115, 213; NJW 95, 1025; 01, 360; NJW-RR 04, 1408; 06, 180; 10, 1070); Verjährung bisher analog InvG 127 V aF, VerkProsG 13 aF, BörsG 46 aF in einem Jahr seit Kenntnis mit dreijährigem Fristenlauf (zum vorausgehenden alten Recht mit Sechsmonatsfrist BGH 83, 222; NJW 01, 1203 für Immobilienfond); zum 01.06.12 werden diese Vorschriften aufgehoben bzw durch Vorschriften ohne Sonderregeln für Verjährung ersetzt (§§ 20 ff VermögensanlageG; BörsenG 52 nF mit Übergangsvorschriften; sa Suchomel NJW 13, 1129), so dass nunmehr von der Geltung der Regelverjährung gem §§ 195, 199 auszugehen ist (zur für den Verjährungsbeginn maßgeblichen Kenntnis fehlerhafter Information BGH 186, 152; NJW 11, 3574; NJW-RR 13, 99 zur zeitlichen Geltung der Neuregelung). Die Haftung greift nur gegenüber kapitalanlegenden Gesellschaftern, nicht gegenüber Gesellschaftsgläubigern (BGH NJW 81, 2810). Die geschilderten Haftungsgrundsätze können auch bei Bauherren- und ähnlichen Anlagemodellen für die Haftung der „Hintermänner" in Frage kommen (hierzu BGH 111, 314; 115, 213; 126, 166; Verjährung nun nach §§ 195, 199: 3 Jahre relativ; 10 Jahre absolut).

13 **6. Rechtsverhältnis zwischen Geschäftsführer und Gesamthand. a)** Auszugehen ist von der **grundsätzlichen Geltung des Gesellschaftsrechts,** so dass

Titel 16. Gesellschaft §§ 709–713

Auftragsrecht nur subsidiär gilt (§ 713). Der geschäftsführende Gesellschafter erfüllt gesellschaftsvertragliche Pflichten und haftet der Gesellschaft bzw der Gesamtheit der Gesellschafter (vgl Rn 11) aus §§ 705, 242, 708, 277 (vgl aber § 708 Rn 1 und 3). Zu Unrecht verneint der BGH den Anspruch auf Unterlassung von Maßnahmen, welche die Geschäftsführungsbefugnis überschreiten (BGH 76, 168; hierzu Scheider JR 80, 466; s aber BGH NJW 99, 572: Feststellungsklage). Sofern der Arbeitseinsatz für die Gesellschaft durch Ausübung eines Abgeordnetenmandats gemindert wird, besteht keine Schadensersatzpflicht des Gesellschafters, der sich zur ausschließlichen Widmung seiner Arbeitskraft für die Gesellschaft verpflichtet hatte (BGH 43, 384). Das gesellschaftsvertragliche Geschäftsführungsverhältnis ist kein Auftrags- und Dienstverhältnis (vgl aber Rn 16) und von „Drittverhältnissen" (§ 706 Rn 10) mit geschäftsbesorgerischem Inhalt zu unterscheiden (vgl auch Rn 10); zur Übertragung der Geschäftsführung auf Dritte vgl Rn 4 und §§ 713, 664. **b) Subsidiäre Geltung** **14** **des Auftragsrechts** (§ 713): **aa)** Die **Informationspflichten** gem §§ 713, 666 (Huber ZGR 82, 541; Wagner NZG 98, 657) sind vom Kontrollrecht der Gesellschafter (§ 716) und vom Rechnungslegungsanspruch vor Gewinnverteilung, Auseinandersetzung und Abfindung zu unterscheiden (§§ 721, 730, 738). Gläubiger ist die Gesellschaft bzw die Gesamtheit der Gesellschafter, Schuldner der Geschäftsführer; zur Geltendmachung dieses gesellschaftsvertraglichen Anspruchs vgl Rn 11. Der Anspruchsinhalt folgt aus § 259. Die vollständige Entbindung von der Rechnungslegungspflicht für die gesamte Dauer des Gesellschaftsverhältnisses kann gegen § 138 verstoßen (BGH WM 65, 710). **bb)** Gläubiger des **Herausgabeanspruchs** (§ 667) **15** ist die Gesellschaft bzw die Gesamthand; vgl Rn 11. Regelmäßig wird der Geschäftsführer aber als Vertreter der Gesellschafter handeln, so dass Direkterwerb der Gesamthand vorliegt; für Erfindungen des Geschäftsführers vgl § 706 Rn 8. **cc) Aufwendungsersatz** erfasst entspr HGB 110 I auch Verluste, die unmittelbar durch die Geschäftsführung oder die mit ihr untrennbar verbundenen Gefahren entstehen (SoeHadding § 713, 11; offen BGH NJW 60, 1569); aber kein Aufwendungsersatz für Schäden, die aus Verquickung mit eigenen Geschäften entstehen (BGH NJW 60, 1568). Gläubiger ist der Geschäftsführer, Schuldner die Gesamtheit der Gesellschafter mit dem Gesamthandsvermögen (vgl § 707 Rn 1). **c) Entgeltlichkeit** der **16** Geschäftsführung bedarf bes – ausdr oder stillschweigender – Vereinbarung (BGH 17, 301; Koblenz WM 86, 590). Das vertragliche Entgelt ist – anders als die Gewinnbeteiligung – nur zu zahlen, wenn der Geschäftsführer seine Tätigkeit tatsächlich ausübt (BGH 10, 53). Die Vorschriften der §§ 611 ff finden *entspr* Anwendung, es handelt sich um ein dienstvertraglich geprägtes gesellschaftliches Rechtsverhältnis, nicht aber um ein Drittverhältnis (unklar BGH NJW 63, 1052). Sofern gem § 616 die Vergütung bei unfallbedingter Krankheit fortbezahlt wird, kann sich der Schädiger im Verhältnis zum geschäftsführenden Gesellschafter hierauf nicht berufen (BGH NJW 63, 1051); anders bei fortbestehender Gewinnbeteiligung (BGH WM 64, 1272; aM zu Recht Kollhosser ZHR 129, 143). Zur Pflicht, der Erhöhung einer gesellschaftsvertraglichen Vergütung zuzustimmen, vgl BGH 44, 41 und Rn 9; zur Dienstleistung als Einlage § 706 Rn 8.

7. Entziehung und Kündigung. Sie folgen § 712. **a)** Die Vorschrift betrifft **17** insgesamt nur die **vertraglich vereinbarte Befugnis,** nicht also § 709 I (sehr str). Für die Entziehung gem I folgt diese Beschränkung aus dem Vergleich mit dem bewusst weiter formulierten HGB 117, der auch die ges Befugnis erfasst. Für die Kündigung gem II differenziert die hM ebenfalls zwischen BGB-Gesellschaft und OHG, bei der auch die ges Geschäftsführung kündbar sein soll. **b)** Der **Entziehungsgrund** muss für die Zukunft den anderen Gesellschaftern die Fortsetzung der Geschäftsführung bei Abwägung aller Interessen *unzumutbar* erscheinen lassen (BGH WM 67, 417; NJW-RR 08, 705), wobei strenge Anforderungen zu stellen sind. **c) Verfahren:** Einstimmiger oder mehrheitlicher Beschluss unter Ausschluss des betroffenen Gesellschafters, keine Klage; anders bei der OHG gem HGB 117. Bei Zweimanngesellschaft genügt Beschluss des anderen Teils (RG 162, 83; str). Zustim-

Stürmer

mungspflicht nach den Grundsätzen des Grundlagengeschäfts, vgl Rn 7 ff (auch
18 zu Besonderheiten bei Publikumsgesellschaften). **d)** Die **Wirkung** besteht in der
Wiederherstellung der ges Regelung des § 709 I für alle Geschäftsführer (vgl BGH
33, 108; str); der gerechtfertigte Beschluss hat sofortige Wirkung, eine spätere
gerichtliche Entscheidung nicht gestaltende, nur feststellende Bedeutung (BGH
NJW 83, 939). Bloße *Beschränkungen* sind durch Entziehung nicht erreichbar, nur
durch Vertragsänderung. **e) Vertraglicher Ausschluss** der Gestaltungsrechte ist
nach hM zulässig mit der Folge, dass nur §§ 723, 736, 737 zum Zuge kommen
(sehr str). **f) Kündigung aus wichtigem Grund** ist Amtsniederlegung und führt
unmittelbar zum Verlust der Geschäftsführungs- bzw Vertretungsbefugnis (zT krit
K. Schmidt DB 88, 2241).

19 **8. Grundregeln für Gesellschafterbeschlüsse. a) Rechtsnatur und Form
des Beschlusses.** Er ist ein „Sozialakt körperschaftlicher Willensbildung", also
weder ein Vertrag noch sonst ein RGeschäft unter Gesellschaftern (BGH 52, 318
für die GmbH; str). Diese Charakterisierung gilt für einstimmige Beschlüsse (sehr
str) und Mehrheitsbeschlüsse; Mehrheit bedeutet iZw (vgl § 709 II) Mehrzahl aller –
nicht nur der abstimmenden – Gesellschafter. Grundsätzlich ist der Beschluss formlos
möglich (BGH NJW-RR 05, 1196: auch stillschweigend, sa Rn 7). **b) Anwendungsbereich:** Vgl §§ 709, 710 S 2, 712, 715, 737. Der Gesellschaftsvertrag kann
in eindeutiger Form weitere Fälle der Beschlussfassung vorsehen, vgl Rn 4 und
20 8. **c) Unwirksamkeit des Beschlusses:** s Rn 8; ferner versäumte Ladung eines
Gesellschafters (zur GmbH: BGH NJW 62, 538 und für schwerwiegende Frist- und
Formmängel NJW-RR 06, 832; anders bei Publikumsgesellschaft, WM 83, 1407;
NJW 87, 1263 und 3121, auch zur Darlegungs- und Beweislast), aber § 32 I 2 bei
Einstimmigkeitsprinzip unanwendbar (BGH ZIP 94, 1523); verfehlte Schriftform
(BGH 66, 86 f). Unwirksamkeit kann inzidenter oder durch Feststellungsklage gel-
21 tend gemacht werden (BGH WM 66, 1036; BB 92, 595). **d)** Die **Stimmabgabe**
ist eine empfangsbedürftige Willenserklärung, auf welche die Vorschriften über
Anfechtung und Nichtigkeit Anwendung finden (BGH 14, 267); Widerrufbarkeit
besteht bis zum Zugang bei allen Gesellschaftern bzw beim Sitzungsleiter (teilw aA
Köln NZG 98, 767: Bindung von zustimmender Abgabe), bei Geschäftsführungsmaßnahmen jedoch bis zu ihrer Ausführung (sehr str); anders bei zuvor – auch
schlüssig – erklärtem Bindungswillen (BGH NJW-RR 90, 800). Eine Stimmrechts-
abtretung ist unwirksam (vgl § 717 Rn 2), die – *widerrufliche* – Bevollmächtigung
zur Stimmrechtsabgabe können Gesellschaftsvertrag oder Gesellschafterbeschluss
zulassen (BGH 3, 357 f; 20, 364; NJW 70, 468), nicht aber kann obligatorische
Vertretung einer Gesellschaftergruppe Vertragsinhalt sein (K. Schmidt ZHR 82,
527; offen BGH 46, 297; anders bei Kommanditisten, dazu NJW-RR 05, 39).
22 Ein Gesellschafter kann das Stimmrecht zugleich für sich selbst und als Vertreter
eines anderen Gesellschafters ausüben, weil § 181 auf den Sozialakt der Beschlussfassung nicht anzuwenden ist (BGH 52, 318; 65, 95 ff; Röll NJW 79, 630); anders
bei vertragsändernden Beschlüssen (BGH NJW 61, 724; BGH 65, 96; NJW 91,
692). Bei Interessenkollisionen ist iÜ Analogie zu § 34 (vgl §§ 743–748 Rn 11),
AktG 136 I, GmbHG 47 IV (Siegmund BB 81, 1674), GenG 43 VI denkbar (vgl
BGH 34, 371), uU auch Anwendung des § 181 (BGH NJW 91, 691 für Bestellung
zum Geschäftsführer). Jedenfalls besteht kein Stimmrecht des betroffenen Gesellschafters, wenn wichtige Maßnahmen *gegen* ihn Beschlussgegenstand sind (BGH
102, 176; NJW 69, 1484; 87, 1889 und 1891: Abberufung als Geschäftsführer aus
wichtigem Grund; BGH 97, 28: Geltendmachung von Ersatzansprüchen – alle für
GmbH; hierzu K. Schmidt NJW 86, 2018). Eine – klagbare – Pflicht zur Zustimmung besteht nur ausnahmsweise (vgl Rn 2 und 9; zur Arglisteinrede bei pflichtwid-
23 riger Stimmverweigerung vgl BGH 14, 37 f). Die vertragliche Stimmrechtsbindung *unter
Gesellschaftern* ist wirksam, es besteht klagbarer Erfüllungsanspruch, der gem ZPO
894 zu vollstrecken ist (BGH 48, 163 ff für GmbH); aber keine einstweilige Verfügung (Frankfurt BB 82, 274 – großzügiger Stuttgart NJW 87, 2449; Gerkan ZGR

85, 167 – differenzierend Baur/Stürner/Bruns Rn 53.21); bei *außenstehenden Dritten* ist die Vereinbarkeit mit der gesellschaftlichen Treuepflicht zu prüfen (vgl iÜ § 717 Rn 2). Der Ausschluss oder Entzug des Stimmrechts eines Gesellschafters ist grundsätzlich möglich, gilt aber nicht für Beschlüsse, die unmittelbar in die Gesellschafterstellung des Ausgeschlossenen eingreifen (BGH 20, 363; NJW 87, 3125); auch die Stimmrechtseinräumung an Dritte ist zulässig (BGH NJW 60, 964).

§ 714 Vertretungsmacht

Soweit einem Gesellschafter nach dem Gesellschaftsvertrag die Befugnis zur Geschäftsführung zusteht, ist er im Zweifel auch ermächtigt, die anderen Gesellschafter Dritten gegenüber zu vertreten.

§ 715 Entziehung der Vertretungsmacht

Ist im Gesellschaftsvertrag ein Gesellschafter ermächtigt, die anderen Gesellschafter Dritten gegenüber zu vertreten, so kann die Vertretungsmacht nur nach Maßgabe des § 712 Abs. 1 und, wenn sie in Verbindung mit der Befugnis zur Geschäftsführung erteilt worden ist, nur mit dieser entzogen werden.

Anmerkungen zu den §§ 714, 715

Lit: Altmeppen, Haftung der Gesellschafter einer Personengesellschaft für Delikte, NJW 96, 1017; ders, Deliktshaftung in der Personengesellschaft, NJW 03, 1553; Armbrüster, Die Schranken der „unbeschränkten" persönlichen Gesellschafterhaftung in der BGB-Gesellschaft, ZGR 05, 34; Beuthien, Die Haftung von Personengesellschaftern, DB 75, 725, 773; Brehm/Winter, Die Haftung des Vermögens einer Gesellschaft bürgerlichen Rechts für private Schulden der Gesellschafter, KTS 83, 21, 349; Flume, Schuld und Haftung bei der Gesellschaft bürgerlichen Rechts, FS H. Westermann, 1974, 119; Gummert, Haftung und Haftungsbeschränkung bei der BGB-Außengesellschaft, 1991; Hadding, Haftungsbeschränkung in der unternehmerisch tätigen Gesellschaft bürgerlichen Rechts, FS F. Rittner, 1991, 133; Kornblum, Die Haftung der Gesellschafter für Verbindlichkeiten von Personengesellschaften, 1972; Lindacher, Grundfälle zur Haftung bei Personengesellschaften, JuS 81, 431, 578, 818; JuS 82, 36, 349, 504, 592; Nicknig, Die Haftung der Mitglieder einer BGB-Gesellschaft für Gesellschaftsschulden, 1972; K. Schmidt, Zum Haftungsstatus unternehmenstragender BGB-Gesellschaften, FS Fleck, 1988, 271; ders, Schwierigkeiten mit dem Prozessrecht der GbR, oder: Steine statt Brot?, NJW 08, 1841; Timm, Die Rechtsfähigkeit der Gesellschaft bürgerlichen Rechts und ihre Haftungsverfassung, NJW 95, 3209; P. Ulmer, Vertretung und Haftung bei der Gesellschaft bürgerlichen Rechts, FS R. Fischer, 1979, 785; ders, Unbeschränkte Gesellschafterhaftung in der Gesellschaft bürgerlichen Rechts, ZGR 00, 339; G. Walter, Der Gesellschafter als Gläubiger seiner Gesellschaft, JuS 82, 81; sa Lit § 705.

1. Außenverhältnis. Im Außenverhältnis zwischen der Gesamthand und Dritten ist – ebenso wie bei sog Drittverhältnissen mit Gesellschaftern (vgl § 706 Rn 10) – *nach traditioneller Auffassung* davon auszugehen, dass die Gesellschaft – anders als etwa die OHG (HGB 124 I) – nicht (teil)rechtsfähig ist und folglich immer nur Rechte und Pflichten der gesamthänderisch verbundenen Gesellschafter entstehen können. Die Begriffe Gesamthands- und Individualschuld sollen nur zur Unterscheidung der Haftung von Gesamthands- und Privatvermögen dienen (Vor § 420 Rn 3; BGH NJW-RR 90, 567) und entgegen der neuerdings hM in Rspr und Lit (s § 705 Rn 1) nicht als Ausdruck einer Teilrechtsfähigkeit der BGB-Gesellschaft verstanden werden (Larenz, SchR II, § 60 IV c; Zöllner, FS Kraft, 1998, 701). Abzulehnen ist gegen BGH 146, 358 nach wie vor (s § 705 Rn 1) die teilw Gleichbehandlung von OHG und BGB-Gesellschaft und damit die akzessorische Gesellschafterhaftung entspr HGB 128 ff (so noch BGH 117, 176; 74, 242; sa § 705 Rn 1 mN). Demge- 2

§§ 714, 715 Buch 2. Abschnitt 8. Einzelne Schuldverhältnisse

genüber gehen mit einer *neueren Lehre* der BGH (BGH 146, 358; 148, 201; 150, 1; NJW 01, 2718, 2720; 03, 1445; 1803; BGH 178, 275 = NJW-RR 09, 255; NJW 11, 2042 u 2045; dazu K. Schmidt NJW 11, 2001) und einflussreiche Teile der Literatur (vgl K. Schmidt NJW 03, 1897; Ulmer ZIP 03, 1116; Westermann NZG 01, 289; Wiedemann JZ 01, 661) zumindest für die unternehmerisch tätige Außengesellschaft von der Teilrechtsfähigkeit aus; die Gesellschaft ist danach Gläubigerin und Schuldnerin; die Gesellschafter haften analog HGB 128 ff als Gesamtschuldner akzessorisch (BGH NJW 11, 2043; 13, 452 u 863 sowie 1090; sa NJW 10, 2197 zur Verjährung eines Freistellungsanspruchs). Ein Treugeber, für den ein Gesellschafter als Treuhänder einen Gesellschaftsanteil hält, haftet nicht nach HGB 128 ff (BGH 178, 275 ff = NJW-RR 09, 255; BGH 186, 261 = NJW-RR 10, 1404). Zwischen Gesellschaft und Gesellschaftern besteht keine Gesamtschuld; §§ 420 ff gelten wie bei der OHG nur entspr (BGH NJW 11, 2046: „gesamtschuldähnliches Verhältnis"; sa § 421 Rn 3; §§ 422–424 Rn 5; § 425 Rn 6, 10). Fragwürdig BGH NJW 04, 840 (sa ZIP 05, 1364; dazu krit Ulmer ZIP 05, 1341 und Altmeppen ZIP 06, 1; NJW-RR 06, 840; dazu Goette DStR 06, 337): Trotz Verpflichtung der Gesellschaft soll auch Gesellschafter gegenüber Kreditgeber eine Vollstreckungsunterwerfungserklärung abgeben müssen.

3 2. Rechte und Pflichten aus rechtsgeschäftlichem Handeln. a) Vertretung oder Selbsthandeln? Selbsthandeln der Gesamthand, also aller Gesellschafter, ist nach traditioneller Auffassung der ges Regelfall (s § 709 I); bei solchem Selbsthandeln findet überhaupt keine Stellvertretung statt. Die Gesellschafter erwerben – gesamthänderisch gebundene – Rechte und werden nach traditioneller Lehre als Gesamthänder und persönlich verpflichtet. Nach neuerer Auffassung ist zumindest die unternehmerisch tätige (Außen)Gesellschaft selbst berechtigt und verpflichtet und wird durch die geschäftsführungsbefugten Gesellschafter nach § 714 *vertreten* (BGH NJW 10, 2886), für die Gesellschafterhaftung gelten HGB 128 ff analog. Die Gesellschaft bzw die Gesellschafter gemeinschaftlich verfügen über Gegenstände und sie bzw die Gesellschaft verlieren dadurch Eigentum bzw Rechtsinhaberschaft. Verfügungen zugunsten eines Gesellschafters unterliegen AnfG 2–4 nF (früher AnfG 2, 3 aF) und führen zur Gesamtrückabwicklung nach AnfG 11, 1 nF (früher AnfG 7, 1 aF), auch wenn nur die Rechtshandlung *eines* Gesellschafters anfechtbar war **4** (BGH 116, 222 zum alten Recht; hierzu Gerhardt JZ 92, 724). **b) Stellvertretung durch einzelne Gesellschafter oder die Gesellschaftermehrheit** findet gem § 714 statt, wenn der Gesellschaftsvertrag (BGH NJW 10, 2887) die Geschäftsführungsbefugnis einzelnen Gesellschaftern oder der Mehrheit zugesteht (vgl §§ 709–713 Rn 2 ff). Dabei decken sich iZw Umfang der Geschäftsführungsbefugnis und der Vertretungsmacht (BGH 38, 34; gleich bei Drittgeschäftsführung, WM 83, 929, s §§ 709–713 Rn 4). Ungeachtet der neuen BGH-Rspr zur (Teil-) Rechtsfähigkeit der BGB-Gesellschaft (BGH 146, 341, s § 705 Rn 1) gilt gegenüber einem alleinvertretungsberechtigten Gesellschafter weiterhin das Zurückweisungsrecht aus § 174 S 1, wenn die Vollmacht nicht nachgewiesen wird (BGH ZIP 02, 175 f unter Berufung auf die mangelnde Publizität der BGB-Gesellschaft). Die Vollmacht zur Veräußerung eines Grundstücks bedarf eines Nachweises in der Form des GBO 29 (Hamm Rpfleger 07, 602 f; für Besonderheiten bei „Altvollmachten" München NJW-RR 10, 888). Einschränkungen der Vertretungsmacht im Gesellschaftsvertrag können Außenwirkung entfalten (BGH NJW-RR 96, 673). Bei Anwaltssozietäten ist idR jeder Anwalt geschäftsführungs- und damit vertretungsbefugt, so dass er jeweils alle Mitglieder der Sozietät berechtigt und verpflichtet (BGH 56, 357; 83, 330; 124, 47; NJW 00, 1334; 1561; zur „Scheinsozietät" BGH 70, 249; NJW-RR 88, 1300; NJW 91, 1225; 94, 257; 99, 3040; 00, 1334; vgl Rn 7, § 431 Rn 1 und §§ 428–430 Rn 3); Gleiches gilt für die echte ärztliche Gemeinschaftspraxis (BGH 97, 277 ff) sowie die Steuerberater-Sozietät (BGH WM 90, 191) u die gemischte Sozietät (BGH NJW 11, 2302) oder die Sozietät von Architektern (s BGH NJW 12, 539). Die Wirkung des Widerspruchs (§ 711) bei Einzelvertretungsbefugnis

Titel 16. Gesellschaft **§§ 714, 715**

mehrerer Gesellschafter im Außenverhältnis ist bei Unterrichtung des Geschäftspartners zu bejahen (str, vgl §§ 709–713 Rn 3). Einzelmandat bedarf besonderer ausdrücklicher oder stillschweigender Vereinbarung (BGH NJW 00, 1333; 1560; wohl auch BGH NJW 11, 2302)). Bei Gesamtvertretung durch zwei Gesellschafter führt der Wegfall eines vertretungsberechtigten Gesellschafters iZw nicht zur Alleinvertretung des verbleibenden Vertreters, vielmehr gilt die ges Regelung gem §§ 709, 714 (vgl BGH 41, 368). Übernimmt bei zweigliedriger Gesellschaft ein Gesellschafter den Abschluss nahezu sämtlicher Verträge, liegt konkludente Bevollmächtigung zur alleinigen Vertretung nahe (BGH NZG 05, 345; für konkludente Änderung des Gesellschaftsvertrags hingegen Wertenbruch NZG 05, 463; sa Wiedemann/Wimber EWiR 05, 629). Einer von zwei gesamtvertretungsberechtigten Geschäftsführern, der mit der Gesellschaft einen Vertrag abschließen will, kann den anderen Geschäftsführer wirksam zur Alleinvertretung der Gesellschafter ermächtigen (BGH 64, 72 ff für OHG; BAG NJW 81, 2374 für GmbH); statthaft kann auch eine eng gezogene Ermächtigung zu bestimmten Drittgeschäften sein (BGH NJW-RR 86, 778). Ein **5** Insichgeschäft (§ 181) zwischen Gesellschaft und einem der beiden gesamtvertretungsberechtigten Gesellschafter bedarf der Genehmigung des anderen vertretungsberechtigten Gesellschafters (BGH 184, 42 f = NJW 10, 862: konkludente Erteilung bei ausreichendem Kenntnisstand des nicht kontrahierenden Gesellschafters). Einen Vertretungsmangel im Prozess können die anderen Gesellschafter durch Eintritt in den Prozess als Vertreter und Genehmigung seitheriger Prozessführung heilen (BGH NJW 10, 2886). Vertretungsmangel bei Gesamtvertretung kann nur durch Genehmigung aller vertretungsberechtigten Gesamthänder erfolgen (Saarbrücken NJW-RR 09, 1489: § 179 für nicht vertretungsberechtigten Gesellschafter). Ggf muss Mitwirkung bei Prozessführung im Falle der Gesamtvertretung eingeklagt werden (Stuttgart NJW-RR 11, 40; sa §§ 709–713 Rn 2, 10). Der Gesellschaftsvertrag kann die Vertretungsbefugnis abweichend von der Geschäftsführungsbefugnis regeln. Insbes ist eine Beschränkung der Vertretungsbefugnis in der Weise möglich, dass Verpflichtungen der übrigen Gesamthänder nur mit auf das Gesamthandsvermögen *beschränkter Haftung* erfolgen dürfen (BGH NJW 79, 2306; 92, 1503; anders bei Einlageverpflichtung für GmbH und AG, BGH 78, 311; NJW 92, 2226); diese Beschränkung gilt nicht für Steuerschulden (BFH NJW 90, 3294; BVerwG NJW 94, 603). Nach bislang hM musste die Beschränkung Dritten bei Prüfung erkennbar sein (BGH NJW 79, 2306; 85, 619; 87, 3125; 92, 1503; NJW-RR 90, 867; 94, 99; sa Loritz WM 80, 294), bei fester Geschäftsverbindung bedurfte es eines ausdrücklichen Hinweises (BGH NJW 87, 3125 f mwN, dazu Rehbein JR 88, 153 f). Abweichend hiervon lehnt der BGH nunmehr (NJW 99, 3484; NJW-RR 05, 401; MittBayNot 08, 68) die Möglichkeit einer Haftungsbeschränkung durch einseitige Handlung der Gesellschaft (zB durch Bezeichnung als „GbR mbH") generell ab; erforderlich sei eine individualvertragliche Vereinbarung – sehr zweifelhaft! Zumindest für bestimmte Gesellschaftstypen (zB geschlossene Immobilienfonds, Bauherrengemeinschaft) sollen allerdings formularmäßige Beschränkungen weiterhin zulässig sein (BGH 150, 1; dazu Ulmer ZIP 03, 1116 ff; Kirberger EWiR 02, 1079; BGH NJW 11, 2042 u 2045; 13, 1091). Tritt eine GbR als KG auf und ist sie auch als solche eingetragen, so können die „Kommanditisten" ihre Haftungsbeschränkung auf die aus dem Handelsregister ersichtliche Einlage geltend machen (BGH JZ 91, 1035 mAnm Hadding zum alten Recht, nunmehr HGB 161 II, 105 II). Denkbar ist auch die *quotale Beschränkung* der Haftung mit dem Privatvermögen (BGH 134, 226; NJW 11, 2040 und 2045; NJW 13, 1091: keine Erhöhung der Quote bei Nichterreichen der geplanten Anzahl von Gesellschaftern ohne vertragliche Vereinbarung). Sie bedarf ebenfalls der Vereinbarung zwischen Gläubigern und Schuldnern und führt nur zur Anrechnung einer Leistung der Gesellschaft auf die quotale Haftung soweit sich dies aus dem Vertrag ergibt, § 366 ist nicht anwendbar (BGH NJW 11, 2040 und 2045 gegen BGH 134, 226; zust K. Schmidt NJW 11, 2001; NJW 13, 863; NZI 11, 868; sa § 366 Rn 1). Bei Überschreiten der Vertretungsmacht gelten §§ 177 ff, für Insichgeschäfte gilt § 181 (vgl aber §§ 709–713 Rn 22). Für

Stürner 1145

§§ 714, 715

6 Grundlagengeschäfte besteht ohne entspr Ermächtigung keine Vertretungsbefugnis der geschäftsführenden Gesellschafter (vgl §§ 709–713 Rn 7), wohl aber für Drittverhältnisse zu einzelnen Gesellschaftern (vgl § 706 Rn 10). Die *Wirkung* der Stellvertretung liegt nach traditioneller Auffassung in der Berechtigung und Verpflichtung aller Gesellschafter mit den Besonderheiten gesamthänderischer Organisation (vgl Rn 8 und 9 ff), nach neuer Lehre in Berechtigung und Verpflichtung der Gesellschaft selbst (§ 705 Rn 1, §§ 714, 715 Rn 2). Ausnahmsweise haften Vertreter der Gesellschafter aus vorvertraglichem Schuldverhältnis (§§ 311 II, 241 II, 280 I) selbst, wenn ein Geschäft sich auf ihren persönlichen Kredit gründet (§§ 709–713 Rn 12). Die *Sonderregelung* für OHG und KG schafft die von der Geschäftsführungsbefugnis unabhängige Vertretungsmacht der Vollgesellschafter (HGB 125, 126, 170); zur Wirkung vgl Rn 1 f.

7 **3. Schadensersatzpflichten aus rechtswidrigem Verhalten. a)** Sofern entspr der traditionellen Lehre **alle Gesellschafter Vertragspartei** sind (vgl Rn 3 ff), haften sie alle für das Verschulden ihres Mitgesellschafters gem § 278. Bei der Anwaltssozietät bzw ärztlichen Gemeinschaftspraxis begründete der BGH diese Haftung mit dem Garantiecharakter des mit der Sozietät geschlossenen Vertrags (BGH 56, 361; 97, 279 f; NJW-RR 88, 1299; 96, 314); ausdr nunmehr PartGG 8, BRAO 51a II mit Beschränkungsmöglichkeit; sa § 425 Rn 5. Auch wenn man mit der neueren Lehre die Gesellschaft selbst als Vertragspartei betrachtet, haftet sie für ihre Gesellschafter nach § 278 (aA Wertenbruch NZG 06, 413: § 31). **b)** Die **deliktische Haftung** trifft nach traditioneller Auffassung zunächst den handelnden Gesellschafter, die Mitgesellschafter nur gem § 831, der allerdings wegen des erforderlichen Abhängigkeitsverhältnisses selten vorliegen dürfte. Eine Haftung gem § 31 lehnte die Rspr ab (BGH 45, 311; vgl aber Beuthien DB 75, 725, 773; Altmeppen NJW 96, 1026); anders dagegen bei der stärker körperschaftlich strukturierten OHG (BGH NJW 52, 537). Die neuere Lehre von der Rechtsfähigkeit führt wie bei der OHG zur Haftung der Gesellschaft selbst nach § 31 und zur Haftung der Gesellschafter entspr HGB 128 (BGH NJW 03, 1445; BGH 172, 172 f = 07, 2491; die Anwendung von HGB 128 auf Deliktsverbindlichkeiten abl Altmeppen NJW 03, 1553; zust K. Schmidt NJW 03, 1897). Eine Anwaltssozietät kann für deliktisches Verhalten eines Scheinsozius entsprechend § 31 haften (s BGH 172, 172 NJW 07, 2491).

8 **4. Geltendmachung gesamthänderisch gebundener Rechte.** Vgl ausführlich §§ 709–713 Rn 10 ff.

9 **5. Gesamthand und Haftung für Verbindlichkeiten.** Vgl zur dogmatischen Einordnung gesamthänderischer Verpflichtung Vor § 420 Rn 3, 4 und Rn 1 f; ie gilt Folgendes: **a) Dritte als Gläubiger. aa)** Sofern man mit der *traditionellen Auffassung* die Gesellschafter als Schuldner der Verbindlichkeit betrachtet (vgl Rn 3 ff und 7), haften sie als **Gesamtschuldner** (BGH 56, 361; 72, 271). Dies folgt für vertragliche Schulden aus § 427, 431 (BGH NJW 92, 2226), für Ersatzpflichten aus unerlaubter Handlung aus § 840 I. Der eintretende Gesellschafter kann Altschulden übernehmen (BGH NJW 92, 1503; sa §§ 738–740 Rn 4). Auch bei Rückabwicklung eines Vertrages nach Bereicherungsrecht haften die Gesellschafter als Gesamtschuldner analog § 427 (BGH 61, 342; NJW 83, 1905; 85, 1828; Frankfurt NJW 86, 3144; zT krit H. P. Westermann ZGR 77, 552; Reuter JZ 86, 74; Crezelius JuS 86, 685; Kowalski NJW 91, 3183), ebenso für Lohn-, Gewerbe- und Umsatzsteuerschulden (BFH NJW 86, 2970; 90, 3294; BVerwG NJW 94, 602) und damit zusammenhängende Nebenleistungen (BFH NJW 90, 2086). Da die „Haftung der Gesellschaft" nach dieser traditionellen Auffassung nichts anderes ist als die Haftung der Gesellschafter mit ihrem Gesellschaftsvermögen (§§ 714, 715 Rn 1), stehen jedem Gesellschafter immer alle Einwendungen und Einreden zu, die durch Gesamthandeln (§§ 714, 715 Rn 3 f) begründet sind (im Ergebnis gleich BGH NJW 98, 2905). Hat der Dritte als Treuhänder eine gegen die Gesellschaft bestehende Forde-

Titel 16. Gesellschaft **§§ 714, 715**

rung mit Mitteln eines Mitgesellschafters erworben, so können die beklagten weiteren Gesellschafter die Einwendungen entgegenhalten, die ihnen gegen den Mitgesellschafter zustehen (BGH NJW-RR 02, 1461; Dauner-Lieb/Dötsch LMK 03, 28). *Ausnahmsweise* kann nach traditioneller Auffassung eine **gemeinschaftliche Schuld** aller Gesellschafter vorliegen, wenn nämlich die Leistung nicht von einem Gesellschafter, sondern nur von allen Gesellschaftern zusammen erbracht werden kann (zB Auflassung eines Gesellschaftsgrundstücks, str). Entgegen § 425 II haftet in solchen Fällen jeder Gesellschafter mit dem Gesamthandsvermögen auch für Nichterfüllungsansprüche (Larenz, SchR I, § 36 II c). Die *neuere Lehre* kommt hingegen in allen Fällen zumindest der unternehmerisch tätigen Außengesellschaft zur Haftung der Gesellschafter der Gesellschaft selbst und zur akzessorischen Haftung der Gesellschafter analog HGB 128 f bzw des eintretenden Gesellschafters analog HGB 130 (s § 705 Rn 1; §§ 714, 715 Rn 2; §§ 738–740 Rn 4). Der Erfüllungsort für die Schuld der Gesellschaft ist auch für die Verbindlichkeiten der Gesellschafter maßgeblich (BayObLG ZIP 02, 1998), ebenso die Verjährungsfrist (BGH NZG 10, 264 Rn 40 ff). Die Abgrenzung zwischen rechtsfähiger und nicht rechtsfähiger Gesellschaft bleibt unklar! **bb) Verfahrensrecht.** Die verklagten Gesellschafter waren und sind nach **10** zutr traditioneller Auffassung **einfache Streitgenossen** (aA offenbar BGH 146, 348: notwendige Streitgenossen). Gegenseitige Informationspflichten verwehren dem Einzelnen ein Bestreiten mit Nichtwissen bzgl der Geschäftstätigkeit der Gesellschaft (Celle NJW-RR 97, 290). Bei Massengesellschaften konnte der Kläger die Liste der Beklagten nach Angaben der Gesellschaft später noch ergänzen (BGH NJW-RR 90, 867). Der Titel gegen alle Gesellschafter (bzw Gesamtheit von Einzeltiteln) berechtigt zur Vollstreckung in das Gesamthandsvermögen (ZPO 736) und das übrige persönliche Vermögen der Gesellschafter (Baur/Stürner/Bruns Rn 20.26 ff). Der Einzeltitel berechtigt nur zur Vollstreckung in das persönliche Vermögen des Gesellschafters (vgl § 719 I), zu dem aber der Gesellschaftsanteil gehört (ZPO 859 I; vgl §§ 723–728 Rn 11). *Ausnahmsweise* kann nach traditioneller Auffassung bei gemeinschaftlicher Schuld **notwendige Streitgenossenschaft** bestehen (RoSchwab/Gottwald § 49 III 1b, str; aA BGH 146, 348: *stets* notwendige Streitgenossenschaft). Die Pfändung eines Anspruchs gegen die Gesamthand erfordert Zustellung des Pfändungsbeschlusses an alle Gesamthänder oder alternativ an den geschäftsführenden Gesellschafter (BGH NJW 98, 2904; sa 07, 995). Die *neuere Lehre* sieht in Fällen der unternehmerisch tätigen Außengesellschaft die Gesellschaft selbst als Partei, ein Titel gegen die Gesellschaft berechtigt (BayObLG NJW-RR 02, 992: nur) zur Vollstreckung in das Gesellschaftsvermögen (ZPO 736; BGH 146, 341, 348, 353). Die mitverklagten Gesellschafter sind Gesamtschuldner und unter sich einfache Streitgenossen (ZPO 59), ein Titel gegen sie erlaubt Vollstreckung in das jeweilige Privatvermögen (BGH 146, 341, 357; HGB 129 IV). Für die Zustellung an die Gesellschaft genügt die an einen der Gesellschafter, wenn kein Geschäftsführer bestellt ist (BGH NJW 06, 2192; Celle NZG 04, 614: ZPO 170 I, III). Zwischen Gesellschafter und Gesellschaft gelten §§ 420 ff nur analog (§§ 421 Rn 3; §§ 422–424 Rn 5; § 425 Rn 6, 10; §§ 714, 715 Rn 2). Urteil zugunsten der Gesellschaft wirkt für Gesellschafter; Urteil gegen den Gesellschafter schneidet dem Gesellschafter Einwendungen insoweit ab (BGH NJW-RR 06, 1269; HGB 129 analog); aber keine Rechtskraftwirkung eines Urteils gegen die Gesellschafter für und gegen die Gesellschaft selbst (BGH NJW 11, 2048). Nach der Rspr (BGH NJW 04, 3634; 07, 1813; OLGR Schleswig 06, 188) reicht eine Gesamtheit von Einzeltiteln gegen die Gesellschafter weiterhin zur Vollstreckung in das Gesellschaftsvermögen aus (aA MK/Ulmer § 705 Rn 321 und Habersack BB 01, 481: HGB 124 II analog). Immobiliarrechtliche Vollstreckungsmaßnahmen (Zwangsversteigerung, Zwangsverwaltung) gegen die Gesellschaft setzen nur voraus, daß die im Titel aufgeführten Gesellschafter im Grundbuch eingetragen sind (BGH NJW 11, 617; 1449; dazu § 899a, GBO 47 II, 82 S 3; anders noch BGH 179, 102, 111 f; ferner Reymann NJW 11, 1412; § 705 Rn 1). Die Haftung der Gesellschafter einer GbR für die Verbindlichkeiten der Gesellschaft ermöglicht es aber nicht, die Gesellschafter zur

Abgabe einer Willenserklärung zu verurteilen, die die Gesellschaft schuldet (BGH NJW 08, 1379). Hat die Gesellschaft einen Anwalt beauftragt, so ist eine Kostenfestsetzung nach RVG 11 gegen die Gesellschafter persönlich nicht zulässig (BGH NJW 05, 157 zu BRAGO 19 aF). **cc)** Zum **Ausgleichsanspruch** des Gesellschafters, der einen Gläubiger befriedigt hat, vgl § 707 Rn 2. **dd) Haftungsbeschränkung** auf das Gesamthandsvermögen kann durch individuelle vertragliche Vereinbarung erreicht werden (BGH NJW 13, 1090, ausf Rn 5). Für vor der Änderung der Rspr geschlossene Verträge soll eine solche Beschränkung aus Gründen des Vertrauensschutzes fortwirken (BGH 150, 1; NJW 13, 1090). Sofern die Gesellschafter die Rechtsscheinhaftung von KG-Gesellschaftern trifft, weil sie dem Auftreten als KG zugestimmt haben (§ 705 Rn 7; sa BGH JZ 91, 1035 und Rn 4 f), haften „Schein-
11 kommanditisten" nur bis zur Höhe ihrer Einlage. **b) Gesellschafter als Gläubiger. aa)** Als **Gläubiger eines Drittverhältnisses** (vgl § 706 Rn 10, § 707 Rn 1, § 708 Rn 1 und 2, §§ 714, 715 Rn 4 ff; §§ 731–735 Rn 9 aE) hat der Gesellschafter grundsätzlich die Stellung eines normalen Gläubigers (vgl Rn 9). Zur Vollstreckung in das Gesellschaftsvermögen genügt nach traditioneller Ansicht der Titel gegen die übrigen Gesellschafter (vgl ZPO 736), nach neuerer Lehre entsteht ein Titel gegen die Gesellschaft selbst. Mit ihrem Privatvermögen haften die Gesellschafter als Gesamtschuldner (§ 427 bzw HGB 128 I analog) unter Abzug des Verlustanteils des Gläubigers (BGH NJW 83, 749 mAnm G. Walter JZ 83, 260; Altmeppen NJW 09, 2241); str, ob der – nicht ausgeschiedene – Gesellschaftergläubiger zuerst Befriedigung aus dem Gesamthandsvermögen suchen muss (*Subsidiarität;* wohl hM, s BGH NJW 11, 1731; Walter JuS 82, 85) oder ob primäre Haftung gilt (offen BGH NJW
12 83, 749; sa § 707 Rn 2 mN). **bb)** Als **Gläubiger aus dem Gesellschaftsverhältnis** hat der Gesellschafter Ansprüche auf Aufwendungsersatz (§§ 713, 670) oder rückständigen Gewinnanteil (§ 721 II) gegen die Gesellschaft bzw die übrigen Gesellschafter nur als Träger des Gesamthandsvermögens ohne deren weitere persönliche Haftung (vgl § 707 Rn 1); ein Titel gegen die Gesellschaft bzw alle übrigen Mitgesellschafter (ZPO 736) ist erforderlich. Für den Abfindungsanspruch des Ausscheidenden (s §§ 738–740 Rn 7) soll im Anschluss an BGH 146, 341 nunmehr HGB 128 gelten (BGH 148, 201, 206). Ansprüche im Rahmen der Auseinandersetzung folgen eigenen Regeln, s § 731 ff. **c) Sonderregelung** für OHG: HGB 124, 128. **d) Haftung bei Gesellschafterwechsel:** vgl §§ 738–740 Rn 2 ff.

13 **6. Entziehung gesellschaftsvertraglicher Vertretungsmacht.** Zu § 715 vgl die entspr Ausführungen bei §§ 709–713 Rn 17 f; Sonderregelung in HGB 127.

§ 716 Kontrollrecht der Gesellschafter

(1) **Ein Gesellschafter kann, auch wenn er von der Geschäftsführung ausgeschlossen ist, sich von den Angelegenheiten der Gesellschaft persönlich unterrichten, die Geschäftsbücher und die Papiere der Gesellschaft einsehen und sich aus ihnen eine Übersicht über den Stand des Gesellschaftsvermögens anfertigen.**

(2) **Eine dieses Recht ausschließende oder beschränkende Vereinbarung steht der Geltendmachung des Rechts nicht entgegen, wenn Grund zu der Annahme unredlicher Geschäftsführung besteht.**

1 **a)** Der **Inhalt** des Kontrollrechts umfasst grundsätzlich keine Auskunft oder Information. Ein Auskunftsanspruch eines Gesellschafters gegenüber der Gesellschaft bzw der Gesamtheit der Mitgesellschafter ist nur ausnahmsweise zu bejahen, wenn §§ 716, 713, 666 keine ausreichende Information gewährleisten (BGH 14, 59 für GmbH alten Rechts; BGH BB 72, 1245; WM 83, 910); er folgt dann aus §§ 716, 242, zB wenn die Namen und Daten der Mitgesellschafter computermäßig gespeichert sind und ein Ausdruck verlangt wird (BGH NJW 10, 439; ähnlich NJW 11, 921). Zur *Abgrenzung* vom Auskunftsanspruch gegen den Geschäftsführer vgl §§ 709–713

Titel 16. Gesellschaft § 717

Rn 14. Kontrollrecht kann Anspruch auf Aushändigung der Geschäftsunterlagen begründen: OLGR Zweibrücken 05, 445. **b) Gläubiger** des Kontrollanspruchs ist der Gesellschafter, **Schuldner** sind die übrigen Gesellschafter, soweit sie die Unterrichtung tatsächlich verhindern oder ermöglichen können (BGH WM 62, 883). **c)** Das **Kontrollrecht als Verwaltungsrecht** ist grundsätzlich höchstpersönlich auszuüben. Die Beauftragung eines Dritten ist nur ausnahmsweise (lange Krankheit oder Abwesenheit) zulässig (BGH 25, 122 ff); die Wahrnehmung durch ges Vertreter Minderjähriger oder Betreuer (§§ 1896, 1902; s BGH 44, 98 ff) ist stets möglich. Die Höchstpersönlichkeit steht der Zuziehung eines geeigneten Sachverständigen nicht entgegen (BGH 25, 123), dessen ausnahmsweise Entbehrlichkeit die übrigen Gesellschafter zu beweisen haben (BGH WM 62, 883); uU Einschaltung eines neutralen Dritten zum Geheimnisschutz (BGH WM 82, 1403; zum Ganzen Saenger NJW 92, 348). **d)** Der **ausgeschiedene Gesellschafter** kann zur Kontrolle seines Abfindungsanspruchs Bucheinsicht gem §§ 810 f verlangen, das Kontrollrecht gem § 716 erlischt mit dem Ausscheiden (BGH NJW 08, 2991). **e) Sonderregelungen:** HGB 118, 166 (hierzu Huber ZGR 82, 539), 233.

§ 717 Nichtübertragbarkeit der Gesellschafterrechte

¹Die Ansprüche, die den Gesellschaftern aus dem Gesellschaftsverhältnis gegeneinander zustehen, sind nicht übertragbar. ²Ausgenommen sind die einem Gesellschafter aus seiner Geschäftsführung zustehenden Ansprüche, soweit deren Befriedigung vor der Auseinandersetzung verlangt werden kann, sowie die Ansprüche auf einen Gewinnanteil oder auf dasjenige, was dem Gesellschafter bei der Auseinandersetzung zukommt.

1. Anwendungsbereich. Die Vorschrift betrifft nur *Einzelrechte*, die der Gesellschafterstellung entfließen (zB Mitwirkung bei Geschäftsführung, Recht auf Entziehung der Geschäftsführungsbefugnis, Widerspruchsrecht gem § 711, Informations- und Kontrollrecht, s Hamm NZG 06, 823). Sie behandelt *nicht* die Übertragung der Mitgliedschaft insgesamt (vgl dazu §§ 718–720 Rn 7 f), ebenso wenig die Verfügung über den Anteil am Gesamthandsvermögen bzw an einzelnen Gesamthandsgegenständen (§ 719 I). Wie die grundsätzliche Unübertragbarkeit der Mitgliedschaft bzw des Vermögensanteils ist die Unübertragbarkeit von Einzelrechten Konsequenz des persönlichen Vertrauensverhältnisses unter den Gesellschaftern.

2. Unzulässigkeit der Übertragung einzelner Rechte. Sie ist *zwingenden Rechts* (str). Der Gesellschaftsvertrag kann also *nicht* vorsehen: die volle Übertragung der Geschäftsführung (vgl §§ 709–713 Rn 4), die Stimmrechtsübertragung (vgl §§ 709–713 Rn 21 ff), die Übertragung aller gesellschaftlichen Rechte an einen nicht weisungsgebundenen und nicht abberufbaren Treuhänder (BGH 44, 158). Jedoch können einem Treugeber, für den ein Gesellschafter den Anteil treuhänderisch hält, im Gesellschaftsvertrag unmittelbare Rechte zugebilligt werden (BGH 178, 276 = NJW-RR 09, 255; 03, 1392).

3. Ausnahmsweise abtretbare vermögensrechtliche Ansprüche. a) Aufwendungsersatz aus Geschäftsführung (§§ 713, 670), nicht aber Vorschussansprüche (§§ 713, 669). **b)** Ansprüche auf Gewinnanteil (§§ 721, 722; BGH WM 85, 1343) und Auseinandersetzungs- bzw Abfindungsguthaben (BGH JuS 81, 774; NJW 98, 1551, 1552; WM 08, 1549; §§ 731–734, 738 I 2). Sofern künftige Ansprüche vor ihrer Entstehung (BGH NJW 89, 453) abgetreten werden, hat der Zessionar keinen Anspruch auf Mitgestaltung der Bilanz (str), er kann aber Mitteilung der Gewinnhöhe von den Gesellschaftern verlangen (LM Nr 2 zu § 338 HGB aF; sa HGB 235). Die Abtretung künftiger Ansprüche geht ins Leere, wenn vor Entstehung der Ansprüche der Gesellschaftsanteil insgesamt an einen Dritten übertragen wird (BGH 88, 205 für GmbH; NJW 97, 3370 für stille Gesellschaft); gleich bei nachträglicher Pfändung des Gesellschaftsanteils (BGH 104, 351; NJW-RR 87, 989); anders bei

Nachfolge des Erben in die Gesellschaft (BGH NJW 97, 3370; NJW-RR 87, 989); sa § 398 Rn 9.

§ 718 Gesellschaftsvermögen

(1) **Die Beiträge der Gesellschafter und die durch die Geschäftsführung für die Gesellschaft erworbenen Gegenstände werden gemeinschaftliches Vermögen der Gesellschafter (Gesellschaftsvermögen).**

(2) **Zu dem Gesellschaftsvermögen gehört auch, was auf Grund eines zu dem Gesellschaftsvermögen gehörenden Rechts oder als Ersatz für die Zerstörung, Beschädigung oder Entziehung eines zu dem Gesellschaftsvermögen gehörenden Gegenstands erworben wird.**

§ 719 Gesamthänderische Bindung

(1) **Ein Gesellschafter kann nicht über seinen Anteil an dem Gesellschaftsvermögen und an den einzelnen dazu gehörenden Gegenständen verfügen; er ist nicht berechtigt, Teilung zu verlangen.**

(2) **Gegen eine Forderung, die zum Gesellschaftsvermögen gehört, kann der Schuldner nicht eine ihm gegen einen einzelnen Gesellschafter zustehende Forderung aufrechnen.**

§ 720 Schutz des gutgläubigen Schuldners

Die Zugehörigkeit einer nach § 718 Abs. 1 erworbenen Forderung zum Gesellschaftsvermögen hat der Schuldner erst dann gegen sich gelten zu lassen, wenn er von der Zugehörigkeit Kenntnis erlangt; die Vorschriften der §§ 406 bis 408 finden entsprechende Anwendung.

Anmerkungen zu den §§ 718–720

Lit: Flume, Gesellschaft und Gesamthand, ZHR 136, 177; Kießling, Das Gesamthandsprinzip bei Personalgesellschaften, FS Hadding, 2004, 477; K. Schmidt, Zum Haftungsstatus unternehmenstragender BGB-Gesellschaften, ZGR-Sonderheft 7, 271; Weber-Grellet, Die Gesamthand – ein Mysterienspiel?, AcP 182, 316; H. Wiedemann, Die Übertragung und Vererbung von Mitgliedschaftsrechten bei Handelsgesellschaften, 1965; sa Lit zu § 705.

1 **1. Wesen des Gesellschaftsvermögens.** Es ist ein dinglich gebundenes Sondervermögen der gesamthänderisch verbundenen Gesellschafter. Nach traditioneller Auffassung besteht keine begrenzte Rechtsfähigkeit der Gesellschaft; anders aber nunmehr der BGH und weite Teile der Literatur für die unternehmerisch tätige Außengesellschaft (BGH 146, 341; vgl § 705 Rn 1; §§ 714, 715 Rn 1 f).

2 **2. Bestandteile des Gesellschaftsvermögens. a) Aktive** Bestandteile sind die *Einlagen* der Gesellschafter und der Anspruch auf ihre Beiträge (vgl § 706 Rn 2 ff). Erwerb von Forderungen und Herrschaftsrechten durch Geschäftsführung entweder *unmittelbar* im Wege gesamthänderischen Selbsthandelns bzw der Stellvertretung (vgl §§ 714, 715 Rn 3 ff) oder *mittelbar* durch Handeln des Geschäftsführers in eigenem Namen, wobei dann die Gesamthand einen Übertragungsanspruch gegen den Geschäftsführer hat (vgl §§ 709–713 Rn 15). Auch der Geschäftswert einer anwaltlichen Praxis gehört zum Gesellschaftsvermögen (LM Nr 2 zu § 718). Die Surrogation (§ 718 II) erfasst insbes Früchte (§ 99) und Schadensersatz- bzw Versicherungsforderungen. **b) Passive** Bestandteile sind die Verbindlichkeiten, welche die Gesellschaft bzw die gesamthänderisch verbundenen Gesellschafter gemeinsam treffen; vgl hierzu

Titel 16. Gesellschaft §§ 718–720

§§ 714, 715 Rn 9 ff. **c) Besitzer** kann nach traditioneller Auffassung angesichts feh- 3
lender Rechtsfähigkeit nicht die „Gesellschaft" sein, sondern immer nur der einzelne
Gesellschafter (aA MK/Ulmer § 718, 36); dabei kann schlichter Mitbesitz oder
gesamthänderischer Mitbesitz vorliegen, uU auch mehrstufiger Besitz bei unmittelbarem Einzelbesitz nur einiger Gesellschafter (BGH 86, 307; 344; Baur/Stürner,
SachenR, 18. Aufl 2009, § 7 Rn 79 f); anders bei OHG bzw KG (BGH 57, 167;
str). Wenn man bei unternehmerisch tätiger BGB-Gesellschaft (Teil-)Rechtsfähigkeit bejaht (BGH 146, 341; NJW 02, 1207; s § 705 Rn 1), gilt insoweit dasselbe
wie bei der OHG: Besitz der Gesellschaft durch ihre „Organe".

3. Gesamthänderische Bindung des Vermögens. a) Das **Verbot der Verfü-** 4
gung über den Anteil am Gesellschaftsvermögen (§ 719 I) ist zwingend und
nicht vertraglich abdingbar. Von der Verfügung über den Vermögensanteil sind
aber Verfügungen über einzelne Ansprüche des Gesellschafters (§§ 721, 722 Rn 1)
oder über den Gesellschaftsanteil insgesamt zu unterscheiden (vgl hierzu Rn 7 ff).
b) Das **Verbot der Verfügung über den Anteil an einzelnen Gegenständen**
(§ 719 I) ist ebenfalls unabdingbar und zwingend; bei Verfügung eines Gesellschafters
über den *ganzen* Gegenstand können Gutglaubensvorschriften oder § 185 zur Wirksamkeit führen. Pfändungsverbot gem ZPO 859 I 2; zur gesamthänderischen Verfügung §§ 714, 715 Rn 3 ff. **c)** Der **Ausschluss eines Teilungsrechtes** muss im 5
Zusammenhang mit §§ 730 ff, 738 I 2 gesehen werden, die Auseinandersetzung
nach Auflösung bzw Ausscheiden vorsehen. **d)** Die **Aufrechnung gegen eine**
Gesamthandsforderung scheitert gem § 719 II an der Gegenseitigkeit, soweit der
aufrechnende Gläubiger nur einen einzelnen Gesellschafter zum Schuldner hat;
jedoch Verjährungsunterbrechung gem § 204 I Nr 5 (BGH 80, 222; Tiedtke BB
81, 1920). Der einzelne Gesellschafter kann aber die Erfüllung einer Gesamtschuld
aller Gesellschafter (vgl §§ 714, 715 Rn 9 f) verweigern, wenn ihr eine aufrechenbare
Forderung der Gesamthand gegenübersteht, arg § 770 II, HGB 129 III (vor BGH
146, 341 str; für die Erbengemeinschaft BGH 38, 126; vgl § 387 Rn 4).

4. Gutglaubensschutz. Der Schutz gutgl Schuldner, denen die gesamthänderi- 6
sche Bindung einer Forderung unbekannt ist (§ 720), ist vor allem bei mittelbarer
Vertretung (vgl Rn 2) von Bedeutung; er gilt auch bei Surrogationserwerb (hM).
§ 851 ist lex specialis.

5. Verfügungen über den Gesellschaftsanteil. a) Die **Abtretung des Ge-** 7
sellschaftsanteils insgesamt ist wirksam mit Einwilligung der übrigen Gesellschafter (BGH NJW-RR 10, 924 mN), sie ist bis zur Genehmigung schwebend unwirksam (vgl §§ 182 ff; s auch Hamm OLGZ 1989, 169). Dabei handelt es sich nicht
um eine Änderung des Gesellschaftsvertrages, sondern um eine *Verfügung* über ein
Recht (arg § 2033 I 1). Gegenstand der Anteilsveräußerung ist nicht das Gesamthandsvermögen, sondern die Mitgliedschaft als solche. Der Erwerber tritt als Einzelrechtsnachfolger voll in die mitgliedschaftliche Stellung des abtretenden Gesellschafters ein, ohne dass eine Übertragung einzelner Rechte und Pflichten stattfände
(BGH NJW 99, 715, 717; 98, 376); das Vermögen bleibt der Gesellschaft bzw dem
jeweiligen Gesellschafterkreis zugeordnet (BayObLG NJW-RR 99, 688). Daher
gibt es keinen gutgl Erwerb von Grundeigentum (§ 892) bei Veräußerung der
Anteile durch fälschlicherweise eingetragene Gesellschafter (BGH NJW 97, 860).
Aus §§ 717, 719 I folgt zwar das Zustimmungserfordernis, das statuieren aber insoweit
weder ein ges Verbot (§ 134) noch ein relatives Veräußerungsverbot (§ 135). Wenn 8
ein Gesellschafter die Genehmigung verweigert, ist die Abtretung endgültig unwirksam (zum Ganzen BGH 13, 179 ff). Diese Grundsätze gelten auch bei treuhänderischer Abtretung (BGH 24, 114), bei Verpfändung (BGH NJW-RR 10, 924) und
bei gleichzeitiger Abtretung aller Gesellschaftsanteile (Gesellschafterauswechslung,
BGH 44, 231; Düsseldorf NJW-RR 99, 699: Erlöschen bei einem einzigen Erwerber). Der Gesellschaftsvertrag kann die Zustimmungserklärung enthalten, die uU aus
wichtigem Grund widerrufbar ist; sofern statt Einstimmigkeit der Mehrheitsbeschluss

Stürner 1151

genügen soll, muss dies der Vertrag zweifelsfrei bestimmen (BGH WM 61, 303; vgl auch §§ 709–713 Rn 8). Die Übertragbarkeit kann auf einen bestimmten Personenkreis beschränkt sein (BGH NJW-RR 89, 1259). Der abtretende Gesellschafter und der Neugesellschafter können im – zustimmungsbedürftigen (offen BGH NJW-RR 09, 754) – Abtretungsvertrag bestimmen, inwieweit Ansprüche und Verbindlichkeiten aus dem Gesellschaftsverhältnis auf den Neugesellschafter übergehen (BGH 45, 221; WM 86, 1315); bei fehlender Vereinbarung gehen iZw im Interesse der Rechtsklarheit alle Rechte und Pflichten, die im Gesellschaftsvertrag ihre Grundlage haben, auf den Neugesellschafter über (BGH WM 86, 1315; ZIP 03, 435), nicht nur die aus den Büchern ersichtlichen (BGH 45, 221; WM 73, 169; Köln NZG 00, 979); vgl auch §§ 738–740 Rn 10. Ansprüche aus Grundstücksvermietung gehen analog § 566 I auf Neugesellschafter über (BGH NJW 99, 716; 98, 1220; sa §§ 709–713 Rn 10; § 740 Rn 4). Das kausale *Verpflichtungsgeschäft* ist formfrei, auch wenn Anteile an Grundstücksgesellschaften übertragen werden sollen (BGH 86, 367; NJW 98, 377; Frankfurt NJW-RR 96, 1123; Ausnahme: reine Umgehungsgeschäfte). **b) Pfändung:** ZPO 859 I 1, § 725; s §§ 723–728 Rn 9 ff. **c) Nießbrauchbestellung.** Unterscheide (BFH NJW 95, 1919; SoeStürner § 1068, 7–7g): **aa)** Nießbrauch an Gewinnansprüchen; zulässig (§ 717 Rn 3), aber unpraktisch (MK/Ulmer § 705, 107). **bb)** Nießbrauch am Gewinnstammrecht als dem Inbegriff aller dem Anteil entfließenden Gewinnansprüche; Zulässigkeit fraglich (BGH BB 75, 295), einkommensteuerrechtlich jetzt anerkannt (BFH NJW 76, 1656; SoeStürner § 1068, 7b). **cc)** Nießbrauch am Gesellschaftsanteil, wobei str ist, ob eine Aufspaltung der Mitgliedschaftsrechte erfolgt (MK/Ulmer § 705, 96 und die notarielle Praxis) oder ob treuhänderische Übertragung des Anteils auf den Nießbraucher geboten ist (SoeStürner § 1068, 7c–g; offen BGH 58, 318; NJW 99, 572). Unstr verbleibt dem Gesellschafter die Kompetenz zur Mitwirkung bei Grundlagenentscheidungen (BGH NJW 99, 572). Einwilligung der übrigen Gesellschafter stets notwendig. Eintragung durch Grundbuchberichtigung (Hamm DNotZ 77, 376; OLGZ 1987, 178; Stürner/Münch WuB § 859 ZPO 1/87; str). **d) Testamentsvollstreckung** vgl § 2205 Rn 3. **e) Für Verpfändung** gilt Gleiches wie für Nießbrauchbestellung (§ 1274 II). Bsp: LG Hamburg Rpfleger 82, 142; BGH NJW-RR 10, 924. Verpfändung des Anteils erlaubt Zugriff auf Gewinnbezugsrecht erst nach Vollstreckung aus dem Pfandrecht, § 1289 ist nicht analog anwendbar (BGH NJW-RR 10, 925: anders bei Verpfändung des Gewinnbezugsrechts, die § 1280 zu beachten hat; §§ 721, 722 Rn 1).

10   **6. Übernahme des Gesellschaftsvermögens.** Sie führte grundsätzlich nicht zur Haftung gem § 419 I aF, weil idR nur ein Teil des Gesamtvermögens jedes Gesellschafters übernommen wurde (BGH 27, 263; WM 85, 867; NJW 92, 112; sa § 419 Rn 6, 8. Aufl); zur Übernahme von Gesellschaftervermögen vgl § 706 Rn 6; zur Anfechtung von gesamthänderischen Verfügungen §§ 714, 715 Rn 3.

§ 721 Gewinn- und Verlustverteilung

(1) **Ein Gesellschafter kann den Rechnungsabschluss und die Verteilung des Gewinns und Verlusts erst nach der Auflösung der Gesellschaft verlangen.**

(2) **Ist die Gesellschaft von längerer Dauer, so hat der Rechnungsabschluss und die Gewinnverteilung im Zweifel am Schluss jedes Geschäftsjahrs zu erfolgen.**

§ 722 Anteile am Gewinn und Verlust

(1) **Sind die Anteile der Gesellschafter am Gewinn und Verlust nicht bestimmt, so hat jeder Gesellschafter ohne Rücksicht auf die Art und die Größe seines Beitrags einen gleichen Anteil am Gewinn und Verlust.**

Titel 16. Gesellschaft § 723

(2) **Ist nur der Anteil am Gewinn oder am Verlust bestimmt, so gilt die Bestimmung im Zweifel für Gewinn und Verlust.**

Anmerkungen zu den §§ 721, 722

1. Anspruch auf Gewinn. a) Inhalt. Gewinn ist der Überschuss des aktiven 1
Vermögens über die Gesellschaftsschulden und Einlagen am Stichtag (vgl § 734 für den Fall der Gewinnverteilung nach Auflösung). Gem § 722 I gilt mangels abw Regelung (zur schlüssigen Vereinbarung BGH NJW-RR 90, 736) Gewinnverteilung nach Kopfteilen, *nicht* nach Kapitalanteilen (Personalgesellschaft! s BGH NJW 99, 2762, 2767 für Innengesellschaft). **b) Anspruchsentstehung.** Der Anspruch entsteht bei der sog Gelegenheitsgesellschaft mit der Auflösung als Auseinandersetzungsanspruch (§§ 730, 734), bei Dauergesellschaften am Jahresschluss mit Feststellung der Bilanz (§ 721). Aus dem Gesellschaftsvertrag können Abweichungen folgen. Der Anspruch ist abtretbar und verpfändbar (BGH NJW-RR 10, 925; zur Unterscheidung von der Verpfändung des Anteils §§ 718–720 Rn 9). **c) Parteien und Gel-** 2
tendmachung vgl §§ 714, 715 Rn 12. **d) Nicht beanspruchter Gewinn** bleibt Gesellschaftsschuld (Berücksichtigung bei Auseinandersetzung gem § 733 I) und erhöht nicht die Einlage; anders HGB 120 II. Der Auszahlungsanspruch verjährte nach altem Recht 30 Jahre nach Feststellung der Bilanz durch die Gesellschafter (BGH 80, 358); nunmehr gilt gem § 195 die regelmäßige Dreijahresfrist.

2. Anspruch auf Rechnungsabschluss. a) Parteien und Inhalt. Der An- 3
spruch auf Rechnungsabschluss richtet sich gegen die übrigen Gesellschafter und geht auf Rechnungslegung (§ 259), bei wirtschaftlichem Gesellschaftszweck auf Errichtung der Bilanz (BGH 80, 358) durch die geschäftsführenden Gesellschafter oder auf Mitwirkung bzw Veranlassung des Abschlusses. Die Feststellung des Jahresabschlusses ist Angelegenheit der laufenden Verwaltung (BGH 170, 283). **b) Entste-** 4
hung vgl Rn 1. **c)** Der Anspruch auf Rechnungsabschluss bereitet den Anspruch auf Gewinnauszahlung vor (BGH NJW 00, 506) und ist vom Auskunfts- und Rechnungslegungsanspruch gegen den Geschäftsführer (§§ 709–713 Rn 14) und vom Kontrollrecht (§ 716) zu unterscheiden. Der Anspruch auf Rechnungsabschluss schließt den Anspruch auf Rechnungslegung in sich (BGH WM 60, 1122).

3. Verlustausgleichspflicht. Eine *Verpflichtung* zum Verlustausgleich bzw ein 5
Anspruch der Gesamthand auf Verlustausgleich entsteht erst im Rahmen der Auseinandersetzung (vgl §§ 707, 721 I, 735). Verlust ist der Fehlbetrag zwischen Gesellschaftsschulden und Einlagen einerseits und dem Aktivvermögen andererseits (§ 735). Der Verlust wird iZw nach Kopfteilen geteilt.

4. Abw vertragliche Vereinbarungen. Sie können betreffen den Entstehungs- 6
zeitpunkt, selbstständige Entnahmerechte (BGH NJW 00, 506; NJW-RR 94, 996; zur Rückforderung §§ 709–713 Rn 11) oder die Anteilshöhe (zB Abhängigkeit vom Kapitaleinsatz, BGH NJW 82, 2816); Ermittlung im Wege ergänzender Vertragsauslegung ist möglich (BGH NJW 82, 2817; NJW-RR 90, 737 für Ehegatteninnengesellschaft). Die Verlustbeteiligung kann ganz ausgeschlossen werden (BGH WM 67, 346); ebenso nach hM die Gewinnbeteiligung (Soe Hadding/Kießling § 722, 3; für GmbH BGH 14, 271). Die *Änderung* der Gewinn- bzw Verlustbeteiligung ist Grundlagengeschäft (§§ 709–713 Rn 7 ff); stillschweigende Änderung durch langjährige Übung ist möglich (BGH NJW 66, 826 für OHG).

5. Sonderregelungen. HGB 120–122; 167–169; 231–233. 7

§ 723 Kündigung durch Gesellschafter

(1) ¹**Ist die Gesellschaft nicht für eine bestimmte Zeit eingegangen, so kann jeder Gesellschafter sie jederzeit kündigen.** ²**Ist eine Zeitdauer**

Stürner 1153

bestimmt, so ist die Kündigung vor dem Ablauf der Zeit zulässig, wenn ein wichtiger Grund vorliegt. ³Ein wichtiger Grund liegt insbesondere vor,
1. wenn ein anderer Gesellschafter eine ihm nach dem Gesellschaftsvertrag obliegende wesentliche Verpflichtung vorsätzlich oder aus grober Fahrlässigkeit verletzt hat oder wenn die Erfüllung einer solchen Verpflichtung unmöglich wird,
2. wenn der Gesellschafter das 18. Lebensjahr vollendet hat.
⁴Der volljährig Gewordene kann die Kündigung nach Nummer 2 nur binnen drei Monaten von dem Zeitpunkt an erklären, in welchem er von seiner Gesellschafterstellung Kenntnis hatte oder haben musste. ⁵Das Kündigungsrecht besteht nicht, wenn der Gesellschafter bezüglich des Gegenstands der Gesellschaft zum selbständigen Betrieb eines Erwerbsgeschäfts gemäß § 112 ermächtigt war oder der Zweck der Gesellschaft allein der Befriedigung seiner persönlichen Bedürfnisse diente. ⁶Unter den gleichen Voraussetzungen ist, wenn eine Kündigungsfrist bestimmt ist, die Kündigung ohne Einhaltung der Frist zulässig.

(2) ¹Die Kündigung darf nicht zur Unzeit geschehen, es sei denn, dass ein wichtiger Grund für die unzeitige Kündigung vorliegt. ²Kündigt ein Gesellschafter ohne solchen Grund zur Unzeit, so hat er den übrigen Gesellschaftern den daraus entstehenden Schaden zu ersetzen.

(3) Eine Vereinbarung, durch welche das Kündigungsrecht ausgeschlossen oder diesen Vorschriften zuwider beschränkt wird, ist nichtig.

§ 724 Kündigung bei Gesellschaft auf Lebenszeit oder fortgesetzter Gesellschaft

¹Ist eine Gesellschaft für die Lebenszeit eines Gesellschafters eingegangen, so kann sie in gleicher Weise gekündigt werden wie eine für unbestimmte Zeit eingegangene Gesellschaft. ²Dasselbe gilt, wenn eine Gesellschaft nach dem Ablauf der bestimmten Zeit stillschweigend fortgesetzt wird.

§ 725 Kündigung durch Pfändungspfandgläubiger

(1) Hat ein Gläubiger eines Gesellschafters die Pfändung des Anteils des Gesellschafters an dem Gesellschaftsvermögen erwirkt, so kann er die Gesellschaft ohne Einhaltung einer Kündigungsfrist kündigen, sofern der Schuldtitel nicht bloß vorläufig vollstreckbar ist.

(2) Solange die Gesellschaft besteht, kann der Gläubiger die sich aus dem Gesellschaftsverhältnis ergebenden Rechte des Gesellschafters, mit Ausnahme des Anspruchs auf einen Gewinnanteil, nicht geltend machen.

§ 726 Auflösung wegen Erreichens oder Unmöglichwerdens des Zweckes

Die Gesellschaft endigt, wenn der vereinbarte Zweck erreicht oder dessen Erreichung unmöglich geworden ist.

§ 727 Auflösung durch Tod eines Gesellschafters

(1) Die Gesellschaft wird durch den Tod eines der Gesellschafter aufgelöst, sofern nicht aus dem Gesellschaftsvertrag sich ein anderes ergibt.

(2) ¹Im Falle der Auflösung hat der Erbe des verstorbenen Gesellschafters den übrigen Gesellschaftern den Tod unverzüglich anzuzeigen und, wenn

Titel 16. Gesellschaft §§ 723–728

mit dem Aufschub Gefahr verbunden ist, die seinem Erblasser durch den Gesellschaftsvertrag übertragenen Geschäfte fortzuführen, bis die übrigen Gesellschafter in Gemeinschaft mit ihm anderweit Fürsorge treffen können. ²Die übrigen Gesellschafter sind in gleicher Weise zur einstweiligen Fortführung der ihnen übertragenen Geschäfte verpflichtet. ³Die Gesellschaft gilt insoweit als fortbestehend.

§ 728 Auflösung durch Insolvenz der Gesellschaft oder eines Gesellschafters

(1) ¹Die Gesellschaft wird durch die Eröffnung des Insolvenzverfahrens über das Vermögen der Gesellschaft aufgelöst. ²Wird das Verfahren auf Antrag des Schuldners eingestellt oder nach der Bestätigung eines Insolvenzplans, der den Fortbestand der Gesellschaft vorsieht, aufgehoben, so können die Gesellschafter die Fortsetzung der Gesellschaft beschließen.

(2) ¹Die Gesellschaft wird durch die Eröffnung des Insolvenzverfahrens über das Vermögen eines Gesellschafters aufgelöst. ²Die Vorschrift des § 727 Abs. 2 Satz 2, 3 findet Anwendung.

Anmerkungen zu den §§ 723–728

1. Überblick. Die Vorschriften der §§ 723–728 nennen die ges Auflösungsgründe, die durch vertragliche Bestimmungen ergänzt werden können. Die Wirkung der Auflösung liegt in der Änderung des Gesellschaftszwecks, der nunmehr in der Liquidation bzw Abwicklung besteht; hierzu §§ 729, 730; §§ 731–735. Stets ist aber die Möglichkeit bloßen Ausscheidens (§§ 736–740) unter Vermeidung der Auflösung zu beachten. § 728 nF ist der InsO angepasst, die der BGB-Gesellschaft anders als das alte Recht Insolvenzfähigkeit zuerkennt (InsO 11 II Nr 1; vgl § 705 Rn 1).

2. Auflösungsgründe kraft vertraglicher Vereinbarung. a) Der **Zeitablauf** als vertraglicher Auflösungsgrund kann kalendermäßig festgelegt sein oder aus einem *Ereignis* folgen, dessen Eintritt aber anders als die Bedingung (vgl § 158 II) den „früheren Zustand" *nicht* eintreten lässt; ausdr Vereinbarung ist nicht erforderlich (BGH NJW 92, 2698). Durch einstimmigen Fortsetzungsbeschluss, der auch konkludent möglich ist, kann die Gesellschaft fortgeführt werden (zuletzt BGH NJW-RR 04, 472 f; BGH NJW 95, 2844: Aufschub der Liquidation nicht ausreichend). **b)** Die **Auflösung durch Gesellschafterbeschluss** ist stets möglich als einstimmiger Beschluss, als Mehrheitsbeschluss nur bei entspr vertraglicher Vereinbarung. An die Eindeutigkeit solcher Vereinbarungen sind hohe Anforderungen zu stellen (vgl §§ 709–713 Rn 8); zum Beschlussverfahren vgl §§ 709–713 Rn 19 ff. In der Veräußerung aller gesamthänderisch gebundenen Vermögensgegenstände im Rahmen eines Liquidationsvergleichs kann ein stillschweigender Auflösungsbeschluss liegen (BGH 26, 130). **c)** Sonderregelung: HGB 131 I Nr 1 und 2.

3. Vereinigung aller Gesellschaftsanteile in einer Hand. Sie ist zwingender Auflösungsgrund: keine Einmanngesellschaft (Düsseldorf NJW-RR 99, 619; BGH 65, 83; NJW 78, 1525; 81, 1956 für OHG; 08, 2992; 10, 3100; BayObLGZ 87, 56 für KG; aA wenn ein Anteil belastet oder mit Sonderrechten ausgestattet ist Baumann BB 98, 225; Weimar ZIP 97, 1769; LG Hamburg NZG 05, 927 für Belastung mit Nießbrauch; sa OLGR Schleswig 06, 141 und für Vorgesellschaften § 705 Rn 8).

4. Kündigung durch Gesellschafter. a) Rechtsnatur. Die Kündigung ist eine einseitige empfangsbedürftige Willenserklärung gegenüber den Mitgesellschaftern (Celle NZG 00, 586: Weiterleitung durch Geschäftsführer). Da sie die gesellschafts-

Stürmer

vertragliche Grundlage betrifft, kann der geschäftsführende Gesellschafter ohne bes Vollmacht (Celle NJW-RR 99, 1337, 1339) die Erklärung nicht für die übrigen Gesellschafter entgegennehmen (vgl §§ 709–713 Rn 6 ff); anders bei Publikumsgesellschaften (BGH NJW 00, 3558). Die Gestaltungswirkung der Kündigung (vgl Rn 1) verbietet ihre Bedingung, jedoch ist uU die vom Willen des Empfängers abhängige Bedingung zulässig, weil sie keine Rechtsunklarheit schafft (zB Kündigung, falls der Mitgesellschafter nicht einer Vertragsänderung zustimmt; sehr str). Die Kündigung kann nur einheitlich für den gesamten Anteil eines Gesellschafters
5 erfolgen (BGH 24, 106, 108; WM 89, 1221, 1223; str). **b)** Eine **Gesellschaft auf unbestimmte Zeit** (§ 723 I 1) liegt vor, wenn das Gesellschaftsende weder kalendermäßig noch durch ein Ereignis ausdr oder stillschweigend feststeht (vgl Rn 2); s iÜ § 724. Eine Unterbeteiligung, die auf die Dauer einer für unbestimmte Zeit abgeschlossenen Hauptgesellschaft gelten soll, besteht ebenfalls auf unbestimmte Zeit (BGH 50, 322). Den Grundsatz ordentlicher fristloser Kündigung (§ 723 I 1) kann der Vertrag durch eine Kündigungsfrist modifizieren, die aber das Recht auf außerordentliche fristlose Kündigung (vgl Rn 6) unberührt lässt (§ 723 I 2; zur Umdeutung BGH NJW 98, 1551). Der Gesellschaftsvertrag kann trotz § 723 III die ordentliche Kündigung für *bestimmte* Zeit ausschließen (hierzu BGH 50, 321; NJW 92, 2698), während der dann nur außerordentliche fristlose Kündigung möglich ist; für die Art der Zeitbestimmung gilt das zur Vertragsdauer Gesagte entspr (vgl Rn 2), insbes ist konkludenter Ausschluss der ordentlichen Kündigung denkbar (BGH 10, 98; NJW 79, 2305 mit Abgrenzung zu § 39 bei körperschaftlich strukturierten
6 Gesellschaften; vgl § 705 Rn 6). **c)** Die **Gesellschaft auf bestimmbare Zeit** (vgl Rn 2) kennt nur die außerordentliche fristlose Kündigung. Ein *wichtiger Grund* ist das Ergebnis einer Gesamtabwägung (BGH NJW 96, 2573; für zweigliedrige Gesellschaft: BGH NJW 06, 845) zwischen dem Gemeinschaftsinteresse der übrigen Gesellschafter und dem Individualinteresse des Kündigenden (BGH 84, 383; 169, 270; NJW 07, 589, NJW-RR 12, 1062); § 723 I 3 Nr 1 nennt nur Bsp. Ein wichtiger Grund liegt vor, wenn eine Fortsetzung der Gesellschaft unzumutbar ist, weil das Vertrauensverhältnis zwischen den Gesellschaftern grundlegend gestört ist oder ein gedeihliches Zusammenwirken aus anderen, insbes auch wirtschaftlichen Gründen nicht mehr möglich erscheint (BGH 84, 382 f; NJW 00, 3491; NJW-RR 12, 1062). Es gelten strenge Anforderungen (BGH NJW 98, 3771). *Obj Umstände*, zB endgültiges Fehlen jeglicher Rentabilität oder schwerwiegende Strukturveränderungen, berechtigen uU unabhängig von persönlicher Schuld zur Kündigung (BGH 71, 61; 84, 382; WM 80, 868); vorübergehende Schwierigkeiten (zB augenblickliche Verluste) oder zumutbare Strukturänderungen reichen dagegen nicht (BGH 84, 382). *Subj Umstände* als wichtiger Grund sind zunächst die vom Ges genannten Fälle (§ 723 I 3 Nr 1 und 2; zum Kündigungsgrund der Nr 2 nF s Rn 17), ferner alle Verhaltensweisen, die ein Verbleiben in der Gesellschaft unzumutbar machen, weil das wechselseitige Vertrauensverhältnis zerstört ist (BGH 80, 347 für GmbH; NJW 96, 2573 für Rechtsanwaltssozietät; 00, 3492 für Wirtschaftsprüfer; ZIP 02, 570 für Steuerberater), zB kollusiver Vollmachtsmissbrauch (BGH WM 85, 998); dies auch dann, wenn der geschäftliche Erfolg ungeschmälert bleibt vgl BGH 4, 112 f für HGB 142 aF; zur Aufhebung K. Schmidt NJW 98, 2166). Das Verhalten im persönlichen Lebensbereich kommt nur in Betracht bei unmittelbaren Auswirkungen auf das Gesellschaftsverhältnis (zB Ehebruch mit Ehefrau des Mitgesellschafters, BGH 4, 114; Kündigung der nichtehelichen Lebensgemeinschaft, Schleswig FamRZ 02, 96 f). Die Insolvenz eines Mitgesellschafters, die nach dem Gesellschaftsvertrag zu seinem Ausscheiden führt (§ 736), rechtfertigt ohne weitere besondere Gründe nicht die Kündigung aus wichtigem Grund durch andere Gesellschafter (BGH NJW-RR 12, 1062). *Maßgebende Gründe* sind solche, die bei Abgabe der Kündigungserklärung bestanden; nach den allg Grundsätzen (hierzu BGH NJW 58, 1136) können zunächst nicht benannte Gründe nachgeschoben werden, nicht aber erst später eintretende Gründe, die einen neuen Auflösungsgrund ergeben, soweit sie nicht Indizwirkung für alte Gründe haben (BGH NJW 00, 3492). Alte Gründe, über die eine Einigung

Titel 16. Gesellschaft §§ 723–728

bestanden hat, können zur Erhärtung neuer Auflösungsgründe herangezogen werden (LM Nr 2 zu § 723). **d)** Das **Verbot des Ausschlusses bzw der Beschränkung** von Kündigungsrechten (§ 723 III) gilt nicht bei Ausschluss der ordentlichen Kündigung für bestimmte Zeit (vgl Rn 5), es sei denn der Zeitraum ist unangemessen lang (BGH NJW 07, 295: 30 Jahre; NJW-RR 12, 1242: 31 Jahre bei Anlagebeteiligung), wohl aber bei völligem Ausschluss (LM Nr 1 zu § 723). Eine nichtige Beschränkung kann in einer unangemessen niedrigen Abfindung beim Ausscheiden (§§ 736, 738) liegen (vgl BGH NJW 73, 652; 85, 193; NZG 06, 425; NJW-RR 06, 1270; BGH 116, 359; 126, 232; ähnlich Bamberg NZG 98, 897; sa P. Ulmer NJW 79, 81 ff), ebenso in einer Vertragsklausel, die der Mehrheit die Entscheidung über die Verlängerung uneingeschränkt und ohne Rücksicht auf das Kündigungsrecht des Einzelnen überlässt (BGH NJW 73, 1602). Eine gesellschaftsvertragliche Fortsetzungsklausel stellt keine unzulässige Beschränkung dar (BGH NJW 08, 1943; 2987; s auch §§ 736, 737 Rn 3). § 723 III gilt für OHG (LM Nr 1 zu § 723), KG (BGH NJW 73, 1602) und stille Gesellschaft (BGH 23, 10; 50, 321; NJW 92, 2698). Eine den Anteilswert deutlich übersteigende Abfindungsregelung ist an § 138, nicht an § 723 III zu messen (OLGR München 06, 516). **e) Kündigung zur** 8 **Unzeit** ist ein Unterfall **missbräuchlicher Kündigung;** während die unzeitige Kündigung wirksam ist und nur Schadensersatzfolgen hat (§ 723 II 2), ist die missbräuchliche Kündigung grundsätzlich unwirksam (§ 242; BGH NJW 00, 3491 für arglistige Herbeiführung des Grundes). Aus diesen unterschiedlichen Rechtsfolgen folgt die Abgrenzung: Wo Schadensersatz als Ausgleich genügt, gilt § 723 II; ansonsten führt Missbrauch zur Unwirksamkeit als ultima ratio (aA van Venrooy JZ 81, 53). Der Gedanke des Rechtsmissbrauchs kann nie zum völligen Ausschluss der Kündigung führen (BGH 23, 16: Kündigung einer durch Vergleich eingeräumten Gesellschafterstellung). Macht ein Gesellschafter von einem wichtigen Kündigungsgrund keinen Gebrauch, dann besteht nach über einem Jahr die Vermutung, dass der Grund durch die spätere Entwicklung der gesellschaftlichen Beziehungen weggefallen ist (BGH NJW 66, 2160: angebliche Veruntreuungen eines OHG-Gesellschafters). **f)** Zum Verhältnis zwischen **Rücktritt** und Kündigung vgl § 706 Rn 5. **g) Sonderregelung:** HGB 131 I Nr 4 iVm 133–134; 131 III 1 Nr 3, 5 und 6.

5. Kündigung durch Pfändungsgläubiger. Sie folgt § 725. **a) Pfandobjekt** ist 9 der Gesellschaftsanteil insgesamt, nicht dagegen ein einzelner Vermögensgegenstand (ZPO 859 I; BGH 116, 224; vgl §§ 718–720 Rn 4, 7 ff). **b)** Das **Pfändungsverfahren** folgt ZPO 857 (Baur/Stürner/Bruns Rn 32.7; Rupp/Fleischmann Rpfleger 84, 223; Behr NJW 00, 1137, 1139; zum Verfahren ferner Roth ZGR 00, 187). Zustellung des Beschlusses an geschäftsführende Gesellschafter reicht aus (BGH 97, 392; sa § 715 Rn 10 und Baur/Stürner/Bruns Rn 32.7 Fn 30). Die Pfändung kann nicht in das Grundbuch eingetragen werden, da sie keine Änderung in der Verfügungsbefugnis der Gesellschafter für einzelne Gegenstände bewirkt (Hamm OLGZ 87, 175); etwas anderes gilt bei der Verpfändung (OLG Düsseldorf NJW-RR 04, 1111; str aA MK/Ulmer § 719, 56), bei der Nießbrauchbestellung am Gesellschaftsanteil (vgl §§ 718–720 Rn 9) und bei der Pfändung eines Miterbenanteils (vgl § 2033 Rn 7). **c) Wirkung** des Pfändungspfandrechtes. **aa)** Während des Fortbestehens der Gesell- 10 schaft verbleiben die Verwaltungsrechte beim Gesellschafter (BGH 116, 229); der Gläubiger kann gem II nach Pfändung und Überweisung des Anteils nur den Gewinnanspruch (vgl §§ 721, 722 Rn 1 f) geltend machen. **bb)** Der Gläubiger kann auf Grund des *endgültig* vollstreckbaren Titels kündigen. Rechtskräftiges Vorbehaltsurteil reicht bei noch anhängigen Nachverfahren nicht aus (LG Lübeck NJW-RR 86, 836); Kündigung gegenüber einem Gesellschafter reicht, soweit die übrigen Kenntnis erlangen (BGH NJW 93, 1002). Das Pfandrecht am Gesellschaftsanteil erfasst den Auseinandersetzungsanspruch (§ 717 S 2) und ermächtigt den Gläubiger zu allen der Befriedigung dienenden Maßnahmen, soweit sie im Recht des Gesellschafters begründet sind (ZPO 836 I), also insb zur gesellschaftergleichen Durchführung der Auseinandersetzung (BGH 116, 229; offen für Hilfsrechte wie zB Aus-

§§ 723–728 Buch 2. Abschnitt 8. Einzelne Schuldverhältnisse

11 kunftsansprüche; sa Gerhardt JZ 92, 724). **d) Gläubiger** ist entspr HGB 131 III 1 Nr 4, 135 nur der *Privatgläubiger* des einzelnen Gesellschafters, also nicht der Gläubiger aller Gesamthänder (hM, Schönle NJW 66, 1798); nur er kann also pfänden *und* kündigen. Der Gläubiger der Gesellschaft bzw aller Gesamthänder kann in das Gesamthandsvermögen vollstrecken (vgl §§ 714, 715 Rn 9 ff) und bedarf deshalb nicht der Auflösungsmöglichkeit. Im Rahmen der Vollstreckung in das persönliche Vermögen ist ihm aber die Möglichkeit einer Pfändung des Anteils *ohne* Kündigungsrecht zuzubilligen (vgl §§ 714, 715 Rn 10), die den Gewinnanspruch zuweist (vgl Rn 10). Ein Mitgesellschafter ist Privatgläubiger bei außergesellschaftlichen Ansprüchen; nur unter bes Umständen verstößt die Kündigung gegen § 242 (BGH
12 51, 87 für HGB 135 aF). **e)** Der **Rang** zwischen Pfandrechten an Einzelansprüchen (vgl § 717 Rn 3) und dem Pfandrecht am Anteil bestimmt sich nach dem Prioritätsgrundsatz; anders bei Abtretung künftiger Ansprüche und nachträglicher Pfändung des Gesellschaftsanteils, s § 717 Rn 3; § 398 Rn 9 mN. **f) Gegenwehr** der Mitgesellschafter: §§ 268; 736. **g) Sonderregelung:** HGB 131 III 1 Nr 4, 135 (hierzu BGH NJW 82, 2773; NJW-RR 09, 1698).

13 **6. Zweckerreichung bzw Zweckfortfall. a)** Der Auflösungsgrund des Zweckfortfalls (zB BGH NJW 81, 749) ist **zwingend.** Die Gesellschafter können *nach* Eintritt des Auflösungsgrundes die Fortsetzung der Gesellschaft mit einem anderen Zweck beschließen. Ein solcher Beschluss bedarf aber der Zustimmung *aller* Gesellschafter (BGH WM 63, 729). Zweckerreichung (zB BGH NJW-RR 05, 1008) kann erst eintreten, wenn alle Gesellschafter das geschuldete Kapital geleistet haben (BGH WM 88, 661). **b) Die Unmöglichkeit** ist nicht mit fehlender Rentabilität zu verwechseln und muss endgültig, nicht nur vorübergehend sein (BGH 24, 293; 84, 381).

14 **7. Tod eines Gesellschafters. a)** Er ist **Auflösungsgrund** (§ 727 I) sowie Beendigungsgrund in der zweigliedrigen Gesellschaft (BGH NJW 91, 844; aA Baumann BB 98, 225; Weimar ZIP 97, 1769; sa Rn 3), nicht aber Auflösung einer OHG oder jur Person, die an einer GbR beteiligt ist (BGH 84, 379). Der Erbe tritt in der Abwicklungsgesellschaft (vgl Rn 1) mit allen Rechten an die Stelle des Erblassers; ebenso die Erbengemeinschaft (BGH NJW 82, 171); Grundbuchberichtigung unter Vorlage von Erbschein und Gesellschaftsvertrag (BayObLGZ 91, 301; 92, 259); für GBO 29 Schleswig MittRhNotK 92, 151; München NJW-RR 10, 1667). Die Haftung der Erben – auch für die Sonderpflichten gem § 727 II – folgt § 708. Die Liquidationsgesellschaft unter Beteiligung des Erben (§ 727 II) kann durch einstimmigen Beschluss aller Gesellschafter in eine werbende Gesellschaft rückumgewandelt werden (Frankfurt NJW-RR 88, 225). **b)** Zur **abw gesellschaftsvertraglichen Gestaltung** vgl § 2032 Rn 5 ff und 10. **c)** Zur Verwaltung eines Gesellschaftsanteils durch einen **Testamentsvollstrecker** vgl § 2205 Rn 3–5; zur Nachlassverwaltung §§ 1984, 1985 Rn 3. **d) Sonderregelung:** HGB 131 III 1 Nr 1.

15 **8. Insolvenz eines Gesellschafters.** Die Auflösung durch die Insolvenz eines Gesellschafters (§ 728 II) schließt die Fortsetzung mit dem Gemeinschuldner *zwingend* aus; vgl aber § 736 zur Fortsetzung durch die übrigen Gesellschafter. **a)** Zur **Insolvenzmasse** gehört gem InsO 35, 36, ZPO 859 I 1 der Gesellschaftsanteil, nicht dagegen der einzelne Gegenstand des Gesamthandsvermögens (daher keine Eintragung eines Insolvenzvermerks für Grundstücke der Gesellschaft, vgl Rostock NJW-RR 04, 260; Zweibrücken ZIP 01, 1209). Der Insolvenzverwalter übt die Rechte des Inhabers des Gesellschaftsanteils aus (Zweibrücken ZIP 01, 1209) und betreibt außerhalb der Insolvenz die Auseinandersetzung (InsO 84 I); das Nettoguthaben gehört zur Masse, bei Fortsetzung der Gesellschaft der gesellschaftsvertragliche Abfindungsanspruch (BGH 170, 206). Ansprüche der Gläubiger *aller* Gesamthänder sind gem § 733 I vorweg befriedigt; gesellschaftsbezogene Ansprüche eines Gesellschafters gegen den Gemeinschuldner gewähren ein Absonderungsrecht am Nettoguthaben (vgl §§ 731 S 2, 756 S 1, InsO 84 I 2). Weil einzelne Vermögensgegen-

Titel 16. Gesellschaft **§§ 729, 730**

stände nicht insolvenzbefangen sind, können Gläubiger aller Gesamthänder gem ZPO 736 vollstrecken; anders bei Insolvenz *aller* Gesellschafter, weil hier auch die einzelnen Vermögensgegenstände von allen Insolvenzverfahren *gemeinsam* ergriffen werden (BGH 23, 314 f; str, abl mwN Baur/Stürner II Rn 33.2; offen Zweibrücken ZIP 01, 1208 f; beachte aber jetzt die Insolvenzfähigkeit der BGB-Gesellschaft und die damit zusammenhängenden Neuerungen, § 728 I mit InsO 11 II Nr 1, 93). Sonderfall: Nachlassinsolvenz; hier fällt nur der Anspruch auf das Auseinandersetzungsguthaben in die Masse (s § 717 Rn 3), der Verwalter kann entspr § 725 kündigen (BGH 91, 135 für OHG). **b)** Korrespondenzvorschrift zu § 728 II 2 ist InsO 118. **c) Sondervorschriften:** HGB 131 III 1 Nr 2 (hierzu K. Schmidt NJW 98, 2166); **16** zur Insolvenzfähigkeit der OHG HGB 131 I Nr 3, 144, InsO 11 II Nr 1, 93. **d)** Ein **Vergleichsverfahren** über das Vermögen eines Gesellschafters konnte früher wichtiger Kündigungsgrund sein; denkbar war auch die Erfüllungsablehnung entspr VerglO 50 II, 52 aF, die aber entgegen der Rspr (RG 147, 340) keine Gesellschaftsauflösung bewirkte (sehr str). Seit Inkrafttreten der InsO am 1.1.1999 geht die Eröffnung des Insolvenzverfahrens dem Insolvenzplanverfahren (InsO 217 ff) notwendig voraus (InsO 218 I 2, 13 I, 27 ff), so dass stets die Rechtsfolge nach § 728 II eintritt; schon vorher könnte aber die Anordnung von Sicherungsmaßnahmen gem InsO 21 ff im Eröffnungsverfahren als wichtiger Grund zur Kündigung berechtigen (str).

9. Kündigung nach Eintritt der Volljährigkeit. Lit: Grunewald ZIP 99, 597; **17** Glöckner ZEV 01, 46. Das BVerfG hat die unbegrenzte Verschuldung Minderjähriger durch Eltern für verfassungswidrig erklärt (BVerfG NJW 86, 1859). Die am 1.1.1999 in Kraft getretene *Reform* gestattet die Haftungsbeschränkung auf das bei Eintritt der Volljährigkeit existente Vermögen (§ 1629a nF, §§ 1990, 1991). Falls der Volljährige eine Gesellschaft nicht binnen drei Monaten kündigt, gilt die Vermutung für das Entstehen einer Verbindlichkeit *nach* Eintritt der Volljährigkeit und die Vermutung für die Existenz gegenwärtigen Vermögens bei Volljährigkeitseintritt. Die Neufassung des § 723 I wird diesem Zusammenhang gerecht. Zum Verkehrsschutz ist die Minderjährigkeit eines Kaufmanns oder Komplementärs ins Handelsregister einzutragen (HGB 106 III, 162 I, 29 II); sa § 1967 Rn 6, 7; § 2032 Rn 4, 9 und Habersack/Schneider FamRZ 97, 649 mN.

§ 729 Fortdauer der Geschäftsführungsbefugnis

¹Wird die Gesellschaft aufgelöst, so gilt die Befugnis eines Gesellschafters zur Geschäftsführung zu seinen Gunsten gleichwohl als fortbestehend, bis er von der Auflösung Kenntnis erlangt oder die Auflösung kennen muss. ²Das Gleiche gilt bei Fortbestand der Gesellschaft für die Befugnis zur Geschäftsführung eines aus der Gesellschaft ausscheidenden Gesellschafters oder für ihren Verlust in sonstiger Weise.

§ 730 Auseinandersetzung; Geschäftsführung

(1) Nach der Auflösung der Gesellschaft findet in Ansehung des Gesellschaftsvermögens die Auseinandersetzung unter den Gesellschaftern statt, sofern nicht über das Vermögen der Gesellschaft das Insolvenzverfahren eröffnet ist.

(2) ¹Für die Beendigung der schwebenden Geschäfte, für die dazu erforderliche Eingehung neuer Geschäfte sowie für die Erhaltung und Verwaltung des Gesellschaftsvermögens gilt die Gesellschaft als fortbestehend, soweit der Zweck der Auseinandersetzung es erfordert. ²Die einem Gesellschafter nach dem Gesellschaftsvertrag zustehende Befugnis zur Geschäftsführung erlischt jedoch, wenn nicht aus dem Vertrag sich ein anderes ergibt, mit der Auflösung der Gesellschaft; die Geschäftsführung steht von der Auflösung an allen Gesellschaftern gemeinschaftlich zu.

Anmerkungen zu den §§ 729, 730

1 **1. Wirkung der Auflösung.** Vgl schon §§ 723–728 Rn 1. Sie liegt *nicht* in der Beendigung der Gesellschaft. Sie besteht vielmehr fort, ändert aber ihren Zweck, der nunmehr ausschließlich in der Abwicklung besteht (§ 730 II 1). Die Formulierung des § 729 S 2 ist insofern etwas missverständlich, als sie sich auf die *Fortsetzung* der Gesellschaft unter den verbleibenden Gesellschaftern bezieht, die gerade keine Auflösung der Gesellschaft bewirkt. Die Pflichten der Gesellschafter der aufgelösten Gesellschaft sind dem geänderten Zweck anzupassen, und zwar sowohl Zahlungspflichten (BGH NJW 60, 434; NJW-RR 92, 543 für Schadensersatzansprüche; sa §§ 731–735 Rn 8 und 9) als auch Treuepflichten (kein Wettbewerbsverbot, BGH NJW 71, 802; anders aber Verbot einseitiger Nutzung immaterieller Gesellschaftsgüter, BGH NJW 80, 1629; 10, 2660: Mandantenwerbung nach reiner Sachteilung bei Freiberuflersozietät); daraus kann ein Anspruch gegen die Mitgesellschafter folgen, in die Kündigung von durch die Gesellschaft genutzten Telefon- und Faxanschlüssen einzuwilligen (Hamm NJW-RR 06, 929; zur Kündigung der Ehewohnung bei Ehegatteninnengesellschaft: Hamburg NJW-RR 01, 1013; München FamRZ 04, 1876).

2 **2. Geschäftsführungs- und Vertretungsbefugnis.** Die Geschäftsführungsbefugnis (§ 730 II 2) und damit die Vertretungsbefugnis steht allen Gesellschaftern gemeinschaftlich zu, die Verteilung der Geschäftsführung für die werbende Gesellschaft verliert im Abwicklungsstadium ihre Gültigkeit (vgl BGH NJW 11, 3088; WM 63, 249; Köln NJW-RR 96, 28). Der Gesellschaftsvertrag kann für die Abwicklung eine andere Lösung vorsehen, die auch im Wege ergänzender Vertragsauslegung ermittelt werden kann (BGH NJW 11, 3088); sie wird aber zB nicht zur Aufrechterhaltung der alten Geschäftsführung führen, wenn die seitherige Einzelgeschäftsführung für den Misserfolg verantwortlich ist. Auch bei einer Publikums-GbR bleibt es grundsätzlich bei der Grundregel des § 730 II 2, für eine analoge Anwendung von AktG 265 und damit das Fortbestehen der alten Geschäftsführungs- und Vertretungsregelung zur Liquidation bedarf es einer ausgeprägten kapitalgesellschaftlichen Struktur (BGH 155, 123 f; NJW 11, 3089; LG Nürnberg-Fürth NJW 10, 2960). Der *Schutz vor Unkenntnis* des Wechsels in der Geschäftsführungs- bzw Vertretungsbefugnis erfolgt über §§ 729, 169. Eine Auseinandersetzung nach Regeln des BGB findet bei Eröffnung des Insolvenzverfahrens über die Gesellschaftsvermögen nach neuem Recht (§ 730 I HS 2, InsO 11 II Nr 1) nicht statt; vielmehr wird nach den Regeln der InsO liquidiert (InsO 156 ff) oder saniert (InsO 217 ff, § 728 I 2). Des Weiteren findet – wie vor Geltung der InsO – keine Auseinandersetzung statt, falls gemeinsames Vermögen nicht (Frankfurt NJW-RR 96, 102) oder nicht mehr (BGH ZIP 93, 1307) vorhanden ist.

§ 731 Verfahren bei Auseinandersetzung

¹Die Auseinandersetzung erfolgt in Ermangelung einer anderen Vereinbarung in Gemäßheit der §§ 732 bis 735. ²Im Übrigen gelten für die Teilung die Vorschriften über die Gemeinschaft.

§ 732 Rückgabe von Gegenständen

¹Gegenstände, die ein Gesellschafter der Gesellschaft zur Benutzung überlassen hat, sind ihm zurückzugeben. ²Für einen durch Zufall in Abgang gekommenen oder verschlechterten Gegenstand kann er nicht Ersatz verlangen.

Titel 16. Gesellschaft §§ 731–735

§ 733 Berichtigung der Gesellschaftsschulden; Erstattung der Einlagen

(1) ¹Aus dem Gesellschaftsvermögen sind zunächst die gemeinschaftlichen Schulden mit Einschluss derjenigen zu berichtigen, welche den Gläubigern gegenüber unter den Gesellschaftern geteilt sind oder für welche einem Gesellschafter die übrigen Gesellschafter als Schuldner haften. ²Ist eine Schuld noch nicht fällig oder ist sie streitig, so ist das zur Berichtigung Erforderliche zurückzubehalten.

(2) ¹Aus dem nach der Berichtigung der Schulden übrig bleibenden Gesellschaftsvermögen sind die Einlagen zurückzuerstatten. ²Für Einlagen, die nicht in Geld bestanden haben, ist der Wert zu ersetzen, den sie zur Zeit der Einbringung gehabt haben. ³Für Einlagen, die in der Leistung von Diensten oder in der Überlassung der Benutzung eines Gegenstands bestanden haben, kann nicht Ersatz verlangt werden.

(3) Zur Berichtigung der Schulden und zur Rückerstattung der Einlagen ist das Gesellschaftsvermögen, soweit erforderlich, in Geld umzusetzen.

§ 734 Verteilung des Überschusses

Verbleibt nach der Berichtigung der gemeinschaftlichen Schulden und der Rückerstattung der Einlagen ein Überschuss, so gebührt er den Gesellschaftern nach dem Verhältnis ihrer Anteile am Gewinn.

§ 735 Nachschusspflicht bei Verlust

¹Reicht das Gesellschaftsvermögen zur Berichtigung der gemeinschaftlichen Schulden und zur Rückerstattung der Einlagen nicht aus, so haben die Gesellschafter für den Fehlbetrag nach dem Verhältnis aufzukommen, nach welchem sie den Verlust zu tragen haben. ²Kann von einem Gesellschafter der auf ihn entfallende Beitrag nicht erlangt werden, so haben die übrigen Gesellschafter den Ausfall nach dem gleichen Verhältnis zu tragen.

Anmerkungen zu den §§ 731–735

1. Überblick. Das **Verfahren der Auseinandersetzung** regelt nur die Verpflichtungen der Gesellschafter untereinander. Die *Außenhaftung* der Gesamthänder (vgl §§ 714, 715 Rn 9 f) bleibt unberührt. Deshalb können die Gesellschafter auch ein anderes Verfahren vereinbaren (s §§ 709–713 Rn 7 ff; Bsp: BGH ZIP 82, 1323; NJW 94, 796; 10, 2660: Teilung ärztlicher Gemeinschaftspraxis oder anderer Freiberuflersozietät; ZIP 98, 956: Abfindungsanspruch anstelle von Auseinandersetzungsguthaben; NJW 10, 2660: Aufteilung des Mandantenstammes durch Wettbewerb um bisherige Mandanten ohne zusätzliche Abfindung); Abweichungen können sich auch aus dem bei Auseinandersetzung zu beachtenden Grundsatz der Wirtschaftlichkeit ergeben (vgl Hamm NZG 04, 1106). 1

2. Gesetzliches Verfahren der Auseinandersetzung. Hier gilt folgende Reihenfolge (vgl aber stets Rn 6 ff): **a) Aussonderung fremder Vermögensgegenstände.** Hierzu gehören auch Einlagen, die zum Gebrauch eingebracht sind (§ 732 S 1; vgl § 706 Rn 7); kein Wertersatz für den Gebrauch (§ 733 II 3) oder bei Zufallsschaden (§ 732 S 2). Bei Einbringung dem Werte nach (vgl § 706 Rn 7) gilt Wertersatz (BGH WM 65, 745). **b)** Zur **Berichtigung gemeinschaftlicher Schulden** ist das Gesellschaftsvermögen erforderlichenfalls zu versilbern (§ 733 III). Es sind zu begleichen: Schulden gegenüber Dritten (vgl §§ 714, 715 Rn 9 f); Schulden gegenüber einem Gesellschafter aus einem Drittverhältnis (vgl §§ 714, 715 Rn 11); Schulden gegenüber einem Gesellschafter aus dem Gesellschaftsvertrag (vgl §§ 714, 715 2 3

§§ 731–735 Buch 2. Abschnitt 8. Einzelne Schuldverhältnisse

Rn 12), wozu insbes auch nicht *beanspruchter früherer Gewinn* zählt (§§ 721, 722 Rn 2). *Nicht* hierher gehören Schulden nur eines Gesellschafters gegenüber einem Mitgesellschafter (vgl §§ 709–713 Rn 12); gem §§ 731 S 2, 756 hat aber der Mitgesellschafter einen Anspruch auf Befriedigung aus dem Auseinandersetzungsguthaben (vgl
4 §§ 723–728 Rn 15). **c)** Die **Rückerstattung der Einlagen** ist ein Wertanspruch, es besteht kein Recht auf Rückgabe in Natur (§ 733 II 1). Die Versilberung des Vermögens (§§ 733 III, 731 S 2, 753, 754) ist der Regelfall (BGH 116, 228) bei illiquidem Gesamthandsvermögen (s aber zur Innengesellschaft § 705 Rn 24 ff). § 733 II 3 soll Bewertungsstreitigkeiten ausschließen; uU kann die Vertragsauslegung Wertersatzpflicht ergeben, zB wenn nicht bewertbare Dienste durch die Gewinnbeteiligung offenkundig nicht abgegolten sein sollten (BGH NJW 66, 501; 80, 1744) oder sich als bleibender Wert im Gesellschaftsvermögen niederschlagen (BGH NJW
5 86, 51). **d) Verteilung von Gewinn und Verlust. aa)** Der **Gewinn** (vgl §§ 721, 722 Rn 1) kann durchaus in Natur verteilt werden (§§ 731 S 2, 752), ggf ist also zB Auflassung nötig; jedoch wird Versilberung gem §§ 731 S 2, 753 f die Regel sein; vgl auch Rn 3 aE. **bb)** Die **Verlustbeteiligung** dient der Deckung von Schulden und Einlagen, so dass die Rückzahlung der Einlagen Gemeinschaftsrisiko der Gesellschafter ist (BGH NJW 80, 1745). Der Vertrag kann Verlustbeteiligung ausschließen (BGH WM 67, 346); vgl auch § 707 Rn 1 f, §§ 721, 722 Rn 5, 6. Bei einer Publikumsgesellschaft kann die ausserordentliche Nachschusspflicht gem § 735 S 2 durch Mehrheitsbeschluss zusammen mit der Aufstellung der Auseinandersetzungsbilanz beschlossen werden, falls greifbare Anhaltspunkte für entsprechende Ausfälle bestehen (BGH NJW 12, 1441 f).

6 **3. Ansprüche der Gesellschafter einer Abwicklungsgesellschaft. a)** Jeder Gesellschafter hat gegen alle übrigen Gesellschafter einen **Anspruch auf Zustimmung zu einem Auseinandersetzungsplan,** der den ges Regeln (vgl Rn 2 ff) entspricht, ferner auf Vornahme der notwendigen Vollzugsmaßnahmen. Auch die öffentliche Veräußerung kann vom kündigenden Gesellschafter verlangt werden, soweit sich die übrigen Gesellschafter jeder Liquidation widersetzen und das Gesellschaftsvermögen nur aus einem einzigen Gut besteht (BGH 116, 227; hierzu Gerhardt JZ 92, 724). Darüber hinaus besteht der vorbereitende **Anspruch auf Rechnungsabschluss** (vgl §§ 721, 722 Rn 3 f). Auskünfte, die zur Abrechnung notwendig sind, dürfen nicht wegen vermeintlicher anderweitiger Ansprüche zurückgehalten werden (BGH WM 69, 591). Die gesellschaftsrechtliche Treuepflicht verlangt von den Gesellschaftern eine zutreffende und vollständige Information der Mitgesellschafter über im Rahmen der Auseinandersetzung relevante
7 vermögensrechtliche Belange (BGH NJW-RR 03, 169). **b) Ansprüche auf Erstattung der Einlage und Gewinnauszahlung** gehen grundsätzlich im Anspruch auf das Auseinandersetzungsguthaben auf, der erst nach Erstellung des Auseinandersetzungsplans (Rn 6), Schuldentilgung (BGH NJW-RR 06, 468: anders bei vermögensloser zweigliedriger Gesellschaft) und Versilberung geltend gemacht werden kann (LM Nr 5 zu § 730; BGH NJW-RR 88, 1379; NJW 95, 189; 99, 3557). Grund: Vermeidung von Hin- und Herzahlungen. Ausnahmsweise ist isolierte Geltendmachung unmittelbar bei Auflösung möglich, wenn das Guthaben jedes Gesellschafters ohne bes Abrechnungsverfahren sofort zu ermitteln ist (LM Nr 5 zu § 730; BGH NJW 95, 188; 99, 3557), wenn ein Anspruch auf Rückzahlung der Einlage unabhängig vom Verlust bestehen soll (BGH WM 67, 346) oder wenn in einer zweigliedrigen GbR kein zu liquidierendes sonstiges Gesellschaftsvermögen mehr vorhanden ist, wobei es dann auch keiner Auseinandersetzungsbilanz bedarf (BGH NJW-RR 07, 245). Der Anspruch aus § 732 S 1 (vgl Rn 2) kann grundsätzlich sofort geltend gemacht werden. Der Anspruch des
8 einzelnen Gesellschafters richtet sich gegen die übrigen Gesellschafter. **c) Ansprüche der Gesellschaft bzw der gesamthänderisch verbundenen Gesellschafter gegen einen einzelnen Gesellschafter** (vgl §§ 709–713 Rn 11), zB auf Zahlung rückständiger Beiträge oder auf Schadensersatz, werden auch während der

Auseinandersetzung nach allg Regeln (insbes actio pro socio) geltend gemacht. Sie erlöschen aber und werden zum bloßen Abrechnungsposten, wenn der geschuldete Betrag zur Abwicklung nicht benötigt wird und dem schuldenden Gesellschafter auf jeden Fall ein Guthaben auch bei Berücksichtigung der Verbindlichkeit verbleibt (BGH NJW 60, 433 f; 78, 424; NJW-RR 92, 543); Klage auf Feststellung des Teilpostens bei Auseinandersetzung ist zulässig (BGH NJW 84, 1455; BB 84, 1787). **d) Gesellschaftsvertragliche Ansprüche des einzelnen Gesellschafters gegen die Gesellschaft bzw die Gesamthänder** (vgl §§ 714, 715 Rn 12) können nicht mehr selbstständig geltend gemacht werden, sie sind im Abwicklungsstadium (BGH NJW 11, 1732) vielmehr unselbstständige Rechnungsposten der Auseinandersetzungsrechnung (BGH 37, 304, stRspr, s BGH NZG 06, 460 mwN; WM 89, 1851 für Auseinandersetzung einer Innengesellschaft). Dies gilt auch für den Anspruch eines Mitgesellschafters gegen den andern auf anteilige Erstattung nach Erfüllung einer alle Gesamthänder treffenden Gesamtschuld (§ 426 I) und den nach § 426 II übergegangenen Anspruch des Gläubigers (BGH 37, 305; 103, 72; NJW 05, 2620; § 707 Rn 2; krit zum Forderungsübergang nach § 426 I Hadding/Häuser WM 88, 1585, 1592); es entfällt dann auch die Zahlungspflicht des für den Ausgleichsanspruch akzessorisch haftenden Bürgen (Koblenz NJW-RR 88, 1250). Ansprüche bestehen aber fort (vgl ähnlich oben Rn 7), wenn schon vor Beendigung der Auseinandersetzung feststeht, dass *mindestens* der verlangte Betrag verlangt werden kann (BGH 37, 305; 103, 72; NJW 80, 1628; WM 81, 487; NJW-RR 88, 997; 91, 549; NJW 95, 188 mN; 11, 1731; sa § 707 Rn 1) oder wenn sich aus dem Gesellschaftsvertrag die Selbstständigkeit der Ansprüche ergibt (BGH NJW 98, 376). Feststellungsklage gegen/ auf Berücksichtigung eines Betrages als Auseinandersetzungsposten ist stets zulässig (BGH NJW 95, 189), bei auf Grund fehlender Auseinandersetzungsrechnung noch unbegründeter Leistungsklage ist entspr Umdeutung geboten (BGH NJW-RR 93, 1187; NJW 95, 189; NZG 02, 519; 03, 215). Ansprüche aus einem *Drittverhältnis* (vgl §§ 714, 715 Rn 11) unterliegen auch im Abwicklungsstadium keiner Durchsetzungssperre und können selbstständig geltend gemacht werden (BGH NZG 06, 460 – Aufgabe von WM 71, 932; 78, 90; sa schon NJW-RR 00, 1296 für den Gegenleistungsanspruch für nach Ausscheiden an Gesellschaft erbrachte Leistung). Kein Anspruch aus einem Drittverhältnis ist gegeben und deshalb isolierte Geltendmachung möglich bei einem Ausgleichsanspruch (§ 426 I) wegen vor Ausscheiden entstandener, aber erst danach erfüllter Steuerschuld der Gesellschaft (BGH NJW 05, 2620).

4. Sonderregelungen. HGB 145, 149, 154, 155 ff, 235.

§ 736 Ausscheiden eines Gesellschafters, Nachhaftung

(1) **Ist im Gesellschaftsvertrag bestimmt, dass, wenn ein Gesellschafter kündigt oder stirbt oder wenn das Insolvenzverfahren über sein Vermögen eröffnet wird, die Gesellschaft unter den übrigen Gesellschaftern fortbestehen soll, so scheidet bei dem Eintritt eines solchen Ereignisses der Gesellschafter, in dessen Person es eintritt, aus der Gesellschaft aus.**

(2) **Die für Personenhandelsgesellschaften geltenden Regelungen über die Begrenzung der Nachhaftung gelten sinngemäß.**

§ 737 Ausschluss eines Gesellschafters

¹**Ist im Gesellschaftsvertrag bestimmt, dass, wenn ein Gesellschafter kündigt, die Gesellschaft unter den übrigen Gesellschaftern fortbestehen soll, so kann ein Gesellschafter, in dessen Person ein die übrigen Gesellschafter nach § 723 Abs. 1 Satz 2 zur Kündigung berechtigender Umstand eintritt, aus der Gesellschaft ausgeschlossen werden.** ²**Das Ausschließungsrecht steht**

den übrigen Gesellschaftern gemeinschaftlich zu. ³Die Ausschließung erfolgt durch Erklärung gegenüber dem auszuschließenden Gesellschafter.

Anmerkungen zu den §§ 736, 737

Lit: Gehrlein, Neue Tendenzen zum Verbot der freien Hinauskündigung eines Gesellschafters, NJW 05, 1969; Heckelmann, Abfindungsklauseln in Gesellschaftsverträgen, 1973; Rimmelspacher, Das Recht auf Übernahme des Gesellschaftsvermögens in der Zweimann-Gesellschaft des Bürgerlichen Rechts, AcP 173, 1; H. Wiedemann, Die Übertragung und Vererbung von Mitgliedschaftsrechten bei Handelsgesellschaften, 1965.

1   **1. Ausscheiden eines Gesellschafters und seine Folgen.** Beide Vorschriften behandeln das **Fortbestehen der Gesellschaft** trotz Ausscheidens eines Gesellschafters nicht erschöpfend. Neben weiteren Formen des Ausscheidens sind denkbar der Neueintritt eines Gesellschafters und die Abtretung eines Gesellschaftsanteils. Nach dem Grundsatz der personellen Geschlossenheit der Gesellschaft müssen personelle Veränderungen stets im Gesellschaftsvertrag vorgesehen sein, weil kein Gesellschafter sie gegen seinen Willen hinzunehmen braucht. Die **Wirkungen** personeller Änderungen regeln §§ 738–740 und der neu eingefügte § 736 II (vgl §§ 738–740 Rn 2).

2   **2. Fortbestand der Gesellschaft bei Ausscheiden (§ 736). a)** Das Gesetz regelt die **Fälle des Fortbestehens** nicht abschließend. Der Gesellschaftsvertrag kann auch in anderen Fällen das Ausscheiden eines Gesellschafters bei Fortbestand der Gesellschaft vorsehen, zB bei Kündigung durch einen Pfandgläubiger (§ 725; ähnlich Frankfurt NZG 99, 990), bei Erreichen einer Altersgrenze oder bei Wiederverheiratung usw. **b) Voraussetzung** des Fortbestehens sind entweder gesellschafts-

3   vertragliche Vereinbarung oder einstimmiger Beschluss (regelmäßig *vor* Eintritt des Auflösungstatbestandes, s aber auch §§ 723–728 Rn 2) oder Mehrheitsbeschluss, wenn ihn der Gesellschaftsvertrag für *diesen* Fall (vgl §§ 709–713 Rn 8) vorsieht. Eine solche Fortsetzungsklausel schränkt das Kündigungsrecht der ausscheidenden Gesellschafter nicht unzulässig iSd § 723 III ein (s auch §§ 723–728 Rn 7), selbst wenn die vertraglichen Abfindungsregeln wegen unangemessener Benachteiligung der ausscheidenden Gesellschafter unwirksam sind (BGH NJW 08, 1945; 2990; dazu §§ 738–740 Rn 8). Sie findet auch Anwendung, wenn die Mehrheit der Gesellschafter die Mitgliedschaft kündigt (BGH NJW 08, 1944 f). Ein gesellschaftsvertragliches Ausscheiden von Gesellschaftern gilt auch dann, wenn der Ausscheidenstatbestand erst im Abwicklungsstadium erfüllt ist (BGH WM 64, 1086 für Konkurs bzw Betriebseinstellung eines Gesellschafters; aA für Kündigung gegenüber einer Publikums-KG BGH NJW 79, 765). Sofern die Gesellschafter erst *nach* Eintritt des Auflösungstatbestandes (zB Kündigung) die Fortsetzung beschließen und damit den Gesellschaftsvertrag ändern, muss auch der ausscheidende Gesellschafter der Fortset-

4   zung zustimmen (BGH 48, 254 ff). **c)** Sofern **Kündigung ein Ausscheidenstatbestand** ist und die Kündigung durch einen *wichtigen Grund* verursacht ist, kann die Fortsetzungsklausel für diesen Fall einschränkend auszulegen oder die Berufung auf die Fortsetzungsklausel unzulässige Rechtsausübung sein, wenn das Ausscheiden dem Gesellschafter gegenüber der Auflösung Nachteile bringt (RG 162, 392, 394; sa §§ 723–728 Rn 7). Ebenso kann die Berufung auf die Ausschlusswirkung einer Kündigung rechtsmissbräuchlich sein, falls ein Gesellschafter in arglistiger Weise die Pfändung des Anteils eines Mitgesellschafters und damit die Kündigung veranlasst hat (BGH 30, 200 ff). Beim Massenaustritt aus einer Publikumsgesellschaft ist die Fortsetzungsklausel uU unanwendbar (Stuttgart JZ 82, 766 mAnm U. Schneider; s aber Hamm NJW-RR 00, 917: Massenkündigung der Anleger bei Treuhandgesellschafter). Bestimmt der Gesellschaftsvertrag, dass die Gesellschaft bei Kündigung eines Gesellschafters fortgesetzt wird, handelt es sich idR um eine allg Fortsetzungs-

Titel 16. Gesellschaft §§ 736, 737

klausel, die auch dann gilt, wenn mehrere Gesellschafter kündigen (BGH NJW 08, 1944). **d)** Die Fortsetzung der Gesellschaft erfordert **zwei verbleibende Gesell-** 5 **schafter,** weil es die Einmannpersonalgesellschaft nicht gibt (BGH NJW 08, 2992; 10, 3100; 11, 3671; BayObLGZ 87, 57; aA Baumann BB 98, 225; Weimar ZIP 97, 1769; vgl §§ 723–728 Rn 3). Scheidet der vorletzte Gesellschafter aus, kommt es zu einer liquidationslosen Beendigung der Gesellschaft und zur Anwachsung des Gesellschaftsvermögens beim letzten verbliebenen Gesellschafter (BGH NJW 11, 3671; 10, 3100; 08, 2993; BVerwG NJW 11, 3671; KG ZIP 07, 1506; s auch Rn 3); aber uU fortbestehende Parteifähigkeit für Entscheidung über Zulässigkeit einer Berufung (BGH NJW 10, 3100). Die Gesellschafter können aber auch die **Übernahme des Gesellschaftsvermögens durch nur einen Gesellschafter** vereinbaren, der dann ohne bes Übertragungsakt sein Alleininhaber wird (BGH 32, 314; NJW 66, 827; 92, 2758; 94, 796; NJW-RR 93, 1443; Köln NJW 95, 2232; Hamm NJW-RR 00, 482; SoeStürner § 925, 7): nach HGB 140 I 2, § 738 erfolgt Anwachsung; bei Wohnungseigentums-GbR Anwachsung trotz fehlenden Grundbucheintrags (Köln NJW-RR 02, 528). Die Fortsetzungsklausel der ursprünglich mehrgliedrigen Gesellschaft bei später Zweigliedrigkeit als Übernahmeklausel auszulegen (München BB 81, 1117; Stuttgart NZG 04, 768). **e)** Die **Anfechtung** 6 einer Vereinbarung über das Ausscheiden oder ein ansonsten fehlerhaft vollzogenes Ausscheiden eines Gesellschafters führen idR nicht zur Wiedereinsetzung des Gesellschafters (BGH NJW 69, 1483; 92, 1504; NJW-RR 03, 533), insoweit gelten die Regeln über fehlerhafte Gesellschaftsverträge (BGH NJW 92, 1504: Vorrang des Schutzes Geschäftsunfähiger); unwirksam sind nur schuldrechtliche Vereinbarungen insbes über die Abfindung des ausgeschiedenen Gesellschafters, so dass der Abfindungsbetrag ggf neu zu bestimmen ist. Hingegen soll der *Rücktritt* von einer Ausscheidensvereinbarung bei einer Zweipersonengesellschaft zur Wiederherstellung des Gesellschaftsverhältnisses verpflichten (BGH ZIP 82, 1322); anders bei Vorliegen gesetzlicher Ausschließungsgründe; sa § 705 Rn 19 ff, 22. **f) Sonderregelung:** HGB 131 III.

3. Gesellschafterausschluss (§ 737). a) Ges Voraussetzungen: aa) Fortset- 7
zungsklausel für den Fall der Kündigung durch einen Gesellschafter. Bei Übernahmerecht des einzigen verbleibenden Gesellschafters besteht ein entspr Ausschließungsrecht (vgl Rn 5 und BGH WM 65, 1037). **bb)** An den **wichtigen Grund** (vgl schon §§ 723–728 Rn 6) sind bes strenge Anforderungen zu stellen (BGH NJW 98, 3771: keine Abschwächung nach § 242). Die Ausschließung ist das äußerste Mittel, das nur dann angewendet werden darf, wenn auf andere Weise eine befriedigende Regelung nicht zu erreichen ist (BGH 4, 110; WM 66, 31); uU Vertragsanpassung (Horn AcP 181, 272). Ein wichtiger Grund in diesem Sinne liegt gem § 723 I 2 vor, wenn auf Grund persönlicher Umstände des auszuschließenden Gesellschafters den anderen Gesellschaftern bei verständiger Gesamtwürdigung die Fortsetzung des Gesellschaftsverhältnisses unzumutbar ist (BGH 4, 112 ff; 31, 304 ff), wobei uU auch eigenes Fehlverhalten der ausschließenden Gesellschafter zu berücksichtigen bleibt (BGH 4, 111; 31, 306; ZIP 03, 1037; NJW 06, 845; BGH 32, 35 für OHG; 80, 351 für GmbH). Maßgeblich ist dabei nicht die subj Einschätzung oder Befürchtung der übrigen Gesellschafter, sondern die obj Tatsachenlage (BGH WM 65, 1038 für wirtschaftliche Gefährdung durch Mitgesellschafter; WM 85, 998 für kollusiven Vollmachtsmissbrauch). Zur Haftung aus Pflichtverletzung nach rechtswidrigem Ausschluss §§ 709–713 Rn 12. **b)** Die **bes vertraglichen Voraussetzungen** kön- 8 nen Erschwerungen oder Erleichterungen vorsehen; als *Erschwerungen* zB das Vorliegen genau beschriebener wichtiger Gründe; als *Erleichterungen* zB den Ausschluss auch *ohne* wichtigen Grund (vgl BGH 34, 83; NJW 73, 651; 1606), wobei dann allerdings aus dem Fehlen jedes sachlichen Grundes für eine solche Regelung Unwirksamkeit folgen kann (BGH 68, 215; 81, 263; 84, 14; 105, 213; 107, 351; 125, 79; NJW 85, 2421; 04, 2014 f; NJW-RR 96, 235; NZG 05, 480 für GmbH; sa Flume JZ 85, 1106 und DB 86, 629; Behr ZGR 85, 475; 90, 370; Weber/Hikel

Stürner

§ 738 Buch 2. Abschnitt 8. Einzelne Schuldverhältnisse

NJW 86, 2752; Loritz JZ 86, 1073; zur Ausübungskontrolle gem § 242 BGH NJW 04, 2015; sog Manager- und Mitarbeitermodell zulässig: NJW 05, 3642; 3645); und unangemessene Abfindungsklauseln nichtig sind (vgl §§ 738–740 Rn 7 f; Hennerkes/Binz NJW 83, 73; Engel NJW 86, 345; U. Huber ZGR 80, 177). Zulässig ist aber ein nach freiem Ermessen auszuübendes befristetes Kündigungsrecht, das an ein festes Tatbestandsmerkmal (zB Tod eines Gesellschafters) anknüpft (BGH 105, 213). Ist eine Bestimmung des Gesellschaftsvertrages grundsätzlich nichtig, weil sie ein nach freiem Ermessen auszuübendes Ausschließungsrecht einräumt (vgl BGH ZIP 90, 1058 für GmbH mwN), so kann bei entspr Anwendung des § 139 die Klausel insoweit wirksam sein, als sie die Ausschließung *aus wichtigem Grund* zulässt (BGH 107, 355; krit Behr ZGR 90, 370). Es besteht keine Pflicht eines Gesellschafters, einer Änderung des Gesellschaftsvertrages zuzustimmen, die seinen Ausschluss erlaubt, weil er sich der Alternative „sanieren oder ausscheiden" widersetzt, wenn der Gesellschaftsvertrag von der Möglichkeit des Verbleibs bei geänderten Anteilen ausgeht (BGH NJW 11, 1667; s aber BGH 183, 1 = NJW 10, 65; ferner §§ 709-

9 713 Rn 9; § 707 Rn 3). **c) Verfahren.** Das ges Einstimmigkeitsprinzip kann durch Mehrheitsprinzip abgelöst werden (vgl auch §§ 709–713 Rn 7 ff); der Ausschluss wird mit dem Zugang der Ausschließungserklärung wirksam (vgl BGH 31, 298, 302 für KG). Rechtliches Gehör ist dem auszuschließenden Gesellschafter nicht zu gewähren (sehr str). Die Richtigkeit der Ausschließung ist in vollem Umfang gerichtl nachprüfbar (BGH 13, 10; anders beim nichtrechtsfähigen Verein). Auch im Liquidationsstadium ist Ausschließung möglich (BGH WM 64, 1086). **d) Sonderregelung:** HGB 140.

10 **4. Neueintritt eines Gesellschafters.** Die Gesellschafter können durch Vertragsänderung einen neuen Gesellschafter aufnehmen, sich im Gesellschaftsvertrag der Aufnahmeentscheidung der Mehrheit oder eines Organs der Gesellschaft unterwerfen (RG 128, 176; BGH NJW 78, 1000; 11, 1667; vgl auch §§ 709–713 Rn 7 ff) oder Nichtgesellschafter zum Vertragsschluss bevollmächtigen (BGH NJW 82, 879). Sie können auch einem Dritten ein Aufnahmerecht gem § 328 gewähren; vgl hierzu insbes § 2032 Rn 8. Mit dem Neueintritt eines Dritten kann das Ausscheiden eines anderen Gesellschafters (zB Tod, Kündigung, § 736) in wirtschaftlichem Zusammenhang stehen; stets ist aber der Neueintritt von der Abtretung bzw Übertragung des Gesellschaftsanteils (Rn 11) streng zu unterscheiden. Der Eintritt in einen GbR-Immobilienfonds unterliegt den Regeln des Haustürgeschäfts, falls er in Haustürsituation erfolgt (EuGH NJW 10, 1511 mAnm Miras; BGH 186, 167 = NJW 10, 3096; NJW-RR 12, 1060; sa § 705 Rn 19, 22 u 23); zu den Rechtsfolgen eines fehlerhaften Eintritts s § 705 Rn 2.

11 **5. Verfügung über den Gesellschaftsanteil insgesamt.** Hierzu §§ 718–720 Rn 7 f. Durch sie kann unter Lebenden ein Gesellschafterwechsel herbeigeführt werden; zum Übergang durch Erbfall vgl § 2032 Rn 6 und 7. Hier rückt der Rechtsnachfolger in die Gesellschafterstellung des Vorgängers ein. Der ausgeschiedene Gesellschafter kann nicht nachträglich gegen einen neuen ausgewechselt werden (Stuttgart NZG 04, 766). Sonderregelung: HGB 139.

12 **6. Prozessuales.** Zur gerichtlichen Überprüfung des Ausschlusses eines Gesellschafters vgl Rn 9. Der Betroffene kann gegen die übrigen Gesellschafter Feststellungsklage erheben (BGH 91, 132). Bei der Personenhandelsgesellschaft ist Klage auch gegen diese selbst möglich, wenn der Gesellschaftsvertrag entspr abgeändert wurde (BGH WM 90, 309; 675); dasselbe muss für eine (teil)rechtsfähige BGB-Gesellschaft (s § 705 Rn 1) gelten.

§ 738 Auseinandersetzung beim Ausscheiden

(1) ¹**Scheidet ein Gesellschafter aus der Gesellschaft aus, so wächst sein Anteil am Gesellschaftsvermögen den übrigen Gesellschaftern zu.** ²**Diese**

Titel 16. Gesellschaft §§ 738–740

sind verpflichtet, dem Ausscheidenden die Gegenstände, die er der Gesellschaft zur Benutzung überlassen hat, nach Maßgabe des § 732 zurückzugeben, ihn von den gemeinschaftlichen Schulden zu befreien und ihm dasjenige zu zahlen, was er bei der Auseinandersetzung erhalten würde, wenn die Gesellschaft zur Zeit seines Ausscheidens aufgelöst worden wäre. ³Sind gemeinschaftliche Schulden noch nicht fällig, so können die übrigen Gesellschafter dem Ausscheidenden, statt ihn zu befreien, Sicherheit leisten.

(2) Der Wert des Gesellschaftsvermögens ist, soweit erforderlich, im Wege der Schätzung zu ermitteln.

§ 739 Haftung für Fehlbetrag

Reicht der Wert des Gesellschaftsvermögens zur Deckung der gemeinschaftlichen Schulden und der Einlagen nicht aus, so hat der Ausscheidende den übrigen Gesellschaftern für den Fehlbetrag nach dem Verhältnis seines Anteils am Verlust aufzukommen.

§ 740 Beteiligung am Ergebnis schwebender Geschäfte

(1) ¹Der Ausgeschiedene nimmt an dem Gewinn und dem Verlust teil, welcher sich aus den zur Zeit seines Ausscheidens schwebenden Geschäften ergibt. ²Die übrigen Gesellschafter sind berechtigt, diese Geschäfte so zu beendigen, wie es ihnen am vorteilhaftesten erscheint.

(2) Der Ausgeschiedene kann am Schluss jedes Geschäftsjahrs Rechenschaft über die inzwischen beendigten Geschäfte, Auszahlung des ihm gebührenden Betrags und Auskunft über den Stand der noch schwebenden Geschäfte verlangen.

Anmerkungen zu den §§ 738–740

Lit: Altmeppen, Zur Enthaftung des ausscheidenden Personengesellschafters, NJW 00, 2529; Heckelmann, Abfindungsklauseln in Gesellschaftsverträgen, 1978; Kanzleiter, Zur richterlichen Inhaltskontrolle von Gesellschaftsverträgen, FS BayNot 1987, 231; Reinicke/Tiedtke, Die Ausschließung der Ertragswert-Methode bei der Berechnung des Auseinandersetzungsguthabens eines ausscheidenden Gesellschafters, DB 84, 703; K. Schmidt, „Anwachsung": Was ist das, und ... gibt es das noch? Gedanken zu § 738 I 1 BGB vor dem Hintergrund der „Gesamthandsdiskussion", FS U. Huber, 2006, 969; Schulze-Osterloh, Das Auseinandersetzungsguthaben des ausscheidenden Gesellschafters einer Personenhandelsgesellschaft nach § 738 Abs. 1 Satz 2 BGB, ZRG 86, 545; Sterzinger, Steuerliche Folgen der Auseinandersetzung freiberuflich tätiger Personengesellschaften, NJW 11, 3057; van Randenborgh, Abfindungsklauseln in Gesellschaftsverträgen, BB 86, 75; s auch die Lit bei §§ 736, 737 Rn 8.

1. Wirkungen einer Änderung des Gesellschafterbestandes. §§ 738–740 1 regeln sie nur für das *Innenverhältnis,* teilweise Regelung des Außenverhältnisses in § 736 II. Außenverhältnis und Innenverhältnis sind für alle Fälle der Gesellschafterbestandsänderung zu unterscheiden.

2. Außenverhältnis. a) Der **ausgeschiedene Gesellschafter** (§§ 736, 737) **haf-** 2 **tet** weiterhin als Gesamtschuldner für Verbindlichkeiten, die für die Gesellschaft bzw für alle Gesamthänder während seiner Gesellschaftszugehörigkeit bereits in ihrer Rechtsgrundlage entstanden waren (BGH 142, 324, 329; Dresden NJW-RR 97, 163). Vertragliche Erfüllungsansprüche u aus ihnen resultierende Ersatzansprüche entstehen nach diesen Grundsätzen bereits mit Vertragsschluss. Bei durch spätere Handlungen entstehenden Bereicherungsansprüchen (BGH NZG 12, 221 = ZIP 12, 369) und bei späteren Schutzpflichtverletzungen sollte man auf den Zeitpunkt der Verwirklichung des haftungsbegründenden Tatbestandes abstellen (Schlinker/ Hammerschmid NJW 12, 657). Bei Dauerschuldverhältnissen haftet er für Forderungen, die binnen 5 Jahren nach Ausscheiden fällig werden (§ 736 II, HGB 160 I nF; BGH NZG 02, 467); es kommt nicht darauf an, ob das Dauerschuldverhältnis hätte früher beendigt werden können (BGH 142, 331; BAG NJW 04, 3288: keine Geltung der „Kündigungstheorie"). Verjährungs- und Enthaftungsfrist fallen zusammen (krit zu Recht K. Schmidt ZIP 94, 244; früher ähnlich BGH 117, 174). Beginn der Enthaftungs- bzw Verjährungsfrist unklar, weil HGB 160 I nF auf Registereintragung abhebt: entweder positive Gläubigerkenntnis vom Ausscheiden (K. Schmidt ZIP 94, 243, 244; Dresden NJW-RR 97, 163) oder – besser – Ausscheiden selbst. Übergangsregelung: EGHGB 35, 36. Vgl iÜ für das Verhältnis von OHG und haftendem Gesellschafter § 421 Rn 3; §§ 422–424 Rn 5; § 425 Rn 6, 10. Durch Abwachsung verliert der ausgeschiedene Gesellschafter seine gesamthänderische Gläubigerposition an Forderungen (vgl §§ 709–713 Rn 10 ff; §§ 714, 715 Rn 3 ff),

3 arg § 738 I 1. **b)** Der **rechtsgeschäftliche Erwerber des gesamten Gesellschaftsanteils** haftet nach traditioneller Auffassung für neue Verbindlichkeiten der Gesellschaft bzw aller Gesamthänder, für alte Verbindlichkeiten hingegen muss er nur die Vollstreckung in das Gesamthandsvermögen dulden (arg ZPO 736), weil sonst jede Vollstreckung in das Gesamthandsvermögen unmöglich wäre (BGH 74, 241 mAnm Wiedemann und P. Ulmer JZ 80, 195; 354; Wiesner JuS 81, 331; sa §§ 714, 715 Rn 1 f; BGH NJW 81, 1096; BGH 79, 378). Die neue Lehre von der (Teil)Rechtsfähigkeit der unternehmerisch tätigen Außengesellschaft (§ 705 Rn 1, §§ 714, 715 Rn 2) führt zur analogen Anwendung von HGB 130 und damit voller Haftung auch für Altverbindlichkeiten (BGH NJW 03, 1803; s Rn 4). Der *Veräußerer* haftet wie der ausgeschiedene Gesellschafter (Rn 2). Der Erwerber rückt in die Gesellschaft bzw die gesamthänderische Gläubigerstellung ein (§§ 709–713 Rn 10) und kann deshalb Verträge genehmigen, die in vollmachtloser Vertretung des

4 Anteilsveräußerers geschlossen worden sind (BGH 79, 374). **c)** Der **einrückende Erbe** haftet nach traditioneller Auffassung für alte Verbindlichkeiten der Gesellschaft bzw der Gesamthänder (§§ 1922 I, 1967), kann aber gem erbrechtlichen Grundsätzen die Haftung auf die Erbschaft beschränken (MK/Ulmer § 727, 21; BGH NJW 82, 45; 95, 3315). Die abw Haftungslage bei der OHG (vgl § 1967 Rn 7) sollte mE auch die neue Lehre nicht auf die BGB-Gesellschaft anwenden, weil Haftungsbeschränkung anders als bei der OHG (HGB 139 I, IV) dann nicht unter Verbleib denkbar wäre (s aber Ulmer ZIP 03, 1121 f; C. Schäfer NJW 05, 3667 f). **d)** Der **neu eintretende Gesellschafter** (vgl §§ 736, 737 Rn 10) haftet wie der rechtsgeschäftliche Erwerber des Anteils (Rn 3). Volle persönliche Haftungsübernahme gegenüber den Mitgesellschaftern gibt nach traditioneller Auffassung den Gläubigern iZw *keinen* Anspruch (vgl § 329); ein Anspruch der Altgläubiger soll nach dieser Auffassung nur entstehen, wenn sich der Eintretende die Gesellschaftsschuld dem Gläubiger gegenüber „zu eigen gemacht" hat (BGH 74, 240; NJW 92, 1501; jüngst noch OLG Düsseldorf ZIP 02, 616; sa §§ 714, 715 Rn 9). Nach *neuer Lehre* greift demgegenüber – zumindest angesichts einer Tendenz zur Verallgemeinerung bedenklich – die Haftung analog HGB 130 (BGH NJW 03, 1803; zust K. Schmidt NJW 03, 1897; abl Dauner-Lieb, FS Ulmer 2003, S 73, 81 ff; zu Altfällen vor Bekanntwerden der Entscheidung vom 7.4.2003 BGH NJW 06, 766; NZI 11, 867; BVerfG NJW 13, 523 – Kammer; Dresden NZG 05, 551; Anwendung auf Verbindlichkeiten aus beruflichen Haftungsfällen offen gelassen von BGH NJW 03, 185; dafür LG Hamburg 04, 3495; LG Frankenthal 04, 3190); auch HGB 28 soll analog anwendbar sein (vgl K. Schmidt aaO, 1903; aA für Anwaltssozietät bzgl Pflicht aus Mandatsvertrag BGH NJW 12, 239; 04, 837; abl K. Schmidt BGHR 04, 593 und Grunewald JZ 04, 683; sa OLGR Naumburg 06, 461; keine analoge Anwendung auf Schulden der in Partnerschaft eintretenden GbR-Sozietät: BGH NJW 10, 3720). § 566 I findet auf den neu eintretenden Gesellschafter der vermietenden Gesellschaft Anwendung (BGH NJW 98, 1221; 03, 2158; 07, 2845; NJW-RR 04, 657; 12, 238: sehr weitgehende Berücksichtigung des Eigenbedarfs; sa § 705

Titel 16. Gesellschaft §§ 738–740

Rn 1); vgl iÜ §§ 709–713 Rn 10; §§ 718–720 Rn 8. *Sonderregelung:* HGB 130, der nach BAG NJW 88, 222 nur eingreifen soll, wenn bei Eintritt des neuen Gesellschafters die Handelsgesellschaft ihre Erwerbstätigkeit noch nicht eingestellt hatte – Fortgeltung wegen der nunmehr analogen Anwendung auf BGB-Gesellschaft fraglich.

3. Innenverhältnis. a) Zwischen ausscheidendem und verbleibenden Gesellschaftern. aa) Gem der zwingenden (Hamm Rpfleger 85, 289) Vorschrift § 738 I 1 tritt **Anwachsung** beim Verbleib und Abwachsung beim Ausscheiden ein, Übertragungshandlungen (zB Auflassung) sind also nicht erforderlich (zur Grundbuchberichtigung s BGH NJW 90, 1171; 98, 1221; Köln NJW 95, 2232; KG OLGZ 92, 404; Frankfurt Rpfleger 82, 469 mAnm Meyer-Stolte, SoeStürner § 894, 6 mwN); dies gilt auch bei der Übernahme durch *einen* Gesellschafter (s BGH 32, 307; NJW 99, 2348; 93, 1194; 11, 2293 u 3671; BVerwG NJW 11, 3671; ferner §§ 736, 737 Rn 5). Vom Ausscheiden unter Anwachsung ist die Abtretung von Gesellschaftsanteilen an einen verbleibenden Gesellschafter zu unterscheiden (Hamm Rpfleger 85, 289; sa §§ 718–720 Rn 7 f), bei der § 738 unanwendbar bleibt (BGH NJW 81, 1096). **bb) Ansprüche** bestehen nach heute hM gegen die teilrechtsfähige Gesellschaft (BGH NJW 11, 2355) und nach traditioneller Ansicht gegen die übrigen Gesellschafter in ihrer gesamthänderischen Verbundenheit. Daneben haften die einzelnen Gesellschafter persönlich als Gesamtschuldner, nach schon früher hM gem § 427 (zB Saarbrücken NZG 00, 369; aA Köln NZG 01, 469) und nach heute hM analog HGB 128 (BGH 148, 206 f; NJW 11, 2355; 13, 158; MK/Ulmer/Schäfer § 738, 17). Dem *Anspruch auf Rückgabe* von Sachen, die als Einlage zum Gebrauch (§ 706 Rn 7) übergeben waren, kann ein Zurückbehaltungsrecht (§ 273) wegen Verlusthaftung (§ 739) entgegenstehen (BGH NJW 81, 2802: Bilanz in angemessener Zeit!). Der *Anspruch auf Schuldbefreiung* (vgl Rn 2) umfasst befreiende Zahlung oder Schuldübernahme (BGH NJW 99, 2438), aber auch die Ablösung von Sicherheiten, die der ausscheidende Gesellschafter aus seinem Privatvermögen für Geschäftsverbindlichkeiten eingeräumt hat (BGH NJW 74, 899); zum Feststellungsantrag bei fehlender Gewissheit über Grund u Höhe BGH NJW 13, 158. Auch dem Befreiungsanspruch kann ein Zurückbehaltungsrecht entgegengehalten werden, wenn die Abschichtungsbilanz einen Verlustanteil des ausscheidenden Gesellschafters ergibt (BGH NJW 74, 900; BGH 47, 164 f); zur Sicherheitsleistung gem § 738 I 3 s Görmer NJW 12, 263. Der *Abfindungsanspruch* entsteht mit Ausscheiden (BGH NJW 89, 453; 11, 2356), er ist reiner Wertanspruch und ersetzt Geldansprüche auf Einlagenerstattung und Gewinnauszahlung sowie gegenläufige Ansprüche der Gesellschaft (zur sog Durchsetzungssperre BGH NJW 05, 2618; 11, 2356; NJW-RR 12, 1063; 13, 367); Ausnahme: Feststehen eines im Übrigen positiven Abschlussbetrags erlaubt isolierte Klage auf Gewinnauszahlung (BGH NJW 99, 3557; WM 81, 487; NJW-RR 88, 1249; s §§ 731–735 Rn 7 und 9); Schadensersatzanspruch der Gesellschaft auf Naturalrestitution gegen den ausscheidenden Gesellschafter (BGH NJW-RR 13, 367). Ist im Gesellschaftsvertrag ein Fälligkeitszeitpunkt bestimmt, so kann Zahlungsklage erhoben und der Streit um die Abrechnung im Rahmen dieses Rechtsstreits entschieden werden (BGH NJW-RR 87, 1386; NJW 11, 2356). Zur Wertbestimmung ist eine Abschichtungsbilanz auf den Stichtag des Ausscheidens zu errichten (von Westphalen BB 82, 1894); nachträglich gewonnene Bewertungserkenntnisse sind berücksichtigungsfähig (BGH WM 81, 452). Der ausgeschiedene Gesellschafter kann die Richtigkeit der Bilanz anhand der Geschäftsbücher prüfen (§ 810). Für die Berechnung des Abfindungsanspruchs kommt es nicht auf den Bilanzwert des Gesellschaftsvermögens an, sondern auf den wirklichen Wert des lebenden Unternehmens einschließlich aller stillen Reserven und des good will (BGH 17, 136; NJW 85, 193 mN; s auch Reinicke/Tiedtke DB 84, 703). Im allg ist der Wert zugrunde zu legen, der sich bei einem Verkauf des Unternehmens als Einheit ergeben würde (BGH NJW 85, 193); bei Warenvorräten ist der marktgängige Einkaufspreis anzusetzen (BGH NJW 74, 312); zu Einzelfragen der Bewertung BGH 116, 371; WM 79, 432; NJW 95, 1551; NZG 05, 395; WM 06, 777;

8 Großfeld ZGR 82, 141; JZ 81, 641, 769. Abw Abfindungsklauseln sind zulässig (zB Buchwert, BGH WM 80, 1363; ZIP 90, 1201: Ausschluss des Anspruchs auf Geschäftswert; Hamm MDR 92, 1040: Beschränkung auf Inventarwert; BGH NJW 94, 796; 10, 2660; 11, 2356: Teilung des Inventars und Möglichkeit der Patienten-/ Mandantenübernahme), wenn kein erhebliches Missverhältnis zum wirklichen Wert entsteht (BGH NJW 85, 193; 89, 2685: vereinbarte Kürzung auf die Hälfte sittenwidrig; BGH 126, 242 f; NJW 93, 2101; 3193: notwendige Anpassung der Abfindungsregelung; NJW 97, 2592 mAnm Grunewald JZ 97, 1066 und Notthoff NZG 98, 26: erhebliches Missverhältnis ausnahmsweise unschädlich bei rein ideeller Zwecksetzung – fragwürdig; BGH WM 06, 776 mAnm Lux MDR 06, 1203: Beschränkung auf Ertragswert bei wesentlich höherem Liquidationswert; BGH NJW 08, 1949; 2990: Verlust von Mandantenschaft oder Versorgungsanwartschaft bei Sozietät; sa §§ 736, 737 Rn 3, 4). Wertabweichungen sind schenkungssteuerlich beachtlich (BFH NJW 93, 158; dazu Krumm NJW 10, 187). Sofern ein Ausschluss ohne wichtigen Grund erfolgen kann (vgl §§ 736, 737 Rn 8), verstoßen unangemessen niedrige Vereinbarungen gegen § 138 I (dazu BGH 116, 359, 370 für GmbH; BGH NJW 79, 104; hierzu P. Ulmer und Flume NJW 79, 81; 902; Engel NJW 86, 345 mN; sa §§ 736, 737 Rn 8). Die Vertragslücke schließt ergänzende Auslegung, nur notfalls Rückgriff auf § 738. Der Ausscheidende kann den verbleibenden Gesellschaftern wegen des Abfindungsanspruchs ein Zurückbehaltungsrecht (§ 273) gegenüber deren Grundbuchberichtigungsansprüchen entgegenhalten (BGH NJW 90, 1172). Sofern der ausscheidende Gesellschafter dem übernehmenden Gesellschafter die Fortsetzung des Betriebs treuwidrig unzumutbar erschwert, kann dem Abfindungsanspruch die Arglisteinrede ohne genaueren Schadensnachweis entgegenstehen (BGH NJW 60, 718 ff). Der Abfindungsanspruch ist abtretbar (§ 717 Rn 3), in gescheiterter Anteilsabtretung ohne Zustimmung der übrigen Gesellschafter (§§ 718–720 Rn 7 f) kann Anspruchsabtretung liegen (BGH JuS 81, 774).

9 **cc)** Der **Anspruch auf Zahlung des Verlustanteils** (§ 739) steht nach heute hM der teilrechtsfähigen Gesellschaft (BGH NJW 11, 2292) und nach traditioneller Auffassung den übrigen Gesellschaftern als Gesamthänder zu; daneben besteht ein gesellschaftsvertraglicher Anspruch der einzelnen Gesellschafter (sa §§ 709–713 Rn 11); uU schon vor Feststellung der Abschichtungsbilanz, falls eine Mindesthöhe vorher feststeht (Hamm BB 84, 1466). Er besteht auch, wenn der ausgeschiedene Gesellschafter die Einlage geleistet hat (BGH WM 65, 975). Ihm kann ein Zurückbehaltungsrecht wegen des Befreiungsanspruchs bzgl der gemeinschaftlichen Schulden und der dafür gegebenen Sicherheiten (§ 738 I 2, 3) einredeweise entgegengehalten werden (vgl BGH NJW 99, 2439 f). Es gilt die Regelverjährung gem §§ 195, 199 (BGH NJW 11, 2293). **dd)** Über die **Beteiligung** an schwebenden Geschäften (§ 740) ist unabhängig vom Abfindungsanspruch bzw dem Anspruch auf Verlustbeteiligung *gesondert* abzurechnen (LM Nr 1 zu § 740; K. Schmidt DB 83, 1964, 2401; vgl Hörstel NJW 94, 2269). Auf die Rechnungslegung findet § 259 Anwendung (LM Nr 1 zu § 740). § 740 ist abdingbar (BGH WM 79, 1065; ZIP 91, 1220). Dauerschuldverhältnisse sind keine Geschäfte iSv § 740 (zB Sandabbau, BGH NJW-RR 86, 454; Mietverträge, BGH NJW-RR 86, 1160). Teilleistungen aus schwebenden Geschäften, die vor dem Ausscheiden des Gesellschafters bereits erbracht

10 worden sind, unterfallen dagegen § 740 (BGH NJW 93, 1194). **b)** Zwischen **abtretendem Gesellschafter, den übrigen Gesellschaftern und dem Erwerber** gilt die Übernahmeregelung des Vertrages (vgl §§ 718–720 Rn 7 f). Der bisherige Gesellschafter hat gegenüber dem neuen Gesellschafter keinen Freistellungsanspruch (BGH NJW 75, 166) gem § 738 I 2; die Freistellung muss sie vereinbart sein. Dasselbe gilt im Verhältnis zu den verbleibenden Gesellschaftern; jedoch kann dem Ausgleichsanspruch (§ 426) verbleibender Gesellschafter § 707 entgegenstehen (BGH NJW 81, 1096; sa § 707 Rn 2). Wird der Anteil auf einen Mitgesellschafter übertragen, so wird regelmäßig stillschweigend vereinbart sein, dass der Ausscheidende aus einer internen Mithaftung für eine von den Gesellschaftern zugunsten der Gesellschaft eingegangenen Bürgschaftsverpflichtung entlassen wird (BGH

NJW-RR 89, 685). **c)** Zwischen **neueintretendem Gesellschafter und den** 11
übrigen Gesellschaftern gelten die gesellschaftsvertraglichen Regeln der Eintrittsvereinbarung; An- und Abwachsung analog § 738 I 1; Eintragung des neuen Gesellschafters im Grundbuch nach Auflassung an Gesellschaft alten Bestandes ohne erneute Auflassung (BayObLGZ 91, 320).

Titel 17. Gemeinschaft

§ 741 Gemeinschaft nach Bruchteilen

Steht ein Recht mehreren gemeinschaftlich zu, so finden, sofern sich nicht aus dem Gesetz ein anderes ergibt, die Vorschriften der §§ 742 bis 758 Anwendung (Gemeinschaft nach Bruchteilen).

1. Zweck und Wesen. Der **Zweck** der Bruchteilsgemeinschaft („schlichte 1 Rechtsgemeinschaft"), liegt in werterhaltender Verwaltung oder bzw und Abwicklung, nicht dagegen – wie etwa bei der Gesellschaft (§ 705) – in der Verfolgung eines darüber hinausgehenden gemeinsamen Vertragszwecks. Die Bruchteilsgemeinschaft erschöpft sich also in Wahrung und Ausgleich von Individualinteressen. Demgemäß ist jedes Mitglied Inhaber eines *ideellen* Bruchteils des gemeinschaftlichen Gegenstandes; das Gemeinschaftsgut ist in keiner Weise zu einem Sondervermögen verselbstständigt. Die Gemeinschaft selbst ist kein ges Schuldverhältnis, sondern nur Quelle einzelner obligatorischer Verpflichtungen, so dass zB Sachbeschädigungen durch Mitberechtigte und ihre Hilfspersonen nicht nach §§ 242, 278 sondern allein nach §§ 823, 831 zu beurteilen sind (BGH 62, 246 ff). Einzelne Rechte und Pflichten entstehen bei der Nutzung und Verwaltung (§§ 743–745, 748) und bei der Aufhebung (§§ 749 ff).

2. Entstehung. Die Entstehung der Bruchteilsgemeinschaft ist oft die Folge von 2 Realakten: §§ 947 I, 948, 963, 984, HGB 469 II, DepotG 6 I (Kümpel WM 80, 422) sowie „Oder-Depot" (BGH NJW 97, 1435; sa §§ 428–430 Rn 2 f), PatG 6 S 2 (dazu BGH NJW-RR 01, 477; BGH 162, 342 = 05, 1200). Gemeinschaft auf Grund RGeschäfts entsteht in folgenden Fällen: Forderungsgemeinschaft bei gemeinschaftlichem Verkauf (BGH NJW 84, 1357; MDR 91, 646; Zweibrücken NJW-RR 97, 973; sa Rn 6) oder Kauf (BGH NJW 84, 796), zB von Grundstücken; Forderungsgemeinschaft bei gemeinschaftlicher Vermietung gemeinsamen Eigentums nach Bruchteilen (BGH NJW 12, 3583) oder gemeinsamer Vermietung unabhängig von gemeinsamem Eigentum (offen BGH NJW 12, 3583/84); gemeinsamer Anspruch auf Telefonnutzung (Hamm NJW-RR 01, 245); Grundstückserwerb zur gemeinsamen Verwaltung, falls keine Gesellschaft auf Grund Parteiwillens (Zweibrücken OLGZ 80, 213; MK/Schmidt, 4 f; BGH 140, 63: Rittergut); gemeinsamer Erwerb von Bedarfsgütern durch Eheleute (§ 1357 Rn 10) oder anderer Gegenstände zur ehelichen Nutzung, insbes von Wohngrundstücken (BGH 68, 299; FamRZ 90, 978; zur ausdr Vereinbarung der „Eigenheimgesellschaft" BGH NJW 82, 170, § 705 Rn 14), *Sonderregeln:* §§ 1416, 1418 II Nr 3, 1582b II (inter partes) 3 LPartG 6 iVm den eherechtlichen Bestimmungen; bei nichtehelicher Lebensgemeinschaft entsteht nur bei erkennbarem Willen beider Partner zum gemeinsamen Erwerb Miteigentum (Celle NJW 83, 1065; Düsseldorf FamRZ 92, 670; Vermutung für Miteigentum bei LG Aachen FamRZ 83, 61, dagegen Hamm NJW 89, 909; sa § 705 Rn 15 f); Gemeinschafts- bzw „Und"-Konten (BGH NJW 00, 2348; WM 80, 438; Schebesta WM 85, 1329; Sachsen-Anhalt FamRZ 07, 1105; zum „Oder"-Konto §§ 428–430 Rn 3); bei Einzelkonto eines Ehegatten uU konkludente Begründung einer Bruchteilsgemeinschaft (BGH NJW 02, 3702; Bremen NJW-RR 05, 1668); Innenverhältnis zwischen mehreren Mietern derselben Sachen (BGH 62, 245; NJW 85, 490; aber Gesamthand- oder Gesamtgläubigerschaft bei gemeinsamer Miete im Außenverhältnis, BGH NJW 72, 249; Hamm FamRZ 84, 1017; LG

§ 741 Buch 2. Abschnitt 8. Einzelne Schuldverhältnisse

München FamRZ 92, 1077; sa § 705 Rn 15; §§ 729, 730 Rn 1 aE); getrennte Veräußerung von einheitlich vermieteten Sachen (Haus und Garage) begründet Forderungsgemeinschaft der Erwerber (BGH NJW 05, 3781); Sonderfall: InvG 30 I 1 (entspricht dem aufgehobenen KAGG 6 I 2) für Investmentanteile (MK/Schmidt, 50). Mehrere Miterfinder bilden iZw mangels abweichender Verabredung eine Bruchteilsgemeinschaft (BGH NJW-RR 01, 477 f), ebenso die Gläubiger eines gemeinschaftlichen Vermächtnisses gem § 2157 (dazu Muscheler NJW 12, 1399). Die Bruchteilsgemeinschaft **endet** grundsätzlich mit Vereinigung aller Anteile in einer Hand; anders, wenn an den Bruchteilen trotz des gemeinsamen Rechtsinhabers unterschiedliche Verfügungsmacht besteht (BGH NJW-RR 04, 1513; WM 10, 860).

4 **3. Entsprechende und hilfsweise Anwendung der Vorschriften.** Sie erklärt sich bei anderen Arten von Gemeinschaften daraus, dass es sich um individualistisch ausgestaltete Minimalregelungen handelt (vgl Rn 1). **a) Ges Verweis:** §§ 731 S 2, 1477 I, 2038 II 1, 2042 II, 2044 I 2; WEG 10 II 1. **b) Gesetzeslücken** bei Regelungen anderer Gemeinschaften sind durch §§ 741 ff zu schließen; so bestimmen §§ 742, 748 die Unterhaltungskosten bei Grunddienstbarkeiten (BGH 161, 115; MittBayNot 06, 495). **c)** Bei der sog **schlichten Interessengemeinschaft** besteht keine bruchteilsmäßige Inhaberschaft an einem Recht, vielmehr beruht der Gedanke gemeinsamer Gefahrtragung letztlich auf Treu und Glauben. – Bsp: Beim Sammelversendungskauf (zB LG Augsburg NJW-RR 04, 853; sa § 705 Rn 12) geht die Liefer- und Preisgefahr mit Konkretisierung bzw Absendung auf die Käufer über (§§ 243 II, 447; anders § 474 II), der Verkäufer bleibt aber Alleineigentümer; beim Teiluntergang muss sich analog §§ 749 ff jeder Käufer seine Lieferung anteilsmäßig kürzen lassen. Ebenso liegt der Fall bei beschränkter Gattungsschuld, falls Teilungsmöglichkeit vorliegt (RG 84, 125).

5 **4. Gegenstand der Bruchteilsgemeinschaft. a) Dingliche Rechte** aller Art (vgl §§ 1008 ff, 1066, 1258); sa §§ 428–430 Rn 2; § 432 Rn 2; §§ 743–748 Rn 15. Der Nießbrauch mehrerer Berechtigter kann Bruchteilsgemeinschaft sein (München NJW 09, 3312; BGH NJW 81, 177), er kann in Gesamtgläubigerschaft gehalten werden (BGH NJW 81, 177; sa §§ 428–430 Rn 2), aber nach hM nur in gemeinschaftlicher Gläubigerschaft nach § 432 (München NJW 09, 3311 f; BGH NJW 81, 177; aA für beschränkte dingliche Rechte mit guten Gründen Amann DNotZ 08, 324, 337, 344, 346). **b) Besitz,** § 866 (BGH 62, 245). **c) Forderungen: aa)** Teilbare Forderungen folgen grundsätzlich § 420. Bsp: Im Unterhaltsvergleich wird der mehreren Gläubigern zu leistende Unterhalt in einer Summe ausgedrückt (KG OLGZ 71, 386); vgl iÜ § 420 Rn 2. **bb)** Unteilbare Forderungen kann jeder Bruch-
6 teilsinhaber gem § 432 einziehen (BGH 94, 119; 106, 226; 121, 25; NJW 83, 2020; 84, 1357; sa Rn 2); sie können aber auch gem §§ 744 I, 747 S 2 von allen Bruchteilsinhabern zusammen geltend gemacht werden („schlichte Forderungsgemeinschaft"; dazu BGH 187, 169 = NJW-RR 11, 165). Die einer Bruchteilsgemeinschaft (zB Eigentümer- oder Forderungsgemeinschaft) entwachsenden Forderungen sind unteilbare Forderungen (zB Mietzins, Schadensersatz, Mängelrechte: BGH 94, 119; NJW 58, 1723; 69, 839; 84, 796; 05, 3782; 12, 3584; NJW-RR 01, 369; BGH NJW 12, 64: Anspruch vermietender Miteigentümer auf Duldung von Modernisierungsmaßnahmen; Zweibrücken NW-RR 97, 973: Zahlungsanspruch aus Verkauf eines Miterbbaurechts; Düsseldorf NJW-RR 98, 11: Räumungsanspruch nach Ende gemeinschaftlicher Vermietung; Brandenburg OLGR 07, 805: Verkauf mehrerer Grundstücke zu Gesamtkaufpreis; BGH 175, 297 = NJW 08, 1807: Anspruch auf Bargebot nach Teilungsversteigerung); nur durch diese „rechtliche Unteilbarkeit" ist gewährleistet, dass nach Abzug von Unkosten (§ 748) allein der Überschuss (§ 743 I) verteilt wird (BGH NJW 84, 796 mN). Am Anspruch auf Rückgewähr einer Grundschuld besteht Bruchteilsgemeinschaft der Miteigentümer des belasteten Grundstücks (BGH NJW 82, 928; NJW-RR 93, 386; BGH 187, 169 = 11, 164 f); nur die Miteigentümer gemeinsam können deshalb den Siche-

Titel 17. Gemeinschaft § 741

rungsvertrag ändern (BGH NJW 10, 936). Ein *„Und-Konto"* begründet gemeinschaftliches Verfügungsrecht, idR keine Einziehung gem § 432 (Köln NJW-RR 90, 1008, str).

5. Gesetzliche Sonderfälle. Dies sind vor allem Miteigentum (§§ 1008–1011) 7 und *Wohnungseigentum* (WEG 10 ff). Die Rechtsbeziehungen zwischen den Wohnungseigentümern sind – anders als die schlichte Rechtsgemeinschaft (vgl Rn 1) – so weitgehend ausgestaltet, dass von einem bes ges Schuldverhältnis und damit der Anwendbarkeit des § 278 auszugehen ist (BGH 62, 247; BayObLG NJW 70, 1551). 8 Die Sonderregeln gelten – jedenfalls im Innenverhältnis – schon dann, wenn vormerkungsgesicherte künftige Wohnungseigentümer die Wohnanlage in Besitz genommen haben (BGH NJW-RR 87, 1036; BayObLG NJW-RR 86, 178; Köln NJW-RR 98, 518; s auch BayObLG NJW-RR 02, 1022). Entgegen der bislang hM geht das reformierte WEG in Anschluss an BGH 163, 154 (krit Bork ZIP 05, 1205; Pohlmann EWiR 05, 715; zust Bub/Petersen NJW 05, 2591; Raiser ZWE 05, 366; Armbrüster ZWE 05, 371) nunmehr in WEG § 10 VI von der (Teil-)Rechtsfähigkeit der Wohnungseigentümergemeinschaft aus. Damit steht die Gemeinschaft der Wohnungseigentümer als Teilhaber der Bruchteilsgemeinschaft (WEG § 10 I) neben der teilrechtsfähigen Wohnungseigentümergemeinschaft (WEG § 10 VI); es existieren zwei Zuordnungssubjekte mit getrennten Vermögensmassen. Nach außen haftet der einzelne Wohnungseigentümer für Verbindlichkeiten der teilrechtsfähigen Wohnungseigentümergemeinschaft regelmäßig nur als Teilschuldner, WEG 10 VIII 1, es sei denn, er hat sich klar und eindeutig nach außen neben der teilrechtsfähigen Gemeinschaft allein oder zusammen mit anderen Wohnungseigentümern gesamtschuldnerisch verpflichtet (BGHZ 163, 154; NJW 10, 932; sa § 421 Rn 3). Welche Auswirkungen sich aus der geänderten Rechtslage, insbes aus WEG 10 VI 3, für die Geltendmachung von Kauf- bzw *Werkmängelansprüchen* am gemeinschaftlichen Eigentum (Pause NJW 93, 553) ergeben, ist im Einzelnen teilweise immer noch offen. Bisher galt, dass idR die Gemeinschaft Ansprüche wegen Minderung und auf „kleinen" Schadensersatz erhebt (BGH NJW 98, 2967; 83, 453; anders bei nicht behebbaren Mängeln, BGH 110, 262 = JZ 91, 246 mAnm Weitnauer); Nachbesserung bzw Nachbesserungsersatz (bzw nunmehr Nacherfüllung) konnte jeder Eigentümer verlangen (BGH 141, 63; 114, 383; hierzu Ehmann/ Breitfeld JZ 92, 318; BGH NJW 88, 1718; 85, 1552; str, ob § 428 oder § 432); Rücktritt bzw „großer" Schadensersatz statt Leistung (früher „wegen Nichterfüllung") des einzelnen Kaufvertrags blieb dem einzelnen Wohnungseigentümer vorbehalten (BGH NJW 83, 453 mAnm Weitnauer; sa §§ 428–430 Rn 2; SoeStürner WEG 3, 20 ff). Gläubiger der Werkmängelansprüche sind auch nach *neuerer* Rechtslage die einzelnen Wohnungseigentümer (BGH 172, 42; NJW 10, 933; 3091). Die Geltendmachung aller das gemeinschaftliche Eigentum betreffenden Mängelansprüche, über die nur einheitlich entschieden werden kann (zB Minderung und kleiner Schadensersatz, nicht aber großer Schadensersatz und Rücktritt), erfolgt ausschließlich durch die Wohnungseigentümergemeinschaft als ges Prozessstandschafterin (WEG 10 VI 3; BGH 172, 42; NJW 10, 934; Wenzel NJW 07, 1905; aA Pause/ Vogel NJW 06, 3670). Ist ein Mangel am Gemeinschaftseigentum nicht behebbar oder wirkt sich nur auf Sondereigentum aus, fehlt es an den Voraussetzungen einer gesetzlichen Prozessstandschaft, möglich ist aber eine gewillkürte Prozessstandschaft. Die Wohnungseigentümergemeinschaft kann zudem weitere Rechte der einzelnen Teilhaber (zB Erfüllungs- oder Nacherfüllungsansprüche) durch Beschluss an sich ziehen und dabei sogar die Geltendmachung der Rechte durch den Einzelnen ausschließen, soweit die ordnungsgemäße Verwaltung ein gemeinschaftliches Vorgehen erfordert (BGH 172, 42; NJW 10, 934). *Allg* galt unter altem Recht gegenüber Dritten: Gesamtklagebefugnis bei wirtschaftlicher Betroffenheit der Gemeinschaft und Einzelklagebefugnis bei wirtschaftlicher Betroffenheit nur eines einzelnen Wohnungseigentümers (BGH 106, 222; 121, 22; JZ 91, 1075; NJW 97, 2106 f: Anspruch auf Wohngeldherausgabe gegen ausgeschiedenen Verwalter; zT str, s Weitnauer

§§ 742–745

JZ 92, 1054; Ehmann JZ 91, 222; Stürner LM Nr 2 zu § 13 WEG mN); aber Einzelklagebefugnis gegen störende Miteigentümer (BGH 116, 392)! Diese grundsätzliche Grenzziehung gilt auch unter neuem Recht, sei es, dass die teilrechtsfähige Wohnungseigentümergemeinschaft eigene Rechte (WEG 10 VI 1, 2) oder fremde Rechte als Prozessstandschafterin geltend macht (WEG 10 VI 3); zur Prozessstandschaft einzelner Wohnungseigentümer BGH 172, 42 Rn 22; Stuttgart NJW 13, 699, 700; Vogel NJW 13, 656.

9 6. **Grundbuch.** Zur Grundbucheintragung vgl GBO 47.

§ 742 Gleiche Anteile

Im Zweifel ist anzunehmen, dass den Teilhabern gleiche Anteile zustehen.

1 1. **Auslegungsregel.** Der Anteil an der Gemeinschaft ist kein realer Anteil an der gemeinsamen Sache, sondern ein *ideeller* Anteil am gemeinsamen Recht. Die Auslegungsregel zugunsten gleicher Anteile (Bsp: Sparguthaben von Eheleuten, BGH NJW 00, 2348; BFH NJW 12, 1837) gilt nicht bei abw vertraglicher oder ges Bestimmung (vgl zB § 947 I HS 2, DepotG 6 I 2), ferner nicht bei Festlegung der Anteile auf Grund sachbezogener Umstände (RG 169, 239; BGH NJW 97, 1435: „Oder-Depot"). Die *schenkungssteuerlichen* Folgen gleicher Beteiligung können sehr überraschend sein (s BFH NJW 12, 1837).

2 2. **Prozessuales.** Die Vorschrift betrifft Zweifel bezüglich abw Vereinbarung (sa BGH NJW-RR 91, 947) und ist keine Beweisvermutung zugunsten gleicher Teile, wenn bei abw ges Aufteilung (zB §§ 947, 948) eine Partei den vollen Beweis für die Höhe ihres Anteils nicht führen kann (LM Nr 1); der Schätzung gem ZPO 287 gebührt hier der Vorzug (Hoche NJW 58, 1534; str).

§ 743 Früchteanteil; Gebrauchsbefugnis

(1) **Jedem Teilhaber gebührt ein seinem Anteil entsprechender Bruchteil der Früchte.**

(2) **Jeder Teilhaber ist zum Gebrauch des gemeinschaftlichen Gegenstands insoweit befugt, als nicht der Mitgebrauch der übrigen Teilhaber beeinträchtigt wird.**

§ 744 Gemeinschaftliche Verwaltung

(1) **Die Verwaltung des gemeinschaftlichen Gegenstands steht den Teilhabern gemeinschaftlich zu.**

(2) **Jeder Teilhaber ist berechtigt, die zur Erhaltung des Gegenstands notwendigen Maßregeln ohne Zustimmung der anderen Teilhaber zu treffen; er kann verlangen, dass diese ihre Einwilligung zu einer solchen Maßregel im Voraus erteilen.**

§ 745 Verwaltung und Benutzung durch Beschluss

(1) ¹**Durch Stimmenmehrheit kann eine der Beschaffenheit des gemeinschaftlichen Gegenstands entsprechende ordnungsmäßige Verwaltung und Benutzung beschlossen werden.** ²**Die Stimmenmehrheit ist nach der Größe der Anteile zu berechnen.**

(2) **Jeder Teilhaber kann, sofern nicht die Verwaltung und Benutzung durch Vereinbarung oder durch Mehrheitsbeschluss geregelt ist, eine dem**

Titel 17. Gemeinschaft §§ 743–748

Interesse aller Teilhaber nach billigem Ermessen entsprechende Verwaltung und Benutzung verlangen.

(3) ¹Eine wesentliche Veränderung des Gegenstands kann nicht beschlossen oder verlangt werden. ²Das Recht des einzelnen Teilhabers auf einen seinem Anteil entsprechenden Bruchteil der Nutzungen kann nicht ohne seine Zustimmung beeinträchtigt werden.

§ 746 Wirkung gegen Sondernachfolger

Haben die Teilhaber die Verwaltung und Benutzung des gemeinschaftlichen Gegenstands geregelt, so wirkt die getroffene Bestimmung auch für und gegen die Sondernachfolger.

§ 747 Verfügung über Anteil und gemeinschaftliche Gegenstände

¹Jeder Teilhaber kann über seinen Anteil verfügen. ²Über den gemeinschaftlichen Gegenstand im Ganzen können die Teilhaber nur gemeinschaftlich verfügen.

§ 748 Lasten- und Kostentragung

Jeder Teilhaber ist den anderen Teilhabern gegenüber verpflichtet, die Lasten des gemeinschaftlichen Gegenstands sowie die Kosten der Erhaltung, der Verwaltung und einer gemeinschaftlichen Benutzung nach dem Verhältnis seines Anteils zu tragen.

Anmerkungen zu den §§ 743–748

1. Überblick. Die Vorschriften regeln für den Fall der gemeinsamen Nutzung 1
bzw Verwaltung das Innenverhältnis zwischen den Bruchteilsinhabern und das Außenverhältnis zwischen Bruchteilsinhabern und Dritten, wobei für das Außenverhältnis zusätzlich auf allg Vorschriften zurückzugreifen ist.

2. Innenverhältnis zwischen den Bruchteilsinhabern. a) Verteilung der 2
Nutzungen (§ 100): **aa)** Der Anspruch auf einen **Bruchteil der Früchte** (§§ 743 I, 99) geht davon aus, dass an Früchten Bruchteilsinhaberschaft besteht (vgl insbes § 953 und § 741 Rn 6) und nach Abzug von Unkosten (§ 748), wozu auch Rücklagen gehören können (BGH 140, 72 f), ihre Teilung entspr §§ 752, 753 erfolgt (dazu BGH NJW-RR 10, 1587: Maßgeblichkeit des tatsächlich Erlangten,nicht des bei ordnungsmäßiger Verwaltung Erzielbaren); uU entspr Anwendung des § 756 (BGH WM 83, 1085). Abw Vereinbarung ist zulässig (Düsseldorf WM 82, 1265: Verwendung des Mietkontos bei gemeinsamem Grundstück). **bb) Gebrauch:** Jeder Teilhab- 3
ber hat die unmittelbare Gebrauchsbefugnis gem § 743 II, also nicht nur einen Anspruch auf tatsächlichen Gebrauch. Bei Streitigkeiten verbietet § 866 den Besitzschutz unter Mitbesitzern; diese sind auf die Klage gem § 745 II verwiesen (unklar BGH NJW 78, 2157). Die Vorschriften zur Nutzung von Bruchteiseigentum erlangen besondere Bedeutung bei *gestörter oder geschiedener Ehe*. Für Hausratsgegenstände treffen §§ 1361a, 1568b eine vorrangige Sonderregelung, §§ 741 ff gelten nur, soweit eine Regelung nach §§,1361a, 1568b nicht greift (dazu Jacobs NJW 12, 3601,3605). Für die eheliche Wohnung in Miteigentum der Eheleute schaffen §§ 1361b, 1568a I u V Sonderregelungen, nach Scheidung gilt § 745, falls ein Verfahren gem § 1568a I u V nicht zustande kommt, weil sich die Eheleute über die Nutzung grungsätzlich einig sind (zum Ganzen Schleswig FamRZ 10, 1985; Stuttgart FamRZ 12, 33); zur Zuständigkeit nach FamFG 200, 266 I Nr 3 und den damit verbundenen Streitfragen Thomas/Putzo/Hüßtege, FamFG 200 Rn 6. Die Klage nach § 745 II muss sich nur

§ 748

gegen die widersprechenden Gemeinschafter richten (BGH FamRZ 92, 50). Kein Bereicherungsanspruch des nicht nutzenden Gemeinschafters; uU § 823 I bei hartnäckiger Nutzungsverweigerung oder vertragsgleicher Schadensersatz nach schweren Pflichtverletzungen (BGH 87, 271; NJW 66, 1708; 91, 571; ähnlich 98, 373/374).

4 Grundlegende Änderung der Verhältnisse (BGH NJW 93, 3326: Zweitehe; FamRZ 90, 977: Scheidungsklage; BGH NJW 07, 149: durch Pfändungs- und Überweisungsbeschluss überwiesene Ausübung des Nießbrauchs an als Ehewohnung genutztem Haus) gibt Anspruch auf Nutzungsneuregelung (§ 745 II), die Entgeltvereinbarung beinhalten kann (BGH 87, 271; NJW 86, 1340, 1341; 94, 1722; 96, 2154; NJW-RR 10, 1586; für gemeinschaftliches Patent BGH 162, 346 ff = NJW-RR 05, 1201). Der Anspruch auf Neuregelung muss gegenüber allen Gemeinschaftern geltend gemacht werden (Stuttgart NJW-RR 87, 1098). Der Entgeltanspruch entsteht mit dem Änderungsverlangen (BGH NJW 82, 1754; 84, 46; 89, 1031; 98, 373, NJW-RR 05, 1201 – Leistungsklage, nicht Gestaltungsklage – Bezifferung nicht erforderlich), spätestens mit Klageerhebung (BGH NJW 66, 1709); er kann nicht für einen zurückliegenden Zeitraum klagweise geltend gemacht werden (BGH NJW-RR 93, 386, 387: hinreichend deutliches Verlangen), wohl aber dem Anspruch auf Lastentragung (§ 748) noch nachträglich entgegengehalten werden (BGH NJW-RR 93, 387; Celle NJW-RR 90, 266; OLGR Bremen 05, 317). Der Anspruch auf Nutzungsentgelt setzt den Entfall einer zuvor bestehenden Nutzungsmöglichkeit voraus (Brandenburg NotBZ 08, 122). Durch eine nachträgliche Veränderung der tatsächlichen Verhältnisse kann der Anspruch auf angemessenen Aus-

5 gleich entfallen (BGH NJW 89, 1031; 98, 373; sa MK/Schmidt §§ 744, 745, 30). Die bloße Tatsache, dass ein Gemeinschafter die im Miteigentum stehende Wohnung nach Auszug des anderen allein nutzt, führt nicht zwangsläufig zu einem Anspruch auf Nutzungsentgelt. Die vom ausgezogenen Ehegatten angestrebte Nutzungsregelung muss im Interesse *beider* Gemeinschafter liegen. Hieran fehlt es, wenn die Wohnung den obj Wohnraumbedarf und die Leistungsfähigkeit des verbleibenden Ehegatten übersteigt und er einer Verwertung des Gemeinschaftseigentums nicht widerspricht (Düsseldorf FamRZ 87, 706). Der getrennt lebende Ehegatte, der schon vor Scheidung aus der Wohnung im Gemeinschaftseigentum ausgezogen ist, kann vom alleinwohnenden Teil kein Entgelt verlangen (zur Rechtsnatur des Anspruchs s Erbarth NJW 00, 1381 mN), wenn die Regelung von Unterhalt und Schuldentilgung usw die Wohnungsnutzung schon berücksichtigt (BGH 87, 272; NJW 86, 1340 mN; Celle NJW 00, 1426; BGH NJW 96, 2154 für Wohnrecht gem § 1093; sa NJW 11, 1586; krit Erbarth NJW 97, 974; 00, 1381; anders Karlsruhe NJW-RR 05, 1241 bei Berücksichtigung iRd Kindesunterhalts; sehr weitgehend BGH NJW 97, 732: Pflicht zur Übernahme der an den Erwerber des Miteigentums zu zahlenden Nutzungsentschädigung aus ehelichem Scheidungsvergleich). Für *nichteheliche Lebensgemeinschaften* gelten bei Trennung für § 745 II die gleichen Grundsätze wie bei Trennung von Eheleuten (Koblenz NJW-RR 10, 653); sa § 426 Rn 5 ff, 8. Bei freiwilligem Verlassen der Ehewohnung besteht ein Konkurrenzverhältnis zwischen § 745 II und § 1361b III 2, letztere Vorschrift ist wohl lex specialis (Thüringen NJW-RR 08, 956; München NJW 08, 381; aA KG NJW-RR 07, 798 bei endgültigem Verlassen der Ehewohnung; offen gelassen BGH NJW-RR 06, 1081; sa § 1361b Rn 9); zum "Nebengüterrecht" Herr NJW 12, 1847 u 3486.

6 cc) Eine **Vereinbarung** über die entgeltliche Benutzung einer gemeinschaftlichen Sache durch einen Mitinhaber ist Miete; sofern die Mietzinshöhe offen gelassen ist, erfolgt ihre Festsetzung nach § 745 II, wobei der nicht nutzende Teil sofort Zahlungsklage erheben darf (BGH NJW 74, 364 f; 82, 1754; 94, 1721; ähnlich 98, 373). Wenn die Parteien eine vom Ges abw Nutzungsverteilung vereinbaren (zB jeder Bruchteilsinhaber erhält die Nutzungen eines der drei Gebäude auf einem gemeinschaftlichen Grundstück), so haften sie für den Erfolg der Vereinbarung auch bei Weiterübertragung oder Nießbrauchbestellung an ihrem Anteil; beansprucht also zB der Nießbraucher Verteilung gem § 743 I, weil die Nutzungsvereinbarung nicht im Grundbuch eingetragen war (§ 1010 I), dann haftet der nießbrauchbestel-

Titel 17. Gemeinschaft § 748

lende Bruchteilseigner den anderen auf Schadensersatz (BGH 40, 329 ff). § 745 II gilt entspr bei gleichberechtigter Nutzungsbefugnis vom Eigentümer des dienenden Grundstücks und Grunddienstbarkeitsberechtigten (BGH NJW 08, 3703). **dd) Mehrheitsbeschlüsse** oder **gerichtl Entscheidungen** können zwar die Art 7 der Nutzung festlegen, nicht aber die quotenmäßige wirtschaftliche Beteiligung der Gemeinschafter (§ 745 III 2; s BGH NJW-RR 08, 984); festlegbar ist also zB Nutzung durch Vermieten (sa Rn 11) unter Ausschluss der Eigennutzung, nicht aber eine Quotenänderung bei der Ertragsverteilung. Durch Mehrheitsbeschluss kann auch in den Grenzen des § 745 III einem Miteigentümer ein schuldrechtlich wirkendes Sondernutzungsrecht eingeräumt werden, das ihn insoweit zur exklusiven Fruchtziehung berechtigt (BGH NJW 09, 1273); § 743 setzt ein bestehendes Nutzungsrecht aller Miteigentümer voraus, das aber gerade durch Mehrheitsbeschluss oder Vereinbarung abbedungen werden kann. Auf die Rechtsbeziehungen der sondernutzungsberechtigten Miteigentümer kann Nachbarrecht entspr anzuwenden sein (BGH 174, 22 = NJW 07, 3636). Ein Mehrheitsbeschluss kann bei Verstoß gegen § 745 I und III sowie Gesetz- oder Sittenwidrigkeit unwirksam sein (Düsseldorf NJW-RR 87, 1256; Schleswig NZG 10, 103; zur negativen Feststellungsklage BGH NJW-RR 10, 1312). **b) Kosten und Lasten** sind gem § 748 – dem Gegen- 8 stück zu § 743 – anteilig zu tragen. Stehen Gebrauch und Fruchtziehung abw von § 743 einem Teilhaber alleine zu, so ist dieser iZw auch alleiniger Träger der Kosten und Lasten (Schleswig-Holstein NJW-RR 07, 892). Auch wenn ein Teilhaber aus einer Maßnahme einen weitaus höheren Nutzen als die übrigen Teilhaber zieht, kann er die Kosten alleine zu tragen haben (BGH NJW 08, 2032). Kosten u Lasten müssen die Erhaltung, Verwaltung u gemeinsame Benutzung betreffen, Aufwendungen zur Begründung der Gemeinschaft an einem Gegenstand oder zu seiner wertsteigernden Veränderung fallen nicht unter § 748 (BGH NJW-RR 10, 1514: Darlehen zum Erwerb des gemeinsamen ehelichen Heims – Abhilfe über stillschweigend vereinbarte Ausgleichspflicht). **aa)** Die Teilhaber haben einen Anspruch auf Vorausentrichtung künftiger Aufwendungen und auf Erstattung erbrachter Aufwendungen, uU auf Befreiung übernommener Verbindlichkeit (BGH ZIP 92, 28). Auch der einzelne Teilhaber, der über seine Quote hinaus Kosten getragen hat, kann sich auf § 748 berufen (BGH NJW 00, 1945: Ausgleichsanspruch gem § 426; sa § 426 Rn 5–8). Dies gilt auch, wenn ein Ehegatte nach endgültigem Scheitern der Ehe Lasten allein getragen hat (Hamm FamRZ 89, 740; Köln FamRZ 92, 832 für getrennt lebende Ehegatten) oder wenn für die vereinbarte einseitige Kostenlast die Geschäftsgrundlage entfällt (BGH NJW 92, 2282 für werterhöhende Aufwendungen im Falle der Teilungsversteigerung). Die Kosten der Erhaltung, Verwaltung und gemeinschaftlichen Benutzung müssen für die Gemeinschaft erforderlich gewesen sein oder es muss sich um einverständliche Aufwendungen handeln (BGH ZIP 92, 28). Werden Ansprüche nach § 748 über einen längeren Zeitraum wechselseitig nicht geltend gemacht, liegt konkludenter Ausschluss nahe (KGR 04, 264: 10 Jahre). **bb)** Konkurrenz kann vorliegen mit mietvertraglichen Ansprüchen (§ 539), sofern 9 ein Teilhaber Mieter war; dann ist zu unterscheiden, ob die Aufwendung im Mieterinteresse oder im Erhaltungsinteresse der Gemeinschaft gemacht war (BGH NJW 74, 744), und dementspr für die Verjährung (§ 548 II) zu differenzieren (sehr zweifelhaft!). Gegenüber §§ 677 ff, 812 ff ist § 748 lex specialis, so dass diese Vorschriften nur beim Fehlen der Voraussetzung des § 748 zum Zuge kommen (BGH NJW 87, 3001: Überschreiten des Notverwaltungsrechts); keine analoge Anwendung des § 748 auf das Verhältnis zwischen Eigentümer u Wohnungsrechtsinhaber gem § 1093 bei Gemeinschaftsanlagen (BGH NJW 12, 523). **c)** Die **Verwaltung** richtet 10 sich nach Vereinbarung (§ 745 II), Mehrheitsbeschluss (§ 745 I; unförmlich, aber nach Gehör: BGH 140, 71), Gerichtsentscheidung (§ 745 II); erst wenn dies alles nicht zutrifft, gilt der Grundsatz des Gesamthandelns (§ 744 I). *Vereinbarungen* über die Verwaltung durch einen Gemeinschafter können die übrigen Gemeinschafter (uU auf Grund Mehrheitsbeschlusses) aus wichtigem Grund ohne Aufhebung der Gemeinschaft kündigen (BGH 34, 369 ff; NJW 83, 450); notwendig ist Verletzung der Pflicht zu ordnungsmäßiger Verwaltung, bloßer Vertrauenswegfall genügt nicht (BGH WM 81, 1136; NJW 83, 450). Liegen solche Kündigungsgründe bereits bei der mehrheitlichen Beschlussfassung über die Übertragung der Verwaltung vor, bindet der Beschluss nicht (Düsseldorf NJW-RR 87, 1256). Mehrheitsbeschlüsse und Entscheidungen können nicht wesentliche Veränderungen gegen den Willen eines Bruchteilseigners herbeiführen (§ 745 III 1) oder ihn anteilsmäßiges Recht auf Nutzungen (§ 745 III 2) beeinträchtigen (BGH NJW-RR 08, 984; s Rn 7). Ein Beschluss zur Rücklagenbildung für Notmaßnahmen (§ 744 II) liegt im Rahmen des § 745 III 2 (BGH 140, 71 ff). Im Errichten eines Behelfsbaus ohne Beanspruchung der Mitteilhaber, dem Wiederaufbau einer Ruine mit Versicherungsgeldern oder der Änderung der Raumeinteilung wird keine wesentliche Änderung zu sehen sein (BGH NJW 53, 1427; 83, 933); anders bei Kostenbeteiligung aller Teilhaber (LM Nr 14 zu § 1004; BGH NJW 83, 933) oder einschneidender Änderung von Gestalt oder Zweckbestimmung eines gemeinschaftlichen Gegenstandes (Hamburg OLGZ 90, 144: Garagen statt Kfz-Stellplätze); noch hinzunehmen hingegen der künftige Ausschluss der Eigennutzung eines Appartement-Hotels durch Mehrheits-

11 beschluss der Eigentümergemeinschaft (BGH NJW-RR 95, 267). Auch die Verfügung über Eigentumsrechte kann eine ordnungsgemäße Verwaltung darstellen, wenn die Grenze des § 745 III 1 nicht überschritten wird, insbes wenn die Miteigentümer nicht übermäßig finanziell belastet werden (BGH 101, 24: Zustimmung zur Widmung einer Privatstraße; zur Belastung des Gemeinschaftseigentums zur Abwendung der Zwangsvollstreckung, BGH WM 87, 985; zur Bewilligung einer Zufahrtsbaulast, BGH WM 91, 823; NJW-RR 04, 810; zum Tausch einzelner aus einer Gesamtheit gemeinschaftlicher Grundstücke, BGH 140, 66 ff; ähnlich 164, 186 f = NJW 06, 440 f); ebenso die Entscheidung über die Einziehung von Mietforderungen (BGH NJW 05, 3782; 12, 3584; 13, 166) oder die Beendigung eines Mietverhältnisses (BGH NJW-RR 10, 1313; 95, 267; BGH 183, 138 ff = NJW 10, 765, 767: Kündigung von Mietverhältnissen aus vernünftigen wirtschaftlichen Erwägungen; ähnlich BGH NJW 11, 63; 12, 3584; Düsseldorf NJW-RR 98, 11: Widerspruch gegen die Verlängerung; Brandenburg NJW-RR 12, 336: Kündigung eines Kontos zur Zinserhöhung bei gleicher Sicherheit; sa § 2038 Rn 1). Bei Interessenwiderstreit in der Person eines Gemeinschafters greift uU Stimmrechtsausschluss analog § 34 (vgl BGH 34, 372; 56, 52; Düsseldorf NJW-RR 98, 12; vgl §§ 709–713 Rn 22). Maßnahmen der Notverwaltung (§ 744 II) kann jeder Teilhaber vornehmen; stets nur Erhaltungsmaßnahmen (also zB idR keine Kündigung, BGH NJW 82, 641; 83, 1193; für ein Bsp vgl München WuM 02, 519).

12 **3. Außenverhältnis. a) Verpflichtungsgeschäfte:** Handelt der Teilhaber allein und in eigenem Namen, so wird nur er allein berechtigt und verpflichtet (zB Vermietung durch *einen* Miteigentümer, Karlsruhe NJW 81, 1278). Handeln alle Teilhaber zusammen, so sind sie idR Gesamtschuldner (§ 427, BayObLGZ 81, 345), ausnahmsweise aber auch Teilschuldner (§ 420) oder gemeinschaftliche Schuldner (zB Verpflichtung zur Auflassung des Gemeinschaftsgrundstücks, BGH NJW 80, 2464; Braunschweig NJW-RR 97, 1038; van Venrooy JuS 82, 95; Verpflichtung zur Bestellung dinglicher Rechte, vgl BGH 36, 187; vgl iÜ Vor § 420 Rn 4, § 431

13 Rn 2 ff). Zur Gläubigerstellung vgl § 741 Rn 6. *Stellvertretung* ist denkbar bei Vereinbarung und Zustimmung, auf die ein durchsetzbarer Anspruch bestehen kann (§§ 744 II, 745 II). Der Mehrheitsbeschluss im Rahmen ordnungsmäßiger Verwaltung berechtigt die Mehrheitsteilhaber zur Vertretung der Minderheit (BGH 56, 50 ff; WM 85, 282; enger BGH 49, 192). Bei Notvertretung gem § 744 II ist entgegen der wohl noch hM (MK/Schmidt §§ 744, 745, 46) ebenfalls Vertretungsmacht anzunehmen (offen BGH NJW 82, 641); entgegen älterer Rspr (BGH 17, 184) besteht nach neuerer Ansicht dingliche Vertretungsmacht (Rn 14), die fehlende schuldrechtliche Vertretung müsste zu unübersichtlichen und schwer verständlichen Differenzierungen führen (zB MK/Schmidt §§ 744, 745, 46). Sofern man die Vertretungsbefugnis auf Grund Notverwaltungsrechts verneint, zwingt man zu umständli-

Titel 17. Gemeinschaft § 748

chen Klagen auf Zustimmung gem §§ 744 II HS 2, 745 II (hierzu BGH 56, 50; sa 14
§§ 709–713 Rn 10). **b)** Für **Verfügungsgeschäfte** ordnet § 747 S 2 gemeinschaftliche Verfügung an (zB Karlsruhe NJW 86, 63; BGH 187, 169 = NJW-RR 11, 165: gemeinsame Geltendmachung des Anspruchs auf Rückgewähr der Grundschuld an einem Grundstück der Miteigentümer). Dies geschieht durch eine Verfügung der Gemeinschaft über den gemeinschaftlichen Gegenstand insgesamt (BGH NJW 94, 1471; PalSprau § 747, 4) und nicht durch eine koordinierte Verfügung aller Teilhaber über ihre Bruchteile (so MK/Schmidt §§ 747, 22). Bei unwirksamer Mitwirkung eines Teilhabers ist die Verfügung schwebend unwirksam, § 139 findet keine Anwendung (BGH aaO). Ausnahmsweise besteht für Notverwaltungsmaßnahmen (§ 744 II) Vertretungsmacht (BGH NJW 85, 490; MK/Schmidt §§ 744, 745, 45: „Verfügungsmacht"), ebenso bei Mehrheitsbeschlüssen zur ordnungsmäßigen Verwaltung (§ 745 I; offen BGH 49, 192; 56, 50; wie hier MK/Schmidt §§ 744, 745, 31; ferner nunmehr BGH NJW-RR 10, 1313; BGH 183, 138 ff = NJW 10, 766 f; 11, 63). §§ 744 II, 745 I sind insoweit leges speciales gegenüber § 747 S 2; zur Erbengemeinschaft s § 2038 Rn 1–6, § 2040 Rn 1–3. **c)** Im **Aktivprozess** können die 15
Gemeinschafter Forderungen gemeinsam einklagen, sie sind dann notwendige Streitgenossen, da der Einzelnen im Fall des Obsiegens Rechtskraft für alle Teilhaber bewirkt (vgl SoeStürner § 1011, 2 mwN; aA BGH 92, 351 für Miteigentümer und § 1011 Rn 3; s auch § 2039 Rn 6 f, §§ 709–713 Rn 10; für Beteiligtenfähigkeit der Vermietungs-Bruchteilsgemeinschaft BFH NJW 04, 2775); es kann aber auch jeder Teilhaber aus § 432 auf Leistung an alle klagen (s § 741 Rn 6). Aus §§ 744 II, 745 I soll keine prozessuale Vertretungsbefugnis folgen (BGH 17, 184), wohl aber soll § 744 II einen Gemeinschafter zur Klage in eigenem Namen auf Leistung an sich selbst ermächtigen (BGH 94, 120; ähnlich NJW 00, 3272). Gewillkürte Prozessstandschaft mit Ermächtigung zur Leistung an einen Teilhaber soll stets möglich sein (BGH 94, 121 m abl Anm Tiedtke JZ 85, 890). Besser wäre es, an gemeinschaftlicher Klage bzw § 432 festzuhalten und für §§ 744 II, 745 I prozessuale Vertretung zu gestatten; für die – verwirrende – Prozessstandschaft wäre dann kein Raum. Im **Passivprozess** besteht bei Gesamtschuldnerschaft einfache, bei gemeinschaftlicher Schuld (zB Grundstücksauflassung) dagegen notwendige Streitgenossenschaft (BGH 36, 187; NJW 84, 2210; 94, 1471; 96, 1061).

4. Verfügungsbefugnis über den ideellen Bruchteil. Diese Verfügungsbe- 16
fugnis entspricht der individualistischen Grundkonzeption. Es gelten die ges Regeln für Verfügungen über das Vollrecht, wobei Übergabe durch Übertragung des Mitbesitzes ersetzt wird. Die Übertragung eines Miteigentumsanteils an einen Miteigentümer ist ein Verkehrsgeschäft iSd § 892 (BGH 173, 71). Ein Verfügungsverbot, das die Miteigentümer vereinbaren, hat trotz § 137 dingliche Wirkung (SoeStürner Vor § 1008, 6; Baur/Stürner § 3 Rn 28; aA 12. Aufl). Ein Verzicht des Miteigentümers nach § 928 ist unwirksam, weil §§ 749 ff Sonderregeln für die Aufhebung der Gemeinschaft enthalten (BGH 115, 7 mN; 172, 209); dies gilt auch für das Wohnungs- und Teileigentum (BGH 172, 338). Eine teilweise Verfügung über einen Bruchteil ist wirksam (für Quotenänderung unter Miteigentümern BayObLG DNotZ 83, 752; aA allg Hilbrandt AcP 02, 631, 643). Die **Zwangsvollstreckung** 17
erfolgt bei beweglichen Sachen und Forderungen gem ZPO 857 I und II, 828 ff, bei Immobilien gem ZPO 864 II, 866 I. Der Pfändungsgläubiger kann statt der Verwertung des ideellen Bruchteils die Aufhebung betreiben (§ 751 S 2; sa §§ 749–758 Rn 4 ff); Teilungsverfahren gem § 752 oder § 753 iVm §§ 1233 ff. Bei Immobilien kann Zwangsversteigerung bzw -verwaltung des ideellen Bruchteils erfolgen oder man kann – oft Erfolg versprechender – durch Pfändung des Aufhebungsanspruchs zur Teilungsversteigerung (ZVG 180 ff) kommen (BGH 90, 211; NJW 06, 849; K. Schmidt JR 79, 320; Baur/Stürner/Bruns Rn 32.1, 34.9, 34.14). **Lit:** Gramentz, Die Aufhebung der Gemeinschaft nach Bruchteilen durch den Gläubiger eines Teilhabers, 1989 (hierzu Kohler ZZP 104 [1991], 83).

18   **5. Sondernachfolge.** Der Sondernachfolger ist gem § 746 an die Regelungen der Teilhaber gebunden; § 751 S 1 ergänzt diese Bindung für den Ausschluss der Aufhebung. Sonderregelung bei Grundeigentum: § 1010 I. Keine analoge Anwendung auf GbR (BGH NJW-RR 09, 515).

19   **6. Prozessuales.** Zu Aktiv- und Passivprozessen der Gemeinschafter vgl Rn 15. Zur Zwangsvollstreckung in den ideellen Bruchteil Rn 17.

§ 749 Aufhebungsanspruch

(1) Jeder Teilhaber kann jederzeit die Aufhebung der Gemeinschaft verlangen.

(2) ¹Wird das Recht, die Aufhebung zu verlangen, durch Vereinbarung für immer oder auf Zeit ausgeschlossen, so kann die Aufhebung gleichwohl verlangt werden, wenn ein wichtiger Grund vorliegt. ²Unter der gleichen Voraussetzung kann, wenn eine Kündigungsfrist bestimmt wird, die Aufhebung ohne Einhaltung der Frist verlangt werden.

(3) Eine Vereinbarung, durch welche das Recht, die Aufhebung zu verlangen, diesen Vorschriften zuwider ausgeschlossen oder beschränkt wird, ist nichtig.

§ 750 Ausschluss der Aufhebung im Todesfall

Haben die Teilhaber das Recht, die Aufhebung der Gemeinschaft zu verlangen, auf Zeit ausgeschlossen, so tritt die Vereinbarung im Zweifel mit dem Tode eines Teilhabers außer Kraft.

§ 751 Ausschluss der Aufhebung und Sondernachfolger

¹Haben die Teilhaber das Recht, die Aufhebung der Gemeinschaft zu verlangen, für immer oder auf Zeit ausgeschlossen oder eine Kündigungsfrist bestimmt, so wirkt die Vereinbarung auch für und gegen die Sondernachfolger. ²Hat ein Gläubiger die Pfändung des Anteils eines Teilhabers erwirkt, so kann er ohne Rücksicht auf die Vereinbarung die Aufhebung der Gemeinschaft verlangen, sofern der Schuldtitel nicht bloß vorläufig vollstreckbar ist.

§ 752 Teilung in Natur

¹Die Aufhebung der Gemeinschaft erfolgt durch Teilung in Natur, wenn der gemeinschaftliche Gegenstand oder, falls mehrere Gegenstände gemeinschaftlich sind, diese sich ohne Verminderung des Wertes in gleichartige, den Anteilen der Teilhaber entsprechende Teile zerlegen lassen. ²Die Verteilung gleicher Teile unter die Teilhaber geschieht durch das Los.

§ 753 Teilung durch Verkauf

(1) ¹Ist die Teilung in Natur ausgeschlossen, so erfolgt die Aufhebung der Gemeinschaft durch Verkauf des gemeinschaftlichen Gegenstands nach den Vorschriften über den Pfandverkauf, bei Grundstücken durch Zwangsversteigerung und durch Teilung des Erlöses. ²Ist die Veräußerung an einen Dritten unstatthaft, so ist der Gegenstand unter den Teilhabern zu versteigern.

Titel 17. Gemeinschaft §§ 749–758

(2) Hat der Versuch, den Gegenstand zu verkaufen, keinen Erfolg, so kann jeder Teilhaber die Wiederholung verlangen; er hat jedoch die Kosten zu tragen, wenn der wiederholte Versuch misslingt.

§ 754 Verkauf gemeinschaftlicher Forderungen

¹Der Verkauf einer gemeinschaftlichen Forderung ist nur zulässig, wenn sie noch nicht eingezogen werden kann. ²Ist die Einziehung möglich, so kann jeder Teilhaber gemeinschaftliche Einziehung verlangen.

§ 755 Berichtigung einer Gesamtschuld

(1) Haften die Teilhaber als Gesamtschuldner für eine Verbindlichkeit, die sie in Gemäßheit des § 748 nach dem Verhältnis ihrer Anteile zu erfüllen haben oder die sie zum Zwecke der Erfüllung einer solchen Verbindlichkeit eingegangen sind, so kann jeder Teilhaber bei der Aufhebung der Gemeinschaft verlangen, dass die Schuld aus dem gemeinschaftlichen Gegenstand berichtigt wird.

(2) Der Anspruch kann auch gegen die Sondernachfolger geltend gemacht werden.

(3) Soweit zur Berichtigung der Schuld der Verkauf des gemeinschaftlichen Gegenstands erforderlich ist, hat der Verkauf nach § 753 zu erfolgen.

§ 756 Berichtigung einer Teilhaberschuld

¹Hat ein Teilhaber gegen einen anderen Teilhaber eine Forderung, die sich auf die Gemeinschaft gründet, so kann er bei der Aufhebung der Gemeinschaft die Berichtigung seiner Forderung aus dem auf den Schuldner entfallenden Teil des gemeinschaftlichen Gegenstands verlangen. ²Die Vorschrift des § 755 Abs. 2, 3 findet Anwendung.

§ 757 Gewährleistung bei Zuteilung an einen Teilhaber

Wird bei der Aufhebung der Gemeinschaft ein gemeinschaftlicher Gegenstand einem der Teilhaber zugeteilt, so hat wegen eines Mangels im Recht oder wegen eines Mangels der Sache jeder der übrigen Teilhaber zu seinem Anteil in gleicher Weise wie ein Verkäufer Gewähr zu leisten.

§ 758 Unverjährbarkeit des Aufhebungsanspruchs

Der Anspruch auf Aufhebung der Gemeinschaft unterliegt nicht der Verjährung.

Anmerkungen zu den §§ 749–758

1. Rechtliche Konstruktion des Auflösungsvorgangs. Sie ist umstritten. **a)** Nach hM bestehen *dreierlei* Ansprüche des auflösungswilligen Teilhabers: Anspruch auf Einwilligung in die Aufhebung (§§ 749, 758); Anspruch auf Einwilligung in einen bestimmten Teilungsplan (§§ 752–756); Anspruch auf den Vollzug des Teilungsplanes (vgl die Einzelregelung in § 757). Der auflösungswillige Teilhaber kann alle drei Ansprüche in einer einzigen Klage verbinden. Alle Ansprüche richten sich immer nur auf Aufhebung in Bezug auf den auflösungswilligen Teil, die übrigen können die Gemeinschaft (ggf am Erlös, § 753) fortsetzen. **b)** Die wohl richtigere 1 2

Mindermeinung (Esser-Schmidt I § 38 IV 2c; Hamm NJW-RR 92, 665; Rostock NZG 00, 369; offen BGH 90, 214) sieht im Auflösungsverlangen ein Gestaltungsrecht, das den Anspruch auf einen ges vorgeformten Teilungsvertrag schafft. Der praktische Unterschied ist wegen der möglichen Klagehäufung gering. Zur Parallelproblematik bei Erbengemeinschaft vgl § 2042 Rn 7 f.

3   **2. Vertragliche Regelung.** Die Gesamtheit *aller* Teilhaber kann einen vom Ges abw **Aufhebungs- und Teilungsvertrag** schließen. Sofern er Grundstücke betrifft, gilt für *gesetzesabweichende* Verpflichtungen § 311b I nF bzw § 313 aF (OGH 1, 208); keine Heilung durch Auflassung und Grundbucheintragung als Miteigentümer (BGH NJW 02, 2560); die Vollzugsgeschäfte folgen den allg Vorschriften. Mehrheitsbeschlüsse genügen zur gesetzesabweichenden Teilung nicht (vgl § 745 III 1).

4   **3. Recht auf Aufhebung.** Es ist unverjährbar (§ 758) und gem §§ 749 II, III, 751 S 1 nur beschränkt abdingbar (vgl auch § 750); auch konkludent (Köln ZMR 04, 268). Ein wichtiger Grund gem § 749 II – für dessen Annahme ein strenger Maßstab anzulegen ist (BGH DB 95, 317) – kann in der Gebrauchsvereitelung durch andere Teilhaber liegen (BGH WM 62, 464; anders NJW-RR 95, 268), Verfeindung der Teilhaber reicht nur bei unmittelbarer Wirkung auf die Gemeinschaft aus (BGH WM 84, 873; ZIP 95, 114); überwiegendes Verschulden der Gegenseite ist nicht erforderlich, hingegen kann deutlich überwiegendes Verschul-
5   den des Aufhebung begehrenden Teils der Aufhebung entgegenstehen (BGH WM 84, 873). Aufhebungsbegehren kann unzulässige Rechtsausübung (§ 242) sein, wenn es für übrige Teilhaber besondere Härte bedeutet – dann Anspruch auf wirtschaftlichen Wert gegen Übertragung des Anteils (BGH NJW-RR 05, 309: der gemeinschaftlichen Berufsausübung dienendes Miteigentum; BGH NJW-RR 08, 612: Miteigentum an Privatweg zur Erschließung von Grundstücken). Dem Recht auf Aufhebung einer Miteigentümergemeinschaft zwischen Eheleuten (vgl § 741 Rn 2) kann bei bestehender Ehe der Gedanke der ehelichen Lebensgemeinschaft entgegenstehen (BGH 37, 38 ff), uU § 1365 (BayObLG FamRZ 81, 47; allerdings nicht mehr ab Rechtskraft einer zwischenzeitlich beantragten Scheidung München NJW-RR 06, 1518); nach Scheidung darf Aufhebung nicht verlangt werden, wenn der andere Teil die Rückübertragung des während der Ehe eingeräumten ideellen Bruchteils fordern kann (BGH 68, 299 ff). Das Verlangen, die Bruchteilsgemeinschaft nach Scheidung aufzuheben, ist nur dann ausnahmsweise *rechtsmissbräuchlich,*
6   wenn sie dem widersprechenden Ehegatten schlechthin unzumutbar ist (München FamRZ 89, 980). Gegen das Aufhebungsrecht können keine *Gegenrechte* geltend gemacht werden, die nicht in der Gemeinschaft wurzeln, insbes nicht § 273 wegen gemeinschaftsfremder Gegenansprüche (BGH 63, 348; 90, 197; NJW-RR 87, 892). Gemeinschaftsbezogene Ansprüche sollen mit auseinandergesetzt werden, andere Ansprüche sollen die Auseinandersetzung nicht stören (arg § 756). Folgerichtig kann gegen den Anspruch auf Freigabe des Enderlösanteils nach vollzogener Auseinandersetzung § 273 greifen (BGH NJW-RR 90, 134). Zum *Aufhebungsrecht des vollstreckenden Gläubigers* vgl §§ 743–748 Rn 17. Ist die Aufhebung zwischen den Gemeinschaftern ausgeschlossen, so kann bei Pfändung eines Anteils (§ 751 S 2) der andere Teilhaber die Gläubigerforderung ablösen (§ 268; Karlsruhe MDR 92, 588).

7   **4. Teilungsplan und sein Vollzug.** Vgl §§ 752–757. **a)** Der **Grundsatz der Naturalteilung** (§ 752) wird durchbrochen bei fehlender Teilbarkeit (§ 753), ferner bei Vorwegerfüllung von Verbindlichkeiten (§§ 755 III, 756 S 2). Teilbarkeit ist zu bejahen bei Geld, Wertpapieren, ferner beim Gesamthandsanteil an einer Erbengemeinschaft (vgl § 2033 Rn 1) oder bei Bruchteilsgemeinschaft an der Eigentümergrundschuld auf dem ehelichen Grundstück im Miteigentum (BGH 187, 169 = NJW-RR 11, 165: Teilung in gleichrangige Teilgrundschulden). Die hM verneint regelmäßig die Teilbarkeit von Wohngrundstücken (München NJW 52, 1297) und idR bei Grundstücken überhaupt (BGH NJW-RR 10, 521; Hamm NJW-RR 92, 666), ebenso bei gewerblichen Schutzrechten (BGH 162, 345 = NJW-RR 05,

1200 für Patent). Der Vollzug des geschuldeten Naturalteilungsplans kann Willenserklärungen und Realakte erforderlich machen; zur Klagehäufung vgl Rn 1, 10. Die Mängelrechte des übernehmenden Teilhabers gegenüber den übrigen Teilhabern richten sich nach Kauf (§ 757), wobei bei Mangelhaftigkeit aller übertragenen Teile keine Haftung besteht. **b)** Der **Verkauf zur Versilberung** kann auch bei unteilbaren Gegenständen ausnahmsweise ausgeschlossen sein, wenn die Interessenabwägung für eine Realteilung in ungleiche, aber gleichwertige Teile spricht (BGH 58, 146 ff). Eine Teilung nach § 753 I setzt einen zweiaktigen Tatbestand voraus, den Pfändungsverkauf bzw die Zwangsversteigerung und die Verteilung des Erlöses (BGH 175, 297). Der Verkauf *beweglicher* Sachen erfolgt gem §§ 1233–1247, wobei für den Fall der Uneinigkeit ein vollstreckbarer Titel notwendig ist (str, aA MK/ Schmidt § 753, 13). Bei *unbeweglichen* Sachen gelten ZVG 180–184, die keinen Titel gegen die übrigen Miteigentümer verlangen; diese müssen sich analog ZPO 771 gegen die Versteigerung wehren, sofern sie §§ 749, 753 nicht entspricht (BGH WM 84, 539; uU Schadensersatzanspruch aus § 280 I, vgl Brandenburg FPR 03, 133; zum Ganzen Baur/Stürner/Bruns Rn 34.7 ff). ZPO 765a ist anwendbar (KG NJW-RR 99, 434; BGH NJW 07, 3430). Am Erlös setzt sich die Bruchteilsgemeinschaft fort (§ 753 I 1; BGH 175, 302 = NJW 08, 1809); besteht er in einem Anspruch gegen den Ersteigerer, entsteht eine Forderungsgemeinschaft (§ 741 Rn 6), wobei nach Auffassung des BGH hier § 432 gelten soll (BGH 175, 302 = NJW 08, 1809); ungleiche Belastung der Miteigentumsanteile ist nicht zu berücksichtigen (BGH NJW 83, 2451; 84, 2527; FamRZ 90, 976; NJW-RR 10, 521); zur Abwicklung einer Teilung und Versteigerung bei Belastung des Miteigentums am ehelichen Grundstück mit einer nicht mehr valutierten Grundschuld BGH 187, 169 = NJW-RR 11, 164; 93, 386. Hinterlegter Erlös steht jedem Teilhaber entspr seiner Beteiligungsquote (§ 420) zu (BGH 90, 196). **c)** **Gemeinschaftliche Forderungen** (vgl § 741 Rn 5 f) sind idR gem § 754 einzuziehen (BGH NJW 82, 928; 01, 369 f zur Einziehung von Mietzinsforderung gegen einen Teilhaber), der Erlös ist gem § 752 zu verteilen. **d)** **Verbindlichkeiten:** Gemeinschaftliche Berichtigung aus den notfalls versilberten (vgl Rn 7) Gegenständen kann nur für Gesamtschulden (vgl zur Entstehung §§ 743–748 Rn 12 f) verlangt werden, für die im Innenverhältnis § 748 gilt; vgl § 755. Die Berichtigung der gemeinschaftsbezogenen Forderung eines Teilhabers aus dem – versilberten – Anteil des schuldnerischen Teilhabers (§ 756) kann insbes im Rahmen des § 748 praktisch werden (vgl §§ 743–748 Rn 8 f); vgl iÜ Rn 4 ff.

5. Prozessuales. Nimmt man mit der hM einen dreifachen Anspruch des die Auflösung begehrenden Gemeinschafters an (vgl Rn 1), so ist prozessuale Verbindung im Wege der obj Klagehäufung zulässig (SoeHadding § 749, 4 und 5). Die Beweislast für ein Aufhebungshindernis (Rn 5 f) trägt, wer sich auf den Ausschluss der Aufhebung beruft (BGH NJW-RR 91, 947).

Titel 18. Leibrente

§ 759 Dauer und Betrag der Rente

(1) **Wer zur Gewährung einer Leibrente verpflichtet ist, hat die Rente im Zweifel für die Lebensdauer des Gläubigers zu entrichten.**

(2) **Der für die Rente bestimmte Betrag ist im Zweifel der Jahresbetrag der Rente.**

§ 760 Vorauszahlung

(1) **Die Leibrente ist im Voraus zu entrichten.**

(2) **Eine Geldrente ist für drei Monate vorauszuzahlen; bei einer anderen Rente bestimmt sich der Zeitabschnitt, für den sie im Voraus zu entrichten ist, nach der Beschaffenheit und dem Zwecke der Rente.**

(3) **Hat der Gläubiger den Beginn des Zeitabschnitts erlebt, für den die Rente im Voraus zu entrichten ist, so gebührt ihm der volle auf den Zeitabschnitt entfallende Betrag.**

(3) **Hat der Gläubiger den Beginn des Zeitabschnitts erlebt, für den die Rente im Voraus zu entrichten ist, so gebührt ihm der volle auf den Zeitabschnitt entfallende Betrag.**

§ 761 Form des Leibrentenversprechens

¹**Zur Gültigkeit eines Vertrags, durch den eine Leibrente versprochen wird, ist, soweit nicht eine andere Form vorgeschrieben ist, schriftliche Erteilung des Versprechens erforderlich.** ²**Die Erteilung des Leibrentenversprechens in elektronischer Form ist ausgeschlossen, soweit das Versprechen der Gewährung familienrechtlichen Unterhalts dient.**

Anmerkungen zu den §§ 759–761

Lit: Reinhart, Zum Begriff der Leibrente usw, FS Wahl, 1973, S 261.

1 **1. Allgemeines. a) Leibrente.** Legaldefinition fehlt in der lückenhaften Regelung. Nach dem **Begriff** der hM ist Leibrente ein einheitliches nutzbares Recht (**Stammrecht**, str; dafür sog Einheitstheorie; krit. StMayer 25 ff vor §§ 759–761; zur Gegenansicht Rn 2), das dem Berechtigten für die Lebensdauer eines Menschen eingeräumt ist und dessen Erträge aus fortlaufend wiederkehrenden, gleichmäßigen und in gleichen Zeitabständen zu gewährenden Leistungen in Geld oder vertretbaren Sachen bestehen (RG 67, 212; BGH WM 80, 594; NJW-RR 91, 1035, stRspr und hM). Die einzelnen Begriffsmerkmale ergeben zugleich die **Abgrenzung** zu
2 ähnlichen Rechtsverhältnissen (Rn 3–5). **b) Leibrentenversprechen.** Das Stammrecht (Rn 1) wird nach hM begründet durch einen **abstrakten** und **einseitigen Bestellungsvertrag** (§ 761), durch den die sich aus dem zugrundeliegenden Kausalgeschäft ergebende Verpflichtung zur Rentenbestellung erfüllt (§ 362) wird. **Verpflichtungsgeschäft** kann sein: (1) Vertrag; sowohl entgeltliches (gegenseitiger, zB Rentenkauf; Veräußerung von Grundstück gegen Verpflichtung zur Rentenbestellung) als auch unentgeltlicher (zB Schenkungsversprechen einer Leibrente). Vertrag zgDr möglich (§ 330); (2) einseitiges RGeschäft (zB Vermächtnis einer Leibrente in letztwilliger Verfügung). Die dogmatische Konstruktion der hM ist str; gegen die Zwischenschaltung eines Stammrechts (Rn 1) ua MK/Habersack § 759, 4; Reinhart aaO S 272 ff; vermittelnd SoeWelter 6 vor § 759.

3 **2. Voraussetzungen. a) Gegenstand** der Leistung: nur Geld oder vertretbare Sachen (§ 91), nicht Kost und Wohnung (RG 104, 273), wie beim Altenteilsrecht (EGBGB 96). **b) Bestimmtheit.** Die einzelnen Leistungen müssen zeitlich und inhaltlich genau bestimmt sein (RG 137, 261). Bei Geldrente ist betragsmäßige Bestimmtheit erforderlich; fehlt bei Abhängigkeit der Rente vom Reingewinn eines Betriebs (RG 137, 262) oder von der Bedürftigkeit des Berechtigten, wie idR bei
4 Unterhaltsverträgen (RG 150, 391), **Auslegungsregeln:** §§ 759 II, 760. **c) Dauer.** Die Rente muss **auf Lebenszeit** eines Menschen zugesagt sein, des Berechtigten (iZw nach § 759 I), des Schuldners oder eines Dritten. IÜ ist zeitliche Begrenzung durch Nebenbestimmungen zulässig, soweit der Zweck der Lebensversorgung des Berechtigten gewahrt bleibt (zB bis zu Wiederheirat, höchstens 30 Jahre, bis zum
5 80. Lebensjahr). **d)** Begründung eines selbstständigen Stammrechts (Rn 1) ist erforderlich, Vereinbarung von Rentenleistungen im Rahmen eines Kausalgeschäfts durch Modifizierung sich daraus ergebender Ansprüche genügt nicht. Leibrente liegt daher nicht vor: bei Ruhegehaltsversprechen (enger Zusammenhang mit

Titel 19. Unvollkommene Verbindlichkeiten § 762

Dienstvertrag), auch wenn erst nach Beendigung des Dienstvertrags gegeben (BAG NJW 59, 1746); bei gesellschaftsvertraglicher Versorgungsrente (BGH FamRZ 89, 948); bei Rentenpflicht auf Grund Vergleiches über Schadensersatz- (RG 89, 261), Abfindungs- (BGH BB 66, 305) oder Erbansprüche (RG 91, 7). Die Gegenansicht (Rn 2) kommt über die Berücksichtigung der Verkehrsauffassung zu praktisch gleichen Ergebnissen.

3. Rechtsfolgen. a) Formzwang. Die Erteilung des Versprechens (nicht die 6 Annahme) bedarf beim Leibrentenvertrag wie auch beim zugrundeliegenden kausalen RGeschäft (hM) der Schriftform (§§ 761, 126). Formmangel: § 125. Soweit erfüllt, ist **Heilung** des Formmangels entspr §§ 311b I 2, 518 II, 766 S 2 zu bejahen (EnnL § 187 II 3; StMayer § 761, 13; hM, str). **Weitergehende Formvorschriften** gehen vor, zB §§ 311b I, III, 518 I; dann gilt auch § 313b I 2 unmittelbar: BGH NJW 78, 1577, str. **b) Nichtleistung** einzelner Raten: Rücktritt nach § 323 ausge- 7 schlossen (Grund: Rn 2, str; offen BGH NJW-RR 91, 1035 mN), nur Verzugsschaden nach § 286 I (RG 106, 96) und uU Rückforderung nach § 812 I 2, 2. Var **c) Wegfall der Geschäftsgrundlage** (§ 313) möglich (BayObLG MDR 80, 238; 8 iE MK/Habersack § 759, 31 ff). Zur Vereinbarung von **Wertsicherungsklauseln:** §§ 244, 245 Rn 18–25. **d) Verjährung:** Für Stammrecht (Rn 1 und 5) gilt § 195 9 und insbes § 197 I Nr 4 Fall 2; für Einzelansprüche sa § 197 II.

Titel 19. Unvollkommene Verbindlichkeiten

§ 762 Spiel, Wette

(1) ¹**Durch Spiel oder durch Wette wird eine Verbindlichkeit nicht begründet.** ²**Das auf Grund des Spieles oder der Wette Geleistete kann nicht deshalb zurückgefordert werden, weil eine Verbindlichkeit nicht bestanden hat.**

(2) **Diese Vorschriften gelten auch für eine Vereinbarung, durch die der verlierende Teil zum Zwecke der Erfüllung einer Spiel- oder einer Wettschuld dem gewinnenden Teil gegenüber eine Verbindlichkeit eingeht, insbesondere für ein Schuldanerkenntnis.**

1. Allgemeines. Die **zwingende** (Rn 7 aE) Regelung verhindert, dass (Erfül- 1 lungs- oder Rückgewähr-)Ansprüche aus Spiel- und Wettverträgen Gegenstand von Leistungsklagen werden. Der **Grund** hierfür liegt nicht etwa in ihrer Unsittlichkeit, sondern in ihrer **Gefährlichkeit,** wohl auch in ihrer fehlenden Schutzwürdigkeit (vgl Hamm NJW-RR 97, 1008). Auf die nach StGB 284 ff, UWG 4 Nr 5, 6 **verbotenen Spiele** (Ausspielungen) findet § 762 keine Anwendung; diese sind nach § 134 nichtig (Folge: Rn 10).

2. Begriffe und Abgrenzungen. Maßgeblich ist die Verkehrsauffassung. **Spiel** 2 **und Wette** sind idR gegenseitige (auch gesellschaftsähnliche, selten einseitige, dazu Rn 5) Verträge, in denen die Parteien den Geschäftserfolg mehr oder weniger vom Zufall (ungewisses zukünftiges Ereignis; Entscheidung bestehender Ungewissheit) abhängig machen (Glücksverträge). Ihr Vertrags**zweck** besteht in der Unterhaltung oder (und) Gewinnerzielung (Spiel) bzw der Bekräftigung einer Behauptung (Wette); weitere wirtschaftliche oder sonstige ernstliche Zwecke fehlen (BGH 69, 301; ergibt **Abgrenzung** zu **verbindlichen** Verträgen mit **aleatorischem Moment,** zB Versicherungsvertrag, Leibrentenversprechen ua); Internetauktion daher kein Spiel oder Wette (BGH NJW 02, 365; Deutsch WM 05, 778 mN). Zu Spielverträgen mit staatlich konzessionierten Spielbanken s § 763 Rn 3. Zu **Gewinnzusagen** s § 661a Rn 2. Zweiseitige **Differenzgeschäfte** iSv § 764 S 1 aF sind Spielverträge und fallen unter § 762; einseitige Differenzgeschäfte dagegen sind jetzt verbindlich, das gilt auch für das sog Daytrading (MK/Habersack 10); zur

§ 762

Buch 2. Abschnitt 8. Einzelne Schuldverhältnisse

Abgrenzung eines Spiels zu einem Darlehensvertrag: LG Karlsruhe NJW-RR 07, 200. **Finanztermingeschäfte** iS der WpHG 37d ff sind nach WpHG 37e dem Spieleinwand entzogen. Die Abgrenzung **zwischen** Spiel und Wette ist im Hinblick auf die rechtliche Gleichbehandlung nur von geringer praktischer Bedeutung (für
3 § 763 und StGB 284 ff): **a)** Beim **Spiel** verpflichten sich die Parteien unter entgegengesetzten Bedingungen zu einer Leistung. **Arten: aa) Glücksspiele** (wichtig für StGB 284 ff, dazu Rn 1): Die Gewinnchance ist (anders als bei Rn 4) im Wesentlichen vom Zufall abhängig (BGHSt 2, 276). **Sonderfälle** des Glücksspiels: Lotterie
4 und Ausspielung (§ 763). **bb) Geschicklichkeitsspiele:** Die Gewinnchance ist überwiegend (auch) von den Fähigkeiten und Kenntnissen der Spieler abhängig. Geringe Geschicklichkeit des Durchschnitts der Spieler kann zum Glücksspiel führen (BGHSt aaO). **cc) Kein** Spiel sind Sportwettkämpfe um Gewinn (Ertüchtigungs-
5 zweck). **b)** Bei der **Wette** verspricht jede Partei der anderen eine Leistung für den Fall, dass von zwei gegensätzlichen Behauptungen die ihrige sich als unrichtig erweist. Auch einseitige Wette ist möglich (RG 61, 156). **Keine** Wette (kein ernstlicher Meinungsstreit), sondern Spiel sind die Renn- und Sport„wetten", sog **Spielwetten**.

6 **3. Rechtsfolgen.** Spiel und Wette begründen weder **eine Verbindlichkeit** (und damit: keine Forderung, § 241 I) **im Rechtssinn** (I 1) noch eine sog „unvollkommene Verbindlichkeit" (MK/Habersack 3), ihre Wirkungen erschöpfen sich im Behaltendürfen, dh sie stellen einen rechtlich anerkannten **Erwerbsgrund** dar
7 (Rn 9). **a)** Dem **Gläubiger** steht **kein Erfüllungs-** oder Schadensersatz**anspruch** wegen Nichterfüllung (BGH 25, 126) zu, ferner kein Zurückbehaltungs- (§ 273) oder Aufrechnungsrecht (§ 389). Im Prozess ist der Mangel der Verbindlichkeit **von**
8 **Amts wegen** zu beachten. **b)** Durch **Eingehung neuer Verbindlichkeiten (II)** kann I 1 nicht umgangen werden. II erstreckt sich auch auf Schuldanerkenntnis und -versprechen (§§ 780, 781) des verlierenden Teils (nicht auch des anderen: BGH NJW 88, 1087), insbes Saldoanerkenntnis (BGH 92, 325; 93, 312; 94, 266) und Verrechnungsabrede im Rahmen eines Kontokorrents (BGH 93, 312, str; dazu Canaris ZIP 87, 885), Scheck- und Wechselverbindlichkeiten (BGH NJW 81, 1898 f), Vereinbarungsdarlehen (Rn 6 vor § 488), Umschuldungsdarlehen (BGH 92, 325) sowie Schuldumschaffung (sa § 311 Rn 18). Unwirksam sind auch die auf den Spiel-(Wett-)anspruch bezogenen abhängigen **Sicherungsgeschäfte** (zB Bürgschaft, RG 52, 40; Pfandbestellung, RG 47, 52; Vertragsstrafe, § 344; Vergleich; für Hypothek s §§ 1163 I, 1177 I). Für Sicherungseigentum und -abtretung besteht mangels zu sichernder Forderung ein Rückgewähranspruch aus dem Sicherungsver-
9 trag; vor Erfüllung kann er als Einrede erhoben werden. **c) Ausschluss der Rückforderung bei Erfüllung (I 2).** Die Leistung des Schuldners muss (effektiven) Tilgungscharakter haben (§§ 362 oder 364 I; fehlt bei Verrechnung [Aufrechnung] im Rahmen eines Kontokorrents: BGH 102, 207 f; NJW 98, 2526: Rn 8) und darf nicht nur sicherungs- oder erfüllungshalber (§ 364 II) erfolgt sein oder in einer Sicherheitsleistung bestehen (dann rückforderbar: BGH 86, 118). I 2 erfasst auch im Voraus erbrachte Erfüllungsleistungen (Düsseldorf WM 89, 55; zB Spieleinsatz; pauschale Vorauserfüllungs- und Abrechnungsvereinbarungen genügen jedoch nicht (vgl BGH 107, 197 f; 117, 141; NJW 91, 2705). Unkenntnis der Unverbindlichkeit
10 bewirkt kein Rückforderungsrecht (BGH NJW 89, 2121). **d)** Ist der Spiel-(Wett-)vertrag wegen Gesetzesverstoßes (§ 134: **verbotenes Spiel,** Rn 1), Sittenwidrigkeit (§ 138; Bsp: „Schneeballsystem" bzw. „Schenkkreis" [BGH NJW 97, 2314, dazu Willigmann NJW 97, 2932; Köln NJW 05, 3290; LG Bonn NJW-RR 05, 450; LG Freiburg NJW-RR 05, 491]; unüberschaubare, existenzgefährdende Risiken [LG Karlsruhe NJW-RR 07, 200]; sa UWG 4 Nr 5, 6) oder erfolgreicher Anfechtung (zB gem §§ 123, 142 I: **Falschspiel**) **nichtig,** gilt I 2 nicht (BGH aaO S 2315; Willigmann aaO S 2933); Rückforderung gem §§ 812, 814, 817 ist möglich, bei Falschspiel auch gem §§ 823 ff, 826.

Titel 19. Unvollkommene Verbindlichkeiten § 763

4. Neben- und Hilfsverträge. Insoweit ist § 762 **entspr** anwendbar (RG 51, 11
159; BGH NJW 74, 1705; 1829, allgM). Aus spiel- und wettbezogenen (Ermöglichung, Erleichterung) Vereinbarungen (Bsp: Auftrag, Geschäftsbesorgungs-, Gesellschaftsvertrag usw) entstehen daher keine Ansprüche auf Ausführung bzw Schadensersatz wegen Nicht-(Schlecht-)ausführung (BGH 93, 309 f; 94, 267; Hamm NJW-RR 97, 1008). **Anders** beim Anspruch aus §§ 280 I, 311 II (cic, LG Berlin NJW 92, 2707), ferner beim Anspruch auf Gewinnherausgabe (gegen Auslagenerstattung), der nur die Zuweisung an den wahren Berechtigten bezweckt (aA BGH NJW 80, 1958 für BörsenG 60). Ein zu Spielzwecken gegebenes **Darlehen** ist nicht ohne weiteres unwirksam (vgl aber Rn 8); doch gilt **I 1** bei (verkapptem) Spielen auf Kredit (LG Mönchengladbach WM 94, 1376 f mN; AG Rendsburg NJW 90, 916), § **138** bei Hingabe gegen Wechsel aus eigennützigen Beweggründen (BGH 131, 140 mN; NJW 92, 316 mN), § **134** bei verbotenem Spiel (Nürnberg MDR 78, 669). Wirksam ist die Verpflichtung eines Dritten zur Erstattung bereits entstandener Verluste (BGH 101, 302).

§ 763 Lotterie- und Ausspielvertrag

¹**Ein Lotterievertrag oder ein Ausspielvertrag ist verbindlich, wenn die Lotterie oder die Ausspielung staatlich genehmigt ist.** ²**Anderenfalls findet die Vorschrift des § 762 Anwendung.**

Lit: Ennuschat, Europäischer Gerichtshof kippt Glücksspielmonopol! Oder doch nicht?, GewArch 10, 425; Ennuschat/Klestil, Der Glücksspielstaatsvertrag auf dem Prüfstand der Rechtsprechung, ZfWG 10, 153; Pischel, Verfassungsrechtliche und europarechtliche Vorgaben für ein staatliches Glücksspielmonopol, GRUR 06, 630.

1. Allgemeines. a) Bedeutung. Wichtige Einschränkung des Anwendungsbereichs von § 762 für alle Arten von staatlich genehmigten Glücksspielen (Rn 3 f). Die sonst gegebene Gefährlichkeit (§ 762 Rn 1) wird durch die staatliche Kontrolle (Rn 4) begrenzt. **b) Begriffe. Lotterie** (iwS) ist jede Veranstaltung eines Glücksspiels (§ 762 Rn 3), bei der der Unternehmer den spielplanmäßig aus einer Mehrheit von Einsatz leistenden Teilnehmern ermittelten Gewinnern einen Gewinn (bei Geld Lotterie **ieS**, RG 77, 344, sonst **Ausspielung**) verspricht. Der Einsatz kann offen (Loskauf, dazu § 433 Rn 12) oder versteckt (Entrichtung von Kaufpreis für Waren, Eintritt ua) zu leisten sein. Bsp für Lotterie: Klassenlotterie, Zahlenlotto, Fußballtoto, Renn„wetten" (§ 762 Rn 5); für Ausspielung: Tombola, uU Preisrätsel und Preisausschreiben. Zu **Gewinnzusagen** siehe § 661a Rn 2.

2. Rechtsfolgen. a) Staatlich genehmigtes Spiel (S 1). aa) Spielverträge **jeder Art** sind bei staatlicher Genehmigung **vollwirksam** (§ 762 Rn 6 ff unanwendbar), nicht nur Lotterie- und Ausspielverträge (Rn 2), in **entspr Anwendung** von S 1 auch staatlich genehmigte Sportwetten (BGH NJW 99, 54), ordnungsgemäße Spielverträge bei staatlich konzessionierten Spielbanken (BGH NJW 74, 1821) und bei behördlich zugelassenen Spielautomaten (GewO 33c ff). Ein trotz sog **Eigensperre** abgeschlossener ordnungsgemäßer Spielvertrag ist allerdings unwirksam, Gewinne und Einsätze sind nach §§ 812 ff zurückzuerstatten (Hamm NJW-RR 03, 971; aA BGH NJW 96, 248; Hamm NJW-RR 02, 1634). Ein Spielvertrag, bei dem kein vorgesehenes Spiellimit gesetzt wurde, ist wirksam (BGH NJW 08, 2026, Online-Roulette). Auch **Nebenverträge** (vgl § 762 Rn 11) sind in den Grenzen von § 138 gültig (Bsp: Toto- oder Lottogemeinschaft, BGH NJW 74, 1705 dazu Kornblum JuS 76, 571; Spieldarlehen, BGH NJW 74, 1821), soweit überhaupt eine Rechtsbindung gewollt ist, was bei der Verpflichtung des Spielbeauftragten zur Ausfüllung und Einreichung von „Wett"scheinen idR zu verneinen ist (BGH NJW 74, 1706; iE abw Hamm NJW-RR 97, 1008). **bb)** Die **Erteilung der Genehmigung** (erübrigt sich bei staatlichen Lotterien) richtet sich meist nach Landesrecht. Für die verschiedenen Arten von Lotterien (Rn 2) bestehen zahlreiche Sondervor-

Vor § 765 Buch 2. Abschnitt 8. Einzelne Schuldverhältnisse

5 schriften. Überblick: ErmMüller 6. **b) Fehlt** die **staatliche Genehmigung,** gilt § 762 (dort Rn 6 ff), soweit nicht § 134 mit StGB 284, UWG 3, 4 Nr 5, 6 eingreift (dann § 762 Rn 10). Die Entscheidung des BVerfG, wonach das staatliche Monopol für Sportwetten nur unter engen Voraussetzungen mit GG 12 Abs 1 zu vereinbaren ist (BVerfG NJW 06, 126; hierzu Ennuschat aaO), hat keine unmittelbaren Auswirkungen auf die Rspr zu § 763.

§ 764 *(aufgehoben)*

Titel 20. Bürgschaft

Vorbemerkungen

Lit: Bülow, Recht der Kreditsicherheiten, 8. Aufl. 2012; Förster, Problematische Bürgschaftsverpflichtungen in Allgemeinen Geschäftsbedingungen, WM 10, 1677; Grüneberg, Aktuelle höchstrichterliche Rechtsprechung zur Bürgschaft, WM 10, Sonderbeilage Nr 2, 2; Klose, Die Bürgschaft bei Wegfall des Hauptschuldners, WM 09, 300; Kopp, Die Bürgschaft auf erstes Anfordern – Grenzen vertraglicher Beschränkungen der bürgschaftsrechtlichen Akzessorietät, 2008; Kuntz, Angemessenheit weiter formularmäßiger Zweckerklärungen bei Globalbürgschaften, Grundschulden und anderen Sicherungsrechten, AcP 209, 242; Lorenz, Innenverhältnis und Leistungsbeziehungen bei der Bürgschaft, JuS 99, 1145; Medicus, Entwicklungen im Bürgschaftsrecht – Gefahren für die Bürgschaft als Mittel der Kreditsicherung?, JuS 99, 833; Reinicke/Tiedtke, Kreditsicherung, 5. Aufl 2006; Schmolke, Bürgschaft und Verjährung, WM 13, 148; Tonner, Die Haftung vermögens- und einkommensloser Bürgen in der Rechtsprechung, ZIP 99, 901.

1 **1. Allgemeines. a) Begriff** des **Bürgschaftsvertrags:** § 765 Rn 2. **b) Bedeutung.** Bürgschaft ist „persönliche" (dh schuldrechtliche) Sicherung einer fremden Forderung. Sie bildet das wichtigste „persönliche" Kreditsicherungsgeschäft; weitere Formen: Rn 11 ff. Dingliche Sicherungen: §§ 1204 ff; 1113 ff; 1191 ff; Sicherungsübereignung und -zession (§ 930 Rn 19 ff); sa § 232. **c)** Eine **Bürgschaftshaftung kraft Ges** ordnen zB §§ 566 II 1, 1251 II 2; VerlagsG 36 II 2 an.

2 **2. Arten der Bürgschaft.** Von der Regelbürgschaft abw Sonderformen sind nur zT bes geregelt (vgl Rn 3, 6); iÜ handelt es sich um verkehrstypische Verträge. **a) Selbstschuldnerische Bürgschaft** (§ 773 Nr 1). **b)** Der **Ausfallbürge** haftet nur, soweit der Gläubiger trotz Zwangsvollstreckung in das gesamte Vermögen des Schuldners und infolge Versagens anderer Sicherheiten (zB Pfand, gewöhnliche Bürgschaft) einen Ausfall erleidet (BGH NJW 89, 1855 mN); eine abw Bestimmung des „Ausfalls" durch die Parteien ist möglich (BGH NJW 86, 3133), in AGB aber nur eingeschränkt (vgl BGH NJW 98, 2138 [2141]; Trapp WM 99, 301). Ausfall ist Anspruchsvoraussetzung (Beweislast des Gläubigers, Einrede aus § 771 erübrigt sich, vgl BGH NJW 99, 1470 mN). Verhältnis zum gewöhnlichen Bürgen: § 769
3 Rn 1; § 774 Rn 10; vom Gläubiger verschuldeter Ausfall: § 765 Rn 19. **c) Mitbürgschaft** (§§ 769, 774 II). **d)** Bei der **Gesamtschuldbürgschaft** richtet sich die Hauptforderung gegen mehrere Gesamtschuldner (§§ 421, 427). Hat sich der Bürge für die volle Gesamtschuld (dh für sämtliche Gesamtschuldner) verbürgt, so kann er bei Leistung gem § 774 I 1 gegen sämtliche Gesamtschuldner Rückgriff nehmen (BGH 46, 15); hat er sich nur für einen Gesamtschuldner verbürgt, geht bei Leistung an den Gläubiger die Hauptforderung gegen diesen Gesamtschuldner auf ihn über, gegen die übrigen nur insoweit, als die anderen haftenden Gesamtschuldner gem § 426 II ausgleichspflichtig sind (BGH 46, 16; Hamm OLGZ 90, 338 f mN; str).

4 **e)** Bei der **Teilbürgschaft** haftet der Bürge nur für einen bestimmten Teil (Betrag) der Hauptschuld; Bsp: Für die ersten 1000 Euro bei einer Forderung von 2000 Euro. Folge: Mit Tilgung des gesicherten Forderungsteils (vgl aber § 366 II) wird der Bürge

Titel 20. Bürgschaft   **Vor § 765**

frei. **f) Höchstbetragsbürgschaft.** Haften mehrere Bürgen mit unterschiedlichen 5
Höchstbeträgen für dieselbe Forderung, liegt idR keine Teilbürgschaft vor (Glöckner ZIP 99, 823). Dies folgt aus der Tatsache, dass sich die Höchstbetragsbürgschaft auf die ganze Hauptschuld bezieht; die Bürgschaftsverpflichtung ist aber umfangmäßig auf den vereinbarten Höchstbetrag begrenzt (bei Haftungserweiterung auf Kosten und Zinsen trägt Bürge zweckwidrig unkalkulierbares Risiko, daher Verstoß gegen § 307: BGH 151, 374; Stuttgart NJW-RR 97, 301; für Anwendung von § 305c I: Nürnberg NJW 91, 233; Hamm WM 95, 1874). Folge: Der Bürge haftet, solange noch ein Forderungsrest besteht, bis zur Höchstgrenze. Ausgleich: § 774 Rn 9. **g) Zeitbürgschaft** (§ 777). **h) Kreditbürgschaft** (§ 765 Rn 12, 14 f) ist die 6
Verbürgung für einen zu gewährenden oder laufenden Kredit, häufig als **Kontokorrentbürgschaft,** dh für Forderungen, die in die laufende Rechnung aufgenommen sind (HGB 355–357). Begrenzung der Haftung ist möglich durch Teil- und Höchstbetragsbürgschaft. Auslegungsfrage, ob Höchstbetrag nur Bürgschaft (dann iZw Rn 5) oder auch Kredit begrenzt (dann iZw Rn 4; hierzu Derleder NJW 86, 100). Zu den Grenzen formularmäßiger Haftungsausdehnung § 765 Rn 14, zur zeitlich-/gegenständlichen Begrenzung § 777 Rn 2. **i)** Der **Nachbürge** steht dem Gläubiger 7
für die Erfüllung der Verpflichtung des Vor-(Haupt-)bürgen ein. Befriedigt der Nachbürge den Gläubiger, so erlangt er entspr § 774 I 1 sowohl dessen Rechte gegen den Hauptschuldner als auch gegen den Vorbürgen (BGH 73, 96 f mN, str), gegen den Vorbürgen uU auch einen Aufwendungsersatzanspruch gem § 670 (Köln WM 95, 1226). Einwendungen, die dem Hauptschuldner gegen den Vorbürgen zustehen, kann er nicht entspr § 774 I 3 dem Nachbürgen entgegenhalten (Köln MDR 75, 932; Dörner MDR 76, 708; aA Hamm MDR 61, 708; differenzierend Tiedtke WM 76, 174). **k)** Der **Rückbürge** verbürgt sich dem Hauptbürgen gegen- 8
über für die Erfüllung der Rückgriffsschuld des Hauptschuldners (BGH 95, 379 f). Entstehen der Schuld also erst mit Befriedigung des Gläubigers durch den Hauptbürgen (vgl § 765 II). Befriedigt der Rückbürge den Hauptbürgen, so geht nach § 774 I 1 dessen Rückgriffsforderung (übergangene Forderung des Gläubigers) gegen den Hauptschuldner auf ihn über (MK/Habersack § 765, 58; SoeHäuser 50, str; aA PalSprau 10: Abtretung erforderlich). Abgrenzung der (formfreien) Erfüllungsübernahme (§ 329) gegenüber dem Bürgen: BGH NJW 72, 576. **l) Sicherheits-** und 9
Prozessbürgschaft (§§ 232 II, 239 II; ZPO 108; iE Kotzur DGVZ 90, 161); bes Sicherungszweck: BGH 69, 272; München WM 94, 1900; Umfang: Köln NJW-RR 89, 1396; Zustellungserfordernis: § 766 Rn 4; Dauer: § 777 I gilt iZw nicht (BGH NJW 79, 418); Erlöschen: ZPO 109 II 1; Austausch nach § 242: BGH NJW 94, 1351. **m) Gewährleistungsbürgschaft** dient der Sicherung von Ansprüchen 10
des Auftraggebers wegen mangelhafter Leistung (s BGH 136, 27; NJW 00, 1863). Instruktiv zu Bürgschaften im BauvertragsR: Tiedtke DB 06, 2162; Schmeel MDR 06, 71. Zur Bürgschaft nach MaBV 7: BGH 162, 378 mN. **n)** Eine **Gesellschafter-** 11
bürgschaft kann uU kapitalersetzende Leistung sein (GmbHG 32a III; zB BGH 81, 252; 127, 341; NJW 96, 722; iE Pape ZIP 96, 1409; Weisang WM 97, 201). **o)** Bei der **Bürgschaft auf erstes Anfordern** verpflichtet sich der Bürge auf einfa- 12
ches (formalisiertes) Verlangen des Gläubigers (BGH NJW 01, 1857; 97, 255) sofort und unter einstweiligem Verzicht auf Einwendungen (eigene [BGH 00, 1564 mN] und solche nach § 768) zu zahlen (BGH NJW 98, 2280). In Anforderung und Erstprozess muss daher idR weder die Hauptschuld noch deren Fälligkeit dargelegt werden (München WM 98, 342) Etwas anderes gilt, wenn sich die Einwände des Bürgen aus dem unstreitigen Sachverhalt oder dem Inhalt der Vertragsurkunden unzweifelhaft als gerechtfertigt erweisen (BGH WM 07, 1609); bei Gewährleistungsbürgschaft muss ggf konkreter Mangel dargelegt werden (München NJW-RR 95, 498; aA Köln NJW-RR 98, 1393; offen BGH NJW-RR 01, 308). Durch Parteivereinbarung können bes Voraussetzungen (zB Urkundenvorlage) festgelegt werden (BGH NJW 01, 3616; Schmidt WM 99, 308). Verpflichtungen in AGB sind idR unwirksam, soweit die Bürgschaft auf erstes Anfordern zu stellen ist (BGH 151, 299; NJW-RR 04, 880 mN; Fischer, JZ 05, 535; Oepen NJW 09, 1110;

v Westphalen NJW 04, 1993; für Mietverträge: aA Karlsruhe MDR 05, 85); Auslegungsfrage, ob dann eine selbstschuldnerische oder eine einfache Bürgschaft vorliegt (BGH NJW 98, 2280 mN). Gläubiger ist jedoch nicht zur Herausgabe der Bürgschaft verpflichtet, sondern muss sich gegenüber Sicherungsgeber verpflichten, die Bürgschaft nicht auf erstes Anfordern geltend zu machen (BGH 154, 378). Einwendungen bleiben einem späteren **Rückforderungsprozess** (BGH NJW 89, 1606: § 812 I 1, 1. Var, nach aA Bürgschaftsvertrag: Bydlinski WM 90, 1402 f, wohl auch BGH 152, 252) vorbehalten (einschränkend für Garantie auf erstes Anfordern BGH JZ 99, 464), **Ausnahme:** offensichtlicher Rechtsmissbrauch (BGH NJW 02, 1493; 01, 1563; 97, 255 f; zu § 648a II 2: BGH WM 02, 556); masselose Insolvenz des Bürgschaftsgläubigers (Brandenburg WM 02, 2161). Im Erstprozess beachtlich sein kann auch die Frage, für welche Forderung gebürgt wurde oder ob sie im Verhältnis zum Hauptschuldner ohne Rechtsgrund besteht (Einrede nach § 768 I: BGH 143, 388; NJW 01, 1857) bzw unstreitig noch nicht fällig ist (BGH NJW-RR 03, 14). Der Gläubiger, der sich in masseloser Insolvenz befindet, hat nur die Rechte aus gewöhnlicher Bürgschaft, nicht Zahlungsanspruch auf erstes Anfordern (BGH 151, 236). Sie muss sich jedoch wegen der bes Funktion des Instituts aus dem unstr Parteivortrag bzw der Bürgschaftsurkunde und dort in Bezug genommenen Urkunden beantworten lassen (BGH NJW 99, 2362; 01, 1857; 02, 1493; BGH 143, 388; Bülow LM Nr 152; aA Düsseldorf MDR 00, 328). Die Beweislast im Rückforderungsprozess entspricht der des Bürgenprozesses (BGH 152, 251; NJW 89, 1607). Die Rückforderung richtet sich allein danach, ob Gläubiger die Leistung nach materiellem Bürgschaftsrecht behalten darf, nicht nach Einhalten der Voraussetzungen für erstes Anfordern (BGH 152, 252; 153, 317). Die dem Rückforderungsprozess vorbehaltenen Einwendungen können nicht im Nachverfahren des Urkundenprozesses geltend gemacht werden (Grund: Verlust des Liquiditätsvorteils für Gläubiger durch ZPO 600 II, 302 IV 2–4; BGH 148, 283 mN; NJW 97, 255; str); idR auch nicht ihrerseits im Urkundenverfahren (BGH 148, 283; aA Lang WM 99, 2334 f). Der Schuldner muss wegen der Wirkung für den Rückgriff mit Bürgschaft auf erstes Anfordern einverstanden sein (BGH NJW 01, 1536; zu dessen Rückgriffsanspruch gegen den Gläubiger BGH 137, 212; 139, 331). Nach erfolgreichem Bürgenrückgriff steht die Rückforderung dem Hauptschuldner zu (BGH 152, 252).

Lit: Fischer, Schutz vor missbräuchlicher Nutzung der Bürgschaft auf erstes Anfordern, WM 05, 529; Kupisch, Bona fides und Bürgschaft auf erstes Anfordern, WM 02, 1626; Lang, Rückforderung des auf eine Bürgschaft auf erstes Anfordern Geleisteten im Urkundenprozess, WM 99, 2329; Oepen, Auf erstes Anfordern versprochene Bürgschaften und Garantien, NJW 09, 1110; Schnauder, Zahlungsversprechen auf erstes Anfordern im System des Schuldrechts, WM 00, 2073; v Westphalen, Ist das rechtliche Schicksal der „auf erstes Anfordern" zahlbar gestellten Bürgschaft besiegelt?, BB 03, 116.

13 **3. Andere schuldrechtliche Sicherungsgeschäfte. a) Garantievertrag. aa) Begriff.** Der selbstständige Garantievertrag ist ein einseitig verpflichtender Vertrag, durch den sich der Garant verpflichtet, den Gläubiger (Garantienehmer) im Garantiefall so zu stellen, als ob der ins Auge gefasste Erfolg eingetreten oder der Schaden nicht entstanden wäre (BGH 82, 401; NJW 85, 2941 f mN; 96, 2570). Er ist ein ges nicht geregelter verkehrstypischer Vertrag (BGH 104, 90). §§ 443, 477 regeln aber nun sog „Herstellergarantie" (s § 443 Rn 7, § 276 Rn 41, 42).
14 bb) Rechtsfolge. Dem Gläubiger steht bei Nichteintritt des garantierten Erfolgs (Verwirklichung der übernommenen Gefahr) ein **selbstständiger, in Entstehung und Fortbestand** von der gesicherten Schuld unabhängiger Anspruch gegen den Garanten zu (Haftungsverschärfung gegenüber Bürgschaft) – Auslegungsfrage (BGH
15 NJW-RR 00, 1581). **cc) Gegenstand** der Garantie kann jeder Erfolg, insbes die Tauglichkeit einer Ware oder eines Werks **(Eigenschaftsgarantie)** oder die Sicherung einer Leistung (auch eines Dritten) sein **(Leistungsgarantie).** Bsp: Einlösungs- (Bsp: Scheckeinlösungszusage, vgl BGH 110, 265 mN; Scheckkartengarantie, BGH 93, 80; 122, 160), Bonitäts-, Preis-, Kursgarantie (BGH BB 76, 1430), Ausfall- (vgl

Titel 20. Bürgschaft **Vor § 765**

BGH NJW 99, 711), Forderungs- (Marwede BB 75, 986 mN), Zahlungsgarantie (BGH 94, 172); zur Abgrenzung von der unselbstständigen Garantie s § 443 Rn 8; zur Garantie auf erstes Anfordern s Rüßmann/Britz WM 95, 1825; Schnauder WM 00, 2073. **dd) Anwendbares Recht.** §§ 765 ff, insbes §§ 766, 767–771 gelten nicht 16 entspr (einschr Larenz/Canaris, SchR II/2, § 64 III 3), Abschluss daher **formfrei** möglich (BGH WM 82, 632, hM; aA Rüßmann, FS Heinrichs, 1998, S 451), soweit nicht zB § 311b I eingreift (Celle NJW 77, 52 betr Ausbietungsgarantie) oder § 477 II; s auch Rn 18: Schriftform nach § 492. Der Garantieanspruch (Rn 12; Verjährung: §§ 195, 199, vgl BGH NJW 82, 1810; Haas BB 2001, 1319; zur unselbstständigen Garantie Mansel/Budzikiewicz § 5 Rn 178) ist nicht akzessorisch (BGH 94, 170) und selbstständig abtretbar (BGH 90, 291); soweit auf Schadloshaltung gerichtet, ist er **Erfüllungsanspruch** (Verschulden des Garanten unerheblich), doch finden auf den Umfang der Leistungspflicht des Garanten die §§ 249 ff Anwendung (BGH NJW 99, 1542; 85, 2942). Der **Regress** des leistenden Garanten gegen den Hauptschuldner richtet sich nach dem zwischen ihnen bestehenden Rechtsverhältnis (§§ 774, 401 gelten nicht: MK/Habersack 19 mN, str; aA Larenz/Canaris, SchR II/2, § 64 III 3c; iE Castellvi WM 95, 868 ff). **ee) Abgrenzung zur Bürg-** 17 **schaft** bei Zahlungsgarantie uU schwierig (eingehend: Marwede BB 75, 986 mN). Fehlen klare Abmachungen, spricht Eigeninteresse an der Erfüllung der Hauptverbindlichkeit für Garantievertrag (BGH WM 01, 1567; NJW 81, 2295 mN). Bsp: Gesellschafter übernimmt Haftung für Gesellschaftsschuld; Auslegungsfrage bei Vereinbarung von „Zahlung auf erstes Anfordern" (BGH 74, 247; NJW 88, 2610 mN; iE Canaris ZIP 98, 498 f; sa Rn 10; §§ 780, 781 Rn 23). IZw ist zum Schutz des Verpflichteten (vgl Rn 12 und 14) lediglich Bürgschaft anzunehmen (BGH 6, 397; ZIP 84, 33; Horn NJW 80, 2154). Zur Bedeutung des Verzichts des Bürgen auf Einwendungen für den Vertragstyp vgl § 767 Rn 2; § 768 Rn 8; § 770 Rn 3. **b) Schuldmitübernahme (Schuldbeitritt). aa) Begriff.** Formfrei möglicher 18 Vertrag zwischen dem Übernehmer und dem Gläubiger oder dem bisherigen Schuldner, durch den sich der Übernehmer verpflichtet, künftig als **Gesamtschuldner** für die Verbindlichkeit des Schuldners einzustehen (§§ 414, 415 Rn 1 ff). **bb) Folge.** Selbstständige und eigene Verbindlichkeit des Übernehmers, die idR 19 zwar in der Entstehung, nicht aber im Fortbestand und Umfang von der Hauptschuld abhängig ist (BGH NJW 87, 2076 mN; 96, 249); Haftung des Übernehmers ist weder subsidiär (vgl § 421) noch streng akzessorisch (vgl § 425; aA MK/Habersack 15). **cc) Abgrenzung zur Bürgschaft.** Bei klarem Wortlaut der Haftungserklä- 20 rung (Bsp: „als Gesamtschuldner"; „als selbstschuldnerischer Bürge") entscheidet dieser (BGH MDR 72, 138; BB 76, 1431; zurückhaltend BGH NJW 09, 2672 (im Hinblick auf starke Verhandlungsposition der Bank und Verwendung von Formularen); krit Reifner ZIP 90, 432); unmittelbares eigenes (wirtschaftliches) Interesse des Übernehmers spricht für Schuldbeitritt (BGH NJW 86, 580; Hamm NJW 93, 2625; iE Kohte JZ 90, 1000 f), iZw gelten §§ 765 ff (BGH 6, 397; NJW 86, 580; 96, 249; wichtig ua wegen §§ 766, 767 I 3); (Mit-)Darlehensnehmer ist trotz solcher Bezeichnung in Formular nur, wer eigenes Interesse an Kreditaufnahme hat und gleichberechtigt über Verwendung entscheidet; ein nichtiger Schuldbeitritt kann ggf in eine Bürgschaft umgedeutet werden (BGH 174, 39; NJW 08, 1070 [öffentlichrechtl Hauptschuld]; strenger PalSprau 15); iE Rn 6 vor § 414. **dd)** Auf den Schuldbeitritt eines Verbrauchers zu einem Kreditvertrag war das **VerbrKrG entspr** anwendbar (BGH 133, 74; 134, 97; NJW 97, 3170; ZIP 00, 1523; Bülow NJW 96, 2891 und JZ 97, 471). Nun gilt § 492; unerheblich ist, ob es sich um einen gewerblichen oder Verbraucherkredit des Kreditnehmers handelt (vgl BGH 133, 71 und 220, str); iE § 765 Rn 12. **c) Kreditauftrag,** vgl § 778. **d) Delkredere** ist 21 das bürgschaftsähnliche Einstehen eines Handelsvertreters (HGB 86b) oder Kommissionärs (HGB 394). **e) Wechsel- und Scheckbürgschaft** sind selbstständige Verpflichtungen eigener Art ohne strenge Akzessorietät (WG 30 ff; ScheckG 25 ff; BGH 35, 19). **f)** Eine **Patronatserklärung** kann den Erklärenden gegenüber einem 22 Gläubiger (Celle NdsRpfl 00, 309) zu einer bürgschaftsähnlichen Kapitalausstattung

Stadler

§ 765

des Schuldners (idR Tochtergesellschaft) verpflichten; iE str. s Fleischer WM 99, 666; Habersack ZIP 96, 258; im Falle der Insolvenz der Tochtergesellschaft kann sie sich in Zahlungsanspruch wandeln, München DB 03, 711; v Rosenberg/Kruse BB 03, 642: §§ 280 I 1, 283 mN). Eine rechtsverbindliche, garantieähnliche Verpflichtung folgt nur aus sog „harter" Patronatserklärung, mangels Rechtsbindungswillens liegt sonst nur unverbindliche Absichtserklärung vor (vgl Schäfer WM 99, 153; BGHZ 117, 127); zur Nichtigkeit wegen Unbestimmtheit LG München I ZIP 98, 1956 und von Bernuth ZIP 99, 1501.

§ 765 Vertragstypische Pflichten bei der Bürgschaft

(1) **Durch den Bürgschaftsvertrag verpflichtet sich der Bürge gegenüber dem Gläubiger eines Dritten, für die Erfüllung der Verbindlichkeit des Dritten einzustehen.**

(2) **Die Bürgschaft kann auch für eine künftige oder eine bedingte Verbindlichkeit übernommen werden.**

1   **1. Allgemeines.** Die Haftung des Bürgen setzt voraus: **a)** Zwischen Gläubiger und Bürge muss ein wirksamer **Bürgschaftsvertrag** (Rn 2 ff) zustandegekommen sein; **b)** dem Gläubiger muss gegen den Hauptschuldner eine Hauptforderung (Rn 14 ff) zustehen (§ 767 Rn 3 ff); **c)** die Hauptschuld muss notleidend geworden sein (Hauptschuldner hat trotz Fälligkeit nicht bezahlt, sog Bürgschaftsfall); **d)** der Gläubiger muss (uU erforderliche) Rechtshandlungen vorgenommen haben (vgl §§ 771–773, 777). **e)** Einwendungen und Einreden des Bürgen dürfen nicht entgegenstehen, s § 768 Rn 2 ff. **f)** Der Bürgschaftsanspruch (Rn 20 f) kann bei Verstoß des Gläubigers gegen Nebenpflichten entfallen (Rn 22 ff). **g) IPR:** Rom I-VO 3 f, unabhängig von Statut der Hauptschuld; Ordre public steht Anerkennung ausländischer Verurteilung nur entgegen, wenn Bürge wehrloses Objekt von Fremdbestimmung (BGH 140, 395 u RN 4).

2   **2. Bürgschaftsvertrag. a) Allgemeines. aa) Begriff.** Einseitig verpflichtender Vertrag zwischen dem Bürgen und dem Gläubiger eines (am Vertrag nicht beteiligten) Dritten (sog Hauptschuldner), durch den sich der Bürge dem Gläubiger gegenüber verpflichtet, für die Erfüllung der Hauptschuld einzustehen. Es handelt sich um eine rechtlich selbstständige, ihren Rechtsgrund in sich tragende („kausale") Verpflichtung, die grundsätzlich von der Rechtsbeziehung zwischen Bürge und Hauptschuldner (Innenverhältnis, vgl § 774 Rn 7 f, § 775 Rn 1) unhängig ist (BGH NJW 01, 1857). Mit der Hauptschuld ist sie nur durch das Akzessorietätsprinzip verbunden (Rn 14 ff). **bb)** Die Bürgschaft ist (Kredit-)Sicherungsmittel, nicht Kreditvertrag (Rn 8; Rn 1 Vor § 765). Ihr **Inhalt** besteht in der Sicherung der Hauptschuld (Rn 14 ff) durch Begründung einer eigenen Schuld (nicht nur Haftung) des Bürgen; es entsteht keine Gesamtschuld mit dem Hauptschuldner (s § 774 Rn 1). **cc) Parteien.** Die notwendige Verschiedenheit zwischen Bürge und Hauptschuldner ist gegeben bei einer Bürgschaft des Komplementärs für die KG (RG 139, 254), eines Gesellschafters für die OHG und des Einmanngesellschafters für die GmbH (BGH MDR 77, 1012). Identität der Gläubigerstellung von Hauptschuld und Bürgschaft ist erforderlich (BGH 115, 183 mN), die Bürgschaft gegenüber einem nur zur Einziehung der Hauptforderung Berechtigten ist unwirksam (BGH NJW-RR 89, 317); bei Forderungsabtretung vor Verbürgung fehlt Gläubigeridentität, jedoch greift II, wenn (Sicherungs-)Zedent Forderung später rückerwerben soll (Karlsruhe WM 01, 729). Der Bürgschaftsvertrag kann **zugunsten eines Dritten** geschlossen sein, wenn dieser Gläubiger der Hauptforderung ist (BGH NJW 03, 2233; ZIP 01, 1707; NJW-RR 89, 317). Zur „Verbraucherbürgschaft" s Rn 12.

3   **b) Zustandekommen und Bestand. aa) Einigung** folgt allg Regeln. Wille zur bürgschaftsrechtlichen Verpflichtung muss erkennbar sein (s § 766 Rn 3); für Annahme durch Gläubiger gilt § 151 I 1 (BGH NJW 97, 2233); bereits das Behalten

Titel 20. Bürgschaft § 765

einer übersandten Bürgschaftserklärung durch den Gläubiger genügt (Brandenburg WM 06, 1855); Genehmigung: § 1822 Nr 10; § 1365 nicht anwendbar (BGH NJW 00, 1566). **bb) Form und Auslegung.** Schriftform der Bürgschaftserklärung: § 766 mit Anm; Erteilung in elektronischer Form (§ 126a) ist ausgeschlossen (s § 766 I 2); Umfang: § 126 Rn 7; Auslegungsregel bei Befristung: § 777 mit Anm. Durch ergänzende Vertragsauslegung ist Anpassung an Zinsänderung der Hauptschuld zulässig (BGH NJW 00, 2580, abl Tiedtke NJW 01, 1017); zur Auslegung sog „Vorauszahlungsbürgschaft" BGH NJW 99, 1106 f.

cc) Unwirksamkeitsgründe. (1) Inhaltskontrolle ist nach § 138 I möglich **4** (BVerfG 89, 214). Ein teilweises Aufrechterhalten der Bürgschaftsverpflichtung scheidet bei Sittenwidrigkeit aus (BGH 136, 347; NJW 00, 1185). Ansatzpunkte in der Lit, diese Rechtsfolge zu relativieren, indem nicht an Sittenwidrigkeit, sondern an vorvertragliche Pflichtverletzungen angeknüpft wird (vgl Wagner AcP 05, 715 mN) vermochten sich bislang nicht durchzusetzen. Vollstreckung ist auch aus rechtskräftigen Urteilen, die vor genannter Entscheidung des BVerfG zur strengeren Handhabung der Sittenwidrigkeit ergangen sind, nicht zulässig, BVerfGG 79 II 2 wird analog angewandt (BVerfG ZIP 2006, 60; aA noch BGH 151, 316).

(a) Im Wege der **Inhaltskontrolle** muss Gesamtbetrachtung erfolgen, die auch **5** vertragliche Abreden einbezieht, welche nach AGB-Regeln ggf unwirksam sind (BGH 136, 355 f). Auch ohne „krasse Überforderung" (s unten) kann sich Sittenwidrigkeit aus besonders nachteiliger Vertragsgestaltung (BGH ZIP 02, 167) oder nach allg Kriterien, zB „Überrumpelung" (BGH ZIP 97, 446) ergeben. IÜ haben sich aus der reichhaltigen Rspr folgende Fallgruppen herausgebildet (Überblick: Tiedtke NJW 01, 1015; Horn ZIP 01, 98; Fischer WM 01, 1056; krit Zöller WM 00, 1; Medicus JuS 99, 833): Objektiver Ausgangspunkt ist ein **grobes Missverhältnis** zwischen Bürgenhaftung (ggf sind aufeinander aufbauende selbstständige Bürgschaftsverpflichtungen zusammen zu betrachten, Köln WM 03, 288) und gegenwärtiger bzw erwartbarer wirtschaftlicher Leistungsfähigkeit des Bürgen (**„krasse Überforderung"**) unter Zugrundelegen der eigenen Vermögensverhältnisse des Bürgen (BGH WM 10, 32; Hauptschuldner bleibt außer Betracht: BGH NJW 00, 1183 f mN zur abw früheren Rspr) und des Nennwerts der Bürgschaft (uU können andere Sicherheiten des Gläubigers aber das Risiko der Inanspruchnahme mindern; BGH 136, 353 f; NJW 00, 1182).

(b) Eine **„krasse Überforderung"** liegt vor, wenn bei Vertragsschluss (BGH **6** NJW 99, 2587; krit Kulke ZIP 00, 960) erkennbar ist (Prognose auf Zeitpunkt der Inanspruchnahme zulässig, BGH ZIP 02, 170), dass der Bürge wesentliche Teile der Forderung voraussichtlich nicht tilgen kann, insbes wenn schon die laufenden Zinsen nicht aufgebracht werden können (so stRspr des XI. Senats BGH 135, 70; NJW 09, 2674 mN; NJW 99, 2584 [Vorlagebeschl erledigt durch Rücknahme der Revision]; ausdrückliche Aufgabe der „25%"-Berechnung durch BGH NJW 00, 1183); Verwertung von Eigenheim zumutbar (BGH NJW 01, 2468). Dingliche Belastungen sind für die Leistungsfähigkeit des Bürgen wertmindernd zu berücksichtigen (BGH 151, 38 gegen IX. Senat: BGH NJW 96, 1470 und 98, 450). Nicht vorhersehbare, spätere berufliche Besserstellung des Bürgen hindert Sittenwidrigkeit nicht (BGH ZIP 03, 797; zur Beweislast bei vorhersehbarer Besserstellung Köln WM 09, 2040); ebenso wenig mögliche Restschuldbefreiung gem InsO §§ 286 ff, da § 138 Vertragsfreiheit schützen soll (BGH NJW 09, 2671; Frankfurt NJW 04, 2392; Celle WM 08, 269; Wagner WM 05, 2956; iE ebenso Krüger MDR 02, 855 mN; aA Schnabl WM 2006, 706; Kapitza ZGS 05, 133). Anderweitige (dingliche) Sicherheiten können die Bewertung des Bürgschaftsvertrags beeinflussen, die Überforderung des Bürgen aber nur ausgleichen, wenn sichergestellt ist, dass er nur subsidiär haftet (BGH NJW 09, 2673).

(c) Zur finanziellen Überforderung müssen **weitere „erschwerende Umstände"** hinzukommen; alternativ sind möglich Übernahme nur aus **emotionaler Verbundenheit** mit Hauptschuldner (insbes bei „Angehörigenbürgschaften"; zu Ehe- bzw Lebenspartnern BGH NJW 09, 2671) oder ein **unerträgliches**

Stadler 1193

Ungleichgewicht der Verhandlungslage, zB wegen Beschönigung des Bürgschaftsrisikos durch Gläubiger oder Personen, deren Verhalten ihm zuzurechnen ist (BGH NJW-RR 02, 1130 mN), geschäftlicher Unerfahrenheit des Bürgen (BGH 98, 178; 128, 267), dem Gläubiger zurechenbares Ausüben psychischen Drucks seitens des Hauptschuldners (BGH WM 97, 512) oder Täuschung über Zahlungsunfähigkeit des Schuldners (BGH NJW 01, 2467 f). Fehlendes Eigeninteresse des Bürgen im Sinne fehlender unmittelbarer geldwerter Vorteile (mittelbarer Nutzen genügt nicht: Kulke ZIP 00, 958; BGH ZIP 05, 432: Mitarbeit des Bürgen im künftigen Gewerbebetrieb in verantwortlicher Position; BGH NJW 00, 1183: Mitwohnen in dem aus gesichertem Darlehen finanzierten Haus des Hauptschuldners; ausreichend für Eigeninteresse Miteigentum an Erwerbsobjekt: BGH WM 03, 1565) kann Indiz für Übernahme allein aus emotionaler Verbundenheit sein.

(d) **Subjektiv** müssen dem Gläubiger die genannten Umstände bekannt oder grob fahrlässig unbekannt sein (BGH NJW 01, 268). Bei besonderem Interesse des Gläubigers (Zugriff auf künftigen Vermögenserwerb des Bürgen, Schutz gegen Vermögensverlagerungen) muss dieser beschränkte Haftungszweck grundsätzlich im Vertrag niedergelegt sein, um der Sittenwidrigkeit wegen Überforderung entgegen zu wirken. Dies gilt auch für Bürgschaften, die vor dem 1.1.1999 erteilt wurden (BGH [XI] 151, 34 verzichtet auf zeitliche Beschränkung; anders noch BGH [IX] NJW 99, 60).

7   (e) Die **Beweislast** für die Voraussetzungen der Unwirksamkeit liegt beim Bürgen; außer bei Gesellschafter-, Geschäftsführer- (krit Tiedtke NJW 03, 1361) und Arbeitnehmerbürgschaften (BGH 156, 303; Seifert NJW 04, 1707) begründet aber Tatsache der Überforderung tatsächliche Vermutung für Übernahme auf Grund emotionaler Verbundenheit (BGH NJW 02, 1339; 02, 2634; WM 02, 1350). Bei Ehegatten und nahen Angehörigen wird Kausalität emotionaler Bindung für Bürgschaftsübernahme widerleglich vermutet (BGH 151, 319; NJW 03, 967; NJW-RR 02, 130); hingegen gilt Vermutung für Eigeninteresse des bürgenden Gesellschafters für Gesellschaftsschuld (BGH NJW 02, 956; WM 02, 923; anders bei Gesellschafter-Bürgen mit „Bagatellbeteiligung": NJW 03, 967). War für die Bank erkennbar, dass Gesellschafter-Bürge lediglich Strohmannfunktion hat, also ohne eigenes wirtschaftliches Interesse handelt, gelten die Grundsätze der Angehörigenbürgschaft mit entspr Vermutungswirkung (BGH ZIP 02, 2251).

8   (2) Nicht mehr anwendbar sind **§ 134** iVm GewO 56 I Nr 6 (idF seit dem 17.12.1990; zur aF abl BGH 105, 364; 113, 290; s § 134 Rn 9), § 311b II (BGH 107, 103; NJW 91, 2016) und mangels Äquivalenzverhältnisses **§ 138 II** (BGH
9   NJW 01, 2467; 91, 2017; aA LG Münster NJW 90, 1669). **dd) Willensmängel.** Anfechtung wegen Irrtums über wesentliche Eigenschaften des Hauptschuldners (vgl § 119 II) stark eingeschränkt; Grund: Bürge übernimmt Insolvenzrisiko des Hauptschuldners. Daher keine Anfechtung bei Irrtum über die Kreditfähigkeit des Schuldners (BGH WM 56, 889); anders, wenn Vorstellungen hierüber Vertragsinhalt geworden sind (dann Rn 7) oder Irrtum über den Wert einer anderen für die Hauptschuld bestehenden Sicherung (BGH WM 66, 94; s aber Rn 7). **Täuschung** durch falsche Angaben des **Gläubigers** über die Vermögensverhältnisse des Hauptschuldners oder arglistiges Verschweigen zu offenbarender Umstände (vgl aber Rn 18 ff) gibt Anfechtungsrecht gem § 123 I (BGH NJW 01, 3331; NJW-RR 02, 1133). Täuscht **Hauptschuldner**, ist dieser idR Dritter iSd § 123 II; anders, wenn Hauptschuldner als Vertreter oder Verhandlungsgehilfe des Gläubigers auftritt (BGH NJW 02, 957; NJW-RR 92, 1006 mN). Zur **Drohung** mit Zwangsmaßnahmen (Strafanzeige, Eröffnungsantrag gem InsO 13) vgl BGH WM 73, 36; nicht ausreichend, Ankündigung, Kredit an Hauptschuldner zu verweigern oder zu kündigen
10   (BGH NJW 97, 1980). **ee) Kündigung** möglich bei Vereinbarung, sonst nach § 314 trotz fehlenden Charakters als Dauerschuldverhältnis bei Bürgschaft (auf unbestimmte Dauer (noch aus § 242 ableitend BGH 126, 178; 130, 23; Düsseldorf NJW 99, 3128 mit Einschränkung für Mietbürgschaft). Mit Wirksamwerden der Kündigung wird die Bürgschaft auf die bis zu diesem Zeitpunkt begründeten Verbindlichkeiten des

Titel 20. Bürgschaft § 765

Schuldners begrenzt, § 777 gilt nicht (BGH NJW 85, 3008). **ff)** Für **Wegfall der** 11 **Geschäftsgrundlage** (§ 313) ist idR kein Raum (BGH 104, 242 f; 107, 103 f; ZIP 99, 877). Grund: Auch unvorhersehbarer Vermögensverfall des Hauptschuldners ist vom übernommenen Bürgschaftsrisiko umfasst (BGH NJW 88, 3206; sa Rn 5), ebenso der Wegfall anderer gleichrangiger Sicherheiten (BGH NJW 94, 2147). Außerhalb des Bürgschaftsrisikos liegende Umstände (zB Scheidung der Ehe Bürge-Schuldner; idR nicht Aufgabe von Gesellschafterstellung des Bürgen bei Schuldner, BGH ZIP 99, 878) können Geschäftsgrundlage sein. Vor Verwirklichung des gesicherten Risikos ist Klage gegen Bürgen „derzeit" unbegründet (BGH NJW 00, 362).

c) Anwendbarkeit von Verbraucherschutzvorschriften. Lit: Dazet, Mithaf- 12 tung und Sukzession bei Verbraucherkreditverträgen, 1998; Holznagel Jura 00, 578; Pfeiffer ZIP 98, 1129; Rosenfeld EuZW 00, 341; Ulmer JZ 00, 781; Zahn ZIP 06, 1069. **aa) Bürgschaft als Haustürgeschäft.** Die unmittelbare Anwendung des 12a HWiG war str („entgeltliche Leistung"; abl BGH NJW 91, 976; aA BGH NJW 96, 930 – Vorlage an EuGH). Im Anschluss an den EuGH (NJW 98, 1295) bejahte Rspr (BGHZ 139, 21; nach EuGH aaO aus Akzessorietätsgründen) Widerrufsrecht (§§ 312, 355), wenn für Bürge *und* Hauptschuldner Verbraucher- und Haustürgeschäft vorliegen, in weiterer Abänderung lässt die Rspr nunmehr zu Recht genügen, wenn diese Voraussetzungen allein beim Bürgen vorliegen (BGH NJW 06, 846; sa. § 312 Rn 7). **bb) Bürgschaft als Verbraucherkredit.** Im Anschluss an die EuGH- 12b Rspr zu Haustürgeschäften verneinte BGH NJW 98, 1939 die Anwendbarkeit von Verbraucherkreditrecht (VerbrKrG), wenn Verbraucher für Geschäftskredit bürgt; etwas anderes gilt für den Schuldbeitritt des Verbrauchers (BGH NJW 97, 655; 97, 1443; ZIP 00, 1523). Analoge Anwendung des VerbrKrG (Bürgschaft ist nach zutr hA kein Kreditvertrag, sondern Kredit*sicherung;* aA Bülow NJW 96, 2892) war str, auf Vorlage des LG Potsdam (ZIP 98, 1147) verneinte auch EuGH (NJW 00, 1323) direkte Anwendbarkeit der RiLi 87/102/EWG auf Bürgschaft (kein Kreditvertrag), selbst wenn Bürge und/oder Schuldner Verbraucher sind. Wegen der praktischen und wirtschaftlichen Austauschbarkeit von Schuldbeitritt und Bürgschaft plädiert die Lit teilw für einen nach RiLi 98/102/EWG zulässigen weitergehenden Verbraucherschutz und die Subsumtion der Verbraucherbürgschaft unter §§ 491, 495, 355 (Holznagel Jura 00, 582; zust Tiedtke NJW 01, 1027; Kulke NJW 06, 2223; ders VuR 07, 154; aA Düsseldorf WM 2007, 2009; Frankfurt ZGS 2007, 240). Schutzzweck und fehlende gesetzgeberische Korrektur bzw Klarstellung von §§ 491, 499 zum 1.1.2002 sprechen gegen die Anwendung des Verbraucherkreditrechts. **d) AGB-Kontrolle von Bürgschaftsklauseln (§§ 305–310).** Durch AGB kann 13 Bürgenhaftung des Abschlussvertreters nicht begründet werden (§ 309 Nr 11), formularmäßige Globalbürgschaft ist auch für Unternehmer idR unwirksam (Rn 18), ebenso Bürgschaft auf erstes Anfordern (s Rn 12 vor § 765) sowie ein formularmäßiger Ausschluss der Rechte aus § 768 (dort Rn 8) und § 776 (BGH 144, 52, § 776 Rn 4). Zur formularmäßigen Erweiterung einer Höchstbetragsbürgschaft s Vor § 765 Rn 5; sa § 307 Rn 11.

3. Hauptschuld. a) Sicherbare Forderungen. Jede **schuldrechtliche Ver-** 14 **bindlichkeit** des Hauptschuldners, gleich welchen Inhalts, welcher Art und aus welchem Rechtsgrund (BGH NJW 89, 1857); dingliche „Schulden" (bei §§ 1113 I, 1204 I nur die zu Grunde liegende Forderung sicherbar, sonst Garantie, Rn 15 vor § 765). **aa) Inhalt.** Nicht nur **Geldschulden (Regelfall)**, auch Ansprü- 15 che auf vertretbare (vgl § 91), unvertretbare und höchstpersönliche Leistungen (zum Inhalt der Bürgenverpflichtung: Rn 17). **bb) Art:** Auch **bedingte** (§ 158; Bsp: 16 Rückbürgschaft, Rn 8 vor § 765) und **künftige** (Bsp: Kreditbürgschaft, Rn 6 vor § 765) Verbindlichkeiten (**II;** Bürgschaft ist hier zunächst schwebend unwirksam), ferner **Gesamtschulden** (s Rn 3 vor § 765) und bei Abschluss der Bürgschaft bereits verjährte Forderungen (s § 214 II 2, BGH 121, 177), nicht aber unvollkommene Verbindlichkeiten (§ 762 Rn 8, PalSprau 28). **cc)** Aus jedem **Rechtsgrund** also 17

(1) **vertragliche Ansprüche:** Erfüllungsansprüche (Regelfall), aber auch Schadensersatz- und Nebenansprüche (§ 767 Rn 4 f); Gewährleistung (2) **ges Ansprüche** aus einem zwischen Gläubiger und Hauptschuldner bestehenden ges Schuldverhältnis. Bsp: Unterhalts-, Bereicherungs- und Schadensersatzansprüche (zB §§ 122, 812 ff, 823 ff); (3) **öffentl-rechtliche Ansprüche** (BGH 90, 190; WM 09, 1180),
18 zB Steuerschuld. **b) Gesicherte Forderung.** Ob und in welchem Umfang eine Forderung durch Bürgschaft gesichert und damit „Hauptschuld" ist, ergibt sich aus dem (auszulegenden) Bürgschaftsvertrag (ie Rn 19). **aa) Bestimmtheit und summenmäßige Begrenzung.** Soweit die Hauptschuld nicht im Bürgschaftsvertrag bezeichnet ist (vgl § 766 Rn 3), muss sie zumindest **bestimmbar** sein (BGH NJW 88, 907; wichtig bei Rn 16). Verbürgung für „alle" künftigen Verbindlichkeiten des Hauptschuldners daher unwirksam (BGH 25, 318, iE allgM; s BGH 130, 22: Fall von Unübersehbarkeit), sachliche Begrenzung erforderlich (BGH 130, 22). In Individualvertrag ausreichend: alle bestehenden und künftigen Ansprüche aus einer bestimmten bankmäßigen Geschäftsverbindung oder bes Vertragsverhältnis (BGH 25, 318; 130, 21 f; NJW 00, 1569; BAG ZIP 00, 1351), eine summenmäßige Haftungsbegrenzung wird nicht verlangt (BGH 130, 21 f mN, aA Reinicke/Tiedtke DB 95, 2301). Dagegen kann durch **AGB** eine Global-Bürgschaft (auch mit summenmäßiger Begrenzung) nicht wirksam vereinbart werden (BGH 130, 23 ff; 132, 8 f; 137, 155 f; NJW 98, 2816; BAG ZIP 00, 1351; zum Ganzen Kuntz AcP 209, 242; krit im Hinblick auf AGBG 8/§ 307 III Horn ZIP 97, 528; Masuch BB 98, 2590), auch nicht im kaufmännischen Verkehr (BGH NJW-RR 02, 344; NJW 98, 3708). Grund: Soweit nicht schon überraschend (§ 305c I), jedenfalls Verstoß gegen § 307 II iVm § 767 I 3: Verbot der Fremddisposition, soweit später entstandene Forderungen betroffen, iü gegen Transparenzgebot (BGH 130, 33; 143, 99; BAG NJW 00, 3301; § 767 Rn 8). **Folge:** Normale Bürgschaft für den **„Anlass"-Kredit** (BGH 130, 27 f; 132, 9), beim Kontokorrentkredit in Höhe des bei Vertragsschluss bestehenden „Kreditlimits" (BGH 130, 19; 132, 9 f); ist kein Limit festgelegt, in Höhe des Tagessaldos (BGH 137, 153). Dies gilt auch für die Höchstbetragsbürgschaft (BGH 143, 100 unter Aufgabe von BGH WM 96, 766), nicht aber bei enger wirtschaftlicher Verbindung von Bürge und Hauptschuldner und Einfluss- bzw Informationsmöglichkeit des Bürgen (BGH 143, 101; 142, 216 mN; 153, 297: Geschäftsführer-/[Mehrheits-]Gesellschafter-Bürgschaft, Zweibrücken NJW-RR 02, 1037 [Einfluss auf Kredithöhe ohne Gesellschafter-/Geschäftsführerstellung genügt]; krit Tiedtke DNotZ 00, 283; Koch NJW 00, 1996). Die Aufrechterhaltung für den „Anlasskredit" stellt eine bedenkliche geltungserhaltene Reduktion einer wegen „Unbestimmtheit" unwirksamen Bürgschaft dar; die schriftliche Fixierung des übernommenen Bürgenrisikos (s § 766 Rn 3) fehlt (mR krit Schmitz-Herscheidt ZIP 98, 1218; Masuch BB 98, 2590; zust Horn ZIP 01, 96; BGH 143, 102: ergänzende Vertragsauslegung). Trotz Unwirksamkeit der weiten Zweckerklärung, kann Bürge für zukünftige Forderung haften, wenn Grund und Umfang bei Vertrags-
19 schluss klar erkennbar sind (BGH ZIP 01, 1362 mN). **bb) Umfang.** Grundsätzlich erstreckt sich die Bürgschaftsverpflichtung auf die **ganze Hauptverbindlichkeit** in ihrem jeweiligen Umfang (§ 767 Rn 4 f). Beschränkung auf **Teile** der Hauptschuld, **Höchstbeträge** (Teil- und Höchstbetragsbürgschaft, Rn 4 f vor § 765) und begrenzte **Zeitdauer** (§ 777 vgl dort Rn 4) sowie ausdr Erstreckung auf Nebenforderungen ist möglich. **Auslegung** des Bürgschaftsvertrags (§§ 133, 157) entscheidet (vgl BGH NJW 92, 2629 f; NJW-RR 91, 562; sa § 766 Rn 2 ff); Unklarheiten über den Umfang der Bürgschaft gehen iZw zu Lasten des Gläubigers (BGH 76, 189). Anhaltspunkte: Von der Bürgschaft umfasst sind idR Kosten der Kündigung und der Rechtsverfolgung (§ 767 II) sowie (rückständige) Zinsen (§ 767 Rn 4), uU auch Vertragsstrafen (BGH NJW-RR 90, 811 mN; anders § 1210). Auslegungsfrage, ob bei Nichtentstehen der Hauptverbindlichkeit (§ 767 Rn 3) auch Bereicherungs- und Schadensersatzansprüche (Rn 13) unter die Bürgschaft fallen (BGH NJW 01, 1860; 87, 2077); auch bei sittenwidrigen Darlehen (§ 138 I) idR zu bejahen (BGH NJW 92, 1235 f; abw Tiedtke ZIP 90, 414 f), insbes bei eigenem wirtschaftlichen Interesse

Titel 20. Bürgschaft § 765

des Bürgen (BGH NJW 87, 2077), desgl bei Darlehen an Geschäftsunfähigen (Köln OLGZ 76, 331). Vertragliche Umwandlung der Hauptverbindlichkeit ohne Änderung ihrer wirtschaftlichen Identität lässt Bürgenhaftung unberührt (vgl BGH 95, 94), desgl Gesamtrechtsnachfolge in die Hauptforderung (BGH 77, 170; 95, 93; zur Einzelrechtsnachfolge s Rn 16; § 401 Rn 1).

4. Pflichten des Bürgen. a) Allgemeines. Der Bürgschaftsvertrag begründet 20 für den Bürgen eine (von der Hauptschuld verschiedene) selbstständige Verbindlichkeit, die jedoch in Entstehung **(I)**, Inhalt (Rn 17) Fortbestand (§ 767 I) und Rechtszuständigkeit auf Gläubigerseite von der Hauptschuld abhängig **(akzessorisch)** ist (dazu § 767 Rn 3 ff). Die Bürgschaftsforderung ist als solche nicht abtretbar (§ 399; BGH 115, 180 ff mN; anders aber bei Verselbstständigung gem § 767 Rn 9: BGH 82, 328 f; Düsseldorf WM 03, 1318) und damit unpfändbar (ZPO 851); zulässig ist die Erteilung einer Einziehungsermächtigung (BGH NJW-RR 89, 317). Wird die Hauptforderung abgetreten, geht Bürgschaft mit über (§ 401; uU auch als künftige Sicherheit BGH NJW 02, 3462), bei Vertragsübernahme bleibt sie bestehen (BGH 95, 97 f), bei Schuldübernahme erlischt sie (§ 418); ebenso bei Abtretung der Hauptforderung ohne die Rechte aus der Bürgschaft (BGH 115, 183 ff, Düsseldorf WM 03, 1320 mN zum Streitstand; s § 401 Rn 1). Die Bürgenschuld hat einen eigenen Erfüllungsort (§ 269 Rn 8, idR Wohnsitz des Bürgen BGH 134, 127) und unterliegt selbstständiger Verjährung (su § 768 Rn 4). **b)** Der **Inhalt** entspricht der verbürgten 21 Hauptschuld (Identitätserfordernis: BGH NJW 80, 2412) und ist damit idR *Geldschuld* (vgl BGH 92, 300); bei gegenständlicher Leistung haftet der Bürge iZw nur auf das Erfüllungsinteresse (BGH NJW 89, 1857). Durch AGB kann eine Verpflichtung des Bürgen zur Stellung (dinglicher) Sicherheiten für seine Verpflichtung nicht begründet werden (BGH 92, 300; NJW 91, 100). **c)** Der **Umfang** der Bürgschaftsverpflichtung ergibt sich aus dem Bürgschaftsvertrag (Rn 18 f) und seinem (uU eingeschränkten) Zweck (s Rn 11). **d)** Den Bürgen treffen idR **keine** Warnpflichten gegenüber dem Gläubiger (BGH NJW 87, 1631), uU aber Treue- und Nebenpflichten (s BGH NJW-RR 89, 1395), Bank trifft bei drohender Insolvenz ihres Kreditnehmers Aufklärungspflicht über mögliche Insolvenzanfechtung des Bürgschaftsvertrags (München WM 2008, 442). Auf Erfordernis aufsichtsrechtlicher Genehmigung für wirksamen Bürgschaftsvertrag muss bürgende Körperschaft aber hinweisen (BGH 142, 60: Haftung aus cic).

5. Pflichten des Gläubigers. Keine Hauptleistungspflichten (wegen Rn 2; 22 anders, wenn ausnahmsweise als gegenseitiger Vertrag, §§ 320 ff, geschlossen; selten); Rückgabe der Bürgschaftsurkunde (§ 371) nach Erlöschen der Bürgschaftsverpflichtung (vgl Celle MDR 10, 398). Bei der Anerkennung von **Nebenpflichten** (§ 242) ist Zurückhaltung geboten, um die Bürgschaft nicht als Sicherungsmittel zu entwerten (BGH NJW 94, 2148, stRspr); nur ausnahmsweise besteht Aufklärungspflicht (Rn 24). **a)** für **Bejahung:** Gläubiger darf keine falschen Angaben über das Bürg- 23 schaftsrisiko machen (BGH 72, 204; NJW 88, 3206; Oldenburg WM 97, 2076; sa Rn 9; § 767 Rn 8), es insbes nicht verharmlosen (BVerfG 89, 235; BGH NJW 94, 1343); den Bürgschaftsfall nicht selbst herbeiführen (BGH WM 84, 586) und das Bürgschaftsrisiko nicht leichtfertig erhöhen (KG NJW-RR 88, 111; krit Ruthke WM 87, 1094); er hat dem Bürgen eine wesentliche Verschlechterung der Vermögensverhältnisse des Schuldners mitzuteilen (sa WG 45 II; ScheckG 42 II; sehr str, zurückhaltend Bamberg WM 00, 1585) und alles zu unterlassen, was den Bürgenregress vereiteln oder beeinträchtigen könnte (vgl BGH 104, 244; arg § 776 und dort Rn 1). Eine erhöhte **Aufklärungspflicht** besteht, wenn der Gläubiger einen dem Hauptschuldner bislang unbekannten Bürgen „vermittelt" (Hamm ZIP 99, 749). **b)** für **Verneinung:** Gläubiger darf nur im Verhältnis zum Hauptschuldner beste- 24 hendes Kreditlimit überschreiten (BGH MDR 69, 475) und den Kredit ohne ausreichende Bonitätsprüfung ausweiten (Frankfurt WM 96, 716); ihn trifft zugunsten des Bürgen idR keine Aufklärungspflicht (BGH 107, 103; 125, 218 mN; NJW 97, 3231 f), auch nicht wenn der Bürge zugleich Kunde der Gläubigerbank ist (Köln

NJW-RR 90, 756); *anders* aber bei geringem Alter oder Unerfahrenheit des Bürgen, emotionalem Näheverhältnis zum Hauptschuldner und hohem Haftungsrisiko (BVerfG 89, 235; NJW 94, 2750; BGH 125, 212 f, 215 f; NJW 94, 1343; 97, 54 s Rn 4 ff) oder erkennbarem Irrtum über Tragweite der Verpflichtung (BGH NJW 99, 2814); ebenso besteht idR keine Warn- (BGH NJW 88, 1512 mN), Fürsorge- und Rücksichtnahmepflicht (BGH 78, 144; NJW 84, 2456); keine Pflicht für wirksame Bestellung weiterer Sicherheit zu sorgen (BGH NJW 94, 2146). Rechtsfolge bei **Nebenpflichtverletzung:** Bürge haftet iE nicht (§§ 123, 142 [vgl Rn 9, 23 mN]; § 138 [s Rn 4]; cic gem §§ 280, 311 II [vgl BGH 72, 204; NJW 83, 1850; Oldenburg WM 97, 2076; Lorenz NJW 97, 2597]; Pflichtverletzung gem §§ 280, 282, 241 II). Langjährige Nichtgeltendmachung der Bürgschaft kann zu **Verwirkung** (§ 242 Rn 53 ff) führen (Frankfurt MDR 78, 52); ebenso, wenn Gläubiger treuwidrig wirtschaftlichen Zusammenbruch des Schuldners verursacht (BGH NJW 04, 3779).

§ 766 Schriftform der Bürgschaftserklärung

¹Zur Gültigkeit des Bürgschaftsvertrags ist schriftliche Erteilung der Bürgschaftserklärung erforderlich. ²Die Erteilung der Bürgschaftserklärung in elektronischer Form ist ausgeschlossen. ³Soweit der Bürge die Hauptverbindlichkeit erfüllt, wird der Mangel der Form geheilt.

1   **1. Allgemeines. a) Formzweck:** Warnfunktion (BGH 121, 229 mN: 132, 122, 124 f), Bürgenschutz (BGH NJW 98, 1940 f). **b) Anwendungsbereich:** § 766 gilt auch für den Bürgschaftsvorvertrag (LM Nr 8), für die Vollmacht (BGH 132, 124 f unter Einschränkung von § 167 II, BGH NJW 00, 1180, s Rn 4 und allg § 167 Rn 10), die Ermächtigung zur Blankettausfüllung (Rn 4) sowie für die Verpflichtung zur Bürgschaftsübernahme gegenüber dem Hauptschuldner (MK/Habersack 2), dagegen **nicht** für die im Rahmen seines Handelsgewerbes eingegangene Bürgschaft eines Kaufmanns (HGB 350), für bürgschaftsähnliche Verpflichtungserklärungen (§ 778; Rn 13 ff und 1 ff vor § 765, str), für die Erfüllungsübernahme gegenüber dem Bürgen (§ 329; BGH NJW 72, 576). Genehmigung vollmachtlos erteilter Bürgschaft oder weisungswidrig ausgefüllten Blanketts bedarf entgegen § 182 Form des S1 (MK/Habersack 21; aA PalSprau 4; Fischer JuS 98, 208 [Neuvornahme]). **c)** Weitergehender Formzwang für **Verbraucher-Bürgschaft** besteht mangels Anwendbarkeit der Vorschriften über Verbraucherkredit (§ 492) nicht (str, § 765 Rn 12).

2   **2. Formerfordernis. a) Ges Schriftform** nach § 126 I; Telegramm (BGH 24, 297) oder **Telefax** genügt nicht (BGH 121, 229 f mN). Die Schriftform wird ersetzt durch notarielle Beurkundung (§ 126 III), Beurkundung im Prozess (ZPO 159, § 127a) oder im Insolvenzverfahren (InsO 4). Ausdrücklich ausgeschlossen wegen bes Warnfunktion ist die Erteilung in elektronischer Form (§ 126a) nach S 2 iVm
3   § 126 III. **b) Umfang.** Formbedürftig ist nur die Erklärung des Bürgen, nicht die des Gläubigers (BGH NJW 99, 1106; Frankfurt MDR 05, 919). Das Formerfordernis bezieht sich auf alle Punkte, auf die sich die Bürgschaftsverpflichtung erstrecken soll. Der Verbürgungswille muss in der Urkunde selbst zum Ausdruck kommen (BGH NJW 86, 929), bloße Mitunterzeichnung ohne eigene Erklärung des Mitunterzeichnenden genügt nicht (RG 78, 39). Sondervorschriften: WG 31 III; ScheckG 26 III. Zum **notwendigen Inhalt** der Bürgschaftserklärung gehört ie eine deutliche Verpflichtungserklärung (BGH WM 01, 268; interessengerechte Auslegung ohne bloße Orientierung am Wortlaut: BGH NJW 02, 748; 02, 1964; Koblenz NJW-RR 01, 1109), die Bezeichnung des Gläubigers (BGH 77, 171; NJW 01, 3327 f), der verbürgten Hauptschuld und des Hauptschuldners (BGH NJW 01, 3327 f), der verbürgten Hauptschuld und des Hauptschuldners (BGH 132, 122 f mN) sowie der übernommenen Bürgenleistung (BGH aaO); er muss zumindest durch Auslegung, auch anhand von außerhalb der Urkunde liegenden Umständen aus dieser zweifelsfrei bestimmbar sein (BGH NJW 01, 3328 mN; 00, 1570; Grund: Haftungs-

Titel 20. Bürgschaft § 767

strenge); das ist bei geltungserhaltender Reduktion von „globalen" Haftungsklauseln nicht der Fall (s § 765 Rn 14). Str ist, inwieweit (auch) zweifelsfrei feststehender Vertragsinhalt in der Urkunde selbst zum Ausdruck gekommen sein muss (bejahend BGH NJW 89, 1485 f, dazu krit Tiedtke WM 89, 737; abl BGH NJW 92, 1449; weniger streng: NJW 93, 725; sa allg § 126 Rn 7 f). Bsp: beiderseitige unbewusste Falschbezeichnung unschädlich (BGH NJW 95, 1887). Die Angabe der Bürgschaftssumme kann uU die Hauptforderung (vgl BGH NJW 89, 1485), die Übernahme einer Rückbürgschaft (Rn 8 vor § 765) die Person des Hauptschuldners klarstellen (Tiedtke WM 89, 738 gegen BGH aaO). Bei Bürgschaft in unbeschränkter Höhe (s § 765 Rn 14) ist entspr ausdr Hinweis nicht erforderlich (BGH NJW 86, 928, str). Erweiternde **Nebenabreden** des Bürgschaftsvertrages (zB Verzicht auf Vorausklage, bes Zweckvereinbarungen, Erstreckung auf weitere Forderungen, BGH NJW 97, 625; 68, 2332; Tiedtke NJW 99, 1212) sind stets formbedürftig; nicht dagegen einschränkende (s BGH NJW 94, 1657 mN); für Beschränkung des Haftungszwecks (zB Schutz vor Vermögensverlagerung s schon § 765 Rn 6, 11). **c) Erteilung der** 4 **Bürgschaft** bedeutet Entäußerung der Urkunde (Urschrift: BGH 94, 384 bzw Ausfertigung notarieller Urkunde) in der Weise, dass der Gläubiger darüber verfügen kann (BGH 121, 228 ff mN; Vollkommer/Gleußner JZ 93, 1008); Übergabe einer **Blanketturkunde** mit formloser Ausfüllungsermächtigung genügt nicht (BGH NJW 00, 1179; BGH 132, 126 ff – Rspr-Änderung, auch für Altfälle ohne Genehmigungsmöglichkeit [insoweit ausdr. offen BGH NJW 00, 1180]; krit Keim NJW 96, 2774; Bülow ZIP 96, 1694; mR iE zust Fischer JuS 98, 205; sa Rn 1, 5 und § 126 Rn 6); Grund: Warnfunktion (Rn 1); § 172 II gilt analog (s Rn 5). Bei Prozessbürgschaft genügt Zustellung einer beglaubigten Abschrift (hM, so BGH NJW 79, 418; aA Frankfurt NJW 78, 1442: Original; str), Einhaltung von § 132 I ist nicht erforderlich (zutr Frankfurt NJW 78, 1442). Nachträglicher Verlust der übergebenen Urkunde ist unschädlich (Hamburg NJW 86, 1691 f; uU anders bei Rückgabeklausel: BGH 94, 384).

3. Folgen eines Formverstoßes. Nichtigkeit nach § 125 S 1; Berufung darauf 5 aber uU nach § 242 unzulässig (BGH 26, 151; 132, 128 f; s allg § 125 Rn 7); Bsp: Bürgschaft wurde jahrelang als gültig behandelt, Bürge zog daraus Vorteile (BGH 132, 129). Bei Blanko-Bürgschaft (Rn 4) kommt Rechtsscheinhaftung entspr § 172 II in Frage (BGH 132, 127 f; Brandenburg WM 06, 1855; str vgl Bülow ZIP 96, 1694). **Heilung** des Formmangels durch Erfüllung, **S 2**, auch Erfüllungssurrogate (§ 364, §§ 372 ff [LM Nr 8], §§ 387 ff [nur seitens des Bürgen], nicht §§ 780, 781). Die **Beweislast** für formgültige Erteilung liegt beim Gläubiger (BGH NJW 00, 1181); hingegen muss bei formwirksamer Bürgschaft der Bürge abredewidriges Ausfüllen eines Blanketts beweisen (BGH NJW-RR 89, 1324; ZPO 440 II).

§ 767 Umfang der Bürgschaftsschuld

(1) ¹**Für die Verpflichtung des Bürgen ist der jeweilige Bestand der Hauptverbindlichkeit maßgebend.** ²**Dies gilt insbesondere auch, wenn die Hauptverbindlichkeit durch Verschulden oder Verzug des Hauptschuldners geändert wird.** ³**Durch ein Rechtsgeschäft, das der Hauptschuldner nach der Übernahme der Bürgschaft vornimmt, wird die Verpflichtung des Bürgen nicht erweitert.**

(2) **Der Bürge haftet für die dem Gläubiger von dem Hauptschuldner zu ersetzenden Kosten der Kündigung und der Rechtsverfolgung.**

1. Allgemeines. a) Der Grundsatz der dauernden Abhängigkeit der Bürgschaft 1 von der Hauptschuld (**Akzessorietätsprinzip,** Rn 3 ff; sa § 765 Rn 20 f; § 768 Rn 6) ist nicht starr durchgeführt. **Durchbrechungen** ergeben sich zum Schutz des **Gläubigers** aus dem Sicherungszweck der Bürgschaft (Rn 9) und zum Schutz des **Bürgen** gegen nachträgliche rechtsgeschäftliche Erweiterungen der Hauptschuld

§ 767

2 (Rn 8). **b)** Die Akzessorietät der Bürgenschuld ist **zwingend** (BGH 95, 356 f mN str); sie gehört zu den wesentlichen Grundgedanken der ges Regelung (BGH NJW 93, 1919); durch einschr Abreden ändert sich der Vertragstyp (Garantievertrag; vgl BGH 95, 357; MK/Habersack 2; § 768 Rn 8; § 770 Rn 3; §§ 780, 781 Rn 23).

3 **2. Durchführung des Akzessorietätsgrundsatzes. a) Abhängigkeit in der Entstehung.** Ohne gültige Hauptschuld keine Bürgenschuld (§ 765 Rn 21). Bsp: Hauptvertrag anfänglich oder rückwirkend unwirksam (§§ 108, 125, 134, 138, 142,
4 177). **b) Abhängigkeit im Umfang.** Der Umfang der Hauptschuld bestimmt den Umfang der Bürgenschuld (**I 1;** § 765 Rn 21 [c]). Frage der Auslegung des Bürgschaftsvertrages, inwieweit Ansprüche gem §§ 122, 346 ff, 812 ff gesichert (§ 765 Rn 19). **aa) Erweiterungen der Hauptschuld** werden von der Bürgschaftsschuld umfasst, soweit sie nicht auf nachträglichen rechtsgeschäftlichen Vereinbarungen beruhen (dazu Rn 8). Dazu gehören: **Schadensersatzansprüche** wegen schuldhafter Pflichtverletzungen des Schuldners (**I 2**) nach §§ 280 ff einschließlich Verzug (§§ 280, 286); ferner bestimmte **Nebenforderungen** ohne Rücksicht auf Verschulden (**II;** iÜ § 765 Rn 19) insbes ges und vereinbarte **Zinsen** (vgl § 765 Rn 19; BGH NJW 86, 1429: Verzugszinsen; sa BGH NJW-RR 12, 374: kein doppelter Zinsanspruch, wenn sich sowohl Hauptschuldner als auch Bürge im Verzug befinden), bei einer Kontokorrentbürgschaft (Rn 6 vor § 765) auch Zinseszinsen (vgl HGB 355 f; BGH 77, 259 und 262); Vorfälligkeitsentschädigung bei vorgezogener Darlehensrückzahlung (Frankfurt WM 02, 1388). Nicht erweitert wird der (beschränkte) Umfang der für eine Gesellschaft übernommenen Bürgschaft dadurch, dass der Bürge nachträglich sämtliche Gesellschaftsanteile übernimmt (BGH BB 77,
5 1116). **bb) Einschränkungen** der Hauptschuld (zB Ermäßigung einer von der Leistungsfähigkeit des Schuldners abhängigen Unterhaltsschuld gem §§ 1581, 1603; s aber auch Rn 9) beschränken auch die Bürgenschuld. Dies gilt auch für einschr **Vereinbarungen** zwischen Gläubiger und Hauptschuldner (Bsp: Stundung der
6 Hauptschuld; s BGH 72, 201). **c) Abhängigkeit im Erlöschen** (dh vom Fortbestehen der Hauptschuld): Mit dem (teilw) Erlöschen der Hauptschuld erlischt zugleich die Bürgenschuld. Gleichgültig ist der Grund für den Untergang der Hauptschuld. Bsp: Erfüllung (auch gem § 267, soweit kein Fall des Forderungsübergangs, vgl §§ 268 III 1, 426 II 1, 774 I 1, 1143 I, 1225); Erfüllungssurrogate (§§ 364–397); Aufhebung des Hauptvertrags (§ 311 I), Beseitigung durch Vergleich (BGH NJW 03, 60); Schuldumschaffung der Hauptschuld (Ausnahme: HGB 356; ob Novation gewollt, ist Auslegungsfrage, iZw nur Vertragsänderung BGH NJW 99, 3709; 00, 2581); Leistungsbefreiung gem § 275; Anfechtung (BGH 95, 356) und Rücktritt des Schuldners (§§ 323–326, vgl Rn 3; des Gläubigers: Rn 4); idR auch Unzulässigkeit der Rechtsausübung (§ 242 Rn 32 ff), Schuldnerwechsel (§ 418 I 1) und völliger Wegfall des Hauptschuldners (BGH 82, 326; NJW 93, 1918; s dazu aber auch Rn 9). **d) Verknüpfung in der Rechtszuständigkeit** (dh Fortbestand der Gläubi-
7 geridentität): §§ 399, 400 Rn 2–4; § 765 Rn 2, 20. **e) Beweislast:** Gläubiger für Begründung, Bürge für Erfüllung der Hauptschuld (BGH NJW 95, 2161 f; 96, 719; Hilfe: § 810). Bei Kontokorrentschuld wirkt Saldoanerkenntnis und damit verbundene Beweislast auch gegen Bürgen (BGH WM 99, 1499; NJW-RR 02, 986). **f) Prozessuales:** Ein Grundurteil (ZPO 304) erfordert Feststellung der Hauptschuld (BGH NJW 90, 1367). Klageabweisung gegen den Hauptschuldner wirkt auch für Bürgen (§ 768 I; BGH NJW-RR 87, 685; 70, 279), aber keine Rechtskrafterstreckung der Verurteilung des Hauptschuldners auf Bürgen (BGH 107, 96; NJW 98, 2973 f), es sei denn abweichende Erklärung des Bürgen liegt vor (Koblenz MDR 98, 1022). Bsp: uU Prozessbürgschaft wegen ihres bes Sicherungszwecks (Köln NJW-RR 89, 1396).

8 **3. Durchbrechung des Akzessorietätsgrundsatzes. a)** Der **Umfang der Hauptschuld** ist für die Bürgenverpflichtung nicht maßgebend, wenn er auf nachträglichen, ohne Zustimmung des Bürgen (vgl aber § 766 Rn 3) getroffenen rechtsgeschäftlichen Erweiterungen beruht (zB Verlängerung von Fertigstellungsfrist bei

Vertragserfüllungsbürgschaft, BGH WM 04, 724 mN; Bauauftragserweiterung trotz Kenntnis des Bürgen von Anwendung der VOB/B, BGH NJW 10, 1668 Anm Hayn-Habermann NJW-Spezial 10, 236; Wittmann MDR 10, 477) (**I 3**); Bürge haftet dann im bisherigen Rahmen. **I 3** hat als Ausprägung des „Verbots der Fremddisposition" Leitbild-Charakter (BGH 130, 32 f; 137, 155 f; NJW 00, 2582; NJW-RR 02, 1131). Bsp für RGeschäfte iSv **I 3**: Schuldanerkenntnis (dadurch auch kein Einfluss auf Verjährung der Bürgschaftsforderung, Düsseldorf MDR 75, 1019); Verkürzung der Fälligkeit (BGH NJW 00, 2581); Modifizierung der vertraglich vereinbarten förmlichen Abnahme (BGH NJW-RR 07, 1170); Erweiterung durch Vergleich bzw Änderung der Rückzahlungsmodalitäten; Begründung neuer Verbindlichkeiten nach Kündigung der Geschäftsverbindung (BGH NJW 89, 28) oder nach Schuldnerwechsel (BGH NJW 93, 1918). Das Gleiche gilt bei früheren, dem Bürgen nicht mitgeteilten, das Bürgschaftsrisiko erhöhenden Vereinbarungen zwischen Gläubiger und Hauptschuldner (BGH NJW 80, 2413), soweit nicht schon ein Fall von § 765 Rn 23 vorliegt. Zu Rechtsverfolgungskosten iSd **II** gehören nicht die Kosten einer Insolvenzanfechtung (BGH NJW 09, 1879). **b)** Der Akzessorietätsgrundsatz wird durch den in der Bürgschaftsvereinbarung zum Ausdruck kommenden **Sicherungszweck** begrenzt (BGH 82, 326 f; 95, 385; NJW 91, 98; 93, 1133). Die Bürgschuld bleibt dann trotz **Wegfalls** (Einschränkung, Herabsetzung, Einredebehaftetheit) **der Hauptschuld** voll (durchsetzbar) bestehen. Hauptfall: Wegfall der Hauptverbindlichkeit beruht auf Vermögensverfall des Hauptschuldners. Bsp: Beschränkte Haftung von Erben (§§ 768 I 2, 1975 ff) und Minderjährigen (§§ 1629a III, 1793 II); Herabsetzung der Hauptschuld durch Insolvenzplan (InsO 254 II 1, s BGH NJW 03, 60: nicht jedoch bei außergerichtlichem Vergleich in Gesamtvollstreckung [GesO 16]; ebenso nicht bei Schuldenbereinigungsplan vor Insolvenzeröffnung, LG Hamburg NZJ 02, 114); Ausschluss der Rückforderung eines Gesellschafterdarlehens wegen eigenkapitalersetzenden Charakters (BGH NJW 96, 1343; sa Vor § 488 Rn 17); bei Bürgschaft für Gesellschaftsdarlehen kann sich Bürge nicht auf eine Rückzahlungssperre zur Sicherung des Eigenkapitals der Gesellschaft berufen, wenn die Bürgschaft auch diesen Krisenfall abdecken sollte (BGH WM 08, 1350). Die Bürgschaft bleibt auch bestehen bei Löschung einer jur Person (AG, KGaA, GmbH) wegen Vermögenslosigkeit FamFG 394); Beendigung einer zahlungsunfähigen Handelsgesellschaft (BGH 82, 326; NJW 03, 1250: Bürge kann sich aber auf Verjährung der Hauptforderung berufen) oder Übernahme durch einen übrigbleibenden Gesellschafter (BGH NJW 93, 1918); Wegfall der Geschäftsgrundlage (§ 313) wegen individueller Notlage des Hauptschuldners (Larenz/Canaris, SchR II/2, § 64 I; für Unterhaltspflicht RG 163, 99; BGH LM Nr 2). Bei Zusammentreffen mehrerer Bürgschaften lässt die Herabsetzung der vorrangigen Bürgschaft durch einen Insolvenzplan (InsO 254 II) die Haftung der nachrangigen Bürgen (Rn 7 f vor § 765) unberührt (BGH 73, 98 für VglO 82 II). 9

§ 768 Einreden des Bürgen

(1) ¹**Der Bürge kann die dem Hauptschuldner zustehenden Einreden geltend machen.** ²**Stirbt der Hauptschuldner, so kann sich der Bürge nicht darauf berufen, dass der Erbe für die Verbindlichkeit nur beschränkt haftet.**

(2) **Der Bürge verliert eine Einrede nicht dadurch, dass der Hauptschuldner auf sie verzichtet.**

1. Allgemeines. a) Bedeutung. **I 1** enthält eine weitere Ausprägung des 1 **Akzessorietätsgrundsatzes** (Rn 6 ff; vgl iü § 767 Rn 3 ff), die Einschränkung gem **II** entspricht § 767 I 3 (vgl dort Rn 8). **I 2** ist eine Durchbrechung des Akzessorietätsprinzips (§ 767 Rn 9). § 768 ist **nicht zwingend** (Rn 8). **b) Überblick.** Der Bürge 2 kann dem Gläubiger entgegenhalten (vgl auch Tiedtke JZ 06, 940): **aa)** Alle dem Hauptschuldner gegenüber der Hauptforderung zustehenden (rechtshindernden, -vernichtenden, -hemmenden) **Einwendungen** (Folge der Abhängigkeit in der

§ 768

3 Entstehung und im Erlöschen, § 767 Rn 3, 6). **bb)** Alle dem Hauptschuldner gegenüber dem Gläubiger zustehenden **Einreden** ieS (Anwendungsbereich von I 1, dazu
4 Rn 6 ff). **cc)** Alle ihm selbst aus dem Bürgschaftsvertrag gegenüber dem Gläubiger zustehenden **Einwendungen** (zB §§ 766, 125; vgl iü § 765 Rn 3 ff) **und Einreden** (nicht von 768 erfasst, da selbstverständlich) Bürgschaftsforderung unterliegt selbstständiger Verjährung (BGH 95, 384; Einsiedler MDR 10, 603) binnen der regelmäßigen Frist (§ 195 nF; Fristbeginn mit Fälligkeit der Bürgschaftsforderung; bei selbstschuldnerischer Bürgschaft mit Fälligkeit der Hauptforderung: BGH 175, 161; NJW-RR 04, 1190; Keilmann MDR 08, 843; auch für Bürgschaft auf erstes Anfordern, BGH WM 08, 1731); die Verjährung der Hauptschuld ist nicht maßgebend (BGH 76, 225; aA Bydlinski ZIP 89, 953); die Bürgschaftsklage unterbricht bzw hemmt nicht die Verjährung der Hauptschuld, die damit noch während des Abschlusses des Bürgschaftsprozesses eintreten kann (BGH 139, 216 f [Ausnahme, wenn Hauptschuldner als Rechtsperson untergegangen und Verjährung nicht durch Klage abwendbar, BGH 182, 76; 153, 337]; zum umgekehrten Fall s Rn 7), der Bürge kann in diesem Fall nach ZPO 767 I, II vorgehen (BGH NJW 99, 278; NJW-RR 00, 1717; krit Lieb GS Lüderitz 2000, S 455; Schmolke WM 13, 154); weitere eigene Einreden des Bürgen, zB Stundung, bes Bürgeneinreden gem §§ 770 f (in § 768 als selbstverständlich nicht erwähnt); Einrede nach § 821 (München WM
5 08, 442 für Insolvenzanfechtung der Bürgschaft). **dd) Nicht** aber **Gestaltungsrechte** des Hauptschuldners; deren Geltendmachung bleibt ausschließlich diesem vorbehalten. Der Bürge hat bis zum Zeitpunkt der möglichen Ausübung dieser Rechte aber eine verzögerliche Einrede nach § 770.

6 **2. Abhängigkeit der Bürgschaftsforderung bei der Durchsetzung. a)** Alle **Einreden** (iwS, nicht nur Gegenrechte: BGH 107, 214), die dem Hauptschuldner gegenüber dem Gläubiger zustehen, kann auch der Bürge wirksam geltend machen (auch bei § 773 Nr 1: BGH 107, 214 mN). Bsp: Einrede der Verjährung (§ 214 I, vgl BGH 139, 216; Hemmung nach § 203 wirkt auch gegenüber dem Bürgen, BGH 182, 76; Einsiedler MDR 10, 604), auch wenn sie erst nachträglich eingetreten ist (s § 768 Rn 4), § 216 I gilt nicht entspr (BGH 138, 53 f); Einrede der nachträglichen Stundung (§§ 205–209 Rn 2), des nicht erfüllten Vertrags (§ 320), des Zurückbehaltungsrechts (§ 273; BGH 24, 99; NJW 10, 1284), des Bereicherungseinwands (BGH 107, 214), zB wenn Bürgschaft der Erfüllung einer unwirksamen Verpflichtung des Hauptschuldners gegenüber dem Gläubiger dient (BGH 143, 381; abl Leitmeier NZBau 09, 676); etwas anderes gilt, wenn Bürge bewusst mehr einräumt (Bürgschaft auf erstes Anfordern statt gewöhnliche Bürgschaft) als der Schuldner
7 versprochen hat, (BGH aaO); Mängeleinreden (Tiedtke JZ 06, 940). **b)** Durch **Verzicht** des **Hauptschuldners** verliert der Bürge die Einrede nicht (**II;** Verbot der Fremddisposition sa § 767 Rn 8), desgl nicht durch die Aberkennung im Prozess zwischen Gläubiger und Schuldner (zur Rechtskrafterstreckung § 767 Rn 7). Beim Verjährungsverzicht greift II, unabhängig davon, ob bei Verzichtserklärung schon Verjährung eingetreten war oder nicht (BGH DNotZ 08, 278). Bürge muss sich jedoch Anerkenntnis der Hauptschuld durch den Hauptschuldner entgegen halten lassen, str (München WM 06, 687 mN; aA MK/Habersack 8), allerdings nicht, wenn dadurch die bereits begründete Verjährungseinrede vereitelt würde (BGH WM 07, 2230). Sie bleibt dem Bürgen auch dann erhalten, wenn gegen den Hauptschuldner (nach Verjährungseintritt) ein rechtskräftiges Urteil mit der Folge des § 197 I Nr 3 ergeht (BGH 76, 229 f; iE zust E. Schneider MDR 80, 799); Verjährungsfrist läuft für den Bürgen fiktiv weiter, wenn Hauptschuldner als Rechtsperson untergeht oder über sein Vermögen das Insolvenzverfahren eröffnet wird (BGH 153, 337; Düsseldorf NJW-RR 05, 1495; krit Peters NJW 04, 1430; Tiedtke JZ
8 06, 940). **c) Abw Vereinbarungen.** Durch individualvertraglich möglichen (sonst uU unwirksam gem § 307 I, II: BGH NJW 01, 1858; 03, 61; jedoch keine Unwirksamkeit der Sicherungsvereinbarung iÜ BGH 179, 374) **Verzicht des Bürgen** auf ihm zustehende Einreden (Rn 6 f; § 770 Rn 3) bedarf der Schriftform des § 766

Titel 20. Bürgschaft §§ 769, 770

(PalSprau 8), hierdurch kann uU der Vertragstyp geändert werden (s § 767 Rn 2; dann § 307 II Nr 1 beachten); uU ergeben sich auch Auswirkungen auf das Innenverhältnis zum Hauptschuldner (dazu § 774 Rn 3).

§ 769 Mitbürgschaft

Verbürgen sich mehrere für dieselbe Verbindlichkeit, so haften sie als Gesamtschuldner, auch wenn sie die Bürgschaft nicht gemeinschaftlich übernehmen.

1. **Allgemeines. a) Begriff.** Mitbürgschaft ist die Verbürgung mehrerer für die- 1 selbe Verbindlichkeit. **b) Abgrenzung.** Keine Mitbürgen sind Vor-, Nach-, Haupt- und Rückbürge (Rn 7 f vor § 765; Grund: Keine Identität der gesicherten Forderung); mehrere Teilbürgen (Rn 4 vor § 765) nicht, soweit sie für verschiedene Teile der Hauptschuld haften; idR auch nicht der Ausfallbürge (Rn 2 vor § 765) im Verhältnis zum gewöhnlichen Bürgen (Grund: §§ 421 ff gelten nicht, Ausfallbürge haftet subsidiär, BGH ZIP 86, 973). **c) Begründung.** Gemeinschaftlich 2 durch einheitlichen Vertrag (§ 427, einheitliche Urkunde nicht notwendig) oder unabhängig durch selbstständige Verträge (Wissen der Mitbürgen voneinander unerheblich). Ist bei gemeinschaftlicher Verbürgung (§ 427) ein Bürgschaftsvertrag nichtig oder nicht wirksam zustande gekommen, so führt § 139 iZw (Sicherungsinteresse des Gläubigers!) nicht zu Gesamtnichtigkeit (Köln BB 99, 758 mN; RG 138, 272, str). **d)** § 769 ist **nicht zwingend** (BGH 88, 188, str; sehr weitgehend Bayer ZIP 3 90, 1526), jedoch berührt abw Abrede im Bürgschaftsvertrag nicht notwendig den Ausgleich zwischen den Bürgen im Innenverhältnis (BGH 88, 189 f; NJW 87, 3127; Hamm NJW 91, 297; krit Wolf NJW 87, 2472; Siegmund WM 08, 2349). Bürgen mehrere mit unterschiedlichen Höchstbeträgen, sind sie bezüglich der gesamten Hauptschuld Gesamtschuldner, nicht nur für den mehrfach gesicherten Betrag (Glöckner ZIP 99, 824 mN, str).

2. **Haftung der Mitbürgen. a) im Verhältnis zum Gläubiger** nach §§ 421– 4 425; **b) im Innenverhältnis:** § 774 II iVm § 426; vgl § 774 Rn 9 ff.

§ 770 Einreden der Anfechtbarkeit und der Aufrechenbarkeit

(1) Der Bürge kann die Befriedigung des Gläubigers verweigern, solange dem Hauptschuldner das Recht zusteht, das seiner Verbindlichkeit zugrunde liegende Rechtsgeschäft anzufechten.

(2) Die gleiche Befugnis hat der Bürge, solange sich der Gläubiger durch Aufrechnung gegen eine fällige Forderung des Hauptschuldners befriedigen kann.

1. **Allgemeines. a) Bedeutung.** § 770 ergänzt den Abhängigkeitsgrundsatz (hier: 1 § 767 Rn 3, 6) für den Fall, dass hinsichtlich der Hauptschuld eine Anfechtungs- oder Aufrechnungslage besteht. Da der Bürge das (höchstpersönliche) Gestaltungsrecht nicht ausüben kann (vgl § 768 Rn 5), hat er für die Dauer der Anfechtungs-(Aufrechnungs-)lage eine **verzögerliche Einrede** (Leistungsverweigerungsrecht; sa §§ 1137, 1211). Grund: Keine Inanspruchnahme des Bürgen, solange hinsichtlich der Hauptschuld ein Schwebezustand besteht (I) bzw sich der Gläubiger durch Aufrechnung befriedigen kann (II). **b) Entspr Anwendung: aa) I** gilt auch für andere **Gestal-** 2 **tungsrechte** wie das ges (§§ 323, 326, 437 Nr 2, 634 Nr 3) und vertragliche (§ 346; insoweit str) Rücktrittsrecht, das Recht auf Minderung (§§ 437 Nr 2, 441; 634 Nr 3, 638 [RG 66, 334], str; nach aA Fall von § 768, s dort Rn 6, zutr für kraft Gesetzes eintretende Mietminderung nach § 536 I); nach Ausübung des kaufrechtlichen Rücktritts- oder Minderungsrechts besteht Einrede nach § 438 IV 2, V iVm § 768 I 1. **bb) II** gilt allg bei Aufrechnungslage (Rn 7). **c) Verzicht** des Bürgen auf die Einreden gem I und 3 II ist möglich (BGH WM 02, 1179; vgl § 768 Rn 8), auch durch AGB-Vereinbarung

§ 771

(BGH 95, 357 und 359; NJW 95, 1888, str), allerdings nicht, wenn die Gegenforderung iSv II unbestritten oder rechtskräftig festgestellt ist (BGH 153, 299 unter Aufgabe von 95, 360; NJW 86, 930 im Anschluss an das Schrifttum [Nachw ebenda]); im Fall uneingeschränkten Ausschlusses greift Verbot geltungserhaltender Reduktion (BGH aaO 300). Vertraglicher Ausschluss hindert aber nicht Berufung auf *bereits erklärte* Aufrechnung und damit Erlöschen der Hauptforderung (BGH WM 02, 1181). Die Klausel „Zahlung auf erstes Anfordern" kann vorläufigen Einredeverzicht iSv II enthalten (s ausführlich Rn 12 vor § 765).

4 **2. Gestaltungsrecht (I). a)** Die **Einrede** (Rn 1) setzt Bestehen des Gestaltungsrechts voraus und erlischt mit dessen Verlust (wie § 767 Rn 3, 6). Bsp: Ablauf von Anfechtungsfristen (§§ 121, 124). **Verzicht** des Hauptschuldners auf Ausübung des Gestaltungsrechts wirkt (anders als bei § 768 II) auch gegen den Bürgen (Grund: Bürge muss die Entschließung des Gestaltungsberechtigten hinnehmen, Rn 1); nur bei gleichzeitig gegebener Einrede gem § 768 I (zB aus § 853, s BGH 95, 357), kann
5 diese dem Bürgen nicht entzogen werden (§ 768 II). **b) Bei Leistung** des Bürgen in Unkenntnis der Einrede besteht kein Rückforderungsanspruch (Grund: Hauptforderung bestand, kein Fall des § 813 I 1, da keine „dauernde" Einrede), wohl aber bei Leistung nach erklärter Anfechtung und bei Anfechtung **nach** der Leistung des Bürgen (§ 812 I 1, 1. Var iVm § 142 I), sofern nicht § 814 entgegensteht. Der Schuldner ist dem Bürgen über bestehende Gestaltungsrechte auskunftspflichtig (StHorn 19).

6 **3. Aufrechnung (II). a) Aufrechnungsbefungis des Gläubigers** setzt Aufrechnungslage zwischen Gläubiger und Schuldner (§ 387) voraus, doch muss (abw von § 387) auch die Forderung des Hauptschuldners fällig sein (vgl II); der Fälligkeit der Hauptforderung steht gleich, wenn der Gläubiger auf künftige Leistung klagen kann (ZPO 257 ff; BGH 38, 128). Einrede des Bürgen besteht auch, wenn zwar Gläubiger, nicht aber Hauptschuldner (wegen ZPO 767 II) aufrechnen kann (BGH
7 153, 301). **b)** Bei **Aufrechnungsbefugnis des Hauptschuldners** (nicht erwähnt in II; wichtig bei §§ 393, 394) besteht ein Zurückbehaltungsrecht des Bürgen in entspr Anwendung von II (Zimmermann JR 79, 496 ff mN; aA Kiehnle AcP 208, 635 ff) oder I (MK/Habersack 10; unentschieden BGH 42, 398; NJW 87, 2078).
8 **c)** Bei **Leistung des Bürgen** in Unkenntnis der Aufrechnungslage besteht kein Rückforderungsanspruch (wie Rn 5).

§ 771 Einrede der Vorausklage

¹Der Bürge kann die Befriedigung des Gläubigers verweigern, solange nicht der Gläubiger eine Zwangsvollstreckung gegen den Hauptschuldner ohne Erfolg versucht hat (Einrede der Vorausklage). ²Erhebt der Bürge die Einrede der Vorausklage, ist die Verjährung des Anspruchs des Gläubigers gegen den Bürgen gehemmt, bis der Gläubiger eine Zwangsvollstreckung gegen den Hauptschuldner ohne Erfolg versucht hat.

1 **1. Grundsatz der Subsidiarität der Bürgenhaftung.** § 771 begründet für den Bürgen eine **echte** (verzögerliche) **Einrede** iS eines Leistungsverweigerungsrechts. Nötig ist ein ordnungsgemäßer Vollstreckungsversuch (Besonderheiten für Geldforderungen: § 772), Klage weder erforderlich (ZPO 794) noch ausreichend, Bezeichnung als „Einrede der Vorausklage" daher irreführend. Der neu eingefügte S 2 schützt den Gläubiger vor Verjährungseintritt, solange er gegen Hauptschuldner vorgeht (von § 205 nicht erfasst; zum umgekehrten Fall § 768 Rn 4); str ob Verjährungshemmung davon abhängig ist, dass die Einrede tatsächlich erhoben wird (Schlößer NJW 06, 646 mN; krit Schmolke WM 13, 150).

2. Ausnahmen. § 773 Rn 1 f.

Titel 20. Bürgschaft §§ 772, 773

§ 772 Vollstreckungs- und Verwertungspflicht des Gläubigers

(1) Besteht die Bürgschaft für eine Geldforderung, so muss die Zwangsvollstreckung in die beweglichen Sachen des Hauptschuldners an seinem Wohnsitz und, wenn der Hauptschuldner an einem anderen Orte eine gewerbliche Niederlassung hat, auch an diesem Orte, in Ermangelung eines Wohnsitzes und einer gewerblichen Niederlassung an seinem Aufenthaltsort versucht werden.

(2) ¹Steht dem Gläubiger ein Pfandrecht oder ein Zurückbehaltungsrecht an einer beweglichen Sache des Hauptschuldners zu, so muss er auch aus dieser Sache Befriedigung suchen. ²Steht dem Gläubiger ein solches Recht an der Sache auch für eine andere Forderung zu, so gilt dies nur, wenn beide Forderungen durch den Wert der Sache gedeckt werden.

Bedeutung: Nähere Regelung der erforderlichen Befriedigungsversuche des 1
Gläubigers (§ 771) bei **Geldforderungen** (Regelfall). **Vollstreckungsversuch (I).**
Objekte: **Nur** bewegliche Sachen (§ 90) des Hauptschuldners, nicht Grundstücke
(Hamm WM 84, 832) oder Forderungen; Ort: nur dessen idR inländischer (wegen
§ 773 I Nr 2, 4, s aber dort Rn 4) Wohnsitz (Aufenthaltsort). **Einrede der Sachhaftung (II).** Objekte: Bewegliche Sachen des Hauptschuldners, an denen dem Gläubiger ein Pfand- (§§ 1204, 1257; ZPO 804) oder Zurückbehaltungsrecht (HGB 369;
aber auch § 273 iVm ZPO 809) zusteht; gleichgestellt: Rechte aus SÜ und EV
(außer, soweit § 503 II 4 anwendbar). **Kein** Verweisungsrecht bei unzulänglicher
Pfanddeckung für verbürgte und unverbürgte Forderung (**II 2;** wie ZPO 777 S 2).

§ 773 Ausschluss der Einrede der Vorausklage

(1) Die Einrede der Vorausklage ist ausgeschlossen:
1. wenn der Bürge auf die Einrede verzichtet, insbesondere wenn er sich als Selbstschuldner verbürgt hat,
2. wenn die Rechtsverfolgung gegen den Hauptschuldner infolge einer nach der Übernahme der Bürgschaft eingetretenen Änderung des Wohnsitzes, der gewerblichen Niederlassung oder des Aufenthaltsorts des Hauptschuldners wesentlich erschwert ist,
3. wenn über das Vermögen des Hauptschuldners das Insolvenzverfahren eröffnet ist,
4. wenn anzunehmen ist, dass die Zwangsvollstreckung in das Vermögen des Hauptschuldners nicht zur Befriedigung des Gläubigers führen wird.

(2) In den Fällen der Nummern 3, 4 ist die Einrede insoweit zulässig, als sich der Gläubiger aus einer beweglichen Sache des Hauptschuldners befriedigen kann, an der er ein Pfandrecht oder ein Zurückbehaltungsrecht hat; die Vorschrift des § 772 Abs. 2 Satz 2 findet Anwendung.

1. Ausschluss der Einrede der Vorausklage. a) durch Vertrag: aa) selbst- 1
schuldnerische Bürgschaft (Rn 3); **bb)** Ausfallbürgschaft (Rn 2 vor § 765);
cc) Sicherheitsleistungsbürgschaft (§§ 232 II, 239 II); **dd)** Insolvenzplan-Bürgschaft
(InsO 257 II); **b) durch Ges: aa)** Bürgschaft des Kaufmanns (HGB 349); **bb)** Fälle 2
der erschwerten Rechtsverfolgung gegen den Hauptschuldner oder ihrer voraussichtlichen Erfolglosigkeit (Rn 4); **cc)** Fälle der bürgschaftsgleichen Haftung
(Rn 1 [c] vor § 765).

2. Selbstschuldnerische Bürgschaft (I Nr 1). Wortlaut der formbedürftigen 3
(§ 766 Rn 3) Verzichtserklärung ist unerheblich; in AGB zulässig (BGH 95, 361).
Nur die Subsidiarität der Bürgschaft (§ 771 Rn 1) entfällt (auch bei bloßer Leistungsunwilligkeit des Hauptschuldners: BGH 104, 242 f), nicht die Akzessorietät (§§ 767, 768; RG 148, 66). Fälligkeit tritt, sofern nicht anders vereinbart, mit Fälligkeit der Hauptforderung ein (BGH WM 08, 729). Der Gläubiger kann sich sogleich – ohne

§ 774

vorherige Verwertung von Sicherheiten (Nichtzitat von Nr 1 in II, vgl auch BGH NJW 66, 2010) – an einen seiner beiden Schuldner halten (BGH WM 86, 12), jedoch haften Bürge und Schuldner nicht als Gesamtschuldner (BGH JZ 56, 99).

4 **3. Erschwerte Rechtsverfolgung, Vermögensverfall des Hauptschuldners. a) Nr 2:** idR anwendbar bei Wohnsitzverlegung ins Ausland, aber nicht im Anwendungsbereich der EuGVVO oder EuVTO (vgl ZPO 917 II). **b) Nr 3:** Insolvenzverfahren muss (noch: InsO 34 III) bis Schluss der mündlichen Verhandlung der letzten Tatsacheninstanz eröffnet sein (InsO 27, 200, 207 ff); nach Beendigung des Insolvenzverfahrens gilt Nr 4. **c) Nr 4:** Bsp: Ablehnung der Eröffnung des Insolvenzverfahrens mangels Masse (InsO 26); Erfolglosigkeit der Zwangsvollstreckung wegen einer anderen Forderung. **d)** Bei **Nr 3** und **4** (nicht auch zB bei Nr 1, vgl Rn 3) kann der Gläubiger auf eine bestehende Sachhaftung (§ 772 Rn 1) verwiesen werden **(II)**.

§ 774 Gesetzlicher Forderungsübergang

(1) ¹Soweit der Bürge den Gläubiger befriedigt, geht die Forderung des Gläubigers gegen den Hauptschuldner auf ihn über. ²Der Übergang kann nicht zum Nachteil des Gläubigers geltend gemacht werden. ³Einwendungen des Hauptschuldners aus einem zwischen ihm und dem Bürgen bestehenden Rechtsverhältnis bleiben unberührt.

(2) Mitbürgen haften einander nur nach § 426.

Lit: Bayer, Ausgleich zwischen Höchstbetragsbürgen, ZIP 90, 1523; Glöckner, Ausgleich zwischen mehreren Bürgen bei unterschiedlichen Höchstbetragsbeschränkungen, ZIP 99, 821; Reinicke, Gesamtschuldklausel und Sicherungsklausel im Bürgschaftsrecht, JZ 87, 491; Weitzel, Höchstbetragsbürgschaft und Gesamtschuld, JZ 85, 824; Zeising, Cessio legis und Gläubigerschutz bei Regress des Bürgen, WM 10, 2204.

1 **1. Allgemeines. a) Zweck. Ausgleich** zwischen dem leistenden Bürgen und dem im Verhältnis zu ihm allein verpflichteten Hauptschuldner. **b) Bürgenregress.** Befriedigt der Bürge den Gläubiger, so erlischt lediglich seine Bürgschaftsschuld (§ 765 Rn 20 f), dagegen bleibt die **Hauptschuld bestehen** und wird auf den Bürgen **übergeleitet** *(cessio legis).* Folge: Für die Hauptschuld bestehende Sicherungsrechte erlöschen nicht und kommen dem Bürgen zugute (§ 401), zum Zusammentreffen mit dinglichen Sicherheiten s Rn 12. Der übergeleitete Rückgriffsanspruch sichert den sich idR bereits aus dem der Bürgschaftsübernahme zugrundeliegenden **Innenverhältnis** ergebenden Ersatzanspruch (Rn 7 f). Zwischen beiden Ansprüchen (Fall von **Anspruchskonkurrenz**, hM, str) kann der Bürge **wählen** (RG 59, 209; Köln NJW-RR 89, 1266; zum unterschiedlichen **2** Umfang der Schuldnereinwendungen vgl Rn 6 und 8). **c)** Der Forderungsübergang ist **abdingbar** (BGH 92, 382; NJW 01, 2330; Form: § 766); Ausschluss durch AGB ist bedenklich (*arg* Bürgenschutz, so auch Fischer WM 98, 1712 f; für zulässige **3** Beschränkung s BGH NJW 01, 2330). **d) Keine entspr Anwendung** von I 1 auf Garantie (Rn 16 vor § 765) und Schuldmitübernahme (Rn 18 ff vor § 765).

4 **2. Rückgriff aus der übergegangenen Hauptschuld (I 1). a) Voraussetzungen.** Bestand der Hauptschuld (BGH NJW 00, 1565); endgültige **Befriedigung** des Gläubigers durch Erfüllung oder Erfüllungssurrogate (BGH WM 69, 1104); Bsp: Aufrechnung mit eigener Forderung des Bürgen gegen den Gläubiger (RG 53, 405); befreiende Hinterlegung (§ 378); Übernahme neuer Verbindlichkeit (§ 364 II; Bsp: BGH NJW-RR 88, 62 mN). **Keine** Erfüllung sind die bloße Sicherheitsleistung (zu entspr AGB-Klausel BGH 92, 374; dazu Reinicke/Tiedtke JZ 90, 327 ff); die Zahlung zur Abwendung der vorläufigen Zwangsvollstreckung (BGH 86, 270 mN); der Erlass der Bürgschaftsschuld (BGH NJW 90, 1301). **Teilbefriedi-** **5** **gung** genügt, zum Verhältnis zwischen Bürge und Gläubiger vgl Rn 5. **b) Rechts-**

Titel 20. Bürgschaft § 774

folge. Übergang der **Hauptforderung** so, wie sie im Zeitpunkt der Befriedigung (Rn 4) bestand, einschließlich aller Neben- und Sicherungsrechte (**I 1** iVm §§ 401, 412). **aa) Rechtsstellung des Bürgen.** Die Rückgriffsforderung umfasst im Rahmen der verbürgten Hauptschuld (§ 765 Rn 14 f) vom Bürgen erfüllte Nebenforderungen, zB rückständige (ges und vertragliche) Zinsen und verwirkte Vertragsstrafen. Dem Bürgen stehen auch die (zwischen Hauptschuldner und Gläubiger) **vertraglich vereinbarten** (künftigen) **Zinsen** zu (BGH 35, 172, str), ferner nicht verbrauchte vorausentrichtete Zinsen (Disagio) bei vorzeitiger Darlehenstilgung (hM, s Hadding/Häuser, WM-FG Heinsius, 1991, S 8 ff). Bei Verbürgung für eine **Gesamtschuld** ist der Regress gegen die Gesamtschuldner uU eingeschränkt (Rn 3 vor § 765). Akzessorische **Sicherungs-** und **Nebenrechte** (dazu § 401 Rn 1 ff) gehen auf den Bürgen über, auch wenn sie erst nach Übernahme der Bürgschaft entstanden sind (arg § 776 S 2); selbständige Sicherungsrechte bedürfen bes Übertragung (s BGH 130, 107; 136, 352; NJW 99, 1182; 01, 2330; § 401 Rn 5); Leistungsort ist der Sitz des Gläubigers (BGH NJW 95, 1546). Zum Zusammentreffen mehrerer Bürgschaften sowie der Bürgschaft mit dinglichen Sicherheiten Dritter vgl Rn 9 ff und 12. Bei bloßer **Teilbefriedigung** erfolgt entspr teilw Forderungsübergang (I 1: „Soweit"). In diesem Fall steht der Bürge bei der Verwertung eines übergegangenen Sicherungsrechts dem Gläubiger nach (**I 2**). I 2 gilt auch dann, wenn das teilw übergangene (übertragene) Nebenrecht (§ 401) neben der verbürgten auch eine andere Forderung des Gläubigers sichert (BGH 110, 46 mN; aA Reinicke/Tiedtke DB 90, 1953). **bb) Rechtsstellung des Hauptschuldners.** Der Haupt- 6 schuldner hat gegenüber der übergegangenen Forderung sämtliche Einwendungen aus dem **Hauptschuldverhältnis,** die im Zeitpunkt des Übergangs gegen den Gläubiger begründet waren (§§ 404, 412; Bsp: Verjährung der Hauptforderung). Er kann im Rahmen des § 406 noch gegenüber dem Bürgen aufrechnen (aA Tiedtke DB 71, 1721) und ist bei eigener Leistung in Unkenntnis des Übergangs geschützt (§ 407). Ferner hat er gegen den Bürgen alle Einwendungen aus dem **Innenverhältnis** mit diesem (**I 3**: vgl Rn 7 f). Bsp: Bürgschaftsverpflichtung als Schenkung an den Schuldner; Freistellungsverpflichtung des Bürgen (s BGH NJW-RR 92, 811); anteilige gesamtschuldnerische Haftung des Bürgen gem § 426 I 1 (Stuttgart NJW-RR 94, 876; sa Rn 8).

3. Rückgriff aus dem Innenverhältnis. a) Voraussetzung ist, dass zwischen 7 Hauptschuldner und Bürge ein Rechtsverhältnis besteht, auf Grund dessen sich der Bürge verbürgt hat (Bsp: §§ 662 ff; 675; 677 ff; nicht bei § 516 ff); Bürge hat geleistet (wie Rn 4). Den Bürgen trifft hinsichtlich der Hauptschuld eine Prüfungs-, Sorgfalts- und Mitteilungspflicht; Einwendungen muss er geltend machen (BGH 95, 388 f; Tiedtke BB 86, 541 f). **b) Rechtsfolgen. Aufwendungserstattungsan-** 8 **spruch** des Bürgen (§§ 670, 675, 683; uU 684; vgl Köln NJW-RR 89, 1267); der Hauptschuldner kann dem Anspruch **nur** Einwendungen aus dem Innenverhältnis (Bsp: Schadensersatzanspruch wegen Nichtgeltendmachung von Einreden gem §§ 768, 770 im Verhältnis zum Gläubiger) entgegenhalten (Rn 7), dagegen (anders als bei Rn 6) nicht Einwendungen aus dem Hauptschuldverhältnis zum Gläubiger.

4. Ausgleich zwischen mehreren Bürgen. a) Mitbürgschaft (§ 769). II ent- 9 hält eine Einschränkung von I 1, §§ 401, 412 (Rn 5 f) bei mehrfacher Bürgensicherung der Hauptschuld. Auf den zahlenden Mitbürgen gehen Bürgschaftsansprüche gegen die übrigen Mitbürgen nur in der Höhe über, in der er von ihnen Ausgleich verlangen kann, idR also nur in Höhe des auf den einzelnen Mitbürgen entfallenden Kopfteils (§ 426 I, II, BGH NJW 00, 1034); abw Vereinbarung ist auch stillschweigend möglich (BGH NJW 00, 1034; 87, 376); für Ausgleich unter Gesellschaftern als Bürgen für eine Gesellschaftsschuld ist idR das Verhältnis der Gesellschaftsteile maßgebend bzw Verlustbeteiligung (BGH NJW-RR 89, 685; Köln NJW 95, 1685); bei Höchstbetragsbürgschaften das Verhältnis der Höchstbeträge (BGH 137, 294 ff; NJW 09, 437; 00, 1035; Glöckner ZIP 99, 825 ff mN; str; nach aA: Ausgleich nach Kopfteilen in Höhe der sich deckenden Bürgschaftssummen). Bei **Teilzahlung**

Stadler

kann der leistende Mitbürge idR sofort (nicht nur bei Überschreitung des auf ihn entfallenden Anteils) Ausgleich verlangen (BGH NJW 00, 1035; 87, 3128); dies gilt nicht, wenn die Inanspruchnahme der übrigen Mitbürgen bevorsteht und der Hauptschuldner zahlungsunfähig ist (BGH 83, 209 f; Köln NJW 95, 1686). **b) Sonderformen.** Der leistende **Nachbürge** hat vollen Regress gegen den Vorbürgen (Rn 7 vor § 765), der **Ausfallbürge** gegen den gewöhnlichen Bürgen (BGH NJW 12, 1947; sa Rn 2 vor § 765; § 769 Rn 1), der vom Hauptbürgen in Anspruch genommene **Rückbürge** nur gegen den Hauptschuldner (Rn 8 vor § 765). **c) II gilt entspr** für das Verhältnis von Bürgen und dem zur Sicherung des Hauptschuldners beigetretenen **Gesamtschuldner** (Hamm OLGZ 90, 339; iE Schmitz, FS Merz, 1992, S 553 ff mN).

5. Ausgleich bei dinglichen Sicherheiten. Trifft die Bürgschaft bei mehrfach gesicherter Hauptschuld mit *akzessorischen* (Pfandrecht, Hypothek) und nicht akzessorischen Sicherungsrechten (zB Grundschuld) zusammen (daran fehlt es, wenn Bürgschaft zB nach § 138 nichtig, Köln EWiR 02, 613), so hat Gläubiger freie Wahl unter den Sicherheiten. Bei Zusammentreffen akzessorischer Sicherheiten findet bei Leistung eines Mitsicherers unter sämtlichen gleichstufig haftenden Sicherungsgebern ein **anteiliger Ausgleich** entspr § 426 statt (BGH 108, 182 ff; NJW 09, 437; 92, 3229; Ehlscheid BB 92, 1290, str; krit Tiedtke DNotZ 93, 291; Mertens/Schröder Jura 92, 305); Grund: § 242 Rn 9; ges Regelung führt zu widersprüchlichen (I 1, §§ 1143, 1225 jeweils iVm §§ 412, 401 I; dagegen § 1192 I) und zufallsabhängigen Ergebnissen („Wettlauf der SG"; BGH 108, 184; sa § 1225 Rn 2). Treffen *akzessorische* und *nicht akzessorische* Sicherheiten zusammen, kommt es bei Leistung eines SG nicht zu einem Übergang der jeweils anderen Sicherheit auf den Leistenden. Damit tritt die gegenteilige Situation des „Wettlaufs der SG" ein. Der Leistende hat dennoch Anspruch auf einen Ausgleich im Innenverhältnis. Nach hA kann der zahlende Bürge vom Gläubiger aus dem Bürgschaftsvertrag analog §§ 774, 401 Übertragung der weiteren Sicherheit verlangen (BGH 42, 56; NJW 90, 903 mwN). Zahlt der SG der nicht akzessorischen Sicherheit, kann dieser aus dem Sicherungsvertrag Übertragung der Forderung gegen den Schuldner verlangen (und erlangt dann über § 401 die Bürgschaft; s § 401 Rn 5 und iE PalSprau 9). Für die Höhe des Innenausgleichs gilt wiederum § 426 analog (Kopfanteile bzw Aufteilung nach dem übernommenen Haftungsrisiko). Die Sicherungsgeber können untereinander vertraglich Haftungsquoten vereinbaren; eine solche Vereinbarung bindet den späteren Erwerber eines belasteten (haftenden) Grundstücks nicht, wenn sie für ihn nachteilig ist (BGH ZIP 02, 656). § 776 ist auf den entstandenen (s § 426 Rn 14 f) Ausgleichsanspruch nicht entspr anwendbar (BGH NJW-RR 91, 500).

§ 775 Anspruch des Bürgen auf Befreiung

(1) **Hat sich der Bürge im Auftrag des Hauptschuldners verbürgt oder stehen ihm nach den Vorschriften über die Geschäftsführung ohne Auftrag wegen der Übernahme der Bürgschaft die Rechte eines Beauftragten gegen den Hauptschuldner zu, so kann er von diesem Befreiung von der Bürgschaft verlangen:**
1. **wenn sich die Vermögensverhältnisse des Hauptschuldners wesentlich verschlechtert haben,**
2. **wenn die Rechtsverfolgung gegen den Hauptschuldner infolge einer nach der Übernahme der Bürgschaft eingetretenen Änderung des Wohnsitzes, der gewerblichen Niederlassung oder des Aufenthaltsorts des Hauptschuldners wesentlich erschwert ist,**
3. **wenn der Hauptschuldner mit der Erfüllung seiner Verbindlichkeit im Verzug ist,**
4. **wenn der Gläubiger gegen den Bürgen ein vollstreckbares Urteil auf Erfüllung erwirkt hat.**

Titel 20. Bürgschaft § 776

(2) **Ist die Hauptverbindlichkeit noch nicht fällig, so kann der Hauptschuldner dem Bürgen, statt ihn zu befreien, Sicherheit leisten.**

1. Allgemeines. a) Bedeutung. Anpassung des Auftragsrechts an Besonderheiten des Innenverhältnisses zwischen Hauptschuldner und „Auftragsbürgen" (s § 774 Rn 7 f); nicht anwendbar bei fehlendem Rückgriffsanspruch (BGH NJW 00, 1643: Bürge trägt Beweislast für Auftrag; aA Reinicke/Tiedtke JZ 01, 46). Der (gem §§ 257, 670 unbeschränkte) **Befreiungsanspruch** wird eingeschränkt auf Fälle nachträglicher Erhöhung (Realisierung) des Bürgenrisikos (kasuistische Umschreibung: I Nr 1–4); §§ 669, 671 sind (als mit dem Wesen des Bürgschaftsauftrags unvereinbar) ausgeschlossen. Zur (ausnahmsweisen) Kündigung des Bürgen gegenüber dem Gläubiger s § 765 Rn 10. Ein Zahlungsanspruch des Bürgen entsteht erst nach Leistung an den Gläubiger (§ 774, BGH 140, 273 f; u Rn 3). **b) Anwendbar** auch bei selbstschuldnerischer Bürgschaft, §§ 773 I Nr 1, 778. 1

2. Befreiungsanspruch. IdR kaum realisierbar. **a) Voraussetzung** ist das Vorliegen (alternativ) bestimmter Gefährdungstatbestände (Befreiungsgründe). **Nr 1:** Vermögensverschlechterung wie in §§ 321, 490 I (vgl Anm dort). **Nr 2** entspricht § 773 I Nr 2. **Nr 3:** Vom Gläubiger nachträglich ohne Zustimmung des Bürgen gewährte Stundung beseitigt den (entstandenen) Befreiungsanspruch nicht (RG 59, 12; BGH NJW 86, 979). Teilverzug berechtigt nur zu Teilbefreiung (BGH NJW 95, 2637 mN). **Nr 4:** ZPO 704 I (beide Alt: LG Meiningen ZIP 98, 993), gleichgestellt ZPO 700, dagegen nicht Titel, die auf einer Mitwirkung des Bürgen beruhen (zB ZPO 794 Nr 1 und 5). **b) Inhalt** der Leistung: Erfüllung der Hauptschuld oder Erwirkung der Entlassung des Bürgen aus der Haftung (Vollstreckung: ZPO 887), nicht Zahlung, auch nicht ausnahmsweise bei Zahlungsunfähigkeit des Hauptschuldners und feststehender Inanspruchnahme des Bürgen (BGH 140, 270 mN; NJW 00, 1643; str). Mangels Gleichartigkeit daher keine Aufrechnung gegen Zahlungsanspruch des Hauptschuldners (BGH aaO). Vor Fälligkeit der Hauptforderung (nur bei Nr 1, 2 möglich) kann der Hauptschuldner wahlweise (**II**, kein Recht des Bürgen) Sicherheit leisten (§§ 232 ff). § 775 ist **abdingbar** (BGH NJW 95, 2637: Einschränkung des Bürgenrisikos möglich); **Verzicht** auf den Befreiungsanspruch (§ 766 nicht anzuwenden) und **Beschränkung** (Geltendmachung nur mit Zustimmung des Gläubigers) möglich (LM Nr 1; Hoffmann JR 01, 221). 2 3

§ 776 Aufgabe einer Sicherheit

¹**Gibt der Gläubiger ein mit der Forderung verbundenes Vorzugsrecht, eine für sie bestehende Hypothek oder Schiffshypothek, ein für sie bestehendes Pfandrecht oder das Recht gegen einen Mitbürgen auf, so wird der Bürge insoweit frei, als er aus dem aufgegebenen Recht nach § 774 hätte Ersatz erlangen können.** ²**Dies gilt auch dann, wenn das aufgegebene Recht erst nach der Übernahme der Bürgschaft entstanden ist.**

1. Allgemeines. Besteht für die verbürgte Hauptforderung eine weitere Sicherheit (Rn 2), so trifft den Gläubiger im Verhältnis zum Bürgen ausnahmsweise (so hM, str; aA bes Ausprägung von allg Rechtsgedanken; s § 765 Rn 22 ff) eine **Sorgfaltspflicht**. Grund: Schutz des Bürgen vor Rechtsverlusten beim Rückgriff gegen den dinglichen Sicherungsgeber oder Mitbürgen (§§ 774, 401, 412; § 774 Rn 5 f, 9, 12). 1

2. Voraussetzungen. a) Bestehen eines **Sicherungs- oder Vorzugsrechts**. Außer den in S 1 (wie § 401, s dort Rn 7) genannten in **entspr Anwendung** auch Grund- und Rentenschuld (Köln NJW 90, 3214), Sicherungs- (BGH NJW 66, 2009), Vorbehaltseigentum (BGH 46, 56) und Sicherungsabtretung (BGH 78, 143; NJW 00, 2583), soweit der Gläubiger (wie idR) vertraglich zur Übertragung auf den leistenden Bürgen verpflichtet ist (Nachw § 774 Rn 5, § 401 Rn 5), **entspr** wohl auch bestehende Ausfall-(Kasko-)versicherung (abl Köln WM 95, 1965), **nicht** 2

Stadler

§ 777 Buch 2. Abschnitt 8. Einzelne Schuldverhältnisse

aber Aufrechnungsmöglichkeit des Gläubigers (BGH NJW 84, 2456). Entstehungs-
3 zeitpunkt: **S 2**. **b) Aufgabe** (auch teilw) setzt **vorsätzliches** aktives Handeln voraus; fahrlässige Schlechtverwertung der Sicherheit genügt nicht (BGH NJW 66, 2009; vgl aber Rn 4), wohl aber Verwertung für eine andere als die durch die Bürgschaft gesicherte Forderung (BGH NJW 00, 2583 mN). Von Gläubigerbank geduldete Verfügung über Sicherungsobjekte gem Nr 14 AGB-Banken ist uU keine „Aufgabe" (BGH 144, 56; krit Vollkommer/Heinemann JZ 00, 1165). Führt der Gläubiger nach Eigenverwertung Teilerlös an Insolvenzmasse ab, liegt in Höhe des Kostenbeitrags nach InsO 170 II keine freiwillige Aufgabe (Vollkommer/Heinemann aaO 1166; s auch Hamm WM 99, 1226 für Massekostenvorschuss).

4 **3. Rechtsfolgen. a) Erlöschen** der Bürgschaftsverpflichtung im Umfang der Rechtsaufgabe. Wiedererlangung der aufgegebenen Sicherheit lässt die Haftung des Bürgen nicht wieder aufleben (BGH NJW 13, 2508). **Verzicht** des Bürgen (liegt iZw in der Zustimmung zur Freigabe) individualvertraglich möglich (BGH ZIP 00, 966), nicht jedoch ein undifferenzierter Verzicht in AGB (§ 307, BGH 144, 57 f, Tiedtke JZ 06, 949 mN); zulässig jedoch Verzicht, soweit er nur Sicherungsrechte gem Nr 14 AGB-Banken betrifft (BGH 144, 56; NJW 02, 295; s aber Rn 3). Durch fahrlässige Schlechtverwertung der Sicherheit kann der Gläubiger Pflichten aus dem Hauptschuldverhältnis verletzen (§ 276); dann hat der Bürge uU Einwendungen
5 (Einreden) gem §§ 767, 768, 770 II (BGH NJW 66, 2009). **b)** Bei der Entlassung eines **Mitbürgen** bleibt seine Ausgleichspflicht im **Innenverhältnis** (§§ 774 II, 426) idR bestehen (BGH NJW 00, 1034; 92, 2287 f; sa §§ 422–424 Rn 3).

§ 777 Bürgschaft auf Zeit

(1) ¹Hat sich der Bürge für eine bestehende Verbindlichkeit auf bestimmte Zeit verbürgt, so wird er nach dem Ablauf der bestimmten Zeit frei, wenn nicht der Gläubiger die Einziehung der Forderung unverzüglich nach Maßgabe des § 772 betreibt, das Verfahren ohne wesentliche Verzögerung fortsetzt und unverzüglich nach der Beendigung des Verfahrens dem Bürgen anzeigt, dass er ihn in Anspruch nehme. ²Steht dem Bürgen die Einrede der Vorausklage nicht zu, so wird er nach dem Ablauf der bestimmten Zeit frei, wenn nicht der Gläubiger ihm unverzüglich diese Anzeige macht.

(2) Erfolgt die Anzeige rechtzeitig, so beschränkt sich die Haftung des Bürgen im Falle des Absatzes 1 Satz 1 auf den Umfang, den die Hauptverbindlichkeit zur Zeit der Beendigung des Verfahrens hat, im Falle des Absatzes 1 Satz 2 auf den Umfang, den die Hauptverbindlichkeit bei dem Ablauf der bestimmten Zeit hat.

1 **1. Allgemeines. a) Begriff. Zeitbürgschaft** ist die zeitlich beschränkte Bürgschaft für eine idR bereits bestehende (**S 1**; vgl aber Rn 2) Verbindlichkeit (Zeitbe-
2 stimmung bezieht sich auf die Bürgschaftsverpflichtung selbst). **b) Abgrenzung. Gegenständlich** (nicht zeitlich) **beschränkt** ist die Bürgschaft für die innerhalb eines bestimmten Zeitraums entstehende Verbindlichkeit (Zeitbestimmung dient der Begrenzung des Umfangs der Bürgschaftsverpflichtung, die Bürgschaft selbst ist zeitlich unbegrenzt; vgl BGH NJW 04, 2233 mN). Bei Verbürgung für künftige (§ 765 II) oder in der Entwicklung befindliche Forderungen (Bsp: Kontokorrentkredit, Rn 6 vor § 765; Gewährleistungsrechte, Köln NJW-RR 86, 511 f, offen München NJW-RR 95, 499; öffentl geförderter Betriebsmittelkredit, KG NJW-RR 95, 1199) liegt idR gegenständliche Begrenzung vor (BGH NJW 88, 908 mN; KG NJW-RR 95, 1199), abw Auslegung im Einzelfall jedoch möglich (dazu Voss MDR 90, 495). Die Prozessbürgschaft ist iZw nicht iSv I befristet (Rn 9 vor § 765); dagegen ist eine Vertragserfüllungsbürgschaft (auch) als Zeitbürgschaft möglich (BGH NJW 99, 56); weiteres Bsp für Rn 1: Verbürgung für in Raten mit gestaffelter

Titel 20. Bürgschaft § 778

Fälligkeit geschuldete Kaufpreisverbindlichkeit (BGH NJW 97, 2234). **c) Bedeutung.** § 777 enthält (nur) für den Fall der Rn 1 eine **Auslegungsregel** zugunsten des Gläubigers (vgl BGH 76, 85): Die Zeitbürgschaft erlischt nicht schon mit Fristablauf (Verdrängung von §§ 163, 158 II), sondern erst, wenn der Gläubiger bestimmte rechtserhaltende Maßnahmen nicht trifft (Rn 5). 3

2. Voraussetzungen. a) Zeitbestimmung (I 1), nicht notwendig kalendermäßig; Bsp: Bürgschaft für die Dauer der Zugehörigkeit zur haftenden Gesellschaft, des Bestehens der Ehe mit dem Hauptschuldner (Braunschweig FamRZ 78, 111) oder bis zur Werkabnahme bei Erfüllungsbürgschaft (BGH NJW 99, 56). 4
b) Anzeige (auch unbeziffert möglich: Karlsruhe MDR 85, 585) ist empfangsbedürftiges RGeschäft (RG 153, 126, str); **Zeitpunkt:** bei gewöhnlicher Zeitbürgschaft (Einrede gem § 771 besteht) unverzüglich (§ 121 I 1) nach dem Vollstreckungsversuch (**I 1** iVm § 772); bei selbstschuldnerischer Zeitbürgschaft spätestens unverzüglich (§ 121 I 1) nach Fristablauf (**I 2**); bei (abw von I möglicher) *Befristung* der Inanspruchnahme innerhalb der vereinbarten Frist (BGH 91, 351; 99, 291; NJW 89, 172). Liegt gleichzeitig mit selbstschuldnerischer Zeit – eine Ausfallbürgschaft vor, kommt nur I 1 zur Anwendung (BGH NJW 02, 2869). Bei Wahl gerichtlicher Geltendmachung gilt die Rückbeziehung gem ZPO 270 III, 693 II nicht (BGH NJW 82, 172; zust Raudszus NJW 83, 668). Voranzeige genügt (BGH 76, 83 f mN; 91, 354). **c) Fälligkeit** der Hauptschuld innerhalb der Bürgschaftszeit (BGH 91, 355; NJW 00, 3138). Ein Zusammentreffen von Fälligkeit der Hauptschuld und Ende der Bürgschaftszeit genügt (BGH NJW 89, 1857 f). 5, 6

3. Rechtsfolge bei rechtzeitiger Anzeige. Fortbestand der Bürgschaftsverpflichtung im Umfang der Hauptschuld zum maßgeblichen Zeitpunkt (Vollstreckungsversuch bei gewöhnlicher Zeitbürgschaft [Rn 5], iÜ Fristablauf [BGH NJW 83, 751]; Einschränkung der Akzessorietät gem **II**). Befreiung bei unterbliebener Anzeige gem I 2 ist durch AGB nicht ausschließbar (Köln NJW 85, 2722 f; Tiedtke DB 90, 411, str). 7

§ 778 Kreditauftrag

Wer einen anderen beauftragt, im eigenen Namen und auf eigene Rechnung einem Dritten ein Darlehen oder eine Finanzierungshilfe zu gewähren, haftet dem Beauftragten für die aus dem Darlehen oder der Finanzierungshilfe entstehende Verbindlichkeit des Dritten als Bürge.

1. Allgemeines. a) Begriff. Kreditauftrag ist echter Auftrag (§ 662; auch entgeltliche Beauftragung nach § 675), durch dessen Annahme sich der Beauftragte gegenüber dem Auftraggeber verpflichtet, im eigenen Namen und für eigene Rechnung einem Dritten Kredit zu geben. Die Terminologie ist der Neufassung des Darlehensrechts angepasst (§§ 488, 491, 499, 607, vgl Bülow NJW 02, 1145) und erfasst das Sachdarlehen (§ 607) nicht mehr. **b) Abgrenzung zur Bürgschaft** (bedeutsam insbes wegen des fehlenden Formerfordernisses, vgl Rn 5). Für den (Kredit-)Beauftragten muss eine verbindliche Verpflichtung zur Gewährung eines Darlehens oder einer Finanzierungshilfe an den Dritten begründet werden (BGH WM 56, 465); die Haftung des Auftraggebers „als Bürge" (Rn 6) ist zwar ges Folge, nicht (wie bei § 765) Vertragsinhalt, jedoch muss auch beim Auftraggeber ein rechtsgeschäftlicher Verpflichtungswille erkennbar sein; Indiz dafür: Eigenes Interesse an der Gewährung (BGH DB 56, 890; WM 60, 880; Frankfurt NJW 67, 2361). Bei § 765 (insbes Kreditbürgschaft) ist das Interesse des Gläubigers an Sicherung vorherrschend. **c) Kein Kreditauftrag** sind Kreditanweisung und Kreditbrief (Akkreditiv), sondern Unterarten der Anweisung (s dazu §§ 783 ff). 1, 2, 3

2. Anzuwendendes Recht (nicht zwingend). a) Für die **gesamte Vertragsdauer** gilt (mit Einschränkungen) **Auftragsrecht.** Anwendbar: §§ 662–668; 672–675; unanwendbar nach dem Sinn des Vertrags: § 669; § 670 ist gem § 778 durch 4

§ 779

5 §§ 765 ff ersetzt (Rn 6). **b) Bis zur Kreditgewährung** (verbindlichen Zusage) gilt **auch** § 671, nicht aber bei § 675 (dort Rn 10), dann aber § 490 entspr anwendbar (hM, str). Bürgschaftsrecht gilt in diesem Abschnitt **nicht,** insbes nicht § 766; für
6 die Pflichten des Beauftragten gilt § 662 Rn 12, nicht § 765 Rn 18 ff. **c) Nach der Gewährung** des Darlehens oder der Finanzierungshilfe gilt für die Haftung des Auftraggebers für die Verbindlichkeit des Dritten **Bürgschaftsrecht,** einschließlich der Vergünstigungen gem §§ 771, 774, 775.

Titel 21. Vergleich

§ 779 Begriff des Vergleichs, Irrtum über die Vergleichsgrundlage

(1) **Ein Vertrag, durch den der Streit oder die Ungewissheit der Parteien über ein Rechtsverhältnis im Wege gegenseitigen Nachgebens beseitigt wird (Vergleich), ist unwirksam, wenn der nach dem Inhalt des Vertrags als feststehend zugrunde gelegte Sachverhalt der Wirklichkeit nicht entspricht und der Streit oder die Ungewissheit bei Kenntnis der Sachlage nicht entstanden sein würde.**

(2) **Der Ungewissheit über ein Rechtsverhältnis steht es gleich, wenn die Verwirklichung eines Anspruchs unsicher ist.**

Lit: Bork, Der Vergleich, 1988; Häsemeyer, Zur Doppelnatur des außergerichtlichen Vergleichs usw, ZZP 108, 289; Schäfer, Das Abstraktionsprinzip beim Vergleich, 1992.

1 **1. Allgemeines. a) Begriff** des Vergleichs: **I HS 1. b) Vergleichszweck:** Neuregelung (Klarstellung) des streitigen (ungewissen) Rechtsverhältnisses im Wege gegenseitigen Nachgebens. **c) Bedeutung** von **I:** Legaldefinition des Vergleichs
2 und Regelung eines **bes Unwirksamkeitsgrundes** (Rn 16, 17). **d) Rechtsnatur.** Der Vergleich ist seiner Funktion nach **Feststellungsvertrag** (Larenz, SchR I, § 7 IV; einschr MK/Habersack 31; BAG NJW 05, 524: „nicht typischer Vertrag"). Inhaltlich ist er gegenseitiger (Rn 12), regelmäßig nicht unmittelbar verfügender
3 Vertrag (Rn 13). **e) Sonderformen.** § 779 gilt für den Prozess- (Rn 22), Schieds- (ZPO 1053) und Anwaltsvergleich (ZPO 796a), uU für Schuldbestätigung (§ 781 Rn 20 [bb]), nicht aber für den bes geregelten Insolvenz- (InsO 217 ff) und Schuldenbereinigungsplan (InsO 305 ff). Öffentl-rechtlicher Vergleich: VwVfG 55; VwGO 106; SGB X 54.

4 **2. Voraussetzungen des Vergleichs. a) Der Verfügung der Parteien unterliegendes Rechtsverhältnis. aa)** Bestehende oder als bestehend behauptete **Rechtsverhältnisse** (iwS, BGH NJW 72, 157) **jeder Art** können Vergleichsgegenstand sein; Bsp: Schuldverhältnisse, auch künftige, bedingte und betagte Ansprüche (BGH NJW 72, 2265), Gestaltungsrechte (BGH 26, 236); Rechtsbeziehungen dinglicher, familien-, erb-, arbeits- und öffentl-rechtlicher Natur, auch gesellschaftliche und lediglich moralische Verpflichtungen. Bsp: Ein Rechtsverhältnis zwischen Eigentümer und Enteignungsberechtigtem besteht erst nach Einleitung des Enteig-
5 nungsverfahrens, nicht schon vorher (BGH 59, 71; NJW 72, 2265; str). **bb)** Die Parteien müssen **vergleichsfähig,** dh berechtigt sein, über das Rechtsverhältnis einen Vergleich zu schließen (vgl VwGO 106; SGG 101; BSG NJW 89, 2565). Vergleichsfähigkeit **fehlt** bei Vergleich über Bestehen oder Gültigkeit der Ehe; über ges Unterhaltspflicht bei § 1614 (anders aber bei § 1585c); über das Erbrecht als solches (anders aber bei Vergleich über die Gültigkeit eines Testaments, arg §§ 2033, 2371); über Tariflohn (arg TVG 4 IV 1, str); über ges Mindesturlaub (BAG NZA 90, 935); auch der Zedent, der trotz Abtretungsverbot gem HGB 354a wirksam über die Forderung verfügt hat, kann keinen Vergleich mehr schließen (ihm bleibt nur Empfangs-, nicht Dispositionsbefugnis, BGH NJW 09, 439 mN zum Streitstand). Zur Befugnis des Insolvenzverwalters, Vergleich auch zum Nachteil der

Titel 21. Vergleich § 779

Gläubiger abzuschließen BAG ZIP 08, 846. Ist Gegenstand des Vergleichs (entgegen hM, s Rn 13) eine Verfügung, so muss die verfügende Vergleichspartei **verfügungsbefugt** sein. **b) Streit oder Ungewissheit** über das Rechtsverhältnis (Rn 4, 5). Umfang gleichgültig. Maßgebend ist die subj Beurteilung der Sach- und Rechtslage durch die Parteien. **aa) Streit** besteht, wenn die Parteien gegensätzliche Rechtsstandpunkte vertreten. **bb)** Die **Ungewissheit** kann auf tatsächlichem oder rechtlichem Gebiet liegen. Der Umfang von Entschädigungsansprüchen (§§ 249 ff; GG 14 III) ist idR ungewiss (arg ZPO 287). Der Ungewissheit steht nach **II** die **Unsicherheit der Rechtsverwirklichung** gleich. Bsp: bedingter Anspruch; Fehlen von Beweismitteln; unsichere Leistungsfähigkeit des Schuldners bei Fälligkeit. **c) Gegenseitiges Nachgeben. Beide** Parteien müssen **einander** Zugeständnisse irgendwelcher Art (iwS) machen. Jedes auch nur geringfügige (BGH 39, 63) Nachgeben genügt, wirtschaftliche oder rechtliche Gleichwertigkeit der gegenseitigen Zugeständnisse wird nicht gefordert (BGH NJW 64, 1787), Vorbehalt der Freiwilligkeit der Leistung („ohne Anerkennung einer Rechtspflicht") ist ohne Bedeutung. Bsp: Gläubiger gibt nach bei Teilerlass, Stundung, Bewilligung von Teilzahlung, Zinsherabsetzung, Nichtfortsetzung des Prozesses („Verzicht" auf rechtskräftiges Urteil), Vollstreckungsverzicht, Übernahme von Kosten; der Schuldner bei schriftlichem (Teil-) Anerkenntnis. Auf das streitige (ungewisse) Rechtsverhältnis braucht sich das Nachgeben nicht zu beziehen. Bsp: Verpflichtung zur Rücknahme einer Strafanzeige (Frankfurt/M MDR 75, 584) oder eines Strafantrags (zulässig: BGH NJW 70, 900). **Einseitiges** Nachgeben genügt nicht (dann uU §§ 397, 781). Deshalb kein Vergleich (nur einseitige „Abrechnung"), wenn der Schädiger (Haftpflichtversicherung) einen geringeren als den vom Geschädigten geforderten Betrag zahlt und dieser sich damit zufrieden gibt (BGH NJW 70, 1124; KG MDR 70, 232, str; aA Leuchte MDR 70, 192 mN, differenzierend München NJW 69, 1306). **d)** Der Vergleich unterliegt grundsätzlich keiner **Form**, außer er enthält formebedürftige Verpflichtungen oder Verfügungen (zB §§ 311b I 1, II, III, 766 S 1, 925 I, 2033 I 2, 2371). Der nach ZPO 159 ff formgerecht beurkundete Prozessvergleich (Rn 22) ersetzt jede erforderliche Form (§§ 127a; 925 I 3). **e) Legitimation** bestimmter Vertreter und Amtsträger: § 1822 Nr 12; HGB 49, 54, 55; ZPO 81, 83; InsO 160 II Nr 3. **f)** Für die **Auslegung** gelten §§ 133, 157, 242. Eine in einem Vergleich über Unfallfolgen enthaltene (vorbehaltlose) **Abfindungserklärung** (Verzicht auf künftige Ansprüche) kann **einschr** auszulegen sein, wenn die Parteien bei Vertragsschluss von einem beschränkten Schadenskreis ausgegangen sind und nachträglich nicht vorhersehbare **Spätschäden** eintreten (BGH LM Nr 8, 10; Klimke VersR 75, 686 mN). S hierzu auch Rn 20, 21.

3. Rechtsfolgen. a) Bindungswirkung. Der Vergleich bewirkt idR keine **Umschaffung** (Novation) des bisherigen Rechtsverhältnisses, nur Neuregelung und bindende Feststellung (BGH NJW 10, 2652; 02, 1503 mN); gilt grundsätzlich auch für Prozessvergleich (BGH WM 03, 1582; 09, 1619); anders nur bei entspr Vereinbarung (selten), zB bei verjährtem Anspruch (BGH NJW-RR 87, 1427; nach § 202 möglich auch bloße Fristverlängerung nach eingetretenem Fristablauf, § 202 Rn 2). Die Rechtsnatur der bisherigen Schuld bleibt daher erhalten, Sicherungsrechte bestehen fort; ein vergleichsweise abgegebenes Anerkenntnis ist idR kausal (§ 782 Rn 3). Der Rückgriff auf frühere (uU auch künftige) Ansprüche, Einwendungen und Einreden ist **ausgeschlossen**, soweit sie durch den Vergleich erledigt sind (Auslegungsfrage; Rn 10 [f]). **b) Verpflichtungswirkung.** Soweit der Vergleich beiderseitige Verpflichtungen enthält (Bsp: Zahlung, Warenlieferung, Unterlassung von Wettbewerb, Vornahme einer Prozesshandlung), stehen diese im Austauschverhältnis (Grund: Rn 8), so dass §§ 320 ff anwendbar sind (BGH 16, 392, hM; einschr MK/Habersack 36; Häsemeyer ZZP 108, 307, 310). Auch nach Aufhebung der §§ 445, 493 aF durch das SchRModG richten sich die Rechts- und Sachverschaffungspflichten weitgehend nach Kaufrecht (PalWeidenkaff Einf § 433, 20). **c) Verfügungswirkung.** Im Vergleich „enthaltene" Verfügungen (Begriff: Rn 10

vor § 104; Bsp: Abänderung von Rechten und Pflichten, Erlass, Verzicht, Stundung, Anerkenntnis) sind nicht dessen Teil, sondern nur äußerlich mit ihm zusammentreffende Erfüllungsakte; es gilt grundsätzlich das Abstraktionsprinzip (so hM, zB Pal-Sprau 1a; Schäfer aaO S 96 ff, 225 ff; Stadler, Gestaltungsfreiheit und Verkehrsschutz durch Abstraktion, S 17; MK/Habersack 35; Bork, aaO 139 f). Folgen bei Unwirksamkeit: Für die im Vergleich vorgenommenen Verfügungen gilt stets § 812 (so hM;
14 s MK/Habersack 35 mN; Schäfer aaO S 86 ff, 101 ff), nicht § 139. **d) Unmittelbar prozessbeendende Wirkung** hat nur der Prozessvergleich (Rn 22), nicht der außergerichtliche, auch nicht bei Verpflichtung zur Klagerücknahme (sie gewährt dem Beklagten nur eine exceptio doli processualis gegen den weiterprozessierenden Kläger [RG 142, 2; sa BAG NJW 82, 788 f], nach aA ist die Fortsetzung des Prozesses per se unzulässig [Jauernig/Hess, ZPR, § 48 Rn. 31]). Zur Beendigung des Schiedsverfahrens durch Vergleich: Bilda DB 04, 171.

15 **4. Unwirksamkeit und Fehlerhaftigkeit des Vergleichs.** Die nachfolgenden Unwirksamkeitsgründe (Mängel) schließen einander nicht aus. **a)** Für die **Nichtigkeit** des Vergleichs gelten die allg Vorschriften (§§ 134, 138, 311b IV; GWB 1 [dazu BGH 65, 150] InsO 134 [dazu BGH WM 07, 708]). Kommt es für die **Sittenwidrigkeit** auf ein auffälliges Missverhältnis zwischen Leistung und Gegenleistung an (vgl § 138 II), so ist nicht die Höhe der beiderseits übernommenen Verpflichtungen, sondern das Ausmaß des beiderseitigen Nachgebens maßgebend (BGH NJW 99, 3113; § 138 Rn 21). Der Vergleich ist nicht schon deshalb nichtig, weil er die Rechtsfolgen eines nichtigen Ausgangsgeschäfts regelt (BGH NJW-RR 89, 1143); zum Vergleich über einen sittenwidrigen Vertrag s BGH NJW 89, 40
16 mN. **b) Unwirksamkeit.** Der **Vergleichsirrtum (I HS 2)** stellt einen Sonderfall des Fehlens der (subj) Geschäftsgrundlage dar (neuere Ansicht, BGH WM 71, 1121; 75, 566; Larenz, SchR I, § 7 IV; MK/Habersack 62 f, str), sa § 313 II. **Voraussetzungen: aa) Gemeinsamer Grundlagenirrtum:** (Subj) Vergleichsgrundlage und (obj) Wirklichkeit fallen auseinander. **Vergleichsgrundlage** ist der von den Parteien dem Vergleich „als feststehend zugrundegelegte Sachverhalt". Gegensatz dazu: der durch den Vergleich zu regelnde streitige Sachverhalt (Vergleichsgegenstand) einerseits, die Vergleichsregelung selbst andererseits (BGH NJW 07, 838 mN). **Als feststehend zugrundegelegt** sind diejenigen Umstände des Sachverhalts, die die Parteien übereinstimmend (Erkennbarkeit aus dem Sinn ihrer Erklärungen maßgebend) als unstr oder gewiss ansehen und sich deshalb **außerhalb** des Streits und der Ungewissheit (BGH NJW–RR 08, 644; NJW 03, 3193; Rn 6, 7) befinden. **Sachverhalt** (iwS zu verstehen) umfasst sowohl tatsächliche als auch rechtliche Verhältnisse im Zeitpunkt des Vergleichsschlusses. Ein Irrtum über den Sachverhalt iSv I kann daher (unter den weiteren Voraussetzungen) sowohl **Tatsachen-** als auch **Rechtsirrtum** sein (zB Jahreseinkommen bei Unterhaltsvergleich: Schleswig SchlHA 00, 61; sa MK/Habersack 64 mN, str; einschr hM: Rechtsirrtum nur, soweit er auf einer Fehleinschätzung von Tatsachen beruht [LM Nr 3, 14, 24], nicht dagegen der reine Rechtsirrtum [BGH NJW-RR 08, 644 mN; anders BGH MDR 82, 664 für BEG; Tiedtke EWiR 03, 213 mN]). Bsp: Irrtum über Vertragswirksamkeit (BGH NJW 81, 2803 offen lassend). Ein Irrtum über **Zukunftserwartungen** ist kein Sachverhaltsirrtum (BGH NJW 84, 1746; NJW-RR 86, 946 mN), kann aber die Geschäftsgrundlage betreffen (Rn 20). Irrtum über streitige Umstände, die gerade durch den Vergleich bereinigt werden sollen, führt nicht zur Anwendbarkeit des § 779 (BGH NJW-RR 08, 644; NJW 00, 2497; Hamm VersR 09, 532).
17 **bb) Irrtum über streitausschließenden Umstand:** Bei Kenntnis der Sachlage wäre der (die) konkrete, vergleichsweise beseitigte Streit (Ungewissheit) nicht entstanden (BGH NJW 86, 1349 mN; BAG NZA 88, 466). Anderer Irrtum: Rn 18, 19. **Rechtsfolge:** Der Vergleich ist ohne weiteres unwirksam (Rn 20 gilt nicht). Bei **teilw** Unwirksamkeit (zB bei Irrtum über teilw streitausschließenden Umstand,
18 RG 114, 121) ist § 139 zu beachten. **c) Anfechtung** des Vergleichs. **aa)** Anfechtung nach § 119 I, II ist mit der Einschränkung möglich, dass ein Irrtum über einen

Punkt ausscheidet, der Gegenstand des (der) durch den Vergleich beseitigten Streits (Ungewissheit) ist (BGH NJW 83, 2035). Grund: Rn 11. **bb)** Für die Anfechtung 19 wegen **Täuschung** (§ 123) gilt diese Einschränkung nicht (BGH NJW-RR 86, 1259). Bei einem Vergleich zur Bereinigung einer durch Täuschung entstandenen Lage ist der Kausalzusammenhang zwischen Täuschung und Vergleichsschluss idR schon dann gegeben, wenn die getäuschte Partei von einem zu geringen Ausmaß der Täuschung ausgegangen ist (BGH LM Nr 4 zu § 123). **cc)** Zur Anfechtung nach InsO: Gerhardt KTS 04, 195. **d)** § 313 I, II (Fehlen und Wegfall der 20 **Geschäftsgrundlage**) ist dann auch anwendbar, wenn die Voraussetzungen des I (Rn 16, 17) nicht vorliegen (zum fr Recht: BGH NJW 84, 1747; NJW-RR 94, 435; Köln NJW 94, 3237). Bsp: Irrtum über künftige Ereignisse (BGH aaO; einschränkend bei Abfindungsvergleich über Schmerzensgeldforderung: Koblenz NJW 04, 782); Risikoverteilung künftiger Veränderungen ist primär durch Auslegung zu ermitteln (BGH NJW-RR 08, 649); über künftige Entwicklung bei Schadensregulierung (BGH LM Nr 31; sa Rn 21); reiner Rechtsirrtum (BGH 25, 394; 58, 362; MDR 82, 664 – Fortbestand bestimmter Rspr; s aber o Rn 16); Irrtum über nicht streitausschließenden Umstand (LM Nr 24). **e)** Das Festhalten am Vergleich kann 21 uU (strenge Anforderungen) **unzulässige Rechtsausübung** sein. Die Rspr gibt beim **Abfindungsvergleich** einen Nachforderungsanspruch, wenn nicht vorhersehbare Spätschäden auftreten und ein krasses Missverhältnis zwischen Schaden und Abfindungssumme besteht (BGH NJW 84, 115 f; 91, 1535; Koblenz NJW-RR 08, 315; ähnlich BAG BB 70, 925; krit PalSprau 12 mN; sa Rn 10).

5. Prozessvergleich. Er ist stets ein Prozessvertrag, denn er beendet den Rechts- 22 streit („Beilegung des Rechtsstreits", ZPO 794 I Nr 1). Regelt er, wie meistens, auch die materiellrechtlichen Beziehungen der Parteien bzgl des Streitgegenstands, so ist er *auch* materiellrechtlicher Vergleich iSv § 779. Daher hat er idR eine **Doppelnatur** (BGH NJW 00, 1943; BAG NJW 83, 2213; BSG NJW 89, 2565; BVerwG NJW 94, 2306 f; stRspr und hM). Wird er unter Widerrufsvorbehalt abgeschlossen, so ist idR der *Nicht-Widerruf* in der vereinbarten Frist die aufschiebende Bedingung dafür, dass der Vergleich wirksam wird (BGH 88, 366 ff mN: Scharpenack MDR 96, 883 ff). Wegen seiner Doppelnatur kann der Prozessvergleich aus materiell- oder aus prozessrechtlichen Gründen **unwirksam** *(nichtig)* sein, zB bei Nichtbeachtung der Form, nach §§ 134, 138 oder bei Unwirksamkeit nach § 779 (Rn 16, 17). Ist die materiellrechtliche Seite von Anfang an nichtig, so entfällt auch die Prozessbeendigung; ist die prozessuale Seite unwirksam (tritt also keine Prozessbeendigung ein), so kann der Vergleich gem §§ 140, 139 als materiellrechtlicher (§ 779) erhalten bleiben (BVerwG NJW 94, 2307). Über die Unwirksamkeit des Vergleichs ist idR im alten Prozess zu entscheiden (vgl Jauernig/Hess, ZPR, § 48 VI; sa BGH NJW 11, 2142: ausnahmsweise neue Klage, wenn Ausgangsverfahren rechtskr abgeschlossen). Streit über **Auslegung** des Prozessvergleichs ist in einem neuen Verfahren auszutragen (BGH NJW 77, 583). Berichtigung des Vergleichs durch Beschluss entsprechend ZPO 319 ist nicht möglich (BAG NJW 09, 1161); die partiell fehlende Geschäftsfähigkeit einer Partei hindert bei Vertretung durch den Anwalt die Wirksamkeit des Vergleichs nicht (Hamm VersR 09, 532).

Titel 22. Schuldversprechen, Schuldanerkenntnis

§ 780 Schuldversprechen

¹**Zur Gültigkeit eines Vertrags, durch den eine Leistung in der Weise versprochen wird, dass das Versprechen die Verpflichtung selbständig begründen soll (Schuldversprechen), ist, soweit nicht eine andere Form vorgeschrieben ist, schriftliche Erteilung des Versprechens erforderlich.**
²**Die Erteilung des Versprechens in elektronischer Form ist ausgeschlossen.**

§§ 780, 781

§ 781 Schuldanerkenntnis

¹Zur Gültigkeit eines Vertrags, durch den das Bestehen eines Schuldverhältnisses anerkannt wird (Schuldanerkenntnis), ist schriftliche Erteilung der Anerkennungserklärung erforderlich. ²Die Erteilung der Anerkennungserklärung in elektronischer Form ist ausgeschlossen. ³Ist für die Begründung des Schuldverhältnisses, dessen Bestehen anerkannt wird, eine andere Form vorgeschrieben, so bedarf der Anerkennungsvertrag dieser Form.

Anmerkungen zu den §§ 780, 781

Lit: Baumann, Das Schuldanerkenntnis, 1992; Ehmann, Das Schuldanerkenntnis, WM 07, 329; ders, Schuldanerkenntnis und Vergleich, 2005; Kübler, Feststellung und Garantie, 1967; Marburger, Das kausale Schuldanerkenntnis als einseitiger Feststellungsvertrag, 1971; Wellenhofer-Klein, Das Schuldanerkenntnis – Erscheinungsformen und Abgrenzungskriterien, Jura 02, 505.

1 **1. Allgemeines. a) Anwendungsbereich.** Die §§ 780–782 gelten nur für das **abstrakte Schuldversprechen** und **-anerkenntnis** (Rn 4–14), nicht für weitere Formen vertraglicher oder einseitiger Forderungsbestätigung, die zT ähnliche Zwe-
2 cke verfolgen (iE str, s Rn 16). **b) Abgrenzung.** Von den Verträgen der Rn 4 ff sind zu unterscheiden: **aa) Kausaler Schuldanerkenntnisvertrag** (Rn 15–20). **bb) Einseitiges Schuldanerkenntnis:** Einseitige, nichtrechtsgeschäftliche Erklärung des Schuldners, die den Gläubiger von sofortigen Maßnahmen (zB Beweissicherung) abhalten oder ihm den Beweis erleichtern soll. Es lässt gem § 212 I Nr 1 die Verjährung erneut beginnen, ist als Beweismittel zu würdigen (ZPO 286) und kann nach Widerruf (keine Bindung des Anerkennenden) uU zur Umkehr der Beweislast führen; Entkräftung durch Beweis der Unrichtigkeit ist möglich (BGH 66, 254 f; NJW 84, 799; 09, 580). Bsp: Rn 25, 27. Tatsachen-Bestätigungen in AGB sind idR unwirksam, § 309 Nr 12 Buchst b. **cc) Negatives Schuldanerkenntnis:**
3 § 397 II. **dd) Prozessuales Anerkenntnis:** ZPO 307; reine Prozesshandlung (StJ/Leipold § 307, 17). **ee) Öffentl-rechtliches Anerkenntnis** (sa VwVfG 54) bezieht sich nur auf öffentl-rechtliche Ansprüche (iE BGH 102, 347 ff).

4 **2. Abstraktes (selbstständiges, konstitutives) Schuldversprechen(-anerkenntnis). a) Allgemeines. aa) Begriff.** Schuldversprechen und Schuldanerkenntnis sind einseitig verpflichtende Verträge, durch die der Schuldner dem Gläubiger gegenüber unabhängig vom Schuldgrund eine Leistung verspricht (Fall des § 780) bzw eine Schuld als bestehend anerkennt (Fall des § 781). Übergang fließend (Formulierung maßgebend), Unterscheidung erübrigt sich im Hinblick auf die übereinstimmende Regelung. Der in § 781 fehlende Nachsatz „… in der Weise …, dass das Anerkenntnis die Verpflichtung selbstständig begründen soll …" ist nach allgM zu ergänzen (Erm-
5 Herrmann 7 vor § 780). **bb) Zweck:** Erleichterung der Rechtsverfolgung für den Gläubiger (Rn 10; ZPO 253 II Nr 2, 592, 794 I Nr 5, 800), Klarstellung (Festlegung) von zweifelhaften Forderungen (Rn 11) und damit Sicherheit des Rechtsverkehrs
6 (BGH 121, 4). **cc) Rechtsnatur.** Streng einseitig verpflichtende, abstrakte Verträge (vgl MK/Habersack § 780, 14 mN; krit Kübler aaO S 90 ff); als gegenseitiger Vertrag (§§ 320 ff) nicht möglich (s aber Rn 7). **dd) Gegenstand.** Jede Leistung (Regelfall:
7 Geldleistung) bzw jedes Schuldverhältnis. **b) Voraussetzungen. aa) Die vertragliche Einigung** der Parteien muss auf die Begründung von Rechtsfolgen iSd Rn 10 gerichtet sein. Trotz der mit ihr verbundenen ungünstigen Beweislast (Rn 14) ist Vereinbarung idR auch mittels **AGB** möglich (BGH 99, 285; 114, 12; 150, 294 [Kreditkartengarantie]; NJW 92, 972 mN; str; Grund: kein Fall von § 307 II Nr 1 oder § 309 Nr 12; sa Rn 13, 23). Feststellung eines entspr Verpflichtungswillens ie schwierig. Er ist

Titel 22. Schuldversprechen, Schuldanerkenntnis **§§ 780, 781**

aus dem Wortlaut der Erklärung, dem Zweck der Vereinbarung, der Interessenlage und sonstigen erkennbaren Umständen zu ermitteln (BGH NJW-RR 95, 1391 f; 96, 1458; Brandenburg WM 07, 1879; Köln NJW-RR 03, 819 [Abgrenzung zur bloßen Auskunft durch Versicherer]; sa § 133 Rn 8). Dabei dürfen auch außerhalb der Urkunde liegende Umstände berücksichtigt werden, zB Vorverhandlungen, Veranlassung (zur Bindungswirkung einer vereinbarten Brautgabe Stuttgart NJW-RR 08, 742 mN). Nichterwähnung des Verpflichtungsgrundes spricht für ein selbstständiges Schuldversprechen (aber nicht zwingend). Genaue Bezeichnung des Schuldgrundes führt idR zur Annahme eines lediglich kausalen Schuldversprechens (BGH NJW 02, 1792; Saarbrücken MDR 02, 1360; Brandenburg WM 03, 134); pauschale Nennung desselben kann dagegen auch bei abstraktem Schuldversprechen erfolgen (BGH BB 62, 1222); Angabe eines fingierten Kausalverhältnisses spricht für selbstständige Verpflichtung (BGH NJW 80, 1159; sa Rn 17). Grundsätzlich sind Bedingung und Befristung möglich (PalSprau 2). Das Schuldversprechen kann auch davon abhängig gemacht werden (§ 158 I), dass der andere Teil eine Gegenleistung erbringt (BGH 124, 269; MK/Habersack § 780 Rn 14), jedoch ist es wegen des abstrakten Charakters nicht möglich, das Schuldversprechen selbst synallagmatisch auszugestalten (MK/Habersack aaO; BaR/Gehrlein § 780 Rn 8). Ein abstraktes Schuldversprechen ist auch zugunsten Dritter möglich, Selbstverpflichtung von Banken, ein Girokonto für jedermann einzuführen erfüllt diese Voraussetzungen jedoch nicht (Koch WM 06, 2242 mN). **bb)** Die **Form** 8 bezweckt außer Beweissicherung auch Übereilungsschutz (zutr Dehn WM 93, 2116 ff; Larenz/Canaris II/2 § 61 I 1b gegen BGH 121, 4 f mN, str; sa Rn 2 vor § 414). Die Erklärung des Schuldners (nicht auch des Gläubigers, Koblenz NJW-RR 10, 861) bedarf der Schriftform nach § 126 I (elektronische Form, §§ 126 III, 126a I, ist ausgeschlossen, §§ 780 S 2, 781 S 2); sie muss dem Gläubiger zugehen (§ 130; „Erteilung" wie § 766 Rn 4). **Ausnahme** vom Formerfordernis: § 782, ferner § 397 II, HGB 350, 351. Formfrei möglich ist auch der Schuldbeitritt (BGH 121, 4, str; sa Rn 2 vor § 414). **Strengere Formerfordernisse** (zB § 311b I 1, III, 518 I 2 [Bsp: BGH NJW 80, 1159; zur Abgrenzung ggü der causa der Mitgliedschaft in einem Idealverein BGH WM 08, 447], 2301) bleiben unberührt, **§ 781 S 3;** dann bedarf der Versprechens-(Anerkennungs-)**vertrag** insges der weitergehenden Form. Ist diese (zB gem § 311b I I) allerdings bereits beim Kausalgeschäft gewahrt, gilt § 781 S 3 für die Annahmeerklärung nicht (s Hüffer JR 88, 240); jedenfalls wäre Berufung auf etwaigen Formmangel idR treuwidrig (BGH NJW 88, 131). Aufrechterhaltung eines sonstigen (form-)nichtigen abstrakten Leistungsversprechens im Wege der **Umdeutung** (§ 140) als Schuldversprechen(-anerkenntnis) uU möglich (selten, s Rn 24). **cc) Ges Vertreter** (§§ 1629, 1680, 9 1793) bedürfen nicht der Genehmigung des Vormundschaftsgerichts (§ 1822 Nr 9, 10 treffen nicht zu), die Verpflichtung Minderjähriger unterliegt aber der beschränkten Haftung (s §§ 1629a, 1793 II). **dd) Keine** Voraussetzung ist das Bestehen oder die Wirksamkeit eines Grundverhältnisses (**Abstraktion;** s aber Rn 13 f). **c) Rechtsfol-** 10 **gen. aa)** Die **schuldbegründende** („konstitutive") **Wirkung** besteht in der Schaffung einer vom Rechtsgrund gelösten (Rn 6) **selbstständigen Verpflichtung** (neue Anspruchsgrundlage), wobei sich der anspruchsbegründende Tatbestand in dem schriftlichen (Rn 8) Leistungsversprechen erschöpft. Ist das Versprechen zur **Schuldverstärkung** gegeben (Regelfall), tritt der neue Anspruch zusätzlich **neben** den (gesicherten) Anspruch aus dem Grundverhältnis (§ 364 II); ist **Schuldersetzung** gewollt (selten), wird das ursprüngliche Schuldverhältnis beseitigt oder umgeschaffen (Novation). Der Anspruch unterliegt selbstständiger **Verjährung** (§ 195; bei Anerkenntnis in vollstreckbarer Urkunde: § 197 I Nr 4), aber auch kürzerer Verjährung des Grundanspruchs (BGH NJW 82, 1810 mN); soweit notariell beurkundetes abstraktes Schuldversprechen der Sicherung einer Forderung dient, kann Schuldner nach deren Verjährung nicht Herausgabe der Sicherheit nach § 812 II verlangen, § 216 II 1 gilt analog (BGH 183, 169 mAnm Jacoby JZ 10, 464; iE Kreihenbohm/Niedenstetten WM 08, 718). Vereinbarung ist möglch (§ 202 Rn 1, 2; Schmid-Burgk/Ludwig DB 03, 1048). Die Verjährung des alten Anspruchs beginnt auf Grund des Schuldanerkenntnisses erneut (§ 212 I Nr 1), bei bereits eingetretener Verjährung gilt § 214 II 2 (BGH NJW-

Stadler 1217

§§ 780, 781

RR 86, 649 zum gleich lautenden § 222 II 2 aF). **bb) Umkehr der Beweislast**
11 (Rn 14). **cc) Ausschlusswirkung.** Einwendungen und Einreden gegenüber der ursprünglichen Forderung können durch Vereinbarung der Parteien ausgeschlossen werden. Eine dahingehende Einigung (meist Auslegungsfrage) ist anzunehmen, wenn die Parteien durch das Leistungsversprechen **ohne Rücksicht** auf das Bestehen der fr Schuld eine klare Rechtslage für die Zukunft schaffen wollten (BGH BB 62, 1222; WM
12 70, 1459; 76, 909; sa Rn 19). **d) Unwirksamkeit und Geltendmachung der Unrichtigkeit. aa) Unwirksamkeit des abstrakten Vertrags.** In Frage kommen Mängel des Entstehungstatbestands (Rn 7–9; zB §§ 104 ff; 119 ff, auch 779 entspr, 126 iVm 125 S 1) und inhaltliche Mängel (§§ 134, 138 [selten; Bsp: Koblenz NJW-RR 03, 1559, krasse Überforderung; Schleswig NJW 05, 225: Missbrauch der Beweislastum-
13 kehr; Rn 13], 226, 826, 242, 307 II Nr 1). **bb) Mängel des Grundgeschäfts** berühren grundsätzlich die Wirksamkeit des abstrakten Leistungsversprechens nicht (Rn 6, 10). **Ausnahmen:** §§ 656 II, 762 II (s § 762 Rn 8); entspr Anwendung auf Fälle von §§ 134, 138 str (vgl MK/Habersack § 780, 52 f mN; StMarburger § 780 Rn 22; dagegen
14 PalSprau § 780 Rn 9). Bsp für § 138 I: BGH NJW 87, 2014. **cc) Rückforderung wegen ungerechtfertigter Bereicherung. Grundsatz:** Ist das Schuldversprechen(-anerkenntnis) zu Unrecht erteilt (die anerkannte [zu sichernde] Forderung bestand nicht; ihr stehen Einwendungen entgegen; Zweck des Anerkenntnisses wurde iSv § 812 I 2 Var 2 verfehlt [BGH NJW-RR 90, 827]), kann Schuldner Befreiung von der eingegangenen Verbindlichkeit verlangen (§ 812 II) bzw dem Anspruch des Gläubigers die Bereicherungseinrede (§ 821) entgegenhalten (§ 821 Rn 1). Das Schuldversprechen(-anerkenntnis) bewirkt damit iE eine Umkehr der **Beweislast** (Schuldner ist für die Voraussetzungen von §§ 812 II, 821 darlegungs- und beweisbelastet). § 309 Nr 12 steht nicht entgegen (Rn 7). Bereicherungsanspruch(-einrede) ist unabhängig davon, ob das Schuldversprechen(-anerkenntnis) – wie idR – nur erfüllungshalber (§ 364 II) oder an Erfüllungs Statt (§ 364 I) erteilt war (Rn 10), andere Auslegung aber möglich. **Ausnahmen:** Die Kondiktion ist **ausgeschlossen** bei §§ 214 II 2 (Rn 10), 814 sowie einem vertraglich vereinbarten (Auslegung!) Einwendungsausschluss (Rn 11).

15 **3. Kausales (bestätigendes, „deklaratorisches") Schuldanerkenntnis (-versprechen). Allgemeines.** Es ist ein verkehrstypischer (§ 311 I; BGH 104, 24) schuldbestätigender Vertrag, §§ 780–782 gelten nicht (Rn 1, 16). Sein **Zweck** besteht idR darin, das Schuldverhältnis insgesamt oder in bestimmten Beziehungen dem Streit oder der Ungewissheit zu entziehen und (insoweit) endgültig festzulegen (BGH 66, 254; 98, 166 mN; NJW 95, 961; 98, 306 f). Die Bezeichnung „deklaratorisch" ist daher irreführend (sa Rn 19). Seiner **Rechtsnatur** nach ist es kausaler Feststellungsvertrag (BGH 98, 166 f mN; MK/Habersack § 781, 3 mN; weitergehend Häsemeyer ZZP 108, 309 ff: vergleichsähnliche Doppelnatur; sa Rn 20 [bb]).
16 **b) Voraussetzungen. aa)** Die **formfrei** gültige (MK/Habersack § 781 Rn 3 mN, hM; aA: § 781 entspr; vgl Larenz/Canaris, SchR II/2, § 61 II 1c mN) **Einigung** ist nicht auf die Begründung einer neuen, selbstständigen Forderung, sondern auf Bestätigung der alten gerichtet, die auf eine sichere Grundlage gestellt werden soll. Die Abgrenzung zum abstrakten Leistungsversprechen einerseits (Rn 7), zum einsei-
17 tigen Anerkenntnis (Rn 2) andererseits ist schwierig (s Rn 21 ff). **bb) Das bestätigte Schuldverhältnis** braucht zwar nicht obj (unstr), muss aber „möglicherweise" bestehen (BGH 66, 254; 98, 167; bei Nichtbestehen uU nur konstitutive Wirkung, Rn 19). Es muss den Dispositionsbefugnis der Parteien unterliegen; Schranken:
18 §§ 134, 138 (BGH 104, 24). **c) Rechtsfolgen. aa) Schuldbestärkende** („deklaratorische") **Wirkung.** Das kausale Schuldanerkenntnis erzeugt **keinen** neuen, selbstständigen Anspruch, Anspruchsgrundlage bleibt die ursprüngliche Forderung (BGH NJW-RR 88, 963), jedoch wird dem Gläubiger die Rechtsverfolgung uU über eine **Beweislastumkehr** hinaus erleichtert. Die für das anerkannte Schuldverhältnis geltende **Verjährung** bleibt maßgebend (BGH NJW 92, 2228; sa EWiR 03, 101). Erneuter Beginn der Verjährung gem § 212 I Nr 1 tritt im Rahmen des Anerkenntnisses ein (BGH aaO). Außerhalb der Wirkung nach § 212 I Nr 1 kann uU die

Titel 22. Schuldversprechen, Schuldanerkenntnis **§§ 780, 781**

Verjährungseinrede gegenüber vorbehaltenen zukünftigen Ansprüchen ausgeschlossen sein (s Rn 25 aE). **bb)** Tragweite und Umfang der **Ausschlusswirkung** ist 19 Frage des Einzelfalls und durch Auslegung zu ermitteln (BGH 66, 255; NJW 95, 3312; Frankfurt NJW-RR 87, 310). Entspr seinem Zweck (Rn 15) hat es idR die Wirkung, dass es alle Einwendungen tatsächlicher und rechtlicher Natur für die Zukunft ausschließt, die der Schuldner bei der Abgabe kannte oder mit denen er zumindest rechnete (BGH NJW 84, 799; NJW-RR 87, 44). Verzicht auf unbekannte Einwendungen ist nur ausnahmsweise anzunehmen (BGH NJW 71, 2220); Regelungen über Gewährleistungsausschluss dürfen nicht umgangen werden (Celle NJW 03, 3638 mN). Im Rahmen der Ausschlusswirkung hat das Anerkenntnis potentiell **konstitutive** Wirkung (BGH 66, 254 mN; sa NJW 95, 961; Naumburg NJW-RR 95, 154). **d) Unwirksamkeit und Unrichtigkeit des Anerkenntnis-** 20 **ses. aa)** Bei Mängeln des Kausalverhältnisses ist eine Kondiktion nicht möglich (MK/Habersack § 781 Rn 6; Grund: selbstständiger Leistungsanspruch iSv § 812 II fehlt), aber auch nicht erforderlich, da vorbehaltlich Rn 20 (bb) die Mängel des Kausalverhältnisses zugleich das Anerkenntnis ergreifen (BGH 104, 24; Fehlen der Abstraktion). Bsp: Schuldanerkenntnis in Zusammenhang mit sittenwidrigem Grundstückserwerb (BGH 104, 24 f) oder Ratenkredit (Hamm NJW-RR 87, 1332). **bb)** Soweit die Ausschlusswirkung reicht, ist das Anerkenntnis endgültig **bindend** (BGH 66, 254); die Rechtslage entspricht insoweit der beim **Vergleich** (BGH 98, 166; NJW-RR 88, 963 mN; BAG NJW 85, 2661; sa § 779 Rn 11).

4. Einzelfälle. (Abkürzungen: SchV, SchA = Schuldversprechen(-anerkenntnis); 21 a = abstrakt; e = einseitig; k = kausal.) **a) Saldoanerkenntnis** bei Kontokorrentverkehr ist idR aSchA (BGH 93, 313 f mN; sa § 782); dagegen ist die „Genehmigung" von Tagesauszügen einer Bank rein tatsächliche Erklärung (Grund: kein Rechnungsabschluss), die bei Unrichtigkeit uU zu Haftung aus § 280 I führen kann (BGH 95, 108). Abgrenzung: *Saldobestätigung* im Rahmen einer Lieferbeziehung: Rn 28. **b)** Beim **Girovertrag** stellt die Gutschrift der Empfangsbank auf dem Konto des 22 Überweisungsempfängers idR ein aSchA bzw aSchV dar (BGH 72, 11; 103, 146 mN; ie Häuser/Welter WM 94, 788; Bröcker WM 95, 469), auf andere Rechtsbeziehungen zwischen Bank und Kunde ist dieser Grundsatz jedoch nicht ohne weiteres übertragbar (BGH 161, 273). **c)** Die Mitteilung der Akkreditivbank an den Begünstigten (Verkäufer) über die Eröffnung des **Akkreditivs** (§ 783 Rn 12) ist idR ein aSchV (BGH 60, 264; 108, 350; 132, 316). Die Bank kann dem Begünstigten idR keine Einwendungen aus dem Grundgeschäft entgegenhalten (BGH 132, 316 mN). **d)** Zahlungsgarantie **„auf erstes Anfordern"** kann uU aSchV sein (BGH 23 94, 170; Rn 15 vor § 765; § 770 Rn 3). **e) Übernahme der persönlichen Haftung** für die Zahlung eines Grundschuldbetrags ist aSchV (BGH 98, 259; 114, 12; NJW 92, 972); der Rechtsgrund entfällt nicht, wenn die Grundschuld nicht entsteht (BGH NJW 92, 972) oder sie in der Zwangsversteigerung (ZVG 91) ohne Befriedigung des Gläubigers erlischt (BGH NJW 91, 287); in AGB unzulässig bei Sicherung fremder Schulden (BGH 114, 13 f mN, str; iE zust Stürner DNotZ 92, 97 ff). **Darlehensschuldschein** ist uU e-, k- oder aSchA (BGH JR 86, 103). Zur Sicherung einer Forderung aus aSchV, das seinerseits die eigentlich zu sichernde Darlehensforderung sichert, durch eine **Hypothek** s Rn 17 vor § 1113. **f)** Die wechsel- 24 rechtlich unwirksame **Annahmeerklärung** auf einem gezogenen **Wechsel** kann in ein aSchV umgedeutet werden (§ 140; BGH 124, 268 ff mN, str), nicht aber auf einem Scheck (Grund: ScheckG 4), nicht die Erklärungen von **Ausstellern** und **Indossanten** auf ungültigen Wechseln und Schecks (BGH NJW 57, 1837; Karlsruhe OLGZ 77, 236; abw Zweibrücken BB 98, 181 bei bes Haftungserklärung); Grund: Sonst Verschärfung gegenüber Rückgriffshaftung. **g)** Bei **Erklärungen im** 25 **Zusammenhang mit einem Unfall** entscheiden die Umstände (ie Künnell VersR 84, 706). **aa)** aSchA scheidet idR aus (im Einzelfall bejaht in RG 75, 6). **bb)** kSchA ist nur anzunehmen, wenn Auslegung den Willen zur rechtsgeschäftlichen Bindung ergibt, vor allem bei schriftlicher Erklärung der Übernahme des Unfallschadens (KG

Stadler

§ 782   Buch 2. Abschnitt 8. Einzelne Schuldverhältnisse

NJW 71, 1219 mit Anm Mittenzwei S 2229; Hamm MDR 74, 312; Saarbrücken NJW 11, 1822; LG Rottweil VersR 80, 1082). **cc)** IdR wird nur eSchA iSv Rn 2 vorliegen (iZw dafür Lindacher JuS 73, 82; Bergmann MDR 74, 989; BGH NJW 84, 799; keine Übertragbarkeit – insbes der Beweislastfolge [Rn 18] – ins Vertragsrecht, BGH NJW 02, 1340). Die Reparaturkostenübernahmeerklärung des **Haftpflichtversicherers** ist kein kSchA (KG DAR 89, 302; sa § 783 Rn 15). **dd)** Entgegennahme von Abfindungserklärung mit Vorbehalt betr Zukunftsschaden ist kSchA (BGH NJW 92, 2228), durch das die Einrede der Verjährung gegenüber dem vorbehaltenen Anspruch im Rahmen von § 202 II ausgeschlossen sein kann (vgl Oldenburg NJW-RR 97, 1181 mN; nicht beachtet von Karlsruhe NJW-RR 97,
26 1318; sa Rn 18 aE). **h)** Die Anerkennung der Leistungspflicht durch den **Unfallversicherer** ist eSchA (BGH 66, 257, 259), die versicherungsrechtliche **Deckungszu-**
27 **sage** kSchA (Düsseldorf VersR 85, 729; Frankfurt/M NJW-RR 94, 1510). **i)** Die **Forderungsbestätigung** im Rahmen von Abrechnungsverhandlungen ist kSchA (BGH NJW 98, 1492; BGH NJW-RR 03, 1196), desgl die **Abtretungsbestätigung** gegenüber dem Zessionar (BGH NJW 83, 1904). Die **Drittschuldnererklärung** gem ZPO 840 ist rein tatsächliche Auskunft (BGH 69, 328 mN; Flieger MDR 78, 797, str), die **Unterwerfungserklärung** gem ZPO 794 I Nr 5 uU aSchV (BGH 99, 284 f; NJW 88, 708). **k)** Bei der **Umschuldung** liegt in der Ablösung des
28 Erstkredits idR kein (a oder k) SchA (BGH 99, 335 f). **l)** Die unbeanstandete **Zahlung** einer Vielzahl **von Rechnungen** ist uU kSchA, jedoch ohne Wirkung auf künftige (gleichartige) Forderungen (BGH NJW 95, 3312; kein kSchA durch bloße Darlehensablösung, BGH NJW 08, 342 oder vorbehaltslose Bezahlung einer Rechnung, BGH NJW 09, 580); entspr ist die **Saldobestätigung** gegenüber dem Lieferanten bei einer Mehrheit von Rechnungen kSchA (München NJW-RR 97, 945); Saldenbestätigung gegenüber Immobilienverwalter kann ausnahmsweise aSchA sein (Brandenburg WM 03, 134). **m)** Vertrag zwischen Kreditkartenunternehmer und Vertragsunternehmen ist aSchV, nicht Forderungskauf (BGH 157, 256; 150, 286 – Rechtsprechungsänderung). Insbesondere im sog Mailorderverfahren steht dieser abstrakte Zahlungsanspruch jedoch unter der aufschiebenden Bedingung eines ordnungsgemäß erstellten Leistungsbelegs (BGH NJW-RR 04, 1122; Schlinher ZGS 07, 248; krit Meder JZ 04, 503).

§ 782 Formfreiheit bei Vergleich

Wird ein Schuldversprechen oder ein Schuldanerkenntnis auf Grund einer Abrechnung oder im Wege des Vergleichs erteilt, so ist die Beobachtung der in den §§ 780, 781 vorgeschriebenen schriftlichen Form nicht erforderlich.

1 **1. Normzweck.** Grund für die **Ausnahmen** vom Formerfordernis der §§ 780, 781 (strengere Formvorschriften bleiben unberührt): Verpflichtungswille des Anerkennenden lässt sich mit hinreichender Sicherheit entnehmen; Erleichterung des rechtsgeschäftlichen Verkehrs.

2 **2. Fälle fehlenden Formzwangs.** Sa §§ 780, 781 Rn 8. **a) Abrechnung** ist jede vertragsmäßige unter Mitwirkung des Gläubigers und des Schuldners getroffene Feststellung eines Rechnungsergebnisses aus mehreren Einzelposten (RG 95, 20), bei der ein Teil anerkennt, den zu seinen Lasten ermittelten Saldo der Gegenseite zu schulden (BGH WM 57, 214). Erfasst wird sowohl die Abrechnung wechselseitiger Forderungen und Gegenforderungen als auch die lediglich einseitige Abrechnung. Wichtigster Fall: Kontokorrent nach HGB 355 (auch uneigentliches Kontokorrent). Bei Rechnungsabschluss ist § 308 Nr 6 zu beachten (Oldenburg WM 92, 1182 f).
3 **b)** Das **vergleichsweise** erteilte Anerkenntnis ist idR kausal (§ 779 Rn 11).

Titel 23. Anweisung

§ 783 Rechte aus der Anweisung

Händigt jemand eine Urkunde, in der er einen anderen anweist, Geld, Wertpapiere oder andere vertretbare Sachen an einen Dritten zu leisten, dem Dritten aus, so ist dieser ermächtigt, die Leistung bei dem Angewiesenen im eigenen Namen zu erheben; der Angewiesene ist ermächtigt, für Rechnung des Anweisenden an den Anweisungsempfänger zu leisten.

1. Allgemeines. a) Wirtschaftlicher **Zweck** der Anweisung ist, Vermögenswerte indirekt durch Leistung eines Dritten (des „Angewiesenen") zuzuwenden. Die Anweisung des BGB hat als solche keine bes praktische **Bedeutung** erlangt (sa Rn 15). Sie ist jedoch Grundmodell für einige wirtschaftlich bedeutsame Sonderformen (s Rn 13–16). **b) Begriff.** Die Anweisung ist ein **drei Beteiligte** voraussetzendes abstraktes RGeschäft (Rn 5 [d]) (Rechtsnatur str, Rn 9; vgl Schnauder JZ 09, 1092) mit dem Inhalt einer **Doppelermächtigung** (hM, str): Der Angewiesene wird ermächtigt (Rn 9), für Rechnung des Anweisenden zu leisten, und der Anweisungsempfänger (Begünstigte) wird ermächtigt, die Leistung beim Angewiesenen zu erheben (vgl Larenz/Canaris, SchR II/2, § 62 I 2b: Fall von Einziehungsermächtigung). **c) Grundverhältnisse.** Der Anweisung als **Zuwendung** liegen Rechtsverhältnisse zugrunde, aus denen sich der Zweck der Zuwendung ergibt (zB Schuldtilgung, Schuldbegründung, bloße Freigiebigkeit). Nach ihnen ist zu beurteilen, ob der Anweisungsempfänger die Leistung behalten darf, ob der Angewiesene zur Ausführung der Anweisung verpflichtet ist und ggf bei dem Anweisenden Rückgriff nehmen kann. Ie ist zu unterscheiden (vgl BGH 88, 234; 89, 378): **aa)** Das **Deckungsverhältnis** zwischen Anweisendem und Angewiesenem; insoweit kann der Angewiesene Schuldner sein (Anweisung auf Schuld, § 787) oder Gläubiger werden (Anweisung auf Kredit, sa Anm §§ 787, 788). **bb)** Das **Valutaverhältnis** zwischen Anweisendem und Anweisungsempfänger; insoweit kann der Anweisungsempfänger sowohl Gläubiger (zB Schuldtilgung durch den Anweisenden), Schuldner (zB Erhalt eines Darlehens) als auch Beauftragter (Einziehungsauftrag) sein. **d)** Die Anweisung ist von den ihr zugrundeliegenden Rechtsverhältnissen (Rn 3 ff) rechtlich unabhängig **(abstrakt).** 1 2 3 4 5

2. Zustandekommen. a) Voraussetzungen. aa) Urkundlich verkörperte 6 **Anweisungserklärung.** Form des § 126 ist erforderlich (Rektapapier, dazu § 793 Rn 8); mündliche Anweisungen sind aber entspr §§ 783 ff zu behandeln. Inhalt der Anweisungserklärung: Rn 2. Die Ermächtigung (Rn 9) kann bedingt sein und von einer Gegenleistung abhängig gemacht werden (BGH 6, 382; anders bei HGB 363). **bb) Leistungsgegenstand** können nach dem Wortlaut des § 783 nur **Geld** (als 7 Wertbetrag, s § 245 Rn 2) oder **bestimmte Gegenstände** (Wertpapiere, andere vertretbare Sachen) sein. Anweisungen auf andere Sachen sind gleichwohl möglich. Insoweit sind die §§ 783 ff entspr anwendbar. **cc) Aushändigung** der Anweisungs- 8 urkunde an den Begünstigten ist die Übergabe zum Zweck des Gebrauchmachens. Erst mit der Begebung (Vertrag gem § 929, str, vgl Larenz/Canaris, SchR II/2, § 62 I 2d) wird die (einseitige) Anweisung wirksam. **b)** Die **Rechtsfolgen** der 9 Anweisung erschöpfen sich in der (doppelten) Ermächtigungswirkung (Befugnis des Angewiesenen, im Deckungsverhältnis zu Lasten des Anweisenden zu leisten; Rechtsausübungsbefugnis [Legitimation] des Anweisungsempfängers; allg zur Ermächtigung § 398 Rn 26–28). Die Anweisung begründet zwischen den Beteiligten kein Vertragsverhältnis (Rn 8) und erzeugt als solche keine Verpflichtungen (erst die Annahme, § 784 Rn 4 ff; vgl aber auch § 789). Die Leistung des Angewiesenen wirkt sich auf die Grundverhältnisse aus (Rn 3 ff).

3. Abgrenzung. a) Der Unterschied zum **Auftrag** ergibt sich aus Rn 9. Pflich- 10 ten der Beteiligten, die Leistung zu erbringen (erheben), können sich aus den

Grundverhältnissen ergeben (Rn 2). **Keine** Anweisungen iSv § 783 sind unmittelbare Weisungen an den Beauftragten im Rahmen eines Auftrags-(Geschäftsbesorgungs-)verhältnisses gem §§ 675, 665 (BGH 91, 224; 152, 8 [für Unterzeichnung des Belastungsbelegs durch Kreditkarteninhaber]). **b)** Im Gegensatz zur **Vollmacht** ermächtigt die Anweisung, im eigenen Namen zu leisten bzw die Leistung zu erheben. **c)** Im Gegensatz zur **Abtretung** bewirkt die Anweisung keine Rechtsübertragung an den Empfänger; ein Widerruf ist deshalb nach § 790 möglich. **d)** Das **Akkreditiv** dient der Vermittlung von Zahlungen und der Zahlungssicherung. Praktisch bedeutsam ist das **Dokumentenakkreditiv:** Der Käufer verpflichtet sich, eine bestimmte Bank (Hausbank, ggf Einschaltung einer Korrespondenzbank) zu veranlassen, dem Verkäufer den Kaufpreis nach Prüfung und Aushändigung der Dokumente zu zahlen (vgl BGH 108, 350 mN; MK/Habersack 42 ff). IdR liegt kein Anweisungsverhältnis vor (keine Aushändigung von Urkunden an Empfänger), sondern ein Zahlungsauftrag (§ 662) oder zumeist Geschäftsbesorgung (§ 675; BGH NJW 89, 160; NJW-RR 98, 1511; § 675 Rn 12). Zur Rechtsnatur der Bestätigung des Akkreditivs durch die Bank: §§ 780, 781 Rn 22 (c). Die Forderung auf Anzahlung bei einer Garantie auf erstes Auffordern ist eine Anweisung (Frankfurt WM 01, 1108).

4. Sonderformen der Anweisung. a) Die **kaufmännische Anweisung** (HGB 363 ff) kann auch an (eigene) Order gestellt werden. **b)** Ein Unterfall der kaufmännischen Anweisung ist der **Reisescheck** (str; aA: Scheck). **c) Kreditbrief** (Anweisung auf Zahlung bis zum angegebenen Höchstbetrag), heute weitgehend vom Reisescheck abgelöst. **d)** Der **gezogene Wechsel** ist ausführlich im WG geregelt; daher ist nicht ohne weiteres eine Umdeutung eines formungültigen Wechsels in eine Anweisung möglich (RG JW 1935, 1778; Bamberg NJW 67, 1913, iE str). **e)** Wichtigste Abweichungen des **Schecks** von der BGB-Anweisung: ScheckG 4, 5, 32. Umdeutung in Anweisung idR möglich (iE verneinend Karlsruhe OLGZ 77, 236). **f)** Die **Reparaturkostenübernahmeerklärung** des Haftpflichtversicherers ist Annahme der Anweisung des Geschädigten zur Leistung an die Werkstätte (KG DAR 89, 302; sa § 781 Rn 25), desgl die Übernahmeerklärung der Krankenkasse gegenüber dem Krankenhausträger. **g)** Zur **Kreditkarte** s Rn 10.

§ 784 Annahme der Anweisung

(1) **Nimmt der Angewiesene die Anweisung an, so ist er dem Anweisungsempfänger gegenüber zur Leistung verpflichtet; er kann ihm nur solche Einwendungen entgegensetzen, welche die Gültigkeit der Annahme betreffen oder sich aus dem Inhalt der Anweisung oder dem Inhalt der Annahme ergeben oder dem Angewiesenen unmittelbar gegen den Anweisungsempfänger zustehen.**

(2) [1]**Die Annahme erfolgt durch einen schriftlichen Vermerk auf der Anweisung.** [2]**Ist der Vermerk auf die Anweisung vor der Aushändigung an den Anweisungsempfänger gesetzt worden, so wird die Annahme diesem gegenüber erst mit der Aushändigung wirksam.**

1. Allgemeines. a) Wesen. Die Anweisung ist wegen der Wirkungen der Annahme (s dazu Rn 4–6) grundsätzlich auf eine Annahme durch den Angewiesenen gegenüber dem Anweisungsempfänger gerichtet; erst durch diese erhält sie ihren typischen Charakter. IdR besteht keine Pflicht zur Annahme, insbes auch nicht bei Schuldnerstellung des Angewiesenen (§ 787 II); eine Annahmepflicht kann sich aber aus dem Grundverhältnis ergeben (§ 783 Rn 3–5). **b) Rechtsnatur.** Die Annahme begründet einen Vertrag (zB MK/Habersack 2). **c) Voraussetzungen. aa)** Form der Annahmeerklärung: Schriftlicher Vermerk (eigenhändige Unterschrift) auf der Urkunde selbst **(II 1).** Der Annahmewille kann sich aus bloßer Unterschrift ergeben, nicht aber aus Vermerken wie „gesehen", „Kenntnis genommen". Durch außerhalb

Titel 23. Anweisung §§ 785–788

der Urkunde liegende Umstände kann die schriftliche Annahmeerklärung nicht ersetzt werden (BGH WM 82, 156). **bb) Aushändigung** der Anweisung an den Anweisungsempfänger. Frühester Zeitpunkt für das Wirksamwerden der Annahme **(II 2)**, unabhängig von der Wirksamkeit der Anweisung (Folge von Rn 4 ff, hM; aA Kübler, Feststellung und Garantie, 1967, S 166). 3

2. Wirkungen der Annahme. a) Sie schafft erstmalig (vgl § 783 Rn 9) eine **selbstständige, abstrakte Verbindlichkeit** des Angewiesenen gegenüber dem Anweisungsempfänger, die in einem noch höheren Maße abstrakt ist als das selbstständige Schuldversprechen. **b) Ausgeschlossen** sind nämlich **Einwendungen** aus dem Deckungs- und Valutaverhältnis; auch eine unmittelbare Kondiktion bei Unwirksamkeit dieser Verhältnisse ist idR nicht möglich (BGH 88, 234 f; 89, 378 ff, iE sehr str; zum Problem des Bereicherungsausgleichs im Dreiecksverhältnis vgl § 812 Rn 34 ff). **c) Zugelassen** sind dagegen **Einwendungen** nach **I, HS 2**. **d)** Annahme ist noch **keine Leistung** im Valutaverhältnis (§ 788 und §§ 787, 788 Rn 1). 4
5
6

§ 785 Aushändigung der Anweisung

Der Angewiesene ist nur gegen Aushändigung der Anweisung zur Leistung verpflichtet.

§ 786 *(weggefallen)*

§ 787 Anweisung auf Schuld

(1) Im Falle einer Anweisung auf Schuld wird der Angewiesene durch die Leistung in deren Höhe von der Schuld befreit.

(2) Zur Annahme der Anweisung oder zur Leistung an den Anweisungsempfänger ist der Angewiesene dem Anweisenden gegenüber nicht schon deshalb verpflichtet, weil er Schuldner des Anweisenden ist.

§ 788 Valutaverhältnis

Erteilt der Anweisende die Anweisung zu dem Zwecke, um seinerseits eine Leistung an den Anweisungsempfänger zu bewirken, so wird die Leistung, auch wenn der Angewiesene die Anweisung annimmt, erst mit der Leistung des Angewiesenen an den Anweisungsempfänger bewirkt.

Anmerkung zu den §§ 787, 788

Die Vorschriften behandeln einen Gesichtspunkt des Deckungs- (§ 787) bzw Valutaverhältnisses (§ 788): Noch nicht die Annahme, sondern erst die tatsächliche Leistung bedeutet die Leistungsbewirkung. Die sonstigen Regelungen bestimmen sich nach dem zugrundeliegenden Rechtsverhältnis, insbes auch, ob der Anweisungsempfänger zunächst aus der Anweisung (idR) oder aus dem ursprünglichen Schuldverhältnis vorgehen muss. Beim Scheck gilt § 787 I nicht (BGH NJW 51, 599), wohl aber § 788 (vgl Hadding JZ 77, 284 mN). Zu unterscheiden ist (s § 783 Rn 4) zwischen der **Anweisung auf Schuld** (§ 787), bei der der Angewiesene durch Zahlung an einen Dritten eine eigene Schuld gegenüber dem Anweisenden (Schuldner des Dritten) erfüllt. Bei der **Anweisung auf Kredit** hingegen besteht keine Verpflichtung des Angewiesenen gegenüber dem Schuldner, jener wird erst mit Zahlung an den Dritten Gläubiger des Anweisenden. Die Unterscheidung spielt 1 bei der Insolvenzanfechtung in der Insolvenz des Anweisenden eine Rolle, im Fall des § 787 liegt Gläubigerbenachteiligung vor, weil Anspruch gegenüber dem Angewiesenen erlischt, bei Anweisung auf Kredit findet nur Gläubigeraustausch statt (BGH NZG 09, 102).

§ 789 Anzeigepflicht des Anweisungsempfängers

¹Verweigert der Angewiesene vor dem Eintritt der Leistungszeit die Annahme der Anweisung oder verweigert er die Leistung, so hat der Anweisungsempfänger dem Anweisenden unverzüglich Anzeige zu machen. ²Das Gleiche gilt, wenn der Anweisungsempfänger die Anweisung nicht geltend machen kann oder will.

§ 790 Widerruf der Anweisung

¹Der Anweisende kann die Anweisung dem Angewiesenen gegenüber widerrufen, solange nicht der Angewiesene sie dem Anweisungsempfänger gegenüber angenommen oder die Leistung bewirkt hat. ²Dies gilt auch dann, wenn der Anweisende durch den Widerruf einer ihm gegen den Anweisungsempfänger obliegenden Verpflichtung zuwiderhandelt.

§ 791 Tod oder Geschäftsunfähigkeit eines Beteiligten

Die Anweisung erlischt nicht durch den Tod oder den Eintritt der Geschäftsunfähigkeit eines der Beteiligten.

§ 792 Übertragung der Anweisung

(1) ¹Der Anweisungsempfänger kann die Anweisung durch Vertrag mit einem Dritten auf diesen übertragen, auch wenn sie noch nicht angenommen worden ist. ²Die Übertragungserklärung bedarf der schriftlichen Form. ³Zur Übertragung ist die Aushändigung der Anweisung an den Dritten erforderlich.

(2) ¹Der Anweisende kann die Übertragung ausschließen. ²Die Ausschließung ist dem Angewiesenen gegenüber nur wirksam, wenn sie aus der Anweisung zu entnehmen ist oder wenn sie von dem Anweisenden dem Angewiesenen mitgeteilt wird, bevor dieser die Anweisung annimmt oder die Leistung bewirkt.

(3) ¹Nimmt der Angewiesene die Anweisung dem Erwerber gegenüber an, so kann er aus einem zwischen ihm und dem Anweisungsempfänger bestehenden Rechtsverhältnis Einwendungen nicht herleiten. ²Im Übrigen finden auf die Übertragung der Anweisung die für die Abtretung einer Forderung geltenden Vorschriften entsprechende Anwendung.

Titel 24. Schuldverschreibung auf den Inhaber

§ 793 Rechte aus der Schuldverschreibung auf den Inhaber

(1) ¹Hat jemand eine Urkunde ausgestellt, in der er dem Inhaber der Urkunde eine Leistung verspricht (Schuldverschreibung auf den Inhaber), so kann der Inhaber von ihm die Leistung nach Maßgabe des Versprechens verlangen, es sei denn, dass er zur Verfügung über die Urkunde nicht berechtigt ist. ²Der Aussteller wird jedoch auch durch die Leistung an einen nicht zur Verfügung berechtigten Inhaber befreit.

Titel 24. Schuldverschreibung auf den Inhaber **§ 793**

(2) ¹**Die Gültigkeit der Unterzeichnung kann durch eine in die Urkunde aufgenommene Bestimmung von der Beobachtung einer besonderen Form abhängig gemacht werden.** ²**Zur Unterzeichnung genügt eine im Wege der mechanischen Vervielfältigung hergestellte Namensunterschrift.**

1. Allgemeines. a) Begriff. Die **Inhaberschuldverschreibung** ist eine 1 Urkunde, in der sich der Aussteller (je-)dem (verfügungs-)berechtigten Inhaber zu einer Leistung (§ 241 I) nach Maßgabe des Inhalts der Urkunde verpflichtet (**I 1, HS 1**; zu den einzelnen Merkmalen s näher Rn 10–12). **b)** Ihrer **Rechtsnatur** 2 nach ist sie **Wertpapier** (Rn 5) und zwar Inhaberpapier (Rn 6), zugleich auch Legitimationspapier (Rn 9, 14). **c) Bedeutung.** Die eine Geldforderung verbriefenden Inhaberschuldverschreibungen dienen der Kapitalaufnahme und -anlage; sie werden auf dem Kapitalmarkt (Börse) gehandelt. Gebräuchliche Erscheinungsformen sind die **Anleihen** öffentl-rechtlicher Gebietskörperschaften und Sondervermögen, privater Kreditinstitute und Industrieunternehmen. Bezeichnungen: Schatzanweisungen, Kommunal- und Industrieobligationen, Pfandbriefe; zu den sog Nebenpapieren (Zins-, Renten-, Gewinnanteil- und Erneuerungsscheine) vgl §§ 803–805 Rn 1 ff. Weitere **Bsp**: Abgetrennte Aktienoptionsscheine (BGH 114, 180), auf den Inhaber lautende Grund- und Rentenschuldbriefe (§§ 1195, 1199), uU Investmentzertifikate (vgl KAAG 18), Lotterielose (nach der Ziehung), Warengutscheine (AG Bonn VuR 89, 203 mit krit Anm Tonner). **d) Abgrenzung.** Keine 3 Inhaberschuldversprechen sind die Inhaberaktie (sie verkörpert Mitgliedschaftsrechte, Rn 6); der Geschäftsanteilschein einer GmbH (nur Beweisurkunde, RG 53, 109); jedoch ist die entspr Anwendung des § 793 möglich (Oldenburg AG 00, 368). Wechsel und Anweisungen können nicht auf den Inhaber gestellt werden (WG 1 Nr 6); der Inhaberscheck (ScheckG 5 II) enthält kein Leistungsversprechen, sondern ist Zahlungsanweisung. **e)** Die §§ 793–807 enthalten **keine abschließende Rege-** 4 **lung** des Rechts der Inhaberschuldverschreibungen. Die nicht geregelte Übertragung erfolgt nach den für Inhaberpapiere geltenden Grundsätzen (Rn 2, 6). Überblick über **ergänzend anwendbare Vorschriften: a)** Allg und des Schuldrecht, insbes §§ 248 II 2, 453; **b)** Sachenrecht, insbes §§ 929 ff, 932 ff (ergänzt durch HGB 366 f), 1006 f; 1081 ff, 1293 ff; **c)** Familien- und Erbrecht: §§ 1362 I 3, 1643 I, 1646 I 2, 1814, 1815, 1822 Nr 9, 1853, 2116 f.

2. Wertpapiere im Allgemeinen. a) Nach dem weiten **Wertpapierbegriff** ist 5 Wertpapier eine Urkunde, die ein privates Recht derart verbrieft, dass die Innehabung der Urkunde zur Ausübung des Rechts erforderlich ist (Baumbach/Hefermehl, WG, WPR 15 mN). **b) Arten** der Wertpapiere. **aa) Inhaberpapiere:** Das ver- 6 briefte Recht steht dem jeweiligen nicht namentlich bezeichneten Inhaber der Urkunde zu und kann ohne ihren Besitz nicht geltend gemacht werden. Die **Übertragung** findet durch Übereignung des Papiers (§§ 929 ff) statt. Es gilt: Das Recht aus dem Papier folgt dem Recht am Papier. **Bsp:** Inhaberschuldverschreibung, Inhaberscheck, Inhaberaktie, kleine Inhaberpapiere nach § 807 (dazu näher dort). **bb) Orderpapiere:** Die Leistung wird dem namentlich bezeichneten Berechtigten 7 und demjenigen versprochen, an den er das Papier durch Order weitergibt. Die **Übertragung** erfolgt durch formellen Begebungsvermerk auf der Urkunde (Indossament) und Übereignung nach §§ 929 ff. Geborene Orderpapiere sind zB Wechsel und Scheck; gekorene Orderpapiere sind die an Order gestellten handelsrechtlichen Papiere in HGB 363. **cc) Rektapapiere:** Sie lauten auf den Namen einer bestimm- 8 ten Person (Namenspapiere); nur diese oder ihr Rechtsnachfolger sind zur Geltendmachung befugt. Die **Übertragung** erfolgt durch Abtretung der Forderung (§ 398). Das Recht am Papier folgt dem Recht aus dem Papier nach § 952. **Bsp:** Hypothekenbrief, Rektawechsel, qualifizierte Legitimationspapiere nach § 808 (dazu näher dort), Namensschuldverschreibungen des Kapitalmarkts (BGH WM 89, 1640). **c) Abgrenzung. Keine** Wertpapiere sind die einfachen **Legitimationspapiere.** 9 Sie berechtigen den Aussteller (Schuldner), an jeden Inhaber der Urkunde mit befreiender Wirkung zu leisten; andererseits ist die Vorlage der Urkunde zur Geltendmachung der Forderung weder notwendig noch ausreichend (Legitimationswirkung nur zugunsten des Schuldners). **Bsp:** Erneuerungsschein (§§ 803–805 Rn 4) und die in § 807 Rn 1 aE genannten Legitimationszeichen.

10   **3. Voraussetzungen der Leistungspflicht des Ausstellers. a)** Entstehung der Verpflichtung aus der Schuldverschreibung. **aa) Förmliche Voraussetzungen.** α) Ausstellung einer Urkunde; Form: § 126 mit der Einschränkung aus II 2; zusätzliche Formerfordernisse sind nach II 1 möglich (zu beachten insoweit EGBGB 100 Nr 1). Aussteller kann jedermann sein; Eltern und Vormund bedürfen einer vormundschaftsgerichtlichen Genehmigung (§§ 1822 Nr 9; 1643 I). Gläubiger: Die Urkunde muss die schriftlich niedergelegte Verpflichtung enthalten, an jeden berechtigten Inhaber zu leisten (Inhaberklausel; eine ausdrückliche Erklärung ist entbehrlich, wenn die entspr Absicht eindeutig hervorgeht). Inhalt: Selbstständige (Nennung des Schuldgrundes in der Urkunde wegen § 796 uU dennoch sinnvoll) Verbriefung eines Forderungsrechts. Die entspr Anwendung von §§ 793 ff bei Verbriefung anderer Rechte (zB Mitgliedschaftsrechte) ist möglich. β) Fristgerechte

11   Vorlegung der Urkunde (§§ 797; 801, 802). **bb) Verpflichtungsgrund.** Voraussetzung für die Entstehung der Verbindlichkeit des Ausstellers ist idR ein Begebungsvertrag mit dem ersten Inhaber, der aber uU durch einen Rechtsscheintatbestand ersetzt werden kann (sog modifizierte Vertrags- oder Rechtsscheintheorie, BGH NJW 73, 283; PalSprau 8, hM). IE gilt: Die Urkunde muss (1) rechtswirksam (volle Geschäftsfähigkeit, Verpflichtungswille) ausgestellt und (2) auf Grund eines Vertrags an den Gläubiger begeben werden (schuldrechtliches und dingliches Moment). Sowohl Mängel bei der Begebung als auch bei der Ausstellung werden bei Gutgläubigkeit eines späteren Erwerbers (nicht des Ersterwerbers, vgl §§ 932 ff; zu beachten §§ 935 II, 794 I) geheilt, sofern der Aussteller den Rechtsschein einer gültigen Verpflichtung zurechenbar veranlasst hat (weitergehend BGH 121, 281 ff; Baumbach/Hefermehl, WG, WPR 43 f). Bei Rückerwerb der Schuldverschreibung durch einen ehemals Bösgläubigen kommt diesem der gute Glaube seiner Nachmänner

12   nicht zugute (BGH NJW 74, 1513 betr Scheck). **b) Sachliche Berechtigung des Inhabers.** Sachlich berechtigt ist der Eigentümer der Urkunde und damit Gläubiger der verbrieften Forderung (vgl Rn 6), ferner, wer (auch ohne Eigentümer zu sein) über die Urkunde verfügungsberechtigt ist. Bsp: Pfandgläubiger (§ 1293), ges Vertreter (§§ 1626 II, 1793) und private Amtsträger (Insolvenzverwalter, InsO 80 I; Testamentsvollstrecker, § 2005). Der die Schuldverschreibung vorlegende (§ 797) Inhaber braucht wegen der Legitimationswirkung der Urkunde seine Berechtigung weder zu behaupten noch zu beweisen (Rn 13).

13   **4. Legitimationswirkung der Schuldverschreibung. a) Zugunsten des Inhabers.** Sie besteht darin, dass der („formell berechtigte") Inhaber, der eine ordnungsgemäße (Rn 10) Urkunde über die Schuldverschreibung vorlegen kann, widerlegbar als der sachlich berechtigte Inhaber (Rn 12) gilt; Grund: Fassung von **I 1,** letzter HS („es sei denn"); Vermutungswirkung des § 1006 gilt für den Besitzer der Urkunde. **Konsequenz:** Der (bestreitende) Aussteller trägt die volle Darlegungs- und Beweislast für die fehlende sachliche Berechtigung des Inhabers. Zu

14   den beschränkt zulässigen Einwendungen vgl iÜ § 796 Rn 1 ff. **b) Zugunsten des Ausstellers (I 2).** Sie besteht darin, dass der Aussteller mit befreiender Wirkung an jeden (förmlich legitimierten, Rn 13) Inhaber leisten kann. **Einschränkung:** Der Aussteller **kennt** die Nichtberechtigung (grob fahrlässige Unkenntnis steht gleich, *arg* WG 40 III; Hueck/Canaris, Recht der Wertpapiere, 12 Aufl. 1986; § 24 III 3; offen BGH 28, 371; sa § 808 Rn 7) **und** kann sie unschwer beweisen (PalSprau 12,

15   hM; Grund: mangelnde Schutzwürdigkeit des Ausstellers). **c)** Obwohl an sich eine Leistungspflicht nur gegenüber dem sachlich berechtigten Inhaber besteht (Rn 12), führt die Legitimationswirkung (Rn 13 f) iE zu einer Leistungsverpflichtung auch gegenüber dem Nichtberechtigten, sofern der Aussteller die Nichtberechtigung nicht nachweisen kann.

Titel 24. Schuldverschreibung auf den Inhaber §§ 794–797

§ 794 Haftung des Ausstellers

(1) Der Aussteller wird aus einer Schuldverschreibung auf den Inhaber auch dann verpflichtet, wenn sie ihm gestohlen worden ist oder verloren gegangen ist oder wenn sie sonst ohne seinen Willen in den Verkehr gelangt ist.

(2) Auf die Wirksamkeit einer Schuldverschreibung auf den Inhaber ist es ohne Einfluss, wenn die Urkunde ausgegeben wird, nachdem der Aussteller gestorben oder geschäftsunfähig geworden ist.

§ 795 (weggefallen)

§ 796 Einwendungen des Ausstellers

Der Aussteller kann dem Inhaber der Schuldverschreibung nur solche Einwendungen entgegensetzen, welche die Gültigkeit der Ausstellung betreffen oder sich aus der Urkunde ergeben oder dem Aussteller unmittelbar gegen den Inhaber zustehen.

1. **Normzweck.** Einschränkungen der zulässigen Einwendungen im Interesse der Verkehrsfähigkeit der Wertpapiere. 1

2. **Zulässige Einwendungen. Zulässig** sind a) Einwendungen gegen die **Gül-** 2 **tigkeit der Ausstellung (1. Fall),** zB unvollständige Ausstellung, Verfälschung, Fehlen der Geschäftsfähigkeit oder des Verpflichtungswillens. Heilung dieser Mängel nach den Grundsätzen der Rechtsscheintheorie ist möglich (s § 793 Rn 11). In Erweiterung des Wortlauts bestehen auch Einwendungen gegen den **Bestand der Schuldverschreibung,** zB nach Kraftloserklärung (§ 799), Zahlungsverbot (§ 802), bei Nichtigkeit infolge fehlender staatlicher Genehmigung (§ 795 II); **b) aus der Urkunde** sich ergebende Einwendungen **(2. Fall).** Bei Angabe des Schuldgrundes in der Urkunde können, falls dadurch überhaupt eine Begrenzung der Einwendungen bezweckt ist (Auslegungsfrage), alle sich unmittelbar kraft Ges aus dem Grundverhältnis ergebenden Einwendungen, nicht aber darüber hinausgehende bes vertragliche Vereinbarungen geltend gemacht werden; **c) unmittelbar gegenüber** 3 **dem Inhaber** bestehende Einwendungen **(3. Fall): aa)** Einwendungen aus dem Begebungsvertrag (Rn 1 gilt entspr); **bb)** Einwendungen aus persönlicher Rechtsbeziehung können ausnahmsweise auch einem arglistigen Nachmann gegenüber geltend gemacht werden (unzulässige Rechtsausübung; abw ErmHermann 6 mN: WG 17, ScheckG 22 entspr); **cc)** Einwendung der fehlenden Verfügungsbefugnis (vgl § 793 Rn 12 und 13–15).

§ 797 Leistungspflicht nur gegen Aushändigung

¹Der Aussteller ist nur gegen Aushändigung der Schuldverschreibung zur Leistung verpflichtet. ²Mit der Aushändigung erwirbt er das Eigentum an der Urkunde, auch wenn der Inhaber zur Verfügung über sie nicht berechtigt ist.

Die **Präsentationspflicht (S 1)** dient dem Schutz des Ausstellers vor späterer 1 Inanspruchnahme durch gutgläubige Erwerber der Urkunde. Es liegt folglich stets Holschuld vor, auch bei Leistung einer Geldsumme (Abweichung von § 270 I). Zur Leistungszeit: § 801. § 368 (Quittungserteilung) bleibt unberührt. **S 2** ist notwendige Folge der Legitimationswirkung des § 793 I 2: Soweit der Aussteller auch an einen unberechtigten Inhaber befreiend leisten kann, darf er keinem Herausgabeanspruch des wahren Berechtigten ausgesetzt werden. Der Eigentumsübergang tritt kraft Ges ein (Willenseinigung nicht notwendig). Die **Einschränkung** der Legitimationswirkung gem § 793 I 2 (dort Rn 14) gilt – trotz des uneingeschränkten Gesetzeswortlauts – auch für S 2, dh der Aussteller erlangt kein Eigentum, soweit er ausnahmsweise nicht befreiend leistet (MK/Habersack 6).

§ 798 Ersatzurkunde

¹Ist eine Schuldverschreibung auf den Inhaber infolge einer Beschädigung oder einer Verunstaltung zum Umlauf nicht mehr geeignet, so kann der Inhaber, sofern ihr wesentlicher Inhalt und ihre Unterscheidungsmerkmale noch mit Sicherheit erkennbar sind, von dem Aussteller die Erteilung einer neuen Schuldverschreibung auf den Inhaber gegen Aushändigung der beschädigten oder verunstalteten verlangen. ²Die Kosten hat er zu tragen und vorzuschießen.

§ 799 Kraftloserklärung

(1) ¹Eine abhanden gekommene oder vernichtete Schuldverschreibung auf den Inhaber kann, wenn nicht in der Urkunde das Gegenteil bestimmt ist, im Wege des Aufgebotsverfahrens für kraftlos erklärt werden. ²Ausgenommen sind Zins-, Renten- und Gewinnanteilscheine sowie die auf Sicht zahlbaren unverzinslichen Schuldverschreibungen.

(2) ¹Der Aussteller ist verpflichtet, dem bisherigen Inhaber auf Verlangen die zur Erwirkung des Aufgebots oder der Zahlungssperre erforderliche Auskunft zu erteilen und die erforderlichen Zeugnisse auszustellen. ²Die Kosten der Zeugnisse hat der bisherige Inhaber zu tragen und vorzuschießen.

§ 800 Wirkung der Kraftloserklärung

¹Ist eine Schuldverschreibung auf den Inhaber für kraftlos erklärt, so kann derjenige, welcher den Ausschließungsbeschluss erwirkt hat, von dem Aussteller, unbeschadet der Befugnis, den Anspruch aus der Urkunde geltend zu machen, die Erteilung einer neuen Schuldverschreibung auf den Inhaber anstelle der für kraftlos erklärten verlangen. ²Die Kosten hat er zu tragen und vorzuschießen.

Anmerkung zu den §§ 799, 800

1   Bei Papierverlust behält der Inhaber sein Recht; dieses ist jedoch durch einen gutgläubigen Erwerb Dritter gefährdet. Er hat deshalb folgende Möglichkeiten: **a)** Herausgabeklage nach § 985 bei Kenntnis des nichtberechtigten Inhabers. **b)** Bekanntmachung des Verlustes im Bundesanzeiger. Wirkung nur für Bankier: HGB 367. Das Verfahren hat sich in der Praxis nicht bewährt (MK/Habersack § 799, 12). **c)** Kraftloserklärung gemäß § 799; abhanden gekommen ist die Urkunde, wenn dem Verfügungsberechtigten ihr genauer Verbleib unbekannt ist (LG Mannheim MDR 76, 587 zu § 808 II 2). Verfahren: FamFG 433–484; zu den Wirkungen des Ausschlussbeschlusses (Besitzersetzung oder Erneuerungsanspruch) s § 800 und FamFG 479. **d)** Zahlungssperre gem § 802; FamFG 480 ff

§ 801 Erlöschen; Verjährung

(1) ¹Der Anspruch aus einer Schuldverschreibung auf den Inhaber erlischt mit dem Ablauf von 30 Jahren nach dem Eintritt der für die Leistung

bestimmten Zeit, wenn nicht die Urkunde vor dem Ablauf der 30 Jahre dem Aussteller zur Einlösung vorgelegt wird. ²Erfolgt die Vorlegung, so verjährt der Anspruch in zwei Jahren von dem Ende der Vorlegungsfrist an. ³Der Vorlegung steht die gerichtliche Geltendmachung des Anspruchs aus der Urkunde gleich.

(2) ¹Bei Zins-, Renten- und Gewinnanteilscheinen beträgt die Vorlegungsfrist vier Jahre. ²Die Frist beginnt mit dem Schluss des Jahres, in welchem die für die Leistung bestimmte Zeit eintritt.

(3) Die Dauer und der Beginn der Vorlegungsfrist können von dem Aussteller in der Urkunde anders bestimmt werden.

§ 802 Zahlungssperre

¹Der Beginn und der Lauf der Vorlegungsfrist sowie der Verjährung werden durch die Zahlungssperre zugunsten des Antragstellers gehemmt. ²Die Hemmung beginnt mit der Stellung des Antrags auf Zahlungssperre; sie endigt mit der Erledigung des Aufgebotsverfahrens und, falls die Zahlungssperre vor der Einleitung des Verfahrens verfügt worden ist, auch dann, wenn seit der Beseitigung des der Einleitung entgegenstehenden Hindernisses sechs Monate verstrichen sind und nicht vorher die Einleitung beantragt worden ist. ³Auf diese Frist finden die Vorschriften der §§ 206, 210, 211 entsprechende Anwendung.

§ 803 Zinsscheine

(1) Werden für eine Schuldverschreibung auf den Inhaber Zinsscheine ausgegeben, so bleiben die Scheine, sofern sie nicht eine gegenteilige Bestimmung enthalten, in Kraft, auch wenn die Hauptforderung erlischt oder die Verpflichtung zur Verzinsung aufgehoben oder geändert wird.

(2) Werden solche Zinsscheine bei der Einlösung der Hauptschuldverschreibung nicht zurückgegeben, so ist der Aussteller berechtigt, den Betrag zurückzubehalten, den er nach Absatz 1 für die Scheine zu zahlen verpflichtet ist.

§ 804 Verlust von Zins- oder ähnlichen Scheinen

(1) ¹Ist ein Zins-, Renten- oder Gewinnanteilschein abhanden gekommen oder vernichtet und hat der bisherige Inhaber den Verlust dem Aussteller vor dem Ablauf der Vorlegungsfrist angezeigt, so kann der bisherige Inhaber nach dem Ablauf der Frist die Leistung von dem Aussteller verlangen. ²Der Anspruch ist ausgeschlossen, wenn der abhanden gekommene Schein dem Aussteller zur Einlösung vorgelegt oder der Anspruch aus dem Schein gerichtlich geltend gemacht worden ist, es sei denn, dass die Vorlegung oder die gerichtliche Geltendmachung nach dem Ablauf der Frist erfolgt ist. ³Der Anspruch verjährt in vier Jahren.

(2) In dem Zins-, Renten- oder Gewinnanteilschein kann der im Absatz 1 bestimmte Anspruch ausgeschlossen werden.

§ 805 Neue Zins- und Rentenscheine

¹Neue Zins- oder Rentenscheine für eine Schuldverschreibung auf den Inhaber dürfen an den Inhaber der zum Empfang der Scheine ermächtigenden Urkunde (Erneuerungsschein) nicht ausgegeben werden, wenn der Inhaber der Schuldverschreibung der Ausgabe widersprochen hat. ²Die

Scheine sind in diesem Falle dem Inhaber der Schuldverschreibung auszuhändigen, wenn er die Schuldverschreibung vorlegt.

Anmerkung zu den §§ 803–805

1   Die sog **Nebenpapiere. a)** Der **Zinsschein** (Kupon) wird für eine verzinsliche Schuldverschreibung ausgegeben und verbrieft als selbstständige Urkunde die Zinsforderung; lautet er auf den Inhaber, stellt er eine selbstständige Inhaberschuldverschreibung dar. Die Geltendmachung der Zinsforderung ist bei Ausstellung eines Kupons nur durch dessen Vorlage möglich; die Haupturkunde braucht weder mit vorgelegt zu werden, noch berechtigt sie zum Empfang der Zinsleistung. Folge dieser Selbstständigkeit: **§ 803 I; Ausnahmen** von I: **aa)** abw Regelung im Zinsschein; **bb)** Zurückbehaltungsrecht hinsichtlich der Hauptleistung bei Nichtrückgabe nicht fälliger Zinsscheine **(§ 803 II);** Fall von entspr Anwendung (str): LG Saarbrücken WM 92, 1272 mN. **Regelung:** Das Recht der Inhaberschuldverschreibung gilt mit Ausnahme von §§ 799, 800 (vgl § 799 I 2; stattdessen § 804); Sonder-
2   vorschrift: § 801 II. **b)** Der **Rentenschein** verbrieft einzelne bestimmte Rentenleistungen, ohne dass ein Anspruch auf eine Haupturkunde besteht (vgl § 1199). Die
3   Regelung für Inhaberzinsscheine gilt entspr (str). **c)** Der **Gewinnanteilschein** (Dividendenschein) ist vor dem Dividendenbeschluss von dem Rechtsbestand der Haupturkunde (Aktie) abhängig (s AktG 72 II; § 803 gilt nicht); erst danach bildet
4   er ein selbstständiges Inhaberschuldpapier. **d)** Der **Erneuerungsschein** (Talon), der den Inhaber gegen Vorlage zum Empfang neuer Zins-, Renten- oder Gewinnanteilscheine ermächtigt (s § 805, AktG 75), ist lediglich Legitimationspapier (s § 793 Rn 9).

§ 806 Umschreibung auf den Namen

¹Die Umschreibung einer auf den Inhaber lautenden Schuldverschreibung auf den Namen eines bestimmten Berechtigten kann nur durch den Aussteller erfolgen. ²Der Aussteller ist zur Umschreibung nicht verpflichtet.

§ 807 Inhaberkarten und -marken

Werden Karten, Marken oder ähnliche Urkunden, in denen ein Gläubiger nicht bezeichnet ist, von dem Aussteller unter Umständen ausgegeben, aus welchen sich ergibt, dass er dem Inhaber zu einer Leistung verpflichtet sein will, so finden die Vorschriften des § 793 Abs. 1 und der §§ 794, 796, 797 entsprechende Anwendung.

1   **1. Anwendungsbereich.** § 807 regelt die sog **kleinen** oder **unvollkommenen Inhaberpapiere,** die sich von den eigentlichen Inhaberschuldverschreibungen dadurch unterscheiden, dass sie das Rechtsverhältnis und den Gegenstand der Leistung nur unvollkommen angeben, häufig auch den Aussteller nicht nennen und meistens ohne Namensunterschrift des Ausstellers sind. Schwierig ist die Abgrenzung zu den Legitimationspapieren (vgl § 793 Rn 9; § 808 Rn 1–3); durch Auslegung ist zu ermitteln, ob ein Verpflichtungswille des Ausstellers gegenüber *jedem Inhaber* aus der Urkunde erkennbar wird (nur dann Inhaberpapier nach § 807; Folge: § 793
2   Rn 6 gilt). **2. Beispiele** (maßgeblich ist die bes Gestaltung im Einzelfall): Briefmarken (BGH 164, 286; erst seit Privatisierung der Post – zuvor Geldsurrogate); Eintrittskarten (vgl VGH München NJW 78, 2053; Köln NJW-RR 94, 687; München NJW-RR 11, 1359; anders bei personalisierten Eintrittskarten, wie bei der Fußball-WM 2006, näher dazu Gutzeit BB 07, 113 – vgl § 808 Rn 3); Fahrkarten und -scheine (idR jedoch nicht Dauer- oder Netzkarten [Rektapapiere]); Telefonkarten

Titel 24. Schuldverschreibung auf den Inhaber § 808

(Köln ZIP 00, 1836 zur Verfallzeit); Geschenkgutscheine zum Einkauf (LG München VuR 96, 65), Kinogutscheine (Hamburg VuR 00, 451 zur zeitlichen Verfallklausel); Gutscheine (soweit nicht als Inhaberschuldverschreibung ausgestaltet; sa Zwickel NJW 11, 2754); Bier- und Speisemarken. **Nicht** unter § 807 fallen: Geldsurrogate (enthalten keine Leistungsverpflichtung), zB Geldkarten (Pfeiffer NJW 97, 1036); **Beweispapiere(-zeichen)** wie Quittungen, Registrierbons, Akkordarbeitsmarken; **Legitimationszeichen**, zB Garderobenmarken, Gepäck- und Reparaturscheine; Garantiekarten (Rehbinder JA 82, 228); codierte Scheckkarte (BGH ZIP 88, 426).

§ 808 Namenspapiere mit Inhaberklausel

(1) ¹Wird eine Urkunde, in welcher der Gläubiger benannt ist, mit der Bestimmung ausgegeben, dass die in der Urkunde versprochene Leistung an jeden Inhaber bewirkt werden kann, so wird der Schuldner durch die Leistung an den Inhaber der Urkunde befreit. ²Der Inhaber ist nicht berechtigt, die Leistung zu verlangen.

(2) ¹Der Schuldner ist nur gegen Aushändigung der Urkunde zur Leistung verpflichtet. ²Ist die Urkunde abhanden gekommen oder vernichtet, so kann sie, wenn nicht ein anderes bestimmt ist, im Wege des Aufgebotsverfahrens für kraftlos erklärt werden. ³Die im § 802 für die Verjährung gegebenen Vorschriften finden Anwendung.

1. Allgemeines. a) Begriff. Qualifizierte Legitimationspapiere (hinkende 1 Inhaberpapiere) sind auf einen bestimmten Berechtigten ausgestellte Leistungsversprechen, die den Aussteller berechtigen, an jeden Inhaber der Urkunde mit befreiender Wirkung zu leisten (**Legitimationswirkung zugunsten des Ausstellers, I 1;** zT Besonderheiten beim Sparbuch, dazu Rn 7–9), den Inhaber jedoch nicht legitimieren, die verbriefte Leistung zu fordern (**eingeschränkte Inhaberklausel, I 2**). Nur der Gläubiger kann die Leistung verlangen, nachdem er ggf seine Gläubigerstellung nachgewiesen hat. **b) Rechtsnatur und Abgrenzung.** Es handelt sich 2 um **Wertpapiere** iwS (§ 793 Rn 5; Grund: **II 1, 2** – Vorlegungserfordernis, bei Verlust Ausschlussbeschluss gem FamFG 439, 479, 483 – er ersetzt Urkundenvorlage, BGH NJW 05, 1774) und zwar – iGgs zu den Inhaberpapieren (§ 793 Rn 6) – um Rektapapiere (§ 793 Rn 8; **Namenspapiere** mit Inhaberklausel). Bei einfachen Legitimationspapieren oder bloßen Beweisurkunden fehlt das Vorlegungserfordernis. **c) Bedeutung.** Wichtige Anwendungsfälle sind **Sparbuch** (BGH 28, 368; 3 NJW-RR 98, 1661; Rn 4 ff); Kreditkarten (BGH 114, 242); weitere Bsp: Versicherungsschein auf den Inhaber (VVG 4 I, s BGH NJW-RR 99, 898; NJW-RR 02, 573; NJW-RR 09, 1327; NJW-RR 10, 904), personalisierte Eintrittskarten (Ensthaler/Zech NJW 05, 3390; Weller NJW 05, 934) und Gutscheine (BGH NJW 05, 1774), uU bestimmte, nicht unter § 807 fallende Legitimationszeichen (s § 807 Rn 2 aE; zB Flugschein, PalSprau 3).

2. Sparbuch. a) Begriff. Urkunde über eine Spareinlage, die dem Sparer (Ein- 4 leger) ausgehändigt wird und bei Verfügung über die Einlage vorgelegt werden muss. **b) Rechtsgrundlage** für die Aushändigung des Sparbuchs ist der **Sparver-** 5 **trag** als unregelmäßiger Verwahrungsvertrag über Geld, auf den die §§ 488 ff anwendbar sind (§ 700 S 1; str nach aA Darlehensvertrag BGH 64, 278; PalSprau 6). Die Einzelheiten werden durch AGB der Kreditinstitute geregelt. **c) Berech-** 6 **tigter** (Gläubiger der Einlageforderung) ist nicht notwendig der im Sparbuch Benannte; maßgebend sind allein die vertraglichen Abmachungen. IdR ist Berechtigter der Kontoinhaber, dh, wer nach dem erkennbaren Willen des die Kontoeröffnung beantragenden Kunden Gläubiger der Bank werden soll (BGH NJW 94, 931; Saarbrücken MDR 03, 1003); ob der im Sparbuch Benannte in diesen Fällen ein eigenes Leistungsrecht haben soll (vgl § 328; uU § 331), ist ggf den Umständen

Stadler 1231

§§ 809, 810 Buch 2. Abschnitt 8. Einzelne Schuldverhältnisse

(Kontounterlagen; Besitzverhältnisse am Sparbuch) zu entnehmen (vgl hierzu BGH 46, 199 mN; NJW 94, 931; sa § 328 Rn 5). Bei Leistungen an einen Minderjährigen ist uU § 1812 zu beachten (Karlsruhe NJW-RR 99, 230, Auszahlung der
7 Versicherungssumme an Vormund). **d)** Die **Legitimationswirkung** des Sparbuchs (Rn 1) ist in verschiedener Richtung eingeschränkt (ie str, s Welter WM 87, 1123 f mN). **aa) Bösgläubigkeit.** Durch Leistung an einen nichtberechtigten Vorleger wird der Aussteller **nicht befreit** (Ausnahme von I 1), wenn er die Nichtberechtigung des Vorlegers **kennt** (allgM) oder infolge **grober Fahrlässigkeit** nicht kennt (MK/Habersack 15; Köln VersR 90, 1338, hM, str; offen lassend BGH 28, 371); strengere Anforderungen als bei Inhaberpapieren (§ 793 Rn 14 f) sind berechtigt; denn der Schuldner braucht nicht ohne Nachweis der Legitimation
8 an den Inhaber zu leisten **(I 2)**. **bb) Vorzeitige Leistung.** Die Leistungsbefreiung tritt nur im Umfang der rechtswirksam **versprochenen Leistung** ein (I 1); bei Leistung an Nichtberechtigte unter Außerachtlassung vertraglich vereinbarter Kündigungs- und Auszahlungsfristen schützt daher die Legitimationswirkung nicht
9 (BGH 64, 278; NJW 91, 421 mN, str). **cc) Einschränkung** der Legitimationswirkung durch bes vertragliche **Vereinbarungen** (Bsp: Sperrvermerk, dazu BGH
10 NJW 88, 2101 mN; 76, 2211, auch zur Aufhebung). **e)** Die **Übertragung** der Einlageforderung erfolgt formlos gem § 398. Eigentum am Sparbuch: § 952. In der Übergabe des Sparbuchs kann aber eine stillschweigende Zession liegen (BGH WM 72, 383; Canaris NJW 73, 827). Dem Besitzer des Sparbuchs kommt jedoch § 1006 nicht zugute (BGH JR 72, 379; LG Berlin FamRZ 79, 503). Für die Verpfändung gilt § 1274 I 1; § 1280 ist zu beachten, eine Übergabe (vgl § 1274
11 I 2) ist nicht erforderlich (BGH NJW-RR 86, 849). **f) Beweislast.** Der Inhaber für Höhe der Forderung (Sparbuch ist Beweismittel), der Aussteller für eine Auszahlung ohne Vorlage des Sparbuchs (Frankfurt NJW 98, 998 mN; Köln VuR 01, 121; sa BGH NJW 02, 2707 zur Beweiskraft der Unterschrift im Sparbuch). Auch nach Ablauf der zehnjährigen Aufbewahrungsfrist gem HGB 257 besteht für das Kreditinstitut keine Beweiserleichterung (so Frankfurt NJW 98, 998 f: interne Buchführung genügt nicht; str).

Titel 25. Vorlegung von Sachen

§ 809 Besichtigung einer Sache

Wer gegen den Besitzer einer Sache einen Anspruch in Ansehung der Sache hat oder sich Gewissheit verschaffen will, ob ihm ein solcher Anspruch zusteht, kann, wenn die Besichtigung der Sache aus diesem Grunde für ihn von Interesse ist, verlangen, dass der Besitzer ihm die Sache zur Besichtigung vorlegt oder die Besichtigung gestattet.

§ 810 Einsicht in Urkunden

Wer ein rechtliches Interesse daran hat, eine in fremdem Besitz befindliche Urkunde einzusehen, kann von dem Besitzer die Gestattung der Einsicht verlangen, wenn die Urkunde in seinem Interesse errichtet oder in der Urkunde ein zwischen ihm und einem anderen bestehendes Rechtsverhältnis beurkundet ist oder wenn die Urkunde Verhandlungen über ein Rechtsgeschäft enthält, die zwischen ihm und einem anderen oder zwischen einem von beiden und einem gemeinschaftlichen Vermittler gepflogen worden sind.

Titel 25. Vorlegung von Sachen §§ 809–811

§ 811 Vorlegungsort, Gefahr und Kosten

(1) ¹**Die Vorlegung hat in den Fällen der §§ 809, 810 an dem Orte zu erfolgen, an welchem sich die vorzulegende Sache befindet.** ²**Jeder Teil kann die Vorlegung an einem anderen Orte verlangen, wenn ein wichtiger Grund vorliegt.**

(2) ¹**Die Gefahr und die Kosten hat derjenige zu tragen, welcher die Vorlegung verlangt.** ²**Der Besitzer kann die Vorlegung verweigern, bis ihm der andere Teil die Kosten vorschießt und wegen der Gefahr Sicherheit leistet.**

Anmerkungen zu den §§ 809–811

1. Allgemeines. §§ 809 f begründen unabhängig von sonstigen Rechtsbeziehungen (zB Vertrag) einen ges Anspruch auf Vorlage von Sachen und Urkunden; charakteristisch ist die lediglich **vorbereitende** und unterstützende **Natur** des Anspruchs (entspr dem Auskunftsanspruch, vgl §§ 259–261 Rn 1; Anspr aus § 809 unterliegt daher nicht der Verjährung, Informationsbedürfnis entfällt jedoch mit Verjährung des Hauptanspruchs, Karlsruhe NJW-RR 02, 951). Die praktische **Bedeutung** der §§ 809 ff liegt im Prozessrecht, da ZPO 422, 429 hinsichtlich der Pflicht zur Vorlage von Urkunden auf diese Vorschriften verweisen (Rn 12, jetzt aber Erweiterung prozessualer Vorlagepflicht in ZPO 142, 144). Zahlreiche **Sondervorschriften** begründen weitergehende Einsichtsrechte oder Ansprüche auf Herausgabe von Urkunden (Rn 13). Für die Vorlage und Besichtigung von Sachen sowie Urkunden hat der Gesetzgeber in Umsetzung der RiLi zur Durchsetzung der Rechte des geistigen Eigentums (2004/48/EG, ABl EG L 195, 16, 2. 6. 04) mit Ges v 1. 9. 08 (BGBl I 1191) eine Reihe sondergesetzlicher Regelungen geschaffen, so dass vor allem § 809 erheblich an praktischer Bedeutung verliert: PatG 140c, GebrMG 24c, MarkenG 19a, UrhG 101a, GeschMG 46a, SortenschG 37c. Alle Ansprüche setzen – entspr der „Faxkarten"-Entscheidung des BGH (150, 377, unten Rn 3) – nur eine hinreichende Wahrscheinlichkeit der Rechtsverletzung voraus. Der Vorlage- bzw Besichtigungsanspruch kann im Wege einstweiligen Rechtsschutzes durchgesetzt (nicht nur gesichert) werden (krit zur Umsetzung Stadler, FS Leipold 2009, S 201; ZZP 10, 261).

2. Anspruch aus § 809. a) Voraussetzungen. aa) Vorlegungspflichtig ist der **Besitzer** (auch Mitbesitzer und mittelbarer Besitzer mit Beschaffungsmöglichkeit [MK/Habersack 8]) der vorzulegenden Sachen. Bei jur Person richtet sich Anspruch gegen diese; dies gilt auch für OHG, KG und GbR (MK/Habersack 8). Die Eigentumslage ist gleichgültig (RG 69, 406). **bb) Sachen** (Begriff: Rn 2 ff vor § 90), auch unbewegliche, uU und in beschränktem Umfang der Leichnam (RGRK/Steffen § 809, 3), nicht aber der Körper eines lebenden Menschen (insoweit gilt ZPO 372a für die Entnahme von Blutproben); Urkunden nur, soweit § 810 nicht eingreift; ferner technische Aufzeichnungen ohne Urkundenqualität, zB Tonbänder (RGRK/Steffen § 810, 3), elektronische Dokumente (vgl ZPO 371 I 2), Computerprogramme (KG NJW 01, 235). **cc)** (Vermeintlich) bestehender **Hauptanspruch** des Vorlegungsberechtigten gegen den Besitzer **in Ansehung der Sache.** In Frage kommen alle Ansprüche mit einer rechtlichen Beziehung zur Sache iwS, insbes dingliche und obligatorische Herausgabeansprüche, aber auch Unterlassungs- und Schadensersatzansprüche (zur Verletzung von Urheber- und Patentrechten s jetzt Rn 1, früher BGH 150, 380; 93, 199; iE Bork NJW 97, 1668 ff); Abhängigkeit vom Bestand oder der Beschaffenheit der Sache genügt (**1. Var;** BGH 150, 384; KG NJW 01, 235). Bestehen des Hauptanspruchs ist nicht erforderlich, falls nur die Vorlage der **Gewissheitsverschaffung** darüber dient (**2. Var**), aber gewisser Grad an Wahrscheinlichkeit (BGH 93, 208 – „Druckbalken": „erheblichen Grad an Wahrscheinlichkeit" erforderlich; streng für Quellcode von Computerprogrammen auch Hamburg CR 01, 434; großzügiger jedoch auf Revision BGH 150, 384 ff

("Faxkarte") mit Anm Tilmann/Schreibauer GRUR 2002, 1015 ff: kein *erheblicher* Grad an Wahrscheinlichkeit, wenn Geheimhaltungsinteressen durch Einschaltung von Sachverständigem gewahrt; Frankfurt NJW-RR 06, 1344; so auch RiLi 2004/48/EG); dies kann Glaubhaftmachung (ZPO 294) voraussetzen (vgl BGH 93, 205 f).

4 **dd) Interesse** an der Vorlegung (Besichtigung), nicht notwendig rechtlicher oder vermögensrechtlicher Art, aber ein bes und ernstliches Interesse (vgl BGH 93, 213). Bei berechtigten Gegeninteressen des Besitzers (Bsp: Wahrung von Kunst- und Gewerbegeheimnissen) Abwägung nach § 242 (iE BGH 150, 386 f; 93, 205 ff, 210 ff; Stürner/Stadler JZ 85, 1104; Kröger/Bausch GRUR 97, 324). Im Zweifel darf Besichtigung nur durch einen zur Verschwiegenheit verpflichteten, sachkundigen Dritten erfolgen (BGH 150, 389; sa Bornkamm, FS Ullmann 2006, 893; Stadler
5 ZZP 10, 261 mN). **b) Rechtsfolgen. aa) Vorlegung** der Sache ist die Handlung, wodurch dem anderen der Gegenstand tatsächlich zur Hand oder doch vor Augen gestellt und seiner sinnlichen Wahrnehmung unmittelbar zugänglich gemacht wird.
6 **bb) Gestattung der Besichtigung** bedeutet die Erlaubnis, die konkrete Sache oder Sachgesamtheiten (BGH NJW-RR 04, 916: kein Durchsuchungsrecht) in Augenschein (wie ZPO 371) zu nehmen, auch durch einen (zugezogenen oder zur Verschwiegenheit verpflichteten) Sachverständigen (BGH 126, 116 zu § 259; Karlsruhe NJW-RR 02, 951; s auch Rn 12). Dies schließt die Inbetriebnahme, Abnahme von Verkleidungen und den Aus- und Einbau einzelner Teil ein, doch sind (erhebliche) Substanzeingriffe nicht erlaubt (BGH 93, 208 ff; krit Stürner/Stadler JZ 85, 1103; Bork NJW 97, 1670 mN; nun für behauptete Urheberrechtsverletzung [offen lassend für Patentverletzung] großzügiger BGH 150, 388 mit Anm Tilmann/Schreibauer GRUR 2002, 1015 ff: Befugnisse begrenzt durch Integritätsinteresse des Schuldners, das nicht unzumutbar beeinträchtigt werden darf – Grenze: realistische Gefahr von bleibender Beschädigung). Sachverständiger ist gegenüber dem Berechtigten Beauftragter, gegenüber dem Verpflichteten Treuhänder (München GRUR 87, 33). Zur prozessualen Umsetzung Stadler ZZP 10, 261 ff und
7 Rn 12. **cc) Ort** (geographischer Ortsbezirk, wie § 269 Rn 9, LG Dortmund NJW 01, 2806) der Vorlegung bestimmt sich nach **§ 811 I.** An welcher Stelle und unter welchen Bedingungen innerhalb des Ortes Einsicht genommen werden kann, bestimmt der Vorlegungspflichtige nach Treu und Glauben (vgl **I 2**); uU kann auch Pflicht zur Aushändigung bestehen (München NJW 01, 2807; Köln NJW-RR 96,
8 382). **dd) Gefahrtragung (§ 811 II)** bedeutet, dass der Berechtigte für Verlust und Beschädigung (nicht bei anderen Gefahren) auch ohne Verschulden haftet. Die **Besichtigungskosten** trägt der Vorlegungsberechtigte (München GRUR 87, 33).

9 **3. Anspruch aus § 810.** Stellt eine **Erweiterung der Vorlegungspflicht** gem § 809 für **Urkunden mit rechtsgeschäftlichem Inhalt** (u aa) dar; entspr Anwendung auf vergleichbare Tatbestände ist möglich. **a) Voraussetzungen. aa) Urkunde** ist eine sinnlich wahrnehmbare Verkörperung einer rechtserheblichen Gedankenäußerung in bleibenden Zeichen; rechtsgeschäftliche Bedeutung ist erforderlich (Rn 10); elektronische Dokumente sind keine Urkunden (s Rn 2,
10 PalSprau 1). **bb) Eigene Beteiligung des Vorlegungsberechtigten an dem beurkundeten Rechtsverhältnis.** Es muss einer der drei alternativ genannten Fälle vorliegen. α) **Im Interesse des Vorlegungsberechtigten errichtet** ist die Urkunde **(1. Fall),** wenn sie – zumindest auch – dazu bestimmt ist (Zweck, nicht Inhalt entscheidet; namentliche Nennung ist nicht erforderlich), ihm als Beweismittel zu dienen oder doch seine rechtlichen Beziehungen zu fördern (LM Nr 5 zu § 810). Bsp: Vollmachtsurkunde im Verhältnis zum künftigen Vertragspartner; Urkunde über Vertrag zgDr (§ 328); Baubuch im Verhältnis zu Baugläubigern (BGH NJW 87, 1197); Unterlagen des VKäufers über abgetretene Kundenforderungen beim verlängerten EV (BGH 94, 116); Unterlagen bzgl Umsätzen des Mieters bei Umsatzmiete (KG MDR 12, 516); Vergabeakten des öffentlichen Auftraggebers (Prieß/Gabriel NJW 08, 331); Krankenunterlagen des behandelnden Arztes oder Tierarztes (BVerfG NJW 06, 1116; BGH NJW 83, 328; LG Frankfurt

NJW-RR 07, 999; Hinne NJW 05, 2270; Gehrlein NJW 01, 2773; aA früher BGH 85, 337); abl für Arbeitspapiere des Wirtschaftsprüfers, Ebke, Die Arbeitspapiere des Wirtschaftsprüfers und Steuerberaters im Zivilprozess, 2003 S 49. β) **Beurkundung eines Rechtsverhältnisses** zwischen dem Vorlegungsberechtigten und einem anderen (nicht notwendig dem Besitzer; **2. Fall**); die Wirksamkeit des Rechtsverhältnisses ist unerheblich; eine nur teilw Beurkundung genügt. Bsp: Vertragsurkunden; im Verhältnis zum Bürgen Handelsbücher des Gläubigers, aus denen sich Zahlung des Hauptschuldners ergibt (BGH NJW 88, 907); Geschäftsbücher und Bilanzen der Gesellschaft im Verhältnis zum (auch ausgeschiedenen) Gesellschafter (BGH NJW 89, 226 und 3273; Karlsruhe NZG 01, 654; Hamm NJW-RR 94, 934); Unterlagen über Kreditabwicklung (Derleder/Wosnitza ZIP 90, 906). γ) **Verhandlungen über ein RGeschäft (3. Fall)** umfassen auch die diesem vorausgehende und nachfolgende Korrespondenz, nicht aber Aufzeichnungen nur für private Zwecke (KG NJW 89, 533). Sondervorschrift: NachwG 2 I. **cc)** Ein **11 rechtliches Interesse** besteht, wenn die Einsichtnahme zur Förderung, Erhaltung oder Verteidigung rechtlich geschützter Interessen benötigt wird (BGH NJW 81, 1733). Bsp: Verlust der Vertragsurkunde beim Einsichtbegehrenden (BGH NJW-RR 92, 1073; Schleswig NJW-RR 91, 1338; zu eng Hamm NJW-RR 87, 1395). Dass die Einsichtnahme zu einer Verbesserung des Wissensstandes und der Prozessaussichten des Berechtigten führt, steht nicht entgegen; Grenze nach hM (MK/Habersack § 810 Rn 11; PalSprau § 810 Rn 2): Unzulässige Ausforschung, wenn die Vorlegung dazu dienen soll, *erstmalig* Anhaltspunkte für eine Rechtsverfolgung zu gewinnen (BGH 93, 205 und 211 für § 809; 109, 267 und NJW-RR 92, 1073; Naumburg OLG-NL 01, 124 u Nürnberg WM 07, 647 für § 810). Dies darf jedoch nicht angenommen werden, wenn der Berechtigte seine Vermutung hinsichtlich des Urkundeninhalts plausibel begründen kann und es um Vorgänge aus der Sphäre des Gegners geht. §§ 809, 810 dienen gerade dazu, Darlegungsschwierigkeiten des Berechtigten zu überwinden. **b) Rechtsfolgen:** Rn 5–8. **Durchsetzung:** Außer- **12** halb eines anhängigen Prozesses durch Klage gegen den Besitzer (BGH NJW 89, 226); bei Besitz des Prozessgegners Vorlegungsantrag gem ZPO 421 oder Anregung richterlicher Anordnung nach ZPO 142 (für Besichtigung nach § 809: ZPO 144). Bei einstweiliger Verfügung wegen Sicherungscharakter idR nur Besichtigung durch neutralen Sachverständigen (s aber die Neuregelung im gewerblichen Rechtsschutz Rn 1); Mitteilung des Ergebnisses an Antragsteller frühestens mit Abschluss von Verfügungsverfahren (KG NJW 01, 234).

4. Sondervorschriften. a) Einsichtsrechte in Urkunden (Bücher): zB **13** §§ 716, 896, 1799 II; HGB 87c IV, 102, 118, 157, 166, 258–261; GmbHG 51a. **b) Ansprüche auf Herausgabe von Urkunden:** zB §§ 371, 402, 410, 1144; WG 50; ZPO 836 III; von Abschriften: 492 III, 655b I 4;. § 444 aF jetzt kaufvertragliche Nebenpflicht (PalWeidenkaff § 433 Rn 24 f). **c) Verhältnis** des Einsichtsrechts zum allg Auskunftsanspruch gem §§ 259, 260: idR Konkurrenz (BGH 55, 204).

Titel 26. Ungerechtfertigte Bereicherung

Vorbemerkungen

Lit: Bartels, Zur bereicherungsrechtlichen Rückabwicklung von Überweisungen nach Umsetzung der Zahlungsdiensterichtlinie, WM 10, 1828; Belling/Belling, Zahlungsdiensterecht und Bereicherungsausgleich bei nicht autorisierten Zahlungsvorgängen, JZ 10, 708; Bockholdt, Die Übertragbarkeit rücktrittsrechtlicher Wertungen auf die bereicherungsrechtliche Rückabwicklung gegenseitiger Verträge, AcP 206, 769; v. Caemmerer, Bereicherung und unerlaubte Handlung, FS Rabel, Bd I, 1954, S 333 (= GS I 209); Canaris, Der Bereicherungsausgleich im Dreipersonenverhältnis, FS Larenz, 1973, S 799; Conrad, Die bereicherungsrechtliche Rückabwicklung nach Anfechtung wegen arglistiger Täuschung (§ 123 I Var 1 BGB), JuS 09, 397; Ellger, Bereicherung durch Eingriff, 2002; Gerlach, Ungerechtfertigte Zwangsvollstreckung und ungerechtfertigte Bereicherung, 1986; Fornasier, Der Bereicherungsausgleich bei Fehlüberweisungen und das europäische Recht der Zahlungsdienste, AcP 212, 410; Gödicke, Bereicherungsrecht und Dogmatik, 2002; Kohler, Rücktrittsrechtliche Bereicherungshaftung, JZ 02, 682; Kümpel, Zum Bereicherungsausgleich bei fehlerhaften Banküberweisungen, WM 2001, 2273; Kupisch, Gesetzespositivismus im Bereicherungsrecht, 1978; Leitmeier, Die Zweckkondiktion – eigentlich Treu und Glauben? NJW 10, 2006; Lieb, Werner Flume und das Bereicherungsrecht, AcP 209, 164; Loewenheim, Bereicherungsrecht, 3. Aufl 2006; Lorenz, Bereicherungsrechtliche Drittbeziehungen, JuS 03, 729 ff, 839 ff; Peters, Die Erstattung rechtsgrundloser Zuwendungen, AcP 205, 159; Rademacher, § 675 u BGB: Einschränkung des Verkehrsschutzes im Überweisungsrecht?, NJW 11, 2169; Reuter/Martinek, Ungerechtfertigte Bereicherung, 1983; Schlechtriem, Restitution und Bereicherungsausgleich in Europa Bd I 2000, Bd II 2001; Sorge, Condictio ob rem und Rückabwicklung gemeinschaftsbezogener Zuwendungen in nichtehelichen Lebensgemeinschaften, JZ 11, 660; Wieling, Bereicherungsrecht, 4. Aufl 2007.

1 **1. Allgemeines.** Ob Bereicherungsrecht auf eine einzige, in einem subsumtionsfähigen Begriff fassbare Wertungsgrundlage zurückgeführt werden kann, oder ob die unterscheidbaren Bereicherungsansprüche im Rechtssystem unterschiedliche Funktionen haben, ist str. Bemühungen, alle Fälle des Bereicherungsausgleichs auf ein einheitliches Prinzip zurückzuführen, haben die gemeinrechtliche Lit beherrscht und sind auch noch zum BGB unternommen worden (s Reuter/Martinek S 11 ff; Schäfer, Das Bereicherungsrecht in Europa, 2001, 279 ff). Sie haben immer wieder Unterstützung erfahren (s Bälz, FS Gernhuber, 1993, S 4 mN), ohne dass allerdings die neuen Einheitslehren sich schon in einer gemeinsam akzeptierten und anwendbaren Lösung getroffen hätten. Die von Wilburg begründete und auf Grund der Arbeiten v Caemmerers (aaO S 213) und Essers (SchR, 2. Aufl 1960, § 187) inzwischen herrschend gewordene Ansicht (s Reuter/Martinek S 32 ff mN; Gödicke, aaO S 261 ff) unterscheidet dagegen mehrere Grundtypen der Bereicherung, die durch die Regelungstechnik des BGB zusammengestellt sind und dogmatisch durch gemeinsame Prinzipien wie das eines allgemeinen Bereicherungsverbots und die Begrenzung der Herausgabepflicht auf die „wirtschaftlich gesehene" per-Saldo-
2 Bereicherung verbunden gesehen werden. Dabei werden die sog **„Leistungskondiktionen"** abgehoben von verschiedenen **„Nichtleistungskondiktionen"** der „Bereicherung in sonstiger Weise", deren wichtigste die sog „Eingriffskondiktion" ist. Auch zwischen den Anhängern einer gegliederten Anspruchstypologie ist vieles str, doch treffen sich die Bemühungen um eine Typologie der Bereicherungsansprüche trotz Unterschieden in der Benennung und Bewertung der Typenmerkmale im Einzelnen in dem Bestreben, durch Konkretisierung der Bereicherungstatbestände und ihrer Rechtsfolgen Bereicherungsrecht praktikabel, anschaulich, berechenbar und nicht zuletzt lehrbar zu halten.

3 **2. Typen der Bereicherungsansprüche. a)** Die **Leistungskondiktionen** dienen der Rückabwicklung von rechtsgrundlosen Leistungen; sie entsprechen funktional anderen ges Rückabwicklungsvorschriften wie zB der Regelung der Rücktrittsfolgen (§§ 346 ff). Nach hM soll dabei das Merkmal „Leistung" den Bereicherungsgläubiger (als Leistenden) und den Bereicherungsschuldner (als Leistungsempfänger) bestimmen und so von der weiteren Voraussetzung entbinden, dass die Bereicherung „auf Kosten" des Bereicherungsgläubigers erfolgt ist. Auch soll durch dieses Merkmal der Bereicherungsgegenstand festgelegt werden (Einzelheiten § 812
4 Rn 8). Ein Teil der Lit und die Rspr des BGH definiert dabei **Leistung** als „bewusste und zweckgerichtete Vermehrung fremden Vermögens" (BGH 40, 277), wobei das zur willentlichen Zuwendung hinzutretende Merkmal der Zweckbestimmung vor allem in Drei-(und Mehr-)Personen-Verhältnissen Bedeutung für die Bestimmung von Bereicherungsgläubiger und -schuldner hat (hierzu § 812 Rn 7, 25). Der Leistungsbegriff ist dabei „Kürzel zur rechtspraktischen Bewältigung von Zurechnungs-, Wertungs- und Ordnungsproblemen", Reuter/Martinek S 81. Die Kritik richtet sich vor allem gegen die unzureichende Vermittlung und Berücksichti-

Titel 26. Ungerechtfertigte Bereicherung Vor § 812

gung wichtiger Wertungsgesichtspunkte wie Risikozuordnung und Abstraktionsprinzip im Leistungsbegriff und schlägt statt dessen vor, auf sie bei der Bestimmung von Bereicherungsschuldner und -gläubiger unmittelbar zurückzugreifen (s Canaris FS Larenz S 857, 859). Auch wird dieser zentralen Bedeutung des Leistungsbegriffs Entfernung vom Ges vorgeworfen und Rückkehr zu einer Generalklausel, ergänzt durch Analogien (Kupisch, S 62 ff) oder Gewohnheitsrecht (Kupisch FS Coing, 1982, II S 243) gefordert. **b) Nichtleistungskondiktionen.** Soweit Bereicherung 5 statt durch Leistung „in sonstiger Weise" geschehen ist, kommt vor allem die Kondiktion wegen eines – durch menschliches Verhalten, aber auch zB durch Naturereignisse bewirkten – „Eingriffs" in eine dem Bereicherungsgläubiger zugewiesene Rechtsposition in Frage, § 812 I 1, 2. Fall; dabei stellen die nichtberechtigte, aber wirksame Verfügung über ein fremdes Recht – „Gegenstand" in § 816 I 1 – oder die unberechtigte, aber wirksame Einziehung einer fremden Forderung – § 816 II – sowie der Ausgleich für einen weder durch Rechtsgrund noch durch Leistungsbeziehungen dem Rechtsinhaber gegenüber gerechtfertigten Rechtserwerb auf Grund sachenrechtlicher Zuordnungsvorschriften für Verbindung und Verarbeitung – §§ 946 ff, 951 – speziell geregelte Einzelfälle dar. Zur Bereicherung in sonstiger Weise rechnet die hM ferner die Kondiktion wegen Bezahlung fremder Schuld (**Rückgriffskondiktion**) und die **Verwendungskondiktion**, zur Bereicherung 6 aus unerlaubter Handlung s Rn 10.

3. Verweisungen. Bereicherungsrecht ist auf Grund zahlreicher Verweisungen 7 in BGB und Nebenges anzuwenden. Unterschieden werden sog **Rechtsfolgenverweisungen,** bei denen die Voraussetzungen eines Anspruchs speziell geregelt sind und nur für seinen Inhalt und (oder) Umfang Bereicherungsrecht anwendbar wird, von sog **Rechtsgrundverweisungen** (Tatbestands-, Voraussetzungsverweisungen), bei denen für einen Bereicherungsausgleich alle in §§ 812 ff normierten Voraussetzungen eines Bereicherungsanspruchs gegeben sein müssen, zB § 951 I 1 (s BGH 40, 276; 55, 177).

4. Konkurrenzen. a) Vertragliche Regeln haben Vorrang: **aa)** Geht es um das 8 Behaltendürfen einer auf Grund Vertrages erbrachten Leistung oder die durch Vertrag erlaubte Verwendung fremden Guts, fehlt schon die Voraussetzung „ohne rechtlichen Grund" für einen Bereicherungsanspruch. **bb)** Soweit die Parteien für den Fall der Beendigung des Vertrages durch Rücktritt, Kündigung usw spezielle Regelungen getroffen haben, gehen diese vor. Auch ergänzende Vertragsauslegung kann hier vorrangige Abwicklungsregeln ergeben, vgl BGH 48, 75. **b)** Neben ges Regelungen für 9 die Rückabwicklung beendeter oder gestörter Schuldbeziehungen – wie etwa §§ 346 ff – sind Regeln der Leistungskondiktionen nicht anzuwenden. **Herausgabeansprüche** aus §§ 985, 1007 konkurrieren mit der Besitzkondiktion (hM, BGH WM 61, 274; PalSprau Einf v § 812, 7). Bereicherungsansprüche wegen Veräußerung/Verbrauch sind durch die Regeln des Eigentümer-Besitzer-Verhältnisses nicht ausgeschlossen; hingegen gehen für Ansprüche des Eigentümers auf Herausgabe/Ersatz von **Nutzungen** nach hM die §§ 987 ff, soweit ihr Geltungsanspruch reicht (sa BGH NJW 02, 61: Nutzungen durch Überschreitung des Besitzrechts nach Eingriffskondiktion, soweit nicht § 988 greift), einem Bereicherungsanspruch vor (BGH NJW 96, 52 f; krit Canaris JZ 96, 344; s ferner Rn 13 vor §§ 987–993). Auch der Anspruch des Besitzers auf Ersatz von **Verwendungen** ist im Regelungsbereich der §§ 994 ff nicht auf Bereicherungsrecht zu stützen (BGH 87, 301; NJW 96, 52; sir wegen des Verwendungsbegriffs der Rspr, ie vor §§ 994–1003 Rn 7–9). **c)** Mit Schadenersatzansprüchen 10 aus **unerlaubter Handlung** kann ein Bereicherungsanspruch konkurrieren, s § 852. Diese Vorschrift regelt jedoch nicht einen *weiteren* Bereicherungsanspruch, sondern nur einen in Höhe der Bereicherung unverjährten Schadensersatzanspruch, BGH NJW 86, 2828. **d)** Bereicherungen durch Leistung oder in sonstiger Weise können durch spezi- 11 elle ges Regeln vorrangig geordnet sein. **aa)** Liegen die Voraussetzungen einer **berechtigten GoA** vor, sind etwaige dem Geschäftsherrn zugeflossene Vorteile im Verhältnis zum Geschäftsführer mit Rechtsgrund erlangt. **bb)** Während der Ehe gemachte gegen- 12

§ 812

Buch 2. Abschnitt 8. Einzelne Schuldverhältnisse

seitige Zuwendungen zwischen Ehegatten, die im ges Güterstand leben, sind bei Auflösung der Ehe grundsätzlich nicht nach Bereicherungsrecht auszugleichen, weil insoweit das Ges mit dem Zugewinnausgleich eine Abwicklung der vermögensrechtlichen Verhältnisse der Ehegatten vorgesehen hat, s BGH 65, 320; 82, 231; für nichteheliche Gemeinschaft ist neben gesellschaftsrechtlichen Regelungen auch das Bereicherungsrecht anwendbar (BGH 177, 93 zu § 812 I 2, 2. Fall unter Aufgabe der bisherigen Rspr, Anm Dethloff JZ 09, 418; BGH NJW-RR 09, 1142; v Proff NJW 08, 3266; ders 10, 980; Grädler/Nitze ZGS 09, 36). Gleiches gilt nun auch für Zuwendungen der Schwiegereltern um der Ehe Willen, BGH NJW 10, 2202; 10, 2884, sa § 313 Rn 34.

13 **cc)** Soweit Schuldnerentlastung durch spezielle Regressvorschriften ausgeglichen wird – zB §§ 426 (hierzu BGH NJW 78, 2393), 774 I, 268 III, 1143 I, 1607 II 2 –, ist
14 Bereicherungsrecht nicht anzuwenden. **dd) Verjährung** oder Ablauf von **Ausschlussfristen** können endgültigen Rechtsverlust bewirken, der mit Bereicherungsrecht nicht rückgängig gemacht werden kann, da sonst die Befriedungsfunktion dieser Institute gefährdet wäre. Zur **Ersitzung** Rn 60; zum gutgl Erwerb s zunächst BGH
15 WM 78, 1054. **ee) Gewährleistungsregelungen** sind gegenüber Bereicherungsrecht spezieller; ihre Voraussetzungen und Schranken – etwa durch Verjährung – können
16 nicht mit Bereicherungsansprüchen unterlaufen werden, vgl BGH NJW 68, 43. **ff)** Der Schutzzweck einzelner Regelungen im Bereich des Sozialrechts würde unterlaufen, ließe man statt ihrer einen Bereicherungsanspruch zu (BGH NJW 96, 782: unwirksame Wahlleistungsvereinbarungen nach BPflV 22 II; BGH NJW 05, 3635: Gewährung und
17 Berechnung von Zusatzleistungen nach SGB XI 88). **gg)** Keine abschließende Regelung treffen spezialges Normen für die Verletzung von **Ausschließlichkeitsrechten** (zB PatG 139 II); bereicherungsrechtlicher Ausgleich ist – insbes bei fehlendem Verschulden – auch neben § 687 II möglich; dies gilt auch beim Eingriff in Persönlichkeitsrechte (zur Parallelität mit §§ 823 ff s schon Rn 10).

18 **5. Öffentl-rechtliche Rechtsverhältnisse.** Bereicherungsansprüche nach §§ 812 ff können wegen Leistungen, die auf Grund öffentl-rechtlicher Rechtsverhältnisse erbracht worden oder als Vermögensveränderungen in sonstiger Weise erfolgt sind, nicht geltend gemacht werden. Allerdings werden Grundgedanken des bürgerlich-rechtlichen Bereicherungsrechts als Ausdruck allgemeiner Rechtsgedanken ergänzend im öffentl Recht angewendet (s etwa BAG NZS 03, 34), soweit dies nicht spezielle Regeln (etwa für Wegfall der Bereicherung, BSG WM 00, 1851; BRRG 53 II, BBG 87 II) getroffen oder (und) die Anwendung bereicherungsrechtlicher Grundsätze ausgeschlossen hat; zum öffentl-rechtlichen Erstattungsanspruch W. Lorenz, FS Lerche, 1993, S 929 ff; Ossenbühl NVwZ 91, 513; (s auch VwVfG 49a I, SGB X 50, SGB VI 118 III und IV [BSG ZIP 02, 517], BBesG 12 III und IV).

19 **6. Verjährung.** S §§ 195, 199 I, IV, zur Anwendbarkeit von § 196 auf Bereicherungsansprüche s BGH WM 08, 888. Sonderges Regelungen: zB §§ 977 S 3, 1302, 2287 II.

20 **7. IPR.** S Rom-II-VO Art 10 I (Anknüpfung an das Recht einer zwischen den Parteien bestehenden Rechtsverhältnisses), Auffangregelungen in II (gewöhnlicher Aufenthalt in demselben Staat), III (Ort des Bereicherungseintritts) und IV (engere Verbindung).

§ 812 Herausgabeanspruch

(1) ¹**Wer durch die Leistung eines anderen oder in sonstiger Weise auf dessen Kosten etwas ohne rechtlichen Grund erlangt, ist ihm zur Herausgabe verpflichtet.** ²**Diese Verpflichtung besteht auch dann, wenn der rechtliche Grund später wegfällt oder der mit einer Leistung nach dem Inhalt des Rechtsgeschäfts bezweckte Erfolg nicht eintritt.**

Titel 26. Ungerechtfertigte Bereicherung § 812

(2) **Als Leistung gilt auch die durch Vertrag erfolgte Anerkennung des Bestehens oder des Nichtbestehens eines Schuldverhältnisses.**

I. Allgemeines

Das Ges fasst die verschiedenen Bereicherungstatbestände in I in einer Norm zusammen. Die folgenden Vorschriften enthalten teils weitere Bereicherungsansprüche, teils Regelungen des Inhalts und Umfangs eines Bereicherungsanspruchs sowie – §§ 814, 815, 817 S 2 – Gegenrechte des Schuldners. 1

II. Voraussetzungen der Leistungskondiktion(en)

1. Leistung. Als Regelung der Rückabwicklung von Leistungen kommt dem Begriff der Leistung entscheidende Bedeutung für die Bestimmung des Gegenstandes der Bereicherung und der Parteien des abzuwickelnden Verhältnisses zu. **a)** „Leistung" wird als **bewusste zweckgerichtete Mehrung fremden Vermögens** verstanden (BGH 40, 277; 58, 188; WM 02, 1560). Entscheidend ist dabei der verschaffte Vorteil, nicht eine Vermögensverschiebung. Auch Tun und Unterlassen können „etwas" verschaffen. Die Vorteilsverschaffung muss bewusst und willentlich erfolgt sein (sonst ggf I 1, 2. Fall); es genügt natürlicher, zurechenbarer Wille (s aber unten Rn 6). **b)** Da der Begriff der Leistung nach hL vor allem auch die Parteien des Bereicherungsausgleichs bestimmen soll und in Drei- und Mehr-Personen-Verhältnissen „gewollte Zuwendung" allein die „richtigen" Rückabwicklungsparteien nicht bezeichnen kann, wird die subj Seite des Leistungsbegriffs um eine **Zweckbestimmung** ergänzt (heute ganz hL, vgl Larenz/Canaris, SchR II/2 § 67 II 1d; StLorenz 4, 5). Die Bedeutung, die der BGH und ein Teil der Lit der Zweckbestimmung als Bestandteil des zentralen Begriffs „Leistung" zumessen, und die Funktion des so verstandenen Leistungsbegriffs sind freilich umstritten (umfassend Reuter/Martinek S 32 ff, 75 ff; MK/Schwab 41 ff). Bei Beurteilung der Bedeutung des „Zwecks" für Leistung und Leistungsrückgewähr ist zu unterscheiden: **aa)** Der mit einer Leistung verfolgte Zweck ist wichtig für die Anwendung einzelner bereicherungsrechtlicher Vorschriften – I 2, 2. Fall, §§ 815, 817 und 820. Die Zwecksetzung ist hier übereinstimmende Zielvorstellung der Parteien (sa Rn 20) oder – bei § 817 – Erwartung des Leistenden, die eine ausdrückliche Willensäußerung oder rechtsgeschäftliche Vereinbarung nicht erfordern, BGH NJW 84, 233. **bb)** Kommen zwischen den Parteien mehrere Schuldverhältnisse in Betracht, zu deren Erfüllung die Leistung erbracht werden kann, dann entscheidet – wie bei der Erfüllungswirkung – eine entsprechende Zweckbestimmung des leistenden Schuldners, mit welchem Schuldverhältnis die Leistung zu verknüpfen ist, vgl § 366 I. Zweckbestimmung ist dann einseitiges (uU anfechtbares, vgl BGH 106, 166) RGeschäft (Larenz/Canaris, SchR II/2 § 67 II 1e; Reuter/Martinek § 4 II 3d), eine Zweckvereinbarung ist nicht zu fordern (str, s Schnauder, AcP 187, 150 f mN); Zuordnung bei fehlender Zweckbestimmung s BGH NJW 86, 251. Keine Zurechnung bei Zweckbestimmung durch Geschäftsunfähigen (BGH 111, 382). **cc)** Die Zweckbestimmung ist schließlich ein wichtiges, in vielen Fällen entscheidendes Kriterium bei der Zuordnung einer Zuwendung als Leistung bei den zwischen drei und mehr Personen in Betracht kommenden Schuldbeziehungen, StLorenz 5. Sie bezeichnet den Leistungsempfänger (vgl BGH NJW 91, 2139) und damit grundsätzlich den Bereicherungsschuldner (s hierzu u Rn 23 ff). 2 3 4 5 6 7

2. „Etwas". Bereicherungsgegenstand kann jede Verbesserung der Vermögenssituation sein; Vermögen ist dabei großzügig zu begreifen und *nicht nur* als Vermögenswert zu verstehen. Was geleistet werden kann, kann auch Gegenstand eines Bereicherungsanspruchs sein (enger BGH NJW 52, 417). Bsp: Verschaffung von Eigentum, anderen Rechten, Arbeits- und Dienstleistungen (vgl BAG NJW 93, 484; BB 97, 2432, Koblenz NJW 08, 1679), Gebrauchsvorteilen, Besitz (BGH ZIP 00, 461), Eintragung ins Grundbuch (Buchposition, vgl BGH NJW 91, 1736), Baulast (BGH 8

§ 812 Buch 2. Abschnitt 8. Einzelne Schuldverhältnisse

NJW 95, 54), Domaineintragung (BGH 192, 215), Schuldbefreiung (vgl BGH NJW 85, 2700), auch vom Gläubiger durch Selbstvornahme bewirkte Schuldbefreiung (Koblenz NJW-RR 00, 82), Genehmigung privativer Schuldübernahme (BGH 110, 321), Begünstigung aus Bankgarantie (s BGH NJW 84, 2038), Kreditsicherung (BGH NJW 02, 1874), Stellung eines Hinterlegungsbeteiligten (BGH NJW-RR 11, 373), Freigabeerklärung (BGH NJW 79, 2515), Verzicht auf Rechtserwerb, Versicherungsschutz (s Kohler VersR 88, 564; aA Karlsruhe NJW-RR 88, 151),

9 nach **II** ausdrücklich auch die Anerkennung des Bestehens (BGH NJW 00, 2502 sowie Saldo BGH 72, 12) oder Nichtbestehens eines Schuldverhältnisses (ferner Verschaffung einer Forderung durch abstraktes Schuldversprechen, durch Begebung von Wechsel oder Scheck [hierzu Zöllner ZHR 148, 313]). Dabei muss es sich um eine selbstständige Leistung iSv §§ 397 II, 780, 781 handeln (BGH NJW 99, 573; PalSprau 18). Ein nur feststellendes, streitbereinigendes Anerkenntnis kann jedoch nicht kondiziert werden (BGH NJW 00, 2502; Köln FamRZ 02, 1341). Auch eine fehlerhafte Gutschrift kann „etwas" sein, doch geht bis zum nächsten Rechnungsabschluss ein vertragliches Stornorecht vor, danach Kondiktion des Saldoanerkenntnis-

10 ses, Düsseldorf NJW 85, 2724; Koblenz WM 87, 347; str. **Beweislast** dafür, dass Schuldner „etwas" erlangt hat, trägt Gläubiger, BGH NJW 83, 626.

11   3. **„Auf Kosten".** Nach heute wohl hM bedeutet „auf Kosten" für die Leistungskondiktion jedenfalls nicht Entreicherung des Gläubigers (s jedoch BGH WM 83, 793); darüber hinaus wird das Merkmal von der hA für entbehrlich gehalten, weil der Begriff der Leistung den Bereicherungsgläubiger festzustellen erlaubt, und eine Einbuße nicht Voraussetzung seines Kondiktionsanspruchs ist (s BGH 56, 239; Larenz/Canaris, SchR II/2 § 67 II 1b; aA Wilhelm JuS 73, 1 ff; Kupisch, Gesetzespositivismus im Bereicherungsrecht, 1978, S 29).

12   4. **„Ohne rechtlichen Grund".** Bei den Leistungskondiktionen bezeichnet „rechtlicher Grund" die schuldrechtliche Beziehung (aus Vertrag oder Gesetz, vgl BGH NJW 89, 453), deren Gültigkeits- oder Beständigkeitsmängel die Rückabwicklung erforderlich machen (Larenz/Canaris, SchR II/2 § 67 III 1a; str, teilweise sieht man Zweckerreichung als Rechtsgrund, Zweckverfehlung, insbesondere Verfehlung des Erfüllungszwecks – als Rechtsgrundlosigkeit [subj Theorie], s BGH NJW 85, 2700; Hamm NJW 88, 2116; Medicus/Lorenz, SchR II § 133 V 4; Erm-Westermann 44; Reuter/Martinek § 4 II 4b; Kupisch NJW 85, 2370). Grundsätzlich kann sich nur aus dem Schuldverhältnis ergeben, ob Empfänger eine Leistung endgültig behalten darf (obj Theorie). Bei schwebender Unwirksamkeit ist die Leistung „dann ohne rechtlichen Grund erfolgt, wenn sie in Unkenntnis des Schwebezustandes vorgenommen wurde" (BGH 65, 123). Das Ges unterscheidet nach den verschiedenen Gründen, die das Fehlen der schuldrechtlichen Unterlage oder ihrer

13 Beständigkeit veranlasst haben. **Fallgruppen der Leistungskondiktion: a)** Bei der *condictio indebiti* (Leistung auf eine Nichtschuld), **I 1, 1. Fall** fehlte der Rechtsgrund bei Leistung oder von Anfang an (zB nichtiger Vertrag, beachte aber Heilungsmöglichkeiten zB § 311b I 2), unvollkommene Verbindlichkeit (§§ 656, 762) genügt nicht. Erfasst werden auch Fälle der *condicto sine causa* (StLorenz 78), die heute keine eigenständige Bedeutung mehr hat (zB Zuvielzahlung [BAG NJW 03, 457]; Lieferung eines anderen als vertraglich geschuldeten Gegenstandes; für mangelhafte Ware s vor § 812 Rn 15). Für zu viel gezahlte Miete besteht kein Rechtsgrund, wenn die tatsächliche Mietfläche mehr als 10% unter vereinbarter Fläche liegt (BGH NJW 10, 292; 10, 2648). Der Rechtsgrund fehlt gem § 813 auch, wenn ein Anspruch erfüllt wird, dem eine dauernde Einrede entgegenstand. Rechtsgrundlos ist auch die irrtümliche Bezahlung einer Insolvenzforderung als Masseschuld (RG 23, 61; BAG DB 79, 847; Brandenburg WM 02, 975; str); nicht kondizierbar ist hingegen ein vollstreckbares Schuldanerkenntnis, auch wenn die gerichtliche Durchsetzbarkeit der persönlichen Forderung wegen Erhebung der Verjährungseinrede entfallen ist (Frankfurt WM 06, 856). Typische **Einwendung:** § 814, nach hA

14 auch § 817 S 2 (s dort Rn 12). **b)** Bei der *condictio ob causam finitam* (Wegfall des

Titel 26. Ungerechtfertigte Bereicherung § 812

rechtlichen Grundes) war der Rechtsgrund bei Leistung vorhanden, ist aber später weggefallen, **I 2, 1. Fall**. Bsp: BGH 111, 128 (Ausbau einer Wohnung auf Grund unentgeltlicher Nutzungsgestattung, die später durch Mietvertrag ersetzt wurde); BGH NJW 02, 437 (Wegfall von Leihvertrag); NJW 00, 2024 (wirkungsloser Vollstreckungsbescheid nach Klagrücknahme); Eintritt auflösender Bedingung (Brandenburg ZIP 99, 116); Vertragsaufhebung (offen lassend BGH NJW 03, 506); Anfechtung (trotz § 142, str – wie hier PalSprau 26); Erfüllungsverweigerung durch Insolvenzverwalter gem InsO 103 II (BGH 68, 379); Widerruf von Schenkung (§§ 530, 531 – BGH LM § 527 Nr 1 für Zweckschenkung). Zu Rücktritt und Beendigung von Ehe bzw Lebensgem s Vor § 812 Rn 12; § 313 Rn 34. **§§ 814, 815** sind nicht anwendbar; zur Haftungsverschärfung s § 820 I 2. **c)** Einordnungs- 15 schwierigkeiten macht die Kondiktion wegen Zweckverfehlung, **I 2, 2. Fall** *(condictio ob rem, condictio causa data causa non secuta)*. Teilw wird sie gleichsam als Grundmodell aller Leistungskondiktionen gesehen, weil ja auch bei – zB – nichtigem Leistungsanspruch der Zweck der Leistung, diesen Anspruch zu erfüllen, verfehlt werde, vgl Mot II 832; o Rn 12; nach aA ist sie als historisches Relikt entbehrlich und weitgehend durch den Wegfall der Geschäftsgrundlage ersetzt, § 313; s Weber JZ 89, 25). Trotz Abgrenzungsproblemen bleibt jedoch ein praktischer Anwendungsbereich. Wichtig sind zwei Fallgruppen **aa)** Teilw soll die condictio ob rem 16 (nur noch) dort ein Anwendungsfeld haben, wo Leistung auf einen anderen Zweck hin als zur Erfüllung einer Verpflichtung erfolgt ist (s Medicus/Petersen, BR 691 mN), zB zwecks Erlangung einer Gegenleistung, die mangels wirksamer Verpflichtung nicht geschuldet ist (vgl BGH NJW-RR 87, 937: Übersendung eines Schecks auf Treuhandvertrag, der vom Empfänger nicht geschlossen wird; BGH NJW 04, 512: Finanzierung von Ausbildungskosten im Hinblick auf Bildung einer Steuerberatersozietät; BGH 177, 93; 183, 242: bei Auseinandersetzung nichtehelicher Lebensgemeinschaft ist der Tod des Zuwendenden idR keine Zweckverfehlung, BGH NJW 10, 998) oder überhaupt nicht geschuldet sein kann, zB Erbeinsetzung (BGH 44, 323), Heirat (Stuttgart NJW 77, 1779), „Freikauf" einer Prostituierten (Düsseldorf NJW-RR 98, 1517), Verbleib in nichtehelicher Lebensgemeinschaft oder Erfüllung eines formnichtigen Vertrages bei Ausbleiben der – ebenfalls unverbindlichen – Gegenleistung (zB Schwarzkauf von Grundstück, s München NJW-RR 86, 13; BGH NJW 80, 451; hierzu auch Singer WM 83, 254). Bei nichtehelicher Lebensgemeinschaft kommt eine über das Zusammenleben hinausgehende Zweckverfolgung idR nur bei Leistungen in Betracht, die über das zur Gestaltung des täglichen Lebens Erforderliche deutlich hinausgehen (BGH NJW-RR 09, 1144; BGH NJW 11, 2880). Eine konkrete Zweckvereinbarung kann in der Schaffung gemeinsamer Vermögenswerte liegen oder wenigstens in der einseitigen Vermehrung des Vermögens des anderen mit der Möglichkeit langfristiger Partizipation (BGH NJW 11, 2883). Die **praktische Bedeutung** einer Entscheidung für die 17 condictio ob rem in diesen Fällen statt für eine condictio indebiti liegt einmal darin, dass die Kondiktion nicht an § 814 scheitert (vgl BGH NJW 73, 612 f einerseits, BGH NJW 76, 238 andererseits), zum anderen in der Anwendbarkeit des § 815 bei treuwidriger Zweckvereitelung (s BGH NJW 68, 245; sa NJW-RR 90, 827: Strafanzeige trotz Schuldanerkenntnisses zur Abwendung der Anzeige; BGH NJW 90, 2544: Mehrpreis auf Kaufvertrag gezahlt, um Transportauftrag zu erhalten; Zahlungen zum Erhalt von Familiengrundstück in Erwartung von Erbschaft, Karlsruhe FamRZ 02, 918). In Fällen von Dienstleistungen, die ohne Vertrag, aber zB in Erwartung künftiger Zuwendung oder Erbeinsetzung erbracht wird, behilft sich die Rspr mit der Annahme eines faktischen Vertrages; Folge: Vergütungsanspr entspr § 612 II (BGH NJW 65, 1224; MDR 66, 821). **bb)** Bei **wirksamen Leistungsver-** 18 **pflichtungen** sollten dagegen enttäuschte Erwartungen, sofern ihre Erfüllung nicht überhaupt als vereinbarte Bedingung gesehen werden kann, als Veränderung oder Wegfall der **Geschäftsgrundlage** zu behandeln sein (sa BGH NJW 75, 776: Ansprüche wegen Wegfalls der Geschäftsgrundlage haben als Rechtsfolgen aus Vertragsverhältnis Vorrang vor Bereicherungsansprüchen; ebenso BAG NJW 87, 919;

Celle FamRZ 03, 234; mehrdeutig BGH NJW 84, 233 – Zweckerreichung iSv § 812 I 2 als Geschäftsgrundlage einer Schenkungsabrede –, krit zur Rspr insgesamt
19 Liebs JZ 78, 697; Joost JZ 85, 10, 16). **cc)** Ein Teil der Lit (vgl Fikentscher Rn 1103) und die Rspr wenden **I 2, 2. Fall** aber auch dann an, wenn auf eine rechtsgültige und -beständige Verbindlichkeit geleistet, aber ein **weiterer,** über die Erfüllung der Verbindlichkeit hinausgehender **Zweck** verfolgt worden ist (vgl BGH 44, 323; NJW-RR 86, 945: Mietzinsherabsetzung in Erwartung einer Verlängerung der Mietzeit; BGH NJW-RR 90, 827: Schuldanerkenntnis zur Abwendung einer Strafanzeige). Hierunter lassen sich auch Zweckverfehlungen bei Zweckschenkung fassen (BGH NJW 84, 233; Düsseldorf NJW-RR 96, 517; zur Rückforderung von Schenkungen der Schwiegereltern nach Scheitern der Ehe s BGH NJW 10, 2886). Erfor-
20 derlich ist eine – auch stillschweigend mögliche – tatsächliche **Einigung** über den mit der Leistung bezweckten weiteren Erfolg (BGH 44, 323; MDR 11, 1110; NJW-RR 09, 1142 [einseitige Vorstellung genügt nicht, aber widerspruchslose Entgegennahme der Leistung, wenn Vorstellung des anderen Teils erkannt wurde]; NJW 92, 2690; griffig Klinke, Causa und genetisches Synallagma, 1983, 66: Bei *vereinbartem* Zweck Kondiktion, bei nichtvereinbartem Zweck Geschäftsgrundlage; aA Sorge JZ 11, 665). Eine einseitige Erwartung reicht selbst dann nicht aus, wenn sie dem Leistungsempfänger bekannt ist und er ihr zwar nicht widersprochen, aber seinerseits einen anderen Zweck der Leistungsempfangnahme zum Ausdruck gebracht hat (BGH NJW 73, 612: Hingabe, um Verbleib in eheähnlicher Gemeinschaft zu erreichen, s aber Stuttgart NJW-RR 93, 1475), Entgegennahme zur Erfüllung oder Sicherung einer Verbindlichkeit (BGH NJW 79, 646: Erwartung des Bürgen, dass weitere Sicherheit gestellt werde). Auch muss genau geklärt werden, ob der Zweck nicht bereits erreicht worden ist, vgl BGH NJW 85, 315: Schaffung einer Familienwohnung (s auch Celle FamRZ 91, 948; Köln NJW-RR 95, 584).
21 **d) Beweislast** für Fehlen eines Rechtsgrundes trägt grundsätzlich Bereicherungsgläubiger (BGH 128, 167; NJW-RR 95, 131; 09, 547; 09, 1424). Es genügt, dass die vom Empfänger geltend gemachten Rechtsgründe (sekundäre Behauptungslast des Empfängers, s BGH NJW-RR 04, 556; LG Düsseldorf NJW-RR 10, 168) ausgeräumt werden (BGH NJW 90, 393; NJW-RR 96, 1212; NJW 03, 1039 und 1450; sa NJW 00, 1718: bei Rückforderung von Vorschuss hat Empfänger Anspruch
22 zu beweisen). **e)** Zur Rückforderung einer Leistung auf Grund **rechtskräftigen Urteils** s BGH 83, 280; auf Grund einstweiliger Anordnung (Unterhalt) BGH NJW 84, 2096; Prozessvergleich BGH NJW-RR 91, 1155, NJW 98, 2433.

23 **5. Drei-Personen-Verhältnisse. Lit:** Bartels WM 10, 1828; Lorenz JuS 03, 729 ff, 839 ff; Böckmann/Kluth ZIP 03, 656; Schneider, Rückgriffskondiktion, 2008. **a) Interessen:** Rspr (BGH NJW 95, 3316) und ein Teil der Lit versuchen, die Parteien des Rückabwicklungsverhältnisses aus Bereicherung vermittels des Leistungsbegriffs (s Rn 2, 7) zu bestimmen (teilw aA die Einheitslehren, vgl zB Kellmann JR 88, 97). Danach soll die Rückabwicklung grundsätzlich innerhalb des jeweiligen Leistungsverhältnisses erfolgen (BGH NJW 01, 2881). Damit hat eine Leistungsbeziehung in dem Sinne Vorrang, als das durch Leistung an den Empfänger Zugewendete weder vom Leistenden noch von Dritten im Wege der Eingriffskondiktion herausverlangt werden kann (Subsidiarität der Nichtleistungskondiktion; s BGH 56, 228; 36, 30; WM 99, 484; NJW-RR 91, 343; iE u Rn 83 ff). „Zuwendung" und Leistung im Rechtssinne als Voraussetzung für den Bereicherungsanspruch werden unterschieden, wobei die Schwierigkeiten in der Wertung liegen, zwischen welchen Personen eine Zuwendung als Leistung im Rechtssinne zu gelten hat. Bei dieser Zuordnung sind die Interessen der Beteiligten mit zu berücksichtigen: Aus dem Rückabwicklungsverhältnis können sich für den Bereicherungsschuldner Einwendungen und Einreden ergeben; umgekehrt werden aber auch die möglichen Gegenrechte auf solche aus dem abzuwickelnden Schuldverhältnis beschränkt. Vor allem entscheidet die Bestimmung des Rückabwicklungsverhältnisses darüber, wer wessen Insolvenzrisiko zu tragen hat (zum Ganzen Canaris FS Larenz S 802 ff mN; krit

Titel 26. Ungerechtfertigte Bereicherung **§ 812**

zum Insolvenzrisiko als Zurechnungsgesichtspunkt Häsemeyer KTS 82, 16 f). **b) Wertungsmomente der Zuordnung** (z Ganzen Schlechtriem, Restitution **24** Bd II, 288 ff): **aa)** Einem übereinstimmenden **Willen der Beteiligten** kommt überragende Bedeutung zu, vgl Flume NJW 84, 466 f; BGH NJW 01, 2881 („allseits richtig verstandene Zweckbestimmung"). Einseitiger Widerruf einer übereinstimmenden Zuordnung (Zweckbestimmung) kann diese allenfalls rückgängig machen, wenn der Leistungsempfänger ihn kennt (vgl BGH 61, 289; 87, 398 für widerrufenen Scheck; 87, 250 für widerrufenen Überweisungsauftrag). Die Rechtsordnung kann freilich der Parteiautonomie Grenzen setzen: **Verstößt** die **Absicht der Par- 25 teien,** die faktisch einem Dritten erbrachte Leistung rechtlich als solche zwischen den Parteien gelten zu lassen, **gegen** die **guten Sitten** oder den Zweck eines **Verbotsges,** dann kann – vgl die Wertung in § 817 S 2 – zwischen den Parteien kein durchsetzbares Bereicherungsverhältnis entstehen. Soll die einem Dritten erbrachte Zahlung als Auszahlung auf ein zwischen den Parteien vereinbartes, aber gegen ein ges Verbot verstoßendes Darlehensverhältnis bezogen werden, so kann der Schutzzweck des einschlägigen Verbotsges auch einen Bereicherungsausgleich verbieten, vgl BGH 71, 365 (nach GewO 56 I Nr 6 verbotenes Kreditgeschäft); BGH NJW 77, 40 f (gegen das RBerG aF verstoßende Unfallfinanzierung); BGH 91, 19 (finanziertes Abzahlungsgeschäft), aber auch BGH NJW 89, 2881 (Darlehensnehmer habe allenfalls Bereicherungsanspruch erlangt); Hamburg ZIP 90, 921 (Schutzzweck des § 138 I verbietet Bereicherungsausgleich nicht). **bb)** Fehlt es **26** an der Willensübereinstimmung der Parteien, dann kommt der **Zweckbestimmung des Zuwendenden** ausschlaggebende Bedeutung zu. Ist sie nicht eindeutig, dann können freilich in die Auslegung des obj Erklärungswertes des Verhaltens des Zuwendenden normative Zurechnungsüberlegungen einfließen. Auch kann einseitige Zweckbestimmung in Drei- und Mehr-Personen-Verhältnissen allein nicht stets ausreichen, um einen anderen, der nichts erhalten und von dem Vorgang vielleicht keine Kenntnis hat, rechtlich als Leistungsempfänger im Verhältnis zum Zuwendenden und/oder als Leistenden im Verhältnis zum Zuwendungsempfänger gelten zu lassen (vgl Flume NJW 91, 2522); zumindest ein zurechenbar veranlasster Rechtsschein eines Einverständnisses muss hinzutreten (sa Rn 34; anschaulich Frankfurt WM 86, 99; sa BGH NJW 01, 2881, ferner Gottwald JuS 84, 845). **cc)** Nach **27** der Rspr soll auch die „Sicht" des Leistungsempfängers **(„Empfängerhorizont")** genügend Gewicht haben, eine Leistung entsprechend den Vorstellungen des Empfängers einem von mehreren in Betracht kommenden Schuldverhältnissen zuzuordnen (BGH NJW 05, 60; WM 02, 1560; NJW 98, 379; WM 98, 1878; WM 78, 1054; NJW 74, 1133 [„Hemdenfall"]; dagegen zutr Schnauder NJW 99, 2843 mN; WM 96, 1071; für einen rein subjektiven Leistungsbegriff: Staake WM 05, 2120); anders BGH NJW 01, 1856; 03, 583: Vertrauensschutz leistet auch § 818 III. **c) Fall- 28 gruppen:** Die Rspr stellte früher auf die Besonderheiten des Einzelfalles ab (s BGH 61, 292), doch sind die damit verbundenen Unsicherheiten inzwischen überwunden. Die wichtigsten Fallgruppen lassen sich wie folgt bewerten (hierzu Schlechtriem, Restitution Bd II, 285 ff): **aa) Lieferungskette:** Verkauft und liefert A an B **29** und dieser dann an C, so sind die Leistungen nach dem übereinstimmenden Willen aller Beteiligten auf die Verträge mit dem jeweiligen Partner bezogen. Die Abrechnung soll im Rahmen der durch diese Verträge geschaffenen Schuldbeziehungen erfolgen, sie sind für Erfüllungswirkungen und Rückabwicklung bei Rücktritt oder Ungültigkeit maßgebend. Ein direkter Durchgriff findet nur statt, falls der Empfänger einer rechtsgrundlos erbrachten Leistung sie unentgeltlich weitergeleitet hat, § 822. Die Rückabwicklung über die einzelnen Stationen der Lieferungskette ist auch einzuhalten, wenn mehrere Kausalverhältnisse ungültig oder nicht tragfähig sind (sog **„Doppelmangel"**): Ein Durchgriff kommt grundsätzlich nicht in **30** Betracht, jeder trägt das Insolvenzrisiko seines jeweiligen Partners und ist (nur) dessen Gegenrechten ausgesetzt (vgl statt aller Lorenz JuS 03, 733; Canaris FS Larenz S 801 ff), es sei denn, der Letztempfänger hat noch keine (Gegen)leistung erbracht (Schlechtriem, Restitution Bd II, 312 mN: § 822 analog). Geleistet hat der jeweilige

§ 812

Bereicherungsgläubiger in diesen Fällen den Leistungsgegenstand, der deshalb auch den primären Gegenstand der Kondiktion bildet (anders Saarbrücken ZIP 99, 2057: Beim Doppelmangel sei (nur) Kondiktion gegen Zuwendungsempfänger verschafft worden). Bereicherungsgläubiger kann wegen Unmöglichkeit der Naturalherausgabe Wertersatz verlangen, soweit nicht § 818 III eingreift, und nicht etwa nur Abtretung der Bereicherungsansprüche, die dem Schuldner gegen seine Abnehmer zustehen mögen. Das Gleiche muss gelten, wenn Leistungsvorgänge und Schuldverhältnisse sich nicht decken, sondern der abgekürzte Leistungsweg eine oder mehrere Stationen der Kausalkette überspringt. Entscheidend ist, dass nach dem übereinstimmenden Willen aller Beteiligten die Leistung den verschiedenen Schuldverhältnissen zugeordnet wird (informativ BGH WM 83, 793). Es ist dabei unerheb-

31 lich, ob die **Abkürzung durch Direktleistung** rechtstechnisch durch Anweisung, Vertrag zugunsten des Endabnehmers oder Abtretung von Lieferansprüchen an diesen erreicht wird (hierzu unten Rn 35 ff): Stets hat jeder seinem Vertragspartner den Leistungsgegenstand „verschafft" und nicht nur Befreiung von einer (vielleicht einredebehafteten) Verbindlichkeit oder – bei Doppelmangel – nur eine Kondiktion gegen den Abnehmer (sehr str, wie hier v Caemmerer GS I S 323 f, 332 ff; ausführlich Larenz/Canaris, SchR II/2 § 70 II). Ausschlaggebendes Kriterium für die

32 Zuordnung der Leistung zu den verschiedenen Schuldverhältnissen ist jedoch der **übereinstimmende Wille** der Parteien. Erfolgt Lieferung dagegen ohne gewollten und erkennbaren Bezug zu bestimmten Schuldverhältnissen, oder stimmen die Absichten der Parteien über die Zuordnung der Lieferung zu den in Betracht kommenden Schuldverhältnissen nicht überein, dann müssen andere Wertungsgesichts-

33 punkte berücksichtigt werden (s o Rn 26 f). bb) Bei offener **Stellvertretung** werden vom Stellvertreter im Namen des Vertretenen erbrachte oder in Empfang genommene Zuwendungen nach dem Willen der Beteiligten dem Vertretenen zugerechnet, vgl Hamburg MDR 82, 670; BGH NJW 80, 117; zum falsus procura-

34 tor jedoch auch BGH 98, 140. Wirtschaftlich ähnlich sind **Zahlungen auf ein Bankkonto** des Empfängers; bereichert ist deshalb der Kunde/Empfänger und nicht die Bank (vgl BGH NJW 85, 2700). Dagegen liegt bei der mittelbaren Stellvertretung eine Leistung des Vertreters oder an diesen vor, so dass über ihn abzuwickeln ist, sofern die Zuwendung nicht von den Beteiligten übereinstimmend als Leistung zwischen mittelbar Vertretenem und Zuwendungsempfänger/Zuwendendem gesehen und bezweckt wird. Zur Leistung an einen Treuhänder s BGH WM 61, 651;

35 zur Leistung eines Strohmannes BGH WM 62, 1174. cc) **Weisungsfälle: (1)** Bei **wirksamer Weisung** gilt die Zuwendung des Angewiesenen oder Beauftragten an den Empfänger rechtlich als Leistung des Angewiesenen an den Anweisenden und des Anweisenden an den Empfänger, da – und soweit – durch Übereinstimmung aller Beteiligten die Zuordnung der Zuwendung auf Deckungs- und Valutaverhältnis erfolgt (st Rspr BGH 40, 272; 67, 77; 102, 157; NJW 01, 2881; 03, 583; Köln WM 03, 19; Koblenz WM 09, 112; anders für Kreditauftrag BGH WM 06, 2276). Die Bank des Empfängers ist regelmäßig nur Zahlstelle und nicht Leistungsempfänger (auch bei gekündigtem Konto, BFH ZIP 10, 315). Nach manchen soll der Anweisende die zuordnende Zweckbestimmung treffen, die der Zahlende übernimmt und als Bote mit der Zahlung weiterleitet (anders und mE zutreffend München WM 93, 413: Zahlende – angewiesene – Bank trifft selbst Zweckbestimmung). Das gilt auch bei der angenommenen Anweisung – dass der Angewiesene in diesem Falle auch dem Empfänger verpflichtet ist, hindert nicht, dass er das Deckungsverhältnis erfüllen will und nach übereinstimmender Zweckbestimmung aller Beteiligten soll. Etwas anderes gilt nur, wenn seine Zuwendung im Hinblick auf eine eigene, außerhalb des Anweisungsverhältnisses entstandene oder herzustellende causa erfolgt und entspr zweckbestimmt ist, zB um zu schenken (s Kupisch, Gesetzespositivismus

36 S 60 f). Auch bei **Mängeln** des **Deckungsverhältnisses** oder **Valutaverhältnisses** bleibt es bei der Zuordnung der auf Grund Weisung erbrachten Leistung zu diesen Verhältnissen und entsprechender Rückabwicklung (vgl Kümpel, Lit vor § 812

37 Rn 1). **(2) Fehlt** jedoch eine **zurechenbare Weisung,** deren Erteilung, Befolgung

Titel 26. Ungerechtfertigte Bereicherung § 812

und Nutzung (durch den Zuwendungsempfänger) die Übereinstimmung hinsichtlich der Zuordnung der geschehenen Zuwendung (Gutschrift auf Grund Überweisungsauftrags, Zahlung auf Scheck usw) zum Ausdruck bringt oder bewirkt hat, dann kann der Zahlende nach hA direkt vom Empfänger zurückfordern, unabhängig von dessen Kenntnis der fehlenden Weisung. Da der angeblich „Anweisende" keinen zurechenbaren Rechtsschein gesetzt hat, ist er aus der Rückabwicklung herauszuhalten (vgl für Zahlung auf gefälschten oder nicht unterschriebenen Scheck BGH 66, 362; Naumburg WM 98, 593; Zahlung an den falschen Empfänger BGH 66, 372; Brandenburg WM 02, 2012; Zahlung auf Grund erloschenen Zahlungsauftrags BGH 67, 79; bereits erfüllten Zahlungsauftrags Hamburg NJW 83, 1500; Zuvielüberweisung BGH NJW 87, 186 [dazu Flume NJW 87, 635]; BGH 176, 234, s Müller WM 10, 1293; Doppelüberweisung BGH NJW 11, 66; AG Ratzeburg WM 08, 2375; Hamm ZIP 03, 662; München NJW-RR 88, 1391; Überweisung auf Konto bei anderer als benannter Bank, Düsseldorf NJW-RR 09, 205; Zuvielzahlung an Pfändungsgläubiger, Düsseldorf WM 02, 74; wegen Geschäftsunfähigkeit nichtige Weisung BGH 111, 386 f [dazu Flume NJW 91, 2522], NJW-RR 10, 858; gefälschter Überweisungsauftrag BGH NJW-RR 05, 1448; NJW 03, 582; NJW-RR 90, 1201; widersprochene Buchung im Lastschriftverfahren BGH 167, 174 [zur Beweislast für fehlende Genehmigung einer Lastschrift s BGH NJW 11, 2130]; fehlende Vertretungsmacht BGH NJW 01, 1856 [aA Nürnberg WM 99, 2357]; Fehlbuchung in Folge von Phishing Karlsruhe WM 08, 633 [dazu Löhnig/Würdinger WM 07, 961]). Aufgrund der durch **Umsetzung der ZahlungsdiensteRiLi** eingefügten §§ 675j ff ist die sog Autorisierung (§ 675j I 1) bzw deren Fehlen (zu unterscheiden von fehlendem oder nichtigem Deckungsverhältnis) auch beim Bereicherungsausgleich zu berücksichtigen. Fehlt es an ihr, ist der Zahlungsvorgang gegenüber dem Zahler nicht wirksam, die Bank darf keine Belastungsbuchung vornehmen (§ 675u S 1). Damit fehlt es für den Zahler auch an einer Zurechnung der Zahlung an den Empfänger. Die Bank muss sich direkt an den Zahlungsempfänger wenden (str; Einzelheiten bei Bartels WM 10, 1831; zum Ganzen auch Belling/Belling JZ 10, 708; krit Fornasier AcP 212, 410; Rademacher NJW 11, 2169). Str ist, ob Direktkondiktion Leistungs- oder Nichtleistungskondiktion ist (für Letzteres BGH NJW 01, 1856; 03, 583; Bamberg NJW-RR 01, 129, dadurch wird § 814 ausgeschaltet, ebenso Bartels WM 10, 1831 mN). Kondiktion beim Zahlungsempfänger auch bei dessen Unkenntnis von fehlender Weisung (BGH NJW 01, 1856 und 2881; NJW 03, 583). Einem Geschäftsunfähigen ist auch der Rechtsschein einer Weisung nicht zurechenbar (BGH 111, 386; NJW 01, 2880; Stuttgart NJW-RR 02, 1580). **(3)** **38 Widerruf** oder andere **nachträgliche Unwirksamkeit** einer Weisung können aber die durch die Weisung und die in ihrer Befolgung vom Angewiesenen getroffene Zweckbestimmung „Leistung an den Anweisenden" sowie einen entsprechenden Rechtsschein nicht aufheben; mE Durchgriff auf Empfänger in diesem Fall nur, wenn der Zuwendungsempfänger den Widerruf der Weisung kannte (BGH 87, 400; Lorenz JuS 03, 840). Der Anweisende hat dessen Kenntnis zu beweisen, falls der Angewiesene für seine Zuwendung an den Dritten Bereicherungsausgleich beim Anweisenden sucht (BGH 87, 400 mN für Scheckwiderruf; sa BGH 87, 249: Aus- **39** führung eines widerrufenen Überweisungsauftrags; BGH 89, 376: Dauerauftrag; sa BGH NJW 87, 186: Erkennbarkeit einer Zuvielüberweisung); zur fehlenden Autorisierung nach § 675j I s Rn 37; zu beachten ist künftig auch, dass § 675p einen Widerruf von Zahlungsaufträgen nicht mehr zulässt (s dort); Rechtsnatur der Kondiktion s Rn 37. Diese Lösung berücksichtigt vorrangig Vertrauensschutz des gutgläubigen Empfängers und das schutzwürdige Interesse des Anweisenden: Teilt er den Widerruf dem Zuwendungsempfänger rechtzeitig mit, kann dieser nicht darauf vertrauen, Zahlung auf das Valutaverhältnis zu erhalten. Jahrelange **Duldung** **40** regelmäßiger Abbuchung durch den scheinbar Anweisenden kann ebenfalls ausreichend zurechenbaren Rechtsschein einer Weisung bewirken, vgl BGH NJW 84, 2206; für Geschäftsunfähigen jedoch BGH 111, 386 f (nicht zurechenbar). Bei Fälschung von Überweisungsauftrag oder sonstigem anfänglichen Fehlen einer

(An)Weisung kommt es dagegen auf Kenntnis des Empfängers nicht an (Köln WM 97, 215) denn hier hat der Bankkunde nicht einmal den Rechtsschein einer Weisung
41 verursacht, s schon o Rn 37. Der Leistungsempfänger ist entsprechend § 822 auch bei **unentgeltlichem Erwerb** nicht schutzwürdig (BGH 88, 232; krit Mühl WM 84, 1441; Gottwald JuS 84, 841; Flume NJW 84, 464). Die Zurechnung der Leistung auf die – vermeintlichen – Kausalbeziehungen muss aber auch Zurechnung des Leistungsgegenstandes bedeuten; der Angewiesene hat dem Anweisenden nicht etwa nur eine Kondiktion gegenüber dem Leistungsempfänger verschafft (sehr str, wie hier v Caemmerer GS I S 324; Kupisch, Gesetzespositivismus S 25; aA zB Cana-
42 ris FS Larenz S 808 mN, Saarbrücken ZIP 99, 2057 für Doppelmangel). **dd)** Beim **Vertrag zugunsten Dritter** ist die an den Dritten erbrachte Leistung rechtlich regelmäßig dem Deckungsverhältnis zuzurechnen; Kondiktionsschuldner des Leistenden/Versprechenden ist der Versprechensempfänger. Ein Durchgriff kommt bei nichtigem Deckungsverhältnis grundsätzlich nur in Betracht, wenn das Valutaverhältnis eine unentgeltliche Leistung vorsieht, also § 822 eingreift (Peters AcP 173,
43 88; BGH 88, 237 je mN). Auch bei **Doppelmangel**, also nichtigem Deckungs- und Valutaverhältnis, sind regelmäßig die gleichen Rückabwicklungsstationen einzuhalten (aA BGH 5, 284 und die früher hM; zum Ganzen Reuter/Martinek 480 ff; Peters AcP 173, 72 ff). Entscheidend ist wieder der übereinstimmende Wille der Beteiligten, der die Leistung dem Deckungs- und dem Valutaverhältnis zuordnet, bei wirksamen Kausalverhältnissen deshalb insoweit Erfüllung eintreten lässt, bei Rücktritt und rechtsgrundloser Leistung die Rückabwicklung zwischen Versprechendem und Versprechensempfänger einerseits, Versprechensempfänger und Leistungsempfänger andererseits vorzunehmen gebietet. Dass beim echten Vertrag zugunsten Dritter der Zuwendungsempfänger einen (bei Nichtigkeit des Deckungsverhältnisses vermeintlichen) eigenen Anspruch gegen den Versprechenden hatte, kann wie bei der angenommenen Anweisung allein nicht durchschlagen (BGH 72, 250; sehr str, aA Kupisch Gesetzespositivismus, S 102 mN: Der Versprechensempfänger habe an den Dritten bereits durch Verschaffung der Forderung geleistet).
44 **ee)** Vom Parteiwillen getragene Abweichungen von der üblichen Zuordnung sind jedoch zu beachten: Bei manchen Verträgen zugunsten Dritter u ähnlichen Verträgen ist für alle Beteiligten deutlich, dass der Versprechende seine Leistung nur dann als solche im Deckungs- und Valutaverhältnis gelten lassen will, wenn das
45 Deckungsverhältnis intakt ist. Die Leistung der **Lebensversicherung** an den Begünstigten soll als Leistung des Versicherungsnehmers nur gelten, wenn ein Versicherungsverhältnis bestand (BGH 58, 189 – zutreffender freilich die Deutung der Wertungsgrundlagen dieser Entscheidung von Canaris NJW 72, 1196 ff). Zur Zahlung des Kfz-Haftpflichtversicherers an Werkstatt des Geschädigten s Celle NJW 1986, 936; Vorschuss Haftpflichtversicherer an Opfer s BGH NJW 00, 1718 (Kon-
46 diktion gegen Empfänger). **ff)** Auch bei **Leistung auf einen zedierten Anspruch** entscheiden über die Zuordnung der Leistung zu den in Betracht kommenden Schuldbeziehungen regelmäßig die Absichten der Parteien; s W Lorenz AcP 191, 279 (grundlegend), BGH 105, 370; 122, 51. Zahlung auf sicherungszedierten Anspruch ist deshalb regelmäßig Leistung an Zedenten (BGH 105, 368 f, W Lorenz aaO 311; Flume NJW 91, 2523 [„von selbstverständlicher Richtigkeit"], ders AcP 199, 21; krit Kohler WM 89, 1629; aA BFH WM 98, 1483, Dörner NJW 90, 473; Schubert JR 89, 371; Tiedtke, WM 99, 518 f); sa BGH NJW-RR 90, 206 zur Zahlung auf zediertem Kaufpreisanspruch zwecks Ablösung einer dem Zessionar zustehenden Grundschuld als Leistung des Zedenten an Zessionar (und folglich Leistung des Schuldners an Zedenten). Sonderfall besteht dann, wenn der abgetretene Scheinanspruch aus einem grundsätzlich intakten Rechtsverhältnis (zB Versicherungsvertrag) zwischen Scheinschuldner und Zedent stammt. In diesem Fall erfolgt Kondiktion gegenüber dem Zedenten (BGH NJW 05, 1369 mN; krit zur versicherungsrechtlichen Grundlage Sieg BB 93, 1746). In anderen Fällen, in denen der Zedent durch die Zession aus den Rechtsbeziehungen zum Zahlenden hinsichtlich der Forderung ganz ausscheidet oder die Zahlung über die abgetretene Forde-

Titel 26. Ungerechtfertigte Bereicherung § 812

rung hinausgeht, ist beim **Zessionar** zu kondizieren, vgl BGH NJW 89, 161 f mN 47
(Überzahlung an Zessionar); ferner BGH 113, 69 zur Zahlung eines Haftpflichtversicherers an vermeintlichen Zessionar des Geschädigten und Kondiktion gegen Zessionar; krit dazu Canaris NJW 92, 868; Frankfurt ZIP 98, 148 (Abtretung an Bank zur Senkung des Sollsaldos des Zedenten); BGH NJW 06, 1731 (Irrtum des Leistenden in der Person des Gläubigers). Zur Zahlung auf übergeleiteten Unterhaltsanspruch s BGH 78, 206 f. **gg)** Bei Zahlung des Drittschuldners einer 48
(nicht bestehenden) **gepfändeten Forderung** an Vollstreckungsgläubiger jedoch (nur) Bereicherungsanspruch gegen diesen (BGH NJW 02, 2871 mN zu hM; Düsseldorf WM 02, 75 [Überzahlung]; vgl BGH 78, 204 für Pfändung bereits abgetretener Forderung; aA – Kondiktion beim Vollstreckungsschuldner – Buciek ZIP 86, 890); bei Mehrfachpfändung und Zahlung an nachrangigen Pfändungsgläubiger ebenfalls Direktkondiktion bei diesem (BGH 82, 28; NJW 02, 2871). **hh)** Zahlung durch Bürgen oder Garanten s Koziol ZBB 89, 16; Wilhelm NJW 49
99, 3519 mN. **ii)** Zur Zahlung auf fremde Schuld ohne „Veranlassung" s Rn 72.

III. Kondiktion wegen Bereicherung in sonstiger Weise

1. Eingriffskondiktion. a) Eingriff in fremde Rechtsposition. Die Kondik- 50
tion wegen rechtsgrundlosen Eingriffs gehört zum Instrumentarium der rechtsschützenden Ansprüche wie § 823 I, Unterlassungsklage und Vindikation (v Caemmerer, GS I S 230). Zum Teil wird ihr entscheidendes Kriterium in der Rechtswidrigkeit der Verwendung fremden Guts gesehen (vgl Jakobs aaO S 55; zu den verschiedenen Ansichten s Schlechtriem, Restitution Bd II, 86 ff). **aa)** Herrschend ist die Fassung 51
der – im Ges nicht eindeutig geregelten – Wertungsfrage im Begriff **„Zuweisungsgehalt":** Kondiktionsauslösend ist danach die unbefugte Nutzung von Gebrauchs-, Nutzungs- und Verwertungsmöglichkeiten eines Guts, die rechtlich allein dem Inhaber des Rechts „zugewiesen" sind (BGH 107, 120; Larenz/Canaris, SchR II/2 § 69 I 1b; PalSprau 39; Schlechtriem Restitution Bd II, 110 ff). Modell sind dabei das Eigentum und die dem Eigentümer zugewiesenen Befugnisse, wobei Eingriff uU auch durch Verfügungsberechtigten unter Verletzung treuhänderischer Bindungen geschehen kann (BGH NJW 99, 1393 f). Dem Rechtsinhaber ausschließlich zur Nutzung zugewiesen sind aber nicht nur **absolute Rechte** wie Eigentum (zum Nutzungsrecht des Sicherungseigentümers BGH NJW 07, 216 [dazu von Olshausen ZIP 07, 1145]) oder andere dingliche Rechte, zB Nießbrauch, Anwartschaftsrecht des Käufers unter EV, sondern auch **Forderungen**, deren Einziehung durch einen 52
Nichtberechtigten eine Eingriffskondiktion auslösen kann, § 816 II (der Forderungsinhalt ist dem Forderungsinhaber nicht zugewiesen, s BGH 192, 216; entspr bei Unterlassungsansprüchen, BGH NJW 13, 783); zum vorgemerkten Auflassungsanspruch, falls Feuerversicherer an nachrangigen Grundschuldgläubiger zahlt, s BGH 99, 387. Ansonsten ist der Forderungsberechtigte grundsätzlich jedoch nur im Verhältnis zum Verpflichteten geschützt (BGH NJW 87, 772). Dagegen verleiht der berechtigte Besitz zB des Pächters oder Mieters gegen jedermann geschützte Befugnisse. Zur unberechtigten Untervermietung Mutter MDR 93, 303, BGH NJW 02, 61; BGH 167, 320 (sa BGH NJW 12, 3573 zum Wohnrecht). **bb) Umfang** und 53
Inhalt der dem Rechtsinhaber ausschließlich zugewiesenen Befugnisse können freilich Zweifelsfragen aufwerfen, und zwar auch bei solchen Rechten, deren Inhalt ges geregelt ist, wie zB beim Eigentum: Ob und inwieweit dem Eigentümer eines Grundstücks die Nutzung des Grundwassers (s BVerfG NJW 82, 748 ff [Nassauskiesung] zu WHG), von Kavernen (ja, BGH MDR 81, 567), Mineralien (nein, s zum Bergrecht Baur/Stürner § 30 II) und des Luftraums (s LuftVG 1 I) „zugewiesen" ist, wird auch durch §§ 903, 905 sowie konkretisierende Spezialges nicht abschließend bestimmt. Ob etwa von einem Gebäude nur der Eigentümer Fotografien herstellen und gewerblich vertreiben kann, ist nicht allg (s UrhG 59 I 2) geregelt (vgl BGH NJW 89, 2251: Ansprüche verneinend; s. aber BGH JZ 11, 371 und JZ 13, 740 m abl Anm Schack je zu § 1004). **cc)** Nicht jede faktisch gegebene Möglichkeit der 54

§ 812 Buch 2. Abschnitt 8. Einzelne Schuldverhältnisse

Nutzung, des Ge- oder Verbrauchs ist dem Rechtsinhaber rechtlich allein „zugewiesen", spezielle Gesetze können die Befugnisse des Rechtsinhabers ebenso konkretisieren und einschränken wie Gebote der Sittenordnung (Kleinheyer JZ 70, 476 trotz anderen Ansatzes). Andererseits hat Bereicherungsansprüche gegen unberechtigt Nutzende auch, wer sein Recht selbst nicht verwerten kann (statt aller v. Caemmerer GS I 230 f, 235). Die Wertungsfragen, die bei der Bestimmung der bereicherungserheblichen Positionen gestellt sind, werden jedoch mit dem Begriff „Zuweisungsgehalt" adäquat umschrieben (überzeugend ErmWestermann 66).

55 **dd)** Bsp für **Rechtspositionen mit Zuweisungsgehalt:** Strom (LG Aachen NJW 84, 2422; str, s Martinek JuS 85, 596), Gebrauchsmuster und Patente (BGH 68, 99; 82, 306, 313); das Recht an der Erfindung (BGH 185, 346); Warenzeichen (BGH 99, 246 f); Ausprägungen des allg Persönlichkeitsrechts (BGH NJW 92, 2085; 09, 3032 [Bild]; 81, 77; 08, 3782 [Name], zum postmortalen Persönlichkeitsschutz BGH 143, 219 ff u BGH NJW 12, 1729); exklusive Nutzungsbefugnis (BGH NJW-RR 87, 521); Urheberrecht (BGH 5, 123) sowie UrhG 102a; sa BGH NJW 95, 852: Urheberrecht von Mauermalern durch Veräußerung von Teilen der [Berliner] Mauer). Zur Eingriffskondiktion bei Berechtigung mehrerer am Gegenstand des Eingriffs s Habermeier, AcP 193, 364 (unteilbare Wertfortsetzungsansprüche).

56 **ee) Kein geschützter Zuweisungsgehalt:** Recht am eingerichteten und ausgeübten Gewerbebetrieb (BGH 71, 98), da dem Inhaber nicht bestimmte Tätigkeitsbereiche mit festen Chancen und Erwerbserwartungen ausschließlich zugewiesen sind; auf Grund UWG bei Mitbewerbern reflexweise geschützte Positionen (Mestmäcker JZ 58, 526, sehr str; aA Wilhelm aaO S 87; differenzierend StLorenz vor § 812, 72 mN); Untersuchungsergebnisse für Pflanzenschutzmittel, die vom Zweitanmelder im Zulassungsverfahren verwendet werden (BGH 107, 121); Besetzungsliste für
57 Filmvorhaben (Karlsruhe NJW-RR 00, 1005). **b) „Ohne rechtlichen Grund"** ist nicht identisch mit der Rechtswidrigkeit, die Voraussetzung eines Delikts- oder Beseitigungsanspruchs ist (so aber hL, vgl Baur JZ 75, 493; s dagegen ErmWestermann 66). Der Eingriff in das Persönlichkeitsrecht einer im öffentl Leben stehenden Persönlichkeit kann durch die Pressefreiheit und den Anspruch der Öffentlichkeit auf Information „gerechtfertigt" sein, ohne dass damit für die gleichzeitige Vermarktung von Persönlichkeitsdetails ein Rechtsgrund gegeben sein muss; öffentl-rechtliche Baulast ist kein Rechtsgrund für unentgeltliche Inanspruchnahme von Grundeigentum (BGH 94, 164 f; besitzrechtüberschreitende Nutzung s BGH NJW 02, 61). Auch bei „Eingriffen", die nicht auf menschlichem Verhalten beruhen (grenzüberschreitendes Weiden) oder vom Betroffenen selbst vorgenommen worden sind
58 (BGH NJW 79, 2035), passt der Rechtswidrigkeitsbegriff nicht. **c) „Auf Kosten"** bedeutet nicht, dass dem Bereicherungsgläubiger ein Vermögensnachteil entstanden sein muss. Dieses Merkmal bezeichnet nur die dem betroffenen Rechtsinhaber zugewiesene Befugnis, deren unberechtigte Nutzung den Bereicherungsanspruch auslö-
59 sen kann („zu Lasten", MK/Schwab 248). **d) „Unmittelbarkeit",** früher regelmäßig als Voraussetzung (auch) eines Anspruchs wegen Bereicherung in sonstiger Weise genannt, begrenzt die Herausgabeverpflichtung auf den durch den „Eingriff" direkt Begünstigten (BGH 68, 277; NJW 79, 102 [Patentverletzung]; ein Versionsanspruch gegen Dritte, an die das Erlangte oder sein Wert weitergeflossen ist, wird nach deutschem Recht nicht gegeben; Ausnahmen regeln §§ 816 I 2, 822; zum
60 Ganzen Schlechtriem, Restitution Bd II, S 288 ff. **e) Berechtigter Eingriff.** Bei wirksamer Zustimmung des Rechtsinhabers ist der Eingriff nicht **unberechtigt: aa)** Hat der Rechtsinhaber vertraglich die Nutzung seines Rechts **gestattet,** ist ein Rechtsgrund gegeben. Ist der Vertrag, auf dem die Gestattung beruht, unwirksam,
61 dann kommt eine Leistungskondiktion in Betracht (s u Anm II 4b). **bb)** Rechtsgrundlage des Eingriffserwerbs kann auch eine **ges Regelung** sein. Allerdings fehlt es in solchen Fällen regelmäßig schon an der Zuweisung *ausschließlicher* Befugnisse. Kraft Ges geschehende Zuordnungsänderungen erfolgen mit „Rechtsgrund", falls diese Zuordnungsänderung nicht nur sachenrechtliche Reaktion auf faktische Veränderungen wie Verbindung, Vermischung und Verarbeitung ist, sondern im Ver-

Titel 26. Ungerechtfertigte Bereicherung **§ 812**

kehrsinteresse Rechtserwerb ermöglicht und **als endgültigen bezweckt:** Gutgl Erwerb ist nicht rechtsgrundloser Eingriffserwerb (vgl BGH WM 78, 1054: „Rechtsgrund (sind) ... Vorschriften über den Gutglaubensschutz"); Ersitzung – § 937 I – und gutgl Erwerb von Erzeugnissen einer Sache – §§ 955, 993 I 1 – sind als solche nicht „ungerechtfertigter" Erwerb (s v. Caemmerer, GS I 240 f). Die früher bei Doppelnichtigkeit von Verpflichtungs- und Verfügungsgeschäft trotz Ersitzung (§ 937) zugelassene Leistungskondiktion (RGZ 130, 72 f) hat ihre Berechtigung mit Verkürzung der Verjährungsfrist auch für bereicherungsrechtliche Ansprüche verloren – diese verjähren spätestens nach 10 Jahren gem § 199 IV (idR also ohnehin nicht vor Eigentumserwerb kraft Ersitzung). **f) Eingriffsformen: 62 aa)** Der Eingriff kann durch **Handeln der Bereicherten** geschehen, zB Verbrauch oder Nutzung fremder Sachen, wirksame Verfügung über fremdes Recht (§ 816 I 1, II). Tatsächliche und rechtliche „Verwendung" fremden Guts können zusammenfallen, wo das Sachenrecht bestimmten Verwendungsformen zuordnungsändernde Wirkung beimisst, so bei Verbindung, Vermischung oder Verarbeitung, §§ 946 ff; § 951 I 1 ist deshalb Rechtsgrundverweisung. **bb)** Der bereichernde **Ein- 63 griff** kann nach hA auch **durch den Bereicherungsgläubiger** selbst geschehen sein, vgl BGH NJW 79, 2035; s Schlechtriem, Restitution Bd II, 44. **cc)** Auch **natürliche**, nicht von Menschen gelenkte **Ereignisse** können „Eingriffe" bewirken, so Anschwemmen, Grasen von Vieh auf fremder Weide (str, aA König Gutachten S 1550). **dd)** Der Eingriff kann **durch Dritte** erfolgen, so im Falle des Bauunter- 64 nehmers, der gestohlenes Material verbaut (sa u Rn 83 ff zum Verhältnis Eingriffskondiktion und Leistungskondiktion), oder durch Handeln staatlicher Organe, so in der **g) Zwangsvollstreckung** (hierzu Gerlach, Ungerechtfertigte 65 Zwangsvollstreckung und ungerechtfertigte Bereicherung, 1986; Stadler/Bensching Jura 02, 438). **aa)** Bei **unberechtigter Pfändung** und **Verwertung** von schuldnerfremden **Sachen** setzt sich das Recht an der Sache zunächst am Erlös fort. Der Erwerber des in der Zwangsvollstreckung verwerteten Rechts ist durch den wirksamen Erwerb nicht ohne Rechtsgrund bereichert, auch wenn die Pfändung zu Unrecht erfolgte. Unabhängig von der Qualifikation des Zuschlags muss der Rechtserwerb des Erstehers aus Gründen des Verkehrsschutzes Bestand haben und zwar auch dann, wenn der Gläubiger nach ZPO 817 IV selbst den Zuschlag erhält (BGH 100, 100; str). Der bereicherungsrechtlich erhebliche Eingriff in die Rechtsstellung des Rechtsinhabers liegt deshalb (erst) in der **Auskehrung** des Erlöses an Gläubiger, denen der Betroffene nichts schuldete (RG 156, 399 f; aA Günther AcP 178, 456 mN der Gegenansichten), und zwar auch bei Verrechnung mit Gläubigerforderung (BGH 100, 100: Bereicherung durch Befreiung von Barzahlungspflicht). **bb)** Auch 66 im Verhältnis der Gläubiger zueinander kann falsch verteilt worden sein: Hat ein Gläubiger im **Verteilungsverfahren** versäumt, Widerspruch klagweise geltend zu machen, so kann er von einem anderen Gläubiger, der deshalb vor ihm befriedigt worden ist, mit der Bereicherungsklage nach ZPO 878 II Herausgabe verlangen; für ungleiche Verteilung im Vergleichsverfahren sa BGH 71, 312. Dagegen ist die **Überzahlung** des Erstehers – etwa auf Grund falscher Berechnung des Bargebots – 67 eine rechtsgrundlose Leistung an den Schuldner/Eigentümer und, falls sie an einen letztrangigen Grundpfandgläubiger ausgekehrt worden ist, eine – evtl rechtsgrundlose – Leistung des Schuldners/Eigentümers an diesen Gläubiger. **Nichtaufnahme** 68 im **Schlussverzeichnis** und dadurch bewirkter Ausschluss eines Insolvenzgläubigers schließt (auch) Bereicherungsansprüche gegen dadurch begünstigte Gläubiger aus, um Endgültigkeit der Verteilung zu wahren (BGH 91, 205; krit Weber JZ 84, 1028). **cc) Forderungspfändung.** Zieht der Gläubiger eine **gepfändete** und ihm 69 überwiesene **Forderung** ein, die auf Grund früherer Abtretung bereits einem anderen zusteht, so hat der (Erst-)Zessionar einen Bereicherungsanspruch, BGH 66, 150 (krit Gerlach aaO S 43 ff), wobei der Bereicherungsschuldner/Vollstreckungsgläubiger nach BGH 66, 156 die Vollstreckungskosten von seiner Bereicherung absetzen kann, str; s § 818 Rn 36. Zum Bereicherungsanspruch des zahlenden Drittschuldners s Rn 47. **dd)** Der Ersteher ist bereichert, wenn bei der Zwangsverwertung von 70

Stadler 1249

§ 812

Buch 2. Abschnitt 8. Einzelne Schuldverhältnisse

Immobiliarvermögen der Schuldner/Eigentümer mangels Anmeldung seiner Schuld – ZVG 53 II – noch persönlich in Anspruch genommen wird, obwohl das Grundpfandrecht bestehen geblieben ist und der Ersteher deshalb weniger gezahlt hat, BGH 56, 25; 64, 170; vgl jedoch für den Fall der Übernahme einer nicht voll valutierten Grundschuld BGH NJW 74, 2280. Dagegen ist der Darlehensschuldner bereichert, wenn eine voll valutierte Darlehenshypothek nach ZVG 91 II bestehen
71 bleibt, obwohl sie bei der Erlösverteilung ausfällt, BGH NJW 81, 1602. **h)** Bereicherung durch **Auslandsvollstreckung** neben Inlandskonkurs s BGH 88, 147. **i)** Zum **Inhalt und Umfang der Herausgabepflicht** aus Bereicherung in sonstiger Weise s § 818 Rn 5, 21, 37; zum Verhältnis zur Leistungskondiktion s Rn 82 ff. Str ist, ob Einwendung nach § 817 S 2 anwendbar (verneinend Rspr, s BGH NJW 03, 584, s § 817 Rn 9).

72 **2. Rückgriffskondiktion.** Lit: Schneider, Rückgriffskondiktion, 2008. **a) Erfüllung fremder Schuld.** Die nach §§ 267, 362 I mögliche Erfüllung fremder Schuld kann zur Erfüllung einer eigenen, jedoch unwirksamen oder sonst nicht tragfähigen Verbindlichkeit des Leistenden gegenüber dem Schuldner geschehen; sie gilt dann als Leistung an den Schuldner und wird als solche rückabgewickelt; aA BGH 113, 69. Das gilt auch, falls die fremde Schuld nicht bestand, doch ist dem Putativschuldner dann nur ein Kondiktionsanspruch gegen den Zuwendungsempfänger verschafft worden, da Schuldbefreiung geleistet werden sollte (Wieling JuS 78, 803 mN; sa Rn 77, 78; Nürnberg NZV 93, 273 [Zahlung Versicherer an Unfallopfer auf Grund unwirksamen Versicherungsvertrages – Kondiktion beim Zahlungs-
73 empfänger]; Düsseldorf NJW-RR 93, 1376). **b) Andere Ausgleichsmechanismen.** Führt der Leistende mit der Leistung als berechtigter Geschäftsführer ein Geschäft des Schuldners, dann regeln §§ 683, 670 den Rückgriff (BGH WM 76, 1059); bei entgegenstehendem Willen des Geschäftsherrn (zB Mängeleinrede, Aufrechenbarkeit) kann § 679 ausnahmsweise diesen Regressweg eröffnen. War der Leistende dem Leistungsempfänger selbst neben dem Schuldner verpflichtet, regeln entweder spezielle Regressnormen – zB § 774 I 1 – oder allg § 426 den Innenausgleich (zum Verhältnis §§ 426–812 s BGH 61, 356; NJW 83, 814); der Regressweg cessio legis schließt so bereichernde Befreiung des Schuldners aus. Auch kann die Berechtigung zur Zahlung fremder Schuld auf Grund eines Ablösungsrechtes – zB nach § 268 I – gegeben und mit einem speziell geregelten Regress – § 268 III – ausgestattet sein. Im Sozialrecht steht dem nicht primär verpflichteten Sozialhilfeträger – zB Sozialamt – gegen den verpflichteten Träger – zB Bundesanstalt für Arbeit – ein eigenständiger Erstattungsanspruch zu, SGB X 102 (Eichenhofer JuS 91, 553).
74 **c)** Für die sog **Rückgriffskondiktion** bleiben deshalb nur die von den Fallgruppen a) und b) nicht gedeckten Situationen der Zahlung fremder Schuld (teilw als Sonderfall der Leistungskondiktion gesehen, vgl. Eike Schmidt AcP 175, 172, doch muss diese Ansicht § 814 ausschalten; zur Unanwendbarkeit des § 814 s BGH NJW 98, 379). Beispiel: Krankentransport „für" Krankenversicherung (München NJW-RR
75 88, 1016). **d) Sonderfälle:** Wird auf eine vermeintlich eigene Schuld geleistet, so kann der Leistende vom Empfänger kondizieren. **aa)** Darf der Leistungsempfänger die Zahlung behalten, etwa weil die Rechtskraft eines (unrichtigen) Urteils Rückforderung ausschließt (vgl BGH NJW 78, 2393) oder wegen § 814, dann ist die korrespondierende Entlastung des wahren Schuldners kondizierbare Bereicherung
76 (BGH NJW 78, 2393; BGH 75, 303). **bb)** Entlastung setzt voraus, dass die Zahlung des Putativschuldners als solche des wirklichen Schuldners gilt. Nach verbreiteter Meinung und der Rspr (s PalGrüneberg § 267 Rn. 3; Flume JZ 62, 282; BGH NJW 86, 2700; 83, 814; 64, 1899) kann deshalb der Leistende die **Tilgungsbestimmung** seiner Leistung entspr § 267 nachträglich **ändern** und sie damit als solche des schuldenden Dritten gelten lassen mit der Konsequenz, dass dieser dann auf Grund Rückgriffskondiktion Regressschuldner wird (str, einschränkend BGH NJW 86, 2700). Eine solche Änderung ist jedoch abzulehnen [s § 267 Rn 5; zu Recht; abl W Lorenz AcP 168, 308 ff; StLorenz 60; MK/Schwab 230 mN]. Der Zahlende

Titel 26. Ungerechtfertigte Bereicherung   § 812

soll dies nach der hier abgelehnten Ansicht auch dann können, wenn der Zahlungsempfänger zahlungsunfähig oder nach § 818 III entlastet ist (v Caemmerer GS I S 351 f). **e)** Wird zwecks Befreiung des Schuldners auf eine nicht bestehende Schuld 77 geleistet (ohne dass der Leistende sich dem Putativschuldner verpflichtet glaubte), kann der Leistende nach hM vom Leistungsempfänger kondizieren, (v Caemmerer GS I 341 ff; BGH 113, 69; aA Eike Schmidt JZ 71, 607; differenzierend Canaris FS Larenz S 846 ff; zum Sozialrecht s Eichenhofer JuS 91, 555). Die **Leistung auf** 78 **fremde Schuld** soll als solche nur gelten, falls die fremde Schuld besteht (v Caemmerer GS I S 325); nur § 267 oder eine Veranlassung des Putativschuldners (Canaris FS Larenz S 846), nicht aber eine Zwecksetzung des Zuwendenden allein gestatten es, den Scheinschuldner zum Konditionsschuldner durch eine Zuwendung zu machen, die er nicht selbst erhalten hat (Reuter/Martinek S 465; Kupisch Gesetzespositivismus S 87). **f)** Gegenstand der Bereicherung ist bei der Zahlung fremder 79 Schuld, die nicht als Leistung an den Schuldner beabsichtigt ist, die verschaffte Schuldbefreiung, nicht etwa der geleistete Gegenstand oder sein nominaler Wert: Gegenrechte des Schuldners oder Einreden können deshalb die erlangte Bereicherung mindern oder wertlos machen (BGH NJW 00, 3494 [Verjährung]; sa Canaris FS Larenz S 845, Reuter/Martinek S 472, die §§ 404, 406 analog anwenden.

3. Verwendungskondiktion. a) Voraussetzungen und Konkurrenzen. 80 Verwendungen auf fremde Sachen können auf Grund (unwirksamen) Vertrages geleistet sein; sie sind dann mit einer Leistungskondiktion abzuwickeln, und zwar auch dann, wenn sie reflexweise einen Dritten begünstigen, etwa den Sacheigentümer oder Sicherungsnehmer. Verwendungen des unberechtigten Sachbesitzers regeln die **§§ 994 ff** weitgehend specialiter (Vor §§ 994–1003 Rn 7 ff). Bei Verwendungen in Erwartung einer Erbeinsetzung oder sonstigen Eigentumserwerbs (BGH NJW 01, 3118) kann eine condictio ob rem gegeben sein (s Rn 15 ff; aA Koblenz NJW 90, 126: „in sonstiger Weise"). Bei **berechtigter GoA** kann der Verwender Aufwendungsersatz verlangen, §§ 683, 670. In den verbleibenden Fällen, vor allem bei Arbeitsleistungen, die fremde Sachen ohne Rechtsgrund verbessern oder fremdes Vermögen mehren, auch bei Verwendungen auf Schenkungsgegenstand, der wegen groben Undanks zurückzugeben ist (BGH NJW 99, 1630), greift die sog Verwendungskondiktion ein (zum Verhältnis der Verwendungskondiktion zur Leistungsbereicherung Beuthien JuS 87, 841; unrichtig BGH WM 99, 1892). **b)** Gegen 81 **„aufgedrängte" Verwendungen** kann der Begünstigte Abwehrmöglichkeiten aus § 1004 haben, die auch einem Vergütungsanspruch entgegengesetzt werden können (BGH NJW 65, 816). Soweit § 1004 nicht eingreift, kann der Berechtigte einredeweise den Gläubiger auf Wegnahme der Verwendungen analog § 1001 S 2 verweisen (BGH 23, 65). Wo Wegnahme nicht in Betracht kommt – etwa bei Dienstleistungen –, wird man den Bereicherten dadurch schützen müssen, dass ein zu ersetzender Wert nur angenommen werden kann, falls eine objg Wertsteigerung für den Begünstigten nach seinen konkret-individuellen Verhältnissen nutzbar oder doch jedenfalls eine Realisierung zumutbar ist (Canaris JZ 96, 349; sa Reimer, Die aufgedrängte Bereicherung, 1990, der entsprechend § 254 II dem Bereicherungsschuldner evtl eine Änderung seiner Vermögensplanung zumuten will. **c)** Ist der 82 Wert der erlangten Bereicherung größer als die tatsächlichen Aufwendungen des Gläubigers, so ist der Anspruch durch die aufgewendeten Kosten zu begrenzen, s Schlechtriem, Restitution Bd II, 41 ff.

4. Verhältnis der Kondiktionen. Ein Leistungsvorgang kann gleichzeitig in 83 zugewiesene Rechte eingreifen, so bei einem durch gutgl Erwerb, Verarbeitung oder Verbindung bewirkten Eigentumsverlust. Vor allem nach der Rspr (zB BGH 40, 278; 56, 240) soll nach dem Grundsatz der „Subsidiarität" der Bereicherung in sonstiger Weise die Leistungskondiktion vorgehen. Es sind zwei Fallgruppen zu unterscheiden. **a)** Im **Zwei-Personen-Verhältnis** geht die schuldrechtliche Sonderbeziehung, die 84 durch eine Leistungskondiktion rückabgewickelt wird, dem allgemeineren Behelf des mit der Eingriffskondiktion gewährten Güterschutzes vor. Decken sich die Bereiche-

§ 813 Buch 2. Abschnitt 8. Einzelne Schuldverhältnisse

rungsinhalte, dann wird insoweit die Bereicherung in sonstiger Weise durch die Leistungskondiktion schon als „begrifflich" ausgeschlossen gesehen (Medicus/Petersen, BR 727). Im konkreten Fall ist allerdings genau zu unterscheiden, was durch Leistung (etwa der Besitz), durch Verwendungen (vgl BGH WM 99, 1892) oder in sonstiger Weise (etwa die durch unberechtigte Weiterveräußerung in Anspruch genommene Verfügungsmöglichkeit) erlangt worden ist, vgl Weitnauer NJW 74,
85 1733; Medicus/Petersen, BR 727. **b)** Bei **Drei- und Mehr-Personen-Verhältnissen** beschränkt das Subsidiaritätsprinzip – in der Funktion dem Unmittelbarkeitsprinzip vergleichbar – den Ausgleich auf die Parteien eines Leistungsvorgangs (oder mehrerer Leistungsvorgänge). Vor allem aber schützt das Prinzip die Wirkung und ges Interessenbewertung der sachenrechtlichen Verkehrsschutzregeln (soweit nicht Unentgeltlichkeit des gutgl Erwerbs seine Beständigkeit zu durchbrechen erlaubt, § 816 I 2). Aus-der-Hand-Geben durch den Eigentümer, das gutgl Erwerb eines Dritten ermöglicht und so zum Verlust (auch) der Vindikation führt, muss auch Bereicherungsansprüche des früheren Rechtsinhabers gegen den gutgl Erwerber abschneiden. Wo die Voraussetzungen gutgl Erwerbs vorliegen, tatsächlich und
86 Erwerb durch **Verbindung** oder **Verarbeitung** – §§ 946 ff – erfolgt, muss das Gleiche gelten (BGH NJW-RR 91, 345). Bei Bösgläubigkeit des Erwerbers oder abhanden gekommenen Sachen wird dagegen seine Haftung aus §§ 816 I 1 (evtl iVm § 185), 951, 812 I 1 nicht dadurch gehindert, dass die Möglichkeit des Eingriffs durch Leistungen vermittelt worden ist: Leistung des Diebes (regeln nur Besitz) schließt deshalb die Eingriffskondiktion des früheren Eigentümers gegen den Verarbeiter gestohlener Gegenstände nicht aus (vgl BGH 55, 176 – Jungbullenfall); der Vorbehaltslieferant kann den Bauherrn, der durch Einbau seitens des unbefugt handelnden Bauunternehmers (= Leistung, s BGH 40, 279; 56, 240) erworben hat, dagegen (nur) in Anspruch nehmen, wenn der Bauherr wegen Bösgläubigkeit oder Abhandenkommens auch rechtsgeschäftlich nicht hätte erwerben können (hM, s StLorenz 62; Medicus/Petersen BR 729; Hager JZ 87, 879; offengelassen von BGH NJW-RR 91, 345; aA Jacobs JuS 73, 152; BGH 56, 240 schließt Eingriffskondiktion wegen Subsidiarität grds aus). Allerdings muss in solchen Fällen gutgl Annahme der Einbaubefugnis ausreichen, da dem Bauherrn eine Überprüfung der Voraussetzungen der Verfügungsbefugnis des Unternehmers nicht zugemutet werden kann.

§ 813 Erfüllung trotz Einrede

(1) ¹**Das zum Zwecke der Erfüllung einer Verbindlichkeit Geleistete kann auch dann zurückgefordert werden, wenn dem Anspruch eine Einrede entgegenstand, durch welche die Geltendmachung des Anspruchs dauernd ausgeschlossen wurde.** ²**Die Vorschrift des § 214 Abs. 2 bleibt unberührt.**

(2) **Wird eine betagte Verbindlichkeit vorzeitig erfüllt, so ist die Rückforderung ausgeschlossen; die Erstattung von Zwischenzinsen kann nicht verlangt werden.**

1   **1. Allgemeines.** I ergänzt die Regelung des Anspruchs wegen Zahlung einer Nichtschuld (condictio indebiti) in § 812 I 1 (dort Rn 13) und ist deshalb auf andere Bereicherungsansprüche nicht anwendbar.

2   **2. Voraussetzungen zu I. a)** Leistung (im Rechtssinne, dazu § 812 Rn 2, 4 ff). **b)** Trotz Bestehens einer dauernden (peremptorischen) Einrede; Bsp: §§ 821, 853, 2083, 2345, 1973, 1975, 1990, 1166; BGH LM Nr 19 zu § 242 [Cd] hält auch § 242 als Grundlage einer dauernden Einrede für möglich; Nichtigkeit des Kaufvertrages beim verbundenen Verbraucherdarlehen BGH 174, 341; 183, 112; sa BGH
3   156, 54 [zu VerbrKrG 9 III]; s § 359. **aa) Ausnahme: Verjährung,** s I 2 iVm § 214 II. Falls jedoch in Zwangsvollstreckung Verjährungseinrede nach ZPO 767 zu erheben versäumt wurde, kann Vollstreckungsschuldner Bereicherungsanspruch geltend machen: § 214 II gilt nur bei freiwilliger Leistung (BGH NJW 93, 3320 [zu

§ 222 II aF]; PalSprau 5). Nach RG 144, 94 f gilt I 2 auch für § 478 aF (jetzt § 438 IV 2, 634a IV 2), da dieser nur Vorwirkung der Verjährung nach § 477 aF herstellt. I 2 steht Rückforderung bei Zahlung auf erstes Anfordern nicht entgegen (vor § 765 Rn 12). **bb) Keine dauernde** Einrede: Stundung, zeitlich begrenztes Zurückbehaltungsrecht (RG 139, 21); § 320 (BGH NJW 63, 1870). **cc) Keine Einrede** ist Anspruchswirksamkeit hinderndes oder vernichtendes Gegenrecht (Einwendung); dann condictio indebiti. **dd) Gestaltungsrecht** ist keine Einrede (Bsp: Aufrechnungsmöglichkeit, Anfechtbarkeit, Rücktritts- oder Minderungsmöglichkeit); bei Ausübung eines rechtsvernichtenden Gestaltungsrechtes Rückabwicklung mit condictio indebiti, doch gilt § 814 bei Leistung in Kenntnis des Gestaltungsrechts (sa § 142 II). Hat Schuldner jedoch durch Aufrechnung in Unkenntnis seines Leistungsverweigerungsrechtes (sonst § 814) getilgt, so kann er mit § 813 Wiederherstellung seiner Forderung verlangen. **ee) Keine** Rückforderung bei Leistung in **Kenntnis der Einrede, § 814.** 4 5 6 7

3. Zwischenzinsen. II HS 1 hat nur klarstellende Bedeutung; der Ausschluss von Zwischenzinsen ergänzt § 272. Betagte Verbindlichkeit ist auch die Werklohnforderung vor Abnahme; zu früh oder zu viel bezahlte Abschlagszahlungen sind aber auf vertraglicher Grundlage, nicht bereicherungsrechtlich auszugleichen (BGH NJW 02, 2641; 99, 1867). II ist auch auf den öffentlich-rechtlichen Erstattungsanspruch anzuwenden, VGH Mannheim NJW 10, 1898. Nicht unter II fallen Leistungen auf aufschiebend bedingte oder noch nicht entstandene (künftige) Schuld (RG 71, 317). II ist nicht anwendbar, wenn die vorzeitige Annahme der Zahlung ges verboten ist, MaBV 3 I (BGH 171, 373; Herrler DNotZ 07, 895; Kniffka NZBau 00, 552; einschränkend Naumburg NJW-RR 10, 1323), § 486 (s PalWeidenkaff § 486, 5). 8

§ 814 Kenntnis der Nichtschuld

Das zum Zwecke der Erfüllung einer Verbindlichkeit Geleistete kann nicht zurückgefordert werden, wenn der Leistende gewusst hat, dass er zur Leistung nicht verpflichtet war, oder wenn die Leistung einer sittlichen Pflicht oder einer auf den Anstand zu nehmenden Rücksicht entsprach.

Lit: Kohte, Die Konditionssperre nach § 814, 1. Alt.: Wissenszurechnung gespeicherter Daten im Bereicherungsrecht, BB 88, 633. Manchot, Die sittliche Pflicht im Sinne von § 814 Alt 2 BGB ..., 2002 Singen, Das Verbot widersprüchlichen Verhaltens, 1993.

1. Allgemeines. Die Vorschrift gibt einmal – bei Leistung in Kenntnis der Nichtschuld – eine auf das Verbot eines venire contra factum proprium zurückführbare Einwendung (BGH NJW 98, 2382); in Kenntnis fehlender Verpflichtung erbrachte Leistung ist Freigebigkeit. Zum anderen will § 814 Rückforderung von Leistungen ausschließen, die zwar ohne rechtliche Verbindlichkeit erbracht, aber auf Grund moralischer Verpflichtung aufrecht zu erhalten sind. Ein Ausschluss der Rückforderung auf Grund § 242 bleibt möglich, falls Voraussetzungen des § 814 nicht gegeben sind (Hamm WM 75, 480). 1

2. Voraussetzungen 1. Fall. a) Leistung zum **Zweck** der **Erfüllung** einer (nichtigen oder durch dauernde Einrede entkräfteten) Verbindlichkeit, also **nicht anwendbar** bei: **aa)** Bereicherungsanspruch wegen einer nach Leistung weggefallenen Schuld (§ 812 I 2, 1. Fall, dort Rn 13); **bb)** § 817 S 1 (BGH NJW-RR 01, 1046; offen noch BGH NJW-RR 93, 1458); **cc)** Bereicherungsanspruch wegen Zweckverfehlung, und zwar unabhängig davon, ob man der condictio ob rem einen eigenen Anwendungsbereich belässt oder nicht (s § 812 Rn 15); Bsp: Vorauszahlung auf formnichtigen „Schwarzkauf" (BGH NJW 80, 451); **dd)** in Fällen der Bereicherung in sonstiger Weise (s Wortlaut: „*Geleistete*"); **ee)** Rückgriffskondiktion (s § 812 Rn 772). **b) Kenntnis der Nichtschuld:** Positive Kenntnis im Zeitpunkt der Leis- 2 3

§ 814

tung erforderlich (BGH NJW 78, 2393); grob fahrlässige Unkenntnis genügt nicht (BGH WM 72, 286; Düsseldorf WM 02, 77); jeder Tatsachen- oder Rechtsirrtum hindert Kenntnis (BGH NJW 98, 2352; NJW 02, 3773). Kennt der Leistende daher die Tatsachen, aus denen sich ein fehlender Rechtsgrund ergibt, genügt dies alleine nicht. Er muss zumindest in einer Parallelwertung in der Laiensphäre zu dem Schluss kommen, dass er nichts schuldet (BAG NJW 05, 3082; PalSprau 3). Zur Kenntnis des leistenden Vertreters s BGH NJW 99, 1024 (Vertreterkenntnis maßgebend, es sei denn, er handelte auf Weisung des Vertretenen). „Kenntnis" durch Speicherung im Computer s LG Frankfurt NJW-RR 86, 1085; Kenntnis muss beim zuständigen Mitarbeiter vorliegen, Köln NJW-RR 10, 244; zweifelhaft BAG NZA 11, 220 (keine Zurechnung entsprechend § 166 I); allg zu Wissenszurechnung § 166 Rn 2. Kenntnis von Einwendungen oder Bestehen dauernder Einreden im Falle des § 813 steht gleich. § 142 II iVm § 814 spielt keine Rolle, wenn man den angefochtenen Vertrag nach § 812 I 2, 1. Fall rückabwickelt. Steht nur dem Leistungsempfänger ein Anfechtungsrecht zu, das er bei Leistungserbringung aber noch nicht ausgeübt hat, erfolgt die Leistung mit RGrund und der Leistende kann sich seiner Pflicht nicht entziehen. Daher spielt es für die spätere Rückforderung nach erfolgter Anfechtung keine Rolle, ob der Leistende die Anfechtbarkeit kannte (BGH NJW 08, 1878). Könnte der Leistende selbst anfechten, leistet er aber trotzdem in Kenntnis des Anfechtungsgrundes, wird ohnehin häufig ein Fall von § 144 vorliegen. Motiv für die Leistung in Kenntnis der Nichtschuld ist unerheblich; Beweisnot beseitigt die Kenntnis nicht (RG 59, 354); anzuraten dann Leistung unter Vorbehalt (Rn 4). Leistung auf formnichtigen Vertrag kann zur Heilung führen; ggf kommt condictio ob rem in Betracht, für die § 814 nicht gilt (§ 812 Rn 17, Naumburg OLG-NL 03,

4 219; sa BGH NJW 99, 2892). **c) Vorbehalt der Rückforderung** bei Leistung schließt § 814 aus und erlaubt Kondiktion (BGH 83, 282; WM 88, 1496). Ausdrücklicher Hinweis bei Zahlung, dass Anspruch nicht berechtigt sei, genügt (Karlsruhe WM 97, 1049), dagegen soll Zahlung „ohne Anerkennung von Rechtspflicht" als „formelhafte Klausel" nicht ausreichen (so Koblenz NJW 84, 134). Nicht anwendbar soll § 814 sein bei Rentenzahlung trotz Anzeige des Todes des Bezugsberechtigten (Karlsruhe NJW 88, 1921). Vorbehalt bei Zahlung kann außer Erhalt des Rückforderungsrechts auch so auszulegen sein, dass der Leistungsempfänger bei späterer Rückforderung den Bestand des Rechtsgrundes abw von gewöhnlicher Beweislastverteilung im Rahmen von § 812 beweisen muss (BGH NJW 03, 2017; 99, 494; 83, 1111; Koblenz NJW-RR 02, 785, sa Düsseldorf NJW-RR 89, 28). Die Anwendung von § 814 kann nach Treu und Glauben auch dann ausgeschlossen sein, wenn der Leistungsempfänger redlicher Weise nicht damit rechnen konnte, das Zugewendete behalten zu dürfen (BGH 73, 202; München NJW 11, 82); sa Rn 6. **d) Unfrei-**

5 **willige Leistungen** schließen § 814 idR aus. Erfolgt Zahlung erkennbar nur zur Abwendung der Zwangsvollstreckung oder der Inanspruchnahme eines Bürgen, wird dies wie Vorbehalt behandelt (BGH NJW 03, 2017; 95, 3052; Düsseldorf NJW-RR 01, 1028; Hamburg NJW-RR 99, 1568; Koblenz NJW-RR 02, 784 [Abwendung von Zurückbehaltungsrecht]). Ebenso kein Kondiktionsausschluss, wenn Leistung notwendig, um Zwangsvollstreckung gem ZPO 756 zu ermöglichen

6 (PalSprau 5). **e) Schutzzweck** des Nichtigkeit bewirkenden Ges kann § 814 ausschließen, BGH 113, 106 (Aufrechnung nach KO 55, jedoch nicht mehr nach InsO: BGH 179, 137); sa BAG NJW 83, 783 (zu BBiG 5 II Nr 1).

7 **3. Beweislast.** Anspruchsgegner hat Kenntnis bei Leistung zu beweisen (RG 90, 316; Jena NJW-RR 03, 269); Vorbehalt (Rn 4) muss Leistender beweisen; zu den möglichen Folgen des Vorbehalts für Beweislast hinsichtlich Rechtsgrund s Rn 4.

8 **4. Voraussetzungen 2. Fall.** Sittliche oder Anstandspflicht schließt vor allem Rückforderungen von Unterhaltsleistungen oder Unterhaltsversprechen aus; soweit in Kenntnis der Nichtschuld geleistet worden ist, greift allerdings schon Fall 1 ein, vgl BGH 1, 184. **Nicht:** Leistung trotz Nichtigkeit auf Grund Formmangels (BGH NJW 99, 2892), oder ges Verbots, doch kann der Zweck des ges Verbots Rückforde-

Titel 26. Ungerechtfertigte Bereicherung §§ 815, 816

rung ausschließen. Rückforderung auch möglich, wenn Ehemann Entbindungskosten für nichteheliches Kind der Ehefrau bezahlt (BGH 26, 217).

§ 815 Nichteintritt des Erfolgs

Die Rückforderung wegen Nichteintritts des mit einer Leistung bezweckten Erfolgs ist ausgeschlossen, wenn der Eintritt des Erfolgs von Anfang an unmöglich war und der Leistende dies gewusst hat oder wenn der Leistende den Eintritt des Erfolgs wider Treu und Glauben verhindert hat.

1. Allgemeines. Die Regelung des ersten Falles entspricht § 814 und beruht auf dem Gedanken, dass für eine Rückforderung unter den normierten Voraussetzungen kein Rechtsschutzbedürfnis gegeben ist (Reuter/Martinek S 196), während der zweite Fall § 162 entspricht (aA Larenz/Canaris, SchR II/2 § 68 III 2). Sie greift nur gegenüber einer condictio ob rem (§ 812 I 2, 2. Fall, Rn 2). 1

2. Voraussetzungen Fall 1. a) Kondiktion wegen Zweckverfehlung, § 812 I 2, 2. Fall (s § 812 Rn 15), **nicht:** Kondiktion wegen Nichtbestehens oder späteren Wegfalls der Leistungsverpflichtung (BGH 29, 171; StLorenz 3). **b) Unmöglichkeit** der Erreichung des – übereinstimmend erwarteten, s § 812 Rn 20 – „**Erfolges**"; **c)** positive **Kenntnis** (s § 814 Rn 3) dieser Unmöglichkeit; Zweifel genügen nicht, doch kann in solchem Falle Leistung Ausdruck eines Verzichts auf Rückforderung sein (RG 71, 317). **Nicht:** Kenntnis des fehlenden Rechtsgrundes (s Rn 5). 2 3 4

3. Voraussetzungen Fall 2. a) Kondiktion wegen Zweckverfehlung (wie Rn 2), also nicht Kondiktion wegen späteren Wegfalls des Rechtsgrundes, BGH 29, 171, 174 f; NJW 68, 245; **b) bewusste Erfolgsvereitelung,** zB Verhinderung der Eheschließung (BGH 45, 262 ff [„entsprechende" Anwendung auf den Anspruch aus § 1301 s dort Rn 2]); Vereitelung der heilenden Vollziehung eines formnichtigen Geschäftes (BGH NJW 80, 451; sa WM 83, 1342; Koblenz NJW-RR 07, 1549; Düsseldorf NJW-RR 86, 692). 5 6

4. Rechtsfolge. Einwendung gegen Kondiktion; zur verschärften Haftung des Empfängers bei ungewissem Erfolgseintritt s § 820 I 1. 7

§ 816 Verfügung eines Nichtberechtigten

(1) ¹Trifft ein Nichtberechtigter über einen Gegenstand eine Verfügung, die dem Berechtigten gegenüber wirksam ist, so ist er dem Berechtigten zur Herausgabe des durch die Verfügung Erlangten verpflichtet. ²Erfolgt die Verfügung unentgeltlich, so trifft die gleiche Verpflichtung denjenigen, welcher auf Grund der Verfügung unmittelbar einen rechtlichen Vorteil erlangt.

(2) Wird an einen Nichtberechtigten eine Leistung bewirkt, die dem Berechtigten gegenüber wirksam ist, so ist der Nichtberechtigte dem Berechtigten zur Herausgabe des Geleisteten verpflichtet.

Lit: König, Gewinnhaftung, FS v Caemmerer, 1978, S 179; Kupisch, Befreiungswert und Verfügungswert. Zur Rechtsfolge des § 816 I 1, FS Niederländer 1991, 305; Larenz, Zur Bedeutung des „Wertersatzes" im Bereicherungsrecht, FS v Caemmerer, 1978, S 209; Merle, Risiko und Schutz des Eigentums bei Genehmigung der Verfügung eines Nichtberechtigten, AcP 183, 81; Schlechtriem, Güterschutz durch Eingriffskondiktionen, Symposium König 1984, 57; Wacker, Zur Dogmatik in § 816 Abs 1 BGB 1981; sa Lit vor § 812.

1. Allgemeines. I 1 und II regeln Fälle der Eingriffskondiktion – der Verfügende oder die Forderung Einziehende verwertet eine dem Rechtsinhaber ausschließlich zugewiesene Befugnis zu zuordnungsändernden Verfügungen bzw Einziehung. 1

§ 816
Buch 2. Abschnitt 8. Einzelne Schuldverhältnisse

Dogmatisch ist das Verhältnis zu § 812 ungesichert; praktische Bedeutung kommt der Frage, ob § 816 I 1 und II neben § 812 I 1 überflüssig sind, nur für den Inhalt und Umfang der Herausgabepflicht zu. Grenzfälle – Verfügung eines formal Berechtigten unter Bruch treuhänderischer Bindungen – sind unter Rückgriff auf § 812 zu lösen (BGH NJW 99, 1393 f; für § 816 I Jakobs JZ 00, 31). Auch die Einordnung des „Verfolgungsanspruchs" aus § 816 I 2 ist unsicher; zum Wertungsgehalt s Rn 19. Ansprüche aus I 1 können grds konkurrieren mit solchen aus §§ 681, 687 II, unerl Handlung und §§ 987 ff (RG 163, 348); sa Rn 7.

2   **2. Voraussetzungen I 1. a) Verfügung** ist rechtsgeschäftliche Zuordnungsänderung, also Übertragung, Belastung, Inhaltsänderung oder Aufhebung des dinglichen Rechts an einem Gegenstand (auch Bezugsberechtigung Lebensversicherung, s BGH 91, 288; Konnossement, vgl Hamburg ZIP 83, 153). **Nicht:** Vermietung (BGH NJW 07, 216), Untervermietung (BGH 131, 297; Larenz/Canaris, II/2 § 69 II 1d; diff Medicus/Petersen, BR 715 ff) oder Verpachtung, s hierzu § 812 Rn 51. Bei Zuordnungsänderung durch nicht rechtsgeschäftliche Vorgänge (§§ 946 ff) kann **I 1 analog** angewendet werden, wenn rechtsgeschäftlicher Erwerb möglich wäre (zufallsabhängig, ob erst Übereignung, dann Verarbeitung oder nur letzteres; iE auch Larenz/Canaris, SchR II/2 § 69 II 1b); bei Verwertung in der Zwangsvollstre-
3   ckung gilt ebenfalls I 1 weder direkt noch analog, s hierzu § 812 Rn 65. **b) Nichtberechtigung** des Verfügenden, also fehlende Inhaberschaft oder Verfügungsberechtigung (s § 185 Rn 5; BGH WM 03, 2237). Genehmigung nach § 185 II macht trotz Rückwirkung den Verfügenden nicht zum Berechtigten, s Rn 5; hingegen ist bei Verfügung mit Einwilligung des Berechtigten (§ 185 I), § 816 I nicht anwendbar
4   (BGH WM 98, 856). **c) Wirksamkeit** trotz Nichtberechtigung: Aufgrund **aa) gutgl Erwerbs,** §§ 932 ff, 892 f, 1207 f, 1412, 2366; HGB 366; WG 16;
5   ScheckG 21; **bb)** nachträglicher **Genehmigung** des Berechtigten nach §§ 185 II 1, 184 I (BGH 29, 158), oder Genehmigung eines dazu Ermächtigten (BGH NJW 68, 1327). Die Genehmigung kann nach BGH 56, 132 ff auch noch erteilt werden, nachdem die Sache beim Abnehmer des – unwirksam – Verfügenden untergegangen ist oder der Abnehmer durch Ersitzung oder Verarbeitung Eigentum erworben hat, BGH aaO; Reuter/Martinek S 302 mN; im letzteren Fall muss bei Genehmigung ein Anspruch aus § 951 gegen den verarbeitenden Abnehmer ausscheiden, der
6   Eigentümer also zwischen § 816 und § 951 wählen. **cc)** Regelmäßig wird Genehmigung in der **Klage auf Erlösherausgabe** liegen (RG 106, 45); das Risiko des Klägers, bei Undurchsetzbarkeit seines Erlösherausgabeanspruchs auf die Vindikation nicht mehr zurückgreifen zu können, ist durch Klagantrag auf Erlösherausgabe Zug um Zug gegen Genehmigung zu vermeiden (obwohl Anspr aus I 1 erst mit Genehmigung entsteht; hM s PalSprau 9 mM); teilw wird auch auflösend bedingte Genehmigung befürwortet, obwohl diese als eins RG bedingungsfeindlich (s Wilckens
7   AcP 157, 399). Im **Verlangen** von **Schadensersatz** liegt noch keine Verweigerung der Genehmigung (BGH NJW 68, 1327); umgekehrt hindert Eigentumsverlust auf Grund Genehmigung nicht die Geltendmachung von Deliktsansprüchen gegen den Verfügenden (BGH NJW 91, 696).

8   **3. Rechtsfolgen. a) Herausgabepflicht,** die auf „das durch die Verfügung Erlangte" geht. Die Rspr versteht darunter auch die erlangte Gegenleistung einschließlich Gewinn (BGH 29, 159 ff; WM 75, 1180; NJW 97, 190); obwohl diese ja nicht aus der Verfügung stammt (aA daher Medicus/Petersen, BR 723: „erlangt" ist Befreiung des Verfügenden von Verpflichtung aus Grundgeschäft; § 818 II –
9   Wert des Verfügungsgegenstandes ist herauszugeben). **aa)** Das Erlangte soll in voller Höhe, also unabhängig vom Wert der veräußerten Sache und von etwaigen werterhöhenden Verwendungen, die der Verfügende oder ein Vorgänger auf die Sache gemacht haben – s BGH 29, 159 ff – herauszugeben sein. Dafür spricht, dass bei Veräußerung von Sachen der Preis regelmäßig dem Wert in etwa entsprechen dürfte und der auf die bes Kapazitäten des Veräußerers entfallende Erlösanteil schwer herauszurechnen sein kann (BGH aaO; Larenz/Canaris, SchR II/2 § 69 II 1a, diff

Titel 26. Ungerechtfertigte Bereicherung § 816

§ 72 I 2b; zum Streitstand Kupisch [Lit vor § 812], S 306 ff). Die abgeführte Umsatzsteuer kann als Entreicherung geltend gemacht werden, BGH NJW-RR 08, 1369. Zum Erlangten bei Verpfändung fremder Sachen vgl Canaris NJW 91, 2516 („Haftungsvergütung"); v Caemmerer GS I 279 ff, 287 f: Nicht der gewährte Kredit, sondern der Wert als Kreditunterlage ist dem Berechtigten zu erstatten, umfassend BGH NJW 97, 190 f für teilvalutierte Sicherungsgrundschuld. **bb) Gegenleistung,** 10 die der Verfügende selbst für den Erwerb des fremden Rechts aufgewendet hat, kann er nicht absetzen (BGH NJW 70, 2059; PalSprau 21), und zwar auch dann nicht, wenn der Berechtigte sie gem § 407 gegen sich gelten lassen müsste (BGH aaO). **b) Mehrere Anspruchsgegner.** Eigentumsverletzer und Verfügender sind 11 Gesamtschuldner (BGH WM 83, 1191); der in Anspruch genommene Verfügende kann zwar vom Berechtigten nicht Abtretung von Ansprüchen gegen den Dieb nach § 255 verlangen (BGH 29, 161), jedoch nach § 426 Regress nehmen. Zahlt andererseits der Dieb, wird der Verfügende frei; der Dieb hat keine Ausgleichsansprüche (BGH 52, 41 ff). **c) Sonderfälle.** Hat der Verfügende den fremden Gegen- 12 stand eingetauscht, so geht der Anspruch aus I 1 auf Herausgabe des Tauschgegenstandes (Larenz/Canaris, SchR II/2 § 72 I 3 mN); zur unentgeltlichen Verfügung s I 2, unten Rn 19–23.

4. Voraussetzungen II. a) Dem Berechtigten, dh Anspruchsinhaber oder 13 sonst zur Erhebung der Leistung im eigenen Namen Berechtigten **gegenüber b) wirksame Leistung – aa)** zB auf Grund ges Vorschriften, §§ 407, 408, 409, 14 413, 574, 579, 581, 793, 808, 893, 1056, 1155, 2135, 2367, 2368, oder **bb)** auf Grund Genehmigung (§ 185 II) die auch in der Klageerhebung liegen kann (so BGH LM Nr 6; NJW 72, 1199; 88, 496; ZIP 90, 1126; NJW-RR 08, 31; Larenz/ Canaris, SchR II/2 § 69 II 3d; aA Roth JZ 72, 150; StLorenz 32) und noch nach Eröffnung des Insolvenzverfahrens beim Schuldner möglich ist, BGH NJW-RR 09, 705. **cc)** „Abzweigungsanordnung" nach SGB I 48 I s BGH NJW 93, 1788. Zu VAHRG 6 s BGH MDR 03, 933; Düsseldorf FamRZ 02, 684. **c) Leistung** 15 **an** einen im Zeitpunkt der Leistung (BGH FamRZ 08, 1435) zur Einziehung **nicht Berechtigten,** zB Altgläubiger, Scheinzessionar, Gesellschafter, Pfändungsgläubiger (BGH 66, 150; NJW 86, 2430). Meist geht es um Zahlung von mehrfach abgetretenen Geldforderungen an einen Scheingläubiger. Leistung an Scheingläubiger löst § 816 II jedoch nur aus, wenn der Leistende ihn als Gläubiger angesehen hat; Zahlung an Bank als Zahlstelle des Zedenten lässt einen Anspruch gegen die Bank nicht entstehen (BGH 53, 141 ff, Dresden EWiR 99, 209, es sei denn, die Zahlstellenposition wird nur vorgeschoben, vgl BGH 72, 320 [krit Blaschczok JuS 85, 88], oder steht unwirksamer Globalzession gleich, vgl Frankfurt WM 81, 972; zum Ganzen: Köper MDR 05, 1141). Wer die Leistung für den Schuldner befreiend erbringt, ist unerheblich: Auch wenn ein Dritter – etwa eine Teilzahlungsbank – an den vermeintlichen Gläubiger – etwa einen Zweitzessionar – für den Schuldner – etwa einen Käufer – zahlt, kann der Berechtigte vom nichtberechtigten Empfänger herausverlangen (BGH NJW 72, 1197 mN). **d) Einziehung** und **Leistung** können 16 auch durch einen bloßen Umbuchungsvorgang beim Zweitzessionar (Bank) geschehen, der den Schuldner (Bankkunde) belastet (BGH NJW 74, 944). **e)** Verwertung 17 eines vom Schuldner dem Zedenten gegebenen und an Zessionar diskontierten Wechsels ist *nicht Einziehung* der Grundforderung (BGH NJW 79, 1704). **f)** Erlangter Vorteil durch Erwerb in Zwangsversteigerung s Koblenz NJW-RR 00, 579.

5. Rechtsfolge II. Herauszugeben ist das Geleistete. Eine Gegenleistung des 18 Empfängers an den leistenden Dritten ist nicht abzugsfähig (Nürnberg EWiR 03, 811m zust Anm Kohler, einschränkend Koblenz NJW-RR 10, 1460). InsO 166 II findet auf den Anspruch eines vorrangigen Sicherungszessionars gegen einen nachrangigen keine Anwendung, wenn der Drittschuldner an letzteren befreiend leistet (§ 408 I), daher kein Einziehungsrecht des Insolvenzverwalters (BGH NJW-RR 03, 1490).

Stadler

19   6. Verfolgungsanspruch aus § 816 I 2. Dieser ist Ausnahme vom Prinzip, dass die durch gutgl Erwerb geschehende Bereicherung des Erwerbers in sonstiger Weise auf Kosten des Eigentümers ihre innere Rechtfertigung in der ges Bevorzugung des gutgl Erwerbers findet; letztere hat zurückzutreten, wenn der Erwerber unentgelt-
20   lich erlangt hat. **a) Voraussetzungen** sind **aa)** wirksame Verfügung eines Nichtberechtigten (s Rn 2 ff), auch Veräußerung durch Eigentümer, die Belastung erlöschen lässt (BGH 81, 395); Schenkung einer Lebensversicherungsbezugsberechtigung, die zum Gesamtgut gehörte (BGH 91, 288); Schenkung von Wertpapieren unter Ver-
21   letzung treuhänderischer Bindungen (BGH NJW 99, 1393, o Rn 1). **bb) Unentgeltlichkeit** des der Verfügung zugrunde liegenden Rechtsgeschäftes. Stellung einer Kreditsicherheit geschieht nicht unentgeltlich (Canaris NJW 91, 2520). Im Übrigen gilt Begriff der Unentgeltlichkeit wie in § 516 I (dort Rn 8 f). Nach BGH 37,
22   368 ff soll **rechtsgrundlose Verfügung** der unentgeltlichen gleichstehen, weil bei nichtigem Grundgeschäft die vereinbarte Gegenleistung nicht erlangt werden kann (ebenso ein Teil der Lit, s Grunsky JZ 62, 207 mN). Die Gegenansicht von der Doppelkondiktion ist herrschend (statt vieler StLorenz 16 ff, 21; Larenz/Canaris, SchR II/2 § 69 II 2b, 70 II 2a). Man verweist zu Recht darauf, dass die Rückabwicklung einer rechtsgrundlos erbrachten Leistung zwischen den Parteien Vorrang haben muss. Lösungsgrundlage ist § 816 I 1: Der Nichtberechtigte hat, sofern er nicht bösgläubig war, die gegen seinen Abnehmer erlangten Bereicherungsansprüche „herauszugeben", so dass der Bereicherungsgläubiger Einwendungen, die dem Erwerber gegen den Verfügenden zustehen, nach § 404 ausgesetzt bleibt. Der nichtberechtigt Verfügende selbst kann Rückübereignung nur an den Bereicherungsgläubiger verlangen; bei Rückgabe an ihn fällt Eigentum direkt an den Berechtigten
23   zurück. **b) Rechtsfolge.** Herausgabepflicht dessen, der unentgeltlich erworben hat; herauszugeben ist der erlangte Gegenstand und (oder) das erworbene Recht. Bei unentgeltlicher Weitergabe an Vierten gilt § 822.

§ 817 Verstoß gegen Gesetz oder gute Sitten

¹War der Zweck einer Leistung in der Art bestimmt, dass der Empfänger durch die Annahme gegen ein gesetzliches Verbot oder gegen die guten Sitten verstoßen hat, so ist der Empfänger zur Herausgabe verpflichtet. ²Die Rückforderung ist ausgeschlossen, wenn dem Leistenden gleichfalls ein solcher Verstoß zur Last fällt, es sei denn, dass die Leistung in der Eingehung einer Verbindlichkeit bestand; das zur Erfüllung einer solchen Verbindlichkeit Geleistete kann nicht zurückgefordert werden.

Lit: Armgardt, Der Kondiktionsausschuss des § 817 S 2 BGB im Licht der neuesten Rechtsprechung des BGH, NJW 06, 2070; Dauner, Der Kondiktionsausschluß gemäß § 817 S 2 BGB, JZ 80, 495; Honsell, Die Rückabwicklung sittenwidriger oder verbotener Geschäfte, 1974; Klöhn, Die Kondiktionssperre gem. § 817 S 2 BGB beim beidseitigen Gesetzes- und Sittenverstoß, AcP 210, 804; H. Roth, Verzinsungspflichten bei wucherischen und wucherähnlichen Darlehensverträgen, ZHR 153, 423; Schäfer, Strafe und Prävention im Bürgerlichen Recht, AcP 202, 397; Wagner, Prävention und Verhaltenssteuerung durch Privatrecht – Anmaßung oder legitime Aufgabe?, AcP 206, 352; Wazlawik, § 817 Satz 2 BGB – Eine systemwidrige Vorschrift?, ZGS 07, 2336; Weyer, Leistungskondiktion und Normzweck des Verbotsgesetzes, WM 02, 627.

1   **1. § 817 S 1.** S 1 enthält mit der *condictio ob turpem vel iniustam causam* eine historisch überkommene und von den Verfassern des BGB als Sanktion verwerflichen Verhaltens des Leistungsempfängers beibehaltene Kondiktion (zur Geschichte und zum Funktionswandel eingehend Honsell aaO S 65 ff, 98 ff). Der Anspruch ist auf
2   Herausgabe des Geleisteten gerichtet; sa StGB 73 I. **a) Anwendungsbereich.** Da **Sitten-** oder **Gesetzwidrigkeit** des Leistungszwecks idR bereits die Gültigkeit des Kausalgeschäfts nach §§ 134, 138 verhindern werden und damit eine condictio inde-
3   biti auslösen, bleiben als praktisch denkbare Fälle: **aa)** der Leistende könnte wegen

Titel 26. Ungerechtfertigte Bereicherung § 817

seiner Kenntnis der Nichtigkeit – § 814 – (vgl BAG NJW 83, 783) oder Kenntnis der Unmöglichkeit der Zweckerreichung – § 815 – nicht zurückfordern; **bb)** die 4 Einseitigkeit des Sitten- oder Gesetzesverstoßes beim Leistungsempfänger berührt die Gültigkeit des Kausalgeschäfts ausnahmsweise nicht, was vor allem bei wirtschaftslenkenden Ges vom Gesetzgeber so gewollt sein kann (RG 96, 343 ff; Naumburg NJW-RR 10, 1323; München NJW-RR 01, 13 zu MaBV 3; Reuter/Martinek wollen überhaupt nur bei Missbilligung des *Zwecks* der Leistungsannahme anwenden, S 181). Maßgebender Zeitpunkt für Umstände und Wertanschauungen, die Sittenwidrigkeit begründen, ist Vertragsschluss (BGH NJW 83, 2692). **b) Voraussetzungen. aa)** S 1 bildet einen Sonderfall der Leistungskondiktion, 5 daher müssen deren allg Vorauss vorliegen (BGH NJW-RR 98, 1285). **bb) Posi-** 6 **tive Kenntnis** des Empfängers vom Gesetzesverstoß bzw das Bewusstsein, mit der Annahme sittenwidrig zu handeln (RG 151, 73 [dictum]; BGH NJW 80, 452; Jena NJW-RR 03, 269 [„Evidenz der Formnichtigkeit"]; aA Reuter/Martinek 177: obj Verstoß ausreichend). Grob fahrlässige Unkenntnis des Verbots reicht nicht aus (BGH 50, 92; uU aber sich „leichtfertiges Verschließen" BGH NJW 89, 3217; Stuttgart NJW 08, 3071). **cc)** Kenntnis bzw Bewusstsein müssen zurechenbar sein; 7 Annahme durch einen Geschäftsunfähigen kann S 1 nicht auslösen.

2. § 817 S 2. S 2 schließt Rückforderungsrecht aus, sofern den Leistenden der 8 gleiche Vorwurf eines Sitten- oder Gesetzesverstoßes wie den Leistungsempfänger trifft. Damit soll demjenigen der allg Rechtsschutz versagt werden, der sich selbst außerhalb der Sitten- und Gesetzordnung gestellt hat (BGH 44, 6; MK/Schwab 9; sa Larenz/Canaris, SchR II, SchR II 2 § 68 III a, e: Generalprävention). Gleiches Gewicht des Sittenverstoßes auf beiden Seiten ist nicht erforderlich (Köln ZMR 77, 148 [Schmiergeld]). Es genügt, wenn allein dem Leistenden der Gesetzes- oder Sittenverstoß zur Last fällt. **a) Anwendungsbereich.** Str ist, ob und inwieweit S 2 9 auf andere Ansprüche anzuwenden ist (s hierzu Honsell aaO; Reuter/Martinek S 199 ff; Michalski Jura 94, 1458). S 2 gilt unbestritten bei einer **Leistungskondiktion** aus § 812 I 1 (BGH 36, 399; 50, 91; BAG NJW 09, 2554 [Umgehung von HandwerksO 7 durch Zurverfügungstellen eines Meistertitels]), nicht jedoch für Ansprüche wegen Bereicherung in sonstiger Weise (BGH 75, 306: Rückgriffskondiktion). Eine analoge Anwendung des S 2 auf den Anspruch aus § 985 und §§ 987 ff lehnt die Rspr ab (BGH 63, 368). Für den Fall eines bes gravierenden Sittenverstoß, der auch das Erfüllungsgeschäft nichtig macht, mutet es allerdings wertungswidersprüchlich an, dass der sittenwidrig Leistende nach § 985 vindizieren kann (vgl ErmWestermann 11 mN). Auch Ansprüche aus § 826 (BGH NJW 92, 311) und GoA (s BGH 39, 91; Stuttgart NJW 96, 666 – Titelkauf –, dazu Hospach NJW 96, 643) sollen auf Grund S 2 nicht undurchsetzbar werden; ebenfalls keine Anwendung in öffentl-rechtlichen Rückabwicklungsverhältnissen (BVerwG NJW 03, 2846). Richtigerweise entscheidet Verbotszweck der verletzten Norm über ihre Reichweite (zutr Schlechtriem, Restitution Bd I, S 217 f, 639 ff; BGH NJW 97, 2383). **b) Voraussetzungen. aa) Leistung,** die endgültig in Vermögen des Empfängers 10 übergehen sollte (BGH NJW-RR 94, 293: nicht Sicherheitsleistungen, durch laufende Posten usw), deren Annahme sitten- oder gesetzwidrig ist und deshalb einen Anspruch nach § 817 S 1 auslöst; nicht – regelmäßig – Darlehenskapital, s Rn 13. **bb) Bewusster Verstoß** des Leistenden gegen Sittengebot oder ges Verbot, dh 11 Kenntnis des Leistenden. Bsp: BGH 50, 92 (verbotene Rechtsberatung); 75, 302 (verbotene Arbeitnehmerüberlassung); BGH 118, 142 (unzulässige Abschlussprüfung); 118, 182 (Kontaktanzeigen); BGH NJW 00, 1562 (unerlaubte Besorgung fremder Rechtsangelegenheiten); Koblenz NJW 99, 2905 (Titelkauf); leichtfertiges Tun steht vorsätzlichem Handeln gleich, BGH NJW 83, 1423; NJW 93, 2109 (Verstoß gegen GewO 56 I Nr 6); Oldenburg NJW 91, 2217 (verbotene Adoptionsvermittlung); Hamm NZV 94, 398 (Verstoß gegen RabattGes). Zurechnungsfähigkeit des Leistenden ist erforderlich; RG 105, 272 wendet § 827 sinngemäß an; sa BGH NJW 83, 1423: Persönliches Verschulden. Für Leistung durch Vertreter

§ 818

12 s BGH 36, 399 ff. **c) Einschränkungen.** Kein Ausschluss nach S 2, falls Leistung in Eingehung einer Verbindlichkeit bestand (RG 73, 144; BGH NJW 94, 187; anders, falls auf Verbindlichkeit gezahlt). Zur Bordellhypothek s RG 68, 103 f;
13 71, 434; zur Grundschuld RG 73, 143 f. **aa) Restriktive Anwendung von S 2. Leistungsgegenstand.** Ie muss für die Anwendung des § 817 S 2 genau eingegrenzt werden, für welche Leistungen das **Verbot der Rückforderung** gilt (BGH NJW-RR 90, 1522): Beim wucherischen Darlehen ist regelmäßig nicht die Kapitalüberlassung für eine bestimmte Zeit (und ggf andere Leistungen, vgl BGH NJW 83, 1422), sondern Höhe der Verzinsung sittenwidrig, so dass nur Zinsanspruch an S 2 scheitert (RG [GS] 161, 57; BGH NJW-RR 90, 751; NJW 95, 1153; NJW 98, 2896). Andernfalls würde der missbilligte Zweck gleichsam legalisiert (zB Nürnberg MDR 78, 669 für Darlehen zur Fortsetzung verbotenen Spiels; Düsseldorf FamRZ 83, 1023 für Darlehen zwecks Scheinehe); auch soll die Darlehensvaluta nicht endgültig in Vermögen des Empfängers übergehen keine Berufung auf § 818 III: BGH WM 99, 724). Bei sitten- oder gesetzwidrigen Pacht- oder Mietverträgen verbleibt (deshalb) dem Pächter/Mieter nicht etwa der überlassene Gegenstand (vgl auch BGH WM 83, 393 zu Zurückbehaltungsrecht) für immer. Zweck einer Verbotsnorm oder das verletzte Sittengebot kann dabei aber verlangen, dass auch der zum Gebrauch überlassene Gegenstand **sofort** zurückzugeben ist, so, wenn die sittenwidrige Gebrauchsüberlassung eines Gebäudes als Bordell (auch) nicht für die Dauer der Pacht bis zum nächsten Kündigungstermin perpetuiert werden soll, BGH 41, 343 f, da andernfalls eine **faktische Legalisierung** des verbotenen oder sittenwidrigen Zustandes eintreten würde. Der Darlehensbetrag muss dagegen grundsätzlich für die Vertragslaufzeit zinsfrei belassen werden (BGH NJW 89, 3218; BGH 99, 338; PalSprau 22); Verzinsung jedoch nach §§ 819 I, 818 IV, 291, 246 ab Fälligkeit des Rückzahlungsanspruchs (vgl für Ratenkredit BGH NJW 89, 3218; hierzu H Roth aaO S 428 ff). Die hM verneint auch eine Verpflichtung zur Zahlung des *angemessenen* Zinses (BGH aaO mN; s jedoch zur Nutzungserstattung des obj Ertragswertes
14 BGH 63, 368 und dazu § 139 Rn 9). **bb) Treu und Glauben (§ 242).** In Ausnahmefällen können Grund und Schutzzweck der Nichtigkeitssanktion gegen eine Kondiktionssperre nach § 817 S 2 sprechen: BGH NJW 06, 45; 08, 1942; 09, 984; NJW-RR 09, 345; München NJW-RR 09, 1648; Brandenburg NJW-RR 13, 173; Schmidt-Recla JZ 08, 60 zu sog „Schenkkreisen"; zu online-Glücksspielen Rock/Seifert ZBB 09, 261. Einschränkung von S 2 auch, um zu verhindern, dass eine sittenwidrige Absprache zulasten Dritter noch verfestigt wird (München NJW 11, 82); zum Schutz der durch Mietpreisvorschriften Begünstigten (LG Berlin WuM 93, 185); wenn sich der Leistende auf eine sittenwidrige Vereinbarung nur eingelassen hat, um eine Bedrohung seiner wirtschaftlichen Existenz durch den Empfänger abzuwehren (Köln NJW-RR 02, 1630: Abrechnungsvereinbarung Arzt-Labor). Gem BGH 111, 312 auch bei Kondiktion des Schwarzarbeiters nach einseitiger Vorleistung; präventive Wirkung von S 2 wird damit aber unterlaufen, mR dagegen daher Tiedtke DB 90, 2307; Kern, FS Gernhuber, 1993, S 203; Armgardt NJW 06, 2070; ders JR 09, 177). Kein Rückgriff auf § 242, wenn der generalpräventive Zweck der Nichtigkeitssanktion dies nicht erfordert und dem Empfänger kein wesentlich schwererer Sittenwidrigkeitsvorwurf zu Last fällt als dem Leistenden
15 (Hamm NJW-RR 11, 1197: Brautgeldvereinbarung). **d)** S 2 kann dem Rechtsnachfolger des Gläubigers entgegengehalten werden (RG 111, 151 für Erben), ebenso dem Insolvenzverwalter (vgl BGH 106, 169); Aufrechnung bleibt möglich, LM Nr 15.

§ 818 Umfang des Bereicherungsanspruchs

(1) **Die Verpflichtung zur Herausgabe erstreckt sich auf die gezogenen Nutzungen sowie auf dasjenige, was der Empfänger auf Grund eines erlangten Rechts oder als Ersatz für die Zerstörung, Beschädigung oder Entziehung des erlangten Gegenstands erwirbt.**

Titel 26. Ungerechtfertigte Bereicherung § 818

(2) **Ist die Herausgabe wegen der Beschaffenheit des Erlangten nicht möglich oder ist der Empfänger aus einem anderen Grunde zur Herausgabe außerstande, so hat er den Wert zu ersetzen.**

(3) **Die Verpflichtung zur Herausgabe oder zum Ersatz des Wertes ist ausgeschlossen, soweit der Empfänger nicht mehr bereichert ist.**

(4) **Von dem Eintritt der Rechtshängigkeit an haftet der Empfänger nach den allgemeinen Vorschriften.**

Lit: v. Caemmerer, Mortuus redhibetur, FS Larenz, 1973, S 621; Canaris, Der Bereicherungsausgleich bei Bestellung einer Sicherheit an einer rechtsgrundlos erlangten oder fremden Sache, NJW 91, 2513; Flessner, Wegfall der Bereicherung, 1970; Flume, Die Entreicherungsgefahr und die Gefahrtragung bei Rücktritt und Wandlung, NJW 70, 1161; ders, Der Wegfall der Bereicherung in der Entwicklung vom römischen zum deutschen Recht, FS Niedermayer, 1953, S 103; Friese, Der Bereicherungswegfall in Parallele zur hypothetischen Schadensentwicklung, 1987; Jakobs, Lucrum ex negotiatione, 1993; Larenz, Zur Bedeutung des „Wertersatzes" im Bereicherungsrecht, FS v. Caemmerer, 1978, S 209; Mankowski/Schreier, Zum Begriff des Wertes und des üblichen Preises, insbesondere in § 818 II BGB, AcP 208, 725; Rengier, Wegfall der Bereicherung, AcP 177, S 418; Reuter, Die Belastung des Bereicherungsgegenstandes mit Sicherungsrechten, FS Gernhuber, 1993, S 369.

1. Allgemeines. Die Regelung von Inhalt und Umfang der Herausgabeverpflichtung unterscheidet nicht zwischen den verschiedenen Bereicherungsansprüchen. Auch Rspr und die wohl hM in der Lit verzichten hier auf eine Differenzierung der verschiedenen Kondiktionen (anders König aaO S 1523; Reuter/Martinek, S 520) und bestimmen die Herausgabeverpflichtung des (redlichen) Bereicherungsschuldners grundsätzlich als Saldo der mit dem Bereicherungsvorgang kausal verbundenen Aktiv- und Passivposten ähnlich der Differenzhypothese beim Schadensersatz (Friese aaO S 84, 158 ff mN; BGH NJW 95, 455; aA zB ErmWestermann § 812, 3; sa Rn 27 ff). 1

2. Kondiktionsgegenstand. a) Bei **Leistungskondiktion** ist herauszugeben, was der Leistende (im Rechtssinne, s § 812 Rn 23) dem Leistungsempfänger verschafft hat (v Caemmerer, GS I S 253; BGH NJW-RR 88, 585; BGH NJW 00, 1032). **aa) Anspruchsgegenstand** Bsp: Eigentum, Besitz (BGH ZIP 00, 461), Unterhalt, Arbeitsleistung (BAG NJW 93, 485), Architektenleistung (irreführend BGH WM 94, 1948: Aufwendungsersparnis), Bauplanung (BGH NJW 82, 880), Schuldbefreiung (s BGH 110, 321), Eintragung ins Grundbuch, Patentnutzung, eine (evtl realisierte) Erwerbsaussicht, Beförderung, Nutzung von Gegenständen (Kfz, Wohnung usw) und Kapital, Instandsetzung und die dafür erforderlichen Materialien (BGH 5, 199 ff), Versicherungsschutz (BGH NJW 83, 1422, aA Karlsruhe NJW-RR 88, 151 f), Kreditsicherung durch Grundschuld (BGH NJW 02, 1874). Verurteilung zur Herausgabe (nur) wenn feststeht, dass der Schuldner erfüllen kann (BGH NJW 00, 1032). Verteidigung des Schuldners dann evtl noch § 275, vor allem II, Übergang zum Schadensersatzanspruch nach § 283, jedoch haben III, IV, 819 Vorrang (s Rn 46). **bb) Art der Rückgewähr.** Der Bereicherungsgegenstand, sofern noch vorhanden und herausgebbar, bestimmt dabei auch die Art der Rückgewähr, dh die Erfüllung des Bereicherungsanspruchs, zB durch Rückgabe, Rückübereignung, Wiedereinräumung einer Forderung, Löschung oder Rückverschaffung der erlangten Buchposition (BGH NJW 73, 613 ff), Befreiung von der rechtsgrundlos verschafften Forderung, Abtretung eines rechtsgrundlos erlangten Bereicherungsanspruchs gegen Dritten (= Direktempfänger der Darlehensvaluta), BGH NJW-RR 90, 751 (zweifelhaft: erlangt, wenn auch vielleicht wieder verloren, war die Darlehensvaluta), Rückübertragung bzw -zahlung durch bereicherte Gesamthand, Unterlassen der Inanspruchnahme einer Garantie (vgl BGH NJW 84, 2038); sa Schwintowski JZ 87, 588 zum Unternehmen als Bereicherungsgegenstand. **cc)** Das Erlangte muss sich auch nicht vor dem Bereicherungsvorgang im Vermögen des Leistenden befunden haben, s § 812 Rn 23 ff. 2 3 4

Stadler 1261

§ 818

Belastungen (s auch Rn 13) hat der Bereicherungsschuldner idR nicht zu beseitigen (BGH 112, 380; teilw abw NJW 02, 1874) stattdessen Wertersatz (sehr str, hierzu krit Reuter aaO 378; Canaris NJW 91, 2513; Kohler NJW 91, 1999). Der Ansatz des BGH – Wertersatzhaftung – ist zutreffend (sa Gursky JR 92, 96 f).

5 b) Auch bei der **Eingriffskondiktion** ist das „Erlangte" Gegenstand der Bereicherung, also der Gebrauchsvorteil, die angemaßte Verfügungsmacht oder das erworbene Eigentum, doch wird hier Rückgewähr des Erlangten oft ausscheiden,
6 s Rn 21 ff. **c)** Bei der **Rückgriffskondiktion** hat der Bereicherungsschuldner Befreiung von seiner Verbindlichkeit erlangt und ihren Wert zu ersetzen, s § 812 Rn 79.

7 3. Nutzungen (§ 100). Solche aus dem Bereicherungsgegenstand (zu unterscheiden von durch Leistung direkt verschafften Nutzungen, MK/Schwab 20) sind ebenfalls herauszugeben, I, zB Zinsen, Erträge eines Grundstücks (Verhältnis zu §§ 987 ff s Rn 13 vor §§ 987–993) oder eines Betriebes (BGH LM § 818 II Nr 7), sowie Gebrauchsvorteile aus einem erlangten Gegenstand (BGH NJW 98, 2529).
8 II und III sind anwendbar. **a)** Zu differenzieren ist zwischen dem Ertrag des Bereicherungsgegenstands und den Ergebnissen eigener Leistung des Bereicherungsschuldners, die auch in einer Erträge erst ermöglichenden Verbesserung des Bereicherungsgegenstandes liegen kann (BGH 35, 362). Ob der Gegenstand selbst herausgegeben werden kann oder nur Wertersatz geschuldet ist, spielt insoweit bei der Leistungskondiktion keine Rolle (BGH NJW 61, 2206: Errichtung von Gebäuden auf fremdem Grund); für Wertkondiktion aus § 951 s dagegen BGH NJW 61,
9 452; krit zu dieser Differenzierung Koppensteiner NJW 71, 593. **b)** Herauszugeben sind die tatsächlich gezogenen Nutzungen (BGH 35, 356; 102, 41; Hamburg NJW-RR 99, 1204 [auch solche, die Gläubiger selbst nicht gezogen hätte]); nicht abstrakt mögliche Nutzungen. Berechnung des Wertes von Gebrauchsvorteilen bei Sachen str; nach BGH NJW 96, 252 f Wertverzehr maßgebend, krit Gursky JR 98, 7; mE übliche Vergütung, zB Miete. Bei **Geld** grundsätzlich seit Anspruchsentstehung tatsächlich erlangte Zinsen (BGH WM 91, 1983; BGH 102, 47 zur Kontrolle anderslautender AGB; anders für Zahlungen an eine Bank BGH NJW 07, 2404), jedoch Vermutung für Nutzung zu üblichen Zinsen (schon RG 53, 363, sa BGH NJW 97, 935; ZIP 97, 593) möglich. Ersparte Zinsaufwendungen stehen gleich (BGH 138, 160; Anm Schlechtriem JZ 98, 955; BGH NJW 99, 2891). Bereicherung der öffentl Hand sollte nach fr Rspr (BVerwG NJW 73, 1854) mangels tatsächlicher Nutzung nicht gegeben sein, anders nun BVerwG NJW 99, 1202; BayObLG NJW 99, 1195; Schön NJW 93, 3289 mN; Hamm NJW 01, 1287; Dresden OLG-NL 02, 144. Zum Abzug der Gewinnungskosten s § 102; Prozesszinsen können nicht neben Nutzungsherausgabe beansprucht werden (BGH NJW 98, 2529).

10 4. Surrogate des Bereicherungsgegenstandes. Ebenfalls Herausgabeverpflichtung, I, Fall 2, zB der eingezogene Forderungsbetrag, der auf das geleistete Lotterielos entfallende Gewinn, ferner **Ersatzvorteile** wie Schadensersatzanspruch bzw -summe, Versicherungsleistung, Enteignungsentschädigung (aber nicht Ersatzgrundstück bei Umlegung: BGH WM 12, 1786); zur Abgrenzung von primärem Bereicherungsgegenstand und commodum ex re Reuter/Martinek S 554. Herauszugeben sind auch **Nutzungen** (s Rn 7 ff) aus dem Surrogat, also zB Zinsen des
11 eingezogenen Forderungsbetrages. **Nicht: rechtsgeschäftliche Surrogate** (vgl BGH 75, 206; 167, 321; sehr str, s MK/Schwab 41 ff, Larenz/Canaris, SchR II/2 § 72 I 1b und c) oder deren Surrogate, also nicht der Erlös aus dem Weiterverkauf (s jedoch Rn 46), nicht der Lotteriegewinn aus dem Los, das mit rechtsgrundlos geleistetem Geld gekauft wurde, nicht der Schadensersatzanspruch wegen Mängeln des Surrogats (BVerwG NJW 92, 329), nicht Nutzungen aus dem commodum ex negotiatione (BGH NJW 83, 1470), nicht der Mieterlös aus Doppelvermietung (BGH NJW 06, 2323). Bei Bösgläubigkeit aber Gewinnhaftung nach § 285 (Rn 47).

Titel 26. Ungerechtfertigte Bereicherung § 818

5. **Wertersatz. a) Grundsatz.** Wertersatz ist (nur) zu leisten, wenn der durch 12 Leistung verschaffte Bereicherungsgegenstand, seine Nutzungen oder ein Surrogat nicht herausgegeben werden können, zB – **obj** – wegen tatsächlichem/rechtlichem Untergang (zB §§ 946 ff) oder auf Grund der „Beschaffenheit" des Bereicherungsgegenstandes, zB Dienstleistungen (BAG BB 93, 485; BGH NJW 84, 1456: ANÜberlassung), Werkleistung für Grundstück (BGH WM 01, 1766), Beförderung (BGH 55, 128: Flugreise), Nutzung Immaterialgüterrecht (BGH ZIP 97, 1979), Strom (BGH 117, 31), Gebrauchsvorteile einer Wohnung (Düsseldorf ZMR 88, 221), Versicherungsschutz (BGH NJW 83, 1422), Anstrich (Koblenz NJW-RR 95, 156), Jagdfreuden (Hamm NJW-RR 88, 1268), Schuldbefreiung, Pflegeberechtigung (Koblenz NJW-RR 02, 512), ferner – **subj Unvermögen** –, weil der Bereiche- 13 rungsschuldner weiterveräußert – vgl RG 86, 343 – oder belastet hat (BGH 112, 381; Gursky JR 92, 95; Canaris NJW 91, 2513; aA Kohler NJW 91, 2000; s jetzt aber auch BGH NJW 02, 1874: Ablösung der Belastung auf gläubigereigenem Grundstück) oder das bereicherte Gesamthandvermögen versilbert und verteilt worden ist; s jedoch Rn 19; Kundenstamm – Rückgabe von Willen der Kunden abhängig (BGH NJW 02, 1340; BGH 168, 232). Wesentliche Umgestaltung (eines Grundstücks durch Bebauung) kann wirtschaftlich zu einem anderen Gegenstand führen und Herausgabe unmöglich machen (BGH NJW-RR 88, 585). **b) Berech-** 14 **nung bei Leistungskondiktion. aa)** Maßgebend ist der **obj Wert** des Geleisteten oder als Leistung Verschafften, der regelmäßig dem Verkehrswert entspricht (hM). **Bsp:** BGH 117, 31 (Strom nach üblicher Tarifvergütung); BGH NJW-RR 02, 181 (Konzessionsabgabe); BGH 181, 188 (Wert von Schönheitsreparaturen entspricht Aufwendungen und nicht Wertsteigerung); 178, 16 (ortsüblicher Mietzins mit Umsatzsteuerpflicht); WM 01, 1768 (erforderlicher Aufwand bei anderweitiger Vergabe von Leistungen für Grundstück); NJW 84, 1456 (Verkehrswert von formnichtiger ANÜberlassung); Köln NJW-RR 88, 1136 (Nutzungsentschädigung PKW); BAG NJW 93, 485 (Wert von Arbeitsleistungen); BAG BB 97, 2432 (übliche Vergütung); BGH 111, 314 (Wert von Schwarzarbeit; Mängel können entwerten, zB fehlende Gewährleistung für Anstrich s Koblenz NJW-RR 95, 156). Ein von den Parteien höher angesetzter Wert bleibt außer Betracht, vgl BGH WM 77, 261. Zur „aufgedrängten Bereicherung" s § 812 Rn 81. **bb)** Ein hinter dem obj Wert 15 zurückbleibender Umfang der Bereicherung im Empfängervermögen ist grundsätzlich nur in entspr oder direkter Anwendung von III zu berücksichtigen (grundsätzlich anders die „Differenzhypothese", s Rn 1), eine den obj Wert übersteigende Bereicherung wird regelmäßig durch die bes Verhältnisse oder Kapazitäten beim Empfänger entstanden sein und ist deshalb nicht zurückzugewähren. Teilw wird vertreten, dass eine **dauerhafte, echte Vermögensmehrung,** ggf als Ersparnis 16 eigener Aufwendungen gesehen und berechnet, Voraussetzung des Wertersatzanspruchs sei, da ein gutgl Bereicherungsschuldner durch die Herausgabeverpflichtung nie eine Minderung seines vor der Bereicherung gegebenen Vermögensbestandes erleiden solle (vgl BGH 55, 131; WM 94, 1948). Ist danach auf Grund der Art oder Beschaffenheit des Erlangten dem Vermögen des Bereicherten ein messbarer Wert nie dauerhaft zugewachsen (Bsp: verbrauchte Luxusreise; Befreiung von einer ohnehin nicht durchsetzbaren Schuld), soll dieser Fall genauso zu behandeln sein wie der des späteren Wegfalls des Wertes, III (bes konsequent Friese aaO S 186 ff; sa Rn 32). **cc) Maßgebender Zeitpunkt** für die Wertberechnung ist die Entstehung 17 des Anspruchs, idR also der des vollständigen Erwerbs des Erlangten (BGH 5, 200; Larenz/Canaris, SchR II/2 § 72 III 5a; str, aA Koppensteiner NJW 71, 589 f: letzte mündliche Verhandlung), wird die Herausgabe des Erlangten in Natur erst nach Entstehung des Bereicherungsanspruchs unmöglich, ist maßgeblicher Zeitpunkt der Eintritt der Unmöglichkeit (BGH 168, 237), bei der Kondiktion wegen Zweckverfehlung der Zeitpunkt, in dem Nichteintritt des Erfolges feststeht. **dd)** Bei **Minder-** 18 **jährigen** ist bedenklich, dass Wertersatz erlangter Gebrauchsvorteile faktisch zur Durchführung nichtiger Verträge führen kann, doch schützt das Ges grundsätzlich Minderjährige nicht gegen Verpflichtung auf Grund erlangter Bereicherung (Batsch

§ 818

NJW 69, 1747, sa Gursky NJW 89, 2183; zur Saldotheorie u Rn 43; zur verschärften
19 Haftung Minderjähriger § 819 Rn 5). **ee) Mehrere Bereicherte** haften nicht als
Gesamtschuldner, sondern anteilig auf das jeweils Erlangte (BGH NJW 79, 2207;
aA Reuter/Martinek S 626; zur Bereicherungshaftung von BGB-Gesellschaftern
20 BGH NJW 85, 1828; Kowalski NJW 91, 3183). **ff) Beweislast** für Wert trägt
Bereicherungsgläubiger (Koblenz NJW-RR 95, 156 mN); ebenso für Surrogate
oder Umfang gezogener Nutzungen (BGH 109, 148); Anspruch auf **Rechnungsle-**
21 **gung** (BGH ZIP 97, 1979). **c) Berechnung bei Eingriffskondiktion.** Bei einer
„in sonstiger Weise" erlangten Bereicherung ist nach hM ebenfalls grundsätzlich
der obj Wert maßgebend (BGH 5, 201; 82, 307); bei Verletzung gewerblicher
Schutzrechte nur angemessene Lizenzgebühr (BGH 99, 248; NJW-RR 92, 872;
02, 180 [Konzessionsabgabe]; MDR 02, 1140 [auch bei Widerruf des Patents]; str,
22 aA – Gewinnherausgabe – Kaiser GRUR 88, 520). **aa)** Für die Berechnung wird
oft darauf abgestellt, was der Schuldner bei korrektem Erwerb des Vorteils dafür
hätte aufwenden müssen und folglich erspart hat (RG 97, 312: Gleisanlage), doch
darf auch insoweit nur der obj (Markt-)Preis, die übliche Lizenzgebühr (vgl BGH
NJW 79, 2206; NJW 82, 1155) – unabhängig von der Bereitschaft oder Möglichkeit
zur Gestattung einer Lizenz, BGH 169, 344 – oder Nutzungsvergütung zugrunde
gelegt werden, nicht sonstige, zum gleichen Ergebnis führende und evtl höhere
23 Aufwendungen (Medicus/Petersen, BR 719). **bb)** Beim Bau auf fremdem Grundstück ist die am Ertragswert orientierte Erhöhung des Verkehrswertes des Grundstücks maßgebend (hA, BGH 111, 131; PalSprau 21), nicht der obj Wert des verwendeten Materials (BGH WM 01, 1768 [da Wertsteigerung nicht messbar]).
24 **cc)** Maßgebender **Zeitpunkt** ist auch hier der des Erwerbs (s schon Rn 17, iE BGH
NJW 62, 2293; WM 73, 73). Bei Zweckverfehlungskondiktion wegen Bau auf
fremdem Boden ist auf den Zeitpunkt der Zweckverfehlung abzustellen, BGH NJW
25 70, 137 (oben Rn 17). **d)** Bei der **Rückgriffskondiktion** ist Wert des Erlangten
die ersparte Aufwendung (vgl v. Caemmerer GS I 257), doch sind auch Minderwert
oder Wertlosigkeit einer Forderung wegen Konkurses des Schuldners oder
Undurchsetzbarkeit zB nach Verjährung zu berücksichtigen, s § 812 Rn 79.

26 **6. Wegfall oder Schmälerung der Bereicherung, III. a) Allgemeines.** Die
Möglichkeit der Berufung auf den Wegfall einer erlangten Bereicherung soll den redli-
chen Bereicherungsschuldner davor schützen, sein Vermögen durch Erfüllung einer
Kondiktion über den Betrag der noch vorhandenen Bereicherung hinaus zu mindern
(BGH 55, 134; 93, 188). III ist nicht anwendbar bei Leistung unter Vorbehalt (BGH
NJW 03, 2453: Rückforderungsvorbehalt bei öffentl Subvention; Hamm NJW-RR
97, 705), oder Leistung auf Grund nichtigen oder widerrufenen Darlehensvertrags
(BGH NJW 99, 1637; ZIP 06, 2120: § 819 entsprechend anzuwenden). Das Ges entlas-
27 tet nur bei **nachträglichem Wegfall** der Bereicherung, doch soll der III zugrundeliegende Gedanke allgemeine Geltung haben und die Haftung des Schuldners überhaupt
auf die Bereicherung „per Saldo" beschränken, also auch Vermögensminderungen *vor*
Erlangung der Bereicherung, die mit ihr in ursächlichem Zusammenhang stehen,
berücksichtigen (s BGH 9, 335; st Rspr und hL; Einzelheiten str, hierzu u Rn 32 ff).
Um unbillige Ergebnisse zu vermeiden, sind nur solche Aufwendungen/Minderungen
abzugsfähig, die ein gutgläubiger Bereicherungsschuldner im Vertrauen auf einen dauerhaften Erwerb vornimmt (Hamm NJW-RR 95, 1010; PalSprau 29; ähnl Larenz/
Canaris, SchR II/2 § 73 I 1, 2; MK/Schwab 124). **b) Leistungskondiktion.** Der **red-**
28 **liche Bereicherungsschuldner** wird frei **aa)** bei nachträglichem **Untergang** oder
Verlust des Erlangten oder des nach I herauszugebenden Surrogats. Auch selbst veranlasste Aufgabe des Erlangten kann die Bereicherung wegfallen lassen, zB Schenkung,
oder mindern, zB Verkauf unter Wert (vgl RG 75, 363; Verbrauch von Unterhalt s
BGH NJW 84, 2096; NJW 98, 2433; Mertens FamRZ 94, 601). Bei Tilgung von
Schulden mit rechtsgrundlos erhaltenem Geld (Unterhalt) jedoch evtl ersparte Aufwendungen (Rn 16, 38) als Bereicherung (BGH NJW 92, 2416; Köln NJW-RR 98, 1701).
29 **bb)** Hat der Bereicherungsschuldner das Erlangte weitergegeben und dadurch gegen

Titel 26. Ungerechtfertigte Bereicherung § 818

einen Dritten einen Anspruch erlangt (zB auf Gegenleistung), so liegt ein Fall von III nur vor, wenn der Anspruch praktisch wertlos ist (BGH 72, 13; NJW 79, 1598; 80, 2302; Frankfurt NJW-RR 95, 1348; sa BGH NJW 60, 1712 – Forderung nicht beigetrieben). Ansonsten ist Wertersatz zu leisten (nicht nur Abtretung der erlangten Forderung, München MDR 98, 1345; anders BGH 72, 13: Abtretung, wenn Wertbestimmung problematisch). Der Bereicherungsgläubiger trägt also grundsätzlich das **Risiko** 30 **„unvorteilhafter Verwendung"** des Erlangten durch den Bereicherungsschuldner (Flessner aaO S 14 f mN und Bsp, insbes auch zur Entreicherung durch Inflation). Ist die Bereicherung im Vermögen des Schuldners als Gegenleistung oder als Ersparnis von (sonst aus eigenen Mitteln vorgenommenen) Aufwendungen noch vorhanden (vgl BGH 83, 283 einerseits, NJW 81, 2184 andererseits), bleibt es bei II. **cc) Luxusausga-** 31 **ben.** Hat das Erlangte für den Empfänger von vornherein „Luxuscharakter" (Flugreise, s BGH 55, 128) oder verwendet er den Bereicherungsgegenstand in einer Weise, die er sich sonst nicht geleistet hätte (Verbesserung des eigenen Lebensstandards, „Luxusgeschenk" an Dritte [s aber § 822]), entfällt die Bereicherung, wenn ihm kein verbleibender Vermögenswert zuwächst (s schon Rn 16; BGH MDR 59, 109; Hamm FamRZ 96, 1406). **dd) Leistungen an Dritte** wirken bei Leistungskondiktion nur dann berei- 32 cherungsmindernd, wenn der Bereicherungsgläubiger nach dem zugrunde liegenden Rechtsgeschäft das Risiko zu tragen hat (PalSprau 43); s BGH 145, 52 (Zinsen für Kaufpreis nicht abzugsfähig); 109, 145 (ebenfalls nicht abzugsfähig Erwerbskosten des Leasinggebers im Verh zu Leasingnehmer); BGH NJW 95, 3315 (Scheckkauf); BGH NJW 98, 2529 (Kauf von Optionsscheinen); Dresden ZIP 09, 1173 (Rückzahlung von Sozialversicherungsbeiträgen an Tochtergesellschaft). **ee) Ausgaben und Verwendun-** 33 **gen** auf den Bereicherungsgegenstand sind abzugsfähig, soweit auch sie im Vertrauen auf die Beständigkeit des Erwerbs (entfällt bei Leistung unter Vorbehalt: Köln NVersZ 99, 183) erfolgten – unabhängig von Wertsteigerungen (BGH NJW 99, 1629); Unterhalts- und Veränderungskosten (BGH NJW 80, 1790; WM 00, 1064); Steuern, Reparaturkosten, Ausgaben zur Erhöhung des Lebensstandards bei zu Unrecht erhaltenem Lohn (BGH 41, 289; s auch BBG 87 II, BRRG 52 II; Flessner aaO S 18 f; zur Beweislast Rn 39). Schließt die Natur des Bereicherungsgegenstandes den Abzug von Aufwendungen aus, hat der Bereicherungsschuldner ausnahmsweise **Erstattungsanspruch** (BGH NJW 81, 2688; NJW-RR 88, 585: Rückgewähr grds nur Zug-um-Zug gegen Erstattung). **ff) Schäden,** die der Bereicherungsgegenstand verursacht hat (zB bissiger Hund verletzt Bereicherungsschuldner, erkranktes Pferd steckt andere Tiere des Schuldners an), sind grundsätzlich nicht abzugsfähig, da sie unabhängig von der Rechtsgrundlosigkeit in die Risikosphäre des Empfängers fallen (zutr Larenz/Canaris, SchR II/2 § 73 I 2g; Reuter/Martinek § 17 III 2b; PalSprau 44). **c) Erwerbskosten.** 34 Bestimmte Erwerbskosten können, obwohl nicht nach Erlangung der Bereicherung aufgewendet, entreichernd geltend gemacht werden („frustrierte Aufwendungen", s Larenz/Canaris, SchR II/2 § 73 I 2c): Vertragskosten, Maklergebühren (RG 72, 4); Frachtkosten und Zölle; Provision (BGH NJW 81, 277: nur, wenn abhängig von Bestand des vermittelten Vertrages); MwSt (BGH NJW 70, 2059; NJW-RR 08, 1369); steuerliche Mehrbelastung (BGH WM 92, 748). Darüber hinaus wird III heute teilw so verstanden, dass auch andere Passivposten, die bereits vor Erlangung der Bereicherung entstanden sind, abzuziehen sind, sofern sie mit der Bereicherung nur in adäquat ursächlichem Zusammenhang stehen, vgl BGH NJW 81, 278 („bei wirtschaftlicher Betrachtungsweise"). Bei Rückabwicklung gegenseitiger Verträge schränkt BGH in wertender Zuordnung des Entreicherungsrisikos die Abzugsfähigkeit von Kosten ein (BGH 145, 52; 116, 256: Finanzierungskosten des Käufers, sa o Rn 32). **d) Nichtleistungskon-** 35 **diktion.** Die unter b) genannten Gründe für Wegfall oder Schmälerung der Bereicherung sind auch bei Ansprüchen wegen Bereicherung in sonstiger Weise zu beachten. Bringt eine Bank (Zweitzessionar) den zu Unrecht, aber gegenüber dem berechtigten Erstzessionar wirksam eingezogenen Betrag dem Kreditkonto des Kunden (Zedenten) gut, kann ihre nach § 816 II herauszugebende Bereicherung entfallen, falls die Gutschrift nicht storniert werden kann (BGH 26, 195; sa Canaris NJW 81, 258). Doch 36 können **Gegenleistung** oder sonstige Ausgaben, die im Zusammenhang mit dem den

Stadler

Eingriff „vorbereitenden" Erwerb – der Kaufpreis für den Erwerb der fremden oder abhanden gekommenen Sache bei §§ 951, 816 I 1, die weitere Kreditgewährung auf Grund Sicherungszession einer bereits an einen Dritten abgetretenen Forderung bei § 816 II – und **vor** Erlangung der Bereicherung gemacht worden sind, nicht abgesetzt werden, da sie gegenüber einer Vindikation oder einem Hinweis an den Forderungsschuldner, an den Scheinzessionar nicht zu zahlen, ebenfalls nicht geltend gemacht werden bzw wirken könnten (für § 951 BGH 55, 176; für § 816 I 1 BGH 9, 333; für § 816 II BGH 56, 178 ff; für nicht bestehende Scheckforderung gezahlter Preis BGH NJW 95, 3317; aA für Vollstreckungskosten aus Pfändung und Einziehung einer Forderung, die dem Bereicherungsgläubiger zusteht BGH 66, 156, dagegen Gerlach [Lit

37 zu § 812] S 60; sa Schröder JZ 89, 721). Anders als bei der Leistungskondiktion besteht kein Anlass, im Hinblick auf die Bereicherung entstandenen Vertrauensschaden dem Bereicherungsgläubiger anzulasten, der dieses Vertrauen nicht veranlasst hat, sondern bei der Eingriffskondiktion Betroffener einer Rechtsverletzung ist (vgl Rengier aaO

38 S 435 f; Reuter/Martinek § 17 IV 3d). **e) Schuldentilgung.** Wurde der Bereicherungsgegenstand verwendet, um Schulden des Empfängers zu tilgen, so ist dies regelmäßig kein Fall von III, da die Befreiung eigene Aufwendung erspart (BGH NJW 03, 3271; NJW 96, 926; NJW 85, 2700; s aber NJW 79, 1597; anders, wenn Schuldner sonst unter Einschränkung seines Lebensstandards die Schuld getilgt hätte (BGH 118,

39 383). **f) Beweislast** für Wegfall oder Schmälerung der Bereicherung (rechtsvernichtende Einwendung) trägt der Bereicherungsschuldner (BGH 118, 383; NJW 99, 1181; 95, 2627); auch wenn er geschäftsunfähig ist (BGH NJW 03, 3271). Die Rspr schafft bei unterem bzw mittlerem Einkommen des Schuldners Beweiserleichterung durch Anscheinsbeweis (Verwendung überzahlter Bezüge, um Lebensstandard zu erhöhen): BGH NJW 08, 3219; BAG BB 01, 2008; NJW 96, 411; Hamm FamRZ 96, 1406 (nicht bei Besserverdienern BAG NJW 94, 2636); s München WM 11, 167 zu Handelsvertreter.

40 **7. Rückabwicklung gegenseitiger Verträge. a) Grundsatz.** Bei einer Leistungskondiktion aus gegenseitigem Vertrag kann der Schuldner auch die dem Bereicherungsgläubiger erbrachte Gegenleistung verrechnen **(Saldotheorie)**, auch und gerade dann, wenn diese nicht (mehr) zurückgewährt werden kann, der Gläubiger also nach § 818 III entlastet ist. Bei ungleichartigen Leistungen hat Bereicherungsgläubiger Rückgewähr der erhaltenen Leistung Zug um Zug gegen Zahlung anzubieten (Medicus/Petersen, BR 224; Flume JZ 02, 322). Die Saldotheorie ist nur anwendbar, wenn beide Parteien ihre Leistungen erbracht haben. **aa)** Die Berücksichtigung der erbrachten Gegenleistung durch Saldierung, die zum Festhalten am Leistungsaustausch führt, ist str (vgl statt aller BGH NJW 09, 2886; 88, 3011, dazu krit Kohler NJW 89, 1850, im Grundsatz bejahend BGH 53, 145, BGH NJW 00, 3064 mN; für Rückabwicklung einer verdeckten Sacheinlage wegen § 183 II 1 AktG aF s BGH 175, 265; zur Parallelisierung zum Eigentümer-Besitzerverhältnis BGH BB 95, 2340 ff; stärker zur Zwei-Konditionen-Theorie neigend BGH 57, 149; 72, 255). Einheitlicher Anspruch auf den Saldo, deshalb Aufrechnung mit Schadensersatzansprüchen (nur) gegen Saldo (BGH NJW 00, 3064; sa Flume AcP

41 194, 427, 435; Canaris WM 81, 979). **bb)** Es geht bei Saldierung nicht um Wegfall der Bereicherung des Schuldners, (anders BGH 57, 145), sondern um **Nachwirkung des Synallagmas** (v. Caemmerer, FS Larenz S 634; Reuter/Martinek S 598), und zumeist führt die Saldotheorie iE gerade zur Ausschaltung des § 818 III: Der seine Leistung Zurückverlangende kann sich nicht hinsichtlich seiner eigenen Rückgabepflicht auf den Untergang des von ihm Erlangten berufen (BGH 72, 254; Medicus/Petersen, BR 225: Einschränkung von § 818 III), trägt also als Nachwirkung des Synallagmas und als Folge des Gefahrübergangs das Entreicherungsrisiko

42 selbst (vgl Hoffmann Jura 97, 416). **cc)** IE ebenso die Rspr, die Abzugsfähigkeit von Aufwendungen, also Entreicherungseinwand (des rückgewährpflichtigen Käufers) begrenzt (BGH 116, 256: wertende Zuweisung des Entreicherungsrisikos; o Rn 34)

43 krit zur Begründung Kohler NJW 92, 3145. **b) Ausnahmen** aus dem Zweck der

Norm, die zur Nichtigkeit des Grundgeschäftes geführt hat, gelten zugunsten **Minderjähriger,** anderer beschränkt Geschäftsfähiger und **Geschäftsunfähiger** (BGH 126, 105; NJW 00, 3562; anders bei fehlender Termingeschäftsfähigkeit BGH 147, 157; abl Reiner JZ 02, 300), von **Opfern arglistiger Täuschung,** die durch die Saldotheorie nicht „faktisch" am Vertrag festgehalten werden sollen (BGH 53, 147; 57, 137; NJW 09, 1266; 90, 2882; Köln NJW-RR 99, 884) oder von Bewucherten (BGH NJW 01, 1130). Der wegen arglistiger Täuschung anfechtende Käufer kann also den Kaufpreis voll zurückfordern, sich selbst aber auch bei eigenverursachtem Untergang der Kaufsache auf III berufen (vgl auch BGH 72, 256, der die Risikobelastung des Verkäufers bei Irrtumsanfechtung auf §§ 819 I, 818 IV stützt, PalSprau 49; sa Tiedtke DB 79, 1261; anders Friese aaO S 253 ff. Auch beim sachmangelverursachten **Untergang der Kaufsache** kann der (wegen Eigenschaftsirrtums) anfechtende Käufer den Kaufpreis voll zurückverlangen (BGH 78, 222). § 254 soll in solchen Fällen nicht zu Lasten des Käufers anwendbar sein (BGH 37, 370; 57, 151), doch wird mit § 242 eine zu ähnlichen Ergebnissen führende Abwägung gestattet (BGH 57, 152 f und dazu Flessner NJW 72, 1782; generell zur Einschränkung des III in Fällen eigennütziger und untergangsursächlicher Disposition über den Bereicherungsgegenstand s v. Caemmerer aaO S 638 Fn 57; Flume NJW 70, 1164; Rengier aaO S 438 f − Berufung auf Wegfall als venire contra factum proprium sowie bei „übergeordneten Gesichtspunkten" BGH NJW 98, 1710). Str ist die Anwendung der Saldotheorie bei wucherähnlichen Geschäften (dagegen BGH 146, 298; aA Flume JZ 02, 324). **c)** Auch bei **verschärfter Haftung** des Rückabwicklungsschuldners gilt die Saldotheorie (RG 139, 213; aA BGH 57, 150 und die Saldierung iE mit §§ 819 I, 818 IV vermeidend BGH 72, 256). **d)** Aufgrund der Saldierung entsteht von vornherein nur ein auf den Saldo gerichteter Bereicherungsanspruch; bei ungleichartigen Leistungen muss Kläger von sich aus Zug-um-Zug-Abwicklung anbieten (Rn 40; BGH 146, 307). Im **Insolvenzfall** kann ein Käufer rechtsgrundlos vor Verfahrenseröffnung erbrachte Leistungen nicht iS der Saldotheorie gegen Ansprüche des Insolvenzverwalters auf Herausgabe von nach Eröffnung gezogener Nutzungen verrechnen (BGH NJW 02, 1052; sa 10, 2125). 44 45

8. Haftungsverschärfung. a) Nach IV tritt mit Rechtshängigkeit der Leistungsklage − ZPO 261 I, II, 696 III − verschärfte Haftung ein für die Möglichkeit der Herausgabe der Bereicherung; nicht: Feststellungs- oder Abänderungsklage (BGH 118, 383; 93, 183; NJW 92, 2416, NJW 98, 2434; aber Hamm NJW-RR 97, 705 für Unterhaltszahlung unter Vorbehalt) oder Vollstreckungsgegenklage (gegen Unterhaltsvergleich BGH FamRZ 03, 1087; 87, 368). Haftung nach §§ 292, 989, evtl 990 II, 287 S 2 auf Schadensersatz, nach §§ 292 II, 987 auf Herausgabe von − gezogenen oder möglichen − Nutzungen, bei Geldschuld nach §§ 291, 288 I auf Zinsen und ggf höheren Schaden aus entgangener Kapitalnutzung, § 288 IV. Soweit Verurteilung zur Erfüllung zulässig früher auch § 283 aF (BGH NJW 00, 1032), jetzt § 283, jedoch Vorrang von III, IV, da sonst Haftungsverschärfung für unverklagten oder gutgläubigen Schuldner möglich. **b)** Bei unverschuldetem Unvermögen zur Herausgabe galten nach BGH §§ 275, 279 aF, so dass nach dieser Ansicht für die Wertkondiktion Unvermögen stets zu vertreten war (BGH 83, 299); jetzt § 276: Verschuldensunabhängige Einstandspflicht des Geldschuldners. § 285 ist anwendbar (BGH 75, 203 zu § 281 aF). Ein Wegfall der Bereicherung durch Abrechnung von Nachteilen und Unkosten, für die der Bereicherungsvorgang ursächlich war, findet nicht mehr statt (BGH 57, 150: abzugsfähig sind nur notwendige Verwendungen, § 292 Rn 4). 46 47

§ 819 Verschärfte Haftung bei Kenntnis und bei Gesetzes- oder Sittenverstoß

(1) **Kennt der Empfänger den Mangel des rechtlichen Grundes bei dem Empfang oder erfährt er ihn später, so ist er von dem Empfang oder der**

§ 819

Erlangung der Kenntnis an zur Herausgabe verpflichtet, wie wenn der Anspruch auf Herausgabe zu dieser Zeit rechtshängig geworden wäre.

(2) Verstößt der Empfänger durch die Annahme der Leistung gegen ein gesetzliches Verbot oder gegen die guten Sitten, so ist er von dem Empfang der Leistung an in der gleichen Weise verpflichtet.

1 **1. Allgemeines. a)** Bei Kenntnis der Rechtsgrundlosigkeit – I –, der Ges- oder Sittenwidrigkeit – II – ist der Bereicherungsschuldner nicht schutzwürdig. Für das dogmatische Verhältnis der Fälle strengerer Haftung, von denen insbes der des bösgläubigen Leistungsempfängers praktisch wichtig ist, zu § 818 und insbes zur Haftungsentlastung aus § 818 III ist unsicher, was Regel und was Ausnahme ist.

2 **b)** Die – herrschende – Ansicht, wonach der Bereicherungsschuldner überhaupt nur verpflichtet ist, falls und soweit er per Saldo bereichert wurde und noch ist (s § 818 Rn 40 ff), und die in § 818 III deshalb eine grundsätzliche Aussage (und nicht nur eine ausnahmsweise Begünstigung des redlichen Schuldners wie v. Caemmerer GS I 244; Larenz/Canaris, SchR II/2 § 73 I 1a und b: Guter Glaube an Rechtsbeständigkeit des Erwerbs) sieht, hat freilich Schwierigkeiten, bei Bösgläubigkeit trotz fehlender Per-Saldo-Bereicherung Haftung anzunehmen (vgl BGH 55, 133: „Diskrepanz", „Ungereimtheiten"; konsequent Friese aaO S 86: nicht Bereicherungs-, sondern Schadenshaftung). Überzeugender lässt sich die strengere Haftung des § 819 I damit erklären, dass § 818 III ausnahmsweise und nur den Gutgläubigen im Vertrauen auf die Beständigkeit des Erwerbs schützt (sa § 818 Rn 27).

3 **2. Voraussetzungen der Haftungsverschärfung nach I. a)** Bestehen eines Bereicherungsanspruchs und **b) positive Kenntnis** des Rechtsgrundmangels beim
4 Empfang (differenzierend Probst AcP 196, 252 ff); bei späterer Kenntniserlangung tritt Haftungsverschärfung mit diesem Zeitpunkt ein. Kenntnis ist **Tatsachenkenntnis** und ihre richtige rechtliche Würdigung durch den Schuldner (BGH NJW 92, 2417; 98, 2434; vgl aber BGH NJW 96, 2652: Tatsachenkenntnis soll genügen, wenn der Bereicherte sich den rechtlichen Folgen bewusst verschließt; Otte JuS 98, 246; zu Recht krit Martinek JZ 96, 1099); nach BGH NJW 87, 187 ist bei Zuvielüberweisung Überzeugung des obj Denkenden maßgebend; Kenntnis der Rückzahlbarkeit eines Darlehens steht Kenntnis rechtsgrundlosen Empfangs gleich (BGH ZIP 06, 2120 mwN). Ausnahme BBG 87 II – Kennenmüssen genügt. Bei **Anfechtbarkeit** s § 142 II. Bei Zahlung unter Vorbehalt oder auf Grund auflösend
5 bedingter Verpflichtung ist I nicht anwendbar. Kenntnis des **Vertreters** oder **Sachwalters** wird dem Vertretenen zugerechnet (Hamm VuR 09, 1416; Köln NJW 00, 1045; BGH NJW-RR 01, 127: Entsprechende Anwendung auch ohne Vertretungsmacht bei Wahrnehmungsbefugnis des Zuwendungsempfängers; Schleswig-Holstein FamRZ 08, 512: Entsprechende Anwendung unabhängig von einem Vertretungsverhältnis bei Bösgläubigkeit eines Repräsentanten). Bei **Geschäftsunfähigen** kommt es stets auf Kenntnis des ges Vertreters an (Nürnberg NJW-RR 89, 1137; KG NJW 98, 2911; allg PalSprau 3); bei **beschränkt Geschäftsfähigen** wird teils Kenntnis des ges Vertreters gefordert (StLorenz 10; Larenz/Canaris, SchR II/2 § 73 II 2a), teils analoge Anwendung der §§ 827–829 befürwortet; teils wird zwischen Bereicherung durch Leistung (§§ 104 ff) und in sonstiger Weise (§§ 827 ff analog) unterschieden (MK/Schwab 8; PalSprau 4; aA BaR/Wendehorst 8 mN). Nach BGH 55, 136 f soll der beschränkt Geschäftsfähige jedenfalls dann verschärft haften, wenn er sich die (Leistungs-)Bereicherung durch eine vorsätzlich unerlaubte Handlung erschlichen und die nach § 828 II erforderliche Verantwortungsreife hatte.

6 **3. Voraussetzungen der Haftungsverschärfung nach II. a)** Erfüllung des Tatbestands des § 817 S 1 und **b)** Bewusstsein des Ges- oder Sittenverstoßes (BGH NJW-RR 09, 345) **c)** bei Annahme; spätere Kenntnis schadet nicht (aA Esser/Weyers II, 2 § 51 III 1).

7 **4. Rechtsfolgen.** S § 818 Anm 8.

Titel 26. Ungerechtfertigte Bereicherung §§ 820, 821

§ 820 Verschärfte Haftung bei ungewissem Erfolgseintritt

(1) ¹War mit der Leistung ein Erfolg bezweckt, dessen Eintritt nach dem Inhalt des Rechtsgeschäfts als ungewiss angesehen wurde, so ist der Empfänger, falls der Erfolg nicht eintritt, zur Herausgabe so verpflichtet, wie wenn der Anspruch auf Herausgabe zur Zeit des Empfangs rechtshängig geworden wäre. ²Das Gleiche gilt, wenn die Leistung aus einem Rechtsgrund, dessen Wegfall nach dem Inhalt des Rechtsgeschäfts als möglich angesehen wurde, erfolgt ist und der Rechtsgrund wegfällt.

(2) Zinsen hat der Empfänger erst von dem Zeitpunkt an zu entrichten, in welchem er erfährt, dass der Erfolg nicht eingetreten oder dass der Rechtsgrund weggefallen ist; zur Herausgabe von Nutzungen ist er insoweit nicht verpflichtet, als er zu dieser Zeit nicht mehr bereichert ist.

1. Allgemeines. Ähnlich wie bei §§ 818 IV, 819 muss der Leistungsempfänger 1
in den Fällen I 1 und 2 sich auf die Möglichkeit der Herausgabe einstellen, so dass eine Privilegierung nicht angemessen wäre; II mildert die Haftungsverschärfung hinsichtlich Zinsen und Nutzungen.

2. Voraussetzungen. a) I 1 knüpft an § 812 S 2, 2. Fall an *(condictio ob rem)*, 2
doch dürfte er auch bei einer zur Nichtigkeit der Verpflichtung führenden Zweckverfehlung (s § 812 Rn 15) anzuwenden sein; ebenso muss der dieser Vorschrift zugrunde liegende Gedanke auch Rückabwicklung wegen Wegfalls der Geschäftsgrundlage beeinflussen. **Maßgeblicher Zeitpunkt:** Empfang, auch bei späterer Zweckvereitelung durch den Empfänger. **b) I 2** setzt **aa)** eine *condictio ob causam* 3
finitam voraus (s § 812 Rn 14) und **bb)** die von den Parteien gesehene und deshalb im RGeschäft berücksichtigte Möglichkeit eines Wegfalls des Schuldgrundes (BGH 102, 49); bloße Erkennbarkeit des künftigen Wegfalls reicht nicht (BGH NJW 92, 2417: beide Vertragsteile müssen von Unsicherheit ausgegangen sein); Bsp: Auflösende Bedingung, unwidersprochen gebliebener Vorbehalt bei Zahlung (BGH NJW 06, 288; zur Abwendung der Zwangsvollstreckung BGH 169, 318; zu Vorbehalt in Unterhaltsvergleich s jedoch BGH NJW 98, 2434), Genehmigungsbedürftigkeit; bei Versorgungsbezügen im öffentl Dienst muss der Empfänger bei Änderung der Sachlage auch ohne ausdrücklichen ges Vorbehalt mit einer Änderung der Bezüge rechnen (BVerfG 46, 114).

3. Rechtsfolge. S § 818 Rn 46. 4

4. Zinsen u Nutzungen. Nach II bleibt es für während des Schwebezustandes 5
gezogene Nutzungen bei § 818 I, III; Haftung also nur für **gezogene** Nutzungen (s § 818 Rn 9), soweit noch als Bereicherung vorhanden. HS 2 schränkt Haftungsverschärfung durch Rückkehr zu § 818 III ein (BGH NJW 99, 1630). II ist nicht Anspruchsgrundlage für Zinsen, sondern setzt Zinspflicht voraus und regelt nur Zeitpunkt für Beginn der Verzinsungspflicht (BGH WM 73, 642).

§ 821 Einrede der Bereicherung

Wer ohne rechtlichen Grund eine Verbindlichkeit eingeht, kann die Erfüllung auch dann verweigern, wenn der Anspruch auf Befreiung von der Verbindlichkeit verjährt ist.

1. Allgemeines. Einer rechtsgrundlos eingegangenen Verbindlichkeit kann der 1
Verpflichtete seinen Schuldbefreiungsanspruch aus § 812 I 1, II einredeweise entgegenhalten (BGH NJW-RR 99, 573 sowie zu Schuldanerkenntnis durch Gutschrift BGH NJW 91, 2140). § 821 „verlängert" diese Einredemöglichkeit über den Zeitpunkt der Verjährung des Schuldbefreiungsanspruchs hinaus. Nach Verkürzung der Verjährung auf 3 bzw 10 Jahre nach §§ 195, 199 I, IV, dürfte die Bedeutung zuneh-

§ 822 Buch 2. Abschnitt 8. Einzelne Schuldverhältnisse

men. Eine entspr Anwendbarkeit, etwa gegenüber einer Vindikation aus rechtsgrundlos erlangtem Eigentum, wird befürwortet (zB RGRK/Heimann-Trosien 2).

2 **2. Rechtsfolgen. a)** Echte, dh nur bei Erhebung zu berücksichtigende **Einrede,** BGH NJW 91, 2141; **b) dauernde** Einrede, so dass mit § 813 I 1 Geleistetes zurückverlangt werden kann; **c)** für die rechtsgrundlos erlangte Forderung bestellte Sicherheiten sind nach den für die einzelnen Sicherungsrechte geltenden Regeln – zB §§ 1254, 1169 – oder nach Maßgabe der Sicherungsabrede zurückzugewähren oder
3 selbst einredeweise zu entkräften, vgl § 768 I 1. **d)** § 818 III kann auch auf die Einrede der Rechtsgrundlosigkeit der erlangten Forderung repliziert werden PalSprau 2). **e)** Geltendmachung gegenüber Konkursverwalter und Sequester (s BGH NJW 95, 1484; Brandenburg WM 99, 1083).

§ 822 Herausgabepflicht Dritter

Wendet der Empfänger das Erlangte unentgeltlich einem Dritten zu, so ist, soweit infolgedessen die Verpflichtung des Empfängers zur Herausgabe der Bereicherung ausgeschlossen ist, der Dritte zur Herausgabe verpflichtet, wie wenn er die Zuwendung von dem Gläubiger ohne rechtlichen Grund erhalten hätte.

Lit: Bockholdt, Die Haftung des unentgeltlichen Erwerbers gem § 822 BGB, 2004; Knütel, § 822 BGB und die Schwächen unentgeltlichen Erwerbs, NJW 89, 2504; Schilken, Zur Bedeutung des § 822 BGB, JR 89, 363; Tommaso/Weinbrenner, Bereicherungsrechtliche Mehrpersonenverhältnisse nach § 822 BGB, Jura 04, 649.

1 **1. Allgemeines.** Unentgeltlicher Erwerb (Begriff s § 816 Rn 21, § 516 Rn 8 f) eines Dritten wird – obwohl „mittelbar" – in der Abwägung gegen das Interesse des Gläubigers, dessen Bereicherungsanspruch gegen den Bereicherungsschuldner wegen dessen Entreicherung durch Weitergabe scheitert, als weniger schutzwürdig bewertet.

2 **2. Voraussetzungen. a) Bereicherungsanspruch** gegen einen Schuldner, der
3 **b)** auf Grund § 818 III wegen **unentgeltlicher Weitergabe** des Erlangten, seiner Surrogate, Nutzungen oder seines Wertes (Reuter/Martinek S 369) durch Leistung (str, s Reuter/Martinek S 368, aA Schilken aaO S 366) nicht haftet. Hat der Bereicherungsempfänger trotz Weggabe der Bereicherung einzustehen, weil §§ 818 IV, 819 oder 820 eingreifen (vgl BGH NJW 99, 1028), oder weil er Auslagen für ein Pflicht- oder Anstandsgeschenk erspart hat, greift § 822 nicht ein („Subsidiarität"
4 des Anspruchs aus § 822; PalSprau 9; str, aA Knütel NJW 89, 2509 mN). **Kein Durchgriff,** wenn der ursprüngliche Bereicherungsschuldner deshalb nicht haftet, weil seine Bereicherung bereits aus anderen Gründen als der Weggabe des Erlangten entfallen ist. Verpflichtung des ursprünglichen Bereicherungsschuldners muss aus Rechtsgründen – § 818 III – erloschen sein; Undurchsetzbarkeit der Kondiktion gegen den Erstschuldner führt nicht zum Durchgriff (BGH NJW 99, 1028; 69, 605;
5 aA Schilken JR 89, 363). **c) Unentgeltlichkeit** (o Rn 1) liegt vor bei Schenkungen, Vermächtnissen, ferner bei zinslosen Darlehen oder entgeltloser Gebrauchsüberlassung sowie „unbenannten" unentgeltlichen Zuwendungen an Ehegatten (BGH NJW 00, 134: Durchgriff durch Sozialhilfeträger). Rechtsgrundlosigkeit ist nicht gleichzusetzen (hL, str, vgl Schlechtriem, Restitution Bd II, 312, 350 f mN). Analog anwendbar bei § 528 (BGH NJW 89, 1479; hierzu auch Knütel NJW 89, 2506).

6 **3. Rechtsfolge.** Der Dritte haftet als Bereicherungsschuldner auf das Erlangte, Surrogate und Nutzungen, bei Herausgabeunmöglichkeit auf den Wert. Er kann sich auf § 818 III berufen, was ggf zur Bereicherungshaftung eines Vierten nach § 822 führen kann. Die **Beweislast** für die Unentgeltlichkeit des Erwerbs und den daraus folgenden Wegfall der Bereicherung beim Erstschuldner trägt der Gläubiger.

Titel 27. Unerlaubte Handlungen

Vorbemerkungen

I. Unerlaubte Handlungen

1. Allgemeines. a) Funktion der Normen. Die §§ 823 ff (sog **Haftungsrecht** 1 iGgs zum Schadensersatzrecht der §§ 249 ff) sollen den Einzelnen vor Eingriffen in seine Rechte oder Rechtsgüter durch beliebige Dritte, also **außerhalb von Sonderbeziehungen,** schützen. Schutzobjekt ist aber nicht die Person oder das Vermögen des einzelnen schlechthin (Grundsatz des neminem laedere). Die Verpflichtung zum Schadensersatz – als die im Vordergrund stehende Sanktion (s Rn 5) – knüpft vielmehr an **bestimmte Tatbestände** an; Schadenszufügungen, die nicht unter ges Normen oder allg Rechtssätze fallen, muss der Geschädigte selbst tragen. **b) Begriff der unerlaubten Handlung.** Kennzeichnend ist der wider- 2 rechtliche Eingriff in ein fremdes Recht oder Rechtsgut im allg; die Rechtswidrigkeit ergibt sich also aus einem Verstoß gegen allg Normen, gegen die allen Dritten gegenüber bestehenden Rechtspflichten. IdR setzt das Ges eine **schuldhafte** Verletzung des fremden Rechtsgutes voraus. Durch die Deliktshandlung wird ein ges Schuldverhältnis zwischen Ersatzpflichtigem und Ersatzberechtigtem begründet. Die Verpflichtung zum Schadensersatz ist daher, anders als im Vertragsrecht, nicht sekundäre Einstandspflicht wegen Verletzung einer primären Erfüllungspflicht, sondern ursprünglicher Inhalt des Schuldverhältnisses selbst.

2. Verhältnis der Ansprüche aus unerlaubter Handlung und aus Sonder- 3 **beziehungen. a) Grundsatz der Unabhängigkeit.** Das Verhältnis der Ansprüche zueinander ist im Theoretischen, weniger im Praktischen str. Die hM nimmt an, es handele sich um mehrere selbstständige Ansprüche (Bsp: Der einen Kunstfehler begehende Arzt haftet aus § 823 I und aus §§ 241 II, 280 I), die zwar auf dasselbe Ziel gerichtet sind, aber gesondert geltend gemacht und auch unabhängig voneinander abgetreten werden können (sog Anspruchskonkurrenz, MK/Wagner 61 vor § 823; BGH 101, 344, BGH NJW-RR 05, 172). Die Befriedigung des einen Anspruchs bringe allerdings die anderen Ansprüche, soweit auf dasselbe Interesse gerichtet, zum Erlöschen. Den tatsächlichen Gegebenheiten entspricht jedoch besser die Vorstellung, dass ein und dasselbe Verlangen auf mehrere Anspruchsgrundlagen gestützt wird und deshalb eine gesonderte Abtretung nicht möglich ist (sog Anspruchsnormenkonkurrenz, Georgiades, Die Anspruchskonkurrenz im Zivilrecht und Zivilprozessrecht, 1968, S 205; StHager Rn 40 vor § 823). Weitgehende Übereinstimmung besteht aber insoweit, dass die Voraussetzungen der einzelnen Anspruchsgrundlage unabhängig voneinander zu prüfen sind (Georgiades aaO S 204 ff; RG 88, 435; BGH 24, 191 f, stRspr; aA Schwark AcP 179, 83). **b) Einschränkungen.** Ist **durch** 4 **Ges** im Vertragsverhältnis der Haftungsmaßstab eingegrenzt (zB § 521), so wirkt diese Privilegierung auch im Rahmen der Deliktshaftung (ErmSchiemann 26 mwN; BGH 46, 316; 55, 396); denn sonst hätte die Privilegierung keine praktische Bedeutung (Ausnahme: HGB 453 ff; HGB 430, s BGH 46, 144). Bei einer **vertraglichen Regelung** wird allg angenommen, dass damit auch die Haftung aus unerlaubter Handlung erfasst wird, sofern dieselben Schäden betroffen sind (StLöwisch/Caspers § 276 Rn 123; BGH JZ 86, 399). In AGB – soweit zulässig, s § 309 Nr 7a – sind jedoch deutliche Anhaltspunkte erforderlich (BGH NJW 79, 2148 mwN).

3. Rechte des (potentiell) Verletzten. a) Als **Rechtsfolge** einer unerlaubten 5 Handlung sieht das Ges einen Anspruch auf Ersatz des eingetretenen **Schadens** (Rn 24 ff vor § 249) vor. Damit („dulde und liquidiere") ist aber dem Träger des geschützten Rechtsguts nicht immer gedient. Mindestens ebenso wichtig kann für ihn sein, drohende Eingriffe **abzuwehren. b)** Das Ges kennt **Ansprüche auf** 6 **Unterlassung** bestimmter Beeinträchtigungen an verschiedenen Stellen (zB § 1004

I 2, Verweise auf diese Norm in §§ 1027, 1065, 1090 II, 1134 I, 1192 I; 862 I 2; 12 S 2; HGB 37 II 1; UWG 1, 3; PatG 139 I; UrhG 97 II), in den §§ 823 ff ist eine derartige Rechtsfolge nicht vorgesehen. Heute wird jedoch auf Grund einer längeren, stufenweisen Entwicklung in der Rspr (s zB ErmSchiemann 20 mwN) die Unterlassungsklage entspr § 1004 allg anerkannt. Erforderlich ist dafür (a) ein **widerrechtlicher Eingriff** in ein gem § 823 I geschütztes Recht oder ein anderweit (zB über §§ 823 II, 826) geschütztes Rechtsgut und (b) die Besorgnis eines weiteren Eingriffs für die Zukunft (sog **Wiederholungsgefahr**). Die Eingriffe brauchen nicht schuldhaft verursacht zu sein. Um auch erstmalige drohende Eingriffe abwehren zu können, hat die Rspr in dieser konkreten Bedrohung bereits den widerrechtlichen Eingriff selbst gesehen (zB BGH NJW-RR 06, 566, stRspr) und damit formal an beiden genannten Rechtsvoraussetzungen festgehalten. An die Wiederholungsgefahr werden keine hohen Anforderungen gestellt. Sie folgt idR bereits aus der Tatsache des geschehenen Eingriffs, wenn nicht das Verhalten des Verletzers eine sichere Gewähr gegen weitere Eingriffe bietet oder die tatsächliche Entwicklung der Verhältnisse einen erneuten Eingriff unwahrscheinlich macht (BGH aaO). Bei Wettbewerbsverstößen spricht eine Vermutung für die Wiederholungsgefahr (BGH NJW 06, 2635). Das bloße Versprechen, sich der beanstandeten Handlung in Zukunft zu enthalten, genügt nicht (BGH 1, 248), wohl aber eine durch ein Vertragsstrafeversprechen abgesicherte Unterlassungsverpflichtung (BGH ZIP 06, 1777); auch die Liquidation der beklagten Gesellschaft (BGH WRP 00, 528) schließt die Wiederholungsgefahr nicht aus. Der Unterlassungsanspruch richtet sich gegen den **Störer.** Störer ist derjenige, der eine Ursache für die Beeinträchtigung setzt (s § 823 Rn 21 ff) oder setzen will, unabhängig davon, ob er als Täter oder Gehilfe zu qualifizieren wäre (BGH NJW 76, 800; für eine Klage gegen den Gehilfen kann jedoch das Rechtsschutzinteresse fehlen, wenn der Hauptverantwortliche ohne Schwierigkeiten in Anspruch genommen werden kann (BGH GRUR 57, 354); auch die Verbreitung fremder Äußerungen kann zum Störer machen (ie mit Differenzierungen je nachdem, ob man „Markt", dh Gelegenheit zur Fremddarstellung, oder Störer ist,

7 BGH 66, 182, Fernsehanstalt). **c)** Aus dem gleichen Bedürfnis, das zum Unterlassungsanspruch führt, wird dem Verletzten entspr § 1004 I ein **Anspruch auf Beseitigung** zuerkannt, wenn er einen rechtswidrigen, nicht schuldhaften Eingriff hat hinnehmen müssen (bei einem rechtswidrigen und schuldhaften Eingriff steht ihm ein Anspruch auf Schadensersatz zu). Rechtsvoraussetzungen sind (a) eine *obj widerrechtliche beeinträchtigende Handlung* (BGH 34, 102) und (b) eine *Fortdauer der Beeinträchtigung* (s zB BGH NJW 97, 2234: Wiederherstellen eines durch Überwuchs zerstörten Platzes). Eine Wiederholungsgefahr ist nicht erforderlich (RG 148, 123;

8 OGH 1, 191). Bes Formen des Beseitigungsanspruchs sind das **Recht auf Gegendarstellung** bei Verletzungen durch Presse, Rundfunk und Fernsehen (§ 823 Rn 87) und der **Anspruch auf Widerruf** zB bei Persönlichkeitsverletzungen (§ 823 Rn 82 ff) oder der Behauptung unwahrer Tatsachen gem § 824 (§ 824 Rn 13).

II. Gefährdungshaftung

Lit: Blaszcok, Gefährdungshaftung und Risikozuweisung, 1999; v. Caemmerer, Reform der Gefährdungshaftung, 1971; Esser, Grundlagen und Entwicklung der Gefährdungshaftung, 2. Aufl, 1969.

9 **1. Allgemeines.** Die Gefährdungshaftung basiert auf der Überlegung, dass jemand, der rechtmäßigerweise einen gefährlichen Betrieb eröffnet oder unterhält, auch die Schäden tragen muss, die typischerweise als Verwirklichung des Risikos bei anderen eintreten können und gegen die sie sich – wegen der Rechtmäßigkeit des Verhaltens – nicht zu wehren vermögen (StHager Rn 28 vor § 823; Esser aaO S 103; zum Überblick s Ficker, FS v. Caemmerer, 1978, S 345 ff). Erst recht haftet der Gefährdende, wenn der Betrieb von Anfang an unerlaubt war (desgl iE Kötz AcP 170, 21).

Titel 27. Unerlaubte Handlungen § 823

2. Rechtsgrundlagen. Eine Gefährdungshaftung tritt nur ein, wenn sie durch 10
eine spezielle Vorschrift angeordnet wird (sog Enumerationsprinzip); der Umfang
ist idR durch Höchstbeträge im Einzelfall, zT auch in der Gesamtsumme begrenzt.
Bsp: § 833 S 1; BJagdG 29 bis 32; StVG 7 (Höchstbeträge 12); LuftVG 33 (Höchstbeträge 37), 53, 54; HPflG 1, 2 (Höchstbeträge 9, 10); AtomG 25, 25a, 26 (Höchstbeträge 31); WHG 22; ArzneiMG 84 (Höchstbeträge 88); ProdHaftG 1 (Höchstbeträge 10). Eine Haftungserweiterung auf andere Fälle, etwa bei Produktionsfehlern,
lehnt die Rspr ab (BGH 54, 336: Versagen einer Ampelanlage; 55, 234: Rohrbruch
im gemeindlichen Wassernetz). In einigen Fällen kommt sie jedoch im Ergebnis
einer Gefährdungshaftung durch sehr strenge Anforderungen an den Sorgfaltsmaßstab (s § 823 Rn 131 f, 134) oder den Entlastungsbeweis (§ 823 Rn 132) sehr nahe.

§ 823 Schadensersatzpflicht

(1) **Wer vorsätzlich oder fahrlässig das Leben, den Körper, die Gesundheit, die Freiheit, das Eigentum oder ein sonstiges Recht eines anderen widerrechtlich verletzt, ist dem anderen zum Ersatz des daraus entstehenden Schadens verpflichtet.**

(2) ¹**Die gleiche Verpflichtung trifft denjenigen, welcher gegen ein den Schutz eines anderen bezweckendes Gesetz verstößt.** ²**Ist nach dem Inhalt des Gesetzes ein Verstoß gegen dieses auch ohne Verschulden möglich, so tritt die Ersatzpflicht nur im Falle des Verschuldens ein.**

Lit: Deutsch/Ahrens, Deliktsrecht, 5. Aufl 2006; Fuchs, Deliktsrecht, 7. Aufl 2009; Kötz,
Deliktsrecht, 12. Aufl 2013; Lange/Schiemann, Schadensersatz, 3. Aufl 2003; Wagner, Deliktsrecht, 11. Aufl 2010.

Übersicht

	Rn.
I. Auslegung der Bestimmung	1
1. Allgemeines	1
2. Geschützte Rechtsgüter und Rechte in § 823 I	2
3. Zurechenbarkeit der Rechtsgutsverletzung	20
4. Tatbestand des § 823 II	40
5. Rechtswidrigkeit	47
6. Verschulden	57
7. Rechtsfolgen	62
8. Beweislast	63
II. Sondergruppen	64
1. Persönlichkeitsrecht	65
2. Ehe	89
3. Recht am „eingerichteten und ausgeübten Gewerbebetrieb"	95
4. Haftung bei medizinischer Behandlung	108
5. Haftung des Produzenten aus § 823 I	124
III. Anhang. Haftung nach dem Produkthaftungsgesetz	137

I. Auslegung der Bestimmung

1. Allgemeines. Das BGB kennt keine allg Norm, wonach das rechtswidrige 1
und schuldhafte Verursachen eines Schadens ersatzpflichtig macht (die Funktion
einer Generalklausel – unter qualifizierenden Kriterien – übernimmt § 826, s dort
Rn 1). Die Schadensersatzpflicht wird vielmehr konkretisiert und damit eingeschränkt durch das Aufstellen zweier Tatbestände, die in ihrem Schutzgehalt und
in ihrem Aufbau unterschiedlich sind. Sie müssen auch auf verschiedene Weise
interpretiert werden. **Abs. 1** macht (nur) die Verletzung bestimmter („absolut

§ 823

geschützter") **Rechtsgüter** ersatzpflichtig. **Abs. 2** sanktioniert **Verhaltensweisen,** die gegen Normen verstoßen, welche eine Verletzung von konkreten Interessen eines Einzelnen untersagen („Schutzgesetz"). Dieses System wird auf Grund europarechtlicher Einflüsse durch einzelne Bestimmungen außerhalb des BGB ergänzt/ durchbrochen, wonach ein Verstoß gegen die Norm – auch ohne dass sie einen individuellen Schutzcharakter hat – zur Ersatzpflicht gegenüber **jedem** dadurch **Geschädigten** („Betroffenen") führt, s zB GWB 33 I, TKG 44, EnWG 32.

2 **2. Geschützte Rechtsgüter und Rechte in § 823 I. a)** Verletzung des **Lebens** bedeutet Tötung. Es entstehen keine Ansprüche der Erben, sondern uU Ersatzansprüche für Unterhaltsberechtigte bzw Unterhaltsverpflichtete für entgangene Dienste, s §§ 844, 845.

3 **b) Körper und Gesundheit. aa) Begriff.** Die Unterscheidung ist zweifelhaft, iÜ ohne Bedeutung. *Körperverletzung* ist die Verletzung der äußeren körperlichen Integrität einschließlich der bloßen Schmerzzufügung. Zum Körper zählen auch abgetrennte, für die Re-Implantation vorgesehene Teile (BGH 124, 54 mit kaum überzeugender Erweiterung auf die Vernichtung von Sperma, s Rn 71). Verletzung der *Gesundheit* ist die Beeinträchtigung der inneren Funktionen (BGH 163, 212, HIV-Infizierung). Dazu zählen physische und psychische Erkrankungen (KG VersR 05, 373 mwN), posttraumatische Belastungsstörungen (Koblenz VersR 11, 938), auch Beeinträchtigungen des Wohlbefindens. Die Rspr versucht, mittels einer Wertung anhand der allg Verkehrsauffassung den Begriff der Gesundheitsverletzung einzugrenzen. So soll bei der Nachricht vom Tode eines Lebenspartners oder nahen Angehörigen nur diejenige medizinisch erfassbare Auswirkung eine Verletzung darstellen, die über das Maß dessen hinausgeht, was Angehörige erfahrungsgemäß erleiden (weiter zutr Köln VersR 11, 675). Eine posttraumatische Belastungsstörung soll nur dann zu berücksichtigen sein, wenn sie zB Folge einer anderen Verletzung ist, nicht aber durch das zufällige Miterleben eines Ereignisses erlitten wird (BGH 172, 266 ff; krit Teichmann JZ 07, 1156). Der **ärztliche Heileingriff** einschließlich der Impfung (BGH NJW 90, 2312), wird zunächst ohne Rücksicht auf sein Gelingen oder Misslingen zivilrechtlich im Tatbestand als Körperverletzung qualifiziert, stRspr (zB BGHZ 169, 366), hM (MK/Wagner 725 ff; aA wohl ErmSchiemann 17, 135 ff, Anh zu § 12, 57). Dies erlaubt, die schwierige Frage der Einwilligung und der ärztlichen Aufklärungspflicht in Risiken und Nebenfolgen (s Rn 113 ff) systemgerecht zu lösen; zur **ungewollten Schwangerschaft** als Körperverletzung s Rn 110.

4 **bb) Verletzter** (Rechtsträger) kann auch der nasciturus sein. Einwirkungen auf das Kind vor der Geburt (BGH 106, 155), aber auch die Mutter vor oder während der Schwangerschaft (Karlsruhe VersR 96, 463) können, falls das Kind geschädigt geboren wird, Ersatzansprüche auslösen (zum Problemkreis s Selb AcP 166, 76 ff; Heldrich JZ 65, 593; Laufs NJW 65, 1053). Die unterbliebene Abtreibung eines erkrankten Fötus löst jedoch keine Ansprüche des Kindes aus (BGH 86, 250 ff; zu den Ansprüchen der Eltern s Rn 32 vor § 249).

5 **c) Freiheit. aa) Begriff.** Geschützt ist hier allein die körperliche **Bewegungsfreiheit** (aA Eckert JuS 94, 625: Entscheidungsfreiheit), genauer die Möglichkeit, einen bestimmten Ort zu verlassen (idR keine Verletzung bei der Verhinderung des Zutritts). Entspr der bei der Gesundheitsverletzung vorgenommenen quantitativen Eingrenzung (Rn 3) wird man geringfügige, nach allg Lebenserfahrung hinzunehmende Beeinträchtigungen nicht als Freiheitsverletzung qualifizieren dürfen (Bsp: ein kurzfristiges Versperren der Garagenausfahrt genügt nicht, selbst wenn man den Freiheitsbereich als tangiert ansieht). **bb)** Die **Verletzung** kann auf physischem Wege, zB durch Einsperren (EGMR NJW-RR 06, 308), Festhalten, aber auch auf psychische Weise geschehen, zB durch Drohung (RG 97, 345 f) oder ständiges Belästigen durch Fotografieren, sobald man das Haus verlässt (Düsseldorf HRR 36 Nr 416).

6 **d) Eigentum. aa) Begriff.** Eigentumsverletzungen sind **Einwirkungen auf die Sache** (BGH 55, 159), die den Eigentümer daran hindern, mit ihr seinem Wunsch entspr (§ 903) zu verfahren. Die Sache muss vorher ohne die Beeinträchtigung

Titel 27. Unerlaubte Handlungen **§ 823**

bestanden haben. Löst der Mangel einer zugefügten Sache (auch bei der Herstellung eines Bauwerks) Schäden an den bisher vorhandenen aus, so liegt eine Eigentumsverletzung vor (BGH NJW 85, 194; 85, 2420). Das **fehlerhafte Herstellen** (ie Gsell, Substanzverletzung und Herstellung, 2003) fällt grundsätzlich nicht unter § 823 I (BGH WM 81, 952; unklar BGH 138, 234). Führt allerdings ein begrenzter Fehler eines von der Funktion isolierbaren Teils einer an sich fehlerfrei gelieferten Sache nach Übereignung zur Zerstörung oder wesentlichen Beschädigung dieser Sache, so soll eine Eigentumsverletzung vorliegen (BGH NJW 01, 1347 mwN; iE s J Schmidt, Der „weiterfressende Mangel" nach Zivil- und Haftpflichtversicherungsrecht, 1996, passim; Brüggemeier JZ 99, 98). Bei einer **fehlerhaften Reparatur** soll nach dem BGH (BGH 162, 86) auch bei Eingriffen in die Substanz nur das Äquivalenzinteresse verletzt sein (zutr krit Gsell JZ 05, 1171). **bb) Erscheinungs-** 7 **formen. (1)** Im Vordergrund stehen **Eingriffe in die Substanz.** Bsp: Zerstören (BGH 41, 125 f, Verderben angebrüteter Eier durch Unterbrechen der Stromzufuhr), Beschädigen (BGH 101, 109, eines Hauses durch Bodenerschütterungen), Verunreinigen (BGH DB 64, 65, Verschmutzung einer Hausfront durch Rauch; BGH NJW 66, 1360, Grundwasserverseuchung; beide Entscheidungen zu § 1004), Kontaminieren (BGH NJW-RR 94, 1163), Überschwemmen (BGH MDR 61, 586). Das Erkalten geschmolzenen Metalls infolge von Stromausfall soll keinen Substanzeingriff darstellen (Hamm NJW 73, 760 mit Anm Isenfeld NJW 73, 1755; zutr krit Möschel JuS 77, 2 mwN). **(2) Eingriffe in die Funktion** sind Eigentums- 8 verletzungen, wenn die bestimmungsgemäße Verwendung nicht unerheblich – insoweit besteht eine Parallele zur Gesundheits- und Freiheitsverletzung (s Rn 3, 5) – beeinträchtigt wird (BGH NJW-RR 05, 674 mwN, stRspr). Bsp: BGH NJW 94, 516: geschmacksbeeinträchtigendes Gewindeschneidemittel für Wasserrohre; Rostock NJW 06, 3650: Herbizide auf ökologischer Anbaufläche; BGH 138, 235: Ausfallen einer elektronischen Steuerungsanlage infolge eines fehlerhaften eingebauten Chips; BGH NJW 03, 3702: Befüllen eines Gasbehälters mit Flüssiggas eines Dritten; Koblenz VersR 07, 74: zeitweiliges Schlachtverbot wegen unzulässigen Futtermittelzusatzes; Koch NJW 04, 802: Verseuchen eines PC mit Viren, Zugriff auf die Funktion von EDV-Anlagen (Bartsch CR 08, 613; Roßnagel/Schnabel NJW 08, 3535 f im Anschluss an BVerfG NJW 08, 826 f, online-Durchsuchung). Auch eine mögliche, nachzuprüfende Gefährdung kann eine Beeinträchtigung darstellen (BGH VersR 12, 447, Ferngasleitung). Bei einem erzwungenen *Stillstand* ist zu fragen, ob der Gebrauch während eines für die Abschreibung relevanten Zeitraums beeinträchtigt wurde. Zutr hat der BGH den zeitweiligen Stillstand von Maschinen infolge unterbrochener Stromzufuhr nicht als Eigentumsbeeinträchtigung gewertet (BGH 29, 25; NJW 68, 1280), desgl nicht die Unbenutzbarkeit von Lagereinrichtungen wegen Versperrens der Zufahrt (BGH NJW 83, 2313), in dem Festlegen eines Schiffes für acht Monate durch Versperren der Ausfahrt hingegen eine Eigentumsverletzung gesehen (BGH 55, 159; unzutr BGH 137, 98: Stillstand von Baumaschinen für 2 Tage, auf berechtigten Besitz bezogen). Auch die Beeinträchtigung der **Verkaufsfähigkeit** stellt eine Eigentumsverletzung dar (BGH VersR 89, 92, mögliche Kontaminierung von Fischen). **(3)** Als Eigentumsverletzun- 9 gen sind auch **Einwirkungen** iSd § 903 bzw Beeinträchtigungen iSd § 1004 anzusehen (zB Steinbrocken, BGHZ 28, 227; chemische Pflanzenschutzmittel, BGH 90, 255). Dazu zählen ideelle Einwirkungen, die sich sowohl auf die Nutzungsmöglichkeit eines Grundstücks als auch auf die Anwohner selbst (zB Schrottplatz neben Wohngrundstück) auswirken können (s § 906 Rn 2; ErmSchiemann 33; sehr str; aA MK/Säcker § 906, 29; BGH NJW 75, 170, jedenfalls, soweit kein Extremfall vorliege; stRspr); denn auch dadurch wird in die Gebrauchsfähigkeit der Sache eingegriffen (zum Umfang der Verpflichtung, Einwirkungen als rechtmäßig hinzunehmen, s § 906 Rn 3 f). **(4)** Eigentumsverletzungen stellen weiter dar der **Entzug** 10 **der Sache** (BGH 109, 302), Maßnahmen, die nach §§ 946 ff zum **Verlust** führen (BGH 109, 300) sowie die **Verfügung,** zB die Veräußerung durch einen Nichtberechtigten (s § 816 I); dies gilt uU auch dann, wenn der Eigentümer nachträglich

§ 823

die zunächst unwirksame Verfügung gem § 185 genehmigt (BGH DB 76, 814). Gleichzustellen ist eine Verfügung durch den Berechtigten in unzulässiger Weise (s §§ 1243, 1244, s dazu RG 100, 276). Der bloße (leicht fahrlässige, aber gutgläubige, s § 932) **Erwerb** ist weder Verfügung noch Verletzungshandlung; der Gesetzgeber hat insoweit aus Gründen des Verkehrsschutzes der Eigentumsnutzung Schranken gezogen (BGH JZ 56, 490). Die **Pfändung** und **Verwertung** einer schuldnerfremden Sache kann Eigentumsverletzung sein (BGH 58, 214: „Privatrechtswidrigkeit des Vollstreckungseingriffs"), obwohl das Vollstreckungsverfahren als solches bis zur Rechtskraft eines Urteils nach ZPO 771 vollstreckungsrechtlich
11 zulässig ist (ThP § 771, 1). **cc) Sonderregelungen.** Die Bestimmungen über das Eigentümer-Besitzer-Verhältnis (§§ 989 ff) gehen, soweit sie eine Regelung treffen (zB nicht beim sog Fremdbesitzerexzess, s Rn 12 vor § 987), als bes Anordnung für dieses Rechtsverhältnis vor.

12 **e) Sonstiges Recht. aa) Bedeutung.** Der Inhalt des Begriffs erschließt sich aus den zuvor aufgeführten Rechtsgütern: Es sind zum einen weitere einzelne Persönlichkeitsrechte, zum anderen eigentumsähnliche Rechte, die sowohl eine positive Nutzungsfunktion haben als auch absolute (RG 57, 356) Abwehrbefugnisse gewähren (Medicus,
13 AcP 165, 115 ff: Ausschlussfunktion). **bb)** Zu den **weiteren Persönlichkeitsrechten** zählt das **Recht am eigenen Bild** (KUG 22–24), gem § 12 das **Namensrecht** (BGH 8, 318) einschließlich – mit Einschränkungen – der Führung eines Pseudonyms (RG 101, 230), nicht jedoch, da nur vertraglich abgesichert, ein **Domainname** (BGH 192, 10 f), weiter das **Firmenrecht** (RG 115, 406) einschließlich der Geschäfts- und Unternehmensbezeichnungen (RG 102, 89, Telegrammadresse) und Firmenbestandteile mit Verkehrsgeltung (BGH 15, 109; 43, 252); sa die Sonderregelungen in HGB 30, 37 II. Zum Schutz eines über diese Einzeltatbestände hinausgehenden **allg Persönlichkeits-**
14 **rechts** und der **Ehe** s Rn 65–88, 89–94. **cc)** Zwischen Persönlichkeits- und Herrschaftsrecht steht die **elterliche Sorge**, die zB durch Vorenthalten des Kindes verletzt werden kann (BGH 111, 172; iE s Jayme, Die Familie im Recht der unerlaubten Handlungen, 1971, S 157 ff mwN) sowie das *Umgangsrecht* gem § 1684 (iErg BGH JZ 03,
15 46, s dazu Henrich JZ 03, 49). **dd) Eigentumsähnliche Rechte** sind **(1)** dingliche (Sicherungs- und Nutzungs-)**Rechte an Sachen** wie Pfandrecht, Hypothek, Grundschuld, Rentenschuld, dingliches Vorkaufsrecht, Dienstbarkeit (BGH VersR 12, 447), Wegerecht; nicht Gemeingebrauch am Weg. Gleichgestellt sind **dingliche Rechte an absoluten Rechten** (s Rn 18). Nicht geschützt ist das Pfandrecht an einer Forderung; denn da das Vollrecht selbst nicht unter § 823 I fällt (Rn 17), kann das Pfandrecht (Teilrecht) nicht besser geschützt sein. Die Verletzung des dinglichen Rechts ist durch Beeinträchtigung des Rechts selbst oder durch Zerstörung, Beschädigung usw der Sache denkbar (zB BGH WM 91, 93, Verschlechterung des Grundpfandrechts durch
16 Wegnahme von Zubehör). **(2)** Der unmittelbare und mittelbare **Besitz** ist geschützt, wenn der Besitzer ähnlich dem Eigentümer die Sache nutzen darf und ihm Abwehrbefugnisse zustehen, dh der rechtmäßige Besitz (BGH 137, 98; MK/Wagner 157) und der Besitz des entgeltlichen redlichen Besitzers vor Rechtshängigkeit, vgl §§ 987 ff (so zutr Medicus AcP 165, 136). Die Rechte bestehen auch gegenüber dem **Mitbesitzer** (bei Besitzstörungen, nicht bei Einwirkungen auf die Sache, BGH 62, 248 f); gegenüber dem unmittelbaren Besitzer hat der mittelbare Besitzer keinen Anspruch aus § 823 I, da ihm insoweit auch der Anspruch aus § 869 nicht zusteht (BGH 32, 205).
17 **(3)** Eigentumsähnlich sind absolut geschützte **Vorstufen** des Eigentums wie zB die **Anwartschaft** (BGH 114, 163 ff, krit Selb JZ 91, 1087). Der Schadensersatz ist aber nicht an den Anwartschaftsberechtigten, sondern analog § 432 oder § 1281 an ihn und den Inhaber des Vollrechts gemeinsam zu leisten (s § 929 Rn 25 ff, wobei § 851 zu beachten ist; aA RoSchwab/Prütting Rn 318: Gesamtgläubigerrecht; zur Höhe des Ersatzanspruchs s BGH 55, 31 f). Geschützt sind weiter **Aneignungsrechte** (zB des Jagdberechtigten, LG Trier NJW-RR 06, 895, des Fischereiberechtigten, BGH NJW-RR 07, 1319, des Grundstückseigentümers zur Förderung von Grundwasser, BGH 69, 4). Die schuldrechtliche **Forderung** stellt noch keine dingliche Verfestigung im Blick auf die Sache dar, sondern ist ein Anspruch gegen den Schuldner; auf sie erstreckt

Titel 27. Unerlaubte Handlungen **§ 823**

sich deshalb § 823 I nicht (BGH 12, 317; Medicus, FS f. Steffen, 330 ff; aA Canaris, FS für Steffen, 85 ff mwN; differenzierend Becker, AcP 196, 436: Danach soll der Eingriff in die Forderungszuständigkeit selbst ersatzpflichtig machen). Die Verletzung des absolut geschützten Rechts kann wie in Rn 15 durch Beeinträchtigung des Rechts selbst oder durch Beschädigung usw der Sache, auf die sich das Recht bezieht, geschehen. **(4)** Dem Eigentum an Sachen gleichgestellt ist die **Inhaberschaft an Rechten,** die 18 ihrerseits eine Nutzungsfunktion und Ausschlussfunktion (Rn 12) haben: **Patent-, Urheber- und Markenrecht;** § 823 ist aber gegenüber den Sondernormen, zB UrhG 97, PatG 139 subsidiär (BGH 26, 59). Die Rspr hat das **Mitgliedschaftsrecht** in einem eV (BGH 110, 327 f), die **Aktie** (RG 158, 255) und den **GmbH-Anteil** (RG 100, 278) als sonstiges Recht angesehen, jedoch als Verletzung nur die Beeinträchtigung des Rechtes selbst, nicht die Einschränkung der Ertragsfähigkeit der Gesellschaft anerkannt. Dem ist zuzustimmen (ie K. Schmidt JZ 1991, 157; Reuter FS M. Lange 707 ff). Der dem Gesellschafter dadurch entstehende Nachteil (s dazu BGH ZIP 87, 33 mwN) ist wie beim Anteil an einer Personengesellschaft bloßer Vermögensschaden. **(5)** Zum Recht an dem eingerichteten und ausgeübten **Gewerbebetrieb** s Rn 95–107. **(6)** Das 19 **Vermögen** als wertmäßige Zusammenfassung der sog Aktiva einer Person kann wegen der fehlenden Ausschlussfunktion (Rn 12) nicht in seiner Gesamtheit unter § 823 I fallen.

3. Zurechenbarkeit der Rechtsgutverletzung. a) Grundsatz. Die Verlet- 20 zung eines geschützten Rechtsguts erfüllt nur dann den Tatbestand des § 823 I, wenn sie dem Schädiger als Handlung objektiv zugerechnet werden kann („wer ... verletzt"). **aa)** Als Voraussetzung muss also zum einen ein Verhalten des Schädigers, eine **Handlung,** vorliegen. Die Handlung ist nicht ontologisch, sondern auf jur Bedürfnisse abgestimmt zu verstehen als ein „der Bewusstseinskontrolle unterliegendes beherrschbares Verhalten" (BGH 39, 106). Wer im Zustand der Bewusstlosigkeit einen Unfall verursacht, handelt nicht und kann auch § 823 nicht verwirklichen (BGH 98, 137; zur Billigkeitshaftung s Rn 4 vor § 827). Die konkrete Beherrschung ist nicht Voraussetzung. Es genügt die Möglichkeit zur Steuerung. Die Handlung kann in einem positiven Tun (Rn 21) oder einem Unterlassen (Rn 29) bestehen. **bb)** Zwischen Handlung und Rechtsgutverletzung muss ein Zusammenhang festgestellt werden, der herkömmlicherweise als **haftungsbegründende Kausalität** (Rn 22, 23, 37) bezeichnet wird.

b) Zurechenbarkeit des positiven Tuns. aa) Tun ist eine der Außenwelt erkenn- 21 bares Handeln, ein Etwas-Tun (Fikentscher/Heinemann Rn 1544). **bb)** Die **haf-** 22 **tungsbegründende Kausalität** zwischen Tun und Rechtsgutverletzung (zB BGH Lange/Schiemann § 3 II) kann physisch oder psychisch begründet sein (zB BGH VersR 07, 803: Die Nachricht über einen Unfall führt zum sog Schockschaden, einer depressiven Störung mit Krankheitswert; sa BGH 93, 355: Ein Schockschaden der Mutter führt zur Schädigung des nasciturus). Im Ausgangspunkt gilt die sog **äquivalente Kausalität:** Jede Ursache ist kausal, die nicht hinweggedacht werden kann, ohne dass der Geschehensablauf ein anderer gewesen, das Ereignis nicht oder nicht zu diesem Zeitpunkt eingetreten wäre (Theorie der condicio sine qua non, zB Lange/Schiemann § 3 III). Haben mehrere nebeneinander Ursachen gesetzt, die (erst) in ihrem Zusammenwirken die Rechtsgutverletzung auslösen, so wird jede Handlung als kausal angesehen (sog kumulative Kausalität, Bydlinski, Probleme der Schadensverursachung, 1964, S 67 f). **cc) Eingrenzung.** Da zahlreiche Ursachen für eine Rechtsgutverlet- 23 zung kausal sein können (zB Bau eines Pkw oder von Maschinen zur Kfz-Herstellung für eine Körperverletzung beim Verkehrsunfall, Fernsehbericht über einen Unfall für den Nervenzusammenbruch eines Zuschauers), ist versucht worden, die Zurechenbarkeit vom naturwissenschaftlichen Kausalitätsbegriff zu lösen und nach wertenden Kriterien zu bestimmen. Das verwandte rechtliche Instrumentarium ist bei kontroversem Meinungsstand vielfältig, teilw werden die folgenden Methoden auch nebeneinander angewandt. Terminologisch ist nicht stets hinreichend scharf zur sog haftungsausfüllenden Kausalität (Rn 24 vor § 249) unterschieden. **(1)** Eine Auffassung hält an der äqui- 24 valenten Kausalität als einzigem Zurechnungskriterium fest und nimmt die notwendige

§ 823 Buch 2. Abschnitt 8. Einzelne Schuldverhältnisse

Korrektur im Rahmen des **Verschuldens** vor (Traeger, Der Kausalbegriff im Straf- und Zivilrecht, 1904, S 219; Deutsch, Fahrlässigkeit und erforderliche Sorgfalt, 1962, S 67, Deutsch/Ahrens Rn 47). Dies setzt voraus, dass im Rahmen des „Verschuldenszusammenhangs" (Deutsch) über die eigentliche Frage der Vorhersehbarkeit und Vermeidbarkeit (s Rn 57 ff) hinaus in einer Wertung festgestellt wird, welche auch erkennbaren Folgen seines Handelns der Schädiger nicht mehr zu vertreten hat (zB Unfälle mit sachgerecht hergestellten Erzeugnissen). Dogmatisch richtiger erscheint es jedoch, die Wertung der Zurechenbarkeit dort vorzunehmen, wo sie sonst geschieht, also herkömmlich im Rahmen der haftungsbegründenden Kausalität. Gefolgt wird deshalb beiden anschließend dargelegten Auffassungen, die demgemäß kumulativ anzuwenden
25 sind. **(2)** Teilw wird bereits hier – der Hauptanwendungsbereich liegt bei der haftungsausfüllenden Kausalität – auf die **adäquate Kausalität** (s Rn 27 ff vor § 249) abgestellt (BGH 41, 125; Düsseldorf NJW 78, 1693; offengelassen in BGH 57, 27 f): Hat die Handlung nur wegen ganz außergewöhnlicher Umstände zur Verletzung des Rechtsguts geführt, so soll mangels Kausalität (Zurechenbarkeit) bereits der Tatbestand des
26 § 823 I nicht erfüllt sein. **(3)** Schließlich soll auch hier bereits die Lehre vom **Schutzzweck der Norm** (s Rn 31 ff vor § 249) nutzbar gemacht werden (Stoll, Kausalzusammenhang und Normzweck im Deliktsrecht, 1968, S 19; BGH 164, 50 Rn 17): Nur diejenigen Rechtsgutsverletzungen seien dem Schädiger zuzurechnen, die unter den Schutz des § 823 I fallen. Erleide zB jemand auf Grund eines Unfallberichtes über ihm *nicht nahe stehende* Personen einen Nervenschock, so sei dieses allg Lebensrisiko trotz des obj Vorliegens einer Gesundheitsschädigung (s Rn 3) vom Schutzzweck nicht erfasst (Berg NJW 70, 515 mwN; bedenklich BGH 107, 364; zutr BGH NJW 12, 1731 bei Tötung eines Tiers). Aufgrund des durch § 823 I idR umfassend gewährten Schutzes bleibt der Anwendungsbereich dieser Lehre jedoch schmal (Lange/Schiemann § 3 IX
27 2 f). **dd) Einzelfragen.** Folgende Fallgruppen sind ua im Rahmen der Zurechnung problematisch geworden: **(1)** Die Rechtsgutsverletzung beruht auch auf dem **selbstständigen Entschluss eines Dritten** (BGH 58, 162 mit Anm Deutsch JZ 72, 551: Nachfolgende, durch einen Unfall am Weiterfahren verhinderte Verkehrsteilnehmer benutzen verkehrswidrig den Bürgersteig und beschädigen ihn; Helfer bei einem Unfall zerstören fahrlässig bisher nicht beschädigte Gegenstände des Verletzten). Der BGH hat darauf abgestellt, ob sich der Dritte *„herausgefordert fühlen durfte"* (dann Zurechnung, BGH 63, 192) oder ob der Dritte, obwohl veranlasst, noch „Herr" des Geschehens geblieben sei, aus freier Entscheidung gehandelt habe (LG Berlin, NJW-RR 11, 822,
28 Aufbrechen einer Tür durch Feuerwehr nach Notanruf). **(2)** Die Rechtsgutsverletzung beruht auf dem **Handeln** (zum Unterlassen s Rn 34) **des Verletzten** selbst (zB BGH 192, 241, Rammen eines flüchtigen Kfz durch Polizei). Unter Bezug auf Adäquanz und Schutzbereich der Norm ist das Merkmal des „Herausforderns" weiter differenziert: Der in Anspruch Genommene müsse eine im Ansatz zu billigende Motivation für das selbstgefährdende Handeln gesetzt haben (BGH 101, 119 ff, zust Stoll JZ 88, 153, Nierenspende der Mutter; sa BGH NJW 88, 1263). Bei einem (missglückten) Rettungsversuch aus Lebensgefahr darf sich der Retter auch zu einer gravierenden Fehlentscheidung herausgefordert fühlen (Düsseldorf NJW-RR 95, 1365). Im Fall einer Verfolgung müsse sich ein im Vergleich zum allg Lebensrisiko gesteigertes Risiko realisiert haben, das in Kauf genommene Risiko dürfe nicht außer Verhältnis zu dem Verfolgungsziel gestanden haben (BGH NJW 12, 1952).
29 **c) Zurechenbarkeit des Unterlassens. aa) Begriff.** Unterlassen als bloßes Nichtstun ist unendlich. Um für die Rechtsanwendung zu einem handhabbaren Begriff zu gelangen und rechtlich offenbar irrelevantes Nichtstun von vornherein auszuscheiden, wird Unterlassen in juristischer Wertung (Rn 20) als ein Etwas-Nicht-Tun (Fikentscher/Heinemann Rn 1544) verstanden. Zu Recht wird bereits für den Tatbestand des Unterlassens gefordert, dass eine Pflicht zur Abwendung der Rechtsgutsverletzung bestand (Erm Schiemann 13; Deutsch/Ahrens Rn 40).
30 **bb)** Die **Abgrenzung zwischen Tun und Unterlassen** wird teilw ähnlich wie im Strafrecht (BGHSt 6, 59; Karlsruhe GA 80, 431) danach bestimmt, wo nach dem sozialen Sinngehalt der Schwerpunkt der Vorwerfbarkeit liegt (Buchner/Roth,

Unerlaubte Handlungen, 2. Aufl 1984, S 8); richtiger erscheint, vom Begriff des Unterlassens her zu unterscheiden, ob sich jemand dem fremden Rechtsgut gefährlich nähert (Tun) oder, ohne die Gefahr durch sein Tun selbst zu erhöhen, das bestehende Risiko nicht abwendet (Deutsch, HaftungsR I, Rn 108 ff). **cc) Pflichten zum positiven Tun** (Abwendungspflichten) können sich ergeben aus **Gesetz** (zB § 1626, 1631, s dazu BGH NJW 79, 973; insoweit wird idR auch ein Schutzges nach § 823 II verletzt), aus bes **Amtsstellungen** (BGH NJW 77, 626, verantwortlicher Redakteur), aus **dienstlichen Anweisungen,** wenn sie (auch) den Schutz Dritter zum Inhalt haben (BGH NJW 99, 574), aus **Verträgen,** die eine bestimmte Fürsorge zum Inhalt haben. Bsp: Arzt, (BGH JZ 89, 902, Aufklärung über notwendige Operation, Frankfurt/M NJW 00, 875 über AIDS-Erkrankung des Partners); Altersheim (zu den Grenzen der Fürsorgepflicht s BGH 163, 55 m zust Anm Lang/Herhenhoff NJW 05, 1905; Bienwald FamRZ 05, 1076; sehr krit Schultze-Zeu/Riehn, VersR 05, 1352, sa BGH NJW 05, 2613); Krankenhaus (BGH NJW 76, 1145); vertragliche Beaufsichtigung von Kindern im Kaufhaus (Koblenz NJW 65, 2347 mit Anm Fichtner NJW 66, 454); eingeschränkt Gastwirt gegenüber betrunkenen Gästen (Naumburg OLGR 07, 775), aus **konkreten Lebensbeziehungen** (Verwandtschaft, Lebensgemeinschaft, Freundschaft, tatsächliche Übernahme der Aufsicht für ein Kind (Celle VersR 78, 1172) und aus **vorausgegangenem Tun.** 31

dd) Eine eigene Schadensabwendungspflicht, wohl auch aus vorausgegangenem Tun abzuleiten, stellt schließlich die **Organisationspflic ht** dar (auch ungenau „Organisationsverschulden" genannt, s Matusche-Beckmann, Das Organisationsverschulden, 1999, passim). Zunächst für Großbetriebe, dann aber auch für die Organe jur Personen allg hat die Rspr die Forderung aufgestellt, bei einer Garantenpflicht des Organs gegenüber dem Verletzten müsse der Ablauf so organisiert werden, dass Betriebsangehörige hinreichend beaufsichtigt und damit gehindert werden können, schädigende Handlungen zu begehen (BGH 109, 302 ff mwN; iE Schlechtriem, FS Heiermann, 281 ff mwN; BGH VersR 98, 864: Notwendigkeit zur Bestellung eines Organs bei gravierenden Presseäußerungen). Auf diese Weise wird die Haftung von § 831 auf § 823 iVm § 31 verlagert und der Entlastungsbeweis ausgeschlossen. Dem ist grds zuzustimmen, weil sich sonst der Betriebsinhaber bei dezentralisierter Verantwortung regelmäßig der Haftung entziehen könnte. Notwendig ist aber eine eindeutige, restriktive Grenzziehung (Mertens/Mertens JZ 90, 488) zB durch eine genaue Umschreibung der Garantenstellung (s BGH NJW 12, 3441). Bedenklich ist weiter die Tendenz, allein in dem Unterlassen, einen verantwortlichen Vertreter gem § 31 zu bestellen, eine Verletzung der Organisationspflicht zu sehen (s BGH DB 80, 2237 mwN; Hamburg CR 03, 61). **ee)** Die **Kausalität** eines Unterlassens für die Rechtsgutverletzung ist dann anzunehmen, wenn ein pflichtgemäßes Handeln die Verletzung verhindert oder vermindert hätte (BGH 192, 303). Von diesem Ausgangspunkt gelten dann die beim positiven Tun dargestellten Einschränkungen (Rn 23) entsprechend. **ff)** Beruht die Verletzung (auch) auf einem **Unterlassen des Verletzten selbst,** so ist, wie bei seinem Handeln (Rn 28) auf die Beachtlichkeit seiner Motive abzustellen (BGH NJW 85, 673 m zust Anm Deutsch NJW 85, 674). 32

d) Die Verletzung von Verkehrspflichten und insbesondere von Verkehrssicherungspflichten (VSP) als Zurechnungskriterium. Lit: v. Bar, Verkehrspflichten, 1980, 101 ff; Patzelt, Verkehrssicherungspflicht, 4. Aufl 2006; Voss, Die Verkehrspflichten, 2007. **aa) Grundsatz.** Schon sehr früh hat die Rspr eine **Zustandsverantwortlichkeit** für einen räumlichen und gegenständlichen Bereich über die §§ 836–838 hinaus entwickelt und darunter als VSP die Verpflichtung zur Sicherung der Verkehrsteilnehmer vor Gefahren verstanden, die von dem Bereich ausgehen. Dieser Grundsatz ist – als sog Verkehrspflicht – ausgedehnt worden auf bestimmte nicht abhängige **Berufe und Tätigkeiten,** von denen Gefahren für andere ausgehen können. Gefordert werden deshalb die sorgsame Ausübung der Funktion und Sicherungsmaßnahmen zum Schutz der Rechtsgüter Dritter, die mit der Gefahr in Berührung kommen können. Bsp: Ärzte, Produzenten (s Rn 108 ff, 124), Architekten (BGH ZMR 91, 98), Bauunternehmer (BGH WM 90, 1209), Händler (BGH NJW 35

98, 2436: Verkauf von Feuerwerkskörpern an Kinder), Reiseveranstalter (BGH mit zust Anm Teichmann JZ 88, 661), Verantwortliche für die Durchführung gefährlicher Veranstaltungen (BGH NJW 75, 533, Autorennen; 84, 801, Eishockey), Sportlehrer (Koblenz NJW-RR 02, 1252), Kraftfahrer (BGH NJW 60, 2096, verkehrsunsicheres Kfz; NJW 71, 459, Verriegeln des Lenkradschlosses, sa StVG 7 III 1), Skifahrer (Karlsruhe NJW 88, 213), Besitzer von Schusswaffen (BGH VersR 63, 1049). Die Verkehrspflichten haben sowohl im Rahmen des Tuns (Marburger, Die Regeln der Technik im Recht, 1979, S 443 mwN), vor allem aber für das Bestimmen eines zurechenbaren
36 Unterlassens (Rn 29 ff) wesentliche Bedeutung gewonnen. **bb)** In **Ob und Umfang** ist darauf abzustellen, was ein verständiger und umsichtiger, in vernünftigen Grenzen vorsichtiger Angehöriger der betroffenen Verkehrskreise für ausreichend halten darf, um andere vor Schäden zu bewahren. Ein absoluter Schutz ist nicht geboten (BGH VersR 12, 1529 mwN). Es darf zB damit gerechnet werden, dass sich potentiell gefährdete Personen nicht leichtsinnig verhalten (Celle NJW-RR 06, 3285, Rutsche im Schwimmbad). Gegenüber fachkundigen Personen und Unternehmen ist die Sicherungspflicht begrenzt (BGH NJW 02, 1264). Gegenüber **Kindern** müssen, wenn mit ihnen zu rechnen ist, intensivere, allerdings nicht uneingeschränkte (BGH NJW 99, 2364; iE Czernik VersR 10, 1416) Sicherungsmaßnahmen ergriffen werden (BGH NJW 95, 2631 mit Anm Möllers, VersR 96, 153, Klettern auf Waggondach; BGH 139, 47, Verkauf gefährlicher Gegenstände BGH 139, 82, Warnung des Letztverkäufers vor der Abgabe auch „freier" Feuerwerkskörper an Kinder, Saarbrücken NJW-RR 06, 1165, Turnhalle). Bei **Kleinkindern** darf damit gerechnet werden, dass sie unter Auf-
37 sicht bleiben (LG Itzehoe NJW-RR 10, 1182, Kaufhaus). **cc) Geschützter Personenkreis.** Gegenüber Personen, die sich **unbefugt** in den Gefahrenbereich begeben, besteht idR keine Sicherungspflicht (zB BGH VersR 64, 727, Beschädigung eines Lkw's auf verbotenem Weg). Kinder wiederum müssen idR durch Sicherungsmaß-
38 nahmen am Betreten gehindert werden (Schleswig NJW-RR 04, 385). **dd)** Die grds zulässige (BGH NJW 08, 1441) **Delegation** der Verkehrspflicht **auf einen Dritten** kraft wirksamer Vereinbarung (Hamm NJW 13, 1376) führt, sofern nicht eine Rechtsnorm die *befreiende* Übertragung zulässt (BGH NJW 72, 1321, Abwälzungsmöglichkeit der Streupflicht durch eine Ortssatzung; sa Schleswig ZMR 12, 947) zu der Verpflichtung, allg Aufsichtsanordnungen zu treffen und ihre Durchführung zu überwachen (BGH NJW 08, 1441; iE Schmid VersR 11, 731), notfalls das Streuen doch selbst vor-
39 zunehmen (BGH 149, 212). Der **Dritte** haftet unmittelbar. **ee)** Beispielhafte **Fallgruppen:** Wer den **Zugang zu privaten oder öffentl Gebäuden** gestattet, hat für die Sicherheit des Besuchers zu sorgen (s Grote NJW 00, 3113; zB BGH NJW 90, 905, Zugang zum Parkplatz; Karlsruhe VersR 05, 420 kurzfristige Kontrolle von Fußböden im Lebensmittelmarkt; BGH NJW 00, 1946, Freibad; BGH NJW 01, 2019, Gehörschäden durch Musik; zu Bäumen s Schneider VersR 07, 743 mwN). Er muss insbes auf nicht ohne weiteres erkennbare Gefahren hinweisen (BGH VersR 64, 1245, Weg zur Toilette in einer Gastwirtschaft; BGH VersR 74, 888, Gefahrenquelle im Kaufhaus). Sicherungspflichtig ist jeder, der über die Sache verfügen kann, zB also der Mieter der Wohnung (Braunschweig OLGR 99, 55) oder Gaststättenpächter (BGH 9, 383; Karlsruhe ZfSch 02, 568); zur Verkehrspflicht des Architekten bei Baustellen s Schmalzl NJW 77, 2041. – **Öffentl Wege, Straßen, Plätze, Wasserstraßen** sind in verkehrssicherem Zustand anzulegen und zu erhalten (Hamm NJW-RR 06, 1100, Marktplatz; Gaisbauer VersR 79, 9, Trimm-Dich-Pfad Celle, VersR 05, 1702, Hamm VersR 05, 1703, Bäume am Straßenrand). Dies bedeutet zB die Pflicht zum Anbringen von Geländern an Brücken (RG 55, 24), zur Instandhaltung des Pflasters, ggf zur Beleuchtung (BGH 36, 237), zum – uU vorbeugenden (Brandenburg NJW-RR 07, 975) – **Streuen** bei allg Glatteis oder Schnee auf Bürgersteigen (BGH NZM 12, 650) und Fahrbahnen, jedoch nur an für Fußgänger, uU auch für Radfahrer wichtigen, belebten Stellen (NJW 03, 3622 mN; zur Tageszeit s BGH NJW 93, 2802, BGH NZM 12, 650; einschränkend für Blitzeis München NJW-RR 10, 322). Notfalls sind Warnzeichen aufzustellen (BGH VersR 60, 235; 63, 1225). **Parkplätze** müssen nicht völlig eisfrei sein (Koblenz, NJW 12, 1667). Im **Straßenverkehr** obliegt die Sicherheit des

Titel 27. Unerlaubte Handlungen § 823

baulichen Zustandes der Straßenbaubehörde grds als privatrechtliche Aufgabe (stRspr, BGH 27, 278; 60, 55 f); sie ist durch Landesges häufig zur öffentl Aufgabe mit der Haftung nach GG 34, § 839 gemacht worden. Die maßgebliche Körperschaft wird durch Landesrecht bestimmt; für Bundesfernstraßen sind, soweit keine Übertragung an andere stattgefunden hat (vgl FStrG 5), die Länder zuständig, FStrG 20. Die Verkehrsregelung obliegt der Straßenverkehrsbehörde als öffentl Aufgabe (BGH VersR 69, 539); zur Abgrenzung der Tätigkeitsbereiche s StVO 45. – **Spielplätze** müssen die aus dem Spiel entstehenden besonderen Risiken auffangen (Koblenz NJW-RR 05, 1612) und auch den Zugang sichern (BGH NJW 77, 1965). Abzustellen ist auf das typische Verhalten der Benutzergruppen (BGH 103, 340; Jena NJW-RR 11, 961). Ist ein Gerät auf Grund ges Bestimmungen zertifiziert, so kann der Betreiber ohne gegenteilige Informationen und Erfahrungen von dessen Fehlerfreiheit ausgehen (Celle NJW 03, 2544); zur Sicherung von **Wasserrutschen** in Schwimmbädern s BGH NJW 04, 1449; VersR 05, 280 (Abstand von 30 sec): zur Aufsicht in **Schwimmbädern** allg s Mühlenkamp VersR 12, 833.

4. Tatbestand des § 823 II. a) Funktion der Norm. Mit Abs 2 iVm den jeweili- 40
gen Schutzbestimmungen hat das Ges einen in System und Umfang anderen Güterschutz als in Abs 1 aufgebaut. **aa) Eingrenzung des Anwendungsbereichs.** Der Anwendungsbereich ist zum einen insofern enger, als regelmäßig ein **bestimmtes Verhalten** des Schädigers (konkrete Angriffsart) als Voraussetzung gefordert wird (Rn 1). **bb) Erweiterung des Anwendungsbereichs.** Der Schutz ist zum anderen 41
in zweierlei Weise wesentlich umfassender. **(1)** Geschützt sind nicht nur einzelne Rechtsgüter, sondern vielfältige **Interessen** des Einzelnen wie etwa sein Vermögen (zB durch StGB 263), seine Arbeitskraft, sein Ruhebedürfnis (zB durch Lärmschutzvorschriften, PolizeiVOen in Kurorten). **(2)** Schutzvorschriften brauchen sich auch nicht auf ein konkretes Recht oder Interesse zu beziehen, sondern sie können allg Verhaltensweisen verbieten (sog abstrakte Gefährdungsnormen, zB Straßenverkehrsvorschriften). Damit braucht sich auch das zum Schadensersatz verpflichtende Handeln nicht gegen das gesicherte Interesse selbst zu richten, es genügt die **Verletzung der Norm selbst. cc) Konsequenzen.** Probleme der **haftungsbegründenden Kausalität** (Rn 23) 42
können nicht auftreten, da Handeln (als Tun und Unterlassen, Rn 20) und Normverletzung zusammenfallen; die Fragen werden allerdings teilw in die haftungsausfüllende Kausalität (Rn 24 ff vor § 249) verlagert. **Rechtswidrigkeit** und **Verschulden** lassen sich, da allein auf die Norm bezogen, leichter feststellen (zum Verschulden s Rn 57 ff). Die **Beweislast** (Rn 63) erstreckt sich für den Verletzten idR bis zur Rechtsgutsverletzung (BGH VersR 84, 41, stRspr).
b) Begriff des SchutzGes. aa) „Ges" iSd BGB ist jede „Rechtsnorm", 43
EGBGB 2. Dazu zählen neben den formellen Ges einschließlich des unmittelbar anwendbaren EU-Rechts (BGH 188, 330 f, Beihilfeverbot zB RechtsVOen, öffentl-rechtliche Satzungen, Anstaltsordnungen, Tarifverträge, Gewohnheitsrecht, Richterrecht und Observanz (PalHeldrich, EGBGB 2, 1); nicht die Verkehrspflichten (Rn 30; Canaris, FS Larenz 1983, 77 ff; aA v. Bar JuS 82, 637, 645 mwN), und die von Verbänden aufgestellten technischen Regeln und Standardnormen wie zB die Unfallverhütungsbestimmungen der Berufsgenossenschaften, DIN-Normen oder VDE-Vorschriften. **bb)** Ein **SchutzGes** liegt nur vor, wenn der Schutz zumin- 44
dest auch auf **bestimmte Rechtsgüter oder Interessen des Einzelnen** oder von bestimmten Personengruppen zielt (BGH 188, 331, stRspr). **cc)** Die Rspr hat diesen Zweck relativ eng gefasst: Um den Anwendungsbereich von Schutzgesetzen nicht ausufern zu lassen, müsse über die allg Ordnungsfunktion hinaus der Individualschutz zumindest *auch* im gewollten Aufgabenbereich der Norm liegen (BGH 186, 66, für StVO verneint; sa BGH 175, 281z WpHG 32 II 1). Außerdem müsse ein Individualschutz mit seiner Anspruchsvervielfältigung sinnvoll sein und tragbar erscheinen (BGH NJW 12, 1802). **(1) Schrittfolge der Untersuchung.** Die Prü- 45
fung, ob der Verstoß gegen eine Norm zum Schadensersatz führt, geschieht zweckmäßigerweise dreistufig. Zunächst ist zu fragen, ob das Ges überhaupt einen Indivi-

dualschutz bezweckt (Rn 44). Danach stellt sich – für den Tatbestand – die Frage, ob der Verletzte zum geschützten Personenkreis gehört. Bsp: Das Langsamfahrgebot an Bushaltestellen gem StVO 21 schützt auch Fußgänger, die nicht ein- oder aussteigen (BGH NJW 06, 2112); die Vorschriften über den unverzüglichen Insolvenzantrag bei AG und GmbH schützen potentielle Gläubiger vor Vertragsschluss (iE BGH NJW 12, 3512 mwN), nicht aber die Bundesagentur für Arbeit (BGH 108, 136 f); das ges Kartellverbot schützt auch Abnehmer auf der weiteren Vertriebsstufe (BGH 190, 149 ff). Schließlich muss – ebenfalls für den Tatbestand – das von der verletzten Person geltend gemachte Interesse von der Norm geschützt werden (BAG NJW 75, 708, dazu Heckelmann SAE 76, 129 mwN; BGH DB 76, 1666, dazu Schmidt JZ 78, 661: Die Pflicht, die Eröffnung des Insolvenzverfahrens zu beantragen (dort: Konkursantragspflicht) schütze zwar auch Arbeitnehmer als Gläubiger, jedoch nicht davor, dass sie mit einer insolvenzreifen GmbH einen Arbeitsvertrag geschlossen haben; ähnlich BGH BB 89, 2279, Gläubiger allg; BGH 39, 367: StGB 330 schütze Leben und Gesundheit des Bauherrn, nicht aber sein Eigentum oder Vermögen).

46 **c) Interpretation.** Handelt es sich um ein strafrechtliches SchutzGes, so sind aus Gründen der Einheitlichkeit die dort geltenden Auslegungsschranken (Analogieverbot) zu beachten (BGH BB 78, 1487).

47 **5. Rechtswidrigkeit. Lit:** v. Caemmerer GS 528; Deutsch, Fahrlässigkeit und erforderliche Sorgfalt, 1963, S 55; Larenz, FS Dölle I, 1963, S 169; Münzberg, Verhalten und Erfolg als Grundlagen der Rechtswidrigkeit und Haftung, 1966, S 75; Wiethölter, Der Rechtfertigungsgrund des verkehrsrichtigen Verhaltens, 1960, S 15.

47a **a) Allgemeines. aa) Funktion.** Das Merkmal der Rechtswidrigkeit erfüllt im Bereich der unerlaubten Handlungen eine spezielle Ordnungsaufgabe (ie v. Caemmerer GS 545). Gemeinsam mit dem Merkmal des Verschuldens dient es dazu, bestimmte (dh nicht rechtswidrige oder nicht schuldhafte) Verletzungshandlungen aus der Schadensersatzpflicht herauszunehmen (zu den Sondertatbeständen der Gefährdungshaftung s Rn 9 ff vor § 823). Die dem deutschen Rechtskreis eigentümliche, auf Ihering zurückgehende (Deutsch/Ahrens Rn 77 ff) Differenzierung zwischen obj Rechtswidrigkeit und subj typisiertem Verschulden (§ 276 Rn 10) erlaubt, in den Rechtsfolgen zu unterscheiden: Rechtmäßige Verletzungen müssen idR (s aber § 228) hingenommen werden; gegen rechtswidrige (auch schuldlose) Angriffe bestehen das Recht zur Notwehr (§ 227) und Nothilfe sowie die sog negatorischen Unterlassungs- und Beseitigungsansprüche; rechtswidrige und schuldhafte Handlungen verpflichten zum Schadensersatz.

48 **bb)** Der **Begriff** der Rechtswidrigkeit ist streitig. **(1)** Nach wohl hM (zB Baur AcP 160, 470, 486; MK/Wagner 312; mit Differenzierungen auch Deutsch/Ahrens Rn 80 ff) ist die Verletzung eines Rechtsguts oder eines SchutzGes stets rechtswidrig, sofern nicht bes Rechtfertigungsgründe (Rn 52 ff) eingreifen; der Verletzungserfolg „indiziert" die Rechtswidrigkeit (BGH 122, 6 f; sog Lehre vom **Erfolgsunrecht**). Etwas anderes soll nur bei den sog Rahmenrechten (Rn 79, 105) sowie dann gelten, wenn die Rechtsgutsverletzung auf Grund eines zu Unrecht eingeleiteten, ges geregelten Rechtspflegeverfahrens (Zivilprozess, Zwangsvollstreckung) geschieht (Hopt, Schadensersatz und unberechtigte Verfahrenseinleitung, 1968, S 165 ff, 228 ff; BGH 95, 19 f). Hier müssen bes Unrechtselemente hinzutreten (s zB Gerhardt JR 85, 512: bewusster Missbrauch des Verfahrens; enger BGH 95, 119 f: Verschulden).

49 **(2)** Nach der Lehre vom **Handlungsunrecht** (zB Nipperdey NJW 57, 1777 und EnnN § 209, jeweils mit Differenzierungen) soll dies nur für vorsätzliche Handlungen gelten. Ein nicht vorsätzliches Verhalten sei nur dann rechtswidrig, wenn der Schädiger entweder gegen eine spezielle Verhaltensnorm verstoßen oder die generell geforderte Sorgfalt außer Acht gelassen habe. Ein grundsätzlich erlaubtes, aber risikoreiches Verhalten könne nicht deshalb rechtswidrig werden, weil es trotz beachteter Sorgfalt zur Verletzung geführt habe. Anlass zu dieser Lehre sind verschiedene typische, nicht abschließend gemeinte Beispiele, in denen eine Haftung bereits wegen fehlender Rechtswidrigkeit ausgeschlossen werden soll: **verkehrsgerechtes Verhalten** des Personals beim Betrieb einer Straßenbahn (BGH 24, 26, aufspringender Fahrgast; Nipper-

Titel 27. Unerlaubte Handlungen § 823

dey NJW 57, 1777; v. Caemmerer GS 548 f; Zippelius NJW 57, 1707; ders AcP 157, 397; Wieacker JZ 57, 535; aA Stoll JZ 58, 137; Wussow NJW 58, 893); regelgerechter Schuss bei einer Treibjagd, der das Scheuen eines Pferdes auslöst (BGH NJW-RR 11, 898 f); ordnungsgemäße **Produktion bzw** sachgerechtes **Aushändigen** einer Sache, die in der Hand eines anderen zur Verletzung des Dritten führt (Deutsch/ Ahrens Rn 81, sog mittelbare Verletzungen). **(3) Stellungnahme:** Wenn die Lehre 50 vom Handlungsunrecht durch die Trennung zwischen Vorsatz und Fahrlässigkeit Elemente des Verschuldens mit in den Rechtswidrigkeitsbegriff hinein nimmt, so hebt sie die ursprünglich getroffene Differenzierung (Rn 47) wieder auf. Dies wirkt sich zwar nicht beim Schadensersatzanspruch aus, der nach der Lehre vom Erfolgsunrecht ebenfalls nicht bestünde; verkürzt werden aber die Abwehrmöglichkeiten des potentiell Geschädigten. Damit ist der Funktion dieser Strukturierung nicht Rechnung getragen. Die Lehre erscheint auch vom Ergebnis her nicht erforderlich: Das Ziel, die Haftung des Schädigers zu vermeiden, kann durch Verlagerung der Sachprüfung in einen anderen Normbereich zumindest ebenso erreicht werden. Bei der Produktion und dem Aushändigen von Gegenständen fehlt es an der haftungsbegründenden Kausalität (Rn 23); bei dem verkehrsgerechten Verhalten eines Verrichtungsgehilfen (Straßenbahn) dürfte der Entlastungsbeweis gem § 831 I 2 BGB gelingen (der Schaden wäre auch bei gehöriger Auswahl oder Beaufsichtigung eingetreten), bei dem Schuss auf der Treibjagd fehlt es an einem Verschulden. Der Lehre vom Erfolgsunrecht ist daher weiterhin zu folgen (aA MK/Wagner 25 ff). **cc) Rechtswidrigkeit des** 51 **Unterlassens.** Prüft man mit der hier vertretenen Auffassung (Rn 29 ff) bereits im Tatbestand, ob eine Pflicht zum Handeln (Abwendungspflicht) bestand, so treten im Rahmen der Rechtswidrigkeit zwischen positivem Tun und Unterlassen keine Unterschiede auf: Die Verletzung eines Rechtsguts oder eines Schutzgesetzes indiziert bei beiden die Rechtswidrigkeit.

b) Rechtfertigungsgründe. Die nicht abschließend geregelten Rechtfertigungs- 52 gründe sind der gesamten Rechtsordnung zu entnehmen. In Betracht kommen insbes **aa) ges Rechtfertigungsgründe** wie **Notwehr** (§ 227), **Notstand** (§§ 228, 904) 53 einschließlich des überges Notstandes (§§ 228 ff), erlaubte allg **Selbsthilfe** (§ 229), Selbsthilfe von Besitzer und Besitzdiener (§§ 859, 860), Vermieter (§ 562b) und Eigentümer (§ 910), **Wahrnehmung berechtigter Interessen** (StGB 193); **Erziehungsrecht** der Eltern im Rahmen des § 1631 II sowie die durch den Erziehungszweck gebotenen, Alter, Gesundheit und Verfassung des Kindes berücksichtigenden Maßes (s §§ 1631–1633, Rn 2); das Recht kann auf andere Erziehungspersonen übertragen werden. Recht auf **Meinungsäußerung** (GG 5, s Rn 69), Recht zur **vorläufigen Festnahme** (StPO 127); **öffentl-rechtliche Befugnisse** (zB BJagdG 23 ff, Töten streunender Hunde). **bb) Einwilligung des Verletzten. Lit:** Kohte AcP 185, 105. 54 **(1) Allgemeines.** Die Einwilligung ist, da nicht auf einen rechtlichen Erfolg, sondern auf die Unversehrtheit der eigenen Rechtsgüter bezogen, keine Willenserklärung (BGH 105, 47 f). Ob auf die entspr Anwendung der §§ 104 ff zurückgegriffen werden kann, ist im Einzelfall zu entscheiden. Die **Anfechtung** wegen Irrtums ist nicht möglich (BGH NJW 64, 1178, Unterbringung in einer geschlossenen Anstalt); eine unter **Drohung** oder **Täuschung** gegebene Einwilligung ist unwirksam (BGH aaO). Für **Willensunfähige** handeln die ges Vertreter, notfalls ist ein Betreuer zu bestellen (vgl BGH NJW 66, 1856). **Minderjährige** können einwilligen, wenn sie die Bedeutung und die Tragweite des verletzenden Eingriffs und seiner Gestattung zu ermessen vermögen (BGH 29, 36). Das ist bei Tattoos zumindest bis zu einem bestimmten Alter zu verneinen (ähnlich Hauck, NJW 12, 2398). Die Einwilligung fällt zugleich in den Bereich der elterlichen Personensorge, §§ 1626 I, 1631, wobei häufig (ie BGH 105, 48 ff, sa Stuttgart NJW-RR 11, 747) ein Elternteil als durch den anderen ermächtigt gilt. Je nach Bedeutung des Eingriffs (zB Operation, Verletzung des Persönlichkeitsrechts, s Rn 70 ff) und Alter des Kindes ist die elterliche Entscheidung allein maßgebend (BGH 160, 299), die Einwilligung von Eltern und Minderjährigem erforderlich (BGH WRP 04, 1495; ähnlich BGH NJW 07, 218: Vetorecht des Minderjährigen bei nicht unbedingt erforderlichem Eingriff mit schwerwiegenden Risiken;

§ 823 Buch 2. Abschnitt 8. Einzelne Schuldverhältnisse

BGH NJW 74, 1950: Veröffentlichung einer Aktaufnahme) oder die des Minderjährigen allein ausreichend (BGH 29, 37; iE Flume II § 13, 11 f). Die Einwilligung ist **unwirksam** (die Verletzung bleibt rechtswidrig), wenn sie – etwa bei Tötung oder
55 Verstümmelung – sitten- oder verbotswidrig ist (BGH 7, 207; 34, 361). **(2)** Zur **Einwilligung in einen Heileingriff** s Rn 112 ff. Bedarf es (zusätzlich) der Einwilligung des Minderjährigen, so ist er entspr aufzuklären (BGH NJW 07, 218 mit der schwer nachvollziehbaren Einschränkung, der Arzt dürfe allg darauf vertrauen, dass Aufklärung und Einwilligung der Eltern genügen); zur Aufklärung s Rn 113. **(3) Einwilligung in Risiken.** Wer sich bewusst in eine Gefahr begibt (zB Autofahrt mit einem Betrunkenen), hofft, dass alles gut gehen werde, er willigt also nicht in tatsächlich eintretende Verletzungen ein (aA Karlsruhe NJW 98, 705 mwN für Boxen, Autorennen, waghalsige Felsenkletterei). Zutr hat die Rspr das **„Handeln auf eigene Gefahr"** als Problem des Mitverschuldens, nicht der Rechtswidrigkeit qualifiziert (s § 254 Rn 14 ff). Etwas anderes soll bei Sportarten mit Verletzungsgefahren (zB Kampfspielen) gelten: Verletzungen, die bei regelgerechtem Spiel nicht zu vermeiden sind (BGH NJW 10, 538 mwN) oder auf geringfügigem Regelverstoß beruhen (OLG München NJW-RR 89, 726), werden über die Risiko-Einwilligung als rechtmäßig qualifiziert. Richtiger erscheint es aus Gründen der systematischen Klarheit wie der Möglichkeit einer Differenzierung in den Rechtsfolgen, auch diese Sportunfälle – bei idR gleichem Ergebnis – als Unterfall des Handelns auf eigene Gefahr allein im Bereich des § 254 anzusiedeln (Teichmann JA 79, 293, 347; Füllgraf VersR 83, 705;
56 Kohte AcP 185, 123). **(4)** Auch eine begründet vermutete sog **mutmaßliche Einwilligung** kann letztlich eine Rechtfertigung darstellen. Ist der Betroffene nicht in der Lage, sich zu äußern (zB Schock, Bewusstlosigkeit), besteht eine erhebliche Gefahr für Leben oder Gesundheit des Patienten, wenn der Eingriff nicht vorgenommen oder verschoben wird, und kann in der verbleibenden Zeit kein Betreuer bestellt werden, so ist primär im Rahmen des Zumutbaren zu versuchen, zB durch Befragung von Angehörigen (BGH 29, 52; NJW 66, 1856) den mutmaßlichen Willen zu ermitteln. Ist dies nicht durchführbar, so kann bei Eingriffen (Operationen), die unter den genannten Gesichtspunkten sachlich geboten sind, ohne gegenteilige Anhaltspunkte von einem mutmaßlichen Einverständnis ausgegangen werden.

57 **6. Verschulden. a) Allgemeines.** Verschulden setzt Verschuldensfähigkeit (Rn 1 vor § 827) voraus. Zum zivilrechtlichen Begriff von **Vorsatz** und **Fahrlässigkeit** s § 276 Rn 15 ff, 23 ff.
58 **b) Verschulden iS des Abs 1.** Das Verschulden muss sich auf den obj Tatbestand beziehen, also auf den **Verletzungserfolg** (verletztes Rechtsgut, s dazu Köln NJW 07, 1757) und die **Verletzungshandlung** einschließlich der haftungsbegründenden **Kausalität** (Rn 20 ff). Auf den Schaden und die haftungsausfüllende Kausalität (Rn 24 ff vor § 249) braucht sich das Verschulden hingegen nicht zu erstrecken (Mot II 406; BGH 59, 39).
59 **c) Verschulden und Verschuldensfähigkeit iS des Abs 2. aa) Gegenstand.** Vom Verschulden erfasst sein muss nach hM hier lediglich der **Normverstoß**. Sofern also nicht das SchutzGes selbst die schuldhafte Verletzung des Betroffenen fordert (wie zB StGB 230), braucht sich das Verschulden, etwa bei abstrakten Gefährdungsdelikten, nicht auf die Rechtsgutsverletzung selbst zu erstrecken (BGH 51, 103 f, stRspr).
60 **bb) Ausmaß.** Setzt das SchutzGes bes Verschuldensformen (Vorsatz, grobe Fahrlässigkeit) voraus, so müssen sie auch für den Schadensersatz gegeben sein. Ist ein Normverstoß auch ohne Verschulden möglich, so fordert § 823 II 2 zumindest Fahrlässigkeit.
61 **cc) Inhalt.** Handelt es sich bei dem SchutzGes um eine *Straf-* (bzw Ordnungswidrigkeiten-)vorschrift, so ist str, ob hinsichtlich der Verschuldensfähigkeit StGB 19 gilt und auch auf den strafrechtlichen Verschuldensbegriff zurückgegriffen werden muss (zur Unterscheidung s § 276 Rn 23 ff). Nach der im eingeschränkten strafrechtlichen Schuldtheorie beeinträchtigt vermeidbar fehlendes Unrechtsbewusstsein den Vorsatz nicht, während nach der im Zivilrecht herrschenden Vorsatztheorie der Vorsatz entfällt. Anderes Beispiel: individueller und typisierter Verschuldensmaßstab, s § 276

Titel 27. Unerlaubte Handlungen § 823

Rn 29. Der BGH hat zutr strafrechtliche Grundsätze angewandt, weil nur insoweit ein Schutz aufgestellt wurde (BGH WM 84, 1434 mwN).

7. Rechtsfolgen. Zu Unterlassungs- und Beseitigungsansprüchen allg s Rn 6, 7 **62** vor § 823; zum Widerruf in Einzelfällen s § 823 Rn 81 ff, zum Schadensersatz (Ersatz des sog negativen Interesses, BGH NJW 98, 984) einschließlich der haftungsausfüllenden Kausalität s Rn 1 ff vor § 249, zum Ersatz des immateriellen Schadens s § 253 Rn 5, 24 ff.

8. Beweislast. Der *Verletzte* hat den **obj Tatbestand,** also die Verletzung eines **63** Rechtsguts- bzw SchutzGes (BGH NJW-RR 11, 1662), eine Handlung einschließlich des Unterlassens und die **haftungsbegründende Kausalität** (ZPO 286, BGH 192, 303 [für Unterlassen]) zu beweisen, der *Schädiger* – nach der hier vertretenen Auffassung auch beim Unterlassen (Rn 51) – das Vorliegen eines **Rechtfertigungsgrundes** (Düsseldorf VersR 90, 853). Der **Verschuldensnachweis** obliegt wiederum dem *Verletzten* (die Art der Pflichtverletzung kann allerdings Indizwirkung haben, BGH NJW-RR 12, 404 f für den Vorsatz). Im Rahmen der Produzentenhaftung nach BGB (s Rn 132, 134) sowie der Arzthaftung (s Rn 108 ff) und bei Berufen, die, dem Arztberuf ähnlich, auf den Schutz von Körper und Gesundheit anderer gerichtet sind (BGH 61, 121), hat die Rspr teilw die **Beweislast verändert**. In Anwendung der Regeln zum prima-facie-Beweis (ThP § 286, 12) geht die Rspr bei der **Verletzung eines SchutzGes** idR von der Kausalität zwischen SchutzGes und Rechtsgutverletzung (BGH BB 86, 2160 mit Einschränkungen) sowie vom Verschulden des Handelnden aus (BGH NJW 84, 433). Die Beweislast für die **haftungsausfüllende Kausalität** allg liegt beim Verletzten; es gilt ZPO 287 (s BGH NJW 08, 1382).

II. Sondergruppen

Einige Fallgruppen, deren Problematik nach Erlass des BGB ins Blickfeld getreten **64** ist, lassen sich im Aufbau des Tatbestandes und hinsichtlich der Rechtsfolgen nicht in gleicher Weise behandeln wie die übrigen Sachverhalte. Sie werden deshalb hier gesondert dargestellt.

1. Persönlichkeitsrecht. Lit: Büchler, Die Kommerzialisierung von Persönlichkeitsgütern, AcP 206, 300 ff; Frenz, Konkretisierte Abwägung zwischen Pressefreiheit und Persönlichkeitsschutz, NJW 12, 1039, v. Gerlach, Die neuere Entwicklung des Persönlichkeitsrechts, VersR 12, 278; Jahn: Unangenehme Wahrheiten für Prominente, NJW 09, 3344; G. Müller, Der Schutzbereich des Persönlichkeitsrechts im Zivilrecht, VersR 08, 1141; Sajuntz NJW 12, 3761 (Rspr-Übersicht); Soehring, PresseR, 4. Aufl. 2010.

a) Allgemeines. aa) Funktion. Der enumerative Schutz einzelner Persönlich- **65** keitsgüter (Rn 13) hat sich angesichts eines vertieften Verständnisses der Bedeutung wie der Schutzbedürftigkeit der Persönlichkeit und den gesteigerten Verletzungsmöglichkeiten - zB durch optisches, akustisches, digitales, auch genetisches Auskundschaften persönlicher Einzelheiten, durch eine breite Streuung von Informationen in den Medien und im Internet - als viel zu eng und ungenügend erwiesen. Notwendig erschien, über die Einzeltatbestände hinaus von einem „Recht des Einzelnen gegenüber jedermann auf Achtung seiner Menschenwürde und Entfaltung seiner individuellen Persönlichkeit" (BGH 24, 76; 27, 286) auszugehen, das vor ungerechtfertigten Beeinträchtigungen und Verletzungen der körperlichen und seelischen Integrität, der privaten Lebensbereiches, den Möglichkeiten der Selbstdarstellung und Selbstverwirklichung zu schützen vermag. Die teilweise verwandte Bezeichnung „geistiges Eigentum" an immateriellen Persönlichkeitsgütern wird diesem weitreichenden Verständnis nicht gerecht. **bb) Rechtsgrundlage.** Das BVerfG **66** hat aus GG 2 I iVm GG 1 das Persönlichkeitsrecht als Grundrecht gegenüber dem Staat entwickelt, der seinen Schutzauftrag ua durch die gerichtliche Gewähren eines Ausgleichsanspruchs gegen Dritte erfülle (s BVerfG NJW 06, 595 mwN). Der BGH hat das Persönlichkeitsrecht als „sonstiges Recht" iSv I qualifiziert (zB BGH 139, 99 ff, stRspr). Da es aber um den Schutz der Person selbst geht, ordnet man es besser – ohne dass dies für die Ergebnisse von Bedeutung wäre – den übrigen Persönlichkeitsgütern (Leben, Körper, Gesundheit, Freiheit) als weiteres zu. **cc) Konkurrenzen.** Anwendbar bleibt weiter § 823 I selbst, soweit im Tatbestand erwähnte oder über das Merkmal „sonstiges Recht" geschützte Persönlichkeitsgüter (s Rn 13) betroffen sind. Weiter ist § 823 II iVm strafrechtlichen SchutzGes anwendbar (BGH 95, 214). Teilw bestehen Sondernormen, zB KUG 22 (BGH 156, 208). Die unbefugte Nutzung eines Persönlichkeitsrechts (zB Name, Bild) kann weiter Ansprüche aus **Eingriffskondiktion** gem § 812 I 1 auslösen und zwar unabhängig davon, ob der Betroffene diese Nutzung gestattet hätte (BGH 169, 343 ff mwN, dazu Balthasar NJW 07, 664; krit Helle JZ 07, 444; Siemes AcP 201, 214 ff; Erlanger, Die Gewinnabschöpfung bei Verletzung des Persönlichkeitsrechts, 2001, passim).

68 **b) Rechtsträger** sind jede natürliche **Person**, zudem die jur Person (BGH NJW 06, 601; BVerfG NJW 06, 3771), der nichtrechtsfähige Verein (BGH NJW 71, 1665) und die Personengesellschaft (BGH DB 80, 2280: des Handelsrechts), soweit, sie in ihrer Funktion, etwa als Wirtschaftsunternehmen oder Arbeitgeber, betroffen werden (sog Unternehmenspersönlichkeitsrecht, BGH NJW 05, 2766). Auch der **nasciturus** wird, soweit er verletzt werden kann, geschützt. Das Persönlichkeitsrecht **erlischt** als solches mit dem **Tode** (BGH NJW 12, 1728). Es entfaltet jedoch **Nachwirkungen.** So unterliegen bestimmte Tatsachen dem **Geheimnisschutz**. Das Behandlungs- und Beratungsgeheimnis gilt ohne vorherige Aufhebung auch gegenüber Erben und Angehörigen für Ärzte (BAG NJW 10, 1222), Anwälte (BRAO 43a I 2), Notare (BNotO 18 I 2). Auch Netzanbieter sollten grds zur Geheimhaltung und Löschung verpflichtet sein (iE mit Differenzierungen eindrücklich Martini JZ 12, 1145). Weiter dürfen das Andenken des Verstorbenen (BVerfG 30, 194, Mephisto) nicht beeinträchtigt, seine Privatsphäre (zB Erkrankungen, Straftaten) nicht ausgebreitet, sein Lebensbild nicht verfälscht und nicht verächtlich gemacht werden (sog Schutz der **ideellen Anteile** des Persönlichkeitsrechts, s zB Müller VersR 06, 1293). Bsp (iE s Bender VersR 01, 815): BGH 15, 259 (Cosima Wagner), 50, 136 (Mephisto), 107, 392 f (Emil Nolde), BGH NJW 01, 2959 (Wilhelm Kaiser). Der Schutz besteht in Abwehrrechten, die von den überlebenden nächsten Angehörigen wahrgenommen werden (BGH NJW 02, 2318). Eine Entschädigung wird insoweit zutr abgelehnt (BGH NJW 06, 606). Über den Tod hinaus geschützt werden schließlich **vermögenswerte Anteile** des Persönlichkeitsrechts, etwa die wirtschaftliche Verwertung des Namens (BVerfG NJW 06, 3409 mwN, Marlene Dietrich). Hier bestehen Abwehrrechte und Ansprüche auf Entschädigung, die von den Erben wahrgenommen werden. In beiden Gruppen kann das Informationsbedürfnis der Allgemeinheit ein Gegengewicht bilden (BVerfG NJW 01, 594, Willy-Brandt-Münze, iE Pabst NJW 02, 999). **Zeitlich** wird der Schutz nach der Rspr (zu kurz und undifferenziert) auf zehn Jahre nach dem Tod begrenzt sein (BGH 169, 198 mwN [Kinski]; krit Schack JZ 07, 366). Auch die physische Integrität des **Leichnams** ist geschützt (Verbot unbefugter Organentnahme, LG Bonn JZ 71, 58; Laufs VersR 72, 6; Samson NJW 74, 2031). Ansprüche wegen einer Verletzung können von den nächsten Angehörigen, dem Ehegatten und den Testamentserben geltend gemacht werden (BGH 15, 259; 50, 140).

69 **c) Methodik der Feststellung einer Verletzung. aa) Grundsätze.** Angesichts des rechtspolitisch gewünschten weiten Schutzes der Person ist eine begriffliche Umschreibung, die eine Subsumtion erlauben würde, nicht möglich. Die inhaltliche Konkretisierung geschieht durch die Anlagerung neuer Sachverhalte an den vorhandenen Bestand positiver Entscheidungen und durch die wertende Abscheidung im Einzelfall. Dies hat die Notwendigkeit zur Folge, typische, sich teilweise überschneidende und auch nicht abschließend zu verstehende **Fallgruppen** zu bilden (s Rn 70 ff). Wegen der Weite als generalklauselartiger Auffangtatbestand (BGH 50, 138) gelingt auch nicht die klare Trennung zwischen Tatbestand (Rechtsgutsverletzung) und Rechtswidrigkeit. Es muss bereits für die Verletzung selbst eine **Güter- und Interessenabwägung** im Einzelfall vorgenommen werden, wobei idR auf beiden Seiten „die betroffenen Grundrechte und Gewährleistungen der EMRK

Titel 27. Unerlaubte Handlungen § 823

interpretationsleitend zu berücksichtigen sind" (BGH NJW 12, 769, mwN). **bb) Auf Seiten des Verletzten** sind zB die Art der Rechtsverletzung, die Schwere der Beeinträchtigung, ihr Anlass und das Verhalten vor der Verletzung zu berücksichtigen. **Minderjährige** bedürfen angesichts möglichen altersbedingten Fehlverhaltens eines stärkeren Schutzes, um Entwicklungen durch eine auch spätere Stigmatisierung (zB durch Online-Archiv, s Rn 78) nicht zu beeinträchtigen (eindrücklich Beater JZ 13, 111). **cc) Auf Seiten des Verletzers** können bedeutsam sein Mittel und Zweck einer Äußerung (s zB BGH 156, 211 ff: Fotomontage als Satire; BGH NJW 07, 688, „Terroristentochter"; Hamburg NJW-RR 10, 1198, eigene wirtschaftliche Interessen), Art und Dauer des Eingriffs. Eine bes Rolle spielt bei der Beeinträchtigung durch Medien (s Rn 72, 73, 76, 77 f) der Schutzbereich von **GG 5 I (Presse-, Rundfunkfreiheit).** Dem Schutzinteresse des Einzelnen treten hier zwei Sphären gegenüber: Zunächst ist das „Interesse der Öffentlichkeit an vollständiger Information über das Zeitgeschehen" (BGH 187, 205) als Grundlage der Meinungsbildung zu berücksichtigen. Dies gilt auch für unterhaltende Beiträge (BGH 31, 312; 45, 308; BVerfG NJW 00, 1921 mwN). Als weiteres Element kommt das ebenfalls grundgesetzlich geschützte Interesse der im Medienbereich tätigen Institutionen und Unternehmen hinzu (BVerfG VersR 10, 1197). Sie entscheiden daher grundsätzlich nach ihren publizistischen Kriterien, was sie als im öffentl Interesse liegend verstehen (BGH 187, 209). Die Grenzziehung soll idR für eine Bildberichterstattung strenger sein als bei einer Wortberichterstattung (BVerfG NJW 12, 757; BGH 187, 203 ff). Für die **Kunstfreiheit (GG 5 III)** werden die Freiräume wegen des fehlenden Gesetzesvorbehalts teilweise noch stärker ausgedehnt (BGH VersR 09, 1085, insoweit nicht überzeugend). Zu fragen sein soll im *Ergebnis*, ob und in welchem Umfang ein öffentl (nicht allein kommerzielles des Publikationsorgans, BGH BGH VersR 10,36) Informationsinteresse – nicht allein die Neugier an privaten Angelegenheiten (BGH VersR 09, 514) – zu bejahen ist und ob der Eingriff in die Privatsphäre in einem angemessenen Verhältnis zu Art und Ausmaß der öffentl Kundgabe steht (BGH VersR 09, 269 mwN). Die Einzelergebnisse sind bei den obersten Gerichten nicht immer konform (s Müller VersR 09, 1149: „Zankapfel zwischen BGH, BVerfG und EMGR") **dd)** Abwägungsfrei wird bei unscharfer Abgrenzung (s KG NJW-RR 10. 622) ein aus der Menschenwürde abgeleiteter sog **absolut geschützter Raum der Intimsphäre** anerkannt, in den auf keinen Fall eingegriffen werden darf (BVerfGE 119, 23 f – Esra; iE Poscher JZ 09, 267).

d) Herabsetzung der Person. aa) Allgemeines: Elemente der Interessenabwägung. Nach einer neueren, die bisherige Rspr teilw modifizierenden Entscheidung des BVerfG (NJW 06, 207) wird eine stark differenzierende, damit auch nicht immer überzeugende Abwägung vorgenommen, die zunächst zwischen Werturteil und Tatsachenbehauptung unterscheidet. Ein **Werturteil** (s § 824 Rn 4) unterliegt grundsätzlich der Meinungsfreiheit, sofern es den Rahmen sachbezogener, auch scharfer Kritik – etwa in einer Satire (BGH 156, 211) oder beim „Gegenschlag" – einhält und keine „Schmähkritik" darstellt, bei der nicht mehr die Auseinandersetzung in der Sache, sondern die Diffamierung der Person im Vordergrund steht (BVerfG NJW 12, 3713; iE zu weit erlaubend BVerfG NJW 03, 3760, NJW 04, 278) oder die Person „an den Pranger stellt" (BGH 161, 269). Eine **Tatsachenbehauptung** genießt einen grundsätzlichen Sekundärschutz, wenn und soweit sie eine Voraussetzung für das Bilden einer Meinung ist (BVerfG 90, 247; BVerfG NJW-RR 2010, 471 mwN). Wahre Behauptungen sind idR hinzunehmen, wenn ein Informationsinteresse besteht (s BVerfG NJW-RR 10, 1197). Bewusst falsche Behauptungen genießen, weil sie zur geschützten Meinungsbildung nicht beitragen, keinen Schutz. Bei nicht vorsätzlich unrichtigen Behauptungen ist nach der vom Betroffenen gewollten *Sanktion* zu differenzieren (s Rn 82 bzw 86). Bei auf **Tatsachen gestützten Werturteilen** dürften insoweit dieselben Grundsätze gelten (unklar EGMR NJW-RR 11, 983). **bb) Behinderung der Persönlichkeitsentfaltung.** Bsp: Behinderung der beruflichen Tätigkeit durch Stigmatisierung (BGH NJW 05, 592); Vernichtung konservierten Spermas bei vorhersehbarer Unfruchtbar-

70

71

§ 823 Buch 2. Abschnitt 8. Einzelne Schuldverhältnisse

keit und damit definitive Vereitelung des Wunsches nach Kindern (BGH 124, 54, dort unzutr als Körperverletzung gewertet, s Pfeiffer Anm LM Nr 151 zu § 823 Aa; Laufs/Reiling NJW 94, 775, Rohe JZ 94, 465; Taupitz NJW 95, 745). **cc)** Verletzend ist auch die **Verfälschung des Lebensbildes** in öffentl Darstellung (BGH 50, 144, BVerfG 30, 198: Mephisto, sa Kastner NJW 82, 601; Bremen NJW 96, 1000: Arbeit für den KGB; BGH 107, 391: gefälschte Nolde-Bilder). Bei künstlerischer Gestaltung ist hier gegenüber der Kunstfreiheit, GG 5 III, sorgfältig abzuwägen. Bsp: Vortäuschen eines tatsächlich nicht geführten Interviews, BGH 128, 1); Fehlzitate oder **verfälschte Wiedergaben von Äußerungen**, die die Person charakterisieren können (BGH NJW 11, 3516); **Verfälschung des Abbildes** (Fotomontage, ohne dass die satirische Komponente erkennbar wird (BVerfG NJW 05, 3271; s dazu BGH NJW 06, 605). **dd) Ehrverletzungen** können auch dadurch geschehen, dass die Äußerung eines Dritten verbreitet wird, ohne dass eine eigene Distanzierung erfolgt (BVerfG NJW 04, 590). Bsp für Beeinträchtigungen: herabsetzende Pressekritik (BGH 39, 128) oder Fehlzitat (BGH NJW 82, 635); Verlesen eines verächtlich machenden Briefes von Mitschülern in der Klasse durch den Lehrer; ehrenrührige und falsche Behauptungen in Zeitung (Düsseldorf NJW-RR 90, 1118), krit Fernsehsendung (BGH 66, 182) oder Wahlkampf (BGH NJW 84, 1102).

e) Nichtachtung des persönlichen Bereichs von Privatpersonen. aa) Die Privatsphäre ist zum einen physisch zu verstehen (private Räume, nach allg Verständnis als privat verstandenes Handeln in der Öffentlichkeit); sie bezieht sich weiter auf Fakten, die allg dem Privatbereich zugerechnet werden (BGH NJW 12, 3645). Dieser ist vor **unbefugtem Eindringen** geschützt. Bsp: Zusenden von SPAMs auf privaten PC, Telefonwerbung (BGH 59, 317, dort zu UWG 1); ausdr verbetene und auch vom Störer in zumutbarer Weise abzustellende Briefwerbung (BGH VersR 89, 373); das bloße Auslegen pornographischer Schriften in einer Buchhandlung stellt, weil keine Annäherung, keine Verletzung dar (BGH 64, 182). **bb)** Das **Erforschen des persönlichen Bereichs** mit nicht allg zugänglichen Mitteln ist ohne Einwilligung nicht gestattet. Bsp: Fotografieren eines privaten Anwesens mit Teleobjektiv (BGH NJW 04, 762); Videokontrolle eines Hauseingangs (Düsseldorf NJW 07, 780); Zugriff auf Speicherinhalte von EDV-Anlagen (Bartsch CR 08, 613; Roßnagel/Schnabel NJW 08, 3535 f im Anschluss an BVerfG NJW 08, 826 f, online-Durchsuchung); heimliches Ortungsgerät am Auto (Koblenz NJW 07, 2863); Belauschen in der Wohnung (BGH NJW 70, 1848); Öffnen von Briefen (BGH VersR 90, 532); nicht offen gelegtes Mithören am Telefon (BGH NJW 03, 1728 mwN) oder hinter einer Grenzmauer (BGH 27, 286), Einsatz eines Lügendetektors (BGHSt 5, 332), Anfertigung eines graphologischen Gutachtens (BAG NJW 84, 446). Die **heimliche Videoüberwachung** in **Räumen des Arbeitgebers** ist nach dem BAG zulässig, wenn der konkrete Verdacht einer schweren Verfehlung/Straftat besteht und andere Aufklärungsmittel nicht zur Verfügung stehen (BAG NJW 12, 3596 f mAnm Bauer/Schansker NJW 12, 3537). **cc)** Unbefugt sind weiter die **Fixierung** und/oder die **Veröffentlichung/Weitergabe** von privaten Einzelheiten. Bsp: Aufnahme eines Hochzeitspaares durch einen berufsmäßigen Fotografen (Hamm GRUR 71, 84); Tonbandaufnahme (BGH NJW 88, 1017); Veröffentlichung von vertraulichen Aufzeichnungen wie Briefen oder Tagebüchern (BGH 13, 338; 15, 262), Horoskop (BVerfG NJW 03, 3262), Publikation des Protokolls eines Telefongesprächs (BGH 73, 124 f mit Anm Deutsch JZ 79, 352). Einstellen von Nacktaufnahmen ins Internet (LG Kiel NJW 07, 1002); Verwendung einer nur eingeschränkt freigegebenen persönlichen Aufnahme im Fernsehen (BGH NJW 85, 1617), Weitergabe von persönlichen Daten über die Grenzen des BDSG hinaus (Köln ZIP 84, 1340); identifizierender Roman ohne offenkundige Verfremdungen (BGH NJW 05, 2844 m zust Anm Obergfell JZ 06, 196; unklar stärker differenzierend BVerfG NJW 08, 45 – Esra – mit Minderheitsvotum, s dazu Hoffmann-Riehm NJW 09, 20; im Anschluss BGH NJW 08, 2587; krit Enders JZ 08, 2587); öffentl Erörterungen familiärer Auseinandersetzungen (LG Oldenburg NJW 87, 1419; zu weitgehend BGH NJW 94, 1281: Verwendung einer veröffentlichten Bilanz als

Schulungsmaterial); nicht Wortprotokoll (BGH 80, 42). Interessenabwägung: Der Schutz ist eingeschränkt, wenn der Betroffene selbst – auch durch eine Straftat (BGH VersR 12, 997) - eine **Angelegenheit in die Öffentlichkeit gebracht** (BGH NJW 12 768, Pornodarsteller) und insoweit seine private Sphäre preisgegeben hat. Eine Weitergabe kann auch **im allg Interesse** liegen. Bsp: Die Mitteilung von Bild und Name Tatverdächtiger auch in unterhaltenden Fernsehsendungen soll im Fahndungsinteresse zulässig sein (Celle NJW 04, 1461, außerhalb extremer Situationen bedenklich); desgl eine Zeitungsinformation über ein Ermittlungsverfahren (BGH 143, 204). Hingegen kann das Interesse eines bereits Verurteilten und zur Entlassung Anstehenden an persönlicher Anonymität **(Resozialisierung)** schwerer wiegen als das allg Informationsbedürfnis über eine Aufsehen erregende Straftat (BVerfG 35, 231, Fall Lebach; s aber BVerfG NJW 00, 1859 nach Ablauf von 27 Jahren; anders auch BGH 183, 358; BGH NJW 11, 2285, Onlineportal; zutr krit angesichts der möglichen Breitenwirkung und des „Nichtvergessens" Caspar JZ 11, 211; differenzierend BGH VersR 12, 998).

f) Nichtachtung des Bereichs von Personen, die als solche in die Öffent- 77 lichkeit getreten sind (sog „Personen der Zeitgeschichte"). Die Rspr hat hier vom EMGR (NJW 12, 1053, s. dazu Frenz, NJW 12, 1039) in der Sache gebilligt ein an KUG 22, 23 orientiertes sog. **abgestuftes Schutzkonzept** entwickelt (BGH 171, 278 ff mwN; BGH NJW 08, 3195, Simonis; BGH 177, 13, Christiansen; BGH NJW 12, 762, Tochter Chr. v. Monaco; der Rspr zust Chr. Teichmann NJW 07, 1917; krit, stärker das Medieninteresse betonend Engels/Jürgens NJW 07, 2517). Danach dürfen unter Berücksichtigung der genannten Interessenabwägung Einzelheiten aus der **Privatsphäre** grundsätzlich ohne Einwilligung nicht verbreitet werden (BGH NJW 11, 747 mwN), wobei die direkte (zB bildliche) Wiedergabe strengeren Regeln unterliegt (BGH NJW 11, 745). Anderes gilt, wenn ein schützenswertes, der allg Meinungsbildung oder der Information über das Zeitgeschehen dienendes Interesse besteht (s zB BGH NJW 12, 3645). Geschützt sind die **Kinder** sog Prominenter bei ihrem Auftreten in der Öffentlichkeit (BGH NJW 10, 1455, zust Ständer-Vorwachs NJW 10, 1415).Bsp: Bildaufnahme einer Begleitperson, ohne dass ein zeitgeschichtliches Ereignis festgehalten wird (BGH 158, 223; KG NJW 05, 606); identifizierende Abbildung des Wohnhauses (BVerfG NJW 06, 2837). Anderes gilt auch, wenn der Betroffene selbst durch sein Verhalten Anlass zur Beschäftigung mit seiner Person gegeben hat (BGH 36, 80: Waffenhandel; NJW 64, 1472: „Sittenrichter"; NJW 66, 2335: Verhalten während des Nationalsozialismus; BVerfG NJW 06, 2835: Bericht über erhebliche Geschwindigkeitsüberschreitung durch bekannte Person).

g) Veröffentlichung von Einzelheiten aus der beruflichen, wirtschaftlichen 78 oder politischen Tätigkeit. Hinsichtlich der sog „Sozialsphäre", dem bewussten Handeln nach außen, ist der Schutz eingeschränkt. Hier ist eine Publikation – einschließlich der Namensnennung (BGH VersR 07, 511) – zulässig, wenn ein gerechtfertigtes Interesse der Öffentlichkeit besteht, es sei denn, es trete dadurch eine Stigmatisierung oder Ausgrenzung ein (BVerfG NJW 11, 742; BGH NJW 12, 772). Ältere Online-Publikationen müssen idR (s aber Rn 69: Minderjährige) nicht zurückgezogen oder anonymisiert werden, wenn ein Interesse der Öffentlichkeit an früheren Vorgängen weiterhin besteht (BG VersR 13, 65; BGH VersR 13, 116, Online-Archiv). Unzulässig ist eine unbefugte **Kommerzialisierung** persönlicher Rechte 79 durch die Verwendung von Bild, Fotografie, Name (BGH 81, 80; sa BGH 126, 216) und des Rufes zu Werbezwecken (BGH NJW 92, 2084); anders, wenn mit einem Bild für einen Bericht über eine Person der Zeitgeschichte geworben wird (BGH 151, 26; Marlene Dietrich, ähnlich BGH NJW-RR 10, 857, Boris Becker).

h) Rechtswidrigkeit, Verschulden. Abgesehen von der sowohl den Tatbestand 80 als auch die **Rechtswidrigkeit** berührenden Interessen- und Güterabwägung (Rn 70) kann sich der Verletzer auf die allg Rechtfertigungsgründe (Rn 52 ff) berufen. Im Rahmen eines *rechtlichen Verfahrens* können zur Wahrnehmung eigener Interessen auch ehrverletzende Tatsachen behauptet werden (BGH VersR 12, 502 mwN). Hinsichtlich des **Verschuldens** hat die Rspr insbes für Veröffentlichungen in den Medien relativ strenge Maßstäbe im Blick auf die Wahrheitserforschung und die Interessenabwägung aufgestellt, (s zB Saarbrücken NJW 97, 1377). Auf amtliche Pressemitteilungen darf sich ein Journalist verlassen, Braunschweig NJW 75, 653. Eine schuldhafte Pflichtverletzung stellt es auch dar, wenn kein ges Vertreter oder kein Sonderorgan (§ 31) zur Prüfung krit Beiträge unter dem Gesichtspunkt ua der Persönlichkeitsverletzung bestellt wird (BGH 39, 130).

81 **i) Rechtsfolgen: Schadensersatz, Abwehrrechte als spezielle Rechtsbehelfe. aa)** Der Anspruch auf **Schadensersatz** (§ 249) deckt zB die Vernichtung von Bildaufnahmen oder die Löschung von Tonbändern (Naturalrestitution) sowie Vermögensaufwendungen zur Schadensabwendung, zB für Gegenerklärungen. Gegenüber Presse, Rundfunk und Fernsehen muss sich der Verletzte wegen GG 5 I 2 idR mit einer Gegendarstellung (Rn 87) begnügen (BGH 66, 195). Zur Geldentschädigung für

82 immaterielle Beeinträchtigungen s § 253 Rn 7 f. **bb) Anspruch auf Widerruf. Lit:** Damm/Rehbock, Widerruf, Unterlassung und Schadensersatz in den Medien, 3. Aufl 2008. **(1) Allgemeines.** Der Anspruch auf Widerruf kann als Schadensersatzanspruch verstanden werden, er wird auch als Unterfall des Beseitigungsanspruchs auf § 1004 analog gestützt. Er setzt eine **Tatsachenbehauptung** voraus. Werturteile und Meinungsäußerungen brauchen wegen GG 5 I und GG 1 nicht widerrufen zu werden (BGH

83 NJW 82, 2246; zur Abgrenzung s § 824 Rn 4). **(2) Abwägungskriterien.** Zunächst ist zu prüfen, ob die Behauptung möglicherweise mehrdeutig ist, dh ob erhebliche Teile eines „verständigen und unvoreingenommenen" Publikums sie gleich oder unterschiedlich verstehen. Die *dem Schädiger günstigere Interpretationsversion* ist zugrunde zu legen (BVerfG NJW 06, 208 f mwN). Dann gilt: Handelt es sich auch in einer solchen Interpretation um eine bewusst unwahre Behauptung oder ist sie erwiesen falsch, so ist sie nicht geschützt (BGHZ 139, 101). Ist der zu unterstellende Inhalt nicht erweislich wahr, so kann die Behauptung zulässig sein, wenn der Sich-Äußernde bei der Ermittlung der Umstände eine – nicht zu überspannende – Sorgfaltspflicht beachtet hat (BVerfG NJW-RR 10, 471 mwN). Steht die Unwahrheit zwar nicht positiv fest, fehlen aber ernsthafte Anhaltspunkte für die Wahrheit, so kann ein sog eingeschränkter oder abgeschwächter Widerruf (Erklärung, die Behauptung werde nicht aufrechterhal-

84 ten) verlangt werden (BGH 69, 182 mwN). **(3) Inhalt, Form.** Der Widerruf muss **geeignet** sein, **der Ansehensminderung entgegenzuwirken** (sonst unnötige Demütigung, BGH 89, 201 f). Gibt jemand (Presse, Rundfunk) nur eine fremde Äußerung wieder, ohne sich selbst damit zu identifizieren, so ist der Anspruch auf Widerruf nur das letzte Mittel, wenn andere Rechtsbehelfe (zB Gegendarstellung) nicht ausreichen (BGH 66, 189). Gefordert werden kann eine eigenhändig unterzeichnete **Erklärung** (BVerfG 28, 9; aA Frankfurt JZ 74, 63 mwN), uU **Veröffentlichung** am selben

85 Platz (BGH 128, 8: Titelseite). **(4) Rechtsweg, Vollstreckung.** Auch gegenüber öffentl Rundfunk- und Fernsehanstalten ist der Zivilrechtsweg gegeben (BGH 66, 185). Die Art der Vollstreckung ist sehr str, wohl zutr nach ZPO 888 vorzunehmen (nach BVerfG 28, 10 verfassungsrechtlich unbedenklich, da durch den Widerruf keine

86 Änderung der eigenen Auffassung gefordert wird). **cc)** Ein Anspruch auf künftiges **Unterlassen,** auch im Fall einer Erstbegehungsgefahr, (s § 1004 Rn 11; Koblenz NJW-RR 10, 1711), soll dem Geschädigten eher als ein Widerruf zustehen. Daher ist für die **Abwägung** bei mehrdeutigen Äußerungen die dem *Schädiger ungünstigere Verständnisversion* zu unterstellen, weil er die Möglichkeit hat, künftig eindeutig zu formulieren (BVerfG NJW 06, 209 mBespr Gomille JZ 12, 769, Stolpe). Kann der Sich-Äußernde die behaupteten Umstände nicht beweisen, so muss die Erklärung unterbleiben, oder es ist klarzustellen, sie auf nicht bewiesene Tatsachen gestützt wird (BVerfG NJW 06, 209; zust Hochhuth NJW 06, 189; BVerfG NJW 06, 3772 f; aA Saarbrücken NJW-RR 10. 348); iÜ s Rn 6 vor § 823; uU kommt eine Veröffentlichung der Unterlassungserklärung in Betracht (BGH 99, 133). Bei der *Übernahme fremder Äußerungen* gelten dieselben Sorgfaltsmaßstäbe wie bei einem Widerruf (s Rn 84). Stellt jemand ein *Forum zur Veröffentlichung fremder Äußerungen* zur Verfügung, so muss er erkannte Persönlichkeitsverletzungen beseitigen; iÜ soll ihn nur eine eingeschränkte Prüfungspflicht treffen

Titel 27. Unerlaubte Handlungen § 823

(iE BGH 191, 225 ff m.w.N, Hostprovider, in den vorgegebenen Einzelschritten zweifelhaft; BGH NJW 13, 2349, unzust Anm Ladeur JZ 13, 792, Suchmaschine).
dd) Recht auf Gegendarstellung. Lit: Korte, Das Recht auf Gegendarstellung im 87 Wandel der Medien, 2002; Seitz/Schmidt, Der Gegendarstellungsanspruch, 4. Aufl 2010. **Zweck:** Es handelt sich um einen bes Rechtsbehelf gegen die Beeinträchtigung des Persönlichkeitsrechts durch Medien (s BGH 66, 195; 70, 39). Der Betroffene soll nach dem Prinzip der „Waffengleichheit" (KG NJW-RR 09, 767) die Möglichkeit haben, an gleichem Platz – auch Titelseite (BVerfG 97, 145, 152 ff) – und in gleicher Textgröße durch eine berichtigende Darstellung aus seiner Sicht (Löffler/Sedlmeier, PresseR, 5. Aufl LPG § 11 Rn 162 ff; BGH 66, 192 mwN) das über ihn entstandene Bild zu korrigieren. **Gegenstand:** Nur Tatsachenbehauptungen, die eindeutig sind oder deren Sinn sich als unabweisbar aufdrängt (BGH WPR 04, 364; BVerfG NJW 08, 1654). Die Veröffentlichung hat grundsätzlich in der nächsten für den Druck nicht abgeschlossenen Nummer bzw nächsten entspr Sendung zu erfolgen. **Rechtsgrundlage:** Pressegesetze (der Länder) 11. **Prozessuale Durchsetzung** (zu Einzelheiten s BGH NJW 10, 3037): ZPO 935 ff; sachlich zuständig ist das LG (BGH NJW 63, 151), örtl Zuständigkeit gem ZPO 13, 17, nicht 32 (str). **ee) Äußerungsrechtlicher Fol-** 88 **genbeseitigungsanspruch.** Stellt sich eine ursprünglich zutr Tatsachenbehauptung (Bsp: Bericht über eine Straftat) auf Grund späterer gerichtlicher Erkenntnisse in einem anderen Licht dar und dauert die Persönlichkeitsbeeinträchtigung zu diesem Zeitpunkt noch an, so kann der Verletzte entspr §§ 1004, 823 eine öffentl Mitteilung über die geänderte Situation verlangen (BGH 57, 325; BVerfG NJW 97, 2589).

2. Ehe. Lit: Boehmer AcP 155, 181; Jayme, Die Familie im Recht der unerlaub- 89 ten Handlungen, 1971, 223; Smid, Zur Dogmatik der Klage auf Schutz des „räumlich-gegenständlichen Bereichs" der Ehe, 1983. **a) Allgemeines.** Art und Ausmaß 89a des deliktischen Schutzes der Ehe – grds gleichzustellen ist die eingetragene Lebenspartnerschaft – sind außerordentlich umstritten. Im Ausgangspunkt besteht Einigkeit, dass die Ehe als geschützte Institution auch zu den unter I fallenden Persönlichkeitsgütern (oder „sonstigen Rechten") zählt. Die Schwierigkeiten der Konkretisierung folgen daraus, dass eine Zerstörung oder Beeinträchtigung der Ehe durch einen Dritten ohne Mitwirkung des Partners kaum denkbar ist. Nach stRspr stellt aber eine die Lebensgemeinschaft beeinträchtigende Ehestörung – wie insbesondere ein Ehebruch – einen innerehelichen Vorgang dar. Die Ehe stehe außerhalb der Rechtsverhältnisse, deren Verletzung (außerhalb des § 826) allgemeine Ansprüche auf Ersatz von Vermögensschäden auslösen könne (BGH NJW 13, 2108 mwN; zust Löhning/ Preisner NJW 13, 2080). Diese Schwierigkeiten haben dazu geführt, den Komplex „Ehe" rechtlich aufzuspalten, einen sog persönlichen, die Pflichten zwischen den Partnern umfassenden Bereich bereits aus dem **Tatbestand** des I auszuklammern und nur einen äußeren, „räumlich-gegenständlichen Bereich" als schutzfähig anzusehen. Verbunden ist damit in den **Rechtsfolgen** eine Beschränkung auf Beseitigungs- und Unterlassungsansprüche.
b) Räumlich-gegenständlicher Bereich. aa) Der räumlich-gegenständliche 90 Bereich ist der Ort, der die äußere sachliche Grundlage für das Familienleben abgeben und den Familienmitgliedern die Entfaltung ihrer Persönlichkeit ermöglichen soll (BGH 6, 365). Das störende Eindringen Dritter kann im Wege des **Unterlassungs-** und **Beseitigungsanspruchs** (s Rn 6, 7 vor § 823) untersagt werden (BGH 34, 87; 35, 304; Celle NJW 80, 711: Schutz vor Aufnahme des Dritten in die eheliche Wohnung oder vor Beschäftigung in dem von den Eheleuten gemeinsam betriebenen Geschäft; Zweibrücken NJW 89, 1614, im Einzelergebnis sehr unzutr). Der Betroffene kann gegen den störenden Ehepartner (auf Verweis oder Entlassung des Dritten), gegen den störenden Dritten selbst oder gegen beide vorgehen.
bb) Soweit der räumlich-gegenständliche Bereich verletzt wurde, müsste die Rspr 91 konsequenterweise auch **Schadensersatzansprüche** (zB wegen ärztlicher Behandlung infolge einer durch die Störung ausgelösten Krankheit) zubilligen; dies hat sie jedoch bisher aus den in Rn 92 ff genannten Gründen abgelehnt.

§ 823

92 **c) Persönlicher Bereich. aa)** Von dem in Rn 89 dargestellten Ausgangspunkt der Rückwirkung eines Anspruchs gegen störende Dritte auf den Ehepartner hat der BGH in stRspr **Schadensersatzansprüche** abgelehnt, weil sonst unmittelbar oder mittelbar (über den gesamtschuldnerischen Ausgleich zwischen Drittem und Ehepartner) die abschließende familienrechtliche Regelung der rechtlichen Beziehungen zwischen den Ehepartnern während der Ehe und nach der Scheidung durch die Anwendung des § 823 überspielt würde und im übrigen Verschuldenstatbestände ermittelt werden müssten, die entspr dem Zerrüttungsprinzip selbst für die Scheidung ohne Bedeutung seien (BGH NJW 90, 706 mwN). Einzelne Positionen (zB Entbindungskosten, Kosten für den Ehelichkeitsanfechtungsprozess, BGH 57, 229; Unterhalt für das Kind) können nach familienrechtlichen Bestimmungen geltend
93 gemacht werden. **bb) Unterlassungs-** und **Beseitigungsansprüche** sind, soweit nicht auch der räumlich-gegenständliche Bereich betroffen wird, von dem gewähl-
94 ten Ausgangspunkt aus nicht gegeben. **cc)** Die Rspr ist in der Literatur zutr auf Ablehnung gestoßen (insbes Gernhuber/Coester-Waltjen § 17 Rn 24; Jayme aaO). Zwar müsse die Freiheit eines Partners, die Ehe aufzugeben, respektiert werden (deshalb auch gegen den Dritten kein Schadensersatzanspruch, wenn die Mitarbeit des Ehegatten entfällt). Geltend gemacht werden könne jedoch das sog **Abwicklungsinteresse,** dh die Abwehrkosten, der gezahlte Unterhalt für das dem Ehebruch entstammende Kind, Kosten für die eigene, durch die Ehestörung verursachte Erkrankung (dagegen eingehend BGH 57, 233). Für die materielle Gestaltung wird iÜ differenziert zwischen Gesamtschuldnerschaft von Ehepartner und Drittem (Gernhuber/Coester-Waltjen § 17 Rn 30) und Alleinverbindlichkeit des Dritten (Schwab NJW 56, 1150; 57, 870). Eine Geltendmachung des Anspruchs wird teilw bereits während des Bestehens der Ehe für möglich gehalten (Schwab NJW 56, 1150); zT wird die vorherige Ehescheidung gefordert (Boehmer AcP 155, 190; FamRZ 57, 197).

95 **3. Recht am „eingerichteten und ausgeübten Gewerbebetrieb". Lit:** Biedenkopf, Über das Verhältnis wirtschaftlicher Macht zum Zivilrecht, FS Böhm, 1965, S 113; Buchner, Die Bedeutung des Rechts am eingerichteten und ausgeübten Gewerbebetrieb für den deliktsrechtlichen Unternehmensschutz, 1971; Kübler, Öffentl Kritik an gewerblichen Erzeugnissen und beruflichen Leistungen, AcP 172, 177; Sack, Die Subsidiarität des Rechts am Gewerbebetrieb VersR 06, 1001; Schricker, Öffentl Kritik an gewerblichen Erzeugnissen und beruflichen Leistungen, AcP
95a 172, 203. **a) Allgemeines. aa) Entwicklung.** Schon recht früh hatte das RG (JW 02, Beil 228; grundlegend RG 58, 29) den Schutz, den ein Unternehmen mit dem Tatbestandsmerkmal „Eigentum" in I und durch andere einzelne Normen (zB §§ 824, 826, UWG 1, WZG 24, 25 aF) erfuhr, als unbefriedigend und lückenhaft empfunden. In stRspr, der sich der BGH angeschlossen hat (Nachzeichnung der Entwicklung in BGH 29, 67; sa BGH 45, 307), wurde deshalb von einem „Recht am eingerichteten und ausgeübten Gewerbebetrieb" als Schutzposition iSv § 823 I (sonstiges Recht) ausgegangen. Sollte nach dem RG zunächst allein die Unternehmenssubstanz geschützt werden, so ist dies nach dem BGH der Gewerbebetrieb „in seinem Bestand und in seinen Ausstrahlungen, soweit es sich um gerade dem Gewerbebetrieb in seiner wirtschaftlichen und wirtschaftenden Tätigkeit wesensgemäße und eigentümliche Erscheinungsformen und Beziehungen handelt" (BGH 29, 70; ähnlich schon BGH 3, 279; in BGH NJW 70, 2060 zur Eingrenzung verwendet). Damit geht es aber nicht mehr um den Schutz eines eigentumsähnlichen Rechts iSd I, sondern um eine neue Norm, die bestimmte Verletzungen der wirtschaftlichen Tätigkeit anderer einem Ersatzanspruch unterstellt und Vermögensschäden ausgleicht. Da aber in einer marktwirtschaftlichen Ordnung wirtschaftliche Tätigkeit stets die Tätigkeit anderer begrenzt und ihrerseits legitimerweise (mit bestimmten Mitteln) zurückgedrängt werden kann, müssen aus der Unzahl denkbarer Beeinträchtigungen die nicht gebilligten herausgefiltert werden. Dies geschieht durch einen allg Grundsatz (s Rn 96), zwei einschränkende Merkmale (s Rn 98, 99),

Titel 27. Unerlaubte Handlungen § 823

die unabhängig vom Ges entwickelt worden sind, und das Bilden von Fallgruppen (s Rn 100 ff). Der von der Rspr entwickelte Schutz, der auch mit mancherlei Gegenrechten und wirtschaftspolitischen Zielsetzungen kollidiert, ist in der Lit teilw auf heftige Kritik gestoßen (zB Biedenkopf aaO S 126 f; Kübler aaO S 185). Inzwischen lässt sich, im Ergebnis zutr, eine rückläufige Tendenz bei dem Bejahen eines Anspruchs feststellen. **bb)** Betont wird die **lückenfüllende Funktion** des Rechts 96 am Gewerbebetrieb („Auffangtatbestand", BGH 36, 256 f; 138, 315) und die daraus folgende **Subsidiarität** des Anspruchs: Wird der fragliche Sachverhalt durch spezielle Normen, insbes aus dem Wettbewerbsrecht und dem Recht des gewerblichen Rechtsschutzes – positiv wie negativ – geregelt, so ist für den hier behandelten Anspruch kein Raum (stRspr, BGH 105, 350). Deshalb können auch Ansprüche aus Wettbewerbsverstößen, die gem UWG 21 verjährt sind, nicht unter Ausnutzen der längeren Verjährungsfrist des BGB nach § 823 I geltend gemacht werden. § 826, ebenfalls ein Auffangtatbestand (§ 826 Rn 1), verdrängt den Anspruch nicht (BGH NJW 77, 1877 mwN). **cc) Aufbau. (1) Schutzobjekt** ist nach hM die „gegenwär- 97 tige", „selbstständige" und „gewerbliche" Tätigkeit. Die Begriffe sind weit zu verstehen bzw sollten weiter verstanden werden. Auch *potentielle* Unternehmen sollten geschützt werden, weil sie für den Wettbewerb wesentlich sind (Battes, Erwerbsschutz durch Aufwandsentschädigung, 1969, S 490 f; aA BGH NJW 69, 1208; Buchner aaO S 123), ebenso eine vergleichbare *abhängige* Tätigkeit (so, wenn auch mit unzutr Begründung, LG Münster NJW 78, 1329, Platzverbot für Sportredakteur). Auf eine *freiberufliche* Tätigkeit hat der BGH zutr jetzt den Schutz ausgedehnt (BGH NJW 12, 2579, Sporttrainer). **(2)** Die einen Anspruch begründende Verlet- 98 zungshandlung muss **betriebsbezogen** sein. Nach der Rspr (BGH 163, 15 f mwN; MK/Wagner 194; Buchner aaO S 75 ff) muss sich der Angriff „irgendwie gegen den Betrieb selbst richten" und darf nicht vom Gewerbebetrieb ohne weiteres ablösbare Rechte oder Rechtsgüter treffen (BGH NJW 03, 1041 mwN). Keine Ansprüche entstehen deshalb durch die Verletzung eines Arbeitnehmers (BGH NJW 09, 356), des geschäftsführenden Gesellschafters (Celle BB 60, 170), durch die Unterbrechung der Stromzufuhr infolge einer Kabelbeschädigung (BGH 29, 71; 41, 127; NJW 68, 1280; str, aA zB Glückert AcP 166, 317; zum Anspruch aus Eigentumsverletzung s Rn 7 ff). **(3)** Die eigentliche Entscheidung fällt bei der 99 **Güter- und Interessenabwägung** zwischen dem Betroffenen einerseits, dem Verletzer und der Allgemeinheit andererseits (BGH 138, 318; BVerfG 66, 116, 132 ff). Zwischen Tatbestand und Rechtswidrigkeit kann hier wie bei der Verletzung des Persönlichkeitsrechts (s Rn 69) nicht unterschieden werden. Eine besondere Rolle spielen auf Seiten des Verletzers die Meinungsfreiheit (zB BVerfG NJW 89, 321, Aufruf zu Mietboykott; BGH 137, 99, Blockade eines Unternehmens; BGH NJW 02, 1192, scharfe Kritik an Unternehmensleistung) und das Wettbewerbsprinzip, das ein Eindringen in fremde Kundenkreise (mit marktkonformen Mitteln) geradezu erfordert.

b) Fallgruppen. Die Sachverhalte, bei denen die Rspr einen ungerechtfertigten 100 Eingriff in den Gewerbebetrieb angenommen hat, lassen sich etwa in vier Fallgruppen einteilen (ähnlich MK/Wagner 199 ff). **aa) Verhinderung** bestimmter 101 gewerblicher Tätigkeit durch ungerechtfertigtes Abmahnen, dh die Aufforderung, ein Erzeugnis nicht herzustellen oder nicht in dieser Form zu vertreiben, weil ein fremdes (idR dem Abmahnenden zustehendes) gewerbliches Schutzrecht verletzt werde, sog **Schutzrechtsverwarnung** (stRspr: RG 58, 24; BGH [GS] 164, 1; dazu krit Wagner/Thole NJW 05, 3470; Faust JZ 06, 365; BGH JZ 06, 576 m krit Anm Haedicke). Eine Regelungslücke (Rn 96) besteht nach hL insoweit, als sonst Ansprüche des zu Unrecht Angegriffenen nur unter den Voraussetzungen des § 826 geltend gemacht werden könnten (aA Sack, NJW 09, 1642: UWG 34 nF). **bb)** Ver- 102 hinderung bestimmter gewerblicher Tätigkeit durch ungerechtfertigte **physische Beeinträchtigung.** Bsp: Erschwerung des Reparaturdienstes durch Entfernen von Typenschildern an Produkten (BGH DB 78, 784); Zusenden von nicht angeforderten (Werbe-)E-Mails (BGH NJW 09, 2958); „Flashmob"-Aktionen, zB Zustellen

§ 823 Buch 2. Abschnitt 8. Einzelne Schuldverhältnisse

von Supermärkten (unzutr aA BAG NJW 10, 633 f: zumeist durch Streik gerechtfertigt; dagegen Konzen FS f Reuter, 2010, S 603 ff); unzulässiger Streik (BAG AP Nr 32, 34 zu GG 9 Arbeitskampf); Boykott außerhalb des Wettbewerbs, zB aus politischen Gründen; hier ist sehr sorgsam gegen das Recht auf Meinungsäußerung (GG 5 I 1) abzuwägen, wobei eine Vermutung für die Zulässigkeit des Aufrufs spricht (BGH 45, 308: Höllenfeuer, gegen BGH 3, 280: Constanze; sa Frankfurt NJW 69, 2096); der Boykottaufruf aus politischen Gründen durch einen Marktmächtigen ist strenger zu bewerten (BVerfG 25, 265 gegen BGH NJW 64, 31 f: Blinkfüer; der Boykott aus Wettbewerbsgründen unterfällt GWB 21 I und UWG 1; Versperren der Kommunikation mit den Kunden (BGH 23, 163 zu GG 14: Baracke vor Unternehmenslokal); die gegen ein bestimmtes Unternehmen („betriebsbezogene", s Rn 98) gerichtete Demonstration wird nicht durch GG 5 I und 8 gedeckt (BGH 59, 35 f und NJW 72, 1571 mN; etwas weiter Diederichsen und Marburger

103 NJW 70, 777). **cc) Verbreitung nachteiliger Werturteile** in unzulässig scharfer Form, die ein Unternehmen oder seine Leistungen herabsetzen, ohne den Tatbestand der §§ 826, StGB 185 oder UWG 1 zu erfüllen. Nach anfänglich sehr strengen Maßstäben hat der BGH im Anschluss an BVerfG 7, 198 (Lüth) zutr ähnlich wie bei der Verletzung des Persönlichkeitsrechts (Rn 77) das Interesse des Sich-Äußernden und das die Kritik auslösende Vorverhalten des Angegriffenen stärker berücksichtigt (s BGH NJW 02, 1193 mwN; zust Kübler JZ 02, 665). Bei Verbreitung von krit **Warentests** (iE zB Hefermehl/Köhler/Bornkamm, UWG 6, 88 ff) hat die Rspr das Informationsinteresse der Allgemeinheit anerkannt und auch die Korrekturfunktion von Tests gegenüber der Eigenwerbung gesehen. Die Veröffentlichung von sachkundig ermittelten, um Objektivität bemühten Tests/Berichten stellt daher

104 keinen rechtswidrigen Eingriff dar (BGH 138, 320 f). **dd)** Ungerechtfertigte schädigende Mitteilung **wahrer Tatsachen** (zu unwahren Tatsachen s § 824). Bsp: Verbreitung „schwarzer Listen" von säumigen Zahlern an Nichtinteressierte (BGH 8, 145); Information über gestellten Insolvenzantrag ohne eigenes berechtigtes Interesse (BGH 36, 23), über Redaktionsinterna einer Zeitung (BGH 80, 25; BVerfG 66, 116). Sofern das Interesse an der Verbreitung als solcher überwiegt und sie daher zulässig ist, muss eine schonende und der Sache angemessene Form gewahrt bleiben (zB BGH NJW 85, 1620; großzügiger BVerfGE 60, 241, „Kredithaie").

105 **c) Rechtswidrigkeit.** Die vorzunehmende Interessen- und Güterabwägung zwischen Angreifendem und Betroffenem wirkt bereits auf den Tatbestand ein (Rn 99). Daneben kann sich der Angreifende auf die allg Rechtfertigungsgründe (Rn 52 ff) berufen.

106 **d) Verschulden.** Es gelten die allg Regeln (Rn 57, 58); zum Verschulden bei Schutzrechtsverwarnungen s BGH 62, 29, bei Warentests BGH 65, 334 f.

107 **e) Rechtsfolgen.** Wie allg bei unerlaubten Handlungen stehen den Betroffenen Abwehransprüche (zB BGH NJW 72, 1574; iE Rn 5 ff vor § 823) und Schadensersatzansprüche zu.

108 **4. Haftung bei medizinischer Behandlung. Lit:** Deutsch, Medizinrecht, 6. Aufl 2008; Ehlers/Broglie, Arzthaftungsrecht, 5. Aufl 2013; Frahm/Walter, Arzthaftungsrecht, 4. Aufl 2009; Geiß/Greiner, Arzthaftpflichtrecht, 6. Aufl 2009; Giebel ua, Das Aufklärungsgespräch zwischen Wollen, Können und Müssen, NJW 01, 863; Laufs/Katzenmeier/Lipp, Arztrecht, 6. Aufl 2009; Spickhoff, Medizinrecht, 2012; ders. NJW 13, 1714 (Rspr-Übersicht); Steffen-Pauge, Arzthaftungsrecht,

108a 11. Aufl 2010. **a) Allgemeines. aa) Systematische Einordnung.** Nach der Einführung der §§ 630a ff durch Ges v 20.2.2013 (BGBl I S 277) wird sich die mit der Schaffung des § 253 II eingeleitete Verlagerung der Arzthaftung in das Vertragsrecht weiter fortsetzen. Da die Rechtslage vor dem 21.2.2013 (Inkrafttreten des Ges) z Zt noch die entscheidende Bedeutung hat, wird zunächst an der bisherigen Kommentierung festgehalten. **bb) Anspruchsgegner** bei ärztlichen Fehlern ist bei

109 einem Vertrag mit dem Arzt dieser und zwar aus Vertrag und aus Delikt (zu den Auswirkungen iE s Spickhoff NJW 02, 2531). Bei einem Vertrag mit einem Kran-

Titel 27. Unerlaubte Handlungen § 823

kenhausträger haftet der Träger aus Vertrag (iVm § 278) und aus Delikt, zB bei Verletzung der Organisationspflicht aus § 823 iVm § 31 (BGH NJW 85, 2180, s dazu Rn 32), bei dem Fehler eines weisungsabhängigen Arztes aus § 831, bei dem Fehler eines weisungsunabhängigen Chefarztes iVm § 31, evtl iVm § 89 (BGH NJW 80, 1901); dabei ist eine Freizeichnung durch AGB nicht zulässig, § 309 Nr 7a. Daneben haftet der Arzt selbst aus unerlaubter Handlung. **cc)** Die Grds gelten entspr für **andere Heilberufe** (Braunschweig VersR 87, 77, Hebamme; KG VersR 08, 1267 Krankengymnast).

b) Handlung. Von dem Ausgangspunkt, dass der Heileingriff – auch die Medikation kann bei erheblichen (Neben-)Wirkungen des Mittels ein „Eingriff" sein (BGH 162, 324 mwN) – den **Tatbestand einer Körperverletzung** erfüllt (s Rn 3), ergibt sich zwangsläufig die Anwendbarkeit der allg Regeln. Die Verletzung kann damit – bei Bestehen einer entspr Garantenstellung (BGH NJW 00, 2742) – auch durch **Unterlassen** geschehen. Bsp: unzureichende Organisation oder nicht genügende medizinische Ausstattung, Unterbleiben einer Untersuchung (LG Berlin NJW 85, 2200), Nichtberücksichtigung von „Zufallsbefunden" bei einer Untersuchung (BGH 188, 34), Unterlassen einer Warnung (BGH NJW 87, 705), einer Information nachbehandelnder Ärzte (BGH NJW 87, 2927. Als Körperverletzung wird auch das Herbeiführen einer **ungewollten Schwangerschaft** durch eine fehlerhafte Sterilisation (BGH NJW 08, 2846; aA Schiemann JuS 80, 711; Schünemann JuS 81, 576: Eingriff in das Recht auf ungestörte Familienplanung als Teil des Persönlichkeitsrechts) oder das Misslingen eines gebotenen Abbruchs (BGHZ 86, 240 mit Anm Aretz JZ 84, 719; NJW 84, 658 mit Anm Fahrenhorst JR 84, 417; Deutsch JZ 84, 889; BGH NJW 85, 673 mit zust Anm Deutsch NJW 85, 674; Giesen JZ 85, 334; krit Stürner FamRZ 85, 753) verstanden (sa Rn 32 vor § 249; ein Anspruch des Kindes selbst entsteht nicht, s Rn 4).

c) Rechtswidrigkeit. aa) Allgemeines. Der Eingriff ist gerechtfertigt bei der **Einwilligung** (s Rn 54 ff) des Patienten, in Ausnahmefällen bei einer **mutmaßlichen Einwilligung** (s Rn 56), schließlich im Fall eines **Notstandes** (StGB 34), wenn zB die Eltern die Zustimmung zu einem notwendigen Eingriff missbräuchlich verweigern und eine Entscheidung nach § 1666 nicht mehr eingeholt werden kann. Über die Einwilligung werden zahlreiche Sonderprobleme eingefangen. **bb)** So wird davon ausgegangen, dass die Einwilligung idR für einen **konkreten Eingriff** erteilt wird. Bei der Notwendigkeit einer Erweiterung der Operation ist daher uU ein Abbruch erforderlich, um eine entspr Einwilligung einzuholen (BGH VersR 00, 603 zum StGB). Sie kann sich uU nur auf **bestimmten Ärzte** (Chefarzt, Vertreter) beziehen (BGH NJW 10, 2581). Sie deckt nur einen **sachgerechten Eingriff**. Es muss der *medizinische Standard* eingehalten werden, wie er sich zB in allg medizinischen Grundregeln (BGH VersR 1569)und in den Behandlungsleitlinien der Fachverbände niederschlägt. Den aktuellen Standard muss der Arzt zB über Fortbildung, Fachliteratur und medizinische Informationstechnologie (Software zu Diagnose und Therapie; iE Taupitz AcP 211 [2011], S 352 ff) für seinen Bereich kennen. Individuell gebotene Abweichungen muss er zu dokumentieren und zu begründen (Taupitz aaO S 376 ff). IE muss der Arzt alle gebotenen Untersuchungen fachgerecht vornehmen, den Patienten vor Infektionen schützen (Köln NJW 85, 1402), Voruntersuchungen auf ihre Plausibilität kontrollieren, hinreichend apparativ (BGH 102, 24 f) wie personell (NJW 98, 2734, stRspr; Hamm NJW 93, 2387) ausgestattet sein und sein Personal sachgerecht aussuchen, einteilen, anweisen und überwachen. Bei der Zusammenarbeit mit Fachärzten kann er sich idR auf jenen verlassen (Hamm VersR 83, 884).

d) Sonderproblematik Aufklärung. Lit: Borgmann: Der BGH klärt nicht auf! Inkongruenzen in der Rechtsprechung zur ärztlichen Risikoaufklärung, NJW 10, 3190; Hansch, Das Verschuldenserfordernis bei der Verletzung der ärztlichen Aufklärungspflicht, VersR 09, 1178; Hassner, Ärztliche Selbstbestimmungsaufklärung und zivilrechtliche Haftung, VersR 13, 23; Janda, Der ärztliche Aufklärungsfehler als haftungsrechtliches Problem, JZ 12, 932. **aa) Funktion.** Eine Einwilligung ist

§ 823 Buch 2. Abschnitt 8. Einzelne Schuldverhältnisse

nur wirksam, wenn sie der Patient eigenverantwortlich im Bewusstsein der relevanten Umstände abgibt. Da für ihn die komplexe Situation im Regelfall nicht überschaubar ist, muss er vorher informiert werden und zwar auch dann, wenn die Besorgnis besteht, er werde die Nachricht nur schwer verkraften. Ein sog **therapeutisches Privileg** (Deutsch NJW 80, 1305) hat der BGH nicht anerkannt. Ein Unterlassen der Aufklärung soll nur zulässig sein, wenn die Gefahr eines schweren seelischen oder körperlichen Schadens besteht (BGH 90, 109; 106, 148, psychiatrische Behandlung; desgl Giesen S 71 ff). Ein **Verzicht** auf eine Aufklärung ist möglich. Die Feststellung und Dokumentation hinsichtlich dessen Eindeutigkeit und Reichweite unterliegt strengen Voraussetzungen (BGH NJW 73, 556, 558; sa Harmann NJW 10, 1253). Zur **Durchführung** der Aufklärung verpflichtet ist der **behandelnde Arzt,** der als solcher auch imstande ist, Rückfragen aufzugreifen. Eine Delegation auf einen anderen Arzt ist möglich. Dadurch verschiebt sich aber die Verantwortung des Behandelnden nicht, der die ordnungsgemäße Durchführung sicherstellen und kontrollieren muss (BGH 169, 367 f). Aufzuklären ist in einem **persönlichen Gespräch** (telefonisch nur in einfachen Fällen, BGH NJW 10, 2432); Merkblätter (zusätzlich sinnvoll) genügen nicht. Der Patient muss die Information – auch sprachlich (KG VersR 08, 1650) – verstehen können. Es muss **rechtzeitig** (bei stationären Operationen idR am Vortag, bei risikoreichen, schwerwiegenden Eingriffen uU früher, Köln VersR 12, 863) aufgeklärt werden, so dass bestehende Alternativen (zB Verzicht auf den Eingriff, Verschiebung, andere Behandlung) auch tatsächlich wahrgenommen werden können. Ist eine präoperative Aufklärung zB wegen eines Unfalls nicht möglich, so muss **nachträglich** informiert werden, damit über mögliche Sicherungsmaßnahmen eigenverantwortlich entschieden werden

114 kann (BGH NJW 05, 2617 m zust Anm Katzenmeier NJW 05, 3392). **bb) Allgemeiner Inhalt.** Der Patient muss – je nach Situation – informiert werden über den Verlauf der Krankheit in behandelter und unbehandelter Form sowie über ernsthaft in Betracht kommende Behandlungsalternativen (BGH VersR 11, 1450). Bei Wesen und Bedeutung der Behandlung genügt eine Information „im Großen und Ganzen" (BGH VersR 11, 224). Die Behandlungsmethode zu wählen ist grds Sache des Arztes. Er kann idR davon ausgehen, dass der Patient ihm die Entscheidung überlässt (BGH 102, 22 f; krit Giesen JZ 88, 414). In Einzelpunkten ist dem Patienten zuzumuten nachzufragen (BGH NJW 88, 1515). Bei mehreren in Betracht kommenden Methoden mit unterschiedlichen Risiken und Erfolgsaussichten muss der Patient idR für eine eigene Entscheidung hinreichend informiert werden (BGH NJW 05, 2616, Brandenburg VersR 11, 267). **cc) Im Einzelnen** (Zusammenfassung in BGH NJW 11, 375) muss – auch bei einem Medikament (BGH 162, 324) – aufgeklärt werden über Erforderlichkeit (eindringlich Köln VersR 11, 81 bei unbegründeter Krebsangst), Dringlichkeit (BGH NJW 90, 2928), Erfolgsaussichten (KG VersR 05, 1399; Düsseldorf NJW-RR 03, 90: noch nicht anerkanntes Verfahren; BGH 172, 258 f, nicht abgesicherte Heilmethode), Tragweite, uU zu befürchtende erhebliche Schmerzen (BGH 90, 98), über Risiken (BGH NJW 05, 2616, AIDS-Infektion bei Transfusion; BGH NJW 07, 2771, Ersteinsatz eines mit starken Nebenwirkungen belasteten Medikaments) und Nebenfolgen, uU auch über mögliche Kosten (Köln VersR 05, 1584, Zahnimplantation). Bei der Information über **Risiken** ist im Wesentlichen unabhängig von der Häufigkeit des Eintritts darauf abzustellen, ob sie für einen verständigen Patienten bei der zu treffenden Abwägung ernsthaft ins Gewicht fallen, eine Realisierung den Patienten bes belasten würde (BGH VersR 10, 1220). Dies erlaubt einmal eine Abstufung nach der Dringlichkeit der Operation (weitergehende Aufklärung bei geringer Dringlichkeit, Oldenburg VersR 01, 1381, bei kosmetischen Operationen und diagnostischen Eingriffen, Hamm VersR 11, 1451), zum anderen nach der Schwere der Auswirkungen (BGH 162, 324, Schlaganfallrisiko; Koblenz, VersR 13, 61 irreparable Nervschädigung bei Zahntransplantation). Über Risiken, die der Arzt entpr seinem Tätigkeitsfeld nicht kennen musste,

115 braucht nicht aufgeklärt zu werden (BGH VersR 11, 224). **dd) Rechtsfolgen.** Ist nicht hinreichend aufgeklärt, so bleibt der Eingriff rechtswidrig und zwar unabhän-

gig davon, ob sich gerade das nicht erwähnte Risiko verwirklicht hat (BGH NJW 96, 779). Wurde über das Risiko aufgeklärt, das sich verwirklicht hat, so ist unschädlich, dass über nicht eingetretene Risiken nicht aufgeklärt wurde (Hamm VersR 11, 627 mwN). Es ist, auch wenn kein Behandlungsfehler vorliegt, für alle negativen Folgen Ersatz zu leisten. Dies gilt dann grds auch für den Eintritt eines anderen Risikos, über das nicht aufgeklärt werden musste (sehr str; zutr vorsichtig einschränkend BGH 106, 396 f mwN; zust Giesen JR 89, 290, krit Deutsch NJW 89, 2113). Der Arzt kann – bei strengen Beweisanforderungen (Köln VersR 09, 1120, dort abgelehnt) – einwenden, auch bei hinreichender Information hätte der Patient eingewilligt (MK/Wagner 825 ff; BGH NJW 90, 2929 mit bestimmten Substantiierungspflichten des Patienten, falls die Einwilligung nahe liegt; BGH NJW 07, 217; iE s Schellenberg VersR 08, 1298; zum Einwand rechtmäßigen Alternativverhaltens allg s Rn 47 f v § 249). Bei der unzutr Auskunft über die Möglichkeiten der Früherkennung vorgeburtlicher Schäden soll der Arzt beweisen müssen, dass sich die Mutter bei richtiger Information dennoch nicht zur Untersuchung und bei dem Erkennen weiter zum Austragen des Kindes entschieden hätte (BGH NJW 84, 659; aA zutr Laufs NJW 85, 1364).

e) Verschulden. Nach dem beruflich gebotenen Sorgfaltsmaßstab, der sich häufig in Leitlinien der jeweiligen Fachgesellschaften niederschlägt (Ziegler VersR 03, 545), muss der Standard eines erfahrenen, mit der gegenwärtigen Entwicklung vertrauten (BGH NJW 99, 1799), bei schwierigen Eingriffen eines entspr erfahrenen (BGH NJW 03, 2313 mwN; dazu Walter VersR 03, 1130) Arztes gewährleistet und die erforderliche technische Ausrüstung vorhanden sein (BGH NJW 00, 2740; Hamm VersR 90, 53 für Notfallversorgung). Behandlungen durch Anfänger sind deshalb ggf von einem erfahrenen Arzt zu begleiten (Düsseldorf VersR 01, 460). Den Patienten kann ein **Mitverschulden** treffen, etwa wenn Anweisungen und Empfehlungen nicht befolgt werden. Freilich wird man im Einzelfall prüfen müssen, ob dem Patienten die Risiken einer Nichtbefolgung hinreichend deutlich gemacht worden sind. Im Rahmen der ärztlichen Information ist die Rspr mit der Annahme eines Mitverschuldens zurückhaltend; insbes kann vom Patienten wegen seiner eingeschränkten Verständnismöglichkeit idR nicht erwartet werden, dass er bei einer unvollständigen Information nachfragt (BGH NJW 97, 1635). **116**

f) Pflichten nach der Behandlung. Kann sich der Patient nach der Behandlung nicht selbst versorgen, so müssen uU entspr Hilfsmaßnahmen veranlasst werden. Ist der Patient infolge der Medikation fahruntüchtig und besteht das Risiko, dass er infolge der Medikation nicht eigenverantwortlich entscheiden kann (diesen Aspekt übersieht Laufs NJW 03, 2288), muss er an der Nutzung eines PKWs gehindert werden (BGH NJW 03, 2309). **117**

g) Beweislast. Lit: Baumgärtel/Laumen/Prütting, Handbuch der Beweislast, 3. Aufl 2010, § 823 Anh II, Rn 1 ff; Steffen, FS Brandner, 1996, S 327 ff; Hausch Beweislastprobleme bei der therapeutischen Aufklärung, VersR 07, 167. **aa) Allgemeines.** Die Beweissituation ist für den Patienten, aber auch für den Arzt wegen der teilw nicht beherrschbaren und auch nicht aufklärbaren physiologischen Vorgänge schwierig. Der BGH hat deshalb die Beweislast für die **haftungsbegründende Kausalität** (BGH NJW 08, 1382, BGH VersR 11, 1401 mwN) zugunsten des Patienten teilw erleichtert (zu den übrigen Elementen s Rn 63). **bb)** Zunächst gilt weiterhin die Grundregel, dass der Patient die Beweislast für die haftungsbegründende Kausalität trägt. Dies gilt auch für ein Unterlassen (BGH NJW 12, 850). Anwendbar bleiben auch hier auch die allg Regeln zum prima-facie-Beweis (s Rn 51 vor § 249). Bei einem obj festzustellenden (zB BGH NJW 12, 228) **groben Behandlungsfehler,** dem Verstoß gegen bewährte ärztliche Behandlungsregeln oder gesicherte medizinische Erkenntnisse (s BGH NJW 11, 3442 mwN), soll nach durchaus zweifelhafter Rspr des BGH (BGH NJW 08, 1304 mwN; krit zB Schiemann/Haug VersR 06, 160; Steiner VersR 08, 472, s aber jetzt § 630h V) eine Umkehr der Beweislast eintreten, wenn der Behandlungsfehler generell geeignet ist, die Rechtsgutsverletzung zu verursachen (BGH NJW 12, 2653, auch zu den Ausnahmen). Dies soll auch für einen **gro- 118**

119

§ 823 Buch 2. Abschnitt 8. Einzelne Schuldverhältnisse

ben **Diagnosefehler** (Fehlinterpretation eines Befundes oder von Dokumentationen, die zu einer Fehlbehandlung führt, BGH 188, 35) und einen **groben Befunderhebungsfehler** (BGH 188, 35: Unterlassen einer gebotenen Untersuchung) sowie einen einfachen Befunderhebungsfehler gelten, wenn bei richtiger Abklärung die tatsächlich vorgenommene bzw. unterlassene Behandlung einen groben Behandlungsfehler darstellen würde (BGH NJW 11, 2508; iE Schultze-Zeu VersR 08, 898). Bei einem Diagnosefehler nimmt der Senat allerdings mit Blick auf die einer Diagnose inhärenten Unsicherheiten einen groben Fehler erschwerend nur dann an, wenn ein „fundamentaler Irrtum" bei Auswertung und Schlussfolgerung vorliege (BGH 188, 37, bedenklich). In den genannten Fällen muss der Arzt den Gegenbeweis führen, dass der eingetretene Schaden durch den Fehler gerade nicht
120 (mit-)verursacht wurde (BGH aaO mit Differenzierungen). **cc)** Ähnliches gilt für Schäden bei **Anfängeroperationen** (BGH NJW 92, 1581) sowie beim **Ausfall technischer Geräte** (BGH NJW 78, 584; Deutsch JZ 78, 277). Werden erforderliche **Krankheitsbefunde nicht erhoben** oder aufbewahrt, so kann auf einen wahrscheinlichen positiven Befund geschlossen werden. Ist ein Fehler nachgewiesen, so obliegt dem Arzt die Beweislast, eine ordnungsgemäße Behandlung (rechtmäßiges Alternativverhalten, s vor 249, 7) hätte dieselbe Schädigung verursacht (BGH NJW 05, 2073). Bei **Risiken** aus dem Bereich des Arztes bzw Klinikbereichs, die obj **voll beherrschbar** sind, soll in entspr Anwendung des § 280 I 2 der Behandler die Beweislast für ein fehlendes Verschulden tragen (BGH 171, 358; iE Braunschweig
121 NJW-RR 09, 1100, wohl besser allg aus der Risikosphäre abzuleiten). **dd)** Durch eine **unvollständige Dokumentation** aller wesentlichen Vorgänge wie Diagnose, Beratung, Therapie, Operationsmethode (Oldenburg NJW-RR 09, 32; iE Hausch VersR 06, 612; Muschner VersR 06, 621) wird die Vermutung begründet, eine nicht dokumentierte Maßnahme sei auch nicht getroffen (BVerfG NJW 06, 1118). In die Dokumentation ist dem Patienten Einsicht zu gewähren (BGH JZ 89, 440 mit Anm Giesen: als vertraglicher Anspruch). Sind Dokumente nicht auffindbar und ist nicht festgehalten, an wen sie ausgehändigt wurden, so soll eine Beweislastumkehr zugunsten des Patienten hinsichtlich der sich aus dem Dokument ergebenden Tatsachen eintreten, wenn eine solche Tatsache wahrscheinlich ist (BGH 132, 50). Hinsichtlich des *Verschuldens* bleibt die Beweislast beim Patienten (für vertragliche Ansprüche s § 282 Rn 8). Bei **speziellen Pflegebedürfnissen** gelten die Grundsätze zur Dokumenta-
122 tion (Rn 119) entspr (BGH NJW 86, 2368). **ee) Krankenhausträger** müssen ähnlich dem Produzenten (s Rn 132) bei einem Organisationsmangel (Hamm VersR 06, 514; iE Deutsch NJW 00, 1745), beim Fehlverhalten einer Hilfsperson (BGH 00, 2738) und bei einem fehlerhaft hergestellten Mittel (BGH VersR 82, 161) den Nach-
123 weis führen, dass in ihrer Risikosphäre keine Verletzungshandlung vorliegt. **ff) Die hinreichende Aufklärung** muss der Arzt beweisen (stRspr, BGH NJW 91, 2346; iE Baumgärtel/Katzenmeier § 823 Anh II, Rn 83), wobei der Nachweis einer generellen Aufklärungspraxis genügen soll (zutr krit Giesen JZ 86, 245 gegen BGH aaO); zum Einwand, der Patient hätte auch bei hinreichender Aufklärung eingewilligt, s Rn 115.

124 **5. Haftung des Produzenten aus § 823 I. Lit:** Diederichsen, Die Haftung des Warenherstellers, 1967; Foerste/v. Westphalen,, Produkthaftungshandbuch, 3. Aufl 2012; Hager, Zum Schutzbereich der Produzentenhaftung, AcP 184, 413; Kullmann, Produkthaftungsrecht, 5. Aufl 2002; Marburger, Die Regeln der Technik im Recht, 1979; Marburger (Hrsg), Technische Regeln im Umwelt- und Technik-
124a recht, 2006; Molitoris/Klindt NJW 10, 1569 (Rspr-Übersicht). **a) Systematische Einordnung. aa) Ansprüche aus § 823 I und aus §§ 1 ff ProdHaftG.** Die rechtliche Problematik der inzwischen eigenständig gewordenen Haftung des Warenherstellers hat ihre Ursache in einer schon länger andauernden Funktionsverschiebung zwischen Produzent und Handel bei der Warenverteilung. Insbes technische und chemische, aber auch nichtkörperliche Erzeugnisse (s dazu Cahn NJW 96, 2899) sind inzwischen häufig so kompliziert, dass selbst der Fachhandel nicht mehr in der

Titel 27. Unerlaubte Handlungen § 823

Lage ist, die Funktionstüchtigkeit und die Sicherheit des Erzeugnisses zu überprüfen. Die Rspr hat dementsprechend die Prüfungspflicht im Wesentlichen auf Transportschäden und – wiederum im Rahmen des technisch Möglichen und Zumutbaren – auf die Fälle eingeschränkt, in denen ein bes Anlass zur Untersuchung bestand (BGH 48, 121; BB 77, 1118). Veräußert der Händler das Produkt an den Konsumenten und kommt es dort zu einem Unfall, so hat der Konsument, von den seltenen Fällen einer entspr Risikoübernahme (s § 276 Rn 37 ff) abgesehen, aus der vertraglichen Sonderbeziehung mit dem *Verkäufer* als dem grds privilegierten Ort der Schadensabwicklung keine Ansprüche: Es fehlt etwa für einen Anspruch nach 437 Nr 3 an einer schuldhaften Pflichtverletzung. Wendet sich der Konsument in der Sache zutreffend an den *Produzenten* als den Schadensverursacher, so konnte er sich vor Erlass der ProdHaftG (s Rn 138 ff) nur auf die §§ 823 ff stützen. Diese Normen werden aber in ihrer klassischen Ausformung den erwähnten Besonderheiten der Gefährdung durch Erzeugnisse nicht gerecht: Der verletzte Verbraucher hat mangels einer Einsicht in die innere Betriebsstruktur kaum die Möglichkeit, ein schuldhaftes Handeln des Inhabers oder eines nach § 31 verantwortlichen Organs nachzuweisen. Für ein mögliches Fehlverhalten von Mitarbeitern (Verrichtungsgehilfen) gelingt dem Produzenten seinerseits häufig der Entlastungsbeweis nach § 831 I 2. Von diesem Ausgangspunkt hat sich im Zuge des allg Verbraucherschutzes eine komplizierte Entwicklung ergeben, die zu einem zweistufigen Rechtsschutz führt: Die Rspr hat, angestoßen und begleitet von der Lit, schon in vereinzelten Entscheidungen des RG, insbes aber seit BGH 51, 91 die Interpretation des § 823 teilw erheblich zugunsten des geschädigten Konsumenten modifiziert und damit praktisch ein eigenständiges Rechtsgebiet mit bes Kriterien und Beweislastregeln ausgestaltet. Die Grundstruktur einer Verschuldenshaftung konnte naturgemäß nicht verändert werden. Eine Gefährdungshaftung hat dann das **Produkthaftungsgesetz** geschaffen, das verschiedene EU-Richtlinien transformiert hat. Die Tatbestände decken sich nicht mit der aus § 823 entwickelten Haftung des Produzenten. Einzelne Kriterien – wie etwa der Begriff eines Produktfehlers – haben selbstverständlich einen gleichen Inhalt. Die Bestimmungen sind parallel zu § 823 I anwendbar. **bb) Andere Anspruchsnormen. (1) Ansprüche aus § 823 II.** Zur Qualifizierung einer Norm als Schutzgesetz s Rn 44. Hier bedeutsame Bsp (iE Diederichsen S 78 ff): StVZO, ArzneiMG, MedProdG, LebensMG, ProdSG. **(2) Ansprüche aus Gefährdungshaftung außerhalb des ProdHaftG.** Die Gefährdungshaftung setzt ein bes Ges voraus (Rn 10 vor § 823). Bsp: Wer als pharmazeutischer Unternehmer ein **Arzneimittel** in Verkehr bringt, haftet entspr den Besonderheiten eines Arzneimittels (nur) bei Tötung oder nicht unerheblicher Verletzung, wenn die Verletzung ihre Ursache im Bereich der Entwicklung oder Herstellung hat, das Mittel bei bestimmungsgemäßem Gebrauch nicht vertretbare schädliche Wirkungen entfaltet und die Verletzung infolge einer dem gegenwärtigen Stand nicht entspr Kennzeichnung oder Information eingetreten ist (ArzneiMG 84, s zB Gaßner/Reich-Malter MedR 06, 147). **(3) Ansprüche aus Sonderbeziehungen.** In der Lit sind verschiedene Modelle diskutiert worden, um geschäftliche Beziehungen zwischen Produzent und Verbraucher mit der Folge vertraglicher oder vertragsähnlicher Ansprüche zu konstruieren (s zuletzt Sack, VersR 06, 582: §§ 311 III, 241 II). Diese Konstruktionen haben sich jedoch bisher zu Recht nicht durchgesetzt (krit zB Lukes JuS 68, 348; Teichmann BB 66, 175 und JuS 68, 315; BGH NJW 89, 1029 für Herstellerinformationen). Möglich sind **Garantieerklärungen** gem §§ 443, 477 (s bereits BGH 78, 372 mwN; krit Bunte NJW 82, 1629; BGH NJW 81, 2248; zust Littbarski JuS 83, 345). Ein solcher, durch Auslegung zu ermittelnder Einstandswille für Schäden wird sich jedoch selten feststellen lassen; Werbeerklärungen mit Hinweisen auf eine bestimmte Qualität, die Verwendung eines Markenzeichens, eines Gütezeichens, die Unterwerfung unter DIN-Normen geben keinen Hinweis auf einen derartigen Willen (BGH 48, 122; 51, 99; BGH NJW 74, 1504).

b) Grundsätze. aa) Haftungssphären. Handlungen, die spätere Verletzungen (nach dem Inverkehrbringen des Erzeugnisses) auslösen können (der Begriff „Pro-

125
126
127
128

dukthaftung" ist somit im Bereich des § 823 ungenau), sind denkbar als Fehlverursachung bei der planerischen **Konstruktion** (Konzeption) des Produkts, bei der konkreten **Herstellung** (Fabrikation), weiter im Zusammenhang mit der **Instruktion** über den sachgerechten Gebrauch, schließlich, zeitlich später, bei der Beobachtung im Blick auf ein sich (erst) dann zeigendes Verletzungspotential. Neue Pflichten können auf den Hersteller durch das Gebot zukommen, eine ordnungsgemäße und schadlose **Entsorgung** zu ermöglichen. Dies kann sich zB auf die Art der verwendeten Stoffe auswirken (s. Gesmann-Nuissel/Wenzel NJW 04, 117). **bb) Hersteller** ist, wer das Produkt herstellt und in den Verkehr bringt (sa ProdSG 2 Nr 14). Er trägt grundsätzlich die Verantwortung für die von Zulieferern bezogenen Teile, wobei freilich im Einzelfall nach dem Verhältnis von Hersteller und Zulieferer zueinander (zB Einbau erworbener Serienteile durch den Hauptproduzenten oder Anfertigung von Spezialteilen durch den Zulieferer nach Anweisung und Plänen des Produzenten) sowie der jeweiligen fachlichen Qualifikation zu differenzieren ist (BGH NJW 75, 1828; VersR 90, 533). Der **Zulieferer** ist für seinen Bereich Hersteller (BGH NJW 68, 274). Das unzutr **Auftreten als Hersteller** (BGH NJW 80, 1219) oder das Führen einer **Handelsmarke** macht nicht zum Quasi-Hersteller (BGH NJW 94, 519 mwN). Dies schließt nicht aus, dass den Händler eigene **(händlerspezifische) Sicherungspflichten** treffen können (Hamm NJW-RR 12, 355 mwN). **cc) Zielmaßstab** ist zunächst der schädigungsfreie **bestimmungsgemäße Gebrauch** durch einen vernünftigen Benutzer (BGH 105, 351; BGH NJW 13, 1303; sa ProdSG 3 II: keine Gefährdung der Sicherheit von Personen bei bestimmungsgemäßer oder vorhersehbarer Verwendung). Dabei muss der Hersteller beachten, wer – als Erwerber oder auch als Dritter – mit dem Produkt bestimmungsgemäß in Berührung kommen kann (Fachkräfte, Endverbraucher, Kinder, Babys). Sind dies mehrere Benutzergruppen, so ist auf diejenige mit dem höchsten Schutzbedarf abzustellen (BGH NJW 13, 1303 mwN). Über den bestimmungsgemäßen Gebrauch hinaus muss mit gewissen Ausweitungen (BGH 105, 351), Überbeanspruchungen (BGH VersR 72, 560), auch mit einem Fehlgebrauch zB durch Kinder gerechnet werden (sa ProdSG 3 II: Sicherheit bei „vorhersehbarer Verwendung"). Eine absolute Freiheit von Gefährdungen wird von der Rspr zutr nicht gefordert.

c) Pflichten bei der Konzeption von Produkten. Produkte müssen schon bei ihrer Entwicklung so geplant werden, dass sie, wenn sie auf den Markt kommen, sicher sind. Die Rspr setzt hier je nach Gefahrenpotential (zB Sachschäden, leichte, lebensgefährdende Verletzungen) hohe Maßstäbe: Erforderlich sollen diejenigen Sicherungsmaßnahmen sein, die nach dem im Zeitpunkt des Inverkehrbringens vorhandenen *neuesten Stand der Wissenschaft und Technik* konstruktiv möglich und bis zur Serienreife entwickelt sind (BGH 181, 258 mwN, Airbag, z ProdHaftG; grundsätzlich zust Klindt/Handorn NJW 10, 1105; dergl iE Hamm VersR 11, 638, Herzschrittmacher). Dies ist freilich in Bezug zu setzen zur Zumutbarkeit (s BGH NJW 10, 2954 mwN), d. h. etwa zur preislichen Akzeptanz auf dem Markt. Bei im Preis niedrigeren Erzeugnissen wird man wohl nur den üblichen Standard fordern können. Die **Beweislast** für eine ordnungsgemäße Entwicklung des Produkts trägt der Hersteller (BGH NJW 10, 2954 mwN).

d) Pflichten bei der Herstellung von Produkten. aa) Die **Maßstäbe** sind im Vergleich zu Rn 131 etwas niedriger. Erzeugnisse müssen dem *gegenwärtigen Stand* der Technik entsprechen, der – zB bei hohem Gefährdungspotential - über dem Standard technischer Normen liegen kann (Hamm NJW-RR 11, 893). Sie müssen bei der Benutzung diejenige Sicherheit bieten, die die herrschende Verkehrsauffassung in dem entsprechenden Bereich für notwendig hält (BGH NJW 13, 1303). Die erforderliche Sicherheit gilt für die verwendeten Materialien (RG 163, 26; BGH LM Nr 5 [C]), einschließlich der Zulieferteile (s Rn 129); sie bezieht sich auf die Sache (BGH 105, 355) und auf Schutzvorrichtungen (LG Düsseldorf NJW-RR 06, 1033). Hinsichtlich ihres Ausmaßes wird in einer im Einzelfall vorzunehmenden Abwägung wiederum zu unterscheiden sein zwischen der stets einzuhaltenden Basissicherheit einerseits, die an den Verwendungszweck anknüpft (Düsseldorf

Titel 27. Unerlaubte Handlungen § 823

NJW 78, 1693, Operationsgerät) und durch Verkehrserwartungen (BGH NJW 90, 907) geprägt, auch durch VDE-Bestimmungen, DIN-Normen usw (dazu Lipps NJW 68, 279; Lukes JuS 68, 351) bestimmt wird, und zusätzlichen, auch durch die Preiskategorie beeinflussten Sicherungsmaßnahmen andererseits (BGH NJW 90, 907); deren Fehlen stellt noch keinen allg Fehler dar. **bb) Beweislast.** Da der 133 verletzte Verbraucher regelmäßig nicht in der Lage ist, betriebsinterne Vorgänge zu überschauen und damit den grundsätzlich ihn treffenden Beweis für alle Tatbestandsmerkmale des § 823 I (s Rn 63) zu führen, hat die Rspr die Beweislast (auch bei Kleinunternehmen, BGH 116, 104, Stuttgart NJW-RR 96, 595, Gaststätte, s Giesen JZ 93, 675) nach Risikosphären aufgespalten. Dem Verletzten obliegt die Beweislast für den *Fehler* (anders für bes gefährdende Produkte BGH 104, 330, zust Damm JZ 93, 637; BGH 129, 361, zutr krit Foerster VersR 88, 958) zum Zeitpunkt des Inverkehrbringens (anders bei einer nicht ausreichenden Endkontrolle, BGH 129, 365) sowie für die *Kausalität zwischen Fehler und Rechtsgutsverletzung* (aA Frankfurt VersR 80, 144). Der Hersteller muss nun für den *zeitlich davor liegenden* Vorgang beweisen, dass der Fehler nicht auf einer Fehlhandlung beruht („obj Pflichtverletzung", BGH ZIP 96, 1436) oder ihn kein (zB Planungs-, Kontroll-) *Verschulden* trifft (BGH NJW 99, 1029).

e) Pflichten bei der Kontrolle der Herstellung. Der Hersteller muss ausrei- 134 chende Kontrollanlagen bzw -verfahren verwenden, die geeignet sind, vorhersehbare Fehler schon während der Produktion zu ermitteln (BGH 129, 363 f). Notfalls müssen geeignete Prüfgeräte entwickelt werden (BGH VersR 71, 80, 82). Auch ist durch eine geeignete Organisation (Rn 32), zB durch genaue Dienstanweisungen, für eine hinreichende Produktkontrolle zu sorgen (Düsseldorf NJW 78, 1693). Sog **Ausreißer** lassen sich dadurch nicht immer vermeiden (krit zur Ausreißerproblematik insges Steindorff AcP 170, 99). Soweit der Hersteller im Rahmen des für jedes Produkt und seine Gefährlichkeit zu bestimmenden Zumutbaren geeignete Kontrollmaßnahmen getroffen hat, trifft ihn keine Pflichtverletzung (BGH 51, 105; NJW 75, 1828).

f) Pflicht zur Instruktion der Benutzer. aa) Grundsatz. Sind mit dem 135 Gebrauch oder einem nahe liegenden Fehlgebrauch (BGH NJW 10, 2954) **generell Gefahren** verbunden, muss davor in geeigneter Form gewarnt werden. Bsp: ätzende Wirkung von Fertigbeton (Bamberg NJW-RR 10, 902), Zucker im Fruchtsaft (BGH NJW 95, 1286, einschränkend Frankfurt/M, NJW-RR 99, 26), gesüßter Kindertee in Nuckelflasche (BGH NJW 99, 2273; iE s Kullmann FS Brandner, 1996, S 313 ff); nicht erforderlich ist ein Hinweis auf Alkoholgefährdung bei Bierflaschen (Hamm NJW 01, 1654; ähnlich LG Essen NJW 05, 2714 für Coca Cola, Köln NJW 05, 3292 für Lakritze). Keine Hinweispflicht besteht im Blick auf Gefahren, die durch offenbaren Missbrauch ausgelöst werden (Karlsruhe NJW 01, 1774, „Schnüffeln"). Treten bei der Verwendung **spezifische Gefahren** auf, die von dem bestimmungsgemäßen Benutzerkreis (Rn 128) nicht oder nicht hinreichend erkannt werden können, so muss der Hersteller in geeigneter Weise, zB durch eine beigefügte verständliche Gebrauchsanweisung oder ein an einer Maschine befestigtes Schild, informieren, wie die Sache gefahrlos benutzt werden kann (BGH NJW 10, 2954; s zB BGH 47, 316, Betriebsanleitung für Betonmischanlage; BGH NJW 96, 2226; 99, 2815 m krit Anm Foerste JZ 99, 949, Papierreißwolf; sa ProdSG 6 I 1: Informationen, die bei einem Verbraucherprodukt sicherstellen, um ohne Hinweise nicht erkennbare Risiken zu erkennen und sich davor zu schützen). Auf notwendige Vorsichtsmaßnahmen muss deutlich und in verständlicher Weise hingewiesen werden (BGH VersR 60, 343: Explosionsgefahr bei der Verwendung eines Klebemittels). Auf Nebenwirkungen, zB bei Verwendung chemischer Mittel (BGH 64, 49: Allergie durch Haartonikum; BGH 80, 186: Resistenzen bei Pflanzenschutzmittel, mit Differenzierungen zum Zeitpunkt) oder Arzneien sowie auf besondere Risiken bei Gebrauch oder Überdosierung ist, soweit zumutbar, aufmerksam zu machen (BGH NJW 72, 2217: Estil, mit zust Anm Franz und Schmidt-Salzer; BGH 106, 283; sehr weitgehend BGH BB 77, 1373 mit krit Anm v. Westphalen: Unverträg-

lichkeit mehrerer Pflanzenschutzmittel). Bei möglicher **Abgabe an Jugendliche** ist uU (soweit nicht, wie zB bei Alkohol rasch erkennbar) der **Letztverkäufer** über einzuhaltende Altersgrenzen zu informieren (BGH NJW 98, 2907, Feuerwerkskör-
136 per). **bb) Beweislast.** Wie stets trägt der Verletzte die Beweislast für die *Rechtsgutsverletzung*. Weiter soll er auch die Beweislast für die *Handlung,* dh dafür tragen, dass eine Instruktionspflicht bestand und ihr nicht nachgekommen wurde (BGH 80, 195 ff, 116, 73; angesichts der besseren Überschaubarkeit von Gefahren durch den Hersteller sehr zweifelhaft). Der Verletzte soll die *haftungsbegründende Kausalität* beweisen müssen, dh, dass er bei ordnungsgemäßer Information die Verletzung vermieden hätte; dafür soll freilich eine tatsächliche Vermutung sprechen (BGH NJW 99, 2274 mwN), so dass iErg der Hersteller bes Gründe darlegen und beweisen muss (sa zur Parallele der ärztlichen Aufklärung s Rn 123). Der Hersteller hat die Beweislast, dass ihn kein *Verschulden* trifft, dh dass er die entspr Erkenntnismöglichkeiten über die durch die Information abzuwendende Gefahr nicht hatte und sich nicht verschaffen konnte (BGH 116, 72 f).

137 **7. Pflicht zur Produktbeobachtung/Rückruf.** Lit: Bodewig, Der Rückruf fehlerhafter Produkte, 1999. Besteht begründeter Anlass, insbes bei Neukonstruktionen, dass die Erzeugnisse trotz ausreichender Kontrolle Fehler aufweisen oder Schäden auslösen können, so muss für eine hinreichende **Beobachtung** nach dem Vertrieb, zB über die Außenorganisation gesorgt werden (BGHZ 179, 160). Der Hersteller muss ggf vor dem Gebrauch warnen (Karlsruhe VersR 98, 69). Eine rechtliche Verpflichtung zum **Rückruf** (und zur kostenlosen Instandsetzung) besteht jedoch aus § 823 I nicht, sofern künftiger Schaden durch die Warnung verhindert werden kann (weitergehend BGH 179, 161: Rückruf, wenn zu befürchten sei, dass die Warnung aus Unkenntnis oder absichtlich nicht befolgt wird; krit iSv einer allg Rückrufpflicht Wagner JZ 09, 904; so bereits Schwenzer JZ 87, 1060). Sie kann sich aus vertraglichen Beziehungen ergeben. Die **Beweislast** ist wegen der Ähnlichkeit der Problematik wie in Rn 1347 zu verteilen.

III. Anhang. Haftung nach dem Produkthaftungsgesetz

Lit: Foerste/v. Westphalen,, Produkthaftungshandbuch, 3. Aufl 2012; Kullmann, Produkthaftungsrecht, 5. Aufl 2002; Molitor/Klindt NJW 08, 1205 (Rspr-Übersicht).

§ 1. Haftung

(1) Wird durch den Fehler eines Produkts jemand getötet, sein Körper oder seine Gesundheit verletzt oder eine Sache beschädigt, so ist der Hersteller des Produkts verpflichtet, dem Geschädigten den daraus entstehenden Schaden zu ersetzen. Im Falle der Sachbeschädigung gilt dies nur, wenn eine andere Sache als das fehlerhafte Produkt beschädigt wird und diese andere Sache ihrer Art nach gewöhnlich für den privaten Ge- oder Verbrauch bestimmt und hierzu von dem Geschädigten hauptsächlich verwendet worden ist.

(2) Die Ersatzpflicht des Herstellers ist ausgeschlossen, wenn
1. **er das Produkt nicht in den Verkehr gebracht hat,**
2. **nach den Umständen davon auszugehen ist, daß das Produkt den Fehler, der den Schaden verursacht hat, noch nicht hatte, als der Hersteller es in den Verkehr brachte,**
3. **er das Produkt weder für den Verkauf oder eine andere Form des Vertriebs mit wirtschaftlichem Zweck hergestellt noch im Rahmen seiner beruflichen Tätigkeit hergestellt oder vertrieben hat,**
4. **der Fehler darauf beruht, daß das Produkt in dem Zeitpunkt, in dem der Hersteller es in den Verkehr brachte, dazu zwingenden Rechtsvorschriften entsprochen hat, oder**

§ 823

5. der Fehler nach dem Stand der Wissenschaft und Technik in dem Zeitpunkt, in dem der Hersteller das Produkt in den Verkehr brachte, nicht erkannt werden konnte.

(3) Die Ersatzpflicht des Herstellers eines Teilprodukts ist ferner ausgeschlossen, wenn der Fehler durch die Konstruktion des Produkts, in welches das Teilprodukt eingearbeitet wurde, oder durch die Anleitungen des Herstellers des Produkts verursacht worden ist. Satz 1 ist auf den Hersteller eines Grundstoffs entsprechend anzuwenden.

(4) Für den Fehler, den Schaden und den ursächlichen Zusammenhang zwischen Fehler und Schaden trägt der Geschädigte die Beweislast. Ist streitig, ob die Ersatzpflicht gemäß Absatz 2 oder 3 ausgeschlossen ist, so trägt der Hersteller die Beweislast.

§ 2. Produkt

Produkt im Sinne dieses Gesetzes ist jede bewegliche Sache, auch wenn sie einen Teil einer anderen beweglichen Sache oder einer unbeweglichen Sache bildet sowie Elektrizität.

§ 3. Fehler

(1) Ein Produkt hat einen Fehler, wenn es nicht die Sicherheit bietet, die unter Berücksichtigung aller Umstände, insbesondere
a) seiner Darbietung,
b) des Gebrauchs, mit dem billigerweise gerechnet werden kann,
c) des Zeitpunkts, in dem es in den Verkehr gebracht wurde,
berechtigterweise erwartet werden kann.berechtigterweise erwartet werden kann.

(2) Ein Produkt hat nicht allein deshalb einen Fehler, weil später ein verbessertes Produkt in den Verkehr gebracht wurde.

§ 4. Hersteller

(1) Hersteller im Sinne dieses Gesetzes ist, wer das Endprodukt, einen Grundstoff oder ein Teilprodukt hergestellt hat. Als Hersteller gilt auch jeder, der sich durch das Anbringen seines Namens, seines Warenzeichens oder eines anderen unterscheidungskräftigen Kennzeichens als Hersteller ausgibt.

(2) Als Hersteller gilt ferner, wer ein Produkt zum Zweck des Verkaufs, der Vermietung, des Mietkaufs oder einer anderen Form des Vertriebs mit wirtschaftlichem Zweck im Rahmen seiner geschäftlichen Tätigkeit in den Geltungsbereich des Vertrages zur Gründung der Europäischen Wirtschaftsgemeinschaft einführt oder verbringt.

(3) Kann der Hersteller des Produkts nicht festgestellt werden, so gilt jeder Lieferant als dessen Hersteller, es sei denn, daß er dem Geschädigten innerhalb eines Monats, nachdem ihm dessen diesbezügliche Aufforderung zugegangen ist, den Hersteller oder diejenige Person benennt, die ihm das Produkt geliefert hat. Dies gilt auch für ein eingeführtes Produkt, wenn sich bei diesem die in Absatz 2 genannte Person nicht feststellen läßt, selbst wenn der Name des Herstellers bekannt ist.

Anmerkungen zu den §§ 1–4 ProdHaftG

1. Allgemeines. a) Funktion. Durch die Richtlinie vom 25. 7. 85 (ABl EG Nr L 210, S 29), ergänzt durch die Richtlinie über die allg Produktsicherung vom 29. Juni 1992 (ABl EG Nr L 220 S 23) soll aus Gründen des Konsumentenschutzes ein gemeinsamer Mindeststandard für die Produkthaftung in den Mitgliedstaaten geschaffen werden (zur Vorgeschichte und zum Ausmaß der erreichten Harmonisierung s zB Lorenz

138

§ 823

ZHR 151, 1 ff, 36). Dazu werden für die Transformation in das jeweilige nationale Recht bestimmte Prinzipien (zB verschuldensunabhängige, auf den gegenwärtigen Stand der Technik bezogene Haftung, Beweislastverteilung, Unabdingbarkeit, Verjährungs- und Ausschlussfristen) und Begriffe (zB Hersteller § 4, Produkt § 2, Fehler § 3,
139 Schadensumfang §§ 7 ff) verbindlich vorgegeben. Das **ProdHaftG** (Materialien: BR-Drs 101/88; BT-Drs 11/2447) stellt diese Umsetzung in das deutsche Recht dar, das ProdSG hat die Produktsicherungs-Richtlinien transformiert. Das ProdHaftG wie das
140 ProdSG sind damit richtlinienkonform anzulegen. **b)** **Haftungstatbestand** ist das Inverkehrbringen (§ 1 III) eines fehlerhaften (§ 3) Produktes (§ 2) durch einen Hersteller (§ 4). Bei anderem, etwas undurchsichtigen Aufbau knüpft das ProdHaftG also an dieselben Merkmale wie § 823 an (s Rn 131 ff), schafft allerdings eine verschuldensunabhängige Haftung. Dies kann bei Ausreißern, insbes aber im handwerklichen Bereich (s Rn 145) zu einer erheblichen Haftungsverschärfung führen.

141 **2. Geschützte Rechtsgüter (§ 1 I). a)** Bei der **Verletzung von Personen:** jedermann. **b)** Bei **Zerstörung** oder **Beschädigung von Sachen (§ 1 I S 2). aa)** nur (bewegliche und unbewegliche) **Sachen** iSd § 90. Auf EDV-Programme sollte das Ges entspr angewandt werden. Wie nach § 823 I ist das Vermögen als solches
142 nicht geschützt. **bb)** Es muss eine **andere** Sache als die gelieferte (das Produkt) sein. Die Lehre vom „weiterfressenden Mangel" (s § Rn 6) ließe sich zwar mit dem Wortlaut, wohl aber kaum mit dem Sinn vereinbaren (Tiedtke NJW 90, 2961 f). Im Ansatz ist hier wohl an reine Zulieferteile (Reifen am Pkw) gedacht (ie Sack VersR 88, 445).
143 **cc) Privater Ge- oder Verbrauch.** Geschützt werden sollen die Sachen, die ein Endverbraucher als Privatperson ohne Erwerbszweck einsetzt (BT-Drs aaO S 27). Dies wird mit zwei kumulativen Merkmalen umschrieben: (a) „gewöhnlich dazu bestimmt": Die Sache soll typischerweise für den privaten Gebrauch hergestellt sein (Kühlschrank, Schreibmaschine, Hobbywerkzeug, nicht aber Berufsbekleidung, Taxi). – (b) „hauptsächliche Verwendung im privaten Bereich": Dies stellt auf die konkreten Umstände beim Geschädigten ab. Bsp: Geschützt sind (private) Kleidung und Kfz des Arbeitnehmers auch auf dem Weg zur Arbeitsstelle, nicht jedoch ein gewerblich genutztes Fahrzeug (Saarbrücken NJW-RR 13, 271) oder der Kühlschrank im Sekretariat (Schmidt-Salzer aaO Art 9 Rn 49 ff).

144 **3. Hersteller (§ 4 I 1). a) Hersteller** ist dieselbe Person wie bei der Haftung aus unerlaubter Handlung (Rn 125, sa BGH NJW 05, 2695; sa ProdSG 2 Nr 14). **b)** Zum Begriff des **Quasi-Herstellers** s GesText (§ 4 I 2). Die Kennzeichnung kann durch einen Dritten (zB den Hersteller) geschehen, wenn ein – auch konkludentes – Einverständnis vorliegt; es muss sich auch auf das In-Verkehr-Bringen beziehen (BGH NJW 05, 2696 mwN). Es haftet schließlich der **Importeur** aus Drittstaaten (§ 4 II), auch von Teilprodukten (s BGH NJW 06, 1589 zu § 823 II). Nicht erfasst wird weiterhin, wer selbstständig in den Produktionsprozess mit Teilaufgaben ohne eigentliche Produktionsfunktion eingeschaltet ist (Planungsbüro, Kontrollinstitut) oder später das Produkt lediglich umproportioniert (Düsseldorf NJW-RR 01, 458). **c)** Der **Händler** haftet subsidiär statt des Herstellers unter den Voraussetzungen des § 4 III, wenn er Sicherheitsmängel kannte oder kennen musste). Eine *verspätete Benennung* des Herstellers entlastet ihn nicht mehr (MK/Wagner Rn 45; aA LG Köln VersR 12, 867).

145 **4. Produkt (§ 2).** Dies ist **a)** jede industriell oder handwerklich **hergestellte Sache,** sei sie bewegliche Sache, später eingefügtes Teil einer anderen Sache oder auch eines Grundstücks (zum EDV-Programm s Rn 141). Nachdem infolge der BSE-Krise § 2 S 2 aF durch Ges v 2. 11. 00 aufgehoben worden ist, unterfallen landwirtschaftliche Erzeugnisse sowohl vor der ersten Verarbeitung (Getreide) als auch wie bisher danach (Brot) der Norm. **b)** Schließlich sind alle **Energieträger** erfasst (Öl, Gas, Fernwärme nach Rn 144, Elektrizität nach § 2 S 1; dies kann zB für Stromausfälle – Kühltruhe – kritisch werden).

146 **5. Herstellen und Inverkehrbringen. a)** Das Ges hat eine andere **Systematik** als die Rspr zu § 823 und kommt damit teilw auf einfacheren Wegen zu im Wesentlichen denselben Ergebnissen. **b) Berufliches Herstellen, Herstellen für wirt-**

Titel 27. Unerlaubte Handlungen § 823

schaftliche **Zwecke** (§ 1 II Nr 3). Die Formel will zB die Herstellung als Hobby oder die caritative Leistung aus der Haftung ausnehmen. Nach ProdSG 2 Nr 14 lit a ist auch Hersteller, wer sich durch ein Kennzeichen als solcher ausgibt. **c)** Unter **Inverkehrbringen** (§ 1 II Nr 1) ist die freiwillige Auslieferung eines Produkts zum Zweck der Vermarktung zu verstehen (EuGH NJW 06, 826). Bsp: Auslieferung vom Zulieferer an den Hersteller des Hauptprodukts, Auslieferung an eine Tochtergesellschaft zum Vertieb. Ausgeschlossen werden soll zB die Haftung bei Diebstahl oder bei der Lieferung an ein Testinstitut. 147

6. Fehler. a) Der **Begriff** ist sicherheitlich orientiert (§ 3 I) und auf den obj, nicht unbedingt vom Hersteller selbst erkennbaren Stand der Technik bezogen (BGH NJW 13, 1302 f). Ausgenommen ist die Haftung für Entwicklungsrisiken, § 1 II Nr 5 (BGH 129, 358, krit Foerster JZ 95, 1053). **b) Bereich der Planung (Konzeption).** Der BGH fordert hier das Einhalten des im Zeitpunkt des Inverkehrbringens vorhandenen *neuesten Stand der Wissenschaft und Technik,* sofern die Realisierung konstruktiv möglich und bis zur Serienreife entwickelt ist (BGH NJW 13, 1302 f). **c)** Bei der **Produktion** dürfte sich der auf den gegenwärtigen Stand der Technik bezogene Standard wie bei der Produzentenhaftung (s Rn 131) an einer Basissicherheit und einer zusätzlichen, durch Präsentation und Preis (s § 3 I a) beeinflussten Sicherheitserwartung orientieren. Der Zielmaßstab (§ 3 I b) knüpft an den bestimmungsgemäßen Gebrauch (s Rn 130) an. – Fehler bei der **Kontrolle** (s Rn 134) müssen nicht mehr gesondert festgestellt werden; denn es kommt allein auf das fehlerhafte Produkt, nicht auf ein schuldhaftes Handeln an. **d)** Die Grundsätze zur **Instruktion** (Rn 133 ff) gelten in anderer Systematik über § 3 I a: Eine „Darbietung", die nicht auf die Benutzergefahren hinweist, löst höhere Sicherheitserwartungen aus, als sie dem Produkt tatsächlich entsprechen. Es ist damit fehlerhaft (BT-Drs 11/2447 S 18). **e)** Eine **Pflicht zur Produktionsbeobachtung** (s Rn 135) besteht nach dem Ges nicht (Lorenz ZHR 151, 15). Entscheidend ist, ob das Produkt zZ des Inverkehrbringens den Sicherheitsstandard erfüllt. Zur Anwendung des § 823 s Rn 161. 148 149 150

7. Beweislast. Der Geschädigte muss die Eigenschaft als Normadressat (s Rn 144) beweisen (BGH NJW 05, 2693 m krit Begr Wagner/Wahle NJW 05, 3179); iÜ s Rn 132. Ausnahmen s in § 1 II Nr 2, 3. 151

8. Rechtsfolgen. Anspruch auf Schadensersatz, s Anm 1 ff zu §§ 7–11. 152

§ 5. Mehrere Ersatzpflichtige

Sind für denselben Schaden mehrere Hersteller nebeneinander zum Schadensersatz verpflichtet, so haften sie als Gesamtschuldner. Im Verhältnis der Ersatzpflichtigen zueinander hängt, soweit nichts anderes bestimmt ist, die Verpflichtung zum Ersatz sowie der Umfang des zu leistenden Ersatzes von den Umständen, insbesondere davon ab, inwieweit der Schaden vorwiegend von dem einen oder dem anderen Teil verursacht worden ist; im übrigen gelten die §§ 421 bis 425 sowie § 426 Abs. 1 Satz 2 und Abs. 2 des Bürgerlichen Gesetzbuchs.

S 1 übernimmt bei mehreren Verantwortlichen (zB Zulieferer, Hersteller, Quasi-Hersteller) für das **Außenverhältnis** s § 840 I (s § 840 Rn 2 ff). Da im **Innenverhältnis** die Verantwortlichen idR nicht vertraglich miteinander verbunden sind, ist § 426 I 1 ausgeschlossen und der Grundgedanke des § 254 (vgl § 254 Rn 5 ff, 8 ff) auf das Verhältnis zwischen den Schädigern übertragen worden (BT-Drs 11/2447 S 52). 153

§ 6. Haftungsminderung

(1) **Hat bei der Entstehung des Schadens ein Verschulden des Geschädigten mitgewirkt, so gilt § 254 des Bürgerlichen Gesetzbuchs; im Falle der Sachbeschädigung steht das Verschulden desjenigen, der die tatsächliche Gewalt über die Sache ausübt, dem Verschulden des Geschädigten gleich.**

§ 823

(2) **Die Haftung des Herstellers wird nicht gemindert, wenn der Schaden durch einen Fehler des Produkts und zugleich durch die Handlung eines Dritten verursacht worden ist. § 5 Satz 2 gilt entsprechend.**

154 **1. Geltungsumfang von § 254.** Bei der Verletzung einer **Person** gilt § 254 in vollem Umfang, also einschließlich des § 254 II 2 (PalSprau ProdHaftG 6 Rn 1); denn Art 8 der Richtlinie stellt auf das Verschulden „des Geschädigten oder einer Person" ab, „für die der Geschädigte haftet". Gemeint ist damit die Auslegung iSd Rspr (s § 254 Rn 11). Für **Sachbeschädigungen** wird durch I 2 das Mitverschulden der sog Obhutspersonen (Besitzer und Besitzdiener, §§ 854, 855) dem eigenen Verschulden (ohne Entlastungsmöglichkeit) gleichgestellt.

155 **2. Keine Minderung der Herstellerhaftung.** Geregelt wird ein systematisch zu § 5 gehörender Sachverhalt. Im **Außenverhältnis** haftet der Hersteller auch bei der Mitverursachung durch einen Dritten (Nicht-Hersteller) in vollem Umfang weiter. Bsp: fehlerhafter Einbau des Produkts. Ein Gesamtschuldverhältnis entsteht dadurch nicht. Das **Innenverhältnis** richtet sich nach denselben Grundsätzen, II 2.

§ 7. Umfang der Ersatzpflicht bei Tötung

(1) **Im Falle der Tötung ist Ersatz der Kosten einer versuchten Heilung sowie des Vermögensnachteils zu leisten, den der Getötete dadurch erlitten hat, daß während der Krankheit seine Erwerbsfähigkeit aufgehoben oder gemindert war oder seine Bedürfnisse vermehrt waren. Der Ersatzpflichtige hat außerdem die Kosten der Beerdigung demjenigen zu ersetzen, der diese Kosten zu tragen hat.**

(2) **Stand der Getötete zur Zeit der Verletzung zu einem Dritten in einem Verhältnis, aus dem er diesem gegenüber kraft Gesetzes unterhaltspflichtig war oder unterhaltspflichtig werden konnte, und ist dem Dritten infolge der Tötung das Recht auf Unterhalt entzogen, so hat der Ersatzpflichtige dem Dritten insoweit Schadensersatz zu leisten, als der Getötete während der mutmaßlichen Dauer seines Lebens zur Gewährung des Unterhalts verpflichtet gewesen wäre. Die Ersatzpflicht tritt auch ein, wenn der Dritte zur Zeit der Verletzung gezeugt, aber noch nicht geboren war.**

§ 8. Umfang der Ersatzpflicht bei Körperverletzung

Im Falle der Verletzung des Körpers oder der Gesundheit ist Ersatz der Kosten der Heilung sowie des Vermögensnachteils zu leisten, den der Verletzte dadurch erleidet, daß infolge der Verletzung zeitweise oder dauernd seine Erwerbsfähigkeit aufgehoben oder gemindert ist oder seine Bedürfnisse vermehrt sind.

§ 9. Schadensersatz durch Geldrente

(1) **Der Schadensersatz wegen Aufhebung oder Minderung der Erwerbsfähigkeit und wegen vermehrter Bedürfnisse des Verletzten sowie der nach § 7 Abs. 2 einem Dritten zu gewährende Schadensersatz ist für die Zukunft durch eine Geldrente zu leisten.**

(2) **§ 843 Abs. 2 bis 4 des Bürgerlichen Gesetzbuchs ist entsprechend anzuwenden.**

§ 10. Haftungshöchstbetrag

(1) **Sind Personenschäden durch ein Produkt oder gleiche Produkte mit demselben Fehler verursacht worden, so haftet der Ersatzpflichtige nur bis zu einem Höchstbetrag von 85 Millionen Euro.**

Titel 27. Unerlaubte Handlungen **§ 823**

(2) **Übersteigen die den mehreren Geschädigten zu leistenden Entschädigungen den in Absatz 1 vorgesehenen Höchstbetrag, so verringern sich die einzelnen Entschädigungen in dem Verhältnis, in dem ihr Gesamtbetrag zu dem Höchstbetrag steht.**

§ 11. Selbstbeteiligung bei Sachbeschädigung

Im Falle der Sachbeschädigung hat der Geschädigte einen Schaden bis zu einer Höhe von 500 Euro selbst zu tragen.

Anmerkungen zu den §§ 7–11 ProdHaftG

1. Funktion. Die Bestimmungen kennzeichnen für Personenschäden wohl abschließend die einzelnen Schadensposten und den Schadensumfang, konkretisieren damit § 1 I und nehmen die in den §§ 842 ff enthaltenen Komplexe für das Ges auf (nicht übernommen ist der Anspruch des Dienstberechtigten, s § 845 Rn 1; zur Anwendung der §§ 823 ff s Rn 161). § 846 BGB (bzw § 6 I) sollte auf § 7 II entspr angewandt werden. **156**

2. Schadensersatz bei Tötung oder Verletzung einer Person. a) Schadensposten (§ 8). Zu den *Heilungskosten* vgl § 249 Rn 6, zum *erlittenen Vermögensnachteil* vgl § 842 Rn 3 f, zu den *vermehrten Bedürfnissen* vgl § 843 Rn 2. **b) Art des Schadensersatzes** (§ 9): Geldrente, vgl § 843 Rn 1, 4, 5. **c) Haftungshöchstbetrag** (§ 10). **aa) Allgemeines.** Das Ges hat hier von einer Ermächtigung der Richtlinie (Art 16) Gebrauch gemacht. Eine Parallele enthält zB ArzneiMG 88 II. **bb) Voraussetzungen:** Zum einen Verletzung durch ein fehlerhaftes Produkt (sog *Einzelschaden*). Bsp: Unfall eines Massenverkehrsmittels, eines Kraftwerks. Die Richtlinie enthält diesen Sachverhalt nicht, er wird aber durch den Sinn gedeckt. Zum anderen fällt unter die Norm eine Verletzung durch gleiche Produkte mit demselben Fehler (sog **Serienschaden**). Die Gleichheit ist wohl aus der Sicht der Marktgegenseite, also von Funktion und Erscheinungsbild her zu bestimmen. Dasselbe Zulieferteil in mehreren Serien kann damit bei dem Haupthersteller zu mehrfachen Höchstbeträgen führen. **cc) Rechtsfolgen.** Bei voraussichtlicher Überschreitung sind wohl nur ein Teilurteil und die zusätzliche Feststellung möglich; bei tatsächlicher Überschreitung sind auch Rückforderungsansprüche denkbar (aA PalSprau ProdHaftG 10 Rn 5: Rest geht leer aus). **157 158**

3. Haftung bei Sachbeschädigungen (§ 11). a) Zum **geschützten Gut** s §§ 1–4 Rn 141 ff. **b) Schadensposten.** Anders als bei Personenschäden fehlt eine Umschreibung, so dass auf § 1 I zurückzugreifen ist. Wegen des insoweit mit § 823 I BGB identischen Wortlauts sind auch dieselben Folgeschäden (Rn 62) wie nach den §§ 249–252 zu ersetzen. **c) Schadensumfang.** Der Selbstbehalt (§ 11) – zur Ausgrenzung sog „Bagatellschäden" – bezieht sich auf die Person des Geschädigten, nicht auf die jeweils beschädigte Sache. Bei Auseinanderfallen von Besitz und Eigentum (zB Mieter, Leasingnehmer) ist auf die vertragliche Gefahrtragung abzustellen. Eine Höchstbetragsgrenze besteht hier nicht. **159**

§ 12. Verjährung

(1) **Der Anspruch nach § 1 verjährt in drei Jahren von dem Zeitpunkt an, in dem der Ersatzberechtigte von dem Schaden, dem Fehler und von der Person des Ersatzpflichtigen Kenntnis erlangt hat oder hätte erlangen müssen.**

(2) **Schweben zwischen dem Ersatzpflichtigen und dem Ersatzberechtigten Verhandlungen über den zu leistenden Schadensersatz, so ist die Verjährung gehemmt, bis die Fortsetzung der Verhandlungen verweigert wird.**

§ 823

(3) **Im übrigen sind die Vorschriften des Bürgerlichen Gesetzbuchs über die Verjährung anzuwenden.**

§ 13. Erlöschen von Ansprüchen

(1) **Der Anspruch nach § 1 erlischt zehn Jahre nach dem Zeitpunkt, in dem der Hersteller das Produkt, das den Schaden verursacht hat, in den Verkehr gebracht hat. Dies gilt nicht, wenn über den Anspruch ein Rechtsstreit oder ein Mahnverfahren anhängig ist.**

(2) **Auf den rechtskräftig festgestellten Anspruch oder auf den Anspruch aus einem anderen Vollstreckungstitel ist Absatz 1 Satz 1 nicht anzuwenden. Gleiches gilt für den Anspruch, der Gegenstand eines außergerichtlichen Vergleichs ist oder der durch rechtsgeschäftliche Erklärung anerkannt wurde.**

Anmerkung zu §§ 12, 13 ProdHaftG

160 Das zeitliche Geltendmachen der Ansprüche wird durch ein doppeltes System begrenzt, das zZt enger ist als das der §§ 195 ff. Zehn Jahre, nachdem das Produkt in den Verkehr gebracht wurde (s §§ 1–4, Rn 146 f), „erlischt" der Anspruch, § 13 (**Ausschlussfrist**, also keine Hemmung, auch kein Neubeginn der Verjährung). Dies führt idR für Zulieferer und Hersteller zu unterschiedlichen Fristen. Durchbrechungen: § 13 II. **Beginn:** § 187 I. **Ende:** §§ 188 II, III, 193. Innerhalb dieser Frist **verjährt** der Anspruch nach § 10.

§ 14. Unabdingbarkeit

Die Ersatzpflicht des Herstellers nach diesem Gesetz darf im voraus weder ausgeschlossen noch beschränkt werden. Entgegenstehende Vereinbarungen sind nichtig.

§ 15. Arzneimittelhaftung; Haftung nach anderen Rechtsvorschriften

(1) **Wird infolge der Anwendung eines zum Gebrauch bei Menschen bestimmten Arzneimittels, das im Geltungsbereich des Arzneimittelgesetzes an den Verbraucher abgegeben wurde und der Pflicht zur Zulassung unterliegt oder durch Rechtsverordnung von der Zulassung befreit worden ist, jemand getötet, sein Körper oder seine Gesundheit verletzt, so sind die Vorschriften des Produkthaftungsgesetzes nicht anzuwenden.**

(2) **Eine Haftung aufgrund anderer Vorschriften bleibt unberührt.**

161 1. **Konkurrenzen.** Nach dem Grundsatz, dass nur ein Mindeststandard gesichert werden soll (s §§ 1–4, Rn 138), stellt **II** klar, dass sonst bestehende Ansprüche vertraglicher oder deliktischer Art gegen Hersteller oder andere verantwortliche Personen durch dieses Ges nicht ausgeschlossen werden. Es besteht Anspruchskonkurrenz (vgl Rn 3 f vor § 823). Die **§§ 823 ff** gehen zB weiter, bei *Personenschäden* im Anspruch nach § 845 und durch das Fehlen von Höchstgrenzen; bei *Sachschäden* besteht ein Anspruch auch wegen der fehlerhaften Sache selbst (Bsp: Totalschaden am Kfz), gewerblich genutzte Sachen werden erfasst, es ist kein Eigenanteil vorgesehen.

162 2. **Sonderbestimmungen.** Für fehlerhafte **Arzneimittel** gilt nach I ausschließlich das ArzneiMG und zwar auch dann, wenn die Ansprüche dort niedriger sind (krit zur Frage, ob dies durch die Richtlinie gedeckt ist, Buchner DB 88, 36; Sack; VersR 88, 442). Das **AtomG** ist ebenfalls als weitergehendes Spezialges ausschließlich anwendbar (so ausdr Richtlinie 14).

Titel 27. Unerlaubte Handlungen **§ 824**

§ 824 Kreditgefährdung

(1) **Wer der Wahrheit zuwider eine Tatsache behauptet oder verbreitet, die geeignet ist, den Kredit eines anderen zu gefährden oder sonstige Nachteile für dessen Erwerb oder Fortkommen herbeizuführen, hat dem anderen den daraus entstehenden Schaden auch dann zu ersetzen, wenn er die Unwahrheit zwar nicht kennt, aber kennen muss.**

(2) **Durch eine Mitteilung, deren Unwahrheit dem Mitteilenden unbekannt ist, wird dieser nicht zum Schadensersatz verpflichtet, wenn er oder der Empfänger der Mitteilung an ihr ein berechtigtes Interesse hat.**

1. Allgemeines. a) Bedeutung. § 824 ist eine Sondernorm zum Schutz gewerblicher Tätigkeit. Sie ergänzt StGB 186, 187 iVm § 823 II, § 826 sowie UWG 9 und findet, da die Rechtsvoraussetzungen im Einzelnen differieren, neben diesen Bestimmungen Anwendung. Wegen des für § 823 I (Recht am eingerichteten und ausgeübten Gewerbebetrieb) aufgestellten Subsidiaritätsgrundsatzes (§ 823 Rn 96) geht § 824 in seinem Anwendungsbereich – unwahre Tatsachenbehauptungen (BGH 166, 84) – dieser Bestimmung vor. Unter § 823 I fallen abträgliche Werturteile und die Mitteilung schädigender wahrer Tatsachen (§ 823 Rn 103 f). **b) Schutzobjekt.** Es genügen bereits Angriffe gegen ein einzelnes Erzeugnis (Köln VersR 92, 707: Tasche aus Krokodilleder). Dies erfordert eine Eingrenzung des Tatbestandes (s Rn 4). **c) Verletzter** kann neben der natürlichen Person auch eine Behörde bzw ihr Träger (BGH 176, 175: BKA), eine juristische Person (BGH NJW 06, 601 zu § 823 I) oder eine Personengesamtheit mit Beleidigungsfähigkeit (etwa eine Arbeitsgemeinschaft von Unternehmen als BGB-Gesellschaft) sein. Wird eine Gesellschaft von einem einzelnen, zB dem Alleininhaber beherrscht, so steht auch diesem der Schutz des § 824 zu, wenn sich die Behauptung auch inzident auf ihn bezieht (BGH NJW 93, 930). Bei Angriffen gegen ein Produkt (s Rn 2) ist Verletzter der, dem das angegriffene Ereignis zugerechnet wird (Hersteller, Inhaber eines Alleinvertriebsrechts, BGH DB 89, 922).

2. Tatbestand. a) Als **Tatsachen** im Gegensatz zum *Werturteil* versteht die Rspr, was in seinem Gehalt einer obj Klärung als richtig oder falsch zugänglich ist und als etwas Geschehenes grundsätzlich dem Beweis offensteht (BVerfG NJW 12, 3713 mwN; EMGR NJW-RR 13, 292). Werturteile sind subj Meinungen. Wie Werturteile geschützt werden Tatsachenbehauptungen, wenn und soweit sie zur Bildung von Meinungen beitragen (BVerfG aaO). Pauschalbehauptungen werden wegen des subj Einschlags häufig als Werturteile behandelt (RG 101, 338: „Schwindelfirma"; BGH NJW 65, 36: „billiger Schmarrn"). Bei komplexen Tatbeständen soll es darauf ankommen, ob im Gesamteindruck der Tatsachen- oder Wertungscharakter überwiegt (BGH NJW 09, 3580 mwN). Die Tatsachen müssen sich auf **Person, Verhältnisse, Betätigung oder gewerbliche Leistungen des Betroffenen selbst** beziehen, nicht aber zB im Systemvergleich auf im Wettbewerb stehende verschiedenartige Erzeugnisse (Hamburg NJW 88, 3211: Zucker als „Schadstoff"). Diese Eingrenzung hat eine ähnliche Funktion wie das Erfordernis der „Betriebsbezogenheit" beim Eingriff in den Gewerbebetrieb (§ 823 Rn 98). **b) Behaupten** einer Tatsache ist Kundgabe eigener Wahrnehmung, **Verbreiten** ist Weitergabe einer von einem anderen aufgestellten Behauptung an mindestens einen Dritten (MK/Wagner 34), und zwar auch dann, wenn der Verbreiter sich von ihr distanziert (Helle JZ 97, 786 gegen BGH JZ 97, 785). Auch eine („rhetorische") Frage kann als Behauptung bzw Verbreitung einer Behauptung verstanden werden (BGH NJW 04, 1034). **c)** Die **Unwahrheit,** die feststehen muss, kann auch in dem Zusammenspiel von Aussagen liegen, das eine bestimmte Schlussfolgerung nahe legt (sog verdeckte Aussage, BGH NJW 06, 602), in einer falsche Schlüsse nahe legenden Unvollständigkeit (BGH NJW 06, 603) oder auch in einer übertreibenden Darstellung (RG 75, 63). Bei mehrdeutigen oder unvollständigen Äußerungen kommt es entspr den allg Auslegungsgrundsätzen auf das Verständnis eines unbefangenen

1

2

3

4

5

6

Teichmann 1309

§ 825

Empfängers an (BGH 139, 102; BGH NJW 00, 657, iÜ s § 823 Rn 83, 86).

7 **d) Eignung zur Kreditgefährdung usw.** Die Mitteilung der Tatsache muss nach allg Lebenserfahrung zu negativen Reaktionen bei Geschäftspartnern führen können. Bsp: (unrichtige) Nachricht von Pfändung (Frankfurt WM 88, 159), Insolvenz oder Geschäftsaufgabe (BGH 59, 79), Nichtzulassung eines Arztes zur Krankenkasse (Karlsruhe HRR 33 Nr 1506), Funktionsuntüchtigkeit eines Haushaltsgeräte-Typs (BGH NJW 66, 2010).

8 **3. Rechtswidrigkeit.** Es gelten zunächst, soweit übertragbar, die allg Grundsätze und Rechtfertigungsgründe (§ 823 Rn 47 ff, 52 ff); zur Wahrnehmung berechtigter Interessen s Rn 10.

9 **4. Verschulden. a) Allgemeines.** Zum Verschulden selbst s § 823 Rn 57. Nach hM braucht das Verschulden allein die Unwahrheit der mitgeteilten Tatsache, also nicht zB die Eignung zur Kreditgefährdung zu umfassen. Richtiger erscheint, der allg Auslegungssystematik entspr zu verlangen, dass sich das Verschulden auf sämtliche Tatbestandsmerkmale bezieht. **b) Erkundungspflicht.** Der Handelnde muss, um dem Fahrlässigkeitsvorwurf zu entgehen, in zumutbarem Maß die Richtigkeit der Information nachprüfen. Je einschneidender für den Betroffenen die Mitteilung sein kann, desto höher ist die Erkundigungspflicht (LG Köln VersR 05, 269: Kreditauskunft, dort verneint; BGH 59, 80 mit Anm Nüßgens LM Nr 17: Aufnahme einer Anzeige über Geschäftsaufgabe).

10 **5. Ausschluss des Schadensersatzanspruchs (II). a) Bedeutung.** Ursprünglich im Interesse von Auskunfteien geschaffen (Prot II 638), liegt der Schwerpunkt heute in der Wahrnehmung der Rechte aus GG 5 I 2 durch die Medien. Die praktische Bedeutung ist gering. Erreicht werden soll, dass Schadensersatz (auch durch Naturalrestitution gem § 249, also zB durch Rücknahme der Behauptung) nicht gefordert werden kann, solange Abs 2 gegeben ist (und die Unwahrheit nicht
11 feststeht, s Rn 12). **b) Anwendung.** Vorzunehmen ist ähnlich wie beim Eingriff in den Gewerbebetrieb eine Interessenabwägung im Einzelfall (§ 823 Rn 99). Zusätzlich verlangt die Rspr, der Sich-Äußernde müsse sorgfältig die Zuverlässigkeit seiner Erkenntnisquelle prüfen (BGH NJW 85, 1623). Das Verhältnis dieses Merkmals zum Verschulden ist unklar (s dazu Deutsch JZ 67, 96).

12 **6. Beweislast.** Der **Verletzte** muss die Unwahrheit der Tatsachenbehauptung (BGH 176, 183, dort auch zur sekundären Behauptungslast des Verletzers, falls nur er die Belegtatsachen für die Behauptung kennt), die Eignung zur Kredit-/Rufgefährdung, die Rechtswidrigkeit sowie das Verschulden des Handelnden (keine allg Verschuldensvermutung bei Unrichtigkeit der Mitteilung) und den eingetretenen Schaden (sa ZPO 287) beweisen. Ist der Tatbestand von StGB 193 erfüllt (Eignung, den anderen verächtlich zu machen oder in der Öffentlichkeit herabzuwürdigen), so trifft den Verletzer die Beweislast für die Richtigkeit der Behauptung (BGH 132, 23). Beruft sich der Schädiger auf **II**, so muss er die berechtigten Interessen, der Geschädigte dagegen wiederum die Kenntnis von der Unwahrheit beweisen. Weist der Verletzte die Unwahrheit *später* nach, so kann er nun bei Nachwirkung Richtigstellung, bei Gefahr weiterer Äußerungen Unterlassung verlangen (BVerfG NJW 99, 1322, 10. 11. 98).

13 **7. Rechtsfolgen.** Der Anspruch auf Unterlassung und Widerruf bei rechtswidrigen, auf Schadensersatz bei schuldhaften Verletzungen außerhalb des Abs 2 entspricht den Ansprüchen bei Persönlichkeitsverletzungen (§ 823 Rn 81 ff).

§ 825 Bestimmung zu sexuellen Handlungen

Wer einen anderen durch Hinterlist, Drohung oder Missbrauch eines Abhängigkeitsverhältnisses zur Vornahme oder Duldung sexueller Hand-

Titel 27. Unerlaubte Handlungen **§ 826**

lungen bestimmt, ist ihm zum Ersatz des daraus entstehenden Schadens verpflichtet.

Die Bestimmung nimmt im Anschluss an § 253 eine Modernisierung und Erweiterung des Tatbestandes vor. In den Schutzbereich einbezogen sind Kinder und Jugendliche, Männer und Frauen. Erfasst werden Tatbestände, die in StGB 174 ff unter Strafe gestellt sind. Hinzutreten müssen, soweit nicht bereits dort enthalten, die qualifizierenden Merkmale des § 825 (Hinterlist, Drohung, Missbrauch eines Abhängigkeitsverhältnisses). Die Norm hat neben § 823 I (Verletzung des Persönlichkeitsrechts) und § 823 II iVm den genannten strafrechtlichen Normen nur eine geringe Bedeutung. 1

§ 826 Sittenwidrige vorsätzliche Schädigung

Wer in einer gegen die guten Sitten verstoßenden Weise einem anderen vorsätzlich Schaden zufügt, ist dem anderen zum Ersatz des Schadens verpflichtet.

Lit: Sack, Der subj Tatbestand des § 826 BGB, NJW 06, 945; Schricker, Gesetzesverletzung und Sittenverstoß, 1970; Steindorff, Die guten Sitten als Freiheitsbeschränkung, Summum ius, summa iniuria, 1963, S 58; Teubner, Standards und Direktiven in Generalklauseln, Möglichkeiten und Grenzen der empirischen Sozialforschung bei der Präzisierung der Gute-Sitten-Klauseln im Privatrecht, 1971.

I. Allgemeine Interpretation

1. Funktion. a) § 826 stellt, ohne subsidiär zu sein, einen Auffangtatbestand zum Schutz **allg materieller oder ideeller Interessen,** insbes des **Vermögens** (sog funktionale Interpretation, MK/Wagner 10), freilich nur gegen bestimmte Angriffsformen (Vorsatz, Sittenwidrigkeit) dar. Der Bezug auf die „guten Sitten" sollte einmal erlauben, künftige Entwicklungen und Vorstellungen aufzufangen. In der Praxis hat sich das Haftungsrecht jedoch über den Ausbau des § 823 (s zB die Sonderfallgruppen § 823 Rn 64 ff) entwickelt. Erhalten geblieben ist eine weitere Funktion, nämlich elementare außerrechtliche, aber rechtlich anzuerkennende Verhaltensanforderungen (BGH 17, 332) sowie die in den Grundrechten verwirklichte Wertordnung (BVerfG 7, 206) mit zu berücksichtigen. **b)** Die Funktion als Auffangnorm hat in letzter Zeit im **Gesellschaftsrecht** Bedeutung gewonnen, nachdem der BGH in mehreren Fallgruppen teilw ausschließlich auf § 826 zurückgreift und auf die Ableitung aus des gesellschaftsrechtlichen (außernormativen) Grundsätzen verzichtet (s dazu zB Gehrlein WM 08, 761; Hönn WM 08, 761; Förster AcP 209, 400 ff). Bsp sind die Existenzvernichtung der Gesellschaft durch kompensationslosen Entzug von Mitteln (BGH 173, 251 ff; BGH WM 09, 803), Anfechtungsklagen gegen strukturelle Gesellschaftsbeschlüsse mit dem Ziel, sich die Rücknahme der Klage abkaufen zu lassen (Frankfurt WM 09, 309), Täuschung von (potentiellen) Anlegern über die wirtschaftliche Lage des Unternehmens (BGH NJW-RR 04, 203), Unterkapitalisierung, die zwangsläufig zu Lasten von Gläubigern geht (BGH 176, 204; 176, 210 ff; 179, 344; sa Rn 27). Es wird sich noch herausstellen müssen, ob damit eine sachadaequate Lösung gefunden wurde. **c) Konkurrenzen.** § 826 ist als übergeordnete allg Norm (BGH NJW 90, 708) grundsätzlich neben anderen Anspruchsgrundlagen innerhalb und außerhalb des BGB (zB UWG 8 iVm 3, 4 Nr. 8; UrhG 97) anwendbar, die Verjährung richtet sich auch insoweit allein nach §§ 194 ff (BGH 36, 256, kein Vorrang von UWG 21 aF). Eine verdrängende Sonderregelung stellt allein § 839 dar (BGH 13, 28, ganz hM; darüber hinaus BGH 108, 77 ff: auch § 2287; bedenklich; differenzierend Schubert JR 90, 159). Ein vorsätzlich sittenwidrig handelnder Amtswalter verwirklicht stets § 839 (BGH 14, 324). Innerhalb von Sonderbeziehungen können – ohne dass § 826 rechtlich verdrängt wird – Schadensersatzansprüche faktisch dadurch entfallen, dass der den Betroffenen belastende Ver- 1

2

3

§ 826

Buch 2. Abschnitt 8. Einzelne Schuldverhältnisse

trag nach § 138 nichtig ist, gem § 123 angefochten wird (hat der Getäuschte die Frist gem § 124 versäumt, so bleibt ihm der Ersatzanspruch, BGH NJW 62, 1198) oder dass die zum Schaden führende Geltendmachung der Rechte durch den anderen gem § 242 blockiert ist.

4   **2. Tatbestand. a) Verstoß gegen die guten Sitten. aa) Obj Erfordernisse.** In stRspr (RG 48, 124; BGH VersR 13, 201) wird als sittenwidrig verstanden, was „gegen das Anstandsgefühl aller billig und gerecht Denkenden" verstößt. Da aber zur Ermittlung des Anstandsgefühls nicht auf moralische Wertvorstellungen zurückgegriffen, sondern eine **normative** – deshalb auch revisible (BGH VersR 13, 1201) **Wertung** getroffen wird, handelt es sich beinahe um eine Leerformel (bes krit Teubner aaO S 13 ff), die eine sorgfältige rechtlich abwägende Beurteilung des Einzelfalls erfordert und ermöglicht. In der Sache geht es um die Missbilligung eines Verhaltens als Mindeststandard (s iE StOechsler 32 ff), dessen Verwerflichkeit sich aus dem verfolgten Ziel, den eingesetzten Mitteln, dem Missverhältnis von Zweck und Mittel, der zutage tretenden Gesinnung oder den eingetretenen Folgen ergeben kann. Eine – die Einzelabwägung nicht ersetzende – Orientierungshilfe für die Kon-
5   kretisierung können Fallgruppen (Rn 13 ff, 25 ff) geben. **bb) Subj Voraussetzungen.** Der Handelnde muss nicht das Bewusstsein der Sittenwidrigkeit haben, jedoch die eine Sittenwidrigkeit begründenden tatsächlichen Umstände kennen (BGH NJW 05, 2992; aA Sack NJW 06, 947 f). Arglist oder gewissenlose Leichtfertigkeit können als solche die Sittenwidrigkeit begründen (BGH 176, 297), redliche Über-
6   zeugung vermag uU entlastend zu wirken. **b) Verletzbares Gut (Schadenszufügung).** Geschützt ist zum einen das **Vermögen als Ganzes**. Anders als bei § 823 I ist insoweit nicht die Verletzung eines besonderen Rechtsguts erforderlich. Zum Vermögen gehören auch tatsächliche, hinreichend konkretisierte Erwerbsaussichten (RG 111, 156: Aussicht auf Erbschaft; str, aA MK/Musielak § 2286 Rn 5 mwN). § 826 schützt weiter **ideelle Interessen** (bedeutsam für den Abwehranspruch,
7   Rn 11) sowie die **Persönlichkeitssphäre**. **c) Haftungsbegründende Kausalität.** Die den Sittenverstoß begründende Handlung muss für die Rechtsgutsverletzung (bei Vermögensschädigung Eintritt des ersten Nachteils) kausal sein (s dazu § 823
8   Rn 22 ff; iE BGH 175, 64, verspäteter Insolvenzantrag). **d) Geschädigter** (Anspruchsberechtigter) ist derjenige, gegen den sich, uU nur mittelbar, der Schädigungsvorsatz richtet (str, s Rn 10).

9   **3. Rechtswidrigkeit.** Dem Merkmal kommt, da die Sittenwidrigkeit die Rechtswidrigkeit impliziert (StOechsler 45), für den Anspruch aus § 826 keine bes Bedeutung zu.

10   **4. Verschulden.** Notwendig ist **Vorsatz;** bedingter Vorsatz genügt (BGH 147, 278). Zum Vorsatz eines Verschuldensunfähigen s § 827 Rn 2. Der Vorsatz ist neben der Sittenwidrigkeit festzustellen; ggf kann er aus den gleichen, die Sittenwidrigkeit begründenden Umständen geschlossen werden (BGH WM 75, 560 mwN); iE: Der Handelnde muss das *Bewusstsein* haben, das eigene Verhalten werde zum Schaden (zur Rechtsgutsverletzung) führen, er muss dies *wollen* bzw *in Kauf nehmen* (BGH VersR 13, 202). Nicht erforderlich ist dabei eine genaue Vorstellung über Kausalverlauf, die Person des Geschädigten und die Höhe des Schadens; jedoch müssen in etwa die Richtung, in der sich das Verhalten zum Schaden anderer auswirken wird, und die Art des möglicherweise eintretenden Schadens vom Vorsatz umfasst sein (BGH NJW 04, 448). Von hier lässt sich auch der Kreis der anspruchsberechtigten Personen begrenzen (krit – statt dessen Einführung der Schutzbereichslehre – Wolf NJW 67, 709, unklar BGH DB 79, 1078).

11   **5. Rechtsfolgen.** Dem Geschädigten stehen **Abwehransprüche** (Rn 6 f vor § 823) und Schadensersatzansprüche zu. Auch kann der Anspruch aus § 826 **einredeweise** gegenüber einem Anspruch des Schädigers erhoben werden (zB BGH WM 68, 575; 73, 894); häufig wird allerdings § 826 insoweit durch § 242 überlagert (BGH 64, 9, sa Rn 3).

Titel 27. Unerlaubte Handlungen **§ 826**

6. Beweislast. Die Darlegungs- und Beweislast für die Tatbestandsmerkmale 12
einschließlich der haftungsbegründenden Kausalität zwischen Handeln und Schädigung obliegt dem (bei Unterlassungsansprüchen: potentiell) Geschädigten (BGH VersR 13, 202).

II. Fallgruppen

1. Allgemeines. Anders als im Zusammenhang mit § 823 (zB § 823 Rn 70 ff, 13
100 ff) dient hier die Bildung von Fallgruppen weniger einer Konkretisierung der Norm durch Typisierung, sondern der Orientierung (Rn 3) und Veranschaulichung, in welchen Formen sich individuell vorwerfbares Verhalten häufig zeigt. Der Erkenntniswert der Fallgruppenbildung ist damit notwendigerweise geringer: Einer Prüfung der bes, die Sittenwidrigkeit begründenden Umstände wie auch des Vorliegens der anderen Tatbestands- und Verschuldensmerkmale wird man nicht enthoben, auch kann sich Sittenwidrigkeit in ganz anderen Fallkonstellationen zeigen. Die Bildung dieser sich im Einzelnen auch überschneidenden Fallgruppen ist in der Lit in unterschiedlicher Weise vorgenommen worden (s zB die Übersicht in StOechsler 145 ff). Hier wird versucht, von den Erscheinungsformen des missbilligten Verhaltens (Verhältnis von Mittel zum Zweck) zum einen, des missbilligten Erfolgs zum anderen (Rn 3) auszugehen. Sittenwidriges Handeln kann sich gegen einen anderen richten, möglich ist auch die Kollusion mit einem anderen zu Lasten eines Dritten.

2. Verwerflichkeit des Mittels. a) Arglistige Täuschung aa) des Partners 14
bes beim Vertragsschluss. **Bsp:** bei Hypothekenkauf (RG 103, 154), beim Kauf eines Pkw (BGH 57, 137), bei Börsentermingeschäften (BGH NJW-RR 06, 630). Die Täuschung kann auch durch Unterlassen beim Bestehen einer Aufklärungspflicht (zum Begriff des Unterlassens s § 823 Rn 29) begangen werden (BGH NJW 02, 2777, Warentermingeschäfte). Die Anfechtung nach § 123 schließt Ansprüche aus § 826 rechtlich nicht aus (s aber Rn 2). **bb)** Irreführung von **Dritten** zum 15
eigenen oder fremden Vorteil. Bsp: Ausstellen einer Urkunde über nicht ernstlich gewollten Kauf, um dem Verkäufer Kredit zu ermöglichen (Celle WM 65, 25); Schweigen über die durch einen anderen begangene Unterschriftsfälschung auf einem Wechsel trotz Anfrage (BGH 47, 114); Insolvenzverschleppung, um während der Zeit scheinbarer Gesundheit des Unternehmens Sondervorteile herauszuziehen (BGH WM 64, 673; 73, 1355); Täuschung über die Kreditwürdigkeit des notleidenden Unternehmens durch eigene Kredite gegen Sicherheit (RG 136, 253 f; 143, 40). Eine bes Rolle spielen **Gutachten** oder **Auskünfte;** die Rspr hält bewusst wahrheitswidrige oder leichtfertig ohne genaue Überprüfung der Sachlage („ins Blaue") erteilte Auskünfte für sittenwidrig, falls sich, für den die Auskunft Erteilenden erkennbar, der Empfänger von dem Inhalt der Auskunft leiten lassen will (BGH 159, 11 f mwN; zur Erforderlichkeit des Vorsatzes s Rn 10). Ähnliches gilt für **Zeugnisse** zB über Arbeitnehmer; in der Kollision zwischen den Interessen des Arbeitnehmers, durch das Zeugnis in seinem Fortkommen nicht unnötig behindert zu werden, und den Erwartungen des künftigen Arbeitgebers, das Zeugnis enthalte – wenn auch in schonender Form – die für eine Beurteilung notwendigen Angaben (BAG NJW 60, 1974), dürfen in einem Zeugnis gem § 630 S 2 für die Tätigkeit relevante Verfehlungen nicht verschwiegen werden (BGH NJW 70, 2292; zum Nicht-Erwähnen als ausreichende Information s BGH VersR 64, 314;iE StOechsler 219 ff; sa § 630 Rn 7); zur **Gläubigerbenachteiligung** durch Täuschung s Rn 27. **cc)** Irreführung von **Behörden und Institutionen,** um eine Rechtsposi- 16
tion (zB Erlaubnis) zu erlangen. Auch gegen ein **erschlichenes Urteil** kann nach stRspr (BGH 101, 383 mwN; ZIP 89, 287; sehr str, aA zB RoSchwab/Gottwald § 162 III; iE Prütting/Weth, Rechtskraftdurchbrechung bei unrichtigen Titeln, 2. Aufl 1994; § 31 ff; Kohte JR 89, 152) § 826 als Einwendung gegenüber der Zwangsvollstreckung oder als Grundlage für den Rückforderungsanspruch geltend werden. Voraussetzungen: materiell-rechtliche Unrichtigkeit des Urteils, Kenntnis des

Titelgläubigers von der Unrichtigkeit („erschleichen"), zusätzliche gravierende Umstände (zum Anspruch bei einem nicht erschlichenen, aber offenbar unrichtigen Urteil s Rn 23). **b)** Die unangemessene **Drohung** ist auch hier (vgl § 123) der
17 arglistigen Täuschung gleichwertig. **c) Pflichtverletzung. aa) Begriff.** Selbstverständlich unterfällt nicht jede Pflichtverletzung § 826, anwendbar bleibt idR allein das dafür vorgesehene Sanktionensystem (zB Ansprüche aus §§ 241 II, 280 I; 311a II). Sittenwidrig kann jedoch der bewusste Verstoß gegen bes Treuepflichten sein, wie sie sich aus enger personaler Beziehung oder längerwährenden Dauerschuldver-
18 hältnissen ergeben (ErmSchiemann 28). **bb) Verletzung eigener Pflichten gegenüber dem Partner.** Bsp: Verletzung gesellschaftsrechtlicher Treuepflichten (BGH 12, 319, Abtretung einer Gesellschaftsforderung für eigene Sicherungszwecke); Vertrauensbruch eines Treuhänders (RG 79, 196); Geheimnisverrat durch Angestellten (sa UWG 17); Ausführen eines Überweisungsauftrages durch eine Bank, wenn mit dem Zusammenbruch der Empfängerbank zu rechnen ist (BGH
19 NJW 63, 1873). **cc)** Mitwirken an der **Pflichtverletzung eines anderen.** Bsp: **Verleiten zum Vertragsbruch.** Das bloße Partizipieren am Vertragsbruch eines anderen oder auch die einfache Aufforderung ist noch nicht sittenwidrig; hinzukommen müssen bes Umstände (BGH NJW 94, 129 mwN: planmäßiges Zusammenwirken zum Schaden des Dritten; RG JW 31, 2238: Übernahme der Regressansprüche; RG 81, 91: Übernahme der Vertragsstrafe). Ähnliche Grundsätze gelten auch für die **Abwerbung von Arbeitskräften** (Karlsruhe NJW-RR 02, 165; iE Lufft NJW 61, 2000); kollusives Zusammenwirken beim **Missbrauch der Vertretungsmacht** und der damit verbundenen Pflichtverletzung durch den Vertreter (BGH NJW-RR 89, 642 f); zum Problem insgesamt s § 164 Rn 8. **dd) Bestechung** (RG 161, 231; StOechsler 236) und Zahlen von **Schmiergeldern** (BGH NJW 62, 1099) sind auch dann sittenwidrig, wenn dem Empfänger keine Pflichtverletzung gegenüber einem Dritten zur Last fällt, sondern sein Ermessen gesteuert werden soll.
20 **d) Missbrauch. aa)** Der **Begriff** des Missbrauchs ist vielschichtig; zu beachten sind insbes die Tendenzen zur Objektivierung iSd Funktionswidrigkeit zB im Wettbewerbsrecht (vgl GWB 19 IV) oder im Zusammenhang mit § 242 (s § 242 Rn 37 ff). Bei § 826 geht es wiederum um den in erheblichem Maß zu missbilligenden, auch
21 durch subj Elemente geprägten Fehlgebrauch einer Position. **bb) Missbrauch einer Machtstellung.** Der für die Rspr des RG bedeutsame Komplex (zB RG 79, 229: Erzwingen unbilliger Bedingungen durch Elektrizitätswerk; 133, 391: Verweigerung des Theaterbesuchs zur Verhinderung sachlicher Kritik; 108, 43: Mehrheitsmissbrauch bei Kapitalerhöhung in AG) ist heute im Wesentlichen faktisch durch Sonderbestimmungen (zB GWB 20, 21; UWG 1; AktG 246 ff) aufgefangen. Weitere Bsp: Verweigerung der Aufnahme in den Landessportbund (BGH NJW 69,
22 317); unbilliger Ausschluss aus nichtrechtsfähigem Verein (BGH 13, 13). **cc)** Die missbräuchliche Ausnutzung einer **formalen Rechtsstellung** zur Schädigung eines anderen kann sittenwidrig sein. Bsp: missbräuchliche Prozessdurchführung (BGH 154, 273); Erwerb in Zwangsversteigerung oder Insolvenz, um § 566 zu entgehen (BGH WM 62, 930), sittenwidriger, aber unanfechtbar gewordener Gesellschafterbeschluss (BGH AG 88, 20); Namensmissbrauch (BGH 4, 160: Ausnutzen der Verwechslungsgefahr mit anderem eingetragenen Warenzeichen); Wechselmissbrauch; Missbrauch einer Garantie (München WM 85, 191), der Vertretungsmacht (Rn 19)
23 und Treuhänderstellung (BGH NJW 68, 1471; iE StOechsler 241 f). **dd)** Das Ausnutzen eines unzutreffenden, nicht erschlichenen **Urteils/Vollstreckungsbescheids** ist nach der Rspr sittenwidrig, wenn die Unrichtigkeit offensichtlich ist, der von dem Urteil Gebrauch machende Teil die Unrichtigkeit kennt und – nach strengen Maßstäben zu prüfende – bes Unrechtsumstände hinzutreten (BGH NJW 05, 2994), welche die Verwertung des Urteils als unerträglich oder in hohem Maße als unbillig erscheinen lassen; zur Sittenwidrigkeit eines erschlichenen Urteils
24 s Rn 16. **ee)** Missbrauch einer **Vertrauensstellung.** Bsp: Verwendung und Einbau völlig ungeeigneter Ölbrenner durch ein angesehenes Heizungsunternehmen (BGH WM 75, 560), sa Rn 14.

Titel 27. Unerlaubte Handlungen   Vor §§ 827–829

3. Verwerflichkeit des Zwecks. a) Allgemeines. „Zweck" des in § 826 erfass- 25
ten – vorsätzlichen – Verhaltens ist die Schädigung des Gegenübers oder eines Dritten. Die Sittenwidrigkeit kann daher auch hier nur aus bes, die Verwerflichkeit begründenden Umständen gefolgert werden. Sie können zB beim Partner in einer demütigenden oder ganz erheblichen Beschneidung seiner Möglichkeiten liegen, bei Dritten in einer dem Sinn der Rechtsordnung eklatant widersprechenden Beeinträchtigung. IdR wird die Feststellung der kumulativ oder allein eingesetzten verwerflichen Mittel (Rn 13 ff) leichter fallen. **b) Verletzung des Partners.** Bsp: In 26
Einzelfällen hat die Denunziation eine Rolle gespielt, dh eine obj richtige Anzeige, die für den Betroffenen in einem Unrechtsregime zur erheblichen Gefährdung führt (BGHZ 17, 332 mit krit Anm Nipperdey MDR 55, 666: Anzeige in NS-Zeit; sa Köln FamRZ 62, 72); zur Persönlichkeitsverletzung und Geschäftsschädigung durch Mitteilung wahrer Tatsachen s iü § 823 Rn 76, 104. Sittenwidrig ist weiter die **wirtschaftliche Knebelung** im Rahmen von Kreditverträgen, wenn der Schuldner erheblich über das Sicherungsbedürfnis des Gläubigers hinaus faktisch sein gesamtes Vermögen zur Verfügung stellen muss (BGH 19, 12; sa BGH NJW 84, 728). Wegen der Nichtigkeit der Abrede gem § 138 wird § 826 kaum praktisch. **c)** Hauptbeispiel der Verletzung Dritter ist die **Gläubigerbenachteiligung** (Koller JZ 85, 1013). 27
Regelmäßig greifen hier nur die bes Gläubigerschutzvorschriften (zB GmbHG 64, AnfG 3 ff, InsO 129 ff) ein (s BGH VersR 96, 1287 mwN). Sittenwidrig sind aber, soweit nicht bereits Täuschungshandlungen als verwerfliche Mittel vorliegen (s Rn 14), bes Maßnahmen, welche die Ansprüche faktisch leerlaufen lassen (BGH NJW 84, 728 als Bsp: Sicherungsübernahme des gesamten Vermögens in Kenntnis von Ansprüchen Dritter; BGH 96, 235 f, Insolvenzverschleppung; BGH 162, 156, Widerspruch gegen Bankeinzug vor Insolvenz) oder die Zwangsvollstreckung faktisch vereiteln (BGH WM 64, 614: bewusstes Herbeiführen der Vermögenslosigkeit gemeinsam mit dem Schuldner; sa BAG FamRZ 73, 626 f mit Anm Fenn: bewusstes Nichtbeschäftigen des mit Verbindlichkeiten belasteten Ehegatten).

Vorbemerkungen zu den §§ 827–829

1. Bedeutung. Die §§ 827–829 bilden einen eigenständigen Abschnitt. Mit dem 1
Begriff „nicht verantwortlich" (§§ 827 S 1, 828 I, II) wird eine dem Verschulden vorgelagerte, materiell etwa StGB 20 oder JGG 3 vergleichbare Kategorie eingeführt: die sog Deliktsfähigkeit (besser Verschuldensfähigkeit bzw **Verschuldensunfähigkeit**). Abgesehen von der wohl als grundsätzlich empfundenen Notwendigkeit einer solchen Regelung (Mot II 732; Prot II 583) soll damit im Gegensatz zu dem typisiert festzustellenden Verschulden (§ 276 Rn 29) ein individuell auf den konkreten Schädiger anzuwendender Zurechnungsmaßstab und eine bes Haftungsregelung ermöglicht werden.

2. Anwendungsbereich. Die Vorschriften gelten für die an ein Verschulden 2
anknüpfenden **Deliktstatbestände** (§§ 823–826, 830 I 2, 831, 832, 833 S 2, 834, 836–838) und dank des Verweises in § 276 I 2 auch für **Sonderbeziehungen,** insbes vertragliche Schuldverhältnisse. Dies hat bes Bedeutung für die Anwendbarkeit im Rahmen des **§ 254** (BGH 34, 366; Karlsruhe NJW 09, 2608; MK/Wagner § 827, 4). Bei einer **Gefährdungshaftung** greifen die §§ 827, 828 nicht ein.

3. Rechtsnatur. Verschuldensunfähigkeit und die sie begründenden Tatbestände 3
sind Rechtsbegriffe, die sich mit den entspr medizinischen Begriffen nicht voll decken; der Richter hat daher gem ZPO 286 ohne Bindung an Sachverständigengutachten selbst zu entscheiden (BGH VersR 67, 30; NJW 70, 1038).

4. Haftung bei Verschuldensunfähigkeit. Die fehlende Verschuldensfähigkeit 4
schließt eine Haftung nicht grds aus. Für einzelne Deliktstatbestände greift eine Billigkeitshaftung (§ 829) ein. In den Fällen des § 827 haftet derjenige, der sich

schuldhaft in diesen Zustand versetzt hat, in der Weise, „als ob" er die Handlung selbst fahrlässig schuldhaft begangen habe. Zur Haftung der Aufsichtsperson s § 832.

§ 827 Ausschluss und Minderung der Verantwortlichkeit

¹Wer im Zustand der Bewusstlosigkeit oder in einem die freie Willensbestimmung ausschließenden Zustand krankhafter Störung der Geistestätigkeit einem anderen Schaden zufügt, ist für den Schaden nicht verantwortlich. ²Hat er sich durch geistige Getränke oder ähnliche Mittel in einen vorübergehenden Zustand dieser Art versetzt, so ist er für einen Schaden, den er in diesem Zustand widerrechtlich verursacht, in gleicher Weise verantwortlich, wie wenn ihm Fahrlässigkeit zur Last fiele; die Verantwortlichkeit tritt nicht ein, wenn er ohne Verschulden in den Zustand geraten ist.

1   **1. Verschuldensunfähigkeit (S 1).** Mit beiden Begriffen wird der schwierige Grenzbereich gekennzeichnet, in dem einerseits noch eine Handlung, also ein beherrschbares Verhalten (§ 823 Rn 20) vorliegt, im Zeitpunkt der Handlung andererseits die freie Willensentscheidung ausgeschlossen ist (Haase JR 87, 241). Bsp: Auftreten eines epileptischen Anfalls (BGH 127, 188), unfallbedingte Amnesie und falsche Angaben ggü dem Versicherer (BGH VersR 07, 389). Eine äußerste Erregung kann im Einzelfall eine Verschuldensunfähigkeit auslösen (BGH NJW 58, 266); eine allg Erregung oder momentane Unfähigkeit zum vernünftigen Handeln reichen nicht aus (iE MK/Wagner 6). Eine alkoholbedingte Bewusstseinsstörung bei einem Pkw-Fahrer setzt sehr hohe Werte voraus (BGH JZ 12, 47 mwN: 3 ‰ Blutalkohol lediglich als Anzeichen für eine Schuldunfähigkeit).

2   **2. Auslösen der Verschuldensunfähigkeit (S 2).** Das Verhalten führt nicht zur fahrlässigen Handlung selbst, sondern wird in der Haftung gleich gstellt. Ist grobe Fahrlässigkeit erforderlich, so muss entspr grob fahrlässig der Zustand der Verschuldensunfähigkeit herbeigeführt sein (BGH VersR 67, 944). Für Vorsatzdelikte (§§ 826, 839 I 2) kann nach § 827 S 1 nicht gehaftet werden. Möglich ist, in einer „Vorverlagerung des Schuldvorwurfs" (Armbrüster JZ 12, 51) als fahrlässig zu werten, wenn der Handelnde zB Alkohol oder andere Mittel zu sich nimmt, ohne Vorkehrungen zu treffen, dass er danach kein Kfz benutzt (BGH JZ 12, 47 m zustAnm Armbrüster aaO) oder oder auch vorsätzlich, wenn absichtlich für das Begehen einer Handlung das Bewusstsein ausschaltende Mittel zu sich genommen werden (Armbrüster aaO).

3   **3. Beweislast.** Sie obliegt dem Handelnden für die Bewusstlosigkeit ect. (BGH JZ 12, 47), für die Merkmale des S 2, 1. HS (s Rn 2) dem Verletzten, für S 2, 2. HS wiederum dem Handelnden.

§ 828 Minderjährige

(1) **Wer nicht das siebente Lebensjahr vollendet hat, ist für einen Schaden, den er einem anderen zufügt, nicht verantwortlich.**

(2) ¹**Wer das siebente, aber nicht das zehnte Lebensjahr vollendet hat, ist für den Schaden, den er bei einem Unfall mit einem Kraftfahrzeug, einer Schienenbahn oder einer Schwebebahn einem anderen zufügt, nicht verantwortlich.** ²**Dies gilt nicht, wenn er die Verletzung vorsätzlich herbeigeführt hat.**

(3) **Wer das 18. Lebensjahr noch nicht vollendet hat, ist, sofern seine Verantwortlichkeit nicht nach Absatz 1 oder 2 ausgeschlossen ist, für den Schaden, den er einem anderen zufügt, nicht verantwortlich, wenn er bei der Begehung der schädigenden Handlung nicht die zur Erkenntnis der Verantwortlichkeit erforderliche Einsicht hat.**

Titel 27. Unerlaubte Handlungen § 829

Lit: Birr, Die Haftung Minderjähriger im Zivilrecht, 2005; Oechsler, Die Unzurechnungsfähigkeit von Kindern in Verkehrssituationen, NJW 2009, 3185.

1. Begriff, Normanwendung. a) § 828 regelt nur die **Verschuldensunfähigkeit** (Rn 1 vor §§ 827–829); das Verschulden selbst gehört in den Bereich des § 276. I stellt **Kinder bis zu 7 Jahren** von Ansprüchen aus unerlaubter Handlung grundsätzlich völlig frei (s aber § 829). **b)** Nach II werden **Kinder zwischen 7 und 10 Jahren** bei einer *nicht vorsätzlichen* Verursachung eines **Verkehrsunfalls** ebenfalls freigestellt, weil sie die Gefahren des motorisierten Straßenverkehrs (Entfernung, Geschwindigkeit) idR nicht einzuschätzen vermögen und auch nicht in der Lage sind, adäquat zu reagieren (BT-Drs 77/7752 S 26). Für die Normanwendung muss deshalb eine verkehrstypische Überforderungssituation vorliegen (BGH NJW-RR 05, 327: Haftung gem III für Beschädigung eines parkenden Kfz beim Fahren mit einem Kickboard auf dem Fußweg; BGH 172, 86 f: keine Haftung bei Auffahren mit dem Fahrrad auf einen an einer Kreuzung haltenden Pkw. Zu weit BGH NJW 08, 147: keine Haftung bei auf Bürgersteig losgelassenem Fahrrad; iE s LG Saarbrücken NJW 10, 944 mwN). Bei einer geringfügigen Überschreitung der Altersstufe ist uU die gesetzliche Wertung in die Abwägung der Verursachungsanteile mit einzubeziehen (Heß/Burmann NJW 13, 1647 mwN). **c)** III stellt für **Jugendliche zwischen 11 und 18 Jahren** im Wortlaut nach den im 19. Jahrhundert herrschenden Vorstellungen für eine Haftung allein auf die intellektuelle Einsichtsfähigkeit ab, nicht auch auf das Vermögen, entspr dieser besseren Einsicht tatsächlich handeln zu können. Die Novelle 2002 hat daran leider nichts geändert. Die Rspr. fühlt sich an den Gesetzestext gebunden (Koblenz VersR 05, 416; aA Teichmann JZ 70, 618). Faktisch geschieht eine Korrektur dadurch, dass die Schwelle der individuell für den Handelnden festzustellenden Einsichtsfähigkeit sehr niedrig angesetzt wird. Es genügt die „Erkenntnis einer allg Gefahr und eines allg Schadens" bzw „das allg Verständnis dafür, dass das Verhalten in irgendeiner Weise Verantwortung begründen kann" (BGH NJW-RR 05, 327); im Vorliegen wird regelmäßig bejaht (Nürnberg NJW-RR 06, 1170, Fußball durch 7jähriges Kind an Hauslampe mit Augenverletzung durch Splitter; verneint in Hamm VersR 77, 531: 13jähriger Hauseigentümer und nicht äußerlich sichtbarer Mangel einer Balkonbrüstung; LG Osnabrück NJW 07, 522, Erschrecken eines an der Seite stehenden Pferdes). Die eigentliche Entscheidung über die Haftung wird damit in die Prüfung des Verschuldens verlagert (Geilen FamRZ 65, 404; Teichmann JZ 70, 619, s Oldenburg VersR 92, 115); zur Haftung bei fehlendem Verschulden in entspr Anwendung des § 829 s dort Rn 6. Zum **Umfang** des Ersatzanspruchs ist noch offen, ob es verfassungsrechtlich geboten ist, die Haftungssumme zum Erhalt einer Lebensperspektive zu begrenzen (BerlVerfGH NJW-RR 10, 1141 mwN).

2. Beweislast. Die doppelte Verneinung in III („nicht verantwortlich wenn nicht ...") zeigt, dass das Gesetz von der Verschuldensfähigkeit des Jugendlichen im Grundsatz ausgeht. Der Schädiger muss diese Vermutung widerlegen, dh Umstände darlegen und ggf beweisen, aus denen sich seine Verschuldensunfähigkeit ergibt (s BGH VersR 05, 1155). Für die Einschränkung des II (Rn 2 aE) trägt der Geschädigte die Beweislast (BGH 181, 371 f), für das Verschulden die Geschädigte.

§ 829 Ersatzpflicht aus Billigkeitsgründen

Wer in einem der in den §§ 823 bis 826 bezeichneten Fälle für einen von ihm verursachten Schaden auf Grund der §§ 827, 828 nicht verantwortlich ist, hat gleichwohl, sofern der Ersatz des Schadens nicht von einem aufsichtspflichtigen Dritten erlangt werden kann, den Schaden insoweit zu ersetzen, als die Billigkeit nach den Umständen, insbesondere nach den Verhältnissen der Beteiligten, eine Schadloshaltung erfordert und ihm nicht die Mittel entzogen werden, deren er zum angemessenen Unterhalt sowie zur Erfüllung seiner gesetzlichen Unterhaltspflichten bedarf.

§ 829

1. 1. Anspruchsvoraussetzungen. a) Obj Tatbestand einer unerlaubten Handlung. Durch den Verweis auf die §§ 823–826 sind die übrigen Ausformungen der Grundtatbestände, die §§ 830 I 2 (RG 74, 145), 831, 833 S 2 (BGH WM 76, 1056), 834, 836–838 mit erfasst. Berücksichtigt man die §§ 827, 828 im Rahmen des § 254 (Rn 2 vor §§ 827–829), so ist auch die Anwendung des § 829 in diesem Bereich konsequent. Von der Rspr wird sie allerdings nur unter großer Zurückhaltung und lediglich in gravierenden Fällen vorgenommen (Celle NJW 69, 1633 mit abl Anm Knippel NJW 69, 2016 und Böhmer JR 70, 340; BGH NJW 73, 1795; VersR 74, 139; Hamm VersR 75, 667). Auf Schadensersatzansprüche aus Sonderbeziehungen ist, wie der Verweis in § 276 I 2 allein auf die §§ 827, 828 zeigt, § 829 nicht anwendbar; dies muss sich auch auf § 254 im Rahmen von Sonderbeziehungen
2 erstrecken. **b) Ausschluss der Haftung gem §§ 827, 828.** Zum *Tatbestand* selbst s § 827 Rn 1, § 828 Rn 2. Eine *entspr Anwendung* über den *Bereich des § 827* hinaus soll aus Gründen der Interessengleichheit nur dann möglich sein, wenn die Bewusstlosigkeit ein solches Maß erreicht hat, dass es juristisch bereits an einer Handlung fehlt. Dem ist zuzustimmen. Problematischer ist die *entspr Anwendung* über den *Bereich des § 828* hinaus mit der Annahme, ein Jugendlicher, der zwar die erforderliche Einsichtsfähigkeit besitzt, dem aber bei Berücksichtigung seines Alters kein Fahrlässigkeitsvorwurf zu machen sei (§ 276 Rn 29), könne nach § 829 haften (BGH 39, 285; zust Wilts VersR 63, 1100; Deutsch JZ 64, 90; Geilen FamRZ 65, 408). Dies bietet sich infolge des Absinkens der Schwelle des § 828 (s § 828 Rn 2) geradezu an, führt aber in den krit Bereich einer altersbedingten, uU auch für alte Menschen geltenden und kaum abgrenzbaren Gefährdungshaftung. In einer *Reduktion* wird § 829 nicht angewandt, wenn bei gleichen Umständen ein Voll-Verantwortlicher auch nicht haften würde. Sonst würde eine nicht gerechtfertigte Schlechterstellung
3 des Verschuldensunfähigen eintreten (BGH NJW 62, 2202). **c) Kein Ersatz vom Aufsichtspflichtigen.** Gleichgültig ist, ob ein Aufsichtspflichtiger nicht vorhanden ist, ob den Aufsichtspflichtigen keine Pflichtverletzung trifft oder ob von ihm aus tatsächlichen Gründen kein Ersatz verlangt werden kann. Eine Vorausklage ist nicht
4 erforderlich. **d)** Bei der Prüfung der **Billigkeit** sind alle Umstände des Einzelfalles wie zB Anlass, Hergang und Folge der Tat (BGH NJW 79, 2096), die „natürliche" Einsichtsfähigkeit des Verschuldensunfähigen (BGH NJW 58, 1630 aE) und insbes die Vermögens- und sonstigen Lebensverhältnisse in Betracht zu ziehen. Da ein Schadensausgleich „erfordert", nicht nur erlaubt sein muss (BGH 127, 192), müssen die Umstände in erheblichem Ausmaß zuungunsten des Schädigers sprechen („erhebliches Gefälle" der Umstände). Str ist, wieweit bei den Vermögensverhältnissen des Schädigers eine **Haftpflichtversicherung** zu berücksichtigen ist. Da eine freiwillige Versicherung idR nicht abgeschlossen wird, um gegen sich Ansprüche zu begründen, muss sie bei dem Ob eines Anspruchs unberücksichtigt bleiben (BGH 76, 284 mwN; aA Wolf VersR 98, 812). Ist der Anspruch grundsätzlich entstanden, so kann für dessen Höhe die Versicherung als ein Vermögensteil des Schädigers eine Rolle spielen (BGH VersR 80, 625). Ges Haftpflichtversicherungen (zB bei Kfz) sind jedoch im Interesse des Geschädigten geschaffen und grundsätzlich zu berücksichtigen (BGH 127, 191 f). Dies gilt auch für allg gebotene (zB Berufshaftpflicht-)
5 Versicherungen. **e) Kein Mittelentzug usw.** Zum Unterhalt s § 1610, zur ges Unterhaltspflicht s §§ 1360 ff, 1569 ff, 1601 ff.

6 **2. Rechtsfolgen.** Der zu leistende Betrag kann aus Billigkeitsgründen (vgl „insoweit" im Ges) unter dem nach §§ 249 ff zu leistenden Schadensersatz bleiben.

7 **3. Prozessuales. a)** Maßgebender **Zeitpunkt** für die Prüfung der Voraussetzungen des § 829 ist der nach ZPO 128 bestimmte Termin (letzte mündliche Tatsachenverhandlung bzw gem ZPO 128 II 2 bestimmter Zeitpunkt). Scheitert derzeit ein Anspruch wegen fehlender Billigkeit, ist ein **Feststellungsurteil** möglich, dass der Schädiger bei künftigem Eintritt der Voraussetzungen Ersatz zu leisten habe
8 (Stuttgart OLGR 04, 521). **b) Beweislast:** Zum Tatbestand der Verletzungsnorm (Rn 1) s jeweils dort, zum Ausschluss der Haftung s § 827 Rn 3, § 828 Rn 3. Der

Titel 27. Unerlaubte Handlungen § 830

Verletzte hat zu beweisen, dass vom Aufsichtspflichtigen kein Ersatz zu erlangen ist (Rn 3). Zur Billigkeit (Rn 4) obliegt dem Verletzten die Beweislast für die eigenen wirtschaftlichen Verhältnisse, dem Schädiger jedoch für die seinen; denn insoweit hat der Verletzte keinen Einblick (aA Baumgärtel/Luckey 2: Sekundäre Darlegungslast beim Schädiger, weshalb die Behauptung der Geschädigten über das Schädigervermögen unrichtig sein soll). Dem Schädiger obliegt schließlich der Nachweis, dass ihm Mittel für den angemessenen Unterhalt entzogen werden (Rn 5).

§ 830 Mittäter und Beteiligte

(1) ¹**Haben mehrere durch eine gemeinschaftlich begangene unerlaubte Handlung einen Schaden verursacht, so ist jeder für den Schaden verantwortlich.** ²**Das Gleiche gilt, wenn sich nicht ermitteln lässt, wer von mehreren Beteiligten den Schaden durch seine Handlung verursacht hat.**

(2) **Anstifter und Gehilfen stehen Mittätern gleich.**

Lit: Eberl-Borges, § 830 BGB und die Gefährdungshaftung, AcP 196, 491 ff; Brambring, Mittäter, Nebentäter, Beteiligte und der Verteilung des Schadens bei Mitverschulden des Geschädigten, 1973; Keuk, Die Solidarhaftung der Nebentäter, AcP 168, 175; E. Lorenz, Die Lehre von den Haftungs- und Zurecheneinheiten und die Stellung des Geschädigten in Nebentäterfällen, 1979.

1. Allgemeines. a) Funktion. Sind mehrere an einer unerlaubten Handlung 1 beteiligt, so steht zwar fest, dass mindestens einer von ihnen die Rechtsgutsverletzung begangen haben muss. Der Geschädigte ist jedoch kaum in der Lage, den konkreten Schädiger zu bezeichnen und für ihn den an sich erforderlichen Nachweis im Blick auf den vollen Tatbestand (§ 823 Rn 63) zu führen; erst dann aber würde sich der Weg zB zu § 823 I oder bei mehreren festgestellten Schädigern zu § 840 I öffnen. Jeder Beteiligte könnte häufig unwiderlegbar behaupten, möglicherweise habe (auch) ein anderer aus dem in Betracht kommenden Kreis die Verletzung herbeigeführt. Der Verletzte ginge iE trotz der eindeutigen Ausgangslage leer aus. Entspr gilt, wenn zwar nicht die Rechtsgutsverletzung selbst, aber die Verursachung für eine bestimmte Schadens*höhe* zweifelhaft ist (sog Anteilszweifel, BGH NJW 06, 2399). § 830 **befreit** den Geschädigten **vom Nachweis der haftungsbegründenden Kausalität** (zum Begriff s § 823 Rn 20 aE), gibt ihm eine **eigene Anspruchsgrundlage** (BGH 72, 358 mit Anm U. H. Schneider JR 79, 336) *bei möglicher Kausalität* und verlagert die Risiken der Haftungsverteilung in das Verhältnis der Schädiger untereinander (BGH 59, 41 f). Gerechtfertigt ist diese Überwälzung nur bei entspr Tatbeiträgen oder Handlungen, die das Ges in einer quantitativen Abstufung mit Mittäterschaft (I 1), Anstiftung und Beihilfe (II) sowie Beteiligung (I 2) umschreibt. **b) Anwendungsbereich.** § 830 setzt eine unerlaubte Handlung 2 voraus; eine entspr Anwendung auf vergleichbare Tatbestände – Tierhalterhaftung (München, NJW-RR 12, 1234), Haftung gem §§ 241 II, 280 I (BGH NJW 01, 2539, krit Henne VersR 02, 685), vermutete Verschuldenshaftung, allg Gefährdungshaftung, § 906 – ist möglich (BGH 101, 111 mwN).

2. Mittäterschaft (I 1). a) Obj Tatbestand. aa) Erforderlich ist ein das rechts- 3 widrige Handeln der Übrigen **unterstützender eigener Tatbeitrag** (s Hamm NJW 85, 203, Demonstration). Die intellektuelle Mitwirkung genügt; eine bloße Anwesenheit ist nur dann Tatbeitrag, wenn sie sich obj als Unterstützung auswirkt (BGH 137, 104). **bb)** Die Feststellung der **Kausalität** zwischen dem Tatbeitrag und der Rechtsgutsverletzung ist entspr der Funktion der Norm nicht erforderlich, gehaftet wird für die *mögliche Kausalität* (BGH 59, 41; JZ 72, 128; Deutsch JZ 72, 106; enger mit beachtlicher Argumentation Brambring aaO S 40, 42 ff: Es müsse zumindest der Gegenbeweis zugelassen werden, das Verhalten sei nicht kausal gewesen). **b) Rechtswidrigkeit.** Der rechtmäßig handelnde Mittäter scheidet aus dem 4 Haftungsverband der rechtswidrig Handelnden aus (StEberl-Borges 61 u 82; BGH

§ 830 Buch 2. Abschnitt 8. Einzelne Schuldverhältnisse

5 JZ 72, 127). **c) Verschulden.** Nach stRspr (BGH 59, 39; 137, 102) und hM (MK/ Wagner 21 f) muss der Einzelne entspr dem strafrechtlichen Begriff der Mittäterschaft im Blick auf die Rechtsgutsverletzung (nicht mehr im Blick auf den Folgeschaden, BGH 59, 39; NJW 72, 42) mit zumindest bedingtem Vorsatz gehandelt haben, also die Tat in ihren groben Zügen kennen und den Willen haben, sie als eigene zu begehen oder als fremde zu unterstützen. Für die vom eigenen Vorsatz nicht erfassten Exzesse der Mittäter wird aus § 830 I 1 nicht gehaftet (BGH 63, 128, Hausbesetzung; BGH 89, 389, Großdemonstration, m Anm Stürner JZ 84, 525, Kornblum JuS 86, 600; BGH VersR 92, 499, Freiheitsberaubung mit Körperverletzung). Zum Vorsatz eines Verschuldensunfähigen s § 827 Rn 2.

6   **3. Anstiftung, Beihilfe (II). a) Obj Tatbestand. aa)** Zum Begriff s StGB 26, 27; wie im Strafrecht ist auch eine Teilnahme an eigenhändigen und Sonderdelikten möglich (s BGH 75, 107; AG 84, 185, Teilnahme eines Aufsichtsratsmitgliedes einer AG an der Pflichtverletzung des Vorstandes, Antrag auf Eröffnung des Insolvenzverfahrens zu stellen). Beihilfe ist jede, auch psychische (BGH 63, 125) **Förderung der fremden Haupttat** (BGH NJW-RR 05, 558) oder Vorbereitungshandlung; der eigene Rücktritt schließt nicht aus, dass die Unterstützung fortwirkt (BGH 63, 131 f); Begünstigung und Hehlerei können unterstützend wirken, sonst kommt eine eigene Haftung für den dadurch verursachten Schaden, etwa aus § 826, in Frage. **bb) Kausalität.** Anstiftung als Hervorrufen des Tatentschlusses muss für die Haupttat kausal sein, Beihilfe nicht (BAG NJW 64, 888: Unterstützung eines wilden Streiks durch Gewerkschaft; BGH 63, 130: Hausbesetzung). **cc) Vorsätzliche Haupttat.** Ist der Haupttäter schuldunfähig (§§ 827, 828), so ist mittelbare Täterschaft zu prüfen (BGH 42, 122; aA StEberl-Borges 36, die unerkannte Verschuldens-
7   unfähigkeit des Haupttäters schließe Teilnahme nicht aus). **b)** Zur **Rechtswidrigkeit** und zum **Verschulden** gilt Rn 4, 5 entspr.

8   **4. Beteiligung (I 2). a) Allgemeines.** Das Ges geht hier noch einen Schritt weiter und lässt im Ausgangspunkt für die Haftung des einzelnen eine unerlaubte Handlung aus dem Kreis mehrerer genügen, ohne dass der Geschädigte nachzuweisen braucht, diese Handlung des einzelnen habe irgendeine Auswirkung auf die Verletzung gehabt. Zur Vermeidung einer Zufallshaftung ist eine eingeengte,
9   iE schwierige und sehr str Konkretisierung erforderlich. **b) Obj Tatbestand. aa)** Es muss eine zur Herbeiführen der Rechtsgutsverletzung **geeignete Handlung** (§ 823 Rn 20), also ein Verhalten vorliegen, das für die Verletzung kausal sein konnte. Der bloße Verdacht, ein zum Zeitpunkt der Tat Anwesender könne gehandelt haben, reicht nicht aus (BGH 89, 399 f mwN), desgl ist § 830 I 2 nicht anwendbar, wenn die festgestellte Handlung den Verletzungserfolg nicht herbeizuführen vermochte (Oldenburg VersR 08, 830: Bei mehreren Rauchern muss feststehen, dass die weggeworfene Zigarette des Einzelnen nicht gelöscht war; zur Beweislast s Rn 15).
10   **bb)** Der Begriff der **Beteiligung** – anders als im Strafrecht verstanden – wird unterschiedlich interpretiert. Zum einen wird er auf die übrigen Handelnden bezogen und daraus abgeleitet, es müsse ein *Zusammenhang* zwischen „den Beteiligten" bestehen. Dieser Zusammenhang wird idR obj gefasst: Notwendig ist danach die Feststellung eines sachlich, zeitlich und räumlich zusammenhängenden Vorganges (BGH 25, 274). Diese Anforderung hatte der BGH im Blick auf den zeitlichen (BGH 33, 292) und örtlichen (BGH 55, 95) Zusammenhang gelockert; unverzichtbar sei jedoch, dass die Beteiligten in einer Haftungsgemeinschaft auf Grund der gemeinsamen Gefährdung, zB beim Vorliegen eines einheitlichen Vorganges, zusammengefasst seien (BGH 55, 93; wohl auch BGH NJW 06, 2399). Die Gegenansicht bezieht „Beteiligung" auf den möglichen *Anteil an der Verletzung* und knüpft im Grunde an die Handlung (Rn 9) an: Jeder, dessen Handeln zu dem eingetretenen Erfolg habe führen können, sei Beteiligter (MK/Wagner 52; Koblenz VersR 06, 123 mwN; Schleswig OLGR 08, 396). – Die Lösung ist von der Funktion der Norm her (Rn 1) zu gewinnen. Beteiligung ist anzunehmen, wenn es dem Geschädigten – bzw einem Dritten an seiner Stelle – nicht möglich und zumutbar war, bei der möglichen

Titel 27. Unerlaubte Handlungen § 831

Verletzung durch mehrere Handelnde Feststellungen über den Kausalbeitrag des einzelnen zu treffen (ähnlich BGH 55, 93). **cc) Unklarheit der Verursachung durch einen Beteiligten.** § 830 I 2 setzt voraus, dass der Geschädigte die Kausalität der Handlung eines Beteiligten für die Rechtsgutsverletzung allein wegen der Mehrheit der möglichen Schädiger nicht nachweisen kann (Rn 1). Deshalb ist § 830 I 2 auf einen weiteren Verletzer nicht anwendbar, wenn der Erstverletzer für alle Folgeschäden (Rn 24 ff vor § 249) aufkommen muss (BGH VersR 85, 269, krit Fraenkel NJW 79, 1202; Deutsch NJW 81, 2731); denkbar sind eigene Ansprüche zB aus § 823 hinsichtlich des tatsächlich festgestellten Beitrags. § 830 I 2 entfällt weiter, wenn der **Geschädigte selbst** möglicher Verursacher ist (BGH 60, 181 ff mwN; aA zB Deutsch, HaftungsR I, Rn 527). **c) Rechtswidrigkeit.** Handelt nur einer der Beteiligten rechtmäßig, so entfällt der Anspruch gegen alle aus § 830 I 2; sonst käme es zu einer Haftung für ein möglicherweise rechtmäßiges Verhalten (BGH NJW 06, 2400). **d)** Fehlendes **Verschulden** des einzelnen soll die Haftung der übrigen ebenfalls ausschließen (StEberl-Borges 83 mN; differenzierend MK/Wagner 38; 41 ff; aA zutr Larenz/Canaris, SchuldR II 2, § 82 II 3: entpr Anwendung der Regeln über die gestörte Gesamtschuld [s § 840 Rn 8 f]). 11 12 13

5. Nebentäterschaft. Eine reine Nebentäterschaft, dh die Verletzung durch mehrere selbstständige Einzelhandlungen ohne qualifizierende „Beteiligung", erlaubt die Anwendbarkeit des § 830 nicht (BGH NJW 88, 1720; aA Brambring aaO S 57); sa § 840 Rn 5. 14

6. Beweislast. Der Verletzte muss die Tatbestandsmerkmale einer zurechenbaren Handlung bis auf die haftungsbegründende Kausalität beweisen, statt der Kausalität die Merkmale von I 1, II oder I 2. Im Falle von I 2 kann der mögliche Schädiger den Nachweis führen, seine Handlung sei nicht ursächlich (Rn 9) gewesen (Bremen MDR 06, 92) bzw es stehe ein anderer Schädiger fest (Rn 11). Zur str Frage, ob ein Gegenbeweis auch bei der Mittäterschaft (I 1) möglich ist, s Rn 3. 15

§ 831 Haftung für den Verrichtungsgehilfen

(1) ¹**Wer einen anderen zu einer Verrichtung bestellt, ist zum Ersatz des Schadens verpflichtet, den der andere in Ausführung der Verrichtung einem Dritten widerrechtlich zufügt.** ²**Die Ersatzpflicht tritt nicht ein, wenn der Geschäftsherr bei der Auswahl der bestellten Person und, sofern er Vorrichtungen oder Gerätschaften zu beschaffen oder die Ausführung der Verrichtung zu leiten hat, bei der Beschaffung oder der Leitung die im Verkehr erforderliche Sorgfalt beobachtet oder wenn der Schaden auch bei Anwendung dieser Sorgfalt entstanden sein würde.**

(2) **Die gleiche Verantwortlichkeit trifft denjenigen, welcher für den Geschäftsherrn die Besorgung eines der im Absatz 1 Satz 2 bezeichneten Geschäfte durch Vertrag übernimmt.**

Lit: Steindorff, Repräsentanten- und Gehilfenversagen und Qualitätsregelungen in der Industrie, AcP 170, 93.

1. Allgemeines. a) Funktion. § 831 begründet entgegen einer weitläufigen Meinung keine Haftung für das Handeln des Gehilfen, sondern einen selbstständigen Anspruch gegen den Geschäftsherrn wegen *eigenen* Auswahl-, Ausrichtungs- oder Überwachungsverschuldens mit einer Beweislasterleichterung für den Geschädigten (s Rn 10 ff). Die zum Schadensersatz verpflichtende **Handlung** ist also das Unterlassen (§ 823 Rn 29 ff) der ordnungsgemäßen Auswahl usw eines anderen. Die Haftung wird ausgelöst durch dessen rechtswidriges Fehlverhalten. **Rechtfertigungsgründe** für den Geschäftsherrn sind kaum denkbar. Er muss **verschuldensfähig** (Rn 1 ff vor §§ 827–829) sein und **schuldhaft** gehandelt haben. Der Gesetzesaufbau entspricht nicht dem üblichen Deliktsaufbau, sondern trennt nach der *Beweislast* (I 1 1

§ 831
Buch 2. Abschnitt 8. Einzelne Schuldverhältnisse

2 einerseits, I 2 bes im Blick auf das Verschulden andererseits). **b) Einordnung der Norm in das Anspruchssystem.** Neben § 831 kann sich gegen den Geschäftsherrn ein Anspruch aus § 823 wegen eines sog Organisationsmangels (§ 823 Rn 32) ergeben. Bestehen zwischen Geschädigtem und Geschäftsherrn Sonderbeziehungen (zB ein Vertrag), so haftet der Geschäftsherr (als Schuldner) gem § 278 bei Verletzung seiner Schuldnerpflicht für das *fremde Verschulden* derselben Person (insoweit „Erfüllungsgehilfe" genannt) unter den dort genannten Voraussetzungen. – Ansprüche gegen den Verrichtungsgehilfen selbst können sich zB aus § 823 ergeben, es entsteht
3 eine gesamtschuldnerische Haftung gem § 840 I. **c) Anwendungsbereich.** Ansprü-
4 che aus unerlaubter Handlung innerhalb und außerhalb des BGB. **d) Einschränkung der wirtschaftlichen Tragweite.** Weil die grundsätzliche, wenn auch erschwerte Möglichkeit des Entlastungsbeweises (I 2) häufig als unbefriedigend empfunden wird, sind nicht nur Rechtsinstitute vertragsähnlicher Beziehungen (zB § 311 II, insbes § 311 III 2; Vertrag mit Schutzwirkung für Dritte) entwickelt, sondern andere Haftungstatbestände ausgebaut und damit die Relevanz des § 831 faktisch reduziert worden: Die Möglichkeit, Verrichtungsgehilfen zu bestellen und ihnen zur eigenen Verantwortung Aufgaben zu übertragen, wird eingeschränkt (BGH VersR 64, 297: keine Entlastung des Geschäftsinhabers durch das Einstellen eines Betriebsleiters); bei juristischen Personen wird der Kreis der „verfassungsmäßig berufenen Vertreter" gem § 31 weit gezogen und damit eine Haftung zB nach §§ 823, 31 erreicht; ist für bestimmte Aufgabengebiete kein Organ bestellt, so gilt dies als selbst zu verantwortender Organisationsmangel (§ 823 Rn 32).

5 **2. Haftungsvoraussetzungen (I 1). a) Zu einer Verrichtung bestellt. aa) Beschreibung.** Verrichtungsgehilfe ist, wer im Blick auf eine Tätigkeit höherer oder niederer, entgeltlicher oder unentgeltlicher Art (zum Begriff der Verrichtung s RG 92, 346) *Weisungen unterliegt* (BGH VersR 13, 204). Die Weisungsgebundenheit kann generell oder auch nur partiell für einzelne Tätigkeitsbereiche, für die dann allein § 831 gilt, bestehen (die Gleichsetzung mit „sozialer Abhängigkeit" ist deshalb unpräzise). Die Weisungsgebundenheit ist abzugrenzen zB gegen die schuldrechtliche Verpflichtung, eine bestimmte Leistung (etwa das Herstellen einer genau umschriebenen Sache) zu erbringen. Das Weisungsrecht wird in der Rspr umschrieben als die – nicht unbedingt bis ins einzelne reichende – Befugnis, die Tätigkeit des Handelnden jederzeit beschränken, entziehen oder nach Zeit und Umfang bestimmen zu können (BGH VersR 13, 204), wobei wohl im Schwerpunkt auf Umfang und Zeit abzustellen ist: Wer über Zeit und Umfang seiner Tätigkeit
6 selbst zu bestimmen vermag, ist nicht Verrichtungsgehilfe (PalSprau 5). **bb) Beispiele.** § 831 ist generell *anwendbar* auf Arbeitnehmer, Angestellte (BGH VersR 60, 19: Assistenzarzt; NJW 59, 2302: Krankenschwester), Praxisvertreter eines Arztes (BGH NJW 89, 771), auch Notfallarzt, der für einen praktischen Arzt einspringt (offen gelassen in BGH NJW 09, 1741). § 831 ist partiell anwendbar zB auf Handelsvertreter im Blick auf konkret übertragene Aufgaben (BGH BB 79, 1734); auf einen mit der Nachuntersuchung beauftragten Vertrauensarzt einer Kasse (RG 131, 70); auf von einem anderen entliehene Arbeitnehmer, wenn – zeitweilig oder projektgebunden – eine starke Bindung und Integration vorgenommen wird (BGH VersR 74, 243). § 831 ist *nicht anwendbar* auf Mitgesellschafter (BGH 45, 313; Sellert AcP 175, 77; aA Fabricius, Gedächtnisschrift Schmidt, 1966, S 171); auf selbstständige, mit einer Aufgabe beauftragte Unternehmer oder Handwerksmeister (BGH VersR 53, 358), beauftragte Gerichtsvollzieher (RG Warn 13, 30) und Anwälte (Grund: Sie können als von den Parteien unabhängige Organe der Rechtspflege ua über
7 ihre Zeit frei verfügen; aA Koblenz NJW-RR 89, 363). **b)** Es muss der Tatbestand einer **zurechenbaren unerlaubten Handlung** (§ 823 Rn 20) **des Verrichtungs-**
8 **gehilfen** vorliegen. **c)** Die Handlung muss **in Ausführung der Verrichtung** geschehen, sich als eine noch im Leistungsbereich liegende Fehlleistung darstellen (die Rspr, zB Hamm NJW-RR 10, 454, verwendet weniger plastisch den Ausdruck „unmittelbarer innerer Zusammenhang"). **Vorsätzliche Rechtsgutsverletzun-**

Titel 27. Unerlaubte Handlungen § 831

gen geschehen „in Ausführung", wenn die Fürsorge für das verletzte Rechtsgut Hauptpflicht ist (s zB BGH 24, 196, Diebstahl durch Wachperson). Ist die Fürsorge Nebenpflicht oder bezieht sie sich auf andere Bereiche (Hamm NJW 10, 454), so liegt idR eine Verletzung „bei Gelegenheit" vor (zB BGH 11, 152 f). Bei **vorsätzlichen Weisungsverstößen** (und daraus entspringenden nicht vorsätzlichen Rechtsgutsverletzungen) stellt die Rspr im Ergebnis auf das Ausmaß des Abweichens sowie darauf ab, ob der Verletzte sein Rechtsgut stärker in den Gefahrenbereich des Gehilfen (kein § 831 bei Schwarzfahrt, BGH 1, 390, bei unberechtigter Mitnahme von Personen im Lkw, BGH NJW 65, 392) oder des Geschäftsherrn (BGH NJW 71, 32: Verkehrsunfall auf weisungswidriger Fahrt) gebracht hat. **d)** Die Handlung des Verrichtungsgehilfen muss **rechtswidrig** gewesen sein; es gelten die allg Grundsätze (§ 823 Rn 47 ff); auf ein Verschulden kommt es nicht an (BGH 24, 29). 9

3. Entlastungsbeweis (I 2). a) Der Geschäftsherr muss entgegen der allg Regel (§ 823 Rn 63) den Nachweis der **fehlenden haftungsbegründenden Kausalität** zwischen seiner Pflichtverletzung (Rn 1) und der Rechtsgutsverletzung führen **(2. HS).** Möglich ist zB der Beweis, auch bei ordnungsgemäßer Auswahl wäre dieselbe Person eingestellt worden. Ein Kausalzusammenhang besteht auch dann nicht, wenn sich der Verrichtungsgehilfe so verhalten hat, wie sich jede mit Sorgfalt ausgesuchte und überwachte Person verhalten hätte (BGH 12, 96; VersR 75, 449); ein schuldloses Verhalten des Verrichtungsgehilfen liegt einen solchen Schluss nahe (BGH 4, 4). **b)** Nachweis **fehlenden Verschuldens (1. HS)** des Geschäftsherrn. **aa) Ausmaß.** Zu beweisen ist, dass der Verrichtungsgehilfe sorgfältig **ausgesucht** (Köln NJW-RR 97, 471, Einstellung eines Wachmannes) und auch im Blick auf die konkrete Tätigkeit hinreichend **überwacht** wurde. Das Ausmaß richtet sich bei recht strengen Maßstäben nach den Aufgaben und der dafür notwendigen Qualifikation und Zuverlässigkeit des Verrichtungsgehilfen (BGH NJW 03, 289); ggf (zB bei Personal im Verkehrsdienst) sind regelmäßige ärztliche Untersuchungen (LG Stuttgart NJW-RR 98, 1402) und gelegentliche verdeckte Kontrollen (KG NJW-RR 03, 24) erforderlich. **bb) Personenkreis.** Lässt sich – zB bei der Herstellung eines Produkts – der konkrete Verursacher nicht ermitteln, so muss der Nachweis ordnungsgemäßer Auswahl, Überwachung usw. im Blick auf alle geführt werden, die als Urheber der Handlung in Betracht kommen können (BGH NJW 73, 1602). **cc) Dezentralisierter Entlastungsbeweis.** Bei Großbetrieben, auf die § 831 nicht zugeschnitten ist, hat die Rspr einen mehrstufigen Entlastungsbeweis zugelassen. Es genügt, wenn höhere Angestellte eine ordnungsgemäße Aufsicht durchführen (Stuttgart VersR 77, 846; Helm AcP 166, 395) und diese wiederum vom Unternehmer beaufsichtigt werden (BGH 4, 2). Hinzukommen muss eine ausreichende Organisation, die eine ordnungsgemäße Geschäftsführung und Beaufsichtigung des gesamten Personals gewährleistet (ErmSchiemann 21). Hier bestehen sachliche Überschneidungen mit einem selbstständigen Anspruch gegen den Unternehmer wegen Organisationsmangels aus § 823 (s § 823 Rn 32). **dd)** Zu den Sorgfaltsanforderungen im Blick auf **Verrichtungen und Geräte** s LM Nr 1 (Fb), auf die **Leitung** s LM Nr 3, 6, 11 (Fc), § 823 (Aa) Nr 41/42. 10 11 12 13 14

4. Abs. 2. Begründet werden neben der Haftung des Geschäftsherrn die gleichen Ansprüche gegen denjenigen, der die Auswahl usw vereinbarungsgemäß für den Geschäftsherrn übernommen hat (RG 82, 217 f; BGH VersR 60, 372; NJW 74, 1372 mit Anm Frank; BB 75, 588). 15

5. Beweislast. a) Entspr dem Normaufbau trägt der Verletzte die Beweislast für die Voraussetzungen des **I 1** (Esser/Weyers II 2, § 58 I 2b); allerdings muss der Geschäftsherr entspr den allg Regeln Rechtfertigungsgründe für den Verrichtungsgehilfen (§ 823 Rn 52 ff) sowie Gründe der eigenen Verschuldensunfähigkeit (§ 827 Rn 3, § 828 Rn 3) beweisen. Die Merkmale des **I 2** muss der Geschäftsherr beweisen, jedoch der Verletzte insoweit, als die Leitung der Verrichtung oder die Pflicht zum Beschaffen der Geräte behauptet wird. **b)** Für die Übernahme der Verantwortung **(II)** trägt der Geschädigte die Beweislast, sonst gilt Anm 5a entspr. 16

Teichmann

§ 832 Haftung des Aufsichtspflichtigen

(1) ¹Wer kraft Gesetzes zur Führung der Aufsicht über eine Person verpflichtet ist, die wegen Minderjährigkeit oder wegen ihres geistigen oder körperlichen Zustands der Beaufsichtigung bedarf, ist zum Ersatz des Schadens verpflichtet, den diese Person einem Dritten widerrechtlich zufügt. ²Die Ersatzpflicht tritt nicht ein, wenn er seiner Aufsichtspflicht genügt oder wenn der Schaden auch bei gehöriger Aufsichtsführung entstanden sein würde.

(2) Die gleiche Verantwortlichkeit trifft denjenigen, welcher die Führung der Aufsicht durch Vertrag übernimmt.

Lit: Bernau, Die Aufsichtshaftung der Eltern nach § 832 – im Wandel!, 2005; Brand, Die Haftung des Aufsichtspflichtigen und § 832 BGB, JuS 12, 673.

1　**1. Allgemeines. a) Funktion der Norm.** § 832 enthält nicht etwa den (unzutr) Satz: „Eltern haften für ihre Kinder". Die Bestimmung setzt vielmehr eine **eigene zurechenbare Handlung** (das pflichtwidrige Unterlassen der Aufsicht, s § 823 Rn 29), **Rechtswidrigkeit** der Handlung (Rechtfertigungsgründe sind kaum denkbar), **Verschuldensfähigkeit** (§ 827) und **Verschulden** des Aufsichtspflichtigen selbst voraus. Die Haftung wird ausgelöst durch das Fehlverhalten des Aufsichtsbedürftigen. Wie in § 831 hat das Ges aus Gründen der teilweisen Beweislastumkehr
2　einen anderen Aufbau als zB in § 823 gewählt. **b) Einordnung in das Anspruchssystem.** Neben dem Anspruch aus § 832 können sich Ansprüche unmittelbar aus § 823 zB dann ergeben, wenn gefährliche Gegenstände, die von Kindern zum Schaden Dritter benutzt werden, nicht hinreichend gesichert waren (§ 823 Rn 39 aE). Richten sich die Ansprüche auch gegen den Aufsichtsbedürftigen (zB ist die Verschuldensfähigkeit gem § 828 zu bejahen), so tritt gesamtschuldnerische Haftung nach § 840 I ein. Für Ansprüche des Aufsichtsbedürftigen zB wegen einer Selbstverletzung gilt § 832 nicht.

3　**2. Haftungsvoraussetzungen (I 1, II). a) Aufsichtsbedürftigkeit.** Minderjährige sind nach hM stets aufsichtsbedürftig (Stuttgart VersR 09, 207), das Alter innerhalb dieser Spanne ist erst für das Ausmaß der Aufsichtspflicht bedeutsam
4　(Rn 6). Bei Volljährigen ist auf die individuelle Gebrechlichkeit abzustellen. **b) Aufsichtspflicht. aa) Kraft Ges** als Ausfluss der Personensorge. Bsp: Eltern minderjähriger Kinder, §§ 1626 ff (auch iVm §§ 1671 ff, 1754); Betreuer, §§ 1896 ff; Lehrer in ihrem Verantwortungsbereich (BGH 13, 25; bei Lehrern im öffentl Dienst jedoch Haftung nach § 839); Träger eines Heims für schwer erziehbare Jugendliche (Saarbrücken NJW-RR 05, 1546) **bb)** Die **Übertragung** auf einen zuverlässigen Dritten ist möglich und führt zur Reduktion der Haftung auf Fehler bei der Auswahl und Überwachung des Dritten (s zB BGH NJW 96, 1146; krit Hartmann VersR 98, 22 mwN: entspr Anwendung des § 278). Sie kann stillschweigend (konkludent) geschehen, setzt jedoch eine weitreichende Obhut von längerer Dauer und weitgehender Einwirkungsmöglichkeit voraus (BGH NJW 85, 678). Bsp: Pflegeeltern, Jugendlager (LG Landau NJW 00, 2904), Kindergärtnerinnen, Unterbringen bei Verwandten auf längere Zeit, Kinderheim, Landeskrankenhaus (BGH NJW 85, 678); nicht bei Überlassen des Kindes für die Zeit von Besorgungen, beim Besuch
5　des Kindes bei Freunden. **c)** Der Aufsichtsbedürftige muss eine **zurechenbare Verletzungshandlung** (§ 823 Rn 20 ff) begangen haben, die Handlung muss **rechtswidrig** gewesen sein. Auf Verschuldensfähigkeit und Verschulden kommt es nicht an (LM Nr 8a).

6　**3. Entlastungsbeweis (I 2). a)** Der Nachweis fehlender **Pflichtverletzung** muss für den konkreten Einzelfall geführt werden. Als Maßstab für eine ordnungsgemäße Aufsicht ist zugrunde zu legen, was verständige Eltern nach vernünftigen Anforderungen entspr dem Alter, der Eigenart und Neigung des Kindes, den erforderlichen Entwicklungsmöglichkeiten und in Bezug auf die konkreten, zur Rechtsgutsverletzung führenden Umstände durch Beobachten, Belehren, Verwarnen, Verbieten unternehmen, um Schädigungen Dritter zu verhindern (BGH NJW 13, 1441). **Bsp:** Nach einem normal entwickelten 5-jährigen Kind soll außer Hauses spätestens alle 30 Minuten geschaut werden (BGH NJW 09, 1953), bei einem 7- bis 8-Jährigen soll eine Grundbeobachtung genügen (BGH NJW 09, 1955). Bei einem Internetanschluss genügt es bei einem 13-Jährigen idR, über die Rechtswidrigkeit eines Verhaltens (zB Teilnahme an Musik-Tauschbörsen) zu belehren und dies zu verbieten. Eine Kontrolle oder das Einfügen von Sperrprogrammen ist ohne konkreten Anlass nicht erforderlich (BGH NJW 13, 1441 mwN). Bei auffälligen Kindern sind die Grenzen enger (s BGH NJW 97, 2047: verhaltensgestörtes Kind; BGH NJW 96, 1404: Kind mit „Zündelneigung"), ebenso bei erkennbaren gefährdenden Umständen Bsp: Haben Kinder gefährliche Gegenstände zur Schädigung benutzt, so gelten recht strenge Maßstäbe für das Entdecken/Verhindern (Hamm NJW 96, 153 mwN: Streichhölzer/Feuerzeuge; Koblenz VersR 05, 1537, Feuerzeug bei 2½-jährigem Kind; s aber BGH NJW 93, 1003 bei 12jährigem; BGH NJW 76, 1684: Brennspiritus). Im Straßenverkehr werden bei kleineren Kindern ebenfalls strenge Maßstäbe angelegt (BGH VersR 88, 84: 7jähriger Fahrradfahrer auf Bürgersteig; zutr etwas weiter Koblenz VersR 12, 377, 5jähriges Kind mit Fahrrad auf Bürgersteig; Düsseldorf VersR 76, 199: 4jähriges Kind allein im Pkw), während älteren Kindern gewisse Selbstständigkeiten eingeräumt werden können (BGH VersR 62, 360; Oldenburg VersR 72, 54: Schulweg). **b)** Der Aufsichtspflichtige kann weiter den Nachweis fehlender haftungsbegründender **Kausalität** (§ 823 Rn 20 aE) zwischen seiner Verletzung der Aufsichtspflicht und der Rechtsgutsverletzung zB dadurch führen **(2. HS),** dass sich das Kind bei pflichtgemäßer Aufsicht gleich verhalten hätte. Dieser Nachweis ist schwierig, die bloße Möglichkeit eines gleichen Verhaltens reicht nicht aus (RG Recht 22 Nr 1154). **c)** Das Fehlen des **Verschuldens** wird idR neben der Pflichtverletzung (Rn 6) in der Rspr nicht gesondert festgestellt. Der Aufsichtspflichtige muss aber die Möglichkeit haben nachzuweisen, dass er das konkrete Ausmaß seiner Pflicht im Schadensfall weder erkennen noch die erforderlichen Maßnahmen ergreifen konnte.

4. Beweislast. S. Rn 6, iü § 831 Rn 16.

§ 833 Haftung des Tierhalters

¹**Wird durch ein Tier ein Mensch getötet oder der Körper oder die Gesundheit eines Menschen verletzt oder eine Sache beschädigt, so ist derjenige, welcher das Tier hält, verpflichtet, dem Verletzten den daraus entstehenden Schaden zu ersetzen.** ²**Die Ersatzpflicht tritt nicht ein, wenn der Schaden durch ein Haustier verursacht wird, das dem Beruf, der Erwerbstätigkeit oder dem Unterhalt des Tierhalters zu dienen bestimmt ist, und entweder der Tierhalter bei der Beaufsichtigung des Tieres die im Verkehr erforderliche Sorgfalt beobachtet oder der Schaden auch bei Anwendung dieser Sorgfalt entstanden sein würde.**

Lit: Bocianiak, VersR 11, 981 (Rspr-Übersicht); Kruse, Zu den Voraussetzungen der Tierhalterhaftung bei ungeklärter Verursachung, VersR 12, 1360.

1. Aufbau der Norm. § 833 umfasst entgegen dem ersten Anschein des Wortlauts zwei voneinander unabhängige, auch in ihren Voraussetzungen unterschiedliche Tatbestände. **a)** S 1 enthält – als Ausgleich für das erlaubte Risiko, ein Tier zu halten (s BGH NJW 74, 235) – eine reine **Gefährdungshaftung** des Halters für alle Tiere, die nicht unter S 2 fallen. Auf eine Verschuldensfähigkeit des Halters (§§ 827 ff) kommt es damit nicht an. **b)** S 2 privilegiert das beruflich bedingte Halten bestimmter Tiere insofern, als nur für das schuldhafte Unterlassen (§ 823 Rn 29 ff) einer ordnungsgemäßen Aufsicht gehaftet wird. Der Halter muss verschuldensfähig

§ 833

sein. Wie in § 831 und § 832 ist die Beweislast hinsichtlich der haftungsbegründenden Kausalität zwischen dem Unterlassen der Aufsicht und der Rechtsgutsverletzung (§ 823 Rn 20 aE) sowie hinsichtlich des Verschuldens umgekehrt worden; daraus ergibt sich die etwas komplizierte Formulierung.

2 **2. Gefährdungshaftung (S 1). a)** Der Begriff **Tier** ist biologisch zu verstehen und umfasst auch Klein- (allgM) und Kleinstlebewesen (Deutsch NJW 90, 751; ErmSchiemann 2), damit nicht Viren (zutr Abeltshauser JuS 91, 367). Eine Haftung kann hier jedoch am Fehlen der Haltereigenschaft (zB zu bejahen bei Einsetzen in
3 Versuchen) oder am typischen Verhalten eines Tieres (Rn 4) scheitern. **b) Halter** ist (ohne Rücksicht auf das Eigentum), wem aus eigenem Interesse auf längere Zeit die Bestimmungsmacht über das Tier zusteht, für dessen Kosten aufkommt und das wirtschaftliche Risiko seines Verlustes trägt (Frankfurt/M NJW-RR 09, 895; LG Hanau NJW-RR 03, 457, Tierheim), zB nicht der Tierarzt, Hufschmied (BGH NJW 68, 1932), Finder, der das Tier zurückgeben will (Nürnberg OLGZ 78, 331), auch nicht bei Aufbewahrung für einen anderen (Hamm NJW-RR 95, 409). Derjenige, dem ein Tier entläuft, ist Halter zu dem Zeitpunkt, an dem sich die typische Tiergefahr des Entlaufens mit den sich daraus ergebenden Konsequenzen verwirklicht (s Schleswig NJW-RR 11, 1398). Derjenige, dem ein Tier gestohlen wird, ist nicht mehr Halter. **Geschäftsunfähige** und **Minderjährige** können wegen der Risiken nur entspr §§ 104 ff zum Halter werden (Larenz/Canaris, SchR II 2, § 84 II 1b; aA MK/Wagner 33; StEberl-Borges 113: entspr Anwendung der §§ 827, 828). Zum Halter-Sein selbst ist Geschäftsfähigkeit nicht Voraussetzung.
4 **c) Verwirklichen einer typischen Tiergefahr.** Aus der Formulierung „durch" ein Tier haben Rspr und Lit zur Risikoeingrenzung gefolgert, dass die Rechtsgutsverletzung auf einem willkürlichen, von einem Menschen nicht gesteuerten (Fehl-)Verhalten des Tieres beruhen muss (BGH VersR 06, 416; enger Lehmann/Auer VersR 11, 846: nicht bei von außen veranlassten Reaktionen; abzulehnen). Bsp: Beißen, Treten, Scheuen, Ausbrechen aus Koppel (Saarbrücken NJW-RR 06, 894); auch ungesteuertes Decken (Hamm NJW-RR 94, 804); keine Haftung bei einem Handeln unter menschlicher Leitung, dh wenn das Tier gehorcht hat (Hamm NJW-RR 01, 19), für Ausscheidungen (RG 141, 407), bei Krankheitsübertragungen mittels eines Tieres (RG 80, 237), beim Sturz infolge einer Verletzung (Braun-
5 schweig VersR 83, 347). **d)** Eine weitere **Eingrenzung der Haftung** hat die Rspr teilw (s Celle VersR 90, 794 mwN) in einer nicht ganz klaren Abgrenzung aus dem Normzweck (Schutzzweck) vorgenommen: Übernehme jemand im eigenen Interesse die zeitweilige Herrschaft über ein fremdes Tier im Bewusstsein des Risikos, so verwirkliche sich nicht eine von § 833 S 1 erfasste Gefahr; zutr erscheint hier die Anwendung des § 254 (sa BGH VersR 09, 693).

6 **3. Verschuldenshaftung (S 2). Lit:** Werner NJW 12, 1048. **a) Haustiere** sind nach RGZ 158, 391 Tiere, „die in der Hauswirtschaft zu dauernder Nutzung oder Dienstleistung gezüchtet und gehalten werden und dabei auf Grund von Erziehung und Gewöhnung der Beaufsichtigung und dem beherrschenden Einfluss des Halters unterstehen" also z. B. Hund, Schwein und Pferd, nicht gezähmte Tiere wie Reh und Bär.
7 Sie müssen, *als solche* (also nicht zB als Versuchstiere) gehalten werden. **b)** Mit der Sammelbezeichnung **„dem Beruf, der Erwerbstätigkeit oder dem Unterhalt zu dienen bestimmt"** (sog Nutztiere) soll gegenüber der Haltung sog Luxustiere abgegrenzt werden (iE s Geigel/Haag 18, 22). Maßgebend ist die allg Zweckbestimmung, nicht die konkrete Verwendung beim Unfall (Nürnberg NJW-RR 10, 1248). Gemeint sind zB Reittiere, die gewerblich genutzt werden (BGH NJW 11, 1962 mwN: nicht bei Idealverein), Arbeitstiere, Nutz- und Schlachttiere (zB Kühe, Schweine, Geflügel) auf einem Bauernhof, Wachhunde zum Bewachen von Sachwerten gewerblicher Unternehmen (von BGH VersR 05, 1254 für Reiterhof konkret abgelehnt), einschließlich der Landwirtschaft (zutr LG Kiel NJW 84, 2296: Katze auf Bauernhof zum Bewachen der Vorräte), Polizeipferde (Frankfurt VersR 85, 646), Blindenhunde Berufstätiger (weitergehend Esser/Weyers II 2, § 58 III 1c: jeder Blindenhund), Haustiere beim

Titel 27. Unerlaubte Handlungen §§ 834, 835

Händler. **c)** Nachweis fehlender **Pflichtverletzung.** Die Art der Aufsichtspflicht richtet sich nach den Eigenschaften des Tieres (BGH NJW-RR 05, 1255, aggressive Hunde) nach den konkreten Gefahren der Situation (ErmSchiemann 13), ihr Umfang danach, was als allg übliche und ausreichende Sicherungsmaßnahme angesehen werden kann. Die Rspr setzt relativ strenge Maßstäbe, ein absoluter Schutz des Dritten wird jedoch nicht verlangt (ie s Geigel/Haag 18, 27 ff; Karlsruhe VersR 01, 724 aggressiver Haushund; BGH NJW 09, aus Koppel ausbrechendes Rind). **d)** Der entlastende Nachweis fehlender **haftungsbegründender Kausalität** durch den Halter wird schwierig zu führen sein; denkbar wäre zB die Tatsache, dass auch eine ordnungsgemäße Sicherung den Ausbruch der Tiere nicht verhindert hätte. **e)** Das **Verschulden,** dessen Fehlen der Halter beweisen muss, bezieht sich darauf, ob der Halter das Ausmaß seiner Sicherungspflicht erkennen und entspr Maßnahmen ergreifen konnte (s zB BGH NJW-RR 05, 1255). 8 9 10

4. Beweislast. Lit: Terbille VersR 95, 128. **a)** Bei der **Gefährdungshaftung** **(S 1)** trägt der Geschädigte die Beweislast dafür, dass er durch ein vom Anspruchsgegner gehaltenen Tier verletzt wurde und dass sich eine typische Tiergefahr verwirklicht hat (PalSprau 21). **b)** Im Rahmen der **Verschuldenshaftung (S 2)** hat der Geschädigte die gleiche Beweislast wie in Anm 4a, der Halter hat die Merkmale des S 2 zu beweisen; Unklarheiten einzelner Umstände gehen damit zu seinen Lasten (LM Nr 3). **c)** Ist der Verletzte auf Grund einer **vertraglichen Beziehung** zum Halter mit dem Tier in Berührung gekommen, so obliegt ihm die Beweislast, dass er seiner vertraglichen Sorgfaltspflicht genügt hat (RG 58, 413, Stallmeister, Trainer; Düsseldorf NJW 76, 2137, Mieter). 11

5. Halter mehrerer Tiere. Diese haften, wenn sich eine gemeinsame Tiergefahr verwirklicht, als **Gesamtschuldner** (Frankfurt NJW-RR 07, 748). 12

§ 834 Haftung des Tieraufsehers

¹**Wer für denjenigen, welcher ein Tier hält, die Führung der Aufsicht über das Tier durch Vertrag übernimmt, ist für den Schaden verantwortlich, den das Tier einem Dritten in der im § 833 bezeichneten Weise zufügt.** ²**Die Verantwortlichkeit tritt nicht ein, wenn er bei der Führung der Aufsicht die im Verkehr erforderliche Sorgfalt beobachtet oder wenn der Schaden auch bei Anwendung dieser Sorgfalt entstanden sein würde.**

1. Allgemeines. Die dem § 833 S 2 nachgebildete vermutete Verschuldenshaftung (s § 833 Rn 6 ff) bezieht sich auf alle in § 833 genannten Tiere, eine Gefährdungshaftung besteht hier nicht. 1

2. Aufsichtsführung. Sie bedeutet die allgemeine Gewalt und Aufsicht über das Tier (zB nicht beim angestellten Reitlehrer, OLGR Hamm 2001, 595) uU auch nur für kurze Zeit (Karlsruhe NJW-RR 09, 454, selbstständiger Ausritt). 2

3. Vertragliche Aufsichtsübernahme. Die vertragliche Übernahme der Aufsicht kann konkludent geschehen, eine rein tatsächliche Beaufsichtigung (zB durch den Finder, aus Gefälligkeit) genügt nicht (vgl § 832 Rn 4). 3

4. Beweislast. S § 833 Rn 11. 4

5. Haftung. Tierhalter und Tieraufseher haften als **Gesamtschuldner,** § 840 I.

§ 835 *(weggefallen)*

Die Vorschrift ist außer Kraft gesetzt; s BJagdG 29 ff sowie die Jagdgesetze der Länder. 1

§ 836 Haftung des Grundstücksbesitzers

(1) ¹Wird durch den Einsturz eines Gebäudes oder eines anderen mit einem Grundstück verbundenen Werkes oder durch die Ablösung von Teilen des Gebäudes oder des Werkes ein Mensch getötet, der Körper oder die Gesundheit eines Menschen verletzt oder eine Sache beschädigt, so ist der Besitzer des Grundstücks, sofern der Einsturz oder die Ablösung die Folge fehlerhafter Errichtung oder mangelhafter Unterhaltung ist, verpflichtet, dem Verletzten den daraus entstehenden Schaden zu ersetzen. ²Die Ersatzpflicht tritt nicht ein, wenn der Besitzer zum Zwecke der Abwendung der Gefahr die im Verkehr erforderliche Sorgfalt beobachtet hat.

(2) Ein früherer Besitzer des Grundstücks ist für den Schaden verantwortlich, wenn der Einsturz oder die Ablösung innerhalb eines Jahres nach der Beendigung seines Besitzes eintritt, es sei denn, dass er während seines Besitzes die im Verkehr erforderliche Sorgfalt beobachtet hat oder ein späterer Besitzer durch Beobachtung dieser Sorgfalt die Gefahr hätte abwenden können.

(3) Besitzer im Sinne dieser Vorschriften ist der Eigenbesitzer.

1 **1. Allgemeines. a) Funktion.** § 836 enthält nicht etwa eine Gefährdungshaftung für den Zustand eines Gebäudes usw, sondern setzt eine schuldhafte Verletzung einer Verkehrspflicht (§ 823 Rn 35 ff) voraus (StBelling 2). Der Verantwortliche (Rn 2) muss also verschuldensfähig (§§ 827, 828) sein. Entgegen den allg Beweisgrundsätzen (§ 823 Rn 63) erleichtert das Ges dem Geschädigten das prozessuale Vorgehen, indem es beim Vorliegen eines bestimmten, zur Rechtsgutsverletzung führenden Verlaufes (Rn 3 ff) den Anspruch gewährt und dem Verantwortlichen auferlegt, sich im Blick auf einzelne, für den Schadensersatzanspruch an sich notwendige Elemente zu entlasten. Daraus folgt ein etwas komplizierter Normaufbau. **b) Schutzbereich.** § 836 gilt nicht gegenüber dem Abbruchunternehmer, der den Einsturz selbst verursacht hat (BGH NJW 79, 309).

2 **2. Verantwortlicher.** Abzustellen ist nicht auf den sondern entspr der tatsächlichen Einflussmöglichkeit auf den Eigenbesitzer des Grundstücks (**I, III**; zum Begriff s § 872 Rn 1; weitergehend auf Grund historischer Interpretation Herrmann, FS Hattenhauer, 2003, S 203, 212: auch den unmittelbaren Fremdbesitzer). Der Eigenbesitz muss sich auf das Gebäude oder Werk erstrecken (Celle OLGR 99, 357, sa § 837 Rn 1). Neben dem gegenwärtigen kann auch der frühere Eigenbesitzer haften, **II**; zur Berechnung der Jahresfrist s §§ 187, 188.

3 **3. Haftungsauslösender Tatbestand.** Das Ges knüpft die Haftung an zwei hintereinander gelagerte Kausalabschnitte: **a)** Eine **fehlerhafte Errichtung** oder Unterhaltung muss **zum Einsturz oder zur Ablösung von Teilen** geführt haben (*erster Kausalabschnitt*). 4 **aa)** Die Abgrenzung zwischen Gebäude und Werk ist ohne Bedeutung. Unter **Gebäude** werden fest mit dem Boden verbundene, geschlossene und betretbare Räume verstanden (unzutr LG Karlsruhe NJW-RR 02, 1540: Wohnwagen mit Vorbau). Vom Normzweck werden auch die noch nicht fertigen Räume während der Errichtung (BGH NJW 85, 1076) bzw Ruinen nach Zerstörung (BGH 1, 103) erfasst. Unter **Werk** fallen alle übrigen für einen bestimmten Zweck und nach Kunst- und Erfahrungsregeln hergestellten, mit dem Boden fest verbundenen Gegenstände. Bsp: Brücke (LM Nr 12), Gerüst (BGH NJW 99, 2593), Tragegerüst bei Zirkuszelt (Hamm NJW-RR 02, 92), Turmkran (Hamm VersR 97, 194), Jagdhochsitz (Stuttgart VersR 77, 384), Kinderschaukel (Celle VersR 85, 345), Zaun, Versorgungsleitung (BGH 55, 235), Öltank (BGH WM 76, 1057), Verkehrsschild (Hamm OLGR 00, 173), Grabstein (BGH NJW 77, 1392, zur Haftung s § 837 Rn 2), Böschung, Damm (RG 60, 139 f; BGH 58, 152). Eine entspr Anwendung auf **bewegliche** (komplexe) **Sachen** wie Fahrzeuge und Schiffe ist

Titel 27. Unerlaubte Handlungen § 836

angesichts des gewollten engen Anwendungsbereichs und der dann kaum zu leistenden Abgrenzung abzulehnen (aA MK/Wagner 4 ff; offen gelassen in BGH NJW-RR 2006, 1099). Kein Werk ist ein lediglich zum Lagern zusammengeschobener Erdhaufen (RG 60, 139 f; sa LM Nr 12). **Einsturz** ist das Zusammenbrechen oder Umstürzen im Ganzen. **bb)** Ein **Teil** ist eine mit dem Gebäude oder Werk baumäßig verbundene Sache (ie RG 107, 339). Bsp: Fenster (Koblenz NJW-RR 98, 674), Bretter eines Gerüsts (BGH VersR 59, 695), Regenfallrohr (BGH NJW-RR 90, 1501), Duschkabine (BGH DB 85, 1786, weitere Bsp s bei Geigel/Haag 19, 8); nicht: lose aufliegendes Material (LM Nr 11), nicht Schnee (Düsseldorf NJW-RR 12, 781). Unter **Ablösen** versteht man jede Trennung oder Lockerung, auch den Abbruch eines Teils (Holzbrett, RG JW 12, 242; Teile einer Halogenlampe, aA Koblenz VersR 12, 375). In einer gewissen Erweiterung wird auch der Austritt von Wasser (RG 133, 6), Öl (BGH WM 76, 1057), Gas, Strom (RG JW 38, 1254) usw aus einem Teil mit erfasst; zur Kausalität s aber Rn 7. **cc)** Einsturz bzw Ablösung 5 müssen auf einer **fehlerhaften Errichtung** oder **mangelhaften Unterhaltung** beruhen. Geschehen sein muss ein Unterschreiten der Maßstäbe, die unter Berücksichtigung von voraussehbaren Umständen und Einflüssen (zB Unwetter, Sturmböe, BGH NJW 99, 2594, sa Zweibrücken NJW-RR 02, 748, „Jahrhundertorkan") zum Erhalten der Sicherheit erforderlich sind (BGH NJW 93, 1783). Zur Kausalität zwischen Fehler und Einsturz s § 823 Rn 20 aE. **b)** Ein *zweiter Kausalabschnitt* (haf- 7 tungsbegründende Kausalität) muss den **Einsturz** usw **und die Rechtsgutsverletzung** (Leben, Körper, Gesundheit, Eigentum) verbinden. Zutr wird eine dem Schutzzweck des § 836 angepasste Kausalität (s § 823 Rn 26) gefordert: Die Verletzung muss durch die typischen Gefahren, die „bewegend wirkende Kraft" (kinetische Energie) des Einsturzes oder der Teilablösung herbeigeführt worden sein (Koblenz VersR 05, 983 mwN): Erfasst wird zB die Verletzung durch herabstürzende Teile (auch durch Auffahren: BGH NJW-RR 90, 1501), nicht die Verletzung beim Stolpern über die auf dem Boden liegenden Teile (BGH NJW 61, 1670) durch Ausrutschen auf gefrorenem ausgetretenem Wasser (Koblenz NJW-RR 10, 900 m unzutr Begründung). Unter § 836 fällt das Wegschwemmen von Boden durch ausströmendes Wasser (RG 133, 6), nicht die Verseuchung des Bodens durch versickertes Öl (BGH WM 76, 1056; PalSprau 11). Solche Tatbestände sind unter Spezialnormen (zB WHG 22) bzw unter § 823 zu prüfen.

4. Entlastungsmöglichkeiten. Der Eigenbesitzer kann sich an drei Stellen ent- 8 lasten. **a)** Es kann an einer **Pflichtverletzung** fehlen. Die Pflicht bezieht sich einmal auf das (a) Entdecken gefahrbringender Fehler durch Überprüfen und Überwachen der Sache, notfalls in kürzeren Abständen (Köln VersR 05, 512). Hier setzt die Rspr strenge Maßstäbe, lässt aber zutr die Beauftragung eines zuverlässigen und sachkundigen Fachmannes idR genügen (Köln VersR 05, 512); zur Überprüfung von Grabsteinen (jährlich) s BGH NJW 71, 2308. Die Sorgfaltspflichten steigen, je höher und gewichtiger das Unfallrisiko ist. Zur (b) Abwendung von Gefahren sind notfalls hohe Kosten in Kauf zu nehmen, jedoch sind die Grenzen des Zumutbaren angesichts möglicher Risiken zu beachten (BGH 58, 156). **b)** Obwohl in § 836 nicht 9 erwähnt, kann wie in §§ 831–834 der Beweis geführt werden, auch bei Wahrung der Pflicht wäre es zur Rechtsgutsverletzung gekommen (LM Nr 4), die Pflichtverletzung sei also **nicht** (haftungsbegründend) **kausal** gewesen. **c)** Das Fehlen des **Ver-** 10 **schuldens** (zur Verschuldensfähigkeit s Rn 1 vor § 827) wird idR mit der Untersuchung der Pflichtverletzung (Rn 3 ff) verbunden. Genauer ist zu fragen, ob ein Grundstücksbesitzer das Ausmaß seiner Pflichten erkennen und die erforderlichen Maßnahmen ergreifen bzw sehen konnte, dass er fachmännischen Rates bedarf.

5. Beweislast. Der Geschädigte trägt die Beweislast für den Eigenbesitz des 11 Anspruchsgegners, für die Fehlerhaftigkeit des Gebäudes bzw Werks sowie für die haftungsbegründende Kausalität zwischen Fehler und Rechtsgutsverletzung (MK/Wagner 31); der Eigenbesitzer hat das Fehlen der in Rn 3–6 erwähnten Punkte zu beweisen. Der frühere Eigenbesitzer kann sich auch durch den Nachweis entlasten, ein späterer Besitzer hätte die Rechtsgutsverletzung noch verhindern können (II).

§ 837 Haftung des Gebäudebesitzers

Besitzt jemand auf einem fremden Grundstück in Ausübung eines Rechts ein Gebäude oder ein anderes Werk, so trifft ihn anstelle des Besitzers des Grundstücks die im § 836 bestimmte Verantwortlichkeit.

1 **1. Allgemeines.** § 837 verlagert (vgl „an Stelle") die Haftung vom Grundstücksbesitzer auf den Eigenbesitzer des Gebäudes oder Werks, wenn dieser auf Grund seiner Rechtsstellung allein die Einflussmöglichkeiten hat. Der Grundstücksbesitzer kann aber, wenn er Eigentümer ist, weiter zB aus § 823 haften (BGH NJW 77, 1392).

2 **2. Recht zum Besitz.** Das Besitzrecht kann öffentl-rechtlich oder privatrechtlich, dinglich oder schuldrechtlich begründet sein; wesentlich ist, dass dem Besitzer die Verantwortung für die Sache zufällt. Bsp: Nießbraucher, Erbbauberechtigter, Bauhandwerker für das von ihm errichtete Gerüst am Gebäude (Stuttgart NJW-RR 10, 451), der Mieter eines Festplatzes für das von ihm errichtete Zelt (Celle OLRG 99, 357), der Berechtigte einer Grabstelle (BGH NJW 77, 1392); idR nicht der Mieter für die gemietete Sache, da gem § 536 den Vermieter die Unterhaltungspflicht trifft; hingegen ist § 837 auf die vom Mieter selbst angebrachten Einrichtungen (zB Firmenschild, RG LZ 16, 1241, Hamm OLRG 00, 173) anwendbar. Ob das Recht zum Besitz tatsächlich besteht, ist nicht entscheidend; es genügt, wenn der Besitzer die Funktion auf Grund des vermeintlichen Rechts tatsächlich ausübt (RG JW 16, 40); auch dann hat er allein die faktische Einflussmöglichkeit.

3 **3. Beweislast.** S § 836 Rn 11; anstelle des Merkmals „Eigenbesitzer" (des Grundstücks) muss der Geschädigte den Besitz iSd § 837 nachweisen.

§ 838 Haftung des Gebäudeunterhaltungspflichtigen

Wer die Unterhaltung eines Gebäudes oder eines mit einem Grundstück verbundenen Werkes für den Besitzer übernimmt oder das Gebäude oder das Werk vermöge eines ihm zustehenden Nutzungsrechts zu unterhalten hat, ist für den durch den Einsturz oder die Ablösung von Teilen verursachten Schaden in gleicher Weise verantwortlich wie der Besitzer.

1 Die Norm entspricht in ihrer Funktion §§ 831 II, 832 II, 834, sie begründet eine **zusätzliche** Haftung neben dem Besitzer (§§ 836, 837). Beide haften als Gesamtschuldner, § 840 I. Erforderlich ist die vertraglich übernommene (vgl § 832 Rn 4 aE, § 834 Rn 3), auf gewisser Selbstständigkeit beruhende Verpflichtung, dafür zu sorgen, dass durch Einsturz etc keine Schäden entstehen (BGH VersR 90, 1281). Zur Beweislast s § 836 Rn 11; die vertragliche Übernahme ist vom Geschädigten zu beweisen.

§ 839 Haftung bei Amtspflichtverletzung

(1) ¹**Verletzt ein Beamter vorsätzlich oder fahrlässig die ihm einem Dritten gegenüber obliegende Amtspflicht, so hat er dem Dritten den daraus entstehenden Schaden zu ersetzen.** ²**Fällt dem Beamten nur Fahrlässigkeit zur Last, so kann er nur dann in Anspruch genommen werden, wenn der Verletzte nicht auf andere Weise Ersatz zu erlangen vermag.**

(2) ¹**Verletzt ein Beamter bei dem Urteil in einer Rechtssache seine Amtspflicht, so ist er für den daraus entstehenden Schaden nur dann verantwort-**

Titel 27. Unerlaubte Handlungen § 839

lich, wenn die Pflichtverletzung in einer Straftat besteht. ²Auf eine pflichtwidrige Verweigerung oder Verzögerung der Ausübung des Amts findet diese Vorschrift keine Anwendung.

(3) Die Ersatzpflicht tritt nicht ein, wenn der Verletzte vorsätzlich oder fahrlässig unterlassen hat, den Schaden durch Gebrauch eines Rechtsmittels abzuwenden.

Lit: Erichsen/Burgi, Allgemeines Verwaltungsrecht, 14. Aufl 2010; Geigel, Der Haftpflichtprozess, 26. Aufl. 2011; Grzeszick Rechte und Ansprüche : eine Rekonstruktion des Staatshaftungsrechts aus den subjektiven öffentlichen Rechten, 2002; Ossenbühl/Cornils, Staatshaftungsrecht, 6. Aufl 2013; Sauer, Staatshaftungsrecht, JuS 12, 695, 800; Schlick, NJW 11, 3341 (Rspr-Übersicht); Tremml/Karger/Luber, Der Amtshaftungsprozess. Amtshaftung, Notarhaftung, Europarecht, 3. Aufl. 2009.

I. Allgemeines

1. Amtshaftung und Staatshaftung. § 839 regelt iVm GG 34 einen Teil aus 1 dem Komplex der Staatshaftung, nämlich die **Amtshaftung** für rechtswidriges und schuldhaftes Verhalten von Beamten. Die heute als eigenständiges Rechtsgebiet verstandene Staatshaftung umfasst sehr viel weitere Bereiche. Bsp: Entschädigung für die rechtmäßige **Enteignung** (GG 14 III 3) sowie für den rechtmäßigen Eingriff in immaterielle Rechtsgüter des Bürgers wie Leben und Gesundheit (**Aufopferung,** s Brüning JuS 03, 2); Ersatz für rechtmäßige enteignende oder **enteignungsgleiche Eingriffe** in Eigentumsrechte, ohne dass im Einzelfall den Erfordernissen von GG 14 III 2 genügt ist (BGH 158, 267 mwN), sowie für den entspr **aufopferungsgleichen Eingriff** in immaterielle Rechte (zB BGH 25, 242; 36, 388). Daneben stehen zB Haftungstatbestände aus verwaltungsrechtlichen Sonderbeziehungen (Ossenbühl aaO S 336 ff) oder aus Plangewährleistung (Ossenbühl aaO S 378 ff) bei Veränderung von Wirtschaftsplänen, auf deren Bestand zB private Unternehmen vertrauen durften. Die genannten Rechtsinstitute sind zu unterschiedlichen Zeiten zT durch Spezialnormen, insbes aber durch die Rspr allmählich entwickelt worden, ohne dass sie auf eine einheitliche Konzeption zurückgeführt werden könnten und ohne dass eine genauere tatbestandsmäßige Abgrenzung untereinander gelungen wäre. Dieser Zustand ist allg als sehr unglücklich empfunden worden und hat die Reformbestrebungen ausgelöst, die zur Verabschiedung eines StaatshaftungsGes geführt haben. Dieses Ges ist allerdings in BVerfG 61, 149 wegen eines Verstoßes gegen GG 70 für nichtig erklärt worden. Das StaatshaftungsG **(StHaftG)** der ehemaligen DDR gilt nach dem EinV mit Maßgaben in den neuen Bundesländern als Landesrecht fort (s BGH 166, 22 m zust Anm Greszick JZ 06, 795).

2. Staatshaftung bei Verstoß gegen Gemeinschaftsrecht. Eine unmittelbar 2 aus dem Europarecht abgeleitete Haftung eines Mitgliedstaates gegenüber dem Einzelnen kommt nach dem EuGH in Betracht, wenn in der Staat gegen eine Gemeinschaftsrechtsnorm verstoßen hat, die bezweckt, dem Einzelnen Rechte zu verleihen, wenn der Verstoß *hinreichend qualifiziert* ist und wenn zwischen dem Verstoß und dem Schaden des Einzelnen ein unmittelbarer Kausalzusammenhang besteht (EuGH NJW 03, 3539). Es lassen sich zwei Fallgruppen unterscheiden. Zum einen **(a)** besteht eine „**Haftung für legislatives Unrecht**" (s iE BGH 181, 206 mwN), wenn eine RiLi, nach der dem Einzelnen Rechte verliehen werden sollen, überhaupt nicht, verspätet oder unzutreffend umgesetzt wird. Dabei ist ein Verstoß gegen das Gemeinschaftsrecht hinreichend qualifiziert, wenn der betreffende Mitgliedstaat bei der Wahrnehmung seiner Rechtsetzungsbefugnisse die Grenzen, die der Ausübung seiner Befugnisse gesetzt sind, offenkundig und erheblich überschritten hat. Dieser Einschränkung liegt zu Grunde, dass die Wahrnehmung gesetzgeberischer Tätigkeit, insbesondere bei wirtschaftspolitischen Entscheidungen, nicht jedes Mal durch die Möglichkeit von Schadensersatzklagen behindert werden darf (EuGH NJW 99, 1267). Die Voraussetzungen sind unterschiedlich je nachdem, ob der unterbliebene Rechtsetzungsakt auf einem bereits durch EU-Recht geregelten Gebiet geschieht oder ob die Bundesrepublik über einen weiteren Ermessensspielraum verfügt, weil eine EU-Rechtsetzung noch nicht vorliegt (EuGH NJW 96, 1267; BGH 134, 33 ff); zur Verjährung s Armbrüster/Kämmerer NJW 09, 3601. Eine Haftung folgt darüber hinaus **(b)** grundsätzlich aus jeder **Pflichtverletzung eines staatlichen Organs** (EuGH NJW 01, 3401; NJW 03, 3541). Die Frage, wer haftet, richtet sich dabei nach GG 34 (BGH VersR 06, 75). Bei der Verletzung von Gemeinschaftsrecht durch ein (letztinstanzliches, s dazu Karlsruhe VersR 06, 700) Gericht muss aber „unter Berücksichtigung der Besonderheit der gerichtlichen Funktion" die Verletzung offenkundig sein (EuGH NJW 06, 3339 mAnm Haratsch JZ 06, 1176; Zusammenfassung in BGH VersR 13, 188). § 839 III ist anwendbar (BGH 156, 297).

3   **3. Aufbau der Amtshaftung, Anwendungsbereich.** § 839 und GG 34 regeln in dem hier interessierenden Bereich zwei Komplexe: die **Haftung des Staates bzw der Körperschaft** für Amtspflichtverletzungen von Amtswaltern (GG 34 iVm § 839) und die **Eigenhaftung des Beamten** (§ 839) für den Fall, dass eine Staatshaftung *nicht eingreift* (s Rn 30 ff). Beide Anspruchsgrundlagen sind, da sich ihre Voraussetzungen nicht genau decken, getrennt zu untersuchen.

4   **4. Haftungssystem.** Die **Kritik** am bisherigen System der Amtshaftung entzündet sich insbes daran, dass entspr der historischen Entwicklung die Haftung des Staates (GG 34) nicht aus eigenen Maßstäben begründet, sondern die nach § 839 bestehende (zivilrechtliche) Haftung des Beamten auf die Körperschaft übergeleitet wird. Damit ist die Haftung auch an die nur historisch zu verstehenden Haftungseinschränkungen des § 839 gebunden: weitgehende Abhängigkeit der Amtshaftung von der Rechtsnatur der jeweiligen Tätigkeit des Beamten und damit häufig von der Organisationsentscheidung der Verwaltung (Rn 8), Anknüpfen an die gegenüber der Behörde bestehende „Amtspflicht" des Beamten, nicht an eine gegenüber dem Bürger selbst bestehende Rechtspflicht (Rn 9), Verweisungsprivileg (Rn 17) und Erfordernis des persönlichen Verschuldens des Beamten als Folge der ursprünglich privatrechtlichen Konstruktion. Die Rspr hat versucht, durch die extensive Auslegung haftungsbegründender und die restriktive Auslegung haftungsbeschränkender Merkmale den Schutz des Bürgers zu verstärken; dadurch ist die Anwendbarkeit der Normen nicht einfacher geworden.

5   **5. Rechtsfolge.** Regelmäßig kommt trotz der zivilrechtlichen Konstruktion und damit der theoretischen Anwendung des § 249 I (Naturalrestitution) idR nur der Anspruch des Verletzten auf Geldersatz infrage. Sonst würden die Zivilgerichte in die Zuständigkeit der Verwaltungsgerichte eingreifen (BGH 34, 99 GS, dazu Frotscher JuS 78, 505). Ein **Mitverschulden** des Betroffenen gemäß § 254 ist bei der Höhe zu berücksichtigen (s BGH NJW 08, 2502 mwN).

II. Haftung des Staates bzw der Körperschaft (GG 34 iVm § 839)

6   **1. Handeln in einem öffentlichen Amt. a)** Mit dem Anknüpfen an ein öffentl. Amt (sog haftungsrechtlicher Beamtenbegriff, Meysen JuS 98, 404) zieht GG 34 einen weiteren Haftungsbereich als § 839. Ein **Amt** setzt eine Wahrnehmungszuständigkeit, dh die durch organisatorischen Rechtssatz begründete Verpflichtung und Berechtigung voraus, Angelegenheiten zB einer Behörde oder Körperschaft auszuführen (BGH NJW 84, 2519, Gemeinderatsmitglieder bei Planungsaufgaben; BGH WM 84, 1119: nicht bei Entsendung in private Gesellschaft). Dafür genügen auch untergeordnete Funktionen (zB Fahrer eines Feuerwehrwagens, BGH 20, 290), lediglich mechanische Hilfsdienste rechnen nicht dazu (Einzelfälle s Geigel/Kapsa 20, 14). Nicht erforderlich ist eine länger dauernde Beauftragung oder die Integration durch ein Dienst- oder Arbeitsverhältnis. Auch eine einmalige kurzfristige Beauftragung genügt. Die Beauftragung kann auch durch die sog **Beleihung** einer Privatperson mit der selbstständigen Erledigung *hoheitlicher Aufgaben* geschehen.

Titel 27. Unerlaubte Handlungen § 839

Bsp: Rettungsdienst (BGH 120, 189 ff), Notarzt (BGH NJW 05, 429), mit BSE-Test beauftragtes privates Labor (BGH 161, 10; BGH VersR 07, 1372), Abschleppdienst, BGH 121, 164 ff, Schiedsmann (BGH 36, 193); Jagdaufseher, BJagdG 25; Fleischbeschauer, (BGH 22, 246); Sachverständiger des TÜV, (BGH 147, 171; Hamm VersR 12, 578); nicht: Überlassen uU staatlich kontrollierter Aufgaben im allg Interesse an Private (BGH VersR 11, 1140, GS-Zeichen). Auch die Übertragung unselbstständiger schlicht-hoheitlicher Hilfsaufgaben (sog **Verwaltungshelfer**) ist möglich. Bsp: Schülerlotse (Köln NJW 68, 655); nicht: vom Jugendamt beauftragte Pflegemutter für Kleinkind (BGH 166, 275). **b)** Die Abgrenzung einer privatrechtlichen Tätigkeit von einem **öffentl** Amt ist sehr umstr (iE s Geigel/Kapla § 20 Rn 17 ff). Nach dem BGH (BGH 191, 75, stRsp) muss die Zielsetzung bei der Wahrnehmung der konkreten Aufgabe hoheitlicher Tätigkeit zuzurechnen sein, zu dieser Zielsetzung muss ein starker enger äußerer wie innerer Zusammenhang bestehen. Grenzt man nach Tätigkeitsbereichen ab, so gelten unstr Amtshaftungsgrundsätze für die **obrigkeitlich-hoheitliche** Verwaltung. Bsp: Eingriffsverwaltung, Regelung des Straßenverkehrs durch Verkehrszeichen (Saarbrücken NJW-RR 10, 603), Unterbringung in geschlossener Abteilung eines Landeskrankenhauses (BGH NJW 08, 1444). Sie gelten nicht für die sog **Fiskalverwaltung.** Bsp: Anmieten von Räumen durch Behörde, Abschleppen von Kfz, auch durch beauftragtes Unternehmen (BGH NJW 93, 1259 mwN). Bei **Realakten** kommt es auf einen engen äußeren wie inneren Zusammenhang mit einer hoheitlichen Tätigkeit an (zB Glockenläuten, BVerwG 68, 12; Feuerwehrsirene, BVerwG 79, 254; Dienstfahrt, BGH NJW 92, 1227 mwN). Im Rahmen der **schlicht-hoheitlichen** Verwaltung (Bsp: öffentl Schule, Krankenhäuser, Rettungsdienst (s BGH 160, 227), Versorgungs- und Verkehrseinrichtungen, Abwasserbeseitigung, Straßenbau, Straßenverkehrssicherung) sollen nach hL Amtshaftungsgrundsätze dann anwendbar sein, wenn sich die entspr Körperschaft öffentl-rechtlicher Handlungsformen bedient (BGH NJW 03, 3622, Streupflicht). Erledigt sie die Aufgaben zulässigerweise in den Rechtsformen des Privatrechts, so soll auch Privatrecht gelten, dh die Körperschaft haftet zB nach §§ 823, 31, 89 oder nach § 831 (BGH BB 80, 1824 mwN). Bsp: Stromversorgung durch AG, Museum durch privatrechtliche Stiftung, Wahrnehmen der Straßenverkehrssicherungspflicht als Eigentümer, soweit nicht Sondervorschriften der Länder sie als Amtspflicht begründen (s BGH VersR 98, 1373); ambulante Privatbehandlung durch Chefarzt eines öffentl Krankenhauses (BGH 120, 380); zu den Berufsgenossenschaften s BGH 63, 269. Amtsträger einer **öffentl-rechtlichen Religionsgemeinschaft** üben ebenfalls ein öffentl Amt aus (BGH 154, 57).

2. Verletzung einer Amtspflicht. a) Allgemeines. Der Ersatzanspruch knüpft 8 nicht an eine Rechtspflichtverletzung der Körperschaft durch ihren Amtswalter, sondern an eine Verletzung der im Innenverhältnis geschuldeten Pflicht des Amtswalters an. IdR decken sich beide Bereiche. Handelt der Amtswalter jedoch entspr einer rechtswidrigen bindenden Weisung, so mag die Erteilung der Weisung eine Amtspflichtverletzung darstellen, nicht jedoch das weisungsgemäße Verhalten (BGH VersR 09, 930 mwN). **b) Allg Amtspflichten** sind zB die Pflicht zur Beachtung ges 9 Vorschriften (BGH WM 89, 1822) und öffentl, den Schutz anderer bezweckender Auflagen (BGH NJW 86, 2310), zur Wahrung der eigenen Zuständigkeitsgrenzen (RG 168, 137) zur Bearbeitung von Anträgen in angemessener Frist (BGH VersR 10, 530), zur sachgerechten Ausstattung von Gerichten und Behörden (BGH 170, 267 ff mit Anm Ossenbühl JZ 07, 690), zur ordnungsgemäßen Sachaufklärung bei Eingriffen in eine Rechtsstellung (BGH NJW 89, 99; 91, 2759), zur unparteiischen Amtsausübung (RG 144, 346), zum angemessenen Umgang mit dem Betroffenen (BGH NJW 02, 3172, Mobbing), zum Unterlassen unvertretbarer Anklageerhebungen (BGH NJW 00, 2672), zur Verschwiegenheit (BGH 34, 186, zu Mitteilungen an die Presse s LG Düsseldorf WM 03, 1381), zur Erteilung richtiger, erschöpfender und unmissverständlicher Auskünfte (BGH 117, 83 mwN; BGH VersR 08, 253 mit Differenzierungen in den Rechtsfolgen), uU zur Rechtsberatung (Hamm NJW

§ 839

Buch 2. Abschnitt 8. Einzelne Schuldverhältnisse

10 89, 462). **c)** Für **Ermessensfehler** als Pflichtverletzung hatte die Rspr zunächst gravierende Voraussetzungen gefordert (BGH 45, 146). Sie neigt aber wohl jetzt dazu, sie nach denselben Maßstäben zu behandeln (s BGH 74, 156; 75, 124; BGH
11 VersR 05, 1583). **d) Bes Amtspflichten** ergeben sich aus der Funktion des konkreten Amtes (zB Aufsicht über Schüler zum Vermeiden von Verletzungen, BGH 28, 299; Kontrollbesuch bei Pflegeeltern, BGH VersR 05, 1080; Einziehung eines unrichtigen Testamentsvollstreckerzeugnisses durch Nachlassrichter, BGH VersR 76, 1036; Aufstellen eines Bebauungsplans und Gesundheitsgefährdung der künftigen Bewohner, BGH 106, 327 ff).

12 **3. Amtspflicht gegenüber einem Dritten. a) Funktion.** Das Merkmal hat dieselbe haftungsbegrenzende Aufgabe, wie sie in §§ 823 I, 824–826 dadurch erreicht wird, dass nur der Verletzte Ansprüche geltend machen darf (BGH 84, 288). Ähnlich wie bei § 823 II (s § 823 Rn 44 f) soll eine Pflicht gegenüber Dritten bestehen, wenn sich aus den sie umschreibenden Bestimmungen sowie der bes Natur des Amtsgeschäfts ergibt, dass die Belange (auch) eines *bestimmten Personenkreises* geschützt und gefördert werden sollen (BGH 162, 49, verneint für Bankenaufsicht, BGH VersR 10, 533). Abzugrenzen ist von der Pflicht, im allg öffentl Interesse, zB zum Schutz der öffentl Ordnung einschließlich des ordnungsgemäßen Funktionierens einer öffentl Verwaltung tätig zu werden (deshalb idR nicht, weil „gleichsinnig" tätig, zwischen jur Personen der öffentl Hand, BGH 191, 179 f; anders allerdings für die Rechtsaufsicht BGH 153, 201, dazu krit v. Mutius/Groth NJW 03, 1278, Teichmann JZ 03, 960). Bsp: unzutr Erlass über die Auslegung eines Ges (BGH 56, 45 f), Staatsaufsicht über Notar (BGH 35, 49 f) oder Stiftung (BGH 68, 145). Ein Drittschutz (Individualschutz) ist dann anzunehmen, wenn die Amtspflicht den Schutz einzelner Personen oder eines abzugrenzenden Personenkreises bewirkt oder mitbewirkt. In der Tendenz versteht die Rspr, wenn auch ohne klare Linie, den Drittschutz weit. Bsp: Auskunft im Ehescheidungsverfahren über Renten auch gegenüber Ehegatten des Versicherungsnehmers (BGH NJW 98, 139); Gutachten der Handwerkskammer über Grundstückswert auch gegenüber Käufer (BGH VersR 01, 1288); Erteilen einer Genehmigung (BGH WM 97, 378); Grundbucheintragung (BGH 124, 108); Aufstellen eines **Bebauungsplans** (BGH 121, 65 mwN bei **Altlasten,** s dazu Leinemann, Städte- und Altlastenhaftung, 1991, Raeschke-Kessler NJW 93, 2275; BGH 142, 264 bei Bergschäden); Vormundschaftsrichter (BGH VersR 86, 995); atomrechtliche Genehmigung gegenüber Betreiber (BGH 134, 275 f); Hochwasserschutz gegenüber Grundstückseigentümern (BGH VersR 09, 220); Amtsvormund (BGH 100, 319, mit Einschränkungen); Beachten von Verkehrsregeln auf Dienstfahrten zum Schutz anderer Verkehrsteilnehmer (BGH NJW 85, 1950); Verbot missbräuchlicher Amtsausübung zugunsten jedes Betroffenen (BGH WM 79, 1158, Fluglotsenstreik); Formulierung von Prüfungsfragen durch zentrales Prüfungsamt (BGH 139, 206); Verbot des Eingreifens in die Rechte Unbeteiligter zugunsten jedes Betroffenen (BGH NJW 77, 1877); Verschwiegenheitspflicht (BGH 34, 186); zur Information der Öffentlichkeit (Düsseldorf VersR 81,
13 149) zugunsten aller Personen, denen Schaden entstehen könnte. **b) Schrittfolge der Untersuchung.** Die **Prüfung des Schutzzwecks** im Einzelfall geschieht am besten zweistufig (vgl § 823 Rn 45): Nach der Feststellung, (a) dass *bestimmte Personen* geschützt werden, ist weiter zu fragen, (b) welche *sachlichen Interessen* in den Schutzbereich fallen (s zB BGH 191, 193). Bsp: Die Überprüfungspflichten im Rahmen des Baugenehmigungsverfahrens dienen dem Schutz von Körper und Leben, nicht dem Schutz vor nutzlosen Aufwendungen (BGH NJW 93, 932); eine positive Baugenehmigung (Bauvorbescheid) schützt auch den Erwerber (BGH NJW 94, 130); die Überprüfung eines Kfz im Zulassungsverfahren schützt nicht die Vermögensinteressen eines späteren Käufers (BGH VersR 82, 242; sa BGH 121, 68 bei Altlasten); die amtsärztliche Untersuchung eines Taxifahrers schützt nicht dessen Interesse, eine Krankheit rechtzeitig zu erkennen (BGH NJW 94, 2416); das Führungszeugnis für einen Gastwirt schützt nicht den Verpächter (BGH NJW 81, 2347).

Titel 27. Unerlaubte Handlungen § 839

4. In Ausübung eines anvertrauten Amtes. Mit diesem in GG 34 enthaltenen 14
Erfordernis wird – vergleichbar mit § 831 - eine Abgrenzung gegenüber privaten
Handlungen des Beamten „bei Gelegenheit" vorgenommen. Allerdings ist die
Normstruktur unterschiedlich (§ 831: Haftung des Geschäftsherrn für eigenes Verschulden; GG 34: Staatshaftung für das – fremde – Verschulden des Beamten), so
dass trotz einander entspr Formulierungen etwas andere Kriterien gelten. Die Rspr
verlangt auch hier als Voraussetzung einer Staatshaftung, die Verletzungshandlung
müsse in einem „inneren Zusammenhang" mit dem Dienst des Amtswalters stehen
(BGH 11, 181). Die Abgrenzung geschieht wohl am besten durch Bildung von
Gruppen. Der Zusammenhang besteht, wenn aus dem Amt heraus gehandelt wurde
(Bsp: fahrlässige Handlungen, aber auch vorsätzlich falsche dienstliche Auskunft,
vorsätzlicher Fehlgebrauch von Gegenständen, die zu bewahren Dienstpflicht war,
BGH 1, 388); der Zusammenhang besteht weiter, wenn in den privaten Bereichen
bestimmte Obhutspflichten fahrlässig verletzt werden (Bsp: ungenügende Sicherung
einer daheim aufzubewahrenden Dienstwaffe, RG 155, 364 f); der Zusammenhang
ist gelöst bei vorsätzlichen Rechtsgutsverletzungen außerhalb der eigentlichen Amtstätigkeit (Bsp: Tötung aus privatem Anlass mit der Dienstwaffe, BGH 11, 181) und
bei vorsätzlicher Überschreitung von Nebenpflichten für private Zwecke, die zu
fahrlässigen Rechtsgutsverletzungen führen (Bsp: private Schwarzfahrt, BGH NJW
69, 421 f mN).

5. Rechtswidrigkeit und Verschulden. Zur Rechtswidrigkeit s Michaelis, FS 15
Larenz, 1973, 927 ff. Für das Verschulden gelten die allg Grundsätze (s § 823
Rn 57 ff; § 276 Rn 10 ff). Zum Schutz des Bürgers hat die Rspr die Sorgfaltsanforderungen sehr hoch angesetzt und damit beinahe eine verschuldensunabhängige Haftung erreicht (Erichsen/Greszik § 43, 28); zB stellt Rechtsunkenntnis ein Verschulden dar (BGH 30, 20), nicht jedoch eine vertretbare Rechtsmeinung, auch wenn
ihr die Gerichte nicht folgen (BGH 161, 309). Ausgeschlossen ist idR ein Verschulden, wenn ein Kollegialgericht die vorgenommene Amtshandlung als obj rechtmäßig angesehen hat, ohne von falschen Tatsachen auszugehen und ohne eine eindeutige Bestimmung „handgreiflich falsch" auszulegen (BGH VersR 05, 1581; VersR
05, 1583; anders bei Entscheidungen „auf höchster Ebene", BGH 134, 755). Im
Rahmen der **Beweislast** ist nach neuer zutr Rspr (BGH NJW 13, 1233, iErg zust
Förster NJW 13, 1201, Kindergarten) die in § 832 enthaltene Umkehr auch hier zu
berücksichtigen.

6. Subsidiarität der Haftung bei fahrlässigen Handlungen (I 2). a) Allge- 16
meines. Ursprünglich zum Schutz des Beamten aufgestellt, hat die Klausel, es müsse
eine anderweitige Ersatzmöglichkeit fehlen, durch die Überleitung der Haftung auf den Staat ihren Gerechtigkeitswert verloren. Die Rspr legt die Bestimmung
daher eng aus (grundlegend BGH 79, 26, Grenzen aber in BGH JR 87, 108). Bsp:
Keine Anwendung im Haftungsbereich des Straßenverkehrs wegen der haftungsrechtlichen Gleichbehandlung aller Verkehrsteilnehmer (BGH 75, 134; sa BGH
118, 370 ff mwN) und bei Verletzung der Straßenverkehrssicherungspflicht (BGH
75, 136; 123, 104; wohl einschränkend BGH 85, 232). Außerdem wird der Verweis
auf andere Haftungsträger ausgeschlossen zB bei einem anderen Rechtssubjekt der
öffentl Hand (BGH 111, 276), bei Haftung als Gesamtschuldner (BGH 152, 390:
kein Verweis auf den anderen Schädiger). § 839 I 2 greift wegen der anderen Zweckrichtung ferner nicht ein bei Ansprüchen gegen die eigene Krankenkasse (BGH 79,
26; 79, 35), die Kaskoversicherung (BGH NJW 83, 1668 gegen BGH 50, 271), die
Feuerversicherung (BGH VersR 83, 462), die Unfallversicherung (BGH NJW 83,
2191), die Sozialversicherung (BGH 70, 7), die Lebens- und Sterbegeldversicherung
(RG 171, 200), gegen den Arbeitgeber nach dem EntgFG (BGH 62, 383) bzw bei
Beamten gegen die Anstellungsbehörde auf Fortzahlung der Bezüge trotz Dienstunfähigkeit (BGH 43, 117). **b) Anforderungen.** Die Möglichkeit, von einem Dritten 17
Ersatz zu erhalten, muss aus demselben Tatsachenkreis erfolgen (BGH 31, 150). Sie
muss zumutbar und durchsetzbar sein (BGH 120, 127). Inhaltlich muss es sich um

Ausgleichsansprüche für Schäden handeln, die Rechtsgrundlage (zB Vertrag, GoA § 823) ist gleichgültig; auch tatsächliche Ersatzmöglichkeiten reichen aus (BGH WM
18 82, 615). **Beweislast:** Verletzter (BGH NJW 02, 1266). c) Kommt es für die **Verjährung** auf die anderweitige Ersatzmöglichkeit an, so beginnt sie erst zu dem Zeitpunkt, zu dem der Geschädigte von dem Ausfall dieser Möglichkeit, um die er sich bemüht hat, Gewissheit erlangt (BGH 121, 71). Ist die Höhe des anderweitigen Ersatzes unklar, kann (und muss) Feststellungsklage erhoben werden (BGH NJW 88, 1147).

19 7. **Einschränkung der Haftung bei Versäumen eines Rechtsmittels (III).**
a) Allgemeines. Die Bestimmung enthält eine bes, zum Haftungsausschluss führende Ausprägung des § 254. Sie gilt – mit aus der Sache folgenden Modifikationen – auch für Ansprüche aus „legislativem Unrecht" (BGH 181, 211 ff). **b)** Der Begriff des **Rechtsmittels** ist weit zu verstehen, er umfasst alle Rechtsbehelfe, die sich unmittelbar gegen die Amtshandlung richten und nach ges Ordnung ihre Beseitigung oder Berichtigung bezwecken und ermöglichen (BGH 188, 313). Bsp: Antrag auf Überprüfung der Haftbedingungen (BGH VersR 10, 812), Aufsichtsbeschwerde (BGH NJW 86, 1924, auch zur Kausalität), Erinnerung an die Erledigung einer Sache (BGH BB NJW 97, 2327), auch ein Nachfragen bei Gericht (BGH VersR 65, 1197). Der Rechtsbehelf muss sich jedoch unmittelbar gegen die Amtshandlung selbst richten (zB nicht Erinnerung gegen eine Verfügung des Grundbuchamtes, wenn Amtshaftungsansprüche gegen den Notar geltend gemacht werden, BGH NJW 60, 1719). Die Verfassungsbeschwerde zählt nicht zu den Rechtsmitteln (BGH
20 30, 28). c) Das Versäumen muss für den Schaden **kausal** geworden sein; das rechtzeitige Einlegen hätte also bei sachgerechter Entscheidung der angerufenen Stelle
21 den Schaden verhindern oder verringern müssen. **d)** Das typisierte **Verschulden** richtet sich nach allg Grundsätzen (s BGH WM 97, 177, Maßstäbe des typisierten Verschuldens); notfalls muss zur Beurteilung der Erfolgsaussicht rechtskundiger Rat eingeholt, es kann aber auch auf Auskünfte vertraut werden (BGH NJW 91, 1170). Ein testamentarisch vorgesehener Erbe soll sich das (Mit-) Verschulden des Erblassers anrechnen lassen müssen, wenn dieser den Notar nicht an die Beurkundung des beabsichtigten Testaments erinnert hat (BGH NJW 97, 2327 gegen BGH NJW 56, 260, sehr zweifelhaft).

22 8. **Einschränkung der Haftung beim Handeln von Spruchrichtern (II 1).**
Lit: Eichele, Staatshaftung für Richter, BRAK-Mitt 03, 159; Schenke, Richterspruchprivileg bei verwaltungsgerichtlichen einstweiligen Anordnungen, JZ 05, 680.
a) Richter sind alle Berufs- und Laienrichter der verschiedenen Gerichtszweige, also auch Schöffen und ehrenamtliche Beisitzer. Spruchkollegien von **Behörden** fallen nicht darunter (BGH 36, 382); für **Schiedsrichter** gilt § 839 II nicht, jedoch wird von einem ähnlichen Haftungsprivileg auf vertraglicher Grundlage ausgegan-
23 gen (BGH 43, 376). **b)** Ein **Urteil** ist über den formellen Urteilsbegriff hinaus jede richterliche „urteilsvertretende" Entscheidung, die auf Grund eines gerichtlichen Verfahrens und den für ein Urteil wesentlichen Merkmalen – vorheriges rechtliches Gehör, Begründungszwang, materielle Rechtskraftwirkung – getroffen wird (BGH NJW 03, 3695). Zutreffend soll es nicht mehr darauf ankommen, dass eine mündliche Verhandlung stattgefunden hat (BGH 161, 302 f in zust Anm Schenke JZ 05, 680). Bsp: Beschluss über die Einstellung des Strafverfahrens (BGH 64, 347), nicht Beschluss über die Anordnung der Telefonabhörung (BGH NJW 03, 3696), in vorläufigen Unterbringungs- (BGH NJW 03, 3052), in einstweiligen Verfügungs-
24 oder in Vollstreckungsverfahren (BGH 161, 302). **c)** Die Formel „**bei dem Urteil**" deckt auch alle vorbereitenden Entscheidungen, mit denen Sachgrundlagen für das Urteil gewonnen werden sollen; zB Beweisbeschlüsse (BGH 50, 14 mit krit Anm Leipold JZ 68, 465), nicht aber Handlungen/Unterlassungen, die das Verfahren
25 (verzögernd) beeinflussen (aA BGH 187, 293; zutr krit Zuck JZ 11, 476) **d) Verzögerung von Entscheidungen. Lit:** Remus, Amtshaftung bei verzögerter Amtstätigkeit des Richters, NJW 12, 1403. Ihr Ausmaß muss nicht mehr nachvollziehbar

sein. Sie kann auch eintreten, wenn der Staat nicht für eine angemessene Ausstattung der Gerichte sorgt (BGH NJW 07, 832. Zur *Entschädigung* sa GVG 198 ff.

9. Haftende Körperschaft. a) Begriff. Haftungssubjekte sind neben dem Staat nach stRspr (RG 142, 194; BGH 49, 115 f) und hL (StWurm 50) nur juristische diensherrenfähige Personen des **öffentl Rechts**. Ist ein Bediensteter einer privatrechtlichen Körperschaft mit einem öffentl Amt betraut (s Rn 6, so haftet die öffentl Körperschaft, die ihn mit diesen Befugnissen ausgestattet hat (BGH VersR 90, 522). **b) Bestimmung der Körperschaft.** Der BGH stellt auf denjenigen Rechtsträger ab, der dem pflichtwidrig handelnden Amtswalter das Amt anvertraut hat (sog **Amtsübertragungstheorie**, s BGH NJW 02, 1795: PalSprau 25). Dies ist idR die Anstellungskörperschaft, und zwar auch dann, wenn diese Körperschaft noch andere Aufgaben wahrnimmt. Bsp: Auftragsangelegenheiten bei Selbstverwaltungskörperschaften. Bei Abordnungen haftet der Träger, der über den Amtswalter verfügen kann, bei echten Doppelstellungen (zwei Dienstherren) diejenige Körperschaft, deren Aufgaben wahrgenommen werden (BGH 99, 330), desgl bei sog Organleihe (BGH NJW 76, 1468, Erfüllen der dem Land obliegenden Verkehrspflichten durch eine „ausgeliehene" Bundesbehörde). Bei der Beauftragung Privater haftet derjenige Träger, der das Amt übertragen hat (zB BGH 53, 217, Schiedsmann, BGH 188, 308 f, ärztliche Zulassungsstelle)).

10. Verletzter. Geschädigte können alle natürlichen und jur Personen des Privatrechts sein, jur Personen des öffentl Rechts dann, wenn sie der handelnden Behörde wie eine Privatperson gegenübertreten und nicht an dem Verwaltungsvorgang mitwirken (BGH VersR 08, 253).

11. Beweislast. Der *Geschädigte* muss alle Anspruchsvoraussetzungen (Rn 6 ff) einschließlich des Fehlens einer anderweitigen Ersatzmöglichkeit (Baumgärtel/Luckey 24 ff; BGH 37, 377 mwN; iE s BGH VersR 86, 997) beweisen. Steht ein der Pflichtverletzung nachfolgender Schaden fest, muss sich die *Behörde* entlasten (stRspr, s BGH NJW 04, 1382).Im Zusammenhang mit einer Haftungseinschränkung muss die *haftende Körperschaft* das schuldhafte und für den Schaden kausale Versäumen eines Rechtsmittels (Rn 20 ff) beweisen, bei Spruchrichtern (Rn 24 ff) der *Geschädigte* die mit einer öffentl Strafe bedrohte Pflichtverletzung (RG 164, 20).

III. Der Anspruch gegen den Beamten (Eigenhaftung)

1. Anwendungsbereich. Die Eigenhaftung des Beamten ist nur denkbar, wenn die Staatshaftung nicht eingreift. Dies trifft bei einem Handeln im nicht-hoheitlichen Bereich (BGH 147, 392) und bei schlicht-hoheitlichem Handeln in privaten Rechtsformen zu (s Rn 7). Bsp: beamteter Arzt im Krankenhaus (BGH 85, 395), Gerichtsvollzieher als Sequester (BGH NJW 01, 434). Außerdem ist bei einzelnen hoheitlichen Handlungen durch Sondervorschriften eine Staatshaftung ausgeschlossen, so dass es bei der Eigenhaftung bleibt (sa Rn 32). Bsp: Beamte, die auf den Bezug von Gebühren angewiesen sind (sog Gebührenbeamte, RHBG 5 Nr 1), nicht jedoch Gerichtsvollzieher (BGH NJW 01, 435), Schiedsmänner (BGH 36, 195), Mitglieder von Ortsgerichten (BGH 113, 72); Handeln von Beamten gegenüber Ausländern bei fehlender Gegenseitigkeit (dazu Neufelder NJW 74, 979); zu Notaren s BNotO 19.

2. Voraussetzungen. Unter § 839 fallen hier nur **a) Beamte** im staatsrechtlichen Sinn (BGH 42, 178; Erichsen/Greszik § 43 Rn 39), unabhängig davon, ob sie auf Dauer, auf Probe, auf Widerruf oder auf Zeit eingestellt sind. Nichtbeamte im öffentl Dienst (zB Angestellte, Arbeiter) haften bei privatrechtlichem Handeln (Rn 31) nach §§ 823 ff. In den von GG 34 nicht erfassten Ausnahmefällen hoheitlichen Handelns (Rn 30) haften sie nach § 839. **b)** Zu den **weiteren Voraussetzungen** s Rn 9–17; eine bes Bedeutung hat als anderweitige Ersatzmöglichkeit der Anspruch aus Vertrag oder unerlaubter Handlung gegen die Anstellungskörperschaft

§§ 839a, 840

(s Erichsen/Greszik § 43 Rn 41). **c)** Zu den **Einschränkungen** der Haftung s Rn 19 ff, zur **Beweislast** Rn 30.

§ 839a Haftung des gerichtlichen Sachverständigen

(1) Erstattet ein vom Gericht ernannter Sachverständiger vorsätzlich oder grob fahrlässig ein unrichtiges Gutachten, so ist er zum Ersatz des Schadens verpflichtet, der einem Verfahrensbeteiligten durch eine gerichtliche Entscheidung entsteht, die auf diesem Gutachten beruht.

(2) § 839 Abs. 3 ist entsprechend anzuwenden.

Lit: Häsemeyer, Die neue Haftungsregelung für gerichtliche Sachverständige (§ 839a BGB) auf dem zivilprozessrechtlichen Prüfstand, FS f. Laub, 2005, S. 569; Kilian, Die Haftung des gerichtlichen Sachverständigen nach § 839a BGB, VersR 03, 883; Thole, Die Haftung des gerichtlichen Sachverständigen nach § 839a BGB, 2004.

1   **Normzweck.** Mit der Bestimmung soll eine einheitliche Haftung gerichtlich bestellter Sachverständiger erreicht werden (BT-Drs 14/7752 S 28) und zwar unabhängig davon, ob sie beeidigt worden sind oder nicht (s BVerfGE 49, 304). **Tatbestand (I).** Bestellung des Sachverständigen durch das Gericht, Unrichtigkeit des Gutachtens (bei der Tatsachenfeststellung oder Darstellung des Meinungsstandes, wohl auch bei der eigenen Schlussfolgerung), Vorsatz oder grobe Fahrlässigkeit, Ergehen einer gerichtlichen Entscheidung (s § 839, Rn 24), Kausalität zwischen der Unrichtigkeit des Gutachtens und der Entscheidung. Die Haftung des Sachverständigen scheidet aus, wenn der Geschädigte schuldhaft kein **Rechtsmittel** eingelegt hat (**II**, s § 839 Rn 19 ff). Dazu zählen ua Gegenvorstellungen, der Antrag auf Ladung zur mündlichen Erläuterung des Gutachtens (BGH VersR 173, 100 f) und wohl auch die Restitutionsklage, die möglicherweise in weiterem Rahmen zuzulassen ist (Häsemeyer S 576 ff; einschränkend MK/Wagner 32): Die **Beweislast** für I trägt der Geschädigte (Schleswig VersR 10, 259), für II der Sachverständige. Die Bestimmung soll **abschließend** sein (BT-Drs 14/7752 S 28). Endet ein Verfahren ohne gerichtliche Entscheidung, so bleibt es bei den bisherigen Anspruchsgrundlagen (s zB Hamm NJW-RR 98, 1686: § 826; Schleswig NJW 95, 791: § 823 I bei vorsätzlicher oder grob fahrlässiger Verletzung eines absoluten Rechts).

§ 840 Haftung mehrerer

(1) **Sind für den aus einer unerlaubten Handlung entstehenden Schaden mehrere nebeneinander verantwortlich, so haften sie als Gesamtschuldner.**

(2) **Ist neben demjenigen, welcher nach den §§ 831, 832 zum Ersatz des von einem anderen verursachten Schadens verpflichtet ist, auch der andere für den Schaden verantwortlich, so ist in ihrem Verhältnis zueinander der andere allein, im Falle des § 829 der Aufsichtspflichtige allein verpflichtet.**

(3) **Ist neben demjenigen, welcher nach den §§ 833 bis 838 zum Ersatz des Schadens verpflichtet ist, ein Dritter für den Schaden verantwortlich, so ist in ihrem Verhältnis zueinander der Dritte allein verpflichtet.**

Lit: Brambring, Mittäter, Nebentäter, Beteiligte und die Verteilung des Schadens bei Mitverschulden des Geschädigten, 1973; Janda, Mehrheiten von Schuldnern und unterschiedliche Haftungsmaßstäbe, VersR 12, 1078 ff; Keuk, Die Solidarhaftung der Nebentäter, AcP 168, 175; Kreutzinger, Die Haftung von Mittätern, Anstiftern und Gehilfen im Zivilrecht, 1985 (bes zu Demonstrationen); Schmieder, Die gestörte Gesamtschuld – ein Normenkonflikt, JZ 09, 189.

1   **1. Allgemeines.** § 840 regelt zwei unterschiedliche Komplexe: Für das **Außenverhältnis** zwischen dem Geschädigten und mehreren Schädigern wird durch die Anordnung der Gesamtschuldnerschaft in Abs 1 auf die §§ 421–425 verwiesen.

Gleichzeitig wird damit für das **Innenverhältnis** zwischen den Schädigern untereinander im Grundsatz § 426 anwendbar gemacht. Für einige Sondertatbestände ordnen § 840 II und III eine von § 426 I („zu gleichen Anteilen verpflichtet") abweichende Regelung an.

2. Außenverhältnis (I). a) Funktion der Norm. § 840 I stellt *keine eigene* 2 *Anspruchsgrundlage* dar, sondern setzt die Haftung mehrerer auf Grund anderer Normen auf den gesamten Schaden (zB aus § 823 iVm § 830) oder auch nur in einer bestimmten, für die einzelnen Schädiger uU nicht gleichen Höhe voraus (etwa bei Nebentäterschaft). Die Funktion des § 840 I erschöpft sich in der eher technischen Anordnung der Gesamtschuld, die für den Geschädigten als Gläubiger nicht unbedingt vorteilhaft sein muss. Eine Gesamtschuld nach § 840 kann also nur insoweit entstehen, als sich die Ersatzverpflichtungen der einzelnen Schädiger inhaltlich und summenmäßig decken (BGH 12, 220; 18, 164). Bsp: A haftet wegen einer Körperverletzung für alle Folgeschäden bei D, der mit der Unfallversorgung beauftragte Arzt B für die durch einen Behandlungsfehler verursachten Schäden; Gesamtschuld zwischen A und B in Höhe der Behandlungsschäden. **b)** Der weit zu verstehende 3 **Anwendungsbereich** umfasst alle Ansprüche aus unerlaubter Handlung, aus Gefährdungshaftung innerhalb und außerhalb des BGB, aus § 906 II 2 (ie BGH 85, 387) sowie Aufopferungsansprüche (RG 167, 39). § 840 I wird durch entspr Sondervorschriften (zB WHG 22, StVG 17, 18 III, AtomG 33, HaftPflG 13, ProdHaftG 5) verdrängt. Haftet ein Schädiger *nur* aus Vertrag, so ist auf ihn § 840 nicht anwendbar (RG 84, 430); eine Gesamtschuld kann sich aber aus allg Regeln ergeben (s § 421 Rn 3, 4 f). **c)** Bei einem **Mitverschulden des Geschädigten (§ 254)** treten erheb- 4 liche Anrechnungsschwierigkeiten auf. Hier sind mehrere rechtliche Komplexe zu unterscheiden. **aa)** In den Fällen der **Mittäterschaft, Anstiftung** und **Beihilfe** sowie **Beteiligung** iSd § 830 I 2 treten die Schädiger dem Geschädigten als Einheit gegenüber. Der auf seinen eigenen Kausalbeitrag fallende Anteil wird dem Geschädigten abgezogen, für den Rest gilt § 840 I, sog *Gesamtabwägung* zwischen dem Geschädigten und der Gesamtheit der Schädiger (PalSprau; BGH 30, 206). **bb)** Bei 5 **Nebentäterschaft** kann es sein, dass der Grad des Mitverschuldens gegenüber jedem Täter unterschiedlich ist. (Bsp: Der bei einem Unfall von B und C verletzte A trägt gegenüber B ein Mitverschulden von einem Drittel, gegenüber C von zwei Dritteln). Deshalb ist neben einer *Einzelabwägung* zwischen den am Prozess konkret Beteiligten eine *Gesamtabwägung* vorzunehmen; aus ihr ergibt sich, welchen Anteil der Geschädigte im Verhältnis zu allen Schädigern selbst zu tragen hat und welcher Rest ihm noch zusteht (BGH NJW 11, 293, stRspr). Für den Prozess ergibt sich aus der Gesamtabwägung: Soweit der in Anspruch genommene Schädiger wegen der Einzelabwägung weniger zu zahlen hat (Bsp: A hat insgesamt Anspruch auf ⅝, B muss ⅔ leisten), tritt hinsichtlich der noch verbleibenden Spitze (Bsp: 1/21) für die übrigen (C) keine Befreiung gem § 422 ein. **cc)** Ein vergleichbares Doppelverfahren 6 wird bei der sog. **Haftungseinheit** vorgenommen, wenn der Geschädigte aus demselben Lebenssachverhalt aus eigenem Verschulden oder eigener Gefährdung mithaftet. Hier wird zunächst in einer Gesamtabwägung der Anteil bestimmt, den der Geschädigte selbst zu tragen hat. Nur hinsichtlich des anderen Teils besteht Gesamtschuldnerschaft zwischen den Übrigen. (BGH NJW 06, 369, Hamm NJW-RR 09, 1035). Gleichgestellt sind die Fälle sog **Zurechnungseinheit** (BGH 103, 344). Hier haben sich die Tatursachen der einzelnen Schädiger zu einem Schadensereignis gebündelt, bevor der vom Geschädigten verursachte Beitrag wirksam wurde (BGH NJW 96, 2024). Bsp: Mehrere haben, ohne Mittäter zu sein, das unbeleuchtete Stehenlassen eines Kfz verursacht, auf das der Geschädigte auffährt (BGH 54, 283; sa BGH 61, 218).

3. Innenverhältnis (II, III). a) Ausgestaltung. Die Abs fügen dem Grundsatz 7 des § 426 I, dass die Schädiger den Schaden im Innenverhältnis zueinander zu gleichen Anteilen tragen müssen und entspr ausgleichspflichtig sind, weitere, vom Anspruchsteller zu beweisende Ausnahmen (s § 426 Rn 4 ff, 9 ff) hinzu. Dritter iSd

§ 840 III ist nur derjenige, der aus Verschulden haftet (Hamm NJW 58, 347); hat der aus §§ 833–840 Verpflichtete ebenfalls schuldhaft gehandelt, so greift § 840 III nicht ein, der Ausgleich richtet sich nach den Verursachungsbeiträgen (Böhmer JR 65, 379). **b)** Der Anspruch **verjährt** unabhängig vom Außenverhältnis nach §§ 195 ff.

8 **4. Auswirkungen von einseitigen gesetzlichen oder vertraglichen Haftungsbeschränkungen usw auf das Außenverhältnis ("Gestörtes Gesamtschuldverhältnis"). a) Grundsatz.** Hatte zB einer der Schädiger **vor Eintritt** des Schadensereignisses mit dem Geschädigten einen Haftungsausschuss vereinbart, ist seine Haftung summenmäßig begrenzt oder ist der Anspruch gegen ihn verjährt, so kann der Geschädigte weiterhin gegen die übrigen vorgehen. Er muss jedoch die wirtschaftlichen Konsequenzen der Haftungsbeschränkung mittragen. Sonst hätte der privilegierte Schädiger, weil er mit dem Rückgriff durch die anderen rechnen muss, keinen Vorteil, der Geschädigte iE keinen Nachteil. Deshalb wird der Anspruch gegen den oder die rechtlich voll haftenden Schädiger ("Zweitschädiger") auf den Betrag beschränkt, den diese im Innenverhältnis mit dem begrenzt Haftenden ("Erstschädiger") tragen müssten, wenn die Begünstigung nicht bestünde; mit dem auf den Entschädiger entfallenden Anteil sei der Geschädigte rechnerisch selbst zu belasten (Keuk AcP 168, 181; Thiele JuS 68, 156 f; in der Formel etwas anders BGH NJW 05, 3145 mwN, stRspr; Karlsruhe VersR 06, 131). Bsp: A hat grundsätzlich gegen B, C und D als Gesamtschuldner einen Anspruch auf 1500,– Euro, im Innenverhältnis ist jeder zu gleichen Teilen (500,– Euro) verpflichtet. Besteht zwischen A und D ein Haftungsausschluss, so haften B und C gegenüber A als Gesamtschuldner nur in Höhe von 1000,– Euro; im Innenverhältnis kann D von B und C nicht in Anspruch genommen werden. Vereinbarungen mit einem Geschädigten **nach Eintritt** des Schadensfalls hindern die Inanspruchnahme der übrigen
9 (und deren Rückgriff) hingegen nicht (BGH 12, 218; allgM). **b) Der Anwendungsbereich** dieses Grundsatzes ist außerordentlich str. **aa)** Nach zutr Rspr ist Voraussetzung, dass überhaupt ein **Gesamtschuldverhältnis** besteht. Haftet ein Mitschädiger zB wegen §§ 708, 1359, 1664 nicht, so liegt kein Fall des § 840 I vor (BGH 103, 346 ff mwN; krit Muscheler JR 94, 441 ff mwN). **bb) Bei ges Freistellungen** und gleichartigen Rspr-Grundsätzen wendet die Rspr den erwähnten Grundsatz an (BGH NJW 05, 3145, stRspr). **cc) Bei vertraglicher Freistellung** vor Schädigung bejaht bisher allein die Lit eine Anwendung (s Rn 8 aE), die Rspr hingegen nur dann, wenn die Vereinbarung nach ihrem Inhalt auch zugunsten der übrigen wirken soll (BGH NJW 89, 2387 mwN). **c)** Zum **Innenverhältnis** s § 426 Rn 22 ff.

§ 841 Ausgleichung bei Beamtenhaftung

Ist ein Beamter, der vermöge seiner Amtspflicht einen anderen zur Geschäftsführung für einen Dritten zu bestellen oder eine solche Geschäftsführung zu beaufsichtigen oder durch Genehmigung von Rechtsgeschäften bei ihr mitzuwirken hat, wegen Verletzung dieser Pflichten neben dem anderen für den von diesem verursachten Schaden verantwortlich, so ist in ihrem Verhältnis zueinander der andere allein verpflichtet.

1 **1. Funktion.** Nachdem § 839 I 2 bereits im Außenverhältnis die Schadensverpflichtung des Staates für Amtspflichtverletzungen (GG 34 iVm § 839 I 1) und die Eigenhaftung des Beamten (§ 839) in bestimmten Fällen auf mitbeteiligte Dritte verlagert hat (s § 839 Rn 16 f), ordnet § 841 in einem nächsten Schritt die alleinige Schadensersatzpflicht des Dritten im **Innenverhältnis** dann an, wenn nach außen Staat bzw Beamter und Dritter gesamtschuldnerisch haften. Erreicht wird damit eine weitere Entlastung. Gesamtschuldnerische Haftung tritt außer bei einer vorsätzlichen Handlung des Beamten dann ein, wenn § 839 I 2 nicht angewandt wird. Dogmatisch stellt § 841 wie § 840 II und III eine Abweichung von § 426 I dar.

Titel 27. Unerlaubte Handlungen § 842

2. Anwendungsfälle. Dies sind zB die Freistellung des Vormundschaftsrichters 2
gegenüber Eltern (BGH Warn 65, 339), Vormund, Gegenvormund (s RG 80, 255)
und Betreuer; des Nachlassrichters gegenüber dem Nachlassverwalter; des Insolvenzrichters gegenüber dem Insolvenzverwalter; des Vollstreckungsrichters gegenüber dem Zwangsverwalter.

§ 842 Umfang der Ersatzpflicht bei Verletzung einer Person

Die Verpflichtung zum Schadensersatz wegen einer gegen die Person gerichteten unerlaubten Handlung erstreckt sich auf die Nachteile, welche die Handlung für den Erwerb oder das Fortkommen des Verletzten herbeiführt.

Lit: Küppersbusch, Ersatzansprüche bei Personenschaden, 11. Aufl 2013, Rn 40 ff.

1. Funktion. In den §§ 842–847 hat das Ges bei Angriffen gegen die Person – 1
unter iE differierenden Rechtsvoraussetzungen – Art und Umfang des zu ersetzenden Schadens geregelt, wobei die §§ 249 ff teilweise ergänzt, teilweise auch nur konkretisiert werden. § 842 selbst wird von der hL (BGH 26, 77; StVieweg 3; PalSprau 1) lediglich als Klarstellung dahin verstanden, dass die genannten Nachteile Vermögensschäden iSd § 249 ff sind.

2. Anwendungsbereich. Unerlaubte Handlungen sind die Tatbestände der 2
§§ 823 ff einschließlich der §§ 829, 833 S 1 und 839; eine entspr Anwendung ist angeordnet in § 618 III und HGB 62 III. Parallele Sonderbestimmungen enthalten zB HaftPflG 6, StVG 11, LuftVG 36, AtomG 29; ProdHaftG 8. **Gegen die Person gerichtet** sind nicht nur Eingriffe in die körperliche Integrität des Menschen, sondern auch in die Freiheit, die Ehre oder in das Persönlichkeitsrecht.

3. Ersatzanspruch. a) Unter den **Begriff des Nachteils** fällt nicht nur die 3
Beeinträchtigung bereits bestehender Rechtspositionen wie der Verlust einer Stellung, die Notwendigkeit, ein Gewerbe – auch zeitweise – aufzugeben BGH NJW 01, 1640, oder der Entzug von Versorgungsansprüchen (BGH 69, 347 mwN; BGH 90, 334 zur Arbeitslosenversicherung), sondern auch der Fortfall oder die Verringerung tatsächlicher Fortkommenschancen (BGH NJW 11, 1145), schließlich die Vermehrung von Bedürfnissen. Bsp: Verspätung des Eintritts in das Berufsleben (KG VersR 06, 794), verringerte Aufstiegschancen (BGH NJW 53, 978), vorzeitiges Ausscheiden aus dem Erwerbsleben (BGH NJW 11, 1146), Undurchführbarkeit einer geplanten finanziellen Transaktion (BGH NJW 73, 701), Umschulungskosten (Schleswig VersR 91, 355). Einen eigenständigen Nachteil des **im Haushalt tätigen Ehegatten** und eingetragenen Lebenspartners stellt es dar, wenn er seiner Unterhaltsverpflichtung in Form dieser Tätigkeit nicht nachzukommen vermag; iE s § 843 Rn 6. **b)** Die **Schadensberechnung** geschieht nicht abstrakt wie etwa bei 4
der Sozialversicherung durch Feststellung eines prozentualen Minderungssatzes, sondern der Nachteil muss **konkret** (BGH NJW 91, 2423) anhand der tatsächlichen Lage, der beabsichtigten Lebensführung (BGH 74, 224) und auf Grund einer Zukunftsprognose einschließlich allg konjunktureller Rahmenbedingungen (Brandenburg NJW 11, 2220) zum Zeitpunkt der letzten mündlichen Verhandlung vor dem Tatsachengericht (BGH VersR 99, 107) ermittelt werden. Bei dem Abschätzen der Entwicklungsmöglichkeiten eines verletzten **jungen Kindes** können Ausbildung und Qualifikation von Eltern und Geschwistern mit herangezogen werden (BGH NJW 11, 1148). Der Schaden kann grundsätzlich gleichwertig nach der (jeweils **modifizierten**) **Bruttolohnmethode** bzw **Nettolohnmethode** berechnet werden (BGH 127, 39 ff; Saarbrücken OLGR 06, 186; krit. Lange JZ 95, 406). Die Bruttolohnmethode zieht vom Bruttoeinkommen entspr den Grundsätzen zum Vorteilsausgleich (s vor § 249 Rn 35 ff) die Ersparnis von Abgaben und Steuern (zB keine Versteuerung von Rentenzahlungen) ab, die nicht (wie zB Freibeträge wegen

§ 843

der Behinderung) dem Geschädigten selbst zukommen sollen (BGH NJW 99, 3711). Die Nettolohnmethode rechnet zum fiktiven Nettoeinkommen die auf die Ersatzleistung entfallenden Abgaben und Steuern hinzu. Urlaubs- und Weihnachtsgeld sind zu berücksichtigen (BGH NJW 96, 2296). Keinen Nachteil erleidet, wer in der gleichen Vergütungsgruppe weiterbeschäftigt wird, wer als gewinnbeteiligter Gesellschafter Beträge in gleicher Höhe erhält (BGH 54, 52 f; zur Aufteilung bei einem geschäftsführenden Gesellschafter einer GmbH s BGH NJW 78, 40, dazu Ganßmüller VersR 78, 805 und Kuckuk BB 78, 283). Entspr ist der Schaden eines **im Haushalt Tätigen** nach der tatsächlich erbrachten Arbeitsleistung zu berechnen (iE Frankfurt VersR 82, 981 mwN). Ausgangspunkt für die Quantifizierung kann das Tarifgehalt einer geprüften Wirtschafterin sein (Hamburg VersR 85, 646). Eine teilw Erwerbsminderung kann zu vollem Ersatz führen, wenn der Geschädigte mit der erhaltenen Arbeitskraft keine Stelle findet (RG 148, 23; zur Obliegenheit, sich im Rahmen des Zumutbaren umschulen zu lassen, s StVieweg 48). **c)** Zur **Berück-**
5 **sichtigung von Leistungen Dritter** s Rn 37 ff vor § 249. **d) Art des Ersatzes:** idR Rente, § 843 Rn 1. **e) Höhe des Ausgleichs.** Bei Berechnung nach der Nettolohnmethode kann der Geschädigte die ihm entgangenen Netto-Bezüge und Ersatz der Aufwendungen verlangen, die zur Erhaltung des Gleichstandes erforderlich sind. Bsp: Steuern (BGH DB 79, 2320), Beiträge zur Sozialversicherung, sofern ihre Fortzahlung wirtschaftlich vernünftig erscheint (zum Umfang iE s BGH NJW 83, 1669 mwN). Gleicht zB der Arbeitgeber die Erwerbsschäden aus und macht er den Anspruch aus abgeleitetem Recht (EntgFG 6) geltend, so sind auch die Arbeitgeberanteile zur Sozialversicherung zu ersetzen (BGH 42, 78; 43, 383).

6 **4. Prozessuales. a) Geltendmachen.** Der sich möglicherweise aus verschiedenen Teilposten zusammensetzende einheitliche Schadensersatzanspruch (RG 74, 132) ist idR durch eine Leistungsklage (s ZPO 258) geltend zu machen; bei unübersehbarer Entwicklung der Verhältnisse ist nur eine Feststellungsklage möglich (BGH VersR 83, 688, Kinder unter 18 Jahren). Tritt infolge der Schädigung ein wirtschaftlicher Notfall ein, ist eine sog Leistungsverfügung gem ZPO 940 möglich (Frankfurt NJW 07, 851). Zur Abänderungsklage gem ZPO 323 bei nachträglicher Veränderung der Verhältnisse s BGH 34, 118 und ThP § 323, 25. **b)** Zur Schadensschätzung nach ZPO 287 trifft den Geschädigten die **Beweislast** für die tatsächlichen Grundlagen, zB für die Erwerbsbeeinträchtigung oder den Mehrbedarf (BGH 54, 47). § 252 S 2 ist anwendbar (s § 252 Rn 2). Der Schädiger muss den Einwand beweisen, der Verletzte hätte eine andere Erwerbstätigkeit aufnehmen können, wobei der Geschädigte zunächst darlegen und beweisen muss, dass er sich um Stellen – erfolglos – bemüht hat (Baumgärtel/Luckey 37 f).

§ 843 Geldrente oder Kapitalabfindung

(1) **Wird infolge einer Verletzung des Körpers oder der Gesundheit die Erwerbsfähigkeit des Verletzten aufgehoben oder gemindert oder tritt eine Vermehrung seiner Bedürfnisse ein, so ist dem Verletzten durch Entrichtung einer Geldrente Schadensersatz zu leisten.**

(2) [1]**Auf die Rente findet die Vorschrift des § 760 Anwendung.** [2]**Ob, in welcher Art und für welchen Betrag der Ersatzpflichtige Sicherheit zu leisten hat, bestimmt sich nach den Umständen.**

(3) **Statt der Rente kann der Verletzte eine Abfindung in Kapital verlangen, wenn ein wichtiger Grund vorliegt.**

(4) **Der Anspruch wird nicht dadurch ausgeschlossen, dass ein anderer dem Verletzten Unterhalt zu gewähren hat.**

1 **1. Allgemeines. a) Funktion.** Zur allg Bedeutung der §§ 842–847 s § 842 Rn 1; § 843 legt bei Körper- und Gesundheitsverletzungen die Art und Weise des Schadensersatzes, nämlich grundsätzlich als Rente, nur im Ausnahmefall als sofortiger

Titel 27. Unerlaubte Handlungen § 843

Kapitalbetrag (III) fest. Zur Bedeutung des IV s Rn 6. **b) Anwendungsbereich:** s § 842 Rn 2; Sonderbestimmungen enthalten HaftPflG 8, StVG 13, LuftVG 38, ProdHaftG 9 f und AtomG 30.

2. Rentenanspruch. a) Voraussetzungen. aa) Die **Beeinträchtigung der** 2 **Erwerbsfähigkeit** deckt sich mit dem Begriff des Nachteils in § 842 (s § 842 Rn 3). Zur Beweislast s § 842 Rn 6 aE. **bb)** Unter die **Vermehrung der Bedürfnisse** fallen alle unfallbedingten Mehraufwendungen für die persönliche Lebensführung, zB für Stärkungsmittel, Kuren, Erneuerung künstlicher Gliedmaßen, Ersatz stärker abgenutzter Kleidung, Verkehrsmittel, verstärkte elterliche Pflege (Zweibrücken OLGR 08, 721), Mehrkosten durch Pflegeheim (München NJW-RR 07, 653). Bei unentgeltlicher Hilfe durch Familienangehörige ist der Nettolohn für eine vergleichbare Hilfskraft zuzüglich gem SGB XI § 44 zu erbringender Versicherungsbeiträge anzusetzen (BGH NJW 99, 422). Bei beeinträchtigter Tätigkeit im Haushalt (einschließlich zB kleinerer Reparaturen und Gartenarbeit) ist zwischen Bedarf (für die eigene Versorgung) und Entfallen der Erwerbsfähigkeit (Tätigkeit für andere) zu unterscheiden (BGH NJW 89, 2539). Der Ersatzanspruch entsteht nach der Rspr mit dem schädigenden Ereignis; es sei nicht erforderlich, dass der Geschädigte den Ersatzbetrag dafür tatsächlich verwendet. **b)** Die **Höhe der Rente** ist nach den 3 konkreten Umständen zu ermitteln, s § 842 Rn 4 und Bamberg VersR 78, 451; desgl ist bei der **Dauer** zu berücksichtigen, wie lange konkret die Erwerbsfähigkeit noch bestanden haben würde (BGH NJW 95, 3313); für erhöhte Bedürfnisse gilt Entsprechendes.

3. Sonderfrage: Haushaltsführungsschaden. Lit: Schulz-Borck/Pardey, 4 Haushaltsführungsschaden, 8. Aufl 2012; ders, Entgelttabellen TVöD/Bund zur Bewertung von Personenschäden in der Haushaltsführung. Kann der Verletzte seinen *eigenen Haushalt* nicht mehr führen, so entstehen erhöhte Bedürfnisse iSd I 1 (BGH NJW 09, 2061), die in Höhe der Kosten für eine Ersatzkraft zu ersetzen sind, und zwar unabhängig davon, ob eine Hilfskraft beschäftigt wird (s § 842 Rn 4). Hat der Verletzte auch *für andere* den Haushalt geführt, so erbringt er nach der Rspr Unterhaltsleistungen (BGH 104, 114) zB ggü Ehegatten, eingetragenem Lebenspartner, Eltern, Kindern (nicht bei nicht eingetragener Lebenspartnerschaft, KG NJW-RR 10, 1687; weitergehend Bamberger/Roth/Spindler 20: auch bei vertraglicher Vereinbarung). Es entsteht insoweit ein *Erwerbsschaden* iSd I 1, der in gleicher Weise auszugleichen ist (BGH NJW 97, 257). Bei Fehlen von Anhaltspunkten kann der Schaden gem ZPO 287 nach den Tabellen von Schulz-Borck (s Lit) bestimmt werden (BGH NJW 09, 2060; Düsseldorf NJW 11, 1154).

4. Kapitalisierung. Ein **wichtiger Grund** liegt vor, wenn die Kapitalisierung 5 die für den Verletzten günstigere Form des Ausgleichs darstellt (Schwintowski VersR 10, 149). Der Grund kann in *dessen Sphäre* (zB Finanzierung des Erwerbs eines Geschäfts oder einer Ausbildung, MK/Wagner 76) als auch beim *Verletzer* liegen (zB Erschwerung der Durchsetzung des Anspruchs durch häufigen Wohnungswechsel, PalSprau 19; ErmSchiemann 18; schikanöses Regulierungsverhalten, Köln VersR 12, 906 mzustAnm Jäger). Bei ihrer Berechnung sind die künftige Inflationsquote bzw. Steigerungen eines vergleichbaren Gehalts mit zu berücksichtigen (BGH 79, 187). Die Klagebefugnis steht nur dem Gläubiger zu.

5. Keine Berücksichtigung von Unterhaltsleistungen (IV). Lit: Marschall 6 v. Bieberstein, Reflexschäden und Regressrechte, 1967. Die Bestimmung wird als ges Stütze des sog normativen Schadensbegriffs (s Rn 6 vor § 249) idS verstanden, dass Schadensersatz auch dann zu leisten ist, wenn sich infolge der Zahlungen Dritter beim Geschädigten keine Vermögensverringerung feststellen lässt (BGH 21, 116; NJW 71, 2070). Dementsprechend wird IV auch auf andere Ersatzleistungen (zB hinsichtlich der Heilungskosten, RG 132, 224) angewandt. Unerheblich ist nach hM, ob der Unterhalt bereits vor dem Geltendmachen des Schadensersatzanspruchs gezahlt wurde (PalSprau 20; ErmSchiemann 20). Die Bestimmung gilt auch, wenn

Vor §§ 844–846, § 844 Buch 2. Abschnitt 8. Einzelne Schuldverhältnisse

ein Angehöriger die Leistungen erbringt, der die Verletzung mit verursacht hat; denn ein Anspruch auf Schadensersatz wäre wegen des sog Angehörigkeitsprivilegs nicht durchsetzbar (BGH 159, 318).

Vorbemerkungen zu den §§ 844–846

1 **1. Funktion der Normen.** Nach dem sog Dogma vom Gläubigerinteresse (Hagen, Die Drittschadensliquidation im Wandel der Rechtsdogmatik, 1971, S 1 f) ist der Kreis der Ersatzberechtigten aus Gründen der Risikobegrenzung eng gezogen. Ansprüche aus unerlaubter Handlung kann nur derjenige geltend machen, in dessen Rechtsgütersphäre in einer den jeweiligen Tatbestand ausfüllenden Weise eingegriffen worden ist. § 844 und § 845 durchbrechen dieses Prinzip für bestimmte Formen von Rechtsgutsverletzungen zugunsten eines umgrenzten Personenkreises: des Unterhaltsberechtigten (§ 844) und desjenigen, dem ges Dienstleistungen geschuldet werden. Im Gegenzug ordnet § 846 die Berücksichtigung eines Mitverschuldens des Verletzten an. Wegen des Ausnahmecharakters ist eine Ausdehnung der Ansprüche über den genannten Umfang und Personenkreis nicht möglich (BGH 7, 33). Zur dogmatischen Einordnung der einzelnen Schadensposten s § 842 Rn 1, zum **Anwendungsbereich** s § 842 Rn 2, § 845 Rn 1 aE.

2 **2. Rechtscharakter.** Es handelt sich um eigene Ansprüche der *Berechtigten* selbst. Der Verletzte kann deshalb **nach Entstehen** nicht mehr über sie verfügen. Sie setzen einen „Ersatzpflichtigen" voraus. Haftet der Schädiger zB wegen einer **vor Schädigung** mit dem Verletzten vereinbarten Freizeichnung nicht, so haben auch die Dritten keine Ansprüche (BGH VersR 61, 846).

§ 844 Ersatzansprüche Dritter bei Tötung

(1) **Im Falle der Tötung hat der Ersatzpflichtige die Kosten der Beerdigung demjenigen zu ersetzen, welchem die Verpflichtung obliegt, diese Kosten zu tragen.**

(2) ¹**Stand der Getötete zur Zeit der Verletzung zu einem Dritten in einem Verhältnis, vermöge dessen er diesem gegenüber kraft Gesetzes unterhaltspflichtig war oder unterhaltspflichtig werden konnte, und ist dem Dritten infolge der Tötung das Recht auf den Unterhalt entzogen, so hat der Ersatzpflichtige dem Dritten durch Entrichtung einer Geldrente insoweit Schadensersatz zu leisten, als der Getötete während der mutmaßlichen Dauer seines Lebens zur Gewährung des Unterhalts verpflichtet gewesen sein würde; die Vorschrift des § 843 Abs. 2 bis 4 findet entsprechende Anwendung.** ²**Die Ersatzpflicht tritt auch dann ein, wenn der Dritte zur Zeit der Verletzung gezeugt, aber noch nicht geboren war.**

Lit: Diederichsen, Ansprüche naher Angehöriger von Unfallopfern, NJW 13, 641; Schmitz-Herscheidt, Der Unterhaltsschaden in der Praxis, VersR 03, 33; Schubel, Ansprüche Unterhaltsberechtigter bei Tötung des Verpflichteten zwischen Delikts-, Familien- und Erbrecht, AcP 198, 1 ff.

I. Beerdigungskosten (I)

1 Ihr **Umfang** richtet sich nicht stets nach den tatsächlichen Aufwendungen, sondern wird bestimmt durch die Kostentragungspflicht für eine standesgemäße Beerdigung (Hamm NJW-RR 94, 155); iE s § 1968 Rn 4. **Ersatzberechtigt** ist in erster Linie der Erbe (§ 1968), danach (subsidiär) diejenigen, die dem Getöteten unterhaltspflichtig waren (s dazu Rn 3; StRöthel 46 ff). Auch dem aus einem Vertrag Verpflichteten stehen die Ansprüche zu (hM, MK/Wagner 16). Der Ersatzanspruch kann gem SGB X 116 auf den Sozialversicherungsträger übergehen.

Titel 27. Unerlaubte Handlungen § 844

II. Unterhalt (II)

1. Allgemeines. Auch bei diesem Anspruch handelt es sich um einen Schadens- 2
ersatzanspruch, der den Unterhaltsberechtigten in die Lage versetzen soll, sein Leben
in wirtschaftlicher Weise so fortzuführen, als leistete der Getötete im Rahmen seiner
Pflichten und Möglichkeiten weiterhin Unterhalt. Der Berechtigte hat demgemäß
nur so lange einen Anspruch, wie er unterhaltsbedürftig ist (BGH NJW 06, 2327).
Die Einzelheiten sind wegen des Einflusses zahlreicher Faktoren (zB aus Versicherungsverhältnissen) und wegen der Schwierigkeit, die hypothetische Entwicklung
der Lebensumstände beim Getöteten wie beim Unterhaltsberechtigten abzuschätzen, sehr kompliziert.

2. Rechtsvoraussetzungen. a) Die **ges Unterhaltspflicht** des Getöteten, die 3
auch Naturalunterhalt sein kann (BGH NJW 06, 2328), bestand oder hätte bestehen
können zB gegenüber Verwandten (§§ 1601 ff), dem Ehegatten (§§ 1360 ff), uU
auch geschiedenem (§§ 1569 ff), der Mutter des gemeinsamen Kindes, wenn eine
Ehe nicht besteht (§ 1615l), gegenüber dem angenommenen (§ 1754) Kind, nicht
jedoch gegenüber dem Stiefkind (BGH NJW 84, 977). **b)** Der **Entzug des Unterhalts** setzt ua voraus, dass der Unterhalt vom Getöteten auch tatsächlich, notfalls
zwangsweise, hätte erlangt werden können (BGH NJW 74, 1373).

3. Rente als Rechtsfolge. a) Die gem ZPO 287 zu ermittelnde (BGH NJW 4
06, 2327) **Höhe** richtet sich nach dem, was die Hinterbliebenen auf Grund des
(nun fiktiven) Einkommens an Unterhalt hätten konkret fordern können (BGH
NJW 04, 359 mwN zu Eigenheim- und Kinderzulage; BGH VersR 12, 1049,
Aufwendungen zu Unfall- und Lebensversicherung). Pauschalierungen sind möglich
(zu den Grundsätzen der Rspr s BGH 137, 240 ff mwN). Sie hängt zum einen von
der Leistungsfähigkeit des Verpflichteten ab (s § 1603). Dabei ist die mutmaßliche
Einkommensentwicklung einschließlich eines idR niedrigeren Renteneinkommens
derzeit ab dem 65. Jahr (BGH NJW-RR 04, 822) zu berücksichtigen. Zum anderen
ist die Bedürftigkeit des Berechtigten maßgebend (BGH NJW 93, 125, Blinder).
Verdient zB die Ehefrau des Getöteten selbst, so hat sie keinen Unterhalts- und
damit auch keinen Ersatzanspruch (Hamm VersR 74, 1228 ff zur Differenzierung bei
berufstätiger, haushaltführender Ehefrau). Die Rente umfasst die darauf zu zahlende
Einkommensteuer (s BFH NJW 79, 2423). **b)** Die **Dauer** wird nach dem Gesetzes- 5
wortlaut begrenzt durch den mutmaßlichen Zeitpunkt des natürlichen Todes, falls
dann noch eine Unterhaltsverpflichtung bestanden hätte (zur Beweislast BGH NJW
72, 1515). Der Zeitpunkt kann gem ZPO 287 mangels individueller Anhaltspunkte
wie Lebens- und Gesundheitsverhältnisse anhand von Sterbetafeln ermittelt werden
(BGH NJW-RR 04, 822). Hätte der Getötete auf Grund seiner Unterhaltsverpflichtung zB durch Versicherungsleistungen für die Sicherung der Angehörigen über
den Tod hinaus gesorgt, so ist auch dieser Ausfall zu ersetzen (BGH 32, 248; MDR
70, 223). Zur Anrechnung von Versorgungsansprüchen usw (**Vorteilsausgleich**)
s Rn 37 vor §§ 249–253; zur **Schadensminderungspflicht** gem § 254 II durch
Übernahme eigener Erwerbstätigkeit s BGH NJW 07, 65.

3. Sonderfrage: Tod des im Haushalt tätigen oder beruflich mitarbeiten- 6
den Ehepartners bzw eingetragenen Lebenspartners. Lit: Jayme, Die Familie
im Recht der unerlaubten Handlungen, 1971, S 58 ff; Monstadt, Unterhaltsrenten
bei Tötung eines Ehegatten, 1992; Schulz-Borck/Pardey, Haushaltsführungsschaden, 8. Aufl 2012; ders, Entgelttabellen TVöD/Bund zur Bewertung von Personenschäden in der Haushaltsführung. **a) Allgemeines.** Der im Haushalt Tätige erbringt
insoweit gegenüber Angehörigen Unterhaltsleistungen (s § 843 Rn 6). Damit entsteht bei einer Tötung (s BGH NJW 86, 984: keine entspr Anwendung bei Verletzung) ein Anspruch des Unterhaltsberechtigten aus § 844 II, BGH 51, 111). § 845
ist nicht anwendbar. Anspruchsberechtigt sind die unterhaltsbedürftigen Angehörigen nach Anteilen; eine Gesamtgläubigerschaft besteht nicht (BGH 50, 306, GS).
b) Berechnung. Abzustellen ist entgegen den allg Grundsätzen (Rn 3 aE) auf den 7

geschuldeten, nicht auf den tatsächlich erbrachten Unterhalt (BGH NJW 93, 125 mwN), der sich durch die Leistungsfähigkeit des Getöteten sowie die Bedürftigkeit des Angehörigen bestimmt (Rn 4). Bsp: Bei einem Haushalt mittleren Zuschnitts mit zwei Kindern ist das Nettogehalt (oder Bruttogehalt abzüglich 30%, BGH VersR 87, 72) von ca 49 Wochenstunden für eine vergleichbare Ersatzkraft (Familienpflegerin, Dorfhelferin) zugrunde zu legen (BGH 86, 372 mwN, zust Schlund JR 83, 415;iE s LG Bayreuth VersR 83, 66). War der getötete Ehegatte außer im Haushalt auch im **Betrieb/Unternehmen** gegen Entgelt mit tätig, so schuldete er sein Einkommen oder einen Teil davon als Unterhalt, dieser Barbeitrag ist zu ersetzen (BGH VersR 84, 81). Bei unentgeltlicher Mitarbeit ist der Anteil am Betriebsgewinn zugrunde zu legen. Auch andere Leistungen als die der Haushaltsführung sind zu

8 berücksichtigen (München VersR 77, 531, Nachhilfeunterricht). **c) Vorteilsausgleich.** Anzurechnen ist, was der überlebende Ehegatte an Unterhaltsaufwendungen erspart.

9 **5. Prozessuales.** Wegen fehlender Gesamtgläubigerschaft (Rn 6) ist der Anspruch von jedem Angehörigen hinsichtlich seines Teiles geltend zu machen; iü gelten die in § 842 Rn 6 dargestellten Grundsätze entspr.

§ 845 Ersatzansprüche wegen entgangener Dienste

¹Im Falle der Tötung, der Verletzung des Körpers oder der Gesundheit sowie im Falle der Freiheitsentziehung hat der Ersatzpflichtige, wenn der Verletzte kraft Gesetzes einem Dritten zur Leistung von Diensten in dessen Hauswesen oder Gewerbe verpflichtet war, dem Dritten für die entgehenden Dienste durch Entrichtung einer Geldrente Ersatz zu leisten. ²Die Vorschrift des § 843 Abs. 2 bis 4 findet entsprechende Anwendung.

1 **1. Allgemeines. a) Funktion.** § 845 ist das Spiegelbild zu § 844. Geht es dort um *Unterhaltsberechtigte*, die diesen Anspruch infolge des Todes des Verpflichteten verlieren, so erfasst § 845 den Fall, dass die zum Unterhalt *verpflichteten* Eltern zB auf die **Dienste** der im Haushalt lebenden Kinder (§ 1619, s Celle OLGR 05, 22) verzichten müssen. Da schon aus Gründen der Sozialversicherung bei mitarbeitenden Kindern idR vertragliche Arbeitsverhältnisse geschaffen werden (s schon BGH NJW 91, 1227), ist die Bedeutung der Norm seit Längerem gering (s aber Jena ZfSch 10, 79). **b) Zum Anwendungsbereich** s § 842 Rn 2; in Sonderregelungen, die eine Gefährdungshaftung vorsehen, ist ein Ersatz für entgangene Dienste entweder eingeschränkt (zB LuftVG 53 II) oder nicht vorgesehen (zB StVG, ProdHaftG). Ansprüche bestehen dann nur, wenn gleichzeitig eine unerlaubte Handlung vorliegt.

2 **2. Rechtsvoraussetzungen. a)** Dienstleistungen **kraft Ges** (daher keine Anwendung, wenn die Leistung auf Vertrag beruht, s Rn 1). Bsp: **Kinder** gem § 1619 (sa § 1754 und § 1719), auch erwachsene; jedoch können die Eltern einen Anspruch insoweit nicht geltend machen, als das verletzte Kind einen eigenen Anspruch gem § 842 erhebt (BGH 69, 380) oder das Kind voll berufstätig, damit zur Dienstleistung gegenüber den Eltern nicht verpflichtet war (BGH 137, 3 ff). Zur **Mitarbeit des Ehegatten im Gewerbe** s § 844 Rn 6. **b)** Die Verpflichtung zur Dienstleistung muss nach der Rspr (München NJW 65, 1439; KG NJW 67, 1090) wegen des im Vergleich zu § 844 engeren Wortlauts (§ 845: „verpflichtet *war*"; § 844: „*werden* konnte") **zum Zeitpunkt der Verletzung** bereits bestanden haben (zweifelhaft). **c) Zum eigenen Hauswesen oder Gewerbe** s München NJW 65, 1439.

3 **3. Rente als Rechtsfolge.** Die **Höhe** bemisst sich im Prinzip nach den für eine Ersatzkraft erforderlichen Mehraufwendungen. Sehr str ist, wie weit sich der Anspruchsberechtigte im Wege der Vorteilsausgleichung (s Rn 37 ff vor § 249) Ersparnisse anrechnen lassen muss, die er zB bei Tötung des Kindes dadurch hat, dass er keinen Unterhalt leisten muss; zT wird volle Berücksichtigung gefordert

Titel 27. Unerlaubte Handlungen §§ 846–849

(Köln NJW 49, 865). Der BGH berücksichtigt Ersparnisse nur teilweise, zB im Blick auf Unterbringung und Verpflegung, nicht aber hinsichtlich Kleidung, ärztlicher Behandlung, Reisen, so dass Barlohn und Sozialabgaben für die Ersatzkraft als Mindestschaden zu ersetzen sind (BGH 4, 131 f; BGH NJW 1953, 97). Die **Dauer** ist nach ZPO 287 konkret zu schätzen.

§ 846 Mitverschulden des Verletzten

Hat in den Fällen der §§ 844, 845 bei der Entstehung des Schadens, den der Dritte erleidet, ein Verschulden des Verletzten mitgewirkt, so findet auf den Anspruch des Dritten die Vorschrift des § 254 Anwendung.

§ 846 erweitert § 254 um die Person des Verletzten, da die aus §§ 844, 845 Berechtigten ihre Ansprüche von ihm zwar nicht rechtlich (s Rn 1 vor § 844), wohl aber wirtschaftlich ableiten. Die Bestimmung enthält keinen allg Grundsatz und bezieht sich daher allein auf Ansprüche aus §§ 844, 845 (BGH 56, 168 f, dazu Selb JZ 72, 124: keine Anwendung, wenn im Rahmen der haftungsbegründenden Kausalität die Nachricht vom Unfalltod des Ehemannes zum Schockschaden bei der Ehefrau führt und den Ehemann ein Mitverschulden am Unfall trifft; die sich beim BGH daran anschließende, über § 242 zur Berücksichtigung des Mitverschuldens führende Argumentation ist abzulehnen, Deubner JuS 71, 625; Selb JZ 72, 124 ff). 1

§ 847 *(aufgehoben)*

Aufgehoben durch Ges v 25.7.2002 (BGBl I S 2674); geltend bis 31.7.2002 (s dazu 9. Aufl). Zum Schmerzensgeld s § 253 Rn 3 ff. 1

§ 848 Haftung für Zufall bei Entziehung einer Sache

Wer zur Rückgabe einer Sache verpflichtet ist, die er einem anderen durch eine unerlaubte Handlung entzogen hat, ist auch für den zufälligen Untergang, eine aus einem anderen Grunde eintretende zufällige Unmöglichkeit der Herausgabe oder eine zufällige Verschlechterung der Sache verantwortlich, es sei denn, dass der Untergang, die anderweitige Unmöglichkeit der Herausgabe oder die Verschlechterung auch ohne die Entziehung eingetreten sein würde.

Häufig wird sich der Untergang usw der Sache bereits als zurechenbare Folge der unerlaubten Handlung im Rahmen der haftungsausfüllenden Kausalität (Rn 24 f vor § 249) darstellen. § 848 erweitert die Haftung auf rein zeitlich folgende Schäden unter den genannten Einschränkungen. Zu den – über § 251 I hinausgehenden (aA Meincke JZ 80, 677) – Rechtsfolgen iE s die parallele Vorschrift des § 287; zur Verschlechterung s § 989. 1

§ 849 Verzinsung der Ersatzsumme

Ist wegen der Entziehung einer Sache der Wert oder wegen der Beschädigung einer Sache die Wertminderung zu ersetzen, so kann der Verletzte Zinsen des zu ersetzenden Betrags von dem Zeitpunkt an verlangen, welcher der Bestimmung des Wertes zugrunde gelegt wird.

1. Allgemeines. a) Normzweck. Die Bestimmung gewährt in Anlehnung an § 290 I in einigen Fällen der unerlaubten Handlung – Entzug, Beschädigung einer Sache – einen pauschalierten Mindestbetrag als Ausgleich für den Nutzungsausfall, ohne dass es des Nachweises eines konkreten Schadens bedarf (BGH 87, 40 f). 1

§§ 850–852

b) Anwendungsbereich. Ansprüche aus unerlaubter Handlung, entspr Haftungstatbestände innerhalb und außerhalb des BGB (MK/Wagner 3; PalSprau 1), zB aus Gefährdungshaftung (BGHZ 87, 39), InsO 60 (Düsseldorf NJW-RR 89, 1254).
c) Konkurrenzen. Der Geschädigte kann (höheren) Nutzungsausfall aus anderen Grundlagen geltend machen, zB unmittelbar aus § 249 bei dem Entzug von Kfz etc (s § 249 Rn 10 ff), aus § 288, aus § 291. Geht er so vor, scheidet insoweit die Auffangnorm des § 849 aus (BGH 87, 41 f).

2. Tatbestand. Der Begriff der **Sache** umfasst über § 90 hinaus auch Geld in seinen verschiedenen Formen (BGH NJW 08, 1984; zum Geldbegriff s § 244 Rn 2). **Entzug** ist jeder Verlust infolge der unerlaubten Handlung, zB auch durch eine Unterschlagung (BGH 8, 298), durch Weggabe auf Grund einer Täuschung (BGH NJW 098, 1084).

3. Rechtsfolge. Anspruch auf Zinsen gem § 246 (aA MK/Wagner 6: § 288 I 2) vom Eintritt des Tatbestandes der unerlaubten Handlung an bis zur Leistung. Bezugspunkt: bei Entzug (Substanz-)Wert, bei Beschädigung Wertverlust der Sache (BGH NJW 65, 392; Düsseldorf NJW-RR 89, 1254) zum Zeitpunkt des Eintritts der Schädigung. Zwischenzeitliche Veränderungen des Nutzungswertes sind zu berücksichtigen (BGH NJW 65, 393).

§ 850 Ersatz von Verwendungen

Macht der zur Herausgabe einer entzogenen Sache Verpflichtete Verwendungen auf die Sache, so stehen ihm dem Verletzten gegenüber die Rechte zu, die der Besitzer dem Eigentümer gegenüber wegen Verwendungen hat.

S §§ 994–1003.

§ 851 Ersatzleistung an Nichtberechtigten

Leistet der wegen der Entziehung oder Beschädigung einer beweglichen Sache zum Schadensersatz Verpflichtete den Ersatz an denjenigen, in dessen Besitz sich die Sache zur Zeit der Entziehung oder der Beschädigung befunden hat, so wird er durch die Leistung auch dann befreit, wenn ein Dritter Eigentümer der Sache war oder ein sonstiges Recht an der Sache hatte, es sei denn, dass ihm das Recht des Dritten bekannt oder infolge grober Fahrlässigkeit unbekannt ist.

Lit: Berger, Schadensersatzleistung an den Sachbesitzer, VersR 01, 419.

§ 851 schützt wegen § 1006 denjenigen, der ohne Bösgläubigkeit (s § 932) an den nichtberechtigten Besitzer einer beweglichen Sache Ersatz leistet (zB KG VersR 76, 1160, Zahlung an Leasingnehmer). Ausgleich zwischen Berechtigtem und Nichtberechtigtem nach § 816 II.

§ 852 Herausgabeanspruch nach Eintritt der Verjährung

¹Hat der Ersatzpflichtige durch eine unerlaubte Handlung auf Kosten des Verletzten etwas erlangt, so ist er auch nach Eintritt der Verjährung des Anspruchs auf Ersatz des aus einer unerlaubten Handlung entstandenen Schadens zur Herausgabe nach den Vorschriften über die Herausgabe einer ungerechtfertigten Bereicherung verpflichtet. ²Dieser Anspruch verjährt in zehn Jahren von seiner Entstehung an, ohne Rücksicht auf die Entstehung

in 30 Jahren von der Begehung der Verletzungshandlung oder dem sonstigen, den Schaden auslösenden Ereignis an.

S 1. Systematisch handelt es sich weiterhin um einen Anspruch aus unerlaubter 1
Handlung, der lediglich in seinem Umfang auf die Bereicherung begrenzt wird
(Rechtsfolgenverweisung, BGH 98, 83 f). Die Regelung des **S 2** entspricht § 199 III
Nr 1 und 2.

§ 853 Arglisteinrede

Erlangt jemand durch eine von ihm begangene unerlaubte Handlung eine Forderung gegen den Verletzten, so kann der Verletzte die Erfüllung auch dann verweigern, wenn der Anspruch auf Aufhebung der Forderung verjährt ist.

§ 853 ergänzt § 852 und gibt dem Geschädigten ein Leistungsverweigerungsrecht 1
auch nach Verjährung seines eigenen Anspruchs. Er muss allerdings vom Schädiger
bereits erbrachte Leistungen zurückgewähren (RG 130, 216). Die Bestimmung ist
entspr anwendbar beim Versäumen der Anfechtungsfrist nach § 124 (RG JW 28,
2972).

Buch 3. Sachenrecht

Vorbemerkungen

I. Gegenstand des Sachenrechts

1. Regelungsgegenstand des 3. Buches. Das 3. Buch regelt die **dinglichen Rechte**. Das sind Rechte, die eine bewegliche oder unbewegliche Sache (Rn 2 vor § 90; § 90a Rn 1 [Tier]; Ausnahmen: §§ 1068 ff, 1273 ff) zum Gegenstand haben und eine *unmittelbare* Beziehung zwischen Rechtsinhaber und Sache begründen. *Prototyp* des privaten Rechts an einer Sache ist das *Eigentum* als umfassendstes Sachherrschaftsrecht (Rn 1 vor § 903).

2. Eigenschaften dinglicher Rechte. Die **Eigenart der dinglichen Rechte** zeigt sich in folgendem: **a) Sie sind absolute Rechte,** dh sie wirken gegen jedermann und sind gegen jeden rechtswidrigen Eingriff geschützt (iGgs zu den relativen Rechten, insbes Ansprüchen, § 194, die nur eine Rechtsbeziehung zwischen bestimmten Personen begründen). Dingliche Rechte können die *Grundlage dinglicher Ansprüche* (Rn 11–13), also relativer Rechte, sein; so fließt der dingliche Herausgabeanspruch des Eigentümers (§ 985) aus dem Eigentum. **b) Numerus clausus und Typenzwang** der Sachenrechte. Dingliche Rechte wirken gegen jedermann. Das verlangt Rechtsklarheit. Daher gibt es nur eine geschlossene Zahl (numerus clausus) von Sachenrechten mit ges umrissenem Inhalt (Typenzwang). Dass die Wirkung der Vertragsfreiheit (iSd Inhaltsfreiheit, Rn 15 vor § 145) eingeschränkt ist, ergibt sich (nur) durch *Umkehrschluss* aus zahlreichen Vorschriften; vgl „kann" oder „kann nur" in §§ 1018 f, 1030, 1068, 1085 usw: Was man nicht „kann", ist rechtlich unmöglich (§ 134 Rn 5). **c) Publizitätsgrundsatz** (Offenkundigkeitsgrundsatz). Die Wirkung dinglicher Rechte gegen jedermann erfordert Erkennbarkeit der Rechte. Die Publizität wird bei Grundstücken durch Eintragung im Grundbuch (mit Einsichtsrecht, GBO 12, ferner 12a–c, 132, 133), bei beweglichen Sachen nur sehr begrenzt (s StWiegand Rn 19 ff vor § 929) erreicht. **d) Bestimmtheitsgrundsatz** (Spezialitätsgrundsatz). Dingliche Rechte können nur an bestimmten beweglichen und unbeweglichen Einzelsachen, nicht an Sachgesamtheiten (Begriffe Rn 4, 5 vor § 90) bestehen. Das ist wichtig für Verfügungen über dingliche Rechte; sie können sich (unmittelbar) nur auf Einzelsachen beziehen (§ 929 Rn 5), Verpflichtungsgeschäfte können auch Sachgesamtheiten zum Gegenstand haben (Rn 5 vor § 90).

3. Beschränkte (nicht: beschränkt; falsch Löhnig/Gietl JuS 08, 103; EGBGB 233 § 2b I 2, richtig Überschrift zu § 3) **dingliche Rechte.** Diese stehen dem Eigentum als umfassendstem Recht (Rn 1) gegenüber. Sie gewähren im Vergleich zum Eigentum eine inhaltlich beschränkte Rechtsmacht, die aus dem Eigentum abgespalten ist (verselbständigter „Eigentumssplitter"). Da diese Rechtsmacht dem konkreten Eigentum, auf das sich das beschränkte dingliche Recht bezieht, fehlt, ist jedes beschränkte dingliche Recht zugleich ein das Eigentum an der Sache *beschränkendes* dingliches Recht, es ist eine **Belastung** des Eigentums (ungenau: der Sache, vgl § 873 I). Bsp: Der Hypothekar kann das belastete Grundstück nicht wie der Eigentümer veräußern, der Eigentümer kann es nur belastet mit der Hypothek veräußern. Mehrfache Belastung möglich, daher **Rangordnung** (älter zu jünger) nötig. Beschränkte dingliche Rechte können auch dem *Eigentümer selbst* zustehen; für Grundstücke s allg BGH NJW 82, 2381 (ges Fälle in §§ 889, 1009, 1163, 1196; sa § 889 Rn 2), für bewegliche Sachen s §§ 1063 II, 1256.

II. Der dingliche Anspruch

1. Grundlage des dinglichen Anspruchs. Dies ist ein dingliches, also absolutes Recht. Er selbst ist als dinglicher Anspruch (vgl § 198) ein relatives Recht (Rn 2). Begriffsjur Kritik am „Begriff" bei Picker, FS F. Bydlinski, 2000, S 270 ff.

Vor § 854

8   **2. Besonderheiten. a) Er ist nicht selbstständig übertragbar,** da er dem Schutz des dinglichen Rechts, das seine Grundlage bildet, dient und daher mit ihm
9   verbunden bleiben muss (BGH 60, 240; für § 985 BGH 111, 369). **b) Vorschriften für schuldrechtliche Ansprüche** sind auf dingliche Ansprüche *analog* anwendbar, sofern die Regelungssituation gleichartig ist; so bei §§ 242 (dort Rn 11; § 985 Rn 9), 269 (§ 985 Rn 7), 271, nicht bei § 281 für § 985 (§ 281 Rn 3; Gursky JURA 04, 433 ff; sa § 990 Rn 5).

III. Das dingliche RGeschäft

10 **1. Verfügung.** Es ist **Verfügung** über ein dingliches Recht (Rn 10 vor § 104) und enthält entweder eine **einseitige** Willenserklärung (zB § 1255 I) oder einen **Vertrag** (Einigung). Nur insoweit gelten die Regeln der Willenserklärung, nicht aber zB für die zur Rechtsänderung weiter nötige Grundbucheintragung (vgl § 873) oder Übergabe (vgl § 929); vgl Rn 2 vor § 104, Rn 3 vor § 145.

11 **2. Anwendbarkeit anderer Vorschriften.** Es gelten grundsätzlich die **§§ 104–185,** soweit nichts anderes bestimmt ist (zB in § 925 II: Auflassung ist bedingungs- und befristungsfeindlich). Die Bedingung für Entstehen/Ende eines dinglichen Rechts muss eindeutig sein (BayObLG NJW-RR 98, 85). Inwieweit Vorschriften über **schuldrechtliche** RGeschäfte anwendbar sind, ist str, insbes bzgl § 328 (vgl dort Rn 6 [bb]; § 873 Rn 12), ferner §§ 413, 399 Fall 2 bzgl beschränkter dinglicher Rechte (§ 1154 Rn 4; PalBassenge Rn 12 Einl vor § 854).

IV. Verpflichtungsgeschäft und dingliches Erfüllungsgeschäft

Lit: Jauernig, Trennungsprinzip und Abstraktionsprinzip, JuS 94, 721; Stadler, Gestaltungsfreiheit und Verkehrsschutz durch Abstraktion, 1996.

12 **1. Trennungsprinzip.** Verpflichtungsgeschäfte verändern nicht die dingliche Rechtslage. Dazu ist ein vom Verpflichtungsgeschäft (zB Kauf) getrenntes bes RGeschäft nötig, durch das die eingegangene Verpflichtung erfüllt wird (daher der Name „dingliches Erfüllungsgeschäft"). Nicht der Kauf (s o), sondern erst die Übereignung (§§ 873, 925; 929 ff) überträgt Eigentum. Anders bei Verschmelzung beider Vorgänge zu einem RGeschäft (**Einheitsprinzip,** so ZGB 25, 26, 297, dazu BGH DtZ 96, 113 f).

13 **2. Abstraktionsprinzip.** Die Wirksamkeit des dinglichen Erfüllungsgeschäfts ist allein von dessen bes Voraussetzungen abhängig; vgl zB § 929: „ist (nur!) erforderlich". Zu diesen gehört weder eine Bestimmung über den Zweck (die causa) des dinglichen Geschäfts in diesem selbst – es ist *inhaltlich abstrakt* (Jahr AcP 168, 16, hM; aA Weitnauer, FS Larenz, 1983, S 709 mN) – noch das Vorhandensein eines wirksamen Verpflichtungsgeschäfts – das Erfüllungsgeschäft ist auch *äußerlich abstrakt.* Die Abstraktion soll dem Verkehrsschutz dienen. Ob das Ges dieses Ziel erreicht hat, ist zweifelhaft. Das Abstraktionsprinzip wurde häufig als lebensfremd bekämpft; die Angriffe galten zT zugleich dem Trennungsprinzip (s F. Peters Jura 86, 449 ff). Beide Prinzipien sind zu unterscheiden (Jauernig aaO), schon um Durchbrechungen des Abstraktionsprinzips (Rn 14–16) nicht als solche (auch) des Trennungsprinzips (und umgekehrt) misszuverstehen.

14 **3. Durchbrechungen des Abstraktionsprinzips. a) Bei Fehleridentität** liegt keine Durchbrechung vor, da der gleiche Mangel doppelt, dh beim Verpflichtungs- und beim Erfüllungsgeschäft, auftritt, zB Geschäftsunfähigkeit (§§ 104, 105 I); sa
15 § 134 Rn 16; § 123 Rn 18. **b) Sittenwidrigkeit.** § 138 II erfasst auch das dingliche Erfüllungsgeschäft des Bewucherten („gewähren", vgl § 138 Rn 25). § 138 I erfasst das dingliche Geschäft, wenn es nach Motiv und Zweck sittenwidrig ist (§ 138
16 Rn 25). **c) Bedingungszusammenhang** (Stadler aaO S 82 ff; Grigoleit AcP 199, 409 ff). Beim **echten** hängt die Wirksamkeit des Verfügungsgeschäfts von einer

Bedingung iSd §§ 158 ff ab, die Bezug zum Verpflichtungsgeschäft hat, dessen Bestehen oder Wirksamkeit aber nicht ihr Gegenstand ist (Bsp: § 449 I). Beim **unechten** hängt die Wirksamkeit des Verfügungsgeschäfts von Bestehen und Wirksamkeit des Verpflichtungsgeschäfts ab; keine echte Bedingung, da das „Ereignis" gegenwärtig und daher nur subj ungewiss ist (§ 158 Rn 6 [b]). Sie ist nach hM zulässig bei bedingungsfreundlichem Geschäft (nicht § 925 II) und Zweifeln an dessen Wirksamkeit, nötig ist eindeutige Vereinbarung. **d)** Zur Anwendbarkeit von § 139 dort Rn 4.

V. Sachenrecht außerhalb des BGB

1. Grundstücksrecht. Reichs- und bundesrechtliche SonderGes betreffen vor allem das **Grundstücksrecht,** so das ErbbauRG und das WEG. Zu landesrechtlichen Vorbehalten vgl EGBGB 64–69, 91, 106–133. 17

2. Wichtige Vorschriften. Bedeutsam sind die zahlreichen öffentl-rechtlichen Vorschriften zur inhaltlichen **Bestimmung und Beschränkung des Eigentums,** vor allem an Grundstücken. Vgl § 903 Rn 4 (bb). 18

Abschnitt 1. Besitz

§ 854 Erwerb des Besitzes

(1) Der Besitz einer Sache wird durch die Erlangung der tatsächlichen Gewalt über die Sache erworben.

(2) Die Einigung des bisherigen Besitzers und des Erwerbers genügt zum Erwerb, wenn der Erwerber in der Lage ist, die Gewalt über die Sache auszuüben.

I. Allgemeines zum Besitz

1. Begriffe. a) Besitz ist die tatsächliche Herrschaft einer Person über eine Sache (zum Tier § 90a Rn 1). „Tatsächliche" Herrschaft besagt nur, dass es für ihre Anerkennung *nicht* auf ein *Recht* zur Herrschaft (zum Besitz) ankommt. Daher bedeutet tatsächliche Herrschaft nicht: handgreiflich ausgeübte Herrschaft; *auch bloß geistige Sachherrschaft* ist Besitz, wenn auch nur vermittelter (vgl Rn 3). **b) Die Verkehrsanschauung entscheidet,** ob eine tatsächliche Herrschaft besteht (BGH 101, 188). Danach muss *erkennbar* nur sein, dass die Sache (der Sachteil, Rn 6) in einem *Herrschafts-(Besitz-)Verhältnis* zu irgendjemandem steht. Das ist zu bejahen, wenn die Sache sich am Ort ihrer wirtschaftlichen Bestimmung befindet, zB ein Pflug auf dem Feld. Erkennbarkeit des Besitzers ist unnötig. Die Sachherrschaft muss auf *gewisse Dauer* angelegt sein (hM; s MK/Joost 11, 12). Wer Besitz erst erwerben will, muss in eine engere Beziehung zur Sache treten, als für die Fortdauer bereits bestehenden Besitzes nötig ist (vgl § 856 II). 1 2

2. Arten. a) Unmittelbarer und mittelbarer Besitz, § 868. Mittelbarer Besitz ist vermittelte (geistige, Rn 1) Sachherrschaft, bei der auch der tatsächliche Gewalthaber selbst besitzt (unmittelbarer Besitz); Bsp in § 868. Das vermittelnde Rechtsverhältnis darf den tatsächlichen Gewalthaber nicht in soziale Abhängigkeit zum anderen bringen, sonst ist nur dieser (unmittelbarer!) Besitzer, der Gewalthaber bloßer Besitzdiener, also nicht Besitzer, § 855. Besitz iSd Ges ist iZw sowohl der unmittelbare wie der mittelbare Besitz (BGH 27, 364). Zum mittelbaren Besitz sa §§ 870 f. **b) Fremdbesitz und Eigenbesitz.** Maßgebend ist, ob der (unmittelbare oder mittelbare) Besitzer für sich (§ 872) oder einen anderen besitzen will (sa § 872 Rn 1). **c) Alleinbesitz und Mitbesitz.** Dieser liegt vor, wenn mehrere eine Sache unmittelbar oder auf gleicher Stufe (str, § 866 Rn 1) mittelbar besitzen. **d) Teilbesitz** 3 4 5

§ 854

Buch 3. Abschnitt 1

und **Vollbesitz** (Rn 6). **e) Sachbesitz und Rechtsbesitz** (Rn 7). **f) Nebenbesitz** s § 868 Rn 12. **g) Abfallbesitz** (KrW-/AbfG 3) ist öffentl-rechtlicher Natur (aA Müggenborg NVwZ 98, 1125 f: Besitz iSd BGB). Besitzbegründungswille (Rn 11) unnötig (KrW-/AbfG 3 VI; Klett/Enders BB 96, 2003 f).

6 **3. Gegenstand. a) Sachen** (nicht Sachgesamtheiten, Rn 5 vor § 90) oder selbständig beherrschbare **Sachteile** (Teilbesitz iGgs zum Vollbesitz, vgl § 865), zB Wohnung, Außenfläche eines Gebäudes (BGH NJW 67, 47 f), gekennzeichnetes Holz auf dem Stamm (RG 108, 272). **Tiere** sind bewegliche Sachen sui generis
7 (§ 90a Rn 1). **b) Rechte** nur ausnahmsweise (§§ 1029, 1090), nicht zB Miteigentumsanteil (BGH 85, 264 f). Zweck: Besitzschutzvorschriften sollen anwendbar sein; sa § 900 II.

8 **4. Sonstiges.** Besitz ist – soweit er gegenüber jedermann geschützt ist – einem **sonstigen Recht** iSv § 823 I gleichgestellt (BGH 32, 204 f), ohne deshalb ein (beschränktes) dingliches Recht zu sein, s Rn 6 vor § 854. Geleisteter Besitz ist „**etwas**" iSv § 812 I 1; rechtmäßiger Besitz kann Gegenstand einer Eingriffskondiktion sein (BGH NJW 87, 772). Zum Besitzrecht des Wohnungsmieters als Eigentum iSv GG 14 s Rn 15 vor § 903.

II. Erwerb des unmittelbaren Besitzes

9 **1. Durch Erlangung der tatsächlichen Gewalt, I.** Ob sie erlangt ist, bestimmt die *Verkehrsanschauung* (Rn 2). Notwendig ist stets, dass sich die Gewalterlangung äußerlich sichtbar vollzieht (wichtig insbes, wenn Besitzdiener Besitzer werden soll).
10 *Besitzerwerb* kann erfolgen **a) originär** (zB durch Diebstahl, Fund) *oder* **b) derivativ** (abgeleitet) durch Übergabe, dh einverständliches Geben und Nehmen (BGH 67, 209). Daher kein Erwerb durch Oberbesitzer bei bloßem Ablauf des besitzmittelnden Mietverhältnisses (BGH NJW 77, 1818). Der übereinstimmende Wille ist ein tatsächlicher, kein rechtsgeschäftlicher, so dass auch geistig wacher Sechsjähriger selbst Besitz übertragen kann (§ 856 Rn 2), sofern er nicht, wie idR, nur Besitzdiener
11 des ges Vertreters ist. Zum Willen des Erwerbers Rn 11; **c) mit Besitzbegründungswillen** des Erwerbers (BGH 101, 187 f; str). Tatsächlicher Wille genügt (Rn 10); erforderlich ist die Fähigkeit, eine auf Dauer angelegte Beziehung zur Sache begründen zu können (und zu wollen; daher kein Besitzerwerb durch Schlafenden). Für originären Erwerb soll genügen (BGH 101, 189 f bzgl Fund [zweifelhaft]; abl Ernst JZ 88, 359 ff; Dubischar JuS 89, 705; offen BGH 8, 131 f) und für derivativen Erwerb genügt *genereller,* dh nicht auf Einzelsache bezogener Besitzbegründungswille, sofern er nach außen erkennbar ist (vgl BGH 101, 188, 190), zB durch Anbringen eines Hausbriefkastens für die bestimmungsgemäß dort einzuwerfende Post (einschließlich unverlangt zugesandter Waren, str).

12 **2. Rechtsgeschäftliche Einigung.** Nach II genügt **rechtsgeschäftliche** (str) **Einigung,** wenn bisheriger Besitzer (der Übertragende) die tatsächliche Gewalt über die Sache aufgibt und der Erwerber sofort zur Gewaltausübung in der Lage ist (BGH NJW 79, 715); Paradefall: Besitzverschaffung an Holzstoß im Wald durch Einigung im Wirtshaus (vgl LM Nr 1, 4, 8); sa § 855 Rn 3. Für die Einigung gelten §§ 104 ff, insbes §§ 119–124, 158–163, 164–181. Betrifft nur Besitzübertragung, daher bei Übereignung nach § 929 S 1 außerdem Einigung über Eigentumsübertragung nötig (vgl § 929 Rn 4, 18).

13 **3. Besonderheiten. a) Jur Personen** besitzen selbst durch ihre Organe (BGH 156, 316), ebenso *nichtrechtsfähige Vereine.* Zur Abgrenzung Organbesitz/Eigenbesitz
14 des Organs Düsseldorf NJW-RR 01, 542. **b) Bei OHG** und **KG** ist die Gesellschaft unmittelbarer Besitzer (str, vgl BGH 57, 167 ff; differenzierend Flume I 1 § 6). Wer bei der **GbR** Besitzer ist, ist str; BGH 86, 343 f: die Gesellschafter; Derleder BB 01, 2491: die GbR (als Folge der von BGH 146, 341 ff angenommenen Rechtsfähigkeit der GbR; s Rn 1 vor § 21).

§ 855 Besitzdiener

Übt jemand die tatsächliche Gewalt über eine Sache für einen anderen in dessen Haushalt oder Erwerbsgeschäft oder in einem ähnlichen Verhältnis aus, vermöge dessen er den sich auf die Sache beziehenden Weisungen des anderen Folge zu leisten hat, so ist nur der andere Besitzer.

Lit: Hoche/Westermann, Besitzerwerb und Besitzverlust durch Besitzdiener, JuS 61, 73.

1. Begriff. Der **Besitzdiener** steht hinsichtlich der Sache in einem äußerlich 1 erkennbaren (BGH 27, 363, str) **sozialen Abhängigkeitsverhältnis** zum Besitzer, das öffentl-rechtlicher (Soldat, Polizist bzgl Ausrüstungsgegenständen) oder privatrechtlicher Natur sein kann (AN bzgl Werkzeug [AN ist nur ausnahmsweise unmittelbarer Besitzer, BAG BB 99, 265], Handlungsreisender bzgl Musterkoffer, kleines Kind bzgl Spielzeug); es fehlt idR zwischen Eheleuten (BGH 159, 384 f; sa § 866 Rn 3). Besitzdiener ist den Weisungen des Besitzers unterworfen. *Herrschaft über die Sache ist Herrschaft über den Besitzdiener* (vgl LM Nr 2 zu § 1006). Wirtschaftliche Abhängigkeit ungenügend (BGH 27, 363). Besitzdiener kann Vertreter, §§ 164 ff, des Besitzherrn sein (angestellter Verkäufer im Laden, angestellter Reisender mit Abschlussvollmacht). Genügend ist, dass Besitzdiener tatsächliche Gewalt im Rahmen des Abhängigkeitsverhältnisses ausübt; abw intern gebliebener Wille unerheblich, ebenso räumliche Entfernung des Besitzdieners vom Besitzherrn.

2. Wirkungen. a) Besitzer ist nur der Besitzherr. Daher hat Besitzdiener keinen 2 Besitzschutz gegen Besitzherrn, aber er darf dessen Besitz gegen Dritte verteidigen, § 860. Klage auf Herausgabe der Sache ist nur gegen Besitzherrn zu richten. **b) Besitzherr kann** durch Besitzdiener unmittelbaren **Besitz erwerben** (*keine* 3 Vertretung iSv §§ 164 ff: BGH 8, 132), zB bei Annahme eines Kraftwagens zur Reparatur durch angestellten Meister. Stets nötig ist erkennbare Gewaltergreifung im Rahmen des sozialen Abhängigkeitsverhältnisses. **c) Besitz endet aa)** mit Ende 4 der tatsächlichen Gewalt des Besitzdieners (Bsp: er verliert die Sache, er räumt den Besitz mit oder ohne Weisung des Besitzherrn einem Dritten ein); **bb)** wenn Besitzdiener die tatsächliche Gewalt äußerlich erkennbar nicht mehr für Besitzherrn ausübt (Bsp: angestellter Verkäufer steckt Geld aus der Ladenkasse in die eigene Tasche; nach Einigung gem § 854 II; sa LM Nr 3). **cc)** Endet Besitz nach aa oder bb ohne (nicht nötig: gegen) Willen des Besitzherrn, so liegt unfreiwilliger Besitzverlust vor, sa § 856. Über Abhandenkommen vgl § 935 Rn 8.

§ 856 Beendigung des Besitzes

(1) Der Besitz wird dadurch beendigt, dass der Besitzer die tatsächliche Gewalt über die Sache aufgibt oder in anderer Weise verliert.

(2) Durch eine ihrer Natur nach vorübergehende Verhinderung in der Ausübung der Gewalt wird der Besitz nicht beendigt.

1. Art des Besitzes. § 856 betrifft **unmittelbaren Besitz** und fasst unter 1 „Besitz" die aus der tatsächlichen Gewalt abgeleiteten Befugnisse zusammen, meint also mit Besitz nicht die tatsächliche Gewalt selbst (sonst enthielte § 856 nur Tautologien).

2. Verlust. Dieser tritt ein (Verkehrsanschauung entscheidet) **a) durch Auf-** 2 **gabe,** dh *freiwillig,* zB durch Übergabe, Wegwerfen (s § 959 Rn 3), dauernden Auszug eines Ehegatten aus der Ehewohnung (BGH FamRZ 71, 634). Erkennbares willentliches Handeln erforderlich (BGH NJW 79, 715). Natürlicher Wille genügt wie beim Erwerb (§ 854 Rn 11); str; sa § 935 Rn 4; **b) in anderer Weise,** dh 3 *unfreiwillig* (ohne [nicht nötig: gegen] natürlichen Willen, Rn 2), zB durch Diebstahl, Verlust.

§§ 857, 858

4 **3. Kein Verlust nach II.** ZB von Besitz an der Wohnung bei Urlaubsreise; bei Liegenlassen aus Vergesslichkeit, solange Wiedererlangung möglich, dazu gehört auch Kenntnis des Orts.

§ 857 Vererblichkeit

Der Besitz geht auf den Erben über.

1 **1. Allgemeines.** Tatsächliche Gewalt endet mit dem Tod des Besitzers, sie ist unvererblich. Daher hätte der Erbe als solcher ohne § 857 keine besitzrechtlich geschützte Position.

2 **2. Erbenbesitz, § 857.** Dies ist nicht Besitz iSv § 854, sondern *Besitz ohne Sachherrschaft* (MK/Joost 3; hM); auch geistige Sachherrschaft (§ 854 Rn 3) fehlt. Vom Erbenbesitz ist *Erbschaftsbesitz* gem § 2018 zu *unterscheiden;* er ist Besitz auf Grund angemaßten Erbrechts.

3 **3. Wirkungen. a) Erbe erlangt Besitz** auch ohne Kenntnis (LM Nr 6 zu § 836). **b) Art** (§ 854 Rn 2–5) des Erbenbesitzes entspricht dem Besitz des Erblassers. Gilt für diesen § 1006, dann auch für den Erben (BGH NJW 93, 936). **c) Verbotene Eigenmacht** (§ 858) gegen Erben möglich; Folge: §§ 861 f. **d) Abhandenkommen** (§ 935) tritt ein bei Wegnahme einer Nachlasssache durch Nichterben. Aber kein Abhandenkommen bei Veräußerung durch Erbscheinbesitzer (§ 2366 geht vor); ferner nicht bei Wegnahme durch Erben, der die Erbenstellung später rückwirkend, zB durch Ausschlagung (§ 1953), verloren hat: Einschränkung der Rückwirkung zu Lasten des wahren Erben (hM). **e) Erlangung tatsächlicher Gewalt** wandelt Erbenbesitz in Besitz iSv § 854 um (vgl BGH 10, 121 f).

4 **4. Analogie.** § 857 gilt **analog** in anderen Fällen der Gesamtnachfolge, zB Verschmelzung gem UmwG 2 ff.

§ 858 Verbotene Eigenmacht

(1) **Wer dem Besitzer ohne dessen Willen den Besitz entzieht oder ihn im Besitz stört, handelt, sofern nicht das Gesetz die Entziehung oder die Störung gestattet, widerrechtlich (verbotene Eigenmacht).**

(2) ¹**Der durch verbotene Eigenmacht erlangte Besitz ist fehlerhaft.** ²**Die Fehlerhaftigkeit muss der Nachfolger im Besitz gegen sich gelten lassen, wenn er Erbe des Besitzers ist oder die Fehlerhaftigkeit des Besitzes seines Vorgängers bei dem Erwerb kennt.**

1 **1. Allgemeines zu §§ 858–862. Objekt** des Besitzschutzes ist nur der *unmittelbare Besitz* (BGH NJW 77, 1818), vgl § 869 (auch Teilbesitz, § 865; zum Mitbesitz vgl § 866). Daher hat der unmittelbare Besitzer gegen den mittelbaren, der Besitzherr gegen den Besitzdiener Besitzschutz, nicht umgekehrt. **Schutzzweck:** *Sicherung des äußeren Friedens* durch vorläufige Regelung. Deshalb ist Recht zum Besitz unerheblich, vgl § 863: *possessorische Natur* des Besitzschutzes. Dieb genießt gegen den zweiten Dieb, uU sogar gegen den Eigentümer Besitzschutz. Vorbeugende Anordnungen des Besitzers zur Verhinderung zweckwidriger Benutzung beruht auf seinem *Hausrecht,* das sich aus §§ 858 ff (ggf auch aus §§ 903, 1004) ergibt (BGH NJW 06, 1054 f).

2 **2. Die verbotene Eigenmacht, I.** Sie ist der Zentralbegriff des Besitzschutzes. **Voraussetzungen: a) Besitzentziehung,** dh völliger oder teilw Besitzverlust (im 2. Fall Besitzstörung bzgl ganzer Sache, vgl BGH NJW 67, 48), zB durch Diebstahl, Wegnahme zwecks Zerstörung, Parken auf fremdem Platz (OVG Saarlouis NJW **3** 94, 879; BGH NJW 09, 2530) **oder b) sonstige Besitzstörung,** die eine friedliche Besitzlage physisch oder psychisch unsicher macht (weitgehend deckungsgleich mit

Beeinträchtigungen des Eigentums, s § 1004 Rn 4, 5), zB durch lärmenden Rundfunkempfang, Betrieb ungedämpfter Baumaschinen, Bestreiten des Besitzes mit Androhung handgreiflicher Verhinderung der Besitzausübung (aber keine Störung bei Bestreiten in Form der Klage: BGH 20, 171 f), Schwenkarm eines Baukrans über Nachbargrundstück (Karlsruhe NJW-RR 93, 91). Keine Besitzstörung bei Einstellung der Heizungsversorgung durch Vermieter – sog „Ausfrieren" (BGH NJW 09, 1949). **c) Ohne Willen** des unmittelbaren Besitzers muss Entziehung oder 4 Störung erfolgen. Wille ist ein natürlicher, kein rechtsgeschäftlicher (MK/Joost 7 mN; hM), da er auch für die Besitzaufgabe genügt (§ 856 Rn 2). Dasselbe gilt für Einverständnis des Besitzers (str); es muss zZ der Eigenmacht vorliegen; antizipierte Gestattung genügt (RG 146, 186; BGH NJW 77, 1818), aber für ihre Fortdauer besteht eine tatsächliche Vermutung. Beibehaltung des Besitzes trotz Widerrufs der Gestattung begründet mangels Besitzentziehung keine verbotene Eigenmacht. **d) Fehlen ges Gestattung.** Gestattung durch öffentl-rechtliche (zB ZPO 5 758, 808, 883 ff; TKG 76 I [BGH 145, 20 zu TKG 57 I aF; sa § 903 Rn 4]) oder privatrechtliche Normen (zB §§ 227 ff, 859, 904); entscheidend ist, dass ein Recht zum eigenmächtigen Handeln gewährt wird. Wer sich eines Dritten zur Entziehung bedient (zB Polizei), muss selbst berechtigt sein (Saarbrücken NJW-RR 03, 1717). **e) Nicht erforderlich** sind Bewusstsein der Rechtswidrigkeit sowie Verschulden 6 des Täters.

3. Wirkungen der verbotenen Eigenmacht. a) Erlangter Besitz ist fehler- 7 **haft,** II 1. Fehlerhaftigkeit besteht nur zwischen dem Täter (sowie bestimmten Nachfolgern, II 2, Rn 8) auf der einen und dem (bei Entzug: früheren) Besitzer (samt dessen Rechtsnachfolgern, §§ 861 II, 862 II) auf der anderen Seite; der Makel ist also bloß *relativ:* Besitz des Diebes ist gegenüber dem Bestohlenen fehlerhaft, nicht gegenüber Dritten. **b) Gesamtnachfolger** (§ 857) des Täters besitzen stets 8 fehlerhaft, **Sondernachfolger** nur, wenn sie die Fehlerhaftigkeit bei Besitzerwerb kennen, II 2 (fahrlässige Unkenntnis belanglos). **c) § 858 ist SchutzGes** iSv 9 § 823 II, wenn der Gläubiger besitzberechtigt war (BGH NJW 09, 2530).

§ 859 Selbsthilfe des Besitzers

(1) **Der Besitzer darf sich verbotener Eigenmacht mit Gewalt erwehren.**

(2) **Wird eine bewegliche Sache dem Besitzer mittels verbotener Eigenmacht weggenommen, so darf er sie dem auf frischer Tat betroffenen oder verfolgten Täter mit Gewalt wieder abnehmen.**

(3) **Wird dem Besitzer eines Grundstücks der Besitz durch verbotene Eigenmacht entzogen, so darf er sofort nach der Entziehung sich des Besitzes durch Entsetzung des Täters wieder bemächtigen.**

(4) **Die gleichen Rechte stehen dem Besitzer gegen denjenigen zu, welcher nach § 858 Abs. 2 die Fehlerhaftigkeit des Besitzes gegen sich gelten lassen muss.**

Gewaltrechte des unmittelbaren Besitzers sind a) **Recht zur Besitzwehr** gegen 1 drohende Entziehung oder Störung sowie gegen andauernde Störung, **I.** Nach hM wird § 227 durch I für Schutz des unmittelbaren Besitzes spezifiziert (MK/Joost 2 mN; aber beachten: Ist Entziehung des Besitzes an Sachteil zugleich dauernde Störung des Besitzes an der ganzen Sache, so gelten II, III, vgl BGH NJW 67, 48; str). Abwehr zulässig, solange Angriff dauert. Besitzwehr nur im Rahmen des Notwendigen erlaubt (BGH NJW 09, 2530; Koblenz MDR 78, 141), Überschreiten ist rechtswidrig, dagegen Notwehr (§ 227) möglich; **b) Recht zur Besitzkehr, II,** 2 **III,** gerichtet auf eigenmächtige Wiederverschaffung des Besitzes (OVG Koblenz NJW 88, 930). Zulässig nur in zeitlich engen Grenzen, weil der Besitzschutz sonst den eingetretenen äußeren Frieden zweckwidrig störte (§ 858 Rn 1; BGH NJW 67, 48): II (sog Nacheile), III („sofort": so schnell wie obj möglich, also *nicht* nur "unverzüglich", LG Frankfurt/M NJW-RR 03, 311; AG München NJW-RR 02, 200). Ist Besitzkehr ausgeschlossen, so bleiben §§ 229 ff, 861. **c) Auch gegen den Besitznachfolger** iSv § 858 II 2 sind a und b gegeben: IV. **d) Gewaltanwendung durch Besitzdiener:** § 860 (§ 855 Rn 2), durch **mittelbaren Besitzer:** § 869 Rn 2.

§ 860 Selbsthilfe des Besitzdieners

Zur Ausübung der dem Besitzer nach § 859 zustehenden Rechte ist auch derjenige befugt, welcher die tatsächliche Gewalt nach § 855 für den Besitzer ausübt.

1   Vgl § 855 Rn 2.

§ 861 Anspruch wegen Besitzentziehung

(1) Wird der Besitz durch verbotene Eigenmacht dem Besitzer entzogen, so kann dieser die Wiedereinräumung des Besitzes von demjenigen verlangen, welcher ihm gegenüber fehlerhaft besitzt.

(2) Der Anspruch ist ausgeschlossen, wenn der entzogene Besitz dem gegenwärtigen Besitzer oder dessen Rechtsvorgänger gegenüber fehlerhaft war und in dem letzten Jahre vor der Entziehung erlangt worden ist.

§ 862 Anspruch wegen Besitzstörung

(1) [1]Wird der Besitzer durch verbotene Eigenmacht im Besitz gestört, so kann er von dem Störer die Beseitigung der Störung verlangen. [2]Sind weitere Störungen zu besorgen, so kann der Besitzer auf Unterlassung klagen.

(2) Der Anspruch ist ausgeschlossen, wenn der Besitzer dem Störer oder dessen Rechtsvorgänger gegenüber fehlerhaft besitzt und der Besitz in dem letzten Jahre vor der Störung erlangt worden ist.

§ 863 Einwendungen des Entziehers oder Störers

Gegenüber den in den §§ 861, 862 bestimmten Ansprüchen kann ein Recht zum Besitz oder zur Vornahme der störenden Handlung nur zur Begründung der Behauptung geltend gemacht werden, dass die Entziehung oder die Störung des Besitzes nicht verbotene Eigenmacht sei.

§ 864 Erlöschen der Besitzansprüche

(1) Ein nach den §§ 861, 862 begründeter Anspruch erlischt mit dem Ablauf eines Jahres nach der Verübung der verbotenen Eigenmacht, wenn nicht vorher der Anspruch im Wege der Klage geltend gemacht wird.

(2) Das Erlöschen tritt auch dann ein, wenn nach der Verübung der verbotenen Eigenmacht durch rechtskräftiges Urteil festgestellt wird, dass dem Täter ein Recht an der Sache zusteht, vermöge dessen er die Herstellung eines seiner Handlungsweise entsprechenden Besitzstands verlangen kann.

Anmerkungen zu den §§ 861–864

1   **1. Allgemeines.** Die **Ansprüche** aus §§ 861, 862 sind **possessorische** (§ 858 Rn 1): Grundlage ist die Tatsache des Besitzes, nicht ein Recht zum Besitz; dem

entspricht § 863 (Rn 7). Zum Besitzschutz des Teilbesitzers: § 865, des Mitbesitzers: § 866; zu den Ansprüchen des mittelbaren Besitzers s § 869.

2. Besonderheiten des Anspruchs aus § 861. a) Nötig ist der völlige und dauernde Besitzverlust des Anspruchsberechtigten (oder seines Rechtsvorgängers) und fehlerhafter Besitz des Anspruchsgegners, der Täter oder Besitznachfolger iSv § 858 II 2 sein muss. Der Anspruch ist abtretbar. Wer vor einer Ausfahrt parkt, hat den Besitz am „zugeparkten" Pkw nicht entzogen, weil nicht erlangt (§ 858 II), daher greift § 862 statt § 861 ein (BGH NZM 11, 632; abl Eckert JuS 94, 626 f: Freiheitsverletzung iSv § 823 I). **b) Ziel:** Wiedereinräumung des Besitzes, nicht Schadensersatz (vgl Medicus AcP 165, 115 f; § 858 Rn 9). **c) Anspruchskonkurrenz** mit §§ 985, 1007 ist möglich. Im Prozess liegt dann ein Streitgegenstand vor (PalBassenge § 861, 12 mN [anders aber § 1007, 1]; sa Jauernig, ZPR, § 37 V; hM). Zum Zusammentreffen mit § 1361 a s dort Rn 2; Koblenz NJW 07, 2337 f.

3. Besonderheiten des Anspruchs aus § 862. a) Er steht dem unmittelbaren Besitzer (BGH NJW 03, 2377 f; 08, 581) gegen den Störer zu, dh gegen denjenigen, der unmittelbar selbst stört oder von dessen Willen die Beseitigung oder Unterlassung (Rn 5 [b]) abhängt (entspr § 1004 Rn 15–17). „Störung" ist jede Beeinträchtigung der Besitzausübung, die keine Besitzentziehung ist (BGH NJW 08, 581). **b)** Er geht auf künftige dauernder Störung (zB Beseitigung von Müll) oder Unterlassung bei Besorgnis weiterer Störungen (zB erneutes Müllabladen). Keine Besitzstörung durch verbotene Eigenmacht bei Vorenthalten von Versorgungsleistungen im Mietverhältnis (BGH NJW 09, 1947; hierzu iE Scheidacker, NZM 10, 103). Die Abwehrbefugnis des Grundstücksbesitzers ist entspr § 906 beschränkt (BGH NJW 95, 132). Der Anspruch kann nur abgetreten werden, wenn der Besitz an den Zessionar übertragen wird (BGH NJW 08, 581). Kann die verbotene Eigenmacht (§ 858 I) aus bes Gründen nicht abgewehrt werden, so tritt der verschuldensunabhängige Ausgleichsanspruch (§ 906 Rn 15) an die Stelle des primären Abwehranspruchs aus § 862 I (BGH 147, 50; 155, 101 f).

4. Ausnahmen. a) §§ 861 II, 862 II: Zur Erhaltung des äußeren Rechtsfriedens sind die Ansprüche von vornherein *ausgeschlossen* (rechtshindernde Einwendung). Nach § 864 *erlöschen* sie binnen Jahresfrist (I, dazu BGH NJW 08, 582) oder schon früher, wenn Recht an der (oder: auf die) Sache rechtskräftig festgestellt ist (II). **b) § 863:** Einwendungen aus mat Recht oder Recht zum Besitz der Sache sind gegenüber §§ 861, 862 ausgeschlossen; Ausnahme: um verbotene Eigenmacht auszuschließen, ferner § 864 II. BGH 53, 169 f lässt trotz § 863 **Widerklage** aus Recht zum Besitz gegen Klage aus §§ 861, 862 zu (sog petitorische Widerklage; abl Westermann § 24 II 4 mN). Bei gleichzeitiger Entscheidungsreife und Begründetheit *beider* Klagen will BGH 73, 357 ff analog § 864 II die „an sich" begründete Besitzschutzklage auch vor Rechtskraft des Urteils zur Widerklage abweisen; abzulehnen, da das petitorische Urteil zur Widerklage entgegen § 864 II (noch) nicht unanfechtbar ist (Ausnahme in BGH 73, 359: mit Erlass waren beide [Revisions-!] Urteile rechtskräftig; sa BGH NJW 99, 427).

§ 865 Teilbesitz

Die Vorschriften der §§ 858 bis 864 gelten auch zugunsten desjenigen, welcher nur einen Teil einer Sache, insbesondere abgesonderte Wohnräume oder andere Räume, besitzt.

Teilbesitz ist räumlich gesonderte Herrschaft an Sachteilen.

§§ 866, 867

§ 866 Mitbesitz

Besitzen mehrere eine Sache gemeinschaftlich, so findet in ihrem Verhältnis zueinander ein Besitzschutz insoweit nicht statt, als es sich um die Grenzen des den einzelnen zustehenden Gebrauchs handelt.

1 1. **Allgemeines.** Das BGB kennt zwei Formen besitzrechtlicher Beteiligung mehrerer Personen an einer Sache (einem Sachteil, § 865): **mittelbaren Besitz**, § 868 (gestufte Beteiligung) und **Mitbesitz**, vgl § 866 (nur als gleichstufige Beteiligung an unmittelbarem *oder* mittelbarem Besitz möglich, weil die Art der Sachherrschaft – tatsächliche oder geistige, § 854 Rn 3 – bei Mitbesitzern gleich sein muss, sonst könnten auch unmittelbarer Fremdbesitzer und mittelbarer Eigenbesitzer bei entspr Vereinbarung „Mitbesitzer" sein, sa BGH 85, 265 f mN). Möglich aber, dass von den unmittelbaren Mitbesitzern A und B der eine (A) Eigen-, der andere (B) Fremdbesitzer und zugleich Besitzmittler des A als mittelbarer Eigenbesitzer ist (BGH 73, 257; § 872 Rn 3). Zum Nebenbesitz § 868 Rn 12.

2 2. **Arten des Mitbesitzes. a) Kollektiver** *(„gesamthänderischer")* **Mitbesitz** (hat mit Gesamthand nichts zu tun). Die Gewaltausübung ist nur gemeinsam möglich. Bsp: Doppelschloss ist nur gemeinsam zu öffnen (aber: am Inhalt eines Banksafes, das von Bank und Kunden nur gemeinsam zu öffnen ist, hat der Kunde nach der Verkehrsanschauung Alleinbesitz, Düsseldorf NJW-RR 96, 840, hM).
3 **b) Schlichter** *(solidarischer)* **Mitbesitz.** Jeder Mitbesitzer hat die Sachherrschaft, auf die anderen hat er Rücksicht zu nehmen. Bsp: gemeinsames Waschküche eines Mietshauses. IdR haben *Eheleute* in jedem Güterstand Mitbesitz an Wohnung und Hausrat, wenn gemeinsam benutzt (BGH 73, 256; 159, 384 f). – Übergabe des Wohnungsschlüssels kann Einräumung von Mit- oder Alleinbesitz sein (LM Nr 8 zu § 854).

4 3. **Wirkung. a) Besitzschutz. aa) Gegenüber Dritten** hat ihn der Mitbesitzer wie ein Alleinbesitzer, nur geht Anspruch aus § 861 auf Wiedereinräumung des Mitbesitzes, Alleinbesitzeinräumung gem § 869 S 2 HS 2 analog (Düsseldorf NZM 02, 192). **bb) Gegenüber Mitbesitzern** besteht er, soweit es nicht um eine bloße Grenzüberschreitung geht, denn diese betrifft das grundeliegende Rechtsverhältnis, dh das Recht zum Besitz, auf das der Besitzschutz nicht abstellt (BGH 62, 248). Beeinträchtigt eine Besitzstörung den Mitbesitz insgesamt, so sind nicht nur die Grenzen des Besitzrechts betroffen, daher § 862 gegeben (Köln MDR 78, 405; str).
5 **b) Anspruch auf Herausgabe** kann gegen jeden Mitbesitzer im Umfang seines Besitzes geltend gemacht werden. **Prozessuales:** Keine notwendige Streitgenossenschaft gem ZPO 62 wegen des Mitbesitzes (vgl RG JW 18, 368); Zwangsvollstreckung hat aber nur bei (nicht notwendig: einheitlichem) Titel gegen alle Erfolg. Ie ist vieles str, vgl PalBassenge 6.

§ 867 Verfolgungsrecht des Besitzers

¹Ist eine Sache aus der Gewalt des Besitzers auf ein im Besitz eines anderen befindliches Grundstück gelangt, so hat ihm der Besitzer des Grundstücks die Aufsuchung und die Wegschaffung zu gestatten, sofern nicht die Sache inzwischen in Besitz genommen worden ist. ²Der Besitzer des Grundstücks kann Ersatz des durch die Aufsuchung und die Wegschaffung entstehenden Schadens verlangen. ³Er kann, wenn die Entstehung eines Schadens zu besorgen ist, die Gestattung verweigern, bis ihm Sicherheit geleistet wird; die Verweigerung ist unzulässig, wenn mit dem Aufschub Gefahr verbunden ist.

1 Anspruch auf Duldung, kein Recht zu eigenmächtigem Handeln, dies wäre verbotene Eigenmacht (Ausn §§ 229, 904). Bei Verweigerung der Entfernung durch Grundstücksbesitzer ggf Besitzergreifung (s aber S 3) (Lange § 12 A IV, str).

Besitz § 868

§ 868 Mittelbarer Besitz

Besitzt jemand eine Sache als Nießbraucher, Pfandgläubiger, Pächter, Mieter, Verwahrer oder in einem ähnlichen Verhältnis, vermöge dessen er einem anderen gegenüber auf Zeit zum Besitz berechtigt oder verpflichtet ist, so ist auch der andere Besitzer (mittelbarer Besitz).

1. Allgemeines zum mittelbaren Besitz. Vgl § 854 Rn 3. 1

2. Voraussetzungen. a) Unmittelbarer Fremdbesitz (mittelbarer nur gem 2 § 871) und **b) Besitzmittlungsverhältnis** zwischen dem Fremdbesitzer (Besitzmittler, Unterbesitzer) und dem mittelbaren Besitzer (Oberbesitzer), der Eigen- oder Fremdbesitzer sein kann (Bsp § 871 Rn 2). Zum Fremdbesitz vgl § 854 Rn 4 und § 872.

3. Das Besitzmittlungsverhältnis. § 868 gibt nur Bsp. Aus ihnen erschließt sich 3 der wesentliche Inhalt des „ähnlichen Verhältnisses". **a) Es begründet** idR (Rn 4) *Recht oder Pflicht zum Besitz*. Das *Recht,* nicht der Besitz selbst, muss vom Oberbesitzer *abgeleitet* sein, hM (genügend: A vermietet dem B ein Auto, das vom Hersteller direkt an B geliefert wird, sog antizipiertes Besitzkonstitut, Rn 7); an der Ableitung fehlt es beim Finder. Besitzrecht des Unterbesitzers ist, weil abgeleitet, *begrenzter* als das des Oberbesitzers. Recht oder Pflicht zum Besitz darf *nur auf Zeit* bestehen, weshalb dem Oberbesitzer gegen den Unterbesitzer ein *Anspruch auf Herausgabe* (nicht notwendig an sich selbst: LM Nr 1 zu § 2203) zustehen muss (BGH 161, 111 f; NJW-RR 98, 1661; MK/Joost 15; AnwKomBGB/Schilken § 930, 9 [anders aber 11]; aA StWiegand § 930 Rn 21, 22, abw § 933, 7 [sa Wieling AcP 184, 445 ff]: „Bereitschaft" zur Herausgabe sei erforderlich und genügend [das beruht auf der unzutr Annahme, nach hM genüge das Bestehen eines Anspruchs für § 868]; das Absehen vom Bestehen eines Anspruchs ist [auch] mit § 870 unvereinbar, s StWiegand § 931 Rn 11; § 934, 5, 6 [s aber 4 mit unzutr Berufung auf BGH 5, 283]). Besitzmittlungsverhältnis setzt entspr *Willensrichtung* von Ober- und Unterbesitzer (§ 854 Rn 4) voraus, ob das auch für ges begründete Besitzmittlungsverhältnisse gilt (nein: LM Nr 4; sa § 930 Rn 14, 15). **b) Es beruht idR** 4 **auf RGeschäft**, das aber nicht rechtsgültig sein muss, sofern nur (Ersatz-)Herausgabeanspruch, zB aus §§ 812, 681 mit 667, und Fremdbesitz vorliegen (BGH 85, 265 mN). Kein Besitzmittlungsverhältnis auf Grund ges begründeten besitzlosen Vermieter-/ Verpächterpfandrechts (§§ 562, 581 II, 592). **c) Nötig ist konkretes Besitzmitt-** 5 **lungsverhältnis.** Die bloße Vereinbarung, in Zukunft als Besitzmittler zu besitzen, ohne Rechte und Pflichten festzulegen, genügt für § 868 nicht (sog abstraktes Besitzmittlungsverhältnis, vgl BGH NJW 53, 218), wohl aber idR der Sicherungsvertrag bei der SÜ (§ 930 Rn 33, 38). Zur *Bestimmtheit der Sache* § 930 Rn 8, 16. **d) Ähnliche Ver-** 6 **hältnisse** iSv § 868: Leihe (vgl RG 57, 178), Fracht- und Speditionsvertrag (OGH 3, 234), Erbbaurechtsvertrag (LM Nr 10); uU Werkvertrag, Auftrag, Treuhandverhältnisse; ferner Kauf unter EV iSv § 449 I (BGH NJW 53, 218; stRspr), nicht gewöhnlicher Kauf (vgl RG 105, 22 f); zur SÜ § 930 Rn 45. **Nicht rechtsgeschäftlich begründete** Besitzmittlungsverhältnisse: Ehe (§ 1353 I; BGH 73, 257), elterliche Sorge (§ 1626, § 930 Rn 15), Lebenspartnerschaft (LPartG 2), Vormundschaft (§ 1793), Insolvenz-, Nachlass-, Zwangsverwaltung, Testamentsvollstreckung, Pfändung (Jauernig/Berger § 17 Rn 27; vgl § 872 Rn 3).

4. Mittelbarer Besitz. Er wird **a) begründet** durch Schaffung eines Besitzmitt- 7 lungsverhältnisses samt Erlangung unmittelbaren oder mittelbaren (Rn 2) Fremdbesitzes auf Seiten des Unterbesitzers, zB durch Abschluss eines Mietvertrags und Übergabe der Mietsache an den Mieter. Beim *antizipierten Besitzkonstitut* wird das Besitzmittlungsverhältnis vereinbart, bevor der Unterbesitzer Besitz erlangt hat; erst mit Besitzerwerb des Unterbesitzers erlangt Oberbesitzer mittelbaren Besitz (vgl BGH NJW 64, 398 und Bsp Rn 3); **b) übertragen** allein durch Abtretung des 8 Herausgabeanspruchs (Rn 3, 4), §§ 870, 398 ff; Mitteilung an Unterbesitzer unnötig, keine Publizität des Besitzwechsels; **c) beendet** durch Wegfall einer der Vorausset- 9

Berger 1361

§§ 869, 870

zungen mittelbaren Besitzes (Rn 2): **aa) Besitzverlust des Unterbesitzers,** zB durch nicht nur vorübergehende Rückgabe an Oberbesitzer vgl § 856 II Diebstahl; **bb) Ende der Besitzmittlung,** sei es durch erkennbare Umwandlung des Fremd- in Eigenbesitzerwillen (zB Namenseintrag in geliehenes Buch) mit oder ohne Willen des Oberbesitzers (Bsp: Eigentumserwerb oder Unterschlagung des geliehenen Buches), vgl BGH 85, 265; 161, 112, je mN, sei es durch erkennbaren Wechsel des Besitzmittlungsverhältnisses samt Oberbesitzer (vgl BGH NJW 79, 2038; dazu Tiedtke WM 79, 1143 f); **cc) Wegfall des Herausgabeanspruchs,** zB mit vollständiger Zahlung des Kaufpreises, vgl § 449 I (dazu § 929 Rn 59, 61) und Rn 6.

10 **5. Sonstiges.** Möglich sind **mehrfache Stufung** des mittelbaren Besitzes (Bsp: Vermieter-Mieter-Untermieter, § 871) und **mittelbarer Mitbesitz** (§ 866 Rn 1).

11 Zum **Besitzschutz** des mittelbaren Besitzers: § 869.

12 **6. Nebenbesitz.** Str ist, ob eine Sache mehrere Oberbesitzer (sog Nebenbesitzer) haben kann, deren mittelbarer Besitz auf *verschiedenen* und voneinander unabhängigen Besitzmittlungsverhältnissen beruht (wegen der Verschiedenheit und Unabhängigkeit haben die Oberbesitzer keinen mittelbaren Mitbesitz). Bsp: A verwahrt für B 100 Sack Getreide, die E gehören, E verpfändet die 100 Sack dem A; sind B und E Nebenbesitzer? Die hM verneint, weil Nebenbesitz keine ges zugelassene besitzrechtliche Beteiligung mehrerer Personen an einer Sache sei (§ 866 Rn 1); im Bsp sei E allein mittelbarer Besitzer, weil die letzte Willensäußerung des A entscheide (BGH 28, 27 f), allein mit Begründung des neuen Besitzmittlungsverhältnisses sei das alte erloschen (BGH NJW 79, 2038; Tiedtke WM 79, 1143 f). Gegen Nebenbesitz Picker AcP 188, 539 ff; MK/Joost 20, je mN. Löst der Unterbesitzer erkennbar die Besitzmittlung zum bisherigen Oberbesitzer (Rn 9 [bb]), so taucht das Problem des Nebenbesitzes nicht auf; es gibt dann nur einen mittelbaren Besitzer (so lag es in BGH 50, 45 ff [vgl PalBassenge 4], LM Nr 11 zu § 1006; dazu krit Medicus, FS Hübner, 1984, S 611 ff).

§ 869 Ansprüche des mittelbaren Besitzers

¹**Wird gegen den Besitzer verbotene Eigenmacht verübt, so stehen die in den §§ 861, 862 bestimmten Ansprüche auch dem mittelbaren Besitzer zu.** ²**Im Falle der Entziehung des Besitzes ist der mittelbare Besitzer berechtigt, die Wiedereinräumung des Besitzes an den bisherigen Besitzer zu verlangen; kann oder will dieser den Besitz nicht wieder übernehmen, so kann der mittelbare Besitzer verlangen, dass ihm selbst der Besitz eingeräumt wird.** ³**Unter der gleichen Voraussetzung kann er im Falle des § 867 verlangen, dass ihm die Aufsuchung und Wegschaffung der Sache gestattet wird.**

1 **1. Objekt des Besitzschutzes.** Dies ist nur der **unmittelbare Besitz** (§ 858 Rn 1). Daher hat der unmittelbare Besitzer gegen den mittelbaren vollen Besitzschutz, nicht umgekehrt. Für den mittelbaren Besitzer gelten §§ 227, 229.

2 **2. Anwendungsbereich. a) Nur gegen Dritte** hat mittelbarer Besitzer Ansprüche aus §§ 861 f, 867. Ihm stehen über den Gesetzeswortlaut hinaus auch die Gewalt-
3 rechte aus § 859 zu (PalBassenge 2; aA RG 146, 190; MK/Joost 7, je mN). **b) Voraussetzung** ist stets verbotene Eigenmacht gegen den *un*mittelbaren Besitzer. Daher hat der mittelbare Besitzer keine Rechte nach Rn 2, wenn der unmittelbare Besitzer mit Besitzentziehung oder -störung einverstanden ist (BGH WM 77, 220).

§ 870 Übertragung des mittelbaren Besitzes

Der mittelbare Besitz kann dadurch auf einen anderen übertragen werden, dass diesem der Anspruch auf Herausgabe der Sache abgetreten wird.

1 Vgl § 868 Rn 7, 8. Abtretung: §§ 398 ff. Ges Übergang im Fall des § 566.

Allgemeine Vorschriften §§ 871–873

§ 871 Mehrstufiger mittelbarer Besitz

Steht der mittelbare Besitzer zu einem Dritten in einem Verhältnis der in § 868 bezeichneten Art, so ist auch der Dritte mittelbarer Besitzer.

1. Anwendungsbereich. § 871 betrifft Besitzverhältnis zwischen höherstufigen mittelbaren Besitzern, § 868 Rn 2 (a), 10 (Bsp: Vermieter – Mieter, wenn unmittelbarer Besitz bei Untermieter).

2. Mehrstufige Besitzmittlung. Diese **entsteht** durch Begründung eines Besitzmittlungsverhältnisses (§ 868 Rn 3), indem **a)** unmittelbar besitzender Unterbesitzer zu mittelbar besitzendem Unterbesitzer wird (Bsp: Mieter wird Untervermieter) *oder* **b)** mittelbarer Eigenbesitzer nun zum mittelbaren Fremdbesitzer wird (Bsp: Vermietender Eigentümer übereignet die Mietsache gem § 930 an Dritten zur Sicherheit, vgl § 930 Rn 2).

§ 872 Eigenbesitz

Wer eine Sache als ihm gehörend besitzt, ist Eigenbesitzer.

1. Allgemeines. Eigenbesitzer besitzt die Sache mit dem natürlichen Willen (Geschäftsfähigkeit also nicht erforderlich, hM), sie wie ein Eigentümer zu beherrschen (BGH 132, 257). Weder Eigentum noch die Vorstellung, es zu haben, sind nötig (BGH MDR 71, 915); auch ein Dieb kann Eigenbesitzer sein. Der Nicht-Eigenbesitzer ist Fremdbesitzer (s BGH 85, 265 f; Bsp in § 868); er hat den natürlichen Willen, die Sache für einen anderen, seinen Oberbesitzer, zu besitzen (vgl BGH NJW 64, 398).

2. Eigen- und Fremdbesitz. a) Wechsel vom Fremd- zum Eigenbesitzerwillen und umgekehrt ist möglich (vgl § 868 Rn 9 [bb], § 871 Rn 2 [b]). Willensänderung muss äußerlich erkennbar sein (BGH MDR 71, 916). **b) Zusammentreffen** von unmittelbarem Fremd- und mittelbarem Eigenbesitz *einer* Person an *einer* Sache ist möglich (Bsp: Vermieter wohnt beim Mieter als Untermieter), ferner von unmittelbarem Eigen-Mitbesitz und mittelbarem Eigen-Alleinbesitz (Bsp: Ehegatte bzgl des ihm gehörenden Hausrats, an dem der andere Ehegatte unmittelbaren Fremd-Mitbesitz hat, BGH 73, 257), nicht von unmittelbarem Eigen- und Fremdbesitz (BGH 85, 265 f; sa § 866 Rn 1).

3. Bedeutung. Eigentum an beweglicher Sache erwirbt nur, wer sie in Eigenbesitz nimmt (auch bei Erwerb von Sicherungseigentum gem § 929 oder § 930: Serick II 133 ff; BGH JZ 69, 433 für § 930, abw NJW 61, 778 für § 929); daher gilt Vermutung des § 1006 nur für Eigenbesitzer (BGH JZ 69, 433 f). Vgl ferner §§ 900, 927, 937, 955, 958: Eigenbesitz als Voraussetzung für Eigentumserwerb.

Abschnitt 2. Allgemeine Vorschriften über Rechte an Grundstücken

§ 873 Erwerb durch Einigung und Eintragung

(1) **Zur Übertragung des Eigentums an einem Grundstück, zur Belastung eines Grundstücks mit einem Recht sowie zur Übertragung oder Belastung eines solchen Rechts ist die Einigung des Berechtigten und des anderen Teils über den Eintritt der Rechtsänderung und die Eintragung der Rechtsänderung in das Grundbuch erforderlich, soweit nicht das Gesetz ein anderes vorschreibt.**

(2) **Vor der Eintragung sind die Beteiligten an die Einigung nur gebunden, wenn die Erklärungen notariell beurkundet oder vor dem Grundbuch-**

§ 873

amt abgegeben oder bei diesem eingereicht sind oder wenn der Berechtigte dem anderen Teil eine den Vorschriften der Grundbuchordnung entsprechende Eintragungsbewilligung ausgehändigt hat.

I. Allgemeines

1 **1. Aufgabe des Grundbuchs. a)** Es soll die dingliche Rechtslage an Grundstücken (Begriff Rn 2 vor § 90) offenlegen (**Publizitätsgrundsatz,** Rn 4 vor § 854). Die **Rangordnung** unter mehreren Grundstücksbelastungen (Rn 6 vor § 854) ist idR dem Grundbuch zu entnehmen. Zur **Aufgabe des Katasters** (und seiner Entwicklung, insbes in der DDR) Mrosek/Petersen DtZ 94, 331 ff.

2 **b) Unvollständigkeit des Grundbuchs.** Das Grundbuch kann jedoch die dingliche Rechtslage **nicht immer vollständig und richtig** wiedergeben. Grundbuchinhalt und wahre Rechtslage können differieren (zum Grund §§ 891–899). Die Unvollständigkeit folgt daraus, dass zahlreiche Belastungen nicht eintragungsfähig sind, zB Notweg- und Überbaurecht (§§ 912 ff, 917 ff).

3 **2. Eintragungsfähige und eintragungsbedürftige Rechte und Umstände.** Eine ges Aufzählung fehlt. **a) Eintragungsfähig** sind: dingliche Rechte am Grundstück oder an Grundstücksrechten (nach BGB: Eigentum, Dienstbarkeiten, Vorkaufsrecht, Reallasten, Hypothek, Grund- und Rentenschuld, ferner Nießbrauch und Pfandrecht an Grundstücksbelastungen; nach ErbbauRG 14: Erbbaurecht; Wohnungs- und Teileigentum werden nach WEG 7 I in bes Grundbücher eingetragen); Vormerkung, §§ 883 ff; Widerspruch, § 899; relative Verfügungsbeschränkungen (sie bestehen nur zugunsten bestimmter Personen, vgl § 892 I 2; Verstoß führt nur diesen Personen gegenüber zu relativer Unwirksamkeit, Rn 19 vor § 104), sa §§ 135, 136; den relativen Verfügungsbeschränkungen iSv § 892 I 2 sind zweckbeschränkte Verfügungsbeschränkungen gleichgestellt, obwohl ein Verstoß gegen sie zur absoluten Unwirksamkeit führt (Bsp: §§ 1984 I 1, 2211, 2113 ff; InsO 80 I, 81); Bedingungen und Befristungen (eintragungsfähig wegen §§ 892, 893, 161 III, 163); Rechtshängigkeitsvermerk (eintragungsfähig wegen ZPO 325 II mit § 892, s § 899 Rn 7 [c]); Umlegungsvermerk, BauGB 54 I 2; Wirksamkeitsvermerk (BayObLG

4 NJW-RR 04, 736 f); bzgl absoluter Verfügungsverbote s Rn 4. **b) Nicht eintragungsfähig** sind insbes nicht anerkannte dingliche Rechte an Grundstücken, zB Erbpacht (s aber EGBGB 63); obligatorische Rechte, zB Grundstücksmiete; absolute Verfügungsbeschränkungen (zB § 1365), soweit Eintragung nicht ges notwendig oder zugelassen ist; Notweg- und Überbaurecht; öffentl-rechtliche Belastungen und Beschränkungen (zB Baufluchtlinien, Bausperren, Baulasten), ges Ausnahmen vorbehalten, GBO 54, GBV 93a. **c) Eintragungsbedürftig** sind idR *rechtsgeschäftliche Rechtsänderungen. Außer*rechtsgeschäftliche Änderungen sind selten eintragungs*bedürftig*, stets eintragungs*fähig* (zB der Erbe als neuer Grundstückseigentümer). GBO 39 will eintragungsfähige Passivbeteiligte zur Eintragung zwingen, vgl aber auch GBO 40 und Rn 30.

6 **3. Materielles und formelles Grundbuchrecht. a)** Die §§ 873 ff regeln in erster Linie das **materielle Grundbuchrecht,** dh welche Erklärungen in welcher Form notwendig sind, um ein dingliches Recht an einem Grundstück oder einem Grundstücksrecht zu begründen, zu übertragen, inhaltlich zu ändern oder aufzuhe-
7 ben. **b)** Das **formelle Grundbuchrecht** regelt Voraussetzungen und Form der Eintragung im Grundbuch sowie die Einrichtung der Grundbuchämter und Grundbücher. Hauptquellen: GBO und GBV (mit Anlagen 1 bis 10b im Anlageband zu BGBl I Nr 6 v 10.2.1995: amtliche Muster).

II. Einigung und Eintragung

8 **1. Rechtsgeschäftliche Rechtsänderung. a) Zur rechtsgeschäftlichen Rechtsänderung** an Grundstücken, nämlich zur Übertragung und Belastung von Grundstücksrechten, sind sie idR notwendig, (vgl Rn 15) sog **Grundbuchsystem.**

Allgemeine Vorschriften § 873

Zur Inhalts- und Rangänderung s §§ 877, 880 II. **b) Der Inhalt** von Einigung 9
und Eintragung muss einander entsprechen. Wird etwas völlig anderes als gewollt
eingetragen, so kommt eine Rechtsänderung nicht zustande (Bsp Parzellenverwechselung [s § 126 Rn 7]: Die Einigung betrifft Parzelle a, die Eintragung erfolgt bei
Parzelle b). Wird mehr (zB Grundschuld über 9000 statt 6000 Euro) oder weniger
(6000 statt 9000 Euro) eingetragen, so gelten §§ 139, 140 entspr (StGursky 191, 192,
196; BGH NJW-RR 90, 206); sa §§ 879–882 Rn 7; § 1116 Rn 4, 5; §§ 1184, 1185
Rn 2. So auch bei bedingter oder befristeter Einigung; nur das gewollte Recht ist
entstanden (BGH FGPrax 11, 163). **c) Die Berechtigung** (Rn 17) muss noch bei 10
Eintragung vorliegen (RG 131, 99). Hat zwischen Einigung und Eintragung der
Berechtigte gewechselt, so ist Einigung mit dem neuen Rechtsinhaber oder dessen
Genehmigung (§ 185 II) erforderlich (Baur § 19 Rn 33, 40 mN); anders bei Wechsel
durch Gesamtrechtsnachfolge, weil Nachfolger in die Rechtsposition des Vorgängers
eintritt (s BGH 48, 356). Reihenfolge und zeitlicher Abstand von Einigung und
Eintragung sind gleichgültig. Zur zwischenzeitlichen Beschränkung der Verfügungsbefugnis vgl § 878 mit Anm. **d) § 873 gilt nicht** für außerrechtsgeschäftliche 11
Rechtsänderungen, zB durch Enteignung, Zuschlag in der Zwangsversteigerung
(ZVG 90), Gesamtnachfolge (insbes Erbgang, § 1922). Zur Anwendbarkeit bei
Gesamthandsgemeinschaften (GbR [zu ihrer Grundbuchfähigkeit vgl Anm zu
§ 899a; GBO 47 II], OHG, KG; Güter-, Erbengemeinschaft) vgl Baur § 19 Rn 3–
5, sa § 925 Rn 2, 9. **e) Einigung zgDr, § 328**, ist unzulässig (BGH NJW 93, 12
2617, stRspr; StGursky 111 mN; hM. – a.A Kaduk, FS Larenz, 1983, S 312 ff mN;
jedenfalls für Nutzungs- und Verwertungsrechte Baur § 5 Rn 28). Das vermeidet
den aufgedrängten Erwerb dinglicher Rechte (s § 333). Bei Bedarf hilft eine (vollmachtlose) Vertretung (der Vertretene erwirbt nur, wenn er will: § 177). Auch die
Gegenansicht hält eine Eintragung des Dritten (nicht des Versprechensempfängers)
für nötig (BayObLG NJW 58, 1918). Sa § 328 Rn 6.

2. Dingliche Rechtsänderung. Erst Einigung und Eintragung gemeinsam 13
bewirken die dingliche Rechtsänderung, sog Doppeltatbestand oder gestreckter
Erwerbstatbestand. Beide zusammen erst bilden daher die **„Verfügung"** (BGH
NJW 63, 36 f).

3. Formelles Konsensprinzip. Für die Eintragung genügt idR die Bewilligung 14
des von der Eintragung Betroffenen (GBO 19; Rn 26). Bewilligung ist überflüssig,
wenn Einigung (und ihre Wirksamkeit, Hamm NJW-RR 00, 1612) nachgewiesen
werden muss **(materielles Konsensprinzip,** zB gem GBO 20 (die spezielle Norm
verdrängt die allg [GBO 19]); nur iE ebenso RG 141, 376; aA BGH 90, 325, 327;
112, 379; 125, 44, hM; nach StGursky 257 mN Auslegungsfrage.

4. Sonstiges. a) § 873 I aE lässt **Ausnahmen vom** sog **Grundbuchsystem** 15
(Rn 8) zu. **b)** Rechtsänderung durch RGeschäft *ohne Eintragung*, zB bei Briefhypothek und Briefgrundschuld, §§ 1154, 1192. **c)** Rechtsänderung durch RGeschäft
ohne Einigung nur auf Grund einseitiger Erklärung (samt Eintragung), zB gem
§§ 1188, 1195 f.

d) Zustimmung eines Dritten ist zuweilen neben Einigung und Eintragung 16
nötig, s §§ 876, 880 II 2, III, 1183.

III. Die Einigung

1. Dinglicher Vertrag. a) Die Einigung ist ein **dinglicher Vertrag,** geschlos- 17
sen vom Berechtigten und dem „anderen Teil". Berechtigt iSv § 873 ist, wer bzgl
des Rechts verfügungsbefugt ist (das ist idR der Rechtsinhaber [BGH NJW-RR
06, 889], § 185 gilt, §§ 892, 893 geben ggf Scheinberechtigung; die Verfügungsbefugnis kann beschränkt, zB gem § 1365, WEG 12 oder entzogen und auf einen
Verwalter übertragen sein, zB gem InsO 80 I; im 1. Fall ist Zustimmung eines
Dritten nötig, im 2. ist der Verwalter berechtigt). **b) Es gelten** idR die allg Vorschriften über RGeschäfte: **§§ 104–185** (Rn 11 vor § 854), auch §§ 133, 157 (s § 133

§ 873

Rn 9, 10, § 126 Rn 7, 8, insbes zur falsa demonstratio); die Auslegung ist nicht wie bei der Eintragung (Rn 35) begrenzt (str, s Räfle WM 83, 806 mN). **c) Sie ist abstrakt,** Rn 13 vor § 854. **d) Sie ist idR formlos** wirksam; Ausnahme § 925 I. **e) Aufhebung** ist vor Eintragung trotz Bindung gem II (Bremen OLGZ 76, 93) formlos wirksam (StGursky 223; sa BGH NJW 93, 3326).

18   **2. Bindung. a) Mit der Eintragung** wird die zuvor oder danach erklärte (wirksame) Einigung stets bindend, dh sie ist nicht mehr einseitig widerrufbar. **Vor der Eintragung** tritt Bindung *nur* (arg II) bei formeller Verfestigung der Einigung ein; ist die Einigung formgebunden (Bsp § 925 I), so ist sie entspr dem Sinn von II sofort, nicht erst bei Vorliegen der Voraussetzungen von II unwiderruflich (StGursky 157; aA BaR/Grün § 925 Rn 37; StPfeifer § 925 Rn 111 je mN). Durch II sollen übereilte und leichtfertige Verfügungen über Grundstücksrechte verhindert werden (BGH 46, 399), was kaum gelingt, weil das Verpflichtungsgeschäft idR formlos gültig ist (abw zB § 311b I). **b) Sie bewirkt keine Verfügungsbeschränkung** des Veräußerers (allgM). Er kann das Grundstück anderweit wirksam veräußern oder belasten. **c) Eine Verpflichtung** des Verfügenden zur Eigentumsverschaffung wird **nicht** durch die (bindende) Einigung (BGH 54, 64 f), sondern das zugrundeliegende Verpflichtungsgeschäft begründet.

19   **3. Anwartschaft(srecht) aus bindender Einigung. Lit:** Münzberg, FS Schiedermair, 1976, S 439; Reinicke/Tiedtke NJW 82, 2281; Habersack JuS 00, 1145. **a) Begriff.** Der Erwerber kann nach bindender Einigung und erteilter Eintragungsbewilligung (GBO 19; Ausnahme Rn 14) selbst den Eintragungsantrag stellen, weil zu seinen Gunsten die Eintragung erfolgen soll (GBO 13 I 2). Damit hat er alles Erforderliche getan, um das Recht zu erwerben. Str ist, ob diese Rechtsposition des Erwerbers (nur) eine Anwartschaft oder ein Anwartschafts*recht* ist; die Wortwahl hat keine Rechtsfolgen (s aber BGH 89, 44, 46 mN; mR krit Münzberg aaO S 439 ff mN; Reinicke/Tiedtke aaO S 2283; abl zum Anwartschaftsrecht [des Auf-
20   lassungsempfängers, § 925 Rn 18] Habersack aaO). **b) Die Rechtsposition des Erwerbers** (im Folgenden: **Anwärter**) ist trotz bindender Einigung unsicher, da der Veräußerer nicht verfügungsbeschränkt ist (Rn 18 [b]) und daher den Erwerb durch anderweite Veräußerung verhindern kann (BGH 83, 398; zur Kollusion § 883 Rn 1). Dagegen schützt den Anwärter zuverlässig nur die Eintragung einer **Vormerkung** zur Sicherung seines obligatorischen Anspruchs auf dingliche Rechtsänderung, § 883 (vgl BGH 45, 193; Kuchinke JZ 66, 798; ferner BGH 114, 166; 128, 188, Frankfurt/M NJW-RR 97, 1309, wo unzutr die Sicherung durch Vormerkung mit der Existenz eines Anwartschaftsrechts verbunden wird, dagegen StGursky 184 mN); das ist möglich, weil der schuldrechtliche Anspruch (zB auf Eigentumsverschaffung gem § 433 I 1) auch nach der dinglichen Einigung (Auflassung) noch besteht (BGH NJW 94, 2948 mN). Eine *gewisse Sicherheit* bietet dem Anwärter ferner die *Stellung des Eintragungsantrags* (GBO 13), da dieser vor einem späteren Antrag des Veräußerers erledigt werden muss, GBO 17 (aber Verstoß gegen GBO 17 unbeachtlich, weil bloße Verfahrensvorschrift; das beeinträchtigt die Sicherheit
21   des Anwärters, BGH 49, 201 f). **c) Die Rechtsposition** des Anwärters ist nach hM *übertragbar, pfändbar, verpfändbar,* wenn der Anwärter selbst den Eintragungsantrag gestellt hat und dieser weder zurückgenommen noch zurückgewiesen ist (BGH Rpfleger 75, 432; verkürzend BGH 128, 187 [Antrag genüge]; zur Problematik Münzberg aaO S 439 ff). **aa) Übertragung** erfolgt durch Einigung (§§ 873, 925) ohne Eintragung (BGH 114, 164). Vollrechtserwerb erst mit Eintragung, direkt vom Veräußerer ohne Durchgangserwerb des Anwärters (BGH 49, 205). **bb) Pfändung** ist gem ZPO 857 möglich (BGH 49, 203; Rpfleger 75, 432). Ist eine Eigentumsanwartschaft gepfändet, so entsteht mit Eigentumserwerb des Anwärters (= Vollstreckungsschuldners) kraft Ges eine Sicherungshypothek zugunsten des Vollstreckungsgläubigers, ZPO 848 II analog (BGH 49, 206). **cc) Verpfändung** entspr § 1274 durch Einigung gem § 873 (bei Eigentumsanwartschaft: Auflassung, § 925) ohne Eintragung (BGH 49, 202 f). Ist eine Eigentumsanwartschaft verpfändet, so

Allgemeine Vorschriften § 873

erlangt der Pfandgläubiger mit dem Eigentumserwerb des Anwärters eine Sicherungshypothek, § 1287 S 2 entspr (BGH 49, 205). **d) Kondizierbar** ist die Rechtsposition des Anwärters insbes bei Nichtigkeit des Verpflichtungsgeschäfts (dann Leistungskondiktion, § 812 I 1; s aber § 814). **e) Str ist**, ob die Rechtsposition nach § 823 I geschützt ist (ja: BGH 114, 164 f; sa § 909 Rn 3). BGH 45, 192 f (dazu Kuchinke JZ 66, 797 f) verneint, wenn ein wirksamer Umschreibungsantrag nicht (mehr) vorliegt.

IV. Die Eintragungsvoraussetzungen der GBO

1. Antrag, GBO 13 I 1. Eintragungen von Amts wegen sind selten, Bsp GBO 18 II, 53. **a) Formfrei** ist der Antrag als solcher, GBO 30. **b) Er ist verfahrensbegründende Prozesshandlung** (allgM), daher bedingungs- und befristungsfeindlich, GBO 16 I (Ausnahme: II). **c) Antragsberechtigung:** GBO 13 I 2, 14 (ihr Nachweis bedarf keiner bes Form, BGH 141, 349); Betroffener: Rn 26, 28. Vollmacht (nicht: Antragsberechtigung!) des beurkundenden Notars wird widerleglich vermutet, GBO 15 II. **d) GBO 13 ist reine Verfahrensvorschrift;** denn der Antrag gehört nicht zu den Voraussetzungen der materiellen Rechtsänderung. Liegen diese samt Eintragung vor, so tritt die Rechtsänderung auch ohne Antrag ein (BGH 141, 349 f). Decken sich Antrag und materiellrechtliche Eintragungsgrundlage (zB Auflassung) nicht und wird antragsgemäß eingetragen, so gilt Rn 9.

2. Bewilligung, GBO 19. a) Begriff. Sie ist einseitige, an das Grundbuchamt gerichtete Erklärung des Betroffenen, dass eine bestimmte Eintragung (positive: Änderung, Berichtigung; negative: Löschung) gestattet wird (Eintragungsbewilligung als Änderungs-, Berichtigungs- oder Löschungsbewilligung). Betroffen iSv GBO 19 ist, wessen grundbuchmäßiges Recht durch die vorzunehmende Eintragung *rechtlich* beeinträchtigt wird oder zumindest nachteilig berührt werden kann (BGH 145, 136). IdR hat das Grundbuchamt nur sie, nicht das Vorliegen der Einigung (§ 873) zu prüfen: *formelles Konsensprinzip;* Ausnahme: GBO 20 *(materielles Konsensprinzip),* ie Rn 14. **b) Rechtsnatur.** Sie ist, wie der Antrag, *Prozesshandlung* (BayObLG NJW-RR 93, 284 mN), nicht etwa rechtsgeschäftliche Erklärung des formellen Rechts (offen BGH 84, 207). Stellvertretung zulässig, § 181 anwendbar (BGH 77, 9), § 180 unanwendbar (arg ZPO 89 II). Die Regeln für rechtsgeschäftliche Verfügungen gelten entspr, insbes § 185. *Auslegung* entspr Rn 17 (b), nicht Rn 35 (aA BGH 129, 3 f). **c) Bewilligungsbefugnis** (zum Betroffensein iSv GBO 19 s Rn 26). Sie beruht auf der *Verfügungsbefugnis* des Bewilligenden (Hamburg NJW-RR 99, 600 f). Diese hat das Grundbuchamt von Amts wegen für den Zeitpunkt der Eintragung zu prüfen (BGH NJW 63, 36 f; BayObLG NJW-RR 87, 398); zur Verfügungsbefugnis s Rn 17 (a). Bewilligungsbefugt ist bei *Änderungsbewilligungen* grundsätzlich der wahre Berechtigte (zu §§ 185, 892 s Rn 17 [a]), bei *Berichtigungsbewilligungen* der wahre Berechtigte oder der Buchberechtigte; denn entweder wird das wahre oder das Buchrecht durch die Eintragung beeinträchtigt (RG 133, 282; Baur § 16 Rn 32, 33); der Buchberechtigte scheidet aus, wenn die Vermutung des § 891 widerlegt ist (BGH NJW-RR 06, 889). Einem Recht gleichgestellt sind: Vormerkung, Widerspruch, Verfügungsbeschränkung. Bzgl der Berechtigung gilt für das Grundbuchamt § 891. **d) Form:** GBO 29. **e) Einigung und Eintragungsbewilligung** sind zu *unterscheiden.* Diese kann in jener liegen. **f) GBO 9, 20** enthalten wie GBO 13 *reine Verfahrensvorschriften.* Für ihre Verletzung gilt Rn 25. **g) Unnötig** ist die Bewilligung für Eintragungen von Amts wegen nach GBO 22 I mit 29 I 2 und im Fall von GBO 20 (Rn 14); **ersetzt** wird sie zB gem § 885, GBO 26.

3. Voreintragung des Betroffenen, GBO 39 I. a) Betroffener iSv GBO 19 (Rn 26). **b) Berichtigung** ist nötig, wenn er samt dem betr Recht nicht im Grundbuch steht. GBO 39 I will erreichen, dass der Rechtsstand des Grundbuchs in allen Entwicklungsstufen und nicht nur in der Endstufe klar und verständlich wiedergege-

§ 874

ben wird (BGH 18, 293; sa NJW-RR 06, 890). **c) GBO 39 I ist** reine *Verfahrensvorschrift*. Für seine Verletzung gilt Rn 25. **d) Ausnahmen** von GBO 39 I insbes in GBO 39 II, 40. Sa BGH 18, 294.

31 **4. Sonstiges. a) Vorlage des Briefes** bei Briefgrundpfandrechten, GBO 41, 42.
32 **b)** Verfügungen über Grundstücke sind wegen des davon berührten öffentl Interesses häufig an **behördliche Genehmigungen** geknüpft, zB nach GrEStG 22 (Unbedenklichkeitsbescheinigung des Finanzamts), BauGB 51, GrdstVG 2. Übersichten bei Demharter § 19, 123 ff; § 20, 55.

V. Die Eintragung

33 **1. Inhalt. Ihr Inhalt** richtet sich nach ihrem Gegenstand. Ein (eintragungsfähiges, Rn 3) Recht ist nach der Person des Berechtigten, nach Art und Inhalt (samt Bedingung und Befristung, s Düsseldorf OLGZ 83, 352 ff) zu bezeichnen; bei Vormerkung und Widerspruch muss der Berechtigte, bei relativem Verfügungsverbot die geschützte Person (RG 89, 159) angegeben werden. Sonst ist die Eintragung unwirksam (RG 89, 159). IÜ kann (Ermessen) zur Entlastung des Grundbuchs in ges bestimmten Fällen bei der Eintragung auf die Eintragungsbewilligung Bezug genommen werden, § 874.

34 **2. Vollzug der Eintragung.** Er tritt ein mit Unterschrift der zuständigen Beamten (dazu GBO 44 I [abw GBO 129, 130, GBV 74, 75 für das EDV-Grundbuch]; in BW nur Notar oder Rechtspfleger, Karlsruhe Justiz 79, 336; GBO 149 I 1 HS 2).

35 **3. Auslegung der Eintragung.** Sa § 874 Rn 5. Maßgebend sind deren nach Wortlaut und Sinn nächstliegende Bedeutung; außerhalb liegende Umstände sind verwertbar, soweit sie im konkreten Fall für jedermann ohne weiteres erkennbar sind (BGH NJW-RR 03, 1235 f mN). Die Eintragung ist bedeutsam für den Eintritt von Rechtsänderungen **(§ 873),** die Vermutungen des **§ 891** und den **Rang** des Rechts (§ 879, sa § 900 II 2).

§ 874 Bezugnahme auf die Eintragungsbewilligung

Bei der Eintragung eines Rechts, mit dem ein Grundstück belastet wird, kann zur näheren Bezeichnung des Inhalts des Rechts auf die Eintragungsbewilligung Bezug genommen werden, soweit nicht das Gesetz ein anderes vorschreibt.

1 **1. Zweck des § 874.** Entlastung des Grundbuchs.

2 **2. Anwendungsbereich. a) Eintragung von Grundstücksbelastungen** (nicht: Eigentum!), vgl ferner §§ 877, 885 II, ErbbauRG 14 I 3, II, sa GBO 44 II, III. Bezugnahme ist auch bei Grundstücksbelastungen und bei Verfügungsbeschrän-
3 kungen zulässig (StGursky 13, 14). **b) Bezugnahme nur** zur „näheren" Bezeichnung zulässig. Alles Wesentliche gehört in die Eintragung selbst (vgl § 873 Rn 33;
4 BGH NJW 83, 116). **c) Bezugnahme auf** Eintragungsbewilligung, GBO 19 (vgl § 873 Rn 26); Bezeichnung der bezogenen Urkunde nicht entscheidend, ebenso nicht Einhaltung von GBO 29 bzgl der Urkunde. **d)** Nach § 874 liegt es im **Ermessen** des Grundbuchamts, ob und wieweit es den § 874 ausnützt (abw GBO 44 II: „soll"). **e) Ausgeschlossen** ist die Bezugnahme zB gem §§ 1115, 1116 II, 1184 II, 1190 I 2.

5 **3. Wirkung.** Die zulässigerweise in Bezug genommene Urkunde ist hinsichtlich des bezogenen Teils ebenso Grundbuchinhalt wie die Eintragung selbst (BGH 35, 381 f) und nimmt am öffentl Glauben des Grundbuchs (§ 892) teil; für ihre Auslegung gilt § 873 Rn 35 (BGH 145, 20 f; NJW-RR 95, 16). Inwieweit auf die Urkunde Bezug genommen ist, wird durch Auslegung ermittelt (§ 133). Unzulässige Bezugnahme ist wirkungslos (BGH 174, 66).

Allgemeine Vorschriften **§§ 875, 876**

§ 875 Aufhebung eines Rechts

(1) ¹Zur Aufhebung eines Rechts an einem Grundstück ist, soweit nicht das Gesetz ein anderes vorschreibt, die Erklärung des Berechtigten, dass er das Recht aufgebe, und die Löschung des Rechts im Grundbuch erforderlich. ²Die Erklärung ist dem Grundbuchamt oder demjenigen gegenüber abzugeben, zu dessen Gunsten sie erfolgt.

(2) Vor der Löschung ist der Berechtigte an seine Erklärung nur gebunden, wenn er sie dem Grundbuchamt gegenüber abgegeben oder demjenigen, zu dessen Gunsten sie erfolgt, eine den Vorschriften der Grundbuchordnung entsprechende Löschungsbewilligung ausgehändigt hat.

1. Anwendungsbereich. a) Aufhebung ist die *rechtsgeschäftliche Beseitigung* 1 beschränkter dinglicher Rechte an Grundstücken und an grundstücksgleichen Rechten (zB Erbbaurecht, s ErbbauRG 11). Gilt entspr für Vormerkung (BGH 60, 50). **b) Nicht** betrifft § 875: **aa)** außerrechtsgeschäftliche Beseitigung beschränkter dinglicher Rechte, zB durch Zuschlag (ZVG 52 I 2, 91 I); **bb)** Eigentumsaufgabe, § 928; **cc)** Aufhebung von Nießbrauch und Pfandrecht an beschränkten dinglichen Grundstücksrechten, §§ 1072, 1273.

2. Voraussetzungen. a) Aufgabeerklärung. aa) Sie ist einseitige empfangsbe- 2 dürftige (vgl § 130) *Willenserklärung* (vgl BGH 60, 50); abstrakt (Rn 13 vor § 854), *jedoch* keine Verfügung (StGursky 23; str), da Rechtsänderung erst mit Löschung erfolgt (Rn 4). Sie liegt idR in der gem GBO 19 nötigen Löschungsbewilligung und umgekehrt (sa II). **bb) Erklärungsberechtigt** ist der wahre Berechtigte oder der (nur) Verfügungsberechtigte, vgl § 873 Rn 17; § 893 Fall 2 gilt. **cc) Erklärungsempfänger** ist das zuständige Grundbuchamt oder der vom Wegfall des Rechts rechtlich Begünstigte, I 2. Begünstigt ist stets der Eigentümer. **dd) Formlos** ist die Erklärung materiellrechtlich wirksam. GBO 29 hat nur verfahrensrechtliche Bedeutung. **ee) Bindung** der – wirksamen – Aufgabeerklärung tritt stets mit Löschung (Rn 3) ein, vorher ist sie grundsätzlich widerruflich (vgl § 873 Rn 18 [a]). Entspricht die Löschungsbewilligung GBO 19, ist der Widerruf nach **II** ausgeschlossen. Auch die bindende Aufgabeerklärung begründet weder eine Verfügungsbeschränkung noch eine schuldrechtliche Aufgabepflicht (vgl § 873 Rn 18 [b, c], sa BGH NJW 80, 228). **b) Löschung** ist Grundbucheintragung mit negativem Inhalt, 3 vgl GBO 46 I. Die alte Eintragung wird nicht entfernt, sondern rot unterstrichen, GBV 17 II 1, 2, 17a.

3. Wirkung. a) Aufgabeerklärung und Löschung zusammen bringen das Recht 4 zum Erlöschen, sog Doppeltatbestand. Beide zusammen sind erst die Verfügung über das aufgehobene Recht. Erklärung und Löschung müssen gleichzeitig bestehen; Reihenfolge und zeitlicher Abstand sind gleichgültig (vgl auch § 873 Rn 10). § 878 gilt.

b) Die **Aufhebung eines Grundpfandrechts** ist nur mit Zustimmung des 5 Eigentümers möglich (vgl §§ 1183, 1192, 1200). Zum Grund s § 1183 Rn 1.

§ 876 Aufhebung eines belasteten Rechts

¹Ist ein Recht an einem Grundstück mit dem Recht eines Dritten belastet, so ist zur Aufhebung des belasteten Rechts die Zustimmung des Dritten erforderlich. ²Steht das aufzuhebende Recht dem jeweiligen Eigentümer eines anderen Grundstücks zu, so ist, wenn dieses Grundstück mit dem Recht eines Dritten belastet ist, die Zustimmung des Dritten erforderlich, es sei denn, dass dessen Recht durch die Aufhebung nicht berührt wird. ³Die Zustimmung ist dem Grundbuchamt oder demjenigen gegenüber zu erklären, zu dessen Gunsten sie erfolgt; sie ist unwiderruflich.

§§ 877, 878

1   1. Aufhebung eines belasteten Rechts (§ 875). Diese beseitigt Recht des Dritten und seine Belastung, zB das Pfandrecht an der aufgehobenen Grundschuld (gilt entspr für „belastende" Vormerkung, BayObLG Rpfleger 87, 156). Daher muss der Drittberechtigte (Begriff wie § 875 Rn 2 [bb]) zustimmen, **S 1**.

2   2. Aufgabe eines subj dinglichen Rechts. Will der Eigentümer des herrschenden Grundstücks ein **subj dingliches Recht** (§§ 1018 ff, 1094 II, 1105 II) am dienenden Grundstück aufgeben, so muss der Inhaber eines beschränkten dinglichen Rechts am herrschenden Grundstück, zB ein Hypothekengläubiger, (nur) zustimmen, wenn die Aufgabe sein Recht berührt, **S 2**. Grund: Der Wert des Grundstücks und des beschränkten dinglichen Rechts *kann* durch die Aufhebung geschmälert werden, sa § 96.

3   3. Rechtsnatur. Zustimmung ist einseitige empfangsbedürftige (vgl § 130) Willenserklärung, abstrakt (Rn 13 vor § 854), materiellrechtlich formlos wirksam (zu GBO 29 vgl § 875 Rn 2 [dd]) und unwiderruflich **(S 3 HS 2)**. Sie ist Verfügung (anders die Aufgabeerklärung, § 875 Rn 2, 4).

4   4. Wirkung. Das Recht erlischt nur, wenn die nötige Zustimmung vorliegt (arg § 876: „ist erforderlich"). Fehlt sie, so soll Löschung nicht erfolgen (GBO 19; zur grundbuchrechtlichen Entbehrlichkeit GBO 21); andernfalls wird das Grundbuch durch Löschung unrichtig (Berichtigung können sowohl der Inhaber des belastenden wie der des gelöschten [belasteten] Rechts verlangen, hM), doch ist nachträgliche Zustimmung (§ 184, StGursky 47; hM) möglich.

§ 877 Rechtsänderungen

Die Vorschriften der §§ 873, 874, 876 finden auch auf Änderungen des Inhalts eines Rechts an einem Grundstück Anwendung.

1   1. Anwendungsbereich. § 877 erfasst *rechtsgeschäftliche Änderungen*, die nicht Belastung, Übertragung (§ 873), Aufhebung (§ 875) oder Ranganderung (§ 880) des bestehenden Rechts sind, zB Umwandlung von Hypothek in Grundschuld, § 1198 (BGH NJW 68, 1674). Erhöhung des Hypothekenkapitals ist Neubegründung einer Hypothek (RG 143, 428); bloße Zinserhöhung ist Inhaltsänderung (§ 1119 Rn 1, 2).

2   2. Voraussetzungen. Erforderlich sind: Einigung zwischen Berechtigtem (§ 873 Rn 17 [a]) und Eigentümer (§ 873), Eintragung (§ 873, mit Möglichkeit der Bezugnahme: § 874), Zustimmung eines Drittberechtigten (§ 876).

§ 878 Nachträgliche Verfügungsbeschränkungen

Eine von dem Berechtigten in Gemäßheit der §§ 873, 875, 877 abgegebene Erklärung wird nicht dadurch unwirksam, dass der Berechtigte in der Verfügung beschränkt wird, nachdem die Erklärung für ihn bindend geworden und der Antrag auf Eintragung bei dem Grundbuchamt gestellt worden ist.

1   1. Allgemeines. Zwischen Erklärung und Eintragung (diese Reihenfolge entspricht der Regel) kann geraume Zeit liegen. **a) Bei Eintritt von Geschäftsunfähigkeit oder Tod** des Verfügenden in der Zwischenzeit gilt § 130 II. War die wirksame Erklärung bindend (§§ 873 II, 877, 875 II), dann bleibt sie es (vgl BGH 32, 369); mit der Eintragung vollzieht sich die Rechtsänderung. War die Erklärung nicht bindend, so kann sie der Erbe widerrufen. Ist ein **Betreuer** für den betr Aufgabenkreis bestellt, so kann er widerrufen (§ 1902); ggf bedarf der Betreute für
2 eigenen Widerruf der Einwilligung des Betreuers, § 1903). **b) Für Verfügungsbeschränkungen** gilt § 878.

Allgemeine Vorschriften **§§ 879, 880**

2. a) Grundsatz. Der Berechtigte (§ 873 Rn 17 [a]) muss *bei Eintritt der Rechtsänderung* – hier: bei Eintragung – verfügungsbefugt sein (BGH 136, 92; NJW 01, 359). **b) Ausnahme** in § 878. **aa) Voraussetzungen.** Ist die wirksame Erklärung bindend (§§ 873 II, 875 II, 877) und der Eintragungsantrag gestellt (GBO 13 I 1, II), so bleibt danach eintretende Beschränkung (auch Entziehung, Wegfall) der Verfügungsbefugnis insoweit wirkungslos; denn der Verfügende hat alles seinerseits Erforderliche und Mögliche für die Eintragung getan. Auch der vom Verfügenden gestellte Eintragungsantrag bleibt wirksam (StGursky 50 mN; offen gelassen BGH NJW-RR 88, 1275); Rücknahme durch Insolvenzverwalter ist wegen Schutzfunktion von § 878, InsO 91 unzulässig (zust Häsemeyer, Insolvenzrecht, 4. Aufl 2007, Rn 10. 31; Jaeger/Windel § 91, 118; aA StGursky 51 mN); zusätzlicher eigener Antrag des Erwerbers empfehlenswert. Mit der Eintragung tritt die Rechtsänderung ein (zu den weiteren Erwerbsvoraussetzungen bei Grundpfandrechten, die ebenfalls zZ der Eintragung vorliegen müssen, vgl § 1113 Rn 13; KG NJW 75, 879; Dieckmann, FS Schiedermair, 1976, S 98). War zZ der Verfügungsbeschränkung die Erklärung nicht bindend oder der Eintragungsantrag nicht gestellt, so wird die Erklärung wirkungslos. **bb) Anwendungsbereich.** § 878 betrifft nur *rechtsgeschäftliche* Erklärungen gem §§ 873, 875, 877. § 878 gilt entspr für die Bewilligung einer Vormerkung (BGH NJW 06, 2559 mN), für die Zustimmung gem § 1183. § 878 gilt *nicht,* auch nicht analog, für den Erwerb in der *Zwangsvollstreckung* (BGH 9, 252 ff; StGursky 12, 13; hM). **cc) Mögliche Verfügungsbeschränkungen** sind zB gerichtl Veräußerungsverbote (§§ 136, 135, ZPO 938 II), Eröffnung des Insolvenzverfahrens (InsO 80 I), Anordnung der Zwangsversteigerung (ZVG 20 I, 23 I); zur Terminologie (relative und absolute Verfügungsbeschränkungen) vgl § 873 Rn 3. 3

4

5

6

§ 879 Rangverhältnis mehrerer Rechte

(1) ¹Das Rangverhältnis unter mehreren Rechten, mit denen ein Grundstück belastet ist, bestimmt sich, wenn die Rechte in derselben Abteilung des Grundbuchs eingetragen sind, nach der Reihenfolge der Eintragungen. ²Sind die Rechte in verschiedenen Abteilungen eingetragen, so hat das unter Angabe eines früheren Tages eingetragene Recht den Vorrang; Rechte, die unter Angabe desselben Tages eingetragen sind, haben gleichen Rang.

(2) Die Eintragung ist für das Rangverhältnis auch dann maßgebend, wenn die nach § 873 zum Erwerb des Rechts erforderliche Einigung erst nach der Eintragung zustande gekommen ist.

(3) Eine abweichende Bestimmung des Rangverhältnisses bedarf der Eintragung in das Grundbuch.

§ 880 Rangänderung

(1) Das Rangverhältnis kann nachträglich geändert werden.

(2) ¹Zu der Rangänderung ist die Einigung des zurücktretenden und des vortretenden Berechtigten und die Eintragung der Änderung in das Grundbuch erforderlich; die Vorschriften des § 873 Abs. 2 und des § 878 finden Anwendung. ²Soll eine Hypothek, eine Grundschuld oder eine Rentenschuld zurücktreten, so ist außerdem die Zustimmung des Eigentümers erforderlich. ³Die Zustimmung ist dem Grundbuchamt oder einem der Beteiligten gegenüber zu erklären; sie ist unwiderruflich.

(3) Ist das zurücktretende Recht mit dem Recht eines Dritten belastet, so findet die Vorschrift des § 876 entsprechende Anwendung.

(4) Der dem vortretenden Recht eingeräumte Rang geht nicht dadurch verloren, dass das zurücktretende Recht durch Rechtsgeschäft aufgehoben wird.

§§ 879–882

(5) Rechte, die den Rang zwischen dem zurücktretenden und dem vortretenden Recht haben, werden durch die Rangänderung nicht berührt.

§ 881 Rangvorbehalt

(1) Der Eigentümer kann sich bei der Belastung des Grundstücks mit einem Recht die Befugnis vorbehalten, ein anderes, dem Umfang nach bestimmtes Recht mit dem Rang vor jenem Recht eintragen zu lassen.

(2) Der Vorbehalt bedarf der Eintragung in das Grundbuch; die Eintragung muss bei dem Recht erfolgen, das zurücktreten soll.

(3) Wird das Grundstück veräußert, so geht die vorbehaltene Befugnis auf den Erwerber über.

(4) Ist das Grundstück vor der Eintragung des Rechts, dem der Vorrang beigelegt ist, mit einem Recht ohne einen entsprechenden Vorbehalt belastet worden, so hat der Vorrang insoweit keine Wirkung, als das mit dem Vorbehalt eingetragene Recht infolge der inzwischen eingetretenen Belastung eine über den Vorbehalt hinausgehende Beeinträchtigung erleiden würde.

§ 882 Höchstbetrag des Wertersatzes

¹Wird ein Grundstück mit einem Recht belastet, für welches nach den für die Zwangsversteigerung geltenden Vorschriften dem Berechtigten im Falle des Erlöschens durch den Zuschlag der Wert aus dem Erlös zu ersetzen ist, so kann der Höchstbetrag des Ersatzes bestimmt werden. ²Die Bestimmung bedarf der Eintragung in das Grundbuch.

Anmerkungen zu den §§ 879–882

1   **1. Allgemeines. a) Bedeutung des Ranges.** Ein Grundstück kann mit mehreren gleich- oder verschiedenartigen *beschränkten dinglichen Rechten* belastet sein. Unter ihnen bestehen Rangverhältnisse, deren Bedeutung sich (spätestens) in einer Zwangsversteigerung des Grundstücks zeigt: Je schlechter der Rang, desto höher das Risiko des Berechtigten, leer auszugehen ("auszufallen", ZVG 10, 44, 52 I, 91 I); das höhere Risiko muss bezahlt werden, insbes durch höhere Zinsen für
2   rangschlechte(re) Grundpfandrechte. **b)** § 879 gibt allg Grundlage für die Rangverhältnisse, § 880 betrifft die nachträgliche Rangänderung, § 881 den Rangvorbehalt.

3   **2. Allg Grundlage für die Rangverhältnisse, § 879. a) Eintragung mehrerer Rechte in derselben Abteilung.** Es entscheidet grundsätzlich die *räumliche Reihenfolge* der Eintragungen, § 879 I 1 (hM). Sie entspricht wegen GBO 17, 45 I HS 1 (Verfahrensvorschriften, Rn 5) normalerweise der zeitlichen Reihenfolge der Antragstellung und Eintragung. Für gleichzeitig gestellte Anträge schreibt GBO 45 I HS 2 Rangvermerk vor. Stimmen räumliche und zeitliche Reihenfolge der Eintragungen nicht überein, zB wegen Eintragung in einem freigelassenen Raum (entgegen GBV 21 III), so gilt die zeitliche Reihenfolge (MK/Kohler § 879 Rn 23–
4   28 mN, str). **b) Eintragung mehrerer Rechte in verschiedenen Abteilungen** (II oder III). Es entscheidet stets das angegebene *Datum*, § 879 I 2, auch wenn es falsch ist (hM). Die Reihenfolge entspricht idR der zeitlichen Reihenfolge von Antragstellung und Eintragung, vgl GBO 17. GBO 45 II will den zeitlichen Vorrang eines Antrags auch im Falle des § 879 I 2 HS 2 durchsetzen; iÜ gilt: gleiches Datum,
5   gleicher Rang. **c) Die Eintragung bestimmt** den Rang, § 879 I, II. Ein Verstoß gegen die Verfahrensvorschriften GBO 17, 45 ist für die Rangverhältnisse unbeachtlich, auch wenn dadurch ein Recht den ihm gem GBO 17, 45 zustehenden besseren

Rang nicht erhält. Es besteht wegen Verletzung der Amtspflicht aus GBO 17, 45 durch den Grundbuchführer ein Anspruch aus GG 34, § 839 (BGH 21, 101), aber kein Berichtigungsanspruch (das Grundbuch ist richtig: § 879!), kein Bereicherungsanspruch gegen den Begünstigten (BGH 21, 98 ff; Hoche JuS 62, 60 ff). Zur Eintragung unter Verstoß gegen eine Rangvereinbarung (§ 879 III) vgl Rn 7. **d) Gem** 6 **§ 879 II** richtet sich der Rang auch dann nach der Eintragung, wenn ihr die Einigung und damit die Entstehung des Rechts nachfolgt. **e) Abw Regelung** der Rang- 7 verhältnisse ist von vornherein möglich, § 879 III, GBO 45 III Fall 2 (zur nachträglichen Änderung: § 880). Erforderlich: Einigung der Beteiligten (§ 873 I) und Eintragung (dazu GBV 18). Die Rangbestimmung ist stets Teil der dinglichen Einigung, zumeist auch Gegenstand des zugrundeliegenden Verpflichtungsgeschäfts. Decken sich Einigung und Eintragung (Rangvermerk) nicht, so gilt § 139 (BGH NJW-RR 90, 206).

3. Nachträgliche rechtsgeschäftliche Rangänderung. Sie lässt ein bereits 8 bestehendes Recht zugunsten eines anderen Rechts im Rang zurücktreten, **§ 880 I.** Das andere Recht kann bereits eingetragen sein oder erst zusammen mit der Rangänderung eingetragen werden (RG 157, 27). **a) Erforderlich:** Einigung zwischen den Inhabern des vor- und zurücktretenden Rechts und Eintragung, § 880 II 1 (zur Eintragung GBV 18; Änderungsvermerk bei zurücktretendem Recht genügt, MK/Kohler 9); materiellrechtliche Zustimmung des Eigentümers bei Zurücktreten eines Grundpfandrechts (ist idR in der Eintragungsbewilligung enthalten), § 880 II 2 (Grund: Rangverschlechterung des möglichen künftigen Eigentümergrundpfandrechts, s §§ 1179a V, 1179b II), sa §§ 1151, 1192; Zustimmung eines am zurücktretenden Recht Drittberechtigten, § 880 III. **b) Wirkung.** Das vortretende Recht 9 behält seinen Rang auch bei Aufhebung (§ 875) des zurücktretenden Rechts, § 880 IV. Zwischenberechtigte werden vom Rangwechsel nicht berührt, § 880 V, und brauchen ihm daher nicht zuzustimmen.

4. Der Rangvorbehalt, § 881. Er soll einem erst später zu bestellenden, im 10 Umfang festgelegten Recht den Vorrang vor einem jetzt schon zu bestellenden Recht sichern. **a) Erforderlich:** Einigung zwischen Eigentümer und Erwerber des mit dem Vorbehalt belasteten Rechts (§ 873 I) und Eintragung des Vorbehalts bei diesem Recht, § 881 II. **b)** Wenn **vor Eintragung** des vorbehaltenen Rechts andere 11 Rechte (**„Zwischenrechte"**) eingetragen werden, entstehen relative Rangverhältnisse, § 881 IV. Sie können den Vorbehalt bei einer Zwangsversteigerung nutzlos machen (s MK/Kohler 16–21). Deshalb spielt § 881 für Grundpfandrechte praktisch keine Rolle. Hier wird zwecks Rangwahrung vor späteren Belastungen eine Eigentümergrundschuld eingetragen (vgl. BGH 64, 321; sa § 1196 III); zu den verbleibenden Problemen Baur § 17 Rn 32; Eickmann NJW 81, 545 ff.

§ 883 Voraussetzungen und Wirkung der Vormerkung

(1) ¹**Zur Sicherung des Anspruchs auf Einräumung oder Aufhebung eines Rechts an einem Grundstück oder an einem das Grundstück belastenden Recht oder auf Änderung des Inhalts oder des Ranges eines solchen Rechts kann eine Vormerkung in das Grundbuch eingetragen werden.** ²**Die Eintragung einer Vormerkung ist auch zur Sicherung eines künftigen oder eines bedingten Anspruchs zulässig.**

(2) ¹**Eine Verfügung, die nach der Eintragung der Vormerkung über das Grundstück oder das Recht getroffen wird, ist insoweit unwirksam, als sie den Anspruch vereiteln oder beeinträchtigen würde.** ²**Dies gilt auch, wenn die Verfügung im Wege der Zwangsvollstreckung oder der Arrestvollziehung oder durch den Insolvenzverwalter erfolgt.**

(3) **Der Rang des Rechts, auf dessen Einräumung der Anspruch gerichtet ist, bestimmt sich nach der Eintragung der Vormerkung.**

§ 883

1 1. Bedeutung, Begriff und Wesen der Vormerkung. a) Die Bedeutung zeigt am besten ein Bsp: E verkauft sein Grundstück an A und lässt es ihm auf. Vor Eintragung des A verkauft E es (für einen erheblich höheren Preis) an B, Auflassung und Eintragung folgen unmittelbar. B ist unangreifbar Eigentümer geworden (außer bei Kollusion zwischen E und B, § 826); A kann daher nicht mehr Eigentümer werden; dem E ist die Erfüllung (§ 433 I 1) unmöglich geworden, A daher auf Schadensersatz verwiesen (§§ 275, 280 I 1, 283). Gegen diesen Verlust seines Anspruchs auf Eigentumsverschaffung kann sich A durch rechtzeitige Eintragung einer Auflassungsvormerkung sichern (daher Belehrungspflicht des Notars, BGH NJW 89, 103). Mit ihrer Hilfe kann er seinen Anspruch aus § 433 I 1 trotz Übereignung an B durchsetzen (dem E wird die Erfüllung also nicht unmöglich); ie vgl Rn 14. Diese Möglichkeit der Anspruchsdurchsetzung wird idR schon die Vor-
2 nahme vormerkungswidriger Verfügungen verhindern. **b) Begriff.** Die Vormerkung *sichert* einen *obligatorischen Anspruch auf dingliche Rechtsänderung*, genauer: auf Einräumung, Aufhebung, Inhalts- oder Rangänderung eines eintragungsfähigen dinglichen Rechts an einem Grundstück oder Grundstücksrecht (vgl BGH 34, 257). Ihr Entstehen und Fortbestehen hängt von der Existenz des zu sichernden Anspruchs
3 ab: Die Vormerkung ist *streng akzessorisch* (BGH 161, 177). **c) Das „Wesen"** der Vormerkung ist str. Begriffsjuristische Deduktionen beherrschen das Feld (aus ihrem „Wesen" – dingliches Recht oder Grundbuchvermerk – wird die [Nicht-]Anwendbarkeit von § 892 gefolgert usw; Übersicht bei StGursky 328 ff). Damit wird die Eigenart der Vormerkung nicht erfasst: Sie verhilft einem obligatorischen Anspruch auf dingliche Rechtsänderung zu beträchtlichen dinglichen Wirkungen (BGH 34, 257 f; 60, 49), vgl Rn 13–22.

4 **2. Der gesicherte Anspruch. a) Nur obligatorische** Ansprüche des Privatrechts sind vormerkungsfähig, nicht bloß solche aus dem Buch 2 des BGB (Bsp: Anspruch aus Vermächtnis nach Erbfall, §§ 2174, 2176, vgl BGH 12, 117). Inhalt und Gegenstand müssen zumindest eindeutig bestimmbar sein. *Schuldgrund* kann RGeschäft (auch Erbvertrag nach Erbfall, nicht vorher: BGH 12, 117 ff; vgl Rn 8), Ges (zB §§ 648 [s aber § 648a IV], 812; nicht hierher gehören §§ 1179a, b) oder Richterspruch (zB gem
5 § 1383) sein. **b) Zum Inhalt: I 1.** Praktisch wichtig sind Auflassungs- und Löschungsvormerkung (dazu § 1179; bes gilt für §§ 1179a, b, vgl § 1179a Rn 10). Anspruch muss sich auf eintragungs*fähiges* (nicht nötig eintragungsbedürftiges) Recht beziehen;
6 andernfalls ist die Vormerkung wirkungslos (RG 55, 273). **c) Rechtswirksam** muss der Anspruch sein (BGH 161, 177; Ausnahme Rn 7) und bleiben, sonst entsteht die Vormerkung trotz Eintragung nicht oder erlischt, Grundbuch wird unrichtig (BayObLG NJW-RR 97, 1446). Folge: Berichtigung möglich, § 894; Widerspruch, § 899, unzulässig, weil Vormerkung hier nicht vom öffentl Glauben des Grundbuchs erfasst wird, allgM, vgl Rn 25). Ist der gesicherte Anspruch erloschen, so ist es auch die Vormerkung: zu deren Wiederverwendung zwecks Sicherung eines inhaltsgleichen oder
7 erweiterten Anspruchs s § 885 Rn 10. **d) Ein künftiger oder aufschiebend bedingter Anspruch** genügt, **I 2** (auflösend bedingter besteht bis zum Bedingungseintritt, daher problemlos). Der künftige Anspruch besteht (noch) nicht (Ausnahme von Rn 6); das gilt auch für den aufschiebend bedingten (str). „Bedingt" ist entgegen dem Wortlaut von I 2 nicht der Anspruch (vgl Mot I 256), sondern seine Grundlage, das RGeschäft (§ 158 I). Dieses besteht als gegenwärtiges ab Vornahme. In ihm ist der bedingte Anspruch „begründet" (BGH 38, 371), doch „besteht" er vor Bedingungseintritt noch nicht (widersprüchlich BGH 151, 122; krit zur „Rechtsbodenlehre" Berger, FS Koll-
8 hosser, 2004, II 36 ff). **aa) Ein künftiger Anspruch** ist vormerkungsfähig, wenn er nach Inhalt und Gegenstand mindestens bestimmbar ist (BGH 61, 211). Daher muss bereits jetzt eine feste inhaltsbestimmende Grundlage des Anspruchs vorhanden sein, BGH 151, 121 (die aber kein aufschiebend bedingtes RGeschäft ist, sonst gilt Rn 9), zB ein bindendes Vertragsangebot (BGH 149, 3; zur Verlängerung der Annahmefrist Frankfurt/M NJW-RR 93, 1489 f), der künftige Rückgewähranspruch nach § 531 II (vgl BayObLG NJW-RR 01, 1529 f, dazu sa BGH 151, 122 f). Der künftige Anspruch

Allgemeine Vorschriften §883

genießt schon jetzt Vormerkungsschutz, nicht erst nach seiner Entstehung (BGH 149, 6; NJW 06, 2409). Eine mehr oder weniger aussichtsreiche tatsächliche Möglichkeit genügt nicht, zB *nicht:* Vermächtnisanspruch vor (sondern erst nach) Erbfall (BGH 12, 118); wegen § 125 nichtiger Übereignungsanspruch (Heilung, § 311b I 2, hilft nicht, da ohne Rückwirkung: BGH NJW 83, 1545); Anspruch, dessen Entstehen von der blanken Willkür des künftig Verpflichtenden abhängt (BGH 148, 192 f; NJW 06, 2409, je mN). Nicht notwendig ist, dass die Entstehung des Anspruchs *allein* im Willen des künftig Berechtigten liegt (BayObLG Rpfleger 77, 361; zust Ertl ebda 346; auch BGH NJW 06, 2408 [nur Bsp]). – AA BGH WM 81, 1358 mN, zurückhaltend NJW 81, 446 f).

bb) Ein aufschiebend bedingter Anspruch ist zwar ein künftiger Anspruch (Rn 7), 9 aber durch das bestehende bedingte R Geschäft nach Inhalt und Gegenstand mindestens bestimmbar (BGH 151, 122). Zulässige Bedingung ist auch die Potestativbedingung (§ 158 Rn 3; BGH 151, 122 f: vereinbarter Rückübertragungsanspruch bei grobem Undank iSv § 530), nicht die Wollensbedingung (§ 158 Rn 4), bei der ein gültiges bedingtes R Geschäft und damit ein vormerkungsfähiger bedingter Anspruch fehlt, aber künftiger ist gegeben, StGursky 177. **e) Personenidentität** muss bestehen einerseits 10 zwischen Anspruchsinhaber und Vormerkungsberechtigtem, andererseits zwischen Anspruchsgegner und Inhaber des von der Vormerkung betroffenen Rechts, BGH 134, 188 (Ausnahme: § 1179). Der *Anspruchsinhaber* muss zumindest *bestimmbar* sein, obj Maßstab entscheidet (genügend: die jeweiligen Eigentümer eines bestimmten Grundstücks, RG 128, 248 ff). Bei unechtem Vertrag zgDr Vormerkung nur für Versprechensempfänger, nicht für Dritten möglich (BGH NJW 09, 357). **f) Besteht der zu** 11 **sichernde Anspruch,** so hat der Berechtigte einen **ges Anspruch auf** Eintragung einer **Vormerkung** (hM; aA Westermann § 83 II 2). Die Gegenansicht führt dazu, dass bei der einstw Verfügung beide Ansprüche verwechselt werden und letzterer der „zu sichernde" (§ 885 I 2) sein soll: Dempewolf NJW 57, 1259; sa MK/Eickmann § 1179 Rn 17 (dazu § 1179 Rn 15).

3. Entstehungsvoraussetzungen. a) Vormerkungsfähiger Anspruch (Rn 4); 12 **b)** Bewilligung oder einstw Verfügung, § 885 (vgl dort Rn 2–9); **c)** Eintragung (§ 885 Rn 10–12).

4. Wirkungen. a) Keine Grundbuchsperre (allgM); *keine Verfügungsbeschrän-* 13 *kung* iSd §§ 878, 892 (hM); bei vormerkungswidriger Verfügung wird Grundbuch nicht unrichtig iSv § 894 und gehen die Pflichten des Anspruchsgegners nicht kraft Ges auf den Erwerber über (etwa bei der Auflassungsvormerkung kein Übergang der Pflichten aus § 433 I auf den Erwerber, vgl Bsp Rn 1). Vielmehr: **b) Begrenzte** 14 **Unwirksamkeit der Verfügung** des Anspruchsgegners (Rn 10), im Falle von § 1179 Rn 12 die eines Dritten, in doppelter Hinsicht (BGH 105, 261; hM): nur *soweit* sie den gesicherten Anspruch vereiteln oder *beeinträchtigen* würde (**obj** Begrenzung, **II 1**; BGH NJW-RR 08, 102) und nur *zugunsten des Anspruchsinhabers* (**subj** Begrenzung, die zur relativen Unwirksamkeit [Rn 19 vor § 104] führt; **§ 888 I**). Die **Unwirksamkeit** wird **nur beachtet,** wenn sich der Anspruchsinhaber gem § 888 I auf sie beruft (BGH NJW 09, 357); daher kann er auf sie auch verzichten und damit die Verfügung genehmigen (BGH DtZ 97, 226; Rn 22). **c) Bsp:** Im Fall 15 Rn 1 *(Auflassungsvormerkung)* ist die Übereignung an B, weil vormerkungswidrig, unwirksam, aber nur dem A gegenüber (s Rn 19 vor § 104). Für ihn ist E noch Eigentümer (keine Unmöglichkeit, daher kann A von E Erfüllung verlangen, § 888 Rn 1). Eintragung des A als Eigentümer wegen GBO 19 nur möglich, wenn B zustimmt; auf diese Zustimmung hat A Anspruch (§ 888 I). Vormerkungswidrig ist bei der Auflassungsvormerkung jede andere Verfügung über das Grundstück, zB Bestellung eines Grundpfandrechts, sofern sie nicht erlaubt ist (vgl BGH NJW 81, 981 [krit Lehmann NJW 93, 1559], sa Rn 22). Ist ein Grundpfandrecht vormerkungswidrig eingetragen worden, so kann A Zustimmung zur Löschung verlangen (BGH 99, 388). Die Zustimmung (§ 888 I) ist nur formelle Eintragungsvoraussetzung (GBO 19, vgl § 873 Rn 26); ihr Fehlen hindert nicht den Eintritt der dinglichen Rechtsänderung (hM). – Besteht zugunsten des X eine *Vormerkung auf Belastung*

des Grundstücks, zB durch eine Grundschuld, und wird vor endgültiger Eintragung dieser Belastung eine andere zugunsten des Y eingetragen, so liegt keine vormerkungswidrige Verfügung vor. Grund: Die endgültig eingetragene Belastung zugunsten des X geht der zugunsten des Y ohne weiteres im Rang vor, III. Einer Zustimmung bedarf es nicht, § 888 ist unanwendbar. – *Besteht* bei Eintragung einer Auflassungsvormerkung bereits eine *Eigentümergrundschuld,* so ist deren spätere Abtretung keine vormerkungswidrige Verfügung über das Grundstückseigentum
16 (BGH NJW 94, 129). **d) Erfasst werden** nicht nur rechtsgeschäftliche (II 1), sondern *auch Verfügungen im Wege der Zwangsvollstreckung* (auch Vollzug einer einstweiligen Verfügung [ZPO 935], BGH 54, 61), des Arrestvollzugs oder durch den Insolvenzverwalter, **II 2.** Dem Berechtigten einer Auflassungsvormerkung gegenüber ist die Erwirkung einer Arresthypothek (ZPO 932) unwirksam. Abhilfe nach §§ 883 II, 888 I (vgl Rn 15); ZPO 771 f unanwendbar (Hamburg MDR 63, 509). **Nicht**
17 **erfasst** wird *Erwerb kraft Ges* (s Frankfurt/M KTS 84, 166). **e) Vermietung** und Verpachtung stehen den Verfügungen *nicht* gleich (BGH NJW 89, 451; für analoge Anwendung StGursky 210, 211 mN, um §§ 566, 578 gem II analog auszuschließen).
18 **f) Vormerkung wirkt rangwahrend, III.** Gilt für Auflassungsvormerkung nur im Verhältnis zu anderer Auflassungsvormerkung (MK/Kohler 66); bei gleichrangigen setzt sich die erste Übereignung durch („Prioritätstheorie": Naumburg NJW-RR 00, 1185 f mN; StGursky 286, str). Das Eigentum ist als das umfassende Vollrecht nicht rangfähig (BGH 170, 385). Gegenüber vorgemerkter Grundstücksbelastung ist nachträgliche Belastung keine vormerkungswidrige Verfügung, weil sie der vorgemerkten im Rang nachsteht, III (Rn 15). Widerstreitende Verfügungsverbote haben untereinander keinen Rang, maßgebend ist daher ihre zeitliche Reihenfolge (BGH NJW 08, 378). Zur grundbuchtechnischen Verdeutlichung des Vorrangs
19 GBV 12 I, 19, dazu § 879 I 1. **g) Im Insolvenzverfahren** des Anspruchsgegners ist die Vormerkung idR insolvenzfest (InsO 106, auch InsO 254 II 1; zur möglichen Hinfälligkeit über ZVG 174a Stöber NJW 00, 3600 ff), aber anfechtbar gem InsO 129 ff (nicht nach InsO 131, weil Vormerkung keine inkongruente Deckung, BGH 34, 257 ff zu KO 30 Nr 2). Auflassungsvormerkung führt zur Aussonderung (InsO 47), Grundpfandrechtsvormerkung zur abgesonderten Befriedigung (InsO 49). Die Vormerkung muss vor Eröffnung des Insolvenzverfahrens eingetragen sein; doch gelten für die *bewilligte* Vormerkung § 878, InsO 91 II entspr (BGH 138, 186 zu KO 15 S 2). Für InsO 106 spielt der Eintragungsgrund (§ 885 I 1, ZPO 895) keine Rolle. Vormerkungswidrige Verfügungen des Insolvenzverwalters sind nach allg
20 Grundsätzen (II 1, § 888 I, vgl Rn 14) unwirksam, II 2. **h) In der Zwangsversteigerung** und -verwaltung ist der Vormerkungsberechtigte Beteiligter (ZVG 9 Nr 1). Sein vorgemerktes Recht wird wie ein eingetragenes berücksichtigt (ZVG 48), sofern es, endgültig eingetragen, das Grundstück neu und selbstständig belasten würde (BGH 53, 49); sie sind in das geringste Gebot aufzunehmen (BGH NJW 12, 2654); zum Rang ZVG 10 I Nr 4. Ob die Vormerkung das Vollstreckungsverfahren übersteht (und nach allg Grundsätzen, Rn 14, durchgesetzt werden kann) oder erlischt (ZVG 91), richtet sich vor allem danach, ob das vorgemerkte Recht dem Recht des betreibenden Gläubigers vorgeht oder nicht, dazu ZVG 10–13. Einzelheiten bei StGursky 292–308 mN. Zur Gefährdung der Vormerkung durch ZVG 174a bei Versteigerung durch den Insolvenzverwalter Stöber NJW 00, 3600 ff; sa Rn 19.
21 **i) Eingetragen** (und nicht gelöscht; BGH NJW 91, 1113) muss die Vormerkung spätestens in dem Zeitpunkt sein, in dem die vormerkungswidrige Verfügung vollendet (dazu § 873 Rn 13) ist; unschädlich, dass Vormerkung unter Verletzung von
22 GBO 17 vor dieser Verfügung eingetragen ist (BGH DtZ 95, 101). **j) Zustimmung** des Vormerkungsberechtigten zur Verfügung (§§ 182 ff; LM Nr 2 mN) macht sie wirksam (Rn 14; Gursky DNotZ 98, 274 ff, auch zum „Wirksamkeitsvermerk" im
23 Grundbuch [zu ihm BayObLG NJW-RR 04, 736 f]). **k) Erlischt die Vormerkung** (§ 886 Rn 1) vor Durchsetzung des gesicherten Anspruchs, so wird die vormerkungswidrige Verfügung wirksam (BGH 117, 392).

Allgemeine Vorschriften §884

5. Übertragung. a) Übertragung **aa)** des gesicherten *Anspruchs:* Nach allg 24
Regeln; Vormerkung geht mit, § 401 entspr (BGH NJW 94, 2947 f; s aber § 886
Rn 1 [cc]). Grundbuch wird unrichtig; Berichtigung, § 894, möglich; Widerspruch,
§ 899, unzulässig (Grund: Der Eingetragene ist nicht mehr Anspruchsinhaber, daher
gelten Rn 6, 28 [aa]); **bb)** der *Vormerkung* allein ist unmöglich (Grund: Rn 2), BGH
NJW 94, 2947, aber iZw Auslegung als Abtretung iSv aa (BGH NJW 07, 509);
cc) Erwerb vom Nichtberechtigten: Rn 25–29. **b) Erlöschen:** § 886 Rn 1.

6. Vormerkung und öffentl Glaube des Grundbuchs. a) Ersterwerb. 25
aa) Der Anspruch besteht nicht. Dann gibt es keinen Vormerkungserwerb gem
§§ 892, 893 (BGH 25, 24 f; 57, 344), da Vormerkung ohne Anspruch sinnlos ist.
Berichtigung, § 894, möglich, Widerspruch, § 899, nicht, weil Erwerb vom Nichtberechtigten
ausgeschlossen ist (Rn 28 [aa]). **bb) Bei Bewilligung** der Vormerkung 26
durch *eingetragenen Nichtberechtigten* für einen wirksamen (auch: aufschiebend bedingten
oder künftigen, BGH NJW 81, 447; aA Hepting NJW 87, 865 ff) Anspruch
gilt § 893, da die Bewilligung, wenn die Vormerkung eingetragen wird, eine Verfügung
über das dingliche Recht am Grundstück ist (BGH NJW 81, 448, hM; sa
Rn 3). Ist die Vormerkung vom Nichtberechtigten erworben, so hindern weder
nachträgliche Unredlichkeit des Vormerkungsberechtigten noch die Eintragung
eines Widerspruchs, noch die Berichtigung des Grundbuchs den Rechtserwerb des
Vormerkungsberechtigten (BGH NJW 81, 447; hM). Ist das Grundbuch berichtigt,
so gilt der (fr) Buchberechtigte noch als Berechtigter (II entspr), und der im Wege
der Berichtigung eingetragene Berechtigte muss die Eintragung des Vormerkungsberechtigten
bewilligen (§ 888 I entspr); hM, s StGursky § 888 Rn 72–74. **cc) Ein-** 27
tragung auf Grund einstw Verfügung gegen den Nichtberechtigten verschafft
keine Vormerkung, da dann eine Verfügung iSv § 893 (Rn 26) fehlt (Tiedtke WM
81, 1098; hM). Erwerb vom Nichtberechtigten möglich bei rechtskräftiger Verurteilung
zur Bewilligung **(ZPO 894, 898),** ferner im Fall von ZPO 895 (Reinicke
NJW 64, 2379 ff; MK/Kohler 77). **b) Übertragung. aa) Besteht kein Anspruch,** 28
so scheidet Vormerkungserwerb vom Nichtberechtigten aus (allgM). **bb) Besteht
der Anspruch,** ist aber trotz Eintragung die Vormerkung nicht entstanden, so kann
sie vom Zessionar redlich erworben werden (BGH 25, 23 f; StGursky 341; § 893
Rn 39 mwN); vorherige Berichtigung, § 894, und, weil Erwerb vom Nichtberechtigten
möglich, auch Widerspruch, § 899, sind zulässig (vgl KG MDR 77, 500 f).
AA überwiegend die Lit mit differierenden Begründungen (Nachw StGursky § 892
Rn 59, 60), ua damit, dass Erwerb nicht kraft RGeschäfts, sondern Ges (§ 401 entspr,
Rn 24 [a aa]) eintrete (Baur § 20 Rn 52; vgl aber zu Parallelproblem § 1143 Rn 2;
§ 1150 Rn 4). **c) Bei unberechtigter Löschung** der Vormerkung bleibt vormer- 29
kungswidrige Verfügung grundsätzlich unwirksam, doch redlicher Erwerb ist möglich
(BGH NJW 94, 2948 f); dagegen Schutz des Vormerkungsberechtigten durch
Widerspruch gegen Löschung, § 899, und Berichtigung, § 894 (BGH 60, 51).

7. Vormerkungsähnliche Institute. a) Amtsvormerkung gem GBO 18 II. 30
Für sie gelten InsO 106, 254 II 1 nicht. **b) Dingliches Vorkaufsrecht,** das wie
eine Vormerkung durchgesetzt wird, § 1098 II. **c) Widerspruch,** § 899. Er zerstört
den öffentl Glauben des Grundbuchs und damit die Grundlage eines Erwerbs vom
Nichtberechtigten (vgl § 892 I 1 aE). Der Widerspruch setzt also Unrichtigkeit des
Grundbuchs voraus und schützt vor Rechtsverlust (§ 894 Rn 1). Die Vormerkung
hingegen baut auf der Richtigkeit des Grundbuchs auf und sichert künftige Rechtsänderung
(s aber § 1179 Rn 12). **d) Veräußerungsverbot.** § 888 Rn 7.

§ 884 Wirkung gegenüber Erben

**Soweit der Anspruch durch die Vormerkung gesichert ist, kann sich der
Erbe des Verpflichteten nicht auf die Beschränkung seiner Haftung berufen.**

Berger

§ 885

1   **Voraussetzung:** Vormerkung ist bei Erbfall bereits eingetragen, zumindest bewilligt, es genügt auch vom Erben bewilligte Vormerkung (arg §§ 1990 II, 2016 II, InsO 321 [zum Begriff „Zwangsvollstreckung" s Jauernig/Berger § 47 Rn 3, 4]). *Folge:* Erbe haftet unbeschränkbar, vgl § 2016. Sa BGH 151, 124.

§ 885 Voraussetzung für die Eintragung der Vormerkung

(1) ¹Die Eintragung einer Vormerkung erfolgt auf Grund einer einstweiligen Verfügung oder auf Grund der Bewilligung desjenigen, dessen Grundstück oder dessen Recht von der Vormerkung betroffen wird. ²Zur Erlassung der einstweiligen Verfügung ist nicht erforderlich, dass eine Gefährdung des zu sichernden Anspruchs glaubhaft gemacht wird.

(2) **Bei der Eintragung kann zur näheren Bezeichnung des zu sichernden Anspruchs auf die einstweilige Verfügung oder die Eintragungsbewilligung Bezug genommen werden.**

1   1. **Entstehungsvoraussetzungen der Vormerkung.** S § 883 Rn 12.

2   2. **Bewilligung. a) Einseitige Erklärung,** formlos wirksam (aber GBO 29 beachten). **ZPO 895** fingiert Bewilligung. Sie ist *materiellrechtliche* Voraussetzung, daher bei Fehlen oder Unwirksamkeit keine wirksame Vormerkung. *Erklärungsempfänger:* Grundbuchamt oder Inhaber des zu sichernden Anspruchs (arg §§ 875 I 2, 876 S 3), BGH NJW-RR 89, 199. In der Bewilligung der Eintragung des Rechts
3   liegt idR die Vormerkungsbewilligung; sa ZPO 895. **b) Sie ist Verfügung** über das Recht, sobald die Vormerkung eingetragen ist; daher §§ 878, 893 anwendbar
4   (§ 878 Rn 5, § 883 Rn 26). **c) Für Klage** auf Bewilligung ist trotz möglicher einstw Verfügung das Rechtsschutzinteresse gegeben, weil die Beendigungsgründe bei bewilligter und verfügter Vormerkung verschieden sind, vgl GBO 25 (dazu BGH 39, 23 f), ZPO 936 mit 926 f, 939. Deshalb sind auch bewilligte und verfügte Vormerkung nebeneinander möglich, ebenso nachträgliche Bewilligung für verfügte
5   Vormerkung. **d) Bewilligen muss** der in seinem Recht *Betroffene,* der zugleich Anspruchsgegner ist (vgl § 883 Rn 10, auch § 873 Rn 28).

6   3. **Einstw Verfügung. a) Sie ersetzt** die Bewilligung, muss daher deren inhaltliche Bestimmtheit aufweisen (BayObLG Rpfleger 81, 191) und richtet sich gegen den Betroffenen iSv Rn 5 (BayObLG NJW 86, 2578). Zum Verhältnis von bewillig-
7   ter und verfügter Vormerkung Rn 4. **b) Voraussetzungen.** Verfügungsanspruch (s ZPO 936, 920) ist der „zu sichernde Anspruch" (I 2) iSv § 883 Rn 4–10, nicht ein (vertraglicher) Anspruch auf Bewilligung. Glaubhaftmachung der Gefährdung unnötig, I 2 (abw von ZPO 936, 920 II); sie wird ges (nur) vermutet, weil der Anspruch mangels dinglicher Sicherung idR gefährdet ist (vgl Bsp § 883 Rn 1), Hamm NJW-RR 04, 379 (aA StGursky 29). Anspruch ist idR glaubhaft zu machen.
8   ZPO 936, 920 II, 921 II. **c) Vormerkungsfähiger künftiger Anspruch** (§ 883 Rn 8) ist in I nicht bes behandelt. Für ihn ist Feststellungsklage (ZPO 256) zulässig (vgl allg BGH 4, 135 mN); daher Fristsetzung gem ZPO 926 möglich (StGursky
9   28 mN). **d) Verfahren.** Zuständigkeit: ZPO 937, 942 ff. Für Vollzug sind Fristen zu beachten: ZPO 936, 929 II (dazu Jauernig/Berger § 36 Rn 14–16), III. Vor Beantragung einer einstw Verfügung ist der Gegner idR zur Bewilligung aufzufordern, sonst drohen Kostennachteile entspr ZPO 93 (Stuttgart NJW 75, 2069).

10 4. **Eintragung. a) Voraussetzungen. aa)** Für **verfügte** Vormerkung: gerichtl Ersuchen (ZPO 941, GBO 38), das den Antrag (GBO 13) und die Bewilligung (iSv I und GBO 19) ersetzt; oder Antrag (GBO 13) mit Ausfertigung der einstw Verfügung. **bb)** Für **bewilligte** Vormerkung: Vorlage der Bewilligung iSv I (die idR auch die gem GBO 19 nötige enthält) und Antrag (GBO 13). Möglich ist auch die Reihenfolge: Eintragung, dann Bewilligung (hM); praktisch, wenn nicht (mehr) bestehende, aber (noch) eingetragene Vormerkung nur durch Bewilligung unter

Allgemeine Vorschriften **§§ 886, 887**

Außerachtlassung von § 877 (Eintragung) für neuen inhaltsgleichen Anspruch (BGH 143, 181 f; dazu krit StGursky § 883, 357, 361) oder durch weitere Entstehungsgründe angereicherten Anspruch (BGH NJW 08, 579 f; abl StGursky § 883 Rn 859) verwandt wird, sog Aufladung der Vormerkung; § 873 Rn 10 gilt entspr; wegen § 879 wirkt „neue" Vormerkung für neuen inhaltsgleichen (vgl BGH NJW 12, 2654) oder „erweiterten" Anspruch erst ab neuer Bewilligung (BGH NJW 08, 580). **b) Inhalt** von Bewilligung, einstw Verfügung und Eintragung. Gläubiger, Schuldner und gesicherter Anspruch sind anzugeben; nähere Bezeichnung des Anspruchs nur in Bewilligung oder einstw Verfügung genügt, II. Angabe des Schuldnerdes bloß bei Verwechslungsgefahr nötig (StGursky 69 mN, str). **c) Wo** einzutragen ist, regeln GBV 12, 19. **d) Behördliche Genehmigung** der Vormerkung ist nur nötig, wenn *jede* Art von Verfügung über das Grundstück genehmigungsbedürftig ist; Bsp § 1821 I Nr 1 (hM); andernfalls kann es die Behörde trotz der Vormerkung ablehnen, die Eintragung des vorgemerkten Rechts zu genehmigen.

§ 886 Beseitigungsanspruch

Steht demjenigen, dessen Grundstück oder dessen Recht von der Vormerkung betroffen wird, eine Einrede zu, durch welche die Geltendmachung des durch die Vormerkung gesicherten Anspruchs dauernd ausgeschlossen wird, so kann er von dem Gläubiger die Beseitigung der Vormerkung verlangen.

1. Allgemeines. a) Die Vormerkung erlischt durch **aa)** *Aufgabeerklärung* des Gläubigers und Löschung, § 875 entspr (BGH NJW 94, 2949); **bb)** *Erlöschen* des gesicherten Anspruchs, zB durch Konfusion (sofern der Gläubiger dadurch keinen Rechtsverlust erleidet, Schleswig NJW-RR 99, 1529 [aufgehoben durch BGH NJW 00, 1033 f, dagegen v. Olshausen NJW 00, 2872 f]), durch Vertragsaufhebung (BGH NJW 00, 806), Erlöschen des bindenden Vertragangebots und damit des künftigen Anspruchs (BGH 149, 3 f), Eintritt auflösender Bedingung (BGH 117, 392). Zur „Reaktivierung" nicht (mehr) bestehender Vormerkung § 885 Rn 10. Erlöschen durch Erfüllung tritt nicht ein, wenn vormerkungswidrige Zwischenrechte gelöscht sind, zB ein nach Auflassungsvormerkung ohne Zustimmung des Vormerkungsberechtigten (§ 883 Rn 22) eingetragenes Grundpfandrecht (BGH BB 64, 576); sa NJW 02, 216 (insoweit in BGH 149, 9 nicht abgedr); **cc)** *Abtretung* des Anspruchs ohne Vormerkung (§ 401 ist abdingbar); **dd)** *Aufhebung* der einstw Verfügung (§ 885) oder des vorläufig vollstreckbaren Urteils (ZPO 895), GBO 25, dazu BGH 39, 23 f; **ee)** *Ausschließung*, § 887; **ff)** *Eintritt auflösender* oder *Ausfall aufschiebender Bedingung* oder *Befristung* der Vormerkung selbst, §§ 158 II (BGH 117, 392), 163; **gg)** *privative Schuldübernahme*, § 418 I entspr. **b) Grundbuch wird unrichtig** bei Erlöschen gem Rn 1 (bb–gg), ebenso wenn Anspruch nie bestand (BGH NJW-RR 89, 199). Vormerkungsbetroffener kann entspr § 894 Berichtigung verlangen (BGH NJW 01, 3702); GBO 22 (mit 29), 25, auch 84 beachten. **c) Zur unberechtigt gelöschten** Vormerkung § 883 Rn 29.

2. Wirkung. § 886 gibt **dingliches Recht auf Beseitigung** (nötig, weil Einrede den gesicherten Anspruch bestehen lässt, also nicht der Fall Rn 1 [bb] vorliegt). Grundlage nur erhobene (s BGH NJW 89, 221) *dauernde* Einreden, insbes §§ 214 I, 821, 853. Gläubiger muss alles (Antragstellung, GBO 13, eingeschlossen) für Beseitigung *tun;* bloße Zustimmung entspr § 894 ungenügend.

§ 887 Aufgebot des Vormerkungsgläubigers

¹Ist der Gläubiger, dessen Anspruch durch die Vormerkung gesichert ist, unbekannt, so kann er im Wege des Aufgebotsverfahrens mit seinem Recht ausgeschlossen werden, wenn die im § 1170 für die Ausschließung eines

§ 888

Hypothekengläubigers bestimmten Voraussetzungen vorliegen. ²Mit der Rechtskraft des Ausschließungsbeschlusses erlischt die Wirkung der Vormerkung.

1   Aufgebotsverfahren: FamFG 453. Voraussetzungen: § 1170. Wirkung: S 2; der gesicherte Anspruch bleibt bestehen (BGH DtZ 94, 215).

§ 888 Anspruch des Vormerkungsberechtigten auf Zustimmung

(1) Soweit der Erwerb eines eingetragenen Rechts oder eines Rechts an einem solchen Recht gegenüber demjenigen, zu dessen Gunsten die Vormerkung besteht, unwirksam ist, kann dieser von dem Erwerber die Zustimmung zu der Eintragung oder der Löschung verlangen, die zur Verwirklichung des durch die Vormerkung gesicherten Anspruchs erforderlich ist.

(2) Das Gleiche gilt, wenn der Anspruch durch ein Veräußerungsverbot gesichert ist.

1   **1. Allgemeines.** Vgl zunächst § 883 Rn 1, 13–23. Eintragung zur Verwirklichung des gesicherten Anspruchs (zB aus § 433 I 1) setzt formellrechtlich Zustimmung des vormerkungswidrig Eingetragenen voraus, GBO 19 in der Form von GBO 29 (vgl § 883 Rn 15). Der Vormerkungsberechtigte hat zwecks Durchsetzung des gesicherten Anspruchs einen *unselbstständigen dinglichen Hilfsanspruch* auf Zustimmung (nicht auf Erfüllung, BGH 54, 62) durch den Eingetragenen: **I,** ie Rn 2, 3.

2   **2. Zustimmung.** Sie kann a) **verlangt** werden, wenn gesicherter Anspruch (§ 883 I) besteht und fällig ist; Eintragung des Vormerkungsberechtigten bereits als Eigentümer im Grundbuch ist nicht erforderlich (BGH NJW 10, 3367). *Beweislast* beim Anspruchsinhaber. *Rechtskräftiges Urteil* gegen Anspruchsgegner wirkt nicht ohne weiteres gegen den Erwerber (RG 53, 34; sa BGH NJW-RR 88, 1357);

3   b) **verweigert** werden auf Grund von *Einwendungen oder Einreden,* **aa)** die dem *Erwerber* persönlich gegen Anspruchsinhaber zustehen; **bb)** die dem *Anspruchsgegner* zustehen, arg §§ 768, 1137 entspr (vgl RG 53, 31 f; Celle NJW 58, 385 mwN; zu Unrecht einschr RG 144, 283: nur Einwendungen gegen Anspruchsbestand); hierher zählen auch nichtausgeübte Gestaltungsrechte, § 770 entspr; Einredeverzicht des Anspruchsgegners berührt Erwerber nicht, § 768 II entspr (hM).

4   **3. Inhalt des Zustimmungsanspruchs.** Er richtet sich nach dem gesicherten Anspruch und seiner Verletzung; vgl Bsp § 883 Rn 15 (Zustimmung zur Eintragung des A als Eigentümer; Zustimmung zur Löschung der Eintragung des Grundpfandrechts). *Gegenrechte des Dritterwerbers wegen Verwendungen,* insbes Bebauung des Grundstücks, lassen I unberührt; Ausgleich gem §§ 994 ff, 999 II analog (BGH 75, 291; StGursky 77 mwN).

5   **4. Sonstiges.** Tatsächliche schuldhafte **Verschlechterung des Grundstücks** durch den Dritterwerber gibt Ansprüche aus §§ 823 I, 1004 entspr (Baur § 20 Rn 42). Der Vormerkungsberechtigte kann Ersatz erzielter/erzielbarer **Nutzungen** vom Dritterwerber verlangen (§ 987 analog), wenn sie ihm nach § 292 auch im Verhältnis zum Auflassungsschuldner zustehen (BGH 144, 326 ff im Anschluss an BGH 87, 301 [aA StGursky 70 mN]).

6   **5. Veräußerungsverbot, II.** S dazu §§ 135, 136. **a) Durch einstw Verfügung,** ZPO 938, zu erlassen; daher jeder (auch ein dinglicher) Anspruch sicherbar. § 885 I 2 gilt entspr. Zustellung an Gegner nötig (ZPO 936, 929); Eintragung nicht nötig, aber wegen § 892 I 2 nützlich (vgl BayObLG NJW 78, 701). Bestellung von
7   RGeschäft ist unzulässig (§ 137). **b) Wirkung.** II bestimmt nur die Unwirksamkeit verbotswidriger Verfügung (keine Grundbuchsperre! BGH NJW 08, 376); Verbotsgeschützter hat Zustimmungsanspruch gem I. Rangfähig ist das Verbot nicht (§ 883

Allgemeine Vorschriften §§ 889, 890

III ist unanwendbar); für einander widersprechende Verbote gilt das Prioritätsprinzip (BGH 172, 365 f). Sa § 883 Rn 18. Beim Grundbuchamt bekanntes, aber (noch) nicht eingetragenes Verbot wirkt nach hM praktisch als Grundbuchsperre (sofern nicht § 878 eingreift, BayObLG NJW 54, 1120): Verbotswidrige Eintragung darf nicht vorgenommen werden; aA mR StGursky 98.

6. Erwerbsverbot. Gegenstück zum Veräußerungsverbot. Zulässig gem ZPO 8 938 (RG 120, 119 f; abl StGursky 103 mN). Praktisch wichtig, um Heilung nichtigen Grundstückskaufs (§ 311b I 2) zu verhindern (Bsp: § 117 Rn 5). Es verbietet dem (potentiellen) Erwerber, einen Antrag (GBO 13) zu stellen oder aufrechtzuerhalten (RG aaO). Zustellung an Erwerber nötig (ZPO 936, 929); Eintragung unmöglich, weil Erwerber nicht im Grundbuch steht. Verbotswidriger Erwerb ist dem Geschützten gegenüber unwirksam (RG 117, 291; Hamm 70, 438). Verbot wirkt unter den Voraussetzungen von Rn 7 als Grundbuchsperre (BayObLG NJW-RR 97, 914 mN; hM). § 878 unanwendbar (BayObLG aaO).

§ 889 Ausschluss der Konsolidation bei dinglichen Rechten

Ein Recht an einem fremden Grundstück erlischt nicht dadurch, dass der Eigentümer des Grundstücks das Recht oder der Berechtigte das Eigentum an dem Grundstück erwirbt.

a) aa) Nachträgliche Vereinigung von Grundstückseigentum und beschränk- 1 tem dinglichem Recht lässt dieses nicht untergehen, § 889, abw §§ 1072, 1178 I. **bb) Ursprüngliche Bestellung beschränkter dinglicher Eigentümerrechte** 2 am eigenen Grundstück ist im BGB nur vereinzelt vorgesehen (§§ 1196 I, 1199, eingeschränkt § 1009). Str, ob Einzelregelungen erweiterungsfähig; grundsätzlich zu bejahen für Grunddienstbarkeit (§ 1018 Rn 8 [b]), Nießbrauch (§ 1030 Rn 3), b p Dienstbarkeit (§ 1090 Rn 13); stets zu verneinen für Eigentümerhypothek (Rn 19 vor § 1113). **cc) Befugnisse des Eigentümers** aus dem beschränkten Recht sind 3 eingeschränkt; vgl §§ 1197, 1177. Bedeutsam werden sie bei Trennung von Eigentum und beschränktem Recht; im Hinblick darauf erfolgt idR die Bestellung (Bsp: BGH 41, 209 ff).

b) Bei nachträglicher Vereinigung von **Fahrniseigentum** und beschränktem 4 dinglichem Recht erlischt dieses idR, §§ 1063 („consolidatio" war im römischen Recht die „Erstarkung" des Eigentums durch Wegfall des Nießbrauchs), 1256; vgl ferner §§ 1072, 1273 II. Ursprüngliche Bestellung unzulässig.

§ 890 Vereinigung von Grundstücken; Zuschreibung

(1) Mehrere Grundstücke können dadurch zu einem Grundstück vereinigt werden, dass der Eigentümer sie als ein Grundstück in das Grundbuch eintragen lässt.

(2) Ein Grundstück kann dadurch zum Bestandteil eines anderen Grundstücks gemacht werden, dass der Eigentümer es diesem im Grundbuch zuschreiben lässt.

1. Vereinigung, I. a) Voraussetzungen. aa) Mehrere selbstständige Grundstü- 1 cke (Begriff: Rn 2 vor § 90) desselben Eigentümers. Sie können entfernt voneinander und in verschiedenen Grundbuchbezirken liegen, vgl GBO 5 I 2, II. **bb)** Vereinigungserklärung des Eigentümers (GBO 29 beachten), Eintragungsantrag, -bewilligung und Eintragung (dazu GBV 6 VI Buchst b und c mit 13 I). **cc)** Verwirrung soll nicht zu besorgen sein, GBO 5 I 2, auch II 2 (s BGH NJW 06, 1001). **b) Wirkung.** Die bisherigen Einzelgrundstücke sind *von nun an* ein Grundstück. 2 Bestehende Belastungen erstrecken sich diese nur auf bisherige Einzelgrundstücke (BGH MDR 78, 302), neue ergreifen Gesamtgrundstück.

Berger 1381

Vor §§ 891–899a

3 **2. Zuschreibung, II. a) Voraussetzungen** entspr Rn 1, ergänzend vgl GBO 6. Erklärung muss auf Zuschreibung zielen, kann nur zu einem, nicht zu mehreren Grundstücken erfolgen. **b) Wirkung** wie bei Vereinigung, Rn 2, mit wichtiger Ausnahme: Alte Grundpfandrechte am Hauptgrundstück ergreifen nun auch das zugeschriebene Grundstück, nicht umgekehrt, §§ 1131, 1192, 1199. **c) Zu unterscheiden** von der **Zusammenschreibung:** Übertragung eines Grundstücks von Einzel- auf gemeinschaftliches Grundbuchblatt (GBO 3, 4). Sie verändert nicht den rechtlichen Bestand der Grundstücke.

4 **3. Teilung.** Teilung (Abschreibung) eines Grundstücks ist nicht im BGB geregelt. **a) Voraussetzungen.** Teilungserklärung des Eigentümers (GBO 29 beachten) und Eintragung unter eigener Nr im Bestandsverzeichnis des bisherigen oder eines anderen Grundbuchblattes (dazu GBV 6 VI Buchst d, 7, 13 II, IV). **b) Wirkung** umgekehrt wie bei Vereinigung: Bestehende Belastungen setzen sich an den neu entstandenen Grundstücken fort (Grundpfandrecht wird zu Gesamtgrundpfandrecht), neue ergreifen nur jeweiliges Einzelgrundstück. Sonderregelungen in §§ 1025 f, 1090 II, 1108 II, 1109.

Vorbemerkungen zu den §§ 891–899a

1 **1. Grundlagen.** Wahre Rechtslage und die im Grundbuch verlautbarte können differieren. Ursache können sein: Mängel der Einigung oder der einseitigen Erklärung (vgl § 873 I aE), fehlerhafte Eintragung oder – bes wichtig – eine Rechtsänderung außerhalb des Grundbuchs (durch Erbfall, § 1922, Zuschlag, ZVG 90, Enteignung usw), vgl § 873 Rn 2. Solche Unrichtigkeiten des Grundbuchs sind selten (im Wesentlichen wegen eines ebenso sorgfältigen wie komplizierten Eintragungsverfahrens). Daher ist es berechtigt, auf den Grundbuchbestand zu vertrauen (ie § 892 Rn 15, 18). Die §§ 891–893 tragen dem Rechnung: Die Richtigkeit des Grundbuchs wird vermutet, § 891; das Grundbuch genießt öffentl Glauben in Bezug auf Richtigkeit und Vollständigkeit, §§ 892, 893. Grundbuch iSv §§ 891–893 ist das ganze Grundbuchblatt (vgl GBO 3 I), nicht nur die jeweilige Abteilung (RG 98, 219). Widersprüchliche Eintragungen hindern den öffentl Glauben (Köln NJW-RR 98, 1630; sa Rn 3). Zum maschinell geführten Grundbuch GBV 62, GBO 126 ff.

2 **2. Vermutungen des § 891.** Diese kommen – wie alle Vermutungen – *nur in einem behördlichen oder gerichtl Verfahren* zum Zuge, auch vor dem Grundbuchamt (BayObLG NJW-RR 93, 283). Vermutungen sind Beweislastregeln. Der vermutete Umstand kann richtig oder falsch sein, zB in § 891 I das Bestehen des Rechts. Daher kann (und muss) er vom Gegner widerlegt werden (§ 891 Rn 7 [c]). Gelingt das nicht, so ist der Eingetragene im Verfahren als Berechtigter anzusehen. An der materiellen Rechtslage ändert § 891 nichts.

3 **3. Falsches oder unvollständiges Grundbuch.** Mangeln Richtigkeit und Vollständigkeit des Grundbuchs (Ausnahme!), so werden sie zugunsten eines Erwerbers *fingiert*, **§ 892** (eingeschränkt für relative Verfügungsbeschränkungen, § 892 I 2). § 892 stellt keine (unwiderlegliche) Vermutung auf, da das Grundbuch notwendig falsch und nicht „mutmaßlich" richtig ist (daher unzutr ErmHagen/Lorenz § 891 Rn 1; Schmitz JuS 94, 962 f; zum Unterschied Fiktion/unwiderlegliche Vermutung zutr StJ/Leipold § 292 Rn 6). Die Richtigkeits- und Vollständigkeitsgarantie ist der **öffentl Glaube** des Grundbuchs. Er setzt Widerspruchsfreiheit der Eintragungen voraus (Rn 1) und versagt bei Kenntnis des Erwerbers von der Unrichtigkeit (Schutzbedürfnis fehlt) sowie bei Eintragung eines Widerspruchs gegen die Richtigkeit des Grundbuchs, **§ 899**, GBO 53 (Widerspruch zerstört den öffentl Glauben, dh die Grundlage des buchgemäßen Erwerbs; daher nützt Unkenntnis nichts). § 892 enthält, anders als § 891, keine Vermutung als Beweislastregel, sondern eine materiellrechtliche Regelung des Erwerbs von Grundstücksrech-

Allgemeine Vorschriften **§ 891**

ten. Daher gelten die Fiktionen des § 892 (dort Rn 3) nicht für das Grundbuchamt (KG NJW 73, 430).

4. Berichtigung. Unrichtigkeit und Unvollständigkeit des Grundbuchs sind wegen §§ 892, 893, 900, 901 für den Berechtigten gefährlich. Daher kann **Berichtigung** verlangt werden, § 894; sa GBO 22, 82 ff. 4

5. Vorläufige Sicherung. Die Durchsetzung des Berichtigungsanspruchs, § 894, dauert uU Jahre (vgl ZPO 894!). Langes Zuwarten ist wegen §§ 892, 893 gefährlich, daher vorläufige Sicherung des betroffenen Rechts samt Berichtigungsanspruch durch **Widerspruch** gegen die Richtigkeit des Grundbuchs möglich, § 899, sa GBO 53, ZPO 895. Wirkung Rn 3, § 899 Rn 5. 5

§ 891 Gesetzliche Vermutung

(1) **Ist im Grundbuch für jemand ein Recht eingetragen, so wird vermutet, dass ihm das Recht zustehe.**

(2) **Ist im Grundbuch ein eingetragenes Recht gelöscht, so wird vermutet, dass das Recht nicht bestehe.**

1. Allgemeines. Vgl Rn 1, 2 vor § 891. 1

2. Gegenstand. a) Erfasst werden **aa)** Eigentum (einschließlich Miteigentum) und alle eintragungsfähigen beschränkten dinglichen Rechte (daher nicht Notweg- und Überbaurente); **bb)** Vormerkung nur, sofern gesicherter Anspruch besteht (hM); **cc)** die Hypothekenforderung, aber nur in Bezug auf („für") die Hypothek, § 1138; **dd)** tatsächliche Angaben im Grundbuch nur insoweit, als sie das Grundstück als Rechtsgegenstand bezeichnen (Frankfurt/M MDR 85, 498 mN), so der aus dem Liegenschaftskataster sich ergebende Grenzverlauf (BGH NJW-RR 06, 663). **b) Nicht erfasst** werden **aa)** nicht eintragungsfähige Rechte (Rn 2 [aa]), insbes obligatorische Rechte am Grundstück, zB Mietrecht; öffentlich-rechtliche Rechte und Belastungen, zB Bausperren, Grundsteuer (vgl § 873 Rn 4); **bb)** Verfügungsbeschränkungen, zB Insolvenzvermerk, Nacherbschaft, Testamentsvollstreckung; **cc)** Widersprüche, § 899, GBO 53; **dd)** tatsächliche Angaben, die nicht nur das Grundstück als Rechtsgegenstand bezeichnen (Rn 2 [dd]), wie Größe, Lage, Bebauung; **ee)** Rechtsstellung und persönliche Verhältnisse des Eingetragenen, wie Rechts- und Geschäftsfähigkeit (KG NJW-RR 98, 448), Familien- und Güterstand, volle Berechtigung auch in wirtschaftlicher Beziehung (statt bloßer Treuhandschaft). 2 3

3. Inhalt. a) Positive Vermutung, I, dass eingetragenes Recht besteht und dem Eingetragenen seit der Eintragung (StGursky 42) so, wie eingetragen (sa § 874 Rn 5), zusteht (RG 116, 181 f). Gilt auch für Erben des Eingetragenen, wenn Recht nicht unvererblich (zB gem §§ 1061, 1098 mit 514). **b) Negative Vermutung, II,** dass ein gelöschtes Recht nicht besteht. Ist die Löschung erweislich wegen Aufhebung des Rechts (nicht wegen Berichtigung) erfolgt, so wird zugleich vermutet (I!), dass das gelöschte Recht bis zur Löschung bestanden hat (BGH 52, 358 mN). **c) Keine Vermutung der Vollständigkeit** des Grundbuchs. Grund: Es fehlt die Vermutungsbasis (Eintragung, Löschung) dafür, dass ein nicht eingetragenes Recht nicht besteht. 4 5 6

4. Geltung. a) In einem Verfahren (Rn 2 vor § 891). **b) Bei wirksamer Eintragung** (BGH 7, 69). **c) Bis zur Widerlegung,** dh Beweis (nicht bloße Vermutung) des Gegenteils, ZPO 292 (BGH NJW-RR 06, 663). Bei I muss jeder von dem Eingetragenen behauptete (BGH NJW 84, 2157) oder sonst nach den Umständen in Betracht kommende Erwerbsgrund ausgeräumt werden (BGH NJW-RR 99, 377); abw Medicus, FS Baur, 1981, S 81 f: nur eintragungsbezogener Erwerbsgrund ist zu widerlegen. Nach Widerlegung kommt es auf die wahre 7

Berger 1383

§ 892 Buch 3. Abschnitt 2

Rechtslage an (BayObLG NJW-RR 93, 283). **d) Für und gegen jedermann** (doppelter Unterschied zu § 1006), auch zwischen den Parteien des Veräußerungsgeschäfts (LM Nr 5). **e) Bei widersprechenden Doppelbuchungen** (im selben oder in verschiedenen Grundbüchern) hebt sich Vermutung selbst auf (RG 56, 60). **f) Eintragung eines Widerspruchs** (§ 899, GBO 53) berührt Vermutungen nicht (LM Nr 5). **g) Bei Offenkundigkeit des Gegenteils** gilt Vermutung nicht, ZPO 291.

§ 892 Öffentlicher Glaube des Grundbuchs

(1) ¹Zugunsten desjenigen, welcher ein Recht an einem Grundstück oder ein Recht an einem solchen Recht durch Rechtsgeschäft erwirbt, gilt der Inhalt des Grundbuchs als richtig, es sei denn, dass ein Widerspruch gegen die Richtigkeit eingetragen oder die Unrichtigkeit dem Erwerber bekannt ist. ²Ist der Berechtigte in der Verfügung über ein im Grundbuch eingetragenes Recht zugunsten einer bestimmten Person beschränkt, so ist die Beschränkung dem Erwerber gegenüber nur wirksam, wenn sie aus dem Grundbuch ersichtlich oder dem Erwerber bekannt ist.

(2) Ist zu dem Erwerb des Rechts die Eintragung erforderlich, so ist für die Kenntnis des Erwerbers die Zeit der Stellung des Antrags auf Eintragung oder, wenn die nach § 873 erforderliche Einigung erst später zustande kommt, die Zeit der Einigung maßgebend.

Lit: Hager, Verkehrsschutz durch redlichen Erwerb, 1990; Lutter AcP 164, 122.

1 **1. Allgemeines. a)** Vgl zunächst Rn 1, 3 vor § 891. **b) Unrichtigkeit oder Unvollständigkeit** des Grundbuchs wird in § 892 vorausgesetzt (zur Bedeutung Rn 3 vor § 891). Bleibt sie im Prozess ungeklärt, sind aber iU die Voraussetzungen des § 892 erfüllt, so ist Rechtserwerb entspr dem Buchinhalt zu bejahen (RG 156, 2 126 ff). **c) § 892 enthält** eine Fiktion (Rn 3 vor § 891) und damit eine *materiellrechtliche Regelung* des Erwerbs von Grundstücksrechten.

3 **2. Die drei Fiktionen. a) Zu Unrecht (so) eingetragene** eintragungsfähige **Rechte** (Begriff Rn 6) *bestehen*, I 1. **b) Zu Unrecht nicht oder,** weil zu Unrecht gelöscht, **nicht mehr eingetragene** eintragungsfähige **Rechte** (Begriff Rn 6) *bestehen nicht*, I 1. **c) Zu Unrecht nicht oder,** weil zu Unrecht gelöscht, **nicht mehr eingetragene** eintragungsfähige **Verfügungsbeschränkungen** (Begriff Rn 6 [d]) *bestehen nicht*, I 2; also keine Fiktion des Bestehens zu Unrecht eingetragener Verfügungsbeschränkung: Wer auf Insolvenzvermerk im Grundbuch vertraut und nach Aufhebung des Insolvenzverfahrens vom Insolvenzverwalter erwirbt, wird nicht gem § 892 geschützt (Ausnahme: InsO 203 I Nr 3, II, 205 S 1: Verwertung eines 4 Grundstücks im Wege der Nachtragsverteilung). **d) Zusammenfassung:** Der unrichtige Grundbuchinhalt gilt als *richtig* (mit Ausnahme von zu Unrecht eingetragenen Verfügungsbeschränkungen) *und* – weil nicht eingetragene, aber eintragungsfähige Rechte und Verfügungsbeschränkungen als nicht bestehend gelten – als *voll-* 5 *ständig*. **e) Einzelheiten. aa)** Die Fiktionen beziehen sich auf das Grundbuchblatt (GBO 3 I) in seiner Gesamtheit (Rn 1 vor § 891; dort auch zur notwendigen Widerspruchsfreiheit der Eintragungen). **bb)** § 892 setzt wirksame Eintragung voraus (BGH 7, 69). **cc)** Maßgebend ist der Grundbuchstand bei Vollendung des Rechtserwerbs („welcher ... erwirbt", I 1). Ist das Grundbuch in diesem Zeitpunkt berichtigt (wenn auch unter Verstoß gegen GBO 17: Eintragungsantrag war vor Berichtigungsantrag gestellt), so ist ein Erwerb gem § 892 nicht möglich (vgl Rn 1 [b]). **dd)** Richtigkeitsfiktion wirkt *nur zugunsten des Erwerbers iSv § 892* („relativ": BGH 51, 53 f mN), nicht für jedermann (BayObLG Rpfleger 86, 472). Bsp: Es bestehen zwei Grundschulden (G 1, 2); G 1 ist zu Unrecht gelöscht, als eine weitere Grundschuld (G 3) eingetragen wird; dadurch erlischt G 1 nicht, aber gem I 1 rangiert

Allgemeine Vorschriften **§ 892**

G 3 vor G 1 (und gem § 879 I 1 nach G 2), bei Wiedereintragung von G 1 (§ 894!) rangiert weiterhin G 1 vor G 2 und hinter G 3 (StGursky 229). Wird im Bsp nicht G 3 bestellt, sondern Grundstück übereignet, so erlischt G 1 gem I 1, das wirkt auch für G 2 (StGursky 232).

3. Öffentl Glaube. Vgl. Rn 3 vor § 891. **a)** Er **erfasst aa) die dinglichen** 6 **Rechte** am Grundstück (ie § 891 Rn 2) mit buchmäßigem Inhalt und Rang (einschließlich Rangvermerk gem §§ 880 II 1, 881 II); bei zulässiger Bezugnahme gehört Eintragungsbewilligung zum Grundbuchinhalt (§ 874 Rn 5) und wird vom öffentl Glauben erfasst; **bb) die Vormerkung** nur begrenzt (§ 883 Rn 25–29); **cc) die Hypothekenforderung,** aber nur in Bezug auf („für") die Hypoth, § 1138; **dd) das Fehlen relativer Verfügungsbeschränkungen,** zB Veräußerungs- und Erwerbsverbot auf Grund einstw Verfügung (§ 888 Rn 6–8), gleichgestellt: Insolvenzvermerk, Testamentsvollstreckung, Nacherbschaft (vgl § 873 Rn 3); *keine* Verfügungsbeschränkung begründen: Vormerkung (§ 883 Rn 13), Bindung gem §§ 873, 875 (§ 873 Rn 18 [b]), Bedingung und Befristung (str); **ee) tatsächliche Angaben** im Grundbuch nur, soweit damit das *Grundstück als Rechtsgegenstand* bezeichnet wird (Nürnberg MDR 76, 666; Lutter aaO S 134 ff mwN).

b) Öffentl Glaube (Rn 3 vor § 891) **erfasst nicht aa) nicht eintragungsfähige** 7 **Rechte** (vgl Rn 5 [bb]; § 873 Rn 4; § 891 Rn 3); **bb)** ausnahmsweise auch eintragungsfähige, aber nicht eintragungsbedürftige Rechte, zB Vorkaufsrechte gem BauGB 24 ff, 235 (ie Lutter aaO S 134 ff); **cc) absolute Verfügungsbeschränkungen,** zB StPO 290, 292 (bei Verstoß: § 134), auch §§ 1365, 1366 (mit Besonderheiten); **dd) tatsächliche Angaben,** die *nicht* nur das Grundstück als Rechtsgegenstand bezeichnen, wie Größe, Lage, Bebauung; **ee) persönliche Verhältnisse** und Rechtsstellung des Eingetragenen (s § 891 Rn 3 [ee]); **ff) widersprüchliche Eintragungen** (insbes Doppelbuchungen, s § 891 Rn 7 [e]) oder durch Auslegung nicht zu klärende (RG 130, 67).

4. Die geschützten Geschäfte. a) Nur rechtsgeschäftliche Rechtsänderun- 8 gen werden geschützt. Gleichgültig ist die Art des Rechtsgrundes (möglich zB Vollzug einer Schenkung oder eines Vermächtnisses, Naumburg NJW 03, 3210) und seine Gültigkeit (StGursky 79). Kein Schutz bei *abgeleitetem* Erwerb *kraft Ges* (zB durch Gesamtnachfolge, insbes Erbfolge, § 1922 [auch vorweggenommene, str]; s aber einschr § 883 Rn 28 [bb], § 1143 Rn 2, § 1150 Rn 4, § 1157 Rn 3, § 1180 Rn 6) oder *kraft Staatsakts,* insbes in der Zwangsvollstreckung (kein Erwerb einer Zwangshypothek, wenn Schuldner nur Bucheigentümer, BGH 64, 197); *originärer Erwerb kraft Staatsakts* (zB Eigentumserwerb nach ZVG 90) tritt ohne Rücksicht auf bisherige dingliche Rechtslage und (Un-)Kenntnis des Erwerbers davon ein (hM). **b) Nur Erwerb dinglicher Rechte,** nicht obligatorischer wie Miet- oder Pacht- 9 recht. Vermietung durch eingetragenen Nichteigentümer wirkt nicht gegen wahren Eigentümer (sa § 883 Rn 17). **c) Nur rechtsgeschäftlicher Dritterwerb** (Lutter 10 aaO S 159), sog **Verkehrsgeschäft.** Kein Schutz der Redlichkeit betr das eigene Recht. Daher **kein** redlicher Erwerb bei **aa) personeller** oder **bb) wirtschaftlicher Identität** zwischen Veräußerer und Erwerber (BGH 173, 82). Bsp zu aa: Bestellung einer Eigentümergrundschuld durch eingetragenen Nichteigentümer; zu bb: Veräußerung durch AG oder GmbH an ihren einzigen Aktionär oder Gesellschafter (gleich, ob natürliche oder jur Person), BGH 78, 325; *keine* Identität bei Veräußerung an einen von mehreren Aktionären oder Gesellschaftern. **d) Nur** 11 **Erwerb** eines Rechts, das ist von Seiten des Veräußerers die *Übertragung* eines Grundstücksrechts oder die Begründung einer *Belastung.* Erweiterung in § 893.

5. Wirkung. a) Fiktion der Richtigkeit und Vollständigkeit des Grundbuchs 12 (nur zugunsten des Erwerbers), ie Rn 3, 4. **b) Ausgenommen** von der Fiktion 13 sind eingetragene, aber nicht bestehende Verfügungsbeschränkungen (Rn 6). Zu Recht eingetragener Vermerk von Insolvenzverfahren, Testamentsvollstreckung oder Nachlassverwaltung wirkt als Grundbuchsperre (StGursky 254 mN). Hat das

Berger 1385

§ 892

Grundbuchamt vor der Eintragung von der Verfügungsbeschränkung amtlich Kenntnis, so wirkt das (vorbehaltlich § 878) nach früher hM als Grundbuchsperre; dagegen zutr StGursky 236 mit 218, jetzt hM. Zur Wirkung eingetragener oder dem

14 Erwerber bekannter Verfügungsbeschränkungen iÜ § 888 Rn 7. **c) Der Redliche erwirbt** das Recht so wie bei Übereinstimmung von Grundbuchstand und dinglicher Rechtslage, dh endgültig und zu Lasten des Berechtigten. Dieser ist auf Ausgleichsansprüche gegen den Nichtberechtigten angewiesen, insbes aus §§ 816, 823; keine Ansprüche aus § 823 gegen Erwerber wegen Rechtsverletzung, weil Erwerb gem § 892 rechtmäßig (vgl BGH JZ 56, 490 f zu § 932). Für den **Rückerwerb des**

15 **Nichtberechtigten** gilt § 932 Rn 2 entspr. **d) Unnötig ist Einsichtnahme** in das Grundbuch, Buchstand entscheidet. Weil Kenntnis vom Grundbuchinhalt unerheblich ist (BGH 104, 143; 173, 81), kann nicht gesagt werden, § 892 schütze das „Vertrauen" in das Grundbuch (Hager aaO S 419 ff; BGH 173, 81; sa Rn 18).

16 **6. Ausschluss des Erwerbs.** Erfolgt in zwei Fällen. **a) Widerspruch,** der zZ der Vollendung des Rechtserwerbs eingetragen ist, vernichtet den öffentl Glauben des Grundbuchs (ab Eintragung, auch wenn dabei gegen GBO 17 verstoßen wird), aber nur bei Eintragung zugunsten des Berechtigten und nur hinsichtlich des gesi-

17 cherten Rechts. Ie vgl § 899 Rn 5. **b) Kenntnis** des Erwerbers von der Unrichtigkeit. **aa) Ungenügend** ist *bloße Kenntnis der Tatsachen,* aus denen sich die Unrichtigkeit des Grundbuchs ergibt, zB Kenntnis fehlender Valutierung der erworbenen Hypothek. Aus den Tatsachen muss der zutr rechtliche Schluss gezogen sein (KG NJW 73, 58 f; zum Beweis Rn 18). Selbst *grobfahrlässige Unkenntnis ist unschädlich;* daher bei Zweifeln keine Pflicht, sich über wahre Rechtslage zu erkundigen (anders § 932!). Aber Kenntnis ist gegeben, wenn Erwerber trotz hinreichender Aufklärung über die Unrichtigkeit des Grundbuchs vor dieser die Augen verschließt (Hamm NJW-RR 93, 1298). Weitergehend ist Erwerb auch dann ausgeschlossen, wenn Zweifel bewusst benutzt werden, um Berechtigten sittenwidrig zu schädigen, § 826 (s BayObLG NJW-RR 89, 909; abl StGursky 163 mN). **bb) Kenntnis bei Stell-**

18 **vertretung:** § 166 mit Anm. **c) Prozessuales.** Kenntnis *hindert* den Erwerb. Für sie trägt der Gegner des Erwerbers die *obj Beweislast.* **Beweis der Kenntnis** ist Hauptbeweis (BGH NJW 01, 360: Beweis des Gegenteils; volle richterliche Überzeugung nötig), nicht Gegenbeweis (dann würden Zweifel an der Kenntnis genügen); er ist erbracht, wenn Erwerber die Tatsachen kannte und sich für ihn der Schluss auf die Rechtslage aufdrängte (zu verneinen bei Rechtsirrtum, insoweit zutr BGH WM 70, 476) oder er bei undurchsichtiger Rechtslage vertrauenswürdige Aufklärung erhielt (vgl LM Nr 5). Unkenntnis (auch Redlichkeit oder, wegen § 932 II irreführend, Gutgläubigkeit genannt) ist nicht Erwerbsvoraussetzung; konkretes Vertrauen wird nicht verlangt (Rn 15). Zur Problematik sa § 932 Rn 5.

19 **7. Zeitpunkt der Kenntnis. a) Grundsatz.** Maßgebend ist die Vollendung des Rechtserwerbs, I 1 („welcher ... erwirbt"), BGH NJW 01, 360. Zu diesem Zeitpunkt muss das Grundbuch unrichtig sein (vgl Rn 5 [cc]). Es genügt, dass das Grundbuch erst durch gleichzeitige Erledigung eines anderen Antrags unrichtig wird (BGH NJW 69, 94: unberechtigte Löschung eines Erbbaurechts bei gleichzeitiger Eintragung einer Grundschuld verschafft dieser gem § 892 den Rang vor dem Erbbau-

20 recht). **b) Ausnahme, II.** *Fehlt nur die Eintragung* zum Rechtserwerb, so ist der Zeitpunkt der Antragstellung (GBO 13 II) maßgebend, wenn Grundbuch unrichtig ist (BGH NJW 80, 2414); wird es erst zwischen Antragstellung und Eintragung unrichtig, so ist II unanwendbar (BGH aaO), maßgebender Zeitpunkt für Kenntnis ist dann der, zu dem das Grundbuch unrichtig wird (StGursky 208, str). Fehlt außer der Eintragung noch eine *andere Voraussetzung* (zB Einigung; bei Briefhypothek Valutierung oder Briefübergabe, §§ 1117, 1163 II; auch privat- oder öffentl-rechtliche Genehmigung, StGursky 211), so ist Eintritt der *letzten* anderen Voraussetzung maßgebend (StGursky 208; aA MK/Kohler 55: genügend Unkenntnis bei Einl de

21 Genehmigungsverfahrens). **c) Bei aufschiebend bedingtem Erwerbsgeschäft** ist maßgebend das Vorliegen aller Erwerbsvoraussetzungen außer dem Bedingungsein-

tritt. Daher ist Kenntnis, die erst bei Bedingungseintritt vorliegt, unschädlich (BGH 10, 73 zu § 932). **d) Bei Vormerkungserwerb vom Nichtberechtigten** (§ 883 Rn 26, 27, 28 [bb]) ist spätere Kenntnis unschädlich.

§ 893 Rechtsgeschäft mit dem Eingetragenen

Die Vorschrift des § 892 findet entsprechende Anwendung, wenn an denjenigen, für welchen ein Recht im Grundbuch eingetragen ist, auf Grund dieses Rechts eine Leistung bewirkt oder wenn zwischen ihm und einem anderen in Ansehung dieses Rechts ein nicht unter die Vorschrift des § 892 fallendes Rechtsgeschäft vorgenommen wird, das eine Verfügung über das Recht enthält.

1. **Erweiterung von § 892 in zwei Fällen. a) Verfügungen,** die *nicht einen Rechtserwerb iSv § 892* zum Gegenstand haben. Bsp: Änderung des Rechtsinhalts (§ 877) oder Ranges (§ 880); Rechtsaufhebung (§ 875, dazu §§ 876, 1183); Zustimmung (§ 185); Kündigung eines Grundpfandrechts; Bewilligung einer Vormerkung, wenn Eintragung folgt (BGH 57, 342; zum Erwerb ie § 883 Rn 25–28[bb]). **Keine** Verfügungen sind schuldrechtliche Geschäfte (vgl RG 90, 399 f), zB Grundstücksvermietung, auch nicht bei Gebrauchsüberlassung (RG 106, 111 f; sa BGH 13, 4). **b) Leistungen** an den eingetragenen Nichtberechtigten zur Tilgung eines Anspruchs aus dem eingetragenen, existierenden Recht (BGH NJW 96, 1207 f), zB Zahlung auf die Grundschuld. Bei Briefgrundpfandrechten genügt Eintragung des Gläubigers nicht, stets ist Briefbesitz nötig (RG 150, 356; hM).

2. **Wirkung.** Leistung befreit, Verfügung ist gegenüber Berechtigtem wirksam. Ie vgl § 892 Rn 14.

§ 894 Berichtigung des Grundbuchs

Steht der Inhalt des Grundbuchs in Ansehung eines Rechts an dem Grundstück, eines Rechts an einem solchen Recht oder einer Verfügungsbeschränkung der in § 892 Abs. 1 bezeichneten Art mit der wirklichen Rechtslage nicht in Einklang, so kann derjenige, dessen Recht nicht oder nicht richtig eingetragen oder durch die Eintragung einer nicht bestehenden Belastung oder Beschränkung beeinträchtigt ist, die Zustimmung zu der Berichtigung des Grundbuchs von demjenigen verlangen, dessen Recht durch die Berichtigung betroffen wird.

1. **Allgemeines. a) Grundlage.** Unrichtigkeit des Grundbuchs gefährdet den Berechtigten. § 891 gilt nicht für ihn, wegen §§ 892, 893, 900, 901 droht Verlust oder Beeinträchtigung seines Rechts. Daher kann der Berechtigte die Berichtigung des Grundbuchs verlangen: Er hat gem § 894 Anspruch auf Erteilung der formellrechtlich nötigen (Berichtigungs-)Bewilligung durch den von der Berichtigung Betroffenen, GBO 19 (s § 873 Rn 26), sog *Berichtigungsanspruch*. Durchsetzung im Prozess meist langwierig; zur Vollstreckung ZPO 894, 895. Das betroffene Recht und damit auch der Berichtigungsanspruch können durch Eintragung eines Widerspruchs gegen Verlust und Beeinträchtigung vorläufig gesichert werden, §§ 899, 892 I 1, sa ZPO 895. **b) Bewilligung unnötig,** wenn Unrichtigkeit in der Form von GBO 29 nachweisbar (zur Ausnahme KG NJW-RR 98, 449 mN), GBO 22. Ist dieser Nachweis unzweifelhaft zu führen (was GBO 22 fordert, BayObLG NJW-RR 04, 1534), dann ist Klage aus § 894 idR mangels Rechtsschutzinteresses unzulässig (StGursky 6 mN; hM). **c) Weitere Ansprüche** auf Berichtigung: aus Vertrag, § 812 oder (selten) § 823. § 812 praktisch, wenn Kläger sein Recht iSv § 894 nicht nachweisen kann, wohl aber eine ungerechtfertigte Bereicherung des Beklagten (Baur § 18, 32; sa BGH NJW 73, 614).

4 **2. Unrichtigkeit.** Sie muss betreffen: ein Grundstücksrecht, ein Recht daran oder eine Verfügungsbeschränkung (dazu § 892 Rn 6 [d]). Dem Grundstücksrecht gleichgestellt sind Vormerkung (§ 883 Rn 28 [bb], 29, § 886 Rn 2) und zu Unrecht eingetragener Widerspruch (BGH NJW 69, 93; sa § 899 Rn 1).

5 **3. Beteiligte. a) Berechtigt** ist, wer durch die Unrichtigkeit (Rn 4) in seiner dinglichen Rechtsstellung beeinträchtigt wird. Ist der Falsche als Grundschuldgläubiger eingetragen, so ist nur der Richtige, nicht (auch) der Eigentümer, berechtigt
6 (BGH NJW 00, 2021). **b) Verpflichtet** ist, wer in seinem wahren Recht oder Scheinrecht (Buchrecht) von der Berichtigung betroffen wird (BGH 132, 249). Bsp: Bei versehentlicher Löschung einer Grundschuld ist der Eigentümer (also der wahre Berechtigte) von der Berichtigung betroffen; soll anstelle des eingetragenen Nichteigentümers der wahre Eigentümer eingetragen werden, so ist der scheinberechtigte Nichteigentümer betroffen. Verpflichtet ist jeder, dessen Mitwirkung bei der Berichtigung nach Grundbuchrecht nötig ist (BGH 41, 32); das können mehrere sein, zB Gläubiger und Pfändungspfandgläubiger einer zu Unrecht eingetragenen Grundschuld. Ist der Verpflichtete verfügungsbeschränkt (zB gem InsO 80 I), so muss statt seiner der Verfügungsbefugte (zB der Insolvenzverwalter) bewilligen (§ 873 Rn 17 [a], 28).

7 **4. Der Anspruch. a) Er zielt auf** Abgabe der Berichtigungsbewilligung; zum Inhalt BGH 73, 307 f (keine Beschränkung auf Löschung des eingetragenen Eigen-
8 tümers). Vollstreckung: ZPO 894, sa 895. **b) Abtretung unzulässig** (s Rn 8 vor § 854), daher auch eine Vollpfändung (ZPO 851 I). Zulässig aber *Ausübungsermächtigung* gem § 185 I: Geltendmachung fremden Rechts im eigenen Namen; im Prozess als Prozessstandschaft, sofern eigenes rechtliches Interesse an Geltendmachung besteht (BGH NJW-RR 88, 127). Dementspr auch eine Pfändung des Anspruchs zur Ausübung (ZPO 857 III; BGH NJW 96, 3148), um durch Grundbuchberichtigung die Befriedigung des Vollstreckungsgläubigers vorzubereiten (zB Berichtigung durch Eintragung des Vollstreckungsschuldners als Eigentümer, um gegen ihn die Zwangsversteigerung betreiben zu können, ZVG 17; GBO 14 ist wegen GBO 19
9 ungenügend). **c) Keine Verjährung:** § 898. Verwirkung möglich (BGH 122, 314).

10 **5. Gegenrechte des Verpflichteten.** Zurückbehaltungsrecht (BGH NJW 90, 1171 f; NJW-RR 90, 848), zB wegen Verwendungen auf das Grundstück (BGH 75, 293 [sa BGH NJW 02, 2315] hält hierfür nur § 273 II, nicht § 1000 für anwendbar; inkonsequent, da nach hM für die Rechtsverhältnisse der Beteiligten [Rn 5, 6] neben §§ 987 ff auch §§ 994 ff *entspr* gelten [BGH 75, 293 f], was § 1000 einschließt, StGursky 138, 139). Der Einwand unzulässiger Rechtsausübung (nach aA: § 986 entspr) verhindert oder vernichtet den Anspruch, insbes wenn der an sich Verpflichtete gegen den an sich Berechtigten (Rn 5, 6) einen Anspruch auf Herstellung des jetzigen Grundbuchstands hat (Bsp: Hypothekeneintragung unwirksam, aber es besteht wirksame Verpflichtung zur Hypothekenbestellung, vgl BGH NJW 74, 1651).

§ 895 Voreintragung des Verpflichteten

Kann die Berichtigung des Grundbuchs erst erfolgen, nachdem das Recht des nach § 894 Verpflichteten eingetragen worden ist, so hat dieser auf Verlangen sein Recht eintragen zu lassen.

1 Berichtigung setzt **Voreintragung des Verpflichteten** (§ 894 Rn 6) voraus, GBO 39 (vgl § 873 Rn 30). Daher ergänzt § 895 den § 894. Anspruch geht auf Eintragung (anders § 894). Ist Voreintragung entbehrlich (GBO 39 II, 40), so ist § 895 unanwendbar. Voreintragung auch gem GBO 14 erreichbar.

Allgemeine Vorschriften §§ 896–899

§ 896 Vorlegung des Briefes

Ist zur Berichtigung des Grundbuchs die Vorlegung eines Hypotheken-, Grundschuld- oder Rentenschuldbriefs erforderlich, so kann derjenige, zu dessen Gunsten die Berichtigung erfolgen soll, von dem Besitzer des Briefes verlangen, dass der Brief dem Grundbuchamt vorgelegt wird.

Vgl GBO 41 I 1 und II, 42, 43. Verpflichtete aus § 896 und § 894 müssen nicht identisch sein (RG 69, 41 f). 1

§ 897 Kosten der Berichtigung

Die Kosten der Berichtigung des Grundbuchs und der dazu erforderlichen Erklärungen hat derjenige zu tragen, welcher die Berichtigung verlangt, sofern nicht aus einem zwischen ihm und dem Verpflichteten bestehenden Rechtsverhältnis sich ein anderes ergibt.

Betrifft nur Kostenverteilung unter den Beteiligten. Kostenpflicht gegenüber Grundbuchamt, Notar regelt KostO. 1

§ 898 Unverjährbarkeit der Berichtigungsansprüche

Die in den §§ 894 bis 896 bestimmten Ansprüche unterliegen nicht der Verjährung.

Vgl § 902. 1

§ 899 Eintragung eines Widerspruchs

(1) In den Fällen des § 894 kann ein Widerspruch gegen die Richtigkeit des Grundbuchs eingetragen werden.

(2) ¹Die Eintragung erfolgt auf Grund einer einstweiligen Verfügung oder auf Grund einer Bewilligung desjenigen, dessen Recht durch die Berichtigung des Grundbuchs betroffen wird. ²Zur Erlassung der einstweiligen Verfügung ist nicht erforderlich, dass eine Gefährdung des Rechts des Widersprechenden glaubhaft gemacht wird.

1. Allgemeines. a) Zweck: § 894 Rn 1. **b) Rechtsnatur.** Sicherungsmittel 1 eigener Art (RG 117, 351 f); *nicht:* Grundstücksrecht, Grundbuchsperre, Verfügungsbeschränkung. Unterschied zur Vormerkung: § 883 Rn 30 (c). **c) Vermutungen** des § 891 bleiben (LM Nr 5 zu § 891). **d) Widerspruch gegen Widerspruch** 2 unzulässig (RG 117, 352; StGursky 39), da er öffentl Glauben nur zerstören, aber nicht wiederherstellen kann. Bei unberechtigter Löschung des Widerspruchs wird neuer Widerspruch eingetragen. Kein Widerspruch gegen eingetragene Verfügungsbeschränkung (Grund: Eintrag ist durch öffentl Glauben nicht geschützt, StGursky 41; § 892 Rn 3 [c]), wohl aber gegen unberechtigte Löschung, vgl § 892 I 2 (dazu § 892 Rn 3 [c], 6 [d]); StGursky 42. Widerspruch gegen Eintragung einer Vormerkung zulässig, soweit deren redlicher Erwerb möglich ist, entspr bei Löschung (§ 883 Rn 28 [bb], 29).

2. Eintragungsvoraussetzungen. II mit GBO 13, 19, (29), 39. **a) Eintra-** 3 **gungsbewilligung** des Verpflichteten iSv § 894 Rn 6; GBO 29 beachten. **ZPO 895** fingiert Bewilligung. Bewilligung ist keine Verfügung; daher str, ob § 878 anwendbar (hM: ja). Keine Nachprüfung der Unrichtigkeit des Grundbuchs durch Grundbuchamt. **b) Einstw Verfügung** gegen Verpflichteten iSv § 894 Rn 6. 4 Glaubhaftmachung der Gefährdung unnötig, II 2 (abw von ZPO 936, 920 II), sie wird ges (nur) vermutet (aA StGursky 60), weil Recht durch §§ 892, 893 idR

§ 899a

gefährdet (§ 894 Rn 1). Recht ist idR glaubhaft zu machen, ZPO 936, 920 II, 921. Zuständigkeit: ZPO 937, 942 ff; Vollzug: ZPO 936, 928 f, 941 mit GBO 38, zu ZPO 929 II s § 885 Rn 14.

5   **3. Wirkung.** Vgl zunächst Rn 1 (b). Besteht das gesicherte Recht (und damit auch der Anspruch aus § 894), so zerstört der Widerspruch den öffentl Glauben des Grundbuchs, aber *nur* bzgl *des gesicherten Rechts* (also nicht total) und nur dann, wenn der Widerspruch zugunsten des *Berechtigten* eingetragen ist. *Folge:* Verfügungen des Widerspruchsgegners sind unwirksam. Bsp: Widerspruch zugunsten des Hypothekengläubigers H gegen versehentliche Löschung seiner Hypothek verhindert nicht den redlichen Erwerb des Eigentums vom eingetragenen Nichteigentümer NE, sondern nur den hypothekenfreien Erwerb; ist gegen die Eintragung des NE als Eigentümer ein Widerspruch zugunsten des Nichteigentümers X (also nicht zugunsten des Eigentümers) eingetragen, so ist ebenfalls redlicher Eigentumserwerb möglich. Soweit eine Verfügung wegen des Widerspruchs unwirksam ist, kann sich jeder darauf berufen. Der Widerspruch wirkt auch gegen den ersten und gegen weitere Rechtsnachfolger des ursprünglichen Widerspruchsgegners. Zur Wirkung in der Zwangsversteigerung StGursky 6, 14.

6   **4. Löschung.** Bei Bewilligung (GBO 19), ferner gem GBO 25.

7   **5. Sonstiges. a) Amtswiderspruch** (GBO 53, sa 76 I) steht dem Widerspruch gem § 899 in der Wirkung gleich. Zum Zweck BayObLG NJW-RR 99, 1690. **b) Widerspruch gem GBO 18 II, 23, 24** ist bes Schutzvermerk, kein Widerspruch iSv § 899. **c) Der Rechtshängigkeitsvermerk** schließt redlichen Erwerb gem ZPO 325 II aus (StGursky § 892 Rn 264 mN). Er ähnelt dem Widerspruch iSv § 899. Eintragung kann erfolgen auf Grund Bewilligung oder einstw Verfügung, nach BayObLG NJW-RR 04, 1461 auch möglich durch Grundbuchberichtigung analog GBO 22 (gegen analoge Anwendung von GBO 22 MK/Kohler 31 mN).

§ 899a Maßgaben für die Gesellschaft bürgerlichen Rechts

¹Ist eine Gesellschaft bürgerlichen Rechts im Grundbuch eingetragen, so wird in Ansehung des eingetragenen Rechts auch vermutet, dass diejenigen Personen Gesellschafter sind, die nach § 47 Absatz 2 Satz 1 der Grundbuchordnung im Grundbuch eingetragen sind, und dass darüber hinaus keine weiteren Gesellschafter vorhanden sind. ²Die §§ 892 bis 899 gelten bezüglich der Eintragung der Gesellschafter entsprechend.

Lit: Heinze, Die Gesellschaft bürgerlichen Rechts im Grundbuchverkehr, RNotZ 10, 289; Witt, Gutgläubiger Erwerb nach § 899 a S. 2 i.V. mit § 892 Abs. 1 BGB: Anwendungsbereich, Charakteristik und Kondiktionsfestigkeit, BB 11, 259.

1   **1. Allgemeines.** Eingefügt durch ERVGBG mWv 18.8.2009 (unzutreffend Scherer NJW 09, 3063 [1.10.2009]); Überleitungsrecht EGBGB 229 § 21. § 899a knüpft an GBO 47 II 1 an, wonach bei der Eintragung eines Rechts für eine GbR im Grundbuch zwingend (anders zur früheren Rechtslage BGH NJW 09, 597) auch deren Gesellschafter einzutragen sind. **Zweck** ist die Sicherung der Verkehrsfähigkeit von im Grundbuch für eine GbR eingetragenen Rechten. BGH 146, 341 hatte – in Abkehr von der Rechtsträgerschaft der Gesellschafter in gesamthänderischer Verbundenheit – die Rechtsfähigkeit der („Außen"-)GbR grundsätzlich bejaht (dazu § 705 Rn 1). Folglich kann die GbR auch Inhaber von Grundstücksrechten sein (BGH NJW 11, 615). Allerdings besteht, anders als bei (Personen-)Handelsgesellschaften, für die GbR kein Register und keine HGB 15 III vergleichbare Verkehrsschutzbestimmung. Der Erwerb von Grundbuchrechten von der GbR als solcher ist daher mit Risiken hinsichtlich Existenz und Identität sowie der Vertretungsmacht der Gesellschafter belastet. § 899a soll hier Abhilfe schaffen, insbesondere durch Erstreckung der Vermutung des § 891 und des öffentlichen

Allgemeine Vorschriften **§ 899a**

Glaubens nach § 892 auf die Gesellschafterstellung und – in Verbindung mit dem Grundsatz der Selbstorganschaft (BT-Drs 16/13437 S 26) – der **Vertretungsmacht**. Daneben werden Existenz (BT-Drs 16/13437 S 23) und Identität (BT-Drs 16/13437 S 24) der GbR vermutet und für den Erwerbsverkehr fingiert.

2. Vermutung. a) Umfang. S 1 HS 1 begründet die positive Vermutung, dass 2 die nach GBO 47 II 1 eingetragenen Gesellschafter auch Gesellschafter der im Grundbuch als Rechtsinhaber eingetragenen GbR sind, nach HS 2 wird negativ vermutet, dass keine weiteren Gesellschafter vorhanden sind. Vermutet wird zudem die Existenz der eingetragenen GbR (als notwendige Voraussetzung des Vorhandenseins von Gesellschaftern, BT-Drs 16/13437 S 27). Die Vermutung gilt auch im Grundbuchverfahren. **b) Nicht vermutet** werden Rechts- und Geschäftsfähigkeit, 3 Geschäftsführungsbefugnis (BGH NJW 11, 618), eine frühere Gesellschafterstellung, ferner nicht die Rechtsinhaberschaft der Gesellschafter. **c)** Die Vermutung für die Rechtsinhaberschaft der eingetragenen GbR richtet sich unmittelbar nach § 891.

3. Öffentlicher Glaube. a) S 2 iVm § 892 fingiert die Richtigkeit des Grund- 4 buchs hinsichtlich Identität und Existenz der GbR sowie der Gesellschafterstellung der eingetragenen Gesellschafter für den redlichen Erwerber. Zusammen mit dem Grundsatz der Selbstorganschaft (BT-Drs 16/13437 S 26), wonach nur Gesellschafter Geschäftsführer und damit (§ 714) Vertreter (jetzt: der GbR) sein können, ergibt sich aus S 2 iVm § 892 die wirksame Vertretung der GbR auch dann, wenn nicht alle Gesellschafter gehandelt haben (Bsp: ein Gesellschaftsanteil war abgetreten und der neue Gesellschafter nicht in das Grundbuch eingetragen worden) oder die Vertretungsmacht eines handelnden Gesellschafters im Gesellschaftsvertrag ausgeschlossen oder beschränkt worden war. Da die eingetragene GbR über die eingetragenen Gesellschafter identifiziert wird (BT-Drs. 16/13437 S 24), bestimmen die eingetragenen Gesellschafter auch die Identität der GbR (Böttcher NJW 10, 1655). Anders als in den Fällen der direkten Anwendung des § 892 wird in S 2 iVm § 892 nicht nur die Rechtsinhaberschaft, sondern zugleich der Rechtsträger fingiert. **b)** Der 5 öffentliche Glaube gilt nur „in Ansehung des Rechts". Erfasst sind danach Verfügungen der GbR über Grundstücksrechte, **nicht** der Rechtserwerb durch die GbR und nicht der Erwerb von beweglichen Sachen (zB Grundstückszubehör) von der GbR. Für Verfügungen über den Gesellschaftsanteil gilt S 2 ebenfalls nicht. **c)** Der 6 öffentliche Glaube nach S 2 iVm § 892 erstreckt sich auch auf die **schuldrechtliche Ebene** (Böttcher NJW 10, 1655 mN; str. aA PalBassenge 6 mN; zum Meinungsstand s Heinze RNotZ 10, 289, 296), da für die Vormerkung und den Rechtsgrund des Erwerbs ein Schuldverhältnis und insoweit eine (ordnungsgemäß vertretene) Vertragspartei fingiert wird. IÜ gelten die allgemeinen Grundsätze zu § 892. Bsp: Sind A und B als Gesellschafter eingetragen, kommt der Kaufvertrag mit der (fingierten, Rn 3) A/B-GbR zustande; der Erwerber E erwirbt nach S 2 iVm § 892 gutgläubig die von A und B namens der GbR bewilligte Vormerkung, die auch nach Berichtigung des Grundbuchs durch Eintragung der (wahren) Gesellschafter C und D fortbesteht (s § 883 Rn 26). Nach Grundbuchberichtigung muss die C/D-GbR gem § 888 I die Eintragung des E als Rechtsinhaber bewilligen (s § 883 Rn 26); sie kann nicht bei E kondizieren, sondern nur nach § 816 I (soweit nicht der Kaufpreis von E ohnehin auf ein Gesellschaftskonto bezahlt worden war). **d)** §§ 1140 f sind 7 anwendbar; der öffentliche Glaube des Grundbuchs hinsichtlich der Gesellschafterstellung kann durch den Hypothekenbrief zerstört werden. **e)** Soweit die GbR im Grundbuch zu Unrecht als Rechtsinhaberin eingetragen ist, folgt der öffentliche Glaube direkt aus § 892.

4. Sonstiges. §§ 893 bis 899 BGB gelten nach S 2 entsprechend: Eine Leistung 8 an alle (falsch BT-Drs 16/13437 S 27: zu Händen „eines" Gesellschafters) im Grundbuch eingetragenen Gesellschafter befreit den Schuldner, wenn auf Grund des eingetragenen Rechts eine Leistung erbracht wird oder eine nicht unter § 892 BGB fallende Verfügung getroffen wird (§ 893). Der Grundbuchstand hinsichtlich der

§§ 900–902

Gesellschafter wird dem Grundbuchberichtigungsanspruch unterstellt (§ 894 BGB). Zur Berichtigung verpflichtet ist der zu Unrecht als Gesellschafter Eingetragene. Berechtigter ist die GbR, denn deren Interesse an Verfügungen über Grundbuchrechte ist durch die Unrichtigkeit des Grundbuchs beeinträchtigt. Überträgt ein Gesellschafter seinen Anteil rechtsgeschäftlich, richtet sich der Anspruch der GbR (aA BT-Drs 16/13437 S 27: der Neugesellschafter) gegen den Altgesellschafter; ebenso bei Ausscheiden und Anwachsung. Beim Ausscheiden infolge Versterbens sind die Erben verpflichtet, die Berichtigung zu bewilligen. Gegenüber dem unrichtigen Gesellschaftereintrag (GBO 47 II) ist ein Widerspruch statthaft (§ 899), der den öffentlichen Glauben zerstört und einen redlichen Erwerb von der eingetragenen GbR ausschließt (S 2 iVm § 891 I 1).

§ 900 Buchersitzung

(1) ¹**Wer als Eigentümer eines Grundstücks im Grundbuch eingetragen ist, ohne dass er das Eigentum erlangt hat, erwirbt das Eigentum, wenn die Eintragung 30 Jahre bestanden und er während dieser Zeit das Grundstück im Eigenbesitz gehabt hat.** ²**Die dreißigjährige Frist wird in derselben Weise berechnet wie die Frist für die Ersitzung einer beweglichen Sache.** ³**Der Lauf der Frist ist gehemmt, solange ein Widerspruch gegen die Richtigkeit der Eintragung im Grundbuch eingetragen ist.**

(2) ¹**Diese Vorschriften finden entsprechende Anwendung, wenn für jemand ein ihm nicht zustehendes anderes Recht im Grundbuch eingetragen ist, das zum Besitz des Grundstücks berechtigt oder dessen Ausübung nach den für den Besitz geltenden Vorschriften geschützt ist.** ²**Für den Rang des Rechts ist die Eintragung maßgebend.**

1   **Buch- oder Tabularersitzung** bewirkt originären Erwerb. Frist: §§ 938 ff. Redlichkeit unnötig. Betrifft alle Sach- oder Rechtsbesitz gewährenden Rechte; zu II s §§ 1036 I, 1093 I, 1029. Keine Ersitzung gegen den Grundbuchinhalt.

§ 901 Erlöschen nicht eingetragener Rechte

¹**Ist ein Recht an einem fremden Grundstück im Grundbuch mit Unrecht gelöscht, so erlischt es, wenn der Anspruch des Berechtigten gegen den Eigentümer verjährt ist.** ²**Das Gleiche gilt, wenn ein kraft Gesetzes entstandenes Recht an einem fremden Grundstück nicht in das Grundbuch eingetragen worden ist.**

1   **Buch- oder Tabularversitzung.** Ein nicht eingetragenes, aber eintragungsfähiges beschränktes dingliches Recht erlischt, wenn ein aus ihm erwachsener dinglicher Anspruch auf Leistung oder Duldung verjährt. Das Grundbuch wird richtig, daher auch kein Anspruch aus § 894 mehr. Verjährung: §§ 194 ff, 902. Für Eigentum §§ 900, 927, nicht § 901.

§ 902 Unverjährbarkeit eingetragener Rechte

(1) ¹**Die Ansprüche aus eingetragenen Rechten unterliegen nicht der Verjährung.** ²**Dies gilt nicht für Ansprüche, die auf Rückstände wiederkehrender Leistungen oder auf Schadensersatz gerichtet sind.**

(2) **Ein Recht, wegen dessen ein Widerspruch gegen die Richtigkeit des Grundbuchs eingetragen ist, steht einem eingetragenen Recht gleich.**

1   **1. Ansprüche.** Zu den Ansprüchen aus eingetragenem Recht iSv **I 1** gehört auch der Beseitigungsanspruch des eingetragenen Eigentümers aus § 1004 (StGursky

Eigentum **Vor § 903**

8, § 1004 Rn 201 mN; aA BGH 60, 238 f; NJW 07, 2184; 11, 1068). **Verwirkung des Herausgabeanspruchs** des eingetragenen Eigentümers nur, wenn Pflicht zur Herausgabe schlechthin unerträglich (BGH NJW 07, 2184).

2. Verhältnis von nicht eingetragenem aber durch Widerspruch gesichertem Recht zu eingetragenem Recht. Nicht eingetragenes, aber durch Widerspruch gesichertes Recht steht einem eingetragenen Recht gleich. **II.** Durch Vormerkung gesicherter Anspruch verjährt. 2

Abschnitt 3. Eigentum

Vorbemerkungen

I. Begriff und Inhalt des Eigentums im BGB

1. Rechtscharakter des Eigentums. Das BGB kennt Eigentum nur an **Sachen** (nicht an Forderungen usw). Eigentum ist also ein **dingliches Recht** (Rn 1 vor § 854), und zwar das **umfassendste Sachherrschaftsrecht.** Es gewährt dem Eigentümer die *grundsätzlich* unbeschränkte Macht zu jeder möglichen rechtlichen und tatsächlichen Einwirkung auf seine Sache. Die anderen dinglichen Rechte gewähren im Vergleich zum Eigentum nur eine begrenzte dingliche Rechtsmacht und heißen daher beschränkte dingliche Rechte (Rn 6 vor § 854). 1

2. Rechtsmacht des Eigentümers. Das BGB (§ 903 S 1) geht von der grundsätzlich unbeschränkten Rechtsmacht des Eigentümers aus und versteht deren **Einschränkung** durch Ges und Rechte Dritter **als Ausnahme.** Dass die Ausnahme praktisch zur Regel geworden ist (§ 903 Rn 4), tastet die Vorstellung des Ges vom Eigentum als – der Idee nach – unbegrenztem Recht nicht an. Bei Zweifeln über „Freiheit" oder „Bindung" des Eigentums ist daher zugunsten der (Eigentümer-)Freiheit zu entscheiden (Bsp: BGH 106, 232 f). 2

3. Unterschied von Eigentum an Grundstücken und Eigentum an beweglichen Sachen. Eigentum an **Grundstücken** und Eigentum an **beweglichen Sachen** (Begriffe: Rn 2, 3 vor § 90) unterscheidet das BGB nicht begrifflich, wohl aber in der rechtlichen Behandlung, zB Übertragung (§ 925; §§ 929 ff), Aufgabe (§ 928; § 959), Belastung (§§ 1018 ff; §§ 1204 ff). Eigentum besteht immer nur an der **einzelnen Sache,** weder an Sachgesamtheiten (Begriffe: Rn 4, 5 vor § 90) noch Rechtsgesamtheiten (Vermögen). 3

4. Öffentl Eigentum („domaine public"). Ein solches an öffentl Sachen (Begriff: Pappermann JuS 79, 794 ff; sa Schmidt-Jortzig NVwZ 87, 1025 ff) ist dem BGB unbekannt, kann aber, soweit Bundesrecht das zulässt (zB gem EGBGB 66), durch LandesGes geschaffen werden (BVerfG 24, 386 ff; 42, 28 ff). Vgl auch Schleswig NJW-RR 03, 1171: Privateigentum an öffentl Sache (hier: Meeresstrand). 4

5. Arten des Eigentums. a) Das BGB kennt nur **aa) Allein**eigentum; **bb) Mit**eigentum nach Bruchteilen, §§ 1008 ff; dazu gehört auch das Wohnungseigentum (BGH NJW 04, 1802; BayObLG NJW-RR 97, 1237 mN; Weitnauer, FS Niederländer, 1991, S 455 ff; str); zum *Zeiteigentum* an Wohngebäuden § 481 II 1. **cc) Gesamthands**eigentum an Sachen, die zum Vermögen einer GbR (§ 718), OHG, KG (HGB 105, 161), einer PartG (vgl. PartGG 8 I), eines nichtrechtsfähigen Vereins (§ 54), zum ungeteilten Nachlas (§ 2032) oder zum Gesamtgut einer Gütergemeinschaft (§§ 1416, 1485) gehören. **b)** Eigentum an einer Sache erfasst auch deren **wesentliche Bestandteile,** §§ 93, 94 mit Anm. WEG 1 lässt abw davon Sondereigentum an Gebäudeteilen zu. **c) Geistiges Eigentum** kennt das BGB nicht (iGgs zu RV 4 Nr 6, sa die Überschrift des PrPG und der RiLi 92/100/EWG), 5 6 7

8 ebenso wenig **wirtschaftliches**. **d) Fiduziarisches oder Treuhandeigentum** ist Eigentum des Treuhänders (vgl § 164 Rn 12). Er ist lediglich im Verhältnis zum Treugeber schuldrechtlich gebunden, gem dem Treuhandverhältnis mit dem Eigentum zu verfahren. Vgl allg Coing, Die Treuhand kraft privaten RGeschäfts, 1973,
9 S 114 ff, 155 ff. **e) Bergwerkseigentum** ist grundstücks(eigentums)gleiches Recht, das insbes zum Abbau von Bodenschätzen auf fremdem Boden berechtigt (BBergG 9).

II. Begriff und Inhalt des Eigentums im GG

Lit: Böhmer, Grundfragen der verfassungsrechtlichen Gewährleistung des Eigentums in der Rspr des BVerfG, NJW 88, 2561; Jarass, Inhalts- und Schrankenbestimmung oder Enteignung, NJW 00, 2841; Leisner, „Entschädigung falls Enteignung", DVBl 83, 61; Schmidt-Aßmann, Öffentl-rechtlicher Grundeigentumsschutz und Richterrecht, FS Heidelberg, 1986, S 107; Schoch, Die Eigentumsgarantie des Art 14 GG, Jura 89, 113; Schwerdtfeger, Die dogmatische Struktur der Eigentumsgarantie, 1983 (kürzer in JuS 83, 104).

10 **1. Begriff.** Das GG definiert ihn nicht, dennoch soll er aus ihm zu entnehmen sein (BVerfG 58, 335). Es muss sich um ein vermögenswertes Gut handeln (nicht nur um Sachen wie nach BGB, Rn 1; s BVerfG NJW 98, 1936, 1938: [auch] „Geldeigentum"), das einem Rechtsträger von privatem Nutzen sein soll („Privatnützigkeit") und über das der Inhaber grundsätzlich frei verfügen darf (BVerfG NJW-RR 08, 27 mN, stRspr). Ein privatnütziges, verfügbares vermögenswertes Gut ist aber nur dann Eigentum iSd GG, wenn das dem Schutzzweck der Eigentumsgarantie (GG 14 I 1) unter Berücksichtigung ihrer Bedeutung im Gesamtgefüge der Verfassung entspricht (s BVerfG 42, 292 f; Rn 13). Daraus folgt, dass nicht jede (ges) Beschränkung eines vermögenswerten Gutes „Enteignung" iSv GG 14 III ist (BVerfG 58, 336).

11 **2. Eigentumsgarantie. a) Allgemeines.** GG 14 I 1 garantiert das Privateigentum als Rechtsinstitut *(Institutsgarantie)* sowie in seiner konkreten Gestalt in der Hand des einzelnen Eigentümers *(Bestandsgarantie)*, BVerfG 42, 294 f GG 14 I 1 bindet den Gesetzgeber bei der inhaltlichen Ausgestaltung des Eigentums (Rn 13, 14); auch die Fachgerichte haben bei Auslegung und Anwendung der ges Vorschriften die durch die Eigentumsgarantie gezogenen Grenzen zu beachten (BVerfG
12 NJW-RR 05, 454). **b) Die Institutsgarantie** gewährleistet das Eigentum so, wie es die („einfachen") Ges privat- *und* öffentl-rechtlichen Inhalts ausgestaltet haben (BVerfG 58, 334 ff; abw 65, 209, wo nur, wie früher [zB 19, 370], auf das bürgerliche Recht [und die gesellschaftlichen Anschauungen] abgestellt wird). Diese Inhalts- und Schrankenbestimmung hat einerseits (als spezifische Schranke) die Sozialgebundenheit des Eigentums zu beachten (GG 14 II; BVerfG NJW 99, 2878; 00, 2574 f mit GG 2 II 1, 20a). Andererseits muss sie der grundlegenden verfassungsrechtlichen Wertentscheidung für das Privateigentum entsprechen (BVerfG 58, 147 f; 68, 367 f). Daher verbietet es die Institutsgarantie, solche Bereiche, die zum elementaren Bestand grundrechtlich geschützter Betätigung im vermögensrechtlichen Bereich gehören, der Privatrechtsordnung zu entziehen und damit den durch GG 14 geschützten Freiheitsbereich wesentlich zu schmälern oder gar aufzuheben (BVerfG 24, 389; sa 58, 339, dazu präzisierend Leisner DVBl 83, 65). Auch alle übrigen Verfassungsnormen sind zu beachten, insbes der Gleichheitssatz (BVerfG NJW 00, 2574), das Grundrecht auf freie Entfaltung der Persönlichkeit, die Prinzipien der Rechts- und Sozialstaatlichkeit (BVerfG 14, 278; 34, 146). Eigentumsbindungen müssen stets verhältnismäßig sein (BVerfG NJW 00, 2574; Schmidt-Aßmann aaO S 116 f mN). Bei Beachtung dieser Grundsätze durch den Gesetzgeber wird der Wesensgehalt des Eigentums nicht angetastet, GG 19 II hat daher keine eigenständige Bedeutung (BVerfG 58, 348). Bei Nichtbeachtung ist die ges Inhaltsbestimmung verfassungswidrig (BVerfG NJW 00, 2574); sie wird nicht zur (verfassungsmäßigen) Enteignungsnorm iSv GG 14 III (BVerfG NJW 00, 2574: „enteignender

Eingriff"; zur unterschiedlichen Zweckrichtung der Enteignung und der Inhalts- und Schrankenbestimmung BVerfG NJW 05, 2373). Eine im Grundsatz verfassungsmäßige ges Sozialbindung, die eine bestimmte Personengruppe iGgs zu anderen (zu) intensiv und damit gleichheitswidrig trifft, soll im Hinblick auf diese Gruppe nur bei ges angeordneter Entschädigung verfassungsgemäß im Rahmen von GG 14 I 2, II sein (BVerfG 58, 149 ff; zu den Voraussetzungen einer „Ausgleichsregelung" BVerfG NJW 99, 2879); die Entschädigung ist keine Enteignungsentschädigung iSv GG 14 III (s BVerfG 79, 192; BGH 123, 245; 145, 32 f). **c) Die Bestandsgarantie** 13 (Rn 12) bietet Schutz gegen Enteignung. Nur wenn diese zulässig ist, verwandelt sich die Bestands- in eine *Eigentumswertgarantie* (BVerfG NJW 99, 1176); das ist ein wesentlicher Unterschied zu WRV 153, wo die Eigentumsgarantie primär Eigentumswertgarantie war (BVerfG 24, 400). Zweifelhaft ist, inwieweit die Bestandsgarantie gegen Umformung, gänzlichen oder Teilentzug von Eigentum durch (entschädigungslose) ges Neubestimmung gem GG 14 I 2 schützt (s BVerfG 46, 288; 83, 211 ff; NJW 00, 2576; 01, 2961 [zu BGH 145, 26 f: Verfassungsbeschwerde nicht angenommen]; 04, 1234; dazu mR krit Leisner DVBl 83, 66 f; Schwerdtfeger aaO S 23 ff mwN) oder ob hier nur die (entschädigungspflichtige) Enteignung gem GG 14 III offensteht.

3. Bezug zu GG 14. Als Eigentum iSv GG 14 im Bereich des Privatrechts 14 sind anerkannt alle subj Vermögensrechte (BVerfG NJW 92, 37): zB Erbbaurecht (BVerfG 79, 191), Forderungen (BVerfG NJW 04, 1233 f; 05, 589), urheberrechtliche Leistungsschutzrechte (BVerfG NJW 98, 1631; 01, 1784; 03, 1656), Warenzeichen (ie BVerfG 51, 217 ff; s jetzt MarkenG 3 I, 4), Ausstattungsschutz gem WZG 25, jetzt MarkenG 3 I, 4 (BVerfG 78, 71 ff), Recht am eingerichteten und ausgeübten landwirtschaftlichen oder Gewerbebetrieb (BGH 98, 351; offen lassend BVerfG NJW 92, 37; 05, 590; BVerwG NJW 95, 543), Schürfrechte des Bergwerkseigentümers (BGH 59, 336 f); ferner eigentümerähnliche Rechtspositionen ohne Rücksicht auf ihre Qualifizierbarkeit als subj Recht, zB Anwartschaftsrechte aus bindender Einigung (§ 873, dort Rn 19–21) oder aus aufschiebend bedingter Übereignung (§ 455 I, vgl § 929 Rn 43), rechtlich zulässige und im konkreten Fall sachgerechte Möglichkeit der Bebauung (BGH NJW 74, 639) oder Kiesausbeute (soweit sie nicht durch das WHG eingeschränkt ist, BGH WM 84, 786), doch gehört nicht jede (tatsächlich) mögliche Nutzung notwendigerweise zum *rechtlichen* Inhalt des Eigentums (BVerfG 45, 81, sa BGH WM 84, 823; abzulehnen BVerfG 58, 338: Eigentumsqualität einer *rechtlichen* Nutzungsmöglichkeit hänge von ihrer *tatsächlicher* Ausübung ab, dazu zutr Leisner DVBl 83, 67, BB 92, 76 ff, abw auch BGH NJW 94, 3285 f mN). BVerfG 89, 5 ff; 94, 41 f; NJW 00, 2659; NJW-RR 99, 1098; 04, 441 qualifiziert Besitzrecht des Wohnungsmieters als Eigentum (doppelt verfehlt: genügend ist ges Einschränkung der Vermieterbefugnisse gem GG 14 I 2, II [zutr BVerfG 79, 302 f]; das Recht zum Besitz wird ua auf §§ 861, 862 gestützt, die auch Hausbesetzern und Dieben zugute kommen können, s § 863). Bloße *Chancen* und künftige Verdienstmöglichkeiten sind, da sie einem Rechtssubjekt noch nicht als Rechtsposition zustehen, kein Eigentum (BVerfG 78, 211).

Titel 1. Inhalt des Eigentums

§ 903 Befugnisse des Eigentümers

¹**Der Eigentümer einer Sache kann, soweit nicht das Gesetz oder Rechte Dritter entgegenstehen, mit der Sache nach Belieben verfahren und andere von jeder Einwirkung ausschließen.** ²**Der Eigentümer eines Tieres hat bei der Ausübung seiner Befugnisse die besonderen Vorschriften zum Schutz der Tiere zu beachten.**

§ 904

Buch 3. Abschnitt 3. Eigentum

1 **1. Allgemeines. a) Begriff, Gegenstand** und **Arten** des Eigentums iSd BGB: Rn 1, 3, 5 vor § 903. **b)** Zum **öffentl Eigentum** Rn 4 vor § 903. **c) S 2** (eingefügt durch Ges v 20.8.1990) enthält eine Banalität.

2 **2. Positive Wirkung.** Der Eigentümer kann mit seiner Sache grundsätzlich „nach Belieben" verfahren; ihm stehen Herrschafts-, Nutzungs- und Verfügungsrechte zu (vgl BVerfG 31, 239). Hier zeigt sich das Eigentum als Grundlage persönlicher Freiheit. Zur Eigentumsbeschränkung („Bindung" statt „Freiheit") Rn 4; Rn 2 vor § 903.

3 **3. Negative Wirkung.** Der Eigentümer kann grundsätzlich fremde **Einwirkungen** auf seine Sache **ausschließen.** Die Abwehrbefugnis ist Hauptinhalt der verfassungsrechtlichen Eigentumsgarantie (BVerfG 24, 400 f). Zivilrechtlichen Schutz gewähren insbes §§ 985, 1004, 906 ff, 823 ff. Sog *negative Einwirkungen* fallen nicht unter § 903 S 1 (aA Stresemann, FS Wenzel, 2005, S 433 ff; krit auch Wenzel NJW 05, 247) und daher auch nicht unter § 906 (Jauernig JZ 86, 608; sa BGH NJW-RR 03, 1314) und § 907 (BGH 113, 386; NJW-RR 03, 1314), zB Versperren der Aussicht, Abhalten von Licht und Luft durch Bau hart an der Grenze (dagegen Abhilfe im Landesrecht, s EGBGB 124), Abschatten von Funkwellen durch Hochhäuser (BGH 88, 347). Hier nur Abwehr in Extremfällen mit Hilfe des nachbarlichen Gemeinschaftsverhältnisses (BGH 113, 386 [zust StGursky § 1004 Rn 70]; 157, 38; NJW 01, 1209; NJW-RR 03, 1314; großzügiger StRoth § 906 Rn 122 ff; allg BGH 148, 267 f); bei verhinderter Abwehr kommt ein verschuldensunabhängiger Ausgleichsanspruch in Betracht (BGH 113, 389 ff; s a § 906 Rn 15). Sog *ideelle* (sittliche oder ästhetische) *Einwirkungen* fallen unter § 903 S 1, aber auch unter § 906, so dass sie nur eingeschränkt abwehrbar sind (str, ie § 906 Rn 2).

4 **4. Eigentumsbeschränkungen. Durch a) Ges** (Begriff EGBGB 2) **aa) privatrechtlichen** Inhalts: zB §§ 138, 226–229, 573, 573a, 573b, 577a, 826, 904, 905 S 2, 906 ff; LandesnachbarrechtsGes (s EGBGB 124); **bb) öffentl-rechtlichen** Inhalts: zB BauGB, BBergG, BImSchG, BLG, BNatSchG (zur Abwehr unerträglichen Froschlärms BGH 120, 239 ff, VGH München NJW 99, 2914 ff, BVerwG NJW 99, 2912 ff: 10 Jahre Kampf gegen Lärm [Naturschutz auf Kosten des Nachbarn: BGH 160, 239]; zum Baumschutz § 910 Rn 2), BWaldG, FlurbG, FStrG, KultgSchG (dazu BVerwG NJW 93, 3280 ff), GrdstVG, LuftVG, Wasser-, Wirtschafts-, VerkehrssicherstellungsG, WHG (dazu BVerfG 58, 300 ff), TKG 57 aF, jetzt TKG 76 (BVerfG NJW 00, 799 f; 01, 2960 ff; 03, 197 f; BGH NJW-RR 04, 232); AltfahrzeugV; zum Denkmalschutz BVerfG NJW 99, 2878 ff; Dilcher, FS Coing, 1982, II 83 ff; Hammer JuS 97, 971 ff; Martin/Krautzberger, Denkmalschutz

5 und Denkmalpflege, 3. Aufl 2010; **b) Rechte Dritter,** insbes durch beschränkte dingliche Rechte (Rn 6 vor § 854). Zur Einschränkung durch *Gemeingebrauch* § 905 Rn 4.

§ 904 Notstand

¹Der Eigentümer einer Sache ist nicht berechtigt, die Einwirkung eines anderen auf die Sache zu verbieten, wenn die Einwirkung zur Abwendung einer gegenwärtigen Gefahr notwendig und der drohende Schaden gegenüber dem aus der Einwirkung dem Eigentümer entstehenden Schaden unverhältnismäßig groß ist. ²Der Eigentümer kann Ersatz des ihm entstehenden Schadens verlangen.

Lit: Konzen, Aufopferung im Zivilrecht, 1969.

1 **1. Allgemeines.** § 904 behandelt den **Angriffsnotstand:** Die fremde Sache ist – abw von § 228, vgl dort Rn 1, 2 (a) – nicht selbst der Gefahrenherd, sondern das Mittel, um eine von anderwärts ausgehende Gefahr abzuwehren. *Selbstopferung* zB

Titel 1. Inhalt des Eigentums **§ 905**

des Kraftfahrers, um Tötung eines Radfahrers zu vermeiden, fällt nicht unter § 904 (§ 677 Rn 3).

2. Voraussetzungen. a) Einwirkung, die unmittelbar oder mittelbar den zu 2 ersetzenden Sachschaden (Rn 5) herbeigeführt hat (vgl RG 156, 190). Nach hM (BGH 92, 359 mN) muss zumindest bedingt vorsätzlich auf fremdes Eigentum eingewirkt werden (entspr dem Verteidigungswillen bei § 227, BGH aaO; dagegen § 227 Rn 6; Braun NJW 98, 943). Für S 1 (Rechtfertigungsgrund) kommt es auf dieses subj Moment nicht an (sonst wäre Notwehr möglich gegen Kraftfahrer, der einem Frontalzusammenstoß mit X ausweicht und daher den Pkw des Y beschädigt [Sachverhalt in BGH 92, 357], s § 227 Rn 5), folglich auch nicht für S 2 (aA mit dunkler Begründung StSeiler 23). **b) Notwendig** muss die Einwirkung sein, um 3 *gegenwärtige Gefahr* abzuwenden. Gegenwärtig ist sie, wenn ihre Verwirklichung unmittelbar droht (daher *sofortige* Abhilfe geboten). Notwendig ist die Abwehr, wenn sie obj nur durch den Eingriff in fremdes unbeteiligtes Eigentum möglich ist. **c) Unverhältnismäßige Größe des drohenden Schadens** gegenüber dem 4 aus der Einwirkung vermutlich entstehenden (nicht: wirklich entstandenen). Abwägung beider Schäden ist auf den Zeitpunkt der Einwirkung zu beziehen. Drohender Schaden für Leib oder Leben eines Menschen ist stets unverhältnismäßig groß.

3. Rechtsfolgen. a) Rechtmäßigkeit der Einwirkung (sa Rn 2). **b) Schadens-** 5 **ersatzanspruch** des Duldungspflichtigen (Eigentümer, Besitzer: RG 156, 190), **S 2. aa) Verpflichtet** ist der Einwirkende (nach hM nur, wenn er bedingt vorsätzlich gehandelt hat, da sonst reine Kausalitätshaftung einträte, BGH 92, 359 ff; s Rn 2). Das gilt auch, wenn nicht (wie idR) er selbst, sondern ein Dritter durch die Einwirkung begünstigt wird (hM; aA Larenz, SchR II/2, § 85 I 1b mN: alleinige und unmittelbare Ersatzpflicht des Begünstigten). Grund: Schadensersatzanspruch ist Ausgleich für Duldungspflicht, die unstr dem Einwirkenden, nicht dem Begünstigten gegenüber besteht; gegen letzteren ist Rückgriff gem §§ 677 f, 812 ff möglich. RG 113, 303 ff; BGH 6, 105 ff halten einen Dritten für ersatzpflichtig, wenn der Handelnde in einem Abhängigkeitsverhältnis zu ihm steht; dass der Dritte von der Einwirkung begünstigt wird (so lag es in RG, BGH aaO), ist nicht zu fordern, wohl aber, dass die Abhängigkeit nach außen erkennbar und die Person des Dritten bestimmbar ist. **bb)** Auch bei **Irrtum** über Vorliegen der Voraussetzungen iSv 6 Rn 3, 4 (und damit über die Rechtmäßigkeit des Eingriffs) besteht Ersatzanspruch gem S 2. **cc)** Herbeiführung der Gefahr durch den Eigentümer berührt seinen Ersatzanspruch nicht (anders bei Verschulden, vgl BGH 6, 110), aber **§ 254** anwendbar.

4. Strafrechtlicher Notstand. Vgl StGB 34 (rechtfertigender Notstand), 35 7 (entschuldigender Notstand). § 904 geht dem StGB 34 vor.

§ 905 Begrenzung des Eigentums

¹**Das Recht des Eigentümers eines Grundstücks erstreckt sich auf den Raum über der Oberfläche und auf den Erdkörper unter der Oberfläche.** ²**Der Eigentümer kann jedoch Einwirkungen nicht verbieten, die in solcher Höhe oder Tiefe vorgenommen werden, dass er an der Ausschließung kein Interesse hat.**

1. Allgemeines. a) Grundstückseigentum umfasst auch Luftsäule über der 1 Oberfläche, unter ihr nicht nur den Erdkörper, sondern auch natürliche und künstliche Höhlen (LM Nr 7; dazu J. Baur ZHR 150, 507 ff), aber nicht einen Schatz iSv § 984. Nach BVerfG 58, 336 f gehört die Einwirkungsbefugnis auf Grundwasser nicht zum Grundeigentum (sa BGH 84, 226, 236); dasselbe gilt folgeweise für Quellwasser (s WHG 2 I Nr 1, 3). Ausgenommen sind ferner bergfreie Bodenschätze

§ 906

2 (BBergG 3 II, III). **b) Gegen** störende Beeinträchtigungen: §§ 903, 1004, 823 ff; Herausgabe unberechtigt gezogener Nutzungen, §§ 812 I, 818 II (LM Nr 7).

3 **2. Ausschluss des Verbietungsrechts.** Der Eigentümer ist zur Duldung verpflichtet **a) kraft Ges** bei **aa)** *Fehlen schutzwürdiger Interessen* des Eigentümers als solchen (nicht als Unternehmer, Konkurrent des Einwirkenden usw), **S 2**. Interesse besteht, wenn Benutzung (durch Eigentümer, berechtigten Dritten) behindert wird oder in Zukunft behindert werden kann (Düsseldorf NJW-RR 91, 404 mN); **bb)** *Einwirkungen auf den Luftraum* gem §§ 906, 912 (§ 906 Rn 1, § 912 Rn 6); **cc)** *Benutzung des Luftraums* durch zugelassene Luftfahrzeuge, LuftVG 1; **dd)** Beeinträchtigungen im Bereich des *Wasser-, Berg- und Abbaurechts,* vgl WHG; EGBGB 68; BBergG; **ee)** nachbarrechtliche Beschränkungen durch LandesGes, s EGBGB
4 124; **b) durch Rechte Dritter,** insbes im Rahmen des *Gemeingebrauchs* an öffentl Sachen, für die § 905 ebenfalls gilt (BGH 60, 366 f). Umfang des Gemeingebrauchs bestimmt idR das Landesrecht (zum Bundesrecht vgl zB FStrG 7 und dazu BGH 60, 367), iÜ sind allg oder örtl Rechtsauffassung und Übung maßgebend, LM Nr 2 betr Gaststätten-Vordach. Zum „zivilrechtlichen Gemeingebrauch" am **Wald**
5 BWaldG 14, allg Rinck MDR 61, 980 ff; sa § 956 Rn 3. **c) Verschuldensunabhängiger Ausgleichsanspruch** entspr § 906 Rn 15 kann bestehen, wenn der Eigentümer aus übergeordnetem Interesse die Tiefennutzung durch einen anderen
6 dulden muss und dadurch unzumutbar beeinträchtigt wird (BGH 110, 23 f). **d)** Ist eine Einwirkung, zB Tunnelbau, nach S 2 zu dulden, so sind es nicht auch darüber hinausgehende **Schäden,** zB Grundstückssenkung durch fehlerhaften Tunnelbau. Schadenszufügung ist rechtswidrig. Bei Verschulden Ersatz gem § 823, sonst entspr § 904 S 2 (hM).

§ 906 Zuführung unwägbarer Stoffe

(1) ¹**Der Eigentümer eines Grundstücks kann die Zuführung von Gasen, Dämpfen, Gerüchen, Rauch, Ruß, Wärme, Geräusch, Erschütterungen und ähnliche von einem anderen Grundstück ausgehende Einwirkungen insoweit nicht verbieten, als die Einwirkung die Benutzung seines Grundstücks nicht oder nur unwesentlich beeinträchtigt.** ²**Eine unwesentliche Beeinträchtigung liegt in der Regel vor, wenn die in Gesetzen oder Rechtsverordnungen festgelegten Grenz- oder Richtwerte von den nach diesen Vorschriften ermittelten und bewerteten Einwirkungen nicht überschritten werden.** ³**Gleiches gilt für Werte in allgemeinen Verwaltungsvorschriften, die nach § 48 des Bundes-Immissionsschutzgesetzes erlassen worden sind und den Stand der Technik wiedergeben.**

(2) ¹**Das Gleiche gilt insoweit, als eine wesentliche Beeinträchtigung durch eine ortsübliche Benutzung des anderen Grundstücks herbeigeführt wird und nicht durch Maßnahmen verhindert werden kann, die Benutzern dieser Art wirtschaftlich zumutbar sind.** ²**Hat der Eigentümer hiernach eine Einwirkung zu dulden, so kann er von dem Benutzer des anderen Grundstücks einen angemessenen Ausgleich in Geld verlangen, wenn die Einwirkung eine ortsübliche Benutzung seines Grundstücks oder dessen Ertrag über das zumutbare Maß hinaus beeinträchtigt.**

(3) **Die Zuführung durch eine besondere Leitung ist unzulässig.**

Lit: Fritz, Das Verhältnis von privatem und öffentl Immissionsschutzrecht nach der Ergänzung von § 906 I BGB, NJW 96, 973; Grziwotz/Lüke/Saller, Praxishandbuch Nachbarrecht, 2005; Hagen, Der nachbarrechtliche Ausgleichsanspruch nach § 906 II 2 BGB als Musterlösung und Lösungsmuster, FS Lange, 1992, S 483; Hagen, Zum Topos der Priorität im privaten Immissionsschutzrecht, FS Medicus, 1999, S 161; Jauernig, Zum zivilrechtlichen Schutz des Grundeigentums in der neueren Rechtsentwicklung, FS Heidelberg, 1986, S 87; Jauernig, Zivilrechtlicher Schutz des Grundeigentums in der neueren Rechtsentwicklung, JZ 86, 605; Koch,

Titel 1. Inhalt des Eigentums **§ 906**

Aktuelle Probleme des Lärmschutzes, NVwZ 00, 490; Marburger, Zur Reform des § 906 BGB, FS Ritter, 1997, S 901; Schlechtriem, Nachbarrechtliche Ausgleichsansprüche und Schadensersatzhaftung, FS Gernhuber, 1993, S 407; Schmidt-Aßmann, Verfassungsrechtliche Grundlagen und Systemgedanken einer Regelung des Lärmschutzes an vorhandenen Straßen, 1979; Stresemann, Versteinert und leicht angestaubt? Von groben, feinen und negativen Immissionen in FS Wenzel, 2005, S 425; Wenzel, Der Störer und seine verschuldensunabhängige Haftung im Nachbarrecht, NJW 05, 241; H. P. Westermann, Das private Nachbarrecht als Instrument des Umweltschutzes, in: Umweltschutz und Privatrecht, 1990, S 103.

1. Anwendungsbereich. a) Gegen Einwirkungen auf sein Grundstück von 1 einem anderen Grundstück (daher nicht anwendbar zwischen Bruchteilseigentümern: BGH NJW 12, 2343) steht dem Eigentümer **grundsätzlich ein Ausschließungsrecht** zu, § 903 (RG 141, 408 f; § 903 Rn 3). Bestünde es uneingeschränkt, so wäre das Benutzungsrecht des Nachbarn zu stark beschnitten. Diese Kollision zwischen Benutzungs- und Ausschließungsrecht löst § 906, indem er das grundsätzlich unbegrenzte (§ 903) Ausschließungsrecht für bestimmte Einwirkungen (Rn 2) **einschränkt:** Nach § 906 nicht ausschliessbare (dh zulässige) Einwirkungen (Immissionen) müssen – ohne oder mit Entschädigung (II 2) – geduldet werden. **b) Einwirkungen iSv § 906.** Das Ges gibt Bsp. Was „ähnliche" Einwirkungen sind, ist 2 str. Maßgebend soll sein: ihre Unwägbarkeit (Einwirkungen als „Imponderabilien"[s Überschrift von § 906]: BGH 51, 397; 90, 258; 111, 162; mR anders RG 160, 383; BGH 62, 187 für [wägbaren!] Staub; 117, 112; sa ges Bsp: Rauch, Ruß); ihre Kleinheit („feste Kleinstkörper": RG 141, 409 [Bienen], 160, 383 [Fliegen]; wo „Kleinheit" von Tieren aufhört, ist str [große Ratten, kleine Katzen?]); tatsächliche Unmöglichkeit völliger Fernhaltung (RG 160, 383 [Fliegen]). Diese Kriterien sind unsicher, zT widersprüchlich. Daher ist zu prüfen (s Jauernig JZ 86, 608): (1) *Liegt eine Einwirkung iSv § 903 vor* (s Rn 1; § 903 Rn 3)? Nur wenn das zu bejahen ist, kommt § 906 in Betracht (RG 141, 408 f; 160, 382). Da negative Einwirkungen nicht unter § 903 fallen (dort Rn 3), scheidet § 906 aus (unzutr BGH 88, 346); nach hM gilt das auch für ideelle Einwirkungen (s aber u); (2) *kann die Einwirkung* (§ 903) *je nach ihrer Intensität* – wie in den ges Bsp (I) – die Grundstücksbenutzung nicht, unwesentlich oder wesentlich *beeinträchtigen?* Wenn ja, handelt es sich um eine „Einwirkung" iSv § 906 (zust BGH 117, 112 f; 157, 41). Zu bejahen für Tiere (nicht nur „kleine"), für Blüten- und Laubfall (RsprN bei Müller NJW 88, 2587 ff; BGH 157, 41 mwN), für elektromagnetische Strahlungen (BGH NJW 04, 1318); ebenso für *ideelle Einwirkungen:* aber „wesentliche" Beeinträchtigung wird hier selten, sowohl durch *sittliche* Einwirkungen (daher iE zutr RG 76, 130 ff: Anblick von [Halb-]Nackten in weit entferntem Freibad) wie durch *ästhetische* (Anblick von Hässlichkeit auf dem Nachbargrundstück); Wertverlust des Grundstücks kann Wesentlichkeit indizieren (StRoth 132 mN; aA BGH 95, 310 für sittliche, 54, 61 und NJW-RR 03, 1314 für ästhetische Einwirkungen; zur Wertminderung bei anstößiger Nutzung von Teileigentum BayOblG NJW-RR 00, 1324; BerlVerfGH NJW-RR 03, 230); Frankfurt/M NJW-RR 89, 464 f gibt bei „schwerwiegender" ästhetischer Beeinträchtigung Abwehranspruch wie bei negativer Einwirkung (s § 903 Rn 3). Vgl auch EMRK 8 und dazu EGMR NJW 05, 3767 f: unerlaubte immaterielle und nichtkörperliche Eingriffe in das Recht auf Achtung des Privat- und Familienrechts und der Wohnung; zu einem ähnlichen (persönlichkeitsrechtlichen) Ansatz MK/Säcker 29. Beeinträchtigt die Einwirkung *stets wesentlich*, so scheidet § 906 aus, sie ist uneingeschränkt (§ 903!) abwehrbar; das trifft idR zu für sog *grob-körperliche Immissionen* (zB Steinbrocken aus Sprengungen [iE ebenso BGH 111, 162 mN]; zu Ausnahmen Jauernig JZ 86, 608). **c) Unmittelbar angrenzen** muss das einwirkende Grundstück **nicht** (allgM LM Nr 6). **d)** FluglärmschutzG schließt Ansprüche aus §§ 1004 (iVm § 906), 906 II 2 nicht aus (BGH 69, 110). Dasselbe gilt gem UmweltHG 18 I. **e)** Das **USchG** v 10.5.2007 dient nicht dem Immissions- und Klimaschutz (L. Diederichsen NJW 07, 3377).

2. Zulässige Immissionen. a) Unwesentliche Beeinträchtigungen der 3 Grundstücksbenutzung. Sie liegen nach **I 2, 3 idR** (dazu BGH NJW 04, 1318) vor,

§ 906

wenn die in Ges und RechtsVO festgelegten Grenz- oder Richtwerte von den nach diesen Vorschriften festgestellten Einwirkungen nicht überschritten werden. „Ges und RechtsVO" weicht von EGBGB 2 ab; gemeint sind nur Ges im formellen Sinn. Grenzwert darf nicht überschritten werden, was uU bei *Richtwert* möglich. *„IdR"* heißt: Unterschreiten des Richtwertes *indiziert nur* die Unwesentlichkeit einer Beeinträchtigung, so dass diese trotzdem „wesentlich" sein kann (BGH 148, 264 f). Bei Überschreiten scheidet I 2, 3 aus: „Wesentlichkeit" ist dann im Einzelfall zu prüfen (dafür Indizwirkung, BGH 175, 264 f; NJW-RR 06, 237). Nach der neueren Rspr des BGH (120, 255 gegen 111, 65) ist für die (Un-)Wesentlichkeit maßgebend nicht mehr das Empfinden eines „normalen", sondern eines „verständigen" Durchschnittsmenschen im Hinblick auf Natur und Zweckbestimmung des Grundstücks in seiner konkreten Beschaffenheit (jetzt stRspr: BGH 161, 334; NJW-RR 06, 237; NJW 08, 1813). Der Wechsel vom „Normalen" zum „Verständigen" dient der Gleichstellung von **wesentlicher** Beeinträchtigung iSv II und **erheblicher** Belästigung iSv BImSchG 1, 3 (BGH NJW 03, 3699) und damit der Harmonisierung der divergierenden Rspr von BGH und BVerwG (s BGH 140, 5; BVerwG NJW 88, 2397, aber auch 03, 3361). Die Feststellung von Erheblichkeit und Wesentlichkeit einer Beeinträchtigung setzt danach gleichermaßen eine Güterabwägung der konkreten Gegebenheiten voraus, bei der auch ges Wertungen zu berücksichtigen sind (BVerwG und BGH, je aaO; Köln NJW 98, 764 ff [GG 3 III 2]). Immissionsbedingte Schäden sind idR wesentliche Beeinträchtigungen (BGH 157, 44). I 2, 3 fixiert diese Rspr, geht aber nicht darüber hinaus (Fritz aaO S 573 f; offen gelassen in BGH NJW 95, 133). Der „verständige" Durchschnittsmensch muss mehr Lärm aushalten als der „normale" (s BGH 121, 255 f; 140, 5); iÜ kommt es darauf an, was ihm auch unter Würdigung anderer öffentl und privater Belange billigerweise nicht mehr zuzumuten ist (BGH NJW 04, 1318). Zum Ertragenmüssen von lärmenden [seltenen] Volksfesten BGH NJW 03, 3700 f; krit Rn 9; Wieling Anm LMK 04, 3 f). Verfehlt Düsseldorf NJW-RR 96, 211 f (zT wörtlich aus MK/Säcker 52): Spielbedingter Kinderlärm auf verkehrsberuhigter Straße (StVO Anlage 3 Abschnitt 4) in reinem Wohngebiet ist (mittags-)pausen- und lärmgrenzenlos zu ertragen. Das fördert schon bei Kindern Rücksichtslosigkeit und Ellbogenmentalität (Rat des OLG aaO: Wen's stört, muss umziehen – aber wohin?). Vgl zu von Kindertageseinrichtungen, Kinderspielplätzen uä ausgehendem Lärm den neuen BImSchG 22 I a, s dazu Scheidler NVwZ 11, 838; sa BGH NJW-RR 2012, 1292

4 Rn 11. **b) Wesentliche Beeinträchtigungen durch ortsübliche Benutzung** des einwirkenden Grundstücks. Diese sind **gleichgestellt, sofern** *Abwehrmaßnahmen* gegen die Beeinträchtigung entweder technisch *nicht möglich* oder Benutzern „dieser Art" (generalisierende Betrachtung!) *unzumutbar* sind. Maßstab für Wesentlichkeit: Rn 3 (danach hat es Sinn, II 1 auch auf I 2, 3 zu beziehen, aA Marburger aaO S 901). Benutzung ist ortsüblich, wenn sie idR öfter vorkommt (LM Nr 61) und bei einer Mehrheit von Grundstücken derselben örtlichen Lage ungefähr gleichartig ist (BGH 120, 260); das Vergleichsgebiet kann nach Lage des Falles (zB bei Verkehrsanlagen wie Fernstraßen, Flughäfen) weiträumig sein (BGH 111, 73 mN). Die Grundentscheidung des BImSchG für mehr Umweltschutz ist auch für die Ortsüblichkeit beachtlich (Diederichsen, FS Schmidt, 1976, S 8; sa Baur JZ 74, 659; BGH 70, 111). Maßgebend für sie sind die tatsächlichen Verhältnisse, weder Bebauungsplan noch Baugenehmigung (vgl BGH NJW 83, 751, sehr str; s Jauernig FS aaO, S 100 ff mN; sa Schmidt-Aßmann aaO S 14 ff; H. P. Westermann aaO S 117 ff; Vieweg NJW 93, 2572; Wenzel aaO S 245; kompromissbereit Hagen NVwZ 91, 822 f). Fehlen einer Anlagegenehmigung schließt Ortsüblichkeit aus (BGH 140, 9 f für Schweinemästerei; krit Wenzel aaO S 245), jedenfalls wenn auch die Genehmigungsfähigkeit fehlt (BGH NJW-RR 06, 237). Maßgebender **Zeitpunkt** für Ortsüblichkeit: letzte mündliche Tatsachenverhandlung. Daher ist zeitliche Priorität der beeinträchtigenden Benutzung unerheblich; sie rechtfertigt zwar nicht die Eigentumsbeeinträchtigung, kann aber Abwehransprüche ausschließen, wenn die Beeinträchtigung den Richtwert einhält und der Nachbar sie kannte oder grobfahr-

Titel 1. Inhalt des Eigentums **§ 906**

lässig nicht kannte („Eigenverschulden"), BGH 148, 266 ff mN (Beeinträchtigung eines Grundstückseigentümers, der seit 10 Jahren neben einer seit 30 Jahren betriebenen Hammerschmiede wohnt, dazu Wenzel aaO S 245 f); Koblenz NJW-RR 03, 805 (keine Entschädigung bei Kenntnis der Belästigung durch Militärflugzeuglärm). **c) Gestattung** der Immissionen durch Vertrag oder Dienstbarkeit.

3. Rechtsfolgen zulässiger Immissionen. a) Duldungspflicht. Sie trifft 5 Eigentümer und nutzungsberechtigten Besitzer (vgl BGH 92, 145). **b) Im Fall Rn 4** 6 angemessener Ausgleich in Geld, soweit Ertrag oder ortsübliche Benutzung des Grundstücks unzumutbar beeinträchtigt, sog **nachbarrechtlicher Ausgleichsanspruch**, II 2 (irreführend auch bürgerlich-rechtlicher Aufopferungsanspruch genannt). **aa) Berechtigt** sind die Duldungspflichtigen (Rn 5; BGH 70, 220). Erforderlich ist ein „Grundstücksbezug"; dieser fehlt, wenn eine Handlung nur gelegentlich des Aufenthalts auf dem Grundstück vorgenommen wird (BGH NJW 09, 3788 [Abschießen von Feuerwerkskörpern]; s aber BGH NJW-RR 11, 739 [übergreifendes Feuer]). **bb) Verpflichtet** ist nicht der durch die Benutzung des 7 einwirkenden Grundstücks Begünstigte (LM Nr 29), sondern der Eigentümer des beeinträchtigenden Grundstücks sowie der Benutzer (BGH 155, 102). BGH 49, 150 f (sa 88, 352 f) nennt ihn missverständlich „Störer". Er ist aber nicht Störer iSv § 1004; denn die Immission ist zulässig (StRoth 231 mN). Ist die Beeinträchtigung nur durch das Zusammenwirken mehrerer Benutzer verursacht worden (sog *progressive Schadenssteigerung*), so haften diese gesamtschuldnerisch (BGH 72, 298); um Kleinimmittenten zu schützen, sind sie nur bei gefährlicherer Benutzer iSv BImSchG 4, 19 heranzuziehen (Nawrath NJW 82, 2361 f). **cc) Voller Schadensausgleich** 8 ist zu leisten, da nur so die im privaten Interesse des Immittenten auferlegte Duldungspflicht ausreichend abgegolten wird (Jauernig JZ 86, 610 ff mN; PalBassenge 27; aA BGH 49, 155, NJW 99, 1031; StRoth 262 mwN, hM: Ausgleich entspr der Enteignungsentschädigung – aber öffentl Interessen scheiden hier aus; dieses Tatbestandsmerkmal wird nicht durch den Wunsch nach einem flexiblen Entschädigungsmaßstab ersetzt [dafür aber Schlechtriem aaO S 420]; zur str Bemessung der Enteignungsentschädigung – Verkehrswertersatz? – sa Schlechtriem aaO S 420 f; ferner BImSchG 14: voller Schadensersatz). Auch nach hM kann uU nur voller Ausgleich „angemessen" sein (BGH NJW 90, 3197 mN). Immerhin steht nach BGH NJW-RR 05, 1685 der Anspruch einem Schadensersatzanspruch „nahe", da er den Duldungspflichtigen für die Beeinträchtigung entschädigen soll. Zumutbare Beeinträchtigungen sind nicht auszugleichen (BGH NJW-RR 88, 1292 mit zT falschen Nachw). Unzumutbarkeit kann auch ohne existenzgefährdende Beeinträchtigung vorliegen (LM Nr 40). Zur Zumutbarkeit von Straßenlärm vgl Rn 18. **dd) Konkurrenzen.** Soweit II 1 reicht, sind §§ 823 ff ausgeschlossen (BGH 92, 148). Anspruch aus II 2 wird durch *„abschließende nachbarrechtliche Sonderregelung"* ausgeschlossen (BGH NJW 09, 764).

4. Unzulässige Immissionen. a) Wesentliche Beeinträchtigungen durch 9 **nicht ortsübliche Benutzung** des einwirkenden Grundstücks. Zur (Un-)Wesentlichkeit einer Beeinträchtigung Rn 3. Die Schwere (Wesentlichkeit) der Beeinträchtigung und die Ortsüblichkeit der Benutzung können sich ändern. Rechtzeitiger Gebrauch der Abwehrrechte aus § 1004 iVm §§ 903, 906 ist wichtig und wirkt, zumindest für begrenzte Zeit, konservierend. „Fortschritt" zeigt sich oft in einer Verstärkung statt einer Verminderung der Immissionen (vgl BGH 38, 62). Das gilt seit Jahrzehnten insbes für den Lärm (s Heck, SaR [1930!], § 50, 2). Die Abwehr dieser gravierendsten Umweltplage wird durch die neuere Rspr erschwert, weil sie das Empfinden eines „verständigen", nicht mehr eines „normalen" Durchschnittsmenschen für maßgeblich hält und der „verständige" mehr aushalten muss (Rn 3). S aber auch EGMR NJW 05, 3767 f zu EMRK 8, ferner Rn 2. **b) Wesentliche** 10 **Beeinträchtigungen durch ortsübliche Benutzung** des einwirkenden Grundstücks, die iSv Rn 4 *verhinderbar* sind, *aber nicht verhindert* werden. **c) Bes zugelei-** 11

§ 906

tete **Immissionen** stets, auch bei iÜ unwesentlicher, ortsüblicher Beeinträchtigung, **III**.

12   5. Rechtsfolgen unzulässiger Immissionen. a) IdR Abwehrrechte für Eigentümer und nutzungsberechtigten Besitzer aus §§ 903, 1004 (vgl LM Nr 32;
13 Rn 5), bei Verschulden auch aus § 823 I, II (BGH WM 86, 1448). **b) Abwehrrechte sind eingeschränkt aa) gem BImSchG 14** (sa AtomG 7 VI, LuftVG 11). Diese Vorschrift setzt an sich gem § 906 ausschliessbare Immissionen voraus (BGH 69, 110), die von einer unanfechtbar genehmigten Anlage (BImSchG 4 I) ausgehen. Der Eigentümer oder nutzungsberechtigte Besitzer als Duldungsverpflichteter (Rn 12) kann nicht Unterlassung, dh Einstellung, des Betriebs verlangen, sondern nur Vorkehrungen, die die benachteiligenden Wirkungen ausschließen, oder, falls die Vorkehrungen technisch undurchführbar oder wirtschaftlich unvertretbar sind,
14 vollen Schadensersatz (ohne Verschulden). **bb) wenn Immission von einem gemeinwichtigen Betrieb** ausgeht, der unmittelbar öffentl Interessen dient und *privat*wirtschaftlich organisiert ist (BGH 72, 294; sa NJW 00, 2902 [auch öffentlrechtliche Träger, s Rn 16]; abl MK/Säcker 126 ff mN; StRoth 30; grundsätzlich gegen *allg* Einschränkung des § 1004 bei Benutzung fremder Grundstücke für Zwecke der Stromversorgung BGH 66, 41 [aA 60, 122 f, sa NJW 00, 2902 mN]). Bsp: Eisenbahn (vgl BGH NJW 97, 744 f: Erschütterungen und Lärm durch Züge der Deutschen Bahn AG), Omnibusbetrieb (BGH NJW 84, 1243). Eigentümer und nutzungsberechtigter Besitzer (Rn 12) können entspr BImSchG 14 (Rn 13) nur Einzelmaßnahmen verlangen, die den Betrieb weder lahmlegen noch erheblich beeinträchtigen (BGH NJW 84, 1243). Zum Ausgleich verbleibender, iSv § 906 nicht entschädigungslos hinzunehmender Immissionen gewährt die Rspr einen verschuldensunabhängigen **nachbarrechtlichen Ausgleichsanspruch** entspr II 2, BImSchG 14 (vgl BGH 48, 100 ff; 72, 291). Der Anspruch geht entspr BImSchG 14 und § 906 II 2 (Rn 8) auf vollen Schadensausgleich (ErmHagen/Lorenz 62). Verpflichtet ist der Störer iSv § 1004 (BGH NJW 93, 1855 f; zur Terminologie Rn 7; unentschieden, ob Störer oder Begünstigter: BGH 48, 106 f; 60, 124); **cc)** ausnahmsweise durch Pflicht zur **gegenseitigen Rücksichtnahme** (Grundlage: nachbarliches Gemeinschaftsverhältnis; BGH NJW 00, 1720; Wenzel aaO S 245 f; allg BGH NJW-RR 08, 611; sa Rn 4 „Zeitpunkt"; § 908 Rn 2; § 909 Rn 3).

15   6. Verschuldensunabhängiger nachbarrechtlicher Ausgleichsanspruch analog II 2. (Zur Entwicklung Hagen, FS Lange aaO, Wenzel aaO S 243 f und krit-resignierend Schlechtriem aaO). *Rechtswidrige Einwirkungen* (nicht nur iSv § 906: BGH 160, 236 [Grobimmissionen]) vom benachbarten (gilt nicht für Wohnungseigentümergemeinschaft [BGH NJW 10, 2348 f]), also einem anderen (BGH 157, 190), privatwirtschaftlich benutzten Grundstück, die das zumutbare Maß einer entschädigungslos hinzunehmenden Beeinträchtigung zwar übersteigen, aber aus bes rechtlichen (auch öffentl-rechtlichen, BGH 160, 238) oder faktischen Gründen nicht oder nicht rechtzeitig (BGH 155, 103) gem § 1004 oder § 862 abgewehrt werden können („faktischer Duldungszwang", BGH 155, 103), sind analog I von Störer (Rn 14; BGH NJW 08, 993 = JuS 08, 559 [K. Schmidt]) zu entschädigen (BGH 157, 44 ff mN; sa § 905 Rn 5; § 908 Rn 2; § 909 Rn 4), Sonderregelung vorbehalten (BGH 97, 295 für § 912 II; 142, 236 für WHG 22 II; nicht BBergG 114 ff [BGH NJW 09, 764]). Der Störer (Rn 14) hat *vollen* (Rn 8) Schadensausgleich zu leisten; anders BGH NJW 03, 2380, stRspr: angemessene Entschädigung in Geld nach enteignungsrechtlichen Grundsätzen, nur ausnahmsweise (abw BGH 142, 236: vielfach!) kommt Entschädigung nach II 2 vollem Schadensersatz gleich. Anspruchsberechtigt ist der Eigentümer oder der Besitzer (BGH 147, 50 = JZ 01, 1085 mit krit Anm Brehm; 155, 101 f; 157, 190; NJW 08, 992 [Abgrenzung zu BGH 92, 143]; § 909 Rn 2). Ein deliktsrechtlicher Schadensersatzanspruch geht dem Anspruch aus II 2 analog vor (BGH 160, 20, 234). Ansprüche aus §§ 823 ff und aus § 906 II 2 analog bilden nach BGH 147, 49 = JZ 01, 1084 mit krit Anm Brehm S 1088; NJW

01, 3052 verschiedene Streitgegenstände; diese materiellrechtliche Bestimmung des Streitgegenstandes ist abzulehnen (Jauernig, ZPR, § 37 III 1, VIII; sa BGH 148, 53).

7. Immissionen von hoher Hand. a) Einwirkungen durch rechtmäßigen Eingriff sind vom Eigentümer und vom nutzungsberechtigten Besitzer (Rn 5) zu dulden, Abwehransprüche aus § 1004 sind ausgeschlossen (abw StRoth 45, 46: kein Ausschluss kraft höheren öffentl Interesses, aber oft kraft Planfeststellungsrechts); s BGH NJW 10, 1143 f: Wenn ein bes Verfahren zur Vermeidung v Eigentumsbeeinträchtigungen im nachbarrechtlichen Bereich besteht [zB nach VwVfG 74 II 3, 75 II 4], so muss der Einzelne diese Rechtsschutzmöglichkeit ergreifen, sonst gibt es idR keine Entschädigung. Bsp: Lärm durch Fernstraßenbau (BGH 72, 292 ff); Lärm durch Starten und Landen von Militärflugzeugen (BGH 129, 125 ff); Verkehrslärm von öffentl Straße (BGH NJW 88, 901); Geruchsbelästigung durch gemeindliche Kläranlage (BGH 91, 21, 23); Manöverlärm (LM Nr 61); Anlocken hungriger Vögel durch Mülldeponie (BGH NJW 80, 770 f). **b) Entschädigung. aa) Grundlage** des Anspruchs wegen rechtmäßigen, sog *enteignenden Eingriffs* ist nach BGH 90, 31 der allg Aufopferungsgrundsatz der EinlALR 74, 75 in seiner richterrechtlichen Ausprägung (abl Böhmer NJW 88, 2565 f, da Verstoß gegen GG 1 III). Zum Vorrang eines Planfeststellungsverfahrens s Rn 16; BGH 161, 329 ff. **bb) Berechtigt** ist der Duldungspflichtige (Rn 16). Ihm steht ein *öffentl-rechtlicher Entschädigungsanspruch* wegen enteignenden Eingriffs (Rn 17) zu, weil die rechtmäßige hoheitliche Maßnahme zu Nachteilen geführt hat, die er aus rechtlichen oder tatsächlichen Gründen hinnehmen muss, die aber die enteignungsrechtliche Zumutbarkeitsschwelle übersteigen (BGH NJW 92, 3232). Letztere liegt im allg deutlich über der Zumutbarkeitsgrenze von II 2 (BGH NJW 93, 1701). Die neuere Rspr bestimmt die Duldungsgrenze entspr GG 14 (s BGH 105, 17 f mit Hinweis auf den „vernünftigen und einsichtigen" Eigentümer, auf den seit BGH 120, 255 auch bei II abgestellt wird: Rn 3, 9). **Verpflichtet** ist der Begünstigte (BGH NJW 80, 582). **cc) Der Inhalt** des Anspruchs geht bei Einwirkung durch Straßenlärm primär auf Geldausgleich für Schutzeinrichtungen, nur sekundär und uU auf Entschädigung für Minderwert des Grundstücks (BGH WM 87, 245). Der **Umfang** soll sich nach den Grundsätzen der Enteignungsentschädigung richten (BGH 91, 28: entspr II 2; zur Problematik Jauernig JZ 86, 610 ff). **dd) Rechtsweg:** Zivilgericht (Aufopferungsanspruch iwS, da vermögensrechtliche Schäden ersetzt werden), VwGO 40 II 1 (BGH 128, 205 ff). **c) Einwirkungen durch rechtswidrigen Eingriff** werden unter den Voraussetzungen des *enteignungsgleichen Eingriffs* entschädigt. Rechtsgrundlage wie Rn 17 (BGH 91, 27 f; BVerfG NJW 00, 1402). Dem Betroffenen steht kein Wahlrecht zwischen verwaltungsgerichtl (Primär-)Rechtsschutz und Entschädigung zu; vielmehr entfällt der Entschädigungsanspruch, wenn der verwaltungsgerichtl (Primär-)Rechtsschutz vom Betroffenen nicht ergriffen wird (vgl BGH 161, 329 f, sa Rn 16 und BVerfG NJW 00, 1402). – Zum *öffentl-rechtlichen nachbarlichen Abwehranspruch* samt Geldausgleich entspr II 2: BVerwG NJW 89, 1291.

8. LandesGes. Es kann vorsehen, dass vor einer Klage über Ansprüche aus § 906, soweit es sich nicht um Einwirkungen eines gewerblichen Betriebs handelt, eine **Gütestelle** angerufen werden muss, EGZPO 15a.

§ 907 Gefahrdrohende Anlagen

(1) ¹**Der Eigentümer eines Grundstücks kann verlangen, dass auf den Nachbargrundstücken nicht Anlagen hergestellt oder gehalten werden, von denen mit Sicherheit vorauszusehen ist, dass ihr Bestand oder ihre Benutzung eine unzulässige Einwirkung auf sein Grundstück zur Folge hat.** ²**Genügt eine Anlage den landesgesetzlichen Vorschriften, die einen bestimmten Abstand von der Grenze oder sonstige Schutzmaßregeln vorschreiben, so kann die Beseitigung der Anlage erst verlangt werden, wenn die unzulässige Einwirkung tatsächlich hervortritt.**

§§ 908, 909

(2) **Bäume und Sträucher gehören nicht zu den Anlagen im Sinne dieser Vorschriften.**

1. I 1. Dieser gibt **vorbeugenden Unterlassungs- und Beseitigungsanspruch.** Sein Ausschluss in I 2 umfasst auch die allg vorbeugende Unterlassungsklage (§ 1004 Rn 11).

2. Voraussetzungen. a) Anlagen sind Gebäude und andere Werke (§ 908 Rn 3) sowie von Menschenhand geschaffene, der Grundstücksnutzung dienende Einrichtungen von gewisser Dauer und einiger Selbstständigkeit (BayObLG NJW-RR 04, 1460), zB Badeanstalt (LM Nr 8 zu § 559 ZPO), unbefestigter Weg (BGH NJW 06, 1429). Grundstückserhöhung gehört nicht dazu (BGH NJW 80, 2581). **b) Nachbarschaft.** Begriff: § 906 Rn 2 (c). **c) Sichere Voraussicht** verlangt nur Höchstmaß an Wahrscheinlichkeit (sa BGH NJW-RR 03, 1314); Lebenserfahrung entscheidet (RG 134, 255 f). **d) Negative Einwirkungen** (Bsp § 903 Rn 3) werden von I 1 **nicht** erfasst (§ 903 Rn 3; BGH 113, 386 NJW-RR 03, 1314).

3. Anspruchsbeschränkung durch I 2 (Rn 1). Weitere Fälle § 906 Rn 13, 14.

§ 908 Drohender Gebäudeeinsturz

Droht einem Grundstück die Gefahr, dass es durch den Einsturz eines Gebäudes oder eines anderen Werkes, das mit einem Nachbargrundstück verbunden ist, oder durch die Ablösung von Teilen des Gebäudes oder des Werkes beschädigt wird, so kann der Eigentümer von demjenigen, welcher nach dem § 836 Abs. 1 oder den §§ 837, 838 für den eintretenden Schaden verantwortlich sein würde, verlangen, dass er die zur Abwendung der Gefahr erforderliche Vorkehrung trifft.

1. Allgemeines. a) Berechtigter: vgl § 1004 Rn 14. **b) Verpflichteter:** wer gem §§ 836 I, 837 f haftbar wäre (beachten: § 908 verlangt kein Verschulden!). **c) Erforderliche Vorkehrungen:** Reparatur oder Abbruch. Anspruch darauf verjährt nicht, § 924. **d) Anspruchsbeschränkung** unter dem Gesichtspunkt des nachbarlichen Gemeinschaftsverhältnisses möglich; Ausgleich gem § 906 II 2 analog (vgl BGH 58, 159 f; dazu § 906 Rn 14, 15).

2. Erfasste Immobilien. a) Gebäude. Ein durch Wände und Dach begrenztes, mit dem Erdboden zumindest durch eigene Schwere verbundenes Bauwerk, das den Eintritt von Menschen gestattet und Menschen oder Sachen schützen kann (vgl BGHSt 1, 163). **b) Andere Werke:** künstlich errichtete zweckbestimmte Sachen, zB Zäune, Gartenmauern, ober- oder unterirdisch verlegte Versorgungsleitungen. **c) Gleichgestellt:** Teile von a oder b.

§ 909 Vertiefung

Ein Grundstück darf nicht in der Weise vertieft werden, dass der Boden des Nachbargrundstücks die erforderliche Stütze verliert, es sei denn, dass für eine genügende anderweitige Befestigung gesorgt ist.

1. Vertiefung. Beseitigung (insbes Wegnahme) oder Zusammenpressen von Bodenbestandteilen infolge menschlichen Handelns, zB durch Auskippen schwerer Substanzen (LM Nr 12), durch das Gewicht eines Neubaus (BGH 101, 292), durch Anlegung unterirdischer Kanalisationsstränge (BGH WM 79, 1217). Zweck und Dauer der Vertiefung sind gleichgültig (BGH NJW 78, 1052). Ein Grundstück ist *benachbart,* wenn es im Einwirkungsbereich der Vertiefungsarbeiten liegt (BGH NJW-RR 96, 852). Die Vertiefung ist **unzulässig,** wenn der Boden (nicht nur die Bebauung, BGH 12, 78, str) des Nachbargrundstücks infolge der Vertiefung die erforderliche Stütze verliert (BGH NJW-RR 08, 970). Der Boden kann den not-

Titel 1. Inhalt des Eigentums § 910

wendigen Halt auch durch Senkung des Grundwasserspiegels als Folge der Vertiefung verlieren (BGH 101, 109). Die Vertiefung ist **zulässig** bei genügender anderweitiger Befestigung (ohne Eingriff in das Nachbargrundstück, BGH NJW 97, 2596), die der künftigen bestimmungsgemäßen Benutzung des Nachbargrundstücks Rechnung tragen muss (LM Nr 8; BGH NJW 73, 2207). – § 909 gilt *nicht* für Vertiefung durch den Eigentümer vor Veräußerung an den „Nachbarn" (BGH 103, 41 f), nicht entspr *für Erhöhung* (BGH NJW 74, 54).

2. Rechtsfolgen. a) Anspruch auf Beseitigung, bei drohender Verletzung auf **Unterlassung.** *Verpflichtet* ist, wer während der Störung Eigentümer oder Besitzer ist (vgl BGH 91, 285; NJW-RR 08, 970 f), ferner die in Rn 3 Genannten bzgl Unterlassung (StRoth 43); *berechtigt* ist auch der bloße Besitzer des Nachbargrundstücks (BGH 147, 51), ferner der Anwartschaftsberechtigte iSv § 873 Rn 20 (BGH 114, 165 f). Anspruch verjährt nicht, § 924. **b) Schadensersatz** gem § 823 II iVm § 909 als SchutzGes (BGH NJW-RR 08, 970); § 823 I scheidet idR aus (vgl BGH 114, 166). Verpflichtet ist jeder schuldhaft handelnde Störer (BGH NJW 96, 3206 mN), insbes der Bauherr, der dieser Pflicht idR durch Beauftragung eines sorgfältig ausgewählten fachkundigen und zuverlässigen Architekten, Ingenieurs und Bauunternehmers nachkommt, außer bei Offenkundigkeit erhöhter Gefahrenlage oder bei Zweifeln an den situationsgebotenen Fähigkeiten der eingesetzten Fachkräfte (BGH 147, 48; Koblenz NJW-RR 03, 1458); verpflichtet sind ferner Architekt und Bauunternehmer (BGH NJW 96, 3206). Keine Haftung des Bauherrn für sie nach § 831, weil idR Weisungsgebundenheit fehlt (BGH 147, 49; Koblenz NJW-RR 03, 1458; abw BGH NJW-RR 88, 138). § 278 scheidet aus, da nach hM das (hier bestehende) nachbarliche Gemeinschaftsverhältnis sich praktisch nur als Schranke der Rechtsausübung, nicht als Grundlage schuldrechtlicher Rechte und Pflichten (dh als – ges – Schuldverhältnis) darstellt, vgl BGH 101, 293 f; 148, 267 f; zweifelnd BGH 135, 243 f). **c) Verschuldensunabhängiger nachbarrechtlicher Ausgleichsanspruch entspr § 906 II 2** steht dem beeinträchtigten Nachbarn zu, der sich aus bes Gründen gegen die von privatwirtschaftlicher Nutzung ausgehende Störung nicht gem § 1004 (BGH NJW-RR 97, 1374 mN; § 906 Rn 15) oder § 862 (BGH 147, 50) wehren kann. **Verpflichtet** ist der Eigentümer (Benutzer, richtig: Störer, s § 906 Rn 7), nicht der Begünstigte (aA ErmHagen/Lorenz 5) des vertiefenden Grundstücks (BGH 101, 294). Da der Anspruch auf vollen Schadensausgleich geht (§ 906 Rn 15, str), verdrängt er praktisch den Anspruch aus § 823 (Rn 3). Kein Erlöschen nach § 864 (BGH 147, 52).

§ 910 Überhang

(1) ¹Der Eigentümer eines Grundstücks kann Wurzeln eines Baumes oder eines Strauches, die von einem Nachbargrundstück eingedrungen sind, abschneiden und behalten. ²Das Gleiche gilt von herüberragenden Zweigen, wenn der Eigentümer dem Besitzer des Nachbargrundstücks eine angemessene Frist zur Beseitigung bestimmt hat und die Beseitigung nicht innerhalb der Frist erfolgt.

(2) Dem Eigentümer steht dieses Recht nicht zu, wenn die Wurzeln oder die Zweige die Benutzung des Grundstücks nicht beeinträchtigen.

1. Selbsthilfe gem § 910. Diese verdrängt nicht den Beseitigungsanspruch aus § 1004 (BGH NJW 04, 603 f; KG NJW 08, 3148); daher besteht Anspruch auf Ersatz der Beseitigungskosten (BGH NJW 04, 604; aA LG Hannover NJW-RR 94, 14 f; Canaris, FS Medicus, 1999, S 53 ff, je mN). Zum Anwendungsbereich von § 910 vgl Düsseldorf NJW 75, 739 f (Giftstrauch an der Grenze). Eindringen oder Herüberragen (I) muss Grundstücksbenutzung beeinträchtigen (II), s BGH 157, 39. Gegen herüberragende Baumstämme nur § 1004. Bes Landesrecht zulässig (EGBGB 111, 124) und häufig. Ist landesrechtlicher Beseitigungsanspruch wegen

§§ 911, 912

Fristablaufs ausgeschlossen, so kann entspr Anspruch aus nachbarrechtlichem Gemeinschaftsverhältnis iVm § 242 (§ 903 Rn 3) gegeben sein (BGH 157, 36 ff).

2   **2. Ausschluss.** Dieser ist durch kommunale Baumschutzsatzung möglich (Hamm NJW 08, 453).

3   **3. LandesGes.** Diese kann vorschreiben, dass vor einer Klage über Ansprüche aus §§ 910, 911, 923 erst eine **Gütestelle** anzurufen ist, EGZPO 15a.

§ 911 Überfall

¹**Früchte, die von einem Baume oder einem Strauche auf ein Nachbargrundstück hinüberfallen, gelten als Früchte dieses Grundstücks.** ²**Diese Vorschrift findet keine Anwendung, wenn das Nachbargrundstück dem öffentlichen Gebrauch dient.**

1   Betrifft insbes Fallobst. Pflücken und Schütteln sind widerrechtlich (Diebstahl!). §§ 953 ff sind entspr der Fiktion in S 1 anwendbar.
2   Zur **Anrufung einer Gütestelle** § 910 Rn 3.

§ 912 Überbau; Duldungspflicht

(1) **Hat der Eigentümer eines Grundstücks bei der Errichtung eines Gebäudes über die Grenze gebaut, ohne dass ihm Vorsatz oder grobe Fahrlässigkeit zur Last fällt, so hat der Nachbar den Überbau zu dulden, es sei denn, dass er vor oder sofort nach der Grenzüberschreitung Widerspruch erhoben hat.**

(2) ¹**Der Nachbar ist durch eine Geldrente zu entschädigen.** ²**Für die Höhe der Rente ist die Zeit der Grenzüberschreitung maßgebend.**

Lit: Glaser, Der Grenzüberbau, ZMR 85, 145.

1   **1. Arten des Überbaus. a) Rechtmäßiger** liegt vor, soweit Zustimmung des Betroffenen reicht; die in §§ 912 ff ausdr bestimmten Rechtsfolgen treten nicht ein (BGH 62, 145 f; 157, 304). Eigentümer des ganzen Gebäudes wird der Überbauende
2   (BGH 157, 304). Zur zeitlich begrenzten Zustimmung BGH 157, 303 ff. **b) Rechtswidriger,** aber **entschuldigter:** Überbauender handelt höchstens leichtfahrlässig, der
3   Betroffene widerspricht nicht sofort. Hierfür gelten §§ 912 ff (vgl Rn 5–9). **c) Rechtswidriger, unentschuldigter** in *zwei* Fällen: **aa)** Überbauender handelt vorsätzlich oder grobfahrlässig (Vorsicht bei Bau im Grenzbereich: BGH NJW-RR 09, 25; gilt auch bei entspr Anwendung von §§ 912 ff bei nachträglichem Überbau); Widerspruch des Betroffenen unnötig; **bb)** Betroffener widerspricht sofort. In beiden Fällen gelten
4   §§ 912 ff nicht. Rechtsfolgen: Rn 10. **d) Kein Überbau** iSd § 912, wenn nicht bestimmbar, von welchem Grundstück *("Stammgrundstück")* aus überbaut ist (BGH NJW 85, 790). Zu den Bestimmungsgrundsätzen BGH 110, 302 f.

5   **2. Der rechtswidrige, entschuldigte Überbau. a) Errichtung** eines einheitlichen (BGH NJW-RR 88, 458) *Gebäudes* (Begriff § 908 Rn 3; gleichgestellt größeres Bauwerk wie Großantenne, Brücke, LM Nr 25 lässt offen) durch Eigentümer (Erbbauberechtigten, ErbbauRG 11) selbst oder mit dessen Zustimmung durch Dritten,
6   vgl BGH 15, 218 f. **b) Überbauung** der Grundstücksgrenze unter, auf oder über
7   (BGH 53, 10; NJW 76, 669) der Erde. **c) Weder vorsätzlich (= bewusst) noch grobfahrlässig** darf die widerrechtliche Grenzüberschreitung erfolgen. Verschulden seiner Sachwalter („Repräsentanten"), zB Architekt, ist dem Eigentümer zuzurechnen, Begründung str (BGH NJW 77, 375: § 166 analog; andere wenden § 278 [nachbarliches Gemeinschaftsverhältnis als ges Schuldverhältnis] oder § 831 entspr an, dagegen BGH NJW 77, 375; sa § 909 Rn 3). Verschulden bloßer Hilfspersonen,

Titel 1. Inhalt des Eigentums **§§ 913, 914**

zB idR Bauunternehmer, Polier, wird nicht zugerechnet (BGH NJW 77, 375). **d) Kein Widerspruch** durch den Eigentümer des Nachbargrundstücks (BGH NJW 04, 1801), weder vor noch sofort nach Grenzüberschreitung. Unterbleiben des Widerspruchs ist keine Zustimmung iSv Rn 1. Widerspruch ist einseitige empfangsbedürftige Willenserklärung, formlos, stillschweigend möglich. Richtet sich gegen Duldung des beanstandeten Bauwerks; Begründung unnötig, ebenso Kenntnis, dass Überbau vorliegt (BGH 59, 193 f). **Sofort:** So rechtzeitig, dass erhebliche Zerstörung vermeidbar, BGH NJW 04, 1801 (BGH 59, 196: Widerspruch 15 Monate nach Beginn und alsbaldiger Unterbrechung der Bautätigkeit ist rechtzeitig). **e) Rechtsfolgen. aa) Duldungspflicht** des benachbarten Eigentümers, I (Erweiterung in § 916; möglich kraft nachbarrechtlichen Gemeinschaftsverhältnisses, BGH NJW-RR 09, 25). Recht auf Duldung ist wesentlicher Bestandteil des Stammgrundstücks (RG 160, 181) und nicht eintragungsfähig. Ausübung des Rechts kann vertraglich ausgeschlossen werden, mit dinglicher Wirkung nur bei Eintragung einer Grunddienstbarkeit auf dem Stammgrundstück (LM Nr 9). **bb) Eigentümer** des ganzen Gebäudes ist wie beim rechtmäßigen Überbau (Rn 1) der Überbauende (BGH NJW-RR 89, 1040). Eigentümer des überbauten Grundstücks bleibt der Nachbar, vgl § 915 (BGH 64, 274). Aufstockung ist unzulässig (BGH 64, 276 ff gegen 41, 181), Abriss zulässig (BGH 105, 205 f). **cc) Überbaurente, II,** ist die Entschädigung für die Duldungspflicht gem I. Rentenpflicht entsteht mit Grenzüberschreitung (vgl RG 160, 181); dieser Zeitpunkt ist auch für die Rentenhöhe entscheidend, II 2. Zur Bemessung BGH NJW 97, 296 f Rentenrecht ist nicht eintragungsfähig, § 914 II 1, und als reallastähnliches Recht (§ 914 III) wesentlicher Bestandteil des Nachbargrundstücks, § 96 (RG 160, 181). Rang und Erlöschen: § 914 I. Zur Zahlungsweise § 913. **dd) Ansprüche aus §§ 823 ff** wegen des Überbaus gegen den Überbauenden, nicht gegen Dritte (Bauunternehmer usw), sind ausgeschlossen, soweit §§ 912 ff eingreifen (BGH 97, 295).

3. Der unentschuldigte Überbau. Der Nachbar kann Beseitigung verlangen, § 1004 (nicht bei Rechtsmissbrauch: BGH NJW 03, 3622). Der grenzüberschreitende Gebäudeteil wird vertikal geteilt (BGH NJW 85, 790 f, hM). Ferner kann Nachbar Herausgabe des Besitzes am Überbau verlangen (BGH NJW 11, 1070 f [auch nach Verjährung des Anspruchs aus § 1004]).

4. Sonstiges. §§ 912 ff gelten entspr gem § 916; ferner bei **ursprünglichem Eigengrenzüberbau,** dh *beide* Grundstücke gehören zZ des Überbaus demselben Eigentümer, später wird eines veräußert (BGH 110, 300 mN), ebenso beim **nachträglichen** (*ein* Grundstück wird bebaut, später durch den Bau hindurch geteilt, ein Teil wird veräußert) vgl BGH 64, 335 ff; 105, 203 f; NJW 02, 54 f; sa NJW 08, 1811; bei Überbauung der **Grenzabstandslinie** (BGH NJW 04, 1801; Köln NJW-RR 03, 376, je mN); bei Beeinträchtigung einer **Dienstbarkeit** (zB Wegerecht) durch Errichtung eines Gebäudes (ohne Überbau) auf dem belasteten Grundstück (BGH 39, 7 ff; sa NJW 08, 3124; Folge ua: Beseitigungsanspruch ausgeschlossen, §§ 1027, 1004 II). Sa BGH 97, 293 ff (Gebäudeneigung).

§ 913 Zahlung der Überbaurente

(1) **Die Rente für den Überbau ist dem jeweiligen Eigentümer des Nachbargrundstücks von dem jeweiligen Eigentümer des anderen Grundstücks zu entrichten.**

(2) **Die Rente ist jährlich im Voraus zu entrichten.**

§ 914 Rang, Eintragung und Erlöschen der Rente

(1) [1]**Das Recht auf die Rente geht allen Rechten an dem belasteten Grundstück, auch den älteren, vor.** [2]**Es erlischt mit der Beseitigung des Überbaus.**

§§ 915–917

(2) ¹Das Recht wird nicht in das Grundbuch eingetragen. ²Zum Verzicht auf das Recht sowie zur Feststellung der Höhe der Rente durch Vertrag ist die Eintragung erforderlich.

(3) Im Übrigen finden die Vorschriften Anwendung, die für eine zugunsten des jeweiligen Eigentümers eines Grundstücks bestehende Reallast gelten.

1   Vgl § 912 Rn 9 (cc). Zu I 2 BGH 105, 204. Zum Verzicht (II 2) BayObLG NJW-RR 98, 1389.

§ 915 Abkauf

(1) ¹Der Rentenberechtigte kann jederzeit verlangen, dass der Rentenpflichtige ihm gegen Übertragung des Eigentums an dem überbauten Teil des Grundstücks den Wert ersetzt, den dieser Teil zur Zeit der Grenzüberschreitung gehabt hat. ²Macht er von dieser Befugnis Gebrauch, so bestimmen sich die Rechte und Verpflichtungen beider Teile nach den Vorschriften über den Kauf.

(2) Für die Zeit bis zur Übertragung des Eigentums ist die Rente fortzuentrichten.

1   Recht auf **Abkauf** (Grundabnahme) steht nur dem duldungspflichtigen Eigentümer (§ 912 Rn 9 [aa]) zu. Ausübung durch einseitige formlose Erklärung. Erfüllung gem § 925. Wertersatz als „Kaufpreis"; § 435 gilt, § 442 nicht. Recht auf Abkauf verjährt nicht, § 924; nach Ausübung verjährt es gem Kaufrecht, I 2.

§ 916 Beeinträchtigung von Erbbaurecht oder Dienstbarkeit

Wird durch den Überbau ein Erbbaurecht oder eine Dienstbarkeit an dem Nachbargrundstück beeinträchtigt, so finden zugunsten des Berechtigten die Vorschriften der §§ 912 bis 914 entsprechende Anwendung.

§ 917 Notweg

(1) ¹Fehlt einem Grundstück die zur ordnungsmäßigen Benutzung notwendige Verbindung mit einem öffentlichen Wege, so kann der Eigentümer von den Nachbarn verlangen, dass sie bis zur Hebung des Mangels die Benutzung ihrer Grundstücke zur Herstellung der erforderlichen Verbindung dulden. ²Die Richtung des Notwegs und der Umfang des Benutzungsrechts werden erforderlichenfalls durch Urteil bestimmt.

(2) ¹Die Nachbarn, über deren Grundstücke der Notweg führt, sind durch eine Geldrente zu entschädigen. ²Die Vorschriften des § 912 Abs. 2 Satz 2 und der §§ 913, 914, 916 finden entsprechende Anwendung.

Lit: Säcker/Paschke NJW 81, 1009.

1   1. **Voraussetzungen, I 1. a) Grundstück,** vgl Rn 2 vor § 90. **b) Öffentl Weg:** Maßgebend ist primär Landesrecht. **c) Ordnungsmäßige Benutzung** bestimmt sich nach den im Einzelfall obj gegebenen Bedürfnissen praktischer Wirtschaft, wobei Benutzungsart, Größe und Umgebung des Grundstücks zu berücksichtigen sind (Parkplatzzufahrt bei Wohngrundstück scheidet idR aus, BGH 75, 317 ff; Saarbrücken NJW-RR 02, 1385, str). Benutzung muss öffentl rechtl zulässig sein
2   (Schleswig MDR 11, 974). **d) Notwendig** ist die Verbindung, wenn erst sie die ordnungsmäßige Benutzung (Rn 1 [c]) erlaubt; ebenso, wenn vorhandene Verbindung für ordnungsmäßige Benutzung unzulänglich (BGH NJW 06, 3427). Strenger

Titel 1. Inhalt des Eigentums §§ 918, 919

Maßstab für „Notwendigkeit" zur ordnungsmäßigen Benutzung (BGH 75, 319; NJW 06, 3427). **e) Verbindung** zum öffentl Weg muss nicht selbst ein Weg sein 3 (Not„weg" daher irreführend). Bsp: Versorgungsleitungen, insbes unterirdische Abwasserkanäle, Wasser- und Gasrohre, Strom- und Nachrichtenkabel (vgl BGH 79, 308 f). Dieses **Notleitungsrecht** folgt direkt aus I 1 (so BGH 79, 309), nicht nur analog (so aber BGH NJW 91, 176 f, um landesges Regelungen zu retten). Bundesrechtl Sondervorschriften zB AVBWasserV, NAV, TKG schließen § 917 aus (BGH MDR 12, 459). **f) Verlangen** der Duldung durch den Eigentümer (BGH 4 NJW 90, 2556) oder Erbbauberechtigten (BGH 94, 162; hM). Bloßer Besitz ungenügend (BGH NJW-RR 06, 1161).

2. Rechtsfolgen. Mit dem Verlangen (Rn 4) entsteht die **Pflicht zur Duldungs** 5 (nicht zur Herstellung oder Unterhaltung, arg I 1 aE) und zugleich zum Ausgleich dieser ges Eigentumsbeschränkung das **Rentenrecht** (BGH 113, 34 f). Der Anspruch auf Duldung verjährt nicht, § 924. Inhaltliche Konkretisierung der Pflicht durch Vereinbarung, notfalls Urteil, I 2; duldungspflichtige Miteigentümer sind materiellrechtlich notwendige Streitgenossen (BGH NJW 84, 2210 mN). Schutz des Benutzungsrechts entspr § 1004. Besitzschutz mangels Sachherrschaft nur entspr § 1029 (str, vgl LM Nr 12/13). Eigentümer kann entspr § 1023 I 1 HS 1 Verlegung der Verbindung fordern, Kostentragung uU entspr § 1023 I 1 HS 2 (BGH 79, 309 ff).

§ 918 Ausschluss des Notwegrechts

(1) **Die Verpflichtung zur Duldung des Notwegs tritt nicht ein, wenn die bisherige Verbindung des Grundstücks mit dem öffentlichen Wege durch eine willkürliche Handlung des Eigentümers aufgehoben wird.**

(2) ¹**Wird infolge der Veräußerung eines Teils des Grundstücks der veräußerte oder der zurückbehaltene Teil von der Verbindung mit dem öffentlichen Wege abgeschnitten, so hat der Eigentümer desjenigen Teils, über welchen die Verbindung bisher stattgefunden hat, den Notweg zu dulden.** ²**Der Veräußerung eines Teils steht die Veräußerung eines von mehreren demselben Eigentümer gehörenden Grundstücken gleich.**

Wer bestehende Verbindung willkürlich, dh freiwillig und nicht zwecks ord- 1 nungsmäßiger Grundstücksbenutzung unter Beachtung der Interessen des Nachbarn, aufgibt, erwirbt kein Benutzungsrecht iSv § 917 I, BGH NJW 06, 3427 f (verallgemeinerungsfähig: BGH NJW-RR 06, 1161). Bei Veräußerung eines Grundstücks(teils) wird Notwegrecht räumlich begrenzt, **II** (BGH 53, 170 f; München NJW-RR 93, 474 f); keine Verjährung, § 924.

§ 919 Grenzabmarkung

(1) **Der Eigentümer eines Grundstücks kann von dem Eigentümer eines Nachbargrundstücks verlangen, dass dieser zur Errichtung fester Grenzzeichen und, wenn ein Grenzzeichen verrückt oder unkenntlich geworden ist, zur Wiederherstellung mitwirkt.**

(2) **Die Art der Abmarkung und das Verfahren bestimmen sich nach den Landesgesetzen; enthalten diese keine Vorschriften, so entscheidet die Ortsüblichkeit.**

(3) **Die Kosten der Abmarkung sind von den Beteiligten zu gleichen Teilen zu tragen, sofern nicht aus einem zwischen ihnen bestehenden Rechtsverhältnis sich ein anderes ergibt.**

§ 920 Grenzverwirrung

(1) ¹Lässt sich im Falle einer Grenzverwirrung die richtige Grenze nicht ermitteln, so ist für die Abgrenzung der Besitzstand maßgebend. ²Kann der Besitzstand nicht festgestellt werden, so ist jedem der Grundstücke ein gleich großes Stück der streitigen Fläche zuzuteilen.

(2) Soweit eine diesen Vorschriften entsprechende Bestimmung der Grenze zu einem Ergebnis führt, das mit den ermittelten Umständen, insbesondere mit der feststehenden Größe der Grundstücke, nicht übereinstimmt, ist die Grenze so zu ziehen, wie es unter Berücksichtigung dieser Umstände der Billigkeit entspricht.

§ 921 Gemeinschaftliche Benutzung von Grenzanlagen

Werden zwei Grundstücke durch einen Zwischenraum, Rain, Winkel, einen Graben, eine Mauer, Hecke, Planke oder eine andere Einrichtung, die zum Vorteile beider Grundstücke dient, voneinander geschieden, so wird vermutet, dass die Eigentümer der Grundstücke zur Benutzung der Einrichtung gemeinschaftlich berechtigt seien, sofern nicht äußere Merkmale darauf hinweisen, dass die Einrichtung einem der Nachbarn allein gehört.

§ 922 Art der Benutzung und Unterhaltung

¹Sind die Nachbarn zur Benutzung einer der im § 921 bezeichneten Einrichtungen gemeinschaftlich berechtigt, so kann jeder sie zu dem Zwecke, der sich aus ihrer Beschaffenheit ergibt, insoweit benutzen, als nicht die Mitbenutzung des anderen beeinträchtigt wird. ²Die Unterhaltungskosten sind von den Nachbarn zu gleichen Teilen zu tragen. ³Solange einer der Nachbarn an dem Fortbestand der Einrichtung ein Interesse hat, darf sie nicht ohne seine Zustimmung beseitigt oder geändert werden. ⁴Im Übrigen bestimmt sich das Rechtsverhältnis zwischen den Nachbarn nach den Vorschriften über die Gemeinschaft.

§ 923 Grenzbaum

(1) Steht auf der Grenze ein Baum, so gebühren die Früchte und, wenn der Baum gefällt wird, auch der Baum den Nachbarn zu gleichen Teilen.

(2) ¹Jeder der Nachbarn kann die Beseitigung des Baumes verlangen. ²Die Kosten der Beseitigung fallen den Nachbarn zu gleichen Teilen zur Last. ³Der Nachbar, der die Beseitigung verlangt, hat jedoch die Kosten allein zu tragen, wenn der andere auf sein Recht an dem Baume verzichtet; er erwirbt in diesem Falle mit der Trennung das Alleineigentum. ⁴Der Anspruch auf die Beseitigung ist ausgeschlossen, wenn der Baum als Grenzzeichen dient und den Umständen nach nicht durch ein anderes zweckmäßiges Grenzzeichen ersetzt werden kann.

(3) Diese Vorschriften gelten auch für einen auf der Grenze stehenden Strauch.

§ 924 Unverjährbarkeit nachbarrechtlicher Ansprüche

Die Ansprüche, die sich aus den §§ 907 bis 909, 915, dem § 917 Abs. 1, dem § 918 Abs. 2, den §§ 919, 920 und dem § 923 Abs. 2 ergeben, unterliegen nicht der Verjährung.

Titel 2. Erwerb und Verlust des Eigentums an Grundstücken §§ 919–925

Anmerkungen zu den §§ 919–924

1. Abmarkung, § 919. Diese dient zur Kennzeichnung einer festliegenden 1 bekannten Grundstücksgrenze; die **Abgrenzung, § 920,** bezweckt die Ermittlung einer unbekannten Grundstücksgrenze (dazu BGH NJW-RR 08, 611 [ggf Pflicht der Nachbarn zu gegenseitiger Rücksichtnahme auf Grund nachbarlichen Gemeinschaftsverhältnisses]; Koblenz OLGZ 75, 216 ff; BGH NJW-RR 06, 664). Die Ansprüche verjähren nicht, § 924. Zum „vertikalen Eigentum" am stehenden Grenzbaum **(§ 923)** BGH 160, 21 f: zur klageweisen Geltendmachung der Ansprüche aus **§ 923** s § 910 Rn 3.

2. § 921. Dieser gibt Vermutung für gemeinschaftliches Benutzungsrecht bzgl 2 solcher Grenzeinrichtungen, die (nicht notwendig in der Mitte) von der Grenze geschnitten werden (BGH 143, 3 f). Näheres zum Inhalt des Benutzungsrechts in § 922. Praktisch wichtige Grenzeinrichtung ist die **Kommunmauer** (halbscheidige Giebelmauer; BGH NJW 08, 2032; zur Zufahrt s BGH NJW-RR 12, 346). Hier ist zu unterscheiden zwischen der Rechtslage vor und nach dem Anbau, ferner ob entschuldigter (§ 912) oder unentschuldigter Überbau vorliegt. Ie StRoth § 921 Rn 19–53.

Titel 2. Erwerb und Verlust des Eigentums an Grundstücken

§ 925 Auflassung

(1) ¹**Die zur Übertragung des Eigentums an einem Grundstück nach § 873 erforderliche Einigung des Veräußerers und des Erwerbers (Auflassung) muss bei gleichzeitiger Anwesenheit beider Teile vor einer zuständigen Stelle erklärt werden.** ²**Zur Entgegennahme der Auflassung ist, unbeschadet der Zuständigkeit weiterer Stellen, jeder Notar zuständig.** ³**Eine Auflassung kann auch in einem gerichtlichen Vergleich oder in einem rechtskräftig bestätigten Insolvenzplan erklärt werden.**

(2) **Eine Auflassung, die unter einer Bedingung oder einer Zeitbestimmung erfolgt, ist unwirksam.**

1. Allgemeines. a) Nur rechtsgeschäftlichen Erwerb von Grundstückseigen- 1 tum (auch Miteigentum, s § 1008 Rn 2, 3) behandelt § 925. Ergänzungen in § 925a, GBO 20. **b) Andere Erwerbsarten:** kraft Ges (zB § 1922, Umwandlung gem 2 UmwG [BGH NJW-RR 07, 459], Übertragung von Grundeigentum gem BImA-ErrichtungsGes 2 II 1, III 4), durch Staatsakt (zB ZVG 90, BGH 159, 399 f), Buchersitzung (900 I), Aneignung (§§ 927 II, 928 II), Umwandlung einer OHG (KG) in GbR und umgekehrt; Erwerb von Anteilen an Erbengemeinschaft (§ 2033) oder Personengesellschaft mit Grundvermögen (zu letzterer BGH NJW 97, 861; 98, 377; MK/Ulmer/Schäfer § 719 Rn 33; darin kann eine Umgehung von § 311b I 1 [BGH NJW-RR 96, 235 zu § 313 aF] oder eine Steuerumgehung [BFH BB 86, 382] liegen). Zum formfreien Erwerb durch einen Miterben kraft Ausscheidens aller anderen Miterben aus der Erbengemeinschaft („Abschichtung") BGH 138, 10 ff; LG Köln NJW 03, 2993 f; Wesser/Saalfrank NJW 03, 2937 ff.

2. Auflassung, I 1. Das ist Einigung iSv § 873, gerichtet auf Übertragung des 3 Eigentums an einem Grundstück, abgeschlossen zwischen Veräußerer und Erwerber. Sie ist ein dinglicher Vertrag, unterliegt grundsätzlich den allg Regeln über RGeschäfte und ist abstrakt (vgl § 873 Rn 17). IGgs zum Regelfall der Einigung des § 873 ist sie bedingungs- und befristungsfeindlich (Rn 6) sowie formbedürftig (Rn 11–13). **a) Gegenstand** der Auflassung ist das zu übereignende Grundstück. 4 Es ist in der Auflassung zu bezeichnen. IdR geschieht das entspr GBO 28. Soll ein

§ 925

Buch 3. Abschnitt 3. Eigentum

noch nicht vermessener Teil eines Grundstücks (iSv Rn 2 vor § 90) aufgelassen werden, so genügt für § 925 und die Eintragungsbewilligung (s aber § 873 Rn 14) die eindeutige Bestimmbarkeit dieses Teils (BGH 90, 326 f, jetzt stRspr). Die Eintragung muss sich auf ein bestimmtes Grundstück iSv Rn 2 vor § 90 beziehen. – *Irrtümlich falsche Bezeichnung* des Grundstücks ist unschädlich, wenn die Parteien dasselbe meinen (§ 126 Rn 7). Meinen die Parteien verschiedene Grundstücke, so liegt bei Mehrdeutigkeit der Erklärungen versteckter Dissens (§ 155; vgl RG 165,
5 199), bei Eindeutigkeit ein Grund zur Irrtumsanfechtung vor. **b) Für den Inhalt** der Auflassung ist erforderlich und genügend, dass ausdr und unzweideutig der Wille zur Übertragung und zum Erwerb des Eigentums erklärt wird. Die Erklärungen sind auslegungsfähig (RG 152, 192). In wechselbezüglichen formellrechtlichen Erklärungen (zB Bewilligung des Veräußerers, GBO 19, und Antrag des Erwerbers, GBO 13) können sie nur bei Beachtung der Form von I (Rn 11–13) liegen. Zur
6 Angabe der Parteien Rn 9, 10. **c) Bedingte oder befristete Auflassung** ist *unwirksam, II,* um gewillkürten Schwebezustand zu vermeiden. Es gibt kein Grundstückseigentum „auf Zeit" (s aber § 481 I), keinen EV (§ 449 I). Unwirksam ist zB eine Auflassung „für den Fall der Scheidung" (praktischer Ausweg: unbedingte Auflassung, aber keine Ausfertigung oder beglaubigte Abschrift an Parteien vor Rechtskraft des Scheidungsurteils, Wichers SchlHA 80, 124 f) oder in einem unter Widerrufsvorbehalt geschlossenen Prozessvergleich (der Vorbehalt macht den Vergleich – idR aufschiebend: BGH NJW 88, 416 – bedingt; unzutr BVerwG NJW 95, 2180). **Zulässig** sind *Rechtsbedingungen* (Begriff § 158 Rn 6 [c]), zB die Abrede, dass eine gem §§ 1643, 1821 I Nr 1 notwendige familiengerichtl Genehmigung erteilt wird (vgl BayObLG NJW 72, 2131). Zulässig sind Abreden, die wirtschaftlich die Funktion des nach II unzulässigen EV erfüllen sollen: Die Parteien weisen den Notar an, den Eintragungsantrag erst bei Nachweis der Kaufpreiszahlung zu stellen (vgl LM Nr 3; der Antrag selbst ist unbedingt iSv GBO 16 I; zum Nachweis Eckhardt DNotZ 83, 96 ff); das Grundgeschäft wird bzgl der Kaufpreiszahlung bedingt oder befristet geschlossen und der Anspruch auf (Rück-)Auflassung durch Vormerkung gesichert (vgl Ertl Rpfleger 77, 352 Bsp 31; § 883 Rn 9); soll die gestundete Kaufpreisforderung durch eine Hypothek gesichert werden, so können der Antrag auf Eintragung der Eigentumsänderung und auf Eintragung der Hypothek gekoppelt werden (GBO
7 16 II). **d) Auflassung durch Nichteigentümer** ist mit Einwilligung des Eigentümers wirksam (§ 185 I, sa Rn 8), sonst wird sie wirksam nach § 892, durch Genehmigung oder Konvaleszenz (§ 185 II, vgl § 185 Rn 7, 8). Einwilligung und Genehmi-
8 gung sind nur gem GBO 29 I formbedürftig (§ 182 II). **e) Kettenauflassung.** Bevor anerkannt war, dass der Erwerber seine aus der Auflassung erwachsene Anwartschaft als Berechtigter übertragen kann (Rn 18), kam RG 129, 153 (zust BGH 106, 112; NJW 97, 860, 937; sa BFH NJW-RR 01, 519) auf anderem Weg zum ähnlichen Ergebnis (beide Wege vermengt BGH NJW-RR 92, 1180): In der Auflassung soll idR (BGH NJW 97, 937: Auslegungsfrage) die Einwilligung (§ 185 I) des Veräußerers zu einer Auflassung durch den noch nicht eingetragenen Erwerber als Nichtberechtigten an einen Dritten liegen; Zwischeneintragung des Erwerbers sei unnötig (sa BGH 106, 4 f zur Verfügung generell).

9 **3. Beteiligte Personen. a) IdR verschiedene Rechtsträger** auf Veräußerer- und Erwerberseite (Bsp: Übertragung von Erbengemeinschaft auf einen Miterben); denn die Auflassung bezweckt Übertragung des Eigentums (I 1). Bei **Gleichheit der Rechtsträger** ist Auflassung erforderlich, wenn das Eigentum vom einen Sondervermögen auf ein anderes rechtsgeschäftlich übertragen werden soll, sei es mit Wechsel der Eigentumsart (zB bei Umwandlung von Gesamthands- in Bruchteileigentum unter Miterben: BGH 21, 233), sei es ohne ihn (Übertragung bei „Aufteilung" *einer* GbR in *mehrere* personengleiche oder von bestehen bleibender OHG [oder GbR] auf [andere] GbR mit denselben Gesellschaftern, s KG NJW-RR 87,
10 1321 mN). **b) Mehrere Personen auf der Erwerberseite.** Hier muss die Art ihrer Rechtsgemeinschaft in der Auflassung angegeben werden (zB Miteigentum,

Titel 2. Erwerb und Verlust des Eigentums an Grundstücken § 925

Gesamthand), sonst ist die Auflassung unwirksam (hM); zur Grundbuchfähigkeit der (Außen-)GbR s § 899a Rn 1, GBO 47 II, sa Rn 4 vor § 21. Zum Grundstückserwerb von Ehegatten in Gütergemeinschaft BGH 82, 347 ff; BayObLG MDR 83, 763, je mN.

4. Form der Auflassung. a) Vor einer zuständigen Stelle (Rn 14, 15) muss 11 die Auflassung *mündlich* oder auf andere *unmißverständliche Weise* (zB Kopfnicken) erklärt werden (Rostock NJW-RR 06, 1162). Die zuständige Stelle leistet sog passive Assistenz (sa § 1310 I 1); sie muss zur Entgegennahme der Erklärungen bereit sein (RG 132, 409 f; sa BNotO 20 II). **b) Keine Beurkundung** nötig, s I 1 (BGH 12 NJW 92, 1102; 94, 2768; BayObLG NJW-RR 01, 735 f [dort auch zum Nachweis nach GBO 20, 29]). Bei Auflassung in einem *gerichtl Vergleich* (I 3; vgl Rn 15; § 127a Rn 2) – ungenügend: außergerichtl – ist dessen Protokollierung Wirksamkeitsvoraussetzung für den gerichtl Vergleich (BGH 16, 390; 35, 312; hM) und damit für die Auflassung; der gerichtl Vergleich nach ZPO 278 VI 1 wird durch den Feststellungsbeschluss (ZPO 278 VI 2) „protokolliert" (s ZPO 160 III Nr 1, 6), vgl ferner Rn 13. Die Auflassung in einem *Insolvenzplan* (InsO 228 S 1, s Rn 15) gilt erst mit rechtskräftiger Bestätigung des Plans als formgerecht abgegeben (I 3 mit InsO 254 I 1, 2 HS 1). **c) Gleichzeitige Anwesenheit** von Veräußerer und Erwer- 13 ber (sonst ist die Auflassung grundsätzlich gem § 125 nichtig: BGH 29, 9 f). Darin liegt keine Ausnahme von § 128 (unzutr BayObLG WM 83, 1119; StPfeifer 83), da Beurkundung der Auflassung nicht vorgeschrieben ist (Rn 12). Gleichzeitige Anwesenheit ist nicht vorgeschrieben für die Auflassung im Insolvenzverfahren (InsO 254 I 2 HS 1), ebenso wenig für den als Sonderregelung in I 3 ebenfalls genannten gerichtl Vergleich, da ohne Beschränkung auf bestimmte Formen seines Zustandekommens (daher auch für ZPO 278 VI 1, 2 maßgebend; aA Düsseldorf NJW-RR 06, 1610 f; StJ/Leipold § 278 Rn 89); gleichzeitige Anwesenheit ist undurchführbar, wenn die Auflassungserklärung einer Partei durch Urteil erzwungen wird (ZPO 894); die andere muss bei ihrer Erklärung (Rn 11) das rechtskräftige Urteil vorlegen (bei Zug-um-Zug-Verurteilung sind ZPO 894 I 2, 726 zu beachten). Keine *persönliche* Anwesenheit nötig, daher *Vertretung gestattet*. Vollmachtserteilung ist idR formfrei (§ 167 Rn 10), nach GBO 29 I (sa GBO 31) formbedürftig; dasselbe gilt für Genehmigung gem § 177 I. IÜ sind §§ 164 ff voll anwendbar, insbes § 181.

5. Zuständige Stelle, I 1. a) In erster Linie ist das jeder deutsche **Notar** (I 2, 14 BNotO 1 ff, 20 II; kein ausländischer, hM) ohne Bindung an seinen Amtsbezirk (BeurkG 2). Grundbuchamt und AG sind seit dem 1.1.1970 nicht mehr zuständig. **b) Jedes deutsche Gericht, sofern** es in einem Verfahren tätig wird, in dem ein 15 **gerichtl Vergleich** geschlossen werden kann (vgl I 3; Rn 12). Ein solches Verfahren findet auch vor dem VG statt (BVerwG NJW 95, 2179 f mN; str), ferner vor dem Strafgericht im Fall des Privatklage- und Adhäsionsverfahrens (Stuttgart NJW 64, 110 f). Zum gerichtl Vergleich mit Widerrufsvorbehalt Rn 6. Zur rechtskräftigen Bestätigung eines Insolvenzplans durch das Insolvenzgericht Rn 12, 13. **c) Konsularbeamte** s KonsG 19 II 1 Nr 2.

6. Bindung. Die Auflassung ist **bindend** (dh nicht einseitig widerruflich), sobald 16 sie formgerecht iSv Rn 11–13 erklärt ist. § 873 II gilt nicht (aA wohl hM, s § 873 Rn 18).

7. Wirkungen der Auflassung. a) Zum Eigentumsübergang bedarf es noch 17 der Eintragung; vgl § 873 Rn 8, 9, insbes zum Verhältnis von Einigung (Auflassung) und Eintragung. **b) „Anwartschaftsrecht"** des Erwerbers. Hat er auf Grund der 18 bindenden Auflassung (Rn 16) die Eintragung der Eigentumsänderung beantragt (GBO 13), so hat er damit eine Rechtsposition („Anwartschaftsrecht") erlangt, die übertragbar, verpfändbar und pfandbar ist (vgl § 873 Rn 21; abl Habersack JuS 00, 1145 ff: Die Rechtsfigur sei unsicher, also begrifflich kein „Recht", zudem überflüssig). Schon vor der Antragstellung steht dem Erwerber nach hM (aA BGH

Berger 1413

§§ 925a, 926

106, 111 f) ein übertragbares und (ver-)pfändbares Vermögensrecht zu, das erst durch die Antragstellung zum Anwartschaftsrecht erstarken soll (MK/Kanzleiter 35–37 mN). Von der Übertragung usw dieser Rechtspositionen ist die Übertragung usw des Anspruchs auf Eigentums- und Besitzverschaffung (§ 433 I), sog Auflassungsanspruch, zu unterscheiden (s BGH 89, 44 f; zur [Ver-] Pfändung Hoche NJW 55, 161 ff; Ludwig DNotZ 92, 339 ff; § 1274 Rn 2, 3; § 1287 Rn 3; zum Erlöschen § 873 Rn 20). **c) Keine Verfügungsbeschränkung** auf Grund bindender Auflassung (§ 873 Rn 18 [b]). Daher führt die Auflassung an einen Dritten und dessen Eintragung zum Eigentumserwerb des Dritten. Dagegen sichert den ersten Auflassungsempfänger zuverlässig nur eine Vormerkung (ie § 873 Rn 20; § 883 Rn 1, 15).

20 **d) Weitere Wirkungen:** § 311b I 2 (s aber § 888 Rn 8); § 518 II (bei Erwerb eines Anwartschaftsrechts iSv Rn 18).

21 **8. Sonstiges.** Fehlt eine notwendige **behördliche Genehmigung**, so ist die Auflassung schwebend unwirksam (vgl § 182 Rn 7; sa BGH WM 67, 703). Bsp: §§ 1643 I, 1821 I Nr 1; GrdstVG 2 (betr land- und forstwirtschaftliche Grundstücke; aber sa GrdstVG 7 III mit BGH NJW 81, 1958); BauGB 51; GVO 2. – **Unbedenklichkeitsbescheinigung des Finanzamts** (GrEStG 22) ist keine Wirksamkeitsvoraussetzung der Auflassung.

§ 925a Urkunde über Grundgeschäft

Die Erklärung einer Auflassung soll nur entgegengenommen werden, wenn die nach § 311b Abs. 1 Satz 1 erforderliche Urkunde über den Vertrag vorgelegt oder gleichzeitig errichtet wird.

1 § 925a soll die Beachtung der Formvorschrift des § 311b I 1 durchsetzen. Die Bestimmung ist eine reine Verfahrensvorschrift, ihre Nichtbeachtung macht die Auflassung nicht unwirksam.

§ 926 Zubehör des Grundstücks

(1) ¹**Sind der Veräußerer und der Erwerber darüber einig, dass sich die Veräußerung auf das Zubehör des Grundstücks erstrecken soll, so erlangt der Erwerber mit dem Eigentum an dem Grundstück auch das Eigentum an den zur Zeit des Erwerbs vorhandenen Zubehörstücken, soweit sie dem Veräußerer gehören.** ²**Im Zweifel ist anzunehmen, dass sich die Veräußerung auf das Zubehör erstrecken soll.**

(2) **Erlangt der Erwerber auf Grund der Veräußerung den Besitz von Zubehörstücken, die dem Veräußerer nicht gehören oder mit Rechten Dritter belastet sind, so finden die Vorschriften der §§ 932 bis 936 Anwendung; für den guten Glauben des Erwerbers ist die Zeit der Erlangung des Besitzes maßgebend.**

1 **1. Allgemeines.** Der Erwerber erlangt mit dem Grundstück rechtsnotwendig (§ 93) auch an dessen wesentlichen Bestandteilen Eigentum. Unwesentliche Bestandteile erwirbt er ebenfalls ohne weiteres, sofern sie dem Veräußerer gehören; sonst Erwerb nach §§ 932 ff. Für den Erwerb von Zubehör gibt § 926 Sondervorschriften. Zum Grundgeschäft: § 311c.

2 **2. Zubehör.** Für bewegliche Sachen, die zZ des Eigentumserwerbs am Grundstück dessen **Zubehör** (§§ 97, 98) sind und dem Veräußerer gehören, erleichtert **I 1** die Eigentumsverschaffung, um die wirtschaftliche Einheit von Grundstück und Zubehör zu erhalten: Übergabe(ersatz) ist entbehrlich; die allein notwendige Einigung iSv § 929 muss sich auf jedes zu übereignende Zubehörstück beziehen (Spezialitätsgrundsatz, vgl § 929 Rn 5). IZw ist das Zubehör mit veräußert, **I 2**. Die Parteien

Titel 2. Erwerb und Verlust des Eigentums an Grundstücken §§ 927, 928

können statt nach I 1 ausschließlich nach §§ 929 ff übereignen (daher EV, § 449 I, möglich).

3. Erwerb vom Nichtberechtigten und lastenfreier Erwerb, II. a) Veräußererfremdes Zubehör kann nur gem §§ 932–935, nicht nach I erworben werden, vgl II HS 1; I 2 ist unanwendbar (Düsseldorf OLGZ 93, 74 ff mN). Für die Bösgläubigkeit (vgl § 932 I 1, II), nicht für die Gutgläubigkeit (wie II HS 2 formuliert), ist die Zeit der Besitzerlangung maßgebend, bei § 932 I 2 die Zeit der Auflassung, bei § 934 Fall 1 die der Abtretung. **b) Veräußereigenes Zubehör,** das mit dem Recht eines Dritten belastet ist, kann nach I übereignet werden. Lastenfreier Erwerb gem § 936 setzt Besitzerlangung voraus, II HS 1. Zum Zeitpunkt der Bösgläubigkeit (II HS 2) vgl Rn 3. 3

4

§ 927 Aufgebotsverfahren

(1) ¹Der Eigentümer eines Grundstücks kann, wenn das Grundstück seit 30 Jahren im Eigenbesitz eines anderen ist, im Wege des Aufgebotsverfahrens mit seinem Recht ausgeschlossen werden. ²Die Besitzzeit wird in gleicher Weise berechnet wie die Frist für die Ersitzung einer beweglichen Sache. ³Ist der Eigentümer im Grundbuch eingetragen, so ist das Aufgebotsverfahren nur zulässig, wenn er gestorben oder verschollen ist und eine Eintragung in das Grundbuch, die der Zustimmung des Eigentümers bedurfte, seit 30 Jahren nicht erfolgt ist.

(2) Derjenige, welcher den Ausschließungsbeschluss erwirkt hat, erlangt das Eigentum dadurch, dass er sich als Eigentümer in das Grundbuch eintragen lässt.

(3) Ist vor dem Erlass des Ausschließungsbeschlusses ein Dritter als Eigentümer oder wegen des Eigentums eines Dritten ein Widerspruch gegen die Richtigkeit des Grundbuchs eingetragen worden, so wirkt der Ausschließungsbeschluss nicht gegen den Dritten.

1. Allgemeines. Grundstücksbesitz allein führt nicht zur Ersitzung eines Grundstücksrechts, insbes nicht des Eigentums. § 927 eröffnet den Weg zur sog *Kontratabularersitzung* (zur sog Buchersitzung vgl § 900). 1

2. Voraussetzungen des Eigentumserwerbs. a) Eigenbesitz (§ 872) durch 30 Jahre. Fristberechnung gem §§ 938–944: I 2. **b) Keine Eintragung** des Eigentümers oder die Eintragung eines Nichteigentümers. **c) Ist der verstorbene Eigentümer** noch eingetragen, so darf – zusätzlich zu a – seit 30 Jahren keine Grundbucheintragung erfolgt sein, die der Zustimmung des (jeweiligen, hM) Eigentümers bedurfte. Gleiches gilt, wenn der Eingetragene verschollen ist; Todeserklärung des Verschollenen entbehrlich. **d) Erlass eines Ausschließungsbeschlusses** (vgl FamFG 442–445), wodurch das Grundstück herrenlos wird und der klagende Eigenbesitzer ein Aneignungsrecht erwirbt. **e) Eintragung** des Aneignungsberechtigten (Rn 2 [d]) im Grundbuch führt zum Eigentumserwerb, II. Eintragung eines Dritten vor Erlass des Ausschließungsbeschlusses (III) hindert die Eintragung des Ausschließungsantragstellers. Kein Eintragungshindernis ist die zwischenzeitliche Eintragung eines Widerspruchs; der Widerspruchsberechtigte verliert sein Recht nicht durch den Ausschließungsbeschluss. Belastungen des Eigentümers werden durch § 927 nicht berührt. 2

§ 928 Aufgabe des Eigentums, Aneignung des Fiskus

(1) Das Eigentum an einem Grundstück kann dadurch aufgegeben werden, dass der Eigentümer den Verzicht dem Grundbuchamt gegenüber erklärt und der Verzicht in das Grundbuch eingetragen wird.

(2) ¹Das Recht zur Aneignung des aufgegebenen Grundstücks steht dem Fiskus des Landes zu, in dem das Grundstück liegt. ²Der Fiskus erwirbt das Eigentum dadurch, dass er sich als Eigentümer in das Grundbuch eintragen lässt.

1 1. **Allgemeines.** Zur Aufhebung eines Grundstücksrechts im allg vgl § 875 mit Anm.

2 2. **Voraussetzungen** für die Aufgabe des Grundstückseigentums, I. Nicht anwendbar auf Miteigentumsanteile, dafür §§ 741 ff, BGH 172, 213; aA Kanzleiter NJW 96, 905 ff: wahlweise § 749 oder § 928, gegen ihn Düsseldorf NJW-RR 01, 233. a) **Verzichtserklärung** des Eigentümers gegenüber dem Grundbuchamt. Die Erklärung ist bedingungs- und befristungsfeindlich (entspr § 925 II), unwiderruflich (§§ 875 II, 130 I, III), materiellrechtlich formfrei, formellrechtlich ist GBO 29 zu beachten. § 878 gilt entspr. b) **Eintragung** der Verzichtserklärung in das Grundbuch (dazu GBV 9 Buchst d); vgl BayObLG Rpfleger 83, 308.

3 3. **Wirkungen.** a) **Herrenlosigkeit** des Grundstücks auf Grund Verzichtserklärung und Eintragung. b) **Grundstücksbelastungen bleiben** bestehen (daher gilt § 876 nicht). c) **Alleiniges Aneignungsrecht** für den Fiskus des Bundeslandes, II 1 (verzichtbar; nach Verzicht ist jedermann aneignungsberechtigt, BGH 108, 282; Bsp: BVerwG NJW 03, 2255). Der Aneignungsberechtigte erwirbt mit seiner Eintragung im Grundbuch Eigentum, II 2. Das ist originärer Erwerb, daher § 892 unanwendbar (zB bleibt eine zu Unrecht gelöschte Belastung bestehen, s § 892 Rn 8).

Titel 3. Erwerb und Verlust des Eigentums an beweglichen Sachen

Vorbemerkungen

1 1. **Anwendungsbereich.** Der Titel 3 betrifft **bewegliche Sachen** (Begriff Rn 3 vor § 90; § 90a Rn 1). Dazu gehören auch nichtwesentliche Bestandteile eines Grundstücks (für wesentliche vgl §§ 93, 94) sowie Scheinbestandteile (§ 95).

2 2. **Erwerb des Eigentums.** Er ist im BGB nicht abschließend geregelt. Es gibt Erwerb a) **durch RGeschäft**, sog Übertragung (Titel 3. Untertitel 1: §§ 929–936); b) **durch Ges** (dazu gehören die Erwerbsfälle des Titels 3 (Untertitel 2–6: §§ 937–984), ferner zB § 582a II 2, 585 II, 1048 I 2 HS 2, II, 1922); c) **durch Staatsakt**, zB Versteigerung gepfändeter Sachen oder deren gerichtl Zwangsüberweisung gem ZPO 825 (vgl Jauernig/Berger § 18 Rn 15, 17, 28), Zuschlag in der Zwangsverstei-
3 gerung bzgl beschlagnahmten Grundstückszubehörs (ZVG 90 II, 55). d) Nach hM erleichtert § 1006 den **Beweis des Erwerbs.**

4 3. **Eigentumsverlust.** Der **Verlust des Eigentums** ist im BGB weder gesondert hervorgehoben noch abschließend geregelt. Er tritt ein durch a) **völlige Vernichtung** der Sache; b) **Herrenloswerden** (§§ 959, 960 II, III, 961); c) **Eigentumserwerb eines anderen.** – Durch bloßen Zeitablauf tritt kein Eigentumsverlust ein, auch nicht bei der Ersitzung (vgl Rn 2 vor § 937).

Untertitel 1. Übertragung

§ 929 Einigung und Übergabe

¹Zur Übertragung des Eigentums an einer beweglichen Sache ist erforderlich, dass der Eigentümer die Sache dem Erwerber übergibt und beide darüber einig sind, dass das Eigentum übergehen soll. ²Ist der Erwerber im

Titel 3. Erwerb und Verlust des Eigentums an beweglichen Sachen § 929

Besitz der Sache, so genügt die Einigung über den Übergang des Eigentums.

1. Allgemeines zu §§ 929–931. a) Der rechtsgeschäftliche Eigentumserwerb ist ihr Gegenstand. Zum rechtsgeschäftlichen Erwerb vom Nichteigentümer § 932 Rn 1, 3–6. **b) Erwerbsvoraussetzungen** sind stets die dingliche *Einigung* über den Eigentumsübergang (iE Rn 4–7) und grundsätzlich die *Übergabe* der Sache (S 1). Im Regelfall gilt also das *Traditionsprinzip,* doch wird es häufig durchbrochen: Die Übergabe kann gem §§ 930, 931 ersetzt werden; gem S 2, § 926 I 1 und in den Fällen § 931 Rn 10 genügt schlichte Einigung. Erst Einigung und – soweit nötig – Übergabe(ersatz) zusammen bewirken den Eigentumsübergang. **c) Trennungs- und Abstraktionsprinzip.** Die stets erforderliche Einigung ist von dem idR zugrundeliegenden Verpflichtungsgeschäft getrennt (Rn 12 vor § 854); das gilt auch, wenn Verpflichtungsgeschäft und Einigung iSv S 1 äußerlich zusammenfallen wie beim sog Handkauf. Die dingliche Einigung ist gegenüber dem Rechtsgrundgeschäft, zB Kauf, abstrakt (zur Bedeutung und Durchbrechung des *Abstraktionsprinzips* Rn 13–16 vor § 854). 1

2

3

2. Einigung. a) Sie ist ein dinglicher Vertrag über den Übergang des Eigentums (BGH 28, 19). Schlüssige Erklärungen genügen; Bsp: beim *Versandgeschäft* die Zusendung der Ware und ihr Behalten als Eigentum (RG 108, 27 f; das Aufstellen eines *Warenautomaten* enthält die Einigungsofferten des Aufstellers an jedermann (ad incertas personas) über Kauf und Eigentumsübertragung der Automatenware, beide bedingt durch Vorhandensein von Ware, Funktionieren des Automaten und Einwerfen des richtigen Geldbetrags (Einwurf ist als doppelte Annahmeerklärung zu werten); zum *Selbstbedienungsladen* § 145 Rn 3, 7. Die Übergabe ist nicht Bestandteil der Einigung; gleiches gilt für den Übergabeersatz (§§ 930, 931). Daher weist die Eigentumsübertragung als *Verfügung* (Rn 10 vor § 104) idR (Rn 2) einen *Doppeltatbestand* von gestreckten Erwerbstatbestand auf: Einigung und Übergabe (-ersatz). Die *Verfügungsbefugnis* muss zZ des letzten Tatbestandsstücks vorliegen, also zZ der Übergabe, wenn die Einigung vorausgeht (BGH NJW 97, 1858). Verfügungsbefugt ist idR der Eigentümer (§ 873 Rn 17 [a, b] gilt entspr; Scheinberechtigung kann sich aus §§ 932–934 ergeben). **b) Ihr Gegenstand** muss eine bestimmte Sache sein, *Spezialitäts-* oder *Bestimmtheitsgrundsatz* (BGH 28, 19 f; NJW 94, 134); bloße Bestimmbarkeit soll nicht genügen (zur Problematik § 930 Rn 16, 46, 47). Jedenfalls ist die Einigung, ein „Warenlager", ein „Unternehmen" oder einen nicht eindeutig abgegrenzten Teil einer größeren Menge zu übereignen, unwirksam. **c) Keine Form** erforderlich. **d) Die Einigung vor Übergabe** ist zwar wirksam, aber bis zur nachfolgenden Übergabe *nicht bindend,* dh einseitig widerrufbar (BGH 27, 367; NJW 79, 214; hM. – AA Westermann § 38, 4). Grund: Wortlaut von S 1 („einig sind": RG 109, 203) und Umkehrschluss aus § 873 II (RG 135, 367). Für das Fortbestehen der Einigung noch zZ Übergabe spricht eine „tatsächliche Vermutung" iSd Anscheinsbeweises (aA AnwKomBGB/Schilken 33), keine Vermutung iSv ZPO 292 (Baumgärtel II Rn 2); das meinen wohl auch RG 135, 367; BGH NJW 92, 1163 mN. **e) Bedingte oder befristete** Einigung ist zulässig. Hauptfall: EV (Rn 25 ff). Auch iU gelten die allg Vorschriften über RGeschäfte, zB Stellvertretung (Rn 21–24), Geschäftsfähigkeit, Willensmängel. **f) Einigung zgDr** entspr § 328 ist unzulässig (§ 873 Rn 12). **g) Abstraktheit:** Rn 3. 4

5

6

7

3. Übergabe, S 1. a) Grundgedanke: Der Eigentümer muss jeden Besitz verlieren (wenn er ihn hatte!), der Erwerber muss auf Veranlassung des Eigentümers durch diesen unmittelbaren oder mittelbaren Eigenbesitz (§ 872) erlangen (zur „Aufweichung" des Grundgedankens s Rn 13–17). Ist der Besitz nicht „zwecks Eigentumsverschaffung" erlangt, so fehlt die Einigung, nicht die Übergabe (StWiegand 85–88; aA Martinek AcP 188, 582 f, hM). Die Übertragung des mittelbaren Besitzes (§ 870) ist keine Übergabe iSv S 1, arg § 931 (vgl RG 137, 25 ff); ebenso wenig die Einräumung von Mitbesitz durch den veräußernden Eigentümer (BGH NJW 79, 8

Berger 1417

§ 929

715; s aber auch § 1008 Rn 2 [b]). Die Übergabe nach S 1 ist *Realakt*, Ausnahme § 854 II (Rn 18). Zur Besitzerlangung durch gestattete Wegnahme § 858 Rn 4.

9 **b) Einfachster und häufigster Fall** der Übergabe: Der Eigentümer verschafft dem Erwerber den unmittelbaren Besitz, Dritte sind nicht beteiligt (§ 854 Rn 11).

10 **c) Überträgt oder erwirbt ein Besitzdiener** (§ 855) die tatsächliche Gewalt entspr einer Weisung seines Besitzherrn, so wird ebenfalls der unmittelbare Besitz vom Besitzherrn verschafft oder erworben (§ 855 Rn 3, 4 [aa]; RG 137, 25). Gleiches gilt, wenn der Eigentümer seinen Besitzdiener anweist, nunmehr die tatsächliche Gewalt für den Erwerber als Besitzherrn auszuüben, und mit dessen Einverständnis so verfahren wird; ebenso liegt es, wenn der Eigentümer selbst nunmehr als Besitz-

11 diener des Erwerbers für diesen die tatsächliche Gewalt ausübt. **d) Bei Veräußerung an den Besitzdiener** des Eigentümers durch diesen muss zur Einigung die Übergabe treten (S 1; schlichte Einigung, S 2, genügt nicht, str). Übergabe nach

12 § 854 II (Rn 18) möglich. **e) Einschaltung von Besitzmittlern.** Übergabe liegt vor, wenn die Sache auf Weisung des veräußernden Eigentümers *durch* dessen Besitzmittler an den Erwerber oder/und auf Weisung des Erwerbers *an* dessen Besitzmittler übergeben wird (BGH NJW 86, 1167). Gleiches gilt, wenn der Besitzmittler des Eigentümers auf dessen Weisung mit dem Erwerber ein Besitzmittlungsverhältnis vereinbart und damit das bisher zum Eigentümer bestehende endet (vgl § 868

13 Rn 9 [bb]), BGH 92, 287 f mN; aA Martinek AcP 188, 587 mN. **f) Geheiß des Veräußerers.** Für eine Übergabe genügt es, wenn der unmittelbare Besitzer, der kein Besitzmittler des veräußernden Eigentümers ist (dieser ist besitzlos, Unterschied zu Rn 12), dem Erwerber auf Geheiß des Veräußerers (Eigentümers) den Besitz verschafft. Für die Art und Weise der Besitzerlangung durch den Erwerber gelten Rn 10, 12, 14–17 entspr. Vgl Baur § 51 Rn 15 mN; Wadle JZ 74, 693; BGH 36, 60 f; NJW 73, 142; unklar BGH NJW 79, 2037. Liegt in Wahrheit kein Geheiß vor, so geht entspr den Vorstellungen der Parteien das Eigentum erst über, wenn der Erwerber vom Dritten Besitz erlangt (schlichte Einigung, § 931 Rn 10, genügt

14 hier nicht). **g) Geheiß des Erwerbers.** Nach verbreiteter Ansicht liegt auch ohne Besitzerlangung iSv Rn 9–13 eine Übergabe an den Erwerber vor, wenn die Sache auf Geheiß des Erwerbers für ihn vom Eigentümer an einen vom Erwerber benannten Dritten ausgehändigt wird, der weder Besitzdiener noch Besitzmittler des Erwerbers ist (Unterschied zu Rn 12). Das Geheiß muss wirklich vorliegen (§ 932 Rn 15).

15 **aa) Diese Durchbrechung des Traditionsprinzips** will Baur (§ 51 Rn 17) so vermeiden, dass er die Einräumung der Weisungsbefugnis durch den Eigentümer an den Erwerber als Vereinbarung eines Besitzmittlungsverhältnisses zwischen beiden qualifiziert. Doch der Eigentümer besitzt nicht „für" den Erwerber (was § 868

16 voraussetzt: § 872 Rn 1). **bb) Jedenfalls bei Veräußerungsketten** *(Streckengeschäft, Direktlieferung)* bejaht der BGH (NJW 74, 1133 f; 86, 1166 f, je mN) eine Übergabe „in der Kette". Bsp: V liefert auf Geheiß seines Käufers K an D. Eine Übereignung V – D wäre rechtstechnisch problemlos, doch scheidet sie aus, da V idR nicht weiß, ob D überhaupt oder ohne weiteres Eigentum erlangen soll (K hat zB die Sache an D vermietet oder unter EV verkauft, vgl BGH NJW 86, 1166). Soll D Eigentum erwerben, so kann das im Weg des *Durchgangserwerbs* V – K – D geschehen, wobei K gleichzeitig als Erwerber (von V) und Veräußerer (an D) auftritt. Hier ist die Einigung V – K problemlos. Die Einigung K – D erfolgt mit Kaufabschluss, also vor der Übergabe, daher antizipiert (Folge: Rn 6 [d]). Die Lieferung der Sache von V an D ist eine doppelte Übergabe: von V an K auf dessen Geheiß als Erwerber (Folge: Eigentumserwerb des K) wie von K auf D auf Geheiß des K als Veräußerer (Folge: Eigentumserwerb des D von K: Durchgangserwerb). K hat als Berechtigter verfügt, da er erst mit der Übergabe K – D „verfügt" hat (Rn 4) und in diesem Zeitpunkt Berechtigter war (sa den Fall § 930 Rn 17). Ein Erwerb des D gem § 185 II 1 Fall 2 scheidet daher aus (aA v. Caemmerer JZ 63, 587). – Möglich ist im *Direkterwerb* V – D, wenn V in die Übereignung K – D eingewilligt hat, § 185 I (Flume, FS E. Wolf, 1985, S. 63 f); die Übergabe vollzieht sich entspr Rn 13. – Wird D nicht Eigentümer (Grund ist gleich), so muss es K werden. Das ist nur bei

Titel 3. Erwerb und Verlust des Eigentums an beweglichen Sachen § 929

Ablehnung eines Durchgangserwerbs (s o) problematisch. Flume (aaO S 65 f) hilft so, dass V und K sich für den Fall des Nichterwerbs durch D über den Erwerb durch K geeinigt haben (Übergabe an K gem Rn 14–16, uU Rn 11 oder Rn 12). **cc) Außerhalb von Veräußerungsketten** (Rn 16) muss es beim Erfordernis der 17 Übergabe iSv Rn 9–13 bleiben, soll dieses Erwerbserfordernis nicht entgegen dem Ges zur Bedeutungslosigkeit herabsinken (zust Frankfurt/M NJW-RR 86, 471 [s aber BGH 98, 141 ff]; aA der Formulierung nach BGH NJW 73, 142; 74, 1133 f; 99, 425; ausdr offen lassend WM 76, 154; JZ 78, 105). **h) Nur im Fall des § 854 II** 18 ist die Übergabe ein RGeschäft (Rn 8); vgl § 854 Rn 13. Die Einigung nach § 854 II kann wie die nach S 1 vorweggenommen werden; dann geht Eigentum nur über, wenn beide Einigungen noch zZ der Gewalterlangung iSv § 854 II vorliegen (BGH NJW 76, 1540).

4. Entbehrlichkeit der Übergabe, S 2. a) Erforderlich ist Besitz des Erwer- 19 bers (entspr wie nach einer Übergabe iSv Rn 8, vgl BGH 56, 130 f) schon *vor* der Einigung. **b) Übereignung an Besitzmittler** des Veräußerers gem S 2 nur, wenn 20 Veräußerer jeden Besitz verliert (sofern er ihn hatte!). Daher genügt mittelbarer Besitz des Erwerbers nur, wenn Veräußerer keinen Besitz behält, insbes nicht Besitzmittler des Erwerbers wird (BGH 161, 109 mN). **c) Übereignung an Besitzdiener** des Veräußerers (Eigentümers): Rn 11.

5. Eigentumserwerb durch Stellvertretung. a) Gem §§ 164 ff gibt es Stell- 21 vertretung nur als offene und nur für Willenserklärungen. Offene Stellvertretung liegt auch vor bei dem Geschäft für den, den es angeht (§ 164 Rn 4, 5; aA RG 140, 229 [zur Einigung gem S 1]: verdeckte Stellvertretung). Zum Erwerb von 22 Miteigentum an ehelichem Hausrat durch einen **Ehegatten** BGH 114, 79 f (Einigung für den, den es angeht); Leipold, FS Gernhuber, 1993, S 695 ff (aus §§ 1357, 1568b II abgeleitete ges Miterwerbs-Ermächtigung), entspr für **Lebenspartner,** ges Miterwerbsberechtigung abgeleitet aus LPartG 8 II (§ 1357), 19 (§ 1568b II). **b) Möglich** ist Stellvertretung iSv Rn 21 bei der Einigung, der Übergabe gem § 854 II (s dort Rn 13) und der rechtsgeschäftlichen Vereinbarung eines Übergabeersatzes (§§ 930, 931). **c) Übergabe** durch oder an Stellvertreter als solchen ist nicht 23 möglich, weil (und wenn: Rn 8) sie Realakt ist (RG 137, 26). Doch kann auf der Veräußerer- und Erwerberseite ein Dritter die Übergabe vornehmen (vgl Rn 10, 12, 13) und zugleich als Stellvertreter bzgl der Einigung tätig werden. Der Dritte kann sein: **aa) Besitzdiener oder Besitzmittler** (und jeweils Stellvertreter) **des Veräußerers** (Rn 10, 12); **bb) Besitzdiener** (und Stellvertreter) **des Erwerbers** (vgl Rn 10, 13); **cc) Besitzmittler** (und Stellvertreter) **des Erwerbers** (vgl Rn 12, 13; RG 137, 26). Das Besitzmittlungsverhältnis zwischen Drittem und Erwerber kann vereinbart werden, bevor der Dritte Besitz erlangt hat (antizipiertes Besitzkonstitut, § 868 Rn 7). Der Dritte kann es durch gestattetes Insichgeschäft (§ 181), das für einen mit den Verhältnissen Vertrauten erkennbar ist, zustande bringen (RG 140, 230). **dd)** In den Fällen Rn 23 (bb und cc) geht das Eigentum stets vom Veräußerer direkt (dh nicht über den Dritten) auf den Erwerber über: *Direkterwerb*, kein Durchgangserwerb. **d) Bei verdeckter Stellvertretung** (§ 164 Rn 11) auf der 24 Erwerberseite wirkt die Einigung nur zwischen Veräußerer und Vertreter. Wird diesem die Sache übergeben oder ist Übergabe entbehrlich (Rn 2), so erwirbt der Vertreter Eigentum (aber keine Übergabe iSv S 1 an den Vertreter, wenn dieser ein Besitzdiener des Vertretenen ist, vgl Rn 10). Der Vertretene erwirbt erst durch Weiterübertragung gem §§ 929 ff Eigentum vom Vertreter: *Durchgangserwerb* (dazu § 930 Rn 18).

6. Eigentumsvorbehalt (EV). Lit: Serick, EV und Sicherungsübertragung, 25 Bd I 1963, Bd II 1965, Bd III 1970, Bd IV 1976, Bd V 1982, Bd VI 1986; Serick, EV und Sicherungsübertragung. Neue Rechtsentwicklungen, 2. Aufl. 1993; Reinicke/Tiedtke, Kreditsicherung, 5. Aufl 2006, 2. Teil, A, 3. Kapitel; Hj. Weber, Kreditsicherungsrecht, 8. Aufl 2006, §§ 9, 10.

Berger

a) Allgemeines. aa) Anlass und Zweck des EV. Händigt der Verkäufer dem Käufer die gekaufte bewegliche Sache aus, stundet ihm aber den Kaufpreis, so wird er Sicherheit für seine Kaufpreisforderung verlangen. Die Vermögenslage des Käufers bietet sie oft nicht (sonst wäre Stundung vielfach entbehrlich). Personalsicherheiten sind, wenn überhaupt, nur umständlich zu beschaffen (vgl zB § 766 S 1: Formzwang für Bürgschaft). Eine Verpfändung der Kaufsache an den Verkäufer (nach Übereignung an den Käufer) scheidet aus, weil der Käufer die Sache dann nicht nutzen kann (§§ 1205, 1206 Rn 9). Als Sicherungsobjekt, das stets greifbar ist, bietet sich daher nur das Eigentum an der Kaufsache selbst an. Behält sich der Verkäufer das Eigentum bis zur vollständigen Zahlung des Kaufpreises vor, so wird nach der Auslegungsregel des § 449 I („iZw") die Kaufsache aufschiebend bedingt übereignet (der Kaufvertrag ist unbedingt). Erst durch vollständige Zahlung erlangt der VKäufer Eigentum. Bleibt sie ganz oder zT aus, so verstärkt der EV die Stellung des VVerkäufers bei Auflösung des Kaufvertrags, weil der VVerkäufer einen dinglichen Herausgabeanspruch (§ 985) und nicht nur eine bloße Forderung auf Rückübereignung hat, §§ 449 II, 323, 346 I (wichtig ua bei Insolvenz des VKäufers, Rn 41). So gesehen sichert der EV unmittelbar nur das Eigentum an der Kaufsache, lediglich mittelbar wirkt er auf Erfüllung der Kaufpreisforderung hin (ähnlich BGH 34, 198; 70, 98 f; sa Serick V 682). Zu einseitig BGH 54, 219 (sa NJW 08, 1806), wo nur auf die Sicherung der Verkäuferrechte bei Vertragsauflösung abgestellt wird

26 (dagegen zutr BGH 70, 101). **bb) Anwendungsbereich.** EV iSv § 449 I gibt es nur an beweglichen Sachen, nicht an Grundstücken (§ 925 Rn 6). EV ist das häufigste Sicherungsmittel der Warenlieferanten. Daher muss der Rechtsverkehr zumindest bei Veräußerung neu(wertig)er Sachen mit dem Bestehen eines EV rechnen (§ 932 Rn 17).

27 **b) Arten des EV. aa) Einfacher EV.** Hier soll der VKäufer die Kaufsache idR behalten und nicht weiterveräußern. Zahlt er den Kaufpreis, so wird er Eigentümer,
28 der EV erlischt. Hauptfall: VVerkauf an Endverbraucher. **bb) Verlängerung oder/und Erweiterung des EV** sind möglich (zur Terminologie Serick IV 3 ff). **(1) Verlängerter EV.** Ist der VKäufer als Zwischenhändler schon vor Zahlung des Kaufpreises auf Weiterveräußerung angewiesen, so wird der VVerkäufer zwar die Veräußerung gestatten (§ 185; ie Serick I 153 ff). Da aber durch die Weiterveräußerung (oder Verbindung: § 946 Rn 4) der EV hinfällig werden kann (BGH 56, 37), wird der VVerkäufer in der Weise gesichert, dass der VKäufer die künftigen Kaufpreisforderungen gegen seine Abkäufer dem VVerkäufer zur Sicherung abtritt, sog *verlängerter EV mit Vorausabtretungsklausel* (zur Abtretung künftiger Forderungen § 398 Rn 9, 10). Die *Gestattung der Weiterveräußerung* (oder Verbindung, s o) hängt dann von der Wirksamkeit der Vorausabtretung ab (BGH 106, 4; 109, 300; sa NJW 91, 2286). IÜ wird dem VKäufer idR die Weiterveräußerung „im ordentlichen (normalen) Geschäftsverkehr" gestattet (idR nicht SÜ, Verpfändung, Sale-and-Lease-back: BGH 104, 133 ff); ohne Gestattung Erwerb gem § 932, HGB 366 möglich (BGH
29 NJW 89, 896 f). Die Gestattung kann *unterschiedlichen Inhalt* haben. **(a)** Dem **VKäufer** kann **erlaubt** sein, den Abkäufern **unbedingt** zu **übereignen**. Dann erwirbt dieser Eigentum, der VVerkäufer verliert es. An die Stelle der Kaufsache tritt die sicherungshalber im Voraus abgetretene Kaufpreisforderung des VKäufers gegen seinen Abkäufer (BGH 56, 37). Zur Sicherungsabtretung § 398 Rn 14–23, 26–31.

30 **(b)** Dem **VKäufer** kann (nur) **erlaubt** sein, auch seinerseits **unter EV zu verkaufen**. Das kann zweierlei bedeuten. **(aa)** Muss der VKäufer den EV seines VVerkäufers aufdecken und tut er das, so ist Bedingung für den Eigentumserwerb des Abkäufers die Bezahlung der Kaufpreisforderung des VVerkäufers (nicht des VKäufers), sog *weitergeleiteter EV* (Serick I 79 f, 428 f; BGH NJW 91, 2285 f). Er hat keine praktische Bedeutung (s BGH NJW 91, 2286, insbes zur Kombination weitergeleiteter/erweiterter EV in AGB). **(bb)** Muss der VKäufer den EV nicht aufdecken und tut er das auch nicht, verkauft er aber unter Vorbehalt des „eigenen" Eigentums, so sind zwei VVerkäufe mit verschiedenen Bedingungen iSv § 449 I hintereinandergeschaltet, sog *nachgeschalteter EV* (Serick I 80 ff, 429 ff; Bsp BGH NJW 82, 2371 f).

Titel 3. Erwerb und Verlust des Eigentums an beweglichen Sachen **§ 929**

Der Abkäufer erwirbt Eigentum, wenn er seine Kaufpreisschuld dem VKäufer gegenüber voll beglichen hat. Erst dann (nicht schon mit der Weiterveräußerung an den Abkäufer) verliert der VVerkäufer sein Eigentum (BGH 56, 37 f), ferner dann, wenn die Kaufpreisschuld des VKäufers vollständig bezahlt wird. – Zum verlängerten EV mit *Verarbeitungsklausel* vgl § 950 Rn 6–8. – Zum Zusammentreffen von verlängertem EV und *Globalzession* vgl § 398 Rn 19, 20. **(2) Erweiterter EV.** 31 Er bezieht sich nicht nur auf die Kaufpreisforderung für die eine verkaufte Sache. Zwei Hauptformen sind zu unterscheiden. **(a)** Der Kontokorrentvorbehalt sichert auch alle weiteren, insbes künftigen Forderungen des VVerkäufers aus der Geschäftsverbindung mit dem VKäufer (zu den hierfür verwendeten Vertragsklauseln BGH NJW 68, 885). Erst wenn alle gesicherten Forderungen erfüllt sind, erwirbt der VKäufer Eigentum (vgl BGH NJW 78, 633). Das gilt bei einer Kombination von erweitertem und verlängertem EV (Rn 28 [b], sa Rn 33) für die (noch) nicht weiterveräußerten Sachen. Die Rspr hat den Kontokorrentvorbehalt stets grundsätzlich für zulässig gehalten (vgl BGH 118, 377). Die Bedenken des Schrifttums (10. Aufl Rn 31) hat der Gesetzgeber nicht geteilt, da er nur die 2. Hauptform, den Konzernvorbehalt (Rn 32), für nichtig erklärt hat (§ 449 III). Vorbehaltsklausel in **AGB** ist nach BGH 125, 87 mN im kaufmännischen Verkehr wirksam; gegenüber Nichtkaufleuten ist die Vorbehaltsklausel unwirksam, § 307 II Nr 2 (Koblenz WM 89, 894 mN zu AGBG 9 II Nr 2; unentschieden BGH 145, 224). **(b)** Der Konzernvor- 32 behalt als Unterfall des Drittvorbehalts (§ 449 Rn 8) sichert Forderungen eines Dritten, insbes eines mit dem VVerkäufer verbundenen Unternehmens (Verbund im „Konzern", vgl AktG 15). Er ist nichtig, § 449 III; denn er verschiebt den Eigentumserwerb des VKäufers in eine ungewisse Zukunft, was die Bewegungsfreiheit des VKäufers zu stark einschränkt. **(3) Zusammentreffen** von (1) und (2): s Serick 33 IV 74 ff, V 261 ff. und o Rn 31.

c) Die Vereinbarung des EV. Vgl zunächst Rn 25. **aa) Grundsatz.** Die *Pflicht* 34 *des Verkäufers* geht auf unbedingte Übereignung, § 433 I 1. Bedingte Übereignung (vgl § 449 I) ist daher nur vertragsgemäß, wenn sie im Kaufvertrag vereinbart ist. Ist kein EV schuldrechtlich vereinbart, bietet der Verkäufer aber (kaufvertragswidrig) nur bedingte Übereignung an, so ist schlüssige Annahme dieses Angebots, zB durch widerspruchslose Entgegennahme der Kaufsache, möglich (BGH NJW 06, 3488 f). Darin liegt zugleich und stets (str) die nachträgliche schuldrechtliche Vereinbarung eines EV, so dass der EV kaufvertragsgemäß ist (von BGH NJW 06, 3489 übergangen). Nimmt der Käufer das Angebot bedingter Übereignung nicht an, so erlangt er Besitz, aber mangels Einigung kein Eigentum (BGH 64, 397; sa 104, 136 ff). *Nach der Übergabe* ist die einseitige Erklärung des EV schuld- und sachenrechtlich bedeutungslos. Möglich ist aber die vereinbarte Ausdehnung des EV vor Bedingungseintritt (BGH 75, 224), ferner eine Vereinbarung, das Volleigentum des Käufers in Vorbehaltseigentum des Verkäufers „umzuwandeln" (zur Konstruktion StWiegand § 930 Rn 36–40 mN; sa BGH 98, 165 f: Feststellungsvertrag). – **Bei kollidierenden AGB** (Verkäufer-AGB: Lieferung nur unter EV; Käufer-AGB: Einkauf nur zu eigenen AGB ohne EV des Gegners, sog Abwehrklausel) gilt grundsätzlich nichts anderes (str, s Schlechtriem, Kolloqu v. Caemmerer, S 15 ff mN): Im Kaufvertrag ist kein EV vereinbart (BGH NJW 85, 1839 f; NJW-RR 86, 985 für verlängerten und erweiterten EV; anders für einfachen EV bei Branchenüblichkeit: Ulmer § 2, 105 mN; gegen diese Differenzierung Eckert/Nebel WM 88, 1545 ff); daher kann der Käufer ein Angebot auf unbedingte (dh vertragsgemäße) Übereignung erwarten. Die Erwartung ist aber nicht gerechtfertigt, wenn er das vertragswidrige Angebot kannte oder von ihm zumutbar Kenntnis nehmen konnte (BGH NJW 89, 3213); nimmt er in diesen Fällen das Angebot auf bedingte Übereignung nicht an, so ist der Verkäufer Eigentümer geblieben. Bei Annahme des Angebots wird zugleich der Kaufvertrag geändert (s o). **bb) Mit vertragsgemäß aufschiebend** 35 **bedingter Übereignung** (Rn 34) hat der VVerkäufer die von ihm geforderten Leistungshandlungen vorgenommen. Der geschuldete Leistungserfolg (dh der Eigentumserwerb des VKäufers) ist aber noch nicht eingetreten. Daher hat der

Berger 1421

§ 929

VVerkäufer den Kaufvertrag *noch nicht erfüllt* (MK/Westermann § 449 Rn 28).
36 **cc) Das Rücktrittsrecht** des VVerkäufers folgt aus § 449 II iVm § 323. Danach kann der VVerkäufer nicht schon bei Zahlungsverzug des VKäufers zurücktreten, sondern muss erst erfolglos eine angemessene Zahlungsfrist setzen (§ 323 I), es sei denn, die Fristsetzung ist entbehrlich (§ 323 II) oder vertraglich abbedungen. Wird das Rücktrittsrecht ausgeübt, so kann die Bedingung der vollständigen Kaufpreiszahlung nicht mehr eintreten. Daher bleibt der VVerkäufer Eigentümer, das Anwartschaftsrecht des VKäufers entfällt (Rn 62). Dieses Recht beruht also auf der Existenz eines gültigen Kaufvertrags, der die Zahlungspflicht des VKäufers und damit die Voraussetzung für Entstehen und Vergehen des Anwartschaftsrechts begründet (BGH NJW 06, 3490). Zu den bes Rücktrittsvoraussetzungen bei **Teilzahlungsgeschäften** s § 508 mit Anm.

37 **d) Die aufschiebend bedingte Übereignung. aa) Bedingung** für den Eigentumserwerb ist gem § 449 I iZw die vollständige Zahlung des Kaufpreises (zur Unwirksamkeit eines Drittvorbehalts s § 449 III und § 449 Rn 8). Die Bedingung kann bis zu ihrem Eintritt oder Ausfall einverständlich geändert werden (BGH 42,
38 58; sa Rn 63 zum „Verzicht"). **bb) Bis zum Bedingungseintritt** ist der Eigentumsübergang noch nicht erfolgt (§ 158 I): Der VVerkäufer ist noch Eigentümer (ie Rn 40), der VKäufer ist noch nicht Eigentümer (ie Rn 43). **Mit Bedingungseintritt** vollzieht sich der *Rechtserwerb automatisch* ohne Zutun der Parteien; mangelnder Übereignungswille des VVerkäufers ist unbeachtlich, weil die Einigung mit der Übergabe bindend geworden ist (Rn 6); Tod, Geschäftsunfähigkeit, Verfügungsbeschränkung des VVerkäufers nach bedingter Übereignung hindern den Erwerb ebenso wenig wie Besitzverlust des VKäufers zZ des Bedingungseintritts (BGH 30, 377; LM Nr 2 zu § 163). Beim *Erwerb vom Nichtberechtigten* kommt es für die Bösgläubigkeit auf die Zeit der Übergabe (S 1 mit § 932 I) oder bedingten Einigung (S 2 mit § 932 I) an. Daher hindert Bösgläubigkeit erst zZ des Bedingungseintritts
39 tritts den Erwerb nicht (BGH 30, 377). **cc) Für aufschiebend befristete Übereignung** (vgl LM Nr 2 zu § 163) gilt Rn 38 entspr.
40 **e) Rechtsstellung des VVerkäufers** nach der aufschiebend bedingten Übereignung. **aa) Bis zum Bedingungseintritt** ist er noch Eigentümer, aber infolge der bedingten Eigentumsübertragung in seiner *Verfügungsbefugnis beschränkt*, so dass die nachträgliche Veräußerung an einen Dritten (§§ 930, 931) bei Bedingungseintritt unwirksam wird (§ 161 I 1; wirksam aber bei Zustimmung des VKäufers: §§ 160, 161 Rn 4); das Anwartschaftsrecht des VKäufers erlischt nicht (§ 161 III mit § 936 III entspr; zu § 986 II vgl Rn 59). Mit Bedingungseintritt verliert der VVerkäufer auto-
41 matisch sein Eigentum (Rn 38). **bb) Im Insolvenzverfahren des VKäufers** kann er vom Kauf zurücktreten, wenn die Rücktrittsvoraussetzungen (Rn 36) bereits bei Verfahrenseröffnung vorliegen (Serick I 340 f, 346 zur KO) oder wenn der Insolvenzverwalter nach Wahl der Erfüllung (InsO 107 II mit 103 I, II 2) selbst in Verzug gerät und bei ihm die Voraussetzungen (Rn 36) vorliegen. Mit dem Rücktritt fällt die Bedingung aus, der VVerkäufer bleibt endgültig Eigentümer (Rn 36) und kann *aussondern* (InsO 47; BGH NJW 08, 1805), ggf kommt eine Ersatzaussonderung (InsO 48) in Betracht (Serick I 347 ff zu KO 43, 46). Zu den weiteren aus dem Rücktritt erwachsenden Abwicklungsansprüchen vgl § 346 I (für Kaufpreisrückzahlung) und § 346 I mit § 1 Nr 1 (für Nutzungsentschädigung; sa § 357 I 1). Im Fall des *verlängerten EV mit Verarbeitungsklausel* (§ 950 Rn 6–8) besteht ein Absonderungsrecht bzgl der neuen Sache (hM; zur Begründung Jauernig/Berger § 45 Rn 7). Der *erweiterte EV* (Rn 31) begründet nach hM ebenfalls nur ein Absonderungsrecht (BGH NJW 08, 1805), jedenfalls nach Tilgung der ursprünglich gesi-
42 cherten Kaufpreisforderung (BGH 98, 170; vgl Serick V 673 ff mN). **cc) Einer Zwangsvollstreckung** in die Kaufsache durch einen Gläubiger des VKäufers kann der VVerkäufer auf Grund seines Eigentums widersprechen, ZPO 771; sa Rn 55. **dd) Besitzrecht:** Rn 59, 60.
43 **f) Rechtsstellung des VKäufers** nach der aufschiebend bedingten Übereignung. **aa) Bis zum Bedingungseintritt** ist er noch nicht Eigentümer, hat aber eine

Titel 3. Erwerb und Verlust des Eigentums an beweglichen Sachen § 929

vielfältig gesicherte Rechtsposition, die zusammenfassend als **Anwartschaftsrecht** bezeichnet wird. Die hM sieht darin „im Vergleich zum Eigentum kein aliud, sondern ein wesensgleiches minus" (BGH 28, 21, stRspr; nicht ungefährliche jur Bildersprache). Auf solche Weise erscheint es als dingliches Recht, ohne gegen den numerus clausus der Sachenrechte (Rn 3 vor § 854) zu verstoßen. Die Besonderheit dieses dinglichen Rechts besteht in seiner Abhängigkeit vom VKauf (vgl Rn 36). Mit der begrifflichen Qualifizierung als „Anwartschaftsrecht" lassen sich jedoch keine Sachfragen lösen. **bb) Erwerb des Anwartschaftsrechts vom Nichtberechtigten** (das ist entweder ein Nichteigentümer oder ein Nicht-Anwartschaftsberechtigter). **(1) Der Erwerb vom Nichteigentümer** zielt auch bei bedingter Übereignung auf den Erwerb des Eigentums an der Sache. Daher gelten hierfür die §§ 932 ff unmittelbar (Rn 38, sa Rn 51). **(2) Der Erwerb vom Nicht-Anwartschaftsberechtigten** zielt auf den Erwerb des dem Nichtberechtigten angeblich zustehenden Anwartschaftsrechts. *Besteht ein solches Recht* an der Sache, steht es aber dem Veräußerer nicht zu, so kann es analog §§ 932 ff erworben werden (Baur § 59 Rn 39, hM; aA Flume II § 42, 4c, da bei Mobilien nur der gute Glauben an das Eigentum geschützt werde [unzutr, s § 1244]; BaR/Kindl 84; StWiegand § 932 Rn 130 mwN). Bsp: K kauft bei V unter EV einen Fernseher und verleiht ihn an L, der sich dem D gegenüber als VKäufer ausgibt und ihm „sein" Anwartschaftsrecht überträgt. Das Fortbestehen des Anwartschaftsrechts in der Hand des D hängt, wie stets, vom Fortbestand des Kaufvertrags zwischen VVerkäufer V und wahrem VKäufer K ab (vgl Rn 36, 62). **(3) Besteht kein Anwartschaftsrecht** an der Sache, so ist ein Erwerb vom Nicht-Anwartschaftsberechtigten ausgeschlossen (Baur § 59 Rn 40; Flume II § 42, 4c; auch BGH 75, 225). **cc) Übertragung des Anwartschaftsrechts** ist zulässig. **(1) Sie erfolgt** in der Form der Übereignung (§§ 929 ff; BGH NJW 07, 2844: auch gem § 929 S 2), nicht gem §§ 413, 398. Ist übertragen, so gilt § 185 für nachträgliche Bedingungsänderung durch den VKäufer als Nicht(mehr)berechtigten und den VVerkäufer (BGH 75, 225). **(2) Mit Bedingungseintritt** (vgl § 449 I) erlangt der Erwerber des Anwartschaftsrechts unmittelbar das Eigentum (*Direkterwerb,* kein Durchgangserwerb über den veräußernden VKäufer), auch wenn der VVerkäufer der Übertragung des Anwartschaftsrechts nicht zugestimmt hat (allgM; grundlegend BGH 20, 98 ff), ggf mit einem Vermieterpfandrecht belastet (Düsseldorf NJW-RR 98, 560 mN). Eine vereinbarungsgemäß notwendige Zustimmung des VVerkäufers wirkt wegen § 137 gegenüber dem VKäufer nur schuldrechtlich; § 399 gilt auch nicht entspr (vgl BGH NJW 70, 699). **(3) Pfändung** der Sache (dh des Eigentums) durch einen Gläubiger des VKäufers hindert eine Übertragung des Anwartschaftsrechts nicht. Wird es übertragen, so erlangt der Gläubiger bei Bedingungseintritt kein Pfändungspfandrecht an der Sache (dh am Eigentum), weil das Eigentum direkt auf den Erwerber des Anwartschaftsrechts übergeht (BGH 20, 101; sa Rn 47 [2], 57). **(4) Der Erwerber verliert das Anwartschaftsrecht,** wenn die *Bedingung* (vgl § 449 I) *ausfällt,* insbes durch Auflösung des Kaufvertrags zwischen VVerkäufer und veräußerndem VKäufer (vgl Rn 36, 62; BGH NJW 06, 3490; zur Zulässigkeit sa BGH 75, 229). **(5) Bei einer Sicherungsübertragung** des Anwartschaftsrechts gem § 930 ist die *besitzrechtliche Stellung* der Beteiligten zweifelhaft: Erlangt der Erwerber des Anwartschaftsrechts Nebenbesitz (Begriff § 868 Rn 12) oder schiebt er sich als erststufiger mittelbarer Besitzer zwischen VKäufer und VVerkäufer und wird letzterer zum zweitstufigen mittelbaren Besitzer (so BGH 28, 27 f)? Dazu Baur § 59 Rn 35 mN. Zur praktischen Bedeutung § 933 Rn 4. **(6) Überträgt der VKäufer das Eigentum,** nicht das Anwartschaftsrecht, so handelt er *als Nichtberechtigter.* Erwerb möglich nach § 185 (Rn 28), sonst gem §§ 932 ff, HGB 366 (BGH NJW 06, 3489). Erwerb ist daher bei einer SÜ gem § 930 ausgeschlossen (§ 933), doch wird idR wenigstens das **Anwartschaftsrecht** sicherungsweise (vom Berechtigten: Rn 47) übertragen (BGH 35, 90 f; 50, 48 f; NJW 06, 3490 Serick I 257 f, II 243), mit Bedingungseintritt erlangt Erwerber Sicherungseigentum. **dd) Gegenstand der Pfandhaftung** ist das Anwartschaftsrecht: beim ges Pfandrecht (BGH NJW 65, 1475 für Vermieter- und

§ 929
Buch 3. Abschnitt 3. Eigentum

Verpächterpfandrecht), beim Inventarpfandrecht (BGH 54, 330 f), bei der Hypothek das Anwartschaftsrecht an Zubehör (BGH 35, 88 ff). **Verpfändung** entspr der Übertragung (Rn 47 [1]) gem §§ 1205 f, nicht § 1273 (BGH 92, 290). Mit Bedingungseintritt setzt sich das Pfandrecht analog § 1287 am nunmehrigen Eigentum des bisherigen Anwartschaftsberechtigten fort (Düsseldorf NJW-RR 98, 560 mN). Der

53 Rang bestimmt sich nach dem Pfandrechtserwerb am Anwartschaftsrecht. **ee) Pfändung der Sache** (dh des Eigentums): **(1) durch Gläubiger des VVerkäufers.** Ihr kann der VKäufer widersprechen, ZPO 771 (Anwartschaftsrecht als veräußerunghinderndes Recht: BGH 55, 26 ff). Ist die Sache wie idR im Gewahrsam des VKäufers, so hat er außerdem die Erinnerung (ZPO 766) wegen Verletzung von

54 ZPO 809; **(2) durch den VVerkäufer.** Er kann seine eigene Sache pfänden und verwerten lassen, um sich aus dem Erlös für seine Kaufpreisforderung zu befriedigen. Die Unpfändbarkeit der Sache (s ZPO 811 I Nr 1, 4, 5–7) steht gem ZPO 811 II

55 einer Vollstreckung nicht entgegen (BGH 171, 265). **(3) durch Gläubiger des VKäufers.** Ihr kann der VVerkäufer als Eigentümer widersprechen (ZPO 771). Das vermeidet der Gläubiger durch Zahlung des Restkaufpreises (§ 267 I). Dadurch tritt die Bedingung ein, der VVerkäufer verliert sein Eigentum und damit das Widerspruchsrecht. Die hM geht jedoch davon aus, dass der Gläubiger die Höhe der Restforderung vom VVerkäufer nicht erfährt und dieser das angebotene Geld gem § 267 II zurückweist (!); daher hält sie **neben der Sachpfändung** eine **Rechtspfändung des Anwartschaftsrechts** (ZPO 857 I) für geboten, sog *Doppelpfändung* (BGH NJW 54, 1326 ff; Serick I 303 ff, je mwN): So werde der VVerkäufer zur Auskunft über die Restforderung verpflichtet (entspr ZPO 857 I, 840 I Nr 1), und bei Zurückweisung des Geldes gelte die Bedingung als eingetreten, § 162 (zur prakti-

56 schen Bedeutung und zu abw Ansichten Jauernig/Berger § 20 Rn 24–35). **ff) Im Insolvenzverfahren des VVerkäufers** kann (nur) der VKäufer Erfüllung des Kaufvertrags verlangen, sofern er die Sache besitzt; dem Insolvenzverwalter steht kein Wahlrecht zu (InsO 103 ist durch InsO 107 I ausgeschlossen). Mit Zahlung erwirbt

57 der VKäufer Eigentum und damit ein Aussonderungsrecht (InsO 47). **gg) Besitzschutz** des Anwartschaftsberechtigten gem §§ 858 ff, 1007; 823 I (Besitz als sonstiges Recht: BGH 32, 204 f) und II iVm § 858 als SchutzGes (BGH 20, 171); zum

58 Besitzrecht Rn 59, 60. Entspr anwendbar sind §§ 985, 1004. **hh) Das Anwartschaftsrecht ist ein sonstiges Recht** iSv § 823 I (BGH 55, 25 f). Beschädigung oder Vernichtung der Sache verletzt Anwartschaftsrecht und Eigentum gemeinsam. Behält der VVerkäufer wie idR seinen Kaufpreisanspruch (§ 446), so besteht sein Schaden nur in der Einbuße an Schutz, den ihm der EV gewährt hat (vgl Rn 25). Der Schaden des Anwartschaftsberechtigten bemisst sich nach dem Wert des Anwartschaftsrechts (BGH 55, 31 f), hinzu kommt das Besitz- und Nutzungsinteresse (PalBassenge 43). Das Wahlrecht gem §§ 249 S 2, 250 wird man dem Anwartschaftsberechtigten zugestehen müssen, jedenfalls wenn er Naturalrestitution verlangt, weil nur dann sein Nutzungsinteresse vor Bedingungseintritt voll befriedigt wird. Auf die Geltendmachung des Schadensersatzanspruchs ist § 432 entspr anzuwenden (Baur § 59 Rn 45; offen lassend BGH 114, 165 f). Den zahlenden Schädiger schützt § 851.

59 **g) Besitzrecht. aa) Der VKauf** ist ein „ähnliches Verhältnis" iSv § 868 (§ 868 Rn 6). Er gewährt dem VKäufer ein *obligatorisches Recht zum Besitz* gegenüber dem VVerkäufer. Dieses Recht steht einem Herausgabeverlangen des VVerkäufers als Eigentümer (§ 985) entgegen, § 986 I 1 (BGH 98, 168); das gilt auch für dessen Rechtsnachfolger = Erwerber des Eigentums, § 986 II (BGH NJW 08, 1804, s u). Zahlungsverzug der VKäufers lässt Besitzrecht unberührt und berechtigt – entgegen dem bisherigen Recht – nicht ohne weiteres zum Rücktritt und danach zur Herausgabe. Das ergibt sich aus § 449 II und der daraus folgenden Verweisung auf § 323: Der VVerkäufer muss erst noch erfolglos eine angemessene Zahlungsfrist setzen (§ 323 I), es sei denn, die Fristsetzung ist entbehrlich (§ 323 II) oder vertraglich abbedungen (Rn 36). Der Rücktritt ist auch nach Verjährung des Kaufpreisanspruchs möglich (§ 216 II 2). Das **Besitzrecht endet** mit dem Rücktritt (§ 449 II):

Der Kaufvertrag wird in ein Rückgewährschuldverhältnis umgewandelt (§§ 346 ff), das auf den Kaufvertrag gestützte Besitzrecht (s o) entfällt). Auch wenn der Kaufpreisanspruch verjährt ist, kann (§ 216 II 2) und muss (§ 449 II) der Rücktritt erfolgen, um Herausgabe der Kaufsache verlangen zu können, und zwar nicht nur (wie nach BGH 70, 99 ff zu § 223 II aF analog) zur Verwertung. Hat der VVerkäufer die Sache gem § 931 an einen Dritten veräußert, so ist der VKäufer gem § 986 II solange geschützt, wie der VKauf besteht (Serick I 446; BGH NJW 08, 1804).

bb) Ob das Anwartschaftsrecht allein oder neben dem obligatorischen Besitzrecht (Rn 59) ein „dingliches", dh ein gegen jedermann wirkendes Besitzrecht gewährt, ist str. Ein solches Recht ist nur insoweit anzuerkennen, als es die „Dinglichkeit" der Rechtsposition des Anwartschaftsberechtigten fordert. Daher besteht kein dingliches Besitzrecht des VKäufers gegenüber dem Eigentümer, der ihm die Sache unter EV verkauft hat (Serick I 276, str). Hat der Anwartschaftsberechtigte sein Recht entspr §§ 932 ff vom Nichtberechtigten erlangt (Rn 44, 45, sa Rn 38), so ist er dem Eigentümer gegenüber zum Besitz berechtigt, da sonst das Anwartschaftsrecht keine Nutzungsberechtigung gewähren würde (Baur § 59 Rn 47 mN). Gegen ein dingliches Besitzrecht Serick I 272. Ebenso BGH 10, 71 f, 74 f, wonach aber der Herausgabeanspruch (§ 985) uU an der Arglisteinrede scheitern soll, da der Eigentümer die Sache nach Bedingungseintritt wieder herausgeben müsse; unzutr, weil Arglist voraussetzt, dass schon jetzt die Pflicht zur sofortigen Rückgabe des Herausverlangten feststeht (so zB BGH 56, 25), hier aber offen ist, ob die Bedingung und damit die Herausgabepflicht je eintritt (die künftige Kaufpreiszahlung ist ja ungewiss!). Für ein nur obligatorisches Besitzrecht auch BGH 54, 216; 70, 98. **60**

h) Ende des Anwartschaftsrechts. aa) Regulär endet es mit *Bedingungseintritt*: **61**
Mit vollständiger Zahlung des Kaufpreises erwirbt der jeweilige Anwartschaftsberechtigte unmittelbar das Eigentum (Rn 38, 47 [2]), das Anwartschaftsrecht „wandelt sich" zum Vollrecht. **bb) Irregulär** endet es mit *Bedingungsausfall*, dh mit Wegfall einer erfüllbaren Zahlungspflicht: durch Aufhebung oder Anfechtung des Kaufvertrags, Rücktritt gem 449 II (Rn 36, 59; BGH NJW 06, 3490). Bei Bedingungsausfall verliert auch der Erwerber des Anwartschaftsrechts, der nicht VKäufer ist, sein Recht (BGH 75, 226, 229; Rn 36, 45, 49). **cc) Weitere Fälle:** Veräußerung der Sache, nicht des Anwartschaftsrechts (Rn 28–30, 51); §§ 946 ff (§ 950 Rn 5, 8). **62**
dd) Durch Verzicht des VVerkäufers gegenüber dem VKäufer soll das Anwartschaftsrecht enden (BGH NJW 58, 1231 f; Serick I 435 ff mwN). Abzulehnen: Der Verzicht bedeutet die einseitige Beseitigung der Bedingung (BGH NJW-RR 89, 292) und damit eine Änderung der bindenden (Rn 6) Einigung; dazu bedarf es aber eines Vertrags (BGH 42, 58), der Vorteil des VKäufers macht ihn nicht entbehrlich (aA BGH 127, 133 mN). Zum Parallelproblem bei § 399 Fall 2 (Änderungsvertrag oder einseitiger Verzicht?) s StGursky Rn 33, 34 vor § 182; BGH NJW-RR 91, 764; NJW 97, 3435. **Vertragliche Aufhebung** bedarf entspr § 1276 der Zustimmung des Pfandgläubigers (vgl Ludwig NJW 89, 1458 mN; StWiegand Rn 298 ff Anh §§ 929 ff; aA BGH 92, 290 ff); möglich aber mittelbare Beseitigung gem Rn 62 (gegen Manipulationen will Ludwig aaO § 162 I entspr anwenden). **63**

§ 929a Einigung bei nicht eingetragenem Seeschiff

(1) **Zur Übertragung des Eigentums an einem Seeschiff, das nicht im Schiffsregister eingetragen ist, oder an einem Anteil an einem solchen Schiff ist die Übergabe nicht erforderlich, wenn der Eigentümer und der Erwerber darüber einig sind, dass das Eigentum sofort übergehen soll.**

(2) **Jeder Teil kann verlangen, dass ihm auf seine Kosten eine öffentlich beglaubigte Urkunde über die Veräußerung erteilt wird.**

Sonderregelung für nicht eingetragene Seeschiffe, iÜ gelten §§ 929 ff (BGH NJW 95, 2098). Zum Erwerb vom Nichtberechtigten vgl § 932a. **1**

§ 930 Besitzkonstitut

Ist der Eigentümer im Besitz der Sache, so kann die Übergabe dadurch ersetzt werden, dass zwischen ihm und dem Erwerber ein Rechtsverhältnis vereinbart wird, vermöge dessen der Erwerber den mittelbaren Besitz erlangt.

1   **1. Allgemeines.** Vgl zunächst § 929 Rn 1–3. **a) Voraussetzungen des Eigentumserwerbs** sind Einigung (§ 929 Rn 2) und Ersatz der Übergabe durch Vereinbarung eines Besitzmittlungsverhältnisses (Besitzkonstituts) zwischen Veräußerer (= Eigentümer) und Erwerber, das diesen zum mittelbaren Eigenbesitzer macht und dem Veräußerer den Besitz (nunmehr als Fremdbesitz) belässt. Die Vereinbarung eines Besitzkonstituts ist als Teil des Verfügungsgeschäfts (§ 929 Rn 4) gegenüber dem zugrundeliegenden Verpflichtungsgeschäft ebenso *abstrakt* wie die Einigung (zu dieser § 929 Rn 3; Rn 17–20 vor § 854). Zur Problematik, wenn Verpflichtungsgeschäft und Vereinbarung eines Besitzkonstituts in einem RGeschäft zusammenge-
2   schlossen sind, vgl Rn 39, 57 (betr Sicherungsvertrag bei der SÜ). **b) Ein mittelbar besitzender Eigentümer** kann auch nach § 930 übereignen: Er bleibt mittelbarer Besitzer, doch wandelt sich sein Eigenbesitz in Fremdbesitz, weil er seinerseits dem Erwerber den Besitz vermittelt (mehrstufiger mittelbarer Besitz, § 871 Rn 2 [b]), BGH NJW 59, 1537. Überträgt der mittelbar besitzende Eigentümer das Eigentum hingegen nach § 931, so verliert er seinen Besitz durch Übertragung auf den Erwer-
3   ber (§ 870), § 868 Rn 8. **c) Stellvertretung** bei Einigung und Vereinbarung eines
4   Besitzkonstituts ist auf Veräußerer- und Erwerberseite zulässig. **d) Zeit.** Einigung und Vereinbarung eines Besitzkonstituts können erfolgen, wenn der Eigentümer die Sache besitzt (gewöhnliches Besitzkonstitut, Rn 9), aber auch schon, bevor der Eigentümer Besitz und Eigentum erlangt hat (antizipiertes Besitzkonstitut, Rn 16
5   und antizipierte Einigung, § 929 Rn 6). **e) Praktisch wichtigster Anwendungsfall** des § 930 ist die SÜ (Rn 19 ff). Zum Grund vgl Rn 20; §§ 1205, 1206 Rn 9.
6   **f) Abgrenzungen.** Aushändigung der Sache an einen Besitzmittler des Erwerbers ist Übergabe iSv § 929 S 1, wenn der veräußernde Eigentümer keinerlei Besitz behält (§ 929 Rn 8, 12, 13); § 930 scheidet aus. Gleiches gilt, wenn der Eigentümer nunmehr als Besitzdiener des Erwerbers die tatsächliche Gewalt ausübt (§ 929 Rn 8, 10). Ob Übergabe (§ 929 S 1) oder Übergabeersatz nach § 930 vorliegt, ist insbes wegen der unterschiedlichen Regelung des Erwerbs vom Nichtberechtigten bedeutsam (vgl § 932 gegen § 933). Kommt es auf die Unterschiedlichkeit nicht an, so kann offen bleiben, ob der Erwerb nach § 929 S 1 oder § 930 eingetreten ist (LM
7   Nr 21 zu § 929). **g) Erwerb vom Nichtberechtigten:** §§ 933, 935.

8   **2. Bestimmtheits- oder Spezialitätsgrundsatz.** Einigung und Vereinbarung eines Besitzkonstituts müssen die zu übereignende Sache genügend bestimmt bezeichnen, sonst sind beide unwirksam (LM Nr 8). Der Bestimmtheitsgrundsatz soll Dritten gegenüber klare Eigentumsverhältnisse herbeiführen (vgl BGH 28, 23). Bes Bedeutung kommt ihm beim antizipierten Besitzkonstitut (Rn 16) zu, insbes bei der SÜ von Warenlagern mit wechselndem Bestand (Rn 47).

9   **3. Gewöhnliches Besitzkonstitut. a) Der Eigentümer besitzt** die Sache *zZ der Vereinbarung* des Besitzkonstituts. Mittelbarer (Rn 2) oder Mitbesitz (RG 139,
10 117) genügt. **b) (Noch) zZ der Vollendung** des gestreckten Erwerbstatbestands
11 (§ 929 Rn 4) muss der Besitz des Eigentümers bestehen. **c) Vereinbarung eines konkreten Besitzkonstituts** iSv § 868 (dort Rn 5) ist erforderlich. Sa Rn 33.
12 **d) Rechtsgültigkeit** des vereinbarten Besitzkonstituts (zB Wirksamkeit des Mietvertrags) ist *nicht* nötig, doch sind Fremdbesitz des Eigentümers und ein (Ersatz-) Herausgabeanspruch des Erwerbers erforderlich (§ 868 Rn 4). An einem solchen
13 Anspruch wird es idR fehlen (Bsp Rn 39). **e) Auch auf nichtrechtsgeschäftlichen Umständen** (Ges, Staatsakt) kann ein Besitzkonstitut beruhen (§ 868 Rn 6). Ob ein solches Konstitut für § 930 genügt, ist str, weil § 930 vom vereinbarten Konstitut spricht (dafür, mit Unterschieden ie, Baur § 51 Rn 24–29; BGH NJW

Titel 3. Erwerb und Verlust des Eigentums an beweglichen Sachen § 930

92, 1163 mwN). Es ist zu unterscheiden: **aa)** *Ist der Erwerber bereits mittelbarer Besitzer* 14
der zu übereignenden Sache, so genügt es als Vereinbarung iSv § 930, wenn die
Einigung über den Eigentumsübergang im Hinblick auf das bestehende Besitzkonstitut erklärt wird. **bb)** *Ist der Erwerber noch nicht mittelbarer Besitzer,* so bedarf es (außer 15
der Einigung) einer (zumindest konkludenten) Vereinbarung, dass die zu übereignende Sache in das bereits als Rahmenverhältnis bestehende Besitzkonstitut einbezogen wird (BGH NJW 92, 1163). Diese rechtsgeschäftliche Vereinbarung genügt für
§ 930. Bsp: Bei einer Handschenkung von Spielzeug durch gemeinsam sorgeberechtigte Eltern (§§ 1626 I, 1626a I) an ihr 6jähriges Kind bedarf es (als gestattete Insichgeschäfte, § 181 Rn 9 [dd]) der Einigung sowie der vertraglichen Einbeziehung der
Sache in das bestehende Besitzkonstitut der elterlichen Vermögenssorge (das Kind
ist Besitzdiener und mittelbarer Eigenbesitzer, die Eltern sind unmittelbare Fremdbesitzer, s MK/Huber § 1626 Rn 59; zur elterlichen Vermögenssorge als ges Besitzmittlungsverhältnis BGH NJW 89, 2544); zur Übereignung unter Ehegatten (Ehe
als ges Besitzmittlungsverhältnis) BGH NJW 92, 1163.

4. Antizipiertes Besitzkonstitut. Von lateinisch „anticipare": vorwegnehmen. 16
a) Bestimmtheit. Einigung sowie Vereinbarung eines Besitzkonstituts erfolgen,
bevor der Veräußerer Eigentümer und/oder Besitzer der Sache ist. Die Sache muss
noch gar nicht existieren (sie ist zB erst herzustellen), so dass sich Einigung und
Vereinbarung eines Konstituts *zZ ihrer Vornahme* gar nicht auf eine bestimmte Sache
beziehen können (BGH 21, 56; WM 66, 95). Hier muss schon *zZ des Vertragsschlusses*
feststehen, welche Sachen von der antizipierten Übereignung betroffen werden
sollen. Dafür ist notwendig und genügend, dass einfache, weil leicht erkennbare
Kriterien vereinbart sind, anhand derer künftig festgestellt werden kann, ob eine
bestimmte Sache übereignet ist. Das ist bes wichtig bei der SÜ von Warenlagern
im wechselnden Bestand für die neu hinzukommenden Sachen (vgl Rn 47). In
diesen Fällen verlangt jedoch die Rspr für die Bestimmtheit von Einigung und
Besitzkonstitut, dass infolge eines einfachen, nach außen erkennbaren Geschehens
zZ des Eigentumsübergangs ersichtlich sein muss, welche neu hinzukommenden
Sachen übereignet werden sollen (BGH NJW 86, 1986; 91, 2146, je mN). Damit
werden Bestimmtheit und Vollzug der antizipierten Übereignung vermengt: Die
Bestimmtheit muss (schon) zZ des Vertragsschlusses vorliegen und verlangt gem
§ 930 keine Publizität; das „einfache, nach außen erkennbare Geschehen" dient nur
dem Vollzug der Übereignung, muss daher (erst) zZ des Eigentumserwerbs vorliegen
und der Abrede im Sicherungsvertrag entsprechen. Ebenso StWiegand Rn 129 ff
Anh zu §§ 929 ff; BGH NJW 96, 2655. **b) Eigentumserwerb tritt ein,** wenn 17
alle seine Voraussetzungen bei Besitzerlangung des Veräußerers (noch) vorliegen:
Einigung (§ 929 Rn 6; BGH NJW 92, 1163) und Verfügungsbefugnis (§ 929 Rn 4)
müssen fortbestehen, das Besitzkonstitut muss bestehen und der Veräußerer den
Besitzmittlungswillen haben (§ 868 Rn 3). **c) Erwerb vom verdeckten Stellver-** 18
treter. Zunächst erlangt dieser, nicht der verdeckt Vertretene Eigentum, so dass es
der Weiterveräußerung gem §§ 929 ff an den Vertretenen bedarf (Durchgangserwerb, § 929 Rn 24). Die Übergabe kann durch Besitzkonstitut ersetzt werden
(§ 930), das entweder antizipiert ist oder vom verdeckten Vertreter durch gestattetes
Insichgeschäft (§ 181) begründet wird. Auf gleiche Weise kann die Einigung über
den Eigentumsübergang zustande kommen. Ein Insichgeschäft ist nur dann wirksam,
wenn es für einen mit den Verhältnissen Vertrauten erkennbar ist (s BGH NJW 89,
2543; § 181 Rn 12).

5. Die Sicherungsübereignung (SÜ). Lit: Coing, Die Treuhand kraft privaten 19
RGeschäfts, 1973; Gaul, Neuere „Verdinglichungs"-Tendenzen zur Rechtsstellung
des SG bei der SÜ, FS Serick, 1992, S 105; Schlegelberger/Hefermehl HGB, 5. Aufl,
Anh § 382; K. Schmidt, Zur Akzessorietätsdiskussion bei SÜ und Sicherungsabtretung, FS Serick, 1992, S 329; Siebert, Das rechtsgeschäftliche Treuhandverhältnis,
1933; Reinicke/Tiedtke, Kreditsicherung, 5. Aufl 2006, 2. Teil, A, 1. Kapitel; Hj.
Weber, Kreditsicherungsrecht, 8. Aufl 2006, § 8. Weitere Lit s § 929 Rn 6 (vor A).

§ 930

20 **a) Allgemeines. aa) Anlass und Zweck. (1) Verpfändung** von beweglichen Sachen, die der Verpfänder weiter benutzen will oder muss wie bisher, ist durch §§ 1205 f ausgeschlossen (§§ 1205, 1206 Rn 3–9). Wirtschaftlich kann der gleiche Zweck – Sicherung einer Forderung – durch Übereignung dieser Sachen in der Form des § 930 erreicht werden. Darin liegt, zumindest idR, *kein Scheingeschäft* (§ 117), denn die Parteien wollen die Übereignung, weil ihnen der Weg einer Verpfändung abgeschnitten ist (s RG 57, 177 f). Die SÜ ist keine richterliche Rechtsschöpfung praeter oder gar contra legem; denn die §§ 1205 f enthalten nach dem Willen des historischen Gesetzgebers kein Verbot der schon vor 1900 bekannten SÜ durch Besitzkonstitut (Gaul AcP 168, 357 ff), und § 223 II aF (jetzt § 216 II 1) erfasste auch die SÜ (RG 57, 177; BGH NJW 84, 1186). Daher konnte „die Praxis die Rechtsform der SÜ" (Coing aaO S 72) ohne Gesetzeskollision entwickeln (wie viele andere Rechtsformen auch), und deshalb „gilt" die SÜ nicht „kraft ungeschriebenen Rechts" (Gewohnheitsrecht), so aber Serick, EuS, S 25 f; BB 98, 801 ff (mit überzogener Kritik an BGH [GS] 137, 212 ff; sa Rn 58). Die SÜ erwäh-

21 nen InsO 51 Nr 1, KostO 23 I. **(2) Zweck** der SÜ ist die Sicherung einer Forderung des Erwerbers (Sicherungsnehmers = SN) gegen den veräußernden Eigentümer (Sicherungsgeber = SG) oder gegen einen Dritten. Dieser Zweck begrenzt die Rechtsmacht des SN im Verhältnis zum SG (Rn 35). So darf der SN die Sache nicht ohne weiteres verwerten, insbes veräußern, und nach Wegfall des Sicherungszwecks ist er zur Rückübereignung (Rn 54) verpflichtet. Diese Beschränkungen des Überschusses an Rechtsmacht wirken grundsätzlich nur im Innenverhältnis. Dritten gegenüber ist der SN (Ausnahme im Insolvenzverfahren) unbeschränkter Eigentümer (vgl aber Rn 43), also Berechtigter, zB bei einer Veräußerung (hier ist der SG nur nach § 986 II geschützt; anders bei der auflösend bedingten SÜ: Rn 43). Die SÜ ist wegen der nur schuldrechtlich begrenzten Außenmacht ein echtes (eigennütziges) Rn 15 vor § 104) Treuhandgeschäft. Da es zumindest überwiegend im Interesse des SN (Treuhänders) vorgenommen wird, handelt es sich um eine *eigennützige Treuhand* (Sicherungstreuhand; Gegensatz: uneigennützige oder Verwaltungstreuhand; vgl

22 Coing aaO S 72). **bb) Anwendungsbereich.** Die SÜ ist das typische Sicherungsmittel der Geldgläubiger. Bei Waren, die unter EV stehen, ist die SÜ gem §§ 930, 933 nicht möglich, doch wird idR das Anwartschaftsrecht des VKäufers (SG) zur Sicherung übertragen sein (§ 929 Rn 50, 51).

23 b) Arten. Sie entsprechen im Grundsatz den Arten des EV (§ 929 Rn 27–33). **aa) Einfache SÜ.** Hier soll der SG die Sache behalten und nicht weiterveräußern. Tilgt er die Forderung, so entfällt der Sicherungszweck und er erlangt das Eigentum

24 zurück (Rn 54). Prototyp: SÜ von Waren durch den Endverbraucher. **bb) Verlängerung und/oder Erweiterung der SÜ** sind möglich (zur Terminologie § 929

25 Rn 28, 31, 32). **(1) Verlängerte SÜ.** Hier darf der SG die Sachen im ordentlichen (normalen) Geschäftsverkehr weiterveräußern (§ 185 I), so dass der SN sein Eigentum verliert. An die Stelle des Eigentums tritt die im Voraus abgetretene künftige Kaufpreisforderung gegen den Abkäufer des SG *(verlängerte SÜ mit Vorausabtretungsklausel).* Für die verlängerte SÜ mit *Verarbeitungsklausel* gilt § 950 Rn 6–8 entspr.

26 (2) Erweiterte SÜ. Sie bezieht sich nicht nur auf bereits bestehende Forderungen

27 des einen SN. Zwei Hauptformen sind zu unterscheiden. **(a) Die Kontokorrentklausel** sichert auch alle künftigen Forderungen des SN aus der Geschäftsverbindung mit dem Schuldner (der idR der SG ist, aber auch ein Dritter sein kann, Rn 21). Erst wenn alle Forderungen erfüllt sind, erwirbt der SG wieder Eigentum (dazu

28 Rn 54). **(b) Die Konzernklausel** sichert Forderungen eines Dritten, insbes eines mit dem SN verbundenen Unternehmens (Verbund im „Konzern", vgl AktG 15). Sie ist wie der Konzernvorbehalt (§ 929 Rn 32) nichtig (nach § 138 und/oder § 449 III analog).

29 c) Gegenstand. aa) Bewegliche Sachen (Rn 3 vor § 90) und das **Anwartschaftsrecht des VKäufers** (§ 929 Rn 50, 51) kommen praktisch allein in Betracht. Die (unbedingte, § 925 II) SÜ von Grundstücken ist zwar möglich, aber wegen der besitzlosen Grundpfandrechte (Rn 11 vor § 1113) unüblich (Serick II 18 ff).

Titel 3. Erwerb und Verlust des Eigentums an beweglichen Sachen § 930

bb) Auch unpfändbare Sachen (ZPO 811) können zur Sicherung übereignet 30 werden (BGH WM 61, 244; Bamberg MDR 81, 50 f). Ihre Unentbehrlichkeit für den SG ist zwar der Grund für die Unpfändbarkeit, steht aber weder einer Veräußerung noch einer Verpfändung (§ 1204 Rn 11) entgegen. Eine SÜ, die nur die Umgehung von ZPO 811 bezweckt, soll nach § 138 I nichtig sein (Gerhardt JuS 72, 700); irreal, da eine SÜ stets auch den Zweck iSv Rn 21 verfolgt. Richtig ist, dass eine SÜ unpfändbarer Sachen aus den gleichen Gründen wie jede andere gegen § 138 verstoßen kann (Rn 55). **cc) Warenlager:** s Rn 46, 47.
d) Der Sicherungsvertrag. aa) Zu unterscheiden sind (1) das Rechtsver- 31 **hältnis, aus dem die zu sichernde Forderung** stammt, zB ein Darlehensvertrag. Aus ihm erwächst kein Anspruch auf SÜ, daher ist es auch nicht deren Rechtsgrund (causa); unzutr BGH NJW 82, 276 f, sa 86, 977 für die Sicherungszession (abl Jauernig NJW 82, 268 ff; insoweit auch Serick V 12); **(2) die SÜ.** Sie ist, sachen- 32 rechtlich gesehen, normale Übereignung gem §§ 929 ff, erfordert also Einigung und Übergabe(ersatz). Für sie gilt § 929 mit Anm. IdR wird die Übergabe (§ 929 S 1) gem § 930 ersetzt (zum Grund Rn 20); **(3) der Sicherungsvertrag** (die Sicherungs- 33 abrede) begründet die Pflicht zur SÜ, ist also das Verpflichtungsgeschäft und damit der *Rechtsgrund* (die *causa*) für die SÜ (BGH 124, 375). Fehlt er oder ist er unwirksam, so ist der SN gem § 812 I 1 zur Rückübereignung verpflichtet (s aber Rn 39, 57). Der Sicherungsvertrag bestimmt den Zweck der Übereignung (Sicherung einer oder mehrerer bestimmbarer Forderungen) und regelt die Rechtsbeziehungen zwischen SG und SN in Bezug auf das Sicherungsgut. Er begründet ein Treuhandverhältnis (BGH [GS] NJW 98, 672). Bei einer Übereignung gem § 930 trifft er häufig Bestimmungen, die als Vereinbarung eines konkreten Besitzkonstituts (Rn 11) erscheinen (vgl BGH NJW 79, 2309; NJW-RR 05, 281). In diesem Fall umfasst der Sicherungsvertrag sowohl das Verpflichtungsgeschäft wie den in § 930 geregelten Teil des Erfüllungsgeschäfts (zu den Konsequenzen Rn 39, 57). Der Sicherungsvertrag bestimmt idR, ob die SÜ unbedingt oder auflösend bedingt erfolgen soll (zur Bedeutung Rn 43). Schweigt er, so ist str, ob so oder so übereignet ist (Rn 44). **bb) Inhalt.** 34 **(1) Er ist Rechtsgrund** der SÜ, er bestimmt ihren **Zweck** (Rn 33) und verknüpft so die gesicherte Forderung mit der SÜ, ohne dass dadurch das Sicherungseigentum zu einem akzessorischen Recht wie das Pfandrecht würde (s aber BGH NJW 95, 2885: Sicherungsvertrag über § 139 nichtig bei Nichtigkeit des Geschäfts, aus dem die zu sichernde Forderung stammt; dazu Rn 39). Bei Übertragung der gesicherten Forderung greift § 401 nicht ein (Westermann § 44 III 3 mN). **(2) Die Eigentü-** 35 **merstellung des SN** wird im Verhältnis zum SG durch die Zweckbestimmung der (unbedingten) Übereignung (Rn 33) *begrenzt* (zur Beschränkung bei einer auflösend bedingten SÜ vgl Rn 43). Der SN darf die nach § 930 übereignete Sache nicht herausverlangen, solange der SG seine Pflichten erfüllt (§ 986 I 1) und nichts anderes vereinbart ist. Ebensowenig darf er bei Pflichterfüllung durch den SG die Sache veräußern; dieses Recht steht ihm erst als Verwertungsrecht zu (Rn 37). **(3) Pflich-** 36 **ten.** Aus dem Sicherungsvertrag ergeben sich Pflichten des **SG,** zB zu pfleglicher Behandlung der Sache und ihrer ausreichenden Versicherung, zur Anzeige einer Pfändung durch Dritte, zur Herausgabe im Verwertungsfall. Er begründet auch Pflichten des **SN,** zB zur schonendsten und bestmöglichen Verwertung (Rn 37), ggf zur Rückübereignung oder Rückgabe (Rn 54) bei Erlöschen der Forderung, insbes nach Erfüllung (zur Freigabeklausel Rn 54); der SN ist jedoch ohne bes Vereinbarung nicht verpflichtet, sich aus dem Sicherungsgut zu befriedigen (Köhler WM 77, 243 f mN, sa Rn 37). Dem SG kann die Benutzung des Sicherungsguts, zB der übereigneten Möbel, gestattet werden. **(4) Voraussetzungen und Art der** 37 **Verwertung** richten sich primär nach dem Sicherungsvertrag (BGH NJW 80, 226). Besteht insoweit eine Lücke im Vertrag, so können einzelne Pfandrechtsregeln ergänzend herangezogen werden (betrifft nur das Innenverhältnis, so dass eine Verletzung von Rechtmäßigkeitsvoraussetzungen, vgl § 1243 I, nicht zur Unwirksamkeit einer Veräußerung, aber zum Schadensersatz führen kann). Sobald der SN zur Verwertung befugt ist, idR bei Fälligkeit der Forderung, kann er die Sache herausverlan-

Berger 1429

§ 930

Buch 3. Abschnitt 3. Eigentum

gen (ohne Beschränkung entspr ZPO 803 I 2: BGH WM 61, 244), Nutzungen idR nur bei entspr Abrede (BGH NJW 80, 226 f); die Verjährung der gesicherten Forderung steht nicht entgegen, § 216 II 1 (BGH 70, 98 f). Gibt der SG nicht freiwillig heraus, so muss sich der SN auch dann einen Herausgabetitel beschaffen und nach ZPO 883 vollstrecken, wenn ihm vertraglich ein Wegnahmerecht zusteht (keine bindende Vorweggestattung von Eigenmacht, § 858 Rn 4). Stets ist der SN verpflichtet, so schonend und so gewinnbringend wie möglich zu verwerten (BGH NJW 00, 3274). Das geschieht idR durch Freihandverkauf (vgl Serick III 457 ff; aA Baur § 57 Rn 42: öffentl Versteigerung; BGH WM 61, 245 lässt offen). Von mehreren Sachen dürfen nur so viele veräußert werden, wie zur Befriedigung nötig (BGH WM 61, 244; sa ZPO 818). Eine „Verfallklausel" ähnlich § 1229 ist bei der SÜ unzulässig (Gaul AcP 168, 351 ff; aA die hM, vgl BGH NJW 80, 227 mN). – Hat der SN einen *Zahlungstitel* erstritten, so kann er die eigene Sache (das Sicherungsgut) pfänden und verwerten lassen; ZPO 811 I ist zu beachten, die Freistellung des
38 VVerkäufers in ZPO 811 II gilt nicht (analog) für SN (ThP § 811, 39). **(5) Besitzkonstitut.** Bei einer SÜ gem § 930 enthält der Sicherungsvertrag idR auch die Vereinbarung eines konkreten Besitzkonstituts; denn er regelt Rechte und Pflichten der Beteiligten bzgl des Sicherungsguts, insbes begründet er ein dem SN gegenüber begrenztes Besitzrecht des SG und gewährt dem SN einen Herausgabeanspruch im Verwertungsfall. Das genügt für §§ 868, 930 (hM, vgl Schlegelberger/Hefermehl
39 Anh § 382, 183). **cc) Ist der Sicherungsvertrag nichtig,** so soll die abstrakte SÜ gültig sein (Westermann § 44 III 2; grundsätzlich ebenso Serick I 64 f). Das ist unzutr, wenn der insgesamt nichtige Sicherungsvertrag neben dem Verpflichtungsgeschäft auch die Vereinbarung eines Besitzkonstituts umfasst (Rn 33; übergangen von BGH NJW 94, 2885). Zwar erfordert § 868 als Besitzmittlungsverhältnis kein gültiges RGeschäft, doch muss dem SN als Oberbesitzer jedenfalls ein Ersatzherausgabeanspruch gegen den SG als Unterbesitzer zustehen (§ 868 Rn 4). Daran fehlt es, wenn auch die Vereinbarung eines Besitzkonstituts nichtig ist: Der SN kann vom SG unter keinem rechtlichen Gesichtspunkt Herausgabe des Sicherungsguts verlangen, insbes nicht aus § 985 (der SN ist nicht Eigentümer geworden; darin liegt – entgegen StWiegand Rn 90 Anh §§ 929 ff – weder ein Zirkelschluss noch ist die Argumentation verfehlt, denn das Besitzmittlungsverhältnis verlangt – entgegen StWiegand § 930 Rn 21 ff und Rn 167 Anh zu §§ 929 ff; BaR/Kindl 26; AnwKomBGB/Schilken 11 [zutr anders aber Rn 9, 28, su] – einen Herausgabeanspruch, s § 868 Rn 3). Ohne Besitzkonstitut fehlt das Tatbestandsstück des § 930 für die Übereignung. Folglich ist der SG Eigentümer geblieben (zust ErmMichalski Rn 3 Anh §§ 929–931; AnwKomBGB/Schilken 28; PalBassenge 20; widersprüchlich Westermann § 44 III 2 gegen § 18, 6; ebenso Baur § 57 Rn 15 mit StWiegand Rn 90 Anh §§ 929 ff [dazu so], unvereinbar mit § 7 Rn 43–45 und insbes mit § 51 Rn 22, 23. – Abgesehen von dieser Abhängigkeit von Sicherungsvertrag und SÜ soll nach hM häufig „eine stillschweigend vereinbarte Gültigkeitsbeziehung" zwischen SÜ und Sicherungsvertrag bestehen (BGH NJW 86, 977 für die Sicherungsabtretung); abzulehnen: weder § 139 (dort Rn 4) noch §§ 158 ff sind hierzu geeignet (Rn 16 vor § 854).

40 **e) Nichtbestehen der gesicherten Forderung. aa) Fehlt sie von Anfang an,** so ist das für die Wirksamkeit der SÜ belanglos (Ausnahme: aufschiebend [BGH NJW 91, 353 f] oder auflösend bedingte SÜ, Rn 41; für die Sicherungsabtretung bejaht BGH NJW 82, 276 f [dagegen Jauernig NJW 82, 268 f] eine weitere Ausnahme, die Begründung ist unklar, der Klärungsversuch in BGH NJW 86, 977 nicht minder, zust aber Tiedtke DB 82, 1709 ff; abl StWiegand Rn 187 ff Anh §§ 929 ff; für differenzierende Auslegung nach Fallgruppen K. Schmidt aaO; klarstellend für die SÜ BGH NJW 91, 353 f, sa Gaul aaO S 109 f. Abw Wieling I § 18 II 3b, der das Sicherungseigentum „wie" ein Pfandrecht behandelt, so dass kraft Ges – § 1204!. – Akzessorietät besteht; das beruht auf der früher vertretenen, aber nie zutr Vorstellung, die SÜ sei ein „Umgehungsgeschäft" zu §§ 1204 ff: Wieling I § 18 II 2, dagegen Rn 20; Gaul aaO S 151 f). Der Mangel der Forderung macht die

Titel 3. Erwerb und Verlust des Eigentums an beweglichen Sachen § 930

Übereignung nicht rechtsgrundlos, denn Rechtsgrund ist der Sicherungsvertrag (Rn 33). Daher steht dem SG als früherem Eigentümer kein Rückgewähranspruch aus § 812 I 1 zu (aA Serick I 63, III 392 [s § 1191 Rn 9]). Der Rückgewähranspruch ergibt sich, sofern entspr Auslegung möglich, aus dem Sicherungsvertrag, sonst aus § 812 I 2 2. Var. Kann die zu sichernde Forderung noch entstehen, so ist der Rückgewähranspruch (noch) nicht entstanden. **bb) Fehlt bei auflösend bedingter SÜ** 41 (Rn 43) eine sicherbare Forderung und kann sie auch nicht mehr entstehen, so ist die auflösende Bedingung von Anfang an eingetreten (zur Problematik § 158 Rn 6 [b]) und daher der SG Eigentümer geblieben. Ist die SÜ durch Bestehen der Forderung **aufschiebend bedingt**, so bleibt der SG bei Nichtentstehen Eigentümer. **Kombination** idS möglich: aufschiebend bedingt durch Noch-Entstehen, auflösend bedingt durch Nichtmehrbestehen der zu sichernden/gesicherten Forderung. **cc) Nichtmehrbestehen** der gesicherten Forderung: Rn 54.

f) Formen. aa) Allgemeines. Die SÜ kann in jeder Form der §§ 929 ff erfolgen, 42 also auch, wenn der SG nur mittelbarer Besitzer ist (in diesem Fall ist Übereignung nach § 929 S 1 [§ 929 Rn 12], § 930 [Rn 2] oder § 931 [Rn 2] möglich). Im *Regelfall* übereignet der unmittelbar besitzende Eigentümer gem § 930 (zum Grund Rn 20). Die Übereignung ist *formfrei* (BGH NJW 91, 353), sofern nicht § 311b III (zu § 311 aF BGH NJW 91, 355) für den Sicherungsvertrag als Besitzkonstitut (Rn 38) eingreift. **bb) Einigung** iSv § 929 Rn 4–7 ist stets erforderlich. **(1) Sie kann auflö-** 43 **send bedingt** durch die vollständige Erfüllung der gesicherten Forderung sein. Die *Rechtsfolgen* unterscheiden sich von der unbedingten Übereignung erheblich (Serick III 394 ff): Bei Nichtbestehen der gesicherten Forderung scheitert die SÜ (Rn 41); existiert die Forderung, so steht dem SG ein Anwartschaftsrecht auf Rückerwerb des Eigentums bei Bedingungseintritt zu (es entspricht dem Anwartschaftsrecht des VKäufers, BGH NJW 84, 1185; § 929 Rn 43, 47–58 gilt entspr). Für die Rechtsstellung des SN in der Schwebezeit gilt § 929 Rn 40 entspr. Mit Bedingungseintritt fällt das Eigentum automatisch an den SG zurück, § 158 II (§ 929 Rn 38 gilt insoweit entspr). **(2) Ob bei Schweigen** des Sicherungsvertrags über die Form der SÜ **iZw** 44 **eine auflösend bedingte Einigung** vorliegt, ist str (Serick III 391, 393 mN). Das wird in der Lit zunehmend bejaht, von BGH NJW 91, 354 generell verneint, da es keinen allg Rechtsgrundsatz gebe, wonach eine SÜ stets durch den Sicherungszweck bedingt sei. In der Regel ist die Einigung unbedingt (Gaul aaO S 148 ff; BGH NJW-RR 05, 281; sa Jauernig NJW 82, 270); daher verlangt auflösende Bedingung eine klare abw (nicht nötig ausdr) Abrede. In der Formularpraxis dominiert die unbedingte Übereignung (s BGH NJW 84, 1185 mN); das ist mit § 307 vereinbar (BGH NJW 84, 1186 zu AGBG 9). **cc) Das Besitzkonstitut** muss konkret sein 45 (Rn 11), seine Vereinbarung liegt idR im Sicherungsvertrag (Rn 38). **dd) SÜ von** 46 **Warenlagern.** Es ist zu unterscheiden zwischen der SÜ von Warenlagern mit festem und mit wechselndem Bestand. **(1) Warenlager mit festem Bestand.** Einigung und Besitzkonstitut sind bestimmt, wenn zZ des Vertragsschlusses die übereigneten Sachen eindeutig von anderen unterschieden werden können (BGH NJW 95, 2350; 08, 3144, je mN). Das ist bes wichtig, wenn nur ein **Teil** einer größeren Menge übereignet werden soll. Hier muss der Sicherungsvertrag eine Abgrenzung nach einfachen, weil leicht erkennbaren Kriterien vorsehen (BGH NJW-RR 94, 1538; abl StWiegand Rn 105 Anh §§ 929 ff), zB durch eindeutige Identifizierbarkeit anhand von Rechnungen (selten, s BGH NJW 84, 804). Genügend bestimmt ist die Abrede, dass alle in einem bes Raum lagernden Waren Sicherungsgut sein sollen („All-Formel", BGH NJW 86, 1986; sa 94, 134), gleich, ob dem SG nur ein Anwartschaftsrecht als VKäufer zusteht oder das Eigentum (BGH NJW-RR 90, 95; abl StWiegand Rn 113 ff Anh §§ 929 ff); die Abrede ist unbestimmt, wenn nur dem SG gehörenden Waren übereignet werden sollen, nicht die noch unter EV stehenden (die Abgrenzung kann nicht auf Grund einfacher, leicht erkennbarer Kriterien erfolgen, ähnlich BGH NJW-RR 90, 95; abl StWiegand Rn 110 Anh §§ 929 ff), es sei denn, letztere sind kenntlich gemacht (vgl BGH NJW-RR 94, 1538). Die Bestimmtheit fehlt ferner, wenn nur die pfändbaren Sachen (BGH 117,

§ 930 Buch 3. Abschnitt 3. Eigentum

206) oder ein nur mengen- oder wertmäßig bezeichneter Teil des Warenlagers (zB 40% vom Gesamtlager; Waren im Wert der gesicherten Forderung) übereignet werden sollen (BGH 21, 55; WM 77, 219). Fehlt die Bestimmtheit, so ist die SÜ
47 nichtig (BGH NJW 95, 2350). **(2) Warenlager mit wechselndem Bestand.** Hier vermengt die Rspr Bestimmtheit und Vollzug der Übereignung (Rn 16). Für die Bestimmtheit ist allein auf die Zeit des Vertragsschlusses abzustellen (BGH NJW-RR 90, 95). Daher ist es notwendig und genügend, dass der Sicherungsvertrag einfache, weil leicht erkennbare Kriterien aufstellt, anhand derer künftig festgestellt werden kann, welche im Hinzukommenden Sachen von der SÜ erfasst werden sollen (Rn 46 gilt entspr). Genügend bestimmt ist die Abrede, dass alle künftig in einen bestimmten Raum eingelagerten Sachen übereignet werden sollen (**Raumsicherungsvertrag,** BGH WM 79, 301 f; sa BGH 117, 206 f) oder eine künftig vom SG zu erwerbende Sache unter einer bestimmten Nr in einem Inventar aufgenommen werden soll (**Markierungsvertrag,** vgl BGH WM 66, 95). Dass die künftig beim SG eingehenden Sachen erst in den Raum verbracht oder markiert werden müssen, damit sie der SN erwirbt, dient dem konkreten Vollzug der antizipierten SÜ. Mit der Bestimmtheit der SÜ hat das nichts zu tun; denn sie muss schon zZ des Vertragsschlusses vorliegen (Rn 16; unklar StWiegand Rn 131 Anh §§ 929 ff).
48 **(3) Erwerb vom Nichtberechtigten** ist bei einer Übereignung gem § 930 ausgeschlossen, § 933.
49 **g) Das Sicherungseigentum und die Gläubiger des Sicherungsgebers. aa) Einer Zwangsvollstreckung** in die beim SG verbliebene Sache kann der SN als Eigentümer gem ZPO 771 widersprechen (BGH 118, 206 f, hM; nach aA: ZPO 805). Ist die Sache ausnahmsweise im Gewahrsam des SN, so scheitert eine Zwangsvollstreckung idR bereits an ZPO 809 (Rechtsbehelf des SN: ZPO 766).
50 **bb) Im Insolvenzverfahren** des SG kann der SN nur wie ein Pfandgläubiger absondern (InsO 51 Nr 1), aber nicht als Eigentümer aussondern.
51 **h) Schutz des Sicherungsgebers gegen Gläubiger des Sicherungsnehmers. aa) Einer Zwangsvollstreckung** in die ausnahmsweise im Gewahrsam des SN stehende Sache kann der SG schon vor (erst recht nach) Erfüllung der gesicherten Forderung gem ZPO 771 widersprechen, weil die Sache im Verhältnis zum SN und dessen Gläubigern erst dann aus dem Vermögen des SG ausscheidet, wenn sie
52 der SN verwerten darf (BGH 72, 144 ff; str). **bb) Im Insolvenzverfahren** des SN kann der SG erst aussondern, wenn die gesicherte Forderung erfüllt ist (Jauernig/Berger § 44 Rn 6 mN). Bei auflösend bedingter SÜ ist der SG dann wieder Eigentümer (Rn 43). Bei unbedingter SÜ hat der SG zwar nur einen obligatorischen Rückübertragungsanspruch (Rn 54), der aber gewohnheitsrechtlich ein Aussonderungsrecht gewährt. Dazu Gaul aaO S 130 ff.
53 **j) Verlust des Sicherungseigentums. aa) Durch Veräußerung** seitens des nichtberechtigten SG an einen Dritten, sei es mit Gestattung des SN (§ 185) oder ohne sie (Erwerb des Dritten gem §§ 932 ff, HGB 366). Zur Veräußerung durch den SG im Falle auflösend bedingter SÜ beachte Rn 43 mit § 929 Rn 51. **bb) Durch**
54 **Verwertung** des Sicherungsguts (Rn 37). **cc) Bei Wegfall des Sicherungszwecks,** insbes bei Erlöschen der gesicherten Forderung durch Erfüllung, fällt das Eigentum bei auflösend bedingter SÜ automatisch an den SG zurück (§ 158 II; Rn 43); dieser kann gem dem Sicherungsvertrag Rückgabe der Sache vom SN verlangen. Bei unbedingter Übereignung steht dem SG ein Anspruch aus dem Sicherungsvertrag auf Rückübereignung zu (BGH 100, 105; zur „Freigabe" wegen deutlicher nachträglicher Übersicherung im Fall formularmäßiger SÜ von Sachgesamtheit mit wechselndem Bestand s Rn 58). Sa Rn 36. **dd) Nichtbestehen der gesicherten Forderung:** Rn 40, 41. **ee)** Zum Fall, dass der **Sicherungsvertrag** fehlt oder unwirksam ist, vgl Rn 33.
55 **k) Grenzen zulässiger Sicherungsgeschäfte: §§ 134, 138, 307. aa) Verstoß der SÜ gegen die guten Sitten** (§ 138 I) ist nur auf Grund einer Gesamtwürdigung aller Umstände feststellbar (BGH NJW 91, 354; ie Serick III 3 ff). Zwei Fallgruppen sind zu unterscheiden: wirtschaftliche Knebelung des SG (*Knebelungsvertrag;* § 138

Titel 3. Erwerb und Verlust des Eigentums an beweglichen Sachen **§ 931**

Rn 12) und Täuschung von Gläubigern über die Kreditwürdigkeit des SG (*Kredittäuschung;* § 138 Rn 14), BGH NJW 91, 354 f. Der Begriff der Sittenwidrigkeit in § 138 und § 826 ist gleich, iÜ haben beide Vorschriften unterschiedliche Voraussetzungen, Rechtsfolgen und Ziele (BGH NJW 70, 658; ie Serick III 101 ff), insbes führt § 826 nur zum Schadensersatz für den Geschädigten, § 138 zur Nichtigkeit der SÜ gegenüber jedermann. **bb) Keine Nichtigkeit der SÜ** nach §§ 134, 138, **56** wenn nur die Voraussetzungen einer Anfechtung gem **AnfG** oder **InsO** vorliegen (BGH NJW 73, 513; Serick III 152 ff, je zur KO); gleiches gilt, wenn nur die Anfechtungsgründe des § 123 bestehen (BGH WM 72, 767). S § 138 Rn 5. **cc) Bei** **57** **Nichtigkeit des Sicherungsvertrags gem § 138 I** soll nach Serick (I 65, III 24 ff) unter Durchbrechung des Abstraktionsprinzips auch die SÜ nichtig sein. Das ist teils iE, teils in der Begründung bedenklich (Jauernig JuS 94, 725 f). Enthält der nichtige Sicherungsvertrag auch die Vereinbarung des Besitzkonstituts, so fehlt ein Tatbestandsstück für die SÜ, deshalb schlägt sie fehl (iE Rn 39); ist das nicht der Fall, so wird bei sittenwidrigem Sicherungsvertrag vielfach (StWiegand Rn 168 Anh §§ 929 ff: stets) die SÜ selbst sittenwidrig sein (Fehleridentität, Rn 14 vor § 854). Nach BGH 7, 115 kann die SÜ als solche auch dann gem § 138 I nichtig sein, wenn der Sicherungsvertrag nicht gegen § 138 verstößt (vgl Ascher Anm LM Nr 1). **dd)** Die SÜ eines **Warenlagers mit wechselndem Bestand** ist auch dann nicht **58** gem § 307 und/oder § 138 unwirksam, wenn der Sicherungsvertrag für den Fall **nachträglicher Übersicherung** weder eine ausdr ermessensunabhängige **Freigabeklausel** noch eine zahlenmäßig bestimmte **Deckungsgrenze** noch eine Regelung für die **Bewertung** der Sicherheiten vorsieht (BGH [GS] 137, 212 ff; zu den vorangegangenen differierenden Urteile mehrerer ZS des BGH s Vorlagebeschluss des BGH NJW 97, 1571 ff): Der SG habe stets einen ermessensunabhängigen **Freigabeanspruch;** die *Deckungsgrenze* betrage (falls sie nicht ausdr vereinbart oder unangemessen sei) unter Berücksichtigung der Kosten für Verwaltung und Verwertung der Sicherheiten, bezogen auf den realisierbaren Wert der Sicherungsgegenstände, 110% der gesicherten Forderungen; Deckungsgrenze und Freigabeanspruch ergäben sich gem § 157 aus dem fiduziarischen Charakter der Sicherungsabrede und der Interessenlage der Parteien (BGH [GS] 137, 218 ff, 674; aA Serick [s o Rn 20]: Gewohnheitsrecht; der *Schätzwert* (dh der geschätzte aktuelle Verkehrswert) des Sicherungsguts sei vom Sicherungsvertrag unabhängig und daher allg in Anlehnung an § 237 S 1 zu bestimmen, so dass die Grenze für das Entstehen des Freigabeanspruchs bzgl beweglicher Sachen bei 150% des Schätzwerts liege. – Bei **anfänglicher Übersicherung,** die also schon zZ des Vertragsschlusses besteht, bestimmt sich die Sittenwidrigkeit nach allg Grundsätzen (BGH 138, 302 f; NJW 98, 2047; NJW-RR 03, 1492; § 138 Rn 16).

§ 931 Abtretung des Herausgabeanspruchs

Ist ein Dritter im Besitz der Sache, so kann die Übergabe dadurch ersetzt werden, dass der Eigentümer dem Erwerber den Anspruch auf Herausgabe der Sache abtritt.

1. Allgemeines. Vgl zunächst § 929 Rn 1–3. **a) Voraussetzungen** des Eigen- **1** tumserwerbs sind Einigung (§ 929 Rn 2) und Ersatz der Übergabe durch Abtretung des Herausgabeanspruchs aus dem Besitzmittlungsverhältnis zwischen Eigentümer und Drittem (Rn 4). Besteht kein Besitzmittlungsverhältnis, so genügt *schlichte Einigung* (Rn 10). **b) Ein mittelbar besitzender Eigentümer** kann auch nach § 930 **2** übereignen (§ 930 Rn 2; dort auch zum Unterschied gegenüber einer Übertragung gem § 931). **c) Erwerb vom Nichtberechtigten:** §§ 934, 935. **3**

2. Abtretung des Herausgabeanspruchs. a) Gemeint ist der Anspruch des **4** Eigentümers aus dem Besitzmittlungsverhältnis (§ 868) mit einem Dritten (BGH NJW 59, 1538 mN). Der Dritte kann unmittelbarer oder (bei mehrstufigem Besitz, § 871) mittelbarer Fremdbesitzer, der *Eigentümer muss mittelbarer Eigenbesitzer* sein.

Mit der Abtretung des Herausgabeanspruchs (§ 398) überträgt der Eigentümer den mittelbaren Besitz auf den Erwerber (§ 870). Ein abtretbarer Anspruch muss bestehen
5 (RG JW 34, 1485), künftiger genügt. **b) Der Eigentumsherausgabeanspruch** (§ 985) ist kein Anspruch iSv § 931 (Rn 10); idS BGH NJW 59, 1538 jedenfalls dann, wenn dem Veräußerer ein Herausgabeanspruch als mittelbarer Besitzer (§ 870)
6 zusteht. **c) Abtretung ist formlos.** Sie kann in der Einigung (Rn 1) liegen und umgekehrt. Die Abtretung ist als Teil des Verfügungsgeschäfts (§ 929 Rn 4) gegenüber dem zugrundeliegenden Verpflichtungsgeschäft ebenso *abstrakt* wie die Eini-
7 gung (zu dieser § 929 Rn 3). **d) Weder Benachrichtigung noch Zustimmung**
8 **des Dritten** ist zur Abtretung (und Eigentumsübertragung) erforderlich. **e) Antizipierte** Einigung und Abtretung liegen vor bei Übereignung einer Sache, an welcher der Veräußerer (und künftige Eigentümer) erst künftig mittelbaren Besitz (und Eigentum) erlangt. Der Erwerber wird nur dann Eigentümer, wenn der Veräußerer (und nunmehrige Eigentümer) noch bei Erlangung des mittelbaren Besitzes an ihn
9 veräußern will (LM Nr 7; § 929 Rn 6, sa § 930 Rn 17). **f)** Zur Übereignung mit Hilfe von **Traditionspapieren** (zB HGB 448, 475g) vgl BGH 49, 162 f: Zur Abtretung des verbrieften Herausgabeanspruchs bedarf es der Übergabe des Papiers.

10 **3. Sonstiges. a)** Ist der **Eigentümer nicht Besitzer,** insbes nicht mittelbarer, so steht ihm kein Herausgabeanspruch iSv § 931 zu. Die Sache kann im Besitz eines Dritten (zB eines Diebes) oder besitzlos (verlorener Ring im See) sein. Im ersten Fall steht dem Eigentümer zwar der Herausgabeanspruch aus § 985 zu, ihn meint § 931 aber nicht (undeutlich BGH NJW 03, 2608): Der Anspruch aus § 985 ist nicht abtretbar (Rn 8 vor § 854); iÜ folgt er dem Gesetz (nicht umgekehrt), seine Abtretung hätte neben der Einigung über den Eigentumsübergang keinen selbstständigen Inhalt. Im zweiten Fall fehlt jeder Herausgabeanspruch. In beiden Fällen genügt daher die *schlichte Einigung* über den Eigentumsübergang (StWiegand 14, 15, 17, 18 mN, aber kaum vereinbar mit § 930, 21 ff [dazu § 868 Rn 3; § 930
11 Rn 39]; aA Wolf, SR, § 5 A VII c 4). **b)** War der **Dritte** dem Eigentümer gegenüber obligatorisch **zum Besitz berechtigt,** so wirkt das auch dem Erwerber gegenüber (§ 986 II). Ist der Dritte dinglich, dh gegenüber jedermann zum Besitz berechtigt, so gilt dem Erwerber gegenüber § 986 I (sa Rn 12). Zugunsten des Dritten gelten
12 §§ 404, 407. **c)** Steht dem **Dritten** ein **dingliches Recht an der Sache** zu, so erlangt der Erwerber belastetes Eigentum, § 936 III (zum Anwendungsbereich § 936 Rn 1).

§ 932 Gutgläubiger Erwerb vom Nichtberechtigten

(1) ¹**Durch eine nach § 929 erfolgte Veräußerung wird der Erwerber auch dann Eigentümer, wenn die Sache nicht dem Veräußerer gehört, es sei denn, dass er zu der Zeit, zu der er nach diesen Vorschriften das Eigentum erwerben würde, nicht in gutem Glauben ist.** ²**In dem Falle des § 929 Satz 2 gilt dies jedoch nur dann, wenn der Erwerber den Besitz von dem Veräußerer erlangt hatte.**

(2) **Der Erwerber ist nicht in gutem Glauben, wenn ihm bekannt oder infolge grober Fahrlässigkeit unbekannt ist, dass die Sache nicht dem Veräußerer gehört.**

I. Allgemeines zu den §§ 932–935

Lit: Hager, Verkehrsschutz durch redlichen Erwerb, 1990.

1 **1. Allgemeines. §§ 932 ff** behandeln den rechtsgeschäftlichen **Erwerb des Eigentums** von einem Veräußerer, der weder Eigentümer noch zur Veräußerung befugt ist (Rn 11). Auf **nichtrechtsgeschäftlichen Erwerb** sind die §§ 932 ff **unanwendbar.** Bei ihm kann Bösgläubigkeit für den Erwerb hinderlich sein (so nach

Titel 3. Erwerb und Verlust des Eigentums an beweglichen Sachen § 932

§ 937 II) oder irrelevant sein (so nach hM bei der Versteigerung gepfändeter Sachen gem ZPO 814 ff, vgl BGH 119, 76; Jauernig/Berger § 18 Rn 19, je mN).

a) Bevorzugt wird idR das Erwerberinteresse vor dem Eigentümerinteresse; denn der Eigentümer verliert sein Recht und ist auf Ausgleichsansprüche angewiesen (§§ 687 II, 816 I 1, 823, 990, uU aus Vertrag). Vom Erwerber kann er nur ausnahmsweise Rückübereignung an sich fordern (§ 816 I 2; § 823 scheidet auch bei leichter Fahrlässigkeit des Erwerbers aus, denn der Eingriff ist nicht rechtswidrig, BGH JZ 56, 490 f). **b) Der Erwerber erlangt Eigentum** wie vom Berechtigten. Auf eine 2 Weiterveräußerung sind daher die §§ 932 ff unanwendbar. Das gilt auch für eine „Rück"-Übereignung an den nichtberechtigten Veräußerer. Dieser sog **Rückerwerb des Nichtberechtigten** ist nach hM einzuschränken in Fällen der Rückabwicklung (zB gem §§ 812 ff oder nach Rücktritt), der nur vorläufigen Übereignung (zB bei unbedingter SÜ) und der Übereignung in der Absicht späteren Rückerwerbs (vgl Baur § 52 Rn 34 mN). In diesen Fällen soll bei einer Rückübereignung an den Nichtberechtigten nicht dieser, sondern der frühere Berechtigte automatisch wieder Eigentümer werden, und zwar mit Rücksicht auf Grund und Zweck der früheren Veräußerung durch den Nichtberechtigten. Darin liegt eine Durchbrechung der inhaltlichen Abstraktheit (dazu Rn 13 vor § 854). Das verkennt Braun (ZIP 98, 1470, 1472 f), da er auf die äußerliche Abstraktheit abstellt. Die von Braun (aaO S 1469 ff) postulierte „Rückabwicklungsnorm" kann ebenso wenig wie andere Rechtfertigungsversuche der hM begründen, warum das Eigentum auch dann an den früheren Eigentümer zurückfällt, wenn Erwerber und Nichtberechtigter sich dahin einigen, dass Letzterer Eigentümer werden soll. Auch das zeigt: Die hM ist mit dem Ges unvereinbar und sachlich entbehrlich (zutr Musielak, Liber Amicorum Gerhard Kegel, 2002, S 125 ff, mN S 129). Daher erwirbt der Nichtberechtigte das Eigentum „zurück", doch steht dem (früheren) Berechtigten ein obligatorischer Anspruch auf Übereignung zu (aus Vertrag, Delikt oder ungerechtfertigter Bereicherung). – Zu einem *automatischen Rückfall des Eigentums* an den früheren Berechtigten kommt es infolge Anfechtung der Übereignung (Einigung), § 142 I (ex tunc), und im Fall einer auflösend bedingten Übereignung bei Bedingungseintritt, § 158 II (ex nunc, sa § 159). **c)** Die **rechtspolitische Rechtfertigung** des Erwerbs vom Nichtberechtigten ist str. Der Gesetzgeber hat das allg Interesse an Sicherheit und Leichtigkeit des Rechtsverkehrs grundsätzlich gegenüber dem Eigentümerinteresse bevorzugt (Heck, SaR, § 58 I 1; WolffR § 68 II 1; ähnlich Baur § 52 Rn 8).

2. Grundgedanken der ges Regelung. a) Die Einigung iSv § 929 Rn 4–7 ist 3 stets Voraussetzung des Eigentumserwerbs. Der Veräußerer muss Nichteigentümer oder (obwohl als Alleineigentümer auftretend) bloßer Mitberechtigter (Rn 5 [bb, cc]), darf nicht zur Verfügung befugt sein (Rn 11) und mit dem Erwerber weder persönlich noch wirtschaftlich identisch sein (das Ges schützt nur den rechtsgeschäftlichen *Dritterwerb*, zumeist Verkehrsgeschäft genannt, vgl § 892 Rn 10 mit Bsp). **b) Übergabe oder Übergabeersatz** müssen in einer gegenüber §§ 929– 4 931 zT modifizierten Form hinzutreten. Für einen Erwerb vom Nichtberechtigten genügen die Übergabe iSv § 929 S 1 (I 1) und die Abtretung des Herausgabeanspruchs iSv § 931 Rn 4. Ungenügend sind die Vereinbarung eines Besitzkonstituts gem § 930 (hier bedarf es der Übergabe durch den Veräußerer, § 933) und die schlichte Einigung, sei es nach § 929 S 2 (hier muss der Besitz vom Veräußerer erlangt sein), sei es im Fall des § 931 Rn 10 (hier ist die Übergabe durch den Dritten notwendig, § 934 Fall 2). Aus dieser ges Modifizierung folgt der Grundsatz: Aufseiten des Veräußerers muss der durch Besitz begründete Rechtsschein vorliegen (daher I 2), und diesen Besitz muss der Veräußerer vollständig zugunsten des Erwerbers verlieren (daher §§ 933, 934 Fall 2), vgl BGH 56, 129 f; NJW 78, 1854. Dem Veräußerer steht der zuvor besitzende Nichteigentümer gleich (Rn 16 [cc]). **c) Bösgläubigkeit** des Erwerbers hindert den Erwerb *(rechtshindernde Tatsache)*, 5 für die der Gegner des Erwerbers die obj Beweislast und damit auch die Behauptungslast trägt. Beweis der Bösgläubigkeit ist Hauptbeweis, nicht Gegenbeweis (zur

§ 932

Bedeutung § 892 Rn 18). Nur in der Begründung abw die hM: Gutgläubigkeit sei rechtsbegründende Tatsache (vgl BGH 77, 276), deren Vorliegen vermutet werde (BGH 50, 52), so dass der Gegner des (vermutet) Gutgläubigen die Beweislast für die Bösgläubigkeit trage (unzutr; es fehlt an einer [ggf widerlegbaren] ges Vermutungsbasis für die Gutgläubigkeit). Beachtet man, dass es im Streitfall auf den Nachweis der *Bös*gläubigkeit ankommt, so mag man weiterhin vom „gutgl Erwerb" sprechen (wie zuweilen auch das BGB: § 926 II HS 2, § 936 III, ferner
6 HGB 366, 367). **d) Abhandenkommen der Sache** (§ 935 I) schließt Erwerb nach §§ 932–934 aus. Ausnahmen in § 935 II, sa Rn 13.

7   **3. Gegenstand des guten Glaubens. Nur der Mangel des (Allein-)Eigentums** beim Veräußerer wird nach §§ 932–934 ausgeglichen, also nicht Willensmängel, das Fehlen der Geschäftsfähigkeit oder der Vertretungsmacht usw. Bes hervorzuheben ist die *Beziehung zwischen Eigentum/Nichteigentum und Verfügungsbefugnis* (sa § 873 Rn 17): Letztere kann einem Eigentümer fehlen, einem Nichteigentümer
8 zustehen. **a) Fehlt die Verfügungsbefugnis dem Eigentümer,** so greifen die §§ 932 ff nicht unmittelbar ein. Vgl aber §§ 135 II, 136, 161 III, 163, 2113 III, 2129 II 1, 2211 II. Fehlen solche Vorschriften, so ist der Erwerber schutzlos (wich-
9 tige Fälle: §§ 1365, 1369; InsO 81 I). **b) Fehlt die Verfügungsbefugnis dem Nichteigentümer,** der erkennbar als solcher handelt, so gelten die §§ 932 ff ebenfalls nicht unmittelbar. Der Erwerber wird nur ausnahmsweise geschützt, vgl HGB 366 (dazu Düsseldorf NJW-RR 99, 615 f; BGH NJW 05, 1365 f), §§ 1244, 1048; zu § 2205 S 3 vgl BGH 57, 89 ff. Wahlfeststellung zwischen Erwerb gem §§ 932 ff
10 und HGB 366 ist zulässig (BGH 77, 276). **c) Ist der Nichteigentümer verfügungsbefugt,** so greifen die §§ 932 ff nicht ein, denn der Verfügungsbefugte steht an der Stelle des Eigentümers iSd §§ 929–931. Zur Verfügungsbefugnis eines Nichteigentümers vgl §§ 966 II 1, 1048 I 1, 1087 II 2, 1242 I, 1422 S 1, 2205 (zu S 3 vgl BGH 57, 89 ff). Hierher gehört auch der Fall, dass der Nichteigentümer mit Einwilligung des Berechtigten veräußert (§ 185 I; zur Genehmigung Rn 13). Zum Fall, dass die Einwilligende selbst Nichteigentümer ist, vgl Rn 16 (cc).
11   **d) Ist der Eigentumserwerb** nach §§ 932 ff **fehlgeschlagen,** weil der Erwerber bösgläubig oder die bes Besitzlage (I 2, § 933, § 934 Fall 2) nicht eingetreten oder die Sache abhanden gekommen ist (§ 935 I, s dort Rn 11), so wird die Verfügung mit **Genehmigung des Berechtigten** rückwirkend wirksam (§ 185 II 1 Fall 1 mit § 184 I), ohne Rückwirkung bei Konvaleszenz (§ 185 II 1 Fälle 2 und 3); vgl § 185 Rn 6–8. Liegt ein Fall des § 185 II 1 vor, so kann idR offen bleiben, ob schon gem §§ 932 ff erworben worden ist.

II. Erwerb vom Nichtberechtigten gem § 932 I

12   **1. Allgemeines. I betrifft** den Erwerb in der Form des § 929. Zu den allg Erwerbsvoraussetzungen Rn 3–6, 8–11, 13.

13   **2. Besitzerlangung. Für die Besitzerlangung durch Übergabe** stellt I 1 keine anderen Voraussetzungen als § 929 S 1 auf (zu diesen § 929 Rn 8–18). Beim Erwerb auf **Geheiß des Veräußerers** (§ 929 Rn 13) erlangt der Erwerber auch dann Eigentum, wenn der Veräußerer Nichteigentümer ist. Ein Geheiß idS liegt nur vor, wenn dem Veräußerer von Rechts wegen die Befugnis zusteht, den Besitzer zur Übertragung des Besitzes anzuweisen. Praktisch wichtig ist das in Fällen der scheinbaren Direktlieferung (vgl § 929 Rn 16): N mietet eine Sache von dem Eigentümer E, einigt sich mit dem X über den Eigentumsübergang und weist den ahnungslosen E an, die gemietete Sache nicht an ihn, N, sondern an X auszuhändigen. Hier verfügt N als Nichtberechtigter (abw von § 929 Rn 16); die Einigung N – X ist unproblematisch; die Übergabe von N an X liegt in der Ausführung des Geheißes des N an E, die Sache (statt an ihn, N) an X zu liefern, um den Anspruch des N aus § 535 I 1 zu erfüllen, so dass E an X „für N" liefert. Da E auf Grund einer wirklichen (nicht nur von X angenommenen) Weisungsbefugnis liefert, liegt

eine Übergabe iSv § 929 S 1 vor, die auch für § 932 I 1 genügt (s o; iE ebenso Baur § 52 Rn 13 [c] zu München NJW 57, 857; v. Olshausen Anm JZ 75, 30 f; Martinek AcP 188, 622 ff). Wollte E hingegen „für sich" an X liefern (zB selbst veräußern, vermieten), weil ihm der X von N etwa als Kauf- oder Mietinteressent empfohlen worden ist, so liegt mangels Weisungsbefugnis des N kein Geheiß vor, mag es auch von X „gutgl" angenommen worden sein; daher fehlt es am notwendigen Vertrauenstatbestand für I 1. Diesen Mangel behebt I 1 nicht (Rn 8). So Baur § 52 Rn 13 [c] mN; aA Westermann § 47 I 1a; Wieling I § 10 IV 6, je mN. – Nach BGH NJW 74, 1133 f soll es nicht auf eine Weisungs*befugnis* (s o) des N ankommen, sondern darauf, dass die Übergabe an X auf Veranlassung des N *tatsächlich* erfolge, was auch geschähe, wenn E auf Veranlassung des N „für sich" an X liefere. Hier wird auf jeden Rechtsschein verzichtet, das ist abzulehnen; dem BGH zust StWiegand 24–28; Westermann § 47 I 1a; Wieling I § 10 IV 6.

3. Böser Glaube, II. Vgl zunächst Rn 5. **a) Gegenstand** ist das *Eigentum* des **14** Veräußerers. Das bedeutet: **aa) Der Mangel des Rechts** muss dem Erwerber *bekannt oder grobfahrlässig unbekannt* sein. Die Kenntnis allein der Tatsachen, aus denen das Nichteigentum folgt, genügt nicht (BGH NJW 61, 777). **bb) Andere Mängel** als das Fehlen des Eigentums bleiben bestehen. **cc) Dem Veräußerer steht gleich** der mittel- oder unmittelbar besitzende Nichteigentümer, wenn er der Veräußerung durch einen Dritten zugestimmt hat (BGH 56, 128 f). **b) Grobe Fahrlässigkeit.** **15** Gefordert wird im Handeln des Erwerbers, bei dem die im Verkehr erforderliche Sorgfalt nach den gesamten Umständen in ungewöhnlich großem Maße verletzt wurde, ganz nahe liegende Überlegungen nicht angestellt oder beiseite geschoben wurden und bei dem dasjenige unbeachtet blieb, was im gegebenen Fall jedem hätte einleuchten müssen (BGH NJW-RR 00, 577; NJW 05, 1366). *Anknüpfungspunkt* sind außergewöhnliche Umstände des Veräußerungsgeschäfts, die dem Erwerber dringlich nahelegen, sich über die Eigentumsverhältnisse entspr den Gegebenheiten des Falles zu informieren. Diese **Informationspflicht** kann durch Umstände ausgelöst werden, die im Gegenstand der Vereinbarung, in deren Art und Weise oder/und in den beteiligten Personen liegen (BGH NJW 93, 1649; bes krass im Fall Schleswig NJW 07, 3007 ff); eine allg Informationspflicht besteht nicht (BGH 77, 277; NJW-RR 91, 344). Bsp: Bei Veräußerung eines **Gebrauchtwagens** durch einen Privaten oder Kfz-Händler ist zumindest der Fahrzeugbrief vorzulegen, um die Berechtigung des Veräußerers prüfen zu können (BGH NJW-RR 06, 3489 mN, stRspr). Steht der Veräußerer nicht im Brief, so hat der Erwerber weitere Informationen einzuholen (BGH NJW 94, 2023), zB Nachfrage beim letzten eingetragenen Halter; das kann auch bei Veräußerung durch Kfz-Händler der Fall sein, wenn die Art und Weise, wie das Geschäft zustande kommt, eine Informationspflicht begründen (BGH NJW 92, 310: Straßenverkauf; sa Stuttgart NJW-RR 90, 635: Tausch). In den genannten Fällen liegen die außergewöhnlichen Umstände im Gegenstand des Geschäfts (Gebrauchtwagen), in der Person des Veräußerers (Privater) oder/und in der Art und Weise des Geschäftsabschlusses (Nichtvorlage oder Inhalt des Briefs, Straßenverkauf); hierzu Schlechtriem NJW 70, 2088 ff; Frankfurt/M NJW-RR 99, 928 (Vorführwagen sei kein gebrauchter, sondern „Neuwagen"); Häufung verdächtigter Umstände im Fall Schleswig NJW 07, 3007 ff. **Weitere Bsp:** Veräußerung von **Neuwagen** durch Private oder unseriös erscheinende Kfz-Händler ohne Haltereintragung im Fahrzeugbrief (BGH NJW 96, 314; sa 05, 1366); Veräußerung **neuwertiger Sachen,** die gewöhnlich unter EV erworben werden, durch einen Privaten ohne Nachprüfung des Eigentums (zB durch Vorlage quittierter Rechnung); Nachprüfung auch erforderlich bei Erwerb **wertvoller Sachen** (zB Teppich, Gemälde, Schmuck) von Privaten; Zwischenhändler veräußert Vorbehaltsware ersichtlich außerhalb des ordnungsgemäßen Geschäftsbetriebs (dazu § 929 Rn 28), zB zum **Schleuderpreis** (Hamburg MDR 70, 506). Die Kasuistik ist umfangreich. Stets entscheiden die gesamten Umstände des Einzelfalls. Bösgläubigkeit scheidet aus, wenn die gebotenen Nachforschungen zwar unterblieben sind, aber einwandfrei feststeht (Beweislast beim Erwerber), dass sie nicht das Nichteigentum des Veräußerers ergeben hätten; denn die **Informationspflicht ist nicht Selbstzweck,** sondern basiert auf der Möglichkeit, zum Schutz des Eigentümers die wahre Rechtslage ermitteln zu können (zust AnwKomBGB/Schilken 25; Bartels AcP 205, 687 ff). Die Gegenansicht (BGH NJW 94, 2024 mN; Schleswig NJW 07, 3008 f) verkennt (deutlich BGH aaO; RG 143, 19; StWiegand 84), dass die Unkenntnis „infolge grober Fahrlässigkeit", also auf Grund einer (schuldhaften) Verletzung der Informationspflicht, bestehen muss, hier aber eine „Information"

16 die Unkenntnis nicht beseitigt hätte. **c) Maßgebender Zeitpunkt** ist der des Eigentumserwerbs, **I 1.** Hierfür ist bei Erwerb nach § 929 S 1 die Übergabe, bei Erwerb nach § 929 S 2 die Einigung maßgebend. Diese Zeitpunkte gelten auch bei aufschiebend bedingter Übereignung (§ 929 Rn 38). – Hängt der Eigentumserwerb von einer privat- oder öffentl-rechtlichen *Genehmigung* ab, so kommt es bei Vorliegen der anderen Erwerbsvoraussetzungen auf den Zeitpunkt der Genehmigung

17 an. – *Nachträgliche Bösgläubigkeit* schadet nicht. **d) Bei Eigentumserwerb durch Stellvertreter** (§ 929 Rn 21–23) gilt § 166 (BGH NJW 82, 39; ie Schilken [Lit zu § 166] S 235 ff).

18 **4. Besitzerwerb vom Nichtberichtigten, I 2.** Bei **Übereignung durch schlichte Einigung** (§ 929 S 2) erschwert **I 2** den Erwerb: Der Erwerber muss den Besitz vom nichtberechtigten Veräußerer erlangt haben, nur dann besteht ein durch Besitz begründeter Rechtsschein (Rn 4). I 2 fordert also die Übergabe iSv § 929 Rn 8 durch den Veräußerer (vgl BGH 56, 130 f). Dazu ist nötig, dass der Veräußerer seinen Besitz vollständig zugunsten des Erwerbers aufgibt (§ 929 Rn 8). Zur Gleichstellung von Veräußerer und zust besitzendem Nichteigentümer Rn 16 (cc).

§ 932a Gutgläubiger Erwerb nicht eingetragener Seeschiffe

Gehört ein nach § 929a veräußertes Schiff nicht dem Veräußerer, so wird der Erwerber Eigentümer, wenn ihm das Schiff vom Veräußerer übergeben wird, es sei denn, dass er zu dieser Zeit nicht in gutem Glauben ist; ist ein Anteil an einem Schiff Gegenstand der Veräußerung, so tritt an die Stelle der Übergabe die Einräumung des Mitbesitzes an dem Schiff.

1 Für Erwerb eines Binnen- oder Seeschiffs vom Nichtberechtigten gelten §§ 932 ff; Sonderregelung in § 932a bei Übereignung nicht eingetragener Seeschiffe gem § 929a. Auch HGB 366 I ist anwendbar (BGH NJW 90, 3209).

§ 933 Gutgläubiger Erwerb bei Besitzkonstitut

Gehört eine nach § 930 veräußerte Sache nicht dem Veräußerer, so wird der Erwerber Eigentümer, wenn ihm die Sache von dem Veräußerer übergeben wird, es sei denn, dass er zu dieser Zeit nicht in gutem Glauben ist.

1 **1. Allgemeines.** Dazu vgl § 932 Rn 1–13.

2 **2. Übergabeersatz gem § 930. a)** Dies genügt nicht zum Erwerb vom Nichtberechtigten. Notwendig ist eine Übergabe iSv § 929 S 1 durch den Veräußerer (BGH NJW 96, 2655 mN): Dieser muss jeden Besitz verlieren, und der Erwerber muss auf Grund des Veräußerungsgeschäfts unmittelbaren oder mittelbaren Besitz erlangen, sofern dessen Erlangung als Übergabe iSv § 929 S 1 anzusehen ist (ie § 929 Rn 8–18). Erforderlich ist, dass zZ der Übergabe die Einigung fortbesteht (§ 929 Rn 6 gilt entspr), BGH NJW 78, 697. **b)** Ist die **Eigentumsübertragung missglückt,** weil keine Übergabe (Rn 2) vorliegt, so ist dennoch die Vereinbarung des Besitzkonstituts gültig. Der Erwerber hat somit (kein Eigentum, aber) mittelbaren Besitz erlangt (BGH 50, 48 f mit zweifelhafter Begründung) und kann daher einem

Titel 3. Erwerb u. Verlust d. Eigentums an bewegl. Sachen **§§ 934, 935**

Dritten gem § 934 Fall 1 Eigentum übertragen (sofern das Besitzkonstitut dem Erwerber nicht nur Nebenbesitz verschafft hat, s § 929 Rn 50).

3. Ausschluss. Bösgläubigkeit (§ 932 Rn 5, 16, 17, 19) zZ der Übergabe **3** (Rn 2) schließt den Erwerb aus.

§ 934 Gutgläubiger Erwerb bei Abtretung des Herausgabeanspruchs

Gehört eine nach § 931 veräußerte Sache nicht dem Veräußerer, so wird der Erwerber, wenn der Veräußerer mittelbarer Besitzer der Sache ist, mit der Abtretung des Anspruchs, anderenfalls dann Eigentümer, wenn er den Besitz der Sache von dem Dritten erlangt, es sei denn, dass er zur Zeit der Abtretung oder des Besitzerwerbs nicht in gutem Glauben ist.

1. Allgemeines. Dazu vgl § 932 Rn 1–13. **1**

2. Inhalt. Zwei Fälle sind zu unterscheiden. **a) Fall 1:** Der **Veräußerer ist** **2** **mittelbarer Besitzer.** Mittelbarer Fremdbesitz genügt (BGH WM 77, 1091 f). **aa) Mit Abtretung** des Herausgabeanspruchs aus dem Besitzmittlungsverhältnis wird der Erwerber Eigentümer. Durch die Abtretung gibt der Veräußerer jeden Besitz zugunsten des Erwerbers auf (§ 870). Das rechtfertigt den Eigentumserwerb hier und seine Versagung in § 933, weil bei Vereinbarung eines Besitzkonstituts der Veräußerer den Besitz behält (BGH 50, 49 f; abl Picker AcP 188, 511 ff). Der Herausgabeanspruch muss wirklich bestehen (LM Nr 7 zu § 931), sonst ist der Veräußerer nicht mittelbarer Besitzer (§ 868 Rn 3, 9 [cc]). In diesem Fall ist Erwerb nach Fall 2 möglich (Rn 3 [aa]; BGH NJW 59, 1538). **bb) Bösgläubigkeit** (§ 932 Rn 5, 16, 17, 19) des Erwerbers zZ der Abtretung schließt den Erwerb aus. **cc) Umgehung von § 933** ist in Fall 1 möglich: Übereignet der Nichteigentümer N gem § 930 an E, so erlangt dieser kein Eigentum (§ 933); hat N aber die Sache bei L eingelagert und veräußert gem § 931 durch Einigung und Abtretung des Herausgabeanspruchs, so erwirbt E Eigentum. Dazu krit Picker AcP 188, 515 ff, der aber übergeht, dass die Übergabe iSv § 929 S 1 nicht stets einen Ortswechsel der Sache erfordert (§ 929 Rn 10, 12). **b) Fall 2:** Der **Veräußerer ist nicht Besit-** **3** **zer,** aber ein Dritter besitzt die Sache. **aa)** Ungenügend ist schlichte Einigung (§ 929 Rn 10). Hinzukommen muss die Verschaffung des Besitzes durch den Dritten in Anerkennung der Veräußerung, zB durch Begründung eines Besitzmittlungsverhältnisses zwischen ihm und dem Erwerber (BGH NJW 78, 697). Erwerb nach Fall 2 ist auch möglich, wenn Erwerb nach Fall 1 fehlschlägt, weil der abgetretene Herausgabeanspruch nicht besteht (Rn 3 [aa]). Die Einigung muss zZ des Besitzerwerbs fortbestehen (§ 929 Rn 6 gilt entspr). **bb) Bösgläubigkeit** (s Rn 2 [bb]) des Erwerbers zZ der Besitzerlangung schließt den Erwerb aus.

§ 935 Kein gutgläubiger Erwerb von abhanden gekommenen Sachen

(1) ¹Der Erwerb des Eigentums auf Grund der §§ 932 bis 934 tritt nicht ein, wenn die Sache dem Eigentümer gestohlen worden, verlorengegangen oder sonst abhanden gekommen war. ²Das Gleiche gilt, falls der Eigentümer nur mittelbarer Besitzer war, dann, wenn die Sache dem Besitzer abhanden gekommen war.

(2) Diese Vorschriften finden keine Anwendung auf Geld oder Inhaberpapiere sowie auf Sachen, die im Wege öffentlicher Versteigerung oder in einer Versteigerung nach § 979 Absatz 1a veräußert werden.

1. Allgemeines. Vgl zunächst § 932 Rn 1–13. **a)** An abhanden gekommenen **1** Sachen ist ein Erwerb vom Nichtberechtigten ausgeschlossen, I. Ausnahmen in II. **b)** Steht Abhandenkommen fest, so ist – außer bei den in II genannten Sachen –

§ 935

Bösgläubigkeit unerheblich. Steht Bösgläubigkeit fest, so ist (auch für die Sachen iSv II) Abhandenkommen bedeutungslos.

2   **2. Abhandenkommen. a) Dieser Begriff ist Oberbegriff** („sonst") gegenüber Besitzverlust **aa)** durch Diebstahl (StGB 242); maßgebend ist der obj Tatbestand, nicht die Strafbarkeit; **bb)** durch Verlorengehen. **b) Voraussetzungen.** Der Eigentümer oder sein Besitzmittler muss den unmittelbaren Besitz ohne (nicht nötig: gegen) seinen Willen verloren haben (RG 101, 225). **aa) Natürlicher Wille,** kein rechtsgeschäftlicher, entscheidet. Daher kommt es auf die Geschäfts(un)fähigkeit nicht an (Baur § 52 Rn 42). Abw die hM (s StWiegand 9): Bei Weggabe durch Geschäftsunfähigen liege stets (München NJW 91, 2571), bei Weggabe durch beschränkt Geschäftsfähigen nie Abhandenkommen vor; diese Unterscheidung ist höchstens als Faustregel zur Ermittlung des natürlichen Willens brauchbar (Baur § 52 Rn 42). – Irrtum und Betrug beseitigen nicht die willentliche Weggabe, anders die durch Drohung bewirkte Weggabe (StWiegand 11 mN; nach BGH 4, 38 f nur bei unwiderstehlichem seelischen Zwang). Bei *Wegnahme auf Grund wirksamen Staatsakts* (Vollstreckungstitel, Verwaltungsakt) kein Abhandenkommen, weil der Staatsakt den fehlenden Herausgabewillen ersetzt (BGH 4, 33 f). **bb) Ist der Eigentümer nicht unmittelbarer Besitzer** (iGgs zu I 1) und verliert der unmittelbare Besitzer den Besitz ohne seinen Willen, aber *mit Willen des Eigentümers*, so ist diesem die Sache nicht abhanden gekommen. Praktisch bedeutungslos, da dann idR der Berechtigte (dh der Eigentümer) veräußert. **cc) Ist der Eigentümer mittelbarer Besitzer,** so ist ihm die Sache abhanden gekommen, wenn der unmittelbare Besitzer den Besitz unfreiwillig verliert, **I 2** (Ausnahme: Verlust mit Willen des Eigentümers). Daran fehlt es zB, wenn der unmittelbare Besitzer mit der Sache wie ein Eigentümer verfährt (er veräußert sie; er schreibt seinen Namen in das geliehene Buch). Dass der Eigentümer seinen mittelbaren Besitz unfreiwillig verliert, begründet kein Abhandenkommen. **dd) Hat der unmittelbare Besitzer, der nicht Besitzmittler des Eigentümers** ist, den Besitz unfreiwillig eingebüßt, so ist str, ob I 2 entspr gilt (Bsp nach Baur § 52 Rn 38: E gibt sein Fahrrad dem R zur Reparatur, der es an den Hehler H veräußert; D stiehlt das Rad bei H und veräußert es an X. Eigentumserwerb des X?). Abhandenkommen ist abzulehnen, wenn (wie im Bsp) und weil vor dem unfreiwilligen Besitzverlust der frühere unmittelbare Besitzer und Besitzmittler des Eigentümers seinen Besitz freiwillig beendet hat. IE ebenso Düsseldorf JZ 51, 269 f mit zust Anm Raiser; StWiegand 6; hM. AA Baur § 52 Rn 38 mN. **ee) Verfährt ein Besitzdiener** ohne Willen des Besitzherrn mit der Sache wie ein Eigentümer (Rn 6), so kommt sie abhanden; das gilt auch, wenn der Besitzdiener als solcher nicht erkennbar ist, denn der „gute Glaube" an den Besitz wird nicht geschützt (hM; aA StWiegand 14 mN; zum ähnlichen Problem des Gewahrsams iSv ZPO 808 StJ/Münzberg § 808 Rn 14). Kein Abhandenkommen, wenn der Besitzdiener mit Vertretungsmacht verfügt; Legitimation nach HGB 56 genügt. **ff) Weggabe durch Organ einer jur Person** bedeutet kein Abhandenkommen, weil die jur Person durch das Organ besitzt und daher den Besitz freiwillig verliert (BGH 57, 169). Entsprechendes gilt für OHG, KG und nach hM auch für die Außen-GbR (dazu krit Rn 1, 4 vor § 21). **gg) Wegnahme einer Nachlasssache** durch Nichterben s § 857 Rn 3 (d).

10   **3. Wirkung des Abhandenkommens, I. a) Ausschluss des Erwerbs** vom Nichtberechtigten sowohl bei der ersten Veräußerung (zB durch den Dieb) wie bei Folgeveräußerungen (zB durch den Hehler und dessen Abnehmer), auch wenn der Erwerber nicht bösgläubig ist. Die Sache ist nicht mehr „abhanden gekommen", wenn der Eigentümer die Sache zurückerhält oder der Verfügung oder zustimmt, bei nichtrechtsgeschäftlichem originärem Eigentumserwerb (zB §§ 937 ff, 946 ff, Enteignung, Zwangsversteigerung, s Rn 12 [c]), ferner gem Rn 12. **b) Genehmigung** (§ 185 II 1) verschafft dem Eigentümer gegen den Verfügenden einen Anspruch aus § 816 I 1 (§ 932 Rn 13).

Titel 3. Erwerb und Verlust des Eigentums an beweglichen Sachen § 936

4. Ausnahmen, II. Erwerb vom Nichtberechtigten ist gem §§ 932–934 (also nicht bei Bösgläubigkeit, RG 103, 288) möglich an **a) in- und ausländischem Geld** (nicht an Münzen als Schmuckstück, Pikart WM 80, 511, 514); **b) Inhaberpapieren** (§§ 793 ff; Inhaberaktien, AktG 10 I; Inhabermarken und -karten, § 807); Vermutung der Bösgläubigkeit in HGB 367. – II gilt nicht für Orderpapiere, auch nicht bei Blankoindossierung; Erwerb möglich gem HGB 365, ScheckG 21, WG 16 II; **c) an öffentl versteigerten Sachen.** Begriff der öffentl Versteigerung: § 383 III (dazu BGH NJW 90, 900). Der Erwerb vollzieht sich auch hier gem §§ 932 ff. Daher gilt II nicht für die öffentl Versteigerung gem ZPO 814 ff (zum Eigentumserwerb Rn 2 [c] vor § 929; § 932 Rn 12); **d)** an Sachen, die im Wege der „Internetversteigerung" (vgl. § 979 I a) versteigert werden. 12

§ 936 Erlöschen von Rechten Dritter

(1) ¹**Ist eine veräußerte Sache mit dem Recht eines Dritten belastet, so erlischt das Recht mit dem Erwerb des Eigentums.** ²**In dem Falle des § 929 Satz 2 gilt dies jedoch nur dann, wenn der Erwerber den Besitz von dem Veräußerer erlangt hatte.** ³**Erfolgt die Veräußerung nach § 929a oder § 930 oder war die nach § 931 veräußerte Sache nicht im mittelbaren Besitz des Veräußerers, so erlischt das Recht des Dritten erst dann, wenn der Erwerber auf Grund der Veräußerung den Besitz der Sache erlangt.**

(2) **Das Recht des Dritten erlischt nicht, wenn der Erwerber zu der nach Absatz 1 maßgebenden Zeit in Ansehung des Rechts nicht in gutem Glauben ist.**

(3) **Steht im Falle des § 931 das Recht dem dritten Besitzer zu, so erlischt es auch dem gutgläubigen Erwerber gegenüber nicht.**

1. Anwendungsbereich. Ist die veräußerte Sache mit dem Recht eines Dritten belastet, so erlischt das Recht mit dem Erwerb des Eigentums, I 1 (Ausnahmen: Rn 7). Solche **Rechte Dritter** sind: Nießbrauch, ges und vertragliches Pfandrecht, Pfändungspfandrecht, das Anwartschaftsrecht des VKäufers (§ 929 Rn 43) und das des SG bei der auflösend bedingten SÜ (§ 930 Rn 43). 1

2. Voraussetzungen. a) Erwerb des Eigentums, I 1, sei es vom Eigentümer, sei es gem §§ 932 ff vom Nichteigentümer (§ 935 I verhindert den Erwerb!). 2
b) Besitzerlangung auf Grund der Veräußerung, I 2, 3 (vgl §§ 932 I 2, 933, 934 Fall 2), auch beim Erwerb vom Eigentümer. Lastenfreier Erwerb durch Besitzkonstitut (§ 930) ist damit ausgeschlossen (BGH NJW-RR 05, 1329). **c) Keine Bösgläubigkeit,** dh Kenntnis oder grobfahrlässige Unkenntnis des Erwerbers hinsichtlich des belasteten Rechts, **II** (§ 932 Rn 16, 17, 19 gilt entspr). Die hM bejaht grobfahrlässige Unkenntnis beim Erwerb gebrauchter Sachen in einem Mietraum, wenn Erwerber sich in Kenntnis des Mietverhältnisses nicht nach Vermieterpfandrecht erkundigt (vgl BGH NJW 72, 44; mR abl Baur § 52 Rn 52 [3]). – Zum *Zeitpunkt:* **II.** Nachträgliche Bösgläubigkeit schadet nicht. **d) Bei rechtmäßiger Pfandveräußerung** tritt lastenfreier Erwerb trotz Kenntnis ein, § 1242 II (bei fehlender Verfügungsbefugnis: § 1244). **e) Verfügungsbefugnis;** ihr Fehlen wird durch HGB 366 II überwunden. 3 4 5 6

3. Wirkung. Die Rechte erlöschen nicht, wenn **a)** Erwerber nicht Eigentümer wird, I 1; **b)** der Erwerber zwar Eigentum, aber nicht eine Besitzerstellung entspr I 2, 3 erhält; **c)** der Erwerber bösgläubig iSv II ist; **d)** die Sache dem Dritten abhanden gekommen ist (§ 935 I entspr; Ausnahmen: § 935 II entspr); Bsp: Hat E seine Sache dem Pfandgläubiger A weggenommen und an B veräußert, so erwirbt B Eigentum (Erwerb vom Berechtigten), aber belastet mit dem Pfandrecht des A; zur Verpfändung an B vgl § 1208 Rn 2; **e)** die Sache nach § 931 oder §§ 931, 934 veräußert ist und sie der Dritte mittel- oder unmittelbar besitzt, **III**; zur praktischen Bedeutung für VKäufer und SG mit Anwartschaftsrecht s § 929 Rn 43; § 930 Rn 43. 7

Vor § 937, §§ 937–939

8   **4. Sonstiges.** Unterliegt die Sache der **hypothekarischen Haftung,** so gelten Sondervorschriften (§§ 1120–1122).

Untertitel 2. Ersitzung

Vorbemerkungen

1   **1. Allgemeines.** Die §§ 937 ff gelten **nur** für **bewegliche Sachen.** Eigentumserwerb durch Ersitzung kommt in Betracht, wenn ein Eigenbesitzer (§ 872) zu Unrecht und ohne bösen Glauben meint, Eigentum erlangt zu haben (zB bei Erwerb abhanden gekommener oder „Aneignung" scheinbar derelinquierter Sache, bei Erwerb von Geisteskrankem).

2   **2. Voraussetzungen.** 10 Jahre unmittelbarer oder mittelbarer Eigenbesitz, § 937 I mit § 872. *Keine Ersitzung* tritt ein, wenn Ersitzender unredlich im Hinblick auf sein vermeintliches (lastenfreies, vgl Rn 3) Eigentum ist; bei Besitzerwerb schadet grobfahrlässige Unkenntnis, später nur positive Kenntnis, § 937 II. Berechnung der Frist: §§ 187 ff, Hemmung oder Unterbrechung: §§ 939–942; die Ersitzungsfrist ist keine Verjährungsfrist. Erleichterter Nachweis des Eigenbesitzes durch die Vermutung des § 938. Anrechnung der Ersitzungszeit des Rechtsvorgängers oder Erbschaftsbesitzers ist möglich, §§ 943 f. Zur Ersitzung durch den Erben: Knütel, FS Lange, 1992, S 903 ff; Krämer NJW 97, 2580 f (dagegen Finkenauer NJW 98, 960 ff).

3   **3. Wirkungen. a) Originärer Erwerb** des Eigentums (§ 937 I), uU lastenfrei (§ 945). Lastenfreiheit allein kann ersessen werden, wenn das Eigentum anderweit,
4   zB durch Übereignung, erworben worden ist. **b) Nach fehlgeschlagenem Leistungsgeschäft** kann die eingetretene Ersitzung auf Grund eines Bereicherungsanspruchs (Leistungskondiktion), gerichtet auf Rückübereignung, beseitigt werden (RG 130, 72 f, hM), doch kann sich der Ersitzungseigentümer ab 1.1.2002 wegen der gekürzten Verjährungsfrist des Bereicherungsanspruchs (3, maximal 10 Jahre, §§ 195, 199 IV; Überleitungsvorschrift in EGBGB 229 § 6) idR schon zZ der Ersitzung auf Verjährung berufen, § 214 I (vgl MK/Baldus § 937 Rn 45). Ein Bereicherungsanspruch des ehemaligen Eigentümers bloß wegen seines Eigentumsverlustes (Eingriffskondiktion) ist ausgeschlossen (Ausnahme § 816 I 2).

§ 937 Voraussetzungen, Ausschluss bei Kenntnis

(1) **Wer eine bewegliche Sache zehn Jahre im Eigenbesitz hat, erwirbt das Eigentum (Ersitzung).**

(2) **Die Ersitzung ist ausgeschlossen, wenn der Erwerber bei dem Erwerb des Eigenbesitzes nicht in gutem Glauben ist oder wenn er später erfährt, dass ihm das Eigentum nicht zusteht.**

§ 938 Vermutung des Eigenbesitzes

Hat jemand eine Sache am Anfang und am Ende eines Zeitraums im Eigenbesitz gehabt, so wird vermutet, dass sein Eigenbesitz auch in der Zwischenzeit bestanden habe.

§ 939 Hemmung der Ersitzung

(1) [1]**Die Ersitzung ist gehemmt, wenn der Herausgabeanspruch gegen den Eigenbesitzer oder im Falle eines mittelbaren Eigenbesitzes gegen den Besitzer, der sein Recht zum Besitz von dem Eigenbesitzer ableitet, in**

Titel 3. Erwerb u. Verlust d. Eigentums an bewegl. Sachen §§ 940–946

einer nach den §§ 203 und 204 zur Hemmung der Verjährung geeigneten Weise geltend gemacht wird. ²Die Hemmung tritt jedoch nur zugunsten desjenigen ein, welcher sie herbeiführt.

(2) Die Ersitzung ist ferner gehemmt, solange die Verjährung des Herausgabeanspruchs nach den §§ 205 bis 207 oder ihr Ablauf nach den §§ 210 und 211 gehemmt ist.

§ 940 Unterbrechung durch Besitzverlust

(1) Die Ersitzung wird durch den Verlust des Eigenbesitzes unterbrochen.

(2) Die Unterbrechung gilt als nicht erfolgt, wenn der Eigenbesitzer den Eigenbesitz ohne seinen Willen verloren und ihn binnen Jahresfrist oder mittels einer innerhalb dieser Frist erhobenen Klage wiedererlangt hat.

§ 941 Unterbrechung durch Vollstreckungshandlung

¹Die Ersitzung wird durch Vornahme oder Beantragung einer gerichtlichen oder behördlichen Vollstreckungshandlung unterbrochen. ²§ 212 Abs. 2 und 3 gilt entsprechend.

§ 942 Wirkung der Unterbrechung

Wird die Ersitzung unterbrochen, so kommt die bis zur Unterbrechung verstrichene Zeit nicht in Betracht; eine neue Ersitzung kann erst nach der Beendigung der Unterbrechung beginnen.

§ 943 Ersitzung bei Rechtsnachfolge

Gelangt die Sache durch Rechtsnachfolge in den Eigenbesitz eines Dritten, so kommt die während des Besitzes des Rechtsvorgängers verstrichene Ersitzungszeit dem Dritten zugute.

§ 944 Erbschaftsbesitzer

Die Ersitzungszeit, die zugunsten eines Erbschaftsbesitzers verstrichen ist, kommt dem Erben zustatten.

§ 945 Erlöschen von Rechten Dritter

¹Mit dem Erwerb des Eigentums durch Ersitzung erlöschen die an der Sache vor dem Erwerb des Eigenbesitzes begründeten Rechte Dritter, es sei denn, dass der Eigenbesitzer bei dem Erwerb des Eigenbesitzes in Ansehung dieser Rechte nicht in gutem Glauben ist oder ihr Bestehen später erfährt. ²Die Ersitzungsfrist muss auch in Ansehung des Rechts des Dritten verstrichen sein; die Vorschriften der §§ 939 bis 944 finden entsprechende Anwendung.

Untertitel 3. Verbindung, Vermischung, Verarbeitung

§ 946 Verbindung mit einem Grundstück

Wird eine bewegliche Sache mit einem Grundstück dergestalt verbunden, dass sie wesentlicher Bestandteil des Grundstücks wird, so erstreckt sich das Eigentum an dem Grundstück auf diese Sache.

§ 947

1 **1. Voraussetzungen. a) Eine bewegliche Sache** kann durch Verbindung mit einem Grundstück zu dessen wesentlichem Bestandteil werden. Ob die Sache wesentlicher Bestandteil wird, bestimmen die §§ 93–95 (vgl Anm dort); abw Regelung in ErbbauRG 12, WEG 5 und für entschuldigten Überbau (§ 912 Rn 9 [bb]).

2 **b) Verbindung durch Menschenhand** ist *Realakt* (Rn 24 vor § 104); daher Geschäftsfähigkeit, Berechtigung und Fehlen der Bösgläubigkeit des Verbindenden gleichgültig, Stellvertretung und § 935 sind ausgeschlossen. Verbindung und Vermischung (§ 948), aber nicht Verarbeitung (§ 950), sind auch durch **Naturereignis** möglich.

3 **2. Wirkung. a) Das Grundstückseigentum** erstreckt sich auf die bisher selbstständige bewegliche Sache (§ 946). Das bisher an ihr bestehende Eigentum und die Rechte Dritter erlöschen endgültig (§ 949 S 1), weil wesentliche Bestandteile **4** sonderrechtsunfähig sind (§ 93 Rn 1); spätere Trennung ändert nichts. **b) § 946 ist nicht abdingbar,** auch nicht durch ausdr Vorbehalt des Eigentums (RG 130, 311 f). Deshalb wird § 946 praktisch bei Einbau von unter EV geliefertem Baumaterial (Serick IV 135 ff; Thamm BB 90, 866 ff).

5 **3. Sonstiges.** Zum Ausgleich eingetretenen Rechtsverlustes vgl § 951 mit Anm.

§ 947 Verbindung mit beweglichen Sachen

(1) **Werden bewegliche Sachen miteinander dergestalt verbunden, dass sie wesentliche Bestandteile einer einheitlichen Sache werden, so werden die bisherigen Eigentümer Miteigentümer dieser Sache; die Anteile bestimmen sich nach dem Verhältnis des Wertes, den die Sachen zur Zeit der Verbindung haben.**

(2) **Ist eine der Sachen als die Hauptsache anzusehen, so erwirbt ihr Eigentümer das Alleineigentum.**

1 **1. Voraussetzungen.** *Bewegliche* Sachen werden so verbunden, dass *entweder* **a)** die bisher selbstständigen Sachen zu wesentlichen Bestandteilen einer einheitlichen Sache werden **(I)** *oder* **b)** eine der Sachen als Hauptsache anzusehen ist und die anderen als deren wesentliche Bestandteile **(II).** Was „Hauptsache" ist, bestimmt die Verkehrsanschauung, wobei es darauf ankommt, ob die übrigen Bestandteile fehlen könnten, ohne dass dadurch das Wesen der Sache beeinträchtigt würde (BGH 20, 162 f). Danach ist eine Sache selten Hauptsache. Bsp für Hauptsache: städtische Werbetafel gegenüber aufgeklebtem Plakat (Oldenburg NJW 82, 1166). **c)** Zur Rechtsnatur der Verbindung § 946 Rn 2.

2 **2. Wirkung.** Sie folgt aus § 93. **a) Bei Verbindung nach I** werden die Eigentümer der bisher selbstständigen Sachen zu Miteigentümern der einheitlichen Sache (§§ 741 ff, 1008 ff). Zur Größe des Anteils: I HS 2; bzgl Rechte Dritter s § 949 S 2. Die einheitliche Sache ist eine „neue" entspr § 950 (LM Nr 4 aE; s aber Rn 5).

3 **b) Bei Verbindung nach II** erstrecken sich das Eigentum und die Rechte Dritter (§ 949 S 3) an der Hauptsache auf die bisher selbstständigen, jetzt zu wesentlichen Bestandteilen gewordenen Sachen. Das bisher an diesen bestehende Eigentum und die Rechte Dritter (§ 949 S 1) erlöschen. Die Rechtsänderung bleibt bei späterer **4** Trennung bestehen. **c) § 947 ist nicht abdingbar.** Erst die eingetretene Eigentumsänderung kann rechtsgeschäftlich (§§ 929 ff), auch antizipiert, geändert werden (Serick IV 131 f; auch LM Nr 4 aE, dazu Serick BB 72, 277 ff).

5 **3. Verhältnis zu § 950.** Trifft I mit § 950 zusammen (Verbindung durch Verarbeitung), so geht § 950 vor. Trifft II zu, so scheidet § 950 aus (keine „neue" Sache), Serick IV 126 f; Rn 2.

6 **4. Sonstiges.** Zum Ausgleich eingetretenen Rechtsverlustes vgl § 951 mit Anm.

Titel 3. Erwerb u. Verlust d. Eigentums an bewegl. Sachen §§ 948–950

§ 948 Vermischung

(1) **Werden bewegliche Sachen miteinander untrennbar vermischt oder vermengt, so findet die Vorschrift des § 947 entsprechende Anwendung.**

(2) **Der Untrennbarkeit steht es gleich, wenn die Trennung der vermischten oder vermengten Sachen mit unverhältnismäßigen Kosten verbunden sein würde.**

1. Voraussetzungen. Werden bewegliche Sachen untrennbar **(I)** vermischt 1 (Gase, Flüssigkeiten) oder vermengt (feste Körper, zB Getreide, Kohlen, Schweine [RG 140, 159 f; § 90a Rn 1]; vgl Reinicke/Tiedtke WM 79, 186 f) oder wäre eine Trennung unverhältnismäßig teuer **(II)**, so ist § 947, auch Abs 2 (hM), entspr anzuwenden. Zur Rechtsnatur der Vermischung (Vermengung) § 946 Anm 2.

2. Wirkung. S § 947 Rn 2–6 (auch § 947 II entspr anwendbar, StWiegand 8); 2 gilt auch für die Vermengung von Geld (ie Medicus JuS 83, 899 f, 901). Auseinandersetzung idR gem § 752 (Zustimmung aller nötig), doch hat jeder besitzende Miteigentümer einseitiges Teilungsrecht (vgl HGB 469).

3. Ges Sonderfälle. Insbes Sammellagerung (HGB 469) und Sammelverwahrung von Wertpapieren (DepotG 5–8). 3

§ 949 Erlöschen von Rechten Dritter

¹**Erlischt nach den §§ 946 bis 948 das Eigentum an einer Sache, so erlöschen auch die sonstigen an der Sache bestehenden Rechte.** ²**Erwirbt der Eigentümer der belasteten Sache Miteigentum, so bestehen die Rechte an dem Anteil fort, der an die Stelle der Sache tritt.** ³**Wird der Eigentümer der belasteten Sache Alleineigentümer, so erstrecken sich die Rechte auf die hinzutretende Sache.**

Vgl § 946 Rn 3; § 947 Rn 2, 3; § 948 Rn 2. S 2 gilt entspr für Anwartschaftsrecht 1 (Serick I 448). Zum Ausgleich eingetretenen Rechtsverlustes vgl § 951 mit Anm.

§ 950 Verarbeitung

(1) ¹**Wer durch Verarbeitung oder Umbildung eines oder mehrerer Stoffe eine neue bewegliche Sache herstellt, erwirbt das Eigentum an der neuen Sache, sofern nicht der Wert der Verarbeitung oder der Umbildung erheblich geringer ist als der Wert des Stoffes.** ²**Als Verarbeitung gilt auch das Schreiben, Zeichnen, Malen, Drucken, Gravieren oder eine ähnliche Bearbeitung der Oberfläche.**

(2) **Mit dem Erwerb des Eigentums an der neuen Sache erlöschen die an dem Stoffe bestehenden Rechte.**

1. Allgemeines. a) Problem. Verarbeitet jemand fremden Stoff und stellt 1 dadurch eine neue bewegliche Sache her, so ist fraglich, ob sie dem Hersteller oder dem Eigentümer des verarbeiteten Stoffs gehört. Die Frage stellt sich in einer arbeitsteiligen Wirtschaft auf verschiedenen Produktionsstufen (Erz – Eisen – Zahnrad – Antriebsaggregat – Schiff). § 950 entscheidet den *Interessenkonflikt* zugunsten des Herstellers. Dem liegt keine sozialpolitische („Arbeit vor Kapital"), sondern allein eine wirtschaftspolitische Erwägung zugrunde (BGH 56, 90). Das Ges bevorzugt aber nicht nur den Hersteller, sondern auch dessen Gläubiger vor dem Stofflieferanten, sofern sie (zumeist Banken) sich das Eigentum an der verarbeiteten Sache verschafft haben (BGH 56, 90). Die Bevorzugung wird deutlich, wenn der Hersteller in wirtschaftliche Schwierigkeiten gerät. **b) Zum Verhältnis zu §§ 947 f** vgl § 947 Rn 5.

§ 950

Buch 3. Abschnitt 3. Eigentum

2 2. Voraussetzungen. a) Verarbeitung oder Umbildung durch *menschliche Arbeit*. Ohne Arbeitsleistung keine Verarbeitung, zB bei Umbildung durch Naturgewalt (s § 946 Rn 2). Verarbeitung ist auch die Bearbeitung der Oberfläche (I 2).

3 b) Herstellung einer neuen beweglichen Sache. Ob sie „neu" ist, bestimmt die Verkehrsauffassung nach wirtschaftlichen Gesichtspunkten. Für Neuheit spricht, dass die hergestellte Sache einen neuen Namen trägt (Mehl – Kuchen, Kleiderstoff – Anzug). Entscheidend ist, dass die Verarbeitung das Wesen des Stoffs, seine Individualität, verändert hat; daran fehlt es beim Aufwachsen eines Lebewesens, zB eines Tieres (BGH NJW 78, 697 f: vom Kalb zur Kuh). Bei mehrstufiger Produktion sind auch die Zwischenprodukte (Halbfabrikate) „neue" Sachen (Stuttgart NJW 01, 2890 für in Entwicklungsstufen hergestelltes Kunstwerk). Ob ein Produktionsvorgang mehrstufig oder einheitlich ist, entscheidet die Verkehrsanschauung (LM Nr 4 zu § 97: einheitlich bei Schnitzelung von Weißkohl – Gärung zu Sauerkraut – Abfüllen als Konserven). Auch bei I 2 muss neue Sache entstehen (ja bei Belichten eines Films, nein bei Anbringen einer Reklameschrift auf Straßenbahnwagen). Keine neue Sache entsteht, weil keine Wesensänderung eintritt, bei Instandsetzung (RG 138, 50: Restaurierung alter Bilder) oder Pflege, wohl aber durch Entfernen der
4 Übermalung eines Rembrandt-Bildes (I 2). **c) Rechtsnatur** der Verarbeitung: § 946 Rn 2 entspr.

5 3. Wirkung. Vgl Serick IV 138 ff. **a) Hersteller erwirbt** allein durch die Herstellung **Eigentum** an der neuen Sache (I 1). Die **Rechte Dritter** am verarbeiteten
6 Stoff **erlöschen** (II), auch bei Verarbeitung eigener Sachen (hM). **b) Abdingbarkeit** des § 950 wird von Flume (NJW 50, 843 ff; zust Baur § 53 Rn 15, 21, 22) bejaht. Die Abbedingung von § 950 macht jedoch ges Bestimmung des Eigentümers der neuen Sache unmöglich und muss neue, höchst fragwürdige Regeln für die Eigentümerbestimmung aufstellen (zB: Die neue Sache soll idR der Stoffeigentümer erwerben, also dingliche Surrogation ohne ges Grundlage; bei verlängertem EV mit Verarbeitungsklausel soll § 947 I gelten, so dass vertraglich § 950 durch § 947
7 „ersetzt" würde). **c) Die Rspr** lässt eine vertragliche Bestimmung des Herstellers zu (BGH 46, 118 f mN). Daher kann der am Produktionsvorgang völlig unbeteiligte Stofflieferant „Hersteller" sein, dh unmittelbar durch die Verarbeitung Eigentümer der neuen Sache werden. Das ist wichtig, wenn der Stoff unter EV mit Verarbeitungsklausel geliefert worden ist, wonach der Lieferant, nicht der Verarbeiter, gem § 950 Hersteller und Eigentümer der neuen Sache sein soll (für Zulässigkeit auch einer eingeschränkten Verarbeitungsklausel, wonach der angestellte Verarbeiter Miteigentum in bestimmtem Umfang erhält, BGH 79, 23 f; ie Serick IV 192 ff). **d) Stellung-**
8 **nahme.** § 950 knüpft den Eigentumserwerb an einen obj Tatbestand (Herstellung einer neuen Sache). Das verlangt eine **obj Bestimmung des Herstellers.** Wird v Werkunternehmer auf Grund eines Liefervertrags (§ 651 nF) eine neue Sache geschaffen, so hat er sie nach § 651 S 1 nF mit § 433 I 1 dem Besteller zu übereignen, was voraussetzt, dass dieser nicht selbst als „Hersteller" gem I 1 Eigentum erworben hat (so nach fr Recht – § 651 I 1 aF – BGH 14, 117). Sieht man den Unternehmer in jedem Fall als „Hersteller" an (gleich, ob er eigene oder vom Besteller gelieferte Stoffe verarbeitet), so kann er seine Pflicht aus § 651 S 1 mit § 433 I 1 erfüllen. Dieser Herstellerbegriff ist sehr str (zum Meinungsstand Röthel NJW 05, 625 ff). Unstr ist Hersteller der Unternehmer (Betriebsinhaber), nicht der angestellte Ver- oder Bearbeiter (BGH 103, 108). Wird Stoff, der unter EV geliefert ist, vom VKäufer verarbeitet, so ist idR dieser, nicht der Stofflieferant, Hersteller; er erwirbt Eigentum. Folge: Der Stofflieferant kann nur rechtsgeschäftlich vom Hersteller Eigentum erwerben (Durchgangserwerb!), zB durch antizipierte Übereignung, § 930 (so bei antizipiertem SÜ durch verarbeitenden VKäufer an VVerkäufer, s Jauernig/Berger § 45 Rn 7; sa StWiegand 46, 53).

9 4. Ausnahmen. Kein Eigentumserwerb tritt ein und Rechte Dritter (II) bleiben bestehen, wenn der Verarbeitungswert erheblich geringer als der Stoffwert ist, **I 1 aE** (liegt jedenfalls vor bei Verhältnis Stoffwert : Verarbeitungswert wie 100 : 60

Titel 3. Erwerb und Verlust des Eigentums an beweglichen Sachen § 951

[BGH NJW 95, 2633]). Das gilt auch für I 2. Verarbeitung ist auch die Weiterverarbeitung, so dass der Stoffwert sich uU nach dem Wert des weiterverarbeiteten Halbfabrikats bestimmt. Verarbeitungswert ist der Wert der neuen Sache minus Stoffwert; zur Berechnung BGH 56, 90 f.

5. Sonstiges. Zum Ausgleich eingetretenen Rechtsverlustes vgl § 951 mit Anm. 10

§ 951 Entschädigung für Rechtsverlust

(1) ¹Wer infolge der Vorschriften der §§ 946 bis 950 einen Rechtsverlust erleidet, kann von demjenigen, zu dessen Gunsten die Rechtsänderung eintritt, Vergütung in Geld nach den Vorschriften über die Herausgabe einer ungerechtfertigten Bereicherung fordern. ²Die Wiederherstellung des früheren Zustands kann nicht verlangt werden.

(2) ¹Die Vorschriften über die Verpflichtung zum Schadensersatz wegen unerlaubter Handlungen sowie die Vorschriften über den Ersatz von Verwendungen und über das Recht zur Wegnahme einer Einrichtung bleiben unberührt. ²In den Fällen der §§ 946, 947 ist die Wegnahme nach den für das Wegnahmerecht des Besitzers gegenüber dem Eigentümer geltenden Vorschriften auch dann zulässig, wenn die Verbindung nicht von dem Besitzer der Hauptsache bewirkt worden ist.

1. Allgemeines. a) Grundlage. Die dinglichen Rechtsänderungen infolge Verbindung usw sind die sachenrechtliche Anerkennung von – im Wesentlichen – faktischen Veränderungen. Sie sollen zwar erhalten bleiben, I 2 (Schutz des Gewinners, LM Nr 28), doch tragen sie nicht den Rechtsgrund in sich (arg I 1; BGH 55, 178). Die Verweisung in I 1 auf §§ 812 ff ist daher *Rechtsgrundverweisung* (BGH 41, 159; 55, 177), nicht nur Rechtsfolgenverweisung, dh die Bereicherung „in sonstiger Weise" (§ 812 I 1 Alt 2, sog *Eingriffskondiktion*) muss insbes rechtsgrundlos sein. I 1 bildet daher keine selbstständige Anspruchsgrundlage, sondern nur einen Unterfall des allg Bereicherungsrechts (BGH 41, 163). Ein Bereicherungsanspruch gem § 951 ist ausgeschlossen, soweit der Rechtsverlust unmittelbar oder mittelbar auf einer Leistung des Verlierers (Rn 3) beruht, mag das Leistungsgeschäft auch unwirksam sein (Rn 6–12). **b) § 951 ist abdingbar.** Die Betroffenen können die Entschädigungspflicht abw regeln oder ganz ausschließen (LM Nr 28). 2

2. Anspruchsberechtigter. Der **Verlierer,** also derjenige, der sein Eigentum 3 oder sonstiges dingliches Recht völlig verloren hat, ist anspruchsberechtigt. Kein Rechtsverlust bei Erwerb von Miteigentum (§§ 947 I, 948) und im Fall des § 949 S 2, 3.

3. Anspruchsverpflichteter. Gegen den **Gewinner,** das ist derjenige, der 4 (unbelastetes) Alleineigentum erworben hat (§§ 946, 947 II, 948, 949 S 1, 950), ist der Anspruch geltend zu machen.

4. Ohne rechtlichen Grund. Der Verlust des dinglichen Rechts, insbes des 5 Eigentums, muss ohne rechtlichen Grund eingetreten sein. Die Rechtsgrundlosigkeit ist verschieden danach, ob die Bereicherung durch *Leistung* oder *in sonstiger Weise* (durch „Eingriff") eingetreten ist. Im ersten Fall kommt eine Leistungskondiktion in Betracht; nur im zweiten ist § 951 anwendbar (Rn 1; ie str). **a) Leistung mit** 6 **Rechtsgrund** liegt vor, wenn der Verlierer (Rn 3) zur Herbeiführung seines Rechtsverlustes *vertraglich verpflichtet* war, sei es **aa)** direkt dem Gewinner (Rn 4) 7 gegenüber (der Bauunternehmer U verbaut ihm gehörendes Material auf dem Grundstück des E, weil er hierzu dem E als Bauherrn verpflichtet ist), sei es **bb)** auf 8 Grund einer Vertragskette, die zum Gewinner führt (L liefert dem U unter EV Material, das U zur Bezahlung auf dem Grundstück des Bauherrn E verbaut [BGH 56, 240 mN; hM], gleichgültig, ob U dem L gegenüber vor Bezahlung zum Verbauen befugt war oder nicht [BGH 56, 241; NJW-RR 91, 345; aA StGursky 15

Berger 1447

§ 951

mN]; oder: der Subunternehmer des U, X, verbaut entspr dem mit U geschlossenen Vertrag eigenes Material auf dem Grundstück des Bauherrn E [BGH 27, 326; LM Nr 14 zu § 812 mwN]). Hier führt die Vertragskette vom Verlierer L oder X über U zum Gewinner E. **b) Leistung ohne Rechtsgrund** liegt vor, wenn der Vertrag oder ein Glied in der Vertragskette zwischen Verlierer und Gewinner unwirksam ist. Das löst zwischen den Vertragspartnern eine Leistungskondiktion (§ 812 I 1 Alt 1) aus, die eine Eingriffskondiktion (I 1, § 812 I 1 Alt 2) des Verlierers gegen den Gewinner ausschließt (vgl allg BGH 61, 291 f). Das ist vor allem bei *Vertragsketten* (Lieferant L – Bauunternehmer U – Grundstückseigentümer E) bedeutsam. **aa)** Ist der Vertrag L–U unwirksam, so hat L nur einen Anspruch aus § 812 I 1 Alt 1 gegen U, aber nicht aus I 1, § 812 I 1 Alt 2 gegen E (BGH 36, 32; 67, 241 f; hM). **bb)** Ist der Vertrag U–E unwirksam, so hat U gegen E nur einen Anspruch aus § 812 I 1 Alt 1, sog Leistungskondiktion (StGursky 7; auch LM Nr 14 zu § 812). Die hM gibt dem U gegen E jedoch einen Anspruch über I 1 (vgl BGH NJW 54, 794); dieser Weg führt aber nur zur Eingriffskondiktion (§ 812 I 1 Alt 2), die hier nicht gegeben ist. **cc) Doppelmangel.** Sind die Verträge L–U *und* U–E unwirksam, so ist ein Durchgriff des L gegen E im Wege der Eingriffskondiktion ausgeschlossen (aA WolffR § 74 I 3b). Zwischen den jeweiligen Vertragspartnern kommt es zur Leistungskondiktion (StGursky 8; Baur § 53 Rn 31 mwN; sa BGH 48, 71 f; 61, 291 f). **dd)** Dass Leistungs- und nicht Eingriffskondiktion Platz greift, ist ua wichtig für §§ 814, 815. Sie sind bei Eingriffskondiktion unanwendbar. **c) Ungerechtfertigter Eingriff** liegt vor, wenn eine – wirksame oder unwirksame – Leistungsbeziehung zwischen Verlierer und Gewinner fehlt. **Bsp: aa)** Der Dieb verarbeitet das gestohlene Rind zu Fleischkonserven; § 951 gegeben. **bb)** Der Dieb veräußert das gestohlene Rind (unwirksam: § 935) an E, der es zu Fleischkonserven verarbeitet. Der Bestohlene hat einen Anspruch aus Eingriffskondiktion (I 1 mit § 812 I 1 Alt 2) gegen E; die Leistungsbeziehung zum Dieb nützt dem E nichts, weil sie nicht zum Bestohlenen, dh zum Verlierer, reicht (BGH 55, 177 f). Der Bestohlene kann, statt nach § 951 vorzugehen, die Veräußerung an E genehmigen, obwohl er sein Eigentum bereits gem § 950 verloren hat, und vom Dieb nach § 816 I 1 kondizieren (BGH 56, 133 ff). **cc)** Hat der Bauunternehmer U gestohlenes oder sonst abhanden gekommenes Material auf dem Grundstück des E verbaut, so gilt Rn 14 entspr. Für § 816 I 1 ist es in diesem Fall unerheblich, dass der Einbau keine rechtsgeschäftliche Verfügung ist (StGursky 17 mN). **dd)** Hat der Bauunternehmer U nicht wie in Rn 15 gestohlenes, sondern gemietetes Material verbaut, so wäre eine Bereicherungshaftung des E gegenüber dem verlierenden Vermieter uU ungerecht: E hätte vor dem Einbau Eigentum gem § 932 erwerben und damit idR einer Bereicherungshaftung entgehen können (Ausnahme § 816 I 2, vgl BGH 40, 275). E haftet daher nach §§ 951, 812 ff nur bei Bösgläubigkeit (entspr § 932); ist E gutgl, so haftet U analog § 816 I 1 (StGursky 13, 14 mN. – BGH 56, 242 lässt offen). **d) Bei Beteiligung mehrerer** kann zweifelhaft sein, ob der Verlierer – uU irrtümlich – auf eine eigene Schuld gegenüber dem Gewinner (Eigenleistung) oder auf die Schuld eines Dritten leisten wollte (Drittleistung). Zur Problematik BGH 67, 241; Ehmann NJW 69, 398 ff, je mwN.

5. Inhalt und Umfang des Anspruchs. a) Vergütung nur in Geld, I 1, § 818 II. **b) Der Anspruch entsteht** im Zeitpunkt des Rechtsverlustes. Bei Einbau in ein Gebäude ist das idR die Vollendung des Bauwerks (LM Nr 16); die Rspr lässt viele Ausnahmen zu (ie Klauser NJW 65, 517). **c) Herauszugeben** ist die – grundsätzlich obj festzustellende – Steigerung des Verkehrswerts infolge der Verbindung usw. § 818 III, IV (nicht I), § 819 (LM Nr 13) sind anwendbar; kein Anspruch wegen aufgewendeter Arbeit (dafür uU §§ 812 I, 684). Kosten für Erwerb bei Drittem sind nicht absetzbar (BGH 55, 179; zum Fall: Rn 14. **d) Aufgedrängte Bereicherung** liegt vor, wenn der Rechtserwerb dem Gewinner unerwünscht ist (vgl Haas AcP 176, 1 ff mN; allgM. Wolf JZ 66, 467 ff mN). Hier kann der Bereicherungsanspruch des Verlierers abgewehrt oder verkürzt werden; das „Wie" ist str

Titel 3. Erwerb und Verlust des Eigentums an beweglichen Sachen § 952

(StGursky 46 ff). **aa)** Ist derjenige, der auf fremdem Grund gebaut hat, zur Beseitigung des Bauwerks verpflichtet (§§ 1004 I, 823), so entfällt der Vergütungsanspruch wegen Rechtsmissbrauchs, wenn der Eigentümer Beseitigung verlangt (BGH NJW 65, 816 mN). **bb)** UU kann der Eigentümer dem Zahlungsverlangen einredeweise die Gestattung der Wegnahme entspr § 1001 S 2 entgegensetzen (BGH 23, 64 f für den Fall, dass das aufgedrängte Bauwerk erst nach erheblichem Kostenaufwand einen Ertragswert für den Eigentümer hat; zust LM Nr 28; dagegen StGursky 48 f mN). **cc)** Die Bereicherung ist nicht (mehr) aufgedrängt, wenn der Gewinner die Verbindung usw genehmigt hat. Der Vergütungsanspruch besteht dann nach allg Grundsätzen.

6. Weitergehende Rechte. Diese sind in **II 1** unvollständig aufgeführt. 21 **a) §§ 823 ff, 1004** (vgl Rn 20 [aa]). **b) Verwendungsersatz,** zB gem §§ 536a II, 22 539 I, 581 II, 1049 I, 1216 S 1, 2125 I. **aa) Verwendungen sind** Vermögensaufwendungen, die der Sache zugute kommen sollen; dabei muss es sich um Maßnahmen handeln, die der Erhaltung, Wiederherstellung oder Verbesserung der Sache dienen (BGH 131, 222 f). Nach BGH 41, 160 (stRspr) dürfen Verwendungen die Sache nicht wesentlich verändern, wie zB die Errichtung einer Fabrik auf unbebautem Grundstück (BGH 10, 177 f); gegen diesen engen Verwendungsbegriff StGursky 5 ff vor §§ 994 ff mN. **bb) Ausgeschlossen** ist Bereicherungsrecht und damit 23 auch I 1 (vgl Rn 1) **durch §§ 994 ff** als einer erschöpfenden bereicherungsrechtlichen Sonderregelung für das Verhältnis von Eigentümer und unberechtigtem Besitzer (BGH 41, 162; NJW 96, 52, sa Rn 7 vor § 994, str). Das hat ua zur Folge, dass der gutgl unverklagte Besitzer für seine Aufwendungen, die keine Verwendungen sind, auf das Wegnahmerecht gem § 997 angewiesen ist (nach aA und §§ 812 ff anwendbar). **c) Wegnahmerecht,** zB §§ 539 II, 552, 581 II, 997, 1049 II, 1216 S 2, 2125 II. – II 2 erweitert das Wegnahmerecht des Besitzers aus § 997 (BGH 40, 280 ff), gibt also nicht ein Wegnahmerecht für jeden, der ein dingliches Recht gem §§ 946 f verloren hat (aA StGursky 67 mN). Abwendung des Rechts gem § 997 II ist zulässig. Erst mit tatsächlicher Wegnahme erlischt der Vergütungsanspruch aus I 1 (BGH NJW 54, 266).

§ 952 Eigentum an Schuldurkunden

(1) **¹Das Eigentum an dem über eine Forderung ausgestellten Schuldschein steht dem Gläubiger zu. ²Das Recht eines Dritten an der Forderung erstreckt sich auf den Schuldschein.**

(2) **Das Gleiche gilt für Urkunden über andere Rechte, kraft deren eine Leistung gefordert werden kann, insbesondere für Hypotheken-, Grundschuld- und Rentenschuldbriefe.**

1. Anwendungsbereich. a) Schuldschein, I: Vom Schuldner zu Beweiszwe- 1 cken ausgestellte Urkunde, die eine Schuld begründet oder bestätigt (RG 116, 173). II stellt Urkunden über *andere Rechte* als Forderungen den Schuldscheinen gleich. § 952 gilt für sämtliche Rektapapiere. Stets darf die Urkunde nur das Recht verbriefen, daher ist § 952 unanwendbar auf Vertragsurkunden (hM). **b) Bsp:** Grundpfand- 2 briefe (II), außer Inhabergrund- und -rentenschuldbriefen, §§ 1195, 1199 (allgM); die qualifizierten Legitimationspapiere des § 808, insbes Sparbücher (BGH NJW 72, 2269). Für den Fahrzeugbrief (StVZO 20 III) gilt § 952 entspr (BGH NJW 07, 2844 mN; StGursky 9 mwN), da der Brief wie andere Zulassungspapiere (zB Waffenbesitzerkarte) nicht selbstständiger Gegenstand des rechtsgeschäftlichen Verkehrs ist (vgl Rn 6). **c) Nicht** unter § 952 fallen Inhaber- und Orderpapiere („Das Recht aus 3 dem Papier folgt dem Recht am Papier"); anders, wenn die Wechselforderung durch Abtretung der Forderung und Übergabe des Papiers übertragen wird (StGursky 5).

2. Wirkung. a) Die Urkunde gehört dem Inhaber des Rechts („Das Recht 4 am Papier folgt dem Recht aus dem Papier"), sobald Recht und Papier gleichzeitig

Vor § 953, §§ 953, 954

existieren. Mit der Abtretung (§§ 398, 413), für die zuweilen die Übergabe des Papiers nötig ist (zB § 1154 I), oder der ges Übertragung (§ 412) erwirbt der neue Gläubiger kraft Ges Eigentum am Papier. Erlischt das Recht, so hat der Schuldner einen Rückgabeanspruch, § 371 (str, manche wenden § 952 entspr zugunsten des Schuldners an). **b) Rechte Dritter** iSv I 2 sind Nießbrauch und Pfandrecht.
5
6 **c) § 952 verhindert**, dass die Urkunden selbstständige Gegenstände des rechtsgeschäftlichen Verkehrs werden (keine selbstständige Übertragung oder Belastung). Möglich ist ein vertragliches Zurückbehaltungsrecht (LG Frankfurt/M NJW-RR 86, 986 f für Fahrzeugbrief). **d) § 952 ist nicht abdingbar** (StGursky 24 mN; aA die noch hM).
7

Untertitel 4. Erwerb von Erzeugnissen und sonstigen Bestandteilen einer Sache

Vorbemerkungen

1 **1. Allgemeines. a) Vor der Trennung** sind Erzeugnisse wesentliche Bestandteile der beweglichen oder unbeweglichen Muttersache; Folge: Sonderrechtsunfähigkeit, § 93. **b) Erst durch Trennung** (Mähen des Getreides, Kalben der Kuh) werden sie selbstständige Sachen (s § 90a Rn 1) und damit sonderrechtsfähig. Daher muss das Ges entscheiden, wem sie gehören. Regel des Ges (§ 953): Sie gehören dem Eigentümer der Muttersache. Diesem geht der wirkliche (§ 954), diesem der scheinbare (§ 955) dinglich Fruchtziehungsberechtigte vor, ihnen allen der persönlich Berechtigte (§§ 956, 957). Für den Eigentumserwerb ist es gleichgültig, ob der Berechtigte oder ein Dritter getrennt hat. Der Eigentümer erwirbt gem § 953 Eigentum an Äpfeln, die der Dieb gepflückt hat; ebenso zB der Pächter des Obstgartens, § 956 I 1 Fall 1.
2

3 **2. §§ 953 ff.** Diese regeln nur den Eigentumserwerb. Ob die Sachen dem Erwerber gebühren (vgl § 101), dh ob er sie **behalten** darf, bestimmt sich primär nach den Parteivereinbarungen, iÜ vgl zB §§ 987 ff, 1039, 2133 und allg 101. Eigentumserwerb kann schadensersatzpflichtig machen (Bsp § 1039).

4 **3. Früchte.** Für Früchte, die **keine Sachen** sind (§§ 99–103 Rn 2), gelten §§ 953 ff nicht, zB für Mietforderung.

§ 953 Eigentum an getrennten Erzeugnissen und Bestandteilen

Erzeugnisse und sonstige Bestandteile einer Sache gehören auch nach der Trennung dem Eigentümer der Sache, soweit sich nicht aus den §§ 954 bis 957 ein anderes ergibt.

1 **1. Allgemeines. a)** Vgl Anm vor § 953. **b)** Erwerb gem §§ 954–957 geht vor.

2 **2. Eigentumserwerb (dh Fortdauer des Eigentums).** Dieser **erfasst a)** Erzeugnisse (vgl § 99 I); **b)** (bisherige) wesentliche Bestandteile (§ 93 Rn 3); **c)** nichtwesentliche Bestandteile, sofern sie bereits vor der Trennung dem Eigentümer der Muttersache gehörten.

3 **3. Pfandhaftung.** S §§ 1120–1122; § 1192; Sa § 1212.

§ 954 Erwerb durch dinglich Berechtigten

Wer vermöge eines Rechts an einer fremden Sache befugt ist, sich Erzeugnisse oder sonstige Bestandteile der Sache anzueignen, erwirbt das Eigentum an ihnen, unbeschadet der Vorschriften der §§ 955 bis 957, mit der Trennung.

Titel 3. Erwerb u. Verlust d. Eigentums an bewegl. Sachen §§ 955, 956

1. Allgemeines. a) Vgl Anm vor § 953. **b)** Erwerb gem §§ 955–957 geht vor. 1

2. Dingliche Rechte. Das sind insbes Nutzungspfandrecht (§ 1213); Erbbau- 2
recht (ErbbauRG 1 II); Dienstbarkeiten, soweit sie Nutzungsrecht an Sachen geben
(Bsp Sachnießbrauch, § 1030). Besitz unnötig. Zum Gegenstand des Eigentumserwerbs § 953 Rn 2.

§ 955 Erwerb durch gutgläubigen Eigenbesitzer

(1) ¹**Wer eine Sache im Eigenbesitz hat, erwirbt das Eigentum an den Erzeugnissen und sonstigen zu den Früchten der Sache gehörenden Bestandteilen, unbeschadet der Vorschriften der §§ 956, 957, mit der Trennung.** ²**Der Erwerb ist ausgeschlossen, wenn der Eigenbesitzer nicht zum Eigenbesitz oder ein anderer vermöge eines Rechts an der Sache zum Fruchtbezug berechtigt ist und der Eigenbesitzer bei dem Erwerb des Eigenbesitzes nicht in gutem Glauben ist oder vor der Trennung den Rechtsmangel erfährt.**

(2) Dem Eigenbesitzer steht derjenige gleich, welcher die Sache zum Zwecke der Ausübung eines Nutzungsrechts an ihr besitzt.

(3) Auf den Eigenbesitz und den ihm gleichgestellten Besitz findet die Vorschrift des § 940 Abs. 2 entsprechende Anwendung.

1. Allgemeines. a) Vgl Anm vor § 953. **b)** Erwerb gem §§ 956 f geht vor. 1
c) Hauptfälle des § 955: fehlgeschlagene Übereignung, fehlgeschlagene Bestellung eines Nutzungsrechts (s § 954 Rn 2).

2. Gegenstand des Eigentumserwerbs. Dies sind nur Sachfrüchte iSv § 99 I, 2
nicht sonstige (bisherige) wesentliche Bestandteile der Muttersache, zB Abbruchmaterialien eines Gebäudes (dafür § 953).

3. Wirkung. a) Eigenbesitzer (I): § 872 Rn 1. Das kann auch der Eigentümer 3
sein, wenn ein fremdes Nutzungsrecht (§ 954 Rn 2) besteht. **b) Dingliche Nutzungsrechte (II):** § 954 Rn 2. **c) Erwerb ist ausgeschlossen,** wenn Eigen- oder Nutzungsbesitzer bei Besitzerwerb den Mangel seines Rechts kennt oder grobfahrlässig nicht kennt; später, aber vor der Trennung, schadet nur noch positive Kenntnis; nach der Trennung ist auch diese unschädlich. Guter Glaube ist weder Erwerbsvoraussetzung noch wird er vermutet (§ 932 Rn 5). § 935 gilt bei Abhandenkommen der Muttersache entspr für Erwerb von Bestandteilen, nicht von Früchten (StGursky 9, str). **d) Eigen- und Nutzungsbesitzer** sind wegen ihres Erwerbs uU zum Ausgleich verpflichtet, zB gem §§ 987 ff.

§ 956 Erwerb durch persönlich Berechtigten

(1) ¹**Gestattet der Eigentümer einem anderen, sich Erzeugnisse oder sonstige Bestandteile der Sache anzueignen, so erwirbt dieser das Eigentum an ihnen, wenn der Besitz der Sache ihm überlassen ist, mit der Trennung, anderenfalls mit der Besitzergreifung.** ²**Ist der Eigentümer zu der Gestattung verpflichtet, so kann er sie nicht widerrufen, solange sich der andere in dem ihm überlassenen Besitz der Sache befindet.**

(2) Das Gleiche gilt, wenn die Gestattung nicht von dem Eigentümer, sondern von einem anderen ausgeht, dem Erzeugnisse oder sonstige Bestandteile einer Sache nach der Trennung gehören.

1. Allgemeines. a) Vgl Anm vor § 953. **b)** Erwerb gem § 957 geht vor. **c) Str** 1
ist, ob die Aneignungsgestattung ein bes Fall der Übereignung künftiger Sachen (§§ 929 ff) oder eine einseitige Verfügung des Gestattenden ist (s BGH 27, 364 f). BGH 27, 364 f, 367 f vermeidet mR einseitige Festlegung.

§§ 957, 958   Buch 3. Abschnitt 3. Eigentum

2 **2. Gestattung. a) Zum „Wesen"** Rn 1 (c). **b)** Sie ist **empfangsbedürftige Willenserklärung.** § 130 I, II ist anwendbar (vgl BGH 27, 366). **c) Ihre Erteilung** ist Erfüllung des zugrundeliegenden Verpflichtungsgeschäfts, zB eines Pachtvertrags (vgl § 581 I 1: Gewährung = Gestattung des Fruchtgenusses). Diesem gegenüber ist sie abstrakt (Rn 13 vor § 854). Ihrem Inhalt nach ist sie Verfügung über das Fruchtziehungsrecht des Gestattenden (s d). **d) Berechtigt** zur Gestattung sind die in §§ 953–956 Genannten. Gestattungsrecht und Verfügungsbefugnis müssen idR zZ des Fruchterwerbs bestehen (BGH 27, 365 ff für I 1 Fall 2); zum Erwerb Rn 4. **e) Unwiderruflich** ist sie nur gem I 2. Bsp: Dem Käufer stehender Bäume ist durch Signieren unmittelbarer Teilbesitz übertragen worden (§ 854 Rn 6). Str ist, ob die Unwiderruflichkeit auch den Rechtsnachfolger des Gestattenden trifft (vgl PalBassenge 6 mN). **f) Gewohnheitsrechtlich** begründete Nutzung von *Wald* und *Flur*
3 durch jedermann (Rinck MDR 61, 982: „privatrechtlicher Gemeingebrauch") umfaßt *gewohnheitsrechtliche Gestattung* der Aneignung von wildwachsenden Früchten und Blumen in ortsüblichem Umfang. Bes landesrechtliches Aneignungsrecht zB in BayVerf 141 III 1, bw LWaldG 40. Sa § 905 Rn 4.

4 **3. Der Fruchterwerb. a) Gegenstand:** § 953 Rn 2. Den Umfang bestimmt die Gestattung. **b) Eigentumserwerb** tritt ein **aa)** mit der Trennung, wenn der Berechtigte den Besitz an der Muttersache mit dem Willen des Gestattenden erlangt hat. Mittelbarer Besitz der Muttersache genügt jedenfalls dann nicht, wenn der Gestattende deren unmittelbarer Besitzer bleibt (BGH 27, 363 f). Genügend ist unmittelbarer Teilbesitz an ungetrennten Bestandteilen (RG 108, 271 f; Bsp Rn 2 [e]); **bb)** ohne Besitz an der Muttersache (s aa) erst mit Besitzergreifung an den getrennten Bestandteilen.

§ 957 Gestattung durch den Nichtberechtigten

Die Vorschrift des § 956 findet auch dann Anwendung, wenn derjenige, welcher die Aneignung einem anderen gestattet, hierzu nicht berechtigt ist, es sei denn, dass der andere, falls ihm der Besitz der Sache überlassen wird, bei der Überlassung, anderenfalls bei der Ergreifung des Besitzes der Erzeugnisse oder der sonstigen Bestandteile nicht in gutem Glauben ist oder vor der Trennung den Rechtsmangel erfährt.

1 **1. Bezirk des Gestattenden. Der Gestattende** muss die Muttersache besitzen (RG 108, 271). Unmittelbarer Teilbesitz an den ungetrennten Bestandteilen genügt (s § 956 Rn 4 [aa]).

2 **2. Ausschluss des Erwerbs. Erwerb ist ausgeschlossen,** wenn der Aneignende **a)** im Fall der Besitzüberlassung zu diesem Zeitpunkt den Mangel der Gestattungsbefugnis kennt oder grobfahrlässig nicht kennt oder ihn vor der Trennung
3 erfährt; **b)** im Fall mangelnder Besitzüberlassung im Zeitpunkt der Besitzergreifung an den getrennten Bestandteilen den Mangel kennt oder grobfahrlässig nicht kennt. Guter Glaube ist weder Erwerbsvoraussetzung noch wird er vermutet (§ 932 Rn 5). Zur entspr Anwendbarkeit von § 935 s § 955 Rn 3 (c) (wie dort StGursky 8).

Untertitel 5. Aneignung

§ 958 Eigentumserwerb an beweglichen herrenlosen Sachen

(1) Wer eine herrenlose bewegliche Sache in Eigenbesitz nimmt, erwirbt das Eigentum an der Sache.

(2) Das Eigentum wird nicht erworben, wenn die Aneignung gesetzlich verboten ist oder wenn durch die Besitzergreifung das Aneignungsrecht eines anderen verletzt wird.

Titel 3. Erwerb u. Verlust d. Eigentums an bewegl. Sachen §§ 959–961

1. Voraussetzungen. a) Herrenlosigkeit einer beweglichen Sache liegt vor, 1
wenn sie noch nie in jemandes Eigentum stand (Bsp § 960 I 1) oder nicht mehr
steht (Bsp §§ 959, 960 II, III, 961). **b) Ergreifung von Eigenbesitz** (§ 872), auch
mit Hilfe von Besitzdiener (§ 855) oder Besitzmittler (§ 868 Rn 7). Zum Besitzerwerb § 854 Rn 10, 12. **c) Aneignung ist** Realakt, daher Geschäftsfähigkeit unnötig
(StGursky 7; hM).

2. Wirkung. a) Eigentumserwerb kraft Ges, I. **b) Kein** Erwerb (II) bei ges 2
Aneignungsverbot (zB gem BNatSchG) oder Verletzung des Aneignungsrechts eines
Dritten (zB aus BJagdG 1). Mit Besitzergreifung durch einen Wilderer erlangt der
Jagdberechtigte kein Eigentum (StGursky 14; str), doch kann der Wilderer einem
anderen Eigentum verschaffen (§§ 932 ff gelten nur entspr: originärer Erwerb, weil
am Wild bislang kein Eigentum bestand; daher § 935 unanwendbar).

§ 959 Aufgabe des Eigentums

Eine bewegliche Sache wird herrenlos, wenn der Eigentümer in der Absicht, auf das Eigentum zu verzichten, den Besitz der Sache aufgibt.

1. Voraussetzungen der Dereliktion. a) Verzichtswille. Er muss betätigt 1
werden durch eine einseitige nichtempfangsbedürftige Willenserklärung, daher
Geschäftsfähigkeit nötig. Verstoß gegen TierSchG 3 Nr 3, 4 macht Erklärung nichtig
(§ 134), aA StGursky 8. **b) Besitzaufgabe,** die der Willenserklärung nach Rn 1 2
zeitlich vorausgehen kann. Die Sache muss besitzlos werden oder sein. **c) Bewegli-** 3
che Sachen iSv § 959 sind idR (Tiere stets ausgenommen) „Abfälle" iSd KrW-/
AbfG 3 I, da sich der Besitzer ihrer „entledigte" (KrW-/AbfG 3 II, VI); bes Regelung (keine Dereliktion) in AltautoV 3 mit 2 I. KrW-/AbfG 13 verbietet weder
Besitz- noch Eigentumsaufgabe (StGursky 8 mN, str), sonst wäre § 959 obsolet.–
Auch für **Tiere** gilt § 959 (§ 90a Rn 1), s aber Rn 1.

2. Wirkung. Herrenlosigkeit (§ 958 Rn 1 [a]). Rechte Dritter bleiben. 4

§ 960 Wilde Tiere

(1) ¹Wilde Tiere sind herrenlos, solange sie sich in der Freiheit befinden. ²Wilde Tiere in Tiergärten und Fische in Teichen oder anderen geschlossenen Privatgewässern sind nicht herrenlos.

(2) Erlangt ein gefangenes wildes Tier die Freiheit wieder, so wird es herrenlos, wenn nicht der Eigentümer das Tier unverzüglich verfolgt oder wenn er die Verfolgung aufgibt.

(3) Ein gezähmtes Tier wird herrenlos, wenn es die Gewohnheit ablegt, an den ihm bestimmten Ort zurückzukehren.

Anwendungsbereich. Wilde Tiere, die in Freiheit (I) oder in Gefangenschaft 1
(II) leben oder in die Freiheit zurückgekehrt sind (III mit I 1). II gilt für III entspr
(LG Bonn NJW 93, 940 [dazu Brehm/Berger JuS 94, 14 ff]; aA Avenarius NJW
93, 2589 f). Für zahme Tiere (Haustiere) gilt § 959.

§ 961 Eigentumsverlust bei Bienenschwärmen

Zieht ein Bienenschwarm aus, so wird er herrenlos, wenn nicht der Eigentümer ihn unverzüglich verfolgt oder wenn der Eigentümer die Verfolgung aufgibt.

§§ 961–964 gelten nur für Bienen in Bienenstöcken. § 961 gleicht dem § 960 II: 1
„Die Biene ist ein wilder Wurm" (s Gercke NuR 91, 60 f).

§ 962 Verfolgungsrecht des Eigentümers

¹Der Eigentümer des Bienenschwarms darf bei der Verfolgung fremde Grundstücke betreten. ²Ist der Schwarm in eine fremde nicht besetzte Bienenwohnung eingezogen, so darf der Eigentümer des Schwarmes zum Zwecke des Einfangens die Wohnung öffnen und die Waben herausnehmen oder herausbrechen. ³Er hat den entstehenden Schaden zu ersetzen.

§ 963 Vereinigung von Bienenschwärmen

Vereinigen sich ausgezogene Bienenschwärme mehrerer Eigentümer, so werden die Eigentümer, welche ihre Schwärme verfolgt haben, Miteigentümer des eingefangenen Gesamtschwarms; die Anteile bestimmen sich nach der Zahl der verfolgten Schwärme.

§ 964 Vermischung von Bienenschwärmen

¹Ist ein Bienenschwarm in eine fremde besetzte Bienenwohnung eingezogen, so erstrecken sich das Eigentum und die sonstigen Rechte an den Bienen, mit denen die Wohnung besetzt war, auf den eingezogenen Schwarm. ²Das Eigentum und die sonstigen Rechte an dem eingezogenen Schwarme erlöschen.

Untertitel 6. Fund

Vorbemerkungen

1 **1. Begriffe. a) Verloren** ist eine Sache, wenn sie besitzlos, aber nicht herrenlos ist. Nicht verloren ist eine gestohlene, verlegte oder versteckte (Hamburg MDR 82, 409) Sache (da Besitz besteht), eine derelinquierte (da sie herrenlos ist). Verloren ist das vom Dieb weggeworfene Diebesgut (s Hamm NJW 79, 725 f), das vom Buchentleiher (Besitzmittler) oder Buchhändlergehilfen (Besitzdiener) weggeworfene Buch. **b) Finder** ist, wer die verlorene (uU von einem Dritten entdeckte) 2 Sache in Besitz nimmt (BGH 8, 132 f, hM). Finden ist Realakt (Rn 24 vor § 104); Besitzbegründungswille nötig (§ 854 Rn 12), genereller soll genügen (BGH 101, 189 f für verlorenen Geldschein in Selbstbedienungs-Großmarkt, abl Ernst JZ 88, 359 ff; sa BGH 8, 131 ff: „spätestens" mit Ergreifen der Sache durch den mit Suchen beauftragten Besitzdiener habe der Inhaber [als Besitzherr] Besitz erlangt; „Finder" ist in beiden Fällen der Inhaber).

3 **2. Rechtsfolgen des Fundes.** Zwischen Finder und Empfangsberechtigtem (§ 969 Rn 1) entsteht ges Schuldverhältnis (§§ 965–969) und geringe Rechte. Er wird als Geschäftsbesorger des Verlierers angesehen (vgl §§ 970–972). Eigentumserwerb nicht mit Fund, sondern erst gem §§ 973, 974 (auch bei Kleinfund, vgl § 973 II), danach Bereicherungshaftung (§ 977).

4 **3. Sonstiges. §§ 965–967, 969–977 sind unanwendbar** bei Fund in Geschäftsräumen oder Beförderungsmitteln öffentl Behörden (Begriff: Eith MDR 81, 190 f) und in Verkehrsanstalten (§ 978 I 2). Haftungsmaßstab des § 968 gilt.

§ 965 Anzeigepflicht des Finders

(1) Wer eine verlorene Sache findet und an sich nimmt, hat dem Verlierer oder dem Eigentümer oder einem sonstigen Empfangsberechtigten unverzüglich Anzeige zu machen.

(2) ¹Kennt der Finder die Empfangsberechtigten nicht oder ist ihm ihr Aufenthalt unbekannt, so hat er den Fund und die Umstände, welche für die Ermittlung der Empfangsberechtigten erheblich sein können, unverzüglich der zuständigen Behörde anzuzeigen. ²Ist die Sache nicht mehr als zehn Euro wert, so bedarf es der Anzeige nicht.

§ 966 Verwahrungspflicht

(1) Der Finder ist zur Verwahrung der Sache verpflichtet.

(2) ¹Ist der Verderb der Sache zu besorgen oder ist die Aufbewahrung mit unverhältnismäßigen Kosten verbunden, so hat der Finder die Sache öffentlich versteigern zu lassen. ²Vor der Versteigerung ist der zuständigen Behörde Anzeige zu machen. ³Der Erlös tritt an die Stelle der Sache.

§ 967 Ablieferungspflicht

Der Finder ist berechtigt und auf Anordnung der zuständigen Behörde verpflichtet, die Sache oder den Versteigerungserlös an die zuständige Behörde abzuliefern.

§ 968 Umfang der Haftung

Der Finder hat nur Vorsatz und grobe Fahrlässigkeit zu vertreten.

Anmerkungen zu den §§ 965–968

Pflichten des Finders. a) Pflicht zur unverzüglichen (§ 121 I 1) **Anzeige** an einen Empfangsberechtigten (§ 969 Rn 1), § 965 I. Ist oder wird dieser nicht bekannt, so Anzeige nach § 965 II 1. Nur diese, nicht die Anzeige nach § 965 I, ist bei Kleinfund entbehrlich, § 965 II 2. **b)** Pflicht zur **Verwahrung**, § 966 I. Kein Besitzmittlungsverhältnis zwischen Finder und Empfangsberechtigtem bzw Verlierer. Verwahrungspflicht und Haftung sind durch sofortige Ablieferung an die zuständige Behörde (idR Gemeindeverwaltung; maßgebend Landesrecht) **vermeidbar** (vgl § 967). Die Rechte des Finders bleiben erhalten (§ 975). **c) Haftungsmaßstab** im ges Schuldverhältnis (Rn 3 vor § 965) und für §§ 823 ff: § 968. 1 2 3

§ 969 Herausgabe an den Verlierer

Der Finder wird durch die Herausgabe der Sache an den Verlierer auch den sonstigen Empfangsberechtigten gegenüber befreit.

Empfangsberechtigt ist jeder, der vom Finder Herausgabe verlangen kann. Unabhängig davon gilt auch der Verlierer als empfangsbefugt, zB der Dieb, der Diebesgut verloren hat; § 969 gibt ihm aber keinen Herausgabeanspruch. Für Prüfung der Empfangsberechtigung gilt § 968 (StGursky 1). 1

§ 970 Ersatz von Aufwendungen

Macht der Finder zum Zwecke der Verwahrung oder Erhaltung der Sache oder zum Zwecke der Ermittlung eines Empfangsberechtigten Aufwendungen, die er den Umständen nach für erforderlich halten darf, so kann er von dem Empfangsberechtigten Ersatz verlangen.

§ 971 Finderlohn

(1) ¹Der Finder kann von dem Empfangsberechtigten einen Finderlohn verlangen. ²Der Finderlohn beträgt von dem Werte der Sache bis zu 500 Euro fünf vom Hundert, von dem Mehrwert drei vom Hundert, bei Tieren drei vom Hundert. ³Hat die Sache nur für den Empfangsberechtigten einen Wert, so ist der Finderlohn nach billigem Ermessen zu bestimmen.

(2) Der Anspruch ist ausgeschlossen, wenn der Finder die Anzeigepflicht verletzt oder den Fund auf Nachfrage verheimlicht.

§ 972 Zurückbehaltungsrecht des Finders

Auf die in den §§ 970, 971 bestimmten Ansprüche finden die für die Ansprüche des Besitzers gegen den Eigentümer wegen Verwendungen geltenden Vorschriften der §§ 1000 bis 1002 entsprechende Anwendung.

§ 973 Eigentumserwerb des Finders

(1) ¹Mit dem Ablauf von sechs Monaten nach der Anzeige des Fundes bei der zuständigen Behörde erwirbt der Finder das Eigentum an der Sache, es sei denn, dass vorher ein Empfangsberechtigter dem Finder bekannt geworden ist oder sein Recht bei der zuständigen Behörde angemeldet hat. ²Mit dem Erwerb des Eigentums erlöschen die sonstigen Rechte an der Sache.

(2) ¹Ist die Sache nicht mehr als zehn Euro wert, so beginnt die sechsmonatige Frist mit dem Fund. ²Der Finder erwirbt das Eigentum nicht, wenn er den Fund auf Nachfrage verheimlicht. ³Die Anmeldung eines Rechts bei der zuständigen Behörde steht dem Erwerb des Eigentums nicht entgegen.

§ 974 Eigentumserwerb nach Verschweigung

¹Sind vor dem Ablauf der sechsmonatigen Frist Empfangsberechtigte dem Finder bekannt geworden oder haben sie bei einer Sache, die mehr als zehn Euro wert ist, ihre Rechte bei der zuständigen Behörde rechtzeitig angemeldet, so kann der Finder die Empfangsberechtigten nach der Vorschrift des § 1003 zur Erklärung über die ihm nach den §§ 970 bis 972 zustehenden Ansprüche auffordern. ²Mit dem Ablauf der für die Erklärung bestimmten Frist erwirbt der Finder das Eigentum und erlöschen die sonstigen Rechte an der Sache, wenn nicht die Empfangsberechtigten sich rechtzeitig zu der Befriedigung der Ansprüche bereit erklären.

§ 975 Rechte des Finders nach Ablieferung

¹Durch die Ablieferung der Sache oder des Versteigerungserlöses an die zuständige Behörde werden die Rechte des Finders nicht berührt. ²Lässt die zuständige Behörde die Sache versteigern, so tritt der Erlös an die Stelle der Sache. ³Die zuständige Behörde darf die Sache oder den Erlös nur mit Zustimmung des Finders einem Empfangsberechtigten herausgeben.

§ 976 Eigentumserwerb der Gemeinde

(1) Verzichtet der Finder der zuständigen Behörde gegenüber auf das Recht zum Erwerb des Eigentums an der Sache, so geht sein Recht auf die Gemeinde des Fundorts über.

Titel 3. Erwerb u. Verlust d. Eigentums an bewegl. Sachen §§ 970–978

(2) Hat der Finder nach der Ablieferung der Sache oder des Versteigerungserlöses an die zuständige Behörde auf Grund der Vorschriften der §§ 973, 974 das Eigentum erworben, so geht es auf die Gemeinde des Fundorts über, wenn nicht der Finder vor dem Ablauf einer ihm von der zuständigen Behörde bestimmten Frist die Herausgabe verlangt.

§ 977 Bereicherungsanspruch

¹Wer infolge der Vorschriften der §§ 973, 974, 976 einen Rechtsverlust erleidet, kann in den Fällen der §§ 973, 974 von dem Finder, in den Fällen des § 976 von der Gemeinde des Fundorts die Herausgabe des durch die Rechtsänderung Erlangten nach den Vorschriften über die Herausgabe einer ungerechtfertigten Bereicherung fordern. ²Der Anspruch erlischt mit dem Ablauf von drei Jahren nach dem Übergang des Eigentums auf den Finder oder die Gemeinde, wenn nicht die gerichtliche Geltendmachung vorher erfolgt.

Anmerkungen zu den §§ 970–977

1. **Rechte des Finders. a) Aufwendungsersatz**, §§ 970, 972. **b) Finderlohn**, §§ 971, 972 Für § 971 II gilt § 968. **c) Anwartschaftsrecht** auf Eigentumserwerb gem §§ 973 f, 966 II 3. Mit dem Eigentumserwerb erlöschen Rechte Dritter (§§ 973 I 2, 974 S 2). Der Erwerb ist gem § 973 I 1 aE, II 2, § 974 S 2 ausgeschlossen; uU wird die Gemeinde Eigentümerin (ie § 976). **d) Unberührt** bleiben diese Rechte durch Ablieferung an die zuständige Behörde (§§ 965–968 Rn 4) und Anzeige an sie (§§ 973 II 3, 975). 1

2. **Beteiligte.** Berechtigt nach § 977 sind der frühere Eigentümer und ein ehemals dinglich Berechtigter (vgl §§ 973 I 2, 974 S 2). Verpflichtet sind der Finder, die Gemeinde (vgl § 976) oder ein Dritter (§ 822). 2

§ 978 Fund in öffentlicher Behörde oder Verkehrsanstalt

(1) ¹Wer eine Sache in den Geschäftsräumen oder den Beförderungsmitteln einer öffentlichen Behörde oder einer dem öffentlichen Verkehr dienenden Verkehrsanstalt findet und an sich nimmt, hat die Sache unverzüglich an die Behörde oder die Verkehrsanstalt oder an einen ihrer Angestellten abzuliefern. ²Die Vorschriften der §§ 965 bis 967 und 969 bis 977 finden keine Anwendung.

(2) ¹Ist die Sache nicht weniger als 50 Euro wert, so kann der Finder von dem Empfangsberechtigten einen Finderlohn verlangen. ²Der Finderlohn besteht in der Hälfte des Betrags, der sich bei Anwendung des § 971 Abs. 1 Satz 2, 3 ergeben würde. ³Der Anspruch ist ausgeschlossen, wenn der Finder Bediensteter der Behörde oder der Verkehrsanstalt ist oder der Finder die Ablieferungspflicht verletzt. ⁴Die für die Ansprüche des Besitzers gegen den Eigentümer wegen Verwendungen geltende Vorschrift des § 1001 findet auf den Finderlohnanspruch entsprechende Anwendung. ⁵Besteht ein Anspruch auf Finderlohn, so hat die Behörde oder die Verkehrsanstalt dem Finder die Herausgabe der Sache an einen Empfangsberechtigten anzuzeigen.

(3) ¹Fällt der Versteigerungserlös oder gefundenes Geld an den nach § 981 Abs. 1 Berechtigten, so besteht ein Anspruch auf Finderlohn nach Absatz 2 Satz 1 bis 3 gegen diesen. ²Der Anspruch erlischt mit dem Ablauf von drei Jahren nach seiner Entstehung gegen den in Satz 1 bezeichneten Berechtigten.

§§ 979–982 Buch 3. Abschnitt 3. Eigentum

§ 979 Verwertung; Verordnungsermächtigung

(1) ¹Die Behörde oder die Verkehrsanstalt kann die an sie abgelieferte Sache öffentlich versteigern lassen. ²Die öffentlichen Behörden und die Verkehrsanstalten des *Reichs*, der *Bundesstaaten* und der Gemeinden können die Versteigerung durch einen ihrer Beamten vornehmen lassen.

(1a) Die Versteigerung kann nach Maßgabe der nachfolgenden Vorschriften auch als allgemein zugängliche Versteigerung im Internet erfolgen.

(1b) ¹Die Bundesregierung wird ermächtigt, durch Rechtsverordnung ohne Zustimmung des Bundesrates für ihren Bereich Versteigerungsplattformen zur Versteigerung von Fundsachen zu bestimmen; sie kann diese Ermächtigung durch Rechtsverordnung auf die fachlich zuständigen obersten Bundesbehörden übertragen. ²Die Landesregierungen werden ermächtigt, durch Rechtsverordnung für ihren Bereich entsprechende Regelungen zu treffen; sie können die Ermächtigung auf die fachlich zuständigen obersten Landesbehörden übertragen. ³Die Länder können Versteigerungsplattformen bestimmen, die sie länderübergreifend nutzen. ⁴Sie können eine Übertragung von Abwicklungsaufgaben auf die zuständige Stelle eines anderen Landes vereinbaren.

(2) Der Erlös tritt an die Stelle der Sache.

§ 980 Öffentliche Bekanntmachung des Fundes

(1) Die Versteigerung ist erst zulässig, nachdem die Empfangsberechtigten in einer öffentlichen Bekanntmachung des Fundes zur Anmeldung ihrer Rechte unter Bestimmung einer Frist aufgefordert worden sind und die Frist verstrichen ist; sie ist unzulässig, wenn eine Anmeldung rechtzeitig erfolgt ist.

(2) Die Bekanntmachung ist nicht erforderlich, wenn der Verderb der Sache zu besorgen oder die Aufbewahrung mit unverhältnismäßigen Kosten verbunden ist.

§ 981 Empfang des Versteigerungserlöses

(1) Sind seit dem Ablauf der in der öffentlichen Bekanntmachung bestimmten Frist drei Jahre verstrichen, so fällt der Versteigerungserlös, wenn nicht ein Empfangsberechtigter sein Recht angemeldet hat, bei *Reichs*behörden und *Reichs*anstalten an den *Reichs*fiskus, bei Landesbehörden und Landesanstalten an den Fiskus des *Bundesstaats,* bei Gemeindebehörden und Gemeindeanstalten an die Gemeinde, bei Verkehrsanstalten, die von einer Privatperson betrieben werden, an diese.

(2) ¹Ist die Versteigerung ohne die öffentliche Bekanntmachung erfolgt, so beginnt die dreijährige Frist erst, nachdem die Empfangsberechtigten in einer öffentlichen Bekanntmachung des Fundes zur Anmeldung ihrer Rechte aufgefordert worden sind. ²Das Gleiche gilt, wenn gefundenes Geld abgeliefert worden ist.

(3) Die Kosten werden von dem herauszugebenden Betrag abgezogen.

§ 982 Ausführungsvorschriften

Die in den §§ 980, 981 vorgeschriebene Bekanntmachung erfolgt bei *Reichs*behörden und *Reichs*anstalten nach den von dem *Bundesrat*, in den übrigen Fällen nach den von der Zentralbehörde des *Bundesstaats* erlassenen Vorschriften.

Titel 3. Erwerb u. Verlust d. Eigentums an bewegl. Sachen §§ 978–984

Anmerkungen zu den §§ 978–982

1. Anwendungsbereich. Räume (auch Nebenräume, zB Treppenhaus, Flure, 1
Hof, Parkgarage) und Beförderungsmittel einer öffentl Behörde (zB städtischer
Schulbus) sowie öffentl Verkehrsanstalten, ds nur Transportanstalten (zB Deutsche
Bahn AG), aber nicht „Anstalten" mit starkem Publikumsverkehr wie zB Warenhäuser, Theater, Gaststätten (RG 108, 259 f; StGursky § 978 Rn 6, 7, hM; sa BGH
101, 192 f).

2. Rechtsfolgen. Der Finder (Rn 2 vor § 965; sa BGH 101, 192 f) hat die Sache 2
unverzüglich (§ 121 I 1) abzuliefern (§ 978 I 1); Haftungsmaßstab: § 968. Ist die
Fundsache 50 Euro oder mehr wert, so hat der Finder geminderten Anspruch auf
Finderlohn (§ 978 II 1, 2, Ausschluss gem II 3; ie Bassenge NJW 76, 1486). IÜ hat
der Finder keine Rechte (insbes nicht auf Ersatz gem § 970, Eigentumserwerb gem
§§ 973 f: § 978 I 2) und Pflichten. Zum Eigentumserwerb § 981.

§ 983 Unanbringbare Sachen bei Behörden

**Ist eine öffentliche Behörde im Besitz einer Sache, zu deren Herausgabe
sie verpflichtet ist, ohne dass die Verpflichtung auf Vertrag beruht, so finden, wenn der Behörde der Empfangsberechtigte oder dessen Aufenthalt
unbekannt ist, die Vorschriften der §§ 979 bis 982 entsprechende Anwendung.**

Für Private vgl §§ 372 ff. 1

§ 984 Schatzfund

**Wird eine Sache, die so lange verborgen gelegen hat, dass der Eigentümer
nicht mehr zu ermitteln ist (Schatz), entdeckt und infolge der Entdeckung
in Besitz genommen, so wird das Eigentum zur Hälfte von dem Entdecker,
zur Hälfte von dem Eigentümer der Sache erworben, in welcher der Schatz
verborgen war.**

1. Voraussetzungen. a) Der **Eigentümer** der entdeckten beweglichen Sache 1
ist **nicht zu ermitteln,** weil die Sache lange verborgen war (Köln OLGZ 92, 254).
Entscheidend ist das Verborgensein (und dessen Beendigung durch den Entdecker,
Rn 2). Es fehlt, wenn an der Sache Besitz besteht. Hierfür genügt weder Besitz an
der bergenden Sache (§ 984!) noch ein genereller Besitzwille an ihrem „verborgenen" Inhalt, sonst wäre § 984 obsolet (verkannt von Celle NJW 92, 2577). Unnötig
sind Herrenlosigkeit und früheres Eigentum (es fehlt zB bei Mumienfund; zum
Fossilienfund mit wissenschaftlichem Wert [§ 984 analog] Nürnberg NJW-RR 03,
933 f; zu landesrechtlicher Regelung BVerwG NJW 97, 1172 f). **b) Entdeckung
und infolgedessen Inbesitznahme** (Realakte) durch Entdecker oder Dritten
(s Rn 2). **c) Keine Sonderregelung** durch Landesrecht für Bodendenkmäler oder
-altertümer (Entdeckung begründet entweder Landeseigentum oder, im Anschluss
an Erwerb nach § 984, Ablieferungspflicht; vgl Koch NJW 06, 558).

2. Wirkung. Erwerb hälftigen Miteigentums durch Entdecker (auch wenn anderer den Schatz in Besitz nahm) und Eigentümer (nicht Nießbraucher, § 1040) der 2
bergenden Sache (Grundstück, Schreibtisch mit Geheimfach: BGH 103, 111 ff).
Wer durch Hilfskräfte mit Erfolg nach vermutetem Schatz suchen lässt (RG 70,
310 f), ist Entdecker; ist er Eigentümer der bergenden Sache, so erwirbt er Alleineigentum. Bei Zufallsfund durch AN ist idR dieser, nicht der AG Entdecker (BGH
103, 107 f).

Vor § 985, § 985 Buch 3. Abschnitt 3. Eigentum

Titel 4. Ansprüche aus dem Eigentum

Vorbemerkungen

1 **1. Die Ansprüche des Titels 4 (§§ 985, 1004, 1005).** Sie dienen dem Schutz des Eigentums. Sie sind daher **dingliche Ansprüche;** zur Bedeutung dieser Qualifizierung Rn 8 vor § 854. Zur Anwendbarkeit schuldrechtlicher Vorschriften auf dingliche Ansprüche Rn 9 vor § 854. – Die Nebenansprüche der §§ 987 ff sind schuldrechtliche Ansprüche, denn sie entstammen einem ges Schuldverhältnis, dem sog **Eigentümer-Besitzer-Verhältnis.** – § 1007 gibt einen (petitorischen) Besitzschutzanspruch, gehört also sachlich zu den §§ 854–872 (BGH 7, 215).

2 **2. Anwendbare Vorschriften.** Der Titel 4 unterscheidet grundsätzlich nicht zwischen Eigentum an **Fahrnis und Grundstücken.** Nur für Fahrniseigentum gelten zB §§ 986 II, 1006, nur für Grundstückseigentum zB § 998.

3 **3. Konkurrenzen.** Str ist, ob und wieweit neben den Ansprüchen aus §§ 985 ff **gleichgerichtete Ansprüche aus anderem Rechtsgrund** (Vertrag, §§ 812 ff, 823 ff, unechte GoA) bestehen können. Zu den **Konkurrenzproblemen** vgl § 985 Rn 12; Rn 10–15 vor § 987; Rn 7 vor § 994; § 1004 Rn 26.

4 **4. Weiterer Schutz des Eigentums. a)** Grundbuchberichtigungsanspruch, § 894. **b)** ZPO 771 (Eigentum als veräußerungshinderndes Recht). **c)** InsO 47, 48 (Aussonderung).

5 **5. Keine Unterscheidung. Entspr** anwendbar sind die §§ 985 ff auf Nießbrauch (§ 1065), Pfandrecht (§ 1227), Erbbaurecht (ErbbauRG 11 I 1), Recht aus Bewilligung gem BBergG 8 II.

§ 985 Herausgabeanspruch

Der Eigentümer kann von dem Besitzer die Herausgabe der Sache verlangen.

1 **1. Allgemeines.** Der dingliche Anspruch auf Herausgabe *(rei vindicatio)* fließt aus dem Eigentum. Er dient zu dessen Schutz und konkretisiert die Ausschließungsbefugnis des Eigentümers aus § 903 S 1 (§ 903 Rn 3). Zur Anwendbarkeit schuldrechtlicher Vorschriften auf § 985 vgl Rn 9 vor § 854.

2 **2. Beteiligte. a) Berechtigt** ist der Eigentümer, der die Sache nicht unmittelbar besitzt und dem gegenüber der Besitzer unberechtigt besitzt. Miteigentum
3 genügt. Zum Anspruch des mittelbar besitzenden Eigentümers Rn 12 (a). **b) Verpflichtet** ist der Besitzer, der dem Eigentümer gegenüber kein Recht zum Besitz hat, sog unberechtigter Besitzer (dazu § 986 mit Anm). Er kann Eigen- oder Fremd-, Allein- oder Mit-, mittel- oder unmittelbarer Besitzer sein (zum mittelbaren Besitzer Rn 5, zum Mitbesitzer § 866 Rn 5). Gleichgültig ist, ob der Besitzer schuldlos oder schuldhaft besitzt und ob der Eigentümer den Besitz schuldhaft verloren hat; § 254 ist unanwendbar (LM Nr 4 zu § 366 HGB). Besitzer ist nicht der Besitzdiener (§ 855).

4 **3. Der Anspruch. a) Ziel** ist die Herausgabe der Sache (bei Räumen und Grundstücken deren Räumung) (zur Terminologie krit StGursky 65) durch den unberechtigten Besitzer. Herauszugeben ist idR an den Eigentümer, aber nicht notwendig (vgl § 986 I 2). Ist Herausgabe unmöglich (§ 989 Rn 1 [c]), so greifen die §§ 989 ff (nicht §§ 275 I, 280 I) ein. § 285 gilt nicht (StGursky 166 mN, hM, s BGH 75, 208 zu § 281 aF). **aa) Vom unmittelbaren Besitzer** kann der Eigentü-
5 mer idR Herausgabe an sich verlangen. Ausnahme: § 986 I 2. **bb) Auch vom mittelbaren Besitzer** kann der Eigentümer Herausgabe der Sache verlangen

1460 *Berger*

Titel 4. Ansprüche aus dem Eigentum § 986

(obwohl dieser sie nicht in der Hand hat) oder, als ein weniger, die Übertragung des mittelbaren Besitzes (§ 870) fordern (ie StGursky 71–77). Das Herausgabeurteil wird nach ZPO 883, 885 vollstreckt, wenn der mittelbare Besitzer die Sache zwischenzeitlich zurückerhalten hat, sonst nach ZPO 886, 829, 835 f oder beim herausgabebereiten Dritten (arg ZPO 809). **cc) Ein Miteigentümer** kann vom anderen 6 Einräumung des Mitbesitzes, von einem Dritten Herausgabe an alle Miteigentümer (§§ 1011, 432) verlangen. **b) Ort** der Herausgabe: § 269 (Rn 9 vor § 854). Der 7 unverklagte gutgl Besitzer muss die Sache am Standort herausgeben; der bösgläubige oder verklagte, der die Sache nach Bösgläubigkeit oder Rechtshängigkeit entgegen dem Eigentümerinteresse anderweit verbracht hat, muss am früheren Standort herausgeben (BGH 79, 213 ff; abl StGursky 61; Picker FG Wiss I 725 ff). *Bereitstellungskosten* trägt der Besitzer (BGH 104, 306), *Abholungskosten* der Eigentümer. **c) Gegenstand** der Herausgabe ist nur die dem Eigentümer gehörige Sache (zB 8 die ihm gehörige Geldmünze oder -note), nicht die wertmäßig an ihre Stelle getretene (zB das Wechselgeld). Eine *Wertvindikation* ist abzulehnen; sie wäre nur bei Sachgeld praktisch und würde die Geldgläubiger unberechtigt bevorzugen (StGursky 91, 92; hM), zulässig aber Aufrechnung mit Geldforderung gegen Anspruch aus § 985 (StGursky 93). – Herausgabe einer *Sachgesamtheit* kann nicht verlangt werden, nur Herausgabe bestimmter Einzelsachen (wichtig für den Klageantrag: ZPO 253 II Nr 2). **d) Er ist ausgeschlossen,** wenn und solange der Besitzer zum Besitz berech- 9 tigt ist (§ 986 mit Anm) oder Treu und Glauben einer Geltendmachung entgegenstehen (LM Nr 30; dazu s aber § 929 Rn 60). Str ist, ob bei Sittenwidrigkeit und Nichtigkeit der Übereignung § 985 durch § 817 S 2 ausgeschlossen ist (nein: BGH 63, 369; NJW 51, 643; ja: zumeist die Lit, vgl StGursky 122–127 mN). **e) Er erlischt,** wenn der Eigentümer sein Recht oder (BGH WM 82, 750) der Besitzer seinen Besitz einbüßt (vgl aber § 198 zur Rechts-, besser Besitznachfolge). **f) Er ist** 10 **nicht selbstständig übertragbar** (Rn 8 vor § 854), auch nicht zwecks Übereignung (§ 931 Rn 10), ferner nicht verpfändbar, § 1274 II (StGursky 3, str). Zulässig ist die *Ermächtigung* eines Dritten, im eigenen Namen Herausgabe an sich zu verlangen, § 185; eine Klage des Dritten als gewillkürter Prozessstandschafter ist nur bei eigenem rechtlichem Interesse zulässig (hM; Bsp BGH WM 85, 1324). **g) Verjäh-** 11 **rung** des Anspruchs: §§ 197 I Nr 1, 200 (195): 30 Jahre (das Eigentum selbst verjährt nicht); keine Verjährung im Fall § 902 I 1.

4. Konkurrenzen. Anspruchskonkurrenz **mit anderen Herausgabeansprü-** 12 **chen** ist möglich: **a)** aus Vertrag, so dass zB der vermietende Eigentümer nach Beendigung des Mietvertrags Rückgabe gem § 546 und § 985 verlangen kann (BGH NJW 85, 141; hM, sa § 986 Rn 1. – AA Raiser JZ 61, 529 ff); **b)** § 1007 (bei beweglichen Sachen); **c)** § 861; **d)** § 812 I (sog Leistungskondiktion, RG 170, 259 f); **e)** §§ 823 ff, 249. – Zum **Streitgegenstand** §§ 861–864 Rn 4.

5. Beweislast. Die Beweislast für Eigentum und Beklagtenbesitz bei Rechtshän- 13 gigkeit liegt beim (angeblichen) Eigentümer (BGH WM 82, 750). Beweiserleichterung durch Vermutungen: bei Grundstücken § 891 I, bei Fahrnis § 1006 (hierzu LM Nr 1; BGH MDR 77, 661).

§ 986 Einwendungen des Besitzers

(1) ¹**Der Besitzer kann die Herausgabe der Sache verweigern, wenn er oder der mittelbare Besitzer, von dem er sein Recht zum Besitz ableitet, dem Eigentümer gegenüber zum Besitz berechtigt ist.** ²**Ist der mittelbare Besitzer dem Eigentümer gegenüber zur Überlassung des Besitzes an den Besitzer nicht befugt, so kann der Eigentümer von dem Besitzer die Herausgabe der Sache an den mittelbaren Besitzer oder, wenn dieser den Besitz nicht wieder übernehmen kann oder will, an sich selbst verlangen.**

§ 986

(2) **Der Besitzer einer Sache, die nach § 931 durch Abtretung des Anspruchs auf Herausgabe veräußert worden ist, kann dem neuen Eigentümer die Einwendungen entgegensetzen, welche ihm gegen den abgetretenen Anspruch zustehen.**

1   **1. Allgemeines. a) Nur vom unberechtigten Besitzer** kann der Eigentümer Herausgabe verlangen. Nur ihm gegenüber besteht die sog *Vindikationslage* (Raiser JZ 58, 683; 61, 529 ff, je mN; ferner bzgl §§ 987 ff auch BGH 31, 132; 71, 224). Unberechtigt iSv § 986 ist der Besitzer auch dann, wenn er aus Vertrag zur Herausgabe (Rückgabe) verpflichtet ist, zB als Mieter (Folge: § 985 Rn 12 [a]). Insoweit unterscheidet sich die Vindikationslage bei § 985 von der bei §§ 987 ff, 994 ff (hM;
2   aA Raiser JZ 61, 529 ff). **b) Mangel des Besitzrechts** ist *Anspruchsvoraussetzung* (Rn 1). Das bedeutet: Das Besitzrecht stellt sich materiellrechtlich als Einwendung (nicht: Einrede) gegen das beanspruchte Recht dar, *prozessual* als rechtshindernde oder rechtsvernichtende Tatsache (BGH NJW 99, 3717; hM), die im Prozess beachtet werden muss, gleich, welche Partei sie eingeführt hat (oft fälschlich „Berücksichtigung von Amts wegen" genannt, zB BGH NJW 99, 3717). Sa § 1004 II („Der Anspruch ist *ausgeschlossen*"); BGH 27, 206.

3   **2. Das Besitzrecht im Allgemeinen.** Der Besitzer muss *gegenüber dem Eigentümer* zum Besitz berechtigt sein. **a)** Das Recht kann dem Besitzer selbst **unmittelbar**
4   zustehen, I 1 Alt 1. **b)** Es kann dem Oberbesitzer zustehen und dann **mittelbar** zugunsten des Besitzers wirken, I 1 Alt 2 (Ausnahme in I 2; Bsp: unbefugte Unter-
5   vermietung, § 540 I 1). **c)** Ein **mittelbares** (abgeleitetes) Besitzrecht besteht entgegen dem zu engen Wortlaut von I 1 **auch,** wenn der Besitzer sein Recht von einem dem Eigentümer gegenüber besitzberechtigten Dritten herleitet, der nicht sein Oberbesitzer ist. Bsp: E verkauft und übergibt (ohne Übereignung) die Kaufsache an K 1, dieser verkauft und übergibt sie (ohne Übereignung) an K 2 (vgl BGH 111,
6   147; NJW 06, 3490). Auch hier gilt aber I 2. **d)** Die **Beweislast** für das Besitzrecht liegt beim Besitzer (BGH 27, 206).

7   **3. Grundlagen des Besitzrechts. a) Dingliches Recht.** Es berechtigt gegenüber jedermann („absolut") zum Besitz, auch wenn es vom Nichtberechtigten erworben ist. Bsp: Nießbrauch (§§ 1036 I, 1032 S 2, 892), Wohnungsrecht (§§ 1093, 892), Pfandrecht (§§ 1205, 1207). Zum dinglichen Besitzrecht des VKäufers § 929
8   Rn 60. **b) Obligatorisches Recht.** Es berechtigt allein dem Eigentümer gegenüber („relativ") zum Besitz. Bsp: Miete, Kauf (s BGH 87, 159), wenn der Eigentümer (oder der Erwerber gem §§ 566 I, 578 I: BGH NJW 01, 2885) Vermieter oder Verkäufer ist; der Vertrag muss wirksam sein (BGH 149, 330 f). Zum VKauf vgl § 929 Rn 59, auch zum Besitzrecht bei verjährter Kaufpreisforderung. Ein Zurückbehaltungsrecht aus §§ 273, 1000 gibt kein Besitzrecht, weil es den Herausgabeanspruch nicht ausschließt: Eine Herausgabeklage wird nicht abgewiesen, sondern führt zur Verurteilung Zug-um-Zug, § 274 (BGH 149, 333); *für* Besitzrecht BGH
9   NJW 95, 2628. **c) Erweiterung des obligatorischen Besitzrechts** *bei beweglichen Sachen* in **II**: Es wirkt auch gegenüber dem *Rechtsnachfolger* des Eigentümers, wenn die Veräußerung gem § 931 erfolgt ist. II gilt bei Veräußerung iSv § 930 Rn 2 entspr (BGH 111, 146 f). Hat der redliche Besitzer, zB Mieter, nach reiner Veräußerung iSv II mit dem alten Eigentümer das Besitzrechtsverhältnis, zB den Mietvertrag, verlängert, so greift die Einwendung des Besitzrechts bzgl § 985 auch dem neuen Eigentümer gegenüber durch, §§ 404, 407 analog (BGH 64, 125). – Erweiterung
10 bei *Grundstücken* nur gem §§ 578, 566, 581 II. **d) Familien- und Erbrecht:** BGH 71, 222 f (Besitzrecht an Ehewohnung gegenüber Ehepartner [während eines Eheprozesses sind die Besitzverhältnisse nach FamFG 49, 51, 119, 111 Nr 5, GVG 23a I 1 Nr 1 zu regeln, daher ist eine Herausgabeklage unzulässig: BGH NJW 86, 1339]); 73, 257 (Besitzrecht am Hausrat des anderen Ehegatten); §§ 1985, 2205 (Besitzrecht von Nachlassverwalter, Testamentsvollstrecker).

Titel 4. Ansprüche aus dem Eigentum Vor §§ 987–993

Vorbemerkungen zu den §§ 987–993

I. Regelungsgegenstand

Die §§ 987–993 sind die *Nebenansprüche des Eigentümers* auf Nutzungen und Scha- 1
densersatz im Eigentümer-Besitzer-Verhältnis. Diese Rechtsbeziehung ist ein ges
Schuldverhältnis. Die Ansprüche daraus sind schuldrechtliche (Neben-)Ansprüche,
keine dinglichen. Daher gehen sie bei Wechsel des Eigentums nicht automatisch
auf den Erwerber über (StGursky 36 mN; hM), sondern sind selbstständig abtretbar,
verpfändbar und pfändbar.

II. Das Haftungssystem

Die §§ 987 ff unterscheiden danach, ob der Besitzer hinsichtlich seines Besitzrechts 2
bös- oder gutgl ist (§ 990), was voraussetzt, dass er kein Besitzrecht hat (ie Rn 3–
9). Dem Bösgläubigen steht der Gutgläubige ab Rechtshängigkeit gleich (§§ 987,
989: verklagter gutgl Besitzer). Bzgl der Nutzungsherausgabe kommt es außerdem
darauf an, ob der Besitz unentgeltlich erlangt worden ist (§ 988). Bes Behandlung
erfährt der sog Deliktsbesitzer (§ 992). Wer den Besitz entgeltlich erlangt hat, gutgl
und unverklagt ist sowie nicht unter § 992 fällt, ist dem Eigentümer gegenüber von
jeder Schadensersatzpflicht und weitgehend von der Nutzungsherausgabe freigestellt, § 993 I (ausgenommen beim Fremdbesitzerexzess: Rn 12 [aa]). Ob der Besitzer berechtigt oder unberechtigt besitzt, bös- oder gutgl oder (un)verklagt ist, muss
für den Zeitpunkt der Schadenszufügung bzw der vorgenommenen oder unterlassenen Nutzziehung festgestellt werden.

III. Anwendungsbereich

1. Voraussetzungen. Die §§ 987 ff setzen voraus, dass ein **eigenes Besitzrecht** 3
fehlt. Es muss folglich eine **Vindikationslage** bestehen, die aber enger gefasst
ist als bei §§ 985, 986 (ie Rn 7, 8; § 986 Rn 1): Ist § 985 zu bejahen, so sind nicht
schon deshalb die §§ 987 ff anwendbar (die darin angeblich liegende Inkonsequenz
ist praktisch bedeutungslos, zutr Raiser JZ 61, 531). Ist umgekehrt § 985 wegen
eines Besitzrechts des Gegners ausgeschlossen, so scheiden die §§ 987 ff aus (BGH
59, 58; NJW 83, 165); anders nach BGH 149, 333 bei einem Besitzrecht aus § 273,
sofern das besitzrechtbegründende Rechtsverhältnis keine Ansprüche iSd §§ 987 ff
(Nutzungsherausgabe, Verwendungsersatz) enthält (gegen ein Besitzrecht aus § 273
s § 986 Rn 8; StGursky 20 mwN); s allg Rn 9.

2. Umfang. Erfasst werden in §§ 987 ff unmittelbarer und mittelbarer Eigen- 4
und Fremdbesitzer. **a) Unberechtigter Fremdbesitzer** ist unstr, wer auf Grund 5
eines nichtigen Rechtsverhältnisses, zB eines nichtigen Mietvertrags, besitzt.
b) Kein unberechtigter Fremdbesitzer ist, wer den Rahmen seines *bestehenden* 6
Besitzrechts überschreitet, sog *Nicht-so-Berechtigter* (StGursky 13 mN; hM); Bsp: der
Mieter zerstört die Mietsache. Hier sind §§ 987 ff unanwendbar (zu § 988: BGH
NJW 02, 61); die §§ 823 ff gelten neben den Vertragsregeln unmittelbar (StGursky
16 mN). Ein „Exzess des Fremdbesitzers" (BGH 31, 132) liegt nicht vor (zum
Begriff Rn 12 [aa]). **c) Auch nach Umwandlung** von berechtigtem Fremdbesitz 7
in unberechtigten Eigenbesitz bleiben die §§ 987 ff unanwendbar (aA BGH 31,
133 ff; auch 32, 95; StGursky § 990 Rn 29 mwN, auch zur Gegenansicht), weil
diese Vorschriften auf den unberechtigten *Erst*erwerb von Fremd- *oder* Eigenbesitz
abstellen (vgl §§ 990 I, 991 II, 992). Daher liegt auch hier – wie in Rn 6 – nur eine
Überschreitung des Besitzrechts vor. Ob der Besitzer durch die Umwandlung zu
einem unberechtigten Besitzer iSv § 985 geworden ist, hat für §§ 987 ff keine Bedeutung (Rn 3). **d) Entfällt das Besitzrecht** des Fremdbesitzers *nachträglich* ohne 8
Rückwirkung („ex nunc") – verlangt zB der Eigentümer nach §§ 604 III, 695
Herausgabe oder endet das Mietverhältnis –, so kann der Eigentümer zwar (auch)

Vor §§ 987–993

Buch 3. Abschnitt 3. Eigentum

nach § 985 Herausgabe verlangen (§ 986 Rn 1), die §§ 987 ff bleiben jedoch unanwendbar; zum Grund Rn 7 (aA BGH 71, 224 ff bzgl der Nutzungen nach Wegfall des Besitzrechts; BGH 131, 222 [stRspr] für §§ 994 ff auch bzgl der Zeit vor Wegfall des Besitzrechts). §§ 987 ff dürften aber anwendbar sein, wenn der Besitz erkennbar auf Grund eines neuen Entschlusses nicht mehr aus dem (beendeten) Besitzrecht abgeleitet, sondern auf eine angemaßte (Faust-)„Rechts"-position gestützt wird (zB Haus„besetzung" durch Ex-Mieter); zu dieser Unterscheidung bzgl StGB 123: Düsseldorf NJW 91, 187. **e) Entspr Anwendung** der §§ 987 ff ist str im Fall, dass es an einer vertraglichen oder ges Sonderregelung für das Rechtsverhältnis zwischen Eigentümer und *berechtigtem Besitzer* fehlt (dafür BGH NJW 95, 2628; 02, 1052; sa Rn 3).

IV. Konkurrenzen

10 **1. Grundsatz.** Innerhalb ihres Anwendungsbereichs (Rn 3–9) enthalten die §§ 987 ff eine grundsätzlich abschließende Sonderregelung der Nebenansprüche des Eigentümers gegen den Besitzer auf Nutzungsherausgabe und Schadensersatz (BGH 41, 158; NJW 80, 2354). Durchbrechungen des Grundsatzes sind zT schon lange anerkannt (vgl zB RG 163, 353).

11 **2. Folgerungen. a) Vertragsansprüche** gehen den §§ 987 ff vor, auch für die
12 Zeit nach Vertragsende (Rn 8). **b) §§ 823 ff** greifen grundsätzlich nur ein, wenn § 992 erfüllt ist (arg § 993 I), so dass ein bloß bösgläubiger oder ein unverklagter gutgl Besitzer nicht nach §§ 823 ff haftet (StGursky 64 ff). Vom Grundsatz gelten *zwei allg anerkannte Ausnahmen.* **aa) Fremdbesitzerexzess:** Überschreitet der unberechtigte Fremdbesitzer (Rn 5) die Grenzen seines vermeintlichen Besitzrechts, so greifen die §§ 823 ff unmittelbar ein (RG 157, 135). Der Haftungsmaßstab ist ebenfalls dem vermeintlichen Besitzrecht zu entnehmen, zB § 690 (sa § 991 II für den Fall, dass Oberbesitzer nicht der Eigentümer ist, und dazu RG 157, 135; allg Wieling MDR 72, 651). – Überschreitet der berechtigte Fremdbesitzer die Grenzen seines bestehenden Besitzrechts, so sollte man nicht von einem Fremdbesitzerexzess spre-
13 chen (Rn 6). **bb) § 826** gilt stets unmittelbar. **c) Für §§ 812 ff** ist zu unterscheiden. **aa) Ist eine fehlgeschlagene Leistung des Eigentümers** der Grund für das Eigentümer-Besitzer-Verhältnis (Bsp: Kauf *und* Übereignung sind nichtig), so würde bei ausschließlicher Anwendung der §§ 987 ff der unverklagte entgeltliche gutgl Besitzer nicht haften, Nutzungen könnte er grundsätzlich behalten (vgl §§ 988, 993 I). Das befremdet. Wäre nämlich nur der Kauf, aber nicht zugleich die Übereignung nichtig, so müsste der Besitzer (und Eigentümer!) die Nutzungen herausgeben (§§ 812 I, 818). Um das gleiche Ergebnis auch bei Nichtigkeit der Übereignung zu erreichen, stellt die Rspr den rechtsgrundlosen Besitzerwerb dem unentgeltlichen gleich und wendet deshalb die §§ 988, 818 an (BGH NJW 00, 3130; stRspr). Die Lit bejaht in Fällen der Leistungskondiktion mR überwiegend die Anwendbarkeit der §§ 812 ff neben §§ 987 ff (StGursky 45 ff mN). Die Streitfrage hat Bedeutung, wenn der Besitzer B die Sache von einem Dritten (D) gekauft, aber zB wegen § 935 nicht erworben hat (vgl PalBassenge § 988, 6–8): Die Rspr gibt dem Eigentümer gegen B § 988 (eine Anrechnung des von B an D gezahlten Kaufpreises auf die Nutzungen, § 818 III, ist entgegen RG 163, 349 ff nicht möglich: StGursky 48); die Lit lehnt § 988 und mangels Leistung auch § 812 ab (der Eigentümer kann sich
14 nur an D halten). **bb) §§ 812, 816, 951** gelten neben den §§ 987 ff in den Fällen der Eingriffskondiktion, soweit es um den Wert der nicht mehr herausgebbaren Sache geht. Daher kann der Veräußerungserlös (§ 816 I) sowie der Wert der verbrauchten (§ 818 II) oder verbundenen Sache (§ 951) ohne die Voraussetzungen der §§ 987 ff verlangt werden (BGH 55, 178 f). Nur soweit es um die Herausgabe von Nutzungen im Wege der Eingriffskondiktion geht, gelten ausschließlich die
15 §§ 987 ff. **d) Ansprüche aus unechter GoA** gem § 687 II stehen neben §§ 987 ff. Bei berechtigter GoA ist der Geschäftsführer berechtigter Besitzer, so dass §§ 987 ff ausscheiden (BGH 39, 188 lässt offen).

Titel 4. Ansprüche aus dem Eigentum §§ 987, 988

§ 987 Nutzungen nach Rechtshängigkeit

(1) **Der Besitzer hat dem Eigentümer die Nutzungen herauszugeben, die er nach dem Eintritt der Rechtshängigkeit zieht.**

(2) **Zieht der Besitzer nach dem Eintritt der Rechtshängigkeit Nutzungen nicht, die er nach den Regeln einer ordnungsmäßigen Wirtschaft ziehen könnte, so ist er dem Eigentümer zum Ersatz verpflichtet, soweit ihm ein Verschulden zur Last fällt.**

1. Allgemeines. a) Gem I besteht schuldrechtlicher Anspruch (Rn 1 vor § 987) 1 auf Herausgabe gezogener Nutzungen (Begriff: § 100). Gezogene Früchte müssen in das Eigentum des Besitzers gelangt sein (vgl §§ 955 ff), sonst kann der Eigentümer Herausgabe gem § 985 verlangen (vgl § 953). **b) Gem II** besteht für nicht gezogene 2 Nutzungen Ersatzpflicht (dazu BGH NJW-RR 05, 1543). **c)** § 987 betrifft den verklagten entgeltlichen gutgl Besitzer (für den unverklagten gilt § 993 I). Hat er unentgeltlich Besitz erlangt, so greift § 988 ein. Für den bösgläubigen Besitzer gilt § 990.

2. Herausgabe gezogener Nutzungen, I. a) Voraussetzungen. aa) Vindi- 3 **kationslage** iSv Rn 3 vor § 987 (BGH 27, 204 f). **bb) Rechtshängigkeit** (ZPO 253 I, 261 I, II) der erfolgreichen Herausgabeklage, § 985 (BGH NJW 85, 1553; sa 78, 1531; gleichzustellen ist eine den Zuschlagsbeschluss [ZVG 81, 90] aufhebende Beschwerdeentscheidung, BGH NJW 10, 2665), oder Grundbuchberichtigungsklage, § 894 (LM Nr 10 zu § 989). Von diesem Zeitpunkt an muss der Besitzer mit der Herausgabe oder Grundbuchberichtigung rechnen, das begründet seine Haftung (BGH NJW-RR 05, 967). **b) Wirkungen.** Vorhandene Früchte (§ 99 I, III) sind 4 zu übereignen, iÜ ist Wertersatz zu leisten, insbes für genossene Gebrauchsvorteile (BGH NJW-RR 98, 805). Zum Ausgleich von Gebrauchsvorteilen s § 989 Rn 2. – Zur entspr Anwendung von I auf gezogenen Gewinn s BGH NJW 84, 2938 mN. – Zur Auskunftspflicht des Besitzers BGH 27, 209.

3. Ersatzpflicht für nicht gezogene Nutzungen, II. Voraussetzungen (außer 5 denen in Rn 3): Nutzziehung muss nach den Regeln einer ordnungsmäßigen Wirtschaft möglich gewesen, aber schuldhaft (§§ 276, 278) unterlassen worden sein. Kein Ersatz für Früchte, die nur der Eigentümer ziehen konnte (anders nach § 990 II). Ein unberechtigter Fremdbesitzer haftet nicht, wenn er sich auf Grund seines vermeintlichen Besitzrechts nicht für nutzungsberechtigt gehalten hat (LM Nr 7).

4. Aufwendungsersatz. Anspruch des Besitzers nur gem §§ 102, 994 ff, 687 II 2 6 mit § 684 S 1.

§ 988 Nutzungen des unentgeltlichen Besitzers

Hat ein Besitzer, der die Sache als ihm gehörig oder zum Zwecke der Ausübung eines ihm in Wirklichkeit nicht zustehenden Nutzungsrechts an der Sache besitzt, den Besitz unentgeltlich erlangt, so ist er dem Eigentümer gegenüber zur Herausgabe der Nutzungen, die er vor dem Eintritt der Rechtshängigkeit zieht, nach den Vorschriften über die Herausgabe einer ungerechtfertigten Bereicherung verpflichtet.

1. Allgemeines. § 988 stellt den Besitzer schlechter, der den *Besitz unentgeltlich* 1 *erlangt* hat. Zum Grund BGH NJW 08, 222.

2. Voraussetzungen. a) Eigenbesitz (§§ 872, 955) *oder* **Fremdbesitz** auf 2 Grund eines vermeintlichen dinglichen oder schuldrechtlichen Nutzungsrechts (BGH 71, 225; NJW 08, 222). **b) Unentgeltlicher Erwerb**, zB auf Grund Schenkung, Leihe mit vereinbarter Fruchtziehung (zulässig: MK/Häublein § 598 Rn 18); gleichgestellt ist unentgeltliche Fortsetzung entgeltlich erworbenen Besitzes (BGH NJW 08, 222 = JuS 08, 378 f [K. Schmidt]). Keine Gleichstellung des rechtsgrundlo-

§§ 989, 990

sen Erwerbs mit dem unentgeltlichen iSv § 988 (Rn 13 vor § 987). **c) Fehlende Bösgläubigkeit** des Besitzers bzgl seines Besitzrechts im Zeitpunkt der Nutzziehung (arg § 990 I). **d) Noch keine Rechtshängigkeit** (§ 987 Rn 3 [bb]) zZ der Nutzziehung; sonst gilt § 987.

3   **3. Wirkungen.** Alle vor Rechtshängigkeit gezogenen Nutzungen sind herauszugeben, § 818; Grenze in § 818 III (Rechtsfolgenverweisung); idR Wegfall der Bereicherung durch Aufwendungen des Besitzers auf die Sache (BGH 137, 317). Kein Ersatzanspruch entspr § 987 II. Gegenansprüche des Besitzers: §§ 102, 994 ff.

§ 989 Schadensersatz nach Rechtshängigkeit

Der Besitzer ist von dem Eintritt der Rechtshängigkeit an dem Eigentümer für den Schaden verantwortlich, der dadurch entsteht, dass infolge seines Verschuldens die Sache verschlechtert wird, untergeht oder aus einem anderen Grunde von ihm nicht herausgegeben werden kann.

1   **1. Voraussetzungen. a) Vindikationslage** iSv Rn 3 vor § 987. **b) Rechtshängigkeit** (§ 987 Rn 3 [bb]). **c) Verschlechterung** der Sache gegenüber der Zeit vor Rechtshängigkeit oder Unmöglichkeit der Herausgabe nach Rechtshängigkeit. Verschlechterung zB durch Verschleiß infolge normaler Benutzung, unterbliebener Wartung oder Reparatur, Belastung mit Grundpfandrecht (BGH NJW 01, 1069). Herausgabe kann obj („Untergang") oder subj unmöglich sein. **d) Verschulden:** §§ 276, 278.

2   **2. Schadensersatz.** Er erfasst alle Schäden infolge Verschlechterung oder Unmöglichkeit der Herausgabe, also auch für entgangenen Gewinn (MK/Baldus 13 mN; hM). Kein Ersatz für Schäden wegen Vorenthaltung der Sache (§ 990 Rn 6). Wird Schadensersatz wegen normaler Abnutzung verlangt, so entfällt Anspruch auf Herausgabe der Gebrauchsvorteile (§ 987) und umgekehrt. § 254 I, II 1 ist anwendbar (LM Nr 4 zu § 366 HGB), auch II 2 mit § 278, weil Schädigung innerhalb eines bestehenden (ges) Schuldverhältnisses erfolgt ist (StGursky 37, hM).

§ 990 Haftung des Besitzers bei Kenntnis

(1) ¹**War der Besitzer bei dem Erwerb des Besitzes nicht in gutem Glauben, so haftet er dem Eigentümer von der Zeit des Erwerbs an nach den §§ 987, 989.** ²**Erfährt der Besitzer später, dass er zum Besitz nicht berechtigt ist, so haftet er in gleicher Weise von der Erlangung der Kenntnis an.**

(2) **Eine weitergehende Haftung des Besitzers wegen Verzugs bleibt unberührt.**

1   **1. Voraussetzungen. a) Vindikationslage** iSv Rn 3 vor § 987; zur Art des
2   Besitzerwerbs Rn 7 vor § 987. **b) Bösgläubigkeit** (besser wegen I 2, § 932 II: Unredlichkeit) des Besitzers bzgl des eigenen Besitzrechts. **aa) Beim Besitzerwerb** genügt Kenntnis oder grobfahrlässige Unkenntnis vom Fehlen des Besitzrechts (Bösgläubigkeit iSv § 932 II [dort Rn 16, 17] gilt hier aber auch bzgl unbeweglicher Sachen), I 1. War der Besitzer beim Erwerb nicht bösgläubig, so schadet **später** nur noch positive Kenntnis, I 2. Kenntnis der Tatsachen allein genügt nur, wenn sich der Schluss auf das mangelnde Besitzrecht einem redlichen Dritten aufdrängt (BGH 32, 92). Allein wechselseitiger Parteivortrag im Prozess begründet keine Bösgläubigkeit (BGH 120, 214). Wer sein Besitzrecht von einem Dritten ableitet, muss wissen, dass er diesem und dem Eigentümer gegenüber nicht besitzberechtigt ist (Naumburg NJW-RR 99, 234 mN). **bb) Besitzerwerb durch Besitzdiener.** Hier genügt Bösgläubigkeit des Besitzherrn (BGH 16, 263 f). Ist dieser gutgl, so wird ihm die Bösgläubigkeit seines Besitzdieners zugerechnet; str ist, auf welcher Rechtsgrundlage und folglich in welchem Umfang zugerechnet wird

Titel 4. Ansprüche aus dem Eigentum   **§ 991**

(Nachw bei Schilken [Lit zu § 166] S 270); StGursky 43 ff.): entspr § 166 (BGH, 32, 55 ff; Schilken [Lit zu § 166] S 271 ff mN) oder – besser – § 831 (Westermann JuS 61, 81 f; modifizierend BGH 16, 264: keine Beweislastumkehr entspr § 831 I 2). Bei **jur Personen** kommt es auf die Kenntnis oder grobfahrlässige Unkenntnis ihrer Organe an, die selbst nicht Besitzer sind (§ 854 Rn 13), ebenso bei nichtrechtsfähigen Vereinen, entspr bei OHG, KG und nach hM bei der Außen-GbR (dazu krit Rn 1, 4 vor § 21). **cc)** Ob ein **minderjähriger Besitzer** bösgläubig sein kann, bestimmt § 828 (str, s StGursky 39–41; zur ähnlichen Problematik bei § 819 vgl BGH 55, 135 ff). **dd) Nachfolgende Gutgläubigkeit** ist unerheblich (StGursky 33 ff; aA hM). **c) Schadensersatzpflicht** setzt Verschlechterung oder Unmöglich- **3** keit der Herausgabe nach bösgläubigem Besitzerwerb (I 1) oder späterem Kenntniserlangen (I 2) voraus. Zu Verschlechterung und Unmöglichkeit vgl § 989 Rn 1 (c). Zur Ausdehnung der Ersatzpflicht auf gutgl Besitzer § 991 II. **d) Verschulden: 4** §§ 276, 278. Leichte Fahrlässigkeit bei der Verletzungshandlung genügt, während beim Besitzerwerb zumindest grobfahrlässige Unkenntnis vom Fehlen des Besitzrechts vorliegen muss (zum Unterschied Baur § 11 Rn 10).

2. Wirkungen. a) Pflicht zur Herausgabe gezogener Nutzungen und zum **5** Ersatz bei unterbliebener Nutzziehung entspr § 987 Rn 3–5. Einschränkung in § 991 I. **b) Schadensersatzpflicht** entspr § 989 Rn 2. Erweiterung in § 991 II. Zur str Anwendbarkeit von § 281 (Übergang vom Herausgabe- zum Schadensersatzanspruch) Gursky JA 04, 433 (mR abl); Gebauer/Huber ZGS 05, 103 ff (ja bei Vorliegen von II).

3. Haftungsverschärfung bei Verzug, II. Sie trifft nur den bösgläubigen Besit- **6** zer iSv I 1, 2. Daher haftet ein verklagter gutgl Besitzer (§§ 987, 988) nach II erst ab Kenntniserlangung iSv I 2. Verzug: §§ 286 ff. Haftung für Zufall gem § 287 S 2, ferner für Schäden wegen Vorenthaltung der Sache (§§ 280 II, 286; BGH NJW 03, 3622) und für Früchte, die nur der Eigentümer ziehen konnte (anders § 987 II).

§ 991 Haftung des Besitzmittlers

(1) **Leitet der Besitzer das Recht zum Besitz von einem mittelbaren Besitzer ab, so findet die Vorschrift des § 990 in Ansehung der Nutzungen nur Anwendung, wenn die Voraussetzungen des § 990 auch bei dem mittelbaren Besitzer vorliegen oder diesem gegenüber die Rechtshängigkeit eingetreten ist.**

(2) **War der Besitzer bei dem Erwerb des Besitzes in gutem Glauben, so hat er gleichwohl von dem Erwerb an den im § 989 bezeichneten Schaden dem Eigentümer gegenüber insoweit zu vertreten, als er dem mittelbaren Besitzer verantwortlich ist.**

1. Allgemeines. Die §§ 987 ff treffen auch den Fremdbesitzer (Besitzmittler; s **1** Rn 4–8 vor § 987) und den mittelbaren Besitzer (Oberbesitzer). Die Haftungsvoraussetzungen sind grundsätzlich unabhängig für jeden von beiden festzustellen (zum Verhältnis der Ansprüche zueinander LM Nr 10 zu § 987). Davon macht § 991 zwei Ausnahmen.

2. Wirkungen. a) Für **Nutzungen** haftet der unverklagte bösgläubige Besitz- **2** mittler abw von § 990 I erst, wenn sein Oberbesitzer entweder selbst nach § 990 haftet oder auf Herausgabe (oder Grundbuchberichtigung, § 987 Rn 3 [bb]) verklagt ist, **I.** Diese Haftungsbeschränkung verhindert, dass der auf Nutzungen in Anspruch genommene Besitzmittler bei seinem Oberbesitzer Regress nehmen kann, obwohl dieser dem Eigentümer gegenüber nicht haftet (§ 993 I). Daher ist I auf die Fälle zu beschränken, in denen nach dem Rechtsverhältnis zwischen Besitzmittler und Oberbesitzer überhaupt Regress möglich wäre. – Die Haftung des Besitzmittlers wegen der Nutzungen aus §§ 987 (Klage gegen ihn!), 988, 993 I HS 1 bleibt unbe-

§§ 992, 993

rührt. – I gilt nicht für die Haftung des unverklagten bösgläubigen Besitzmittlers auf Schadensersatz gem §§ 990, 989. **b)** Der unverklagte gutgl Besitzmittler eines Dritten haftet dem Eigentümer auf **Schadensersatz** gem § 989, sofern er auf Grund des Besitzmittlungsverhältnisses dem Dritten, seinem Oberbesitzer, gegenüber haften würde, **II.** Ob der Besitzmittler dem Eigentümer haftet, bestimmt das Besitzmittlungsverhältnis mit dem Dritten (wichtig insbes bei vertraglicher Haftungsmilderung, LM Nr 8 zu § 985). Zum Umfang des Ersatzanspruchs § 989 Rn 2. Keine Zufallshaftung gem § 287 S 2 gegenüber dem Eigentümer, wenn Besitzmittler nur dem Oberbesitzer gegenüber in Verzug ist (arg § 990 II, der für die Verzugshaftung Bösgläubigkeit voraussetzt, § 990 Rn 6). – Leistet der Besitzmittler Schadensersatz an den Oberbesitzer, so schützt ihn § 851 analog vor Doppelleistung.

§ 992 Haftung des deliktischen Besitzers

Hat sich der Besitzer durch verbotene Eigenmacht oder durch eine Straftat den Besitz verschafft, so haftet er dem Eigentümer nach den Vorschriften über den Schadensersatz wegen unerlaubter Handlungen.

1   **1. Anwendungsbereich.** Im Eigentümer-Besitzer-Verhältnis sind die §§ 823 ff grundsätzlich nur auf den Besitzer anzuwenden, der seinen Besitz so, wie in § 992 beschrieben, erlangt hat, sog Deliktsbesitzer (str; ie vgl Rn 12 vor § 987). § 992 betrifft nur die Anwendung der §§ 823 ff auf die Verletzung des Eigentums. Wegen Verletzung des Besitzes haftet der Verletzer unmittelbar nach §§ 823 ff (BGH WM 60, 1148). – **Besonderheiten** der Haftung nach §§ 823 ff gegenüber §§ 989, 990: Haftung für Zufallsschäden, § 848 (sonst nur gem §§ 990 II, 287 S 2; abw StGursky 14: keine Zufallshaftung bei Fundunterschlagung, s Rn 2); Verjährung, § 852 (sonst § 195; bei Zusammentreffen von §§ 989, 990 und 992 unterschiedliche Verjährung: BGH 31, 132 f); uU Aufrechnungsverbot, § 393.

2   **2. Voraussetzungen. a)** Vindikationslage iSv Rn 3 vor § 987. **b) Besitzverschaffung** durch schuldhafte (hM; aA MK/Baldus 5 mN) verbotene Eigenmacht (§ 858) gegen den Eigentümer oder dessen Besitzmittler oder durch eine Straftat, dh die schuldhafte Verletzung einer Strafvorschrift, die den Eigentumsschutz bezweckt, zB StGB 242, 248a, 249, 253, 259, 263; ob auch StGB 246 (Unterschlagung) eine Besitzverschaffung betrifft, ist str (StGursky 14: nur Fundunterschlagung), aber bedeutungslos, weil hier § 826 unmittelbar anwendbar ist (StGursky 14, sa Rn 1). Trotz Besitzverschaffung iSv § 992 kann Besitzer sich schuldlos für den
3   Eigentümer halten (BGH WM 60, 1148; zu den Folgen Rn 4). **c) Für unberechtigten Fremdbesitzer** gilt § 992 auch (hM). Zum Fremdbesitzerexzess Rn 12 (aa) vor § 987.

4   **3. Wirkungen.** §§ 823 ff sind voll anwendbar (Rechtsgrund-, nicht nur Rechtsfolgenverweisung). Verschulden hinsichtlich der Eigentumsverletzung liegt oft schon bei der Besitzverschaffung vor (zB bei Diebstahl); fehlt es daran (Besitzer hielt sich bei der verbotenen Eigenmacht schuldlos für den Eigentümer), so erfordert nachfolgende Eigentumsverletzung Verschulden (BGH WM 60, 1148; StGursky 12). Zum Haftungsumfang §§ 249 ff, 848 (zu § 848 s Rn 1).

§ 993 Haftung des redlichen Besitzers

(1) Liegen die in den §§ 987 bis 992 bezeichneten Voraussetzungen nicht vor, so hat der Besitzer die gezogenen Früchte, soweit sie nach den Regeln einer ordnungsmäßigen Wirtschaft nicht als Ertrag der Sache anzusehen sind, nach den Vorschriften über die Herausgabe einer ungerechtfertigten Bereicherung herauszugeben; im Übrigen ist er weder zur Herausgabe von Nutzungen noch zum Schadensersatz verpflichtet.

Titel 4. Ansprüche aus dem Eigentum Vor §§ 994–1003

(2) **Für die Zeit, für welche dem Besitzer die Nutzungen verbleiben, findet auf ihn die Vorschrift des § 101 Anwendung.**

1. Grundsatz. Im Eigentümer-Besitzer-Verhältnis ist der unrechtmäßige Besitzer nur gem §§ 987–992 zur Herausgabe von Nutzungen und zum Schadensersatz verpflichtet, **I HS 2**. Zu Problematik und Ausnahmen Rn 10–15 vor § 987. 1

2. Weitere Ausnahmen. Betrifft nur Früchte, § 99 I, III (nicht Gebrauchsvorteile), die im Übermaß vom unverklagten gutgl Nicht-Deliktsbesitzer (Begriff § 992 Rn 1) wirklich gezogen worden und gem §§ 955 ff in sein Eigentum gefallen sind. Herausgabe nach § 818, Grenze in § 818 III (Rechtsfolgenverweisung). 2

3. Gezogene Nutzungen. Diese werden gem § 101 auf die Zeit vor und nach Rechtshängigkeit (§ 987) oder Kenntniserlangung (§ 990 I 2) verteilt, **II**. 3

Vorbemerkungen zu den §§ 994–1003

1. Regelungsgegenstand. Die §§ 994–1003 sind die *Gegenansprüche des Besitzers auf Verwendungsersatz* im Eigentümer-Besitzer-Verhältnis (zu diesem vgl Rn 1 vor § 987). Sie sind schuldrechtliche Ansprüche. 1

2. Anwendungsbereich. a) Voraussetzung ist, dass der Besitzer (Verwender) *kein Recht zum Besitz* hat. Es muss eine **Vindikationslage** iSv Rn 3 vor § 987 bestehen. §§ 994 ff gelten sowohl für den unberechtigten *Eigen- wie Fremdbesitzer*. Letzterem sollen nach hM keine Ansprüche zustehen, die über sein vermeintliches Besitzrecht hinausgehen (BGH NJW 79, 716 mN); zB sollen Ansprüche des vermeintlichen Pfandgläubigers aus §§ 994 ff durch § 1216 begrenzt sein. Diese Einschränkung wird aber der unterschiedlichen Interessenlage bei berechtigtem und unberechtigtem Fremdbesitz nicht gerecht (ie Raiser JZ 58, 684 f; 61, 530; differenzierend StGursky 36 ff). **b) Hat der unmittelbare Fremdbesitzer** (Besitzmittler) auf Grund eines Vertrags mit seinem Oberbesitzer, der nicht der Eigentümer ist, Verwendungen auf die Sache gemacht, so sind die §§ 994 ff nur anwendbar, wenn zwischen Fremdbesitzer und Eigentümer eine **Vindikationslage** (Rn 2) **zZ der Verwendung** besteht. **aa) Sie besteht,** wenn der Oberbesitzer dem Eigentümer gegenüber von Anfang an weder zum Besitz (§ 986 I 1) noch zur Überlassung an den Fremdbesitzer (§ 986 I 2; Raiser JZ 58, 683; 61, 529 f) berechtigt war. Dann ist der Fremdbesitzer von Anfang an nicht zum Besitz berechtigt, folglich stehen ihm die Rechte aus §§ 994 ff gegen den Eigentümer zu. Daneben können Vertragsansprüche gegen seinen Oberbesitzer bestehen (Raiser JZ 58, 683 zu RG 142, 422). **bb) Sie besteht nicht** in folgenden Fällen: **α)** Der **Oberbesitzer** ist dem Eigentümer gegenüber zum Besitz und zur Überlassung der Sache an den Fremdbesitzer (Verwender) **berechtigt,** § 986 I 1 (BGH 27, 320 ff [dazu Raiser JZ 58, 681 ff]; 34, 128 [dazu Raiser JZ 61, 529 ff]; 100, 102). Bsp: E veräußert seinen Pkw unter EV an K, dieser gibt den Wagen an U zur Reparatur; U stehen gegen E keine Rechte aus §§ 994 ff zu, er erlangt zur Sicherung seiner Vertragsansprüche gegen K kein ges Unternehmerpfandrecht (§ 647) am Eigentum des E, sondern nur an Anwartschaftsrecht des K (§ 1257 Rn 2). **β) War der Oberbesitzer** dem Eigentümer gegenüber zu Besitz und Überlassung **berechtigt** und entfällt dann sein Besitz- oder Überlassungsrecht mit Wirkung ex nunc, so entsteht zwar eine Vindikationslage iSv § 985 (§ 986 I 1, 2), aber nicht für §§ 994 ff; Rn 8 vor § 987 gilt entspr (vgl Rn 2 mit Verweis auf Rn 3 vor § 987). Bsp wie bei Rn 5 mit der Ergänzung, dass E vom VKauf zurücktritt, weshalb das Besitzrecht des K und folglich auch das des U gegenüber dem E entfällt, § 986 I 1 (vgl § 929 Rn 59); U stehen keine Rechte aus §§ 994 ff gegen E zu, er hat nur Vertragsansprüche gegen K. AA BGH 34, 129 ff (insoweit abw BGH 75, 294): §§ 994 ff gelten sogar für Verwendungen *vor* Wegfall des Besitzrechts. 2–6

§ 994

7 **3. Konkurrenzen.** Nach hM (BGH 87, 301) regeln §§ 994 ff *abschließend* die Gegenansprüche des unberechtigten Besitzers wegen Aufwendungen auf die Sache. Für Verwendungen (Begriff: Rn 8) bestehen gem §§ 994 ff abgestufte Ersatzansprüche. Für Aufwendungen, die keine Verwendungen sind, besteht ggf ein Wegnahmerecht (§ 997), aber kein Ausgleichsanspruch nach §§ 812, 951 (BGH 41, 159 und 346; NJW 96, 52 [aA Canaris JZ 96, 344 ff, wenn der Eigentümer den durch Aufwendungen erlangten Mehrwert zB durch Veräußerung realisiert hat]; vgl § 951 Rn 23). Zur rechtspolitischen Begründung der Ausschließlichkeit Rn 9. – Für den Deliktsbesitzer (§ 992 Rn 1) vgl § 850.

8 **4. Begriff der Verwendungen.** S § 951 Rn 22. Verwendungen auf die Sache sind auch geldwerte Arbeiten an der Sache, zB Reparaturen (BGH NJW 02, 2875 mN; weitergehend für Arbeitsleistungen schlechthin, zB Reifenwechsel, wohl BGH 131, 224 ff), aber weder der für sie gezahlte Kaufpreis (BGH 109, 182 f) noch ihre Verwaltung (BGH KTS 83, 436). Das Ges unterscheidet notwendige (§ 994) und nicht notwendige Verwendungen. Letztere sind entweder nützlich (§ 996) oder unnütz (Luxus).

9 **5. Grundgedanken der Regelung. a)** Die Einengung der Gegenansprüche des Besitzers (Rn 7) dient dem *Interesse des Eigentümers,* seinen Herausgabeanspruch nicht durch beträchtliche Gegenansprüche für ungewollte Verwendungen entwertet zu sehen. Eine großzügige Qualifizierung von Aufwendungen als Verwendungen iSd §§ 994 ff nützt dem Besitzer; auch hier bevorzugt aber die hM den Eigentümer
10 durch einen engen Verwendungsbegriff (Rn 8). **b) Das Haftungssystem** der §§ 994 ff geht vom unberechtigten Besitzer aus (Rn 2). Es unterscheidet zwischen bös- und gutgl Besitzer (§§ 994 II, 996 mit § 990); dem bösgläubigen steht der verklagte gutgl Besitzer gleich (§§ 994 II, 996); zum Deliktsbesitzer § 850. Bösgläubigkeit oder Rechtshängigkeit (§ 987 Rn 3 [bb]) müssen zZ der Verwendung vorliegen.

§ 994 Notwendige Verwendungen

(1) ¹**Der Besitzer kann für die auf die Sache gemachten notwendigen Verwendungen von dem Eigentümer Ersatz verlangen.** ²**Die gewöhnlichen Erhaltungskosten sind ihm jedoch für die Zeit, für welche ihm die Nutzungen verbleiben, nicht zu ersetzen.**

(2) **Macht der Besitzer nach dem Eintritt der Rechtshängigkeit oder nach dem Beginn der im § 990 bestimmten Haftung notwendige Verwendungen, so bestimmt sich die Ersatzpflicht des Eigentümers nach den Vorschriften über die Geschäftsführung ohne Auftrag.**

1 **1. Voraussetzungen. a)** Vgl zunächst Rn 2–6 vor § 994. **b) Begriff der Verwendungen:** Rn 8 vor § 994. Ersatzfähig sind nach I, II *notwendige Verwendungen,* auch die nicht mehr wertsteigernd vorhandenen (BGH 131, 223; sa § 996 aE). Sie sind bei Betrachtung ex ante zur Erhaltung und ordnungsmäßigen Bewirtschaftung der Sache obj erforderlich und ersparen dem Eigentümer daher eigene Auslagen (BGH 64, 339), zB Reparaturen, Aufbewahrungskosten, ferner Lasten (§ 995).

2 **2. Wirkungen. a) Dem unverklagten entgeltlichen gutgl Besitzer** sind die notwendigen Verwendungen zu ersetzen, **I 1,** mit Ausnahme der gewöhnlichen Erhaltungskosten (ds regelmäßig wiederkehrende Auslagen, die idR aus den Nutzungen bestritten werden, die dem unverklagten entgeltlichen gutgl Besitzer verbleiben), **I 2. b) Der unverklagte unentgeltliche gutgl** Besitzer kann auch die
3 gewöhnlichen Erhaltungskosten (Rn 2) ersetzt verlangen, weil ihm die Nutzungen
4 nicht verbleiben, § 988. **c) Bösgläubig oder nach Rechtshängigkeit** (§ 987 Rn 3 [bb]) gemachte notwendige Verwendungen werden nur nach GoA (§§ 683, 679, 684 S 2, ob auch S 1, ist str, s StGursky 27) ersetzt, **II;** Fremdgeschäftsführungs-

Titel 4. Ansprüche aus dem Eigentum §§ 995–997

wille ist nicht gefordert (StGursky 23). Geschäftsherr ist der Eigentümer zZ der Verwendung. I 2 gilt entspr, wenn der bösgläubige oder verklagte Besitzer ausnahmsweise die Nutzungen behalten darf (BGH 44, 239), zB nach § 991 I.

§ 995 Lasten

¹Zu den notwendigen Verwendungen im Sinne des § 994 gehören auch die Aufwendungen, die der Besitzer zur Bestreitung von Lasten der Sache macht. ²Für die Zeit, für welche dem Besitzer die Nutzungen verbleiben, sind ihm nur die Aufwendungen für solche außerordentliche Lasten zu ersetzen, die als auf den Stammwert der Sache gelegt anzusehen sind.

Gewöhnliche Lasten sind zB Hunde- und Grundsteuer, Hypotheken- und 1 Grundschuldzinsen. **Außerordentliche** Lasten sind einmalige Leistungen, zB Rückzahlung des Hypothekenkapitals (vgl auch § 1047). S 1 ergänzt § 994 I 1, II; S 2 entspricht § 994 I 2.

§ 996 Nützliche Verwendungen

Für andere als notwendige Verwendungen kann der Besitzer Ersatz nur insoweit verlangen, als sie vor dem Eintritt der Rechtshängigkeit und vor dem Beginn der in § 990 bestimmten Haftung gemacht werden und der Wert der Sache durch sie noch zu der Zeit erhöht ist, zu welcher der Eigentümer die Sache wiedererlangt.

1. Anwendungsbereich. Betrifft nur *nicht notwendige Verwendungen* des unver- 1 klagten gutgl Besitzers. Bösgläubig und nach Rechtshängigkeit (§ 987 Rn 3 [bb]) gemachte nicht notwendige Verwendungen sind nicht zu ersetzen (vgl „nur" in § 996). Insoweit besteht bloß ein Wegnahmerecht (§ 997).

2. Sonstige Verwendungen. Dh nicht notwendige Verwendungen sind *nur* 2 dann zu ersetzen, wenn sie den Wert der Sache noch zZ ihrer Wiedererlangung obj (StGursky 5 ff, str) erhöhen, sog **nützliche Verwendungen** (zur Abgrenzung Celle NJW-RR 95, 1527). Ist die nützliche Verwendung vor diesem Zeitpunkt untergegangen, so besteht kein Anspruch, ebenso wenig für unnütze Verwendungen.

§ 997 Wegnahmerecht

(1) ¹Hat der Besitzer mit der Sache eine andere Sache als wesentlichen Bestandteil verbunden, so kann er sie abtrennen und sich aneignen. ²Die Vorschrift des § 258 findet Anwendung.

(2) Das Recht zur Abtrennung ist ausgeschlossen, wenn der Besitzer nach § 994 Abs. 1 Satz 2 für die Verwendung Ersatz nicht verlangen kann oder die Abtrennung für ihn keinen Nutzen hat oder ihm mindestens der Wert ersetzt wird, den der Bestandteil nach der Abtrennung für ihn haben würde.

1. Allgemeines. I setzt voraus, dass der Eigentümer der (Haupt-)Sache die ver- 1 bundene Sache gem §§ 946, 947 II zu eigen erworben hat (sonst jederzeitige Wegnahme durch den Besitzer möglich). Bereicherungsanspruch des Besitzers aus § 951 I 1 ist durch die §§ 994 ff ausgeschlossen (Rn 7 vor § 994).

2. Das Wegnahmerecht, I. Es steht jedem, auch dem verklagten und dem 2 bösgläubigen Besitzer zu, der die Verbindung vorgenommen oder zumindest finanziert hat (Erweiterung in § 951 II 2; dazu § 951 Rn 24). Der Besitzer muss nicht Eigentümer der verbundenen Sache gewesen sein (hM). Der Eigentümer der (Haupt-)Sache ist verpflichtet, die Abtrennung zu dulden. Die abgetrennte Sache

§§ 998–1000

kann sich (nur) der Besitzer aneignen (dazu § 958), str. I gibt kein Aussonderungsrecht (InsO 47), weil das Wegnahmerecht mehr Verschaffungs- als Herausgabeanspruch ist (hM). **Ausgeschlossen** ist das Recht nach **II**; Wertersatz (Alt 3) umfasst auch Liebhaberinteresse des Besitzers. Zum Wegnahmerecht eines berechtigten Besitzers sa §§ 459, 539 (552), 581 II, 591a, 601 II 2, 1049 II, 1093 I 2, 1216 S 2, 2125 II.

§ 998 Bestellungskosten bei landwirtschaftlichem Grundstück

Ist ein landwirtschaftliches Grundstück herauszugeben, so hat der Eigentümer die Kosten, die der Besitzer auf die noch nicht getrennten, jedoch nach den Regeln einer ordnungsmäßigen Wirtschaft vor dem Ende des Wirtschaftsjahrs zu trennenden Früchte verwendet hat, insoweit zu ersetzen, als sie einer ordnungsmäßigen Wirtschaft entsprechen und den Wert dieser Früchte nicht übersteigen.

1 Ergänzt § 102. Landwirtschaftliches Grundstück: § 585 I.

§ 999 Ersatz von Verwendungen des Rechtsvorgängers

(1) **Der Besitzer kann für die Verwendungen eines Vorbesitzers, dessen Rechtsnachfolger er geworden ist, in demselben Umfang Ersatz verlangen, in welchem ihn der Vorbesitzer fordern könnte, wenn er die Sache herauszugeben hätte.**

(2) **Die Verpflichtung des Eigentümers zum Ersatz von Verwendungen erstreckt sich auch auf die Verwendungen, die gemacht worden sind, bevor er das Eigentum erworben hat.**

1 **1. Ansprüche an §§ 994–998.** Alle Ansprüche des Vorbesitzers aus §§ 994–998 gehen auf den Rechtsnachfolger über, **I**. Voraussetzung ist Gesamtnachfolge oder ein der Besitzübertragung zugrundeliegendes, nicht notwendig wirksames Veräußerungsgeschäft (RG 129, 204; 158, 397; abw BGH 41, 346). Anspruchsübergang ist abdingbar.

2 **2. Haftung.** Haftung des jetzigen Eigentümers auch für frühere Verwendungen, II (anders ZVG 93 II), sofern Voreigentümer ersatzpflichtig war (BGH NJW 96, 52). Dessen Genehmigung bindet nicht (StGursky 14; hM). Ein früherer Eigentümer kann ihm ausgleichspflichtig sein, zB gem §§ 433 I 2 iVm 435, 437.

§ 1000 Zurückbehaltungsrecht des Besitzers

¹**Der Besitzer kann die Herausgabe der Sache verweigern, bis er wegen der ihm zu ersetzenden Verwendungen befriedigt wird.** ²**Das Zurückbehaltungsrecht steht ihm nicht zu, wenn er die Sache durch eine vorsätzlich begangene unerlaubte Handlung erlangt hat.**

1 **1. Allgemeines.** Der Verwendungsanspruch wird erst mit Herausgabe der Sache an den Eigentümer oder dessen Genehmigung (Begriff: § 1001 Rn 1) der Verwendungen fällig (§ 1001 Rn 1), so dass zuvor mangels Fälligkeit kein Zurückbehaltungsrecht aus § 273 II besteht (sa BGH NJW 02, 2876). Deshalb gibt S 1 Sonderregel; gilt auch gegenüber Grundbuchberichtigungsanspruch (s § 894 Rn 10).

2 **2. Inhalt. a) Zum Zurückbehaltungsrecht** vgl zunächst Rn 1. §§ 273 III, 274 sind entspr anwendbar. § 1000 gibt obligatorisches Leistungsverweigerungsrecht
3 (BGH 51, 252). **b) Ausschluss** des Rechts bei vorsätzlicher uH (S 2), nicht bei fahrlässiger verbotener Eigenmacht oder Straftat. Ausschluss ferner, wenn Verwendungen absolut oder im Verhältnis zu den herauszugebenden Nutzungen geringfü-

gig sind (§ 242), nach hM auch, wenn das vermeintliche Besitzrecht ein Zurückbehaltungsrecht ausschließt, zB §§ 570, 578 I (dazu allg Rn 2 vor § 994).

§ 1001 Klage auf Verwendungsersatz

¹**Der Besitzer kann den Anspruch auf den Ersatz der Verwendungen nur geltend machen, wenn der Eigentümer die Sache wiedererlangt oder die Verwendungen genehmigt.** ²**Bis zur Genehmigung der Verwendungen kann sich der Eigentümer von dem Anspruch dadurch befreien, dass er die wiedererlangte Sache zurückgibt.** ³**Die Genehmigung gilt als erteilt, wenn der Eigentümer die ihm von dem Besitzer unter Vorbehalt des Anspruchs angebotene Sache annimmt.**

1. **Ersatzanspruch. a) Fällig** ist er erst mit Wiedererlangung oder Genehmigung, **S 1** (nach aA fehlt dem Anspruch zuvor die Klagbarkeit oder er ist aufschiebend bedingt). „Genehmigung" nicht iSv § 184 I, sondern (auch vorhergehende) Billigung der Verwendungen durch den Eigentümer (BGH NJW 02, 2876 f). Bis zur Fälligkeit hat der Besitzer nur die Rechte aus §§ 1000, 1003. Zurückbehaltungsrecht (§ 1000) und fälliger Ersatzanspruch hinsichtlich ders Verwendungen können nicht gleichzeitig bestehen (BGH 51, 253 f). **b) Voraussetzungen.** Der wirkliche Eigentümer oder sein zur Genehmigung befugter Besitzmittler (BGH 87, 278: Besitzmittler schlechthin) muss unmittelbaren Besitz erlangt haben, gleich von wem (arg § 1002), oder der Eigentümer oder ein von ihm Ermächtigter muss genehmigt oder (S 3) die unter Vorbehalt angebotene Sache angenommen haben. 1

2. **Verlust der Fälligkeit. Durch Rückgabe** verliert der Ersatzanspruch, sofern nicht vorher genehmigt worden ist, seine Fälligkeit (Rn 1 [a]), **S 2**. Nach Rückgabe lebt ein früheres Zurückbehaltungsrecht nicht wieder auf, weil ein fälliger Ersatzanspruch nicht mehr besteht (BGH 51, 253 f). Der Besitzer hat das Recht aus § 1003. 2

§ 1002 Erlöschen des Verwendungsanspruchs

(1) **Gibt der Besitzer die Sache dem Eigentümer heraus, so erlischt der Anspruch auf den Ersatz der Verwendungen mit dem Ablauf eines Monats, bei einem Grundstück mit dem Ablauf von sechs Monaten nach der Herausgabe, wenn nicht vorher die gerichtliche Geltendmachung erfolgt oder der Eigentümer die Verwendungen genehmigt.**

(2) **Auf diese Fristen finden die für die Verjährung geltenden Vorschriften der §§ 206, 210, 211 entsprechende Anwendung.**

Erlöschen. Der **Ersatzanspruch erlischt** nach Ablauf einer Ausschlussfrist im Falle vorbehaltloser (arg § 1001 S 3) freiwilliger Herausgabe durch den Besitzer (abw von § 1001 Rn 1 [b]) an den wirklichen Eigentümer oder einen zur Genehmigung befugten Besitzmittler (§ 1001 Rn 1 [b]). **Fristwahrung** durch Genehmigung (vgl § 1001 Rn 1 [b]) oder gerichtl Geltendmachung (§ 204) des Ersatzanspruchs; damit scheidet § 1002 aus und der Anspruch verjährt (§ 195). Zur Fristberechnung §§ 187 I, 188 II, III. 1

§ 1003 Befriedigungsrecht des Besitzers

(1) ¹**Der Besitzer kann den Eigentümer unter Angabe des als Ersatz verlangten Betrags auffordern, sich innerhalb einer von ihm bestimmten angemessenen Frist darüber zu erklären, ob er die Verwendungen genehmige.** ²**Nach dem Ablauf der Frist ist der Besitzer berechtigt, Befriedigung aus der Sache nach den Vorschriften über den Pfandverkauf, bei einem Grundstück**

§ 1004 Buch 3. Abschnitt 3. Eigentum

nach den Vorschriften über die Zwangsvollstreckung in das unbewegliche Vermögen zu suchen, wenn nicht die Genehmigung rechtzeitig erfolgt.

(2) Bestreitet der Eigentümer den Anspruch vor dem Ablauf der Frist, so kann sich der Besitzer aus der Sache erst dann befriedigen, wenn er nach rechtskräftiger Feststellung des Betrags der Verwendungen den Eigentümer unter Bestimmung einer angemessenen Frist zur Erklärung aufgefordert hat und die Frist verstrichen ist; das Recht auf Befriedigung aus der Sache ist ausgeschlossen, wenn die Genehmigung rechtzeitig erfolgt.

1 1. **Allgemeines.** Will der Besitzer die Sache nur nach vorheriger Erfüllung seiner Ansprüche herausgeben, zahlt oder genehmigt der Eigentümer aber nicht, so bleibt die Fälligkeit des Ersatzanspruchs in der Schwebe (§ 1001 Rn 1 [a]). Diesen **Schwebezustand** kann der Besitzer nach I 1 **beenden:** Er muss dem Eigentümer den verlangten Betrag mitteilen und ihn auffordern, binnen angemessener Frist zu genehmigen. Die Rechtsfolgen sind je nach dem Verhalten des Eigentümers verschieden.

2 2. **Rechtsfolgen. a) Genehmigt** der Eigentümer rechtzeitig, so wird der Ersatz-
3 anspruch fällig, § 1001 S 1. § 1002 gilt nicht. **b) Befriedigung aus der Sache** kann der Besitzer suchen, wenn nicht fristgerecht genehmigt (I 2) und der Anspruch auch nicht innerhalb der Frist bestritten wird (II). Einen Ausfall trägt er selbst. Durchführung des Befriedigungsrechts: bei Fahrnis gem §§ 1233 ff; bei Grundstücken durch Klage auf Duldung der Zwangsvollstreckung in das Grundstück, auf Grund des Duldungstitels Zwangsversteigerung oder Zwangsverwaltung (ZVG 15 ff, 146 ff), nicht Eintragung einer Zwangshypothek (ZPO 866 ff), weil diese
4 keine Befriedigung gewährt. **c) Bei fristgerechtem Bestreiten des Anspruchs** muss der Besitzer ein rechtskräftiges Feststellungsurteil erreichen und danach wieder erfolglos eine Frist nach I 1 setzen, **II.** Die Klagen auf Feststellung (ZPO 256 I), gerichtl Bestimmung der Frist (II, I 1) und Duldung (Rn 3) können in entspr Anwendung von ZPO 255, 259 verbunden werden (RG 137, 101).

§ 1004 Beseitigungs- und Unterlassungsanspruch

(1) ¹Wird das Eigentum in anderer Weise als durch Entziehung oder Vorenthaltung des Besitzes beeinträchtigt, so kann der Eigentümer von dem Störer die Beseitigung der Beeinträchtigung verlangen. ²Sind weitere Beeinträchtigungen zu besorgen, so kann der Eigentümer auf Unterlassung klagen.

(2) Der Anspruch ist ausgeschlossen, wenn der Eigentümer zur Duldung verpflichtet ist.

1 1. **Allgemeines. a) Funktion.** Die Abwehransprüche des § 1004 (auch Abwehrklage oder *actio negatoria* genannt) konkretisieren ebenso wie § 985 die Ausschließungsbefugnis des Eigentümers aus § 903 S 1. Die Gleichheit von Zweck und Gegenstand des Rechtsschutzes gestattet es, Unklarheiten bei Handhabung des § 1004 durch Rückgriff auf Problemlösungen bei § 985 aufzuhellen (Bsp in Rn 21). Wegen ihrer Zweckgebundenheit sind die Abwehransprüche als dingliche Ansprüche nicht selbstständig abtretbar (BGH 60, 240; Rn 8 vor § 854), aber eine Ermächtigung Dritter zur Geltendmachung im eigenen Namen ist möglich (§ 985 Rn 10 gilt
2 entspr). **b) Anwendungsbereich.** Unmittelbar gilt § 1004 nur für das *Eigentum*. Er gilt kraft Ges entspr für *beschränkte dingliche Rechte* (§§ 1027, 1065, 1090 II, 1227, ErbbauRG 11 I 1, WEG 34 II). Für *andere absolute Rechte* besteht vielfach ausdr ein ähnlicher Schutz (zB § 12, HGB 37 II 1, UrhG 97 I 1, MarkenG 14 V, 15 IV, 128 I, 135 I, PatG 139 I, GeschmMG 42 I, GebrMG 24 I, 15 I, BDSG 20, 35, 6 I). Absolute Rechte, für die eine entspr Regelung im Ges unmittelbar nicht vorgesehen ist, genießen in entspr Anwendung von § 1004 ebenfalls negatorischen Schutz, zB das allg Persönlichkeitsrecht (BGH 91, 239; NJW 92, 1959; BAG NJW 86, 1065) und das Recht am eingerichteten und ausgeübten Gewerbebetrieb (BGH NJW 98,

Titel 4. Ansprüche aus dem Eigentum **§ 1004**

2059 f; 09, 2958; str). Darüber hinaus werden auch deliktisch geschützte *Rechtsgüter* entspr erfasst, insbes die des § 823 I (Leben, Körper, Gesundheit, Freiheit, ferner Gemeingebrauch, BGH NJW 98, 2059 f) und II iVm einem SchutzGes (BGH 122, 3 f), sog quasinegatorischer Schutz, *actio quasinegatoria*. Dazu ie Rn 6 vor § 823.
c) Zwei Ansprüche gibt § 1004: auf Beseitigung (I 1) und auf Unterlassung (I 2), 3 aber nicht auf Schadensersatz (zur Problematik Rn 7). Beide Ansprüche unterscheiden sich nach Voraussetzungen und Folgen; das wird vielfach übersehen (zB in BGH 29, 317; 67, 253).

2. Beeinträchtigung des Eigentums. Außer Entziehung oder Vorenthaltung 4 des Besitzes (dafür § 985), ist dies jeder dem Inhalt des Eigentums (§ 903) widersprechende Zustand (BGH NJW 07, 432); er ist *Voraussetzung* der Abwehransprüche. Einwirkungen auf das Eigentum beeinträchtigen es nicht, wenn sie mit Willen des Eigentümers geschehen (BGH 156, 175). **a) Bsp:** Betreten fremden Grundstücks; Abladen von Müll; unzulässige Immissionen (§ 906 Rn 2, 9–11), Einwirkungen iSd §§ 907, 909, 910, 912; unerwünschte (Post-)Wurfwerbung (Frankfurt/M NJW 96, 934 f); aber nicht die gewerbliche Nutzung fremden Eigentums durch Herstellung und Vertrieb von Fotografien (BGH NJW 89, 2252 mN), soweit diese von öffentl zugänglichen Plätzen aufgenommen wurden (BGH NJW 11, 749) oder von Kopien einer Plastik (BGH 44, 293 f), nicht das Bestreiten fremden Eigentums (Köln NJW 96, 1291), nicht die wirksame Bestellung von Grundpfandrechten durch Nichtberechtigten (§ 989 Rn 1). Negative Einwirkungen bewirken keine Beeinträchtigung (§ 903 Rn 3); ideelle (sittliche, ästhetische) Einwirkungen können bei entspr Intensität beeinträchtigen (§ 906 Rn 2). **b) Gleichgültig** für das Vorliegen einer Beeinträchtigung ist, ob sie durch die **Handlung eines Menschen** herbeigeführt worden ist, sei es unmittelbar (A überquert das Grundstück des E), sei es mittelbar (A schrägt sein Hausgrundstück beim Hausbau so ab, dass beim nächsten Wolkenbruch Geröll von seinem auf das Nachbargrundstück geschwemmt wird), oder ob die Beeinträchtigung überhaupt nicht auf menschlichem Handeln beruht (das Hanggrundstück des A blieb in natürlichen Zustand, trotzdem wird Geröll auf das Nachbargrundstück geschwemmt). Diese Frage spielt erst bei der Suche nach dem beseitigungspflichtigen Störer eine Rolle (BGH NJW 95, 2634; 04, 604, je mN; Rn 17). Nach aA liegt eine Beeinträchtigung iSv § 1004 nur vor, wenn sie von einem Störer ausgeht (StGursky 17).

3. Der Beseitigungsanspruch, I 1. Er zielt auf Beseitigung einer bestehenden 6 Beeinträchtigung für die Zukunft. Ist Beseitigung unmöglich, so entfällt I 1. Würde die Beseitigung die Zumutbarkeitsgrenze des § 275 überschreiten, so steht dem Störer ein Leistungsverweigerungsrecht (Einrede) zu, § 275 II (BGH NJW 08, 3123, 3125). **a) Voraussetzung** ist eine bereits eingetretene, *gegenwärtig* – dh im Prozess: zZ der letzten mündlichen Tatsachenverhandlung – *noch fortbestehende Beeinträchtigung* des Eigentums. **b) Ziel** ist nur die Beseitigung der Beeinträchtigung, nicht das 7 Unterbinden künftigen Verhaltens (so aber Gursky JR 89, 400 und StGursky 136, weil er I 1 und 2 „fast nahtlos" ineinander übergehen lässt [sa BGH 121, 247 f], was materiellrechtlich unzutr [BGH NJW 96, 846] und prozessual mit ZPO 887, 888, 890 unvereinbar ist, s Rn 9, 12, 13), **nicht Ersatz des Schadens,** den die beeinträchtigende Einwirkung herbeigeführt hat. Schadensersatz gem §§ 823 ff setzt Verschulden des Täters voraus; § 1004 verlangt kein Verschulden des Störers (BGH NJW 90, 2058), ist aber SchutzGes iSv § 823 II (hM; aA StGursky 171 mN). Die Abgrenzung von Beeinträchtigung (I) und Schaden (§ 823) ist daher notwendig, um zu verhindern, dass § 1004 einen Schadensersatzanspruch ohne Verschulden gewährt (zur Problematik BGH 135, 238 f; NJW 96, 846 f; 05, 1368 [dazu Rn 8]; zum „Schadensersatz" in AVB: BGH NJW 00, 1196). Eine zutr Abgrenzung löst das Problem, macht es aber nicht zum Scheinproblem, auch nicht „fast" (so aber StGursky 139, dessen Abgrenzung – im Anschluss an Picker, Der negatorische Beseitigungsanspruch, 1972 – die Anwendbarkeit von § 1004 unangemessen einengt, sa BGH NJW 05, 1367; Rn 20). Als Beeinträchtigung ist nur die *Störungsquelle* anzuse-

§ 1004 Buch 3. Abschnitt 3. Eigentum

hen einschließlich der Beeinträchtigungen, die aus der Störungsbeseitigung selbst folgen, aber nicht die von ihr ausgehende weitere Störung. Bsp (sa Wenzel NJW 05, 243; BGH NJW 05, 1368): Bei einem Dammbruch ist Störungsquelle das Loch im Damm, seine Beseitigung kann verlangt werden, nicht die der Überschwemmungsschäden; ist Sand vom Nachbargrundstück angeschwemmt worden, so kann Beseitigung des Sandes (aA StGursky 141), aber nicht Ersatz für die vom Sand zerstörten Pflanzen verlangt werden (BGH 49, 343, 347 f); bei einem Gasrohrbruch ist das gebrochene Rohrstück auszuwechseln, aber nicht der Explosionsschaden zu ersetzen (RG 63, 379; sa BGH 97, 236 f); fängt ein Bahndamm infolge Brandes einer benachbarten Abraumhalde Feuer, so verpflichtet I 1 zum Löschen des Feuers (aA StGursky 141), aber nicht zum Ersatz des zerstörten Bahndamms (Baur AcP 160, 490; aA RG 127, 34 f); verstopfen Baumwurzeln einen Abwasserkanal, so ist nach I 1 die Verstopfung zu beseitigen und der dadurch beschädigte Kanal instandzusetzen (BGH NJW 05, 1368; Wenzel NJW 05, 243); kontaminiert versickertes Öl das Nachbargrundstück, so ist die verölte Erde zu beseitigen, da das beeinträchtigende Öl nur so zu entfernen ist (BGH NJW 96, 846 f; 05, 1367 f; aA im Anschluss an Picker aaO Buchholz/Radke Jura 97, 454 ff; Lobinger JuS 97, 981 ff, dazu

8 abl Rn 20). **c) Kosten** der Beseitigung trägt der Störer (Begriff: Rn 15–17). Zum Rückgriff über GoA, § 812 I 1 gegen ihn, wenn der Gestörte beseitigt hat, BGH NJW 05, 1367 mN. Mitverantwortlichkeit des gestörten Eigentümers für die Störung „begrenzt" den Beseitigungsanspruch durch Kostenteilung (§ 254 entspr), BGH 135, 239 f. Grund: Die Rspr. nähert den Beseitigungsanspruch umfangmäßig

9 einem Schadensersatzanspruch an (s Wenzel NJW 05, 243). **d) Klage und Urteil** lauten idR nur auf Beseitigung der konkret bezeichneten Beeinträchtigung und überlassen die Wahl des geeigneten Mittels dem verurteilten Störer (BGH NJW-RR 06, 237). Kommt lediglich *ein* Mittel als geeignet in Betracht, so kann zu seinem Gebrauch verurteilt werden (BGH NJW-RR 06, 237). Die Vollstreckung richtet sich nach ZPO 887 oder 888, nicht 890 (str; zur praktischen Bedeutung Jauernig/Berger § 27 Rn 24–26; zur Abgrenzung von Beseitigungs- und Unterlassungsanspruch Rn 13). Ist die Beeinträchtigung freiwillig oder zwangsweise beseitigt worden und wird sie später erneuert, so kann aus dem alten Urteil nicht mehr oder wieder vollstreckt werden; der Titel ist verbraucht. **e)** Zum **Widerruf** von Tatsachenbehauptungen als Beseitigung s § 823 Rn 83–85.

10 **4. Der Unterlassungsanspruch,** I 2. Er setzt künftige Beeinträchtigungen voraus. Der Anspruch zielt auf ihre Verhinderung. Zu vorbeugenden Anordnungen kraft Hausrechts s § 858 Rn 1. **a) Er ist ein materiellrechtlicher Anspruch** und

11 nicht nur ein prozessualer Rechtsbehelf (StGursky 212 mN; hM). **b) Voraussetzungen.** Nach I 2 müssen weitere Beeinträchtigungen drohen, dh es muss die auf Tatsachen gestützte obj ernstliche Gefahr alsbaldiger weiterer nicht zu duldender Störungen bestehen, sog **Wiederholungsgefahr** (für sie spricht wegen der früheren Beeinträchtigung eine „tatsächliche Vermutung" iSd Anscheinsbeweises, BGH NJW 03, 3702; 04, 1036). Es genügt aber schon die Gefahr einer ersten Störung, sog **Erstbegehungsgefahr** (allgM: „vorbeugende" Unterlassungsklage; zur Terminologie Baur JZ 66, 381 f). Das Bestehen der Wiederholungs- oder Erstbegehungsgefahr ist Entstehungsvoraussetzung des materiellrechtlichen Unterlassungsanspruchs (StGursky 215; allg BGH NJW 05, 595; hM). Fehlt die Gefahr, so ist die Unterlassungsklage unbegründet. Fehlt bereits in der Klage die schlüssige Behauptung einer Gefahr, so mangelt das Rechtsschutzinteresse und die Klage ist unzulässig (aA die hM: auch dann fehle bloß eine materielle Voraussetzung, vgl StGursky 215 mN).

12 **c) Der Anspruchsinhalt** richtet sich nach der drohenden Beeinträchtigung. **Klage und Urteil** lauten idR nur auf Unterlassung der konkret weder zu eng noch zu weit umschriebenen Beeinträchtigung (zur Eingrenzungsproblematik Jauernig/Berger § 27 Rn 27 mN; BGH 121, 251 f; 140, 3 [betr Geruchsbelästigung durch Schweinemästerei]). Unterbleibt die künftige Beeinträchtigung nur bei Unterlassung einer ganz bestimmten Handlung, so kann dazu verurteilt werden (Jauernig NJW

Titel 4. Ansprüche aus dem Eigentum § 1004

73, 1672; BGH NJW 04, 1037). Ausgeschlossen ist jedoch die Verurteilung zu einem bestimmten Handeln, „um zu unterlassen". Damit würde – durch einen Wechsel der Vollstreckungsart (von ZPO 890 zu 887, 888) – entgegen dem Ges (ZPO 890) ein künftiges Unterlassen unmittelbar erzwungen werden können (dafür BGH 121, 247 f; sa Rn 7). Diesem „Vorteil" stünde der „Nachteil" gegenüber, dass nach einer freiwilligen Erfüllung oder einer Vollstreckung des Urteils auf „Unterlassung durch Handeln" nicht mehr wegen einer späteren Zuwiderhandlung vollstreckt werden könnte; der Titel wäre verbraucht (vgl Rn 9). Die **Vollstreckung** eines Unterlassungstitels richtet sich stets allein nach ZPO 890, nicht (wahlweise) nach ZPO 887, 888 (BGH NJW 82, 440; insoweit aA StGursky 246 mN; zur praktischen Bedeutung Jauernig/Berger § 27 Rn 26, sie übergeht StGursky 246). **d) Die** **13** **Abgrenzung zum Beseitigungsanspruch** ist auch dann möglich und notwendig, wenn künftige Unterlassung einer bereits gegenwärtigen Beeinträchtigung verlangt wird (Henckel AcP 174, 99 Fn 3 mN; Jauernig NJW 73, 1672 f): Das Unterlassungsbegehren ist nur gerechtfertigt, wenn künftige Beeinträchtigungen drohen (Rn 11; allg BGH 117, 271 f); andernfalls kann nur Beseitigung der gegenwärtigen Beeinträchtigung verlangt werden (BGH NJW 57, 1676).

5. Anspruchsberechtigter. Anspruchsberechtigt ist der Eigentümer, bei entspr **14** Anwendung von § 1004 (Rn 2) derjenige, dem das verletzte Recht(sgut) zugeordnet ist. – Für den **Miteigentümer** vgl § 1011 Rn 1, 2. – Der **Rechtsnachfolger** des Eigentümers ist bei Fortdauer der Störung ohne weiteres berechtigt, weil der Abwehranspruch automatisch mit dem Eigentum übergegangen ist (BGH 98, 241; Rn 1); weitere Einzelheiten bei Pikart WM 76, 608. ZPO 265 ist anwendbar (BGH 18, 225 f).

6. Der Anspruchsgegner. Er heißt **Störer** (Lit: Herrmann, Der Störer nach **15** § 1004, 1987). Er muss in einer bestimmten Kausalbeziehung zur Beeinträchtigung stehen (BGH 155, 105). Dabei wird zwischen Handlungsstörern und Zustandsstörern unterschieden (krit MK/Baldus 61–70). Die Unterscheidung selbst hat keine praktischen Konsequenzen, die Übergänge sind fließend. **Verschulden** des Störers wird **nicht** verlangt (BGH NJW 90, 2058). **a) Handlungsstörer** ist, wer durch **16** eigenes Tun oder pflichtwidriges Unterlassen die Beeinträchtigung adäquat verursacht (BGH NJW 07, 432), zB durch Überqueren des Grundstücks, Ablagen von Müll (sa Rn 20), Betreiben einer übel riechenden Schweinemästerei. Bei einem Unternehmen ist Störer nicht der weisungsgebundene AN, sondern der Unternehmer, sofern die Beeinträchtigung auf Weisungen oder deren pflichtwidriges Unterlassen seitens des Unternehmers zurückgeht (BGH DB 79, 544 f). Entspr zugerechnet werden, da eigene Willensbetätigung vorliegt: Lärm von Gaststättenbesuchern dem Gastwirt (BGH NJW 63, 2020; NJW-RR 03, 1235; ob der Gastwirt den Lärm verhindern kann oder nicht, lässt das Vorliegen einer Störung unberührt, BGH 144, 204 mN, aA München NJW-RR 00, 681); Belästigungen durch Drogensüchtige und Dealer dem Drogenhilfezentrum (BGH 144, 203 ff; sa § 906 Rn 14), Beeinträchtigungen durch eine gewerbliche Anlage (nicht nur dem Inhaber, sondern auch) demjenigen, in dessen Interesse und mit dessen Geld die Anlage errichtet und unterhalten wird (RG 155, 319 f). Diese Zurechnungsfälle liegen auf der Grenze zur Zustandsstörung. **b) Zustandsstörer** ist, wer durch seine Willensbetätigung **17** mittelbar adäquat (also nicht unmittelbar durch eine Handlung) einen beeinträchtigenden Zustand herbeigeführt (BGH NJW-RR 08, 827) oder den von Dritten geschaffenen Zustand aufrechterhalten hat (BGH NJW 05, 1368 f), sofern er den Zustand beseitigen oder verhindern kann (BGH NJW 07, 432). Bsp: Bei Verpachtung einer Gaststätte ist der Verpächter Zustandsstörer, weil er den störenden Zustand (die störende „Anlage") mittelbar willentlich veranlasst hat (BGH NJW-RR 11, 739). Ob er etwas dagegen unternehmen kann oder nicht, lässt das Vorliegen einer Störung unberührt [abl StGursky 122], doch scheidet eine Verurteilung nach I aus, wenn der Störer unter keinen Umständen in der Lage ist, die Störung zu beseitigen, BGH 144, 204; sa Koblenz NJW-RR 02, 1032 zum mittelbaren Hand-

§ 1004

lungsstörer. Der Pächter ist Handlungsstörer (auch hier können Zurechnungsprobleme auftauchen, Rn 16; sa BGH 144, 203: mittelbarer [Handlungs-]Störer). Eltern können Zustandsstörer bzgl ihrer störenden Kinder sein (Düsseldorf NJW 86, 2512: nein, wenn Eltern machtlos!). Störer kann der Landeplatzhalter eines Flugplatzes sein (BGH 69, 123 f). Ist ein gestohlener Pkw vom Dieb auf fremdem Boden abgestellt worden, so ist damit der Eigentümer des Pkw noch nicht Störer (keine Willensbetätigung, daher keine Zurechenbarkeit der Beeinträchtigung), sondern erst, wenn und weil er ihn trotz Aufforderung des Grundstückseigentümers nicht abholt (widersprüchlich Gursky JR 89, 401, 402). Störungen durch den iSv § 446 besitzenden Grundstückskäufer machen den Verkäufer nicht zum Zustandsstörer (BGH NJW 98, 3273). Das Eigentum oder der Besitz an der störenden Sache oder Anlage begründet allein noch keine Haftung (BGH NJW 07, 432 mN; sog Anlagentheorie, s u). Das ist wichtig für Störungen infolge normaler landwirtschaftlicher Nutzungsänderung (BGH 114, 187 f) sowie von Naturereignissen (BGH 122, 284; 155, 105 f; 160, 236 ff; NJW 95, 2634 allg zur Störerhaftung bei Naturereignissen; dazu krit Herrmann NJW 97, 153 ff; sa BGH 157, 42). Störer ist zB nicht der Eigentümer eines Grundstücks, von dem durch Wolkenbruch Sand auf das Nachbargrundstück geschwemmt wird (anders, wenn das Abschwemmen durch eine Handlung des Eigentümers ermöglicht wurde, zB durch Abschrägen des Grundstücks beim Hausbau; vgl BGH NJW-RR 96, 659). Gleichgestellt ist die pflichtwidrige Nichtverhinderung möglicher Beeinträchtigungen, die sich aus der Nutzungsart des Grundstücks ergeben (Verletzung einer „Sicherungspflicht", die aus dem nachbarlichen Gemeinschaftsverhältnis folgt: BGH NJW 95, 2634; NJW-RR 01, 1208 f; dazu BGH 157, 42; NJW 04, 604; Wenzel NJW 05, 241 f). AA die Eigentümertheorie (Kübler AcP 159, 276 ff mN), weil Eigentum „verpflichte" (dagegen zutr BGH 142, 69 mN); nur scheinbar anders die Kausalhaftungstheorie: Haftung an sich auch für höhere Gewalt, außer bei praktischer Unmöglichkeit von Sicherungsmaßnahmen oder gem § 242 (Herrmann JuS 94, 277 ff, 280). – Zu kriegsbedingten Katastrophenfällen BGH 19, 129 f; 28, 111. – Zum Rechtsnachfolger als Zustandsstörer Rn 19. **c) Gegen mehrere Störer** ist je ein selbstständiger Abwehranspruch gegeben ohne Rücksicht auf ihre einzelnen Tatbeiträge; diese bestimmen lediglich den Inhalt des jeweiligen Abwehranspruchs (BGH NJW 07, 433). § 830 I 2 gilt entspr (LG Köln NJW-RR 90, 866). Bsp für Störung durch mehrere: Verpächter und Pächter (Rn 17); Verfasser, Verleger, Hersteller, Importeur und andere bei Herstellung und Vertrieb eines Druckwerks mitwirkende Personen (BGH NJW 76, 800; sa BGH 66, 187 f für eine Fernsehsendung). **d) Der Rechtsnachfolger** eines Störers ist selbst Störer, sofern die Störung noch andauert; dass er in der Lage und verpflichtet ist, die Störung zu beseitigen, muss hinzukommen (Rn 16, 17; BGH NJW 07, 2182). Den störenden Zustand (die störende Anlage) muss er nicht herbeigeführt haben (BGH NJW 89, 2542). Der **Rechtsvorgänger** haftet nur, wenn er zur Beseitigung noch in der Lage ist (sa BGH 41, 396, 398). **e) Besitz- oder Eigentumsaufgabe** allein beseitigt Störereigenschaft nach hM nicht (BGH NJW 07, 2182 mN; zur öffentl-rechtlichen Zustandshaftung BVerwG NJW 99, 231). Nach aA ist § 1004 unanwendbar, wenn der Eigentümer seine störende Sache, zB Müll, derelinquiert (StGursky 113; JR 89, 401 f im Anschluss an Picker, s FS Gernhuber, 1993, S 337 ff, 356 f) oder sonst sein Eigentum verliert (zB durch Einsickern von Öl auf Nachbargrundstück [§ 946], Lobinger JuS 97, 981 ff; sa Rn 7).

21 **7. Duldungspflicht. Der Anspruch ist ausgeschlossen,** wenn der Eigentümer die Beeinträchtigung dulden muss, **II. a) Zu dulden** ist sie, wenn der Störer zu ihr berechtigt ist. Daraus schließt die hM, dass die Rechtswidrigkeit der Beeinträchtigung Anspruchsvoraussetzung sei (BGH 142, 235; sa 155, 102). Der Schluss geht fehl, wie § 985 beweist. Dort spielt die Rechtswidrigkeit der Vorenthaltung des Besitzes keine Rolle (unstr); erheblich ist nur, ob die Beeinträchtigung des Eigentums berechtigt und daher der Anspruch ausgeschlossen ist (§ 985 Rn 9). Nur darum

geht es auch bei § 1004 (Münzberg JZ 67, 690 f; BGH 66, 39 mit Anm Picker JZ 76, 370 f; differenzierend nach Zustands- und Handlungshaftung StGursky 173). Das Ges sieht den Ausschluss in § 986 vom störenden Besitzer her (Recht zum Besitz), in § 1004 II vom gestörten Eigentümer aus (Pflicht zur Duldung). Eine bisher bestehende Duldungspflicht des Eigentümers kann durch Änderung der Verhältnisse entfallen und damit ein Anspruch aus § 1004 entstehen (Bsp: BGH 57, 325 ff; 110, 315), nicht anders als der Anspruch aus § 985 bei Wegfall des Besitzrechts (§ 986 Rn 1). Das Mysterium der Umwandlung bisher rechtmäßigen Verhaltens in rechtswidriges findet nicht statt (abw Pikart WM 76, 609 zu BGH WM 76, 275; sa Baur AcP 160, 481, die – vom Standpunkt der hM – glauben, hier gehe es zumindest auch um den Streit „Erfolgs- oder Handlungsunrecht", wovon aber ebenso wenig wie bei § 985 die Rede sein kann). Zur engen Verwandtschaft von Eigentumsstörungs- (§ 1004) und Vindikationsanspruch (§ 985) BGH NJW 07, 433 mit StGursky 2; sa Rn 1. **b) Grundlagen der Duldungspflicht.** Ges privatrechtlichen Inhalts (zB §§ 227–229, 904 S 1, 905 S 2, 906 ff [zu § 910 II: BGH NJW 04, 604], 912 I 1 [BGH NJW 08, 3125]; in Extremfällen § 242 [nachbarliches Gemeinschaftsverhältnis]: BGH NJW 03, 1392 mN) und öffentl-rechtlichen Inhalts (Bsp: § 903 Rn 4 [bb], ferner StGB 193), Gemeingebrauch (§ 905 Rn 4), richterliche Anordnungen (zB einstw Verfügung, LM Nr 1 zu § 926 ZPO), dingliches Recht (Bsp: Dienstbarkeit, § 1018 Rn 4; § 1090 Rn 2–9), schuldrechtlicher Vertrag zwischen Eigentümer und Störer oder einem Dritten (entspr § 986 I 1: BGH NJW 07, 147; Bsp: Miete, Pacht). Gestattung der Störung durch den Eigentümer bindet dessen Rechtsnachfolger grundsätzlich nicht (BGH NJW-RR 08, 827). **c) Berücksichtigung im Prozess** entspr § 986 Rn 2. **Beweislast** für Duldungspflicht beim Störer (BGH 106, 145). **d) Ein verschuldensunabhängiger nachbarrechtlicher Ausgleichsanspruch** analog § 906 II 2 kann bestehen, wenn die Beeinträchtigungen aus bes Gründen nicht gem § 1004 abgewehrt werden können, § 906 Rn 15, § 908 Rn 2, § 909 Rn 4. 22 23 24

8. Verjährung. §§ 195, 198, 199 I, IV. Bei Zusammentreffen mit § 548 gilt dieser (BGH 98, 241 zu § 558 aF). § 902 I 1 ist anwendbar (§ 902 Rn 1; aA BGH NJW 11, 1068). 25

9. Konkurrenzen. a) § 985 und I 1 sind nebeneinander anwendbar (LM Nr 14), ebenso I und § 862. **b) Grundbuchberichtigung** kann nur nach § 894, nicht auch nach I 1 verlangt werden (vgl RG 158, 45; sa StGursky § 894 Rn 64). **c) § 910** schließt den I 1 nicht aus (§ 910 Rn 1). 26

§ 1005 Verfolgungsrecht

Befindet sich eine Sache auf einem Grundstück, das ein anderer als der Eigentümer der Sache besitzt, so steht diesem gegen den Besitzer des Grundstücks der im § 867 bestimmte Anspruch zu.

Bedeutungslose Vorschrift, vgl § 867 Rn 1. Herausgabeverweigerung ist idR Besitzergreifung, so dass § 985 anwendbar ist. 1

§ 1006 Eigentumsvermutung für Besitzer

(1) ¹Zugunsten des Besitzers einer beweglichen Sache wird vermutet, dass er Eigentümer der Sache sei. ²Dies gilt jedoch nicht einem früheren Besitzer gegenüber, dem die Sache gestohlen worden, verloren gegangen oder sonst abhanden gekommen ist, es sei denn, dass es sich um Geld oder Inhaberpapiere handelt.

(2) Zugunsten eines früheren Besitzers wird vermutet, dass er während der Dauer seines Besitzes Eigentümer der Sache gewesen sei.

§ 1007

(3) Im Falle eines mittelbaren Besitzes gilt die Vermutung für den mittelbaren Besitzer.

1 **1. Gegenstand der Vermutung.** Vermutet wird, dass der Eigenbesitzer das (unbedingte) Eigentum zugleich mit dem Eigenbesitz erworben hat *(Eigentumserwerbsvermutung)*, BGH NJW 94, 940; 02, 2101; NJW-RR 05, 281, je mN, stRspr; StGursky 7, hM; aA die Voraufl („Rechtszustandsvermutung"). Da die Erwerbsvermutung die Gleichzeitigkeit von Eigenbesitz- und Eigentumserwerb voraussetzt, scheidet § 1006 zB beim Eigentumserwerb durch Ersitzung oder gem § 931 Rn 10 aus (aM M. Wolf JuS 85, 941 ff), ebenso, wenn der Besitzer beim Besitzerwerb nur Fremd-, nicht Eigenbesitz erworben hat (BGH NJW 05, 1583). Die Erwerbsvermutung wird durch eine *Bestandsvermutung* ergänzt: Für die Zeit des Eigenbesitzes und nach Besitzverlust für die Zeit bis zur Begründung fremden Eigenbesitzes wird vermutet, dass das erworbene Eigentum fortbesteht (s II; BGH NJW 95, 1293). Die Bestandsvermutung gilt erst recht, wenn der Eigentumserwerb feststeht (M. Wolf JuS 85, 943). – Bei entspr Anwendung (§§ 1065, 1227) werden Erwerb und Bestehen des Nießbrauchs oder Pfandrechts vermutet. – Die Vermutung bezieht sich nur auf **bewegliche Sachen** (für Grundstücke vgl § 891). Zu ihnen gehören nicht Sparbücher (LM Nr 13), Fahrzeugbriefe (§ 1006 gilt für den Besitzer des Fahrzeugs, nicht des Briefs, s BGH 156, 319).

2 **2. Geltung der Vermutung. a) Nur zugunsten des Eigenbesitzers** (arg I 1 mit III), sowohl für den unmittelbaren wie den mittelbaren (III), den jetzigen (I 1) wie den früheren (nicht nur für die Dauer seines Besitzes, sondern) über das Ende des Besitzes hinaus bis zur Widerlegung der Vermutung, BGH 161, 108 f; MK/Baldus 25, 35 f (II in irreführender Formulierung). Bei mehrstufigem mittelbarem Besitz (§ 871) gilt III nur für den höchststufigen Oberbesitzer. Eigenbesitzer ist auch der unmittelbar oder mittelbar besitzende Sicherungseigentümer (BGH NJW 62, 102; LM Nr 11). Der Besitzdiener (§ 855) ist kein (Eigen-)Besitzer; erlangt er Besitz, so gilt § 1006 ab dann auch für ihn (BGH 156, 316 f). Nach §§ 1065, 1227 gilt die Vermutung für Fremdbesitzer (Nießbraucher, Pfandgläubiger). **b) Für den Besit-**
3 **zer** besteht – außer nach §§ 1065, 1227, 1006 – die *tatsächliche Vermutung* iSd Anscheinsbeweises, dass er bereits mit Besitzerlangung Eigenbesitzer geworden oder
4 als fr Besitzer gewesen ist. **c) Nur in einem Verfahren** (gerichtl, behördliches) gilt sie (s Rn 2 vor § 891). § 1006 betrifft nicht die materiellrechtliche Frage des Erwerbs
5 oder Verlustes eines Rechts. **d) Die Vermutung kann ausgeräumt** werden, entweder durch den Nachweis des Abhandenkommens (Begriff: § 935 Rn 2–9; Beweislast beim Vermutungsgegner), da dann rechtsgeschäftlicher Eigentumserwerb nur ausnahmsweise möglich ist (BGH NJW 95, 1293 f), stets möglich aber an Geld und Inhaberpapieren (§ 935 II, daher I 2 aE), ferner durch Erschütterung der Vermutungsbasis (kein Besitz; kein Eigenbesitz, vgl Rn 3) oder Widerlegung der Rechtsvermutung selbst (schon kein Erwerb oder nachträglicher Verlust des Eigentums [BGH 161, 109 f]). Die Rechtsvermutung ist nicht erst dann widerlegt, wenn jede denkbare Möglichkeit, dass der Besitzer Eigentümer ist, ausgeschlossen ist, sondern schon mit Ausräumung des nahe liegenden Erwerbsgrundes (zB Ersitzung nach fehlgeschlagener Übereignung), solange der Besitzer nicht einen weiteren Erwerbsgrund (zB Genehmigung der fehlgeschlagenen Übereignung) vorbringt (StJ/Leipold § 292 Rn 14 mN). Ob die Vermutung widerlegt ist, ist eine Frage der Beweiswürdigung (BGH 161, 109 f). Einen (nahe liegenden) Erwerbsgrund auszuräumen, kann schwierig sein, weil der Besitzer nach hM (RoSchwab/Gottwald § 114 I Rn 36; sa LM Nr 1 zu § 985) überhaupt keinen Erwerbsgrund vortragen muss; zu Auswegen StGursky 49.

§ 1007 Ansprüche des früheren Besitzers, Ausschluss bei Kenntnis

(1) Wer eine bewegliche Sache im Besitz gehabt hat, kann von dem Besitzer die Herausgabe der Sache verlangen, wenn dieser bei dem Erwerb des Besitzes nicht in gutem Glauben war.

Titel 5. Miteigentum § 1008

(2) ¹Ist die Sache dem früheren Besitzer gestohlen worden, verloren gegangen oder sonst abhanden gekommen, so kann er die Herausgabe auch von einem gutgläubigen Besitzer verlangen, es sei denn, dass dieser Eigentümer der Sache ist oder die Sache ihm vor der Besitzzeit des früheren Besitzers abhanden gekommen war. ²Auf Geld und Inhaberpapiere findet diese Vorschrift keine Anwendung.

(3) ¹Der Anspruch ist ausgeschlossen, wenn der frühere Besitzer bei dem Erwerb des Besitzes nicht in gutem Glauben war oder wenn er den Besitz aufgegeben hat. ²Im Übrigen finden die Vorschriften der §§ 986 bis 1003 entsprechende Anwendung.

1. **Allgemeines. a)** Zur Stellung im Ges vgl Rn 1 vor § 985. **b) Nur für bewegliche Sachen** gilt § 1007 (für zeitbedingten Sonderfall in BGH 7, 215 ff ausgedehnt auf Mieträume). **c)** § **1007 gibt petitorischen Anspruch,** dh er ist bei einem besseren Recht des Beklagten zum Besitz ausgeschlossen (Rn 6); anders der Besitzschutzanspruch: §§ 861, 863. **d) Konkurrenz** mit §§ 861, 985 möglich (zur Einheitlichkeit des Streitgegenstandes §§ 861–864 Rn 4; aA StGursky 53 mN [weitgehend der älteren „Konkurrenzlehre" folgend, dazu Jauernig, ZPR, § 37 III; widersprüchlich PalBassenge 1 gegen § 861 Rn 2, 12]). Nur § 1007 ist anwendbar, wenn zB der Eigentümer sein Recht nicht nachweisen kann und § 861 mangels verbotener Eigenmacht ausscheidet. **e) Verjährung** des Herausgabeanspruchs: §§ 195, 199 I, IV (nicht § 197 I Nr 1, da Grundlage kein dingliches Recht, sondern der Besitz ist, s Rn 1 vor § 985, § 854 Rn 8). 1

2. **Voraussetzungen. a) Früherer Besitz** des Klägers, I am Anfang. Jede Art von Besitz, auch mittelbarer, Mit- oder Fremdbesitz, genügt. Für den Mitbesitzer gelten §§ 1011, 432 I 2 entspr, für den mittelbaren Besitzer § 869 S 2 HS 2 entspr. **b) Alternativ** entweder **aa) Bösgläubigkeit** des Beklagten beim Besitzerwerb, I aE, dh Kenntnis oder grobfahrlässige Unkenntnis vom Mangel des eigenen Besitzrechts (BGH Warn 73 Nr 3), oder **bb) Abhandenkommen** der Sache beim Kläger, II 1 am Anfang. Gilt nicht für Geld- und Inhaberpapiere, II 2. Begriff des Abhandenkommens: § 935 Rn 2–9. 2

3

3. **Einwendungen.** Der Anspruch ist ausgeschlossen (Einwendung, nicht Einrede, entspr § 986 Rn 2; wichtig für Beweislastverteilung) bei **a) Bösgläubigkeit des Klägers** zZ des früheren eigenen Besitzerwerbs, III 1 Fall 1; **b) Aufgabe** des früheren Besitzes durch den Kläger, III 1 Fall 2. Aufgabe: Freiwilliger Verlust jeden Besitzes (Irrtum irrelevant, Karlsruhe NJW-RR 98, 1761). Keine Aufgabe durch Weggabe an Besitzmittler, weil noch mittelbarer Besitz verbleibt. Gibt Besitzmittler die Sache ohne Willen des Oberbesitzers weg, so hat dieser seinen Besitz nicht aufgegeben (BGH Warn 73 Nr 3); **c) (besserem) Besitzrecht** (insbes Eigentum) des Beklagten oder seines Besitzmittlers, II 1, III 2 mit § 986 (BGH NJW-RR 05, 280 f); **d) Abhandenkommen** der Sache beim Beklagten vor der Besitzzeit des Klägers, II 1. Gilt nicht für Geld und Inhaberpapiere, II 2. 4 5 6 7

4. **Anspruchsinhalt. a)** Herausgabe des Besitzes (I, II) und der Nutzungen (III 2, §§ 987, 990). Schadensersatz gem III 2, §§ 989 ff; zu ersetzen ist idR nur das Besitzinteresse (str, s StGursky 44). Aussonderungsrecht im Insolvenzverfahren des jetzigen Besitzers (InsO 47). **b) Gegenansprüche des Beklagten** auf Verwendungsersatz, III 2 mit §§ 994 ff. 8 9

Titel 5. Miteigentum

§ 1008 Miteigentum nach Bruchteilen

Steht das Eigentum an einer Sache mehreren nach Bruchteilen zu, so gelten die Vorschriften der §§ 1009 bis 1011.

§§ 1009, 1010 Buch 3. Abschnitt 3. Eigentum

1 **1. Allgemeines.** Über die Arten des Eigentums vgl Rn 5–9 vor § 903. – Steht mehreren das Eigentum an einer beweglichen oder unbeweglichen Sache nach Bruchteilen zu **(Miteigentum nach Bruchteilen),** so gelten die §§ 741 ff (BGH 115, 8 ff), ergänzt und modifiziert durch §§ 1009 ff. Das Recht (Eigentum), nicht die Sache wird in Teile zerlegt (vgl § 741), sog ideelle Teilung. Der Anteil ist selbst Eigentum (wichtig für Begründung, Übertragung, Belastung, vgl Rn 2–4; zum Verzicht Rn 5), der Bruchteil bezeichnet den Umfang der Berechtigung (BGH 36, 368). §§ 1009 ff gelten grundsätzlich nicht für Gesamthandseigentum.

2 **2. Entstehung. a) kraft Ges,** zB §§ 947 I, 948, 984; **b) kraft RGeschäfts:** bei beweglichen Sachen gem §§ 929 ff (Verschaffung von Mitbesitz nötig und genügend), bei Grundstücken gem §§ 925, 873 mit GBO 47. Unwirksame Übertragung von Alleineigentum ist grundsätzlich nicht in Einräumung von Miteigentum umdeutbar (LM Nr 19 zu § 932).

3 **3. Übertragung des Anteils (vgl § 747 S 1).** Diese erfolgt kraft RGeschäfts (entspr Rn 2 [b]; BGH 173, 75). Übertragung eines Anteils auf mehrere begründet keine Unterbruchteilsgemeinschaft am Anteil, sondern zerlegt den Anteil am gemeinschaftlichen Eigentum (BGH 13, 141). Übertragung des **gemeinschaftlichen Eigentums** nur durch alle Miteigentümer (§ 747 S 2); der einzelne Miteigentümer ist insoweit Nichtberechtigter (§ 932 Rn 3). Übertragung aller Anteile auf einen macht diesen zum Alleineigentümer.

4 **4. Belastung des Anteils zugunsten eines Miteigentümers oder eines Dritten.** Diese erfolgt nach den Regeln der Eigentumsbelastung (Rn 1). Sie ist möglich nach §§ 1066, 1095, 1106, 1114, 1192 I, 1199, 1258; idR keine Belastung mit Grunddienstbarkeit (BGH 36, 189; s aber § 1018 Rn 3), bp Dienstbarkeit oder Erbbaurecht. Über Belastung des gemeinschaftlichen Eigentums vgl § 1009.

5 **5. Möglichkeit des Ausscheidens. Ausscheiden** ist nur gem § 749 (Aufhebung), nicht entspr § 928 (Verzicht auf Anteil) möglich (BGH 115, 7 ff). Der **Anspruch auf Aufhebung** der Gemeinschaft (§ 749) ist iVm dem Recht auf Teilung (§§ 752 ff) und Auszahlung des Versteigerungserlöses zur Ausübung übertragbar und entspr pfändbar (BGH 90, 215; hM).

§ 1009 Belastung zugunsten eines Miteigentümers

(1) **Die gemeinschaftliche Sache kann auch zugunsten eines Miteigentümers belastet werden.**

(2) **Die Belastung eines gemeinschaftlichen Grundstücks zugunsten des jeweiligen Eigentümers eines anderen Grundstücks sowie die Belastung eines anderen Grundstücks zugunsten der jeweiligen Eigentümer des gemeinschaftlichen Grundstücks wird nicht dadurch ausgeschlossen, dass das andere Grundstück einem Miteigentümer des gemeinschaftlichen Grundstücks gehört.**

1 **Zur Belastung** eines *Anteils* vgl § 1008 Rn 4. **I** erlaubt die Belastung der gemeinschaftlichen Sache (dh des Eigentums) zugunsten eines Miteigentümers, der auf beiden Seiten des Geschäfts auftritt (ges zulässiges Insichgeschäft, StGursky 1). Die Belastung verschafft ihm ein beschränktes dingliches Recht auch am eigenen Eigentumsanteil (zB ist eine Grundschuld insoweit Eigentümer-, iÜ Fremdgrundschuld; vgl BGH NJW 75, 445). **II** gilt für subj-dingliche Rechte (§§ 1018, 1094 II, 1105 II).

§ 1010 Sondernachfolger eines Miteigentümers

(1) **Haben die Miteigentümer eines Grundstücks die Verwaltung und Benutzung geregelt oder das Recht, die Aufhebung der Gemeinschaft zu**

verlangen, für immer oder auf Zeit ausgeschlossen oder eine Kündigungsfrist bestimmt, so wirkt die getroffene Bestimmung gegen den Sondernachfolger eines Miteigentümers nur, wenn sie als Belastung des Anteils im Grundbuch eingetragen ist.

(2) **Die in den §§ 755, 756 bestimmten Ansprüche können gegen den Sondernachfolger eines Miteigentümers nur geltend gemacht werden, wenn sie im Grundbuch eingetragen sind.**

1. Regelungen der Bruchteilseigentümer. Diese Regelungen über Verwaltung, Benutzung und Ausschluss der Aufhebung (§§ 744 f, 749 ff) wirken als (Mit-)Eigentumsbelastung nur bei Eintragung im Grundbuch **gegen den Sondernachfolger, I** (abw von §§ 746, 751 S 1; vgl aber WEG 10 IV); Kenntnis ohne Eintragung genügt nicht. Trotz Eintragung gelten §§ 749 II, III, 750, 751 S 2, InsO 84 II 1.

2. Ansprüche aus §§ 755, 756. Diese können nur bei Eintragung im Grundbuch (Abteilung II, nicht III: StGursky 22, hM) gegen den Sondernachfolger geltend gemacht werden, **II**; Kenntnis ohne Eintragung genügt nicht (vgl Rn 1).

§ 1011 Ansprüche aus dem Miteigentum

Jeder Miteigentümer kann die Ansprüche aus dem Eigentum Dritten gegenüber in Ansehung der ganzen Sache geltend machen, den Anspruch auf Herausgabe jedoch nur in Gemäßheit des § 432.

1. Ansprüche gegen Miteigentümer. Zu **unterscheiden** sind Ansprüche eines Miteigentümers gegen den oder die anderen Miteigentümer (zB auf Beseitigung oder Unterlassung, § 1004, auf Einräumung des Mitbesitzes, § 985; zum Besitzschutz § 866) und gegen Dritte. Nur für Ansprüche gegen Dritte trifft § 1011 eine ergänzende Regelung.

2. Ansprüche gegen Dritte. Gegen Dritte kann jeder Miteigentümer allein vorgehen (zB gem §§ 862, 1004, Klage auf Eigentumsfeststellung). Herausgabe (§§ 861, 985, 1007) kann er aber nur an alle verlangen, § 432 (BGH NJW 93, 937), es sei denn, die anderen können oder wollen den Besitz nicht wieder übernehmen (Rechtsgedanke des § 986 I 2); gleiches gilt für Ansprüche aus § 816 (bei Veräußerung der Sache durch den Dritten gem §§ 892, 932 ff), §§ 987–990, sofern sie im Rechtssinn unteilbar sind (BGH NJW 53, 59). Bei Teilbarkeit kann (nicht: muss; str) jeder Miteigentümer anteilige Leistung an sich fordern. Den Anspruch aus § 917 I (Notwegrecht) können nur alle Miteigentümer gemeinsam geltend machen (BGH NJW 06, 3426).

3. Ges Prozessstandschafter. Der Miteigentümer macht nach § 1011 ein fremdes, weil ihm nicht allein zustehendes Recht geltend. Im Prozess ist er daher **ges Prozessstandschafter** (BGH 149, 3). Klagen mehrere gem § 1011, so sind sie einfache, nicht notwendige Streitgenossen (BGH NJW 92, 1101). Das Urteil wirkt für und gegen die anderen Miteigentümer (aA BGH 92, 354; wie hier bei Zustimmung BGH NJW 85, 2825).

§§ 1012–1017 *(weggefallen)*

Abschnitt 4. Dienstbarkeiten

Vorbemerkungen

1. Dienstbarkeiten. Das BGB fasst unter dem Begriff „Dienstbarkeiten" unterschiedliche dingliche Nutzungsrechte zusammen: **a) Grunddienstbarkeit,** §§ 1018 ff, die nur an einem Grundstück und nur zugunsten des jeweiligen Eigentü-

§ 1018 Buch 3. Abschnitt 4. Dienstbarkeiten

mers eines anderen Grundstücks bestellt werden kann; **b) bp Dienstbarkeit,** §§ 1090 ff, die inhaltlich der Grunddienstbarkeit ähnelt, aber nur zugunsten einer bestimmten Person bestellt werden kann; **c) Nießbrauch,** der an Sachen (§ 1030), Rechten (§ 1068) und an einem Vermögen (§§ 1085, 1089) bestehen kann.

2 **2. Dienstbarkeiten außerhalb des BGB.** Dauerwohnrecht, Dauernutzungsrecht (WEG 31).

3 **3. Erlöschen.** Bes Erlöschensgrund von bp Dienstbarkeiten und Nießbrauch natürlicher Personen in GBBerG 5.

Titel 1. Grunddienstbarkeiten

§ 1018 Gesetzlicher Inhalt der Grunddienstbarkeit

Ein Grundstück kann zugunsten des jeweiligen Eigentümers eines anderen Grundstücks in der Weise belastet werden, dass dieser das Grundstück in einzelnen Beziehungen benutzen darf oder dass auf dem Grundstück gewisse Handlungen nicht vorgenommen werden dürfen oder dass die Ausübung eines Rechts ausgeschlossen ist, das sich aus dem Eigentum an dem belasteten Grundstück dem anderen Grundstück gegenüber ergibt (Grunddienstbarkeit).

1 **1. Allgemeines. a) Die Grunddienstbarkeit ist** eine Belastung des dienenden zugunsten des herrschenden Grundstücks. Der Gebrauchswert des dienenden Grundstücks wird dem herrschenden dienstbar gemacht oder zu dessen Gunsten eingeschränkt. Der darin liegende Vorteil ist Existenzvoraussetzung des Rechts (§ 1019, vgl Anm dort); fehlt er, so ist die Bestellung nichtig. Dienendes und herrschendes Grundstück müssen nicht aneinandergrenzen. Zum Parallelinstitut der
2 *öffentl-rechtlichen Baulast* Weisemann NJW 97, 2857 ff. **b) Berechtigter** ist der jeweilige Eigentümer des herrschenden Grundstücks, Ausübung durch Dritte möglich, zB eines Wegerechts durch Hausgenossen, Besucher, Kunden, Mieter, Pächter des jeweiligen Eigentümers (LM Nr 20). Zur Eigentümergrunddienstbarkeit Rn 8 (b).
3 **c) Belastungsgegenstand:** Grundstück oder grundstücksgleiches Recht (Rn 2 vor § 90), realer Grundstücksteil (vgl GBO 7 III; nicht zu verwechseln mit der Beschränkung der Ausübung auf einen Grundstücksteil, vgl BGH 90, 183 und § 1023 Rn 2); ideeller Bruchteil nur zwecks Ausschlusses teilbarer Befugnisse iSv Rn 6 (Hamm Rpfleger 80, 468 f: Ausschluss von Schadensersatz für Bergschäden; BGH 36, 189 steht nicht entgegen).

4 **2. Inhalt.** § 1018 kennt **drei Möglichkeiten. a) Recht zur Benutzung** des dienenden Grundstücks (nur) in einzelnen (nicht in allen) Beziehungen; dem Eigentümer müssen die hauptsächlichen Nutzungen verbleiben (Schreiber/Berger, Kap 11 Rn 16; aA noch 13. Aufl und hM, vgl BGH NJW 92, 1101; MK/Joost 28, wonach ein wirtschaftlich sinnvolles Nutzungsrecht ausreicht). Einmalige Handlung genügt nicht (hM). Der Berechtigte darf etwas tun, was der Eigentümer auf Grund seines Eigentums „an sich" verbieten könnte, aber infolge der Grundstücksbelastung zu dulden hat (BGH NJW 02, 3023). Bsp: Wegerecht, Recht auf Wasserentnahme, Wasserableitung, Wasserlauf, Verlegungsrecht für Leitungen, Recht auf Entnahme von Bodenbestandteilen wie Sand, Kies, Steine (BGH NJW 02, 3022), Kellernutzungsrecht (BayObLG NJW-RR 05, 604). – Recht auf Betrieb eines Gewerbes, einer Tankstelle usw kann idR *nicht* Gegenstand einer Grunddienstbarkeit sein;
5 Grund: § 1019. **b) Recht zum Verbot** der Vornahme bestimmter einzelner Handlungen auf dem dienenden Grundstück. Der Eigentümer, der die Handlung „an sich" vornehmen könnte, da ein *ges* Verbot fehlt, hat sie zu unterlassen. Hauptfall: Bebauungsbeschränkungen, zB Unterlassung der Bebauung überhaupt oder über eine bestimmte Höhe hinaus (bezweckte Sicherung der Aussicht muss im Grund-

Titel 1. Grunddienstbarkeiten § 1018

buch oder in der Eintragungsbewilligung erkennbar sein, BGH NJW 02, 1798; sa § 873 Rn 35) oder mit einem bestimmten Gebäude (Fabrik, Gaststätte). Sa § 1090 Rn 3–11. **c) Ausschluss von nachbarrechtlichen Befugnissen** aus §§ 903 ff **6** (BayObLG NJW-RR 90, 207), sog vereinbartes Nachbarrecht (Westermann § 122 II 1c). Hauptfall: Pflicht zur Duldung sonst unzulässiger Immissionen (§ 906 Rn 4 [c]). Eine umfassende Duldungspflicht wahrt die notwendige Bestimmtheit (BayObLG NJW-RR 04, 1461). **d) Niemals** kann die Grunddienstbarkeit den **7** Eigentümer des dienenden Grundstücks zu *positivem Tun* verpflichten (allgM); Ausnahme für Nebenpflichten in §§ 1021 f (vgl Anm dort) und allg BGH 106, 350; BayObLG NJW-RR 90, 601. Zur „Umgehung" durch unbeschränktes dingliches Verbot mit obligatorischer Gestattung s § 1090 Rn 9, 11. **e)** Zur Grunddienstbarkeit aus *Wettbewerbsgründen* vgl § 1019 Rn 3, § 1090 Rn 3–11.

3. Entstehung. a) Rechtsgeschäftlich durch Einigung und Eintragung im **8** Grundbuch des dienenden Grundstücks, §§ 873 f. Diese Eintragung ist für §§ 891 f maßgebend. Eintragung im Grundbuch (Bestandsverzeichnis) des herrschenden Grundstücks ist nur deklaratorischer Vermerk (vgl GBO 9, GBV 7). Einigung ist materiellrechtlich formfrei, sie kann bedingt oder befristet sein. Die Eintragung muss den Inhalt des Rechts (Rn 4–6) schlagwortartig umreißen (zB Wegerecht). Der Inhalt der Dienstbarkeit ist dabei so genau zu bezeichnen, dass er auf Grund obj Umstände bestimmbar und für einen Dritten erkennbar und verständlich ist (Brandenburg FGPrax 09, 100; München NZM 10, 597). Nur „zur näheren Bezeichnung" des Rechtsinhalts kann auf die Eintragungsbewilligung Bezug genommen werden, § 874 (Bsp BayObLG NJW-RR 04, 1460 f; NJW-RR 05, 1178 f). Daneben kann auch auf geltende inländische Ges verwiesen werden, wenn diese in einer amtlichen Gesetzessammlung veröffentlicht und allg zugänglich sind; eine Bezugnahme ist zB zum örtl geltende Bauvorschrift genügt hingegen nicht (München MittBayNot 08, 380). Zum idR zugrundeliegenden Kausalgeschäft vgl BGH NJW 74, 2123 f. Der Anspruch auf Bestellung („Begründung") der Grunddienstbarkeit ist abtretbar (BGH NJW 10, 1074) und **verjährt** in zehn Jahren, §§ 196, 200. **b) Eine Eigentümergrunddienstbarkeit** kann entspr § 1196 II durch einseitige Erklärung des Eigentümers und Eintragung begründet werden (RG 142, 234 ff). Hier gehören herrschendes und dienendes Grundstück ders Person. **c) Ersitzung,** § 900 II 1 mit § 1029. **d) Hoheitsakt** als Entstehungsgrund, zB FlurbG 49 I 4 mit 1, BauGB 61 I.

4. Inhaltsänderung. § 877; vgl auch § 1023 und dort Rn 2. Anspruch auf **9** Inhaltsänderung **verjährt** in zehn Jahren, §§ 196, 200. Umwandlung in bp Dienstbarkeit und umgekehrt ist ausgeschlossen.

5. Inhalt und Umfang des Rechts. Inhalt und Umfang des Rechts sind *wandel-* **10** *bar*. Maßgebend ist das jeweilige Bedürfnis des herrschenden Grundstücks unter Berücksichtigung der wirtschaftlichen und technischen Entwicklung; dementspr kann sich der Rechtsinhalt verändern, der Umfang einengen oder erweitern (BGH 106, 350). Eine stärkere Beeinträchtigung des dienenden Grundstücks ist aber nur dann von dem Zweck der Grunddienstbarkeit gedeckt, wenn die Benutzung des herrschenden Grundstücks artgleich geblieben ist (Bsp: früher Pferdefuhrwerk, heute Kfz, BGH NJW 67, 1610; NJW-RR 06, 239) und die Verhältnisse des herrschenden Grundstücks sich nicht durch Willkür oder in völlig unvorhersehbarer Weise geändert haben (BGH NJW-RR 06, 239). **Lit:** Grziwotz NJW 08, 1851.

6. Übertragbarkeit. Die Grunddienstbarkeit ist wegen ihres Zwecks (Rn 1) **11** **nicht** selbstständig, sondern nur mit dem Eigentum am herrschenden Grundstück zusammen **übertragbar** (§ 96 Rn 1; Erwerb nach § 892 möglich: Frankfurt/M Rpfleger 79, 418), daher weder selbstständig **belastbar** (vgl §§ 1069 II, 1274 II) noch **pfändbar** (ZPO 857 III).

§§ 1019–1021

12 **7. Erlöschen.** Das Recht erlischt durch **a) rechtsgeschäftliche Aufhebung** (§§ 875, 876, GBO 21); der Anspruch auf Aufhebung **verjährt** in zehn Jahren, §§ 196, 200. Erlöschen ferner durch Eintritt auflösender, Ausfall aufschiebender Bedingung oder Befristung; **b) Grundstücksteilung** gem §§ 1025 S 2, 1026; **c) Buchversitzung,** § 901; **d) Ersitzung** der Freiheit, § 1028; **e) endgültigen Wegfall des Vorteils** für das herrschende Grundstück (arg §§ 1019, 1025 S 2) oder endgültigen Ausschluss der Ausübung (BGH NJW-RR 88, 1230), s § 1019 Rn 1; **f) Untergang** des herrschenden oder dienenden Grundstücks (LM Nr 1 zu § 1020); **g) Enteignung,** zB FlurbG 49 I 1, BauGB 86 I Nr 2. **h)** Anspruch auf **Rechtsverzicht** besteht gem § 242 (unzulässige Rechtsausübung), wenn infolge unvorhersehbarer tatsächlicher Veränderungen der Nutzen des Rechts für das herrschende Grundstück in keinem Verhältnis zum Schaden für das dienende Grundstück steht, die Veränderung endgültig ist und ihr nur durch Rechtsverzicht Rechnung getragen werden kann (RG 169, 183). BGH NJW 67, 1610 mN lässt offen.

§ 1019 Vorteil des herrschenden Grundstücks

¹**Eine Grunddienstbarkeit kann nur in einer Belastung bestehen, die für die Benutzung des Grundstücks des Berechtigten Vorteil bietet.** ²**Über das sich hieraus ergebende Maß hinaus kann der Inhalt der Dienstbarkeit nicht erstreckt werden.**

1 **1. S 1.** Dieser bestimmt zwingend (S 2) und zusammen mit § 1018 den Zweck und Inhalt des Rechts. Verstoß gegen S 1 macht die Bestellung nichtig. Ist die Ausübung durch Veränderung eines der betroffenen Grundstücke ausgeschlossen oder fällt der Vorteil nach Bestellung des Rechts obj und endgültig weg, so erlischt die Grunddienstbarkeit (BGH NJW 08, 3124).

2 **2. Vorteil. Dem herrschenden Grundstück** muss das Recht einen **Vorteil** bieten (künftiger Vorteil, mit dessen Eintritt obj idR zu rechnen ist, genügt, BGH
3 106, 351). **a) Nicht genügt** ein Vorteil für den Eigentümer persönlich. Daher kann ein Wettbewerbsverbot idR nicht durch eine Grunddienstbarkeit verdinglicht
4 werden; möglich ist eine bp Dienstbarkeit (§ 1090 Rn 3–9). **b) Der Vorteil** muss im privaten (nicht öffentl) Interesse liegen sowie wirtschaftlicher Natur und zumindest von mittelbarer Wirkung sein (BGH NJW 83, 116) Bsp § 1018 Rn 4 ff. Wertsteigerung des herrschenden Grundstücks ist weder nötig noch ausreichend.
5 **c)** Durch **S 2** ist der „Vorteil" (S 1) auf den obj Nutzen für das herrschende Grundstück begrenzt.

§ 1020 Schonende Ausübung

¹**Bei der Ausübung einer Grunddienstbarkeit hat der Berechtigte das Interesse des Eigentümers des belasteten Grundstücks tunlichst zu schonen.** ²**Hält er zur Ausübung der Dienstbarkeit auf dem belasteten Grundstück eine Anlage, so hat er sie in ordnungsmäßigem Zustand zu erhalten, soweit das Interesse des Eigentümers es erfordert.**

§ 1021 Vereinbarte Unterhaltungspflicht

(1) ¹**Gehört zur Ausübung einer Grunddienstbarkeit eine Anlage auf dem belasteten Grundstück, so kann bestimmt werden, dass der Eigentümer dieses Grundstücks die Anlage zu unterhalten hat, soweit das Interesse des Berechtigten es erfordert.** ²**Steht dem Eigentümer das Recht zur Mitbenutzung der Anlage zu, so kann bestimmt werden, dass der Berechtigte die Anlage zu unterhalten hat, soweit es für das Benutzungsrecht des Eigentümers erforderlich ist.**

Titel 1. Grunddienstbarkeiten §§ 1020–1023

(2) **Auf eine solche Unterhaltungspflicht finden die Vorschriften über die Reallasten entsprechende Anwendung.**

§ 1022 Anlagen auf baulichen Anlagen

¹**Besteht die Grunddienstbarkeit in dem Recht, auf einer baulichen Anlage des belasteten Grundstücks eine bauliche Anlage zu halten, so hat, wenn nicht ein anderes bestimmt ist, der Eigentümer des belasteten Grundstücks seine Anlage zu unterhalten, soweit das Interesse des Berechtigten es erfordert.** ²**Die Vorschrift des § 1021 Abs. 2 gilt auch für diese Unterhaltungspflicht**

Anmerkungen zu den §§ 1020–1022

1. Allgemeines. Zwischen dem Berechtigten (§ 1018) und dem Eigentümer des dienenden Grundstücks besteht ein **ges Schuldverhältnis** (BGH 106, 350; NJW 08, 3704). Aus ihm folgen für beide Beteiligten Rechte und Pflichten. Vertragliche Absprachen gehen vor (BGH NJW 94, 2758). 1

2. Ges (daher nicht eintragungsfähige) Hauptpflicht des Berechtigten. Diese besteht darin, sein Recht möglichst schonend auszuüben (§ 1020 S 1), zB eine Anlage nur an bestimmter Stelle des Grundstücks zu errichten (KG NJW 73, 1128 f). Bei Verstoß: § 1004 (BGH NJW 65, 1229; 08, 3704), Schadensersatz wegen Verletzung des ges Schuldverhältnisses (Rn 1; BGH 161, 123 f), § 823; sa § 1018 Rn 12 (h): Anspruch auf Verzicht. 2

3. Pflicht zur Unterhaltung einer Anlage (Damm, Wasserleitung, Graben usw; vgl § 907 Rn 2 [a]). Verpflichtet ist **a) kraft Ges** der Berechtigte, der die Anlage hält (§ 1020 S 2; dazu BGH 161, 118 f; NJW 11, 1351). Das „Interesse des Eigentümers" fordert nur den Schutz vor Schädigung (s BGH 161, 122 f insbes bei Recht des Eigentümers zur Mitbenutzung), nicht die Betriebsfähigkeit der Anlage. § 1020 S 2 wird durch § 1022 ergänzt (Bsp: Recht auf Anbau an eine Grenzmauer, die völlig auf dem dienenden Grundstück steht); **b) kraft Vereinbarung** der Eigentümer (§ 1021 I 1) oder der Berechtigte (§ 1021 I 2), ferner § 1022 S 1. Vereinbarung ist eintragungsbedürftig, §§ 873, 874, 877; Bezugnahme auf die Eintragungsbewilligung genügt (vgl § 1018 Rn 8 [a]). **c) Nur Nebenpflicht** darf die Pflicht für den Eigentümer des dienenden Grundstücks sein (allg BGH 106, 350), sonst Bestellung einer Reallast nötig. §§ 1021 II, 1022 S 2 machen Nebenpflicht nicht zur Reallast, weil §§ 1105 ff nur entspr anzuwenden sind. 3

4

5

§ 1023 Verlegung der Ausübung

(1) ¹**Beschränkt sich die jeweilige Ausübung einer Grunddienstbarkeit auf einen Teil des belasteten Grundstücks, so kann der Eigentümer die Verlegung der Ausübung auf eine andere, für den Berechtigten ebenso geeignete Stelle verlangen, wenn die Ausübung an der bisherigen Stelle für ihn besonders beschwerlich ist; die Kosten der Verlegung hat er zu tragen und vorzuschießen.** ²**Dies gilt auch dann, wenn der Teil des Grundstücks, auf den sich die Ausübung beschränkt, durch Rechtsgeschäft bestimmt ist.**

(2) **Das Recht auf die Verlegung kann nicht durch Rechtsgeschäft ausgeschlossen oder beschränkt werden.**

1. Recht auf Verlegung. Dieses steht dem Eigentümer des dienenden Grundstücks unabdingbar (II) zu. Es konkretisiert die Pflicht des Berechtigten aus § 1020 S 1 (BGH WM 81, 499). 1

§§ 1024–1027

2 **2. Voraussetzungen.** Die *Belastung* ergreift das ganze Grundstück (vgl § 1018 Rn 3; zur Bestimmtheit BGH NJW 82, 1039), und nur die *Ausübung* ist naturgegeben (zB Fahrtrecht) *oder* rechtsgeschäftlich (I 2; zur Bestimmtheit BayObLG Rpfleger 84, 12 f) auf Grundstücksteil beschränkt. Verlegung ändert jedenfalls im zweiten Fall den Rechtsinhalt, daher Eintragung nötig (BGH NJW-RR 06, 238).

§ 1024 Zusammentreffen mehrerer Nutzungsrechte

Trifft eine Grunddienstbarkeit mit einer anderen Grunddienstbarkeit oder einem sonstigen Nutzungsrecht an dem Grundstück dergestalt zusammen, dass die Rechte nebeneinander nicht oder nicht vollständig ausgeübt werden können, und haben die Rechte gleichen Rang, so kann jeder Berechtigte eine den Interessen aller Berechtigten nach billigem Ermessen entsprechende Regelung der Ausübung verlangen.

1 Betrifft das Zusammentreffen *gleichrangiger* konkurrierender Nutzungsrechte, zB mehrerer Weiderechte. Bei *verschiedenem* Rang geht das besserrangige Recht (§ 879) vor. Eigentum ist kein „sonstiges Nutzungsrecht" (BGH NJW 08, 3704). Jeder Berechtigte hat Anspruch auf sachgerechte Rechtsbegrenzung (eintragungsbedürftige Inhaltsänderung, § 877, str); ggf Klage auf Zustimmung zu beantragter Regelung; Vollstreckung: ZPO 894.

§ 1025 Teilung des herrschenden Grundstücks

¹Wird das Grundstück des Berechtigten geteilt, so besteht die Grunddienstbarkeit für die einzelnen Teile fort; die Ausübung ist jedoch im Zweifel nur in der Weise zulässig, dass sie für den Eigentümer des belasteten Grundstücks nicht beschwerlicher wird. ²Gereicht die Dienstbarkeit nur einem der Teile zum Vorteil, so erlischt sie für die übrigen Teile.

§ 1026 Teilung des dienenden Grundstücks

Wird das belastete Grundstück geteilt, so werden, wenn die Ausübung der Grunddienstbarkeit auf einen bestimmten Teil des belasteten Grundstücks beschränkt ist, die Teile, welche außerhalb des Bereichs der Ausübung liegen, von der Dienstbarkeit frei.

Anmerkungen zu den §§ 1025, 1026

1 **1. Teilung des herrschenden oder dienenden Grundstücks.** Diese lässt das Recht idR unberührt (BGH NJW 02, 3023). Teilung des herrschenden Grundstücks vervielfältigt die Berechtigung (str, s MK/Joost § 1025 Rn 2); deren Ausübung darf den Eigentümer des dienenden Grundstücks iZw nicht stärker als vor der Teilung beschweren, § 1025 S 1 HS 2.

2 **2. Erlöschen gem §§ 1025 S 2, 1026.** Dieses folgt aus § 1019 S 1. § 1026 setzt voraus, dass *rechtlich,* nicht nur tatsächlich, die Ausübung auf bestimmten Grundstücksteil beschränkt ist (BayObLG DNotZ 89, 166; BGH NJW 02, 3023).

§ 1027 Beeinträchtigung der Grunddienstbarkeit

Wird eine Grunddienstbarkeit beeinträchtigt, so stehen dem Berechtigten die in § 1004 bestimmten Rechte zu.

1 **1. Beeinträchtigung.** Dies ist jede Rechtsbehinderung. **Berechtigt** ist der Berechtigte der Dienstbarkeit, idR der jeweilige (Mit-)Eigentümer des herrschenden

Grundstücks (BGH NJW-RR 99, 167). **Verpflichtet** zur Beseitigung oder Unterlassung ist jeder Störer (der Eigentümer oder ein Dritter, zB Mieter); § 1004 I gibt keinen Schadensersatzanspruch (§ 1004 Rn 6 [b]). Anspruch verjährt nicht (BGH NJW 11, 518; vgl § 902 Rn 1). Muss der Eigentümer des herrschenden Grundstücks die Beeinträchtigung dulden, so ist der Anspruch ausgeschlossen, § 1004 II.

2. Überbau. Bei Beeinträchtigung durch Überbau gelten **§§ 912 ff entspr** (§ 912 Rn 11). 2

§ 1028 Verjährung

(1) ¹Ist auf dem belasteten Grundstück eine Anlage, durch welche die Grunddienstbarkeit beeinträchtigt wird, errichtet worden, so unterliegt der Anspruch des Berechtigten auf Beseitigung der Beeinträchtigung der Verjährung, auch wenn die Dienstbarkeit im Grundbuch eingetragen ist. ²Mit der Verjährung des Anspruchs erlischt die Dienstbarkeit, soweit der Bestand der Anlage mit ihr in Widerspruch steht.

(2) Die Vorschrift des § 892 findet keine Anwendung.

1. Verjährung trotz Eintragung der Grunddienstbarkeit. Der Anspruch auf 1 Beseitigung (§ 1027) **verjährt** (§§ 195, 199 I, MK/Joost 1), auch wenn die Grunddienstbarkeit eingetragen ist (abw von § 902 I 1). Diese **erlischt** kraft Ges, wenn der Anspruch verjährt ist, soweit der Bestand der Anlage mit der (erloschenen) Dienstbarkeit in Widerspruch steht, I 2; kein Erwerb gem § 892, II.

2. Anlage. Begriff der Anlage: § 907 Rn 2 (a). 2

§ 1029 Besitzschutz des Rechtsbesitzers

Wird der Besitzer eines Grundstücks in der Ausübung einer für den Eigentümer im Grundbuch eingetragenen Grunddienstbarkeit gestört, so finden die für den Besitzschutz geltenden Vorschriften entsprechende Anwendung, soweit die Dienstbarkeit innerhalb eines Jahres vor der Störung, sei es auch nur einmal, ausgeübt worden ist.

1. Besitzschutz. Der **Rechtsbesitz** an der Grunddienstbarkeit genießt **Besitz-** 1 **schutz** gem §§ 858 ff.

2. Voraussetzungen. a) Sachbesitz am herrschenden Grundstück, gleichgül- 2 tig, ob unmittelbarer, mittelbarer (§ 869), Fremd-, Eigen-, Allein- oder Mitbesitz; für Besitzdiener s § 860. Mieter, Pächter des herrschenden Grundstücks sind daher geschützt. **b) Eintragung** der Grunddienstbarkeit für den Eigentümer (nicht den 3 Besitzer) des herrschenden Grundstücks (vgl § 1018 Rn 8 [a]). Die Eintragung kann unrichtig sein. Ohne Eintragung kein Besitzschutz. **c) Mindestens einmalige Aus-** 4 **übung** des Rechts im letzten Jahr vor der Störung. Ausübung durch Dritten im Interesse des Besitzers genügt (zB Wegebenutzung durch Besucher).

3. Hat der Berechtigte (Rn 2 [a]) **Besitz an einer Anlage** auf dem dienenden 5 Grundstück, so gelten insoweit die §§ 858 ff unmittelbar und ohne die Schranken des § 1029.

Titel 2. Nießbrauch

Vorbemerkungen

1. Begriff. Der Nießbrauch ist eine persönliche Dienstbarkeit. Er berechtigt 1 eine bestimmte (natürliche oder jur) Person oder rechtsfähige Personengesellschaft

§ 1030 Buch 3. Abschnitt 4. Dienstbarkeiten

(§ 1059a II), grundsätzlich alle Nutzungen eines Gegenstands zu ziehen. Zur Unterscheidung von den beiden anderen Dienstbarkeiten Rn 1 vor § 1018. Er ist unvererblich (§ 1061) und unübertragbar (§ 1059 S 1; Ausnahme § 1059a).

2 2. **Zweck.** Die Bestellung soll idR die wirtschaftliche Versorgung des Nießbrauchers **(Versorgungsnießbrauch)** sichern; Hauptbsp: Nießbrauch am Nachlass für hinterbliebenen Ehegatten (§ 1089) bei gleichzeitiger Erbeinsetzung von Kindern. Früher spielte der Nießbrauch an Grundstücken zur Befriedigung des Gläubigers aus den Nutzungen (irreführend **Sicherungsnießbrauch** genannt) eine erhebliche Rolle; als Sicherungsnießbrauch wird auch der (zulässige) Nießbrauch zur Sicherung eines bestehenden Miet- oder Pachtverhältnisses bezeichnet (BFH NJW 98, 3144). Einräumung der Verfügungsmacht über den belasteten Gegenstand (sog **Verfügungsnießbrauch**) kann **nicht** Gegenstand des Nießbrauchs sein; das widerspräche dem numerus clausus der Sachenrechte (vgl Rn 3 vor § 854); schuldrechtlich vereinbartes Verfügungsrecht ist zulässig (BGH NJW 82, 32). Ges Verfügungsermächtigungen des Nießbrauchers in §§ 1048, 1074, 1087 II 2.

3 3. **Entstehung. a) Durch RGeschäft** an *beweglichen Sachen,* § 1032; an *Grundstücken* und grundstücksgleichen Rechten, §§ 873 f; an *Rechten,* §§ 1069 I, 1080, 1081 II, 1084. Das Bestellungsgeschäft enthält eine Verfügung über das belastete Recht (vgl § 873 Rn 13). Dieses Geschäft ist zu unterscheiden (1.) von dem zugrundeliegenden *Verpflichtungsvertrag* zur Nießbrauchsbestellung zwischen Besteller und Nießbraucher (idR formlos gültig, BGH NJW 74, 2123; Ausnahme § 311b III) und (2.) von dem mit Entstehung des Nießbrauchs begründeten *ges Schuldverhältnis* zwischen Eigentümer und Nießbraucher (vgl insbes §§ 1035, 1036 II, 1041–1055, 1057 und allg BGH 95, 146 f; zur Haftung bei Verletzung des ges Schuldverhältnisses **4** § 1036 Rn 2, § 1050 Rn 2). **b) Kraft Ges.** Hauptfälle **aa)** Surrogation, § 1066 (dort Rn 3), 1075 (§§ 1074–1080 Rn 4); **bb)** Ersitzung, § 900 II 1 mit § 1036 I; § 1033; **cc)** FlurbG 68; BauGB 63 I.

5 4. **Erlöschensgründe. a) Aufhebung,** §§ 875, 1062, 1064, 1072. **b) Eintritt auflösender Bedingung** oder des Endtermins, §§ 158 II, 163. **c) Kraft Ges.** Hauptbsp: §§ 1061 (Ausnahme § 1059a), 1063 I (Ausnahme in II), 1072, 901, GBBerG 5. **d) Hoheitsakt.** Bsp: Enteignung gem FlurbG 49 I 1, BauGB 86 I Nr 2; Zuschlag, ZVG 91, 52 I, 44 I, 49 I (zum Wertersatzanspruch vgl ZVG 92, 121). **e) Untergang** des Gegenstands (aber kein Erlöschen des Grundstücksnießbrauchs durch Zerstörung des Gebäudes, LM Nr 10 zu § 1090; sa § 1046). – **Kein Erlöschen** durch Konsolidation beim Grundstücksnießbrauch, § 889 (idR anders bei Nießbrauch an beweglichen Sachen, § 1063; sa § 1072 für Rechtsnießbrauch).

Untertitel 1. Nießbrauch an Sachen

§ 1030 Gesetzlicher Inhalt des Nießbrauchs an Sachen

(1) **Eine Sache kann in der Weise belastet werden, dass derjenige, zu dessen Gunsten die Belastung erfolgt, berechtigt ist, die Nutzungen der Sache zu ziehen (Nießbrauch).**

(2) **Der Nießbrauch kann durch den Ausschluss einzelner Nutzungen beschränkt werden.**

Lit: Schön, Der Nießbrauch an Sachen, 1992.

1 1. **Allgemeines.** Vgl Anm vor § 1030.

2 2. **Bestellung.** An beweglichen Sachen: § 1032; an Grundstücken (auch Wohnungseigentum) und grundstücksgleichen Rechten: §§ 873 f. Ideeller Bruchteil ist belastbar; bei Grundstücken auch realer Teil (MK/Pohlmann 30). Zum sog *Quotennießbrauch* (nach II zulässiger Nießbrauch am insgesamt belasteten Gegenstand, aber

Titel 2. Nießbrauch §§ 1031, 1032

Nutzungen nur zu bestimmter Quote) BGH NJW-RR 03, 1291. Ergriffen werden alle wesentlichen Bestandteile (§§ 93, 94); die unwesentlichen, wenn sie dem Eigentümer der belasteten Sache gehören, sonst Erwerb gem §§ 1032, 892; subj-dingliche Rechte (§ 96), soweit Ausübung übertragbar. Erfasst werden ein wiederaufgebautes Haus (BGH JZ 64, 369), Versicherungsforderungen (§ 1046).

3. Nießbraucher. Berechtigt können nur eine oder mehrere (gem § 428: BGH 3 NJW 81, 177; nicht gem § 432: München NJW 09, 3310) bestimmte natürliche oder jur Personen sein, ferner rechtsfähige Personengesellschaften iSv § 1059a II (§§ 1059a–1059e Rn 2). Berechtigter kann *auch der Eigentümer* sein, nach hM aber nur bei Grundstücksnießbrauch, obwohl auch für Fahrnisnießbrauch Bedürfnis besteht (s § 107 Rn 5; StFrank 36); str ist, ob im Einzelfall ein rechtliches (v. Lübtow NJW 62, 275 ff), wirtschaftliches (RGRK/Rothe 5) oder überhaupt kein Interesse des Eigentümers bestehen muss (letztere Ansicht ist vorzuziehen, MK/Pohlmann 24, sa BGH NJW 11, 3517).

4. Inhalt. a) Das Recht, **alle Nutzungen** (§ 100) zu ziehen, einschließlich 4 Sachbesitz (§ 1036 I), Recht zur Vermietung und Verpachtung. In ein bereits bestehendes Miet- oder Pachtverhältnis mit erfolgter Überlassung tritt der Nießbraucher ein (§§ 566, 578 I, 581 II, 593b); die Zinsforderungen stehen ihm ab Nießbrauchsbestellung als eigenes Recht zu (RG 124, 329; sa BGH NJW 06, 52), dennoch sind zur Rechtsverstärkung (vgl § 1124 I 2) die Abtretung dieser Forderungen an und die Pfändung durch ihn zulässig (str). Der Eigentümer hat nur zu dulden, nichts zu leisten. **b) Einzelne** Nutzungen können **ausgeschlossen** werden, II (ie BayObLG 5 DNotZ 86, 152 f; sa § 1036 Rn 1). Der Ausschluss ist eintragungsbedürftig. Die Einräumung einzelner Nutzungen für bestimmte Personen ist nur als bp Dienstbarkeit zulässig, § 1090 I.

§ 1031 Erstreckung auf Zubehör

Mit dem Nießbrauch an einem Grundstück erlangt der Nießbraucher den Nießbrauch an dem Zubehör nach der für den Erwerb des Eigentums geltenden Vorschrift des § 926.

§ 926 gibt Auslegungsregel. § 1031 erfasst nur das bei der Nießbrauchsbestellung 1 vorhandene Zubehör, für später angeschafftes gilt allein § 1032. Zum Verpflichtungsvertrag (Rn 3 vor § 1030) vgl § 311c.

§ 1032 Bestellung an beweglichen Sachen

¹Zur Bestellung des Nießbrauchs an einer beweglichen Sache ist erforderlich, dass der Eigentümer die Sache dem Erwerber übergibt und beide darüber einig sind, dass diesem der Nießbrauch zustehen soll. ²Die Vorschriften des § 929 Satz 2, der §§ 930 bis 932 und der §§ 933 bis 936 finden entsprechende Anwendung; in den Fällen des § 936 tritt nur die Wirkung ein, dass der Nießbrauch dem Recht des Dritten vorgeht.

Die Nießbrauchsbestellung an **beweglichen Sachen** entspricht der Eigentums- 1 übertragung. Einigung und Übergabe(ersatz) müssen auch das Zubehör erfassen. § 1031 gilt nur für Grundstückszubehör. Bestellung gem § 930 auch möglich, wenn Nießbraucher niemals unmittelbaren Besitz erhalten soll (LM Nr 1 zu § 2203). S 2 HS 2 modifiziert § 936: Mangelnde Bösgläubigkeit wirkt nicht rechtsvernichtend, sondern bloß vorrangbegründend.

§ 1033 Erwerb durch Ersitzung

¹Der Nießbrauch an einer beweglichen Sache kann durch Ersitzung erworben werden. ²Die für den Erwerb des Eigentums durch Ersitzung geltenden Vorschriften finden entsprechende Anwendung

1 1. **Bewegliche Sachen.** Für Nießbrauchserwerb an **beweglichen Sachen** gelten §§ 937–942 entspr, für jur Personen und rechtsfähige Personengesellschaften iSv § 1059a II (iVm § 14 II) auch §§ 943, 944 (arg §§ 1059, 1059a). § 945 wird modifiziert entspr § 1032 S 2 HS 2 (§ 1032 Rn 1).

2 2. **Grundstücke.** Für diese vgl § 900 II 1 mit § 1036 I.

§ 1034 Feststellung des Zustands

¹Der Nießbraucher kann den Zustand der Sache auf seine Kosten durch Sachverständige feststellen lassen. ²Das gleiche Recht steht dem Eigentümer zu.

1 Zustandsfeststellung ist wichtig für die Rückgabe, § 1055. Verfahren: FamFG 410 Nr 2, 411 II, 412 Nr 2, 414. Besteller ist in S 2 nicht genannt, doch gelten für ihn die Eigentumsvermutungen der §§ 891 I, 1006.

§ 1035 Nießbrauch an Inbegriff von Sachen; Verzeichnis

¹Bei dem Nießbrauch an einem Inbegriff von Sachen sind der Nießbraucher und der Eigentümer einander verpflichtet, zur Aufnahme eines Verzeichnisses der Sachen mitzuwirken. ²Das Verzeichnis ist mit der Angabe des Tages der Aufnahme zu versehen und von beiden Teilen zu unterzeichnen; jeder Teil kann verlangen, dass die Unterzeichnung öffentlich beglaubigt wird. ³Jeder Teil kann auch verlangen, dass das Verzeichnis durch die zuständige Behörde oder durch einen zuständigen Beamten oder Notar aufgenommen wird. ⁴Die Kosten hat derjenige zu tragen und vorzuschießen, welcher die Aufnahme oder die Beglaubigung verlangt.

1 Ergänzung von § 1034. Inbegriff von Sachen: Rn 5 vor § 90.

§ 1036 Besitzrecht; Ausübung des Nießbrauchs

(1) Der Nießbraucher ist zum Besitz der Sache berechtigt.

(2) Er hat bei der Ausübung des Nutzungsrechts die bisherige wirtschaftliche Bestimmung der Sache aufrechtzuerhalten und nach den Regeln einer ordnungsmäßigen Wirtschaft zu verfahren.

1 1. **Recht am Besitz.** Der Nießbraucher hat ein dingliches, gegen jedermann wirkendes **Recht zum** – idR, aber nicht notwendigerweise (BGH NJW 03, 2164; sa § 1032 Rn 1) unmittelbaren (vgl aber § 1032 Rn 1) – **Besitz, I.** Völliger Ausschluss des Besitzrechts (vgl § 1030 II) macht Nießbrauchsbestellung unwirksam (Hamm Rpfleger 83, 144). Besitzschutz gem §§ 858 ff.

2 2. **Maßgebender Zeitpunkt für II.** Dieser ist die Entstehung des Nießbrauchs. Aufrechterhalten verlangt uU ein Tun. Schuldhafter Verstoß gegen II verletzt das ges Schuldverhältnis (Rn 3 vor § 1030), daher § 278 anwendbar.

§ 1037 Umgestaltung

(1) Der Nießbraucher ist nicht berechtigt, die Sache umzugestalten oder wesentlich zu verändern.

(2) Der Nießbraucher eines Grundstücks darf neue Anlagen zur Gewinnung von Steinen, Kies, Sand, Lehm, Ton, Mergel, Torf und sonstigen Bodenbestandteilen errichten, sofern nicht die wirtschaftliche Bestimmung des Grundstücks dadurch wesentlich verändert wird.

Ergänzung von § 1036 II. Unwesentliche Veränderungen zum Zweck ordnungsmäßiger Wirtschaft (vgl § 1036 II) sind erlaubt. I kann nicht mit dinglicher Wirkung abbedungen werden (KG Rpfleger 92, 15). II enthält Ausnahme von I. 1

§ 1038 Wirtschaftsplan für Wald und Bergwerk

(1) ¹Ist ein Wald Gegenstand des Nießbrauchs, so kann sowohl der Eigentümer als der Nießbraucher verlangen, dass das Maß der Nutzung und die Art der wirtschaftlichen Behandlung durch einen Wirtschaftsplan festgestellt werden. ²Tritt eine erhebliche Änderung der Umstände ein, so kann jeder Teil eine entsprechende Änderung des Wirtschaftsplans verlangen. ³Die Kosten hat jeder Teil zur Hälfte zu tragen.

(2) Das Gleiche gilt, wenn ein Bergwerk oder eine andere auf Gewinnung von Bodenbestandteilen gerichtete Anlage Gegenstand des Nießbrauchs ist.

Langfristige Wirtschaftsplanung wird durch verbindliche Planfeststellung gesichert. Klage auf Zustimmung zu einem detaillierten Plan möglich und uU nötig, Vollstreckung gem ZPO 894. Sa § 2123. 1

§ 1039 Übermäßige Fruchtziehung

(1) ¹Der Nießbraucher erwirbt das Eigentum auch an solchen Früchten, die er den Regeln einer ordnungsmäßigen Wirtschaft zuwider oder die er deshalb im Übermaß zieht, weil dies infolge eines besonderen Ereignisses notwendig geworden ist. ²Er ist jedoch, unbeschadet seiner Verantwortlichkeit für ein Verschulden, verpflichtet, den Wert der Früchte dem Eigentümer bei der Beendigung des Nießbrauchs zu ersetzen und für die Erfüllung dieser Verpflichtung Sicherheit zu leisten. ³Sowohl der Eigentümer als der Nießbraucher kann verlangen, dass der zu ersetzende Betrag zur Wiederherstellung der Sache insoweit verwendet wird, als es einer ordnungsmäßigen Wirtschaft entspricht.

(2) Wird die Verwendung zur Wiederherstellung der Sache nicht verlangt, so fällt die Ersatzpflicht weg, soweit durch den ordnungswidrigen oder den übermäßigen Fruchtbezug die dem Nießbraucher gebührenden Nutzungen beeinträchtigt werden.

Fruchterwerb des Nießbrauchers tritt ein mit Trennung (§ 954, Ausnahmen in §§ 955–957), auch bei Raubbau oder Übermaß (I 1), bei Verstoß gegen Wirtschaftsplan (§ 1038) oder bisherige wirtschaftliche Bestimmung (§ 1036 II); zu Früchten iSv § 99 III sa § 1030 Rn 4. Das dingliche Fruchtziehungsrecht des Nießbrauchers geht weiter als seine Befugnisse auf Grund des ges Schuldverhältnisses (Rn 3 vor § 1030), daher Ausgleichsregelung in I 2, 3, II. I 2 kann nicht mit dinglicher Wirkung abbedungen werden (BayObLG Rpfleger 77, 252). 1

§ 1040 Schatz

Das Recht des Nießbrauchers erstreckt sich nicht auf den Anteil des Eigentümers an einem Schatze, der in der Sache gefunden wird.

Vgl § 984. 1

§ 1041 Erhaltung der Sache

¹Der Nießbraucher hat für die Erhaltung der Sache in ihrem wirtschaftlichen Bestand zu sorgen. ²Ausbesserungen und Erneuerungen liegen ihm nur insoweit ob, als sie zu der gewöhnlichen Unterhaltung der Sache gehören.

§ 1042 Anzeigepflicht des Nießbrauchers

¹Wird die Sache zerstört oder beschädigt oder wird eine außergewöhnliche Ausbesserung oder Erneuerung der Sache oder eine Vorkehrung zum Schutze der Sache gegen eine nicht vorhergesehene Gefahr erforderlich, so hat der Nießbraucher dem Eigentümer unverzüglich Anzeige zu machen. ²Das Gleiche gilt, wenn sich ein Dritter ein Recht an der Sache anmaßt.

§ 1043 Ausbesserung oder Erneuerung

Nimmt der Nießbraucher eines Grundstücks eine erforderlich gewordene außergewöhnliche Ausbesserung oder Erneuerung selbst vor, so darf er zu diesem Zwecke innerhalb der Grenzen einer ordnungsmäßigen Wirtschaft auch Bestandteile des Grundstücks verwenden, die nicht zu den ihm gebührenden Früchten gehören.

§ 1044 Duldung von Ausbesserungen

Nimmt der Nießbraucher eine erforderlich gewordene Ausbesserung oder Erneuerung der Sache nicht selbst vor, so hat er dem Eigentümer die Vornahme und, wenn ein Grundstück Gegenstand des Nießbrauchs ist, die Verwendung der im § 1043 bezeichneten Bestandteile des Grundstücks zu gestatten.

§ 1045 Versicherungspflicht des Nießbrauchers

(1) ¹Der Nießbraucher hat die Sache für die Dauer des Nießbrauchs gegen Brandschaden und sonstige Unfälle auf seine Kosten unter Versicherung zu bringen, wenn die Versicherung einer ordnungsmäßigen Wirtschaft entspricht. ²Die Versicherung ist so zu nehmen, dass die Forderung gegen den Versicherer dem Eigentümer zusteht.

(2) Ist die Sache bereits versichert, so fallen die für die Versicherung zu leistenden Zahlungen dem Nießbraucher für die Dauer des Nießbrauchs zur Last, soweit er zur Versicherung verpflichtet sein würde.

§ 1046 Nießbrauch an der Versicherungsforderung

(1) An der Forderung gegen den Versicherer steht dem Nießbraucher der Nießbrauch nach den Vorschriften zu, die für den Nießbrauch an einer auf Zinsen ausstehenden Forderung gelten.

(2) ¹Tritt ein unter die Versicherung fallender Schaden ein, so kann sowohl der Eigentümer als der Nießbraucher verlangen, dass die Versicherungssumme zur Wiederherstellung der Sache oder zur Beschaffung eines Ersatzes insoweit verwendet wird, als es einer ordnungsmäßigen Wirtschaft entspricht. ²Der Eigentümer kann die Verwendung selbst besorgen oder dem Nießbraucher überlassen.

Titel 2. Nießbrauch §§ 1041–1048

§ 1047 Lastentragung

Der Nießbraucher ist dem Eigentümer gegenüber verpflichtet, für die Dauer des Nießbrauchs die auf der Sache ruhenden öffentlichen Lasten mit Ausschluss der außerordentlichen Lasten, die als auf den Stammwert der Sache gelegt anzusehen sind, sowie diejenigen privatrechtlichen Lasten zu tragen, welche schon zur Zeit der Bestellung des Nießbrauchs auf der Sache ruhten, insbesondere die Zinsen der Hypothekenforderungen und Grundschulden sowie die auf Grund einer Rentenschuld zu entrichtenden Leistungen.

Anmerkungen zu den §§ 1041–1047

1. Gegenstand. §§ 1041–1047 betreffen Pflichten des Nießbrauchers aus dem 1 ges Schuldverhältnis zum Eigentümer (Rn 3 vor § 1030). **Abw Vereinbarung** (zB zu §§ 1041, 1047, sog Bruttonießbrauch, BFH BB 80, 1564) in Grenzen möglich (BGH 95, 100 mN; BayObLG DNotZ 86, 152 f).

2. Pflichten des Nießbrauchers. Der Nießbraucher ist grundsätzlich zur 2 **Erhaltung des Bestandes** (zB Feldbestellung, Viehfütterung) und zur Tragung der **laufenden Reparaturen** (zB normale Verschleißreparaturen, BGH NJW-RR 05, 1322) verpflichtet, § 1041, dazu auch §§ 1044, 1050. § 1041 wird durch die Vorschrift des § 1050 nicht eingeschränkt (BGH NJW 09, 1810; vgl § 1050 Rn 1). **Außergewöhnliche Ausbesserungen** darf er vornehmen, muss es aber nicht (BGH 52, 237), vgl ie §§ 1042 (Anzeigepflicht), 1043 (Verwendungsrecht), 1044 (Duldungspflicht; gilt auch für gewöhnliche Ausbesserungen).

3. Versicherung. Der Nießbraucher hat die Sache uU zu **versichern**, § 1045, 3 dazu § 1046 (Ergänzung von § 1036 II).

4. Lastentragung. Die ordentlichen (dh laufenden) öffentl **Lasten,** die auf der 4 Sache ruhen, zB Grundsteuer, Zweitwohnungssteuer (BVerwG NVwZ 09, 1172) und die bei Nießbrauchsbestellung bestehenden privatrechtlichen Lasten, zB Hypothekenzinsen, Notwegrente, treffen im Verhältnis zum Eigentümer den Nießbraucher, § 1047 (abdingbar, Rn 1). Der Dritte, zB Hypothekengläubiger, hat keinen unmittelbaren Anspruch gegen den Nießbraucher. Zum Verhältnis von Lastentragung und Nutznießung vgl RG 153, 32, 35 f.

§ 1048 Nießbrauch an Grundstück mit Inventar

(1) ¹Ist ein Grundstück samt Inventar Gegenstand des Nießbrauchs, so kann der Nießbraucher über die einzelnen Stücke des Inventars innerhalb der Grenzen einer ordnungsmäßigen Wirtschaft verfügen. ²Er hat für den gewöhnlichen Abgang sowie für die nach den Regeln einer ordnungsmäßigen Wirtschaft ausscheidenden Stücke Ersatz zu beschaffen; die von ihm angeschafften Stücke werden mit der Einverleibung in das Inventar Eigentum desjenigen, welchem das Inventar gehört.

(2) Übernimmt der Nießbraucher das Inventar zum Schätzwert mit der Verpflichtung, es bei der Beendigung des Nießbrauchs zum Schätzwert zurückzugewähren, so findet die Vorschrift des § 582a entsprechende Anwendung.

1. Inventar (vgl § 98). Dieses gehört weiter dem bisherigen Eigentümer. Dem 1 Nießbraucher steht gem I 1 die **ges Verfügungsbefugnis** zu (vgl Rn 2 vor § 1030). Bei Überschreiten der Befugnis ist Erwerb vom Nichtverfügungsberechtigten analog §§ 932 ff möglich (MK/Pohlmann 4), Nießbraucher ist bei Verschulden schadensersatzpflichtig (vgl § 1036 Rn 2).

§§ 1049–1052

2. 2. Eigentumserlangung des bisherigen Eigentümers. Der bisherige Eigentümer (Rn 1) erlangt an den zunächst vom Nießbraucher erworbenen Ersatzstücken mit deren Einverleibung Eigentum kraft Ges, I 2.

§ 1049 Ersatz von Verwendungen

(1) Macht der Nießbraucher Verwendungen auf die Sache, zu denen er nicht verpflichtet ist, so bestimmt sich die Ersatzpflicht des Eigentümers nach den Vorschriften über die Geschäftsführung ohne Auftrag.

(2) Der Nießbraucher ist berechtigt, eine Einrichtung, mit der er die Sache versehen hat, wegzunehmen.

1. 1. I, II. Ersatzanspruch (I) und Wegnahmerecht (II) bestehen nur bei freiwilligen Verwendungen (abw §§ 1041, 1045, 1047, 1048: pflichtmäßige Verwendungen).

2. 2. Sonstiges. a) *Zum Ersatzanspruch* vgl §§ 683, 684 S 2, 679, 670; 684 S 1. Verpflichtet ist der Eigentümer zZ der Verwendungen (RG HRR 37 Nr 1444, str). **b)** *Zum Wegnahmerecht* vgl § 258. **c)** *Verjährung* für I und II: § 1057.

§ 1050 Abnutzung

Veränderungen oder Verschlechterungen der Sache, welche durch die ordnungsmäßige Ausübung des Nießbrauchs herbeigeführt werden, hat der Nießbraucher nicht zu vertreten.

1. 1. Erhaltungspflicht. Ähnlich §§ 538, 602. Erhaltungspflicht des § 1041 geht vor (BGH NJW 09, 1810; MK/Pohlmann § 1041 Rn 3; str; aA SoeStürner § 1041 Rn 1).

2. 2. Haftung. Bei Verschulden haftet der Nießbraucher wegen Verletzung des ges Schuldverhältnisses (Rn 3 vor § 1030; § 1036 Rn 2), ferner gem §§ 823 ff.

§ 1051 Sicherheitsleistung

Wird durch das Verhalten des Nießbrauchers die Besorgnis einer erheblichen Verletzung der Rechte des Eigentümers begründet, so kann der Eigentümer Sicherheitsleistung verlangen.

§ 1052 Gerichtliche Verwaltung mangels Sicherheitsleistung

(1) ¹Ist der Nießbraucher zur Sicherheitsleistung rechtskräftig verurteilt, so kann der Eigentümer statt der Sicherheitsleistung verlangen, dass die Ausübung des Nießbrauchs für Rechnung des Nießbrauchers einem von dem Gericht zu bestellenden Verwalter übertragen wird. ²Die Anordnung der Verwaltung ist nur zulässig, wenn dem Nießbraucher auf Antrag des Eigentümers von dem Gericht eine Frist zur Sicherheitsleistung bestimmt worden und die Frist verstrichen ist; sie ist unzulässig, wenn die Sicherheit vor dem Ablauf der Frist geleistet wird.

(2) ¹Der Verwalter steht unter der Aufsicht des Gerichts wie ein für die Zwangsverwaltung eines Grundstücks bestellter Verwalter. ²Verwalter kann auch der Eigentümer sein.

(3) Die Verwaltung ist aufzuheben, wenn die Sicherheit nachträglich geleistet wird.

Titel 2. Nießbrauch §§ 1051–1056

§ 1053 Unterlassungsklage bei unbefugtem Gebrauch

Macht der Nießbraucher einen Gebrauch von der Sache, zu dem er nicht befugt ist, und setzt er den Gebrauch ungeachtet einer Abmahnung des Eigentümers fort, so kann der Eigentümer auf Unterlassung klagen.

§ 1054 Gerichtliche Verwaltung wegen Pflichtverletzung

Verletzt der Nießbraucher die Rechte des Eigentümers in erheblichem Maße und setzt er das verletzende Verhalten ungeachtet einer Abmahnung des Eigentümers fort, so kann der Eigentümer die Anordnung einer Verwaltung nach § 1052 verlangen.

Anmerkungen zu den §§ 1051–1054

1. Eigentümerrechte. §§ 1051, 1052 behandeln die **Gefährdung der Eigentümerrechte**, §§ 1053, 1054 ihre **Verletzung**. 1

2. Sicherungsmittel. a) Anspruch auf Sicherheitsleistung, § 1051, setzt kein 2
Verschulden voraus. Weitere Fälle §§ 1039 I, 1067 II. Arten der Sicherheitsleistung:
§§ 232 ff. **b) Gerichtl Verwaltung** setzt Verurteilung zur Sicherheitsleistung 3
(§ 1052 I 1) oder zur Duldung der Verwaltung (§ 1054) voraus. Ihr Ziel: bei § 1052
Erzwingung der Sicherheitsleistung (arg § 1052 III), bei § 1054 Verhinderung weiterer Schäden durch Anordnung der Verwaltung (so dass hier § 1052 I 2, III unanwendbar ist). Sie entspricht der Zwangsverwaltung gem ZVG 146, vgl § 1052 II;
zuständig ist das Vollstreckungsgericht (ZPO 764). **c) Unterlassungsklage** aus 4
§ 1004 und dem ges Schuldverhältnis (Rn 3 vor § 1030) ist durch § 1053 **eingeschränkt**. An die Stelle der vorbeugenden Unterlassungsklage (§ 1004 Rn 11) treten
die §§ 1051, 1052.

§ 1055 Rückgabepflicht des Nießbrauchers

(1) **Der Nießbraucher ist verpflichtet, die Sache nach der Beendigung des Nießbrauchs dem Eigentümer zurückzugeben.**

(2) **Bei dem Nießbrauch an einem landwirtschaftlichen Grundstück finden die Vorschriften des § 596 Abs. 1 und des § 596a, bei dem Nießbrauch an einem Landgut finden die Vorschriften des § 596 Abs. 1 und der §§ 596a, 596b entsprechende Anwendung.**

Der **Rückgabeanspruch** aus dem ges Schuldverhältnis (Rn 3 vor § 1030) steht 1
neben dem aus § 985 gegen den Besitzer. Für den redlichen Nießbraucher gilt der
Besteller als Eigentümer, § 1058.

§ 1056 Miet- und Pachtverhältnisse bei Beendigung des Nießbrauchs

(1) **Hat der Nießbraucher ein Grundstück über die Dauer des Nießbrauchs hinaus vermietet oder verpachtet, so finden nach der Beendigung des Nießbrauchs die für den Fall der Veräußerung von vermietetem Wohnraum geltenden Vorschriften der §§ 566, 566a, 566b Abs. 1 und der §§ 566c bis 566e, 567b entsprechende Anwendung.**

(2) ¹**Der Eigentümer ist berechtigt, das Miet- oder Pachtverhältnis unter Einhaltung der gesetzlichen Kündigungsfrist zu kündigen.** ²**Verzichtet der Nießbraucher auf den Nießbrauch, so ist die Kündigung erst von der Zeit an zulässig, zu welcher der Nießbrauch ohne den Verzicht erlöschen würde.**

§§ 1057–1059

(3) ¹Der Mieter oder der Pächter ist berechtigt, den Eigentümer unter Bestimmung einer angemessenen Frist zur Erklärung darüber aufzufordern, ob er von dem Kündigungsrecht Gebrauch mache. ²Die Kündigung kann nur bis zum Ablauf der Frist erfolgen.

1 **Allgemeines.** Ist das Grundstück dem Mieter oder Pächter bereits überlassen, so tritt der Eigentümer bei Beendigung des Nießbrauchs in den Miet- oder Pachtvertrag ein (I mit § 566 I). Die Zinsansprüche stehen dem Eigentümer kraft eigenen Rechts zu (BGH 53, 179). Er kann den Vertrag vorzeitig beenden (II 1, III); Einschränkung bei Nießbrauchsbeendigung durch Verzicht (II 2). Bei Tod des Nießbrauchers tritt der Erbe in den Miet-(Pacht-)vertrag ein, auch wenn der Eigentümer nach I mangels Überlassung (§§ 566 I, 581 II) nicht eintritt (BGH 109, 113 ff; abl Wacke, FS Gernhuber, 1993, S 489 ff, 521 ff).

§ 1057 Verjährung der Ersatzansprüche

¹Die Ersatzansprüche des Eigentümers wegen Veränderungen oder Verschlechterungen der Sache sowie die Ansprüche des Nießbrauchers auf Ersatz von Verwendungen oder auf Gestattung der Wegnahme einer Einrichtung verjähren in sechs Monaten. ²Die Vorschrift des § 548 Abs. 1 Satz 2 und 3, Abs. 2 findet entsprechende Anwendung.

1 § 1057 erfasst, ohne Rücksicht auf den Rechtsgrund, nur die dort genannten Ersatzansprüche des Eigentümers. Wegen der Ersatzansprüche des Nießbrauchers vgl § 1049.

§ 1058 Besteller als Eigentümer

Im Verhältnis zwischen dem Nießbraucher und dem Eigentümer gilt zugunsten des Nießbrauchers der Besteller als Eigentümer, es sei denn, dass der Nießbraucher weiß, dass der Besteller nicht Eigentümer ist.

1 **1. Allgemeines.** Zu **unterscheiden** sind: der *Verpflichtungsvertrag* zur Nießbrauchsbestellung und das *Bestellungsgeschäft* zwischen Besteller und Nießbraucher einerseits sowie das *ges Schuldverhältnis* zwischen Eigentümer und Nießbraucher andererseits (Rn 3 vor § 1030). Besteller und Eigentümer müssen nicht identisch sein und bleiben. Sind sie es bei der Bestellung nicht, so kann Nießbrauch gem §§ 185, 892, 1032 mit §§ 932, 933 ff erworben werden. Ist der Nießbrauch erworben, so schadet dem Nießbraucher im Rahmen des § 1058 nur positive Kenntnis (nicht: grobfahrlässige Unkenntnis, Eintragung des richtigen Eigentümers oder eines Widerspruchs im Grundbuch).

2 **2. Wirkung. a)** Zugunsten des unwissenden **Nießbrauchers** gilt der Besteller als Eigentümer. Daher muss der wahre Eigentümer Rechtshandlungen des Bestellers und Leistungen an ihn gegen sich gelten lassen, zB die Rückgabe gem § 1055; ferner günstige Urteile des Nießbrauchers gegen den Besteller. **b)** Zugunsten des **Bestellers** gilt § 1058 **nicht;** für ihn gelten §§ 891 I, 1006.

§ 1059 Unübertragbarkeit; Überlassung der Ausübung

¹Der Nießbrauch ist nicht übertragbar. ²Die Ausübung des Nießbrauchs kann einem anderen überlassen werden.

1 **1. Unübertragbarkeit. a)** Der Nießbrauch ist **unübertragbar** (S 1, Ausnahme § 1059a), **unvererblich** (dazu s GBBerG 5), **nicht belastbar,** insbes nicht verpfänd-
2 bar (§§ 1069 II, 1274 II). **b)** Stehen dem Nießbraucher bestimmte oder bestimmbare **Einzelbefugnisse** aus dem Nießbrauch zu, so kann er sie mit „dinglicher" Wirkung

auf Dritte **übertragen** (RG 101, 7), zB das Recht auf Mietzinsen, zur Selbstvermietung. Doch hat die Übertragung von künftigen oder Dauerrechten keine Wirkung über das Erlöschen des Nießbrauchs hinaus. Mit ihm endet zB das Recht zur Selbstvermietung (vgl aber § 1056 I mit § 566 I), Vorausabtretungen des Mietzinses können unwirksam werden (§ 1056 I mit § 566b I). Vereinbarte Übertragung des Nieß- 3
brauchs ist in Überlassung der Ausübung **umdeutbar**, § 140 (vgl RG 159, 203). Eine Übertragung von Einzelbefugnissen iSv Rn 6 bedarf bes Anhaltspunkte (BGH 55, 116). Zur Pfändbarkeit Rn 8.

2. Überlassung der Ausübung, S 2. a) Der Dritte erlangt gegen den Nieß- 4
braucher einen vererblichen schuldrechtlichen Anspruch auf Duldung der Ausübung, aber kein dingliches Recht (BGH 55, 115; hM). Daher ist die Überlassung nicht eintragungsfähig (vgl RG 159, 207 zur bp Dienstbarkeit) und formlos gültig. Sie kann entgeltlich oder unentgeltlich sein, alle oder nur bestimmte Nutzungen für die Nießbrauchsdauer oder eine kürzere Zeit erfassen. Gestattung durch den Eigentümer unnötig (anders § 1092 I 2). Dritter kann auch der Eigentümer sein.
b) Der Dritte erwirbt die Früchte gem §§ 956 II, 957; sein Besitz ist geschützt, 5
§§ 858 ff, 1007. Das ges Schuldverhältnis zwischen Nießbraucher und Eigentümer (Rn 3 vor § 1030) bleibt unberührt, Haftung des Nießbrauchers für den Dritten gem § 278 möglich (§ 1036 Rn 2). **c) Ende der (berechtigten) Überlassung:** 6
stets mit Erlöschen des Nießbrauchs, zB gem § 1061, Aufhebung (Zustimmung des Dritten unnötig, hM), ferner bei nachträglicher Beschränkung des Nießbrauchs (§ 1030 II) in diesem Rahmen. **d) Ausschluss** von S 2 (bei Eintragung mit dingli- 7
cher Wirkung) vereinbar (BGH 95, 100 f). **e)** Vermietung (Verpachtung) und Nießbrauchsüberlassung zur Ausübung unterscheiden sich in Gegenstand, Inhalt und Folgen (BGH 109, 115 f).

3. Pfändbarkeit. Vollstreckungsgegenstand ist der Nießbrauch selbst (BGH 62, 8
136 ff; NJW 06, 1124), nicht ein von ihm getrenntes Recht auf Ausübung, so dass dessen Ausschluss trotz dinglicher Wirkung (Rn 5) die Pfändbarkeit des Nießbrauchs nicht berührt (vgl BGH 95, 101 f); bloß die Verwertung ist gem ZPO 857 III, IV beschränkt (BGH NJW 06, 1124 f). Daher kann der Nießbraucher nur mit Zustimmung des Pfändungsgläubigers auf sein Recht verzichten (BGH 62, 138 f) und ist die Pfändung eintragungsfähig, aber wegen S 1 nicht -bedürftig (BGH 62, 139 f).

4. Nießbraucherinsolvenz. ISv Rn 8 unterliegt der Nießbrauch auch dem 9
Insolvenzverfahren; nur die insolvenzmäßige Verwertung ist durch InsO 36 I 1 iVm ZPO 857 III beschränkt. Daher kann weder der Insolvenzverwalter noch der Insolvenzschuldner (Nießbraucher) auf den Nießbrauch verzichten, möglich ist aber Abrede des Verwalters mit dem Eigentümer: Aufgabe des Nießbrauchs durch den Verwalter gegen Entgelt (MK/Pohlmann 27).

§ 1059a Übertragbarkeit bei juristischer Person oder rechtsfähiger Personengesellschaft

(1) **Steht ein Nießbrauch einer juristischen Person zu, so ist er nach Maßgabe der folgenden Vorschriften übertragbar:**
1. **Geht das Vermögen der juristischen Person auf dem Wege der Gesamtrechtsnachfolge auf einen anderen über, so geht auch der Nießbrauch auf den Rechtsnachfolger über, es sei denn, dass der Übergang ausdrücklich ausgeschlossen ist.**
2. ¹**Wird sonst ein von einer juristischen Person betriebenes Unternehmen oder ein Teil eines solchen Unternehmens auf einen anderen übertragen, so kann auf den Erwerber auch ein Nießbrauch übertragen werden, sofern er den Zwecken des Unternehmens oder des Teils des Unternehmens zu dienen geeignet ist.** ²**Ob diese Voraussetzungen gegeben sind,**

§§ 1059a–1059e

wird durch eine Erklärung der zuständigen Landesbehörde festgestellt. ³Die Erklärung bindet die Gerichte und die Verwaltungsbehörden. ⁴Die Landesregierungen bestimmen durch Rechtsverordnung die zuständige Landesbehörde. ⁵Die Landesregierungen können die Ermächtigung durch Rechtsverordnung auf die Landesjustizverwaltungen übertragen.

(2) Einer juristischen Person steht eine rechtsfähige Personengesellschaft gleich.

§ 1059b Unpfändbarkeit

Ein Nießbrauch kann auf Grund der Vorschrift des § 1059a weder gepfändet noch verpfändet noch mit einem Nießbrauch belastet werden.

§ 1059c Übergang oder Übertragung des Nießbrauchs

(1) ¹Im Falle des Übergangs oder der Übertragung des Nießbrauchs tritt der Erwerber anstelle des bisherigen Berechtigten in die mit dem Nießbrauch verbundenen Rechte und Verpflichtungen gegenüber dem Eigentümer ein. ²Sind in Ansehung dieser Rechte und Verpflichtungen Vereinbarungen zwischen dem Eigentümer und dem Berechtigten getroffen worden, so wirken sie auch für und gegen den Erwerber.

(2) Durch den Übergang oder die Übertragung des Nießbrauchs wird ein Anspruch auf Entschädigung weder für den Eigentümer noch für sonstige dinglich Berechtigte begründet.

§ 1059d Miet- und Pachtverhältnisse bei Übertragung des Nießbrauchs

Hat der bisherige Berechtigte das mit dem Nießbrauch belastete Grundstück über die Dauer des Nießbrauchs hinaus vermietet oder verpachtet, so sind nach der Übertragung des Nießbrauchs die für den Fall der Veräußerung von vermietetem Wohnraum geltenden Vorschriften der §§ 566 bis 566e, 567a und 567b entsprechend anzuwenden.

§ 1059e Anspruch auf Einräumung des Nießbrauchs

Steht ein Anspruch auf Einräumung eines Nießbrauchs einer juristischen Person oder einer rechtsfähigen Personengesellschaft zu, so gelten die Vorschriften der §§ 1059a bis 1059d entsprechend.

Anmerkungen zu den §§ 1059a–1059e

1 **1. Allgemeines.** Die Unübertragbarkeit des Nießbrauchs, § 1059, führte insbes bei jur Personen zu Unzuträglichkeiten. Sie sind durch Ges vom 13.12.1935 (RGBl I 1468) beseitigt (vgl heute §§ 1059a–e). Bloß rechtsformändernde Umwandlung nach UmwG ist keine Übertragung iSd §§ 1059a ff, 1092 II (Düsseldorf NJW 99, 987).

2 **2. Geltungsbereich. Gilt für** jur Personen des privaten und öffentl Rechts als Nießbraucher, ferner für rechtsfähige Personengesellschaften (§ 14 II; dazu zählen OHG, KG, PartG, EWIV; Außen-GbR, s § 14 Rn 2 mN; Schreiber/Berger Kap 11 Rn 109).

Titel 2. Nießbrauch §§ 1060–1064

§ 1060 Zusammentreffen mehrerer Nutzungsrechte

Trifft ein Nießbrauch mit einem anderen Nießbrauch oder mit einem sonstigen Nutzungsrecht an der Sache dergestalt zusammen, dass die Rechte nebeneinander nicht oder nicht vollständig ausgeübt werden können, und haben die Rechte gleichen Rang, so findet die Vorschrift des § 1024 Anwendung.

Vgl § 1024 mit Anm, ferner §§ 566, 578 I, 581 II, 593b (Zusammentreffen mit 1 Miete, Pacht), 1208, 1242 II 2, 1245 I 2, 1247 (Zusammentreffen mit Pfandrecht).

§ 1061 Tod des Nießbrauchers

¹Der Nießbrauch erlischt mit dem Tode des Nießbrauchers. ²Steht der Nießbrauch einer juristischen Person oder einer rechtsfähigen Personengesellschaft zu, so erlischt er mit dieser.

1. Erlöschen. Der Nießbrauch **erlischt** zwingend mit dem Tod (S 1) oder dem 1 Erlöschen (S 2) des Nießbrauchers (Ausnahme von S 2: § 1059a). Erlöschen iSv S 2 tritt erst mit Beendigung der Liquidation ein (RG 159, 199; §§ 41–44 Rn 4). Weitere Erlöschensgründe: Rn 5 vor § 1030.

2. Nießbrauchbestellung nach dem Tod. Der Eigentümer kann sich dem 2 Nießbraucher gegenüber *verpflichten*, nach dessen Tod einem Dritten von neuem einen Nießbrauch zu bestellen; der Anspruch ist vormerkungsfähig (ie LG Traunstein NJW 62, 2207 f).

§ 1062 Erstreckung der Aufhebung auf das Zubehör

Wird der Nießbrauch an einem Grundstück durch Rechtsgeschäft aufgehoben, so erstreckt sich die Aufhebung im Zweifel auf den Nießbrauch an dem Zubehör.

Auslegungsregel entspr § 1031. Gilt nur für Grundstücke. Aufhebung gem 1 §§ 875, 878; wegen §§ 1069 II, 1274 II (mit §§ 1059 S 1, 1059b) ist § 876 unanwendbar.

§ 1063 Zusammentreffen mit dem Eigentum

(1) Der Nießbrauch an einer beweglichen Sache erlischt, wenn er mit dem Eigentum in derselben Person zusammentrifft.

(2) Der Nießbrauch gilt als nicht erloschen, soweit der Eigentümer ein rechtliches Interesse an dem Fortbestehen des Nießbrauchs hat.

1. Erlöschen. Erwirbt der Nießbraucher das Alleineigentum an der belasteten 1 **beweglichen Sache,** so erlischt der Nießbrauch idR, **I** (Konsolidation). Anders bei Grundstücken: § 889 (dort Rn 4 zum Begriff).

2. Rechtliches Interesse iSv II. Dieses ist zu bejahen, wenn ein gleich- oder 2 nachrangiges Recht (Nießbrauch, Pfandrecht) besteht oder der Nießbraucher das auflösend bedingt oder befristet erworbene Eigentum verlieren kann.

§ 1064 Aufhebung des Nießbrauchs an beweglichen Sachen

Zur Aufhebung des Nießbrauchs an einer beweglichen Sache durch Rechtsgeschäft genügt die Erklärung des Nießbrauchers gegenüber dem Eigentümer oder dem Besteller, dass er den Nießbrauch aufgebe.

§§ 1065–1067

1 Zur Aufhebung des Nießbrauchs an **beweglichen Sachen** genügt die einseitige Erklärung gegenüber Eigentümer oder Besteller (§ 1058 hier unnötig). Für Grundstücke: § 1062 Rn 1; für Grundstücksrechte: § 1072 Rn 1 (c).

§ 1065 Beeinträchtigung des Nießbrauchsrechts

Wird das Recht des Nießbrauchers beeinträchtigt, so finden auf die Ansprüche des Nießbrauchers die für die Ansprüche aus dem Eigentum geltenden Vorschriften entsprechende Anwendung.

1 1. **Allgemeines.** Der Nießbrauch kann durch Dritte (Rn 2), durch den Eigentümer (Rn 4) oder den Besteller (Rn 5) beeinträchtigt werden.

2 2. **Schutz gegen Beeinträchtigungen. Gegen** Beeinträchtigungen durch **Dritte** schützen *in entspr Anwendung:* **a)** § 985; §§ 987 ff (Nutzungsherausgabe im Rahmen von §§ 1030 II, 1039 I 1; Schadensersatz umfasst nur den Nießbraucherschaden, iÜ ist der Eigentümer ersatzberechtigt; für die Ersatzpflicht des Nießbrauchers wegen notwendiger Verwendungen gem § 994 II kommt es auf sein Interesse, seinen Willen, seine Genehmigung oder Bereicherung [str, § 994 Rn 4] gem §§ 683, 684 an); 1004 f; 1006 (dort Rn 1, 3); 823 ff und 812 ff im Rahmen von §§ 987 ff.
3 **b) Für mehrere** Nießbraucher gilt § 1011 entspr.

4 3. **Beeinträchtigung. Gegen** Beeinträchtigung durch **a) Eigentümer:** §§ 985 (str), 1004–1006 (dort Rn 1, 3), 823 ff, §§ 987 ff (Schreiber/Berger Kap 11 Rn 118; aA noch die 13. Aufl) und, falls mit dem Eigentümer geschlossen, aus dem Verpflich-
5 tungsvertrag zur Bestellung (Rn 3 vor § 1030); **b) Besteller:** §§ 985, 1004–1006, 823 ff, ferner aus dem Verpflichtungsvertrag zur Bestellung (Rn 3 vor § 1030).

§ 1066 Nießbrauch am Anteil eines Miteigentümers

(1) Besteht ein Nießbrauch an dem Anteil eines Miteigentümers, so übt der Nießbraucher die Rechte aus, die sich aus der Gemeinschaft der Miteigentümer in Ansehung der Verwaltung der Sache und der Art ihrer Benutzung ergeben.

(2) Die Aufhebung der Gemeinschaft kann nur von dem Miteigentümer und dem Nießbraucher gemeinschaftlich verlangt werden.

(3) Wird die Gemeinschaft aufgehoben, so gebührt dem Nießbraucher der Nießbrauch an den Gegenständen, welche an die Stelle des Anteils treten.

1 1. **Nießbrauch an Miteigentumsanteil.** Dies (Bruchteilsnießbbrauch, s BGH NJW-RR 03, 1291) ist Sach-, nicht Rechtsnießbrauch. **a) Gemeinschaftsrechte** der Miteigentümer iSv **I:** §§ 743–745 (BGH NJW 83, 932), 1011 (vgl KG NJW
2 64, 1809); bes Regelung gem § 746 bindet. **b) II schützt** den Nießbraucher. Er und die Miteigentümer sind im Prozess notwendige Streitgenossen, ZPO 62. Zur
3 Aufhebung vgl §§ 749–751, 1010 I. **c) Bei Aufhebung** setzt sich der Nießbrauch an den Gegenständen fort, die an die Stelle des Anteils treten (dingliche Surrogation, vgl BGH 52, 105 ff zu § 1258 III).

4 2. **Quotennießbrauch.** § 1066 gilt **nicht** (entspr) für Quotennießbrauch (Begriff: § 1030 Rn 2), MK/Pohlmann 20.

§ 1067 Nießbrauch an verbrauchbaren Sachen

(1) [1]**Sind verbrauchbare Sachen Gegenstand des Nießbrauchs, so wird der Nießbraucher Eigentümer der Sachen; nach der Beendigung des Nießbrauchs hat er dem Besteller den Wert zu ersetzen, den die Sachen zur Zeit**

der Bestellung hatten. ²Sowohl der Besteller als der Nießbraucher kann den Wert auf seine Kosten durch Sachverständige feststellen lassen.

(2) **Der Besteller kann Sicherheitsleistung verlangen, wenn der Anspruch auf Ersatz des Wertes gefährdet ist.**

1. Allgemeines. Der Nießbrauch an verbrauchbaren Sachen (§ 92) ist rechtlich 1 kein Nießbrauch, dh kein beschränktes dingliches Recht, denn der Nießbraucher erlangt Eigentum (I 1) entweder bei Bestellung oder später, wenn die Sache erst dann zur verbrauchbaren wird. § 1067 ist abdingbar.

2. Bestehen des Schuldverhältnisses. Das *ges Schuldverhältnis* entsteht hier, 2 entgegen der Regel (Rn 3 vor § 1030), zwischen Besteller (nicht: Eigentümer) und Nießbraucher. Wertfeststellung (I 2) entspr § 1034; zum Verfahren FamFG 410 Nr 2, 411 II, 412 Nr 2, 414. Sicherheitsleistung (II; Arten: §§ 232 ff) ohne Verschulden; II ersetzt die §§ 1051–1054.

Untertitel 2. Nießbrauch an Rechten

§ 1068 Gesetzlicher Inhalt des Nießbrauchs an Rechten

(1) **Gegenstand des Nießbrauchs kann auch ein Recht sein.**

(2) **Auf den Nießbrauch an Rechten finden die Vorschriften über den Nießbrauch an Sachen entsprechende Anwendung, soweit sich nicht aus den §§ 1069 bis 1084 ein anderes ergibt.**

1. Allgemeines. Ein Recht kann Gegenstand eines Rechts sein (§§ 1068 I, 1 1273 I). Str ist, ob das belastende Recht (Nießbrauch, Pfandrecht) „dingliche" Natur hat. Die Frage geht am Problem vorbei. Der Nießbrauch (das Pfandrecht) an einem Recht verschafft dem Nießbraucher (Pfandgläubiger) einen Teil der Rechtsmacht des belasteten Rechts. Das belastende Recht (Nießbrauch, Pfandrecht) ist ein verselbständigter Splitter des belasteten Rechts (vgl Rn 6 vor § 854). Daraus folgt zweierlei: (1.) Der Nießbrauch teilt die Rechtsnatur des belasteten Rechts (der Nießbrauch an einer Grundschuld ist ein Sachenrecht, der Nießbrauch an einer Forderung ist ein Forderungsrecht); (2.) der abgespaltene Rechtsteil bleibt auch dann in der Hand des Nießbrauchers, wenn der Inhaber des belasteten Rechts wechselt (iE ebenso Baur § 60 Rn 3 mN).

2. Belastungsgegenstand. Vermögensrechte jeder Art, sofern sie unmittelbar 2 oder mittelbar Nutzungen gewähren können (zB Grundschulden, Forderungen, Mitgliedschaftsrechte [Rn 4], Erbteile, Verlags-, Urheber-, Patentrechte; nicht Vorkaufs- und Wiederkaufsrechte) und außerdem übertragbar sind (§ 1069 II; kein Nießbrauch am Nießbrauch, §§ 1059 S 1, 1059b). Eigentum und grundstücksgleiche Rechte fallen nicht unter § 1068.

3. Rechtliche Regelung. Die §§ 1030 ff gelten entspr, soweit sie ihrem Sinne 3 nach für den Rechtsnießbrauch passen. Der Berechtigte hat Anrecht auf die Früchte (§ 99 II: zB Zinsen; § 99 III: zB Pachtforderung), vgl ferner § 1073.

4. Nießbrauch an Aktien, GmbH-Anteilen. Lit: Frank, Der Nießbrauch an 4 Gesellschaftsanteilen, MittBayNot 10, 96. Nach hM steht das Stimmrecht allein dem Gesellschafter zu, weder dem Nießbraucher allein (außer bei bes Vereinbarung, MK/Pohlmann 81) noch beiden gemeinsam (zur eigenen oder zur Ausübung durch einen gemeinschaftlichen Vertreter); ie MK/Pohlmann 69 ff. Das Stimmrecht ist jedoch Teil des Mitverwaltungsrechts des Gesellschafters, das dem *Nießbraucher* zusteht. Fehlt abw Vereinbarung (vgl § 1030 II), so ist der Nießbraucher allein stimmberechtigt, hat aber bei der Ausübung die §§ 1037 I, 1041 S 1 zu beachten.

5. Personengesellschaft. Zum Nießbrauch bei einer Personengesellschaft s 5 §§ 718–720 Rn 9 (c).

§§ 1069–1071

§ 1069 Bestellung

(1) **Die Bestellung des Nießbrauchs an einem Recht erfolgt nach den für die Übertragung des Rechts geltenden Vorschriften.**

(2) **An einem Recht, das nicht übertragbar ist, kann ein Nießbrauch nicht bestellt werden.**

1 **1. Allgemeines.** Der Nießbraucher erhält einen Teil der Rechtsmacht des belasteten Rechts („Teilübertragung"), vgl § 1068 Rn 1. Daraus erklärt sich die Form der Nießbrauchsbestellung in I. Anwendbar insbes §§ 398, 413, 873, 1153 ff (Rn 2), 1192, 1199, 1205 ff (Rn 2), 2033 I, GmbHG 15 III.

2 **2. Unübertragbare Rechte.** Vgl insbes §§ 399, 400, Grunddienstbarkeit (§ 1018 Rn 11). Hypothek und Pfandrecht werden durch Abtretung der Forderung übertragen (§§ 1153, 1250), folglich ist der Nießbrauch an der gesicherten Forderung zu bestellen.

§ 1070 Nießbrauch an Recht auf Leistung

(1) **Ist ein Recht, kraft dessen eine Leistung gefordert werden kann, Gegenstand des Nießbrauchs, so finden auf das Rechtsverhältnis zwischen dem Nießbraucher und dem Verpflichteten die Vorschriften entsprechende Anwendung, welche im Falle der Übertragung des Rechts für das Rechtsverhältnis zwischen dem Erwerber und dem Verpflichteten gelten.**

(2) ¹**Wird die Ausübung des Nießbrauchs nach § 1052 einem Verwalter übertragen, so ist die Übertragung dem Verpflichteten gegenüber erst wirksam, wenn er von der getroffenen Anordnung Kenntnis erlangt oder wenn ihm eine Mitteilung von der Anordnung zugestellt wird.** ²**Das Gleiche gilt von der Aufhebung der Verwaltung.**

1 **a)** Der Verpflichtete soll durch die Nießbrauchsbestellung weder Vor- noch Nachteile erlangen. Daher gelten gem **I** insbes §§ 404–411, 1156, 1158 f für den Verpflichteten; gegen ihn und für den Nießbraucher § 796, HGB 364 II, 365, WG 16, 17, 40.

2 **b)** Bei Eintritt und Aufhebung der gerichtl Verwaltung (§ 1052) wird der Verpflichtete geschützt, **II.** Der Schutz entfällt bei Kenntnis oder Zustellung der Anordnung.

§ 1071 Aufhebung oder Änderung des belasteten Rechts

(1) ¹**Ein dem Nießbrauch unterliegendes Recht kann durch Rechtsgeschäft nur mit Zustimmung des Nießbrauchers aufgehoben werden.** ²**Die Zustimmung ist demjenigen gegenüber zu erklären, zu dessen Gunsten sie erfolgt; sie ist unwiderruflich.** ³**Die Vorschrift des § 876 Satz 3 bleibt unberührt.**

(2) **Das Gleiche gilt im Falle einer Änderung des Rechts, sofern sie den Nießbrauch beeinträchtigt.**

1 **1. Untergang des belasteten Rechts.** Mit diesem erlischt der Nießbrauch, eine Änderung des Rechts berührt ihn unmittelbar. Daher ist die **rechtsgeschäftliche Aufhebung** (I) oder eine **nießbrauchschädliche Änderung** (II) an die Zustimmung des Nießbrauchers gebunden. I 2 HS 1 wird ergänzt durch § 876 S 3. Ohne Zustimmung ist das RGeschäft – idR schwebend, vgl § 184 – unwirksam, aber nur relativ zugunsten des Nießbrauchers (MK/Pohlmann 12 mN). Die Zustimmung ist unwiderruflich, I 2 HS 2 (anders § 183). § 1071 schränkt Schuldnerschutz gem § 1070 nicht ein (zB gilt § 407 auch ohne Zustimmung des Nießbrauchers).

2. Inhaberwechsel beim belasteten Recht. Dieser lässt den Nießbrauch unberührt, § 1068 Rn 1.

§ 1072 Beendigung des Nießbrauchs

Die Beendigung des Nießbrauchs tritt nach den Vorschriften der §§ 1063, 1064 auch dann ein, wenn das dem Nießbrauch unterliegende Recht nicht ein Recht an einer beweglichen Sache ist.

Beendigung. a) Vgl Rn 5 vor § 1030. **b) Der Rechtsnießbrauch** erlischt idR bei Vereinigung von Nießbrauch und Recht (Ausnahme § 1063 II), auch wenn das Recht ein Grundstücksrecht, zB Grundschuld, ist; § 889 gilt insoweit nicht. Grundstücksrechte idS sind nicht das Eigentum und grundstücksgleiche Rechte, § 1068 Rn 2. **c) Nießbrauch an Grundstücksrecht** erlischt auch durch einseitige formlose Aufgabeerklärung gegenüber dem Rechtsinhaber oder dem Besteller (nicht Grundbuchamt), § 1072 mit § 1064. Löschung im Grundbuch ist nur Berichtigung.

§ 1073 Nießbrauch an einer Leibrente

Dem Nießbraucher einer Leibrente, eines Auszugs oder eines ähnlichen Rechts gebühren die einzelnen Leistungen, die auf Grund des Rechts gefordert werden können.

Der Nießbrauch an einer Leibrente usw ist ein einheitliches Recht, so dass der Nießbraucher Gläubiger (nicht nur Nießbraucher) der Forderung auf Einzelleistung ist.

§ 1074 Nießbrauch an einer Forderung; Kündigung und Einziehung

¹Der Nießbraucher einer Forderung ist zur Einziehung der Forderung und, wenn die Fälligkeit von einer Kündigung des Gläubigers abhängt, zur Kündigung berechtigt. ²Er hat für die ordnungsmäßige Einziehung zu sorgen. ³Zu anderen Verfügungen über die Forderung ist er nicht berechtigt.

§ 1075 Wirkung der Leistung

(1) Mit der Leistung des Schuldners an den Nießbraucher erwirbt der Gläubiger den geleisteten Gegenstand und der Nießbraucher den Nießbrauch an dem Gegenstand.

(2) Werden verbrauchbare Sachen geleistet, so erwirbt der Nießbraucher das Eigentum; die Vorschrift des § 1067 findet entsprechende Anwendung.

§ 1076 Nießbrauch an verzinslicher Forderung

Ist eine auf Zinsen ausstehende Forderung Gegenstand des Nießbrauchs, so gelten die Vorschriften der §§ 1077 bis 1079.

§ 1077 Kündigung und Zahlung

(1) ¹Der Schuldner kann das Kapital nur an den Nießbraucher und den Gläubiger gemeinschaftlich zahlen. ²Jeder von beiden kann verlangen, dass an sie gemeinschaftlich gezahlt wird; jeder kann statt der Zahlung die Hinterlegung für beide fordern.

§§ 1074–1080   Buch 3. Abschnitt 4. Dienstbarkeiten

(2) ¹Der Nießbraucher und der Gläubiger können nur gemeinschaftlich kündigen. ²Die Kündigung des Schuldners ist nur wirksam, wenn sie dem Nießbraucher und dem Gläubiger erklärt wird.

§ 1078 Mitwirkung zur Einziehung

¹Ist die Forderung fällig, so sind der Nießbraucher und der Gläubiger einander verpflichtet, zur Einziehung mitzuwirken. ²Hängt die Fälligkeit von einer Kündigung ab, so kann jeder Teil die Mitwirkung des anderen zur Kündigung verlangen, wenn die Einziehung der Forderung wegen Gefährdung ihrer Sicherheit nach den Regeln einer ordnungsmäßigen Vermögensverwaltung geboten ist.

§ 1079 Anlegung des Kapitals

¹Der Nießbraucher und der Gläubiger sind einander verpflichtet, dazu mitzuwirken, dass das eingezogene Kapital nach den für die Anlegung von Mündelgeld geltenden Vorschriften verzinslich angelegt und gleichzeitig dem Nießbraucher der Nießbrauch bestellt wird. ²Die Art der Anlegung bestimmt der Nießbraucher.

§ 1080 Nießbrauch an Grund- oder Rentenschuld

Die Vorschriften über den Nießbrauch an einer Forderung gelten auch für den Nießbrauch an einer Grundschuld und an einer Rentenschuld.

Anmerkungen zu den §§ 1074–1080

1 **1. Allgemeines.** Das Ges unterscheidet zwischen dem Nießbrauch an **unverzinslichen** (§§ 1074, 1075) und an **verzinslichen Forderungen** (§§ 1076–1079). § 1080 stellt den Nießbrauch an einer Grund- und Rentenschuld einem Forderungsnießbrauch gleich.

2 **2. Nießbrauch an unverzinslicher Forderung, §§ 1074, 1075. a) Inhalt** des Nießbrauchs ist die alleinige Einziehungsbefugnis, § 1074. Der Nießbraucher darf im eigenen Namen kündigen, mahnen, klagen (für die Stellung im Prozess gilt
3 § 1282 Rn 2 entspr), vollstrecken, die Leistung annehmen. **b) Die Verfügungsbefugnis** ist zweckbeschränkt, § 1074 S 3. Nicht gestattet sind Erlass, Abtretung, idR Stundung und Vergleich (wenn sie die ordnungsmäßige Einziehung, § 1074 S 2, nicht begünstigen). Der Nießbraucher kann mit der Nießbrauchsforderung gegen eine Forderung des Schuldners gegen ihn aufrechnen, sofern die Forderung auf Geld oder andere verbrauchbare Sachen gerichtet ist, weil nur dann der eingezogene Gegenstand dem Vermögen des Nießbrauchers selbst einverleibt wird (vgl § 1075 II
4 gegen I; anders nur, wenn § 1067 abbedungen). **c) Wirkung der Leistung an den Nießbraucher,** § 1075. Der Gläubiger wird Inhaber des übertragenen Rechts oder Eigentümer der Sache (eine bewegliche muss dem Nießbraucher übergeben werden, §§ 929 ff). Für den Erwerb vom Nichtberechtigten (§§ 892, 932 ff) kommt es auf die Kenntnis usw des Nießbrauchers an, aber § 166 II gilt entspr. Der Nießbrauch setzt sich an der übereigneten Sache (als Sachnießbrauch) oder am übertragenen Recht kraft Ges fort *(dingliche Surrogation).* Eintragung des Nießbrauchs ist Grundbuchberichtigung. – § 1075 II ergänzt § 1067; abdingbar (vgl § 1067 Rn 1).

5 **3. Nießbrauch an verzinslicher Forderung, §§ 1076–1079. Abdingbar. a) Zinsen.** Auf sie hat nur der Nießbraucher ein Anrecht (§ 1068 Rn 3). **b) Kapital.** Bei Verfügungen darüber sind Nießbraucher und Gläubiger aufeinander ange-

wiesen, vgl §§ 1077, 1078. Das eingezogene Kapital ist wieder anzulegen und erneut ein Nießbrauch zu bestellen (keine dingliche Surrogation), § 1079.

§ 1081 Nießbrauch an Inhaber- oder Orderpapieren

(1) ¹Ist ein Inhaberpapier oder ein Orderpapier, das mit Blankoindossament versehen ist, Gegenstand des Nießbrauchs, so steht der Besitz des Papiers und des zu dem Papiere gehörenden Erneuerungsscheins dem Nießbraucher und dem Eigentümer gemeinschaftlich zu. ²Der Besitz der zu dem Papier gehörenden Zins-, Renten- oder Gewinnanteilscheine steht dem Nießbraucher zu.

(2) Zur Bestellung des Nießbrauchs genügt anstelle der Übergabe des Papiers die Einräumung des Mitbesitzes.

§ 1082 Hinterlegung

Das Papier ist nebst dem Erneuerungsschein auf Verlangen des Nießbrauchers oder des Eigentümers bei einer Hinterlegungsstelle mit der Bestimmung zu hinterlegen, dass die Herausgabe nur von dem Nießbraucher und dem Eigentümer gemeinschaftlich verlangt werden kann.

§ 1083 Mitwirkung zur Einziehung

(1) Der Nießbraucher und der Eigentümer des Papiers sind einander verpflichtet, zur Einziehung des fälligen Kapitals, zur Beschaffung neuer Zins-, Renten- oder Gewinnanteilscheine sowie zu sonstigen Maßnahmen mitzuwirken, die zur ordnungsmäßigen Vermögensverwaltung erforderlich sind.

(2) ¹Im Falle der Einlösung des Papiers findet die Vorschrift des § 1079 Anwendung. ²Eine bei der Einlösung gezahlte Prämie gilt als Teil des Kapitals.

§ 1084 Verbrauchbare Sachen

Gehört ein Inhaberpapier oder ein Orderpapier, das mit Blankoindossament versehen ist, nach § 92 zu den verbrauchbaren Sachen, so bewendet es bei der Vorschrift des § 1067.

Anmerkungen zu den §§ 1081–1084

1. §§ 1081–1083. Diese sind abdingbar. Sie gelten nur für die in § 1081 I genannten Wertpapiere: §§ 793 ff (ausgenommen § 808); AktG 10 I, 24, 278 III; HGB 363 ff (falls die Papiere blanko indossiert sind); ScheckG 15 IV, 16 II, 17 II; WG 12 III, 13 II, 14 II. – § 1081 II erleichtert die Bestellung. § 1083 ergänzt § 1078.

2. § 1084. Unter diesen fallen zB Banknoten. § 1084 ist abdingbar (§ 1067 Rn 1).

Untertitel 3. Nießbrauch an einem Vermögen

§ 1085 Bestellung des Nießbrauchs an einem Vermögen

¹Der Nießbrauch an dem Vermögen einer Person kann nur in der Weise bestellt werden, dass der Nießbraucher den Nießbrauch an den einzelnen zu dem Vermögen gehörenden Gegenständen erlangt. ²Soweit der Nießbrauch bestellt ist, gelten die Vorschriften der §§ 1086 bis 1088.

§ 1086

1 1. Bestellung. a) Nur durch Einzelbestellung, nicht durch einheitliches RGeschäft, **S 1** (Sach-, Rechtsnießbrauch, ferner §§ 1067, 1084). Folge der Einzelbestellung: Scheidet ein belasteter Gegenstand aus dem Vermögen des Bestellers aus, so bleibt der Nießbrauch an dem Gegenstand bestehen; wird ein neuer Gegenstand dem Vermögen einverleibt, so erstreckt sich der Nießbrauch nicht automatisch auf
2 ihn. **b) Die Einzelbestellung** muss in der **Absicht** geschehen, den Nießbrauch auf das ganze Vermögen zu legen; das muss dem Nießbraucher bewusst sein. Das ist der Sinn von **S 2**. Die §§ 1086–1088 sollen verhindern, dass die Gläubiger des Bestellers durch die Einräumung des Nießbrauchs am Vermögen kein zugriffsfähiges Vermögen mehr vorfinden und so benachteiligt werden. Daher ist es für S 2 belanglos, dass einzelne Gegenstände aus der (Einzel-)Bestellung ausgenommen werden oder bereits mit einem Nießbrauch zugunsten desselben Nießbrauchers belastet sind; denn auch in diesen Fällen sind die Gläubiger des Bestellers schutzbedürftig.
3 c) Pflicht zur Bestellung wird durch Vertrag (Form: § 311b III) oder Vermächtnis (§§ 1089, 2174) begründet.

4 2. Sonstiges. a) §§ 1085 ff gelten **nicht** für Nießbrauch an **Sondervermögen,** zB am Vorbehaltsgut (§ 1418). Da Sonderregeln fehlen, gelten die allg Vorschriften.
5 b) Str ist, ob es einen einheitlichen **Nießbrauch an einem Unternehmen** gibt (**Lit:** v. Godin, Nutzungsrecht an Unternehmen und Unternehmensbeteiligungen, 1949; Bökelmann, Nutzungen und Gewinn beim Unternehmensnießbrauch, 1971; Janßen/Nickel, Unternehmensnießbrauch, 1998; Paus BB 90, 1675 ff). **Zweck** der Nießbrauchsbestellung: Der Nießbraucher soll das Unternehmen leiten (vgl BGH
6 MDR 75, 225 f). **aa)** HGB 22 II setzt ihn voraus. §§ 1085 ff greifen nur ein, wenn das Unternehmen als das „ganze" Vermögen erscheint (Rn 2); gleiches gilt für
7 § 311b III (BGH 25, 4 f zu § 311 aF). **bb)** Der durch Einzelbestellung nicht erfassbare Geschäftswert des Tätigkeitsbereichs (Ruf, Geschäftserfahrungen, Kundenstamm usw) soll dem Nießbraucher zur Verfügung stehen. Die Verpflichtung zur Überlassung dieses Wertes durch „Einweisung" ist unproblematisch. Ihre Erfüllung iVm den Einzelbestellungen begründet ein einheitliches absolut geschütztes Recht des Nießbrauchers am Unternehmen (MK/Pohlmann 10–12; hM).

§ 1086 Rechte der Gläubiger des Bestellers

¹**Die Gläubiger des Bestellers können, soweit ihre Forderungen vor der Bestellung entstanden sind, ohne Rücksicht auf den Nießbrauch Befriedigung aus den dem Nießbrauch unterliegenden Gegenständen verlangen.** ²**Hat der Nießbraucher das Eigentum an verbrauchbaren Sachen erlangt, so tritt an die Stelle der Sachen der Anspruch des Bestellers auf Ersatz des Wertes; der Nießbraucher ist den Gläubigern gegenüber zum sofortigen Ersatz verpflichtet.**

1 1. Allgemeines. Die Anwendbarkeit von § 1086 setzt einen Nießbrauch am Vermögen iSv § 1085 Rn 2 voraus. Die Forderung muss vor Nießbrauchsbestellung entstanden sein (entspr InsO 38, MK/Pohlmann 3).

2 2. Wirkung. Keine persönliche Haftung des Nießbrauchers (anders § 1088), nur Befriedigungsrecht der Gläubiger des Bestellers. IdR ist der Nießbraucher zur Duldung der Zwangsvollstreckung verpflichtet, **S 1** mit ZPO 737, 738. Ausnahmsweise (vgl § 1067) vollstreckt der Gläubiger in den Ersatzanspruch des Bestellers (ZPO 829, 835), **S 2;** der Nießbraucher ist hier Drittschuldner, daher Duldungstitel unnötig.

3 3. Sonstiges. Der **Eigentümer,** der nicht Besteller ist, kann nach ZPO 64, 771 vorgehen. Dem dient die Anzeigepflicht des Nießbrauchers, § 1042 S 2.

Titel 2. Nießbrauch §§ 1087–1089

§ 1087 Verhältnis zwischen Nießbraucher und Besteller

(1) ¹Der Besteller kann, wenn eine vor der Bestellung entstandene Forderung fällig ist, von dem Nießbraucher Rückgabe der zur Befriedigung des Gläubigers erforderlichen Gegenstände verlangen. ²Die Auswahl steht ihm zu; er kann jedoch nur die vorzugsweise geeigneten Gegenstände auswählen. ³Soweit die zurückgegebenen Gegenstände ausreichen, ist der Besteller dem Nießbraucher gegenüber zur Befriedigung des Gläubigers verpflichtet.

(2) ¹Der Nießbraucher kann die Verbindlichkeit durch Leistung des geschuldeten Gegenstands erfüllen. ²Gehört der geschuldete Gegenstand nicht zu dem Vermögen, das dem Nießbrauch unterliegt, so ist der Nießbraucher berechtigt, zum Zwecke der Befriedigung des Gläubigers einen zu dem Vermögen gehörenden Gegenstand zu veräußern, wenn die Befriedigung durch den Besteller nicht ohne Gefahr abgewartet werden kann. ³Er hat einen vorzugsweise geeigneten Gegenstand auszuwählen. ⁴Soweit er zum Ersatz des Wertes verbrauchbarer Sachen verpflichtet ist, darf er eine Veräußerung nicht vornehmen.

Zum **Anwendungsbereich** § 1086 Rn 1. § 1087 (abdingbar) begründet zwischen Besteller und Nießbraucher Rechte und Pflichten, um die Zwangsvollstreckung, insbes in nießbrauchsbelastete Gegenstände, abzuwehren. Der Besteller kann den zur Erfüllung benötigten Gegenstand vom Nießbraucher herausverlangen (I); der Nießbraucher kann den geschuldeten Gegenstand auch selbst an den Gläubiger leisten (II). 1

§ 1088 Haftung des Nießbrauchers

(1) ¹Die Gläubiger des Bestellers, deren Forderungen schon zur Zeit der Bestellung verzinslich waren, können die Zinsen für die Dauer des Nießbrauchs auch von dem Nießbraucher verlangen. ²Das Gleiche gilt von anderen wiederkehrenden Leistungen, die bei ordnungsmäßiger Verwaltung aus den Einkünften des Vermögens bestritten werden, wenn die Forderung vor der Bestellung des Nießbrauchs entstanden ist.

(2) Die Haftung des Nießbrauchers kann nicht durch Vereinbarung zwischen ihm und dem Besteller ausgeschlossen oder beschränkt werden.

(3) ¹Der Nießbraucher ist dem Besteller gegenüber zur Befriedigung der Gläubiger wegen der im Absatz 1 bezeichneten Ansprüche verpflichtet. ²Die Rückgabe von Gegenständen zum Zwecke der Befriedigung kann der Besteller nur verlangen, wenn der Nießbraucher mit der Erfüllung dieser Verbindlichkeit in Verzug kommt.

Zum **Anwendungsbereich** § 1086 Rn 1. § 1088 begründet in der Form des ges Schuldbeitritts zwingend (II) eine persönliche gesamtschuldnerische Haftung des Nießbrauchers (anders § 1086). 1

§ 1089 Nießbrauch an einer Erbschaft

Die Vorschriften der §§ 1085 bis 1088 finden auf den Nießbrauch an einer Erbschaft entsprechende Anwendung.

1. Nachlass. Betrifft nur den Nießbrauch am Nachlass. **Abgrenzungen:** 1
a) Nießbrauch an Miterbenanteil. Er ist Rechtsnießbrauch und hat daher nicht die Folgen der Einzelbestellung, vgl § 1085 Rn 1. b) Zuwendung des obligatorischen Anspruchs auf die Nutzungen des Nachlasses (vgl RG 148, 337).

§ 1090

2   2. Pflicht zur Bestellung. Diese wird idR durch Vermächtnis begründet, § 2174. Auslegungsfrage, ob Nießbrauchsvermächtnis oder Vorerbeinsetzung gemeint (ie BayObLG Rpfleger 81, 64 f).

3   3. Gläubiger iSd §§ 1086–1088. Das sind die Nachlassgläubiger. Die entspr Anwendung von § 1087 soll dem Erben die Befriedigung der Nachlassgläubiger ermöglichen, aber keine Vorteile zu Lasten des Nießbrauchers verschaffen (vgl BGH 19, 313 f).

Titel 3. Beschränkte persönliche Dienstbarkeiten

§ 1090 Gesetzlicher Inhalt der beschränkten persönlichen Dienstbarkeit

(1) **Ein Grundstück kann in der Weise belastet werden, dass derjenige, zu dessen Gunsten die Belastung erfolgt, berechtigt ist, das Grundstück in einzelnen Beziehungen zu benutzen, oder dass ihm eine sonstige Befugnis zusteht, die den Inhalt einer Grunddienstbarkeit bilden kann (beschränkte persönliche Dienstbarkeit).**

(2) **Die Vorschriften der §§ 1020 bis 1024, 1026 bis 1029, 1061 finden entsprechende Anwendung.**

1   1. Allgemeines. Die bp Dienstbarkeit gleicht in vielem der Grunddienstbarkeit. Hauptunterschied: Berechtigter kann nur eine **bestimmte Person** sein (ie Rn 13). Daher gibt es **kein herrschendes Grundstück**, auf dessen Vorteil das Recht ausgerichtet sein könnte und müsste. § 1019 ist auch nicht entspr anwendbar: II. Zum **Belastungsgegenstand** § 1018 Rn 3.

2   2. Inhalt. a) Für ihn gilt § 1018, vgl dort Rn 4–7, 10. § 1019 ist zwar unanwendbar (Rn 1), aber notwendig und genügend ist ein erlaubter Vorteil für irgendjemand, damit das Recht entsteht (BGH NJW 85, 1025). Die persönlichen Bedürfnisse
3 bestimmen nur iZw den Umfang des Rechts, § 1091 mit Anm. **b) Als Grundstücksbelastung** beschränkt die bp Dienstbarkeit das Eigentum und die daraus fließenden Befugnisse. Danach bestimmt sich auch, mit welchem Inhalt eine **bp**
4 Dienstbarkeit zu Wettbewerbszwecken zulässig ist: **aa) Zulässiger Inhalt:** (1) *Verbot,* auf dem belasteten Grundstück irgendein oder ein bestimmtes Gewerbe auszuüben (BGH NJW 84, 924): **Verbotsdienstbarkeit,** zB Getränkevertrieb. Solche Benutzungsverbote (§ 1018 Rn 5) können auch nichtwettbewerbliche Gründe haben (s allg BGH NJW 84, 924), zB Erhaltung der Ruhe (kein Fabriklärm),
5 ästhetische Gründe (BGH JZ 67, 322), Städteplanung (BGH NJW 84, 924); (2) *Berechtigung,* auf dem belasteten Grundstück ein (bestimmtes) Gewerbe zu betreiben, zB Tankstelle, Gaststätte (BayObLG MDR 81, 759): **Berechtigungsdienstbarkeit,** vgl § 1018 Rn 4; (3) *Benutzungserlaubnis* wie Rn 5, aber *mit Ausschließlichkeits-*
6 *klausel,* wonach nur der Berechtigte das (bestimmte) Gewerbe, zB die Tankstelle, betreiben darf, so dass jedem anderen diese Benutzung verboten ist (BGH NJW 85, 2474). Steht die Ausschließlichkeitsklausel in der Eintragungsbewilligung, so ist
7 Bezugnahme gem § 874 nötig und ausreichend (vgl BGH NJW 85, 2474); (4) *Verbot* wie Rn 4 *mit schuldrechtlichem Zustimmungsvorbehalt* des Berechtigten (BGH NJW
8 88, 2364); (5) *Verbot* der Errichtung bestimmter Anlagen, zB zur Wärmeerzeugung
9 (BGH WM 84, 821); (6) ein *unbeschränktes Ausübungs- oder Bezugsverbot* (entspr Rn 4, 7, 8), selbst wenn es (nur) eine dinglich nicht sicherbare (§ 1018 Rn 7) Bezugspflicht, zB für Getränke, Wärme, *sichern* soll (BayObLG NJW-RR 97, 913 mN): **Sicherungsdienstbarkeit.** Darin liegt, ebenso wenig wie bei der SÜ (§ 930 Rn 20), ein Scheingeschäft (§ 117 I) oder eine Gesetzesumgehung durch unzulässige (§ 1018 Rn 7) Begründung einer dinglichen Bezugspflicht (BGH NJW 85, 2474; sa NJW-RR 03, 735). Eine Getränkebezugspflicht muss zeitlich begrenzt sein (§ 139 Rn 11); entspr muss nach BGH 74, 298 f die Verpflichtungsabrede (Sicherungsabrede) zur

Dienstbarkeitsbestellung die Dienstbarkeit zeitlich begrenzen. Fehlt es daran, so können Getränkebezugspflicht (§ 139 Rn 11) und Sicherungsabrede (BGH NJW 88, 2365) auf eine zulässige Zeitdauer reduziert werden, wenn das dem Parteiwillen entspricht (§ 139). Andernfalls sind zwar die schuldrechtlichen Abreden nichtig (§ 138 I), doch bleibt die Dienstbarkeitsbestellung wegen ihrer Abstraktheit (Rn 13 vor § 854) davon idR unberührt (Ausnahmen: § 138 Rn 14; Rn 15, 16 vor § 854; sa § 139 Rn 4), BGH NJW-RR 92, 594 f mN. – Eine Wärmebezugspflicht unterliegt keiner Zeitgrenze (vgl BGH NJW 95, 2351 mN). **bb) In allen Fällen** von 10 Rn 4–9 werden nach der Rspr die tatsächlichen Eigentümerbefugnisse und nicht nur (was unzulässig sein soll) die rechtsgeschäftliche Freiheit des Eigentümers beschränkt (BGH 29, 248 f; NJW-RR 03, 735). Die Unterscheidung ist als Zulässigkeitskriterium zwar ungeeignet (insoweit zutr Joost NJW 81, 309 f; sa BGH 29, 249), bestimmt aber die Praxis (Rn 11). **cc) Unzulässig** ist Gebot, (nur) Waren eines 11 bestimmten Herstellers zu verkaufen (begründet Pflicht zum Tun, unzulässig: § 1018 Rn 7). Verbot, Waren anderer Hersteller zu verkaufen, soll, da bloß rechtsgeschäftliche Einschränkung, unzulässig sein (BGH NJW 85, 2474 mN; Rn 10), weshalb die Praxis auf ein unbeschränktes dingliches Bezugsverbot mit schuldrechtlicher Zustimmungsvorbehalt oder schuldrechtlicher Begrenzung ausweicht (Rn 9).
c) Umwandlung in Grunddienstbarkeit und umgekehrt ist ausgeschlossen. 12

3. Berechtigte. Berechtigte können nur eine oder mehrere bestimmte natürliche 13 oder jur Personen (auch des öffentl Rechts, BGH NJW 84, 924) sein, ferner rechtsfähige Personengesellschaften (§ 14 II), auch die (Außen)GbR im Anschluss an BGH 146, 341 ff (zu diesem Urteil Rn 4 vor § 21); zur Grundbuchfähigkeit der Außen-GbR vgl § 899a, GBO 47 II. Die Personenbezogenheit ist der Hauptunterschied zwischen bp Dienstbarkeit und Grunddienstbarkeit (Rn 1, § 1018 Rn 2). Berechtigter kann *auch der Eigentümer* sein, nach BGH 41, 211 aber nur bei bes Bedürfnis, zB wegen einer beabsichtigten Grundstücksveräußerung (mR für unbeschränkte Zulässigkeit StFrank 4 mN).

4. Entstehung. S § 1018 Rn 8. Zur Eigentümerdienstbarkeit sa o Rn 13. 14

5. Erlöschen. Wie § 1018 Rn 12 (a, c, d, f), ferner gem § 1061 (II; Ausnahme: 15 § 1092 II mit § 1059a), bei Wegfall jeden Vorteils (Rn 2; BGH MittBayNot 09, 374), GBBerG 5.

§ 1091 Umfang

Der Umfang einer beschränkten persönlichen Dienstbarkeit bestimmt sich im Zweifel nach dem persönlichen Bedürfnis des Berechtigten

§ 1019 ist unanwendbar, § 1090 II. Fehlt eine Regelung der Beteiligten, so gibt 1 § 1091 eine **Auslegungsregel** (BGH 41, 214). IÜ vgl § 1090 Rn 2–11.

§ 1092 Unübertragbarkeit; Überlassung der Ausübung

(1) ¹**Eine beschränkte persönliche Dienstbarkeit ist nicht übertragbar. ²Die Ausübung der Dienstbarkeit kann einem anderen nur überlassen werden, wenn die Überlassung gestattet ist.**

(2) **Steht eine beschränkte persönliche Dienstbarkeit oder der Anspruch auf Einräumung einer beschränkten persönlichen Dienstbarkeit einer juristischen Person oder einer rechtsfähigen Personengesellschaft zu, so gelten die Vorschriften der §§ 1059a bis 1059d entsprechend.**

(3) ¹**Steht einer juristischen Person oder einer rechtsfähigen Personengesellschaft eine beschränkte persönliche Dienstbarkeit zu, die dazu berechtigt, ein Grundstück für Anlagen zur Fortleitung von Elektrizität, Gas, Fernwärme, Wasser, Abwasser, Öl oder Rohstoffen einschließlich aller**

§ 1093

dazugehörigen Anlagen, die der Fortleitung unmittelbar dienen, für Telekommunikationsanlagen, für Anlagen zum Transport von Produkten zwischen Betriebsstätten eines oder mehrerer privater oder öffentlicher Unternehmen oder für Straßenbahn- oder Eisenbahnanlagen zu benutzen, so ist die Dienstbarkeit übertragbar. ²Die Übertragbarkeit umfasst nicht das Recht, die Dienstbarkeit nach ihren Befugnissen zu teilen. ³Steht ein Anspruch auf Einräumung einer solchen beschränkten persönlichen Dienstbarkeit einer der in Satz 1 genannten Personen zu, so ist der Anspruch übertragbar. ⁴Die Vorschriften der §§ 1059b bis 1059d gelten entsprechend.

Lit: Ising, Beschränkte persönliche Dienstbarkeiten bei Umwandlungen, ZfIR 10, 386.

1   **1. Eigenschaften.** Die bp Dienstbarkeit ist **nicht belastbar, unvererblich** (§§ 1090 II, 1061, dazu GBBerG 5) und **unübertragbar**, I 1 (Ausnahme von der Unübertragbarkeit für jur Personen und rechtsfähige Personengesellschaften [zu diesen § 14 II und dort Rn 2; zur Grundbuchfähigkeit der Außen-GbR § 1090 Rn 13]; II mit § 1059a; ferner für bp Dienstbarkeiten bestimmten Inhalts von jur Personen und rechtsfähigen Personengesellschaften, III). Hingegen ist der obligatorische Anspruch auf Dienstbarkeitsbestellung übertragbar (Schreiber/Berger Kap 11 Rn 54; aA noch die 13. Aufl sowie die hM, vgl nur MK/Joost 3). Zur Pfändbarkeit ZPO 857 III, § 1092 II mit § 1059b; Rn 2.

2   **2. Ausübung des Rechts durch einen Dritten.** Sie ist **nur bei Gestattung** erlaubt, I 2. Nach hM (BGH NJW 62, 1393; Schreiber/Berger Kap 11 Rn 59) soll die Eintragung nur notwendig sein, damit die Gestattung auch dem Rechtsnachfolger des Eigentümers gegenüber wirkt (abl noch die 13. Aufl sowie KG NJW 68, 1883 f). Nicht gestattete Ausübung durch Dritte kann der Eigentümer abwehren, § 1004. Die bp Dienstbarkeit ist gem ZPO 857 III pfändbar. Dazu bedarf es keiner Ausübungsgestattung (Schreiber/Berger Kap 11 Rn 53; aA noch 13. Aufl und hM, vgl MK/Joost 7). Sie fällt daher auch in die Insolvenzmasse (BGH NJW 62, 1392; 63, 2319; sa § 1059 Rn 9) und eine gewillkürte Prozessstandschaft zugunsten des Berechtigten ist zulässig (ohne Gestattung ist sie jedenfalls unzulässig: BGH NJW 64, 2297 f). *Überlassung:* § 1059 Rn 2 entspr.

§ 1093 Wohnungsrecht

(1) ¹Als beschränkte persönliche Dienstbarkeit kann auch das Recht bestellt werden, ein Gebäude oder einen Teil eines Gebäudes unter Ausschluss des Eigentümers als Wohnung zu benutzen. ²Auf dieses Recht finden die für den Nießbrauch geltenden Vorschriften der §§ 1031, 1034, 1036, des § 1037 Abs. 1 und der §§ 1041, 1042, 1044, 1049, 1050, 1057, 1062 entsprechende Anwendung.

(2) Der Berechtigte ist befugt, seine Familie sowie die zur standesmäßigen Bedienung und zur Pflege erforderlichen Personen in die Wohnung aufzunehmen.

(3) Ist das Recht auf einen Teil des Gebäudes beschränkt, so kann der Berechtigte die zum gemeinschaftlichen Gebrauch der Bewohner bestimmten Anlagen und Einrichtungen mitbenutzen.

1   **1. Allgemeines. a) Eine bes Form der bp Dienstbarkeit** ist das Wohnungsrecht (Benutzungserlaubnis, § 1018 Rn 4). Es belastet das gesamte Grundstück, ist aber in der Ausübung auf ein Gebäude oder einen Gebäudeteil beschränkt. Der Gebäudeteil muss in der Eintragung (Bezugnahme, § 874 zulässig) genau beschrieben sein, sonst ist die Eintragung inhaltlich unzulässig und von Amts wegen zu
2   löschen, GBO 53 I 2. **b) Abgrenzungen. aa)** Im Unterschied zu der *gewöhnlichen Dienstbarkeit* iSv § 1090 I (1. Alt) darf das Wohnungsrecht nur ein *Wohn*recht

begründen und muss jede Mitbenutzung durch den Eigentümer ausschließen. Vgl zur Abgrenzung zur *Grunddienstbarkeit* (§ 1018) München MittBayNot 10, 388.
bb) Im Unterschied zum *Nießbrauch* ist das Wohnungsrecht auf eine bestimmte Nutzung beschränkt und seine Ausübung durch Dritte bedarf gem § 1092 I 2 bes Gestattung (Ausnahme in § 1093 II, abdingbar). **cc)** Im Unterschied zum *Dauerwohnrecht* (WEG 31 ff) ist es unvererblich (§§ 1090 II, 1061), idR unveräußerlich (§ 1092 Rn 1) und nur bei Gestattung durch den Grundstückseigentümer auch durch Dritte ausübbar (§ 1092 I 2, Ausnahme in § 1093 II; BGH NJW 07, 1886). **dd)** Das Wohnungsrecht gibt ein dingliches Recht zum unentgeltlichen (BayObLG NJW-RR 89, 14 f; unklar 93, 284) Wohnen, die *Wohnungsmiete* nur ein entgeltlich-obligatorisches. Beide Rechte können nebeneinander bestehen (BGH Warn 65 Nr 82; BFH NJW 98, 3144 mN); nur im Mietvertrag kann ein Entgelt für das Wohnen vereinbart werden (BGH aaO). Rechtsgrund ist nicht ein/der Mietvertrag, sondern die Vereinbarung, ein dingliches Wohnungsrecht (§ 1093) zu bestellen (BGH NJW-RR 99, 377; sa § 1018 Rn 8; Rn 12 vor § 854). Über § 1093 kann eine dingliche Sicherung von Mietrechten nicht erreicht werden.

2. Inhalt. a) Notwendiger Hauptinhalt ist das **Recht zum Wohnen,** daneben möglich Recht zur (Mit-) Benützung des Hausgartens (MK/Joost 6). Benutzungsrecht an Gebäudeteil kraft Ges ausgedehnt: III (dazu BGH 52, 235 f). Zur **Unterhaltungspflicht** vgl I 2 mit §§ 1041 f, 1044, 1049, auch BGH 191, 213; 52, 238 f (Instandhaltung einer Zentralheizung als Gemeinschaftsanlage iSv III). Wurde bei der Bestellung vereinbart, dass der Berechtigte Betriebskosten zu zahlen hat, gilt § 556 III entspr (BGH NJW 09, 3644). IE Schmidt, ZfIR 12, 231.
b) Zum **Wohnrecht für mehrere** vgl BGH 46, 254 ff. „**Familie**": die durch Ehe oder Verwandtschaft verbundenen Personen (vgl BFH NJW 82, 2895 f), Partner einer eheähnlichen Gemeinschaft (Schreiber/Berger Kap 11 Rn 36; BGH 84, 37 ff; sa NJW 93, 1000 f; aA noch die 13. Aufl) und die Partner einer eingetragenen Lebenspartnerschaft (sie gelten wechselseitig als Familienangehörige, LPartG 11 I; sa FamFG 270).

3. Erlöschen. Werden die Räume, an denen das Wohnungsrecht besteht, zerstört oder nachhaltig unbewohnbar, so **erlischt** das Recht (BGH NJW 07, 1885 hM). Stellt der Eigentümer die Räume wieder her, so besteht uU ein Anspruch auf (erneute) Bestellung. Zum Erlöschen vgl iÜ § 1018 Rn 12 (a, c, d, f). IdR kein Erlöschen bei subj Ausübungshindernis, zB Umzug in Pflegeheim (BGH NJW 07, 1885; Celle NJW-RR 99, 10 f).

Abschnitt 5. Vorkaufsrecht

§ 1094 Gesetzlicher Inhalt des dinglichen Vorkaufsrechts

(1) **Ein Grundstück kann in der Weise belastet werden, dass derjenige, zu dessen Gunsten die Belastung erfolgt, dem Eigentümer gegenüber zum Vorkauf berechtigt ist.**

(2) **Das Vorkaufsrecht kann auch zugunsten des jeweiligen Eigentümers eines anderen Grundstücks bestellt werden.**

1. Allgemeines. a) Berechtigt aus dem dinglichen Vorkaufsrecht als einer Grundstücksbelastung (I) können entweder eine oder mehrere bestimmte natürliche oder jur Personen sein *(subj-persönliches Vorkaufsrecht, I)* oder der jeweilige Eigentümer eines anderen Grundstücks *(subj-dingliches Vorkaufsrecht, II);* dazu BGH 37, 152 ff. Haben *mehrere* Vorkaufsrechte am selben Grundstück *verschiedenen Rang,* so kommt das rangschlechtere erst zum Zuge, wenn das rangbessere nicht (rechtzeitig, §§ 1098 I 1, 469 II) ausgeübt wird (vgl BGH 35, 147 ff). *Gleichrangige* Vorkaufsrechte sind zulässig (Hamm NJW-RR 89, 913, str); für die Durchsetzung gilt § 883 Rn 18

§ 1095

2   entspr. **b) Begriff.** Der Berechtigte kann das belastete Grundstück zu den Bedingungen kaufen (und erwerben), zu denen es der Verpflichtete an einen Dritten verkauft hat (vgl §§ 1098 I 1, 464 II). Das Vorkaufsrecht gewährt ein Gestaltungsrecht, das durch Verkauf des Grundstücks an einen Dritten aufschiebend bedingt ist (BGH 67, 397 f, str). Die *Besonderheit des dinglichen gegenüber dem schuldrechtlichen* (auch genannt: persönlichen) Vorkaufsrecht der §§ 463 ff besteht vor allem darin, dass es dem Berechtigten den Erwerb des Grundstücks auch dann ermöglicht, wenn dieses vom Verpflichteten bereits an den Dritten übereignet worden ist (vgl § 1098 Rn 3). *Weitere Unterschiede:* Das *schuldrechtliche* Vorkaufsrecht verpflichtet nur den Besteller und dessen Gesamt-, nicht die Einzelrechtsnachfolger, daher gilt es nur für einen einzigen Verkaufsfall, es kann sich auch auf Sachen und Rechte („Gegenstände": § 463) beziehen, mit einem festen Preis vereinbart werden (Vertragsfreiheit); das *dingliche* Vorkaufsrecht bezieht sich nur auf Grundstücke (I), Miteigentumsanteile (§ 1095), Wohnungseigentum, grundstücksgleiche Rechte (zB Erbbaurecht, vgl ErbbauRG 1 I, 11), es kann für mehrere oder alle Verkaufsfälle bestellt werden (§ 1097), sein ges Inhalt kann nicht erweitert werden (keine Bestellung mit festem Preis, sog preislimitiertes Vorkaufsrecht, BGH 148, 189; Frankfurt/M NJW-RR
3   08, 896). **c) Arten.** Im BGB gibt es außer den rechtsgeschäftlich bestellten Vorkaufsrechten der §§ 463 ff, 1094 ff die ges Vorkaufsrechte bei Begründung von Wohnungseigentum an Mietwohnräumen (§ 577) und bzgl des Miterbenanteils (§§ 2034, 2035). **Außerhalb des BGB** bestehen einige *ges* Vorkaufsrechte, deren rechtspolitische Bedeutung wohl größer ist als ihre praktische; sie bedürfen keiner Eintragung im Grundbuch (am wichtigsten BauGB 24 ff).

4   **2. Begründung.** Durch RGeschäft, §§ 873, 874. Eintragung beim belasteten Grundstück. Beim subj-dinglichen Vorkaufsrecht (Rn 1) ist Vermerk beim herrschenden Grundstück möglich (GBO 9). Für das *Kausalgeschäft* gilt § 311b I 1; Formmangel durch Einigung und Eintragung des Vorkaufsrechts heilbar, § 311b I 2 (BGH NJW-RR 91, 206). Dem dinglichen muss kein schuldrechtliches Vorkaufsrecht zugrunde liegen (hM); in keinem Fall ist dieses der Rechtsgrund (causa) für die Bestellung des dinglichen Rechts (sa § 1093 Rn 5).

5   **3. Übertragung.** Hierzu vgl § 1103 Rn 2.

6   **4. Erlöschen.** Bei Bestellung für *einen* Verkaufsfall **erlischt** es mit rechtzeitiger Ausübung oder bei Unterbleiben der (rechtzeitigen, §§ 1098 I 1, 469 II) Ausübung, ferner bei Konsolidation und durch Veräußerung des Grundstücks, die nicht unter § 1097 HS 1 fällt (Zweibrücken NJW-RR 00, 94; Zweibrücken, Rpfleger 11, 491 [Zuschlag in der Zwangsversteigerung]). *Jedes* Vorkaufsrecht erlischt durch Aufgabeerklärung und Löschung (§§ 875, 876), durch Eintritt auflösender Bedingung (§ 158 II), Befristung (§ 163), Aufgebot (§ 1104), Buchversitzung (§ 901). Subj-persönliches Vorkaufsrecht erlischt mit Tod des Berechtigten, abw Vereinbarung möglich (§§ 1098 I 1, 473; eintragungsbedürftig, § 1103 Rn 2); Löschung gem GBO 22 (Demharter § 23, 11, 13). Der Berechtigte kann durch Vertrag mit dem Verpflichteten auf die Rechtsausübung in bestimmtem (auch künftigem) Vorkaufsfall verzichten (LM Nr 2 zu § 1098; aA BaR/Wegmann 17: einseitiger Verzicht genügt).

7   **5. Wiederkaufsrecht.** Das BGB kennt nur ein schuldrechtliches (§§ 456 ff), kein dingliches. Der schuldrechtliche Anspruch ist durch Vormerkung sicherbar.

§ 1095 Belastung eines Bruchteils

Ein Bruchteil eines Grundstücks kann mit dem Vorkaufsrecht nur belastet werden, wenn er in dem Anteil eines Miteigentümers besteht.

1   Vgl § 1008 Rn 4. Wird der Bruchteil eines Miteigentümers an einen anderen Miteigentümer veräußert, so liegt kein Vorkaufsfall vor (§ 1097 Rn 2), gleich, ob das gesamte Grundstück oder nur der veräußerte Anteil mit dem Vorkaufsrecht

eines Dritten belastet ist (vgl BGH 13, 139; 48, 2 ff). – § 1095 gilt nicht für den Anteil eines Gesamthandseigentümers.

§ 1096 Erstreckung auf Zubehör

¹Das Vorkaufsrecht kann auf das Zubehör erstreckt werden, das mit dem Grundstück verkauft wird. ²Im Zweifel ist anzunehmen, dass sich das Vorkaufsrecht auf dieses Zubehör erstrecken soll.

Vgl §§ 97, 98, 311c, 926. 1

§ 1097 Bestellung für einen oder mehrere Verkaufsfälle

Das Vorkaufsrecht beschränkt sich auf den Fall des Verkaufs durch den Eigentümer, welchem das Grundstück zur Zeit der Bestellung gehört, oder durch dessen Erben; es kann jedoch auch für mehrere oder für alle Verkaufsfälle bestellt werden.

Lit: Burbulla, Der Verkaufsfall im Zivilrecht, 2006.

1. Voraussetzungen für die Ausübung des Vorkaufsrechts *(Vorkaufsfall).* 1
a) **Verkauf,** weder Schenkung (LM Nr 3 zu § 1098) noch Tausch des Grundstücks (BGH 49, 8 ff), es sei denn, das Nicht-Kaufgeschäft soll das Vorkaufsrecht unterlaufen und steht einem Kaufvertrag nahezu gleich (§ 242; BGH 115, 339 ff). Der Verkauf muss rechtswirksam (§ 1098 Rn 2) nach Begründung des Vorkaufsrechts erfolgt sein. Bei Vorkaufsrecht am Grundstück genügt Verkauf eines Eigentumsbruchteils (BGH 90, 178). b) **Verkauf an einen Dritten.** Wer Dritter ist, kann 2 zweifelhaft sein. Dritter ist nicht, wer als Bruchteils- oder Gesamthandseigentümer das gemeinschaftliche Grundstück erwirbt (LM Nr 3 zu § 1098; BayObLG JurBüro 81, 753), sa § 1095 Rn 1, ferner §§ 1098 I 1, 470. c) **Das Recht** darf noch **nicht** 3 **erloschen** sein (§ 1094 Rn 6).

2. Beschränkung. Grundsätzlich ist das Vorkaufsrecht auf **einen Verkaufsfall** 4 beschränkt, HS 1, zum Erlöschen § 1094 Rn 6. Abw Vereinbarung zulässig, nicht nur nach Maßgabe von HS 2 (zB Beschränkung auf Verkauf durch Besteller, nicht auch durch dessen Erben). Für Abweichung gelten §§ 873, 874, 877.

§ 1098 Wirkung des Vorkaufsrechts

(1) ¹Das Rechtsverhältnis zwischen dem Berechtigten und dem Verpflichteten bestimmt sich nach den Vorschriften der §§ 463 bis 473. ²Das Vorkaufsrecht kann auch dann ausgeübt werden, wenn das Grundstück von dem Insolvenzverwalter aus freier Hand verkauft wird.

(2) **Dritten gegenüber hat das Vorkaufsrecht die Wirkung einer Vormerkung zur Sicherung des durch die Ausübung des Rechts entstehenden Anspruchs auf Übertragung des Eigentums.**

(3) Steht ein nach § 1094 Abs. 1 begründetes Vorkaufsrecht einer juristischen Person oder einer rechtsfähigen Personengesellschaft zu, so gelten, wenn seine Übertragbarkeit nicht vereinbart ist, für die Übertragung des Rechts die Vorschriften der §§ 1059a bis 1059d entsprechend.

1. Allgemeines. Für das Rechtsverhältnis zwischen Berechtigtem und Verpflich- 1 tetem gelten die Regeln des schuldrechtlichen Vorkaufsrechts (§§ 463 ff), **I 1** (zwingend: BayObLG NJW-RR 98, 86), erweitert durch I 2. Dritten gegenüber wirkt das Recht wie eine Auflassungsvormerkung, **II.**

§§ 1099, 1100

2 **2. Ausübung des Vorkaufsrechts.** Dies ist die Ausübung eines Gestaltungsrechts (§ 1094 Rn 2). Sie setzt rechtswirksamen Kaufvertrag zwischen Verpflichtetem und Dritten voraus, daher Wahrung der Form nötig (§§ 311b I 1, 125), ggf Erteilung behördlicher Genehmigung (BGH 67, 397; Ausübung vor Genehmigung zulässig, ihre Erteilung ist dann Rechtsbedingung, BGH 139, 35, s § 158 Rn 6 [c], 12). Mit Ausübung kommt der Kauf zwischen Berechtigtem und Verpflichteten zu den Bedingungen zustande, die der Verpflichtete mit dem Dritten vereinbart hat (I 1 mit § 464 II; BGH NJW 83, 682). Daher kann Berechtigter eine Herabsetzung des Kaufpreises nicht verlangen. Der Vertrag (§ 464 II) bedarf ggf behördlicher Genehmigung. Zur Vertragsabwicklung Rn 3.

3 **3. Anspruch des Berechtigten auf Eigentums- und Besitzverschaffung (§ 433 I 1).** Er richtet sich gegen den Verpflichteten auch dann, wenn der Dritte in Erfüllung seines Vertragsanspruchs Eigentümer geworden ist. Der Berechtigte kann seinen Auflassungsanspruch nach §§ 883 II, 888 I durchsetzen (§ 883 Rn 15), II, und nach Ausübung des Vorkaufsrechts Herausgabe des Grundstücks vom besitzenden Dritten (auch wenn dieser Eigentümer ist) verlangen (in § 1100 S 1 vorausgesetzt, BGH 115, 344 f; sa § 1100–1102 Rn 1). Zu den Gegenrechten des Dritten, der schon den Kaufpreis (zT) gezahlt hat, vgl § 1100, ferner § 1101. Der Auflassungsanspruch ist gem §§ 1098 II, 883 II gegen eine Beeinträchtigung durch Belastung des Grundstücks schon geschützt, wenn das Vorkaufsrecht ausgeübt werden kann (dazu Rn 2), BGH 60, 294. Zum Schutz gegen Vereitelung durch Übereignung vgl BGH 60, 294 f (betr ges Vorkaufsrecht).

4 **4. Die Erfüllung des Kaufvertrags mit dem Dritten (in §§ 1100–1102 Käufer genannt).** Sie wird dem Verpflichteten nachträglich unmöglich, wenn der Berechtigte das Eigentum erlangt. Für die Haftung gelten §§ 435, 437, 442. Zur Kaufpreiszahlungspflicht des Dritten vgl § 1102, zur Erstattung des gezahlten Kaufpreises § 1100.

5 **5. Geltungsbereich.** III gilt auch für rechtsfähige Personengesellschaften: OHG, KG, PartG, EWIV, „Außen"-GbR (s § 14 Rn 2; § 1090 Rn 13).

§ 1099 Mitteilungen

(1) Gelangt das Grundstück in das Eigentum eines Dritten, so kann dieser in gleicher Weise wie der Verpflichtete dem Berechtigten den Inhalt des Kaufvertrags mit der im § 469 Abs. 2 bestimmten Wirkung mitteilen.

(2) Der Verpflichtete hat den neuen Eigentümer zu benachrichtigen, sobald die Ausübung des Vorkaufsrechts erfolgt oder ausgeschlossen ist.

1 I tritt neben § 469 I. Grund für II: § 1098 I 1 (mit § 464 I 1), II.

§ 1100 Rechte des Käufers

¹Der neue Eigentümer kann, wenn er der Käufer oder ein Rechtsnachfolger des Käufers ist, die Zustimmung zur Eintragung des Berechtigten als Eigentümer und die Herausgabe des Grundstücks verweigern, bis ihm der zwischen dem Verpflichteten und dem Käufer vereinbarte Kaufpreis, soweit er berichtigt ist, erstattet wird. ²Erlangt der Berechtigte die Eintragung als Eigentümer, so kann der bisherige Eigentümer von ihm die Erstattung des berichtigten Kaufpreises gegen Herausgabe des Grundstücks fordern.

§ 1101 Befreiung des Berechtigten

Soweit der Berechtigte nach § 1100 dem Käufer oder dessen Rechtsnachfolger den Kaufpreis zu erstatten hat, wird er von der Verpflichtung zur Zahlung des aus dem Vorkauf geschuldeten Kaufpreises frei.

§ 1102 Befreiung des Käufers

Verliert der Käufer oder sein Rechtsnachfolger infolge der Geltendmachung des Vorkaufsrechts das Eigentum, so wird der Käufer, soweit der von ihm geschuldete Kaufpreis noch nicht berichtigt ist, von seiner Verpflichtung frei; den berichtigten Kaufpreis kann er nicht zurückfordern.

Anmerkungen zu den §§ 1100–1102

§§ 1100–1102 setzen voraus, dass der Dritte Eigentum erlangt hat („neuer Eigentümer": § 1100 S 1). Hat er den Kaufpreis schon (zT) gezahlt, so gibt ihm § 1100 ein Leistungsverweigerungsrecht gegen den Anspruch auf Zustimmung (§§ 1098 II, 888 I) und auf Herausgabe (vgl § 1098 Rn 3), ferner entspr § 1000 (aA BGH 75, 293 ff: § 273 II; s § 894 Rn 10) ein Zurückbehaltungsrecht wegen Verwendungen, §§ 994 ff analog (dazu BGH 87, 297). Für den Fall der (teilw) Kaufpreiszahlung ordnen die §§ 1101, 1102 einen Zahlungsausgleich unter den Beteiligten an. 1

§ 1103 Subjektiv-dingliches und subjektiv-persönliches Vorkaufsrecht

(1) **Ein zugunsten des jeweiligen Eigentümers eines Grundstücks bestehendes Vorkaufsrecht kann nicht von dem Eigentum an diesem Grundstück getrennt werden.**

(2) **Ein zugunsten einer bestimmten Person bestehendes Vorkaufsrecht kann nicht mit dem Eigentum an einem Grundstück verbunden werden.**

1. Umwandlung. Durch selbstständige Veräußerung würde sich ein subj-dingliches Vorkaufsrecht in ein subj-persönliches umwandeln. Eine **Umwandlung** ist aber wegen des Verbots selbstständiger Veräußerung **ausgeschlossen, I.** Auch die umgekehrte Umwandlung ist unzulässig, **II.** Möglich sind nur Aufhebung und Neubegründung. 1

2. Übertragung. Übertragung des subj-dinglichen Rechts nur durch Veräußerung des herrschenden Grundstücks (vgl §§ 96, 93), **I,** des subj-persönlichen Rechts gem §§ 1098 I 1, 473 (von § 473 abw Vereinbarung ist eintragungsbedürftig, §§ 873, 874, 877: BGH 37, 153). 2

§ 1104 Ausschluss unbekannter Berechtigter

(1) ¹**Ist der Berechtigte unbekannt, so kann er im Wege des Aufgebotsverfahrens mit seinem Recht ausgeschlossen werden, wenn die in § 1170 für die Ausschließung eines Hypothekengläubigers bestimmten Voraussetzungen vorliegen.** ²**Mit der Rechtskraft des Ausschließungsbeschlusses erlischt das Vorkaufsrecht.**

(2) **Auf ein Vorkaufsrecht, das zugunsten des jeweiligen Eigentümers eines Grundstücks besteht, finden diese Vorschriften keine Anwendung.**

Vgl FamFG 453. 1

Abschnitt 6. Reallasten

§ 1105 Gesetzlicher Inhalt der Reallast

(1) ¹Ein Grundstück kann in der Weise belastet werden, dass an denjenigen, zu dessen Gunsten die Belastung erfolgt, wiederkehrende Leistungen aus dem Grundstück zu entrichten sind (Reallast). ²Als Inhalt der Reallast kann auch vereinbart werden, dass die zu entrichtenden Leistungen sich ohne weiteres an veränderte Verhältnisse anpassen, wenn anhand der in der Vereinbarung festgelegten Voraussetzungen Art und Umfang der Belastung des Grundstücks bestimmt werden können.

(2) Die Reallast kann auch zugunsten des jeweiligen Eigentümers eines anderen Grundstücks bestellt werden.

§ 1106 Belastung eines Bruchteils

Ein Bruchteil eines Grundstücks kann mit einer Reallast nur belastet werden, wenn er in dem Anteil eines Miteigentümers besteht.

§ 1107 Einzelleistungen

Auf die einzelnen Leistungen finden die für die Zinsen einer Hypothekenforderung geltenden Vorschriften entsprechende Anwendung.

§ 1108 Persönliche Haftung des Eigentümers

(1) Der Eigentümer haftet für die während der Dauer seines Eigentums fällig werdenden Leistungen auch persönlich, soweit nicht ein anderes bestimmt ist.

(2) Wird das Grundstück geteilt, so haften die Eigentümer der einzelnen Teile als Gesamtschuldner.

Anmerkungen zu den §§ 1105–1108

1   **1. Allgemeines. a) Die Reallast** ist eine *Grundstücksbelastung* (§ 1105 I). **b) Ihr Inhalt** sind Leistungen „aus dem Grundstück" (§ 1105 I 1). Damit ist die dingliche Haftung des Grundstücks gemeint (vgl §§ 1107, 1147; ebenso in §§ 1113 I, 1191 I). Die Leistungen müssen wiederkehren, aber nicht notwendig regelmäßig (anders § 1199 I). Sie können in Geld-, Sach- oder Dienstleistungen des Belasteten bestehen (zB beim sog Altenteil [vgl EGBGB 96, GBO 49, dazu BGH 125, 72 ff] in der Lieferung von Naturalien, Energie, Wasser, Pflege bei Krankheit, monatlicher Geldrente, Wohnrecht [als Wohnungsreallast oder gem § 1093 oder § 1090, vgl BayObLG MDR 81, 759], s BGH NJW-RR 89, 451), nicht aber im Dulden oder Unterlassen einer Handlung durch den Belasteten (anders §§ 1018, 1090). Zur zugelassenen *Währung* für Geldleistungen s § 1113 Rn 7 mit VO vom 30.10.1997 (dazu Demharter § 28, 21–29). Mit Rücksicht auf die stete Geldentwertung ist die Reallast wieder aktuell; denn sie bedarf keiner fest bestimmten Höhe der Leistung, Bestimmbarkeit genügt (BGH 130, 345 f), weshalb Wertsicherungsklauseln möglich sind, zB Geldrente entspr der jeweiligen Höchstpension eines bayerischen Notars (BGH 22, 58). IdS kann eine automatische Anpassung an veränderte Verhältnisse vereinbart werden, § 1105 I 2 (in Kraft seit 16.6.1998); die Vereinbarung muss die Anpassungsvoraussetzungen nennen und die nun zu entrichtenden Leistungen (= Belastung des

Grundstücks) bestimmbar machen. **c) Berechtigt** können sein eine oder mehrere bestimmte natürliche oder jur Personen, § 1105 I *(subj-persönliche Reallast),* oder der jeweilige Eigentümer eines anderen Grundstücks, § 1105 II *(subj-dingliche Reallast).* In beiden Formen ist eine *Eigentümerreallast* möglich, sowohl nachträglich (§ 889) wie durch Bestellung entspr der Eigentümergrundschuld (MK/Joost § 1105 Rn 54 mN; hM). **d) Modifizierendes Landesrecht** ist zulässig, s insbes EGBGB 113–115.

2. Begründung. Begründung gem §§ 873, 874. Eintragung beim belasteten 2 Grundstück; Vermerk des subj-dinglichen Rechts beim herrschenden Grundstück möglich (GBO 9). Zur **Übertragung** vgl §§ 1110, 1111 mit Anm. **Erlöschen** insbes nach §§ 875, 876, 1112, EGBGB 113. Dient die Reallast zur Sicherung einer Forderung, so gilt § 1163 nicht entspr (hM; aA MK/Joost § 1105 Rn 62 mN).

3. Sonstiges. Es sind zu **unterscheiden**: Die **Reallast** als Grundstücksbelastung 3 (§ 1105 I, sog Stammrecht), der daraus fließende **dingliche Anspruch** auf die einzelne Leistung (§ 1107, vgl LM Nr 1 zu § 1105), ein etwaiger **schuldrechtlicher Anspruch** auf die gleiche Leistung (LM Nr 35 zu § 157 [Ge]). Die Unterscheidung ist wichtig für die Haftung: Für die Reallast als Stammrecht haftet das Grundstück nur ausnahmsweise (bei Ablösung, vgl EGBGB 113); für den einzelnen dinglichen Anspruch haftet das Grundstück (§ 1107; dazu Amann DNotZ 93, 222 ff) und daneben der Eigentümer persönlich (dh mit seinem gesamten Vermögen) nach Maßgabe des § 1108 (BGH NJW-RR 89, 1098), auch wenn er nach Fälligwerden der Leistungen das Grundstück veräußert hat (vgl BGH MDR 78, 740); für den schuldrechtlichen Anspruch haftet nur der Vertragsgegner oder Schuldübernehmer.

§ 1109 Teilung des herrschenden Grundstücks

(1) ¹Wird das Grundstück des Berechtigten geteilt, so besteht die Reallast für die einzelnen Teile fort. ²Ist die Leistung teilbar, so bestimmen sich die Anteile der Eigentümer nach dem Verhältnis der Größe der Teile; ist sie nicht teilbar, so findet die Vorschrift des § 432 Anwendung. ³Die Ausübung des Rechts ist im Zweifel nur in der Weise zulässig, dass sie für den Eigentümer des belasteten Grundstücks nicht beschwerlicher wird.

(2) ¹Der Berechtigte kann bestimmen, dass das Recht nur mit einem der Teile verbunden sein soll. ²Die Bestimmung hat dem Grundbuchamt gegenüber zu erfolgen und bedarf der Eintragung in das Grundbuch; die Vorschriften der §§ 876, 878 finden entsprechende Anwendung. ³Veräußert der Berechtigte einen Teil des Grundstücks, ohne eine solche Bestimmung zu treffen, so bleibt das Recht mit dem Teil verbunden, den er behält.

(3) Gereicht die Reallast nur einem der Teile zum Vorteil, so bleibt sie mit diesem Teil allein verbunden.

Gilt nur für subj-dingliche Reallasten, I 1. 1

§ 1110 Subjektiv-dingliche Reallast

Eine zugunsten des jeweiligen Eigentümers eines Grundstücks bestehende Reallast kann nicht von dem Eigentum an diesem Grundstück getrennt werden.

§ 1111 Subjektiv-persönliche Reallast

(1) Eine zugunsten einer bestimmten Person bestehende Reallast kann nicht mit dem Eigentum an einem Grundstück verbunden werden.

§§ 1110–1112, Vor § 1113

(2) Ist der Anspruch auf die einzelne Leistung nicht übertragbar, so kann das Recht nicht veräußert oder belastet werden.

Anmerkungen zu den §§ 1110, 1111

1   **1. Bedeutung.** Zur Bedeutung von §§ 1110, 1111 I vgl § 1103 Rn 1, 2.

2   **2. Übertragung.** Isolierte **Übertragung und Belastung** der subj-dinglichen Reallast ist unzulässig (§ 1110 mit §§ 93, 96). Zulässig bei der subj-persönlichen, aber Ausnahme nach § 1111 II, wenn Übertragbarkeit des dinglichen Anspruchs auf die Einzelleistung (§§ 1105–1108 Rn 3) ausgeschlossen ist (s §§ 399, 400, 413).

§ 1112 Ausschluss unbekannter Berechtigter

Ist der Berechtigte unbekannt, so findet auf die Ausschließung seines Rechts die Vorschrift des § 1104 entsprechende Anwendung.

1   Gilt nur für subj-persönliche Reallast, § 1104 II. IÜ vgl FamFG 453.

Abschnitt 7. Hypothek, Grundschuld, Rentenschuld

Vorbemerkungen

Lit: Klinkhammer/Rancke, Hauptprobleme des Hypothekenrechts, JuS 73, 665; Reinicke/Tiedtke, Kreditsicherung, 5. Aufl 2006, 2. Teil, B, 1.–3. Kapitel; Hj. Weber, Kreditsicherungsrecht, 8. Aufl 2006, §§ 11–14.

I. Typen der Grundpfandrechte

1   **1. Arten. Das Ges unterscheidet** Hypothek, Grund- und Rentenschuld. Sie beschränken die Rechtsmacht des Eigentümers und belasten sein Eigentum (nicht das Grundstück, ungenau: §§ 1113, 1191, 1199). Sie sind *beschränkte dingliche Rechte* (Rn 6 vor § 854) und beschweren das Grundstück(seigentum!) in gleichartiger Weise; stets ist „eine bestimmte Geldsumme aus dem Grundstücke zu zahlen" (§§ 1113 I, 1191 I, 1199 I), womit (nur) die dingliche Haftung des Grundstücks gemeint ist. Die funktionelle Gleichartigkeit rechtfertigt eine weitreichende Gleichheit der ges Regelung (vgl §§ 1192, 1200) und die Zusammenfassung der drei Rechte unter dem Begriff *Grundpfandrechte* (vgl § 503 I; sa GBV 49a S 1). Die Umwandlung eines Grundpfandrechts in ein anderes ändert nur den Inhalt der iÜ gleich bleiben-
2   den Belastung. Ie: **a) Die Hypothek** (Definition: § 1113 I 1) ist begriffsnotwendig mit einer Forderung verbunden, sog Akzessorietät der Hypothek (Rn 17). Nach dem BGB ist die Hypothek ein Nebenrecht der Forderung (RG 81, 268), wirtschaft-
3   lich hingegen ist sie die Hauptsache (Rn 24). **b) Die Grundschuld** unterscheidet sich von der Hypothek (nur) dadurch, dass sie vom Ges nicht mit einer Forderung verbunden ist (in § 1191 I fehlen die in § 1113 I enthaltenen Worte „zur Befriedigung wegen einer ihm zustehenden Forderung"). Die Grundschuld ist also nicht
4   akzessorisch (Rn 17). **c) Die Rentenschuld** ist eine bes Form der Grundschuld, vgl § 1199 V.

5   **2. Buch- und Briefgrundpfandrecht. a) Die Hypothek** ist als Sicherungshypothek notwendig Buchhypothek (§ 1185 I, auch § 1190 III), als gewöhnliche (sog Verkehrshypothek) idR Briefhypothek (§ 1116 I), ausnahmsweise Buchhypothek
6   (§ 1116 II 1). **b) Die Grundschuld** ist wie die Rentenschuld idR Briefgrundschuld,

ausnahmsweise Buchgrundschuld (§§ 1192 I, 1116 I, II 1). **c) Briefgrundpfandrechte** können außerhalb des Grundbuchs übertragen werden (§§ 1154 I, 1192 I). Sie sind daher leichter umlauffähig als ein Buchrecht (weitere Erleichterungen für die Inhaberbriefgrundschuld, § 1195), abgesehen von der Wertpapierhypothek (§§ 1187–1189).

3. Fälligkeits- und Tilgungsgrundpfandrecht. Die Unterscheidung betrifft nur Hypothek und Grundschuld. **a) Fälligkeitsgrundpfandrecht.** Es wird für eine feste Laufzeit, zB 15 Jahre, vereinbart. Nach Zeitablauf ist die Geldsumme (das Kapital) auf einmal zu zahlen; bis dahin sind, sofern vereinbart (§§ 1115 I, 1192 I), Zinsen zu entrichten. Eine ordentliche Kündigung ist für die vereinbarte Laufzeit ausgeschlossen, idR werden außerordentliche Kündigungsgründe festgelegt. **b) Tilgungsgrundpfandrecht** (Amortisationsgrundpfandrecht). Es wird jährlich ein gleichhoher Betrag (Annuität), der sich aus Zinsen und Tilgung zusammensetzt, zurückbezahlt. Weil das zurückbezahlte (amortisierte) Kapital nicht verzinst wird, sinkt innerhalb des gleich bleibenden Betrags der Anteil der Zinsen und steigt der Anteil des Tilgungsbetrags (vgl BGH 67, 292). Eine ordentliche Kündigung ist idR ausgeschlossen, außerordentliche Kündigungsgründe werden vereinbart, zB Tod des Schuldners (sa § 1136 Rn 2). In Höhe des jeweiligen Tilgungsbetrags entsteht eine Eigentümer(teil)grundschuld (§§ 1163 I 2, 1177 I; § 1192 Rn 2 [f]); sie ist unverzinslich (§ 1177 Rn 2 [b]) und geht der Resthypothek im Range nach (§ 1176; §§ 1192 I, 1176).

II. Gemeinsame Grundsätze

1. Pfandrechte an Grundstücken. a) Alle Grundpfandrechte sind beschränkte dingliche **Rechte an Grundstücken** (vgl ferner § 1114 – betrifft auch Wohnungseigentum: Weitnauer § 3, 107 –, ErbbauRG 11). Sa Rn 1–4. **b)** Alle Grundpfandrechte sind **besitzlose Pfandrechte.**

2. Publizitätsgrundsatz. IdR entstehen die Grundpfandrechte nur, wenn sie im Grundbuch eingetragen sind (**Publizitätsgrundsatz,** Rn 4 vor § 854). Ausnahmen: § 1287 S 2, ZPO 848 II 2.

3. Bestimmtheitsgrundsatz. Alle Grundpfandrechte sind Belastungen nur „eines Grundstücks" (vgl Rn 1), **Bestimmtheitsgrundsatz** (Rn 5 vor § 854). Ein Pfandrecht am ganzen Vermögen des Schuldners (sog Generalhypothek) gibt es nicht.

4. Dinglicher Anspruch. Die Grundpfandrechte begründen **keine Zahlungspflicht** des Eigentümers, weder iSd Theorie der Realobligation (persönliche Schuld mit einer auf das Grundstück begrenzten Haftung) noch iSd Theorie der dinglichen Schuld (Haftung mit dem Grundstück für eine nicht erzwingbare persönliche Schuld), noch iSd Theorie des dinglichen Zahlungsanspruchs (dafür Wolf, SR, § 11 A, G; MK/Eickmann § 1147 Rn 4–5; StWolfsteiner Einl § 1113 Rn 36–39: Der Eigentümer schulde Zahlung, vollstreckungsmäßig beschränkt auf das Grundstück und mithaftende Gegenstände). Vielmehr gewähren alle Grundpfandrechte (nur) ein **dingliches Verwertungsrecht** (hM): Der Grundpfandgläubiger kann sich im Wege der Zwangsvollstreckung (nur) aus dem Grundstück und den mithaftenden Gegenständen befriedigen (§ 1147; s Rn 24), bei der Hypothek wegen der Forderung, bei der Grundschuld wegen der Grundschuldsumme (nebst Zinsen und Nebenforderungen). Die Zahlung durch den Eigentümer als solchen ist nicht Bezahlung einer Schuld, sondern Abwendung der Zwangsvollstreckung (vgl §§ 1142 [dort Rn 3], 1192 I). Sa ZPO 592 S 2: Der „Anspruch aus dem Grundpfandrecht" *gilt* (Fiktion) als Zahlungsanspruch.

5. Prioritätsgrundsatz. Alle Grundpfandrechte stehen unter sich und im Verhältnis zu den anderen beschränkten dinglichen Rechten in einer *Rangordnung*. Das fr entstandene Recht geht dem später entstandenen vor: **Prioritätsgrundsatz.** Vom

Rang hängt der wirtschaftliche Wert eines Grundpfandrechts ab (§§ 879–882 Rn 1). Je besser der Rang, desto größer die Sicherheit, sofern die Belastung innerhalb der Beleihungsgrenze bleibt. Deren Feststellung ist ebenso wichtig wie schwierig (vgl zB ErbbauRG 19); sa PalBassenge 2.

16   **6. Abstraktionsprinzip.** Für alle Grundpfandrechte gilt das **Abstraktionsprinzip** (Rn 13 vor § 854). Die Wirksamkeit des dinglichen Bestellungs- und Übertragungsgeschäfts (§§ 873, 1115, 1117, 1154, 1192 I, 1199) ist allein von den bes Voraussetzungen dieser Geschäfte abhängig. Von dem dinglichen Geschäft zu trennen ist die *Verpflichtung,* ein Grundpfandrecht *zu bestellen oder zu übertragen* (Trennungsprinzip, Rn 12 vor § 854). Sie beruht idR auf einem (formfrei zulässigen) Vertrag, § 311 I; Ausnahme § 648, § 648a I (iVm § 232 I). Fehlt eine Pflicht zur Bestellung, so kann der Eigentümer vom Hypothekengläubiger gem § 812 I 1 Rückübertragung des dinglichen Rechts (unter, spätestens gleichzeitiger, Umwandlung in Grundschuld) oder iVm § 1169 Verzicht oder Löschung verlangen (§ 1169 Rn 1). Die Bestellungspflicht trifft (beim Erwerb vom Berechtigten) den Eigentümer. Sie ist bei der Hypothek streng zu trennen von der hypothekarisch zu sichernden („persönlichen") Forderung, die sich gegen den persönlichen Schuldner richtet, der zugleich Eigentümer sein kann, aber nicht sein muss. Aus ihr allein erwächst niemals die Pflicht zur Hypothekenbestellung. Entspr gilt für die Sicherungsgrundschuld (§ 1191 Rn 4); ihre Definition in § 1192 I a 1 HS 1 – „Grundschuld zur Sicherung eines Anspruchs" – ist ungenau: Sie dient der Sicherung einer Forderung (= schuldrechtlicher Anspruch, § 241 Rn 4), genauer: einer Geldforderung (richtig § 1193 II 2). – Zu unterscheiden von der Abstraktheit des dinglichen RGeschäfts ist die Akzessorietät der Hypothek von der gesicherten Forderung (ie Rn 17–21).

III. Unterschiede zwischen Hypothek und Grundschuld

17   **1. Abgrenzung.** Der entscheidende Unterschied liegt darin, dass die **Hypothek** begriffsnotwendig eine Forderung sichert und mit ihr auf Gedeih und Verderb verbunden ist (Grundsatz der **Akzessorietät**). Eine Hypothek kann als solche ohne Vorhandensein einer gesicherten Forderung weder entstehen noch fortbestehen; eine Übertragung der Forderung lässt auch die Hypothek übergehen (vgl §§ 1113, 1153). Die **Grundschuld** ist **nicht akzessorisch,** auch wenn sie als sog *Sicherungsgrundschuld* nach Abrede der Parteien eine Forderung sichern soll. Daher gelten die hypothekenrechtlichen Vorschriften für die Grundschuld nur insoweit entspr, als diese Vorschriften nicht auf der Akzessorietät der Hypothek beruhen (§ 1192 I); dazu § 1192 Rn 2, 3. – Der Grundsatz der Akzessorietät wird vom Ges zwar in Abstufungen (Rn 21), aber in sich konsequent befolgt. Das erschwert vielfach das Verständnis der ges Regelung (vgl insbes Rn 21, § 1138 Rn 1). – Sichert die Hypothek, wie oft, eine Forderung aus *abstraktem Schuldversprechen* (und dieses seinerseits die eigentlich zu sichernde Darlehnsforderung), so sind Akzessorietätsprobleme weitgehend ausgeschlossen. Damit ist eine Annäherung der Hypothek an die Grundschuld erreicht (darin liegt kein Verstoß gegen den „Typenzwang bei Grundpfandrechten" [so aber AK/Winter § 1113, 12], denn einen Typenzwang für die Hypothekenforderung gibt es nicht; bedenklich aber die formularmäßige Gestaltung wegen §§ 305c I, 307 II Nr 1, wenn persönlicher Schuldner und Eigentümer nicht identisch, s BGH 114, 13 ff betr Grundschuld für Drittkredit, § 305c Rn 3). Trotz dieser Möglichkeit ist in der Praxis die Grundschuld wegen ihrer Unabhängigkeit von einer gesicherten Forderung wichtiger (geworden) als die Hypothek.

18   **2. Die Akzessorietät ie. a) Hypothekengläubiger und persönlicher Gläubiger,** dh dinglich Berechtigter und Gläubiger der gesicherten („persönlichen") Forderung sind *notwendig und stets identisch* (BGH 148, 396). Eigentümer und persön-
19   licher Schuldner können (müssen aber nicht) identisch sein, vgl § 1143. **b) Wird der Eigentümer zum Gläubiger** der gesicherten Forderung, so ist die Hypothek eine *Eigentümerhypothek* (missverständlich auch „forderungsbekleidete Eigentümer-

hypothek" genannt). Eine Eigentümerhypothek kann erst nachträglich entstehen; ihre Bestellung ist unzulässig. **c) Ist die Forderung nicht entstanden,** „so steht 20 die Hypothek dem Eigentümer zu" (§ 1163 I 1); ist sie **erloschen,** „so erwirbt der Eigentümer die Hypothek" (§ 1163 I 2). In beiden Fällen ist die Hypothek in der Hand des Eigentümers eine Grundschuld, weil eine Forderung fehlt (missverständlich auch „forderungsentkleidete Eigentümerhypothek" genannt), § 1177 I. Ist trotz Nicht(mehr)bestehens der Forderung die Hypothek für den Gläubiger eingetragen, so ist das Grundbuch doppelt unrichtig: hinsichtlich der Rechtszuständigkeit (Fremd- statt Eigentümergrundpfandrecht) und hinsichtlich des Rechtsinhalts (Hypothek statt Grundschuld). **d) Übertragung.** Will der mangels Forderung zu 21 Unrecht eingetragene Hypothekengläubiger sein „Recht" (Forderung und Hypothek) übertragen, so kann das nur nach hypothekenrechtlichen Grundsätzen geschehen; denn im Grundbuch steht er als Hypothekar. Die Übertragung erfolgt durch Abtretung der Forderung in sachenrechtlicher Form (§ 1154). Die Abtretung einer nicht (mehr) existierenden Forderung ist jedoch schuldrechtlich wirkungslos (RG Gruch 57, 944). Bei *strenger Akzessorietät* der Hypothek kann daher auch das dingliche Recht nicht übergehen (§ 1153 II). Diese uneingeschränkte Abhängigkeit hat das Ges für die *Sicherungshypothek* angeordnet (§§ 1184 I, 1185 II: Ausschluss von § 1138). Bei der *Verkehrshypothek* (§ 1113 Rn 2) ist die *Akzessorietät* gemildert. Die Abtretung der nicht existenten Forderung ist zwar schuldrechtlich wirkungslos, aber sachenrechtlich („für die Hypothek") ist sie zugunsten des Erwerbers idS wirksam, dass dieser das dingliche Recht erwirbt, sofern er nicht unredlich oder der öffentl Glaube des Grundbuchs durch Widerspruch zerstört ist (§§ 1138, 892). Eine Forderung erwirbt er nicht. Das dingliche Recht ist mangels Forderung eine Grundschuld (auch: „forderungsentkleidete Hypothek", MK/Eickmann § 1138 Rn 16 mN), aber jetzt nicht mehr in der Hand des Eigentümers, sondern eines Dritten, also Fremdgrundschuld. Fazit: Die „an sich" akzessorische Verkehrshypothek kann bei Fehlen der gesicherten Forderung von einem Redlichen erworben werden (sofern kein Widerspruch den öffentl Glauben des Grundbuchs zerstört hat, und zwar als Grundschuld, s o). Der mWv 19.8.2008 durch das RisikobegrenzungsGes eingeführte § 1192 I a 1 ordnet für die nichtakzessorische (Sicherungs-)Grundschuld praktisch das Gegenteil an: Bei Fehlen der gesicherten Forderung ist ein redlicher Erwerb der Grundschuld ausgeschlossen.

IV. Wirtschaftliche Bedeutung

1. Kreditarten. Zur Terminologie Baur § 36 Rn 4. **a) Personalkredit** wird auf 22 die Zuverlässigkeit einer Person hin gewährt (Schuldner, Mitschuldner, Bürge, Garant). **b) Realkredit** wird gewährt gegen Einräumung einer „dinglichen" Vor- 23 zugsstellung an bestimmten Gegenständen, insbes durch Bestellung eines Pfandrechts an beweglichen Sachen (§§ 1204 ff), an Rechten (§§ 1273 ff) oder an Grundstücken (§§ 1113, 1191, 1199). Das Pfandrecht an Mobilien und Rechten (§§ 1204 ff, 1273 ff) ist weitgehend von der SÜ und der Sicherungsabtretung verdrängt. Auch beim Realkredit spielt die Zuverlässigkeit des Kreditnehmers eine erhebliche Rolle. Mittelbar wird das für die Grundpfandrechte in §§ 1134, 1135 anerkannt.

2. Verwertbarkeit. Die Grundpfandrechte geben je nach ihrem Rang und der 24 Einhaltung der Beleihungsgrenze (Rn 15) ein mehr oder weniger **sicheres Zugriffsrecht** auf das Grundstück und solche Gegenstände, die mit ihm eine wirtschaftliche Einheit bilden (vgl §§ 1120, 1123 I, 1126 f, 1192 I, 1199). Das dingliche Verwertungsrecht (Rn 14) ergreift nur diese Vermögensgegenstände, während die persönliche Forderung ein Recht zum Zugriff auf das gesamte Vermögen gewährt. So kann der Gläubiger bei Identität von Eigentümer und persönlichem Schuldner wegen der *Forderung* in das *gesamte* Schuldnervermögen vollstrecken, auch in das hypothekarisch belastete Grundstück; wegen der *Hypothek* steht ihm zwar *nur* der Zugriff auf das *Grundstück* und die mithaftenden Gegenstände offen, doch hat sein Recht idR einen besseren Rang als das eines bloßen persönlichen Gläubigers: Dieser erhält erst dann etwas, wenn der Grundpfandgläubiger befriedigt oder sichergestellt ist (s ZVG 10 I Nr 4, 5; 155 II; sa InsO 49). Diese Bevorzugung, außerdem die erfahrungsgemäß hohe Wertstabilität der Grundstücke und die feste Rangordnung der Grundpfandrechte erlauben es einem Kreditgeber, mit großer Sicherheit (aber nur bei Beachtung der Beleihungsgrenze, Rn 15, und sorgfältiger Prüfung der Zuverlässigkeit des Kreditnehmers, Rn 23), die Aussichten seiner künftigen Befriedigung zu beurteilen. Grundpfandrechte machen bei Beachtung der genannten Prüf- und Sicherheitskriterien weitgehend immun gegen wirtschaftliche Risiken der Zukunft, namentlich bei Insolvenz des Eigentümers.

25 **3. Sonstiges. Bsp** für wichtige Grundpfandkredite. **a) Baukredite.** Typische Kreditgeber: Hypothekenbanken, Pfandbriefanstalten, Bau- und allg Sparkassen, Geschäftsbanken, Versicherungen, die öffentl Hand. **b) Investitionskredite.** Typische Kreditgeber: Banken und auch hier in zunehmendem Maß die öffentl Hand. **c) Kontokorrentkredite** werden durch Höchstbetragshypotheken (§ 1190) oder, häufiger, Grundschulden gesichert (§ 1190 Rn 2). Typische Geldgeber: Banken. **d) Kaufpreisresthypothek** (-grundschuld, -rentenschuld) zur Sicherung der vom Grundstücksverkäufer gestundeten Kaufpreis(rest)forderung, sa § 925 Rn 6. **e) Abfindungsansprüche,** zB unter Miterben (ein Miterbe „übernimmt" das zum Nachlass gehörende Grundstück, die Ausgleichszahlungsansprüche der anderen Miterben werden durch Grundpfandrechte gesichert). **f) Kredite allg Art** (Sicherung durch sog Allzweckgrundpfandrechte). Hier bes deutlich, dass der Kredit keinen Bezug zum Grundstück haben muss. Nicht einmal ein Bezug zum Grundstückseigentümer ist nötig, denn persönlicher Schuldner kann auch ein Dritter sein (Rn 16, 18).

Titel 1. Hypothek

§ 1113 Gesetzlicher Inhalt der Hypothek

(1) **Ein Grundstück kann in der Weise belastet werden, dass an denjenigen, zu dessen Gunsten die Belastung erfolgt, eine bestimmte Geldsumme zur Befriedigung wegen einer ihm zustehenden Forderung aus dem Grundstück zu zahlen ist (Hypothek).**

(2) **Die Hypothek kann auch für eine künftige oder eine bedingte Forderung bestellt werden.**

1 **1. Begriff der Hypothek.** S I (Rn 2, 17 vor § 1113).

2 **2. Arten der Hypothek. a) Verkehrs- und Sicherungshypothek.** Diese ist streng akzessorisch, bei jener die Akzessorietät gelockert (vgl §§ 1138, 1141, 1156 einerseits, § 1185 II andererseits); dazu Rn 21 vor § 1113. Die Hypothek ist nach der ges Regel Verkehrshypothek (arg § 1184 II), § 1186 S 1 nennt sie „gewöhnliche" Hypothek. Die *Höchstbetragshypothek* ist kraft Ges Sicherungshypothek (§ 1190 III);
3 weiterer Fall in § 1187 S 2. **b) Buch- und Briefhypothek** (Rn 5–7 vor § 1113). Die Verkehrshypothek (Rn 2) ist idR Briefhypothek (§ 1116), die Sicherungshypo-
4 thek immer Buchhypothek (§ 1185 I). **c) Einzel- und Gesamthypothek.** Bei der Einzelhypothek besteht *eine* Hypothek für *eine* Forderung an *einem* Grundstück (grundstücksgleichen Recht, Miteigentumsanteil, Rn 5). Bei der Gesamthypothek besteht *eine* Hypothek für *eine* Forderung an *mehreren* Grundstücken (grundstücksgleichen Rechten, Miteigentumsanteilen: § 1132 Rn 3), § 1132 I 1.

5 **3. Gegenstand der Hypothek. a)** *Grundstück* (Begriff Rn 2 vor § 90). **b)** *Anteil* iSv § 1114. **c)** *Grundstücksgleiches Recht,* zB Erbbaurecht (ErbbauRG 11). **d)** *Belastung realer Grundstücksteile:* GBO 7. **e)** *Weitere Gegenstände,* die mit dem Grundstück eine wirtschaftliche Einheit bilden (§§ 1120, 1123 I, 1126 f).

Titel 1. Hypothek § 1113

4. Die gesicherte Forderung. a) Ihr Gläubiger ist notwendig und stets 6
zugleich Hypothekengläubiger, denn die Hypothek ist begrifflich mit einer Forderung
verbunden, zu deren Sicherung sie dient (I). Der Gläubiger hat aus der Hypothek
einen dinglichen Anspruch gegen den Eigentümer auf Duldung der Zwangsvollstreckung (vgl § 1147; Rn 14, 24 vor § 1113). Aus der Forderung hat er einen persönlichen Anspruch gegen den persönlichen Schuldner auf Zahlung. Schuldner und
Eigentümer müssen nicht, können aber identisch sein. Gläubiger und Eigentümer
können erst nach Bestellung der Hypothek identisch werden (Rn 19 vor § 1113).
b) Sie geht auf Geld (§ 1115 I), und zwar auf einen *bestimmten Betrag* (Ausnahme 7
§ 1190 I). Eintragung in Euro oder der Währung eines Mitgliedstaates der EU
(soweit nicht der Euro an deren Stelle getreten ist) oder des EWR, der Schweiz
oder der USA (VO vom 30.10.1997, BGBl 2683; dazu Bauer/v. Oefele §§ 28, 47,
49). IÜ besteht für die Forderung keine Typenbegrenzung, so dass auch eine Forderung aus abstraktem Schuldversprechen hypothekenfähig ist (Rn 17 vor § 1113).
Wegen der steten Geldentwertung möchten Gläubiger die Hypotheken *wertbeständig*
machen, zB soll vereinbarungsgemäß der Geldbetrag nach dem Wert einer gewissen
Warenmenge (zB Weizen) oder Feingoldmenge errechnet werden. Das verstößt
gegen den Bestimmtheitsgrundsatz von I sowie gegen GBO 28 S 2 und ist daher
nur nach Maßgabe des PrKLG zulässig. **c) Sie muss unverwechselbar festgelegt** 8
(„individualisiert") sein durch Festlegung von Gläubiger, Schuldner (vgl § 1115 I)
und Schuldgrund (Westermann JZ 62, 303). Einigung und Eintragung (§ 873) müssen sich auf die so bezeichnete Forderung beziehen. Deshalb führt eine nachträgliche
Valutierung nur dann zum Erwerb der Hypothek durch den Gläubiger (vgl § 1163
Rn 10–12), wenn mit ihr die durch Einigung und Eintragung festgelegte Forderung
entstanden ist; andernfalls kommt es zum Hypothekenerwerb nur nach Forderungsauswechslung gem § 1180 (Westermann JZ 62, 302 f gegen BGH 36, 89 f). Bei
Nichtigkeit des Darlehens tritt die Bereicherungsforderung mangels Individualisierung nicht an die Stelle der Darlehensforderung, doch kann die Auslegung von
Einigung und Eintragung ergeben, dass „auch" die Ersatzforderung gesichert sein
soll (Räfle WM 83, 806 mit RsprN); entspr Parteiwille soll „unterstellt" werden
(MK/Eickmann 72 mN). **d) Aufschiebend bedingt oder künftig** (dh zZ – noch – 9
nicht bestehend) kann sie sein, **II;** aufschiebend bedingt ist nicht die Forderung,
sondern ihre Rechtsgrundlage, s § 883 Rn 7. (Auflösend bedingte Forderung besteht
bereits, daher problemlos.) Rn 7 gilt auch dann. Für das Entstehen der künftigen
Forderung muss schon jetzt ein gewisses Maß an Sicherheit bestehen (§ 883 Rn 8
gilt entspr); anders bei der Höchstbetragshypothek (s § 1190 Rn 4). Bis zum Entstehen der künftigen oder aufschiebend bedingten Forderung ist die Hypothek Eigentümergrundschuld (§§ 1163 I 1, 1177 I entspr); das Gleiche gilt ab Eintritt der auflösenden Bedingung (§§ 1163 I 2, 1177 I). – Bedingte Forderung (II) und bedingte
Hypothek (zu dieser Rn 14) sind zu unterscheiden. **e) Mehrheit von Schuldnern** 10
und Forderungen. Eine Forderung gegen mehrere Gesamtschuldner kann durch
eine Hypothek gesichert werden, ebenso mehrere Forderungen gegen einen und
denselben Schuldner (RG 126, 278 f). Nach hM sollen auch mehrere Forderungen
gegen verschiedene Schuldner, die nicht in einer Verpflichtungsgemeinschaft stehen,
durch *eine* Hypothek gesichert werden können (aA MK/Eickmann 33 mN). **f) Ver-** 11
bot der Doppelsicherung: Dieselbe Forderung kann idR nicht durch mehrere
selbstständige Hypotheken an einem oder an mehreren Grundstücken gesichert
werden (RG 132, 138). Zulässig ist jedoch die Begründung einer Verkehrs- und
einer Zwangshypothek für dieselbe Forderung an verschiedenen Grundstücken
(BayObLG MDR 91, 163; hM). *Vom Verbot werden* **nicht getroffen:** Sicherung
des Forderung durch Hypothek und Grundschuld, weil letztere nicht akzessorisch
ist (RG 132, 137 f); unbedingte Verkehrshypothek und aufschiebend bedingte Ausfall-Sicherungshypothek, weil letztere erst entsteht, wenn erstere erloschen ist (RG
122, 331 f; zur bedingten Hypothek Rn 14); die Gesamthypothek, weil bei ihr für
eine Forderung an mehreren Grundstücken nur *eine* Hypothek entsteht, nicht mehrere selbstständige (vgl § 1132 I). **g) Öffentl-rechtliche Geldforderungen** können 12

§ 1114 Buch 3. Abschnitt 7. Hypothek, Grundschuld, Rentenschuld

idR auch ohne ges Grundlage hypothekarisch gesichert werden (ie MK/Eickmann 62–64); für Steueransprüche vgl AO 241 I Nr 5a sowie 322 f mit ZPO 867. **h) Zur Abtretbarkeit der Forderung und** deren **Ausschluss** s § 1153 Rn 4.

13 **5. Begründung der Hypothek. a) Durch RGeschäft.** Hier ist wegen § 1163 I 1, II zwischen *Bestellung* der Hypothek *als Grundpfandrecht* und ihrem *Erwerb* als *Fremdhypothek* durch den Gläubiger zu unterscheiden. Zur Bestellung sind Einigung (Ausnahme § 1188 I) und Eintragung nötig (§ 873), zum Erwerb außerdem das Bestehen der zu sichernden Forderung (vgl § 1163 I 1) und bei der Briefhypothek Übergabe(ersatz) des Hypothekenbriefs (§§ 1117, 1163 II), vgl § 1163 Rn 9–11, 18. Ie: **aa) Rechtsgrundlage** (causa) der Bestellung ist idR ein schuldrechtlicher Ver-
14 trag (Rn 16 vor § 1113). **bb) Einigung. (1) Allg:** s § 873 Rn 8–23. **(2)** Wird sie **bedingt** erklärt, so hängt das Entstehen oder Erlöschen des dinglichen Rechts von dem Eintritt der Bedingung ab (§ 158; RG 122, 331; 136, 77 f für aufschiebend bedingte Hypothek; LG Tübingen Rpfleger 84, 156 für auflösend bedingte); vor Eintritt der aufschiebenden und nach Eintritt der auflösenden Bedingung entsteht
15 auch keine Eigentümergrundschuld (RG aaO). **(3) Einigung zgDr** (entspr § 328) zwischen dem Eigentümer und einem anderen (sog Versprechensempfänger) ist
16 ausgeschlossen (§ 873 Rn 12). **(4) Fehlt die Einigung oder ist sie nichtig** (zB wegen Geschäftsunfähigkeit des Gläubigers oder infolge Anfechtung), so entsteht weder eine Fremdhypothek noch eine Eigentümergrundschuld (vgl MK/Eickmann § 1196 Rn 3–5 mN, str); nachstehende Berechtigte rücken auf, was für den Eigentümer hart sein kann. Die Gegenansicht (Kiefner, FS Hübner, 1984, S 521 ff; StWolfsteiner Einl § 1113 Rn 101 f, 117, je mN) bejaht den Erwerb einer Eigentümergrundschuld. Die dafür geforderten Voraussetzungen sind unterschiedlich (formell ordnungsmäßige Eintragung; wirksamer Eintragungsantrag; wirksame Eintragungsbewilligung; für sich wirksame Einigungserklärung des Eigentümers). Die Gegenmeinung hat die Billigkeit für, das Ges gegen sich. Weder Antrag noch Bewilligung des Eigentümers enthalten eine Erklärung iSv § 1196: Sie sind auf Eintragung einer Fremdhypothek gerichtet; eine andere Auslegung ist vom Empfängerhorizont (Grundbuchamt) aus unzulässig, eine Umdeutung (§ 140) mangels Nichtigkeit ebenfalls; die Annahme, mit jeder Eintragung eines Grundpfandrechts entstehe ein solches (so StWolfsteiner Einl § 1113 Rn 102), misst der Eintragung „formale Rechtskraft" bei, die dem BGB fremd ist (StGursky § 891 Rn 1). Der Rangvorteil ist bereicherungsrechtlich auszugleichen. Der Eigentümer kann von dem im Rang aufgerückten Gläubiger nach § 812 I 1 Abgabe einer Rangrücktritt verlangen. Dazu muss eine Eigentümergrundschuld bestellt und ein Rangvermerk eingetragen werden (vgl Brehm/Berger § 17 Rn 7). **cc) Eintragung:** allg § 873 Rn 8–16, 24–35, bes §§ 1115, 1116 II 3. **dd) Gesicherte Forderung:** Rn 6–12. **ee) Übergabe des Hypothekenbriefs:** §§ 1117, 1163 II, 1177. **ff) Divergenzen** zwischen Einigung und Eintragung:
17 § 1116 Rn 4, 5, §§ 1184, 1185 Rn 2. **b) Kraft Ges,** insbes durch Surrogation (§ 1287
18 S 2; ZPO 848 II 2). **c) Durch Zwangsvollstreckung:** ZPO 866, 867, AO 322 (Zwangshypothek); ZPO 932, AO 324 (Arresthypothek); ferner kraft gerichtl Anordnung (ZVG 128).

§ 1114 Belastung eines Bruchteils

Ein Bruchteil eines Grundstücks kann außer in den in § 3 Abs. 6 der Grundbuchordnung bezeichneten Fällen nur mit einer Hypothek belastet werden, wenn er in dem Anteil eines Miteigentümers besteht.

1 **Anwendungsbereich. a) Nur der Anteil** an einer Bruchteilsgemeinschaft (§§ 1008 ff) wird als Belastungsgegenstand dem Grundstück (vgl §§ 1113, 1191 I, 1192 I, 1199 I) gleichgestellt. Erfasst wird auch der Anteil an den mithaftenden Gegenständen (§§ 1120 ff). Das *Wohnungseigentum* ist Miteigentumsanteil iSv § 1114 (Weitnauer § 3, 107). Die von allen Miteigentümern bestellte Hypothek steht einer

Titel 1. Hypothek § 1115

Gesamthypothek an mehreren Grundstücken gleich (BGH NJW 83, 2450). Soweit der Miteigentumsanteil vor einer Übertragung gebucht werden kann (GBO 3 VI), ist seine Belastung vor Übertragung zulässig. **b) Nicht** betrifft § 1114 den Anteil an 2 einer Gesamthandsgemeinschaft (RG 117, 267), den Bruchteil eines Alleineigentümers (Zweibrücken NJW-RR 90, 147) und den Bruchteil vom Bruchteil. Eintragung wäre inhaltlich unzulässig. Folge: GBO 53 I. **c) § 1114 beruht** auf reiner 3 Zweckmäßigkeit (RG 68, 80). Das rechtfertigt in – seltenen – Ausnahmen ein Abweichen vom Wortlaut des Ges (ie PalBassenge 5; Frankfurt/M NJW-RR 88, 464).

§ 1115 Eintragung der Hypothek

(1) **Bei der Eintragung der Hypothek müssen der Gläubiger, der Geldbetrag der Forderung und, wenn die Forderung verzinslich ist, der Zinssatz, wenn andere Nebenleistungen zu entrichten sind, ihr Geldbetrag im Grundbuch angegeben werden; im Übrigen kann zur Bezeichnung der Forderung auf die Eintragungsbewilligung Bezug genommen werden.**

(2) **Bei der Eintragung der Hypothek für ein Darlehen einer Kreditanstalt, deren Satzung von der zuständigen Behörde öffentlich bekannt gemacht worden ist, genügt zur Bezeichnung der außer den Zinsen satzungsgemäß zu entrichtenden Nebenleistungen die Bezugnahme auf die Satzung.**

1. Allgemeines. § 1115 schränkt, abw von § 874, die Möglichkeit einer Bezug- 1 nahme auf die Eintragungsbewilligung ein, damit das Höchstmaß der Belastung aus dem Grundbuch selbst ersichtlich ist; deshalb müssen nur die Vereinbarungen zwischen Eigentümer und Gläubiger, die das Höchstmaß der Belastung betreffen, im Grundbuch vermerkt werden (BGH 47, 44 ff).

2. Inhalt der Eintragung. Im Grundbuch sind einzutragen: **a) Gläubiger** 2 (§ 1113 Rn 6). Hierzu GBV 15; BayObLG NJW-RR 88, 980. Ist die Namensangabe nicht möglich, so sind andere identifizierende Bezeichnungen zulässig (vgl RG 127, 312), zB die künftigen Abkömmlinge oder die noch unbekannten Erben einer namentlich bezeichneten Person (vgl BayObLG NJW 58, 1918). Auch ein nichtrechtsfähiger Verein ist eintragungsfähig (§ 54 Rn 14 [cc]; anders die noch hM. Zur Außen-GbR vgl Rn 1 vor § 21; Anm zu § 899a; GBO 47 II. **b) Geldbetrag der** 3 **Forderung** (§ 1113 Rn 7). Zu ihrer Individualisierung gehören die Festlegung von Gläubiger, persönlichem Schuldner und Schuldgrund (§ 1113 Rn 8). **aa)** *Die Bezeichnung des Schuldners* ist entbehrlich, wenn er der Eigentümer ist. Andernfalls genügt Bezugnahme auf die Eintragungsbewilligung (I; aA MK/Eickmann 21 mN); fehlt jede Angabe, so ist die Hypothek bei Feststellbarkeit des Schuldners zwar wirksam, aber das Grundbuch unrichtig. **bb)** Das Recht muss im Grundbuch erkennbar *als Hypothek ausgewiesen* sein durch die zumindest schlagwortartige Angabe des Schuldgrundes (Darlehen, Kaufpreisforderung usw); für Einzelheiten genügt Bezugnahme auf die Eintragungsbewilligung (MK/Eickmann 19). **c) Ggf der Zins-** 4 **satz;** ohne (wirksame) Eintragung eines Zinssatzes (Bezugnahme auf die Eintragungsbewilligung genügt insoweit nicht) ist die Hypothek unverzinslich. Ist die Zeiteinheit (zB „7% pro Jahr") nicht eingetragen, so handelt es sich um Jahreszinsen (Frankfurt/M MDR 80, 227; hM). Zulässig ist die Eintragung eines Höchstzinssatzes, wenn in der bezogenen Eintragungsbewilligung der Regel- oder Mindestzinssatz sowie die obj Maßstäbe zur sicheren Bestimmung eines höheren Zinses (bis zum Erreichen des Höchstzinssatzes) angegeben sind (BGH NJW 75, 1315); entspr zulässig ist auch ein gleitender Zinssatz, zB 2% über dem Basiszinssatz (§§ 247, 288, je mit Anm) ohne Angabe eines Höchstzinssatzes (BGH NJW 06, 1342), ferner ein Zinssatz entspr den von allen (BGH 35, 24) oder einer (BayObLG NJW 75, 1365 f) öffentl Sparkasse *allg* in Ansatz gebrachten Hypothekenzinsen (idS genügt für den Zins Bestimmbarkeit). Zum Zinsbeginn BayObLG NJW-RR 04, 1643 f; BGH

§§ 1116, 1117 Buch 3. Abschnitt 7. Hypothek, Grundschuld, Rentenschuld

5 129, 4 f mN). **d) Andere Nebenleistungen,** zB Zinseszinsen (§ 248 II 2). Ihre Art ist anzugeben, zumindest in der Eintragungsbewilligung (bei Grundschulden ist auch das entbehrlich, Stuttgart WM 86, 1185 f, str). Einzutragen ist ein (berechenbarer, BayObLG JurBüro 81, 1724) Geldbetrag (I, Ausnahme in II), um das Höchstmaß der Belastung erkennen zu lassen (Rn 1). Ges Nebenleistungen (§ 1118) sind nicht eintragungsfähig.

6 **3. Sonstiges.** Von Rn 2–5 abgesehen, ist **Bezugnahme** auf die Eintragungsbewilligung zulässig (I HS 2), aber nicht global, sondern nur, soweit in der Bewilligung die gesicherte Forderung näher bezeichnet ist (vgl BGH 21, 42 f).

§ 1116 Brief- und Buchhypothek

(1) **Über die Hypothek wird ein Hypothekenbrief erteilt.**

(2) [1]**Die Erteilung des Briefes kann ausgeschlossen werden.** [2]**Die Ausschließung kann auch nachträglich erfolgen.** [3]**Zu der Ausschließung ist die Einigung des Gläubigers und des Eigentümers sowie die Eintragung in das Grundbuch erforderlich; die Vorschriften des § 873 Abs. 2 und der §§ 876, 878 finden entsprechende Anwendung.**

(3) **Die Ausschließung der Erteilung des Briefes kann aufgehoben werden; die Aufhebung erfolgt in gleicher Weise wie die Ausschließung.**

1 **1. Allgemeines.** Zu Buch- und Briefhypothek Rn 5–7 vor § 1113.

2 **2. Verkehrshypothek.** Die Verkehrshypothek ist **idR Briefhypothek** (I gegen II 1, § 1185 I). **a) Inhalt des Briefs:** GBO 56–59, GBV 47–52. **b) Eigentum** am Brief: § 952 II. **c) Bedeutung** hat der Brief für den Erwerb (§§ 1117, 1163 II), die Übertragung (§§ 1154 f), Belastung (§§ 1069, 1274), Pfändung (ZPO 830) und Geltendmachung der Hypothek (§ 1160) sowie bei Identität von Eigentümer und persönlichem Schuldner auch für die Geltendmachung der Forderung (§ 1161). Öffentl Glauben genießt nur das Grundbuch, doch kann ihn der Brief zerstören (§ 1140).

3 **3. Buchhypothek.** Als Buchhypothek entsteht die *Verkehrshypothek* nur, wenn der Briefausschluss vereinbart und eingetragen ist (II 1, 3). Bezugnahme auf die Eintragungsbewilligung (§ 874) ist ungenügend; iÜ gelten §§ 873 II, 876, 878 entspr (II 3). Der Briefausschluss ist bei der Hypothekenbestellung (dazu allg § 1113 Rn 13) oder später (II 2) möglich. Er ist aufhebbar; Form: III, Folge: I (beachte §§ 1117, 1163 II, GBO 60). Bei nachträglichem Briefausschluss ist der noch vorhandene Brief rechtlich bedeutungslos geworden; §§ 1154 I 1, 1155 sind unanwendbar.

4 **4. Divergenzen zwischen Einigung und Eintragung. a)** *Einigung:* Briefhypothek; *Eintragung:* Briefausschluss; entstanden: Briefhypothek, die gem §§ 1163 II, 1177 Eigentümergrundschuld ist; das Grundbuch ist unrichtig (StWolfsteiner Einl
5 § 1113 Rn 124). **b)** *Einigung:* Briefausschluss; *keine Eintragung* des Ausschlusses, sondern Briefertéilung; entstanden: Briefhypothek (sofern Einigung gem § 139 aufrechtzuerhalten), für sie gelten §§ 1117, 1163 II. Das Grundbuch ist richtig, weil eine Briefhypothek eingetragen (arg II 3) und entstanden ist.

5. Sicherungshypothek. Für die Sicherungshypothek gilt § 1116 nicht (§ 1185 I).

§ 1117 Erwerb der Briefhypothek

(1) [1]**Der Gläubiger erwirbt, sofern nicht die Erteilung des Hypothekenbriefs ausgeschlossen ist, die Hypothek erst, wenn ihm der Brief von dem Eigentümer des Grundstücks übergeben wird.** [2]**Auf die Übergabe finden die Vorschriften des § 929 Satz 2 und der §§ 930, 931 Anwendung.**

(2) **Die Übergabe des Briefes kann durch die Vereinbarung ersetzt werden, dass der Gläubiger berechtigt sein soll, sich den Brief von dem Grundbuchamt aushändigen zu lassen.**

(3) **Ist der Gläubiger im Besitz des Briefes, so wird vermutet, dass die Übergabe erfolgt sei.**

1. Allgemeines. a) Mit Einigung und Eintragung ist die Briefhypothek als 1 Eigentümergrundschuld entstanden; zum Erwerb als Fremdbriefhypothek sind ferner Bestehen der Forderung (§§ 1163 I 1, 1177 I entspr) und Übergabe des Hypothekenbriefs (§§ 1117, 1163 II, 1177) erforderlich. Zweck des § 1117: Sicherung des Eigentümers gegen eine Eigentumsbelastung ohne Erhalt des Gegenwerts (sog Valuta), außerdem gegen vorzeitige Verfügungen des Gläubigers (vgl §§ 1154, 1069, 1274, ferner ZPO 830). Diesen Schutz übernimmt bei der Buchhypothek zT § 1139. **b) Der Anspruch auf Verschaffung** der Hypothek (Rn 16 vor § 1113) umfasst 2 auch die Briefübergabe. Der Verschaffungsanspruch ist durch Vormerkung sicherbar; dadurch ist der Gläubiger gegen Verfügungen des Eigentümers über die Grundschuld (§§ 1163 II, 1177) gesichert, ebenso gegen Zwangsvollstreckung und Insolvenz (vgl § 883 Rn 16, 19, 20).

2. Voraussetzungen. a) Ges Regelfall in I. I 1 meint körperliche Übergabe. 3 Zu §§ 929 S 2, 930, 931 vgl Anm dort; sie gelten entgegen I 2 nur „entspr", da Übergabe hier nicht Teil einer Übereignung ist. Zum Verfahren des Grundbuchamts GBO 60. **b) Sonderfall** in II. Die Vereinbarung (sog *Aushändigungsabrede*) ist nicht 4 zu verwechseln mit der einseitigen Anweisung des Eigentümers gem GBO 60 II. Die Vereinbarung zwischen Eigentümer und Gläubiger ist formfrei. Nur die einseitige Anweisung nach GBO 60 II ist formbedürftig (GBO 29 I 1).

3. Wirkung. a) Sie ergibt sich mittelbar aus § 1163 II. **b)** Besteht die Forderung 5 und liegen Einigung (§ 873) und **Abrede gem II** vor, so erwirbt der Gläubiger die Briefhypothek schon mit der Eintragung (insoweit also kein Unterschied zur Buchhypothek!), BGH NJW-RR 07, 166 f. Den Brief erwirbt er mit Herstellung (§ 952 II).

4. Sonstiges. Für die Erwerbsvoraussetzung „Übergabe" stellt III eine **Tatsa-** 6 **chenvermutung** auf und regelt damit die Beweislast (vgl ZPO 292). Die Vermutung ist ausgeräumt durch Erschütterung der Vermutungsbasis (kein Besitz; dann gilt auch nicht die Vermutung des § 891, str, s StGursky § 891 Rn 48 mN) oder Widerlegung der Vermutung selbst (keine Übergabe iSv Rn 3, 4).

§ 1118 Haftung für Nebenforderungen

Kraft der Hypothek haftet das Grundstück auch für die gesetzlichen Zinsen der Forderung sowie für die Kosten der Kündigung und der die Befriedigung aus dem Grundstück bezweckenden Rechtsverfolgung.

1. Ges Nebenleistungen. Dies sind **a) ges Zinsen** der Forderung (insbes gem 1 §§ 288 I, 291), auch wenn Eigentümer und persönlicher Schuldner nicht identisch sind; **b) Kosten der Kündigung** gegenüber dem Eigentümer (vgl § 1141, gilt nicht 2 für die Sicherungshypothek: § 1185 II); **c) Kosten der Rechtsverfolgung** nur, 3 soweit sie auf Befriedigung aus dem Grundstück gerichtet und (entspr ZPO 91 I 1) zweckmäßig sind. Auf Befriedigung zielt die dingliche Klage gegen den Eigentümer samt Zwangsvollstreckung (§ 1147; vgl § 1113 Rn 6), ferner das Vorgehen gem § 1133. **Nicht** hierher gehören die persönliche Klage (auch wenn Eigentümer und persönlicher Schuldner identisch sind, RG 90, 172), ferner Vorgehen gem § 1134 (RG 72, 332 ff).

2. Vertragliche Nebenleistungen. § 1115. 4

§ 1119 Erweiterung der Haftung für Zinsen

(1) Ist die Forderung unverzinslich oder ist der Zinssatz niedriger als fünf vom Hundert, so kann die Hypothek ohne Zustimmung der im Range gleich- oder nachstehenden Berechtigten dahin erweitert werden, dass das Grundstück für Zinsen bis zu fünf vom Hundert haftet.

(2) Zu einer Änderung der Zahlungszeit und des Zahlungsorts ist die Zustimmung dieser Berechtigten gleichfalls nicht erforderlich.

1 1. **Grundsatz.** Erweiterung einer Nebenleistung der Hypothek oder Verschärfung der hypothekarischen Haftung ist eine **Inhaltsänderung,** die der Einigung und Eintragung bedarf (§§ 877, 873). Soll sie gleichen Rang wie die Hypothek (mit dem bisherigen Inhalt) haben, so ist außerdem die **Zustimmung** der gleich- und nachstehend Berechtigten notwendig (RG 132, 110). Fehlt die Zustimmung, dann hat die Haftungserweiterung Rang hinter den gleich- und nachstehend Berechtigten.

2 2. **Ausnahmen. a)** Die Zustimmung (Rn 1) ist entbehrlich für **aa)** Zinsen bis 5% (**I**), darüber hinaus ist sie nötig (BGH NJW 86, 315); **bb)** Änderung von Zahlungszeit und -ort (vgl §§ 269 ff), **II. b)** Für I und II gilt § 877.

3 3. **Erhöhung des Hypothekenkapitals.** Dies ist Begründung einer neuen Hypothek, die an bereiter Stelle einzutragen ist (RG 143, 428).

§ 1120 Erstreckung auf Erzeugnisse, Bestandteile und Zubehör

Die Hypothek erstreckt sich auf die von dem Grundstück getrennten Erzeugnisse und sonstigen Bestandteile, soweit sie nicht mit der Trennung nach den §§ 954 bis 957 in das Eigentum eines anderen als des Eigentümers oder des Eigenbesitzers des Grundstücks gelangt sind, sowie auf das Zubehör des Grundstücks mit Ausnahme der Zubehörstücke, welche nicht in das Eigentum des Eigentümers des Grundstücks gelangt sind.

§ 1121 Enthaftung durch Veräußerung und Entfernung

(1) Erzeugnisse und sonstige Bestandteile des Grundstücks sowie Zubehörstücke werden von der Haftung frei, wenn sie veräußert und von dem Grundstück entfernt werden, bevor sie zugunsten des Gläubigers in Beschlag genommen worden sind.

(2) ¹Erfolgt die Veräußerung vor der Entfernung, so kann sich der Erwerber dem Gläubiger gegenüber nicht darauf berufen, dass er in Ansehung der Hypothek in gutem Glauben gewesen sei. ²Entfernt der Erwerber die Sache von dem Grundstück, so ist eine vor der Entfernung erfolgte Beschlagnahme ihm gegenüber nur wirksam, wenn er bei der Entfernung in Ansehung der Beschlagnahme nicht in gutem Glauben ist.

§ 1122 Enthaftung ohne Veräußerung

(1) Sind die Erzeugnisse oder Bestandteile innerhalb der Grenzen einer ordnungsmäßigen Wirtschaft von dem Grundstück getrennt worden, so erlischt ihre Haftung auch ohne Veräußerung, wenn sie vor der Beschlagnahme von dem Grundstück entfernt werden, es sei denn, dass die Entfernung zu einem vorübergehenden Zwecke erfolgt.

(2) Zubehörstücke werden ohne Veräußerung von der Haftung frei, wenn die Zubehöreigenschaft innerhalb der Grenzen einer ordnungsmäßigen Wirtschaft vor der Beschlagnahme aufgehoben wird.

Titel 1. Hypothek §§ 1120–1122

Anmerkungen zu den §§ 1120–1122

Lit: Plander, Die Erstreckung der Hypothekenhaftung auf bewegliche Sachen und deren Enthaftung nach §§ 1121 f, 135 II, 136, 932 f, 936 BGB, JuS 75, 345; Schreiber, der Hypothekenhaftungsverband, Jura 06, 597.

1. Allgemeines. a) Erzeugnisse, sonstige Bestandteile und Zubehör werden, da sie mit dem Grundstück eine wirtschaftliche Einheit bilden, gem §§ 1120–1122 ebenfalls von der hypothekarischen Haftung erfasst (für weitere Gegenstände vgl 1123–1131). **b) Die Haftung** ist zunächst nur eine **potentielle;** erst durch die Beschlagnahme (Rn 5–7) wird sie realisiert. Das bedeutet zweierlei. **aa) Die mithaftenden Sachen** (nicht das Grundstück) können vor der Beschlagnahme regulär **haftfrei** werden, insbes durch Veräußerung. Die Hypothek begründet kein Veräußerungsverbot, so dass der Eigentümer Grundstück und mithaftende Sachen sinnvoll nutzen kann (zB durch Veräußerung der Ernte, Ersetzung veralteter Maschinen; Rn 9, 15). **bb) Pfändung** von Erzeugnissen und sonstigen (nicht: wesentlichen, Gaul NJW 89, 2510 f) Bestandteilen *durch Dritte* ist zwar zulässig (ZPO 865 II 2), aber die Hypothekengläubiger hat die Klage aus ZPO 805 (Baumbach § 805, 3). Die Pfändung von mithaftendem Zubehör (Rn 14) ist unzulässig (ZPO 865 II 1); sie ist nicht nichtig (aA RG 153, 259), aber anfechtbar (gem ZPO 766 für Vollstreckungsschuldner, Zwangsverwalter, Hypothekengläubiger; für letzteren nach BGH WM 87, 76 außerdem – entspr ZPO 810 II – Klage nach ZPO 771). 1 2 3 4

2. Arten der Beschlagnahme iSv §§ 1121, 1122. a) Anordnung der Zwangsverwaltung oder/und **Zwangsversteigerung** (ZVG 20, 146, ZPO 866 II) auf Grund dinglichen Titels (StWolfsteiner § 1147 Rn 32), außer im Fall ZPO 867 III (§ 1147 Rn 2). Zum Umfang: ZVG 21, 148 I. Wirkung: Veräußerungsverbot zugunsten des betreibenden und eines beigetretenen Gläubigers (ZVG 23 I 1, 27 II, 146 I, 151 II). **b) Pfändung,** aber nur vor einer Beschlagnahme gem Rn 5 und nicht von mithaftendem Zubehör (Rn 4; ZPO 865 II 1). Grundlage ist ein dinglicher Titel (§ 1147; vgl dort Rn 2). **c) Einl der Zwangsverwaltung** auf Grund einer vom Hypothekengläubiger beantragten einstw Verfügung zur Sicherung seines dinglichen Rechts (ZPO 935, 938; vgl RG 92, 19 f). 5 6 7

3. Haftung. a) Für die Hypothek haften die wesentlichen und die dem Grundstückseigentümer gehörenden unwesentlichen Bestandteile mitsamt den Erzeugnissen (vgl § 94), und zwar selbstverständlich vor der Trennung (im Ges nicht hervorgehoben), nach der Trennung nur (§ 1120!), sofern sie jetzt dem Eigentümer oder dem Eigenbesitzer des Grundstücks gehören (also nicht, wenn der Pächter, § 956, oder Nießbraucher, § 954, Eigentümer zB der geernteten Äpfel geworden ist). Ist die Hypothek erst nach der Trennung entstanden, so erfasst sie die getrennten Gegenstände nicht (MK/Eickmann § 1120 Rn 19). Trennung ist Loslösung vom Gebäude oder Boden (zB durch ernten). **b) Die Haftung erlischt regulär,** wenn **aa)** Bestandteile und Erzeugnisse *vor* der Beschlagnahme (Rn 5–7) veräußert und entfernt werden, § 1121 I (Sondervorschrift gegenüber § 936). **Reihenfolge:** *Veräußerung – Entfernung – Beschlagnahme* oder: *Veräußerung – Beschlagnahme.* Veräußerung: Eigentumsübertragung ohne gleichzeitige Veräußerung des Grundstücks. Entfernung: Die auf Dauer angelegte Fortschaffung vom Grundstück; sie muss mit der Veräußerung in Zusammenhang stehen (hM, vgl RG 144, 155), was nur bei der Reihenfolge Veräußerung – Entfernung – Beschlagnahme selbstständige praktische Bedeutung hat; bei umgekehrter Reihenfolge nach § 930 fehlt Entfernung (BGH NJW 79, 2514); **bb)** Bestandteile oder Erzeugnisse in ordnungsmäßiger Wirtschaft (kein Raubbau) vom Grundstück getrennt und *vor* der Beschlagnahme *dauernd vom Grundstück entfernt, aber nicht veräußert* worden sind, § 1122 I (Erweiterung von 8 9

§ 1121 I, weil Freiwerden ohne Veräußerung). Bsp: Einlagerung von Getreide im Gemeindesilo zum Zweck späterer Veräußerung von dort aus. Bei vorübergehender
10 Entfernung oder ordnungswidriger Trennung gilt Rn 13. **c) Die Haftung erlischt uU irregulär,** wenn die Sachen erst *nach* Veräußerung und Beschlagnahme entfernt worden sind (**Reihenfolge:** *Veräußerung – Beschlagnahme – Entfernung* oder *Beschlagnahme – Veräußerung – Entfernung;* den letzteren Fall regelt § 1121 II, für den ersteren
11 gilt nichts anderes). **aa)** Die Haftung entfällt nicht schon deshalb, weil der Erwerber beim Erwerb hinsichtlich der Hypothek in gutem Glauben war (**§ 1121 II 1**). § 936
12 ist ausgeschlossen. **bb)** Die Haftung erlischt, wenn der Erwerber die beschlagnahmte Sache von dem Grundstück entfernt, es sei denn, er ist bei der Entfernung hinsichtlich der Beschlagnahme bösgläubig (**§ 1121 II 2**). Der böse Glaube hindert den Erwerb (zur Bedeutung § 932 Rn 5). Der Erwerber ist bösgläubig (vgl § 932 II), wenn er die Beschlagnahme und die Zugehörigkeit der entfernten Sache zum Haftungsverband kannte oder grobfahrlässig nicht kannte (Plander aaO S 350 mN); die Kenntnis des Vollstreckungsantrags macht kraft Ges bösgläubig (ZVG 23 II 1, 146 I),
13 ebenso die Eintragung des Vollstreckungsvermerks (ZVG 23 II 2, 146 I). **d) Die Haftung erlischt uU ebenfalls irregulär,** wenn die Veräußerung zuletzt erfolgt (**Reihenfolge:** *Beschlagnahme – Entfernung – Veräußerung* oder *Entfernung – Beschlagnahme – Veräußerung;* soweit im letzteren Fall § 1122 I eingreift, gilt Rn 9 (bb), vgl Plander aaO S 350). Hier bestehen keine Sondervorschriften. Es gelten die allg Regeln (§§ 136, 135 II, 932 ff; ie ist manches str, vgl Plander aaO S 350 ff). Die Bösgläubigkeit (vgl § 932 II) bezieht sich auf die Beschlagnahme (str); ZVG 23 II, 146 I gelten auch hier (vgl Rn 12).

14 **4. Zubehör. a) Das eigene Zubehör** (§§ 97 f) des Grundstückseigentümers haftet für die Hypothek (**§ 1120**), ferner ein Anwartschaftsrecht des Grundstückseigen-
15 tümers an fremdem Zubehör (BGH 92, 289). **b) Die Haftung erlischt regulär aa)** gem § 1121 I (Rn 9 [aa]; BGH NJW 86, 60 mN) oder **bb)** auch ohne Veräußerung (und Entfernung) durch Aufhebung der Zubehöreigenschaft in ordnungsmäßiger Wirtschaft, **§ 1122 II** (zB Ausmusterung veralteter Maschinen). Endgültige Betriebsstilllegung beseitigt zwar die Zubehöreigenschaft, aber nicht in ordnungsmäßiger Wirtschaft; daher endet die Haftung nicht gem § 1122 II (BGH NJW 96,
16 836). **c) Die Haftung erlischt uU irregulär** gem § 1121 II (vgl Rn 10–12) oder
17 §§ 136, 135 II, 932 ff (Rn 13). **d) Durch Zuschlag** in der Zwangsversteigerung erwirbt der Ersteher uU auch dem *Grundstückseigentümer nicht gehörendes Zubehör* (ZVG 90 II, 55 II), obwohl Haftung (§ 1120) und Beschlagnahme (ZVG 20 II) es nicht ergriffen haben.

§ 1123 Erstreckung auf Miet- oder Pachtforderung

(1) **Ist das Grundstück vermietet oder verpachtet, so erstreckt sich die Hypothek auf die Miet- oder Pachtforderung.**

(2) ¹**Soweit die Forderung fällig ist, wird sie mit dem Ablauf eines Jahres nach dem Eintritt der Fälligkeit von der Haftung frei, wenn nicht vorher die Beschlagnahme zugunsten des Hypothekengläubigers erfolgt.** ²**Ist die Miete oder Pacht im Voraus zu entrichten, so erstreckt sich die Befreiung nicht auf die Miete oder Pacht für die spätere Zeit als den zur Zeit der Beschlagnahme laufenden Kalendermonat; erfolgt die Beschlagnahme nach dem 15. Tage des Monats, so erstreckt sich die Befreiung auch auf den Miet- oder Pachtzins für den folgenden Kalendermonat.**

§ 1124 Vorausverfügung über Miete oder Pacht

(1) ¹**Wird die Miete oder Pacht eingezogen, bevor sie zugunsten des Hypothekengläubigers in Beschlag genommen worden ist, oder wird vor der Beschlagnahme in anderer Weise über sie verfügt, so ist die Verfügung**

Titel 1. Hypothek **§§ 1123–1126**

dem Hypothekengläubiger gegenüber wirksam. ²Besteht die Verfügung in der Übertragung der Forderung auf einen Dritten, so erlischt die Haftung der Forderung; erlangt ein Dritter ein Recht an der Forderung, so geht es der Hypothek im Range vor.

(2) Die Verfügung ist dem Hypothekengläubiger gegenüber unwirksam, soweit sie sich auf die Miete oder Pacht für eine spätere Zeit als den zur Zeit der Beschlagnahme laufenden Kalendermonat bezieht; erfolgt die Beschlagnahme nach dem fünfzehnten Tage des Monats, so ist die Verfügung jedoch insoweit wirksam, als sie sich auf die Miete oder Pacht für den folgenden Kalendermonat bezieht.

(3) Der Übertragung der Forderung auf einen Dritten steht es gleich, wenn das Grundstück ohne die Forderung veräußert wird.

§ 1125 Aufrechnung gegen Miete oder Pacht

Soweit die Einziehung der Miete oder Pacht dem Hypothekengläubiger gegenüber unwirksam ist, kann der Mieter oder der Pächter nicht eine ihm gegen den Vermieter oder den Verpächter zustehende Forderung gegen den Hypothekengläubiger aufrechnen.

Anmerkungen zu den §§ 1123–1125

1. Haftung. Die hypothekarische Haftung erstreckt sich auf die **Zinsforderungen aus Vermietung und Verpachtung** des Grundstücks (**§ 1123 I**). Die Forderungen treten an die Stelle der Nutzungen, die infolge der Vermietung oder Verpachtung nicht zur Verfügung stehen (ZVG 21 III, 152 II). 1

2. Beschlagnahme. Diese geschieht *auf Grund eines dinglichen oder persönlichen (BGH NJW-RR 12, 263 Tz 21) Titels* (Ausnahme: ZPO 867 III, s § 1147 Rn 2) durch a) **Anordnung der Zwangsverwaltung** (nicht der Zwangsversteigerung), ZVG 148 I 1 mit 21 II, oder b) **Pfändung** der Forderung gem ZPO 829 (§ 1147). 2

3. Erlöschen. Die Haftung erlischt durch a) **Zeitablauf** (§ 1123 II 1); b) **Vorausbefreiung** bei im Voraus zahlbarem Zins, aber nur in den zeitlichen Grenzen von § 1123 II 2; c) **Verfügung** vor der Beschlagnahme (Rn 2), insbes Einziehung (dazu BGH NJW 07, 2920 betr Einmalzahlung als periodische Bemessung), Abtretung (BGH NJW 08, 1600), Verpfändung (§ 1124 I, III), aber nur in den zeitlichen Grenzen von § 1124 II (BGH NJW-RR 05, 1467 f). Wegen möglicher Zweifel, ob § 1124 II eingreift, ist eine Zahlung über den Zeitraum des § 1124 II hinaus gefährlich, weil der Mieter (Pächter) dann uU doppelt zahlen muss; eine Aufrechnung ist ihm insoweit verwehrt (**§ 1125**, Einschränkung von § 392). 3

4. Verfügungen nach der Beschlagnahme. Diese (Rn 2) unterfallen den §§ 136, 135 mit ZVG 23 I 1, 146 I. Ein beschlagnahmefreier Forderungserwerb gem § 135 II ist ausgeschlossen. Der zahlende Mieter oder Pächter ist uU geschützt (ZVG 22 II 2, 146 I). Zur Wirksamkeit von Vorausverfügungen s PalBassenge § 1124 Rn 6 f mN. 4

§ 1126 Erstreckung auf wiederkehrende Leistungen

¹Ist mit dem Eigentum an dem Grundstück ein Recht auf wiederkehrende Leistungen verbunden, so erstreckt sich die Hypothek auf die Ansprüche auf diese Leistungen. ²Die Vorschriften des § 1123 Abs. 2 Satz 1, des § 1124 Abs. 1, 3 und des § 1125 finden entsprechende Anwendung. ³Eine vor der Beschlagnahme erfolgte Verfügung über den Anspruch auf eine

Leistung, die erst drei Monate nach der Beschlagnahme fällig wird, ist dem Hypothekengläubiger gegenüber unwirksam.

1   Vgl § 96. Bsp: Reallast (§ 1105 II), Überbau- und Notwegrente.

§ 1127 Erstreckung auf die Versicherungsforderung

(1) Sind Gegenstände, die der Hypothek unterliegen, für den Eigentümer oder den Eigenbesitzer des Grundstücks unter Versicherung gebracht, so erstreckt sich die Hypothek auf die Forderung gegen den Versicherer.

(2) Die Haftung der Forderung gegen den Versicherer erlischt, wenn der versicherte Gegenstand wiederhergestellt oder Ersatz für ihn beschafft ist.

§ 1128 Gebäudeversicherung

(1) ¹Ist ein Gebäude versichert, so kann der Versicherer die Versicherungssumme mit Wirkung gegen den Hypothekengläubiger an den Versicherten erst zahlen, wenn er oder der Versicherte den Eintritt des Schadens dem Hypothekengläubiger angezeigt hat und seit dem Empfang der Anzeige ein Monat verstrichen ist. ²Der Hypothekengläubiger kann bis zum Ablauf der Frist dem Versicherer gegenüber der Zahlung widersprechen. ³Die Anzeige darf unterbleiben, wenn sie untunlich ist; in diesem Falle wird der Monat von dem Zeitpunkt an berechnet, in welchem die Versicherungssumme fällig wird.

(2) Hat der Hypothekengläubiger seine Hypothek dem Versicherer angemeldet, so kann der Versicherer mit Wirkung gegen den Hypothekengläubiger an den Versicherten nur zahlen, wenn der Hypothekengläubiger der Zahlung schriftlich zugestimmt hat.

(3) Im Übrigen finden die für eine verpfändete Forderung geltenden Vorschriften Anwendung; der Versicherer kann sich jedoch nicht darauf berufen, dass er eine aus dem Grundbuch ersichtliche Hypothek nicht gekannt habe.

§ 1129 Sonstige Schadensversicherung

Ist ein anderer Gegenstand als ein Gebäude versichert, so bestimmt sich die Haftung der Forderung gegen den Versicherer nach den Vorschriften des § 1123 Abs. 2 Satz 1 und des § 1124 Abs. 1, 3.

§ 1130 Wiederherstellungsklausel

Ist der Versicherer nach den Versicherungsbestimmungen nur verpflichtet, die Versicherungssumme zur Wiederherstellung des versicherten Gegenstands zu zahlen, so ist eine diesen Bestimmungen entsprechende Zahlung an den Versicherten dem Hypothekengläubiger gegenüber wirksam.

Anmerkungen zu den §§ 1127–1130

1   **1. Allgemeines.** Die hypothekarische Haftung erstreckt sich auf die **Versicherungsforderungen als dingliches Surrogat** für die Zerstörung oder Wertminderung des haftenden Gegenstands (§ 1127 I; dazu BGH NJW 06, 772: nicht erweiterungsfähig). Die **Haftung erlischt** bei Wiederherstellung oder Ersatzbeschaffung

(§ 1127 II). Keine allg ges Pflicht des Eigentümers (Eigenbesitzers) zur Versicherung (vgl aber § 1134 II).

2. Gebäudeversicherung. Bei dieser erlangt der Hypothekengläubiger kraft Ges 2 ein Pfandrecht an der Versicherungsforderung (§ 1128 III; s BGH NJW 81, 1672); eine Beschlagnahme (vgl §§ 1120–1122 Rn 5–7) ist nicht erforderlich. Folge: Vor Fälligkeit der Hypothek gilt § 1281, danach § 1282; eine Verfügung zum Nachteil des Hypothekengläubigers ist ausgeschlossen (eingeschränkt im Falle der Wiederherstellungsklausel, § 1130; weil diese Klausel idR vorliegt, sind die Einschränkungen gem § 1128 I, II gegenüber denen aus § 1130 praktisch bedeutungslos). – Für die **Gebäudefeuerversicherung** gelten ergänzend VVG 142 ff, die den Schutz des Hypothekengläubigers verstärken.

3. Nicht-Gebäudeversicherung. Bei der **Nicht-Gebäudeversicherung** (zB 3 Hagel-, Viehversicherung) wird die Haftung erst durch Beschlagnahme (§§ 1120–1122 Rn 5–7) aktuell (ZVG 20 II, 21 I, 148 I 1), bis dahin ist freie Verfügung über die Versicherungsforderung möglich. Die Haftung erlischt gem §§ 1123 II 1, 1124 I, III (§ 1129).

§ 1131 Zuschreibung eines Grundstücks

¹**Wird ein Grundstück nach § 890 Abs. 2 einem anderen Grundstück im Grundbuch zugeschrieben, so erstrecken sich die an diesem Grundstück bestehenden Hypotheken auf das zugeschriebene Grundstück.** ²**Rechte, mit denen das zugeschriebene Grundstück belastet ist, gehen diesen Hypotheken im Range vor.**

Vgl § 890 Rn 3. Rang: S 2. 1

§ 1132 Gesamthypothek

(1) ¹**Besteht für die Forderung eine Hypothek an mehreren Grundstücken (Gesamthypothek), so haftet jedes Grundstück für die ganze Forderung.** ²**Der Gläubiger kann die Befriedigung nach seinem Belieben aus jedem der Grundstücke ganz oder zu einem Teil suchen.**

(2) ¹**Der Gläubiger ist berechtigt, den Betrag der Forderung auf die einzelnen Grundstücke in der Weise zu verteilen, dass jedes Grundstück nur für den zugeteilten Betrag haftet.** ²**Auf die Verteilung finden die Vorschriften der §§ 875, 876, 878 entsprechende Anwendung.**

1. Allgemeines. a) Grundlage. *Eine* Forderung kann wegen der Akzessorietät 1 der Hypothek idR nicht durch mehrere selbständige Hypotheken gesichert werden (§ 1113 Rn 11). Möglich ist aber, dass der Gläubiger die Forderung teilt und für jeden Teil eine selbstständige Hypothek erlangt, oder dass die Forderung ungeteilt bleibt und eine einheitliche Hypothek an mehreren Grundstücken (auch verschiedener Eigentümer) bestellt wird, sog *Gesamthypothek* (I). **b) Wirtschaftliche Bedeu-** 2 **tung.** Streubesitz kann besser für die dingliche Kreditsicherung genutzt werden. Bsp: E hat 60 Parzellen, Wert je 3000 Euro; ein Darlehen über 100 000 Euro wird er nur bei Bestellung einer Gesamthypothek erlangen (vgl Heck, SaR, § 94 I 2). Nachteil: Weitere Kredite kann E nur durch weitere Gesamthypotheken sichern; denn auf jeder Parzelle im Wert von 3000 Euro ruht bereits eine Belastung von 100 000 Euro (vgl I 1).

2. Begriff (I 1). Für *eine* Forderung (Rn 1) besteht an *mehreren* Grundstücken 3 (Begriff Rn 2 vor § 90) oder grundstücksgleichen Rechten (zB Erbbaurecht) oder Anteilen an Bruchteilsgemeinschaft (§ 1114; vgl BGH 106, 22) *eine* Hypothek, die an allen Grundstücken usw *gleichartig* sein muss (entweder Sicherungs- oder Verkehrshypothek; wenn letztere, dann entweder Buch- oder Briefhypothek; artneutrale Abweichung zulässig, zB unterschiedlicher Rang, BGH 80, 124 f oder unterschiedliche Fälligkeit, BGH NJW 10, 3303). Die Grundstücke usw können verschiedenen Personen gehören; keiner von ihnen muss persönlicher Schuldner sein.

4   **3. Wirkung der Gesamthypothek (I).** Sie belastet jedes Grundstück in Höhe der ganzen Forderung (I 1). Dem Gläubiger verschafft sie eine starke Stellung (Heck, SaR, § 94 I 4: „hypothekarischer Pascha"): Er kann aus jedem beliebigen Grundstück Befriedigung suchen (I 2; abdingbar, BGH NJW 86, 1488), er kann die Forderung verteilen (II 1, Rn 5) und einzelne Grundstücke aus der Haftung entlassen (§ 1175 I 2).

5   **4. Entstehung. a) Durch RGeschäft.** Bes Einigung und Eintragung für jedes Grundstück nötig. Erst mit der letzten Eintragung entsteht die Gesamthypothek; unterbleibt ein Teil der Eintragungen oder ist insoweit der Bestellungsakt unwirksam, so entscheidet sich gem § 139, ob (an weniger Grundstücken) eine Gesamthypothek oder (jeweils) Einzelhypotheken entstehen. Zum deklaratorischen Mithaft-
6   vermerk vgl GBO 48 I. **b) Durch reale oder ideelle Teilung** des Grundstücks
7   (RG 146, 365; sa BGH NJW 92, 1390). **c) Kraft Ges:** bei der Verpfändung oder Pfändung mehrerer Auflassungsansprüche bzgl verschiedener Grundstücke (§ 1287 S 2, ZPO 848); durch Forderungsauswechslung bei fortbestehender Gläubigeridentität, zB bei Zusammenlegung mehrerer bisher durch Einzelhypotheken gesicherter Forderungen (Umkehrung von II 1, s Rn 8).

8   **5. Verfügungen über die Gesamthypothek.** *Inhaltsänderung, Belastung, Übertragung*, ferner *Verfügungsbeschränkungen* sind nur einheitlich möglich. *Aufhebung* der Gesamthypothek ist auch für ein einzelnes Grundstück möglich (§ 1175 I 2). – Der Gläubiger kann durch **Forderungsverteilung** aus der Gesamthypothek Einzelhypotheken machen, **II 1.** Mit Eintragung der Verteilung besteht die Einzelhypothek in Höhe des zugewiesenen Forderungsteils; in Höhe des nicht zugewiesenen Teils erlischt sie ohne weiteres, § 1183 und GBO 27 sind unanwendbar (RG 70, 93 f). §§ 875 (Erklärung und Eintragung der Verteilung), 876, 878 gelten entspr, **II 2.**

9   **6. Sonstiges. Weitere bes Vorschriften** für die Gesamthypothek: §§ 1143 II, 1172–1176, 1181 II, 1182. Dort werden die allg Regeln des Hypothekenrechts, insbes über den ges Übergang der Hypothek (§§ 1143 I, 1163), modifiziert. Zur Zwangsvollstreckung vgl ZVG 18, 63, ferner 64, 83 Nr 3.

§ 1133 Gefährdung der Sicherheit der Hypothek

¹Ist infolge einer Verschlechterung des Grundstücks die Sicherheit der Hypothek gefährdet, so kann der Gläubiger dem Eigentümer eine angemessene Frist zur Beseitigung der Gefährdung bestimmen. ²Nach dem Ablauf der Frist ist der Gläubiger berechtigt, sofort Befriedigung aus dem Grundstück zu suchen, wenn nicht die Gefährdung durch Verbesserung des Grundstücks oder durch anderweitige Hypothekenbestellung beseitigt worden ist. ³Ist die Forderung unverzinslich und noch nicht fällig, so gebührt dem Gläubiger nur die Summe, welche mit Hinzurechnung der gesetzlichen Zinsen für die Zeit von der Zahlung bis zur Fälligkeit dem Betrag der Forderung gleichkommt.

§ 1134 Unterlassungsklage

(1) Wirkt der Eigentümer oder ein Dritter auf das Grundstück in solcher Weise ein, dass eine die Sicherheit der Hypothek gefährdende Verschlechterung des Grundstücks zu besorgen ist, so kann der Gläubiger auf Unterlassung klagen.

Titel 1. Hypothek §§ 1133–1136

(2) ¹Geht die Einwirkung von dem Eigentümer aus, so hat das Gericht auf Antrag des Gläubigers die zur Abwendung der Gefährdung erforderlichen Maßregeln anzuordnen. ²Das Gleiche gilt, wenn die Verschlechterung deshalb zu besorgen ist, weil der Eigentümer die erforderlichen Vorkehrungen gegen Einwirkungen Dritter oder gegen andere Beschädigungen unterlässt.

§ 1135 Verschlechterung des Zubehörs

Einer Verschlechterung des Grundstücks im Sinne der §§ 1133, 1134 steht es gleich, wenn Zubehörstücke, auf die sich die Hypothek erstreckt, verschlechtert oder den Regeln einer ordnungsmäßigen Wirtschaft zuwider von dem Grundstück entfernt werden.

Anmerkungen zu den §§ 1133–1135

1. Allgemeines. Zwischen Erwerb und Fälligkeit (sog Pfandreife) der Hypothek muss der Gläubiger gegen Beeinträchtigungen seines Rechts geschützt werden. Er kann drohende wertmindernde Eingriffe in die Substanz des Grundstücks und in das Zubehör (§ 1135) abwehren (§ 1134) und Ausgleich für erlittene Eingriffe verlangen (§ 1133). Gegen Eingriffe in andere mithaftende Gegenstände gibt es keinen ges Rechtsbehelf (der Eigentümer lässt zB abgeerntetes Getreide auf dem Feld verderben). – Die **praktische Bedeutung** der §§ 1133 ff ist gering, weil der Gläubiger gegen den schuldenden Eigentümer zumeist weitergehende vertragliche Rechte hat. 1

2. Zu § 1133. Wird durch eine **eingetretene Verschlechterung** (dh wertmindernde Zustandsänderung) des Grundstücks die hypothekarische Sicherheit gefährdet, weil das Grundstück infolge der Verschlechterung bei einer Zwangsvollstreckung weniger erbringen würde, so kann der Gläubiger die Gefahrenbeseitigung in angemessener Frist verlangen (zur Wertminderung wegen umweltschädlicher Belastung des Grundstücks Baur § 40 Rn 12). Nach fruchtlosem Fristablauf hat er sofort das Recht zur Befriedigung gem § 1147 (betrifft nur die Hypothek, nicht die persönliche Forderung). 2

3. Gerichte Durchsetzung. a) Ist eine Verschlechterung (Rn 2) **zu besorgen**, so kann der Gläubiger auf Unterlassung klagen, **§ 1134 I**. Er hat keinen Anspruch auf positives Tun, dh auf Beseitigung, wohl aber kann die Erfüllung der Unterlassungspflicht uU ein positives Tun fordern; Vollstreckung stets nach ZPO 890 (vgl allg Jauernig NJW 73, 1672). **b) Gerichtl Anordnung** bestimmter Maßnahmen kann nur unter den Voraussetzungen von **§ 1134 II** verlangt werden, zB Abschluss einer Feuerversicherung (BGH 105, 238, 242, vgl §§ 1127–1130 Rn 1; Vollstreckung: ZPO 887) oder Anordnung der Sequestration (Zwangsverwaltung) gem ZPO 938. 3 4

4. Verschulden. §§ 1133–1135 fordern **kein Verschulden**. Bei Verschulden bestehen uU Schadensersatzansprüche gem § 823 I (Hypothek als sonstiges Recht), II (§§ 1133–1135 sind SchutzGes, vgl BGH NJW 91, 696), 826 wegen Verletzung der Hypothek; vgl BGH 105, 242. 5

§ 1136 Rechtsgeschäftliche Verfügungsbeschränkung

Eine Vereinbarung, durch die sich der Eigentümer dem Gläubiger gegenüber verpflichtet, das Grundstück nicht zu veräußern oder nicht weiter zu belasten, ist nichtig.

1. Anwendungsbereich. Eine rechtsgeschäftliche Verfügungsbeschränkung ist Dritten gegenüber nichtig (§ 137 S 1). Die schuldrechtliche Verpflichtung des 1

§ 1137 Buch 3. Abschnitt 7. Hypothek, Grundschuld, Rentenschuld

Eigentümers gegenüber dem Gläubiger, das Grundstück nicht zu veräußern oder weiter zu belasten, ist ebenfalls nichtig, § 1136 (abw von § 137 S 2), sofern sie die Stellung des Gegners als dinglicher Gläubiger sichern sollte (LM Nr 1). Sichert die Abrede den Gegner in seiner Stellung als Grundstückspächter, nicht als dinglicher Gläubiger (der er auch ist), so ist die Abrede gültig (LM Nr 1; aA StWolfsteiner 10). Ist die Vereinbarung gem § 1136 nichtig, dann besteht kein Anspruch auf Schadensersatz oder Vertragsstrafe; die Gültigkeit einer mit ihr verbundenen Hypothekenbestellung richtet sich nach § 139.

2 **2. Zulässige Sicherungen.** Auch der Realkredit ist Vertrauenssache. Deshalb ist ein Schutzbedürfnis des dinglichen Gläubigers gegenüber Grundstücksveräußerungen anzuerkennen. Ihm genügt ein Vorkaufsrecht (§§ 463 ff, 1094 ff; soll nach StWolfsteiner 7 unter § 1136 fallen). Eine Vereinbarung, dass die Hypothek bei Veräußerung oder weiterer Belastung fällig wird, ist mit dem Schutzzweck des § 1136 unvereinbar und daher nichtig (Baur § 40 Rn 15; MK/Eickmann 5; aA BGH 76, 372 ff, hM; nach BGH aaO wird Kündigungsklausel in AGB nicht von AGBG 9 II Nr 1, jetzt § 307 II Nr 1, erfasst; dazu Vogt Anm LM Nr 2).

§ 1137 Einreden des Eigentümers

(1) ¹Der Eigentümer kann gegen die Hypothek die dem persönlichen Schuldner gegen die Forderung sowie die nach § 770 einem Bürgen zustehenden Einreden geltend machen. ²Stirbt der persönliche Schuldner, so kann sich der Eigentümer nicht darauf berufen, dass der Erbe für die Schuld nur beschränkt haftet.

(2) Ist der Eigentümer nicht der persönliche Schuldner, so verliert er eine Einrede nicht dadurch, dass dieser auf sie verzichtet.

1 **1. Allgemeines.** Hypothek und persönliche Forderung können je für sich Einreden (Leistungsverweigerungsrechten) und Einwendungen (Umständen, kraft derer das Recht nicht oder nicht mehr besteht) ausgesetzt sein. *Einreden gegen die Hypothek,* die dem Eigentümer als solchem gegen den (Hypotheken-)Gläubiger zustehen, behandelt § 1157; *Einwendungen gegen die Hypothek* erfasst § 892 (§ 1138 Rn 1). Einreden und Einwendungen *gegen die persönliche Forderung* werden vom Ges auf die Hypothek als dingliches Recht erstreckt (Ausfluss der Akzessorietät der Hypothek). *Nach dem Übergang* der hypothekarisch gesicherten Forderung kann der persönliche Schuldner seine Einreden und Einwendungen dem neuen (persönlichen) Gläubiger (Zessionar) entgegenhalten (§ 404); da Einreden und Einwendungen auf die Hypothek erstreckt werden (s o), kann sie auch der Eigentümer dem neuen (Hypotheken-)Gläubiger entgegensetzen, sofern nicht § 1138 eingreift (§ 1138 Rn 3, 4). Leistungen des persönlichen Schuldners an den alten Gläubiger (§§ 406, 407) oder den Zweitzessionar (§ 408) muss der (Erst-)Zessionar gegen sich gelten lassen; darauf kann sich jedoch der Eigentümer dem (Hypotheken-)Gläubiger gegenüber nicht berufen (§ 1156 S 1 mit Ausnahmen in §§ 1156 S 2, 1158 f).

2 **2. Einreden des persönlichen Schuldners. a) Zu ihnen gehören aa)** zB Stundungseinrede, Einreden aus §§ 273, 320, 771, „Einrede" der Rechtskraft; **bb)** die Einrede, der Schuldner könne dem Gläubiger gegenüber aufrechnen oder
3 anfechten (I 1 mit § 770). **b) Sie kann der Eigentümer** dem dinglichen Anspruch
4 (§ 1147) entgegensetzen. **c) Verzicht** des Schuldners auf seine Einrede iSv Rn 2 (aa) schadet dem Eigentümer, der nicht zugleich persönlicher Schuldner ist, nicht, **II.** Verzichtet der Schuldner auf sein Aufrechnungs- oder Anfechtungsrecht, so erlischt die Einrede des Eigentümers iSv Rn 2 (bb); II gilt für I 1 ebenso wenig wie § 768
5 II für § 770 (allgM). **d) Dem Eigentümer stehen nicht zu:** die Einrede der beschränkten Erbenhaftung (I 2), der Forderungsverjährung (§ 216 I, aber beachte
6 III), des Insolvenzplans (InsO 254 II 1). **e) § 1137 gilt** für alle Arten von Hypotheken (vgl § 1185 II), aber nicht für Grund- und Rentenschulden.

3. Einwendungen des persönlichen Schuldners. Sie beruhen auf Umständen, 7
kraft deren die Forderung nicht (mehr) besteht. Ohne Forderung steht die Hypothek
dem Eigentümer als Eigentümergrundschuld zu (§§ 1163 I, 1177 I entspr), so dass
mit der Einwendung gegen die Forderung zugleich die Rechtsinhaberschaft des
(angeblichen) Hypothekengläubigers verneint wird. Diesen Fall erfasst § 1138.

§ 1138 Öffentlicher Glaube des Grundbuchs

Die Vorschriften der §§ 891 bis 899 gelten für die Hypothek auch in Ansehung der Forderung und der dem Eigentümer nach § 1137 zustehenden Einreden.

1. Allgemeines. a) Vgl zunächst § 1137 Rn 1, 7. **b)** Das Verständnis des § 1138 1
bereitet Schwierigkeiten. Einerseits geht das Ges davon aus, dass die gesicherte
Forderung auf das Schicksal des dinglichen Rechts „Hypothek" Einfluss hat (Akzessorietät der Hypothek, vgl Rn 18–21 vor § 1113). Andererseits gelten die §§ 891–
899 für die Hypothek nur dann unmittelbar, soweit die Akzessorietät des dinglichen
Rechts *keine* Rolle spielt (auf dieser Vorstellung beruht § 1138; Bsp: Hat der Gläubiger trotz Bestehens der Forderung keine Hypothek erlangt, etwa wegen Nichtigkeit
der Einigung über die Hypothekenbestellung, § 873, so ist der Erwerber der bestehenden, aber nur scheinbar hypothekarisch gesicherten Forderung unmittelbar
durch § 892 geschützt). § 1138 erstreckt den Anwendungsbereich der §§ 891–899
auf die Hypothek als *akzessorisches dingliches Recht,* aber nur auf dieses („für die
Hypothek") und nicht auch auf die persönliche Forderung. Da gem § 1138 die
§§ 891 ff nur „für die Hypothek", nicht auch für die Forderung gelten, können
Forderung und dingliches Recht verschiedene Wege gehen: Die dingliche
Klage kann Erfolg haben, weil das Bestehen der Forderung „für die Hypothek" zu
vermuten ist, §§ 1138, 891, während die persönliche Klage erfolglos bleibt, weil das
Bestehen der Forderung nicht „für die Forderung", sondern *nur* „für die Hypothek"
vermutet wird; vgl Rn 2). Diese Einschränkung des Akzessorietätsprinzips in § 1138
gilt allein für die Verkehrshypothek (Begriff § 1113 Rn 2), da für die Sicherungshypothek § 1138 nicht gilt (§ 1185 II: strenge Akzessorietät); damit sind die §§ 891–
899 bei der Sicherungshypothek nur insoweit anwendbar, als die Akzessorietät nicht
in Rede steht (vgl §§ 1184, 1185 Rn 3).

2. Anwendungsbereich. a) § 891 gilt gem § 1138 nur in einem Verfahren über 2
die Hypothek als akzessorisches dingliches Recht (zB dingliche Klage, Berichtigungsklage des Eigentümers) und nur, soweit die Forderung „für die Hypothek"
von Belang ist (vgl Rn 1). Für die persönliche Klage gilt § 891 auch dann nicht,
wenn sie mit der dinglichen Klage verbunden ist. Vgl RG 137, 97. **b) Der öffentl** 3
Glaube des Grundbuchs, §§ 892, 893 gilt gem § 1138 ebenfalls nur für die Hypothek als akzessorisches dingliches Recht (Rn 1). Das ist insbes bedeutsam beim
rechtsgeschäftlichen Erwerb einer nichtvalutierten Hypothek vom eingetragenen
oder gem § 1155 legitimierten nichtberechtigten Hypothekengläubiger. Auch dieser
Erwerb unterliegt § 1153 (vgl dort Rn 2). Da jedoch die Abtretung einer nichtbestehenden Forderung wirkungslos ist (RG Gruch 57, 944), muss die Forderung „für
die Hypothek", dh für den Übergang des dinglichen Rechts, fingiert werden. Der
Erwerber erlangt keine hypothekarisch gesicherte Forderung, daher auch keine
Hypothek, sondern eine Grundschuld (Rn 21 vor § 1113). Der Erwerber erhält
nichts, wenn er die Unrichtigkeit kennt (§ 892 Rn 17) oder der öffentl Glaube des
Grundbuchs zerstört ist (§ 892 Rn 16, § 1140 Rn 2). – Betrifft der Mangel die
Hypothek gleichzeitig als akzessorisches *und* als „rein" dingliches Recht, so ist § 892
sowohl unmittelbar wie über § 1138 mittelbar anzuwenden (Bsp: Die Einigung bei
der Hypothekenbestellung, § 873, ist nichtig, außerdem besteht keine Forderung;
überträgt der Gläubiger sein angebliches Recht, so ist der Erwerber gem § 892 und
§§ 1138, 892 geschützt); sa § 1153 Rn 1. **c) Vermutet** wird das Bestehen eingetrage- 4
ner und das Nichtbestehen gelöschter Einreden iSv § 1137 (§§ 1138, 891); keine

Vermutung für das Nichtbestehen nichteingetragener Einreden (§ 891 Rn 6). Nichteingetragene Einreden erlöschen gem §§ 1138, 892 nur für die Hypothek (nicht auch für die Forderung); die Einrede bleibt bestehen, wenn insoweit der öffentl Glaube des Grundbuchs zerstört ist oder der Erwerber Kenntnis hat (vgl § 892
5 Rn 16, 17, § 1140 Rn 2). **d) Zustimmung zur Berichtigung** sowie Eintragung eines **Widerspruchs** kann der Betroffene (das ist der Gläubiger oder der Eigentümer) verlangen, wenn Einreden oder Forderung nicht oder nicht richtig eingetragen sind, §§ 1138, **894–899.**

§ 1139 Widerspruch bei Darlehensbuchhypothek

¹Ist bei der Bestellung einer Hypothek für ein Darlehen die Erteilung des Hypothekenbriefs ausgeschlossen worden, so genügt zur Eintragung eines Widerspruchs, der sich darauf gründet, dass die Hingabe des Darlehens unterblieben sei, der von dem Eigentümer an das Grundbuchamt gerichtete Antrag, sofern er vor dem Ablauf eines Monats nach der Eintragung der Hypothek gestellt wird. ²Wird der Widerspruch innerhalb des Monats eingetragen, so hat die Eintragung die gleiche Wirkung, wie wenn der Widerspruch zugleich mit der Hypothek eingetragen worden wäre.

1   1. **Anwendungsbereich.** § 1139 betrifft nur die **Buchverkehrshypothek für eine Darlehensforderung. a) Vor Valutierung** der Hypothek steht sie dem Eigentümer als Eigentümergrundschuld zu (§§ 1163 I 1, 1177 I entspr). Über sie kann der eingetragene, aber nichtberechtigte Hypothekengläubiger gem § 1138 wirksam verfügen (§ 1138 Rn 3). Dagegen kann sich der Eigentümer durch Eintragung eines Widerspruchs, der den öffentl Glauben des Grundbuchs zerstört, schüt-
2 zen (§ 892 I 1 aE; s § 1138 Rn 3). **b) Der Widerspruch wegen Nichtvalutierung** wird in § 1139 bes behandelt. **aa)** Für die Eintragung genügt (abw von § 899) der Antrag des Eigentümers, sofern er innerhalb eines Monats nach Eintragung der Hypothek gestellt wird **(S 1). bb)** Wird der Widerspruch innerhalb dieses Monats eingetragen, so ist der öffentl Glaube des Grundbuchs schon ab Eintragung der Hypothek, dh rückwirkend, zerstört (S 2). Ein zwischenzeitlich eingetretener Erwerb vom nichtberechtigten Hypothekengläubiger gem §§ 1138, 892 (Rn 1) ent-
3 fällt rückwirkend. **c) § 1139 gilt nicht** für die Sicherungshypothek, § 1185 II.

4   2. **Briefhypothek.** Zur nichtvalutierten **Briefhypothek** vgl § 1117 Rn 1.

§ 1140 Hypothekenbrief und Unrichtigkeit des Grundbuchs

¹Soweit die Unrichtigkeit des Grundbuchs aus dem Hypothekenbrief oder einem Vermerk auf dem Brief hervorgeht, ist die Berufung auf die Vorschriften der §§ 892, 893 ausgeschlossen. ²Ein Widerspruch gegen die Richtigkeit des Grundbuchs, der aus dem Briefe oder einem Vermerk auf dem Briefe hervorgeht, steht einem im Grundbuch eingetragenen Widerspruch gleich.

1   1. **Öffentl Glaube. Nur das Grundbuch** genießt **öffentl Glauben,** nicht der Hypothekenbrief. Auch § 891 gilt nicht für den Brief.

2   2. **Zerstörung des öffentl Glaubens. Der Hypothekenbrief kann** aber den **öffentl Glauben** des Grundbuchs **zerstören.** Fälle: **a)** *Die Unrichtigkeit* des Grundbuchs geht *aus dem Brief* hervor, **S 1** (Bsp: Der Brief verlautbart die Forderung in richtiger, das Grundbuch in falscher Höhe). **b)** *Ein Vermerk* auf dem Brief lässt die Unrichtigkeit des Grundbuchs erkennen, **S 1** (Bsp: Teilrückzahlungsvermerk, vgl §§ 1145 I, 1150, 1167). **c)** *Ein Widerspruch* gegen die Richtigkeit des Grundbuchs steht auf dem Brief, aber nicht im Buch, **S 2.**

Titel 1. Hypothek §§ 1141, 1142

§ 1141 Kündigung der Hypothek

(1) ¹Hängt die Fälligkeit der Forderung von einer Kündigung ab, so ist die Kündigung für die Hypothek nur wirksam, wenn sie von dem Gläubiger dem Eigentümer oder von dem Eigentümer dem Gläubiger erklärt wird. ²Zugunsten des Gläubigers gilt derjenige, welcher im Grundbuch als Eigentümer eingetragen ist, als der Eigentümer.

(2) Hat der Eigentümer keinen Wohnsitz im Inland oder liegen die Voraussetzungen des § 132 Abs. 2 vor, so hat auf Antrag des Gläubigers das Amtsgericht, in dessen Bezirk das Grundstück liegt, dem Eigentümer einen Vertreter zu bestellen, dem gegenüber die Kündigung des Gläubigers erfolgen kann.

1. Anwendungsbereich. a) Abw vom Akzessorietätsprinzip, wonach die 1 Fälligkeit der Hypothek von der Fälligkeit der Forderung abhängt, schränkt § 1141 die Akzessorietät der Verkehrshypothek für den Fall ein, dass Eigentümer und Schuldner nicht identisch sind. Für die Sicherungshypothek gilt § 1141 nicht (§ 1185 II). **b) Die Kündigung** muss vom Gläubiger an den Eigentümer oder 2 umgekehrt erfolgen. Die Legitimation des Gläubigers folgt bei der Buchhypothek aus der Eintragung (Schutz des Eigentümers durch §§ 893, 1138); für die Briefhypothek vgl § 1160 II. Bei der Legitimation des Eigentümers ist zu unterscheiden. Ist er Empfänger der Kündigung, so legitimiert ihn die Eintragung im Grundbuch (**I 2**), auch wenn er nicht der wahre Eigentümer ist und der kündigende Gläubiger das weiß; selbst kündigen kann nur der wahre Eigentümer (WolffR § 138 Fn 3), doch gilt § 893 zugunsten des Gläubigers (Verfügung über die Hypothek, nicht das Eigentum; vgl BGH 1, 304). **c) Eine Kündigung der Forderung** durch oder an 3 den persönlichen Schuldner, der nicht zugleich Eigentümer ist, hat keine Wirkung für die Hypothek, jedoch für die Forderung; das berechtigt den Eigentümer gem § 1142 zur Befriedigung (§ 1142 Rn 2). **d) Eine Kündigung des Eigentümers,** 4 der nicht zugleich Schuldner ist, macht die Forderung gegenüber dem persönlichen Schuldner nicht fällig (RG 104, 357 f).

2. Fälligkeit. Eintritt der Fälligkeit durch Zeitablauf oder Kündigung. Kündi- 5 gungsgründe und -fristen sind meist vertraglich geregelt (Eintragung idR durch Bezugnahme auf die Eintragungsbewilligung; vgl BGH 21, 40 ff). Fehlt eine Vereinbarung, so gelten §§ 271 I, 488 III.

§ 1142 Befriedigungsrecht des Eigentümers

(1) **Der Eigentümer ist berechtigt, den Gläubiger zu befriedigen, wenn die Forderung ihm gegenüber fällig geworden oder wenn der persönliche Schuldner zur Leistung berechtigt ist.**

(2) **Die Befriedigung kann auch durch Hinterlegung oder durch Aufrechnung erfolgen.**

1. Anwendungsbereich. a) I betrifft nur den Fall, dass *Eigentümer und persönli-* 1 *cher Schuldner nicht identisch* sind (hM). Das Befriedigungsrecht des Eigentümers begründet keinen Zahlungsanspruch des Gläubigers (BGH 7, 126). Das Recht soll den Eigentümer vor einer Zwangsvollstreckung in sein Grundstück (§ 1147) sichern und kann nicht mit dinglicher Wirkung ausgeschlossen werden; § 266 gilt (BGH 108, 378 f). Weil I dem Eigentümer ein bes Recht gibt, ist § 267 II unanwendbar. **b) I unterscheidet** zwischen der Fälligkeit gegenüber dem Eigentümer (dazu 2 § 1141 Rn 2, 5) und dem Schuldner. Eine Kündigung gegenüber dem Schuldner wirkt zwar nicht gegenüber dem Eigentümer, berechtigt aber den Schuldner zur Leistung und daher den Eigentümer gem I zur Befriedigung. **c) Gestattet sind (II)** 3 dem Eigentümer Hinterlegung (bei Vorliegen von § 372) und Aufrechnung (nicht Teilaufrechnung [BGH NJW 11, 451]). Der Eigentümer rechnet mit einer Geldforderung an den Gläubiger gegen dessen Forderung an den persönlichen Schuldner auf (Durchbrechung des Gegenseitigkeitserfordernisses: RG 78, 384; hM. – AA StWolfsteiner 16 mN; MK/Eickmann 2, wonach gegen einen „dinglichen Zahlungsanspruch" des Gläubigers an den Eigentümer aufgerechnet werde [dazu Rn 14 vor § 1113]). Entgegen § 389 erlischt die persönliche Forderung nicht, sondern geht auf den Eigentümer über, § 1143 I 1 (entspr §§ 268 II, III, 1150). Aus II folgt kein Recht des Gläubigers zur Aufrechnung gegen den Eigentümer (RG JW 14, 402, hM). **d) Zur Zahlung an** den legitimierten **Scheingläubiger** vgl § 1143 Rn 1.

5   **2. Wirkung.** Zur **Wirkung** der Befriedigung vgl § 1143 mit Anm.

§ 1143 Übergang der Forderung

(1) ¹**Ist der Eigentümer nicht der persönliche Schuldner, so geht, soweit er den Gläubiger befriedigt, die Forderung auf ihn über.** ²**Die für einen Bürgen geltende Vorschrift des § 774 Abs. 1 findet entsprechende Anwendung.**

(2) **Besteht für die Forderung eine Gesamthypothek, so gilt für diese die Vorschrift des § 1173.**

1   **1. Anwendungsbereich.** § 1143 betrifft nur die **Befriedigung durch** den wahren **Eigentümer, der nicht** zugleich persönlicher **Schuldner** ist, knüpft also an § 1142 an, gilt aber auch bei zwangsweiser Befriedigung (§ 1147). Gleichgestellt ist die Befriedigung durch einen Dritten für Rechnung und mit Zustimmung des Eigentümers. Maßgebend ist das Eigentum zZ der Befriedigung.

2   **2. Wirkungen. a) Der Eigentümer erwirbt** kraft Ges die persönliche **Forderung,** bei Teilbefriedigung nur zT, **I 1.** Grund: Im Verhältnis von Eigentümer und Schuldner soll letztlich dieser die Schuld begleichen (zu Ausnahmen von der ges Regel Rn 3). Auch bei Zahlungen (oder Zahlungsersatz gem § 1142 II) an den legitimierten *Scheingläubiger* (§§ 893. 1155) erwirbt der Eigentümer die Forderung (samt Hypothek, Rn 4); der Erwerb tritt zwar kraft Ges ein, aber nur als Folge eines durch §§ 893, 1155 geschützten Verfügungsgeschäfts (Baur § 38 Rn 108–110; Gursky WM 01, 2361; übergangen in BGH NJW 97, 190 f, sa § 1157 Rn 3).

3   **b) Einwendungen des Schuldners** bleiben bestehen (§§ 412, 404, 1143 I 2 mit 774 I 3); §§ 406–408 sind anwendbar (§ 412). Ist der Eigentümer dem Schuldner gegenüber zur Befriedigung des Gläubigers verpflichtet (zB gem §§ 415 III, 416; vgl § 1164 Rn 1), und zahlt er für sich, statt – wie iZw (RG 143, 287) – für den Schuldner, so gilt I (str; aA v. Olshausen KTS 93, 514 f); doch hat der Schuldner die forderungsvernichtende Einwendung, dass der Eigentümer ihm gegenüber zur Befriedigung verpflichtet ist (RG 143, 287). **c) Bei freiwilliger Befriedigung** gehen mit der Forderung die Hypothek und andere Nebenrechte auf den Eigentümer über (§§ 1153 I, 412, 401 I). Das dingliche Recht ist eine Eigentümerhypothek (Rn 19 vor § 1113), die wie eine Eigentümergrundschuld behandelt wird (§§ 1177 II, 1197). Eigentumserwerb am Brief gem § 952 II; vgl iÜ § 1144. Bei Teilbefriedigung geht das Restrecht des Gläubigers dem übergegangenen Recht vor (**I 2** mit § 774 I 2); zur Aushändigung des Briefs § 1145. Zum Ausgleich mit gleichzeitig sicherndem Bürgen § 774 Rn 12, mit Verpfänder § 1225 Rn 2 (b); BGH NJW-RR 91, 171, 682 f. **d) Die Hypothek erlischt** nach zwangsweiser Befriedigung (§ 1181) sowie gem § 1178 I.

6   **3. Andere Fälle der Befriedigung. a) Schuldet der Eigentümer,** so erlischt mit seiner Zahlung die Forderung. Folge: Die Hypothek geht als Grundschuld auf ihn über (§§ 1163 I 2, 1177 I). **b) Zahlt ein Dritter für den Schuldner** (nicht für den Eigentümer, dann Rn 1, 2), so erlischt idR die Forderung. Folge wie Rn 6. Ausnahmsweise gehen Forderung und Hypothek auf den Dritten über (vgl §§ 1150, 268 III, 412, 401 I, 1153 I; dazu KG NJW 73, 57). **c) Zahlt der nichtschuldende**

Titel 1. Hypothek **§§ 1144, 1145**

Eigentümer nicht (wie im Falle von I) für sich, sondern *für den Schuldner,* so erlischt die Forderung. Folge wie Rn 6. **d) Zahlt der Schuldner,** der nicht Eigentümer ist, so erlischt die Forderung. Folge idR wie Rn 6. Ausnahmsweise geht die Hypothek auf den Schuldner über und sichert seine Ersatzforderung gegen den Eigentümer (ges Forderungsauswechslung); Bsp § 1164. **e) Gesamthypothek.** Hier gilt bei Befriedigung durch den nichtschuldenden Eigentümer für die Forderung I, für die Hypothek § 1173 **(II).** 9 10

4. Sonstiges. Zur Anwendbarkeit bei der **Grundschuld** vgl § 1191 Rn 11 (aa, bb), 12 (bb), § 1192 Rn 2 (f). 11

§ 1144 Aushändigung der Urkunden

Der Eigentümer kann gegen Befriedigung des Gläubigers die Aushändigung des Hypothekenbriefs und der sonstigen Urkunden verlangen, die zur Berichtigung des Grundbuchs oder zur Löschung der Hypothek erforderlich sind.

1. Anwendungsbereich. Jeder Eigentümer, auch der schuldende, hat das Recht aus § 1144 (RG 132, 15). Die Vorschrift gilt für alle Hypothekenarten sowie für Grund- und Rentenschulden (BGH NJW 88, 3261). 1

2. Der Anspruch. Er geht auf Aushändigung (anders § 896). Er entsteht mit voller Befriedigung durch den hierzu gem § 1142 berechtigten Eigentümer (RG 111, 401); bei teilw Befriedigung gilt § 1145. Aushändigung kann Zug um Zug gegen Befriedigung verlangt werden, möglich ist auch Herbeiführung des Annahmeverzugs gem § 298; kein Zurückbehaltungsrecht des Gläubigers wegen anderer Ansprüche (vgl BGH NJW 94, 1162). Der Gläubiger ist zur Urkundenbeschaffung auf seine Kosten verpflichtet (vgl GBO 67 mit § 1162). 2

3. Gegenstand des Anspruchs. Dies sind der Hypothekenbrief und die sonstigen Urkunden zur Grundbuchberichtigung oder Löschung der Hypothek (Form: GBO 29 I 1). Solche Urkunden sind: **a) Berichtigungsbewilligung.** Sie muss den materiellrechtlichen Vorgang angeben, der zum Übergang des Rechts auf den Eigentümer geführt hat (KG JW 34, 1056). **b) Löschungsbewilligung** (statt Berichtigungsbewilligung). Sie genügt nicht zur Umschreibung auf den Eigentümer (dafür Rn 4). Stammt sie vom Hypothekengläubiger und geht aus ihr der Übergang des Rechts auf den Eigentümer oder einen Dritten hervor, so ist auch deren Löschungsbewilligung erforderlich (Form GBO 29 I 1). **c) Löschungsfähige Quittung** (statt Berichtigungsbewilligung, vgl KG NJW 73, 57). Aus ihr muss sich ergeben, wer den Gläubiger befriedigt hat und ob der zahlende Eigentümer persönlicher Schuldner war (wichtig wegen §§ 1143, 1150, 1164; 1163 I 2, 1177). Das unterscheidet sie von der Löschungsbewilligung (Frankfurt/M Rpfleger 76, 401 f; BGH 114, 333 f). **d) Anerkenntnis** bei der Briefhypothek (§ 1155 S 2). **e) Weitere Urkunden,** die dem Eigentümer eine Verfügung über das Recht oder dessen Löschung ermöglichen, Bsp in GBO 32, 33, 35. 3 4 5 6 7 8

§ 1145 Teilweise Befriedigung

(1) ¹**Befriedigt der Eigentümer den Gläubiger nur teilweise, so kann er die Aushändigung des Hypothekenbriefs nicht verlangen.** ²**Der Gläubiger ist verpflichtet, die teilweise Befriedigung auf dem Briefe zu vermerken und den Brief zum Zwecke der Berichtigung des Grundbuchs oder der Löschung dem Grundbuchamt oder zum Zwecke der Herstellung eines Teilhypothekenbriefs für den Eigentümer der zuständigen Behörde oder einem zuständigen Notar vorzulegen.**

§§ 1146, 1147 Buch 3. Abschnitt 7. Hypothek, Grundschuld, Rentenschuld

(2) ¹Die Vorschrift des Absatzes 1 Satz 2 gilt für Zinsen und andere Nebenleistungen nur, wenn sie später als in dem Kalendervierteljahr, in welchem der Gläubiger befriedigt wird, oder dem folgenden Vierteljahr fällig werden. ²Auf Kosten, für die das Grundstück nach § 1118 haftet, findet die Vorschrift keine Anwendung.

1 1. **Anwendungsbereich.** Teilw Befriedigung iSv § 1142. § 1145 gilt auch für die Briefgrundschuld.

2 2. **Eigentümerrechte.** Die **Rechte des Eigentümers** sind gegenüber § 1144 **beschränkt,** weil der Gläubiger den Brief noch benötigt (daher kein Anspruch auf Aushändigung, I 1). Der Eigentümer kann Aushändigung der sonstigen Urkunden (§ 1144 Rn 3–8) verlangen, ferner gem **I 2** Teilbefriedigungsvermerk auf dem Brief (Bedeutung: § 1140 Rn 2 [b]), Vorlage des Briefs zur Löschung oder Berichtigung (vgl GBO 41 I 1, 42 S 1) oder zur Teilbriefbildung (vgl GBO 61 I). Zu **II** vgl §§ 1158, 1159, 1178; Eigentümer kann nur Quittung verlangen (§ 368).

§ 1146 Verzugszinsen

Liegen dem Eigentümer gegenüber die Voraussetzungen vor, unter denen ein Schuldner in Verzug kommt, so gebühren dem Gläubiger Verzugszinsen aus dem Grundstück.

1 1. **Zinsen.** Der Gläubiger hat keinen Zahlungsanspruch gegen den Eigentümer als solchen (Rn 14 vor § 1113). Daher stehen ihm keine Prozesszinsen (§ 291) zu, wohl aber gem § 1146 (also ohne Eintrag im Grundbuch) Verzugszinsen bei verzögerter Befriedigung der Hypothek (zur Zinshöhe vgl §§ 288, 497 I 2). Für die Forderung vgl § 1118.

2 2. **Sonstiges.** Gilt auch für die Grundschuld (§ 1192 I) und die Ablösungssumme bei der Rentenschuld (§ 1200 I).

§ 1147 Befriedigung durch Zwangsvollstreckung

Die Befriedigung des Gläubigers aus dem Grundstück und den Gegenständen, auf die sich die Hypothek erstreckt, erfolgt im Wege der Zwangsvollstreckung.

1 1. **Allgemeines.** Die Hypothek gewährt dem Gläubiger ein dingliches Verwertungsrecht, dh ein **Recht auf Befriedigung im Wege der Zwangsvollstreckung** (Rn 14 vor § 1113). § 1147 gilt für alle Arten von Hypotheken, Grund- und Rentenschulden. Zur Vermeidung der Vollstreckung haben der nichtschuldende Eigentümer und bestimmte Dritte ein Befriedigungsrecht (§§ 1142, 1150, 268). Ein Ausschluss des Befriedigungsrechts im ganzen oder des Rechts auf Zwangsvollstreckung ist unzulässig; er hat auch keine schuldrechtliche Wirkung. IÜ sind vertragliche Beschränkungen zulässig und eintragungsfähig; § 1157 gilt. – § 1147 betrifft nur die Befriedigung des Hypothekengläubigers wegen seines dinglichen Anspruchs. Für die Befriedigung wegen seines persönlichen Anspruchs gilt nichts Besonderes. Vgl § 1113 Rn 6; Rn 24 vor § 1113.

2 2. **Voraussetzung.** Für die Zwangsvollstreckung nach § 1147 ist ein *dinglicher Titel* gegen den Eigentümer (§ 1148), im Falle der Zwangsverwaltung auch oder nur gegen den Eigenbesitzer (ZVG 147) Voraussetzung. Für die Vollstreckung aus einer Zwangshypothek genügt hingegen der vollstreckbare Titel, auf dem die Eintragung der Zwangshypothek vermerkt ist (ZPO 867 III, in Kraft seit 1.1.1999; die zuvor hM forderte einen dinglichen Titel). *Die praktisch wichtigsten dinglichen Titel*
3 sind: **a) vollstreckbare Urkunde** (ZPO 794 I Nr 5, 800). Sie ist die Regel. Inhalt: Unterwerfung unter die sofortige Zwangsvollstreckung in das Grundstück wegen

Titel 1. Hypothek §§ 1148, 1149

Kapital und Nebenleistungen. Zur Höchstbetragshypothek (§ 1190) § 1190 Rn 2.
b) Urteil auf Duldung der Zwangsvollstreckung in das Grundstück wegen Kapital 4
und Nebenleistungen. Gegen den schuldenden Eigentümer kann es mit dem Urteil
auf Zahlung der persönlichen Schuld verbunden sein; es lautet dann auf Duldung
der Zwangsvollstreckung in das Grundstück und auf Zahlung einer bestimmten
Geldsumme (zum Gerichtsstand ZPO 24, 25).

3. Arten der Zwangsvollstreckung. Vgl §§ 1120–1122 Rn 5–7, §§ 1123–1125 5
Rn 2. Nicht hierher gehört die Zwangshypothek (ZPO 866), da sie keine „Befriedigung aus dem Grundstück" (§ 1147) verschafft (str). Zur Befriedigung aus einer
Gebäudeversicherungsforderung §§ 1127–1130 Rn 2.

§ 1148 Eigentumsfiktion

**¹Bei der Verfolgung des Rechts aus der Hypothek gilt zugunsten des
Gläubigers derjenige, welcher im Grundbuch als Eigentümer eingetragen
ist, als der Eigentümer. ²Das Recht des nicht eingetragenen Eigentümers,
die ihm gegen die Hypothek zustehenden Einwendungen geltend zu
machen, bleibt unberührt.**

1. Fiktion des Eigentums. Der Eingetragene gilt für die *dingliche* Klage kraft 1
unwiderlegbarer Vermutung als Eigentümer, **S 1,** auch zu seinen Ungunsten, so
dass er sich nicht auf die Unrichtigkeit seiner Eintragung berufen kann (RG 94,
57). Vorschrift gilt entsprechend für im Grundbuch eingetragene Gesellschafter einer
GbR, vgl § 899a (BGH NJW 11, 617; 11, 1450 f [selbst dann, wenn einer dieser
Gesellschafter verstorben ist], sa Reymann NJW 11, 1412 ff). Statt des zu Unrecht
eingetragenen kann der wahre Eigentümer verklagt werden; der erfolgreiche Kläger
darf die Berichtigung des Grundbuchs beantragen (GBO 14).

2. Der nicht eingetragene Eigentümer. Dieser kann nur Einreden und Ein- 2
wendungen gegen die Hypothek (§ 1137 Rn 1) geltend machen, **S 2,** vor dem
Prozess des Gläubigers gegen den Eingetragenen gem ZPO 256, während des Prozesses gem ZPO 64, 65, während des Vollstreckungsverfahrens gem ZPO 771.
Dabei genügt der Nachweis seines Eigentums nicht, auch kann er sich nicht darauf
berufen, dass die Vollstreckung gegen ihn gehe, obwohl er nicht im Titel genannt
sei (S 1 verdrängt insoweit ZPO 750, 795).

§ 1149 Unzulässige Befriedigungsabreden

**Der Eigentümer kann, solange nicht die Forderung ihm gegenüber fällig
geworden ist, dem Gläubiger nicht das Recht einräumen, zum Zwecke
der Befriedigung die Übertragung des Eigentums an dem Grundstück zu
verlangen oder die Veräußerung des Grundstücks auf andere Weise als im
Wege der Zwangsvollstreckung zu bewirken.**

1. Unzulässige Rechtsgeschäfte. Unzulässig und nichtig ist jede vor Fällig- 1
keit der Forderung (vgl § 1141 mit Anm) getroffene Vereinbarung zwischen Eigentümer und Gläubiger, die auf Übereignung an den Gläubiger oder auf sonstige
Veräußerung im Falle der Nichtbefriedigung (BGH NJW 03, 1042) gerichtet ist;
sa § 1229. Dieses Verbot der Verfallklausel schützt wie § 1136 den Grundeigentümer
(BGH 130, 104) und regelt negativ die Art der Pfandverwertung.

2. Zulässige Rechtsgeschäfte. Zulässig sind *vor* Fälligkeit geschlossene Ver- 2
pflichtungs- und Übereignungsgeschäfte, wenn sie – unabhängig von der Zahlung
bei Fälligkeit – auf Übereignung zu bestimmtem Preis abzielen (RG 92, 105).
Nach Fälligkeit sind schuldrechtliche Vereinbarungen iSv § 1149 zulässig, idR aber
formbedürftig (§ 311b I 1).

§ 1150 Ablösungsrecht Dritter

Verlangt der Gläubiger Befriedigung aus dem Grundstück, so finden die Vorschriften der §§ 268, 1144, 1145 entsprechende Anwendung.

1. **1. Allgemeines.** Dritte haben ein **Ablösungsrecht**, wenn und weil sie Gefahr laufen, durch die Befriedigung des Gläubigers aus dem Grundstück ein Recht oder den Besitz am Vollstreckungsobjekt zu verlieren. § 1150 modifiziert § 268.

2. **2. Voraussetzungen. a) Gefährdet** iSv Rn 1 ist ein Recht, wenn es im Falle der Zwangsversteigerung nicht in das geringste Gebot (ZVG 44 I) aufgenommen würde; zur *Gefährdung des Besitzes* vgl § 268 I 2. Dazu ZVG 52 ff, 57 fl, 91 I, 93. Ablösungsberechtigt sind daher zB nachstehende Grundpfandgläubiger (auch wenn eine Befriedigung aus dem Versteigerungserlös nicht zu erwarten ist [BGH NJW-

3. RR 10, 1314]), Mieter, Pächter. **b) Das Ablösungsrecht entsteht** nicht erst mit Betreiben der Zwangsvollstreckung (so § 268 I), sondern schon, wenn der Gläubiger berechtigterweise (dh nach Fälligkeit) Befriedigung verlangt, zB durch Zahlungsaufforderung mit Vollstreckungsandrohung (RG 91, 302). Ausübung nur bis zum Zuschlag, ZVG 89, 90. Möglich ist Zahlung unter dem Vorbehalt, dass dem Zahlenden kein Anspruch auf Löschung der Hypothek (zB aus § 1179a) zusteht (BGH 136, 250).

4. **3. Wirkungen. a) Der Dritte erwirbt,** wenn er (nicht notwendig zwecks Abwendung der Zwangsvollstreckung, BGH NJW 94, 1475; str) den Gläubiger befriedigt, kraft Ges *Forderung und Hypothek* (§§ 1150, 268 III 1, 412, 401, 1153 I). Zur Aufrechnung (§ 268 II) sa § 1142 Rn 3. Die Befriedigung eines legitimierten Scheingläubigers fällt unter § 893, 1155, vorausgesetzt, das Recht steht einem anderen zu (Gursky WM 01, 2362 ff); dann und deshalb erwirbt der ablösende Dritte auch hier die Forderung samt Hypothek (§ 1143 Rn 2; § 1157 Rn 3). § 893 gilt nicht bei Befriedigung durch einen eingetragenen Nichtberechtigten (PalBassenge § 893 Rn 1; aA MK/Eickmann 34); hat der Nichtberechtigte Besitz, so schützt

5. ihn § 268 I 2. **b) Bei Teilbefriedigung** geht das Restrecht des Gläubigers dem übergegangenen Recht vor (§§ 1150, 268 III 2; vgl RG 131, 325).

§ 1151 Rangänderung bei Teilhypotheken

Wird die Forderung geteilt, so ist zur Änderung des Rangverhältnisses der Teilhypotheken untereinander die Zustimmung des Eigentümers nicht erforderlich.

§ 1152 Teilhypothekenbrief

¹Im Falle einer Teilung der Forderung kann, sofern nicht die Erteilung des Hypothekenbriefs ausgeschlossen ist, für jeden Teil ein Teilhypothekenbrief hergestellt werden; die Zustimmung des Eigentümers des Grundstücks ist nicht erforderlich. ²Der Teilhypothekenbrief tritt für den Teil, auf den er sich bezieht, an die Stelle des bisherigen Briefes.

Anmerkungen zu den §§ 1151, 1152

1. **1. Allgemeines.** Forderungsteilung bewirkt Hypothekenteilung (Folge der Akzessorietät). Teilung beruht auf RGeschäft (zB auch durch abw Zins- oder Zahlungsabreden für einen Teil) oder Ges (zB §§ 1143, 1150, 1163). Die Teile sind selbstständige Grundpfandrechte (vgl RG 131, 91), also selbstständig übertragbar, verpfändbar usw; sie können typverschieden sein (Hypothek, Grundschuld; Brief-, Buchrecht).

Titel 1. Hypothek §§ 1153, 1154

2. Rangänderung. § 1151 befreit von § 880 II 2 (s Düsseldorf NJW-RR 91, 2 685 f), aber nur bei zeitlichem Zusammenhang von Rangänderung und Teilung.

3. Bildung eines Teilhypothekenbriefs. Dies ist für die Teilung (Rn 1) unnö- 3 tig. Unterbleibt sie, so besteht am Brief Miteigentum (§ 952). Teilbrief kann beantragt werden (vgl GBO 61, BNotO 20 II). Zuweilen besteht ein Recht auf einen Teilbrief (zB gem §§ 1145 I 2, 1150, 1167).

§ 1153 Übertragung von Hypothek und Forderung

(1) **Mit der Übertragung der Forderung geht die Hypothek auf den neuen Gläubiger über.**

(2) **Die Forderung kann nicht ohne die Hypothek, die Hypothek kann nicht ohne die Forderung übertragen werden.**

1. Allgemeines. § 1153 beruht auf dem *Akzessorietätsprinzip* (Rn 17 vor § 1113), 1 er gilt daher nicht für Grund- und Rentenschuld. I zeigt das rechtliche Übergewicht der Forderung gegenüber der Hypothek (Rn 2 vor § 1113). Ausnahmsweise kommt es zu einer Umkehrung von I. Bsp: Eigentümer E hat dem gem § 104 Nr 2 geschäftsunfähigen A für eine bestehende Forderung eine Buchhypothek bestellt, A überträgt an B, B an C; dieser erwirbt, falls er nicht unredlich oder der öffentl Glaube des Grundbuchs zerstört ist, gem § 892 (unmittelbar), §§ 1138, 892 die Hypothek, zugleich auch die bei A verbliebene Forderung, um eine Verdoppelung des Rechts zu vermeiden (Baur § 38 Rn 28 mN; aA MK/Eickmann 13 mN). Das gilt nicht für eine Sicherungshypothek (arg § 1185 II).

2. Akzessorietät. a) Mitlaufgebot (Heck, SaR, § 96, 2). Bei Übertragung der 2 Forderung läuft die Hypothek kraft Ges mit, **I.** Bei Abtretung der Forderung wird die Hypothek trotz I iSd §§ 1138, 892 rechtsgeschäftlich erworben (Heck, SaR, § 96, 7). Das Mitlaufgebot, I, ist zwingend (anders §§ 412, 401 I). Ausnahmen von I: §§ 1159, 1190 IV; iÜ ist isolierte Forderungsübertragung nur nach vorheriger Lösung von der Hypothek möglich (vgl §§ 1168, 1180, 1198). **b) Übertragung** 3 **der Hypothek** ohne Forderung verstößt gegen **II** und ist nichtig. Doch wird mit der Hypothekenübertragung zumeist eine Forderungsabtretung samt ges Hypothekenübergang (I) gewollt sein. Zuweilen geht die gesicherte Forderung nicht mit über; dann sichert die Hypothek eine andere Forderung des Erwerbers (§§ 1164, 1173 II, 1174 I, 1182 S 1).

3. Übertragbarkeit. a) Die **Forderung** ist grundsätzlich **übertragbar,** dazu 4 bedarf es nicht der Zustimmung des Darlehensnehmers (§ 398). Bei einem **Immobiliardarlehensvertrag** (§ 503 mit § 491 I) ist der Darlehensnehmer (Verbraucher, § 13) darüber nach Maßgabe von EGBGB 247 § 9 zu informieren. Weitere Informationspflichten bestehen bei Abtretung der Darlehensforderung an einen Dritten (§ 496 II). Eine Verletzung dieser Pflichten führt zur Nichtigkeit (s § 494 I), im Fall des § 496 II uU zu einem Schadensersatzanspruch des Verbrauchers (Darlehensnehmers). **b) Die Übertragbarkeit der Forderung** kann vertraglich **ausgeschlossen** 5 werden (§ 399; sa EGBGB 247 § 9 I 2). Das macht gem II die Hypothek unübertragbar (zweifelnd Baur § 4 Rn 22). Gegen Dritte wirkt das aber nur bei Eintragung der Abrede im Grundbuch (Westermann § 103 I 1). Ohne Eintragung ist Erwerb einer Verkehrshypothek samt Forderung entspr Rn 1 möglich. **c)** Auch die **Übertragbarkeit des Grundpfandrechts** selbst ist **ausschließbar** durch Einigung und Eintragung, § 877 (Inhaltsänderung).

§ 1154 Abtretung der Forderung

(1) ¹**Zur Abtretung der Forderung ist Erteilung der Abtretungserklärung in schriftlicher Form und Übergabe des Hypothekenbriefs erforderlich; die**

§ 1155

Vorschrift des § 1117 findet Anwendung. ²Der bisherige Gläubiger hat auf Verlangen des neuen Gläubigers die Abtretungserklärung auf seine Kosten öffentlich beglaubigen zu lassen.

(2) **Die schriftliche Form der Abtretungserklärung kann dadurch ersetzt werden, dass die Abtretung in das Grundbuch eingetragen wird.**

(3) **Ist die Erteilung des Hypothekenbriefs ausgeschlossen, so finden auf die Abtretung der Forderung die Vorschriften der §§ 873, 878 entsprechende Anwendung.**

1   **1. Allgemeines.** Die Hypothek wird durch *Abtretung der Forderung* übertragen. Der Vertrag ist, abw von § 398, *in eine sachenrechtliche Form* gekleidet, verschieden für Brief- (I, II) und Buchhypothek (III). Die Abtretung ist als Verfügungsgeschäft abstrakt und von dem zugrundeliegenden formlos gültigen Verpflichtungsgeschäft zu unterscheiden (Rn 16 vor § 1113).

2   **2. Anwendungsbereich. a) Gilt nur für die Abtretung,** dh rechtsgeschäftliche Übertragung (vgl § 398), einer hypothekarisch gesicherten Forderung sowie künftig fälliger Nebenleistungen (§ 1158). Entspr anwendbar für die Übertragung von Grund- und Rentenschuld (§§ 1192 I, 1199 I), ferner für die Bestellung von Nießbrauch (§ 1069) und Pfandrecht (§§ 1274, 1291) an der Hypothek. Zur Pfändung vgl ZPO 830, 837, 857 VI (dazu Jauernig/Berger § 20 Rn 1–4, 36 mN).

3   **b) Gilt nicht aa)** für den ges Übergang, zB kraft Erbfalls oder gem §§ 1143 I, 412, 401 I (§ 1143 Rn 2, 4); **bb)** gem §§ 1159, 1187 S 3, 1190 IV, 1195; **cc)** für die Abtretung des Anspruchs auf den Versteigerungserlös nach Zuschlag (formlos: BGH NJW 64, 813); für das (formlose) Verpflichtungsgeschäft zur Abtretung des Grundpfandrechts (vgl Rn 1).

4   **3. Abtretung bei der Briefhypothek (I, II).** Erforderlich sind Abtretung, Briefübergabe und entweder schriftliche Abtretungserklärung (I 1) oder Eintragung der Abtretung (II). Gilt auch für die Rückabtretung. Ie: **a) Abtretung.** Sie ist Vertrag. Nur die Erklärung des Abtretenden, nicht auch deren Annahme muss schriftlich erfolgen (I 1 mit § 126). Wegen §§ 1155, 1160 f hat der neue Gläubiger nach erfolgter Abtretung einen Anspruch auf öffentl Beglaubigung der Erklärung, I 2, § 129 (BGH NJW 72, 44; zum Inhalt LG Stuttgart und Tübingen Rpfleger 76, 246 ff mit Anm Haegele, je mwN); ihm gegenüber besteht idR kein Zurückbehaltungsrecht (BGH NJW 72, 44). Die Erklärung ist entspr § 873 Rn 35 auslegungsfähig (BGH NJW-RR 92, 179). Ihre Aushändigung an den Zessionar ist unnötig; der Zedent muss sie nur so aus der Hand geben, dass der Zessionar sich ihrer bedienen kann (BGH FamRZ 65, 491). Nur die schriftliche Form der Abtretungserklärung kann durch *Eintragung der Abtretung* ersetzt werden (II; zum Verfahren GBO 26, 28). Die Eintragung ist sicherer, weil nur der Eingetragene von einer Zwangsversteigerung und Zwangsverwaltung benachrichtigt wird (ZVG 41, 146 II mit 9 Nr 1,
5   ferner 9 Nr 2, 37 Nr 4, 114 I, 146 I). **b) Briefübergabe** oder ihr Ersatz (I 1 HS 2) muss vom Zedenten gewollt sein (BGH NJW-RR 93, 369). Es gilt die Vermutung
6   gem § 1117 III; ohne Übergabe scheidet ein Erwerb gem § 1154 aus. **c) Teilabtretung:** § 1152 (Bildung eines Teilbriefs; dessen Übergabe oder deren Ersatz ist erforderlich, § 1152 S 2). Ohne Teilbriefbildung muss dem Zessionar zumindest gleichstufiger Mitbesitz am Stammbrief eingeräumt werden (BGH 85, 265 f mit Anm Berg JR 83, 194 f; BGH NJW-RR 86, 345 f, str; sa § 866 Rn 1).

7   **4. Abtretung bei der Buchhypothek (III).** Dies geschieht durch formlose Abtretung und Eintragung; §§ 873, 878 gelten entspr (vgl Anm dort).

§ 1155 Öffentlicher Glaube beglaubigter Abtretungserklärungen

¹**Ergibt sich das Gläubigerrecht des Besitzers des Hypothekenbriefs aus einer zusammenhängenden, auf einen eingetragenen Gläubiger zurückfüh-**

Titel 1. Hypothek § 1155

renden Reihe von öffentlich beglaubigten Abtretungserklärungen, so finden die Vorschriften der §§ 891 bis 899 in gleicher Weise Anwendung, wie wenn der Besitzer des Briefes als Gläubiger im Grundbuch eingetragen wäre. ²Einer öffentlich beglaubigten Abtretungserklärung steht gleich ein gerichtlicher Überweisungsbeschluss und das öffentlich beglaubigte Anerkenntnis einer kraft Gesetzes erfolgten Übertragung der Forderung.

1. Allgemeines. Nur der erste Briefhypothekengläubiger muss im Grundbuch 1 stehen (§ 873 I). Die Briefhypothek kann mit Hilfe des Briefs außerhalb des Grundbuchs übertragen werden (§ 1154 I, II). Dennoch genießt der Brief keinen öffentl Glauben (§ 1140 Rn 1, 2). Bliebe es dabei, so wäre die erleichterte Übertragungsform des § 1154 für den Erwerber gefährlich. Außerdem könnte sich der Zessionar nicht auf die Vermutungen des § 891 berufen. Hier schafft § 1155 Abhilfe. Kann der Briefbesitzer (Rn 2) durch bestimmte Urkunden (Rn 3–6) sein Hypothekenrecht auf einen eingetragenen Gläubiger zurückführen (Rn 7, 8), so steht er selbst einem eingetragenen Gläubiger gleich; §§ 891–899 sind anwendbar (Rn 13).

2. Voraussetzungen. a) *Eigenbesitz* des nichteingetragenen Hypothekengläu- 2 bigers am Brief; mittelbarer genügt (BGH NJW-RR 93, 370), weil er auch zum Rechtserwerb ausreicht (§§ 1154 I 1, 1117 I 2; aA Hager ZIP 93, 1450 f; Reinicke/ Tiedtke NJW 94, 345 ff: Geheißerwerb vom Nichtbesitzer möglich [dagegen wie hier AnwKomBGB/Zimmer 3]). Der Besitz muss durch Übergabe erlangt sein (dazu § 1154 Rn 5). **b)** *Urkundenkette.* Das Gläubigerrecht des nichteingetragenen 3 Hypothekengläubigers muss sich aus einer zusammenhängenden, auf einen eingetragenen Gläubiger zurückführenden Reihe bestimmter Urkunden ergeben. Als solche Urkunden kommen in Betracht (vgl **S 2**; zur öffentl Beglaubigung § 129): **aa)** *Öffentl beglaubigte Abtretungserklärung.* Der Zessionar kann Beglaubi- 4 gung verlangen (§ 1154 I 2; dazu § 1154 Rn 4). Der beglaubigten Erklärung stehen gleich ein rechtskräftiges Urteil (ZPO 894 I 1), Zeugnis nach GBO 37, 36. Für eine gefälschte Urkunde gilt § 1155 nicht (Braunschweig OLGZ 83, 220 ff mN; aA MK/Eickmann 12 mN; RG 86, 263 für eine „äußerlich einwandfreie" Beglaubigung). Das gilt freilich nur, wenn die Fälschung einer Grundbuchfälschung gleichkommt. Beruht die Fälschung hingegen darauf, dass die Unterschrift nicht von dem im Beglaubigungsvermerk genannten Unterzeichner stammt, genießt der Erwerber Schutz nach § 1155 (vgl Brehm/Berger § 17 Rn 114; StWolfsteiner 18). **bb)** *Beschluss auf Überweisung an Zahlungs Statt* (nicht bloß zur Einziehung), 5 weil er die Wirkung der Abtretung hat (ZPO 835 II; BGH 24, 332). **cc)** *Öffentl* 6 *beglaubigtes Anerkenntnis* des erfolgten ges Forderungsübergangs, dh die Bestätigung des bisherigen Gläubigers, dass die Forderung (samt Hypothek, § 1153), ggf das Grundpfandrecht ohne Forderung, auf Grund eines bestimmten, unterschiedlich bezeichneten Vorgangs auf den Eigentümer, Dritten usw übergegangen ist. Auf ein öffentl beglaubigtes Anerkenntnis hat der neue Gläubiger Anspruch (§§ 412, 403); ein rechtskräftiges Urteil ersetzt es (ZPO 894 I 1). Löschungsfähige Quittung und Löschungsbewilligung genügen nicht. Bsp für ges Übergang: §§ 268 III 1, 426 II 1, 774 I 1, 1143 I 1, 1163 I, 1164, 1173 f, 1182 S 1, 1249 S 2. **dd)** *Vom Briefbesitzer* 7 *zu einem eingetragenen* Gläubiger muss die Kette zurückführen (Eintragung nach § 1154 II genügt). Die Zahl der Urkunden ist gleichgültig, eine genügt (RG 86, 263). **ee)** *Ist die Kette unterbrochen,* zB durch Erbfall oder privatschriftliche 8 Abtretungserklärung, so gilt § 1155 unstr für Abtretungen vor der Unterbrechung. Für danach liegende öffentl beglaubigte Abtretungserklärungen usw gilt § 1155 nur, wenn der Erbfall usw das Recht hat wirklich übergehen lassen (RGRK/Mattern 8, 15; WolffR § 142 VIII 3; aA, aber mit dem Ges unvereinbar, Baur § 38 Rn 37; Westermann § 105 IV 2b: Es genüge, dass zB der Erbfall wirklich vorliege, und daher das Recht übertragen *hätte,* wenn es beim Erblasser bestanden *hätte).*

3. Wirkungen. a) § 891 gilt für den iSv Rn 2–8 legitimierten Briefbesitzer. Die 9 Vermutungen gelten in jedem Verfahren, auch vor dem Grundbuchamt (BayObLG

Berger 1549

10 NJW-RR 91, 1398). **b) Der Erwerb** vom legitimierten Briefbesitzer (Rn 2–8) ist gem § 892 sowie §§ 1138, 892 möglich, auch wenn sich dieser Erwerb ohne öffentl Beglaubigung vollzieht (in diesem Fall kommen dem Erwerber aber die Vermutungen der §§ 891, 1138 mit 891 nicht zugute [Rn 9], ferner scheitert ggf die Geltendmachung von Hypothek, § 1160, und Forderung, § 1161). Der Schutz versagt bei Kenntnis, Vorliegen eines Widerspruchs oder bei einer im Brief verlautbarten
11 Unrichtigkeit des Grundbuchs (vgl §§ 892 I 1, 1138, 1140). **c) Andere Verfügungsgeschäfte** sind gem § 893 sowie §§ 1138, 893 geschützt. Bsp: Die Zahlung des Eigentümers oder ablösungsberechtigten Dritten an den legitimierten Briefbesitzer (Rn 2–8) gem §§ 1142, 1150 lässt Forderung und Hypothek übergehen (§ 1143
12 Rn 4, § 1150 Rn 4). **d) Der wahre Berechtigte** hat gegen den nichteingetragenen Briefbesitzer die Rechte aus §§ **894 ff.** Zu § 899 vgl GBO 41 I 2, 42 (Frankfurt/M
13 Rpfleger 75, 301 f). **e) Auswirkung auf das Grundbuch:** GBO 39 II (dazu WolffR § 142 bei Fn 27).

§ 1156 Rechtsverhältnis zwischen Eigentümer und neuem Gläubiger

¹Die für die Übertragung der Forderung geltenden Vorschriften der §§ 406 bis 408 finden auf das Rechtsverhältnis zwischen dem Eigentümer und dem neuen Gläubiger in Ansehung der Hypothek keine Anwendung. ²Der neue Gläubiger muss jedoch eine dem bisherigen Gläubiger gegenüber erfolgte Kündigung des Eigentümers gegen sich gelten lassen, es sei denn, dass die Übertragung zur Zeit der Kündigung dem Eigentümer bekannt oder im Grundbuch eingetragen ist.

1 **1. Allgemeines.** Bei voller Akzessorietät der Hypothek wären auch die §§ 406–408 uneingeschränkt anwendbar, so dass sich der Eigentümer zu seinem Schutz auf **Rechtsvorgänge** berufen könnte, die sich erst **nach dem Rechtsübergang** zwischen dem persönlichen Schuldner (der er auch selbst sein kann) und dem Zedenten (bei § 408 dem Zweitzessionar) zugetragen haben. Insoweit schränkt § 1156 die Akzessorietät der Hypothek ein (auch bei ges Übergang): Im Verhältnis von Eigentümer (als solchem) und neuem Gläubiger sind die §§ 406–408 überhaupt ausgeschlossen. Rechnet der Schuldner gem § 406 auf, so erlischt zwar ihm gegenüber die Forderung, aber nicht für den Eigentümer „in Ansehung der Hypothek" (S 1), weshalb §§ 1163 I, 1177 I ausscheiden und der neue Gläubiger das Grundpfandrecht (mangels Forderung als Fremdgrundschuld) behält. Die Unanwendbarkeit von §§ 407, 408 beeinträchtigt den Eigentümer nicht; er kann Legitimationsnachweis des Gläubigers fordern (Eintragung in der Buchhypothek, zur Briefhypothek vgl § 1160; bei Zahlung an den Scheingläubiger schützt § 893 (§ 893 Rn 2, § 1143 Rn 1, 2). § 1156 gilt nicht für die Sicherungshypothek (§ 1185 II) sowie gewisse Nebenleistungen (§§ 1158, 1159).

2 **2. Andere Vorschriften. a) Unanwendbar** sind §§ 406 (Rn 1; ferner kann der Eigentümer gem § 1142 II nur mit einer Forderung gegen den Zessionar, im Fall des § 408 gegen den Erstzessionar aufrechnen), 407 (Ausnahme für Kündigung des
3 Eigentümers gegenüber dem Zedenten: S 2), 408. **b) Anwendbar** sind §§ 404 (modifiziert durch §§ 1137, 1138, 1157), 405, 409, 410 (modifiziert durch §§ 1144 f, 1160).

§ 1157 Fortbestehen der Einreden gegen die Hypothek

¹Eine Einrede, die dem Eigentümer auf Grund eines zwischen ihm und dem bisherigen Gläubiger bestehenden Rechtsverhältnisses gegen die Hypothek zusteht, kann auch dem neuen Gläubiger entgegengesetzt werden. ²Die Vorschriften der §§ 892, 894 bis 899, 1140 gelten auch für diese Einrede.

Titel 1. Hypothek **§§ 1158, 1159**

1. Allgemeines. a) § 1157 setzt voraus, dass der Eigentümer Einreden gegen 1
die Hypothek, Grund- und Rentenschuld erheben kann (§ 1137 Rn 1), zB Stundung der Hypothek (für Stundung der Forderung gilt § 1137). Gleichgültig ist, ob der Eigentümer auch schuldet. **b) Der Einredegrund** kann sich ergeben zB aus 2
RGeschäft (Bsp: Stundungsabrede), ungerechtfertigter Bereicherung (Bsp: Nichtigkeit der Verpflichtung zur Grundpfandbestellung, Rn 16 vor § 1113), unerlaubter Handlung bzgl der Hypothek (vgl § 853).

2. Bezug zwischen S 1 und S 2. Das Ges ist missverständlich. **S 1** stellt den 3
Grundsatz auf, dass die zZ des Rechtsübergangs schon bestehende Einrede auch dem neuen Gläubiger gegenüber geltend gemacht werden kann (für später entstandene gilt § 1156: BGH 85, 390 f). Für den *rechtsgeschäftlichen* Erwerb (nach BGH NJW 97, 190 f nicht bei § 1150; aA 13. Aufl) ist der Grundsatz durch **S 2** erheblich modifiziert: Die Einrede kann dem neuen Gläubiger gegenüber nur geltend gemacht werden, wenn sie im Grundbuch eingetragen (§§ 892 I 1, 894) oder aus dem Brief oder den Urkunden (§ 1155 ersichtlich (§ 1140) oder durch Widerspruch (§§ 899, 1140 S 2) gesichert ist oder der Erwerber die einredebegründenden Tatsachen kennt und ihre Rechtswirkungen zutr einordnet (Rechtsirrtum nützt dem Zessionar: BGH 25, 32); andernfalls erlischt die Einrede (BGH NJW-RR 01, 1098). S 2 gilt auch, wenn die Formen des § 1155 nicht beachtet sind (RG 135, 365).

3. § 891. Die Vermutungen des § 891 gelten für die Einreden **nicht** (vgl S 2). 4

4. Ausschluss von § 1157 S 2. Für die **Sicherungsgrundschuld** ist § 1157 S 2 5
nach Maßgabe des § 1192 I a 1 ausgeschlossen. Der Ausschluss ist kein totaler (§ 1192 I a 2); zum Umfang s § 1192 Rn 20, 23, 24 (bb).

§ 1158 Künftige Nebenleistungen

Soweit die Forderung auf Zinsen oder andere Nebenleistungen gerichtet ist, die nicht später als in dem Kalendervierteljahr, in welchem der Eigentümer von der Übertragung Kenntnis erlangt, oder dem folgenden Vierteljahr fällig werden, finden auf das Rechtsverhältnis zwischen dem Eigentümer und dem neuen Gläubiger die Vorschriften der §§ 406 bis 408 Anwendung; der Gläubiger kann sich gegenüber den Einwendungen, welche dem Eigentümer nach den §§ 404, 406 bis 408, 1157 zustehen, nicht auf die Vorschrift des § 892 berufen.

1. Allgemeines. §§ 1158 f enthalten Sondervorschriften für bestimmte Neben- 1
leistungen (§ 1158: künftig fällige, § 1159: rückständige). Sie gelten für alle Grundpfandrechte.

2. Abtretung. Künftig fällig werdende Zinsen und andere Nebenleistungen (zu 2
diesen § 1115 Rn 5) werden gem §§ 1153, 1154 (nicht §§ 398 ff) abgetreten. Die Wirkung der Abtretung bestimmt sich nach den §§ 404 ff. § 1158 erfasst nur Nebenleistungen für das Quartal, in dem sie fällig werden und der Eigentümer von der Abtretung erfährt, sowie das folgende Quartal. Daher kann der unwissende Eigentümer die Zinsen unbesorgt für ein halbes Jahr im Voraus zahlen; § 892 ist durch § 1158 ausgeschlossen. Für später fällig werdende Nebenleistungen gelten §§ 1138, 1140, 1156 f.

§ 1159 Rückständige Nebenleistungen

(1) ¹Soweit die Forderung auf Rückstände von Zinsen oder anderen Nebenleistungen gerichtet ist, bestimmt sich die Übertragung sowie das Rechtsverhältnis zwischen dem Eigentümer und dem neuen Gläubiger nach den für die Übertragung von Forderungen geltenden allgemeinen Vorschriften. ²Das Gleiche gilt für den Anspruch auf Erstattung von Kosten, für die das Grundstück nach § 1118 haftet.

§§ 1160, 1161 Buch 3. Abschnitt 7. Hypothek, Grundschuld, Rentenschuld

(2) Die Vorschrift des § 892 findet auf die im Absatz 1 bezeichneten Ansprüche keine Anwendung.

1 **1. Allgemeines.** Vgl § 1158 Rn 1.

2 **2. Rückstand.** Für **Rückstände von Zinsen** und anderen Nebenleistungen (zu diesen § 1115 Rn 5) sowie für Erstattungsansprüche iSv § 1118 gelten bzgl Form und Wirkung die §§ 398 ff uneingeschränkt **(I).** Rückstände sind Leistungen, die zZ der Abtretung fällig, aber nicht erbracht sind (RG 91, 301). §§ 404 ff gelten auch für den dinglichen Anspruch; § 892 ist ausgeschlossen **(II),** §§ 1156, 1157 sind unanwendbar. Der Hypothekenbrief legitimiert nicht (§ 1160 III), es gilt § 410.

§ 1160 Geltendmachung der Briefhypothek

(1) Der Geltendmachung der Hypothek kann, sofern nicht die Erteilung des Hypothekenbriefs ausgeschlossen ist, widersprochen werden, wenn der Gläubiger nicht den Brief vorlegt; ist der Gläubiger nicht im Grundbuch eingetragen, so sind auch die im § 1155 bezeichneten Urkunden vorzulegen.

(2) Eine dem Eigentümer gegenüber erfolgte Kündigung oder Mahnung ist unwirksam, wenn der Gläubiger die nach Absatz 1 erforderlichen Urkunden nicht vorlegt und der Eigentümer die Kündigung oder die Mahnung aus diesem Grunde unverzüglich zurückweist.

(3) Diese Vorschriften gelten nicht für die im § 1159 bezeichneten Ansprüche.

1 **1. Allgemeines. a) Briefgrundpfandrechte** sind außerhalb des Grundbuchs abtretbar. Daher kann der Eigentümer den Gläubiger nicht stets aus dem Grundbuch ersehen. Hier weisen Brief und Urkunden des § 1155 den Gläubiger aus. Darauf
2 beruht § 1160. **b) Legitimation des Gläubigers** ist nur auf Verlangen des Eigentümers nötig (RG 55, 226). Deshalb ist Verzicht auf das Vorlegungsrecht mit dinglicher Wirkung möglich und eintragungsfähig (Frankfurt/M DNotZ 77, 112 f).

3 **2. Gerichtl Geltendmachung der Hypothek.** Bei gerichtl **Geltendmachung der Hypothek (I)** kann der Eigentümer die Vorlage von Brief und ggf Urkunden iSv § 1155 einredeweise verlangen (bei privatschriftlichen Abtretungserklärungen muss der Gläubiger entweder die Beglaubigungen nachholen lassen, s § 1154 I 2, oder gem § 894 seine Eintragung im Grundbuch bewirken). Dem Gläubiger ist auf Antrag vom Gericht eine angemessene Frist zu setzen; nach fruchtlosem Ablauf wird die Klage abgewiesen (RG 55, 228 f). Der Eigentümer kann ferner die sachliche Berechtigung bestreiten oder die Rechte aus § 1144 geltend machen.

4 **3. II. Kündigung oder Mahnung (II)** oder eine andere außergerichtl Geltendmachung ist ohne Vorlage der Urkunden nur bei unverzüglicher (§ 121 I 1) Zurückweisung unwirksam.

5 **4. III.** Zu III vgl Anm zu § 1159.

6 **5. Gerichtl Geltendmachung.** Für die gerichtl **Geltendmachung der Forderung** gilt § 1160 nur, wenn der Eigentümer auch persönlicher Schuldner ist, § 1161; sonst sind §§ 371, 410, 810 anwendbar.

§ 1161 Geltendmachung der Forderung

Ist der Eigentümer der persönliche Schuldner, so findet die Vorschrift des § 1160 auch auf die Geltendmachung der Forderung Anwendung.

Vgl § 1160 Rn 6.

Titel 1. Hypothek **§§ 1162, 1163**

§ 1162 Aufgebot des Hypothekenbriefs

Ist der Hypothekenbrief abhanden gekommen oder vernichtet, so kann er im Wege des Aufgebotsverfahrens für kraftlos erklärt werden.

1. Anwendungsbereich. Brief muss abhanden gekommen (§§ 799, 800 **1** Rn 1 [c]) oder vernichtet sein. § 1162 unanwendbar für Inhabergrundschuldbrief (§ 1195). Zum Verfahren FamFG 466 ff.

2. Wirkung. Vgl FamFG 433–441, 466–469, 476–478. Der Beschluss tritt nur **2** eingeschränkt an die Stelle des Briefs (FamFG 479, 439, 484, GBO 41 II 2), iÜ neuer Brief nötig (vgl GBO 67, 68). Zur Beseitigung des Beschlusses FamFG 45, 48 II, 58, 69, 74, 75.

§ 1163 Eigentümerhypothek

(1) ¹**Ist die Forderung, für welche die Hypothek bestellt ist, nicht zur Entstehung gelangt, so steht die Hypothek dem Eigentümer zu.** ²**Erlischt die Forderung, so erwirbt der Eigentümer die Hypothek.**

(2) **Eine Hypothek, für welche die Erteilung des Hypothekenbriefs nicht ausgeschlossen ist, steht bis zur Übergabe des Briefes an den Gläubiger dem Eigentümer zu.**

1. Allgemeines zum Eigentümergrundpfandrecht. a) Die Forderung ist 1 nicht entstanden. Hier steht die Hypothek von Anfang an dem Eigentümer zu **(I 1)**. Sie ist mangels Forderung *ursprüngliche Eigentümergrundschuld;* eine „Umwandlung" der Hypothek findet also nicht statt, daher gilt § 1177 nur entspr (WolffR § 145 II). Die ursprüngliche Eigentümergrundschuld ist eine *vorläufige,* wenn die Forderung noch entstehen kann (zB durch Auszahlung des Darlehens, sog Valutierung der Hypothek); sie ist eine *endgültige,* wenn die Forderung nicht (mehr) entstehen kann (zB wegen Auflösung des Darlehensvertrags oder Auszahlung). Die vorläufige Eigentümergrundschuld ist auflösend bedingt durch Entstehen der Forderung (BGH 60, 228); mit Bedingungseintritt (und Briefübergabe, II) wird sie automatisch zur Fremdhypothek, mit Bedingungsausfall zur endgültigen Eigentümergrundschuld (BGH 60, 228 f). Weiterer Fall der vorläufigen Eigentümergrundschuld in II. **b) Nachträglicher Übergang** der Hypothek auf den Eigentümer ist möglich, ohne **2** Forderung als *nachträgliche Eigentümergrundschuld* (zB gem I 2, § 1177 I) *oder* mit Forderung als (nur nachträglich mögliche) *Eigentümerhypothek* (zB gem §§ 1143, 1153). Letztere wird wie eine Eigentümergrundschuld behandelt (§ 1177 II). **c) Inhaber 3 des Eigentümergrundpfandrechts** ist mit oder ohne Forderung derjenige, der bei Entstehen dieses Rechts (Rn 1, 2) der wahre Eigentümer ist (RG 80, 320). **d) Zweck.** Der Erwerb des Fremdhypothek gewollten (I 1) oder begründeten **4** (I 2) Grundpfandrechts durch den Eigentümer verhindert das Aufrücken nachrangiger, zumeist höherverzinslicher Grundpfandrechte und berücksichtigt das wirtschaftliche Interesse des Eigentümers, ein ranggünstiges Eigentümergrundpfandrecht als Fremdrecht zur Sicherung neuen Kredits zu verwenden (vgl Rn 15 vor § 1113). Das gegenläufige Interesse nachstehender Grundpfandgläubiger wird aber idR mehr berücksichtigt; vgl §§ 1179a, b mit Anm, ferner § 1179 Rn 2. **e) Bedingungen. 5** Zur Frage, ob bei *bedingter Hypothekenbestellung* ein Eigentümergrundpfandrecht entsteht, vgl § 1113 Rn 14. Zur Sicherung einer bedingten Forderung s § 1113 Rn 9. **f) Bei Fehlen oder Nichtigkeit der Einigung** über die Hypothekenbestellung **6** (§ 873) entsteht kein Grundpfandrecht (§ 1113 Rn 16).

2. Anwendungsbereich. I gilt für alle Hypothekenarten (nicht für Grund- und **7** Rentenschulden, § 1191 Rn 6), II für alle Briefgrundpfandrechte. § 1163 ist zwingend (vgl RG 142, 159 f für I 2). Die Vorschrift ist unanwendbar in den Fällen der §§ 1159, 1178 I. Sonderregeln für die Gesamthypothek in § 1172.

§ 1163

8   3. Die Forderung ist (noch) nicht entstanden (I 1). a) Bsp: Das Darlehen ist (noch) nicht ausgezahlt; das RGeschäft, aus dem die zu sichernde Forderung stammt, ist nichtig, zB gem §§ 117 I, 125, 142 I (die Anfechtung darf nicht die Einigung gem § 873 miterfassen, sonst gilt § 1113 Rn 12), doch kann uU die Ersatzforderung, zB aus § 812, an die Stelle der eigentlich zu sichernden Forderung treten (§ 1113 Rn 8). Sa § 1113 II (dort Rn 9). – Eine bloß nicht fällige Forderung ist
9   entstanden, daher I 1 unanwendbar. **b) Wirkung.** Die Hypothek steht dem wahren Eigentümer (Rn 3) von Anfang an als Eigentümergrundschuld zu, **I 1** mit § 1177 I entspr (Rn 1). Sie kann eine vorläufige oder endgültige sein (Rn 1); im letzteren Fall ist eine Berichtigung (§§ 894 ff, GBO 22) möglich, im ersteren hat der eingetragene Gläubiger ein Recht auf den Hypothekenerwerb, das den Berichtigungsanspruch des Eigentümers vernichtet (vgl § 894 Rn 10). Die Beweislast für das Nichtentstehen der Forderung als Grundlage der Fremdhypothek trifft den Eigentümer (§§ 1138,
10 891). **c) Solange die Forderung noch entstehen kann,** haben Gläubiger und Eigentümer bes Rechtspositionen. **aa) Der Gläubiger** hat ein dingliches Anwartschaftsrecht, wenn er eingetragen ist und den Brief besitzt. Es wird durch Abtretung der künftigen Forderung übertragen (§ 1154); der Zessionar erlangt mit Valutierung unmittelbar und automatisch das Vollrecht. Wird statt des Anwartschaftsrechts das (noch nicht bestehende) Vollrecht durch Abtretung einer angeblich schon existie-
11 renden Forderung übertragen, so gilt § 1138. **bb) Der Eigentümer** hat eine vorläufige Eigentümergrundschuld. Ist sie Buchrecht, so kann er mangels Eintragung nicht verfügen (vgl GBO 39; Eintragung durch Grundbuchberichtigung ist ausgeschlossen: Rn 9). Ist sie Briefrecht, so ist eine Verfügung möglich und praktisch wichtig zur *Sicherung eines Zwischenkredits.* Bsp: E hat für die Bank H eine Briefhypothek für ein Baudarlehen über 50 000 Euro bestellt, das Darlehen soll erst nach Fertigstellung des Rohbaus ausgezahlt werden; um einen Zwischenkredit, den E von Z erhält, zu sichern, tritt ihm E den Auszahlungsanspruch gegen H und die Eigentümergrundschuld ab; die Abtretung erfolgt gem §§ 1192 I, 1154 I (dh mit Briefübergabe; ist der Brief schon bei H, so tritt E seinen Herausgabeanspruch gegen H an Z ab: §§ 1154 I 1, 1117 I 2, 931; vgl BGH 60, 229; NJW 73, 895); ist der Rohbau fertig, so zahlt H an Z, damit entsteht die Darlehensforderung der H und sie erwirbt (ggf nach Aushändigung des Briefs an sie) die Fremdgrundschuld des Z als Fremdhypothek zur Sicherung ihrer Forderung gegen E. Lit zur Zwischenkreditsicherung bei Serick II 415 f Fn 19 ff; BGH 53, 62 f; zur Problematik bei Bestehen einer Löschungsvormerkung § 1179 Rn 5. – Zur *Pfändung* der vorläufigen Eigentümer-
12 grundschuld Tempel JuS 67, 217. **d) Entsteht die Forderung** später (zB durch Auszahlung des Darlehens) und wird der Brief übergeben **(II),** so geht das Recht automatisch als Fremdhypothek auf den eingetragenen Gläubiger über (Rn 1). Zwischenzeitlicher Wechsel des Eigentums ist unerheblich (RG 153, 169 f).

13   4. Die Forderung ist erloschen (I 2). a) Bsp für Erlöschen: Zahlung (dazu RG 143, 75), Hinterlegung (§ 378), Aufrechnung, Erlass, Rücktritt, negatives Schuldanerkenntnis, Eintritt der Bedingung bei auflösend bedingter Forderung (§ 1113 Rn 9). Bei Zahlung durch Miteigentümer gilt § 1173, nicht I 2, weil eine
14 Gesamthypothek besteht (RG 146, 364 f). **b) Wirkung.** Die Hypothek geht auf denjenigen, der zZ des Erlöschens wahrer Eigentümer ist (Rn 3), als Eigentümergrundschuld über (I 2 mit § 1177 I). Bei späterer Veräußerung des Grundstücks bleibt das Recht beim Veräußerer (RG 129, 30 f). Dieselben Wirkungen treten bei der Tilgungshypothek ein (Rn 9 vor § 1113). Bei ihr und in sonstigen Fällen teilw
15 Erlöschens ist § 1176 zu beachten. **c) Bis zum Erlöschen** hat der Eigentümer nur eine Aussicht auf den Erwerb einer Eigentümergrundschuld. Das ist kein gegenwärtiger Vermögenswert, insbes kein Anwartschaftsrecht, folglich untaugliches Objekt einer Verfügung (BGH 53, 64 mN) oder Pfändung (vgl Frankfurt/M NJW 62,
16 640 f mN; aA Tempel JuS 67, 217 f). **d) Nach dem Erlöschen** hat der Eigentümer, vorbehaltlich der §§ 1179–1179b, die Wahl zwischen Umschreibung (dh Grundbuchberichtigung) oder Löschung der Eigentümergrundschuld (vgl § 1144 Rn 4, 5;

Titel 1. Hypothek § 1164

zur Löschung ie StWolfsteiner 86–89). Möglich ist auch die Übertragung an Dritte (bei der Buchhypothek nach Voreintragung des Eigentümers gem GBO 39, aA die hM, s StWolfsteiner 94; bei der Briefhypothek ist die Frage belanglos, wenn der Eigentümer sich nach § 1155 legitimieren kann). **e) Ausnahmen von I 2.** Trotz 17 Befriedigung des Gläubigers greift I 2 nicht ein, wenn **aa)** die Forderung (samt Hypothek, § 1153) auf den Befriedigenden übergeht (§§ 426 II 1, 1143 I 1, 1150 mit 268 III 1); **bb)** die Hypothek auf den Befriedigenden übergeht, um einen ihm zustehenden Ersatzanspruch zu sichern (§§ 1164, 1173 II, 1174); **cc)** Forderung *und* Hypothek erlöschen (§§ 1173 I 1 HS 2, 1174 I HS 2, 1178 I 1, 1181).

5. Fehlende Briefübergabe. Sie führt zur vorläufigen Eigentümergrundschuld 18 (**II** mit § 1177 I entspr; zum Zweck § 1117 Rn 1). Sie wird, sofern die Forderung besteht, mit Übergabe des Briefs oder deren Ersatz zur Fremdhypothek (§ 1117 I, II). Liegt die Aushändigungsabrede gem § 1117 II vor der Eintragung, so scheidet II aus (§ 1117 Rn 5). Ohne Brief hat der Gläubiger vor Valutierung kein Anwartschaftsrecht auf Erwerb der Hypothek (Rn 10). Pfändung: ZPO 829, nicht 830 (Hamm Rpfleger 80, 483 f).

§ 1164 Übergang der Hypothek auf den Schuldner

(1) ¹Befriedigt der persönliche Schuldner den Gläubiger, so geht die Hypothek insoweit auf ihn über, als er von dem Eigentümer oder einem Rechtsvorgänger des Eigentümers Ersatz verlangen kann. ²Ist dem Schuldner nur teilweise Ersatz zu leisten, so kann der Eigentümer die Hypothek, soweit sie auf ihn übergegangen ist, nicht zum Nachteil der Hypothek des Schuldners geltend machen.

(2) Der Befriedigung des Gläubigers steht es gleich, wenn sich Forderung und Schuld in einer Person vereinigen.

1. Allgemeines. a) IdR ist der persönliche Schuldner, der nicht zugleich Eigen- 1 tümer ist, diesem gegenüber verpflichtet, den Gläubiger zu befriedigen. Zahlt er, so erlischt die Forderung; Folge: §§ 1163 I 2, 1177 I (§ 1163 Rn 14). **b) Ausnahms-** 2 **weise** kann der persönliche Schuldner vom Eigentümer oder dessen Rechtsvorgänger für seine Zahlung Ersatz verlangen (dazu §§ 1164–1167). Auch hier erlischt die Forderung durch Zahlung des Schuldners, doch geht die Hypothek kraft Ges auf den Schuldner über zur Sicherung seines Ersatzanspruchs gegen den Eigentümer oder dessen Rechtsvorgänger (*ges Forderungsauswechslung*). Hauptfall: Nach Grundstücksveräußerung mit fehlgeschlagener Schuldübernahme (vgl § 416) zahlt der Veräußerer als persönlicher Schuldner; die Forderung erlischt, die Hypothek geht auf ihn über und sichert seinen Ersatzanspruch aus § 415 III (RG 131, 158; sa § 1143 Rn 3). **c) §§ 1165, 1166 schützen** den persönlichen Schuldner vor Verlust seiner 3 künftigen Rechte aus § 1164; § 1167 ermöglicht ihm die Grundbuchberichtigung. **d) Für die Gesamthypothek** gilt § 1164 nur, wenn der Schuldner von allen Eigen- 4 tümern oder deren Rechtsvorgängern Ersatz verlangen kann; sonst gilt § 1174.

2. Voraussetzungen. a) Keine Identität von persönlichem Schuldner und 5 Eigentümer. Bei Identität: §§ 1163 I 2, 1177 I. **b) Der persönliche Schuldner** 6 **befriedigt** den Gläubiger, so dass die Forderung erlischt (RG 143, 284). Dem Erlöschen durch Befriedigung steht die Vereinigung von Schuld und Forderung gleich **(II)**, aber nicht der Erlass (§ 397), wenn und weil der Schuldner nichts einbüßt (aA MK/Eickmann 5; hM). Zahlung an den durch Eintragung oder Brief legitimierten Scheingläubiger genügt nicht; § 893 greift nicht ein, weil die Zahlung auf die persönliche Forderung erfolgt. Zur Zahlung durch den Eigentümer oder einen Dritten für den Schuldner: § 1143 Rn 7, 8. **c) Ersatzanspruch** des persönlichen 7 Schuldners gegen den Eigentümer zum Ausgleich für die erbrachte Leistung (I 1) oder erlittene Einbuße (II: Untergang der ursprünglichen Hypothekenforderung), die im Verhältnis zum Schuldner vom Eigentümer oder dessen Rechtsvorgänger zu

Berger 1555

§§ 1165, 1166 Buch 3. Abschnitt 7. Hypothek, Grundschuld, Rentenschuld

tragen ist (RG 131, 157). Die *Beweislast* für den Ersatzanspruch trifft den Schuldner. Fehlt ein Ersatzanspruch, so gilt Rn 1.

8   **3. Wirkung. a)** Vgl Rn 2. Dem Eigentümer stehen die Einreden gem §§ 1137, 1157 zu. §§ 1138, 892 scheiden aus, weil kein rechtsgeschäftlicher Erwerb vorliegt und § 893 nicht für die Zahlung gilt (Rn 6; zum Problem § 1143 Rn 2). Zur Grundbuchberichtigung sind Bewilligungen des Eigentümers und des bisherigen Gläubi-
9   gers nötig (GBO 19). **b) Kann der Schuldner nur zT Ersatz** verlangen, so erwirbt er bloß insoweit die Hypothek, iÜ geht sie mit Rang nach der Hypothek auf den Eigentümer als Grundschuld über **(I 2)**. Wird der Gläubiger nur zT vom Schuldner befriedigt, dann hat die Resthypothek des Gläubigers Vorrang (§ 1176).

§ 1165 Freiwerden des Schuldners

Verzichtet der Gläubiger auf die Hypothek oder hebt er sie nach § 1183 auf oder räumt er einem anderen Recht den Vorrang ein, so wird der persönliche Schuldner insoweit frei, als er ohne diese Verfügung nach § 1164 aus der Hypothek hätte Ersatz erlangen können.

1   **1. Anwendungsbereich.** § 1165 setzt die Anwendbarkeit von § 1164 voraus. Abw Vereinbarung zwischen Gläubiger und Schuldner ist zulässig.

2   **2. Voraussetzungen.** Rückgriffsrecht des Schuldners (§ 1164) würde ohne § 1165 durch eine aus freien Stücken getroffene Verfügung des Gläubigers über die Hypothek geschmälert werden (vgl BGH MDR 58, 88 f). Das Ges nennt Verzicht (§§ 1168, 1175 I), Aufhebung (§ 1183), Rangrücktritt (§ 880). Ihnen stehen gleich Forderungsauswechslung (§ 1180), Umwandlung in Grundschuld (§ 1198), Entlassung eines realen Grundstücksteils aus der Mithaft. Ein allg Regressbehinderungsverbot ergibt sich aus § 1165 nicht (BGH NJW 74, 1083).

3   **3. Wirkung. a) Die Forderung erlischt** kraft Ges, soweit der Schuldner ohne die Verfügung (Rn 2) von Rechts wegen (§ 1164) und faktisch (wegen des Rangs der Hypothek und des Grundstückswertes) aus dem Grundstück hätte Ersatz verlan-
4   gen können; *Beweislast* liegt beim Schuldner. **b) Bei Verzicht** des Gläubigers wird die Hypothek schon gem §§ 1168, 1177 I zur Eigentümergrundschuld. Bei Rangrücktritt (§ 880) wird die zurückgetretene Hypothek wegen Erlöschens der Forderung gem §§ 1163 I 2, 1177 I zur Eigentümergrundschuld; nach aA bleibt sie Fremdgrundschuld, weil wegen der Zustimmung des Eigentümers (§ 880 II 2) die Vorschrift des § 1163 unanwendbar ist (§ 1163 ist jedoch unabdingbar, vgl dort Rn 7).

§ 1166 Benachrichtigung des Schuldners

¹Ist der persönliche Schuldner berechtigt, von dem Eigentümer Ersatz zu verlangen, falls er den Gläubiger befriedigt, so kann er, wenn der Gläubiger die Zwangsversteigerung des Grundstücks betreibt, ohne ihn unverzüglich zu benachrichtigen, die Befriedigung des Gläubigers wegen eines Ausfalls bei der Zwangsversteigerung insoweit verweigern, als er infolge der Unterlassung der Benachrichtigung einen Schaden erleidet. ²Die Benachrichtigung darf unterbleiben, wenn sie untunlich ist.

1   **1. Anwendungsbereich.** Wie § 1165 Rn 1.

2   **2. Voraussetzungen.** Schädigung des persönlichen Schuldners durch Unterbleiben unverzüglicher (§ 121 I 1) Benachrichtigung nach Erlass des Zwangsversteigerungs- oder Zulassungsbeschlusses (vgl ZVG 15, 27).

3   **3. Wirkung.** Leistungsverweigerungsrecht (Einrederecht) des Schuldners, soweit er durch Nichtbenachrichtigung geschädigt ist; Beweislast beim Schuldner. Kein

Titel 1. Hypothek §§ 1167–1169

Einrederecht des Schuldners, wenn er auch ohne Benachrichtigung rechtzeitig Bescheid wusste.

§ 1167 Aushändigung der Berichtigungsurkunden

Erwirbt der persönliche Schuldner, falls er den Gläubiger befriedigt, die Hypothek oder hat er im Falle der Befriedigung ein sonstiges rechtliches Interesse an der Berichtigung des Grundbuchs, so stehen ihm die in den §§ 1144, 1145 bestimmten Rechte zu.

Anwendungsbereich. Zum Erwerb der Hypothek durch den persönlichen 1 Schuldner vgl §§ 1164, 1174, 426 II 1 mit 1153. In diesen Fällen und bei rechtlichem Interesse (zB nach § 439 II 1) hat der Schuldner zum Zweck der Grundbuchberichtigung die Rechte aus §§ 1144, 1145 (vgl Anm dort).

§ 1168 Verzicht auf die Hypothek

(1) Verzichtet der Gläubiger auf die Hypothek, so erwirbt sie der Eigentümer.

(2) ¹Der Verzicht ist dem Grundbuchamt oder dem Eigentümer gegenüber zu erklären und bedarf der Eintragung in das Grundbuch. ²Die Vorschriften des § 875 Abs. 2 und der §§ 876, 878 finden entsprechende Anwendung.

(3) Verzichtet der Gläubiger für einen Teil der Forderung auf die Hypothek, so stehen dem Eigentümer die im § 1145 bestimmten Rechte zu.

1. Anwendungsbereich. Betrifft nur den Verzicht auf die Hypothek (für die 1 Gesamthypothek vgl § 1175). Davon sind zu unterscheiden: Aufhebung der Hypothek (§§ 875, 1183) und Erlass der persönlichen Forderung (§ 397). – Zu § 418 I 2 vgl Rn 6.

2. Voraussetzungen. a) Erklärung des Verzichts, dh einseitige rechtsgeschäftli- 2 che Preisgabe des Rechts durch den Gläubiger (I) gegenüber Grundbuchamt oder Eigentümer (II, modifiziert in § 1178 II). Materiellrechtlich formfrei wirksam; grundbuchrechtliche Form gem GBO 29 I 1. Verzicht ist Verfügung über die Hypothek (nicht das Grundstückseigentum); daher ist § 893 für Verzicht durch den Scheingläubiger anwendbar, und ist Verzicht gegenüber dem Scheineigentümer wirkungslos. In der Löschungsbewilligung liegt kein Verzicht (Hamm NJW-RR 99, 742). **b) Eintragung** von Verzicht (II 1) und (insoweit Berichtigung, § 894) 3 von Übergang der Hypothek und Umwandlung in Grundschuld (sa Rn 4).

3. Wirkung. a) Übergang der Hypothek kraft Ges auf denjenigen, der in 4 diesem Zeitpunkt wahrer (str) Eigentümer ist; sie wird Grundschuld (§ 1177 I). Die Forderung des Gläubigers bleibt ungesichert bestehen, es sei denn, sie erlischt gem § 1165 oder wird erlassen (dann wegen §§ 1163 I 2, 1177 I Verzicht unnötig). **b) Bei** 5 **Teilverzicht** geht die Teileigentümergrundschuld der Teilhypothek des Gläubigers im Range nach (§ 1176). Zu den Rechten aus § 1145 (vgl III) s Anm dort. **c) Schuldübernahme ohne Zustimmung** des Eigentümers lässt die Wirkungen 6 nach Rn 4, 5 automatisch eintreten (§ 418 I 2, 3); denn dem Eigentümer ist es nicht zuzumuten, sein Grundstück ohne weiteres für einen anderen Schuldner haften zu lassen.

§ 1169 Rechtszerstörende Einrede

Steht dem Eigentümer eine Einrede zu, durch welche die Geltendmachung der Hypothek dauernd ausgeschlossen wird, so kann er verlangen, dass der Gläubiger auf die Hypothek verzichtet.

Berger

1. Anwendungsbereich. Dauernde (peremptorische) Einreden gegen die Forderung (§ 1137) oder gegen die Hypothek (§ 1157) lassen den Bestand der Hypothek zwar unberührt, ihre Erhebung hindert aber die Durchsetzung der Hypothek (Ausnahmen Rn 3). Daher gibt § 1169 dem Eigentümer einen übertragbaren (sa Rn 2) Anspruch auf Verzicht; dessen Erfüllung hat die Wirkungen iSv § 1168 Rn 4, 5 (RG 91, 225 f; LM Nr 1, beide für Grundschulden). Der Eigentümer kann Löschungsbewilligung statt Verzicht verlangen (RG 91, 226).

2. Einreden. Vgl Rn 1. **a) Bsp:** Einreden aus ungerechtfertigter Bereicherung, unerlaubter Handlung. Die Einreden sind oft der Sache nach (Gegen-)Ansprüche, die der Forderung (§ 1137) oder dem dinglichen Recht (§ 1157) einredeweise entgegengehalten werden (vgl §§ 821, 853); die Abtretung der „Einrede" oder des Verzichtsanspruchs betrifft in diesen Fällen den zugrundeliegenden (Gegen-)Anspruch (vgl BGH WM 85, 801). **b) § 1169 erfasst nicht** die Einrede der Verjährung (§§ 216 I, 902) und der beschränkten Erbenhaftung (§ 1137 I 2), ferner die insolvenzrechtliche Anfechtungseinrede (Hamm MDR 77, 668 f). **c) Bei einredefreiem Erwerb** des dinglichen Rechts gem §§ 1138, 1157 S 2 (jeweils mit § 892) entfällt § 1169. Zum Schutz des Eigentümers gegen einredefreien Erwerb sind Vormerkung des Verzichtsanspruchs (§§ 1169, 883) und Widerspruch wegen der Einreden (§§ 1137, 1138; 1157 S 2, jeweils mit § 899) möglich.

§ 1170 Ausschluss unbekannter Gläubiger

(1) ¹Ist der Gläubiger unbekannt, so kann er im Wege des Aufgebotsverfahrens mit seinem Recht ausgeschlossen werden, wenn seit der letzten sich auf die Hypothek beziehenden Eintragung in das Grundbuch zehn Jahre verstrichen sind und das Recht des Gläubigers nicht innerhalb dieser Frist von dem Eigentümer in einer nach § 212 Abs. 1 Nr. 1 zum Neubeginn der Verjährung geeigneten Weise anerkannt worden ist. ²Besteht für die Forderung eine nach dem Kalender bestimmte Zahlungszeit, so beginnt die Frist nicht vor dem Ablauf des Zahlungstags.

(2) ¹Mit der Rechtskraft des Ausschließungsbeschlusses erwirbt der Eigentümer die Hypothek. ²Der dem Gläubiger erteilte Hypothekenbrief wird kraftlos.

§ 1171 Ausschluss durch Hinterlegung

(1) ¹Der unbekannte Gläubiger kann im Wege des Aufgebotsverfahrens mit seinem Recht auch dann ausgeschlossen werden, wenn der Eigentümer zur Befriedigung des Gläubigers oder zur Kündigung berechtigt ist und den Betrag der Forderung für den Gläubiger unter Verzicht auf das Recht zur Rücknahme hinterlegt. ²Die Hinterlegung von Zinsen ist nur erforderlich, wenn der Zinssatz im Grundbuch eingetragen ist; Zinsen für eine frühere Zeit als das vierte Kalenderjahr vor der Rechtskraft des Ausschließungsbeschlusses sind nicht zu hinterlegen.

(2) ¹Mit der Rechtskraft des Ausschließungsbeschlusses gilt der Gläubiger als befriedigt, sofern nicht nach den Vorschriften über die Hinterlegung die Befriedigung schon vorher eingetreten ist. ²Der dem Gläubiger erteilte Hypothekenbrief wird kraftlos.

(3) Das Recht des Gläubigers auf den hinterlegten Betrag erlischt mit dem Ablauf von 30 Jahren nach der Rechtskraft des Ausschließungsbeschlusses, wenn nicht der Gläubiger sich vorher bei der Hinterlegungsstelle meldet; der Hinterleger ist zur Rücknahme berechtigt, auch wenn er auf das Recht zur Rücknahme verzichtet hat.

Titel 1. Hypothek §§ 1170–1173

Anmerkungen zu den §§ 1170, 1171

1. Allgemeines. Ist die Person des Gläubigers unbekannt, so kann er sein Recht 1
gem §§ 1170, 1171 verlieren; allein ein unbekannter Aufenthalt genügt nicht (BGH
NJW-RR 04, 665 f). Nach § 1170 erwirbt der Eigentümer das Recht als Grundschuld; wer es im Falle des § 1171 erwirbt und in welcher Form (Hypothek, Grundschuld), bestimmen §§ 1143, 1163 I 2.

2. Aufgebotsverfahren. FamFG 433–441, 447–451. Hinterlegung: § 378. 2

§ 1172 Eigentümergesamthypothek

(1) **Eine Gesamthypothek steht in den Fällen des § 1163 den Eigentümern der belasteten Grundstücke gemeinschaftlich zu.**

(2) ¹**Jeder Eigentümer kann, sofern nicht ein anderes vereinbart ist, verlangen, dass die Hypothek an seinem Grundstück auf den Teilbetrag, der dem Verhältnis des Wertes seines Grundstücks zu dem Werte der sämtlichen Grundstücke entspricht, nach § 1132 Abs. 2 beschränkt und in dieser Beschränkung ihm zugeteilt wird.** ²Der Wert wird unter Abzug der Belastungen berechnet, die der Gesamthypothek im Range vorgehen.

1. Allgemeines zu §§ 1172–1175. Sie modifizieren die §§ 1163, 1164, 1168 für 1
die Gesamthypothek (Begriff § 1132 I 1). Wird der Gläubiger „aus dem Grundstück"
(§ 1147) befriedigt, so gelten §§ 1181, 1182.

2. Anwendungsbereich. Die mit der Gesamthypothek belasteten Grundstücke 2
müssen verschiedenen Eigentümern gehören; sonst gelten § 1163 (statt I) und
§ 1132 II (statt II).

3. Die Eigentümergesamtgrundschuld. Sie **entsteht** nach allg Grundsätzen, 3
I mit §§ 1163, 1177 I. Doch gelten folgende Besonderheiten. Sie entsteht **a)** wenn
alle Eigentümer den Gläubiger gemeinsam befriedigen (sonst gilt § 1173); bes Fall
der Befriedigung in § 1171 II; **b)** wenn der befriedigende persönliche Schuldner,
der nicht Eigentümer ist, von *keinem* Eigentümer Ersatz verlangen kann (sind alle
ersatzpflichtig, so gilt § 1164; sind es nicht alle, dann gilt § 1174); **c)** wenn der
Gläubiger auf die Gesamthypothek an *allen* Grundstücken verzichtet, § 1175 I 1 (bei
Verzicht bzgl einzelner Grundstücke erlischt die Hypothek an diesen, § 1175 I 2);
d) wenn der Gläubiger mit seinem Recht an *allen* Grundstücken ausgeschlossen
wird (§ 1175 II).

4. Die Gesamtgrundschuld. Sie steht den Eigentümern in **Bruchteilsgemein-** 4
schaft, nicht zur gesamten Hand zu (BGH NJW-RR 86, 234; NJW 09, 848). Es
gelten §§ 741 ff. Das freie Verteilungsrecht (§ 1132 II) ist zugunsten des einzelnen
Eigentümers begrenzt (II).

§ 1173 Befriedigung durch einen der Eigentümer

(1) ¹**Befriedigt der Eigentümer eines der mit einer Gesamthypothek belasteten Grundstücke den Gläubiger, so erwirbt er die Hypothek an seinem Grundstück; die Hypothek an den übrigen Grundstücken erlischt.**
²**Der Befriedigung des Gläubigers durch den Eigentümer steht es gleich, wenn das Gläubigerrecht auf den Eigentümer übertragen wird oder wenn sich Forderung und Schuld in der Person des Eigentümers vereinigen.**

(2) **Kann der Eigentümer, der den Gläubiger befriedigt, von dem Eigentümer eines der anderen Grundstücke oder einem Rechtsvorgänger dieses Eigentümers Ersatz verlangen, so geht in Höhe des Ersatzanspruchs auch**

§ 1174

die Hypothek an dem Grundstück dieses Eigentümers auf ihn über; sie bleibt mit der Hypothek an seinem eigenen Grundstück Gesamthypothek.

1. Anwendungsbereich. Vgl zunächst § 1172 Rn 1. Die mit der Gesamthypothek belasteten Grundstücke müssen verschiedenen Eigentümern gehören, von denen nur einer oder einzelne den Gläubiger befriedigen (befriedigen alle, so gilt § 1172, s dort Rn 3 [a]). I gibt die Regel, II die Ausnahme. § 1173 gilt für jede Art freiwilliger Befriedigung; Erweiterung in I 2 (s RG 77, 151).

2. Rückgriffsrecht. Die gesamthypothekarische Belastung allein gibt dem befriedigenden Eigentümer **kein Rückgriffsrecht** (BGH NJW-RR 95, 589 zur Gesamtgrundschuld); daher erwirbt er idR nur das dingliche Recht an seinem Grundstück (in voller Höhe, BGH NJW 83, 2451), iÜ erlischt die Hypothek (**I 1**). Das Recht ist Einzeleigentümerhypothek (§§ 1143, 1177 II) oder Einzeleigentümergrundschuld (§§ 1163 I 2, 1177 I); sofern dem befriedigenden Eigentümer mehrere (nicht alle, sonst § 1172 Rn 2) Grundstücke gehören, ist es Eigentümergesamthypothek oder -grundschuld.

3. Ersatzanspruch. Ausnahmsweise steht dem Eigentümer ein **Ersatzanspruch** zu. **a) Dazu bedarf es** eines bes Rechtsgrundes (Vertrag, Ges), denn die Gesamthypothek als solche ist regresslos. Zum Ersatzanspruch § 1164 Rn 7. Soweit der ersatzberechtigte Eigentümer den Gläubiger befriedigt, erwirbt er die Hypothek am eigenen Grundstück (I 1 mit § 1177 II) und am Grundstück des ersatzpflichtigen Eigentümers als Gesamthypothek (II). Sie sichert seinen Ersatzanspruch (ges Forderungsauswechslung; str, vgl Westermann § 108 V 4). **b) § 1165 gilt entspr,** wenn der Eigentümer zugleich schuldet; zweifelhaft, wenn er nicht schuldet (dafür Baur § 43 Rn 33; abl BGH 52, 97 mN). **c) Allg Vorschriften** über den gemeinsamen Übergang von Forderung und Hypothek (zB § 774 mit § 1153) gehen § 1173 vor (Westermann § 108 V 4).

§ 1174 Befriedigung durch den persönlichen Schuldner

(1) Befriedigt der persönliche Schuldner den Gläubiger, dem eine Gesamthypothek zusteht, oder vereinigen sich bei einer Gesamthypothek Forderung und Schuld in einer Person, so geht, wenn der Schuldner nur von dem Eigentümer eines der Grundstücke oder von einem Rechtsvorgänger des Eigentümers Ersatz verlangen kann, die Hypothek an diesem Grundstück auf ihn über; die Hypothek an den übrigen Grundstücken erlischt.

(2) Ist dem Schuldner nur teilweise Ersatz zu leisten und geht deshalb die Hypothek nur zu einem Teilbetrag auf ihn über, so hat sich der Eigentümer diesen Betrag auf den ihm nach § 1172 gebührenden Teil des übrig bleibenden Betrags der Gesamthypothek anrechnen zu lassen.

1. Anwendungsbereich. Vgl zunächst § 1172 Rn 1. Der persönliche Schuldner ist nicht zugleich Eigentümer (sonst § 1173) und hat einen Ersatzanspruch nur gegen einen oder einige Eigentümer oder deren Rechtsvorgänger (wenn gegen alle, so gilt § 1164; wenn keiner ersatzpflichtig ist, dann gilt § 1172 I, vgl § 1172 Rn 3 [b]). §§ 1165–1167 sind entspr anwendbar. Zum Ersatzanspruch § 1164 Rn 7.

2. Wirkung. a) Bis zur Höhe des Ersatzanspruchs geht die Hypothek am Grundstück des (der) Ersatzpflichtigen auf den Schuldner über (ges Forderungsauswechslung wie in § 1164, vgl dort Rn 2); insoweit erlischt die Hypothek an den übrigen Grundstücken (**I**). **b)** Kann der Schuldner nur Teilersatz verlangen und befriedigt voll, so gelten für den überschießenden Betrag §§ 1163 I 2, 1172 I; § 1172 II wird durch **II** modifiziert.

Titel 1. Hypothek §§ 1175–1177

§ 1175 Verzicht auf die Gesamthypothek

(1) ¹Verzichtet der Gläubiger auf die Gesamthypothek, so fällt sie den Eigentümern der belasteten Grundstücke gemeinschaftlich zu; die Vorschrift des § 1172 Abs. 2 findet Anwendung. ²Verzichtet der Gläubiger auf die Hypothek an einem der Grundstücke, so erlischt die Hypothek an diesem.

(2) Das Gleiche gilt, wenn der Gläubiger nach § 1170 mit seinem Recht ausgeschlossen wird.

1. Verzicht auf die Gesamthypothek an allen Grundstücken. Dieser lässt 1 Eigentümergrundschuld entstehen (**I 1** mit §§ 1168, 1177 I; vgl § 1172 Rn 1, 3 [c]). Die Voraussetzungen des § 1168 (dort Rn 2, 3) müssen für alle Grundstücke vorliegen.

2. Verzicht auf die Hypothek an einzelnem Grundstück. Ein solcher lässt 2 sie erlöschen (**I 2**). Das ist unbillig, wenn dadurch der Ersatzanspruch eines anderen Eigentümers oder des persönlichen Schuldners (vgl §§ 1164, 1173 II, 1174) ungesichert ist. § 1165 hilft nicht unmittelbar, weil er nur bei Gesamtverzicht iSv I 1 gilt (ErmWenzel 2); str, ob entspr anwendbar (abl BGH 52, 97, wenn der Eigentümer nicht schuldet, vgl § 1173 Rn 3 [b]). Zustimmung des Eigentümers (vgl § 1183, GBO 27) unnötig.

3. Gläubigerausschluss. Dem **Verzicht gleichgestellt** ist der Gläubigerausschluss an allen Grundstücken, **II** mit § 1170. Zu § 418 I 2, 3 vgl § 1168 Rn 6. 3

§ 1176 Eigentümerteilhypothek; Kollisionsklausel

Liegen die Voraussetzungen der §§ 1163, 1164, 1168, 1172 bis 1175 nur in Ansehung eines Teilbetrags der Hypothek vor, so kann die auf Grund dieser Vorschriften dem Eigentümer oder einem der Eigentümer oder dem persönlichen Schuldner zufallende Hypothek nicht zum Nachteil der dem Gläubiger verbleibenden Hypothek geltend gemacht werden.

1. Anwendungsbereich. Betrifft nur **ges Übergang** eines **Teils** der Hypothek 1 auf den Eigentümer, Dritten usw; ein Teil bleibt beim Gläubiger. Bei rechtsgeschäftlicher Teilübertragung haben die Teile gleichen Rang.

2. Wirkung. Das Teilrecht des Gläubigers hat kraft Ges Vorrang vor dem überge- 2 gangenen Teil, damit der Gläubiger im Fall des ges Übergangs nicht schlechter als bei Teillöschung steht (allg Rechtsgedanke, vgl §§ 268 III 2, 426 II 2, 774 I 2, 1143 I 2, 1150, 1182 S 2, 1249 S 2, ZVG 128 III 2). Die ges Rangfolge wirkt dinglich (RG 131, 326). Berichtigung (§ 894) möglich und wegen § 892 empfehlenswert.

§ 1177 Eigentümergrundschuld, Eigentümerhypothek

(1) ¹Vereinigt sich die Hypothek mit dem Eigentum in einer Person, ohne dass dem Eigentümer auch die Forderung zusteht, so verwandelt sich die Hypothek in eine Grundschuld. ²In Ansehung der Verzinslichkeit, des Zinssatzes, der Zahlungszeit, der Kündigung und des Zahlungsorts bleiben die für die Forderung getroffenen Bestimmungen maßgebend.

(2) Steht dem Eigentümer auch die Forderung zu, so bestimmen sich seine Rechte aus der Hypothek, solange die Vereinigung besteht, nach den für eine Grundschuld des Eigentümers geltenden Vorschriften.

1. Allgemeines zum Eigentümergrundpfandrecht. Vgl § 1163 Rn 1–6. 1 § 1177 regelt den Inhalt des Rechts; I behandelt die Eigentümergrundschuld, II die Eigentümerhypothek (zum Begriff Rn 19, 20 vor § 1113). In beiden Fällen vereinigt sich das wirksam entstandene (§ 1113 Rn 13–18) dingliche Recht mit dem Eigentum; I gilt im Falle von § 1163 I 1 entspr (§ 1163 Rn 1).

2 **2. Eigentümergrundschuld (I). a) Erwirbt der Eigentümer** die Hypothek ohne Forderung, so wird sie in seiner Hand zur Eigentümergrundschuld (I 1) mit dem bisherigen Rang. Fälle: §§ 418 I, 1163, 1168 I, 1170 II, 1172 I, 1175; ZPO **3** 868, 932 II; ferner §§ 1171, 1173 (wenn Eigentümer auch schuldet). **b) Inhalt.** Er bestimmt sich vornehmlich nach der nicht (mehr) bestehenden Forderung **(I 2)**. §§ 1193, 1194 gelten nicht. Zum Zinsanspruch des Eigentümers § 1197 II. Durch ratenweise Rückzahlung einer Tilgungshypothek entstehende Eigentümergrundschuld (Rn 9 vor § 1113) ist kündbar gem I 2 (BGH 71, 209); sie ist unverzinslich nur, solange sie nicht an Dritte abgetreten ist (rückwirkender Zinsbeginn zulässig, **4** Celle NJW-RR 89, 1244 mN, str). **c) Veräußert der Eigentümer das Grundstück,** so bleibt ihm das Recht als Fremdgrundschuld. Ebenso ist es bei einer Zwangsversteigerung, wenn die Grundschuld im geringsten Gebot (ZVG 44) steht (BGH ZIP 86, 90); ist sie dort nicht berücksichtigt, dann fällt ein etwaiger Erlös **5** dem Eigentümer zu. **d) Verfügen** kann der Eigentümer über die Grundschuld, dh sie abtreten (§§ 1192 I, 1154; vgl § 1163 Rn 16 zur Voreintragung des Eigentümers gem GBO 39), belasten (§§ 1069 I, 1274 I, 1291), aufheben (§§ 875, 876), inhaltlich ändern (insbes umwandeln, § 1198). Umwandlung in Hypothek nur für einen Dritten (nicht für den Eigentümer) zur Sicherung von dessen Forderung. Zur Verfügung über vorläufige und künftige Eigentümergrundschulden vgl § 1163 Rn 11, 15. **6 e) Pfändung** ist zulässig (nach hM gem ZPO 857 VI, nach der zutr Gegenansicht **7** gem ZPO 857 II; vgl Jauernig/Berger, § 20 Rn 36 mN). **f) Vollstreckung** aus der Grundschuld durch den Eigentümer ist ausgeschlossen (§ 1197 I). Diese Einschränkung gilt nicht für (Pfändungs-)Pfandgläubiger (§ 1197 Rn 1).

8 **3. Eigentümerhypothek (II).** Der Eigentümer erwirbt nachträglich Forderung und Hypothek. Eine ursprüngliche Eigentümerhypothek ist unzulässig, ebenso die Umwandlung aus einer Grundschuld. Hauptfall der Eigentümerhypothek: §§ 1143, 1153. Das Recht wird wie eine Eigentümergrundschuld behandelt **(II)**, insbes gilt § 1197. Das ändert sich, wenn der Eigentümer das Grundstück oder die Forderung samt Hypothek (§ 1154) veräußert: das Recht wird Fremdhypothek; §§ 1137, 1138 sind anwendbar.

§ 1178 Hypothek für Nebenleistungen und Kosten

(1) ¹Die Hypothek für Rückstände von Zinsen und anderen Nebenleistungen sowie für Kosten, die dem Gläubiger zu erstatten sind, erlischt, wenn sie sich mit dem Eigentum in einer Person vereinigt. ²Das Erlöschen tritt nicht ein, solange einem Dritten ein Recht an dem Anspruch auf eine solche Leistung zusteht.

(2) ¹Zum Verzicht auf die Hypothek für die im Absatz 1 bezeichneten Leistungen genügt die Erklärung des Gläubigers gegenüber dem Eigentümer. ²Solange einem Dritten ein Recht an dem Anspruch auf eine solche Leistung zusteht, ist die Zustimmung des Dritten erforderlich. ³Die Zustimmung ist demjenigen gegenüber zu erklären, zu dessen Gunsten sie erfolgt; sie ist unwiderruflich.

1 **1. Anwendungsbereich.** § 1178 enthält zwingende Sonderregelung für **rückständige** (dh fällige) Zinsen und andere **Nebenleistungen** (zu diesen § 1115 Rn 5) sowie die in § 1118 genannten Kosten (keine anderen, hM). Für Zinsrückstände entstehen keine Eigentümergrundpfandrechte; Grund: Schutz der nachstehend Berechtigten (vgl RG 143, 286).

2 **2. Vereinigung.** Bei **Vereinigung mit dem Eigentum** erlischt kraft Ges die Hypothek für Rückstände usw (**I 1**; Abweichung von §§ 889, 1177); Ausnahme

Titel 1. Hypothek § 1179

in **I 2** bei Belastung der Hypothek mit Nießbrauch (§§ 1068 ff) oder Pfandrecht (§§ 1273 ff). Grund der Vereinigung gleichgültig. Keine Vereinigung, wenn ersatzberechtigter persönlicher Schuldner zahlt; denn § 1178 schließt den § 1164 nicht aus (RG 143, 285 f).

3. Verzicht. Zum **Verzicht** genügt formlose Erklärung gegenüber dem Eigentümer; Eintragung weder nötig noch möglich (**II 1;** Abweichung von § 1168 II). Folge: Vereinigung von Hypothek und Eigentum (§ 1168 I) und damit Erlöschen der Hypothek (I). Zustimmungserklärung des Nießbrauchers oder Pfandgläubigers (II 2, 3) formlos gültig. 3

4. Nebenleistungen. Die Hypothek für **künftige Nebenleistungen** und andere als in § 1118 genannte Kosten (vgl Rn 1) unterfällt §§ 1168, 1177, 1197. Für aufschiebend bedingte Nebenleistungen (zB Strafzinsen) ist die Hypothek selbst idR aufschiebend bedingt bestellt (RG 136, 76 ff; Wirkung: § 1113 Rn 14); ist sie unbedingt bestellt, so gilt § 1178 entspr (RG 136, 78 ff; BayObLG NJW-RR 01, 879). 4

§ 1179 Löschungsvormerkung

Verpflichtet sich der Eigentümer einem anderen gegenüber, die Hypothek löschen zu lassen, wenn sie sich mit dem Eigentum in einer Person vereinigt, so kann zur Sicherung des Anspruchs auf Löschung eine Vormerkung in das Grundbuch eingetragen werden, wenn demjenigen, zu dessen Gunsten die Eintragung vorgenommen werden soll,
1. **ein anderes gleichrangiges oder nachrangiges Recht als eine Hypothek, Grundschuld oder Rentenschuld am Grundstück zusteht oder**
2. **ein Anspruch auf Einräumung eines solchen anderen Rechts oder auf Übertragung des Eigentums am Grundstück zusteht; der Anspruch kann auch ein künftiger oder bedingter sein.**

Lit: Zagst, Das Recht der Löschungsvormerkung und seine Reform, 1973. – Zur Neuregelung Kollhosser JA 79, 176; Stöber Rpfleger 77, 399 und 425; krit Reithmann ZRP 77, 84.

1. Allgemeines. a) §§ 1179 nF, 1179a, b gelten seit 1.1.1978 (dazu BGH 99, 368 ff). Zum Übergangsrecht vgl Ges vom 26.7.1977 (BGBl I 998) Art 8 § 1; Stöber aaO S 431 f. **b) Problem.** Grundpfandgläubiger sind idR daran interessiert, dass gleich- oder vorrangige Grundpfandrechte aufgehoben werden und damit erlöschen, wenn oder sobald sie mit dem Eigentum am belasteten Grundstück vereinigt sind. Mit der Aufhebung dieses Rechts steigt das gleich- oder nachrangige Grundpfandrecht im Wert, es rückt auf oder steht allein auf der Rangstufe (vgl Rn 15, 24 vor § 1113). § 1179a gewährt jedem gleich- oder nachrangigen Grundpfandgläubiger einen ges Löschungsanspruch (als Inhalt des Grundpfandrechts), der ohne Grundbucheintragung als durch Vormerkung gesichert anzusehen ist (Erweiterung in § 1179b: „Löschungsvormerkung am eigenen Recht"); einen vormerkungsfähigen vertraglichen Löschungsanspruch gibt es nur für die in § 1179 Nr 1 und 2 genannten Personen. § 1179 entspricht dem § 1179 aF, schränkt aber den Kreis der möglichen Vormerkungsberechtigten drastisch ein. 1 2

2. Der gesicherte obligatorische Löschungsanspruch. a) Er beruht idR auf Vertrag, uU auf Ges. **b) Personenidentität** muss bestehen zwischen Anspruchsinhaber und Vormerkungsberechtigtem (Rn 6, 7), hingegen *nicht* (abw von § 883, vgl dort Rn 10) zwischen dem Anspruchsgegner (= Eigentümer, Rn 8) und dem Inhaber der von der Löschungsvormerkung betroffenen Hypothek. An dieser Identität wird es zZ der Vormerkungseintragung idR fehlen, weil die Hypothek noch dem Gläubiger zusteht (vgl Rn 5). **c) Inhalt.** Er geht auf Aufhebung (ungenau: Löschung, vgl § 875 I 1) der Hypothek, sobald sich das Grundpfandrecht mit dem 3 4 5

§ 1179

Buch 3. Abschnitt 7. Hypothek, Grundschuld, Rentenschuld

Eigentum vereinigt hat. Gleichgültig ist, wer zu diesem Zeitpunkt Eigentümer ist. Die Vereinigung muss endgültig sein; daher wird die vorläufige Eigentümergrundschuld (§ 1163 Rn 1, 10–12) nicht vom Löschungsanspruch erfasst. Davon abgesehen hängt es von der (Auslegung der) Vereinbarung (Rn 3) ab, ob der Anspruch nur eine künftige oder auch eine bestehende Vereinigung trifft. Das ist nach hM (StWolfsteiner 22 mN) anhand der Eintragungsbewilligung und sonstiger für jedermann zutage liegender Umstände zu ermitteln (gegen diese Einengung § 873 Rn 27). IZw ist auch die bestehende Vereinigung gemeint (BGH 60, 233 f; NJW 73, 896 stehen nicht entgegen). Nach hM (ErmWenzel 2 mN) greift § 1179 auch ein, wenn das aufzuhebende Recht bereits als Eigentümergrundschuld eingetragen ist und damit – wegen bestehender Personenidentität von Anspruchsgegner und Inhaber des betroffenen Rechts sowie dessen Eintragung – § 883 anwendbar wäre (vgl Rn 4); Grund: § 883 schließt § 1179 nicht aus, und nur über § 1179 ist eine *künftige* Wiedervereinigung des Eigentums und der zwischenzeitlich zur Fremdhypothek werdenden Eigentümergrundschuld zu erfassen. – Zur problematischen Sicherung eines Zwischenkredits (§ 1163 Rn 11) bei Bestehen einer Löschungsvormerkung: BGH 60, 232 ff und NJW 73, 896 (dazu krit Mittenzwei NJW 73, 1196); Zagst aaO S 79 ff (ausführlich); Kollhosser aaO S 179 f (bzgl § 1179a II).

6   **3. Gläubiger.** Nur die in Nr 1, 2 Genannten können Gläubiger eines vormerkungsfähigen Löschungsanspruchs sein. **a) Nr 1** betrifft Inhaber eines beschränkten dinglichen Rechts am Grundstück, ausgenommen Grundpfandgläubiger. Bsp: Berechtigte von Dienstbarkeiten, Reallasten, dinglichen Vorkaufsrechten; Grundpfandgläubiger nur, wenn ihnen auch ein anderes beschränktes dingliches Recht am Grundstück zusteht und allein zu diesem Gunsten. Aufzuhebendes Grundpfandrecht muss gleich- oder vorrangig gegenüber dem Recht des Gläubigers sein.

7   **b) Nr 2** betrifft Inhaber eines schuldrechtlichen Anspruchs auf Einräumung eines in Nr 1 genannten Rechts sowie auf Eigentumsübertragung. Unschädlich, dass Anspruchsberechtigter zugleich Grundpfandgläubiger ist (vgl Rn 6).

8   **4. Schuldner.** Schuldner ist der zur Löschung verpflichtete Eigentümer. Er bleibt es auch, wenn er das Grundstück nach Vormerkungsentstehung veräußert (vgl Rn 10 [b]), es sei denn, der Erwerber übernimmt die Schuld. Kein Vormerkungsfall, wenn der Veräußerer Schuldner bleibt und die Hypothek gem § 1164 erwirbt.

9   **5. Entstehung der Vormerkung.** Sie erfordert **a) Löschungsanspruch** (Rn 3–5); **b) Eintragungsbewilligung** des eingetragenen Eigentümers oder einstw Verfügung (§ 885 I); **c) Eintragung** bei dem betroffenen Recht (GBV 12 I Buchst c), und zwar frühestens mit der Eintragung dieses Rechts, auch wenn hierfür bereits eine Vormerkung besteht (BayObLG MDR 75, 664). Bei einer Briefhypothek muss der Brief nicht vorgelegt werden (GBO 41 I 3). Auf welche Fälle sich der vorgemerkte Anspruch bezieht, kann in der Eintragungsbewilligung stehen (§ 885 II; vgl Rn 5). Zur Eintragung des Berechtigten bei subj-dinglichem Recht BayObLG NJW 81, 2583 f.

10   **6. Wirkungen. a) Keine Grundbuchsperre** (§ 883 Rn 13). **b) Im Vereinigungsfall** kann der Gläubiger vom Schuldner die Aufhebung („Löschung") verlangen. Hat der Schuldner das Grundstück nach Bestellung der Vormerkung veräußert, ohne dass der neue Eigentümer die Schuld übernimmt (vgl Rn 8), so muss dieser

11   zustimmen (§ 888 I). **c) Ist der ehemalige Hypothekengläubiger noch eingetragen,** so kann der Vormerkungsberechtigte von ihm die Löschungsbewilligung

12   verlangen (Wörbelauer NJW 58, 1514). **d) Die Auswirkung der Löschungsvormerkung** auf *Verfügungen* über die Hypothek, die nach der Vereinigung *vom nunmehr nur scheinberechtigten Hypothekengläubiger* vorgenommen werden, ist str. Bsp: Die Hypothek ist gem §§ 1163 I 2, 1177 I zur Eigentümergrundschuld geworden, der ehemalige Hypothekengläubiger ist aber noch durch Eintragung oder gem § 1155 legitimiert; überträgt er die „Hypothek", so erlangt der Erwerber gem §§ 1138, 892, 1155 unstr eine Fremdgrundschuld. Nach stRspr des RG (93, 117) ist der Erwerb

dem Vormerkungsberechtigten gegenüber gem § 883 II 1 unwirksam, so dass dieser nach § 888 I vom Erwerber die Zustimmung zur Löschung der Grundschuld verlangen kann. Die heute hM glaubt, die Löschungsvormerkung nütze nichts gegen solche Manipulationen des legitimierten Scheingläubigers (MK/Eickmann 34 mN; zur Problematik auch BT-Drs 8/89 S 15). Dem RG ist zuzustimmen. IdR muss die Vormerkung nur gegen Verfügungen des Vormerkungsverpflichteten schützen; hier aber kann über §§ 1138, 892, 1155 auch die Verfügung eines Dritten (des legitimierten Scheingläubigers) den Löschungsanspruch vereiteln. Die Unwirksamkeit auch solcher Verfügungen entspricht dem Wortlaut des § 883 II 1 (das gegen Zagst aaO S 45). Die Löschungsvormerkung schützt so „gegen die Gefahren des gutgl Erwerbs" (RG JW 08, 275). Das genügt. Eine „widerspruchsgleiche Wirkung der Vormerkung" hat das RG aaO nicht angenommen, vielmehr gemeint, da die Vormerkung nach Ansicht des Berufungsgerichts in casu auch den Fall des § 1163 I 1 umfasse, habe sie „zugleich" (!) für diesen Fall die Bedeutung eines Widerspruchs. Damit wollte sich das RG nur die Erörterung ersparen, ob aus der „bes Natur" der Löschungsvormerkung oder des Hypothekenrechts eine Ausnahme von § 883 II (Schutz gegen gutgl Erwerb) herzuleiten sei. Für solche Ausnahme fehlt jede Grundlage. **e)** Zur Wirkung im **Insolvenzverfahren:** InsO 106 I (sa BGH NJW 12, 2274). **f)** Zur Wirkung in der **Zwangsversteigerung:** BGH 25, 382 ff; 39, 242 ff; Zagst aaO S 100 ff.

7. Löschungsvormerkung bei einer Grundschuld. a) Sie erfasst nur die Vereinigung von Eigentum und Grundschuld. Zu dieser kommt es bei Übertragung der Grundschuld an den Eigentümer, bei Grundstückserwerb durch den Grundschuldgläubiger (vgl § 889), bei Verzicht (§ 1168), Zahlung auf die Grundschuld (§ 1191 Rn 11 [aa, bb]; § 1192 Rn 2 [f]), ferner bei §§ 1170, 1171, 418 I 2. **b) Keine Vereinigung** findet statt, wenn **bei der Sicherungsgrundschuld** die gesicherte Forderung nicht entsteht oder erlischt; denn § 1163 I ist unanwendbar (§ 1191 Rn 6). Der Eigentümer kann nur Übertragung, Verzicht oder Aufhebung der Grundschuld verlangen (§ 1191 Rn 9, 12, 15). Den künftigen oder – falls aus dem Sicherungsvertrag stammend (vgl BGH NJW 77, 247; § 1191 Rn 15) – aufschiebend bedingten Anspruch auf Übertragung usw kann der Eigentümer an den nach § 1179 Vormerkungsberechtigten abtreten und durch Vormerkung gem §§ 883 ff sichern (zum Unterschied zwischen künftigem und aufschiebend bedingtem Anspruch § 883 Rn 7–9). Die Eintragung erfolgt auf Grund Bewilligung des gegenwärtigen Grundschuldgläubigers (Hamm NJW-RR 90, 273) oder auf Grund einstw Verfügung gegen ihn (aA Dempewolf NJW 57, 1259; MK/Eickmann 17 aE mwN, da ein Bewilligungsanspruch nicht bestehe – aber nicht dieser, sondern der Anspruch iSv § 883 Rn 4, 5, 7 wird gesichert: § 883 Rn 11; sa MK/Kohler § 885 Rn 3 ff; Baur, Studien zum einstw Rechtsschutz, 1967, S 48 f). Zur Vormerkungsfähigkeit künftiger Ansprüche § 885 Rn 8. Ohne diese Maßnahme ist der nur gem § 1179 Begünstigte schutzlos, insbes bei Pfändung des Anspruchs auf Übertragung usw durch einen Dritten oder bei Abtretung an ihn (vgl BGH NJW 75, 980 f). Ie str; vgl Stöber aaO S 402.

§ 1179a Löschungsanspruch bei fremden Rechten

(1) ¹**Der Gläubiger einer Hypothek kann von dem Eigentümer verlangen, dass dieser eine vorrangige oder gleichrangige Hypothek löschen lässt, wenn sie im Zeitpunkt der Eintragung der Hypothek des Gläubigers mit dem Eigentum in einer Person vereinigt ist oder eine solche Vereinigung später eintritt.** ²Ist das Eigentum nach der Eintragung der nach Satz 1 begünstigten Hypothek durch Sondernachfolge auf einen anderen übergegangen, so ist jeder Eigentümer wegen der zur Zeit seines Eigentums bestehenden Vereinigungen zur Löschung verpflichtet. ³Der Löschungsanspruch ist in gleicher Weise gesichert, als wenn zu seiner Sicherung gleichzeitig

§ 1179a

mit der begünstigten Hypothek eine Vormerkung in das Grundbuch eingetragen worden wäre.

(2) ¹Die Löschung einer Hypothek, die nach § 1163 Abs. 1 Satz 1 mit dem Eigentum in einer Person vereinigt ist, kann nach Absatz 1 erst verlangt werden, wenn sich ergibt, dass die zu sichernde Forderung nicht mehr entstehen wird; der Löschungsanspruch besteht von diesem Zeitpunkt ab jedoch auch wegen der vorher bestehenden Vereinigungen. ²Durch die Vereinigung einer Hypothek mit dem Eigentum nach § 1163 Abs. 2 wird ein Anspruch nach Absatz 1 nicht begründet.

(3) Liegen bei der begünstigten Hypothek die Voraussetzungen des § 1163 vor, ohne dass das Recht für den Eigentümer oder seinen Rechtsnachfolger im Grundbuch eingetragen ist, so besteht der Löschungsanspruch für den eingetragenen Gläubiger oder seinen Rechtsnachfolger.

(4) Tritt eine Hypothek im Range zurück, so sind auf die Löschung der ihr infolge der Rangänderung vorgehenden oder gleichstehenden Hypothek die Absätze 1 bis 3 mit der Maßgabe entsprechend anzuwenden, dass an die Stelle des Zeitpunkts der Eintragung des zurückgetretenen Rechts der Zeitpunkt der Eintragung der Rangänderung tritt.

(5) ¹Als Inhalt einer Hypothek, deren Gläubiger nach den vorstehenden Vorschriften ein Anspruch auf Löschung zusteht, kann der Ausschluss dieses Anspruchs vereinbart werden; der Ausschluss kann auf einen bestimmten Fall der Vereinigung beschränkt werden. ²Der Ausschluss ist unter Bezeichnung der Hypotheken, die dem Löschungsanspruch ganz oder teilweise nicht unterliegen, im Grundbuch anzugeben; ist der Ausschluss nicht für alle Fälle der Vereinigung vereinbart, so kann zur näheren Bezeichnung der erfassten Fälle auf die Eintragungsbewilligung Bezug genommen werden. ³Wird der Ausschluss aufgehoben, so entstehen dadurch nicht Löschungsansprüche für Vereinigungen, die nur vor dieser Aufhebung bestanden haben.

Lit: S § 1179.

1. Allgemeines. Vgl § 1179 Rn 1, 2.

2. Der Löschungsanspruch. a) Er besteht kraft Ges als Inhalt der begünstigten Hypothek. **b) Inhalt.** Er geht auf Aufhebung (ungenau: Löschung, vgl § 875 I 1) einer gleich- oder vorrangigen Hypothek bei schon bestehender oder künftig eintretender Vereinigung mit dem Eigentum, **I 1.** Vereinigung erfolgt zB gem §§ 889, 1143, 1163 I (dazu § 1179a II), 1168, 1170 II. Sie muss endgültig sein. Daraus zieht **II 1** HS 1 für vorläufige Eigentümergrundschuld des § 1163 I die Konsequenz (vgl § 1179 Rn 5); steht fest, dass die Forderung nicht mehr entstehen kann, so erfasst der Löschungsanspruch das betroffene Grundpfandrecht auch, wenn darüber verfügt wurde, bevor das Schicksal der Forderung feststand (II 1 HS 2); zur Problematik beim *Zwischenkredit* (§ 1163 Rn 11) vgl Kollhosser JA 79, 179 f, ferner § 1179 Rn 5. Für eine Eigentümergrundschuld gem § 1163 II gibt **II 2** Sondervorschrift; ihr geht aber II 1 vor, wenn schon vor Briefübergabe feststeht, dass die Forderung nicht mehr entstehen wird (PalBassenge 5; str). **c) Ausschluss** des Anspruchs ist möglich bei Bestellung der begünstigten Hypothek oder nachträglich (Inhaltsänderung; § 877) durch Einigung zwischen Gläubiger und Eigentümer sowie Eintragung (V 1); vom Löschungsanspruch nicht erfasste Hypotheken sind im Grundbuch selbst anzugeben (V 2 HS 1); sollen nicht alle Vereinigungsfälle erfasst werden, so genügt insoweit Bezugnahme auf Eintragungsbewilligung (V 2 HS 2). Zur Reichweite des Löschungsanspruchs bei Aufhebung des Ausschlusses vgl V 3.

3. Gläubiger. Gläubiger des ges Löschungsanspruchs (Rn 2) ist der jeweilige Inhaber der begünstigten (gleich- oder nachrangigen) Hypothek. **a) Abtretung** der

Titel 1. Hypothek **§ 1179b**

hypothekarisch gesicherten Forderung („der Hypothek") lässt den Anspruch als Inhalt der Hypothek mit übergehen. Selbstständige Abtretung des Anspruchs ist ausgeschlossen. **b) Nur der wirkliche Inhaber** der begünstigten Hypothek ist 6 Gläubiger. Das ist der eingetragene Gläubiger im Fall des § 1163 erst bei Eintritt der fehlenden Voraussetzungen, doch wird mit deren Eintritt die Wirkung des Löschungsschutzes iSv I 1 auf den Zeitpunkt der Eintragung des begünstigten Rechts zurückdatiert (das ist der str Sinn von **III**: ErmWenzel 3 mN, hM; dagegen und für Verfassungswidrig- und Nichtigkeit von III StWolfsteiner 8 f, 51). **c) Auch** 7 **eine Zwangshypothek** (ZPO 866 ff) kann begünstigte Hypothek sein; wichtig für Zwangsvollstreckung in ein mit Eigentümergrundschulden belastetes Grundstück durch nicht dinglich gesicherten Vollstreckungsgläubiger (vgl Stöber aaO S 426). Unter § 1179a fällt auch die Sicherungshypothek iSv ZVG 128, 130, aber nicht die Arresthypothek (ZPO 932 I 2).

4. Schuldner. Schuldner ist gem I **1, 2** der Eigentümer zZ der Eintragung der 8 begünstigten Hypothek für bereits bestehende Vereinigungen; für spätere Vereinigungen ist Schuldner, wer zZ des Eintritts der jeweiligen Vereinigung Eigentümer (gewesen) ist. Bei Übertragung von Eigentum und Eigentümergrundschuld sind Schuldner der neue und der alte Eigentümer (vgl I 2; Stöber aaO S 428; aA MK/Eickmann 21: nur der neue). Für Einreden des Eigentümers gegen die Geltendmachung des Löschungsanspruchs gilt § 1157 (Stöber aaO S 430).

5. Vorrangige Hypotheken. Diese können nicht begünstigt iSv I sein. Anders, 9 wenn sie im **Rang zurücktreten;** dann gelten I–III, wobei auf den Zeitpunkt der Eintragung der Rangänderung abzustellen ist, **IV** (ie Stöber aaO S 428).

6. Wirkungen. a) Der Löschungsanspruch ist kraft Ges so gesichert, wie wenn 10 für ihn gleichzeitig mit der begünstigten Hypothek eine Vormerkung eingetragen worden wäre, **I 3**. Mit Hilfe dieser Fiktion gelten §§ 883 ff, soweit nicht § 1179a Sonderregeln enthält (zB Verzicht auf Personenidentität von Schuldner und Inhaber des betroffenen Rechts; sa § 1179 Rn 4). Vgl ferner § 1179 Rn 10–13. **b)** Zur Wir- 11 kung in der Zwangsversteigerung, wenn nur das betroffene, nicht das begünstigte Recht im geringsten Gebot steht, vgl ZVG 44, 52 I, 91 I, IV 1, 130, 130a, 131.

7. Grund- und Rentenschuld. Sie können ebenfalls vom Löschungsanspruch 12 begünstigt und betroffen sein (§§ 1192 I [dazu BGH NJW 06, 2409 f], 1199 I). **a) Zur Vereinigung** von Grundschuld und Eigentum vgl § 1179 Rn 14. Für die Briefgrundschuld gilt II 2, wenn Brief noch nicht übergeben (§§ 1192 I, 1163 II). Zur Abtretung und Sicherung (gem §§ 883 ff) des künftigen Anspruchs des Eigentümers auf Übertragung der Grundschuld gilt § 1179 Rn 15 entspr. **b) Ursprüngliche** 13 **Eigentümergrundschuld** (§ 1196) unterfällt dem Löschungsanspruch erst, wenn sie einmal Fremdrecht war und sodann Vereinigung mit dem Eigentum eingetreten ist, **§ 1196 III** (s BGH 108, 241). Das beschränkt die Verwendungsfähigkeit einer Eigentümerbriefgrundschuld zur Kreditsicherung durch Abtretung außerhalb des Grundbuchs. Zum Ausschluss gem **V** s BayObLG NJW-RR 92, 307; zu den Gefahren für (weiteren) Briefgrundschuldgläubiger und der nur zT möglichen Abwendung gem V vgl Stöber aaO S 431; Kollhosser JA 79, 232 ff (er empfiehlt Verpfändung statt Abtretung; MK/Eickmann § 1196 Rn 22 wendet bei Verpfändung § 1196 III analog an!). Zur entspr Anwendung von § 1196 III bei **nachträglicher Eigentümergrundschuld** BGH 136, 251 ff.

§ 1179b Löschungsanspruch bei eigenem Recht

(1) **Wer als Gläubiger einer Hypothek im Grundbuch eingetragen oder nach Maßgabe des § 1155 als Gläubiger ausgewiesen ist, kann von dem Eigentümer die Löschung dieser Hypothek verlangen, wenn sie im Zeitpunkt ihrer Eintragung mit dem Eigentum in einer Person vereinigt ist oder eine solche Vereinigung später eintritt.**

§ 1180

(2) § 1179a Abs. 1 Satz 2, 3, Abs. 2, 5 ist entsprechend anzuwenden.

1 **Allgemeines.** Die Vorschrift gewährt dem durch Bucheintrag oder gem § 1155 legitimierten Gläubiger einen bes Löschungsanspruch gegen den eingetragenen Eigentümer (I, II iVm § 1179a I 2), wenn und sobald seine (wirkliche oder scheinbare) Hypothek, Grund- oder Rentenschuld (§§ 1192 I, 1199 I) mit dem Eigentum vereinigt ist (wichtig zB bei häufigerem Eigentumswechsel während der Tilgungszeit wegen der Folge § 1163 Rn 14). Der Anspruch wird entspr II iVm § 1179a I 3 so gesichert, als sei für ihn eine Vormerkung eingetragen (Löschungsvormerkung am eigenen Recht). Ausschluss des Anspruchs ist möglich (II iVm § 1179a V). StWolfsteiner 1–7 hält § 1179b für verfassungswidrig und nichtig, da er einem Nichtberechtigten (Scheingläubiger) ungerechtfertigte Eingriffe in das Eigentum Dritter gestatte; sa § 1179a Rn 6.

§ 1180 Auswechslung der Forderung

(1) ¹An die Stelle der Forderung, für welche die Hypothek besteht, kann eine andere Forderung gesetzt werden. ²Zu der Änderung ist die Einigung des Gläubigers und des Eigentümers sowie die Eintragung in das Grundbuch erforderlich; die Vorschriften des § 873 Abs. 2 und der §§ 876, 878 finden entsprechende Anwendung.

(2) ¹Steht die Forderung, die an die Stelle der bisherigen Forderung treten soll, nicht dem bisherigen Hypothekengläubiger zu, so ist dessen Zustimmung erforderlich; die Zustimmung ist dem Grundbuchamt oder demjenigen gegenüber zu erklären, zu dessen Gunsten sie erfolgt. ²Die Vorschriften des § 875 Abs. 2 und des § 876 finden entsprechende Anwendung.

1 **1. Allgemeines. a) Auswechslung** der hypothekarisch gesicherten Forderung ist rechtsgeschäftlich so möglich, dass der *Gläubiger bleibt* (I) *oder* auch der Gläubiger *wechselt* (II). Voraussetzung ist eine bereits bestehende rechtsgültige Hypothek (RG
2 139, 129). Die Auswechslung ist Verfügung über Hypothek und Eigentum. **b) Die neue Forderung** kann einen anderen Schuldner haben. Sie darf nicht höher sein als die bisherige, der überschießende Betrag ist als neue Hypothek einzutragen; die Eintragung der ungeteilten Forderung macht das Grundbuch nur in Höhe des überschießenden Betrags und nur dann unrichtig, wenn gleich- oder nachstehende Berechtigte vorhanden sind und nicht zustimmen. Zur Verschärfung der Haftung und Erhöhung von Nebenleistungen vgl § 1119 Rn 1.

3 **2. Voraussetzungen der Auswechslung. a) Ohne Gläubigerwechsel, I.** Einigung zwischen Eigentümer und Gläubiger; Eintragung im Grundbuch, dabei Bezeichnung der Forderung gem § 1115 (vgl RG 147, 302). Verfahrensrechtlich müssen Eigentümer und Gläubiger bewilligen (GBO 19, 29); für die Briefhypothek ferner GBO 65 II, 58 I. Zu §§ 873 II, 876, 878 vgl Anm dort. Für die Auswechslung gilt § 893. Verbindung von Auswechslung und Abtretung möglich (vgl Rn 5).
4 **b) Mit Gläubigerwechsel, II.** Einigung zwischen Eigentümer und neuem Gläubiger; Zustimmung des bisherigen Gläubigers gegenüber dem Grundbuchamt, Eigentümer oder neuen Gläubiger (II 1); Eintragung im Grundbuch (Rn 3).

5 **3. Wirkungen. a) Bei I** bleibt die bisherige Forderung ungesichert bestehen, § 1153 gilt nicht mehr für sie; uU erlischt sie, zB gem § 1165 (vgl dort Rn 2). § 1137 gilt nur für die neue Forderung. Besteht sie nicht, so gelten §§ 1163 I 1, 1177 I. Bei Abtretung der Hypothek wird der Erwerber auch dann gem §§ 892, 1138 geschützt, wenn sie mit einer Auswechslung nach I in einer Urkunde und einem Eintragungsvermerk zusammengefasst ist (RG 147, 301 f). **b) Bei II** geht die Hypothek kraft
6 Ges auf den neuen Gläubiger über. Weil der Erwerb ein RGeschäft (II) zur Voraussetzung hat, greifen zugunsten des neuen Gläubigers §§ 892, 1138 ein (zum Problem § 1143 Rn 2). Für die Briefhypothek gelten §§ 1163 II, 1177 I, für die

Titel 1. Hypothek §§ 1181, 1182

Buchhypothek § 1139. § 1137 gilt nur für die neue Forderung; besteht sie nicht, so gelten §§ 1163 I 1, 1177 I.

4. I, II. Für die **Grundschuld** gilt I nicht. II ist entspr anwendbar bei Umwandlung in eine Hypothek, die einem anderen als dem bisherigen Gläubiger zustehen soll (vgl § 1198 Rn 4; MK/Eickmann 24). 7

§ 1181 Erlöschen durch Befriedigung aus dem Grundstück

(1) **Wird der Gläubiger aus dem Grundstück befriedigt, so erlischt die Hypothek.**

(2) **Erfolgt die Befriedigung des Gläubigers aus einem der mit einer Gesamthypothek belasteten Grundstücke, so werden auch die übrigen Grundstücke frei.**

(3) **Der Befriedigung aus dem Grundstück steht die Befriedigung aus den Gegenständen gleich, auf die sich die Hypothek erstreckt.**

1. Allgemeines. Das Erlöschen der Hypothek ist vom Erlöschen der Forderung 1 zu unterscheiden (zu letzterem § 1163 Rn 14). Die Hypothek (nicht notwendig auch die Forderung) erlischt durch Aufhebung (§§ 875, 1183), Verzicht gem § 1175 I 2, durch Zuschlag gem ZVG 10, 44 I, 52 I, 91 I, 89 sowie durch zwangsweise Befriedigung aus dem Grundstück (I) oder den mithaftenden Gegenständen (III; vereinbartes Bestehen bleiben [ZVG 91 II, III] wirkt nur „iÜ" wie eine zwangsweise Befriedigung); zur Gesamthypothek vgl II (Ausnahme in § 1182). Die freiwillige Befriedigung fällt auch dann nicht unter § 1181, wenn der Eigentümer aus dem Erlös eines freihändigen Grundstücksverkaufs zahlt; auch eine Veräußerung gem § 1149 scheidet für § 1181 aus.

2. Anwendungsbereich. Vgl zunächst Rn 1. § 1181 meint nur Befriedigung 2 wegen der Hypothek durch Zwangsvollstreckung (§ 1147 Rn 1). Voraussetzung ist ein dinglicher Titel (§ 1147 Rn 2; Ausnahme in ZPO 867 III). Arten der Zwangsvollstreckung: bei I Zwangsversteigerung und Zwangsverwaltung, bei III auch Pfändung (iE §§ 1120–1122 Rn 5–7).

3. Wirkung der Befriedigung. Die *Hypothek erlischt* kraft Ges (nicht gem ZVG 3 91 II, III, s Rn 1). Ist bei Erlöschen durch Zuschlag (Rn 1) die Hypothek vom Meistgebot gedeckt, so setzt sie sich kraft Surrogation am Versteigerungserlös fort (vgl BGH 58, 301 ff; 60, 228). Das Grundbuch ist auf Ersuchen des Vollstreckungsgerichts zu berichtigen (ZVG 130 I 1, 158 II). Die persönliche Forderung erlischt nur, wenn der Eigentümer auch schuldet (BGH NJW-RR 06, 1095); sonst geht sie auf ihn über (§ 1143 Rn 2, 5).

§ 1182 Übergang bei Befriedigung aus der Gesamthypothek

¹**Soweit im Falle einer Gesamthypothek der Eigentümer des Grundstücks, aus dem der Gläubiger befriedigt wird, von dem Eigentümer eines der anderen Grundstücke oder einem Rechtsvorgänger dieses Eigentümers Ersatz verlangen kann, geht die Hypothek an dem Grundstück dieses Eigentümers auf ihn über.** ²**Die Hypothek kann jedoch, wenn der Gläubiger nur teilweise befriedigt wird, nicht zum Nachteil der dem Gläubiger verbleibenden Hypothek und, wenn das Grundstück mit einem im Range gleich- oder nachstehenden Recht belastet ist, nicht zum Nachteil dieses Rechts geltend gemacht werden.**

1. Anwendungsbereich. Die Grundstücke müssen verschiedenen Eigentümern 1 gehören. Der Gläubiger wird zwangsweise aus dem Grundstück eines Eigentümers befriedigt, der vom Eigentümer eines mithaftenden Grundstücks oder einem Rechtsvorgänger dieses Eigentümers Ersatz verlangen kann.

§§ 1183–1185 Buch 3. Abschnitt 7. Hypothek, Grundschuld, Rentenschuld

2   **2. Wirkung. a)** In Höhe des Ersatzanspruchs geht die Hypothek am Grundstück des ersatzpflichtigen Eigentümers auf den Ersatzberechtigten über (**S 1;** Ausnahme von § 1181 II) und sichert den Ersatzanspruch; iÜ erlischt die Gesamthypothek (§ 1181). Geht die ursprüngliche Forderung nach § 1143 I 1 ebenfalls auf den Ersatzberechtigten über, so bleibt sie ungesichert (vgl RG 81, 77 f mit zweifelhafter Begründung). **b)** Die Hypothek des Ersatzberechtigten lässt den in **S 2** genannten Rechten den Vorrang. **c)** Grundbuchberichtigung nur auf Antrag des Betroffenen.

§ 1183 Aufhebung der Hypothek

¹Zur Aufhebung der Hypothek durch Rechtsgeschäft ist die Zustimmung des Eigentümers erforderlich. ²Die Zustimmung ist dem Grundbuchamt oder dem Gläubiger gegenüber zu erklären; sie ist unwiderruflich.

1   **1. Anwendungsbereich.** § 1183 gilt für die **rechtsgeschäftliche Aufhebung** von Grundpfandrechten aller Art (nicht mit dem Verzicht gem § 1168 zu verwechseln). Die Vorschrift **ergänzt** die **§§ 875, 876** (vgl Anm dort). Die Zustimmung des Eigentümers ist nötig, weil er eine Aussicht auf künftigen Erwerb des Grundpfandrechts hat (trotz §§ 1179a, b!), die er mit seiner Zustimmung aufgibt. Die Aussicht ist kein Anwartschaftsrecht (§ 1163 Rn 15; aA AnwKomBGB/Krause 6). Deshalb liegt in der Zustimmung keine Verfügung über ein solches Recht; dennoch wird sie als Verfügung oder verfügungsähnlich bezeichnet, aber praktisch nicht als „Verfügung" iSd Verfügungsverbote behandelt (ie ErmWenzel 4).

2   **2. Voraussetzung** der Aufhebung eines Grundpfandrechts ist – außer den in §§ 875, 876 genannten Punkten – die **Zustimmung** dessen, dem das Grundstück in dem Zeitpunkt gehört, in dem alle Erfordernisse der §§ 875, 876, 1183 erfüllt sind. Die Zustimmung ist einseitiges materielles RGeschäft, unwiderruflich (S 2 HS 2; abw von § 183), dem Grundbuchamt oder dem Gläubiger gegenüber zu erklären (S 2 HS 1) und formlos gültig. § 878 gilt entspr. Von der materiell-rechtlichen Zustimmung nach § 1183 ist die verfahrensrechtliche gem GBO 27 zu unterscheiden (Demharter § 27, 10); Form: GBO 29, 30.

3   **3. Wirkung.** Die Hypothek erlischt, nachstehende Berechtigte rücken auf.

§ 1184 Sicherungshypothek

(1) **Eine Hypothek kann in der Weise bestellt werden, dass das Recht des Gläubigers aus der Hypothek sich nur nach der Forderung bestimmt und der Gläubiger sich zum Beweis der Forderung nicht auf die Eintragung berufen kann (Sicherungshypothek).**

(2) **Die Hypothek muss im Grundbuch als Sicherungshypothek bezeichnet werden.**

§ 1185 Buchhypothek; unanwendbare Vorschriften

(1) **Bei der Sicherungshypothek ist die Erteilung des Hypothekenbriefs ausgeschlossen.**

(2) **Die Vorschriften der §§ 1138, 1139, 1141, 1156 finden keine Anwendung.**

Anmerkungen zu den §§ 1184, 1185

1   **1. Allgemeines.** Die Sicherungshypothek ist **streng akzessorisch:** Jeder Mangel der Forderung ist zugleich ein Mangel des dinglichen Rechts. Außer der strengen

Titel 1. Hypothek §1186

Akzessorietät und dem ges Ausschluss der Brieferteilung (§ 1185 I) gelten für sie keine Besonderheiten gegenüber der Verkehrshypothek (für Sonderformen Abweichungen in §§ 1187 S 3, 1188, 1189, 1190 IV). Wegen der strengen Akzessorietät ist sie idR ungeeignet zur Sicherung langfristiger Kredite. Ihr **Zweck** ist vor allem die Sicherung kurzfristig zu erfüllender Forderungen (bes deutlich bei §§ 648, 648a, ZPO 866 I, 932 I).

2. Bestellung. Durch Einigung, die auf eine Sicherungshypothek gerichtet ist und entspr Eintragung (§§ 873, 1184 II); Eintragung des Briefausschlusses ist wegen § 1185 I unnötig. Bei Nichtbestehen der Forderung gelten §§ 1163 I 1, 1177 I. – Es können **Divergenzen zwischen Einigung und Eintragung** bestehen. *Einigung:* Verkehrshypothek; Eintragung: entspr § 1184 II; es entsteht Sicherungshypothek (wenn Forderung existiert), da sie wegen Ausschlusses von § 1138 den Eigentümer weniger als eine Verkehrshypothek beschwert (ähnlich RG 123, 170 f: Sicherungshypothek als minus gegenüber Verkehrshypothek). *Einigung:* Sicherungshypothek; Eintragung: Verkehrshypothek; es entsteht keine Sicherungshypothek (unstr), sondern Verkehrshypothek (MK/Eickmann § 1184 Rn 16). – Haben sich die Parteien bei **Dissens** (§§ 154, 155) **über die Art der Hypothek** jedenfalls über eine hypothekarische Belastung geeinigt, so betrifft die Einigung den Regelfall, dh eine Verkehrshypothek; fehlt auch insoweit eine Einigung, so entsteht keine Hypothek (iE ebenso, aber verfehlt zu § 155 [s dort Rn 1, 2], MK/Eickmann § 1184 Rn 14. – Nach StWolfsteiner § 1184 Rn 12 mN entsteht bei Divergenz stets eine Sicherungshypothek; ob ohne Einigung bei Eintragung ein Grundpfandrecht entsteht, ist str (§ 1113 Rn 16). – Bes Form der Bestellung in § 1188 I. – Bsp für **nichtrechtsgeschäftliche Entstehung:** § 1287 S 2; ZPO 848 II 2, 866, 867, 932.

3. Durchführung der strengen Akzessorietät (§ 1185 II). Vgl zunächst Rn 1, ferner Rn 21 vor § 1113. Strenge Akzessorietät gilt ohne Rücksicht auf den Entstehungsgrund der Sicherungshypothek (RGeschäft, Ges, gerichtl Anordnung). § 1185 II schließt alle Vorschriften aus, welche die Akzessorietät auflockern: **a) § 1138.** Konsequenz: § 1138 Rn 1. Erwerb einer Sicherungshypothek vom Nichtberechtigten ist nur möglich, wenn die Forderung besteht und übergeht (Bsp: § 1153 Rn 1); andernfalls erlangt der Erwerber nichts, insbes keine Grundschuld. **b) § 1139.** S Anm dort. **c) § 1141.** Deshalb muss die Kündigung der Hypothek (wie der Forderung) zwischen Gläubiger und persönlichem Schuldner erfolgen (RG 111, 401; § 1141 Rn 1). **d) § 1156.** Die §§ 406–408 gelten bei der Sicherungshypothek zwischen neuem Hypothekengläubiger und Eigentümer für die Hypothek (anders bei der Verkehrshypothek: § 1156 Rn 1). Folge: Erlischt die Forderung durch Zahlung des redlichen Schuldners an den Zedenten (§ 407) oder Erstzessionar (§ 408), so gelten für die Sicherungshypothek die §§ 1163 I 2, 1177 I.

§ 1186 Zulässige Umwandlungen

¹Eine Sicherungshypothek kann in eine gewöhnliche Hypothek, eine gewöhnliche Hypothek kann in eine Sicherungshypothek umgewandelt werden. ²Die Zustimmung der im Range gleich- oder nachstehenden Berechtigten ist nicht erforderlich.

1. Anwendungsbereich. Jede Hypothek kann in eine Hypothek anderen Typs umgewandelt werden, auch eine Sicherungs- in eine Höchstbetragshypothek und umgekehrt. Die Umschreibung einer Arrest- in eine Zwangshypothek unterfällt nicht § 1186, sondern ZPO 867 I. Zur Umwandlung einer Hypothek in eine Grundschuld: § 1198.

2. Umwandlung. Eine solche ist **Inhaltsänderung** iSv § 877; zu ihren Voraussetzungen § 877 Rn 2. Bei Umwandlung von Buch- in Briefrecht und umgekehrt gilt ferner § 1116 I, III (dazu GBO 60, 69). Die gleich- oder nachstehenden Berechtigten werden nicht benachteiligt; daraus erklärt sich S 2.

§ 1187 Sicherungshypothek für Inhaber- und Orderpapiere

¹Für die Forderung aus einer Schuldverschreibung auf den Inhaber, aus einem Wechsel oder aus einem anderen Papier, das durch Indossament übertragen werden kann, kann nur eine Sicherungshypothek bestellt werden. ²Die Hypothek gilt als Sicherungshypothek, auch wenn sie im Grundbuch nicht als solche bezeichnet ist. ³Die Vorschrift des § 1154 Abs. 3 findet keine Anwendung. ⁴Ein Anspruch auf Löschung der Hypothek nach den §§ 1179a, 1179b besteht nicht.

§ 1188 Sondervorschrift für Schuldverschreibungen auf den Inhaber

(1) Zur Bestellung einer Hypothek für die Forderung aus einer Schuldverschreibung auf den Inhaber genügt die Erklärung des Eigentümers gegenüber dem Grundbuchamt, dass er die Hypothek bestelle, und die Eintragung in das Grundbuch; die Vorschrift des § 878 findet Anwendung.

(2) ¹Die Ausschließung des Gläubigers mit seinem Recht nach § 1170 ist nur zulässig, wenn die im § 801 bezeichnete Vorlegungsfrist verstrichen ist. ²Ist innerhalb der Frist die Schuldverschreibung vorgelegt oder der Anspruch aus der Urkunde gerichtlich geltend gemacht worden, so kann die Ausschließung erst erfolgen, wenn die Verjährung eingetreten ist.

§ 1189 Bestellung eines Grundbuchvertreters

(1) ¹Bei einer Hypothek der im § 1187 bezeichneten Art kann für den jeweiligen Gläubiger ein Vertreter mit der Befugnis bestellt werden, mit Wirkung für und gegen jeden späteren Gläubiger bestimmte Verfügungen über die Hypothek zu treffen und den Gläubiger bei der Geltendmachung der Hypothek zu vertreten. ²Zur Bestellung des Vertreters ist die Eintragung in das Grundbuch erforderlich.

(2) Ist der Eigentümer berechtigt, von dem Gläubiger eine Verfügung zu verlangen, zu welcher der Vertreter befugt ist, so kann er die Vornahme der Verfügung von dem Vertreter verlangen.

Anmerkungen zu den §§ 1187-1189

1 **1. Allgemeines.** Die Sicherungshypothek ist wegen ihrer strengen Akzessorietät umlauffeindlich. Abw davon erhöht die strenge Akzessorietät der sog Wertpapierhypothek deshalb deren Umlauffähigkeit, weil die gesicherte Wertpapierforderung nach wertpapierrechtlichen Grundsätzen, nicht nach § 1154 III übertragen wird (Übergang der Hypothek: § 1153 I): § 1187 S 3. Der Umlauffähigkeit dient auch der Ausschluss des „an sich" gem §§ 1179a, b gegebenen Löschungsanspruchs: § 1187 S 4. Die Wertpapierhypothek wird zunehmend von der Sicherungsgrundschuld verdrängt, die der Eigentümer zugunsten eines Treuhänders der (zumeist unbekannten) Gläubiger bestellt.

2 **2. Wesentliche Besonderheiten.** § 1187 S 2 (abw von § 1184 II); § 1187 S 3 (Rn 1); § 1188 I (abw von § 873); für den Gläubiger kann gem § 1189 ein sog Grundbuchvertreter (RG 90, 213) rechtsgeschäftlich bestellt und im Grundbuch eingetragen werden (zur Rechtsstellung RG 150, 290 ff).

§ 1190 Höchstbetragshypothek

(1) ¹Eine Hypothek kann in der Weise bestellt werden, dass nur der Höchstbetrag, bis zu dem das Grundstück haften soll, bestimmt, im Übri-

Titel 1. Hypothek § 1190

gen die Feststellung der Forderung vorbehalten wird. ²Der Höchstbetrag muss in das Grundbuch eingetragen werden.

(2) Ist die Forderung verzinslich, so werden die Zinsen in den Höchstbetrag eingerechnet.

(3) Die Hypothek gilt als Sicherungshypothek, auch wenn sie im Grundbuch nicht als solche bezeichnet ist.

(4) ¹Die Forderung kann nach den für die Übertragung von Forderungen geltenden allgemeinen Vorschriften übertragen werden. ²Wird sie nach diesen Vorschriften übertragen, so ist der Übergang der Hypothek ausgeschlossen.

1. Allgemeines. a) Bei der Höchstbetragshypothek (auch Höchst- oder 1 Maximalhypothek genannt) muss – zunächst – nur der **Haftungshöchstbetrag** bestimmt sein, § 1190 (abw von § 1113 I, wonach die Hypothek mit einer bestimmten Forderung verbunden ist, weshalb sie Forderungen wechselnden Umfangs, zB aus laufender Geschäftsverbindung, nicht sichern kann). **b) Die praktische Bedeu-** 2 **tung** der rechtsgeschäftlich bestellten Höchstbetragshypothek ist gering. Gründe: Die Übertragung macht zuweilen Schwierigkeiten (Rn 8), der Gläubiger trägt die Beweislast für das Entstehen der Forderung (III mit § 1185 II: §§ 1138, 891 gelten nicht für die Forderung), etwaige Zinsen müssen von vornherein in den Höchstbetrag eingerechnet werden (II) und eine Unterwerfung des Eigentümers unter die sofortige Zwangsvollstreckung ist nur für einen bezifferten Teilbetrag, nicht „bis zum Höchstbetrag" zulässig, weil ZPO 794 I Nr 5 aF, 800 eine „bestimmte" Geldsumme verlangten (BGH BB 71, 195; ie Hornung NJW 91, 1649 ff); daran hat ZPO 794 I Nr 5 idF ab 1.1.1999 nichts geändert (StJ/Münzberg § 794 Rn 115). Die Höchstbetragshypothek wird daher zunehmend von der Sicherungsgrundschuld verdrängt. **c) Die sog verdeckte Höchstbetragshypothek.** Sie soll als gewöhnli- 3 che Verkehrshypothek den Anspruch aus dem jeweiligen, dh wechselnden Schlussguthaben sichern; das ist wegen § 1163 I unzulässig (Westermann § 110 I 3; aA die hM, insbes das RG, vgl MK/Eickmann § 1113 Rn 35, 36 mN). Sie spielt keine Rolle mehr.

2. Besonderheiten der Höchstbetragshypothek. a) Die Forderung ist nur 4 dem möglichen Höchstbetrag nach bestimmt, sonst muss sie unbestimmt sein. Der Schuldgrund darf ganz allg gefasst sein (zB für alle Forderungen des Gläubigers gegen S). **b) Der Höchstbetrag** muss eingetragen werden (I 2), Zinsen dürfen es nicht 5 (II; sonst GBO 53 I 2). **c) §§ 1163, 1177** gelten modifiziert, weil der Höchstbetrag 6 (nur) einen Rahmen absteckt, innerhalb dessen die „Anteile" von Fremdhypothek und Eigentümergrundschuld einem laufenden Wechsel unterliegen können, bis die vorbehaltene Feststellung der Forderung (I 1) erfolgt ist. Der nicht von der Forderung ausgefüllte Teil des Grundpfandrechts ist eine vorläufige, dh auflösend bedingte Eigentümergrundschuld, sofern eine Forderung noch (§ 1163 I 1) oder wieder (§ 1163 I 2) entstehen kann. Solange darf auf der Eigentümer noch nicht Grundbuchberichtigung (§ 1163 Rn 9), der gem § 1179 Vormerkungsberechtigte noch Löschung verlangen (RG 125, 136; ganz unklar BGH NJW 86, 54); der gem §§ 1179a, b Löschungsberechtigte kann in Erweiterung von §§ 1179a II 1, 1179b II auch im Falle des § 1163 I 2 nicht Löschung verlangen, sofern eine Forderung wieder entstehen kann (s o). Die vorläufige Eigentümergrundschuld steht bei § 1163 I 1 dem Bestellenden, bei § 1163 I 2 dem Eigentümer zZ des Erlöschens der Forderung zu. Der Schwebezustand wird erst beendet, wenn die Forderung durch Vertrag zwischen Gläubiger und Schuldner oder durch Urteil festgestellt ist (vgl I 1). Dann wird die vorläufige zur endgültigen Eigentümergrundschuld; Berichtigung (§ 894) und Löschung (§§ 1179, 1179a, b) können verlangt werden. **d) Bestehen der For-** 7 **derung** kann nicht vermutet werden, da ungewiss ist, ob der Höchstbetrag erreicht (hat). Deshalb ist die Höchstbetragshypothek kraft Ges *Sicherungshypothek* **(III),** bei der diese Vermutung nicht gilt (§ 1185 II schließt §§ 1138, 891 aus).

Berger 1573

§ 1191 Buch 3. Abschnitt 7. Hypothek, Grundschuld, Rentenschuld

8 **e) Übertragung der Hypothek** erfolgt durch Abtretung der Forderung (§ 1154 III); § 1153 II 2. Hälfte gilt. Vor Feststellung der Forderung ist das nur dann problemlos, wenn die Forderung den Höchstbetrag erreicht hat. Sonst bleibt dem Zedenten der nicht ausgefüllte Teil, der zZ Eigentümergrundschuld ist (Rn 6). Nach der Feststellung kann die Forderung nur in der festgestellten Höhe abgetreten

9 werden. **f) Abtretung der Forderung allein** gem §§ 398 ff ist möglich (**IV**; Ausnahme von § 1153 I, II 1. Hälfte). Sie ist nicht mehr hypothekarisch gesichert, in ihrer Höhe entsteht eine (idR vorläufige) Eigentümergrundschuld; sind sämtliche Forderungen abgetreten, so entsteht eine endgültige Eigentümergrundschuld (MK/

10 Eickmann 21). **g) Umwandlung** in eine Verkehrs- oder gewöhnliche Sicherungshypothek erfordert vorherige Feststellung der Forderung (I 1) oder deren Auswechslung gegen eine bestimmte (§ 1180). §§ 1198, 1203 gelten auch hier.

11 **3. Sonstiges.** Höchstbetragshypothek **außerhalb des BGB:** ZPO 932 I, AO 324 III.

Titel 2. Grundschuld, Rentenschuld

Untertitel 1. Grundschuld

§ 1191 Gesetzlicher Inhalt der Grundschuld

(1) Ein Grundstück kann in der Weise belastet werden, dass an denjenigen, zu dessen Gunsten die Belastung erfolgt, eine bestimmte Geldsumme aus dem Grundstück zu zahlen ist (Grundschuld).

(2) Die Belastung kann auch in der Weise erfolgen, dass Zinsen von der Geldsumme sowie andere Nebenleistungen aus dem Grundstück zu entrichten sind.

I. Allgemeines

1 **1. Bedeutung.** Die Grundschuld ist das wichtigste Grundpfandrecht; sie hat die Hypothek weitgehend verdrängt (insbes die Höchstbetragshypothek, s § 1190 Rn 2).

2 **2. Begriff.** Er wird durch den Gegensatz zwischen Grundschuld und Hypothek bestimmt: Die Hypothek ist (grundsätzlich) akzessorisch, die Grundschuld nicht; ie Rn 17 vor § 1113. Außerhalb der Akzessorietät gelten für beide die gleichen Grundsätze (§ 1192 I, s dort Rn 2; Rn 10–16 vor § 1113). Ihre gegenseitige Umwandlung (§ 1198) ist bloße Inhaltsänderung (Rn 1 vor § 1113).

3 **3. Verpflichtung zur Bestellung einer Grundschuld.** Diese kann zB beruhen auf Schenkung, Kauf, Vermächtnis oder – bes wichtig – Sicherungsvertrag (dazu Rn 5). Trotz Fehlens, Unwirksamkeit oder Wegfalls des Verpflichtungsgeschäfts entsteht die Grundschuld beim Gläubiger; dem Eigentümer steht ein Rückgewähranspruch gem § 812 I 1 oder 2 Alt 1 zu (ie Rn 5).

II. Die Sicherungsgrundschuld

Lit: Clemente, Recht der Sicherungsgrundschuld, 5. Aufl 2011; Huber, Die Sicherungsgrundschuld, 1965; Müller, Der Rückgewähranspruch bei Grundschulden, RNotZ 12, 199; Reinicke/Tiedtke, Kreditsicherung, 5. Aufl 2006, 2. Teil, B, 3. Kapitel, 3. Abschnitt; Serick II 409 ff, III 240 ff, 312 ff, 315 ff, 513 ff; Hj. Weber, Kreditsicherungsrecht, 8. Aufl 2006, § 13.

4 **1. Allgemeines.** „Sicherungsgrundschuld" **war** bis zum 18.8.2008 **kein Begriff des BGB.** Das RisikobegrenzungsG v 12.8.2008 hat in § 1192 einen Abs 1a eingefügt, der im S 1 HS 1 die Sicherungsschuld als **„Grundschuld zur Sicherung eines Anspruchs"** definiert (ungenau; s Rn 16 vor § 1113; richtig § 1193 II 2).

Titel 2. Grundschuld, Rentenschuld § 1191

Die Sicherungsgrundschuld hat nichts mit der Sicherungshypothek der §§ 1184, 1185 zu tun, sondern ist Grundschuld iSv § 1191 und dient zur Sicherung einer Forderung des Gläubigers (der idR auch Grundschuldgläubiger werden soll) gegen den Eigentümer oder einen Dritten. Maßgebend hierfür ist der *Sicherungsvertrag* (Rn 5).

2. Der Sicherungsvertrag. a) Er ist der **schuldrechtliche Vertrag** zwischen 5 dem Gläubiger (SN) und dem SG und begründet ein Treuhandverhältnis (vgl. BGH NJW 12, 686, 1142). SG kann sein der (schuldende oder der Nur-) Eigentümer, der Nur-Schuldner oder ein Dritter. Der Vertrag bestimmt insbes, welche Forderung gesichert werden soll (BGH 105, 158 f; sa § 305c Rn 3; Clemente ZIP 90, 971 ff); die (idR schriftliche) Bestimmung heißt *Zweckerklärung*. Spätere Erweiterung des Sicherungszwecks ist möglich; bei Miteigentümer als SG müssen alle mitwirken (BGH NJW 10, 936). Der Sicherungsvertrag begründet die Pflicht des SG zur Grundschuldbestellung (SG ist hier der Eigentümer), -überlassung oder -beschaffung (einer Eigentümer- oder Fremdgrundschuld), vgl BGH NJW 91, 1821. Der Vertrag ist daher der Rechtsgrund (die *causa*) für die Bestellung/Überlassung/Beschaffung (nicht ist es die gesicherte Forderung: Rn 9). Fehlt er oder ist er unwirksam, so steht dem SG ein Anspruch aus § 812 I 1 (BGH NJW 90, 392), bei späterem Wegfall aus § 812 I 2 Alt 1 zu; zum Anspruchsinhalt Rn 15. **b) Er begründet** 6 **keine Akzessorietät** der Grundschuld. Folglich ist weder er noch die Forderung eintragbar (wohl aber die aus dem Vertrag erwachsenden Einreden: Rn 20, 23, 24; Baur § 45 Rn 34, 35). Daher erwirbt und behält der Gläubiger das dingliche Recht unabhängig vom Bestehen und Fortbestehen der gesicherten Forderung; § 1163 I ist unanwendbar (Rn 9, 12). Sa Rn 8. **c)** Zur **Kündbarkeit** Gerth BB 90, 78 ff; 7 BGH WM 02, 2367. **d) Form.** Nach allg Regeln formlos, aber insbes im Verkehr mit Banken wird Vereinbarung iSv § 154 II vermutet (BGH NJW-RR 93, 236).

3. Die Nichtakzessorietät der Grundschuld. Sie verbietet eine unmittelbare 8 Einflussnahme der Forderung auf das dingliche Recht. Daher kann durch RGeschäft eine dinglich wirkende Verbindung von Grundschuld und Forderung nicht herbeigeführt werden (keine Akzessorietät kraft RGeschäfts; unzutr BGH NJW 86, 53). Deshalb gibt es keine eintragungsfähige (sondern nur schuldrechtlich wirksame) Begrenzung des dinglichen Verwertungsrechts auf die Höhe der Forderung (BGH NJW-RR 03, 45). Ebensowenig können Grundschuld und Forderung durch § 139 verknüpft werden (RG 145, 156 f; aA MK/Eickmann 18). Die Grundschuld kann auch nicht unter der (unechten: § 158 Rn 6 [b]) Bedingung bestellt werden, dass die Forderung besteht (StWolfsteiner 8; aA MK/Eickmann 19, hM, je mwN); wegen der Nichtakzessorietät der Grundschuld ist die Einigung (§ 873) insoweit bedingungsfeindlich (sa Rn 16 vor § 854).

4. Die gesicherte Forderung. Fehlt die gesicherte Forderung *von Anfang an,* 9 so ist das für die Wirksamkeit und Rechtszuständigkeit der nichtakzessorischen Grundschuld belanglos. § 1163 I 1 ist unanwendbar (allgM). Das Fehlen der Forderung nimmt der Grundschuld nicht den Rechtsgrund, denn dieser ist der Sicherungsvertrag (Rn 5; zutr BGH NJW-RR 96, 235; NJW 89, 1733 gegen 86, 54). Daher steht dem SG kein Rückgewähranspruch aus § 812 I 1 zu (aA Serick I 63, III 392: Nichtigkeit des Darlehensvertrags mache auch den Sicherungsvertrag nichtig, § 139; sa Jäckle JZ 82, 55 f), sondern jedenfalls kraft Auslegung aus dem Sicherungsvertrag (BGH NJW-RR 90, 589; Buchholz ZIP 87, 891 ff), subsidiär aus § 812 I 2 Alt 2 (MK/Eickmann 16 mN). Das endgültige Nichtentstehen der Forderung macht den zunächst aufschiebend bedingten Rückgewähranspruch jedoch unbedingt. *Kann die Forderung noch entstehen,* so ist der bereicherungsrechtliche Rückgewähranspruch (noch) nicht entstanden; ein vertraglicher Rückgewähranspruch ist noch aufschiebend bedingt (BGH 106, 378), zB bei laufendem Kreditverhältnis (vgl BGH NJW 90, 1602 f). Zum Rückgewähranspruch ie Rn 15, 21. – Für die Siche-

Berger

§ 1191 Buch 3. Abschnitt 7. Hypothek, Grundschuld, Rentenschuld

rung einer *Ersatzforderung* (zB aus § 812 bei Nichtigkeit des Darlehens) gilt § 1113 Rn 8 entspr.

10 **5. Tilgung.** Ob die Grundschuld oder die Forderung getilgt ist, hat große Bedeutung für die Rechtsfolgen; ebenso wichtig ist, wer getilgt hat: der Eigentümerschuldner, der Nur-Eigentümer, der Nur-Schuldner oder ein Dritter. *Keine Tilgung* liegt vor, wenn für die rechtsgeschäftliche Übertragung der gekauften Grundschuld oder
11 Forderung bezahlt wird (letztere erlischt nicht, BGH NJW 82, 2308). **a) Tilgung der Grundschuld aa) durch den Eigentümerschuldner** oder für seine Rechnung und mit seiner Zustimmung durch einen anderen (LM Nr 6, 7 zu § 1192): Die Grundschuld geht kraft Ges auf den Eigentümer über; Begründung str (Analogie zu §§ 1142, 1143 oder 1163 I 2 oder 1168, 1170 f), am besten entspr §§ 1142, 1143 (BGH NJW 86, 2111, 2112). Zugleich erlischt die Forderung (BGH 105, 157: idR; unzutr BGH NJW 92, 3229: „auch" die Forderung erlischt, die Grundschuld erlischt nicht, s o); **bb) durch den Nur-Eigentümer** oder für seine Rechnung und mit seiner Zustimmung durch einen anderen: Die Grundschuld geht gem §§ 1192 I, 1143 auf ihn über (BGH NJW-RR 03, 12). Die Forderung erlischt nicht (BGH NJW 91, 1821); sie geht auch nicht kraft Ges auf ihn über, denn § 1143 I gilt gem § 1192 I nur für die Grundschuld, nicht für die Forderung (BGH 108, 184). Der Gläubiger kann nach Tilgung der Grundschuld die Forderung nicht mehr gegen den Schuldner geltend machen (§ 242: BGH NJW 91, 1821). Kann der Eigentümer vom Schuldner Ersatz verlangen, so hat er gegen den Gläubiger einen Anspruch auf Abtretung der Forderung (KG NJW 61, 415 f mN); kann er keinen Ersatz verlangen, so erlischt die Forderung mit Tilgung der Grundschuld (ebenso, aber unzutr zum Zeitpunkt, Reinicke/Tiedtke WM 91 Beil 5 S 11); abw BGH NJW 91, 1821: Forderung sei übertragbar, aber da vom Zedenten nicht durchsetzbar (§ 242, s o), auch nicht vom Zessionar (§ 404); **cc) durch einen ablösungsberechtigten Dritten:** Die Grundschuld geht auf ihn über (§§ 1192 I, 1150, 268 III 1), nicht die Forderung (§§ 1150, 268 III 1 gelten nur entspr: § 1192 I), diese erlischt nicht, str (unentschieden BGH NJW 01, 1418); zur Tilgung durch einen *nichtablösungsberechtigten* Dritten BGH NJW 83, 2503 f; **dd) durch den Schuldner** ist nur möglich, wenn dieser als anderer (Rn 11 [bb]) oder als ablösungsberechtigter Dritter
12 (Rn 11 [cc]) gezahlt hat. **b) Tilgung der Forderung aa) durch den Eigentümerschuldner** (ohne gleichzeitige Tilgung der Grundschuld, vgl Rn 11 [aa]): Die Grundschuld bleibt beim Gläubiger; § 1163 I 2 ist unanwendbar (allgM). Dem Eigentümerschuldner steht nur ein Rückgewähranspruch zu (Rn 15); **bb) durch den Nur-Eigentümer:** Es gilt Rn 12 (aa); **cc) durch den Schuldner** belässt die Grundschuld beim Gläubiger (BGH NJW-RR 03, 12); § 1163 I 2 ist unanwendbar. Mit Erlöschen der Forderung (§ 362) entfällt der Sicherungszweck, deshalb hat der Eigentümer gegen den Grundschuldgläubiger idR einen Rückgewähranspruch bzgl der Grundschuld (BGH NJW-RR 03, 12; Rn 15, 16). Hat der Schuldner wegen seiner Zahlung einen Ersatzanspruch gegen den Eigentümer, so ist § 1164 auch nicht entspr anwendbar (str), aber uU kann er vom Eigentümer die Abtretung des Rückgewähranspruchs oder, nach Rückgewähr an den Eigentümer, die Übertra-
13 gung der Grundschuld verlangen. **c) Worauf gezahlt** wird (auf Grundschuld, Forderung [ggf welche] oder beide), entscheidet primär der erklärte *Wille des Leistenden* (BGH NJW 97, 2047), der aus den Umständen, insbes einer etwaigen Abrede mit dem Gläubiger, zu entnehmen ist. In Sicherungsverträgen mit Kreditinstituten wird idR Zahlung auf die Forderung vereinbart (nicht eintragungsfähig), um den Übergang der Grundschuld auf den Eigentümer auszuschließen (vgl LM Nr 6 zu § 1192). Die Abrede gilt nicht mehr, wenn der Eigentümerschuldner auf die Grundschuld zahlt, weil der Gläubiger vollstreckt (BGH NJW 88, 708), oder wenn nach § 268 gezahlt wird (BGH NJW 01, 1418); gleiches gilt, wenn der Insolvenzverwalter des Eigentümer(schuldner)s zahlt (BGH NJW 94, 2692). Fehlen andere Anhaltspunkte, so wird es der Interessenlage entsprechen, dass der Nur-Eigentümer auf die Grundschuld (beachte aber §§ 1192 I, 1179a, b), der Nur-Schuldner (MK/Eickmann 120)

Titel 2. Grundschuld, Rentenschuld **§ 1191**

und – jedenfalls bei laufenden Teilzahlungen – der Eigentümerschuldner (BGH 155, 68; NJW-RR 93, 389) auf die Forderung leistet. Hat der Eigentümerschuldner auf die Forderung gezahlt, so kann er mit dem Gläubiger nachträglich vereinbaren, dass die Zahlung auch Grundschuldablösung sein soll (zu weitgehend LM Nr 7 zu § 1192). **d) Befriedigung des Gläubigers durch Zwangsvollstreckung** 14 (§§ 1192 I, 1181) lässt Grundschuld und Forderung erlöschen (BGH NJW 87, 504 zu ZVG 114a). Anders die hM (RG 150, 374; vgl BGH WM 79, 439) bzgl der Forderung, wenn der Eigentümer vom Schuldner Ersatz verlangen kann; hier könne der Eigentümer vom Gläubiger Abtretung der Forderung verlangen (iE ebenso bei der freiwilligen Befriedigung durch den ersatzberechtigten Nur-Eigentümer, Rn 11 [bb]).

6. Der Rückgewähranspruch des Eigentümers als SG. S Rn 5, 9; zum 15 Anspruch des Schuldners/eines Dritten als SG: Rn 21. **a) Inhalt.** Er geht auf *Übertragung* der Grundschuld an den Anspruchsinhaber (§§ 1192 I, 1154), auf *Verzicht* (§§ 1192 I, 1157, 1169, 1168) – in diesem Fall erwirbt der gegenwärtige Eigentümer (§ 1168 Rn 4), der nicht notwendig Anspruchsinhaber ist (vgl Rn 16; sa BGH NJW 89, 2538), die Grundschuld (beachte §§ 1192 I, 1179a, b [s BGH 108, 244 f]; 1196 III) – oder auf *Aufhebung* (§§ 875, 1192 I, 1183; das ist eine Erweiterung von § 1169, vgl dort Rn 1), wodurch die Grundschuld erlischt und nachstehende Berechtigte aufrücken. Dem Anspruchsinhaber steht ein *Wahlrecht* zu (Serick II 438 f; BGH NJW-RR 99, 505). – Grundlage der durch Wegfall des Sicherungszwecks aufschiebend bedingten Anspruchs ist der Sicherungsvertrag (BGH 155, 67; NJW-RR 93, 389; 03, 12); iÜ vgl Rn 5, 9. Zur *Beweislast* BGH NJW 92, 1621. – **Er besteht nicht** bei ges Übergang der Grundschuld (BGH 115, 246); ferner, wenn die Grundschuld in zulässiger Weise (Rn 26) verwertet worden ist (BGH WM 89, 488: Übertragung; LM Nr 14 zu § 91 ZVG: Bestehen bleiben gem ZVG 91 II, sa § 1181 Rn 1). **b) Anspruchsinhaber** ist der den Sicherungsvertrag abschließende 16 Eigentümer. Bei Wechsel des Eigentums geht der Anspruch nur durch ausdr oder stillschweigende Abtretung oder durch Übernahme des Sicherungsvertrags auf den neuen Eigentümer über (BGH NJW 90, 576; 91, 1822); fehlt es daran, so ist der Anspruch mangels abw Abrede durch Übertragung der nach (mehr) valutierten Grundschuld an den früheren Eigentümer zu erfüllen (BGH 106, 378 f; NJW-RR 90, 1202). **c) Im Insolvenzverfahren** gewährt der Anspruch auf Verzicht 17 (§§ 1192 I, 1157, 1169) ein Aussonderungsrecht (InsO 47), ebenso der auf Übertragung und Aufhebung. **d) Übertragbar** ist der Anspruch, auch schon vor einer 18 etwaigen Tilgung (BGH 115, 246; formlos: LM Nr 14 zu § 313). Die Übertragbarkeit kann ausgeschlossen oder von Schuldnerzustimmung abhängig gemacht werden (BGH 110, 243). Der Anspruch ist ferner *verpfändbar* (§§ 1273 ff) und *pfändbar* (ZPO 857, 829: BGH 108, 245). Zur Konzentration der Wahlschuld durch Pfändung vgl StWolfsteiner Rn 296 vor § 1191. **e) Sicherbar** ist der Anspruch durch Vormer- 19 kung (§§ 883 ff); vgl § 1179 Rn 15 (dort auch zum Verhältnis zur Löschungsvormerkung), § 1179a Rn 12. **f) Gegen die Geltendmachung der Grundschuld** steht 20 dem rückgewährberechtigten Eigentümer auf Grund seines Anspruchs eine *Einrede* zu (vgl BGH NJW-RR 03, 45 [unzutr S 46: „Einwendung"]; Huber, FS Serick, 1992, S 195 ff). Die Einrede konnte nach fr Recht bis zur Einfügung v § 1192 I a zum 19.8.2008 (s Rn 21 vor § 1113) gem §§ 1192 I, 1157, 892 dem Einzelrechtsnachfolger des Grundschuldgläubigers nur dann entgegengehalten werden, wenn er bei Erwerb den Sicherungszweck der Grundschuld und das Fehlen der Forderung (BGH NJW-RR 90, 589, hM) kannte; oder ihm das Erlöschen der gesicherten Forderung infolge ihrer teilw oder vollen Tilgung oder das Fehlen des Sicherungsvertrags bekannt war (BGH 85, 391). Das Grundbuch war insofern unrichtig, als es eine einredefreie Grundschuld auswies. Den Zweck des neu eingeführten Abs 1a in § 1192 – Schutz des Eigentümers vor den bes Risiken der Übertragung einer Sicherungsgrundschuld (vgl die Fälle o) – erreicht das Ges durch den Ausschluss des redlichen einredefreien Erwerbs der Grundschuld für Einreden, die dem Eigentümer auf Grund des Sicherungsvertrags zustehen (zB wegen Nichtvalutierung der Grundschuld zZ des Übergangs auf den neuen Gläubiger) oder die sich aus dem Sicherungsvertrag ergeben (dh zwar zZ des Übergangs der Grundschuld im Sicherungsvertrag schon begründet waren, aber erst danach entstanden sind, zB durch Tilgung der gesicherten Forderung). Technisch erfolgt der Ausschluss durch Unanwendbarkeit v § 1157 S 2 (§ 1192 I a 1). Darin liegt ein erheblicher Eingriff in die Struktur der Grundpfandrechte (Hypothek und Grundschuld), s Rn 21 vor § 1113. − Zu beachten ist, dass ein **redlicher einredefreier Erwerb** der Sicherungsgrundschuld **außerhalb der Fälle des § 1192 I a 1 möglich** ist (§ 1192 I a 2 mit §§ 1192 I, 1157 S 2, 892), zB Stundung der Sicherungsgrundschuld, Verwertungsbeschränkungen.

21 g) **Der Rückgewähranspruch des Schuldners/eines Dritten** (Rn 5) geht mangels abw Abrede nur auf Übertragung der Grundschuld auf den Anspruchsinhaber (§§ 1192 I, 1154), BGH NJW-RR 93, 389; sa Rn 16.

22 **7. Inhaberwechsel von Grundschuld und Forderung. a) IGgs zur Hypothek** werden Grundschuld und Forderung selbstständig abgetreten (§§ 1192, 1154; 398 ff), auch wenn darin ein, uU zum Schadensersatz verpflichtender, Verstoß gegen den Sicherungsvertrag liegt (BGH NJW 82, 2769; sa NJW-RR 91, 305). §§ 401,

23 1153 sind unanwendbar. **b) Bei Übertragung von Grundschuld und Forderung an dieselbe Person** ist der Eigentümerschuldner bzgl der Forderung gem § 404, bzgl der Grundschuld gem §§ 1192 I, 1157 S 1 geschützt (sofern die Grundschuld nicht gem §§ 1192 I, 1157 S 2, 892 einredefrei erworben worden ist, was aber in den Fällen des § 1192 I a 1 [s Rn 20] durch Ausschluss von § 1157 S 2 verhindert wird: Die Einreden bleiben bestehen und können jedem Erwerber der Sicherungs-

24 grundschuld entgegenhalten werden). **c) Bei isolierter Übertragung** ist der Eigentümerschuldner ebenfalls geschützt: **aa)** Dem neuen **Forderungsgläubiger** kann er gem § 404 entgegenhalten, nur Zug um Zug gegen Rückgewähr der Grundschuld zahlen zu müssen (BGH NJW 91, 1821). **bb)** Dem neuen **Grundschuldgläubiger** kann er gem §§ 1192 I, 1157 S 1 entgegenhalten, nach dem Sicherungsvertrag nur gegen Befreiung von der Forderung auf die Grundschuld leisten zu müssen. Ein redlicher einredefreier Erwerb ist in den Fällen des § 1192 I a 1 nicht möglich, weil § 1157 S 2 durch § 1192 I a 1 HS 2 ausgeschlossen ist (s Rn 20). Aus einer Unterwerfungserklärung (ZPO 794 I Nr 5) kann der neue Grundschuldgläubiger nur vorgehen, wenn er auch in den Sicherungsvertrag eintritt (BGH NJW 10, 2042; zur Bedeutung Hinrichs/Jaeger NJW 10, 2017). **cc) Wegen Verletzung des Sicherungsvertrags** kann der Zedent schadensersatzpflichtig sein. **d) Übertra-**

25 **gung der Grundschuld zwecks Verwertung:** Rn 26. **e) Ausschluss der Übertragbarkeit** der Grundschuld kann vereinbart werden (§§ 413, 399; § 1153 Rn 4 [c]). Der Ausschluss muss, da anfängliche (§ 873) oder nachträgliche (§ 877) Inhaltsänderung (str), im Grundbuch eingetragen werden. Für die Forderung: § 399, BGH NJW-RR 91, 305; § 1153 Rn 4 (b).

26 **8. Verwertung.** Die Verwertung der Grundschuld kann im Sicherungsvertrag mit schuldrechtlicher Wirkung abw von § 1147 geregelt werden, zB durch Gestattung entgeltlicher Veräußerung nach Fälligkeit der gesicherten Forderung (BGH WM 89, 488), wobei in Höhe der erhaltenen Entgelts die Forderung erlischt (BGH WM 89, 488).

§ 1192 Anwendbare Vorschriften

(1) **Auf die Grundschuld finden die Vorschriften über die Hypothek entsprechende Anwendung, soweit sich nicht daraus ein anderes ergibt, dass die Grundschuld nicht eine Forderung voraussetzt.**

(1a) ¹**Ist die Grundschuld zur Sicherung eines Anspruchs verschafft worden (Sicherungsgrundschuld), können Einreden, die dem Eigentümer auf Grund des Sicherungsvertrags mit dem bisherigen Gläubiger gegen die**

Grundschuld zustehen oder sich aus dem Sicherungsvertrag ergeben, auch jedem Erwerber der Grundschuld entgegengesetzt werden; § 1157 Satz 2 findet insoweit keine Anwendung. ²Im Übrigen bleibt § 1157 unberührt.

(2) Für Zinsen der Grundschuld gelten die Vorschriften über die Zinsen einer Hypothekenforderung.

Lit: Goertz/Roloff, Die Anwendung des Hypothekenrechts auf die Grundschuld, JuS 00, 762.

1. Allgemeines. Für die (nicht akzessorische!) Grundschuld gilt Hypothekenrecht nur, soweit es nicht auf der Akzessorietät der Hypothek beruht (**I**). Zumeist sichert die Grundschuld eine Forderung oder mehrere; zu den Besonderheiten der sog Sicherungsgrundschuld: § 1191 Rn 4 ff. Doch gibt es auch die isolierte Grundschuld, die keine Forderung sichert (zB die geschenkte Grundschuld). **1**

2. Anwendbar. Entspr anwendbar sind insbes: **a) § 1116:** Die Grundschuld ist idR Briefrecht. Zur Bedeutung des Briefs BGH NJW 78, 710. **b) §§ 1115, 1117, 1163 II:** Die Grundschuld entsteht durch Einigung und Eintragung (§ 873); für letztere gilt § 1115 (außer I HS 2), eingetragen wird nur die Grundschuld (zur zugelassenen Währung s § 1113 Rn 7), nicht die uU gesicherte Forderung. Bei der Briefgrundschuld tritt Übergabe des Briefs hinzu (bis zur Übergabe oder ihrem Ersatz steht die Grundschuld dem Eigentümer zu: § 1163 II). Das Bestehen einer Forderung ist nicht nötig (Rn 1). **c) §§ 1154, 1155** für die Übertragung. Die Einigung (§ 1154) bezieht sich auf die Grundschuld, die Legitimation gem § 1155 ebenfalls. Zur Sicherungsgrundschuld vgl § 1191 Rn 22–25. **d) § 1157:** Die Verteidigung kann nur grundschuldbezogen sein (wichtig für die Sicherungsgrundschuld, § 1191 Rn 20). Erfasst wird der Fortbestand der Einreden des Eigentümers gegen die Grundschuld bei Wechsel des Grundschuldgläubigers (BGH 155, 66; § 1157 Rn 3). Zum partiellen Ausschluss von § 1157 S 2 durch § 1192 I a 1, 2 für die Sicherungsgrundschuld s § 1191 Rn 20. **e) § 1156:** Bei Übertragung der Grundschuld sind §§ 406–408 unanwendbar. Daher kann der Eigentümer mit befreiender Wirkung nur an den wahren Grundschuldgläubiger oder den legitimierten Scheingläubiger (§§ 893, 1155) leisten. Zu Besonderheiten der Sicherungsgrundschuld vgl § 1191 Rn 22–25. **f) §§ 1143, 1150:** Bei Tilgung der isolierten Grundschuld erwirbt der tilgende Eigentümer (§ 1143) oder der ablösungsberechtigte Dritte (§ 1150) die Grundschuld (zur Sicherungsgrundschuld: § 1191 Rn 11 [bb, cc]). **g) § 1168:** Verzicht lässt die Grundschuld auf den Eigentümer übergehen. **h) §§ 1179–1179b:** Rn 3; § 1179 Rn 14, 15; § 1179a Rn 12, 13; § 1179b Rn 1; § 1191 Rn 15. **i) § 1147** gilt für die Verwertung. **j) §§ 1181, 1183:** Die Grundschuld erlischt durch zwangsweise Befriedigung (§ 1181) oder durch Aufhebung (§§ 875, 878, 1183). **2**

3. Unanwendbar. Die sind mangels Akzessorietät der Grundschuld: §§ 1113, 1115 I HS 2, 1137–1139, 1141 I 1, 1153, 1161, 1163 I, 1164–1166 (für entspr Anwendung von § 1164 bei der Sicherungsgrundschuld Dieckmann WM 90, 1481 ff; dagegen mR Reinicke/Tiedtke WM 91, Beil 5 S 10), 1173 I 2 (bzgl der Vereinigung von Forderung und Schuld), 1174, 1177, 1179a II 1 (dazu § 1179a Rn 3), 1180 I, 1184–1187, 1190. Die anderen Vorschriften sind **entspr anwendbar,** ggf ist „Grundschuld" statt „Forderung" zu lesen, zB in §§ 1115 I HS 1, 1118, 1142, 1143, 1149 (BGH NJW 03, 1042), 1154 f, 1157 (dazu einschr § 1192 I a 1, s § 1191 Rn 20, 23, 24 [bb]). Für die **Zinsen** sind (neben §§ 1194, 1197 II) entspr anwendbar: §§ 1115 I HS 1, 1118, 1119 I, 1145 II, 1146, 1158, 1159, 1160 III, 1171 I 2, 1178. **3**

§ 1193 Kündigung

(1) ¹Das Kapital der Grundschuld wird erst nach vorgängiger Kündigung fällig. ²Die Kündigung steht sowohl dem Eigentümer als dem Gläubiger zu. ³Die Kündigungsfrist beträgt sechs Monate.

(2) ¹Abweichende Bestimmungen sind zulässig. ²Dient die Grundschuld der Sicherung einer Geldforderung, so ist eine von Absatz 1 abweichende Bestimmung nicht zulässig.

1 **Allgemeines.** Die Fälligkeit richtet sich in erster Linie nach der Vereinbarung zwischen Eigentümer und Grundschuldgläubiger (**II 1**). Die vor Einfügung v II 2 durch das RisikobegrenzungsG v 12.8.2008 üblichen Vereinbarungen bestimmen, dass die Sicherungsgrundshuld sofort fällig sein soll oder sofort und fristlos gekündigt werden kann. **II 2** ordnet nunmehr an, dass eine von I abw Bestimmung unzulässig ist. Zulässig ist danach, dass sofort mit einer Frist von 6 Monaten gekündigt wird (I 3). Die Vereinbarung bedarf der Eintragung, um gegen Rechtsnachfolger zu wirken. Mangels Vereinbarung gilt für das Kapital **I,** für die Zinsen gilt § 488 II entspr.

§ 1194 Zahlungsort

Die Zahlung des Kapitals sowie der Zinsen und anderen Nebenleistungen hat, soweit nicht ein anderes bestimmt ist, an dem Orte zu erfolgen, an dem das Grundbuchamt seinen Sitz hat.

1 Vgl allg §§ 269, 270.

§ 1195 Inhabergrundschuld

¹**Eine Grundschuld kann in der Weise bestellt werden, dass der Grundschuldbrief auf den Inhaber ausgestellt wird.** ²**Auf einen solchen Brief finden die Vorschriften über Schuldverschreibungen auf den Inhaber entsprechende Anwendung.**

1 Die Inhabergrundschuld ist praktisch bedeutungslos.

§ 1196 Eigentümergrundschuld

(1) **Eine Grundschuld kann auch für den Eigentümer bestellt werden.**

(2) **Zu der Bestellung ist die Erklärung des Eigentümers gegenüber dem Grundbuchamt, dass die Grundschuld für ihn in das Grundbuch eingetragen werden soll, und die Eintragung erforderlich; die Vorschrift des § 878 findet Anwendung.**

(3) **Ein Anspruch auf Löschung der Grundschuld nach § 1179a oder § 1179b besteht nur wegen solcher Vereinigungen der Grundschuld mit dem Eigentum in einer Person, die eintreten, nachdem die Grundschuld einem anderen als dem Eigentümer zugestanden hat.**

1 **1. Allgemeines.** Der Eigentümer kann am eigenen Grundstück für sich eine Grundschuld bestellen (beschränktes dingliches Recht an der eigenen Sache, sa § 889 Rn 2), aber keine Hypothek (eine Eigentümerhypothek kann erst nachträglich entstehen: § 1177 Rn 8). Zum Zweck: §§ 879–882 Rn 11. Veräußert der Eigentümer das Grundstück, so behält er die Grundschuld als Fremdgrundschuld (BGH 64, 320 f).

2 **2. Bestellung.** Bestellung durch einseitige Erklärung und Eintragung (**II,** abw vom Grundsatz des § 873 I). Briefausschluss durch einseitige Erklärung (abw von § 1116 II 3). Die Erklärungen bedürfen nach BGB keiner Form; für GBO 29 I 1 gilt § 875 Rn 2 (dd, ee) entspr. Unterwerfung unter die sofortige Zwangsvollstreckung gem ZPO 794 I Nr 5, 800 möglich (BGH 64, 319).

3 **3. Sonstiges.** Für die **Übertragung** gilt § 1192 Rn 2 (c). Zur **Pfändung** s § 1177 Rn 6. Ges **Abweichungen von** der **Fremdgrundschuld** in § 1197.

Titel 2. Grundschuld, Rentenschuld   §§ 1197, 1198

4. Weitere Fälle von Eigentümergrundschulden (kraft Ges oder rechtsge- 4
schäftlichen Erwerbs). Rn 20 vor § 1113; § 1139 Rn 1; § 1143 Rn 6–9; § 1163
Rn 1–6, 8–18; § 1165 Rn 4; § 1168 Rn 4–6; § 1169 Rn 1; §§ 1170, 1171 Rn 1;
§ 1172 Rn 3; § 1173 Rn 2; § 1175 Rn 1–3; § 1177 Rn 2, 4; § 1191 Rn 11 (aa, bb,
dd); § 1192 Rn 2 (b, f, g).

5. III. Zu III vgl § 1179a Rn 13. 5

§ 1197 Abweichungen von der Fremdgrundschuld

(1) Ist der Eigentümer der Gläubiger, so kann er nicht die Zwangsvollstreckung zum Zwecke seiner Befriedigung betreiben.
(2) Zinsen gebühren dem Eigentümer nur, wenn das Grundstück auf Antrag eines anderen zum Zwecke der Zwangsverwaltung in Beschlag genommen ist, und nur für die Dauer der Zwangsverwaltung.

1. Anwendungsbereich. Eigentümer- und Fremdgrundschuld sind inhaltlich 1
nicht verschieden. § 1197 erlegt dem **Eigentümer als Grundschuldgläubiger**
lediglich eine persönliche Bindung auf (BGH 103, 37). Ihm ist das Betreiben
der Zwangsvollstreckung verwehrt, um eine Schädigung nachstehender Berechtigter,
insbes durch Erlöschen ihrer Rechte (vgl ZVG 52 I, 91 I), zu vermeiden. Die
Bindung entfällt, wenn Eigentümer und Grundschuldgläubiger nicht (mehr) identisch sind, zB nach Veräußerung des Grundstücks oder Übertragung der Grundschuld auf einen Dritten (BGH 64, 318, 320 f). Die **Identität** ist nicht allein nach
der Rechtsträgerschaft, sondern nach dem Zweck des § 1197 zu bestimmen. Daher
greift zur **Verhütung von Missbrauch** I ein, wenn Eigentümer eine GmbH,
Grundschuldgläubiger deren Alleingesellschafter ist (II hingegen ist in diesem Falle
unanwendbar, weil insoweit Missbrauch nicht zu befürchten ist; iE ebenso RG JW
29, 248); I greift trotz Personengleichheit von Eigentümer und Grundschuldgläubiger nicht ein, wenn ein **Dritter** den Vollstreckungsantrag stellt (arg II), zB der
Vertrags- oder Pfändungspfandgläubiger (s BGH 103, 37 f) oder der Insolvenzverwalter des Eigentümers (MK/Eickmann 8; str).

2. Persönliche Beschränkungen des Eigentümers als Grundschuldgläubi- 2
ger. Er darf aus der Grundschuld **nicht** die **Zwangsvollstreckung** zum Zwecke
seiner Befriedigung betreiben, **I** (zum Befriedigungsrecht § 1147 Rn 1, §§ 1120–
1122 Rn 5–7). **Zinsen** kann der Eigentümer nur verlangen, wenn ein anderer die
Zwangsverwaltung beantragt hat **(II).** Zulässig ist, dass die Eigentümergrundschuld
als verzinsliche bestellt wird (BGH 64, 320). Zur Verzinslichkeit nach Abtretung
vgl § 1177 Rn 3, ferner BGH NJW 86, 315, Düsseldorf Rpfleger 86, 469; nach
Verpfändung Bayer AcP 189, 478 ff mN.

§ 1198 Zulässige Umwandlungen

¹Eine Hypothek kann in eine Grundschuld, eine Grundschuld kann in
eine Hypothek umgewandelt werden. ²Die Zustimmung der im Range
gleich- oder nachstehenden Berechtigten ist nicht erforderlich.

1. Anwendungsbereich. Dies ist die **Umwandlung durch RGeschäft.** Sie ist 1
bloße Inhaltsänderung der iÜ gleich bleibenden Grundstücksbelastung (Rn 1 vor
§ 1113; BGH NJW 68, 1674). Deshalb müssen gleich- und nachstehende Berechtigte nicht zustimmen **(S 2).**

2. Voraussetzungen. a) Materiellrechtlich: Einigung und Eintragung (§ 877); 2
grundbuchrechtlich: Bewilligung von Eigentümer und Grundpfandgläubiger
(GBO 19, 29 I 1), ggf Vorlage des Briefs (GBO 41, 42, dazu 65, 69, 70). **b) Bei** 3
Umwandlung einer Hypothek in eine Grundschuld erlischt die Forderung nicht
ohne weiteres. Sie erlischt bei Annahme der Grundschuld an Erfüllungs Statt

Vor § 1199, §§ 1199, 1200

(§ 364 I), ferner entspr § 1165 (wegen dieses Schutzes ist Zustimmung des Schuldners
4 zur Umwandlung unnötig). **c) Bei Umwandlung einer Fremdgrundschuld** in eine Hypothek muss die zu sichernde Forderung bestimmt bezeichnet werden (genügend: künftige oder bedingte Forderung, § 1113 II). Soll die Forderung eines Dritten gesichert werden, so stehen zwei Wege offen: Übertragung der Grundschuld an den Dritten und nachfolgende Umwandlung oder Umwandlung mit Forderungsunterlegung entspr §§ 1192 I, 1180 II, wodurch die Hypothek kraft Ges auf den
5 Dritten übergeht (§ 1180 Rn 6, 7). **d) Umwandlung einer Eigentümergrundschuld** in eine Fremdhypothek verlangt Umwandlung iVm spätestens gleichzeitiger Abtretung an den persönlichen Gläubiger (sonst handelte es sich um eine – unzulässige, s u – Eigentümerhypothek) sowie bestimmte Bezeichnung der zu sichernden Forderung (BGH NJW 68, 1674). Da die Bestellung einer *Eigentümerhypothek* ausgeschlossen ist (§ 1196 Rn 1), ist es auch die Umwandlung aus einer Eigentümergrundschuld (aA die hM, s BaR/Rohe 6, MK/Eickmann 4, je mN, wenn persönlicher Schuldner ein Dritter ist).

Untertitel 2. Rentenschuld

Vorbemerkungen

1 **1. Allgemeines.** Die Rentenschuld ist eine bes Form der Grundschuld. Besonderheit: Die Geldsumme ist in regelmäßig wiederkehrenden Terminen zu zahlen. Die Zahlungen sind weder Tilgung noch Verzinsung der Ablösungssumme (zu dieser §§ 1199 II, 1200–1202). Praktisch spielt die Rentenschuld keine Rolle.

2 **2. Ablösungssumme. Notwendig ist** die Bestimmung und Eintragung einer **Ablösungssumme** (§ 1199 II); fehlt ihre Angabe, so ist die Eintragung unzulässig (Folge: GBO 53 I 2). Die einzelnen Zahlungen werden rechtlich wie Hypothekenzinsen, die Ablösungssumme wie das Grundschuldkapital behandelt (§ 1200 I). Das Ablösungsrecht des Eigentümers ist unentziehbar (vgl § 1202 II); nur ausnahmsweise ist er zur Ablösung verpflichtet (vgl §§ 1201 II 2, 1202 III). Zahlt der Eigentümer, so erwirbt er entspr §§ 1192 I, 1143 die Rentenschuld. Zur Umwandlung in ein anderes Grundpfandrecht: §§ 1203, 1198, 1186 (auch direkte Umwandlung in eine Hypothek jeder Art möglich).

§ 1199 Gesetzlicher Inhalt der Rentenschuld

(1) Eine Grundschuld kann in der Weise bestellt werden, dass in regelmäßig wiederkehrenden Terminen eine bestimmte Geldsumme aus dem Grundstück zu zahlen ist (Rentenschuld).

(2) ¹Bei der Bestellung der Rentenschuld muss der Betrag bestimmt werden, durch dessen Zahlung die Rentenschuld abgelöst werden kann. ²Die Ablösungssumme muss im Grundbuch angegeben werden.

1 Zur zugelassenen Währung s § 1113 Rn 7.

§ 1200 Anwendbare Vorschriften

(1) Auf die einzelnen Leistungen finden die für Hypothekenzinsen, auf die Ablösungssumme finden die für ein Grundschuldkapital geltenden Vorschriften entsprechende Anwendung.

(2) Die Zahlung der Ablösungssumme an den Gläubiger hat die gleiche Wirkung wie die Zahlung des Kapitals einer Grundschuld.

§ 1201 Ablösungsrecht

(1) Das Recht zur Ablösung steht dem Eigentümer zu.

(2) ¹Dem Gläubiger kann das Recht, die Ablösung zu verlangen, nicht eingeräumt werden. ²Im Falle des § 1133 Satz 2 ist der Gläubiger berechtigt, die Zahlung der Ablösungssumme aus dem Grundstück zu verlangen.

§ 1202 Kündigung

(1) ¹Der Eigentümer kann das Ablösungsrecht erst nach vorgängiger Kündigung ausüben. ²Die Kündigungsfrist beträgt sechs Monate, wenn nicht ein anderes bestimmt ist.

(2) Eine Beschränkung des Kündigungsrechts ist nur soweit zulässig, dass der Eigentümer nach 30 Jahren unter Einhaltung der sechsmonatigen Frist kündigen kann.

(3) Hat der Eigentümer gekündigt, so kann der Gläubiger nach dem Ablauf der Kündigungsfrist die Zahlung der Ablösungssumme aus dem Grundstück verlangen.

§ 1203 Zulässige Umwandlungen

¹Eine Rentenschuld kann in eine gewöhnliche Grundschuld, eine gewöhnliche Grundschuld kann in eine Rentenschuld umgewandelt werden. ²Die Zustimmung der im Range gleich- oder nachstehenden Berechtigten ist nicht erforderlich.

Abschnitt 8. Pfandrecht an beweglichen Sachen und an Rechten

Vorbemerkungen

1. Entstehung. Ein Pfandrecht an beweglichen Sachen und an Rechten **entsteht** *kraft RGeschäfts* (sog Vertragspfandrecht: §§ 1205–1207, 1274) oder *kraft Ges* (§§ 1257, 1273 II). ZPO 804 stellt diesen beiden Pfandrechten das *Pfändungspfandrecht* an die Seite, auf das die Pfandrechtsbestimmungen des BGB anzuwenden sind, soweit das mit der öffentl-rechtlichen Natur der Zwangsvollstreckung und den Sonderregeln der ZPO (zB über die Verwertung, ZPO 814 ff) vereinbar ist (ie Jauernig/Berger § 16 Rn 7 ff; sa BGH 119, 82 ff).

2. Arten. Ein irreguläres oder **unregelmäßiges Pfandrecht** liegt vor, wenn zur Sicherung einer Forderung die „Pfandsache" dem Gläubiger übereignet wird und dieser berechtigt und verpflichtet ist, eine gleichartige Sache zurückzuerstatten (BGH 127, 140). Dafür gelten §§ 1204 ff entspr, zB §§ 1213–1215, auch § 1223 (aber keine Rückgabe, sondern [ggf Rück-]Übereignung). Praktisch bedeutsam ist die **Barkaution** (Pikart WM 80, 514): Übereignung von Geld zum Zweck der Forderungssicherung (Bsp Mietkaution; bei Gewerberaum BGH 127, 140 ff; zur Verzinsung bei Wohnraum § 551 III). Wird das Geld nicht übereignet, sondern separat verwahrt, dann liegt echte Verpfändung vor. Ob diese oder ein unregelmäßiges Pfandrecht vorliegt, ist Frage des Parteiwillens (BayObLG NJW 81, 995). – Zum **Flaschenpfand** vgl BGH 173, 161 ff = JuS 07, 1060 ff (Faust, krit): kein Eigentumserwerb des Abnehmers, außer bei sog Einheitsflaschen (BGH 173, 162 f), krit Weber NJW 08, 948 ff. Umweltschutz bezweckt VerpackV 9 betr Pfanderhebungs- und Rücknahmepflicht für Einwegpackungen von flüssigen Lebensmitteln ua; dazu KrW-/AbfG 24 I Nr 2. Zur Pfanderstattung BGH NJW 07, 2912; abw Weber NJW 08, 951 f.

§ 1204

3 3. **Praktische Bedeutung.** Diese hat der achte Abschnitt vor allem für die ges Pfandrechte (Bsp § 1257 Rn 1) und das Pfändungspfandrecht (Rn 1). Das rechtsgeschäftlich bestellte Pfandrecht spielt nicht die Rolle, die der Gesetzgeber ihm zugedacht hat. Bei beweglichen Sachen ist es durch die SÜ und den EV, bei Rechten durch die Sicherungsabtretung weitgehend verdrängt (§§ 1205, 1206 Rn 9; § 1280 Rn 1). Von Bedeutung sind heute nur noch die rechtsgeschäftlich bestellten Pfandrechte der Pfandleihanstalten (dazu PfandlV; Kommentar von Damrau, 2. Aufl 2005), die Lombarddarlehen der Banken (Kreditgewährung gegen Verpfändung von Wertpapieren, Edelmetallen oder anderen einfach und sicher verwertbaren Waren) und die Pfandrechte der Banken gem Nr 14 I ihrer AGB.

Titel 1. Pfandrecht an beweglichen Sachen

§ 1204 Gesetzlicher Inhalt des Pfandrechts an beweglichen Sachen

(1) **Eine bewegliche Sache kann zur Sicherung einer Forderung in der Weise belastet werden, dass der Gläubiger berechtigt ist, Befriedigung aus der Sache zu suchen (Pfandrecht).**

(2) **Das Pfandrecht kann auch für eine künftige oder eine bedingte Forderung bestellt werden.**

1 1. **Allgemeines.** Das Fahrnispfandrecht ist als Belastung des Eigentums an der Pfandsache ein beschränktes dingliches Recht. **a) Das Pfandrecht gewährt** dem Berechtigten ein *dingliches Verwertungsrecht*, um sich die pfandgesicherte Forde-
2 rung aus dem Pfand zu befriedigen, **I. b) Das Pfandrecht ist streng akzessorisch;** denn es setzt die Existenz der zu sichernden Forderung voraus (arg I). Ohne sie entsteht es nicht (Ausnahmen in **II,** vgl Rn 14), bleibt es nicht bestehen (sondern erlischt, § 1252) und kann es nicht übertragen werden (§ 1250 I 2). Besteht keine Forderung, so gibt es kein Eigentümerpfandrecht (anders § 1163 I), auch nicht im Falle der Konsolidation (§ 1256 I 1 mit Ausnahmen in I 2, II). S BGH NJW 98,
3 2596. **c) Bestimmtheitsgrundsatz** (Rn 5 vor § 854): Pfandobjekt kann nur eine bestimmte Sache sein, nicht eine Sachgesamtheit (zB Unternehmen, Warenlager), hier ist Einzelverpfändung nötig (BGH NJW 68, 393). Bloße Zusammenfassung der Einzelsachen unter einem Gesamtnamen ist unschädlich. Möglich ist die Verpfändung *mehrerer* Sachen zur Sicherung *einer* Forderung, vgl §§ 1222, 1230 (*Gesamt-*
4 *pfandrecht* entspr der Gesamthypothek, § 1132). **d) Publizitätsgrundsatz** (Rn 4 vor § 854): Das Pfandrecht muss nach außen erkennbar sein. Dazu dient idR der Besitz (§§ 1205, 1206, 583, 585 II, 647), bei Registerpfandrechten die Eintragung in ein öffentl Register (zB beim Pfandrecht an Luftfahrzeugen, Ges vom 26.2.1959, BGBl I 57). Bei einigen ges Pfandrechten (zB des Vermieters, Verpächters, §§ 562, 592)
5 wird auf Publizität verzichtet. **e) Prioritätsgrundsatz.** Das früher bestellte Pfandrecht geht dem später bestellten vor (*prior tempore, potior iure* = je früher die Zeit,
6 desto stärker das Recht, vgl § 1209 (Ausnahmen: § 1208, HGB 366 II). **f) Trennungs- und Abstraktionsprinzip.** Wie beim Grundpfandrecht ist zwischen Verpflichtungsgeschäft und dinglichem Bestellungs- und Übertragungsgeschäft zu unterscheiden: *Trennungsprinzip* (s Rn 16 vor § 1113; Rn 12 vor § 854). Das dingliche Erfüllungs- (nämlich Bestellungs- oder Übertragungs-)geschäft ist gegenüber dem Verpflichtungsgeschäft abstrakt (Rn 13 vor § 854). Besteht keine wirksame Pflicht zur Bestellung, so kann das Pfandrecht zwar entstehen, ist aber kondizierbar (§ 812 I 1 Alt 1; sa §§ 1254, 1253). Die zu sichernde Forderung begründet keine Pflicht zur Pfandbestellung.

7 2. **Beteiligte beim Vertragspfandrecht. a) Vier Personen** können beteiligt sein: **aa) Pfandgläubiger.** Er ist stets zugleich Gläubiger der gesicherten Forderung (notwendige Personenidentität). **bb) Eigentümer** der Pfandsache. Er kann nicht von Anfang an zugleich Pfandgläubiger sein (§ 1256 Rn 1). **cc) Schuldner** der

Titel 1. Pfandrecht an beweglichen Sachen **§ 1204**

gesicherten Forderung. **dd) Verpfänder,** das ist derjenige, mit dem der Pfandgläubiger das dingliche Bestellungsgeschäft (Rn 6) abschließt. **b) Identität** von Eigentümer, Schuldner und Verpfänder ist die Regel, aber keine rechtliche Notwendigkeit. Das Ges geht davon aus, dass Eigentümer und Verpfänder idR identisch sind: In §§ 1205, 1206 ist Verpfänder der Eigentümer, in § 1207 ein Nichteigentümer. Zwischen Verpfänder (nicht dem Nur-Eigentümer) und Pfandgläubiger entsteht durch die Verpfändung (das Bestellungsgeschäft, auch Pfandvertrag genannt) ein **ges Schuldverhältnis** (§§ 1215–1221 Rn 1). Der Schuldner als solcher wird von der Verpfändung in seiner Rechtsstellung nicht berührt. Der Gläubiger (zugleich Pfandgläubiger, Rn 7 [aa]) kann von ihm Erfüllung verlangen und muss sich nicht auf das Pfand verweisen lassen (Ausnahme ZPO 777). **c) Die Rechtsbeziehungen** zwischen Eigentümer, Verpfänder und Schuldner können sehr unterschiedlich sein. Der verpfändende, aber nicht schuldende Eigentümer kann bei Pfandverwertung vom Schuldner Aufwendungsersatz verlangen (§ 670, sa §§ 1249, 268 III, 1250, 1256). Der verpfändende Nichteigentümer kann dem Eigentümer ersatzpflichtig sein (§§ 816, 823, pVV [§ 280]).

3. Entstehen des Pfandrechts. Zum **Entstehen** Rn 1 vor § 1204. Zum **Erlöschen** vgl insbes §§ 418 I, 936, 1242 II, 1244, 1250 II, 1252, 1253, 1255, 1256 I 1, ferner Rn 14 (Folge: Pflicht zur Pfandherausgabe an Verpfänder oder Eigentümer, § 1223 Rn 1). Zur **Verwertung** vgl §§ 1233 I, 1234–1240, 1245, 1246 (mit oder ohne Vollstreckungstitel gegen den Eigentümer), § 1233 II (mit Vollstreckungstitel gegen den Eigentümer).

4. Pfandgegenstand. Dieser kann sein: **a) Bewegliche Sache,** auch Geld; auch unpfändbare (ZPO 811), denn Pfändbarkeit nach ZPO 808 ff und Verpfändbarkeit einer Sache decken sich nicht: Zubehör eines Grundstücks (§§ 97, 98) ist verpfändbar, aber nicht pfändbar (ZPO 865 II); Früchte auf dem Halm sind pfändbar (ZPO 810), aber als wesentliche Grundstücksbestandteile (§§ 94 I, 93) nicht verpfändbar. Order- und Inhaberpapiere werden wie Sachen verpfändet (§§ 1292, 1293). – Nicht als solche verpfändbar sind: Grundpfandbriefe (BGH 60, 175; außer Inhabergrund- und -rentenschuldbriefen, §§ 1195, 1199, 1293), qualifizierte Legitimationspapiere des § 808 (zB Sparbuch, RG 68, 282), andere Zulassungspapiere (zB Waffenbesitzkarte, Führerschein), amtliche Ausweise (zB Personalausweis, Reisepass). Diese Urkunden sind keine selbstständigen Gegenstände des rechtsgeschäftlichen Verkehrs (§ 952 Rn 2, 6). Möglich ist Umdeutung der nichtigen Pfandrechtsbestellung an Hypothekenbrief in ein vertragliches Zurückbehaltungsrecht am Hypothekenbrief, § 140 (RG 66, 26 f). – Sachgesamtheiten scheiden als Pfandobjekt aus (Rn 3). **b) Miteigentumsanteil,** § 1258. **c) Anwartschaftsrecht** auf Eigentumserwerb an beweglicher Sache, zB des VKäufers (§ 929 Rn 52; sa § 930 Rn 43 betr bedingte SÜ). Anwartschaftsrecht auf Grundstückserwerb wird entspr § 1274 verpfändet (§ 873 Rn 21 [cc]).

5. Die gesicherte Forderung. a) Sie muss auf Geld gerichtet sein oder in eine Geldforderung übergehen können (vgl § 1228 II 2; beachte auch ZPO 916 I), zB gem §§ 280 mit 249 II 1, 250, 251 (nicht jeder Schadensersatzanspruch geht auf Geld: § 249 I). **b) Ohne gültige Forderung** entsteht kein Pfandrecht (Rn 2). Scheinbare Ausnahme, wenn nach dem Parteiwillen anstelle der ungültigen Forderung die Ersatzforderung (zB aus § 812) gesichert werden soll (BGH NJW 68, 1134 für eine nach § 138 nicht entstandene Forderung). **c) Aufschiebend bedingt oder künftig** (dh zZ – noch – nicht bestehend) kann sie sein, II; aufschiebend bedingt ist nicht die Forderung, sondern ihre Rechtsgrundlage, s § 883 Rn 7. (Auflösend bedingte besteht, daher problemlos.) Entstehungsgrund (nicht auch die Höhe) der künftigen Forderung muss bestimmbar sein (BGH 86, 346). Mit der Bestellung (§§ 1205, 1206 Rn 2–9), schon vor Entstehen der Forderung, erlangt der Pfandgläubiger das Pfandrecht (BGH 86, 346 f; abdingbar: BGH 86, 310), danach richtet sich der Rang (§ 1209); §§ 1213, 1227 sind anwendbar. Vor Entstehen der Forderung

Berger 1585

hat der Pfandgläubiger noch kein Verwertungsrecht (BGH 93, 76; das ist nichts Besonderes: ein Pfandrecht mit erst nachträglich entstehendem Verwertungsrecht kann es auch bei existenter Forderung geben, vgl § 1228 II). Das Pfandrecht erlischt, sobald der Ausfall der aufschiebenden Bedingung oder der Eintritt der auflösenden Bedingung oder das Nichtentstehen der künftigen Forderung feststeht (BGH 86, 347).

§ 1205 Bestellung

(1) ¹Zur Bestellung des Pfandrechts ist erforderlich, dass der Eigentümer die Sache dem Gläubiger übergibt und beide darüber einig sind, dass dem Gläubiger das Pfandrecht zustehen soll. ²Ist der Gläubiger im Besitz der Sache, so genügt die Einigung über die Entstehung des Pfandrechts.

(2) Die Übergabe einer im mittelbaren Besitz des Eigentümers befindlichen Sache kann dadurch ersetzt werden, dass der Eigentümer den mittelbaren Besitz auf den Pfandgläubiger überträgt und die Verpfändung dem Besitzer anzeigt.

§ 1206 Übergabeersatz durch Einräumung des Mitbesitzes

Anstelle der Übergabe der Sache genügt die Einräumung des Mitbesitzes, wenn sich die Sache unter dem Mitverschluss des Gläubigers befindet oder, falls sie im Besitz eines Dritten ist, die Herausgabe nur an den Eigentümer und den Gläubiger gemeinschaftlich erfolgen kann.

Anmerkungen zu den §§ 1205, 1206

1   **1. Allgemeines.** Das dingliche Pfandbestellungsgeschäft (§ 1204 Rn 6) verlangt – ähnlich wie Übereignung (§ 929) und Nießbrauchsbestellung (§ 1032) – Einigung und Übergabe. Letztere folgt in verschiedener Hinsicht eigenen Regeln (Rn 3–9).

2   **2. Einigung.** §§ 1205, 1206 behandeln die *Verpfändung durch den Eigentümer* (anders § 1207). Daher ist hier die **Einigung** zwischen Eigentümer und Pfandgläubiger notwendig (Einigung mit dem Nichteigentümer kann gem § 185 oder § 1207 wirksam sein). Für antizipierte Einigung gilt § 929 Rn 6 entspr. **Inhalt:** Bestellung eines Pfandrechts an einer bestimmten Sache für den Gläubiger einer bestimmbaren (§ 1204 Rn 14) Forderung (ihre Höhe muss nicht feststehen). Einigung zgDr ist ausgeschlossen (RG 124, 221; sa § 328 Rn 6 [bb]; § 873 Rn 12). Einigung ist formfrei und abstrakt (§ 1204 Rn 6). Bedingte und befristete Einigung zulässig.

3   **3. Übergabe (§ 1205 I 1). a)** Dies ist die Übertragung des unmittelbaren Besitzes (§ 854, vgl dort Rn 10, 12). Verpfänder (hier: der Eigentümer, Rn 2) muss unmittelbaren Besitz verlieren (RG 66, 262 f). Für die Übergabe gilt § 929 Rn 8–13 entspr. Besitzt der Pfandgläubiger zZ der Einigung bereits selbst, sei es durch Besitzdiener oder Besitzmittler (der nicht der Eigentümer sein darf), so gilt Rn 4.

4   **b) Übergabe ist nicht erforderlich,** schlichte Einigung genügt, wenn der Pfandgläubiger zZ der Einigung die Sache bereits besitzt: als unmittelbarer Alleinbesitzer (§ 1205 I 2), als Mitbesitzer (§ 1206) oder als mittelbarer Besitzer (sofern der Eigentümer [Rn 3] nicht sein Besitzmittler ist, Rittner JZ 65, 274 f).

5   **4. Übergabeersatz, § 1205 II.** Erforderlich sind, außer der Einigung (Rn 2), zur wirksamen Verpfändung: **a) Übertragung des mittelbaren Besitzes** durch Abtretung des Herausgabeanspruchs aus dem Besitzmittlungsverhältnis (§ 870), nicht aus § 985 (sa § 931 Rn 4, 5). Damit verliert Verpfänder (= Eigentümer, Rn 3) seinen bisherigen mittelbaren Besitz. Durch die Pfandbestellung erlangt er neuen, höherstufigen mittelbaren Besitz, vermittelt durch den Pfandgläubiger (§§ 871, 868);

Titel 1. Pfandrecht an beweglichen Sachen § 1207

b) formfreie Anzeige der Verpfändung an den bisherigen Besitzmittler des Ver- 6 pfänders (Rn 3). Die Anzeige ist Willenserklärung (hM) des Verpfänders oder eines von ihm bevollmächtigten Dritten (RG 89, 290 zu § 1280). Kenntnis des Besitzmittlers ersetzt Anzeige nicht (RG 89, 289 f zu § 1280). **c) Nicht** unter II, sondern I 2 7 fällt die Weisung des Verpfänders an seinen Besitzmittler, nunmehr nur für den Pfandgläubiger zu besitzen (Rn 3 mit § 929 Rn 12; aM MK/Damrau § 1205 Rn 18: Fall von II).

5. Übergabeersatz, § 1206. Dieser erfolgt durch Einräumung von qualifizier- 8 tem Mitbesitz in zwei Formen. **a) Sog Mitverschluss,** das ist kollektiver („gesamthänderischer") unmittelbarer Mitbesitz von Verpfänder (= Eigentümer, Rn 3) und Pfandgläubiger (Bsp § 866 Rn 2, sa BGH 86, 308). **b) Verschaffung von mittelbarem Mitbesitz** so, dass der besitzende Dritte, der sog *Pfandhalter,* nur an den Verpfänder (Rn 3) und den Pfandgläubiger gemeinsam herauszugeben hat. Die Pflicht zur Herausgabe an beide gemeinsam muss auf Vertrag des Dritten mit dem Verpfänder (allein oder zusammen mit dem Pfandgläubiger) beruhen. **c) Unzuläs-** 9 **sig** ist ein Übergabeersatz **entspr § 930,** wonach der Verpfänder (Rn 3) Besitzer, jetzt: Fremdbesitzer, bliebe und dem Pfandgläubiger den Besitz vermitteln würde. Daher ist die Verpfändung beweglicher Sachen als Kreditsicherungsmittel weitgehend durch SÜ und EV verdrängt worden. Die vom Ges insbes durch Ausschluss eines Übergabeersatzes entspr § 930 gewollte Publizität hat das Gegenteil bewirkt: SÜ und EV verschleiern die Rechtslage erst recht (vgl § 929 Rn 25, § 930 Rn 30).

§ 1207 Verpfändung durch Nichtberechtigten

Gehört die Sache nicht dem Verpfänder, so finden auf die Verpfändung die für den Erwerb des Eigentums geltenden Vorschriften der §§ 932, 934, 935 entsprechende Anwendung.

1. Allgemeines. § 1207 betrifft den rechtsgeschäftlichen Erwerb eines Pfand- 1 rechts, wenn **Verpfänder nicht** der **Eigentümer** ist und die Zustimmung des Eigentümers (§ 185) fehlt. Der Erwerb setzt auch hier das Bestehen der gesicherten Forderung (Ausnahme § 1204 II) und Erfüllung der §§ 1205, 1206 voraus, nur das mangelnde Eigentum des Verpfänders wird nach § 1207 ausgeglichen. Zur Anwendbarkeit bei ges Pfandrecht vgl § 1257 Rn 2.

2. Entspr anwendbare Vorschriften. a) § 932 I 1 gilt entspr für §§ 1205 I 1, 2 1206 Fall 1. **b) § 932 I 2** gilt entspr für § 1205 I 2: Der (spätere) Pfandgläubiger muss den Besitz vom (späteren) Verpfänder erhalten haben. **c) § 934** gilt entspr für §§ 1205 II, 1206 Fall 2. Fehlt dem Verpfänder der mittelbare Besitz, so hilft § 934 nicht (Rn 1); aber Erwerb gem Rn 2 (a) ist möglich. **d) § 935 I** entspr verhindert den Pfandrechtserwerb, wenn die Pfandsache dem Eigentümer abhanden gekommen ist. Ausnahme für Geld (§ 1204 Rn 11 [a]) und Inhaberpapiere (§ 1293), **§ 935 II** entspr. **e) Bösgläubigkeit** des Pfandgläubigers (§ 932 II entspr) verhindert 3 den Pfandrechtserwerb (nicht ist Gutgläubigkeit Erwerbsvoraussetzung; zur Bedeutung § 932 Rn 5). Es besteht entspr § 932 Rn 17 eine Informationspflicht des Pfandgläubigers (BGH 86, 311 ff). Nach BGH NJW 81, 227 mN ist sie begrenzter als beim Eigentumserwerb (insbes keine Notwendigkeit zur Vorlage des Fahrzeugbriefs, BGH 119, 90 mN; bedenklich); denn (iGgs zu § 932) verliere der wahre Eigentümer gem § 1207 nicht sein Recht (BGH 68, 327). Das ist zu kurz gesehen: Im Ernstfall tritt Eigentumsverlust gem § 1242 I ein (so in BGH 68, 323 ff; NJW 81, 226 f). Zum *Zeitpunkt* der Bösgläubigkeit § 932 Rn 18. Trotz Bösgläubigkeit erwirbt der Pfandgläubiger das Recht, wenn der Eigentümer der Verpfändung zustimmt (§ 185). **f) § 933** ist **unanwendbar,** da es keinen Übergabeersatz entspr § 930 gibt (§§ 1205, 4 1206 Rn 9).

3. Besonderheiten. HGB 366 I gleicht (auch) den Mangel der Verfügungsbe- 5 fugnis aus. HGB 367 enthält eine widerlegbare Vermutung des bösen Glaubens (von der Veröffentlichung wird auf den bösen Glauben geschlossen). – Zu § 1207 und **AGB**-Pfandrecht s § 1257 Rn 2.

§ 1208 Gutgläubiger Erwerb des Vorrangs

¹Ist die Sache mit dem Recht eines Dritten belastet, so geht das Pfandrecht dem Recht vor, es sei denn, dass der Pfandgläubiger zur Zeit des Erwerbs des Pfandrechts in Ansehung des Rechts nicht in gutem Glauben ist. ²Die Vorschriften des § 932 Abs. 1 Satz 2, des § 935 und des § 936 Abs. 3 finden entsprechende Anwendung.

1 1. **Anwendungsbereich.** a) § 1208 betrifft rechtsgeschäftliche Pfandbestellung durch den Eigentümer (§§ 1205, 1206) oder Nichteigentümer (§ 1207) an einer bereits (insbes mit Pfandrecht oder Nießbrauch) belasteten Sache. Das Pfandrecht erlangt den Vorrang vor der schon bestehenden Belastung, diese steht dem Pfandrecht nach (S 1 1. Hälfte). Bei Erwerb nach § 1205 I 2 gilt § 932 I 2 entspr; bei Erwerb nach § 1205 II behält das Recht des besitzenden Dritten den Vorrang,
2 § 936 III entspr (S 2). b) **Bei Bösgläubigkeit** (Begriff § 932 II) des Pfandgläubigers bzgl einer bestehenden Belastung geht sein Pfandrecht dieser Belastung nach (S 1 2. Hälfte). Gleiches gilt, wenn die Pfandsache dem Inhaber der vorrangigen Belastung abhanden gekommen ist (S 2 mit § 935 I entspr, Ausnahme in § 935 II entspr). Ist die Pfandsache dem Eigentümer abhanden gekommen, so kommt es idR überhaupt nicht zum Erwerb eines Pfandrechts (§ 1207 Rn 2 [d]).

3 2. **Besonderheit.** HGB 366 II gleicht (auch) den Mangel der Verfügungsbefugnis aus.

§ 1209 Rang des Pfandrechts

Für den Rang des Pfandrechts ist die Zeit der Bestellung auch dann maßgebend, wenn es für eine künftige oder eine bedingte Forderung bestellt ist.

1 1. **Allgemeines.** Bestehen mehrere beschränkte dingliche Rechte an einer Sache, so stehen sie in einem bestimmten **Rangverhältnis** zueinander. Der Rang hat vor allem Bedeutung bei einer Pfandverwertung, deren Erlös nicht alle Belastungen der Sache abdeckt (vgl §§ 879–882 Rn 1).

2 2. **Prioritätsgrundsatz (§ 1204 Rn 5).** Das früher bestellte Pfandrecht geht dem später bestellten vor; Ausnahmen: § 1208, HGB 366 II. Diese Rangordnung gilt unter allen Pfandrechtsarten (vgl BGH 93, 76) und gegenüber anderen Belastungen (LM Nr 1 zu § 559: Vermieterpfandrecht am Zubehör und Hypothek). Keine Vorrangeinräumung mit dinglicher Wirkung möglich (anders §§ 881, 882), widersprüchlich BAG NJW 90, 2642 f (Verpflichtung mit dinglicher Wirkung); nur Aufhebung mit Nachrücken der nachrangigen Rechte und Neubestellung an letzter Rangstelle. Pfandrecht für künftige oder (aufschiebend oder auflösend) bedingte Forderung entsteht mit Bestellung (§ 1204 Rn 14; BGH NJW 93, 2878).

3 3. **Pfändungsrecht.** Für das **Pfändungspfandrecht** trifft ZPO 804 III eine entspr Regelung.

§ 1210 Umfang der Haftung des Pfandes

(1) ¹Das Pfand haftet für die Forderung in deren jeweiligem Bestand, insbesondere auch für Zinsen und Vertragsstrafen. ²Ist der persönliche Schuldner nicht der Eigentümer des Pfandes, so wird durch ein Rechtsgeschäft, das der Schuldner nach der Verpfändung vornimmt, die Haftung nicht erweitert.

(2) **Das Pfand haftet für die Ansprüche des Pfandgläubigers auf Ersatz von Verwendungen, für die dem Pfandgläubiger zu ersetzenden Kosten der Kündigung und der Rechtsverfolgung sowie für die Kosten des Pfandverkaufs.**

1. Umfang. Wird der **Haftungsumfang** nicht vertraglich festgelegt, so gilt § 1210. Die Forderung kann sich verringern (zB durch Teilerfüllung) oder – vorbehaltlich Rn 2 – erweitern, zB durch ges oder vertragliche Zinsen, Vertragsstrafe (I 1), Schadensersatz wegen Nicht- oder Schlechterfüllung und bestimmte Gläubigerkosten (II). 1

2. Rechtsgeschäftliche Haftungserweiterung. ZB Aufstockung (nicht Neubegründung) der Forderung wirkt nur bei Identität von Eigentümer und Schuldner (I 2), dann aber auch gegen nachrangig Berechtigte (arg I 1; MK/Damrau 2). Erweiterung wirkt auch, wenn der Pfandgläubiger den schuldenden Verpfänder ohne Bösgläubigkeit für den Eigentümer hält. 2

§ 1211 Einreden des Verpfänders

(1) ¹**Der Verpfänder kann dem Pfandgläubiger gegenüber die dem persönlichen Schuldner gegen die Forderung sowie die nach § 770 einem Bürgen zustehenden Einreden geltend machen.** ²**Stirbt der persönliche Schuldner, so kann sich der Verpfänder nicht darauf berufen, dass der Erbe für die Schuld nur beschränkt haftet.**

(2) **Ist der Verpfänder nicht der persönliche Schuldner, so verliert er eine Einrede nicht dadurch, dass dieser auf sie verzichtet.**

1. Allgemeines. Der Verpfänder kann, unabhängig von § 1211, dem Pfandgläubiger gegenüber Einreden aus seinem persönlichen Rechtsverhältnis zu ihm geltend machen, ferner (ebenso wie der Eigentümer) das Nichtbestehen des Pfandrechts, zB wegen Nichtigkeit der Einigung (§§ 1205, 1206 Rn 2). 1

2. Erweiterung der Einreden. § 1211 erweitert wegen der Akzessorietät des Pfandrechts den **Kreis der Einreden** ebenso wie § 1137 für die Hypothek. Daher gilt § 1137 Rn 2–6 entspr. Auch der Eigentümer, der weder Verpfänder noch Schuldner ist, kann sich auf § 1211 berufen (RG JW 12, 749). Bei dauernden Einreden gilt § 1254. 2

3. Geltendmachung. Geltendmachung der Einreden gegen eine Klage aus § 1231 S 1, ferner durch Klage auf Unterlassung der Pfandverwertung oder auf Herausgabe (§ 1254). 3

§ 1212 Erstreckung auf getrennte Erzeugnisse

Das Pfandrecht erstreckt sich auf die Erzeugnisse, die von dem Pfande getrennt werden.

1. Pfandobjekt. Zum **Pfandobjekt** gehören wesentliche (§ 93) und iZw auch unwesentliche **Bestandteile** der Pfandsache. **Zubehör** wird nur erfasst, wenn es mit verpfändet ist (zur Verpflichtung s § 311c). 1

2. Bestandteile und Erzeugnisse (Begriff § 99 I). Sie bleiben auch nach der Trennung pfandverhaftet (§ 1212), gleichgültig, wer mit der Trennung Eigentum erworben hat; anders nur bei pfandfreiem Erwerb eines Dritten (§§ 936, 945, 954, 956), ferner nach § 1213. 2

3. Surrogate. Ein **Surrogat** der Pfandsache wird vom Pfandrecht nur gem §§ 1219 II, 1247 erfasst (betrifft Erlös), nicht zB eine Versicherungsforderung bei Untergang der Pfandsache (anders § 1127), denn dingliche Surrogation ist kein allg 3

§§ 1213–1217   Buch 3. Abschnitt 8. Pfandrecht

Grundsatz des Sachen-, speziell des Pfandrechts, sondern verlangt ges Anordnung (BGH NJW 08, 1734).

§ 1213 Nutzungspfand

(1) Das Pfandrecht kann in der Weise bestellt werden, dass der Pfandgläubiger berechtigt ist, die Nutzungen des Pfandes zu ziehen.

(2) Ist eine von Natur Frucht tragende Sache dem Pfandgläubiger zum Alleinbesitz übergeben, so ist im Zweifel anzunehmen, dass der Pfandgläubiger zum Fruchtbezug berechtigt sein soll.

§ 1214 Pflichten des nutzungsberechtigten Pfandgläubigers

(1) Steht dem Pfandgläubiger das Recht zu, die Nutzungen zu ziehen, so ist er verpflichtet, für die Gewinnung der Nutzungen zu sorgen und Rechenschaft abzulegen.

(2) Der Reinertrag der Nutzungen wird auf die geschuldete Leistung und, wenn Kosten und Zinsen zu entrichten sind, zunächst auf diese angerechnet.

(3) Abweichende Bestimmungen sind zulässig.

Anmerkungen zu den §§ 1213, 1214

1 **1. Allgemeines.** §§ 1213, 1214 regeln das **Nutzungspfandrecht;** § 1214 gilt bei Nutzziehung ohne Ermächtigung entspr (RG 105, 409).

2 **2. Voraussetzung.** Voraussetzung des Nutzungspfandrechts ist eine bes Vereinbarung, § 1213 I (Vermutung in § 1213 II). Nutzungen: §§ 99 I, III, 100. Zur Fruchtverteilung § 101.

3 **3. Wirkungen. a)** Der Pfandgläubiger erwirbt an Sachfrüchten Eigentum mit der Trennung (§ 954), an mittelbaren Rechtsfrüchten (§ 99 III) mit Entgegennahme der Leistung. **b)** Der Pfandgläubiger ist zur Nutzziehung verpflichtet (bei Pflichtverletzung Schadensersatz), ebenso zur Rechnungslegung (§§ 259, 261), § 1214 I. **c)** Anrechnung des Reinertrags auf Kosten (§ 1210 II), Zinsen, Hauptforderung, § 1214 II. Reinertrag: bei Verbrauch ist das der obj Verkehrswert, bei Verwertung der Verkaufspreis, jeweils abzüglich Nutzziehungs- und Verwertungskosten. **d)** Zu (b) und (c) sind abw Vereinbarungen möglich, § 1214 III.

§ 1215 Verwahrungspflicht

Der Pfandgläubiger ist zur Verwahrung des Pfandes verpflichtet.

§ 1216 Ersatz von Verwendungen

[1]Macht der Pfandgläubiger Verwendungen auf das Pfand, so bestimmt sich die Ersatzpflicht des Verpfänders nach den Vorschriften über die Geschäftsführung ohne Auftrag. [2]Der Pfandgläubiger ist berechtigt, eine Einrichtung, mit der er das Pfand versehen hat, wegzunehmen.

§ 1217 Rechtsverletzung durch den Pfandgläubiger

(1) Verletzt der Pfandgläubiger die Rechte des Verpfänders in erheblichem Maße und setzt er das verletzende Verhalten ungeachtet einer

Titel 1. Pfandrecht an beweglichen Sachen §§ 1215–1221

Abmahnung des Verpfänders fort, so kann der Verpfänder verlangen, dass das Pfand auf Kosten des Pfandgläubigers hinterlegt oder, wenn es sich nicht zur Hinterlegung eignet, an einen gerichtlich zu bestellenden Verwahrer abgeliefert wird.

(2) ¹Statt der Hinterlegung oder der Ablieferung der Sache an einen Verwahrer kann der Verpfänder die Rückgabe des Pfandes gegen Befriedigung des Gläubigers verlangen. ²Ist die Forderung unverzinslich und noch nicht fällig, so gebührt dem Pfandgläubiger nur die Summe, welche mit Hinzurechnung der gesetzlichen Zinsen für die Zeit von der Zahlung bis zur Fälligkeit dem Betrag der Forderung gleichkommt.

§ 1218 Rechte des Verpfänders bei drohendem Verderb

(1) Ist der Verderb des Pfandes oder eine wesentliche Minderung des Wertes zu besorgen, so kann der Verpfänder die Rückgabe des Pfandes gegen anderweitige Sicherheitsleistung verlangen; die Sicherheitsleistung durch Bürgen ist ausgeschlossen.

(2) Der Pfandgläubiger hat dem Verpfänder von dem drohenden Verderb unverzüglich Anzeige zu machen, sofern nicht die Anzeige untunlich ist.

§ 1219 Rechte des Pfandgläubigers bei drohendem Verderb

(1) Wird durch den drohenden Verderb des Pfandes oder durch eine zu besorgende wesentliche Minderung des Wertes die Sicherheit des Pfandgläubigers gefährdet, so kann dieser das Pfand öffentlich versteigern lassen.

(2) ¹Der Erlös tritt an die Stelle des Pfandes. ²Auf Verlangen des Verpfänders ist der Erlös zu hinterlegen.

§ 1220 Androhung der Versteigerung

(1) ¹Die Versteigerung des Pfandes ist erst zulässig, nachdem sie dem Verpfänder angedroht worden ist; die Androhung darf unterbleiben, wenn das Pfand dem Verderb ausgesetzt und mit dem Aufschub der Versteigerung Gefahr verbunden ist. ²Im Falle der Wertminderung ist außer der Androhung erforderlich, dass der Pfandgläubiger dem Verpfänder zur Leistung anderweitiger Sicherheit eine angemessene Frist bestimmt hat und diese verstrichen ist.

(2) Der Pfandgläubiger hat den Verpfänder von der Versteigerung unverzüglich zu benachrichtigen; im Falle der Unterlassung ist er zum Schadensersatz verpflichtet.

(3) Die Androhung, die Fristbestimmung und die Benachrichtigung dürfen unterbleiben, wenn sie untunlich sind.

§ 1221 Freihändiger Verkauf

Hat das Pfand einen Börsen- oder Marktpreis, so kann der Pfandgläubiger den Verkauf aus freier Hand durch einen zu solchen Verkäufen öffentlich ermächtigten Handelsmäkler oder durch eine zur öffentlichen Versteigerung befugte Person zum laufenden Preis bewirken.

Anmerkungen zu den §§ 1215–1221

1. **Allgemeines.** §§ 1215–1221, 1223–1226 regeln das **ges Schuldverhältnis** zwischen **Pfandgläubiger** und **Verpfänder** (nicht Eigentümer!). Die Rechte des

§§ 1222, 1223

verpfändenden Nichteigentümers aus dem ges Schuldverhältnis stehen nicht global auch dem Eigentümer zu (str, s St Wiegand § 1215 Rn 5 mN). Pflichtverletzung kann Schadensersatzansprüche nach sich ziehen. Der Eigentümer hat bei Eigentumsverletzung Anspruch aus § 823; im Verhältnis zum Pfandgläubiger scheiden §§ 987 ff aus, weil dieser dem Eigentümer gegenüber zum Besitz berechtigt ist.

2 **2. Die Pflichten und Rechte ie. a) Verwahrungspflicht,** § 1215. Sie setzt unmittelbaren Alleinbesitz des Pfandgläubigers voraus. §§ 688 ff sind entspr anwendbar, dh soweit nicht Besonderheiten des Pfandrechts entgegenstehen (Bsp: statt § 690 gelten §§ 276, 278; statt § 693: § 1216; statt § 695: § 1223). Aus § 1215 folgt keine allg Versicherungs- und Erhaltungspflicht; sie kann sich aus den Umständen ergeben (verpfändetes Tier ist zu füttern), zum Ersatzanspruch § 1216 S 1. Verwahrungspflicht endet erst mit Rückgabe der Sache, nicht schon mit Erlöschen des Pfandrechts. **b) Recht auf Verwendungsersatz** (Begriff § 951 Rn 22) gem §§ 683, 684 gegen den Verpfänder und Recht zur *Wegnahme* (dazu § 258), § 1216. **c) Schutzrechte des Verpfänders** bei fortgesetzter Rechtsverletzung nach (formlos möglicher) Abmahnung, § 1217: Anspruch auf Hinterlegung (§§ 372 ff), Ablieferung an Verwahrer (FamFG 410 Nr 3) oder vorzeitige Pfandeinlösung (dazu § 1225). Bsp: Weiterbenützung der Pfandsache ohne Gestattung, Schadenseintritt nicht erforderlich. **d) Bei drohendem Verderb:** §§ 1218, 1219. Zur Sicherheitsleistung (§ 1218 I) §§ 232 I, 233–238, 240. Zur öffentl Versteigerung (§ 1219 I) §§ 383 III, 1220, 1236–1246, zur dinglichen Surrogation § 1219 II. **e) Androhung der Versteigerung,** Fristsetzung für Sicherheitsleistung, § 1220 I. Versteigerung ohne notwendige Androhung oder ohne notwendige Fristbestimmung oder trotz Sicherheitsleistung ist unwirksam (aA MK/Damrau § 1220 Rn 1), aber Eigentumserwerb gem § 1244 möglich. **f) Freihandverkauf:** § 385.

§ 1222 Pfandrecht an mehreren Sachen

Besteht das Pfandrecht an mehreren Sachen, so haftet jede für die ganze Forderung.

1 Betrifft das **Gesamtpfandrecht** (§ 1204 Rn 3). Pfandgläubiger kann wählen, welche Sache er verwerten will, § 1230 (s BGH WM 80, 1385).

§ 1223 Rückgabepflicht; Einlösungsrecht

(1) **Der Pfandgläubiger ist verpflichtet, das Pfand nach dem Erlöschen des Pfandrechts dem Verpfänder zurückzugeben.**

(2) **Der Verpfänder kann die Rückgabe des Pfandes gegen Befriedigung des Pfandgläubigers verlangen, sobald der Schuldner zur Leistung berechtigt ist.**

1 **1. Pflichten.** Der Pfandgläubiger ist nach Erlöschen des Pfandrechts (§ 1204 Rn 10) zur **Rückgabe der Pfandsache** und der in § 1212 genannten Nebensachen an den Verpfänder verpflichtet, **I.** Ein Verpfänder, der gegenüber dem Eigentümer kein Besitzrecht hat, kann nur Rückgabe an diesen verlangen (Rechtsgedanke des § 986 I 2; aA BGH 73, 321 ff: Verpfänder kann grundsätzlich Rückgabe an sich fordern). I gilt auch für Herausgabe des Übererlöses als Surrogat der Pfandsache (§ 1247 S 2). Eigentümer, der nicht Verpfänder ist, hat Anspruch aus §§ 985, 986 I. Der Schuldner kann Herausgabe nicht verlangen.

2 **2. Rechte des Verpfänders.** Der **Verpfänder** hat ein **Einlösungsrecht,** sobald der Schuldner leisten darf (das kann wegen § 271 II schon vor Eintritt der Pfandreife [§ 1228 Rn 2] der Fall sein), **II.** § 267 II ist ausgeschlossen. Der Verpfänder kann Rückgabe Zug um Zug gegen Zahlung der gerichtl festgestellten Pfandforderung verlangen (vgl RG 140, 346 f; auch BGH 73, 318 ff; NJW 99, 3717). Befriedigt er

Titel 1. Pfandrecht an beweglichen Sachen §§ 1224–1227

den Pfandgläubiger, so gehen Forderung (§ 1225) und Pfandrecht (§§ 412, 401 I, 1250 I) auf ihn über. Ist der Verpfänder auch Eigentümer, so gilt für die Forderung das Gleiche, aber das Pfandrecht erlischt idR (§§ 412, 401 I, 1250, 1256). Ist der Leistende (Verpfänder, Eigentümer) auch Schuldner oder leistet der Nur-Schuldner, so erlöschen Forderung (§ 362 I) und Pfandrecht (§ 1252). Befriedigt der Eigentümer, der weder Verpfänder noch Schuldner ist, so gilt § 1249 (vgl dort). Befriedigt ein Dritter, so können Forderung und Pfandrecht übergehen, zB nach §§ 1249 S 2, 268 III, 412, 401 I, 1250 I.

§ 1224 Befriedigung durch Hinterlegung oder Aufrechnung

Die Befriedigung des Pfandgläubigers durch den Verpfänder kann auch durch Hinterlegung oder durch Aufrechnung erfolgen.

1. Aufrechnung durch den nicht schuldenden Verpfänder. Diese durchbricht § 387 (Gegenseitigkeitserfordernis) und § 389 (kein Erlöschen der Gegenforderung: § 1225), s § 1142 Rn 3. 1

2. Hinterlegung. Vgl §§ 372 ff. 2

§ 1225 Forderungsübergang auf den Verpfänder

¹**Ist der Verpfänder nicht der persönliche Schuldner, so geht, soweit er den Pfandgläubiger befriedigt, die Forderung auf ihn über.** ²**Die für einen Bürgen geltende Vorschrift des § 774 findet entsprechende Anwendung.**

1. Forderungsübergang. Zum Übergang der Forderung auf den Verpfänder § 1223 Rn 2; dort auch zur Befriedigung durch Eigentümer, Schuldner oder Dritten. Befriedigung auch durch Hinterlegung oder Aufrechnung (§ 1224). § 1225 ist abdingbar. 1

2. Besonderheiten. Problematisch ist der Übergang von Forderung und Pfandrecht, wenn **mehrere Sicherheiten für die Forderung** bestehen (Hypothek, Bürgschaft, mehrere Pfandrechte) und ein SG, der nicht zugleich Schuldner ist, den Gläubiger befriedigt (s Schlechtriem, FS v. Caemmerer, 1978, S 1014 ff; BGH 108, 182 ff). **a)** Befriedigt einer von mehreren Verpfändern, so erhält er bei Fehlen abw Vereinbarung pfandgesicherten Ausgleichsanspruch nach Kopfteilen, S 2 mit §§ 774 II, 426 (hM; s BGH NJW-RR 91, 500 mN). **b)** Wie a, wenn Grundpfand- und Pfandrecht zusammentreffen und der Grundstückseigentümer oder der Verpfänder den Gläubiger befriedigt (BGH NJW-RR 91, 682 f). **c)** Zum Zusammentreffen von Pfandrecht und Bürgschaft § 774 Rn 12. 2

§ 1226 Verjährung der Ersatzansprüche

¹**Die Ersatzansprüche des Verpfänders wegen Veränderungen oder Verschlechterungen des Pfandes sowie die Ansprüche des Pfandgläubigers auf Ersatz von Verwendungen oder auf Gestattung der Wegnahme einer Einrichtung verjähren in sechs Monaten.** ²**Die Vorschrift des § 548 Abs. 1 Satz 2 und 3, Abs. 2 findet entsprechende Anwendung.**

Allgemeines. Betrifft nur Ansprüche des Verpfänders und des Pfandgläubigers aus §§ 1215, 1216; Verjährungsbeginn: § 548 I 2, 3, II entspr. Für Ansprüche des Eigentümers, der nicht Verpfänder ist, gelten die allg Vorschriften. 1

§ 1227 Schutz des Pfandrechts

Wird das Recht des Pfandgläubigers beeinträchtigt, so finden auf die Ansprüche des Pfandgläubigers die für die Ansprüche aus dem Eigentum geltenden Vorschriften entsprechende Anwendung.

§§ 1228–1230

1 **1. Ansprüche aus dem Eigentum. a)** § 985 (für Pfandsache und Erzeugnisse, vgl § 1212); §§ 989 ff für Schadensersatz (als solcher kann vor Pfandreife [§ 1228 Rn 2] nur ein Pfandrecht am Schadensersatzanspruch verlangt werden [MK/Damrau 3, str]), für Nutzungen nur beim Nutzungspfandrecht (§ 1213); §§ 994 ff für Anspruch auf Verwendungsersatz desjenigen Besitzers, der nicht Eigentümer, Schuldner oder Verpfänder ist, gegen den Pfandgläubiger (WolffR § 164 II 6c). **b)** §§ 1004, 1005. **c)** Im Prozess gilt § 1006 entspr (dort Rn 2).

2 **2. Sonstiges. Weitere Rechte** aus der Beeinträchtigung des dinglichen Rechts: § 823 I (sonstiges Recht); ZPO 771 (veräußerunghinderndes Recht), 805 (vorzugsweise Befriedigung).

§ 1228 Befriedigung durch Pfandverkauf

(1) **Die Befriedigung des Pfandgläubigers aus dem Pfande erfolgt durch Verkauf.**

(2) ¹**Der Pfandgläubiger ist zum Verkauf berechtigt, sobald die Forderung ganz oder zum Teil fällig ist.** ²**Besteht der geschuldete Gegenstand nicht in Geld, so ist der Verkauf erst zulässig, wenn die Forderung in eine Geldforderung übergegangen ist.**

1 **1. Pfandverwertung.** Sie erfolgt durch Pfandverkauf, I (dazu §§ 1233 ff), bei Verpfändung von Geld durch einseitigen Eigentumserwerb des Pfandgläubigers (insoweit ist, abw von § 1229, entspr Vereinbarung zulässig). Voraussetzung des Verkaufs ist Alleinbesitz des Pfandgläubigers (vgl § 1231). Die Verwertung ist ein Recht, keine Pflicht des Pfandgläubigers (abw § 772 II, ZPO 777). Er befriedigt sich aus dem Erlös, § 1247.

2 **2. Verkaufsberechtigung.** Diese tritt mit der sog *Pfandreife* ein, **II. a)** Gesicherte **Geldforderungen** müssen fällig sein, dh der Gläubiger kann Zahlung verlangen (zu unterscheiden von der Erfüllbarkeit, die den Schuldner zur Leistung berechtigt, vgl § 271 II und § 1223 Rn 2). **b) Andere Forderungen,** II 2, müssen in Geldforderungen übergegangen sein (§ 1204 Rn 12), zB gem §§ 249 II 1, 250, 251. **c) Verstoß gegen II** macht Veräußerung unrechtmäßig (§ 1243 I), aber Eigentumserwerb gem § 1244 möglich.

§ 1229 Verbot der Verfallvereinbarung

Eine vor dem Eintritt der Verkaufsberechtigung getroffene Vereinbarung, nach welcher dem Pfandgläubiger, falls er nicht oder nicht rechtzeitig befriedigt wird, das Eigentum an der Sache zufallen oder übertragen werden soll, ist nichtig.

1 **Verfallklausel**. Sie knüpft an die Nichtbefriedigung den Eigentumserwerb des Pfandgläubigers. Sie ist vor Eintritt der Pfandreife (§ 1228 Rn 2) erlaubt, wenn Geld verpfändet ist (§ 1228 Rn 1). Iü ist sie bis zur Pfandreife verboten, um dem verpfändenden Eigentümer ein ges Verwertungsverfahren (§§ 1233 ff, s aber § 1245) zu sichern. Grenze der erlaubten Klausel: § 138. Nichtigkeit der Klausel macht idR nicht die Pfandbestellung nichtig (s § 139).

§ 1230 Auswahl unter mehreren Pfändern

¹**Unter mehreren Pfändern kann der Pfandgläubiger, soweit nicht ein anderes bestimmt ist, diejenigen auswählen, welche verkauft werden sollen.** ²**Er kann nur so viele Pfänder zum Verkauf bringen, als zu seiner Befriedigung erforderlich sind.**

Zu S 1 vgl § 1222. Verstoß gegen einschr Vereinbarung macht schadensersatz- 1
pflichtig (§ 1243 II), die Veräußerung ist rechtmäßig (§ 1243 I). Zuviel-Verkauf,
S 2, ist unrechtmäßig (§ 1243 I), aber Eigentumserwerb gem § 1244 möglich.

§ 1231 Herausgabe des Pfandes zum Verkauf

¹Ist der Pfandgläubiger nicht im Alleinbesitz des Pfandes, so kann er nach dem Eintritt der Verkaufsberechtigung die Herausgabe des Pfandes zum Zwecke des Verkaufs fordern. ²Auf Verlangen des Verpfänders hat anstelle der Herausgabe die Ablieferung an einen gemeinschaftlichen Verwahrer zu erfolgen; der Verwahrer hat sich bei der Ablieferung zu verpflichten, das Pfand zum Verkauf bereitzustellen.

1. **Voraussetzungen für Verkauf.** Verkauf erfordert unmittelbaren Alleinbe- 1
sitz des verkaufenden Pfandgläubigers. Er hat ihn bei Verpfändung nach § 1205 I.
Bei § 1205 II kann er vom Besitzer Herausgabe verlangen (vgl §§ 1205, 1206 Rn 5).
S 1 verhilft bei Verpfändung nach § 1206 zum unmittelbaren Alleinbesitz (vgl RG
JW 38, 869). Voraussetzung ist Pfandreife (§ 1228 Rn 2). Zu den Einreden des
Verpfänders § 1211 Rn 1–3. – § 1231 gilt nicht bei Mitbesitz mehrerer gleichrangiger Pfandgläubiger (§ 1232 Rn 2).

2. **Ablieferungsanspruch, S 2.** Dieser steht unter den Voraussetzungen von S 1 2
nur dem Verpfänder, nicht dem Nur-Eigentümer zu. Der Verwahrer wird bei Streit
vom Prozessgericht bestimmt.

§ 1232 Nachstehende Pfandgläubiger

¹Der Pfandgläubiger ist nicht verpflichtet, einem ihm im Range nachstehenden Pfandgläubiger das Pfand zum Zwecke des Verkaufs herauszugeben. ²Ist er nicht im Besitz des Pfandes, so kann er, sofern er nicht selbst den Verkauf betreibt, dem Verkauf durch einen nachstehenden Pfandgläubiger nicht widersprechen.

1. **Pfandgläubiger mit verschiedenem Rang. a)** Nachrangiger hat gegen 1
besitzenden vorrangigen Pfandgläubiger keinen Herausgabeanspruch, S 1. Er kann
sich nur dessen Pfandverwertung anschließen oder nach § 1249 ablösen. **b)** Besitzt
der nachrangige, so kann vorrangiger zum Zweck des Pfandverkaufs herausverlangen. Wenn er Verkauf nicht betreiben will oder kann, so gilt S 2.

2. **Pfandgläubiger mit gleichem Rang.** Wenn für jeden die Pfandreife (§ 1228 2
Rn 2) besteht und alle Mitbesitz haben, so gelten §§ 741 ff, insbes 749, 753. § 1231
gilt nicht. Besitzt nur einer, so können die anderen Einräumung des Mitbesitzes
verlangen, jedenfalls dürfen sie nicht schlechter als nachrangige Pfandgläubiger
(Rn 1) stehen.

§ 1233 Ausführung des Verkaufs

(1) **Der Verkauf des Pfandes ist nach den Vorschriften der §§ 1234 bis 1240 zu bewirken.**

(2) **Hat der Pfandgläubiger für sein Recht zum Verkauf einen vollstreckbaren Titel gegen den Eigentümer erlangt, so kann er den Verkauf auch nach den für den Verkauf einer gepfändeten Sache geltenden Vorschriften bewirken lassen.**

1. **Pfandverkauf ohne Titel, I.** Für ihn gelten §§ 1234–1240. Abweichungen 1
möglich (§§ 1245, 1246, 1259). Verkäufer ist der Pfandgläubiger kraft seines Pfandrechts. Daher handelt er nicht als Vertreter des Eigentümers, sondern nur auf dessen

§§ 1234, 1235

Rechnung. Das Pfandrecht berechtigt zur Pfandveräußerung (vgl § 1242 I 1). Der Pfandgläubiger wird durch den Versteigerer (vgl §§ 1235, 383 III) vertreten. Durch Zuschlag (§ 156) kommt der Kaufvertrag zustande. Haftung des Pfandgläubigers (Verkäufers) für Sach- und Rechtsmängel ist stark eingeschränkt (§ 445; §§ 1242 II, 1244). Für den Verbrauchsgüterkauf beachte § 474 I 2 (§§ 474 ff unanwendbar), § 474 II 2 (§ 445 unanwendbar).

2 **2. Pfandverkauf mit Titel, II. a) Nötig ist** ein Titel (Urteil, Prozessvergleich, vollstreckbare Urkunde) gegen den Eigentümer als solchen auf Duldung der Pfandverwertung mit Angabe der gesicherten Forderung (BGH NJW 77, 1242). Grundlage ist das Pfandrecht, nicht die Forderung. Urkundenprozess ist zulässig (entspr
3 ZPO 592 S 2, str), Mahnverfahren nicht (vgl ZPO 688 I). **b) II ermöglicht** dem Pfandgläubiger die Wahl einer bes Art von Pfandverkauf (nicht eines Verkaufs „im Wege der Zwangsvollstreckung"). Daher ZPO 803–805, 807–813 unanwendbar. Anwendbar ZPO 806 (MK/Damrau 7, str), 814, 816 (ohne II, dafür § 1236), 817 (ohne IV, dafür § 1239 I 2), 817a, 821–823, 825 (hM). Statt ZPO 818 gilt § 1230 S 2, statt ZPO 819: § 1247. Auch hier gelten §§ 1244, 1248, 1249.

4 **3. Zwangsvollstreckung mit Zahlungstitel.** Der Pfandgläubiger kann auch auf Grund seiner Forderung einen Zahlungstitel gegen den Schuldner erwirken und in die Pfandsache vollstrecken (vgl ZPO 809). Ein Widerspruch des nicht schuldenden Eigentümers nach ZPO 771 verstößt wegen des Verwertungsrechts des Gläubigers (§ 1204 I) gegen § 242 und ist unbeachtlich (RG 143, 277 f; offen lassend BGH 118, 207). ZPO 803 ff sind voll anwendbar, auch 811.

§ 1234 Verkaufsandrohung; Wartefrist

(1) ¹Der Pfandgläubiger hat dem Eigentümer den Verkauf vorher anzudrohen und dabei den Geldbetrag zu bezeichnen, wegen dessen der Verkauf stattfinden soll. ²Die Androhung kann erst nach dem Eintritt der Verkaufsberechtigung erfolgen; sie darf unterbleiben, wenn sie untunlich ist.

(2) ¹Der Verkauf darf nicht vor dem Ablauf eines Monats nach der Androhung erfolgen. ²Ist die Androhung untunlich, so wird der Monat von dem Eintritt der Verkaufsberechtigung an berechnet.

1 **Allgemeines. Androhung, I,** des Verkaufs (§ 1235) an den Eigentümer (§ 1248) erst nach Pfandreife (§ 1228 Rn 2). Zweck: Ermöglichung der Ablösung, § 1249. Abdingbar (§ 1245), ebenso die **Wartefrist, II.** Verstoß gegen I oder II macht schadensersatzpflichtig (§ 1243 II), die Veräußerung ist rechtmäßig (§ 1243 I).

§ 1235 Öffentliche Versteigerung

(1) Der Verkauf des Pfandes ist im Wege öffentlicher Versteigerung zu bewirken.

(2) Hat das Pfand einen Börsen- oder Marktpreis, so findet die Vorschrift des § 1221 Anwendung.

1 **1. Verkaufsformen. Zwei Verkaufsformen** kennt das Ges (sie sind erst nach der Pfandreife abdingbar, § 1245 II, § 1228 Rn 2; vgl auch §§ 1229, 1246): **a) Öffentl Versteigerung,** I (Begriff: § 383 III). Vgl § 1233 Rn 1. Kaufvertrag kommt mit Zuschlag zustande (§ 156 S 1), Übereignung gem §§ 929 ff. **b) Freihandverkauf,** II. Vgl §§ 1221, 1240 II.

2 **2. Folgen des Verstoßes. Verstoß** macht Veräußerung unrechtmäßig (§ 1243 I); Eigentumserwerb nach § 1244 ist ausgeschlossen. Zur Schadensersatzpflicht des Pfandgläubigers § 1243 Rn 2.

Titel 1. Pfandrecht an beweglichen Sachen §§ 1236–1239

§ 1236 Versteigerungsort

¹Die Versteigerung hat an dem Orte zu erfolgen, an dem das Pfand aufbewahrt wird. ²Ist von einer Versteigerung an dem Aufbewahrungsort ein angemessener Erfolg nicht zu erwarten, so ist das Pfand an einem geeigneten anderen Orte zu versteigern.

Schon vor Pfandreife abdingbar (§§ 1245, 1246). Verstoß macht schadensersatzpflichtig (§ 1243 II), Veräußerung ist rechtmäßig (§ 1243 I).

§ 1237 Öffentliche Bekanntmachung

¹Zeit und Ort der Versteigerung sind unter allgemeiner Bezeichnung des Pfandes öffentlich bekannt zu machen. ²Der Eigentümer und Dritte, denen Rechte an dem Pfande zustehen, sind besonders zu benachrichtigen; die Benachrichtigung darf unterbleiben, wenn sie untunlich ist.

1. Öffentl Bekanntmachung, S 1. Sie ist erst nach Pfandreife (§ 1228 Rn 2) abdingbar, §§ 1245 II, 1246. Verstoß macht Veräußerung unrechtmäßig (§ 1243 I), aber Eigentumserwerb gem § 1244 möglich.

2. Benachrichtigungspflicht, S 2. Diese ist schon vor Pfandreife (§ 1228 Rn 2) abdingbar, §§ 1245, 1246. Verstoß macht schadensersatzpflichtig (§ 1243 II), Veräußerung ist rechtmäßig (§ 1243 I).

§ 1238 Verkaufsbedingungen

(1) Das Pfand darf nur mit der Bestimmung verkauft werden, dass der Käufer den Kaufpreis sofort bar zu entrichten hat und seiner Rechte verlustig sein soll, wenn dies nicht geschieht.

(2) ¹Erfolgt der Verkauf ohne diese Bestimmung, so ist der Kaufpreis als von dem Pfandgläubiger empfangen anzusehen; die Rechte des Pfandgläubigers gegen den Ersteher bleiben unberührt. ²Unterbleibt die sofortige Entrichtung des Kaufpreises, so gilt das Gleiche, wenn nicht vor dem Schluss des Versteigerungstermins von dem Vorbehalt der Rechtsverwirkung Gebrauch gemacht wird.

Sofortige Barzahlung und Vorbehalt der Rechtsverwirkung. Diese müssen zum Inhalt des Kaufvertrags gemacht werden, I (abdingbar, §§ 1245 I, 1246). Macht der Pfandgläubiger bei Nichtzahlung nicht vor Terminsschluss von der Klausel Gebrauch (durch Rücktritt, § 354) oder fehlt die Klausel, so werden Eigentümer und Schuldner durch die Zahlungsfiktion geschützt (II 1 HS 1). Der Kaufpreisanspruch des Pfandgläubigers gegen den Ersteher bleibt bestehen. Rücktritt des Pfandgläubigers nach Terminsschluss noch möglich, aber II bleibt unberührt.

§ 1239 Mitbieten durch Gläubiger und Eigentümer

(1) ¹Der Pfandgläubiger und der Eigentümer können bei der Versteigerung mitbieten. ²Erhält der Pfandgläubiger den Zuschlag, so ist der Kaufpreis als von ihm empfangen anzusehen.

(2) ¹Das Gebot des Eigentümers darf zurückgewiesen werden, wenn nicht der Betrag bar erlegt wird. ²Das Gleiche gilt von dem Gebot des Schuldners, wenn das Pfand für eine fremde Schuld haftet.

Besonderheiten (vgl WolffR § 166 VI). **a) Pfandgläubiger** ist Verkäufer und Veräußerer (§ 1233 Rn 1). Bietet er mit und erhält er den Zuschlag (I), so kommt nur ein einseitiges kaufähnliches Kausalgeschäft zustande; Eigentumserwerb ebenfalls

§§ 1240–1243

2 durch einseitiges Geschäft (vgl § 1242 I 2). § 1244 gilt. **b) Pfandverkauf an den Eigentümer** hat die Befreiung der Pfandsache von dinglicher Haftung zum Gegenstand (hM). „Übereignung" lässt Haftung erlöschen (§ 1242 II); insoweit gilt § 1244.

§ 1240 Gold- und Silbersachen

(1) **Gold- und Silbersachen dürfen nicht unter dem Gold- oder Silberwert zugeschlagen werden.**

(2) **Wird ein genügendes Gebot nicht abgegeben, so kann der Verkauf durch eine zur öffentlichen Versteigerung befugte Person aus freier Hand zu einem den Gold- oder Silberwert erreichenden Preis erfolgen.**

1   **Allgemeines.** Abdingbar erst nach Pfandreife (§§ 1245 II, 1246; § 1228 Rn 2). Verstoß macht Veräußerung unrechtmäßig (§ 1243 I). Eigentumserwerb gem § 1244 nur in öffentl Versteigerung möglich. II (und damit auch § 1244) setzt Versteigerungsversuch voraus (MK/Damrau 3).

§ 1241 Benachrichtigung des Eigentümers

Der Pfandgläubiger hat den Eigentümer von dem Verkauf des Pfandes und dem Ergebnis unverzüglich zu benachrichtigen, sofern nicht die Benachrichtigung untunlich ist.

1   **Allgemeines.** Betrifft jede Art von Verkauf. Schon vor Pfandreife abdingbar (§§ 1245, 1246). Eigentümer: § 1248. Unverzüglich: § 121 I 1. Verstoß macht schadensersatzpflichtig (§ 1243 II).

§ 1242 Wirkungen der rechtmäßigen Veräußerung

(1) [1]**Durch die rechtmäßige Veräußerung des Pfandes erlangt der Erwerber die gleichen Rechte, wie wenn er die Sache von dem Eigentümer erworben hätte.** [2]**Dies gilt auch dann, wenn dem Pfandgläubiger der Zuschlag erteilt wird.**

(2) [1]**Pfandrechte an der Sache erlöschen, auch wenn sie dem Erwerber bekannt waren.** [2]**Das Gleiche gilt von einem Nießbrauch, es sei denn, dass er allen Pfandrechten im Range vorgeht.**

1   **1. Voraussetzungen der rechtmäßigen Pfandveräußerung. a) Pfandrecht** des betreibenden Gläubigers. **b) Wirksame Übereignung** gem §§ 929 ff; zum Erwerb gem ZPO 825 (§ 1233 Rn 3) vgl Celle NJW 61, 1730 f. **c) Einhaltung** der in § 1243 I genannten Vorschriften, sofern sie nicht gem §§ 1245, 1246 wirksam abbedungen sind.

2   **2. Rechtsfolgen.** Ersteher erlangt, bisheriger Eigentümer verliert das Eigentum an der Pfandsache. §§ 932–935 scheiden bei rechtmäßiger Veräußerung als Pfand aus (zT anders bei unrechtmäßiger, § 1244). Belastungen an der Pfandsache erlöschen, **II**, ein erstrangiger Nießbrauch (vgl II 2) nur gem § 936 I, II; für alle Belastungen gilt § 936 III entspr (WolffR § 172 IV 3). Belastungen können sich am Erlös fortsetzen (vgl § 1247).

§ 1243 Rechtswidrige Veräußerung

(1) **Die Veräußerung des Pfandes ist nicht rechtmäßig, wenn gegen die Vorschriften des § 1228 Abs. 2, des § 1230 Satz 2, des § 1235, des § 1237 Satz 1 oder des § 1240 verstoßen wird.**

(2) **Verletzt der Pfandgläubiger eine andere für den Verkauf geltende Vorschrift, so ist er zum Schadensersatz verpflichtet, wenn ihm ein Verschulden zur Last fällt.**

1. Unrechtmäßige Pfandveräußerung, I. a) Voraussetzung. Fehlen einer 1 Rechtmäßigkeitsvoraussetzung (§ 1242 Rn 1). **b) Rechtsfolgen.** Kein Eigentums- 2 erwerb des Erstehers, Pfandrecht und andere Belastungen bleiben bestehen (alles vorbehaltlich eines Eigentumserwerbs gem § 1244). Die gesicherte Forderung erlischt nicht (zum Erlöschen bei Erwerb gem § 1244 vgl § 1247 Rn 8). Der Pfandgläubiger kann schadensersatzpflichtig sein, insbes wenn § 1244 eingreift; Anspruchsgrundlage ist nicht § 1243 II, sondern § 823 (RG 100, 278), des Schuldverhältnis mit dem Verpfänder (§ 280; zum ges Schuldverhältnis s §§ 1215–1221 Rn 1), § 990 (PalBassenge 2). Keine Ersatzpflicht, wenn der Pfandgläubiger nachweist, dass auch bei rechtmäßiger Veräußerung der Erlös nicht höher gewesen wäre (RG JW 30, 134; Frankfurt/M NJW-RR 86, 44), sog rechtmäßiges Alternativverhalten (vgl allg Rn 47–49 vor § 249); **Beweislast** beim Pfandgläubiger (allg BGH NJW 91, 3209).

2. Ordnungswidrige Pfandveräußerung, II. a) Voraussetzungen. Recht- 3 mäßige Pfandverwertung iSv § 1242 Rn 1, aber Verstoß gegen Vorschriften, die I nicht nennt, oder gegen eine Vereinbarung oder gerichtl Entscheidung gem §§ 1245, 1246. **b) Rechtsfolgen.** Veräußerung ist rechtmäßig, aber uU Schadensersatzpflicht 4 gem II (dazu BGH NJW-RR 98, 544).

3. Heilung. Genehmigung des Pfandeigentümers heilt Verstöße gegen I und II 5 (BGH NJW 95, 1351).

§ 1244 Gutgläubiger Erwerb

Wird eine Sache als Pfand veräußert, ohne dass dem Veräußerer ein Pfandrecht zusteht oder den Erfordernissen genügt wird, von denen die Rechtmäßigkeit der Veräußerung abhängt, so finden die Vorschriften der §§ 932 bis 934, 936 entsprechende Anwendung, wenn die Veräußerung nach § 1233 Abs. 2 erfolgt ist oder die Vorschriften des § 1235 oder des § 1240 Abs. 2 beobachtet worden sind.

1. Allgemeines. Trotz Unrechtmäßigkeit der Pfandveräußerung (§ 1243 Rn 1) 1 kann Ersteher Eigentum erwerben.

2. Voraussetzungen. a) Veräußerung als Pfand (bei Veräußerung als Eigentum 2 gelten §§ 932 ff unmittelbar, auch § 935). **b)** Veräußerung gem § 1233 II oder § 1235 I (auch § 1219 I) oder §§ 1235 II, 1240 II (auch § 1221). Bei Veräußerung in anderer Form ist § 1244 unanwendbar, auch wenn sie nach §§ 1245, 1246 zulässig wäre. **c)** Keine Bösgläubigkeit des Erstehers, dh entspr § 932 II weder Kenntnis noch grobfahrlässige Unkenntnis von der Unrechtmäßigkeit der Veräußerung iSv § 1243 Rn 1 (vgl RG 100, 277; BGH 119, 89 f). Bösgläubigkeit hindert den Erwerb; Gutgläubigkeit ist nicht Erwerbsvoraussetzung (zur Bedeutung § 932 Rn 5). **d)** Die Voraussetzungen der §§ 932–934, 936 müssen (entspr) vorliegen. § 935 ist auch nicht entspr anwendbar, so dass Eigentum auch an Sachen erworben werden kann, die dem Eigentümer abhanden gekommen sind (und an denen deshalb ein Pfandrecht nicht entstehen konnte, §§ 1207, 935, HGB 366 III).

3. Rechtsfolgen. Wie § 1242 Rn 2. Zum Erlöschen der Forderung und zu den 3 Rechtsverhältnissen am Erlös § 1247 Rn 8.

§ 1245 Abweichende Vereinbarungen

(1) **¹Der Eigentümer und der Pfandgläubiger können eine von den Vorschriften der §§ 1234 bis 1240 abweichende Art des Pfandverkaufs vereinba-**

ren. ²Steht einem Dritten an dem Pfande ein Recht zu, das durch die Veräußerung erlischt, so ist die Zustimmung des Dritten erforderlich. ³Die Zustimmung ist demjenigen gegenüber zu erklären, zu dessen Gunsten sie erfolgt; sie ist unwiderruflich.

(2) Auf die Beobachtung der Vorschriften des § 1235, des § 1237 Satz 1 und des § 1240 kann nicht vor dem Eintritt der Verkaufsberechtigung verzichtet werden.

§ 1246 Abweichung aus Billigkeitsgründen

(1) Entspricht eine von den Vorschriften der §§ 1235 bis 1240 abweichende Art des Pfandverkaufs nach billigem Ermessen den Interessen der Beteiligten, so kann jeder von ihnen verlangen, dass der Verkauf in dieser Art erfolgt.

(2) Kommt eine Einigung nicht zustande, so entscheidet das Gericht.

Anmerkungen zu den §§ 1245, 1246

1 **1. Freiwillige Vereinbarung zwischen Pfandgläubiger und Eigentümer, § 1245. a)** Sie ändert den Inhalt des Pfandrechts und hat daher dingliche Wirkung. Möglich sind Erleichterung und Erschwerung des Pfandverkaufs; letztere kann aber nicht als Rechtmäßigkeitsvoraussetzung vereinbart werden (MK/Damrau § 1245 Rn 5, str). **b)** § 1245 II zieht zeitliche Grenze. Vorzeitiger Verzicht (vor Pfandreife, § 1228 Rn 2) ist unwirksam. Folge: §§ 1243 I, 1244. **c)** Betroffene Dritte (§ 1245 I 2, 3): § 1242 II. **d)** Abreden, die § 1245 nicht deckt, sind mit schuldrechtlicher Wirkung zulässig. Verstoß macht uU schadensersatzpflichtig. Veräußerung ist rechtmäßig.

2 **2. Anspruch auf Abweichung.** Eigentümer, Pfandgläubiger und nach § 1242 II betroffener Dritter haben gem § 1246 I **ges Anspruch auf Abweichung** von §§ 1235–1240 (nicht § 1234). Scheitert eine Einigung, so entscheidet das Gericht (FamFG 410 Nr 4, 411 IV) über die Art des Pfandverkaufs (§ 1246 II). Auch für das Gericht gilt § 1245 II. Neue Rechtmäßigkeitsvoraussetzungen kann es nicht bestimmen, str.

§ 1247 Erlös aus dem Pfande

¹Soweit der Erlös aus dem Pfande dem Pfandgläubiger zu seiner Befriedigung gebührt, gilt die Forderung als von dem Eigentümer berichtigt. ²Im Übrigen tritt der Erlös an die Stelle des Pfandes.

1 **1. Allgemeines.** § 1247 regelt zweierlei: die dingliche Rechtslage am Verwertungserlös und das Erlöschen der gesicherten Forderung. Beides hängt davon ab, ob und wieweit der Erlös dem Pfandgläubiger „gebührt". Soweit ihm der Erlös nicht gebührt, tritt **dingliche Surrogation** ein (S 2).

2 **2. Pfanderlös.** Wieweit bei **rechtmäßiger Pfandveräußerung** (§ 1242 Rn 1) der *Erlös dem Pfandgläubiger* **gebührt**, hängt davon ab, ob der Erlös die Forderung (§ 1210) übersteigt und ob dem betreibenden Pfandgläubiger Rechte Dritter an der Sache vorgehen. **a) Ein vorrangiges Recht besteht nicht. aa)** *Der Erlös übersteigt*
3 *die Forderung nicht*. Dann gebührt er dem Pfandgläubiger allein, dieser wird Alleineigentümer. **bb)** *Der Erlös übersteigt* die Forderung. Dann erwirbt der Pfandgläubiger
4 kraft Ges (S 2) Miteigentum am Erlös im Verhältnis Forderung : Erlös. Bsp: Forderung 80, Erlös 100; Miteigentumsanteil des Pfandgläubigers 8/10, der des ehemaligen Pfandeigentümers 2/10. An dessen Anteil setzt sich ein nachrangiges Recht, das am

Titel 1. Pfandrecht an beweglichen Sachen **§§ 1248, 1249**

Pfand erloschen ist (§ 1242 II), fort. Nimmt der Pfandgläubiger den ihm gebührenden Anteil weg (§§ 749 I, 752), so erwirbt der ehemalige Pfandeigentümer am Rest Alleineigentum. §§ 948, 949 sind zu beachten. Zur Herausgabe des Übererlöses § 1223 Rn 1. **b) Ein vorrangiges Recht besteht. aa)** *Deckt der Erlös höchstens* 5 *das vorrangige Recht,* so gebührt dem Pfandgläubiger nichts, sein Pfandrecht erlischt ersatzlos. S 2 bedeutet dann: Der ehemalige Pfandeigentümer wird Alleineigentümer des Erlöses, an dem sich (nur) das vorrangige Recht fortsetzt (vgl RG 119, 269). Ist das vorrangige Recht ein Nießbrauch, so gilt § 1067 (Erlös in Geld ist verbrauchbare Sache, § 92). Bei Vermischung: §§ 948, 949. **bb)** *Übersteigt der Erlös das vorrangige* 6 *Recht,* so gebührt dem Pfandgläubiger der Übererlös bis zur Höhe seiner Forderung. Er erlangt Miteigentum am *Gesamt*erlös. Sein Anteil berechnet sich danach, wieweit ihm der *Über*erlös gebührt. Bsp: Forderung 80, vorrangiges Recht 110, Erlös 200; Übererlös also 90, Miteigentumsanteil des Pfandgläubigers 8/20, des früheren Pfandeigentümers 12/20 (an diesem Anteil setzt sich das vorrangige Recht fort: S 2). §§ 948, 949, 1067 sind auch hier zu beachten (Rn 5).

3. Rechtsfolgen. Soweit der Erlös dem Pfandgläubiger **gebührt** (Rn 2–6), gilt 7 die Forderung als von dem (ehemaligen) Eigentümer des Pfandes berichtigt, **S 1.** Ist der Eigentümer auch Schuldner, so erlischt die Forderung. Andernfalls erwirbt er sie entspr §§ 1249 S 2, 268 III (nach hM entspr § 1225; für Kumulation von §§ 1225, 1249 StWiegand 20 mN).

4. Unrechtmäßige Pfandveräußerung. S § 1243 Rn 1. Hier ist zu *unterschei-* 8 *den.* **a) Ersteher hat Eigentum** erlangt, § 1244. **aa)** *Liegt (jetzt) Pfandreife* (§ 1228 Rn 2) vor, so gebührt dem Pfandgläubiger der Erlös wie bei rechtmäßiger Veräußerung (PalBassenge 4), vgl Rn 2–7. **bb)** *Fehlt* Pfandreife, so gilt allein **S 2:** Mit Zahlung des Erlöses erlangt der ehemalige Pfandeigentümer kraft Ges Alleineigentum am Erlös; die erloschenen Belastungen (§ 1242 II) setzen sich am Erlös fort; die gesicherte Forderung erlischt nicht. **b) Der Ersteher hat kein Eigentum** gem 9 § 1244 erlangt: Die dingliche Rechtslage an der Pfandsache ändert sich nicht, Pfandgläubiger wird Eigentümer des Erlöses, Forderung erlischt nicht.

§ 1248 Eigentumsvermutung

Bei dem Verkauf des Pfandes gilt zugunsten des Pfandgläubigers der Verpfänder als der Eigentümer, es sei denn, dass der Pfandgläubiger weiß, dass der Verpfänder nicht der Eigentümer ist.

Verpfänder gilt als Eigentümer nur beim Pfandverkauf: §§ 1233 II, 1234–1241, 1 1245, 1246, auch bei Aushändigung des Übererlöses (str). Nur Kenntnis schadet, grobfahrlässige Unkenntnis ist unschädlich. Kenntnis allein macht die Pfandveräußerung nicht unrechtmäßig iSv § 1243 I.

§ 1249 Ablösungsrecht

¹**Wer durch die Veräußerung des Pfandes ein Recht an dem Pfande verlieren würde, kann den Pfandgläubiger befriedigen, sobald der Schuldner zur Leistung berechtigt ist.** ²**Die Vorschrift des § 268 Abs. 2, 3 findet entsprechende Anwendung.**

1. Ablösungsberechtigter. Dies ist, wer durch die Pfandveräußerung ein Recht 1 an der Pfandsache verlieren würde (vgl § 1242), nämlich der **Eigentümer** (der nicht zugleich Schuldner ist; zahlt dieser, so erlöschen Forderung und Pfandrecht: §§ 362 I, 1252) und andere **dinglich Berechtigte** (vgl § 1242 II). Das Ablösungsrecht entsteht, sobald der Schuldner leisten darf (§ 271, vgl § 1223 Rn 2) und erlischt mit Eigentumserwerb des Erstehers.

§§ 1250, 1251 Buch 3. Abschnitt 8. Pfandrecht

2   **2. Rechtsfolgen.** Wird kraft Ablösungsrechts gezahlt (nicht gem § 267), so gehen Forderung (S 2 mit § 268 III) und Pfandrecht (§§ 412, 401, 1250) auf den Ablösenden über; bei Ablösung durch den Eigentümer erlischt das Pfandrecht idR, § 1256. Statt Zahlung sind Aufrechnung und Hinterlegung möglich (S 2 mit § 268 II); zur Aufrechnung § 1224 Rn 1. Mit Übergang des Pfandrechts besteht Anspruch auf Herausgabe der Pfandsache, § 1251.

§ 1250 Übertragung der Forderung

(1) ¹**Mit der Übertragung der Forderung geht das Pfandrecht auf den neuen Gläubiger über.** ²**Das Pfandrecht kann nicht ohne die Forderung übertragen werden.**

(2) **Wird bei der Übertragung der Forderung der Übergang des Pfandrechts ausgeschlossen, so erlischt das Pfandrecht.**

1   **Die Akzessorietät des Pfandrechts.** Diese zeigt sich in § 1250. **a) Mit Übertragung** der Forderung (§§ 398, 412, ZPO 835 II) geht das Pfandrecht über (sa §§ 401, 412), **I 1;** gilt auch für künftige und bedingte Forderungen (vgl § 1204 II). Mit Übergang des Pfandrechts besteht Anspruch auf Herausgabe der Pfandsache, § 1251. Bestand die Forderung, aber kein Pfandrecht, so scheitert dessen gutgl Erwerb am Fehlen einer ges Grundlage (MK/Damrau 3). **b) Isolierte Übertragung** des Pfandrechts ist nichtig, I 1 zu umgehen. **c) Das Pfandrecht erlischt** beim Versuch, I 2 zu umgehen, **II** (anders, wenn eine Einzelforderung aus laufendem Kredit unter Ausschluss von I abgetreten wird; das Pfandrecht sichert weiter den laufenden Kredit ohne die Einzelforderung: Westermann § 132 I 1a). Bei II geht die Forderung ungesichert über (abw von § 1153 II).

§ 1251 Wirkung des Pfandrechtsübergangs

(1) **Der neue Pfandgläubiger kann von dem bisherigen Pfandgläubiger die Herausgabe des Pfandes verlangen.**

(2) ¹**Mit der Erlangung des Besitzes tritt der neue Pfandgläubiger anstelle des bisherigen Pfandgläubigers in die mit dem Pfandrecht verbundenen Verpflichtungen gegen den Verpfänder ein.** ²**Erfüllt er die Verpflichtungen nicht, so haftet für den von ihm zu ersetzenden Schaden der bisherige Pfandgläubiger wie ein Bürge, der auf die Einrede der Vorausklage verzichtet hat.** ³**Die Haftung des bisherigen Pfandgläubigers tritt nicht ein, wenn die Forderung kraft Gesetzes auf den neuen Pfandgläubiger übergeht oder ihm auf Grund einer gesetzlichen Verpflichtung abgetreten wird.**

1   **1. Allgemeines.** Die Übertragung der pfandgesicherten Forderung verlangt nicht die Übergabe der Pfandsache (§ 1250 I 1). Daher gibt **I** dem neuen Pfandgläubiger einen Anspruch auf **Einräumung** desjenigen **Besitzes,** den der bisherige innehat.

2   **2. Folgen der Besitzerlangung. Mit Besitzerlangung** (nicht schon mit Pfandrechtserwerb) übernimmt der neue Pfandgläubiger kraft Ges die Pflichten des bisherigen aus dem ges Schuldverhältnis iVm dem Pfandbestellungsvertrag, **II 1.** Für einen Schadensersatzanspruch des Verpfänders wegen Verletzung einer Pflicht iSv II 1 haftet der alte Pfandgläubiger wie ein selbstschuldnerischer Bürge (§ 773 I Nr 1), sofern er die Forderung freiwillig abgetreten hat, **II 2, 3.** Bei einer Überweisung gem § 1233 II, ZPO 835 gilt ZPO 838.

Titel 1. Pfandrecht an beweglichen Sachen §§ 1252–1255

§ 1252 Erlöschen mit der Forderung

Das Pfandrecht erlischt mit der Forderung, für die es besteht.

Allgemeines. Dass das Pfandrecht mit der Forderung erlischt, ist Folge seiner **1**
Akzessorietät. Zur gesicherten Forderung § 1210 Rn 1. Zu ihrem Erlöschen
§ 1204 Rn 10 (allg), Rn 14 (künftige und bedingte Forderung).

§ 1253 Erlöschen durch Rückgabe

(1) ¹**Das Pfandrecht erlischt, wenn der Pfandgläubiger das Pfand dem Verpfänder oder dem Eigentümer zurückgibt.** ²**Der Vorbehalt der Fortdauer des Pfandrechts ist unwirksam.**

(2) ¹**Ist das Pfand im Besitz des Verpfänders oder des Eigentümers, so wird vermutet, dass das Pfand ihm von dem Pfandgläubiger zurückgegeben worden sei.** ²**Diese Vermutung gilt auch dann, wenn sich das Pfand im Besitz eines Dritten befindet, der den Besitz nach der Entstehung des Pfandrechts von dem Verpfänder oder dem Eigentümer erlangt hat.**

1. Rückgabe, I. Sie ist der freiwillige (auch irrig oder arglistig herbeigeführte) **1**
Verlust des pfandbegründenden Besitzes (vgl §§ 1205, 1206) beim Pfandgläubiger
und Erwerb dieses Besitzes durch den Eigentümer oder Verpfänder oder deren
Besitzmittler (vgl RG 108, 164). Rückgabe ist idR Realakt (str), daher Geschäftsfähigkeit nicht erforderlich (Ausnahme: Übertragung des mittelbaren Pfandbesitzes
[§ 1205 II] gem § 870). Bei kurzfristiger Aushändigung kein Besitzverlust (vgl
§ 856 II), daher keine Rückgabe. IÜ kommt es auf den Rechtsgrund der Pfandrückgabe nicht an (Dresden BKR 10, 28).

2. Vermutung. Die **Vermutung** der Rückgabe, **II,** ist widerlegbar (ZPO 292). **2**

§ 1254 Anspruch auf Rückgabe

¹**Steht dem Pfandrecht eine Einrede entgegen, durch welche die Geltendmachung des Pfandrechts dauernd ausgeschlossen wird, so kann der Verpfänder die Rückgabe des Pfandes verlangen.** ²**Das gleiche Recht hat der Eigentümer.**

1. Rückgabeanspruch. Dauernde Einreden gegen das Pfandrecht (zB wegen **1**
Nichtigkeit des Kausalgeschäfts, s § 1204 Rn 6) und gegen die Forderung (§ 1211)
gewähren Verpfänder und Eigentümer einen **Rückgabeanspruch.** Sa § 1169.

2. Rechtsfolge der Rückgabe. § 1253 I. **2**

§ 1255 Aufhebung des Pfandrechts

(1) **Zur Aufhebung des Pfandrechts durch Rechtsgeschäft genügt die Erklärung des Pfandgläubigers gegenüber dem Verpfänder oder dem Eigentümer, dass er das Pfandrecht aufgebe.**

(2) ¹**Ist das Pfandrecht mit dem Recht eines Dritten belastet, so ist die Zustimmung des Dritten erforderlich.** ²**Die Zustimmung ist demjenigen gegenüber zu erklären, zu dessen Gunsten sie erfolgt; sie ist unwiderruflich.**

1. Aufhebung. Rechtsgeschäftliche **Aufhebung** (sog Aufgabe) des Pfandrechts **1**
geschieht durch formlose einseitige Willenserklärung gegenüber dem Eigentümer
oder Verpfänder, **I. Stillschweigender Verzicht** muss eindeutig sein (BGH NJW 97,
2111); s allg Rn 8 vor § 116.

§§ 1256, 1257

2 2. Zustimmung Dritter. Ohne die notwendige **Zustimmung Dritter, II,** ist Aufhebung unwirksam, Rückgabe aber wirksam (§ 1253 I, doch uU Schadensersatzanspruch des Dritten).

§ 1256 Zusammentreffen von Pfandrecht und Eigentum

(1) ¹**Das Pfandrecht erlischt, wenn es mit dem Eigentum in derselben Person zusammentrifft.** ²**Das Erlöschen tritt nicht ein, solange die Forderung, für welche das Pfandrecht besteht, mit dem Recht eines Dritten belastet ist.**

(2) **Das Pfandrecht gilt als nicht erloschen, soweit der Eigentümer ein rechtliches Interesse an dem Fortbestehen des Pfandrechts hat.**

1 1. Eigentümerpfandrecht. Ein **ursprüngliches Eigentümerpfandrecht** gibt es **nicht.** Eine dem § 1163 I 1 entspr Vorschrift fehlt für das Mobiliarpfandrecht.

2 2. Erlöschen. Beim nachträglichen Zusammentreffen von Alleineigentum und Pfandrecht (zB gem §§ 1249, 268 III, 412, 401, 1250) erlischt idR das Pfandrecht, **I 1,** sog **Konsolidation** (§ 889 Rn 4). Es bleibt als **nachträgliches Eigentümerpfandrecht** bestehen, wenn die pfandgesicherte Forderung mit Pfandrecht oder Nießbrauch belastet ist, **I 2;** Bestehen bleiben wird bei rechtlichem Interesse des Eigentümers am Fortbestand nur bzgl einzelner Wirkungen Dritten gegenüber fingiert (MK/Damrau 5), **II,** zB weil er Forderung und Pfandrecht, das einer anderen Belastung vorgeht, übertragen will. Weitere Fälle: §§ 1976, 1991 II, 2143, 2175, 2377.

§ 1257 Gesetzliches Pfandrecht

Die Vorschriften über das durch Rechtsgeschäft bestellte Pfandrecht finden auf ein kraft Gesetzes entstandenes Pfandrecht entsprechende Anwendung.

1 1. Allgemeines. Bsp für ges Pfandrechte: §§ 233, 562, 583, 592, 647, 704; HGB 397, 404, 441, 464, 475b; OASG 1.

2 2. Entspr Anwendung der §§ 1204 ff. a) Die Entstehung richtet sich nach den jeweiligen Sondervorschriften; die §§ 1204 ff sind gem § 1257 erst „auf ein kraft Ges entstandenes" Pfandrecht entspr anwendbar (BGH NJW 99, 3717). Ein **Erwerb vom Nichtberechtigten** entspr § 1207 ist für besitzlose Pfandrechte ausgeschlossen (allgM), für ges Besitzpfandrechte, von HGB 366 III abgesehen, str (abl der BGH [119, 89 mN; stRspr] wegen des Wortlauts von § 1257; Westermann § 133 I mwN; hM. – Dafür Baur § 55 Rn 40 wegen HGB 366 III; ebenso Canaris, FS Medicus, 1999, S 43 ff; MK/Damrau 3, je mwN). Der Streit geht vor allem um das Unternehmerpfandrecht des § 647. Bsp: E veräußert seinen Pkw unter EV an K, dieser gibt ihn dem U zur Reparatur; str ist, ob U für seine Werklohnforderung ein ges Pfandrecht am Pkw, dh am Eigentum des E, erlangt. Maßgebend muss sein, ob U nur bei Entstehen eines Pfandrechts angemessen geschützt werden kann (vgl BGH 34, 127; Gelhaar Anm LM Nr 3 zu § 647 sub 1). Das verneint BGH 34, 127 ff, auch 51, 251 f wegen Anwendbarkeit der §§ 994 ff, die hier aber unanwendbar sind (Rn 5 vor § 994). Angemessenen, wenn auch nicht vollkommenen Schutz gewährt dem U aber das ges Pfandrecht am Anwartschaftsrecht des K (dieses Pfandrecht wird von der hM bejaht: Baur § 55 Rn 41; Serick I 279 ff; BGH NJW 65, 1475 mwN). Daher ist die entspr Anwendung des § 1207 beim ges Besitzpfandrecht als entbehrlich abzulehnen. Wer sie dennoch bejaht, muss im obigen Bsp zumindest idR Bösgläubigkeit des U annehmen (zutr Gelhaar aaO sub 4c; auf der Grundlage von BGH NJW 81, 227 müsste Bösgläubigkeit jedoch verneint werden, vgl § 1207 Rn 3). Die Praxis weicht oft auf ein *Vertragspfandrecht* aus. Begründung durch **AGB** soll

Titel 1. Pfandrecht an beweglichen Sachen §§ 1258, 1259

für gutgl Erwerb, § 1207, genügen (BGH NJW 81, 227). Letzteres ist abzulehnen: Die Pfandbestellung kann praktisch nur kunden*fremde* Sachen erfassen (für kunden*eigene* greift schon § 1257 ein, zutr Picker NJW 78, 1417); daher handelt es sich insgesamt um eine überraschende Klausel iSv 305c I, die nicht Vertragsbestandteil wird (sa BGH 93, 75; NJW 91, 100, stRspr, wo AGB 19 II aF [= 14 I nF] der Banken mR so verstanden wird, dass Pfandrechte [nur] „an Sachen und Rechten [14 I nF: Wertpapieren und Sachen] *des Kunden*", nicht schlechthin „an *vom Kunden erlangten* Werten" entstehen sollen, wie Canaris [Bankvertragsrecht, 2. Aufl 1981, Rn 2665 ff] meint). **b) Nicht entspr anwendbar** sind §§ 1207 (Rn 2), 1208, 1211, 1224, 1225, 1248 (aber anwendbar, wenn Erwerb vom Nichtberechtigten möglich, vgl HGB 366 III), 1253 (beim besitzlosen Pfandrecht; sollte der Pfandgläubiger die Sache besitzen, so kann in der Rückgabe die Aufhebung gem § 1255 liegen). 3

§ 1258 Pfandrecht am Anteil eines Miteigentümers

(1) Besteht ein Pfandrecht an dem Anteil eines Miteigentümers, so übt der Pfandgläubiger die Rechte aus, die sich aus der Gemeinschaft der Miteigentümer in Ansehung der Verwaltung der Sache und der Art ihrer Benutzung ergeben.

(2) ¹Die Aufhebung der Gemeinschaft kann vor dem Eintritt der Verkaufsberechtigung des Pfandgläubigers nur von dem Miteigentümer und dem Pfandgläubiger gemeinschaftlich verlangt werden. ²Nach dem Eintritt der Verkaufsberechtigung kann der Pfandgläubiger die Aufhebung der Gemeinschaft verlangen, ohne dass es der Zustimmung des Miteigentümers bedarf; er ist nicht an eine Vereinbarung gebunden, durch welche die Miteigentümer das Recht, die Aufhebung der Gemeinschaft zu verlangen, für immer oder auf Zeit ausgeschlossen oder eine Kündigungsfrist bestimmt haben.

(3) Wird die Gemeinschaft aufgehoben, so gebührt dem Pfandgläubiger das Pfandrecht an den Gegenständen, welche an die Stelle des Anteils treten.

(4) Das Recht des Pfandgläubigers zum Verkauf des Anteils bleibt unberührt.

1. Allgemeines. Abgrenzung der Rechte von Miteigentümern und Pfandgläubiger in **I.** Letzterem steht Benutzung nur gem §§ 1213, 1214 zu. 1

2. Aufhebung der Miteigentumsgemeinschaft. Diese kann Pfandgläubiger allein erst nach Pfandreife verlangen, **II 1, 2**. Str ist, ob sich das Pfandrecht nach der Aufhebung an den Ersatzgegenständen automatisch fortsetzt; Wortlaut von III („gebührt") spricht dagegen (s die Surrogationsanordnung in §§ 1219 II 1, 1247 S 2), dennoch mR für Surrogation: BGH 52, 105 ff; sa § 1066 Rn 3. 2

§ 1259 Verwertung des gewerblichen Pfandes

¹Sind Eigentümer und Pfandgläubiger Unternehmer, juristische Personen des öffentlichen Rechts oder öffentlich-rechtliche Sondervermögen, können sie für die Verwertung des Pfandes, das einen Börsen- oder Marktpreis hat, schon bei der Verpfändung vereinbaren, dass der Pfandgläubiger den Verkauf aus freier Hand zum laufenden Preis selbst oder durch Dritte vornehmen kann oder dem Pfandgläubiger das Eigentum an der Sache bei Fälligkeit der Forderung zufallen soll. ²In diesem Fall gilt die Forderung in Höhe des am Tag der Fälligkeit geltenden Börsen- oder Marktpreises als von dem Eigentümer berichtigt. ³Die §§ 1229 und 1233 bis 1239 finden keine Anwendung.

§§ 1260–1274

1. Allgemeines. § 1259 gibt **Sonderregelung** für die Verwertung eines Pfandes, das zu diesem Zeitpunkt einen Börsen- oder Markpreis hat (Bsp: Wertpapiere), sofern Eigentümer *und* Pfandgläubiger (nicht: Verpfändbar) Unternehmer (§ 14), jur Personen des öffentl Rechts (§ 89 Rn 1) oder öffentl-rechtliche Sondervermögen sind.

2. Vereinbarung bes Verwertung. a) Möglich nach oder schon bei der Verpfändung, S 1. **b)** Sie hat **dingliche Wirkung** (s §§ 1245, 1246 Rn 1 [a]). **c)** Geht **über** Vereinbarungsinhalt nach **§ 1245** hinaus: Vereinbar sind (1) **freihändiger Verkauf** ohne Verkaufsandrohung und Wartefrist (S 3: §§ 1233–1239 unanwendbar); (2) **Verfallpfand** (S 1 aE, 2, 3: § 1229 unanwendbar), dh durch die Fälligkeit der pfandgesicherten Forderung aufschiebend bedingter Anfall des Eigentums am Pfand beim Pfandgläubiger (Folge: S 2).

§§ 1260 bis 1272 (weggefallen)

Titel 2. Pfandrecht an Rechten

§ 1273 Gesetzlicher Inhalt des Pfandrechts an Rechten

(1) Gegenstand des Pfandrechts kann auch ein Recht sein.

(2) ¹**Auf das Pfandrecht an Rechten finden die Vorschriften über das Pfandrecht an beweglichen Sachen entsprechende Anwendung, soweit sich nicht aus den §§ 1274 bis 1296 ein anderes ergibt.** ²**Die Anwendung der Vorschriften des § 1208 und des § 1213 Abs. 2 ist ausgeschlossen.**

1. Allgemeines. Zu den Entstehungsgründen und der praktischen Bedeutung des Pfandrechts an Rechten vgl Rn 1, 3 vor § 1204.

2. Gegenstand des Pfandrechts. Dies kann jedes übertragbare (§ 1274 II) Recht sein. Bsp: Forderung, Anwartschaftsrecht auf Grundeigentumserwerb (§ 873 Rn 21 [cc]; sa § 1204 Rn 11 [c]), Grundschuld, Miterbenanteil (§ 2033), Patentrecht, Aktie, GmbH-Anteil. Auch künftig erst entstehende Rechte sind verpfändbar, wenn sie jetzt schon abtretbar sind (dazu § 398 Rn 9); das Pfandrecht entsteht erst, wenn das verpfändete Recht entstanden ist (BGH NJW 98, 2597). – Gegenstand eines Pfandrechts nach § 1273 können **nicht** sein: Grundstücks- und Wohnungseigentum, ferner grundstücksgleiche Rechte wie das Erbbaurecht (dafür §§ 1113, 1114, 1191) sowie das Eigentum an beweglichen Sachen und das Anwartschaftsrecht aus bedingter Übereignung (dafür §§ 1204, 1258; s § 929 Rn 52; § 930 Rn 43).

3. Anwendbares Recht. Grundsätzlich gelten §§ 1204 ff, vorbehaltlich abw Regelungen in §§ 1274–1296, **II.** Unanwendbar sind §§ 1207 (Ausnahme § 1274 Rn 5), 1208 (außer, wenn § 892 anwendbar), 1212, 1213 II, 1246 (vgl §§ 1277 S 2, § 1284).

§ 1274 Bestellung

(1) ¹**Die Bestellung des Pfandrechts an einem Recht erfolgt nach den für die Übertragung des Rechts geltenden Vorschriften.** ²**Ist zur Übertragung des Rechts die Übergabe einer Sache erforderlich, so finden die Vorschriften der §§ 1205, 1206 Anwendung.**

(2) **Soweit ein Recht nicht übertragbar ist, kann ein Pfandrecht an dem Recht nicht bestellt werden.**

1. Bestellung des Pfandrechts. Dies geschieht idR nach den Übertragungsvorschriften, **I 1.** Für Forderungen s § 1280. **a) Inhalt der Einigung** zwischen Rechts-

Titel 2. Pfandrecht an Rechten §§ 1275, 1276

inhaber und Pfandgläubiger: entspr §§ 1205, 1206 Rn 2. **b) Form:** Ist die Einigung 2
bei der Übertragung formbedürftig (Bsp GmbHG 15 III), so gilt das auch für die
Einigung bei der Verpfändung. Sonst besteht Formfreiheit, zB bei Verpfändung
eines Auflassungsanspruchs aus § 433 I I (BayObLG NJW 76, 1896 f; str). **c) Grund-** 3
bucheintragung (§ 873) ist nötig zB bei Verpfändung einer durch Buchhypothek
gesicherten Forderung (vgl § 1154 III), *nicht* bei Verpfändung eines Auflassungsanspruchs (aber möglich, wenn Auflassungsvormerkung eingetragen ist, vgl BayObLG
NJW-RR 87, 794) oder der Anwartschaft aus erfolgter Auflassung (§ 873
Rn 21 [cc]). **d) Sachübergabe,** I 2, zB des Hypothekenbriefs bei Verpfändung 4
einer hypothekarisch gesicherten Forderung (vgl § 1154 I). Hierfür gelten §§ 1205,
1206, so dass Übergabe entspr § 930 ausgeschlossen ist (§§ 1205, 1206 Rn 9).
Verpfändung einer Sparforderung bedarf der Anzeige nach § 1280, nicht der
Übergabe des Sparbuchs (BGH ZIP 86, 722). **e) Erwerb vom Nichtberechtigten** 5
setzt voraus, dass das verpfändete Recht selbst (zB nach §§ 405, 2366) oder das
miterfasste Sicherungsrecht vom Nichtberechtigten erworben werden kann. ZB
kann an der zu Unrecht eingetragenen, weil forderungslosen scheinbaren Fremdhypothek aus §§ 1138, 1155, 892 ein Pfandrecht erworben werden, aber nicht an der
nicht existierenden Forderung.

2. Sonstiges. Bsp für **unübertragbare Rechte** in §§ 399, 400, 413, 473, 719, 6
985, 1018, 1103 I, 1110, 1419, 2033 II (gilt auch für künftige Rechte, die als nichtübertragbare entstehen, BGH DtZ 97, 53). – Kann ein Recht nur zur Ausübung
überlassen werden (Bsp: Nießbrauch, § 1059), so ist es weder als solches noch hinsichtlich des Ausübungsrechts verpfändbar (str; StWiegand 27; möglich ist die Verpfändung hingegen durch den Ausübungsberechtigten).

§ 1275 Pfandrecht an Recht auf Leistung

Ist ein Recht, kraft dessen eine Leistung gefordert werden kann, Gegenstand des Pfandrechts, so finden auf das Rechtsverhältnis zwischen dem Pfandgläubiger und dem Verpflichteten die Vorschriften, welche im Falle der Übertragung des Rechts für das Rechtsverhältnis zwischen dem Erwerber und dem Verpflichteten gelten, und im Falle einer nach § 1217 Abs. 1 getroffenen gerichtlichen Anordnung die Vorschrift des § 1070 Abs. 2 entsprechende Anwendung.

Sonstiges. Im Verhältnis zwischen Pfandgläubiger und Verpflichtetem gelten 1
§§ 404–410.

§ 1276 Aufhebung oder Änderung des verpfändeten Rechts

(1) ¹Ein verpfändetes Recht kann durch Rechtsgeschäft nur mit Zustimmung des Pfandgläubigers aufgehoben werden. ²Die Zustimmung ist demjenigen gegenüber zu erklären, zu dessen Gunsten sie erfolgt; sie ist unwiderruflich. ³Die Vorschrift des § 876 Satz 3 bleibt unberührt.

(2) **Das Gleiche gilt im Falle einer Änderung des Rechts, sofern sie das Pfandrecht beeinträchtigt.**

Allgemeines. Die Vorschrift entspricht inhaltlich dem § 1071, vgl Anm dort. Bei 1
Vereinigung von Berechtigung und Verpflichtung aus einem verpfändeten Anspruch
bleibt dieser zugunsten des Pfandgläubigers bestehen (keine Konfusion). Zur entspr
Anwendung bei Aufhebung des verpfändeten Anwartschaftsrechts eines VKäufers
§ 929 Rn 63.

§§ 1277–1280

§ 1277 Befriedigung durch Zwangsvollstreckung

¹Der Pfandgläubiger kann seine Befriedigung aus dem Recht nur auf Grund eines vollstreckbaren Titels nach den für die Zwangsvollstreckung geltenden Vorschriften suchen, sofern nicht ein anderes bestimmt ist. ²Die Vorschriften des § 1229 und des § 1245 Abs. 2 bleiben unberührt.

1 1. **Voraussetzungen der Regelverwertung, S 1.** Dies sind Pfandreife (§§ 1273 II, 1228 II) und Duldungstitel gegen den Rechtsinhaber. Zum Titel s § 1233 Rn 2. Die Befriedigung erfolgt gem ZPO 803–807, 828 ff, 857. Obwohl schon ein Pfandrecht besteht, ist Pfändung (ZPO 829, 857) nötig (RG 103, 139); für den Rang gilt auch dann § 1209 (§ 1273 II), hM.

2 2. **Abw Vereinbarungen.** Von S 1 **abw Vereinbarungen** sind unter Beachtung von §§ 1229, 1245 II zulässig, **S 2,** zB Verwertung durch Pfandverkauf ohne Titel (s RG 100, 276).

3 3. **Sondervorschriften.** Solche bestehen für die Verwertung von verpfändeten Forderungen (§§ 1281–1288, 1290), Grund- und Rentenschulden (§ 1291), Wertpapieren (§§ 1293–1295). Daneben steht der Weg des § 1277 offen.

§ 1278 Erlöschen durch Rückgabe

Ist ein Recht, zu dessen Verpfändung die Übergabe einer Sache erforderlich ist, Gegenstand des Pfandrechts, so findet auf das Erlöschen des Pfandrechts durch die Rückgabe der Sache die Vorschrift des § 1253 entsprechende Anwendung.

1 **Allgemeines.** Zur notwendigen Sachübergabe bei Pfandbestellung § 1274 Rn 4. Zur Rückgabe § 1253. Weitere Erlöschensgründe zB §§ 418 I, 1273 II mit 1250 II, 1252, 1255, 1256 I 1.

§ 1279 Pfandrecht an einer Forderung

¹Für das Pfandrecht an einer Forderung gelten die besonderen Vorschriften der §§ 1280 bis 1290. ²Soweit eine Forderung einen Börsen- oder Marktpreis hat, findet § 1259 entsprechende Anwendung.

1 1. **Allgemeines.** Für das Pfandrecht an verpfändbaren (§ 1274 II) **Forderungen** und Grundschulden (§ 1291) gelten **Sondervorschriften** (§§ 1280–1290). Soweit mit ihnen vereinbar, gelten daneben §§ 1273–1278 und über § 1273 II die §§ 1204 ff, zB § 1228 II, auch § 1259. Die Sondervorschriften behandeln insbes die Bestellung (§ 1280) und Verwertung (§§ 1281–1288, 1290) des Pfandrechts. Weitere Sondervorschriften für verbriefte Forderungen in §§ 1292–1296.

2 2. **Beteiligte.** Beteiligt bei der Forderungsverpfändung sind: der Pfandgläubiger; der Gläubiger der verpfändeten Forderung; deren Schuldner, der zugleich Pfandgläubiger sein kann (BGH NJW 88, 3262); Der Pfandgläubiger ist zugleich Inhaber der pfandgesicherten Forderung (§ 1204 Rn 7 [aa]).

§ 1280 Anzeige an den Schuldner

Die Verpfändung einer Forderung, zu deren Übertragung der Abtretungsvertrag genügt, ist nur wirksam, wenn der Gläubiger sie dem Schuldner anzeigt.

1 1. **Allgemeines.** Grund der Anzeigepflicht ist der Schuldnerschutz (daher keine Pflicht, wenn Schuldner und Pfandgläubiger identisch: BGH 93, 76). IÜ ist Verpfändungsanzeige nur erforderlich, wenn zur Übertragung der Forderung die schlichte

Titel 2. Pfandrecht an Rechten §§ 1281, 1282

Abtretung (§ 398) genügt. Genügt sie nicht (Bsp § 1274 Rn 3, 4), bedarf es also keiner Anzeige an den Schuldner, dann ist dieser dadurch geschützt, dass er nur gegen Aushändigung der Sache leisten muss oder ggf das Grundbuch einsehen kann; iü gelten §§ 404 ff (§ 1275). Zur Verpfändung einer Sparforderung § 1274 Rn 4. Ohne Anzeige ist die Verpfändung unwirksam (Rn 2). Der darin liegende Zwang zur Offenlegung der Verpfändung wird durch die ohne Anzeige wirksame Sicherungsabtretung umgangen (zur Problematik sa §§ 1205, 1206 Rn 9).

2. Erfordernisse der Anzeige. Sie ist Teil des Verfügungstatbestands der Pfand- 2 rechtsbestellung und setzt daher bei Abgabe Verfügungsbefugnis voraus. Ohne erforderliche (Rn 1) Anzeige ist Verpfändung unwirksam (RG 89, 289). Die formfreie Anzeige geht von dem verpfändenden Gläubiger (nicht vom Pfandgläubiger) oder einem von ihm bevollmächtigten Dritten an den Schuldner (RG 89, 290). Sie muss erkennen lassen, dass der Gläubiger die Verpfändung gegen sich gelten lassen will; bloße Kenntnis des Schuldners vom Pfandvertrag ersetzt die Anzeige nicht (RG 89, 289 f). Die Anzeige ist eine empfangsbedürftige Willenserklärung (BGH 173, 151) und wird entspr § 130 Rn 4–12 wirksam, so dass der Schuldner nicht notwendig Kenntnis erhält (s § 130 Rn 4); zum *Schuldnerschutz* § 1281 Rn 1.

§ 1281 Leistung vor Fälligkeit

¹**Der Schuldner kann nur an den Pfandgläubiger und den Gläubiger gemeinschaftlich leisten.** ²**Jeder von beiden kann verlangen, dass an sie gemeinschaftlich geleistet wird; jeder kann statt der Leistung verlangen, dass die geschuldete Sache für beide hinterlegt oder, wenn sie sich nicht zur Hinterlegung eignet, an einen gerichtlich zu bestellenden Verwahrer abgeliefert wird.**

1. Allgemeines. Vor der Pfandreife (§ 1228 Rn 2) kann der Schuldner nur an 1 Pfandgläubiger und Gläubiger **gemeinschaftlich** leisten, um zu erfüllen, und dies können Pfandgläubiger und Gläubiger selbstständig (BGH 5, 253) verlangen, ebenso Hinterlegung (§§ 372 ff) für beide oder Ablieferung an gerichtl bestellten Verwahrer (vgl FamFG 410 Nr 3). Beide Berechtigten sind zum Zusammenwirken verpflichtet (§ 1285 I). Bei mehreren Pfandgläubigern gilt § 1290. Zur dinglichen Rechtslage nach der Leistung: §§ 1287, 1288 I. – § 1281 ist **abdingbar** (§ 1284). – Der **unwissende Schuldner** ist gem §§ 1275, 407 geschützt; ob § 1287 gilt, ist str (s MK/Damrau 7).

2. Sonstiges. Zur Rechtslage **nach der Pfandreife:** § 1282. 2

§ 1282 Leistung nach Fälligkeit

(1) ¹**Sind die Voraussetzungen des § 1228 Abs. 2 eingetreten, so ist der Pfandgläubiger zur Einziehung der Forderung berechtigt und kann der Schuldner nur an ihn leisten.** ²**Die Einziehung einer Geldforderung steht dem Pfandgläubiger nur insoweit zu, als sie zu seiner Befriedigung erforderlich ist.** ³**Soweit er zur Einziehung berechtigt ist, kann er auch verlangen, dass ihm die Geldforderung an Zahlungs statt abgetreten wird.**

(2) **Zu anderen Verfügungen über die Forderung ist der Pfandgläubiger nicht berechtigt; das Recht, die Befriedigung aus der Forderung nach § 1277 zu suchen, bleibt unberührt.**

1. Pfandreife. Nach der Pfandreife (§ 1228 Rn 2) ändert sich die Rechtslage 1 gegenüber § 1281. **a) Das Einziehungsrecht**, nicht die Forderung selbst, steht nunmehr dem Pfandgläubiger zu („Forderungsspaltung"), nur an ihn kann der Schuldner mit Erfüllungswirkung leisten, **I 1** (zum Schuldnerschutz nach §§ 1275, 407 s § 1280 Rn 1, § 1281 Rn 1). Der Pfandgläubiger darf verpfändete Forderung in

Berger 1609

§§ 1283–1285

voller Höhe einziehen (anders bei Geldforderungen: **I 2**), er darf mahnen, kündigen (§ 1283 III), gegen Schuldnerforderung an ihn aufrechnen (umgekehrt gelten §§ 1275, 406). Gläubigerschädliche Verfügungen (ds leistungsvereitelnde Verfügungen) sind vom Einziehungsrecht nicht gedeckt (II HS 1) und unwirksam, zB Abtretung, Erlass, Vergleich. **b) Im Einziehungsprozess** ist der Pfandgläubiger bzgl der Forderung Prozessstandschafter (Klage über fremdes Recht im eigenen Namen); nur bzgl des Einziehungsrechts klagt er ein eigenes Recht ein (StJ/Brehm § 835 Rn 25). **c) Zur Einziehungspflicht** des Pfandgläubigers § 1285 II. **d) Rechtslage nach der Einziehung:** §§ 1287, 1288 II. Wird eine verpfändete Geldforderung dem Pfandgläubiger abgetreten (**I 3**; Umfang: I 2), so gilt er als befriedigt, auch wenn die Forderung nicht eintreibbar ist. **e)** Der **Gläubiger bleibt Forderungsinhaber** und zu Verfügungen berechtigt, die das Einziehungsrecht des Pfandgläubigers (Rn 1) nicht beeinträchtigen. Er kann zB zugunsten des Pfandgläubigers mahnen, kündigen (einschr § 1283 I), Leistung an diesen verlangen, auch klageweise (BGH NJW-RR 91, 537).

6   **2. Sonstiges.** § 1282 ist **abdingbar** (§ 1284). Kraft Ges ist wahlweise Befriedigung nach § 1277 stets möglich, II HS 2.

§ 1283 Kündigung

(1) **Hängt die Fälligkeit der verpfändeten Forderung von einer Kündigung ab, so bedarf der Gläubiger zur Kündigung der Zustimmung des Pfandgläubigers nur, wenn dieser berechtigt ist, die Nutzungen zu ziehen.**

(2) **Die Kündigung des Schuldners ist nur wirksam, wenn sie dem Pfandgläubiger und dem Gläubiger erklärt wird.**

(3) **Sind die Voraussetzungen des § 1228 Abs. 2 eingetreten, so ist auch der Pfandgläubiger zur Kündigung berechtigt; für die Kündigung des Schuldners genügt die Erklärung gegenüber dem Pfandgläubiger.**

1   **1. Vor Pfandreife. Kündigung vor Pfandreife** (§ 1228 Rn 2) nur durch den Gläubiger (arg III HS 1). Beim Nutzungspfand (§§ 1213, 1214) ist Zustimmung des Pfandgläubigers erforderlich, **I**. Auf Kündigung und Zustimmung besteht uU Anspruch (§ 1286). Kündigung des Schuldners muss an Pfandgläubiger und Gläubiger gehen, **II**.

2   **2. Nach Pfandreife. Nach Pfandreife** genügt Kündigung durch oder an Pfandgläubiger, **III**.

3   **3. Sonstiges.** § 1283 ist **abdingbar** (§ 1284).

§ 1284 Abweichende Vereinbarungen

Die Vorschriften der §§ 1281 bis 1283 finden keine Anwendung, soweit der Pfandgläubiger und der Gläubiger ein anderes vereinbaren.

§ 1277 S 2 ist stets zu beachten (RG 90, 256).

§ 1285 Mitwirkung zur Einziehung

(1) **Hat die Leistung an den Pfandgläubiger und den Gläubiger gemeinschaftlich zu erfolgen, so sind beide einander verpflichtet, zur Einziehung mitzuwirken, wenn die Forderung fällig ist.**

(2) [1]**Soweit der Pfandgläubiger berechtigt ist, die Forderung ohne Mitwirkung des Gläubigers einzuziehen, hat er für die ordnungsmäßige Einziehung zu sorgen.** [2]**Von der Einziehung hat er den Gläubiger unverzüglich zu benachrichtigen, sofern nicht die Benachrichtigung untunlich ist.**

Titel 2. Pfandrecht an Rechten   §§ 1285–1288

§ 1286 Kündigungspflicht bei Gefährdung

¹Hängt die Fälligkeit der verpfändeten Forderung von einer Kündigung ab, so kann der Pfandgläubiger, sofern nicht das Kündigungsrecht ihm zusteht, von dem Gläubiger die Kündigung verlangen, wenn die Einziehung der Forderung wegen Gefährdung ihrer Sicherheit nach den Regeln einer ordnungsmäßigen Vermögensverwaltung geboten ist. ²Unter der gleichen Voraussetzung kann der Gläubiger von dem Pfandgläubiger die Zustimmung zur Kündigung verlangen, sofern die Zustimmung erforderlich ist.

Anmerkungen zu den §§ 1285, 1286

1. Mitwirkungspflichten. Bei Einziehung vor Pfandreife (§ 1281) oder auf 1
Grund Vereinbarung (§ 1284) sind Pfandgläubiger und Gläubiger aufeinander angewiesen. Daraus ergeben sich Mitwirkungspflichten (§§ 1285 I, 1286, 1288 I).

2. Schadensersatz. Bei Verletzung von Einziehungs- oder Benachrichtigungs- 2
pflicht (zu dieser § 1285 II 2) ist uU Schadensersatz zu leisten.

§ 1287 Wirkung der Leistung

¹Leistet der Schuldner in Gemäßheit der §§ 1281, 1282, so erwirbt mit der Leistung der Gläubiger den geleisteten Gegenstand und der Pfandgläubiger ein Pfandrecht an dem Gegenstand. ²Besteht die Leistung in der Übertragung des Eigentums an einem Grundstück, so erwirbt der Pfandgläubiger eine Sicherungshypothek; besteht sie in der Übertragung des Eigentums an einem eingetragenen Schiff oder Schiffsbauwerk, so erwirbt der Pfandgläubiger eine Schiffshypothek.

1. Allgemeines. § 1287 gilt für die Einziehung einer verpfändeten Forderung 1
vor oder nach Pfandreife (für verpfändete Geldforderung gilt daneben § 1288). Wird die verpfändete Forderung erfüllt, so erlöschen sie und das Pfandrecht. Den Leistungsgegenstand erwirbt der Gläubiger. Bei *Erwerb vom Nichtberechtigten* kommt es vor Pfandreife auf die Bösgläubigkeit des Gläubigers, danach auf die des Pfandgläubigers an, da er den Leistungsgegenstand für den Gläubiger als ges Vertreter erwirbt (vgl § 166 I).

2. S 1. An geleisteten **beweglichen Sachen oder Rechten** erwirbt der Gläu- 2
biger Eigentum oder Rechtsinhaberschaft (zum Erwerb vom Nichtberechtigten Rn 1). An diesem Recht (das wiederum eine Forderung sein kann) erwirbt der Pfandgläubiger kraft Surrogation ein Pfandrecht, **S 1**. Bei Eintritt der Pfandreife (§ 1228 Rn 2) wird das Ersatzpfand gem §§ 1228 ff, 1277, 1282 ff verwertet.

3. S 2. Bei Verpfändung eines **Auflassungsanspruchs** (Anspruch auf Übereig- 3
nung eines Grundstücks) erwirbt der Pfandgläubiger, sobald der Gläubiger Eigentum am Grundstück erlangt hat (Rn 1), kraft Surrogation eine Sicherungshypothek am Grundstück (§ 1184), **S 2 HS 1**. Ihre Eintragung ist Grundbuchberichtigung (§ 894, GBO 22). Verwertung: § 1147. – Zur Verpfändung einer Eigentumsanwartschaft § 873 Rn 21 (cc).

§ 1288 Anlegung eingezogenen Geldes

(1) ¹Wird eine Geldforderung in Gemäßheit des § 1281 eingezogen, so sind der Pfandgläubiger und der Gläubiger einander verpflichtet, dazu mitzuwirken, dass der eingezogene Betrag, soweit es ohne Beeinträchtigung des Interesses des Pfandgläubigers tunlich ist, nach den für die Anlegung

§§ 1289–1291

von Mündelgeld geltenden Vorschriften verzinslich angelegt und gleichzeitig dem Pfandgläubiger das Pfandrecht bestellt wird. ²Die Art der Anlegung bestimmt der Gläubiger.

(2) Erfolgt die Einziehung in Gemäßheit des § 1282, so gilt die Forderung des Pfandgläubigers, soweit ihm der eingezogene Betrag zu seiner Befriedigung gebührt, als von dem Gläubiger berichtigt.

1 1. **I.** Wird die verpfändete **Geldforderung vor Pfandreife** (§ 1228 Rn 2) eingezogen, **I**, so erwirbt der Gläubiger das Eigentum, der Pfandgläubiger ein Pfandrecht am Geld (§ 1287 S 1). Nach mündelsicherer Anlegung (§ 1807) hat der Pfandgläubiger Anspruch auf Pfandbestellung, zB am Rückzahlungsanspruch gegen die Sparkasse (§ 1807 I Nr 5).

2 2. **II.** Bei Einziehung **nach Pfandreife, II,** erlangt der Pfandgläubiger Alleineigentum am Geld, auch soweit er mehr einzieht, als ihm § 1282 I 2 erlaubt; § 1247 S 2 gilt hier nicht (MK/Damrau 5, hM). Folge: Schuldner bleibt insoweit dem Gläubiger zur Leistung verpflichtet und kann überschießenden Betrag vom Pfandgläubiger kondizieren. Die verpfändete Forderung und nachrangige Belastungen erlöschen stets, idR auch die gesicherte Forderung (diese geht aber auf den Gläubiger über, wenn er nicht ihr Schuldner war: §§ 1273 II, 1249, vgl § 1247 Rn 7).

§ 1289 Erstreckung auf die Zinsen

¹Das Pfandrecht an einer Forderung erstreckt sich auf die Zinsen der Forderung. ²Die Vorschriften des § 1123 Abs. 2 und der §§ 1124, 1125 finden entsprechende Anwendung; an die Stelle der Beschlagnahme tritt die Anzeige des Pfandgläubigers an den Schuldner, dass er von dem Einziehungsrecht Gebrauch mache.

1 **Allgemeines.** § 1289 erweitert das Pfandobjekt (sa § 1212). Eine selbstständige Zinsverpfändung und das Nutzungspfandrecht (§ 1213 I) werden von § 1289 nicht berührt.

§ 1290 Einziehung bei mehrfacher Verpfändung

Bestehen mehrere Pfandrechte an einer Forderung, so ist zur Einziehung nur derjenige Pfandgläubiger berechtigt, dessen Pfandrecht den übrigen Pfandrechten vorgeht.

1 1. **Einziehungsrecht.** Das Einziehungsrecht nach §§ 1281, 1282 steht allein dem **rangersten Pfandgläubiger** zu. Ein nachrangiger Pfandgläubiger kann nur Leistung an den Rangersten verlangen, sobald für diesen Pfandreife (§ 1228 Rn 2) eingetreten ist. Vor Pfandreife kann er bloß Leistung an den Rangersten und den Gläubiger entspr § 1281 fordern.

2 2. **Gleichrangige Pfandgläubiger.** Diese können unteilbare Leistung nur an alle verlangen (§ 432). Geldforderungen kann jeder anteilmäßig allein einziehen (§ 420; MK/Damrau 4).

§ 1291 Pfandrecht an Grund- oder Rentenschuld

Die Vorschriften über das Pfandrecht an einer Forderung gelten auch für das Pfandrecht an einer Grundschuld und an einer Rentenschuld.

1 1. **Allgemeines.** Zur Pfandbestellung § 1274 Rn 3, 4, ferner § 1293.

2 2. **Geltungsbereich.** § 1291 gilt **nicht für die Hypothek,** weil nicht sie, sondern die hypothekarisch gesicherte Forderung verpfändet wird (§§ 1274 I, 1154).

Titel 2. Pfandrecht an Rechten §§ 1292–1296

§ 1292 Verpfändung von Orderpapieren

Zur Verpfändung eines Wechsels oder eines anderen Papiers, das durch Indossament übertragen werden kann, genügt die Einigung des Gläubigers und des Pfandgläubigers und die Übergabe des indossierten Papiers.

Allgemeines. Die Verpfändung von **Orderpapieren** (sie sind übertragbar durch Indossament) erfordert außer der Einigung auch die Übergabe des (indossierten) Papiers. Daher bedarf es keiner Anzeige gem § 1280. 1

§ 1293 Pfandrecht an Inhaberpapieren

Für das Pfandrecht an einem Inhaberpapier gelten die Vorschriften über das Pfandrecht an beweglichen Sachen.

Sonstiges. Für **Inhaberpapiere** gelten §§ 1204–1258 unmittelbar, ferner § 1294. 1

§ 1294 Einziehung und Kündigung

Ist ein Wechsel, ein anderes Papier, das durch Indossament übertragen werden kann, oder ein Inhaberpapier Gegenstand des Pfandrechts, so ist, auch wenn die Voraussetzungen des § 1228 Abs. 2 noch nicht eingetreten sind, der Pfandgläubiger zur Einziehung und, falls Kündigung erforderlich ist, zur Kündigung berechtigt und kann der Schuldner nur an ihn leisten.

Sonstiges. Bei Order- und Inhaberpapieren hat Pfandgläubiger schon vor Pfandreife ein selbstständiges Einziehungs- und Kündigungsrecht (abw von §§ 1281, 1283). 1

§ 1295 Freihändiger Verkauf von Orderpapieren

¹Hat ein verpfändetes Papier, das durch Indossament übertragen werden kann, einen Börsen- oder Marktpreis, so ist der Gläubiger nach dem Eintritt der Voraussetzungen des § 1228 Abs. 2 berechtigt, das Papier nach § 1221 verkaufen zu lassen. ²§ 1259 findet entsprechende Anwendung.

Sonstiges. Ausnahme von §§ 1277, 1282. Anwendung von § 1259 setzt entspr Vereinbarung voraus (s dort S 1). 1

§ 1296 Erstreckung auf Zinsscheine

¹Das Pfandrecht an einem Wertpapier erstreckt sich auf die zu dem Papier gehörenden Zins-, Renten- oder Gewinnanteilscheine nur dann, wenn sie dem Pfandgläubiger übergeben sind. ²Der Verpfänder kann, sofern nicht ein anderes bestimmt ist, die Herausgabe der Scheine verlangen, soweit sie vor dem Eintritt der Voraussetzungen des § 1228 Abs. 2 fällig werden.

Sonstiges. Abweichung von § 1289. 1

Buch 4. Familienrecht

Einführung

I. Regelungsgegenstand, Einordnung und Wesenszüge

1. Überblick. Unter **Familienrecht** versteht man die Gesamtheit der im ersten Abschnitt des 4. Buchs des BGB durch die bürgerliche Ehe (§§ 1297–1588) und im zweiten Abschnitt auf Grund der Verwandtschaft (§§ 1589–1772) begründeten status- und vermögensrechtlichen Rechtsverhältnisse. Hinzu kommen im dritten Abschnitt mit der Vormundschaft (§§ 1773–1895), der rechtlichen Betreuung (§§ 1896–1908i) und der Pflegschaft (§§ 1909–1921) drei Rechtsinstitute, die durch die Wahrung von Fürsorgeinteressen geprägt sind, materiell aber nicht zum Familienrecht zählen. Deren Zuordnung zum vierten Buch ist eine Verlegenheitslösung des Gesetzgebers.

2. Begriff. a) Der Begriff „**Familie**" wird im BGB nicht definiert. Man versteht darunter die durch Ehe oder Verwandtschaft rechtlich verbundenen Personen. Fehlt es sowohl an Verwandtschaft als auch an Ehe, scheidet die Anwendung familienrechtlicher Bestimmungen aus. **b)** Die Familie ist nicht Rechtssubjekt. Normadressaten des Familienrechts sind die die Familie bildenden natürlichen Personen. Es gibt kein „Familieneigentum". **c)** Der Begriff „Angehöriger" (§§ 530 I, 1611 I) ist weiter als der Begriff Familie und umfasst etwa auch Pflegekinder. LPartG 11 I fingiert Lebenspartner als Familienangehörige.

3. Allgemeines. a) Im vierten Buch knüpft das BGB nicht an abstrakte Kriterien wie Person, Schuldverhältnis oder Sache an, sondern greift den **Lebenssachverhalt** „Familie" auf. Dies hat zur Folge, dass im Familienrecht personenrechtliche (Status-)Bestimmungen (Bsp: Familienname, Verwandtschaft) und vermögensrechtliche Rechtsverhältnisse (Bsp: Unterhaltspflichten, Zugewinnausgleich) nebeneinander geregelt werden. **b)** Die familienrechtlichen Statusbeziehungen Ehe und Verwandtschaft sind auf **Rechtssicherheit** und -klarheit angewiesen. Die Privatautonomie ist entsprechend deutlich eingeschränkt. Die Rechtsgeschäfte unterliegen häufig Formvorschriften (Bsp: §§ 1310 I, 1311 S 1, 1410, 1597 I, 1752 II 2), sind grundsätzlich bedingungsfeindlich (Bsp: § 1311 S 2) und bedürfen der Mitwirkung staatlicher Stellen (Bsp: § 1310, Standesbeamter bei Eheschließung; § 1564, Familiengericht bei Ehescheidung. **c)** Von besonderer Bedeutung für Rechtssicherheit und -klarheit ist das im PStG geregelte **Personenstandsrecht**. Personenstand ist die sich aus den Merkmalen des Familienrechts ergebende Stellung einer Person innerhalb der Rechtsordnung einschließlich ihres Namens. Der Personenstand umfasst Daten über Geburt, Eheschließung, Begründung einer Lebenspartnerschaft und Tod sowie damit in Verbindung stehende familien- und namensrechtliche Tatsachen (PStG 1 I). Das Standesamt führt als Personenstandsregister ein Ehe-, Lebenspartnerschafts-, Geburten- und Sterberegister (PStG 3). Einsichtsrecht PStG 61 ff. Personenstandsurkunden PStG 55. Zur Beweiskraft s PStG 54. **Lit:** Gaaz, Das neue Personenstandsgesetz, FamRZ 07, 1057.

II. Verfassungsrechtliche Vorgaben

Lit: Papier, Ehe und Familie in der neueren Rspr des BVerfG, NJW 02, 2129.

1. Gesetzgebungskompetenz. Die konkurrierende Gesetzgebungskompetenz des Bundes für das Familienrecht folgt aus GG 74 I Nr 1 („bürgerliches Recht") und GG 74 I Nr 2 („Personenstandswesen").

Vor § 1297

5 **2. Gleichberechtigung.** Die in GG 3 II 1 verbriefte Gleichberechtigung von Mann und Frau ist seit dem 1.4.1953 (GG 117 I) geltendes Recht (BGH 11, Anh 36; BVerfG 3, 225). Durch das am 1.7.1958 in Kraft getretene GleichberG wurden insbesondere der Güterstand, das Unterhaltsrecht und das Kindschaftsrecht GG 3 II angepasst. Weiterhin soll die Verhinderung bzw Beseitigung geschlechtsbezogener Nachteile mit dem am 14.8.2006 in Kraft getretenen AGG erreicht werden (AGG 1).

6 **3. GG 6. a)** GG 6 I schützt den Kernbereich des im BGB normierten Ehe- und Familienrechts vor Aufhebung (Institutsgarantie). Daneben garantiert GG 6 I als klassisches Freiheitsrecht insbesondere die Eheschließungsfreiheit. GG 6 I enthält ferner eine wertentscheidende Grundsatznorm: Der Gesetzgeber hat insbesondere die Aufgabe, Ehe und Familie zu bewahren und zu fördern (BVerfG 6, 76). In den Schutzbereich von GG 6 I fällt auch die Beziehung des Kindes zu nicht verheirateten Elternteilen (BVerfG 8, 215; 79, 267). Auch der nicht durch ein rechtliches Statusverhältnis mit dem Kind verbundene **leibliche („biologische") Vater** bildet mit ihm eine Familie iSv GG 6 I, wenn zwischen ihnen eine sozial-familiäre Beziehung besteht (BVerfG NJW 03, 2155); zu den Folgen für das Umgangsrecht vgl §§ 1684, 1685 Rn 2. GG 6 II schützt das Interesse des leiblichen Vaters, die rechtliche Vaterposition zu erlangen (BVerfG NJW 03, 2152); zur Bedeutung für die Anfechtung s §§ 1599–1600c Rn 3. **b)** GG 6 II, III schützt das Elternrecht auf Pflege und Erziehung ihrer Kinder. Es umfasst insbesondere das Sorgerecht. Entscheidungen der Eltern sind grundsätzlich zu respektieren. Grenzen: Persönlichkeitsrecht des Kindes, Missbrauch des Elternrechts (vgl § 1666 und GG 6 II 2). **c)** GG 6 IV ist Ausprägung des Sozialstaatsprinzips und Grundrecht. Umgesetzt etwa im arbeitsrechtlichen Mutterschaftsschutz. **d)** Der Gesetzgebungsauftrag des GG 6 V ist durch das NEhelG vom 19.8.1969 und das KindRG vom 16.12.1997 weitgehend erfüllt worden (vgl Budzikiewicz, Materielle Statuseinheit und kollisionsrechtliche Statusverbesserung, 2007).

III. Verfahrensrecht

Lit: Borth, Einführung in das Gesetz zur Reform des Verfahrens in Familiensachen und in Angelegenheiten der freiwilligen Gerichtsbarkeit v 17.12.2008 (FGG-ReformG), FamRZ 09, 157.

7 GVG 23b sieht für Familiensachen Familiengerichte vor. Das Verfahren in Familiensachen ist seit dem 1.9.2009 im neu geschaffenen Gesetz über das Verfahren in Familiensachen und in Angelegenheiten der freiwilligen Gerichtsbarkeit (FamFG) geregelt. Aufgrund des öffentlichen Interesses am Bestand von Ehe und Familie gilt in Familiensachen (FamFG 111) der zivilprozessuale Dispositions- und Verhandlungsgrundsatz nur eingeschränkt (FamFG 26, 127, 177).

IV. IPR, Einheitsrecht und Einigungsvertrag

8 **1. IPR.** Zum IPR vgl EGBGB 10, 13–24, 47, 220. Daneben sind zahlreiche Staatsverträge zu beachten, s Jayme/Hausmann, Internationales Privat- und Verfahrensrecht, 15. Aufl 2010. Das internationale Familienrecht des EGBGB wird immer mehr durch EG-Verordnungen verdrängt. So hat der Rat einstimmig nach Anhörung des Europäischen Parlaments die sogenannte Rom III-VO (ABl. EU 2010, L 343/10–16, s dazu *Mansel/Thorn/Wagner*, IPRax 10, 1ff) erlassen, die für 14 von 27 Mitgliedsstaaten (Belgien, Bulgarien, Deutschland, Frankreich, Portugal, Spanien, Italien, Malta, Lettland, Luxemburg, Ungarn, Österreich, Rumänien und Slowenien) das internationale Scheidungsrecht vereinheitlicht. Sie ist eine loi uniforme. Daher ist sie von den Gerichten der Verordnungsstaaten stets als internationales Scheidungsrecht anzuwenden, ungeachtet, ob ein Bezug zu einem weiteren Verordnungsstaat besteht oder nicht. Die Verordnung ist seit dem 21.6.2012 anzuwenden.

Abschnitt 1. Bürgerliche Ehe Vor § 1297

Art. 17 EGBGB in seiner ab 29.1.2013 gültigen Neufassung regelt nur ergänzende Vorschriften und in III das internationale Privatrecht des Versorgungsausgleichs. Art. 15 Unterhalts-VO (ABl. EU 2009, L 7/1) verweist für das internationale Unterhaltsrecht auf das Haager Protokoll vom 23.11.2007 über das auf Unterhaltspflichten anzuwendende Recht. Es gilt seit dem 18.6.2011 mit Wirkung für alle EU-Mitgliedstaaten mit Ausnahme Dänemarks und des Vereinigten Königreichs. Es vereinheitlicht das internationale Unterhaltsrecht; Art. 18 EGBGB wurde daher zum 18.6.2011 aufgehoben (BGBl 2011 I 898). Verordnungsvorschläge für das das internationale eheliche (KOM [2011] 126 endgültig vom 16.3.2011) und lebenspartnerschaftliche (KOM [2011] 127 endgültig vom 16.3.2011) Ehegüterrecht liegen vor und werden bei Inkrafttreten Art. 15 EGBGB verdrängen bzw Art. 17b EGBGB modifizieren. Zum optionalen materiellen Einheitsrecht des **deutsch-französischen Wahlgüterstands** s § 1519.

2. Einigungsvertrag. Vgl EGBGB 234.

Abschnitt 1. Bürgerliche Ehe

Vorbemerkungen

I. Gegenstand

1. Allgemeines. Der erste Abschnitt des vierten Buches regelt die Ehe als obligatorische Zivilehe. Die Beschränkung auf „bürgerliche Ehe" (statt schlicht: „Ehe") soll zum Ausdruck bringen, dass das BGB die „kirchliche" Ehe unberührt lässt; vgl § 1588. 1

2. Gliederung. Die Gliederung des ersten Abschnitts orientiert sich an den Regelungsgegenständen Entstehung (§§ 1303–1320), Inhalt (§§ 1353–1563) und Beendigung der Ehe und deren Rechtsfolgen (§§ 1564–1587). Zum Eherecht zählen auch die Bestimmungen über das Verlöbnis (§§ 1297–1302). 2

II. Nichteheliche Lebensgemeinschaft

Lit: Grziwotz, Rechtsprechung zur nichtehelichen Lebensgemeinschaft, FamRZ 99, 413; Hausmann/Hohloch, Das Recht der nichtehelichen Lebensgemeinschaft, 2. Aufl 2004 (Handbuch); E. Schumann, Die nichteheliche Familie, 1998; Verschraegen, Nichteheliche Partnerschaft – Eine rechtsvergleichende Einführung, FamRZ 00, 65.

Nichteheliche Lebensgemeinschaft ist eine auf Dauer angelegte, durch innere Bindungen und gegenseitiges Einstehen geprägte Lebensgemeinschaft zwischen Mann und Frau, die daneben keine weitere Lebensgemeinschaft gleicher Art zulässt (BGH NJW 93, 999). Bloße Haushalts- und Wirtschaftsgemeinschaft und vorübergehende Partnerschaft scheiden aus. Auf nichteheliche Lebensgemeinschaften sind die eherechtlichen Vorschriften nicht anwendbar. Daher kein Zeugnisverweigerungsrecht nach ZPO 383 I, StPO 52 I. Punktuelle Regelung enthält § 563 II 4; üi werden § 1093 II (BGH NJW 82, 1868) und § 1969 (Düsseldorf NJW 83, 1566; sa § 1969 Rn 1) analog angewandt. Daneben gelten § 1615l (Unterhalt anlässlich der Geburt) und § 1626a I Nr 1 (gemeinsame Sorge) (auch) bei nichtehelicher Lebensgemeinschaft. Die Begründung einer nichtehelichen Lebensgemeinschaft ändert die **Vermögenszuordnung** nicht. Die Partner können ihre schuld-, sachen- und erbrechtlichen Beziehungen durch Zuwendung, Unterhalts- und Abfindungsvereinbarung, Gesellschaftsvertrag, Bruchteilsgemeinschaft, Erbeinsetzung usw. rechtsgeschäftlich gestalten („Partnerschaftsvertrag"). Entsprechende Rechtsgeschäfte sind nicht grundsätzlich sittenwidrig, vgl § 138 Rn 7. Verzichten die Partner – wie häu- 3 4 fig – auf eine Regelung, findet nach der Trennung der Lebensgemeinschaft eine Verrechnung von dem anderen geleisteten Zuwendungen oder Diensten grundsätzlich nicht statt (BGH 77, 55; BGH NJW 83, 1055). Ein Ausgleichsanspruch nach den Vorschriften über die bürgerlich-rechtliche Gesellschaft (§ 738 I) kann ausnahmsweise vorliegen, wenn die Partner durch gemeinsame Leistungen zum Bau und zur Erhaltung eines zwar auf den Namen des einen Partners eingetragenen, aber als gemeinsames Vermögen betrachteten Anwesens beigetragen hatten. Daneben kommen in einem solchen Fall auch Ansprüche aus ungerechtfertigter Bereicherung in Betracht (BGH 177, 193; 183, 242). Ein ausdrücklich oder stillschweigend abgeschlossener Gesellschaftsvertrag ist hierfür nicht erforderlich (BGH FamRZ 93, 939); sa § 705 Rn 15. In Betracht kommt im Einzelfall auch eine Rückforderung von Leistungen nach §§ 530, 531 II, § 812 I 2 Fall 2 oder §§ 313 III, 346 (BGH NJW 91, 830).

III. Eingetragene Lebenspartnerschaft

Lit: Arnauld/Platter, Die Eingetragene Lebensgemeinschaft, Jura 02, 411; Braun, Ein neues familienrechtliches Institut, JZ 02, 23 mit Erwiderung Bruns JZ 02, 291; D. Kaiser, Das Lebenspartnerschaftsgesetz, JZ 01, 617; Muscheler, Das Recht der Eingetragenen Lebenspartnerschaft, 2. Aufl 2004; D. Schwab, Eingetragene Lebenspartnerschaft – Ein Überblick, FamRZ 01, 385; Wellenhofer, Das neue Recht für eingetragene Lebenspartnerschaften, NJW 05, 705.

5 Nach LPartG 1 können (nur) gleichgeschlechtliche Personen eine Lebenspartnerschaft begründen. Voraussetzung ist eine darauf gerichtete Erklärung bei persönlicher und gleichzeitiger Anwesenheit vor dem Standesbeamten (LPartG 1 I 1) bzw der nach Landesrecht zuständigen Behörde (2 PartG 23, zB Bayern: Notare). Wirksamkeitshindernisse s LPartG 1 II. Die **Rechtsfolgen** der Lebenspartnerschaft lehnen sich eng an die Ehe an (vielfach unter Verweisung auf das Eherecht des BGB). Durch das Gesetz zur Überarbeitung des Lebenspartnerschaftsrechts vom 15.12.2004 wurde das LPartG mit Wirkung ab dem 1.1.2005 weiter an das Eherecht angepasst, die im LPartG in seiner ursprünglichen Fassung enthaltenen „künstlichen Unterscheidungen" (BT-Drs 15/3445, 1) zwischen Ehe und Lebenspartnerschaft wurden damit weitgehend aufgehoben (dazu Wellenhofer NJW 05, 705): Die Lebenspartner trifft wechselseitig eine Fürsorgepflicht (LPartG 2), sie können einen Lebenspartnerschaftsnamen führen (LPartG 3), sind zum Lebenspartnerschafts- (LPartG 5), Trennungs- (LPartG 12) und nachpartnerschaftlichen Unterhalt (LPartG 16) verpflichtet (dazu Büttner FamRZ 01, 1105), LPartG 5 und 12 wurden mit Wirkung ab dem 1.1.2005 weitestgehend, LPartG 16 völlig dem Eherecht angeglichen; auch findet nach neuem Recht ein Versorgungsausgleich statt, LPartG 20; nach LPartG 6 leben die Lebenspartner im Güterstand der Zugewinngemeinschaft, in deren Rahmen die Verfügungsbeschränkungen der §§ 1365 ff gelten, Regelung der güterrechtlichen Verhältnisse durch Vertrag möglich (LPartG 7); auch Eigentumsvermutung und Schlüsselgewalt werden aus dem Eherecht übernommen (LPartG 8), ein kleines Sorgerecht ist möglich (LPartG 9; krit Kanther NJW 03, 797), ferner Einbenennung gem LPartG 9 V und Stiefkindadoption (LPartG 9 VII). LPartG 9 VII verfassungswidrig, soweit er die Adoption eines adoptierten Kindes des eingetragenen Lebenspartners durch den anderen Lebenspartner **(Sukzessivadoption)** verwehrt (BVerfG NJW 13, 847 mAnm Muckel JA 13, 396). Die Lebenspartner haben ein gesetzliches Erbrecht (LPartG 10) (dazu Dickhuth-Harrach FamRZ 01, 1660), die Lebensgemeinschaft wird außer durch Tod (nur) durch gerichtlichen Beschluss aufgehoben (LPartG 15). **Unterschiede zur Ehe:** Kein gemeinsames Sorgerecht, keine gemeinsame Adoption, Aufhebungsgründe (LPartG 15 II). Das LPartG ist mit Ausnahme LPartG 9 VII (so) **verfassungsgemäß** (BVerfG NJW 02, 2543; krit. Windel JR 03, 152). – **IPR:** EGBGB 17b (dazu Henrich FamRZ 02, 137). – **Steuerrecht:** Ausschluss eingetragener Lebenspartner vom Ehegattensplitting im Einkommensteuerrecht ist verfassungswidrig (BVerfG, 7.5.2013 – 2 BvR 909/06, 2 BvR 1981/06, 2 BvR 288/07 – juris).

Titel 1. Verlöbnis

Vorbemerkungen

Lit: Strätz, Das Verlöbnis als ehevorbereitendes Rechtsverhältnis, Jura 84, 449.

1. Allgemeines. a) Der **Begriff** „Verlöbnis" bezeichnet einmal das Eheversprechen (Verlobung) und zum anderen das dadurch begründete Rechtsverhältnis. **b)** Die **Rechtsnatur** des Verlöbnisses ist str (dazu Gernhuber/Coester-Waltjen § 8 Rn 3 ff). Im Mittelpunkt steht die Frage der Anwendung der Vorschriften des AT über Willenserklärungen. Die (heute überholte) Tatsächlichkeitstheorie geht von einer faktischen Willensübereinstimmung, nicht von Willenserklärungen der Verlobten aus. Die hM folgt der **Vertragstheorie,** wonach das Verlöbnis durch Vertrag zustande kommt (RG 98, 14; beiläufig BGH 28, 378: ehevorbereitender familienrechtlicher Vertrag). Die Vertrauenshaftungslehre (Rauscher Rn 106 f) deutet das Verlöbnis als ges Schuldverhältnis parallel zur cic (s § 311 II). **c)** Das Verlöbnis als Rechtsverhältnis bildet ein rechtlich geregeltes personenrechtliches Gemeinschaftsverhältnis (BGH 115, 264).

2. Voraussetzungen. a) Voraussetzungen des Verlöbnisses sind (nach der Vertragstheorie, Rn 6) Willenserklärungen der Verlobten. Konkludenter Vertragsschluss ist möglich, etwa durch Ringtausch oder auch nur durch Hochzeitsvorbereitungen (anschaulich AG Neumünster FamRZ 00, 817: Trauegespräch mit Pastor vereinbart, Einladungskarten für Hochzeit unterschrieben). Stellvertretung nach § 164 scheidet wegen höchstpersönlicher Natur des Verlöbnisses aus, nicht aber Botenschaft. **b)** §§ 106 ff finden Anwendung. Der Minderjährige bedarf der Einwilligung des ges Vertreters, § 107. Dadurch Schutz des Minderjährigen vor übereilten Verlobungen. Tritt der Verlobte des Minderjährigen zurück, kann der ges Vertreter genehmigen (§ 108, sa § 109 II) und so die Rechtsfolgen der §§ 1298 ff herbeiführen (Gernhuber/Coester-Waltjen § 8 Rn 11 f). **c)** Willensmängel: §§ 116–118 sind anwendbar; Verlöbnis des „Heiratsschwindlers" ist daher nach § 116 S 1 wirksam; ein Scheinverlöbnis (etwa erklärt wegen StPO 52 I Nr 1) ist nach § 117 I nichtig. §§ 119, 123 werden durch die spezielleren §§ 1298 ff ausgeschlossen, str (aA bis zur 65. Aufl PalBrudermüller Einf vor § 1297 Rn 1). **d)** §§ 134, 138 sind anwendbar. Verlöbnis trotz Eheverbots ist nichtig. Verlöbnis eines Verheirateten ist (auch bei Scheidungsantrag, Karlsruhe FamRZ 89, 867) wegen GG 6 I sittenwidrig und nach § 138 I nichtig, wenn nicht besondere Gründe ausnahmsweise eine andere Bewertung rechtfertigen (BGH FamRZ 84, 386). Nichtigkeit schließt Analogie zu §§ 1298 ff nicht aus (BGH FamRZ 69, 474, Rückforderung von Geschenken nach § 1301), nicht aber zugunsten desjenigen, in dessen Person der Nichtigkeitsgrund liegt (Karlsruhe NJW 88, 3023). **e)** Nach LPartG 1 IV können sich auch künftige Lebenspartner verloben.

§ 1297 Unklagbarkeit, Nichtigkeit eines Strafversprechens

(1) **Aus einem Verlöbnis kann nicht auf Eingehung der Ehe geklagt werden.**

(2) **Das Versprechen einer Strafe für den Fall, dass die Eingehung der Ehe unterbleibt, ist nichtig.**

Wirkungen des Verlöbnisses. a) Nach hM begründet das Verlöbnis die Rechtspflicht zur Eheschließung (MK/Roth 17). Der Anspruch ist freilich zum Schutze der negativen Eheschließungsfreiheit nach I nicht klagbar; sa FamFG 120 III. Nach II ist ein Vertragsstrafeversprechen nichtig, um nicht mittelbar die

§§ 1298, 1299

Eheschließung zu erzwingen. I schließt Klage auf Feststellung des (Nicht-)Bestehens eines Verlöbnisses (ZPO 256, FamFG 113 I) nicht aus. Aus Verlöbnis folgt Rechtspflicht zur gegenseitigen Hilfeleistung, etwa Selbstmordverhinderung (BGH NJW 60, 1821). **b)** Verlöbnis begründet keine Unterhaltspflichten und kein ges Erbrecht. Zu Erbvertrag sa §§ 2275 III, 2276 II, 2279 II, 2290 III 2, zu Erbverzicht §§ 2347 I, 2352. **c)** Verlöbnis begründet prozessuale Privilegien: Zeugnisverweigerungsrecht (ZPO 383–385, FamFG 29–31, StPO 52, 55); Gutachtenverweigerungsrecht (ZPO 408 I); Eidesverweigerungsrecht (StPO 61). **d)** Der Verlobte ist Angehöriger iSd StGB 11 I Nr 1a. Ergänzend zum Zugewinnausgleich (§§ 1372 ff) ist ein Ausgleichsanspruch für während der Verlobungszeit erbrachte erhebliche Leistungen nach Scheitern der (geschlossenen, sonst § 1298) Ehe möglich (BGH 115, 264: Hausbau).

§ 1298 Ersatzpflicht bei Rücktritt

(1) ¹**Tritt ein Verlobter von dem Verlöbnis zurück, so hat er dem anderen Verlobten und dessen Eltern sowie dritten Personen, welche anstelle der Eltern gehandelt haben, den Schaden zu ersetzen, der daraus entstanden ist, dass sie in Erwartung der Ehe Aufwendungen gemacht haben oder Verbindlichkeiten eingegangen sind.** ²**Dem anderen Verlobten hat er auch den Schaden zu ersetzen, den dieser dadurch erleidet, dass er in Erwartung der Ehe sonstige sein Vermögen oder seine Erwerbsstellung berührende Maßnahmen getroffen hat.**

(2) **Der Schaden ist nur insoweit zu ersetzen, als die Aufwendungen, die Eingehung der Verbindlichkeiten und die sonstigen Maßnahmen den Umständen nach angemessen waren.**

(3) **Die Ersatzpflicht tritt nicht ein, wenn ein wichtiger Grund für den Rücktritt vorliegt.**

§ 1299 Rücktritt aus Verschulden des anderen Teils

Veranlasst ein Verlobter den Rücktritt des anderen durch ein Verschulden, das einen wichtigen Grund für den Rücktritt bildet, so ist er nach Maßgabe des § 1298 Abs. 1, 2 zum Schadensersatz verpflichtet.

Anmerkungen zu den §§ 1298, 1299

1. Voraussetzungen und Abgrenzung. a) Ein **Rücktritt** vom Verlöbnis ist stets möglich. Folge ist die Auflösung des Verlöbnisses ex nunc. Ob ein „wichtiger Grund" für den Rücktritt vorliegt, ist nur für die Schadensersatzpflicht nach §§ 1298 f (Rn 2) von Bedeutung. Der Rücktritt erfolgt durch einseitige empfangsbedürftige Willenserklärung. Ebenso wie die Verlobung (Rn 7 vor § 1297) ist der Rücktritt ein höchstpersönliches Rechtsgeschäft; Stellvertretung scheidet aus. **b)** Vom Rücktritt ist die einverständliche **Entlobung** zu unterscheiden; insoweit finden §§ 1298 f keine Anwendung, wohl aber § 1301.

2. Schadensersatz. a) Wer vom Verlöbnis zurücktritt (§ 1298 I) oder schuldhaft einen wichtigen Grund für den Rücktritt des anderen Teils setzt (§ 1299), hat dem anderen Verlobten Schadensersatz zu leisten. Zu ersetzen sind die im Hinblick auf die Eheschließung getätigten Aufwendungen und eingegangenen Verbindlichkeiten. Die Ersatzpflicht umfasst das negative Interesse. **b) Bsp:** Kosten der Verlobungsanzeige (Frankfurt NJW-RR 95, 899) und -feier, Brautkleid (AG Neumünster FamRZ 00, 818), Buchung der Hochzeitsreise, Miete einer Wohnung, Kauf von Hausrat, Dienstleistungen für den anderen Verlobten (BGH NJW 61, 1716: Steuerberatung). Gem § 1298 I 2 ist dem Verlobten insbes zu ersetzen der durch Veräuße-

Titel 1. Vorbemerkungen §§ 1300–1302

rung von Vermögensgegenständen (prämienschädliche Auflösung eines Spar- oder Versicherungsvertrags) und die Aufgabe einer (frei-)beruflichen Stellung (Verdienstausfall) oder eines Gewerbebetriebs entstandene Nachteil. **c) Einschränkungen:** Nach § 1298 II sind nur „den Umständen nach angemessene" Aufwendungen, Verpflichtungen usw ersatzfähig. Eingeschränkter Vertrauensschutz, weil spätere Heirat nicht sicher und nicht erzwingbar ist. Unangemessen ist die Aufgabe einer gesicherten Erwerbsmöglichkeit nach kurzer Verlobungsdauer und bei noch nicht absehbarer Eheschließung (Frankfurt FamRZ 08, 1181). Nicht zu ersetzen sind auch Aufwendungen für das voreheliche Zusammenleben (Frankfurt, NJW-RR 95, 899: von Eltern den Verlobten überlassene Wohnung). Anschaffungen (etwa Hausrat) können im Rahmen der Vorteilsausgleichung schadensmindernde Vorteile bilden. 4

d) Berechtigter des Schadensersatzanspruchs ist bei § 1298 der andere Verlobte, bei § 1299 der zurücktretende Verlobte. Im Rahmen des § 1298 I 1 können Eltern und an ihrer Stelle handelnde Dritte schadensersatzberechtigt sein; deren Vertrauen ist mit in den Schutzbereich des Verlöbnisses einbezogen. **e)** Der Anspruch auf Schadensersatz entfällt nach § 1298 III bei Vorliegen eines **wichtigen Grundes** für den Rücktritt. Die Eingehung der Ehe muss bei vernünftiger Würdigung dem Zurücktretenden unzumutbar sein. Voraussetzung ist, dass die Ursache für den Rücktritt in den Risikobereich des anderen Teils fällt. Schuldhaftes Verhalten des anderen Teils ist nicht erforderlich (Umkehrschluss zu § 1299). Bsp: Untreue, gravierendes Fehlverhalten, entstellende Krankheiten. Im Lichte der §§ 1565 ff zählt auch die Zerrüttung des Verhältnisses der Verlobten dazu. Anfechtungsgründe nach §§ 119, 123 bilden ebenfalls einen wichtigen Grund, nicht hingegen allein die Änderung der emotionalen Einstellung gegenüber dem anderen Teil. 5 6

3. Weitere Rechtsfolgen. a) Deliktsansprüche aus §§ 825, 826, 823 II iVm StGB 263 (Heiratsschwindel) und § 823 I (Gesundheitsschäden) bleiben unberührt. **b)** Unwirksamkeit einer Verfügung von Todes wegen: §§ 2077 II, 2279. 7

§ 1300 *(weggefallen)*

§ 1301 Rückgabe der Geschenke

¹Unterbleibt die Eheschließung, so kann jeder Verlobte von dem anderen die Herausgabe desjenigen, was er ihm geschenkt oder zum Zeichen des Verlöbnisses gegeben hat, nach den Vorschriften über die Herausgabe einer ungerechtfertigten Bereicherung fordern. ²Im Zweifel ist anzunehmen, dass die Rückforderung ausgeschlossen sein soll, wenn das Verlöbnis durch den Tod eines der Verlobten aufgelöst wird.

1. Tatbestand. Kommt die versprochene Ehe gleich aus welchem Grunde (auch grundloser Rücktritt, einverständliche Auflösung des Verlöbnisses) nicht zustande, haben die Verlobten Geschenke und Verlöbniszeichen (Ringe) herauszugeben, die sie vom anderen Verlobten (nicht von dessen Eltern, str; aA MK/Roth 7) erhalten haben. Nicht Briefe und Photographien, str; aA MK/Roth 3 (unter unzutr Hinweis auf Urheberrecht). 1

2. Rückabwicklung nach Bereicherungsrecht. Rechtsfolgenverweisung (Hadding FS Mühl, 1981, 264) auf Bereicherungsrecht, insbesondere § 818 III. Die Pflicht zur Herausgabe beschränkt sich auf die noch vorhandene Bereicherung. Freilich kann § 819 I anwendbar sein (BGH FamRZ 69, 476). §§ 346 ff finden keine Anwendung. § 530 bleibt unberührt. 2

§ 1302 Verjährung

Die Verjährungsfrist der in den §§ 1298 bis 1301 bestimmten Ansprüche beginnt mit der Auflösung des Verlöbnisses.

§§ 1303, 1304

1 Regelverjährung. Seit Inkrafttreten des ErbVerjÄndG (BGBl I 3142) zum 1.1.2010 unterliegen die Ansprüche aus §§ 1298–1301 der dreijährigen Regelverjährungsfrist des § 195, die kurze Sonderfrist des § 1302 aF (zwei Jahre) wurde aufgehoben. Beginn der Verjährung aber weiterhin mit Scheitern des Verlöbnisses, bei §§ 1298 f mit Wirksamwerden der Rücktrittserklärung. Zum Übergangsrecht s EGBGB 229 § 23. Die Verjährung von Deliktsansprüchen bleibt unberührt.

Titel 2. Eingehung der Ehe

Untertitel 1. Ehefähigkeit

§ 1303 Ehemündigkeit

(1) **Eine Ehe soll nicht vor Eintritt der Volljährigkeit eingegangen werden.**

(2) **Das Familiengericht kann auf Antrag von dieser Vorschrift Befreiung erteilen, wenn der Antragsteller das 16. Lebensjahr vollendet hat und sein künftiger Ehegatte volljährig ist.**

(3) **Widerspricht der gesetzliche Vertreter des Antragstellers oder ein sonstiger Inhaber der Personensorge dem Antrag, so darf das Familiengericht die Befreiung nur erteilen, wenn der Widerspruch nicht auf triftigen Gründen beruht.**

(4) **Erteilt das Familiengericht die Befreiung nach Absatz 2, so bedarf der Antragsteller zur Eingehung der Ehe nicht mehr der Einwilligung des gesetzlichen Vertreters oder eines sonstigen Inhabers der Personensorge.**

§ 1304 Geschäftsunfähigkeit

Wer geschäftsunfähig ist, kann eine Ehe nicht eingehen.

Anmerkungen zu den §§ 1303, 1304

Lit: Barth/Wagenitz, Zur Neuordnung des Eheschließungsrechts, FamRZ 96, 833.

1 **1. Allgemeines.** Regelung der **persönlichen Voraussetzungen** der Eheschließung.

2 **2. Ehefähigkeit.** Nicht ehefähig ist, wer geschäftsunfähig (§ 104 Nr 2) ist, § 1304. Partielle Geschäftsfähigkeit (s § 104 Rn 7) hinsichtlich der Eheschließung ist möglich (BVerfG NJW 03, 1383; Brandenburg FamRZ 11, 216). **Verstoß** gegen § 1304 ist Aufhebungsgrund, § 1314 I; Bestätigung s § 1315 I Nr 2.

3 **3. Ehemündigkeit. a)** Ehemündigkeit tritt ein mit Volljährigkeit (§ 2), § 1303 I. **b) Befreiung** durch FamG möglich, wenn Antragsteller das 16. Lebensjahr vollendet hat und der künftige Ehegatte volljährig ist; keine Befreiung daher, falls beide Heiratswilligen minderjährig sind. Maßstab der Entscheidung ist das Wohl des Minderjährigen (Hamm FamRZ 10, 1801). Bsp: Fehlen charakterlicher Reife für eine Ehe (Saarbrücken FamRZ 08, 275). Kein Versagungsgrund ist Sozialhilfebezug beider Partner (Karlsruhe FamRZ 00, 819; vgl auch Hamm FamRZ 10, 1801). Widerspruch des ges Vertreters oder sonstiger Personensorgeberechtigter hindert Befreiung nur, wenn ein triftiger Grund vorliegt, § 1303 III. Wurde Befreiung erteilt, ist Einwilligung des ges Vertreters des Minderjährigen oder Personensorgeberechtigten
4 nicht erforderlich, § 1303 IV. – **Verfahren:** Zuständig FamG (1303 II; GVG 23a

Titel 2. Eingehung der Ehe **§§ 1305–1308**

I Nr 1, 23b I, FamFG 111 Nr 2, 151 Nr 1), Richtervorbehalt (RPflG 14 I Nr 11, 13, 16), FamFG-Verfahren. Anhörung Eltern und Verlobter (FamFG 160), Jugendamt (FamFG 162) sowie unter Umständen des Kindes (FamFG 159). **c) Verstoß** ist Aufhebungsgrund, § 1314 I; Genehmigung und Bestätigung s § 1315 I Nr 1.

§ 1305 *(weggefallen)*

Untertitel 2. Eheverbote

§ 1306 Bestehende Ehe oder Lebenspartnerschaft

Eine Ehe darf nicht geschlossen werden, wenn zwischen einer der Personen, die die Ehe miteinander eingehen wollen, und einer dritten Person eine Ehe oder eine Lebenspartnerschaft besteht.

§ 1307 Verwandtschaft

¹Eine Ehe darf nicht geschlossen werden zwischen Verwandten in gerader Linie sowie zwischen vollbürtigen und halbbürtigen Geschwistern. ²Dies gilt auch, wenn das Verwandtschaftsverhältnis durch Annahme als Kind erloschen ist.

§ 1308 Annahme als Kind

(1) ¹Eine Ehe soll nicht geschlossen werden zwischen Personen, deren Verwandtschaft im Sinne des § 1307 durch Annahme als Kind begründet worden ist. ²Dies gilt nicht, wenn das Annahmeverhältnis aufgelöst worden ist.

(2) ¹Das Familiengericht kann auf Antrag von dieser Vorschrift Befreiung erteilen, wenn zwischen dem Antragsteller und seinem künftigen Ehegatten durch die Annahme als Kind eine Verwandtschaft in der Seitenlinie begründet worden ist. ²Die Befreiung soll versagt werden, wenn wichtige Gründe der Eingehung der Ehe entgegenstehen.

Anmerkungen zu den §§ 1306–1308

1. Allgemeines. §§ 1306–1308 enthalten Eheverbote. **Bedeutung:** Standesbeamter darf an Eheschließung nicht mitwirken (sa § 1310 I 2 HS 1; PStG 13 I); bei Verstoß gegen §§ 1306 f kann die Ehe aufgehoben werden, § 1314 I.

2. Doppelehe, § 1306. Die Ehe darf nicht geschlossen werden, wenn zwischen einem (oder beiden) Eheschließenden und einem Dritten eine Ehe oder eine Lebenspartnerschaft schon besteht. Eingeschränkt bei falscher Todeserklärung nach § 1319 I. § 1306 dient der Sicherung des Grundsatzes der Einehe. Daher ist es nicht ausgeschlossen, dass Ehegatten, die *miteinander* verheiratet sind, erneut die Ehe schließen, um Zweifel an der Gültigkeit oder dem Fortbestand ihrer Ehe zu beseitigen. Verstoß s § 1314 I, 1315 II Nr 1, 1316 I Nr 1, III.

3. Verwandtschaft, § 1307. a) Eheverbot gilt bei Verwandtschaft in gerader Linie (§ 1589 S 1), unabhängig vom Grad (§ 1589 S 3), und zwischen Geschwistern; kein Eheverbot zwischen Onkel und Nichte, Cousin und Cousine, zwischen Verschwägerten. **b)** Eheverbot besteht aus medizinischen und sittlichen Gründen und umfasst daher genetische und rechtliche Verwandtschaft. Soweit rechtliche Verwandtschaft nach §§ 1591 ff vorliegt, besteht das Eheverbot des § 1307, auch wenn genetische Verwandtschaft fehlt. Umgekehrt gilt § 1307 im Verhältnis zu geneti-

§§ 1309, 1310 Buch 4. Abschnitt 1. Bürgerliche Ehe

schen Verwandten, auch wenn rechtlich kein Verwandtschaftsverhältnis besteht. Adoption hebt trotz § 1755 das Eheverbot zu leiblichen Verwandten nicht auf, § 1307 S 2. **c) Verstoß** s §§ 1314 I, 1316 I Nr 1, III.

5   **4. Adoptionsverwandtschaft, § 1308.** Eheverbot bei durch Adoption begründeter Verwandtschaft. Gilt nicht, wenn Annahmeverhältnis aufgehoben (s §§ 1759 ff) wurde. Befreiung durch FamG möglich, wenn Adoption Verwandtschaft in der *Seiten*linie (§ 1589 S 2) begründete, § 1308 II. **Verstoß** bildet keinen Eheaufhebungsgrund.

Untertitel 3. Ehefähigkeitszeugnis

§ 1309 Ehefähigkeitszeugnis für Ausländer

(1) ¹Wer hinsichtlich der Voraussetzungen der Eheschließung vorbehaltlich des Artikels 13 Abs. 2 des Einführungsgesetzes zum Bürgerlichen Gesetzbuche ausländischem Recht unterliegt, soll eine Ehe nicht eingehen, bevor er ein Zeugnis der inneren Behörde seines Heimatstaats darüber beigebracht hat, dass der Eheschließung nach dem Recht dieses Staates kein Ehehindernis entgegensteht. ²Als Zeugnis der inneren Behörde gilt auch eine Bescheinigung, die von einer anderen Stelle nach Maßgabe eines mit dem Heimatstaat des Betroffenen geschlossenen Vertrags erteilt ist. ³Das Zeugnis verliert seine Kraft, wenn die Ehe nicht binnen sechs Monaten seit der Ausstellung geschlossen wird; ist in dem Zeugnis eine kürzere Geltungsdauer angegeben, ist diese maßgebend.

(2) ¹Von dem Erfordernis nach Absatz 1 Satz 1 kann der Präsident des Oberlandesgerichts, in dessen Bezirk das Standesamt, bei dem die Eheschließung angemeldet worden ist, seinen Sitz hat, Befreiung erteilen. ²Die Befreiung soll nur Staatenlosen mit gewöhnlichem Aufenthalt im Ausland und Angehörigen solcher Staaten erteilt werden, deren Behörden keine Ehefähigkeitszeugnisse im Sinne des Absatzes 1 ausstellen. ³In besonderen Fällen darf sie auch Angehörigen anderer Staaten erteilt werden. ⁴Die Befreiung gilt nur für die Dauer von sechs Monaten.

1   **1. Regelungszweck.** Die Voraussetzungen der Eheschließung richten sich nach dem Heimatrecht eines Eheschließenden, EGBGB 13 I. Das **Ehefähigkeitszeugnis** soll dem Standesamt die Prüfung erleichtern, ob nach dem Heimatrecht die Eheschließung erlaubt ist. Ehen, die dem Heimatrecht widersprechen und daher dort möglicherweise nicht anerkannt werden, sollen verhindert werden (BGH 41, 139).

2   **2. Befreiung.** S II. Verfahren PStG 12 III.

Untertitel 4. Eheschließung

§ 1310 Zuständigkeit des Standesbeamten, Heilung fehlerhafter Ehen

(1) ¹Die Ehe wird nur dadurch geschlossen, dass die Eheschließenden vor dem Standesbeamten erklären, die Ehe miteinander eingehen zu wollen. ²Der Standesbeamte darf seine Mitwirkung an der Eheschließung nicht verweigern, wenn die Voraussetzungen der Eheschließung vorliegen; er muss seine Mitwirkung verweigern, wenn offenkundig ist, dass die Ehe nach § 1314 Abs. 2 aufhebbar wäre.

(2) Als Standesbeamter gilt auch, wer, ohne Standesbeamter zu sein, das Amt eines Standesbeamten öffentlich ausgeübt und die Ehe in das Eheregister eingetragen hat.

Titel 2. Eingehung der Ehe §§ 1310–1312

(3) Eine Ehe gilt auch dann als geschlossen, wenn die Ehegatten erklärt haben, die Ehe miteinander eingehen zu wollen, und
1. der Standesbeamte die Ehe in das Eheregister eingetragen hat,
2. der Standesbeamte im Zusammenhang mit der Beurkundung der Geburt eines gemeinsamen Kindes der Ehegatten einen Hinweis auf die Eheschließung in das Geburtenregister eingetragen hat oder
3. der Standesbeamte von den Ehegatten eine familienrechtliche Erklärung, die zu ihrer Wirksamkeit eine bestehende Ehe voraussetzt, entgegengenommen hat und den Ehegatten hierüber eine in Rechtsvorschriften vorgesehene Bescheinigung erteilt worden ist

und die Ehegatten seitdem zehn Jahre oder bis zum Tode eines der Ehegatten, mindestens jedoch fünf Jahre, als Ehegatten miteinander gelebt haben.

§ 1311 Persönliche Erklärung

¹Die Eheschließenden müssen die Erklärungen nach § 1310 Abs. 1 persönlich und bei gleichzeitiger Anwesenheit abgeben. ²Die Erklärungen können nicht unter einer Bedingung oder Zeitbestimmung abgegeben werden.

§ 1312 Trauung

¹Der Standesbeamte soll bei der Eheschließung die Eheschließenden einzeln befragen, ob sie die Ehe miteinander eingehen wollen, und, nachdem die Eheschließenden diese Frage bejaht haben, aussprechen, dass sie nunmehr kraft Gesetzes rechtmäßig verbundene Eheleute sind. ²Die Eheschließung kann in Gegenwart von einem oder zwei Zeugen erfolgen, sofern die Eheschließenden dies wünschen.

Anmerkungen zu den §§ 1310–1312

1. Allgemeines. § 1310 regelt den Grundsatz der obligatorischen Zivilehe. Die Ehe kann nur vor dem Standesbeamten geschlossen werden; kirchliche Eheschließung zeitigt keine staatlichen Ehewirkungen. 1

2. Voraussetzungen der Eheschließung. a) Ehe kommt zustande durch Erklärung der Eheschließenden, die Ehe miteinander eingehen zu wollen, § 1310 I 1. Die Eheschließenden müssen verschiedenen Geschlechts sein. Verlöbnis (s § 1297) ist nicht Voraussetzung. **b)** Höchstpersönlichkeit der Erklärung (§ 1311 S 1) schließt Vertretung und Botenschaft aus. Verstoß begründet (aufhebbare, § 1314 I) Ehe mit Vertretenem. **c)** Erklärungen sind bedingungs- und befristungsfeindlich (sa § 1353 I 1), § 1311 S 2. Bedingung oder Befristung sind unwirksam. Verstoß führt zur aufhebbaren Ehe, § 1314 I. **d) Heilung** von Nichtehen, § 1310 III. Betr vor allem nach ausländischem Recht in Deutschland geschlossene und daher rechtlich nicht existente Ehen (s BT-Drs 13/4898 S 17). **Voraussetzungen: aa)** Parteien erklären Eheschließungswillen vor Standesbeamten. **bb)** Standesbeamter nimmt Eintragung nach Nr 1 u 2 vor bzw Erklärung nach Nr 3 entgegen. **cc)** Nichtehegatten leben seitdem zehn Jahre (oder bis zum Tode eines Ehegatten mindestens fünf Jahre) wie Ehegatten in Lebensgemeinschaft miteinander. 2, 3

3. Form der Eheschließung. Gleichzeitige Anwesenheit der Eheschließenden vor dem Standesbeamten, § 1311 S 1. Ferntrauung und sukzessive Entgegennahme der Erklärungen sind ausgeschlossen. Standesbeamter muss zur Entgegennahme der Erklärungen bereit sein (sa § 925). Verstoß: § 1314 I. Erklärung kann mündlich, schriftlich oder konkludent erfolgen. 4

5 **4. Mitwirkung des Standesbeamten. a)** Standesbeamter muss an Eheschließung mitwirken, wenn Voraussetzungen der §§ 1303 ff vorliegen und Eheverbote nicht bestehen. Keine Mitwirkungspflicht, wenn offenkundig ein Aufhebungsgrund nach § 1314 II vorliegt, § 1310 I 2 HS 2. Daher keine Mitwirkung an sog Scheinehe etwa zur Erlangung einer Aufenthaltserlaubnis, § 1314 II Nr 5 (krit Eisfeld AcP 201, 662); sa PStG 13 II. **b) Zuständigkeit** PStG 11, 12 I. § 1310 II fingiert Standesbeamten (zB Bürgermeister). **c) Verfahren** s PStG 12 ff.

Titel 3. Aufhebung der Ehe

§ 1313 Aufhebung durch richterliche Entscheidung

¹Eine Ehe kann nur durch richterliche Entscheidung auf Antrag aufgehoben werden. ²Die Ehe ist mit der Rechtskraft der Entscheidung aufgelöst. ³Die Voraussetzungen, unter denen die Aufhebung begehrt werden kann, ergeben sich aus den folgenden Vorschriften.

§ 1314 Aufhebungsgründe

(1) Eine Ehe kann aufgehoben werden, wenn sie entgegen den Vorschriften der §§ 1303, 1304, 1306, 1307, 1311 geschlossen worden ist.

(2) Eine Ehe kann ferner aufgehoben werden, wenn
ein Ehegatte sich bei der Eheschließung im Zustand der Bewusstlosigkeit oder vorübergehender Störung der Geistestätigkeit befand;
ein Ehegatte bei der Eheschließung nicht gewusst hat, dass es sich um eine Eheschließung handelt;
ein Ehegatte zur Eingehung der Ehe durch arglistige Täuschung über solche Umstände bestimmt worden ist, die ihn bei Kenntnis der Sachlage und bei richtiger Würdigung des Wesens der Ehe von der Eingehung der Ehe abgehalten hätten; dies gilt nicht, wenn die Täuschung Vermögensverhältnisse betrifft oder von einem Dritten ohne Wissen des anderen Ehegatten verübt worden ist;
ein Ehegatte zur Eingehung der Ehe widerrechtlich durch Drohung bestimmt worden ist;
beide Ehegatten sich bei der Eheschließung darüber einig waren, dass sie keine Verpflichtung gemäß § 1353 Abs. 1 begründen wollen.

§ 1315 Ausschluss der Aufhebung

(1) ¹Eine Aufhebung der Ehe ist ausgeschlossen
bei Verstoß gegen § 1303, wenn die Voraussetzungen des § 1303 Abs. 2 bei der Eheschließung vorlagen und das Familiengericht, solange der Ehegatte nicht volljährig ist, die Eheschließung genehmigt oder wenn der Ehegatte, nachdem er volljährig geworden ist, zu erkennen gegeben hat, dass er die Ehe fortsetzen will (Bestätigung),
bei Verstoß gegen § 1304, wenn der Ehegatte nach Wegfall der Geschäftsunfähigkeit zu erkennen gegeben hat, dass er die Ehe fortsetzen will (Bestätigung),
im Falle des § 1314 Abs. 2 Nr. 1, wenn der Ehegatte nach Wegfall der Bewusstlosigkeit oder der Störung der Geistestätigkeit zu erkennen gegeben hat, dass er die Ehe fortsetzen will (Bestätigung),
in den Fällen des § 1314 Abs. 2 Nr. 2 bis 4, wenn der Ehegatte nach Entdeckung des Irrtums oder der Täuschung oder nach Aufhören der Zwangslage zu erkennen gegeben hat, dass er die Ehe fortsetzen will (Bestätigung),

in den Fällen des § 1314 Abs. 2 Nr. 5, wenn die Ehegatten nach der Eheschließung als Ehegatten miteinander gelebt haben.

²Die Bestätigung eines Geschäftsunfähigen ist unwirksam. ³Die Bestätigung eines Minderjährigen bedarf bei Verstoß gegen § 1304 und im Falle des § 1314 Abs. 2 Nr. 1 der Zustimmung des gesetzlichen Vertreters; verweigert der gesetzliche Vertreter die Zustimmung ohne triftige Gründe, so kann das Familiengericht die Zustimmung auf Antrag des Minderjährigen ersetzen.

(2) Eine Aufhebung der Ehe ist ferner ausgeschlossen

bei Verstoß gegen § 1306, wenn vor der Schließung der neuen Ehe die Scheidung oder Aufhebung der früheren Ehe oder die Aufhebung der Lebenspartnerschaft ausgesprochen ist und dieser Ausspruch nach der Schließung der neuen Ehe rechtskräftig wird;

bei Verstoß gegen § 1311, wenn die Ehegatten nach der Eheschließung fünf Jahre oder, falls einer von ihnen vorher verstorben ist, bis zu dessen Tode, jedoch mindestens drei Jahre als Ehegatten miteinander gelebt haben, es sei denn, dass bei Ablauf der fünf Jahre oder zur Zeit des Todes die Aufhebung beantragt ist.

§ 1316 Antragsberechtigung

(1) Antragsberechtigt

sind bei Verstoß gegen die §§ 1303, 1304, 1306, 1307, 1311 sowie in den Fällen des § 1314 Abs. 2 Nr. 1 und 5 jeder Ehegatte, die zuständige Verwaltungsbehörde und in den Fällen des § 1306 auch die dritte Person. Die zuständige Verwaltungsbehörde wird durch Rechtsverordnung der Landesregierungen bestimmt. Die Landesregierungen können die Ermächtigung nach Satz 2 durch Rechtsverordnung auf die zuständigen obersten Landesbehörden übertragen;

ist in den Fällen des § 1314 Abs. 2 Nr. 2 bis 4 der dort genannte Ehegatte.

(2) ¹Der Antrag kann für einen geschäftsunfähigen Ehegatten nur von seinem gesetzlichen Vertreter gestellt werden. ²In den übrigen Fällen kann ein minderjähriger Ehegatte den Antrag nur selbst stellen; er bedarf dazu nicht der Zustimmung seines gesetzlichen Vertreters.

(3) Bei Verstoß gegen die §§ 1304, 1306, 1307 sowie in den Fällen des § 1314 Abs. 2 Nr. 1 und 5 soll die zuständige Verwaltungsbehörde den Antrag stellen, wenn nicht die Aufhebung der Ehe für einen Ehegatten oder für die aus der Ehe hervorgegangenen Kinder eine so schwere Härte darstellen würde, dass die Aufrechterhaltung der Ehe ausnahmsweise geboten erscheint.

§ 1317 Antragsfrist

(1) ¹Der Antrag kann in den Fällen des § 1314 Absatz 2 Nummer 2 und 3 nur binnen eines Jahres, im Falle des § 1314 Absatz 2 Nummer 4 nur binnen drei Jahren gestellt werden. ²Die Frist beginnt mit der Entdeckung des Irrtums oder der Täuschung oder mit dem Aufhören der Zwangslage; für den gesetzlichen Vertreter eines geschäftsunfähigen Ehegatten beginnt die Frist jedoch nicht vor dem Zeitpunkt, in welchem ihm die den Fristbeginn begründenden Umstände bekannt werden, für einen minderjährigen Ehegatten nicht vor dem Eintritt der Volljährigkeit. ³Auf den Lauf der Frist sind die §§ 206, 210 Abs. 1 Satz 1 entsprechend anzuwenden.

(2) Hat der gesetzliche Vertreter eines geschäftsunfähigen Ehegatten den Antrag nicht rechtzeitig gestellt, so kann der Ehegatte selbst innerhalb von

sechs Monaten nach dem Wegfall der Geschäftsunfähigkeit den Antrag stellen.

(3) Ist die Ehe bereits aufgelöst, so kann der Antrag nicht mehr gestellt werden.

§ 1318 Folgen der Aufhebung

(1) Die Folgen der Aufhebung einer Ehe bestimmen sich nur in den nachfolgend genannten Fällen nach den Vorschriften über die Scheidung.

(2) ¹Die §§ 1569 bis 1586b finden entsprechende Anwendung
zugunsten eines Ehegatten, der bei Verstoß gegen die §§ 1303, 1304, 1306, 1307 oder § 1311 oder in den Fällen des § 1314 Abs. 2 Nr. 1 oder 2 die Aufhebbarkeit der Ehe bei der Eheschließung nicht gekannt hat oder der in den Fällen des § 1314 Abs. 2 Nr. 3 oder 4 von dem anderen Ehegatten oder mit dessen Wissen getäuscht oder bedroht worden ist;
zugunsten beider Ehegatten bei Verstoß gegen die §§ 1306, 1307 oder § 1311, wenn beide Ehegatten die Aufhebbarkeit kannten; dies gilt nicht bei Verstoß gegen § 1306, soweit der Anspruch eines Ehegatten auf Unterhalt einen entsprechenden Anspruch der dritten Person beeinträchtigen würde.
²Die Vorschriften über den Unterhalt wegen der Pflege oder Erziehung eines gemeinschaftlichen Kindes finden auch insoweit entsprechende Anwendung, als eine Versagung des Unterhalts im Hinblick auf die Belange des Kindes grob unbillig wäre.

(3) Die §§ 1363 bis 1390 und 1587 finden entsprechende Anwendung, soweit dies nicht im Hinblick auf die Umstände bei der Eheschließung oder bei Verstoß gegen § 1306 im Hinblick auf die Belange der dritten Person grob unbillig wäre.

(4) Die §§ 1568a und 1568b finden entsprechende Anwendung; dabei sind die Umstände bei der Eheschließung und bei Verstoß gegen § 1306 die Belange der dritten Person besonders zu berücksichtigen.

(5) § 1931 findet zugunsten eines Ehegatten, der bei Verstoß gegen die §§ 1304, 1306, 1307 oder 1311 oder im Falle des § 1314 Abs. 2 Nr. 1 die Aufhebbarkeit der Ehe bei der Eheschließung gekannt hat, keine Anwendung.

Anmerkungen zu den §§ 1313–1318

1 **1. Allgemeines.** Mangel bei der Eheschließung führt zu Nichtehe (zB § 1310 I 1) oder zu aufhebbarer Ehe. Nichtehe zeitigt keine Ehewirkungen, daher auch keine Scheidung möglich (BGH FamRZ 03, 841). Aufhebung der Ehe erfolgt nur durch rechtskräftiges Gestaltungsurteil mit Wirkung für die Zukunft, § 1313. Aufgrund der Reform des Verfahrens in Familiensachen ist zum 1.9.2009 an die Stelle des Urteils der Beschluss getreten (§ 1313, FamFG 38). Zu den abschließenden (§ 1313 S 2) Aufhebungsgründen s § 1314. Folgen der Aufhebung s § 1318; diese können günstiger als Scheidungsfolgen sein. Gleichwohl ist ein Aufhebungsantrag bei geschiedener Ehe nicht statthaft, kann aber auszulegen sein als Begehren, der Scheidung seien die Folgen des § 1318 beizugeben (BGH NJW 96, 2729).

2 **2. Aufhebungsgründe. a)** § 1314 I: Mangelnde Ehefähigkeit, Eheverbote der Doppelehe und der (nicht durch Adoption begründeten, § 1308) Verwandtschaft, Mängel des § 1311; **nicht** Verletzung von Sollbestimmungen, s §§ 1308, 1309, 1312.
b) § 1314 II Nr 1–4 betrifft Willensmängel. Nr 3: Bei Eheschließung wegen Schwangerschaft besteht eine Offenbarungspflicht über anderweitige Geschlechts-

verkehr während der Empfängniszeit auch ohne Nachfrage (Karlsruhe NJW-RR 00, 737); zur arglistigen Täuschung über die Zeugungsfähigkeit Stuttgart NJW 04, 2247; Offenbarungspflicht auch bei Vorstrafen während laufender Bewährungszeit (AG Kulmbach NJW 02, 2112) und bei ausgeübter Prostitution (Brandenburg NJW 06, 2862); **nicht** bei bloßem Irrtum über die Person oder persönliche Eigenschaften des Ehegatten. II Nr 1–4 sind auf die eingetragene Lebenspartnerschaft entspr anwendbar, s LPartG 15 II 2. **c)** § 1314 II Nr 5: Scheinehe.

3. Ausschluss der Aufhebung. a) § 1315 I: Aufgrund **Genehmigung** durch 3 FamG bei Verstoß gegen § 1303 I, ferner in den Fällen §§ 1303 I, 1304, 1314 I infolge **Bestätigung.** Bestätigung ist jedes Verhalten, durch das der Aufhebungsberechtigte den Willen zur Fortsetzung der Ehe erkennen lässt. Bestätigung des nicht voll Geschäftsfähigen s § 1315 I 2 und 3. **b)** § 1315 II Nr 1: Wenn Scheidung oder 4 Aufhebung der früheren Ehe vor der Schließung der neuen Ehe ausgesprochen, aber erst danach rechtskräftig (sa §§ 1313 S 2, 1564 S 2) wurde. Zweitehe bleibt aufhebbar, wenn Scheidungs- oder Aufhebungsurteil nach neuer Eheschließung erfolgt oder die erste Ehe nach neuer Eheschließung durch Tod endet. **c)** § 1315 II 5 Nr 2: Bei Verstoß gegen § 1311, wenn Ehegatten fünf Jahre oder (mindestens drei Jahre) bis zum Tode eines Ehegatten miteinander gelebt haben und innerhalb der Frist kein Aufhebungsantrag gestellt wird.

4. Frist. S § 1317. In den Fällen des § 1314 II Nr 4 ist die Antragsfrist durch das 6 am 1.7.2011 in Kraft getretene Gesetz v 23.6.2011 (BGBl I 1266) auf drei Jahre verlängert worden.

5. Verfahren. a) FamFG 121 Nr 2. **b) Antragsbefugt** in den Fällen des 7 § 1314 II Nr 2–4 ist der Ehegatte, in dessen Person der Eheschließungsmangel begründet war, in den übrigen Fällen beide Ehegatten, die (nach § 1316 I Nr 1 S 2 und 3 bestimmte) Verwaltungsbehörde und, bei bigamischer Ehe, der Ehegatte der früheren Ehe; nach Scheidung der Vorehe nur, wenn ein bes Interesse an der Aufhebung der bigamischen Ehe besteht (BGH NJW 02, 1269). Antragstellung bei nicht voll geschäftsfähigem Ehegatten s § 1316 II; Pflicht der Behörde zur Antragstellung s § 1316 III.

6. Folgen. S § 1318; keine (Rück-)Wirkungen für den Zeitraum der Ehe, § 1313 8 S 2. **a) Unterhaltsanspruch** nach Maßgabe der §§ 1569–1586b nur unter den Voraussetzungen des § 1318 II. **b) Zugewinn- und Versorgungsausgleich** finden grundsätzlich statt, es sei denn, dies ist grob unbillig, § 1318 III (zum Ausschluss des Versorgungsausgleichs bei vorsätzlicher Bigamie, Karlsruhe NJW-RR 04, 1514). **c) Ehewohnung und Haushaltsgegenstände:** 1568a und 1568b gelten entsprechend; bei der richterlichen Entscheidung sind ua Umstände der Eheschließung zu berücksichtigen, § 1318 IV. **d)** Zum ges **Erbrecht** nach § 1931 s § 1318 V. **e) Vaterschaft** s § 1592 Nr 1. **f)** Iü findet trotz der missverständlichen Formulierung in § 1318 I Scheidungsfolgenrecht Anwendung, zB §§ 1355 V, 1478.

7. Übergangsregelung. S EGBGB 226. 9

Titel 4. Wiederverheiratung nach Todeserklärung

§ 1319 Aufhebung der bisherigen Ehe

(1) Geht ein Ehegatte, nachdem der andere Ehegatte für tot erklärt worden ist, eine neue Ehe ein, so kann, wenn der für tot erklärte Ehegatte noch lebt, die neue Ehe nur dann wegen Verstoßes gegen § 1306 aufgehoben werden, wenn beide Ehegatten bei der Eheschließung wussten, dass der für tot erklärte Ehegatte im Zeitpunkt der Todeserklärung noch lebte.

(2) ¹**Mit der Schließung der neuen Ehe wird die frühere Ehe aufgelöst, es sei denn, dass beide Ehegatten der neuen Ehe bei der Eheschließung wuss-**

§§ 1319–1352, Vor § 1353

ten, dass der für tot erklärte Ehegatte im Zeitpunkt der Todeserklärung noch lebte. ²Sie bleibt auch dann aufgelöst, wenn die Todeserklärung aufgehoben wird.

§ 1320 Aufhebung der neuen Ehe

(1) ¹Lebt der für tot erklärte Ehegatte noch, so kann unbeschadet des § 1319 sein früherer Ehegatte die Aufhebung der neuen Ehe begehren, es sei denn, dass er bei der Eheschließung wusste, dass der für tot erklärte Ehegatte zum Zeitpunkt der Todeserklärung noch gelebt hat. ²Die Aufhebung kann nur binnen eines Jahres begehrt werden. ³Die Frist beginnt mit dem Zeitpunkt, in dem der Ehegatte aus der früheren Ehe Kenntnis davon erlangt hat, dass der für tot erklärte Ehegatte noch lebt. ⁴§ 1317 Abs. 1 Satz 3, Abs. 2 gilt entsprechend.

(2) Für die Folgen der Aufhebung gilt § 1318 entsprechend.

Anmerkungen zu den §§ 1319, 1320

1   1. § 1319. Auflösung einer Ehe bei falscher Todeserklärung (VerschG 9 I) nur mit Schließung einer neuen Ehe, falls mindestens einer der Ehegatten der neuen Ehe nicht gewusst hat, dass der für tot Erklärte noch lebt, § 1319 II; weithin gilt Scheidungsfolgenrecht entspr (vgl Johannsen/Henrich § 1320 Rn 4). Aufhebung der neuen Ehe wegen Verstoßes gegen § 1306 nur nach § 1319 I.

2   2. § 1320. a) Erlangt der scheinbar verwitwete Ehegatte nach der Schließung der neuen Ehe Kenntnis vom Überleben seines früheren Ehegatten, kann allein er (weder der für tot erklärte Ehegatte noch der Ehegatte der neuen Ehe) die Aufhebung der neuen Ehe beantragen, § 1320 I. b) Folgen: s §§ 1320 II, 1318. Die nach § 1319 II aufgelöste frühere Ehe lebt nicht wieder auf.

§§ 1321–1352 *(weggefallen)*

Titel 5. Wirkungen der Ehe im Allgemeinen

Vorbemerkungen

1   1. Ehewirkungen. a) Die Ehe zeitigt personen- und vermögensbezogene Wirkungen, die im fünften Titel allgemein (unabhängig vom Güterstand) geregelt werden. Der sechste Titel normiert vermögensrechtliche Folgen der Ehe in Abhängigkeit vom Güterstand. b) Die Ehewirkungen sind in §§ 1353 ff nicht abschließend geregelt. Im BGB finden sich **weitere Rechtsfolgen** der Ehe in § 207 I 1 (Verjährungshemmung), in §§ 1931 ff (Ehegattenerbrecht), in §§ 2265 ff (Möglichkeit gemeinschaftlicher Testamente), in §§ 2275 II, 2276 II (Privilegierungen beim Erbvertrag) und in § 2303 II (Pflichtteilsrecht). Zum Zeugnisverweigerungsrecht s ZPO 383 I Nr 2, StPO 52 I Nr 2; zum Vollstreckungs- und Haftungsrecht s ZPO 739 ff; InsO 37, 133 iVm 138 I Nr 1, AnfG 3 II, 15 II Nr 2; zum Strafrecht StGB 11 I Nr 1a, 139 III, 247, 258 VI; zum öffentlichen Recht vgl Steiner FamRZ 94, 1289.

2   c) Keine Wirkungen hat die Ehe für die Geschäfts- und Prozessfähigkeit der Ehegatten. Sie können untereinander selbstverständlich RGeschäfte abschließen. Die Ehe begründet keine gesetzliche Vertretungsmacht eines Ehegatten für den jeweils anderen (sa § 1357).

3   2. Schutz der Ehe. Lit: Smid, Schutz des räumlich-gegenständlichen Bereichs der Ehe oder Eheschutz, JuS 84, 101. a) Das Recht zur ehelichen Lebensgemein-

Titel 5. Wirkungen der Ehe im Allgemeinen § 1353

schaft nach § 1353 I 2 HS 1 ist ein absolutes Recht iSd § 823 I. Schutz genießt allerdings nicht die persönliche Beziehung der Ehegatten, sondern nur der **räumlich-gegenständliche Bereich der Ehe** (BGH 6, 365). Die Verletzung begründet Unterlassungs- und Beseitigungsansprüche. Insbesondere kann jeder Ehegatte Unterlassung ehewidriger Beziehungen innerhalb der Ehewohnung verlangen. Der Schutzbereich erstreckt sich auch auf Geschäftsräume (BGH 34, 809). Entsprechende Ansprüche bestehen sowohl gegen den Ehegatten als auch gegen dritte Ehestörer. **b)** Die Rechtsfolgen der Verletzung ehelicher Pflichten sind im Eherecht 4 des BGB und in FamFG 120 III abschließend geregelt. **Schadensersatzansprüche** gegen den anderen Ehegatten wegen Verletzung der ehelichen Pflichten bestehen daher **nicht** (BGH 23, 217 für Ehebruch). Nur im Ausnahmefall kann bei Hinzutreten besonders verwerflicher Umstände (Belügen, Bedrohen des Ehepartners) ein Schadensersatzanspruch aus § 826 gegeben sein (BGH NJW 90, 707 für Schaden infolge Unterhaltszahlung). Um eine mittelbare Schadenshaftung des Ehegatten im Wege des Gesamtschuldnerregresses nach §§ 840, 426 auszuschließen, scheiden auch gegen den am Ehebruch beteiligten Dritten Schadensersatzansprüche aus (BGH 23, 281), nicht aber ein Ersatzanspruch wegen der Kosten der Ehelichkeitsanfechtung (BGH 57, 236). Für vom Ehemann geleisteten Unterhalt s § 1607 III. – Die Lit befürwortet demgegenüber eine auf das Eheabwicklungsinteresse beschränkte Schadensersatzpflicht sowohl des Ehegatten als auch des Ehebruchpartners, etwa auf Ersatz der Scheidungskosten (MK/Roth § 1353 Rn 50 f).

§ 1353 Eheliche Lebensgemeinschaft

(1) ¹**Die Ehe wird auf Lebenszeit geschlossen.** ²**Die Ehegatten sind einander zur ehelichen Lebensgemeinschaft verpflichtet; sie tragen füreinander Verantwortung.**

(2) **Ein Ehegatte ist nicht verpflichtet, dem Verlangen des anderen Ehegatten nach Herstellung der Gemeinschaft Folge zu leisten, wenn sich das Verlangen als Missbrauch seines Rechts darstellt oder wenn die Ehe gescheitert ist.**

Lit: Gernhuber, Eherecht und Ehetypen, 1981; Lipp, Die eherechtlichen Pflichten und ihre Verletzung, 1988.

1. Lebenszeitprinzip. Das Lebenszeitprinzip nach I 1 ist durch die Anerken- 1 nung der Ehescheidung auf Grund des Zerrüttungsprinzips und der Zerrüttungsvermutung (§§ 1565 f) relativiert und wird vielfach nur als Programmsatz verstanden. Es verbietet aber weiterhin befristete und auflösend bedingte Eheschließungen. Ein Rücktrittsvorbehalt ist unwirksam.

2. Eheliche Rechtspflichten. a) Die **Generalklausel** der Verpflichtung zur 2 Herstellung und Aufrechterhaltung der **ehelichen Lebensgemeinschaft** einschließlich der Klarstellung gegenseitiger Verantwortung in I 2 ist Grundlage ehelicher Rechtspflichten und Auslegungsleitlinie. Ferner kann die fehlende Verwirklichung der ehelichen Lebensgemeinschaft zum Scheitern der Ehe nach § 1565 I 2 führen (BGH NJW 87, 1762). Sind sich die Ehegatten bei Eheschließung über den Ausschluss des § 1353 einig, kann die Ehe aufgehoben werden (§ 1314 II Nr 5). – Die konkrete Ausgestaltung der aus I 2 abgeleiteten Pflichten steht im Spannungsverhältnis zwischen Ehegattenautonomie und den nach hM der Disposition der Ehegatten entzogenen ehelichen Grundpflichten, wozu die Pflicht zur gegenseitigen Treue gerechnet wird. Ein Eheleitbild schreibt I 2 nicht vor. Zu berücksichtigen sind individuelle Kriterien wie Anlagen, Prägung, Alter und Gesundheit der Ehegatten. Im Einzelnen ist zwischen den persönlichen und den vermögensrechtlichen Beziehungen der Ehegatten zu unterscheiden. **b)** Zu den **personenrechtlichen** 3 **Pflichten** zählen die Pflicht zur gegenseitigen Liebe und Achtung, zur Verständi-

§§ 1354, 1355   Buch 4. Abschnitt 1. Bürgerliche Ehe

gungsbereitschaft und zum Respekt vor der Persönlichkeits- und Privatsphäre des anderen Ehegatten. Daher ist das Briefgeheimnis zu wahren, heimliche Ton- und Bildaufnahmen und das Ausspähen durch Dritte in der Ehewohnung (BGH NJW 70, 1848) sind unzulässig. Die Ehegatten schulden einander Beistand und Fürsorge. I bildet die Grundlage einer strafrechtlichen Garantenstellung; diese endet nicht erst mit der Beendigung der Ehe, sondern schon, wenn sich ein Ehegatte vom anderen endgültig getrennt hat (BGH NJW 03, 3214). Sie haben auf Angehörige des anderen Ehegatten Rücksicht zu nehmen, sind aber nicht verpflichtet, deren dauerhafte Aufnahme in die Ehewohnung zu dulden. Als echte Rechtspflicht wird I 2 die Pflicht zur ehelichen Treue und zum Geschlechtsverkehr entnommen (überzogen BGH NJW 67, 1079), nicht aber die Pflicht zur Zeugung bzw Empfang eines Kindes (BGH FamRZ 01, 542). Die Ehegatten sind ferner zur Herstellung der häuslichen Gemeinschaft verpflichtet; ohne gemeinsamen Wohnsitz leben die Ehegatten nicht in häuslicher Gemeinschaft iSv § 1567. Ein Ehegatte kann aber einen Zweitwohnsitz begründen. Pflichten nach I 2 wirken nicht im Außenverhältnis; daher ist die Kündigung der Ehewohnung auch bei Pflichtenverstoß wirksam; sa

4 §§ 1365, 1369. **c) Vermögensrechtliche Pflichten** nach I 2 sind das Recht auf Mitbenutzung von Hausrat und Wohnung (BGH 71, 222 f), woraus ein Recht zum Besitz nach § 986 folgt. Die Ehe kann ges Besitzmittlungsverhältnis nach §§ 868, 930 sein (BGH NJW 79, 977). Die Ehegatten sind zur Auskunft über das Vermögen in groben Zügen (BGH FamRZ 78, 677; Bamberg FamRZ 09, 1906), nicht aber detailliert (Hamm FamRZ 00, 229) verpflichtet. Ehegatten sind zur Mitwirkung an der gemeinsamen steuerrechtlichen Veranlagung (BGH NJW 02, 2320, NJW 07, 2554) und zur Zustimmung zum begrenzten Realsplitting (BGH FamRZ 98, 954; NJW 05, 1196) verpflichtet, als Nachwirkung der Ehe auch noch nach der Scheidung (BGH FamRZ 98, 954). Aus I 2 folgt ferner eine Beistands- und Beratungs-

5 pflicht in Rechts- und Vermögensangelegenheiten (BGH NJW 01, 3541). **d)** I 2 kann **Pflicht zur Mitarbeit** im Beruf oder Geschäft des anderen Ehegatten begründen (Ausgleichsansprüche s § 1372 Rn 4), etwa zur gemeinsamen Schaffung einer Existenzgrundlage (BGH NJW 74, 2076). Diese Pflicht trägt Unterhaltscharakter; daher ist bei Tötung eines Ehegatten Anspruch des anderen Ehegatten nach § 844 II

6 möglich (BGH 77, 162). **e)** Die **Verfolgung von Ansprüchen** der Ehegatten untereinander ist nicht grundsätzlich ehewidrig (BGH 61, 105 für Schmerzensgeldanspruch). Nur auf Grund besonderer Umstände des Einzelfalls kann ein Ehegatte gehalten sein, einen Schadensersatzanspruch nicht geltend zu machen (BGH FamRZ

7 88, 477: Bemühungen um anderweitigen Schadensausgleich). **f) Grenzen** der Pflichten nach I 2 ergeben sich aus Abreden der Ehegatten, ferner aus II bei missbräuchlicher Rechtsausübung und Scheitern der Ehe; hierzu muss die Trennungsfrist

8 des § 1565 II nicht abgelaufen sein (Hamburg NJW 78, 644). **g) Durchsetzbar** sind die Pflichten nach I 2 im Wege der Eheherstellungsklage, die wegen des Vollstreckungsverbots nach FamFG 120 III bei persönlichen Pflichten freilich kaum praktische Bedeutung hat. Vermögensrechtliche Ansprüche (etwa Auskunftsanspruch) fallen nicht unter FamFG 120 III, für den Anspruch auf Zustimmung zum Realsplitting gilt FamFG 120 I, ZPO 894 I (BGH FamRZ 98, 954). Eine Vertragsstrafeabrede zur mittelbaren Erzwingung der Pflichten nach I 2 ist gem § 138 I nichtig (MK/Roth 11). Auswirkungen können Pflichtverletzungen freilich im Rahmen des § 1579 Nr 7 haben (vgl BGH NJW 87, 1761). Zu Ansprüchen gegen Dritte bei Beeinträchtigung der ehelichen Lebensgemeinschaft s Rn 3 vor § 1353.

§ 1354 *(weggefallen)*

§ 1355 Ehename

(1) ¹**Die Ehegatten sollen einen gemeinsamen Familiennamen (Ehenamen) bestimmen.** ²**Die Ehegatten führen den von ihnen bestimmten Ehena-**

Titel 5. Wirkungen der Ehe im Allgemeinen § 1355

men. ³Bestimmen die Ehegatten keinen Ehenamen, so führen sie ihren zur Zeit der Eheschließung geführten Namen auch nach der Eheschließung.

(2) Zum Ehenamen können die Ehegatten durch Erklärung gegenüber dem Standesamt den Geburtsnamen oder den zur Zeit der Erklärung über die Bestimmung des Ehenamens geführten Namen der Frau oder des Mannes bestimmen.

(3) ¹Die Erklärung über die Bestimmung des Ehenamens soll bei der Eheschließung erfolgen. ²Wird die Erklärung später abgegeben, so muss sie öffentlich beglaubigt werden.

(4) ¹Ein Ehegatte, dessen Name nicht Ehename wird, kann durch Erklärung gegenüber dem Standesamt dem Ehenamen seinen Geburtsnamen oder den zur Zeit der Erklärung über die Bestimmung des Ehenamens geführten Namen voranstellen oder anfügen. ²Dies gilt nicht, wenn der Ehename aus mehreren Namen besteht. ³Besteht der Name eines Ehegatten aus mehreren Namen, so kann nur einer dieser Namen hinzugefügt werden. ⁴Die Erklärung kann gegenüber dem Standesamt widerrufen werden; in diesem Falle ist eine erneute Erklärung nach Satz 1 nicht zulässig. ⁵Die Erklärung und der Widerruf müssen öffentlich beglaubigt werden.

(5) ¹Der verwitwete oder geschiedene Ehegatte behält den Ehenamen. ²Er kann durch Erklärung gegenüber dem Standesamt seinen Geburtsnamen oder den Namen wieder annehmen, den er bis zur Bestimmung des Ehenamens geführt hat, oder dem Ehenamen seinen Geburtsnamen oder den zur Zeit der Bestimmung des Ehenamens geführten Namen voranstellen oder anfügen. ³Absatz 4 gilt entsprechend.

(6) Geburtsname ist der Name, der in die Geburtsurkunde eines Ehegatten zum Zeitpunkt der Erklärung gegenüber dem Standesamt einzutragen ist.

Lit: Giesen, Der Familienname aus rechtshistorischer, rechtsvergleichender und rechtspolitischer Sicht, FuR 93, 65; Schwenzer, Namensrecht im Überblick, FamRZ 91, 390; Wagenitz, Grundlinien des neuen Familiennamensrechts, FamRZ 94, 409; Wagenitz/Bornhofen, Wahl und Qual im Namensrecht, FamRZ 05, 1425.

1. Allgemeines. Die auf Grund BVerfG 84, 9 (23) erforderlich gewordene Neuregelung durch das FamNamRG 1993 bricht mit der Tradition, dass die Zugehörigkeit zur Lebensgemeinschaft „Familie" nach außen durch einen gemeinsamen Ehe- und Familiennamen der Familienmitglieder zum Ausdruck gebracht werden muss (zur Geschichte s Giesen aaO S 68 ff mwN). Die Neufassung sieht einen gemeinsamen Ehenamen in I 1 nur noch als **Soll**vorschrift vor (Namenseinheit ist Ziel, nicht Zwang, BT-Drs 12/3163 S 11). Die Ehegatten können deshalb, statt einen gemeinsamen Ehenamen als Familiennamen zu wählen, den bei der Eheschließung geführten Namen – Geburtsname oder erheirateter Name – beibehalten, I 3. Auch die Möglichkeiten der Hinzufügung eines Begleitnamens zum gewählten Ehenamen sind erweitert worden, IV. 1

2. Ehename. a) Der Ehename wird nicht ipso jure mit Eheschließung erworben, sondern nach dem „Grundsatz der namensrechtlichen Selbstbestimmung der Ehegatten" (BGH NJW 01, 2471) durch Wahl eines der **Geburtsnamen** der Ehegatten als Ehenamen, II. Nicht gewählt werden konnte nach § 1355 II aF erheirateter Familienname (verfassungswidrig, BVerfG NJW 04, 1155; hierzu Manteuffel NJW 04, 1773); der Pflicht, bis 31.12.2005 eine Neuregelung vorzusehen (vgl BVerfG NJW 04, 1157), ist der Gesetzgeber mit dem Gesetz zur Änderung des Ehe- und Lebenspartnerschaftsnamensrechts vom 6.2.2005 (mit Wirkung zum 12.2.2005) nachgekommen. Zum Geburtsnamen s VI; auch der durch Adoption oder Legitimation erworbene Name ist Geburtsname iS dieser Vorschrift. Verpflichtende pränuptiale Verträge über Namenswahl str, s MK/v Sachsen Gessaphe 22. Geburtsname 2

§ 1356

3   des Kindes s §§ 1616 ff. **b) Erklärung der Namenswahl** erfolgt bei Eheschließung, III 1. Fragepflicht des Standesbeamten, PStG 14 I. Spätere Erklärung möglich. Sie bedarf öffentlicher Beglaubigung (s Rn 6), III 2. Frist besteht nicht. Nachträgliche Änderung der erfolgten Ehenamensbestimmung nicht zulässig; anders bei Ehenamen nach ausländischem Recht nach Statutenwechsel (BGH NJW 01, 2471, „Spätaussiedler-Ehegatten").

4   **3. Begleitname.** Nach IV kann der Ehegatte, dessen Geburtsname nicht Ehename wird, seinen Geburtsnamen oder den zurzeit der Namensbestimmung geführten Namen, also zB einen früheren – erheirateten – Ehenamen, hinzufügen, und zwar entweder durch Voranstellen oder durch Anfügen. Bei mehreren Namen kann nur ein einziger (irgend einer) hinzugefügt werden, IV 3. Erklärung nach IV 1 ist nicht anfechtbar (BayObLG NJW-RR 98, 1016). Widerrufsmöglichkeit s IV 4. Eine Befristung sieht das Gesetz nicht vor, jedoch besteht die Möglichkeit nach IV nur einmal.

5   **4. Verwitwung und Scheidung.** Nach Verwitwung oder Scheidung wird Ehename grundsätzlich beibehalten, V 1 (Untersagung der Fortführung nur in krassen Einzelfällen nach § 242 denkbar, BGH NJW-RR 05, 1522). Stattdessen möglich: Aufgabe zugunsten des Geburtsnamens oder des zuvor geführten (zB erheirateten) Namens, V 2 HS 1; oder: Hinzufügen (statt noch) des Geburtsnamens, V 2 HS 2. Widerrufsmöglichkeit V 3 iVm IV 4. Befristung ist nicht vorgesehen, jedoch besteht die Möglichkeit nach V ebenfalls nur einmal. Eheverträgliche Abrede über Namensführung nach der Scheidung ist nicht generell sittenwidrig (BGH NJW 08, 1528).

6   **5. Form.** Für nachträgliche Erklärung nach III 2, für Hinzufügung eines Begleitnamens oder Widerruf (IV 5) sowie für Änderungen nach Verwitwung oder Scheidung (V 3 iVm IV 5): öffentliche Beglaubigung, die auch Standesbeamter vornehmen kann, PStG 41 I 1 Nr 1–3.

7   **6. Namensführungssitten.** Rechtlich nicht geregelte Namensführungssitten bleiben unberührt, so die – auch für den Mann bestehende – Möglichkeit, zu dem als Ehenamen geführten Namen einen mit der Verbindung „geb." angefügten Geburtsnamen zu nennen. Auch die im Geschäftsverkehr zuweilen zu findende Bezeichnung der Ehefrau mit Familiennamen und Vornamen des Mannes bleibt zulässig. Zusatz „jr" kann jedoch nicht in Personenstandsbuch eingetragen werden (AG Bad Kreuznach StAZ 90, 107).

8   **7. IPR.** Namenswahl bei Ehen mit oder von Nichtdeutschen s EGBGB 10 II, dazu Henrich IPRax 94, 174. Zur Namensangleichung bei nach ausländischem Recht erworbenem Vor- und Familiennamen s EGBGB 47 (BT-Drs 16/3309 S 12 f).

§ 1356 Haushaltsführung, Erwerbstätigkeit

(1) ¹Die Ehegatten regeln die Haushaltsführung im gegenseitigen Einvernehmen. ²Ist die Haushaltsführung einem der Ehegatten überlassen, so leitet dieser den Haushalt in eigener Verantwortung.

(2) ¹Beide Ehegatten sind berechtigt, erwerbstätig zu sein. ²Bei der Wahl und Ausübung einer Erwerbstätigkeit haben sie auf die Belange des anderen Ehegatten und der Familie die gebotene Rücksicht zu nehmen.

Lit: Kurr, Vertragliches „Einvernehmen" der Ehegatten gemäß § 1356 I 1 BGB?, FamRZ 78, 2.

1   **1. Allgemeines.** Das BGB gibt für die Haushaltsführung und die Erwerbstätigkeit der Ehegatten kein Leitbild vor. § 1356 I 1 bestätigt, dass auch die Haushaltsfüh-

Titel 5. Wirkungen der Ehe im Allgemeinen § 1357

rung Sache beider Ehegatten und einverständlich zu regeln ist. Die Möglichkeit einer Funktionsteilung wird in I 2 aber ebenfalls klargestellt, so dass die Hausfrauenehe rechtlich als konsentierte Regelung der Haushaltsführung möglich bleibt. Beide Ehegatten sind zur Erwerbstätigkeit berechtigt (II 1) und unterliegen dabei gleichen Einschränkungen (II 2).

2. Haushaltsführung durch einen Ehegatten. a) Voraussetzung ist ein tatsächliches Einverständnis, das nicht Vertragscharakter hat und jederzeit aufgegeben oder inhaltlich geändert werden kann (str, aA Diederichsen NJW 77, 219). Allerdings dürften für einseitige Sinnesänderungen die Einschränkungen des II 2 entspr gelten; die einverständlich übernommene Haushaltsführung kann nicht einseitig niedergelegt werden, wenn die Familie vom Erwerb des anderen Teils abhängt und dieser zur sofortigen Übernahme der Haushaltsführung deshalb außerstande ist (weitergehend Wacke FamRZ 77, 518). Auch Unterhaltspflichten gegenüber Dritten können Erwerbsobliegenheit begründen und damit die vereinbarte Rollenverteilung beeinflussen (BGH NJW 87, 1550). So darf ein seinen Kindern aus erster Ehe barunterhaltspflichtiger Elternteil aus unterhaltsrechtlicher Sicht in einer neuen Ehe nur dann die Haushaltsführung und Kindesbetreuung übernehmen, wenn wirtschaftliche Gesichtspunkte oder sonstige Gründe von gleichem Gewicht, die einen erkennbaren Vorteil für die neue Familie mit sich bringen, im Einzelfall den Rollentausch rechtfertigen (BGH NJW 07, 139). **b) Eigenverantwortlichkeit:** Der haushaltsführende Ehegatte ist nicht Verrichtungsgehilfe des anderen und braucht Weisungen nicht zu befolgen. Zur Vertretungsmacht s § 1357 I. **c)** Die einvernehmlich übernommene Haushaltsführung ist Erfüllung ges Unterhaltspflicht iSd § 844 II (Diederichsen NJW 77, 219). 2

3. Erwerbstätigkeit. a) Jeder Ehegatte kann grundsätzlich frei und allein über Aufnahme und Art einer Erwerbstätigkeit entscheiden (s jedoch Rn 2). **b)** Die Verpflichtung zur Rücksichtnahme nach II 2 trifft beide Partner, aber je nach Umständen nicht notwendig in gleicher Weise: Je nach Eignung (zB beruflicher Vorbildung) und konkreten Bedürfnissen der Familie (zB Säuglingsbetreuung) wird die erforderliche Rücksichtnahme das Recht auf freie Berufswahl und -ausübung beim einen Teil stärker einschränken als beim anderen. **c)** Je nach der individuellen Ausgestaltung der Ehe können sich weitere Einschränkungen des Rechts zur Erwerbstätigkeit aus § 1353 ergeben, zB bei einer Tätigkeit, die nur bei Getrenntleben ausgeübt werden könnte. **d) Verpflichtung** zur Erwerbstätigkeit kann sich aus § 1360 S 1 ergeben; zur Mitarbeit im Geschäft des anderen Ehegatten s § 1353 Rn 5. 3

§ 1357 Geschäfte zur Deckung des Lebensbedarfs

(1) ¹Jeder Ehegatte ist berechtigt, Geschäfte zur angemessenen Deckung des Lebensbedarfs der Familie mit Wirkung auch für den anderen Ehegatten zu besorgen. ²Durch solche Geschäfte werden beide Ehegatten berechtigt und verpflichtet, es sei denn, dass sich aus den Umständen etwas anderes ergibt.

(2) ¹Ein Ehegatte kann die Berechtigung des anderen Ehegatten, Geschäfte mit Wirkung für ihn zu besorgen, beschränken oder ausschließen; besteht für die Beschränkung oder Ausschließung kein ausreichender Grund, so hat das Familiengericht sie auf Antrag aufzuheben. ²Dritten gegenüber wirkt die Beschränkung oder Ausschließung nur nach Maßgabe des § 1412.

(3) Absatz 1 gilt nicht, wenn die Ehegatten getrennt leben.

Lit: Chr. Berger, Gestaltungsrechte und Prozessführung bei Schlüsselgewaltgeschäften nach § 1357 BGB, FamRZ 05, 1129; Brudermüller, Schlüsselgewalt und Telefonsex, NJW 04, 2265; Käppler, Familiäre Bedarfsdeckung im Spannungsfeld von Schlüsselgewalt und Güterstand, AcP

§ 1357   Buch 4. Abschnitt 1. Bürgerliche Ehe

179, 245; Löhnig, Verbrauchergeschäfte mit Ehegatten – zum Verhältnis von Verbraucherschutz und Schlüsselgewalt, FamRZ 01, 135; Peter, „Schlüsselgewalt" bei Arzt- und Krankenhausverträgen, NJW 93, 1949.

1   **1. Allgemeines. a)** § 1357 I 1 ermächtigt die Ehegatten im Innenverhältnis dazu, RGeschäfte im eigenen Namen auch mit Wirkung für und gegen den anderen Ehegatten zu schließen („Schlüsselgewalt"). § 1357 I 2 BGB begründet im Außenverhältnis zum Vertragspartner eine Mitberechtigung und -verpflichtung des anderen Ehegatten. Solange das BGB des Jahres 1900 vom Leitbild der Hausfrauenehe ausging, hatte § 1357 BGB die Funktion, der Ehefrau im häuslichen Wirkungsbereich Handlungsfähigkeit zu vermitteln (Chr. Berger aaO, S 1130). Mit der Abkehr vom Leitbild der Hausfrauenehe und dem Wegfall der Beschränkungen der Ehefrau hinsichtlich ihrer Verpflichtungsmacht hat die Bestimmung ihren Sinn verloren. Bis heute wird die Funktion der Vorschrift allerdings darin gesehen, dem haushaltsführenden Ehegatten die nötige wirtschaftliche Bewegungsfreiheit zu verschaffen. Zur
2 Verfassungsmäßigkeit s BVerfG 81, 1. IPR EGBGB 16 II. **b)** Die **dogmatische Einordnung** ist schwierig. § 1357 begründet – anders als die ursprüngliche Fassung der Bestimmung im Jahre 1900 – keine Vertretungsmacht iSd § 164, da Handeln in fremdem Namen nicht erforderlich ist und die Mithaftung des anderen Ehegatten nicht vom Willen des kontrahierenden Ehegatten abhängt. Die Einordnung als ges Verpflichtungsermächtigung (s § 185 Rn 3) vermag die Mitberechtigung des anderen Ehegatten nicht zu erklären. § 1357 wird daher heute als familienrechtliche Rechtsmacht sui generis gedeutet (Rauscher Rn 275).

3   **2. Voraussetzungen. a)** „Angemessener Lebensbedarf" nimmt Bezug auf die unterhaltsrechtlichen Maßstäbe der §§ 1360, 1360a (BGHZ 94, 6). Unter § 1357 fallen daher der für Familienmitglieder erforderliche Erwerb von Nahrungsmitteln, Kleidung, Haushalts- und Einrichtungsgegenständen, Spielzeug und Lernmaterialien, der Abschluss von Verträgen zur Freizeitgestaltung, Verträge mit Energieversorgern und Telekommunikationsunternehmen (BGH NJW 04, 1594), Beauftragung eines Anwalts zur Abwehr einer Räumungsklage (Düsseldorf FamRZ 11, 35), der Reparaturvertrag für den Familien-Pkw (LG Freiburg FamRZ 88, 1052), ferner Arzt- und Krankenhausverträge. Zu § 1357 zählen auch **Verbraucherverträge**, insbesondere Teilzahlungsgeschäfte, falls sie der angemessenen Deckung des familiären Bedarfs dienen (Löhnig FamRZ 01, 135). Formerfordernisse und Informationsobliegenheiten sind nur durch den oder gegenüber dem kontrahierenden Ehegatten
4 einzuhalten. Zum Widerrufsrecht s Rn 7. **b)** Geschäfte größeren Umfangs, die ohne Schwierigkeiten zurückgestellt werden können, fallen nicht unter § 1357. Ein Ehegatte darf bei für die eheliche Lebensgemeinschaft bedeutenden Angelegenheiten nicht ohne Rücksprache vollendete Tatsachen schaffen. Entscheidend ist, auf den Lebenszuschnitt der Familie abzustellen, wie er nach außen in Erscheinung tritt (BGH 94, 6). Eine Mithaftung scheidet daher aus bei Reiseverträgen, wenn nach den konkreten Verhältnissen der Familie über die Durchführung der Reise vorher eine Verständigung zwischen den Ehegatten üblich ist (Köln FamRZ 91, 434), Bauverträgen (BGH FamRZ 89, 35), Verträgen zur Hausfinanzierung (LG Aachen FamRZ 89, 1177), Verpflichtung zur Zahlung einer Maklerprovision im Zusammenhang mit dem Kauf eines Einfamilienhauses (Oldenburg FamRZ 11, 37), Abschluss und Kündigung von Mietverträgen über Familienwohnraum, Ferngespräche mit exorbitant hohen Kosten, die die finanziellen Verhältnisse der Familie spren-
5 gen (BGH NJW 04, 1595). **c)** „**Etwas anderes**" iSv I 2 HS 2 kann sich aus ausdr Erklärungen ergeben. Tritt ein Ehegatte nach § 164 namens und in Vollmacht des anderen auf, so entfällt allein damit jedoch nicht die Eigenhaftung des handelnden Ehegatten (BGH 96, 3 f, [ärztlicher Behandlungsvertrag]). Auch aus den „Umständen" kann sich ein Ausschluss der Mithaftung ergeben, etwa aus dem Verhalten des Vertragspartners beim Vertragsschluss, wenn er zum Ausdruck bringt, auf die Mithaftung kein Gewicht zu legen (LG Aachen FamRZ 89, 1177 f [Kreditvertrag]).

Titel 5. Wirkungen der Ehe im Allgemeinen §§ 1358, 1359

Allein der Erwerb von Gegenständen zum persönlichen Gebrauch lässt die Mithaftung nicht entfallen (aA bis zur 9. Aufl).

3. Rechtsfolgen. a) Die Rechtsfolgen des § 1357 I 2 sind nicht abschließend 6 geklärt. Nach hM entsteht auf **schuldrechtlicher** Ebene gemäß I 2 eine gesamtschuldnerische Haftung (§ 421) der Ehegatten. Diese Lösung übersieht, dass die Schlüsselgewalt keine Vertretungsmacht (mehr) begründet. Für den Gläubigerschutz genügt es, die Verpflichtung des anderen Ehegatten als akzessorische Verbindlichkeit einzuordnen (Chr. Berger aaO, S 1132). **b)** Ansprüche aus dem Vertrag stehen 7 den Ehegatten gemeinsam nach § 428 zu, str; aA § 432 Rn 2. **c)** Ungeklärt ist die Zuordnung und die Ausübung **sekundärer Gläubigerrechte.** Dabei ist zu differenzieren: Rechtsdurchsetzungshandlungen (Mahnung, Fristsetzung) kann jeder Ehegatte mit Wirkung auch für den anderen vornehmen; Gestaltungsrechte, die dem Schutz der Privatautonomie oder der Sicherung der Entscheidungsfreiheit dienen (Anfechtung, Rücktritt, Widerruf), kann nur der kontrahierende Ehegatte (mit Wirkung für den anderen) ausüben (sehr str; aA D. Schwab Rn 175). Analog § 770 kann der andere Ehegatte seine Inanspruchnahme verweigern, solange der kontrahierende Ehegatte zu Rücktritt, Widerruf oder Anfechtung berechtigt ist (näher Chr. Berger aaO, S 1133). **d)** Auf **dinglicher Ebene** entfaltet § 1357 keine Wirkung. Der andere 8 Ehegatte wird nicht kraft Gesetzes Eigentümer des erworbenen Gegenstands (BGH 114, 76 f). Allerdings kann Miteigentumserwerb auf Grund rechtsgeschäftlicher Erklärung eintreten. Bei Hausrat ist die Einigungserklärung des erwerbenden Ehegatten gewöhnlich dahin zu verstehen, dass beide Ehegatten Miteigentümer werden sollen, wenn nichts anderes erklärt wird (BGH 114, 78 ff). § 1357 begründet keine Rechtsmacht zur Verfügung über Gegenstände des anderen Ehegatten. **e) Prozess-** 9 **führung:** Die Ehegatten können nach hM einzeln als Rechtsinhaber klagen und verklagt werden, eine Rechtskrafterstreckung scheidet aus (Baur, FS Beitzke, 113; aA Chr. Berger aaO, S 1133: ges Prozessstandschaft des anderen Ehegatten).

4. Ausschluss. a) Die Rechtsmacht kann nach II 1 durch einseitige, empfangsbe- 10 dürftige Willenserklärung **beschränkt oder entzogen** werden. Außenwirkung entfaltet die Beschränkung gem II 2 nur, wenn die Beschränkung entweder im Güterrechtsregister eingetragen ist oder dem Vertragspartner bei Vertragsschluss bekannt war. Eine Zeitungsanzeige allein genügt also nicht. **b)** Das FamG kann die 11 Entziehung oder Beschränkung ex nunc aufheben, falls kein ausreichender Grund vorliegt. Dafür ist ein Missbrauch der Rechtsmacht erforderlich; ein Zerwürfnis genügt nicht. Verfahren: FamFG 266 II; örtl Zuständigkeit FamFG 267; Wirksamwerden FamFG 40 III; Richtervorbehalt vgl RPflG 25. **c)** Nach III entfällt die Verpflichtungsmacht bei **Getrenntleben,** also Aufhebung der häuslichen Gemeinschaft (s § 1567 I).

§ 1358 *(weggefallen)*

§ 1359 Umfang der Sorgfaltspflicht

Die Ehegatten haben bei der Erfüllung der sich aus dem ehelichen Verhältnis ergebenden Verpflichtungen einander nur für diejenige Sorgfalt einzustehen, welche sie in eigenen Angelegenheiten anzuwenden pflegen.

1. Allgemeines. a) Keine Anspruchsgrundlage, sondern **Haftungsmaßstab.** 1 Ehegatten schulden einander nur die eigenübliche Sorgfalt. Grund: Ehegatten haben Nachlässigkeiten des frei gewählten Partners hinzunehmen. Grenze: § 277. § 1359 enthält Haftungsmilderung, keine Haftungsverschärfung zu Lasten desjenigen Ehegatten, der in eigenen Angelegenheiten gesteigerte Sorgfalt obwalten lässt. **b) Gel-** 2 **tungsbereich:** Ursprünglich Wahrnehmung der ehegüterrechtlichen Befugnisse (Mot IV, 121 f), später Erstreckung auf alle Bereiche der ehelichen Beziehung. **c)** § 1359 ist abdingbar (Grenze § 276 III). Für besondere Verträge oder Rechtsver-

Vor §§ 1360–1361

hältnisse zwischen Ehegatten gilt deren besonderer Haftungsmaßstab (zB §§ 708, 680) bzw § 276 I.

3   **2. Voraussetzungen. a)** Wirksame (auch aufhebbare) **Ehe.** § 1359 gilt auch für Schädigungen während des Getrenntlebens (s Sachverhalt BGH 53, 352). Entsprechende Anwendung auf Verlobte und Partner einer nichtehelichen Lebensgemeinschaft (Celle FamRZ 92, 942; aA Karlsruhe FamRZ 92, 940: Haftungsverzicht).

4   **b)** Gegenstand der Privilegierung sind alle **ehelichen Pflichten** der Ehegatten, insbes §§ 1353, 1356, 1357, 1360 ff, etwa bei Pflege des anderen Ehegatten, Umgang mit Haushaltsgegenständen, Ausübung der Schlüsselgewalt. Privilegierung gilt auch

5   für konkurrierende Deliktsansprüche (vgl BGH 46, 316 f zu § 708). **c) Keine Anwendung** bei Schädigungen im *Straßenverkehr*. Regeln des Straßenverkehrs lassen keinen Spielraum für individuelle Sorgfalt (BGH 53, 355, Sachbeschädigung; BGH 61, 104 f, Körperverletzung).

Vorbemerkungen zu §§ 1360–1361

1   **1. Systematik der Unterhaltsansprüche.** Die §§ 1360–1361 regeln die Unterhaltspflichten während der Ehe unabhängig vom Güterstand. Sie unterscheiden zwischen intakter Ehe (§§ 1360, 1360a) und Getrenntleben (§ 1361). Nach Beendigung der Ehe bestimmt sich der Unterhalt gem §§ 1569 ff (s § 1318 II 1). Zwischen Trennungsunterhalt und nachehelichem Unterhalt besteht keine Identität. Folgerungen: Eine Mahnung wegen Trennungsunterhalts begründet keinen Verzug (s § 286) für Scheidungsunterhalt; erneute Mahnung erforderlich (BGH 103, 64). Ein Urteil über den Unterhaltsanspruch während des Getrenntlebens umfasst nicht den Unterhaltsanspruch nach Scheidung (BGH NJW 81, 978). Daher ist für die Zeit nach Scheidung ein neuer Titel erforderlich (keine Abänderung des Alttitels gem FamFG 238, BGH NJW 81, 978); der Schuldner kann sich nach Scheidung mit ZPO 767 (FamFG 120 I) gegen den Unterhaltstitel über Trennungsunterhalt zur Wehr setzen (BGH NJW 82, 2078, für Prozessvergleich).

2   **2. Unterhaltsrichtlinien.** Die Bestimmungen über den Unterhalt sind geprägt durch Generalklauseln und unbestimmte Rechtsbegriffe. Zur Orientierung und Vereinheitlichung der Unterhaltshöhe und der Berechnungsmethoden haben die Oberlandesgerichte für den Ehegatten- und Kindesunterhalt Richtlinien entwickelt, die sich vielfach an die „Düsseldorfer Tabelle" anlehnen. Die Quoten und Richtsätze dieser Tabellenwerke (Fundstelle FamRZ 10, 1960, Stand: 1.1.2011; Leitlinien zum Unterhalt zur Ergänzung der Düsseldorfer Tabelle: FamRZ 11, 166) bilden keine verbindlichen Rechtsnormen. Sie sind aber ein Hilfsmittel für den Richter zur Ausfüllung des unbestimmten Rechtsbegriffs „angemessener Unterhalt" (BGH NJW 90, 2887).

3   **3. Unterhaltsverträge.** Unterhaltsverträge sind statthaft. Allerdings können die Ehegatten für die Zukunft nicht auf Familien- (§§ 1360a III, 1614 I) und Trennungsunterhalt (s § 1361 IV 4) verzichten, es sei denn, der Trennungsunterhalt wird um weniger als ein Drittel herabgesetzt (Hamm NJW 06, 3012). Möglich sind aber (formlose) Vereinbarungen, sparsamer zu leben (MK/Weber-Monecke § 1360 Rn 21) und die einvernehmliche Gestaltung des „Ehetyps" (Einverdiener-, Zuverdiener-, Doppelverdienerehe, s PalBrudermüller § 1360 Rn 8 ff), der die Ausgestaltung des Unterhaltsanspruchs nach §§ 1360 S 2, 1360a I, II wesentlich bestimmt, sowie über die Art und Weise der Unterhaltsgewährung. Bei Vereinbarung eines Verzichts auf Trennungs- und nachehelichen Unterhalt bleibt trotz Unwirksamkeit des Verzichts auf künftigen Trennungsunterhalt der Verzicht auf nachehelichen Unterhalt wirksam (NJW 07, 2052).

4   **4. Prozessuales.** Zuständig FamG, FamFG 111 Nr 8, 231 I Nr 2. Verfahrensart Zivilprozess, vgl FamFG 112 Nr 1, 113. **IPR** s EGBGB 18.

Titel 5. Wirkungen der Ehe im Allgemeinen §§ 1360, 1360a

§ 1360 Verpflichtung zum Familienunterhalt

¹Die Ehegatten sind einander verpflichtet, durch ihre Arbeit und mit ihrem Vermögen die Familie angemessen zu unterhalten. ²Ist einem Ehegatten die Haushaltsführung überlassen, so erfüllt er seine Verpflichtung, durch Arbeit zum Unterhalt der Familie beizutragen, in der Regel durch die Führung des Haushalts.

§ 1360a Umfang der Unterhaltspflicht

(1) Der angemessene Unterhalt der Familie umfasst alles, was nach den Verhältnissen der Ehegatten erforderlich ist, um die Kosten des Haushalts zu bestreiten und die persönlichen Bedürfnisse der Ehegatten und den Lebensbedarf der gemeinsamen unterhaltsberechtigten Kinder zu befriedigen.

(2) ¹Der Unterhalt ist in der Weise zu leisten, die durch die eheliche Lebensgemeinschaft geboten ist. ²Die Ehegatten sind einander verpflichtet, die zum gemeinsamen Unterhalt der Familie erforderlichen Mittel für einen angemessenen Zeitraum im Voraus zur Verfügung zu stellen.

(3) Die für die Unterhaltspflicht der Verwandten geltenden Vorschriften der §§ 1613 bis 1615 sind entsprechend anzuwenden.

(4) ¹Ist ein Ehegatte nicht in der Lage, die Kosten eines Rechtsstreits zu tragen, der eine persönliche Angelegenheit betrifft, so ist der andere Ehegatte verpflichtet, ihm diese Kosten vorzuschießen, soweit dies der Billigkeit entspricht. ²Das Gleiche gilt für die Kosten der Verteidigung in einem Strafverfahren, das gegen einen Ehegatten gerichtet ist.

Anmerkungen zu den §§ 1360, 1360a

1. Allgemeines. Regelung der Grundlagen (§ 1360) und des Umfangs (§ 1360a) 1
der Unterhaltspflicht der Ehegatten bei intakter Ehe. Der Unterhaltsanspruch ist *familienbezogen;* er deckt nicht nur den individuellen Bedarf der Ehegatten, sondern den Bedarf der Familie einschließlich gemeinsamer Kinder. Leistet ein Ehegatte Familienunterhalt, erfüllt er daher zugleich den Unterhaltsanspruch der Kinder aus §§ 1601 ff.

2. Anspruchsmodalitäten. Inhaber des Anspruchs auf Familienunterhalt ist der 2
einzelne Ehegatte, nicht – schon mangels Rechtssubjektsqualität (s Einf Rn 2 [b]) – die Familie. Daher ist der Unterhalt dem anderen Ehegatten zu leisten, an eine gemeinsame „Familienkasse" nur bei Vereinbarung der Ehegatten. Die wechselseitigen Ansprüche sind nicht synallagmatisch verknüpft; mithin kein Zurückbehaltungsrecht des Ehegatten nach § 320, wenn der andere nicht leistet.

3. Umfang. Die Ehegatten schulden einander nach § 1360 S 1 den angemessenen 3
Unterhalt der (Klein-)Familie. Dazu zählen gem § 1360a I **a)** die **Kosten der Haushaltsführung,** also die laufenden Aufwendungen für Ernährung, Kleidung und Wohnung (auch Reinigungs- und Reparaturkosten, einschließlich Haushaltshilfen) der Familie, nicht jedoch für die Vermögensbildung (BGH NJW 66, 2401, Erwerb eines Eigenheims [zu § 844 II]), die unterhaltsrechtlich nicht geschuldet ist. **b)** Zu 4
den **persönlichen Bedürfnissen der Ehegatten** gehören Aufwendungen für Kleidung, ärztliche Behandlung (BGH NJW 85, 1394), kulturelle Bedürfnisse, Freizeit, Urlaub, Fortsetzung einer vor der Ehe oder einverständlich begonnenen Berufsausbildung oder -fortbildung (BGH FamRZ 85, 353), ferner der Aufbau einer Altersversorgung (BGH 32, 248 [zu § 844 II]). Anerkannt ist ein (gem ZPO 850b I Nr 2 bedingt pfändbarer, KG NJW 00, 149, str) **Taschengeldanspruch** in Höhe von

§ 1360b

5–7% des verfügbaren Nettoeinkommens des Unterhaltspflichtigen (BGH NJW 98, 1554 f, str; aA Braun NJW 00, 97); ein Zuverdienst des taschengeldberechtigten Ehegatten mindert den Anspruch (BGH aaO). Teil des Unterhaltsanspruchs ist gem § 1360a IV auch der Anspruch auf **Prozesskostenvorschuss** für persönliche Angelegenheiten. Darunter fallen Prozesse zum Schutz immaterieller Güter wie Ehre, Gesundheit, ferner Ehe- und Statussachen, auch die Kosten der Strafverteidigung (§ 1360a IV 2), nicht aber rein vermögensrechtliche Streitigkeiten. Nach BGH NJW 03, 2910 besteht ein Vorschussanspruch auch für Insolvenzverfahren mit Restschuldbefreiungsantrag. Für die Geltendmachung von Zugewinnausgleich gegen den früheren Ehepartner ist der neue Ehegatte vorschusspflichtig (BGH NJW 10, 372). Die Rechtsverfolgung darf nicht mutwillig oder aussichtslos erscheinen. Ein durchsetzbarer Anspruch auf Prozesskostenvorschuss beseitigt die Bedürftigkeit für Pro-

5 zesskostenhilfe (vgl FamFG 113 I, ZPO 115 III 1). **c)** Der **Lebensbedarf** der gemeinsamen unterhaltsberechtigten **Kinder** bestimmt sich nach §§ 1601 ff. Für Verwandte des anderen Ehegatten (insbes Stiefkinder) wird kein Familienunterhalt geschuldet, auch wenn sie in der Hausgemeinschaft leben. Insoweit kann nur ein (auch konkludent, vgl MK/Weber-Monecke § 1360a Rn 12) geschlossener Unterhaltsvertrag vorliegen.

6 **4. Angemessenheit.** Den **Maßstab** der Angemessenheit bilden die Arbeits- und Erwerbsmöglichkeiten der Ehegatten und ihre Vermögens- und Einkommensverhältnisse. Er bestimmt sich objektiv (Lebensstil gleicher Berufskreise, PalBrudermüller § 1360a Rn 1) nach den ehelichen Lebensverhältnissen. Grundlage des Unterhalts sind Arbeit und Vermögen. Den Vermögensstamm muss ein Ehegatte erst angreifen, wenn dem anderen Ehegatten eine angemessene Erwerbstätigkeit nicht möglich oder nicht zumutbar ist. *Haushaltsführung* durch einen Ehegatten ist gem § 1360 S 2 Erfüllung der Unterhaltspflicht durch Arbeit. Bei gemeinsamer Haushaltsführung erbringt jeder Ehegatte nur eine Teilleistung zum Unterhalt. – Begrenzt wird der Unterhaltsanspruch auch bei ehelicher Lebensgemeinschaft durch den **Selbstbehalt** (s § 1361 Rn 16), Düsseldorf NJW 02, 1354.

7 **5. Form der Unterhaltserbringung.** Art und Weise der Unterhaltserbringung richtet sich gem § 1360a II 1 nach der ehelichen Lebensgemeinschaft. Entweder Naturalleistung durch Bereitstellung von Wohnraum und (Mit-)Besitzeinräumung an Einrichtungsgegenständen, Abschluss von Versicherungsverträgen, auch Pflege und Erziehung der Kinder, iü durch gem § 1360a II 2 im Voraus zu leistende Geldbeträge („Wirtschaftsgeld"). Zugriffsmöglichkeit auf Bankkonto genügt. Bei Streit über Angemessenheit des Wirtschaftsgelds besteht Abrechnungspflicht (Hamburg FamRZ 84, 584). Wirtschaftsgeld darf nicht anderweitig verwendet werden.

8 **6. Verwandtenunterhalt.** Verweisungen in **§ 1360a III** auf Verwandtenunterhaltsrecht: Unterhalt für die Vergangenheit und Schadensersatz s § 1613; Verzicht und Vorausleistung s § 1614; Erlöschen durch Tod s § 1615.

§ 1360b Zuvielleistung

Leistet ein Ehegatte zum Unterhalt der Familie einen höheren Beitrag als ihm obliegt, so ist im Zweifel anzunehmen, dass er nicht beabsichtigt, von dem anderen Ehegatten Ersatz zu verlangen.

1 **1. Allgemeines.** § 1360b enthält eine Vermutung (str; aA: Auslegungsregel), der Unterhaltsverpflichtete wolle zu viel geleisteten Unterhalt nicht zurückfordern. Parallelbestimmungen: §§ 685 II, 1620. Normzweck (Karlsruhe FamRZ 90, 745): Streitvermeidung und Gefahr summierender Einzelbeträge (ähnlich Ausschluss des Unterhaltsanspruchs für Vergangenheit, §§ 1360a III, 1613). Gilt bei Unterhaltsleistung während intakter Ehe und bei Trennungsunterhalt (§ 1361 IV 4), nicht aber bei Unterhalt nach Scheidung gem §§ 1569 ff.

Titel 5. Wirkungen der Ehe im Allgemeinen § 1361

2. Rückforderungsanspruch. § 1360b ist **keine Anspruchsgrundlage;** allein 2 Widerlegung der Vermutung begründet noch nicht den Rückforderungsanspruch (BGH NJW 84, 2095). Anspruchsgrundlage für Rückforderung sind vielmehr §§ 812 ff, GoA oder ein besonderer familienrechtlicher Ausgleichsanspruch (dazu BGH 50, 266). Der Kläger muss die Überzahlung von als Unterhalt bestimmten Leistungen sowie Umstände beweisen, aus denen sich für den Empfänger erkennbar die Rückforderungsabsicht bei der Leistung ergab.

§ 1361 Unterhalt bei Getrenntleben

(1) ¹**Leben die Ehegatten getrennt, so kann ein Ehegatte von dem anderen den nach den Lebensverhältnissen und den Erwerbs- und Vermögensverhältnissen der Ehegatten angemessenen Unterhalt verlangen; für Aufwendungen infolge eines Körper- oder Gesundheitsschadens gilt § 1610a.** ²**Ist zwischen den getrennt lebenden Ehegatten ein Scheidungsverfahren rechtshängig, so gehören zum Unterhalt vom Eintritt der Rechtshängigkeit an auch die Kosten einer angemessenen Versicherung für den Fall des Alters sowie der verminderten Erwerbsfähigkeit.**

(2) **Der nicht erwerbstätige Ehegatte kann nur dann darauf verwiesen werden, seinen Unterhalt durch eine Erwerbstätigkeit selbst zu verdienen, wenn dies von ihm nach seinen persönlichen Verhältnissen, insbesondere wegen einer früheren Erwerbstätigkeit unter Berücksichtigung der Dauer der Ehe, und nach den wirtschaftlichen Verhältnissen beider Ehegatten erwartet werden kann.**

(3) **Die Vorschrift des § 1579 Nr. 2 bis 8 über die Beschränkung oder Versagung des Unterhalts wegen grober Unbilligkeit ist entsprechend anzuwenden.**

(4) ¹**Der laufende Unterhalt ist durch Zahlung einer Geldrente zu gewähren.** ²**Die Rente ist monatlich im Voraus zu zahlen.** ³**Der Verpflichtete schuldet den vollen Monatsbetrag auch dann, wenn der Berechtigte im Laufe des Monats stirbt.** ⁴**§ 1360a Abs. 3, 4 und die §§ 1360b, 1605 sind entsprechend anzuwenden.**

1. Allgemeines. Regelung des **Unterhalts bei Getrenntleben.** Trennung der 1 Ehegatten führt zu grundlegender Umgestaltung der Unterhaltspflichten. An die Stelle wechselseitiger, den gesamten Familienbedarf umfassender, auch durch Haushaltsführung erfüllbarer Unterhaltsansprüche (§§ 1360, 1360a) tritt ein individueller Anspruch eines Ehegatten gegen den anderen, der den Lebensbedarf umfasst und auf Zahlung einer Geldrente gerichtet ist (§§ 1361 I, IV 1). Ansprüche der Kinder nach §§ 1601 ff bleiben unberührt.

2. Begriff des Getrenntlebens. Das Getrenntleben der Ehegatten richtet sich 2 nach § 1567; Getrenntleben innerhalb der Ehewohnung genügt (§ 1567 I 2), nicht aber Unterbringung in einem Pflegeheim (Köln FamRZ 10, 2076). Die Gründe für das Getrenntleben sind unerheblich. Auf Verschulden kommt es grundsätzlich nicht an; allerdings Beschränkung oder Versagung gem §§ 1361 III, 1579 Nr 2–8 möglich.

3. Bedürftigkeit. Die Bedürftigkeit bestimmt sich gem § 1361 I nach den 3 Erwerbs- und Vermögensverhältnissen der Ehegatten. **a)** Soweit sich ein Ehegatte durch **Erwerbsarbeit** selbst unterhalten kann, entfällt ein Unterhaltsanspruch. **aa)** Ist der Ehegatte nicht erwerbstätig, besteht eine **Erwerbsobliegenheit** nur unter den – gegenüber § 1574 II engeren – Voraussetzungen der Schutzvorschrift des II; trotz der Trennung sollen die ehelichen Verhältnisse zunächst für einen gewissen Zeitraum fortbestehen. Im **ersten Trennungsjahr** trifft den während der Ehe längere Zeit nicht erwerbstätig gewesenen Ehegatten im Normalfall keine

Erwerbsobliegenheit (BGH NJW 01, 974, Ausnahme bei beengten finanziellen Verhältnissen). Im Anschluss an das Trennungsjahr mit zunehmender Verfestigung der Trennung nähert sich die Erwerbsobliegenheit immer mehr den Maßstäben der §§ 1569 ff an, insbes wenn die Scheidung nur noch eine Frage der Zeit ist (BGH aaO). **bb)** Eingeschränkt wird die Erwerbsobliegenheit bei **Kinderbetreuung.** Maßgeblich sind die Umstände des Einzelfalls, insbes die Betreuungsbedürftigkeit (BGH FamRZ 06, 847 [erhöht bei sog Problemkindern]); Orientierung bietet § 1570 (Düsseldorf FamRZ 10, 646). Anders als beim Scheidungsunterhalt kann beim Trennungsunterhalt auch die Betreuung nicht gemeinschaftlicher Kinder (Stief- und Pflegekinder) eine Erwerbsobliegenheit entfallen lassen. **cc)** Besteht eine Erwerbsobliegenheit, arbeitet der Unterhaltsberechtigte aber trotz Möglichkeit einer angemessenen Tätigkeit nicht, wird sein Bedarf (rechnerisch) um ein fiktives Einkommen gemindert. Nimmt der Unterhaltsberechtigte ohne Erwerbsobliegenheit (insbes bei Betreuung kleiner Kinder) eine Arbeit auf („unzumutbare Tätigkeit"), entfällt damit nicht die Bedürftigkeit; nur teilweise Anrechnung analog § 1577 II. War der Unterhaltsberechtigte allerdings bereits während des Zusammenlebens unzumutbar tätig, rechtfertigen die „Erwerbsverhältnisse" iSv I die Anrechnung des Einkommens bei der Bedürftigkeit (BGH NJW 98, 2822); für Differenzmethode Karlsruhe NJW 02, 901. **b) Vermögenseinkünfte** lassen die Bedürftigkeit entfallen. Die Verwertung des *Vermögensstamms* ist an höhere Voraussetzungen als nach § 1581 S 2 gebunden (Hamm FamRZ 97, 1538); ggf Teilveräußerung zumutbar (BGH FamRZ 86, 557 [landwirtschaftlicher Hof]). *Sozialleistungen* sind kein Einkommen, falls sie (wie regelmäßig) subsidiär erbracht werden und den Unterhaltsverpflichteten nicht entlasten sollen; daher mindern Sozialhilfe und Arbeitslosengeld II die Bedürftigkeit nicht. An eine Pflegeperson weitergeleitetes *Pflegegeld* bleibt unberücksichtigt (SGB XI § 13 VI 1 [Ausn S 2]), BGH FamRZ 06, 846. Einkommen ist auch der *Wohnvorteil,* dazu § 1578 Rn 4. Bei infolge Auszugs des anderen Ehegatten zu großer Wohnung wird „totes Kapital" berücksichtigt (BGH FamRZ 98, 901), ohne dass den Ehegatten während der Trennung schon die nach der Scheidung gesteigerte Verwertungsobliegenheit trifft (BGH FamRZ 00, 951). Unzumutbarkeit der Verwertung besteht jedoch nicht mehr, wenn feststeht, dass die Ehe endgültig gescheitert ist (BGH FamRZ 08, 963; KG Berlin FamRZ 10, 1447 [angemietete Wohnung]).

4. Umfang. Die **Höhe des Unterhalts** bestimmt sich gem I 1 nach den ehelichen Lebensverhältnissen. **a)** Die Ehegatten sollen den bis zur Trennung erreichten ehelichen Lebensstandard zunächst beibehalten. Nur in Extremfällen („Geizkragen-Ehe"; „Verschwender-Ehe", MK/Weber-Monecke 6) erfolgt eine Korrektur anhand objektiver Maßstäbe: Der bedürftige Ehegatte muss sich zB eine den Lebensstandard unangemessen einschränkende Vermögensbildung nicht entgegenhalten lassen (BGH NJW 97, 738). **b)** Die ehelichen Lebensverhältnisse werden im Wesentlichen durch das zum Zeitpunkt der Trennung verfügbare **Nettoeinkommen** beider Ehegatten **geprägt**, das sich aus (nicht überobligationsmäßiger, BGH NJW 03, 1182) Erwerbstätigkeit (auch Überstunden, Hamm FamRZ 09, 2009), Zinseinkünften, mietfreiem Wohnen oder anderen vermögenswerten Vorteilen (zB Produkte aus landwirtschaftlichem Betrieb, BGH NJW 05, 433) ergibt, nicht aber aus nur fiktiven Einkünften (BGH NJW 97, 738). Auch gewöhnliche und vorhersehbare Veränderungen der Einkommensverhältnisse, die zwischen Trennung und Scheidung eintreten, prägen die für die Unterhaltsbemessung maßgeblichen ehelichen Lebensverhältnisse. Hierzu zählen übliche Einkommensschwankungen (BGH FamRZ 87, 459), ein mit hoher Wahrscheinlichkeit erfolgender beruflicher Aufstieg und nach der Trennung erzieltes Einkommen des den ehelichen Haushalt führenden Ehegatten, soweit dies als „Surrogat" des wirtschaftlichen Werts der Haushaltstätigkeit angesehen werden kann (grundlegend BGH NJW 01, 2258 [zu § 1573 II]); als „Surrogat" der früheren Haushaltstätigkeit sind auch Versorgungsleistungen gegenüber dem neuen Lebenspartner anzusehen (BGH NJW 04, 2304). Einkommen aus

Titel 5. Wirkungen der Ehe im Allgemeinen §1361

Nebentätigkeit nach der Regelaltersgrenze ist im Regelfall als überobligationsmäßig nur nach Einzelfallabwägung anzurechnen (BGH FamRZ 13, 191 mAnm Born). Um **nicht prägendes** Einkommen handelt es sich bei einer außergewöhnlichen 9 und vom Normalverlauf erheblich abweichenden Entwicklung (BGH FamRZ 94, 88). Bsp: Unerwarteter Karriereverlauf infolge der Wiedervereinigung Deutschlands (Celle FamRZ 99, 858); Erbschaft (Hamm FamRZ 92, 1186); Lottogewinn. **c) Berechnungsmethoden: aa)** Grundsätzlich bemisst sich der Trennungsunter- 10 halt nach der **Differenzmethode.** Der Unterhaltsberechtigte kann die Hälfte der Differenz des (bereinigten, s Rn 15) eheprägenden Nettoeinkommens verlangen (Halbteilungsgrundsatz). Handelt es sich – wie im Regelfall – um Einkünfte aus Erwerbstätigkeit, gebührt dem Erwerbstätigen zum Ausgleich erhöhter Aufwendungen (und um einen Arbeitsanreiz zu schaffen, BGH FamRZ 91, 305) ein im Ermessen des Tatrichters (BGH FamRZ 97, 807) stehender sog Erwerbstätigenbonus von in der Regel ⅐ (BGH FamRZ 81, 1166); bei Erwerbseinkünften kann der Unterhaltsberechtigte daher nur 3/7 der Differenz beanspruchen. Bsp: Vor der Trennung erzielte der erwerbstätige Ehemann ein bereinigtes Nettoeinkommen von 50. Die nicht berufstätige Ehefrau kann (50 × 3/7 =) 21,43 als Trennungsunterhalt verlangen. War die Ehefrau während der Ehe berufstätig oder nimmt sie nach der Trennung eine die ehelichen Lebensverhältnisse prägende Erwerbstätigkeit auf, aus der sie ein Nettoeinkommen von 30 erzielt, kann sie 3/7 der Differenz (20 × 3/7 =) 8,57 als Trennungsunterhalt verlangen. **bb)** Nach der Trennung erzielte *nicht prä-* 11 *gende* Einkünfte werden nach der – für den Unterhaltsberechtigten ungünstigeren – **Anrechnungsmethode** auf die Differenz angerechnet. Bsp: Die Ehefrau erzielt nach Trennung nicht prägendes Einkommen iHv 30, der Ehemann prägendes Einkommen iHv 50. Davon gebühren der Ehefrau zunächst (50 × 3/7 =) 21,43; dabei handelt es sich aber nur um einen Berechnungsfaktor, denn hierauf wird ihr (um den Erwerbstätigenbonus von [30 × ⅐ =] 4,26 gekürztes) Einkommen iHv 25,74 angerechnet, so dass die Ehefrau keinen Trennungsunterhalt verlangen kann. Zu gleichen Ergebnissen führt die neuere Additionsmethode, Gerhardt FamRZ 93, 261. **d) Umfang.** Neben dem Elementarunterhalt kann der Unterhaltsberechtigte 12 ferner geltend machen: **aa)** Ab Rechtshängigkeit des Scheidungsantrags kann der Unterhaltsberechtigte gem I 2 zusätzlich **Vorsorgeunterhalt** für den Fall des Alters und der verminderten Erwerbsfähigkeit verlangen (zur Berechnung bei großzügigen Lebensverhältnissen München NJW 04, 2533). I 2 soll Versorgungslücke zwischen dem für die Berechnung des Versorgungsausgleichs maßgeblichen Zeitpunkt (§ 1587 II) und Rechtskraft des Scheidungsbeschlusses (s §§ 1569, 1578 III) schließen. Berechnung nach der „Bremer Tabelle" (FamRZ 10, 260). **bb)** Ausbildungs- 13 unterhalt kann verlangt werden, soweit nach den Kriterien der §§ 1573 iVm 1574 III, im Ausnahmefall auch nach § 1575 geboten (BGH NJW 01, 974). **cc)** **Prozesskostenvorschuss** s IV 4 iVm § 1360a IV. **dd) Auskunftsanspruch** s IV 4 iVm § 1605.

5. Leistungsfähigkeit. a) aa) Maßgeblich ist das nachhaltig (atypische Schwan- 14 kungen scheiden aus) erzielte **Nettoeinkommen** (Bruttoeinkommen abzüglich Lohn- bzw Einkommensteuer sowie Sozialversicherungsabgaben). Grundsätzlich sind alle Einkünfte (einschließlich Kapitalerträge und Einkommen aus Vermietung und Verpachtung) heranzuziehen einschließlich Zulagen (Härtezulagen aber nur zu ½, Hamm FamRZ 09, 2009), Weihnachtsgeld, Treueprämien, Trinkgeld, in Geld umgerechnete Sachleistungen (Firmenwagen, Dienstwohnung, Verpflegung), auch gesetzwidrig erlangtes Einkommen, etwa aus Schwarzarbeit (PalBrudermüller 31), sogar regelmäßige Skatgewinne (Düsseldorf FamRZ 94, 896). Freiwillige Arbeitsplatzaufgabe und grob fahrlässiger Arbeitsplatzverlust sind unbeachtlich; bei unfreiwilliger Arbeitslosigkeit sind intensive Anstrengungen erforderlich, die, falls nicht erbracht, zu fiktivem Einkommen führen. Bei Kurzarbeit ist Arbeitsplatzwechsel (erst) nach etwa einem Jahr geboten (Köln NJW 03, 438). Arbeitslosengeld ist anzurechnen, mangels Lohnersatzfunktion nicht Sozialhilfeleistungen. **bb)** Die 15 Leistungsfähigkeit bestimmt sich nach dem **bereinigten Nettoeinkommen.** Vom

Berger/Mansel 1643

§ 1361a

Nettoeinkommen abzuziehen sind insbesondere *Unterhaltsleistungen* an gemeinsame (s BGH NJW 81, 573), aus einer früheren Ehe stammende (BGH NJW 91, 2703) oder nach der Trennung geborene nicht aus der Ehe stammende (BGH FamRZ 94, 89) Kinder. Abzusetzen sind ferner aus der Zeit des Zusammenlebens der Eheleute herrührende *Schulden* im Rahmen eines vernünftigen Tilgungsplans (BGH NJW 82, 232), Zins-, nicht aber Tilgungszahlungen für gemeinsames Haus (BGH NJW 84, 1238), Kreditkosten eines gemeinsam angeschafften Pkw (Hamm NJW-RR 05, 516) und Prozesskostenhilfe-Raten (München FamRZ 94, 898). Den Unterhaltsschuldner trifft jedoch keine Obliegenheit zur Einleitung eines Verbraucherinsolvenzverfahrens (BGH FamRZ 08, 497); anders bei Unterhaltsansprüchen minderjähriger Kinder (vgl §§ 1601–1604 Rn 19). **b)** Begrenzt wird die Leistungsfähigkeit analog § 1581 auch beim Trennungsunterhalt durch den **Selbstbehalt:** Die Unterhaltspflicht entfällt, soweit der eigene angemessene Unterhalt des Unterhaltspflichtigen unterschritten wird (BVerfG NJW 02, 2702). In der Regel ist Selbstbehalt mit einem Betrag zu bemessen, der zwischen dem angemessenen (§ 1603 I) und dem notwendigen (§ 1603 II) Selbstbehalt liegt (BGH NJW 06, 1655). Der Selbstbehalt für den erwerbstätigen Unterhaltspflichtigen beträgt nach der Düsseldorfer Tabelle (s Rn 2 vor §§ 1360–1361) 1050 Euro. Keine Unterhaltspflicht besteht auch, wenn der Verpflichtete dadurch sozialhilfebedürftig würde (BGH 111, 198 [Pflegeheimunterbringung]).

17 **6. Art.** Art und Weise der Unterhaltsleistung: Monatlich vorauszahlbare Geldrente, IV 1 und 2. Ehegatten können Naturalleistungen vereinbaren, etwa Benutzung der Wohnung (s BGH NJW 97, 732), Pkw usw. Einmaliger Sonderbedarf – § 1613 II 1 – wird durch die Wortfassung „laufender Unterhalt" vorbehalten (vgl BGH NJW 82, 328). Zu Überzahlungen s IV 4 iVm § 1360b. Vorausleistung IV 4 iVm §§ 1360a III, 1614 II.

18 **7. Beschränkung und Versagung.** III verweist auf die **Härteklauseln** des § 1579 I Nr 2–8. Auf Nr 1 wird nicht verwiesen; kurze Ehe ist daher kein Ausschlussgrund (auch nicht gem § 1579 Nr 8, Köln FamRZ 98, 1428), aber von Bedeutung bei Zumutbarkeit im Rahmen der Erwerbsobliegenheit (BGH NJW 79, 1453). Eine neue längerandauernde nichteheliche Lebensgemeinschaft (auch zu gleichgeschlechtlichem Partner, BGH NJW 02, 1949) kann nach § 1579 Nr. 8 zum Wegfall des Unterhaltsanspruchs führen, wenn sie hinreichend verfestigt und damit eheähnlich erscheint. Dass die Partner vor der Scheidung nicht heiraten können, steht dem nicht entgegen (BGH NJW 03, 1949).

19 **8. Erlöschen. a)** Rechtskraft des **Scheidungsurteils bzw des richterlichen Beschlusses,** dann §§ 1569 ff. **b)** Aufhebung der Trennung durch dauerhafte (s § 1567 II) **Versöhnung;** dann § 1360. **c) Tod** des Berechtigten oder Verpflichteten, IV 4 iVm §§ 1360a III, 1615. **d) Verzicht** (für die Zukunft unwirksam, IV 4 iVm §§ 1360a III, 1614 I). **e) Verwirkung** s BGH 103, 68.

§ 1361a Verteilung der Haushaltsgegenstände bei Getrenntleben

(1) ¹**Leben die Ehegatten getrennt, so kann jeder von ihnen die ihm gehörenden Haushaltsgegenstände von dem anderen Ehegatten herausverlangen.** ²**Er ist jedoch verpflichtet, sie dem anderen Ehegatten zum Gebrauch zu überlassen, soweit dieser sie zur Führung eines abgesonderten Haushalts benötigt und die Überlassung nach den Umständen des Falles der Billigkeit entspricht.**

(2) **Haushaltsgegenstände, die den Ehegatten gemeinsam gehören, werden zwischen ihnen nach den Grundsätzen der Billigkeit verteilt.**

(3) ¹**Können sich die Ehegatten nicht einigen, so entscheidet das zuständige Gericht.** ²**Dieses kann eine angemessene Vergütung für die Benutzung der Haushaltsgegenstände festsetzen.**

Titel 5. Wirkungen der Ehe im Allgemeinen §1361b

(4) **Die Eigentumsverhältnisse bleiben unberührt, sofern die Ehegatten nichts anderes vereinbaren.**

1. Allgemeines. a) Hausrat steht im Mitbesitz der Ehegatten. Mit der Trennung 1 endet die Besitzüberlassungspflicht aus § 1353 I 2 (s § 1353 Rn 4) nicht. Um getrennte Haushaltsführung zu ermöglichen, kann der Eigentümer-Ehegatte nach I 1 Herausgabe verlangen, vorbehaltlich Notwendigkeit und Billigkeit (I 2). Bei Miteigentum Verteilung nach Billigkeit (II). **b)** Die Zuteilung des Hausrats erfolgt nur *vorläufig* (IV). Auch die gerichtliche Zuweisung (III, FamFG 200 II Nr 1) ändert das Eigentum nicht. **c)** I, II verdrängen §§ 985 f, nicht aber § 861, um Eigenmächtig- 2 keiten auszuschließen, str; aA PalBrudermüller 19: § 1361a analog; so Nürnberg NJW-RR 06, 150 (kein Anspruch aus § 861, wenn Gegenstände nach § 1361a I, II dem Anspruchsgegner zuzuordnen sind); für § 1361b Karlsruhe FamRZ 01, 760: Vorrang § 1361b, aber Berücksichtigung possessorischen Besitzschutzes.

2. Tatbestand. a) Getrenntleben s § 1567; Verschulden unerheblich, kann aber 3 bei Billigkeit berücksichtigt werden. **b) „Gehören"** meint Eigentum, ferner andere zum Besitz berechtigende Rechte, zB Anwartschaft, Nießbrauch, Miete. **c) Haus-** 4 **haltsgegenstände** (sa § 1369) sind Sachen, die nach den Vermögens- und Lebensverhältnissen der Eheleute zum gemeinsamen Zusammenleben der Familie bestimmt sind, zB Wohnungseinrichtung, (nicht allein der Kapitalanlage dienende) Kunstgegenstände, Bücher, Instrumente für Hausmusik, Kraftfahrzeuge (s München FamRZ 98, 1230, Nutzungsberechtigter hat zudem Steuer und Pflichtversicherung zu tragen), *nicht* die zum persönlichen Gebrauch eines Ehegatten bestimmten Sachen (Kleidung, Arbeitszimmereinrichtung, Fachliteratur, Musikinstrument für Berufsmusiker). **d) Eigentum.** Bei *Miteigentum* (insbes nach § 1357 Rn 8) stets Verteilung 5 nach Billigkeit (II), wobei Notwendigkeit für abgesonderte Haushaltsführung (s I 2) ebenfalls Voraussetzung ist. **e) Besitzrecht** nach I 2. **aa)** I 2 ist Einwendung 6 gegen I 1; jedoch eigenständige Anspruchsgrundlage für den Nichteigentümer-Ehegatten, wenn Hausrat im (Mit-)Besitz des anderen Ehegatten steht, der ihn nicht benötigt. **bb) Voraussetzungen:** (1) Der andere Ehegatte benötigt den Gegenstand zur Führung eines abgesonderten Haushalts; Maßstab sind die ehelichen Lebensverhältnisse. (2) Überlassung entspricht der Billigkeit. Dabei sind insbes die Bedürfnisse der Kinder zu berücksichtigen, ferner Vermögens- und Erwerbsverhältnisse. Teileinigung der Ehegatten ist bei Zuweisung des Resthausrats zu berücksichtigen. **f)** Mit 7 Überlassung entsteht **Besitzmittlungsverhältnis** iSv § 868. **Nutzungsvergütung** bei gerichtlicher Verteilung, III 2; Maßstab Billigkeit (München FamRZ 98, 1230). Haftungsmaßstab ist § 1359.

3. Verfahren. FamFG 200 ff. Zuständig ist das Familiengericht (GVG 23a I, 8 FamFG 111 Nr 5, 200 II Nr 1); ebenso für Anträge auf Herausgabe persönlicher Gegenstände (FamFG 266 I).

§ 1361b Ehewohnung bei Getrenntleben

(1) ¹Leben die Ehegatten voneinander getrennt oder will einer von ihnen getrennt leben, so kann ein Ehegatte verlangen, dass ihm der andere die Ehewohnung oder einen Teil zur alleinigen Benutzung überlässt, soweit dies auch unter Berücksichtigung der Belange des anderen Ehegatten notwendig ist, um eine unbillige Härte zu vermeiden. ²Eine unbillige Härte kann auch dann gegeben sein, wenn das Wohl von im Haushalt lebenden Kindern beeinträchtigt ist. ³Steht einem Ehegatten allein oder gemeinsam mit einem Dritten das Eigentum, das Erbbaurecht oder der Nießbrauch an dem Grundstück zu, auf dem sich die Ehewohnung befindet, so ist dies besonders zu berücksichtigen; Entsprechendes gilt für das Wohnungseigentum, das Dauerwohnrecht und das dingliche Wohnrecht.

§ 1361b

(2) ¹Hat der Ehegatte, gegen den sich der Antrag richtet, den anderen Ehegatten widerrechtlich und vorsätzlich am Körper, der Gesundheit oder der Freiheit verletzt oder mit einer solchen Verletzung oder der Verletzung des Lebens widerrechtlich gedroht, ist in der Regel die gesamte Wohnung zur alleinigen Benutzung zu überlassen. ²Der Anspruch auf Wohnungsüberlassung ist nur dann ausgeschlossen, wenn keine weiteren Verletzungen und widerrechtlichen Drohungen zu besorgen sind, es sei denn, dass dem verletzten Ehegatten das weitere Zusammenleben mit dem anderen wegen der Schwere der Tat nicht zuzumuten ist.

(3) ¹Wurde einem Ehegatten die Ehewohnung ganz oder zum Teil überlassen, so hat der andere alles zu unterlassen, was geeignet ist, die Ausübung dieses Nutzungsrechts zu erschweren oder zu vereiteln. ²Er kann von dem nutzungsberechtigten Ehegatten eine Vergütung für die Nutzung verlangen, soweit dies der Billigkeit entspricht.

(4) Ist nach der Trennung der Ehegatten im Sinne des § 1567 Abs. 1 ein Ehegatte aus der Ehewohnung ausgezogen und hat er binnen sechs Monaten nach seinem Auszug eine ernstliche Rückkehrabsicht dem anderen Ehegatten gegenüber nicht bekundet, so wird unwiderleglich vermutet, dass er dem in der Ehewohnung verbliebenen Ehegatten das alleinige Nutzungsrecht überlassen hat.

Lit: P. Huber, Die Ehewohnung in der Trennungszeit – Nutzungsvergütung oder Trennungsunterhalt?, FamRZ 00, 129.

1. Allgemeines. *Vorläufige* (gegenüber GewSchG 2 speziellere) Regelung der Wohnungsnutzung bei (oder zum Zwecke des) Getrenntleben(s); nach Scheidung § 1568a; sa § 1361a Rn 1.

2. Voraussetzungen. a) Ehewohnung sind alle Räume, welche die Ehegatten gemeinsam zu Wohnzwecken benutzen oder benutzt haben, einschließlich der Nebenräume. Die bisherige Ehewohnung verliert diesen Charakter nicht schon durch Auszug eines Ehegatten (Karlsruhe NJW-RR 99, 731). **b)** Wohnungszuweisung ist gravierender Eingriff zu Lasten des Antragsgegners, der bei Vollzuweisung (Rn 5) zu Obdachlosigkeit führen kann. Daher *strenger* Maßstab: „Unbillige Härte" liegt nur vor, wenn auf Grund außergewöhnlicher Umstände die Zuweisung der Wohnung an den anderen Ehegatten zur Abwehr unerträglicher Belastungen – unter besonderer Beachtung des Kindeswohls (I 2, s Stuttgart NJW-RR 04, 434) – ausnahmsweise unausweichlich ist (Frankfurt FamRZ 96, 289 [zu § 1361b aF]). Dabei ist auch das Verhalten des Antragstellers zu berücksichtigen (zB Provokation). *Bsp:* Misshandlungen, Alkoholmissbrauch, auch grob rücksichtsloses Verhalten ohne Lebens- oder Gesundheitsgefahren (Köln FamRZ 01, 761, zweifelhaft), *nicht* schon Streitigkeiten und bloße Belästigungen. Dingliche Rechte an der Wohnung (bzw dem Grundstück) sind gem I 3 besonders zu würdigen. Zuweisung darf nur zu Wohnzwecken erfolgen, nicht für Vermietung, Veräußerung (Karlsruhe NJW-RR 99, 731).

3. Rechtsfolgen. a) aa) Verhältnismäßigkeitsgrundsatz ist streng zu beachten; Zuweisung muss „notwendig", also unabweisbar geboten sein. **bb)** Daher ist **Teilzuweisung** der Wohnung iVm Benutzungsanordnungen vorrangig, zumal andernfalls Trennung vertieft wird und ggf elterliche Sorge nicht eingeschränkt ausgeübt werden kann. **cc) Vollzuweisung** der (gesamten) Wohnung gem II 1 idR nur, wenn Antragsgegner den anderen Ehegatten vorsätzlich und widerrechtlich (nicht in Notwehr anlässlich einer [auch tätlichen] Auseinandersetzung) am Körper, der Gesundheit (auch psychische Beeinträchtigungen) und der Freiheit verletzt oder damit (auch Tötung) ernsthaft (dh nicht nur gelegentlich einer Auseinandersetzung in emotionaler Ausnahmesituation) droht. Gem **II 2 HS 1** keine Vollzuweisung, wenn der Antragsgegner beweist, dass keine weiteren Verletzungen und Drohungen zu besorgen sind; Unterausnahme, wenn antragstellender Ehegatte beweist, dass ihm ein weiteres Zusammenleben wegen Schwere der Tat nicht mehr zumutbar ist (**II 2 HS 2**). Liegen die Voraussetzungen einer Vollzuweisung nicht vor, ist Teilzuweisung (Rn 4 [bb]) möglich. **dd) Befristung,** wenn Versöhnung nach einer „Abkühlungsphase" nicht ausgeschlossen ist. Auch ist Räumungsfrist zu bewilligen; uU Räumungstermin festzulegen. **b) Unterlassungspflicht (III 1)** folgt für tatsächliche 6 Beeinträchtigungen bereits aus §§ 859 ff. III 1 erfasst auch *Rechts*handlungen, etwa Veräußerung des zugewiesenen Grundstücks bzw der Wohnung oder Kündigung des Mietvertrags. Verstoß: RGeschäft ist wirksam, ggf Schadensersatz. Nur nach FamFG 49 ergangene Verfügungsverbote wirken gem §§ 136, 135; sa § 135 II. **c) Nutzungsvergütung (III 2). Voraussetzungen: aa) Überlassungspflicht;** 7 um ehewidriges Verhalten nicht zu provozieren oder zu prämieren, analoge Anwendung des III 2 auch bei einverständlicher Nutzungsüberlassung, s BGH FamRZ 06, 932 (zu II aF), für direkte Anwendung Dresden NJW 05, 3151; Brandenburg NJW-RR 09, 725; ferner bei Überlassungsvermutung gem IV. **bb) Billigkeit.** Gesamtab- 8 wägung erforderlich. Zu berücksichtigen ist insbes, inwieweit Zuweisung entgegen dinglicher Berechtigung erfolgt und dem anderen Teil dadurch ein Vermögensvorteil zufließt (BGH NJW 94, 2154). Maßgeblich sind ferner die Vermögensverhältnisse. Wurde Wohnungsnutzung bereits bei Unterhaltsberechnung berücksichtigt, entfällt zusätzlicher Vergütungsanspruch (BGH FamRZ 86, 437; Naumburg FamRZ 09, 2090). **cc)** Bei Miteigentum ist III 2 (Familiensache) lex specialis zu 9 § 745 II (Frankfurt FamRZ 11, 373; Hamm FamRZ 11, 481; PalBrudermüller 20).

§ 1362 Eigentumsvermutung

(1) ¹**Zugunsten der Gläubiger des Mannes und der Gläubiger der Frau wird vermutet, dass die im Besitz eines Ehegatten oder beider Ehegatten befindlichen beweglichen Sachen dem Schuldner gehören.** ²**Diese Vermutung gilt nicht, wenn die Ehegatten getrennt leben und sich die Sachen im Besitz des Ehegatten befinden, der nicht Schuldner ist.** ³**Inhaberpapiere und Orderpapiere, die mit Blankoindossament versehen sind, stehen den beweglichen Sachen gleich.**

(2) **Für die ausschließlich zum persönlichen Gebrauch eines Ehegatten bestimmten Sachen wird im Verhältnis der Ehegatten zueinander und zu den Gläubigern vermutet, dass sie dem Ehegatten gehören, für dessen Gebrauch sie bestimmt sind.**

1. Allgemeines. a) Bestimmung dient vor allem dem Schutz der Gläubiger eines 1 Ehegatten. Sie hat als Beweislastregelung (s ZPO 292) Bedeutung im Prozess, insbes ZPO 771. Bei dem in der intakten Ehe regelmäßig gegebenen Mitbesitz der Ehegatten (oder Alleinbesitz des nichtschuldenden Ehegatten) müsste nach § 1006 der Gläubiger beweisen, dass der nichtschuldende Ehegatte nicht Eigentümer ist; schwierig, weil der Gläubiger die ehelichen Verhältnisse regelmäßig nicht kennt. § 1362 verdrängt § 1006: Der Ehegatte muss beweisen, dass er Eigentümer der Sache ist. § 1006 gilt jedoch, falls nichtschuldender Ehegatte bereits vor der Ehe Besitzer war (BGH NJW 93, 936). Ergänzung durch ZPO 739; wichtig wegen ZPO 808 f. § 1362 wirkt auch in der Insolvenz. **b)** Gilt bei allen Güterständen. Bei Gütergemein- 2 schaft geht § 1416 vor; nur für Gegenstände, die (nachgewiesen) nicht zum Gesamtgut gehören, bleibt § 1362 anwendbar. Nicht anwendbar auf nichteheliche Lebensgemeinschaft (BGH NJW 07, 992: mangels planwidriger Regelungslücke).

2. Voraussetzungen I. a) Bewegliche Sachen, Inhaberpapiere und **blanko-** 3 **indossierte Orderpapiere,** I 3; **b)** Unmittelbarer oder mittelbarer (BGH NJW 93, 936, sa ZPO 847) **Besitz** eines oder beider Ehegatten; **c)** nicht ausschließlich zum persönlichen Gebrauch eines Ehegatten bestimmt, II (s Rn 5); **d) Eheleute leben** 4 **nicht getrennt,** I 2 (bei im Besitz des Ehegatten/Schuldners verbliebenen Sachen decken sich für Gläubiger I und § 1006 I).

Vor § 1363

5 **3. Voraussetzungen II. a)** Sachen, die ausschließlich zum persönlichen Gebrauch eines Ehegatten bestimmt sind, zB Kleider, Schmuck (anders: ererbter Familienschmuck, s BGH NJW 59, 142; Geldanlage, Nürnberg, FamRZ 00, 1220), Pkw (s Oldenburg FamRZ 91, 814) usw. Zum Geschäft eines Ehegatten gehörende Gegenstände fallen unter II, str; enger MK/Weber-Monecke 29: klare räumliche
6 Trennung vom Ehebereich erforderlich. **b)** Trotz des Wortlauts nur **bewegliche** Sachen (SoeLange 9). **c)** Besitzlage ist unerheblich.

7 **4. Rechtsfolgen. a) I:** Vermutung des Eigentums des schuldenden Ehegatten zugunsten der Gläubiger, und zwar nicht nur in der Zwangsvollstreckung, sondern auch zB bei Sicherungsübereignung. Nicht: Im Verhältnis der Ehegatten zueinander, insoweit § 1006 I (München NJW 72, 543 mwN). Vermutung ist durch Eigentumsnachweis des nicht schuldenden Ehegatten zu widerlegen. Fortbestand des nachgewiesen erworbenen Eigentums braucht dagegen nicht bewiesen zu werden (BGH
8 NJW 76, 238). **b) II: aa)** Vermutung zugunsten der Gläubiger und – abweichend zu I – gegenüber dem anderen Ehegatten, dass Sachen dem Ehegatten gehören, für dessen Gebrauch sie bestimmt sind. Widerlegbar zB durch den Nachweis, dass Familienschmuck vom Mann geerbt worden ist. Behauptete Bestimmung zum persönlichen Gebrauch, zB durch Überlassung, hat zu beweisen, wer sich auf die
9 Eigentumsvermutung beruft (BGH FamRZ 71, 25). **bb) Dauer der Vermutung:** Während der Ehe und über Eheauflösung hinaus bis zur Auseinandersetzung (BGH 2, 85).

10 **5. Zwangsvollstreckung.** Titel gegen einen Ehegatten genügt (bei Gütergemeinschaft s Rn 2 und ZPO 740). **Rechtsbehelfe** des nicht schuldenden Ehegatten (hierzu Eichenhofer JZ 88, 330): **a)** ZPO 771, falls Veräußerung hinderndes Recht (zB Eigentum) besteht; **b)** ZPO 766, falls Voraussetzungen der Gewahrsamsvermutung fehlen (Einzelheiten Jauernig/Berger ZwV § 17 II mwN, str).

Titel 6. Eheliches Güterrecht

Vorbemerkungen

1 **1. Allgemeines.** Im sechsten Titel des ersten Abschnitts des vierten Buches ist die zwischen den Ehegatten durch die Eheschließung oder einen Ehevertrag bewirkte Ordnung ihrer vermögensrechtlichen Beziehungen geregelt. Zu unterscheiden sind der ges Güterstand, der bestimmte Modifikationen der Vermögensverhältnisse der Eheleute in den §§ 1363–1390 normiert, und die im „vertragsmäßigen Güterrecht" (§§ 1408–1518) zur Wahl der Parteien angebotenen Typen einer vertraglichen Gestaltung ihrer Vermögensordnung. Ergänzend zu den § 1363 ff sind vermögensrechtliche Ausprägungen der Ehewirkungen im allg in §§ 1353–1362 zu berücksichtigen, ferner FamFG 111 Nr 9, 261 ff, 137, 116, 119, 120.

2 **2. Entwicklung.** Ausführlich MK/Koch, Einl 15 zu §§ 1363–1563. Das BGB regelte 1900 zunächst fünf Güterstände. Im ges Güterstand hatte der Ehemann am Vermögen der Frau das Recht der Verwaltung und Nutznießung. Vertraglich konnten Gütertrennung, allg Gütergemeinschaft, Errungenschaftsgemeinschaft und Fahrnisgemeinschaft vereinbart werden. Übergangsregelung: EGBGB 200. Der ges Güterstand war mit dem Grundsatz der Gleichberechtigung von Mann und Frau unvereinbar und trat deshalb am 31.3.1953 außer Kraft, GG 3 II, 117 I. An seine Stelle trat Gütertrennung als ges Güterstand, vgl BGH 10, 279; 11 Anh 73 f. Das GleichberG brachte als ges Güterstand die sog Zugewinngemeinschaft und als Vertragsgüterstände Gütertrennung und Gütergemeinschaft. Übergangsregelung s GleichberG 8 I Nr 2–7. In der ehem DDR galt nach FGB 13 der Güterstand der Errungenschaftsgemeinschaft; Überleitung („Optionsmodell") s 7. Aufl Anm 6.

Titel 6. Eheliches Güterrecht §§ 1363, 1364

3. Güterstände. a) Der ges Güterstand der **Zugewinngemeinschaft** bewirkt 3 keine sachenrechtliche Vergemeinschaftung der Vermögen der Ehegatten, jedoch enthalten die §§ 1365–1369 bestimmte Verpflichtungs- und Verfügungsbeschränkungen. Auch der während der Ehe erworbene Neuerwerb wird nicht gemeinschaftliches Vermögen. Erst wenn der Güterstand endet, wird der Zugewinn durch einen Ausgleichsanspruch (§§ 1372 ff) bzw die Erbteilserhöhung (§ 1371) wirtschaftlich ausgeglichen. **b) Gütertrennung** ist eigentlich kein bes Güterstand, da für diese 4 Gestaltung gerade kennzeichnend ist, dass die Ehe keinen speziellen (dh nicht aus §§ 1353–1362 folgenden) Einfluss auf die Vermögensverhältnisse der Partner hat. **c)** Bei der **Gütergemeinschaft** wird ein – in seinem Umfang disponibler – Teil 5 der beiderseitigen Vermögen als *Gesamtgut* gesamthänderisch zugeordnet; *Vorbehaltsgut* und *Sondergut* verbleiben dagegen weiter dem jeweiligen Inhaber ohne Beschränkung (Einzelheiten s §§ 1415 ff). In der „fortgesetzten Gütergemeinschaft" wird bei Tod eines Ehegatten die gesamthänderische Vergemeinschaftung des „Gesamtguts" mit den zur ges Erbfolge berufenen gemeinschaftlichen Abkömmlingen fortgesetzt (Einzelheiten s §§ 1483 ff). **d)** Zum Deutsch-Französischen Güterstand der **Wahl-** 6 **Zugewinngemeinschaft** s § 1519.

4. Privatautonomie. Die ges Typen können durch die Parteien nicht nur 7 gewählt (s zunächst §§ 1408 ff) bzw abgewählt (§ 1414), sondern auch variiert werden (Einzelheiten bei §§ 1408, 1409). Auch die Zugewinngemeinschaft kann modifiziert werden, s jedoch § 1378 Rn 7. Darüber hinaus können die Ehegatten allg vermögensrechtliche Gestaltungsformen nutzen und damit praktisch Formen der Vergemeinschaftung einzelner Vermögensbestandteile erreichen, die mit den güterrechtlichen Regeln konkurrieren und sie ergänzen, so gesamthänderische Bindung in einer Ehegattengesellschaft (§§ 705 ff, s hierzu Johannsen, FS 25 Jahre BGH, 1975, S 52 f; krit K. Schmidt AcP 182, 482) und Miteigentum nach Bruchteilen (§§ 741 ff, 1008 ff; dazu Rauscher AcP 186, 529).

5. Auslandsberührung. Vor allem durch ausländische Nationalität oder 8 gewöhnlichen Aufenthalt eines oder beider Ehegatten oder Lageort von Immobilien im Ausland s EGBGB 15 (iVm 14), 16 und (Übergangsregelung) 220. Bei Vertriebenen und Flüchtlingen s VFGüterstandsG (erläutert ua bei PalThorn Anh 2 zu Art 15 EGBGB), EGBGB 15 IV.

Untertitel 1. Gesetzliches Güterrecht

§ 1363 Zugewinngemeinschaft

(1) **Die Ehegatten leben im Güterstand der Zugewinngemeinschaft, wenn sie nicht durch Ehevertrag etwas anderes vereinbaren.**

(2) ¹**Das Vermögen des Mannes und das Vermögen der Frau werden nicht gemeinschaftliches Vermögen der Ehegatten; dies gilt auch für Vermögen, das ein Ehegatte nach der Eheschließung erwirbt.** ²**Der Zugewinn, den die Ehegatten in der Ehe erzielen, wird jedoch ausgeglichen, wenn die Zugewinngemeinschaft endet.**

§ 1364 Vermögensverwaltung

Jeder Ehegatte verwaltet sein Vermögen selbständig; er ist jedoch in der Verwaltung seines Vermögens nach Maßgabe der folgenden Vorschriften beschränkt.

§§ 1363, 1364, Vor §§ 1365–1369

Anmerkungen zu den §§ 1363, 1364

1 **1. Allgemeines.** §§ 1363, 1364 regeln die Entstehungsvoraussetzungen und grundsätzliche Struktur der Zugewinngemeinschaft. Tragen die Eheleute im Prozess nichts Abweichendes vor, so ist davon auszugehen, dass sie im ges Güterstand leben (BGH 10, 267).

2 **2. Voraussetzungen. a)** Eheschließung; Nichtehe bewirkt keine güterrechtlichen Folgen. **b)** Keine Abwahl durch Ehevertrag (nach §§ 1408 ff), § 1363 I. Möglich ist auch Übergang vom vertraglichen zum ges Güterstand, § 1408.

3 **3. Dauer. a)** Beginn mit Eheschließung (Kenntnis oder Wille nicht erforderlich) oder einem späteren, durch Ehevertrag bestimmten Zeitpunkt (SoeLange § 1363 Rn 11), ausnahmsweise auch (Rn 2) mit Wirksamwerden eines entspr Ehevertrags.
4 **b)** Ende mit **aa)** Auflösung der Ehe durch Beschluss oder Tod eines Ehegatten sowie im Falle des § 1319 II, **bb)** durch Ehevertrag, **cc)** nach § 1388 bei vorzeitiger Aufhebung der Zugewinngemeinschaft, **dd)** durch Ausschluss des Zugewinnausgleichs, § 1414 S 2.

5 **4. Grundzüge. a)** Trotz Bezeichnung Zugewinn*gemeinschaft* bleiben die Ehegatten jeweils allein Inhaber ihres vor oder während der Ehe erworbenen Vermögens, § 1363 II 1, soweit nicht auf Grund anderer Vorgänge (RGeschäft, Beerbung) verge-
6 meinschaftete Gegenstände geschaffen oder erworben werden. **b)** Grundsätzlich werden auch die Verwaltungsbefugnisse der Ehegatten hinsichtlich ihres jeweiligen Vermögens nicht beschränkt, § 1364 I HS 1; der minderjährige Ehegatte wird nicht durch den anderen, sondern den ges Vertreter vertreten. Einschränkungen ergeben sich jedoch aus §§ 1365–1369; als partielle Verwaltungsmacht für und gegen den anderen
7 Ehegatten wirkt auch § 1357. **c)** Mit Beendigung der Zugewinngemeinschaft (Rn 4) findet der Umstand, dass eine funktionierende Ehe zumeist auch eine Wirtschaftsgemeinschaft darstellt, dadurch Berücksichtigung, dass bei Beendigung durch Tod der Erbteil des überlebenden Ehegatten erhöht wird (§ 1371 I), in allen anderen Fällen ein etwaiger Zugewinn zu errechnen und auf Grund eines schuldrechtlichen Anspruchs
8 auszugleichen ist, § 1363 II 2. **d)** Verpflichtung zur ordnungsgemäßen Verwaltung ist aus § 1364 nicht herzuleiten (Gernhuber/Coester-Waltjen § 34 Rn 5, str).

9 **5. Abweichung durch Vereinbarung.** Modifikationen durch Ehevertrag s §§ 1408, 1409 Rn 3. Ausgleichsmodus für den Todesfall kann durch letztwillige Verfügungen und durch Ausschlagung verändert werden (Gernhuber/Coester-Waltjen § 34 Rn 11).

Vorbemerkungen zu den §§ 1365–1369

Lit: Braun, Zur Auslegung des §§ 1365, 1369 BGB, FS Musielak, 2004, S. 119.

1 **1. Allgemeines.** Durch § 1365 werden RGeschäfte über das eigene **Gesamtvermögen**, durch § 1369 über eigene **Hausratsgegenstände** an die Zustimmung des anderen Ehegatten gebunden („vinkuliert"). Die grundsätzlich freie Verwaltung des eigenen Vermögens (§ 1364) wird dadurch eingeschränkt.

2 **2. Zweck.** Die Vinkulierung des Gesamtvermögens und des Hausrats dient in erster Linie der Erhaltung der materiellen Basis der Familie und ihres Haushalts, daneben kann diese Beschränkung den künftigen Ausgleichsanspruch sichern (vgl BGH NJW 82, 1100). Sie endet mit Rechtskraft eines Scheidungs- (Hamm FamRZ 87, 591) oder Auflösungsbeschlusses, nicht schon mit Trennung.

3 **3. Art der zustimmungsgebundenen Geschäfte. a)** Gebunden sind RGeschäfte **unter Lebenden;** letztwillige Verfügungen (BGH 40, 224) und Schenkun-

Titel 6. Eheliches Güterrecht **Vor §§ 1365–1369**

gen auf den Todesfall, die nach dem Tode vollzogen werden sollen, bleiben zustimmungsfrei. Nur RGeschäfte sind zustimmungsbedürftig; zuordnungsändernde Handlungen wie Verbindung, Vermischung oder Verarbeitung fallen nicht unter §§ 1365 ff. **b)** Sowohl bei Gesamtvermögensgeschäften als auch bei solchen über 4 den Hausrat sind Verpflichtungs- und Verfügungsgeschäft(e) zustimmungsbedürftig. Obwohl die Beeinträchtigung der wirtschaftlichen Grundlage der Familie erst mit der dinglichen Verfügung geschieht, muss auch ein Verpflichtungsgeschäft unter den Zustimmungsvorbehalt gestellt werden, um Gefährdungen durch Zwangsverfügungen oder Schadensersatzbelastungen gem § 311a II auszuschließen. Bei Gesamt- 5 vermögensgeschäften wertet das Ges die Zustimmung zur Verpflichtung als Zustimmung zu ihrem Vollzug, s § 1365 I 1 und 2, der nach sachenrechtlichen Grundsätzen durch Einzelverfügungen zu geschehen hat. Auch bei § 1369 ist die Zustimmung zum Verpflichtungsgeschäft iZw Einwilligung zur Verfügung. Konsentierte Verfü- 6 gungen, die das Gesamtvermögen betreffen, decken auch die zustimmungslose Verpflichtung, § 1365 I 2; das Gleiche muss für gebilligte Hausratsverfügungen gelten (Gernhuber/Coester-Waltjen § 35 Rn 7). Vor Eheschließung eingegangene Verpflichtungen sollen ohne Zustimmung erfüllt werden können (ErmBudzikiewicz § 1365 Rn 4 mwN; § 1369 Rn 4, str). Konvaleszenz s §§ 1366, 1367 Rn 6. **c)** Zustimmungsbedürftig sind auch Vorverträge zu gebundenen Geschäften, 7 durch – bevollmächtigten oder ges – Vertreter vorgenommene RGeschäfte (sa Rn 9) sowie Zustimmungen zu Verfügungen Dritter über Ehegattenvermögen oder Hausrat, nicht aber schon widerrufliche Bevollmächtigungen. **d) Nicht zustim-** 8 **mungsbedürftig:** Vorkaufsvertrag (BGH NJW 82, 1100); Prozessführung einschließlich Klageverzicht und Anerkenntnis (Gernhuber/Coester-Waltjen § 35 Rn 11), Zwangsvollstreckungsmaßnahmen und -anträge von Gläubigern des Ehegatten (KG OLGZ 92, 242, str) und Unterwerfung iSv ZPO 794 I Nr 5, 800; zustimmungsbedürftig ist jedoch der verfügende Prozessvergleich (Gernhuber/ Coester-Waltjen aaO; Brox FamRZ 61, 285, str). **e) Keiner Zustimmung** bedür- 9 fen Testamentsvollstrecker, Nachlassverwalter, Insolvenzverwalter (ErmBudzikiewicz § 1365 Rn 5). **f) Zustimmungsfrei** sind ferner Verpflichtungsgeschäfte, die 10 nicht auf Verfügung über vinkuliertes Gut gerichtet sind, zB Bürgschaften (BGH ZIP 83, 276), Miet- und Pachtverträge oder andere Zahlungsverpflichtungen.

4. Rechtsnatur der Bindung. §§ 1365, 1369 enthalten nach hM absolute Ver- 11 äußerungsverbote (BGH 40, 218 f), da Familienschutz höher als Verkehrsschutz eingestuft wird (s aber § 1365 Rn 3). Teilweise wird darin auch eine Verfügungsbeschränkung sui generis gesehen (Gernhuber/Coester-Waltjen § 35 Rn 6). § 135 II ist unanwendbar, gutgl Erwerb vom Eigentümer-Ehegatten nicht möglich, wohl aber von seinem Vertragspartner oder einem anderen Dritten (Köln OLGZ 69, 171: Briefgrundschuld). Abhandenkommen des Besitzes des Nichteigentümer-Ehegatten hindert jedoch gutgl Erwerb nach § 935 I (s Gernhuber/Coester-Waltjen § 35 Rn 16).

5. Zustimmung. a) Sie ist als Einwilligung vor Abschluss des gebundenen 12 Geschäftes zu erklären, kann aber bei Verträgen auch als Genehmigung nachfolgen, § 1366 I, nicht dagegen bei einseitigen RGeschäften, s § 1367. **b)** Für die Erklärung 13 und ihre Wirkung gelten die §§ 182 ff: Sie kann gegenüber dem Ehegatten oder dem Dritten erfolgen (Ausnahme: § 1366 III), ist stets formlos möglich und wird vor allem für Hausratsgegenstände oft durch schlüssiges Verhalten und wechselseitig erfolgen; als vorab und bindend gegebene Generaleinwilligung ist sie jedoch nach § 1410 formbedürftig. Einwilligung ist bis zur Vornahme des RGeschäfts widerruflich, § 183. Eine Bevollmächtigung des Eigentümer-Ehegatten zur Zustimmung muss vom Verbot des Selbstkontrahierens (§ 181) entbinden. **c) Fehlt Zustim-** 14 **mung,** so ist ein einseitiges RGeschäft nichtig; ein Vertrag ist schwebend unwirksam. Er wird durch Genehmigung voll wirksam, durch Verweigerung endgültig unwirksam (Einzelheiten s §§ 1366, 1367). **Konvaleszenz** s §§ 1366, 1367 Rn 6. Bei Nichtigkeit des Verpflichtungsgeschäftes Leistungskondiktion auf den rechtsgrundlos überlassenen Besitz, bei Nichtigkeit des Verfügungsgeschäfts Vindikation, ggf auch Ansprüche auf Grundbuchberichtigung nach § 894 oder aus § 816 I bei Weiterveräußerung durch den Erwerber oder Dritte. Keine Einrede des Dritten gestützt auf ein venire contra factum proprium des Ehegatten. **d)** Dem Schutz des zustimmungsbefugten Nichteigentümer-Ehegatten dient § 1368. **e) Ersetzung der Zustimmung.** Eine rechtliche Verpflichtung zur Erteilung der Zustimmung besteht nicht. Unter bestimmten Voraussetzungen kann sie jedoch vom FamG auf Antrag des Eigentümer-Ehegatten ersetzt werden, s § 1365 II, 1369 II.

16   **6. Rechte des Vertragspartners. a)** Bei Nichtigkeit Haftung nach §§ 280 I, 241 II, 311 II (cic), ferner §§ 826, 823 II iVm StGB 263. **b)** Kein Zurückbehaltungsrecht aus § 273 (hL, vgl SoeLange § 1368 Rn 14), wohl aber aus § 1000 (aA Gernhuber/Coester-Waltjen § 35 Rn 84). **c)** Falls Ehegattenansprüche auf Geld gerichtet sind, zB aus § 816 I 1, ist Aufrechnung mit Gegenansprüchen infolge erbrachter Gegenleistung – § 812 I 1 – möglich (ErmBudzikiewicz § 1368 Rn 7).

§ 1365 Verfügung über Vermögen im Ganzen

(1) ¹Ein Ehegatte kann sich nur mit Einwilligung des anderen Ehegatten verpflichten, über sein Vermögen im Ganzen zu verfügen. ²Hat er sich ohne Zustimmung des anderen Ehegatten verpflichtet, so kann er die Verpflichtung nur erfüllen, wenn der andere Ehegatte einwilligt.

(2) Entspricht das Rechtsgeschäft den Grundsätzen einer ordnungsmäßigen Verwaltung, so kann das Familiengericht auf Antrag des Ehegatten die Zustimmung des anderen Ehegatten ersetzen, wenn dieser sie ohne ausreichenden Grund verweigert oder durch Krankheit oder Abwesenheit an der Abgabe einer Erklärung verhindert und mit dem Aufschub Gefahr verbunden ist.

1 **1. Voraussetzungen des Zustimmungserfordernisses. a)** I 1 bindet **Verpflichtungsgeschäfte** über Gegenstände des Gesamtvermögens iSd § 311b III (nicht die Begründung von *Zahlungs*verbindlichkeiten, BGH FamRZ 89, 1051 [Bürgschaft]) an die Einwilligung des anderen Ehegatten. Ist die Einwilligung *nicht* erteilt worden, sind die das gesamte (Aktiv-)Vermögen ausschöpfenden **Verfügungsgeschäfte** gem I 2 einwilligungsgebunden. Liegt hingegen die Einwilligung 2 zum Verpflichtungsgeschäft vor, ist die Verfügung zustimmungsfrei. **b) aa)** Bedeutung von **„Vermögen im Ganzen"** ist str. Familienschutz verlangt eine extensive Auslegung, Verkehrsschutz und das Prinzip selbstständiger Vermögensverwaltung (§ 1364) sprechen für Begrenzung. Die Rspr erweitert mit der „Einzeltheorie" den Tatbestand auf einzelne Rechte, beachtet aber mit der „subjektiven Theorie" Verkehrsschutzbelange. **bb)** Nach der **Einzeltheorie** (BGH 35, 143 [Erbauseinandersetzungsvertrag]; BGH 43, 174; aA „Gesamttheorie", vgl Sandrock, FS Bosch, S 842) fällt bereits ein RGeschäft über *einen* Gegenstand unter den Gesamtvermögensbegriff, sofern er im Wesentlichen das ganze Vermögen des Veräußerers darstellt. Maßgeblich ist das **Wertverhältnis** des Gesamtvermögens zum beim Ehegatten verbleibenden Restvermögen. Bei kleinen Vermögen ist I *nicht* erfüllt, wenn dem verfügenden Ehegatten 15% seines ursprünglichen Gesamtvermögens verbleiben (BGH 77, 299), bei größeren Vermögen schon bei einem Restvermögen von 10% (BGH FamRZ 91, 670 [Vermögen: 490 000 DM]). Grundlage der Berechnung ist das Aktivvermögen (einschl der Anwartschaften, BGH NJW 96, 1741) abzüglich der (valutierten) Belastungen (BGH 123, 93) und der Verbindlichkeiten. Bei der Berechnung bleibt die Gegenleistung außer Betracht, so dass Anlagegeschäfte oder Umschichtungen des (Gesamt-) Vermögens zustimmungspflichtig sein können (BGH 35, 145); unberücksichtigt bleiben ferner zukünftiges Arbeits- (BGH 101, 227) und Renteneinkommen (BGH NJW 90, 113). Da es auf Familienschutz ankommt, können auch unpfändbare Gegenstände beachtliches Restvermögen bil-

den. Sukzessive (isoliert nicht unter I fallende) Geschäfte können durch entspr Absicht der Parteien oder engen zeitlichen Zusammenhang so verknüpft sein, dass § 1365 anwendbar wird (vgl BGH FamRZ 67, 383). **cc)** Eingeschränkt wird die Einzeltheorie durch die **„subjektive Theorie"**. I greift danach nur ein, wenn der Vertragspartner positiv weiß, dass es sich bei dem Gegenstand um (nahezu) das ganze Vermögen handelt oder wenn er zumindest die Verhältnisse kennt, aus denen sich dies ergibt (BGH 43, 177). Bei Belastungen muss der Erwerber wissen, dass diese den Wert des Einzelgegenstands im Wesentlichen ausschöpfen (BGH 123, 95). Es genügt aber, wenn der Erwerber zum Zeitpunkt des Verpflichtungsgeschäfts keine Kenntnis hat (BGH 106, 253); Kenntniserlangung nach Verpflichtung, aber vor Verfügung hindert daher deren Wirksamkeit nicht (BGH NJW-RR 90, 1154). Die Beweislast trägt derjenige, der sich auf die Zustimmungsbedürftigkeit beruft, idR also der Ehegatte (BGH 43, 177). Nicht geschützt wird der Erwerber, der zwar den Gesamtvermögenscharakter kennt, nicht aber den Umstand, dass der Verfügende verheiratet ist, arg § 1366 II 2 (Schwab, FamR Rn 241). **c) Grundstücksgeschäfte.** Belastung zugunsten eines anderen ist Gesamtvermögensgeschäft, falls der Wert des Grundstücks und damit des Gesamtvermögens ausgeschöpft wird (BGH NJW 90, 113; NJW 93, 2441 [Wohnrecht]). Der Antrag auf Teilungsversteigerung bedarf der Einwilligung (BGH NJW 07, 3124); Löschungsbewilligung für Grundpfandrecht ist zustimmungsbedürftig. **Nicht** zustimmungsbedürftig ist die Bestellung einer Eigentümergrundschuld (ggf aber ihre Übertragung), die Bestellung einer Restkaufgeldhypothek oder eines Grundpfandrechts zur Sicherung eines zum Grundstückserwerb aufgenommenen Kredits (s BGH NJW 96, 1742), die Bestellung eines Vorkaufsrechts (vgl BGH NJW 82, 1100), die Vollstreckungsunterwerfung (BGH NJW 08, 3363) und die Bewilligung einer Vormerkung (BayObLG NJW 76, 574). Nießbrauch str (verneinend BGH FamRZ 66, 23). – Zur Prüfungspflicht des Grundbuchamts, ob Grundstücksgeschäft das Gesamtvermögen betrifft, s Zweibrücken Rpfleger 89, 95 (erkennbare Anhaltspunkte erforderlich; strenger BayObLG NJW 60, 821: wenn sich berechtigte Zweifel aufdrängen); zur Prüfungspflicht des Notars s BGH 64, 249. Für die Zustimmung gilt GBO 29 I. **d) Gesellschaftsrecht** (**Lit:** Sandrock, FS Duden, S 513). Bei RGeschäften, die einen Gesellschaftsvertrag betreffen, ist § 1365 anwendbar, falls der vermögensrechtliche Teil des Geschäfts bei wirtschaftlicher Betrachtungsweise das Gesamtvermögen des Ehegatten erfasst. Die Einbringung etwa eines Handelsgeschäfts oder eines Miterbenanteils in eine Gesellschaft kann Verfügung iSv I sein; bei der Bewertung ist der im Gesellschaftsanteil enthaltene Gegenwert nicht zu berücksichtigen, str; s Rn 2). Auch die Änderung eines Gesellschaftsvertrags und die Übertragung eines Gesellschaftsanteils (und eines Anwartschaftsrechts darauf, BGH NJW 96, 1740) fallen unter I, wenn entsprechende vermögensrechtliche Auswirkungen damit verbunden sind; Bsp: Verlust eines Abfindungsanspruchs (Köln NJW 62, 2109).

2. Zustimmungsersetzung. Das FamG kann die Zustimmung ersetzen, falls sie ohne ausreichenden Grund oder infolge abwesenheits- bzw krankheitsbedingter Verhinderung nicht erteilt wurde. **a)** Voraussetzung für beide Alternativen ist, dass das Geschäft **ordnungsgemäßer Verwaltung** entspricht, also die materielle Basis der Familie erhält oder verbessert und den Ausgleichsanspruch sichert. Bsp: Hofübergabe aus Alters- oder Gesundheitsgründen, Umschichtung inflationsbedrohter Vermögensanlagen. **b)** Zustimmung kann ersetzt werden, wenn sie **ohne ausreichenden**, im Schutzbereich des § 1365 liegenden **Grund** verweigert wird. Erforderlich ist eine Gesamtabwägung, die auch mögliche geschäftliche Alternativen berücksichtigt (Stuttgart NJW 83, 634 [Vermietung der Ehewohnung statt Verkauf]). Die konkrete *Gefährdung des Zugewinnausgleichsanspruchs* (bzw der Anwartschaft auf Zugewinn vor Scheidung, hierzu Köln NJW-RR 05, 5) berechtigt zur Zustimmungsverweigerung (BGH NJW 78, 1381); teilw werden jedoch auch *ideelle Motive* für ausreichend gehalten (BayObLG FamRZ 68, 317). Die Gründe müssen jedenfalls einen Bezug zum in Frage stehenden Geschäft haben, Verweigerung als

§§ 1366, 1367

Druckmittel zur Durchsetzung anderer Ansprüche ist nicht ausreichend begründet (SoeLange 67). Bedingungen oder Auflagen, welche den Weigerungsgrund ausräumen, sind möglich (BayObLG FamRZ 63, 521), nicht dagegen die Vorwegnahme der Sicherung des Zugewinnausgleichs durch Bürgschaft (BayObLG NJW 75, 835 f,
8 str). **c) Ersetzung** bei **krankheits- oder abwesenheitsbedingter Verhinderung** kann erfolgen, wenn das Geschäft keinen Aufschub gestattet („Gefahr im Verzug", vgl RG 103, 128 – unabweisbarer Kreditbedarf). IdR ist also eine länger dauernde
9 Verhinderung erforderlich. **d) Verfahren:** Zuständigkeit FamFG 262; antragsberechtigt ist nur der abschließende Ehegatte bzw dessen Erbe, nicht der Geschäftspartner; Richtervorbehalt; Wirksamkeit FamFG 116.

§ 1366 Genehmigung von Verträgen

(1) Ein Vertrag, den ein Ehegatte ohne die erforderliche Einwilligung des anderen Ehegatten schließt, ist wirksam, wenn dieser ihn genehmigt.

(2) ¹Bis zur Genehmigung kann der Dritte den Vertrag widerrufen. ²Hat er gewusst, dass der Mann oder die Frau verheiratet ist, so kann er nur widerrufen, wenn der Mann oder die Frau wahrheitswidrig behauptet hat, der andere Ehegatte habe eingewilligt; er kann auch in diesem Falle nicht widerrufen, wenn ihm beim Abschluss des Vertrags bekannt war, dass der andere Ehegatte nicht eingewilligt hatte.

(3) ¹Fordert der Dritte den Ehegatten auf, die erforderliche Genehmigung des anderen Ehegatten zu beschaffen, so kann dieser sich nur dem Dritten gegenüber die Genehmigung erklären; hat er sich bereits vor der Aufforderung seinem Ehegatten gegenüber erklärt, so wird die Erklärung unwirksam. ²Die Genehmigung kann nur innerhalb von zwei Wochen seit dem Empfang der Aufforderung erklärt werden; wird sie nicht erklärt, so gilt sie als verweigert. ³Ersetzt das Familiengericht die Genehmigung, so ist sein Beschluss nur wirksam, wenn der Ehegatte ihn dem Dritten innerhalb der zweiwöchigen Frist mitteilt; andernfalls gilt die Genehmigung als verweigert.

(4) Wird die Genehmigung verweigert, so ist der Vertrag unwirksam.

§ 1367 Einseitige Rechtsgeschäfte

Ein einseitiges Rechtsgeschäft, das ohne die erforderliche Einwilligung vorgenommen wird, ist unwirksam.

Anmerkungen zu den §§ 1366, 1367

1 **1. Allgemeines.** Regelung der Rechtsfolgen fehlender Einwilligung und erteilter Genehmigung (sa §§ 108 f, 177 f) bei Gesamtvermögensgeschäften und Verfügung über Hausrat (s § 1369 III). Ein ohne Einwilligung geschlossener (schuldrechtlicher oder dinglicher) Vertrag ist nach § 1366 genehmigungsfähig und bis zur Genehmigung (§ 1366 I) bzw deren Verweigerung (§ 1366 IV) schwebend unwirksam. Einseitige RGeschäfte ohne Einwilligung sind gem § 1367 nichtig.

2 **2. Schwebezustand.** Bei **Verträgen** bewirkt die fehlende Einwilligung einen Schwebezustand. **Beendigung der Schwebelage: a) Erteilung** der Genehmigung (§ 1366 I). Erteilung s § 182 I (Ausnahme § 1366 III 1 HS 1 nach Aufforderung zur Genehmigungseinholung: Erteilung nur an Dritten); Form s § 182 II (aber bei Grundstücksgeschäften *grundbuchrechtlich* GBO 29 I erforderlich). Folge der Geneh-
3 migung: Wirksamwerden des Vertrags ex tunc (§ 184 I). **b) aa) Verweigerung** der Genehmigung durch den anderen Ehegatten. Voraussetzung ist, dass Ehegatte das

Titel 6. Eheliches Güterrecht § 1368

Rechtsgeschäft und seinen wesentlichen Inhalt kennt (BGH NJW 92, 1099 f). Folge: Vertrag ist grundsätzlich endgültig unwirksam (§ 1366 IV). Der vertragsschließende Ehegatte hat Rückgewähransprüche aus §§ 985, 894, 812, soweit bereits geleistet; der andere Ehegatte kann sie nach § 1368 geltend machen. Die Verweigerung der Genehmigung ist unwiderruflich (BGH NJW 94, 1786). **bb) Wirksamwerden** 4 trotz Genehmigungsverweigerung in zwei Ausnahmefällen (BGH NJW 94, 1786): (1) Ersetzung der Zustimmung durch das FamG nach § 1365 II. Wirksamwerden setzt voraus, dass der Ehegatte dem Dritten die familiengerichtl Genehmigung innerhalb einer Frist von zwei Wochen mitteilt (§ 1366 III 3). (2) Hatte der andere Ehegatte dem vertragsschließenden Ehegatten die Zustimmung bereits verweigert, wird diese Erklärung nach § 1366 III 1 HS 2 unwirksam, wenn der Dritte zur Einholung der Genehmigung auffordert. Der Vertrag wird mit Erklärung der Genehmigung an den Dritten wirksam. **c) Widerruf** des Vertrags (genauer: der Willenserklä- 5 rung) durch den Vertragspartner (§ 1366 II 1). Das Widerrufsrecht besteht nicht, wenn der Dritte wusste, dass sein Vertragspartner verheiratet ist, es sei denn, dieser hatte die Einwilligung unzutreffend behauptet (§ 1366 II 2 HS 1); Unterausnahme: Trotz behaupteter Einwilligung kennt der Dritte deren Fehlen (§ 1366 II 2 HS 2) und ist daher nicht schutzwürdig. **d) Konvaleszenz** möglich, wenn während der 6 Schwebelage (BGH NJW 94, 1787) der Schutzweck der §§ 1365, 1369 entfällt. Bei § 1369 mit Ende des Güterstands. Bei § 1365 ist Zugewinnausgleich zu beachten. Daher führt nicht schon Scheidung (BGH NJW 78, 1381) zu Konvaleszenz, wohl aber Tod des zustimmungsberechtigten Ehegatten, gleich ob Zugewinn nach der erbrechtlichen (§ 1371 I) oder güterrechtlichen Lösung (§ 1371 II) ausgeglichen wird (BGH NJW 82, 1100). Konvaleszenz ferner, wenn Ehegatten Gütertrennung vereinbaren und Zugewinnausgleichsforderung erlassen.

3. Unwirksamkeit nach § 1367. Einseitige RGeschäfte (zB Stiftungsgeschäft, 7 Vollmacht für Gesamtvermögensgeschäft) sind gem § 1367 nichtig und damit nicht genehmigungsfähig. Parallelvorschriften: §§ 111 S 1, 180 S 1. Ist Empfänger mit Schwebelage einverstanden, findet analog § 180 S 2 Regelung des § 1366 Anwendung.

§ 1368 Geltendmachung der Unwirksamkeit

Verfügt ein Ehegatte ohne die erforderliche Zustimmung des anderen Ehegatten über sein Vermögen, so ist auch der andere Ehegatte berechtigt, die sich aus der Unwirksamkeit der Verfügung ergebenden Rechte gegen den Dritten gerichtlich geltend zu machen.

1. Funktion. Schutz des übergangenen Ehegatten. 1

2. Rechte des übergangenen Ehegatten. Die auf Grund **nichtiger Verfü-** 2 **gungen** entstandenen Ansprüche – §§ 985, 894, 812 – können auch vom übergangenen Ehegatten geltend gemacht werden (auch nach Scheidung, BGH NJW 84, 610); Feststellung der Nichtigkeit nur unter den Voraussetzungen von ZPO 256 (BGH NJW-RR 90, 1154). Arrest und einstweilige Verfügung möglich, bei Grundstücksrechten kann durch einstweilige Verfügung Veräußerungsverbot ins Grundbuch eingetragen werden (Celle NJW 70, 1882). Bei Zwangsvollstreckung des Dritten hat der übergangene Ehegatte ZPO 771. Zu den Gegenrechten des Dritten s Rn 16 vor §§ 1365–1369.

3. Modalitäten der Ausübung. a) Revokation geschieht als Ausübung fremder 3 Rechte im eigenen Namen; im Prozess in Prozessstandschaft (MK/Koch 3). **b)** Rechtskraft des Urteils erstreckt sich nicht auf den anderen Ehegatten (MK/Koch 22, str); folglich auch keine wechselbezügliche Rechtshängigkeitswirkung. **c)** Der revozierende Ehegatte muss Herausgabe an den Inhaber-Ehegatten fordern, 4 kann nach hM jedoch auch Herausgabe an sich verlangen, jedenfalls bedingt für

§ 1369

den Fall, dass der verfügende Ehegatte nicht zurücknehmen will (s ErmBudzikiewicz 13).

5 **4. Abgrenzung.** Eigene Rechte des revozierenden Ehegatten, etwa aus Miteigentum oder Mitbesitz, fallen nicht unter § 1368 und bleiben von dessen Anwendungsvoraussetzungen unberührt.

6 **5. Entsprechende Anwendung.** S § 1519 S 2.

§ 1369 Verfügungen über Haushaltsgegenstände

(1) **Ein Ehegatte kann über ihm gehörende Gegenstände des ehelichen Haushalts nur verfügen und sich zu einer solchen Verfügung auch nur verpflichten, wenn der andere Ehegatte einwilligt.**

(2) **Das Familiengericht kann auf Antrag des Ehegatten die Zustimmung des anderen Ehegatten ersetzen, wenn dieser sie ohne ausreichenden Grund verweigert oder durch Krankheit oder Abwesenheit verhindert ist, eine Erklärung abzugeben.**

(3) **Die Vorschriften der §§ 1366 bis 1368 gelten entsprechend.**

1 **1. Allgemeines.** Zu Funktion und Zweck s Rn 1 f vor §§ 1365–1369. Sicherung des Zugewinnausgleichs tritt bei Hausrat zurück. I gilt auch bei Getrenntleben (Koblenz NJW 91, 3224, str); sa § 1361a. Rechtsnatur der Bindung s Rn 11 vor §§ 1365–1369; Rechtsfolgen zustimmungsloser Geschäfte s Rn 14 ff vor §§ 1365–1369.

2 **2. Tatbestand. a) Haushaltsgegenstände** sind Sachen, die nach den Vermögens- und Lebensverhältnissen der Eheleute zum gemeinsamen Zusammenleben der Familie bestimmt sind (s § 1361a Rn 4), ggf auch Luxusgegenstände (LG Ravensburg FamRZ 95, 1585: Segelyacht); ein Pkw dann, wenn es sich dabei um das Einzige im Besitz der Familie befindliche Fahrzeug handelt, str (vgl Düsseldorf NJW 07, 1001). Nicht erfasst sind zum persönlichen Gebrauch (zB Kleider, Schmuck), zur Berufsausübung oder als Vermögensanlage (Kunstgegenstände) bestimmte Sachen.

3 Die Vorschrift ist *nicht* (analog) anwendbar auf Ansprüche auf Hausrat (str), etwa auf Lieferung aus einem Kaufvertrag (PalBrudermüller 4) oder auf Besitzüberlassung aus einem Miet- oder Pachtvertrag; auch nicht analog auf Forderungen, die Hausratsgegenstände surrogieren, zB auf Schadensersatz oder auf eine Versicherungssumme.

4 **b)** Hausrat muss im **(Mit-)Eigentum des verfügenden Ehegatten** („ihm gehören") stehen. Gleich zu behandeln sind die Anwartschaft des EV-Käufers und

5 des Sicherungsgebers (bei Bedingungskonstruktion, s § 930 Rn 43). **c)** Im **Eigentum des übergangenen Ehegatten** stehende Gegenstände fallen nicht unter § 1369 (ErmBudzikiewicz 8, sehr str; aA Gernhuber/Coester-Waltjen § 35 Rn 53). Regelmäßig scheitert Erwerb durch Vertragspartner an § 935, weil Hausrat im Mitbesitz des übergangenen Ehegatten steht, s Rn 11 vor §§ 1365–1369.

6 **3. Gebundene Rgeschäfte.** S Rn 3 vor §§ 1365–1369. Auch eine Sicherungsübereignung kann zustimmungsbedürftig sein; anders als Sicherung von kreditiertem Erwerb (LG Bielefeld MDR 63, 760), da im wirtschaftlichen Ergebnis Kauf unter Eigentumsvorbehalt vorliegt.

7 **4. Ersetzung der Zustimmung, II. Voraussetzung** für die **Ersetzung der Zustimmung** ist das Fehlen eines ausreichenden Grundes für die Verweigerung oder krankheits- oder abwesenheitsbedingte Verhinderung der Erklärung. Maßgeblich ist, ob das Geschäft die Familieninteressen schädigt. Anders als bei § 1365 II kommt es nicht darauf an, ob das RGeschäft den Grundsätzen einer „ordnungsgemäßen Verwaltung" entspricht. Allerdings ist die Zustimmungsverweigerung ausreichend begründet, wenn das Geschäft ordnungsmäßiger Verwaltung widerspricht, ferner, wenn die Veräußerung den Anspruch des übergangenen Ehegatten aus

Titel 6. Eheliches Güterrecht Vor §§ 1371–1390, § 1371

§ 1568b gefährdet (BayObLG FamRZ 80, 1001). – Ermessen des FamG („kann") **8** dürfte auch bei krankheits- oder abwesenheitsbedingter Zustimmungshinderung die Ablehnung der Ersetzung decken, falls keine ordnungsgemäße Verwaltung vorliegt (SoeLange 23). Gefahr durch Aufschub der Zustimmung in diesen Fällen nicht erforderlich, aber zu berücksichtigen. Notlage des verfügenden Ehegatten kann sogar Beeinträchtigung des Familienhaushalts rechtfertigen (vgl BayObLG FamRZ 60, 158).

5. Verfahren. S § 1365 Rn 9. **9**

Vorbemerkungen zu den §§ 1371–1390

Lit: Gernhuber, Geld und Güter beim Zugewinnausgleich, FamRZ 84, 1053.

Das Ges unterscheidet zwei Situationen, in denen der ges Güterstand beendet **1** wird: 1. durch Tod oder 2. „auf andere Weise als durch Tod" (s § 1372). Nur in den Fällen der 2. Gruppe wird ein etwaiger Zugewinn ausgeglichen. Bei Beendigung des ges Güterstandes durch Tod wird dagegen im ges Regelfall des § 1371 I der ges Erbteil des überlebenden Ehegatten erhöht, ohne dass es darauf ankommt, ob der Verstorbene einen „Zugewinn" seines Vermögens hatte (s § 1371 I HS 2). Die **erb- 2 rechtliche Lösung** soll ob ihrer Einfachheit Streitigkeiten zwischen nahen Angehörigen verhindern. Freilich wurden damit im Kernbereich des ges Güterstandes familienrechtliche und erbrechtliche Zielsetzungen systemwidrig verkoppelt und bestimmte Grundwertungen beider Rechtsgebiete preisgegeben: So vor allem die erbrechtliche Sicherstellung der Abkömmlinge, die erbrechtliche Gleichbehandlung von „einseitigen" Kindern und solchen aus der durch Tod eines Ehegatten beendeten Ehe (s zunächst § 1371 IV), vor allem aber die dem Zugewinnausgleich zugrunde liegende Idee der **Teilung** (da weder berechnet noch geteilt wird) **gemeinschaftlich erarbeiteter** Werte (da auch voreheliches Vermögen in der erbrechtlichen Abgeltung einbezogen wird).

§ 1371 Zugewinnausgleich im Todesfall

(1) **Wird der Güterstand durch den Tod eines Ehegatten beendet, so wird der Ausgleich des Zugewinns dadurch verwirklicht, dass sich der gesetzliche Erbteil des überlebenden Ehegatten um ein Viertel der Erbschaft erhöht; hierbei ist unerheblich, ob die Ehegatten im einzelnen Falle einen Zugewinn erzielt haben.**

(2) **Wird der überlebende Ehegatte nicht Erbe und steht ihm auch kein Vermächtnis zu, so kann er Ausgleich des Zugewinns nach den Vorschriften der §§ 1373 bis 1383, 1390 verlangen; der Pflichtteil des überlebenden Ehegatten oder eines anderen Pflichtteilsberechtigten bestimmt sich in diesem Falle nach dem nicht erhöhten gesetzlichen Erbteil des Ehegatten.**

(3) **Schlägt der überlebende Ehegatte die Erbschaft aus, so kann er neben dem Ausgleich des Zugewinns den Pflichtteil auch dann verlangen, wenn dieser ihm nach den erbrechtlichen Bestimmungen nicht zustünde; dies gilt nicht, wenn er durch Vertrag mit seinem Ehegatten auf sein gesetzliches Erbrecht oder sein Pflichtteilsrecht verzichtet hat.**

(4) **Sind erbberechtigte Abkömmlinge des verstorbenen Ehegatten, welche nicht aus der durch den Tod dieses Ehegatten aufgelösten Ehe stammen, vorhanden, so ist der überlebende Ehegatte verpflichtet, diesen Abkömmlingen, wenn und soweit sie dessen bedürfen, die Mittel zu einer angemessenen Ausbildung aus dem nach Absatz 1 zusätzlich gewährten Viertel zu gewähren.**

§ 1371

1 Allgemeines. § 1371 regelt die Folgen der durch Tod eines Ehegatten eintretenden Auflösung des ges Güterstandes und enthält drei Komplexe: **a)** I regelt die güterrechtlich motivierte, aber erbrechtlich zu qualifizierende Erhöhung des ges **2** Erbteils des überlebenden Ehegatten. **b)** II und III regeln einmal den Zugewinnausgleich in Fällen, in denen der überlebende Ehegatte nicht Erbe oder Vermächtnisnehmer wird, zum anderen den Umfang und die – teilw die erbrechtlichen Vor- **3** schriften modifizierenden – Voraussetzungen des Pflichtteilsrechts. **c)** IV gewährt bestimmten Abkömmlingen gegen den überlebenden Ehegatten einen Anspruch auf Mittel zur Ausbildung als Ausgleich für die Benachteiligung auf Grund der Regelung des I.

I. Erbrechtliche Lösung

4 1. Voraussetzungen für die Erhöhung des ges Erbteils nach I. a) Beendigung des Güterstandes durch den **Tod eines Ehegatten** (zum Fall des gleichzeitigen Todes beider Ehegatten s Rn 13). **b) Güterstand der Zugewinngemeinschaft** im Zeitpunkt des Todes. **c)** Der überlebende Ehegatte ist **ges Erbe** des verstorbenen Ehegatten geworden.

5 2. Folgen. a) Erbteil des überlebenden Ehegatten wird um ¼ **erhöht**. Er erbt also in Ergänzung der Grundregel des § 1931 neben den Abkömmlingen des Verstorbenen die Hälfte, neben Verwandten der 2. Ordnung und Großeltern jedenfalls ¾ (ggf nach § 1931 I 2 iVm § 1371 mehr, Einzelheiten v. Olshausen FamRZ 81, 633). **6 b)** Der nach I erhöhte Erbteil ist **Maßstab für den Pflichtteil** nach § 2303 II, sog „großer Pflichtteil" (hM, s BGH 42, 184; ErmSchlüter § 2303 Rn 7 ff je mwN), sofern nicht die Voraussetzungen des II vorliegen; nach seiner Höhe richten sich Pflichtteilsansprüche des durch letztwillige Verfügung auf einen (geringeren) Erbteil Berufenen (§ 2305) und des nur mit einem Vermächtnis bedachten (arg aus II) Ehegatten nach § 2307 I 2 (vgl Dieckmann DNotZ 83, 631), Pflichtteilsergänzungsansprüche (§§ 2325–2330) sowie die Kürzungseinrede nach §§ 2318, 2319. Entspr dem erhöhten Pflichtteil mindern sich die Pflichtteile anderer Pflichtteilsberechtigter (BGH 37, 59), und zwar unabhängig davon, ob der Ehegatte ges oder testamentari- **7** scher Erbe geworden ist (str; s BGH aaO). **c)** Die Erhöhung ist echte Erbteilserhöhung trotz der irreführenden Formulierung „Verwirklichung des Ausgleichs des Zugewinns". Annahme oder Ausschlagung können nach § 1950 nicht auf das erhöhte Viertel oder den Erbteil nach § 1931 beschränkt werden. Zur Möglichkeit eines Verzichts auf einen Bruchteil s Gernhuber/Coester-Waltjen § 37 Rn 2. Der erhöhte Erbteil unterliegt voll der Erbschaftssteuer, soweit er nicht einen Zugewinn enthält, ErbStG 5 I. Zum gütervertraglich geregelten Ausgleichsanspruch s Litfin BB 75, 1213. Zur Qualifikation als güterrechtliche Regelung durch die hL im IPR **8** s PalThorn EGBGB 15, 26. **d)** Unberührt bleiben der Voraus nach § 1932 und etwa ausgesetzte Vermächtnisse. **e)** Andere Ansprüche wegen Zuwendungen zwischen den Ehegatten während der Ehe s BGH NJW 76, 2132; krit Kühne FamRZ 78, 221.

II. Güterrechtliche Lösung

9 1. Voraussetzungen. Der überlebende Ehegatte ist weder (ges oder durch letztwillige Verfügung berufener) Erbe noch Vermächtnisnehmer geworden; Gründe etwa: Erbunwürdigkeit, §§ 2339 ff, Erbverzicht, §§ 2346 ff, Enterbung, § 1938 (iZw ist so auch die Einsetzung auf den Pflichtteil zu verstehen, § 2304), Ausschlagung der Erbschaft oder (und) eines Vermächtnisses.

10 2. Folgen. a) Der überlebende Ehegatte kann Pflichtteil und Ausgleich des tatsächlichen Zugewinns verlangen. Stichtag für Endvermögen ist Todestag; bei laufender Scheidung und begründetem Scheidungsantrag jedoch § 1384 analog (BGH NJW 04, 1321). Der Pflichtteil berechnet sich nach dem nicht erhöhten ges Ehegattenerbteil gem § 1931, sog „kleiner Pflichtteil" (BGH NJW 82, 2497); der Ehegatte

Titel 6. Eheliches Güterrecht   **§ 1371**

kann nicht statt Zugewinnausgleich den „großen" Pflichtteil verlangen (BGH aaO; str). **b)** Schlägt der überlebende Ehegatte die Erbschaft aus (§§ 1942 ff), erhält er (über die §§ 2306 I 2, 2307 hinausgehend, sa § 2303 Rn 3) den Pflichtteilsanspruch neben dem Zugewinnausgleichsanspruch, III. Die Möglichkeit, den Zugewinnausgleich zu verlangen, wird als legitimer Ausschlagungsgrund bewertet, der nicht zum Wegfall des Pflichtteilsanspruchs führen soll (StThiele 70). Zu den damit für den überlebenden Ehegatten eröffneten Wahlmöglichkeiten ie s Gernhuber/Coester-Waltjen § 37 Rn 16 ff. **c)** Der neben dem Pflichtteil zu beanspruchende Zugewinnausgleich richtet sich gegen den/die Erben; als Nachlassforderung geht er Verbindlichkeiten aus Vermächtnissen, Pflichtteilen und Auflagen im Rang vor. Für seine Ausgestaltung gelten die §§ 1373–1383. Er unterliegt nicht der Erbschaftssteuer, ErbStG 5 II. **d)** Versterben beide Eheleute gleichzeitig oder wird gleichzeitiger Tod vermutet (VerschG 11), dann findet kein Zugewinnausgleich statt (BGH 72, 89, str; zust Werner DNotZ 78, 736 mwN).

III. Ausbildungsanspruch

1. Allgemeines. a) IV soll die infolge I eintretenden Benachteiligungen der einseitigen Abkömmlinge des verstorbenen Ehegatten ausgleichen, die mangels Verwandtschaft kein ges Erbrecht nach dem Überlebenden haben. **b)** Die Benachteiligung kann in eine Bevorzugung der halbbürtigen Geschwister umschlagen, wenn sie mit ihrem Ausbildungsanspruch das volle Ehegattenviertel ausschöpfen, drei oder mehr vollbürtige Geschwister sich dagegen die (andere) Hälfte des Nachlasses teilen müssen. **c)** Der Anspruch ist als erbrechtliche Beschwerung zu qualifizieren, doch lässt die Einbindung unterhaltsrechtlicher Züge analoge Anwendung einzelner Vorschriften des Unterhaltsrechtes zu.

2. Voraussetzungen. a) Ehegatte ist **ges Erbe** nach § 1931 I geworden (für Ausdehnung auf den nach § 2066 S 1 bedachten Ehegatten s Gernhuber/Coester-Waltjen § 37 Rn 38). **b)** Nach gesetzlicher Erbfolge erbberechtigte **Abkömmlinge** (s § 1924 I, III). Nicht: Erbfolge auf Grund letztwilliger Verfügung, auch wenn Abkömmling eingesetzt wird, str. Keinen Ausbildungsanspruch hat, wer auf Grund Erbunwürdigkeit, Erbverzicht, Enterbung usw nicht erbberechtigt ist. **c)** Der Abkömmling muss **bedürftig** sein, dh er darf keine eigenen Einkünfte haben. Einkünfte aus zumutbarem Nebenerwerb sollten anrechenbar sein (str; s ErmBudzikiewicz 25 mwN). Zum Vermögensstamm s Gernhuber/Coester-Waltjen § 37 Rn 42. Unterhaltsansprüche gegen Verwandte hindern den Ausbildungsanspruch nicht, da im Verhältnis zum unterhaltsverpflichteten Verwandten Bedürftigkeit insoweit nicht besteht, als die Ausbildung durch den erbrechtlichen Erwerb sichergestellt werden kann (hM, sa Rn 21).

3. Folgen. a) Anspruch auf die für eine angemessene Ausbildung erforderlichen Mittel, also zumeist Geld in Form einer Geldrente analog § 1612 I 1, III 1. Soweit mit Ausbildung vereinbar, kann auch Bestimmungsbefugnis in analoger Anwendung von § 1612 II angenommen werden. **b) Umfang.** Ob zu den Ausbildungskosten auch die allg Lebenshaltungskosten gehören (mit der Folge entspr Entlastung anderer Unterhaltspflichteter, Rn 19) ist str, aber auf Grund der unterhaltsrechtlichen Momente des Anspruchs zu bejahen (Gernhuber/Coester-Waltjen § 37 Rn 45; aA zB Johannsen FamRZ 61, 164 je mwN). **Angemessenheit der Ausbildung** bestimmt sich entspr den zum Unterhaltsrecht entwickelten Kriterien (s § 1610 Rn 2 ff).

4. Haftungsumfang. Trotz Formulierung des Textes nicht gegenständlich, sondern wertmäßig auf das Erbschaftsviertel (im Zeitpunkt des Anfalls) begrenzte Haftung. Alle Belastungen des Erbteils sind in Abzug zu bringen (Gernhuber/Coester-Waltjen § 37 Rn 47, str), der Berechtigte geht also Erblasser- und Erbfallgläubigern nach. Beschränkung der Erbenhaftung möglich, Gernhuber/Coester-Waltjen § 37 Rn 48 (str).

§ 1372

23   **5. Mehrere Berechtigte.** Sind wie gleichberechtigte Unterhaltsgläubiger zu behandeln; ein nicht ausreichendes Viertel führt also zu (dem Ausbildungsbedarf proportionalen) Kürzungen (ErmBudzikiewicz 27; str).

§ 1372 Zugewinnausgleich in anderen Fällen

Wird der Güterstand auf andere Weise als durch den Tod eines Ehegatten beendet, so wird der Zugewinn nach den Vorschriften der §§ 1373 bis 1390 ausgeglichen.

Lit: Haas, Ehegatteninnengesellschaft und familienrechtlicher Vertrag sui generis, FamRZ 02, 205.

1   **1. Allgemeines.** Der Zugewinnausgleich erfolgt im Wege der „**güterrechtlichen Lösung**", wenn der Güterstand „auf andere Weise als durch den Tod eines Ehegatten" (sa Rn 1 vor §§ 1371–1390) beendet wird. Darunter fallen insbes die Scheidung (§ 1564), die Eheaufhebung (§ 1318 III), der Beschluss, mit dem auf vorzeitige Aufhebung der Zugewinngemeinschaft erkannt wird (§ 1388) und die ehevertragliche Aufhebung des (zunächst durch Eheschließung begründeten) ges Güterstands, auch durch Ausschluss des Zugewinnausgleichs (§ 1414 S 2).

2   **2. Abgrenzung.** Für die **Auseinandersetzung vergemeinschafteter Vermögensbestandteile**, zB Ehegattengesellschaft (vgl BGH 47, 162) und Bruchteilsgemeinschaft (BGH NJW 02, 3703 [Sparguthaben]) gelten die §§ 1371–1390 nicht. Gemeinschaftliche Hausratsgegenstände und Ausgleichsforderungen aus Hausratsverteilung unterliegen auch nach der Güterrechtsreform 2009 nicht dem Zugewinnausgleich (ErmBudzikiewicz 9, str; zum alten Recht BGH 89, 137; NJW 91, 1552; krit Gernhuber FamRZ 84, 1054 – die Bedenken haben besonderes Gewicht für § 1361b). Statt Auseinandersetzung gemeinschaftlicher Gegenstände kann uU ein Ehegatte nach § 242 (Rück-)Übertragung eines Miteigentumsanteils verlangen, wenn Teilungsversteigerung zu unzumutbaren Ergebnissen führen würde (BGH 68, 304; s zum Familienheim Graba NJW 87, 1725).

3   **3. Ausgleich besonderer Leistungen. a)** Aufgrund der ehelichen Lebensgemeinschaft kann es zu vielerlei Leistungen zwischen den Ehegatten kommen, zB Dienstleistungen, Mitarbeit im Betrieb, ehebedingte Zuwendungen, Tilgung von Verbindlichkeiten usw. Die entsprechenden Ausgleichsansprüche bereiten zuneh-
4   mend Probleme. **b)** Die eheliche Lebensgemeinschaft kann zu **Dienstleistungen** verpflichten (BGH 77, 162), etwa bei erforderlicher Krankenpflege (falls nicht Beitrag zum Familienunterhalt, s BGH NJW 93, 124) oder bei der gemeinsamen Schaffung einer Existenz auf der Grundlage der noch aufzubauenden Arztpraxis eines Partners (vgl BGH NJW 74, 2046). Jenseits der unproblematischen Fälle eindeutiger schuldvertraglicher Abreden (Arbeitsvertrag, hierzu Fenn, Die Mitarbeit in den Diensten Familienangehöriger, 1970, S 31 ff; Gesellschaftsvertrag s BGH NJW-RR 90, 736; 88, 261; krit zur Eigenheimgesellschaft K. Schmidt AcP 182, 482) wird die Frage des **Ausgleichs** vor allem wichtig, wenn nach Beendigung der Ehe für die erbrachten Leistungen Entgelt verlangt wird (hierzu grundsätzlich Johannsen WM 78, 502 ff; zur Entwicklung der Rspr umfassend Rauscher AcP 186, 531). Die Rspr lässt dazu *konkludent* erklärte vertragliche Regelungen zu, vgl BGH 84, 367; BGH NJW 94, 2545 (Mitarbeit im Betrieb; bei Scheitern der Ehe Geschäftsgrundlage „Kooperationsvertrag" entfallen). Je nach Ausgestaltung ie können Dienst-, Gesellschafter- oder Kooperationspflichten sui generis (Gernhuber/Coester-Waltjen § 20 Rn 30) vereinbart sein, die zu entgelten bzw bei Auseinandersetzung der Gesellschaft zu berücksichtigen sind. **c) Arbeitsleistungen**
5   zum Ausbau eines Familienheims können, wenn nicht ein Gesellschaftsvertrag geschlossen ist, auf Grund familienrechtlichen Vertrags besonderer Art erbracht worden sein; bei Scheitern der Ehe Ausgleichsanspruch wegen Wegfalls der

Titel 6. Eheliches Güterrecht §§ 1373, 1374

Geschäftsgrundlage (BGH 84, 367 f, BGH NJW 94, 2545), nicht dagegen Bereicherungsausgleich (BGH 84, 364). **d)** Im ges Güterstand findet Ausgleich **ehebedingter Zuwendungen** nach den Ausgleichsregeln des ehelichen Güterrechts statt (BGH NJW-RR 90, 834 mwN), nur ausnahmsweise nach § 242 (BGH 115, 135 f; NJW 89, 1987 [Gütertrennung]; s BGH NJW-RR 96, 1347 [Wegfall der Geschäftsgrundlage]; zur Rspr Rauscher AcP 186, 531, 550). Rückforderung jedenfalls nicht vor Scheidung (München FamRZ 99, 1663). Entspr der neuen Rspr des BGH zu den Schwiegerelternzuwendungen (NJW 10, 2202) kommt ggf auch ein Ausgleich nach § 812 I 2 Alt 2 in Betracht. – Widerruf wie bei Schenkungen scheidet aus. Abgrenzung von Schenkung subjektiv nach Zweckrichtung: freigebige Zuwendung oder Ausgestaltung der Lebensgemeinschaft (BGH aaO, Waas FamRZ 00, 453). **e) Gesamtschuldnerausgleich** nach § 426 (dazu Gernhuber JZ 96, 696; Bosch FamRZ 02, 366) kann insbes bei Bedienung gemeinsamer Schulden nach Scheitern der Ehe geltend gemacht werden (BGH NJW 95, 653). **f)** Zur **Befreiung von Kreditsicherheiten** für Verbindlichkeiten des anderen s BGH NJW 89, 1920; Hamm FamRZ 92, 437. **g)** Ausgleich **Steuerzahlungen** s Dorstmann FamRZ 91, 761. 6

7

8

§ 1373 Zugewinn

Zugewinn ist der Betrag, um den das Endvermögen eines Ehegatten das Anfangsvermögen übersteigt.

Begriffsdefinition, die verdeutlicht, dass Zugewinn nur eine Rechengröße, nicht eine rechtlich selbstständige Vermögensmasse ist. Auch nach der Einführung negativen Anfangs- (§ 1374 III) und Endvermögens (§ 1375 I 2) durch die Güterrechtsreform 2009 kann der Zugewinn aber nicht negativ sein. Verluste der Ehegatten sind weiterhin nicht auszugleichen (ErmBudzikiewicz 2 mwN). 1

§ 1374 Anfangsvermögen

(1) Anfangsvermögen ist das Vermögen, das einem Ehegatten nach Abzug der Verbindlichkeiten beim Eintritt des Güterstands gehört.

(2) Vermögen, das ein Ehegatte nach Eintritt des Güterstands von Todes wegen oder mit Rücksicht auf ein künftiges Erbrecht, durch Schenkung oder als Ausstattung erwirbt, wird nach Abzug der Verbindlichkeiten dem Anfangsvermögen hinzugerechnet, soweit es nicht den Umständen nach zu den Einkünften zu rechnen ist.

(3) Verbindlichkeiten sind über die Höhe des Vermögens hinaus abzuziehen.

1. Allgemeines. § 1374 bestimmt den zur Berechnung des Zugewinns erforderlichen Rechnungsposten „Anfangsvermögen" (s § 1373) und das maßgebende Datum („Eintritt des Güterstandes", dazu Rn 2), ferner die Berücksichtigung bzw Nichtberücksichtigung bestimmter Vermögenspositionen, um spezifisch familienrechtlichen Wertungen Rechnung zu tragen (Rn 5 ff). Iü s für die Bewertung der Gegenstände § 1376 I und dort Rn 6 ff. 1

2. Eintritt des Güterstandes. Mangels Parteivereinbarung Zeitpunkt der Eheschließung; bei vor Inkrafttreten des GleichberG geschlossenen Ehen der 1.7.1958, GleichberG 8 I Nr 3; bei in der DDR geschlossenen Ehen des 3.10.1990, EGBGB 234 § 4. Ehevertrag kann anderen Zeitpunkt des Eintritts bestimmen bzw für die Bewertung des Anfangsvermögens als maßgeblich festlegen (s §§ 1408, 1409 Rn 3). Form: § 1410. 2

3. Berechnung. a) Die Berechnung erfolgt durch Addition aller Aktiva. Von der Summe sind alle Verbindlichkeiten abzuziehen, seit der Güterrechtsreform 2009 3

Berger/Mansel 1661

§§ 1373, 1374

auch über die Höhe des Aktivvermögens hinaus (III). Ein „negatives" Anfangsvermögen ist nicht mehr ausgeschlossen. Der Zugewinnausgleich erfasst damit auch den wirtschaftlichen Zugewinn, der durch Abbau vorehelicher Verbindlichkeiten
4 erzielt wird; zum Übergangsrecht s ErmBudzikiewicz 6. **b)** Das **Aktivvermögen** umfasst alle dem Ehegatten zustehenden Vermögensrechte und rechtlich geschützten Positionen von wirtschaftlichem Wert, die beim Eintritt des Güterstands bereits vorhanden sind (BGH 82, 150 [Abfindung für Witwenrente bei Wiederheirat]). Dazu zählen auch Anwartschaften und vergleichbare werthaltige Rechtsstellungen (BGH NJW 01, 440 [Abfindung für Arbeitsplatzverlust in „qualifiziertem Interessenausgleich"]; BGH NJW 02, 437 [„Wohnrecht" auf Leihbasis bzw. Bereicherungsausgleich nach § 812 I 2 Fall 1 nach Wegfall des Leihvertrags]), auch wenn sie nicht fällig, bedingt oder nicht vererblich sind (str, aA BGH 68, 163 [von persönlicher Tätigkeit geprägtes Handelsvertretergeschäft]) sind, **nicht** aber bloße Erwerbsaussichten (BGH NJW 01, 440; sa BGH FamRZ 04, 782: Restitutionsanspruch nach VermG 2), noch von einer Gegenleistung „abhängige" Forderungen (zB Arbeitsentgelt) und künftige Unterhaltsansprüche (BGH NJW 01, 441). Zum Hausrat s § 1372 Rn 2.

5 **4. Erwerbsfälle des II. a)** Ausgeglichen werden soll einseitige Vermögensmehrung durch Einkünfte, die aus Arbeit, gewinnbringender Vermögensverwendung usw herrühren. Die in II genannten Erwerbsfälle werden dagegen durch ihre Zurechnung zum *Anfangs*vermögen in Höhe ihres Wertes beim Erwerb neutralisiert (sa § 1376 I); ihre gewinnbringende Verwendung kann dagegen ausgleichspflichtige Einkünfte bewirken. Kaufkraftschwund ist zu berücksichtigen (BGH 101, 65).
6 **Schenkung** entspricht §§ 516 ff (BGH 101, 232; Beteiligung als Kommanditist s BGH 112, 44 f). Anzusetzen ist voller Wert trotz späteren Pflichtteilsergänzungsanspruchs (Stuttgart NJW-RR 90, 1476). Nur Schenkungen Dritter (BGH 101, 69); ggf auch Zuwendungen der Eltern oder Schwiegereltern um der Ehe willen (BGH 184, 190: bei Scheitern der Ehe ggf Rückabwicklung gem §§ 313 oder 812 I 2 Alt 2); zwischen Ehegatten s Rn 9. Keine Schenkung: Arbeitsleistungen, Gebrauchsüberlassung, sofern nicht Vergütung geschenkt (BGH 101, 232), gemeinsam geschaffene Wertsteigerung (Köln NJW-RR 95, 707). Nicht hinzuzurechnen: Schmerzensgeld (BGH 80, 387 f, dagegen Herr NJW 08, 262), Lottogewinn (BGH 68, 43), Zuwendungen zur wirtschaftlichen Sicherung der Ehe (BGH NJW 95, 1890). Die Vorschriften über die VersA haben Vorrang (§ 2 IV VersAusglG).
7 **b) Erwerb von Todes wegen** auf Grund des Erbrechts oder letztwilliger Verfügung; auch Nacherbschaft und ihre Wertsteigerung (BGH 87, 374, dazu Gernhuber FamRZ 84, 1058); Lebensversicherung steht gleich (BGH NJW 95, 1314). Verbindlichkeiten mindern den anzurechnenden Erwerb; bei negativem Hinzuerwerb (zB überschuldeter Nachlass) kann es zu einer anfänglichen Überschuldung kommen (Büte NJW 09, 2776 m Bsp). Leibgedinge ist keine mindernde Verbindlichkeit (BGH NJW-RR 90, 1284; anderes BGH NJW 05, 3713 [Leibrente]); Erlöschen
8 Altenteil s Schleswig FamRZ 91, 943. **c)** Erwerb mit Rücksicht auf künftiges Erbrecht ist zB die Hofübergabe zu Lebzeiten; auch in der Rechtsform des Kaufs kann „mit Rücksicht auf künftiges Erbrecht" erworben werden (BGH 70, 291). Gegenleistungen schließen Erwerb iSd II nicht aus (BGH NJW-RR 90, 1284; sa
9 Bamberg FamRZ 90, 408). **d)** II gilt nur für **Schenkungen Dritter.** Unbenannte oder ehebedingte Zuwendungen (s BGH 82, 230, Lipp JuS 93, 89) oder Schenkungen zwischen Ehegatten (BGH 101, 70; zur Abgrenzung BGH NJW-RR 90, 386) fallen nicht unter II (zweifelhaft Nürnberg FamRZ 06, 39: Zuwendung der Eltern an das eigene Kind als ehebezogene Zuwendung an beide Ehegatten); sa § 1372
10 Rn 3, § 1380. Gemischte Schenkung s BGH NJW 92, 2567. **e)** Zur **Ausstattung** s § 1624. **f) Einkünfte** sind nicht anzurechnen, bleiben also ausgleichspflichtig. **Zuwendungen** Dritter, insbesondere naher Verwandter, rechnen nur dann als Einkünfte, wenn sie zur Deckung des laufenden Lebensbedarfs, nicht aber zur Vermögensbildung bestimmt sind, BGH 101, 234 f.

Titel 6. Eheliches Güterrecht § 1375

5. Abweichung durch Vereinbarung. Durch Ehevertrag können die Ehegat- 11
ten Anrechnung oder Nichtanrechnung von bestimmten Gegenständen abw vom
Ges regeln (s §§ 1408, 1409 Rn 3).

§ 1375 Endvermögen

(1) ¹Endvermögen ist das Vermögen, das einem Ehegatten nach Abzug der Verbindlichkeiten bei der Beendigung des Güterstands gehört. ²Verbindlichkeiten sind über die Höhe des Vermögens hinaus abzuziehen.

(2) ¹Dem Endvermögen eines Ehegatten wird der Betrag hinzugerechnet, um den dieses Vermögen dadurch vermindert ist, dass ein Ehegatte nach Eintritt des Güterstands
1. unentgeltliche Zuwendungen gemacht hat, durch die er nicht einer sittlichen Pflicht oder einer auf den Anstand zu nehmenden Rücksicht entsprochen hat,
2. Vermögen verschwendet hat oder
3. Handlungen in der Absicht vorgenommen hat, den anderen Ehegatten zu benachteiligen.
²Ist das Endvermögen eines Ehegatten geringer als das Vermögen, das ²er in der Auskunft zum Trennungszeitpunkt angegeben hat, so hat dieser Ehegatte darzulegen und zu beweisen, dass die Vermögensminderung nicht auf Handlungen im Sinne des Satzes 1 Nummer 1 bis 3 zurückzuführen ist.

(3) Der Betrag der Vermögensminderung wird dem Endvermögen nicht hinzugerechnet, wenn sie mindestens zehn Jahre vor Beendigung des Güterstands eingetreten ist oder wenn der andere Ehegatte mit der unentgeltlichen Zuwendung oder der Verschwendung einverstanden gewesen ist.

1. Allgemeines. § 1375 bestimmt den Posten „Endvermögen" zur Errechnung 1
des Zugewinns (s § 1374 Rn 1).

2. Berechnung. Ausgangspunkt für die Berechnung ist die **Summe der vor-** 2
handenen Aktiva. Dazu zählt auch ein Bar- oder Bankguthaben, das alsbald für Unterhaltszahlungen gebraucht wird (BGH NJW 03, 3339). Zum Stichtag s § 1376 I; zur Bewertung s § 1376 II, IV. Einkommensüberschüsse nur Indiz für Vermögensbildung (BGH WM 78, 1391). Aufgrund Geldentwertung nur nominale Wertsteigerungen haben außer Ansatz zu bleiben (BGH 61, 385; dazu § 1376 Rn 11). Lebensversicherungen sind auszugleichen, wenn sie auf Kapitalleistung gerichtet sind (Ausnahme: § 2 II Nr 3 Hs 2 VersAusglG); Lebensversicherungen auf Rentenbasis unterliegen dem VersA; zum Soldausgleich BGH NJW 82, 3
1982; zur Schadensersatzabfindung BGH NJW 82, 281; zur ausgezahlten Rentenanwartschaft Düsseldorf MDR 82, 494; zur Übergangshilfe BGH NJW 83, 2141; zum Inkassobestand eines Versicherungsagenten s Koblenz FamRZ 79, 131; zu Nießbrauch KG FamRZ 88, 171; zu Hausrat s § 1372 Rn 1; zu unvererblichem Gut § 1374 Rn 4.

3. Zurechnung nicht mehr vorhandener Aktiva. Vermögensmindernde 4
Manipulationen sollen nicht auf den Zugewinnausgleich durchschlagen; sie werden deshalb nach II 1 dem Endvermögen zugerechnet. Der zum 1.9.2009 neu eingefügte II 2 statuiert zudem eine Beweislastumkehr für den Fall, dass das Endvermögen eines Ehegatten geringer ist als das Vermögen, das er seiner Auskunft zufolge zum Trennungszeitpunkt besaß (§ 1379 I s Nr 1, II 1). Hinzurechnungstatbestände:
a) Unentgeltliche Zuwendungen, die den Rahmen des durch Sitte und Anstand 5
Gebotenen überschreiten, zB erhebliche Schenkungen, Stiftungen, unverhältnismäßige Ausstattung (s § 1624 I). Schenkungen unter Ehegatten bleiben wegen III außer Betracht; sa § 1374 Rn 9, § 1380. Abfindungsklauseln in Gesellschaftsverträgen str;

hM verneint zutr Schenkungscharakter, wenn die Abfindungsklausel für alle Gesellschafter in gleicher Weise gilt. Erfüllung einer Schuld ist „entgeltlich" (BGH FamRZ 86, 567). **b) Verschwendung** von Vermögen ist Verbrauch, der angesichts der Verhältnisse als unvernünftig und wirtschaftlich unvertretbar erscheint. **c) Einverständnis** des anderen Ehegatten mit den Zuwendungen und/oder der Verschwendung lässt die Zurechnung entfallen, III. **d) Handlungen** in **Benachteiligungsabsicht;** sie muss leitendes, nicht aber einziges Motiv sein (sa Frankfurt FamRZ 84, 1098 zu mangelnder Zurechnungsfähigkeit); Behauptungs- und Beweislast s BGH NJW-RR 86, 1326 (Kontoüberziehung). **e) Zeitliche Grenze** für die Zurechnung: 10 Jahre, III, und zwar ab Verfügung (str).

4. Verbindlichkeiten. Verbindlichkeiten werden (wie beim Anfangsvermögen, § 1374 Rn 3) über die Höhe des Vermögens hinaus abgezogen (I 2), so dass sich auch ein Minussaldo ergeben kann; Bewertung s § 1376 III. Hat der Ehegatte gleichwohl durch Schuldentilgung wirtschaftlich einen Zugewinn erzielt, mindert sich ein evt Ausgleichsanspruch gegen den anderen; ein Ausgleichsanspruch gegen den verschuldeten Ehegatten ist dagegen ausgeschlossen; nach § 1378 II (iVm §§ 1384, 1387) wird die Ausgleichsforderung durch die Höhe des Aktivvermögens am Berechnungsstichtag begrenzt (ErmBudzikiewicz 1). Zur Entstehung von Steuerverbindlichkeiten BGH NJW 91, 1551; Ehegatten als Darlehensschuldner nach Umschuldung s BGH NJW-RR 91, 578; Hausratsschulden s Bamberg NJW-RR 95, 386.

5. Maßgebende Zeitpunkte. S §§ 1376, 1384, 1387.

§ 1376 Wertermittlung des Anfangs- und Endvermögens

(1) Der Berechnung des Anfangsvermögens wird der Wert zugrunde gelegt, den das beim Eintritt des Güterstands vorhandene Vermögen in diesem Zeitpunkt, das dem Anfangsvermögen hinzuzurechnende Vermögen im Zeitpunkt des Erwerbs hatte.

(2) Der Berechnung des Endvermögens wird der Wert zugrunde gelegt, den das bei Beendigung des Güterstands vorhandene Vermögen in diesem Zeitpunkt, eine dem Endvermögen hinzuzurechnende Vermögensminderung in dem Zeitpunkt hatte, in dem sie eingetreten ist.

(3) Die vorstehenden Vorschriften gelten entsprechend für die Bewertung von Verbindlichkeiten.

(4) Ein land- oder forstwirtschaftlicher Betrieb, der bei der Berechnung des Anfangsvermögens und des Endvermögens zu berücksichtigen ist, ist mit dem Ertragswert anzusetzen, wenn der Eigentümer nach § 1378 Abs. 1 in Anspruch genommen wird und eine Weiterführung oder Wiederaufnahme des Betriebs durch den Eigentümer oder einen Abkömmling erwartet werden kann; die Vorschrift des § 2049 Abs. 2 ist anzuwenden.

Lit: Heuer, Die Bewertung von Kunstgegenständen, NJW 08, 689; Kogel, Die Indexierung von negativem Anfangsvermögen nach der Güterrechtsnovelle, NJW 10, 2025; Kroeschell, Die Bewertung landwirtschaftlicher Betriebe beim Zugewinnausgleich, 1983; Piltz/Wissmann, Unternehmensbewertung beim Zugewinnausgleich nach Scheidung, NJW 85, 2673.

1. Allgemeines. Die Vorschrift legt die für die Wertberechnung der Posten „Anfangsvermögen" und „Endvermögen" und damit die für den jeweiligen Zugewinn maßgebenden Stichtage fest. Ausnahmsloses Abstellen auf Ertragswert in IV ist verfassungswidrig (BVerfG 67, 348).

2. Stichtage. a) Für Berechnung des vorhandenen Anfangsvermögens der Eintritt des ges Güterstandes (hierzu § 1374 Rn 2); **b)** für hinzuzurechnende Posten – s § 1374 II, dazu § 1374 Rn 5 ff – Zeitpunkt des Erwerbs; **c)** für Endvermögen das

Titel 6. Eheliches Güterrecht **§ 1376**

Ende des ges Güterstandes (s jedoch §§ 1384, 1387 sowie § 1371 Rn 10); **d)** für dem Endvermögen hinzuzurechnende Minderungen – § 1375 II – der Zeitpunkt ihres Eintritts (dazu § 1375 Rn 8); **e)** bei **abzuziehenden Verbindlichkeiten** ist zu 4 unterscheiden zwischen **aa)** vom Anfangsvermögen abzurechnenden Lasten, die bei Eintritt des Güterstandes bestanden – sie sind in der zu diesem Zeitpunkt bestehenden Höhe abzuziehen –, und **bb)** bis zur Beendigung entstandenen und vom Endvermögen in der bei Beendigung noch offen stehenden Höhe abzuziehenden Verbindlichkeiten. Steuerverbindlichkeit aus Veräußerung, um Zugewinnausgleich zu 5 erfüllen, ist zu berücksichtigen (Düsseldorf FamRZ 89, 1181). Zu den Lasten anrechnungsfähigen Erwerbs nach § 1374 II (zB Nachlassverbindlichkeiten) s § 1374 Rn 7.

3. Bewertung der Aktiva. Erfolgt durch Summierung der einzelnen Verkehrs- 6 werte. Für bedingte Rechte (gemischte Kapitallebensversicherung, Anrechte) s BGH NJW 92, 2157; NJW 95, 2782. **a) Ausnahme:** IV; dazu BVerfG 80, 170; BGH NJW-RR 90, 68; NJW 91, 1741. **b) Unternehmen** und **Beteiligungen** 7 sind nach ihrem tatsächlichen Wert anzusetzen, wobei im allg die Hilfe eines Sachverständigen unentbehrlich sein wird (vgl BGH 17, 136); statt Ermittlung aus Substanz- und Ertragswert (vgl BGH 68, 163) rückt zunehmend Ertragswert in den Vordergrund, vgl Großfeld, Unternehmensbewertung im Gesellschaftsrecht, 1983, 33 ff; Piltz/Wissmann aaO mwN; einschränkend BGH NJW 91, 1548 (Arztpraxis); sa Rn 1. **Goodwill** einer freiberuflichen Praxis s BGH NJW 77, 378; 99, 784, dieser 8 wird ermittelt, indem vom Ausgangswert ein nach den individuellen Verhältnissen konkret gerechtfertigter Unternehmerlohn in Abzug gebracht wird (BGH NJW 08, 1221; 11, 999), vgl auch Kotzur NJW 88, 3239; Architektenbüro München FamRZ 84, 1096; kleinerer Handwerksbetrieb BGH 70, 224; GmbH-Anteil mit Abfindungsklausel s BGH NJW 87, 321; Steuerberaterbüro s BGH FamRZ 99, 361. Zur Bewertung einer unveräußerlichen Unternehmensbeteiligung BGH 75, 200. Hat der erwerbende Ehegatte in den Fällen des § 1374 II im Zusammenhang mit der Zuwendung ein Wohnrecht übernommen, so ist dieses bei der Ermittlung des Anfangs- und, wenn das Wohnrecht fortbesteht, auch des Endvermögens mit seinem jeweils aktuellen Wert wertmindernd zu berücksichtigen (BGH NJW 07, 2245). **c)** Str Forderungen sind beim Endvermögen entspr ihrer Unsicherheit nur mit 9 einem Risikoabschlag zu bewerten. Nicht einklagbare Forderung s Frankfurt FamRZ 90, 998. Grundstück belastet mit Wiederkaufsrecht s BGH NJW 93, 2804. **d)** Bei Gesamtschulden ist das Maß der Ausgleichsverpflichtung und die Realisier- 10 barkeit von Regressansprüchen zu berücksichtigen, sa Frankfurt FamRZ 85, 482; Bamberg NJW-RR 95, 386.

4. Wertsteigerungen und -verluste. a) Wertsteigerungen einzelner Vermö- 11 gensgegenstände, die ie das Endvermögen erhöhen, sind grundsätzlich ausgleichspflichtig. Wertsteigerung durch Absinken des Wertes von Belastungen (Nießbrauch, Leibgedinge) des Vermögens nach § 1374 II sind kein Zugewinn (BGH NJW 90, 3019; abw Bamberg NJW-RR 95, 259). Bei Anfangsvermögen = Null ist Wert des Endvermögens Zugewinn auch bei Kaufkraftschwund (BGH NJW 84, 434). **Inflationäre Wertsteigerungen** des Anfangsvermögens sind dagegen nicht zu berücksichtigen, da andernfalls der Ausgleichsberechtigte zum Schaden des Verpflichteten aus der Inflation Gewinn ziehen würde (BGH 61, 385 mwN [389]); der Wert des Anfangsvermögens (auch negatives Anfangsvermögen, ErmBudzikiewicz 32 mwN, str) ist deshalb hochzurechnen; zur Berechnungsformel s BGH 61, 393. Das Herausrechnen inflationärer Wertsteigerungen bezieht sich auf das (jeweilige) Gesamtvermögen, nicht auf einzelne Gegenstände (BGH WM 75, 28; sa BGH 101, 65 zur Berücksichtigung des Kaufkraftschwundes bei Schenkungen iSd § 1374 II). Wertzuwachs von DDR-Grundbesitz infolge der Wiedervereinigung ist ausgleichspflichtig (BGH FamRZ 04, 784). **b)** Zu vorübergehenden **Wertverlusten** auf 12 Grund schlechter Marktlage (Einfamilienhaus) und Stichtag s BGH NJW-RR 92, 899.

§ 1377 Verzeichnis des Anfangsvermögens

(1) **Haben die Ehegatten den Bestand und den Wert des einem Ehegatten gehörenden Anfangsvermögens und der diesem Vermögen hinzuzurechnenden Gegenstände gemeinsam in einem Verzeichnis festgestellt, so wird im Verhältnis der Ehegatten zueinander vermutet, dass das Verzeichnis richtig ist.**

(2) **¹Jeder Ehegatte kann verlangen, dass der andere Ehegatte bei der Aufnahme des Verzeichnisses mitwirkt. ²Auf die Aufnahme des Verzeichnisses sind die für den Nießbrauch geltenden Vorschriften des § 1035 anzuwenden. ³Jeder Ehegatte kann den Wert der Vermögensgegenstände und der Verbindlichkeiten auf seine Kosten durch Sachverständige feststellen lassen.**

(3) **Soweit kein Verzeichnis aufgenommen ist, wird vermutet, dass das Endvermögen eines Ehegatten seinen Zugewinn darstellt.**

Lit: Buchwald, Das Anfangsvermögen nach dem Gleichberechtigungsgesetz, BB 58, 493.

1 **1. Allgemeines.** Nach langjähriger Ehe kann Feststellung und Bewertung des Anfangsvermögens schwierig sein. Deshalb sieht § 1377 vor, dass ein gemeinsam erstelltes Verzeichnis eine Richtigkeitsvermutung für sich hat, I. Zur Mitwirkung bei der Aufstellung ist jeder Ehegatte verpflichtet, II 1. Die Vermutung in III, bei fehlendem Verzeichnis sei das gesamte Endvermögen Zugewinn, soll Anreiz zur erwünschten Inventarisierung sein.

2 **2. Zeitpunkt.** Jederzeit, auch nach Beendigung des Güterstandes.

3 **3. Inhalt des Verzeichnisses. a)** Bestand, dh Aufzählung der einzelnen Gegenstände, Rechte und Verbindlichkeiten; **b) Wert** der aufgezählten Gegenstände usw nach übereinstimmender Schätzung, ggf auf Grund Feststellung durch Sachverständigen (s II 3); **c)** hinzuzurechnender Erwerb nach § 1374 II ist aufzunehmen, soweit bei Aufnahme schon eingetreten.

4 **4. Form.** S § 1035 (II 2); gemeinsame Unterzeichnung, ggf öffentl Beglaubigung. Fehlendes Datum ist unschädlich, MK/Koch 8.

5 **5. Mitwirkung des anderen Ehegatten.** Mitwirkung ist erforderlich und erzwingbar, II 1; Vollstreckung FamFG 120 I, ZPO 888 (aA Gernhuber/Coester-Waltjen § 36 Rn 43: ZPO 894). Mitwirkungspflichtig sind auch die Erben eines verstorbenen Ehegatten.

6 **6. Folgen. a)** Bei Aufstellung Vermutung der Richtigkeit zwischen den Ehegatten; Beweis des Gegenteils zulässig, FamFG 113 I, ZPO 292. Auch partielle Widerlegung bzw Ergänzung, etwa bei späterem Erwerb nach § 1374 II, ist möglich.
7 Gegenüber Dritten FamFG 113 I, ZPO 286 I. **b)** Bei unterlassener Aufnahme Vermutung, dass das ganze (positive) Endvermögen Zugewinn ist, III; Beweislast für werterhöhende Faktoren BGH NJW 91, 1743. Bei negativem Endvermögen ist ein Zugewinn von „Null" anzunehmen; Beweislast für Zugewinn durch Schuldentilgung liegt dann bei dem anderen Ehegatten (ErmBudzikiewicz 7). **c)** Aufstellung oder Mitwirkung nach hM anfechtbar, vgl StThiele 15 mwN.

§ 1378 Ausgleichsforderung

(1) **Übersteigt der Zugewinn des einen Ehegatten den Zugewinn des anderen, so steht die Hälfte des Überschusses dem anderen Ehegatten als Ausgleichsforderung zu.**

(2) **¹Die Höhe der Ausgleichsforderung wird durch den Wert des Vermögens begrenzt, das nach Abzug der Verbindlichkeiten bei Beendigung des Güterstands vorhanden ist. ²Die sich nach Satz 1 ergebende Begrenzung**

Titel 6. Eheliches Güterrecht § 1378

der Ausgleichsforderung erhöht sich in den Fällen des § 1375 Absatz 2 Satz 1 um den dem Endvermögen hinzuzurechnenden Betrag.

(3) ¹Die Ausgleichsforderung entsteht mit der Beendigung des Güterstands und ist von diesem Zeitpunkt an vererblich und übertragbar. ²Eine Vereinbarung, die die Ehegatten während eines Verfahrens, das auf die Auflösung der Ehe gerichtet ist, für den Fall der Auflösung der Ehe über den Ausgleich des Zugewinns treffen, bedarf der notariellen Beurkundung; § 127a findet auch auf eine Vereinbarung Anwendung, die in einem Verfahren in Ehesachen vor dem Prozessgericht protokolliert wird. ³Im Übrigen kann sich kein Ehegatte vor der Beendigung des Güterstands verpflichten, über die Ausgleichsforderung zu verfügen.

Lit: Brix, Eheverträge und Scheidungsfolgenvereinbarungen nach §§ 1378 III und 1408 I BGB, FamRZ 93,12; Gaul, Zur Abgrenzung des Ehevertrags von der Scheidungsvereinbarung nach § 1378 Abs. 2 S. 2 BGB und dem Auseinandersetzungsvertrag, FS Lange 1992, 829; Schwab, Zugewinnausgleich und Wirtschaftskrise, FamRZ 09, 1445.

1. Allgemeines. § 1378 regelt Höhe und Inhalt der Ausgleichsforderung (I, II) **1** sowie Entstehung und Verfügbarkeit (III). Die Sonderverjährung in IV wurde durch das ErbVerjÄndG zum 1.1.2010 aufgehoben; der Ausgleichsanspruch unterliegt damit der Regelverjährung (§§ 195, 199); zum Übergangsrecht s EGBGB 229 § 23. Zur Verfassungsmäßigkeit BGH WM 78, 1390.

2. Inhalt. Auf Geld gerichtete Forderung. Teilklage möglich (BGH NJW 94, **2** 3165). Kein Anspruch auf bestimmte Vermögensgegenstände, s jedoch § 1383 und § 1568b.

3. Höhe. a) Nach §§ 1373–1376 berechnete Zugewinnbeträge der Ehegatten **3** werden verglichen; die Differenz zwischen höherem und niedrigerem Zugewinn halbiert ergibt die Ausgleichsforderung. **b)** Obergrenze bildet jedoch das **Aktiv-** **4** **vermögen** („nach Abzug der Verbindlichkeiten") des Ausgleichsverpflichteten, II 1. Schutz für Gläubiger, denn ihre Ansprüche gehen durch diese Berechnung vor (BGH NJW 88, 2369). Auch wird vermieden, dass ein Ehegatte Zugewinn aus künftigen Einnahmen zu zahlen hat. Maßgebender **Zeitpunkt** für die Höhe der Ausgleichsforderung ist die Beendigung des Güterstands; bei Scheidung, Aufhebung der Ehe oder vorzeitiger Aufhebung des Güterstands (§§ 1385 f) der Zeitpunkt, in dem der betreffende Antrag rechtshängig geworden ist (§§ 1384, 1387, 1318 I u III). In Fällen illoyaler Vermögensminderung (§ 1375 II 1) erhöht sich die Kappungsgrenze um den dem Endvermögen hinzuzurechnenden Betrag (II 2), der Verpflichtete muss sich ggf verschulden, um die Forderung zu erfüllen (vgl BT-Drs 16/10798, S 17 f). Vermögenseinbußen nach dem Stichtag gehen zu Lasten des Ausgleichspflichtigen (ErmBudzikiewicz 5, str); ggf Korrektur über §§ 1381 oder 242 (D. Schwab FamRZ 09, 1445). Sa § 1390.

4. Anspruchsmodalitäten. Entstehung und sofortige Fälligkeit nach III, **5** § 271 I, mit Beendigung des Güterstandes (s hierzu Rn 1 vor §§ 1371–1390). Vorher ist Forderung mangels Existenz nicht vererblich (III 1). Wiederverheiratung der gleichen Partner lässt Anspruch nicht entfallen (Nürnberg MDR 80, 668). **Zurück-** **6** **behaltungsrecht** *gegen* Ausgleichsanspruch möglich, doch kann Berufung darauf Rechtsmissbrauch sein (BGH 92, 194). § 273 *wegen* Ausgleichsanspruchs gegen andere Ansprüche aus Auflösung der Ehe s BGH NJW-RR 90, 134.

5. RGeschäfte über Ausgleichsforderung. Abweichend von allg Regeln **7** (§ 398 Rn 9) sind Verfügungen (nicht nur Abtretung) und Verpflichtungen hierzu (III 3) über die zukünftige Ausgleichsforderung nichtig (Beispiel: BGH NJW-RR 04, 1370 [Vereinbarung mit Schwiegervater]). Zweck: Einem Erwerber soll kein Interesse an der Beendigung des Güterstands (insbes infolge Scheidung) erwachsen (sa ZPO 852 II);

Berger/Mansel

§ 1379

8 ferner Schutz der Ehegatten vor Übereilung (Giesen Rn 312). III 1, 3 gelten auch für RGeschäfte zwischen den Ehegatten, insbes § 397 I. Nach III 2 sind Abreden während eines Scheidungsverfahrens wirksam, auch, wenn sie vor einem (beabsichtigten) Scheidungsverfahren geschlossen werden (BGH 86, 150, str; s Tiedtke JZ 83, 457; Gaul aaO 836, 843). – III 3 gilt auch für Eheverträge (BGH 86, 149).

9 **6. Verjährungsfrist.** Regelverjährung nach §§ 195, 199 I; Höchstfristen: bei Güterstandsbeendigung durch Tod 30 Jahre (III a) sonst 10 Jahre (IV).

§ 1379 Auskunftspflicht

(1) ¹Ist der Güterstand beendet oder hat ein Ehegatte die Scheidung, die Aufhebung der Ehe, den vorzeitigen Ausgleich des Zugewinns bei vorzeitiger Aufhebung der Zugewinngemeinschaft oder die vorzeitige Aufhebung der Zugewinngemeinschaft beantragt, kann jeder Ehegatte von dem anderen Ehegatten
Auskunft über das Vermögen zum Zeitpunkt der Trennung verlangen;
Auskunft über das Vermögen verlangen, soweit es für die Berechnung des Anfangs- und Endvermögens maßgeblich ist.
²Auf Anforderung sind Belege vorzulegen. ³Jeder Ehegatte kann verlangen, dass er bei der Aufnahme des ihm nach § 260 vorzulegenden Verzeichnisses zugezogen und dass der Wert der Vermögensgegenstände und der Verbindlichkeiten ermittelt wird. ⁴Er kann auch verlangen, dass das Verzeichnis auf seine Kosten durch die zuständige Behörde oder durch einen zuständigen Beamten oder Notar aufgenommen wird.

(2) ¹Leben die Ehegatten getrennt, kann jeder Ehegatte von dem anderen Ehegatten Auskunft über das Vermögen zum Zeitpunkt der Trennung verlangen. ²Absatz 1 Satz 2 bis 4 gilt entsprechend.

1 **1. Allgemeines.** Berechnung des Ausgleichs verlangt Einblick in die Vermögenslage des anderen. Nach § 1379 kann jeder Ehegatte Auskunft über das Vermögen des anderen verlangen, soweit es für die Berechnung des Anfangs- und Endvermögen entscheidend ist (I 1 Nr 2). Die Pflicht zur Auskunft über das Anfangsvermögen wurde erst im Zuge der Güterrechtsreform 2009 eingefügt; zuvor nur Auskunft über den Bestand des Endvermögens. Ebenfalls neu eingefügt wurde die Auskunftspflicht über das Vermögen zum Zeitpunkt der Trennung (I 1 Nr 1, II 1); sie dient dem Schutz vor Vermögensmanipulationen in der Trennungszeit (Bergschneider FamRZ 09, 1713); sa § 1375 II 2. Die Regelung gilt nicht für Haushaltsgegenstände, die unter § 1568b fallen.

2 **2. Tatbestand. Voraussetzung** ist eine mögliche Ausgleichspflicht; ist offensichtlich, dass kein Zugewinn erzielt wurde, besteht kein Auskunftsanspruch (Koblenz FamRZ 85, 286). Auskunftspflicht auch bei Leistungsverweigerungsrecht nach § 1381 (BGH 44, 163); nach München NJW 69, 882 sogar bei Verjährung des Ausgleichsanspruchs (str). Dauer der Ehe sowie Gründe der Trennung bzw der Beendigung des Güterstands unerheblich.

3 **3. Inhalt. a)** Wechselseitige Auskunftspflicht, also auch für den iE Ausgleichsberechtigten; § 273 str (abl Frankfurt NJW 85, 3083 mwN). Angaben betreffen alle für Berechnung des Anfangs- und Endvermögens erheblichen Informationen einschl der nach §§ 1374 II, 1375 II 1 dem Anfangs- bzw Endvermögen hinzuzurechnenden Vermögensbestandteile (ErmBudzikiewicz 5, str bzgl § 1375 II 1); Auskunft über das Trennungsvermögen bezieht sich allein auf den Trennungszeitpunkt; Verzeichnis muss keine Wertangaben enthalten, wohl aber Wertermittlung ermöglichen;
4 insoweit eigener Anspruch, I 3; dazu Dörr NJW 89, 1958. **b) Inventarisierung** (§ 260 I) unter Mitwirkung des anderen Ehegatten, I 3; Bestandsverzeichnis muss Aktiva und Passiva genau zusammenstellen (s Hamm FamRZ 76, 631); **c)** Vorlage

Titel 6. Eheliches Güterrecht **§ 1380**

von Belegen s I 2. **d)** Aufnahme durch Behörde usw s I 4. **e) Form:** Schriftform iSd § 126 nicht vorgeschrieben (BGH NJW 08, 917, str).

4. Kostentragungspflicht. Normale mit der Auskunftserteilung verbundene 5 Kosten treffen den Auskunftspflichtigen (BGH NJW 75, 1022); Sachverständigenkosten jedoch den Auskunft Verlangenden (BGH 84, 31; sa I 4 sowie Müller, FamRZ 81, 837).

5. Durchsetzung. Stufenantrag nach FamFG 113 I, ZPO 254 möglich; Vollstre- 6 ckung FamFG 120 I, ZPO 888. Zugewinnausgleich kann jedoch schon vor vollständiger Auskunft verlangt werden (BGH WM 78, 1391). § 260 II anwendbar, s jedoch Düsseldorf FamRZ 82, 281.

6. Zeitpunkt. Beendigung des Güterstands; bei Scheidung, Aufhebung der Ehe 7 oder vorzeitiger Aufhebung des Güterstands der Zeitpunkt, in dem der betreffende Antrag rechtshängig geworden ist (ErmBudzikiewicz 16, str); Auskunft über Trennungsvermögen ab Trennung (II 1, § 1567).

7. Wirkungen. Keine Vermutung der Richtigkeit – Ausgleich verlangender 8 Ehegatte kann andere Berechnungen zugrunde legen, muss sie aber beweisen.

§ 1380 Anrechnung von Vorausempfängen

(1) ¹Auf die Ausgleichsforderung eines Ehegatten wird angerechnet, was ihm von dem anderen Ehegatten durch Rechtsgeschäft unter Lebenden mit der Bestimmung zugewendet ist, dass es auf die Ausgleichsforderung angerechnet werden soll. ²Im Zweifel ist anzunehmen, dass Zuwendungen angerechnet werden sollen, wenn ihr Wert den Wert von Gelegenheitsgeschenken übersteigt, die nach den Lebensverhältnissen der Ehegatten üblich sind.

(2) ¹Der Wert der Zuwendung wird bei der Berechnung der Ausgleichsforderung dem Zugewinn des Ehegatten hinzugerechnet, der die Zuwendung gemacht hat. ²Der Wert bestimmt sich nach dem Zeitpunkt der Zuwendung.

Lit: Bosch, Widerruf von Schenkungen unter (geschiedenen) Ehegatten, FS Beitzke 1979, 121; Büte, Anrechnung von Vorausempfängen nach § 1380 BGB nach der Güterrechtsreform, FamFR 10, 196; Grünenwald, Die Anrechnung von Zuwendungen unter Ehegatten im Zugewinnausgleich – ein Streit ohne Ende?, NJW 95, 505.

1. Allgemeines. Berücksichtigung des durch Zuwendungen während Bestehens 1 des ges Güterstandes (teilw) vorweggenommenen Zugewinnausgleichs. S ferner § 1372 Rn 3, § 1374 Rn 9; durch die dort zit Rspr hat § 1380 an Bedeutung verloren (SoeLange 3), da sie regelmäßig zu ähnlichen Ergebnissen führt (sa BGH 101, 71).

2. Voraussetzungen. a) Zuwendungen – Schenkungen und unbenannte 2 Zuwendungen – zwischen Ehegatten während ges Güterstand. Auch: Überschießender Unterhalt (BGH NJW 83, 1113). **b)** (Einseitige, auch stillschweigende [BGH FamRZ 01, 413]) **Anrechnungsbestimmung** vor oder bei der Zuwendung (I 2); später ist Anrechnungsvereinbarung erforderlich. Nach der Auslegungsregel (str) in I 2 ist bei unüblich wertvollen Zuwendungen im Zweifel von einer Anrechnungsbestimmung auszugehen. „Unüblich wertvoll" sind Geschenke, die den Lebensverhältnissen nicht entsprechen; Lebensversicherung ist kein Gelegenheitsgeschenk. **c) Ausgleichsforderung** s Rn 5.

3. Wirkungen. Anrechnung dergestalt, dass **a)** zunächst der Wert der Zuwen- 3 dung im Zeitpunkt ihrer Vornahme (II 2; § 1376 gilt entspr) zum Zugewinn des Zuwendenden addiert wird (II 1), beim Endvermögen des Empfängers jedoch unberücksichtigt bleibt (BGH 82, 234 f; keine Zurechnung beim Anfangsvermögen, s

§§ 1381, 1382 Buch 4. Abschnitt 1. Bürgerliche Ehe

4 § 1374 Rn 9). **b)** Sodann wird Wert der Zuwendung auf neu berechneten Aus-
5 gleichsanspruch angerechnet, vgl BGH 82, 235. **c)** § 1380 greift nur ein, falls Zuwendungsempfänger Ausgleichsanspruch hat; zu überschüssigen Zuwendungen s BGH 82, 227; sa BGH NJW 91, 2554 f; Frankfurt FamRZ 06, 1543, krit dazu Tiedtke JZ 92, 337.

6 **4. Widerrufene Zuwendungen.** Können Zuwendungen rückgängig gemacht werden, etwa Schenkungen nach § 530, dann entfällt Anrechnung (MK/Koch 9).

§ 1381 Leistungsverweigerung wegen grober Unbilligkeit

(1) **Der Schuldner kann die Erfüllung der Ausgleichsforderung verweigern, soweit der Ausgleich des Zugewinns nach den Umständen des Falles grob unbillig wäre.**

(2) **Grobe Unbilligkeit kann insbesondere dann vorliegen, wenn der Ehegatte, der den geringeren Zugewinn erzielt hat, längere Zeit hindurch die wirtschaftlichen Verpflichtungen, die sich aus dem ehelichen Verhältnis ergeben, schuldhaft nicht erfüllt hat.**

Lit: Roth-Stielow, Der „prämierte Ausbruch" aus der Ehe, NJW 81, 1594.

1 **1. Allgemeines.** Billigkeitsbehelf, der die Ausgleichung in Fällen korrigieren soll, in denen das Verhalten des rechtlich-rechnerisch Ausgleichsberechtigten einen Ausgleich als grob unbillig erscheinen lässt.

2 **2. Voraussetzungen. a)** S II; zB nicht nur kurzfristige Verletzung von §§ 1356, 1360. Verschulden s § 1359. **b)** Grobe Unbilligkeit nach I kann sich aus der langdauernden schweren Verletzung wirtschaftlicher oder persönlicher Eheverpflichtungen ergeben, str; aA MK/Koch 31 (nur ökonomisches Fehlverhalten). Eine generelle Erörterung der Gründe für das Scheitern der Ehe findet nicht statt. Schuldhafte Aufgabe der Ehegemeinschaft kann aber (mit)berücksichtigt werden (vgl BGH NJW 80, 1463; Hamm FamRZ 89, 1188 [schwere Eheverfehlung]). Iü müssen die gesam-
3 ten Umstände des Einzelfalles entscheiden (BGH NJW 80, 1463). **Einzelfälle** und **-umstände** (sa Schwab FamRZ 84, 529): Schmerzensgeld (BGH 80, 387); „Abfindung" für Folgen eines Unfalls (Stuttgart FamRZ 02, 99: Absicherung der eigenen Versorgung bei Querschnittslähmung); Verletzung von Unterhaltspflichten gegenüber Kindern (Düsseldorf FamRZ 87, 821); geringerer (Veräußerungs)Erlös als in Ausgleichsberechnung eingesetzt (Hamburg FamRZ 88, 1166); wirtschaftliche Existenzbedrohung des Ausgleichspflichtigen ausnahmsweise (BGH NJW 70, 1600); Selbstersteigerung des (früher) gemeinsamen Grundstücks in Teilungsversteigerung (Düsseldorf NJW 95, 3193). Grob unbillig kann der Ausgleich des Zugewinns sein, wenn bei ungewöhnlich langer Trennungszeit der Schuldner sein Endvermögen erst nach der Trennung erwirtschaftet hat (BGH FamRZ 02, 608). Einkommens- und Erwerbsverhältnisse und die daraus resultierende Versorgungssituation der Beteiligten können ebenfalls relevant sein, zB durch Ausgleichung verursachte Unterhaltsbedürftigkeit bei unsicherer Leistungsfähigkeit des unterhaltspflichtigen Ausgleichsempfängers (BGH NJW 73, 749); unterlassener Erwerb von Versorgungsanwartschaften (Frankfurt FamRZ 83, 921).

4 **3. Folge.** Dauernde **Einrede.** § 1381 kann auch gegen die Höhe der Ausgleichsforderung geltend gemacht werden.

5 **4. Verhältnis zu § 1382.** Soweit Stundung ausreicht, grobe Unbilligkeit zu vermeiden, ist ein Leistungsverweigerungsrecht nicht zuzugestehen.

§ 1382 Stundung

(1) **¹Das Familiengericht stundet auf Antrag eine Ausgleichsforderung, soweit sie vom Schuldner nicht bestritten wird, wenn die sofortige Zahlung**

Titel 6. Eheliches Güterrecht § 1383

auch unter Berücksichtigung der Interessen des Gläubigers zur Unzeit erfolgen würde. ²Die sofortige Zahlung würde auch dann zur Unzeit erfolgen, wenn sie die Wohnverhältnisse oder sonstigen Lebensverhältnisse gemeinschaftlicher Kinder nachhaltig verschlechtern würde.

(2) Eine gestundete Forderung hat der Schuldner zu verzinsen.

(3) Das Familiengericht kann auf Antrag anordnen, dass der Schuldner für eine gestundete Forderung Sicherheit zu leisten hat.

(4) Über Höhe und Fälligkeit der Zinsen und über Art und Umfang der Sicherheitsleistung entscheidet das Familiengericht nach billigem Ermessen.

(5) Soweit über die Ausgleichsforderung ein Rechtsstreit anhängig wird, kann der Schuldner einen Antrag auf Stundung nur in diesem Verfahren stellen.

(6) Das Familiengericht kann eine rechtskräftige Entscheidung auf Antrag aufheben oder ändern, wenn sich die Verhältnisse nach der Entscheidung wesentlich geändert haben.

Lit: Diederichsen, Die Änderungen des materiellen Rechts nach dem UÄndG, NJW 86, 1283; Gerold, Die Stundung des Zugewinnausgleichs, NJW 60, 1744.

1. **Allgemeines.** § 1382 soll den Ausgleichsschuldner vor unzumutbaren wirtschaftlichen Schwierigkeiten auf Grund sofortiger Fälligkeit des Ausgleichs schützen; sa ZVG 180 II, III.

2. **Voraussetzungen. a)** Ganz oder teilweise („soweit") unbestrittene **Ausgleichsforderung** § 1378 III 1; sa V. **b) Antrag** des Ausgleichsschuldners (sa V). **c)** Sofortige Zahlung käme für Schuldner **„zur Unzeit"**, wobei nicht nur wirtschaftliche Interessen zu berücksichtigen sind, vgl I 2. Anzunehmen zB, falls Aufgabe des Familienheims und Umzug, Schulwechsel (Kindesinteressen) oder Veräußerung von Vermögensgegenständen unter Verkehrswert (vgl BT-Drs 10/2888 S 17) erforderlich würden. Abzuwägen ist jedoch („auch") gegen Gläubigerinteresse.

3. **Folgen. a)** FamG kann Stundung verfügen, I, V, **b) Höhe** und **Fälligkeit** der **Zinsen** nach billigem Ermessen (IV) neu bestimmen, **c)** auf Antrag des Schuldners **Sicherheitsleistung** anordnen (III), wobei Art und Umfang wieder nach billigem Ermessen festzusetzen sind (IV).

4. **Änderungsbefugnis nach VI.** „Wesentliche Veränderungen" sind zB Vermögensverfall, Unterhaltsbedürftigkeit, erneute Eheschließung des Verpflichteten (SoeLange 36). Änderung kann erfolgen durch Aufhebung der Stundung (bei Verbesserung der Schuldnerverhältnisse), Verlängerung (bei Verschlechterung), Anpassung des Zinssatzes bei erheblichen Veränderungen des Kapitalmarktes. Nicht: Änderung von Bestand oder Höhe der Forderung.

5. **Prozessuales.** Alternatives Verfahren – falls Ausgleich unstr, kann Stundung nach I beantragt werden, zuständig RPfleger RPflG 25 Nr 3b); falls Ausgleich str, ist im Rahmen dieser Scheidungsfolgesache zu entscheiden, V. **a)** Zuständig FamG FamFG 111 Nr 9, 261 II; örtl Zuständigkeit FamFG 262; Verfahren FamFG 264, 116, 119, 120. **b)** Entscheidung durch Beschluss (FamFG 38 ff), auch über Antrag nach V (FamFG 265); **c)** Rechtsmittel: Beschwerde gem FamFG 58 ff sowie Rechtsbeschwerde gem FamFG 70 ff; beachte Beschwerdefrist (FamFG 63).

§ 1383 Übertragung von Vermögensgegenständen

(1) **Das Familiengericht kann auf Antrag des Gläubigers anordnen, dass der Schuldner bestimmte Gegenstände seines Vermögens dem Gläubiger unter Anrechnung auf die Ausgleichsforderung zu übertragen hat, wenn**

§ 1384

dies erforderlich ist, um eine grobe Unbilligkeit für den Gläubiger zu vermeiden, und wenn dies dem Schuldner zugemutet werden kann; in der Entscheidung ist der Betrag festzusetzen, der auf die Ausgleichsforderung angerechnet wird.

(2) Der Gläubiger muss die Gegenstände, deren Übertragung er begehrt, in dem Antrag bezeichnen.

(3) § 1382 Abs. 5 gilt entsprechend.

1 **1. Allgemeines.** Auf Geld gerichtete Ausgleichsforderung kann unzureichend sein, wo der Geldwert schwankt und der ausgleichspflichtige Ehegatte in der „Wirtschaftsgemeinschaft Ehe" das wertbeständigere Vermögen erworben hat, oder wo es um Vermögensgegenstände geht, die mit Geld nicht (wieder-)beschafft werden können. Für extreme Ausnahmefälle wird deshalb das Grundprinzip der Zugewinngemeinschaft, Unterschiede im Vermögenszuwachs nur in Geld auszugleichen, in § 1383 durch eine Billigkeitsregel abgeschwächt.

2 **2. Voraussetzungen. a)** Grobe Unbilligkeit des Geldausgleichs für den Gläubiger (Bsp s Rn 1), s hierzu Hamm FamRZ 78, 687. **b)** Zumutbarkeit der Hingabe von Gegenständen für den Schuldner; Unzumutbarkeit wird häufig gegeben sein bei Familienerbstücken oder Liegenschaften, die seit Generationen in Familienbesitz waren. **c) Antrag** an das FamG auf Übertragung bestimmter und benannter (II) Gegenstände; **d)** beachte, dass für Hausrat § 1568b spezielle Verteilungsmöglichkeit enthält.

3 **3. Folgen.** FamG kann, falls keine gütliche Einigung erreicht wird, verfügen, dass die benannten Gegenstände zu übertragen sind; zur Vollstreckung s FamFG 86 ff. Es muss zugleich den Betrag festsetzen, mit dem die Gegenstände auf die Ausgleichsforderung anzurechnen sind, I HS 2.

4. Verfahren. S § 1382 Rn 5 f.

§ 1384 Berechnungszeitpunkt des Zugewinns und Höhe der Ausgleichsforderung bei Scheidung

Wird die Ehe geschieden, so tritt für die Berechnung des Zugewinns und für die Höhe der Ausgleichsforderung an die Stelle der Beendigung des Güterstandes der Zeitpunkt der Rechtshängigkeit des Scheidungsantrags.

1 **1. Allgemeines.** Stichtag ist grundsätzlich Tag der Beendigung des Güterstandes (s § 1375 I). § 1384 soll verhindern, dass nach Einleitung eines Scheidungsverfahrens zugewinnmindernde Dispositionen vorgenommen werden.

2 **2. Voraussetzung.** Zustellung (FamFG 113 I, ZPO 253 I, 261 I) des (zur Scheidung führenden, vgl BGH NJW 79, 2100) Scheidungsantrags. Bei Gegenantrag bleibt Scheidungsantrag für Berechnungszeitpunkt maßgebend, auch wenn er später zurückgenommen wird (vgl BGH 46, 215; krit dazu Reinicke BB 67, 521). Findet nach § 1318 III Zugewinnausgleich statt, ist ebenfalls Zustellung der Aufhebungsantragsschrift entscheidend (FamFG 121 Nr 2, 113 I).

3 **3. Folgen. a)** Vorverlegung (s Rn 1) auf Zeitpunkt der Zustellung (hL); gilt auch bei jahrelang nicht betriebenen Scheidungsverfahren (Hamm NJW-RR 92, 965). **b)** § 1378 III bleibt unberührt, die Ausgleichsforderung selbst entsteht also erst mit Beendigung, dh Rechtskraft des Scheidungsurteils.

4 **4. Abweichung durch Vereinbarung.** Durch **Ehevertrag** kann der für den Zugewinnausgleich maßgebliche Berechnungszeitpunkt anders festgelegt werden, BGH LM Nr 1 zu § 1384.

Titel 6. Eheliches Güterrecht §§ 1385–1388

§ 1385 Vorzeitiger Zugewinnausgleich des ausgleichsberechtigten Ehegatten bei vorzeitiger Aufhebung der Zugewinngemeinschaft

Der ausgleichsberechtigte Ehegatte kann vorzeitigen Ausgleich des Zugewinns bei vorzeitiger Aufhebung der Zugewinngemeinschaft verlangen, wenn
die Ehegatten seit mindestens drei Jahren getrennt leben,
Handlungen der in § 1365 oder § 1375 Absatz 2 bezeichneten Art zu befürchten sind und dadurch eine erhebliche Gefährdung der Erfüllung der Ausgleichsforderung zu besorgen ist,
der andere Ehegatte längere Zeit hindurch die wirtschaftlichen Verpflichtungen, die sich aus dem ehelichen Verhältnis ergeben, schuldhaft nicht erfüllt hat und anzunehmen ist, dass er sie auch in Zukunft nicht erfüllen wird, oder
der andere Ehegatte sich ohne ausreichenden Grund beharrlich weigert oder sich ohne ausreichenden Grund bis zur Erhebung der Klage auf Auskunft beharrlich geweigert hat, ihn über den Bestand seines Vermögens zu unterrichten.

§ 1386 Vorzeitige Aufhebung der Zugewinngemeinschaft

Jeder Ehegatte kann unter entsprechender Anwendung des § 1385 die vorzeitige Aufhebung der Zugewinngemeinschaft verlangen.

§ 1387 Berechnungszeitpunkt des Zugewinns und Höhe der Ausgleichsforderung bei vorzeitigem Ausgleich oder vorzeitiger Aufhebung

In den Fällen der §§ 1385 und 1386 tritt für die Berechnung des Zugewinns und für die Höhe der Ausgleichsforderung an die Stelle der Beendigung des Güterstands der Zeitpunkt, in dem die entsprechenden Klagen erhoben sind.

§ 1388 Eintritt der Gütertrennung

Mit der Rechtskraft der Entscheidung, die die Zugewinngemeinschaft vorzeitig aufhebt, tritt Gütertrennung ein.

Anmerkungen zu den §§ 1385–1388

1. Allgemeines. Antrag auf vorzeitige Aufhebung der Zugewinngemeinschaft 1 führt zu Beendigung des ges Güterstandes (§ 1388); zugleich entsteht die Ausgleichsforderung, § 1378 III 1; Stichtag für Berechnung und Höhe der Ausgleichsforderung wird vorverlegt, 1387. Damit kann Ehegatte nach dreijähriger Trennung bzw bei schwerwiegender Verletzung von wirtschaftlichen Pflichten oder Gefährdung der Ausgleichsforderung (§ 1385) einen Ausgleichsanspruch (vorzeitig) realisieren. Zugleich kann er weiteren eigenen Zugewinn bei langanhaltendem Getrenntleben vor dem späteren Ausgleich bewahren. Bei Vorliegen der Voraussetzungen des § 1385 kann zudem jeder Ehegatte vorzeitige Aufhebung der Zugewinngemeinschaft beantragen (§ 1386); dadurch werden auch die Interessen des Ausgleichspflichtigen gewahrt, sich vorzeitig aus der Zugewinngemeinschaft zu lösen.

2. Vorzeitiger Zugewinnausgleich. Voraussetzungen der vier Einzelfälle, in 2 denen vorzeitige Aufhebung der Zugewinngemeinschaft verlangt werden kann:
a) 1. Fall: Trennung, dh Aufhebung der häuslichen Gemeinschaft (s § 1567 I) seit

mindestens **drei Jahren,** § 1385 Nr 1. Ein Ehegatte kann auch dann klagen, wenn
er nicht Zugewinn erwartet, sondern abrechnen will (§ 1386). **b)** 2. Fall: **Gefährdung** der künftigen Ausgleichsforderung durch **aa)** zustimmungslose Gesamtvermögensgeschäfte (§ 1365) oder **bb)** vermögensmindernde RGeschäfte und Handlungen der in § 1375 II 1 genannten Art, § 1385 Nr 2. Die Gefährdung muss **erheblich** und damit konkret zu bezeichnen sein; § 1375 III gilt entspr. **c)** 3. Fall: **Schuldhafte Vernachlässigung der wirtschaftlichen Verpflichtungen** aus der ehelichen Lebensgemeinschaft längere Zeit hindurch sowie die begründete Annahme künftiger Pflichtverletzungen, § 1385 Nr 3. Nur die wirtschaftlichen Pflichten, also in erster Linie zum Familienunterhalt beizutragen, sind von Bedeutung, nicht etwa alle Verpflichtungen zwischen Ehegatten. Haftungsmaßstab für Verschulden: § 1359 (hM, s PalBrudermüller §§ 1385–1386 Rn 7). **d)** 4. Fall: Anhaltende und grundlose **Weigerung,** über den Bestand des Vermögens dem anderen Ehegatten **Auskunft zu geben,** § 1385Nr 4. Die entspr Verpflichtung folgt aus der ehelichen Lebensgemeinschaft; sie ist nicht Auskunftspflicht wie in § 1379 über Details, die ggf nur durch ein Verzeichnis erfüllt werden kann, sondern sie soll nur einen Überblick über den Stand des Vermögens und größerer Veränderungen verschaffen; hinzu tritt nach Trennung die Auskunftspflicht nach § 1379 II. Die Weigerung ist dann nicht grundlos, wenn mit der schädigenden Weitergabe von Geschäftsgeheimnissen gerechnet werden muss.

3. Folgen. a) Aufhebung des Güterstandes der Zugewinngemeinschaft und Eintritt der Gütertrennung mit Rechtskraft des Beschlusses, der auf vorzeitigen Ausgleich erkennt (§ 1388), und damit **b)** Entstehung des Anspruchs auf Zugewinnausgleich, § 1378 III. **c)** Vorverlegung des Berechnungszeitpunkts auf den Zeitpunkt der Antragstellung, um zugewinnmindernde Dispositionen während des Verfahrens zu verhindern, § 1387. **d)** § 1388 gilt nicht, wenn die Parteien in einem Prozessvergleich (nur) eine Ausgleichszahlung vereinbaren; wichtig, wenn Kläger am zukünftigen Zugewinn teilhaben will (ErmBudzikiewicz Rn 2).

4. Zwingende und abschließende Regelung. a) Die Möglichkeit einer vorzeitigen Aufhebung der Zugewinngemeinschaft kann nicht abbedungen werden (ErmBudzikiewicz § 1385 Rn 22 [str]). **b)** §§ 1385, 1386 sind abschließende Regelung; insbes können Eheverfehlungen oder das Scheitern der Ehe allein den Antrag nicht begründen.

5. Prozessuales. § 1385: Gestaltungs- und Zahlungsantrag; § 1386: Gestaltungsantrag.

§ 1389 *(aufgehoben)*

§ 1390 Ansprüche des Ausgleichsberechtigten gegen Dritte

(1) **¹Der ausgleichsberechtigte Ehegatte kann von einem Dritten Ersatz des Wertes einer unentgeltlichen Zuwendung des ausgleichspflichtigen Ehegatten an den Dritten verlangen, wenn**

der ausgleichspflichtige Ehegatte die unentgeltliche Zuwendung an den Dritten in der Absicht gemacht hat, den ausgleichsberechtigten Ehegatten zu benachteiligen und

die Höhe der Ausgleichsforderung den Wert des nach Abzug der Verbindlichkeiten bei Beendigung des Güterstands vorhandenen Vermögens des ausgleichspflichtigen Ehegatten übersteigt.

²Der Ersatz des Wertes des Erlangten erfolgt nach den Vorschriften über die Herausgabe einer ungerechtfertigten Bereicherung. ³Der Dritte kann die Zahlung durch Herausgabe des Erlangten abwenden. ⁴Der ausgleichspflichtige Ehegatte und der Dritte haften als Gesamtschuldner.

(2) **Das Gleiche gilt für andere Rechtshandlungen, wenn die Absicht, den Ehegatten zu benachteiligen, dem Dritten bekannt war.**

(3) ¹Die Verjährungsfrist des Anspruchs beginnt mit der Beendigung des Güterstands. ²Endet der Güterstand durch den Tod eines Ehegatten, so wird die Verjährung nicht dadurch gehemmt, dass der Anspruch erst geltend gemacht werden kann, wenn der Ehegatte die Erbschaft oder ein Vermächtnis ausgeschlagen hat.

(4) **(weggefallen)**

1. Allgemeines. Schenkungen in Benachteiligungsabsicht oder andere Leistungen auf Grund kollusiven Zusammenwirkens mit Dritten werden zwar dem Endvermögen des Zuwendenden zugerechnet (§ 1375 II 1). Gleichwohl kann ein Ausgleichsanspruch an fehlenden oder unzureichenden Aktiva scheitern. Den ausgleichsberechtigten Ehegatten sucht § 1390 in solchen Fällen mit Ansprüchen gegen den Schenkungsempfänger zu schützen. 1

2. Voraussetzungen. a) Unentgeltliche Zuwendungen an (gutgl) Dritte in der Absicht, den Ehegatten zu benachteiligen, I 1 Nr 1, oder **andere Rechtshandlungen,** bei denen der Drittbegünstigte die Benachteiligungsabsicht im Zeitpunkt des Leistungsempfangs kannte, II. Die Leistungen müssen während Bestehens des ges Güterstandes erbracht worden sein. **b)** Höhe der Ausgleichsforderung übersteigt den Wert des bei Beendigung des Güterstands vorhandenen Nettovermögens des Ausgleichspflichtigen, I 1 Nr 2. 2

3

3. Folgen. a) Verpflichtung des (oder der) Dritten zum Ersatz des Wertes des Erlangten nach Bereicherungsrecht (Rechtsfolgenverweisung). Im Falle des I kann also § 818 III zugunsten des Zuwendungsempfängers eingreifen, im Falle des II gelten §§ 819, 818 IV. Zwischen mehreren Verpflichteten besteht keine Rangfolge, der ausgleichsberechtigte Ehegatte kann sich also an jeden halten (ErmBudzikiewicz 10). **b)** Geschuldet ist max die Differenz zw Wert des Nettovermögens bei Güterstandsbeendigung und Höhe der Ausgleichsforderung (ErmBudzikiewicz 8). **c)** Der Verpflichtete hat die Ersetzungsbefugnis, die Zahlung durch Herausgabe des Erlangten abzuwenden, I 3. 4

5

4. Verjährung. 3 Jahre (§ 195) ab Beendigung des Güterstandes, III 1. Bei Ausgleich im Todesfall tritt keine Hemmung der Verjährung während der Zeit bis zur Ausschlagung ein, III 2. 6

§§ 1391–1407 *(weggefallen)*

Untertitel 2. Vertragliches Güterrecht

Kapitel 1. Allgemeine Vorschriften

Vorbemerkungen

1. Regelungszweck. §§ 1408–1413 normieren für die Vertragsfreiheit im Eheguterrecht, insbes für die Wahl eines der Vertragsgüterstände „Gütertrennung" und „Gütergemeinschaft" und den deutsch-französischen Güterstand der „Wahl-Zugewinngemeinschaft", **allg Regeln,** wobei § 1412 für letzteren nicht gilt (§ 1519 3). 1

2. Parteiautonomie. Vertragsfreiheit der Parteien zur Ordnung ihrer güterrechtlichen Beziehungen wird durch § 1408 bestätigt und durch § 1409 begrenzt. Gestaltungsmittel ist der **Ehevertrag.** Form § 1410. IPR s EGBGB 15 iVm 14, 16. 2

3. Überschneidung mit anderen Verträgen. Eheverträge können sich mit anderen Verträgen, vor allem **Gesellschaftsverträgen,** in Zwecken und Folgen 3 teilw überschneiden. Die güterrechtliche Vermögensordnung schließt grundsätzlich den Abschluss von anderen RGeschäften zwischen den Eheleuten, die diese Ordnung berühren, nicht aus. Daraus können konkurrierende Regelungen entstehen. Eine jährliche Gewinnabschichtung in einer Ehegatteninnengesellschaft kann faktisch zu einem regelmäßigen und von den §§ 1373 ff gelösten Zugewinnausgleich

4 ausgestaltet worden sein. Die **Konkurrenz solcher Verträge zu güterrechtlichen Regeln** wirft zwei Fragen auf: Stellt ihre Ausgestaltung funktional und den Absichten der Parteien entspr einen Ehevertrag dar, so ist die Form des § 1410 einzuhalten. Soweit Gesellschaftsverträge teilw mit güterrechtlichen Gestaltungen konkurrieren, müssen sie deren zwingenden Regeln entsprechen: Leben die Eheleute in Gütergemeinschaft, dann kann eine Ehegatten-OHG nach BGH 65, 79 nur durch ehevertragliche Ausgliederung des Gesellschaftsvermögens als Vorbehaltsgut (§ 1418) errichtet werden; Lit behandelt Gesellschaftsanteile überwiegend als Sondergut.

§ 1408 Ehevertrag, Vertragsfreiheit

(1) **Die Ehegatten können ihre güterrechtlichen Verhältnisse durch Vertrag (Ehevertrag) regeln, insbesondere auch nach der Eingehung der Ehe den Güterstand aufheben oder ändern.**

(2) **Schließen die Ehegatten in einem Ehevertrag Vereinbarungen über den Versorgungsausgleich, so sind insoweit die §§ 6 und 8 des Versorgungsausgleichsgesetzes anzuwenden.**

§ 1409 Beschränkung der Vertragsfreiheit

Der Güterstand kann nicht durch Verweisung auf nicht mehr geltendes oder ausländisches Recht bestimmt werden.

Lit: Börger/Engelsing, Eheliches Güterrecht, 2. Aufl 2005, 23 ff; Bredthauer, Der Ehevertrag in der Praxis, NJW 04, 3072; Langenfeld, Handbuch der Eheverträge und Scheidungsvereinbarungen, 6. Aufl 2011; ders, Der Ehevertrag, 11. Aufl 2005; Schwenzer, Vertragsfreiheit im Ehevermögens- und Scheidungsfolgenrecht, AcP 196, 88 ff; Slapnicar, Vertragliche Vereinbarungen im Ehegüterrecht zum Erhalt unternehmerischer Entscheidungskompetenzen, WiB 94, 590 ff; Walter, Schuldprinzip kraft Ehevertrages?, NJW 81, 1409.

Anmerkungen zu den §§ 1408, 1409

1 1. **Allgemeines.** §§ 1408, 1409 gestalten und begrenzen Vertragsfreiheit im Ehegüterrecht. § 1409 sichert die mit dem BGB erfolgte Straffung des Güterrechts durch Abschaffung der Vielfalt von partikularrechtlichen Güterständen.

2 2. **Möglichkeiten. a) Wahl** zwischen den geltenden ges Typen Gütertrennung und Gütergemeinschaft sowie den ges normierten Modifikationen der Gütergemeinschaft (Verwaltung, § 1421, und evtl Fortsetzung mit den Abkömmlingen, § 1483). Auch der ges Güterstand kann in einem Ehevertrag „bekräftigt" werden (s RG 133, 20). **b) Güterstand ausländischen Rechts** s EGBGB 15 I iVm 14,
3 15 II. **c)** In „**speziellen Eheverträgen**" können Einzelregelungen des ges oder gewählten Güterstandes abbedungen oder geändert werden, soweit sie nicht zwingendes Recht sind. Verfügungsbeschränkungen der §§ 1365, 1369 können abbedungen, Regelung des Zugewinnausgleichs kann modifiziert werden, etwa durch Beschränkung des Ausgleichs auf den Fall der Auflösung der Ehe durch Tod (BGH NJW 64, 1795; wN bei SoeGaul § 1408 Rn 18), Änderung von Stichtagen oder Herausnahme bestimmter Gegenstände aus dem Ausgleich, s BGH NJW 97, 2240 (Betriebsvermögen). Auch Ausschluss des Zugewinnausgleichs unter ausdrücklicher Beibehaltung der Beschränkungen aus §§ 1365–1369 muss möglich sein; § 1414

Titel 6. Eheliches Güterrecht §§ 1408, 1409

ist insoweit dispositiv (s Gernhuber/Coester-Waltjen § 32 Rn 25, str; zum Ganzen Slapnicar aaO 619 ff). **d) Vereinbarungen über den Versorgungsausgleich** sind 4 nach Maßgabe des VersAusglG 6 und 8 zulässig, § 1408 II.

3. Grenzen der Privatautonomie. a) Nicht möglich ist **Verweisung** auf einen 5 der früher geltenden Güterstände („Stichwortvertrag"). Ausländisches Recht s vor allem EGBGB 15 II (kollisionsrechtliche Parteiautonomie), während § 1409 nur materiellrechtliche Parteiautonomie nach deutschem Sachrecht beschränkt. Iü ist str, ob und inwieweit der Vertragsfreiheit zur Ausgestaltung von güterrechtlichen Beziehungen Grenzen gesetzt sind. Diskutiert werden: **aa)** Ehevertrag nach auslän- 6 dischem oder früher geltendem Recht durch Übernahme der ges Regelung in den Text des Vertrages; **bb)** Vereinbarung eines „Mischgüterstandes", der aus einzelnen Regelungen der ges Typen individuell (und im Vertrag ausformuliert) zusammengesetzt ist; **cc)** „Phantasiegüterstände", in denen in freier Rechtsschöpfung ohne Anlehnung an frühere oder jetzige ges Typen eine individuelle Regelung versucht wird. Überwiegend wird iE die Zulässigkeit dieser Möglichkeiten verworfen (s Schleswig NJW-RR 96, 134). Teilw wird jedoch die Freiheit der Parteien im Güterrecht allein durch die „institutionellen Möglichkeiten des BGB" (SoeGaul § 1408 Rn 14) und seine zwingenden Regeln eingeschränkt gesehen. Solche Schranken bestehen vor allem für die Wirkungen zuordnungsändernder Vereinbarungen, die sich im Interesse des Rechtsverkehrs im Rahmen der sachenrechtlichen Gestaltungsmöglichkeiten halten müssen. **b)** Der Privatautonomie sind ferner solche 7 Regeln der ges Güterstandstypen entzogen, die entweder einen der Ehegatten oder Dritte zwingend schützen: Schuldenhaftung des Gesamtguts in der Gütergemeinschaft kann nicht mit Wirkung gegen die Gläubiger abw vom ges Haftungsverteilungsschlüssel (§§ 1437–1440, 1459–1462) geregelt, die Klagerechte aus §§ 1368, 1447, 1448, 1469 können nicht abbedungen werden. **c) Allg Schranken der Ver-** 8 **tragsfreiheit.** Den Ehegatten steht es grundsätzlich frei, die ges Regelungen über Zugewinn, Versorgungsausgleich und nacheheliche Unterhalt durch Ehevertrag auszuschließen; kein unverzichtbarer Mindestgehalt an Scheidungsfolgenansprüchen zwischen Ehegatten (BGH NJW 04, 933). Zusammenfassend zur Inhalts- und Ausübungskontrolle wie dem Wegfall der Geschäftsgrundlage (§§ 138, 242, 313) bedeutsam jetzt BGH FamRZ 13, 195 mAnm Bergschneider. **aa) Wirksamkeitskon-** 9 **trolle, § 138;** Schutzzweck des Scheidungsfolgenrechts darf jedoch nicht beliebig unterlaufen werden. **bb)** Die Grenze liegt **objektiv** in einer durch die individuelle Gestaltung der ehelichen Lebensverhältnisse nicht gerechtfertigten evident **einseitigen Lastenverteilung,** wenn sie für den belasteten Ehegatten unzumutbar ist (BGH NJW 04, 934; NJW 05, 138); maßgeblicher **Zeitpunkt** ist **Vertragsschluss** (BGH NJW 91, 913; NJW 04, 935); zur Feststellung der Benachteiligung ist eine **Gesamtschau** der individuellen Verhältnisse der Ehegatten – insbes hinsichtlich ihrer Einkommens- und Vermögensverhältnisse, ihres geplanten oder bereits verwirklichten Lebenszuschnitts und die Auswirkungen der Vereinbarungen auf Ehegatten und Kinder – vorzunehmen (BGH NJW 04, 935); dabei ist der Umfang des Verzichts anhand der **Schwere der aufgegebenen Position** im System der ges Scheidungsfolgen zu ermitteln (BGH NJW 04, 930, mit Anm Rakete-Dombek, NJW 04, 1273). Am schwersten wiegt der Betreuungsunterhalt nach § 1570: wegen Ausrichtung auf das Kindesinteresse unterliegt er nicht der Disposition der Ehegatten (modifizierbar nur in Höhe und Dauer [vgl zB BGH NJW 07, 2851]), gefolgt vom Unterhalt auf Grund Alters oder Krankheit (§§ 1571, 1572) und vom Versorgungsausgleich als vorweggenommenem Altersunterhalt: nur begrenzt disponibel, Verzicht aber nicht ausgeschlossen, etwa wenn die Ehe erst im Alter oder nach Ausbruch der Krankheit geschlossen wird (BGH NJW 04, 934) oder der benachteiligte Ehegatte in der Lage ist, Vorsorge für seine Altersversorgung zu treffen (BGH NJW 05, 1372). In der weiteren Abstufung folgen und sind am ehesten verzichtbar: der Unterhalt wegen Erwerbslosigkeit nach § 1573, der Krankenvorsorge- und Altersvorsorgeunterhalt nach §§ 1578 II, III (vgl hierzu BGH NJW 05, 1372: Ausschluss

wirksam, wenn Unterhaltsbedürftigkeit nicht absehbar und Altersvorsorge üblicherweise bereits erworben), sowie Aufstockungs- (§ 1573 II) und Ausbildungsunterhalt (§ 1575); nicht zum „Kernbereich" der Scheidungsfolgen zählt der Zugewinnaus-
10 gleich, der damit einer vertraglichen Disposition am ehesten zugänglich ist. **Sittenwidrigkeit** regelmäßig nur dann anzunehmen, wenn Regelungen aus dem „**Kernbereich**" ganz oder zu erheblichen Teilen ausgeschlossen wurden, ohne Ausgleich dieser Nachteile durch **anderweitige Vorteile** (Abschluss einer Kapitallebensversicherung, BGH NJW 04, 936; Zahlung freiwilliger Beiträge zur ges Rentenversicherung, BGH NJW 05, 1372; **nicht** das Eheversprechen, BVerfG NJW 01, 959) bzw ohne Rechtfertigung durch die besonderen Verhältnisse der Ehegatten, insbes den
11 angestrebten oder gelebten Ehetyp (BGH NJW 04, 935). cc) Für die Annahme der Sittenwidrigkeit genügt ein objektiv einseitiger Vertragsinhalt nicht, es sind **zusätzliche Umstände** erforderlich (sa § 138 Rn 11). Diese können sich aus der erheblichen **Störung der Privatautonomie** des benachteiligten Ehegatten ergeben. **Subjektiv** sind der mit dem Vertrag verfolgte Zweck und sonstige Beweggründe zu berücksichtigen (BGH NJW 04, 935). Die Ausnutzung einer **Zwangslage** kommt insbes bei vorsorgenden – anlässlich der Eheschließung oder im Zusammenhang mit einer Schwangerschaft – geschlossenen Eheverträgen in Betracht; Schwangerschaft aber nur ein Indiz für Unterlegenheit bei evident einseitigem Ehevertrag (BVerfG NJW 01, 958; NJW 01, 2248; BGH NJW 05, 2389; FamRZ 08, 2011; FamRZ 09, 1041), Ausgleich der Unterlegenheit durch Vermögenslage, berufliche Qualifikation und die von den Ehegatten angestrebte Aufteilung von Erwerbs- und Familienarbeit möglich (BVerfG NJW 01, 959). Drucksituation auch dann, wenn ein Ehegatte den anderen am Tag der Eheschließung mit dem Vertrag überrascht und damit droht, die Hochzeit platzen zu lassen, falls der andere nicht unterschreibt (Koblenz, FF 03, 138); kein Indiz für Zwangslage bei Vertragsschluss ist allein wirtschaftliches Ungleichgewicht (Rakete-Dombek, NJW 04, 1276). Die Sittenwidrigkeit kann auch in der **Schädigung Dritter** liegen, etwa bei Verzicht auf Unterhalt oder Versorgungsausgleich zu Lasten der Sozialhilfe (BGH FamRZ 09, 198; jedoch keine Schädigung, wenn beide Ehegatten Sozialhilfe beziehen [BGH NJW 07, 904]), oder in der Gefährdung des Kindeswohls durch völlige Freistellung des nicht betreuenden Ehegatten vom Kindesunterhalt, wenn eine dem Kindeswohl entspr Betreuung und den Verhältnissen beider Ehegatten angemessener Barunterhalt nicht gesichert sind (BVerfG NJW 01, 960; dazu Schwab FamRZ 01, 349). Sittenwidrig ist es auch, den früheren Ehegatten, der erst im Hinblick auf die Eheschließung in Deutschland ansässig geworden ist, die Folgen einer hier eingetretenen und bei Abschluss des Ehevertrages zumindest vorhersehbaren Bedürftigkeit allein tragen zu lassen (BGH NJW 07, 908). **Keine** Sittenwidrigkeit, wenn im Ehevertrag nur auf Zugewinnausgleich verzichtet wurde, ein Ehegatte aber außerdem auch kein im Versorgungsausgleich auszugleichendes Vermögen erworben hat
12 (BGH NJW 08, 1076). dd) Ob die Nichtigkeit einer Vereinbarung den ganzen Vertrag vernichtet, richtet sich nach § 139 (Frankfurt NJW-RR 05, 1597: Teilunwirksamkeit trotz Verstoßes gegen § 138, wenn Ehegatten Gütertrennung trotzdem gewollt hätten; BGH FamRZ 06, 1097: Gesamtnichtigkeit, wenn die Gesamtwürdigung des Ehevertrages, dessen Inhalt für eine Partei ausnahmslos nachteilig ist und dessen Einzelregelungen durch keine berechtigten Belange der anderen Partei gerechtfertigt werden, dessen Sittenwidrigkeit ergibt); bei Verbindung von Ehe-
13 und Erbvertrag gilt § 139 nicht (BGH 29, 131 f). ee) **Ausübungskontrolle, § 242**. Hat die Abrede Bestand, kann die Berufung darauf gegen Treu und Glauben verstoßen; Anknüpfungspunkt für die Beurteilung ist **Zeitpunkt** des **Scheiterns der Ehe** (BGH NJW 05, 139; NJW 05, 2390). Unzumutbare Lastenverteilung kommt bei erheblicher einvernehmlicher **Abweichung** von der ursprünglich geplanten und dem Vertrag zugrunde liegenden Gestaltung der ehelichen Lebensverhältnisse in Betracht (BGH NJW 05, 140: Ehegatte übernimmt entgegen der Planung unter Verzicht auf eine versorgungsbegründende Erwerbstätigkeit in der Ehe einvernehmlich die Erziehung der Kinder; BGH NJW 08, 1080: Erkrankung eines Ehegatten);

Titel 6. Eheliches Güterrecht **§§ 1410, 1411**

ff) Folge: Anordnung der Rechtsfolge, die den berechtigten Belangen der Ehegatten am besten Rechnung trägt. Keine grundsätzliche Beschränkung des Anspruchs nach § 1570 auf den Notunterhalt (BGH NJW 04, 936; anders noch BGH NJW 92, 3166). **d)** Die Grundsätze über den Wegfall der Geschäftsgrundlage sind auf Eheverträge anwendbar (BGH NJW 05, 2390). 14

15

4. Vertragsschluss und Vertragswirksamkeit. Richten sich nach den Vorschriften des AT, wobei allerdings für Form (§ 1410) und Geschäftsfähigkeit (§ 1411) qualifizierte Regeln bestehen. Anfechtung wegen Drohung/Täuschung (Selbstmord) BGH NJW-RR 96, 1282. Auch ist der Ehevertrag nur Ehepartnern oder Verlobten zugänglich; im letzteren Fall wird er erst mit Eheschließung wirksam (BayObLG 57, 51). 16

5. Zeitpunkt. Ein Ehevertrag kann vor (hierzu Rn 19) oder nach Eingehung der Ehe geschlossen oder geändert werden. 17

6. Dauer. Der Ehevertrag endet mit Auflösung der Ehe oder Aufhebungsvertrag, der von beiden Parteien jederzeit einvernehmlich geschlossen werden kann, ferner mit Rechtskraft eines Beschlusses auf Aufhebung bei Anträgen nach §§ 1447, 1448, 1469. 18

7. Anfechtung bei Gläubigerbenachteiligung. Anfechtung eines Ehevertrages wegen Gläubigerbenachteiligung nach InsO 133 f, AnfG 3 ist möglich. 19

8. Streitigkeiten aus güterrechtlichen Vereinbarungen. Sind Familiensachen (FamFG 111 Nr 9). 20

§ 1410 Form

Der Ehevertrag muss bei gleichzeitiger Anwesenheit beider Teile zur Niederschrift eines Notars geschlossen werden.

1. Zweck. Mit der Form des § 1410 soll Warnung, Klarheit, Beweissicherheit und Zwang zu sachkundiger Beratung erreicht werden. 1

2. Geltungsbereich. Auch Vorverträge (BGH FamRZ 66, 492) und Aufhebungsverträge (Frankfurt FamRZ 01, 1524). **Nicht:** Ehegatten-Gesellschaftsvertrag, s jedoch Rn 4 vor §§ 1408–1413. Zu Rechtsgeschäften im Zusammenhang mit Ehevertrag Kanzleiter NJW 97, 217. 2

3. Gleichzeitige Anwesenheit. Das Erfordernis gleichzeitiger Anwesenheit schließt Sukzessivbeurkundungen aus, meint aber nicht persönliche Anwesenheit; Stellvertretung ist also zulässig. Die Vollmacht ist nicht formbedürftig (§ 167 II); für widerrufliche Vollmacht bestätigt von BGH NJW 98, 1858. 3

4. Formmangel. Folge eines **Formmangels** ist Nichtigkeit, § 125 S 1. 4

5. Beurkundung. Zur Beurkundung s BeurkG 8 ff. 5

§ 1411 Eheverträge beschränkt Geschäftsfähiger und Geschäftsunfähiger

(1) ¹Wer in der Geschäftsfähigkeit beschränkt ist, kann einen Ehevertrag nur mit Zustimmung seines gesetzlichen Vertreters schließen. ²Dies gilt auch für einen Betreuten, soweit für diese Angelegenheit ein Einwilligungsvorbehalt angeordnet ist. ³Ist der gesetzliche Vertreter ein Vormund, so ist außer der Zustimmung des gesetzlichen Vertreters die Genehmigung des Familiengerichts erforderlich, wenn der Ausgleich des Zugewinns ausgeschlossen oder eingeschränkt oder wenn Gütergemeinschaft vereinbart oder aufgehoben wird; ist der gesetzliche Vertreter ein Betreuer, ist die Genehmigung des Betreuungsgerichts erforderlich. ⁴Der gesetzliche Ver-

§ 1412

treter kann für einen in der Geschäftsfähigkeit beschränkten Ehegatten oder einen geschäftsfähigen Betreuten keinen Ehevertrag schließen.

(2) ¹Für einen geschäftsunfähigen Ehegatten schließt der gesetzliche Vertreter den Vertrag; Gütergemeinschaft kann er nicht vereinbaren oder aufheben. ²Ist der gesetzliche Vertreter ein Vormund, so kann er den Vertrag nur mit Genehmigung des Familiengerichts schließen; ist der gesetzliche Vertreter ein Betreuer, ist die Genehmigung des Betreuungsgerichts erforderlich.

1   1. **Zweck.** Soll vor allem minderjährigen Ehegatten persönlichen Vertragsschluss vorbehalten.

2   2. **Vertragsschluss beschränkt Geschäftsfähiger oder geschäftsfähiger Betreuter.** a) Vornahme nur persönlich, I 4. b) Zustimmung der/des ges Vertreter(s) – im Regelfall also beider Elternteile – erforderlich. Für **Vormund oder Betreuer** s I 3; darunter fällt auch die Vereinbarung der Gütertrennung, da damit der Zugewinnausgleich ausgeschlossen wird.

3   3. **Geschäftsunfähige.** Für Geschäftsunfähige s II.

§ 1412 Wirkung gegenüber Dritten

(1) Haben die Ehegatten den gesetzlichen Güterstand ausgeschlossen oder geändert, so können sie hieraus einem Dritten gegenüber Einwendungen gegen ein Rechtsgeschäft, das zwischen einem von ihnen und dem Dritten vorgenommen worden ist, nur herleiten, wenn der Ehevertrag im Güterrechtsregister des zuständigen Amtsgerichts eingetragen oder dem Dritten bekannt war, als das Rechtsgeschäft vorgenommen wurde; Einwendungen gegen ein rechtskräftiges Urteil, das zwischen einem der Ehegatten und dem Dritten ergangen ist, sind nur zulässig, wenn der Ehevertrag eingetragen oder dem Dritten bekannt war, als der Rechtsstreit anhängig wurde.

(2) Das Gleiche gilt, wenn die Ehegatten eine im Güterrechtsregister eingetragene Regelung der güterrechtlichen Verhältnisse durch Ehevertrag aufheben oder ändern.

Lit: Lange, Ehevertrag und Güterrechtsregister, FamRZ 64, 546; sa Lit vor §§ 1408, 1409.

1   1. **Allgemeines.** Ehe und Güterstand beeinflussen die Befugnisse der Ehegatten zum Abschluss von RGeschäften mit Dritten durch Erweiterungen (§ 1357) und Schranken (§§ 1365, 1369). Vereinbaren die Ehegatten Änderungen oder machen sie vereinbarte Veränderungen rückgängig, so muss das Interesse Dritter, die auf den „Normalfall" der Befugnisse von Ehegatten vertrauen, berücksichtigt werden. Das Ges sieht deshalb die Publikation solcher Veränderungen im Güterrechtsregister als Voraussetzung der Außenwirkung vor. Eintragung ist nicht Wirksamkeitsvoraussetzung des Ehevertrages zwischen Ehegatten (oder der Beschränkung in § 1357 II, StThiele 7 ff), sondern der Geltung bestimmter RGeschäfte zwischen Ehegatten und Dritten, die auf der Grundlage geänderter Befugnisse unternommen worden sind. § 1412 gilt nach § 1519 3 nicht für den Güterstand der **Wahl-Zugewinngemeinschaft**.

2   2. **Einzelfälle der auf Grund § 1412 einzutragenden Eheverträge. a)** Ausschluss oder Änderung des ges Güterstandes, I 1. Änderung zB Ausschluss Zugewinn, falls Ehe anders als durch Tod endet, Köln NJW-RR 95, 390. Nach der Funktion der Vorschrift (s Rn 1) an sich nur Vereinbarung der Gütergemeinschaft oder einer anderen, Befugnisse einschränkenden Vermögensordnung (etwa auf Grund ausländischen Güterstandes; s jedoch EGBGB 12). Gütertrennung bewirkt keine Einschränkung von Befugnissen, gegen die ein Dritter zu schützen wäre, und

Titel 6. Eheliches Güterrecht § 1413

bedarf deshalb an sich nicht der Eintragung (vgl Gernhuber/Coester-Waltjen § 33 Rn 6; sa Rn 3 vor § 1558 mwN; Eintragungs**fähigkeit** bejaht BGH 66, 205). **b)** Änderung oder Aufhebung eines eingetragenen vereinbarten Güterstandes, wenn 3 sich daraus Einschränkungen der rechtlichen Befugnisse der Ehegatten ergeben. Bsp: Änderung der Verwaltungsmacht in der Gütergemeinschaft, Vereinbarung der Zugewinngemeinschaft und Aufgabe der Gütertrennung.

3. Wirkungen. a) Eintragung oder Nichteintragung haben Wirkungen nur bei 4 **aa)** RGeschäften und Urteilen, **bb)** zwischen Ehegatten und Dritten. Keine Bedeutung für Haftung aus unerlaubter Handlung, für Unterhaltsbeziehungen oder Rechtserwerb in der Zwangsvollstreckung, ferner für RGeschäfte zwischen den Ehegatten oder zwischen Dritten (etwa Nacherwerb einer von einem Ehegatten stammenden Sache). **b) Eintragung** wirkt zugunsten der Ehegatten – sie können 5 sich auf die durch Ehevertrag abw vom ges Güterstand (I) oder einem früheren Ehevertrag (II) geordneten Befugnisse auch einem Dritten gegenüber berufen, der an die alte Rechtslage glaubte. **c) Nichteintragung** wirkt zugunsten des Dritten, 6 falls er die Änderung gegenüber dem ges Güterstand (I) oder einem früheren Ehevertrag (II) bei Vornahme des RGeschäfts (s RG 142, 59: nicht erst Zeitpunkt der Genehmigung durch FamG) nicht kannte. Kenntnis muss sich nur auf Tatsachen beziehen; falsche rechtliche Würdigung bewirkt nicht Unkenntnis. Bei unentgeltlichem Erwerb aus Gesamtgut § 816 I 2, BGH 91, 288. **d)** Urteile, die zwischen 7 einem Ehegatten und einem Dritten auf Grund der verlautbarten Rechtslage ergangen sind, wirken ggf gegen den nicht prozessführenden Ehegatten, falls bei Rechtshängigkeit Eintragung vorlag und der Dritte (Prozessgegner des Ehegatten) nicht positiv die Unrichtigkeit der verlautbarten Prozessführungsbefugnis kannte.

4. Unrichtige Eintragung. Keinen Schutz genießt unrichtige Eintragung, die 8 nie richtig war, zB eines nichtigen Ehevertrages. Haftung für veranlassten Rechtsschein wird jedoch überwiegend entspr § 171 und der Wirkung von Handelsregistereintragung bejaht (vgl SoeGaul 16 mwN).

5. Gutgl Erwerb. Vorschriften über den gutgl Erwerb bleiben unberührt. 9

6. Eintragungsverfahren. Zum Eintragungsverfahren s §§ 1558–1563. 10

§ 1413 Widerruf der Überlassung der Vermögensverwaltung

Überlässt ein Ehegatte sein Vermögen der Verwaltung des anderen Ehegatten, so kann das Recht, die Überlassung jederzeit zu widerrufen, nur durch Ehevertrag ausgeschlossen oder eingeschränkt werden; ein Widerruf aus wichtigem Grunde bleibt gleichwohl zulässig.

1. Allgemeines. Zu weitgehende Bindungen an Verwaltungsüberlassung 1 erschwert § 1413 durch Formzwang; totale Bindung verhindert HS 2.

2. Voraussetzungen. Überlassung der Verwaltung des eigenen Vermögens an 2 den anderen Ehegatten auf Grund ehelicher Aufgabenverteilung oder schuldrechtlichen Vertrages; konkludent möglich, wegen Pflichten des Verwaltenden jedoch „keine geringen Anforderungen" an Vertragsschluss durch schlüssiges Handeln (BGH NJW 86, 1871). In der Gütergemeinschaft kommt nur Vorbehalts- oder Sondergut in Betracht. Zugrunde liegen kann Auftrag, entgeltliche Geschäftsbesorgung (§ 675) oder Vereinbarung sui generis; auch Ehegattengesellschaft kann zur Alleinverwaltung des Vermögens eines Ehegatten durch den anderen führen und unter § 1413 fallen (Gernhuber/Coester-Waltjen § 32 Rn 41, str). Verteilung der Aufgabenbereiche in der Ehe allein bewirkt aber kein Auftragsverhältnis (BGH NJW-RR 87, 1347).

3. Folgen. a) § 1413 setzt nach dem Wortlaut ein Recht zum jederzeitigen 3 Widerruf voraus. **b)** Ausschluss oder Einschränkungen des Widerrufsrechts bedürfen

§ 1414, Vor § 1415

der Form des Ehevertrags, HS 1. **c)** Widerruf aus wichtigem Grund bleibt stets zulässig, HS 2. **d)** Ob Nichtigkeit einer Widerrufseinschränkung die Verwaltungsvereinbarung insgesamt vernichtet, ist nach § 139 zu beurteilen. Bei einer gegen HS 2 verstoßenden Klausel kommt es auf den Parteiwillen aber nicht an, der Vertrag bleibt ohne diese Klausel gültig. **e)** Widerruf geschieht durch einseitige empfangsbedürftige Willenserklärung. **f)** § 1412 ist nicht anwendbar.

6 **4. Haftung.** Haftung für die Pflichten aus dem Verwaltungsvertrag nach dem Maßstab des § 1359 (hL; aA MK/Kanzleiter 9 bei entgeltlicher Überlassung). Zur Ausgestaltung solcher Verwaltungsverträge und den Pflichten ie s SoeGaul 3.

Kapitel 2. Gütertrennung

§ 1414 Eintritt der Gütertrennung

¹Schließen die Ehegatten den gesetzlichen Güterstand aus oder heben sie ihn auf, so tritt Gütertrennung ein, falls sich nicht aus dem Ehevertrag etwas anderes ergibt. ²Das Gleiche gilt, wenn der Ausgleich des Zugewinns ausgeschlossen oder die Gütergemeinschaft aufgehoben wird.

1 **1. Allgemeines.** Ersatzgüterstand für den Fall, dass die Ehegatten den ges Güterstand oder eine vereinbarte Gütergemeinschaft abbedungen oder den Zugewinnausgleich ausgeschlossen haben, ohne anderen Güterstand zu vereinbaren.

2 **2. Voraussetzungen für den Eintritt der Gütertrennung. a)** Ehegatten vereinbaren Gütertrennung durch Ehevertrag; **b)** sie schließen ges Güterstand bei Eingehung der Ehe aus oder heben ihn später auf, ohne anderen Güterstand zu vereinbaren, S 1; **c)** Ausschluss des Zugewinnausgleichs, S 2; **d)** zunächst vereinbarte Gütergemeinschaft wird aufgehoben, ohne dass eine andere mögliche Regelung (Vereinbarung der Zugewinngemeinschaft oder eines ausländischen Rechts nach EGBGB 15 II) getroffen wird, S 2; **e)** Fälle der §§ 1388, 1449, 1470.

5 **3. Wirkungen der Gütertrennung. a)** Güterrechtliche Bindungen der Ehegatten fehlen. Die Vermögen bleiben rechtlich gesondert, jeder Ehegatte verwaltet selbst, kann ohne Zustimmung des anderen Verpflichtungs- und Verfügungsgeschäfte schließen und führt die sein Vermögen betr Rechtsstreitigkeiten selbst.
6 **b)** Gütertrennung schließt nicht aus, dass Verwaltungsverträge geschlossen, Vollmachten eingeräumt werden, gemeinschaftliches Vermögen (Miteigentum oder Gesamthandseigentum) entsteht oder unbenannte (ehebedingte) Zuwendungen vorgenommen werden, vgl BGH NJW-RR 88, 962 (zum Ausgleich beim Zerbrechen der Ehe aaO S 964). **c)** Unberührt von Gütertrennung bleiben die vermögensrechtlichen Ehewirkungen aus § 1353 (s § 1353 Rn 4).

8 **4. Eintragung ins Güterrechtsregister.** Ist nur beim Übergang von der Gütergemeinschaft zur Gütertrennung *erforderlich*, um Dritte zu schützen. Beim Übergang von der Zugewinngemeinschaft zur Gütertrennung ist Verlautbarung *möglich* (s § 1412 Rn 2).

Kapitel 3. Gütergemeinschaft

Vorbemerkungen

1 **1. Allgemeines.** Mit der „Gütergemeinschaft" stellt das Ges einen in Einzelheiten geregelten Vertragsgüterstand zur Wahl, dessen Eigenart in der (teilw) Vergemeinschaftung der beiderseitigen Vermögen besteht. Durch Vereinbarung der „fortgesetzten Gütergemeinschaft" können die Ehegatten erreichen, dass die Vergemeinschaftung des Vermögens nach dem Tode eines Ehegatten zwischen dem Überlebenden und den gemeinschaftlichen Abkömmlingen fortgesetzt wird, § 1483.

Titel 6. Eheliches Güterrecht §§ 1415–1418

2. Überblick. a) Für Gütergemeinschaft ist kennzeichnend das in der Rechtsform der Gesamthand (s § 1419) vergemeinschaftete Vermögen der Ehegatten. Ausgenommen von der Vergemeinschaftung bleiben die als „Sondergut" (s § 1417) und „Vorbehaltsgut" (s § 1418) bezeichneten Vermögensmassen, die von dem jeweiligen Inhaber-Ehegatten selbstständig verwaltet werden. 2

In Gütergemeinschaft lebende Ehegatten können also insgesamt fünf rechtlich zu unterscheidende **Vermögensmassen** haben: (vergemeinschaftetes) Gesamtgut und je zweimal (selbstständiges) Sondergut und Vorbehaltsgut. Weitere Vermögensmassen können nicht geschaffen werden; das Vermögen einer Ehegattengesellschaft muss deshalb den drei ges Typen eingeordnet werden (s hierzu Rn 4 vor §§ 1408–1413). **b)** Für die Verwaltung des Gesamtgutes gibt das Ges zwei Grundmodelle: Verwaltung durch beide Ehegatten gemeinschaftlich (§§ 1450–1470) und Verwaltung entweder durch Mann oder Frau allein (§§ 1422–1449). 3 4

Unterkapitel 1. Allgemeine Vorschriften

§ 1415 Vereinbarung durch Ehevertrag

Vereinbaren die Ehegatten durch Ehevertrag Gütergemeinschaft, so gelten die nachstehenden Vorschriften.

Gütergemeinschaft kann nur durch Ehevertrag begründet werden, s §§ 1408, 1410 (Form), 1411 (Geschäftsfähigkeit); zur Wirkung der Eintragung ins Güterrechtsregister s § 1412; zur Möglichkeit von Abänderungen des ges Typs s §§ 1408, 1409 Rn 3, 5 ff. Schenkung als causa für Begründung der Gütergemeinschaft (BGH NJW 92, 559). 1

§ 1416 Gesamtgut

(1) ¹**Das Vermögen des Mannes und das Vermögen der Frau werden durch die Gütergemeinschaft gemeinschaftliches Vermögen beider Ehegatten (Gesamtgut).** ²**Zu dem Gesamtgut gehört auch das Vermögen, das der Mann oder die Frau während der Gütergemeinschaft erwirbt.**

(2) **Die einzelnen Gegenstände werden gemeinschaftlich; sie brauchen nicht durch Rechtsgeschäft übertragen zu werden.**

(3) ¹**Wird ein Recht gemeinschaftlich, das im Grundbuch eingetragen ist oder in das Grundbuch eingetragen werden kann, so kann jeder Ehegatte von dem anderen verlangen, dass er zur Berichtigung des Grundbuchs mitwirke.** ²**Entsprechendes gilt, wenn ein Recht gemeinschaftlich wird, das im Schiffsregister oder im Schiffsbauregister eingetragen ist.**

§ 1417 Sondergut

(1) **Vom Gesamtgut ist das Sondergut ausgeschlossen.**

(2) **Sondergut sind die Gegenstände, die nicht durch Rechtsgeschäft übertragen werden können.**

(3) ¹**Jeder Ehegatte verwaltet sein Sondergut selbständig.** ²**Er verwaltet es für Rechnung des Gesamtguts.**

§ 1418 Vorbehaltsgut

(1) **Vom Gesamtgut ist das Vorbehaltsgut ausgeschlossen.**

(2) **Vorbehaltsgut sind die Gegenstände,**
die durch Ehevertrag zum Vorbehaltsgut eines Ehegatten erklärt sind,

§§ 1416–1419

die ein Ehegatte von Todes wegen erwirbt oder die ihm von einem Dritten unentgeltlich zugewendet werden, wenn der Erblasser durch letztwillige Verfügung, der Dritte bei der Zuwendung bestimmt hat, dass der Erwerb Vorbehaltsgut sein soll,

die ein Ehegatte auf Grund eines zu seinem Vorbehaltsgut gehörenden Rechts oder als Ersatz für die Zerstörung, Beschädigung oder Entziehung eines zum Vorbehaltsgut gehörenden Gegenstands oder durch ein Rechtsgeschäft erwirbt, das sich auf das Vorbehaltsgut bezieht.

(3) ¹Jeder Ehegatte verwaltet das Vorbehaltsgut selbständig. ²Er verwaltet es für eigene Rechnung.

(4) Gehören Vermögensgegenstände zum Vorbehaltsgut, so ist dies Dritten gegenüber nur nach Maßgabe des § 1412 wirksam.

§ 1419 Gesamthandsgemeinschaft

(1) Ein Ehegatte kann nicht über seinen Anteil am Gesamtgut und an den einzelnen Gegenständen verfügen, die zum Gesamtgut gehören; er ist nicht berechtigt, Teilung zu verlangen.

(2) Gegen eine Forderung, die zum Gesamtgut gehört, kann der Schuldner nur mit einer Forderung aufrechnen, deren Berichtigung er aus dem Gesamtgut verlangen kann.

Anmerkungen zu den §§ 1416–1419

Lit: Behmer, Ist die Gütergemeinschaft als Wahlgüterstand ‚obsolet'? Grundfragen, FamRZ 88, 339; Buchner, Gütergemeinschaft und erwerbswirtschaftliche Betätigung der Ehegatten – einige Folgewirkungen der gesamthänderischen Bindung des Gesamtguts, FS Beitzke 1979, 153; Tiedtke, Universalsukzession und Gütergemeinschaft, FamRZ 76, 510.

1 **1. Allgemeines.** Die §§ 1416–1419 definieren die im Güterstand der Gütergemeinschaft zu unterscheidenden Vermögensmassen (s Rn 3 vor § 1415) und regeln ihre Entstehung, Abgrenzung und rechtliche Konzeption.

2 **2. Entstehung des Gesamtgutes. a)** Zum gemeinschaftlichen **Gesamtgut** werden **aa)** die bei Begründung der Gütergemeinschaft, dh bei Abschluss des Ehevertrages vorhandenen Vermögen der Ehegatten (§ 1416 I 1) und **bb)** die später von dem einen oder anderen Ehegatten oder gemeinsam erworbenen Vermögen **3** oder Einzelgegenstände (§ 1416 I 2), sofern sie nicht **cc)** Sondergut (s Rn 11) oder Vorbehaltsgut (Rn 13 ff) sind oder werden. Rechtsgrund und Art des späteren Erwerbs spielen für die Zuordnung zum Gesamtgut keine Rolle. Auch eine Erbschaft fällt ins Gesamtgut (der andere Ehegatte wird deshalb jedoch nicht Miterbe), ebenso der Anteil eines Abkömmlings am Gesamtgut einer beendeten, aber noch nicht auseinandergesetzten fortgesetzten Gütergemeinschaft (RG 125, 347 – Sondergut ist dagegen der unübertragbare Anteil der noch nicht beendeten fortgesetzten Gütergemeinschaft). Erträge des Gesamtgutes und des Sondergutes der Ehegatten werden Gesamtgut, ferner Ansprüche auf Gehalt (soweit pfändbar), aus unerlaubter Handlung, Bereicherung, GoA (s aber Rn 12) oder Erwerb durch Realakt, zB Ver-**4** arbeitung. **b)** Die Zuordnung zum Gesamtgut geschieht bei Begründung der Gütergemeinschaft durch Universalsukzession, § 1416 II. Gutgl Erwerb ist mangels rechts-**5** geschäftlicher Zuordnungsänderung nicht möglich (sa § 892 Rn 8). **c)** Grundbuch wird unrichtig und bedarf der Berichtigung. Folgerichtig gibt § 1416 III einen Anspruch des einen Ehegatten gegen den anderen (eingetragenen) Ehegatten auf Mitwirkung an der Grundbuch- (oder Schiffs- bzw Schiffsbauregister-)berichtigung, dh auf Bewilligung der Berichtigung, GBO 19 (zur Wirkung eines stattgebenden

Titel 6. Eheliches Güterrecht § 1419

Urteils s ZPO 894). Bei Eintragung der Gütergemeinschaft im Güterrechtsregister ist Grundbuchberichtigung nach GBO 22, 33 möglich; Bewilligung des eingetragenen Ehegatten ist dann nicht erforderlich. Widerspruch nach § 899 gegen Eintragung eines Ehegatten als Alleineigentümer möglich (RG 108, 286). **d)** Rechtliche Konstruktion der Zuordnung nachträglich erworbener Gegenstände zum Gesamtgut (Durchgangserwerb des erwerbenden Ehegatten oder Direkterwerb des Gesamtguts) str (umfassend Hofmann FamRZ 72, 117, offengelassen in BGH 82, 348). Dogmatisch folgerichtig ist Annahme von Durchgangserwerb (s Gernhuber/Coester-Waltjen § 38 Rn 26 f), praktische Gründe sprechen jedoch für Direkterwerb des Gesamtguts; im Grundstücksverkehr kann deshalb sofortige Eintragung beider Ehegatten als Gesamthänder ohne Voreintragung (GBO 39) des Erwerbers erfolgen, ebenso für Auflassung an Miteigentümer (BGH 82, 350). 6

3. Sachenrechtliche Konzeption des Gesamtguts, § 1419. a) Wie bei den anderen Gesamthandsgemeinschaften „Erbengemeinschaft" (§ 2033 II) und „Gesellschaft" (§ 719) haben die Beteiligten (Ehegatten) an den Einzelgegenständen des Gesamtguts keine verfügbaren Anteile, § 1419 I. Die Ehegatten sind deshalb auch nicht mit bestimmten Quoten an Forderungen des Gesamtguts beteiligt, so dass ein Gläubiger eines Ehegatten gegen dessen Anteil nicht aufrechnen kann und gegen eine zum Gesamtgut gehörige Forderung nur, soweit das Gesamtgut verpflichtet ist, § 1419 II. S zu den Gesamtgutsverbindlichkeiten §§ 1437–1440, 1459–1462. **b)** Auch der Anteil an der gesamten Vermögensmasse „Gesamtgut" ist bis zur Aufhebung der Gütergemeinschaft unter Lebenden nicht verfügbar, § 1419 I (anders § 2033 für die Erbengemeinschaft). Verpflichtung zur Übertragung eines Anteils ist nach § 306 nichtig, kann aber evtl umgedeutet werden in die Verpflichtung zur Abtretung des Auseinandersetzungsguthabens nach Aufhebung der Gütergemeinschaft (SoeGaul § 1419 Rn 4; BGH FamRZ 66, 443, str). **c)** Güterstände werden im Regelfall auf Lebenszeit der Ehegatten begründet; daher im Prinzip keine Möglichkeit einseitiger Auflösung, § 1419 I HS 2 (Ausnahmen §§ 1447, 1448, 1469); Gläubiger können deshalb einen Anteil auch nicht pfänden und so Auflösung betreiben, ZPO 860 I (s dagegen für Gesellschaft ZPO 859); Schutz der Gläubiger wird durch weitgehende Haftung des Gesamtguts für Ehegattenverbindlichkeiten erreicht, s §§ 1437 ff; zur Insolvenz s InsO 37. **d)** Die gemeinschaftliche Zuordnung des Gesamtguts erfordert Regelung der Verwaltungsbefugnisse, s hierzu §§ 1422 ff, 1450 ff; die aus der Vergemeinschaftung folgende Änderung der Verwaltungsbefugnisse kann Dritten nur nach Maßgabe des § 1412 entgegengehalten werden. **e)** Eintragung ins **Grundbuch:** GBO 47. 7 8 9 10

4. Sondergut. Bleibt von der Vergemeinschaftung im Gesamtgut ausgeschlossen, § 1417 I. **a)** Rechtstechnischer Grund und Abgrenzungsmerkmal ist die Unübertragbarkeit der als Sondergut bezeichneten Gegenstände durch RGeschäft: Was nicht übertragen werden kann, kann auch nicht durch Universalsukzession in eine anders zugeordnete Vermögensmasse eingeschmolzen werden. Bsp: Nießbrauch (s § 1059 S 1), nicht übertragbare Anteile an einer Gesellschaft (s § 719; zur Ehegattengesellschaft s Rn 4 vor §§ 1408–1413), der unpfändbare Teil des Gehaltes (§ 400), das Persönlichkeitsrecht, auch rechtsgeschäftlich mit einer Abtretungsbeschränkung belegte Forderungen (§ 399 Fall 2) und sonstige Rechte (§§ 413, 399 Fall 2), str; s Berger, Rechtsgeschäftliche Verfügungsbeschränkungen, 1998, 329 mwN Fn 208. **b)** Sondergut verbleibt in Gütertrennung jedem Ehegatten zur selbstständigen und unbeschränkten Verwaltung, § 1417 III 1; zur Haftung s zunächst §§ 1440 S 1, 1463 Nr 2, 3, 1464 S 1. **c)** Da der Ausschluss der Vergemeinschaftung nur Konsequenz der Unübertragbarkeit ist, fallen Surrogate und Einnahmen aus dem Sondergut, soweit sie selbst übertragbar sind, in das Gesamtgut. Folgerichtig bestimmt § 1417 III 2, dass das jeweilige Sondergut für Rechnung des Gesamtguts verwaltet wird. Dafür hat das Gesamtgut Lasten des Sonderguts zu tragen, die aus dessen Erträgen beglichen werden, §§ 1440 S 2 HS 2, 1462 S 2 HS 2. 11 12

§ 1420

13 **5. Vorbehaltsgut.** Entsteht durch rechtsgeschäftliche Widmung oder kraft Surrogation bei an die Stelle von Vorbehaltsgut tretenden Rechten oder Gegenständen.
14 Die Bestimmung der Eigenschaft als Vorbehaltsgut kann erfolgen **a)** in Ehevertrag durch die Ehegatten, § 1418 II Nr 1. Sie sind dabei frei, insbes kann das Vorbehaltsgut im Verhältnis zum Gesamtgut den größeren Umfang haben. Widmung erfolgt durch Bezeichnung bestimmter Gegenstände oder Sachinbegriffe (zB Wertpapiere, Grundvermögen usw). Auch das gesamte bei Eintritt der Güterstände vorhandene Ehegattenvermögen kann Vorbehaltsgut bleiben, so dass nur der spätere Erwerb Gesamtgut wird und damit eine Art Errungenschaftsgemeinschaft entsteht, oder es kann das Grundvermögen zum Vorbehaltsgut bestimmt werden, so dass (nur) Fahrnisgemeinschaft begründet wird. Auch nachträgliche Ausgliederung von Vorbehaltsgut aus dem Gesamtgut ist durch Ehevertrag möglich (vgl BGH 65, 79 zur Gründung einer Ehegattengesellschaft, aber auch BGH NJW 94, 654), bedarf aber rechtsgeschäftlicher Übertragung aus dem Gesamtgut in das Vorbehaltsgut (s Soe-
15 Gaul § 1418 Rn 5). **b)** Bei Erwerb von Dritten kann der Dritte die Eigenschaft als Vorbehaltsgut festlegen bei **aa)** Erwerb von Todes wegen, § 1418 II Nr 2 (Bestimmung dabei durch letztwillige Verfügung und ist formbedürftig; der Erwerbsgrund kann dagegen auch ges Erbrecht oder Pflichtteilsrecht sein); **bb)** unentgeltlichen Zuwendungen, § 1418 II Nr 2, wobei die Bestimmung als Vorbehaltsgut vor oder bei, nicht aber nach der Zuwendung zu erfolgen hat; konkludente Widmung ist möglich. Der Zuwendende kann die Überführung in das Gesamtgut durch den Empfänger-Ehegatten (nur) durch eine entspr Bedingung verhindern, die die Zuwendung vom Verbleib im Vorbehaltsgut abhängig macht. Nur unentgeltliche Zuwendungen können derart gewidmet werden, also Schenkungen oder Ausstattung nach § 1624 I; Unentgeltlichkeit ist auch bei Gegenleistung
16 durch einen Dritten oder den anderen Ehegatten gegeben (RG 171, 87). **c) Vorbehaltsgut kraft Surrogation** entsteht nach § 1418 II Nr 3 **aa)** auf Grund Realisierung eines zum Vorbehaltsgut gehörenden Rechts (zB Erfüllung einer Forderung, Fruchtziehung, Zinsen, Gewinnausschüttung, Dividenden usw); **bb)** durch Ersatzleistung für Zerstörung, Beschädigung oder Entziehung von Vorbehaltsgut; dazu rechnet auch Versicherungssumme; zum Umfang eines Schadenersatzanspruchs (Gewinneinbußen) BGH NJW 94, 655; **cc)** bei Erwerb durch RGeschäft, das sich auf das Vorbehaltsgut „bezieht". Der Bezug muss durch einen wirtschaftlichen Zusammenhang gegeben sein, wobei subj (Absicht) und obj Momente (Anschaffung aus Mitteln des Vorbehaltsguts, Verkauf von Vorbehaltsgut) gegeben sein müssen
17 (hierzu RG 92, 141 f). **d) Verwaltung des Vorbehaltsguts** geschieht „in Gütertrennung", steht also dem jeweiligen Inhaber selbstständig und unbeschränkt zu, § 1418 III 1. Er verwaltet für Rechnung des Vorbehaltsguts, § 1418 III 2; Ergebnisse und Erträge seines Verwaltens fallen deshalb wieder ins Vorbehaltsgut, § 1418 II Nr 3.

18 **6. Drittwirkung der Eintragung.** Bei Eintragung ins Güterrechtsregister muss ein Dritter davon ausgehen, dass alle übertragbaren Rechte und Gegenstände zum Gesamtgut gehören und entspr verwaltet werden. Die Eigenschaft als Vorbehaltsgut (und damit die entspr Befugnis des Inhabers zur selbstständigen Verwaltung) kann einem Dritten nur entgegengehalten werden, wenn sie eingetragen war oder er sie kannte, § 1418 IV iVm § 1412. Aufzählung aller Gegenstände des Vorbehaltsguts im Güterrechtsregister ist jedoch nicht erforderlich, oft auch nicht möglich; ein Hinweis auf die Existenz von Gegenständen, die zum Vorbehaltsgut gehören, soll ausreichen (ErmHeinemann § 1418 Rn 6). An die Stelle der nach § 1412 erforderlichen positiven Kenntnis tritt damit allerdings ein Fahrlässigkeitsvorwurf.

§ 1420 Verwendung zum Unterhalt

Die Einkünfte, die in das Gesamtgut fallen, sind vor den Einkünften, die in das Vorbehaltsgut fallen, der Stamm des Gesamtguts ist vor dem Stamm

des Vorbehaltsguts oder des Sonderguts für den Unterhalt der Familie zu verwenden.

Regelung der **Rangfolge,** in der im Güterstand der Gütergemeinschaft die Einkünfte entspr ihrer Verteilung auf die verschiedenen Vermögensmassen sowie diese selbst (Stamm) zum Familienunterhalt zu verwenden sind. Gilt auch für Trennungsunterhalt (BGH 111, 253). Das Gesamtgut, seine Erträge (zB Nutzung einer Wohnung, vgl Bamberg FamRZ 87, 703 f) und die in das Gesamtgut fallenden Einkünfte (auch des Sonderguts, § 1417 III 2), zu denen auch das Einkommen aus Arbeit rechnet, werden dabei als „der Familie näher stehend" (Gernhuber/Coester-Waltjen § 21 Rn 18) vorrangig herangezogen. Stamm nur, wenn Einkünfte nicht ausreichen (München FamRZ 96, 166). Soweit ein Ehegatte seine Beitragspflicht durch Haushaltsführung erfüllt (s § 1360 S 2), hat er nicht mit seinem Vorbehalts- und Sondergut beizutragen. § 1360b gilt auch für die Leistungen in der Rangfolge des § 1420 (ErmHeinemann 1). 1

§ 1421 Verwaltung des Gesamtguts

¹Die Ehegatten sollen in dem Ehevertrag, durch den sie die Gütergemeinschaft vereinbaren, bestimmen, ob das Gesamtgut von dem Mann oder der Frau oder von ihnen gemeinschaftlich verwaltet wird. ²Enthält der Ehevertrag keine Bestimmung hierüber, so verwalten die Ehegatten das Gesamtgut gemeinschaftlich.

Zu den Verwaltungsmöglichkeiten s Rn 2 vor § 1422; zur Außenwirkung § 1412. 1

Unterkapitel 2. Verwaltung des Gesamtguts durch den Mann oder die Frau

Vorbemerkungen zu den §§ 1422–1470

1. Sachfragen. Vergemeinschaftung und rechtliche Herauslösung des Gesamtguts aus den Einzelvermögen der Ehegatten stellt drei Sachfragen: Verwaltung, Haftung und Aufhebungsmöglichkeit. Die §§ 1422–1470 regeln diese Sachfragen nach folgenden Prinzipien: 1

2. Verwaltung. Kann a) durch **einen** der beiden **Ehegatten allein** oder **beide gemeinsam** erfolgen; Wahl zwischen den drei gegebenen Möglichkeiten durch Ehevertrag, § 1421; s jedoch auch § 1458. **b)** Nicht vorgesehen und auch nicht durch „speziellen Ehevertrag" (dazu §§ 1408, 1409 Rn 3) in Kraft zu setzen ist konkurrierende, dh selbstständige und voneinander unabhängige Einzelverwaltungsmacht für beide Ehegatten: Gefahr widersprüchlichen und in seiner Geltung für den Verkehr schwer beurteilbaren Verwaltungshandelns (BayObLG NJW 68, 896 mwN). **c)** Die Verwaltungsmacht des Einzelverwalters umfasst das Recht zur Inbesitznahme, zu Verfügungen über Gesamtgut und zur Prozessführung im eigenen Namen für das Gesamtgut (§ 1422), wird aber für Geschäfte, die für das Gesamtgut als besonders gefährlich bewertet werden – Gesamtvermögensgeschäfte, Grundstücks- uä Geschäfte sowie Schenkungen (§§ 1423–1425) – an die Zustimmung des anderen gebunden. Neben dem Alleinverwalter verbleiben aber dem anderen Partner bestimmte Befugnisse, die das Gesamtgut betreffen können, s zunächst §§ 1429, 1431, 1432, 1433. **d)** Bei gemeinsamer Verwaltung kann über Gesamtgut nur gemeinschaftlich verfügt, ein auf das Gesamtgut bezogener Prozess nur gemeinschaftlich geführt werden; die Ehegatten haben am Gesamtgut gemeinschaftlichen (Mit-)Besitz, § 1450. Zur erforderlichen Mitwirkung ist jeder verpflichtet, § 1451. Daneben gibt es eine Reihe von Ausnahmefällen, in denen jeder Ehegatte ohne 2 3 4 5

Mitwirkung des anderen mit Wirkung für das Gesamtgut handeln kann, s zunächst §§ 1455, 1456.

6   **3. Haftung.** Für die Haftung des Gesamtguts sind kraft Ges entstehende Verbindlichkeiten und solche aus rechtsgeschäftlichem Handeln zu unterscheiden. **a)** Für ges Verbindlichkeiten der Ehegatten wie zB aus Delikt oder auf Grund Unterhaltspflicht haftet das Gesamtgut, §§ 1437 I, 1459 I, bei Bereicherung aus zustimmungslosem Geschäft des (insoweit) nicht befugten Ehegatten jedoch nur, wenn und soweit das
7   Gesamtgut bereichert ist, §§ 1434, 1457. **b)** Für rechtsgeschäftlich während Bestehens der Gütergemeinschaft begründete Verbindlichkeiten haftet das Gesamtgut, soweit entweder ein allein verwaltungsbefugter Ehegatte – § 1438 I 1. Fall – gehandelt hat oder die Zustimmung des anderen vorlag, §§ 1438 I 2. Fall, 1460 I 1. Fall; das Gesamtgut haftet ferner für RGeschäfte des (nicht oder nicht allein) verwaltungsbefugten Ehegatten in den Ausnahmefällen, in denen dieser ohne Zustimmung des anderen für das
8   Gesamtgut handeln kann, §§ 1438 I 3. Fall, 1460 I 2. Fall. **c)** Verbindlichkeiten, die aus Rechten oder Besitz für Sonder- oder Vorbehaltsgut entstehen, fallen grundsätzlich dem Gesamtgut nicht zur Last (Ausnahmen §§ 1440 S 2, 1462 S 2). **d)** Soweit das Gesamtgut haftet, haben der Verwalter stets auch persönlich, bei gemeinschaftlicher Verwaltung beide Ehegatten als Gesamtschuldner einzustehen, §§ 1437 II 1, 1459 II 1.
9   **e)** Die Haftung des Gesamtgutes und die evtl gegebene gesamtschuldnerische Verpflichtung der Ehegatten bei Gesamtgutsverbindlichkeiten im Außenverhältnis wird ergänzt durch Ausgleichspflichten im Innenverhältnis bei bestimmten Verbindlichkeiten, mit denen billigerweise iE nur ein Ehegatte belastet werden kann, s §§ 1441, 1463 (jeweils mit Ausnahmen in §§ 1442, 1464) sowie §§ 1443, 1444, 1465, 1466. Die Ausgleichspflichten werden allerdings grundsätzlich erst mit Beendigung des Güterstandes fällig, §§ 1446, 1468 (Ausnahmen §§ 1446 II HS 2, 1468 HS 2).

10 **4. Aufhebung der Gütergemeinschaft.** Kann **a)** von einem Ehegatten nur durch Beschluss auf Grund eines **Aufhebungsantrags** aus den in §§ 1447, 1448, 1469 genannten Gründen erwirkt werden. **b)** Ehevertragliche Aufhebung ist stets möglich, §§ 1408 ff, 1440 S 2.

§ 1422 Inhalt des Verwaltungsrechts

¹**Der Ehegatte, der das Gesamtgut verwaltet, ist insbesondere berechtigt, die zum Gesamtgut gehörenden Sachen in Besitz zu nehmen und über das Gesamtgut zu verfügen; er führt Rechtsstreitigkeiten, die sich auf das Gesamtgut beziehen, im eigenen Namen.** ²**Der andere Ehegatte wird durch die Verwaltungshandlungen nicht persönlich verpflichtet.**

1   **1. Regelungsbereich.** § 1422 regelt Verwaltungsbefugnisse des durch Ehevertrag (§ 1421) zum Alleinverwalter bestimmten Ehegatten. Alleinverwalter ist auch der Ehegatte eines nicht voll geschäftsfähigen Partners, s § 1458.

2   **2. Inhalt der Verwaltungsmacht.** Der Verwalter handelt im **eigenen Namen** mit Wirkung für das Gesamtgut. **a)** Er kann allein über Gegenstände des Gesamtgutes **verfügen** (Ausn Rn 8 ff), dh im eigenen Namen veräußern, belasten, Forderun-
3   gen einziehen oder erlassen usw. **b)** Er kann Rechte des Gesamtgutes **ausüben**, zB Stimmrechte aus Aktien, aus Wohnungseigentum (WEG 25 II). **c)** Auch beim **Erwerb** im eigenen Namen erwirbt das Gesamtgut (s §§ 1416–1419 Rn 6). **d)** Er ist Adressat von **Willenserklärungen,** die Rechtsbeziehungen Dritter zum Gesamtgut (genauer seinen Inhabern) betreffen und gestalten, zB Kündigung. **e)** Er
4   kann alle **tatsächlichen Maßnahmen** für das und mit dem Gesamtgut vornehmen, zB beis der Bewirtschaftung eines Hofes. **f) Verpflichtungsgeschäfte** verpflichten nur den Verwalter, doch kann er sie kraft Verwaltungsrechts aus Mitteln des Gesamtgutes erfüllen; iü haftet das Gesamtgut „akzessorisch" (Gernhuber/Coester-Waltjen § 38 Rn 47) auch für rechtsgeschäftliche Verpflichtungen des Verwalters,

die nicht auf das Gesamtgut bezogen sind. **g) Prozessführungsbefugnis** steht dem 5
Verwalter als **Prozessstandschafter** für die Gesamthand zu; nur er ist Partei, der
andere Ehegatte kann als Zeuge vernommen werden (RG 67, 266). Das auf das
Gesamtgut bezogene Urteil erlangt insoweit Rechtskraft für und gegen den anderen
Ehegatten (Einzelheiten SoeGaul 10); zur Zwangsvollstreckung in das Gesamtgut
genügt das Urteil gegen den Verwalter, ZPO 740 I. **h) Besitz** wird nicht ipso iure 6
erworben, der Verwalter kann jedoch in Besitz nehmen und dieses Recht gegen den
anderen Ehegatten oder Dritte (RG 85, 420) klageweise, nicht jedoch eigenmächtig
durchsetzen. Im Verhältnis zur Gesamthand ist der Verwalter als Alleinbesitzer
Besitzmittler für beide Ehegatten; ob Alleinbesitz oder unmittelbarer Mitbesitz
mit dem anderen vorliegt, ist jedoch eine Sache der Ausgestaltung der ehelichen
Lebensgemeinschaft. Zwar ist der Verwalter zum Alleinbesitz berechtigt, doch wird
diese Berechtigung durch die Verpflichtung aus § 1353, dem anderen Mitbenutzung
an Hausrat und Wohnung einzuräumen, beschränkt (s SoeGaul 7 mwN). **i)** Gehört 7
Handelsgeschäft zum Gesamtgut, ist nur **Verwalter als Kaufmann** ins Handelsregister einzutragen (BayObLG BB 78, 423).

3. Beschränkungen der Verwaltungsmacht. a) Vinkulierung. Bei bes weit- 8
tragenden und wirtschaftlich gefährlichen Geschäften ist die Alleinverwaltungsmacht
abgeschwächt und an die Zustimmung des anderen gebunden, §§ 1423–1425. **b) Notverwaltung** des anderen Ehegatten bei Verhinderung des Verwalters, § 1429. **c) Per-** 9
sönlicher Bereich. Für bestimmte Bereiche werden dem an sich nicht verwaltenden
Ehegatten eigene und selbstständige Verwaltungsbefugnisse eingeräumt; der Verwalter
ist insoweit von der Verwaltung ausgeschlossen (§§ 1431, 1432, 1433), soweit sie ihm
nicht zusätzlich rechtsgeschäftlich eingeräumt worden ist. Daneben gibt § 1430 die
Möglichkeit, die Zustimmung des Verwalters durch das FamG ersetzen zu lassen, wenn
anders die ordnungsmäßige Besorgung persönlicher Angelegenheiten, die Wirkung für
das Gesamtgut hat, nicht durchführbar wäre. **d)** Beschränkungen werden schließlich 10
erforderlich, soweit der Verwalter nicht voll geschäftsfähig ist, s hierzu § 1436.

4. Änderungen der Alleinverwaltung. Rechtsgeschäftliche Änderungen 11
der Alleinverwaltung sind möglich, etwa Bevollmächtigung des nicht verwaltenden
Ehegatten. Eine unwiderrufliche Generalvollmacht, die zu konkurrierender Verwaltungsmacht führen würde, dürfte unzulässig sein, s Rn 3 vor § 1422.

5. Gutgl Erwerb vom nicht verwaltenden Ehegatten. Soweit der Verwalter 12
verwaltungsbefugt ist, kann der nicht verwaltende Ehegatte nicht wirksam verfügen.
Gutgl Erwerb Dritter ist zwar möglich, scheitert aber bei beweglichen Sachen regelmäßig am Abhandenkommen des Verwalterbesitzes, bei Grundstücken an der Eintragung nach GBO 47.

§ 1423 Verfügung über das Gesamtgut im Ganzen

¹Der Ehegatte, der das Gesamtgut verwaltet, kann sich nur mit Einwilligung des anderen Ehegatten verpflichten, über das Gesamtgut im Ganzen zu verfügen. ²Hat er sich ohne Zustimmung des anderen Ehegatten verpflichtet, so kann er die Verpflichtung nur erfüllen, wenn der andere Ehegatte einwilligt.

§ 1424 Verfügung über Grundstücke, Schiffe oder Schiffsbauwerke

¹Der Ehegatte, der das Gesamtgut verwaltet, kann nur mit Einwilligung des anderen Ehegatten über ein zum Gesamtgut gehörendes Grundstück verfügen; er kann sich zu einer solchen Verfügung auch nur mit Einwilligung seines Ehegatten verpflichten. ²Dasselbe gilt, wenn ein eingetragenes Schiff oder Schiffsbauwerk zum Gesamtgut gehört.

§ 1425 Schenkungen

(1) ¹Der Ehegatte, der das Gesamtgut verwaltet, kann nur mit Einwilligung des anderen Ehegatten Gegenstände aus dem Gesamtgut verschenken; hat er ohne Zustimmung des anderen Ehegatten versprochen, Gegenstände aus dem Gesamtgut zu verschenken, so kann er dieses Versprechen nur erfüllen, wenn der andere Ehegatte einwilligt. ²Das Gleiche gilt von einem Schenkungsversprechen, das sich nicht auf das Gesamtgut bezieht.

(2) Ausgenommen sind Schenkungen, durch die einer sittlichen Pflicht oder einer auf den Anstand zu nehmenden Rücksicht entsprochen wird.

§ 1426 Ersetzung der Zustimmung des anderen Ehegatten

Ist ein Rechtsgeschäft, das nach den §§ 1423, 1424 nur mit Einwilligung des anderen Ehegatten vorgenommen werden kann, zur ordnungsmäßigen Verwaltung des Gesamtguts erforderlich, so kann das Familiengericht auf Antrag die Zustimmung des anderen Ehegatten ersetzen, wenn dieser sie ohne ausreichenden Grund verweigert oder durch Krankheit oder Abwesenheit an der Abgabe einer Erklärung verhindert und mit dem Aufschub Gefahr verbunden ist.

§ 1427 Rechtsfolgen fehlender Einwilligung

(1) Nimmt der Ehegatte, der das Gesamtgut verwaltet, ein Rechtsgeschäft ohne die erforderliche Einwilligung des anderen Ehegatten vor, so gelten die Vorschriften des § 1366 Abs. 1, 3, 4 und des § 1367 entsprechend.

(2) ¹Einen Vertrag kann der Dritte bis zur Genehmigung widerrufen. ²Hat er gewusst, dass der Ehegatte in Gütergemeinschaft lebt, so kann er nur widerrufen, wenn dieser wahrheitswidrig behauptet hat, der andere Ehegatte habe eingewilligt; er kann auch in diesem Falle nicht widerrufen, wenn ihm beim Abschluss des Vertrags bekannt war, dass der andere Ehegatte nicht eingewilligt hatte.

§ 1428 Verfügungen ohne Zustimmung

Verfügt der Ehegatte, der das Gesamtgut verwaltet, ohne die erforderliche Zustimmung des anderen Ehegatten über ein zum Gesamtgut gehörendes Recht, so kann dieser das Recht gegen Dritte gerichtlich geltend machen; der Ehegatte, der das Gesamtgut verwaltet, braucht hierzu nicht mitzuwirken.

Anmerkungen zu den §§ 1423–1428

1 **1. Zweck.** §§ 1423–1425 binden den Alleinverwalter des Gesamtguts bei den in diesen Vorschriften geregelten RGeschäften an die Zustimmung des nicht verwaltenden Ehegatten, um wegen der bes gefährlichen Tragweite dieser Geschäfte iE gemeinschaftliche Verwaltung zu erzwingen. Zustimmungsersetzung – § 1426 – und die Regelung der Folgen fehlender Zustimmung – §§ 1427, 1428 – sind sachnotwendige Ergänzung und Konsequenz dieser Vinkulierung.

2 **2. Vinkulierte Geschäfte.** Sind a) solche über das **„Gesamtgesamtgut"**, § 1423. Der Begriff „Gesamtgut im Ganzen" ist wie „Vermögen im Ganzen" nach § 1365 zu verstehen (vgl statt aller SoeGaul § 1423 Rn 4); entscheidend also, ob bei wirtschaftlicher Betrachtungsweise das Gesamtgut im Wesentlichen erfasst wird, was auch bei Einzelgegenständen der Fall sein kann, wenn sie faktisch das ganze Gesamt-

Titel 6. Eheliches Güterrecht **§§ 1423–1428**

gut ausmachen. Der Rechtsverkehr wird entspr der subj Theorie zu § 1365 zu schützen sein (s § 1365 Rn 3). **b) Grundstücksgeschäfte** und solche über in entspr 3 Register eingetragene Schiffe und Schiffsbauwerke, § 1424, sowie Erbbaurechte, ErbbauRG 11 (BGH 48, 369). **Nicht:** RGeschäfte über Rechte an Grundstücken (außer Erbbaurecht), zB Grundpfandrechte; auch die Übertragung eines Auflassungsanspruchs ist nicht gebunden (RG 111, 187). **c) Schenkungen** aus dem 4 Gesamtgut, § 1425 I, soweit sie das Maß des durch Sitte und Anstand Gebotenen übersteigen, § 1425 II; sie entsprechen nicht dem Gebot wirtschaftlicher Verwaltung, da eine Gegenleistung für die Weggabe von Werten fehlt. Unbedenklich sind übliche Festtagspräsente.

3. Zustimmungsbedürftige Geschäfte. Zustimmungsbedürftig sind **Verfü-** 5 **gung** und die darauf gerichtete **Verpflichtung. a)** Verfügung über Gesamtgut – § 1423 S 2 – ist trotz Wortlauts des § 1423 S 1 nur möglich als solche über Einzelgegenstände, die das Gesamtgut darstellen. **b)** Bei **Grundstücken** sind Verfügungen 6 vor allem Veräußerung und Belastung, aber auch Vormerkungsbewilligung (PalBrudermüller § 1424 Rn 2; obiter RG 90, 399) und Teilung. Auseinandersetzung eines Nachlasses, zu dem ein Grundstück gehört, ist ebenfalls Verfügung, da sich die Zuordnung ändert (sehr str; ErmHeinemann § 1424 Rn 2 mwN). **Keine zustim-** 7 **mungsbedürftige Verfügung** liegt in der Belastung im Zusammenhang mit dem Erwerb eines Grundstücks, wenn die Belastung (Restkaufgeldhypothek) den Erwerb ermöglichen soll (RG 69, 177). **Keine Verfügung** ist Erwerb, Vermietung oder Verpachtung und die damit verbundene Besitzüberlassung. **c)** Bei **Schenkung** nach 8 § 516 I geschieht die bereichernde Zuwendung aus dem Gesamtgut ebenfalls durch Verfügung und bedarf der Zustimmung, § 1425 I 1 HS 1. **d)** Die auf Verfügung 9 über das Gesamtgut oder Grundstücke gerichteten **Verpflichtungen** sowie **Schenkungsversprechen** (s §§ 1423 S 1, 1424 S 1 HS 2, 1425 I 1 HS 2) sind zustimmungsbedürftig, um zu verhindern, dass auf Grund wirksamer Verpflichtungen das Gesamtgut durch Schadensersatzansprüche oder Zwangsverfügungen doch ausgehöhlt wird (vgl Rn 4 vor §§ 1365–1369). Aus dem gleichen Grund sind auch **e) Schenkungsversprechen**, die sich nicht auf das Gesamtgut beziehen, zustim- 10 mungsbedürftig, § 1425 I 2, da bei solchen Schenkungen des Verwalters das Gesamtgut nach § 1438 I haftet. Dagegen sind Schenkungen aus dem Vorbehaltsgut des Verwalters oder Schenkungsversprechen unter Haftungsfreistellung des Gesamtguts zulässig (SoeGaul § 1425 Rn 3). **f) Prozessführung** über das Gesamtgut oder dazu 11 gehörende Grundstücke bedarf dagegen keiner Zustimmung; zustimmungsbedürftig ist jedoch ein verfügender Vergleich. **g) Nicht zustimmungsbedürftig** sind Ver- 12 fügungen von Todes wegen (beachte jedoch § 1483 I 3) und Schenkungen auf den Todesfall.

4. Zustimmung. Für die **Zustimmung** gelten die §§ 182 ff. Sie kann konklu- 13 dent gegeben werden; auch Stillschweigen kann bei Kenntnis der Umstände und Billigungsabsicht Zustimmung zum Ausdruck bringen (SoeGaul § 1423 Rn 3).

5. Abweichung durch Vereinbarung. Abdingbarkeit der Vinkulierung im 14 Ehevertrag ist str und wird auch für die drei Einzelfälle unterschiedlich beurteilt. Überwiegend wird sie zu §§ 1423, 1424 bejaht (PalBrudermüller § 1423 Rn 1; Gernhuber/Coester-Waltjen § 32 Rn 27; aA SoeGaul § 1423 Rn 2; § 1424 Rn 2 je mwN), wobei freilich § 138 als strenger Maßstab angelegt wird (StThiele § 1423 Rn 13). § 1425 wird von der hM dagegen als zwingend qualifiziert (SoeGaul § 1425 Rn 2; aA MK/Kanzleiter § 1425 Rn 7, jeweils mwN). Eine generelle Einwilligung bzw Generalvollmacht unter Freistellung vom Verbot des Selbstkontrahierens ist als widerrufliche möglich (s RG 159, 365 f); als unwiderrufliche bedingt sie iE die Verwaltungsregelung des Ges ab und bedarf der Form des Ehevertrages (Gernhuber/Coester-Waltjen § 38 Rn 67 Fn 92).

6. Garantieverpflichtungen des Verwalters. Garantieverpflichtungen des 15 Verwalters zur Beschaffung der Zustimmung des anderen Ehegatten oder entspr

§ 1429

Vertragsstrafenvereinbarungen werden allg als unwirksam bewertet, s SoeGaul § 1424 Rn 8 mwN.

16 **7. Gutgl Erwerb vom Verwalter.** Ist nach hM möglich (vgl SoeGaul § 1422 Rn 14 mwN; aA Gernhuber/Coester-Waltjen § 38 Rn 71), aber nicht bestandskräftig, da das unwirksame Verpflichtungsgeschäft Bereicherungsansprüche auslöst, die auch vom zustimmungsbefugten Ehegatten geltend gemacht werden können (hierzu Rn 20, § 1368 Rn 2). Sa § 1422 Rn 12 – gutgl Erwerb kann am Mitbesitz des zustimmungsbefugten Ehegatten scheitern.

17 **8. Ersetzung der Zustimmung.** Ist unter den in § 1426 geregelten Voraussetzungen möglich; die Vorschrift entspricht §§ 1365 II, 1369 II. **a)** Die Zustimmung kann nur in den Fällen der §§ 1423, 1424, nicht also bei zustimmungsbedürftigen
18 Schenkungen ersetzt werden. **b)** Zu den Voraussetzungen „zur ordnungsmäßigen Verwaltung erforderlich", „Verweigerung ohne ausreichenden Grund" und „Krankheit oder Abwesenheit" s § 1365 Rn 6 ff; RG 103, 126. **c)** Verfahren s § 1365 Rn 9.

19 **9. Rechtsfolgen fehlender Einwilligung. a)** § 1427 I verweist auf § 1366 I, III, IV und § 1367, s §§ 1366, 1367 Rn 2–4, 7; § 1427 II entspricht § 1366 II. **b)** Der
20 Widerruf des Dritten kann nur dem verwaltenden Ehegatten erklärt werden. **c)** Das **Revokationsrecht** des § 1428 entspricht § 1368. In Ausnahme von § 1422 kann hier der nicht verwaltende Ehegatte zum Gesamtgut gehörende Rechte ausüben. § 1428 ist nicht abdingbar. Der Beschluss im Revokationsprozess hat keine Rechtskraftwirkung gegen den anderen Ehegatten, und zwar bei Prozessführung sowohl durch den Verwalter als auch durch den anderen Ehegatten (SoeGaul § 1428 Rn 6 mwN). Entgegen dem Wortlaut kann nicht nur auf Grund nichtiger Verfügungen, sondern auch wegen unwirksamer Verpflichtung aus Bereicherung revoziert werden (SoeGaul § 1428 Rn 7).

§ 1429 Notverwaltungsrecht

¹Ist der Ehegatte, der das Gesamtgut verwaltet, durch Krankheit oder durch Abwesenheit verhindert, ein Rechtsgeschäft vorzunehmen, das sich auf das Gesamtgut bezieht, so kann der andere Ehegatte das Rechtsgeschäft vornehmen, wenn mit dem Aufschub Gefahr verbunden ist; er kann hierbei im eigenen Namen oder im Namen des verwaltenden Ehegatten handeln. ²Das Gleiche gilt für die Führung eines Rechtsstreits, der sich auf das Gesamtgut bezieht.

1 **1. Voraussetzungen. a) Verhinderung** des Alleinverwalters durch Krankheit oder Abwesenheit (hierzu RG 103, 126) an rechtsgeschäftlichen Verwaltungsmaßnahmen für das Gesamtgut. **Nicht:** Absichtliches Untätigbleiben (s RG 103, 128), Verlust der Geschäftsfähigkeit (dann § 1436). **b)** Gefahr für das Gesamtgut bei Aufschub des Geschäfts, s hierzu § 1365 Rn 8.

2 **2. Folgen.** Ges Ermächtigung für den nicht verwaltenden Ehegatten, entweder im Namen des Verwalters oder im eigenen Namen **a)** Verpflichtungsgeschäfte mit Wirkung für den Verwalter (s ie SoeGaul 7) und **b)** Verfügungen über Gegenstände
3 des Gesamtguts zu tätigen sowie **c)** Prozesse im eigenen Namen oder im Namen des Verwalters zu führen, S 2; bei Prozessführung im eigenen Namen keine Rechtskrafterstreckung auf den Verwalter; zur Vollstreckung ins Gesamtgut ist Titel nach ZPO 740 I gegen den Verwalter erforderlich (s SoeGaul 8 mwN). Endet die Verhin-
4 derung des Verwalters während des Prozesses, gilt § 1433 analog. **d)** Auch zustimmungsbedürftige Geschäfte nach §§ 1423, 1424 sind voll wirksam; unaufschiebbare Schenkungen nach § 1424 I sind kaum vorstellbar.

5 **3. Keine Pflicht zum Tätigwerden.** § 1429 berechtigt, verpflichtet aber nicht.

Titel 6. Eheliches Güterrecht **§§ 1430, 1431**

§ 1430 Ersetzung der Zustimmung des Verwalters

Verweigert der Ehegatte, der das Gesamtgut verwaltet, ohne ausreichenden Grund die Zustimmung zu einem Rechtsgeschäft, das der andere Ehegatte zur ordnungsmäßigen Besorgung seiner persönlichen Angelegenheiten vornehmen muss, aber ohne diese Zustimmung nicht mit Wirkung für das Gesamtgut vornehmen kann, so kann das Familiengericht die Zustimmung auf Antrag ersetzen.

1. Allgemeines. Vergemeinschaftung der Vermögen und Alleinverwaltungsrecht eines Ehegatten können dem anderen die rechtsgeschäftliche Bewegungsfreiheit weitgehend nehmen, sofern er nicht über ausreichendes eigenes Vermögen (Sonder- oder Vorbehaltsgut) verfügt. Nach § 1430 kann deshalb das FamG angerufen werden, falls es sich um Geschäfte handelt, die der nicht verwaltende Ehegatte zur Besorgung seiner persönlichen Angelegenheiten vornehmen muss. 1

2. Voraussetzungen. a) Persönliche Angelegenheit wird teilw eng personenbezogen verstanden (Ehelichkeitsanfechtung, Abwehr von Ehestörungen usw, s SoeGaul 3), die Rspr zieht jedoch die Grenze zwischen Vermögenssphäre und persönlichen Angelegenheiten zu Recht großzügig (s BayObLG NJW 65, 348: Kündigung eines Mietverhältnisses mit dem Ehestörer; StThiele 8 f mwN). **b)** Das RGeschäft **muss** zur ordnungsgemäßen Besorgung **erforderlich** sein; kann die persönliche Angelegenheit mit anderen Mitteln als durch Inanspruchnahme des Gesamtguts erledigt werden, entfällt die Ersetzungsbefugnis (BayObLG NJW 65, 348). **c)** Das RGeschäft muss Auswirkungen auf das Gesamtgut haben und deshalb zur Verwaltungsmacht des Verwalters gehören; Bsp: Erlangung von erforderlichen Mitteln, die im Gesamtgut gebunden sind (dazu zählen auch Einkünfte aus Arbeit oder Sondergut). Prozessführung ist nicht zustimmungsbedürftig trotz Haftung des Gesamtguts für die Kosten nach § 1438 II. **d)** Verweigerung der Zustimmung durch den Verwalter „ohne ausreichenden Grund"; ausreichende Gründe können nur überwiegende Interessen des Gesamtguts sein (s § 1365 Rn 7). 2 3 4 5

3. Verfahren. S § 1365 Rn 9. 6

§ 1431 Selbständiges Erwerbsgeschäft

(1) ¹Hat der Ehegatte, der das Gesamtgut verwaltet, darin eingewilligt, dass der andere Ehegatte selbständig ein Erwerbsgeschäft betreibt, so ist seine Zustimmung zu solchen Rechtsgeschäften und Rechtsstreitigkeiten nicht erforderlich, die der Geschäftsbetrieb mit sich bringt. ²Einseitige Rechtsgeschäfte, die sich auf das Erwerbsgeschäft beziehen, sind dem Ehegatten gegenüber vorzunehmen, der das Erwerbsgeschäft betreibt.

(2) Weiß der Ehegatte, der das Gesamtgut verwaltet, dass der andere Ehegatte ein Erwerbsgeschäft betreibt, und hat er hiergegen keinen Einspruch eingelegt, so steht dies einer Einwilligung gleich.

(3) Dritten gegenüber ist ein Einspruch und der Widerruf der Einwilligung nur nach Maßgabe des § 1412 wirksam.

1. Allgemeines. Gütergemeinschaft und Alleinverwaltung eines Ehegatten schränken das Recht des anderen zu eigener Erwerbstätigkeit nicht ein, doch sind seine Möglichkeiten, als Erwerbstätigkeit ein eigenes Geschäft zu führen, durch die Bindung seiner Vermögenswerte im Gesamtgut praktisch stark behindert. § 1431 erweitert deshalb die Rechtsmacht des nicht verwaltenden Ehegatten, falls der Verwalter dem Betrieb eines selbstständigen Erwerbsgeschäftes zugestimmt hat, und erleichtert die Erklärung dieser Zustimmung (II). 1

2. Tatbestand. Voraussetzungen der erweiterten Rechtsmacht des nicht verwaltenden Ehegatten in Bezug auf das Gesamtgut sind **a)** Betrieb eines selbstständi- 2

§§ 1432, 1433

gen Erwerbsgeschäftes; auch Arzt-, Anwaltspraxis ua freie Berufe (BGH 83, 76),
3 ferner die Stellung als OHG-Gesellschafter; **b)** Einwilligung des Verwalters, die entweder nach §§ 182 ff oder durch Unterlassen eines Einspruchs in Kenntnis des Betriebs eines Erwerbsgeschäfts – II – geschehen kann.

4 **3. Rechtsfolgen der Zustimmung. a)** Der nicht verwaltende Ehegatte kann alle zum Betrieb seines Erwerbsgeschäfts gehörenden **RGeschäfte**, insbes Verpflichtungen und Verfügungen, mit Wirkungen für das Gesamtgut – § 1438 I – und den Verwalter – s § 1437 II 1 – vornehmen. Auch wenn das Erwerbsgeschäft selbst Vorbehaltsgut ist, können Wirkungen zu Lasten des Gesamtguts eintreten, s § 1440 S 2, 1. Fall. Außergewöhnliche, für den Verwalter selbst zustimmungsbedürftige Geschäfte (zB über Grundstücke) können ebenfalls vorgenommen werden; nach hM ist allerdings die Veräußerung des Geschäftsbetriebs selbst nicht zulässig (s Soe-
5 Gaul 5). **b)** Befugnis zur Führung von **Rechtsstreitigkeiten** aus dem und für das Erwerbsgeschäft im eigenen Namen mit Wirkung für und gegen das Gesamtgut und den Verwalter (RG 148, 247; StThiele 29); zur Vollstreckung in das Gesamtgut genügt Titel gegen den prozessführenden (nicht verwaltenden) Ehegatten, ZPO
6 741. **c) Empfangszuständigkeit** für einseitige RGeschäfte, die sich auf das Erwerbsgeschäft beziehen, I 2 (Bsp: Kündigung gemieteter Geschäftsräume).

7 **4. Widerruflichkeit der Zustimmung.** Ergibt sich aus III und wird überwiegend als einschränkungslos bis zur Grenze des Missbrauchs gegeben gesehen, s Soe-Gaul 9. Bei Widerruf während eines schwebenden Prozesses gilt § 1433 analog.

8 **5. Drittwirkung.** Dritten gegenüber wirken Einspruch und Zustimmungswiderruf nur bei Eintragung ins Güterrechtsregister, III iVm § 1412.

§ 1432 Annahme einer Erbschaft; Ablehnung von Vertragsantrag oder Schenkung

(1) ¹Ist dem Ehegatten, der das Gesamtgut nicht verwaltet, eine Erbschaft oder ein Vermächtnis angefallen, so ist nur er berechtigt, die Erbschaft oder das Vermächtnis anzunehmen oder auszuschlagen; die Zustimmung des anderen Ehegatten ist nicht erforderlich. ²Das Gleiche gilt von dem Verzicht auf den Pflichtteil oder auf den Ausgleich eines Zugewinns sowie von der Ablehnung eines Vertragsantrags oder einer Schenkung.

(2) Der Ehegatte, der das Gesamtgut nicht verwaltet, kann ein Inventar über eine ihm angefallene Erbschaft ohne Zustimmung des anderen Ehegatten errichten.

1 **Allgemeines.** Die Entscheidungen über die in I genannten RGeschäfte werden als höchstpersönlich bewertet und deshalb dem betroffenen Ehegatten vorbehalten, obwohl der Erwerb aus den erwähnten RGeschäften in das Gesamtgut fällt oder fallen kann und eine Haftung des Gesamtguts und des Verwalters in Betracht kommt, s §§ 1438 I, 1437 II. **Inventar**errichtung als Voraussetzung der Beschränkung der Erbenhaftung durch Verwalter, aber **auch** durch nicht verwaltenden Ehegatten, II; sa ZPO 999 (Aufgebot), InsO 318 (Nachlassinsolvenz).

§ 1433 Fortsetzung eines Rechtsstreits

Der Ehegatte, der das Gesamtgut nicht verwaltet, kann ohne Zustimmung des anderen Ehegatten einen Rechtsstreit fortsetzen, der beim Eintritt der Gütergemeinschaft anhängig war.

1 **1. Allgemeines.** Ausnahme zu § 1422 für den Fall eines Rechtsstreits, dessen Gegenstand nach Prozessbeginn durch Begründung der Gütergemeinschaft in das Gesamtgut gefallen ist. Analog anzuwenden, wenn die Verhinderung des Verwalters

(§ 1429) während eines schwebenden Prozesses endet oder die Zustimmung nach § 1431 im Verlauf eines Prozesses widerrufen wird.

2. Modalitäten. Der nicht verwaltende Ehegatte kann als Kläger den Klageantrag auf Leistung an sich selbst aufrechterhalten (SoeGaul 2, str; aA ErmHeinemann 1), da die Leistung ohnehin ins Gesamtgut fällt; er kann aber auch umstellen auf Leistung an den verwaltenden Ehegatten. Der Gesamtgutsverwalter kann als Nebenintervenient beitreten, dann ZPO 69 (SoeGaul 3, str). Zur vollstreckbaren Ausfertigung gegen den Verwalter s ZPO 742.

§ 1434 Ungerechtfertigte Bereicherung des Gesamtguts

Wird durch ein Rechtsgeschäft, das ein Ehegatte ohne die erforderliche Zustimmung des anderen Ehegatten vornimmt, das Gesamtgut bereichert, so ist die Bereicherung nach den Vorschriften über die ungerechtfertigte Bereicherung aus dem Gesamtgut herauszugeben.

Fließt aus einem RGeschäft, das der nicht verwaltende Ehegatte vornimmt, die Leistung des Vertragspartners in das Gesamtgut (wie regelmäßig, s §§ 1416–1419 Rn 6), so ist der handelnde Ehegatte zwar persönlich wirksam verpflichtet, nicht aber das Gesamtgut ohne Zustimmung des Verwalters; auch kann eine Gegenleistung nicht ohne Zustimmung des Verwalters aus dem Gesamtgut erbracht werden. Das Gesamtgut bzw seine Inhaber sind deshalb „bereichert"; § 1434 ordnet Rückgewähr dieses Erwerbs nach Bereicherungsregeln an (Rechtsfolgenverweisung, zur dogmatischen Einordnung s StThiele 6). Daneben bleibt der handelnde Ehegatte persönlich verpflichtet und haftet mit seinem Vorbehaltsgut, zusätzlich hat der Verwalter einzustehen (§ 1437 II 1). Einziehung einer zum Gesamtgut gehörenden Forderung durch den nicht verwaltenden Ehegatten fällt ebenfalls unter § 1434 (BGH NJW 57, 1635). Bei Erwerb auf Grund eines nichtigen RGeschäfts des Verwalters oder auf Grund Bereicherung in sonstiger Weise gelten die §§ 812 ff direkt.

§ 1435 Pflichten des Verwalters

¹Der Ehegatte hat das Gesamtgut ordnungsmäßig zu verwalten. ²Er hat den anderen Ehegatten über die Verwaltung zu unterrichten und ihm auf Verlangen über den Stand der Verwaltung Auskunft zu erteilen. ³Mindert sich das Gesamtgut, so muss er zu dem Gesamtgut Ersatz leisten, wenn er den Verlust verschuldet oder durch ein Rechtsgeschäft herbeigeführt hat, das er ohne die erforderliche Zustimmung des anderen Ehegatten vorgenommen hat.

1. Pflichten des Verwalters. a) Ordnungsgem Verwaltung, die auf Bewahrung und, soweit möglich, Mehrung des Gesamtguts gerichtet sein muss. **b) Pflicht zur Unterrichtung,** S 2, Erzwingbarkeit str (s Gernhuber/Coester-Waltjen § 38 Rn 57). **c) Auskunftserteilung,** mit Leistungsklage erzwingbar, Vollstreckung FamFG 120 I, ZPO 888, 889.

2. Haftung des Verwalters. Der Verwalter haftet für **a) schuldhafte Minderung** des Gesamtguts; Haftungsmaß § 1359; **b)** für **Verluste aus vinkulierten RGeschäften** (§§ 1423–1425) ohne Zustimmung des anderen. Ersatzanspruch gegen Dritte schließt Schaden nicht aus (ErmHeinemann 3, str). **c) Fälligkeit** mit Beendigung der Gütergemeinschaft, § 1446 I. **d)** Beachte, dass die Haftung des Verwalters durch § 1445 I ergänzt wird.

3. Freizeichnung. Durch **Ehevertrag** kann in den Grenzen der §§ 276 II, 138 Freizeichnung erfolgen; ein Ausschluss der Auskunftspflicht soll stets nichtig sein.

§ 1436 Verwalter unter Vormundschaft oder Betreuung

¹Steht der Ehegatte, der das Gesamtgut verwaltet, unter Vormundschaft oder fällt die Verwaltung des Gesamtguts in den Aufgabenkreis seines Betreuers, so hat ihn der Vormund oder Betreuer in den Rechten und Pflichten zu vertreten, die sich aus der Verwaltung des Gesamtguts ergeben. ²Dies gilt auch dann, wenn der andere Ehegatte zum Vormund oder Betreuer bestellt ist.

1   **1. Allgemeines.** Führung der Vormundschaft s §§ 1793 ff, Betreuung §§ 1896 ff; verpflichtet wird das Gesamtgut wie bei Handeln des Verwalters selbst. Haftung: §§ 1833, 1908i.

2   **2. Ehegatten-Vormund/Betreuer.** Ist der andere Ehegatte Vormund oder Betreuer – S 2 –, kann er die nach §§ 1422–1425 erforderlichen Zustimmungen selbst erteilen; § 181 ist nicht anwendbar (hL, s SoeGaul 5). Für den Ehegatten-Vormund/Betreuer gilt § 1833, nicht § 1359.

§ 1437 Gesamtgutsverbindlichkeiten; persönliche Haftung

(1) Aus dem Gesamtgut können die Gläubiger des Ehegatten, der das Gesamtgut verwaltet, und, soweit sich aus den §§ 1438 bis 1440 nichts anderes ergibt, auch die Gläubiger des anderen Ehegatten Befriedigung verlangen (Gesamtgutsverbindlichkeiten).

(2) ¹Der Ehegatte, der das Gesamtgut verwaltet, haftet für die Verbindlichkeiten des anderen Ehegatten, die Gesamtgutsverbindlichkeiten sind, auch persönlich als Gesamtschuldner. ²Die Haftung erlischt mit der Beendigung der Gütergemeinschaft, wenn die Verbindlichkeiten im Verhältnis der Ehegatten zueinander dem anderen Ehegatten zur Last fallen.

§ 1438 Haftung des Gesamtguts

(1) Das Gesamtgut haftet für eine Verbindlichkeit aus einem Rechtsgeschäft, das während der Gütergemeinschaft vorgenommen wird, nur dann, wenn der Ehegatte, der das Gesamtgut verwaltet, das Rechtsgeschäft vornimmt oder wenn er ihm zustimmt oder wenn das Rechtsgeschäft ohne seine Zustimmung für das Gesamtgut wirksam ist.

(2) Für die Kosten eines Rechtsstreits haftet das Gesamtgut auch dann, wenn das Urteil dem Gesamtgut gegenüber nicht wirksam ist.

§ 1439 Keine Haftung bei Erwerb einer Erbschaft

Das Gesamtgut haftet nicht für Verbindlichkeiten, die durch den Erwerb einer Erbschaft entstehen, wenn der Ehegatte, der Erbe ist, das Gesamtgut nicht verwaltet und die Erbschaft während der Gütergemeinschaft als Vorbehaltsgut oder als Sondergut erwirbt; das Gleiche gilt beim Erwerb eines Vermächtnisses.

§ 1440 Haftung für Vorbehalts- oder Sondergut

¹Das Gesamtgut haftet nicht für eine Verbindlichkeit, die während der Gütergemeinschaft infolge eines zum Vorbehaltsgut oder Sondergut gehörenden Rechts oder des Besitzes einer dazu gehörenden Sache in der Person des Ehegatten entsteht, der das Gesamtgut nicht verwaltet. ²Das Gesamtgut haftet jedoch, wenn das Recht oder die Sache zu einem Erwerbsgeschäft gehört, das der Ehegatte mit Einwilligung des anderen Ehegatten selbstän-

Titel 6. Eheliches Güterrecht §§ 1437–1440

dig betreibt, oder wenn die Verbindlichkeit zu den Lasten des Sonderguts gehört, die aus den Einkünften beglichen zu werden pflegen.

Anmerkungen zu den §§ 1437–1440

1. Allgemeines. Die §§ 1437–1440 regeln Voraussetzungen und Umfang der Haftung des Gesamtguts für Verbindlichkeiten der Ehegatten und der Verpflichtung des Verwalters, für die Schulden des anderen Ehegatten einzustehen. 1

2. Haftung des Gesamtguts. Das Gesamtgut ist mangels Rechtspersönlichkeit nur Haftungsobjekt, Haftungssubjekte bleiben die Ehegatten als Inhaber des Gesamtguts. Persönliche Schulden und Gesamtgutsverbindlichkeiten unterscheiden sich also nicht in der Person der Schuldner, sondern in den haftenden Vermögensmassen. Das Gesamtgut haftet **a)** für ex lege vor Begründung der Gütergemeinschaft entstandene Verbindlichkeiten jedes Ehegatten, § 1437 I (Bsp: Deliktsschulden, Unterhaltsverpflichtungen, Verbindlichkeiten aus GoA); **Ausnahmen:** §§ 1439, 1440 (dazu Rn 8 f); **b)** für alle rechtsgeschäftlich begründeten Verbindlichkeiten des Verwalters, § 1438 I 1. Fall; **c)** für Verbindlichkeiten aus RGeschäften des nicht verwaltenden Ehegatten nur, falls **aa)** sie vor Begründung der Gütergemeinschaft eingegangen worden waren, **bb)** der Verwalter zugestimmt hat – § 1438 I 2. Fall – oder seine Zustimmung nach § 1430 ersetzt worden ist, bzw seine generelle Zustimmung zum Betrieb eines selbstständigen Erwerbsgeschäftes nach § 1431 vorlag, **cc)** wenn es sich um Geschäfte zur angemessenen Deckung des Lebensbedarfs der Familie handelt, § 1357 I iVm § 1437 I, **dd)** wenn ein Notverwaltungsgeschäft vorlag, § 1429 iVm § 1438 I 3. Fall, wobei die persönliche Verpflichtung des nicht verwaltenden Ehegatten und seine Haftung mit Vorbehalts- oder Sondergut in all diesen Fällen unberührt bleibt; **d)** für Kosten eines Rechtsstreits, gleich, welcher Ehegatte in welcher Rolle (Kläger oder Beklagter) ihn geführt hat; erfasst werden Kosten aus allen Verfahren, also auch Strafsachen, Verwaltungsverfahren. Kosten sind nur die Gerichtskosten und die Kosten der anderen Seite, nicht die Gebühren des eigenen Anwalts (s Soe-Gaul § 1438 Rn 5 mwN, str). 2–6

3. Keine Haftung des Gesamtguts. Das Gesamtgut hafet nicht für Verbindlichkeiten **a)** aus RGeschäften des nicht verwaltenden Ehegatten, sofern nicht einer der Fälle Rn 4 f gegeben ist; **b)** aus Erwerb einer Erbschaft oder eines Vermächtnisses des nicht verwaltenden Ehegatten während der Gütergemeinschaft, falls diese Zuwendungen in sein Sondergut oder Vorbehaltsgut (s § 1418 II Nr 2) fallen, § 1439; **c)** aus Rechten oder Besitz am Sonder- oder Vorbehaltsgut, § 1440 S 1, sofern nicht die Ausnahmen § 1440 S 2 gegeben sind. Grund der Ausnahme: Die Einkünfte des Sonderguts fallen ins Gesamtgut, § 1417 III 2. 7–9

4. Persönliche Verpflichtung und Haftung der Ehegatten. Persönliche Verpflichtung der Ehegatten und Haftung mit ihrem Vorbehalts- und Sondergut auch dann, falls das Gesamtgut nicht haftet, ist für die jeweils eigenen, ex lege oder rechtsgeschäftlich begründeten Verbindlichkeiten stets gegeben. **a)** (Nur) der **verwaltende** Ehegatte hat darüber hinaus auch für solche Verbindlichkeiten des anderen Ehegatten einzustehen, für die das Gesamtgut haftet, § 1437 II 1. **b)** Die Mitschuld des Verwalters erlischt mit Beendigung der Gütergemeinschaft, falls die jeweilige Verbindlichkeit im Innenverhältnis nach §§ 1441 ff dem anderen zur Last fällt, § 1437 II 2. **c)** In Analogie zu § 770 hat der Verwalter ein Leistungsverweigerungsrecht, solange der andere anfechten oder aufrechnen kann (Gernhuber/Coester-Waltjen § 38 Rn 78 Fn 108). 10–12

5. Abdingbarkeit. Die ges Haftungsverteilung kann **nicht durch Ehevertrag abbedungen** werden (s §§ 1408, 1409 Rn 7); die Ehegatten können aber mit dem jeweiligen Vertragspartner Haftungsbeschränkungen auf das Gesamtgut oder ein Sondervermögen vereinbaren. 13

§§ 1441–1444 Buch 4. Abschnitt 1. Bürgerliche Ehe

14 **6. Zwangsvollstreckung in das Gesamtgut.** Zur Zwangsvollstreckung in das Gesamtgut ist Titel gegen den Verwalter erforderlich und genügend (ZPO 740 I), und zwar auch dann, wenn der andere Ehegatte nach §§ 1428, 1429 im eigenen Namen den Prozess geführt hat, so dass dann ein zusätzlicher Titel gegen den Verwalter erforderlich wird (hierzu § 1429 Rn 3; ErmHeinemann § 1437 Rn 3), s aber auch §§ 1431 Rn 5, 1433 Rn 2. In der Insolvenz des Verwalters gehört das Gesamtgut zur Insolvenzmasse, nicht dagegen in der Insolvenz des nicht verwaltenden Ehegatten (s SoeGaul § 1437 Rn 8 f).

§ 1441 Haftung im Innenverhältnis

Im Verhältnis der Ehegatten zueinander fallen folgende Gesamtgutsverbindlichkeiten dem Ehegatten zur Last, in dessen Person sie entstehen:
1. die Verbindlichkeiten aus einer unerlaubten Handlung, die er nach Eintritt der Gütergemeinschaft begeht, oder aus einem Strafverfahren, das wegen einer solchen Handlung gegen ihn gerichtet wird;
2. die Verbindlichkeiten aus einem sich auf sein Vorbehaltsgut oder sein Sondergut beziehenden Rechtsverhältnis, auch wenn sie vor Eintritt der Gütergemeinschaft oder vor der Zeit entstanden sind, zu der das Gut Vorbehaltsgut oder Sondergut geworden ist;
3. die Kosten eines Rechtsstreits über eine der in den Nummern 1 und 2 bezeichneten Verbindlichkeiten.

§ 1442 Verbindlichkeiten des Sonderguts und eines Erwerbsgeschäfts

¹Die Vorschrift des § 1441 Nr. 2, 3 gilt nicht, wenn die Verbindlichkeiten zu den Lasten des Sonderguts gehören, die aus den Einkünften beglichen zu werden pflegen. ²Die Vorschrift gilt auch dann nicht, wenn die Verbindlichkeiten durch den Betrieb eines für Rechnung des Gesamtguts geführten Erwerbsgeschäfts oder infolge eines zu einem solchen Erwerbsgeschäft gehörenden Rechts oder des Besitzes einer dazu gehörenden Sache entstehen.

§ 1443 Prozesskosten

(1) Im Verhältnis der Ehegatten zueinander fallen die Kosten eines Rechtsstreits, den die Ehegatten miteinander führen, dem Ehegatten zur Last, der sie nach allgemeinen Vorschriften zu tragen hat.

(2) ¹Führt der Ehegatte, der das Gesamtgut nicht verwaltet, einen Rechtsstreit mit einem Dritten, so fallen die Kosten des Rechtsstreits im Verhältnis der Ehegatten zueinander diesem Ehegatten zur Last. ²Die Kosten fallen jedoch dem Gesamtgut zur Last, wenn das Urteil dem Gesamtgut gegenüber wirksam ist oder wenn der Rechtsstreit eine persönliche Angelegenheit oder eine Gesamtgutsverbindlichkeit des Ehegatten betrifft und die Aufwendung der Kosten den Umständen nach geboten ist; § 1441 Nr. 3 und § 1442 bleiben unberührt.

§ 1444 Kosten der Ausstattung eines Kindes

(1) Verspricht oder gewährt der Ehegatte, der das Gesamtgut verwaltet, einem gemeinschaftlichen Kind aus dem Gesamtgut eine Ausstattung, so fällt ihm im Verhältnis der Ehegatten zueinander die Ausstattung zur Last, soweit sie das Maß übersteigt, das dem Gesamtgut entspricht.

(2) Verspricht oder gewährt der Ehegatte, der das Gesamtgut verwaltet, einem nicht gemeinschaftlichen Kind eine Ausstattung aus dem Gesamtgut,

Titel 6. Eheliches Güterrecht **§§ 1441–1445**

so fällt sie im Verhältnis der Ehegatten zueinander dem Vater oder der Mutter zur Last; für den Ehegatten, der das Gesamtgut nicht verwaltet, gilt dies jedoch nur insoweit, als er zustimmt oder die Ausstattung nicht das Maß übersteigt, das dem Gesamtgut entspricht.

Anmerkungen zu den §§ 1441–1444

1. Allgemeines. Verbindlichkeiten eines Ehegatten sind häufig (s §§ 1437, 1438) Gesamtgutsverbindlichkeiten; ein Ehegatte trägt dann mit seinem Anteil iE die Lasten des anderen mit. Die §§ 1441–1444 regeln den Innenausgleich für Fälle, in denen eine gemeinschaftliche Lastentragung für Schulden, die in der Person eines Ehegatten entstanden sind, aus verschiedenen Gründen unbillig wäre. **1**

2. Abdingbarkeit. Ehevertraglich abdingbar; Grenze § 138. **2**

3. Einzelfälle. a) Verpflichtungen und Verfahrenskosten (einschließlich der Gebühren des eigenen Anwalts, SoeGaul § 1441 Rn 5, 7) aus einer **unerlaubten Handlung** während der Gütergemeinschaft, § 1441 Nr 1, 3; **nicht:** Gefährdungshaftung (Gernhuber/Coester-Waltjen § 38 Rn 80–85 Fn 109); **b)** Verbindlichkeiten aus Rechtsverhältnissen, die sich auf Sonder- oder Vorbehaltsgut beziehen einschließlich daraus erwachsender Verfahrenskosten, § 1441 Nr 2, 3; ausgenommen bleiben jedoch die in § 1442 genannten Verbindlichkeiten, da die Einkünfte aus dem Gesamtgut und einem zum Sondergut gehörenden Erwerbsgeschäft (nur darauf bezieht sich S 2, SoeGaul § 1442 Rn 3), zB einer unübertragbaren OHG-Beteiligung, in das Gesamtgut fallen. **c)** Kosten eines **Rechtsstreits der Ehegatten gegeneinander,** § 1443 I, soweit nicht schon § 1441 Nr 3 eingreift. **d)** Kosten eines **Rechtsstreits des nicht verwaltenden Ehegatten mit Dritten,** § 1443 II 1; Verteilung nach ZPO 91 oder Vergleichsregelung; Ausnahmen § 1443 II 2. **e) Ausstattung** eines gemeinschaftlichen Kindes außer Verhältnis zum Gesamtgut durch den Verwalter, § 1444 I; zur Übermaßausstattung beachte § 1425 I. **f) Ausstattung** aus dem Gesamtgut an ein **nicht gemeinsames Kind,** § 1444 II, soll iE der leibliche Elternteil tragen; die Einschränkung des § 1444 II HS 2 ist gegenstandslos, da es sich bei Zuwendung trotz fehlender Zustimmung, dh gegen den Willen des leiblichen Elternteils, nicht um Ausstattung iSv § 1624 handeln kann. **3** **4** **5** **6** **7**

§ 1445 Ausgleichung zwischen Vorbehalts-, Sonder- und Gesamtgut

(1) **Verwendet der Ehegatte, der das Gesamtgut verwaltet, Gesamtgut in sein Vorbehaltsgut oder in sein Sondergut, so hat er den Wert des Verwendeten zum Gesamtgut zu ersetzen.**

(2) **Verwendet er Vorbehaltsgut oder Sondergut in das Gesamtgut, so kann er Ersatz aus dem Gesamtgut verlangen.**

1. Schutz des nicht verwaltenden Ehegatten I. I schützt den nicht verwaltenden Ehegatten gegen Übertragung von Vermögenswerten aus dem Gesamtgut in das Sonder- oder Vorbehaltsgut des Verwalters, die dieser kraft seiner Verwaltungsbefugnis vornehmen kann; die Vorschrift ergänzt den Schutz des nicht verwaltenden Ehegatten aus § 1435. **1**

2. Aufwendungsersatzanspruch des Verwalters II. Aufwendungen des Verwalters zugunsten des Gesamtgutes aus seinem Vorbehalts- oder Sondergut kann er nach II aus dem Gesamtgut ersetzen verlangen, ohne insoweit auf § 677 zurückgreifen zu müssen (s Mot IV 381); § 818 III ist nicht anwendbar. Aufwendungen für den Unterhalt der Familie s § 1360b (vgl BGH 50, 269 f); auch § 685 kann den Ausgleichsanspruch abschneiden. **2**

Berger/Mansel

3. Aufwendungsersatzansprüche des nicht verwaltenden Ehegatten. Der nicht verwaltende Ehegatte hat für seine Aufwendungen Ansprüche aus GoA oder §§ 812 ff.

§ 1446 Fälligkeit des Ausgleichsanspruchs

(1) Was der Ehegatte, der das Gesamtgut verwaltet, zum Gesamtgut schuldet, braucht er erst nach der Beendigung der Gütergemeinschaft zu leisten; was er aus dem Gesamtgut zu fordern hat, kann er erst nach der Beendigung der Gütergemeinschaft fordern.

(2) Was der Ehegatte, der das Gesamtgut nicht verwaltet, zum Gesamtgut oder was er zum Vorbehaltsgut oder Sondergut des anderen Ehegatten schuldet, braucht er erst nach der Beendigung der Gütergemeinschaft zu leisten; er hat die Schuld jedoch schon vorher zu berichtigen, soweit sein Vorbehaltsgut und sein Sondergut hierzu ausreichen.

1. Allgemeines. Das Ges geht davon aus, dass in der Gütergemeinschaft das Gesamtgut wirtschaftliche Grundlage der Familie ist, die nicht durch Teilauseinandersetzung vor endgültiger Beendigung der Gütergemeinschaft gefährdet werden soll. Die Regelung ist durch Ehevertrag **abdingbar;** zur Vereinbarung früherer Fälligkeit einzelner Forderungen s ErmHeinemann 4.

2. Regelungsgehalt. a) I stellt die Ausgleichung zwischen Gesamtgut und Verwalter bis zur Beendigung der Gütergemeinschaft zurück. **b)** II schiebt die Fälligkeit der Verbindlichkeiten des nicht verwaltenden Ehegatten gegenüber **aa)** dem Gesamtgut und **bb)** dem Verwalter persönlich („zum Vorbehalts- oder Sondergut des anderen Ehegatten") bis zur Beendigung der Gütergemeinschaft auf, falls und soweit Vorbehalts- und Sondergut des Schuldners zur Deckung seiner Verbindlichkeiten nicht ausreichen. Das ausreichende Sondervermögen des Schuldners hat der klagende Verwalter im Prozess zu beweisen (hL, SoeGaul Rn 4).

3. Fälligkeit nach allg Regeln. Nach allg Regeln fällig bleiben **a)** dingliche Ansprüche; **b)** Forderungen des nicht verwaltenden Ehegatten gegen das Gesamtgut (nicht abdingbar, SoeGaul Rn 7) oder den Verwalter.

§ 1447 Aufhebungsklage des nicht verwaltenden Ehegatten

Der Ehegatte, der das Gesamtgut nicht verwaltet, kann auf Aufhebung der Gütergemeinschaft klagen,
1. wenn seine Rechte für die Zukunft dadurch erheblich gefährdet werden können, dass der andere Ehegatte zur Verwaltung des Gesamtguts unfähig ist oder sein Recht, das Gesamtgut zu verwalten, missbraucht,
2. wenn der andere Ehegatte seine Verpflichtung, zum Familienunterhalt beizutragen, verletzt hat und für die Zukunft eine erhebliche Gefährdung des Unterhalts zu besorgen ist,
3. wenn das Gesamtgut durch Verbindlichkeiten, die in der Person des anderen Ehegatten entstanden sind, in solchem Maße überschuldet ist, dass ein späterer Erwerb des Ehegatten, der das Gesamtgut nicht verwaltet, erheblich gefährdet wird,
4. wenn die Verwaltung des Gesamtguts in den Aufgabenkreis des Betreuers des anderen Ehegatten fällt.

§ 1448 Aufhebungsklage des Verwalters

Der Ehegatte, der das Gesamtgut verwaltet, kann auf Aufhebung der Gütergemeinschaft klagen, wenn das Gesamtgut infolge von Verbindlichkeiten des anderen Ehegatten, die diesem im Verhältnis der Ehegatten zueinander zur Last fallen, in solchem Maße überschuldet ist, dass ein späterer Erwerb erheblich gefährdet wird.

§ 1449 Wirkung der richterlichen Aufhebungsentscheidung

(1) Mit der Rechtskraft der richterlichen Entscheidung ist die Gütergemeinschaft aufgehoben; für die Zukunft gilt Gütertrennung.

(2) Dritten gegenüber ist die Aufhebung der Gütergemeinschaft nur nach Maßgabe des § 1412 wirksam.

Anmerkungen zu den §§ 1447–1449

1. Allgemeines. Einseitige Beendigung der Gütergemeinschaft ist nur aus 1 bestimmten Gründen, die Gefährdungen der wirtschaftlichen Basis der Familie erfassen wollen, durch Gestaltungsantrag möglich. Einvernehmliche Beendigung durch Ehevertrag bleibt unberührt, § 1408 I.

2. Voraussetzungen. Die **Gründe** sind auf die Verwaltungsregelung und die 2 unterschiedlichen Befugnisse der Ehegatten, die durch die Belastung des Gesamtguts die wirtschaftliche Grundlage der Familie zu gefährden geeignet sind, abgestimmt. **a)** Aufgrund der Befugnisse des Alleinverwalters zur Verwaltung des Gesamtguts 3 sind auch seine Möglichkeiten, Gesamtgut, Familieneinkommen und Familienunterhalt zu gefährden, größer als die des nicht verwaltenden Ehegatten; dem entspricht der (abschließende) Katalog des § 1447 Nr 1–4. Antragsbefugt ist der nicht verwaltende Ehegatte. **b)** Soweit der nicht verwaltende Ehegatte Überschuldung durch 4 Belastung des Gesamtguts mit Verbindlichkeiten, die im Innenverhältnis ihm zur Last fallen, erreichen kann, gibt § 1448 – als Gegenstück zu § 1447 Nr 3 – dem Verwalter ein Antragsrecht. **c)** Insolvenzverfahren über das Vermögen des verwal- 5 tenden Ehegatten beendet die Gütergemeinschaft nicht ipso iure, wird aber meist den Tatbestand des § 1447 Nr 3 erfüllen. Zur Sonderinsolvenz bei gemeinschaftlicher Verwaltung des Gesamtguts durch beide Ehegatten s InsO 11 II Nr 2, 333 f.

3. Keine Abdingbarkeit. §§ 1447, 1448 sind zwingende und abschließende 6 Regelungen (PalBrudermüller § 1447 Rn 2; für analoge Anwendung des § 1385 Grasmann FamRZ 84, 957; abl SoeGaul § 1447 Rn 3).

4. Prozessuales. Der Aufhebungsantrag ist auf einen rechtsgestaltenden 7 Beschluss gerichtet, mit dessen Rechtskraft die Gütergemeinschaft beendet wird, § 1449 I HS 1. Die gleiche Wirkung hat ein Prozessvergleich (RG Recht 1919, Nr 1486). Das Verfahren ist Güterrechts-, nicht Ehesache nach FamFG 121 (ErmHeinemann § 1447 Rn 6) zuständig FamG GVG 23a I 1 Nr 1, 23b, FamFG 111 Nr 9, 261 I. Streitwert: ZPO 3 (dazu BGH NJW 73, 50).

5. Folgen. a) Gütertrennung, § 1449 I HS 2; **b)** Auseinandersetzung des 8 zunächst noch gemeinschaftlichen (s § 1471 II) Gesamtguts, §§ 1471 ff; **c)** Wirkung gegenüber Dritten s § 1449 II iVm § 1412.

Unterkapitel 3. Gemeinschaftliche Verwaltung des Gesamtguts durch die Ehegatten

§ 1450 Gemeinschaftliche Verwaltung durch die Ehegatten

(1) ¹Wird das Gesamtgut von den Ehegatten gemeinschaftlich verwaltet, so sind die Ehegatten insbesondere nur gemeinschaftlich berechtigt, über das Gesamtgut zu verfügen und Rechtsstreitigkeiten zu führen, die sich auf

das Gesamtgut beziehen. ²Der Besitz an den zum Gesamtgut gehörenden Sachen gebührt den Ehegatten gemeinschaftlich.

(2) Ist eine Willenserklärung den Ehegatten gegenüber abzugeben, so genügt die Abgabe gegenüber einem Ehegatten.

§ 1451 Mitwirkungspflicht beider Ehegatten

Jeder Ehegatte ist dem anderen gegenüber verpflichtet, zu Maßregeln mitzuwirken, die zur ordnungsmäßigen Verwaltung des Gesamtguts erforderlich sind.

§ 1452 Ersetzung der Zustimmung

(1) Ist zur ordnungsmäßigen Verwaltung des Gesamtguts die Vornahme eines Rechtsgeschäfts oder die Führung eines Rechtsstreits erforderlich, so kann das Familiengericht auf Antrag eines Ehegatten die Zustimmung des anderen Ehegatten ersetzen, wenn dieser sie ohne ausreichenden Grund verweigert.

(2) Die Vorschrift des Absatzes 1 gilt auch, wenn zur ordnungsmäßigen Besorgung der persönlichen Angelegenheiten eines Ehegatten ein Rechtsgeschäft erforderlich ist, das der Ehegatte mit Wirkung für das Gesamtgut nicht ohne Zustimmung des anderen Ehegatten vornehmen kann.

§ 1453 Verfügung ohne Einwilligung

(1) Verfügt ein Ehegatte ohne die erforderliche Einwilligung des anderen Ehegatten über das Gesamtgut, so gelten die Vorschriften des § 1366 Abs. 1, 3, 4 und des § 1367 entsprechend.

(2) ¹Einen Vertrag kann der Dritte bis zur Genehmigung widerrufen. ²Hat er gewusst, dass der Ehegatte in Gütergemeinschaft lebt, so kann er nur widerrufen, wenn dieser wahrheitswidrig behauptet hat, der andere Ehegatte habe eingewilligt; er kann auch in diesem Falle nicht widerrufen, wenn ihm beim Abschluss des Vertrags bekannt war, dass der andere Ehegatte nicht eingewilligt hatte.

Anmerkungen zu den §§ 1450–1453

1 **1. Allgemeines.** Gemeinschaftliche Verwaltung ist entweder vereinbarte oder hilfsweise geltende Regelung (s § 1421 S 2). Ihre Schwerfälligkeit wird ausgeglichen teilw durch die Notverwaltungsrechte aus §§ 1454, 1455 Nr 5, 6, 8, 9, 10 und die Einzelempfangszuständigkeit in § 1450 II, vor allem wohl durch die Möglichkeit gegenseitiger Bevollmächtigung, die vielfach durch Duldung geschehen wird, in gewissem Umfang schließlich auch durch § 1357 I 1, der zu Entnahmen aus dem Gesamtgut zur Deckung des Familienbedarfs ermächtigen dürfte (vgl auch § 1420), und § 1357 I 2, der iVm §§ 1460 I, 1459 I die Begründung von Gesamtgutsverbindlichkeiten gestattet.

2 Eine **unwiderrufliche gegenseitige Bevollmächtigung** bewirkt praktisch konkurrierende Alleinverwaltungsrechte und dürfte unzulässig sein (s Rn 2 vor §§ 1422–1470).

3 **2. Begriff der gemeinsamen Verwaltung.** Gemeinsame Verwaltung umfasst die in § 1450 I 1 bes erwähnten **Verfügungen** über **Gesamtgut** sowie **Rechtsstreitigkeiten**, aber auch Ausübung von Stimmrechten und tatsächliche Maßnahmen sowie Maßregeln zur ordnungsgemäßen Verwendung des Gesamtgutes für Unterhalt

Titel 6. Eheliches Güterrecht   § 1454

(s BGH 111, 255). Begründung der Gütergemeinschaft nach erfolgter Auflassung des Grundstücks eines Ehegatten an einen Dritten macht Zustimmung erforderlich; § 878 findet keine Anwendung (aA Tiedtke FamRZ 76, 511). **a) Verpflichtungsgeschäfte** 4 verpflichten primär den jeweils Handelnden, das Gesamtgut dagegen grundsätzlich nur mit Zustimmung des jeweils anderen Ehegatten, § 1460 I (s aber Rn 1, ferner §§ 1459–1462 Rn 4). **b) Erwerb** für das Gesamtgut erfordert nicht gemeinsames Handeln, 5 s § 1416 I 2 (dazu §§ 1416–1419 Rn 6). **c) Empfangszuständigkeit** für Willenserklä- 6 rungen hat jeder Ehegatte, § 1450 II; Bsp: Kündigung, aber wohl auch Bindung an Angebot, wenn es nur einem Ehegatten zugegangen ist (SoeGaul § 1450 Rn 14). **d)** Ansprüche und Forderungen können nur gemeinsam geltend gemacht bzw einge- 7 zogen werden; § 2039 S 1 HS 2 ist während Bestehens der Gütergemeinschaft nicht analog anwendbar (SoeGaul § 1450 Rn 15 mwN).

3. Besitz. Besitz der Ehegatten soll gemeinschaftlicher, dh Mitbesitz sein, entsteht 8 aber nicht ipso iure, sondern durch entspr Einräumung, zu der die Ehegatten verpflichtet sind, § 1450 I 2. Zur Verteidigung ist jeder Mitbesitzer selbstständig berechtigt, auch gegen den anderen (s SoeGaul § 1450 Rn 11).

4. Rechtsstreitigkeiten. a) In **Aktivprozessen** über Gesamtgut sind die Ehe- 9 gatten grundsätzlich nur gemeinschaftlich prozessführungsberechtigt (Ausnahmen: §§ 1454, 1455 Nr 6–10, 1456 sowie Ermächtigung durch den anderen); sie sind notwendige Streitgenossen, ZPO 62 (Baur FamRZ 62, 510). Verletzter Ehegatte muss für Schadenersatzanspruch Ermächtigung des anderen Ehegatten (spätestens) in der Letzten mündlichen Verhandlung offenlegen (BGH NJW 94, 653). **b)** Bei 10 **Passivprozessen** besteht notwendige Streitgenossenschaft, soweit der Kläger auf Leistung aus dem Gesamtgut klagt (s Baur aaO). Zu Verwaltungsgerichtsprozessen s VGH München NJW-RR 88, 454. Zur Zwangsvollstreckung s ZPO 740 II.

5. Mitwirkungspflicht, § 1451. Pflicht zur Mitwirkung ist notwendige Ergän- 11 zung der gemeinschaftlichen Verwaltung. Haftung für Verluste wegen Unterlassens der Mitwirkung bei ordnungsgemäßen Verwaltung (BGH FamRZ 86, 42), aber keine Haftung bei Aufgabe der Mitarbeit in landwirtschaftlichem Betrieb zur Trennung (BGH aaO). Schuldmaßstab § 1359. Klage auf Mitwirkung soll nach hL unzulässig sein (SoeGaul § 1451 Rn 5), da § 1452 eingreift.

6. Ersetzung der Zustimmung. § 1452 I entspricht § 1426, § 1452 II dem 12 § 1430. **a)** Der Anwendungsbereich des § 1452 I ist erheblich weiter als der des § 1426, da grundsätzlich die gesamte Verwaltung an Mitwirkung, dh bei RGeschäften und Prozessen an die Zustimmung des jeweils anderen gebunden ist. Zu den Voraussetzungen der Ersetzung nach § 1452 I s § 1365 Rn 6 ff; RG 103, 127; für § 1452 II s § 1430 Rn 2 ff. **b)** Die Ersetzungsmöglichkeit ist nicht abdingbar. **c)** Zum 13 Verfahren s § 1365 Rn 9.

7. Rechtsfolgen fehlender Zustimmung. § 1453 entspricht § 1427, deckt aber 14 einen etwas anderen Regelungsbereich ab, da einerseits **alle** Verfügungen über Gesamtgut nur mit Zustimmung des anderen wirksam sind, andererseits Verpflichtungen den kontrahierenden Ehegatten stets binden, da sie das Gesamtgut ohne Zustimmung des anderen grundsätzlich nicht belasten, s § 1460. Die Ergänzung des Zustimmungserfordernisses durch ein Revokationsrecht (s §§ 1368, 1428) enthält § 1455 Nr 8. Gutgl Erwerb ist nach hM möglich (SoeGaul § 1453 Rn 4). Vgl iü § 1427 und §§ 1423–1428 Rn 19.

§ 1454 Notverwaltungsrecht

¹**Ist ein Ehegatte durch Krankheit oder Abwesenheit verhindert, bei einem Rechtsgeschäft mitzuwirken, das sich auf das Gesamtgut bezieht, so kann der andere Ehegatte das Rechtsgeschäft vornehmen, wenn mit dem Aufschub Gefahr verbunden ist; er kann hierbei im eigenen Namen oder**

§§ 1455, 1456

im Namen beider Ehegatten handeln. ²Das Gleiche gilt für die Führung eines Rechtsstreits, der sich auf das Gesamtgut bezieht.

1 Pflicht zum Tätigwerden. Die Vorschrift entspricht § 1429, s Anm dort. Anders als § 1429 wird § 1454 iVm § 1451 nicht nur als Ermächtigung, sondern auch als Verpflichtung zum Tätigwerden unter den genannten Voraussetzungen gesehen. Sa § 1455 Nr 10.

§ 1455 Verwaltungshandlungen ohne Mitwirkung des anderen Ehegatten

Jeder Ehegatte kann ohne Mitwirkung des anderen Ehegatten
1. eine ihm angefallene Erbschaft oder ein ihm angefallenes Vermächtnis annehmen oder ausschlagen,
2. auf seinen Pflichtteil oder auf den Ausgleich eines Zugewinns verzichten,
3. ein Inventar über eine ihm oder dem anderen Ehegatten angefallene Erbschaft errichten, es sei denn, dass die dem anderen Ehegatten angefallene Erbschaft zu dessen Vorbehaltsgut oder Sondergut gehört,
4. einen ihm gemachten Vertragsantrag oder eine ihm gemachte Schenkung ablehnen,
5. ein sich auf das Gesamtgut beziehendes Rechtsgeschäft gegenüber dem anderen Ehegatten vornehmen,
6. ein zum Gesamtgut gehörendes Recht gegen den anderen Ehegatten gerichtlich geltend machen,
7. einen Rechtsstreit fortsetzen, der beim Eintritt der Gütergemeinschaft anhängig war,
8. ein zum Gesamtgut gehörendes Recht gegen einen Dritten gerichtlich geltend machen, wenn der andere Ehegatte ohne die erforderliche Zustimmung über das Recht verfügt hat,
9. ein Widerspruchsrecht gegenüber einer Zwangsvollstreckung in das Gesamtgut gerichtlich geltend machen,
10. die zur Erhaltung des Gesamtguts notwendigen Maßnahmen treffen, wenn mit dem Aufschub Gefahr verbunden ist.

1 Die Vorschrift regelt Ausnahmen vom Grundsatz gemeinschaftlicher Verwaltung; rechtsgeschäftliches Handeln oder tatsächliche Maßnahmen nach § 1455 wirken für und gegen das Gesamtgut. Abdingbarkeit ist zu verneinen (vgl Zöllner FamRZ 65, 118).

§ 1456 Selbständiges Erwerbsgeschäft

(1) ¹Hat ein Ehegatte darin eingewilligt, dass der andere Ehegatte selbständig ein Erwerbsgeschäft betreibt, so ist seine Zustimmung zu solchen Rechtsgeschäften und Rechtsstreitigkeiten nicht erforderlich, die der Geschäftsbetrieb mit sich bringt. ²Einseitige Rechtsgeschäfte, die sich auf das Erwerbsgeschäft beziehen, sind dem Ehegatten gegenüber vorzunehmen, der das Erwerbsgeschäft betreibt.

(2) Weiß ein Ehegatte, dass der andere ein Erwerbsgeschäft betreibt, und hat er hiergegen keinen Einspruch eingelegt, so steht dies einer Einwilligung gleich.

(3) Dritten gegenüber ist ein Einspruch und der Widerruf der Einwilligung nur nach Maßgabe des § 1412 wirksam.

1 Parallelvorschrift zu § 1431. S Anm dort.

Titel 6. Eheliches Güterrecht §§ 1457–1462

§ 1457 Ungerechtfertigte Bereicherung des Gesamtguts

Wird durch ein Rechtsgeschäft, das ein Ehegatte ohne die erforderliche Zustimmung des anderen Ehegatten vornimmt, das Gesamtgut bereichert, so ist die Bereicherung nach den Vorschriften über die ungerechtfertigte Bereicherung aus dem Gesamtgut herauszugeben.

1. **Parallelvorschrift zu § 1437.** S Anm zu §§ 1437–1440. 1

§ 1458 Vormundschaft über einen Ehegatten

Solange ein Ehegatte unter elterlicher Sorge oder unter Vormundschaft steht, verwaltet der andere Ehegatte das Gesamtgut allein; die Vorschriften der §§ 1422 bis 1449 sind anzuwenden.

Die Vorschrift trifft wie § 1436 Vorsorge für den Fall fehlender oder eingeschränkter Geschäftsfähigkeit eines Ehegatten, überträgt aber abw von § 1436 die (Mitwirkung an der) Verwaltung nicht einem Vormund, sondern dem anderen Ehegatten, der damit Alleinverwalter wird. Muss auch für Ehegatten unter Betreuung gelten. Abw von § 1436 wird ein Ehegatte auch zum Alleinverwalter bestimmt, falls und solange der andere Ehegatte unter elterlicher Sorge steht. Fehlt beiden Ehegatten die Geschäftsfähigkeit, sind die Vormünder/Eltern oder/und Betreuer gemeinschaftliche Verwalter. Verbleib beider Ehegatten unter elterlicher Sorge durch § 1303 II ausgeschlossen. 1

§ 1459 Gesamtgutsverbindlichkeiten; persönliche Haftung

(1) Die Gläubiger des Mannes und die Gläubiger der Frau können, soweit sich aus den §§ 1460 bis 1462 nichts anderes ergibt, aus dem Gesamtgut Befriedigung verlangen (Gesamtgutsverbindlichkeiten).

(2) ¹Für die Gesamtgutsverbindlichkeiten haftet die Ehegatten auch persönlich als Gesamtschuldner. ²Fallen die Verbindlichkeiten im Verhältnis der Ehegatten zueinander einem der Ehegatten zur Last, so erlischt die Verbindlichkeit des anderen Ehegatten mit der Beendigung der Gütergemeinschaft.

§ 1460 Haftung des Gesamtguts

(1) Das Gesamtgut haftet für eine Verbindlichkeit aus einem Rechtsgeschäft, das ein Ehegatte während der Gütergemeinschaft vornimmt, nur dann, wenn der andere Ehegatte dem Rechtsgeschäft zustimmt oder wenn das Rechtsgeschäft ohne seine Zustimmung für das Gesamtgut wirksam ist.

(2) Für die Kosten eines Rechtsstreits haftet das Gesamtgut auch dann, wenn das Urteil dem Gesamtgut gegenüber nicht wirksam ist.

§ 1461 Keine Haftung bei Erwerb einer Erbschaft

Das Gesamtgut haftet nicht für Verbindlichkeiten eines Ehegatten, die durch den Erwerb einer Erbschaft oder eines Vermächtnisses entstehen, wenn der Ehegatte die Erbschaft oder das Vermächtnis während der Gütergemeinschaft als Vorbehaltsgut oder als Sondergut erwirbt.

§ 1462 Haftung für Vorbehalts- oder Sondergut

¹Das Gesamtgut haftet nicht für eine Verbindlichkeit eines Ehegatten, die während der Gütergemeinschaft infolge eines zum Vorbehaltsgut oder

§§ 1459–1462   Buch 4. Abschnitt 1. Bürgerliche Ehe

zum Sondergut gehörenden Rechts oder des Besitzes einer dazu gehörenden Sache entsteht. ²Das Gesamtgut haftet jedoch, wenn das Recht oder die Sache zu einem Erwerbsgeschäft gehört, das ein Ehegatte mit Einwilligung des anderen Ehegatten selbständig betreibt, oder wenn die Verbindlichkeit zu den Lasten des Sonderguts gehört, die aus den Einkünften beglichen zu werden pflegen.

Anmerkungen zu den §§ 1459–1462

1   **1. Allgemeines.** §§ 1459–1462 regeln Voraussetzungen und Umfang der Haftung des Gesamtgutes und die daran angelehnte Gesamtschuld der Ehegatten.

2   **2. Haftung des Gesamtguts.** Hierzu auch §§ 1437–1440 Rn 2 ff. Das Gesamtgut haftet für **a)** ex lege vor oder während der Gütergemeinschaft entstandene Verbindlichkeiten jedes Ehegatten; Ausnahmen §§ 1461, 1462 S 1 (dazu Rn 6 f); **b)** die rechtsgeschäftlich vor Begründung der Gütergemeinschaft von jedem Ehegatten eingegangenen Verbindlichkeiten; **c)** während der Gütergemeinschaft gemeinsam rechtsgeschäftlich begründete Schulden; **d)** während der Gütergemeinschaft von einem Ehegatten **aa)** entweder mit Zustimmung des anderen (oder ersetzter Zustimmung nach §§ 1452), § 1460 I 1. Fall, oder **bb)** ohne dessen Zustimmung, aber gleichwohl für das Gesamtgut wirksam eingegangene Verbindlichkeiten, § 1460 I 2. Fall (s §§ 1454–1456) oder **cc)** zur angemessenen Deckung des Lebensbedarfs nach § 1357 I eingegangene Verpflichtungen; **e)** Kosten eines Rechtsstreits, § 1460 II (hierzu §§ 1437–1440 Rn 6).

5   **3. Keine Haftung des Gesamtguts.** **a)** bei zustimmungslosen RGeschäften eines Ehegatten während der Gütergemeinschaft, falls nicht eine der Ausnahmen Rn 4 gegeben ist; **b)** für Verbindlichkeiten aus Erbschafts- oder Vermächtniserwerb, falls die Zuwendung in das Vorbehalts- oder Sondergut eines Ehegatten fällt, § 1461; **c)** Verbindlichkeiten aus Rechten oder Besitz an Gegenständen, die zum Vorbehalts- oder Sondergut eines Ehegatten gehören, § 1462 S 1, sofern nicht die Ausnahme in § 1462 S 2 vorliegt (s hierzu §§ 1437–1440 Rn 9).

8   **4. Persönliche Verpflichtung und Haftung der Ehegatten.** Persönliche Verpflichtungen der Ehegatten und Haftung mit ihrem Vorbehalts- und Sondergut sind für die eigenen Schulden stets gegeben, darüber hinaus aber auch für alle in der Person des anderen begründeten Verbindlichkeiten, soweit sie Gesamtgutsverbindlichkeiten sind, § 1459 II 1 (krit hierzu Gernhuber/Coester-Waltjen § 38 Rn 97 mwN). Diese Mitschuld erlischt mit Beendigung der Gütergemeinschaft, falls die jeweilige Verpflichtung im Innenverhältnis nach §§ 1463–1466 dem anderen zur Last fällt.

9   **5. Abdingbarkeit.** Die ges Haftungsregelung kann **nicht durch Ehevertrag abbedungen** werden. Im jeweiligen Einzelgeschäft mit dem Dritten können die Ehegatten jedoch die Haftung auf das Gesamtgut oder ein Sondervermögen beschränken. Auch kann der Dritte seine Klage nur gegen die Gesamthand richten (hierzu Tiedtke FamRZ 75, 538).

10   **6. Zwangsvollstreckung in das Gesamtgut.** Zur Zwangsvollstreckung in das Gesamtgut ist Titel gegen beide Ehegatten erforderlich, ZPO 740 II (sa ZPO 742), doch kann ein Gläubiger auch einen Ehegatten allein unter Behauptung einer Gesamtgutsverbindlichkeit verklagen (§ 1459 II), um in dessen Sondervermögen vollstrecken zu können (BGH FamRZ 75, 405; hierzu Tiedtke FamRZ 75, 538). Zur Sonderinsolvenz über das Gesamtgut s InsO 11 II, Nr 2, 333 f.

§ 1463 Haftung im Innenverhältnis

Im Verhältnis der Ehegatten zueinander fallen folgende Gesamtgutsverbindlichkeiten dem Ehegatten zur Last, in dessen Person sie entstehen:
1. die Verbindlichkeiten aus einer unerlaubten Handlung, die er nach Eintritt der Gütergemeinschaft begeht, oder aus einem Strafverfahren, das wegen einer solchen Handlung gegen ihn gerichtet wird,
2. die Verbindlichkeiten aus einem sich auf sein Vorbehaltsgut oder sein Sondergut beziehenden Rechtsverhältnis, auch wenn sie vor Eintritt der Gütergemeinschaft oder vor der Zeit entstanden sind, zu der das Gut Vorbehaltsgut oder Sondergut geworden ist,
3. die Kosten eines Rechtsstreits über eine der in den Nummern 1 und 2 bezeichneten Verbindlichkeiten.

§ 1464 Verbindlichkeiten des Sonderguts und eines Erwerbsgeschäfts

¹Die Vorschrift des § 1463 Nr. 2, 3 gilt nicht, wenn die Verbindlichkeiten zu den Lasten des Sonderguts gehören, die aus den Einkünften beglichen zu werden pflegen. ²Die Vorschrift gilt auch dann nicht, wenn die Verbindlichkeiten aus den Betrieb eines für Rechnung des Gesamtguts geführten Erwerbsgeschäfts oder infolge eines zu einem solchen Erwerbsgeschäft gehörenden Rechts oder des Besitzes einer dazu gehörenden Sache entstehen.

§ 1465 Prozesskosten

(1) Im Verhältnis der Ehegatten zueinander fallen die Kosten eines Rechtsstreits, den die Ehegatten miteinander führen, dem Ehegatten zur Last, der sie nach allgemeinen Vorschriften zu tragen hat.

(2) ¹Führt ein Ehegatte einen Rechtsstreit mit einem Dritten, so fallen die Kosten des Rechtsstreits im Verhältnis der Ehegatten zueinander dem Ehegatten zur Last, der den Rechtsstreit führt. ²Die Kosten fallen jedoch dem Gesamtgut zur Last, wenn das Urteil dem Gesamtgut gegenüber wirksam ist oder wenn der Rechtsstreit eine persönliche Angelegenheit oder eine Gesamtgutsverbindlichkeit des Ehegatten betrifft und die Aufwendung der Kosten den Umständen nach geboten ist; § 1463 Nr. 3 und § 1464 bleiben unberührt.

§ 1466 Kosten der Ausstattung eines nicht gemeinschaftlichen Kindes

Im Verhältnis der Ehegatten zueinander fallen die Kosten der Ausstattung eines nicht gemeinschaftlichen Kindes dem Vater oder der Mutter des Kindes zur Last.

Anmerkungen zu den §§ 1463–1466

Die Vorschriften entsprechen den §§ 1441–1444 unter Ausdehnung der für den nicht verwaltenden Ehegatten geltenden Regel des § 1443 II auf den allein und ermächtigungslos prozessierenden Ehegatten, § 1465 II. 1

§ 1467 Ausgleichung zwischen Vorbehalts-, Sonder- und Gesamtgut

(1) Verwendet ein Ehegatte Gesamtgut in sein Vorbehaltsgut oder in sein Sondergut, so hat er den Wert des Verwendeten zum Gesamtgut zu ersetzen.

(2) **Verwendet ein Ehegatte Vorbehaltsgut oder Sondergut in das Gesamtgut, so kann er Ersatz aus dem Gesamtgut verlangen.**

1 Parallelvorschrift zu § 1445. S Anm dort.

§ 1468 Fälligkeit des Ausgleichsanspruchs

Was ein Ehegatte zum Gesamtgut oder was er zum Vorbehaltsgut oder Sondergut des anderen Ehegatten schuldet, braucht er erst nach Beendigung der Gütergemeinschaft zu leisten; soweit jedoch das Vorbehaltsgut und das Sondergut des Schuldners ausreichen, hat er die Schuld schon vorher zu berichtigen.

1 Parallelvorschrift zu § 1446. S Anm dort.

§ 1469 Aufhebungsklage

Jeder Ehegatte kann auf Aufhebung der Gütergemeinschaft klagen,
1. **wenn seine Rechte für die Zukunft dadurch erheblich gefährdet werden können, dass der andere Ehegatte ohne seine Mitwirkung Verwaltungshandlungen vornimmt, die nur gemeinschaftlich vorgenommen werden dürfen,**
2. **wenn der andere Ehegatte sich ohne ausreichenden Grund beharrlich weigert, zur ordnungsmäßigen Verwaltung des Gesamtguts mitzuwirken,**
3. **wenn der andere Ehegatte seine Verpflichtung, zum Familienunterhalt beizutragen, verletzt hat und für die Zukunft eine erhebliche Gefährdung des Unterhalts zu besorgen ist,**
4. **wenn das Gesamtgut durch Verbindlichkeiten, die in der Person des anderen Ehegatten entstanden sind und diesem im Verhältnis der Ehegatten zueinander zur Last fallen, in solchem Maße überschuldet ist, dass sein späterer Erwerb erheblich gefährdet wird,**
5. **wenn die Wahrnehmung eines Rechts des anderen Ehegatten, das sich aus der Gütergemeinschaft ergibt, vom Aufgabenkreis eines Betreuers erfasst wird.**

§ 1470 Wirkung der richterlichen Aufhebungsentscheidung

(1) **Mit der Rechtskraft der richterlichen Entscheidung ist die Gütergemeinschaft aufgehoben; für die Zukunft gilt Gütertrennung.**

(2) **Dritten gegenüber ist die Aufhebung der Gütergemeinschaft nur nach Maßgabe des § 1412 wirksam.**

Anmerkungen zu den §§ 1469, 1470

1 **1. Allgemeines.** Die §§ 1469, 1470 entsprechen in Funktion und Einzelregelung weitgehend den §§ 1447, 1449, wobei nach § 1469 beide Ehegatten gleiche Antragsgründe geltend machen können, die an die des nicht verwaltenden Ehegatten in § 1447 angelehnt sind.

2 **2. Einzelfälle. a)** § 1469 Nr 1 entspricht § 1447 Nr 1 unter Konkretisierung auf den für die gemeinsame Verwaltung wichtigen Missbrauchsfall der Anmaßung von Alleinverwaltungsmacht; **b)** § 1469 Nr 2 ist auf Verletzung der zum Funktionieren gemeinsamer Verwaltung unerlässlichen Mitwirkungspflicht zugeschnitten; **c)** § 1469 Nr 3, 4 und 5 entsprechen § 1447 Nr 2, 3 und 4.

3. **Zu § 1470.** S § 1449 und §§ 1447–1449 Rn 7 f.

Unterkapitel 4. Auseinandersetzung des Gesamtguts

§ 1471 Beginn der Auseinandersetzung

(1) Nach der Beendigung der Gütergemeinschaft setzen sich die Ehegatten über das Gesamtgut auseinander.

(2) Bis zur Auseinandersetzung gilt für das Gesamtgut die Vorschrift des § 1419.

§ 1472 Gemeinschaftliche Verwaltung des Gesamtguts

(1) Bis zur Auseinandersetzung verwalten die Ehegatten das Gesamtgut gemeinschaftlich.

(2) ¹Jeder Ehegatte darf das Gesamtgut in derselben Weise wie vor der Beendigung der Gütergemeinschaft verwalten, bis er von der Beendigung Kenntnis erlangt oder sie kennen muss. ²Ein Dritter kann sich hierauf nicht berufen, wenn er bei der Vornahme eines Rechtsgeschäfts weiß oder wissen muss, dass die Gütergemeinschaft beendet ist.

(3) Jeder Ehegatte ist dem anderen gegenüber verpflichtet, zu Maßregeln mitzuwirken, die zur ordnungsmäßigen Verwaltung des Gesamtguts erforderlich sind; die zur Erhaltung notwendigen Maßregeln kann jeder Ehegatte allein treffen.

(4) ¹Endet die Gütergemeinschaft durch den Tod eines Ehegatten, so hat der überlebende Ehegatte die Geschäfte, die zur ordnungsmäßigen Verwaltung erforderlich sind und nicht ohne Gefahr aufgeschoben werden können, so lange zu führen, bis der Erbe anderweit Fürsorge treffen kann. ²Diese Verpflichtung besteht nicht, wenn der verstorbene Ehegatte das Gesamtgut allein verwaltet hat.

§ 1473 Unmittelbare Ersetzung

(1) Was auf Grund eines zum Gesamtgut gehörenden Rechts oder als Ersatz für die Zerstörung, Beschädigung oder Entziehung eines zum Gesamtgut gehörenden Gegenstands oder durch ein Rechtsgeschäft erworben wird, das sich auf das Gesamtgut bezieht, wird Gesamtgut.

(2) Gehört eine Forderung, die durch Rechtsgeschäft erworben ist, zum Gesamtgut, so braucht der Schuldner dies erst dann gegen sich gelten zu lassen, wenn er erfährt, dass die Forderung zum Gesamtgut gehört; die Vorschriften der §§ 406 bis 408 sind entsprechend anzuwenden.

Anmerkungen zu den §§ 1471–1473

1. Allgemeines. Die §§ 1471–1473 regeln das rechtliche Schicksal des Gesamtgutes im Auseinandersetzungsstadium nach Beendigung der Gütergemeinschaft.

2. Beendigung der Gütergemeinschaft, § 1471 I. -Tritt ein durch a) Ehevertrag, b) Auflösung der Ehe durch Tod eines Ehegatten oder rechtsgestaltenden Beschluss unter Lebenden sowie Wiederverheiratung eines Ehegatten nach Todeserklärung des anderen (§ 1319 II) oder c) durch Aufhebungsbeschluss nach §§ 1447, 1448, 1469.

§§ 1471–1473 Buch 4. Abschnitt 1. Bürgerliche Ehe

4 **3. Gesamtgut nach Beendigung.** Auch nach Beendigung der Gütergemeinschaft bleibt das Gesamtgut „in Liquidation" den Ehegatten in der Rechtsform der **Gesamthand** zugeordnet, § 1471 II iVm § 1419 (s RG 136, 21), bis auf Grund der Auseinandersetzung kein gemeinsames Vermögen mehr vorhanden ist. Bei Beendigung der Gütergemeinschaft durch Tod eines Ehegatten fällt, sofern nicht fortgesetzte Gütergemeinschaft vereinbart ist – § 1483 I –, das Gesamtgut als solches in den Nachlass, so dass bei mehreren Erben zwei ineinandergeschachtelte Gesamthandsgemeinschaften entstehen; zum Nachlass gehören der Anteil an der Gütergemeinschaft, nicht einzelne Gegenstände des Gesamtguts (BGH NJW 76, 894; NJW
5 64, 768 mwN). Zur Zulässigkeit der Verfügung eines Vorerben über Gegenstände, die zum Nachlass auch in ihrer Zuordnung zum Gesamtgut gehören, s BGH NJW 76, 894 mwN. Die gesamthänderische Bindung ist jedoch abgeschwächt, denn der jeweilige Anteil kann jetzt gepfändet werden (ZPO 860 II) und gehört zur Insolvenzmasse eines Ehegatten, s InsO 35, 36 I. Auch kann ein Miterbe durch
6 Verfügung über seinen Miterbenanteil mittelbar auch über Gesamtgut, das zum Nachlass gehört, verfügen. Wirksam ist auch die Verfügung über den Anspruch auf ein Auseinandersetzungsguthaben (BGH LM Nr 1 zu § 1497), nicht dagegen über Anteil am Gesamtgut.

7 **4. Verwaltung der Liquidationsgemeinschaft.** Steht den Ehegatten stets **gemeinschaftlich** zu, § 1472 I. Entspr § 1451 ist jetzt jeder Ehegatte zur Mitwirkung an der ordnungsgemäßen Verwaltung auch verpflichtet, § 1472 III HS 1 (s §§ 1450–1453 Rn 11); bei der Auseinandersetzung ist der das Gesamtgut am wenigsten belastende Weg zu wählen (vgl Düsseldorf FamRZ 93, 194). Im Verhältnis zu Dritten ist die Änderung der Verwaltungsmacht nur nach Maßgabe des § 1412 geltend zu machen. Die Ausnahmeregeln der §§ 1450 II, 1452, 1454–1456, 1458
8 gelten nicht (SoeGaul § 1472 Rn 3). **Alleinverwaltungsrechte: a)** Vor Beendigung der Gütergemeinschaft begründete Alleinverwaltungsrechte bleiben bestehen, bis der Verwaltungsberechtigte von der Beendigung Kenntnis hat oder haben muss, § 1472 II 1, doch kann ein bösgl oder fahrlässig gutgl Dritter sich nicht auf eine
9 frühere Alleinverwaltungsmacht eines Ehegatten berufen, § 1472 II 2. **b)** Ein Notverwaltungsrecht gibt § 1472 III HS 2; Maßregel zur Erhaltung iS dieser Vorschrift ist auch die Durchsetzung von Ansprüchen des Gesamtguts (Herausgabeansprüche: RG 48, 271 f), selbst gegen den anderen Ehegatten (RG aaO).

10 **5. Verpflichtung des überlebenden Ehegatten zur Vornahme von Geschäften.** Verpflichtung Geschäfte vorzunehmen, die zur ordentlichen Verwaltung erforderlich sind und keinen Aufschub dulden, hat bei einer durch Tod beendeten Gütergemeinschaft der überlebende Ehegatte, sofern er Alleinverwalter oder Mitverwalter war (§ 1472 IV) und solange der/die mitverwaltende(n) Erbe(n) an den erforderlichen Fürsorgemaßnahmen noch nicht mitwirken kann/können. Haftung: § 1359. War der überlebende Ehegatte aber von der Verwaltung ausgeschlossen, hat er allenfalls ein Notverwaltungsrecht nach § 1472 III HS 2.

11 **6. Erwerb nach Beendigung.** Mit Beendigung der Gütergemeinschaft soll das Gesamtgut auseinandergesetzt, nicht aber gemehrt werden. § 1416 I 2, wonach Erwerb der Ehegatten regelmäßig ins Gesamtgut fällt, gilt deshalb nicht mehr. Das Gesamtgut soll jedoch möglichst ungeschmälert verteilt werden; das Prinzip der
12 **Surrogation** sichert deshalb die Erhaltung des Wertes des Gesamtgutes, § 1473 I. Nicht mehr bei jedem Erwerb, aber bei den drei Erwerbsarten des § 1473 fällt das
13 Erworbene wie nach § 1416 I 2, II unmittelbar ins Gesamtgut: **a)** Realisierung eines
14 Rechtes des Gesamtguts, zB Einziehung einer Forderung, **b)** Ersatzerwerb, **c)** auf das Gesamtgut bezogenes RGeschäft, wobei die Beziehung durch einen wirtschaftlichen Zusammenhang hergestellt wird (vgl RG 92, 142), der durch obj und subj Momente konstituiert wird (hierzu §§ 1416–1419 Rn 16[cc]). Bei typischen Verwaltungsmaßnahmen bedarf es jedoch keines Willens, für das Gesamtgut handeln zu wollen (vgl BGH NJW 68, 1824 zu § 2041).

Titel 6. Eheliches Güterrecht §§ 1474–1477

7. Schutz Dritter. Dritte, die von der mit Beendigung der Gütergemeinschaft 15
eingetretenen Beendigung einer Alleinverwaltung nichts erfahren haben, sind
zunächst über § 1412 I geschützt. Zahlung auf eine nach Beendigung der Gütergemeinschaft entstandene und zum Gesamtgut gehörige Forderung s § 1473 II.

§ 1474 Durchführung der Auseinandersetzung

Die Ehegatten setzen sich, soweit sie nichts anderes vereinbaren, nach den §§ 1475 bis 1481 auseinander.

§ 1475 Berichtigung der Gesamtgutsverbindlichkeiten

(1) ¹Die Ehegatten haben zunächst die Gesamtgutsverbindlichkeiten zu berichtigen. ²Ist eine Verbindlichkeit noch nicht fällig oder ist sie streitig, so müssen die Ehegatten zurückbehalten, was zur Berichtigung dieser Verbindlichkeit erforderlich ist.

(2) Fällt eine Gesamtgutsverbindlichkeit im Verhältnis der Ehegatten zueinander einem der Ehegatten allein zur Last, so kann dieser nicht verlangen, dass die Verbindlichkeit aus dem Gesamtgut berichtigt wird.

(3) Das Gesamtgut ist in Geld umzusetzen, soweit dies erforderlich ist, um die Gesamtgutsverbindlichkeiten zu berichtigen.

§ 1476 Teilung des Überschusses

(1) Der Überschuss, der nach der Berichtigung der Gesamtgutsverbindlichkeiten verbleibt, gebührt den Ehegatten zu gleichen Teilen.

(2) ¹Was einer der Ehegatten zum Gesamtgut zu ersetzen hat, muss er sich auf seinen Teil anrechnen lassen. ²Soweit er den Ersatz nicht auf diese Weise leistet, bleibt er dem anderen Ehegatten verpflichtet.

§ 1477 Durchführung der Teilung

(1) Der Überschuss wird nach den Vorschriften über die Gemeinschaft geteilt.

(2) ¹Jeder Ehegatte kann gegen Ersatz des Wertes die Sachen übernehmen, die ausschließlich zu seinem persönlichen Gebrauch bestimmt sind, insbesondere Kleider, Schmucksachen und Arbeitsgeräte. ²Das Gleiche gilt für die Gegenstände, die ein Ehegatte in die Gütergemeinschaft eingebracht oder während der Gütergemeinschaft durch Erbfolge, durch Vermächtnis oder mit Rücksicht auf ein künftiges Erbrecht, durch Schenkung oder als Ausstattung erworben hat.

Anmerkungen zu den §§ 1474–1477

1. Allgemeines. Die Ehegatten können die Auseinandersetzung vertraglich 1
formfrei regeln, § 1474. Hilfsweise gelten die §§ 1475 ff, wobei §§ 1475–1477, 1480,
1481 die Auseinandersetzung allg und Fragen der Haftung für Gesamtgutsverbindlichkeiten regeln, während die §§ 1478, 1479 und 1482 bestimmte Fälle der Beendigung der Gütergemeinschaft (Scheidung, Aufhebungsurteil, Tod eines Ehegatten) ergänzend normieren. Richterliche (gestaltende) Teilung ist nicht möglich; bei Streit deshalb nur Klage auf Zustimmung zu Teilungsplan, der den §§ 1475 ff entspricht (s BGH NJW-RR 88, 1157).

2. Auseinandersetzungsschritte. Grundsätzlich sind zunächst die Gesamtgutsverbindlichkeiten zu begleichen, § 1475 I 1, bzw entspr Rückstellungen vorzunehmen, § 1475 I 2. Soweit erforderlich, ist dazu das Gesamtgut zu versilbern, § 1475 III. Der Überschuss ist dann hälftig zu verteilen, § 1476 I, wobei nach den §§ 752 ff zu verfahren ist, § 1477 I.

3. Berichtigung der Verbindlichkeiten. a) Verbindlichkeiten gegenüber Dritten s §§ 1437, 1459. Eine einseitige Lastentragung im Innenverhältnis hat in diesem Stadium die in § 1475 II normierte Auswirkung, dass der im Innenverhältnis Verpflichtete – s §§ 1441–1444, 1463–1466 – nicht Berichtigung aus dem Gesamtgut verlangen kann, während der andere Teil, dessen persönliche Mitschuld erloschen ist – s §§ 1437 II 2, 1459 II 2 –, auf Berichtigung aus dem Gesamtgut vor Verteilung bestehen kann, um die Haftung aus § 1480 zu vermeiden; zur Freistellung eines Ehegatten als Berichtigung s Köln FamRZ 91, 572. Berichtigung der Gesamtgutsverbindlichkeiten erfolgt durch Erfüllung, Aufrechnung, Hinterlegung oder befreiende Übernahme (Karlsruhe FamRZ 82, 289). **b)** Gläubiger kann auch ein Ehegatte sein, s §§ 1445 II, 1467 II. **c) Rückstellungen** nach § 1475 I 2 verbleiben unter gemeinschaftlicher Verwaltung. **d)** Bei unzulänglichem Gesamtgut erfolgt anteilige Befriedigung der Gläubiger; soweit die Ehegatten für die Gesamtgutsverbindlichkeiten persönlich einzustehen haben – s §§ 1437 II, 1459 II –, schulden sie den Ausfall.

4. Verteilung des Überschusses. Die Verteilung erfolgt mangels abw Vereinbarung zu gleichen Teilen (§ 1476 I), wobei die Vorschriften über die Teilung einer Gemeinschaft anzuwenden sind, § 1477 iVm §§ 752–754, 756, 757; Ausnahmen vom Grundsatz der Halbteilung regelt § 1478. Zur Teilungsmasse gehören auch Ansprüche gegen einen Ehegatten, s hierzu § 1476 II. Verzinsung von Zahlungsansprüchen §§ 291 S 2 iVm 288 I 1 (BGH 109, 96).

5. Recht zur Übernahme gegen Wertersatz. § 1477 II modifiziert Auseinandersetzungsregel aus § 1477 I. Voraussetzung: Regulierung Gesamtgutsverbindlichkeiten (Köln FamRZ 91, 571). §§ 1418 II Nr 3 und 1473 bei S 2 nicht anwendbar (Düsseldorf FamRZ 93, 195). Formfrei auch bei Grundstück (München FamRZ 88, 1275). Wirkung bei Teilungsversteigerung – ZPO 771 – s BGH NJW-RR 87, 69. Nach hM soll jedoch die Erforderlichkeit der Verwertung nach § 1475 III vorgehen, da Voraussetzung des Übernahmerechts ein verteilbarer Überschuss sei (RG 73, 42). „Durch Erbfolge" ist ein Gegenstand auch erworben, wenn er dem Miterben-Ehegatten nicht unmittelbar, sondern erst im Zuge der Auseinandersetzung der Erbengemeinschaft zufällt (BGH NJW-RR 98, 1010). Übernahmerecht ist vererblich (RG 85, 4). Seine Geltendmachung erfolgt durch einseitige, empfangsbedürftige Willenserklärung, die einen Anspruch auf Übernahme begründet, nicht aber schon eine Zuordnungsänderung bewirkt; Übereignung bleibt deshalb erforderlich. Verpflichtung zur Übernahme besteht nicht. Wertermittlung geschieht im Zeitpunkt der Übernahme (BGH FamRZ 86, 40) notfalls durch Sachverständigen; für landwirtschaftlichen Betrieb s BGH NJW-RR 86, 1067. Berücksichtigung wertsteigernder Aufwendungen des anderen Ehegatten nach § 242 s BGH NJW-RR 87, 71. Wertersatz ist nicht ins Gesamtgut zu zahlen, vielmehr gilt § 1476 II 1 (BGH NJW-RR 88, 1155), er kann daher erst nach endgültiger Auseinandersetzung als Zahlungsanspruch geltend gemacht werden; uU kann anderer Ehegatte aber im Rahmen eines Zurückbehaltungsrechts Sicherheitsleistung bis zur Höhe des hälftigen Wertes der übernommenen Sache verlangen (BGH NJW 07, 1879; FamRZ 08, 1323).

§ 1478 Auseinandersetzung nach Scheidung

(1) Ist die Ehe geschieden, bevor die Auseinandersetzung beendet ist, so ist auf Verlangen eines Ehegatten jedem von ihnen der Wert dessen

Titel 6. Eheliches Güterrecht § 1479

zurückzuerstatten, was er in die Gütergemeinschaft eingebracht hat; reicht hierzu der Wert des Gesamtguts nicht aus, so ist der Fehlbetrag von den Ehegatten nach dem Verhältnis des Wertes des von ihnen Eingebrachten zu tragen.

(2) **Als eingebracht sind anzusehen**
1. die Gegenstände, die einem Ehegatten beim Eintritt der Gütergemeinschaft gehört haben,
2. die Gegenstände, die ein Ehegatte von Todes wegen oder mit Rücksicht auf ein künftiges Erbrecht, durch Schenkung oder als Ausstattung erworben hat, es sei denn, dass der Erwerb den Umständen nach zu den Einkünften zu rechnen war,
3. die Rechte, die mit dem Tode eines Ehegatten erlöschen oder deren Erwerb durch den Tod eines Ehegatten bedingt ist.

(3) **Der Wert des Eingebrachten bestimmt sich nach der Zeit der Einbringung.**

1. Allgemeines. Gestaltungsrecht, das Verpflichtung auf Wertersatz entstehen 1 lässt (Gernhuber/Coester-Waltjen § 38 Rn 128, str). Nach heute hM abdingbar; zu den ehevertraglichen Gestaltungsmöglichkeiten insoweit Stumpp Rpfleger 79, 441.

2. Voraussetzungen. a) Einbringung von Gegenständen oder Rechten der in 2 II Nr 1–3 genannten Art; auch Anspruch auf Zugewinnausgleich (BGH 109, 93). **b)** Vergemeinschaftung dieser Gegenstände oder Rechte im Gesamtgut nach § 1414 I, II; **c) Scheidung** oder Aufhebung (s §§ 1313–1318 Rn 8 [f]) der Ehe vor **Beendigung der Auseinandersetzung; d)** Berichtigung der Gesamtgutsverbindlichkeiten und Beginn des „Teilungsstadiums" (s §§ 1474–1477 Anm 2, 3).

3. Rechtsfolgen. a) Wahlrecht des/der Ehegatten, der/die Gegenstände oder 3 Rechte nach II eingebracht hat/haben, es entweder **aa)** bei der hälftigen Teilung nach §§ 1476, 1477 zu belassen oder **bb)** vorab den inflationsbereinigten (BGH 84, 338; 109, 92) Wert der eingebrachten Gegenstände oder Rechte (nicht diese selbst) erstattet zu verlangen; Surrogate bleiben jedoch außer Betracht. **b)** Zeitpunkt für 4 Wertberechnung: III; **c)** Schulden des eingebrachten Guts sind bei der Wertberechnung abzuziehen; **d)** bei unzureichendem Gesamtgut sind die Fehlbeträge nach dem Verhältnis der Werte des jeweils Eingebrachten zu tragen, I HS 2. **e)** Wahlrecht 5 und Wertstattungsrecht sind vererblich. **f)** Übernahmerecht aus § 1477 II und Wertersatzrecht können nebeneinander verfolgt werden. Die Forderung der Gesamthand aus § 1477 II auf Wertersatz kann dann gegen die Forderung aus I aufgerechnet werden.

§ 1479 Auseinandersetzung nach richterlicher Aufhebungsentscheidung

Wird die Gütergemeinschaft auf Grund der §§ 1447, 1448 oder des § 1469 durch richterliche Entscheidung aufgehoben, so kann der Ehegatte, der die richterliche Entscheidung erwirkt hat, verlangen, dass die Auseinandersetzung so erfolgt, wie wenn der Anspruch auf Auseinandersetzung in dem Zeitpunkt rechtshängig geworden wäre, in dem die Klage auf Aufhebung der Gütergemeinschaft erhoben ist.

Lit: Heckelmann, Der Zeitpunkt für die Vermögensbewertung bei Beendigung von Zugewinn- und Gütergemeinschaft, FamRZ 68, 59.

Zeitpunkt der Auseinandersetzung. Bei Beendigung der Gütergemeinschaft 1 durch Aufhebungsbeschluss (FamFG 38) hat der Ehegatte, der den Beschluss erwirkt hat, nach § 1479 ein Wahlrecht hinsichtlich des für die Auseinandersetzung maßgeblichen Zeitpunktes zwischen **a)** der Beendigung der Gütergemeinschaft mit Rechtskraft des Aufhebungsbeschlusses oder **b)** der Rechtshängigkeit des Aufhebungsan- 2 trags. Im letzteren Fall rechnet späterer Erwerb (außer auf Grund Surrogation nach § 1473 I) im Verhältnis zwischen den Ehegatten nicht mehr zum Gesamtgut, Schulden eines Ehegatten werden nicht mehr Gesamtgutsverbindlichkeiten (SoeGaul 3, str; aA Gernhuber/Coester-Waltjen § 38 Rn 123). § 1479 ist nicht abdingbar (SoeGaul 6; str).

§ 1480 Haftung nach der Teilung gegenüber Dritten

¹Wird das Gesamtgut geteilt, bevor eine Gesamtgutsverbindlichkeit berichtigt ist, so haftet dem Gläubiger auch der Ehegatte persönlich als Gesamtschuldner, für den zur Zeit der Teilung eine solche Haftung nicht besteht. ²Seine Haftung beschränkt sich auf die ihm zugeteilten Gegenstände; die für die Haftung des Erben geltenden Vorschriften der §§ 1990, 1991 sind entsprechend anzuwenden.

1   **1. Funktion.** Erzwingung der Vorab-Berichtigung von Gesamtgutsverbindlichkeiten durch persönliche Gesamtschuld der Ehegatten und Erhaltung der Zugriffsmasse für Gesamtgutsverbindlichkeiten trotz Teilung.

2   **2. Voraussetzungen. a)** Verteilung des Gesamtguts, wobei ein Rest mit unerheblichem Wert unberücksichtigt bleiben kann (RG 89, 366); Rücklagen nach
3   § 1475 I 2 bedeuten, dass die Teilung noch nicht vollständig erfolgt ist; **b)** unberichtigte Gesamtgutsverbindlichkeiten; **c)** Zuteilungen aus dem Gesamtgut an den Ehegatten, der für Gesamtgutsverbindlichkeiten nicht persönlich haftete oder dessen Haftung erloschen war (s §§ 1437 II 2, 1459 II 2).

4   **3. Rechtsfolgen. a)** Persönliche Haftung beider Ehegatten als Gesamtschuldner, und zwar auch des bis dahin nicht persönlich Haftenden (s Rn 3). **b)** Beschränkung der Haftung des bis dahin nicht persönlich haftenden Ehegatten auf die ihm zugeteilten Gegenstände (cum viribus), S 2; er muss sich aber diese Haftungsbeschränkung im Urteil vorbehalten lassen, ZPO 786, 780 I.

5   **4. Keine Abdingbarkeit.** § 1480 ist durch Ehevertrag nicht abdingbar.

§ 1481 Haftung der Ehegatten untereinander

(1) Wird das Gesamtgut geteilt, bevor eine Gesamtgutsverbindlichkeit berichtigt ist, die im Verhältnis der Ehegatten zueinander dem Gesamtgut zur Last fällt, so hat der Ehegatte, der das Gesamtgut während der Gütergemeinschaft allein verwaltet hat, dem anderen Ehegatten dafür einzustehen, dass dieser weder über die Hälfte der Verbindlichkeit noch über das aus dem Gesamtgut Erlangte hinaus in Anspruch genommen wird.

(2) Haben die Ehegatten das Gesamtgut während der Gütergemeinschaft gemeinschaftlich verwaltet, so hat jeder Ehegatte dem anderen dafür einzustehen, dass dieser von dem Gläubiger nicht über die Hälfte der Verbindlichkeit hinaus in Anspruch genommen wird.

(3) Fällt die Verbindlichkeit im Verhältnis der Ehegatten zueinander einem der Ehegatten zur Last, so hat dieser dem anderen dafür einzustehen, dass der andere Ehegatte von dem Gläubiger nicht in Anspruch genommen wird.

1   **1. Allgemeines.** Die Vorschrift regelt den Innenausgleich, falls ein Ehegatte nach Auseinandersetzung und Teilung wegen noch offen stehender Gesamtgutsverbindlichkeit auf Grund des § 1480 in Anspruch genommen wird.

2   **2. Einzelfälle.** § 1481 unterscheidet zwei Grundfälle: **a)** Offengeblieben sind Gesamtgutsverbindlichkeiten, die iE hälftig getragen werden müssen. Der Innenausgleich ist dann von der Verwaltungsregelung abhängig, s I zur Einzelverwaltung

Titel 6. Eheliches Güterrecht §1482, Vor §1483

und II zur gemeinschaftlichen Verwaltung. **b)** Sind Gesamtgutsverbindlichkeiten 3 offengeblieben, die im Innenverhältnis ein Ehegatte allein zu tragen hat, also in den Fällen der §§ 1441–1444, 1463–1466, dann muss der im Innenverhältnis Verpflichtete in voller Höhe befreien bzw ausgleichen.

§ 1482 Eheauflösung durch Tod

¹Wird die Ehe durch den Tod eines Ehegatten aufgelöst, so gehört der Anteil des verstorbenen Ehegatten am Gesamtgut zum Nachlass. ²Der verstorbene Ehegatte wird nach den allgemeinen Vorschriften beerbt.

1. Allgemeines. Tod eines Ehegatten beendet regelmäßig Gütergemeinschaft, 1 es sei denn, fortgesetzte Gütergemeinschaft (§ 1483) wurde vereinbart.

2. Rechtsfolgen. a) Beendigung der Gütergemeinschaft. **b)** Vererbung des 2 Anteils am Gesamtgut nach allg Regeln, § 1482. **aa)** Ist der überlebende Ehegatte Alleinerbe, so erlischt die gesamthänderische Bindung des Gesamtguts ohne Auseinandersetzung. **bb)** Bei mehreren Erben fällt der Anteil am Gesamtgut insgesamt 3 (nicht einzelne Gegenstände oder Anteile an einzelnen Gegenständen) in den Nachlas. Der als Gesamthand organisierten „Erbengemeinschaft" gehört also ein Anteil am Gesamthandsvermögen „Gesamtgut"; als Erbe ist der überlebende Ehegatte an beiden Vermögensmassen beteiligt. Zur Liquidation der ineinandergeschachtelten Gesamthandsgemeinschaften ist zunächst das Gesamtgut entspr §§ 1474 ff zwischen Miterben und Ehegatten auseinanderzusetzen, dann die Erbengemeinschaft nach §§ 2042 ff. **cc)** Ist der überlebende Ehegatte befreiter Vorerbe, so kann er über 4 Gegenstände, die zum Gesamtgut und zum Nachlass gehören, unentgeltlich verfügen; § 2113 II findet keine Anwendung (BGH NJW 76, 894 mwN; hierzu Schmidt FamRZ 76, 683). **dd)** Testamentsvollstreckung s BGH NJW 83, 2247.

Unterkapitel 5. Fortgesetzte Gütergemeinschaft

Vorbemerkungen

1. Allgemeines. Die Regelung der fortgesetzten Gütergemeinschaft ist am Bild 1 einer Hausgemeinschaft zwischen Eltern und Kindern orientiert, die den Tod eines Ehegatten/Elternteils überdauert und durch bleibende Vergemeinschaftung des Familienvermögens rechtlich verklammert wird. Wegen der Nachteile für die volljährigen Kinder wird diese Konstruktion allg kritisiert (Rauscher Rn 470) und in der Praxis offenbar zumeist zugunsten erbrechtlicher Formen der Vermögensbindung (Vorerbschaft, erbvertragliche Bindung des Überlebenden; vgl Herb Justiz 60, 108) vermieden. Fortsetzung der Gütergemeinschaft tritt nur durch **Ehevertrag** ein. Sie 2 geschieht über den Tod eines Ehegatten hinaus durch Einrücken der gemeinschaftlichen erbberechtigten Abkömmlinge in den Gesamtgutsanteil des Verstorbenen; Mitglieder der Gesamthandsgemeinschaft sind also der überlebende Ehegatte und die gemeinschaftlichen Abkömmlinge. **Vier Vermögensmassen** sind zu unter- 3 scheiden: **a)** Gesamtgut, **b)** Vorbehalts- und **c)** Sondergut des überlebenden Ehegatten sowie **d)** die Vermögen der Abkömmlinge. Vorbehalts- und Sondergut des Verstorbenen gehören, soweit vererblich, zum Nachlas. Der **überlebende Ehe-** 4 **gatte** erhält (oder behält) die Stellung eines Alleinverwalters, die Abkömmlinge haben grundsätzlich die Stellung des nicht verwaltenden Ehegatten.

2. Voraussetzungen. a) Ehevertragliche Vereinbarung und **Tod eines Ehe-** 5 **gatten,** § 1483, **keine Ablehnung** der Fortsetzung durch überlebenden Ehegatten nach § 1484. Jeder Ehegatte kann zudem für den Fall der Eheauflösung durch seinen Tod unter den in § 1509 geregelten Voraussetzungen die Fortsetzung der Gütergemeinschaft durch letztwillige Verfügung **ausschließen;** beantragte Scheidung muss

§ 1483

in analoger Anwendung als Ausschließungsgrund gleichstehen, MK/Kanzleiter § 1509 Rn 2. Auch durch Erbvertrag oder gemeinschaftliches Testament (RG 94, 317) kann die Vereinbarung der fortgesetzten Gütergemeinschaft ausgeschlossen werden (sa § 1511). Folge der **Ausschließung:** §§ 1510, 1482. An der fortgesetzten
6 Gütergemeinschaft nehmen **b) erbunwürdige** gemeinschaftliche **Abkömmlinge nicht** teil, § 1506. Auch kann ein Abkömmling uU durch letztwillige Verfügung von der Teilnahme ausgeschlossen sein, s §§ 1511 I, 1516, aber auch § 1511 II. Zum
7 **Verzicht** eines Abkömmlings durch Vertrag s § 1517. **c)** Zum **Zeugnis** für den überlebenden Ehegatten s § 1507. **d) Eintragung** der fortgesetzten Gütergemeinschaft in **Register.** Güterrechtsregister: nein; Handelsregister: nein; Grundbuch: ja, vgl § 1416 III, GBO 35 II, 47; s PalBrudermüller § 1485 Rn 5.

8 **3. Vermögensmassen.** S §§ 1485, 1486 sowie Rn 3. Die beteiligten gemeinschaftlichen Abkömmlinge bringen ins Gesamtgut nichts ein, s § 1485 II. Zur Zuordnung und Verwaltung ie s § 1487.

9 **4. Schuld und Haftung – §§ 1488, 1489.** Sind dadurch gekennzeichnet, dass die eingerückten Abkömmlinge nicht persönlich für Verbindlichkeiten der Ehegatten einzustehen haben, § 1489 III (es sei denn, als Erben des Verstorbenen), der überlebende Ehegatte dagegen Gesamtgutsverbindlichkeiten auch dann schuldet, wenn er bis zum Tode nicht persönlich verpflichtet war, § 1489 I; Schutz: § 1489 II.

10 **5. Wegfall eines Abkömmlings.** Wegfall eines Abkömmlings durch **Tod** lässt seine anteilsberechtigten Abkömmlinge einrücken, s § 1490 S 2; s jedoch auch S 3; bei **Verzicht** wächst dagegen Anteil des Verzichtenden den anderen Abkömmlingen zu, § 1491 IV iVm § 1490 S 3 (zur Anfechtbarkeit des Verzichts wegen Gläubigerbenachteiligung s SoeGaul § 1491 Rn 8; str).

11 **6. Beendigung. a) Ausscheiden** des überlebenden Ehegatten durch **Aufhebung** – s § 1492 –, **Wiederverheiratung** bzw Begründung einer Lebenspartnerschaft – s § 1493 – oder **Tod** – s § 1494 – **beendet** die fortgesetzte Gütergemeinschaft. **b)** Anteilsberechtigte Abkömmlinge können unter den Voraussetzungen des § 1495 **Aufhebung** beantragen; Wirkung der richterlichen Aufhebungsentscheidung s § 1496. **Beendigung** geschieht ferner durch **c)** Wegfall aller Abkömmlinge oder **d)** Rechtsgeschäft der Beteiligten, 1492 II.

12 **7. Rechtsfolgen der Beendigung.** Mit Beendigung entsteht außer im Falle Rn 11 **(c) Liquidationsgemeinschaft** zur gesamten Hand, § 1497; zur Auseinandersetzung ie s §§ 1498–1505. **Herabsetzung** oder **Entziehung** des Auseinandersetzungsanteils s §§ 1512–1514, 1516; **Übernahmerechte** s §§ 1515, 1516.

13 **8. Keine Abdingbarkeit.** §§ 1483–1517 sind **zwingendes Recht,** § 1518; entgegenstehende Vereinbarungen oder letztwillige Verfügungen sind nichtig. Nicht betroffen sind RGeschäfte des überlebenden Ehegatten während der fortgesetzten Gütergemeinschaft, zB vom Ges abw Verteilung der Verwaltungsmacht zwischen Ehegatten und Abkömmlingen oder Auseinandersetzungsvereinbarungen. Der überlebende Ehegatte ist auch nicht an letztwilligen Verfügungen über seinen Nachlass gehindert (BGH NJW 64, 2298).

§ 1483 Eintritt der fortgesetzten Gütergemeinschaft

(1) ¹**Die Ehegatten können durch Ehevertrag vereinbaren, dass die Gütergemeinschaft nach dem Tod eines Ehegatten zwischen dem überlebenden Ehegatten und den gemeinschaftlichen Abkömmlingen fortgesetzt wird.** ²**Treffen die Ehegatten eine solche Vereinbarung, so wird die Gütergemeinschaft mit den gemeinschaftlichen Abkömmlingen fortgesetzt, die bei gesetzlicher Erbfolge als Erben berufen sind.** ³**Der Anteil des verstorbenen**

Ehegatten am Gesamtgut gehört nicht zum Nachlass; im Übrigen wird der Ehegatte nach den allgemeinen Vorschriften beerbt.

(2) Sind neben den gemeinschaftlichen Abkömmlingen andere Abkömmlinge vorhanden, so bestimmen sich ihr Erbrecht und ihre Erbteile so, wie wenn fortgesetzte Gütergemeinschaft nicht eingetreten wäre.

§ 1484 Ablehnung der fortgesetzten Gütergemeinschaft

(1) Der überlebende Ehegatte kann die Fortsetzung der Gütergemeinschaft ablehnen.

(2) ¹Auf die Ablehnung finden die für die Ausschlagung einer Erbschaft geltenden Vorschriften der §§ 1943 bis 1947, 1950, 1952, 1954 bis 1957, 1959 entsprechende Anwendung. ²Steht der überlebende Ehegatte unter elterlicher Sorge oder unter Vormundschaft, so ist zur Ablehnung die Genehmigung des Familiengerichts erforderlich. ³Bei einer Ablehnung durch den Betreuer des überlebenden Ehegatten ist die Genehmigung des Betreuungsgerichts erforderlich.

(3) Lehnt der Ehegatte die Fortsetzung der Gütergemeinschaft ab, so gilt das Gleiche wie im Falle des § 1482.

§ 1485 Gesamtgut

(1) Das Gesamtgut der fortgesetzten Gütergemeinschaft besteht aus dem ehelichen Gesamtgut, soweit es nicht nach § 1483 Abs. 2 einem nicht anteilsberechtigten Abkömmling zufällt, und aus dem Vermögen, das der überlebende Ehegatte aus dem Nachlass des verstorbenen Ehegatten oder nach dem Eintritt der fortgesetzten Gütergemeinschaft erwirbt.

(2) Das Vermögen, das ein gemeinschaftlicher Abkömmling zur Zeit des Eintritts der fortgesetzten Gütergemeinschaft hat oder später erwirbt, gehört nicht zu dem Gesamtgut.

(3) Auf das Gesamtgut findet die für die eheliche Gütergemeinschaft geltende Vorschrift des § 1416 Abs. 2 und 3 entsprechende Anwendung.

§ 1486 Vorbehaltsgut; Sondergut

(1) Vorbehaltsgut des überlebenden Ehegatten ist, was er bisher als Vorbehaltsgut gehabt hat oder was er nach § 1418 Abs. 2 Nr. 2, 3 als Vorbehaltsgut erwirbt.

(2) Sondergut des überlebenden Ehegatten ist, was er bisher als Sondergut gehabt hat oder was er als Sondergut erwirbt.

§ 1487 Rechtsstellung des Ehegatten und der Abkömmlinge

(1) Die Rechte und Verbindlichkeiten des überlebenden Ehegatten sowie der anteilsberechtigten Abkömmlinge in Ansehung des Gesamtguts der fortgesetzten Gütergemeinschaft bestimmen sich nach den für die eheliche Gütergemeinschaft geltenden Vorschriften der §§ 1419, 1422 bis 1428, 1434, des § 1435 Satz 1, 3 und der §§ 1436, 1445; der überlebende Ehegatte hat die rechtliche Stellung des Ehegatten, der das Gesamtgut allein verwaltet, die anteilsberechtigten Abkömmlinge haben die rechtliche Stellung des anderen Ehegatten.

(2) Was der überlebende Ehegatte zu dem Gesamtgut schuldet oder aus dem Gesamtgut zu fordern hat, ist erst nach der Beendigung der fortgesetzten Gütergemeinschaft zu leisten.

§ 1488 Gesamtgutsverbindlichkeiten

Gesamtgutsverbindlichkeiten der fortgesetzten Gütergemeinschaft sind die Verbindlichkeiten des überlebenden Ehegatten sowie solche Verbindlichkeiten des verstorbenen Ehegatten, die Gesamtgutsverbindlichkeiten der ehelichen Gütergemeinschaft waren.

§ 1489 Persönliche Haftung für die Gesamtgutsverbindlichkeiten

(1) Für die Gesamtgutsverbindlichkeiten der fortgesetzten Gütergemeinschaft haftet der überlebende Ehegatte persönlich.

(2) Soweit die persönliche Haftung den überlebenden Ehegatten nur infolge des Eintritts der fortgesetzten Gütergemeinschaft trifft, finden die für die Haftung des Erben für die Nachlassverbindlichkeiten geltenden Vorschriften entsprechende Anwendung; an die Stelle des Nachlasses tritt das Gesamtgut in dem Bestand, den es zur Zeit des Eintritts der fortgesetzten Gütergemeinschaft hat.

(3) Eine persönliche Haftung der anteilsberechtigten Abkömmlinge für die Verbindlichkeiten des verstorbenen oder des überlebenden Ehegatten wird durch die fortgesetzte Gütergemeinschaft nicht begründet.

§ 1490 Tod eines Abkömmlings

[1]Stirbt ein anteilsberechtigter Abkömmling, so gehört sein Anteil an dem Gesamtgut nicht zu seinem Nachlass. [2]Hinterlässt er Abkömmlinge, die anteilsberechtigt sein würden, wenn er den verstorbenen Ehegatten nicht überlebt hätte, so treten die Abkömmlinge an seine Stelle. [3]Hinterlässt er solche Abkömmlinge nicht, so wächst sein Anteil den übrigen anteilsberechtigten Abkömmlingen und, wenn solche nicht vorhanden sind, dem überlebenden Ehegatten an.

§ 1491 Verzicht eines Abkömmlings

(1) [1]Ein anteilsberechtigter Abkömmling kann auf seinen Anteil an dem Gesamtgut verzichten. [2]Der Verzicht erfolgt durch Erklärung gegenüber dem für den Nachlass des verstorbenen Ehegatten zuständigen Gericht; die Erklärung ist in öffentlich beglaubigter Form abzugeben. [3]Das Nachlassgericht soll die Erklärung dem überlebenden Ehegatten und den übrigen anteilsberechtigten Abkömmlingen mitteilen.

(2) [1]Der Verzicht kann auch durch Vertrag mit dem überlebenden Ehegatten und den übrigen anteilsberechtigten Abkömmlingen erfolgen. [2]Der Vertrag bedarf der notariellen Beurkundung.

(3) [1]Steht der Abkömmling unter elterlicher Sorge oder unter Vormundschaft, so ist zu dem Verzicht die Genehmigung des Familiengerichts erforderlich. [2]Bei einem Verzicht durch den Betreuer des Abkömmlings ist die Genehmigung des Betreuungsgerichts erforderlich.

(4) Der Verzicht hat die gleichen Wirkungen, wie wenn der Verzichtende zur Zeit des Verzichts ohne Hinterlassung von Abkömmlingen gestorben wäre.

§ 1492 Aufhebung durch den überlebenden Ehegatten

(1) [1]Der überlebende Ehegatte kann die fortgesetzte Gütergemeinschaft jederzeit aufheben. [2]Die Aufhebung erfolgt durch Erklärung gegenüber

dem für den Nachlass des verstorbenen Ehegatten zuständigen Gericht; die Erklärung ist in öffentlich beglaubigter Form abzugeben. ³Das Nachlassgericht soll die Erklärung den anteilsberechtigten Abkömmlingen und, wenn der überlebende Ehegatte gesetzlicher Vertreter eines der Abkömmlinge ist, dem Familiengericht, wenn eine Betreuung besteht, dem Betreuungsgericht mitteilen.

(2) ¹Die Aufhebung kann auch durch Vertrag zwischen dem überlebenden Ehegatten und den anteilsberechtigten Abkömmlingen erfolgen. ²Der Vertrag bedarf der notariellen Beurkundung.

(3) ¹Steht der überlebende Ehegatte unter elterlicher Sorge oder unter Vormundschaft, so ist zu der Aufhebung die Genehmigung des Familiengerichts erforderlich. ²Bei einer Aufhebung durch den Betreuer des überlebenden Ehegatten ist die Genehmigung des Betreuungsgerichts erforderlich.

§ 1493 Wiederverheiratung oder Begründung einer Lebenspartnerschaft des überlebenden Ehegatten

(1) Die fortgesetzte Gütergemeinschaft endet, wenn der überlebende Ehegatte wieder heiratet oder eine Lebenspartnerschaft begründet.

(2) ¹Der überlebende Ehegatte hat, wenn ein anteilsberechtigter Abkömmling minderjährig ist, die Absicht der Wiederverheiratung dem Familiengericht anzuzeigen, ein Verzeichnis des Gesamtguts einzureichen, die Gütergemeinschaft aufzuheben und die Auseinandersetzung herbeizuführen. ²Das Familiengericht kann gestatten, dass die Aufhebung der Gütergemeinschaft bis zur Eheschließung unterbleibt und dass die Auseinandersetzung erst später erfolgt. ³Die Sätze 1 und 2 gelten auch, wenn die Sorge für das Vermögen eines anteilsberechtigten Abkömmlings zum Aufgabenkreis eines Betreuers gehört; in diesem Fall tritt an die Stelle des Familiengerichts das Betreuungsgericht.

(3) Das Standesamt, bei dem die Eheschließung angemeldet worden ist, teilt dem Familiengericht die Anmeldung mit.

§ 1494 Tod des überlebenden Ehegatten

(1) Die fortgesetzte Gütergemeinschaft endet mit dem Tode des überlebenden Ehegatten.

(2) Wird der überlebende Ehegatte für tot erklärt oder wird seine Todeszeit nach den Vorschriften des Verschollenheitsgesetzes festgestellt, so endet die fortgesetzte Gütergemeinschaft mit dem Zeitpunkt, der als Zeitpunkt des Todes gilt.

§ 1495 Aufhebungsklage eines Abkömmlings

Ein anteilsberechtigter Abkömmling kann gegen den überlebenden Ehegatten auf Aufhebung der fortgesetzten Gütergemeinschaft klagen,
1. wenn seine Rechte für die Zukunft dadurch erheblich gefährdet werden können, dass der überlebende Ehegatte zur Verwaltung des Gesamtguts unfähig ist oder sein Recht, das Gesamtgut zu verwalten, missbraucht,
2. wenn der überlebende Ehegatte seine Verpflichtung, dem Abkömmling Unterhalt zu gewähren, verletzt hat und für die Zukunft eine erhebliche Gefährdung des Unterhalts zu besorgen ist,
3. wenn die Verwaltung des Gesamtguts in den Aufgabenkreis des Betreuers des überlebenden Ehegatten fällt,

4. wenn der überlebende Ehegatte die elterliche Sorge für den Abkömmling verwirkt hat oder, falls sie ihm zugestanden hätte, verwirkt haben würde.

§ 1496 Wirkung der richterlichen Aufhebungsentscheidung

¹Die Aufhebung der fortgesetzten Gütergemeinschaft tritt in den Fällen des § 1495 mit der Rechtskraft der richterlichen Entscheidung ein. ²Sie tritt für alle Abkömmlinge ein, auch wenn die richterliche Entscheidung auf die Klage eines der Abkömmlinge ergangen ist.

§ 1497 Rechtsverhältnis bis zur Auseinandersetzung

(1) Nach der Beendigung der fortgesetzten Gütergemeinschaft setzen sich der überlebende Ehegatte und die Abkömmlinge über das Gesamtgut auseinander.

(2) Bis zur Auseinandersetzung bestimmt sich ihr Rechtsverhältnis am Gesamtgut nach den §§ 1419, 1472, 1473.

§ 1498 Durchführung der Auseinandersetzung

¹Auf die Auseinandersetzung sind die Vorschriften der §§ 1475, 1476, des § 1477 Abs. 1, der §§ 1479, 1480 und des § 1481 Abs. 1, 3 anzuwenden; an die Stelle des Ehegatten, der das Gesamtgut allein verwaltet hat, tritt der überlebende Ehegatte, an die Stelle des anderen Ehegatten treten die anteilsberechtigten Abkömmlinge. ²Die in § 1476 Abs. 2 Satz 2 bezeichnete Verpflichtung besteht nur für den überlebenden Ehegatten.

§ 1499 Verbindlichkeiten zu Lasten des überlebenden Ehegatten

Bei der Auseinandersetzung fallen dem überlebenden Ehegatten zur Last:
1. die ihm bei dem Eintritt der fortgesetzten Gütergemeinschaft obliegenden Gesamtgutsverbindlichkeiten, für die das eheliche Gesamtgut nicht haftete oder die im Verhältnis der Ehegatten zueinander ihm zur Last fielen;
2. die nach dem Eintritt der fortgesetzten Gütergemeinschaft entstandenen Gesamtgutsverbindlichkeiten, die, wenn sie während der ehelichen Gütergemeinschaft in seiner Person entstanden wären, im Verhältnis der Ehegatten zueinander ihm zur Last gefallen sein würden;
3. eine Ausstattung, die er einem anteilsberechtigten Abkömmling über das dem Gesamtgut entsprechende Maß hinaus oder die er einem nicht anteilsberechtigten Abkömmling versprochen oder gewährt hat.

§ 1500 Verbindlichkeiten zu Lasten der Abkömmlinge

(1) Die anteilsberechtigten Abkömmlinge müssen sich Verbindlichkeiten des verstorbenen Ehegatten, die diesem im Verhältnis der Ehegatten zueinander zur Last fielen, bei der Auseinandersetzung auf ihren Anteil insoweit anrechnen lassen, als der überlebende Ehegatte nicht von dem Erben des verstorbenen Ehegatten Deckung hat erlangen können.

(2) In gleicher Weise haben sich die anteilsberechtigten Abkömmlinge anrechnen zu lassen, was der verstorbene Ehegatte zu dem Gesamtgut zu ersetzen hatte.

§ 1501 Anrechnung von Abfindungen

(1) Ist einem anteilsberechtigten Abkömmling für den Verzicht auf seinen Anteil eine Abfindung aus dem Gesamtgut gewährt worden, so wird sie bei der Auseinandersetzung in das Gesamtgut eingerechnet und auf die den Abkömmlingen gebührende Hälfte angerechnet.

(2) ¹Der überlebende Ehegatte kann mit den übrigen anteilsberechtigten Abkömmlingen schon vor der Aufhebung der fortgesetzten Gütergemeinschaft eine abweichende Vereinbarung treffen. ²Die Vereinbarung bedarf der notariellen Beurkundung; sie ist auch denjenigen Abkömmlingen gegenüber wirksam, welche erst später in die fortgesetzte Gütergemeinschaft eintreten.

§ 1502 Übernahmerecht des überlebenden Ehegatten

(1) ¹Der überlebende Ehegatte ist berechtigt, das Gesamtgut oder einzelne dazu gehörende Gegenstände gegen Ersatz des Wertes zu übernehmen. ²Das Recht geht nicht auf die Erben über.

(2) ¹Wird die fortgesetzte Gütergemeinschaft auf Grund des § 1495 durch Urteil aufgehoben, so steht dem überlebenden Ehegatten das im Absatz 1 bestimmte Recht nicht zu. ²Die anteilsberechtigten Abkömmlinge können in diesem Falle diejenigen Gegenstände gegen Ersatz des Wertes übernehmen, welche der verstorbene Ehegatte nach § 1477 Abs. 2 zu übernehmen berechtigt sein würde. ³Das Recht kann von ihnen nur gemeinschaftlich ausgeübt werden.

§ 1503 Teilung unter den Abkömmlingen

(1) Mehrere anteilsberechtigte Abkömmlinge teilen die ihnen zufallende Hälfte des Gesamtguts nach dem Verhältnis der Anteile, zu denen sie im Falle der gesetzlichen Erbfolge als Erben des verstorbenen Ehegatten berufen sein würden, wenn dieser erst zur Zeit der Beendigung der fortgesetzten Gütergemeinschaft gestorben wäre.

(2) Das Vorempfangene kommt nach den für die Ausgleichung unter Abkömmlingen geltenden Vorschriften zur Ausgleichung, soweit nicht eine solche bereits bei der Teilung des Nachlasses des verstorbenen Ehegatten erfolgt ist.

(3) Ist einem Abkömmling, der auf seinen Anteil verzichtet hat, eine Abfindung aus dem Gesamtgut gewährt worden, so fällt sie den Abkömmlingen zur Last, denen der Verzicht zustatten kommt.

§ 1504 Haftungsausgleich unter Abkömmlingen

¹Soweit die anteilsberechtigten Abkömmlinge nach § 1480 den Gesamtgutsgläubigern haften, sind sie im Verhältnis zueinander nach der Größe ihres Anteils an dem Gesamtgut verpflichtet. ²Die Verpflichtung beschränkt sich auf die ihnen zugeteilten Gegenstände; die für die Haftung des Erben geltenden Vorschriften der §§ 1990, 1991 finden entsprechende Anwendung.

§ 1505 Ergänzung des Anteils des Abkömmlings

Die Vorschriften über das Recht auf Ergänzung des Pflichtteils finden zugunsten eines anteilsberechtigten Abkömmlings entsprechende Anwendung; an die Stelle des Erbfalls tritt die Beendigung der fortgesetzten Gütergemeinschaft; als gesetzlicher Erbteil gilt der dem Abkömmling zur Zeit der Beendigung gebührende Anteil an dem Gesamtgut, als Pflichtteil gilt die Hälfte des Wertes dieses Anteils.

§ 1506 Anteilsunwürdigkeit

¹Ist ein gemeinschaftlicher Abkömmling erbunwürdig, so ist er auch des Anteils an dem Gesamtgut unwürdig. ²Die Vorschriften über die Erbunwürdigkeit finden entsprechende Anwendung.

§ 1507 Zeugnis über Fortsetzung der Gütergemeinschaft

¹Das Nachlassgericht hat dem überlebenden Ehegatten auf Antrag ein Zeugnis über die Fortsetzung der Gütergemeinschaft zu erteilen. ²Die Vorschriften über den Erbschein finden entsprechende Anwendung.

§ 1508 *(weggefallen)*

§ 1509 Ausschließung der fortgesetzten Gütergemeinschaft durch letztwillige Verfügung

¹Jeder Ehegatte kann für den Fall, dass die Ehe durch seinen Tod aufgelöst wird, die Fortsetzung der Gütergemeinschaft durch letztwillige Verfügung ausschließen, wenn er berechtigt ist, dem anderen Ehegatten den Pflichtteil zu entziehen oder auf Aufhebung der Gütergemeinschaft zu klagen. ²Das Gleiche gilt, wenn der Ehegatte berechtigt ist, die Aufhebung der Ehe zu beantragen, und den Antrag gestellt hat. ³Auf die Ausschließung finden die Vorschriften über die Entziehung des Pflichtteils entsprechende Anwendung.

§ 1510 Wirkung der Ausschließung

Wird die Fortsetzung der Gütergemeinschaft ausgeschlossen, so gilt das Gleiche wie im Falle des § 1482.

§ 1511 Ausschließung eines Abkömmlings

(1) Jeder Ehegatte kann für den Fall, dass die Ehe durch seinen Tod aufgelöst wird, einen gemeinschaftlichen Abkömmling von der fortgesetzten Gütergemeinschaft durch letztwillige Verfügung ausschließen.

(2) ¹Der ausgeschlossene Abkömmling kann, unbeschadet seines Erbrechts, aus dem Gesamtgut der fortgesetzten Gütergemeinschaft die Zahlung des Betrags verlangen, der ihm von dem Gesamtgut der ehelichen Gütergemeinschaft als Pflichtteil gebühren würde, wenn die fortgesetzte Gütergemeinschaft nicht eingetreten wäre. ²Die für den Pflichtteilsanspruch geltenden Vorschriften finden entsprechende Anwendung.

(3) ¹Der dem ausgeschlossenen Abkömmling gezahlte Betrag wird bei der Auseinandersetzung den anteilsberechtigten Abkömmlingen nach Maßgabe des § 1501 angerechnet. ²Im Verhältnis der Abkömmlinge zueinander fällt er den Abkömmlingen zur Last, denen die Ausschließung zustatten kommt.

Titel 6. Eheliches Güterrecht §§ 1512–1516

§ 1512 Herabsetzung des Anteils

Jeder Ehegatte kann für den Fall, dass mit seinem Tode die fortgesetzte Gütergemeinschaft eintritt, den einem anteilsberechtigten Abkömmling nach der Beendigung der fortgesetzten Gütergemeinschaft gebührenden Anteil an dem Gesamtgut durch letztwillige Verfügung bis auf die Hälfte herabsetzen.

§ 1513 Entziehung des Anteils

(1) ¹Jeder Ehegatte kann für den Fall, dass mit seinem Tode die fortgesetzte Gütergemeinschaft eintritt, einem anteilsberechtigten Abkömmling den diesem nach der Beendigung der fortgesetzten Gütergemeinschaft gebührenden Anteil an dem Gesamtgut durch letztwillige Verfügung entziehen, wenn er berechtigt ist, dem Abkömmling den Pflichtteil zu entziehen. ²Die Vorschrift des § 2336 Abs. 2 und 3 findet entsprechende Anwendung.

(2) Der Ehegatte kann, wenn er nach § 2338 berechtigt ist, das Pflichtteilsrecht des Abkömmlinges zu beschränken, den Anteil des Abkömmlings am Gesamtgut einer entsprechenden Beschränkung unterwerfen.

§ 1514 Zuwendung des entzogenen Betrags

Jeder Ehegatte kann den Betrag, den er nach § 1512 oder nach § 1513 Abs. 1 einem Abkömmling entzieht, auch einem Dritten durch letztwillige Verfügung zuwenden.

§ 1515 Übernahmerecht eines Abkömmlings und des Ehegatten

(1) Jeder Ehegatte kann für den Fall, dass mit seinem Tode die fortgesetzte Gütergemeinschaft eintritt, durch letztwillige Verfügung anordnen, dass ein anteilsberechtigter Abkömmling das Recht haben soll, bei der Teilung das Gesamtgut oder einzelne dazu gehörende Gegenstände gegen Ersatz des Wertes zu übernehmen.

(2) ¹Gehört zu dem Gesamtgut ein Landgut, so kann angeordnet werden, dass das Landgut mit dem Ertragswert oder mit einem Preis, der den Ertragswert mindestens erreicht, angesetzt werden soll. ²Die für die Erbfolge geltende Vorschrift des § 2049 finden Anwendung.

(3) Das Recht, das Landgut zu dem in Absatz 2 bezeichneten Werte oder Preis zu übernehmen, kann auch dem überlebenden Ehegatten eingeräumt werden.

§ 1516 Zustimmung des anderen Ehegatten

(1) Zur Wirksamkeit der in den §§ 1511 bis 1515 bezeichneten Verfügungen eines Ehegatten ist die Zustimmung des anderen Ehegatten erforderlich.

(2) ¹Die Zustimmung kann nicht durch einen Vertreter erteilt werden. ²Ist der Ehegatte in der Geschäftsfähigkeit beschränkt, so ist die Zustimmung seines gesetzlichen Vertreters nicht erforderlich. ³Die Zustimmungserklärung bedarf der notariellen Beurkundung. ⁴Die Zustimmung ist unwiderruflich.

(3) Die Ehegatten können die in den §§ 1511 bis 1515 bezeichneten Verfügungen auch in einem gemeinschaftlichen Testament treffen.

§§ 1517–1519

§ 1517 Verzicht eines Abkömmlings auf seinen Anteil

(1) ¹Zur Wirksamkeit eines Vertrags, durch den ein gemeinschaftlicher Abkömmling einem der Ehegatten gegenüber für den Fall, dass die Ehe durch dessen Tod aufgelöst wird, auf seinen Anteil am Gesamtgut der fortgesetzten Gütergemeinschaft verzichtet oder durch den ein solcher Verzicht aufgehoben wird, ist die Zustimmung des anderen Ehegatten erforderlich. ²Für die Zustimmung gilt die Vorschrift des § 1516 Abs. 2 Satz 3, 4.

(2) Die für den Erbverzicht geltenden Vorschriften finden entsprechende Anwendung.

§ 1518 Zwingendes Recht

¹Anordnungen, die mit den Vorschriften der §§ 1483 bis 1517 in Widerspruch stehen, können von den Ehegatten weder durch letztwillige Verfügung noch durch Vertrag getroffen werden. ²Das Recht der Ehegatten, den Vertrag, durch den sie die Fortsetzung der Gütergemeinschaft vereinbart haben, durch Ehevertrag aufzuheben, bleibt unberührt.

Kapitel 4. Wahl-Zugewinngemeinschaft

§ 1519 Vereinbarung durch Ehevertrag

¹Vereinbaren die Ehegatten durch Ehevertrag den Güterstand der Wahl-Zugewinngemeinschaft, so gelten die Vorschriften des Abkommens vom 4. Februar 2010 zwischen der Bundesrepublik Deutschland und der Französischen Republik über den Güterstand der Wahl-Zugewinngemeinschaft. ²§ 1368 gilt entsprechend. ³§ 1412 ist nicht anzuwenden.

Lit.: Dethloff RabelsZ 76, 509; Michael Stürner JZ 11, 545; Martiny ZEuP 11, 577; sa zu Handlungsempfehlungen für den Notar Süß ZNotP 11, 282.

1   **1. Allgemeines.** Kapitel 4 und § 1519 wurden mit Wirkung zum 1.5.2013 durch G v 15.3.2012 (BGBl. II S. 178, geänd. durch Bek. v. 22.4.2013, BGBl. II S. 431) eingeführt. Das Abkommen vom 4.2.2010 ist ein **völkerrechtlicher Vertrag** zwischen der Bundesrepublik Deutschland und der Republik Frankreich (BGBl 2012 II 178). Es schafft einheitliches materielles Ehegüterrecht für beide Staaten. Jeder andere Mitgliedstaat der Europäischen Union kann dem Abkommen **beitreten** (Art 21 I Abkommen). Für Deutschland ist er ein weiterer Wahlgüterstand neben der Gütertrennung (§ 1414) und der Gütergemeinschaft (§ 1415).

2   **2. Anwendungsbereich.** Nach Art 1 Abkommen ist der Güterstand der Wahl-Zugewinngemeinschaft durch die Ehegatten wählbar (Art 3 I Abkommen: mittels Ehevertrag), deren Güterstand dem französischen oder deutschen materiellen Ehegüterrecht unterliegt. Ob eines der beiden nationalen Rechte anzuwenden ist, entscheidet das deutsche (Art 15 EGBGB) bzw französische internationale Privatrecht. Für Frankreich gilt seit 1.9.1992 das Haager Güterrechtsabk. Das **internationale Ehegüterrecht** ist noch nicht einheitlich durch eine EU-Verordnung oder durch einen bi- oder multinationalen Staatsvertrag beider Staaten geregelt (Rn 8 vor § 1297). **Intertemporal** ist der Wahlgüterstand des Abkommens erst nach dem Inkrafttreten des Abkommens (1.5.2013) wählbar (Art 19 Abkommen).

3   **3. Deutsch-Französischer Wahlgüterstand.** Im Güterstand der Wahl-Zugewinngemeinschaft bleibt das Vermögen der Ehegatten getrennt (Art 2 S 1 Abkommen). Nach Art 2 S 2 Abkommen ist Zugewinn der Betrag, um den das Endvermögen eines Ehegatten sein Anfangsvermögen übersteigt. Bei Beendigung des

Titel 6. Eheliches Güterrecht **Vor § 1558**

Güterstandes ergibt sich die Zugewinnausgleichsforderung aus dem Vergleich der erzielten Zugewinne der Ehegatten (Art 2 S 3 Abkommen). Der Wahlgüterstand hat Ähnlichkeit mit dem gesetzlichen Güterstand der Zugewinngemeinschaft. Für Ehen mit Auslandsbezug ist die Wahl dieses Güterstands vorteilhaft, weil dadurch sichergestellt ist, dass sie in beiden Staaten güterrechtlich gleich behandelt werden. Der Wahlgüterstand trifft keine erbrechtliche Regelung entsprechend § 1371 I. Im Fall der Beendigung des Wahlgüterstands durch **Tod eines Ehegatten** (Art 7 Nr 1 Abkommen) ist daher der Zugewinnausgleich nach Art 8ff Abkommen durchzuführen. Eine eventuelle Ausgleichsforderung nach Art 12 Abkommen gegen die Erben des verstorbenen Ehegatten ist dann eine Nachlassverbindlichkeit, eine Ausgleichsforderung gegen den überlebenden Ehegatten eine Nachlassforderung. Im deutschen Recht die **Erbschafts- und Schenkungssteuer** wird der Wahlgüterstand mit der Zugewinngemeinschaft iSv § 1363 gleichbehandelt.

4. Normgehalt § 1519. S 1 bestimmt, dass bei der Vereinbarung eines Güterstands 4 der **Wahl-Zugewinngemeinschaft** das Abkommen gilt. Damit ist nicht der gesetzliche Güterstand der Zugewinngemeinschaft nach § 1363 gemeint, sondern der Wahlgüterstand nach Art 2-18 Abkommen. Ergänzend erklärt **S 2** § 1368, der für den gesetzlichen Güterstand der Zugewinngemeinschaft gilt, als entsprechend anwendbar. S 3 erfasst nur diejenigen Ehen, für die das deutsche Ehegüterrecht nach dem deutschen internationalen Privatrecht anwendbar ist (s Rn 1 f), denn sonst findet § 1519 keine Anwendung. Bei Wahl des deutsch-französischen Wahlgüterstands wird der gesetzliche Güterstand geändert. § 1412 regelt die Wirkungen einer solchen Änderung gegenüber Dritten. **S 3** erklärt § 1412 für nicht anwendbar in diesem Fall. Diese Frage entscheidet daher nicht § 1419, sondern das Abkommen.

Untertitel 3. Güterrechtsregister

Vorbemerkungen

1. Funktion des Güterrechtsregisters. Verlautbarung bestimmter güterrechtli- 1 cher Verhältnisse, die Zuordnung von Vermögen, Verwaltungsbefugnissen und Haftung der Ehegatten betreffen und deshalb für den Rechtsverkehr von Bedeutung sind (s zum Ehevertrag § 1412 und dort Rn 1).

2. Wirkung der Eintragung oder Nichteintragung. S § 1412 Rn 4 ff. 2

3. Eintragungsfähige Verhältnisse. Eintragungsfähig sind nicht nur güter- 3 rechtliche Verhältnisse, die die Rechtsstellung Dritter unmittelbar berühren können (deutscher Vertragsgüterstand oder Güterstand auf Grund ausländischen Güterrechts), sondern auch solche, deren Offenlegung wegen ihrer Abweichung vom ges Normalfall der vermögensrechtlichen Ordnung der Ehe (Zugewinngemeinschaft, § 1357) oder Änderung einer eingetragenen Regelung im Interesse der Ehegatten oder Dritter liegt (BGH 66, 205 mwN; sa § 1412 Rn 2 f), also zB der Ausschluss des ges Güterstandes (so BGH 66, 203 mwN) auch als Folge des Ausschlusses des Zugewinnausgleichs oder Befreiung von der Vinkulierung nach §§ 1365 ff; s ferner §§ 1357 II 2, 1412, 1418 IV, 1431 III, 1449 II, 1456 III, 1470 II. Den Umfang der 4 Eintragung bestimmen die Parteien, § 1560 S 1; sie können ihren Antrag also auf bestimmte Teile eines Ehevertrags beschränken. Die Fassung der Eintragung bestimmt dagegen das Registergericht, das an den Wortlaut des Antrags nicht gebunden ist. Einzutragen ist auch der Rechtsgrund der güterrechtlichen Änderung, also Ehevertrag oder Aufhebungsurteil.

4. Nicht eintragungsfähige Verhältnisse. Nicht eintragungsfähig ist der Ein- 5 tritt der fortgesetzten Gütergemeinschaft und ihre Ausschließung.

5. Kein Eintragungszwang. S §§ 1560, 1561 Rn 1. 6

Berger/Mansel

§ 1558 Zuständiges Registergericht

(1) **Die Eintragungen in das Güterrechtsregister sind bei jedem Amtsgericht zu bewirken, in dessen Bezirk auch nur einer der Ehegatten seinen gewöhnlichen Aufenthalt hat.**

(2) ¹**Die Landesregierungen werden ermächtigt, durch Rechtsverordnung einem Amtsgericht für die Bezirke mehrerer Amtsgerichte die Zuständigkeit für die Führung des Registers zu übertragen.** ²**Die Landesregierungen können die Ermächtigung durch Rechtsverordnung auf die Landesjustizverwaltungen übertragen.**

§ 1559 Verlegung des gewöhnlichen Aufenthalts

¹**Verlegt ein Ehegatte nach der Eintragung seinen gewöhnlichen Aufenthalt in einen anderen Bezirk, so muss die Eintragung im Register dieses Bezirks wiederholt werden.** ²**Die frühere Eintragung gilt als von neuem erfolgt, wenn ein Ehegatte den gewöhnlichen Aufenthalt in den früheren Bezirk zurückverlegt.**

Anmerkungen zu den §§ 1558, 1559

1. **1. Allgemeines.** IPRNG hat gleichberechtigungsgemäße Anknüpfung der Zuständigkeit gebracht; Mehrfacheintragung möglich.
2. **2. Kaufmannseigenschaft eines Ehegatten.** Bei Kaufmannseigenschaft eines Ehegatten ist auch am Ort der Handelsniederlassung einzutragen, s EGHGB 4 I, Verlegung der Niederlassung s EGHGB 4 II.
3. **3. Ausländisches Güterrecht.** Bei Maßgeblichkeit ausländischen Güterrechts s EGBGB 16.
4. **4. Zuständigkeit.** Zuständig ist Rechtspfleger, s RPflG 3 Nr 1e.
5. **5. Verlegung des Aufenthalts.** S § 1559 S 1, Eintragung am alten Aufenthalt muss nicht gelöscht werden, arg S 2. Für Löschungen, zB wegen Aufhebung der Gütertrennung, bleibt das alte Registergericht zuständig (Hamburg MDR 75, 492).

§ 1560 Antrag auf Eintragung

¹**Eine Eintragung in das Register soll nur auf Antrag und nur insoweit erfolgen, als sie beantragt ist.** ²**Der Antrag ist in öffentlich beglaubigter Form zu stellen.**

§ 1561 Antragserfordernisse

(1) **Zur Eintragung ist der Antrag beider Ehegatten erforderlich; jeder Ehegatte ist dem anderen gegenüber zur Mitwirkung verpflichtet.**

(2) **Der Antrag eines Ehegatten genügt**
1. **zur Eintragung eines Ehevertrags oder einer auf gerichtlicher Entscheidung beruhenden Änderung der güterrechtlichen Verhältnisse der Ehegatten, wenn mit dem Antrag der Ehevertrag oder die mit dem Zeugnis der Rechtskraft versehene Entscheidung vorgelegt wird;**
2. **zur Wiederholung einer Eintragung in das Register eines anderen Bezirks, wenn mit dem Antrag eine nach der Aufhebung des bisherigen Wohnsitzes erteilte, öffentlich beglaubigte Abschrift der früheren Eintragung vorgelegt wird;**

Titel 6. Eheliches Güterrecht §§ 1560–1563

3. zur Eintragung des Einspruchs gegen den selbständigen Betrieb eines Erwerbsgeschäfts durch den anderen Ehegatten und zur Eintragung des Widerrufs der Einwilligung, wenn die Ehegatten in Gütergemeinschaft leben und der Ehegatte, der den Antrag stellt, das Gesamtgut allein oder mit dem anderen Ehegatten gemeinschaftlich verwaltet;
4. zur Eintragung der Beschränkung oder Ausschließung der Berechtigung des anderen Ehegatten, Geschäfte mit Wirkung für den Antragsteller zu besorgen (§ 1357 Abs. 2).

Anmerkungen zu den §§ 1560, 1561

1. Allgemeines. Eintragungen von Amts wegen sind nicht möglich. Verpflichtung zur Beantragung einer Eintragung besteht für die Ehegatten nicht, jedoch gegenseitige Mitwirkungspflicht, s § 1561 I; für die wichtigsten Eintragungsfälle sieht § 1561 II Nr 1–4 selbständige Antragsrechte für jeden Ehegatten vor. **1**

2. Form des Antrags. § 1560 S 2. Der Antrag kann im Ehevertrag mit beurkundet werden, s § 129 II. Form der Eintragung: FamFG 382 II, 383 I. **2**

3. Prüfungsgegenstand. Prüfung durch den Rechtspfleger (s §§ 1558, 1559 Rn 4) erstreckt sich auf Zuständigkeit, formelle Voraussetzungen des Antrags, Eheschließung der Parteien und inhaltliche Zulässigkeit. Unklare oder widersprüchliche Eintragungen können abgelehnt werden. Eintragung trotz Antragsmängel ist nicht unwirksam, aber von Amts wegen zu löschen, FamFG 395. **3**

4. Umfang der Eintragung. S Rn 3 f vor §§ 1558–1563. **4**

5. Rechtsmittel gegen Ablehnung. Erinnerung, RPflG 11; Beschwerde, FamFG 58 ff. **5**

6. Kosten. KostO 28, 81, 86. **6**

7. Benachrichtigung. FamFG 383 I. **7**

§ 1562 Öffentliche Bekanntmachung

(1) **Das Amtsgericht hat die Eintragung durch das für seine Bekanntmachungen bestimmte Blatt zu veröffentlichen.**

(2) **Wird eine Änderung des Güterstands eingetragen, so hat sich die Bekanntmachung auf die Bezeichnung des Güterstands und, wenn dieser abweichend von dem Gesetz geregelt ist, auf eine allgemeine Bezeichnung der Abweichung zu beschränken.**

Allgemeines. Öffentl Bekanntmachung unabhängig vom Eintragungsgrund, also auch bei Änderung durch richterliche Entscheidung oder kraft Ges. Bei Wiederaufleben einer alten Eintragung nach § 1559 S 2 Neuveröffentlichung erforderlich (Soe-Gaul 1; str). **1**

§ 1563 Registereinsicht

[1]**Die Einsicht des Registers ist jedem gestattet.** [2]**Von den Eintragungen kann eine Abschrift gefordert werden; die Abschrift ist auf Verlangen zu beglaubigen.**

Allgemeines. Für das Güterrechtsregister besteht keine Einschränkung des Einsichtsrechts durch vorausgesetztes rechtliches oder berechtigtes Interesse (vgl dagegen GBO 12 I und FamFG 385). Abschriften, auch beglaubigte, können nach S 2 **1**

Titel 7. Scheidung der Ehe

Einführung

Lit: Bergerfurth, Der Ehescheidungsprozeß, 15. Aufl 2006; Jauernig, Scheidung einer Nichtehe und ihre Folgen, FS Gerhardt, 433; Johannsen/Henrich, Familienrecht, 5. Aufl 2010; D. Schwab, Handbuch des Scheidungsrechts, 6. Auflage 2010.

1. Allgemeines. Scheidung ist Auflösung der gescheiterten (§ 1565) Ehe durch richterliche Entscheidung (§ 1564), also durch Beschluss (FamFG 38). Die Voraussetzungen (und die Rechtsfolgen) der Scheidung wurden durch das 1. EheRG mit Wirkung zum 1.1.1977 (auch für zuvor geschlossene Ehen) formal vom EheG zurück in das BGB übertragen und inhaltlich durch den Übergang vom Verschuldens- zum reinen Zerrüttungsprinzip neu geregelt. GG 6 I stand dem nicht entgegen (BVerfG 53, 253). Zur Geschichte des Ehescheidungsrechts MK/Ey Rn 6 ff vor § 1564.

2. Rechtsfolgen der Scheidung. Ua: Namen (§ 1355 V); Zugewinnausgleich (§§ 1372 ff); Unterhalt (§§ 1569 ff); Versorgungsausgleich (§ 1587, VersAusglG); Ehewohnung und Haushaltsgegenstände s §§ 1568a, 1568b; Eintragung im Familienbuch (PStG 16 I Nr 2). Elterliche Sorge (§ 1671) und Umgang (§ 1684) knüpfen bereits an Getrenntleben an.

3. Verfahren. Das Scheidungsverfahren bestimmt sich nach FamFG 111 Nr 1, 121 Nr 1, 133 ff. Zuständig ist das FamG (GVG 23a Nr 4, 23b I 2 Nr 1; FamFG 122). Internationale Zuständigkeit: FamFG 98; EG-EheVO 3; Verfahren: FamFG 113 I. Besonderheiten: Es herrscht Anwaltszwang (FamFG 114; vgl auch FamFG 78, 138); Verfahrenseinleitung durch Antrag (FamFG 124); es gilt der (allerdings beschränkte) Untersuchungsgrundsatz (FamFG 127 II); Gericht kann einstweilige Anordnungen erlassen (FamFG 49 ff) und die Teilnahme an einem Mediationsverfahren anordnen (FamFG 135); Verbindung von Scheidungsverfahren und Folgesachen im Verbundverfahren (FamFG 137) mit uU einheitlicher Entscheidung (FamFG 142); Kosten s FamFG 150, FamGKG.

4. IPR. EGBGB 17.

Lit: Henrich, Internationales Scheidungsrecht, 2. Aufl 2005.

Untertitel 1. Scheidungsgründe

Vorbemerkungen

1. Scheitern der Ehe. Einziger **Scheidungsgrund** ist das Scheitern der Ehe (§ 1565 I 1). Jedoch kommen bei der Beurteilung eines Scheidungsantrags auf Grund der differenzierten Beweisanforderungen für das Scheitern vier Situationen in Betracht; dabei erlangt die Dauer des „Getrenntlebens" der Ehegatten ausschlaggebende Bedeutung: **a)** Leben die Ehegatten noch nicht ein Jahr getrennt, kann die Ehe nach § 1565 I iVm § 1565 II geschieden werden, falls (1) ihr Scheitern bewiesen ist, (2) ihre Fortsetzung für den Antragsteller aus Gründen in der Person des anderen Ehegatten eine unzumutbare Härte darstellen würde und (3) Härteklauseln des § 1568 nicht entgegenstehen. **b)** Leben die Ehegatten mindestens ein Jahr getrennt und sind sie sich über die Scheidung einig, so kann die Ehe auf der Grundlage der

Titel 7. Scheidung der Ehe **§§ 1564, 1565**

Vermutung des § 1566 I geschieden werden, sofern nicht im Kindesinteresse die Härteklausel des § 1568 I Fall 1 entgegensteht. **c)** Leben die Ehegatten mindestens ein Jahr getrennt, sind sich über die Scheidung aber nicht einig, so kann die Ehe auf Grund § 1565 I geschieden werden, ohne dass eine unzumutbare Härte iSv § 1565 II vorliegen muss, sofern nicht eine Härteklausel des § 1568 I eingreift. **d)** Leben die Ehegatten seit mindestens drei Jahren getrennt, so kann die Ehe auf Grund der Vermutung des **§ 1566 II** geschieden werden, soweit nicht § 1568 I entgegensteht. 4

5

2. Keine Abweichung durch Vereinbarung. Ein **vertraglicher Ausschluss** der Scheidung oder die Modifikation ihrer Voraussetzungen etwa durch ehevertragliche Begründung des Schuldprinzips sind nach § 134 nichtig. Auf ein bereits entstandenes Scheidungsrecht kann verzichtet werden (BGH 97, 304). Die Vereinbarung einer Abstandssumme für den Fall eines Scheidungsantrags ist nicht grundsätzlich sittenwidrig (BGH NJW 90, 704; s aber Oldenburg FamRZ 94, 1455). 6

§ 1564 Scheidung durch richterliche Entscheidung

¹**Eine Ehe kann nur durch richterliche Entscheidung auf Antrag eines oder beider Ehegatten geschieden werden.** ²**Die Ehe ist mit der Rechtskraft der Entscheidung aufgelöst.** ³**Die Voraussetzungen, unter denen die Scheidung begehrt werden kann, ergeben sich aus den folgenden Vorschriften.**

1. Allgemeines. Regelung der formellen (S 1 und 2) und materiellen (S 3) **Voraussetzungen der Ehescheidung.** 1

2. Antrag. Ehescheidung erfolgt nur auf Antrag; keine Scheidung („von Amts wegen") gegen den Willen beider Ehegatten. 2

3. Richterlicher Beschluss. Scheidung setzt einen richterlichen Beschluss voraus. Das gilt auch für eine „Scheinehe" (Karlsruhe FamRZ 86, 681); eine Nichtehe kann nicht geschieden werden (BGH FamRZ 03, 838, 840; dazu Jauernig FS Gerhardt, 433). Scheidung durch RGeschäft („Privatscheidung"), Verwaltungsakt (zB eines Notars oder Standesbeamten) oder Spruch einer religiösen Instanz findet nicht statt. Richterliche Entscheidung auch erforderlich, wenn eine Ehe im Ausland nach deutschem Sachrecht geschieden wird (BGH FamRZ 90, 607). 3

4. Zeitpunkt der Auflösung. Scheidung der Ehe erfolgt mit Eintritt der **formellen Rechtskraft** (vgl FamFG 116) des Beschlusses mit Wirkung für die Zukunft. Auch ein fehlerhafter oder durch falsche Angaben erschlichener Beschluss löst die Ehe auf. Schadensersatzansprüche nur unter den Voraussetzungen des § 826 möglich. 4

5. S 3. Verweisung in S 3 auf §§ 1565–1568 regelt (abschließend) die Gründe für die Ehescheidung. 5

§ 1565 Scheitern der Ehe

(1) ¹**Eine Ehe kann geschieden werden, wenn sie gescheitert ist.** ²**Die Ehe ist gescheitert, wenn die Lebensgemeinschaft der Ehegatten nicht mehr besteht und nicht erwartet werden kann, dass die Ehegatten sie wiederherstellen.**

(2) **Leben die Ehegatten noch nicht ein Jahr getrennt, so kann die Ehe nur geschieden werden, wenn die Fortsetzung der Ehe für den Antragsteller aus Gründen, die in der Person des anderen Ehegatten liegen, eine unzumutbare Härte darstellen würde.**

Lit: Finger, Scheidung vor Ablauf des Trennungsjahres aus „Härtegründen", § 1565 Abs 2 BGB, FuR 08, 119, 229.

§ 1565

Buch 4. Abschnitt 1. Bürgerliche Ehe

1 **1. Allgemeines.** Überblick über Scheidungsvoraussetzungen s Rn 1 vor § 1564. **a)** I 1 bestimmt „Scheitern der Ehe" als alleinigen Scheidungsgrund („Zerrüttungsprinzip"). I 2 definiert die Voraussetzungen des Scheiterns. II errichtet Scheidungshindernis, wenn die Ehegatten noch nicht ein Jahr getrennt leben. **b)** „Kann" begründet kein Ermessen; liegen die Voraussetzungen der Scheidung vor, muss geschieden werden.

2 **2. Scheitern der Ehe. a)** Nach I 2 ist erforderlich eine Analyse des Zustands der Ehe und eine Prognose der Entwicklung. **aa)** Die **eheliche Lebensgemeinschaft** besteht **nicht** mehr, wenn mindestens ein Ehegatte die ehelichen Beziehungen abgebrochen und die eheliche Gesinnung verloren hat. Dabei kommt es nicht auf ein ges festgeschriebenes Wesen der Ehe an. Maßgebend ist die Ausgestaltung der konkreten Lebensgemeinschaft nach den Vorstellungen der Ehegatten. Der Begriff „Lebensgemeinschaft" ist weiter als häusliche Gemeinschaft iSv § 1567 I. Aufhebung der häuslichen Gemeinschaft führt nicht notwendig zum Aufheben der ehelichen Lebensgemeinschaft, wenngleich die räumliche Trennung ein Indiz dafür ist (BGH NJW 78, 1810). Umgekehrt kann die eheliche Lebensgemeinschaft beendet sein, obgleich die Ehegatten in häuslicher Gemeinschaft leben (BGH FamRZ 80, 127).

3 **bb)** Eine **Wiederherstellung** der ehelichen Lebensgemeinschaft kann **nicht** mehr erwartet werden, wenn dafür jede Aussicht fehlt. Zu fragen ist, ob die Ehekrise überwunden werden kann. Das ist nicht der Fall, wenn bei einem Ehegatten erkennbar jede Versöhnungsbereitschaft fehlt (PalBrudermüller 3). Die bloße Erklärung des scheidungswilligen Ehegatten genügt dafür nicht. **Indizien** bilden die Dauer des Getrenntlebens (einjährige Trennung begründet jedoch kein weitgehendes Indiz, um § 1566 I [Einverständnis des anderen Ehegatten] nicht zu unterhöhlen), gefestigte Verbindung eines Ehegatten mit einem anderen Partner, kein ehelicher Verkehr, Ehebruch, Abbruch jeder Kommunikation, Misshandlungen, Alkoholismus. *Nicht* ist die Ehe allein deshalb gescheitert, weil ein Ehegatte infolge Geisteskrankheit jedes Verständnis für die Ehe verloren hat (BGH NJW 02, 671) oder sein Bewusstsein verloren hat (Frankfurt NJW 02, 3034 [Wachkoma]). **cc)** Die Ursachen des

4 Scheiterns spielen keine Rolle; auf Verschulden kommt es nicht an. **dd)** Das Scheitern der Ehe muss **festgestellt** werden. Damit ist bei der Privat- und Intimbereich der Ehegatten Gegenstand richterlicher Aufklärung. Wollen die Ehegatten dies vermeiden, bleibt einverständliche Scheidung nach Ablauf des Trennungsjahres auf Grund der Vermutung des § 1566 I. Es gilt der eingeschränkte Untersuchungsgrundsatz (FamFG 127 II). Die Beweislast trägt der Antragsteller. Verbleiben Zweifel, darf nicht geschieden werden. Zur Aussetzung des Scheidungsverfahrens bei Aussicht auf Fortsetzung der Ehe s FamFG 136.

5 **3. Scheidung ohne einjähriges Getrenntleben. a)** Vor Ablauf eines Jahres kann die Ehe gem **II** nur geschieden werden, wenn ihre Fortsetzung für den Antragsteller aus Gründen *in der Person des anderen Ehegatten* (nicht: in der eigenen Person, zB Kinderlosigkeit, Zweibrücken FamRZ 82, 610) eine **unzumutbare Härte** darstellen würde. Bei Versöhnungsversuch gilt § 1567 II analog (Hamm **6** FamRZ 78, 190). **Zweck:** § 1565 II soll verhindern, dass ein Ehegatte einseitig die Lebensgemeinschaft zerstört und sogleich die Folgen der Scheidung in Anspruch nimmt; ferner wird leichtfertigen, voreiligen und verdeckten einverständlichen Scheidungen entgegengewirkt (BGH NJW 81, 451). II bildet daher ein strenges Scheidungshindernis (vgl KG NJW 80, 1053 [„Scheidungserschwerung"]), das nur in Ausnahmefällen überwindbar ist, aber keine unüberwindbare Scheidungssperre **7** begründet (BGH NJW 81, 450). **b) Voraussetzungen.** Die „unzumutbare Härte" bezieht sich nicht auf das tatsächliche eheliche Zusammenleben (dessen Folgen durch Trennung beseitigt werden können), sondern auf die Aufrechterhaltung des Rechtsverhältnisses „Ehe" (BGH NJW 81, 450). Die Aufrechterhaltung des formellen Ehebandes muss für den Antragsteller unerträglich sein. Bloße Härten und trennungstypische Zerwürfnisse genügen nicht. Abgrenzung schwierig. Stets ist eine Gesamtabwägung erforderlich. Öffentlichkeitswirksamkeit kommt

Titel 7. Scheidung der Ehe **§ 1566**

besondere Bedeutung zu. Voraussetzung sind schwere Eheverfehlungen, zB Misshandlungen, ernsthafte Morddrohungen (Brandenburg FamRZ 01, 1458), begründeter Verdacht der Tötung der Schwiegereltern (AG Hannover FamRZ 04, 630), Alkoholmissbrauch, feste Lebensgemeinschaft zu einem anderen Partner; *nicht* hingegen schon Nervenkrankheit des anderen Partners (Düsseldorf FamRZ 93, 809), Nichtzahlung von Unterhalt (KG FamRZ 00, 288), Ehebruch (Rostock NJW 06, 3648; München FamRZ 11, 218), eingestandene Homosexualität (Nürnberg NJW 07, 2052); bei Schwangerschaft auf Grund Ehebruchs kann der Ehemann zum Ausschluss der Vaterschaftsvermutung des § 1599 II 1 HS 1 (Karlsruhe NJW-RR 00, 1389) und der Härteklausel aus § 1568 I Fall 1 Scheidung begehren. – Beiderseitiger Scheidungsantrag allein lässt II nicht unanwendbar werden, Unzumutbarkeit ist deshalb für jeden Antragsteller zu prüfen (Stuttgart NJW 78, 546). **c)** Legt Antragsteller Voraussetzungen des II nicht schlüssig dar oder **8** werden sie nicht bewiesen, ist der Rechtsstreit entscheidungsreif und der Antrag abzuweisen. Das Verfahren darf nicht verzögert werden, um nach Ablauf des Trennungsjahres ohne Rücksicht auf II die Scheidung aussprechen zu können (vgl BGH FamRZ 97, 347).

§ 1566 Vermutung für das Scheitern

(1) Es wird unwiderlegbar vermutet, dass die Ehe gescheitert ist, wenn die Ehegatten seit einem Jahr getrennt leben und beide Ehegatten die Scheidung beantragen oder der Antragsgegner der Scheidung zustimmt.

(2) Es wird unwiderlegbar vermutet, dass die Ehe gescheitert ist, wenn die Ehegatten seit drei Jahren getrennt leben.

1. Allgemeines. Die Vorschrift enthält keine besonderen Scheidungsgründe, **1** sondern Vermutungen für das Scheitern der Ehe, das in § 1565 I als Scheidungsgrund vorgesehen ist. Liegen die Voraussetzungen von I (einjährige Trennung und Einverständnis) oder II (dreijährige Trennung) vor, müssen die das Scheitern begründenden konkreten ehelichen Verhältnisse und die Privat- und Intimsphäre der Ehegatten nicht mehr dargelegt und festgestellt werden. Greift eine Vermutung ein, kann die Scheidung noch nach § 1568 I ausgeschlossen sein, nicht aber gem § 1565 II. Die Vermutungen sind unwiderleglich; ein Beweis des Gegenteils ist nicht statthaft.

2. Scheidung bei einjähriger Trennung. Einverständliche Scheidung bei *ein-* **2** *jähriger* Trennung (s § 1567) auf Grund der Vermutung des Scheiterns der Ehe gem I. **a) Voraussetzung** ist, dass die Ehegatten den Scheidungsantrag einverständlich stellen oder ein Ehegatte dem Antrag des anderen zustimmt. Die Zustimmung ist eine Willenserklärung, die zu Protokoll der Geschäftsstelle oder in der mündlichen Verhandlung zur Niederschrift des Gerichts zu erklären ist, FamFG 134 I; eine Zustimmung in einer Unterhaltsvereinbarung genügt nicht (BGH NJW 95, 1082). Ein Widerruf der Zustimmung ist bis zur letzten mündlichen Verhandlung möglich, FamFG 134 II. Mit dem Widerruf entfällt die Grundlage der Vermutung, so dass nur bei nachgewiesener Zerrüttung gem § 1565 I oder 1566 II geschieden werden kann. **b)** Zum Inhalt der Antragsschrift s FamFG 133. Eine Regelung über **3** bestimmte Scheidungsfolgen ist nach Aufhebung von ZPO 630 zum 1.9.2009 nicht mehr Voraussetzung für das Eingreifen der unwiderlegbaren Vermutung für das Scheitern der Ehe nach § 1566 (BT-Drs 16/6308 S 229).

3. Scheidung bei dreijähriger Trennung. Die dreijährige Trennung (§ 1567 I) **4** begründet die unwiderlegbare Vermutung des Scheiterns der Ehe, II. Zustimmung des anderen Ehegatten nicht erforderlich. Maßgeblicher Zeitpunkt ist die letzte Tatsachenverhandlung. Scheidung auf Grund der Vermutung des II steht ggf § 1568 I entgegen.

§ 1567 Getrenntleben

(1) ¹Die Ehegatten leben getrennt, wenn zwischen ihnen keine häusliche Gemeinschaft besteht und ein Ehegatte sie erkennbar nicht herstellen will, weil er die eheliche Lebensgemeinschaft ablehnt. ²Die häusliche Gemeinschaft besteht auch dann nicht mehr, wenn die Ehegatten innerhalb der ehelichen Wohnung getrennt leben.

(2) Ein Zusammenleben über kürzere Zeit, das der Versöhnung der Ehegatten dienen soll, unterbricht oder hemmt die in § 1566 bestimmten Fristen nicht.

1   **1. Allgemeines.** Das Getrenntleben der Ehegatten ist Basis der Vermutungen in § 1566, ferner Tatbestandsmerkmal der §§ 1361, 1361a, 1361b. Getrenntleben erfordert *objektiv* das Nichtbestehen der häuslichen Gemeinschaft und *subjektiv* den durch Ablehnung der ehelichen Lebensgemeinschaft motivierten Willen mindestens eines Ehegatten, die häusliche Gemeinschaft nicht herstellen zu wollen. II soll Versöhnungsversuch erleichtern. – Bedeutung für § 1361b IV.

2   **2. Begriff des Getrenntlebens. a)** Die **häusliche Gemeinschaft** besteht **nicht,** wenn ein Ehegatte die eheliche Wohnung endgültig verlassen hat. Gelegentliche Rückkehr, auch vereinzelte Übernachtungen, begründen keine häusliche Gemeinschaft. „Aufhebung" einer (bestehenden) häuslichen Gemeinschaft ist nicht erforderlich; Getrenntleben kann daher auch vorliegen, wenn die Ehegatten niemals zusammen lebten (KG NJW 82, 112 [Scheinehe]). Das Getrenntleben beginnt dann nicht schon mit der Eheschließung, sondern mit der „Aufsage", die auch konkludent
3   erfolgen kann (KG NJW 82, 112 [Scheidungsantrag]). **b)** Nach I 2 können die Ehegatten auch **innerhalb derselben Wohnung** getrennt leben. Damit soll Ehegatten, die eine zweite Wohnung nicht finanzieren können, die Trennung ermöglicht werden. Voraussetzung ist der Abbruch des persönlichen Kontakts der Ehegatten. Bloße Einschränkung der häuslichen Gemeinschaft genügt nicht (München FamRZ 01, 1457 [keine Raumaufteilung]). Verbleibende Gemeinsamkeiten müssen sich auf ein räumliches Nebeneinander ohne persönliche Beziehung und geistige Gemeinsamkeiten beschränken (BGH NJW 78, 1810 [gelegentliche gemeinsame Küchennutzung]). Auch im Interesse gemeinsamer Kinder gepflegter Kontakt schließt Getrenntleben nicht aus (Köln NJW 87, 1561 [gemeinsamer sonntäglicher Mittagstisch]). Ein gemeinsames Schlafzimmer belässt jedoch die häusliche Gemeinschaft, unabhängig davon, wie sich der Kontakt im Einzelnen gestaltet (Hamm FamRZ 99, 723). Tatsachen, die gegen das Getrenntleben sprechen, sind von Amts wegen zu berücksichtigen, FamFG 127 I.

4   **3. Ablehnung der ehelichen Lebensgemeinschaft. Subjektiv** ist gem I 1 erforderlich, dass ein Ehegatte die Lebensgemeinschaft nicht herstellen will, weil er sie ablehnt. Erzwungene oder nicht aus ehefeindlichen Motiven erfolgte Trennungen führen nicht zum Getrenntleben. Bsp: Berufsbedingte oder durch Mangel an Wohnraum bewirkte Trennung, Strafhaft (Bamberg FamRZ 81, 52), Aufnahme in Pflegeheim wegen Demenz (BGH NJW 89, 1988). Die Weigerung muss deutlich erkennbar und ernsthaft sein. Bei zunächst aus anderen als ehefeindlichen Gründen erfolgter Trennung kommt der Erkennbarkeit ausschlaggebende Bedeutung zu. Ein natürlicher Wille ist maßgeblich, Geschäftsfähigkeit nicht erforderlich (BGH NJW 89, 1989).

5   **4. Kurzzeitiges Zusammenleben. a)** Einem **Versöhnungsversuch** dienendes kurzzeitiges Zusammenleben unterbricht oder hemmt die Fristen des § 1566 nicht, II. Zusammenleben ist einverständliche voll oder eingeschränkte (Wieder-)Aufnahme der häuslichen Gemeinschaft. Einseitige, nicht erwiderte Annäherungsversuche sind unerheblich. Keine Unterbrechung auch, wenn Zusammenleben anderen Zwecken dient, etwa anlässlich eines Besuchs bei den gemeinsamen Kindern. **b)** Kürzere Wiederherstellung: Obergrenze drei (Hamm NJW-RR 86, 554;

Düsseldorf FamRZ 95, 96; Saarbrücken FamRZ 10, 469 mwN) bis vier (Köln FamRZ 82, 1015) Monate. **c)** Führt Versöhnungsversuch zur Aussöhnung unter den Ehegatten, wird die Frist unterbrochen. Einmaliger Geschlechtsverkehr kein ausreichendes Indiz (Hamm FamRZ 96, 804); wohl aber Einzug in die eheliche Wohnung einschließlich polizeilicher Meldung und Ummeldung des Telefonanschlusses (München FamRZ 90, 885), Rücknahme des Scheidungsantrags.

§ 1568 Härteklausel

(1) Die Ehe soll nicht geschieden werden, obwohl sie gescheitert ist, wenn und solange die Aufrechterhaltung der Ehe im Interesse der aus der Ehe hervorgegangenen minderjährigen Kinder aus besonderen Gründen ausnahmsweise notwendig ist oder wenn und solange die Scheidung für den Antragsgegner, der sie ablehnt, auf Grund außergewöhnlicher Umstände eine so schwere Härte darstellen würde, dass die Aufrechterhaltung der Ehe auch unter Berücksichtigung der Belange des Antragstellers ausnahmsweise geboten erscheint.

(2) **(weggefallen)**

1. Allgemeines. a) Der (verfassungsrechtlich unbedenkliche, BVerfG NJW 01, 2874) § 1568 I enthält zur Vermeidung von Härten zwei scheidungshindernde Gründe: Fall 1 dient dem Schutz gemeinsamer Kinder, Fall 2 dem Schutz des Ehegatten. Schwelle bei Kinderschutz niedriger („besondere Gründe") als bei Ehegattenschutz („außergewöhnliche Umstände"). Liegen die Voraussetzungen vor, darf nicht geschieden werden. **b)** Die Befristung der Härteklauseln in II aF auf fünf Jahre nach der Trennung verstieß gegen GG 6 I (BVerfG 55, 134) und wurde durch das UÄndG gestrichen. Bei Kinderschutz erfolgt freilich durch Erfordernis der Minderjährigkeit mittelbare zeitliche Begrenzung. 1

2

2. Voraussetzungen Kinderschutzklausel. a) In der Ehe geborenes minderjähriges (§ 2) Kind. Entsprechende Anwendung auf adoptierte (Schwab FamRZ 76, 507), nicht jedoch Stiefkinder. **b)** Erforderlich ist Abwehr von Härten, die sich aus der Scheidung ergeben. Trennungsfolgen bleiben unberücksichtigt. Bsp: Gefahr der Selbsttötung des Kindes (Hamburg FamRZ 86, 469). Anders als bei Ehegattenschutz muss es sich jedoch nicht um ganz außergewöhnliche Umstände handeln. Bereits starke Beeinträchtigung des Kindeswohls durch scheidungsbedingte Verschlechterung der häuslichen, erzieherischen, seelischen oder wirtschaftlichen Verhältnisse genügt (Schwab, FamR Rn 338, bzgl vermögensrechtlicher Interessen aA PalBrudermüller 2). Kleinkind- und Pubertätsphase ist besonders zu berücksichtigen, nicht jedoch, wenn Kind Vater nur als Spielpartner anlässlich gelegentlicher Besuche erlebt hat (Köln FamRZ 98, 829). Nach Wegfall des Grundes, spätestens mit Eintritt der Volljährigkeit des Kindes, kann Scheidungsantrag erneut gestellt werden. **c)** Feststellung von Amts wegen, FamFG 127 I. 3

3. Voraussetzungen Ehegattenschutzklausel. a) Antragsgegner lehnt Scheidung trotz gescheiterter Ehe ab. **b)** Aufgrund des Scheidungsausspruchs (BGH NJW 81, 2809) für den Antragsgegner **schwere Härte. aa)** Maßgeblich sind die Auswirkungen auf die seelische und körperliche Gesundheit und die wirtschaftliche Lage (BGH NJW 84, 2354). Die gesamte Disposition und Lebensentwicklung des Betroffenen sind zu würdigen (vgl BGH NJW 79, 1042). „Außergewöhnliche Umstände" liegen nur vor, wenn es sich um Folgen handelt, die nicht üblicherweise mit einer Scheidung einhergehen oder bereits durch das Scheitern der Ehe (Brandenburg FamRZ 10, 1803) oder die Trennung eingetreten sind (Köln NJW 82, 2262; Brandenburg FamRZ 07, 1888). **bb) Bsp:** Lange Ehedauer, hohes Alter (aA Brandenburg FamRZ 07, 1888), Scheidung während einer schweren Krankheit (Karlsruhe FamRZ 79, 512; nicht aber bei therapiefähigen Depressionen, Stuttgart NJW-RR 92, 109) oder zZ bes Schicksalsschläge. *Kein Ehegattenschutz:* Unterhaltsgefährdung 4

5

§ 1568a

durch neue Ehe (Düsseldorf FamRZ 78, 36); Verlust von Witwenrente (vgl Düsseldorf FamRZ 80, 780); drohende Inanspruchnahme von Sozialhilfe (Bamberg FamRZ 05, 810); erhöhte Selbstmordgefahr (BGH NJW 81, 2809; Androhung Suizid s Celle NJW-RR 95, 1409); Einsamkeit (Brandenburg FamRZ 07, 1888); drohende Ausweisung ausländischen Ehegattens mit der Folge des Abbruchs des Kontakts zu gemeinschaftlichem Kind, da nicht ungewöhnliche Folge einer deutschausländischen Ehe (Köln FamRZ 98, 829); Ablehnung der Scheidung aus ethischen und wirtschaftlichen Gründen (Hamm FamRZ 89, 1188); religiöse Überzeugung und Stellung in einer Glaubensgemeinschaft (Stuttgart FamRZ 91, 334). **c) Abwägung** der Härtefolgen gegen Interesse des Antragsstellers an Scheidung. Die Unzumutbarkeit der Fortführung der Ehe trotz Härte für den Antragsgegner kann sich insbes aus dessen Verhalten ergeben. **d)** Die außergewöhnlichen Umstände, die die „schwere Härte" für den Antragsgegner begründen, sind nicht von Amts wegen, sondern nur bei entspr Vorbringen des Antragsgegners zu berücksichtigen, FamFG 127 III.

6

7

Untertitel 1a. Behandlung der Ehewohnung und der Haushaltsgegenstände anlässlich der Scheidung

§ 1568a Ehewohnung

(1) Ein Ehegatte kann verlangen, dass ihm der andere Ehegatte anlässlich der Scheidung die Ehewohnung überlässt, wenn er auf deren Nutzung unter Berücksichtigung des Wohls der im Haushalt lebenden Kinder und der Lebensverhältnisse der Ehegatten in stärkerem Maße angewiesen ist als der andere Ehegatte oder die Überlassung aus anderen Gründen der Billigkeit entspricht.

(2) Ist einer der Ehegatten allein oder gemeinsam mit einem Dritten Eigentümer des Grundstücks, auf dem sich die Ehewohnung befindet, oder steht einem Ehegatten allein oder gemeinsam mit einem Dritten ein Nießbrauch, das Erbbaurecht oder ein dingliches Wohnrecht an dem Grundstück zu, so kann der andere Ehegatte die Überlassung nur verlangen, wenn dies notwendig ist, um eine unbillige Härte zu vermeiden. Entsprechendes gilt für das Wohnungseigentum und das Dauerwohnrecht.

(3) Der Ehegatte, dem die Wohnung überlassen wird, tritt
1. zum Zeitpunkt des Zugangs der Mitteilung der Ehegatten über die Überlassung an den Vermieter oder
2. mit Rechtskraft der Endentscheidung im Wohnungszuweisungsverfahren

an Stelle des zur Überlassung verpflichteten Ehegatten in ein von diesem eingegangenes Mietverhältnis ein oder setzt ein von beiden eingegangenes Mietverhältnis allein fort. § 563 Absatz 4 gilt entsprechend.

(4) Ein Ehegatte kann die Begründung eines Mietverhältnisses über eine Wohnung, die die Ehegatten auf Grund eines Dienst- oder Arbeitsverhältnisses innehaben, das zwischen einem von ihnen und einem Dritten besteht, nur verlangen, wenn der Dritte einverstanden oder dies notwendig ist, um eine schwere Härte zu vermeiden.

(5) Besteht kein Mietverhältnis über die Ehewohnung, so kann sowohl der Ehegatte, der Anspruch auf deren Überlassung hat, als auch die zur Vermietung berechtigte Person die Begründung eines Mietverhältnisses zu ortsüblichen Bedingungen verlangen. Unter den Voraussetzungen des § 575 Absatz 1 oder wenn die Begründung eines unbefristeten Mietverhältnisses unter Würdigung der berechtigten Interessen des Vermieters unbillig ist, kann der Vermieter eine angemessene Befristung des Mietverhältnisses verlangen. Kommt eine Einigung über die Höhe der Miete nicht zustande,

Titel 7. Scheidung der Ehe **§ 1568a**

kann der Vermieter eine angemessene Miete, im Zweifel die ortsübliche Vergleichsmiete, verlangen.

(6) **In den Fällen der Absätze 3 und 5 erlischt der Anspruch auf Eintritt in ein Mietverhältnis oder auf seine Begründung ein Jahr nach Rechtskraft der Endentscheidung in der Scheidungssache, wenn er nicht vorher rechtshängig gemacht worden ist.**

1. Allgemeines. Die Vorschrift wurde durch das Gesetz zur Änderung des Zugewinnausgleichs- und Vormundschaftsrechts v 6.7.2009 (BGBl I 1696) in das BGB eingefügt; sie ersetzt die früheren HausratsVO 3–7. Während § 1361b bei Getrenntleben lediglich eine vorläufige Zuweisung der Ehewohnung vorsieht, kann nach Scheidung gem § 1568b die endgültige Überlassung beansprucht werden. Die Regelung ist bei eingetragener Lebenspartnerschaft entspr anwendbar, s LPartG 17. 1

2. Voraussetzungen. a) Ehewohnung sind alle Räume, die die Ehegatten gemeinsam zu Wohnzwecken benutzen oder benutzt haben (s § 1361b Rn 2). 2
b) § 1568a I erlaubt die Zuweisung, wenn ein Ehegatte auf die Wohnung **in stärkerem Maße angewiesen** ist als der andere. Dabei sind insbes das Wohl der im Haushalt lebenden Kinder und die Lebensverhältnisse der Ehegatten zu berücksichtigen. Überlassung aus anderen Gründen ist möglich, wenn dies der Billigkeit entspricht, zB wenn keine Kindesinteressen zu berücksichtigen sind und beide Ehegatten gleichermaßen auf die Wohnung angewiesen sind, aber einer der Ehegatte ein besonderes Interesse an der Wohnung hat, etwa weil er in ihr aufgewachsen ist (BT-Drs 16/10798 S 22). **c)** Ist einer der Ehegatten allein oder gemeinsam mit einem Dritten dinglich berechtigt, so gilt nach **II** ein strengerer Maßstab: Der andere Ehegatte kann Überlassung nur bei Vorliegen **unbilliger Härte** (s § 1361b Rn 3) verlangen. Zuweisung ist nur zulässig, wenn dies dringend erforderlich ist, um eine unerträgliche Belastung abzuwenden, die den Nichteigentümer außergewöhnlich beeinträchtigen würde (Köln NJW-RR 92, 1155; Naumburg FamRZ 02, 672). Nicht ausreichend ist, dass der andere Ehegatte die Wohnung dringender benötigt als der Eigentümer; ebenso wenig bloße Unannehmlichkeiten durch den Umzug, selbst wenn gemeinsame Kinder betroffen sind (vgl München FamRZ 95, 1205; Oldenburg FamRZ 98, 572). Auch unzureichende Unterhaltsleistungen des dinglich berechtigten Ehegatten genügen nicht (München FamRZ 95, 1205; Hamm FamRZ 04, 888). Unbillige Härte kann aber vorliegen, wenn der andere Ehegatte für sich und die gemeinsamen Kinder keine Ersatzwohnung finden kann (Köln FamRZ 96, 492) oder auf die Wohnung angewiesen ist, zB weil er in ihr eine Praxis betreibt oder sie auf seine Bedürfnisse (Krankheit, Behinderung) besonders zugeschnitten ist. **d)** Strengere Voraussetzungen bestehen nach **IV** auch dann, wenn die Wohnung von einem Dritten auf Grund eines Dienst- oder Arbeitsverhältnisses überlassen wurde: Überlassung an den nicht dienstverpflichteten Ehegatten ist nur zulässig, wenn kumulativ (1) die Voraussetzungen des I vorliegen und (2) ein Mietverhältnis mit dem Dritten begründet werden kann, entweder weil dessen Einverständnis besteht oder weil dies zur Vermeidung einer schweren Härte erforderlich ist (IV). Nicht möglich ist die Übernahme der Wohnung (gestützt lediglich auf I) in der Form, dass der Mieter-Ehegatte formell Mieter bleibt, der andere aber die Wohnung bezieht (Götz/Brudermüller NJW 10, 5; str). Mit dem Erfordernis der schweren Härte werden die Anforderungen gegenüber II nochmals verschärft. Schwere Härte kann zB dann vorliegen, wenn der nicht dienstverpflichtete Ehegatte psychisch schwer krank ist und sich ein Umzug negativ auf seinen Gesundheitszustand auswirken würde oder die Wohnung für ihn behindertengerecht ausgebaut wurde (BT-Drs 16/10798 S 22). 3 4 5

3. Rechtsfolgen. a) Der Anspruch auf Überlassung der Wohnung wird durch Fortführung oder Begründung eines entspr Mietverhältnisses realisiert. War zuvor der andere Ehegatte Alleinmieter oder waren beide Ehegatten Mieter, wird das Mietverhältnis gemäß **III 1** vom berechtigten Ehegatten fortgeführt. Dem Vermieter 6

§ 1568b

steht nach **III** 2 iVm § 563 IV ggf ein außerordentliches Kündigungsrecht zu. Maßgeblicher Zeitpunkt für den Wechsel im Mietverhältnis ist (wenn beide Ehegatten sich über die Überlassung einig sind) nach III 1 Nr 1 der Zugang der Mitteilung an den Vermieter. Ist nach IV die Zustimmung des Vermieters erforderlich, tritt der Wechsel mit dieser ein (BT-Drs 16/10798 S 22). Kommt es zum Rechtsstreit, ändert sich die Person des Mieters nach III 1 Nr 2 mit Rechtskraft der Endentscheidung im

7 Wohnungsüberlassungsverfahren. **b) V** behandelt die Fälle, in denen es an einem **Mietvertrag fehlt**. Dies wird regelmäßig der Fall sein, wenn die Ehewohnung beiden Ehegatten gemeinsam oder einem von beiden (allein oder zusammen mit einem Dritten) gehört; ferner, wenn die Wohnung den Ehegatten von den (Schwieger-)Eltern überlassen worden ist (BT-Drs 16/10798 S 22). V gibt in diesen Fällen sowohl dem berechtigten Ehegatten als auch der zur Vermietung berechtigten Person (anderer Ehegatte oder Dritter) einen Anspruch auf Abschluss eines Mietvertrags zu ortsüblichen Bedingungen. Dem Berechtigten steht der Anspruch auch dann zu, wenn er Miteigentümer ist, da ein Mietvertrag sein Nutzungsrecht auch bei möglicher Teilungsversteigerung nach § 753 sichert (BT-Drs 16/1079 S 22). Kommt zwischen den Beteiligten keine Einigung über die Miethöhe zustande, kann Vermieter eine angemessene, im Zweifel ortsübliche Vergleichsmiete verlangen (V 3). Ausnahmsweise kann Vermieter auch Befristung fordern (V 2), wenn dies nach allg mietrechtlichen Grundsätzen (§ 575) zulässig oder die Begründung eines unbefristeten Mietverhältnisses unbillig wäre; dies kommt insbes in den Fällen der II und IV in Betracht. Für die Dauer der Befristung sind die Interessen des berechtigten Ehe-

8 gatten mit denen des Vermieters abzuwägen. **c) Ausschlussfrist** (VI); verhindert werden soll, dass mehr als ein Jahr nach Rechtskraft der Scheidung noch in Rechte Dritter eingegriffen wird, wenn der Anspruch nicht zuvor rechtshängig gemacht wurde (BT-Drs 16/10798 S 23). VI ist wenig glücklich formuliert. Die Vorschrift spricht von einem Anspruch nach III, obwohl dort der Eintritt in das Mietverhältnis lediglich als gesetzliche Folge der Durchsetzung des Anspruchs nach I vorgesehen ist. Gemeint ist, dass nach Fristablauf ein Anspruch nach I nicht mehr besteht, wenn dadurch ein Mietvertrag mit einem Dritten nach III/IV geändert oder ein Anspruch gegen einen Dritten auf Abschluss eines Mietvertrags gem V begründet würde (vgl BT-Drs 16/10798 S 23; Johannsen/Henrich/Götz 70, str). Nach Ablauf der Jahresfrist kann nur noch die Begründung eines Mietverhältnisses mit dem anderen Ehegatten verlangt werden.

9   **4. Verfahren.** Es gelten FamFG 200 ff.

§ 1568b Haushaltsgegenstände

(1) Jeder Ehegatte kann verlangen, dass ihm der andere Ehegatte anlässlich der Scheidung die im gemeinsamen Eigentum stehenden Haushaltsgegenstände überlässt und übereignet, wenn er auf deren Nutzung unter Berücksichtigung des Wohls der im Haushalt lebenden Kinder und der Lebensverhältnisse der Ehegatten in stärkerem Maße angewiesen ist als der andere Ehegatte oder dies aus anderen Gründen der Billigkeit entspricht.

(2) Haushaltsgegenstände, die während der Ehe für den gemeinsamen Haushalt angeschafft wurden, gelten für die Verteilung als gemeinsames Eigentum der Ehegatten, es sei denn, das Alleineigentum eines Ehegatten steht fest.

(3) Der Ehegatte, der sein Eigentum nach Absatz 1 überträgt, kann eine angemessene Ausgleichszahlung verlangen.

1   **1. Allgemeines.** Die Vorschrift wurde durch das Gesetz zur Änderung des Zugewinnausgleichs- und Vormundschaftsrechts v 6.7.2009 (BGBl I 1696) in das BGB eingefügt; sie entspricht im Wesentlichen dem früheren HausratsVO 8. Während § 1361a die Haushaltsgegenstände bei Getrenntleben nur vorläufig zuteilt, erfolgt die

Titel 7. Scheidung der Ehe **Vor § 1569**

Verteilung nach Scheidung gem § 1568b endgültig. Der Güterstand der Ehegatten ist ohne Bedeutung; die Regelung geht in ihrem Anwendungsbereich den Bestimmungen über den Zugewinnausgleich vor (ErmBudzikiewicz § 1372 Rn 9, str). § 1568b ist bei eingetragener Lebenspartnerschaft entspr anwendbar, s LPartG 17.

2. Voraussetzungen. a) Haushaltsgegenstände sind Sachen, die nach den **2** Vermögens- und Lebensverhältnissen der Eheleute zum gemeinsamen Zusammenleben der Familie bestimmt sind (s § 1361a Rn 4). **b) Miteigentum;** unerheblich ist, **3** ob es sich um Bruchteils- oder Gesamthandseigentum handelt. Haushaltsgegenstände im Alleineigentum eines Ehegatten unterfallen dem güterrechtlichen Ausgleich (ErmBudzikiewicz § 1372 Rn 9). Erleichtert wird die Feststellung durch die **Miteigentumsvermutung** (II) für Hausrat, der während der Ehe angeschafft wurde; sie ist nur widerlegt, wenn Alleineigentum feststeht. Gewöhnlich ist die Einigungserklärung des erwerbenden Ehegatten dahin zu verstehen, dass beide Ehegatten Miteigentümer werden sollen, sofern nichts anderes erklärt wird. Abweichendes folgt nicht allein daraus, dass der Gegenstand von einem Ehegatten mit eigenen Mitteln gekauft wurde (BGH 114, 74, 81). **c)** § 1568b I erlaubt die Zuteilung, wenn ein Ehegatte **4** auf die Haushaltsgegenstände **in stärkerem Maße angewiesen** ist als der andere. Dabei sind insbes das Wohl der im Haushalt lebenden Kinder und die Lebensverhältnisse der Ehegatten zu berücksichtigen. Überlassung aus anderen Gründen ist möglich, wenn dies der Billigkeit entspricht, zB wenn beide Ehegatten gleichermaßen auf den Haushaltsgegenstand angewiesen sind, aber einer die Anschaffung veranlasst oder ihn während der Ehe auf eigene Kosten gepflegt oder erhalten hat (BT-Drs 16/10798 S 24).

3. Rechtsfolgen. a) Anspruch auf Überlassung und Übereignung; anders als **5** nach HausratsVO 8 III 1 geht das Eigentum nicht mehr unmittelbar mit Zuteilung durch den Richter in über. **b)** Ausgleichszahlung, III. Grundsätzlich ist auf den **6** Verkehrswert zum Zeitpunkt der Verteilung abzustellen (BT-Drs 16/10798 S 24); anders als nach HausratsVO 8 II 2 kommt die Festsetzung eines geringeren Ausgleichs aus Billigkeitsgründen nur noch in Ausnahmefällen in Betracht. Sind beide Ehegatten zur Übereignung von Hausrat verpflichtet, können die gegenseitigen Ausgleichsansprüche verrechnet werden.

4. Verfahren. Es gelten FamFG 200 ff. **7**

Untertitel 2. Unterhalt des geschiedenen Ehegatten

Vorbemerkungen

Lit: Diederichsen, Geschiedenenunterhalt – Überforderung nachehelicher Solidarität?, NJW 93, 2265; Gerhardt, Die Unterhalsreform zum 1.1.2008, FuR 08, 9; Göppinger/Börger, Vereinbarungen anläßlich der Ehescheidung, 9. Aufl 2010; Kalthoener/Büttner/Niepmann, Rechtsprechung zur Höhe des Unterhalts, 11. Aufl 2010; Knöpfel, Gerechtigkeit und nachehelicher Unterhalt – eine ungelöste Frage, AcP 191, 107; sa Lit vor § 1601.

1. Allgemeines. a) Nachehelicher Unterhalt beruht auf zwei Prinzipien: Vor- **1** nehmlich obliegt es jedem Ehegatten nach der Scheidung, für seinen Unterhalt selbst zu sorgen. Dieser bisher ungeschriebene „Grundsatz der Eigenverantwortung" wurde durch das UÄndG 2007 (BGBl I 3189) nun auch gesetzlich normiert (§ 1569 S 1). Das zweite Prinzip, der „Grundsatz der nachehelichen Solidarität" (§ 1569 S 2) kann jedoch bewirken, dass bei Bedürftigkeit eines Ehegatten eine, unter Umständen dauerhafte, Unterhaltspflicht besteht. Ein Ehegatte kann deshalb bedürftig sein, weil er sich nicht aus eigenem Vermögen unterhalten und eine seinen Verhältnissen angemessene Erwerbstätigkeit nicht aufnehmen kann. In einer solchen Bedürfnislage, die nicht notwendig ehebedingt sein muss (s BGH NJW 83, 683), hat er gegen den anderen Teil, sofern dieser leistungsfähig ist, einen Unterhaltsanspruch;

§ 1569 Buch 4. Abschnitt 1. Bürgerliche Ehe

2 Unterhaltspflicht von Verwandten ist dazu nachrangig. Die Fälle der Verhinderung, durch eigene Erwerbstätigkeit eine Bedürfnislage zu vermeiden, werden vom Ges abschließend in §§ 1570–1573, 1575 normiert und durch einen Billigkeitsanspruch in § 1576 ergänzt. Die Verpflichtung, für seinen Unterhalt durch Erwerbstätigkeit zu sorgen, wird zudem in § 1574 I eingeschränkt; zur Verwertung des Vermögens s zunächst § 1577 III. Bei grober Unbilligkeit der Inanspruchnahme des Verpflichteten, zB bei schwerem Fehlverhalten des Berechtigten, kann ein Unterhaltsanspruch versagt, zeitlich begrenzt oder herabgesetzt werden, s § 1579; zeitliche Begrenzungen aus Billigkeitsgründen erlaubt auch § 1578b. Gleichwohl bleibt ein Widerspruch zwischen Zerrüttungsprinzip und Recht des nachehelichen Unterhalts, Knöpfel aaO
3 S 113 ff. **b)** Mangelnde Leistungsfähigkeit beschränkt die Unterhaltsverpflichtung oder schließt sie aus, § 1581; bei mehreren Unterhaltsberechtigten s zunächst §§ 1582, 1609. **c)** Zu Inhalt und Sicherung des Unterhaltsanspruchs s §§ 1585–
4 1585b. **d)** Vereinbarungen über den Unterhalt sind möglich, s § 1585c. **e)** Mit Wiederheirat oder Tod des Berechtigten erlischt der Unterhaltsanspruch grundsätzlich, § 1586, während der Tod des Verpflichteten die Unterhaltsverpflichtung auf die
5 Erben übergehen lässt, § 1586b. **f) Unterhaltsschuldverhältnis** beinhaltet Treu- und Nebenpflichten nach § 242, so etwa zur Erstattung von Rentennachzahlungen (BGH NJW 89, 1990), oder zur Zustimmung des Unterhaltsempfängers zum begrenzten Realsplitting nach EStG 10 I Nr 1 gegen entspr Vorteilsteilhabe (BGH NJW 85, 195); entsprechender Ausgleichsanspruch ist jedoch nicht Unterhaltsanspruch (BGH NJW 86, 254).

6 **2. Verfahren.** Scheidungsfolgesache, s FamFG 111 Nr 8, 137, 231 ff.

7 **3. EinV.** Unterhaltsansprüche eines vor dem 3.10.1990 geschiedenen Ehegatten richten sich nach bisherigem, in analoger Anwendung von EGBGB 18 IV, V (BGH NJW 94, 383) zu bestimmenden Recht, EGBGB 234 § 5; ggf also nach FGB 29–32; abw Vereinbarung möglich. *Abänderungsklage* nur gem FamFG 238, BGH NJW 92, 1475 (nicht FGB 33, da keine anspruchsregelnde Norm).

Kapitel 1. Grundsatz

§ 1569 Grundsatz der Eigenverantwortung

¹Nach der Scheidung obliegt es jedem Ehegatten, selbst für seinen Unterhalt zu sorgen. ²Ist er dazu außerstande, hat er gegen den anderen Ehegatten einen Anspruch auf Unterhalt nur nach den folgenden Vorschriften.

1 **1. Allgemeines.** Trotz des in S 1 in den Vordergrund gestellten Grundsatzes der Eigenverantwortung, besteht zwischen den Ehegatten nach wie vor ein nachehelicher Unterhaltsanspruch, sofern einer der beiden nach der Scheidung nicht selbst für seinen Unterhalt sorgen kann (S 2). Die Vorschrift ist selbst keine Anspruchsgrundlage, vielmehr werden die Voraussetzungen eines Unterhaltsanspruchs ie, insbes die der Bedürftigkeit, in den fünf Unterhaltstatbeständen §§ 1570, 1571, 1572, 1573, 1575 enumerativ geregelt, in § 1576 durch eine positive Billigkeitsklausel mit Auffangfunktion ergänzt, und in §§ 1578b, 1579 durch negative Billigkeitsklauseln, die mehr Einzelfallgerechtigkeit ermöglichen sollen (vgl BT-Drs 10/2888 S 11), teilw zurückgenommen. Unabhängig von den Voraussetzungen ie und ihrer möglichen Konkurrenz handelt es sich bei es um **einen** einheitlichen Anspruch (BGH FamRZ 84, 354). **Verzicht** s §§ 1585–1585c Rn 11.

2 **2. Anwendungsbereich.** §§ 1569 ff gelten nicht bei gescheiterten nichtehelichen Gemeinschaften, soweit nicht vertraglich vereinbart, s Rn 3 vor § 1297.

Titel 7. Scheidung der Ehe § 1570

Kapitel 2. Unterhaltsberechtigung

§ 1570 Unterhalt wegen Betreuung eines Kindes

(1) ¹Ein geschiedener Ehegatte kann von dem anderen wegen der Pflege oder Erziehung eines gemeinschaftlichen Kindes für mindestens drei Jahre nach der Geburt Unterhalt verlangen. ²Die Dauer des Unterhaltsanspruchs verlängert sich, solange und soweit dies der Billigkeit entspricht. ³Dabei sind die Belange des Kindes und die bestehenden Möglichkeiten der Kinderbetreuung zu berücksichtigen.

(2) Die Dauer des Unterhaltsanspruchs verlängert sich darüber hinaus, wenn dies unter Berücksichtigung der Gestaltung von Kinderbetreuung und Erwerbstätigkeit in der Ehe sowie der Dauer der Ehe der Billigkeit entspricht.

Lit: Bort, Der Betreuungsunterhalt geschiedener Ehegatten und die Erwerbsobliegenheit nach neuem Recht, FamRZ 08, 2.

1. Allgemeines. a) Betreuungsunterhalt: § 1570 soll die persönliche Pflege 1
und Erziehung gemeinschaftlicher Kinder aus der geschiedenen Ehe durch einen Ehegatten gewährleisten. Soweit eine Erwerbstätigkeit deshalb nicht zumutbar ist, hat der betreuende Elternteil einen privilegierten (vgl §§ 1577 IV 2, 1582, 1609 Nr 2, 1586a) Unterhaltsanspruch. Mehrere unterhaltspflichtige Väter haften der Mutter gegenüber in entsprechender Anwendung des § 1606 III 1 anteilig (BGH NJW 07, 2409). **b) Verzicht** auf den Betreuungsunterhalt ist wirksam; der Schuld- 2
ner kann sich aber nicht darauf berufen, soweit Wohl des Kindes entgegen steht (BGH NJW 95, 1148).

2. Voraussetzungen. a) „Pflege" und „Erziehung" s § 1606 III 2. Auch bloße 3
„Pflege" eines nicht mehr erziehungsbedürftigen (pflegebedürftigen) volljährigen Kindes reicht aus („oder"), BGH FamRZ 10, 803. Zeitpunkt der Erziehungs- oder Pflegebedürftigkeit unerheblich. Auch die Betreuung eines zunächst vom anderen Ehegatten oder von Verwandten betreuten Kindes erfüllt die Voraussetzungen des § 1570. Auf die Dauer des Zusammenlebens der Ehegatten kommt es nicht an (BGH NJW 05, 3640). **b)** Betreuung sind tatsächliche Maßnahmen. Darauf, wem 4
(rechtlich) die elterliche **Sorge** zusteht, kommt es *nicht* an. Bei gemeinsamer Sorge entscheidet also der dauerhafte Aufenthalt des Kindes. **c)** Es muss sich um ein vor 5
oder in der Ehe geborenes **gemeinschaftliches** (§§ 1591 f), auch gemeinschaftlich adoptiertes (BGH NJW 84, 1539) oder „scheineheliches" (BGH NJW 85, 428) Kind handeln, nicht Pflege- oder Stiefkind (insoweit nur § 1576). Wird ein vom früheren Ehegatten stammendes Kind nach der Scheidung geboren, Unterhalt nur nach § 1615l (BGH FamRZ 98, 426).

3. Dauer. a) Während der Ersten **drei Lebensjahre** des Kindes besteht der 6
Unterhaltsanspruch **unbeschränkt** (§ 1570 I 1), sog Basisunterhalt. In diesem Zeitraum kann der betreuende Elternteil frei wählen, ob er sich vollständig der Kinderbetreuung widmen oder eine Fremdbetreuung in Anspruch nehmen will. Die Änderung dieser Vorschrift zum 1.1.2008 trägt einer Entscheidung des BVerfG Rechnung, worin das Gericht die Verfassungswidrigkeit der damals noch unterschiedlichen Dauer von Unterhaltsansprüchen für die Betreuung ehelicher und nichtehelicher Kinder feststellte (BVerfG NJW 07, 1735). **b) Verlängerung wegen** 7
kindbezogener Gründe: Ab dem vierten Lebensjahr findet eine Einzelfallprüfung statt (§ 1570 I 2, 3), die sich zwar an gewissen Altersgrenzen orientieren kann, dabei aber flexibel ist. Hierbei sind insbes die Belange des Kindes (vgl § 1671 II Nr 2) und die bestehenden Möglichkeiten der Kinderbetreuung zu berücksichtigen. Dabei ist darauf zu achten, dass die Möglichkeit einer Fremdbetreuung tatsächlich bestehen, zumutbar und verlässlich sein muss sowie mit dem Kindeswohl im Einklang zu

stehen hat (BT-Drs 16/1830 S 17). Es ist ie darzulegen und unter Beweis zu stellen, dass eine Aufnahme oder Erweiterung der Berufstätigkeit gerade wegen fehlender oder unzureichender Betreuungsmöglichkeiten nicht möglich ist (Celle NJW 08, 1456). Dies bedeutet eine **Abkehr vom** bisherigen **Altersphasenmodell** (BGH FamRZ 10, 1882; FamRZ 11, 792 f). Danach war es so, dass bei Betreuung eines bis zu acht Jahre alten Kindes keine Erwerbsobliegenheit bestand (BGH NJW 95, 1148), zwischen acht und elf Jahren entschieden Umstände des Einzelfalls, zwischen elf und 15 Jahren war in der Regel eine Teilzeitbeschäftigung zumutbar, die aber keine Halbtagsbeschäftigung erreichen musste (BGH FamRZ 99, 372), anschließend eine Vollerwerbstätigkeit. Es ist für ein Kind über drei Jahren stets individuell zu prüfen, inwieweit die Kindesbetreuung anderweitig gesichert ist bzw werden könnte. Betreuender Elternteil hat bei gesicherter Betreuung keinen Anspruch auf Eröffnung der persönlichen Betreuungsmöglichkeit über das Unterhaltsrecht (BGH FamRZ 12, 1040 mAnm Borth). An eine Verlängerung wegen kindesbezogener Umstände sind keine überspannten Anforderungen zu stellen, doch ist eine flexible Handhabung der Betreuung zugunsten der Ermöglichung einer Erwerbstätigkeit des betreuenden Elternteils erforderlich (BGH FamRZ 12, 1040 mAnm Borth). Nach wie vor kann bei der Betreuung mehrerer Kinder eine Erwerbstätigkeit nur in geringerem Umfang erwartet werden. Es kann auch nicht abrupt eine Vollzeittätigkeit verlangt werden (BGH FamRZ 11, 792; FamRZ 10, 1882; FamRZ 09, 1393). Das Kindeswohl erfordert vielmehr einen gestuften Übergang (Jena NJW 08, 3224; Düsseldorf NJW 08, 2658 bei Betreuung von zwei Kindern im Grundschulalter; Koblenz NJW 10, 1537: Dreiviertelstelle bei Betreuung eines 5jährigen Kindes, das an Werktagen in Ganztagskindergarten betreut wird). Hingegen ist es bei der Betreuung von zwei acht- und elfjährigen Kindern regelmäßig zumutbar,

8 einer vollschichtigen Erwerbstätigkeit nachzugehen (Köln NJW 08, 2659). **c) Verlängerung wegen elternbezogener Gründe:** In II ist eine weitere Verlängerungsmöglichkeit vorgesehen, die jedoch unabhängig vom Wohl des Kindes besteht, sondern sich vielmehr aus der nachehelichen Solidarität rechtfertigt (BT-Drs 16/6980 S 8). Neben der Dauer der Ehe kann danach auch die tatsächliche Gestaltung der Kinderbetreuung und der Erwerbstätigkeit durch die Ehegatten im Einzelfall eine Verlängerung des Unterhaltsanspruchs rechtfertigen (BGH FamRZ 11, 793; FamRZ 10, 1882; FamRZ 10, 1053; FamRZ 09, 1395; vgl auch Budzikiewicz, Materielle Statuseinheit und kollisionsrechtliche Statusverbesserung, Rn 278). Gleiches gilt, wenn der trotz Fremdbetreuung des Kindes verbleibende Betreuungsbedarf zu einer überobligationsmäßigen Belastung des erwerbstätigen Elternteils führte, die sich negativ auf das Kindeswohl auswirken könnte (BGH FamRZ 09, 770).

9 **d) Wegfall:** Der Anspruch entfällt mit Wegfall der Pflege- oder Erziehungsbedürftigkeit etwa auf Grund des Alters des Kindes, ferner bei dauerhafter Unterbringung in einem Internat oder einer Pflegefamilie (vgl BGH FamRZ 10, 1053). Unterhaltsanspruch kann wieder aufleben, falls erneut Betreuungsnotwendigkeit eintritt. – Anschlussunterhalt insbes aus §§ 1571 Nr 2, 1572 Nr 2, 1573.

10 **4. Übergangsbestimmung.** EGZPO 36.

§ 1571 Unterhalt wegen Alters

Ein geschiedener Ehegatte kann von dem anderen Unterhalt verlangen, soweit von ihm im Zeitpunkt
1. der Scheidung,
2. der Beendigung der Pflege oder Erziehung eines gemeinschaftlichen Kindes oder
3. des Wegfalls der Voraussetzungen für einen Unterhaltsanspruch nach den §§ 1572 und 1573

wegen seines Alters eine Erwerbstätigkeit nicht mehr erwartet werden kann.

Titel 7. Scheidung der Ehe **§ 1572**

1. Allgemeines. Der altersbedingt erwerbsunfähige Ehegatte soll nicht auf öffentl 1
Fürsorge angewiesen sein. Folgen altersbedingter Erwerbsunzumutbarkeit werden
damit dem früheren Ehegatten übertragen. Bedürftigkeit besteht auch dann, wenn
der um Unterhalt nachsuchende Ehegatte bereits im Zeitpunkt der Eheschließung
wegen seines Alters keiner Erwerbstätigkeit mehr nachgehen konnte und diese daher
nicht ehebedingt ist (BGH NJW 83, 683).

2. Voraussetzungen. a) Altersbedingte Erwerbsunfähigkeit ist gegeben, wenn 2
wegen des Alters des Ehegatten keine Arbeitsstelle nachgewiesen werden kann.
Spezielle Alterserfordernisse für bestimmte Berufe bleiben außer Betracht, können
jedoch für §§ 1573, 1574 Bedeutung gewinnen. **b)** Die Aufnahme nachgewiesener 3
Arbeit kann aber auf Grund des Alters unzumutbar sein („kann nicht mehr erwartet
werden"), so zB bei Gebrechlichkeit, Anfälligkeit, erhöhter altersbedingter Gefährdung auf dem Arbeitsweg usw. Nicht angemessene Tätigkeit iSd § 1574 II kann
grundsätzlich nicht erwartet werden (BGH NJW 83, 1483). Erwerbstätigkeit ist
unzumutbar, wenn Ehegatte die *allgemeine Altersgrenze* von momentan noch 65 Jahren erreicht hat (BGH FamRZ 92, 43). Rentenbezug auf Grund *flexibler* Altersgrenze lässt Erwerbsobliegenheit nicht entfallen (BGH NJW 99, 1547). **c)** Die alters- 4
bedingte Erwerbsunfähigkeit muss zu einem der in Nr 1–3 bezeichneten
Zeitpunkte vorliegen. Wiederaufleben des Unterhaltsanspruchs scheidet aus, wenn
zwischenzeitlich eine wirtschaftliche Selbstständigkeit erreicht worden war. **d) Kür-** 5
zung nach § 1579 Nr 4, wenn in der Vergangenheit Ausbildung mutwillig unterlassen wurde (Hamburg FamRZ 91, 445).

§ 1572 Unterhalt wegen Krankheit oder Gebrechen

Ein geschiedener Ehegatte kann von dem anderen Unterhalt verlangen, solange und soweit von ihm vom Zeitpunkt
1. **der Scheidung,**
2. **der Beendigung der Pflege oder Erziehung eines gemeinschaftlichen Kindes,**
3. **der Beendigung der Ausbildung, Fortbildung oder Umschulung oder**
4. **des Wegfalls der Voraussetzungen für einen Unterhaltsanspruch nach § 1573**

an wegen Krankheit oder anderer Gebrechen oder Schwäche seiner körperlichen oder geistigen Kräfte eine Erwerbstätigkeit nicht erwartet werden kann.

1. Allgemeines. Bei krankheitsbedingter Erwerbsunfähigkeit und dadurch ver- 1
ursachter Bedürftigkeit besteht Unterhaltsanspruch. Eine kausale Verknüpfung zwischen Ehe und Krankheit ist nicht erforderlich (BGH FamRZ 04, 779).

2. Voraussetzungen. a) Körperliche oder seelische **Erkrankung**, gleich, ob vor 2
oder während der Ehe eingetreten, bei Eheschließung bekannt (vgl BGH NJW 82,
41), ob anlagebedingt, angeboren oder erworben. Auch Alkoholsucht (Stuttgart
FamRZ 81, 963) oder Scheidungsneurose (vgl BGH NJW 84, 1817). Auch eine
vorübergehende Erkrankung genügt (str). **b)** Krankheit muss zu den in Nr 1–4 3
genannten **Einsatzzeitpunkten** vorliegen. Unerheblich ist, dass sie erst später
erkannt wurde. Latente Erkrankung zum Zeitpunkt der Scheidung usw genügt
nicht, um die durch die Einsatzzeitpunkte gewollte Begrenzung des nachehelichen
Unterhaltsrisikos nicht zu unterhöhlen (str; offen gelassen von BGH NJW 01, 3261:
Jedenfalls zeitnaher [nicht 23 Monate nach Scheidung] Ausbruch der Krankheit
und Eintritt der Erwerbsunfähigkeit erforderlich); scheitert Anspruch aus § 1572 am
Einsatzzeitpunkt, kommt Anspruch gem (subsidiärem) § 1576 in Betracht (BGH
NJW 03, 3481). **c)** Nicht nur direkt krankheitsbedingte **Unfähigkeit zur** 4
Erwerbstätigkeit, sondern auch Unzumutbarkeit („nicht erwartet werden kann")
fällt unter § 1572, zB krankheitsbedingte Gefährdung auf dem Weg zur Arbeitsstätte.

§ 1573

Jedoch muss eine leichtere, angemessene und mögliche Arbeit – auch vollschichtig – übernommen werden, falls die bisher ausgeübte Tätigkeit auf Grund gesundheitlicher Beeinträchtigung nicht mehr (voll) ausgeübt werden kann (BGH NJW-RR 93, 898 f). Auch ein Teilerwerb oder geringer bezahlte, aber nach § 1574 II angemessene Vollzeitbeschäftigung (s BGH NJW 91, 225) kann uU „zu erwarten" sein

5 („soweit"). **d)** Den erkrankten Ehegatten trifft eine **Obliegenheit zur Behand-**
6 **lung** und Therapie, uU auch zu einer Operation (BGH NJW 94, 1593). **e)** Zur **Auskunftspflicht** des Unterhaltsgläubigers Schleswig FamRZ 82, 1018.

7 **3. Beendigung.** Mit Gesundung und damit wiedergewonnener Erwerbsfähigkeit entfällt der Unterhaltsanspruch („solange"); zur Darlegungslast des Unterhaltspflichtigen BGH NJW-RR 05, 1451. Befristung nach § 1579 Nr 8 jedoch nicht möglich (BGH NJW-RR 95, 449), da Ende nicht sicher vorhersehbar. Bei Befristung nach § 1578b II ist zu berücksichtigen, inwieweit die Erkrankung mit der Ehe in Zusammenhang steht; zumeist stellt Krankheit keinen ehebedingten Nachteil dar (BGH v 30. 3. 11 – XII ZR 63/09, juris mwN). Bei langer Ehedauer und drohender Verschlechterung des Gesundheitszustandes grds aber keine Befristung nach § 1578b II (Nürnberg NJW 08, 2444; vgl aber Zweibrücken FamRZ 10, 514 [Befristung bei 23jähriger Ehe und Erblindung]; Frankfurt FamRZ 09, 526 [Befristung bei 23jähriger Ehe]). Ggf FamFG 238.

§ 1573 Unterhalt wegen Erwerbslosigkeit und Aufstockungsunterhalt

(1) **Soweit ein geschiedener Ehegatte keinen Unterhaltsanspruch nach den §§ 1570 bis 1572 hat, kann er gleichwohl Unterhalt verlangen, solange und soweit er nach der Scheidung keine angemessene Erwerbstätigkeit zu finden vermag.**

(2) **Reichen die Einkünfte aus einer angemessenen Erwerbstätigkeit zum vollen Unterhalt (§ 1578) nicht aus, kann er, soweit er nicht bereits einen Unterhaltsanspruch nach den §§ 1570 bis 1572 hat, den Unterschiedsbetrag zwischen den Einkünften und dem vollen Unterhalt verlangen.**

(3) **Absätze 1 und 2 gelten entsprechend, wenn Unterhalt nach den §§ 1570 bis 1572, 1575 zu gewähren war, die Voraussetzungen dieser Vorschriften aber entfallen sind.**

(4) ¹**Der geschiedene Ehegatte kann auch dann Unterhalt verlangen, wenn die Einkünfte aus einer angemessenen Erwerbstätigkeit wegfallen, weil es ihm trotz seiner Bemühungen nicht gelungen ist, den Unterhalt durch die Erwerbstätigkeit nach der Scheidung nachhaltig zu sichern.** ²**War es ihm gelungen, den Unterhalt teilweise nachhaltig zu sichern, so kann er den Unterschiedsbetrag zwischen dem nachhaltig gesicherten und dem vollen Unterhalt verlangen.**

1 **1. Allgemeines.** I gibt Anspruch zur Überbrückung bis zur Aufnahme **angemessener**, Unterhalt **nachhaltig** sichernder Erwerbstätigkeit („Erwerbslosenunterhalt"), II soll Fortführung des ehelichen Lebensstandards trotz unzureichender Einkünfte aus angemessener Erwerbstätigkeit (BGH NJW 88, 2370; FamRZ 11, 193) – Teilzeit- oder Ganztagsarbeit – ermöglichen („Aufstockungsanspruch"). Ie unter-
2 scheidet das Ges vier Fälle: **a)** Der Ehegatte kann nach der Scheidung eine Zeit lang („solange") keine angemessene Erwerbstätigkeit finden. **b)** Die angemessene
3 Erwerbstätigkeit deckt nicht den Unterhaltsbedarf („soweit" sowie II). **c)** Der Ehegatte hat mit Rücksicht auf die Ehe zunächst eine nicht angemessene Tätigkeit
4 ausgeübt und gibt diese nach der Scheidung auf (s BT-Drs 7/650 S 125). **d)** Die Einkünfte aus angemessener Erwerbstätigkeit fallen später weg (IV 1).

5 **2. Voraussetzungen. a)** Der Geschiedene muss außerstande sein, den Lebensbedarf selbst nachhaltig zu bestreiten, s dazu § 1577. **b)** Der Ehegatte kann **nach der**

Titel 7. Scheidung der Ehe § 1573

Scheidung oder im **Anschluss** an die in §§ 1570–1572, 1575 geregelten Bedürfnislagen (III) (überhaupt) keine angemessene Erwerbstätigkeit finden (vgl BGH FamRZ 84, 989). „Ehebedingtheit" der Erwerbslosigkeit ist nicht erforderlich (BGH NJW 80, 394), s jedoch Rn 16. Gibt der Ehegatte dagegen aus Anlass der **6** Scheidung eine angemessene Erwerbstätigkeit auf, ist Anspruch aus § 1573 nicht gegeben (für kurz vor der Scheidung aufgegebene Erwerbstätigkeit s § 1579 Nr 4). „Nicht zu finden vermag" bringt Erwerbsobliegenheit zum Ausdruck. Aufgabe **7** gewinnloser selbstständiger Tätigkeit, um abhängige Beschäftigung aufzunehmen, s Stuttgart FamRZ 91, 1059. Bei Teilzeitarbeit Suche nach vollschichtiger Erwerbstätigkeit geboten (Celle NJW-RR 94, 1354). Bemühungen sind konkret vorzutragen und zu beweisen (vgl BGH FamRZ 86, 886); neben „subjektiven" Bemühungen kommt es auch auf „objektive" Verhältnisse (Arbeitsmarkt, Ausbildung, Gesundheitszustand usw) an (BGH NJW 87, 899; sa BGH NJW-RR 87, 963). **c)** Nur **8** angemessene Erwerbstätigkeit muss übernommen werden; Angemessenheit s § 1574 II; vgl Koblenz FamRZ 93, 199; Schleswig FamRZ 93, 72 (zumutbare Nebentätigkeit), aber auch Hamm NJW-RR 93, 776 f (nicht „unterwertige" Erwerbstätigkeit). Aufgabe während der Ehe ausgeübter unangemessener Tätigkeit hindert nicht das Entstehen eines Unterhaltsanspruchs nach § 1573. **d) Beweislast** für vergebliche **9** Suche trägt Anspruchsteller (BGH NJW 87, 899, NJW-RR 87, 198).

3. Teilw Bedürftigkeit. a) Zweck und Voraussetzungen des „Aufstockungsanspruchs" s Rn 1; zur Verfassungsmäßigkeit s BVerfG NJW 81, 1773 f sub III. **10** Anspruchsvoraussetzungen müssen im Einsatzzeitpunkt (s § 1573 I) gegeben sein; spätere Geltendmachung des Anspruchs ist ohne Bedeutung (BGH NJW 05, 3278). Zur Bemessung am Maßstab des § 1578 s BGH NJW 83, 1733 (Doppelverdiener), aber auch NJW 85, 1029 (Rente/Einkommen); NJW 84, 295 (nach Trennung aufgenommene Tätigkeit); NJW 82, 1872; 85, 1027 (maßgeblicher Zeitpunkt für eheliche Lebensverhältnisse ist Scheidung, es sei denn, während Trennung treten außergewöhnliche Veränderungen ein); NJW 83, 2321 zum trennungsbedingten Mehrbedarf. Bei Ansatz von fiktivem Erwerbseinkommen ist Erwerbstätigenbonus zu berücksichtigen (BGH NJW-RR 90, 580). Geringfügigkeit s Düsseldorf FamRZ 96, 947. **b)** Unterhaltsvoraussetzungen aus §§ 1570–1572 haben Vorrang; Ergänzung **11** des Bedarfs nach diesen Vorschriften („soweit") bis zur Höhe von Einkommen aus Vollerwerbstätigkeit unterliegt nicht Begrenzung nach § 1578b, vgl BGH NJW 90, 1848; sa § 1570 Rn 7.

4. Dauer des Anspruchs. S § 1578b; iü Dauer der zugrunde gelegten Voraussetzungen maßgeblich. Das gilt auch für den „Aufstockungsanspruch", wenn später **12** die nicht ausreichenden Einkünfte ganz wegfallen, ohne dass ein voller Unterhaltsanspruch entsteht, IV 2.

5. Anschlussunterhalt nach Beendigung der in §§ 1570–1572, 1575 geregelten Bedürfnislagen. S III. **13**

6. Wegfall der Einkünfte. a) Späterer **Verlust** der Einkünfte aus angemessener **14** Erwerbstätigkeit führt nur dann zum Entstehen oder Wiederaufleben von Unterhaltsansprüchen, wenn es dem Ehegatten nicht möglich war, seinen Unterhalt durch eine angemessene Erwerbstätigkeit **nachhaltig** zu sichern, IV 1. Als nachhaltige Unterhaltssicherung ist in Anlehnung an BEG 75 eine Erwerbstätigkeit anzusehen, die im Zeitpunkt der Aufnahme nach obj Maßstäben und allg Lebenserfahrung mit einer gewissen Sicherheit als dauerhaft angesehen werden konnte (BGH NJW 86, 375); zum Beurteilungszeitpunkt s BGH NJW 85, 431. Aushilfstätigkeiten oder bes krisenanfällige „Jobs" bewirken keine nachhaltige Unterhaltssicherung; Arbeitsbeschaffungsmaßnahmen s Frankfurt NJW-RR 87, 1154. Einkünfte aus Versorgung eines neuen Partners sind solchen aus angemessener Erwerbstätigkeit nicht gleichzusetzen (BGH NJW 87, 3129). **b)** Bei nur teilw nachhaltiger Sicherung kann wieder **15** der Unterschiedsbetrag verlangt werden, IV 2 (hierzu auch Holzhauer JZ 77, 75).

§§ 1574, 1575

c) Zum Problem der Überleitung von Unterhaltsansprüchen auf Träger der Sozialhilfe oder Arbeitslosengeld II s Dieckmann FamRZ 77, 84 (zur fr Arbeitslosenhilfe).

16 **7. Zeitliche Begrenzung.** Der Anspruch kann zeitlich begrenzt und herabgesetzt werden, § 1578b.

§ 1574 Angemessene Erwerbstätigkeit

(1) **Dem geschiedenen Ehegatten obliegt es, eine angemessene Erwerbstätigkeit auszuüben.**

(2) ¹**Angemessen ist eine Erwerbstätigkeit, die der Ausbildung, den Fähigkeiten, einer früheren Erwerbstätigkeit, dem Lebensalter und dem Gesundheitszustand des geschiedenen Ehegatten entspricht, soweit eine solche Tätigkeit nicht nach den ehelichen Lebensverhältnissen unbillig wäre.** ²**Bei den ehelichen Lebensverhältnissen sind insbesondere die Dauer der Ehe sowie die Dauer der Pflege oder Erziehung eines gemeinschaftlichen Kindes zu berücksichtigen.**

(3) **Soweit es zur Aufnahme einer angemessenen Erwerbstätigkeit erforderlich ist, obliegt es dem geschiedenen Ehegatten, sich ausbilden, fortbilden oder umschulen zu lassen, wenn ein erfolgreicher Abschluss der Ausbildung zu erwarten ist.**

1 **1. Allgemeines.** Einschränkung der Erwerbsobliegenheit.

2 **2. Angemessenheit. a)** II definiert und konkretisiert die Angemessenheit der obliegenden Erwerbstätigkeit. Maßgebend sind zunächst vor allem Ausbildung, Fähigkeiten, eine frühere Erwerbstätigkeit (also keine Beschränkung auf allein der Ausbildung entspr Tätigkeiten, BGH NJW 05, 61; vgl auch Saarbrücken FamRZ 08, 411), Alter (Hamm FamRZ 08, 991) und Gesundheitszustand (vgl BGH NJW-RR 87, 197), die Berufsplanung auf Grund der gemeinschaftlich beschlossenen Gestaltung der ehelichen Lebensgemeinschaft (BGH NJW 80, 394: Studium als Hinderungsgrund, früheren, erlernten Beruf wiederaufzunehmen), aber auch eheli- **3** che Lebensverhältnisse und ihre Entwicklung bis zur Scheidung (BGH NJW 84, 1686); für Doppelverdiener s BGH NJW 83, 1733; 85, 1027; Sonderentwicklungen nach Trennung können jedoch außer Betracht bleiben (BGH NJW 84, 1686); im Vergleich zur Trennungszeit ist Angemessenheit eher zu bejahen, vgl BGH NJW 91, 1051 (auch zu „umfassender Abwägung"). Zum Wertungsgesichtspunkt „Arbeitsplatzsicherheit" s BGH NJW-RR 87, 197; Schleswig NJW 09, 3723 (gesi- **4** chertes Teilzeitarbeitsverhältnis). **b)** Ein höherer Ausbildungsstand, der durch eine vom geschiedenen Partner finanzierte Ausbildung, Fortbildung oder Umschulung nach der Ehe erreicht worden ist, bleibt jedoch bei der Angemessenheit außer Betracht (§ 1575 III).

5 **3. Ausbildungsobliegenheit III.** Zu den Bemühungen um angemessene Erwerbstätigkeit gehört nach **III** auch eine den Fähigkeiten entspr Ausbildung, Fortbildung oder Umschulung, die einen erfolgreichen Abschluss und einen Arbeitsplatz (vgl BGH NJW-RR 87, 198) erwarten lässt; für die Dauer dieser Ausbildung etc kann Unterhaltsanspruch nach § 1573 I bestehen (BGH NJW 84, 1686). Verletzung dieser Obliegenheit kann zur Anrechnung fiktiver Einkünfte führen (vgl Hamburg FamRZ 85, 1261).

§ 1575 Ausbildung, Fortbildung oder Umschulung

(1) ¹**Ein geschiedener Ehegatte, der in Erwartung der Ehe oder während der Ehe eine Schul- oder Berufsausbildung nicht aufgenommen oder abgebrochen hat, kann von dem anderen Ehegatten Unterhalt verlangen, wenn er diese oder eine entsprechende Ausbildung sobald wie möglich auf-**

Titel 7. Scheidung der Ehe § 1575

nimmt, um eine angemessene Erwerbstätigkeit, die den Unterhalt nachhaltig sichert, zu erlangen und der erfolgreiche Abschluss der Ausbildung zu erwarten ist. ²Der Anspruch besteht längstens für die Zeit, in der eine solche Ausbildung im Allgemeinen abgeschlossen wird; dabei sind ehebedingte Verzögerungen der Ausbildung zu berücksichtigen.

(2) Entsprechendes gilt, wenn sich der geschiedene Ehegatte fortbilden oder umschulen lässt, um Nachteile auszugleichen, die durch die Ehe eingetreten sind.

(3) Verlangt der geschiedene Ehegatte nach Beendigung der Ausbildung, Fortbildung oder Umschulung Unterhalt nach § 1573, so bleibt bei der Bestimmung der ihm angemessenen Erwerbstätigkeit (§ 1574 Abs. 2) der erreichte höhere Ausbildungsstand außer Betracht.

1. Allgemeines. § 1575 gewährt „Ausbildungsunterhalt" auf Grund Nichtaufnahme oder Unterbrechung einer Schul- oder Berufsausbildung **vor** oder **während** der **Ehe** (I) und zur Fortbildung oder Umschulung, um den geschiedenen Ehegatten „unbeschränkt berufstüchtig zu machen" (BT-Drs 7/650 S 132), II. Daneben Anspruch aus §§ 1573 I, 1574 III möglich (BGH NJW 84, 1686). Verhältnis des Ausbildungsanspruchs zur staatlichen Ausbildungsförderung s BGH NJW 80, 395; Dieckmann FamRZ 77, 92 f sowie § 1577 Rn 3. 1

2. Voraussetzungen I. a) Schul- oder Berufsausbildung (s hierzu Diederichsen NJW 77, 356) muss unterblieben oder unterbrochen worden sein. **b)** Nichtaufnahme oder Unterbrechung einer Ausbildung vor der Ehe muss in Erwartung einer konkret beabsichtigten Ehe geschehen sein (Gernhuber/Coester-Waltjen § 30 Rn 56: Motivationszusammenhang); Vernachlässigung der eigenen Ausbildung in der allg Erwartung, später zu heiraten und damit versorgt zu sein, fällt nicht unter I. **c)** Auch bei Unterbleiben oder Unterbrechen der Ausbildung während der Ehe ist ursächliche Verknüpfung zwischen Ehe und Aufgabe von Ausbildungsabsichten **nicht** nachzuweisen; auch aus anderen Gründen erfolgter Abbruch der Ausbildung, zB wegen Krankheit (BGH NJW 80, 394), reicht, jedoch müssen Ausbildungsabsichten während Ehe konkret in Angriff genommen worden sein (Bamberg FamRZ 81, 151). **d)** Ausbildung muss zum Ziel haben, eine **angemessene Erwerbstätigkeit**, die **nachhaltige Unterhaltssicherung** erwarten lässt, zu ermöglichen (Karlsruhe FamRZ 09, 120). „Angemessenheit" wird nicht durch eheliche Verhältnisse bestimmt, sondern durch konkreten Lebensplan (vgl Gernhuber/Coester-Waltjen, § 30 Rn 60, Frankfurt FamRZ 95, 879: unangemessenes Medizinstudium, Karlsruhe FamRZ 09, 120: unangemessenes Hochschulstudium mit den Hauptfächern Romanistik, Christentum und Kultur ohne konkretes Berufsziel, aber auch Schleswig SchlHA 84, 163: der wegen Ehe abgebrochenen Ausbildung sozial gleichwertig). Nicht nur materielle Erwerbssicherung, sondern auch berufliche Entfaltung kann zu berücksichtigen sein (vgl BGH FamRZ 84, 989; Gernhuber/Coester-Waltjen § 30 Rn 56 mwN, str; Promotion s Düsseldorf FamRZ 87, 708). Finanzierung der Ausbildung in einem Beruf ohne Arbeitsplatzaussichten kann nicht verlangt werden. Findet sich nach Abschluss der Ausbildung kein Arbeitsplatz, trägt der Verpflichtete das Risiko des Bildungsstrebens des Berechtigten, s krit Dieckmann FamRZ 77, 93. **e)** Ein erfolgreicher Abschluss der Ausbildung muss auf Grund der Umstände, insbesondere der Fähigkeiten und auch des Alters des Berechtigten zu erwarten sein (vgl Hamm FamRZ 88, 1280: Studium mit 46 aufgenommen, Vordiplom nach 9 Semestern nicht erreicht). **f) Folgen der (Wieder-)Aufnahme** einer Ausbildung nach Scheidung: Der geschiedene Ehegatte hat Anspruch auf Unterhalt für die Zeit der (wieder-)aufgenommenen oder einer entspr Ausbildung. **Dauer** des Anspruchs: I 2; (nur) ehebedingte Verzögerungen sind unschädlich, I 2 HS 2; vgl BGH NJW 80, 394. Die (Wieder-)Aufnahme der oder einer entspr Ausbildung muss allerdings sobald als möglich geschehen (Karlsruhe FamRZ 09, 120: Studium erst längere Zeit nach Trennung aufgenommen). 2 3 4 5 6 7

§§ 1576, 1577

8   **3. Voraussetzungen II.** Fortbildung oder Umschulung muss erforderlich sein, um ehebedingte Nachteile (dazu BGH FamRZ 84, 989) auf dem Arbeitsmarkt „aufzuholen". Dauer der Fortbildung oder Umschulung soll sich dabei ebenfalls nach den Anforderungen des Arbeitsmarktes richten. Fortbildungs- oder Umschulungsbedarf muss an frühere Ausbildung anschließen (Frankfurt FamRZ 79, 591).

9   **4. Anrechnung von Einkünften.** Soweit **Erwerbstätigkeit neben Ausbildung oder Fortbildung** usw möglich ist und erwartet werden kann, sind Einkünfte anzurechnen; der Unterhaltsanspruch beschränkt sich dann auf die Differenz zum vollen Unterhaltsbedarf.

§ 1576 Unterhalt aus Billigkeitsgründen

¹Ein geschiedener Ehegatte kann von dem anderen Unterhalt verlangen, soweit und solange von ihm aus sonstigen schwerwiegenden Gründen eine Erwerbstätigkeit nicht erwartet werden kann und die Versagung von Unterhalt unter Berücksichtigung der Belange beider Ehegatten grob unbillig wäre. ²Schwerwiegende Gründe dürfen nicht allein deswegen berücksichtigt werden, weil sie zum Scheitern der Ehe geführt haben.

1   **1. Allgemeines.** „Positive Billigkeitsklausel" soll sicherstellen, dass jede ehebedingte Unterhaltsbedürftigkeit erfasst wird und nicht einem Bedürftigen durch die enumerative Regelung der §§ 1570–1575 Unterhaltsansprüche versagt bleiben; eng auszulegende Ausnahmevorschrift (Koblenz NJW 10, 1537), nicht unterhaltsrechtliche Generalklausel. § 1576 ist subsidiär zu § 1570 (BGH NJW 84, 1540) und § 1573 (BGH NJW 03, 3481).

2   **2. Voraussetzungen. a)** Bedürftigkeit (§ 1577 I), wobei der Bedürftige auf eine eigene Erwerbstätigkeit nur verwiesen werden kann, wenn nicht schwerwiegende Gründe (die nicht schon durch die §§ 1570, 1571, 1572, 1573 und 1575 erfasst sind) entgegenstehen. Schwerwiegende Gründe sind zB, wenn ein Partner in der Ehe weit über seine Rechtspflichten hinaus dem anderen oder sonstigen Familienangehörigen Leistungen erbracht oder Belastungen auf sich genommen hat (vgl BT-Drs 7/4361 S 17). Betreuung eines nicht-gemeinschaftlichen Kindes s BGH NJW 84, 1540; Koblenz NJW 10, 1537; dem Wohl des Pflegekindes kommt dabei besonderes Gewicht zu, BGH aaO; sa BGH NJW 84, 2355 (einseitig aufgenommenes Pflegekind); Ehebruchskind s Frankfurt NJW 81, 2069; **nicht:** Ausbildung (Düsseldorf
3   FamRZ 80, 585). **b)** Unterhaltsbedürftigkeit ist gegen die Interessen des anderen Ehegatten abzuwägen; nur bei umfassender Abwägung feststellbare „grobe Unbilligkeit" der Versagung eines Anspruchs rechtfertigt Unterhalt aus Billigkeits-
4   gründen (vgl Bamberg FamRZ 80, 588). **c)** Ehebedingtheit der Bedürfnislage nicht erforderlich (BGH FamRZ 83, 800).

5   **3. Rechtsfolgen.** Unterhalt ist zu gewähren, soweit und solange die Bedürftigkeit deshalb besteht, weil Vermögenseinkünfte nicht zur Verfügung stehen und eine Erwerbstätigkeit aus den „schwerwiegenden Gründen" nicht erwartet werden kann. Zumutbarkeit der Erwerbstätigkeit wird strenger als in §§ 1570 ff beurteilt (Düsseldorf FamRZ 80, 56, aA Düsseldorf FamRZ 81, 1070).

§ 1577 Bedürftigkeit

(1) **Der geschiedene Ehegatte kann den Unterhalt nach den §§ 1570 bis 1573, 1575 und 1576 nicht verlangen, solange und soweit er sich aus seinen Einkünften und seinem Vermögen selbst unterhalten kann.**

(2) ¹**Einkünfte sind nicht anzurechnen, soweit der Verpflichtete nicht den vollen Unterhalt (§§ 1578 und 1578b) leistet.** ²**Einkünfte, die den vollen Unterhalt übersteigen, sind insoweit anzurechnen, als dies unter Berück-**

Titel 7. Scheidung der Ehe § 1577

sichtigung der beiderseitigen wirtschaftlichen Verhältnisse der Billigkeit entspricht.

(3) Den Stamm des Vermögens braucht der Berechtigte nicht zu verwerten, soweit die Verwertung unwirtschaftlich oder unter Berücksichtigung der beiderseitigen wirtschaftlichen Verhältnisse unbillig wäre.

(4) [1]War zum Zeitpunkt der Ehescheidung zu erwarten, dass der Unterhalt des Berechtigten aus seinem Vermögen nachhaltig gesichert sein würde, fällt das Vermögen aber später weg, so besteht kein Anspruch auf Unterhalt. [2]Dies gilt nicht, wenn im Zeitpunkt des Vermögenswegfalls von dem Ehegatten wegen der Pflege oder Erziehung eines gemeinschaftlichen Kindes eine Erwerbstätigkeit nicht erwartet werden kann.

Lit: Krenzler, Zur Anrechnungsproblematik gemäß § 1577 II BGB, FamRZ 83, 653; Schwab, § 1577 II BGB – das große Rätsel? Brühler Schriften I, S 23.

1. **Allgemeines. a)** I schreibt Bedürftigkeit als allgemeine Voraussetzung nachehelicher Unterhaltsansprüche fest; II und III schränken jedoch die nach I gebotene Berücksichtigung von Einkünften und Vermögensverzehr ein. II ist auf den Unterhaltsanspruch nach § 1615l entspr anwendbar (BGH NJW 05, 818; Brandenburg FamRZ 10, 1915). Bei einer durch Vermögensverlust entstehenden Bedürfnislage, die nicht scheidungsbedingt ist, besteht nach IV nur ausnahmsweise ein Unterhaltsanspruch. **b) Anzurechnen** sind nach I („soweit") Einkünfte aus zumutbarem Erwerb; im Prinzip gelten für Berechtigte und Verpflichtete die gleichen Grundsätze für ihre Erwerbsobliegenheit (Kalthoener/Büttner NJW 91, 404 mwN). Bei Ansatz fiktiver Erwerbseinkünfte bei Berechtigten ist ein Erwerbstätigenbonus ebenfalls zu berücksichtigen (BGH NJW-RR 90, 580). Weitere **Einkünfte:** Vermögenserträge s BGH FamRZ 85, 356 (sa BGH NJW 85, 911; 86, 1343); Schmerzensgeld BGH NJW-RR 88, 1093. Kapitalerträge aus Auseinandersetzung nach Scheidung s Bamberg NJW-RR 93, 68 (bedarfsdeckende Anlage), Oldenburg NJW-RR 95, 453 (ertragreiche Anlage – Festgeld), BGH NJW-RR 86, 682; zur Obliegenheit zu wirtschaftlicher Anlage und Umschichtung s BGH NJW 92, 1046; Verwertung Hausgrundstück und Mitwirkung daran s Frankfurt NJW-RR 93, 7; Wohnvorteile wie das mietfreie Wohnen im eigenen Haus, BGH FamRZ 98, 88; Zuwendungen oder Vergütung für Versorgungsleistungen durch neuen Partner s BGH NJW-RR 87, 1283 (anderweitige Deckung des Unterhaltsbedarfs), NJW 89, 1085, aber auch Hamm NJW-RR 94, 707 (leistungsunfähiger neuer Partner); Wohngeld BGH NJW 83, 686; Erwerbsunfähigkeitsrente BGH NJW 83, 1481; Leistungen nach BErzGG BGH NJW 92, 365; Pflichtteilsanspruch BGH NJW 93, 1921; Pflegegeld, BGH NJW 87, 1201, Hamm NJW 96, 3016; zur Darlehensmöglichkeit s BGH NJW 85, 2331 (BAföG), Graba FamRZ 85, 118. **Nicht:** Sozialhilfe, vgl BGH 78, 201; Arbeitslosengeld II, BGH NJW 87, 1551 (zur fr Arbeitslosenhilfe).

2. **Nicht voll anrechenbare Einkünfte II. a)** Einkünfte aus nicht angemessener (§ 1574 II) *oder* nach §§ 1570–1572 nicht zumutbarer Erwerbstätigkeit (wohl aber Abfindung auf Grund unzumutbarer Tätigkeit, Koblenz FamRZ 02, 325). Unzumutbare Erwerbstätigkeit braucht nicht durch Unterhaltssäumigkeit veranlasst zu sein (BGH NJW 83, 935). Zumutbare, aber überobligationsmäßige Tätigkeit s Hamm FamRZ 94, 1035; Born FamRZ 97, 129. **Keine Anrechnung** solcher Einkünfte in Höhe der Differenz zwischen geschuldetem (Quoten)unterhalt und vollem Bedarf nach § 1578 I (BGH NJW 83, 935). Evtl zusätzliche Korrektur über § 1581 (BGH aaO). Auch für die Lebensverhältnisse der Ehegatten nach § 1578 I bleiben diese Einkünfte außer Betracht (BGH NJW 83, 936). Berechnungsbsp s BGH NJW-RR 88, 516. **b)** Übersteigen die Einkünfte, evtl iVm teilw gewährtem Unterhalt oder/und Einkünften aus angemessener Erwerbstätigkeit (Dieckmann FamRZ 77, 101) jedoch den vollen Unterhaltsbedarf, so kommt eine teilw Anrechnung nach II 2 in Betracht (vgl Frankfurt FamRZ 84, 800). Anzurechnen ist nicht

§ 1578

nach „Differenzmethode", sondern durch Abzug vom geschuldeten Betrag (BGH NJW 83, 936; s auch Hamm FamRZ 95, 173). Zur Problematik der Bestimmung ie s Dieckmann FamRZ 77, 98 ff; Hampel FamRZ 84, 629.

7　**3. Verwertung des Vermögensstammes.** S III; dazu BGH NJW 85, 911; je größer das Vermögen, desto eher besteht Obliegenheit zur Verwertung (Karlsruhe FamRZ 10, 657).

8　**4. Späterer Wegfall des Vermögens IV. a) Kein Unterhaltsanspruch** bei **Wegfall** eines **Vermögens,** dessen Erträge oder Substanz im Zeitpunkt der Scheidung Unterhaltsdeckung für die Lebenszeit („nachhaltig") des Vermögensinhabers erwarten ließen, IV 1. Soweit jedoch Unterhaltsdeckung aus dem Stamm des Vermögens erfolgt, ist der Verbrauch bei Ehescheidung vorauszusetzen, nachhaltige
9　Unterhaltssicherung also nur bei entspr großem Vermögen zu erwarten. **b) Ausnahme** bei Kinderbetreuung s IV 2.

§ 1578 Maß des Unterhalts

(1) ¹**Das Maß des Unterhalts bestimmt sich nach den ehelichen Lebensverhältnissen.** ²**Der Unterhalt umfasst den gesamten Lebensbedarf.**

(2) **Zum Lebensbedarf gehören auch die Kosten einer angemessenen Versicherung für den Fall der Krankheit und der Pflegebedürftigkeit sowie die Kosten einer Schul- oder Berufsausbildung, einer Fortbildung oder einer Umschulung nach den §§ 1574, 1575.**

(3) **Hat der geschiedene Ehegatte einen Unterhaltsanspruch nach den §§ 1570 bis 1573 oder § 1576, so gehören zum Lebensbedarf auch die Kosten einer angemessenen Versicherung für den Fall des Alters sowie der verminderten Erwerbsfähigkeit.**

1　**1. Allgemeines.** Das Maß des nachehelichen Unterhalts bestimmt sich – abweichend vom allg Unterhaltsrecht – nicht nach dem angemessenen Bedarf des Berechtigten, sondern nach den ehelichen Lebensverhältnissen, I 1. Damit wird eine (in § 1578b abgeschwächte) **Lebensstandardgarantie** geschaffen. Der Unterhaltsberechtigte wird zu Lasten des -verpflichteten vor sozialem Abstieg geschützt.

2　**2. Eheliche Lebensverhältnisse.** Geprägt werden die ehelichen Lebensverhältnisse insbes durch das **Einkommen** der Ehegatten und durch den auf Grund der **häuslichen Arbeit** des nicht erwerbstätigen Ehegatten erreichten sozialen Standard (BGH NJW 01, 2257). **a)** Maßgeblich ist grundsätzlich das nachhaltig erzielte tatsächlich verfügbare (BGH NJW 90, 1477) und zur Bedarfsdeckung (nicht zur Vermögensbildung) verwendete Einkommen (vgl BGH NJW 92, 2478 f). Die **Einkommens- und Vermögensverhältnisse** müssen den Lebensstandard nachhaltig geprägt haben (BGH NJW 82, 1871). „Überobligationsmäßiges" Einkommen ist nicht maßgeblich (BGH NJW 03, 1182). Bei Doppelverdienern ist die Summe der Einkommen maßgebend (BGH NJW 83, 683). Beschränkungen im ehelichen Lebensstandard trotz hoher Einkünfte sind zu beachten (BGH NJW 82, 1646). Um jedoch eine zu dürftige Lebensführung oder auch einen übermäßigen Aufwand als Maßstab für den Unterhaltsanspruch auszuschließen, ist dabei ein objektiver Maßstab anzulegen (BGH FamRZ 12, 699 mAnm Bergschneider). Dieser darf freilich nicht dazu führen, dass der Boden der ehelichen Lebensverhältnisse verlassen wird und Vermögenseinkünfte als eheprägend zu Grunde gelegt werden, die auch nach einem objektiven Maßstab nicht für die allg Lebensführung verwendet worden wären (BGH NJW 08, 57). Belastungen, die verfügbares Einkommen mindern, sind abzuziehen (sog bereinigtes Nettoeinkommen, zB Beiträge zu Kranken- und Altersvorsorge (auch Aufwendungen für zusätzliche Altersvorsorge, BGH NJW 05, 3281: 4% des Gesamtbruttoeinkommens des Vorjahres), berufsbedingte Aufwendungen, Fahrtkosten zur Arbeitsstelle, einvernehmlich eingegangene Verbindlichkeiten (Hamm NJW-RR 94, 707); nicht, wenn

Titel 7. Scheidung der Ehe § 1578

bereits im Zugewinnausgleich berücksichtigt (Saarbrücken NJW 06, 1439 [Verbot der Doppelwertung]). Unterhalt an volljährige Kinder (BGH NJW 85, 2716), nicht an Stiefkinder des Unterhaltspflichtigen (BGH NJW 05, 3279). Ob Ausgaben erforderlich sind, ist unerheblich (BGH NJW 92, 1045). **b) Einzelne Einkünfte:** Leibrente 3 (BGH NJW 94, 936); Aufwandsentschädigung (BGH NJW-RR 86, 1003), Verletztenrente (BGH NJW 82, 1593), Pflegezulage usw (BGH NJW 82, 1594). *Nicht:* Zinsen aus Zugewinnausgleich (BGH NJW 86, 1343), nicht geltend gemachtem Pflichtteilsanspruch (BGH NJW 82, 2772), Kindergeld (BGH FamRZ 00, 1494; Ausgleich nach § 1612b IV), Pflegegeld (s § 1361 Rn 6). **c)** Dem Einkommen hinzuzurechnen 4 ist auch der **Wohnvorteil,** dh der mit dem mietfreien Wohnen im eigenen Haus oder der eigenen Wohnung verbundene Vorteil (BGH FamRZ 00, 951). Berechnung: Objektiver Mietwert abzüglich Hauslasten (Grundstückslasten, Zins und Tilgung für Finanzierung der Immobilie, BGH FamRZ 00, 952; NJW 08, 1946). Wird das Haus bzw die Wohnung nach dem Auszug des früheren Ehegatten wegen der Größe nicht mehr vollständig bewohnt, so ist nur derjenige Betrag als Wohnvorteil anzurechnen, der der tatsächlichen Nutzung entspricht (idR Mietzins für eine den ehelichen Lebensverhältnissen angemessenere kleinere Wohnung). Der darüber hinausgehende Wert unterliegt als allgemeiner Vermögenswert der Obliegenheit zur möglichst ertragreichen Nutzung bzw Verwertung des Vermögens. Der Ehegatte kann daher nach der Scheidung zur Teil- oder Vollvermietung gehalten sein (BGH FamRZ 00, 951). – Nach Veräußerung der Immobilie tritt an die Stelle des Wohnwerts der Zinsgewinn aus dem Verkaufserlös (BGH FamRZ 09, 23), selbst wenn er den Wohnwert übersteigt (BGH NJW 02, 439). Das gilt auch, wenn ein Ehegatte seinen Miteigentumsanteil auf den anderen überträgt oder das Haus durch Teilungsversteigerung erwirbt; für den seinen Anteil verlierenden Ehegatten tritt der Erlös als Surrogat an die Stelle der Nutzungsvorteile seines Miteigentumsanteils, Ansatz des vollen Wohnwerts beim anderen (BGH NJW 05, 2079; NJW 05, 3280). Wird der Erlös vom Unterhaltsberechtigten allerdings verbraucht, ist ein Zinsertrag weder bei ihm noch beim Verpflichteten anzurechnen (Koblenz NJW 02, 1885). **d)** Maßgeblich sind die ehelichen 5 Verhältnisse im **Zeitpunkt** der Rechtskraft des Scheidungsurteils (BGH NJW 88, 2034). Prägend sind daher auch die *während der Trennung* eingetretenen Veränderungen (vgl § 1361 Rn 8), insbes ein während der Trennung geborenes Kind eines Unterhaltsberechtigten aus einer anderen Beziehung (BGH FamRZ 99, 369). *Nach der Scheidung* eingetretene Änderungen werden nur berücksichtigt, wenn sie zum Zeitpunkt der Scheidung mit hoher Wahrscheinlichkeit zu erwarten waren (BGH NJW 88, 2034, s ferner BGH NJW 05, 1797: hinreichend vorausehbare Erbschaft insoweit bedarfsprägend, als angemessene Altersvorsorge unterbleibt), insbes gewöhnliche Erhöhungen von Einkommen und Besoldung (BGH FamRZ 00, 1492) und Absenkung infolge Eintritts in den Ruhestand (BGH NJW 03, 1796). Keine Berücksichtigung finden darf nach BVerfG FamRZ 11, 437 hingegen der Unterhaltsbedarf eines neuen Ehegatten des Unterhaltsschuldners. Der Rspr des BGH zu den „wandelbaren ehelichen Lebensverhältnissen" unter Anwendung der sog Drittelmethode, derzufolge der Unterhaltsbedarf jedes Berechtigten im Wege der **Dreiteilung des Gesamteinkommens** des Unterhaltspflichtigen und beider Unterhaltsberechtigter zu ermitteln sein sollte (BGH FamRZ 10, 111 mwN), wurde damit eine Absage erteilt (s dazu Borth FamRZ 11, 445; Gutdeutsch FamRZ 11, 523). Unterhaltsvereinbarungen, die auf der durch die Entscheidung des BVerfG vom 25.1.2011 beanstandeten Rechtsprechung des BGH zur Bedarfsermittlung durch Dreiteilung des zur Verfügung stehenden Gesamteinkommens des Unterhaltspflichtigen sowie der früheren und der jetzigen unterhaltsberechtigten Ehegatten beruhen (s BGHZ 177, 356), sind aber weder nach § 779 I unwirksam, noch nach §§ 119 ff anfechtbar. Die Anpassung solcher Vereinbarungen richtet sich nach den Grundsätzen des Wegfalls der Geschäftsgrundlage; sie kann frühestens für solche Unterhaltszeiträume verlangt werden, die der Entscheidung des BVerfG vom 25.1.2011 nachfolgen (BGH NJW 13, 1530). **e)** Die **Aufnahme einer** 6 **Berufstätigkeit** (bzw ihre Erweiterung) nach der Scheidung wirkt sich prägend aus, weil das daraus erzielte Erwerbseinkommen jedenfalls bei Normalverdienern gleich-

§ 1578a

sam als „Surrogat" des wirtschaftlichen Wertes der bisherigen häuslichen Tätigkeit angesehen wird (grundlegend BGH NJW 01, 2258, dazu Büttner NJW 01, 3244; Hohloch JuS 01, 1123; bestätigt durch BVerfG FamRZ 11, 437). Unter Verzicht auf eine monetäre Bewertung der Familienarbeit wird entsprechendes (auch fiktives, s BGH NJW 03, 435 und unterhaltsrelevantes überobligatorisches, s BGH NJW 05, 2149) Einkommen nicht nach der Anrechnungs-, sondern nach der für den Unterhaltsberechtigten günstigeren Differenzmethode verrechnet, s Rn 7. Die Familienarbeit soll damit der Erwerbstätigkeit gleichgestellt und ein Anreiz zur Arbeitsaufnahme gesetzt werden. Folge ist Anspruch nach Maßgabe des § 1573 II. Die fr Rspr, wonach Einkommen aus Aufnahme bzw Erweiterung der Berufstätigkeit nicht eheprägend ist (Anrechnungsmethode), verstößt gegen GG 6 I iVm GG 3 II (BVerfG NJW 02, 1186). Eine Abänderungsklage (FamFG 238) gegen auf der Anrechnungsmethode beruhende Titel ist nicht statthaft (BGH NJW 03, 1798 [Urteil, aA Köln NJW 02, 3640]; BGH NJW 03, 1182 [Prozessvergleich]). Weiterhin nicht als eheprägend zu berücksichtigen ist ein nachehelicher Karrieresprung. Anderes gilt für eine Verringerung des Nettoeinkommens, wenn der Unterhaltspflichtige nach Rechtskraft der Ehescheidung in eine Religionsgemeinschaft eintritt (BGH NJW 01, 1961). – Eheprägendes „Surrogatseinkommen" in diesem Sinne sind ferner die (gem ZPO 287 II zu schätzende) Wert der Versorgungsleistungen, die der Unterhaltsberechtigte für einen *neuen* Partner erbringt (BGH FamRZ 01, 1694, s ferner BGH NJW 04, 2303; abl Rauscher FF 05, 135) und eine nach der Ehe bezogene Altersrente (BGH FamRZ 02, 91).

7   **3. Berechnungsmethoden.** S § 1361 Rn 10. Nach dem **Halbteilungsgrundsatz** steht jedem Ehegatten als Bedarf grundsätzlich die Hälfte des verteilungsfähigen Einkommens zu (BGH NJW 88, 2371). Dem erwerbstätigen Teil – also nicht bei Bezug von Arbeitslosengeld (Karlsruhe FamRZ 98, 746) – ist vorab ein Erwerbstätigenbonus von $1/7$ zuzubilligen (BGH NJW 90, 2888). Unterhalt ist deshalb als Quote (meist $3/7$) des (Netto-)Erwerbseinkommens des Verpflichteten, bei Doppelverdienern der Differenz zu berechnen (Differenzmethode, vgl BGH NJW 81, 1611; 95, 963 f). Das gilt auch für Einkommen aus nach der Ehe aufgenommener Tätigkeit des bislang haushaltsführenden Ehegatten (BGH NJW 01, 2258). Iü verbleibt es bei der Anrechnungsmethode. **Richtsätze** für Unterhaltsbemessung s Tabellen, dazu
8   Rn 2 vor §§ 1360–1361. – Bei außergewöhnlich **hohen Einkommensverhältnissen** scheidet eine quotale Bemessung aus; Bedarf ist im Einzelnen darzulegen und zu monetarisieren (Bamberg FamRZ 99, 515 [Unterhalt iHv DM 14646]).

9   **4. Umfang.** Nach I 2 ist grundsätzlich der gesamte Bedarf geschuldet. II und III enthalten die Klarstellung, dass die genannten Kosten zum Lebensbedarf gehören. III wird dabei wichtig in den Fällen, in denen auch unter Berücksichtigung des Versorgungsausgleichs der Aufbau einer eigenen Alterssicherung ohne entspr Bemessung des Unterhalts nicht möglich wäre. Ausrichtung am zugebilligten Elementarunterhalt (BGH NJW-RR 88, 518). Analogie zu II bei Pflegeversicherung (Saarbrücken FamRZ 99, 383). Grundsätzlich besteht ein Anspruch auf Altersvorsorgeunterhalt auch dann, wenn der Berechtigte seinen Elementarunterhaltsbedarf teilweise durch eine tatsächlich ausgeübte sozialversicherungspflichtige Tätigkeit abdeckt (BGH FamRZ 99, 373). Zum **Vorsorgeunterhalt** sa § 1361 Rn 12. **Prozesskostenvorschuss** zählt bei geschiedenen Ehegatten nicht zum Unterhalt (BGH 89, 33).

10 **5. Begrenzung des Unterhalts.** S §§ 1578b, 1579.

§ 1578a Deckungsvermutung bei schadensbedingten Mehraufwendungen

Für Aufwendungen infolge eines Körper- oder Gesundheitsschadens gilt § 1610a.

1   S. Anm zu § 1610a.

§ 1578b Herabsetzung und zeitliche Begrenzung des Unterhalts wegen Unbilligkeit

(1) ¹Der Unterhaltsanspruch des geschiedenen Ehegatten ist auf den angemessenen Lebensbedarf herabzusetzen, wenn eine an den ehelichen Lebensverhältnissen orientierte Bemessung des Unterhaltsanspruchs auch unter Wahrung der Belange eines dem Berechtigten zur Pflege oder Erziehung anvertrauten gemeinschaftlichen Kindes unbillig wäre. ²Dabei ist insbesondere zu berücksichtigen, inwieweit durch die Ehe Nachteile im Hinblick auf die Möglichkeit eingetreten sind, für den eigenen Unterhalt zu sorgen, oder eine Herabsetzung des Unterhaltsanspruchs unter Berücksichtigung der Dauer der Ehe unbillig wäre. ³Nachteile im Sinne des Satzes 2 können sich vor allem aus der Dauer der Pflege oder Erziehung eines gemeinschaftlichen Kindes sowie aus der Gestaltung von Haushaltsführung und Erwerbstätigkeit während der Ehe ergeben.

(2) ¹Der Unterhaltsanspruch des geschiedenen Ehegatten ist zeitlich zu begrenzen, wenn ein zeitlich unbegrenzter Unterhaltsanspruch auch unter Wahrung der Belange eines dem Berechtigten zur Pflege oder Erziehung anvertrauten gemeinschaftlichen Kindes unbillig wäre. ²Absatz 1 Satz 2 und 3 gilt entsprechend.

(3) Herabsetzung und zeitliche Begrenzung des Unterhaltsanspruchs können miteinander verbunden werden.

Lit: Triebs, Begrenzung und Befristung des Ehegattenunterhalts nach § 1578b BGB n. F., FPR 08, 31; Graba, Die Rechtsprechung des BGH zum Unterhaltsrecht im Jahr 2012, FF 13, 141.

1. Allgemeines. Mit der durch das UÄndG 2007 neu eingeführten Vorschrift des § 1578b sind die bis dahin in §§ 1573 V und 1578 I 2 geregelten Vorschriften zur Herabsetzung und zeitlichen Begrenzung des Unterhalts in einer Norm zusammengefasst worden, die auf alle Unterhaltstatbestände anzuwenden ist. Grundlage ist der Gedanke, dass die Leistungen der Ehegatten zwar gleichwertig sind und diese daher grundsätzlich einen Anspruch auf gleiche Teilhabe am gemeinsam Erwirtschafteten haben, daraus jedoch keine „Lebensstandardgarantie" im Sinne einer zeitlich unbegrenzten und in der Höhe nicht abänderbaren Teilhabe nach der Scheidung zu erwachsen vermag (BT-Drs 16/1830 S 18). Die Norm ist neben § 1579 anwendbar. I 2 und 3 wurden durch G v 20.2.2013 (BGBl I 273) mit Wirkung vom 1.3.2013 geändert wegen BVerfG FamRZ 11, 437 (s § 1578 Rn 5). Zur Anpassung von früher abgeschlossenen Unterhaltsvergleichen s § 1578 Rn 5. Die Änderung des Normtextes bedeutet keine grundlegende Änderung der Gesetzeslage (BGH NJW 13, 1533 Tz 34ff). Sie dient aber der Klarstellung, dass es einer **umfassenden Billigkeitsabwägung** (I 2 und 3: „insbesondere", „vor allem") bedarf, bei welcher die Ehedauer und die entstandenen Nachteile (Regelbeispiele in I 3) umfassend zu berücksichtigen sind. BGH NJW 13, 1530: In Fällen, in denen die nacheheliche Solidarität das wesentliche Billigkeitskriterium bei der Abwägung darstellt, gewinnt die Ehedauer ihren wesentlichen Stellenwert bei der Bestimmung des Maßes der gebotenen nachehelichen Solidarität aus der Wechselwirkung mit der in der Ehe einvernehmlich praktizierten Rollenverteilung und der darauf beruhenden Verflechtung der wirtschaftlichen Verhältnisse; hieran hat die am 1.3.2013 in Kraft getretene Neufassung von **I** nichts geändert.

2. Zweck. Norm verfolgt das Ziel, die Beschränkung von Unterhaltsansprüchen anhand objektiver Billigkeitsmaßstäbe zu erleichtern. Sie vereinigt in sich sowohl den Grundsatz der Eigenverantwortung als auch den Grundsatz der fortwirkenden nachehelichen Solidarität.

3. Herabsetzung. a) I sieht eine Herabsetzung des Unterhaltsanspruchs auf den angemessenen Lebensbedarf vor, wenn eine an den ehelichen Lebensverhältnissen

§ 1578b

orientierte Bemessung des Unterhaltsanspruchs unbillig wäre. **Nacheheliche Änderungen** der Lebensverhältnisse sind nach BGH NJW 12, 384 im Anschluss an BVerfG FamRZ 11, 437 nur zu berücksichtigen, wenn sie auch bei Fortbestand der Ehe eingetreten wären oder aufgrund Ehebezugs mit hoher Wahrscheinlichkeit eingetreten wären (BGH FamRZ 12, 253 mAnm Borth). „Angemessener" Bedarf ist mehr als Existenzminimum oder notwendiger Bedarf (BGH FamRZ 09, 1990 [mindestens Existenzminimum]; Hamm NJW-RR 88, 8). Maßstab ist das Einkommen, das ohne Ehe und Kindererziehung zur Verfügung stünde (BGH FamRZ 10, 629). Eine sofortige Herabsetzung ab Rechtskraft der Scheidung ist regelmäßig nicht
4 möglich (Bremen NJW 09, 373). **b)** Sowohl bei der Herabsetzung als auch bei der zeitlichen Begrenzung ist außerdem zu berücksichtigen, dass die Belange eines vom Unterhaltsberechtigten betreuten gemeinschaftlichen Kindes gewahrt bleiben – sog Kinderschutzklausel (BT-Drs 16/1830 S 19). Die Norm schützt somit auch vor einem zu starken Niveauunterschied zwischen Betreuungs- und Kindesunterhalt.
5 **c)** Weiterhin ist zu berücksichtigen, inwieweit durch die Ehe Nachteile im Hinblick auf die Möglichkeit eingetreten sind, für den eigenen Unterhalt zu sorgen. Bzgl der Verknüpfung „durch die Ehe" genügt es, dass der Nachteil, nicht für den eigenen Unterhalt sorgen zu können, ganz überwiegend bzw im Wesentlichen auf die vereinbarte Aufgabenteilung während der Eheführung zurückzuführen ist. Die wichtigsten Umstände, aus denen sich solche Nachteile ergeben können, benennt I 3. Für die Entscheidung über eine Beschränkung des nachehelichen Unterhalts kommt es somit auf die Fortdauer ehebedingter Nachteile und nicht mehr vorrangig auf die Dauer der Ehe an (Brandenburg NJW 08, 2268). Keine Nachteile, wenn die Zeit der Kindererziehung vor der Eheschließung gelegen hat und der Unterhalt begehrende Ehepartner während der Ehe keine beruflichen Nachteile erlitten hat
6 (Frankfurt NJW 08, 3440). **d)** Steht die Unbilligkeit fest, besteht kein Ermessensspielraum. Zu den Kriterien der Billigkeitsabwägung BGH NJW 86, 2833; Hamburg FamRZ 98, 295 (zehnjährige Ehedauer und Krankheit). Befristung in späterem Abänderungsverfahren s Hamm FamRZ 94, 1392.

7 **4. Zeitliche Begrenzung.** Unter den gleichen Voraussetzungen ermöglicht II eine zeitliche Begrenzung des Unterhaltsanspruchs. Dies vor allem bei kurzer Ehedauer (dazu BGH FamRZ 86, 887), wobei Zeiten des Kinderbetreuungsunterhalts einzurechnen sind (auch vor Wiederverheiratung [Düsseldorf NJW-RR 96, 1348], doch gehören solche Zeiten zur Billigkeitsprüfung). Bsp: ca neunjährige (kinderlose) Ehe berechtigt Begrenzung auf drei Jahre (München NJW 08, 2447); 20jährige (kinderlose) Ehe: Begrenzung auf vier Jahre (Brandenburg NJW-RR 09, 3); nach 28 Jahren ohne ehebedingte Nachteile Befristung auf neun Jahre (= 58. Lebensjahr der Frau, Brandenburg NJW-RR 09, 1227); nach 17 Jahren Befristung nur in Ausnahmefällen (KG NJW-RR 05, 517, s ferner Hamm FamRZ 05, 35: 15½ Jahre); keine Befristung bei ca 27jähriger Ehe und ehebedingten Nachteilen (Nürnberg FamRZ 09, 345). Jedoch keine bestimmten Zeitgrenzen, sondern umfassende Billigkeitsprüfung (BGH NJW 90, 2811). BGH NJW 13, 1533 Tz 35: Jedenfalls rechtfertigt eine lange Ehedauer für sich genommen insbesondere dann keinen fortdauernden Unterhalt nach den – die eigene Lebensstellung übersteigenden – ehelichen Lebensverhältnissen, wenn beide Ehegatten während der Ehe vollschichtig berufstätig waren und die Einkommensdifferenz lediglich auf ein unterschiedliches Qualifikationsniveau zurückzuführen ist, das bereits zu Beginn der Ehe vorlag (BGH NJW 11, 147). Begrenzung kann ferner Billigkeit entsprechen bei nicht ehebedingter Arbeitslosigkeit oder Differenz der Ehegatteneinkommen (zu II), BT-Drs 10/2888 S 18; keine Befristung, wenn Differenz auf fortwirkenden ehebedingten Nachteilen beruht (BGH FamRZ 06, 1006). Befristung des Aufstockungsunterhalts kann regelmäßig nicht allein mit der Erwägung abgelehnt werden, dass damit der Einsatzzeitpunkt für einen späteren Anspruch auf Altersunterhalt nach § 1571 Nr 3 entfalle (BGH NJW 08, 2644). Unzureichende Bemühungen um Halbtagesstelle als Grund für Begrenzung des Aufstockungsunterhalts s Koblenz NJW-RR 87, 132. Beweislast

s BGH NJW 90, 2812. Durch Prozessvergleich titulierter Anspruch s BGH NJW 95, 1891.

5. Nicht erforderlich: Verschulden. Verschulden des Unterhaltsberechtigten ist keine Voraussetzung (anders teilw § 1579). 8

6. Beweislast. Die Darlegungs- und Beweislast für diejenigen Tatsachen, die für eine Anwendung des § 1578b sprechen, trägt der Unterhaltsverpflichtete (BGH NJW 08, 151; FamRZ 10, 875; NJW 13, 1447). 9

§ 1579 Beschränkung oder Versagung des Unterhalts wegen grober Unbilligkeit

Ein Unterhaltsanspruch ist zu versagen, herabzusetzen oder zeitlich zu begrenzen, soweit die Inanspruchnahme des Verpflichteten auch unter Wahrung der Belange eines dem Berechtigten zur Pflege oder Erziehung anvertrauten gemeinschaftlichen Kindes grob unbillig wäre, weil
1. die Ehe von kurzer Dauer war; dabei ist die Zeit zu berücksichtigen, in welcher der Berechtigte wegen der Pflege oder Erziehung eines gemeinschaftlichen Kindes nach § 1570 Unterhalt verlangen kann,
2. der Berechtigte in einer verfestigten Lebensgemeinschaft lebt,
3. der Berechtigte sich eines Verbrechens oder eines schweren vorsätzlichen Vergehens gegen den Verpflichteten oder einen nahen Angehörigen des Verpflichteten schuldig gemacht hat,
4. der Berechtigte seine Bedürftigkeit mutwillig herbeigeführt hat,
5. der Berechtigte sich über schwerwiegende Vermögensinteressen des Verpflichteten mutwillig hinweggesetzt hat,
6. der Berechtigte vor der Trennung längere Zeit hindurch seine Pflicht, zum Familienunterhalt beizutragen, gröblich verletzt hat,
7. dem Berechtigten ein offensichtlich schwerwiegendes, eindeutig bei ihm liegendes Fehlverhalten gegen den Verpflichteten zur Last fällt oder
8. ein anderer Grund vorliegt, der ebenso schwer wiegt wie die in den Nummern 1 bis 7 aufgeführten Gründe.

Lit: Brudermüller, Zeitliche Begrenzung des Unterhaltsanspruchs, FamRZ 98, 650; Dieckmann, Zur Einschränkung des nachehelichen Unterhaltsanspruchs nach dem UÄndG für „Berufstätigenehen", FamRZ 87, 981; Diederichsen, Die Ehedauer als Begrenzungskriterium für den nachehelichen Unterhalt, FS Müller-Freienfels 1986, 99; Häberle, Zum Einfluß persönlicher Eheverfehlungen auf den Ehegattenunterhalt, FamRZ 82, 557; ders, Die Erweiterung der negativen Härteklausel (§ 1579) durch das UÄndG, FamRZ 86, 311; Henrich, Die negative Härteklausel (§ 1579 nF) und die Belange des Kindes, FamRZ 86, 401; Lübbert, Der Ausschluß des nachehelichen Unterhalts wegen „grober Unbilligkeit" – § 1579 –, 1982; Schnitzler, Die verfestigte Lebensgemeinschaft als selbständiger Härtegrund im neuen § 1579 Nr 2 BGB, FPR 08, 41.

1. Allgemeines. Härteklausel zugunsten des Unterhaltsverpflichteten; unter den in Nr 1–8 geregelten Voraussetzungen kann Unterhalt versagt, herabgesetzt oder zeitlich begrenzt werden. Gilt nicht bei § 1576, da die in § 1579 erheblichen Umstände schon in die Billigkeitsabwägung eingehen können (BGH NJW 84, 1540). 1

2. Voraussetzungen. a) Fälle der **grob unbilligen Inanspruchnahme** sind in Nr 1–7 enumerativ aufgezählt und werden in Nr 8 durch eine Generalklausel ergänzt; bei den genannten Voraussetzungen können für das Urteil „grob unbillig" zusätzliche Momente Gewicht haben (vgl BGH NJW-RR 86, 1194). Die Fassung der Norm stellt iü klar, dass die Belange gemeinschaftlicher, dem Unterhaltsbedürftigen durch Sorgerechtsentscheidung oder entspr Vereinbarung „anvertrauter" Kinder (für die Dauer der Betreuung) Vorrang vor den Interessen des Unterhaltspflichtigen 2

§ 1579

haben; gleichwohl muss auch bei berücksichtigenswerten Kindesbelangen völlige Versagung in Betracht kommen, vgl Diederichsen NJW 86, 1290; Düsseldorf NJW-RR 88, 7 (seltene Ausnahmefälle). Die Zahl der teilweise bizarren Einzelfälle wächst
3 ständig; hier können nur Bsp wiedergegeben werden. **b)** Für die **kurze Dauer** der **Nr 1** ist nach BVerfG 80, 286 maßgebend tatsächliche Ehedauer; anschließend sind Kindesbelange abzuwägen. Iü ist maßgebend die jeweilige Lebenssituation der Ehegatten, insbes des Unterhaltsbedürftigen (BGH NJW 81, 756). 2 Jahre sind regelmäßig als kurz zu bewerten, 3 Jahre nicht mehr, vgl BGH FamRZ 11, 794; NJW 81, 756; dagegen Köln FamRZ 92, 66 (4 Jahre). Ehedauer iS dieser Vorschrift endet jedenfalls mit Rechtshängigkeit des Scheidungsantrags (BGH NJW 81, 755). Zur Kinderbetreuungszeit BVerfG 80, 293; Dieckmann aaO S 983. Wiederverheiratung:
4 Dauer der 1. Ehe bleibt außer Betracht (Hamm FamRZ 89, 1091). **Nr 2:** Durch UÄndG 2007 eingeführter Tatbestand (Gesetzgebungsverfahren s Schnitzler aaO S 42), der vorher unter Nr 8 subsumiert wurde. Es wird kein vorwerfbares Fehlverhalten des Unterhaltsberechtigten sanktioniert, sondern eine rein objektive Gegebenheit in den Lebensverhältnissen des bedürftigen Ehegatten erfasst, die eine dauerhafte Unterhaltsleistung unzumutbar erscheinen lässt (BT-Drs 16/1830 S 21). Unter „verfestigter Lebensgemeinschaft" ist eine Lebensgemeinschaft zwischen einem Mann und einer Frau zu verstehen, die auf Dauer angelegt ist, daneben keine weitere Lebensgemeinschaft gleicher Art zulässt und sich durch innere Bindungen auszeichnet, die ein gegenseitiges Einstehen der Partner füreinander begründen, also über die Beziehungen in einer reinen Haushalts- und Wirtschaftsgemeinschaft hinausgehen (BVerfG NJW 93, 643). Neben neueren Entscheidungen bleibt die bisherige Rechtsprechung weiter anwendbar: eheähnliche längere (nicht unter zwei Jahren [Celle NJW 08, 1456]; nach kürzerer Zeit bei Schwangerschaft von neuem Partner, Köln FamRZ 05, 279) und stabile (nicht, wenn „es kriselt", Köln NJW-RR 03, 938 [Einzelfallentscheidung]) Verbindung mit neuem Partner (BGH FamRZ 02, 811), nicht jedoch, wenn die Partner ihre jeweiligen Lebensbereiche bewusst getrennt halten, um ihre Unabhängigkeit zu bewahren (BGH NJW 02, 219; dazu D. Schwab FamRZ 02, 92); auf sexuelle Beziehung kommt es nicht an (BGH NJW 02, 1949). Bei Beendigung der Lebensgemeinschaft kann der Unterhaltsanspruch wiederaufleben, sei bei einer kurzen Ehe aber gem § 1578b zeitlich zu begrenzen
5 (Hamm NJW-RR 07, 583). **Nr 3:** gefährliche Körperverletzung (BGH NJW 04, 1324); Prozessbetrug gegen Antragsteller s Hamm NJW-RR 88, 8 (Verhältnismäßigkeitsgrundsatz sei zu beachten); Verschweigen eigener Einkünfte (BGH NJW 97, 1440); Revolverschüsse (Düsseldorf NJW 93, 3078 f). Unter besonderen Umständen Verwirkung auch bereits entstandener Unterhaltsansprüche (BGH NJW 04, 1325). Täter muss schuldhaft, wenn auch im Zustand verminderter Schuldfähigkeit gehan-
6 delt haben (Hamm FamRZ 02, 241); bei Schuldunfähigkeit s Rn 8. **c) „Mutwilligkeit"** iSv **Nr 4** ist schon leichtfertiges Verhalten, das Unterhaltsbedürftigkeit herbeiführt (vgl BGH NJW 81, 2807: Trunksucht); sa zum Vermögensverbrauch BGH FamRZ 84, 368; zur unterlassenen Ausbildung BGH NJW 86, 986; zur „Selbstverwirklichung" Köln FamRZ 85, 930: Aufgabe der Erwerbstätigkeit (sa Hamm FamRZ 96, 954; Bamberg NJW-RR 88, 132), Verweigern therapeutischer Hilfe (Hamm FamRZ 99, 238; nicht, wenn Unterlassen der Behandlung auf der Krankheit selbst beruht, BGH FamRZ 05, 1897 [Schizophrenie]); nicht: Selbsttötungsversuch (BGH NJW-RR 89, 1219); homologe In-vitro-Fertilisation trotz Widerrufs des
7 Einverständnisses durch Ehemann (BGH FamRZ 01, 543); **Nr 5:** Anschwärzen (Karlsruhe FamRZ 98, 747); Bestehlen (Hamm FamRZ 94, 168); Vereitelung des Zugewinnausgleichs (Hamm NJW 07, 1144); Verschweigen erheblicher Einkommenssteigerungen (BGH NJW 08, 2581); **Nr 7** deckt Fälle des schwerwiegenden und klar bei dem unterhaltsbedürftigen Ehegatten liegenden Fehlverhaltens, also insbesondere dauerhafte intime Beziehungen (sowohl heterosexuelle als auch gleichgeschlechtliche [BGH NJW 08, 2779]) zu einem Dritten vor oder nach der Trennung (vgl BGH FamRZ 11, 794 f; NJW 90, 254; Frankfurt NJW-RR 94, 456), Mehrverkehr (Celle NJW-RR 87, 580); „böser Schein" eines Treubruchs (Celle

Titel 7. Scheidung der Ehe **§§ 1580, 1581**

FamRZ 99, 509); „Unterschieben" eines Kindes (Köln FamRZ 98, 749); Vereitelung des Umgangsrechts (Brandenburg v 12. 1. 11 – 9 WF 383/09, juris; München FamRZ 98, 750); Weigerung, gemeinsamen Wohnsitz zu begründen (BGH NJW 87, 1761 [krit dazu Dieckmann aaO]); Tätlichkeiten (Koblenz NJW-RR 89, 5); beleidigende Veröffentlichungen in der Ortspresse (Brandenburg v 12. 1. 11 – 9 WF 383/09, juris); **Nr 8** übernimmt die Funktion eines Auffangtatbestandes, insbes wenn bei Nr 3, 5 Verschulden nicht nachgewiesen werden kann (s Hamm FamRZ 98, 372). Bsp: Teilhabe am Splittingvorteil zum Nachteil des neuen Ehegatten (BGH NJW 85, 2268); unterlassene Wiederheirat, um Unterhaltsanspruch zu erhalten (BGH NJW 84, 2692); Verschweigen der Scheinehelichkeit eines Kindes (BGH NJW 85, 428); Anzeige bei östlichem Staatssicherheitsdienst (Köln NJW-RR 86, 687); unverständlich unterbliebenes Zusammenleben (BGH NJW-RR 94, 644); **nicht:** Absinken des Unterhaltsverpflichteten und seiner neuen Familie unter Sozialhilfeschwelle (BGH NJW 96, 2793); unerkannte voreheliche Erkrankung (BGH NJW 94, 1286); gleichgeschlechtliches Zusammenleben (BGH NJW 95, 655); Zusammenleben der Ehefrau mit ihrem Schwiegersohn an anderen Wohnort (Jena NJW-RR 05, 6). Zur **Beweislast** für Härtegrund BGH NJW 91, 1291; Brandenburg NJW 08, 2355. Verwirkung selbst bei Schwerbehinderung des Unterhaltsberechtigten (BGH NJW-RR 88, 834). Zum Wiederaufleben eines ausgeschlossenen Anspruchs BGH NJW 87, 3130. 8

9

3. Folgen. Versagung, Herabsetzung oder zeitliche Beschränkung des Unterhaltsanspruchs. **Herabsetzung** auf ⅔ trotz 30-jähriger Ehedauer (Hamm FamRZ 90, 633). **Zeitliche Beschränkung** an Ehedauer orientiert (Hamm NJW-RR 87, 518). 10

§ 1580 Auskunftspflicht

¹**Die geschiedenen Ehegatten sind einander verpflichtet, auf Verlangen über ihre Einkünfte und ihr Vermögen Auskunft zu erteilen.** ²**§ 1605 ist entsprechend anzuwenden.**

1. Allgemeines. Auskunft kann nur verlangt werden, wenn und soweit zur Feststellung eines Unterhaltsanspruchs oder einer Unterhaltsverpflichtung relevant (§ 1605 I 1), vgl BGH NJW 82, 2771 (Pflichtteil); 83, 1783 (Rente); Hamburg FamRZ 85, 394 (Einkünfte, nicht Vermögensgegenstände); Karlsruhe NJW-RR 90, 712 (Verwendung von Kapitalbeträgen). Erforderlich ist systematische Aufstellung der Angaben, die Berechnung ohne übermäßigen Arbeitsaufwand ermöglicht, BGH NJW 83, 2243 (auch zum Zeitraum). Auskunft und Vorlage von Belegen: zwei Ansprüche (München FamRZ 93, 202). Fehlende Relevanz bei uneingeschränkter Leistungsbereitschaft Hamm FamRZ 96, 736; bei besonders günstigen wirtschaftlichen Verhältnissen BGH NJW 94, 2619. 1

2. Geltendmachung im Verbundsverfahren. Anspruch kann bereits im Verbundverfahren geltend gemacht werden (BGH NJW 82, 1645). Kein Zurückbehaltungsrecht (Köln FamRZ 87, 714). 2

Kapitel 3. Leistungsfähigkeit und Rangfolge

§ 1581 Leistungsfähigkeit

¹**Ist der Verpflichtete nach seinen Erwerbs- und Vermögensverhältnissen unter Berücksichtigung seiner sonstigen Verpflichtungen außerstande, ohne Gefährdung des eigenen angemessenen Unterhalts dem Berechtigten Unterhalt zu gewähren, so braucht er nur insoweit Unterhalt zu leisten, als es mit Rücksicht auf die Bedürfnisse und die Erwerbs- und Vermögensverhältnisse der geschiedenen Ehegatten der Billigkeit entspricht.** ²**Den Stamm**

§ 1581

des Vermögens braucht er nicht zu verwerten, soweit die Verwertung unwirtschaftlich oder unter Berücksichtigung der beiderseitigen wirtschaftlichen Verhältnisse unbillig wäre.

Lit: Deisenhofer, Der Mindestbedarf des unterhaltsberechtigten Ehegatten, FamRZ 90, 580; Dieckmann, Der Selbstbehalt – Versuch einer systematischen Einordnung, Brühler Schriften zum Familienrecht Bd 1, 1981, S 41; Duderstadt, Unterhaltsrechtliche Mangelfälle, FamRZ 87, 548; Graba, Zur Unterhaltsberechnung im Mangelfall, FamRZ 89, 232; Gutdeutsch, Vorschläge zur Bedarfsbemessung und Kürzung nach § 1581 BGB bei gleichrangigen Unterhaltsansprüchen von Ehegatten, FamRZ 95, 327; v. Krog, Unterhaltspflicht und verschuldete Leistungsunfähigkeit, FamRZ 84, 539; sa Lit zu § 1578.

1. Allgemeines. § 1581 kürzt den (nach § 1578 berechneten) Unterhaltsanspruch des geschiedenen Ehegatten bei Gefährdung des eigenen eheangemessenen Bedarfs des Unterhaltsverpflichteten („Mangelfall"; praktisch die Regel).

2. Voraussetzungen. Einkünfte, insbes aus Vermögen oder (und) Erwerbstätigkeit des in Anspruch Genommenen reichen nicht aus, um den Unterhaltsbedarf beider Teile sowie seine sonstigen (gleichrangigen oder vorrangigen) Unterhaltsverpflichtungen (dazu Rn 7) zu decken. Spätere Einkommensverschlechterung s Düsseldorf FamRZ 91, 331. Eigener angemessener Unterhalt des Verpflichteten ist der eheangemessene Unterhalt nach § 1578 I 1 (BGH NJW 90, 1172; dazu Böhmer JR 90, 375; zur Bemessung als Quote sa Düsseldorf NJW 90, 2695). **a) Vermögensverzehr** s S 2, der § 1577 III entspricht. Zur Abwägung Frankfurt NJW-RR 88, 1161; vgl auch BGH NJW 05, 433. **b) Einkünfte: aa)** Welche **Erwerbstätigkeit** von dem in Anspruch Genommenen erwartet werden kann, sagt das Ges nicht. Die für den Berechtigten geltenden Grundsätze sind entsprechend zu berücksichtigen. Auch der **Verpflichtete** hat deshalb **Erwerbsobliegenheit,** vgl BGH NJW-RR 87, 515 für wiederverheirateten (oder in nichtehelicher Lebensgemeinschaft lebenden, BGH NJW 01, 1489) „Hausmann" mit Unterhaltsverpflichtung aus § 1570, die zur Annahme fiktiven Einkommens führen kann. Sie legt auch bei Wahl oder Aufgabe einer Stelle Beschränkungen auf (BGH NJW 82, 1052). Bei Aufgabe des Arbeitsplatzes ohne zureichenden Grund wird der Verpflichtete als leistungsfähig behandelt (BGH NJW 81, 1610); sa Düsseldorf NJW-RR 94, 326 (Straftat gegen Arbeitgeber); Stuttgart FamRZ 83, 1233 (für beide Seiten); sa BGH NJW 93, 1975 zum schuldhaften Verlust des Arbeitsplatzes (beachtlich, es sei denn, Berufung darauf ist treuwidrig). Berufs- und Ortswechsel s KG FamRZ 84, 592; Studium als Hinderungsgrund s Karlsruhe FamRZ 81, 559. Entscheidung für selbstständigen Beruf entlastet nicht für Übergangszeit (Düsseldorf NJW-RR 88, 2). **bb) Sonstige Einkünfte:** Grundrente (BGH NJW 81, 1313); Zulagen (BGH NJW 82, 41); Ortszuschlag (BGH NJW-RR 90, 581); Versorgung durch neuen Partner (BGH NJW 80, 126, 1688); freiwillige Leistungen Dritter sind für Leistungsfähigkeit nur dann zu beachten, wenn sie nach dem Willen des Dritten auch dem Unterhaltsberechtigten zugutekommen sollen (BGH NJW-RR 05, 947). **c) Sonstige Verpflichtungen** sind **aa)** solche gegenüber im Rang auf Grund §§ 1582 I, 1609 II vorgehenden oder gleichstehenden Unterhaltsberechtigten; vgl zum Kindesunterhalt aber auch KG FamRZ 84, 898, Hamm FamRZ 90, 413 und zum Vorab-Abzug bei ausreichendem Einkommen § 1578 Rn 2. Zur Berücksichtigung des Unterhaltsanspruchs des neuen Ehegatten nach der Entscheidung BVerfG FamRZ 11, 437 (Verfassungswidrigkeit der Drittelmethode) s Borth FamRZ 11, 445; Gutdeutsch FamRZ 11, 523.

bb) andere Verbindlichkeiten, soweit sie nicht nach Entstehung der Unterhaltspflicht ohne zwingenden Grund eingegangen worden sind (s §§ 1601–1604 Rn 21; Einschränkungen BGH NJW 84, 1238). Evtl Tilgungsplan erforderlich, um monatliche Belastung auszugleichen (sa BGH NJW 82, 1641; Düsseldorf FamRZ 86, 65 zur Schuldtilgung im Verhältnis zu Unterhaltsgläubigern; Hamburg MDR 83, 935 zu Versicherungsbeiträgen). **cc)** Belastungen aus dem Versorgungsausgleich sind nicht zu berücksichtigen, weil sonst der Ausgleichsberechtigte seinen Ausgleich mit

Titel 7. Scheidung der Ehe **§§ 1582–1584**

dem Wegfall seiner Unterhaltsansprüche zu bezahlen hätte (BT-Drs 7/650 S 163). Zu Abschreibungen s Durchlaub FamRZ 87, 1223. **d)** Als „Selbstbehalt" ist jedenfalls der zur Erhaltung der Arbeitskraft notwendige Unterhalt zu belassen; zur Höhe s § 1361 Rn 16, Bamberg NJW-RR 92, 1415 (gleich hoch für Ehegatten und Kinder); BGH 104, 169 (großer Selbstbehalt); Karlsruhe FamRZ 93, 1452 (Mitte zwischen kleinem und großem Selbstbehalt), aber auch BGH NJW 92, 1623 zum Mangelfall (zweistufige Berechnung) s Braunschweig FamRZ 95, 356; BGH NJW-RR 92, 1475 zum FGB. Gegenüber dem Ehegattenunterhalt muss dem Unterhaltspflichtigen ein Selbstbehalt verbleiben, der den notwendigen Selbstbehalt gegenüber einem Unterhaltsanspruch minderjähriger Kinder (§ 1603 II) übersteigt und zwischen diesem und dem angemessenen Selbstbehalt (§ 1603 I) liegt (BGH NJW 09, 307, 311). **e)** Berücksichtigung von Einkünften des Berechtigten aus nicht gebotener **10** Erwerbstätigkeit im Rahmen der Billigkeit s BGH NJW 83, 936. **9**

3. Rechtsfolgen. Minderung oder auch gänzlicher Wegfall der Unterhaltsver- **11** pflichtung für die Dauer der mangelnden Leistungsfähigkeit (aA Düsseldorf FamRZ 89, 982: nicht Wegfall, sondern Billigkeitsprüfung); Untergrenze notwendiger Selbstbehalt; Braunschweig FamRZ 95, 356: Mindestbedarf. Aber: Berufung auf selbst herbeigeführte Leistungsunfähigkeit kann treuwidrig sein (BGH NJW 88, 2241).

§ 1582 Rang des geschiedenen Ehegatten bei mehreren Unterhaltsberechtigten

Sind mehrere Unterhaltsberechtigte vorhanden, richtet sich der Rang des geschiedenen Ehegatten nach § 1609.

Durch das UÄndG 2007 enthält § 1582 nur noch einen Verweis auf § 1609, in **1** welchem seitdem die Rangverhältnisse aller unterhaltsberechtigten Personen zentral geregelt sind. Sonderregelungen zur Rangfolge erübrigen sich somit.

§ 1583 Einfluss des Güterstands

Lebt der Verpflichtete im Falle der Wiederheirat mit seinem neuen Ehegatten im Güterstand der Gütergemeinschaft, so ist § 1604 entsprechend anzuwenden.

Die Vorschrift stellt sicher, dass ein geschiedener Ehegatte seine Leistungsfähigkeit **1** bei Wiederverheiratung nicht durch Vergemeinschaftung seines Vermögens schmälert; das Gesamtgut und seine Erträgnisse werden deshalb dem Verpflichteten bei Beurteilung seiner Leistungsfähigkeit zugerechnet.

§ 1584 Rangverhältnisse mehrerer Unterhaltsverpflichteter

¹Der unterhaltspflichtige geschiedene Ehegatte haftet vor den Verwandten des Berechtigten. ²Soweit jedoch der Verpflichtete nicht leistungsfähig ist, haften die Verwandten vor dem geschiedenen Ehegatten. ³§ 1607 Abs. 2 und 4 gilt entsprechend.

1. Allgemeines. Die Vorschrift regelt die gesteigerte Unterhaltsverantwortung **1** zwischen (geschiedenen) Ehegatten im Vergleich zur Unterhaltspflicht Verwandter.

2. Rangfolge. a) Der geschiedene Ehegatte haftet vor unterhaltspflichtigen **2** Verwandten, soweit und solange er nicht leistungsunfähig iSd § 1581 ist. Auch wenn er ohne Gefährdung seines eigenen Unterhalts nur Teilleistungen erbringen kann, hat er insoweit primär einzustehen. **b) Ersatzhaftung** der unterhaltspflich- **3** tigen, dh leistungsfähigen (s § 1603 I) Verwandten (s § 1589) tritt ein, wenn der

4 geschiedene Ehegatte entweder **aa)** absolut leistungsunfähig ist oder **bb)** seinen eigenen angemessenen Unterhalt unter Berücksichtigung seiner sonstigen Verpflichtungen gefährden würde (vgl auch § 1608 S 2); auch braucht er den Stamm seines Vermögens nur unter den Voraussetzungen des § 1581 S 2 zu verwerten, um unterhaltspflichtige Verwandte zu entlasten. Verpflichtungen gegenüber einem neuen Ehegatten sind jedoch nur nach Maßgabe des § 1582 I 1 zu berück-
5 sichtigen. **cc)** Der Leistungsunfähigkeit des verpflichteten Ehegatten steht die Hinderung oder Erschwerung der Rechtsverfolgung im Inland gleich, S 2 iVm § 1607 II 1.

6 **3. Ges Forderungsübergang auf Verwandte.** Ges Forderungsübergang der Unterhaltsansprüche gegen den Ehegatten auf die ersatzweise leistenden Verwandten tritt im Falle verhinderter oder erschwerter Rechtsverfolgung im Inland auf Grund S 2 iVm § 1607 II 2 ein. Soweit Verwandte in anderen Situationen Unterhalt leisten, kommt es für ihre Rückgriffsansprüche aus Bereicherung darauf an, ob tatsächlich Unterhaltsansprüche gegen den geschiedenen Ehegatten bestanden (vgl hierzu §§ 1606–1608 Rn 16); war er zur Leistung etwa nach § 1581 nicht verpflichtet, besteht auch kein Regressanspruch der hilfsweise eingesprungenen Verwandten (BT-Drs 7/650 S 145).

Kapitel 4. Gestaltung des Unterhaltsanspruchs

§ 1585 Art der Unterhaltsgewährung

(1) ¹Der laufende Unterhalt ist durch Zahlung einer Geldrente zu gewähren. ²Die Rente ist monatlich im Voraus zu entrichten. ³Der Verpflichtete schuldet den vollen Monatsbetrag auch dann, wenn der Unterhaltsanspruch im Laufe des Monats durch Wiederheirat oder Tod des Berechtigten erlischt.

(2) Statt der Rente kann der Berechtigte eine Abfindung in Kapital verlangen, wenn ein wichtiger Grund vorliegt und der Verpflichtete dadurch nicht unbillig belastet wird.

§ 1585a Sicherheitsleistung

(1) ¹Der Verpflichtete hat auf Verlangen Sicherheit zu leisten. ²Die Verpflichtung, Sicherheit zu leisten, entfällt, wenn kein Grund zu der Annahme besteht, dass die Unterhaltsleistung gefährdet ist oder wenn der Verpflichtete durch die Sicherheitsleistung unbillig belastet würde. ³Der Betrag, für den Sicherheit zu leisten ist, soll den einfachen Jahresbetrag der Unterhaltsrente nicht übersteigen, sofern nicht nach den besonderen Umständen des Falles eine höhere Sicherheitsleistung angemessen erscheint.

(2) Die Art der Sicherheitsleistung bestimmt sich nach den Umständen; die Beschränkung des § 232 gilt nicht.

§ 1585b Unterhalt für die Vergangenheit

(1) Wegen eines Sonderbedarfs (§ 1613 Abs. 2) kann der Berechtigte Unterhalt für die Vergangenheit verlangen.

(2) Im Übrigen kann der Berechtigte für die Vergangenheit Erfüllung oder Schadensersatz wegen Nichterfüllung nur entsprechend § 1613 Abs. 1 fordern.

(3) Für eine mehr als ein Jahr vor der Rechtshängigkeit liegende Zeit kann Erfüllung oder Schadensersatz wegen Nichterfüllung nur verlangt werden,

Titel 7. Scheidung der Ehe §§ 1585–1585c

wenn anzunehmen ist, dass der Verpflichtete sich der Leistung absichtlich entzogen hat.

§ 1585c Vereinbarungen über den Unterhalt

¹Die Ehegatten können über die Unterhaltpflicht für die Zeit nach der Scheidung Vereinbarungen treffen. ²Eine Vereinbarung, die vor der Rechtskraft der Scheidung getroffen wird, bedarf der notariellen Beurkundung. ³§ 127a findet auch auf eine Vereinbarung Anwendung, die in einem Verfahren in Ehesachen vor dem Prozessgericht protokolliert wird.

Anmerkungen zu den §§ 1585–1585c

Lit: Büttner, Grenzen ehevertraglicher Gestaltungsmöglichkeiten, FamRZ 98, 1.

1. Allgemeines. Die Vorschriften regeln Ausgestaltung des Unterhaltsanspruchs sowie Möglichkeit seiner Sicherung und rechtsgeschäftlichen Modifikation. 1

2. Laufender Unterhalt. Ist für die Dauer der Unterhaltspflicht nach § 1585 I in Form einer monatlich vorauszahlbaren Geldrente zu leisten. § 1612 I 2 ist nicht anwendbar. Das Wort „laufend" soll klarstellen, dass weiterer Unterhalt auf Grund Sonderbedarfs geschuldet sein kann (s Rn 5). Erlöschen des Unterhaltsanspruchs auf Grund Wiederverheiratung oder Tod des Berechtigten (s § 1586 I) im Laufe des Monats s § 1585 I 3. Unterhalt als **Überbrückungsdarlehen** bis zur Auszahlung beantragter Rente s Köln NJW 80, 2817. 2

3. Kapitalabfindung (§ 1585 II). Kann vom Berechtigten verlangt werden, wenn **a)** ein wichtiger Grund vorliegt (zB Existenzgründung) und **b)** der Verpflichtete dadurch nicht unbillig belastet wird, also etwa die Abfindung vermittels eines Kredits erbringen kann, dessen Rückzahlung in Raten in etwa seiner Unterhaltsverpflichtung entspricht. Dem Unterhaltsberechtigten kann jedoch eine Unterhaltsabfindung nicht aufgedrängt werden. 3 4

4. Sonderbedarf. Definition s § 1613 II 1. Sonderbedarf ist neben dem laufenden Unterhalt geschuldet (s § 1585b I), zB bei unerwarteter Operation. 5

5. Unterhalt für die Vergangenheit. a) Für die Vergangenheit sind entspr § 1613 I Erfüllung oder Schadensersatz wegen Nichterfüllung nur geschuldet, wenn der Unterhaltsverpflichtete zum Zwecke der Geltendmachung des Unterhaltsanspruchs aufgefordert worden ist, über seine Einkünfte oder sein Vermögen Auskunft zu erteilen, wenn der Unterhaltspflichtige in Verzug geraten oder der Anspruch rechtshängig war, § 1585b II; Verzug s § 286; Mahnung vor Rechtskraft des Scheidungsbeschlusses begründet keinen Verzug, BGH NJW 92, 1956. Rechtshängigkeit s ZPO 253 I, 261 I, FamFG 113 I; ZPO 167 ist anwendbar (Düsseldorf FamRZ 02, 327 [zu ZPO 270 III aF]); Prozesskostenhilfegesuch reicht nicht (Naumburg FamRZ 06, 490). Vertragliche Vereinbarung des Unterhalts steht Verzug oder Rechtshängigkeit gleich (BGH 105, 254). Werden einzelne, in der Vergangenheit fällig gewordene Unterhaltsansprüche längere Zeit nicht verfolgt, kann ihrer Durchsetzung der Einwand der Verwirkung entgegenstehen (BGH NJW 07, 1273). **b)** Sonderbedarf kann auch für die Vergangenheit verlangt werden, § 1585b I. **c)** Nach einem Jahr erlöschen alle Unterhaltsansprüche, auch solche auf rückständigen Sonderbedarf, sofern nicht Tatsachen bewiesen werden, die die Annahme rechtfertigen, dass sich der Verpflichtete der Leistung absichtlich entzogen hat, § 1585b III. Für „absichtliches Entziehen" s BGH 105, 257 f (auch zur **Beweislast**). Geltendmachung durch Träger der Sozialhilfe s BGH NJW-RR 87, 1220. III gilt auch für vertraglich vereinbarten Unterhaltsanspruch (BGH 105, 255 f); Verzicht auf III 6 7 8

§§ 1586, 1586a

möglich (BGH aaO). Ausgleichsanspruch auf Grund Zustimmung zum Realsplitting s BGH NJW 86, 255; NJW 05, 2223 (III weder unmittelbar noch entspr anwendbar).

9   **6. Unterhaltsverträge.** Werden durch § 1585c zugelassen und sind, sofern sie vor der Rechtskraft der Scheidung geschlossen wurden, notariell zu beurkunden; regelmäßig wird ein solcher Vertrag auch den Versorgungsausgleich berücksichtigen, so dass sich die Beurkundungspflicht auch aus VersAusglG § 7 ergibt. Prozessvergleich umfasst nicht ohne weiteres Anspruch aus § 1586a (BGH NJW 88, 557 f). § 1585b gilt auch für vertraglich vereinbarte Unterhaltsansprüche (aA RG 164, 69 zu § 1613). Streitigkeiten aus Unterhaltsverträgen sind Familiensache (Johannsen/
10 Henrich/Maier § 231 FamFG Rn 2). **a)** Unterhaltsverträge schon bei oder vor Eheschließung für den Fall der Scheidung sind nach hA zulässig, vgl Celle FamRZ 89, 64 (Ehevertrag); Walter, FamRZ 82, 7 (Vereinbarung des Verschuldensprinzips).
11 **Änderung** auf Grund UÄndG 6 Nr 1 s BGH NJW-RR 89, 898. **b) Verzicht** auf Unterhalt grundsätzlich zulässig (BGH NJW 91, 914), er kann jedoch sittenwidrig und nach § 138 I nichtig sein, insbes der Betreuungsunterhalt (§ 1570) steht nicht zur Disposition der Ehegatten, modifizierbar nur in Höhe und Dauer; zur Inhaltskontrolle von Eheverträgen nach der Grundsatzentscheidung des BGH v 11.2.2004 (NJW 04, 930; zusammenfassend jetzt BGH FamRZ 13, 195 mAnm Bergschneider) s §§ 1408, 1409 Rn 8 ff. Vorbehalt einer Veränderung der wirtschaftlichen Verhältnisse s Hamm FamRZ 93, 973; Vorvertrag (nein) s Karlsruhe NJW 95, 1561.
12 **c)** Vereinbarte **Unabänderbarkeit** ist durch § 242 begrenzt, wenn Unterhalt des Verpflichteten selbst nicht mehr gesichert ist (Köln FamRZ 89, 637).

13 **7. Sicherheitsleistung.** Ist fällig, wenn **a)** der Unterhaltsberechtigte sie verlangt und **b)** Grund zur Annahme einer Gefährdung der Unterhaltsansprüche besteht. Die Formulierung des Ges stellt klar, dass der Verpflichtete dartun und beweisen muss, dass keine Gefährdung besteht. Sicherheitsleistung nach Abschluss des Verfahrens, wenn Schuldner im Ausland lebt s Hamm FamRZ 11, 569. **c)** Bei unbilliger Belastung des Verpflichteten durch die Sicherheitsleistung (Beweislast wie Rn 13)
14 entfällt der Anspruch. **d)** Höhe der Sicherheitsleistung s § 1585a I 3; **e) Art** der Sicherheitsleistung ist frei, § 1585a II; so können zB Ansprüche aus einer Lebensversicherung verpfändet werden. Nicht: Abtretung künftiger Lohn- und Gehaltsansprüche.

Kapitel 5. Ende des Unterhaltsanspruchs

§ 1586 Wiederverheiratung, Begründung einer Lebenspartnerschaft oder Tod des Berechtigten

(1) **Der Unterhaltsanspruch erlischt mit der Wiederheirat, der Begründung einer Lebenspartnerschaft oder dem Tode des Berechtigten.**

(2) **¹Ansprüche auf Erfüllung oder Schadensersatz wegen Nichterfüllung für die Vergangenheit bleiben bestehen. ²Das Gleiche gilt für den Anspruch auf den zur Zeit der Wiederheirat, der Begründung einer Lebenspartnerschaft oder des Todes fälligen Monatsbetrag.**

§ 1586a Wiederaufleben des Unterhaltsanspruchs

(1) **Geht ein geschiedener Ehegatte eine neue Ehe oder Lebenspartnerschaft ein und wird diese Ehe oder Lebenspartnerschaft wieder aufgelöst, so kann er von dem früheren Ehegatten Unterhalt nach § 1570 verlangen, wenn er ein Kind aus der früheren Ehe oder Lebenspartnerschaft zu pflegen oder zu erziehen hat.**

Titel 7. Scheidung der Ehe §§ 1586–1586b

(2) ¹Der Ehegatte der später aufgelösten Ehe haftet vor dem Ehegatten der früher aufgelösten Ehe. ²Satz 1 findet auf Lebenspartnerschaften entsprechende Anwendung.

Anmerkungen zu den §§ 1586, 1586a

1. Allgemeines. Erlöschen und Wiederaufleben von Unterhaltsansprüchen. Gilt nicht für bei Wiederheirat noch nicht erfüllten Abfindungsanspruch aus Vergleich (BGH NJW 05, 3283). § 1586 I ist auf den Unterhaltsanspruch aus § 1615l I 1, II 1, 2 entspr anwendbar (BGH NJW 05, 503).

2. Voraussetzungen des Erlöschens. a) Tod oder **b)** Wiederverheiratung des bzw Begründung einer Lebenspartnerschaft durch den Berechtigten (nicht: Tod des Verpflichteten, s § 1586b).

3. Grenzen der Wirkung des Erlöschens. a) Der für den Monat des Todes oder der Wiederverheiratung bzw der Begründung einer Lebenspartnerschaft geschuldete Betrag ist in voller Höhe zu leisten, § 1586 II 2. **b)** Ansprüche auf Erfüllung oder Schadensersatz wegen Nichterfüllung für die Vergangenheit nach § 1585b II bleiben bestehen (beachte aber § 1585b III) und fallen bei Tod in den Nachlass des Berechtigten. **c)** Keine Verpflichtung, die Beerdigungskosten zu tragen (vgl § 1613 II, EheG 69 II aF), da der unterhaltsberechtigte Ehegatte dafür selbst vorsorgen soll (vgl BT-Drs 7/650 S 150).

4. Wiederaufleben des durch Wiederverheiratung erloschenen Anspruchs. Materiellrechtlich entsteht neuer Anspruch, der mit altem Anspruch nicht identisch ist (BGH NJW 88, 557). Voraussetzungen (§ 1586a): **a)** Auflösung der neuen Ehe (durch rechtskräftigen Scheidungs-, Aufhebungsbeschluss usw; Tod des neuen Ehegatten), deren Eingehung den Unterhaltsanspruch nach § 1586 I zum Erlöschen gebracht hat; **b)** Unterhaltsbedürftigkeit wegen Notwendigkeit der Betreuung eines gemeinschaftlichen Kindes aus der geschiedenen (Erst-)Ehe, § 1586a I iVm § 1570. Andere Bedürftigkeitsgründe bleiben außer Betracht.

5. Mehrere Verpflichtete. Bei mehreren unterhaltspflichtigen Ehegatten, denen gegenüber Unterhaltsansprüche nach §§ 1570 ff und § 1586a I gegeben sein können, haftet der spätere vor dem früheren Ehegatten, § 1586a II.

§ 1586b Kein Erlöschen bei Tod des Verpflichteten

(1) ¹Mit dem Tode des Verpflichteten geht die Unterhaltspflicht auf den Erben als Nachlassverbindlichkeit über. ²Die Beschränkungen nach § 1581 fallen weg. ³Der Erbe haftet jedoch nicht über einen Betrag hinaus, der dem Pflichtteil entspricht, welcher dem Berechtigten zustände, wenn die Ehe nicht geschieden worden wäre.

(2) Für die Berechnung des Pflichtteils bleiben Besonderheiten auf Grund des Güterstands, in dem die geschiedenen Ehegatten gelebt haben, außer Betracht.

Lit: Probst, Konkurrenz zwischen Unterhaltsberechtigten und Pflichtteilsberechtigten?, AcP 191, 138.

1. Allgemeines. Vererblichkeit der Unterhaltsverpflichtung berücksichtigt, dass ehebedingte Unterhaltsbedürftigkeit bei Tod des Verpflichteten weiterbestehen kann. § 1586b stellt für die Haftung des unterhaltsverpflichteten Erben auf den potentiellen Pflichtteil des Unterhaltsberechtigten ab, da dieser durch den Tod des Unterhaltsverpflichteten nicht besser gestellt sein soll als bei intakter Ehe. Zur

Umschreibung des Unterhaltstitels auf den nach § 1586b haftenden Erben BGH NJW 04, 2896.

2 2. **Verpflichtung der Erben.** Der Erbe haftet unabhängig von seiner Leistungsfähigkeit auf Unterhalt, I 2. Weitere Voraussetzung bleibt jedoch die „Bedürftigkeit" des Unterhaltsberechtigten. Der Erbe kann sich auf die Härtefallklausel des § 1579 Nr. 7 berufen, wenn nicht der Unterhaltspflichtige zuvor darauf verzichtet hatte (BGH NJW 04, 1326).

3 3. **Haftungsbeschränkung.** a) Die Erben haften nur in Höhe des Pflichtteils, der dem Unterhaltsberechtigten zustünde, wenn die Ehe nicht geschieden worden wäre, I 3. Der Pflichtteil ist dabei nach § 2302 I 2, II iVm § 1931 I, II zu berechnen; (fiktive) Pflichtteilsergänzungsansprüche sind zu berücksichtigen (BGH NJW 03, 1796); § 2328 ist anwendbar, nicht aber § 2329 (Koblenz NJW 03, 441). Güterrechtliche Besonderheiten bleiben nach II außer Betracht; die Haftungsgrenze bestimmt sich also immer nach dem kleinen Pflichtteil; unberücksichtigt bleibt auch eine Veränderung der Erbquote nach § 1931 IV. Zur Wirkung eines Erb- oder Pflicht-
4 teilsverzichts des Unterhaltsberechtigten s Dieckmann NJW 80, 2777. b) Dem Erben verbleibt weiter die Möglichkeit, die allg Beschränkung der Erbenhaftung nach §§ 1970 ff, 1975 ff herbeizuführen. c) Maßgebender Berechnungszeitpunkt ist
5 der Tod des Verpflichteten, nicht die Scheidung der Ehe. d) Die Fiktion, dass die Ehe bis zum Tod des Verpflichteten bestanden habe, bewirkt, dass für die Berechnung der Höchsthaftung des Erben nach dem fiktiven Pflichtteil ein etwa vorhandener neuer Ehegatte unberücksichtigt bleibt (BT-Drs 7/650 S 153).

Untertitel 3. Versorgungsausgleich

Vorbemerkung

1 Dem 1977 eingeführten Versorgungsausgleich liegen zwei Motive zugrunde: Einmal können Erwerb und Verbesserung von Anwartschaften und Aussichten auf Altersversorgung eine Art „Zugewinn" sein, der auch durch die Ehe und die Anstrengung des anderen Ehegatten („gemeinsame Lebensleistung") mit ermöglicht worden ist. Zum andern sind Altersrenten zumeist auf Familien bzw Ehepaare bezogen, die Zuordnung der entspr Versorgungstitel erfolgt jedoch meist zum Vermögen eines Ehegatten und ist von der Aufgabenteilung in der Ehe abhängig. Der Versorgungsausgleich beruht deshalb auf einer Weiterentwicklung des güterrechtlichen Prinzips der Vermögensteilung und auf unterhaltsrechtlichen Erwägungen (BGH
2 85, 186). Das Ges wurde 1983 ergänzt durch das VAHRG, geändert zum 1.1.1987 durch VAwMG; ges Regelung und ihre Änderung erzwungen durch BVerfG 63, 88 und 71, 364. Erneute Änderung durch RRG 1992, dazu Ruland aaO. An die Stelle von RVO, AVG und RKnG sind die entsprechenden Vorschriften des SGB VI getreten. Zum 1.9.2009 wurden die Vorschriften über den Versorgungsausgleich aus dem BGB herausgelöst und im Versorgungsausgleichsgesetz (VersAusglG, BGBl I 700) geregelt.

§ 1587 Verweis auf das Versorgungsausgleichsgesetz

Nach Maßgabe des Versorgungsausgleichsgesetzes findet zwischen den geschiedenen Ehegatten ein Ausgleich von im In- oder Ausland bestehenden Anrechten statt, insbesondere aus der gesetzlichen Rentenversicherung, aus anderen Regelsicherungssystemen wie der Beamtenversorgung oder der berufsständischen Versorgung, aus der betrieblichen Altersversorgung oder aus der privaten Alters- und Invaliditätsvorsorge.

Titel 8. Kirchliche Verpflichtungen § 1588

1. Allgemeines. Die Regelung ist durch das Gesetz zur Strukturreform des Versorgungsausgleichs (VAStrRefG) v 3.4.2009 (BGBl I 700) geändert worden. Sie enthält jetzt nur noch einen deklaratorischen Verweis auf das VersAusglG. Die Aufzählung der erfassten Anrechte entspricht derjenigen in VersAusglG 2 I.

2. Überblick. Das System des Versorgungsausgleichs ist grundlegend novelliert worden. Anstelle eines Gesamtausgleichs über die gesetzliche Rentenversicherung nach Saldierung aller Anrechte findet jetzt grds eine Teilung jeder Versorgung innerhalb des Systems statt (interne Teilung), VersAusglG 9 II, 10 ff. Zu einem Ausgleich über ein anderes Versorgungssystem (externe Teilung) kommt es nach VersAusglG 9 III nur noch in den Fällen des VersAusglG 14 II, 16 I/II. Beiderseitige Anrechte gleicher Art werden grds nicht mehr ausgeglichen, wenn die Differenz ihrer Ausgleichswerte gering ist (VersAusglG 18 I). Das Gleiche gilt bei einzelnen Anrechten mit einem geringen Ausgleichswert (VersAusglG 18 II). Bei einer Ehezeit von bis zu drei Jahren findet ein Ausgleich nur statt, wenn einer der Ehegatten dies beantragt (VersAusglG 3 III).

3. Parteivereinbarungen. Sind in weiterem Umfang als bisher möglich (VersAusglG 6, 8). Der Schutz des Ausgleichsberechtigten ist vor allem durch VersAusglG 8 I gewahrt, der die Parteivereinbarung einer Inhalts- und Ausübungskontrolle unterwirft.

Gesetz über den Versorgungsausgleich v 3.4.2009 (BGBl I 700)

§ 6 Regelungsbefugnisse der Ehegatten

(1) **Die Ehegatten können Vereinbarungen über den Versorgungsausgleich schließen. Sie können ihn insbesondere ganz oder teilweise**
1. **in die Regelung der ehelichen Vermögensverhältnisse einbeziehen,**
2. **ausschließen sowie**
3. **Ausgleichsansprüchen nach der Scheidung gemäß den §§ 20 bis 24 vorbehalten.**

(2) **Bestehen keine Wirksamkeits- und Durchsetzungshindernisse, ist das Familiengericht an die Vereinbarung gebunden.**

§ 8 Besondere materielle Wirksamkeitsvoraussetzungen

(1) **Die Vereinbarung über den Versorgungsausgleich muss einer Inhalts- und Ausübungskontrolle standhalten.**

(2) **Durch die Vereinbarung können Anrechte nur übertragen oder begründet werden, wenn die maßgeblichen Regelungen dies zulassen und die betroffenen Versorgungträger zustimmen.**

4. IPR. EGBGB 17 III. Bei Auslandsscheidung Deutscher nachträglicher Versorgungsausgleich in Deutschland möglich (KG NJW 79, 1107). Versteckte Rückverweisung durch englisches Recht s Stuttgart IPRax 87, 98, Anm Adam.

5. Verfahren. Zuständig FamG, FamFG 111 Nr 7; örtliche Zuständigkeit FamFG 218. Mit Scheidungssache grds Entscheidungsverbund, FamFG 137; Trennung möglich durch Aussetzung, FamFG 140; gesonderte Durchführung des Verfahrens: FamFG 217 ff. Rechtsmittel FamFG 58 ff, 144 f, 228 f.

Titel 8. Kirchliche Verpflichtungen

§ 1588 (keine Überschrift)

Die kirchlichen Verpflichtungen in Ansehung der Ehe werden durch die Vorschriften dieses Abschnitts nicht berührt.

Vor § 1589, § 1589 Buch 4. Abschnitt 2. Verwandtschaft

1 Innerkirchliche Ges und Ordnungen. Verpflichtungen von Kirchenangehörigen nach innerkirchlichen Ges und Ordnungen bleiben vom BGB, das nur die bürgerliche Ehe regelt, unberührt; krit Renck NJW 96, 907. Seit 1.1.2009 infolge Aufhebung § 67 PStG aF kirchliche Eheschließung ohne vorherige Zivilheirat möglich. Dazu Schwab FamRZ 08, 1121; Schüller NJW 08, 2745.

Abschnitt 2. Verwandtschaft

Vorbemerkungen

1 **1. Verwandtschaft. a) Begriff.** „Verwandtschaft" iSd zweiten Abschnitts umfasst **aa)** Verwandtschaft auf Grund Abstammung (s § 1589), **bb)** Schwägerschaft
2 (§ 1590) und **cc)** die durch Adoption begründete Beziehung (s § 1754). **b) Abstufung.** BGB unterscheidet Verwandtschaft (und Schwägerschaft, § 1590 I 2) **aa)** nach der Linie (gerade Linie und Seitenlinie, § 1589 S 1, 2); wichtig zB für § 1601;
3 **bb)** nach dem Grad (§ 1589 S 3); wichtig zB für die Fälle Rn 5. **c)** Der Verwandtschaftsbegriff des BGB ist nach EGBGB 51 auch maßgebend für die vor dem 1.1.1900 in Kraft getretenen GVG, ZPO und StPO. Bei späteren Ges richtet sich seine Bedeutung regelmäßig nach dem BGB (SoeHartmann EGBGB 51 Rn 3). Bei RGeschäften ist seine Bedeutung Auslegungsfrage. Die Begriffe „(Familien-)Angehöriger" (zB §§ 530, 1969) sind weiter als „Verwandter".

4 **2. Bedeutung.** Verwandtschaft begründet ein Rechtsverhältnis, an das eine Reihe weiterer Rechtswirkungen anknüpfen, ua: **a)** Unterhalt (§§ 1601 ff); **b)** ges Erbrecht (§§ 1924 ff) und Pflichtteilsrecht (§ 2303 I); **c)** im Vormundschafts- und
5 Betreuungsrecht (s §§ 1776 I, 1779 II 2, 1795, 1847, 1897 V usw); **d)** Eheverbot (§ 1307); **e)** Zeugnis- und Auskunftsverweigerungsrechte (ZPO 383 I Nr 3, 384 Nr 1; StPO 52 I Nr 3, 55); **f)** Ausschluss von der Mitwirkung am Verfahren (zB ZPO 41 Nr 3; StPO 22 Nr 3; FamFG 6 iVm ZPO 41 Nr 3; BeurkG 3 I Nr 3, 6 I Nr 3 u 4, 7 Nr 3).

6 **3. Feststellungsklage.** Klage auf Feststellung des Verwandtschaftsverhältnisses nach ZPO 256. Bei Feststellung des Eltern-Kind-Verhältnisses FamFG 111 Nr 3, 169 Nr 1.

7 **4. IPR.** S EGBGB 19 (Abstammung); 20 (Anfechtung der Abstammung); 21 (Rechtsverhältnis Eltern-Kind); 22 (Adoption).

8 **5. Intertemporales Privatrecht.** Ist enthalten in **a)** NEhelG 12 § 1, der die Stellung nichtehelicher Kinder, die vor Inkrafttreten des NEhelG geboren sind, und ihre Verwandten dem neuen Recht unterstellt; **b)** AdoptionsG 12 §§ 1 ff für Adoptionen, die vor dem 1.1.1977 abgeschlossen worden sind; **c)** EGBGB 224 § 1 hinsichtlich der Abstammung vom Vater der vor dem 1.7.1998 geborenen Kinder.

Titel 1. Allgemeine Vorschriften

§ 1589 Verwandtschaft

(1) ¹**Personen, deren eine von der anderen abstammt, sind in gerader Linie verwandt.** ²**Personen, die nicht in gerader Linie verwandt sind, aber von derselben dritten Person abstammen, sind in der Seitenlinie verwandt.** ³**Der Grad der Verwandtschaft bestimmt sich nach der Zahl der sie vermittelnden Geburten.**

(2) **(weggefallen)**

Titel 2. Abstammung § 1590, Vor § 1591

1. Allgemeines. Abstammung (s §§ 1591 ff) begründet Verwandtschaft. Bedeu- 1
tung s Rn 4 vor § 1589.

2. Verwandtschaft in gerader Linie. Personen, die voneinander abstammen, 2
also Kinder, Eltern, Großeltern.

3. Verwandtschaft in der Seitenlinie. Abstammung von derselben dritten Per- 3
son, also zB Geschwister.

4. Gradesnähe. Zahl der vermittelnden Geburten; bei Geschwistern zwei 4
Geburten und folglich Verwandtschaft zweiten Grades in der Seitenlinie; Eltern zu
Kind: Verwandtschaft ersten Grades in gerader Linie.

§ 1590 Schwägerschaft

(1) ¹**Die Verwandten eines Ehegatten sind mit dem anderen Ehegatten
verschwägert.** ²**Die Linie und der Grad der Schwägerschaft bestimmen sich
nach der Linie und dem Grade der sie vermittelnden Verwandtschaft.**

(2) **Die Schwägerschaft dauert fort, auch wenn die Ehe, durch die sie
begründet wurde, aufgelöst ist.**

1. Allgemeines. Eheschließung begründet **Schwägerschaft** mit den **Ver-** 1
wandten des anderen Ehegatten, wobei Linie und Grad der vermittelnden Verwandtschaft auch Linie und Grad der Schwägerschaft bestimmen, I 2. **Keine
Schwägerschaft** zwischen den Verwandten des einen Ehegatten und den Verwandten des anderen.

2. Voraussetzungen. a) Gültige Ehe, **b)** Verwandtschaft des Ehegatten. 2

3. Dauer der Schwägerschaft. S II. Aus der aufgelösten Ehe können keine 3
neuen Schwägerschaften durch die ehemaligen Ehegatten vermittelt werden.

Titel 2. Abstammung

Vorbemerkungen

Lit: Budzikiewicz, Materielle Statuseinheit und kollisionsrechtliche Statusverbesserung, 2007,
S 46 ff; Gaul, Die Neuregelung des Abstammungsrechts durch das KindRG, FamRZ 97, 1441.

1. Allgemeines. a) Die Bestimmungen des zweiten Titels regeln Voraussetzungen 1
und Feststellung der Abstammung eines Kindes von seinen Eltern. Mutter ist die gebärende Frau (§ 1591), Vaterschaft entsteht auf Grund Ehe mit der Mutter, Anerkennung
oder gerichtlicher Feststellung (§§ 1592 f). Die statusrechtliche Unterscheidung zwischen ehelicher und nichtehelicher Abstammung wurde durch das KindRG aufgehoben (s dazu Budzikiewicz aaO). Ob die Mutter verheiratet ist, spielt aber eine Rolle bei
§§ 1592 Nr 1, 1593. **b)** Bedeutung hat die Abstammung für die Verwandtschafts- 2
verhältnisse (§ 1589; sa Rn 4 vor § 1589); ferner begründet die Abstammung als besonderes
Verwandtschaftsverhältnis ein Eltern-Kind-Verhältnis mit Wirkungen zB für den
Wohnsitz des Kindes (§ 11 S 1), Unterhalt (§§ 1603 II, 1612a usw), Kindesname
(§§ 1616 ff), Beistandspflicht (§ 1618a), elterliche Sorge (§§ 1626 ff).

2. Recht auf Kenntnis der Abstammung. Ein „Recht" auf Kenntnis der 3
eigenen Abstammung ist durch EMRK 8 geschützt (EGMR NJW 03, 2147) und
folgt aus GG 2 I iVm GG 1 I; es besteht im Rahmen der verfassungsmäßigen
Ordnung und des Verhältnismäßigkeitsgrundsatzes (BVerfG 79, 268 f). **a)** Damit
unvereinbar sind Normen, die eine gerichtl (wichtig wegen ZPO 372a) Klärung
der Abstammung kenntnisunabhängig an eine Ausschlussfrist (so § 1598 HS 2 aF)

§ 1591

binden (BVerfG 90, 263). Dem trägt § 1600b III 2 für die Vaterschaftsanfechtung Rechnung. Weiterhin besteht seit 1.4.2008 mit § 1598a ein umfassender Anspruch des Kindes, des Vaters und der Mutter gegen die jeweils anderen beiden Beteiligten auf Einwilligung in eine gerichtliche Untersuchung zur Klärung der Vaterschaft.

4 **b)** Das Recht auf Abstammungskenntnis kann einen Anspruch (s § 1618a Rn 2) gegen die Mutter auf Benennung des genetischen Vaters begründen (LG Bremen FamRZ 98, 1039). Voraussetzung dafür ist, dass die Kindesinteressen die nach GG 2 I iVm GG 1 I geschützte Privatsphäre der Mutter überwiegen; dabei besteht ein weiter Abwägungsspielraum der Gerichte (BVerfG 96, 56, dazu Eidenmüller JuS 98, 789). Vollstreckung nach ZPO 888 I iVm FamFG 95 I Nr 3 (StRauscher Einl zu §§ 1589–1600d Rn 132); FamFG 120 III steht nicht entgegen (Bremen JZ 00, 314 [zu § 888 III] mit Anm Walker).

5 **3. Nachweis der Abstammung.** Kann durch Geburtenregister geführt werden, PStG 18, 21. Anspruch auf Erteilung von Personenstandsurkunden s PStG 62 ff. Beweiskraft PStG 54.

6 **4. Beweis im Prozess. a)** Der Beweis der Abstammung im Prozess spielt eine Rolle als positiver Vaterschaftsbeweis, wenn die Abstammung von einem bestimmten Mann bewiesen werden soll, als negativer Vaterschaftsausschluss, wenn bewiesen werden soll, dass ein bestimmter Mann nicht der Erzeuger ist. Die Feststellungslast bestimmen die Vaterschaftsvermutungen, §§ 1600c I, 1600d II. **b)** Große Bedeutung

7 für die Beweisführung hat der Sachverständigenbeweis nach folgenden **Begutachtungsmethoden** (eingehend StRauscher Vorbem 79 ff zu §§ 1591–1600d): **aa)** Blutgruppengutachten knüpfen an die Vererblichkeit bestimmter Blutmerkmale an. Sie ermöglichen auf der Grundlage von VererbungsGes den Vaterschaftsausschluss, wenn das Kind Merkmale aufweist, die weder bei der Mutter noch beim Putativvater vorliegen. In Verbindung mit Merkmalshäufigkeiten der Bevölkerung lassen sich zum Zwecke des positiven Vaterschaftsbeweises biostatistische Abstammungswahrscheinlichkeiten ermitteln. **bb)** HLA-Gutachten untersuchen die Antigene der weißen Blutkörperchen. **cc)** DNA-Gutachten analysieren den Aufbau bestimmter Zellkernmoleküle. **dd)** Angesichts der Zuverlässigkeit dieser Methoden haben Tragezeit- und erbbiologische Gutachten (Ähnlichkeitsuntersuchungen) an

8 Bedeutung verloren. **c)** In Kindschaftssachen gilt der Untersuchungsgrundsatz, FamFG 26, 177. Regelmäßig wird das Gericht Beweispersonen vernehmen und ein Blutgruppengutachten einholen; die Entnahme erforderlicher Blutproben ist nach ZPO 372a zu dulden. Die Frage weiterer Gutachten richtet sich nach der Beweislage und möglichen Beweisanträgen (StJ/Schlosser § 640, 34). Der vollständige Vaterschaftsausschluss erübrigt weitere Gutachten. Der Beweiswert der Methoden und Merkmalsysteme wird nicht einheitlich beurteilt. Das Bundesgesundheitsamt erstellt Richtlinien (FamRZ 97, 344), die den Richter nicht binden.

9 **5. Verfahrensrecht.** Kindschaftssache, FamFG 111 Nr 3, 169. Duldungspflicht für Abstammungsuntersuchung: ZPO 372a; Nichtöffentlichkeit des Verfahrens, GVG 170. Streitwert: FamGKG 47; Kosten: FamFG 183.

10 **6. IPR.** S EGBGB 19.

§ 1591 Mutterschaft

Mutter eines Kindes ist die Frau, die es geboren hat.

1 **1. Begriff.** Regelung der **Mutterschaft** im abstammungsrechtlichen Sinne (s § 1589). Mutter ist (nur) die gebärende Frau. Die Herkunft der Eizelle ist für die Mutterschaft unerheblich; wichtig bei (verbotener, EschG 1 I Nr 1) Ei- oder Embryonenspende.

2 **2. Endgültigkeit der Zuordnung. a)** Eine **Anfechtung** der Mutterschaft **findet nicht statt.** Die Zuordnung ist unverrückbar, vorbehaltlich § 1755. **b)** Im Falle

Titel 2. Abstammung §§ 1592, 1593

der Ei- oder Embryonenspende besteht zwischen der Frau, von der die Eizelle stammt, und dem Kind kein Eltern-Kind-Verhältnis; Statusklage nach FamFG 169 Nr 1 scheidet aus, ebenso ZPO 256, weil genetische Abstammung eine Tatsache ist und kein Rechtsverhältnis begründet, Gaul FamRZ 97, 1464, str; aA Greßmann, Neues Kindschaftsrecht, 1998, Rn 60 unter Hinweis auf BT-Drs 13/4899 S 83. Zum Recht auf Kenntnis der Abstammung s Rn 3 vor § 1591.

§ 1592 Vaterschaft

Vater eines Kindes ist der Mann,
1. **der zum Zeitpunkt der Geburt mit der Mutter des Kindes verheiratet ist,**
2. **der die Vaterschaft anerkannt hat oder**
3. **dessen Vaterschaft nach § 1600d oder § 182 Abs. 1 des Gesetzes über das Verfahren in Familiensachen und in den Angelegenheiten der freiwilligen Gerichtsbarkeit gerichtlich festgestellt ist.**

1. Begriff. a) Vaterschaft im abstammungsrechtlichen Sinne kann beruhen auf **aa)** Ehe des Mannes mit der Mutter (§ 1591) zum Zeitpunkt der Geburt, Nr 1 (s Rn 2). Bei nichtehelicher Lebensgemeinschaft mangels klarer Anknüpfungskriterien keine Vaterschaft des Partners der Mutter nach Nr 1 (BT-Drs 13/4899 S 52); **bb)** Anerkennung, Nr 2 (§§ 1594 ff); **cc)** gerichtl Feststellung der Vaterschaft, Nr 3 (§ 1600d). **b)** Rechtsfolgen: § 1589; sa Rn 4 vor § 1589. **c)** Vaterschaft nach Nr 1, 2 besteht nicht bei erfolgreicher Vaterschaftsanfechtung, § 1599 I; sa § 1599 II. 1

2. Eheliche Geburt (Nr 1). Das Kind wird abstammungsrechtlich dem Ehemann der Mutter zugeordnet, wenn es während der Ehe geboren wurde. Voreheliche Zeugung ist unbeachtlich. Geburt nach Scheidung (§ 1564) oder Aufhebung der Ehe (§ 1313) begründet keine Vaterschaft des fr Ehemannes, auch wenn die Frau das Kind während der Ehe empfangen hat (anders § 1591 aF); die Abstammung vom fr Ehemann erscheint wegen §§ 1565 II, 1566 wenig wahrscheinlich (BT-Drs 13/4899 S 52). Bei Auflösung der Ehe durch Tod gilt § 1593. 2

3. Künstliche Befruchtung. a) Nr 1 gilt auch, falls die Mutter den Samen des *Ehemannes* im Wege künstlicher Samenübertragung empfangen hat **(homologe Insemination). b)** Das Kind wird dem Ehemann ferner dann zugeordnet, wenn bei der künstlichen Befruchtung Sperma eines *anderen Mannes* verwendet wird **(heterologe Insemination).** Darunter fallen auch Anwendungen, die nicht nach den standesrechtlichen medizinischen Techniken, also auch ohne Mitwirkung eines Arztes, durchgeführt wurden (Hamm NJW 07, 3733). Die Anfechtung ist nach § 1600 V ausgeschlossen, wenn Mutter und Mann zugestimmt haben (s §§ 1599–1600c Rn 4). 3

§ 1593 Vaterschaft bei Auflösung der Ehe durch Tod

¹**§ 1592 Nr. 1 gilt entsprechend, wenn die Ehe durch Tod aufgelöst wurde und innerhalb von 300 Tagen nach der Auflösung ein Kind geboren wird.** ²**Steht fest, dass das Kind mehr als 300 Tage vor seiner Geburt empfangen wurde, so ist dieser Zeitraum maßgebend.** ³**Wird von einer Frau, die eine weitere Ehe geschlossen hat, ein Kind geboren, das sowohl nach den Sätzen 1 und 2 Kind des früheren Ehemanns als auch nach § 1592 Nr. 1 Kind des neuen Ehemanns wäre, so ist es als Kind des neuen Ehemanns anzusehen.** ⁴**Wird die Vaterschaft angefochten und wird rechtskräftig festgestellt, dass der neue Ehemann nicht Vater des Kindes ist, so ist es Kind des früheren Ehemanns.**

1. Vaterschaft bei Tod des Ehemannes. Der verstorbene Ehemann ist Vater des Kindes, wenn das Kind innerhalb von 300 Tagen (ges Empfängniszeit, vgl 1

Berger/Mansel

§ 1600d III) nach der Eheauflösung geboren wird, **S 1**. Anders als bei Auflösung der Ehe durch Scheidung oder Aufhebung (§ 1592 Rn 2) ist bei Auflösung durch Tod die Annahme der Vaterschaft des fr Ehemannes lebensnah. – **S 2** erweitert den maßgeblichen Zeitraum.

2 **2. Erneute Heirat der Mutter.** Heiratet die Mutter im Zeitraum zwischen dem Tod des Ehemannes und der Geburt des Kindes erneut, entsteht ein Konflikt zwischen S 1, 2 und § 1592 Nr 1; entspr der Lebenserfahrung bestimmt **S 3** den neuen Ehemann als Vater. Wird diese Vaterschaft jedoch erfolgreich angefochten (§ 1599 I), ist (ohne gerichtl Feststellung, §§ 1600d, 1600e II) der frühere Ehemann Vater, **S 4**.

§ 1594 Anerkennung der Vaterschaft

(1) Die Rechtswirkungen der Anerkennung können, soweit sich nicht aus dem Gesetz anderes ergibt, erst von dem Zeitpunkt an geltend gemacht werden, zu dem die Anerkennung wirksam wird.

(2) Eine Anerkennung der Vaterschaft ist nicht wirksam, solange die Vaterschaft eines anderen Mannes besteht.

(3) Eine Anerkennung unter einer Bedingung oder Zeitbestimmung ist unwirksam.

(4) Die Anerkennung ist schon vor der Geburt des Kindes zulässig.

§ 1595 Zustimmungsbedürftigkeit der Anerkennung

(1) Die Anerkennung bedarf der Zustimmung der Mutter.

(2) Die Anerkennung bedarf auch der Zustimmung des Kindes, wenn der Mutter insoweit die elterliche Sorge nicht zusteht.

(3) Für die Zustimmung gilt § 1594 Abs. 3 und 4 entsprechend.

§ 1596 Anerkennung und Zustimmung bei fehlender oder beschränkter Geschäftsfähigkeit

(1) [1]**Wer in der Geschäftsfähigkeit beschränkt ist, kann nur selbst anerkennen.** [2]**Die Zustimmung des gesetzlichen Vertreters ist erforderlich.** [3]**Für einen Geschäftsunfähigen kann der gesetzliche Vertreter mit Genehmigung des Familiengerichts anerkennen; ist der gesetzliche Vertreter ein Betreuer, ist die Genehmigung des Betreuungsgerichts erforderlich.** [4]**Für die Zustimmung der Mutter gelten die Sätze 1 bis 3 entsprechend.**

(2) [1]**Für ein Kind, das geschäftsunfähig oder noch nicht 14 Jahre alt ist, kann nur der gesetzliche Vertreter der Anerkennung zustimmen.** [2]**Im Übrigen kann ein Kind, das in der Geschäftsfähigkeit beschränkt ist, nur selbst zustimmen; es bedarf hierzu der Zustimmung des gesetzlichen Vertreters.**

(3) Ein geschäftsfähiger Betreuer kann nur selbst anerkennen oder zustimmen; § 1903 bleibt unberührt.

(4) Anerkennung und Zustimmung können nicht durch einen Bevollmächtigten erklärt werden.

§ 1597 Formerfordernisse; Widerruf

(1) Anerkennung und Zustimmung müssen öffentlich beurkundet werden.

Titel 2. Abstammung §§ 1594–1598

(2) **Beglaubigte Abschriften der Anerkennung und aller Erklärungen, die für die Wirksamkeit der Anerkennung bedeutsam sind, sind dem Vater, der Mutter und dem Kind sowie dem Standesamt zu übersenden.**

(3) ¹**Der Mann kann die Anerkennung widerrufen, wenn sie ein Jahr nach der Beurkundung noch nicht wirksam geworden ist.** ²**Für den Widerruf gelten die Absätze 1 und 2 sowie § 1594 Abs. 3 und § 1596 Abs. 1, 3 und 4 entsprechend.**

§ 1598 Unwirksamkeit von Anerkennung, Zustimmung und Widerruf

(1) **Anerkennung, Zustimmung und Widerruf sind nur unwirksam, wenn sie den Erfordernissen der vorstehenden Vorschriften nicht genügen.**

(2) **Sind seit der Eintragung in ein deutsches Personenstandsregister fünf Jahre verstrichen, so ist die Anerkennung wirksam, auch wenn sie den Erfordernissen der vorstehenden Vorschriften nicht genügt.**

Anmerkungen zu den §§ 1594–1598

1. Allgemeines. a) Ist die Mutter bei der Geburt des Kindes nicht verheiratet, kann die Vaterschaft durch **Anerkennung** (§ 1592 Nr 2) begründet werden. **b)** Ohne Anerkennung treten die Wirkungen der Vaterschaft (s Rn 2 vor § 1591) grundsätzlich nicht ein, § 1594 I. Ausnahme zB FamFG 247, FamFG 248. – Anerkennung allein begründet nicht die elterliche Sorge für den Vater, s § 1626a I. 1

2. Rechtsnatur der Anerkennungserklärung. Einseitiges, formbedürftiges, nicht empfangsbedürftiges, höchstpersönliches (§ 1596 IV) RGeschäft. Bedingungs- und befristungsfeindlich, § 1594 III. Anerkennung während des anhängigen Scheidungsverfahrens schwebend unwirksam, Wirksamwerden mit Rechtskraft des dem Scheidungsantrag stattgebenden Urteils (BGH NJW 04, 1595). Die Anerkennung kann schon vor der Geburt des Kindes (§ 1594 IV) und noch nach seinem Tod (BayObLG FamRZ 01, 1543) erklärt werden. Anerkennen kann nur ein Mann. 2

3. Zustimmung. a) der Mutter. Anerkennung bedarf der Zustimmung der Mutter, § 1595 I, die insoweit nicht als ges Vertreterin des Kindes, sondern aus „eigenem Recht" handelt; Grund: Anerkennung berührt ihre Rechtsstellung, zB § 1684 I, II. Zustimmung kann nicht ersetzt werden; bei Nichterteilung bleibt nur § 1600d. Zustimmung ist bedingungs- und befristungsfeindlich, höchstpersönlich (§ 1596 IV), nicht empfangsbedürftig, schon vor Geburt des Kindes möglich, § 1595 III. **b) des Kindes.** Nur erforderlich, wenn der Mutter insoweit die elterliche Sorge nicht zusteht (§ 1595 II), zB: Sorge steht Vormund oder Pfleger mit Wirkungskreis Vaterschaftsfeststellung zu; Kind ist volljährig. Kindeszustimmung ist neben der Zustimmung der Mutter erforderlich. **c)** Eine **Frist** für die Erklärung der Zustimmung besteht nicht. Sa § 1597 III. 3

4

5

4. Geschäftsfähigkeit. a) des Mannes: **aa)** Der beschränkt geschäftsfähige Mann bedarf zu seiner (höchstpersönlichen, § 1596 I 1) Anerkennung der Zustimmung seines ges Vertreters, § 1596 I 2; Form § 1597 I. **bb)** Für einen geschäftsunfähigen Mann muss der ges Vertreter mit Genehmigung des FamG die Anerkennung erklären; ist der gesetzliche Vertreter ein Betreuer, Genehmigung des Betreuungsgerichts; § 1831 I gilt. **b)** der Mutter s § 1596 I 4. **c)** des Kindes s § 1596 II. **d)** § 1903 bleibt unberührt, § 1596 III. 6

5. Form. Anerkennung und Zustimmung sind formbedürftig, s § 1597 I. Öffentl Beurkundung kann durch Notar (BNotO 20), AG (BeurkG 62 Nr 1, RPflG 3 Nr 1 Buchst f), Standesbeamten (PStG 44 I, BeurkG 58), beim Jugendamt (SGB VIII 59 7

§ 1598a

I 1 Nr 1, BeurkG 59) oder Gericht der Vaterschaftsklage (FamFG 180) vorgenommen werden. – Übersendung nach § 1597 II ist kein Wirksamkeitserfordernis.

8 6. Widerruf. § 1597 III schützt das Interesse des Mannes, an seine (etwa wegen fehlender Zustimmung nach § 1595) schwebend unwirksame Anerkennung nicht unverhältnismäßig lange Zeit gebunden zu sein. Die Anerkennungserklärung kann widerrufen werden, wenn sie ein Jahr nach Beurkundung (§ 1597 I) nicht wirksam geworden ist. Wurde nicht widerrufen, führt spätere Zustimmung zum Wirksamwerden der Anerkennung.

9 7. Unwirksamkeit. a) Endgültige Unwirksamkeit von Anerkennung, Zustimmung und Widerruf tritt nur ein, wenn die in Rn 2–6 (nicht: 1597 II) enthaltenen Wirksamkeitsvoraussetzungen nicht vorliegen, **§ 1598 I.** §§ 138, 134, 142 sind ausgeschlossen; auch das (bewusst oder unbewusst) unrichtige Anerkenntnis ist wirksam (vorbehaltlich Vaterschaftsanfechtung, § 1599 I), Köln NJW 02, 902. Damit wird **10** der Anerkennung größere Bestandskraft verliehen. **b)** Ein Anerkenntnis während der Vaterschaft eines anderen Mannes ist schwebend unwirksam (Ausnahme: § 1599 II 1 HS 2); es wird wirksam, wenn die Vaterschaft des anderen Mannes wegfällt, etwa infolge Anfechtung, § 1594 II. Anerkennung muss dann nicht erneut erklärt **11** werden. **c)** Unwirksame (etwa mangels Form) Anerkennung wird wirksam nach § 1598 II. Klage auf Feststellung der Unwirksamkeit der Anerkennung unterbricht Ausschlussfrist (ZPO 167).

§ 1598a Anspruch auf Einwilligung in eine genetische Untersuchung zur Klärung der leiblichen Abstammung

(1) ¹Zur Klärung der leiblichen Abstammung des Kindes können
1. der Vater jeweils von Mutter und Kind,
2. die Mutter jeweils von Vater und Kind und
3. das Kind jeweils von beiden Elternteilen

verlangen, dass diese in eine genetische Abstammungsuntersuchung einwilligen und die Entnahme einer für die Untersuchung geeigneten genetischen Probe dulden. ²Die Probe muss nach den anerkannten Grundsätzen der Wissenschaft entnommen werden.

(2) Auf Antrag eines Klärungsberechtigten hat das Familiengericht eine nicht erteilte Einwilligung zu ersetzen und die Duldung einer Probeentnahme anzuordnen.

(3) Das Gericht setzt das Verfahren aus, wenn und solange die Klärung der leiblichen Abstammung eine erhebliche Beeinträchtigung des Wohls des minderjährigen Kindes begründen würde, die auch unter Berücksichtigung der Belange des Klärungsberechtigten für das Kind unzumutbar wäre.

(4) ¹Wer in eine genetische Abstammungsuntersuchung eingewilligt und eine genetische Probe abgegeben hat, kann von dem Klärungsberechtigten, der eine Abstammungsuntersuchung hat durchführen lassen, Einsicht in das Abstammungsgutachten oder Aushändigung einer Abschrift verlangen. ²Über Streitigkeiten aus dem Anspruch nach Satz 1 entscheidet das Familiengericht.

Lit: Helms, Das neue Verfahren zur Klärung der leiblichen Abstammung, FamRZ 08, 1033; Wellenhofer, Das neue Gesetz zur Klärung der Vaterschaft unabhängig vom Anfechtungsverfahren, NJW 08, 1185.

1 1. Allgemeines. Die Vorschrift wurde durch Gesetz zur Klärung der Vaterschaft unabhängig vom Anfechtungsverfahren (BGBl 2008 I 441) in das BGB eingefügt. Vorausgegangen waren Urteile des BGH (NJW 05, 497) und des BVerfG (NJW

Titel 2. Abstammung § 1598a

07, 753), wonach DNA-Tests, die ohne Wissen und Einwilligung des Betroffenen Kindes bzw dessen gesetzlichen Vertreters eingeholt werden, nicht als Beweismittel im gerichtlichen Verfahren verwertet werden dürften, weil sie das Recht des Kindes auf informationelle Selbstbestimmung (GG 2 I, 1 I) verletzen und daher rechtswidrig sind. Weiterhin sollte der Gesetzgeber zur Verwirklichung des Rechts des rechtlichen Vaters auf Kenntnis der Abstammung seines Kindes von ihm ein geeignetes Verfahren zur Feststellung der Vaterschaft bereitstellen, ohne dass dieser den Weg über die Anfechtungsklage zu gehen braucht (BVerfG NJW 07, 753). Dies ist mit Inkrafttreten von § 1598a geschehen.

2. Beteiligte. a) Das Recht, die leibliche Abstammung des Kindes zu klären, steht dem rechtlichen **Vater,** der **Mutter** sowie dem **Kind** gegenüber den anderen beiden Familienmitgliedern zu. Dabei kann der jeweilige Anspruchsberechtigte die Einwilligung (§ 183) in eine genetische Abstammungsuntersuchung und die Duldung der Entnahme einer für die Untersuchung geeigneten genetischen Probe verlangen. **b) Nicht** zum Kreis der anspruchsberechtigten Personen gehört der potentielle leibliche Vater **(biologischer Vater),** der nicht rechtlicher Vater des Kindes ist (BT-Drs 16/6561 S 12, BT-Drs 16/8219 S 6). Dieser ist vielmehr auf die bestehenden Möglichkeiten des Vaterschaftsfeststellungsverfahrens (§ 1600d) oder, falls ein rechtlicher Vater existiert, auf die Vaterschaftsanfechtungsklage (§ 1600 I Nr 2) verwiesen. Der Grund ist darin zu sehen, dass dieser ansonsten seine Vaterschaft feststellen lassen könnte, ohne in die damit verbundenen, insbes unterhaltsrechtlichen Pflichten eintreten zu müssen (BT-Drs aaO, krit Wellenhofer aaO S 1188 f). Umgekehrt ist der mögliche biologische Vater aber auch nicht aus § 1598a verpflichtet (Karlsruhe FamRZ 10, 221; Frankfurt ZKJ 10, 72)

3. Kinderschutzklausel. III stellt sicher, dass das Recht des Antragstellers auf Kenntnis der Abstammung zumindest zeitweise hinter einem besonderen Schutzbedürfnis des Kindes zurücktritt, zB Suizidgefahr oder Gefahr der gravierenden Verschlechterung einer bereits bestehenden schweren Krankheit (BT-Drs 16/6561 S 13). Grundsätzlich ist jedoch den Interessen des Klärungsberechtigten Vorrang vor den möglicherweise anderslautenden Interessen des Kindes einzuräumen. Die Dauer der Aussetzung ist einzelfallabhängig. Gegen die Aussetzung des Verfahrens ist die Beschwerde gemäß FamFG 58 ff, 158 III zulässig. Hat das Gericht hingegen das Verfahren trotz Vorliegens von Aussetzungsgründen nicht ausgesetzt, kann dies im Rahmen der Beschwerde gegen die Entscheidung (FamFG 58 ff) gerügt werden.

4. Verfahren. a) Die Anspruchsgegner haben grds in die Abstammungsuntersuchung einzuwilligen und die Entnahme der genetischen Probe zu dulden. Diese Einwilligung kann jedoch auch gerichtlich ersetzt werden (II); die Ersetzung hat die gleiche Wirkung wie die Einwilligung des Betroffenen selbst (Jena NJW-RR 10, 300). Im Rahmen der Einwilligung wird das Kind von seinen Eltern bzw seiner Mutter vertreten. Wird in diesem Fall die Zustimmung verweigert, ist § 1629 II a anzuwenden, mit der Folge, dass für II ein Ergänzungspfleger zu bestellen ist. Gegen die gerichtliche Entscheidung ist die Beschwerde gem FamFG 58 ff statthaft. **b)** Die Entnahme der Probe muss nach den anerkannten Grundsätzen der Wissenschaft erfolgen (I 2). Nicht vom Anspruch umfasst ist, dass auch die Untersuchung nach bestimmten Qualitätsstandards durchgeführt wird; dies bleibt dem Anspruchsinhaber überlassen. Er ist somit nicht gehalten, ein Gutachten in der Qualität eines gerichtlichen Gutachtens einzuholen. Dies ist damit zu begründen, dass bei über 80% der Gentests die Vaterschaft ohnehin bestätigt wird (BT-Drs 16/6649 S 13, BT-Drs 16/8219 S 6). **c)** Der Anspruch unterliegt nicht der Verjährung (§ 194 II) und ist auch an keine Fristen gebunden (Ausnahmen jedoch bei rechtsmissbräuchlicher Anwendung). **d)** Anspruch auf Einsicht in das Abstammungsgutachten oder Aushändigung einer Abschrift durch den Einwilligenden s IV. **e)** Die zweijährige Anfechtungsfrist des § 1600b I wird durch die Einleitung eines Verfahrens nach § 1598a II gehemmt (§ 1600b V 1).

§ 1599 Nichtbestehen der Vaterschaft

(1) § 1592 Nr. 1 und 2 und § 1593 gelten nicht, wenn auf Grund einer Anfechtung rechtskräftig festgestellt ist, dass der Mann nicht der Vater des Kindes ist.

(2) [1]§ 1592 Nr. 1 und § 1593 gelten auch nicht, wenn das Kind nach Anhängigkeit eines Scheidungsantrags geboren wird und ein Dritter spätestens bis zum Ablauf eines Jahres nach Rechtskraft des dem Scheidungsantrag stattgebenden Urteils die Vaterschaft anerkennt; § 1594 Abs. 2 ist nicht anzuwenden. [2]Neben den nach den §§ 1595 und 1596 notwendigen Erklärungen bedarf die Anerkennung der Zustimmung des Mannes, der im Zeitpunkt der Geburt mit der Mutter des Kindes verheiratet ist; für diese Zustimmung gelten § 1594 Abs. 3 und 4, § 1596 Abs. 1 Satz 1 bis 3, Abs. 3 und 4, § 1597 Abs. 1 und 2 und § 1598 Abs. 1 entsprechend. [3]Die Anerkennung wird frühestens mit Rechtskraft des dem Scheidungsantrag stattgebenden Urteils wirksam.

§ 1600 Anfechtungsberechtigte

(1) Berechtigt, die Vaterschaft anzufechten, sind:
1. der Mann, dessen Vaterschaft nach § 1592 Nr. 1 und 2, § 1593 besteht,
2. der Mann, der an Eides statt versichert, der Mutter des Kindes während der Empfängniszeit beigewohnt zu haben,
3. die Mutter,
4. das Kind und
5. die zuständige Behörde (anfechtungsberechtigte Behörde) in den Fällen des § 1592 Nr. 2.

(2) Die Anfechtung nach Absatz 1 Nr. 2 setzt voraus, dass zwischen dem Kind und seinem Vater im Sinne von Absatz 1 Nr. 1 keine sozial-familiäre Beziehung besteht oder im Zeitpunkt seines Todes bestanden hat und dass der Anfechtende leiblicher Vater des Kindes ist.

(3) Die Anfechtung nach Absatz 1 Nr. 5 setzt voraus, dass zwischen dem Kind und dem Anerkennenden keine sozial-familiäre Beziehung besteht oder im Zeitpunkt der Anerkennung oder seines Todes bestanden hat und durch die Anerkennung rechtliche Voraussetzungen für die erlaubte Einreise oder den erlaubten Aufenthalt des Kindes oder eines Elternteiles geschaffen werden.

(4) [1]Eine sozial-familiäre Beziehung nach den Absätzen 2 und 3 besteht, wenn der Vater im Sinne von Absatz 1 Nr. 1 zum maßgeblichen Zeitpunkt für das Kind tatsächliche Verantwortung trägt oder getragen hat. [2]Eine Übernahme tatsächlicher Verantwortung liegt in der Regel vor, wenn der Vater im Sinne von Absatz 1 Nr. 1 mit der Mutter des Kindes verheiratet ist oder mit dem Kind längere Zeit in häuslicher Gemeinschaft zusammengelebt hat.

(5) Ist das Kind mit Einwilligung des Mannes und der Mutter durch künstliche Befruchtung mittels Samenspende eines Dritten gezeugt worden, so ist die Anfechtung der Vaterschaft durch den Mann oder die Mutter ausgeschlossen.

(6) [1]Die Landesregierungen werden ermächtigt, die Behörden nach Absatz 1 Nr. 5 durch Rechtsverordnung zu bestimmen. [2]Die Landesregierungen können diese Ermächtigung durch Rechtsverordnung auf die

Titel 2. Abstammung §§ 1600a, 1600b

zuständigen obersten Landesbehörden übertragen. ³Ist eine örtliche Zuständigkeit der Behörde nach diesen Vorschriften nicht begründet, so wird die Zuständigkeit durch den Sitz des Gerichts bestimmt, das für die Klage zuständig ist.

§ 1600a Persönliche Anfechtung; Anfechtung bei fehlender oder beschränkter Geschäftsfähigkeit

(1) Die Anfechtung kann nicht durch einen Bevollmächtigten erfolgen.

(2) ¹Die Anfechtungsberechtigten im Sinne von § 1600 Abs. 1 Nr. 1 bis 3 können die Vaterschaft nur selbst anfechten. ²Dies gilt auch, wenn sie in der Geschäftsfähigkeit beschränkt sind; sie bedürfen hierzu nicht der Zustimmung ihres gesetzlichen Vertreters. ³Sind sie geschäftsunfähig, so kann nur ihr gesetzlicher Vertreter anfechten.

(3) Für ein geschäftsunfähiges oder in der Geschäftsfähigkeit beschränktes Kind kann nur der gesetzliche Vertreter anfechten.

(4) Die Anfechtung durch den gesetzlichen Vertreter ist nur zulässig, wenn sie dem Wohl des Vertretenen dient.

(5) Ein geschäftsfähiger Betreuter kann die Vaterschaft nur selbst anfechten.

§ 1600b Anfechtungsfristen

(1) ¹Die Vaterschaft kann binnen zwei Jahren gerichtlich angefochten werden. ²Die Frist beginnt mit dem Zeitpunkt, in dem der Berechtigte von den Umständen erfährt, die gegen die Vaterschaft sprechen; das Vorliegen einer sozial-familiären Beziehung im Sinne des § 1600 Abs. 2 erste Alternative hindert den Lauf der Frist nicht.

(1a) ¹Im Fall des § 1600 Abs. 1 Nr. 5 kann die Vaterschaft binnen eines Jahres gerichtlich angefochten werden. ²Die Frist beginnt, wenn die anfechtungsberechtigte Behörde von den Tatsachen Kenntnis erlangt, die die Annahme rechtfertigen, dass die Voraussetzungen für ihr Anfechtungsrecht vorliegen. ³Die Anfechtung ist spätestens nach Ablauf von fünf Jahren seit der Wirksamkeit der Anerkennung der Vaterschaft für ein im Bundesgebiet geborenes Kind ausgeschlossen; ansonsten spätestens fünf Jahre nach der Einreise des Kindes.

(2) ¹Die Frist beginnt nicht vor der Geburt des Kindes und nicht, bevor die Anerkennung wirksam geworden ist. ²In den Fällen des § 1593 Satz 4 beginnt die Frist nicht vor der Rechtskraft der Entscheidung, durch die festgestellt wird, dass der neue Ehemann der Mutter nicht der Vater des Kindes ist.

(3) ¹Hat der gesetzliche Vertreter eines minderjährigen Kindes die Vaterschaft nicht rechtzeitig angefochten, so kann das Kind nach dem Eintritt der Volljährigkeit selbst anfechten. ²In diesem Falle beginnt die Frist nicht vor Eintritt der Volljährigkeit und nicht vor dem Zeitpunkt, in dem das Kind von den Umständen erfährt, die gegen die Vaterschaft sprechen.

(4) ¹Hat der gesetzliche Vertreter eines Geschäftsunfähigen die Vaterschaft nicht rechtzeitig angefochten, so kann der Anfechtungsberechtigte nach dem Wegfall der Geschäftsunfähigkeit selbst anfechten. ²Absatz 3 Satz 2 gilt entsprechend.

(5) ¹Die Frist wird durch die Einleitung eines Verfahrens nach § 1598a Abs. 2 gehemmt; § 204 Abs. 2 gilt entsprechend. ²Die Frist ist auch gehemmt, solange der Anfechtungsberechtigte widerrechtlich durch Dro-

§§ 1599–1600c

hung an der Anfechtung gehindert wird. ³Im Übrigen sind § 204 Absatz 1 Nummer 4, 8, 13, 14 und Absatz 2 sowie die §§ 206 und 210 entsprechend anzuwenden.

(6) Erlangt das Kind Kenntnis von Umständen, auf Grund derer die Folgen der Vaterschaft für es unzumutbar werden, so beginnt für das Kind mit diesem Zeitpunkt die Frist des Absatzes 1 Satz 1 erneut.

§ 1600c Vaterschaftsvermutung im Anfechtungsverfahren

(1) In dem Verfahren auf Anfechtung der Vaterschaft wird vermutet, dass das Kind von dem Mann abstammt, dessen Vaterschaft nach § 1592 Nr. 1 und 2, § 1593 besteht.

(2) Die Vermutung nach Absatz 1 gilt nicht, wenn der Mann, der die Vaterschaft anerkannt hat, die Vaterschaft anficht und seine Anerkennung unter einem Willensmangel nach § 119 Abs. 1, § 123 leidet; in diesem Falle ist § 1600d Abs. 2 und 3 entsprechend anzuwenden.

Anmerkungen zu §§ 1599–1600c

Lit: Budzikiewicz, Materielle Statuseinheit und kollisionsrechtliche Statusverbesserung, 2007, S 47 ff; Genenger, Von der Einschränkung zur Erweiterung des Vaterschaftsanfechtungsrechts, FPR 07, 155; Höfelmann, Das neue Gesetz zur Änderung der Vorschriften über die Anfechtung der Vaterschaft und das Umgangsrecht von Bezugspersonen des Kindes, FamRZ 04, 745; Löhnig, Das Gesetz zur Ergänzung des Rechts zur Anfechtung der Vaterschaft, FamRZ 08, 1130; Wieser, Zur Anfechtung der Vaterschaft nach neuem Recht, FamRZ 98, 1004.

1. Vaterschaftsanfechtung. a) Liegen die Voraussetzungen der §§ 1592 Nr 1 oder 2, 1593 vor, so ist der (frühere) Ehemann der Mutter bzw der anerkennende Mann unabhängig davon, ob das Kind von ihm genetisch abstammt, zunächst einmal sein Vater mit allen daran anknüpfenden Wirkungen, insbes für Unterhalt und Erbrecht. Aus Gründen der Rechtssicherheit und -klarheit setzt die Geltendmachung der Nichtabstammung des Kindes vom Mann die auf Grund einer Vaterschaftsanfechtung erfolgende rechtskräftige Feststellung voraus, dass der Mann nicht der Vater des Kindes ist, **§ 1599 I.** Bestehende Vaterschaft sperrt Anerkennung (§ 1594 II) und gerichtl Vaterschaftsfeststellung (§ 1600d I). Kein Unterhaltsregress nach § 1607 III 1 des Ehemannes der Mutter. **b) Anfechtungsberechtigt** sind nach § 1600 der Ehemann bzw anerkennende Mann (I Nr 1), der Mann, der an Eides statt versichert, der Mutter während der Empfängniszeit beigewohnt zu haben (I Nr 2), die Mutter (I Nr 3), das Kind (I Nr 4) und in den Fällen des § 1592 I Nr 2 die anfechtungsberechtigte Behörde (I Nr 5), **nicht** die Eltern des Ehe- bzw anerkennenden Mannes oder sonstige Dritte. Nach § 1600 aF hatte der leibliche Vater kein Anfechtungsrecht. Er konnte daher die Sperrwirkung des § 1594 II nicht selbst beseitigen und mit dem Ziel anfechten, die rechtliche Vaterstellung zu erlangen. Der Ausschluss des Anfechtungsrechts des leiblichen Vaters war mit GG 6 II unvereinbar, soweit die rechtlichen Eltern mit dem Kind keine soziale Familie bilden (BVerfG NJW 03, 2155). Der Gesetzgeber ist dem Auftrag, dies zu korrigieren (BVerfG 03, 2158; dazu Roth NJW 03, 3153) mit dem Vaterschafts-AnfechtungsÄndG v 23.4.2004 nachgekommen und hat die Anfechtungsmöglichkeit des § 1600 I Nr 2 eingeführt. Zu den Voraussetzungen, unter denen eine sozial-familiäre Beziehung besteht s IV.

2. Anfechtungsrecht des Mannes. a) Das Anfechtungsrecht des Mannes ist höchstpersönlich, § 1600a I, II 1, V, unverzichtbar (BGH 2, 137) und nicht vererblich; der beschränkt geschäftsfähige Mann bedarf nicht der Zustimmung des ges

Titel 2. Abstammung §§ 1599–1600c

Vertreters, § 1600a II 2. Ist der Mann geschäftsunfähig, kann nur der ges Vertreter anfechten, § 1600a II 3, wenn die Anfechtung dem Wohl des Vertretenen dient, § 1600a IV. Ausübung kann Rechtsmissbrauch sein, wenn der Vater längere Zeit während Hemmung des Fristablaufs zum Ausdruck gebracht hat, die Vaterschaft nicht anzufechten, BGH LM Nr 2 zu § 1598 aF. **b) Ausgeschlossen** ist das Anfech- 4 tungsrecht des Mannes (Mutter s Rn 7) nach § 1600 V, wenn das Kind im Wege **künstlicher Befruchtung** mit dem Samen eines Dritten gezeugt wurde (heterologe Insemination, s § 1592 Rn 3) und nicht nur die Mutter, sondern auch der Mann eingewilligt haben; die Einwilligung bedarf keiner bes Form. Sie ist bis zur Vornahme der Befruchtung widerruflich (Janzen FamRZ 02, 786, zum Ganzen sa Spickhoff, FS Schwab 2005, 923). Nach BGH NJW 05, 1428 gilt V auch für Anfechtungsfälle, über die im Zeitpunkt des Inkrafttretens (12.4.2002) der Neuregelung noch nicht entschieden war. Das Anfechtungsrecht des Kindes (Rn 8) bleibt unberührt. Ausgeschlossen ist auch das Anfechtungsrecht des leiblichen Vaters bei Bestehen einer sozial-familiären Beziehung des Kindes zum rechtlichen Vater, § 1600 II (dazu BGH NJW 07, 1677; BVerfG FamRZ 08, 2257). **c) Ausschlussfrist** 5 von zwei Jahren, § 1600b I. **aa)** Fristbeginn mit Kenntniserlangung von Tatsachen, die gegen die Vaterschaft sprechen, § 1600b I 2 HS 1, auch bei Vorliegen einer sozial-familiären Beziehung, s I 2 HS 2, aber nicht vor Geburt des Kindes bzw Wirksamwerden der Anerkennung, § 1600b II 1. Hat der ges Vertreter des geschäftsunfähigen Mannes nicht angefochten, gilt § 1600b IV. – Für Kenntniserlangung ist **sichere Kenntnis** erforderlich; die Umstände (zB Ehebruch, abw Hautfarbe, Divergenz von Tragezeit und letztem ehelichen Verkehr, sa BGH NJW 06, 1735 [gewerbsmäßiger, wenn auch geschützter Mehrverkehr]) müssen für den Mann gewiss sein (BGH 61, 195); bloßer Verdacht genügt nicht. Rechtlich richtige Würdigung ist nicht erforderlich (BGH 24, 134). Irrtümliche Annahme, einer Anfechtung bedürfe es nicht, ist unerheblich. Der Anfechtungskläger muss die Umstände darlegen, aus denen sich der begründete Anfangsverdacht der Nichtabstammung ergibt; die bloße Behauptung genügt nicht (BGH NJW 98, 2976). Die Frist dient nicht dem Schutz des leiblichen Vaters an einer Verhinderung seiner Vaterschaftsfeststellung und nur seiner Inanspruchnahme auf Zahlung von Unterhalt. Auf eine Verletzung des § 1600b kann deshalb eine Amtshaftungsklage des leiblichen Vaters nicht gestützt werden (BGH NJW 07, 223). Auf ein „heimlich" erstelltes Gutachten kann der Anfangsverdacht nicht gestützt werden: Verstoß gegen das Persönlichkeitsrecht und die informationelle Selbstbestimmung des Kindes (BGH NJW 05, 479; NJW 05, 1428; s hierzu Rittner/Rittner NJW 05, 945). Auch begründet die Weigerung der Mutter, auf Bitten des (gesetzlichen) Vaters an einer DNA-Begutachtung mitzuwirken, oder die Verwertung der DNA-Analyse nachträglich zu genehmigen, noch keinen Anfangsverdacht der Nichtvaterschaft (BGH NJW 05, 498; aA Mutschler FamRZ 03, 76; sa Koblenz NJW 06, 1743 [Schlüssigkeit, wenn Mutter in Reaktion auf das Gutachten Mehrverkehr einräumt]); in Konsequenz löst Kenntnis vom Ergebnis eines heimlichen Gutachtens nicht die Frist des § 1600b nicht aus (BGH NJW 06, 1658). Ein vom Gericht eingeholtes Abstammungsgutachten ist nicht schon deshalb unverwertbar, weil es auf Grund der Berücksichtigung eines heimlichen DNA-Gutachtens in prozesswidriger Weise erlangt wurde (BGH NJW 06, 1659). **bb)** Hemmung des Fristablaufs bei Hinderung der Anfechtung durch widerrechtli- 6 che Drohung, § 1600b V 2. §§ 206, 210 gelten entspr, § 1600b V 3. Keine höhere Gewalt: Verschulden des Prozessbevollmächtigten (BGH 81, 353, falsche Beratung), Rechtsunkenntnis (BGH FamRZ 82, 918), Unmöglichkeit des medizinischen Vaterschaftsausschlusses (BGH NJW 75, 1466). – Eine absolute Ausschlussfrist (wie in § 1594 IV von 1961–1970) gibt es nicht.

3. Anfechtungsrecht der Mutter. Das Anfechtungsrecht der Mutter nach 7 § 1600 I Nr 3 besteht in allen Fällen, in denen auch der Mann anfechten kann (s Rn 3). Es ist bei **künstlicher Befruchtung** gemäß § 1600 IV **ausgeschlossen.** Ausschluss des Anfechtungsrechts der Mutter entgegen dem zu engen Wortlaut auch, wenn nur sie, nicht aber der Mann zugestimmt hat. Die Zustimmung des Kindes ist nicht erforderlich. Die Anfechtung muss nicht dem Kindeswohl dienen; das Anfechtungsrecht ist ein eigenes Recht der Mutter. Das KindRG stärkt damit ihre Rechtsstellung; nach § 1600g aF konnte sie nur die Anerkennung anfechten. – Zur Höchstpersönlichkeit des Anfechtungsrechts Rn 3, zur Frist Rn 5.

8 **4. Anfechtungsrecht des Kindes. a)** Das Kind hat gem § 1600 I Nr 4 ein eigenes Anfechtungsrecht, das für das volljährige Kind grundsätzlich höchstpersönlich auszuüben ist, § 1600a I. Das Anfechtungsrecht des Kindes ist bei künstlicher Befruchtung nicht nach § 1600 IV ausgeschlossen. Ist das Kind nicht voll geschäfts-
9 fähig, kann nur sein ges Vertreter anfechten, § 1600a III. **b) Frist. aa)** Für die Anfechtung durch das Kind gilt die Zweijahresfrist des § 1600b I. Fristbeginn § 1600b I 2; bei gemeinsamem Sorgerecht Fristbeginn erst mit Bestellung eines Ergänzungspflegers (Köln FamRZ 01, 245). Hemmung usw s § 1600b V; sa Rn 5. **bb)** Hat der ges Vertreter des Kindes nicht rechtzeitig angefochten, kann das volljährige Kind selbst anfechten; die Zweijahresfrist beginnt dann mit Volljährigkeit, § 1600b III 1 u 2 HS 1, nicht aber vor Kenntnis von Umständen, die gegen die Vaterschaft sprechen. Eine absolute Ausschlussfrist (wie nach § 1598 HS 2 aF) besteht nicht. § 1600b III dient, neben § 1598a I 1 Nr 3, der Durchsetzung des Rechts des Kindes
10 auf Kenntnis der Abstammung, s Rn 3 vor § 1591. **cc)** Die Zweijahresfrist beginnt erneut zu laufen, wenn das Kind von Umständen Kenntnis erlangt, die die Folgen der Vaterschaft unzumutbar werden lassen, § 1600b VI, etwa eine schwere Verfehlung des Mannes gegen das Kind. Die in § 1596 I Nr 4 und 5 aF genannten Gründe bilden Anhaltspunkte für Unzumutbarkeit (BT-Drs 13/4899 S 88).

11 **5. Anfechtungsrecht der zuständigen Behörde in den Fällen des § 1592 Nr 2. a)** Anfechtungsrecht gem § 1600 I Nr 5 soll rechtsmissbräuchliche Vaterschaftsanerkennung zum Zwecke der Erlangung eines Aufenthaltstitels bzw der deutschen Staatsangehörigkeit verhindern. Bedenklich ist jedoch die damit verbundene Gefahr eines Misstrauens gegenüber allen Vaterschaftsanerkennungen mit binationalem Hintergrund (Genenger aaO S 157), aber auch die Ungleichbehandlung von nichtehelichen und ehelichen Kindern. Bei letzteren ist die Behörde gem § 1600 I Nr 5 aE nicht anfechtungsberechtigt. **b)** Die zuständige Behörde ist von den Ländern zu bestimmen (§ 1600 VI 1, GG 84 I). Zumeist wird es sich dabei um die Ausländerbehörde handeln (Genenger aaO S 156). **c)** Voraussetzung für eine wirksame Anfechtung ist **aa)** zum einen, dass zwischen Kind und Vater **keine** sozial-familiäre Beziehung besteht im Zeitpunkt der Anerkennung bzw seines Todes bestanden hat (§ 1600 III HS 1). Wann diese besteht, ergibt sich zum einen aus der Regelvermutung des § 1600 IV (Zur Auslegung des Begriffs „häusliche Gemeinschaft" s Genenger aaO S 157). Iü kann dies auch bei regelmäßigem Umgang mit dem Kind, seiner Betreuung und Erziehung sowie der Leistung von Unterhalt der Fall sein (BT-Drs 16/3291 S 13). **bb)** Außerdem muss durch die Anerkennung die rechtliche Voraussetzung für die erlaubte Einreise oder den erlaubten Aufenthalt des Kindes oder eines Elternteils geschaffen werden (§ 1600 III HS 2). Dabei sind verschiedene Konstellationen möglich (vgl BT-Drs 16/3291 S 14). Je nachdem, ob ein Elternteil deutscher Staatsangehöriger ist oder nicht, erwirbt das Kind diese Staatsangehörigkeit gem StAG 4 I bzw III (s Budzikiewicz aaO S 100 f). Gleichzeitig erwirbt der andere Elternteil damit einen Anspruch auf Aufenthaltsgenehmigung (AufenthG 28 I Nr 3). **d)** Die Frist zur Anfechtung der Vaterschaft beträgt abw von der zweijährigen Anfechtungsfrist des § 1600b I nur ein Jahr (§ 1600b I a 1). Fristbeginn gem § 1600b I a 2 ab Kenntnis der Behörde (vgl VwVfG 48 IV) von den anfechtungsrelevanten Tatsachen. Eine absolute fünfjährige Ausschlussfrist regelt § 1600b I a 3.

12 **6. Anfechtungsgrund.** Der Anfechtungsgrund ist einheitlich für alle Anfechtungsberechtigten die Nichtabstammung des Kindes von dem (früheren) Ehemann

Titel 2. Abstammung **§ 1600d**

der Mutter bzw eine (irrtümlich oder bewusst falsche [Köln NJW 02, 902]) Anerkennung.

7. Beweislast. a) Vermutung für Vaterschaft s § 1600c. Der Anfechtende muss 13 den Beweis des Gegenteils führen, dass das Kind **nicht** von dem (früheren) Ehemann der Mutter oder vom anerkennenden Mann abstammt. – Zu den Beweismethoden s Rn 7 vor § 1591. **b)** Vermutung gilt nicht bei Anfechtung einer mit Willensmängeln nach §§ 119 I, 123 behafteten Anerkennung durch den Mann. Von Bedeutung ist vor allem der Fall der Täuschung des Mannes durch die Mutter über Mehrverkehr (§ 123 II ist nicht anwendbar, Windel AcP 199, 452); eine Offenbarungspflicht besteht allerdings nicht (s ie Gernhuber/Coester-Waltjen § 52 Rn 130). Verweisung in § 1600c II HS 2: Beiwohnung innerhalb der Empfängniszeit ist vom Anfechtungsgegner zu beweisen; schwerwiegende Zweifel an der Vaterschaft können zum Erfolg der Anfechtung führen. **c)** Das Bestehen einer sozial-familiären Beziehung ist auf Grund der gesetzlichen Definition dieser Beziehung in § 1600 IV 1 unwiderleglich stets zu bejahen, wenn der rechtliche Vater für das Kind tatsächlich Verantwortung trägt. Hat der biologische Vater keine Umstände dargelegt und sind auch sonst keine Anhaltspunkte ersichtlich, die gegen eine fortdauernd wahrgenommene tatsächliche Verantwortung sprechen, darf auch ohne weitere Amtsermittlung davon ausgegangen werden, dass der rechtliche Vater die von ihm übernommene Verantwortung trägt (BGH NJW 08, 2985).

8. Verfahren. S Anm zu § 1600e. 14

9. Wirkungen. S § 1599 I. Die rechtskräftige Feststellung, dass der Mann nicht 15 der Vater des Kindes ist, hebt mit Wirkung für und gegen alle (FamFG 184 II) die durch §§ 1592 Nr 1, 2 oder 1593 begründete Zuordnung des Kindes zum Mann (s Rn 1) rückwirkend auf (insoweit Gestaltungsentscheidung, Jauernig ZPR § 91 V 1d). Die Rechtslage wird so angesehen, als habe die Vaterschaft nie bestanden.

10. Anerkennung mit Zustimmung des fr Ehemannes. a) Zweck. Eine 16 rechtskräftige Feststellung ist nach **§ 1599 II** nicht erforderlich, wenn das Kind während eines Scheidungsverfahrens geboren wird, falls ein anderer Mann die Vaterschaft anerkennt und der Ehemann zustimmt. Damit soll ein aufwändiger Anfechtungsprozess überflüssig werden, wenn sich Mutter, (fr) Ehemann und der anerkennende Mann einig sind. **b) Voraussetzungen.** Die Anerkennung muss 17 innerhalb einer Frist von einem Jahr nach Rechtskraft des stattgebenden Scheidungsbeschlusses erklärt werden; sie kann schon während des Scheidungsverfahrens erfolgen, wird aber erst mit Rechtskraft des stattgebenden Scheidungsbeschlusses wirksam, § 1599 II 3. Zur Auflösung der Ehe durch Tod des fr Ehemanns während des Scheidungsverfahrens s Budzikiewicz aaO S 49 ff. **c) Wirkungen.** Die wirksame 18 Anerkennung begründet ein Vaterschaftsverhältnis zum anerkennenden Mann (§ 1592 Nr 2) und beendet zugleich das Vaterschaftsverhältnis zum (fr) Ehemann. Anfechtung der Anerkennung nach § 1599 I bleibt möglich. Ist sie erfolgreich, ist analog § 1593 S 4 der fr Ehemann der Vater.

§ 1600d Gerichtliche Feststellung der Vaterschaft

(1) **Besteht keine Vaterschaft nach § 1592 Nr. 1 und 2, § 1593, so ist die Vaterschaft gerichtlich festzustellen.**

(2) ¹**Im Verfahren auf gerichtliche Feststellung der Vaterschaft wird als Vater vermutet, wer der Mutter während der Empfängniszeit beigewohnt hat.** ²**Die Vermutung gilt nicht, wenn schwerwiegende Zweifel an der Vaterschaft bestehen.**

(3) ¹**Als Empfängniszeit gilt die Zeit von dem 300. bis zu dem 181. Tage vor der Geburt des Kindes, mit Einschluss sowohl des 300. als auch des 181. Tages.** ²**Steht fest, dass das Kind außerhalb des Zeitraums des Satzes 1**

Vor § 1601 Buch 4. Abschnitt 2. Verwandtschaft

empfangen worden ist, so gilt dieser abweichende Zeitraum als Empfängniszeit.

(4) **Die Rechtswirkungen der Vaterschaft können, soweit sich nicht aus dem Gesetz anderes ergibt, erst vom Zeitpunkt ihrer Feststellung an geltend gemacht werden.**

1   **1. Allgemeines.** S § 1592 Nr 3. Liegt Vaterschaft nach §§ 1592 Nr 1 oder (nicht „und") Nr 2, 1593 nicht vor, muss sie gerichtl (positiv) festgestellt werden, **I.** Erst vom Zeitpunkt der Feststellung an können die Wirkungen der Vaterschaft wie Unterhaltsansprüche, Erbrecht usw geltend gemacht werden, **IV.** Ausnahmsweise kann Vaterschaft ohne Feststellung angenommen werden bei FamFG 247 f.

2   **2. Voraussetzungen der Vaterschaftsfeststellung. a)** Keine Vaterschaft nach § 1592 Nr 1 oder 2, 1593; gerichtl Feststellung ist subsidiär. **b)** Klagebefugt sind gem § 1600e I 1 der Mann, der die Vaterschaft für sich in Anspruch nimmt (Nr 1, zB wenn die Mutter seiner Anerkennung nicht zustimmt, § 1595 I), die Mutter
3 (Nr 2 Var 1; Gaul FamRZ 98, 1451) und das Kind (Nr 2 Var 2). **c)** Die Klage ist begründet, wenn das Kind von dem Mann abstammt. Eine sichere positive Feststellung der Abstammung ist schwierig. Nach II wird als Vater vermutet, wer der Mutter während der Empfängniszeit (**III**) beigewohnt hat. Vermutung kann widerlegt werden (mit allen Beweismitteln und Begutachtungsmethoden wie bei Vaterschaftsanfechtung, s Rn 7 vor § 1591) durch Beweis des Gegenteils, dass das Kind nicht vom Mann gezeugt wurde. Ferner entfällt die Vermutung bereits, wenn
4 „**schwerwiegende Zweifel**" an der Vaterschaft bestehen, **II 2.** Dabei sind wie zu § 1600o II 2 aF alle Umstände zu würdigen. Die Feststellungslast trifft den Mann; zur Beweisvereitelung BGH NJW 93, 1393; zum Umfang der Erhebung weiterer Beweise, wenn ein Vaterschaftsgutachten eine sehr hohe Wahrscheinlichkeit der Vaterschaft ergibt, dieser aber bestreitet, der Kindesmutter beigewohnt zu haben BGH NJW 06, 3416. Begründete Zweifel können sich insbes aus Mehrverkehr der Mutter ergeben. Vor allem aber ist die Wahrscheinlichkeit der Vaterschaft des Mannes oder eines anderen auf Grund Blutgruppen- ua Gutachten (s Rn 7 vor § 1591) zu berücksichtigen.

5   **3. Wirkungen. a)** Erst die rechtskräftige Feststellung erlaubt die Geltendmachung der Rechtswirkungen der Abstammung für Vergangenheit und Zukunft, IV (insoweit Gestaltungsbeschluss, Jauernig, ZPR, § 91 V 1a). Der Beschluss wirkt nach Maßgabe FamFG 184 II für und gegen alle. **b)** Beurkundung der Vaterschaft beim Geburtseintrag des Kindes, PStG 27 I.

Titel 3. Unterhaltspflicht

Untertitel 1. Allgemeine Vorschriften

Vorbemerkungen

Lit: Born, Das neue Unterhaltsrecht, NJW 08, 1; Gerhardt, Die Unterhaltsreform zum 1.1.2008, FuR 08, 9, 62; Göppinger ua, Unterhaltsrecht, 9. Aufl 2008; Lipp, Finanzielle Solidarität zwischen Verwandten im Privat- und im Sozialrecht, NJW 02, 2201; Schumacher/Grün, Das neue Unterhaltsrecht minderjähriger Kinder, FamRZ 98, 778; Wendl/Staudigl, Das Unterhaltsrecht in der familienrichterlichen Praxis, 7. Aufl 2008.

1   **1. Überblick. a)** §§ 1601–1615 regeln Unterhaltsberechtigung und -pflicht zwischen Verwandten, §§ 1615a, 1615l–n bestimmen Unterhaltsansprüche zwischen nicht miteinander verheirateten Eltern aus Anlass der Geburt eines Kindes. **b)** Inner-
2 halb des Verwandtenunterhalts wird der **Kindesunterhalt** bes geregelt, vgl

Titel 3. Unterhaltspflicht §§ 1601, 1602

§§ 1602 II, 1603 II, 1611 II, 1612 II, 1612a. **c)** Ergänzend sind die Vorschriften über den Familienunterhalt in §§ 1360–1360b, über die Verwendung von Einkünften des Gesamtguts, § 1420, und des Kindesvermögens, § 1649, den Ausbildungsanspruch nach § 1371 IV (hierzu § 1371 Rn 14 ff) zu berücksichtigen sowie die Veränderung von Unterhaltsansprüchen, die sich aus der Konkurrenz mit anderen Unterhaltsberechtigten ergeben können, s § 1609. **d)** Zur Unterhaltspflicht als Schaden s Rn 32 vor §§ 249–253. 3

2. Verwandtschaft. Grundlage der in §§ 1601 ff geregelten Unterhaltsansprü- 4 che ist Verwandtschaft (Ausnahme: §§ 1615l–n); auch Scheinvaterschaft bis zur rechtskräftigen Anfechtung (§ 1599 I) und Annahme als Kind – §§ 1741 ff – begründen unterhaltsrelevante Verwandtschaft, s § 1754; zu den Einschränkungen bei der Volljährigen-Adoption s § 1770 I. Unterhaltspflicht zwischen Ehegatten s §§ 1360–1361, nach Ehescheidung §§ 1569 ff, bei Aufhebung s § 1318 II; s ferner Unterhalt der werdenden Mutter eines Erben, § 1963, und eines Nacherben, § 2141, sowie § 1969 („Dreißigster").

3. Abweichung durch Vereinbarung. Vertragliche Vereinbarungen über 5 Unterhaltsansprüche zwischen Berechtigtem und Verpflichtetem sind grundsätzlich möglich, BGH NJW 86, 1168 (Freistellung des Ehegatten von Unterhaltsansprüchen gemeinschaftlicher Kinder); Grenze § 138 (BVerfG NJW 01, 957, 2248). Bei Verzicht auf Unterhalt für die Zukunft s jedoch § 1614 I. Wesentliche Änderungen von Bedürftigkeit oder Leistungsfähigkeit können Geschäftsgrundlage berühren, Dethloff § 11 Rn 54.

4. Schutz der Unterhaltsansprüche und des Berechtigten. Erfolgt durch: 6 StGB 170, §§ 1666 II, 2333 Nr 4, 2334, ZPO 850b I Nr 2 (unpfändbar, s jedoch II), §§ 394 (keine Aufrechnung), 400 (nicht abtretbar), 194 II (keine Verjährung künftiger Ansprüche), 207 I 2 Nr 2 (Hemmung der Verjährung bis zur Vollendung des 21. Lebensjahres des Kindes), ZPO 850d (erweiterte Pfändbarkeit von Arbeitseinkommen bei Unterhaltstiteln), ZPO 850i I (Privilegierung des für Unterhaltszwecke benötigten Einkommens des Pfändungsschuldners), InsO 100, 209 I Nr 3; bei Tötung des Unterhaltsverpflichteten § 844 II. S ferner § 1495 Nr 2 (Aufhebungsklage eines Abkömmlings bei fortgesetzter Gütergemeinschaft).

5. Verfahrensrecht. Zuständig ist das FamG, FamFG 111 Nr 8, 231 I Nr 1, 7 Nr 3; örtl Zuständigkeit s FamFG 232. Einstw Anordnung FamFG 246, einstw Verfügung FamFG 247. Unterhaltsentscheidung im Verbund mit Vaterschaftsfeststellung s FamFG 237. Unterhalt minderjähriger Kinder kann im „vereinfachten Verfahren" tituliert werden, FamFG 249 ff. Abänderung von Unterhaltstiteln s FamFG 238.

6. IPR. S Art 15 EU-UnterhaltsVO, dazu vor § 1297 Rn 8. 8

§ 1601 Unterhaltsverpflichtete

Verwandte in gerader Linie sind verpflichtet, einander Unterhalt zu gewähren.

§ 1602 Bedürftigkeit

(1) Unterhaltsberechtigt ist nur, wer außerstande ist, sich selbst zu unterhalten.

(2) Ein minderjähriges unverheiratetes Kind kann von seinen Eltern, auch wenn es Vermögen hat, die Gewährung des Unterhalts insoweit verlangen, als die Einkünfte seines Vermögens und der Ertrag seiner Arbeit zum Unterhalt nicht ausreichen.

§ 1603 Leistungsfähigkeit

(1) **Unterhaltspflichtig ist nicht, wer bei Berücksichtigung seiner sonstigen Verpflichtungen außerstande ist, ohne Gefährdung seines angemessenen Unterhalts den Unterhalt zu gewähren.**

(2) ¹Befinden sich Eltern in dieser Lage, so sind sie ihren minderjährigen unverheirateten Kindern gegenüber verpflichtet, alle verfügbaren Mittel zu ihrem und der Kinder Unterhalt gleichmäßig zu verwenden. ²Den minderjährigen unverheirateten Kindern stehen volljährige unverheiratete Kinder bis zur Vollendung des 21. Lebensjahrs gleich, solange sie im Haushalt der Eltern oder eines Elternteils leben und sich in der allgemeinen Schulausbildung befinden. ³Diese Verpflichtung tritt nicht ein, wenn ein anderer unterhaltspflichtiger Verwandter vorhanden ist; sie tritt auch nicht ein gegenüber einem Kind, dessen Unterhalt aus dem Stamme seines Vermögens bestritten werden kann.

§ 1604 Einfluss des Güterstands

¹Lebt der Unterhaltspflichtige in Gütergemeinschaft, bestimmt sich seine Unterhaltspflicht Verwandten gegenüber so, als ob das Gesamtgut ihm gehörte. ²Haben beide in Gütergemeinschaft lebende Personen bedürftige Verwandte, ist der Unterhalt aus dem Gesamtgut so zu gewähren, als ob die Bedürftigen zu beiden Unterhaltspflichtigen in dem Verwandtschaftsverhältnis stünden, auf dem die Unterhaltspflicht des Verpflichteten beruht.

Anmerkungen zu den §§ 1601–1604

1 **1. Allgemeines.** Die §§ 1601–1604 regeln die Grundvoraussetzungen des **Verwandtenunterhalts:** Verwandtschaft (§ 1601), Bedürftigkeit (§ 1602) und Leistungsfähigkeit (§ 1603). Weitere Voraussetzungen bestehen nicht. Anders als beim Scheidungsunterhalt (§§ 1570 ff) sieht der Verwandtenunterhalt keine bes Unterhaltstatbestände und Einsatzzeitpunkte vor. Die Ursache der Bedürftigkeit ist daher gleichgültig. Auch das volljährige Kind kann nach langer Zeit (wieder) unterhaltsberechtigt werden.

2 **2. Verwandtschaft.** Nach § 1601 können nur Verwandte in gerader Linie (Definition: § 1589 S 1) einander unterhaltspflichtig sein. Auf den Grad der Verwandtschaft kommt es nicht an. Unterhaltspflichtig sind danach Kinder, Eltern, Großeltern, Urgroßeltern (zur Reihenfolge s § 1606). Zwischen Verwandten in der Seitenlinie (Definition: § 1589 S 2) besteht keine ges Unterhaltspflicht, insbes nicht zwischen Geschwistern. Die Rückforderung gleichwohl geleisteten Unterhalts kann nach § 814 Fall 2 ausgeschlossen sein. Keine Unterhaltspflicht trifft auch Verschwägerte (Definition s § 1590). Stiefkinder haben keinen ges Unterhaltsanspruch (Ausnahme: Ausbildungsunterhalt gegen den überlebenden Ehegatten nach § 1371 IV). Die Aufnahme eines Stiefkindes in den Haushalt allein begründet keinen Unterhaltsvertrag.

3 **3. Bedürftigkeit.** Grundsätzlich hat jeder selbst durch Erwerbstätigkeit oder in sonstiger Weise (Vermögensverzehr) für seinen Lebensunterhalt zu sorgen. Nur wer
4 dies nicht kann, ist unterhaltsberechtigt. **a) Volljährigen** obliegt es, alles Zumutbare zu unternehmen, um ihren Lebensunterhalt aus eigenen Mitteln zu bestreiten. *Mögliche* Einkünfte aus Erwerbstätigkeit mindern die Bedürftigkeit. **aa) Jede zumutbare Tätigkeit** ist anzunehmen, nicht nur eine der gewohnten Lebensstellung angemessene (BGH 93, 123), zB auch eine berufsfremde Tätigkeit oder eine Tätigkeit außerhalb des bisherigen Wohnorts, soweit nicht familiäre Verhältnisse dies ausschließen. Allenfalls nach Abschluss der Ausbildung steht dem Volljährigen eine

Titel 3. Unterhaltspflicht **§§ 1601–1604**

zwei- bis dreimonatige Orientierungsphase zu. Auch eine erwachsene Tochter, die ein **Kleinkind zu betreuen** hat, trifft eine Erwerbsobliegenheit (zum Anspruch gegen den Vater s §§ 1360 ff, 1570, 1615l); sie hat daher alle Möglichkeiten der Kinderbetreuung wahrzunehmen. Während der von den Eltern zu finanzierenden angemessenen (s § 1610 Rn 7) **Ausbildung** trifft den Volljährigen keine Erwerbsobliegenheit. Eine Ausbildungsvergütung ist bedarfsmindernd anzurechnen (BGH NJW 06, 58), ebenso Kindergeld (BGH NJW 06, 60) und die Pendlerpauschale (Brandenburg NJW 08, 84). Anrechnung überobligationsmäßiger Nebentätigkeit (Student jobbt nebenbei) nach § 1577 II. **bb) Vermögen** ist grundsätzlich anzurechnen. Nur eine völlig unwirtschaftliche Verwertung des Vermögens kann unzumutbar sein, jedoch sind die Voraussetzungen strenger als bei § 1577 III (BGH FamRZ 1998, 369). **cc)** Bedarf eines **Wehrdienstleistenden** ist durch Zuwendung der Dienststelle gedeckt (BGH NJW 90, 714); Ausnahme: gute finanzielle Verhältnisse der Eltern; besonderer Bedarf, etwa Musikunterricht. Ebenso bei Zivildienstleistendem (BGH NJW 94, 938). **b) aa) Minderjährige** trifft eine **Erwerbsobliegenheit** nur, soweit sie nicht einen Anspruch auf angemessene Berufsausbildung haben (s § 1610 Rn 7). Allerdings ist eine Erwerbstätigkeit zumutbar in Zwischenzeiten (Düsseldorf FamRZ 00, 442: Teilerwerbstätigkeit bis zum Antritt einer Lehrstelle). Geringfügige Nebentätigkeit (Schüler trägt Zeitungen aus) lässt die Bedürftigkeit nicht entfallen. **bb) Vermögen** ist anzurechnen. Das unverheiratete minderjährige Kind braucht (gegenüber Eltern, nicht etwa Großeltern!) den Vermögensstamm jedoch nicht anzugreifen (§ 1602 II; Ausnahme § 1603 II 3 HS 2 bei nicht leistungsfähigen Eltern), sondern nur die Erträge, soweit sie nicht zur Verwaltung und Substanzerhaltung erforderlich sind; anders bei volljährigen Kindern (Hamm NJW 07, 1217). **c)** Bei **öffentl-rechtlichen Leistungen** ist zu prüfen, ob sie dem Unterhaltsbedürftigen zugutekommen und den Unterhaltsverpflichteten entlasten sollen. **Sozialleistungen** sind wie sonstiges Einkommen zu behandeln, soweit sie geeignet sind, allg den Unterhalt zu decken, und nicht subsidiär gewährt werden (BGH NJW-RR 93, 322). **Arbeitslosen- und Krankengeld** wirken wie eigenes Einkommen. **Arbeitslosengeld II** ist beim Unterhaltspflichtigen anrechenbares Einkommen; beim -berechtigten mindert es die Bedürftigkeit nicht. **Kindergeld** ist nicht Einkommen des Kindes, sondern steht beiden Elternteilen zu und erhöht deren Leistungsfähigkeit; zum Vorwegabzug s § 1612b. **Ausbildungsförderung** nach dem BAföG mindert den Bedarf (anders bloße Vorausleistung, BAföG 36); Bedarfsminderung wegen der günstigen Bedingungen auch bei bloßem Darlehen (BGH NJW 85, 2331). **Sozialhilfe** nach SGB VII (oder UnterhaltsvorschussG) ist subsidiär und entlastet den Unterhaltspflichtigen daher nicht; gemäß SGB VII 94 I 1 (bzw UnterhaltsvorschussG 7) geht der Anspruch auf den Sozialhilfeträger über. **Waisengeld** ist anzurechnen (BGH NJW 81, 169). Leistungen wegen Körper- und Gesundheitsschäden und entspr Mehrbedarf s § 1610a. **d) Leistungen Dritter aa)** Leistet ein nach § 1606 vorrangiger Unterhaltsschuldner, entfällt der Bedarf gegenüber einem nachrangig Verpflichteten. Leistet der Nachrangige, so keine Anrechnung; vielmehr geht der Anspruch nach § 1607 III über. Anrechnung nur, wenn anderer Wille anzunehmen ist (Bsp: Großeltern zahlen an Enkel, um Vater zu entlasten). **bb)** Sonstige Zuwendungen Dritter sollen dem Berechtigten zugutekommen und mindern den Bedarf nicht. Unterstützungszahlungen des Partners einer nichtehelichen Lebensgemeinschaft (Rn 3 vor § 1297) verringern den Bedarf nicht, wenn sie dem Berechtigten einen etwas höheren Lebensstandard ermöglichen sollen (Hamm FamRZ 98, 767); anders aber, wenn regelmäßig Leistungen erfolgen.

4. Leistungsfähigkeit. Relevant sind Einkommen und Vermögen. **a)** Einkommen aus **Arbeitstätigkeit: aa)** Maßgeblich ist das Bruttoeinkommen (einschließlich Überstunden- und Auslandszuschlägen, Urlaubs- und Weihnachtsgeld, Prämien und Abfindungen) abzüglich Eink.-, Einkommens- und Kirchensteuer sowie Sozialversicherungsbeiträge. Für zusätzliche Altersvorsorge sind beim Elternunterhalt 5% des Bruttoeinkommens abzuziehen (BGH NJW 06, 3344); die Wahl einer ungünstigen

§§ 1601–1604 Buch 4. Abschnitt 2. Verwandtschaft

Steuerklasse ist zu korrigieren (BGH NJW 04, 769 [Elternunterhalt]). Abziehbar sind ferner berufsbedingte Aufwendungen (Beiträge zu Berufsverbänden, Arbeitszimmer und -mittel, Fahrtkosten [Pauschalierung zulässig, BGH NJW 02, 1270]) sowie Fahrtkosten, die anlässlich von Umgangskontakten entstehen (Bremen NJW 08, 1237). Ein Splittingvorteil aus neu eingegangener Ehe ist sowohl bei der Unterhaltsbemessung minderjähriger Kinder (§ 1610 I) als auch bei der Beurteilung der

13 Leistungsfähigkeit (§ 1603 II) zu berücksichtigen (BGH NJW 08, 3562). **bb)** Den Verpflichteten trifft die **Obliegenheit, seine Arbeitskraft bestmöglich einzusetzen;** gegenüber Kindern nach § 1603 II sogar gesteigerte (Neben-)Erwerbsobliegenheit (BGH NJW 03, 3123); zumutbar kann sein: Wohnortwechsel, Arbeit erheblich unter Ausbildungsniveau (BGH NJW 04, 1160) sowie eine wöchentliche Arbeitszeit von bis zu 48 Stunden einschließlich einer Nebenerwerbstätigkeit (Köln NJW 07, 444). Schuldet neben dem vorrangig Unterhaltspflichtigen ausnahmsweise auch ein anderer leistungsfähiger Verwandter Barunterhalt, lässt dies nach § 1603 II 3 lediglich die gesteigerte Unterhaltspflicht des vorrangig Unterhaltspflichtigen, nicht aber dessen allgemeine Unterhaltspflicht entfallen (BGH NJW 08, 227). Der Verpflichtete muss sich um einen Arbeitsplatz ernsthaft bemühen. Leistungsfähigkeit entfällt nur, wenn keine reale Beschäftigungschance besteht. Die freiwillige **Arbeitsplatzaufgabe** bedarf eines vernünftigen Grundes. Wird eine zumutbare Nebentätigkeit nicht aufgenommen, können diese fiktiven Einkünfte dem Einkommen hinzugerechnet werden (BGH FamRZ 09, 314). Die Aufnahme einer selbstständigen Tätigkeit mit erheblichem Einkommensverlust ist allerdings zulässig, wenn dem Verpflichteten nicht ein verantwortungsloses, zumindest leichtfertiges Verhalten zur Last fällt (BGH NJW 03, 3124 [Folgen einer Operation machen bisherige Tätigkeit unmöglich]). Auch ein unfreiwilliger Arbeitsplatzverlust ist bei schwerwiegendem Verschulden relevant, nicht schon bei Verlust infolge Alkoholisierung (BGH NJW 94, 258) oder

14 Diebstahls (BGH NJW 93, 1974). – Gegenüber Kindern aus einer früheren Ehe entfällt die Unterhaltspflicht nicht dadurch, dass der bislang erwerbstätige Unterhaltspflichtige in einer neuen Ehe die Rolle des Hausmanns bzw der -frau übernimmt **(„Rollentausch")**. Bei nicht gerechtfertigtem Rollentausch ist früheres Einkommen fiktiv anzurechnen; ggf sind auch einfache Nebentätigkeiten zumutbar (vgl BGH NJW 04, 1160). Grundsätzlich ist jeder Elternteil verpflichtet, auch dann das Existenzminimum des bei dem anderen Elternteil lebenden Kindes sicherzustellen, wenn er selbst ein weiteres gemeinsames Kind betreut. Ausnahmen bei späterem Wechsel eines Kindes zum anderen Elternteil möglich (Hamm NJW 06, 3075). Ist das Einkommen des betreuenden Elternteils mehr als doppelt so hoch wie das des an sich barunterhaltspflichtigen Elternteils, kann die Unterhaltsverpflichtung des Letzteren im Hinblick auf § 1603 II 3 ganz entfallen (Brandenburg NJW 07, 85). – Keine Erwerbsobliegenheit bei länger andauernder **Krankheit,** es sei denn, Teilzeit-

15 tätigkeit ist zumutbar. **b)** Bei **selbstständiger Tätigkeit** ist zum Ausgleich der Einkommensschwankungen der Durchschnitt aus den vergangenen drei Jahren maßgeblich (BGH NJW 85, 909). Abzustellen ist auf das tatsächliche Einkommen, nicht das steuerlich deklarierte. Höhe der Entnahmen können einen Anhaltspunkt bilden (Dresden FamRZ 99, 850). Tatsächlich geleistete angemessene Vorsorgeaufwendungen sind abzuziehen (bei Elternunterhalt etwa 20% des Bruttoeinkommens, BGH NJW 03, 1662). Die konkrete Form der (Alters-)Vorsorge (Lebensversicherung, Immobilienerwerb, Fondbeteiligung) steht dem Pflichtigen frei (BGH NJW

16 03, 1662 [auch Sparvermögen]). **c) Vermögen** und Einkünfte daraus sind anzurechnen, etwa aus Vermietung und Verpachtung, abzüglich Belastungen wie Grundsteuer, Versicherung, Betriebskosten. Auch der Wohnvorteil (mietfreies Wohnen in der eigenen Immobilie) ist anzurechnen (BGH NJW 03, 2307: bei Elternunterhalt nicht Marktmiete, sondern ersparter Mietzins abzüglich Grundstückskosten und Tilgungsanteil des Finanzierungsdarlehens). Grundsätzlich ist auch der Vermögensstamm einzusetzen (BGH NJW-RR 86, 67: Ferienhaus ist zu verkaufen), nicht aber unwirtschaftliche Verschleuderung oder Veräußerung, die Einkünfte (zB aus Vermietung) abschneidet. Der Verpflichtete ist zu Darlehensaufnahme und (kreditsi-

Titel 3. Unterhaltspflicht **§§ 1601–1604**

chernder) Belastung vorhandenen Vermögens verpflichtet, es sei denn, er ist ohnehin schon mit Schulden belastet, deren Amortisation seine finanziellen Möglichkeiten übersteigt (BGH NJW 82, 1641). Keine Verpflichtung zur Annahme eines Darlehensangebots des Sozialhilfeträgers gegen Verpfändung seines Grundbesitzes, wenn dadurch in seinen nach GG 2 I geschützte finanzielle Dispositionsfreiheit eingegriffen wird, insbes wenn der Grundbesitz zur eigenen Altersvorsorge dient (BVerfG FamRZ 05, 1052 [Elternunterhalt]); nach Wegfall der Unterhaltsbedürftigkeit unterbreitetes Darlehensangebot begründet Leistungsfähigkeit des Verpflichteten auch wegen der erforderlichen zeitlichen Kongruenz von Bedürftigkeit und Leistungsfähigkeit nicht (BVerfG FamRZ 05, 1053). – Bei Gütergemeinschaft ist das Gesamtgut insgesamt dem unterhaltspflichtigen Ehegatten zuzurechnen, **§ 1604 S 1**. **d) Grenzen** ergeben sich nach § 1603 I aus **"sonstigen Verpflichtungen"**. **aa)** Abzuziehen ist der eigene angemessene Unterhalt des Verpflichteten ("angemessener Eigenbedarf"; **"Selbstbehalt"**). Bei der Leistungsfähigkeit ist zu berücksichtigen, ob angemessener Eigenbedarf des Pflichtigen durch den Anspruch auf Familienunterhalt nach §§ 1360, 1360a gedeckt ist (BGH NJW 02, 1646 [Kindesunterhalt], NJW 04, 675 [Elternunterhalt]); in diesem Fall kann auch Taschengeld gem §§ 1360, 1360a unterhaltspflichtiges Einkommen sein (BGH NJW 04, 677; s ferner BGH FamRZ 06, 1012 [Erziehungsgeld bei Kindern iSd § 1603 II]). Der Selbstbehalt eines Unterhaltspflichtigen kann um die durch eine gemeinsame Haushaltsführung eintretende Ersparnis, höchstens jedoch bis auf sein Existenzminimum nach sozialhilferechtlichen Grundsätzen herabgesetzt werden (BGH NJW 08, 1373). – Gegenüber einem **volljährigen Kind** beträgt der Selbstbehalt der Eltern etwa 1150 Euro (s Tabellen Rn 2 vor §§ 1360–1361). – Gegenüber einem **minderjährigen Kind** können die Eltern nach § 1603 II nur den notwendigen Selbstbehalt absetzen. Er beträgt tabellarisch für erwerbstätige Unterhaltspflichtige etwa 950 Euro. Gleiches gilt gegenüber volljährigen Kindern bis zur Vollendung des 21. Lebensjahres unter der Voraussetzung des § 1603 II 2. Lebt der Unterhaltspflichtige mit einem Partner zusammen, kann der Selbstbehalt im Mangelfall wegen der kostengünstigeren gemeinsamen Haushaltsführung herabgesetzt werden (Nürnberg NJW 03, 3138 [Kostenersparnis 25%]). Erhöhung um angemessene Umgangskosten möglich (BGH NJW 05, 1493 zu § 1612b V aF). Zum Mangelfall s § 1609 Rn 8. – Gegenüber den Eltern **("Elternunterhalt")** müssen Kinder eine spürbare Senkung ihres Einkommens dauerhaft nicht hinnehmen, zumal die Unterhaltspflicht die Kinder selbst regelmäßig im schon fortgeschrittenen Alter trifft. Der "erweiterte Selbstbehalt" des volljährigen Kindes errechnet sich daher aus der Summe des tabellarisch bemessenen Selbstbehalts *plus* der Hälfte der Differenz zwischen Selbstbehalt und bereinigtem Einkommen (BGH NJW 03, 131); dies gilt auch für Großeltern bei Inanspruchnahme durch (auch minderjährigen) Enkel (BGH NJW 06, 144). – Wer durch Unterhaltszahlungen selbst sozialhilfebedürftig würde, ist absolut nicht leistungsfähig (BGH 111, 194; BVerfG FamRZ 01, 1685). **bb)** Unterhaltsrechtlich relevante **Schulden** sind zu berücksichtigen, soweit sie die tatsächlich verfügbaren Mittel und damit die Lebensstellung des Verpflichteten (s § 1610 Rn 2) beeinträchtigen. Erforderlich ist indes eine umfassende Interessenabwägung unter Berücksichtigung des Zwecks der Verbindlichkeit, des Zeitpunkts und der Art der Entstehung und der Kenntnis von der Unterhaltsschuld (BGH NJW 02, 1270). Bsp: Leasingraten für einen Pkw sind nicht absetzbar, wenn Verpflichteter sie durch Nutzung eines preiswerten Gebrauchtwagens oder öffentl Verkehrsmittel vermeiden kann (BGH NJW 02, 1270). Obliegenheit zur Einleitung eines Verbraucherinsolvenzverfahrens, wenn dieses geeignet ist, den laufenden Unterhalt der minderjährigen Kinder dadurch sicherzustellen, dass ihm Vorrang vor sonstigen Verbindlichkeiten eingeräumt wird (BGH NJW 05, 1279); anders bei Trennungsunterhalt (vgl § 1361 Rn 15).

5. Beweislast. Der Unterhalt Verlangende hat Verwandtschaft und Bedürftigkeit zu beweisen, der Beklagte mangelnde Leistungsfähigkeit (Brandenburg NJW 06,

§§ 1605, 1606

3286) oder Vorhandensein vorrangig Verpflichteter. Zum Auskunftsanspruch s § 1605.

§ 1605 Auskunftspflicht

(1) ¹Verwandte in gerader Linie sind einander verpflichtet, auf Verlangen über ihre Einkünfte und ihr Vermögen Auskunft zu erteilen, soweit dies zur Feststellung eines Unterhaltsanspruchs oder einer Unterhaltsverpflichtung erforderlich ist. ²Über die Höhe der Einkünfte sind auf Verlangen Belege, insbesondere Bescheinigungen des Arbeitgebers, vorzulegen. ³Die §§ 260, 261 sind entsprechend anzuwenden.

(2) Vor Ablauf von zwei Jahren kann Auskunft erneut nur verlangt werden, wenn glaubhaft gemacht wird, dass der zur Auskunft Verpflichtete später wesentlich höhere Einkünfte oder weiteres Vermögen erworben hat.

1 **1. Voraussetzungen. a)** Verwandtschaft in gerader Linie; aber auch Angaben über die Einkünfte eines neuen Ehegatten des nicht leistungsfähigen baruntehaltspflichtigen Elternteils (BGH FamRZ 11, 21). Ein Auskunftsanspruch gegen Geschwister besteht uU gem § 242 (vgl §§ 259–261 Rn 3), kann aber auch auf Auskunft über Einkommen deren Ehegatten gerichtet sein (BGH FamRZ 11, 21; München FamRZ 02, 51; LG Braunschweig FamRZ 99, 457); ein unmittelbarer Anspruch gegen Schwager besteht nicht (BGH NJW 03, 3624). **b)** Auskunftsverlangen; zum Rechtsschutzbedürfnis für Antrag s Düsseldorf FamRZ 81, 42. Kein Übergang nach SGB XII 93 auf Träger der Sozialhilfe, BGH NJW 86, 1688 (zu fr BSHG 90). **c)** Frist nach II abgelaufen, falls erneute Auskunft. Beginn: Letzte Auskunftserteilung. Für Ablauf der Frist bei Unterhaltsvergleich s jedoch Düsseldorf NJW 93, 1080; München FamRZ 10, 816.

2 **2. Umfang. a)** Nur soweit Unterhaltsanspruch oder -verpflichtung abzuschätzen bzw zu berechnen ist, reicht Auskunftsanspruch; hierzu, insbes zum Zeitraum BGH NJW 82, 1642; 83, 1554. Nicht: Auskunft über Verletzung unterhaltsrechtlicher
3 Obliegenheit (Bamberg FamRZ 86, 685). **b)** Auf Verlangen ist die Auskunft durch Belege über Einkünfte (Anlage von Kapital s Karlsruhe NJW-RR 90, 756) zu stützen, s I 2, ferner I 3 iVm §§ 260, 261 (Verzeichnis, ggf eidesstattliche Versicherung; zB Einkommensteuerbescheid oder -erklärung; Bilanz, Gewinn- und Verlustrechnung einer GmbH, BGH NJW 82, 1642; Jahresabschluss nach HGB 242 ff, Bamberg FamRZ 89, 423); Dienst- oder Arbeitsvertrag BGH NJW 93, 3263. Systematische, geordnete Zusammenstellung, Hamm NJW-RR 92, 1029. Gilt nicht, wenn Auskunft über Einkünfte des Ehegatten eines Unterhaltspflichtigen (Rn 1) verlangt wird, da der Anspruch aus § 1605 insofern nicht weiter reichen kann als der Unterrichtungsanspruch des Unterhaltspflichtigen gegen den Ehegatten aus § 1353
4 (BGH FamRZ 11, 21). **c)** Auskunftsanspruch wegen Mitunterhaltspflicht s Köln FamRZ 92, 470; Karlsruhe FamRZ 09, 1497 mwN.

5 **3. Schadensersatz.** Bei schuldhafter Nicht-, Schlecht- oder Spätererfüllung besteht Schadensersatzpflicht, BGH NJW 84, 868; aA Bamberg NJW-RR 90, 906 mwN.

§ 1606 Rangverhältnisse mehrerer Pflichtiger

(1) Die Abkömmlinge sind vor den Verwandten der aufsteigenden Linie unterhaltspflichtig.

(2) Unter den Abkömmlingen und unter den Verwandten der aufsteigenden Linie haften die näheren vor den entfernteren.

(3) ¹Mehrere gleich nahe Verwandte haften anteilig nach ihren Erwerbs- und Vermögensverhältnissen. ²Der Elternteil, der ein minderjähriges

Titel 3. Unterhaltspflicht §§ 1606–1608

unverheiratetes Kind betreut, erfüllt seine Verpflichtung, zum Unterhalt des Kindes beizutragen, in der Regel durch die Pflege und die Erziehung des Kindes.

§ 1607 Ersatzhaftung und gesetzlicher Forderungsübergang

(1) Soweit ein Verwandter auf Grund des § 1603 nicht unterhaltspflichtig ist, hat der nach ihm haftende Verwandte den Unterhalt zu gewähren.

(2) ¹Das Gleiche gilt, wenn die Rechtsverfolgung gegen einen Verwandten im Inland ausgeschlossen oder erheblich erschwert ist. ²Der Anspruch gegen einen solchen Verwandten geht, soweit ein anderer nach Absatz 1 verpflichteter Verwandter den Unterhalt gewährt, auf diesen über.

(3) ¹Der Unterhaltsanspruch eines Kindes gegen einen Elternteil geht, soweit unter den Voraussetzungen des Absatzes 2 Satz 1 anstelle des Elternteils ein anderer, nicht unterhaltspflichtiger Verwandter oder der Ehegatte des anderen Elternteils Unterhalt leistet, auf diesen über. ²Satz 1 gilt entsprechend, wenn dem Kind ein Dritter als Vater Unterhalt gewährt.

(4) Der Übergang des Unterhaltsanspruchs kann nicht zum Nachteil des Unterhaltsberechtigten geltend gemacht werden.

§ 1608 Haftung des Ehegatten oder Lebenspartners

(1) ¹Der Ehegatte des Bedürftigen haftet vor dessen Verwandten. ²Soweit jedoch der Ehegatte bei Berücksichtigung seiner sonstigen Verpflichtungen außerstande ist, ohne Gefährdung seines angemessenen Unterhalts den Unterhalt zu gewähren, haften die Verwandten vor dem Ehegatten. ³§ 1607 Abs. 2 und 4 gilt entsprechend. ⁴Der Lebenspartner des Bedürftigen haftet in gleicher Weise wie ein Ehegatte.

(2) (weggefallen)

Anmerkungen zu den §§ 1606–1608

Lit: Graba, Kindesbetreuung und Kindesunterhalt, FamRZ 90, 454; Wohlgemuth, Quotenhaftung der Eltern beim Volljährigenunterhalt, FamRZ 01, 321.

1. Allgemeines. Regelung der Stufenfolge, nach der mehrere Unterhaltsverpflichtete nacheinander oder nebeneinander einzustehen haben, und entspr Ersatzhaftung (§ 1607). 1

2. Der Ehegatte im Rangverhältnis. Der Ehegatte, auch der geschiedene, geht den kraft Verwandtschaft Unterhaltspflichtigen stets vor, §§ 1608 S 1, 1584. Grundlage der Ehegattenverpflichtung s §§ 1360, 1361, 1569 ff. Unterhaltsverzicht gegenüber Ehegatten wirkt nicht zu Lasten Verwandter (Frankfurt FamRZ 84, 396). Subsidiär greift jedoch die Unterhaltspflicht der Verwandten wieder ein, wenn der Ehegatte **a)** unter Berücksichtigung sonstiger Verpflichtungen (hierzu auch § 1609) seinen eigenen angemessenen Unterhalt gefährden würde, § 1608 I 2, § 1584 S 2 (s § 1584 Rn 3 f), oder **b)** die Rechtsverfolgung gegen ihn im Inland ausgeschlossen oder erheblich erschwert ist, §§ 1608 S 3, 1584 S 3 je iVm § 1607 II. Lebenspartner steht haftungsrechtlich dem Ehegatten gleich (§ 1608 S 4). 2 3 4

3. Der Abkömmling im Rangverhältnis. Abkömmlinge haften nach Gradnähe der Verwandtschaft – s § 1589 S 3 – und vor Eltern und anderen Verwandten aufsteigender Linie; untereinander haben sie ebenfalls nach Verwandtschaftsgrad 5

§§ 1606–1608

einzustehen, § 1606 I, II. Die gleiche Rangfolge gilt für die Unterhaltspflicht Verwandter aufsteigender Linie.

6 **4. Gleiche Gradnähe.** Bei gleicher Gradnähe haften Verwandte, so insbes die Eltern, anteilig nach ihren Erwerbs- und Vermögensverhältnissen, § 1606 III 1; zur Ermittlung der Anteile s BGH NJW-RR 86, 293, FamRZ 88, 1039; zur anteiligen Entlastung durch Einkünfte des Berechtigten BGH NJW-RR 86, 748. „Anteilig" meint Teilschuld, nicht Gesamtschuld (BGH NJW 71, 1985 mwN), wobei nicht stets gleiche Anteile geschuldet sind, sondern Erwerbs- und Vermögensverhältnisse jedes Elternteils maßgebend sind (BGH aaO); zur Haftungsquote sa Bamberg FamRZ 90, 554 (auch zum Verzicht des Kindes gegenüber einem Elternteil). Allein die Zurechnung fiktiven Einkommens führt nicht dazu, dass eine Mithaftung nach
7 § 1606 III 1 entfällt (BGH NJW 08, 3635). **Aufgabenverteilung** in der Ehe berücksichtigt § 1606 III 2 durch Verteilung der Unterhaltslast als Natural- und Barunterhalt. Verfügt der Elternteil, der seine Unterhaltspflicht gegenüber minderjährigem Kind durch Pflege und Erziehung gem § 1606 III 2 erfüllt, über eigenes Einkommen, so bleibt der andere regelmäßig (Ausnahme: s BGH FamRZ 98, 288) doch allein barunterhaltspflichtig, ie BGH NJW 80, 2306; entspr Anwendung ab Volljährigkeit s BGH NJW 81, 2462; bei vollberuflich tätigen Eltern ist Betreuung eines volljährigen Kindes jedoch regelmäßig freiwillige Zuwendung, s BGH NJW 94, 1531 f (auch zum Unterhaltsbedarf). Wechseln sich die Eltern bei der Betreuung des Kindes ab und liegt das deutliche Schwergewicht der Betreuung bei einem Elternteil, trägt dieser im Zweifel die Hauptverantwortung für das Kind und leistet dadurch den Betreuungsunterhalt, während der andere Elternteil zum Barunterhalt
8 verpflichtet ist (BGH NJW 07, 1882). Zur **Bemessung des Barunterhalts** neben Naturalunterhalt des erwerbstätigen Sorgepflichtigen s BGH NJW 81, 1560, 91, 697; Bamberg NJW 95, 1434; Beweislast BGH NJW 81, 924 mwN; bei erhöhten Betreuungsleistungen für behindertes Kind s BGH NJW 83, 2083. Bei verabredeter gemeinsamer Pflege ist anteilige Unterhaltshaftung entspr § 1606 III 1 zu berechnen,
9 BGH NJW 85, 1460 f (zu § 844). **Übertragung** der Betreuung auf Dritten bewirkt Barunterhaltspflicht (Hamm NJW-RR 90, 900). Zum Regress sa Rn 18.

10 **5. Ersatzhaftung. a)** Bei völliger oder teilw Leistungsunfähigkeit – § 1607 iVm § 1603 – oder Erschwerung bzw Unmöglichkeit der Rechtsverfolgung im Inland – § 1607 II 1 – tritt der nächstverpflichtete Verwandte ein; ebenso bei Leistungsunfähigkeit des bzw erschwerter Rechtsverfolgung gegen den Ehegatten, § 1608 I 2, 3 iVm § 1607 II, § 1584 S 2, 3 iVm § 1607 II; Bsp: böswilliges Unterlassen von Erwerbstätigkeit (nicht: Ausbildung, Hamburg FamRZ 89, 95), Fehlen inländischer
11 Zuständigkeit. **b)** Gilt auch, wenn von mehreren auf gleicher Stufe haftenden Verwandten, zB Eltern, einer nicht leistungsfähig ist oder wegen tatsächlicher Hindernisse nicht belangt werden kann (BGH NJW 71, 2070), selbst bei Vorliegen eines Vollstreckungstitels (BGH NJW 06, 146).

12 **6. Regress. a)** Wird ein nachrangig berufener Verwandter für einen auf Grund näherer Verwandtschaft nach § 1606 I, II oder als Ehegatte nach § 1608 I 1, § 1584 S 1 an sich vorrangig Verpflichteten **wegen** dessen **Leistungsunfähigkeit** ganz oder zT nach § 1607 I oder §§ 1608 I 2, 1584 S 2 ersatzweise unterhaltspflichtig, so hat er grundsätzlich keinen Regressanspruch. Denn Leistungsunfähigkeit lässt Unterhaltsverpflichtung entfallen, so dass der ersatzweise Leistende nicht für den
13 Freigewordenen leistet. **b)** Tritt der nachrangig Verpflichtete ein, weil aus den in § 1607 II 1 geregelten Gründen Unterhalt vom vorrangig verpflichteten Verwandten oder Ehegatten nicht erlangt werden kann, dann geht der Unterhaltsanspruch auf den Leistenden kraft cessio legis über (§ 1607 II 2); s auch § 1607 IV. Für den übergegangenen Anspruch gilt Schuldnerschutz nach §§ 1613, 197, ferner das Gläubigerprivileg aus ZPO 850d (zust BGH FamRZ 86, 568, str); § 1360b kann jedoch bei fehlender Regressabsicht auch cessio legis hindern (vgl Celle NJW 74, 504).
14 Daneben kommt Rückgriff aus §§ 683, 812 nicht in Betracht. **c)** Der Unterhaltsan-

Titel 3. Unterhaltspflicht **§ 1609**

spruch eines Kindes gegen einen Elternteil geht nach **§ 1607 III** über, wenn für das Kind ein nicht unterhaltspflichtiger Verwandter, der Ehegatte des anderen Elternteils oder ein Dritter als Vater Unterhalt leistet. Nach §§ 412, 404 gelten §§ 197, 1613 I, II Nr 2. **d)** Leistet Sozialhilfeträger, dann Anspruchserwerb durch cessio legis, 15 SGB XII 94; Bedarfsmitteilung nach SGB XII 94 IV 1 macht § 1613 unanwendbar; Verzug ist nicht erforderlich. S ferner UnterhaltsvorschussG 7. Zum Bereicherungsausgleich, falls übergeleiteter (nach früherem Recht) Anspruch nicht bestand, s BGH NJW 81, 49. **e)** Leisten Dritte oder Verwandte, die nicht selbst vorrangig oder 16 ersatzweise nach § 1607 I unterhaltspflichtig (geworden) sind, bleiben grundsätzlich die Regressmöglichkeiten bei Zahlung fremder Schuld, §§ 683 oder 812. Bei Bewertung der Bereicherung des Unterhaltsschuldners wie seines Geschäftsherreninteresses sind jedoch §§ 1613, 197 zu berücksichtigen (s BGH NJW 84, 2159). Bei irriger 17 Annahme eigener Verpflichtung kann der Zahlende grundsätzlich nachträglich die **Zweckbestimmung** seiner Leistung **ändern** und sie als für den Unterhaltsschuldner erfolgt gelten lassen (BGH NJW 86, 2700 [str]), ansonsten bleibt in solchen Fällen nur ein Bereicherungsanspruch gegen den Unterhaltsempfänger (s jedoch BGH NJW 81, 2184). **f)** Leistet ein Ehegatte den Anteil der Unterhaltspflicht des 18 anderen mit, dann kann Grundlage eines Regresses auch ein bes familienrechtlicher Ausgleichsanspruch sein (BGH 31, 332; 50, 270; ferner BGH NJW 78, 2297; NJW 79, 659: Familiensache), es sei denn, § 1360b greift ein (vgl BGH 50, 268) oder die Leistung erfolgt auf Grund rechtskräftiger Verurteilung (BGH NJW 81, 2349). Ausgleich bei Betreuung s BGH NJW 94, 2234 f (nein, sofern nicht Unterhaltsleistung auf die Verpflichtung des anderen). Maßgebende Zeitpunkte für Rückwirkungsschranke § 1613 oder Klage des Berechtigten als Vertreter des Kindes auf Unterhalt (BGH NJW 89, 2817 f; entspr Auskunftsanspruch aus § 242, BGH NJW 88, 1906). Ob in Fällen von Drittleistungen auch cessio legis in analoger Anwendung der §§ 1607 II 2, III angenommen werden kann, ist str (abl BGH 43, 1 für §§ 1607 II 2 aF und 1709 II aF).

§ 1609 Rangfolge mehrerer Unterhaltsberechtigter

Sind mehrere Unterhaltsberechtigte vorhanden und ist der Unterhaltspflichtige außerstande, allen Unterhalt zu gewähren, gilt folgende Rangfolge:
1. **minderjährige unverheiratete Kinder und Kinder im Sinne des § 1603 Abs. 2 Satz 2,**
2. **Elternteile, die wegen der Betreuung eines Kindes unterhaltsberechtigt sind oder im Fall einer Scheidung wären, sowie Ehegatten und geschiedene Ehegatten bei einer Ehe von langer Dauer; bei der Feststellung einer Ehe von langer Dauer sind auch Nachteile im Sinne des § 1578b Abs. 1 Satz 2 und 3 zu berücksichtigen,**
3. **Ehegatten und geschiedene Ehegatten, die nicht unter Nummer 2 fallen,**
4. **Kinder, die nicht unter Nummer 1 fallen,**
5. **Enkelkinder und weitere Abkömmlinge,**
6. **Eltern,**
7. **weitere Verwandte der aufsteigenden Linie; unter ihnen gehen die Näheren den Entfernteren vor.**

Lit: Grandel, Unterhaltsberechnung bei „gleichrangig" berechtigten Ehegatten außerhalb des Mangelfalls, NJW 08, 796; Schürmann, Kinder-Eltern-Rang: Die neue Rangordnung nach dem Unterhaltsrechtsänderungsgesetz, FamRZ 08, 313.

1. Allgemeines. Leistungsfähigkeit als Voraussetzung der Unterhaltspflicht nach 1 § 1603 kann auch dadurch erschöpft werden, dass mehrere Personen an sich unterhaltsberechtigt sind. § 1609 stellt deshalb eine Rangordnung der Berechtigten auf. Die durch UÄndG 2007 neugefasste Norm bündelt die vorher auf verschiedene

§ 1610

Bestimmungen (§§ 1582 I, 1609, 1615l III aF, LPartG 16 II aF) verteilten Rangverhältnisse. Dabei wird der Rang nicht mehr durch die partnerschaftliche Nähe oder den familiären Status bestimmt, sondern allein durch die Bedürftigkeit des Berechtigten (Schürmann aaO S 316). **a)** An erster Stelle stehen minderjährige unverheiratete Kinder (vgl § 1603 II 1) und Kinder iSd § 1603 II 2. Darunter fallen alle Kinder, also sowohl (innerhalb oder außerhalb einer bestehenden Ehe geborene) leibliche als auch adoptierte (§ 1754 I, II) Kinder. Damit genießt der Kindesunterhalt absoluten Vorrang. Ein Gleichrang mit Ehegatten besteht nicht mehr. Gerechtfertigt wird dieser Vorrang mit der Überlegung, dass Kinder die wirtschaftlich schwächsten Mitglieder der Gesellschaft sind und sie ihre wirtschaftliche Lage auch nicht aus eigener Kraft verbessern können (BT-Drs 16/1830 S 23). Volljährige behinderte Kinder, die nicht unter § 1603 II 2 fallen, stehen nicht gleich (BGH NJW 84, 1815).

3 b) aa) An zweiter Stelle stehen zum einen Eltern, die wegen der Betreuung eines Kindes unterhaltsberechtigt sind oder im Falle einer Scheidung unterhaltsberechtigt wären. Damit sind neben Elternteilen in bestehender Ehe auch getrennt lebende und geschiedene sowie nicht miteinander verheiratete Eltern gemeint. Die Regelung trägt einer Entscheidung des BVerfG (NJW 07, 1735) Rechnung, wonach beim Betreuungsunterhalt eheliche und nichteheliche Kinder gleich zu behandeln sind. Dies muss dann genauso für den betreuenden Elternteil unabhängig von seinem familienrechtlichen Status gelten. **bb)** Zum anderen werden vom zweiten Rang auch Ehen von langer Dauer erfasst. Wann eine Ehe von langer Dauer war, kann nicht pauschalisiert werden (mind 15 Jahre, bei 13½-jähriger Ehe jedoch nicht ausgeschlossen [BGH NJW 83, 2322 f zu § 1582 aF]). Bei der Betrachtung des Einzelfalles ist neben der Gesamtdauer der Ehe weiterhin zu berücksichtigen, in welchem Alter die Ehegatten geheiratet haben, ihr Lebensalter im Zeitpunkt der Scheidung, aber auch die Dauer der Pflege und Erziehung eines gemeinsamen Kindes sowie die gegenseitige wirtschaftliche Abhängigkeit (BT-Drs 16/1830 S 24, BT-Drs 16/6980 S 10), § 1609 Nr 2 zweiter HS iVm § 1578b I 2, 3. Der Anspruch auf Aufstockungsunterhalt nach geschiedener Ehe ist nur dann mit dem Anspruch eines neuen Ehegatten auf Betreuungsunterhalt gleichrangig, wenn nach langer Ehedauer auch ehebedingte Nachteile iSd § 1578b I 2 und 3 vorliegen (BGH NJW 08, 3213).

5 cc) Innerhalb eines Ranges sind alle Anspruchsberechtigten gleich zu behandeln. Dabei kann ein größerer Kreis gleichrangig berechtigter Erwachsener zu neuen Problemen führen (Schürmann, aaO S 315); zu den Konsequenzen der Entscheidung BVerfG FamRZ 11, 437 (Verfassungswidrigkeit der Drittelmethode) bei Unterhaltspflicht gegenüber fr und neuen Ehegatten s Borth FamRZ 11, 445; Gutdeutsch FamRZ 11, 523. **c)** In den weiteren Rängen folgen Ehegatten und geschiedene Ehegatten, die nicht unter Nr 2 fallen (Nr 3); Kinder, die nicht unter Nr 1 fallen (Nr 4), also volljährige nicht privilegierte Kinder, die eher in der Lage sind, für ihren eigenen Unterhalt zu sorgen (Ausbildungsvergütung, Ausbildungsförderung, vgl auch BAföG 36); Enkelkinder und weitere Abkömmlinge (Nr 5); Eltern (Nr 6); weitere Verwandte in aufsteigender Linie, wobei die Näheren den Entfernteren vorgehen (Nr 7). **d)** Vereinbarungen bzgl des Unterhaltsranges sind unzulässig. Allerdings ist es möglich, auf Ansprüche zu verzichten, die sich aus der Rangstellung ergeben; dies freilich nur, sofern keine zukünftigen Ansprüche umfasst sind (§ 1614 I).

8 2. Rechtsfolgen unzureichender Leistungsfähigkeit. Soweit die Leistungsfähigkeit durch vorrangig Berechtigte ausgeschöpft wird, entsteht für die nachrangigen Verwandten kein Unterhaltsanspruch, falls nicht ein nach § 1606 nachrangiger Verpflichteter leistungsfähig ist. Bei rechtskräftiger Verurteilung zugunsten des Nichtberechtigten FamFG 238, s BGH NJW 80, 935; Ansprüche des vorrangig Berechtigten werden dadurch nicht geschmälert, BGH aaO.

§ 1610 Maß des Unterhalts

(1) **Das Maß des zu gewährenden Unterhalts bestimmt sich nach der Lebensstellung des Bedürftigen (angemessener Unterhalt).**

Titel 3. Unterhaltspflicht **§ 1610**

(2) **Der Unterhalt umfasst den gesamten Lebensbedarf einschließlich der Kosten einer angemessenen Vorbildung zu einem Beruf, bei einer der Erziehung bedürftigen Person auch die Kosten der Erziehung.**

Lit: Thierschmann, Unterhaltsansprüche Volljähriger gegen ihre Eltern, 1986.

1. Allgemeines. § 1610 konkretisiert den Umfang des Unterhaltsanspruchs ein- 1
schließlich Ausbildungskosten, II. Zu Tabellen s Rn 2 vor §§ 1360–1361. Wie bei Geschiedenen- und Trennungsunterhalt ist bei überdurchschnittlichen Einkommensverhältnissen tabellenunabhängig und individuell zu bemessen (Düsseldorf FamRZ 91, 806).

2. Lebensbedarf. Als angemessener Unterhalt ist der **gesamte Lebensbedarf** 2
geschuldet (II). Maßgeblich ist die **Lebensstellung** des Bedürftigen. Eine ges Regelung des Mindestbedarfs besteht – nach Aufhebung der §§ 1610 III, 1615 f I 2 aF – nicht mehr (BGH NJW 02, 1271). Beim Kind, das sich noch keine eigene Lebensstellung schaffen konnte, ist die Lebensstellung zunächst an den Verhältnissen der Eltern orientiert (vgl BGH NJW-RR 86, 426, für volljähriges Kind im Studium BGH NJW-RR 86, 1261); zum berücksichtigungsfähigen Einkommen BGH NJW 83, 933, Köln FamRZ 95, 55 (Schülerarbeit); überdurchschnittliches Einkommen der Eltern s BGH NJW 00, 954; keine schematische Fortschreibung der Düsseldorfer Tabelle, sondern Bedarfsdarlegung (BGH FamRZ 01, 1604); geschiedene Eltern s BGH NJW 81, 1559. Anders als beim Ehegattenunterhalt (s § 1361 Rn 7) richten sich die Bemessungsgrundlagen nach der *gegenwärtigen* Lebensstellung des Verpflichteten; das Kind hat daher grundsätzlich keinen Anspruch auf Beibehaltung einer besser bezahlten Tätigkeit durch den Verpflichteten (Zweibrücken NJW 97, 2391). Durch Begabung und Fähigkeiten des Kindes, die mit entspr Ausbildung entfaltet werden können, kann die Lebensstellung des Kindes jedoch bereits ein eigenes Gepräge haben, uU also den Status der Eltern übersteigende Ausbildungsbedürfnisse als angemessen erscheinen lassen. Krankheitsbedingter Berufsverlust und „eigene 3
Lebensstellung" s Bamberg NJW-RR 93, 1094 (niedriger). Kindsein, dh Schul- und Ausbildungsbedürfnisse prägen jedoch Lebensverhältnisse vor allem, was zur Begrenzung der Leistungspflicht bei hohem Einkommen des Verpflichteten führen kann (BGH NJW 83, 1430; NJW-RR 86, 426). Kein Abschlag vom Bedarf bei Unterhaltsberechtigten im Beitrittsgebiet, Koblenz NJW 92, 699; sa Köln NJW-RR 93, 395 (Düsseldorfer Tabelle); Ausland (Polen) s dagegen Düsseldorf FamRZ 91, 1095; Celle FamRZ 93, 105; Zweibrücken FamRZ 04, 729 (Russland: Ermäßigung 22%), zu den Problemen aus der dramatischen Geldentwertung in manchen Ländern sa Kalthoener/Büttner NJW 93, 1828. **a) Zum Lebensbedarf** gehören 4
außer Nahrung, Wohnung und Kleidung auch Krankheits- bzw Krankenversicherungskosten, angemessene Aufwendungen zur Pflege kultureller Interessen und Möglichkeiten geistiger und körperlicher Entspannung, s ferner BGH NJW 06, 1509: Kosten für Konfirmation, nicht aber ein Pkw. **b) Prozesskostenvorschüsse** 5
für persönlich wichtige Dinge § 1360a IV bietet, BGH NJW 64, 2152 (Anfechtungsrechtsstreit); Köln NJW 94, 1409 (Schmerzensgeld); nach BGH NJW 05, 1723 besteht Anspruch auch für volljährige Kinder, wenn sie wegen der Fortdauer ihrer Ausbildung noch keine eigene Lebensstellung erreicht haben (Unterhaltsprozess); Scheidungsprozess Hamm StAZ 82, 311, KG NJW 82, 112. Prozesskostenvorschuss wird geschuldet, wenn Vorschusspflichtiger nur zur Ratenzahlung in der Lage ist (BGH NJW-RR 04, 1663). **c) Erziehungskosten,** 6
soweit Erziehungsbedürfnis und -befugnis reichen, also bei Kindern bis zur Erlangung der Volljährigkeit, II HS 2. **d) Ausbildungskosten,** auch über die Erlangung 7
der Volljährigkeit hinaus, II HS 1. Dem Anspruch auf Ausbildungsunterhalt korrespondiert die Obliegenheit des Berechtigten, die Ausbildung mit Fleiß und Zielstrebigkeit zu verfolgen und in angemessener Zeit zu beenden (Gegenseitigkeitsprinzip). Bei nachhaltiger Verletzung dieser Obliegenheit geht der Anspruch unabhängig von den Voraussetzungen des § 1611 I 1 unter (BGH NJW 98, 1556). Dem Kind obliegt

§ 1610a

es ferner, nach dem Schulabgang und einer angemessenen Orientierungsphase baldmöglichst die Ausbildung aufzunehmen. Eine lange Verzögerung kann den Ausbildungsunterhalt entfallen lassen (BGH NJW 98, 1556). In den „Abitur–Lehre–Studium"-Fällen ist ein enger sachlicher und zeitlicher Zusammenhang erforderlich (BGH FamRZ 01, 1602). **aa)** Der Ausbildungsunterhalt ist obj begrenzt durch die normalen Kosten einer bestimmten Ausbildung, wobei die durchschnittlich erforderliche und übliche Dauer der Ausbildung (plus angemessene Frist zur Stellensuche, Frankfurt FamRZ 89, 83) den Anspruch limitiert; zum Ausbildungswechsel s BGH NJW 01, 2170; zur Regelstudienzeit s Hamm FamRZ 94, 387; Auslandssemester s BGH NJW-RR 92, 1026. Zur Berufsausbildung gehört auch die Vorbereitung auf eine Promotion, wenn diese im Anschluss an das Studium ernsthaft und nachhaltig durchgeführt wird (BFH NJW 04, 3447). Orientierung des Ausbildungsunterhalts
8 an BAföG-Sätzen (Moritz, JZ 80, 19; Hamburg, FamRZ 81, 71). **bb)** Subj müssen beim Unterhalt Verlangenden Befähigung und Motivation einen erfolgreichen Abschluss erwarten lassen. Die Vorstellungen der Eltern sind nur beim Minderjährigen im Rahmen des Erziehungsrechts für die Ausbildungsbedürfnisse relevant (s aber zu den Mehrkosten aus Besuch einer Privatschule für barunterhaltspflichtigen Elternteil BGH NJW 83, 393), der Volljährige kann seine Ausbildung unabhängig von den Wünschen (nicht aber der Leistungsfähigkeit!) seiner Eltern wählen; s hierzu
9 Thierschmann aaO S 33, zur Dauer S 95 ff. **cc)** Anspruch auf Zweitausbildung besteht nur in Ausnahmefällen, Dresden OLG-NL 94, 247; Studium nach Lehre s jedoch BGH NJW 93, 2239 (bei engem zeitlichen und sachlichen Zusammenhang) mwN zu einzelnen Kombinationen, einschr auch BGH NJW 95, 719 (Lehre–Fachoberschule–Fachhochschule); aber auch BGH NJW 94, 2362; Ausbildungsgang Lehre-Abitur-Studium s LG Freiburg FamRZ 90, 308; zum Ganzen sa Kalthoener/Büttner NJW 91, 400.

§ 1610a Deckungsvermutung bei schadensbedingten Mehraufwendungen

Werden für Aufwendungen infolge eines Körper- oder Gesundheitsschadens Sozialleistungen in Anspruch genommen, wird bei der Feststellung eines Unterhaltsanspruchs vermutet, dass die Kosten der Aufwendungen nicht geringer sind als die Höhe dieser Sozialleistungen.

Lit: Diederichsen, Die Anwendung von § 1610a BGB, FS Gernhuber, 1993, 597; Drerup, Die Beweislastregel des neuen § 1610a BGB, NJW 91, 683.

1 **1. Allgemeines. a)** Die Vorschrift soll Härten vermeiden, die bei der Berechnung von Leistungsfähigkeit einerseits und Bedürftigkeit andererseits dadurch entstehen können, dass der Nachweis der tatsächlichen Mehraufwendungen für Körper- oder Gesundheitsschäden, die vom Einkommen abgezogen werden können, für den Betroffenen schwierig sein kann. Durch die – widerlegliche (Bamberg FamRZ 92, 185) – Vermutung, dass in Höhe der gezahlten Sozialleistungen schadensbedingte Mehraufwendungen entstehen, wird die Berücksichtigung der entspr Sozialleistungen als Einkommen bei der Berechnung von Unterhaltsansprüchen vermieden. Zu
2 privatrechtlichen Entschädigungen s Diederichsen aaO S 601. **b)** Die Vorschrift gilt für das gesamte Unterhaltsrecht, s §§ 1361 I 1, 1578a. **c)** Zur Darlegungs- und Beweislast ie Diederichsen aaO S 603 ff. Auskunftsansprüche nach §§ 1605, 1361 IV 4, 1580 über die Aufwendungen für Körper- und Gesundheitsschäden können gegenüber der Vermutung aber erst dann geltend gemacht werden, wenn sie in einem Maße erschüttert wird, dass nicht der vollständige Verbrauch, sondern der (teilweise) Nichtverbrauch von Sozialleistungen hinreichend möglich erscheint (BT-Drs 11/6153 S 6).

3 **2. Voraussetzungen.** Aufwendungen für Körper- und Gesundheitsschäden s BGH FamRZ 81, 338 ff, 339; zur Beweisführung Drerup aaO. Pflegegeld für behin-

Titel 3. Unterhaltspflicht § 1611

dertes Kind s Hamburg NJW-RR 92, 1352; Kriegsopferrente Hamm NJW 92, 515; Berufsschadensausgleichsrente Hamm FamRZ 92, 186 (nein); Blindengeld Schleswig NJW-RR 92, 390.

§ 1611 Beschränkung oder Wegfall der Verpflichtung

(1) ¹Ist der Unterhaltsberechtigte durch sein sittliches Verschulden bedürftig geworden, hat er seine eigene Unterhaltspflicht gegenüber dem Unterhaltspflichtigen gröblich vernachlässigt oder sich vorsätzlich einer schweren Verfehlung gegen den Unterhaltspflichtigen oder einen nahen Angehörigen des Unterhaltspflichtigen schuldig gemacht, so braucht der Verpflichtete nur einen Beitrag zum Unterhalt in der Höhe zu leisten, die der Billigkeit entspricht. ²Die Verpflichtung fällt ganz weg, wenn die Inanspruchnahme des Verpflichteten grob unbillig wäre.

(2) Die Vorschriften des Absatzes 1 sind auf die Unterhaltspflicht von Eltern gegenüber ihren minderjährigen unverheirateten Kindern nicht anzuwenden.

(3) Der Bedürftige kann wegen einer nach diesen Vorschriften eintretenden Beschränkung seines Anspruchs nicht andere Unterhaltspflichtige in Anspruch nehmen.

1. Allgemeines. Unter den in I genannten Voraussetzungen steht dem Bedürftigen nur ein Billigkeitsanspruch auf Beitrag zu seinen Unterhaltsbedürfnissen zu; minderjährige unverheiratete Kinder sind jedoch von dieser Verwirkung des vollen Unterhaltsanspruchs ausgenommen, II. Generell zur Verwirkung s Kalthoener/Büttner NJW 91, 408 mwN. Für Ehegattenunterhalt s §§ 1361 III, 1579.

2. Voraussetzungen. a) Bedürftigkeit auf Grund eigenen sittlichen Verschuldens, zB Arbeitsscheu, Verschwendung, Trunksucht (Celle FamRZ 10, 817), nicht jedoch allein selbstverschuldete Armut (zu Rauschgiftkonsum Celle FamRZ 90, 1142, Zusammenleben mit leistungsfähigem Partner s Celle NJW 93, 2880), oder **b)** gröbliche Vernachlässigung der eigenen Unterhaltspflicht gegenüber dem jetzt Verpflichteten, vgl BGH FamRZ 10, 1888 (auch Gewährung von Naturalunterhalt); LG Hannover NJW-RR 92, 197, oder **c)** vorsätzlich schwere Verfehlung gegen den Unterhaltspflichtigen oder nahe(n) Angehörige(n) (BGH NJW 04, 3110 [Zurücklassen des in Anspruch genommenen Kindes im Kleinkindalter bei den Großeltern]; AG Krefeld FamRZ 10, 817 [Kind nach Verlassen der Volksschule mit 14 Jahren qualifizierte Ausbildung verweigert; Betreuung den Großeltern überlassen]); Verweigerung des persönlichen Kontakts reicht nicht (Frankfurt NJW-RR 96, 708), noch weniger „eingeschlafene Beziehung" (BGH NJW 95, 1216; s aber Celle NJW 10, 3727 [kein Kontakt über 30 Jahre, Anspruchskürzung um 25%]); Herabwürdigung des Verpflichteten s AG Königstein FamRZ 92, 594. § 1611 I 1 Alt 3 setzt Verschulden voraus; Vorsatz in einem natürlichen Sinne genügt nicht (BGH FamRZ 10, 1888).

3. Folgen. a) Beschränkung des Unterhalts auf Beitrag, der angesichts der Umstände des konkreten Falles der Billigkeit entspricht. Zu berücksichtigen ist also auch die Schwere der Verfehlung. **b)** Bei grober Unbilligkeit der Inanspruchnahme des Verpflichteten gänzlicher Wegfall der Verpflichtung, I 2.

4. Privilegierung minderjähriger unverheirateter Kinder, II. Privilegierung beruht auf dem Gedanken, dass der Unterhaltspflichtige idR als Erziehungsberechtigter Einfluss auf das Kind hat; II gilt jedoch auch im Verhältnis zwischen nicht sorgeberechtigtem Elternteil und Kind sowie bei volljährigem Kind, falls es nach I zu berücksichtigende Handlungen als Minderjähriger begangen hat (BGH NJW 88, 2374).

§ 1612 Art der Unterhaltsgewährung

(1) ¹Der Unterhalt ist durch Entrichtung einer Geldrente zu gewähren. ²Der Verpflichtete kann verlangen, dass ihm die Gewährung des Unterhalts in anderer Art gestattet wird, wenn besondere Gründe es rechtfertigen.

(2) ¹Haben Eltern einem unverheirateten Kind Unterhalt zu gewähren, können sie bestimmen, in welcher Art und für welche Zeit im Voraus der Unterhalt gewährt werden soll, sofern auf die Belange des Kindes die gebotene Rücksicht genommen wird. ²Ist das Kind minderjährig, kann ein Elternteil, dem die Sorge für die Person des Kindes nicht zusteht, eine Bestimmung nur für die Zeit treffen, in der das Kind in seinen Haushalt aufgenommen ist.

(3) ¹Eine Geldrente ist monatlich im Voraus zu zahlen. ²Der Verpflichtete schuldet den vollen Monatsbetrag auch dann, wenn der Berechtigte im Laufe des Monats stirbt.

1 1. **Allgemeines.** Während allg Unterhalt in Form einer Geldrente zu leisten ist (I), können Eltern Art und zeitliche Voraussetzungen des Unterhalts an unverheiratete Kinder bestimmen, insbes also den Unterhaltsbedarf weitgehend durch Versorgung im eigenen Haushalt erbringen (II).

2 2. **Art der Gewährung. a) Geldrente,** monatlich im Voraus zahlbar (III 1) und bei Tod des Berechtigten stets für den vollen Monat geschuldet (III 2), ist die **normale Form** der Unterhaltsgewährung, I 1. Neben dem durch diese Rente zu deckenden laufenden Bedarf, der Kosten üblicher Krankheiten bzw ihrer Versicherung umfasst (s § 1610 Rn 4), kann jedoch auch **Sonderbedarf** geschuldet sein, s § 1613 II Nr 1, zB bei nicht (voll) versicherten Krankheitskosten (vgl BGH NJW 82, 329); Kosten für Rechtsverfolgung (München FamRZ 90, 312); Baby-Erstausstattung (Nürnberg FamRZ 93, 995 [s jedoch LG Bochum FamRZ 91, 1477]), notwendigen Reisekosten (Karlsruhe FamRZ 88, 1091); Klassenreise (Köln NJW 99, 296); Computer bei Kind mit Lernschwäche (Hamm NJW 04, 858); Erstkommunion (Köln NJW-RR 90, 1093, str); **nicht:** Urlaub (Frankfurt FamRZ 90, 436); Auslandsstudium (Hamm NJW 94, 2627); Auslandsaufenthalt in Jahrgangsstufe elf (Schleswig NJW 06, 1601). Zahlung bei Rückständen s §§ 1613 II, 366, 367. Anspruch auf Sicherheitsleistung analog § 1585a verneint Düsseldorf FamRZ 81, 68.

3 **b)** Gestattung **anderer Art** der **Unterhaltsgewährung,** insbes Naturalleistungen, kann der Verpflichtete vom Berechtigten aus bes Gründen, die auf beiden Seiten gegeben sein können, verlangen, zB Gewährung von Wohnraum, wenn Anmietung vergleichsweise teuer. Bequemlichkeit von Naturalleistungen für den Verpflichteten allein ist jedoch kein bes Grund. Bei Änderung der Verhältnisse s FamFG 238.

4 3. **Bestimmungsrecht der Eltern. a)** Eltern **unverheirateter Kinder,** auch volljähriger Kinder, können nach II 1 Art des Unterhalts und Zeitraum der Vorausleistungen bestimmen, ggf durch schlüssiges Verhalten (BGH NJW 83, 2199). Bei minderjährigen Kindern ist das Gestaltungsrecht Konsequenz des Erziehungsrechts, bei Volljährigen Ausdruck der Rücksichtnahme auf die Eltern (Karlsruhe NJW 77, 681). Geschiedene sind als verheiratete Kinder iSv § 1612 II zu sehen. Gericht ist im Unterhaltsrechtsstreit an Bestimmung gebunden (Hamm NJW 83, 2203); Grenze: rechtliche oder tatsächliche Undurchführbarkeit (BGH NJW 81, 575, dazu auch BayObLG NJW-RR 90, 901); Naturalunterhalt muss für Kind „erreichbar" sein (BGH NJW 92, 974). Bei der Ausübung des Bestimmungsrechts sind die Kinderbelange angemessen zu berücksichtigen, II 1 HS 2. Bei volljährigen Kindern ist gesteigerte Rücksichtnahme angezeigt (BT-Drs 13/9596 S 32). Auch Bestimmung unter Verletzung des Rücksichtnahmegebots ist (zunächst) maßgeblich (Eltern kommen

5 nicht in Verzug). Bieten Eltern Unterhalt in Form von Sachleistungen vergeblich an, kommen sie nicht in Verzug, so dass § 1613 Ansprüche auf rückständigen Unterhalt

abschneidet (Frankfurt FamRZ 76, 705). Das Kind kann nicht Geldleistung dadurch erzwingen, dass es außerhalb des elterlichen Haushalts Wohnung nimmt (vgl BGH NJW 81, 574). Eine von den Eltern getroffene Wahl, Unterhalt als Geldrente zu gewähren, ist nicht ohne weiteres frei widerruflich (Frankfurt aaO); sa Zweibrücken FamRZ 88, 204: jederzeit änderbar. Möglich sind Teilleistungen in Natur (Wohnung) und Geld (BayObLG NJW 79, 1712; beachte jedoch BGH NJW 81, 576).
b) Bestimmung ist von Eltern gemeinsam zu treffen; vgl für Alleinbestimmung, falls 6 Belange des anderen Elternteils nicht berührt sind, Hamm NJW-RR 90, 1229. Gewährung von teilw Naturalleistungen allein ist nicht Bestimmung (BGH NJW-RR 93, 323). **c)** Bei **getrennt lebenden** oder **geschiedenen Eltern** entscheidet 7 der (allein) Sorgeberechtigte, es sei denn, II 2 greift ein. Aufenthaltsbestimmungsrecht kann nicht durch Angebot von Naturalunterhalt unterlaufen werden (BGH NJW 85, 2591 [für Aufenthaltsbestimmung durch Gebrechlichkeitspfleger]). Bei gemeinsamem Sorgerecht getrennter oder geschiedener Eltern oder bei volljährigem Kind bleibt einvernehmlich erfolgte Bestimmung nur bis zur Undurchführbarkeit – die freilich auch durch Aufsage der Vereinbarung die Naturalunterhalt Leistenden eintreten kann – in Kraft (BGH NJW 92, 974). **d)** Bei **volljährigem Kind** und 8 getrennten oder geschiedenen Eltern wird Bestimmungsrecht dessen, der vollen Lebensbedarf des Kindes zu decken bereit und imstande ist, angenommen; auf die Belange des anderen Elternteils ist jedoch Rücksicht zu nehmen (BGH 104, 227, 229). **e)** Das FamG kann Bestimmung der Eltern auf Antrag des Kindes innerhalb 9 des Unterhaltsprozesses als Vorfrage ändern (BT-Drs 16/1830 S 26). Mit der Streichung des § 1612 II 2 aF durch das UÄndG 2007 ist das gesonderte Abänderungsverfahren damit abgeschafft. Praktisch geht es um eine Änderung des gewährten Natural- in Barunterhalt. Voraussetzung ist das Vorliegen bes Gründe. Erforderlich ist eine sorgfältige Abwägung der Elterninteressen, insbes ihrer wirtschaftlichen Lage, und der Kinderbelange (s II 1 HS 2). Nicht genügend ist der bloße Wunsch des Kindes, aus dem Elternhaus auszuziehen und einen eigenen Haushalt zu gründen. Gewalttätigkeiten gegen das Kind können Änderung rechtfertigen (Köln FamRZ 96, 963). Volljährigkeit allein ist nicht ausreichend. Das volljährige Kind trägt die vollständige Darlegungs- und Beweislast dafür, dass schwerwiegende Gründe (zB tiefgreifendes Zerwürfnis) einem Zusammenleben mit den Eltern entgegenstehen (Brandenburg NJW 08, 2722). Allerdings sind die Anforderungen an das Vorliegen bes Gründe bei volljährigen Kindern geringer (gesteigertes Rücksichtnahmegebot, BT-Drs 13/9596 S 32; vgl BayObLG FamRZ 00, 976).

§ 1612a Mindestunterhalt minderjähriger Kinder

(1) ¹**Ein minderjähriges Kind kann von einem Elternteil, mit dem es nicht in einem Haushalt lebt, den Unterhalt als Prozentsatz des jeweiligen Mindestunterhalts verlangen.** ²**Der Mindestunterhalt richtet sich nach dem doppelten Freibetrag für das sächliche Existenzminimum eines Kindes (Kinderfreibetrag) nach § 32 Abs. 6 Satz 1 des Einkommensteuergesetzes.** ³**Er beträgt monatlich entsprechend dem Alter des Kindes**
1. **für die Zeit bis zur Vollendung des sechsten Lebensjahrs (erste Altersstufe) 87 Prozent,**
2. **für die Zeit vom siebten bis zur Vollendung des zwölften Lebensjahrs (zweite Altersstufe) 100 Prozent und**
3. **für die Zeit vom 13. Lebensjahr an (dritte Altersstufe) 117 Prozent**
eines Zwölftels des doppelten Kinderfreibetrags.

(2) ¹**Der Prozentsatz ist auf eine Dezimalstelle zu begrenzen; jede weitere sich ergebende Dezimalstelle wird nicht berücksichtigt.** ²**Der sich bei der Berechnung des Unterhalts ergebende Betrag ist auf volle Euro aufzurunden.**

(3) **Der Unterhalt einer höheren Altersstufe ist ab dem Beginn des Monats maßgebend, in dem das Kind das betreffende Lebensjahr vollendet.**

§ 1612b

Lit: Justin, Die Berechnung des Kindesunterhalts und der Leistungen nach UVG ab 1.1.2009, FamRZ 09, 4; Vossenkämper, Der Kindesunterhalt nach neuem Recht ab 1.1.2008 – Hinweise zur Berechnung, Titelumstellung und Tonorierung, FamRZ 08, 201.

1 **1. Allgemeines. a)** I regelt keinen eigenständigen Unterhaltsanspruch. Vielmehr ermöglicht die Bestimmung die automatische Anpassung (Dynamisierung) der Höhe des Barunterhaltsanspruchs aus §§ 1601 ff an den Kinderfreibetrag und somit an die durchschnittliche Einkommensentwicklung und an das Lebensalter des unterhaltsberechtigten Kindes. Dazu wird der geschuldete Unterhalt nicht als statischer Geldbetrag ausgewiesen, sondern als Prozentsatz des jeweiligen Mindestunterhalts. Die Festsetzung des Prozentsatzes kann im „vereinfachten Verfahren" nach FamFG
2 249 ff erfolgen. **b)** Wahlweise bleibt dem Kind die Möglichkeit, den Unterhaltsanspruch als Geldbetrag geltend zu machen.

3 **2. Voraussetzungen. a)** Barunterhaltsanspruch eines minderjährigen Kindes. **b)** Unterhaltsverpflichteter muss ein Elternteil sein, mit dem das Kind nicht in einem Haushalt wohnt.

4 **3. Mindestunterhalt. a)** Durch das UÄndG 2007 wurde die Norm vollständig umgestaltet: die Bemessung des Unterhalts anhand von Regelbeträgen ist abgeschafft
5 worden, so dass auch die RegelbetragV aufgehoben werden konnte. **b)** Die **Höhe** des Unterhaltsanspruchs bemisst sich nun vielmehr nach dem Mindestunterhalt und dieser wiederum nach dem einkommensteuerrechtlichen Kinderfreibetrag in EStG 32 VI 1, welcher sicherstellen soll, dass derjenige Betrag, der zur Sicherung des existenznotwendigen Bedarfs eines minderjährigen Kindes aufzubringen ist, von der Besteuerung verschont bleibt. Da dieser sich aus dem Existenzminimum ergebende Freibetrag jedem Elternteil zugutekommt, ist für die Berechnung des Mindestunterhalts der doppelte Betrag anzusetzen (I 2, EStG 32 VI 2). Momentan beträgt er daher 4368 Euro (zweimal 2184 Euro, EStG 32 VI 1). Zur Ermittlung des konkreten Betrages ist dieser Wert noch durch zwölf zu dividieren, da der Kinderfreibetrag als Jahresbetrag ausgewiesen ist, das Unterhaltsrecht aber auf den Monat als Bezugsgröße abstellt (I 3, BT-Drs 16/1830 S 27). Schließlich ist das unterhaltsberechtigte Kind noch in eine der drei Altersstufen in I 3 einzuordnen, um dem mit steigendem
6 Lebensalter erhöhten Mindestunterhaltsbedarf gerecht zu werden. **c) Rechenbsp:** Für ein fünf Jahre altes Kind ergibt sich damit nach dieser Norm ein Mindestunterhalt von 317 Euro (4368 Euro: 12 Monate×87%). Zur Minderung dieses Barbedarfes wegen Kindergeld vgl § 1612b. Beträgt das monatliche Nettoeinkommen des Unterhaltsverpflichteten mehr als 1500 Euro, liegt der tatsächliche Unterhaltsanspruch über dem Mindestunterhalt (vgl Düsseldorfer Tabelle). Der Mindestunterhalt hat nämlich „nur" die Funktion einer Rechengröße. Er bestimmt nicht die Höhe
7 des (bedarfsdeckenden Regel-)Unterhalts. **d) Anpassung** des Existenzminimums alle zwei Jahre durch die Bundesregierung in einem Existenzminimumbericht auf der Grundlage der durchschnittlichen sozialhilferechtlichen Regelsätze der Bundesländer und der pauschalisierten Wohn- und Heizkosten (BT-Drs 16/1830 S 27).

§ 1612b Deckung des Barbedarfs durch Kindergeld

(1) ¹Das auf das Kind entfallende Kindergeld ist zur Deckung seines Barbedarfs zu verwenden:
1. zur Hälfte, wenn ein Elternteil seine Unterhaltspflicht durch Betreuung des Kindes erfüllt (§ 1606 Abs. 3 Satz 2);
2. in allen anderen Fällen in voller Höhe.
²In diesem Umfang mindert es den Barbedarf des Kindes.

(2) Ist das Kindergeld wegen der Berücksichtigung eines nicht gemeinschaftlichen Kindes erhöht, ist es im Umfang der Erhöhung nicht bedarfsmindernd zu berücksichtigen.

§ 1612c Anrechnung anderer kindbezogener Leistungen

§ 1612b gilt entsprechend für regelmäßig wiederkehrende kindbezogene Leistungen, soweit sie den Anspruch auf Kindergeld ausschließen.

Anmerkungen zu den §§ 1612b, 1612c

1. Allgemeines. Regelung des bedarfsmindernden Vorwegabzugs von Kindergeld (§ 1612b) und Kindergeldersatzleistungen (§ 1612c) vom Barbedarf des Kindes, da Kindergeld zwar an die Eltern ausgezahlt wird, es sich dabei aber um eine zweckgebundene, der Familie für das Kind zustehende Leistung handelt. Anspruch auf Kindergeld haben beide Elternteile (EStG 62, BKGG 1); nach dem Vorrangprinzip wird es aber aus Gründen der Verwaltungsvereinfachung nur an einen Elternteil ausbezahlt (EStG 64, BKGG 3). Eine Ausgleichspflicht des Empfängers ist nicht vorgesehen.

2. Tatbestand. a) Nach Kritik des BVerfG (NJW 03, 2733) an der komplizierten Regelung der Kindergeldanrechnung und einer Entscheidung des BGH (NJW 06, 57), wonach Kindergeld bei volljährigen Kindern unmittelbar bedarfsdeckend anzurechnen ist, wurde die Norm durch UÄndG 2007 zum 1.1.2008 neu konzipiert. Das Kindergeld wird nun nicht mehr auf den Barunterhaltsanspruch angerechnet, vielmehr findet ein Ausgleich dadurch statt, dass das auf ein unterhaltsberechtigtes Kind entfallene Kindergeld von dessen Unterhaltsbedarf vorweg abgezogen, also bedarfsdeckend eingesetzt wird. **b)** § 1612b I 1 Nr 1 betrifft den Fall eines minderjährigen, unverheirateten Kindes iSv § 1606 III 2, welches von einem Elternteil betreut wird. Dieser erfüllt seine Unterhaltspflicht durch die Pflege und Erziehung des Kindes und ist regelmäßig auch kindergeldbezugsberechtigt (EStG 64 II). Wegen der Gleichwertigkeit von Betreuungs- und Barunterhalt ist es gerechtfertigt, jedem Elternteil jeweils die Hälfte des Kindergelds (aktuell also je 92 Euro bis zum zweiten, 95 Euro für das dritte bzw 107,50 Euro ab dem vierten Kind) zugutekommen zu lassen. Somit mindert die eine Hälfte den Unterhaltsbedarf des barunterhaltspflichtigen Elternteils, die andere unterstützt den betreuenden Elternteil bei der Erbringung der Betreuungsleistung (BT-Drs 16/1830 S 30). **c)** § 1612b I 1 Nr 2 ist dann anwendbar, wenn das Kind entweder von einem Elternteil betreut wird oder als Volljähriger keiner Betreuung mehr bedarf und somit gegenüber beiden Elternteilen ein Barunterhaltsanspruch besteht. Sofern der Volljährige noch bei dem nach EStG 64 II kindergeldbezugsberechtigten Elternteil wohnt, sind die Haftungsanteile der Eltern auf der Grundlage des nach Abzug des vollen Kindergelds verbleibenden Restbedarfs zu ermitteln (BT-Drs 16/1830 S 30). Auch bei einem volljährigen Kind mit eigenem Haushalt ist das Kindergeld voll auf den Unterhaltsbedarf anzurechnen. Der restliche Bedarf ist von den Eltern anteilig entsprechend ihrer Leistungsfähigkeit zu decken (§ 1606 III). Wenn das Kindergeld allerdings nicht freiwillig weitergeleitet wird, hat der Volljährige gegen den Elternteil, der nach EStG 64 III das Kindergeld bezieht, einen Auskehranspruch. Dieser Anspruch ergibt sich aus dem Wortlaut der Bestimmung „Deckung des Barbedarfs" (BT-Drs 16/1830 S 30) und besteht unabhängig von der Leistungsfähigkeit des Elternteils. Der Volljährige kann, wenn das Kindergeld trotz dieser Verpflichtung nicht an ihn weitergeleitet wird, beantragen, dieses nach EStG 74 direkt an ihn auszahlen zu lassen (BFH FamRZ 09, 883; PalBrudermüller § 1612b Rn 6).

3. Höhe des Vorwegabzugs. a) Die Höhe des Kindergelds ist nach der Kinderzahl gestaffelt und beträgt monatlich für das Erste und zweite Kind jeweils 184 Euro, für das dritte Kind 190 Euro und für weitere Kinder jeweils 215 Euro (EStG 66, BKGG 6 I). Der ab dem dritten Kind erhöhte Betrag wird bei dem Vorwegabzug nach § 1612b I nicht auf alle Kinder gleichmäßig verteilt, sondern stets nur bei dem Kind abgezogen, bei dem er anfällt (§ 1612b I: „auf das Kind entfallende Kindergeld"). **b) Erhöht sich der Betrag** des ausbezahlten Kindergeldes (s Rn 5), weil der Zahlungsempfänger noch ein oder mehrere andere Kinder betreut, das bzw die er nicht mit dem Unterhaltspflichtigen gemeinsam hat, kann sich der Unterhaltspflichtige nicht auf die Erhöhung berufen, § 1612b II. Betreut der Kindergeldempfänger zB neben zwei Kindern ein weiteres Kind, das er mit dem Unterhaltspflichtigen gemeinsam hat und das für diesen das erste Kind ist, werden vom Unterhaltsanspruch nicht 95 Euro, sondern nur 92 Euro abgezogen. Der „Zählkindvorteil" kommt dem barunterhaltspflichtigen Elternteil nicht zugute, sondern verbleibt dem bezugsberechtigten Elternteil als Einkommen (vgl Johannsen/Henrich/Graba § 1612b Rn 8).

§ 1613 Unterhalt für die Vergangenheit

(1) ¹Für die Vergangenheit kann der Berechtigte Erfüllung oder Schadensersatz wegen Nichterfüllung nur von dem Zeitpunkt an fordern, zu welchem der Verpflichtete zum Zwecke der Geltendmachung des Unterhaltsanspruchs aufgefordert worden ist, über seine Einkünfte und sein Vermögen Auskunft zu erteilen, zu welchem der Verpflichtete in Verzug gekommen oder der Unterhaltsanspruch rechtshängig geworden ist. ²Der Unterhalt wird ab dem Ersten des Monats, in den die bezeichneten Ereignisse fallen, geschuldet, wenn der Unterhaltsanspruch dem Grunde nach zu diesem Zeitpunkt bestanden hat.

(2) Der Berechtigte kann für die Vergangenheit ohne die Einschränkung des Absatzes 1 Erfüllung verlangen
1. wegen eines unregelmäßigen außergewöhnlich hohen Bedarfs (Sonderbedarf); nach Ablauf eines Jahres seit seiner Entstehung kann dieser Anspruch nur geltend gemacht werden, wenn vorher der Verpflichtete in Verzug gekommen oder der Anspruch rechtshängig geworden ist;
2. für den Zeitraum, in dem er
   a) aus rechtlichen Gründen oder
   b) aus tatsächlichen Gründen, die in den Verantwortungsbereich des Unterhaltspflichtigen fallen,
an der Geltendmachung des Unterhaltsanspruchs gehindert war.

(3) ¹In den Fällen des Absatzes 2 Nr. 2 kann Erfüllung nicht, nur in Teilbeträgen oder erst zu einem späteren Zeitpunkt verlangt werden, soweit die volle oder die sofortige Erfüllung für den Verpflichteten eine unbillige Härte bedeuten würde. ²Dies gilt auch, soweit ein Dritter vom Verpflichteten Ersatz verlangt, weil er anstelle des Verpflichteten Unterhalt gewährt hat.

1 **1. Schutzzweck.** Der Grundsatz, dass Unterhalt für die Vergangenheit nicht verlangt werden kann, schützt den Unterhaltsverpflichteten vor hohen Nachforderungen, mit denen er nicht rechnen konnte. Verwirkung s Schleswig NJW-RR 94, 582.

2 **2. Ausnahmen.** Für die Vergangenheit kann Unterhalt in folgenden Fällen verlangt werden: **a) Aufforderung** an den Verpflichteten, Auskunft über Einkünfte und Vermögen zu erteilen, I 1 Fall 1. Auskunftsverlangen muss sich auf einen bestimmten Unterhaltsanspruch beziehen. Maßgeblicher Zeitpunkt ist Zugang der
3 Aufforderung (vgl BGH NJW 07, 511 zum Altersvorsorgeunterhalt). **b) Verzug**, I 1 Fall 2 (Voraussetzungen s § 286; zur Mahnung sa BGH NJW-RR 90, 323; Entbehrlichkeit München NJWE-FER 96, 55, AG Montabaur NJW 08, 1539 bei familienrechtlichem Ausgleichsanspruch). **c) Rechtshängigkeit** (ZPO 261, FamFG 113 I iVm 111 Nr 8, 112 Nr 1, 231 I Nr 1) des Unterhaltsanspruchs, I 1 Fall 3,
4 oder Bedarfsmitteilung nach SGB XII 94 IV 1. **d) Sonderbedarf**, II Nr 1: Plötzlich auftretende Zusatzbedürfnisse, die wegen ihrer Nichtvoraussehbarkeit im laufenden Unterhalt nicht rechtzeitig berücksichtigt werden können, Bsp s § 1612 Rn 2. Frist

Titel 3. Unterhaltspflicht **§§ 1614, 1615**

s II Nr 1 HS 2. **e)** In dem Zeitraum, in dem Unterhaltsberechtigter an **Geltendma-** 5
chung gehindert war aus **aa)** rechtlichen Gründen, inbes mangels Anerkennung
oder rechtskräftiger Feststellung der Vaterschaft (s §§ 1594 I, 1600d IV), II Nr 2a, s
hierzu BGH NJW 04, 1735 (Anspruch gegen ersatzweise haftenden Verwandten);
bb) tatsächlichen Gründen, die in den Verantwortungsbereich des Unterhaltspflichtigen fallen, II Nr 2b; Bsp: unbekannter Aufenthalt. II Nr 2b gilt auch, wenn der
Unterhaltspflichtige die Umstände nicht kennt oder nicht zu vertreten hat. Schutz
nur nach III. **cc)** Unbillige Härte nach III 1 setzt bes gravierende Umstände voraus, 6
die mit Stundung allein nicht ausreichend berücksichtigt werden können. Gilt auch
bei Unterhaltsregress, III 2. **dd)** In dem Zeitraum nach Wegfall der Hindernisse des
II Nr 2 gilt I. **f) Vertraglich** begründeter **Unterhaltsanspruch,** RG 164, 69. 7

§ 1614 Verzicht auf den Unterhaltsanspruch; Vorausleistung

(1) **Für die Zukunft kann auf den Unterhalt nicht verzichtet werden.**

(2) **Durch eine Vorausleistung wird der Verpflichtete bei erneuter Bedürftigkeit des Berechtigten nur für den im § 760 Abs. 2 bestimmten Zeitabschnitt oder, wenn er selbst den Zeitabschnitt zu bestimmen hatte, für einen den Umständen nach angemessenen Zeitabschnitt befreit.**

1. Allgemeines. Begrenzung der Privatautonomie (sa § 134 Rn 2) zum Zwecke 1
der Unterhaltssicherung im privaten und öffentl Interesse. Entsprechender Erlassvertrag und negatives Schuldanerkenntnis iSv § 397 sind nichtig.

2. Anwendungsbereich. a) I erfasst den vollständigen und den Teilverzicht auf 2
zukünftige Unterhaltsansprüche (Hamm FamRZ 10, 2080 [Teilverzicht auf Kindes-
unterhalt]). Unerheblich ist, ob ein Entgelt („Abfindung") geleistet wurde. Möglich
ist aber der Verzicht auf bereits entstandene Unterhaltsansprüche („Unterhaltsrück-
stände"). **b) Freistellungsvereinbarungen** zwischen Eltern wirken nur im Innen- 3
verhältnis. Sie lassen den Unterhaltsanspruch des Kindes unberührt (BGH FamRZ
86, 444; Stuttgart NJW-RR 07, 151) und fallen daher nicht unter I (Hamm FamRZ
99, 163). Allerdings kann die Vereinbarung nach § 138 I nichtig sein, falls das Kindeswohl übergangen wird, etwa bei der Koppelung mit einer Sorgerechtsvereinba-
rung (vgl Hamm aaO). Besondere richterliche Inhaltskontrolle ist erforderlich, wenn
eine unverheiratete Schwangere vor der Eheschließung eine Freistellungsvereinbarung trifft (BVerfG NJW 01, 958).

3. Vorausleistungen. Befreien nur in beschränktem zeitlichen Umfang, regel- 4
mäßig nur für drei Monate, II. Vorleistungen für einen späteren Zeitraum erfolgen
auf Risiko des Verpflichteten. Bei Bedürftigkeit nach Ablauf des Befreiungszeitraums
entsteht der Unterhaltsanspruch neu.

§ 1615 Erlöschen des Unterhaltsanspruchs

(1) **Der Unterhaltsanspruch erlischt mit dem Tode des Berechtigten oder des Verpflichteten, soweit er nicht auf Erfüllung oder Schadensersatz wegen Nichterfüllung für die Vergangenheit oder auf solche im Voraus zu bewirkende Leistungen gerichtet ist, die zur Zeit des Todes des Berechtigten oder des Verpflichteten fällig sind.**

(2) **Im Falle des Todes des Berechtigten hat der Verpflichtete die Kosten der Beerdigung zu tragen, soweit ihre Bezahlung nicht von dem Erben zu erlangen ist.**

1. Allgemeines. Unterhaltsberechtigung und -verpflichtung werden als höchst- 1
persönlich und deshalb als unvererblich bewertet; anders für Verpflichtung geschiedener Ehegatten, s § 1586b.

§§ 1615a–1615l Buch 4. Abschnitt 2. Verwandtschaft

2 **2. Tatbestand. Rechtsfolge** des Todes von Unterhaltsberechtigtem oder -verpflichtetem ist Erlöschen der Unterhaltsansprüche; **Ausnahme:** durchsetzbare (s § 1613) Rückstände sowie bereits fällige Vorausleistungen (s § 1612 III), I HS 2.

3 **3. Beerdigungskosten.** II soll standesgemäßes Begräbnis sichern und Armenkasse entlasten (Mot IV 699; s jedoch §§ 1586, 1586a Rn 4 [c]). Nur subsidiäre Verpflichtung im Verhältnis zu Erben, s § 1968, die deshalb aus § 426 regresspflichtig sind (§ 1615 II regelt insoweit auch Innenverhältnis).

Untertitel 2. Besondere Vorschriften für das Kind und seine nicht miteinander verheirateten Eltern

§ 1615a Anwendbare Vorschriften

Besteht für ein Kind keine Vaterschaft nach § 1592 Nr. 1, § 1593 und haben die Eltern das Kind auch nicht während ihrer Ehe gezeugt oder nach seiner Geburt die Ehe miteinander geschlossen, gelten die allgemeinen Vorschriften, soweit sich nichts anderes aus den folgenden Vorschriften ergibt.

1 **1. Allgemeines. a)** Das Kindesunterhaltsrecht differenziert grundsätzlich nicht mehr zwischen in einer Ehe geborenen Kindern und Kindern, deren Eltern bei der Geburt nicht miteinander verheiratet waren; für diese Fälle verweist § 1615a
2 (klarstellend) auf die allgemeinen Bestimmungen der §§ 1601 ff. **b)** Der Unterhaltsanspruch der Eltern untereinander richtet sich – soweit er überhaupt besteht – in den Fällen des § 1615a nach §§ 1360–1361, 1569 ff.

3 **2. Regelungsgehalt.** Als **Sonderregelungen** begründen §§ 1615l–1615n einen Unterhaltsanspruch zwischen den nicht miteinander verheirateten Eltern des Kindes.

§§ 1615b bis 1615k *(weggefallen)*

§ 1615l Unterhaltsanspruch von Mutter und Vater aus Anlass der Geburt

(1) ¹**Der Vater hat der Mutter für die Dauer von sechs Wochen vor und acht Wochen nach der Geburt des Kindes Unterhalt zu gewähren.** ²**Dies gilt auch hinsichtlich der Kosten, die infolge der Schwangerschaft oder der Entbindung außerhalb dieses Zeitraums entstehen.**

(2) ¹**Soweit die Mutter einer Erwerbstätigkeit nicht nachgeht, weil sie infolge der Schwangerschaft oder einer durch die Schwangerschaft oder die Entbindung verursachten Krankheit dazu außerstande ist, ist der Vater verpflichtet, ihr über die in Absatz 1 Satz 1 bezeichnete Zeit hinaus Unterhalt zu gewähren.** ²**Das Gleiche gilt, soweit von der Mutter wegen der Pflege oder Erziehung des Kindes eine Erwerbstätigkeit nicht erwartet werden kann.** ³**Die Unterhaltspflicht beginnt frühestens vier Monate vor der Geburt und besteht für mindestens drei Jahre nach der Geburt.** ⁴**Sie verlängert sich, solange und soweit dies der Billigkeit entspricht.** ⁵**Dabei sind insbesondere die Belange des Kindes und die bestehenden Möglichkeiten der Kinderbetreuung zu berücksichtigen.**

(3) ¹**Die Vorschriften über die Unterhaltspflicht zwischen Verwandten sind entsprechend anzuwenden.** ²**Die Verpflichtung des Vaters geht der Verpflichtung der Verwandten der Mutter vor.** ³**§ 1613 Abs. 2 gilt entsprechend.** ⁴**Der Anspruch erlischt nicht mit dem Tode des Vaters.**

Titel 3. Unterhaltspflicht §§ 1615l–1615n

(4) ¹Wenn der Vater das Kind betreut, steht ihm der Anspruch nach Absatz 2 Satz 2 gegen die Mutter zu. ²In diesem Falle gilt Absatz 3 entsprechend.

§ 1615m Beerdigungskosten für die Mutter

Stirbt die Mutter infolge der Schwangerschaft oder der Entbindung, so hat der Vater die Kosten der Beerdigung zu tragen, soweit ihre Bezahlung nicht von dem Erben der Mutter zu erlangen ist.

§ 1615n Kein Erlöschen bei Tod des Vaters oder Totgeburt

¹Die Ansprüche nach den §§ 1615l, 1615m bestehen auch dann, wenn der Vater vor der Geburt des Kindes gestorben oder wenn das Kind tot geboren ist. ²Bei einer Fehlgeburt gelten die Vorschriften der §§ 1615l, 1615m sinngemäß.

Anmerkungen zu den §§ 1615l–1615n

Lit: Budzikiewicz, Materielle Statuseinheit und kollisionsrechtliche Statusverbesserung, 2007, S 155 ff; Wever, Unterhalt bei Betreuung nichtehelicher Kinder – der neu gestaltete § 1615l BGB, FamRZ 08, 553.

1. Allgemeines. Regelung von Unterhalts- und anderen Ansprüchen anlässlich 1 Schwangerschaft, Geburt und Kindesbetreuung für den Fall, dass Eltern des Kindes nicht miteinander verheiratet sind bzw waren (s § 1615a). Beruht auf dem Gedanken gemeinsamer Verantwortung von Mutter und Vater für die Schwangerschaft und ihre Folgen.

2. Unterhalt. a) Anlässlich der Geburt, § 1615l I 1. Voraussetzung ist (s 1615l 2 III 1) Leistungsfähigkeit des Mannes und (nicht notwendig durch Schwangerschaft verursachte, BGH NJW 98, 1310) Bedürftigkeit der Frau. Dauer: § 1615l I 1. **b)** Mangels Erwerbstätigkeit der Frau, § 1615l II 1. Erwerbsunfähigkeit muss 3 (mit-)verursacht worden sein durch Schwangerschaft oder Krankheit infolge Schwangerschaft oder Entbindung (BGH NJW 98, 1310 f; Bremen FamRZ 10, 1917). Dauer: § 1615l II 3; mind drei Jahre; Verlängerung vgl Rn 4. **c)** Wegen 4 nicht zu erwartender Erwerbstätigkeit infolge Betreuung des (nicht: eines anderen) Kindes, § 1615l II 2. Anspruch besteht auch, wenn Erwerbslosigkeit schon bestand, Betreuung hierfür also nicht kausal ist (BGH NJW 98, 1311). Betreut der Vater das Kind, steht ihm der Anspruch zu, IV. Trotz des Wortlauts kann die Aufnahme einer Erwerbstätigkeit regelmäßig nicht erwartet werden, so dass eine diesbezügliche Prüfung nicht stattzufinden hat (Wever aaO S 554, BT-Drs 16/6980 S 10). Anspruch besteht für mind drei Jahre, II 3. Aufgrund eines Urteils des BVerfG (NJW 07, 1735), wonach die unterschiedliche Ausgestaltung des Betreuungsunterhalts in §§ 1570, 1615l aF verfassungswidrig sei, wurden beide Tatbestände durch das UÄndG 2007 einander nahezu angeglichen. Nach Vollendung des dritten Lebensjahres ist demnach eine Verlängerung aus Billigkeitsgründen möglich (II 4, 5), wobei zwischen kind- und elternbezogenen Umständen zu unterscheiden ist; kindbezogene Umstände zB: Betreuung eines behinderten Kindes (Hamm NJW 05, 297; vgl auch BGH FamRZ 10, 802 [zu § 1570]), Kind leidet unter der Trennung der Eltern, so dass eine Betreuung durch die Mutter notwendig wird (Wever aaO S 555); elternbezogene Umstände zB: dauerhafte Lebensgemeinschaft der Eltern mit gemeinsamem Kinderwunsch (BGH 168, 245). Die über das dritte Lebensjahr des Kindes hinaus Unterhalt begehrende Mutter muss Umstände, die einer Ausweitung

§§ 1615o–1617

der ausgeübten Teilzeittätigkeit entgegenstehen, darlegen und ggf beweisen; ihr können Erleichterungen bei der Darlegung und Beweisführung zuzubilligen sein (Bremen NJW 08, 1745 m Anm Budzikiewicz). Elternbezogene Umstände kommen insbes dann in Betracht, wenn die Eltern mit ihrem gemeinsamen Kind zusammengelebt haben und deswegen ein eventueller Vertrauenstatbestand als Nachwirkung dieser Familie zu berücksichtigen ist (BGH FamRZ 10, 444; NJW 08, 3125; Budzikiewicz aaO S 202 ff). Der Anspruch aus § 1615l I 1, II 1, 2 entfällt entspr § 1586 bei Wiederheirat des Unterhaltsberechtigten (BGH NJW 05, 503).

5   d) Ansprüche entstehen auch bei Tod des Vaters vor der Geburt (gegen die Erben gerichtet) und (abgesehen von § 1615l II 2) bei Tot- oder Fehlgeburt, § 1615n.

6   e) **Rechtsfolge:** Gewöhnlicher Unterhaltsanspruch, § 1615l III 1, 3, den jedoch (s § 1615 I) bei Tod des Vaters die Erben zu tragen haben, § 1615l III 4. Die Höhe des **Bedarfs** richtet sich (anders als bei [nach-]ehelichem Unterhalt) nicht nach dem Einkommen des Vaters, sondern danach, welches Einkommen die Mutter ohne die Geburt bezogen hätte (BGH NJW 05, 818). Dabei ist ein Mindestbedarf in Höhe des Existenzminimums anzunehmen (s Tabellen Rn 2 vor §§ 1360–1361, zurzeit 770 Euro; aA Voraufl 6), BGH FamRZ 10, 357. Überobligationsmäßiges Einkommen ist analog § 1577 II nicht auf den Bedarf anzurechnen (BGH NJW 05, 818); mit einem fiktiven Entgelt auf den Anspruch anzurechnen sind Versorgungsleistungen gegenüber einem Lebensgefährten (Koblenz NJW-RR 05, 1458). Der **Selbstbehalt** ist wegen des gemeinsamen Schutzzwecks, der Mutter während der Ersten drei Lebensjahre des Kindes dessen Pflege und Erziehung zu ermöglichen, nicht abw vom Unterhaltsanspruch gem § 1570 zu bemessen (BGH NJW 05, 501); in der Regel Betrag zwischen angemessenem (§ 1603 I) und notwendigem (§ 1603 II) Selbstbehalt, BGH NJW 05, 500; Rangordnung § 1609 Nr 2, Rn 3. Vater und Ehemann der Mutter (aus § 1361) haften analog § 1606 III 1 anteilig, wenn Mutter auch Kinder aus der Ehe betreut (BGH NJW 98, 1311 f); nach Jena, NJW-RR 06, 258 gilt dies auch dann, wenn aus der Ehe keine Kinder hervorgegangen sind (aA

7   Hamm, FamRZ 00, 637: Vorrang des Betreuungsunterhalts). **f)** Verjährung wie bei allen unterhaltsrechtlichen Ansprüchen nach drei Jahren, §§ 195, 197 II.

8   **3. Schwangerschafts- und Entbindungskosten.** Sind unabhängig vom Entstehungszeitpunkt von der Unterhaltspflicht erfasst, § 1615l I 2. Bsp: Kosten für Arzt, Hebamme, Klinik, Vor- und Nachsorgeuntersuchungen. Rechtsnatur: Unterhaltsanspruch (§ 1615l III 1); setzt mithin Leistungsfähigkeit und Bedürftigkeit voraus.

9   **4. Beerdigungskosten.** Vater ist zur Kostentragung verpflichtet, falls der Tod der Mutter die Folge der Schwangerschaft oder Entbindung ist, § 1615 m. Subsidiär zu § 1968.

§ 1615o *(aufgehoben)*

Titel 4. Rechtsverhältnis zwischen den Eltern und dem Kind im Allgemeinen

§ 1616 Geburtsname bei Eltern mit Ehenamen

Das Kind erhält den Ehenamen seiner Eltern als Geburtsnamen.

§ 1617 Geburtsname bei Eltern ohne Ehenamen und gemeinsamer Sorge

(1) ¹Führen die Eltern keinen Ehenamen und steht ihnen die Sorge gemeinsam zu, so bestimmen sie durch Erklärung gegenüber dem Standes-

Titel 4. Rechtsverhältnis **§§ 1617a–1617c**

amt den Namen, den der Vater oder die Mutter zur Zeit der Erklärung führt, zum Geburtsnamen des Kindes. ²Eine nach der Beurkundung der Geburt abgegebene Erklärung muss öffentlich beglaubigt werden. ³Die Bestimmung der Eltern gilt auch für ihre weiteren Kinder.

(2) ¹Treffen die Eltern binnen eines Monats nach der Geburt des Kindes keine Bestimmung, überträgt das Familiengericht das Bestimmungsrecht einem Elternteil. ²Absatz 1 gilt entsprechend. ³Das Gericht kann dem Elternteil für die Ausübung des Bestimmungsrechts eine Frist setzen. ⁴Ist nach Ablauf der Frist das Bestimmungsrecht nicht ausgeübt worden, so erhält das Kind den Namen des Elternteils, dem das Bestimmungsrecht übertragen ist.

(3) Ist ein Kind nicht im Inland geboren, so überträgt das Gericht einem Elternteil das Bestimmungsrecht nach Absatz 2 nur dann, wenn ein Elternteil oder das Kind dies beantragt oder die Eintragung des Namens des Kindes in ein deutsches Personenstandsregister oder in ein amtliches deutsches Identitätspapier erforderlich wird.

§ 1617a Geburtsname bei Eltern ohne Ehenamen und Alleinsorge

(1) Führen die Eltern keinen Ehenamen und steht die elterliche Sorge nur einem Elternteil zu, so erhält das Kind den Namen, den dieser Elternteil im Zeitpunkt der Geburt des Kindes führt.

(2) ¹Der Elternteil, dem die elterliche Sorge für ein unverheiratetes Kind allein zusteht, kann dem Kind durch Erklärung gegenüber dem Standesamt den Namen des anderen Elternteils erteilen. ²Die Erteilung des Namens bedarf der Einwilligung des anderen Elternteils und, wenn das Kind das fünfte Lebensjahr vollendet hat, auch der Einwilligung des Kindes. ³Die Erklärungen müssen öffentlich beglaubigt werden. ⁴Für die Einwilligung des Kindes gilt § 1617c Abs. 1 entsprechend.

§ 1617b Name bei nachträglicher gemeinsamer Sorge oder Scheinvaterschaft

(1) ¹Wird eine gemeinsame Sorge der Eltern erst begründet, wenn das Kind bereits einen Namen führt, so kann der Name des Kindes binnen drei Monaten nach der Begründung der gemeinsamen Sorge neu bestimmt werden. ²Die Frist endet, wenn ein Elternteil bei Begründung der gemeinsamen Sorge seinen gewöhnlichen Aufenthalt nicht im Inland hat, nicht vor Ablauf eines Monats nach Rückkehr in das Inland. ³Hat das Kind das fünfte Lebensjahr vollendet, so ist die Bestimmung nur wirksam, wenn es sich der Bestimmung anschließt. ⁴§ 1617 Abs. 1 und § 1617c Abs. 1 Satz 2 und 3 und Abs. 3 gelten entsprechend.

(2) ¹Wird rechtskräftig festgestellt, dass ein Mann, dessen Familienname Geburtsname des Kindes geworden ist, nicht der Vater des Kindes ist, so erhält das Kind auf seinen Antrag oder, wenn das Kind das fünfte Lebensjahr noch nicht vollendet hat, auch auf Antrag des Mannes den Namen, den die Mutter im Zeitpunkt der Geburt des Kindes führt, als Geburtsnamen. ²Der Antrag erfolgt durch Erklärung gegenüber dem Standesamt, die öffentlich beglaubigt werden muss. ³Für den Antrag des Kindes gilt § 1617c Abs. 1 Satz 2 und 3 entsprechend.

§ 1617c Name bei Namensänderung der Eltern

(1) ¹Bestimmen die Eltern einen Ehenamen, nachdem das Kind das fünfte Lebensjahr vollendet hat, so erstreckt sich der Ehename auf den Geburtsna-

§§ 1616–1617c

men des Kindes nur dann, wenn es sich der Namensgebung anschließt. ²Ein in der Geschäftsfähigkeit beschränktes Kind, welches das 14. Lebensjahr vollendet hat, kann die Erklärung nur selbst abgeben; es bedarf hierzu der Zustimmung seines gesetzlichen Vertreters. ³Die Erklärung ist gegenüber dem Standesamt abzugeben; sie muss öffentlich beglaubigt werden.

(2) Absatz 1 gilt entsprechend,
1. wenn sich der Ehename, der Geburtsname eines Kindes geworden ist, ändert oder
2. wenn sich in den Fällen der §§ 1617, 1617a und 1617b der Familienname eines Elternteils, der Geburtsname eines Kindes geworden ist, auf andere Weise als durch Eheschließung oder Begründung einer Lebenspartnerschaft ändert.

(3) Eine Änderung des Geburtsnamens erstreckt sich auf den Ehenamen oder den Lebenspartnerschaftsnamen des Kindes nur dann, wenn sich auch der Ehegatte oder der Lebenspartner der Namensänderung anschließt; Absatz 1 Satz 3 gilt entsprechend.

Anmerkungen zu §§ 1616–1617c

1   **1. Name des Kindes.** Der Geburtsname des Kindes richtet sich in erster Linie nach dem gemeinsamen Ehenamen der Eltern (Prinzip der Namenseinheit). Führen sie keinen Ehenamen, entscheidet die elterliche Sorge.

2   **2. Geburtsname bei Ehename. a)** Der Geburtsname des Kindes ist der gemeinsame **Ehename** der Eltern (§ 1355 I 1), sofern sie einen solchen bei der Geburt führen, **§ 1616.** Nicht zum Ehenamen gehört der Begleitname iSv § 1355 IV, V 2 HS 2. § 1616 gilt auch, wenn die Eltern bei der Geburt des Kindes nicht mehr miteinander verheiratet sind, aber den Ehenamen nach § 1355 V 1 weiter
3   führen. **b)** Bestimmen die Eltern einen Ehenamen nach der Geburt des Kindes, so ändert sich der Geburtsname des Kindes nur, wenn es das fünfte Lebensjahr nicht vollendet hat oder sich der Änderung anschließt, **§ 1617c I.** Auch das bereits volljährige Kind kann sich anschließen. § 1617c I gilt auch, wenn sich der Ehe- bzw Familienname, der Geburtsname wurde, ändert, **§ 1617c II.** (Nur) NÄG 3 ist anwendbar, wenn ein sorgeberechtigter geschiedener Elternteil (nach § 1355 V 2) seinen Geburtsnamen wieder annimmt (BVerwG NJW 02, 2407, sa BGH NJW 04, 1108). Die Namensänderung muss für das Kindeswohl erforderlich (nicht nur förderlich) sein; das wird vermutet, wenn auch der nicht sorgeberechtigte Elternteil
4   und (ggf) das Kind einwilligen (BVerwG NJW 02, 2410). **c)** Führt das Kind, dessen Geburtsname sich ändert, einen Ehenamen bzw Lebenspartnerschaftsnamen, ändert sich dieser nur, wenn sich auch der Ehegatte bzw Lebenspartner der Änderung anschließt, **§ 1617c III.**

5   **3. Geburtsname ohne Ehename.** Führen die Eltern bei der Geburt des Kindes keinen Ehenamen, so ist die elterliche Sorge ausschlaggebend: **a)** Steht den Eltern die **Sorge gemeinsam** zu, **aa) bestimmen** sie durch Erklärung gegenüber dem Standesbeamten den Geburtsnamen des Kindes, **§ 1617 I.** Bestimmt werden kann nur ein Name, den der Vater oder die Mutter bei der Erklärung führt; dies kann der Geburtsname oder ein durch fr Ehe erheirateter Name sein, fraglich: Begleitname iSv § 1355 IV. Damit wird die Namenseinheit jedenfalls gegenüber einem Elternteil anfänglich sichergestellt. Ein aus beiden Namen der Eltern zusammengesetzter Doppelname ist nicht zulässig (arg: „oder"); verfassungsgemäß (BVerfG NJW 02, 1256). Die Bestimmung gilt auch für weitere gemeinsame Kinder („Einheitlichkeit des
6   Geschwisternamens"), § 1617 I 3. Form s § 1617 I 2. **bb) Unterbleibt die Bestimmung** binnen eines Monats nach der Geburt des Kindes, überträgt das FamG das Bestimmungsrecht einem Elternteil (§ 1628), der das Recht nur nach § 1617 I ausüben kann, **§ 1617 II 1, 2.** Wurde das Kind im Ausland geboren, Übertragung nur

Titel 4. Rechtsverhältnis **§ 1618**

nach § 1617 III. Das FamG soll vor der Entscheidung beide Elternteile anhören (FamFG 160 I 1). Wurde eine Frist gesetzt (Ermessen), so erhält das Kind den Namen des Bestimmungsberechtigten, wenn die Bestimmung nicht innerhalb der Frist erfolgte, § 1617 I 3, 4. Zuständigkeit für Entgegennahme der Erklärung im Geburtenregister s PStG 45. Mitteilung des Standesamtes an FamG s FamFG 168a. Auch für die Bestimmung nach § 1617 II gilt § 1617 I 3; Grundsatz der Einheitlichkeit des Geschwisternamens geht vor. **cc)** Wird die gemeinsame Sorge erst **später** **7** **begründet** (s § 1626a I), kann der Name des Kindes innerhalb von drei Monaten neu bestimmt werden, **§ 1617b I**. Frist beginnt mit Begründung gemeinsamer Sorge, Fristende bei Aufenthalt im Ausland s § 1617b I 2. Heiraten die Eltern (s § 1626a I Nr 2) und führen sie einen Ehenamen (§ 1355 I 1), geht § 1617c vor (FamRefK/Wax § 1617c Rn 3). Führen sie keinen Ehenamen oder wird die gemeinsame Sorge nach § 1626a I Nr 1 begründet, richtet sich das Bestimmungsrecht nach §§ 1617b I 4, 1617 I. § 1617 II gilt nicht, weil das Kind bereits nach § 1617a einen Namen führt. Hat das Kind das fünfte Lebensjahr vollendet, ist Bestimmung nur wirksam, wenn es sich anschließt, § 1617b I 3. **b)** Steht die **Sorge** **8** **einem Elternteil** zu, so ist der Geburtsname des Kindes der Name (einschließlich Begleitname iSv § 1355 IV), den der sorgeberechtigte Elternteil bei der Geburt des Kindes führt, **§ 1617a I**. Der sorgeberechtigte Elternteil kann aber durch Erklärung gegenüber dem Standesbeamten dem Kind den Namen des anderen Elternteils erteilen, wenn dieser zustimmt **(§ 1617a II)**; die Zustimmung kann nicht ersetzt werden (anders bei Einbenennung: § 1618 S 4). Analog § 1617a II kann der Elternteil, dem *nachträglich* die Alleinsorge übertragen wird, seinen Namen dem Kind erteilen, falls der andere Teil einwilligt (BayObLG FamRZ 00, 1436). Hat das Kind das fünfte Lebensjahr vollendet, ist auch seine Einwilligung erforderlich. Nach dem Tode des Kindes kann der Name nicht mehr geändert werden (BayObLG FamRZ 01, 1544). Form der Erklärungen s § 1617a II 3; für die Kindeseinwilligung s §§ 1617a II 4, 1617c.

4. Geburtsname bei Vaterschaftsanfechtung. Führt das Kind den Familien- **9** namen des Vaters als Geburtsnamen und wird die Vaterschaft erfolgreich angefochten (§ 1599 I), so erhält das Kind auf Antrag (nicht automatisch, anders § 1617 I aF) den Namen der Mutter als Geburtsnamen, **§ 1617b II 1**. Form s § 1617b II 2 HS 2. **Antragsberechtigt** sind das Kind und bis zur Vollendung des fünften Lebensjahres **10** des Kindes auch der Mann, nicht die Mutter. Nach Vollendung des fünften Lebensjahres des Kindes kann der Mann den Wechsel zum Mutternamen nicht erzwingen.

5. Vorname. a) Bestimmung erfolgt durch Personensorgeberechtigten formlos **11** auf Grund Benennung (BGH 29, 257; 30, 134). Eintragung ins Geburtenregister (PStG 21 I Nr 1) ist deklaratorisch; Berichtigung PStG 47 ff; Änderung NÄG 11; fehlender Vorname PStG 22. **b)** Auswahl s BGH 79, 239; nur geschlechtsbezogene Vornamen, Beivorname „Maria" für Jungen jedoch gestattet. Rspr toleriert auch ungewöhnliche Vornamen: „Samandu" (BayObLG NJW 84, 1362); „Decembre Noëlle" (Hamm NJW-RR 89, 1032); „Jesus" (Frankfurt NJW-RR 99, 730); als Beivornamen: „Speedy" (Karlsruhe NJWE-FER 98, 174); „Prestige" (Schleswig NJWE-FER 98, 175); „Lütke" (BGH FamRZ 08, 1331: Familienname des Vaters). Grenze des Rechts zur Namenswahl: drohende Beeinträchtigung des Kindeswohls, BVerfG NJW 04, 1586 (Zwölf Vornamen).

6. Übergangsregelung. S EGBGB 224 § 3. **12**

7. IPR. S EGBGB 10 II 2, III, 47 III. **13**

§ 1618 Einbenennung

¹Der Elternteil, dem die elterliche Sorge für ein unverheiratetes Kind allein oder gemeinsam mit dem anderen Elternteil zusteht, und sein Ehegatte, der nicht Elternteil des Kindes ist, können dem Kind, das sie in ihren

§ 1618a

gemeinsamen Haushalt aufgenommen haben, durch Erklärung gegenüber dem Standesamt ihren Ehenamen erteilen. ²Sie können diesen Namen auch dem von dem Kind zur Zeit der Erklärung geführten Namen voranstellen oder anfügen; ein bereits zuvor nach Halbsatz 1 vorangestellter oder angefügter Ehename entfällt. ³Die Erteilung, Voranstellung oder Anfügung des Namens bedarf der Einwilligung des anderen Elternteils, wenn ihm die elterliche Sorge gemeinsam mit dem den Namen erteilenden Elternteil zusteht oder das Kind seinen Namen führt, und, wenn das Kind das fünfte Lebensjahr vollendet hat, auch der Einwilligung des Kindes. ⁴Das Familiengericht kann die Einwilligung des anderen Elternteils ersetzen, wenn die Erteilung, Voranstellung oder Anfügung des Namens zum Wohl des Kindes erforderlich ist. ⁵Die Erklärungen müssen öffentlich beglaubigt werden. ⁶§ 1617c gilt entsprechend.

1 **1. Begriff. Einbenennung** ermöglicht die (partielle, S 2) Namensgleichheit aller faktisch zu einem Familienverband gehörenden Personen. Insbes Integration von Stiefkindern in die neue Familie soll erleichtert werden. Analog § 1618 kann der allein sorgeberechtigte Vater seinem außerehelich geborenen Kind seinen Ehenamen geben (Köln FamRZ 01, 1548). Auch Kinder aus aufgelösten Ehen können einbenannt werden (anders § 1618 aF). Die mit der Einbenennung verbundene Namensänderung kann die Familienbeziehung zum anderen Elternteil beeinträchtigen und gegen EMRK 8 I verstoßen (EGMR NJW 03, 1922).

2 **2. Voraussetzungen. a)** Ehegatten führen Ehenamen (§ 1355 I 1). Kind ist unverheiratet. **b)** Ein Ehegatte ist allein oder gemeinsam mit dem anderen Elternteil sorgeberechtigt; anderer Ehegatte ist nicht Elternteil des Kindes (sonst § 1617a II). **c)** Ehegatten haben das Kind in ihren gemeinsamen Haushalt aufgenommen; nicht bei Getrenntleben der Ehegatten. **d)** Erklärung der Ehegatten gegenüber Standesbe-
3 amten. Form S 5. **e)** Einwilligungserfordernis **aa)** des Kindes, wenn es das fünfte Lebensjahr vollendet hat; **bb)** des anderen Elternteils, wenn ihm die elterliche Sorge zusteht oder eine Namensidentität mit dem Kind zurzeit der Einbenennung (noch) besteht. Ersetzung der Einwilligung durch FamG möglich (S 4). Hohe Voraussetzungen, denn der andere Elternteil hat ein schützenswertes Interesse an der Erhaltung des „Namensbandes" (Oldenburg NJW 00, 367) und grundsätzlich auch das Kind an Namenskontinuität. Erforderlich ist eine umfassende Interessenabwägung; Beseitigung der Namensverschiedenheit muss für Kindeswohl nicht nur förderlich, sondern unabdingbar notwendig sein (Hamm v 23. 2. 11 – 8 UF 238/10, juris); nur, wenn „additive Einbenennung" gem S 2 nicht genügt (BGH NJW 02, 301; s auch Bremen FamRZ 10, 1816 [keine Ersetzung der Einwilligung zu additiver Einbenennung bei Kleinkindern]). – Ist der andere Elternteil verstorben, ist seine Einwilligung zur Einbenennung nicht erforderlich und muss daher nicht ersetzt werden (Stuttgart FamRZ 01, 567; str).

4 **3. Folgen.** Kind erhält Ehenamen von Elternteil und dessen Ehegatte, im Falle des S 2 Voranstellung oder Anfügung des Ehenamens an bisherigen Namen. Eintragung ins Geburtenregister (PStG 45 I Nr 6) nur deklaratorisch. Andere familienrechtliche Beziehungen werden durch Einbenennung nicht begründet.

5 **4. IPR.** S EGBGB 10 I, III.

§ 1618a Pflicht zu Beistand und Rücksicht

Eltern und Kinder sind einander Beistand und Rücksicht schuldig.

Lit: Gernhuber „Eltern und Kinder sind einander Beistand schuldig", FS Müller-Freienfels, 1986, S 159; Knöpfel, Beistand und Rücksicht zwischen Eltern und Kindern (§ 1618a BGB), FamRZ 85, 554.

Titel 4. Rechtsverhältnis **§ 1619**

1. Allgemeines. Leitbildartige Vorschrift ohne direkte, eigene Sanktionen, die 1 aber über das Familienrecht hinaus Ausstrahlung haben kann (vgl BGH NJW 94, 1279 f zur Bürgschaft eines Kindes für seine Eltern). Eingrenzende Voraussetzungen wie Hausgemeinschaft, bes Beistandsbedürftigkeit oder Minderjährigkeit fehlen, so dass der erwünschte Zusammenhalt der Kleinfamilie durch eine ges Pflichtengrundlage bis zum Tode verrechtlicht wird. In der Lit wird Parallele zu § 1353 gezogen, vgl Meyer-Stolte Rpfleger 80, 138.

2. Regelungsgehalt. a) Entwicklung **durchsetzbarer** Pflichten aus § 1618a 2 str; bejahend viele, vgl Diederichsen NJW 80, 1; sa AG Arnsberg (Zutrittsrecht zur Wohnung) NJW 96, 1157; str, aA Zweibrücken NJW 90, 720; gegen Dienstleistungspflicht für Eltern Bamberg NJW 85, 2724 (zu § 845). Zum Anspruch des Kindes auf Benennung des Vaters s Rn 4 vor § 1591. Erweiterung speziell geregelter Pflichten – Unterhalt, Dienstleistung, elterliche Personen- und Vermögenssorge – dürfte ebenso wenig wie ihre inhaltliche Änderung, falls das Ges bereits bestimmte Änderungsverfahren vorsieht (zB § 1612 II 2), zulässig sein, da insoweit keine Lücken gegeben sind, vgl KG NJW-RR 88, 1227 (absolut geschütztes Rechts auf Kontaktaufnahme). Vorstellbar sind jedoch Pflichten, deren Verletzung (nur) Schadenersatzansprüche auslöst, Gernhuber FS Müller-Freienfels S 188. **b)** Gebotene Rücksichtnahme kann die Verfolgung von Ansprüchen, zB 3 auf Schadensersatz, einschränken, soweit solche Schranken nicht schon in den Anspruchsvoraussetzungen des einzelnen Anspruchs normiert sind; s jedoch zu Unterhaltsanspruch Köln NJW 82, 2507. **c)** § 1618a kann auch Grundlage von 4 strafrechtlichen Garantenpflichten zur Verhinderung von Selbsttötung, Selbstverletzung usw sein, doch haben die erforderlichen Konkretisierungen die jeweilige Situation – zB Hausgemeinschaft – zu berücksichtigen; vgl hierzu auch Bosch FamRZ 80, 741.

§ 1619 Dienstleistungen in Haus und Geschäft

Das Kind ist, solange es dem elterlichen Hausstand angehört und von den Eltern erzogen oder unterhalten wird, verpflichtet, in einer seinen Kräften und seiner Lebensstellung entsprechenden Weise den Eltern in ihrem Hauswesen und Geschäft Dienste zu leisten.

Lit: Enderlein, Die Dienstpflicht des Hauskindes ..., AcP 200, 565; Fenn, Die Mitarbeit in den Diensten Familienangehöriger, 1970.

1. Allgemeines. Dienstleistungspflicht des Hauskindes soll Gegenleistung für 1 Unterhalt (Boehmer FamRZ 55, 127), für die Vorteile der Zugehörigkeit zum Hausstand der Eltern (Dethloff § 12 Rn 33) oder „Folge der Hausgemeinschaft von Personen, die in einem besonderen familienrechtlichen Rechtsverhältnis miteinander verbunden sind" (Gernhuber/Coester-Waltjen § 55 Rn 2), sein.

2. Voraussetzungen. a) „Dem elterlichen Hausstand angehören"; Wohnen bei 2 den Eltern nicht stets Voraussetzung (vgl Saarbrücken VersR 81, 542); **b)** entweder **aa)** tatsächliche Unterhaltsgewährung durch Eltern; Unterhaltsverpflichtung weder erforderlich noch allein ausreichend (vgl Fenn aaO S 140); auch volljährige Kinder können als Unterhaltsempfänger dienstleistungspflichtig sein (vgl BGH NJW 91, 1227); oder **bb)** Erziehung durch die Eltern, so dass insoweit Sorgerecht der Eltern und damit Minderjährigkeit des Kindes gegeben sein müssen.

3. Rechtsfolgen. a) Unentgeltliche Dienstleistungspflicht in Hauswesen, zB 3 Mithilfe im Haushalt, Betreuung jüngerer Geschwister, wohl auch Krankenpflege, Mitarbeit im Geschäft (Handwerksbetrieb, vgl BGH FamRZ 60, 359 f), in der Landwirtschaft der Eltern (vgl BGH NJW 91, 1227). Maß der Dienstleistung richtet sich nach Fähigkeiten, Kräften und Lebensstellung des Kindes, wobei beim Minderjährigen zusätzliche Grenzen durch Erziehungsziel und -pflicht gezogen sind (vgl BGH FamRZ 60, 359 f: Berücksichtigung von Ausbildungsbedürfnissen). Bei Missbrauch kindlicher Arbeitskraft § 1666 I; das erwachsene Hauskind soll durch die Möglichkeit auszuziehen oder einen Arbeitsvertrag zu schließen hinreichend geschützt sein (BGH FamRZ 60, 101 f; ferner NJW 78, 160). Arbeitsvertrag des

4 Hauskindes steht den dienstberechtigten Eltern zu. **b) Haftungsentlastung** analog § 1664 wird vielfach befürwortet; sa § 1618a Rn 3. **c)** Bei Verletzung oder Tötung des Hauskindes haben Eltern Anspruch aus § 845 (vgl BGH NJW 91, 1227: Führung des elterlichen Hofes). Soweit das Kind wegen seiner Verletzung eigene Ansprüche hat und geltend macht, besteht ein Ersatzanspruch der Eltern nicht (BGH NJW 78, 159); auch ist für den Anspruch der Eltern kein Raum, wenn das getötete Kind seine gesamte Arbeitskraft für eine anderweitige entgeltliche Erwerbstätigkeit einsetzt (BGH 137, 8; krit Gernhuber JZ 98, 365).

5 **4. Verträge. Gesellschaftsverträge,** vor allem aber **Dienstverträge** zwischen Eltern und Kind bleiben möglich und dürften oft stillschweigend geschlossen worden sein (beachte jedoch §§ 181, 1822 Nr 3), wo den Rahmen von Rn 3 überschreitende Dienstleistungen erbracht oder/und Taschengeld übersteigende Geldbeträge gezahlt werden, soweit nicht Eltern und/oder Kind schenkweise oder gefälligkeitshalber leisten (zum Ganzen Fenn aaO S 176 ff, 279 sowie BAG AP Nr 24 zu § 612; BGH NJW 65, 1224). Zur Pfändung von Entgeltansprüchen des Kindes sa ZPO 850h II. Bei enttäuschten Vergütungserwartungen, insbes erwarteter Erbeinsetzung, wird auch mit Bereicherungsanspruch wegen Zweckverfehlung geholfen (vgl BGH FamRZ 60, 101 f; 73, 298 f).

§ 1620 Aufwendungen des Kindes für den elterlichen Haushalt

Macht ein dem elterlichen Hausstand angehörendes volljähriges Kind zur Bestreitung der Kosten des Haushalts aus seinem Vermögen eine Aufwendung oder überlässt es den Eltern zu diesem Zwecke etwas aus seinem Vermögen, so ist im Zweifel anzunehmen, dass die Absicht fehlt, Ersatz zu verlangen.

1 Auslegungsregel bei freiwilliger Beitragsleistung, vgl §§ 685 II, 1360b.

§§ 1621 bis 1623 *(weggefallen)*

§ 1624 Ausstattung aus dem Elternvermögen

(1) Was einem Kind mit Rücksicht auf seine Verheiratung oder auf die Erlangung einer selbständigen Lebensstellung zur Begründung oder zur Erhaltung der Wirtschaft oder der Lebensstellung von dem Vater oder der Mutter zugewendet wird (Ausstattung), gilt, auch wenn eine Verpflichtung nicht besteht, nur insoweit als Schenkung, als die Ausstattung das den Umständen, insbesondere den Vermögensverhältnissen des Vaters oder der Mutter, entsprechende Maß übersteigt.

(2) Die Verpflichtung des Ausstattenden zur Gewährleistung wegen eines Mangels im Recht oder wegen eines Fehlers der Sache bestimmt sich, auch soweit die Ausstattung nicht als Schenkung gilt, nach den für die Gewährleistungspflicht des Schenkers geltenden Vorschriften.

§ 1625 Ausstattung aus dem Kindesvermögen

[1]**Gewährt der Vater einem Kind, dessen Vermögen kraft elterlicher Sorge, Vormundschaft oder Betreuung seiner Verwaltung unterliegt, eine**

Ausstattung, so ist im Zweifel anzunehmen, dass er sie aus diesem Vermögen gewährt. ²Diese Vorschrift findet auf die Mutter entsprechende Anwendung.

Anmerkungen zu den §§ 1624, 1625

1. Allgemeines. Privilegierung für Zuwendungen mit Rücksicht auf Verheiratung oder Erlangung einer selbstständigen Lebensstellung als **Ausstattung** gegenüber normalen Schenkungen. Ausstattung ist jede Vermögensmehrung mit der in der Definition in I verfolgten Zwecksetzung, insbes Aussteuer. Sind bei Zuwendungen von Eltern an Ehegatten Adressat oder Verwendungszweck nicht bestimmt, so Vermutung für Ausstattung (AG Stuttgart NJW-RR 99, 1449). Ein ges Anspruch auf Ausstattung besteht nicht und kann auch nicht aus § 1618a abgeleitet werden. Zur Quelle der Ausstattung s Auslegungsregel § 1625. 1

2. Einzelheiten. a) Zwecksetzung (s Wortlaut § 1624 I) kann auch zu einem späteren Zeitpunkt als dem der Heirat oder der Begründung einer selbstständigen Lebensstellung erfolgen und Zuwendungen zu Ausstattungen machen (vgl Gernhuber/Coester-Waltjen § 56 Rn 2). **b)** Ausstattungen können auch durch Zuwendung an den Ehegatten des Kindes geschehen, wenn sie als Leistung an das Kind bestimmt sind (vgl LG Mannheim NJW 70, 2111). **c) Ausstattungsversprechen** formlos möglich; § 518 ist nicht anwendbar, soweit „angemessene" Ausstattung versprochen wird, s aber Rn 7. Jedoch kann Ausstattungsgegenstand Versprechen formbedürftig machen, so bei Grundstück, § 311b I. **d)** Bei Verfehlung des Ausstattungszwecks soll Bereicherungsanspruch wegen Zweckverfehlung gegeben sein, Gernhuber/Coester-Waltjen § 56 Rn 8. **e)** Gewährleistung s § 1624 II. **f)** Vater als **Betreuer** s § 1908. 2 3 4 5 6

3. Übermäßige Ausstattungen. Sind als Schenkungen zu behandeln, soweit sie nicht als Entgelt, etwa für Dienstleistungen erbracht werden. 7

Titel 5. Elterliche Sorge

Vorbemerkungen

Lit: Coester, Elternautonomie und Staatsverantwortung bei der Pflege und Erziehung von Kindern, FamRZ 96, 1181; Lüderitz, Elterliche Sorge als privates Recht, AcP 178, 263; Reuter, Elterliche Sorge und Verfassungsrecht, AcP 192, 108; Schwenzer, Empfiehlt es sich, das Kindschaftsrecht neu zu regeln? Gutachten A 59. DJT 1992, S 64 ff.

Allgemeines. Die Regelung des fünften Titels ist vor allem durch das GleichberG, das SorgeRG und das KindRG inhaltlich geändert worden. In den als Spannungsfeld verstandenen Wechselbeziehungen zwischen dem durch GG 6 II 1 geschützten Erziehungsrecht der Eltern, dem Wächteramt der staatlichen Gemeinschaft über seine Betätigung – GG 6 II 2 – und dem Grundrecht des Kindes auf freie Entfaltung seiner Persönlichkeit hat das SorgeRG die Pflichtgebundenheit des Elternrechts („Elternverantwortung", BVerfG 72, 172) betont, Möglichkeiten der Mitbestimmung des Kindes stärker berücksichtigt und die Eingriffsmöglichkeiten des Staates zugunsten gefährdeter Kinder erweitert. Das KindRG regelt insbes die gemeinsame elterliche Sorge nicht miteinander verheirateter oder geschiedener Eltern und gestaltet das Umgangsrecht neu. Die Rspr des BVerfG hat zunehmend gerade auch im Recht der elterlichen Sorge als Verwirklichung grundges Wertungen „Verfassungszivilrecht" entwickelt, s zu dieser Entwicklung Reuter aaO. Die elterliche Sorge von nicht miteinander verheirateten Eltern wurde durch das Gesetz vom 1

§ 1626

16.4.2013 mit Wirkung zum 19.5.2013 neu geregelt (BGBl I 795). Die Neuregelung reagiert darauf, dass der EGMR (FamRZ 10, 103 mAnm Henrich 107 und Scherpe 108) die fehlende Sorgerechtszuweisung an den Vater gegen den Willen der Mutter als Verstoß gegen Art 8 EMRK angesehen hat und das BVerfG (FamRZ 10, 1403 mAnm Luthin) §§ 1626a I Nr. 1 aF und § 1672 I aF als verfassungswidrig erachtet hat.

§ 1626 Elterliche Sorge, Grundsätze

(1) ¹Die Eltern haben die Pflicht und das Recht, für das minderjährige Kind zu sorgen (elterliche Sorge). ²Die elterliche Sorge umfasst die Sorge für die Person des Kindes (Personensorge) und das Vermögen des Kindes (Vermögenssorge).

(2) ¹Bei der Pflege und Erziehung berücksichtigen die Eltern die wachsende Fähigkeit und das wachsende Bedürfnis des Kindes zu selbständigem verantwortungsbewusstem Handeln. ²Sie besprechen mit dem Kind, soweit es nach dessen Entwicklungsstand angezeigt ist, Fragen der elterlichen Sorge und streben Einvernehmen an.

(3) ¹Zum Wohl des Kindes gehört in der Regel der Umgang mit beiden Elternteilen. ²Gleiches gilt für den Umgang mit anderen Personen, zu denen das Kind Bindungen besitzt, wenn ihre Aufrechterhaltung für seine Entwicklung förderlich ist.

1 1. **Allgemeines.** I 1 definiert die elterliche Sorge als Pflicht und Recht der Eltern; Inhaberschaft s §§ 1626a–1626e Rn 1. I 2 bestimmt Personen- und Vermögenssorge, § 1629 I 1 ergänzt dies um die Vertretungsmacht für das Kind. II bindet die Ausübung der Sorge an die wachsenden Fähigkeiten und die Mitsprache des Kindes. III stellt klar, dass das Kindeswohl regelmäßig den Umgang des Kindes mit seinen Eltern und anderen Bezugspersonen umfasst.

2 2. **Inhalte der elterlichen Sorge. a) Personensorge** s §§ 1631–1633; **b) Vermögenssorge;** als ges Besitzmittlungsverhältnis (BGH NJW 89, 2542). Sa §§ 1638– **3** 1649; **c) zur Vertretung** des Kindes s § 1629 I. **d)** Ob Eltern bei rechtsgeschäftlichem Handeln für das Kind in dessen Namen handeln und damit das Kind verpflichten und berechtigen (s § 1629 Rn 9) oder im eigenen Namen, evtl Ansprüche zugunsten des Kindes begründend, ist ihrem pflichtgemäßen Ermessen überlassen, doch kann insoweit Grenzziehung zwischen elterlicher Vertretungsmacht und tat- **4** sächlicher Sorge schwierig werden, vgl § 1633. (Mögliche) **Beschränkungen** s §§ 1303 IV, 1629 II, 1630 III, 1631b, 1632 IV, 1633, 1643, 1666, 1666a, 1667; **Teilmündigkeiten** des Kindes zB zur Wahl eines Glaubensbekenntnisses s RKEG 5, zur Antragstellung s §§ 1303 II, 1316 II, zu Einwilligungen in Adoption – §§ 1746, 1750 III – oder Widerruf – § 1746 II –; zur Beschwerde s FamFG 60; Testierfähigkeit s § 2229; ferner die genehmigungsabhängigen Erklärungen des Kindes in §§ 1746 I 3, 1411 I; zur Einwilligung in Heileingriffe s BGH 29, 33; FamRZ 72, 89 f; zur Humanforschung Eberbach FamRZ 82, 450; zur Verfügung über Persönlichkeitsrecht s BGH NJW 74, 1949 f; abw Hamburg FamRZ 84, 1222. **5** Einschränkungen der elterlichen Sorge sa Rn 7 und § 1629 Rn 6 ff. **e) Haftung** bei Verletzung der elterlichen Pflichten s § 1664. **f) Schutz** des elterlichen Sorgerechts als absolutes Recht (BGH 111, 168) gegenüber Eingriffen Dritter aus §§ 823 I, 1004; sa § 1632 II zur Umgangsuntersagung.

6 3. **Dauer.** Als Beginn wird regelmäßig Geburt angegeben, doch besteht Sorgepflicht und -recht auch gegenüber Nasciturus, s § 1912 II; Mittenzwei AcP 187, 274 f; Ende mit Volljährigkeit des Kindes, ferner für beide Eltern oder einen Elternteil §§ 1666a II, 1677, 1755 I, 1671 I, 1672. **Ruhen** s §§ 1673–1675, 1751 I.

4. Inhalte, Funktionen und Intensität des Sorgerechts, II. Sie sind durch 7
Schutzbedürfnisse, Erziehungsziel und Persönlichkeit(srecht) des Kindes gebunden
(vgl BVerfG 72, 172), wobei mit dessen Lebensalter und individueller Reife Bindungen und Konkretisierungen sich (ständig) verändern (vgl BGH NJW 74, 1949). Zur
Pflicht des Kindes, sich erziehen zu lassen, Schütz FamRZ 87, 438. II 1 versucht,
die entwicklungsabhängigen Rechtsschranken und Pflichten leitbildartig zu normieren und in II 2 durch das Gebot zum Dialog die Mitwirkung des Kindes an seiner
Persönlichkeitsentwicklung zu erreichen. Zu Einwilligung in Heileingriffe durch 8
Kind s Kern NJW 94, 755 f. Sa § 1631 II. **Ausbildung** und **Berufswahl** s § 1631a.

5. Haftungsrechtliche Implikationen. Haftung des Kindes aus § 278 für 9
Eltern, soweit sie auf Grund ihres Sorgerechts bestehende Verpflichtungen des Kindes erfüllen; Anrechnung des Elternverschuldens bei Schädigung des Kindes nach
§ 254 II 2 (vgl BGH 9, 316; 24, 325). Auch hier müssen jedoch die Einschränkungen 10
aus BVerfG 72, 155 Beachtung finden. Dagegen sind Eltern nicht Verrichtungsgehilfen des Kindes iSv § 831; beachte aber § 832. Zur Begrenzung eines Ersatzanspruches
des verletzten Kindes, falls Verschulden eines Elternteils die außervertragliche Verletzung mitverursacht hat, s BGH 73, 190 mwN.

6. Umgang. Umgang des Kindes mit den Eltern und anderen Personen, zu 11
denen eine Beziehung besteht, zählt zum Kindeswohl. Umgang zwecks Begründung
einer Beziehung wird damit nicht ausgeschlossen, vgl § 1685. III ist bei der Auslegung von Bestimmungen heranzuziehen, die auf das Kindeswohl Bezug nehmen, s
§§ 1627 S 1, 1666, 1684 IV 1, 1685, begründet jedoch kein Recht auf Umgang
(Bamberg NJW-RR 99, 804); Umgangsvereitelung kann aber zB Maßnahmen nach
§ 1666 rechtfertigen. Sa § 1684.

§ 1626a Elterliche Sorge nicht miteinander verheirateter Eltern; Sorgeerklärungen

(1) **Sind die Eltern bei der Geburt des Kindes nicht miteinander verheiratet, so steht ihnen die elterliche Sorge gemeinsam zu,**
1. **wenn sie erklären, dass sie die Sorge gemeinsam übernehmen wollen (Sorgeerklärungen),**
2. **wenn sie einander heiraten oder**
3. **soweit ihnen das Familiengericht die elterliche Sorge gemeinsam überträgt.**

(2) **¹Das Familiengericht überträgt gemäß Absatz 1 Nummer 3 auf Antrag eines Elternteils die elterliche Sorge oder einen Teil der elterlichen Sorge beiden Eltern gemeinsam, wenn die Übertragung dem Kindeswohl nicht widerspricht. ²Trägt der andere Elternteil keine Gründe vor, die der Übertragung der gemeinsamen elterlichen Sorge entgegenstehen können, und sind solche Gründe auch sonst nicht ersichtlich, wird vermutet, dass die gemeinsame elterliche Sorge dem Kindeswohl nicht widerspricht.**

(3) **Im Übrigen hat die Mutter die elterliche Sorge.**

§ 1626b Besondere Wirksamkeitsvoraussetzungen der Sorgeerklärung

(1) **Eine Sorgeerklärung unter einer Bedingung oder einer Zeitbestimmung ist unwirksam.**

(2) **Die Sorgeerklärung kann schon vor der Geburt des Kindes abgegeben werden.**

(3) **Eine Sorgeerklärung ist unwirksam, soweit eine gerichtliche Entscheidung über die elterliche Sorge nach den § 1626a Absatz 1 Nummer 3 oder § 1671 getroffen oder eine solche Entscheidung nach § 1696 Absatz 1 Satz 1 geändert wurde.**

§§ 1626a–1626e

§ 1626c Persönliche Abgabe; beschränkt geschäftsfähiger Elternteil

(1) Die Eltern können die Sorgeerklärungen nur selbst abgeben.

(2) ¹Die Sorgeerklärung eines beschränkt geschäftsfähigen Elternteils bedarf der Zustimmung seines gesetzlichen Vertreters. ²Die Zustimmung kann nur von diesem selbst abgegeben werden; § 1626b Abs. 1 und 2 gilt entsprechend. ³Das Familiengericht hat die Zustimmung auf Antrag des beschränkt geschäftsfähigen Elternteils zu ersetzen, wenn die Sorgeerklärung dem Wohl dieses Elternteils nicht widerspricht.

§ 1626d Form; Mitteilungspflicht

(1) Sorgeerklärungen und Zustimmungen müssen öffentlich beurkundet werden.

(2) Die beurkundende Stelle teilt die Abgabe von Sorgeerklärungen und Zustimmungen unter Angabe des Geburtsdatums und des Geburtsorts der Kindes sowie des Namens, den das Kind zur Zeit der Beurkundung seiner Geburt geführt hat, dem nach § 87c Abs. 6 Satz 2 des Achten Buches Sozialgesetzbuch zuständigen Jugendamt zu den in § 58a des Achten Buches Sozialgesetzbuch genannten Zwecken unverzüglich mit.

§ 1626e Unwirksamkeit

Sorgeerklärungen und Zustimmungen sind nur unwirksam, wenn sie den Erfordernissen der vorstehenden Vorschriften nicht genügen.

Anmerkungen zu den §§ 1626a–1626e

Lit: Bruns, Die Neuregelung der elterlichen Sorge nicht miteinander verheirateter Eltern, FamFR 13, 217; Heilmann, Die Reform des Sorgerechts nicht miteinander verheirateter Eltern – Das Ende eines Irrwegs?, NJW 13, 1473; Huber/Antomo, Zum Inkrafttreten der Neuregelung der elterlichen Sorge nicht miteinander verheirateter Eltern, FamRZ 13, 665; Lipp, Das elterliche Sorgerecht für das nichteheliche Kind nach dem KindRG, FamRZ 1998, 65; Schwab, Kindschaftsrechtsreform und notarielle Vertragsgestaltung, DNotZ 98, 437.

1 **1. Allgemeines.** Die elterliche Sorge für ein in der Ehe geborenes Kind steht den Eltern (s §§ 1591 ff) zu, § 1626 I 1. Die nicht verheiratete Mutter ist allein sorgeberechtigt, § 1626a III. Das gilt auch dann, wenn sie bei der Geburt (im Rahmen einer nichtehelichen Lebensgemeinschaft) mit dem Vater zusammen lebt. Die

2 **gemeinsame Sorgeberechtigung** nicht miteinander verheirateter Eltern entsteht nach § 1626a I, wenn die Eltern einander heiraten (s §§ 1310 ff), beide Elternteile Sorgeerklärungen abgeben oder soweit das Familiengericht den Eltern die elterliche Sorge gemeinsam überträgt. Der Vater konnte vor der Neuregelung (s vor 1626 Rn 1) ohne Mitwirkung der Mutter nicht Teilhaber der Sorge werden (s aber § 1680 III). Das BVerfG hat § 1626a I Nr 1 aF wegen Verletzung des Elternrechts des nichtehelichen Vaters (GG 6 II) für verfassungswidrig erklärt (BVerfG NJW 10, 3008; vgl auch EGMR NJW 10, 501); zur Übergangsregelung s Vorauf.

3 **2. Sorgeerklärung. a) Bedeutung.** Sorgeerklärungen von Vater und Mutter begründen gemeinsame Sorgeberechtigung der Eltern und wirken daher rechtsgestaltend. Sie sind übereinstimmende Willenserklärungen, vergleichbar einem Beschluss, aber kein Vertrag, auch kein Antrag (s aber Lipp aaO S 69: „Antragsprin-

4 zip"). **b) Voraussetzungen. aa)** Die Übernahme der gemeinsamen Sorge muss von den Eltern erklärt werden. Mutterschaft bestimmt sich nach § 1591; der Vater

muss anerkannt haben oder gerichtlich festgestellt sein, § 1592 Nr 2, 3 (Schwab aaO S 450). **bb)** Abgabe einer Sorgeerklärung durch jeden Elternteil, die jeweils auf die Person des anderen Elternteils und ein bestimmtes Kind bezogen sein muss. Eine Sorgeerklärung erstreckt sich nicht auf Geschwisterkinder. Inhalt ist die Erklärung, die elterliche Sorge gemeinsam wahrnehmen zu wollen. Gestaltungsfreiheit besteht nicht; die Eltern können Einzelheiten der Ausübung der Sorge nicht in der Sorgeerklärung regeln, wohl aber in Begleitvereinbarungen (Schwab aaO S 455). Bedingung und Bestimmung eines Anfangs- oder Endtermins sind unwirksam, § 1626b I; keine gemeinsame Sorge „auf Probe". Auch lässt sich die Sorgeerklärung nicht auf einen Teil der Sorge (zB Vermögenssorge, Aufenthaltsbestimmung) beschränken (s aber Teilübertragung nach § 1671 I 1, 2 Nr. 1). Sorgeerklärungen können gerichtl Entscheidungen über die elterliche Sorge nach §§ 1626a I Nr 3, II, 1671, 1696 I 1 nicht ändern, § 1626b III, andere gerichtl Entscheidungen stehen nicht entgegen, zB Aufhebung nach § 1696 II. **cc)** Nicht wird vorausgesetzt, dass die Eltern zusammenleben; sa § 1687. Gemeinsame elterliche Sorge entsteht auch für den Elternteil, der mit einem Dritten verheiratet ist. Eine Prüfung, ob die gemeinsame Sorgeausübung dem Kindeswohl entspricht, ist nicht vorgesehen. Eine Frist für die Sorgeerklärung besteht nicht. **dd)** Die Sorgeerklärung ist eine höchstpersönliche Erklärung, § 1626c I; Stellvertretung scheidet aus. Ist der Erklärende beschränkt geschäftsfähig, so ist Zustimmung des gesetzl Vertreters erforderlich (§ 1626c II 1), die durch das FamG ersetzt werden kann, falls die gemeinsame Ausübung der Sorge (s § 1673 II) dem Wohl des beschränkt Geschäftsfähigen (nicht dem Kindeswohl!) nicht widerspricht, § 1626c II 3. Zum Geschäftsunfähigen s Lipp aaO S 70 f. **ee)** Form s § 1626d I. Zuständige Stellen: Notar (BNotO 20); Urkundsperson beim Jugendamt (SGB VIII 59 I 1 Nr 8), nicht Standesbeamter. Beurkundung kann durch gerichtlichen Vergleich ersetzt werden (BGH FamRZ 11, 798). Zeitpunkt: Schon vor der Geburt, § 1626b II; zur erforderlichen (Rn 4) Anerkennung in diesen Fällen s § 1594 IV. Liegen beide Sorgeerklärungen bei der Geburt vor, entsteht die gemeinsame Sorgeberechtigung (wie bei miteinander verheirateten Eltern) mit der Geburt. Eine während des Scheidungsverfahrens der Kindesmutter abgegebene Sorgeerklärung des leiblichen Vaters ist zunächst schwebend unwirksam (BGH NJW 04, 1595). Die Mitteilungen nach § 1626d II sind nicht Wirksamkeitsvoraussetzung der Sorgeerklärung. **ff)** Beschränkung der Unwirksamkeitsgründe s § 1626e; keine Anwendung der allg Vorschriften über Willensmängel. **c) Wirkungen.** Die gemeinsame Sorge auf Grund Sorgeerklärungen steht der elterlichen Sorge aus §§ 1626, 1626a I Nr 2, 3 gleich. Rechtsgeschäftliche Lösung von Sorgeerklärung scheidet aus. Änderung (nur) nach § 1671.

3. Heirat der Eltern. Bei Heirat der Eltern entsteht gemeinsame Sorge für ihr Kind, **§ 1626a I Nr 2**. Voraussetzung ist Anerkennung oder Feststellung der Vaterschaft nach § 1592 Nr 2, 3. Anerkennung oder Feststellung nach der Eheschließung genügt, aber keine Rückwirkung. – Vorausgegangene gerichtl Sorgerechtsentscheidung nach § 1671 (auch solche zu §§ 1671, 1672 aF) steht gemeinsamer Sorge nicht entgegen (§ 1626b III gilt nicht), Düsseldorf FamRZ 10, 385.

4. Gerichtliche Übertragung. Auf Antrag eines Elternteils kann das Familiengericht die elterliche Sorge den Eltern gemeinsam übertragen, **§ 1626a I Nr 3, II 1**. Das Verfahren richtet sich nach FamFG 155a. Das Familiengericht kann nach **§ 1626a II** 1die elterliche Sorge oder einen Teil der elterlichen Sorge, zB das Aufenthaltsbestimmungsrecht, beiden Eltern gemeinsam zu übertragen, wenn die Übertragung dem Kindeswohl nicht widerspricht. Damit findet eine sog *negative Kindeswohlprüfung* statt (so bereits nach § 1680 II bei Sorgerechtsentscheidung nach dem Tod eines Elternteils, ebenso nun in § 1671 III 2, 1678 II). Trägt der andere Elternteil keine konkreten, objektiven Gründe vor, die der Übertragung der gemeinsamen elterlichen Sorge entgegenstehen können, wird nach § 1626a II 2 vermutet, dass die gemeinsame elterliche Sorge dem Kindeswohl nicht widerspricht. Diese Vermutung greift nicht mehr, wenn solche Gründe aber sonst für das Gericht ersichtlich sind, etwa durch Äußerungen des Elternteils selbst, auf den die elterliche Sorge mitübertragen werden soll. Zwar schränkt die genannte Vermutung den Amtsermittlungsgrundsatz ein, weil in den Fällen der Vermutung nach FamFG 155a III 1 das Familiengericht in einem vereinfachten schriftlichen Verfahren ohne Anhörung des Jugendamtes und ohne persönliche Anhörung der Eltern entscheidet (dazu BT-Dr 17/11048 S 18; Bruns FamFR 13, 218). Hat das Gericht aber Anhaltspunkte dafür, dass die Übertragung der gemeinsamen Sorge dem Kindeswohl widersprechen könnte, muss es diesen von Amts wegen weiter nachgehen. Die Frage, ob die Übertragung der gemeinsamen Sorge dem Kindeswohl widerspricht, muss in einem solchen Fall im Regelverfahren unter uneingeschränkter Geltung des Amtsermittlungsgrundsatzes entschieden werden (dazu BT-Dr 17/11048 S 18). FamFG 155a III 1 kann dann nicht mehr angewendet werden, weil die Vermutung des § 1626a II 1 nicht mehr eingreift. **Intertemporal:** Art. 229 § 30 EGBGB.

15   **5. Alleinsorge der Mutter.** Entsteht in den übrigen Fällen, § 1626a III; auch erfolgreiche Anfechtung (§ 1599 I) führt zu Alleinsorge der Mutter. Vater verbleiben Rechte aus §§ 1684, 1686. Nachweis der Alleinsorge durch Negativattest nach SGB VIII 58a (krit Schwab aaO S 452).

§ 1627 Ausübung der elterlichen Sorge

¹**Die Eltern haben die elterliche Sorge in eigener Verantwortung und in gegenseitigem Einvernehmen zum Wohl des Kindes auszuüben.** ²**Bei Meinungsverschiedenheiten müssen sie versuchen, sich zu einigen.**

§ 1628 Gerichtliche Entscheidung bei Meinungsverschiedenheiten der Eltern

¹**Können sich die Eltern in einer einzelnen Angelegenheit oder in einer bestimmten Art von Angelegenheiten der elterlichen Sorge, deren Regelung für das Kind von erheblicher Bedeutung ist, nicht einigen, so kann das Familiengericht auf Antrag eines Elternteils die Entscheidung einem Elternteil übertragen.** ²**Die Übertragung kann mit Beschränkungen oder mit Auflagen verbunden werden.**

Anmerkungen zu den §§ 1627, 1628

1   **1. Grundlagen.** § 1627 sieht **gemeinschaftliches** und **gleichrangiges Handeln** vor; entspr der Aufgabenverteilung in der Familie kann durch konkludente **Zustimmung** für einzelne Angelegenheiten alleinige Handlungsmacht eingeräumt werden (zu Vertreterhandeln s § 1629 Rn 2); Zustimmung ist jederzeit widerruflich. Bis zum Widerruf muss sich der Zustimmende nicht nur Handeln, sondern auch Wissen des allein für das Kind tätig werdenden Elternteils zurechnen lassen (Frankfurt FamRZ 92, 181 zu § 852). Bei Getrenntleben s § 1687.

2   **2. Übertragung des Entscheidungsrechts auf einen Elternteil. a) Voraussetzungen: aa) Antrag** eines Elternteils oder beider Eltern; **bb)** vergeblicher Einigungsversuch der Eltern; **cc)** Angelegenheit(en) von erheblicher Bedeutung, zB Wahl der Schule oder Ausbildung, Heilbehandlung, Impfentscheidung (dazu Brissa JR 12, 403), Anlegung von beträchtlichem Kindesvermögen, Aufenthaltsbestimmung, Reisen in nicht vertrauten Kulturkreis bei kleinen Kindern (Köln NJW-RR 05, 91), Wahl des Religionsbekenntnisses (sa RKEG 2 III); sa zur Uneinigkeit über Abtreibung AG Köln NJW 85, 2201 und krit dazu Coester-Waltjen NJW 85, 2176. Bei geringfügigen Angelegenheiten kann auf das Einigungsgebot aus § 1627 S 2 vertraut und Untätigkeit in Kauf genommen werden; Grenze sollte sein, ob Nicht-

Titel 5. Elterliche Sorge § 1629

entscheidung dem Wohl des Kindes in erheblichem Maße abträglich ist, insbes bei nicht nachholbaren Entscheidungen; **dd)** auch die Übertragung an den jeweiligen Elternteil muss dem Wohl des Kindes entsprechen (s § 1697a); regelmäßig müssen deshalb konkrete Vorschläge der Eltern zur Beurteilung vorliegen. **b) Rechtsfolge.** Übertragung der Entscheidungsbefugnis an einen Elternteil, ggf mit Beschränkungen oder Auflagen, § 1628 S 2. Durch Beschränkungen oder Auflagen darf das FamG aber nicht eine iE eigene Entscheidung durchsetzen (BVerfG NJW 03, 1031). Neben § 1628 dürfte für § 1666 nur in Ausnahmefällen beharrlicher Obstruktion Platz sein. **c) Verfahren.** FamG, FamFG 111 Nr 2, 151 Nr 1; Verfahren nach FamFG 151 ff; Zuständigkeit FamFG 152; Hinwirken auf Einvernehmen FamFG 156; Anhörung der Eltern (FamFG 160) und des Kindes (FamFG 159); Beschwerde FamFG 58; Ausübung des Beschwerderechts durch das Kind FamFG 60.

§ 1629 Vertretung des Kindes

(1) ¹Die elterliche Sorge umfasst die Vertretung des Kindes. ²Die Eltern vertreten das Kind gemeinschaftlich; ist eine Willenserklärung gegenüber dem Kind abzugeben, so genügt die Abgabe gegenüber einem Elternteil. ³Ein Elternteil vertritt das Kind allein, soweit er die elterliche Sorge allein ausübt oder ihm die Entscheidung nach § 1628 übertragen ist. ⁴Bei Gefahr im Verzug ist jeder Elternteil dazu berechtigt, alle Rechtshandlungen vorzunehmen, die zum Wohl des Kindes notwendig sind; der andere Elternteil ist unverzüglich zu unterrichten.

(2) ¹Der Vater und die Mutter können das Kind insoweit nicht vertreten, als nach § 1795 ein Vormund von der Vertretung des Kindes ausgeschlossen ist. ²Steht die elterliche Sorge für ein Kind den Eltern gemeinsam zu, so kann der Elternteil, in dessen Obhut sich das Kind befindet, Unterhaltsansprüche des Kindes gegen den anderen Elternteil geltend machen. ³Das Familiengericht kann dem Vater und der Mutter nach § 1796 die Vertretung entziehen; dies gilt nicht für die Feststellung der Vaterschaft.

(2a) Der Vater und die Mutter können das Kind in einem gerichtlichen Verfahren nach § 1598a Abs. 2 nicht vertreten.

(3) ¹Sind die Eltern des Kindes miteinander verheiratet, so kann ein Elternteil, solange die Eltern getrennt leben oder eine Ehesache zwischen ihnen anhängig ist, Unterhaltsansprüche des Kindes gegen den anderen Elternteil nur im eigenen Namen geltend machen. ²Eine von einem Elternteil erwirkte gerichtliche Entscheidung und ein zwischen den Eltern geschlossener gerichtlicher Vergleich wirken auch für und gegen das Kind.

1. Allgemeines. Gesetzl Vertretungsmacht der Eltern für das Kind ist Bestandteil der Sorge, I 1. Eltern können zu Sorgezwecken auch im eigenen Namen handeln, ggf Rechte des Kindes nach § 328 I begründen. Zu unterscheiden ist Zustimmung der Eltern zu einem RGeschäft des Kindes, §§ 107 f, 111.

2. Vertretungsmacht. a) Soweit den Eltern die Sorge gemeinsam zusteht (§§ 1626, 1626a), findet **Gesamtvertretung** statt, I 2 HS 1; Ausnahme bei Empfangszuständigkeit für Willenserklärungen, I 2 HS 2. Ein Elternteil kann den anderen bevollmächtigen, auch konkludent oder im Wege der Duldungsvollmacht (s § 167 Rn 8), insbes bei Geschäften geringerer Bedeutung oder durch entspr Aufgabenverteilung der Eltern. Möglich soll auch eine „Ermächtigung" (bis zur 57. Aufl PalDiederichsen 3) oder „Zustimmung" nach §§ 182 ff (bis zur 8. Aufl 2) zur Alleinvertretung sein. Freilich genügen Bevollmächtigung und § 177 I, wenn erklärender Elternteil verdeckt auch für den anderen Elternteil handelt (s § 164 Rn 5). **b) Alleinvertretungsmacht** hat **aa)** ein Elternteil, wenn ihm die Sorge allein zusteht (s §§ 1626a II, 1671, 1672, 1678 II, 1680 III) oder ihm die Entscheidung in einer einzelnen Angelegenheit nach § 1628 übertragen wurde, I 3; **bb)** der Elternteil,

§ 1629a

bei dem sich das Kind nach Trennung der gemeinsam sorgeberechtigten Eltern gewöhnlich aufhält, für Angelegenheiten des täglichen Lebens, § 1687 I 2. **cc)** Ferner begründet I 4 in Eil- und Notfällen ein Notvertretungsrecht für einen Elternteil. Voraussetzung ist, dass das RGeschäft (oder die geschäftsähnliche Handlung) im Interesse des Kindeswohls unausweichlich vorgenommen werden muss und eine Mitwirkung des anderen Elternteils infolge Abwesenheit usw ausscheidet; nicht jedoch, wenn sie verweigert wird. **dd)** Alleinvertretungsmacht besteht überdies bei Ausübungsverhinderung und Ruhen der Sorge (§ 1678 I) oder nach Entziehung (§§ 1629 II 3, 1666); s auch § 1638 III 2.

6 **3. Beschränkungen. a)** Keine Vertretungsmacht für Schenkungen nach § 1641 S 1 und nach II 1 in den Fällen des § 1795 I und II iVm § 181. Beide Elternteile sind ausgeschlossen, auch wenn Tatbestand des § 1795 nur bei einem vorliegt (BGH NJW 72, 1708). **b)** Für Geschäfte nach §§ 1643–1645 ist familiengerichtliche Genehmigung erforderlich. **c)** Für Verfahren nach § 1598a II besteht ebenfalls keine Vertretungsmacht, II a (vgl § 1598a Rn 4). **d)** Keine Beschränkung der Vertretungsmacht bedeutet § 1629a I, wohl aber eine Haftungsbegrenzung.

7 **4. Unterhalt.** II 2 gibt bei gemeinsamer Sorge (s §§ 1626 I, 1626a I) dem Elternteil, in dessen Obhut (zum Begriff BGH FamRZ 06, 1015) sich das Kind befindet, Alleinvertretungsmacht für die Geltendmachung von Unterhaltsansprüchen gegen den anderen Elternteil. Grund: Andernfalls würde Durchsetzung von Unterhaltsforderung an I 2 und II 2 iVm § 1795 I Nr 3 scheitern. Ergänzend sieht III 1 eine die Vertreterklage ausschließende ges Prozessstandschaft für den verheirateten Elternteil vor; Zweck: Das Kind soll in den Streit der Eltern nicht als formelle Partei einbezogen werden. III 2 ordnet Wirkungsverlagerung an; erforderlich, weil Elternteil insoweit nicht im fremden Namen handelt.

9 **5. Rechtsfolgen.** Wirkungsverlagerung nach § 164 I auf das Kind, auch bei Prozesshandlungen. Bei fehlender oder eingeschränkter (Allein-)Vertretungsmacht kann anderer Elternteil oder Pfleger (II 2 iVm §§ 1795, 1909) genehmigen, auch das volljährig gewordene Kind.

§ 1629a Beschränkung der Minderjährigenhaftung

(1) ¹**Die Haftung für Verbindlichkeiten, die die Eltern im Rahmen ihrer gesetzlichen Vertretungsmacht oder sonstige vertretungsberechtigte Personen im Rahmen ihrer Vertretungsmacht durch Rechtsgeschäft oder eine sonstige Handlung mit Wirkung für das Kind begründet haben, oder die auf Grund eines während der Minderjährigkeit erfolgten Erwerbs von Todes wegen entstanden sind, beschränkt sich auf den Bestand des bei Eintritt der Volljährigkeit vorhandenen Vermögens des Kindes; dasselbe gilt für Verbindlichkeiten aus Rechtsgeschäften, die der Minderjährige gemäß §§ 107, 108 oder § 111 mit Zustimmung seiner Eltern vorgenommen hat oder für Verbindlichkeiten aus Rechtsgeschäften, zu denen die Eltern die Genehmigung des Familiengerichts erhalten haben.** ²**Beruft sich der volljährig Gewordene auf die Beschränkung der Haftung, so finden für die Haftung des Erben geltenden Vorschriften der §§ 1990, 1991 entsprechende Anwendung.**

(2) **Absatz 1 gilt nicht für Verbindlichkeiten aus dem selbständigen Betrieb eines Erwerbsgeschäfts, soweit der Minderjährige hierzu nach § 112 ermächtigt war, und für Verbindlichkeiten aus Rechtsgeschäften, die allein der Befriedigung seiner persönlichen Bedürfnisse dienten.**

(3) **Die Rechte der Gläubiger gegen Mitschuldner und Mithaftende, sowie deren Rechte aus einer für die Forderung bestellten Sicherheit oder aus einer deren Bestellung sichernden Vormerkung werden von Absatz 1 nicht berührt.**

Titel 5. Elterliche Sorge **§ 1629a**

(4) ¹Hat das volljährig gewordene Mitglied einer Erbengemeinschaft oder Gesellschaft nicht binnen drei Monaten nach Eintritt der Volljährigkeit die Auseinandersetzung des Nachlasses verlangt oder die Kündigung der Gesellschaft erklärt, ist im Zweifel anzunehmen, dass die aus einem solchen Verhältnis herrührende Verbindlichkeit nach dem Eintritt der Volljährigkeit entstanden ist; Entsprechendes gilt für den volljährig gewordenen Inhaber eines Handelsgeschäfts, der dieses nicht binnen drei Monaten nach Eintritt der Volljährigkeit einstellt. ²Unter den in Satz 1 bezeichneten Voraussetzungen wird ferner vermutet, dass das gegenwärtige Vermögen des volljährig Gewordenen bereits bei Eintritt der Volljährigkeit vorhanden war.

Lit: Habersack, Das neue G zur Beschränkung der Haftung Minderjähriger, FamRZ 99, 1; Hager, Schenkung und rechtlicher Nachteil, FS Leenen, 2012, 43; Muschelen, Haftungsbeschränkung zugunsten Minderjähriger, WM 98, 2271; Katrin Thiel, Das G zur Beschränkung der Haftung Minderjähriger, 2002.

1. Haftungsbegrenzung. Mit dem allg Persönlichkeitsrecht (GG 2 I iVm GG 1 1 I) Minderjähriger ist es nicht vereinbar, dass Eltern auf Grund § 1629 I 1 (und andere Vertreter) unbegrenzt Verbindlichkeiten begründen, die das volljährig gewordene Kind auf seinem weiteren Lebensweg erheblich belasten (s BVerfGE 72, 155). I gewährt **Einrede** der Haftungsbegrenzung auf das bei Eintritt der Voll- 2 jährigkeit (§ 2) vorhandene Vermögen. Eine Beschränkung der Vertretungsmacht tritt nicht ein; daher keine Haftung der Eltern nach § 179. – Restschuldbefreiung nach InsO 286 ff bleibt unberührt. Sa § 723 I 3 Nr 2.

2. Voraussetzungen. a) Begründung von Verbindlichkeiten für das minderjäh- 3 rige Kind auf Grund Vertretungsmacht, insbes nach § 1629 I 1; maßgebend ist der Zeitpunkt, in dem der Rechtsgrund für die Verbindlichkeit gelegt wurde (LG Nürnberg-Fürth FamRZ 10, 70). Den Eltern gleichgestellt sind sonstige ges Vertreter (§§ 1793 II, 1915 I), ferner (vgl BR-Drs 366/96 S 14) Testamentsvollstrecker, Mitgesellschafter und Bevollmächtigte, auch das Kind bei RGeschäften, die es mit Zustimmung des ges Vertreters (§§ 107 f) vornimmt, I 1 HS 2 Fall 1. – Erteilte Genehmigung des FamG (s § 1643 I, §§ 1821, 1822) schließt Haftungsbegrenzung nicht aus, I 1 HS 2 Fall 2. **b)** Die Verbindlichkeit muss **aa)** durch ein RGeschäft 4 oder **bb)** eine sonstige Handlung begründet worden sein, für die das Kind zB nach § 278 S 1 Fall 1 einstehen muss. Verbindlichkeiten aus eigenem Verschulden des Minderjährigen fallen nicht unter I; mangelnde Verantwortlichkeit wird nur nach §§ 276 I 2, 828 berücksichtigt. **cc)** Haftungsbeschränkung (auf bei Volljährigkeit vorhandenes Vermögen, nicht nur auf Nachlass) auch bei Verbindlichkeiten, die den Minderjährigen als Erben treffen (s § 1967). Erbrechtliche Haftungsbeschränkung (§ 1975) bleibt unberührt. **c) Keine Haftungsbegrenzung** bei RGeschäften, die 5 **aa)** der Minderjährige im Rahmen der selbstständigen Führung eines Erwerbsgeschäfts nach § 112 tätigte; **bb)** der ges Vertreter oder das Kind zur Deckung persönlicher Bedürfnisse eingehen. Darunter fallen Kleingeschäfte des täglichen Lebens (Nahrungs- und Genussmittel, Kleidung) und alterstypische größere Anschaffung (Kleinkrafträder, Computer). **d) Erhebung** der Einrede; Haftungsbeschränkung 6 tritt nicht von Ges wegen ein.

3. Rechtsfolgen. S I 2 iVm §§ 1990, 1991 I, III. **a)** Das volljährig gewordene 7 Kind kann Gläubiger auf bei Eintritt der Volljährigkeit vorhandenes Vermögen verweisen; Neuvermögen haftet nicht. Im Prozess muss sich der volljährig Gewordene die Haftungsbeschränkung vorbehalten (ZPO 780 I); bei Zwangsvollstreckung in Neuvermögen s ZPO 786, 785, 767. Vgl iü §§ 1990, 1991 Rn 7. Für teleologische Reduktion des § 1629a bei Schenkung oder Erbschaft Hager FS Leenen 55 ff. **b)** Wird Einrede erhoben, entsteht Herausgabepflicht, § 1990 I 2. **c)** Anwendung 8 von Auftragsrecht, s §§ 1991 I, 1978 I, 662 ff. Volljähriger haftet insbes für ordnungsgemäße Verwaltung; für Ersatzansprüche aus Verletzung dieser Pflichten gilt I nicht.

Berger/Mansel

§ 1630

9 **d)** Haftungsbeschränkung erfasst nicht Rechte des Gläubigers gegen Dritte, insbes Mitverpflichtete, Bürgen, Verpfänder oder sonstige Sicherungsgeber, III. Für
10 Regress (sa §§ 426 II, 774 I, 1143, 1225) gilt jedoch I. **e)** Am Kindesvermögen bestellte dingliche Sicherheiten bleiben unberührt.

11 **4. Vermutungen zugunsten der Gläubiger, IV.** Vermutungen sind weithin bedeutungslos, da der volljährig Gewordene ohnehin nach allg Grundsätzen die Beweislast für die Voraussetzungen des I trägt.

12 **5. Übergangsvorschriften.** S MHbeG 3.

§ 1630 Elterliche Sorge bei Pflegerbestellung oder Familienpflege

(1) Die elterliche Sorge erstreckt sich nicht auf Angelegenheiten des Kindes, für die ein Pfleger bestellt ist.

(2) Steht die Personensorge oder die Vermögenssorge einem Pfleger zu, so entscheidet das Familiengericht, falls sich die Eltern und der Pfleger in einer Angelegenheit nicht einigen können, die sowohl die Person als auch das Vermögen des Kindes betrifft.

(3) ¹**Geben die Eltern das Kind für längere Zeit in Familienpflege, so kann das Familiengericht auf Antrag der Eltern oder der Pflegeperson Angelegenheiten der elterlichen Sorge auf die Pflegeperson übertragen.** ²**Für die Übertragung auf Antrag der Pflegeperson ist die Zustimmung der Eltern erforderlich.** ³**Im Umfang der Übertragung hat die Pflegeperson die Rechte und Pflichten eines Pflegers.**

1 **1. Allgemeines.** Neugefasst durch SorgeRG und KindRG.

2 **2. Grenzen der elterlichen Sorge. Ausschluss** der elterlichen Befugnisse nach I ist notwendige Folge der Pflegerbestellung (hierzu § 1909) und der dafür maßgebenden Gründe.

3 **3. Meinungsverschiedenheiten. a)** Sind Personensorge und Vermögenssorge in einer konkreten Angelegenheit zugleich berührt (Bsp: zum Unterhalt zu verwendende Mittel des Kindes, BayObLG FamRZ 75, 219), so können zwischen den jeweils Sorgeberechtigten Meinungsverschiedenheiten entstehen; II begründet Zuständigkeit des FamG zur Entscheidung. Verfahren FamFG 111 Nr 2, 151 Nr 1, 151 ff. Anhörung des Kindes (FamFG 159), des nicht sorgeberechtigten Elternteils (FamFG 160 II 2) sowie des Verfahrensbeistandes (FamFG 158). Entscheidung ersetzt Zustimmung eines Teils, dagegen sofortige Beschwerde FamFG 58, bei Ablehnung einfache Beschwerde, Beschwerdeausübung durch Kind FamFG 60,
4 durch Eltern oder Pfleger FamFG 161, 59. **b)** Bei Meinungsverschiedenheiten ohne Rücksicht auf das Kindeswohl, die mit Entscheidung eines konkreten Falles nicht auszuräumen sind, kommen §§ 1915, 1837 III, 1886, 1666, 1666a in Betracht.

5 **4. Familienpflege.** III sieht die Übertragung einzelner Sorgeangelegenheiten durch das FamG auf Pflegeperson vor, wenn dies der Betreuung des Kindes dient, sa § 1697a; nicht zulässig ist die vollständige Übertragung der elterlichen Sorge (Jena FamRZ 09, 992). Antragsberechtigt sind Eltern(-teil) im Rahmen des Sorgerechts
6 und Pflegeperson. Stellt **Pflegeperson** den **Antrag,** setzt Übertragung die Zustimmung der sorgeberechtigten Eltern voraus, III 2; bei Elternantrag ist die Zustimmung der Pflegeperson erforderlich, str; aA Windel FamRZ 97, 721: §§ 1915, 1785. FamG begründet für die Pflegeperson die Stellung eines Pflegers mit den im Beschluss umschriebenen Befugnissen; sa Rn 3 vor § 1909.

Titel 5. Elterliche Sorge §§ 1631–1632

§ 1631 Inhalt und Grenzen der Personensorge

(1) Die Personensorge umfasst insbesondere die Pflicht und das Recht, das Kind zu pflegen, zu erziehen, zu beaufsichtigen und seinen Aufenthalt zu bestimmen.

(2) [1]Kinder haben ein Recht auf gewaltfreie Erziehung. [2]Körperliche Bestrafungen, seelische Verletzungen und andere entwürdigende Maßnahmen sind unzulässig.

(3) Das Familiengericht hat die Eltern auf Antrag bei der Ausübung der Personensorge in geeigneten Fällen zu unterstützen.

§ 1631a Ausbildung und Beruf

[1]In Angelegenheiten der Ausbildung und des Berufs nehmen die Eltern insbesondere auf Eignung und Neigung des Kindes Rücksicht. [2]Bestehen Zweifel, so soll der Rat eines Lehrers oder einer anderen geeigneten Person eingeholt werden.

§ 1631b Mit Freiheitsentziehung verbundene Unterbringung

[1]Eine Unterbringung des Kindes, die mit Freiheitsentziehung verbunden ist, bedarf der Genehmigung des Familiengerichts. [2]Die Unterbringung ist zulässig, wenn sie zum Wohl des Kindes, insbesondere zur Abwendung einer erheblichen Selbst- oder Fremdgefährdung, erforderlich ist und der Gefahr nicht auf andere Weise, auch nicht durch andere öffentliche Hilfen, begegnet werden kann. [3]Ohne die Genehmigung ist die Unterbringung nur zulässig, wenn mit dem Aufschub Gefahr verbunden ist; die Genehmigung ist unverzüglich nachzuholen.

§ 1631c Verbot der Sterilisation

[1]Die Eltern können nicht in eine Sterilisation des Kindes einwilligen. [2]Auch das Kind selbst kann nicht in die Sterilisation einwilligen. [3]§ 1909 findet keine Anwendung.

§ 1631d Beschneidung des männlichen Kindes

(1) Die Personensorge umfasst auch das Recht, in eine medizinisch nicht erforderliche Beschneidung des nicht einsichts- und urteilsfähigen männlichen Kindes einzuwilligen, wenn diese nach den Regeln der ärztlichen Kunst durchgeführt werden soll. Dies gilt nicht, wenn durch die Beschneidung auch unter Berücksichtigung ihres Zwecks das Kindeswohl gefährdet wird.

(2) In den ersten sechs Monaten nach der Geburt des Kindes dürfen auch von einer Religionsgesellschaft dazu vorgesehene Personen Beschneidungen gemäß Absatz 1 durchführen, wenn sie dafür besonders ausgebildet und, ohne Arzt zu sein, für die Durchführung der Beschneidung vergleichbar befähigt sind.

§ 1632 Herausgabe des Kindes; Bestimmung des Umgangs; Verbleibensanordnung bei Familienpflege

(1) Die Personensorge umfasst das Recht, die Herausgabe des Kindes von jedem zu verlangen, der es den Eltern oder einem Elternteil widerrechtlich vorenthält.

§§ 1631–1633

(2) **Die Personensorge umfasst ferner das Recht, den Umgang des Kindes auch mit Wirkung für und gegen Dritte zu bestimmen.**

(3) **Über Streitigkeiten, die eine Angelegenheit nach Absatz 1 oder 2 betreffen, entscheidet das Familiengericht auf Antrag eines Elternteils.**

(4) **Lebt das Kind seit längerer Zeit in Familienpflege und wollen die Eltern das Kind von der Pflegeperson wegnehmen, so kann das Familiengericht von Amts wegen oder auf Antrag der Pflegeperson anordnen, dass das Kind bei der Pflegeperson verbleibt, wenn und solange das Kindeswohl durch die Wegnahme gefährdet würde.**

§ 1633 Personensorge für verheirateten Minderjährigen

Die Personensorge für einen Minderjährigen, der verheiratet ist oder war, beschränkt sich auf die Vertretung in den persönlichen Angelegenheiten.

Anmerkungen zu den §§ 1631–1633

1 **1. Allgemeines.** §§ 1631–1633 bestimmen Inhalt und Umfang der Personensorge als Teil der elterlichen Sorge; sa § 1626 I 2. Zur Namensgebung s §§ 1616–1617c Rn 11.

2 **2. Inhalt und Umfang der Personensorge. a)** Kern der Personensorge ist die **Erziehung** (vgl Gernhuber/Coester-Waltjen § 62 Rn 1); **Pflege** gewinnt eigenständige Bedeutung, wo Erziehung zur selbstständig handlungsfähigen Persönlichkeit nicht möglich ist. Erziehungsziel bestimmt und begrenzt die Wahl der **Erziehungsmittel**, die auch von Reife und Entwicklung des Kindes begrenzt werden; Bsp: Ermahnung, Erklärung, Verweise, Entzug von Annehmlichkeiten und Genüssen, von Spielgeräten, Taschengeld, Fernsehen usw; Schranken §§ 1631 II, 1626 II 1. Das Kind hat den danach zulässigen Weisungen der Eltern Folge zu leisten; zur Durchsetzung s Rn 3. **b) „Recht"** des Kindes **auf gewaltfreie Erziehung** (Lit: Huber/Scherer, Die Neuregelung zur Ächtung der Gewalt in der Erziehung, FamRZ 01, 797) nach § 1631 II 1 entfaltet Appellfunktion. **aa) Konkretisierung** durch § 1631 II 2: Körperliche Bestrafungen (Bsp: Prügel, Schläge, Einsperren), seelische Verletzungen (Bsp: Beleidigungen) und andere entwürdigende Erziehungsmaßnahmen (Auffangklausel) sind nicht zulässig. § 1631 II 2 verbietet aber die Bestrafung des Kindes nicht grundsätzlich. So sind Gewaltanwendungen zur *Durchsetzung* nicht entwürdigender Erziehungsmaßnahmen (Bsp: Ausgeh-, Umgangs- und Konsumverbote) zulässig, um Widerstand des Kindes zu brechen. Gleiches gilt für Gefahrenabwehr (Bsp: Zurückholen von öffentl Verkehrsflächen, Entwenden von Streichhölzern oder Drogen). Schranke: Verhältnismäßigkeitsprinzip. **bb)** Bei **Verstoß** gegen § 1631 II 2 besteht kein Beseitigungs- oder Unterlassungsanspruch des Kindes, wohl aber sind Maßnahmen nach §§ 1666, 1666a möglich; vereinzelte Verstöße gegen II 2, die den Eltern bei ihren Erziehungsbemühungen unterlaufen, beeinträchtigen Kindeswohl aber regelmäßig nicht. **c) Aufsicht** verlangt Bewahren vor Selbstschädigung oder Verletzung durch Dritte, aber auch vor Schadensverursachung, vgl § 832. Als Teil der Erziehungsaufgabe ist sie an die entwicklungsabhängigen Schranken der Erziehungsbefugnisse und -möglichkeiten gebunden, zB in der altersentsprechenden Achtung eines Geheimbereichs des Kindes (Briefe, Tagebücher); s auch BGH NJW 80, 1044 (17-jähriger Schläger). **d) Aufenthaltsbestimmung.** Wahl von Wohnort und Wohnung ist Voraussetzung effektiver Erziehung; umfasst ist auch Recht zur Unterbringung im Internat oder bei Pflegepersonen. Kindeswille ist nach § 1626 II 1 zu berücksichtigen, vgl BayObLG NJW-RR 86, 4 (Rückführung einer 15jährigen in die Türkei); krit Knöpfel FamRZ 85, 1211. Bei **Unterbringung** mit **Freiheitsentziehung** (geschlossene Heime, Anstalten mit geschlossenen Abteilungen, zB für Drogensüchtige oder Magersüchtige [Brandenburg FamRZ 04, 815], nicht aber bei

Titel 5. Elterliche Sorge **§§ 1631–1633**

sonstigen Freiheitsbeschränkungen wie Ausgangsverboten, Einschließung in der elterlichen Wohnung usw) s Schranken in § 1631b, dazu FamFG 167, 312 ff. Wird der Antrag auf Unterbringung nur durch das Jugendamt gestellt, während der Personensorgeberechtigte dieser widerspricht, muss der Entscheidung des FamG nach § 1631b eine solche nach §§ 1666, 1666a hinzutreten (BVerfG NJW 07, 3560). Einschränkungen der Aufenthaltsbestimmung sind auch auf Grund § 1632 IV möglich, hierzu Rn 18. **Wohnsitz** s § 11. **e)** „Insbes" § 1631 I stellt klar, dass andere zur Personensorge notwendige Rechte und gebotene Aufgaben umfasst sind, zB Geltendmachen von **Unterhalt,** Beilegung des **Vornamens** (s §§ 1616–1617c, Rn 11), Erstbestimmung des **religiösen Bekenntnisses** (hierzu jedoch RKEG; zum Spannungsfeld von Religionsmündigkeit und Sorgerecht Umbach, FS Geiger 1989, 372), **Wahl von Schule** und **Ausbildung** (hierzu jedoch auch § 1631a, Rn 11), Steuerung des **Umgangs** (hierzu jedoch § 1632 II, Rn 22 ff), **Kontrolle, Betreuung** und (je nach Reife) Beratung des Kindes im Umgang mit dem eigenen Körper (zB bei Einwilligung in Heileingriffe oder sonstiger ärztlicher Behandlung, hierzu Lüderitz AcP 178, 276; Kern NJW 94, 755 f), Einwilligung in die Einstellung lebenserhaltender Maßnahmen (vgl Brandenburg FamRZ 00, 1034: familiengerichtliche Genehmigung nicht erforderlich), bei Verfügung über eigene Persönlichkeitsrechte (zB Einwilligung in Aktfotos und ihre kommerzielle Verwertung, vgl BGH NJW 74, 1947 f). **f) Sterilisation** Minderjähriger ist nicht möglich, § 1631c (s BT-Drs 11/4528 S 107). 8 In die **Beschneidung** von minderjährigen Knaben kann durch den sorgeberechtigten Elternteil unter den Voraussetzungen des **§ 1631d** (s Rixen NJW 13, 257) eingewilligt werden. § 1631d soll nur klarstellende Bedeutung haben (s BT-Drs. 17/11295 S 16). Einwilligung iSv § 1631d BGB ist Rechtfertigungsgrund auch im Sinne des Strafrechts, weshalb die Beschneidung dann nicht als Körperverletzung (StGB 223, gegebenenfalls StGB 224) strafbar ist und auch kein rechtswidriges Delikt iSv § 823 begründet. Arzt darf Jugendamt Zweifel an Rechtmäßigkeit der elterlichen Einwilligung mitteilen (KKG 4 III). Zur Beschneidung durch Nichtärzte s § 1631d II, dazu Hahn MedR 13m 215. § 1631d wurde durch Gesetz v 20.12.2012 (BGBl I 2012, 2749, s dazu BT-Drs 17/11295) mit Wirkung vom 28.12.2012 (s dazu Rixen, NJW 13, 257; Walter, JZ 12, 1110) eingefügt. Gesetz wurde motiviert durch LG Köln NJW 12, 2128 (mAnm Klinkhammer FamRZ 12, 1913; Muckel JA 12, 636; Putzke MedR 12, 621; Rox JZ 12, 806; s ferner Hassemer ZRP 12, 179; Britz ZRP 12, 252; zu den theologischen Konnotationen, den ethisch-religionswissenschaftlichen und gesellschaftlichen Folgerungen s Hartmut Kreß MedR 12, 682; Wiater NVwZ 12, 1379). Das Urteil betraf die Strafbarkeit eines Arztes, der die Zirkumzision eines vierjährigen muslimischen Knaben durchführte. Zur Diksussion religiös motivierter Beschneidungen vor der Entscheidung und der Neuregelung s Schwarz JZ 08, 1125; Herzberg JZ 09, 332; Putzke MedR 08, 268; ders NJW 08, 1568; ders, FS Herzberg, 2008, 669.

3. Mitwirkung des FamG. a) Bei Ausübung der Personensorge hat das **FamG** 9 die Inhaber elterlicher Personensorge zu **unterstützen,** § 1631 III. Voraussetzungen: **aa) Antrag** (jederzeit widerruflich) des (jedes) Sorgeberechtigten; **bb)** beantragte Maßnahme dient dem Kindeswohl. Das FamG kann helfen durch Ermahnung, Vorladung des Kindes, überzeugende Bestätigung elterlicher Entscheidungen, Umgangsverbote gegenüber Dritten nach § 1632 III, Vollstreckungshilfe bei Rückkehr ins Elternhaus, FamFG 90 II. **cc)** Mit Heirat endet auch die Unterstützungsbefugnis des FamG, § 1633. **b) Gegen** den **Willen der Eltern** kann das FamG nur 10 eingreifen **aa)** im Fall des § 1632 IV; **bb)** unter den Voraussetzungen der §§ 1666 I, 1666a. Überschreitung der immanenten Schranken in § 1631 I normierten Befugnisse allein rechtfertigt Maßnahmen nach § 1666 I noch nicht; selbst bei entwürdigenden Erziehungsmaßnahmen (s § 1631 II) ist zusätzlich Gefährdung des Kindeswohls erforderlich, wenn auch oft indiziert (vgl Frankfurt NJW 81, 2524). Vernachlässigung des Gebots, in Ausbildungsfragen Rat einzuholen (§ 1631a S 2), dürfte dagegen nicht einmal Indiz für Gefährdung des Kindeswohls sein.

Berger/Mansel

§§ 1631–1633

11 **4. Angelegenheiten der Ausbildung und des Berufs.** Neigung für **Ausbildung** und **Beruf** iSv § 1631a S 1 ist nicht vorübergehende Laune, wenngleich in der gegebenen Entscheidungssituation die Unterscheidung schwierig sein kann. Bei Beurteilung der Eignung, insbes der Begabung, kann Rat von Lehrern und bisherigen Ausbildern, Berufsberatern, Pflegepersonen oder Verwandten für die Eltern hilfreich sein. Einholung entspr Rats ist jedoch nicht Pflicht („soll", vgl auch Rn 10).

12 Bei a) **offensichtlicher Vernachlässigung** von Eignung und Neigung des Kindes und b) daraus folgender Besorgnis **nachhaltiger** und **schwerer Beeinträchtigung** der Entwicklung des Kindes kann FamG nach § 1666 I eingreifen. Bloße Zweifel an elterlichen Berufszielen gestatten Eingriff nicht, es muss vielmehr eine offenbare

13 Fehleinschätzung der Eltern vorliegen. Erforderlich ist deshalb eine Berufs- und Ausbildungsprognose für das Kind und seine Zukunft (zur praktischen Bedeutung aufgezwungener Schul- oder Berufswahl vgl freilich Lüderitz AcP 178, 283; Diede-

14 richsen FamRZ 78, 466, 472). FamG kann bei **Streit zwischen Eltern und Kind** über Ausbildung und Beruf Vorstellungen des Kindes durchsetzen; § 1666 III Nr 5 ermöglicht dabei auch Eingriffe in Vertretungsmacht der Eltern zur Abgabe von Erklärungen, zB bei Ausbildungsvertrag, Kündigung einer Lehrstelle usw. Formelles Antragsrecht des Kindes besteht nicht; FamG hat von Amts wegen tätig zu werden, ggf auf Anregung des Kindes hin.

15 **5. Sonstiges zu Aufenthalt und Umgang. a)** Befugnis zur Aufenthaltsbestimmung wird durch **Anspruch** des (der) Sorgeberechtigten auf **Herausgabe** des Kindes ergänzt, § 1632 I. **Vorenthalten** setzt Vereiteln des Aufenthaltsbestimmungsrechts der Eltern voraus; faktische Personensorge ohne Einfluss auf Kindeswillen

16 reicht nicht. Für **Widerrechtlichkeit** ist Bestimmung des/der Sorgeberechtigten entscheidend; zum Umgangsrecht s § 1684 f. Öffentl-rechtliche Pflichten (zB Schulpflicht) können jedoch Herausgabeanspruch beschränken. Zuständig für Herausgabeanspruch gegen Dritte ist FamG, § 1632 III (vgl Zweibrücken OLGZ 82, 178 zum Ziel Übertragung elterlicher Sorge), das Interessen des Kindes im Rahmen des

17 § 1666 I berücksichtigen kann. Zu **Auslandsberührung** s Mansel NJW 90, 2176 (internationale Rechtshilfe, europäisches Sorgerechtsübereinkommen). Anhörung s FamFG 159–162; zur Herausgabe von persönlichen Sachen des Kindes s FamFG 95 I Nr 2; dazu Peschel-Gutzeit MDR 84, 890. Zur Vollstreckung s auch Schüler

18 DGVZ 80, 98; vorläufige Anordnung s BayObLG FamRZ 90, 1379. **b) § 1632 IV** dient dem **Schutz von Pflegekindern.** Erforderlich, weil die Gestattung der Eltern an Dritte, das Kind bei sich zu haben, jederzeit widerruflich ist und der Sorgeberechtigte daher durch das Pflegeverhältnis nicht gehindert ist, das Kind nach § 1632 I herauszuverlangen. Zu den verfassungsrechtlichen Anforderungen an die Auslegung

19 des IV s BVerfG FamRZ 04, 771. **aa) Voraussetzung** ist eine bereits **längerdauernde Familienpflege.** Ein faktisches Pflegeverhältnis ist ausreichend, die Erlaubnis nach SGB VIII 44 nicht entscheidend (BayObLG NJW 84, 2168). Leibliche Eltern als Pflegeeltern s Frankfurt OLGZ 83, 297. Die Dauer ist nicht absolut zu bestimmen, sondern unter Berücksichtigung des Kindesalters und der Pflegeumstände.

20 Erforderlich ist eine **Abwägung** (dazu BayObLG NJW 88, 2382) nach Maßgabe des § 1697a. Dabei ist neben dem Willen des Kindes auch der Anlass der Familienpflege zu berücksichtigen, etwa das frühere Verhalten der Eltern. Bessere Eignung der Pflegeeltern zur Erziehung allein reicht nicht aus (vgl Lüderitz AcP 178, 292).

21 **bb) Verfahren:** Antragsrecht für Pflegeperson s § 1632 IV; zur Beschwerde trotz erzwungener Herausgabe Frankfurt Rpfleger 82, 421. Anhörung des Kindes unverzichtbar (Frankfurt OLGZ 82, 8). Gilt auch gegenüber Vormund oder Pfleger

22 (Hamm NJW 85, 3030). **c)** Befugnis zur **Umgangsregelung** des Kindes hat im Innenverhältnis Grundlage in § 1631 I; gegenüber Dritten ist das komplementäre

23 Abwehrrecht in § 1632 II geregelt, zuständig ist FamG, § 1632 III. **Umgangsregelung** steht dem Personensorgeberechtigten zu; Umgangsverbote durch FamG auf Grund Umgangsuntersagung durch Personensorgeberechtigten nach § 1632 III s BayObLG NJW-RR 95, 138. Reife und Entwicklung des Minderjährigen sind

Titel 5. Elterliche Sorge   §§ 1634–1639

auch bei der Steuerung seines Umgangs zu berücksichtigen, doch sollten Eltern insoweit bis zur Missbrauchsgrenze des § 1666 I letztlich allein entscheiden können (vgl Frankfurt NJW 79, 2053; BayObLG Rpfleger 82, 284). Die von den Gerichten bes häufig zu entscheidende Frage **sexueller Beziehungen** sollte grundsätzlich in der Entscheidungskompetenz der Eltern verbleiben (vgl LG Berlin FamRZ 85, 519: Verbot des Umgangs wegen Gefahr lesbischer Betätigung), wobei freilich individuelle Reife des Jugendlichen und allg Überzeugungen die Höhe der Missbrauchsschwelle erheblich beeinflussen können (vgl hierzu Lüderitz AcP 178, 281 mwN). „**Umgang**" ist weit auszulegen, so dass das FamG auch für das Verbot an Dritte, dem Minderjährigen Alkohol, ein Kfz usw zu überlassen, zuständig ist. Für Ansprüche aus §§ 823 I, 1004 dürfte neben § 1632 II nur noch in Ausnahmefällen Raum sein, zB bei Schadensersatzansprüchen wegen Aufwendungen für Rückführung des vorenthaltenen Kindes (vgl RG HRR 1928 Nr 1413). 24

25

6. Heirat des Minderjährigen. Heirat beschränkt elterliche Sorge auf Vertretungsmacht in persönlichen Angelegenheiten und Vermögenssorge; tatsächliche Personensorge entfällt, § 1633. Insbes haben die Eltern keine Erziehungsbefugnisse mehr. Für die bei den Eltern verbleibende Vermögenssorge s Ausnahme in § 1649 II 2. Auflösung der Ehe lässt die durch Heirat erworbenen Befugnisse unberührt (MK/Huber, § 1633 Rn 1). Für Streitigkeiten im Überschneidungsbereich von tatsächlicher Personensorge, Vertretungsmacht und Vermögenssorge wird Anrufung des FamG analog § 1630 II befürwortet, MK/Huber 6. 26

§§ 1634 bis 1637 *(weggefallen)*

§ 1638 Beschränkung der Vermögenssorge

(1) Die Vermögenssorge erstreckt sich nicht auf das Vermögen, welches das Kind von Todes wegen erwirbt oder welches ihm unter Lebenden unentgeltlich zugewendet wird, wenn der Erblasser durch letztwillige Verfügung, der Zuwendende bei der Zuwendung bestimmt hat, dass die Eltern das Vermögen nicht verwalten sollen.

(2) Was das Kind auf Grund eines zu einem solchen Vermögen gehörenden Rechts oder als Ersatz für die Zerstörung, Beschädigung oder Entziehung eines zu dem Vermögen gehörenden Gegenstands oder durch ein Rechtsgeschäft erwirbt, das sich auf das Vermögen bezieht, können die Eltern gleichfalls nicht verwalten.

(3) ¹**Ist durch letztwillige Verfügung oder bei der Zuwendung bestimmt, dass ein Elternteil das Vermögen nicht verwalten soll, so verwaltet es der andere Elternteil.** ²**Insoweit vertritt dieser das Kind.**

§ 1639 Anordnungen des Erblassers oder Zuwendenden

(1) Was das Kind von Todes wegen erwirbt oder was ihm unter Lebenden unentgeltlich zugewendet wird, haben die Eltern nach den Anordnungen zu verwalten, die durch letztwillige Verfügung oder bei der Zuwendung getroffen worden sind.

(2) Die Eltern dürfen von den Anordnungen insoweit abweichen, als es nach § 1803 Abs. 2, 3 einem Vormund gestattet ist.

Anmerkungen zu den §§ 1638, 1639

1. Allgemeines. Einschränkung der elterlichen Vermögenssorge für solche Vermögen, die das Kind von Todes wegen oder unter Lebenden unentgeltlich erwirbt, 1

§ 1640

durch entspr Bestimmung des Erblassers oder Zuwendenden. Ausschluss des elterlichen Verwaltungsrechts über ererbtes Vermögen durch Testamentsvollstreckung ist nicht notwendig gleichbedeutend mit Entzug nach § 1638 I (s hierzu MK/Huber § 1638 Rn 9; Gernhuber/Coester-Waltjen § 61 Rn 6).

2 **2. Voraussetzungen. a) Erwerb von Todes wegen,** dh als Erbe, Vermächtnisnehmer oder Pflichtteilsberechtigter (hierzu Hamm FamRZ 69, 662), oder **b)** auf Grund **unentgeltlicher Zuwendung** zu Lebzeiten, dh einer Zuwendung ohne
3 Gegenleistung und Rechtsanspruch des Kindes. **c) Bestimmung** des Erblassers oder Zuwendenden (bei Zuwendung, dh nicht nachträglich), die auch unter einer Bedingung oder Zeitbestimmung getroffen werden kann. Inhaltlich kann die Bestimmung elterliche Vermögenssorge ganz ausschließen (§ 1638 I) oder für die Verwaltung
4 bestimmte Anordnungen treffen (§ 1639 I). Bestimmung braucht **nicht ausdrücklich** geschehen, sondern kann sich auch aus Auslegung des zuwendenden oder Erwerb bewirkenden RGeschäftes ergeben, vgl BayObLG FamRZ 64, 522 (Enterbung der Tochter als Ausschluss von der Vermögensverwaltung für Enkel).

5 **3. Wirkungen. a)** Wird Vermögenssorge nur einem Elternteil entzogen, so verwaltet der andere Elternteil, sofern er überhaupt Vermögenssorge hat, § 1638 III 1;
6 zur Vertretungsmacht § 1638 III 2. **b)** Wird Vermögenssorge beiden Eltern entzogen, so ist Pfleger gem § 1909 I 2 zu bestellen; zum Beschwerderecht gegen Auswahl des Ergänzungspflegers s BayObLG Rpfleger 77, 253. Eltern können nicht Entlassung des Testamentsvollstreckers beantragen (BGH 106, 99). Befugnis der Eltern, erbrechtlichen Erwerb für das Kind anzunehmen oder auszuschlagen, wird von der Wirkung einer Bestimmung nach § 1638 I ausgenommen (s Karlsruhe FamRZ 65,
7 573 f). Zu **Surrogaten** des fraglichen Vermögens s § 1638 II. **c) Verwaltungsanordnungen** (§ 1639) lassen Sorgebefugnis unberührt, binden aber ihre Ausübung; Bsp: Ausschluss der „Nutznießung" nach § 1649 II, vgl BayObLG Rpfleger 82, 180. Ausnahmemöglichkeit: § 1639 II iVm § 1803 II, III. Bei Verstoß gegen Anordnungen des Zuwendenden kann Schadensersatzpflicht aus § 1664 entstehen, ferner sind Maßnahmen nach § 1666 möglich.

§ 1640 Vermögensverzeichnis

(1) ¹Die Eltern haben das ihrer Verwaltung unterliegende Vermögen, welches das Kind von Todes wegen erwirbt, zu verzeichnen, das Verzeichnis mit der Versicherung der Richtigkeit und Vollständigkeit zu versehen und dem Familiengericht einzureichen. ²Gleiches gilt für Vermögen, welches das Kind sonst anlässlich eines Sterbefalls erwirbt, sowie für Abfindungen, die anstelle von Unterhalt gewährt werden, und unentgeltliche Zuwendungen. ³Bei Haushaltsgegenständen genügt die Angabe des Gesamtwertes.

(2) Absatz 1 gilt nicht,
1. wenn der Wert eines Vermögenserwerbes 15 000 Euro nicht übersteigt oder
2. soweit der Erblasser durch letztwillige Verfügung oder der Zuwendende bei der Zuwendung eine abweichende Anordnung getroffen hat.

(3) Reichen die Eltern entgegen Absatz 1, 2 ein Verzeichnis nicht ein oder ist das eingereichte Verzeichnis ungenügend, so kann das Familiengericht anordnen, dass das Verzeichnis durch eine zuständige Behörde oder einen zuständigen Beamten oder Notar aufgenommen wird.

1 **1. Allgemeines.** Inventarisierungspflicht für Erwerb des Kindes von Todes wegen, anlässlich eines Sterbefalles, als Abfindung an Stelle von Unterhalt oder durch unentgeltliche Zuwendung von Vermögen im Wert von mehr als 15 000 Euro.

2 **2. Voraussetzungen. a) Erwerb aa)** von Todes wegen, also als Erbe, Vermächtnisnehmer, Pflichtteilsberechtigter, I 1; zur Anzeigepflicht des Nachlassge-

Titel 5. Elterliche Sorge §§ 1641–1643

richts s FamFG 356 I; **bb)** sonstiger **Vermögenserwerb anlässlich** eines **Sterbefalles,** I 2, also zB Renten, Ansprüche aus Lebensversicherungen, Schadensersatzansprüche aus § 844 II; **cc) Abfindungen** für Unterhaltsansprüche, I 2; **dd) unentgeltliche Zuwendungen,** dh solche ohne Gegenleistung und Rechtsanspruch des Kindes, I 2. **b) Wert** des Vermögenserwerbs übersteigt **15 000 Euro,** II Nr 1; maßgebend ist Zeitpunkt des Erwerbs. Renten und andere wiederkehrende Leistungen sind zur Bestimmung der Wertgrenze zu kapitalisieren. Belastungen und Verbindlichkeiten sind wertmindernd zu berücksichtigen; ob neben Aktiva auch Passiva zu verzeichnen sind, ist str, nach hM möglich, nicht aber geboten (vgl MK/Huber 15). **c)** Erblasser oder Zuwender haben **nicht** eine **abw Bestimmung** getroffen, II Nr 2. 3

3. Rechtsfolge. Verpflichtung zur Erstellung eines Inventars und zur Einreichung beim FamG mit der Versicherung der Richtigkeit und Vollständigkeit, I 1. Private Aufzeichnung genügt. Aufzunehmen sind die der Vermögenssorge unterliegenden Gegenstände mit den zur Identifizierung erforderlichen Details. Kosten der Inventarisierung sind anders als nach § 1667 IV als Verwaltungskosten aus dem inventarisierten Vermögen zu bestreiten. 4

4. Sanktionen. Möglich nach III, ferner unter den Voraussetzungen des § 1666. 5

§ 1641 Schenkungsverbot

¹Die Eltern können nicht in Vertretung des Kindes Schenkungen machen. ²Ausgenommen sind Schenkungen, durch die einer sittlichen Pflicht oder einer auf den Anstand zu nehmenden Rücksicht entsprochen wird.

1. Voraussetzungen. Schenkung s zu § 516; Anstandsschenkung s zu § 534. 1

2. Rechtsfolge bei Verstoß. Rechtsfolge einer gegen S 1 verstoßenden Schenkung nach hM Nichtigkeit gem § 134 (zweifelhaft); Genehmigung durch volljährig gewordenes Kind scheidet daher aus. Rechtsfolge erfasst auch die Verfügung. Erwerb nach § 932 nur, wenn Eltern über Kindgut im eigenen Namen verfügen; Ausgleich § 816 I 1. Krit zum Schenkungsverbot Canaris JZ 87, 998. 2

§ 1642 Anlegung von Geld

Die Eltern haben das ihrer Verwaltung unterliegende Geld des Kindes nach den Grundsätzen einer wirtschaftlichen Vermögensverwaltung anzulegen, soweit es nicht zur Bestreitung von Ausgaben bereitzuhalten ist.

Ziele der Anlagepflicht sind nicht nur bestmögliche Rendite und größtmögliche Sicherheit, sondern auch – soweit überhaupt möglich – Schutz vor Inflation. Bei größeren Vermögen ist eine Streuung der Anlagearten erforderlich (Frankfurt NJW-RR 99, 1237). Bei Gefährdung kann das FamG nach §§ 1666, 1667 II eingreifen; Verluste können Ansprüche des Kindes nach § 1664 auslösen. 1

§ 1643 Genehmigungspflichtige Rechtsgeschäfte

(1) Zu Rechtsgeschäften für das Kind bedürfen die Eltern der Genehmigung des Familiengerichts in den Fällen, in denen nach § 1821 und nach § 1822 Nr. 1, 3, 5, 8 bis 11 ein Vormund der Genehmigung bedarf.

(2) ¹Das Gleiche gilt für die Ausschlagung einer Erbschaft oder eines Vermächtnisses sowie für den Verzicht auf einen Pflichtteil. ²Tritt der Anfall an das Kind erst infolge der Ausschlagung eines Elternteils ein, der das

§§ 1644, 1645

Kind allein oder gemeinsam mit dem anderen Elternteil vertritt, so ist die Genehmigung nur erforderlich, wenn dieser neben dem Kind berufen war.

(3) Die Vorschriften der §§ 1825, 1828 bis 1831 sind entsprechend anzuwenden.

Lit: Schrade, Die rechtlichen Grenzen der Entscheidung des Vormundschaftsgerichts im Rahmen des § 1643 BGB, 1993.

1 **1. Allgemeines.** Die Vorschrift soll bei bes schwerwiegenden Geschäften die Mitwirkung und Kontrolle des FamG sichern und schränkt die elterliche Vertretungsmacht durch das Erfordernis familiengerichtlicher Genehmigung entspr ein. Im Vergleich zu Vormund und Pfleger ist der Kreis der genehmigungsabhängigen RGeschäfte für die Eltern kleiner.

2 **2. Genehmigungsbedürftige Rechtsgeschäfte.** Genehmigungsbedürftig sind **a)** die durch Verweisung in I auf §§ 1821, 1822 ie bezeichneten, von den Eltern **im Namen des Kindes** vorgenommenen **RGeschäfte,** bei Vornahme durch den Minderjährigen die **Zustimmung** der Eltern. Zu den nach I genehmigungsbedürf-
3 tigen RGeschäften s Kommentierung zu §§ 1821, 1822. **b) Ausschlagung** einer angefallenen Erbschaft oder eines Vermächtnisses sowie **Verzicht** auf einen Pflichtteil, II 1; Anwendbarkeit § 181 str, s Buchholz NJW 93, 1165 f mwN (Ergänzungs-
4 pfleger erforderlich); aA Coing NJW 85, 9. **Ausnahme** II 2; ist jedoch das Kind bereits unabhängig von der Ausschlagung durch den Elternteil als Erbe – also neben Elternteil – berufen, dann bleibt es bei II 1, weil Kind nicht auf Grund Ausschlagung erwirbt. Erwirbt Kind infolge Ausschlagung des nicht vertretungsberechtigten Elternteils, dann ist Ausschlagung für das Kind durch vertretungsberechtigten Elternteil ebenfalls genehmigungspflichtig. Schlägt Elternteil für sich als Testamentserbe und für Kind als testamentarischer Ersatzerbe aus, um damit selbst ges Erbe zu werden, gilt II 2 nicht.

5 **3. Prüfungsmaßstab.** FamG entscheidet anhand von Kindeswohl und Kindesinteresse (dazu Schrade aaO S 55 ff), und zwar nicht nur in wirtschaftlicher Hinsicht (vgl Karlsruhe FamRZ 73, 380; Gernhuber/Coester-Waltjen § 60 Rn 59). Vorteile, Risiken, Erträge und Aufwendungen sind abzuwägen. Dabei steht die elterliche Dispositionsbefugnis nur beschränkt zur Überprüfung (Zweibrücken FamRZ 01, 1236).

6 **4. III.** Für **Erklärung der Genehmigung** sowie die Möglichkeit einer allg Ermächtigung verweist III auf §§ 1825, 1828–1831; s hierzu Anm zu § 1825, §§ 1828–1832.

§ 1644 Überlassung von Vermögensgegenständen an das Kind

Die Eltern können Gegenstände, die sie nur mit Genehmigung des Familiengerichts veräußern dürfen, dem Kind nicht ohne diese Genehmigung zur Erfüllung eines von dem Kind geschlossenen Vertrags oder zu freier Verfügung überlassen.

1 **1. Regelungszweck.** Verhindert Umgehung des § 1643 mit Hilfe von § 110.

2 **2. Rechtsfolge bei Verstoß.** Nichtigkeit.

§ 1645 Neues Erwerbsgeschäft

Die Eltern sollen nicht ohne Genehmigung des Familiengerichts ein neues Erwerbsgeschäft im Namen des Kindes beginnen.

1 Gründung ohne Genehmigung wirksam (Sollvorschrift), doch evtl Grund für FamG, nach § 1666 einzuschreiten. S ferner §§ 112 I, 1629a, 1643 I, 1822 Nr 3, 4.

Titel 5. Elterliche Sorge **§§ 1646–1649**

Zur str Genehmigungsbedürftigkeit der Fortführung eines unentgeltlich erworbenen Erwerbsgeschäfts s MK/Huber 5. Genehmigung nach § 1645 ersetzt nicht die nach §§ 112 I, 1643 I iVm § 1822 Nr 3, 4 erforderlichen Genehmigungen. Maßgebend für Genehmigung ist Kindeswohl, § 1697a.

§ 1646 Erwerb mit Mitteln des Kindes

(1) ¹**Erwerben die Eltern mit Mitteln des Kindes bewegliche Sachen, so geht mit dem Erwerb das Eigentum auf das Kind über, es sei denn, dass die Eltern nicht für Rechnung des Kindes erwerben wollen.** ²**Dies gilt insbesondere auch von Inhaberpapieren und von Orderpapieren, die mit Blankoindossament versehen sind.**

(2) **Die Vorschriften des Absatzes 1 sind entsprechend anzuwenden, wenn die Eltern mit Mitteln des Kindes ein Recht an Sachen der bezeichneten Art oder ein anderes Recht erwerben, zu dessen Übertragung der Abtretungsvertrag genügt.**

Rechtsfolgen unmittelbarer Stellvertretung für mittelbare Stellvertretung des Kindes bei Erwerb der in I und II bezeichneten Sachen, Wertpapiere und Rechte, um Kindesvermögen zu erhalten. Bei offener Stellvertretung erwirbt Kind bereits nach § 164 I. 1

§ 1647 *(weggefallen)*

§ 1648 Ersatz von Aufwendungen

Machen die Eltern bei der Ausübung der Personensorge oder der Vermögenssorge Aufwendungen, die sie den Umständen nach für erforderlich halten dürfen, so können sie von dem Kind Ersatz verlangen, sofern nicht die Aufwendungen ihnen selbst zur Last fallen.

1. Voraussetzungen. a) Aufwendungen, die **b)** in pflichtgemäßer (§ 1664) Ausübung der Personen- oder Vermögenssorge von den Eltern oder einem Elternteil gemacht werden und **c)** nicht als Unterhalt geschuldet sind. 1

2. Rechtsfolge. Spezieller Aufwendungsersatzanspruch; zum Inhalt s §§ 256, 257 sowie die Anm zu § 670. §§ 677–687 bleiben unanwendbar; anders jedoch bei fehlendem Sorgerecht. 2

§ 1649 Verwendung der Einkünfte des Kindesvermögens

(1) ¹**Die Einkünfte des Kindesvermögens, die zur ordnungsmäßigen Verwaltung des Vermögens nicht benötigt werden, sind für den Unterhalt des Kindes zu verwenden.** ²**Soweit die Vermögenseinkünfte nicht ausreichen, können die Einkünfte verwendet werden, die das Kind durch seine Arbeit oder durch den ihm nach § 112 gestatteten selbständigen Betrieb eines Erwerbsgeschäfts erwirbt.**

(2) ¹**Die Eltern können die Einkünfte des Vermögens, die zur ordnungsmäßigen Verwaltung des Vermögens und für den Unterhalt des Kindes nicht benötigt werden, für ihren eigenen Unterhalt und für den Unterhalt der minderjährigen unverheirateten Geschwister des Kindes verwenden, soweit dies unter Berücksichtigung der Vermögens- und Erwerbsverhältnisse der Beteiligten der Billigkeit entspricht.** ²**Diese Befugnis erlischt mit der Eheschließung des Kindes.**

Berger/Mansel

§§ 1650–1664

1 1. Allgemeines. I und II regeln – I in Ergänzung von § 1602 II – die Reihenfolge der Verwendung von Kindeseinkünften zu Unterhaltszwecken, wobei Erhaltung des Kindesvermögens Vorrang hat, I; die nach II gestattete Verwendung von Überschüssen zugunsten von Eltern und Geschwistern verhindert krasse Ungleichheiten im Lebensstandard innerhalb der engeren Familie (Gernhuber/Coester-Waltjen § 63 Rn 3).

2 2. Tatbestand. Voraussetzung: Verwaltungsbefugnis der Eltern bzw eines Elternteils. **Reihenfolge** von Verwendungen und Einkünften: **a)** Bestreiten der
3 ordnungsgemäßen Verwaltung des Kindesvermögens; **b)** Unterhalt des Kindes aus **aa)** Vermögenserträgen; **bb)** Einkünften aus Erwerbstätigkeit. Die Verwendung zum Unterhalt verschiebt nicht die Grenze des § 1610, wenn auch praktisch der Unterhaltsbedarf des wohlhabenden Kindes großzügiger bemessen werden dürfte.
4 c) Unterhalt der Eltern und minderjähriger unverheirateter – auch halbbürtiger – Geschwister, II 1. Häusliche Gemeinschaft mit Eltern oder Geschwistern ist nicht erforderlich (str, s MK/Huber 23). Begünstigung von Stiefgeschwistern str, vgl MK/Huber 23.

5 3. Rechtsfolge aus II. Befugnis der Eltern im Rahmen der – in II 1 HS 2 konkretisierten – Billigkeit, nicht aber Verpflichtung zur Überschussverwendung zum Familienunterhalt. Befugnis erfasst ausschließlich Einkünfte aus Vermögen, nicht Arbeitseinkommen, Impfschadenrente uä (Hamm FamRZ 74, 31). Soweit Unterhaltsansprüche der begünstigten Eltern gegen das wohlhabende Kind gegeben sind, ist § 1649 II nicht anzuwenden. Die Vorschrift ist Rechtsgrund für den Eltern und Geschwistern zugewandten Unterhalt.

6 4. Ende der Befugnis. S II 2.

§§ 1650 bis 1663 *(weggefallen)*

§ 1664 Beschränkte Haftung der Eltern

(1) **Die Eltern haben bei der Ausübung der elterlichen Sorge dem Kind gegenüber nur für die Sorgfalt einzustehen, die sie in eigenen Angelegenheiten anzuwenden pflegen.**

(2) **Sind für einen Schaden beide Eltern verantwortlich, so haften sie als Gesamtschuldner.**

1 1. Allgemeines. Zu I: Die erst von der zweiten Kommission eingeführte (Prot IV 561), rechtspolitisch (vgl MK/Huber 2) sowie in ihrer Reichweite und dogmatischen Qualifikation umstrittene, gleichwohl durch alle Reformen unverändert beibehaltene Vorschrift individualisiert Sorgfaltsstandard der Eltern bei Wahrnehmung der Vermögens- und Personensorge. Zu II: Gesamtschuld, §§ 421 ff, und damit Innenausgleich der Eltern nach § 426 I 1, II 1, soweit beide Elternteile haften. Die hL sieht § 1664 als selbstständige Anspruchsgrundlage (SoeLange 2; aA Gernhuber/Coester-Waltjen § 57 Rn 37 [Haftungsmaßstab]).

2 2. Voraussetzungen I. a) Wahrnehmung der Sorge für Person oder Vermögen des Kindes durch sorgeberechtigte Eltern bzw Elternteil. Analogie zugunsten des „faktisch" Sorgenden oder bei Ausübung des Umgangsrechts (BGH 103, 345) mög-
3 lich. **b)** Verletzung der obj gebotenen Pflicht zur Sorge (zB Erziehungsfehler, falsche Ernährung, schlechte Vermögensverwaltung, aber auch mangelhafte Beaufsichtigung durch **Eltern,** vgl BGH 103, 345); keine analoge Anwendung auf andere Personen (BGH NJW 96, 53). **c)** Durch Pflichtverletzung verursachte Schädigung
4 des Kindes. **d)** Bei Schädigung durch Dritte, die Pflichten für die Eltern erfüllen, gilt § 278 mit Sorgfaltsmilderung für die Gehilfen (StEngler 23); soweit Eltern nur zur Beiziehung Dritter verpflichtet sind (zB Arzt), gilt § 1664 für die Sorgfalt in der Auswahl.

Titel 5. Elterliche Sorge §§ 1665–1666a

3. Rechtsfolge. Individuelle Sorgfaltsbestimmung, die oft als Sorgfaltsentlastung 5
gegenüber allg Standards wirkt; zur diligentia quam in suis s § 277.

4. Konkurrenzen. Auf Ansprüche aus Vertrag oder wegen Verletzung allg Ver- 6
kehrspflichten findet § 1664 keine Anwendung (sehr str, aA etwa noch Hamm NJW
93, 542; sa BGH 103, 345 für Deliktsanspruch bei Verletzung der Aufsichtspflicht
durch Umgangsberechtigten). UU kann jedoch das Kind mit Rücksicht auf die
Familiengemeinschaft auf Grund § 1618a gehalten sein, Ersatzansprüche wegen
leichtfahrlässiger Schadenszufügung, insbes auf Schmerzensgeld, nicht geltend zu
machen (BGH NJW 04, 2893). Zu Gesamtschuld und Ausgleich, falls Elternteil
und Dritter für Verletzung des Kindes verantwortlich sind, s BGH 103, 346 f.

§ 1665 *(weggefallen)*

§ 1666 Gerichtliche Maßnahmen bei Gefährdung des Kindeswohls

(1) Wird das körperliche, geistige oder seelische Wohl des Kindes oder
sein Vermögen gefährdet und sind die Eltern nicht gewillt oder nicht in
der Lage, die Gefahr abzuwenden, so hat das Familiengericht die Maßnahmen zu treffen, die zur Abwendung der Gefahr erforderlich sind.

(2) In der Regel ist anzunehmen, dass das Vermögen des Kindes gefährdet
ist, wenn der Inhaber der Vermögenssorge seine Unterhaltspflicht gegenüber dem Kind oder seine mit der Vermögenssorge verbundenen Pflichten
verletzt oder Anordnungen des Gerichts, die sich auf die Vermögenssorge
beziehen, nicht befolgt.

(3) Zu den gerichtlichen Maßnahmen nach Absatz 1 gehören insbesondere
1. Gebote, öffentliche Hilfen wie zum Beispiel Leistungen der Kinder- und
Jugendhilfe und der Gesundheitsfürsorge in Anspruch zu nehmen,
2. Gebote, für die Einhaltung der Schulpflicht zu sorgen,
3. Verbote, vorübergehend oder auf unbestimmte Zeit die Familienwohnung oder eine andere Wohnung zu nutzen, sich in einem bestimmten
Umkreis der Wohnung aufzuhalten oder zu bestimmende andere Orte
aufzusuchen, an denen sich das Kind regelmäßig aufhält,
4. Verbote, Verbindung zum Kind aufzunehmen oder ein Zusammentreffen mit dem Kind herbeizuführen,
5. die Ersetzung von Erklärungen des Inhabers der elterlichen Sorge,
6. die teilweise oder vollständige Entziehung der elterlichen Sorge.

(4) In Angelegenheiten der Personensorge kann das Gericht auch Maßnahmen mit Wirkung gegen einen Dritten treffen.

§ 1666a Grundsatz der Verhältnismäßigkeit; Vorrang öffentlicher Hil-
fen

(1) ¹Maßnahmen, mit denen eine Trennung des Kindes von der elterlichen Familie verbunden ist, sind nur zulässig, wenn der Gefahr nicht auf
andere Weise, auch nicht durch öffentliche Hilfen, begegnet werden kann.
²Dies gilt auch, wenn einem Elternteil vorübergehend oder auf unbestimmte Zeit die Nutzung der Familienwohnung untersagt werden soll.
³Wird einem Elternteil oder einem Dritten die Nutzung der vom Kind
mitbewohnten oder einer anderen Wohnung untersagt, ist bei der Bemessung der Dauer der Maßnahme auch zu berücksichtigen, ob diesem das
Eigentum, das Erbbaurecht oder der Nießbrauch an dem Grundstück
zusteht, auf dem sich die Wohnung befindet; Entsprechendes gilt für das

§§ 1666, 1667

Wohnungseigentum, das Dauerwohnrecht, das dingliche Wohnrecht oder wenn der Elternteil oder Dritte Mieter der Wohnung ist.

(2) Die gesamte Personensorge darf nur entzogen werden, wenn andere Maßnahmen erfolglos geblieben sind oder wenn anzunehmen ist, dass sie zur Abwendung der Gefahr nicht ausreichen.

§ 1667 Gerichtliche Maßnahmen bei Gefährdung des Kindesvermögens

(1) ¹Das Familiengericht kann anordnen, dass die Eltern ein Verzeichnis des Vermögens des Kindes einreichen und über die Verwaltung Rechnung legen. ²Die Eltern haben das Verzeichnis mit der Versicherung der Richtigkeit und Vollständigkeit zu versehen. ³Ist das eingereichte Verzeichnis ungenügend, so kann das Familiengericht anordnen, dass das Verzeichnis durch eine zuständige Behörde oder durch einen zuständigen Beamten oder Notar aufgenommen wird.

(2) ¹Das Familiengericht kann anordnen, dass das Geld des Kindes in bestimmter Weise anzulegen und dass zur Abhebung seine Genehmigung erforderlich ist. ²Gehören Wertpapiere, Kostbarkeiten oder Schuldbuchforderung gegen den Bund oder ein Land zum Vermögen des Kindes, so kann das Familiengericht dem Elternteil, der das Kind vertritt, die gleichen Verpflichtungen auferlegen, die nach §§ 1814 bis 1816, 1818 einem Vormund obliegen; die §§ 1819, 1820 sind entsprechend anzuwenden.

(3) ¹Das Familiengericht kann dem Elternteil, der das Vermögen des Kindes gefährdet, Sicherheitsleistung für das seiner Verwaltung unterliegende Vermögen auferlegen. ²Die Art und den Umfang der Sicherheitsleistung bestimmt das Familiengericht nach seinem Ermessen. ³Bei der Bestellung und Aufhebung der Sicherheit wird die Mitwirkung des Kindes durch die Anordnung des Familiengerichts ersetzt. ⁴Die Sicherheitsleistung darf nur dadurch erzwungen werden, dass die Vermögenssorge gemäß § 1666 Abs. 1 ganz oder teilweise entzogen wird.

(4) Die Kosten der angeordneten Maßnahmen trägt der Elternteil, der sie veranlasst hat.

Lit: Meysen, Neuerungen im zivilrechtlichen Kinderschutz, NJW 08, 2673.

Anmerkungen zu den §§ 1666, 1667

1. Allgemeines. a) Die Generalklausel des § 1666 I ist Ausprägung des staatlichen Wächteramtes aus GG 6 II 2 und bildet die Grundlage des Eingriffs in die Personen- und Vermögenssorge bei Gefahren für das Kindeswohl. Auch die anzuordnende Maßnahme ist am Kindeswohl auszurichten, § 1697a. **b)** Anordnungen nach § 1666 I gehen den Sorgerechtsentscheidungen nach Trennung der Eltern vor, § 1671 III (s Schwab FamRZ 98, 465).

2. Eingriff in die Personensorge. a) Voraussetzungen. aa) Erwiesene Gefährdung des körperlichen, geistigen oder seelischen Wohls des Kindes. Kindeswohl ist unbestimmter Rechtsbegriff, der zu orientieren ist am Erziehungsziel eines gesunden, zu Selbstbestimmung und -verantwortung fähigen Menschen (vgl Gernhuber FamRZ 73, 231). Gefährdung ist ein Zustand, dessen Weiterentwicklung mit ziemlicher Sicherheit eine erhebliche Beeinträchtigung des Kindeswohls erwarten lässt (vgl BGH NJW 56, 1434). Bsp: Entwürdigende Erziehungsmaßnahmen (s § 1631 II); Vernachlässigung oder Fehlleitung von Begabung und Eignung in Schule, Ausbildung oder bei der Berufswahl (s § 1631a); Verweigerung der Teilnahme an allg Schulausbildung (Brandenburg NJW 06, 236); sexueller Missbrauch; Vernachlässigung von Ernährung und Pflege (BayObLG NJW-RR 88, 1223); Unfähigkeit, allgemein anerkannte sittliche Überzeugungen zu vermitteln (zB Anhalten zu oder Gestatten von Bettelei oder Prostitution); ungerechtfertigte Umgangsverbote (vgl BayObLG NJW 81, 1380 – Großeltern); Ablehnung von notwendigen Heileingriffen, zB aus religiöser Überzeugung (vgl OLG Celle MDR 94, 487 – Bluttransfusion); drohende Beschneidung eines Mädchens während Aufenthalts in Gambia (BGH NJW 05, 672) oder Äthiopien (Karlsruhe FamRZ 09, 1599); **nicht:** abstrakte 5 Gefährdung durch Glaubensüberzeugung der Eltern (vgl BayObLG NJW 76, 2017 – Zeugen Jehovas; Hamm NJW-RR 86, 754 – Bhagwan; AG Berlin-Tempelhof-Kreuzberg FamRZ 09, 987 Scientology [aber Auflagen zur Absicherung der Willensfreiheit]); Verweigerung eines Schwangerschaftsabbruchs (Naumburg FamRZ 04, 1806); geistige Behinderung der Eltern (LG Berlin NJW-RR 88, 1419, nicht verallgemeinerungsfähig); Rauchen im Beisein der Kinder (BayObLG MDR 93, 649, nicht verallgemeinerungsfähig). **bb)** Eltern sind zur Gefahrenabwehr nicht wil- 6 lens oder nicht fähig. Auch hier ist Verschulden unerheblich. **b) Maßnahmen.** 7 **aa)** Das FamG hat die zur Gefahrenabwehr erforderlichen Maßnahmen unter strikter Wahrung des Verhältnismäßigkeitsgrundsatzes zu treffen. Nur Maßnahmen, die zur Gefahrenabwehr geeignet und erforderlich sind, sind anzuordnen. Konkretisiert werden diese durch die beispielhafte, nicht abschließende Aufzählung in § 1666 III. Es ist stets das mildeste Mittel zu wählen. Die Übertragung der Sorge auf einen Elternteil geht zB der Pflegerbestellung vor; daher auch Übertragung der Alleinsorge auf einen Elternteil gegen dessen Willen möglich (Karlsruhe FuR 99, 224). Der Verhältnismäßigkeitsgrundsatz gilt auch für die zeitliche Dauer einer Maßnahme. Bsp: Entzug des Sorgerechts bei Verletzung der Schulpflicht (BGH NJW 08, 369); Teilentzug der elterlichen Sorge (und somit Anordnung von Ergänzungspflegschaft), wenn die Entscheidung über den Abbruch der künstlichen Ernährung bei einem im Koma liegenden Kind dem Wohl dieses Kindes widerspricht (Hamm NJW 07, 2704); Teilentzug der elterlichen Sorge, wenn der sorgeberechtigte Elternteil in gerichtlichen Umgangsverfahren ohne sachlichen Grund die Begutachtung des Kindes verweigert (Rostock NJW 07, 231). **bb)** Konkretisiert wird der Verhältnismä- 8 ßigkeitsgrundsatz für besonders **gravierende Maßnahmen** in § 1666a. Vor Trennung von der Familie nach § 1666a I stets Prüfung milderer Mittel und Vorrang öffentl Hilfen. S 3 lässt erkennen, dass zur Herbeiführung einer Trennung auch dem Elternteil die Nutzung der Wohnung untersagt werden kann; Rechte an der Wohnung sind bei der Bemessung der Dauer zu berücksichtigen. Entzug der gesamten Personensorge nach § 1666a II ist nur zulässig, wenn weniger einschneidende Maßnahmen bereits ohne Erfolg eingesetzt waren oder sich mit an Sicherheit grenzender Wahrscheinlichkeit als ergebnislos erweisen werden. **cc)** Maßnahmen außer- 9 halb von § 1666a können sein: Ersetzung von Erklärungen der Sorgeinhaber, zB Einwilligung in eine Operation (s § 1666 III Nr 5), Ermahnungen, Verwarnungen, Ge- und Verbote, Entzug der tatsächlichen Sorge durch oder iVm Unterbringung in einem Heim oder bei Pflegepersonen, Einschränkung oder Entziehung der Umgangsaufsicht und -steuerung, der Entscheidung über Heilbehandlung oder der Verfügung über Persönlichkeitsrechte, schließlich Entziehung von Teilbereichen der Sorge, zB des Aufenthaltsbestimmungsrechts (BGH NJW 05, 672), Ergänzungspflegschaft mit Wirkungskreis der Regelung des Umgangsrechts (Frankfurt NJW 00, 368). – Sind beide Elternteile sorgeberechtigt, wird die Sorge aber nur einem 10 Elternteil (teilweise, zB Aufenthaltsbestimmungsrecht) entzogen, steht sie dem anderen zu, § 1680 III, I; sonst Pflegerbestellung, § 1909. Bei bisheriger Alleinsorge nach § 1626a II ist eine Übertragung auf den anderen Elternteil möglich (Hamm FamRZ 00, 1239). **dd)** Das FamG kann auch Maßnahmen gegenüber **Dritten** verhängen, 11 § 1666 IV. Bsp: Verbote des Umgangs, der Überlassung von Drogen, Alkohol, pornographischen Schriften, Fahrzeugen, Waffen, sogar Verbot des Wohnens in der Nachbarschaft (vgl Zweibrücken NJW 94, 1741, Sexualtäter – missbrauchtes Kind). Dritter kann auch der neue Partner eines Elternteils sein. Eine Anordnung gegenüber Dritten unterliegt dem Verhältnismäßigkeitsprinzip und setzt ebenfalls voraus, dass

§§ 1668–1671 Buch 4. Abschnitt 2. Verwandtschaft

die Eltern nicht willens oder in der Lage sind, die Kindeswohlgefährdung abzuwehren. Vollstreckung FamFG 86, Diederichsen NJW 80, 7.

12 **3. Eingriff in die Vermögenssorge. a) Voraussetzung** ist die Gefährdung des Kindesvermögens, also eine gegenwärtige Gefahrenlage für das Vermögen. Eine Vermögensminderung muss noch nicht eingetreten sein, aber mit hoher Wahr-
13 scheinlichkeit bevorstehen. Verschulden ist nicht erforderlich. **aa)** Die Regelbeispiele des § 1666 II indizieren die Vermögensgefährdung. Unterhaltspflicht ist verletzt, wenn der Unterhaltsanspruch (§§ 1601 ff) ganz oder teilweise nicht erfüllt wird. Pflichten, die mit der Vermögenssorge verbunden sind, erwachsen aus §§ 1639, 1642, 1649. Pflichtverletzung ist auch Verwendung von Kindesvermögen im elterlichen Betrieb oder das Unterlassen möglicher Vermögensmehrung. Gerichtl Anordnungen zum Schutze des Kindesvermögens s § 1667. – Ist ein Regelbeispiel erfüllt, scheidet eine Vermögensgefährdung nur im Ausnahmefall unter besonderen Gründen aus. Nicht entbunden wird das FamG von der Prüfung, ob die Gefahr auch in Zukunft besteht, weil die Eltern nicht willens oder in der Lage sind, sie abzuwenden. **bb)** Vermögensgefährdung kann auch aus anderen Gründen anzunehmen sein, etwa bei Begehung von Vermögensdelikten, (drohendem) Vermögensverfall oder
14 schwerwiegendem Zerwürfnis mit den Eltern (Köln NJW-RR 00, 373). **b) Maßnahmen** unterliegen auch hier streng dem Verhältnismäßigkeitsgrundsatz. Der (Teil-)Entzug der Vermögenssorge ist nur letztes Mittel. Weniger einschneidende Maßnahmen nach § 1667 (Errichtung eines Vermögensverzeichnisses, bestimmte Vermögensanlage, Sicherheitsleistung) haben Vorrang (BT-Drs 13/4899 S 97); Kos-
15 ten § 1667 IV. Gegenüber Dritten können keine Maßnahmen ergriffen werden, s § 1666 IV; Kontosperre bei der Bank scheidet daher aus.

16 **4. Prüfungs- und Aufhebungspflicht.** S § 1696 II, III.

17 **5. Verfahren.** FamG zuständig nach FamFG 111 Nr 2, 151 Nr 1; Verfahren nach FamFG 151 ff; Zuständigkeit FamFG 152; Anhörung des Jugendamtes FamFG 162, der Eltern FamFG 160, des Kindes FamFG 159; Vorrang- und Beschleunigungsgebot FamFG 155; Erörterung notwendiger Hilfen FamFG 157; Bestellung eines Verfahrensbeistands für das Kind FamFG 158. Keine Einholung eines kinderpsychologischen Gutachtens gegen den Willen der Sorgeberechtigten (Frankfurt FamRZ 01, 638). Beschwerderecht der Eltern, Verwandten und Verschwägerten des Kindes oder sonstiger Interessenten gegen Ablehnung einer Maßnahme FamFG 59; Ausübung des Beschwerderechts durch Kind FamFG 60.

18 **6. IPR.** S EGBGB 24 sowie MSA.

§§ 1668 bis 1670 *(weggefallen)*

§ 1671 Übertragung der Alleinsorge bei Getrenntleben der Eltern

(1) ¹**Leben Eltern nicht nur vorübergehend getrennt und steht ihnen die elterliche Sorge gemeinsam zu, so kann jeder Elternteil beantragen, dass ihm das Familiengericht die elterliche Sorge oder einen Teil der elterlichen Sorge allein überträgt.** ²**Dem Antrag ist stattzugeben, soweit**
1. **der andere Elternteil zustimmt, es sei denn, das Kind hat das 14. Lebensjahr vollendet und widerspricht der Übertragung, oder**
2. **zu erwarten ist, dass die Aufhebung der gemeinsamen Sorge und die Übertragung auf den Antragsteller dem Wohl des Kindes am besten entspricht.**

(2) ¹**Leben Eltern nicht nur vorübergehend getrennt und steht die elterliche Sorge nach § 1626a Absatz 3 der Mutter zu, so kann der Vater beantragen, dass ihm das Familiengericht die elterliche Sorge oder einen Teil der elterlichen Sorge allein überträgt.** ²**Dem Antrag ist stattzugeben, soweit**

Titel 5. Elterliche Sorge § 1671

1. die Mutter zustimmt, es sei denn, die Übertragung widerspricht dem Wohl des Kindes oder das Kind hat das 14. Lebensjahr vollendet und widerspricht der Übertragung, oder
2. eine gemeinsame Sorge nicht in Betracht kommt und zu erwarten ist, dass die Übertragung auf den Vater dem Wohl des Kindes am besten entspricht.

(3) ¹Ruht die elterliche Sorge der Mutter nach § 1751 Absatz 1 Satz 1, so gilt der Antrag des Vaters auf Übertragung der gemeinsamen elterlichen Sorge nach § 1626a Absatz 2 als Antrag nach Absatz 2. ²Dem Antrag ist stattzugeben, soweit die Übertragung der elterlichen Sorge auf den Vater dem Wohl des Kindes nicht widerspricht.

(4) Den Anträgen nach den Absätzen 1 und 2 ist nicht stattzugeben, soweit die elterliche Sorge auf Grund anderer Vorschriften abweichend geregelt werden muss.

Lit: Heilmann, Die Reform des Sorgerechts nicht miteinander verheirateter Eltern – Das Ende eines Irrwegs?, NJW 13, 1473; Huber/Antomo, Zum Inkrafttreten der Neuregelung der elterlichen Sorge nicht miteinander verheirateter Eltern, FamRZ 13, 665.

1. Allgemeines. Die Trennung (und Scheidung) der Eltern lässt die gemeinsame 1 Sorge unberührt; ihr Fortbestand bedarf keiner gerichtl Anordnung. Zum inhaltlichen Wandel bei Getrenntleben s § 1687. Die Übertragung der Sorge auf einen Elternteil erfolgt nur auf dessen Antrag durch das FamG. Norm wurde neu gefasst durch Gesetz vom 16.4.2013 (s dazu vor § 1626 Rn 1, s näher Heilmann NJW 13, 1473; Huber/Antomo FamRZ 13, 667 ff.) **I** (Rn 2–14) fasst die I und II aF zusammen. **II** (Rn 15–18) nimmt weitegehend § 1672 aF auf.

2. Alleinübertragung bei gemeinsamer elterlicher Sorge, I. a) Unerheblich 2 ist, ob **gemeinsame elterliche Sorge** nach §§ 1626, 1626a I Nr 2 durch Eheschließung oder nach § 1626a I Nr 1 auf Grund Sorgeerklärungen bzw nach § 1626a I Nr 3, II auf Antrag eines Elternteils durch das FamG begründet wurde. Alleinübertragung daher auch möglich, wenn sich Partner einer nichtehelichen Lebensgemeinschaft trennen, falls gemeinsame Sorge nach § 1626a I Nr 1 oder Nr 3 bestand; wenn nicht s II. **b)** Nicht nur vorübergehendes **Getrenntleben der Eltern** liegt vor, 3 wenn sie die häusliche Gemeinschaft dauerhaft aufgehoben haben und nicht wiederherstellen wollen, s § 1567. Alleinübertragung der Sorge ist aber auch möglich, wenn Eltern niemals zusammen lebten, etwa im Falle des § 1626a I Nr 1 oder Nr 3. Der bloße Wille, in Zukunft getrennt zu leben, genügt nicht; will ein Elternteil unter Mitnahme der Kinder aus der gemeinsamen Wohnung ausziehen, setzt dies die Begründung eines Alleinentscheidungsrechts nach § 1628 hinsichtlich der Aufenthaltsbestimmung voraus. **c) Antrag** auf Übertragung der Sorge ganz oder teilweise 4 an den Antragsteller, nicht an den anderen Elternteil. Stellen Eltern einen Antrag gemeinsam, so kann darin die Zustimmung eines Elternteils nach I Nr 1 liegen; der Antragsteller muss aber bestimmbar sein. Kein Antragsrecht haben das Kind und das Jugendamt. **d)** Dem Antrag ist **stattzugeben**, wenn **aa)** der andere Elternteil 5 **zustimmt.** Gemeinsamer Elternwille bindet. Eine Kindeswohlprüfung findet nicht statt. Widerspricht aber das Kind, das das 14. Lebensjahr vollendet hat, so kann eine Übertragung nur nach I Nr 2 erfolgen; Widerspruch erzwingt also Kindeswohlprüfung. Widerspruch jüngerer Kinder ist unbeachtlich. Eine andere Sorgerechtsregelung kann aber unter den hohen Voraussetzungen des § 1666 vorgenommen werden, s IV. Zustimmung und Widerspruch sind widerruflich (Schwab aaO S 461). **bb)** Fehlt die Zustimmung oder liegt ein wirksamer Widerspruch vor, kann die 6 Sorge auf einen Elternteil übertragen werden, wenn sowohl die Aufhebung als auch die Übertragung dem **Kindeswohl** entspricht. Dabei ist zweistufig zu prüfen: **α)** Die 7 Aufhebung der gemeinsamen Sorge entspricht dem Kindeswohl, wenn eine gemeinsame Ausübung der Sorge nicht stattfindet und notwendige Entscheidungen nicht getroffen werden. Bsp: Die Eltern wohnen infolge der Trennung in großer räumlicher Entfernung (Hamm NJW-RR 99, 373); ein Elternteil steht der Erziehung gleichgültig gegenüber oder ist ungeeignet. Uneinigkeit über religiöse Erziehung rechtfertigt für sich nicht Alleinsorge eines Elternteils (BGH NJW 05, 2080 f). Bestehen zwischen den Eltern persönliche Spannungen (wie nicht selten nach einer Scheidung) oder sind sie zerstritten, entscheidet allein das Kindeswohl über die Alleinsorge (vgl BT-Drs 13/4899 S 99). Ein normativer Vorrang der gemeinsamen Sorge, der zu einer Pflicht zur Kooperation in Kindesangelegenheiten führte, besteht nicht (vgl BVerfG NJW-RR 04, 578; BGH NJW 08, 994). Die Alleinsorge ist daher nicht an besonders hohe Voraussetzungen geknüpfte Ausnahme oder gar „ultima ratio" (BGH FamRZ 99, 1647; dazu Gruber FamRZ 00, 398; str, aA Frankfurt FamRZ 02, 187 [wenn emotionale Bindung des Kindes zu nicht koopera-

8 tionsbereitem Elternteil]). **β)** Entspricht Aufhebung dem Kindeswohl, muss ferner geprüft werden, ob die Sorge dem Antragsteller allein überlassen werden kann. Maßstab ist auch hier das Kindeswohl. Die zu § 1671 II aF entwickelten Sorgerechts-

9 kriterien können teilweise weiter herangezogen werden. Nach dem **Förderungsprinzip** ist die Sorge dem Antragsteller zu übertragen, wenn er besser als der andere Ehegatte zur Erziehung und Betreuung geeignet erscheint. Ein Erfahrungssatz, dass ein Kind (bis zu einem bestimmten Alter) bei der Mutter besser aufgehoben ist als

10 beim Vater, besteht nicht. Der **Kontinuitätsgrundsatz** spricht für den Antragsteller, wenn er das Kind nach der Trennung bereits längere Zeit betreut; freilich darf ein nicht einverständlicher „Zugriff auf das Kind" nach der Trennung die Entscheidung nicht präjudizieren. Eine wichtige Rolle spielen persönliche **Bindungen** des Kindes zu einem Elternteil, Großeltern, Pflegepersonen, Freunden; Geschwister sollen miteinander aufwachsen (Dresden NJW 03, 148), gilt nicht für

11 Stiefgeschwister (Celle FamRZ 05, 52). Unabhängig von einer festen Altersgrenze ist der **Kindeswille** zu berücksichtigen: Äußerungen nur beachtlich, wenn sie frei von Einflussnahme erfolgen (Braunschweig FamRZ 01, 1637). Ursachen der Trennung sind nur zu berücksichtigen, wenn sie weiter kindeswohlbeeinträchtigend wirken, etwa Alkoholismus. Glaubensüberzeugung des Antragstellers spricht weder für noch gegen seine Eignung (Oldenburg NJW 97, 2962). Die biologische Abstam-

12 mung allein ist nicht ausschlaggebend. S ferner SGB VIII 17 II. **γ)** Ergibt sich, dass die Aufhebung gemeinsamer Sorge dem Kindeswohl entspricht, nicht aber die alleinige Übertragung auf den Antragsteller, so setzt die Übertragung auf den anderen Elternteil dessen Antrag voraus. Gegen den Willen des anderen Elternteils kann

13 ihm die Alleinsorge nicht übertragen werden. **cc)** Antrag ist abzulehnen, wenn Entscheidung nach § 1666 getroffen werden muss (s IV), zB falls nach den (strengen) Voraussetzungen des § 1666 zB ein Vormund bestellt werden muss; das gilt auch, wenn der andere Elternteil dem Antrag zustimmt.

14 **3. Entscheidung. a)** Liegen die **Voraussetzungen** nach I vor, kann die Sorge dem Antragsteller ganz oder zum Teil allein übertragen werden. Eine Teilübertragung ist auch möglich, wenn die Vollübertragung beantragt war. Eine teilweise Übertragung (unter Belassung der Restsorge zu gemeinsamer Ausübung oder ihrer [partiellen] Übertragung auf den anderen Elternteil auf dessen Antrag) dürfte nur im Ausnahmefall dem Kindeswohl entsprechen, kann aber ggf den Verhältnismäßigkeitsgrundsatz wahren (BVerfG FamRZ 04, 1015). Der Teil sollte eindeutig abgegrenzt werden (zB: Vermögenssorge, Aufenthaltsbestimmung); klare Zuständigkeiten dienen dem Kindeswohl. Im Umfang der Übertragung wird die Sorge dem

15 anderen Elternteil entzogen; Folge: §§ 1684, 1686. **b)** Liegen die Voraussetzungen nach I **nicht** vor, so wird der Antrag zurückgewiesen. Es bleibt bei der gemeinsamen Sorge, vorbehaltlich IV (s Rn 13). Das gilt auch dann, wenn zwar ihre Aufhebung dem Kindeswohl entspricht, nicht aber die Übertragung auf den Antragsteller.

16 **4. Alleinübertragung auf den Vater bei Alleinsorgerecht der Mutter, II. a)** Steht der Mutter die Sorge alleine zu, § 1626a III, dann ermöglicht II die Übertragung der Alleinsorge auf den Vater. Bei Tod der Mutter greift § 1680 II ein. Nach

Titel 5. Elterliche Sorge §§ 1672–1674a

II 2 Nr 1 hat das FamG dem Vater auf seinen Antrag die elterliche Sorge oder einen Teil derselben zu übertragen, soweit die Mutter zustimmt, es sei denn, die Übertragung widerspricht dem Wohl des Kindes oder das Kind hat das 14. Lebensjahr vollendet und es widerspricht der Übertragung. Dem Antrag ist nach II 2 Nr 2 auch stattzugeben, soweit eine gemeinsame Sorge nicht in Betracht kommt und zu erwarten ist, dass die Übertragung auf den Vater dem Wohl des Kindes am besten entspricht (zur gleichgerichteten Übergangsregelung s BVerfG NJW 10, 3008). Voraussetzung (II): Dauerhaftes Getrenntleben der Eltern (Rn 3).

b) Entscheidung. Übertragung der Sorge auf den Vater vollständig oder teilweise. Im Umfang der Übertragung wird Sorge der Mutter entzogen. Folge: §§ 1684, 1686. Änderung s § 1696 I. Entscheidung sperrt Sorgeerklärung, § 1626b III. 17

5. Ruhen der mütterlichen Sorge, III. Ruht die elterliche Sorge der Mutter nach § 1751 I 1, weil sie der Adoption ihres Kindes zugestimmt hat (§ 1751 I), so gilt der Antrag des Vaters auf Übertragung der gemeinsamen elterlichen Sorge nach § 1626a II als Antrag nach § 1671 II. Dem Antrag ist stattzugeben, soweit die Übertragung der elterlichen Sorge auf den Vater dem Wohl des Kindes nicht widerspricht. Verbleiben Zweifel, ist der Antrag abzuweisen. 18

6. Verfahren. Zuständig ist FamG (FamFG 111 Nr 2, 151 Nr 1); Verfahren nach FamFG 151 ff; beschleunigtes Verfahren nach FamFG 155a. Zuständigkeit FamFG 152 ff; Verfahrensverbund FamFG 137 III; Antragsrecht s Rn 2; Anhörung des Jugendamts FamFG 162 (Verzicht auf Anhörung nach FamG 155a), der Eltern FamFG 160, des Kindes FamFG 159; Verfahrensbeistand für Kind FamFG 158. 19

7. IPR. S KSÜ und EGBGB 21. 20

§ 1672 *(aufgehoben)*

§ 1673 Ruhen der elterlichen Sorge bei rechtlichem Hindernis

(1) **Die elterliche Sorge eines Elternteils ruht, wenn er geschäftsunfähig ist.**

(2) ¹**Das Gleiche gilt, wenn er in der Geschäftsfähigkeit beschränkt ist.** ²**Die Personensorge für das Kind steht ihm neben dem gesetzlichen Vertreter des Kindes zu; zur Vertretung des Kindes ist er nicht berechtigt.** ³**Bei einer Meinungsverschiedenheit geht die Meinung des minderjährigen Elternteils vor, wenn der gesetzliche Vertreter des Kindes ein Vormund oder Pfleger ist; andernfalls gelten § 1627 Satz 2 und § 1628.**

§ 1674 Ruhen der elterlichen Sorge bei tatsächlichem Hindernis

(1) **Die elterliche Sorge eines Elternteils ruht, wenn das Familiengericht feststellt, dass er auf längere Zeit die elterliche Sorge tatsächlich nicht ausüben kann.**

(2) **Die elterliche Sorge lebt wieder auf, wenn das Familiengericht feststellt, dass der Grund des Ruhens nicht mehr besteht.**

§ 1674a Ruhen der elterlichen Sorge der Mutter für ein vertraulich geborenes Kind

Die elterliche Sorge der Mutter für ein nach § 25 Absatz 1 des Schwangerschaftskonfliktgesetzes vertraulich geborenes Kind ruht. Ihre elterliche Sorge lebt wieder auf, wenn das Familiengericht feststellt, dass sie ihm

gegenüber die für den Geburtseintrag ihres Kindes erforder-lichen Angaben gemacht hat.

1   Der Entwurf eines Gesetzes zum Ausbau der Hilfen für Schwangere und zur Regelung der vertraulichen Geburt (BT-Drs17/12814) will mit Wirkung zum 1.5.2014 eine vertrauliche Geburt ermöglichen. § 1674a zieht die Folgerungen aus einer vertraulichen Geburt und läßt die elterliche Sorge der Mutter ruhen. S noch §§ 1741–1750 Rn 18.

§ 1675 Wirkung des Ruhens

Solange die elterliche Sorge ruht, ist ein Elternteil nicht berechtigt, sie auszuüben.

Anmerkungen zu den §§ 1673–1675

Lit: Kirsch, Das Ruhen der elterlichen Sorge, Rpfleger 88, 234.

1   **1. Allgemeines.** Hinderung der Sorgemöglichkeit bewirkt (nur) Ruhen der Ausübungsbefugnis. Zum zugrunde liegenden Prinzip s § 1678 Rn 1. Sa § 1751 I 1.

2   **2. Voraussetzungen. a) Rechtliche Hindernisse** s § 1673 I, II 1. Geschäftsun-
3   fähigkeit § 104, Beschränkung der Geschäftsfähigkeit s § 106. **b) Tatsächliche Hindernisse. aa)** Sie müssen die Ausübung (auch von Teilgebieten, BGH NJW 05, 222) elterlicher Sorge hindern, zB langfristige Inhaftierung (Dresden NJW-RR 03, 940; Brandenburg FamRZ 09, 1683), Auswanderung, Kriegsgefangenschaft, unbekannter Aufenthalt, körperliche oder geistige Erkrankung; **nicht** notwendig: Untersuchungshaft (vgl Köln FamRZ 78, 623); bloß räumliche Trennung (KG FamRZ 68, 92); bei kurzfristiger Hinderung s §§ 1678, 1693. **bb)** Hinzukommen muss **Feststellung** der **längerfristigen Hinderung** durch **FamG**.

4   **3. Rechtsfolgen.** S § 1675; regelmäßig übt dann der andere Elternteil (insoweit) allein aus, § 1678 I. Umgangsrecht und Auskunftsrecht bleiben unberührt vorbehaltlich § 1684 IV. Bei rechtlicher Verhinderung wegen beschränkter Geschäftsfähigkeit (§ 1673 II) ruht jedoch nur Vermögenssorge und Vertretungsmacht, ansonsten ver-
5   bleibt dem Elternteil ein **Nebensorgerecht,** § 1673 II 2; zum Vorrang bei Meinungsverschiedenheiten zwischen ges Vertreter und minderjährigem Elternteil s § 1673 II 3, zum Gleichrang der Eltern s § 1673 II 3 HS 2 iVm §§ 1627 S 2, 1628. Zur vorläufigen Fortführung der Sorgeausübung s § 1698a II.

6   **4. Aufleben der Personensorge.** Bei **Wegfall** der **rechtlichen Hinderung** lebt Personensorge voll wieder auf, bei **Wegfall** der **tatsächlichen Hinderung** jedoch nur auf Grund feststellenden Bescheids des FamG, § 1674 II.

§ 1676 *(weggefallen)*

§ 1677 Beendigung der Sorge durch Todeserklärung

Die elterliche Sorge eines Elternteils endet, wenn er für tot erklärt oder seine Todeszeit nach den Vorschriften des Verschollenheitsgesetzes festgestellt wird, mit dem Zeitpunkt, der als Zeitpunkt des Todes gilt.

Allgemeines. Zu Todeserklärung und Feststellung des Todeszeitpunktes s VerschG 1 ff, 23, 39, 44.

Titel 5. Elterliche Sorge §§ 1678–1681

§ 1678 Folgen der tatsächlichen Verhinderung oder des Ruhens für den anderen Elternteil

(1) Ist ein Elternteil tatsächlich verhindert, die elterliche Sorge auszuüben, oder ruht seine elterliche Sorge, so übt der andere Teil die elterliche Sorge allein aus; dies gilt nicht, wenn die elterliche Sorge dem Elternteil nach § 1626a Absatz 3 oder § 1671 allein zustand.

(2) Ruht die elterliche Sorge des Elternteils, dem sie nach § 1626a Absatz 3 oder § 1671 allein zustand, und besteht keine Aussicht, dass der Grund des Ruhens wegfallen werde, so hat das Familiengericht die elterliche Sorge dem anderen Elternteil zu übertragen, wenn dies dem Wohl des Kindes nicht widerspricht.

§ 1679 *(weggefallen)*

§ 1680 Tod eines Elternteils oder Entziehung des Sorgerechts

(1) Stand die elterliche Sorge den Eltern gemeinsam zu und ist ein Elternteil gestorben, so steht die elterliche Sorge dem überlebenden Elternteil zu.

(2) ¹Ist ein Elternteil, dem die elterliche Sorge gemäß § 1626a Absatz 3 oder § 1671 allein zustand, gestorben, so hat das Familiengericht die elterliche Sorge dem überlebenden Elternteil zu übertragen, wenn dies dem Wohl des Kindes nicht widerspricht.

(3) Die Absätze 1 und 2 gelten entsprechend, soweit einem Elternteil die elterliche Sorge entzogen wird.

§ 1681 Todeserklärung eines Elternteils

(1) § 1680 Abs. 1 und 2 gilt entsprechend, wenn die elterliche Sorge eines Elternteils endet, weil er für tot erklärt oder seine Todeszeit nach den Vorschriften des Verschollenheitsgesetzes festgestellt worden ist.

(2) Lebt dieser Elternteil noch, so hat ihm das Familiengericht auf Antrag die elterliche Sorge in dem Umfang zu übertragen, in dem sie ihm vor dem nach § 1677 maßgebenden Zeitpunkt zustand, wenn dies dem Wohl des Kindes nicht widerspricht.

Anmerkungen zu den §§ 1678–1681

1. **Allgemeines.** Regelung der „subsidiären" elterlichen Sorge beim **Ausfall eines Elternteils** durch Tod (§ 1680 I, II; gleichgestellt Fälle des § 1681 I), tatsächliche Verhinderung der Ausübung (§ 1678 I), Ruhen (§ 1678 I 1 HS 2, II) und Entzug (§ 1680 III) der Sorge. Die Bestimmungen unterscheiden danach, ob Alleinsorge oder gemeinsame Sorge vorlag. – Beschränkung des Aufenthaltsbestimmungsrechts s § 1682.

2. **Alleinsorge von Ges wegen.** Beim Ausfall eines Elternteils bei **gemeinsamer Sorge** (s §§ 1626, 1626a I, II) nimmt der andere Elternteil von Ges wegen die Sorge allein wahr (§§ 1678 I HS 1, 1680 I, III, 1681 I). Eine gerichtl Übertragung ist entbehrlich, da eine Kindeswohlprüfung nicht erforderlich erscheint, wenn bislang schon gemeinsame Sorge bestand.

3. **Alleinsorge aufgrund Entscheidung des FamG.** Bei **Alleinsorge** eines Elternteils nach §§ 1626a III, 1671 kann die Übertragung der Sorge auf den anderen Elternteil (nur) durch das FamG erfolgen. **a)** Beruht die Alleinsorge **der Mutter**

§§ 1682–1684

auf § 1626a III bzw § 1671 I oder des Vaters auf § 1671 I oder II, so ist bei Tod des alleinsorgeberechtigten Elternteils (§ 1680 II), Entzug der Sorge (§ 1680 III) oder dauerhaftem Ruhen (§ 1678 II) die Sorge dem anderen Elternteil zu übertragen, wenn dies dem Kindeswohl nicht widerspricht (negative Kindeswohlprüfung). Verbleiben Zweifel, erfolgt Übertragung. **b)** Beim Ruhen der Sorge, tatsächlicher Verhinderung ihrer Ausübung (s § 1678 I HS 2) und beim Entzug kann die Sorge auf den anderen Teil übertragen werden im Wege einer Änderungsentscheidung nach § 1696 (BT-Drs 13/4899 S 102 ff). **c)** Liegen die Voraussetzungen Rn 3, 4 nicht vor, s §§ 1773 I, 1909.

6   **4. Verfahren.** S § 1671 Rn 19.

§ 1682 Verbleibensanordnung zugunsten von Bezugspersonen

¹Hat das Kind seit längerer Zeit in einem Haushalt mit einem Elternteil und dessen Ehegatten gelebt und will der andere Elternteil, der nach den §§ 1678, 1680, 1681 den Aufenthalt des Kindes nunmehr allein bestimmen kann, das Kind von dem Ehegatten wegnehmen, so kann das Familiengericht von Amts wegen oder auf Antrag des Ehegatten anordnen, dass das Kind bei dem Ehegatten verbleibt, wenn und solange das Kindeswohl durch die Wegnahme gefährdet würde. ²Satz 1 gilt entsprechend, wenn das Kind seit längerer Zeit in einem Haushalt mit einem Elternteil und dessen Lebenspartner oder einer nach § 1685 Abs. 1 umgangsberechtigten volljährigen Person gelebt hat.

1   **1. Allgemeines.** Begrenzung des Sorgerechts des Elternteils, dem es auf Grund subsidiärer Sorge nach §§ 1678, 1680, 1681 allein zusteht. Zweck: Verbleib des Kindes bei Bezugsperson (und damit in gewohnter Umgebung) nach Ausfall des bisherigen sorgeberechtigten Elternteils. – Bei Pflegekindern s § 1632 IV.

2   **2. Voraussetzungen. a)** Nicht nur kurzzeitiges Zusammenleben des Kindes mit Elternteil und dessen Ehegatten (Stiefelternteil, S 1) bzw Lebenspartner (S 2) oder volljähriger umgangsberechtigter Person nach § 1685 I (S 2), nicht: Partner einer nichtehelichen Lebensgemeinschaft. **b)** Alleinsorge des anderen Elternteils nach §§ 1678, 1680, 1681. **c)** Kindeswohlgefährdung auf Grund Entfernung von Ehegatte, Geschwister, Großeltern.

3   **3. Wirkungen. Verbleibensanordnung** des FamG beschneidet das Aufenthaltsbestimmungsrecht des allein sorgeberechtigten Elternteils.

4   **4. Verfahren.** S § 1671 Rn 19.

§ 1683 *(aufgehoben)*

§ 1684 Umgang des Kindes mit den Eltern

(1) Das Kind hat das Recht auf Umgang mit jedem Elternteil; jeder Elternteil ist zum Umgang mit dem Kind verpflichtet und berechtigt.

(2) ¹Die Eltern haben alles zu unterlassen, was das Verhältnis des Kindes zum jeweils anderen Elternteil beeinträchtigt oder die Erziehung erschwert. ²Entsprechendes gilt, wenn sich das Kind in der Obhut einer anderen Person befindet.

(3) ¹Das Familiengericht kann über den Umfang des Umgangsrechts entscheiden und seine Ausübung, auch gegenüber Dritten, näher regeln. ²Es kann die Beteiligten durch Anordnung zur Erfüllung der in Absatz 2 geregelten Pflicht anhalten. ³Wird die Pflicht nach Absatz 2 dauerhaft oder wiederholt erheblich verletzt, kann das Familiengericht auch eine Pfleg-

Titel 5. Elterliche Sorge §§ 1684, 1685

schaft für die Durchführung des Umgangs anordnen (Umgangspflegschaft). ⁴Die Umgangspflegschaft umfasst das Recht, die Herausgabe des Kindes zur Durchführung des Umgangs zu verlangen und für die Dauer des Umgangs dessen Aufenthalt zu bestimmen. ⁵Die Anordnung ist zu befristen. ⁶Für den Ersatz von Aufwendungen und die Vergütung des Umgangspflegers gilt § 277 des Gesetzes über das Verfahren in Familiensachen und in den Angelegenheiten der freiwilligen Gerichtsbarkeit entsprechend.

(4) ¹Das Familiengericht kann das Umgangsrecht oder den Vollzug früherer Entscheidungen über das Umgangsrecht einschränken oder ausschließen, soweit dies zum Wohl des Kindes erforderlich ist. ²Eine Entscheidung, die das Umgangsrecht oder seinen Vollzug für längere Zeit oder auf Dauer einschränkt oder ausschließt, kann nur ergehen, wenn andernfalls das Wohl des Kindes gefährdet wäre. ³Das Familiengericht kann insbesondere anordnen, dass der Umgang nur stattfinden darf, wenn ein mitwirkungsbereiter Dritter anwesend ist. ⁴Dritter kann auch ein Träger der Jugendhilfe oder ein Verein sein; dieser bestimmt dann jeweils, welche Einzelperson die Aufgabe wahrnimmt.

§ 1685 Umgang des Kindes mit anderen Bezugspersonen

(1) Großeltern und Geschwister haben ein Recht auf Umgang mit dem Kind, wenn dieser dem Wohl des Kindes dient.

(2) ¹Gleiches gilt für enge Bezugspersonen des Kindes, wenn diese für das Kind tatsächliche Verantwortung tragen oder getragen haben (sozialfamiliäre Beziehung). ²Eine Übernahme tatsächlicher Verantwortung ist in der Regel anzunehmen, wenn die Person mit dem Kind längere Zeit in häuslicher Gemeinschaft zusammengelebt hat.

(3) ¹§ 1684 Abs. 2 bis 4 gilt entsprechend. ²Eine Umgangspflegschaft nach § 1684 Abs. 3 Satz 3 bis 5 kann das Familiengericht nur anordnen, wenn die Voraussetzungen des § 1666 Abs. 1 erfüllt sind.

Anmerkungen zu den §§ 1684, 1685

Lit: Motzer, Das Umgangsrecht in der gerichtlichen Praxis seit der Reform des Kindschaftsrechts, FamRZ 00, 925; Rauscher, Das Umgangsrecht im KindRG, FamRZ 98, 329.

1. Allgemeines. Das Umgangsrecht des Kindes gegenüber jedem Elternteil und 1 eines jeden Elternteils gegenüber dem Kind ist Ausfluss des natürlichen Eltern-Kind-Verhältnisses. Umgangsrecht der Eltern ist als Pflichtrecht ausgestaltet; das Kind trifft keine Umgangspflicht (Rn 7 [bb]). Das Umgangsrecht ist höchstpersönlich, unübertragbar, unverzichtbar (BGH NJW 84, 1952); es ist ein absolutes Recht iSd § 823 I, Schadensersatzpflicht bei Verweigerung möglich (Frankfurt NJW-RR 05, 1339); Ausübungsverzicht möglich (Frankfurt FamRZ 86, 596); die Ausübungsüberlassung ist unwirksam.

2. Kindesumgangsrecht. a) Voraussetzungen. Das Kind hat ein Umgangs- 2 recht gegenüber jedem Elternteil, nicht gegenüber Großeltern und Geschwistern. Unerheblich ist, ob die Vaterschaft auf Ehe (§ 1592 Nr 1) oder Anerkennung bzw gerichtlicher Feststellung (§ 1592 Nr 2, 3) beruht. § 1685 II wurde zum 23.4.2004 neu gefasst. Die Neufassung war erforderlich, weil § 1685 aF mit GG 6 I (s Einf Rn 6) insoweit unvereinbar war, als der biologische Vater auch dann nicht in den Kreis der Umgangsberechtigten einbezogen wurde, wenn zwischen ihm und dem Kind eine sozial-familiäre Beziehung besteht oder bestand (BVerfG NJW 03, 2157). Zur Frage, wann eine sozial-familiäre Beziehung in der Regel anzunehmen ist, s

§§ 1684, 1685

II 2 (sa BGH FamRZ 05, 705); ebenfalls Indizwirkung für eine „sozial-familiäre Beziehung" haben eine bestehende oder vorangegangene Ehe oder Lebenspartnerschaft, so dass die bisher nach II aF umgangsberechtigten Personen keine Schlechter-
3 stellung erfahren (BT-Drs 15/2253, 12). **b) Inhalt.** Umgangsrecht zählt zum Kindeswohl und ist bei der Sorgerechtsausübung zu beachten, s § 1626 III. **aa)** Dem Umgangsrecht korrespondiert eine Duldungs- und Unterlassungspflicht (§ 1684 II 1) des einen Elternteils (und anderer Obhutspersonen, § 1684 II 2, zB Vormund, Pflegeeltern), um dem Kind die Beziehungspflege zum anderen Elternteil zu ermöglichen. Diese ist dabei nicht nur zuzulassen, sondern positiv zu fördern (Rostock NJW 07, 231; vgl auch §§ 1666–1667 Rn 7). **bb)** Der andere Elternteil darf sich der Mitwirkung nicht verweigern; Ausgestaltung als erzwingbare (FamFG 90 II) Rechtspflicht zweifelhaft. Sa BT-Drs 13/8511 S 68: „Signalwirkung". § 1684 I bildet jedenfalls dann keine Grundlage für die Anordnung des Umgangs und seine zwangsweise Durchführung, wenn das Umgangsverhalten des Elternteils dabei gegen seinen Willen von einem Sachverständigen familienpsychologisch begutachtet werden soll (BVerfG FuR 03, 409 [Verletzung des allg Persönlichkeitsrechts]). Iü ist auch in anderen Fällen die zwangsweise Durchsetzung der Umgangspflicht grundsätzlich verfassungswidrig (BVerfG NJW 08, 1287). Geltendmachung des Umgangsrechts durch sorgeberechtigten Elternteil nur in Vertretung des Kindes, nicht im eigenen Namen möglich; bei Interessenkonflikt Bestellung eines Verfahrenspflegers
4 (BGH NJW 08, 2586). **c) Umfang.** Maßgeblich ist Kindeswohl unter Berücksichtigung der Gegebenheiten des Einzelfalles wie räumliche Entfernung, Alter, Schulpflicht, Krankheit. Das Kind muss die Möglichkeit haben, eine persönliche Beziehung zu den Eltern aufzubauen und zu pflegen; hierzu zählen persönliche Kontakte wie (regelmäßig periodische, nicht flexibel selbstständig vereinbarte [für Kindergartenkinder Oldenburg FamRZ 01, 1164]) Besuche, gemeinsame Unternehmungen,
5 ferner Telefonate, Briefverkehr, Übersendung von Geschenken. **d) Kosten** gehören zum Unterhalt.

6 **3. Elternumgangsrecht. a) Voraussetzungen.** Elternschaft nach §§ 1591 f; Sorgeberechtigung ist unerheblich. Kindeswohl wird nicht vorausgesetzt, s oder
7 § 1684 IV. **b) Inhalt. aa)** Unterlassungs- und Duldungspflicht des anderen Elternteils (und Obhutspersonen), § 1684 II. Kind ist zB zur Abholung oder für einen Besuch bereit zu halten. Insbesondere bei **entfernt liegenden Wohnorten** von Kind und Umgangsberechtigtem darf die Umgangsregelung nicht unzumutbar gestaltet und der Umgang damit faktisch vereitelt werden; in diesen Fällen ist zu prüfen, ob der sorgeberechtigte Elternteil anteilig zur Übernahme des für das Abholen und Zurückbringen des Kindes erforderlichen zeitlichen und organisatorischen Aufwands zu verpflichten ist (BVerfG NJW 02, 1864: Bringen zu und Holen vom Flughafen). **bb)** Eine durchsetzbare Umgangspflicht des Kindes besteht nicht. Verweigert das Kind den Umgang, darf das Umgangsrecht nur ausgeschlossen werden, wenn die Haltung des Kindes auf verständigen und berechtigten Beweggründen beruht und die Interessen des umgangssuchenden Elternteils überwiegen (Brandenburg FamRZ 00, 1106: Nicht, wenn Vater früheren Umgang „nicht abwechslungs-
8 reich genug gestaltet" hatte). **c) Umfang** richtet sich nach den Gegebenheiten des Einzelfalles. Der umgangsberechtigte Elternteil soll sich einen persönlichen Eindruck von der Entwicklung des Kindes verschaffen und die verwandtschaftliche Beziehung entwickeln können. Dies umfasst persönliche Kontakte, Briefverkehr, angemessene
9 Geschenke. Maßgeblich ist Einvernehmen der Eltern (sa FamFG 165). **d) Kosten** trägt der Umgangsberechtigte; sa Rn 11.

10 **4. Umgangsrecht Dritter.** Nur die in § 1685 genannten Personen. Nicht der frühere nichteheliche Partner des Sorgeberechtigten (Hamm NJW 00, 2684). Voraussetzung: Kindeswohl, insbes sozial-familiäre Beziehung zu Drittem iSd II (s hierzu BGH FamRZ 05, 705; sa Celle NJW 05, 78; Karlsruhe NJW 07, 922: kein Umgangsrecht, wenn leiblicher Vater keine Bezugsperson). Bei schweren Loyalitätskonflikten des Kindes zeitweiliger Ausschluss möglich (Koblenz NJW-RR 00, 884).

Titel 5. Elterliche Sorge § 1686

5. Entscheidung des FamG. a) FamG kann umgangskonkretisierende Rege- 11
lungen und Anordnungen gegenüber Eltern und Dritten treffen, § 1684 III 1, zB
Zahl, Dauer und Zeitpunkt der Besuche und Telefonate, Umfang von Geschenken.
Zulässig sind ferner (konkrete und damit vollstreckbare, Frankfurt FamRZ 99, 618)
umgangssichernde Anordnungen, § 1684 III 2, zB das Kind frühzeitig zu Bett zu
bringen, damit es nicht beim Besuch des Umgangsberechtigten übermüdet ist (BT-
Drs 13/4899 S 105 f). Verweigert der durch eine wirksame, wenn auch anfechtbare
Entscheidung zur Gewährung des Umgangs verpflichtete Elternteil die Mitwirkung
an der Wahrnehmung des Umgangs durch den anderen Elternteil (sa Rn 7), kann
er dessen Mehraufwendungen zu ersetzen haben (BGH NJW 02, 2566). Möglich
ist die Anordnung einer Ergänzungspflegschaft mit dem Wirkungskreis der Regelung des Umgangs (Frankfurt NJW 00, 368), ferner zur Durchsetzung der Herausgabepflicht an den Ergänzungspfleger auch die Androhung von Zwangshaft oder
Gewaltanwendung gegen den verpflichteten Elternteil nach FamFG 90 II (Frankfurt
NJW 02, 3785). Bei einer Verletzung der Pflichten nach II kann auch eine
Umgangspflegschaft angeordnet werden, III 3. **b) Ausschluss** oder Einschränkung 12
des Umgangsrechts (und Vollzug bereits getroffener Entscheidungen) durch FamG
möglich, wenn das Kindeswohl dies verlangt, § 1684 IV 1. Nach § 1684 IV 2 setzt
die dauernde oder langfristige Beschränkung eine konkrete Gefährdung des Kindeswohls voraus; das gilt auch bei kürzeren Zeitabschnitten (Köln NJW 03, 1878);
eine allein mit der Abschiebung begründete Ablehnung des Umgangsrechts verletzt
GG 6 II (BVerfG NJW 03, 3547). Das Umgangsrecht kann selbst einem zur Erziehung ungeeigneten Elternteil zustehen (Hamm FamRZ 97, 1096 zu § 1634 aF;
Entführung der Mutter durch den nicht sorgeberechtigten Vater). Der Eingriff in
das Umgangsrecht unterliegt dem Verhältnismäßigkeitsgrundsatz. Abbruch der
Beziehungen zum erziehungsbereiten leiblichen Vater nur unter ganz außergewöhnlichen Umständen gerechtfertigt (EGMR NJW 04, 3397). Gegenüber dem Aus- 13
schluss vom Umgang ist vorrangig die Ausübung des Umgangsrechts unter Anwesenheit eines Dritten, sog **„beschützter Umgang"**. Nach BT-Drs 13/4899 S 106
soll dies zB bei einem nicht fern liegenden Verdacht des sexuellen Missbrauchs des
Kindes durch den Umgangsberechtigten oder der Gefahr der Kindesentziehung
durch den Umgangsberechtigten im Einzelfall eine annehmbare Lösung bieten;
ebenso bei drohender weiblicher Genitalverstümmelung (Karlsruhe FamRZ 09,
130). Der Dritte kann zur Mitwirkung nicht gezwungen werden; möglich ist Mitwirkung eines Trägers der Jugendhilfe oder Vereins, § 1684 IV 4. – Auch die **räumliche Einschränkung** des Umgangsrechts ist zulässig. Um eine Entführung ins
Ausland auszuschließen, soll gegenüber ausländischen Elternteilen eine Auflage
möglich sein, wonach der Umgangsberechtigte seinen Reisepass zu hinterlegen hat
(München FamRZ 98, 976; aA KG NJW 03, 978).

6. Beratung und Unterstützung. S SGB VIII 18 III. 14

7. Verfahren. Zuständig FamG (FamFG 111 Nr 2, 151 Nr 2); Verfahren nach 15
FamFG 151 ff; Richtervorbehalt RPflG 14 I Nr 7; Anhörung des Jugendamtes
FamFG 162, der Eltern FamFG 160, des Kindes FamFG 159; Hinwirkung auf
einvernehmliche Lösung s FamFG 156; Vorrang- und Beschleunigungsgebot
FamFG 155; Verfahrensbeistand für Kind s FamFG 158 (Naumburg FamRZ 09,
1417: Kindesmutter lehnt Antrag des Vaters auf Umgang ab, obwohl dieser sein
Kind noch nie gesehen hat).

8. Durchsetzung. FamFG 88 ff, 90 II (s Rn 11); Vermittlungsverfahren s 16
FamFG 165.

§ 1686 Auskunft über die persönlichen Verhältnisse des Kindes

[1]Jeder Elternteil kann vom anderen Elternteil bei berechtigtem Interesse
Auskunft über die persönlichen Verhältnisse des Kindes verlangen, soweit
dies dem Wohl des Kindes nicht widerspricht.

§§ 1686a, 1687

1 **1. Auskunftsanspruch.** Der Anspruch eines Elternteils gegen den anderen besteht unabhängig vom Sorgerecht. Bedeutung vor allem, wenn regelmäßiger Umgang ausscheidet. Voraussetzung ist Elternschaft nach §§ 1591 f und berechtigtes Interesse; es fehlt, wenn Information vom Kind erlangt werden kann, etwa anlässlich des Umgangs. Ein Anspruch gegenüber dem Kind besteht nicht. Bsp: (schulische) Entwicklung einschl der Schulzeugnisse (Hamm FamRZ 03, 1583), Gesundheitszustand, aktuelle Fotographie (jährlich, Frankfurt NJW 02, 3786; Hamm FamRZ 10, 909), nicht: Entbindung von ärztlicher Schweigepflicht (Hamm NJW-RR 95, 1028 zu § 1634 III aF). Grenze: Beeinträchtigung des Kindeswohls. Streitentscheidung durch FamG, S 2 (Rechtspfleger); Zur Durchsetzung kann ein Ergänzungspfleger bestellt werden (Frankfurt NJW 02, 3786).

2 **2. Verfahren.** Das Gesetz zur Stärkung der Rechte des leiblichen, nicht rechtlichen Vaters (BGBl 2013 I 2176 v 12.7.2013) hat **S 2** gestrichen. S 2 wurde überflüssig, weil FamFG 151 Nr 2 ihre Funktion übernommen hat (BT-Drs 17/12163 S 12).

§ 1686a Rechte des leiblichen, nicht rechtlichen Vaters

(1) Solange die Vaterschaft eines anderen Mannes besteht, hat der leibliche Vater, der ernsthaftes Interesse an dem Kind gezeigt hat,
1. **ein Recht auf Umgang mit dem Kind, wenn der Umgang dem Kindeswohl dient, und**
2. **ein Recht auf Auskunft von jedem Elternteil über die persönlichen Verhältnisse des Kindes, soweit er ein berechtigtes Interesse hat und dies dem Wohl des Kindes nicht widerspricht.**

(2) Hinsichtlich des Rechts auf Umgang mit dem Kind nach Absatz 1 Nummer 1 gilt § 1684 Absatz 2 bis 4 entsprechend. Eine Umgangspflegschaft nach § 1684 Absatz 3 Satz 3 bis 5 kann das Familiengericht nur anordnen, wenn die Voraussetzungen des § 1666 Absatz 1 erfüllt sind.

1 Das Gesetz zur Stärkung der Rechte des leiblichen, nicht rechtlichen Vaters (BGBl 2013 I 2176 v 12.7.2013) hat die Norm eingefügt. § 1686a soll die Rechtsstellung des biologischen Vaters verbessern, indem die Möglichkeit des biologischen Vaters, Umgang mit seinem Kind zu erhalten, erweitert wird und indem unter bestimmten Voraussetzungen ein Auskunftsrecht über die persönlichen Verhältnisse seines Kindes vorgesehen wird. Das Verfahren iSv § 1686a richtet sich nach FamFG 167a nF (BT-Drs 17/12163 S 14). Die Neuregelungen ändern die mit Art 8 EMRK nicht zu vereinbarende frühere Rechtslage, wonach der biologische Vater, der keine enge Bezugsperson des Kindes ist, auch ohne Prüfung des Kindeswohls vom Umgang mit seinem Kind ausgeschlossen war, wenn ihm der Umstand, dass eine sozial-familiäre Beziehung nicht aufgebaut wurde, nicht zuzurechnen war (s zu den einschlägigen Entscheidungen des EGMR BT-Dr 17/12163 S 8).

§ 1687 Ausübung der gemeinsamen Sorge bei Getrenntleben

(1) ¹Leben Eltern, denen die elterliche Sorge gemeinsam zusteht, nicht nur vorübergehend getrennt, so ist bei Entscheidungen in Angelegenheiten, deren Regelung für das Kind von erheblicher Bedeutung ist, ihr gegenseitiges Einvernehmen erforderlich. ²Der Elternteil, bei dem sich das Kind mit Einwilligung des anderen Elternteils oder auf Grund einer gerichtlichen Entscheidung gewöhnlich aufhält, hat die Befugnis zur alleinigen Entscheidung in Angelegenheiten des täglichen Lebens. ³Entscheidungen in Angelegenheiten des täglichen Lebens sind in der Regel solche, die häufig vorkommen und die keine schwer abzuändernden Auswirkungen auf die

Titel 5. Elterliche Sorge § 1687a

Entwicklung des Kindes haben. [4]**Solange sich das Kind mit Einwilligung dieses Elternteils oder auf Grund einer gerichtlichen Entscheidung bei dem anderen Elternteil aufhält, hat dieser die Befugnis zur alleinigen Entscheidung in Angelegenheiten der tatsächlichen Betreuung.** [5]**§ 1629 Abs. 1 Satz 4 und § 1684 Abs. 2 Satz 1 gelten entsprechend.**

(2) Das Familiengericht kann die Befugnisse nach Absatz 1 Satz 2 und 4 einschränken oder ausschließen, wenn dies zum Wohl des Kindes erforderlich ist.

Lit: Schilling, Rechtliche Probleme bei der gemeinsamen Sorge nach Trennung bzw Scheidung, NJW 07, 3233.

1. Allgemeines. Regelung der Ausübung gemeinsamer Sorge, wenn sich das 1 Kind bei einem Elternteil gewöhnlich aufhält und infolge der Trennung der Eltern die ständige Abstimmung erheblich erschwert ist. I unterscheidet, ob es sich um Angelegenheiten von erheblicher Bedeutung oder des täglichen Lebens handelt. Abgrenzung schwierig (dazu Schwab, FamRZ 98, 468 f).

2. Voraussetzung. Voraussetzung ist, dass sich das Kind auf Grund Einverneh- 2 mens der Eltern oder einer gerichtl Entscheidung rechtmäßig bei einem sorgeberechtigten Elternteil aufhält. Hält sich das Kind beim nicht sorgeberechtigten Elternteil auf, s § 1687a.

3. Einvernehmliche Ausübung der Sorge. I 2 beschränkt die einvernehmli- 3 che Ausübung der Sorge und die Einigungspflicht des § 1627 auf Angelegenheiten, deren Regelung für das Kind von erheblicher Bedeutung ist und die daher nicht unter I 3 fallen. Hierzu zählen grundlegende Entscheidungen der tatsächlichen Betreuung, die Bestimmung des Aufenthalts, der Schulbesuch (München FamRZ 99, 112), die religiöse Erziehung, die Berufsausbildung, die medizinische Versorgung, auch wichtige Angelegenheiten der Vermögenssorge (nicht nur Geschäfte, die nach § 1643 genehmigungsbedürftig sind); in Eilfällen hilft I 5 iVm § 1629 I 4. – Kommt Einigung nicht zustande s § 1628. Zum Unterhaltsanspruch gegen anderen Elternteil s § 1629 II 2.

4. Alleinentscheidungsrecht. a) des Elternteils, bei dem sich das Kind rechtmä- 4 ßig gewöhnlich aufhält (I 2). Voraussetzung: Es handelt sich um eine Angelegenheit des täglichen Lebens. Maßstab: I 3; Entscheidung muss häufig vorkommen und keine schwer abänderbaren Wirkungen haben. Bsp: Einzelfragen, die bei der gewöhnlichen medizinischen Versorgung auftreten, Entscheidungen im Rahmen der gewählten schulischen oder beruflichen Ausbildung, Maßregelung des nicht folgsamen Kindes, Regelung von Vermögensangelegenheiten geringerer Bedeutung, etwa die Höhe des Taschengeldes; *nicht*: gesundheitsgefährdende Fernreisen (Köln NJW 99, 295 [Ägypten]), Ausübung des Umgangsrechts mit Bezugspersonen iSd § 1685 (Dresden NJW-RR 05, 373) keinesfalls Geschäfte nach § 1643; **b)** des 5 sein Umgangsrecht (s § 1684) ausübenden Elternteils (I 4). Alleinentscheidungsbefugnis besteht, soweit es um Fragen der tatsächlichen Betreuung als Folge des Umgangs handelt. Bsp: Gestaltung des Tagesablaufs, Zeitpunkt der Bettruhe. **c) Grenze:** Anordnung des FamG, II. **d)** Soweit das Alleinentscheidungsrecht reicht, besteht auch Vertretungsmacht (Schwab DNotZ 98, 442).

5. Notvertretungsrecht. Das Recht nach § 1629 I 4 gilt auch bei getrennt 6 lebenden Eltern, ebenso Wohlverhaltensklausel des § 1684 II 1, I 4.

§ 1687a Entscheidungsbefugnisse des nicht sorgeberechtigten Elternteils

Für jeden Elternteil, der nicht Inhaber der elterlichen Sorge ist und bei dem sich das Kind mit Einwilligung des anderen Elternteils oder eines

sonstigen Inhabers der Sorge oder auf Grund einer gerichtlichen Entscheidung aufhält, gilt § 1687 Abs. 1 Satz 4 und 5 und Abs. 2 entsprechend.

1 **Alleinentscheidungsrecht des nicht sorgeberechtigten Elternteils.** Elternteil, der nicht (Mit-)Inhaber der Sorge ist (sonst § 1687), hat bei rechtmäßiger Ausübung seines Umgangsrechts ein Alleinentscheidungsrecht bzgl Fragen der tatsächlichen Betreuung und das Notvertretungsrecht.

§ 1687b Sorgerechtliche Befugnisse des Ehegatten

(1) ¹Der Ehegatte eines allein sorgeberechtigten Elternteils, der nicht Elternteil des Kindes ist, hat im Einvernehmen mit dem sorgeberechtigten Elternteil die Befugnis zur Mitentscheidung in Angelegenheiten des täglichen Lebens des Kindes. ²§ 1629 Abs. 2 Satz 1 gilt entsprechend.

(2) Bei Gefahr im Verzug ist der Ehegatte dazu berechtigt, alle Rechtshandlungen vorzunehmen, die zum Wohl des Kindes notwendig sind; der sorgeberechtigte Elternteil ist unverzüglich zu unterrichten.

(3) Das Familiengericht kann die Befugnisse nach Absatz 1 einschränken oder ausschließen, wenn dies zum Wohl des Kindes erforderlich ist.

(4) Die Befugnisse nach Absatz 1 bestehen nicht, wenn die Ehegatten nicht nur vorübergehend getrennt leben.

1 **1. Allgemeines.** Regelung der Mitwirkung des Ehegatten des allein sorgeberechtigten Elternteils an der Ausübung der Sorge; sog „kleines Sorgerecht" des Stiefelternteils. Sa LPartG 9.

2 **2. Voraussetzungen. a)** Alleiniges Sorgerecht eines Elternteils; bei gem Sorgerecht des Elternteils s § 1687. **b)** Sorgeberechtigter und sein Ehegatte leben nicht getrennt (IV). Nach Trennung ggf Umgangsrecht gem § 1685 II. Sa § 1682. **c)** Keine Beschränkung durch FamG (III).

3 **3. Rechtsfolgen. a)** Mitwirkung des Ehegatten des alleinsorgeberechtigten Elternteils an der Ausübung elterlicher Sorge. Einvernehmen s § 1627. **b)** Notvertretungsrecht gem II s § 1629 I 4.

§ 1688 Entscheidungsbefugnisse der Pflegeperson

(1) ¹Lebt ein Kind für längere Zeit in Familienpflege, so ist die Pflegeperson berechtigt, in Angelegenheiten des täglichen Lebens zu entscheiden sowie den Inhaber der elterlichen Sorge in solchen Angelegenheiten zu vertreten. ²Sie ist befugt, den Arbeitsverdienst des Kindes zu verwalten sowie Unterhalts-, Versicherungs-, Versorgungs- und sonstige Sozialleistungen für das Kind geltend zu machen und zu verwalten. ³§ 1629 Abs. 1 Satz 4 gilt entsprechend.

(2) Der Pflegeperson steht eine Person gleich, die im Rahmen der Hilfe nach den §§ 34, 35 und 35a Abs. 1 Satz 2 Nr. 3 und 4 des Achten Buches Sozialgesetzbuch die Erziehung und Betreuung eines Kindes übernommen hat.

(3) ¹Die Absätze 1 und 2 gelten nicht, wenn der Inhaber der elterlichen Sorge etwas anderes erklärt. ²Das Familiengericht kann die Befugnisse nach den Absätzen 1 und 2 einschränken oder ausschließen, wenn dies zum Wohl des Kindes erforderlich ist.

(4) Für eine Person, bei der sich das Kind auf Grund einer gerichtlichen Entscheidung nach § 1632 Abs. 4 oder § 1682 aufhält, gelten die Absätze 1

Titel 5. Elterliche Sorge §§ 1689–1696

und 3 mit der Maßgabe, dass die genannten Befugnisse nur das Familiengericht einschränken oder ausschließen kann.

1. Allgemeines. Regelung der Entscheidungs- und Vertretungsbefugnisse von 1 nicht sorgeberechtigten Personen, in deren Obhut sich das Kind befindet.

2. Personenkreis. Pflegeperson bei Familienpflege (I 1, IV Fall 1), soweit nicht 2 Anordnung nach § 1630 IV; Erzieher und Betreuer nach II (insbes Heimerzieher, nicht aber bei Internataufenthalt); Stiefeltern, Großeltern und Geschwister, bei denen sich das Kind auf Grund einer Verbleibensanordnung nach § 1682 befindet (IV Fall 2).

3. Befugnisse. a) Entscheidung und Vertretungsmacht (für den Sorgeberechtig- 3 ten) bei Fragen des täglichen Lebens (s § 1687 I 3), I 1; Notvertretungsrecht für das Kind, I 3; Verwaltungsrecht für Arbeitseinkommen und Sozialleistungen (insoweit auch Vertretungsbefugnis zum Zwecke der Durchsetzung), I 2, aber nur in Angelegenheiten des täglichen Lebens, nicht etwa schulische Frühförderung (OVG Weimar NJW 02, 3649). **b) Grenzen: aa)** Entzug durch Erklärung des Sorgeberechtigten, 4 III 1; auch konkludent, wenn der Sorgeberechtigte selbst für das Kind handelt. Erklärung unwirksam im Falle einer Verbleibensanordnung, IV. **bb)** Entzug oder Beschränkung durch das FamG, III 2.

§§ 1689 bis 1692 *(weggefallen)*

§ 1693 Gerichtliche Maßnahmen bei Verhinderung der Eltern

Sind die Eltern verhindert, die elterliche Sorge auszuüben, so hat das Familiengericht die im Interesse des Kindes erforderlichen Maßregeln zu treffen.

Ausübung der Sorge durch das FamG. Bei Verhinderung **beider** Elternteile 1 (sonst § 1678 I) oder des allein sorgeberechtigten Elternteils kann das FamG ausnahmsweise unmittelbar für das Kind handeln. Mögliche Maßnahmen: Pflegschaft, Unterbringung, auch RGeschäfte im Namen des Kindes. Zur Zuständigkeit für Fürsorgemaßregeln s FamFG 152 III. Bei Fehlverhalten der Eltern ist nicht nach § 1693, sondern nach § 1666 I zu entscheiden.

§§ 1694, 1695 *(weggefallen)*

§ 1696 Abänderung gerichtlicher Entscheidungen und gerichtlich gebilligter Vergleiche

(1) ¹Eine Entscheidung zum Sorge- oder Umgangsrecht oder ein gerichtlich gebilligter Vergleich ist zu ändern, wenn dies aus triftigen, das Wohl des Kindes nachhaltig berührenden Gründen angezeigt ist. ²Entscheidungen nach § 1626a Absatz 2 können gemäß § 1671 Absatz 1 geändert werden; § 1671 Absatz 4 gilt entsprechend. ³§ 1678 Absatz 2, § 1680 Absatz 2 sowie § 1681 Absatz 1 und 2 bleiben unberührt.

(2) Eine Maßnahme nach den §§ 1666 bis 1667 oder einer anderen Vorschrift des Bürgerlichen Gesetzbuchs, die nur ergriffen werden darf, wenn dies zur Abwendung einer Kindeswohlgefährdung oder zum Wohl des Kindes erforderlich ist (kindesschutzrechtliche Maßnahme), ist aufzuheben, wenn eine Gefahr für das Wohl des Kindes nicht mehr besteht oder die Erforderlichkeit der Maßnahme entfallen ist.

1. Allgemeines. § 1696 wurde durch das FGG-Reformgesetz v 17.12.2008 1 (BGBl I 2586) mit Rücksicht auf FamFG 166 I neu gefasst und mit Wirkung zum

§§ 1697–1698

19.5.2013 durch das Gesetz vom 16.4.2013 (vor § 1297 Rn 1) in I 2 geändert. Die Regelung enthält ein materielles Abänderungsrecht; FamG hat Entscheidungen in einem neuen Verfahren zu ändern (I 1) oder aufzuheben (II), wenn sich die zugrunde gelegten Verhältnisse geändert haben. Bei länger dauernden Maßnahmen bzw Absehen von Maßnahmen nach §§ 1666–1667 besteht Überprüfungspflicht (FamFG 166 II und III; entspricht § 1696 III aF).

2 **2. Voraussetzungen. a)** Entscheidung zum Sorge- oder Umgangsrecht oder gerichtlich gebilligter Vergleich. **b)** (Nachträgliche, str) Änderung der für die frühere Entscheidung maßgebenden Sach- oder Rechtslage (auch Änderung der Rechtsprechung, BVerfG NJW 05, 1766), im Falle des II muss Kindeswohlgefährdung wegge-
3 fallen oder Erforderlichkeit der Maßnahme entfallen sein. **c)** Änderung muss aus triftigen Gründen angezeigt sein, die das Kindeswohl nachhaltig berühren. Gründe müssen so schwerwiegend sein, dass sie die mit der Änderung der Lebensverhältnisse des Kindes verbundenen Nachteile überwiegen („Erziehungskontinuität", s BT-Drs 13/4899 S 109). Nach **I 2** können aber Entscheidungen iSv § 1626a II bereits unter den weniger strengen Voraussetzungen des § 1671 I geändert werden. Hier ist zu prüfen, ob sie dem Kindeswohl am besten entspricht.

4 **3. Entscheidung.** Liegen die Voraussetzungen von I 1, II vor, muss geändert bzw aufgehoben werden; kein Ermessen des Gerichts; s aber I 2. Maßgeblich sind das Kindeswohl und der Verhältnismäßigkeitsgrundsatz. Änderung kann auch eine erforderliche Verschärfung einer Maßnahme sein.

5 **4. Verfahren.** Änderung erfolgt in einem neuen Verfahren. Sachlich zuständig ist FamG; dies gilt auch, wenn frühere Entscheidung vom VormundschaftsG getroffen wurde, sofern nunmehr FamG zuständig ist; örtl zuständig (FamFG 152) kann ein anderes Gericht sein, wenn sich zuständigkeitsbegründende Umstände nach Erlass der ersten Entscheidung geändert haben. Verfahrensbeistand für Kind s FamFG 158; Anhörungspflichten FamFG 159–161; Mitwirkungspflicht des Jugendamts SGB VIII 50, FamFG 162.

§ 1697 *(aufgehoben)*

§ 1697a Kindeswohlprinzip

Soweit nichts anderes bestimmt ist, trifft das Gericht in Verfahren über die in diesem Titel geregelten Angelegenheiten diejenige Entscheidung, die unter Berücksichtigung der tatsächlichen Gegebenheiten und Möglichkeiten sowie der berechtigten Interessen der Beteiligten dem Wohl des Kindes am besten entspricht.

1 **Entscheidungsmaßstab. a)** Kindeswohl ist Voraussetzung und Entscheidungsmaßstab ist gerichtl Eingriffen in die elterliche Sorge auch bei solchen Bestimmungen, die dies nicht ausdr vorsehen (s §§ 1628, 1643, 1645, 1684 III 1). **b)** Bei der Entscheidung sind Gegebenheiten und Möglichkeiten zu berücksichtigen, zB räumliche Entfernung, Arbeits- und Schulzeiten bei Umgangsregelung. **c)** Ferner sind Rechte und berechtigte Interessen Dritter maßgeblich, insbes der Eltern, aber auch Geschwister, Großeltern, Pflege- und Stiefeltern. Zum Kindeswohl bei Entscheidungen mit Bezug zur Schutzimpfung von Kindern s Brissa JR 12, 401 ff.

§ 1698 Herausgabe des Kindesvermögens; Rechnungslegung

(1) Endet oder ruht die elterliche Sorge der Eltern oder hört aus einem anderen Grunde ihre Vermögenssorge auf, so haben sie dem Kind das Ver-

Titel 6. Beistandschaft §§ 1698a–1712

mögen herauszugeben und auf Verlangen über die Verwaltung Rechenschaft abzulegen.

(2) Über die Nutzungen des Kindesvermögens brauchen die Eltern nur insoweit Rechenschaft abzulegen, als Grund zu der Annahme besteht, dass sie die Nutzungen entgegen der Vorschrift des § 1649 verwendet haben.

Abwicklungsregelung für den Fall der Beendigung oder des Ruhens der elterlichen Sorge insgesamt oder der Vermögenssorge. 1

§ 1698a Fortführung der Geschäfte in Unkenntnis der Beendigung der elterlichen Sorge

(1) ¹Die Eltern dürfen die mit der Personensorge und mit der Vermögenssorge für das Kind verbundenen Geschäfte fortführen, bis sie von der Beendigung der elterlichen Sorge Kenntnis erlangen oder sie kennen müssen. ²Ein Dritter kann sich auf diese Befugnis nicht berufen, wenn er bei der Vornahme eines Rechtsgeschäfts die Beendigung kennt oder kennen muss.

(2) Diese Vorschriften sind entsprechend anzuwenden, wenn die elterliche Sorge ruht.

a) Vorschrift dient dem Schutz der Eltern, die von der Beendigung (I) oder dem 1 Ruhen der Sorge (II) (ohne Fahrlässigkeit, s § 122 II) keine Kenntnis haben, vor Ansprüchen aus legitimationslosem Handeln, insbes § 179. **b)** Rechtsfolge: Fiktion ges Vertretungsmacht. Nach I 2 nicht, wenn Vertragspartner Mangel kennt oder kennen muss; Grund: § 179 III.

§ 1698b Fortführung dringender Geschäfte nach Tod des Kindes

Endet die elterliche Sorge durch den Tod des Kindes, so haben die Eltern die Geschäfte, die nicht ohne Gefahr aufgeschoben werden können, zu besorgen, bis der Erbe anderweit Fürsorge treffen kann.

Die Vorschrift will einstw Fürsorge für Kindesvermögen sicherstellen. 1

§§ 1699 bis 1711 *(weggefallen)*

Titel 6. Beistandschaft

§ 1712 Beistandschaft des Jugendamts; Aufgaben

(1) Auf schriftlichen Antrag eines Elternteils wird das Jugendamt Beistand des Kindes für folgende Aufgaben:
1. die Feststellung der Vaterschaft,
2. die Geltendmachung von Unterhaltsansprüchen sowie die Verfügung über diese Ansprüche; ist das Kind bei einem Dritten entgeltlich in Pflege, so ist der Beistand berechtigt, aus dem vom Unterhaltspflichtigen Geleisteten den Dritten zu befriedigen.

(2) Der Antrag kann auf einzelne der in Absatz 1 bezeichneten Aufgaben beschränkt werden.

§§ 1712–1717   Buch 4. Abschnitt 2. Verwandtschaft

§ 1713 Antragsberechtigte

(1) ¹Den Antrag kann ein Elternteil stellen, dem für den Aufgabenkreis der beantragten Beistandschaft die alleinige elterliche Sorge zusteht oder zustünde, wenn das Kind bereits geboren wäre. ²Steht die elterliche Sorge für das Kind den Eltern gemeinsam zu, kann der Antrag von dem Elternteil gestellt werden, in dessen Obhut sich das Kind befindet. ³Der Antrag kann auch von einem nach § 1776 berufenen Vormund gestellt werden. ⁴Er kann nicht durch einen Vertreter gestellt werden.

(2) ¹Vor der Geburt des Kindes kann die werdende Mutter den Antrag auch dann stellen, wenn das Kind, sofern es bereits geboren wäre, unter Vormundschaft stünde. ²Ist die werdende Mutter in der Geschäftsfähigkeit beschränkt, so kann sie den Antrag nur selbst stellen; sie bedarf hierzu nicht der Zustimmung ihres gesetzlichen Vertreters. ³Für eine geschäftsunfähige werdende Mutter kann nur ihr gesetzlicher Vertreter den Antrag stellen.

§ 1714 Eintritt der Beistandschaft

¹Die Beistandschaft tritt ein, sobald der Antrag dem Jugendamt zugeht. ²Dies gilt auch, wenn der Antrag vor der Geburt des Kindes gestellt wird.

§ 1715 Beendigung der Beistandschaft

(1) ¹Die Beistandschaft endet, wenn der Antragsteller dies schriftlich verlangt. ²§ 1712 Abs. 2 und § 1714 gelten entsprechend.

(2) Die Beistandschaft endet auch, sobald der Antragsteller keine der in § 1713 genannten Voraussetzungen mehr erfüllt.

§ 1716 Wirkungen der Beistandschaft

¹Durch die Beistandschaft wird die elterliche Sorge nicht eingeschränkt. ²Im Übrigen gelten die Vorschriften über die Pflegschaft mit Ausnahme derjenigen über die Aufsicht des Familiengerichts und die Rechnungslegung sinngemäß; die §§ 1791, 1791c Abs. 3 sind nicht anzuwenden.

§ 1717 Erfordernis des gewöhnlichen Aufenthalts im Inland

¹Die Beistandschaft tritt nur ein, wenn das Kind seinen gewöhnlichen Aufenthalt im Inland hat; sie endet, wenn das Kind seinen gewöhnlichen Aufenthalt im Ausland begründet. ²Dies gilt für die Beistandschaft vor der Geburt des Kindes entsprechend.

Anmerkungen zu den §§ 1712–1717

1   **1. Allgemeines.** Beistandschaft dient der Unterstützung des Kindes eines allein sorgeberechtigten Elternteils (s §§ 1626a II, 1671 f), insbes gegenüber dem anderen Elternteil. Beistandschaft wird dem Elternteil nicht aufgezwungen, sondern tritt nur auf Antrag ein. Zur Hinweispflicht des Jugendamts s SGB VIII 52a I 2 Nr 4.

2   **2. Voraussetzungen. a)** Schriftlicher **Antrag**, § 1712 I. **b) Zugang** des Antrags beim zuständigen (SGB VIII 87c V) Jugendamt; s § 1714. Eine (gerichtliche) Entscheidung ist nicht erforderlich. Fürsorgebedürfnis wird nicht vorausgesetzt. Antrag kann schon vor der Geburt des Kindes gestellt werden, § 1713 I 1 HS 1; wichtig
3   für § 1615o I 2. **c) Antragsbefugnis. aa)** Der Elternteil, dem die Alleinsorge (s

§§ 1626a II, 1671 f) für den Aufgabenkreis des Beistands (s § 1712) zusteht oder bei vorgeburtlichem Antrag zustünde, § 1713 I 1. Bei gemeinsamer Sorge (§§ 1626, 1626a I) der Elternteil, der das Kind in seiner Obhut hat, § 1713 I 2. **bb)** Die werdende Mutter, wenn das Kind, wäre es geboren, unter Vormundschaft (s § 1793) stünde, § 1713 II; damit soll Zeitraum bis zum Eintritt der Amtsvormundschaft nach § 1791c überbrückt werden. **cc)** Von den Eltern benannter Vormund, § 1713 I 3. **d)** Antrag ist grundsätzlich **höchstpersönlich,** § 1713 I 4, II 2; Ausn: § 1713 II 3. **e)** Gewöhnlicher Aufenthalt des Kindes im Inland, § 1717 S 1 HS 1.

3. Aufgabenbereiche. Soweit keine Beschränkung nach § 1712 II: **a) Vater-** **5** **schaftsfeststellung,** insbes durch gerichtliche Entscheidung (§ 1600d). **Nicht:** Vaterschaftsanfechtung (§ 1599). **b) Unterhaltssicherung** durch Geltendmachung **6** von Unterhaltsansprüchen insbes gegen den Vater, und sonstige Verfügungen über Unterhaltsansprüche, insbes Abschluss von Abfindungsvergleichen. Erlangter Unterhalt ist dem sorgeberechtigten Elternteil zu überlassen, Ausnahme § 1712 II Nr 2 HS 2. **Nicht:** Leistungen nach dem UnterhaltsvorschussG (BGH FamRZ 99, 1344); Verteidigung gegen Unterhaltsansprüche.

4. Wirkungen. a) Mit Zugang des Antrags wird das Jugendamt Beistand, § 1714. **7** Grundsätzlich gelten Regelungen über die Pflegschaft entsprechend; s § 1716 S 2. – Jugendamt (sa SGB VIII 55 II) erlangt im Rahmen des Aufgabenkreises **ges Vertretungsmacht** für das Kind, §§ 1716 S 2, 1915 I, 1793 S 1 HS 2. Eine Beschränkung der elterlichen Sorge tritt grundsätzlich nicht ein, § 1716 S 1. Folge: Konkurrierende Handlungsbefugnisse von Elternteil und Jugendamt für das Kind; Ausnahme Verfahren in Abstammungssachen, FamFG 173. **b)** Haftung s §§ 1716 S 2, 1915 I, 1833. **8** **c)** Kein Vergütungs- und Aufwendungsersatzanspruch, §§ 1716 S 2, 1915 I, 1836 IV, 1835a V. **d)** Aufsicht des FamG und Rechnungslegungspflicht entfallen, § 1716 S 2.

5. Beendigung. a) Mit Zugang eines schriftlichen (auch: Teil-)Aufhebungsan- **9** trags beim Jugendamt, § 1715 I 1. **b)** Wegfall der Voraussetzungen des § 1713, § 1715 II. Bsp: Antragsteller verliert Alleinsorge (§§ 1626a I, 1672). **c)** Kind begründet gewöhnlichen Aufenthalt im Ausland, § 1717 S 1 HS 2; bei vorgeburtlicher Beistandschaft s § 1717 S 2. **d)** Erreichung des Zwecks der Beistandschaft bei Vaterschaftsfeststellung, §§ 1716 S 2, 1918 III; nicht bei Unterhalt, s BT-Drs 13/892 S 54.

6. IPR. S EGBGB 24. **10**

7. Übergangsrecht. S EGBGB 223. **11**

§§ 1718 bis 1740 *(weggefallen)*

Titel 7. Annahme als Kind

Vorbemerkungen

Lit: Bosch, Entwicklungen und Probleme des Adoptionsrechts in der Bundesrepublik Deutschland, FamRZ 84, 829; Frank, Grenzen der Adoption, 1978; ders, Die Neuregelung des Adoptionsrechts, FamRZ 98, 393.

1. Entwicklung des Adoptionsrecht. Das AdoptionsR des BGB ist seit 1900 **1** mehrfach geändert worden. Das AdoptionsG 1976 hat das AdoptionsR völlig neu gefasst, inhaltlich die bereits den Novellierungen zugrundeliegende Tendenz zur Adoption als Institut der Fürsorge für Kinder ohne familiäre Eingliederung folgerichtig zur Volladoption fortgeführt und rechtssystematisch die Konsequenz durch Übergang von der „Annahme an Kindes Statt" durch Privatvertrag zur staatlich

§§ 1741–1744 Buch 4. Abschnitt 2. Verwandtschaft

2 verfügten „Annahme als Kind" gezogen. Das mit dem AdoptionsG gleichzeitig erlassene AdoptionsvermittlungsG (Neufassung v 27.11.1989, BGBl I 2016, hierzu Lüderitz NJW 89, 1633) soll flankierend helfen, dass für elternlose Kinder schneller geeignete Adoptiveltern gefunden und ungeeignete Vermittler ausgeschaltet werden. Nach dem KindRG setzt die Adoption grundsätzlich die Einwilligung beider Elternteile voraus. Zur Adoption im Rahmen eingetragener Lebenspartnerschaften und der Rechtsprechung des BVerfG s Einführung vor § 1297 Rn 5.

3 **2. Überblick.** Der siebte Titel unterscheidet die **Adoption Minderjähriger** (§§ 1741–1766) und **Erwachsener** (§§ 1767–1772) in den Voraussetzungen, vor allem aber in den Wirkungen (vgl §§ 1754 ff und 1770). Als Kind angenommene Minderjährige erwerben die volle rechtliche Stellung ehelicher Kinder, während die Verwandtschaftsbeziehungen zu den bisherigen Verwandten grundsätzlich abgebrochen werden, §§ 1754, 1755. Ausnahmen gelten nur für die Annahme von Ver-
4 wandten- oder Ehegattenkindern, s § 1756. Bei der Erwachsenenadoption bleiben die Wirkungen der Annahme auf Annehmenden und Angenommenen beschränkt; dessen Rechte und Pflichten aus Verwandtschaftsverhältnissen bleiben im Wesentlichen unverändert bestehen, § 1770.

5 **3. Übergangsrecht.** S AdoptionsG 12 §§ 1–10; zum **IPR** s EGBGB 22, 23; zur int Zuständigkeit deutscher FamG s FamFG 101.

Untertitel 1. Annahme Minderjähriger

§ 1741 Zulässigkeit der Annahme

(1) [1]**Die Annahme als Kind ist zulässig, wenn sie dem Wohl des Kindes dient und zu erwarten ist, dass zwischen dem Annehmenden und dem Kind ein Eltern-Kind-Verhältnis entsteht.** [2]**Wer an einer gesetzes- oder sittenwidrigen Vermittlung oder Verbringung eines Kindes zum Zwecke der Annahme mitgewirkt oder einen Dritten hiermit beauftragt oder hierfür belohnt hat, soll ein Kind nur dann annehmen, wenn dies zum Wohl des Kindes erforderlich ist.**

(2) [1]**Wer nicht verheiratet ist, kann ein Kind nur allein annehmen.** [2]**Ein Ehepaar kann ein Kind nur gemeinschaftlich annehmen.** [3]**Ein Ehegatte kann ein Kind seines Ehegatten allein annehmen.** [4]**Er kann ein Kind auch dann allein annehmen, wenn der andere Ehegatte das Kind nicht annehmen kann, weil er geschäftsunfähig ist oder das 21. Lebensjahr noch nicht vollendet hat.**

§ 1742 Annahme nur als gemeinschaftliches Kind

Ein angenommenes Kind kann, solange das Annahmeverhältnis besteht, bei Lebzeiten eines Annehmenden nur von dessen Ehegatten angenommen werden.

§ 1743 Mindestalter

[1]**Der Annehmende muss das 25., in den Fällen des § 1741 Abs. 2 Satz 3 das 21. Lebensjahr vollendet haben.** [2]**In den Fällen des § 1741 Abs. 2 Satz 2 muss ein Ehegatte das 25. Lebensjahr, der andere Ehegatte das 21. Lebensjahr vollendet haben.**

§ 1744 Probezeit

Die Annahme soll in der Regel erst ausgesprochen werden, wenn der Annehmende das Kind eine angemessene Zeit in Pflege gehabt hat.

Titel 7. Annahme als Kind §§ 1745–1747

§ 1745 Verbot der Annahme

[1]Die Annahme darf nicht ausgesprochen werden, wenn ihr überwiegende Interessen der Kinder des Annehmenden oder des Anzunehmenden entgegenstehen oder wenn zu befürchten ist, dass Interessen des Anzunehmenden durch Kinder des Annehmenden gefährdet werden. [2]Vermögensrechtliche Interessen sollen nicht ausschlaggebend sein.

§ 1746 Einwilligung des Kindes

(1) [1]Zur Annahme ist die Einwilligung des Kindes erforderlich. [2]Für ein Kind, das geschäftsunfähig oder noch nicht 14 Jahre alt ist, kann nur sein gesetzlicher Vertreter die Einwilligung erteilen. [3]Im Übrigen kann das Kind die Einwilligung nur selbst erteilen; es bedarf hierzu der Zustimmung seines gesetzlichen Vertreters. [4]Die Einwilligung bedarf bei unterschiedlicher Staatsangehörigkeit des Annehmenden und des Kindes der Genehmigung des Familiengerichts; dies gilt nicht, wenn die Annahme deutschem Recht unterliegt.

(2) [1]Hat das Kind das 14. Lebensjahr vollendet und ist es nicht geschäftsunfähig, so kann es die Einwilligung bis zum Wirksamwerden des Ausspruchs der Annahme gegenüber dem Familiengericht widerrufen. [2]Der Widerruf bedarf der öffentlichen Beurkundung. [3]Eine Zustimmung des gesetzlichen Vertreters ist nicht erforderlich.

(3) Verweigert der Vormund oder Pfleger die Einwilligung oder Zustimmung ohne triftigen Grund, so kann das Familiengericht sie ersetzen; einer Erklärung nach Absatz 1 durch die Eltern bedarf es nicht, soweit diese nach den §§ 1747, 1750 unwiderruflich in die Annahme eingewilligt haben oder ihre Einwilligung nach § 1748 durch das Familiengericht ersetzt worden ist.

§ 1747 Einwilligung der Eltern des Kindes

(1) [1]Zur Annahme eines Kindes ist die Einwilligung der Eltern erforderlich. [2]Sofern kein anderer Mann nach § 1592 als Vater anzusehen ist, gilt im Sinne des Satzes 1 und des § 1748 Abs. 4 als Vater, wer die Voraussetzung des § 1600d Abs. 2 Satz 1 glaubhaft macht.

(2) [1]Die Einwilligung kann erst erteilt werden, wenn das Kind acht Wochen alt ist. [2]Sie ist auch dann wirksam, wenn der Einwilligende die schon feststehenden Annehmenden nicht kennt.

(3) Steht nicht miteinander verheirateten Eltern die elterliche Sorge nicht gemeinsam zu, so
1. kann die Einwilligung des Vaters bereits vor der Geburt erteilt werden;
2. kann der Vater durch öffentlich beurkundete Erklärung darauf verzichten, die Übertragung der Sorge nach § 1626a Absatz 2 und § 1671 Absatz 2 zu beantragen; § 1750 gilt sinngemäß mit Ausnahme von Absatz 1 Satz 2 und Absatz 4 Satz 1;
3. darf, wenn der Vater die Übertragung der Sorge nach § 1626a Absatz 2 oder § 1671 Absatz 2 beantragt hat, eine Annahme erst ausgesprochen werden, nachdem über den Antrag des Vaters entschieden worden ist.

(4) Die Einwilligung eines Elternteils ist nicht erforderlich, wenn er zur Abgabe einer Erklärung dauernd außerstande oder sein Aufenthalt dauernd unbekannt ist.

§ 1748 Ersetzung der Einwilligung eines Elternteils

(1) ¹Das Familiengericht hat auf Antrag des Kindes die Einwilligung eines Elternteils zu ersetzen, wenn dieser seine Pflichten gegenüber dem Kind anhaltend gröblich verletzt hat oder durch sein Verhalten gezeigt hat, dass ihm das Kind gleichgültig ist, und wenn das Unterbleiben der Annahme dem Kind zu unverhältnismäßigem Nachteil gereichen würde. ²Die Einwilligung kann auch ersetzt werden, wenn die Pflichtverletzung zwar nicht anhaltend, aber besonders schwer ist und das Kind voraussichtlich dauernd nicht mehr der Obhut des Elternteils anvertraut werden kann.

(2) ¹Wegen Gleichgültigkeit, die nicht zugleich eine anhaltende gröbliche Pflichtverletzung ist, darf die Einwilligung nicht ersetzt werden, bevor der Elternteil vom Jugendamt über die Möglichkeit ihrer Ersetzung belehrt und nach Maßgabe des § 51 Abs. 2 des Achten Buches Sozialgesetzbuch beraten worden ist und seit der Belehrung wenigstens drei Monate verstrichen sind; in der Belehrung ist auf die Frist hinzuweisen. ²Der Belehrung bedarf es nicht, wenn der Elternteil seinen Aufenthaltsort ohne Hinterlassung seiner neuen Anschrift gewechselt hat und der Aufenthaltsort vom Jugendamt während eines Zeitraums von drei Monaten trotz angemessener Nachforschungen nicht ermittelt werden konnte; in diesem Falle beginnt die Frist mit der ersten auf die Belehrung und Beratung oder auf die Ermittlung des Aufenthaltsorts gerichteten Handlung des Jugendamts. ³Die Fristen laufen frühestens fünf Monate nach der Geburt des Kindes ab.

(3) Die Einwilligung eines Elternteils kann ferner ersetzt werden, wenn er wegen einer besonders schweren psychischen Krankheit oder einer besonders schweren geistigen oder seelischen Behinderung zur Pflege und Erziehung des Kindes dauernd unfähig ist und wenn das Kind bei Unterbleiben der Annahme nicht in einer Familie aufwachsen könnte und dadurch in seiner Entwicklung schwer gefährdet wäre.

(4) In den Fällen des § 1626a Absatz 3 hat das Familiengericht die Einwilligung des Vaters zu ersetzen, wenn das Unterbleiben der Annahme dem Kind zu unverhältnismäßigem Nachteil gereichen würde.

§ 1749 Einwilligung des Ehegatten

(1) ¹Zur Annahme eines Kindes durch einen Ehegatten allein ist die Einwilligung des anderen Ehegatten erforderlich. ²Das Familiengericht kann auf Antrag des Annehmenden die Einwilligung ersetzen. ³Die Einwilligung darf nicht ersetzt werden, wenn berechtigte Interessen des anderen Ehegatten und der Familie der Annahme entgegenstehen.

(2) Zur Annahme eines Verheirateten ist die Einwilligung seines Ehegatten erforderlich.

(3) Die Einwilligung des Ehegatten ist nicht erforderlich, wenn er zur Abgabe der Erklärung dauernd außerstande oder sein Aufenthalt dauernd unbekannt ist.

§ 1750 Einwilligungserklärung

(1) ¹Die Einwilligung nach §§ 1746, 1747 und 1749 ist dem Familiengericht gegenüber zu erklären. ²Die Erklärung bedarf der notariellen Beurkundung. ³Die Einwilligung wird in dem Zeitpunkt wirksam, in dem sie dem Familiengericht zugeht.

(2) ¹Die Einwilligung kann nicht unter einer Bedingung oder einer Zeitbestimmung erteilt werden. ²Sie ist unwiderruflich; die Vorschrift des § 1746 Abs. 2 bleibt unberührt.

Titel 7. Annahme als Kind **§§ 1741–1750**

(3) ¹Die Einwilligung kann nicht durch einen Vertreter erteilt werden. ²Ist der Einwilligende in der Geschäftsfähigkeit beschränkt, so bedarf seine Einwilligung nicht der Zustimmung seines gesetzlichen Vertreters. ³Die Vorschrift des § 1746 Abs. 1 Satz 2, 3 bleibt unberührt.

(4) ¹Die Einwilligung verliert ihre Kraft, wenn der Antrag zurückgenommen oder die Annahme versagt wird. ²Die Einwilligung eines Elternteils verliert ferner ihre Kraft, wenn das Kind nicht innerhalb von drei Jahren seit dem Wirksamwerden der Einwilligung angenommen wird.

Anmerkungen zu den §§ 1741–1750

1. Allgemeines. Gesetzgeberisches Ziel der Adoption Minderjähriger ist die Integration eines bislang nicht in einer intakten Familie lebenden Kindes in eine Familie durch Aufbau eines Eltern-Kind-Verhältnisses.

2. Voraussetzungen. a) aa) Adoption muss dem **Kindeswohl** dienen, § 1741 I 1. Ausschlaggebend ist, ob sich durch die Adoption die Voraussetzungen für die körperliche und charakterliche Entwicklung des Kindes gegenüber der bisherigen Lebenslage verbessern. Eine materielle Besserstellung wird nicht gefordert; es dient aber nicht dem Kindeswohl, in schlechten finanziellen Verhältnissen aufzuwachsen. Das Kindeswohl wird nicht gefördert, wenn wegen bereits vorhandener Kinder des Annehmenden die Interessen des Anzunehmenden (oder seiner Kinder) beeinträchtigt werden, § 1745 S 1 Fall 2, 3. **bb)** Hat der Annehmende an Kinderhandel uä mitgewirkt, setzt Adoption zudem voraus, dass Kindeswohl die Annahme erfordert, § 1741 I 2. Durch diese Erschwerung soll rechts- u sittenwidriger Adoptionspraxis entgegengewirkt werden. **b)** Entstehung eines **Eltern-Kind-Verhältnisses;** Adoption darf nicht nur der Weitergabe von Vermögen oder Namen dienen. Vorgeschaltete Pflege (§ 1744) soll Prognose erleichtern. **c)** Adoption soll sich nicht nachteilig für **vorhandene Kinder** des Annehmenden auswirken, § 1745 S 1 Fall 1. Hierzu zählt zB drohende Vernachlässigung wegen Überforderung der annehmenden Eltern. Vermögensbelange wie Unterhalt oder Erbrecht (die stets berührt werden) sind zu berücksichtigen, dürfen aber nicht ausschlaggebend sein, § 1745 S 2. **d) Status des Annehmenden:** Der nicht verheiratete Annehmende kann nur allein annehmen (Einzeladoption, § 1741 II 1), der verheiratete nur gemeinschaftlich mit dem Ehegatten (Ehegattenadoption, § 1741 II 2), auch bei Getrenntleben und Zustimmung des anderen Ehegatten (Hamm NJW-RR 99, 1376). Ausnahme: Alleinige Annahme eines Kindes des Ehegatten (§ 1741 II 2, insbes aus früherer Ehe; sa § 1741 II 3) oder nach LPartG 9 VII des Partners einer eingetragenen Lebenspartnerschaft („Stiefkindadoption"). Zur Sukzessivadoption bei eingetragenen Lebenspartnerschaften s vor § 1297 Rn 5. Eine gemeinsame Adoption durch Partner einer eingetragenen Lebenspartnerschaft und einer nichtehelichen Lebensgemeinschaft scheidet aus. – Grundsätzlich **keine Mehrfachadoption;** das Kind soll nicht „weitergereicht" werden können, § 1742. Ausnahme: Tod des Annehmenden, Adoption durch Ehegatten des Annehmenden.

3. Alter. a) Der **Annehmende** muss mindestens 25 Jahre alt sein, § 1743 S 1 HS 1. Nimmt ein Ehegatte ein Kind seines Ehepartners (allein) an, genügt Vollendung des 21. Lebensjahres, § 1743 S 1 HS 2, ebenso bei Annahme durch ein Ehepaar, wenn der andere Ehegatte mindestens 25 Jahre alt ist, § 1743 S 2. **b)** Der **Anzunehmende** muss minderjährig sein, sonst §§ 1767 ff; beachte auch § 1747 II 1.

4. Einwilligung. a) des Kindes, § 1746 I 1. **aa)** Höchstpersönlich, aber Zustimmung des ges Vertreters erforderlich, § 1746 I 3. Ist das Kind geschäftsunfähig oder noch nicht 14 Jahre alt, muss ges Vertreter Einwilligung erklären, § 1746 I 2. Bei gemischt-nationalen Adoptionen bedarf Einwilligung der Genehmigung des FamG, wenn nicht deutsches Recht anwendbar ist (s EGBGB 22, 23), § 1746 I 4. – Zustim-

§§ 1741–1750 Buch 4. Abschnitt 2. Verwandtschaft

mung und Einwilligung der Eltern zur Kindeseinwilligung sind **nicht** erforderlich, wenn sie in die Annahme unwiderruflich eingewilligt haben oder ihre Einwilligung
9 vom FamG ersetzt wurde, § 1746 III HS 2. **bb) Ersetzung** von Einwilligung und Zustimmung bei Vormund oder Pfleger s § 1746 III HS 1. **cc)** Das mindestens 14 Jahre alte, nicht geschäftsunfähige Kind kann bis zum Wirksamwerden der Adoption ohne Zustimmung des ges Vertreters die Einwilligung **widerrufen**, § 1746 II.
10 **b) Elterneinwilligung,** § 1747 I 1 (Ausnahme § 1747 IV). Grund: § 1755. **aa) Einwilligungsbefugnis:** Mutter s § 1591, Vater s § 1592. Ist kein Vater nach § 1592 vorhanden, besteht ein Einwilligungsrecht für den, der die Voraussetzungen der Vaterschaftsvermutung des § 1600d II glaubhaft macht, § 1747 I 2 (krit Frank FamRZ 98, 395); zur Ersetzung s § 1748 IV. Erteilt ein Mann die Einwilligung, der
11 nicht der genetische Vater ist, s §§ 1759–1763 Rn 5. **bb) Zeitpunkt:** Frühestens acht Wochen nach der Geburt, § 1747 II 1. Um Frühadoptionen zu erleichtern, kann der nicht mit der Mutter verheiratete Vater (nicht die Mutter) die Einwilligung schon vor der Geburt des Kindes erklären, wenn die Eltern keine Sorgeerklärungen
12 (§ 1626a I Nr 1) abgegeben haben, § 1747 III Nr 1. **cc)** Die Annehmenden müssen feststehen, der Einwilligende muss sie aber nicht kennen, § 1747 II 2 (Inkognitoadoption). Nicht möglich ist daher die Blankoeinwilligung in eine beliebige Adoption. Beschränkung der Inkognitoeinwilligung auf das Vorliegen bes Voraussetzungen bei den Annehmenden (zB hinsichtlich Religion) ist keine Bedingung nach
13 § 1750 II 1 und daher zulässig. **dd) Ersetzung** der Einwilligung der Eltern nach § 1748 I auf Antrag des Kindes. **Voraussetzungen:** Anhaltende gröbliche (§ 1748 I 1 Fall 1) oder einmalige bes schwere (§ 1748 I 2) Pflichtverletzung (bes krass: Tötung der Kindesmutter vor den Augen des Kindes durch den Vater, dessen Einwilligung ersetzt werden soll [Zweibrücken FamRZ 01, 1731]) gegenüber dem Kinde, ferner dauernde Gleichgültigkeit (§ 1748 I 1 Fall 2, II, vgl BayObLG NJW-RR 04, 580 [Abgrenzung zur Rücksichtnahme]) oder zwar nicht vorwerfbare, aber gleichwohl dem Kindeswohl schwer abträgliche krankheits- oder behinderungsbedingte Unfähigkeit zu Pflege und Erziehung, die etwa eine Heimunterbringung erforderlich machen würde (§ 1748 III). Allein die Nichtleistung von Unterhalt bedeutet keine gröbliche Pflichtverletzung, wenn nicht erschwerende Umstände hinzutreten (BayObLG NJWE-FER 98, 173). In den Fällen des § 1748 I 1 muss das Unterbleiben der Adoption einen unverhältnismäßigen Nachteil bedeuten (dazu
14 BayObLG FamRZ 82, 1129). Hat die **Mutter das alleinige Sorgerecht,** kann die Einwilligung des Vaters nach § 1748 IV unter gegenüber I, III erleichterten Voraussetzungen ersetzt werden (krit Frank FamRZ 98, 394). IV ist verfassungskonform dahin auszulegen, dass eine Ungleichbehandlung zwischen ehemals sorgeberechtigten und nichtsorgeberechtigten Vätern vermieden wird (BVerfG NJW 06, 827). Es genügt nicht, wenn die Kindesinteressen die Interessen des Vaters überwiegen; die Adoption muss einen so erheblichen Vorteil für das Kind haben, dass ein verständig sorgender Elternteil auf die Erhaltung des Verwandtschaftsbands des leiblichen Vaters nicht bestehen würde; auf Seiten des Vaters ist zu berücksichtigen, ob und inwieweit ein gelebtes Vater-Kind-Verhältnis besteht oder bestanden hat bzw welche Gründe den Vater am Aufbau oder an der Aufrechterhaltung eines solchen Verhältnisses gehindert haben (BGH NJW 05, 1781; bestätigt durch BVerfG NJW 06, 827). Ersetzung der Einwilligung des leiblichen Vaters bei Stiefkindadoption nur unter strengeren Voraussetzungen als bei der Drittadoption (BGH NJW 05, 1783). Maßgeblich ist das Kindeswohl; auf Fehlverhalten des Vaters kommt es nicht an. Grund: Vater trägt mangels Sorgerecht nicht die Verantwortung für das Kind. Belange des Vaters sind bes zu berücksichtigen, wenn er (auch ohne Sorgerecht) faktisch Betreuung und Fürsorge übernommen hat; BayObLG NJW-RR 02, 434 lässt Unterhaltszahlung und Wahrnehmung des Umgangs „in gewissem Maße"
15 genügen. **Verfahren:** Die verfahrensrechtlichen Vorschriften ergeben sich aus FamFG 186 ff. Zuständigkeit FamFG 101, 187, RPflG 14 I Nr 15; Beschwerde des Kindes, wenn Ersetzung verweigert, FamFG 59 II, 60, der Eltern, wenn Einwilli-
16 gung ersetzt, FamFG 59 I, 40 III 2. Bei Verfahrensmängel evtl § 1760. **c) Ehegat-**

Titel 7. Annahme als Kind **§ 1751**

teneinwilligung. Bei Annahme durch einen Ehegatten hat dessen Ehepartner einzuwilligen, § 1749 I 1, Ersetzung möglich, s § 1749 I 2, 3; bei Annahme eines Verheirateten auch dessen Ehegatte, § 1749 II; Ausnahme s § 1749 III. **d) Form,** 17 Adressat, Wirkungsdauer usw der Einwilligung s § 1750.

5. Reform. Der Entwurf eines Gesetzes zum Ausbau der Hilfen für Schwangere 18 und zur Regelung der vertraulichen Geburt will mit Wirkung zum 1.5.2014 (s dazu § 1674a Rn 1) **§ 1747 IV** einen **S 2** anfügen, der lauten soll: *„Der Aufenthalt der Mutter eines gemäß § 25 Absatz 1 des Schwangerschaftskonfliktgesetzes vertraulich geborenen Kindes gilt als dauernd unbekannt, bis sie gegenüber dem Familiengericht die für den Geburtseintrag ihres Kindes erforderlichen Angaben macht."*

§ 1751 Wirkung der elterlichen Einwilligung, Verpflichtung zum Unterhalt

(1) ¹Mit der Einwilligung eines Elternteils in die Annahme ruht die elterliche Sorge dieses Elternteils; die Befugnis zum persönlichen Umgang mit dem Kind darf nicht ausgeübt werden. ²Das Jugendamt wird Vormund; dies gilt nicht, wenn der andere Elternteil die elterliche Sorge allein ausübt oder wenn bereits ein Vormund bestellt ist. ³Eine bestehende Pflegschaft bleibt unberührt. ⁴Für den Annehmenden gilt während der Zeit der Adoptionspflege § 1688 Abs. 1 und 3 entsprechend.

(2) Absatz 1 ist nicht anzuwenden auf einen Ehegatten, dessen Kind vom anderen Ehegatten angenommen wird.

(3) Hat die Einwilligung eines Elternteils ihre Kraft verloren, so hat das Familiengericht die elterliche Sorge dem Elternteil zu übertragen, wenn und soweit dies dem Wohl des Kindes nicht widerspricht.

(4) ¹Der Annehmende ist dem Kind vor den Verwandten des Kindes zur Gewährung des Unterhalts verpflichtet, sobald die Eltern des Kindes die erforderliche Einwilligung erteilt haben und das Kind in die Obhut des Annehmenden mit dem Ziel der Annahme aufgenommen ist. ²Will ein Ehegatte ein Kind seines Ehegatten annehmen, so sind die Ehegatten dem Kind vor den anderen Verwandten des Kindes zur Gewährung des Unterhalts verpflichtet, sobald die erforderliche Einwilligung der Eltern des Kindes erteilt und das Kind in die Obhut der Ehegatten aufgenommen ist.

1. Allgemeines. Lösung der rechtlichen Verwandtschaft zwischen leiblichen 1 Eltern und Kind tritt erst mit dem Adoptionsbeschluss ein, § 1755, doch liegt für die Eltern die entscheidende Zäsur bereits in der Einwilligung in die Adoption. Das Ges ordnet deshalb für die Fremdadoption Ruhen der elterlichen Sorge und des elterlichen Umgangsrechts sowie Amtsvormundschaft des Jugendamtes an, soweit nicht Vormundschaft bereits besteht oder der andere Elternteil, der nicht eingewilligt hat, die elterliche Sorge allein (s § 1678) ausübt und deshalb ein entspr Bedürfnis nicht besteht. Der Annehmende wird vorrangig unterhaltspflichtig.

2. Voraussetzungen. Einwilligung oder Ersetzung der Einwilligung des Elternteils, s §§ 1741–1750 Rn 8 ff.

3. Rechtsfolgen. a) Ruhen der elterlichen Sorge nach §§ 1626 ff, Wirkung des 3 Ruhens § 1675, s I 1 HS 1; **b)** Umgangsrecht nach § 1684 f kann ebenfalls nicht mehr ausgeübt werden, I 1 HS 2. **c)** Eintritt der Amtsvormundschaft, soweit nicht 4 ein Elternteil nicht eingewilligt hat und deshalb elterliche Sorge allein – § 1678 – innehat oder bereits Vormundschaft besteht, I 2. Amtsvormundschaft auch bei Ersetzung der Einwilligung (KG OLGZ 78, 139). Das FamG, dem die Einwilligung zugehen muss – § 1750 I 3 –, erteilt dem Jugendamt unverzüglich Bescheinigung über Eintritt der Vormundschaft, FamFG 190. Keine Adoptionsvormundschaft bei

§ 1752

5 bereits bestehender Amtsvormundschaft (Köln NJW-RR 92, 904, str). **d)** Eine bestehende Pflegschaft bleibt unberührt, I 3. **e) Unterhaltspflicht** des Annehmenden entsteht, wenn erforderliche Einwilligung der Eltern wirksam gegeben (hierzu § 1750 I) und das Kind mit dem Ziel der Annahme vom Annehmenden in Obhut **6** genommen worden ist, IV 1. Unterhaltspflicht der leiblichen Eltern und der anderen Verwandten besteht weiter, geht aber im Rang nach. Bei Halbwaisen oder fehlender Vaterschaft nach § 1592 ist „erforderlich" nur Einwilligung des einen Elternteils. Maßgebender Zeitpunkt für die Entstehung der Unterhaltspflicht ist tatsächliche **7** Inobhutnahme, nicht Pflegeerlaubnis nach SGB VIII 44 I 1. **f)** In der der Adoption vorgeschalteten Zeit der Familienpflege (§ 1744) hat der Annehmende die Sorge in Angelegenheiten des täglichen Lebens, soweit nichts anderes erklärt oder angeordnet wird, I 4. **g)** Zu I 5 s §§ 1741–1750 Rn 14.

8 **4. Ausnahmen.** Ruhen der elterlichen Sorge und des Umgangsrechts sowie Amtsvormundschaft des Jugendamtes treten nicht ein, wenn ein Ehegatte in die Adoption durch den anderen einwilligt, II, da hier nicht untaugliche Familienbande gelöst, sondern Familienbeziehungen vervollständigt werden. Zum Unterhalt in diesem Falle s IV 2.

9 **5. Rückübertragung der elterlichen Sorge.** Erfolgt gem III, wenn **a)** die Ein-
10 willigung in die Annahme unwirksam geworden ist, zB nach § 1750 IV, und **b)** die Rückübertragung nicht dem Kindeswohl widerspricht. **c)** Rückübertragung erfolgt durch Beschluss des FamG. Sie kann sich auch auf Umgangsrecht beschränken (arg „soweit") oder Teilbereiche des Sorgerechts zurückgewähren.

§ 1752 Beschluss des Familiengerichts, Antrag

(1) **Die Annahme als Kind wird auf Antrag des Annehmenden vom Familiengericht ausgesprochen.**

(2) ¹**Der Antrag kann nicht unter einer Bedingung oder einer Zeitbestimmung oder durch einen Vertreter gestellt werden.** ²**Er bedarf der notariellen Beurkundung.**

1 **1. Allgemeines.** Annahme als Kind wird durch konstitutiven Beschluss auf Antrag des Annehmenden des FamG verfügt, I.

2 **2. Annahmeantrag.** Der Antrag kann nur vom Annehmenden ausgehen, ist höchstpersönlich, bedingungs- und befristungsfeindlich, II 1, und bedarf der notariellen Beurkundung, II 2. Einreichung durch Notar verletzt Vertretungsverbot nicht, PalDiederichsen 6. Auch Rücknahme ist höchstpersönlich und nicht vererblich, BayObLG NJW-RR 96, 1092.

3 **3. Verfahren.** Hierzu Engler FamRZ 76, 588; Beitzke FamRZ 76, 507; Lüderitz NJW 76, 1868. Örtl und int Zuständigkeit FamFG 101, 187; alle wichtigen Entscheidungen im Adoptionsverfahren, insbes der Adoptionsbeschluss, sind dem Richter vorbehalten, RPflG 14 I Nr 15. Das Gericht hat gutachtliche Äußerung der Adoptionsvermittlungsstelle oder des Jugendamtes über Eignung von Kind und Familie des Annehmenden einzuholen, s FamFG 189; zur Anhörung des Kindes s FamFG 192 I; Mitwirkungspflicht des Jugendamtes SGB VIII 50 I sowie FamFG 194 f. Inhalt des Beschlusses s FamFG 197 I; Wirksamwerden FamFG 197 II; Unanfechtbarkeit und wohl auch Unabänderbarkeit (s Lüderitz NJW 76, 1869) FamFG 197 III. Bis zur Ersetzung verweigerter elterlicher Einwilligung, ggf also Entschei-
4 dung über diesbezügliches Rechtsmittel (s §§ 1741–1750 Rn 15), kann der Adoptionsbeschluss nicht ergehen. Der Beschluss heilt alle Willensmängel und Verfahrensfehler, s jedoch zur Aufhebung §§ 1759 ff. Gegen ablehnenden Beschluss hat Antragsteller Beschwerde, FamFG 59 II.

Titel 7. Annahme als Kind §§ 1753–1756

§ 1753 Annahme nach dem Tode

(1) Der Ausspruch der Annahme kann nicht nach dem Tode des Kindes erfolgen.

(2) Nach dem Tode des Annehmenden ist der Ausspruch nur zulässig, wenn der Annehmende den Antrag beim Familiengericht eingereicht oder bei oder nach der notariellen Beurkundung des Antrags den Notar damit betraut hat, den Antrag einzureichen.

(3) Wird die Annahme nach dem Tode des Annehmenden ausgesprochen, so hat sie die gleiche Wirkung, wie wenn sie vor dem Tode erfolgt wäre.

Modalitäten der Annahme nach dem Tod. Stirbt das Kind, verliert die 1
Annahme ihren Sinn. Bei **Tod des Annehmenden** kann die Adoption jedoch zwecks Herstellung der Verwandtschaft zu den Verwandten des Verstorbenen sinnvoll sein. Keine Rücknahme des Antrags durch Erben (BayObLG NJW-RR 96, 1092). Voraussetzungen des Beschlusses s II, ferner § 1741 I. Wirkungen s III, insbes ges Erbrecht oder Pflichtteilsanspruch (beachte jedoch Anfechtbarkeit anderweitiger Erbeinsetzung nach § 2079). Wirksamwerden s FamFG 197 II HS 2.

§ 1754 Wirkung der Annahme

(1) **Nimmt ein Ehepaar ein Kind an oder nimmt ein Ehegatte ein Kind des anderen Ehegatten an, so erlangt das Kind die rechtliche Stellung eines gemeinschaftlichen Kindes der Ehegatten.**

(2) **In den anderen Fällen erlangt das Kind die rechtliche Stellung eines Kindes des Annehmenden.**

(3) **Die elterliche Sorge steht in den Fällen des Absatzes 1 den Ehegatten gemeinsam, in den Fällen des Absatzes 2 dem Annehmenden zu.**

§ 1755 Erlöschen von Verwandtschaftsverhältnissen

(1) ¹Mit der Annahme erlöschen das Verwandtschaftsverhältnis des Kindes und seiner Abkömmlinge zu den bisherigen Verwandten und die sich aus ihm ergebenden Rechte und Pflichten. ²Ansprüche des Kindes, die bis zur Annahme entstanden sind, insbesondere auf Renten, Waisengeld und andere entsprechende wiederkehrende Leistungen, werden durch die Annahme nicht berührt; dies gilt nicht für Unterhaltsansprüche.

(2) Nimmt ein Ehegatte das Kind seines Ehegatten an, so tritt das Erlöschen nur im Verhältnis zu dem anderen Elternteil und dessen Verwandten ein.

§ 1756 Bestehenbleiben von Verwandtschaftsverhältnissen

(1) **Sind die Annehmenden mit dem Kind im zweiten oder dritten Grad verwandt oder verschwägert, so erlöschen nur das Verwandtschaftsverhältnis des Kindes und seiner Abkömmlinge zu den Eltern des Kindes und die sich aus ihm ergebenden Rechte und Pflichten.**

(2) Nimmt ein Ehegatte das Kind seines Ehegatten an, so erlischt das Verwandtschaftsverhältnis nicht im Verhältnis zu den Verwandten des anderen Elternteils, wenn dieser die elterliche Sorge hatte und verstorben ist.

§ 1757 Name des Kindes

(1) ¹Das Kind erhält als Geburtsnamen den Familiennamen des Annehmenden. ²Als Familienname gilt nicht der dem Ehenamen oder dem Lebenspartnerschaftsnamen hinzugefügte Name (§ 1355 Abs. 4; § 3 Abs. 2 des Lebenspartnerschaftsgesetzes).

(2) ¹Nimmt ein Ehepaar ein Kind an oder nimmt ein Ehegatte ein Kind des anderen Ehegatten an und führen die Ehegatten keinen Ehenamen, so bestimmen sie den Geburtsnamen des Kindes vor dem Ausspruch der Annahme durch Erklärung gegenüber dem Familiengericht; § 1617 Abs. 1 gilt entsprechend. ²Hat das Kind das fünfte Lebensjahr vollendet, so ist die Bestimmung nur wirksam, wenn es sich der Bestimmung vor dem Ausspruch der Annahme durch Erklärung gegenüber dem Familiengericht anschließt; § 1617c Abs. 1 Satz 2 gilt entsprechend.

(3) Die Änderung des Geburtsnamens erstreckt sich auf den Ehenamen des Kindes nur dann, wenn sich auch der Ehegatte der Namensänderung vor dem Ausspruch der Annahme durch Erklärung gegenüber dem Familiengericht anschließt; die Erklärung muss öffentlich beglaubigt werden.

(4) ¹Das Familiengericht kann auf Antrag des Annehmenden mit Einwilligung des Kindes mit dem Ausspruch der Annahme
1. Vornamen des Kindes ändern oder ihm einen oder mehrere neue Vornamen beigeben, wenn dies dem Wohl des Kindes entspricht;
2. dem neuen Familiennamen des Kindes den bisherigen Familiennamen voranstellen oder anfügen, wenn dies aus schwerwiegenden Gründen zum Wohl des Kindes erforderlich ist.

²§ 1746 Abs. 1 Satz 2, 3, Abs. 3 erster Halbsatz ist entsprechend anzuwenden.

Anmerkungen zu den §§ 1754–1757

Lit: Dittmann, Adoption und Erbrecht, Rpfleger 78, 277; Doms, Zum Wegfall des Unterhaltsanspruchs bei Adoption, FamRZ 81, 325.

1 **1. Allgemeines.** Regelung der Wirkungen der **Volladoption** ie.

2 **2. Wirkungen im Verhältnis zum Annehmenden und dessen Verwandten. a)** Nach § 1754 II erwirbt der Angenommene bei einseitiger Annahme die Stellung eines **Kindes des Annehmenden;** bei gemeinschaftlicher Annahme durch Ehepaar oder einseitiger Annahme des Kindes des anderen Ehegatten erwirbt der Angenommene nach § 1754 I die Stellung eines **gemeinschaftlichen Kindes** der Ehegatten; zum Vorversterben des anderen Ehegatten s Hellermann FamRZ 83,
3 659. **b)** Adoption bewirkt rechtliche **Verwandtschaft** zum/zu Annehmenden und dessen/deren Verwandten (zB Eltern, leiblichen oder angenommenen Kindern) mit gegenseitigen **Unterhaltspflichten** und **Erbberechtigung**; die annehmenden Ehegatten (bzw der Annehmende) erlangen die **elterliche Sorge**, § 1754 III; **Eheverbote** s §§ 1307 S 2, 1308; **Staatsangehörigkeit** s StAG 3 Nr 3, 6; Vollwirkung auch im **Strafrecht** (Ausnahme StGB 173), **Sozialversicherungs-, Beamten-** und **SteuerR; Vaterschaftsfeststellung** wird jedoch durch Adoption nicht gehindert, BT-Drs 7/5087 S 16. Bei Trennung der Adoptiveltern s §§ 1671, 1684. **Name**
4 s § 1757 (Abs 1 verfassungsgemäß, s Karlsruhe NJW-RR 99, 1089). **Vorname** des Angenommenen s § 1757 IV, zur Neufassung 1992 s Lüderitz NJW 93, 1050.

5 **3. Wirkung im Verhältnis zu leiblichen Eltern.** Verwandtschaft der leiblichen Eltern und ihrer Verwandten zum Angenommenen und seinen Abkömmlingen erlischt mit allen daraus folgenden Rechten und Pflichten, § 1755 I 1, also

Titel 7. Annahme als Kind　　　　　　　　　　　　　　　　　　§§ 1758, 1759

Unterhaltsansprüche (nicht: rückständige, BGH NJW 81, 2298), Sorge- und Umgangsrecht, Erb- und Pflichtteilsrecht, Namensführungsrecht (s aber § 1757 II). **Ausnahmen: a)** Ansprüche auf wiederkehrende Leistungen, § 1755 I 2, bleiben erhalten, um Adoption nicht zu gefährden; Gegenausnahme: Unterhaltsansprüche § 1755 I 2 HS 2, hierzu Ruthe FamRZ 77, 30 ff. **b)** Bei **Stiefkindadoption** bleibt Verwandtschaft zum leiblichen Elternteil-Ehegatten bestehen, § 1755 II, und erstarkt zum Kindschaftsverhältnis, § 1754 I; dagegen erlischt Verwandtschaft zum anderen leiblichen Elternteil und dessen Verwandten; anders jedoch, falls frühere Ehe des Elternteil-Ehegatten durch Tod des sorgeberechtigten anderen Elternteils aufgelöst worden ist, § 1756 II: Verwandtschaft zu Verwandten des verstorbenen Elternteils bleibt bestehen, um den Großeltern nicht auch noch Enkel zu nehmen, BT-Drs 7/5087 S 17. **c)** Bei **Verwandtenadoption** oder **Verschwägertenadoption** innerhalb des zweiten oder dritten Grades beschränkt sich das Erlöschen der Verwandtschaftsverhältnisse auf das Verhältnis zu den leiblichen Eltern, § 1756 I; Kind „bleibt in der Familie" und (nur) über seine Großeltern mit Geschwistern verwandt.

6

7

8

§ 1758 Offenbarungs- und Ausforschungsverbot

(1) **Tatsachen, die geeignet sind, die Annahme und ihre Umstände aufzudecken, dürfen ohne Zustimmung des Annehmenden und des Kindes nicht offenbart oder ausgeforscht werden, es sei denn, dass besondere Gründe des öffentlichen Interesses dies erfordern.**

(2) [1]**Absatz 1 gilt sinngemäß, wenn die nach § 1747 erforderliche Einwilligung erteilt ist.** [2]**Das Familiengericht kann anordnen, dass die Wirkungen des Absatzes 1 eintreten, wenn ein Antrag auf Ersetzung der Einwilligung eines Elternteils gestellt worden ist.**

1. Allgemeines. Zweck: Schutz des Adoptionsgeheimnisses (Engler FamRZ 76, 590). Abstützende Vorschriften: PStG 63 I; FamFG 13 II 2. Abstammungsverhältnisse werden freilich nicht völlig gelöscht, sondern können zB bei begründetem Verdacht eines Eheverbotsfalles über eine beglaubigte Abschrift des Geburtseintrages des Betroffenen aus dem Geburtsregister geklärt werden (BT-Drs 16/1831 S 36). Mit der Geburtsurkunde kann dieser Nachweis nicht geführt werden, da dort bei einem angenommenen Kind nur die Annehmenden als Eltern eingetragen werden (BT-Drs 16/1831 S 52). Nach OVG Münster, NJW 85, 1107 steht Auskunft durch Jugendamt „in pflichtgemäßem Ermessen", doch gilt grundsätzlich I; zur entspr Leistungsklage s OVG Lüneburg NJW 94, 2634 f. Adoptivkind selbst hat Recht auf Kenntnis der eigenen Abstammung; Zeitpunkt entsprechender Aufklärung ist Sache erzieherischer Fürsorge.

1

2. Folgerungen. In allen amtlichen oder privaten Erklärungen zur Person der Beteiligten sind die Annehmenden als Eltern anzugeben. Gegenüber Ausforschung oder Offenbarung haben Annehmende und Angenommene Unterlassungsansprüche; uU auch weitergehende Ansprüche wegen Verletzung des allg Persönlichkeitsrechts. Rechtfertigende Eingriffsgründe möglich.

2

3. Beginn. Das Ausforschungsverbot beginnt nach II 1 bereits mit Einwilligung der leiblichen Eltern nach § 1747; FamG kann Beginn auf Zeitpunkt des Antrags auf Ersetzung der elterlichen Einwilligung nach § 1748 vorlegen, II 2.

3

§ 1759 Aufhebung des Annahmeverhältnisses

Das Annahmeverhältnis kann nur in den Fällen der §§ 1760, 1763 aufgehoben werden.

§ 1760 Aufhebung wegen fehlender Erklärungen

(1) Das Annahmeverhältnis kann auf Antrag vom Familiengericht aufgehoben werden, wenn es ohne Antrag des Annehmenden, ohne die Einwilligung des Kindes oder ohne die erforderliche Einwilligung eines Elternteils begründet worden ist.

(2) Der Antrag oder eine Einwilligung ist nur dann unwirksam, wenn der Erklärende
a) zur Zeit der Erklärung sich im Zustand der Bewusstlosigkeit oder vorübergehenden Störung der Geistestätigkeit befand, wenn der Antragsteller geschäftsunfähig war oder das geschäftsunfähige oder noch nicht 14 Jahre alte Kind die Einwilligung selbst erteilt hat,
b) nicht gewusst hat, dass es sich um eine Annahme als Kind handelt, oder wenn er dies zwar gewusst hat, aber einen Annahmeantrag nicht hat stellen oder eine Einwilligung zur Annahme nicht hat abgeben wollen oder wenn sich der Annehmende in der Person des anzunehmenden Kindes oder wenn sich das anzunehmende Kind in der Person des Annehmenden geirrt hat,
c) durch arglistige Täuschung über wesentliche Umstände zur Erklärung bestimmt worden ist,
d) widerrechtlich durch Drohung zur Erklärung bestimmt worden ist,
e) die Einwilligung vor Ablauf der in § 1747 Abs. 2 Satz 1 bestimmten Frist erteilt hat.

(3) ¹Die Aufhebung ist ausgeschlossen, wenn der Erklärende nach Wegfall der Geschäftsunfähigkeit, der Bewusstlosigkeit, der Störung der Geistestätigkeit, der durch die Drohung bestimmten Zwangslage, nach der Entdeckung des Irrtums oder nach Ablauf der in § 1747 Abs. 2 Satz 1 bestimmten Frist den Antrag oder die Einwilligung nachgeholt oder sonst zu erkennen gegeben hat, dass das Annahmeverhältnis aufrechterhalten werden soll. ²Die Vorschriften des § 1746 Abs. 1 Satz 2, 3 und des § 1750 Abs. 3 Satz 1, 2 sind entsprechend anzuwenden.

(4) Die Aufhebung wegen arglistiger Täuschung über wesentliche Umstände ist ferner ausgeschlossen, wenn über Vermögensverhältnisse des Annehmenden oder des Kindes getäuscht worden ist oder wenn die Täuschung ohne Wissen eines Antrags- oder Einwilligungsberechtigten von jemand verübt worden ist, der weder antrags- noch einwilligungsberechtigt noch zur Vermittlung der Annahme befugt war.

(5) ¹Ist beim Ausspruch der Annahme zu Unrecht angenommen worden, dass ein Elternteil zur Abgabe der Erklärung dauernd außerstande oder sein Aufenthalt dauernd unbekannt sei, so ist die Aufhebung ausgeschlossen, wenn der Elternteil die Einwilligung nachgeholt oder sonst zu erkennen gegeben hat, dass das Annahmeverhältnis aufrechterhalten werden soll. ²Die Vorschrift des § 1750 Abs. 3 Satz 1, 2 ist entsprechend anzuwenden.

§ 1761 Aufhebungshindernisse

(1) Das Annahmeverhältnis kann nicht aufgehoben werden, weil eine erforderliche Einwilligung nicht eingeholt worden ist oder nach § 1760 Abs. 2 unwirksam ist, wenn die Voraussetzungen für die Ersetzung der Einwilligung beim Ausspruch der Annahme vorgelegen haben oder wenn sie zum Zeitpunkt der Entscheidung über den Aufhebungsantrag vorliegen; dabei ist es unschädlich, wenn eine Belehrung oder Beratung nach § 1748 Abs. 2 nicht erfolgt ist.

(2) Das Annahmeverhältnis darf nicht aufgehoben werden, wenn dadurch das Wohl des Kindes erheblich gefährdet würde, es sei denn, dass überwiegende Interessen des Annehmenden die Aufhebung erfordern.

§ 1762 Antragsberechtigung; Antragsfrist, Form

(1) ¹Antragsberechtigt ist nur derjenige, ohne dessen Antrag oder Einwilligung das Kind angenommen worden ist. ²Für ein Kind, das geschäftsunfähig oder noch nicht 14 Jahre alt ist, und für den Annehmenden, der geschäftsunfähig ist, können die gesetzlichen Vertreter den Antrag stellen. ³Im Übrigen kann der Antrag nicht durch einen Vertreter gestellt werden. ⁴Ist der Antragsberechtigte in der Geschäftsfähigkeit beschränkt, so ist die Zustimmung des gesetzlichen Vertreters nicht erforderlich.

(2) ¹Der Antrag kann nur innerhalb eines Jahres gestellt werden, wenn seit der Annahme noch keine drei Jahre verstrichen sind. ²Die Frist beginnt
a) in den Fällen des § 1760 Abs. 2 Buchstabe a mit dem Zeitpunkt, in dem der Erklärende zumindest die beschränkte Geschäftsfähigkeit erlangt hat oder in dem dem gesetzlichen Vertreter des geschäftsunfähigen Annehmenden oder des noch nicht 14 Jahre alten geschäftsunfähigen Kindes die Erklärung bekannt wird;
b) in den Fällen des § 1760 Abs. 2 Buchstabe b, c mit dem Zeitpunkt, in dem der Erklärende den Irrtum oder die Täuschung entdeckt;
c) in dem Falle des § 1760 Abs. 2 Buchstabe d mit dem Zeitpunkt, in dem die Zwangslage aufhört;
d) in dem Falle des § 1760 Abs. 2 Buchstabe e nach Ablauf der in § 1747 Abs. 2 Satz 1 bestimmten Frist;
e) in den Fällen des § 1760 Abs. 5 mit dem Zeitpunkt, in dem dem Elternteil bekannt wird, dass die Annahme ohne seine Einwilligung erfolgt ist.
³Die für die Verjährung geltenden Vorschriften der §§ 206, 210 sind entsprechend anzuwenden.

(3) Der Antrag bedarf der notariellen Beurkundung.

§ 1763 Aufhebung von Amts wegen

(1) Während der Minderjährigkeit des Kindes kann das Familiengericht das Annahmeverhältnis von Amts wegen aufheben, wenn dies aus schwerwiegenden Gründen zum Wohl des Kindes erforderlich ist.

(2) Ist das Kind von einem Ehepaar angenommen, so kann auch das zwischen dem Kind und einem Ehegatten bestehende Annahmeverhältnis aufgehoben werden.

(3) Das Annahmeverhältnis darf nur aufgehoben werden,
a) wenn in dem Falle des Absatzes 2 der andere Ehegatte oder wenn ein leiblicher Elternteil bereit ist, die Pflege und Erziehung des Kindes zu übernehmen, und wenn die Ausübung der elterlichen Sorge durch ihn dem Wohl des Kindes nicht widersprechen würde oder
b) wenn die Aufhebung eine erneute Annahme des Kindes ermöglichen soll.

Anmerkungen zu den §§ 1759–1763

1. Allgemeines. Der mit der Volladoption bezweckten und bewirkten vollen Eingliederung des Angenommenen in die Familie des/der Annehmenden entspricht die Beschränkung der Möglichkeiten zur Aufhebung der Adoption. § 1759 lässt sie

§ 1764

deshalb nur noch in zwei Fällen zu: Unwirksamkeit oder Fehlen der erforderlichen Erklärungen der Beteiligten, § 1760, und schwerwiegende Gründe des Kindeswohls,
2 § 1763; nicht § 1771 S 1 analog (Düsseldorf NJW-RR 86, 300). Aufhebung durch Anordnung des FamG, und zwar entweder auf Antrag der Beteiligten in den Fällen der ersten Gruppe oder von Amts wegen bei Gefährdung des Kindeswohls. Ohne förmliche Aufhebung können Adoptionsmängel nicht geltend gemacht werden,
3 Dritte können die Aufhebung nicht beantragen. Ausnahmsweise tritt Aufhebung des Adoptionsverhältnisses kraft Ges ein, wenn entgegen § 1308 zwischen Adoptivverwandten oder -verschwägerten die Ehe geschlossen worden ist, § 1766.

4 **2. Erklärungsmängel, § 1760. a)** Erheblich sind nur Fehlen oder Mängel der folgenden Erklärungen: **aa)** Antrag des Annehmenden; auch bei Rücknahme deshalb (nur) Aufhebung (Düsseldorf NJWE-FER 96, 67); **bb)** Einwilligung des Kindes; **cc)** erforderliche Einwilligung der Eltern oder eines Elternteils, § 1760 I. **Nicht:** Fehlende Einwilligung des Ehegatten, fehlende Zustimmung des ges Vertreters des
5 Kindes im Falle des § 1746 I 3. **b) Art der erheblichen Mängel: aa)** Gänzliches Fehlen der Einwilligung usw. Das ist auch der Fall, wenn der Scheinvater nach § 1747 I 2 einwilligt bzw seine Einwilligung ersetzt wird. **bb)** Unwirksamkeit wegen eines der in §§ 1760 II a–d geregelten Willensmängel; die Aufhebung wegen arglistiger Täuschung wird jedoch in § 1760 IV für die dort aufgeführten Täuschungsfälle ausgeschlossen. **cc)** Einwilligung vor Ablauf der 8-Wochen-Frist seit Geburt des
6 Kindes, §§ 1760 II e iVm 1747 II 1. **c) Heilung von Erklärungsmängeln** durch höchstpersönliche Wiederholung bzw Nachholung der fehlerhaften Erklärung
7 s § 1760 III, V. **d) Unbeachtlichkeit** des Fehlens oder Mangels von Erklärungen dann, wenn Voraussetzungen für ihre Ersetzung vorgelegen haben, § 1761 I, also in
8 den Fällen der §§ 1746 III, 1748 I, III, IV. **e) Keine Aufhebung** möglich, wenn dadurch Kindeswohl gefährdet würde, § 1761 II; erforderlich ist ggf Interessenabwägung zwischen Kindeswohl und Interessen des Annehmenden. „Zwischenlösungen" unzulässig (s Karlsruhe NJWE-FER 96, 5).

9 **3. Verfahren bei Aufhebung wegen Erklärungsmängel.** S FamFG 186 Nr 3, 187 ff. **a)** Voraussetzung ist **Antrag** desjenigen, dessen Erklärung fehlt oder mangelhaft ist, § 1762 I 1. Nicht: Kinder des Annehmenden (BayObLG NJW-RR 86, 872). Antrag ist grundsätzlich höchstpersönlich zu stellen, § 1762 I 3; Ausnahme:
10 § 1762 I 2. **b) Fristen** s § 1762 II 1; Fristbeginn s § 1762 II 2a–e. **c) Form** des Antrags s § 1762 III. **d) Zuständigkeit:** FamFG 101, 187; es entscheidet der Richter, RPflG 14 I Nr 15; Mitwirkungspflicht des Jugendamts SGB VIII 50 I sowie
11 FamFG 194 f. **e) Rechtsmittel** bei Aufhebung: Beschwerde nach FamFG 198 II, 58 ff.

12 **4. Amtsaufhebung.** § 1763 setzt voraus: **a) Minderjährigkeit** des Angenommenen, I; **b) schwerwiegende Gründe,** die es zum Wohl des Kindes gebieten, die Adoption aufzuheben (I), zB Scheidung der Adoptiveltern und Heirat eines Teils mit leiblichem Elternteil des Kindes oder scheidungsbedingte Unfähigkeit zur Erziehung und Personensorge, nicht dagegen Scheidung allein (BayObLG Rpfleger 80, 59); genügt Eingreifen nach §§ 1666, 1666a, ist Aufhebung nicht geboten, vgl
13 PalDiederichsen § 1763 Rn 3. **c)** Sicherung des Verbleibs oder der Aufnahme in einen Familienverband durch **aa)** Gewährleistung der Pflege und Erziehung des Kindes durch den anderen Ehegatten oder einen leiblichen Elternteil oder **bb)** eine
14 in Aussicht stehende neue Adoption, § 1763 III a, b. **d)** Bei Adoption durch Ehepaare kann Aufhebungswirkung auf einen Ehegatten beschränkt werden, § 1763 II. **e)** Zuständigkeit FamG am Ehegattenwohnsitz (KG FamRZ 95, 440).

§ 1764 Wirkung der Aufhebung

(1) ¹**Die Aufhebung wirkt nur für die Zukunft.** ²**Hebt das Familiengericht das Annahmeverhältnis nach dem Tode des Annehmenden auf dessen**

Titel 7. Annahme als Kind **§§ 1764, 1765**

Antrag oder nach dem Tode des Kindes auf dessen Antrag auf, so hat dies die gleiche Wirkung, wie wenn das Annahmeverhältnis vor dem Tode aufgehoben worden wäre.

(2) Mit der Aufhebung der Annahme als Kind erlöschen das durch die Annahme begründete Verwandtschaftsverhältnis des Kindes und seiner Abkömmlinge zu den bisherigen Verwandten und die sich aus ihm ergebenden Rechte und Pflichten.

(3) Gleichzeitig leben das Verwandtschaftsverhältnis des Kindes und seiner Abkömmlinge zu den leiblichen Verwandten des Kindes und die sich aus ihm ergebenden Rechte und Pflichten, mit Ausnahme der elterlichen Sorge, wieder auf.

(4) Das Familiengericht hat den leiblichen Eltern die elterliche Sorge zurückzuübertragen, wenn und soweit dies dem Wohl des Kindes nicht widerspricht; andernfalls bestellt es einen Vormund oder Pfleger.

(5) Besteht das Annahmeverhältnis zu einem Ehepaar und erfolgt die Aufhebung nur im Verhältnis zu einem Ehegatten, so treten die Wirkungen des Absatzes 2 nur zwischen dem Kind und seinen Abkömmlingen und diesem Ehegatten und dessen Verwandten ein; die Wirkungen des Absatzes 3 treten nicht ein.

§ 1765 Name des Kindes nach der Aufhebung

(1) ^{1}Mit der Aufhebung der Annahme als Kind verliert das Kind das Recht, den Familiennamen des Annehmenden als Geburtsnamen zu führen. ^{2}Satz 1 ist in den Fällen des § 1754 Abs. 1 nicht anzuwenden, wenn das Kind einen Geburtsnamen nach § 1757 Abs. 1 führt und das Annahmeverhältnis zu einem Ehegatten allein aufgehoben wird. ^{3}Ist der Geburtsname zum Ehenamen oder Lebenspartnerschaftsnamen des Kindes geworden, so bleibt dieser unberührt.

(2) ^{1}Auf Antrag des Kindes kann das Familiengericht mit der Aufhebung anordnen, dass das Kind den Familiennamen behält, den es durch die Annahme erworben hat, wenn das Kind ein berechtigtes Interesse an der Führung dieses Namens hat. ^{2}§ 1746 Abs. 1 Satz 2, 3 ist entsprechend anzuwenden.

(3) Ist der durch die Annahme erworbene Name zum Ehenamen oder Lebenspartnerschaftsnamen geworden, so hat das Familiengericht auf gemeinsamen Antrag der Ehegatten oder Lebenspartner mit der Aufhebung anzuordnen, dass die Ehegatten oder Lebenspartner als Ehenamen oder Lebenspartnerschaftsnamen den Geburtsnamen führen, den das Kind vor der Annahme geführt hat.

Anmerkungen zu den §§ 1764, 1765

1. Allgemeines. Regelung der Wirkungen einer familiengerichtl Aufhebung des Adoptionsverhältnisses. 1

2. Zeitliche Wirkungen. Aufhebung wirkt nur **für die Zukunft**, § 1764 I 1. 2
Ausnahme: Nach § 1764 I 2 ist Zeitpunkt der Antragstellung maßgebend, falls Beantragender – und zwar nur Annehmender oder Kind – nach Antragstellung stirbt. Rückwirkung ist wichtig für Erbfälle: Soweit keine Rückwirkung eintritt, bleibt es bei Erb- oder Pflichtteilsrecht trotz schwebenden Aufhebungsverfahrens.

3. Wirkungen auf Verwandtschaftsverhältnisse. a) Zu dem oder den 3
Annehmenden und deren Familie werden alle rechtlichen **Verwandtschaftsbezie-**

hungen gelöst, § 1764 II. Damit enden auch alle auf Verwandtschaft gegründeten Rechte und Pflichten. Möglichkeit der Beschränkung der Aufhebung auf einen Adoptivelternteil mit entspr beschränkter Aufhebungswirkung s § 1764 V und dazu Celle FamRZ 82, 197. **b)** Zu den **leiblichen Verwandten** leben alle rechtlichen Verwandtschaftsbeziehungen wieder auf, § 1764 III, jedoch wird **aa)** die elterliche Sorge der leiblichen Eltern nicht als Folge der Aufhebung der Adoption zurückerworben, sondern ist, soweit dies dem Wohl des Kindes nicht widerspricht, vom FamG zurückzuübertragen, § 1764 IV; andernfalls ist Vormund oder Pfleger zu bestellen. **bb)** Alle anderen Rechte und Pflichten zwischen leiblichen Eltern und Kind leben ipso iure wieder auf, also Erbrecht, Unterhaltspflichten usw.

4
5
6

7 **4. Name. a)** Grundsätzlich Verlust des nach § 1757 I–III erworbenen Adoptivnamens, s § 1765 I 1; **b)** gilt nicht für **Vornamen,** auch wenn dieser nach § 1757 IV
8 geändert worden ist. **c) Ausnahme:** Nach § 1765 II kann erworbener Familienname auf Grund Anordnung des FamG behalten werden; nicht dagegen Hinzufügen möglich. „Berechtigtes Interesse" kann wirtschaftlicher Art, aber auch psychologi-
9 sches Bedürfnis (Identifikation) sein. **d)** Adoptivname als **Ehename** bzw Lebenspartnerschaftsname s § 1765 I 3, III.

§ 1766 Ehe zwischen Annehmendem und Kind

¹Schließt ein Annehmender mit dem Angenommenen oder einem seiner Abkömmlinge den eherechtlichen Vorschriften zuwider die Ehe, so wird mit der Eheschließung das durch die Annahme zwischen ihnen begründete Rechtsverhältnis aufgehoben. ²§§ 1764, 1765 sind nicht anzuwenden.

1 **1. Allgemeines.** Das Ges bewertet die entgegen dem Eheverbot aus § 1308 I 1 geschlossene Ehe als „vorrangig" und lässt deshalb von den konkurrierenden familienrechtlichen Beziehungen Ehegatte/Ehegatte und Adoptivkind/Annehmender die letztere zurücktreten.

2 **2. Voraussetzung.** Eheschließung zwischen Annehmendem und Angenommenen unter Verstoß gegen §§ 1308 I 1, 1307.

3 **3. Wirkungen. a)** Eltern-Kind-Verhältnis zwischen den Ehegatten wird mit Exnunc-Wirkung aufgehoben. **b)** Alle anderen durch die Adoption begründeten Verwandtschaftsbeziehungen bleiben bestehen, S 2: Bei Heirat der Adoptivtochter wird also Adoptivgroßvater zusätzlich Schwiegervater.

4 **4. EinV.** § 1766 gilt nicht für vor dem 3.10.1990 geschlossene Ehen, s EGBGB 234 § 13 I 2.

Untertitel 2. Annahme Volljähriger

§ 1767 Zulässigkeit der Annahme, anzuwendende Vorschriften

(1) Ein Volljähriger kann als Kind angenommen werden, wenn die Annahme sittlich gerechtfertigt ist; dies ist insbesondere anzunehmen, wenn zwischen dem Annehmenden und dem Anzunehmenden ein Eltern-Kind-Verhältnis bereits entstanden ist.

(2) ¹Für die Annahme Volljähriger gelten die Vorschriften über die Annahme Minderjähriger sinngemäß, soweit sich aus den folgenden Vorschriften nichts anderes ergibt. ²§ 1757 Abs. 3 ist entsprechend anzuwenden, wenn der Angenommene eine Lebenspartnerschaft begründet hat und sein Geburtsname zum Lebenspartnerschaftsnamen bestimmt worden ist. ³**Zur Annahme einer Person, die eine Lebenspartnerschaft führt, ist die Einwilligung des Lebenspartners erforderlich.**

Titel 7. Annahme als Kind §§ 1768–1772

§ 1768 Antrag

(1) ¹Die Annahme eines Volljährigen wird auf Antrag des Annehmenden und des Anzunehmenden vom Familiengericht ausgesprochen. ²§§ 1742, 1744, 1745, 1746 Abs. 1, 2, § 1747 sind nicht anzuwenden.

(2) Für einen Anzunehmenden, der geschäftsunfähig ist, kann der Antrag nur von seinem gesetzlichen Vertreter gestellt werden.

§ 1769 Verbot der Annahme

Die Annahme eines Volljährigen darf nicht ausgesprochen werden, wenn ihr überwiegende Interessen der Kinder des Annehmenden oder des Anzunehmenden entgegenstehen.

§ 1770 Wirkung der Annahme

(1) ¹Die Wirkungen der Annahme eines Volljährigen erstrecken sich nicht auf die Verwandten des Annehmenden. ²Der Ehegatte oder Lebenspartner des Annehmenden wird nicht mit dem Angenommenen, dessen Ehegatte oder Lebenspartner wird nicht mit dem Annehmenden verschwägert.

(2) Die Rechte und Pflichten aus dem Verwandtschaftsverhältnis des Angenommenen und seiner Abkömmlinge zu ihren Verwandten werden durch die Annahme nicht berührt, soweit das Gesetz nichts anderes vorschreibt.

(3) Der Annehmende ist dem Angenommenen und dessen Abkömmlingen vor den leiblichen Verwandten des Angenommenen zur Gewährung des Unterhalts verpflichtet.

§ 1771 Aufhebung des Annahmeverhältnisses

¹Das Familiengericht kann das Annahmeverhältnis, das zu einem Volljährigen begründet worden ist, auf Antrag des Annehmenden und des Angenommenen aufheben, wenn ein wichtiger Grund vorliegt. ²Im Übrigen kann das Annahmeverhältnis nur in sinngemäßer Anwendung der Vorschrift des § 1760 Abs. 1 bis 5 aufgehoben werden. ³An die Stelle der Einwilligung des Kindes tritt der Antrag des Anzunehmenden.

§ 1772 Annahme mit den Wirkungen der Minderjährigenannahme

(1) ¹Das Familiengericht kann beim Ausspruch der Annahme eines Volljährigen auf Antrag des Annehmenden und des Anzunehmenden bestimmen, dass sich die Wirkungen der Annahme nach den Vorschriften über die Annahme eines Minderjährigen oder eines verwandten Minderjährigen richten (§§ 1754 bis 1756), wenn
a) ein minderjähriger Bruder oder eine minderjährige Schwester des Anzunehmenden von dem Annehmenden als Kind angenommen worden ist oder gleichzeitig angenommen wird oder
b) der Anzunehmende bereits als Minderjähriger in die Familie des Annehmenden aufgenommen worden ist oder
c) der Annehmende das Kind seines Ehegatten annimmt oder
d) der Anzunehmende in dem Zeitpunkt, in dem der Antrag auf Annahme bei dem Familiengericht eingereicht wird, noch nicht volljährig ist.
²Eine solche Bestimmung darf nicht getroffen werden, wenn ihr überwiegende Interessen der Eltern des Anzunehmenden entgegenstehen.

§§ 1767–1772

(2) ¹Das Annahmeverhältnis kann in den Fällen des Absatzes 1 nur in sinngemäßer Anwendung der Vorschrift des § 1760 Abs. 1 bis 5 aufgehoben werden. ²An die Stelle der Einwilligung des Kindes tritt der Antrag des Anzunehmenden.

Anmerkungen zu den §§ 1767–1772

Lit: Bosch, Zur Volljährigen-Adoption, ein Rechtsgutachten, FamRZ 64, 401; ders, Die gescheiterte Adoption, FamRZ 78, 656; Hinz, Das Minderjährigkeitserfordernis im Adoptionsrecht, ZRP 95, 171; Lüderitz, Sittenwidrige Entscheidungen der freiwilligen Gerichtsbarkeit?, NJW 80, 1087; ders, Das Ärgernis Erwachsenenadoption, FS Gernhuber, 1993, 713.

1   **1. Allgemeines.** In der Regelung an die Minderjährigenadoption angelehnt, § 1767 II, sind die Wirkungen der Volljährigenadoption schwächer, s zunächst § 1770. Das FamG kann jedoch die Wirkungen steigern, s § 1772. Auch die Aufhebung ist erleichtert, s § 1771. Minderjährigenadoption schließt spätere Volljährigenadoption aus (Stuttgart NJW 88, 2386).

2   **2. Voraussetzungen der Annahme. a) Sittliche Rechtfertigung** der Begründung eines Eltern-Kind-Verhältnisses, § 1767 I HS 1; Bsp in § 1767 I HS 2; fehlt, wenn lediglich wirtschaftliche Interessen verfolgt, Ausweisung verhindert (Karlsruhe NJW-RR 91, 713), oder Fortführung Adelsname gesichert werden soll, (BayObLG NJW-RR 93, 456); nicht-familienrechtliche Motive (Ersparnis von Erbschaftsteuer) können eine Rolle spielen, dürfen aber nicht Hauptmotiv sein (Karlsruhe NJW-RR 06, 365). Begründete Zweifel an sittlich gerechtfertigten Absichten genügen (BGH NJW 57, 674; Frankfurt OLGZ 80, 104 [Ermöglichung des Daueraufenthalts in Bundesrepublik]; München FamRZ 06, 574 [Eltern-Kind-Beziehung ausgeschlossen, wenn sexuelle Beziehung in freundschaftliche übergegangen]). Zum Altersunterschied s Köln FamRZ 82, 844; AG Bielefeld FamRZ 82, 961 (negativer Altersunterschied). Begründete Zweifel genügen zur Ablehnung (Karlsruhe NJW-
3   RR 91, 713). **b) Antrag** von Annehmenden und Anzunehmenden, § 1768 I 1; Form und Bedingungsfeindlichkeit der Anträge s § 1752 II; Vertretungserfordernis
4   bei fehlender Geschäftsfähigkeit des Anzunehmenden s § 1768 II. **c) Überwiegende Interessen von Kindern** des Annehmenden oder Anzunehmenden dürfen nicht entgegenstehen, § 1769; hier dürften auch Vermögensinteressen größeres Gewicht als in § 1745 haben, dem § 1769 ansonsten entspricht; vgl BayObLG DNotZ 84, 577: Unternehmensfortführung, s ferner BayObLG FamRZ 05, 131:
5   Hofübergabe. **d) Wohl** des Anzunehmenden ist nur bei fehlender Geschäftsfähigkeit durch das FamG besonders zu prüfen, ansonsten – auch bei Betreuung – dem Urteil
6   der Antragsteller anzuvertrauen. **e)** Iü gelten die §§ 1741 ff, s § 1767 II, soweit nicht in §§ 1767–1769 spezielle Voraussetzungen geregelt sind; so etwa erforderlich Ehe-
7   gatteneinwilligung(en) nach §§ 1749 I 2, 1750 I. **f) Nicht erforderlich:** Probezeit nach § 1744, s § 1768 I 2; Einwilligung der Eltern des Anzunehmenden, § 1768 I 2
8   iVm § 1747. **g)** Zweit- und Rückadoption durch leibliche Eltern möglich durch Neufassung von § 1768 I 2 (Lüderitz NJW 93, 1051).

9   **3. Verfahren.** S § 1752 Rn 3 f.

10   **4. Wirkung. a)** Verwandtschaft als eheliches Kind wird nur zwischen Angenommenem sowie seinen Abkömmlingen einerseits und dem (den) Annehmenden andererseits begründet, § 1770 I 1, nicht dagegen zu den Verwandten des Annehmenden.
11   **b)** Schwägerschaften werden durch die Volljährigenadoption nicht begründet, § 1770 I 2. **c) Die leibliche Verwandtschaft** des Angenommenen wird nicht rechtlich abgebrochen, § 1770 II; Pflichten und Rechte, zB Erbrecht, bleiben also bestehen. Die Unterhaltspflicht der leiblichen Verwandten tritt jedoch im Rang
12   hinter die der Adoptiveltern zurück. **d) Starke Wirkung** wie bei Minderjährigena-

doption möglich auf Grund Anordnung des FamG, wenn die qualifizierten Voraussetzungen des § 1772 I a–d gegeben sind und ein entspr Antrag gestellt worden ist.

5. Aufhebung durch das FamG. Aufhebung ist **a)** bereits aus **wichtigem** 13 **Grund** möglich; erforderlich ist Antrag von Annehmendem und Angenommenem (BGH 103, 12, 15). § 1771 S 1 gilt nicht bei volljährig gewordenen, aber minderjährig Adoptierten (BayObLG NJW-RR 91, 1221). **b)** Iü kann bei Willensmängeln 14 der Antrag in entspr Anwendung des § 1760 I–V aufgehoben werden, § 1771 S 2. **c)** Bei **Volljährigenadoption** mit sog **starker Wirkung** nach § 1772 I kann nur 15 in sinngemäßer Anwendung des § 1760 I–V aufgehoben werden, § 1772 II, also nicht schon aus wichtigem Grund. **d) Fristen** des § 1762 II gelten, § 1767 II. 16

6. EinV. §§ 1767–1772 gelten nicht (EGBGB 234 § 13 I 1), denn das FGB kannte 17 keine Annahme Volljähriger; vor Inkrafttreten des FGB (1.4.1966) begründete Annahmeverhältnisse unterlagen dem FGB (EGFGB 2), Sonderregeln für Volljährige gab es nicht mehr.

Abschnitt 3. Vormundschaft, Rechtliche Betreuung, Pflegschaft

Vorbemerkungen

1. Überblick. Gegenstand des dritten Abschnitts sind Vormundschaft als allgemeine Fürsorge für Minderjährige, Betreuung als durch das Erforderliche begrenzte Fürsorge für geistig oder körperlich Behinderte und Pflegschaft als begrenzte Fürsorge für Personen, die aus anderen Gründen außerstande sind, ihre Angelegenheiten selbst wahrzunehmen; ausnahmsweise auch – bei Pflegschaft des § 1914 – die Fürsorge für ein Vermögen. Die Ordnung des materiellen VormundschaftsR erfolgte im vierten Buch, weil Vormundschaft elterliche Sorge ersetzt und ihr nachgebildet 2 ist (vgl BGH 17, 115). Kennzeichnend sind die Amtsorganstellung von Vormund und Pfleger (vgl RG 151, 62) und die – gegenüber der elterlichen Sorge – weitergehende Funktion des FamG und des BetreuungsG im Vormundschafts- und Betreuungswesen, so dass Vormundschaft sogar als Ausübung „öffentlicher Fürsorge" gesehen wird (BVerfG 10, 311). Die Verschränkung mit öffentlich-rechtlicher Materie 3 wird verstärkt durch die ergänzend zu berücksichtigende Regelung des SGB VIII, das Organisation, Aufgaben und Funktion des Jugendamtes auch in Vormundschaftssachen regelt, s SGB VIII 50, 53 ff.

2. Grundzüge und Institutionen. a) Das Ges unterscheidet Vormundschaft 4 über **Minderjährige** (§§ 1773–1895), **Betreuung Volljähriger** (§§ 1896–1908i) und **Pflegschaften** (§§ 1909–1921). Während der Wirkungskreis des Vormunds ges umschrieben ist, wird er für den Betreuer und den Pfleger im Bestellungsakt festgelegt. **b)** Vormundschaft und Betreuung treten grundsätzlich nicht ipso iure ein, 5 sondern bedürfen entspr **Anordnung** und der **Bestellung** des Vormundes oder Betreuers durch das FamG bzw das BetreuungsG. Ausnahme § 1791c. **c)** Vormund- 6 schaft oder Betreuung sind regelmäßig **Einzelvormundschaft** oder -betreuung durch natürliche Personen; aus bes Gründen können **Mitvormünder** oder **mehrere Betreuer** bestellt werden, §§ 1775, 1899, deren die Vormundschaft oder Betreuung gemeinschaftlich oder mit verteilten Wirkungskreisen führen, §§ 1797 I, II, 1899 III, IV. Ein **Gegenvormund** kann zur Überwachung des Vormundes bestellt sein, § 1792; zum **Gegenbetreuer** s § 1908i I 1 iVm 1792. **d) Vormund** ist im 7 Regelfall eine **natürliche Person,** kann aber auch ein **Verein** (s § 1791a) oder das **Jugendamt** (§§ 1791b, c) sein. Auch bei **Betreuung** haben **natürliche Personen** – die auch **Mitarbeiter** eines **Betreuungsvereins** oder einer **Betreuungsbehörde** sein können – den Vorzug (§ 1897 I, II), doch ist auch **Betreuung durch Verein** oder **Behörde** möglich, § 1900 I, IV. **e)** Trotz Aufsicht und zahlreicher Aufsichts- 8

§§ 1773, 1774 Buch 4. Abschnitt 3. Vormundschaft

mittel des FamG (Gebote, Verbote, Ordnungsstrafen, Entlassungsmöglichkeit und Genehmigungsvorbehalte) übt ein Vormund seine Tätigkeit grundsätzlich selbstständig und nach Zweckmäßigkeitserwägungen aus (BGH 17, 116); für den Betreuer ist Richtlinie allein das Wohl des Betreuten, § 1901 I 1. Zur Reichweite des Grundsatzes BayObLG FamRZ 92, 108 (Antrag auf Weisung, bestimmte Pflegeform zu wählen). Fürsorgliche Tätigkeit des FamG s § 1837 I.

9 **3. Verfahren.** Vormundschaft und Pflegschaft sind Kindschaftssachen (FamFG 151 Nr 4, Nr 5), also Familiensachen (FamFG 111 Nr 2); als FamG zuständig ist das AG (GVG 23b I 1); Betreuungs- und Unterbringungsverfahren im FamFG 271 ff geregelt; als BetreuungsG zuständig ist das AG); landesrechtliche Vorbehalte s EGBGB 147, FamFG 486 ff. Zur Zuständigkeitsverteilung zwischen Richter und Rechtspfleger s RPflG 3 Nr 2a, 2b; 4; 14 Nr 9–11; 15. Örtl Zuständigkeit FamFG 152 (Vormundschaft, Pflegschaft), FamFG 272, 313 (Betreuung, Unterbringung); Beschwerde FamFG 58 sowie in Betreuungssachen zusätzlich FamFG 303 ff; Rechtshilfeersuchen GVG 156 ff (BT-Drs 16/6308 S 165); Amtsermittlung FamFG 26; Kosten s KostO 91 ff, 129 ff und FamFG 80 ff. Zum Jugendamt s Rn 3.

10 **4. IPR.** S EGBGB 24; int Zuständigkeit FamFG 99, 104.

Titel 1. Vormundschaft

Untertitel 1. Begründung der Vormundschaft

§ 1773 Voraussetzungen

(1) **Ein Minderjähriger erhält einen Vormund, wenn er nicht unter elterlicher Sorge steht oder wenn die Eltern weder in den die Person noch in den das Vermögen betreffenden Angelegenheiten zur Vertretung des Minderjährigen berechtigt sind.**

(2) **Ein Minderjähriger erhält einen Vormund auch dann, wenn sein Familienstand nicht zu ermitteln ist.**

1 **Voraussetzungen. a) Minderjährigkeit,** s hierzu § 2; zum nasciturus s § 1774 S 2. **b)** Der Minderjährige ist nicht durch effektives elterliches Sorgerecht rechtlich
2 „aufgehoben", und zwar weil **aa)** beide Eltern oder der allein sorgeberechtigte Elternteil (auch Mutter nach § 1626a II) gestorben oder für tot erklärt worden sind, ein Adoptionsverhältnis aufgehoben worden ist, das FamG das Sorgerecht nach
3 § 1666a II entzogen hat, oder **bb)** bei tatsächlicher oder rechtlicher Sperrung der aus dem Sorgerecht fließenden Befugnisse zur Vertretung des Kindes in persönlichen und vermögensrechtlichen Angelegenheiten, zB bei Ruhen der elterlichen Sorge §§ 1673–1675, oder **cc)** wenn Familienstand und damit Sorgeberechtigte nicht zu ermitteln sind, II, zB bei Findelkind. **dd)** Sind Eltern bei der Geburt des Kindes nicht verheiratet, sa § 1791c.

§ 1774 Anordnung von Amts wegen

¹**Das Familiengericht hat die Vormundschaft von Amts wegen anzuordnen.** ²**Ist anzunehmen, dass ein Kind mit seiner Geburt eines Vormunds bedarf, so kann schon vor der Geburt des Kindes ein Vormund bestellt werden; die Bestellung wird mit der Geburt des Kindes wirksam.**

1 **1. Allgemeines.** Vormundschaft muss regelmäßig (Ausnahme: §§ 1751 I 2, 1791c) durch das FamG konstituiert werden, und zwar durch **a) Anordnung** der Vormundschaft und **b) Bestellung des Vormundes** nach § 1789; beide Vorgänge können zusammenfallen. Bekanntmachungsadressat ist Mündel, s Drews Rpfleger 81, 13.

2. Voraussetzungen. S § 1773 und den zusätzlichen Fall § 1774 S 2 (zB wenn Mutter bei Geburt minderjährig sein wird).

3. Verfahren. FamG wird von Amts wegen tätig, regelmäßig auf Grund entspr Anzeige, zu der Standesbeamter – FamFG 168a –, Jugendamt – SGB VIII 8a III („hat anzurufen") – und Prozessgericht – FamFG 22a – verpflichtet sind. Bes Beschluss nicht erforderlich, aber üblich. Zuständigkeit und Rechtsmittel s Rn 9 vor § 1773. Fehlen materieller Voraussetzungen macht die rechtsbegründende Anordnung nicht unwirksam (anders, falls Mündel bereits verstorben war), str.

§ 1775 Mehrere Vormünder

¹**Das Familiengericht kann ein Ehepaar gemeinschaftlich zu Vormündern bestellen.** ²**Im Übrigen soll das Familiengericht, sofern nicht besondere Gründe für die Bestellung mehrerer Vormünder vorliegen, für den Mündel und, wenn Geschwister zu bevormunden sind, für alle Mündel nur einen Vormund bestellen.**

1. Einzelvormund als Normalfall. Grundsatz ist die Bestellung eines Einzelvormunds; auch für (Halb-)Geschwister, S 2 HS 2.

2. Ausnahmen. **a)** Nach S 1 steht es im Ermessen des FamG, miteinander verheiratete Ehegatten zu Mitvormündern zu bestellen. Das bietet sich insbes an, wenn Ehegatten das Kind in ihren Haushalt aufgenommen haben. **b)** In anderen Fällen erfolgt Bestellung von Mitvormündern nur unter besonderen Voraussetzungen, S 2; Bsp: schwierige Vermögensverhältnisse des Mündels. FamG entscheidet nach Ermessen und kann auch Anordnungen der Eltern (s § 1776) übergehen, s jedoch § 1778 IV.

3. Führung der Mitvormundschaft. S § 1797.

§ 1776 Benennungsrecht der Eltern

(1) Als Vormund ist berufen, wer von den Eltern des Mündels als Vormund benannt ist.

(2) Haben der Vater und die Mutter verschiedene Personen benannt, so gilt die Benennung durch den zuletzt verstorbenen Elternteil.

§ 1777 Voraussetzungen des Benennungsrechts

(1) Die Eltern können einen Vormund nur benennen, wenn ihnen zur Zeit ihres Todes die Sorge für die Person und das Vermögen des Kindes zusteht.

(2) Der Vater kann für ein Kind, das erst nach seinem Tode geboren wird, einen Vormund benennen, wenn er dazu berechtigt sein würde, falls das Kind vor seinem Tode geboren wäre.

(3) Der Vormund wird durch letztwillige Verfügung benannt.

§ 1778 Übergehen des benannten Vormunds

(1) Wer nach § 1776 als Vormund berufen ist, darf ohne seine Zustimmung nur übergangen werden,
1. **wenn er nach den §§ 1780 bis 1784 nicht zum Vormund bestellt werden kann oder soll,**
2. **wenn er an der Übernahme der Vormundschaft verhindert ist,**
3. **wenn er die Übernahme verzögert,**

§§ 1776–1779

4. wenn seine Bestellung das **Wohl des Mündels gefährden** würde,
5. wenn der Mündel, der das 14. Lebensjahr vollendet hat, der Bestellung **widerspricht**, es sei denn, der Mündel ist geschäftsunfähig.

(2) Ist der Berufene nur **vorübergehend** verhindert, so hat ihn das Familiengericht nach dem Wegfall des Hindernisses auf seinen Antrag anstelle des bisherigen Vormunds zum Vormund zu bestellen.

(3) Für einen minderjährigen Ehegatten darf der andere Ehegatte vor den nach § 1776 Berufenen zum Vormund bestellt werden.

(4) Neben dem Berufenen darf nur mit dessen Zustimmung ein Mitvormund bestellt werden.

Anmerkungen zu den §§ 1776–1778

1 **1. Allgemeines.** Eltern haben Vorrang bei Benennung eines Vormundes durch letztwillige Verfügung für den Fall ihres Todes. Der von den Eltern berufene Vormund ist deshalb vom FamG zu bestellen, sofern nicht eine der in § 1778 I geregelten Ausnahmen gegeben ist oder der Berufene ablehnt.

2 **2. Voraussetzungen. a)** Voraussetzungen des Benennungsrechtes ist **umfassendes Sorgerecht** der **Eltern** (oder des benennenden Elternteils) für das **minderjährige Kind im Zeitpunkt ihres Todes,** § 1777 I. Str ist, ob das Ges nur **tatsächliche** Sorge meint oder auch Vertretungsrecht der Eltern voraussetzt; für die letztere Ansicht spricht, dass die Eltern nicht postmortal mehr Rechtsmacht ausüben können als zu Lebzeiten, s Gernhuber/Coester-Waltjen § 70 Rn 35; BayObLG RPfleger 93, 17 (kein Benennungsrecht bei Ruhen elterlicher Sorge). Benennungsrecht ist nur für den Fall der durch Tod der Benennenden eintretenden Sorgebedürftigkeit
3 des Mündels gewährt. **b)** Bei **divergierenden** Benennungen durch Vater und Mutter s § 1776 II. **c)** Benennung für nasciturus s § 1777 II; das dem Vater ausdrücklich eingeräumte Benennungsrecht muss auch für die Mutter gelten, falls sie ausnahmsweise vor der Lebendgeburt des Kindes stirbt.

4 **3. Form.** Letztwillige Verfügung, § 1777 III iVm §§ 2231 ff, 2267, 2276; als „einseitige" Verfügung ist Benennung bei Erbvertrag und gemeinschaftlichem Testament frei widerruflich.

5 **4. Folge.** Das FamG ist an die Benennung gebunden; eine abw Auswahl kann es nach § 1778 I nur treffen **a)** in den in I Nr 1–5 geregelten Fällen; Gefährdung des Mündelwohls in I Nr 4 ist auslegungsfähiger unbestimmter Rechtsbegriff; Gefährdung kann unabhängig von den Voraussetzungen der §§ 1666, 1667 gegeben
6 sein. Adoptionsabsicht als Gefährdung s BayObLG RPfleger 93, 17. **b)** Ist das minderjährige Mündel verheiratet, so kann das FamG in Abweichung von der Benennung den volljährigen Ehegatten berufen, § 1778 III. **c) Mitvormund** kann nur
7 mit Zustimmung des Benannten bestellt werden, § 1778 IV.

8 **5. Rechtsmittel des Benannten bei Übergehen durch FamG.** Sofortige Beschwerde, FamFG 58 ff.

§ 1779 Auswahl durch das Familiengericht

(1) Ist die Vormundschaft nicht einem nach § 1776 Berufenen zu übertragen, so hat das Familiengericht nach Anhörung des Jugendamts den Vormund auszuwählen.

(2) ¹Das Familiengericht soll eine Person auswählen, die nach ihren persönlichen Verhältnissen und ihrer Vermögenslage sowie nach den sonstigen Umständen zur Führung der Vormundschaft geeignet ist. ²Bei der Auswahl unter mehreren geeigneten Personen sind der mutmaßliche Wille der

Titel 1. Vormundschaft **§§ 1780–1782**

Eltern, die persönlichen Bindungen des Mündels, die Verwandtschaft oder Schwägerschaft mit dem Mündel sowie das religiöse Bekenntnis des Mündels zu berücksichtigen.

(3) ¹Das Familiengericht soll bei der Auswahl des Vormunds Verwandte oder Verschwägerte des Mündels hören, wenn dies ohne erhebliche Verzögerung und ohne unverhältnismäßige Kosten geschehen kann. ²Die Verwandten und Verschwägerten können von dem Mündel Ersatz ihrer Auslagen verlangen; der Betrag der Auslagen wird von dem Familiengericht festgesetzt.

1. Allgemeines. Die Vorschrift regelt Ermessen und Verfahren des FamG bei der Auswahl eines Vormundes. 1

2. Voraussetzung der Auswahl. Von den Eltern ist kein Vormund benannt worden oder der Berufene ist nach § 1778 zu übergehen. 2

3. Auswahlkriterien. a) Die Auswahl des Vormunds steht im Ermessen des FamG. Maßstab ist das Wohl des Mündels. Die Person muss zur Führung geeignet sein, III 1. Sind mehrere Personen geeignet, gibt III 2 eine Rangfolge von ermessensleitenden Auswahlgesichtspunkten vor: Der mutmaßliche Wille der Eltern (zum erklärten Willen s § 1776), Bindungen des Kindes, Verwandtschaft oder Schwägerschaft mit dem Mündel und schließlich Religionsgleichheit (sa § 1801); zu ergänzen ist der Gesichtspunkt des § 1775, wenn bereits ein Vormund für Geschwister ausgewählt ist. **b)** Ein ausdr Vorrang der Verwandten besteht nicht (anders II 3 aF). Aus verfassungsrechtlichen Gründen genießen geeignete (§ 1779 II) nahe Verwandte des Mündels freilich den Vorrang (Hamm FamRZ 99, 679). (Selbst besser geeignete) Dritte (zB familiennahe Freunde) daher nur, wenn kein geeigneter Verwandter vorhanden ist. Einzel- geht Amtsvormundschaft vor, daher eher Pflegeeltern als Jugendamt (LG Flensburg FamRZ 01, 445). 3

4

4. Anhörung. Des Jugendamtes s I, von Verwandten oder Verschwägerten s III 1, der Eltern und des Mündels s FamFG 159 f; vgl BayObLG Rpfleger 80, 386. Unterlassene Anhörung berührt Wirksamkeit der Bestellung nicht, kann jedoch Entlassung rechtfertigen (BayObLG FamRZ 74, 219). 5

5. Beschwerde gegen Auswahl. Durch Kind FamFG 60; sonst nach FamFG 59 I nur im Interesse des Kindes möglich; beschwerdeberechtigt also Eltern sowie jeder, der auf Grund seiner Beziehungen zum Mündel ein obj berechtigtes Interesse hat, sich des persönlichen Wohls des Mündels anzunehmen (zB Stiefvater des Mündels, Jena FamRZ 04, 1389), s SoeZimmermann 16 mwN; gegen hL für eigenes Beschwerderecht des übergangenen Verwandten aus FamFG 59 I Gernhuber/Coester-Waltjen § 70 Rn 42. 6

§ 1780 Unfähigkeit zur Vormundschaft

Zum Vormund kann nicht bestellt werden, wer geschäftsunfähig ist.

§ 1781 Untauglichkeit zur Vormundschaft

Zum Vormund soll nicht bestellt werden:
1. wer minderjährig ist,
2. derjenige, für den ein Betreuer bestellt ist.

§ 1782 Ausschluss durch die Eltern

(1) ¹Zum Vormund soll nicht bestellt werden, wer durch Anordnung der Eltern des Mündels von der Vormundschaft ausgeschlossen ist. ²Haben die

Eltern einander widersprechende Anordnungen getroffen, so gilt die Anordnung des zuletzt verstorbenen Elternteils.

(2) Auf die Ausschließung ist die Vorschrift des § 1777 anzuwenden.

Anmerkungen zu den §§ 1780–1782

1 **1. Regelungsgehalt.** Regelung der Hinderungsgründe für die Bestellung zum Vormund.

2 **2. Einzelheiten. a) Unfähigkeitsgrund** s § 1780; bei Verstoß ist Bestellung nichtig. **b) Untauglichkeitsgründe** nach § 1781 hindern nicht Gültigkeit gleich-
3 wohl erfolgter Bestellung. **c) Ausschließung** durch die Eltern ist das Gegenstück zu ihrem Benennungsrecht, auf dessen Regelung § 1782 II verweist. Ausschließung muss sich auf bestimmte oder durch Auslegung bestimmbare Personen beziehen. Jugendamt kann nicht ausgeschlossen werden, § 1791b I 2. Trotz Ausschließung erfolgte Bestellung ist gültig, kann aber auf Beschwerde nach FamFG 59 I, 60 aufgehoben werden.

§ 1783 *(weggefallen)*

§ 1784 Beamter oder Religionsdiener als Vormund

(1) **Ein Beamter oder Religionsdiener, der nach den Landesgesetzen einer besonderen Erlaubnis zur Übernahme einer Vormundschaft bedarf, soll nicht ohne die vorgeschriebene Erlaubnis zum Vormund bestellt werden.**

(2) **Diese Erlaubnis darf nur versagt werden, wenn ein wichtiger dienstlicher Grund vorliegt.**

1 Zur Genehmigung bei Bundesbeamten s BBG 65 I Nr 1, bei Soldaten SoldatenG 21. Bei Religionsdienern ist innerkirchliches Recht maßgebend.

§ 1785 Übernahmepflicht

Jeder Deutsche hat die Vormundschaft, für die er von dem Familiengericht ausgewählt wird, zu übernehmen, sofern nicht seiner Bestellung zum Vormund einer der in den §§ 1780 bis 1784 bestimmten Gründe entgegensteht.

§ 1786 Ablehnungsrecht

(1) **Die Übernahme der Vormundschaft kann ablehnen:**
1. **ein Elternteil, welcher zwei oder mehr noch nicht schulpflichtige Kinder überwiegend betreut oder glaubhaft macht, dass die ihm obliegende Fürsorge für die Familie die Ausübung des Amts dauernd besonders erschwert,**
2. **wer das 60. Lebensjahr vollendet hat,**
3. **wem die Sorge für die Person oder das Vermögen von mehr als drei minderjährigen Kindern zusteht,**
4. **wer durch Krankheit oder durch Gebrechen verhindert ist, die Vormundschaft ordnungsmäßig zu führen,**
5. **wer wegen Entfernung seines Wohnsitzes von dem Sitz des Familiengerichts die Vormundschaft nicht ohne besondere Belästigung führen kann,**
6. **(weggefallen)**

Titel 1. Vormundschaft §§ 1785–1789

7. wer mit einem anderen zur gemeinschaftlichen Führung der Vormundschaft bestellt werden soll,
8. wer mehr als eine Vormundschaft, Betreuung oder Pflegschaft führt; die Vormundschaft oder Pflegschaft über mehrere Geschwister gilt nur als eine; die Führung von zwei Gegenvormundschaften steht der Führung einer Vormundschaft gleich.

(2) Das Ablehnungsrecht erlischt, wenn es nicht vor der Bestellung bei dem Familiengericht geltend gemacht wird.

§ 1787 Folgen der unbegründeten Ablehnung

(1) Wer die Übernahme der Vormundschaft ohne Grund ablehnt, ist, wenn ihm ein Verschulden zur Last fällt, für den Schaden verantwortlich, der dem Mündel dadurch entsteht, dass sich die Bestellung des Vormunds verzögert.

(2) Erklärt das Familiengericht die Ablehnung für unbegründet, so hat der Ablehnende, unbeschadet der ihm zustehenden Rechtsmittel, die Vormundschaft auf Erfordern des Familiengerichts vorläufig zu übernehmen.

§ 1788 Zwangsgeld

(1) Das Familiengericht kann den zum Vormund Ausgewählten durch Festsetzung von Zwangsgeld zur Übernahme der Vormundschaft anhalten.

(2) ¹Die Zwangsgelder dürfen nur in Zwischenräumen von mindestens einer Woche festgesetzt werden. ²Mehr als drei Zwangsgelder dürfen nicht festgesetzt werden.

Anmerkungen zu den §§ 1785–1788

1. Allgemeines. Regelung der Verpflichtung zur Übernahme einer Vormundschaft – § 1785 –, Sanktionen ihrer Verletzung – §§ 1787, 1788 – und Gründe berechtigter Ablehnung, § 1786.

2. Modalitäten der Übernahmepflicht. a) Übernahmepflicht entsteht auf Grund Auswahl durch FamG, nicht schon auf Grund Berufung durch die Eltern nach § 1776, jedoch kann der Berufene nach Ablehnung vom FamG ausgewählt werden und danach nach § 1785 zur Übernahme verpflichtet sein. **b) Deutscher** s GG 116 I. **c) Zwangsmittel** ausschließlich nach § 1788. **d)** Bei grundloser und verschuldeter Ablehnung ist Verzögerungsschaden zu ersetzen, § 1787 I.

3. Ablehnungsgründe. S abschließende Regelung in § 1786. **Ablehnungsrecht** muss vor Bestellung beim FamG geltend gemacht werden und erlischt mit Bestellung, § 1786 II; FamG muss anhören und Gelegenheit zur Ablehnung geben. Nachträglich entstandene Gründe s § 1889 I (Entlassungsgründe).

4. Vorläufige Übernahme der Vormundschaft nach § 1787 II. Kann nicht abgelehnt werden, auch wenn Gründe nach § 1786 I gegeben sind; bei Weigerung §§ 1787 I, 1788.

§ 1789 Bestellung durch das Familiengericht

¹Der Vormund wird von dem Familiengericht durch Verpflichtung zu treuer und gewissenhafter Führung der Vormundschaft bestellt. ²Die Verpflichtung soll mittels Handschlags an Eides statt erfolgen.

§ 1790 Bestellung unter Vorbehalt

Bei der Bestellung des Vormunds kann die Entlassung für den Fall vorbehalten werden, dass ein bestimmtes Ereignis eintritt oder nicht eintritt.

§ 1791 Bestallungsurkunde

(1) Der Vormund erhält eine Bestallung.

(2) Die Bestallung soll enthalten den Namen und die Zeit der Geburt des Mündels, die Namen des Vormunds, des Gegenvormunds und der Mitvormünder sowie im Falle der Teilung der Vormundschaft die Art der Teilung.

Anmerkungen zu den §§ 1789–1791

1 **1. Allgemeines.** Von Anordnung der Vormundschaft und Auswahl des Vormunds ist der Verwaltungsakt der **Bestellung** als konstitutive Amtsübertragung zu unterscheiden. §§ 1789, 1791 regeln Förmlichkeiten der Bestellung; zur Vereinsvormundschaft s § 1791a II, zur Amtsvormundschaft § 1791b II. § 1790 gestattet einen möglichen Entlassungsvorbehalt.

2 **2. Förmlichkeiten. a)** Ausdrücklicher Bestellungsakt unter Anwesenden, Mitwirkung des zu Bestellenden erforderlich. Duldung der Betätigung als Vormund
3 durch FamG reicht nicht aus (OGH NJW 49, 65). **b)** Bedingungen oder Befristun-
4 gen sind unzulässig. **c) Handschlag** an Eides Statt nach § 1789 S 2 nur Sollvorschrift, nicht Wirksamkeitsvoraussetzung. **d) Bestallung** ist eine Urkunde und von der Bestellung (Rechtsakt) zu unterscheiden. Übergabe nicht konstitutiv; Beweisfunktion nach ZPO 417. § 174 ist bei einseitigem RGeschäft unanwendbar (RG 74, 265). Bei Unrichtigkeit der Angaben evtl Haftung gegenüber Dritten und Mündel nach § 839, GG 34. Zum Inhalt gehören auch Beschränkungen der Vertretungs-
5 macht nach § 1796. **e)** Verpflichtung des Vormunds zur Treue und gewissenhafter Amtsführung muss zum Ausdruck gebracht werden, sie ist iü Grundlage der Einzelnen **Pflichten** und **Befugnisse** nach §§ 1793 ff.

6 **3. Wirkung. a)** Entstehung eines ges Schuldverhältnisses zwischen Mündel und Vormund; zur str „generellen" Verpflichtung zur Führung von Vormundschaften
7 und Pflegschaften Goerke RPfleger 82, 169; Damrau RPfleger 84, 48. **b)** Beginn des Amtes als Vormund mit allen Rechten und Pflichten auch gegenüber Dritten.

8 **4. Entlassungsvorbehalt.** § 1790 ist funktioneller Ausgleich für Unzulässigkeit von Befristung oder auflösender Bedingung; Notwendigkeit der förmlichen Entlassung dient der Rechtsklarheit. Bsp: § 1778 II.

9 **5. Zuständigkeit.** Zuständig für Bestellung ist Rechtspfleger, RPflG 3 Nr 2a; s iü Anm 3 vor § 1773.

§ 1791a Vereinsvormundschaft

(1) ¹Ein rechtsfähiger Verein kann zum Vormund bestellt werden, wenn er vom Landesjugendamt hierzu für geeignet erklärt worden ist. ²Der Verein darf nur zum Vormund bestellt werden, wenn eine als ehrenamtlicher Einzelvormund geeignete Person nicht vorhanden ist oder wenn er nach § 1776 als Vormund berufen ist; die Bestellung bedarf der Einwilligung des Vereins.

(2) Die Bestellung erfolgt durch Beschluss des Familiengerichts; die §§ 1789, 1791 sind nicht anzuwenden.

Titel 1. Vormundschaft §§ 1791a–1791c

(3) ¹Der Verein bedient sich bei der Führung der Vormundschaft einzelner seiner Mitglieder oder Mitarbeiter; eine Person, die den Mündel in einem Heim des Vereins als Erzieher betreut, darf die Aufgaben des Vormunds nicht ausüben. ²Für ein Verschulden des Mitglieds oder des Mitarbeiters ist der Verein dem Mündel in gleicher Weise verantwortlich wie für ein Verschulden eines verfassungsmäßig berufenen Vertreters.

(4) Will das Familiengericht neben dem Verein einen Mitvormund oder will es einen Gegenvormund bestellen, so soll es vor der Entscheidung den Verein hören.

§ 1791b Bestellte Amtsvormundschaft des Jugendamts

(1) ¹Ist eine als ehrenamtlicher Einzelvormund geeignete Person nicht vorhanden, so kann auch das Jugendamt zum Vormund bestellt werden. ²Das Jugendamt kann von den Eltern des Mündels weder benannt noch ausgeschlossen werden.

(2) Die Bestellung erfolgt durch Beschluss des Familiengerichts; die §§ 1789, 1791 sind nicht anzuwenden.

§ 1791c Gesetzliche Amtsvormundschaft des Jugendamts

(1) ¹Mit der Geburt eines Kindes, dessen Eltern nicht miteinander verheiratet sind und das eines Vormunds bedarf, wird das Jugendamt Vormund, wenn das Kind seinen gewöhnlichen Aufenthalt im Geltungsbereich dieses Gesetzes hat; dies gilt nicht, wenn bereits vor der Geburt des Kindes ein Vormund bestellt ist. ²Wurde die Vaterschaft nach § 1592 Nr. 1 oder 2 durch Anfechtung beseitigt und bedarf das Kind eines Vormunds, so wird das Jugendamt in dem Zeitpunkt Vormund, in dem die Entscheidung rechtskräftig wird.

(2) War das Jugendamt Pfleger eines Kindes, dessen Eltern nicht miteinander verheiratet sind, endet die Pflegschaft kraft Gesetzes und bedarf das Kind eines Vormunds, so wird das Jugendamt Vormund, das bisher Pfleger war.

(3) Das Familiengericht hat dem Jugendamt unverzüglich eine Bescheinigung über den Eintritt der Vormundschaft zu erteilen; § 1791 ist nicht anzuwenden.

Anmerkungen zu den §§ 1791a–1791c

1. Allgemeines. Die Bestellung einer natürlichen Person als Vormund ist vorrangig; Vereins- oder Amtsvormundschaft subsidiär (§§ 1791a I 2, 1791b I 1). Vereinsvormundschaft ist stets bestellte Vormundschaft, Amtsvormundschaft kann auch von Ges wegen eintreten, § 1791c. 1

2. Ges Amtsvormundschaft. a) Voraussetzungen. aa) Geburt eines Kindes, dessen Eltern nicht miteinander verheiratet sind, § 1791c I HS 1; gleichgestellt ist rechtskräftige Anfechtung der Vaterschaft, § 1791c I HS 2; Ende der Pflegschaft des Jugendamtes kraft Gesetzes, § 1791c II. **bb)** Kind bedarf eines Vormunds, weil Mutter Sorge nicht hat oder nicht ausüben kann, zB § 1673; vor allem minderjährige Mutter. **cc)** Vormund ist nicht schon vor Geburt oder Rechtskraft der Entscheidung iSv § 1791c I 2 nach § 1774 S 2 bestellt worden. **b) Wirkungen:** Amtsvormundschaft des Jugendamtes kraft Ges. Einzelheiten s SGB VIII 55 ff. Kein Gegenvormund, § 1792 I 2. Zu Pflichtenfreistellungen s § 1857a. **c)** Jugendamt erhält keine Bestallung; **Bescheinigung** nach § 1791c III ist Beweisurkunde. 2 3

§§ 1792–1794

4 **3. Bestellte Amtsvormundschaft. a) Voraussetzungen.** Keine natürliche Person ist als Vormund geeignet. Bestellung erfolgt durch schriftliche Verfügung des FamG. **b) Wirkungen.** Jugendamt wird Vormund. Iü s Rn 3.

5 **4. Vereinsvormundschaft. a) Voraussetzungen.** Keine natürliche Person ist als Vormund geeignet. Rechtsfähiger Verein, dem Erlaubnis nach SGB VIII 54 erteilt ist. Einwilligung des Vereins, § 1791a I 2 HS 2; keine Übernahmepflicht nach
6 § 1785. Schriftliche Verfügung des FamG, § 1791a II. **b) Wirkungen.** Verein ist Vormund, bedient sich bei der Führung der Vormundschaft einzelner Mitglieder oder (auch angestellter) Mitarbeiter, für die er nach § 31 haftet, § 1791a III. Zu Pflichtenfreistellungen s § 1857a.

§ 1792 Gegenvormund

(1) ¹Neben dem Vormund kann ein Gegenvormund bestellt werden. ²Ist das Jugendamt Vormund, so kann kein Gegenvormund bestellt werden; das Jugendamt kann Gegenvormund sein.

(2) Ein Gegenvormund soll bestellt werden, wenn mit der Vormundschaft eine Vermögensverwaltung verbunden ist, es sei denn, dass die Verwaltung nicht erheblich oder dass die Vormundschaft von mehreren Vormündern gemeinschaftlich zu führen ist.

(3) Ist die Vormundschaft von mehreren Vormündern nicht gemeinschaftlich zu führen, so kann der eine Vormund zum Gegenvormund des anderen bestellt werden.

(4) Auf die Berufung und Bestellung des Gegenvormunds sind die für die Begründung der Vormundschaft geltenden Vorschriften anzuwenden.

1 Der Gegenvormund tritt neben den Vormund und beaufsichtigt diesen, § 1799. IV regelt Berufung und Bestellung unter Verweisung auf die §§ 1776 ff; I 2 schließt einen Gegenvormund zum Jugendamt als ges oder bestellten Amtsvormund aus; II konkretisiert Ermessensbindung des FamG für Bestellung eines Gegenvormundes; dazu BayObLG FamRZ 94, 325: Höhe Vermögen ohne unmittelbare Bedeutung.

Untertitel 2. Führung der Vormundschaft

§ 1793 Aufgaben des Vormunds, Haftung des Mündels

(1) ¹Der Vormund hat das Recht und die Pflicht, für die Person und das Vermögen des Mündels zu sorgen, insbesondere den Mündel zu vertreten. ²§ 1626 Abs. 2 gilt entsprechend. ³Ist der Mündel auf längere Dauer in den Haushalt des Vormunds aufgenommen, so gelten auch die §§ 1618a, 1619, 1664 entsprechend.

(1a) ¹Der Vormund hat mit dem Mündel persönlichen Kontakt zu halten. ²Er soll den Mündel in der Regel einmal im Monat in dessen üblicher Umgebung aufsuchen, es sei denn, im Einzelfall sind kürzere oder längere Besuchsabstände oder ein anderer Ort geboten.

(2) Für Verbindlichkeiten, die im Rahmen der Vertretungsmacht nach Absatz 1 gegenüber dem Mündel begründet werden, haftet der Mündel entsprechend § 1629a.

§ 1794 Beschränkung durch Pflegschaft

Das Recht und die Pflicht des Vormunds, für die Person und das Vermögen des Mündels zu sorgen, erstreckt sich nicht auf Angelegenheiten des Mündels, für die ein Pfleger bestellt ist.

Titel 1. Vormundschaft §§ 1793–1795

Anmerkungen zu den §§ 1793, 1794

1. Allgemeines. Festlegung der Rechte und Pflichten des Vormunds in enger Anlehnung an Sorgerecht und -pflicht der Eltern mit der Berücksichtigung möglicher Beschränkung durch Befugnisse eines Pflegers; § 1794 entspricht § 1630 I. Beratung und Unterstützung durch Jugendamt s SGB VIII 53 II, ferner 27 ff. 1

2. Inhalt der vormundschaftlichen Rechte und Pflichten. a) Sorge für die persönlichen Angelegenheiten des Mündels, s §§ 1800, 1801; **b)** Vermögensverwaltung, s §§ 1802–1832 sowie **c)** die dazu erforderliche ges Vertretung in **aa)** persönlichen und **bb)** vermögensrechtlichen Angelegenheiten. Wirkungen der Vertretungsmacht s §§ 164 ff. Möglichkeit der Haftungsbegrenzung nach § 1629a II. **d)** Ist Mündel länger in den Haushalt des Vormunds aufgenommen, gelten nach § 1793 I 3 einige Bestimmungen des Eltern-Kind-Verhältnisses. **e)** Persönlicher Kontakt mit dem Mündel, s Ia (dazu Hoffmann FamRZ 11, 1185 f). 2

3

3. Einschränkungen der alleinigen Sorgebefugnis und -pflicht. Können sich ergeben aus **a)** konkurrierender Sorgebefugnis der Eltern, s § 1673 II; **b)** einer Pflegschaft für bestimmte Angelegenheiten in den Fällen des § 1909 I iVm §§ 1795, 1796, 1801, § 1794; **c)** ges Einschränkung der Vertretungsmacht in bestimmten Fällen von Interessenkollision, s §§ 1795, 1796; **d)** dem Verbot von Schenkungen zu Lasten des Mündels, § 1804; **e)** Verwaltungsrecht des anderen Ehegatten (§ 1485) bei Gütergemeinschaft des Mündels; **f)** bestehender Testamentsvollstreckung über ererbte Rechte des Mündels (RG 106, 187); **g)** höchstpersönlichen RGeschäften, zB Eheschließung; **h)** RGeschäften, für die Mündel unbeschränkt geschäftsfähig ist, s §§ 112, 113; **i)** zusätzlich erforderlichen Genehmigungen des FamG oder Gegenvormundes bei bestimmten, als bes gravierend bewerteten Geschäften, s §§ 1810, 1812, 1819 ff; **j)** Rücksicht auf Mündel entspr § 1626 II, s § 1793 S 2. 4

5

6

7

8

4. Übertragbarkeit. Vormundschaft ist unübertragbar, doch können einzelne Tätigkeiten und Befugnisse, die nicht persönliches Handeln des Vormundes erfordern, übertragen werden, deshalb zB Vollmachterteilung (beachte jedoch für Prokura § 1822 Nr 11) möglich. Für Hilfspersonen haftet der Vormund dem Mündel nach § 278 nur, soweit er sie in Wahrnehmung der „eigentlichen" vormundschaftlichen Geschäfte eingesetzt hat; sonst für eigenes Auswahlverschulden (RG 76, 185). 9

5. Vormund als Erfüllungsgehilfe; Haftung des Mündels. Vormund kann Erfüllungsgehilfe sein, § 278 S 1 Fall 1; keine Haftung des Mündels für unerlaubte Handlungen des Vormunds (RG 132, 80). Für cic nur, soweit rechtsgeschäftliche Risiken des jeweils angebahnten Vertrages in Frage stehen, nicht bei Verletzung allg Verkehrspflichten. 10

§ 1795 Ausschluss der Vertretungsmacht

(1) **Der Vormund kann den Mündel nicht vertreten:**
1. **bei einem Rechtsgeschäft zwischen seinem Ehegatten, seinem Lebenspartner oder einem seiner Verwandten in gerader Linie einerseits und dem Mündel andererseits, es sei denn, dass das Rechtsgeschäft ausschließlich in der Erfüllung einer Verbindlichkeit besteht,**
2. **bei einem Rechtsgeschäft, das die Übertragung oder Belastung einer durch Pfandrecht, Hypothek, Schiffshypothek oder Bürgschaft gesicherten Forderung des Mündels gegen den Vormund oder die Aufhebung oder Minderung dieser Sicherheit zum Gegenstand hat oder die Verpflichtung des Mündels zu einer solchen Übertragung, Belastung, Aufhebung oder Minderung begründet,**

Berger/Mansel

§ 1796

3. bei einem Rechtsstreit zwischen den in Nummer 1 bezeichneten Personen sowie bei einem Rechtsstreit über eine Angelegenheit der in Nummer 2 bezeichneten Art.

(2) **Die Vorschrift des § 181 bleibt unberührt.**

1 **1. Zweck.** Verhinderung von Interessenkollisionen zwischen vertretenem Mündel und Vormund; abstrakte Gefährdung der Mündelinteressen in den geregelten Fällen reicht grundsätzlich aus (vgl BGH NJW 75, 1885 f). Gilt auch für den Beamten des Jugendamts, dem die Vertretung nach SGB VIII 55 II 1 übertragen ist. Durch die Verweisung in § 1629 II 1 wird die Reichweite des § 1795 auf die ges Vertretung eines Kindes durch seine Eltern erstreckt und damit erheblich erweitert. Für die nach § 1795 untersagten Geschäfte ist dem Mündel ein Pfleger nach § 1909 zu bestellen. Zu mehraktigen RGeschäften, bei denen Vertretungsverbot nur hinsichtlich eines Teils besteht, s BGH 50, 8.

2 **2. Einzelfälle in I. a)** Nr 1 gilt nicht für Geschäfte, die dem Mündel (Kind) lediglich einen rechtlichen Vorteil bringen, BGH NJW 75, 1885 (Grundstücksschenkung; nicht, wenn vermietet, BayObLG NJW 03, 1129, nicht bei Vorbehalt eines Rücktrittsrechts, BayObLG NJW 04, 2264, s ferner BGH 78, 32 für Wohnungseigentum und dazu Jauernig JuS 82, 576; Tiedtke DB 77, 1065 für unentgeltliche Gesellschaftsbeteiligung); für die Erfüllung einer aus derartigen Geschäften begründeten Verbindlichkeit besteht die Vertretungssperre ohnehin nicht, Nr 1
3 HS 2. Anders jedoch Erfüllungssurrogate, zB Aufrechnung. **Ehegatte** ist nur der gegenwärtige Ehegatte (Düsseldorf NJW 65, 400); ebenso bei Lebenspartnerschaft. Verwandtschaft s § 1589; Schwägerschaft sperrt nicht (Hamm FamRZ 65, 86). Einwilligung in Stiefvateradoption fällt nicht unter I Nr 1 (BGH NJW 80, 1747).
4 **b)** Nr 2 gilt auch für Kündigung und Einziehung einer iSd Vorschrift gesicherten Forderung gegen Vormund, da sie zum Erlöschen von Forderung und Sicherheit führt, str. Ausdehnung auf andere Sicherheiten, zB Grundschuld str, s SoeZimmer-
5 mann 36 mwN. **c)** Nr 3 gilt bei Vaterschaftsanfechtung für Ehemann und Mutter (Zweibrücken FamRZ 80, 911). Geltung nicht allg für FamFG-Angelegenheiten (BayObLG NJW 61, 2309 [Erbscheinsverfahren]).

6 **3. Zu II.** S Anm zu § 181; rechtlich für Mündel lediglich vorteilhafte Geschäfte fallen nicht unter das Verbot des In-Sich-Geschäfts (BGH 94, 232); Oldenburg NJW-RR 88, 839 zur schenkweisen Übereignung eines vermieteten Grundstücks an Kinder. Kind als Miterbe (neben sorgeberechtigter Mutter) und Verkauf Nachlassgrundstück s Jena NJW 95, 3127 (möglich); Anwendbarkeit auf Erbschaftsausschlagung str, wenn dadurch Vertreter erwirbt, s BayObLG RPfleger 83, 483, § 1643 Rn 3; zur Interessenkollision, falls Vormund des Erben auch Testamentsvollstrecker ist, LG Frankfurt RPfleger 90, 207 Anm Meyer-Stolte; falls Pflichtteilsansprüche des Betroffenen gegen den Betreuer geltend gemacht werden, BayObLG NJW-
7 RR 04, 1158. Die Vertretungsmöglichkeit bei Erfüllungsgeschäften entbindet nicht von erforderlichen Genehmigungen des FamG oder eines Gegenvormundes. Befreiung vom Verbot des Selbstkontrahierens durch das FamG ist nicht möglich (BGH 21, 234; Hamm FamRZ 75, 510). Zur Beschlussfassung in Gesellschaften s Coing NJW 85, 7 f mwN.

8 **4. Rechtsfolgen.** Verstoß bewirkt Schwebezustand, §§ 177 ff; Pfleger nach § 1909 oder volljährig gewordenes Mündel kann genehmigen.

§ 1796 Entziehung der Vertretungsmacht

(1) **Das Familiengericht kann dem Vormund die Vertretung für einzelne Angelegenheiten oder für einen bestimmten Kreis von Angelegenheiten entziehen.**

Titel 1. Vormundschaft §§ 1797, 1798

(2) **Die Entziehung soll nur erfolgen, wenn das Interesse des Mündels zu dem Interesse des Vormunds oder eines von diesem vertretenen Dritten oder einer der in § 1795 Nr. 1 bezeichneten Personen in erheblichem Gegensatz steht.**

1. Allgemeines. Die in den Voraussetzungen starre Regelung des § 1795 wird 1 durch die in § 1796 vorgesehene Möglichkeit ergänzt, dem Vormund die Vertretungsmacht partiell zu entziehen. Gilt auch für Jugendamt als Vormund.

2. Voraussetzungen. a) Vertretungsmacht nicht schon nach § 1795 ausgeschlos- 2 sen; **b) erheblicher Interessengegensatz** (dazu Hamm FamRZ 74, 33; zur Ablehnung Ehelichkeitsanfechtung durch sorgeberechtigte Mutter BayObLG NJW-RR 94, 841) zwischen Mündel einerseits, Vormund, einem von diesem vertretenen Dritten oder einer der in § 1795 I Nr 1 genannten Personen andererseits, II. Zur Entscheidung über Anfechtung der Vaterschaft s BGH NJW 75, 346; zu Schadensersatzansprüchen gegen Vormund BayObLG Rpfleger 82, 379; zur Entscheidung über Ausübung des Zeugnisverweigerungsrechts, Karlsruhe FamRZ 04, 51.

3. Folgen. Entziehung der Vertretung für **a)** einzelne oder **b)** einen bestimm- 3 ten Kreis von Angelegenheiten; Beschluss (KG FamRZ 66, 240) und Zustellung an Vormund erforderlich. **c)** Entzug anderer Befugnisse außer Vertretungsmacht str; 4 bejahend Gernhuber/Coester-Waltjen § 61 Rn 49 (Handlungsmacht); aA SoeZimmermann 1, soweit nicht spezielle Regelung wie in § 1801 gegeben sei. Verhältnis zu § 1666 s BayObLG NJW-RR 94, 841 (Vorrang § 1796). **d)** Gegen Entziehung 5 Beschwerde FamFG 59.

§ 1797 Mehrere Vormünder

(1) ¹**Mehrere Vormünder führen die Vormundschaft gemeinschaftlich.** ²**Bei einer Meinungsverschiedenheit entscheidet das Familiengericht, sofern nicht bei der Bestellung ein anderes bestimmt wird.**

(2) ¹**Das Familiengericht kann die Führung der Vormundschaft unter mehrere Vormünder nach bestimmten Wirkungskreisen verteilen.** ²**Innerhalb des ihm überwiesenen Wirkungskreises führt jeder Vormund die Vormundschaft selbständig.**

(3) **Bestimmungen, die der Vater oder die Mutter für die Entscheidung von Meinungsverschiedenheiten zwischen den von ihnen benannten Vormündern und für die Verteilung der Geschäfte unter diese nach Maßgabe des § 1777 getroffen hat, sind von dem Familiengericht zu befolgen, sofern nicht ihre Befolgung das Interesse des Mündels gefährden würde.**

§ 1798 Meinungsverschiedenheiten

Steht die Sorge für die Person und die Sorge für das Vermögen des Mündels verschiedenen Vormündern zu, so entscheidet bei einer Meinungsverschiedenheit über die Vornahme einer sowohl die Person als das Vermögen des Mündels betreffenden Handlung das Familiengericht.

Anmerkungen zu den §§ 1797, 1798

Modalitäten der Mitvormundschaft. Mitvormundschaft ist Ausnahme, s 1775. 1 Mitvormünder führen Vormundschaft grundsätzlich gemeinsam, sind also in der Vertretung Gesamtvertreter. Struktur der Mitvormundschaft ist gemeinschaftlicher Sorgebefugnis der Eltern ähnlich (Gernhuber/Coester-Waltjen § 70 Rn 65, 66).

Haftung s § 1833 II. Aufteilung der Wirkungskreise möglich, § 1797 II; s auch § 1798.

§ 1799 Pflichten und Rechte des Gegenvormunds

(1) ¹**Der Gegenvormund hat darauf zu achten, dass der Vormund die Vormundschaft pflichtmäßig führt.** ²**Er hat dem Familiengericht Pflichtwidrigkeiten des Vormunds sowie jeden Fall unverzüglich anzuzeigen, in welchem das Familiengericht zum Einschreiten berufen ist, insbesondere den Tod des Vormunds oder den Eintritt eines anderen Umstands, infolgedessen das Amt des Vormunds endigt oder die Entlassung des Vormunds erforderlich wird.**

(2) **Der Vormund hat dem Gegenvormund auf Verlangen über die Führung der Vormundschaft Auskunft zu erteilen und die Einsicht der sich auf die Vormundschaft beziehenden Papiere zu gestatten.**

1   **Rechtliche Stellung des Gegenvormunds.** Gegenvormund ist nur **Aufsichtsorgan**, nicht selbst Vertreter des Mündels. **Pflichten: Überwachung**, I 1, daneben allg Pflicht, stets auf Mündelinteressen bedacht zu sein (BGH NJW 56, 790). Zur Ermöglichung der Überwachung Auskunfts- und Einsichtsrecht aus II; kein klagbarer Anspruch, sondern Durchsetzung mit Zwangsmitteln nach §§ 1837, 1886. Verpflichtung zur **Anzeige** an das FamG s I 2; keine eigenen **Eingriffsrechte**.

§ 1800 Umfang der Personensorge

¹**Das Recht und die Pflicht des Vormunds, für die Person des Mündels zu sorgen, bestimmen sich nach §§ 1631 bis 1633.** ²**Der Vormund hat die Pflege und Erziehung des Mündels persönlich zu fördern und zu gewährleisten.**

1   **1. Allgemeines.** Vormundschaft ist auch in der Personensorge entspr den Rechten und Pflichten der Eltern ausgestaltet (s Rn 1 vor § 1773); der zum 6.7.2011 neu eingefügte S 2 verpflichtet den Vormund ausdrücklich, die Pflege und Erziehung des Mündels persönlich zu fördern und zu gewährleisten (s auch § 1793 I a; Hoffmann FamRZ 11, 1185, 1186); die Befugnisse des Vormundes werden grundsätzlich selbstständig ausgeübt, stehen jedoch unter der allg Kontrolle des FamG nach §§ 1837 ff und ggf eines Gegenvormundes, § 1799, sowie des Jugendamtes nach SGB VIII 53 III.

2   **2. Befugnisse des Vormunds.** Erziehung, Pflege, Wahl der Schulausbildung und des Aufenthaltsortes, Regelung des Umgangs des Mündels mit Dritten und Verwandten, der jedoch nicht missbräuchlich unterbunden werden darf; zum Umgangsrecht der Eltern s § 1684. Geltendmachen von Herausgabeansprüchen s § 1632 I, und zwar auch gegenüber Eltern (KG NJW 70, 1793). Zur Zuständigkeit bei Streitigkeiten in diesen Fällen s § 1632 III.

3   **3. Freiheitsentziehung.** S § 1631b; Voraussetzung der Genehmigung ist, dass Kindeswohl sie erfordert, § 1631b S 2. Verhältnismäßigkeitsgrundsatz ist strikt zu beachten. Rücknahme § 1631b S 4. Verfahren FamFG 312 ff.

§ 1801 Religiöse Erziehung

(1) **Die Sorge für die religiöse Erziehung des Mündels kann dem Einzelvormund von dem Familiengericht entzogen werden, wenn der Vormund nicht dem Bekenntnis angehört, in dem der Mündel zu erziehen ist.**

(2) **Hat das Jugendamt oder ein Verein als Vormund über die Unterbringung des Mündels zu entscheiden, so ist hierbei auf das religiöse Bekenntnis**

Titel 1. Vormundschaft §§ 1802, 1803

oder die Weltanschauung des Mündels und seiner Familie Rücksicht zu nehmen.

I ist lex specialis zu § 1796. Entzug nur bei **Gefährdung** der Erziehung des **1** Mündels in seinem Bekenntnis durch **Einzelvormund**; Religionswechsel oder Kirchenaustritt macht Vormund nicht ohne weiteres ungeeignet (KG KGJ 46, 79).

§ 1802 Vermögensverzeichnis

(1) ¹Der Vormund hat das Vermögen, das bei der Anordnung der Vormundschaft vorhanden ist oder später dem Mündel zufällt, zu verzeichnen und das Verzeichnis, nachdem er es mit der Versicherung der Richtigkeit und Vollständigkeit versehen hat, dem Familiengericht einzureichen. ²Ist ein Gegenvormund vorhanden, so hat ihn der Vormund bei der Aufnahme des Verzeichnisses zuzuziehen; das Verzeichnis ist auch von dem Gegenvormund mit der Versicherung der Richtigkeit und Vollständigkeit zu versehen.

(2) Der Vormund kann sich bei der Aufnahme des Verzeichnisses der Hilfe eines Beamten, eines Notars oder eines anderen Sachverständigen bedienen.

(3) Ist das eingereichte Verzeichnis ungenügend, so kann das Familiengericht anordnen, dass das Verzeichnis durch eine zuständige Behörde oder durch einen zuständigen Beamten oder Notar aufgenommen wird.

1. Allgemeines. Gewährleistung der ordnungsgemäßen Vermögensverwaltung **1** und ihrer Überwachung durch das FamG. Gilt für alle Vormünder.

2. Umfang. Auch Vermögen, das nicht der Verwaltung durch Vormund unter- **2** liegt. Nachträglich zuerworbenes Vermögen s I 1; ebenso sind zuerworbene Einzelstücke zu behandeln, nicht aber normale Zu- und Abgänge; letztere gehören nur in die jährliche Rechnungslegung nach § 1840. Bei Beteiligung des Mündels an Gesamthand ist das gesamte Vermögen der Gesamthand unter Angabe des Mündelanteils zu inventarisieren. **Stichtag** s LG Berlin Rpfleger 81, 110.

3. Mitwirkung des Gegenvormundes. S I 2; Zuziehung von **Sachverständi-** **3** **gen** s II; Befugnis des **FamG** bei ungenügendem Verzeichnis s III.

§ 1803 Vermögensverwaltung bei Erbschaft oder Schenkung

(1) Was der Mündel von Todes wegen erwirbt oder was ihm unter Lebenden von einem Dritten unentgeltlich zugewendet wird, hat der Vormund nach den Anordnungen des Erblassers oder des Dritten zu verwalten, wenn die Anordnungen von dem Erblasser durch letztwillige Verfügung, von dem Dritten bei der Zuwendung getroffen worden sind.

(2) Der Vormund darf mit Genehmigung des Familiengerichts von den Anordnungen abweichen, wenn ihre Befolgung das Interesse des Mündels gefährden würde.

(3) ¹Zu einer Abweichung von den Anordnungen, die ein Dritter bei einer Zuwendung unter Lebenden getroffen hat, ist, solange er lebt, seine Zustimmung erforderlich und genügend. ²Die Zustimmung des Dritten kann durch das Familiengericht ersetzt werden, wenn der Dritte zur Abgabe einer Erklärung dauernd außerstande oder sein Aufenthalt dauernd unbekannt ist.

Verwaltung entspr Anordnung. Bindung des Ermessens des Vormunds bei **1** der Verwaltung der in I genannten Vermögensteile, vgl § 1638. Bei Verstoß des Vormunds gegen Anordnung evtl Haftung aus § 1833.

§§ 1804–1807

§ 1804 Schenkungen des Vormunds

¹Der Vormund kann nicht in Vertretung des Mündels Schenkungen machen. ²Ausgenommen sind Schenkungen, durch die einer sittlichen Pflicht oder einer auf den Anstand zu nehmenden Rücksicht entsprochen wird.

1 **Schenkung** s § 516, **Anstandsschenkung** iSv S 2 s § 534; sa Hamm NJW-RR 87, 453. Schenkung aus **Gesamtgut** kann vom Vormund nicht genehmigt werden, da § 1804 eingreift (RG 91, 41). Schenkung aus Vermögen einer Gesellschaft, an der Mündel beteiligt ist, fällt nicht unter § 1804 (RG 125, 381). **Rechtsfolge** Nichtigkeit, hM, s BayObLGZ 96, 118 (Grundstücksschenkung durch Betreuer); iü s § 1641 Rn 2.

§ 1805 Verwendung für den Vormund

¹Der Vormund darf Vermögen des Mündels weder für sich noch für den Gegenvormund verwenden. ²Ist das Jugendamt Vormund oder Gegenvormund, so ist die Anlegung von Mündelgeld gemäß § 1807 auch bei der Körperschaft zulässig, bei der das Jugendamt errichtet ist.

1 **Reichweite des Verbots.** Verboten sind auch unentgeltlicher Gebrauch von Sachen des Mündels, unentgeltliche Nutzung seiner Arbeitskraft (s aber § 1793 S 3 iVm § 1619) oder Anlage von Mündelgeld in einer OHG, an der Vormund beteiligt ist. Wirtschaftlicher Vorteil für Mündel ist unerheblich. Zur Anlegung von Mündelgeld im Falle einer Vormundschaft durch Jugendamt s S 2. Bei Verstoß gegen § 1805 Rechtsfolge nicht Nichtigkeit, sondern Haftung des Vormundes nach §§ 1833, 1834.

§ 1806 Anlegung von Mündelgeld

Der Vormund hat das zum Vermögen des Mündels gehörende Geld verzinslich anzulegen, soweit es nicht zur Bestreitung von Ausgaben bereitzuhalten ist.

§ 1807 Art der Anlegung

(1) Die im § 1806 vorgeschriebene Anlegung von Mündelgeld soll nur erfolgen:
1. in Forderungen, für die eine sichere Hypothek an einem inländischen Grundstück besteht, oder in sicheren Grundschulden oder Rentenschulden an inländischen Grundstücken;
2. in verbrieften Forderungen gegen den Bund oder ein Land sowie in Forderungen, die in das Bundesschuldbuch oder in das Landesschuldbuch eines Landes eingetragen sind;
3. in verbrieften Forderungen, deren Verzinsung vom Bund oder einem Land gewährleistet ist;
4. in Wertpapieren, insbesondere Pfandbriefen, sowie in verbrieften Forderungen jeder Art gegen eine inländische kommunale Körperschaft oder die Kreditanstalt einer solchen Körperschaft, sofern die Wertpapiere oder die Forderungen von der Bundesregierung mit Zustimmung des Bundesrates zur Anlegung von Mündelgeld für geeignet erklärt sind;
5. bei einer inländischen öffentlichen Sparkasse, wenn sie von der zuständigen Behörde des Landes, in welchem sie ihren Sitz hat, zur Anlegung von Mündelgeld für geeignet erklärt ist, oder bei einem anderen Kreditinstitut, das einer für die Anlage ausreichenden Sicherungseinrichtung angehört.

Titel 1. Vormundschaft §§ 1806–1811

(2) Die Landesgesetze können für die innerhalb ihres Geltungsbereichs belegenen Grundstücke die Grundsätze bestimmen, nach denen die Sicherheit einer Hypothek, einer Grundschuld oder einer Rentenschuld festzustellen ist.

§ 1808 *(weggefallen)*

§ 1809 Anlegung mit Sperrvermerk

Der Vormund soll Mündelgeld nach § 1807 Abs. 1 Nr. 5 nur mit der Bestimmung anlegen, dass zur Erhebung des Geldes die Genehmigung des Gegenvormunds oder des Familiengerichts erforderlich ist.

§ 1810 Mitwirkung von Gegenvormund oder Familiengericht

¹Der Vormund soll die in den §§ 1806, 1807 vorgeschriebene Anlegung nur mit Genehmigung des Gegenvormunds bewirken; die Genehmigung des Gegenvormunds wird durch die Genehmigung des Familiengerichts ersetzt. ²Ist ein Gegenvormund nicht vorhanden, so soll die Anlegung nur mit Genehmigung des Familiengerichts erfolgen, sofern nicht die Vormundschaft von mehreren Vormündern gemeinschaftlich geführt wird.

§ 1811 Andere Anlegung

¹Das Familiengericht kann dem Vormund eine andere Anlegung als die in § 1807 vorgeschriebene gestatten. ²Die Erlaubnis soll nur verweigert werden, wenn die beabsichtigte Art der Anlegung nach Lage des Falles den Grundsätzen einer wirtschaftlichen Vermögensverwaltung zuwiderlaufen würde.

Anmerkungen zu den §§ 1806–1811

Lit: Hötzel, Substanzerhaltende Anlage und Mündelsicherheit, DB 94, 2303; Jünger, Geldanlage für Mündel und Betreute, FamRZ 93, 147.

1. Allgemeines. Regelung der Bindung des Vormunds in der Anlage von Kapital des Mündels durch die Verpflichtung zu verzinslicher und „mündelsicherer" **Anlage** von **Geldvermögen** des Mündels, der ohne weiteres zugelassenen verzinslichen Anlagen ie und der Gestattung anderer Anlegung durch das FamG. Vgl auch § 1642. Bereits angelegtes Vermögen des Mündels wird von der Verpflichtung aus § 1806 nicht erfasst.

2. Tatbestand. Voraussetzung ist, a) dass eine verzinsliche Anlage überhaupt pflichtgemäßem Ermessen entspricht und nicht andere Nutzung des Geldes den Interessen des Mündels besser dient, zB inflationssichere Anlage in Grundstücken oder die Verwendung zur Geschäftsvergrößerung, s Gernhuber/Coester-Waltjen § 72 Rn 24; vgl auch AG Bremen WM 93, 1659: Anlage auf Sparbuch mit 2% Verzinsung als Pflichtverletzung! Ausgenommen von der Anlagepflicht ist das sog „Verfügungsgeld" nach § 1806 HS 2. Es kann in bar oder auf Anderkonto des Vormunds bei einer Bank aufbewahrt werden (Schütz NJW 67, 1569; aA KG NJW 67, 883). b) **Abw Anordnungen** nach § 1803 gehen den §§ 1806 ff vor.

3. Art der Anlage. Verzinsliche Anlage entweder in den in §§ 1807, 1808 näher geregelten Anlagearten oder in anderen Anlageformen mit Zustimmung des

§§ 1812, 1813

FamG, § 1811. Bei Verstoß § 1833, evtl § 1837. Zwischen den Anlagemöglichkeiten des § 1807 hat Vormund nach pflichtgemäßem Ermessen zu wählen. **a) Einzelheiten. aa)** Mündelsichere Grundpfandrechte iSv § 1807 I Nr 1, II sind regelmäßig bei Belastung zwischen ⅓ bis ⅔ des Grundstückswertes gegeben; Einzelnachw der landesrechtlichen Vorschriften zu § 1807 II s SoeZimmermann § 1807 Rn 19. Wohnungseigentum sollte gleich behandelt werden, s PalDiederichsen § 1807 Rn 3. **bb)** Zu § 1807 Nr 2: nicht erforderlich Wertpapier. **cc)** Zu § 1807 Nr 4 zählt auch Postsparbuch, str; Verzeichnisse von mündelsicheren Papieren bei Sichtermann, Recht der Mündelsicherheit, 3. Aufl 1980. **dd)** Anlagen nach § 1807 Nr 5 sollen nur in der qualifizierten Form des § 1809 erfolgen. Änderung durch BtG zum 1.1.1992 erweitert Kreis der geeigneten Kreditinstitute um solche, die dem Einlagensicherungsfonds des Bundesverbands Deutscher Banken e. V., dem Sparkassen Stützungsfonds oder dem Garantiefonds und -verband der Genossenschaftsbanken angehören, s dazu Jünger aaO. Folge einer solchen Anlegung: Ausschaltung des § 1813 I Nr 3, s § 1813 II 1; Sperrvermerk in Sparbuch oder sonstigem Legitimationspapier; Auszahlung an Vormund ohne Genehmigung von FamG oder Gegenvormund befreit nicht (RG 85, 422). Dagegen keine Pfändungssperre. Bei Verstoß gegen Gebot qualifizierter Anlegung § 1833. Zustimmung des Gegenvormundes s Rn 11. Auf zZ der Anordnung der Vormundschaft bereits angelegte Gelder ist § 1809 entspr anwendbar, SoeZimmermann § 1809 Rn 8, str. **b) Zur andersartigen Anlage** nach § 1811 s grundlegend RG 128, 309; sie ist zustimmungsfähig entweder bei **aa)** Vorliegen einer bes Situation, zB Darlehen an Mündeleltern oder **bb)** klar erkennbaren wirtschaftlichen Vorteilen auf Grund der allg Wirtschaftslage, also bei höheren Erträgen und vergleichbarer Sicherheit der **konkret** vorgeschlagenen Anlage, zB Anlage von Festgeld bei deutscher Großbank; abl für Volksbank Frankfurt RPfleger 84, 147. Anlage in Sachwerten s dagegen Rn 2.

11 **4. Mitwirkung von Gegenvormund oder FamG bei Anlage.** S § 1810; Gegenvormund oder FamG können alternativ genehmigen, nicht FamG nur subsidiär zum Gegenvormund. Fehlende Mitwirkung berührt Wirksamkeit der Anlage nicht („soll"), kann jedoch §§ 1833, 1837 auslösen. Genehmigung formlos entspr § 182 I 1 gegenüber Vormund oder Anlageinstitut. Für erforderliche Genehmigung beim „Erheben" – § 1809 – gilt dagegen § 1832.

§ 1812 Verfügungen über Forderungen und Wertpapiere

(1) ¹Der Vormund kann über eine Forderung oder über ein anderes Recht, kraft dessen der Mündel eine Leistung verlangen kann, sowie über ein Wertpapier des Mündels nur mit Genehmigung des Gegenvormunds verfügen, sofern nicht nach den §§ 1819 bis 1822 die Genehmigung des Familiengerichts erforderlich ist. ²Das Gleiche gilt von der Eingehung der Verpflichtung zu einer solchen Verfügung.

(2) **Die Genehmigung des Gegenvormunds wird durch die Genehmigung des Familiengerichts ersetzt.**

(3) **Ist ein Gegenvormund nicht vorhanden, so tritt an die Stelle der Genehmigung des Gegenvormunds die Genehmigung des Familiengerichts, sofern nicht die Vormundschaft von mehreren Vormündern gemeinschaftlich geführt wird.**

§ 1813 Genehmigungsfreie Geschäfte

(1) **Der Vormund bedarf nicht der Genehmigung des Gegenvormunds zur Annahme einer geschuldeten Leistung:**
1. wenn der Gegenstand der Leistung nicht in Geld oder Wertpapieren besteht,

Titel 1. Vormundschaft §§ 1812, 1813

2. wenn der Anspruch nicht mehr als 3000 Euro beträgt,
3. wenn der Anspruch das Guthaben auf einem Giro- oder Kontokorrentkonto zum Gegenstand hat oder Geld zurückgezahlt wird, das der Vormund angelegt hat,
4. wenn der Anspruch zu den Nutzungen des Mündelvermögens gehört,
5. wenn der Anspruch auf Erstattung von Kosten der Kündigung oder der Rechtsverfolgung oder auf sonstige Nebenleistungen gerichtet ist.

(2) ¹Die Befreiung nach Absatz 1 Nr. 2, 3 erstreckt sich nicht auf die Erhebung von Geld, bei dessen Anlegung ein anderes bestimmt worden ist. ²Die Befreiung nach Absatz 1 Nr. 3 gilt auch nicht für die Erhebung von Geld, das nach § 1807 Abs. 1 Nr. 1 bis 4 angelegt ist.

Anmerkungen zu den §§ 1812, 1813

Lit: Damrau, Das Ärgernis um §§ 1812, 1813 BGB, FamRZ 84, 842.

1. Allgemeines. § 1812 konkretisiert das Grundprinzip der „kontrollierten Kapitalanlage" (Gernhuber/Coester-Waltjen § 72 Rn 42) für RGeschäfte des Vormundes über Gläubigerrechte des Mündels – Forderungen, sonstige Leistungsansprüche und in Wertpapieren verbriefte Rechte – durch ihre Bindung an die Genehmigung von Gegenvormund oder FamG; § 1813 lockert diese Bindung für die in I näher bezeichneten Fälle der Annahme bestimmter Leistungen. 1

2. Genehmigungsbedürftige Geschäfte. Genehmigungsbedürftig sind **Verfügungen** und die darauf gerichteten **Verpflichtungen**, § 1812 I 2, über **a) Forderungen**, also zB Annahme der geschuldeten Leistung (s jedoch § 1813), Erlass, Kündigung (Mietvertrag s Hamm RPfleger 91, 56), Änderung des Zinssatzes oder der Fälligkeit, Schuldübernahme, Abtretung, Belastung, Aufrechnung; **nicht:** Mahnung, Prozessführung als solche, bei Schenkung bereits vereinbarte Rückgewähr als verzinsliches Darlehen (BayObLG NJW 74, 1143); Entgegennahme der Rente (BSG MDR 82, 698); Abheben der auf Konto überwiesenen Rente (s Köln RPfleger 86, 432; Damrau WM 86, 1023); zur Genehmigungsbedürftigkeit der Annahme einer dem Mündel aus Kauf geschuldeten Geldleistung, Gernhuber/Coester-Waltjen § 72 Rn 42. **b) andere Rechte,** kraft derer Mündel eine Leistung verlangen kann, insbes Grundpfandrechte; Löschungsbewilligung (auch für letztrangige Eigentümergrundschuld, BayObLG RPfleger 85, 25, sehr str; aA Damrau RPfleger 85, 26; FamRZ 84, 849), es sei denn, bewilligt wird bloße Berichtigung. § 1812 gilt nicht für Ansprüche auf Herausgabe beweglicher Sachen (Gernhuber/Coester-Waltjen § 72 Rn 46, sehr str); **c) Wertpapiere,** zum Begriff s § 793 Rn 5, beachte §§ 1814–1820. Genehmigungsbedürftig ist auch die Genehmigung der Verfügung eines Nichtberechtigten (RG 115, 156). 2 3 4 5

3. Ausnahmen. a) § 1813 I (abw jedoch dort II); beim Grenzbetrag nach Nr 2 entscheidet Höhe des Gesamtbetrags, nicht Einzelverfügung (Köln WM 94, 1560); **b)** befreite Vormundschaft, §§ 1852 II, 1855; **c)** Amts- oder Vereinsvormundschaft, §§ 1857a, 1852 II; **d)** bei allg Ermächtigung des Vormunds durch FamG nach § 1825; **e)** Entbindung nach § 1817 I. 6

4. Person des Genehmigenden. Zu genehmigen ist durch **Gegenvormund;** s jedoch § 1812 I 1 HS 1. Fehlt Gegenvormund, gilt § 1812 III. Bei Verweigerung der Genehmigung durch Gegenvormund oder bei seiner Verhinderung s § 1812 II. 7

5. Erteilung der Genehmigung. S §§ 1832, 1828–1831. 8

6. Fehlende Genehmigung. Rechtsfolge: Unwirksamkeit des genehmigungsbedürftigen Geschäfts; nicht genehmigte Forderungseinziehung befreit Schuldner 9 nicht (BGH NJW 06, 431), uU auch bei Vorlage eines Legitimationspapiers iSv § 808 (Karlsruhe NJW-RR 99, 231). Leistender hat Bereicherungsanspruch gegen Mündel; Aufrechnung damit gegen Anspruch des Mündels nicht möglich (Gernhuber/Coester-Waltjen § 72 Rn 44, str).

§ 1814 Hinterlegung von Inhaberpapieren

¹Der Vormund hat die zu dem Vermögen des Mündels gehörenden Inhaberpapiere nebst den Erneuerungsscheinen bei einer Hinterlegungsstelle oder bei einem der in § 1807 Abs. 1 Nr. 5 genannten Kreditinstitute mit der Bestimmung zu hinterlegen, dass die Herausgabe der Papiere nur mit Genehmigung des Familiengerichts verlangt werden kann. ²Die Hinterlegung von Inhaberpapieren, die nach § 92 zu den verbrauchbaren Sachen gehören, sowie von Zins-, Renten- oder Gewinnanteilscheinen ist nicht erforderlich. ³Den Inhaberpapieren stehen Orderpapiere gleich, die mit Blankoindossament versehen sind.

§ 1815 Umschreibung und Umwandlung von Inhaberpapieren

(1) ¹Der Vormund kann die Inhaberpapiere, statt sie nach § 1814 zu hinterlegen, auf den Namen des Mündels mit der Bestimmung umschreiben lassen, dass er über sie nur mit Genehmigung des Familiengerichts verfügen kann. ²Sind die Papiere vom Bund oder einem Land ausgestellt, so kann er sie mit der gleichen Bestimmung in Schuldbuchforderungen gegen den Bund oder das Land umwandeln lassen.

(2) Sind Inhaberpapiere zu hinterlegen, die in Schuldbuchforderungen gegen den Bund oder ein Land umgewandelt werden können, so kann das Familiengericht anordnen, dass sie nach Absatz 1 in Schuldbuchforderungen umgewandelt werden.

§ 1816 Sperrung von Buchforderungen

Gehören Schuldbuchforderungen gegen den Bund oder ein Land bei der Anordnung der Vormundschaft zu dem Vermögen des Mündels oder erwirbt der Mündel später solche Forderungen, so hat der Vormund in das Schuldbuch den Vermerk eintragen zu lassen, dass er über die Forderungen nur mit Genehmigung des Familiengerichts verfügen kann.

§ 1817 Befreiung

(1) ¹Das Familiengericht kann den Vormund auf dessen Antrag von den ihm nach den §§ 1806 bis 1816 obliegenden Verpflichtungen entbinden, soweit
1. der Umfang der Vermögensverwaltung dies rechtfertigt und
2. eine Gefährdung des Vermögens nicht zu besorgen ist.
²Die Voraussetzungen der Nummer 1 liegen im Regelfall vor, wenn der Wert des Vermögens ohne Berücksichtigung von Grundbesitz 6000 Euro nicht übersteigt.

(2) Das Familiengericht kann aus besonderen Gründen den Vormund von den ihm nach den §§ 1814, 1816 obliegenden Verpflichtungen auch dann entbinden, wenn die Voraussetzungen des Absatzes 1 Nr. 1 nicht vorliegen.

§ 1818 Anordnung der Hinterlegung

Das Familiengericht kann aus besonderen Gründen anordnen, dass der Vormund auch solche zu dem Vermögen des Mündels gehörende Wertpapiere, zu deren Hinterlegung er nach § 1814 nicht verpflichtet ist, sowie Kostbarkeiten des Mündels in der in § 1814 bezeichneten Weise zu hinterlegen hat; auf Antrag des Vormunds kann die Hinterlegung von Zins-, Renten- und Gewinnanteilscheinen angeordnet werden, auch wenn ein besonderer Grund nicht vorliegt.

§ 1819 Genehmigung bei Hinterlegung

¹Solange die nach § 1814 oder nach § 1818 hinterlegten Wertpapiere oder Kostbarkeiten nicht zurückgenommen sind, bedarf der Vormund zu einer Verfügung über sie und, wenn Hypotheken-, Grundschuld- oder Rentenschuldbriefe hinterlegt sind, zu einer Verfügung über die Hypothekenforderung, die Grundschuld oder die Rentenschuld der Genehmigung des Familiengerichts. ²Das Gleiche gilt von der Eingehung der Verpflichtung zu einer solchen Verfügung.

§ 1820 Genehmigung nach Umschreibung und Umwandlung

(1) Sind Inhaberpapiere nach § 1815 auf den Namen des Mündels umgeschrieben oder in Schuldbuchforderungen umgewandelt, so bedarf der Vormund auch zur Eingehung der Verpflichtung zu einer Verfügung über die sich aus der Umschreibung oder der Umwandlung ergebenden Stammforderungen der Genehmigung des Familiengerichts.

(2) Das Gleiche gilt, wenn bei einer Schuldbuchforderung des Mündels der im § 1816 bezeichnete Vermerk eingetragen ist.

Anmerkungen zu den §§ 1814–1820

1. Allgemeines. Beschränkung der Rechtsmacht des Vormunds zu RGeschäften 1 über Wertpapiere, insbes Inhaberpapiere, und Kostbarkeiten des Mündels durch ges vorgeschriebene (§ 1814) oder vom FamG verfügte (§ 1818) Hinterlegungsverpflichtung, durch – auch als Alternative zur Hinterlegung mögliche – Umschreibung oder Umwandlung (§ 1815) sowie durch Qualifizierung bestimmter Schuldbuchforderungen (§ 1816) und Genehmigungsbedürftigkeit von Verfügungen.

2. Modalitäten der Hinterlegungsverpflichtung nach § 1814. Inhaberpa- 2 **piere** nebst Erneuerungsscheinen und **blankoindossierte Orderpapiere** sind mit der Maßgabe zu hinterlegen, dass Herausgabe der **Genehmigung** des **FamG** bedarf. Bei Rücknahme ohne erforderliche Genehmigung s §§ 1832, 1828–1831; ein Sperrvermerk auf den Papieren ist nicht erforderlich (s RG 79, 16). **a) Ausnahmen.** 3 **aa)** Die in § 1814 S 2 genannten Papiere, hierzu jedoch § 1818 und Rn 8; Inhaberpapiere, die zu verbrauchbaren Sachen zählen (§ 92 zählen, sind zB Banknoten; **bb)** befreite Vormundschaft, §§ 1853, 1855; **cc)** Amts- und Vereinsvormundschaft, 4 § 1857a; **dd)** Befreiung von Hinterlegungspflicht durch FamG, § 1817; nach I auf Antrag des Vormunds bei geringem Vermögenswert (Regelfall: § 1817 I 2), wenn Vermögensgefährdung nicht zu befürchten ist; § 1817 II lässt Befreiung auch bei größeren Vermögen zu, falls „bes Gründe" vorliegen, etwa Sicherheitsleistung, nicht aber bei (ohnehin erforderlicher) Vertrauenswürdigkeit des Vormunds, str; **ee) Wahl** der **Umschreibung** mit Verfügungssperrvermerk durch Vormund nach 5 § 1815 I oder **Umwandlung** der in § 1815 I 2 genannten Papiere; **ff) Anordnung** der **Umschreibung** durch FamG bei den in § 1815 II genannten Papieren. **b) Durchsetzung** der Hinterlegungsverpflichtung durch Zwangsmittel des FamG 6 nach § 1837 II 1; evtl Entlassung des Vormunds. **c) Haftung** des Vormunds 7 s § 1833. **d) Bei Antritt** der Vormundschaft bereits bei Privatbank **verwahrte Papiere** sind in dieser Verwahrung zu belassen (RG 137, 323, str).

Vor §§ 1821–1831

8   **3. Hinterlegung auf Anordung des FamG nach § 1818. Andere Wertpapiere** und hinterlegungsfähige **Kostbarkeiten** sind auf Anordnung des FamG zu hinterlegen, § 1818. Voraussetzung der Anordnung nach § 1818 S 1: Bes Gründe, insbes also Unsicherheit der Verwahrung durch Vormund. Hinterlegung von **Zins-, Renten-** und **Gewinnanteilscheinen** s jedoch § 1818 S 2.

9   **4. Sperrwirkung der Hinterlegung.** Sperrwirkung folgt aus **Genehmigungsbedürftigkeit a)** der Rücknahme auf Grund entspr Bestimmung bei Hinterlegung; **b)** der Verfügung über die hinterlegten Papiere und – bei Hypotheken-, Grundschuld- oder Rentenschuldbriefen – über die Hypothekenforderung, die Grund-
10 schuld oder die Rentenschuld, § 1819 S 1; **c)** der auf Verfügungen zu Rn 9 (b) gerichteten Verpflichtungsgeschäfte, § 1819 S 2. Ist an den Vormund trotz Genehmigungsmangel herausgegeben worden, gilt für Verfügungen und Verpflichtungen nicht § 1819, sondern nur § 1812.

11 **5. Hinterlegungsstellen. a)** AG nach HintO 1 II; **b)** Staatsbanken, HintO 27; **c)** die in § 1814 S 1 genannten Stellen.

12 **6. Sperrwirkung der Umschreibung bzw. Umwandlung von in Inhaberpapieren verbrieften Forderungen. Verfügungsbeschränkung** durch Umschreibung von Inhaberpapieren auf den Namen des Mündels oder Umwandlung von in Inhaberpapieren verbrieften Forderungen gegen Bund oder Länder in Schuldbuchforderungen an Stelle ihrer Verwahrung durch Erfordernis der Genehmigung des FamG
13 s § 1815 I 1, 2; **Sperrung** von Buchforderungen des Mündels s § 1816; Befreiungsmöglichkeit s § 1817 und dazu Rn 4. **Sperrwirkung** bei Umschreibung oder Umwandlung oder des Vermerks nach § 1816 erstreckt sich auch auf Verpflichtungsgeschäfte zu den genehmigungsabhängigen Verfügungen, § 1820. Bei den in § 1815 II genannten Papieren kann FamG auch Umwandlung gegen Willen des Vormunds anordnen.

Vorbemerkungen zu den §§ 1821–1831

Lit: Kurz, Die Problematik des § 1822 BGB, NJW 92, 1798; Mayer, Der Anspruch auf vormundschaftsgerichtliche Genehmigung, FamRZ 94, 1007.

1   **1. Allgemeines.** Nach § 1821 ist die Vertretungsmacht des Vormunds beschränkt für RGeschäfte über Grundstücke und Schiffe, nach § 1822 für die dort ie aufgeführten, als bes gravierend bewerteten Geschäfte. Bindung wird durch Notwendigkeit der Zustimmung des FamG erreicht, zur Erteilung der Zustimmung s §§ 1828–1831, zur Anhörung des Mündels s § 1827 II. Richtlinie ist Mündelwohl (unbestimmter Rechtsbegriff, s Mayer aaO). Für Vertreter nach VermG s LG Berlin FamR 96, 56 (FamG nicht zuständig).

2   **2. Weitere Fälle.** §§ 1821, 1822 sind nicht erschöpfend, s §§ 1411 II 2, 1596 I 3, 2275 II 2, 2282 II, 2290 III 1, 1491 III, 1517 II, 1819, 1820, 112 I 1; beachte ferner §§ 112 I 2, 113 I 2.

3   **3. Anwendungsbereich. Nicht anwendbar** sind die §§ 1821 ff auf Prozessführung und Zwangsvollstreckung. Die Genehmigung soll ferner nicht erforderlich sein, wenn Mündel zur Abgabe einer Willenserklärung verurteilt wird und ZPO 894 die Abgabe fingiert, s MK/Wagenitz § 1821 Rn 14; abzulehnen, denn die Fiktion kann keine stärkeren Wirkungen zeigen als die Mündelerklärung, vgl StJ/
4   Brehm, § 894 Rn 24. RGeschäfte, die mit Wirkung für oder gegen eine **jur Person** oder eine OHG, an denen das **Mündel** beteiligt ist, geschlossen werden, fallen nicht unter §§ 1821 ff, und zwar auch dann nicht, wenn Mündel Alleingesellschafter ist, RG 54, 281; 133, 11. Rechtsmacht des Testamentsvollstreckers (RG 91, 70) oder eines vom Erblasser eingesetzten Bevollmächtigten (RG 88, 350) ist nicht zustimmungsabhängig, soweit für den Nachlass gehandelt wird.

§ 1821 Genehmigung für Geschäfte über Grundstücke, Schiffe oder Schiffsbauwerke

(1) Der Vormund bedarf der Genehmigung des Familiengerichts:
1. zur Verfügung über ein Grundstück oder über ein Recht an einem Grundstück;
2. zur Verfügung über eine Forderung, die auf Übertragung des Eigentums an einem Grundstück oder auf Begründung oder Übertragung eines Rechts an einem Grundstück oder auf Befreiung eines Grundstücks von einem solchen Recht gerichtet ist;
3. zur Verfügung über ein eingetragenes Schiff oder Schiffsbauwerk oder über eine Forderung, die auf Übertragung des Eigentums an einem eingetragenen Schiff oder Schiffsbauwerk gerichtet ist;
4. zur Eingehung einer Verpflichtung zu einer der in den Nummern 1 bis 3 bezeichneten Verfügungen;
5. zu einem Vertrag, der auf den entgeltlichen Erwerb eines Grundstücks, eines eingetragenen Schiffes oder Schiffsbauwerks oder eines Rechts an einem Grundstück gerichtet ist.

(2) Zu den Rechten an einem Grundstück im Sinne dieser Vorschriften gehören nicht Hypotheken, Grundschulden und Rentenschulden.

1. Allgemeines. S Rn 1 vor §§ 1821–1831. Kreis der nach §§ 1821, 1822 gebundenen Geschäfte kann nicht durch Analogie erweitert werden (BGH NJW 83, 1781). 1

2. Einzelfälle. a) Verfügung und Verpflichtung über die in Nr 1–3 geregelten Rechte. Auch bei wirksamer Verpflichtung bleibt Verfügung genehmigungsbedürftig, doch erstreckt sich Genehmigung für Verpflichtung regelmäßig auch auf Verfügung (BayObLG RPfleger 85, 235). Auseinandersetzung einer Gesamthand, der in Nr 1–3 genannte Rechte zustehen, ist genehmigungsbedürftig (BGH 56, 283), ferner Veräußerung durch GbR, an der Minderjähriger beteiligt ist, selbst wenn schon der Beitritt genehmigt worden war (Koblenz NJW 03, 1401). **aa)** Nr 1 (hierzu Klüsener Rpfleger 81, 461): Eigentumsübertragung, Belastung; Zustimmung zur Verfügung eines Nichtberechtigten, des Ehegatten nach § 1365 I, des Vorerben; Verzicht auf Grundbuchberichtigung (RG 133, 259); Bewilligung einer Vormerkung (MK/Wagenitz 25; str); Umwandlung einer Sicherungs- und Verkehrshypothek (sehr str, vgl StEngler 50 mwN); Auflassung auf Grund Rücktritts BayObLG FamRZ 77, 141. **Nicht genehmigungsbedürftig:** Bewilligung einer Restkaufgeldhypothek im Zusammenhang mit Grundstückskauf (dazu aber Nr 5), RG 108, 364; Nießbrauchsbestellung zugunsten des Grundstücksschenkers (BGH 24, 372; NJW 83, 1781); Übernahme bestehender Belastungen beim Erwerb (KG HRR 32, 1305); Besitz- oder Gebrauchsüberlassung (vgl RG 106, 112); Kündigung einer Hypothek durch Eigentümer (BGH 1, 303). **Str:** Unterwerfung unter sofortige Zwangsvollstreckung (s SoeZimmermann 7); Zustimmung zu Rangrücktritt oder Löschung eines Grundpfandrechts (KG KGJ 22 A 140). Zur Hypotheken-, Grund- und Rentenschuld s II iVm §§ 1812, 1819. **bb)** Nr 2: Abtretung des Anspruchs auf Auflassung aus Meistgebot ZVG 81 II; Aufhebung eines Kauf- oder Schenkungsvertrages (Karlsruhe FamRZ 73, 378). **Nicht:** Abtretung von Herausgabeansprüchen.
b) Entgeltlicher Erwerb nach Nr 5: Auch „Schenkung" unter Auflage, wenn Auflage Gegenleistung darstellt; Ausübung von Vorkaufs- oder Wiederkaufsrecht; Tauschverpflichtung; Gebot in der Zwangsversteigerung. **Nicht:** Unentgeltlicher Erwerb eines Nachlassgrundstücks zu Alleineigentum (BayObLG NJW 68, 941); Ankauf vom Testamentsvollstrecker aus Nachlassmitteln (RG 91, 70); Erwerb mit Belastung durch Nießbrauch oder Eintritt in Mietvertrag (BGH NJW 83, 1780). Zu Hypotheken-, Grund- und Rentenschulden s II, §§ 1807 I Nr 1, 1810. 2 3 4 5 6 7

§ 1822 Genehmigung für sonstige Geschäfte

Der Vormund bedarf der Genehmigung des Familiengerichts:
1. zu einem Rechtsgeschäft, durch das der Mündel zu einer Verfügung über sein Vermögen im Ganzen oder über eine ihm angefallene Erbschaft oder über seinen künftigen gesetzlichen Erbteil oder seinen künftigen Pflichtteil verpflichtet wird, sowie zu einer Verfügung über den Anteil des Mündels an einer Erbschaft,
2. zur Ausschlagung einer Erbschaft oder eines Vermächtnisses, zum Verzicht auf einen Pflichtteil sowie zu einem Erbteilungsvertrag,
3. zu einem Vertrag, der auf den entgeltlichen Erwerb oder die Veräußerung eines Erwerbsgeschäfts gerichtet ist, sowie zu einem Gesellschaftsvertrag, der zum Betrieb eines Erwerbsgeschäfts eingegangen wird,
4. zu einem Pachtvertrag über ein Landgut oder einen gewerblichen Betrieb,
5. zu einem Miet- oder Pachtvertrag oder einem anderen Vertrag, durch den der Mündel zu wiederkehrenden Leistungen verpflichtet wird, wenn das Vertragsverhältnis länger als ein Jahr nach dem Eintritt der Volljährigkeit des Mündels fortdauern soll,
6. zu einem Lehrvertrag, der für längere Zeit als ein Jahr geschlossen wird,
7. zu einem auf die Eingehung eines Dienst- oder Arbeitsverhältnisses gerichteten Vertrag, wenn der Mündel zu persönlichen Leistungen für längere Zeit als ein Jahr verpflichtet werden soll,
8. zur Aufnahme von Geld auf den Kredit des Mündels,
9. zur Ausstellung einer Schuldverschreibung auf den Inhaber oder zur Eingehung einer Verbindlichkeit aus einem Wechsel oder einem anderen Papier, das durch Indossament übertragen werden kann,
10. zur Übernahme einer fremden Verbindlichkeit, insbesondere zur Eingehung einer Bürgschaft,
11. zur Erteilung einer Prokura,
12. zu einem Vergleich oder einem Schiedsvertrag, es sei denn, dass der Gegenstand des Streites oder der Ungewissheit in Geld schätzbar ist und den Wert von 3000 Euro nicht übersteigt oder der Vergleich einem schriftlichen oder protokollierten gerichtlichen Vergleichsvorschlag entspricht,
13. zu einem Rechtsgeschäft, durch das die für eine Forderung des Mündels bestehende Sicherheit aufgehoben oder gemindert oder die Verpflichtung dazu begründet wird.

1 **1. Zu Nr 1. a) Gesamtvermögensgeschäfte. Verpflichtung** muss auf Übertragung des Gesamtvermögens entspr § 311b III gerichtet sein, BGH FamRZ 57, 121; aA Reinicke DNotZ 57, 506; Anlehnung an Gesamtvermögensbegriff in § 1365 zB Gernhuber/Coester-Waltjen § 60 Rn 102 mwN. **b) Verfügung** über Miterbenanteil s § 2033 I.

2 **2. Zu Nr 2. a)** Anfechtung der Annahme steht Ausschlagung gleich, § 1957 I. **b)** Erbteilungsvertrag s §§ 2042 ff, auch Verpflichtungsgeschäft genehmigungsbedürftig (SoeZimmermann 9; str). **Nicht:** Veräußerung der gesamten Erbschaft an Dritte, dann aber evtl § 1821 Nr 1.

3 **3. Zu Nr 3.** Grundgedanke ist Schutz vor den Gefahren aus Betrieb von Erwerbsgeschäften, doch bleiben Erwerb im Erbgang oder auf Grund Schenkung genehmigungsfrei; zum Überschuldungsschutz sa Wolf, AcP 187, 319 ff; Reuter
4 AcP 192, 137; § 1629a. **a) Erwerbsgeschäft** s RG 133, 11: Berufsmäßig ausgeübte, auf selbstständigen Erwerb gerichtete Tätigkeit. Auch Anteil an Erwerbsgeschäft, der durch Ausscheiden der anderen anwächst, wird „veräußert", RG 122, 372; zur Veräußerung von GmbH-Anteilen s KG NJW 76, 1946 (genehmigungspflichtig,

Titel 1. Vormundschaft **§ 1822**

wenn mehr als bloße Kapitalbeteiligung), s ferner BGH DNotZ 04, 152 (genehmigungspflichtig, wenn Beteiligung eines Minderjährigen über 50% und die Anteile veräußert werden); umfassend Damrau in Anm zu Hamm RPfleger 85, 62. Auflösung einer Gesellschaft ist nicht Veräußerung (BGH 52, 319). Veräußerung aller Anteile an Einmann-GmbH ist genehmigungsbedürftig. Zum Verkauf einer Arztpraxis nach dem Tode des Inhabers s RG 144, 5. **Nicht:** Unentgeltlicher Erwerb 5 eines GmbH-Anteils (BGH 107, 23, 28; sa Gerken Rpfleger 89, 270). **b) Gesell-** 6 **schaftsvertrag:** Nur Abschluss, nicht Änderung (BGH 38, 26; WM 72, 1368; Gernhuber/Coester-Waltjen § 60 Rn 109 mwN). Falls stille Gesellschaft nur Kapitaleinlage ohne Verlustbeteiligung darstellt, ist Nr 3 nicht anwendbar (BGH NJW 57, 672; aA LG München II NJW-RR 99, 1019). Beteiligung als Kommanditist bedarf Genehmigung (Bremen NJW-RR 99, 877); zur unentgeltlichen Aufnahme in Familiengesellschaft s Brox FS Bosch, 1976, S 78 ff. Anteilserwerb (Schenkung) an BGB-Gesellschaft s LG Aachen NJW-RR 94, 1320. Beitritt zu existierender Kapital- 7 gesellschaft ist grundsätzlich Kapitalbeteiligung, nicht Abschluss eines Gesellschaftsvertrages; bei noch nicht voll eingezahlten GmbH-Stammeinlagen jedoch Nr 10 wegen GmbHG 24 anwendbar. Gründungsvertrag für GmbH oder AG ist genehmigungsbedürftig. Abtretung von GmbH-Anteil s KG MDR 76, 755. Grundsätze für Entscheidung, Ermittlungs- und Begründungspflicht BayObLG DB 79, 2314; Hamm BB 83, 791 (BGB-Gesellschaft). **c) Fortführung ererbten Erwerbsge-** 8 **schäfts** durch minderjährigen (Mit)erben wohl genehmigungsbedürftig, falls und soweit Minderjähriger mitverpflichtet werden soll (BVerfG 72, 155 gegen BGH 92, 259); zweckmäßig ist deshalb ein förmlicher Fortführungsbeschluss als Genehmigungsgegenstand.

4. Zu Nr 5. a) Verpflichtung zur Bereitstellung von Kfz-Einstellplätzen gegen 9 Gestattung von Grenzbebauung steht Mietvertrag nicht gleich (BGH NJW 74, 1134). **b)** Verträge mit Verpflichtung zu wiederkehrenden Leistungen, zB Versiche- 10 rungsverträge (vgl Hamm NJW-RR 92, 1186: Kapitallebensversicherung, AG Hamburg NJW-RR 94, 721); Abzahlungsgeschäft (vgl Stuttgart NJW-RR 96, 1288: ratenweise Bezahlung einer Einlage); Unterhaltsvereinbarungen str (s KG NJW 71, 434; Odersky FamRZ 71, 137 mwN). Voraussetzung „Dauer" entfällt bei Kündbarkeit (str). Zu Arbeitsverträgen s Nr 7.

5. Zu Nr 8. Teilzahlungskauf ist genehmigungsbedürftig, PalDiederichsen 17. 11

6. Zu Nr 10. Bürgschaft, auch Verpfändung für fremde Schuld, Schuldbeitritt; 12 Übernahme gesamtschuldnerischer Verpflichtung für Kaufpreis neben Mitkäufer (s BGH 60, 385); ges oder vereinbarte Schuldübernahme bei Erwerb eines GmbH-Anteils (BGH 107, 26). Erfasst sind alle Interzessionen mit primärer oder subsidiärer Einstandspflicht und Regressmöglichkeit, weil deren Aussicht Anreiz zur Verpflichtung ist (RG 158, 216). Auch Sicherungszessionen, Sicherungsübereignung, 13 Umwandlung der Stellung als Kommanditist in solche als Komplementär (wegen HGB 130, 128), Gründung einer GmbH (Stuttgart OLGZ 78, 426); **nicht** aber befreiende Schuldübernahme ohne Regress (BGH 107, 26), Tilgung fremder Schuld, Beitritt zu Genossenschaft (BGH 41, 71, str), Eintritt in Mietvertrag durch Grundstückserwerb (BGH NJW 83, 1780).

7. Zu Nr 11. Prokura s HGB 48 ff. Prokura durch Erblasser über den Tod hinaus 14 bleibt trotz Minderjährigkeit des Erben ohne Genehmigung wirksam.

8. Zu Nr 12. a) Vergleich s § 779; auch Prozessvergleich (RG 56, 333); 15 **b)** Schiedsvereinbarung s ZPO 1029 ff.

9. Zu Nr 13. Obligatorische wie dingliche Geschäfte sind gebunden. Auch 16 Zustimmung des Mündels als Nacherbe. Rangrücktritt oder Umwandlung von Sicherungshypothek in Verkehrshypothek bewirken „Minderung" der Sicherheit.

§§ 1823–1829 Buch 4. Abschnitt 3. Vormundschaft

§ 1823 Genehmigung bei einem Erwerbsgeschäft des Mündels

Der Vormund soll nicht ohne Genehmigung des Familiengerichts ein neues Erwerbsgeschäft im Namen des Mündels beginnen oder ein bestehendes Erwerbsgeschäft des Mündels auflösen.

1   **1. Erwerbsgeschäft.** S § 1822 Rn 4; Fortführung ererbten Erwerbsgeschäfts s § 1822 Rn 8.

2   **2. Sanktion.** Sollvorschrift, deshalb Beginn (Mündel wird ggf Kaufmann) oder Auflösung ohne Genehmigung wirksam (anders § 112 I 1, II); jedoch evtl §§ 1833, 1837, 1886.

§ 1824 Genehmigung für die Überlassung von Gegenständen an den Mündel

Der Vormund kann Gegenstände, zu deren Veräußerung die Genehmigung des Gegenvormunds oder des Familiengerichts erforderlich ist, dem Mündel nicht ohne diese Genehmigung zur Erfüllung eines von diesem geschlossenen Vertrags oder zu freier Verfügung überlassen.

1   **Regelungszweck.** Umgehung der §§ 1812 f, 1819 ff durch § 110 wird durch Genehmigungsabhängigkeit nach § 1824 verhindert. § 1812 II gilt entspr.

§ 1825 Allgemeine Ermächtigung

(1) Das Familiengericht kann dem Vormund zu Rechtsgeschäften, zu denen nach § 1812 die Genehmigung des Gegenvormunds erforderlich ist, sowie zu den in § 1822 Nr. 8 bis 10 bezeichneten Rechtsgeschäften eine allgemeine Ermächtigung erteilen.

(2) Die Ermächtigung soll nur erteilt werden, wenn sie zum Zwecke der Vermögensverwaltung, insbesondere zum Betrieb eines Erwerbsgeschäfts, erforderlich ist.

1   **Allgemeines. Ausnahme** vom grundsätzlichen Gebot der Einzelgenehmigung für die in §§ 1812, 1822 Nr 8–10 geregelten Fälle. Allg Ermächtigung wird vom Rechtspfleger erteilt, RPflG 3 Nr 2a. **Voraussetzung:** II, doch Wirksamkeit der Ermächtigung auch bei Verstoß gegen II. **Wirkung:** Befreiung vom Genehmigungserfordernis; kann auf Gruppen oder Teile von Geschäften beschränkt werden.

§ 1826 Anhörung des Gegenvormunds vor Erteilung der Genehmigung

Das Familiengericht soll vor der Entscheidung über die zu einer Handlung des Vormunds erforderliche Genehmigung den Gegenvormund hören, sofern ein solcher vorhanden und die Anhörung tunlich ist.

§ 1827 *(weggefallen)*

§ 1828 Erklärung der Genehmigung

Das Familiengericht kann die Genehmigung zu einem Rechtsgeschäft nur dem Vormund gegenüber erklären.

§ 1829 Nachträgliche Genehmigung

(1) ¹Schließt der Vormund einen Vertrag ohne die erforderliche Genehmigung des Familiengerichts, so hängt die Wirksamkeit des Vertrags von

Titel 1. Vormundschaft §§ 1826–1832

der nachträglichen Genehmigung des Familiengerichts ab. ²Die Genehmigung sowie deren Verweigerung wird dem anderen Teil gegenüber erst wirksam, wenn sie ihm durch den Vormund mitgeteilt wird.

(2) Fordert der andere Teil den Vormund zur Mitteilung darüber auf, ob die Genehmigung erteilt sei, so kann die Mitteilung der Genehmigung nur bis zum Ablauf von vier Wochen nach dem Empfang der Aufforderung erfolgen; erfolgt sie nicht, so gilt die Genehmigung als verweigert.

(3) Ist der Mündel volljährig geworden, so tritt seine Genehmigung an die Stelle der Genehmigung des Familiengerichts.

§ 1830 Widerrufsrecht des Geschäftspartners

Hat der Vormund dem anderen Teil gegenüber der Wahrheit zuwider die Genehmigung des Familiengerichts behauptet, so ist der andere Teil bis zur Mitteilung der nachträglichen Genehmigung des Familiengerichts zum Widerruf berechtigt, es sei denn, dass ihm das Fehlen der Genehmigung bei dem Abschluss des Vertrags bekannt war.

§ 1831 Einseitiges Rechtsgeschäft ohne Genehmigung

¹Ein einseitiges Rechtsgeschäft, das der Vormund ohne die erforderliche Genehmigung des Familiengerichts vornimmt, ist unwirksam. ²Nimmt der Vormund mit dieser Genehmigung ein solches Rechtsgeschäft einem anderen gegenüber vor, so ist das Rechtsgeschäft unwirksam, wenn der Vormund die Genehmigung nicht vorlegt und der andere das Rechtsgeschäft aus diesem Grunde unverzüglich zurückweist.

§ 1832 Genehmigung des Gegenvormunds

Soweit der Vormund zu einem Rechtsgeschäft der Genehmigung des Gegenvormunds bedarf, finden die Vorschriften der §§ 1828 bis 1831 entsprechende Anwendung; abweichend von § 1829 Abs. 2 beträgt die Frist für die Mitteilung der Genehmigung des Gegenvormunds zwei Wochen.

Anmerkungen zu den §§ 1826–1832

1. Allgemeines. a) Erteilung der Genehmigung des FamG und ihre Wirkung sind den §§ 108 ff, 177 ff nachgebildet, doch kann abw von § 182 I die Zustimmung nur gegenüber dem Vormund erteilt werden, § 1828, und ist von diesem dem Geschäftsgegner mitzuteilen, § 1829 I 2. Dem Vormund bleibt also die Entscheidung, ob er von der Genehmigung Gebrauch machen will (RG 130, 151), s Rn 12. **1**
b) Genehmigung (oder ihre Verweigerung) ist gerichtl Hoheitsakt; rechtsgeschäftlicher Einschlag und daraus folgende Anwendbarkeit der für Willenserklärungen geltenden Vorschriften, vor allem der §§ 116 ff, 157, 158 ff (RG 85, 421), § 184 (RG 142, 62) ist str. Mit Wirksamwerden durch Mitteilung sollte jedenfalls Änderung oder Rücknahme der Genehmigung ausgeschlossen sein, FamFG 48 III. **2**

2. Zeitpunkt der Genehmigung. Bei einseitigem RGeschäft (s § 1831) muss sie vor der Vornahme (s auch Rn 9), ansonsten kann sie auch nachträglich erteilt werden. **3**

3. Form. Genehmigung ist formfrei, beachte jedoch bei einseitigem RGeschäft § 1831 S 2. **4**

§ 1833

5 **4. Voraussetzungen.** Maßgebend ist Mündelinteresse im Zeitpunkt der Entscheidung, nicht öffentl Interessen; ein rechtlich unwirksames Geschäft, etwa bei Verstößen gegen § 181 oder § 134, darf nicht genehmigt werden.

6 **5. Umfang und Inhalt.** Genehmigung betrifft nur das dem FamG zur Prüfung unterbreitete Geschäft (RG 61, 209), nicht darüber hinaus getroffene Abreden (RG 132, 78). **Stillschweigende Genehmigung** für Verfügungsgeschäft auf Grund
7 erteilter Genehmigung für Verpflichtungsgeschäft (RG 130, 150). **Negativattest,** dass Genehmigung nicht erforderlich sei, ist nicht Genehmigung (BGH 44, 325).

8 **6. Fehlende Genehmigung. a) Wirkung** fehlender Genehmigung bei Verträgen s § 1829 I 1; Vertragspartner kann Schwebezustand nach § 1829 II beenden. Wirksamkeit eines Versicherungsvertrags während Schwebe s AG Hamburg VersR 85, 683. Bei wahrheitswidrig behaupteter Genehmigung s § 1830. Verweigerung
9 bewirkt Nichtigkeit. **b)** Bei **einseitigem RGeschäft** s § 1831; bei vorhandener Genehmigung kann vom anderen Teil Vorlage in schriftlicher Form verlangt werden, § 1831 S 2. Zeitpunkt, zu dem Genehmigung beim einseitigen RGeschäft vorliegen muss, ist Wirksamwerden des RGeschäfts; bei Frist (etwa Ausschlagungsfrist nach § 1944) genügt Nachw der Genehmigung bis zum Fristablauf (RG 118, 147 f). Zustimmung des Vormunds zum Vertrag des Mündels fällt nicht unter § 1831, vielmehr ist Vertrag selbst zustimmungsbedürftig und deshalb nach § 1829
10 I 1 genehmigungsfähig, PalDiederichsen § 1831 Rn 1, str. **c)** Bei wegen fehlender oder verweigerter Genehmigung nichtigen Geschäften kann nur durch Neuvor-
11 nahme und Genehmigung der erstrebte Erfolg bewirkt werden. **d)** Dritter hat wegen des nichtigen Geschäfts **Schadensersatzansprüche** gegen Vormund auch dann nicht, wenn dieser dem Gericht die Umstände mitgeteilt hat, die zur Versagung der Genehmigung geführt haben (BGH 54, 73 f). Schadensersatzpflicht des Vormundes jedoch im Falle des § 1830 möglich.

12 **7. Mitteilung.** Mitteilung der Genehmigung durch Vormund – § 1829 I 2 – ist nach hL RGeschäft des Vormunds im Namen des Mündels, zu dessen Vornahme Vormund nicht verpflichtet ist (RG 132, 261; BayObLG FamRZ 89, 1115). § 162 I ist bei Zurückhalten der Mitteilung nicht anwendbar. Empfang und Mitteilung
13 durch Bevollmächtigten sind möglich (BGH 19, 5). Kein Formerfordernis. **Verzicht** auf Mitteilung oder ihren Zugang nicht möglich (RG 121, 36, str). Nach BGH 15, 100 soll ausreichen, dass Dritter Kenntnis von Genehmigung hat und Vormund zu erkennen gibt, dass er den Vertrag weiter billigt. Möglich ist auch Doppelbevollmächtigung zu Abgabe und Empfang der Mitteilung (BGH 19, 5; sa BayObLG FamRZ 89, 1115 zur Erkennbarkeit des Willens des Doppelbevollmächtigten).

14 **8. Genehmigung durch Mündel nach Volljährigkeit.** S § 1829 III; formfrei, BGH BB 80, 857 (GmbH-Vertrag). Erbvertrag nach Tod des Erblassers nicht mehr genehmigungsfähig (BGH NJW 78, 1159). Nach Mitteilung der Versagung der Genehmigung kann Mündel selbst nicht mehr durch Genehmigung heilen, sondern Neuvornahme ist erforderlich. Nach **Tod** des **Mündels** keine Genehmigung durch FamG, sondern ggf durch die Erben.

15 **9. Verfahren.** Amtsermittlungsgrundsatz, FamFG 26, Anhörungen nach §§ 1826, 1847, FamFG 159; Wirksamwerden gegenüber Vormund FamFG 40, jedoch Änderungsmöglichkeit bis zur Mitteilung gegenüber Dritten nach §§ 1829 II 2, 1831 S 1, FamFG 48 I, III. Beschwerdeberechtigt nach FamFG 59 I nur Vormund namens des Mündels (KG OLGZ 65, 375), nicht der Vertragspartner. Ausübung durch Mündel FamFG 60.

§ 1833 Haftung des Vormunds

(1) ¹**Der Vormund ist dem Mündel für den aus einer Pflichtverletzung entstehenden Schaden verantwortlich, wenn ihm ein Verschulden zur Last fällt.** ²**Das Gleiche gilt von dem Gegenvormund.**

(2) ¹Sind für den Schaden mehrere nebeneinander verantwortlich, so haften sie als Gesamtschuldner. ²Ist neben dem Vormund für den von diesem verursachten Schaden der Gegenvormund oder ein Mitvormund nur wegen Verletzung seiner Aufsichtspflicht verantwortlich, so ist in ihrem Verhältnis zueinander der Vormund allein verpflichtet.

Lit: Schreiber, Die Haftung des Vormundes im Spannungsfeld von öffentl Recht und Privatrecht, AcP 178, 533.

1. Allgemeines. Haftung des Vormundes aus ges Schuldverhältnis familienrechtlicher Prägung, die auch jeden Mitvormund, Gegenvormund, das Jugendamt als Amtsvormund (dh die nach SGB VIII 69 errichtende Körperschaft) oder Verein (der für jedes Mitglied, das Vormundschaft führt, nach § 1791a III 2 haftet) als Vormund treffen kann. Beim Amtsvormund sind Grundsätze über Ermessensspielraum, der gerichtl Nachprüfung nicht unterliegt, nicht anwendbar (BGH 9, 255); zur Staatshaftung für Amtsvormund Schreiber AcP 178, 533. Gerichtsstand ZPO 31. Ansprüche aus § 823 I können konkurrieren; dann Gerichtsstand für diesen Anspruch ZPO 32. 1

2. Voraussetzungen. a) Bestehende Vormundschaft; nach Beendigung Haftung dann, wenn „Vormund" ohne Widerspruch weiter als solcher tätig bleibt (RG JW 38, 3116). Haftung auch des nach § 1781 Untauglichen, nicht aber des nach § 1780 Unfähigen. **b) Schuldhafte Verletzung** der **Pflichten** des Vormunds, ges (s § 1793) oder durch Anordnung des FamG konkretisierte. **Gegenvormund** s § 1799. Bsp: Abträglicher Unterhaltsvergleich (BGH 9, 255; 22, 72); gering verzinste Geldanlage (AG Bremen NJW 93, 206 [Ergänzungspfleger]); Anerkennung falsch berechneten Pflichtteilsanspruchs (BGH VersR 83, 1081); fehlerhafte Prozessführung; unterlassene Sicherung von Gewinnanteilen aus Unternehmen (BGH NJW-RR 05, 297 [Vermögenspfleger]); Preisgabe vermögensrechtlicher Ansprüche (s zB Nürnberg FamRZ 65, 454); **nicht:** Unterlassung gebotener Haftpflichtversicherung (BGH 77, 224). Genehmigung des FamG entlastet grundsätzlich nur, wenn allein Rechtsfragen zu beurteilen waren (BGH NJW 04, 220). **c) Sorgfaltsmaßstab:** Lebenskreis des Vormundes (BGH FamRZ 64, 199), nicht aber nur diligentia quam in suis; Ausnahme: §§ 1793 S 3, 1664. **d)** Haftung für Hilfspersonen nach § 278, soweit solche überhaupt zur Erfüllung der Pflichten des Vormunds eingesetzt werden durften, sonst auf Grund eigener Pflichtverletzung; vgl §§ 1793, 1794 Rn 9. 2 3 4

3. Rechtsfolgen. a) Haftung auf Schadensersatz; bei Schadensabnahme durch Dritte gelten Grundsätze der Vorteilsausgleichung (vgl BGH 22, 72). **b)** Mehrere Ersatzpflichtige sind Gesamtschuldner; Regress nach § 426. **c)** II 2 bestimmt für das Innenverhältnis eine von der Grundregel des § 426 abw Lastentragung. 5 6

4. Beweislast. Beweislast für Pflichtverletzung und Verschulden trägt Mündel (RG 76, 186). 7

5. Verjährung. § 195. 8

§ 1834 Verzinsungspflicht

Verwendet der Vormund Geld des Mündels für sich, so hat er es von der Zeit der Verwendung an zu verzinsen.

Schadensersatzanspruch bei Verstoß. Verschuldensunabhängiger pauschalierter Mindestschadensersatzanspruch, wenn der Vormund gegen § 1805 S 1 Fall 1 verstößt. Einzahlung auf eigenes Konto genügt. 1

§ 1835 Aufwendungsersatz

(1) ¹Macht der Vormund zum Zwecke der Führung der Vormundschaft Aufwendungen, so kann er nach den für den Auftrag geltenden Vorschriften der §§ 669, 670 von dem Mündel Vorschuss oder Ersatz verlangen; für den Ersatz von Fahrtkosten gilt die in § 5 des Justizvergütungs- und -entschädigungsgesetzes für Sachverständige getroffene Regelung entsprechend. ²Das gleiche Recht steht dem Gegenvormund zu. ³Ersatzansprüche erlöschen, wenn sie nicht binnen 15 Monaten nach ihrer Entstehung gerichtlich geltend gemacht werden; die Geltendmachung des Anspruchs beim Familiengericht gilt dabei auch als Geltendmachung gegenüber dem Mündel.

(1a) ¹Das Familiengericht kann eine von Absatz 1 Satz 3 abweichende Frist von mindestens zwei Monaten bestimmen. ²In der Fristbestimmung ist über die Folgen der Versäumung der Frist zu belehren. ³Die Frist kann auf Antrag vom Familiengericht verlängert werden. ⁴Der Anspruch erlischt, soweit er nicht innerhalb der Frist beziffert wird.

(2) ¹Aufwendungen sind auch die Kosten einer angemessenen Versicherung gegen Schäden, die dem Mündel durch den Vormund oder Gegenvormund zugefügt werden können oder die dem Vormund oder Gegenvormund dadurch entstehen können, dass er einem Dritten zum Ersatz eines durch die Führung der Vormundschaft verursachten Schadens verpflichtet ist; dies gilt nicht für die Kosten der Haftpflichtversicherung des Halters eines Kraftfahrzeugs. ²Satz 1 ist nicht anzuwenden, wenn der Vormund oder Gegenvormund eine Vergütung nach § 1836 Abs. 1 Satz 2 in Verbindung mit dem Vormünder- und Betreuervergütungsgesetz erhält.

(3) Als Aufwendungen gelten auch solche Dienste des Vormunds oder des Gegenvormunds, die zu seinem Gewerbe oder seinem Beruf gehören.

(4) ¹Ist der Mündel mittellos, so kann der Vormund Vorschuss und Ersatz aus der Staatskasse verlangen. ²Absatz 1 Satz 3 und Absatz 1a gelten entsprechend.

(5) ¹Das Jugendamt oder ein Verein kann als Vormund oder Gegenvormund für Aufwendungen keinen Vorschuss und Ersatz nur insoweit verlangen, als das einzusetzende Einkommen und Vermögen des Mündels ausreicht. ²Allgemeine Verwaltungskosten einschließlich der Kosten nach Absatz 2 werden nicht ersetzt.

§ 1835a Aufwandsentschädigung

(1) ¹Zur Abgeltung seines Anspruchs auf Aufwendungsersatz kann der Vormund als Aufwandsentschädigung für jede Vormundschaft, für die ihm keine Vergütung zusteht, einen Geldbetrag verlangen, der für ein Jahr dem Neunzehnfachen dessen entspricht, was einem Zeugen als Höchstbetrag der Entschädigung für eine Stunde versäumter Arbeitszeit (§ 22 des Justizvergütungs- und -entschädigungsgesetzes) gewährt werden kann (Aufwandsentschädigung). ²Hat der Vormund für solche Aufwendungen bereits Vorschuss oder Ersatz erhalten, so verringert sich die Aufwandsentschädigung entsprechend.

(2) Die Aufwandsentschädigung ist jährlich zu zahlen, erstmals ein Jahr nach Bestellung des Vormunds.

(3) Ist der Mündel mittellos, so kann der Vormund die Aufwandsentschädigung aus der Staatskasse verlangen; Unterhaltsansprüche des Mündels gegen den Vormund sind insoweit bei der Bestimmung des Einkommens nach § 1836c Nr. 1 nicht zu berücksichtigen.

(4) Der Anspruch auf Aufwandsentschädigung erlischt, wenn er nicht binnen drei Monaten nach Ablauf des Jahres, in dem der Anspruch entsteht, geltend gemacht wird; die Geltendmachung des Anspruchs beim Familiengericht gilt auch als Geltendmachung gegenüber dem Mündel.

(5) Dem Jugendamt oder einem Verein kann keine Aufwandsentschädigung gewährt werden.

§ 1836 Vergütung des Vormunds

(1) ¹Die Vormundschaft wird unentgeltlich geführt. ²Sie wird ausnahmsweise entgeltlich geführt, wenn das Gericht bei der Bestellung des Vormunds feststellt, dass der Vormund die Vormundschaft berufsmäßig führt. ³Das Nähere regelt das Vormünder- und Betreuervergütungsgesetz.

(2) Trifft das Gericht keine Feststellung nach Absatz 1 Satz 2, so kann es dem Vormund und aus besonderen Gründen auch dem Gegenvormund gleichwohl eine angemessene Vergütung bewilligen, soweit der Umfang oder die Schwierigkeit der vormundschaftlichen Geschäfte dies rechtfertigen; dies gilt nicht, wenn der Mündel mittellos ist.

(3) Dem Jugendamt oder einem Verein kann keine Vergütung bewilligt werden.

§§ 1836a, 1836b *(aufgehoben)*

§ 1836c Einzusetzende Mittel des Mündels

Der Mündel hat einzusetzen:
1. nach Maßgabe des § 87 des Zwölften Buches Sozialgesetzbuch sein Einkommen, soweit es zusammen mit dem Einkommen seines nicht getrennt lebenden Ehegatten oder Lebenspartners die nach den §§ 82, 85 Abs. 1 und § 86 des Zwölften Buches Sozialgesetzbuch maßgebende Einkommensgrenze für die Hilfe nach dem Fünften bis Neunten Kapitel des Zwölften Buches Sozialgesetzbuch übersteigt. Wird im Einzelfall der Einsatz eines Teils des Einkommens zur Deckung eines bestimmten Bedarfs im Rahmen der Hilfe nach dem Fünften bis Neunten Kapitel des Zwölften Buches Sozialgesetzbuch zugemutet oder verlangt, darf dieser Teil des Einkommens bei der Prüfung, inwieweit der Einsatz des Einkommens zur Deckung der Kosten der Vormundschaft einzusetzen ist, nicht mehr berücksichtigt werden. Als Einkommen gelten auch Unterhaltsansprüche sowie die wegen Entziehung einer solchen Forderung zu entrichtenden Renten;
2. sein Vermögen nach Maßgabe des § 90 des Zwölften Buches Sozialgesetzbuch.

§ 1836d Mittellosigkeit des Mündels

Der Mündel gilt als mittellos, wenn er den Aufwendungsersatz oder die Vergütung aus seinem einzusetzenden Einkommen oder Vermögen
1. nicht oder nur zum Teil oder nur in Raten oder
2. nur im Wege gerichtlicher Geltendmachung von Unterhaltsansprüchen aufbringen kann.

§ 1836e Gesetzlicher Forderungsübergang

(1) ¹Soweit die Staatskasse den Vormund oder Gegenvormund befriedigt, gehen Ansprüche des Vormundes oder Gegenvormunds gegen den Mündel

§§ 1835–1836e

auf die Staatskasse über. ²Nach dem Tode des Mündels haftet sein Erbe nur mit dem Wert des im Zeitpunkt des Erbfalls vorhandenen Nachlasses; § 102 Abs. 3 und 4 des Zwölften Buches Sozialgesetzbuch gilt entsprechend, § 1836c findet auf den Erben keine Anwendung.

(2) Soweit Ansprüche gemäß § 1836c Nr. 1 Satz 3 einzusetzen sind, findet zugunsten der Staatskasse § 850b der Zivilprozessordnung keine Anwendung.

Anmerkungen zu den §§ 1835–1836e

1   **1. Allgemeines.** Die Vormundschaft wird grundsätzlich unentgeltlich geführt (§ 1836 I 1); der Vormund hat gegen den Mündel nur einen Vorschuss- und Aufwendungsersatzanspruch (§ 1835), der pauschal durch eine Aufwandsentschädigung abgegolten werden kann (§ 1835a). Nur Berufsvormünder haben einen Vergütungsanspruch (§ 1836 I 2). Die Bestimmungen gelten auch für die Betreuung (§ 1908i I) und die Pflegschaft (§ 1915).

2   **2. Aufwendungsersatzanspruch. a) Voraussetzungen. aa)** Vormund oder Gegenvormund, § 1835 I 1, 2; auch Amts- oder Vereinsvormundschaft, allerdings nur bei ausreichendem Einkommen und Vermögen des Mündels, § 1835 V. **bb)** Freiwillige Vermögensopfer zum Zwecke der Führung der Vormundschaft; Maßstab: Wohl des Mündels. Bsp: Auslagen, in eigenem Namen eingegangene Verbindlichkeiten (§ 257), angemessene Versicherungsprämien, wenn der Vormund keine Vergütung erhält (§ 1835 II), berufliche oder gewerbliche Dienstleistungen, zB Arzt, Anwalt, Handwerker (s § 1835 III); **nicht:** sonstiger Einsatz der Arbeitskraft für Tätigkeiten, die jeder leisten kann; Leistungen Dritter, für die keine bes Kenntnisse erforderlich sind (LG Memmingen FamRZ 99, 459; krit Bienwald FamRZ
3   99, 1305); Schäden. **b) Rechtsfolgen. aa)** Ges (Bewilligung durch FamG nicht erforderlich), privatrechtlicher Anspruch auf Aufwendungsersatz und (auf Verlangen, § 669) Vorschuss; Fahrtkostenersatz inkl nach Sachverständigenentschädigung gem JVEG 5, § 1835 I 1 HS 2. Sa § 256. Vormund kann die erforderlichen Beträge aus dem Mündelvermögen entnehmen, da Erfüllung einer Verbindlichkeit, s § 1795 II iVm § 181 HS 2. Klagt der Vormund, ist dem Mündel ein Pfleger zu bestellen. – Beschränkung für Vereins- und Amtsvormund s § 1835 V. **bb)** Schuldner ist der Mündel, § 1835 I 1. Ist er mittellos (§ 1836d), die Staatskasse, § 1835 IV 1. Leistet sie an den Vormund, Legalzession, § 1836e. Schonvermögen 2600 Euro
4   (BGH NJW 02, 366). – Festsetzung durch FamG gem FamFG 168. **c) Erlöschen** des Anspruchs, wenn er nicht binnen 15 Monaten gerichtl geltend gemacht wird, § 1835 I 3. Den Vormund trifft also eine Obliegenheit zur gerichtl Verfolgung. Der Antrag muss aufgeschlüsselt nachvollziehbare Angaben über Zeitaufwand sowie Art und Umfang der Aufwendungen enthalten (Frankfurt FamRZ 02, 193). Die Frist gilt auch für Rechtsanwalt als Betreuer (Schleswig NJW 03, 1539). – Abweichende Fristbestimmung möglich, § 1835 I a.

5   **3. Aufwandsentschädigung. a) Voraussetzungen. aa)** Vormund, § 1835a, nicht Gegenvormund oder Vereins- bzw Amtsvormund, § 1835a V. **bb)** Keine Ver-
6   gütung nach § 1836 iVm VBVG. **cc)** Kein geleisteter Vorschuss bzw Aufwendungsersatz, § 1835a I 2. **b) Rechtsfolgen. aa)** Jährlich zu leistende (§ 1835a II), in der Höhe durch § 1835a I iVm JVEG 22 bestimmte pauschalierte Aufwandsentschädigung von zZ 323 Euro; Aufwendungen müssen nicht einzeln nachgewiesen werden. **bb)** Schuldner ist der Mündel; ist er mittellos (s § 1836d), die Staatskasse, § 1835a III; Legalzession s § 1836e. Festsetzung durch FamG gem FamFG 168. **cc)** Erlöschen s § 1835a IV.

7   **4. Vergütung.** Vormundschaft ist grundsätzlich unentgeltlich zu führen, § 1836 I 1. Ausnahmsweise hat *Berufs*vormund einen Vergütungsanspruch. Berufsbetreuung

ist auch als Nebenberuf möglich (BVerfG NJW 99, 1622). **a) Voraussetzungen. aa)** Vormund oder Gegenvormund, nicht Vereins- oder Amtsvormundschaft, § 1836 III. Eine fehlerhafte (aber wirksame) Bestellung genügt, auch wenn sie im Beschwerdeweg aufgehoben wird (BayObLG FamRZ 97, 702; Betreuung). **bb) Feststellung** der berufsmäßigen Führung der Vormundschaft durch das FamG, 8 § 1836 I 2. Sie ist zu treffen, wenn Vormund mehrere Vormundschaften übertragen sind (oder sein werden), deren Führung nur im Rahmen der Berufsausübung (etwa als Rechtsanwalt) möglich ist (VBVG 1 I 1); VBVG 1 I 2 gibt Regelbeispiele, die auf Zahl der übertragenen Vormundschaften und zeitliche Inanspruchnahme abstellen. Feststellung muss bei der Bestellung erfolgen. **cc) Bewilligung** der Ver- 9 gütung; sie muss erfolgen, wenn Feststellung nach § 1836 I 2 getroffen wurde, VBVG 1 II 1. Späterer Rückgang der Gesamtzahl der Betreuungen und damit der Fortfall der Voraussetzungen der einmal getroffenen Feststellung steht nicht entgegen (vgl BayObLG FamRZ 98, 187 zu § 1836 II aF). – Ohne Feststellung kann das FamG bei nicht mittellosem Mündel auch für einen ehrenamtlichen Vormund eine Vergütung bewilligen, § 1836 II. Voraussetzung: Umfangreiche und schwierige Geschäfte; bei Gegenvormund zudem „bes Gründe". **dd) Vormundschaftschaft-** 10 **liche Tätigkeiten** im übertragenen Aufgabenkreis. Beginn mit Aufnahme der Verrichtungen, aber nicht vor Bekanntmachung der Bestellung nach FamFG 287 (Schleswig NJW-RR 99, 660). Ende mit Tod des Mündels/Betreuten (BayObLG FamRZ 99, 466). **b) Rechtsfolgen. aa)** Vergütungsanspruch; Höhe: VBVG 3, der 11 die Kriterien des fr BVormVG 1 für die Bemessung der Vergütung im Wesentlichen übernommen hat. III erlaubt ausnahmsweise eine Erhöhung der Stundensätze bei besonderer Schwierigkeit vormundschaftlicher Geschäfte, wenn der Mündel nicht mittellos ist. Nach der Neuregelung des Vergütungsrechts durch das 2. BtÄndG werden Vormünder und Pfleger nach anderen Grundsätzen vergütet als Berufs*betreuer;* für diese gelten VBVG 4, 5: Pauschalierung der Stundensätze und des abrechnungsfähigen Zeitraums (Nachweis entfällt); Vergütung nach VBVG 4 enthält Umsatzsteuer und Aufwendungsersatz (Ausnahme VBVG 4 II 2: Aufwendungen iSd § 1835 III), hierzu Zimmermann, FamRZ 05, 950. **bb)** Erlöschen VBVG 2. Für den Beginn der Ausschlussfrist kann nicht auf eine taggenaue Berechnung abgestellt werden (München NJW 08, 1895). **cc)** Schuldner ist der Mündel; ist er mittellos, die Staatskasse, VBVG 1 II 2; Legalzession s § 1836e. **dd)** § 1835 bleibt unberührt.

Untertitel 3. Fürsorge und Aufsicht des Familiengerichts

§ 1837 Beratung und Aufsicht

(1) ¹**Das Familiengericht berät die Vormünder.** ²**Es wirkt dabei mit, sie in ihre Aufgaben einzuführen.**

(2) ¹**Das Familiengericht hat über die gesamte Tätigkeit des Vormunds und des Gegenvormunds die Aufsicht zu führen und gegen Pflichtwidrigkeiten durch geeignete Gebote und Verbote einzuschreiten.** ²**Es hat insbesondere die Einhaltung der erforderlichen persönlichen Kontakte des Vormunds zu dem Mündel zu beaufsichtigen.** ³**Es kann dem Vormund und dem Gegenvormund aufgeben, eine Versicherung gegen Schäden, die sie dem Mündel zufügen können, einzugehen.**

(3) ¹**Das Familiengericht kann den Vormund und den Gegenvormund zur Befolgung seiner Anordnungen durch Festsetzung von Zwangsgeld anhalten.** ²**Gegen das Jugendamt oder einen Verein wird kein Zwangsgeld festgesetzt.**

(4) §§ 1666, 1666a und 1696 gelten entsprechend.

1. Allgemeines. Verhältnis von selbstständiger Amtsführung des Vormunds und 1 Aufsicht des FamG allg s Rn 2, 8 vor § 1773. Durch BtG eingeführter I betont

§§ 1838, 1839

fürsorgliche Tätigkeit. FamG darf erst **eingreifen,** wenn **Pflichtwidrigkeit** (II) gegeben ist, doch kann es auf Grund seines Aufsichtsrechtes aus I HS 1 den Vormund auch in **Ermessensfragen beraten** (RG 75, 231) und **unterstützen** (RG 67, 419). Nicht: Tätigwerden anstelle Vormund in Zweckmäßigkeitsfragen (LG Köln NJW 93, 207 [Aufenthaltsort]). Der durch das Gesetz zur Änderung des Vormundschafts- und Betreuungsrecht (BGBl 2011 I 1306) neu eingefügte II 2 findet seit dem 5.7.2012 Anwendung. Bis dahin bleiben Verstöße gegen die Pflicht des Vormunds zum persönlichen Kontakt mit dem Mündel (s §§ 1800 S 2, 1793 Ia, gültig ab 6.7.2011) sanktionslos (BT-Drucks 17/3617, 9)

2 **2. Aufsichtsbeginn und -ende. Beginn** der Aufsicht mit Bestellung des Vormunds oder Gegenvormunds; **Ende** mit Beendigung des Amtes oder der Vormundschaft; Einreichung ordnungsgemäßer Schlussrechnung und Rückgabe der Bestallung (§ 1791) kann auch noch nach Beendigung angeordnet und erzwungen werden, SoeZimmermann 5 mwN, str.

3 **3. Voraussetzungen für Eingreifen. a)** Pflichtwidrigkeit, auch unverschuldete. Präventives Eingreifen nur bei begründeter Besorgnis drohender Pflichtwidrigkeit (Karlsruhe NJW 05, 1313). Sachlich begründete Ansichten in Zweckmäßig-
4 keitsfragen sind vom FamG nicht zu korrigieren (BGH 17, 116). **b)** Für andere als die auf Grund der Vormundschaft dem Vormund gegenüber dem Mündel obliegenden Verpflichtungen (zB Unterhaltsverpflichtungen) ist das FamG nicht Aufsichtsorgan nach § 1837.

5 **4. Modalitäten der Beratung und Aufsicht. a) Beratung** nach I 1 entspr bisheriger Praxis; sa BtBG 4; **Mitwirkung** bei **Aus-** und **Fortbildung** s I 2 (Pflichtaufgabe, dienstliche Tätigkeit). **b) Befugnisse** des FamG bei **Pflichtwidrigkeiten.**
6 **aa) Gebote** oder **Verbote. bb)** Festsetzung von **Zwangsgeld** nach III 1, außer gegen Jugendamt oder Vereinsvormund, III 2. Für Verhängung derartiger Zwangsgelder ist **schuldhafte** Nichtbefolgung von Anordnungen, die auf Grund Pflichtwidrigkeiten ergangen sind, Voraussetzung, SoeZimmermann 16; nicht zulässig „Bestrafung" von Ungebühr. Vorherige Androhung nicht erforderlich (BT-Drs 16/
7 6308 S 193). **cc) Entlassung** s § 1886. Bei Vereinsvormund nicht Vereinsmitglied oder -mitarbeiter (BayObLG RPfleger 93, 403). **dd)** Haftung des Vormundes s § 1833, des Staates bei ungeeigneten Anordnungen des FamG § 839, GG 34. **ee)** IV hat mit der Verweisung auf §§ 1666, 1666a und 1696 flexiblere korrigierende Maß-
8 nahmen und Möglichkeiten ihrer Änderung eingeführt. **c) Pflicht** zur **Versicherung** s II 2 (ab 5.7.2012: II 3).

9 **5. Verfahren.** Die verfahrensrechtlichen Vorschriften ergeben sich aus dem FamFG. Zuständig Rechtspfleger, RPflG 3 Nr 2a, 2b, 4; 14 Nr 9, 11, 15; Beschwerderecht des Vormunds FamFG 59 I; des Gegenvormunds FamFG 59 I; Ausübung durch Mündel FamFG 60. **Anhörung** des Mündels FamFG 159, der Eltern FamFG 160.

§ 1838 *(weggefallen)*

§ 1839 Auskunftspflicht des Vormunds

Der Vormund sowie der Gegenvormund hat dem Familiengericht auf Verlangen jederzeit über die Führung der Vormundschaft und über die persönlichen Verhältnisse des Mündels Auskunft zu erteilen.

1 Auskunftspflicht auch für Amts- und Vereinsvormund. Entspr § 1799 II Fall 2 ist dem FamG Einsicht in die auf die Vormundschaft bezogenen Papiere zu gestatten. Anordnung der Auskunftserteilung kann durch Zwangsgeld erzwungen werden, § 1837 II; bei Nichtbefolgung uU Entlassung, § 1886. Nach Beendigung des Amtes §§ 1890, 260 II.

Titel 1. Vormundschaft §§ 1840–1843

§ 1840 Bericht und Rechnungslegung

(1) ¹Der Vormund hat über die persönlichen Verhältnisse des Mündels dem Familiengericht mindestens einmal jährlich zu berichten. ²Der Bericht hat auch Angaben zu den persönlichen Kontakten des Vormunds zu dem Mündel zu enthalten.

(2) Der Vormund hat über seine Vermögensverwaltung dem Familiengericht Rechnung zu legen.

(3) ¹Die Rechnung ist jährlich zu legen. ²Das Rechnungsjahr wird von dem Familiengericht bestimmt.

(4) Ist die Verwaltung von geringem Umfang, so kann das Familiengericht, nachdem die Rechnung für das erste Jahr gelegt worden ist, anordnen, dass die Rechnung für längere, höchstens dreijährige Zeitabschnitte zu legen ist.

§ 1841 Inhalt der Rechnungslegung

(1) Die Rechnung soll eine geordnete Zusammenstellung der Einnahmen und Ausgaben enthalten, über den Ab- und Zugang des Vermögens Auskunft geben und, soweit Belege erteilt zu werden pflegen, mit Belegen versehen sein.

(2) ¹Wird ein Erwerbsgeschäft mit kaufmännischer Buchführung betrieben, so genügt als Rechnung ein aus den Büchern gezogener Jahresabschluss. ²Das Familiengericht kann jedoch die Vorlegung der Bücher und sonstigen Belege verlangen.

§ 1842 Mitwirkung des Gegenvormunds

¹Ist ein Gegenvormund vorhanden oder zu bestellen, so hat ihm der Vormund die Rechnung unter Nachweisung des Vermögensbestands vorzulegen. ²Der Gegenvormund hat die Rechnung mit den Bemerkungen zu versehen, zu denen die Prüfung ihm Anlass gibt.

§ 1843 Prüfung durch das Familiengericht

(1) Das Familiengericht hat die Rechnung rechnungsmäßig und sachlich zu prüfen und, soweit erforderlich, ihre Berichtigung und Ergänzung herbeizuführen.

(2) Ansprüche, die zwischen dem Vormund und dem Mündel streitig bleiben, können schon vor der Beendigung des Vormundschaftsverhältnisses im Rechtsweg geltend gemacht werden.

Anmerkungen zu den §§ 1840–1843

Lit: Birkenfeld, Rechnungslegung und Rechnungsprüfung in Vormundschafts- und Nachlaßsachen, FamRZ 76, 197.

§§ 1840, 1841 regeln die Verpflichtung des Vormundes zu jährlichen **Berichten** über persönliche Verhältnisse des Betroffenen (einschließlich Angaben zu den persönlichen Kontakten des Vormunds zu dem Mündel, §§ 1840 I 2, 1793 I a, 1800 S 2, s dazu auch Hoffmann FamRZ 11, 1185, 1186), zur **Rechnungslegung** gegenüber dem FamG, ihren **Umfang** (gesamtes Mündelvermögen), **Inhalt** (§ 1841; zu

§§ 1844–1847

Klarheit und Übersichtlichkeit s Bay ObLG FamRZ 93, 237) und Abrechnungs**zeiträume,** s § 1840 III, IV. **Erzwingung** s § 1837 III; **Kosten** s § 1835. Keine Entpflichtung durch Mündel/Pflegling (Hamm Rpfleger 89, 20) oder Betreuten (selbst wenn dieser geschäftsfähig ist, s München MDR 06, 211). Nach **Beendigung** der Vormundschaft s § 1890. **Mitwirkung** des **Gegenvormunds** s § 1842. Der Rechnungslegungspflicht des Vormunds korrespondiert die Überprüfungspflicht des FamG, § 1843; bei Pflichtverletzungen § 839, GG 34.

§ 1844 *(weggefallen)*

§ 1845 *(aufgehoben)*

§ 1846 Einstweilige Maßregeln des Familiengerichts

Ist ein Vormund noch nicht bestellt oder ist der Vormund an der Erfüllung seiner Pflichten verhindert, so hat das Familiengericht die im Interesse des Betroffenen erforderlichen Maßregeln zu treffen.

1   1. **Allgemeines.** Schutz des Betroffenen vor Nachteilen aus zeitweiliger Hinderung des Vormunds oder Verzögerung seiner Bestellung.

2   2. **Voraussetzungen. a) Verhinderung** des Vormunds, und zwar **aa) rechtliche,** zB bei Interessenkollision, oder **bb) tatsächliche,** zB Krankheit, Abwesenheit,
3   Freiheitsentzug; **b)** Vormund ist **noch nicht bestellt. c)** Es müssen **dringende Gründe** für die Annahme bestehen, dass ein **Vormund/Betreuer** bestellt werden wird (BayObLG FamRZ 01, 192). Eine einstweilige Unterbringung auf Grund § 1846 (FamFG 331) kann auch ohne gleichzeitige Betreuerbestellung angeordnet werden, wenn das Gericht unverzüglich die Betreuerbestellung veranlasst (BGH NJW 02, 1802).

4   3. **Rechtsfolge. a)** Verpflichtung zum Tätigwerden; bei Verletzung § 839, GG 34. **b)** FamG hat Ermessen in der Wahl der vorläufigen Maßregeln; Ermessen ist durch „Erforderlichkeit", dh durch Betroffeneninteresse und Sachangemessenheit begrenzt. Bsp: Vertretung des Betroffenen, jedoch gilt bei Vertretung mehrerer Betroffener § 181 (RG 71, 170); Unterbringung in geschlossener Anstalt jedoch nur unter den Voraussetzungen des § 1631b (Hamm FamRZ 64, 380); zur str (bejahend BayObLG FamRZ 03, 1322) Notwendigkeit gleichzeitiger Bestellung eines Betreu-
5   ers s §§ 1896–1908a Rn 22. **c)** Beendigung der vorläufigen Maßregeln nicht ipso iure mit Wegfall ihres Anlasses (aA Hamm FamRZ 64, 381), sondern Vormund hat über Änderung oder Aufhebung zu entscheiden.

§ 1847 Anhörung von Angehörigen

¹**Das Familiengericht soll in wichtigen Angelegenheiten Verwandte oder Verschwägerte des Mündels hören, wenn dies ohne erhebliche Verzögerung und ohne unverhältnismäßige Kosten geschehen kann.** ²**§ 1779 Abs. 3 Satz 2 gilt entsprechend.**

1   1. **Allgemeines.** Gewährleistung einer (Mindest-)Rücksichtnahme auf die Familie des Mündels. Ordnungsvorschrift, Verletzung berührt Wirksamkeit getroffener Maßnahmen oder Entscheidungen nicht.

2   2. **Anhörungsberechtigte.** §§ 1589, 1590.

3   3. **Wichtige Angelegenheiten.** ZB FamFG 125 II, §§ 112, 113 III, 1748, 1779, 1823.

Titel 1. Vormundschaft §§ 1848–1853

4. Modalitäten der Anhörung. Anhörung erfolgt formlos; sie darf nur aus den im Ges genannten Gründen unterbleiben. FamG ist an Stellungnahme der Anhörungsberechtigten nicht gebunden; sie haben auch kein Beschwerderecht aus FamFG 59. **4**

5. Auslagenersatz. S S 2; gegen Festsetzung durch FamG Beschwerderecht aus FamFG 59. **5**

§ 1848 *(weggefallen)*

Untertitel 4. Mitwirkung des Jugendamts

§§ 1849, 1850 *(weggefallen)*

§ 1851 Mitteilungspflichten

(1) Das Familiengericht hat dem Jugendamt die Anordnung der Vormundschaft unter Bezeichnung des Vormunds und des Gegenvormunds sowie einen Wechsel in der Person und die Beendigung der Vormundschaft mitzuteilen.

(2) Wird der gewöhnliche Aufenthalt eines Mündels in den Bezirk eines anderen Jugendamts verlegt, so hat der Vormund dem Jugendamt des bisherigen gewöhnlichen Aufenthalts und dieses dem Jugendamt des neuen gewöhnlichen Aufenthalts die Verlegung mitzuteilen.

(3) Ist ein Verein Vormund, so sind die Absätze 1 und 2 nicht anzuwenden.

1. Allgemeines. Mitwirkung des Jugendamtes ist durch das KJHG in SGB VIII geregelt; §§ 1849, 1850, 1851a sind deshalb aufgehoben worden. **1**

2. Regelungszweck. Mitteilungspflichten auf Grund § 1851 sollen Überwachung durch Jugendamt erleichtern. **2**

Untertitel 5. Befreite Vormundschaft

§ 1852 Befreiung durch den Vater

(1) Der Vater kann, wenn er einen Vormund benennt, die Bestellung eines Gegenvormunds ausschließen.

(2) ¹Der Vater kann anordnen, dass der von ihm benannte Vormund bei der Anlegung von Geld den in den §§ 1809, 1810 bestimmten Beschränkungen nicht unterliegen und zu den in § 1812 bezeichneten Rechtsgeschäften der Genehmigung des Gegenvormunds oder des Familiengerichts nicht bedürfen soll. ²Diese Anordnungen sind als getroffen anzusehen, wenn der Vater die Bestellung eines Gegenvormunds ausgeschlossen hat.

§ 1853 Befreiung von Hinterlegung und Sperrung

Der Vater kann den von ihm benannten Vormund von der Verpflichtung entbinden, Inhaber- und Orderpapiere zu hinterlegen und den in § 1816 bezeichneten Vermerk in das Bundesschuldbuch oder das Schuldbuch eines Landes eintragen zu lassen.

§ 1854 Befreiung von der Rechnungslegungspflicht

(1) Der Vater kann den von ihm benannten Vormund von der Verpflichtung entbinden, während der Dauer seines Amtes Rechnung zu legen.

(2) ¹Der Vormund hat in einem solchen Falle nach dem Ablauf von je zwei Jahren eine Übersicht über den Bestand des seiner Verwaltung unterliegenden Vermögens dem Familiengericht einzureichen. ²Das Familiengericht kann anordnen, dass die Übersicht in längeren, höchstens fünfjährigen Zwischenräumen einzureichen ist.

(3) ¹Ist ein Gegenvormund vorhanden oder zu bestellen, so hat ihm der Vormund die Übersicht unter Nachweisung des Vermögensbestands vorzulegen. ²Der Gegenvormund hat die Übersicht mit den Bemerkungen zu versehen, zu denen die Prüfung ihm Anlass gibt.

§ 1855 Befreiung durch die Mutter

Benennt die Mutter einen Vormund, so kann sie die gleichen Anordnungen treffen wie nach den §§ 1852 bis 1854 der Vater.

§ 1856 Voraussetzungen der Befreiung

¹Auf die nach den §§ 1852 bis 1855 zulässigen Anordnungen ist die Vorschrift des § 1777 anzuwenden. ²Haben die Eltern denselben Vormund benannt, aber einander widersprechende Anordnungen getroffen, so gelten die Anordnungen des zuletzt verstorbenen Elternteils.

§ 1857 Aufhebung der Befreiung durch das Familiengericht

Die Anordnungen des Vaters oder der Mutter können von dem Familiengericht außer Kraft gesetzt werden, wenn ihre Befolgung das Interesse des Mündels gefährden würde.

§ 1857a Befreiung des Jugendamts und des Vereins

Dem Jugendamt und einem Verein als Vormund stehen die nach § 1852 Abs. 2, §§ 1853, 1854 zulässigen Befreiungen zu.

Anmerkungen zu den §§ 1852–1857a

1   Da davon auszugehen ist, dass die von den Eltern in letztwilliger Verfügung benannten Personen das Vertrauen der Benennenden genießen, können natürliche Personen als Vormünder von dem sie benennenden Vater oder der sie benennenden Mutter – s § 1855 – von den in §§ 1852–1854 ie geregelten Beschränkungen und
2   Pflichten befreit werden. Für die **Erklärung** der Befreiung gelten nach § 1856 die Voraussetzungen des § 1777; bei widersprechenden Erklärungen der Eltern s § 1856 S 2. Die Befreiung kann bei Benennung, aber auch nachträglich erfolgen, SoeZimmermann § 1852 Rn 1 mwN; der Umfang der gewollten Befreiung ist ggf durch
3   Auslegung zu ermitteln. Für Jugendamt und Vereinsvormund gelten nach **§ 1857a** die in §§ 1852 II, 1853 und 1854 geregelten Befreiungen von Ges wegen.

Titel 1. Vormundschaft §§ 1858–1884

§§ 1858 bis 1881 *(weggefallen)*

Untertitel 6. Beendigung der Vormundschaft

§ 1882 Wegfall der Voraussetzungen

Die Vormundschaft endet mit dem Wegfall der in § 1773 für die Begründung der Vormundschaft bestimmten Voraussetzungen.

§ 1883 *(weggefallen)*

§ 1884 Verschollenheit und Todeserklärung des Mündels

(1) ¹Ist der Mündel verschollen, so endigt die Vormundschaft erst mit der Aufhebung durch das Familiengericht. ²Das Familiengericht hat die Vormundschaft aufzuheben, wenn ihm der Tod des Mündels bekannt wird.

(2) Wird der Mündel für tot erklärt oder wird seine Todeszeit nach den Vorschriften des Verschollenheitsgesetzes festgestellt, so endigt die Vormundschaft mit der Rechtskraft des Beschlusses über die Todeserklärung oder die Feststellung der Todeszeit.

Anmerkungen zu den §§ 1882, 1884

1. Allgemeines. Zu unterscheiden sind Beendigung der Vormundschaft (§§ 1882, 1884), Beendigung des Amtes des Vormunds (§§ 1885 ff) und Erlöschen des Rechtsverhältnisses zwischen Vormund und Mündel. Grundsätzlich endet die Vormundschaft ipso iure; das FamG stellt dann nur deklaratorisch das Ende der Vormundschaft fest. Dagegen ist im Fall des § 1884 I der Aufhebungsbeschluss konstitutiv. Nach Beendigung kann FamG nicht mehr vom Vormund (oder Pfleger) geschlossenen Vertrag genehmigen (Frankfurt Rpfleger 78, 99). 1

2. Gründe der Beendigung kraft Ges. a) Tod des Mündels; **b) Rechtskraft** des **Beschlusses** über **Todeserklärung** oder **Feststellung der Todeszeit**, § 1884 II iVm VerschG 2, 39; **c)** Wegfall der in § 1773 bestimmten Voraussetzungen, also 2

aa) Eintritt der Volljährigkeit, bb) Eintritt oder **Wiedereintritt** der **elterlichen Sorgebefugnis**, soweit nicht Eltern(-teil) Vertretung in persönlichen und Vermögensangelegenheiten entzogen ist. **d) Substituierung** von Gründen str; anzunehmen, dass Vormundschaft stets mit Wegfall der Gründe, wegen der sie angeordnet worden ist, endet. Liegen andere Gründe vor, muss neu angeordnet werden (Gernhuber/Coester-Waltjen § 73 Rn 2). Liegen Voraussetzungen für Betreuung vor, muss nach §§ 1896 ff Betreuer bestellt werden, MK/Wagenitz § 1882 Rn 8. Einstimmigkeit besteht jedoch für Beendigung der Minderjährigenvormundschaft bei Erreichung der Volljährigkeit trotz Vorliegens anderer Gründe für Anordnung einer Vormundschaft, MK/Wagenitz § 1882 Rn 8. **e) Keine Beendigung** bei Eheschließung des Mündels. 3 4 5

3. Beendigung infolge Aufhebung bei Verschollenheit des Mündels, § 1884 I. Jedoch geht § 1882 vor: Wird zB verschollenes Mündel volljährig, endet Vormundschaft ipso iure; aA SoeZimmermann § 1884 Rn 2. **Verfahren:** Zuständig Rechtspfleger, RPflG 3 Nr 2a, 4; 14 Nr 9, 15; Wirksamkeit des Beschlusses s FamFG 40. 6 7

§ 1885 *(weggefallen)*

§ 1886 Entlassung des Einzelvormunds

Das Familiengericht hat den Einzelvormund zu entlassen, wenn die Fortführung des Amts, insbesondere wegen pflichtwidrigen Verhaltens des Vormunds, das Interesse des Mündels gefährden würde oder wenn in der Person des Vormunds einer der in § 1781 bestimmten Gründe vorliegt.

§ 1887 Entlassung des Jugendamts oder Vereins

(1) Das Familiengericht hat das Jugendamt oder den Verein als Vormund zu entlassen und einen anderen Vormund zu bestellen, wenn dies dem Wohl des Mündels dient und eine andere als Vormund geeignete Person vorhanden ist.

(2) [1]Die Entscheidung ergeht von Amts wegen oder auf Antrag. [2]Zum Antrag ist berechtigt der Mündel, der das 14. Lebensjahr vollendet hat, sowie jeder, der ein berechtigtes Interesse des Mündels geltend macht. [3]Das Jugendamt oder der Verein sollen den Antrag stellen, sobald sie erfahren, dass die Voraussetzungen des Absatzes 1 vorliegen.

(3) Das Familiengericht soll vor seiner Entscheidung auch das Jugendamt oder den Verein hören.

§ 1888 Entlassung von Beamten und Religionsdienern

Ist ein Beamter oder ein Religionsdiener zum Vormund bestellt, so hat ihn das Familiengericht zu entlassen, wenn die Erlaubnis, die nach den Landesgesetzen zur Übernahme der Vormundschaft oder zur Fortführung der vor dem Eintritt in das Amts- oder Dienstverhältnis übernommenen Vormundschaft erforderlich ist, versagt oder zurückgenommen wird oder wenn die nach den Landesgesetzen zulässige Untersagung der Fortführung der Vormundschaft erfolgt.

§ 1889 Entlassung auf eigenen Antrag

(1) Das Familiengericht hat den Einzelvormund auf seinen Antrag zu entlassen, wenn ein wichtiger Grund vorliegt; ein wichtiger Grund ist insbesondere der Eintritt eines Umstands, der den Vormund nach § 1786 Abs. 1 Nr. 2 bis 7 berechtigen würde, die Übernahme der Vormundschaft abzulehnen.

(2) [1]Das Familiengericht hat das Jugendamt oder den Verein als Vormund auf seinen Antrag zu entlassen, wenn eine andere als Vormund geeignete Person vorhanden ist und das Wohl des Mündels dieser Maßnahme nicht entgegensteht. [2]Ein Verein ist auf seinen Antrag ferner zu entlassen, wenn ein wichtiger Grund vorliegt.

Anmerkungen zu den §§ 1886–1889

1 **1. Allgemeines.** Das Amt des Vormunds endet entweder kraft Ges oder durch Konstitutivakt des FamG, nie aber durch bloße Erklärung des Vormunds. Für den **Gegenvormund** gelten die §§ 1885–1889 entspr, § 1895.

2 **2. Beendigung kraft Ges. a) Tod** des **Vormunds,** Anzeigepflicht s § 1894; **b) Todeserklärung** des Vormunds; **c) nicht:** Geschäftsunfähigkeit nach § 104

Titel 1. Vormundschaft §§ 1890–1892

Nr 2, Bestellung eines Betreuers, Verschollenheit (PalDiederichsen § 1884 Rn 1); in diesen Fällen jedoch Entlassung nach § 1886 möglich.

3. Entlassungsgründe. a) Einzelvormund ist von Amts wegen zu entlassen, 3 falls **aa) Mündelinteressen gefährdet** sind oder **bb) Untauglichkeitsgründe** nach § 1781 in der Person des Vormunds gegeben sind (zu den Unfähigkeitsgründen des § 1780 s §§ 1780–1782 Rn 2) oder **cc) Verstoß** gegen die **Auswahlrichtlinien** 4 des § 1779 II oder Ausschluss nach § 1782 gegeben ist; nach hM soll erfolgreiche Beschwerde Voraussetzung sein, dagegen mR Gernhuber/Coester-Waltjen § 73 Rn 7. Zu aa) **„Gefährdung"** s §§ 1776–1778 Rn 5; **Pflichtwidrigkeit** ist nur Bei- 5 spielsfall („insbes") für Gefährdungsgrund. Bsp: langwierige Erkrankung, mangelnde 6 Fähigkeit, dauernder Interessengegensatz, Starrsinn, Unbelehrbarkeit und/oder beharrliche Weigerung, dem FamG Auskünfte zu erteilen oder Rechenschaft zu legen, tiefgreifende Entfremdung zwischen Mündel und Vormund, falls persönlicher Verkehr erforderlich ist; solche Entfremdung kann auch durch Religionswechsel verursacht worden sein. **Entlassung** nur, wenn weniger schwerwiegende Maßnah- 7 men, zB nach §§ 1796, 1818, 1837, 1857 nicht ausreichen (bei wiederholten Pflichtwidrigkeiten Erschöpfung aller möglichen Aufsichtsmaßnahmen aber nicht erforderlich, BayObLG FamRZ 04, 1323) und die schädlichen Folgen der Entlassung für Mündel nicht die Gefährdung überwiegen. Sonderfall eines zu Unrecht eingesetzten „Nachfolgepflegers" s BayObLG NJW-RR 88, 643. **b) Jugendamt** oder **Verein** 8 als Vormund s § 1887; § 1886 ist nicht anzuwenden (BayObLG RPfleger 93, 403); nicht: zugunsten anderen Jugendamtes (KG Rpfleger 88, 144). **c) Beamte** oder **Religionsdiener** s § 1888, der § 1784 ergänzt. **d)** Auf **Antrag** des **Einzelvormun-** 9 **des** hat Entlassung bei wichtigen, insbes bei Ablehnungsgründen nach § 1786 I Nr 2–7 zu erfolgen, § 1889 I. Entscheidend ist Interesse des Vormunds an Entlassung (BayObLG FamRZ 59, 373). **e)** Auf **Antrag** des Vereinsvormunds oder des Jugendamtes als Vormund nach § 1889 II.

4. Verfahren. Zuständig für Entlassung nach §§ 1886–1889 ist Rechtspfleger, 10 RPflG 3 I Nr 2a, 4; 14 Nr 9, 15; bei Entlassung nach §§ 1886–1888 Antrag nicht erforderlich. Anspruch auf rechtliches Gehör (BVerfG NJW 95, 2096). Entscheidung ist zu begründen; der ohne Antrag entlassene Vormund hat Beschwerde nach FamFG 58; Ausübung durch Mündel FamFG 60; bei Ablehnung eines Antrags auf Entlassung FamFG 59.

§ 1890 Vermögensherausgabe und Rechnungslegung

¹Der Vormund hat nach der Beendigung seines Amts dem Mündel das verwaltete Vermögen herauszugeben und über die Verwaltung Rechenschaft abzulegen. ²Soweit er dem Familiengericht Rechnung gelegt hat, genügt die Bezugnahme auf diese Rechnung.

§ 1891 Mitwirkung des Gegenvormunds

(1) **¹Ist ein Gegenvormund vorhanden, so hat ihm der Vormund die Rechnung vorzulegen. ²Der Gegenvormund hat die Rechnung mit den Bemerkungen zu versehen, zu denen die Prüfung ihm Anlass gibt.**

(2) **Der Gegenvormund hat über die Führung der Gegenvormundschaft und, soweit er dazu imstande ist, über das von dem Vormund verwaltete Vermögen auf Verlangen Auskunft zu erteilen.**

§ 1892 Rechnungsprüfung und -anerkennung

(1) **Der Vormund hat die Rechnung, nachdem er sie dem Gegenvormund vorgelegt hat, dem Familiengericht einzureichen.**

(2) ¹Das Familiengericht hat die Rechnung rechnungsmäßig und sachlich zu prüfen und deren Abnahme durch Verhandlung mit den Beteiligten unter Zuziehung des Gegenvormunds zu vermitteln. ²Soweit die Rechnung als richtig anerkannt wird, hat das Familiengericht das Anerkenntnis zu beurkunden.

§ 1893 Fortführung der Geschäfte nach Beendigung der Vormundschaft, Rückgabe von Urkunden

(1) Im Falle der Beendigung der Vormundschaft oder des vormundschaftlichen Amts finden die Vorschriften der §§ 1698a, 1698b entsprechende Anwendung.

(2) ¹Der Vormund hat nach Beendigung seines Amts die Bestallung dem Familiengericht zurückzugeben. ²In den Fällen der §§ 1791a, 1791b ist der Beschluss des Familiengerichts, im Falle des § 1791c die Bescheinigung über den Eintritt der Vormundschaft zurückzugeben.

§ 1894 Anzeige bei Tod des Vormunds

(1) Den Tod des Vormunds hat dessen Erbe dem Familiengericht unverzüglich anzuzeigen.

(2) Den Tod des Gegenvormunds oder eines Mitvormunds hat der Vormund unverzüglich anzuzeigen.

§ 1895 Amtsende des Gegenvormunds

Die Vorschriften der §§ 1886 bis 1889, 1893, 1894 finden auf den Gegenvormund entsprechende Anwendung.

Anmerkungen zu den §§ 1890–1895

1 **1. Allgemeines.** Abwicklung des beendeten Amtes eines Vormunds oder – § 1895 – Gegenvormunds bis zum Erlöschen der Rechtsbeziehungen des Vormunds zum Mündel durch Erfüllung aller Abwicklungspflichten. Vormund darf und muss bestimmte Geschäfte abwickeln, unterliegt der Aufsicht des FamG und kann Vergütung bewilligt bekommen, Gernhuber/Coester-Waltjen § 73 Rn 18 mwN. Rechtsgeschäftlicher Verzicht des volljährig gewordenen Mündels auf Abwicklung und entspr Entlastungsvertrag mit dem Vormund nach § 397 II sind möglich (RG 115, 371; Gernhuber/Coester-Waltjen § 73 Rn 20); Rechtshilfe zur Vermittlung dieser Entlastung ist statthaft (RG 115, 370). Verzicht und Entlastung durch neuen Vormund str.

2 **2. Verpflichtung zur Vermögensherausgabe, § 1890 S 1.** Privatrechtliche Herausgabeverpflichtung des Vormunds gegenüber dem Mündel (dieser evtl vertreten durch neuen Vormund), die vor dem ProzessG durchzusetzen ist. Ist Mündel mit anderen gesamtberechtigt, hat Herausgabe an alle Berechtigten zu erfolgen. Zurückbehaltungsrecht des Vormunds (§§ 273, 274) möglich. Vorlage eines Bestandsverzeichnisses s § 260; Anspruch des Vormunds auf Quittungen s § 368.

3 **3. Verpflichtung zur Rechenschaftslegung, § 1890 S 1. a)** Besteht gegenüber Mündel; §§ 259, 260 gelten. Durchsetzung vor dem Prozessgericht. Soweit dem FamG Rechenschaft gelegt worden ist, genügt Bezugnahme, § 1890 S 2. Erzwingbar nach § 1837 II ist jedoch nur die Verpflichtung gegenüber dem FamG nach § 1841, die aber – § 1890 S 2 – mit der aus § 1890 S 1 zusammen erfüllt
4 werden kann. Zum Inhalt der Rechenschaft s RG 115, 369 f. **b) Mitwirkung** des

Titel 2. Rechtliche Betreuung **Vor § 1896**

Gegenvormunds s § 1891. **c)** Prüfung, Vermittlung der Abnahme und Beurkundung eines Anerkenntnisses durch FamG s § 1892; Erzwingung der Einreichungspflicht gem § 1892 I nach § 1837 II.

4. Rückgabe der Bestallung. Verpflichtung zur **Rückgabe** der Bestallung 5 (§ 1791), einer schriftlichen Verfügung des FamG nach §§ 1791a II, 1791b II oder einer Bescheinigung über Eintritt der Vormundschaft s § 1893 II. Erzwingung der Rückgabe nach § 1837 II möglich.

5. Fortführung von Geschäften, § 1893 I. Zu unterscheiden ist das Dürfen 6 des gutgläubigen Vormunds nach §§ 1893 I, 1698a und die Verpflichtung zur Fortführung unaufschiebbarer Geschäfte nach §§ 1893 I, 1698b. Insoweit bleibt Amtsführung Vormundstätigkeit, es gelten also § 1833, Genehmigungspflichten und Genehmigungsmöglichkeiten (SoeZimmermann § 1893 Rn 2; aA BayObLG NJW 65, 397 für den Fall der Beendigung durch Tod des Pfleglings). Außerhalb der Berechtigung nach § 1893 I gelten §§ 177 ff, 677 ff.

6. Tod des (Mit-)Vormunds. Bei **Tod** des **Vormunds** treffen Verpflichtun- 7 gen aus §§ 1890, 1893 I) (nicht aber aus § 1893 I) seine Erben, dazu **Anzeigepflicht** gegenüber FamG nach § 1894 I. Bei **Tod** des **Mitvormunds** Anzeigepflicht für Vormund nach § 1894 II; bei schuldhafter Verzögerung oder Unterlassung Haftung aus § 1833. Keine Geschäftsführungspflicht der Erben; handeln sie gleichwohl, gelten §§ 677 ff.

Titel 2. Rechtliche Betreuung

Vorbemerkungen

Lit: Bienwald, Betreuungsrecht, Kommentar, 4. Aufl 2005; Damrau/Zimmermann, Betreuungsrecht, 4. Aufl 2010; Diederichsen, Zur Reform des Vormundschafts- und Entmündigungsrechts in der Bundesrepublik Deutschland, FS Keller, 1989, S 3; Dodegge, Das 2. BtÄndG, NJW 05, 1896; Jürgens, Betreuungsrecht, 4. Aufl 2010.

1. Geschichte. Mit dem seit 1.1.1992 in Kraft befindlichen BtG wurde eine 1 weitreichende Reform des Rechts der menschlichen Person verwirklicht. Das 2 BtÄndG betont im Gegensatz zu tatsächlicher Fürsorge den rechtlichen Charakter der Betreuertätigkeit (s Titelüberschrift, §§ 1897 I, 1901; vgl BT-Drs 13/7158 S 33). Das 2. BtÄndG regelt insbes Vergütungsvorschriften (VBVG).

2. Allgemeines. Das BtG hat die Entmündigung und den beschränkt geschäftsfä- 3 higen Volljährigen abgeschafft; geschäftsunfähig sind Volljährige nur noch auf Grund „natürlicher Geschäftsunfähigkeit", § 104 Nr 2. Die Vormundschaft über Volljährige (§§ 1896 ff aF) und die Gebrechlichkeitspflegschaft (§ 1910 aF) wurden durch das neue Rechtsinstitut der **Betreuung** ersetzt; entsprechend regelt das FamFG jetzt 4 „Betreuungssachen", FamFG 271–311. Voraussetzung der Betreuung sind bestimmte Behinderungen des zu betreuenden Volljährigen, § 1896 I 1, wobei die Betreuung und die damit bewirkte Fremdbestimmung im Unterschied zur Entmündigung konkret auf den Zustand des Betreuten und seine Lebensverhältnisse abzustimmen ist (Prinzip der **Erforderlichkeit**, § 1896 II 1, s Gernhuber/Coester- 5 Waltjen § 76 Rn 2: Entmündigung war vielfach „sozialer Tod"). Ein Betreuungsverhältnis kann auf Grund des Erforderlichkeitsprinzips auch durch die Erteilung von Vollmachten durch den Betroffenen zur Vorsorge für Angelegenheiten, die er auf Grund einer Behinderung nicht selbst besorgen kann, oder durch andere Hilfen überflüssig sein oder werden, § 1896 II 2. Grundprinzip ist die Berücksichtigung 6 der Fähigkeit des Betreuten zur Selbstbestimmung, soweit diese möglich ist; obwohl der Betreuer in seinem Aufgabenkreis als gesetzlicher Vertreter des Betreuten fungiert, § 1902, bleibt der Betreute daneben handlungsfähig („Doppelzuständigkeit"),

Berger/Mansel

sofern er nicht nach § 104 Nr 2 geschäftsunfähig ist oder ein Einwilligungsvorbehalt nach § 1903 angeordnet worden ist.

§ 1896 Voraussetzungen

(1) ¹Kann ein Volljähriger auf Grund einer psychischen Krankheit oder einer körperlichen, geistigen oder seelischen Behinderung seine Angelegenheiten ganz oder teilweise nicht besorgen, so bestellt das Betreuungsgericht auf seinen Antrag oder von Amts wegen für ihn einen Betreuer. ²Den Antrag kann auch ein Geschäftsunfähiger stellen. ³Soweit der Volljährige auf Grund einer körperlichen Behinderung seine Angelegenheiten nicht besorgen kann, darf der Betreuer nur auf Antrag des Volljährigen bestellt werden, es sei denn, dass dieser seinen Willen nicht kundtun kann.

(1a) Gegen den freien Willen des Volljährigen darf ein Betreuer nicht bestellt werden.

(2) ¹Ein Betreuer darf nur für Aufgabenkreise bestellt werden, in denen die Betreuung erforderlich ist. ²Die Betreuung ist nicht erforderlich, soweit die Angelegenheiten des Volljährigen durch einen Bevollmächtigten, der nicht zu den in § 1897 Abs. 3 bezeichneten Personen gehört, oder durch andere Hilfen, bei denen kein gesetzlicher Vertreter bestellt wird, ebenso gut wie durch einen Betreuer besorgt werden können.

(3) Als Aufgabenkreis kann auch die Geltendmachung von Rechten des Betreuten gegenüber seinem Bevollmächtigten bestimmt werden.

(4) Die Entscheidung über den Fernmeldeverkehr des Betreuten und über die Entgegennahme, das Öffnen und das Anhalten seiner Post werden vom Aufgabenkreis des Betreuers nur dann erfasst, wenn das Gericht dies ausdrücklich angeordnet hat.

§ 1897 Bestellung einer natürlichen Person

(1) Zum Betreuer bestellt das Betreuungsgericht eine natürliche Person, die geeignet ist, in dem gerichtlich bestimmten Aufgabenkreis die Angelegenheiten des Betreuten rechtlich zu besorgen und ihn in dem hierfür erforderlichen Umfang persönlich zu betreuen.

(2) ¹Der Mitarbeiter eines nach § 1908 f anerkannten Betreuungsvereins, der dort ausschließlich oder teilweise als Betreuer tätig ist (Vereinsbetreuer), darf nur mit Einwilligung des Vereins bestellt werden. ²Entsprechendes gilt für den Mitarbeiter einer in Betreuungsangelegenheiten zuständigen Behörde, der dort ausschließlich oder teilweise als Betreuer tätig ist (Behördenbetreuer).

(3) Wer zu einer Anstalt, einem Heim oder einer sonstigen Einrichtung, in welcher der Volljährige untergebracht ist oder wohnt, in einem Abhängigkeitsverhältnis oder in einer anderen engen Beziehung steht, darf nicht zum Betreuer bestellt werden.

(4) ¹Schlägt der Volljährige eine Person vor, die zum Betreuer bestellt werden kann, so ist diesem Vorschlag zu entsprechen, wenn es dem Wohl des Volljährigen nicht zuwiderläuft. ²Schlägt er vor, eine bestimmte Person nicht zu bestellen, so soll hierauf Rücksicht genommen werden. ³Die Sätze 1 und 2 gelten auch für Vorschläge, die der Volljährige vor dem Betreuungsverfahren gemacht hat, es sei denn, dass er an diesen Vorschlägen erkennbar nicht festhalten will.

(5) Schlägt der Volljährige niemanden vor, der zum Betreuer bestellt werden kann, so ist bei der Auswahl des Betreuers auf die verwandtschaftli-

chen und sonstigen persönlichen Bindungen des Volljährigen, insbesondere auf die Bindungen zu Eltern, zu Kindern, zum Ehegatten und zum Lebenspartner, sowie auf die Gefahr von Interessenkonflikten Rücksicht zu nehmen.

(6) ¹Wer Betreuungen im Rahmen seiner Berufsausübung führt, soll nur dann zum Betreuer bestellt werden, wenn keine andere geeignete Person zur Verfügung steht, die zur ehrenamtlichen Führung der Betreuung bereit ist. ²Werden dem Betreuer Umstände bekannt, aus denen sich ergibt, dass der Volljährige durch eine oder mehrere andere geeignete Personen außerhalb einer Berufsausübung betreut werden kann, so hat er dies dem Gericht mitzuteilen.

(7) ¹Wird eine Person unter den Voraussetzungen des Absatzes 6 Satz 1 erstmals in dem Bezirk des Betreuungsgerichts zum Betreuer bestellt, soll das Gericht zuvor die zuständige Behörde zur Eignung des ausgewählten Betreuers und zu den nach § 1 Abs. 1 Satz 1 zweite Alternative des Vormünder- und Betreuervergütungsgesetzes zu treffenden Feststellungen anhören. ²Die zuständige Behörde soll die Person auffordern, ein Führungszeugnis und eine Auskunft aus dem Schuldnerverzeichnis vorzulegen.

(8) Wird eine Person unter den Voraussetzungen des Absatzes 6 Satz 1 bestellt, hat sie sich über Zahl und Umfang der von ihr berufsmäßig geführten Betreuungen zu erklären.

§ 1898 Übernahmepflicht

(1) Der vom Betreuungsgericht Ausgewählte ist verpflichtet, die Betreuung zu übernehmen, wenn er zur Betreuung geeignet ist und ihm die Übernahme unter Berücksichtigung seiner familiären, beruflichen und sonstigen Verhältnisse zugemutet werden kann.

(2) Der Ausgewählte darf erst dann zum Betreuer bestellt werden, wenn er sich zur Übernahme der Betreuung bereit erklärt hat.

§ 1899 Mehrere Betreuer

(1) ¹Das Betreuungsgericht kann mehrere Betreuer bestellen, wenn die Angelegenheiten des Betreuten hierdurch besser besorgt werden können. ²In diesem Falle bestimmt es, welcher Betreuer mit welchem Aufgabenkreis betraut wird. ³Mehrere Betreuer, die eine Vergütung erhalten, werden außer in den in den Absätzen 2 und 4 sowie § 1908i Abs. 1 Satz 1 in Verbindung mit § 1792 geregelten Fällen nicht bestellt.

(2) Für die Entscheidung über die Einwilligung in eine Sterilisation des Betreuten ist stets ein besonderer Betreuer zu bestellen.

(3) Soweit mehrere Betreuer mit demselben Aufgabenkreis betraut werden, können sie die Angelegenheiten des Betreuten nur gemeinsam besorgen, es sei denn, dass das Gericht etwas anderes bestimmt hat oder mit dem Aufschub Gefahr verbunden ist.

(4) Das Gericht kann mehrere Betreuer auch in der Weise bestellen, dass der eine die Angelegenheiten des Betreuten nur zu besorgen hat, soweit der andere verhindert ist.

§ 1900 Betreuung durch Verein oder Behörde

(1) ¹Kann der Volljährige durch eine oder mehrere natürliche Personen nicht hinreichend betreut werden, so bestellt das Betreuungsgericht einen

anerkannten Betreuungsverein zum Betreuer. ²Die Bestellung bedarf der Einwilligung des Vereins.

(2) ¹Der Verein überträgt die Wahrnehmung der Betreuung einzelnen Personen. ²Vorschlägen des Volljährigen hat er hierbei zu entsprechen, soweit nicht wichtige Gründe entgegenstehen. ³Der Verein teilt dem Gericht alsbald mit, wem er die Wahrnehmung der Betreuung übertragen hat.

(3) Werden dem Verein Umstände bekannt, aus denen sich ergibt, dass der Volljährige durch eine oder mehrere natürliche Personen hinreichend betreut werden kann, so hat er dies dem Gericht mitzuteilen.

(4) ¹Kann der Volljährige durch eine oder mehrere natürliche Personen oder durch einen Verein nicht hinreichend betreut werden, so bestellt das Gericht die zuständige Behörde zum Betreuer. ²Die Absätze 2 und 3 gelten entsprechend.

(5) Vereinen oder Behörden darf die Entscheidung über die Einwilligung in eine Sterilisation des Betreuten nicht übertragen werden.

§ 1901 Umfang der Betreuung, Pflichten des Betreuers

(1) Die Betreuung umfasst alle Tätigkeiten, die erforderlich sind, um die Angelegenheiten des Betreuten nach Maßgabe der folgenden Vorschriften rechtlich zu besorgen.

(2) ¹Der Betreuer hat die Angelegenheiten des Betreuten so zu besorgen, wie es dessen Wohl entspricht. ²Zum Wohl des Betreuten gehört auch die Möglichkeit, im Rahmen seiner Fähigkeiten sein Leben nach seinen eigenen Wünschen und Vorstellungen zu gestalten.

(3) ¹Der Betreuer hat Wünschen des Betreuten zu entsprechen, soweit dies dessen Wohl nicht zuwiderläuft und dem Betreuer zuzumuten ist. ²Dies gilt auch für Wünsche, die der Betreute vor der Bestellung des Betreuers geäußert hat, es sei denn, dass er an diesen Wünschen erkennbar nicht festhalten will. ³Ehe der Betreuer wichtige Angelegenheiten erledigt, bespricht er sie mit dem Betreuten, sofern dies dessen Wohl nicht zuwiderläuft.

(4) ¹Innerhalb seines Aufgabenkreises hat der Betreuer dazu beizutragen, dass Möglichkeiten genutzt werden, die Krankheit oder Behinderung des Betreuten zu beseitigen, zu bessern, ihre Verschlimmerung zu verhüten oder ihre Folgen zu mildern. ²Wird die Betreuung berufsmäßig geführt, hat der Betreuer in geeigneten Fällen auf Anordnung des Gerichts zu Beginn der Betreuung einen Betreuungsplan zu erstellen. ³In dem Betreuungsplan sind die Ziele der Betreuung und die zu ihrer Erreichung zu ergreifenden Maßnahmen darzustellen.

(5) ¹Werden dem Betreuer Umstände bekannt, die eine Aufhebung der Betreuung ermöglichen, so hat er dies dem Betreuungsgericht mitzuteilen. ²Gleiches gilt für Umstände, die eine Einschränkung des Aufgabenkreises ermöglichen oder dessen Erweiterung, die Bestellung eines weiteren Betreuers oder die Anordnung eines Einwilligungsvorbehalts (§ 1903) erfordern.

§ 1901a Patientenverfügung

(1) ¹Hat ein einwilligungsfähiger Volljähriger für den Fall seiner Einwilligungsunfähigkeit schriftlich festgelegt, ob er in bestimmte, zum Zeitpunkt der Festlegung noch nicht unmittelbar bevorstehende Untersuchungen sei-

Titel 2. Rechtliche Betreuung §§ 1901b–1902

nes Gesundheitszustands, Heilbehandlungen oder ärztliche Eingriffe einwilligt oder sie untersagt (Patientenverfügung), prüft der Betreuer, ob diese Festlegungen auf die aktuelle Lebens- und Behandlungssituation zutreffen. ²Ist dies der Fall, hat der Betreuer dem Willen des Betreuten Ausdruck und Geltung zu verschaffen. ³Eine Patientenverfügung kann jederzeit formlos widerrufen werden.

(2) ¹Liegt keine Patientenverfügung vor oder treffen die Festlegungen einer Patientenverfügung nicht auf die aktuelle Lebens- und Behandlungssituation zu, hat der Betreuer die Behandlungswünsche oder den mutmaßlichen Willen des Betreuten festzustellen und auf dieser Grundlage zu entscheiden, ob er in eine ärztliche Maßnahme nach Absatz 1 einwilligt oder sie untersagt. ²Der mutmaßliche Wille ist aufgrund konkreter Anhaltspunkte zu ermitteln. ³Zu berücksichtigen sind insbesondere frühere mündliche oder schriftliche Äußerungen, ethische oder religiöse Überzeugungen und sonstige persönliche Wertvorstellungen des Betreuten.

(3) Die Absätze 1 und 2 gelten unabhängig von Art und Stadium einer Erkrankung des Betreuten.

(4) ¹Niemand kann zur Errichtung einer Patientenverfügung verpflichtet werden. ²Die Errichtung oder Vorlage einer Patientenverfügung darf nicht zur Bedingung eines Vertragsschlusses gemacht werden.

(5) Die Absätze 1 bis 3 gelten für Bevollmächtigte entsprechend.

§ 1901b Gespräch zur Feststellung des Patientenwillens

(1) ¹Der behandelnde Arzt prüft, welche ärztliche Maßnahme im Hinblick auf den Gesamtzustand und die Prognose des Patienten indiziert ist. ²Er und der Betreuer erörtern diese Maßnahme unter Berücksichtigung des Patientenwillens als Grundlage für die nach § 1901a zu treffende Entscheidung.

(2) Bei der Feststellung des Patientenwillens nach § 1901a Absatz 1 oder der Behandlungswünsche oder des mutmaßlichen Willens nach § 1901a Absatz 2 soll nahen Angehörigen und sonstigen Vertrauenspersonen des Betreuten Gelegenheit zur Äußerung gegeben werden, sofern dies ohne erhebliche Verzögerung möglich ist.

(3) Die Absätze 1 und 2 gelten für Bevollmächtigte entsprechend.

§ 1901c Schriftliche Betreuungswünsche, Vorsorgevollmacht

¹Wer ein Schriftstück besitzt, in dem jemand für den Fall seiner Betreuung Vorschläge zur Auswahl des Betreuers oder Wünsche zur Wahrnehmung der Betreuung geäußert hat, hat es unverzüglich an das Betreuungsgericht abzuliefern, nachdem er von der Einleitung eines Verfahrens über die Bestellung eines Betreuers Kenntnis erlangt hat. ²Ebenso hat der Besitzer das Betreuungsgericht über Schriftstücke, in denen der Betroffene eine andere Person mit der Wahrnehmung seiner Angelegenheiten bevollmächtigt hat, zu unterrichten. ³Das Betreuungsgericht kann die Vorlage einer Abschrift verlangen.

§ 1902 Vertretung des Betreuten

In seinem Aufgabenkreis vertritt der Betreuer den Betreuten gerichtlich und außergerichtlich.

§ 1903 Einwilligungsvorbehalt

(1) ¹Soweit dies zur Abwendung einer erheblichen Gefahr für die Person oder das Vermögen des Betreuten erforderlich ist, ordnet das Betreuungsgericht an, dass der Betreute zu einer Willenserklärung, die den Aufgabenkreis des Betreuers betrifft, dessen Einwilligung bedarf (Einwilligungsvorbehalt). ²Die §§ 108 bis 113, 131 Abs. 2 und § 210 gelten entsprechend.

(2) Ein Einwilligungsvorbehalt kann sich nicht erstrecken auf Willenserklärungen, die auf Eingehung einer Ehe oder Begründung einer Lebenspartnerschaft gerichtet sind, auf Verfügungen von Todes wegen und auf Willenserklärungen, zu denen ein beschränkt Geschäftsfähiger nach den Vorschriften des Buches vier und fünf nicht der Zustimmung seines gesetzlichen Vertreters bedarf.

(3) ¹Ist ein Einwilligungsvorbehalt angeordnet, so bedarf der Betreute dennoch nicht der Einwilligung seines Betreuers, wenn die Willenserklärung dem Betreuten lediglich einen rechtlichen Vorteil bringt. ²Soweit das Gericht nichts anderes anordnet, gilt dies auch, wenn die Willenserklärung eine geringfügige Angelegenheit des täglichen Lebens betrifft.

(4) § 1901 Abs. 5 gilt entsprechend.

§ 1904 Genehmigung des Betreuungsgerichts bei ärztlichen Maßnahmen

(1) ¹Die Einwilligung des Betreuers in eine Untersuchung des Gesundheitszustands, eine Heilbehandlung oder einen ärztlichen Eingriff bedarf der Genehmigung des Betreuungsgerichts, wenn die begründete Gefahr besteht, dass der Betreute auf Grund der Maßnahme stirbt oder einen schweren und länger dauernden gesundheitlichen Schaden erleidet. ²Ohne die Genehmigung darf die Maßnahme nur durchgeführt werden, wenn mit dem Aufschub Gefahr verbunden ist.

(2) Die Nichteinwilligung oder der Widerruf der Einwilligung des Betreuers in eine Untersuchung des Gesundheitszustands, eine Heilbehandlung oder einen ärztlichen Eingriff bedarf der Genehmigung des Betreuungsgerichts, wenn die Maßnahme medizinisch angezeigt ist und die begründete Gefahr besteht, dass der Betreute auf Grund des Unterbleibens oder des Abbruchs der Maßnahme stirbt oder einen schweren und länger dauernden gesundheitlichen Schaden erleidet.

(3) Die Genehmigung nach den Absätzen 1 und 2 ist zu erteilen, wenn die Einwilligung, die Nichteinwilligung oder der Widerruf der Einwilligung dem Willen des Betreuten entspricht.

(4) Eine Genehmigung nach den Absätzen 1 und 2 ist nicht erforderlich, wenn zwischen Betreuer und behandelndem Arzt Einvernehmen darüber besteht, dass die Erteilung, die Nichterteilung oder der Widerruf der Einwilligung dem nach § 1901a festgestellten Willen des Betreuten entspricht.

(5) ¹Die Absätze 1 bis 4 gelten auch für einen Bevollmächtigten. ²Er kann in eine der in Absatz 1 Satz 1 oder Absatz 2 genannten Maßnahmen nur einwilligen, nicht einwilligen oder die Einwilligung widerrufen, wenn die Vollmacht diese Maßnahmen ausdrücklich umfasst und schriftlich erteilt ist.

§ 1905 Sterilisation

(1) ¹Besteht der ärztliche Eingriff in einer Sterilisation des Betreuten, in die dieser nicht einwilligen kann, so kann der Betreuer nur einwilligen, wenn

1. die Sterilisation dem Willen des Betreuten nicht widerspricht,
2. der Betreute auf Dauer einwilligungsunfähig bleiben wird,
3. anzunehmen ist, dass es ohne die Sterilisation zu einer Schwangerschaft kommen würde,
4. infolge dieser Schwangerschaft eine Gefahr für das Leben oder die Gefahr einer schwerwiegenden Beeinträchtigung des körperlichen oder seelischen Gesundheitszustands der Schwangeren zu erwarten wäre, die nicht auf zumutbare Weise abgewendet werden könnte, und
5. die Schwangerschaft nicht durch andere zumutbare Mittel verhindert werden kann.
²Als schwerwiegende Gefahr für den seelischen Gesundheitszustand der Schwangeren gilt auch die Gefahr eines schweren und nachhaltigen Leides, das ihr drohen würde, weil betreuungsgerichtliche Maßnahmen, die mit ihrer Trennung vom Kind verbunden wären (§§ 1666, 1666a), gegen sie ergriffen werden müssten.

(2) ¹Die Einwilligung bedarf der Genehmigung des Betreuungsgerichts. ²Die Sterilisation darf erst zwei Wochen nach Wirksamkeit der Genehmigung durchgeführt werden. ³Bei der Sterilisation ist stets der Methode der Vorzug zu geben, die eine Refertilisierung zulässt.

§ 1906 Genehmigung des Betreuungsgerichts bei der Unterbringung

(1) Eine Unterbringung des Betreuten durch den Betreuer, die mit Freiheitsentziehung verbunden ist, ist nur zulässig, solange sie zum Wohl des Betreuten erforderlich ist, weil
1. auf Grund einer psychischen Krankheit oder geistigen oder seelischen Behinderung des Betreuten die Gefahr besteht, dass er sich selbst tötet oder erheblichen gesundheitlichen Schaden zufügt, oder
2. zur Abwendung eines drohenden erheblichen gesundheitlichen Schadens eine Untersuchung des Gesundheitszustands, eine Heilbehandlung oder ein ärztlicher Eingriff notwendig ist, ohne die Unterbringung des Betreuten nicht durchgeführt werden kann und der Betreute auf Grund einer psychischen Krankheit oder geistigen oder seelischen Behinderung die Notwendigkeit der Unterbringung nicht erkennen oder nicht nach dieser Einsicht handeln kann.

(2) ¹Die Unterbringung ist nur mit Genehmigung des Betreuungsgerichts zulässig. ²Ohne die Genehmigung ist die Unterbringung nur zulässig, wenn mit dem Aufschub Gefahr verbunden ist; die Genehmigung ist unverzüglich nachzuholen. ³Der Betreuer hat die Unterbringung zu beenden, wenn ihre Voraussetzungen wegfallen. ⁴Er hat die Beendigung der Unterbringung dem Betreuungsgericht anzuzeigen.

(3) ¹Widerspricht eine ärztliche Maßnahme nach Absatz 1 Nummer 2 dem natürlichen Willen des Betreuten (ärztliche Zwangsmaßnahme), so kann der Betreuer in sie nur einwilligen, wenn
1. der Betreute auf Grund einer psychischen Krankheit oder einer geistigen oder seelischen Behinderung die Notwendigkeit der ärztlichen Maßnahme nicht erkennen oder nicht nach dieser Einsicht handeln kann,
2. zuvor versucht wurde, den Betreuten von der Notwendigkeit der ärztlichen Maßnahme zu überzeugen,
3. die ärztliche Zwangsmaßnahme im Rahmen der Unterbringung nach Absatz 1 zum Wohl des Betreuten erforderlich ist, um einen drohenden erheblichen gesundheitlichen Schaden abzuwenden,
4. der erhebliche gesundheitliche Schaden durch keine andere dem Betreuten zumutbare Maßnahme abgewendet werden kann und

5. der zu erwartende Nutzen der ärztlichen Zwangsmaßnahme die zu erwartenden Beeinträchtigungen deutlich überwiegt.
²§ 1846 ist nur anwendbar, wenn der Betreuer an der Erfüllung seiner Pflichten verhindert ist.

(3a) ¹Die Einwilligung in die ärztliche Zwangsmaßnahme bedarf der Genehmigung des Betreuungsgerichts. ²Der Betreuer hat die Einwilligung in die ärztliche Zwangsmaßnahme zu widerrufen, wenn ihre Voraussetzungen wegfallen. ³Er hat den Widerruf dem Betreuungsgericht anzuzeigen.

(4) Die Absätze 1 und 2 gelten entsprechend, wenn dem Betreuten, der sich in einer Anstalt, einem Heim oder einer sonstigen Einrichtung aufhält, ohne untergebracht zu sein, durch mechanische Vorrichtungen, Medikamente oder auf andere Weise über einen längeren Zeitraum oder regelmäßig die Freiheit entzogen werden soll.

(5) ¹Die Unterbringung durch einen Bevollmächtigten und die Einwilligung eines Bevollmächtigten in Maßnahmen nach den Absätzen 3 und 4 setzen voraus, dass die Vollmacht schriftlich erteilt ist und die in den Absätzen 1, 3 und 4 genannten Maßnahmen ausdrücklich umfasst. ²Im Übrigen gelten die Absätze 1 bis 4 entsprechend.

§ 1907 Genehmigung des Betreuungsgerichts bei der Aufgabe der Mietwohnung

(1) ¹Zur Kündigung eines Mietverhältnisses über Wohnraum, den der Betreute gemietet hat, bedarf der Betreuer der Genehmigung des Betreuungsgerichts. ²Gleiches gilt für eine Willenserklärung, die auf die Aufhebung eines solchen Mietverhältnisses gerichtet ist.

(2) ¹Treten andere Umstände ein, auf Grund derer die Beendigung des Mietverhältnisses in Betracht kommt, so hat der Betreuer dies dem Betreuungsgericht unverzüglich mitzuteilen, wenn sein Aufgabenkreis das Mietverhältnis oder die Aufenthaltsbestimmung umfasst. ²Will der Betreuer Wohnraum des Betreuten auf andere Weise als durch Kündigung oder Aufhebung eines Mietverhältnisses aufgeben, so hat er dies gleichfalls unverzüglich mitzuteilen.

(3) Zu einem Miet- oder Pachtvertrag oder zu einem anderen Vertrag, durch den der Betreute zu wiederkehrenden Leistungen verpflichtet wird, bedarf der Betreuer der Genehmigung des Betreuungsgerichts, wenn das Vertragsverhältnis länger als vier Jahre dauern oder vom Betreuer Wohnraum vermietet werden soll.

§ 1908 Genehmigung des Betreuungsgerichts bei der Ausstattung

Der Betreuer kann eine Ausstattung aus dem Vermögen des Betreuten nur mit Genehmigung des Betreuungsgerichts versprechen oder gewähren.

§ 1908a Vorsorgliche Betreuerbestellung und Anordnung des Einwilligungsvorbehalts für Minderjährige

¹Maßnahmen nach den §§ 1896, 1903 können auch für einen Minderjährigen, der das 17. Lebensjahr vollendet hat, getroffen werden, wenn anzunehmen ist, dass sie bei Eintritt der Volljährigkeit erforderlich werden. ²Die Maßnahmen werden erst mit dem Eintritt der Volljährigkeit wirksam.

Titel 2. Rechtliche Betreuung §§ 1896–1908a

Anmerkungen zu den §§ 1896–1908a

Lit: S Vor §§ 1896–1908i.

1. Allgemeines. Die §§ 1896–1908a regeln Voraussetzungen eines Betreuungsverhältnisses, Befugnisse und Wirkungskreis des Betreuers sowie die als Betreuer berufbaren Personen und Organisationen. Das Ges v. 18.2.2013 (BGBl I S 266) hat mit Wirkung vom 26.2.2013 in § 1906 dessen I Nr. 2 und IV geändert, II 2–4, IIIa eingefügt und III sowie V neu gefasst. 1

2. Voraussetzungen. a) Bestellung eines Betreuers erfolgt auf **Antrag** oder **von Amts wegen**, § 1896 I 1. Bei bloß körperlicher Behinderung nur auf Antrag des Betroffenen, es sei denn, dass dieser seinen Willen nicht kundtun kann, § 1896 I 3. Auch ein Geschäftsunfähiger kann den Antrag stellen, § 1896 I 2. **b) Materiell** muss **aa)** eine der in § 1896 I 1 genannten Behinderungen oder Krankheiten vorliegen und **bb)** der Betroffene nach ihrer Art oder Schwere ganz oder teilweise außerstande sein, seine Angelegenheiten zu besorgen, § 1896 I 1; Bsp: Hirntod (AG Hersbruck NJW 92, 3245, dazu Schwab FamRZ 92, 1471); fehlende Krankheitseinsicht (LG Regensburg FamRZ 93, 477 f); zu geistigen Behinderungen und psychischen Beeinträchtigungen sowie „Unfähigkeit" Gernhuber/Coester-Waltjen § 76 Rn 19; BayObLG FamRZ 94, 318; Anforderungen an Feststellungen s Hamm FamRZ 95, 433; schubförmig verlaufende Krankheit s BayObLG NJW-RR 95, 1274 (zur amtswegigen Bestellung gegen den Willen der zu Betreuenden). **cc)** Geschäftsunfähigkeit und Betreuungsbedürftigkeit müssen sich nicht decken, Geschäfts(un)fähigkeit ist deshalb nicht zu ermitteln. Nach dem durch das 2. BtÄndG zum 1.7.2005 eingeführten § 1896 I a darf ein Betreuer gegen den freien Willen (hierzu Sonnenfeld FamRZ 05, 941) des zu betreuenden Volljährigen nicht bestellt werden. Der bisher als ungeschriebenes Tatbestandsmerkmal von den Gerichten (stRspr seit BayObLG BTPrax 94, 209) zu berücksichtigende Vorrang des freien Willens eines Menschen als Ausdruck seiner Würde und seines Selbstbestimmungsrechts (BT-Drs 15/2494 S 17) wurde damit ausdrücklich im Gesetz verankert. **c)** Betreuung muss **erforderlich** sein, s § 1896 II 1, hierzu Gernhuber/Coester-Waltjen § 76 Rn 20 (entscheidendes Korrektiv zum Schutz verfassungsrechtlich geschützter Belange); Voraussetzungen sind subjektive Betreuungsbedürftigkeit und objektiver Betreuungsbedarf. Private Fürsorge geht vor, s Schwab FS Gernhuber, 1993, 815. Eine Betreuung kann insbes beim Vorliegen einer „Betreuungsvollmacht" (dazu Rn 26), zB einer Altersvorsorgevollmacht, überflüssig sein, wenn nicht eine Person nach § 1897 III bevollmächtigt wird, § 1896 II 2 Var 1. **d)** Betreuungsverhältnis für den Zeitpunkt des Eintritts der Volljährigkeit s § 1908a. 2 3 4 5 6

3. Betreuer. a) Das Ges geht vom Vorrang der Betreuung durch **natürliche Personen** aus. Der Betreuer muss **geeignet** sein (unbestimmter Rechtsbegriff, BayObLG RZ 94, 530); dem Vorschlag eines zu Betreuenden kommt dabei Vorrang unabhängig von Geschäftsfähigkeit (vgl BayObLG NJW-RR 97, 72) zu, wenn er „dem Wohl des Volljährigen nicht zuwiderläuft", § 1897 IV. Berücksichtigung entspr Vorschläge des Betroffenen sichert § 1901c (Ablieferungspflicht für Schriftstücke); str, ob sie schon vor Einleitung des Betreuungsverfahrens abgeliefert werden können, s Dodegge NJW 96, 2409. Bei Fehlen eines Vorschlags ist auf Verwandtschaft und sonstige Bindungen (Auswahlermessen des Tatrichters s BayObLG FamRZ 94, 530; sa BayObLG FamRZ 04, 1991: Wohl des Betroffenen vorrangig gegenüber Verwandtenprivileg) sowie auf die Gefahr von Interessenkonflikten (hierzu Hamm FamRZ 93, 988) Rücksicht zu nehmen, § 1897 V. Das Recht der Eltern auf eine bevorzugte Berücksichtigung bei der Auswahl von Betreuern für ihr volljähriges, schutzbedürftiges Kind darf nicht durch eine mögliche gleichzeitige Anwendbarkeit von § 1897 III eingeschränkt werden (BVerfG FamRZ 06, 1509). 7

§§ 1896–1908a   Buch 4. Abschnitt 3. Vormundschaft

8 Zur Generalklausel „**Eignung**" s BT-Drs 11/4528 S 125: Eignung hängt auch vom Aufgabenkreis für die Betreuung ab. Mitarbeiter von Betreuungsvereinen (zur str Eigenschaft als Arbeitnehmer oder freie Mitarbeiter Jaschinski NJW 96, 1521) oder Betreuungsbehörden sind Einzelbetreuer (**Vereinsbetreuer** oder **Behördenbetreuer**); zur erforderlichen Genehmigung des Vereins trotz Benennung durch zu Betreuenden BayObLG FamRZ 94, 1061. – Bestellung von Berufsbetreuern ist subsidiär, § 1897 VI. Mitteilungspflicht in § 1897 VI 2 soll Übertragung auf ehrenamtlichen Betreuer ermöglichen, zB wenn der Berufsbetreuer die seine Fachkenntnisse voraussetzenden Maßnahmen eingeleitet hat. Zur Pflicht des Berufsbetreuers, sich über Zahl und Umfang der von ihm geführten Betreuungen zu erklären, s VIII. – Vor der erstmaligen Bestellung eines Berufsbetreuers soll das BetreuungsG die Betreuungsbehörde zur Eignung anhören, § 1897 VII 1; die zuständige Behörde soll den Betreuer zur Vorlage von Führungszeugnis und Auskunft aus dem Schuldnerverzeichnis auffordern, § 1897 VII 2.

9 **b)** Bestellung bedarf Erklärung der Bereitschaft, § 1898 II; zur Verpflichtung des vom BetreuungsG Ausgewählten s § 1898 I. **c)** Bestellt werden können auch **mehrere Betreuer** mit je verschiedenen oder demselben Aufgabenkreis, § 1899 I, III, IV; mehrere Berufsbetreuer gem § 1899 I 3 nur noch in den Fällen der §§ 1905, 1899 II und IV (sog Sterilisations- bzw

10 Verhinderungsbetreuer) oder § 1908i I 1 iVm § 1792 (Gegenbetreuer). **d)** Entscheidung über die Einwilligung in eine **Sterilisation** des Betreuten bedarf eines besonderen Betreuers, § 1899 II; Betreuungsvereine oder Betreuungsbehörden sind insoweit ausgeschlossen, § 1900 V. **e)** Ausnahmsweise kann statt einer natürlichen

11 Person ein anerkannter **Betreuungsverein** zum Betreuer bestellt werden, s § 1900 I–III. Zur Anerkennung s Dodegge NJW 93, 2354, zur Subsidiarität sa § 1908b V. **f)** Subsidiär zur Betreuung durch natürliche Personen oder einen Betreuungsverein

12 kann die BetreuungsG Betreuung durch die zuständige Behörde (**Amtsbetreuung**) anordnen; Art 8 BtBG enthält mit BtBG Grundvorschriften für die zu schaffende Organisation von Betreuungsbehörden; hierzu Dodegge NJW 92, 1936. Die für Betreuungsangelegenheiten zuständige Behörde wird durch Landesrecht bestimmt, BtBG 1; zu den Landesausführungsgesetzen Dodegge aaO S 2354: örtlich zuständige

13 Behörden sind Landkreise und kreisfreie Städte. **g) Vorläufiger Betreuer** durch einstweilige Anordnung des BetreuungsG s FamFG 300 ff. **h) Gegenbetreuer** möglich, s § 1908i I 1 iVm §§ 1792, 1799, um BetreuungsG zu entlasten (zB bei § 1812); auch Verein oder Behörde, Vereinsbetreuer oder Behördenbetreuer.

14 **4. Betreuungsumfang.** Die Betreuung umfasst nur die rechtliche Tätigkeit für den Betreuten (zur Vertretungsmacht s Rn 17 ff) einschließlich der dazu erforderlichen Willenserforschung (BT-Drs 13/7158 S 33), nicht jedoch rein tatsächliche Hilfeleistung oder persönliche Zuwendung, § 1901 I; Abgrenzung schwierig. **a) Richtschnur** ist das **Wohl des Betreuten,** § 1901 II 1, wobei seine Wünsche Vorrang haben, soweit sie seinem Wohl nicht zuwiderlaufen und ihre Berücksichtigung dem Betreuer zuzumuten ist, § 1901 II 2, III 2; vgl hierzu Diederichsen aaO S 15. Sicherung entspr Wünsche durch Ablieferungspflicht für Schriftstücke § 1901a. Wichtige Angelegenheiten hat der Betreuer grundsätzlich mit dem Betreuten vor der Erledigung zu besprechen, § 1901 III 3; s ferner § 1901 IV 1 zur Verpflichtung des Betreuers, falls Krankheit oder Behinderung des Betreuten beseitigt, gebessert, die Verschlimmerung verhütet oder ihre Folgen gemildert werden können und IV 2, 3 zur Erstellung eines (Maßnahmen und Ziele der Betreuung enthaltenden) Betreuungsplans auf Anordnung des Gerichts in geeigneten Fällen berufsmäßiger Betreuung, sowie § 1901 V zur Verpflichtung, dem BetreuungsG Umstände mitzuteilen, die eine Aufhebung oder Beschränkung der Betreuung ermöglichen

15 oder Erweiterung des Aufgabenkreises usw erfordern. **b)** In einer **Betreuungsverfügung** können bestimmungen für die Person des Betreuers (§ 1897 IV) und die Amtsführung (§ 1901 III 2) getroffen werden. Diese sind als „Wünsche" nach Maßgabe des § 1901 III 1 bindend, auch vorsorgliche Bestimmungen (§ 1901 III 2); wichtig, wenn der Betreute (später) nicht mehr äußerungsfähig ist. Soweit entspr

Titel 2. Rechtliche Betreuung   §§ 1896–1908a

Anordnungen in einer **Betreuungs-/Vorsorgevollmacht** enthalten sind, entfällt die Betreuung (§ 1896 II Nr 1; s Rn 26). Zur Patientenverfügung s §§ 1901a, 1901b.

5. Befugnisse des Betreuers. Aufgabenkreis wird durch Bestellungsbeschluss 16 klar und so konkret wie möglich (BayObLG FamRZ 95, 116) festgelegt, § 1896 II 1; Bspe: Gesundheitsfürsorge, Rechtsangelegenheiten, Vermögenssorge, Postkontrolle (s Dodegge NJW 93, 2357), nicht Ausübung der elterlichen Sorge (BayObLG FamRZ 05, 236); Sonderfälle: § 1896 III, IV, § 1899 II (dazu auch § 1900 V). Bei Bestimmung des Aufgabenkreises ist Erforderlichkeitsgrundsatz besonders zu beachten; keine formularmäßige Zuweisung umfangreicher Aufgaben (BVerfG FamRZ 99, 1420). Bei Ausübung der Fürsorge ist Betreuer selbstständig (Dodegge NJW 93, 2358). Aufgabenkreis bestimmt iü die Pflichten des Betreuers; ggf Schadensersatzhaftung gem §§ 1908i I 1, 1833 I, 1896, 1901 (Bsp: Nichtverfolgung von Rentenansprüchen bei Aufgabenbereich „Vermögenssorge", LG Berlin FamRZ 02, 346). Ie: **a) Vertretungsmacht** des Betreuers s § 1902; Rechte und Pflichten aus 17 Rechtsgeschäften des Betreuers im zugewiesenen Aufgabenkreis treffen den Betreuten, § 164 I. Daneben bleibt der geschäftsfähige Betreute selbst handlungsfähig (**„Doppelzuständigkeit"**, Schwab aaO S 683). Er kann auch Vollmachten erteilen, Schwab aaO S 683 f. **Alleinzuständigkeit** für bestimmte Handlungen, s zB 18 §§ 1596 III, 1600a V. BetreuungsG kann jedoch unter den Voraussetzungen des § 1903 I 1 anordnen, dass der Betreute für Willenserklärungen im Aufgabenkreis des Betreuers dessen Einwilligung bedarf (**„Einwilligungsvorbehalt"**). Berührt 19 Geschäftsfähigkeit nicht; Verhältnis zu § 105 s Schreieder BtPrax 96, 96. Voraussetzung ist erhebliche Gefahr für Person oder Vermögen des Betreuten; geringfügige Schadensgefahren reichen nicht (vgl LG Köln NJW 93, 207 f). Folgen fehlender Einwilligung s § 1903 I 2: Einwilligungsvorbehalt bewirkt aber Quasi-Beschränkung der Geschäftsfähigkeit (nur) für bestimmte Geschäftskreise; zur konkreten gegenständlichen und zeitlichen Beschränkung BayObLG BtPrax 95, 143. Ausnahmen vom Einwilligungsvorbehalt s § 1903 II (vor allem höchstpersönliche RGeschäfte, Katalog s MK/Schwab § 1903 Rn 22 f) sowie III 1 (rechtlich vorteilhaft) und III 2 (geringfügige Angelegenheiten des täglichen Lebens). Sa § 1896 IV zu Fernmelde- und Postverkehr. **b) Bestimmungsbefugnisse** des Betreuers, zB Umgang (§ 1908i 20 I 1 iVm § 1632 II, III); Aufenthaltsbestimmung (hierzu Sonnenfeld FamRZ 95, 393); Unterbringung mit Freiheitsentziehung s § 1906; Alkoholismus s BayObLG FamRZ 94, 1617, nicht ambulante Zwangsmedikation (BGH NJW 01, 888). **c) Sterilisation** des einwilligungsunfähigen Betreuten s §§ 1905, 1899 II; Minderjähriger s jedoch § 1631c. **d) Genehmigung des BetreuungsG** als „doppelter 21 Filter" (Gernhuber/Coester-Waltjen § 76 Rn 8) erforderlich bei gefährlichen **Untersuchungen oder Heileingriffen,** § 1904 I 1 (Ausnahme: Gefahr § 1904 I 2). Die Einwilligung ist nur genehmigungsbedürftig, wenn von einer konkreten Möglichkeit des Schadenseintritts (Tod oder schwerer dauernder Gesundheitsschaden) auszugehen ist; nicht bei nicht völlig ausschließbaren Risiken (Hamm NJW 03, 2393 [Intubationsnarkose bei zahnärztlichem Eingriff]). Genehmigungsbedürftig ist auch die Einwilligung des Betreuers in **lebenserhaltende ärztliche Maßnahmen;** bietet der Arzt diese an, bedarf die *Verweigerung* der Einwilligung der Genehmigung des BetreuungsG (BGH NJW 03, 1593, sa Karlsruhe NJW 04, 1883: Erforderlichkeit der Bestellung eines Verfahrenspflegers für Betreuten); wird sie verweigert, gilt die Einwilligung des Betreuers als ersetzt (BGH NJW 03, 1593; dazu Stackmann NJW 03, 1568); nicht genehmigungsbedürftig ist ein Abbruch lebenserhaltender Maßnahmen, wenn Betreuer und Arzt sich einig sind (BGH NJW 05, 2385; aA LG Essen NJW 08, 1170: Genehmigung ist allerdings zu erteilen, wenn Patientenverfügung den Abbruch im konkreten Fall ebenfalls vorsieht); ein Pflegeheim kann dem Verlangen nicht den Heimvertrag oder die Gewissensfreiheit des Personals entgegenhalten (BGH NJW 05, 2386). **Sterilisation,** § 1905 II (s Hamm NJW 01, 22 1800); **Unterbringung** und **unterbringungsähnliche Maßnahmen,** § 1906 II 1, IV (Ausnahme „Gefahr" II 2); I Nr 2, IV ist keine Rechtsgrundlage für ambulante

§ 1908b   Buch 4. Abschnitt 3. Vormundschaft

Zwangsbehandlung (BGH NJW 01, 889 f); anders BGH NJW 06, 889 (Anm Dodegge NJW 06, 1627) bei zwangsweiser Behandlung im Rahmen einer rechtmäßigen stationären Unterbringung. Zur erforderlichen Konkretheit der Genehmigung s Düsseldorf FamRZ 95, 118. Voraussetzungen § 1906 I, nicht fiskalische Gesichtspunkte, s Jürgens § 1906 Rn 45. Fehlende Einsichtsfähigkeit iSd § 1906 I Nr 2 s Düsseldorf FamRZ 95, 118; „Erforderlichkeit" s BayObLG FamRZ 94, 1617 (Einfluss des Verfassungsgrundsatzes der Verhältnismäßigkeit). Schutz Dritter, bejahend Pardey FamRZ 95, 713. Geschlossene Unterbringung, wenn Aufenthalt überwacht wird und Außenkontakte durch Sicherungsmaßnahmen verhindert oder kontrolliert werden. § 1906 IV auch anwendbar, wenn bereits untergebracht, Jürgens § 1906 Rn 31; gesonderte betreuungsgerichtl Genehmigung erforderlich, Düsseldorf FamRZ 95, 118. Bsp freiheitsentziehende Maßnahmen Dodegge NJW 93, 2359;
23 Verhältnis § 1906 IV zu I s ders NJW 96, 2410. Auflösung eines **Mietvertrages** über Wohnraum, § 1907 I, Abschluss des Miet- oder Pachtvertrages, § 1907 III; **Ausstattung** aus dem Vermögen des Betreuten, § 1908; s ferner §§ 1484 II 3, 1491 III 2, 1492 III 2; über § 1908i I 1 gelten aber auch die §§ 1803, 1805 ff, insbes §§ 1812, 1821, 1822 (ohne Nr 5).

24   **6. Verfahren.** Die verfahrensrechtlichen Vorschriften werden durch das FamFG geregelt. **a)** Anordnung der Betreuung und Bestellung des Betreuers geschehen in einem Akt **(Einheitsentscheidung);** erst mit Bestellung des Betreuers wird Betreuung wirksam, FamFG 287; in Eilfällen vorläufiger Betreuer, FamFG 300 ff, oder Maßnahmen nach § 1908i I 1 iVm § 1846. Ebenso endet Betreuung nur stets durch Entlassung des Betreuers, § 1908b; zu § 1908d, dazu Schwab aaO S 683. **b)** Zuständig ist Richter, RPflG 15 (s aber RPflG 19 I 1 Nr 1 zur Ermächtigung der Landesregierung zur Aufhebung des Richtervorbehalts in durch Rechtsverordnung bestimmten Fällen), Ausnahme für § 1896 III; örtl Zuständigkeit FamFG 272 (gewöhnlicher Aufenthalt), sa II–V; **c)** Verfahrensfähigkeit des Betroffenen s FamFG 275; Verfahrenspfleger FamFG 276; Anhörung des Betroffenen FamFG 278; Einführ-
25 ungsgespräch FamFG 289 II. **d) Unterbringung** eines Betreuten s FamFG 312 ff (Unterbringungssachen); Geschäftsunfähigkeit ist nicht zu prüfen.

26   **7. Betreuungsvollmacht.** Keine Betreuung nach § 1896 I, soweit ein Betreuungsbevollmächtigter bestellt wurde, s § 1896 II 2 Fall 1 und Rn 5; zu den Fällen, in denen trotz Vollmacht Anordnung einer Betreuung möglich und geboten ist Brandenburg NJW 05, 1588. Betreuungsvollmacht begründet rechtsgeschäftliche Vertretungsmacht, die (auch) bei Verlust der Selbstbestimmungsfähigkeit insbes im Alter Interessenwahrnehmung ermöglicht („Vorsorgevollmacht"). Mit dem 2. BtÄndG hat der Gesetzgeber die Vorsorgevollmacht weiter gestärkt, vgl § 1901a S 2, 3: Pflicht des Besitzers einer Vollmachtsurkunde des Betroffenen, das Gericht zu informieren und ggf eine Abschrift vorzulegen (hierzu auch Jurgeleit FGPrax 05, 139). Weitere Änderungen s 1908 f. Mit den durch das 3. BtÄndG eingefügten §§ 1901a und 1901b ist nunmehr auch die Verbindlichkeit von Patientenverfügung gesetzlich geregelt. – Überwachung des Bevollmächtigten durch Betreuer s § 1896 III.

§ 1908b Entlassung des Betreuers

(1) ¹**Das Betreuungsgericht hat den Betreuer zu entlassen, wenn seine Eignung, die Angelegenheiten des Betreuten zu besorgen, nicht mehr gewährleistet ist oder ein anderer wichtiger Grund für die Entlassung vorliegt.** ²**Ein wichtiger Grund liegt auch vor, wenn der Betreuer eine erforderliche Abrechnung vorsätzlich falsch erteilt oder den erforderlichen persönlichen Kontakt zum Betreuten nicht gehalten hat.** ³**Das Gericht soll den nach § 1897 Abs. 6 bestellten Betreuer entlassen, wenn der Betreute durch eine oder mehrere andere Personen außerhalb einer Berufsausübung betreut werden kann.**

Titel 2. Rechtliche Betreuung **§§ 1908b–1908d**

(2) Der Betreuer kann seine Entlassung verlangen, wenn nach seiner Bestellung Umstände eintreten, auf Grund derer ihm die Betreuung nicht mehr zugemutet werden kann.

(3) Das Gericht kann den Betreuer entlassen, wenn der Betreute eine gleich geeignete Person, die zur Übernahme bereit ist, als neuen Betreuer vorschlägt.

(4) ¹Der Vereinsbetreuer ist auch zu entlassen, wenn der Verein dies beantragt. ²Ist die Entlassung nicht zum Wohl des Betreuten erforderlich, so kann das Betreuungsgericht stattdessen mit Einverständnis des Betreuers aussprechen, dass dieser die Betreuung künftig als Privatperson weiterführt. ³Die Sätze 1 und 2 gelten für den Behördenbetreuer entsprechend.

(5) Der Verein oder die Behörde ist zu entlassen, sobald der Betreute durch eine oder mehrere natürliche Personen hinreichend betreut werden kann.

§ 1908c Bestellung eines neuen Betreuers

Stirbt der Betreuer oder wird er entlassen, so ist ein neuer Betreuer zu bestellen.

§ 1908d Aufhebung oder Änderung von Betreuung und Einwilligungsvorbehalt

(1) ¹Die Betreuung ist aufzuheben, wenn ihre Voraussetzungen wegfallen. ²Fallen diese Voraussetzungen nur für einen Teil der Aufgaben des Betreuers weg, so ist dessen Aufgabenkreis einzuschränken.

(2) ¹Ist der Betreuer auf Antrag des Betreuten bestellt, so ist die Betreuung auf dessen Antrag aufzuheben, es sei denn, dass eine Betreuung von Amts wegen erforderlich ist. ²Den Antrag kann auch ein Geschäftsunfähiger stellen. ³Die Sätze 1 und 2 gelten für die Einschränkung des Aufgabenkreises entsprechend.

(3) ¹Der Aufgabenkreis des Betreuers ist zu erweitern, wenn dies erforderlich wird. ²Die Vorschriften über die Bestellung des Betreuers gelten hierfür entsprechend.

(4) Für den Einwilligungsvorbehalt gelten die Absätze 1 und 3 entsprechend.

Anmerkungen zu den §§ 1908b–1908d

Lit: S Vor §§ 1896–1908i.

1. Allgemeines. Anders als bei der Begründung der Betreuung gilt bei der Entlassung des Betreuers das Einheitsprinzip (s §§ 1896–1908a Rn 24) nicht; Betreuung kann trotz Entlassung oder Tod des Betreuers fortdauern (MK/Schwab § 1908c Rn 17). 1

2. Beendigungsgründe. a) Maßgebend für Betreuung ist das **Erforderlichkeitsprinzip.** Sie hat dann zu enden, wenn ihre Voraussetzungen entfallen sind, § 1908d I. Einholung Gutachten über Geisteszustand s Frankfurt NJW 92, 1395. Für teilweisen Wegfall s Rn 11. **b) Entlassung** ist zwingend bei **mangelnder Eignung** oder bei Vorliegen eines **wichtigen Grundes,** § 1908b I. Mangelnde Eignung kann in der Person oder in den Verhältnissen des Betreuers begründet sein, zB mangelnde Sachkenntnis für Vermögensverwaltung, fehlender Einsatz, Untätigkeit, 2 3

§§ 1908b–1908d

Krankheit oder Abwesenheit (BayObLG FamRZ 05, 931: dadurch bedingte Abrechnungsfehler), aber auch in der Person des Betreuten, zB unüberwindliche Abneigung gegen Betreuer, die persönliche Betreuung iSd § 1897 I verhindert, BT-Drs 11/4528 S 153. Nicht: Spannungen im Bereich der Vermögenssorge, BayObLG BtPrax 94, 136. Wichtiger Grund, wenn zB ein Ehegatte oder naher Verwandter, der bisher nicht übernehmen konnte, jetzt zur Verfügung steht und geeignet ist. Verpflichtung zur Entlassung nur gegenüber Betreutem, Düsseldorf FamRZ 95, 483, nicht gegenüber Angehörigen. **Wichtiger Grund** liegt gem. § 1908b I 2 in der vorsätzlich falsch erteilten Abrechnung oder der Nichteinhaltung des persönlichen Kontakts zum Betreuten; wichtiger Grund auch die durch § 1899 I 3 eingeführte Gesetzesänderung, wenn mehrere berufsmäßige Betreuer bestellt sind (München BTPrax 06, 109). Im Übrigen umfassende Abwägung der beteiligten Interessen erforderlich (BayObLG FamRZ 94, 323). Entlassung durch einstw Anordnung s FamFG 300 II. **c)** BetreuungsG „kann" entlassen, wenn vom Betreuten eine gleich geeignete und bereite Person vorgeschlagen wird, § 1908b III (bloßes Einverständnis mit Betreuervorschlag nicht ausreichend, BayObLG FamRZ 05, 751) – Wunsch des Betreuten ist stets zu berücksichtigen, s § 1897 IV (jedoch unverbindlich, wenn nicht auf eigenständiger und dauerhafter Willensbildung beruhend, BayObLG FamRZ 03, 1871). BetreuungsG „soll" Berufsbetreuer entlassen, wenn Betreuung durch ehrenamtliche(n) Betreuer möglich ist, § 1908b I 2; Grund: Subsidiarität der Berufsbetreuung. **d)** Entlassung **Vereinsbetreuer** s § 1908b IV – Verein entscheidet nicht, sondern kann nur beantragen. Fortführung nach § 1908b IV 2 als Privatperson möglich. Gleiches gilt für **Behördenbetreuer**, § 1908b IV 3. **e) Verein** oder **Behörde** sind als Betreuer zu entlassen, sobald natürliche Person als Betreuer zur Verfügung steht, § 1908b V, sa zum Vorrang für Einzelbetreuer §§ 1896–1908a Rn 7 sowie FFamFG 291 zur regelmäßigen Überprüfung, ob natürliche Person(en) bestellt werden können. **f)** Entlassung wegen nachträglicher **Unzumutbarkeit** für den Betreuer kann auf Antrag des Betreuers erfolgen, § 1908b II, zB wegen Umständen in der Person des Betreuten oder Betreuers wie familiäre, berufliche oder sonstige Verhältnisse, unzureichende Vergütung (BayObLG FamRZ 02, 196), Verschlechterung des eigenen Gesundheitszustandes des Betreuers, fortgeschrittenes Alter, Verschlechterung von Verkehrsverbindungen, aber auch tiefgreifende Entfremdung vom Betreuten (BT-Drs 11/4528 S 153: hohe Anforderungen an Toleranzschwelle des Betreuers). **g)** Für den Fall eines auf Antrag des Betreuten bestellten Betreuers ist auf Antrag des Betreuten die Betreuung aufzuheben, sofern nicht Fortführung von Amts wegen erforderlich, § 1908d II 1. Auch Geschäftsunfähiger kann Antrag stellen, § 1908d II 2.

10 **3. Folgen.** Im Falle der Entlassung eines Betreuers oder seines Todes ist ein neuer Betreuer zu bestellen, § 1908c. Die Betreuung bleibt unberührt (s Rn 1). Der neu bestellte Betreuer rückt in die vom früheren Betreuer geschaffenen Rechtslagen ein; zB kann er von einer dem früheren Betreuer erteilten betreuungsgerichtlichen Genehmigung Gebrauch machen; eine vom alten Betreuer beantragte Genehmigung ist dem neuen Betreuer mitzuteilen (MK/Schwab § 1908c Rn 16). Eilfälle: FamFG 300 ff. Nachfolgebetreuer ist zu entlassen, wenn Entlassung Erstbetreuers auf Beschwerde hin aufgehoben wird (BayObLG FGPrax 95, 197).

11 **4. Einschränkung und Erweiterung der Befugnisse. a) Einschränkung** des **Aufgabenkreises,** falls Voraussetzungen für einen Teil der Aufgaben weggefallen sind – Erforderlichkeitsprinzip, § 1908d I 2. **b) Erweiterung** des **Aufgabenkreises,** falls erforderlich, § 1908d III, zB Fortschreiten der Krankheit, Entstehung zusätzlicher Angelegenheiten des Betreuten durch Erbschaft usw. **c) Einwilligungsvorbehalt** – s § 1903 – kann entsprechend § 1908d I aufgehoben werden, wenn seine Voraussetzungen weggefallen sind, oder entspr § 1908d III eingeführt werden, falls dies erforderlich wird, § 1908d IV.

Titel 2. Rechtliche Betreuung §§ 1908e–1908h

§ 1908e *(aufgehoben)*

§ 1908f Anerkennung als Betreuungsverein

(1) **Ein rechtsfähiger Verein kann als Betreuungsverein anerkannt werden, wenn er gewährleistet, dass er**
1. **eine ausreichende Zahl geeigneter Mitarbeiter hat und diese beaufsichtigen, weiterbilden und gegen Schäden, die diese anderen im Rahmen ihrer Tätigkeit zufügen können, angemessen versichern wird,**
2. **sich planmäßig um die Gewinnung ehrenamtlicher Betreuer bemüht, diese in ihre Aufgaben einführt, fortbildet und sie sowie Bevollmächtigte berät,**
3. **planmäßig über Vorsorgevollmachten und Betreuungsverfügungen informiert,**
4. **einen Erfahrungsaustausch zwischen den Mitarbeitern ermöglicht.**

(2) ¹Die Anerkennung gilt für das jeweilige Land; sie kann auf einzelne Landesteile beschränkt werden. ²Sie ist widerruflich und kann unter Auflagen erteilt werden.

(3) ¹Das Nähere regelt das Landesrecht. ²Es kann auch weitere Voraussetzungen für die Anerkennung vorsehen.

(4) Die anerkannten Betreuungsvereine können im Einzelfall Personen bei der Errichtung einer Vorsorgevollmacht beraten.

§ 1908g Behördenbetreuer

(1) **Gegen einen Behördenbetreuer wird kein Zwangsgeld nach § 1837 Abs. 3 Satz 1 festgesetzt.**

(2) **Der Behördenbetreuer kann Geld des Betreuten gemäß § 1807 auch bei der Körperschaft anlegen, bei der er tätig ist.**

§ 1908h *(aufgehoben)*

Anmerkungen zu den §§ 1908f–1908g

Lit: S Vor §§ 1896–1908i.

1. Allgemeines. a) Regeln über **Vorschuss, Aufwendungsersatz** und **Ver-** 1
gütung für Betreuung durch Mitarbeiter eines Vereins nach § 1897 II 1 und für Behördenbetreuung durch Amtsangehörige, ferner für Betreuung durch Verein gem § 1900 I, s § 1908i I iVm §§ 1835 V, 1836 III enthalten VBVG 7, 8 (fr §§ 1908e, h); zur Maßgeblichkeit der Maßstäbe für selbstständige Betreuer s BayObLG FamRZ 95, 692. Betreuungsverein kann für Aufwendungen Vorschuss und Ersatz, ferner eine (auch fixe Vorhaltekosten für Personal umfassende, vgl BVerfG NJW 02, 2091) Vergütung verlangen, VBVG 7 I, II. Der Betreuungsbehörde steht kein Vorschussanspruch zu; ihr Aufwendungsersatzanspruch erlischt nicht nach § 1835 I 3, 4, auf den insoweit in VBVG 8 II nicht verwiesen wird. Eine Vergütung kann der Behörde bewilligt werden, VBVG 8 I. Da Vereinsbetreuer und Behördenbetreuer selbst ihre Vergütung von Verein oder Behörde erhalten, stehen ihnen keine Aufwendungsersatz- oder Vergütungsansprüche zu, VBVG 7 III, 8 III; daher kein Ersatz allg Bürokosten (BGH NJW 00, 3714).

2. Anerkennungsvoraussetzungen. § 1908 f regelt Eignungs-(Anerken- 2
nungs-)voraussetzungen für Betreuungsvereine. Nur rechtsfähige Vereine kommen

§§ 1908i, 1908k, Vor § 1909 Buch 4. Abschnitt 3. Vormundschaft

in Betracht. Anerkennung ist Verwaltungsakt; über Zuständigkeit entscheidet das Landesrecht, § 1908 f III 1. Zuständige Behörde hat kein Ermessen; bei Ablehnung Verpflichtungsklage, BT-Drs 11/4528 S 157. Anerkannte Betreuungsvereine können im Einzelfall Personen bei der Errichtung einer Versorgungsvollmacht beraten, § 1908 f IV.

3 **3. Kein Zwangsgeld gegen Behördenbetreuer, § 1908g.** Ausnahme zu § 1908i I iVm § 1837 III 1. Behörde als Betreuer s § 1908i I iVm § 1837 III 2.

§ 1908i Entsprechend anwendbare Vorschriften

(1) ¹Im Übrigen sind auf die Betreuung § 1632 Abs. 1 bis 3, §§ 1784, 1787 Abs. 1, § 1791a Abs. 3 Satz 1 zweiter Halbsatz und Satz 2, §§ 1792, 1795 bis 1797 Abs. 1 Satz 2, §§ 1798, 1799, 1802, 1803, 1805 bis 1821, 1822 Nr. 1 bis 4, 6 bis 13, §§ 1823 bis 1826, 1828 bis 1836, 1836c bis 1836e, 1837 Abs. 1 bis 3, §§ 1839 bis 1843, 1846, 1857a, 1888, 1890 bis 1895 sinngemäß anzuwenden. ²Durch Landesrecht kann bestimmt werden, dass Vorschriften, welche die Aufsicht des Betreuungsgerichts in vermögensrechtlicher Hinsicht sowie beim Abschluss von Lehr- und Arbeitsverträgen betreffen, gegenüber der zuständigen Behörde außer Anwendung bleiben.

(2) ¹§ 1804 ist sinngemäß anzuwenden, jedoch kann der Betreuer in Vertretung des Betreuten Gelegenheitsgeschenke auch dann machen, wenn dies dem Wunsch des Betreuten entspricht und nach seinen Lebensverhältnissen üblich ist. ²§ 1857a ist auf die Betreuung durch den Vater, die Mutter, den Ehegatten, den Lebenspartner oder einen Abkömmling des Betreuten sowie auf den Vereinsbetreuer und den Behördenbetreuer sinngemäß anzuwenden, soweit das Betreuungsgericht nichts anderes anordnet.

1 **1. Regelungszweck.** Pauschale Verweisung auf das Recht der Vormundschaft über Minderjährige ist nicht sinnvoll, da eine Reihe von Bestimmungen wegen ihres Regelungsgehalts für eine Anwendung auf Erwachsene nicht in Betracht kommen und die §§ 1896 ff Sonderregelungen enthalten. Deshalb verweist § 1908i nur auf einzelne Vorschriften des Vormundschaftsrechts.

2 **2. Einzelverweisungen des II.** II enthält weitere Einzelverweisungen auf Regeln des Vormundschaftsrechts über Minderjährige unter Modifizierung dieser Vorschriften: **a)** Schenkungen des Betreuers sind grundsätzlich nicht zulässig; die Ausnahme des § 1804 S 2 wird jedoch durch II 1 erweitert. **b)** II 2 befreit die genannten Betreuer von bestimmten Rechnungslegungsvorschriften, die an sich auf Grund Verweisung in I 1 zu beachten wären.

3 **3. Freistellung nach I 2.** Landesrecht kann auf Grund I 2 Betreuungsbehörde (Behördenbetreuer) von Aufsicht des BetreuungsG in den genannten Bereichen freistellen.

§ 1908k *(aufgehoben)*

Titel 3. Pflegschaft

Vorbemerkungen

Lit: Sonnenfeld, Betreuungs- und Pflegschaftsrecht, 2. Aufl 2001.

1 **1. Allgemeines. a)** Pflegschaft ist Einrichtung personenbezogener oder sachbezogener Fürsorge. **b) Vormundschaft** und personenbezogene **Pflegschaft** unter-

Titel 3. Pflegschaft **§ 1909**

scheiden sich in Umfang und Dauer der Fürsorge. Vormundschaft ist umfassende, dem elterlichen Sorgerecht entsprechende Befugnis und Verpflichtung von Dauer, während die Pflegschaft die Besorgung einzelner Angelegenheiten (s § 1918 III) oder eines umschriebenen Kreises von Angelegenheiten für den Pflegling beinhaltet. Während der Wirkungskreis des Vormunds ges festgelegt ist, werden die Befugnisse des Pflegers in deren Grenzen vom FamG bei der Bestellung bestimmt. Die frühere Gebrechlichkeitspflegschaft des § 1910 ist durch die Regelung der Betreuung in §§ 1896 ff entbehrlich geworden. **c)** Die in §§ 1909 ff geregelten Pflegschaften können nicht durch Analogien vermehrt werden. Pflegschaft außerhalb der §§ 1909 ff s § 1961; Pflegschaften oder pflegschaftsähnliche Einrichtungen außerhalb des BGB s MK/Schwab Rn 13–18 vor § 1909. Teilw werden die Pflegschaftsvorschriften des BGB ausdrücklich ergänzend für anwendbar erklärt; fehlt Verweisung, ist zu prüfen, ob und inwieweit nach Inhalt und Zweck der eine Pflegschaft anordnenden Normen die BGB-Vorschriften passen. 2

2. Wirkungen der Pflegschaft. Entspr Anwendung der Vormundschaftsvorschriften, § 1915 I. **a)** Nur bei nicht voll geschäftsfähigen Personen hat der Pfleger Stellung eines ges Vertreters. Jedoch ist auch der geschäftsunfähige Pflegling über FamFG 60 hinaus prozessfähig bei Verfahren hinsichtlich der Maßnahmen, die wegen seines Geisteszustandes zu treffen sind (s BGH 35, 1 zur früheren Gebrechlichkeitspflegschaft für Geschäftsunfähige). **b)** Pfleger für Abwesenden und unbekannt Beteiligten gilt als ges Vertreter (BGH 18, 393; BGH MDR 68, 484; Hamm NJW 74, 505 mwN). Geschäftsfähiger Pflegling bleibt trotz Pflegerbestellung geschäftsfähig; bei widersprechenden Verfügungen von Pfleger und Pflegling geht die zeitlich frühere vor, bei gleichzeitigem Handeln ist das des Pfleglings entscheidend, zum früheren Gebrechlichkeitspfleger s BGH WM 74, 272. 3

4

3. Verfahren. S Rn 9 vor § 1773. 5

4. IPR. S Rn 10 vor § 1773. 6

§ 1909 Ergänzungspflegschaft

(1) ¹Wer unter elterlicher Sorge oder unter Vormundschaft steht, erhält für Angelegenheiten, an deren Besorgung die Eltern oder der Vormund verhindert sind, einen Pfleger. ²Er erhält insbesondere einen Pfleger zur Verwaltung des Vermögens, das er von Todes wegen erwirbt oder das ihm unter Lebenden unentgeltlich zugewendet wird, wenn der Erblasser durch letztwillige Verfügung, der Zuwendende bei der Zuwendung bestimmt hat, dass die Eltern oder der Vormund das Vermögen nicht verwalten sollen.

(2) Wird eine Pflegschaft erforderlich, so haben die Eltern oder der Vormund dies dem Familiengericht unverzüglich anzuzeigen.

(3) Die Pflegschaft ist auch dann anzuordnen, wenn die Voraussetzungen für die Anordnung einer Vormundschaft vorliegen, ein Vormund aber noch nicht bestellt ist.

1. Allgemeines. § 1909 schließt Lücken, die aus rechtlichen oder tatsächlichen 1
Gründen im Bereich der Befugnisse und Rechte von Eltern oder Vormund be- oder entstehen und sichert notwendige Fürsorge.

2. Voraussetzungen. a) Verhinderung von Eltern oder Vormund (auch Mit- 2
vormund, nicht aber Gegenvormund) an der Besorgung von **persönlichen** oder **vermögensrechtlichen** konkreten Angelegenheiten oder eines Kreises von Angelegenheiten eines Minderjährigen oder Mündels. Keine Hinderung, falls und soweit der andere Elternteil handeln kann, also §§ 1680 I, 1678 I, oder das FamG selbst eingreifen kann, §§ 1837 III, 1846. Ernstliche Zweifel an der Verhinderung genügen (Saarbrücken DNotZ 80, 113; Gernhuber/Coester-Waltjen § 75 Rn 34). **aa) Tat-** 3
sächliche Verhinderung zB durch Krankheit, Abwesenheit, Strafhaft; **nicht:**

§ 1910

Abwesenheit nur eines Elternteils, wenn und soweit anderer Elternteil allein handeln kann, § 1678 I HS 1; beharrliche „Selbstablehnung" der Eltern, str, überzeugend gegen Verhinderungsgrund Gernhuber/Coester-Waltjen § 75 Rn 34. **bb) Rechtliche Verhinderung:** Bsp § 1909 I 2, hierzu auch § 1638; ferner §§ 181, 1629 II 1 iVm §§ 1795 I Nr 1–3, 1673 I, II, 1674, 1666 I, 1677, 1795, 1796, 1801. **Einzelfälle:** Offensichtlicher Interessenkonflikt zum Vormund, BVerfG NJW 95, 2023 (Verfassungsbeschwerde gegen Abschiebung); Abschluss oder Änderung eines Gesellschaftsvertrages, wenn Elternteil oder Vormund selbst Gesellschafter ist oder wird; Dauerpflegschaft jedoch nicht erforderlich für die rechtliche Mitwirkung des Minderjährigen/Mündels als Kommanditist in Familiengesellschaft (BGH 65, 93; sa Coing NJW 85, 7); Durchsetzung von Unterhaltsansprüchen (Stuttgart NJW-RR 05, 1382), beachte jedoch §§ 1360, 1629 II 2, III; Vaterschaftsanfechtungsklage der allein sorgeberechtigten Mutter, BGH NJW 02, 2111; Auseinandersetzung einer Miterbengemeinschaft, BGH 21, 229; Sicherung Pflichtteil, BayObLG FamRZ 89, 540; Pfleger für Kinder zur Wahrung von erbrechtlichen Ansprüchen, wenn Eltern zum Testamentsvollstrecker bestellt worden sind (aA LG Mannheim MDR 77, 579); Asylanerkennungsverfahren, KG NJW 82, 526; Strafverfahren gegen Eltern, vgl Stuttgart Rpfleger 82, 183, LG Memmingen MDR 82, 145. **cc) Sonderfall** des Pflegers für noch nicht bestellten Vormund s III. **b) Ernsthaftes und gegenwärtiges** (s Gernhuber/Coester-Waltjen § 75 Rn 36) **Bedürfnis;** gilt auch für III; Bsp: Prozessführung, auch Passivprozesse, Gernhuber/Coester-Waltjen § 75 Rn 39 ff.

3. Pfleger. Bei **Auswahl** hat das FamG nach pflichtgemäßem Ermessen vorzugehen; §§ 1746 ff gelten nicht, § 1916. Vorschläge der Eltern sind aber zu berücksichtigen (LG München Rpfleger 75, 130). Auch kann § 1779 II berücksichtigt werden, es sei denn, zur Verhinderung der Eltern führende Interessenwiderstreit betrifft auch die nach § 1779 II in Betracht kommenden Personen (BayObLG NJW 64, 2306). **Ausnahme** von der Auswahlfreiheit: § 1917 I; FamG kann die Befreiung nach § 1917 II 1 aufheben (§ 1917 II 2) und den benannten Pfleger übergehen, §§ 1917 I HS 2, 1778 I. Es kann jedoch nicht den nach § 1909 I 2 ausgeschlossenen und nicht nach § 1917 I berufenen Elternteil zum Ergänzungspfleger bestellen (BayObLG Rpfleger 77, 253).

4. Bestellung. Für beide Eltern ist nur ein Pfleger zu bestellen. Für mehrere Geschwister jeweils ein Pfleger, wenn sie miteinander RGeschäfte abschließen, zB bei Gesellschaftsgründung (Zweibrücken OLGZ 80, 213). **Aufhebung** bei Wegfall oder Fehlen einer der Voraussetzungen (BayObLG RPfleger 90, 119).

5. Verfahren. Die verfahrensrechtlichen Vorschriften sind im FamFG geregelt. Zuständigkeit FamFG 99 IV, Rechtspfleger RPflG 3 Nr 2a, 15; Tätigwerden von Amts wegen, FamFG 26, beachte hierzu **Anzeigepflicht** nach § 1909 II, ferner aus §§ 1799 I 2, FamFG 168a, SGB VIII 8a III („anrufen"); gegen Anordnung haben Eltern und Vormund Beschwerde nach FamFG 59, s BayObLG NJW 64, 2306; Pflegling FamFG 60. Rechtliches Interesse eines Nachlassschuldners s BayObLG FamRZ 90, 909.

6. Wirkungen der Pflegerbestellung. S Rn 3 f vor § 1909, dazu § 1630 I; für Meinungsverschiedenheiten zwischen Eltern und Pfleger s § 1630 II; zum Streit über Verwendung von Vermögenseinkünften s BayObLGZ 75, 29 (§ 1649 I 1 analog). Inhalt der Befugnisse des Pflegers werden durch Bestellungsbeschluss bestimmt; Erweiterungen der Befugnisse nur durch erneute Bestellung möglich.

7. Beendigung. S §§ 1918–1921.

§ 1910 *(weggefallen)*

Titel 3. Pflegschaft § 1911

§ 1911 Abwesenheitspflegschaft

(1) ¹Ein abwesender Volljähriger, dessen Aufenthalt unbekannt ist, erhält für seine Vermögensangelegenheiten, soweit sie der Fürsorge bedürfen, einen Abwesenheitspfleger. ²Ein solcher Pfleger ist ihm insbesondere auch dann zu bestellen, wenn er durch Erteilung eines Auftrags oder einer Vollmacht Fürsorge getroffen hat, aber Umstände eingetreten sind, die zum Widerruf des Auftrags oder der Vollmacht Anlass geben.

(2) Das Gleiche gilt von einem Abwesenden, dessen Aufenthalt bekannt, der aber an der Rückkehr und der Besorgung seiner Vermögensangelegenheiten verhindert ist.

1. **Allgemeines.** Personenpflegschaft, die Fürsorge für eine volljährige, natürliche Person ermöglichen soll, die infolge Abwesenheit ihre **Vermögensangelegenheiten** nicht selbst wahrnehmen kann. **a) Keine** Abwesenheitspflegschaft, wenn der Abwesende Vermögensangelegenheiten selbst besorgen kann, aber nicht will, oder wenn nicht vermögensrechtliche Interessen, zB Führung eines Kindschaftsprozesses (Koblenz FamRZ 74, 222) oder eines Scheidungsprozesses (RG 126, 262) wahrzunehmen sind; Pflegerbestellung ist in solchen Fällen nichtig. **b) Erweiterung,** vor allem auch für jur Personen durch ZustErgG 10. **c)** Wichtiger Fall ist Abwesenheitspflegschaft für unbekannten Erben, die neben Nachlasspflegschaft zulässig ist, s (mit anderem Bezugspunkt) Gernhuber/Coester-Waltjen § 75 Rn 60. 1

2. **Voraussetzungen. a) Abwesenheit** des Vermögensinhabers mit unbekanntem Aufenthalt, I 1, **oder** – bei bekanntem Aufenthalt – **Verhinderung** der Rückkehr und dadurch bewirkte Unmöglichkeit oder wesentliche Erschwerung der Besorgung seiner Vermögensangelegenheiten, II; Abwesenheit vom Ort, an dem die Vermögensangelegenheiten zu betreiben sind, nicht (nur) vom Wohnsitz (RG 98, 265; Strafhaft s KG NJW-RR 88, 838). „Unbekannt" iSv I ist Aufenthalt, wenn alle auf Grund der Amtsermittlungspflicht möglichen und erforderlichen Nachforschungen vergeblich bleiben. Auch bei Verschollenheit und Ablauf der Lebensvermutungsfrist – VerschG 10, 9 III, IV – ist Anordnung zulässig; Abwesenheitspfleger ist berechtigt, Antrag zu stellen, den Abwesenden für tot zu erklären (BGH 18, 389). Stellt sich später Tod heraus, bleiben Pflegschaft und Pflegerhandeln wirksam bis zur Aufhebung nach § 1921 II, bei Todeserklärung bis zum Zeitpunkt nach § 1921 III. Bis dahin Wirkungen für Erben, es sei denn, es handelt sich um nach diesem Zeitpunkt angefallenes Vermögen, s Rn 3. Speziell geregelter Fall einer verhinderten Besorgung s I 2; Erleichterungen bezüglich der „Hinderung" durch ZustErgG 10 I. **b) Fürsorgebedürfnis,** nach hM nur des Abwesenden (vgl Zweibrücken NJW-RR 87, 584), wobei Nützlichkeit für Dritte Pflegerbestellung nicht ausschließt; weitergehend für Berücksichtigung von Drittinteressen Gernhuber/Coester-Waltjen § 75 Rn 55. Fürsorgebedürfnis auch bei bestehender Nachlasspflegschaft, da Befugnisse des Nachlasspflegers beschränkt sind, vgl § 1960 Rn 8. **Kein Fürsorgebedürfnis,** falls und soweit durch Auftrag und Bevollmächtigung die Angelegenheiten besorgt werden können, beachte jedoch I 2. 4 5 6 7

3. **Befugnisse des Pflegers.** Nur hinsichtlich Vermögensangelegenheiten (s Rn 1); sie werden ie im Bestellungsbeschluss umschrieben und sind („insoweit") am Fürsorgebedürfnis auszurichten. Bestellung ohne umschriebene Beschränkung bedeutet Befugnis zur Besorgung aller Vermögensangelegenheiten. Pfleger ist nach hM ges Vertreter des Abwesenden (BGH 18, 393); s Rn 4 vor § 1909. 8

4. **Auswahl.** S §§ 1915, 1899, 1900, 1779 II. 9

5. **Verfahren.** Örtliche Zuständigkeit s FamFG 341, 272; betreuungsrechtliche Zuweisungssache, FamFG 340 Nr 1, iü § 1909 Rn 10. 10

6. **Beendigung.** S §§ 1918 III, 1919, 1921 sowie Anm zu §§ 1918–1921. 11

§§ 1912, 1913

§ 1912 Pflegschaft für eine Leibesfrucht

(1) **Eine Leibesfrucht erhält zur Wahrung ihrer künftigen Rechte, soweit diese einer Fürsorge bedürfen, einen Pfleger.**

(2) **Die Fürsorge steht jedoch den Eltern insoweit zu, als ihnen die elterliche Sorge zustünde, wenn das Kind bereits geboren wäre.**

1 **1. Allgemeines. a)** Personenpflegschaft, die zumeist funktional Ergänzungspflegschaft ist, also erforderlich wird, soweit die Befugnisse der Eltern, für den Nasciturus zu handeln, nicht ausgeübt werden können. Zur Teilrechtsfähigkeit des Nasciturus und den werdenden Rechten, deren Wahrnehmung § 1912 ermöglichen soll, s Rn 2. **b)** Für noch nicht Erzeugte s § 1913.

2 **2. Voraussetzungen. a)** Nasciturus **b)** elterliche Vertretungsmacht fehlt, dh sie würde, wenn das Kind bereits geboren wäre, nicht bestehen oder nicht ausgeübt werden können, II und dazu §§ 1638, 1629 II, 1795, 1796, 181, 1673; **c) Fürsorgebedürfnis** des Nasciturus hinsichtlich künftiger Rechte, zB aus Erbfall (s § 1923 II), Vertrag zugunsten Dritter, § 844 II 2, Ersatzansprüche bei Verletzung des Nasciturus oder solche aus Insassenunfallversicherung (aA Hamm VersR 73, 810). Bedürfnisse Dritter nicht maßgebend. Fürsorgebedürfnis fehlt, falls Wahrnehmung der Rechte auf andere Weise, zB durch Testamentsvollstreckung oder Nachlasspflegschaft gesichert ist.

3 **3. Wirkungskreis.** Ist auf die wahrnehmungsbedürftigen Rechte beschränkt (s Rn 2); Pfleger ist insoweit ges Vertreter.

4 **4. Auswahl.** §§ 1915, 1779 II 1; kein Benennungsrecht entspr § 1776, str, s MK/Schwab 15 mwN.

5 **5. Verfahren.** Sachliche Zuständigkeit des FamG nach FamFG 151 Nr 5; örtliche Zuständigkeit FamFG 152; iü s § 1909 Rn 10.

6 **6. Beendigung.** S §§ 1918 II, III, 1919 und Anm zu §§ 1918–1921.

§ 1913 Pflegschaft für unbekannte Beteiligte

[1]**Ist unbekannt oder ungewiss, wer bei einer Angelegenheit der Beteiligte ist, so kann dem Beteiligten für diese Angelegenheit, soweit eine Fürsorge erforderlich ist, ein Pfleger bestellt werden.** [2]**Insbesondere kann einem Nacherben, der noch nicht gezeugt ist oder dessen Persönlichkeit erst durch ein künftiges Ereignis bestimmt wird, für die Zeit bis zum Eintritt der Nacherbfolge ein Pfleger bestellt werden.**

Lit: Beitzke, Pflegschaften für Handelsgesellschaften und juristische Personen, FS Ballerstedt, 1975, S 185; Damrau, Pflegschaft für den unbekannten Testamentsvollstrecker, FS H. Lange, 1992, S 797; Müller, Abwesenheits-, Nachlaßpflegschaft und Pflegschaft für unbekannte Beteiligte, NJW 56, 652.

1 **1. Allgemeines. a) Personenpflegschaft** „für den, den es angeht", Bsp in S 2; Testamentsvollstrecker s Damrau aaO S 801. Auch für jur Personen, nicht aber, wenn nur Organ oder Vertreter unbekannt oder verhindert ist, dann ZustErgG 10, s § 1911 Rn 3. Keine Pflegschaft nach § 1913 für herrenlose Sachen (SoeZimmer-
2 mann 2, str); s jedoch BauGB 207 Nr 5 für herrenloses Grundstück. **b)** Zur Abgrenzung von Nachlasspflegschaft, Abwesenheitspflegschaft und Pflegschaft für Leibesfrucht s MK/Schwab 3–7; Müller aaO.

3 **2. Voraussetzungen. a)** Beteiligter an Angelegenheit; Beteiligung muss rechtlicher Natur sein, auch künftige Berechtigung (S 2) genügt; **b)** fehlender oder unsicherer Kenntnisstand über Person des Beteiligten; auch Ungewissheit aus Rechtsgründen möglich, s Düsseldorf OLGZ 76, 385: rechtliche Ungewissheit über Person

Titel 3. Pflegschaft §§ 1914, 1915

des Alleingesellschafters, sa Bremen BB 03, 1525: unbekannter Gesellschafter bei Umwandlung einer GmbH in GmbH & Co KG; **c)** Fürsorgebedürfnis; fehlt bei anderweitiger Vorsorge für den Unbekannten, zB regelmäßig bei Nachlasspflegschaft, -verwaltung, Testamentsvollstreckung.

3. Wirkungskreis. Ergibt sich aus Bestellungsakt, der am Fürsorgebedürfnis 4 („soweit erforderlich") orientiert sein muss; Pfleger ist ges Vertreter (BGH MDR 68, 484; s Rn 4 vor §§ 1909–1914).

4. Auswahl. S §§ 1915, 1779 II; eine Berufung zur Pflegschaft gibt es nicht, doch 5 wird zu Recht ein Vorzugsrecht der (künftigen) Eltern eines künftigen Nacherben in Anlehnung an die Wertung in § 1912 II sowie aus GG 6 I, II vertreten, MK/Schwab 17 mN der früher abw hM.

5. Verfahren. Zuständigkeit s FamFG 341, 272; betreuungsrechtliche Zuwei- 6 sungssache nach FamFG 340 Nr 1.

6. Beendigung. §§ 1919, 1918 III, s Anm zu §§ 1918–1921. 7

§ 1914 Pflegschaft für gesammeltes Vermögen

Ist durch öffentliche Sammlung Vermögen für einen vorübergehenden Zweck zusammengebracht worden, so kann zum Zwecke der Verwaltung und Verwendung des Vermögens ein Pfleger bestellt werden, wenn die zu der Verwaltung und Verwendung berufenen Personen weggefallen sind.

Lit: Laux, Sammelvermögen. Rechtsnatur und steuerliche Behandlung, JZ 53, 214.

1. Allgemeines. Sachpflegschaft für ein Sammelvermögen, für dessen Verwal- 1 tung mangels eigener Rechtspersönlichkeit und wegen Wegfalls der verwaltungsbefugten Personen Sorge getragen werden muss.

2. Voraussetzungen. a) Sammelvermögen, dh durch öffentlich durchge- 2 führte Sammlung zusammengebrachte Beiträge in Form von Geld und/oder Sachwerten, wobei diese Sammlung nur zu einem vorübergehenden Zweck, zB zur Unterstützung von Katastrophenopfern geschehen sein darf, nicht dagegen als laufende Trägerschaft einer Einrichtung oder eines Vorhabens dienen soll. Zur streitigen Zuordnung an Spender, Sammler oder Dritte s Laux JZ 53, 214. **b) Wegfall** 3 der zur Verwaltung und Verwendung befugten Personen, also regelmäßig der Sammler, sei es durch Tod, Beendigung einer jur Person, Aufgabe der Verwaltungstätigkeit, Geschäftsunfähigkeit.

3. Befugnisse des Pflegers. Werden in der Bestellungsverhandlung festgelegt; 4 er ist Verwalter und Partei kraft Amtes (BGH LM Nr 1).

4. Verfahren. Zuständigkeit s FamFG 341, 272; betreuungsrechtliche Zuwei- 5 sungssache nach FamFG 340 Nr 1 (vgl BT-Drs 16/6308 S 276).

5. Beendigung. S §§ 1919, 1918 III sowie Anm zu §§ 1918–1921. 6

§ 1915 Anwendung des Vormundschaftsrechts

(1) ¹Auf die Pflegschaft finden die für die Vormundschaft geltenden Vorschriften entsprechende Anwendung, soweit sich nicht aus dem Gesetz ein anderes ergibt. ²Abweichend von § 3 Abs. 1 bis 3 des Vormünder- und Betreuervergütungsgesetzes bestimmt sich die Höhe einer nach § 1836 Abs. 1 zu bewilligenden Vergütung nach den für die Führung der Pflegschaftsgeschäfte nutzbaren Fachkenntnissen des Pflegers sowie nach dem Umfang und der Schwierigkeit der Pflegschaftsgeschäfte, sofern der Pflegling nicht mittellos ist. ³An die Stelle des Familiengerichts tritt das Betreu-

§§ 1916, 1917

ungsgericht; dies gilt nicht bei der Pflegschaft für Minderjährige oder für eine Leibesfrucht.

(2) **Die Bestellung eines Gegenvormunds ist nicht erforderlich.**

(3) **§ 1793 Abs. 2 findet auf die Pflegschaft für Volljährige keine Anwendung.**

1 **1. Geltungsbereich. a)** Die Wesensverwandtschaft der Personenpflegschaften mit Vormundschaft ermöglicht entspr Anwendung der für die Vormundschaft geltenden Vorschriften auf die Personenpflegschaften. Nicht nur die im Vormundschaftsrecht geregelten Vorschriften, sondern alle auf Vormundschaft bezogenen
2 Normen finden entspr Anwendung, also zB auch §§ 204 S 2, 1999, 1436. **b)** § 1915 gilt für alle Pflegschaften des BGB, wobei die zu Rn 1 genannten Typisierungen ebenfalls für die Pflegschaften außerhalb der §§ 1909 ff zu beachten sind. Für Pflegschaften außerhalb des BGB s Rn 2 vor §§ 1909–1914.

3 **2. Einschränkungen der Verweisung. a)** Generelle Einschränkung s II. Gegenvormund nach § 1792 II ist nicht erforderlich, Bestellung jedoch zulässig. **b)** Möglichkeit zur Haftungsbegrenzung nach I iVm §§ 1793 II, 1629a gilt nicht für volljährigen Pflegling (zB § 1911), III. **c)** Speziell für Pflegschaften geregelte Verweisungsschranken s § 1916 (Gegenausnahme § 1917) sowie für die Beendigung §§ 1918–1921, ferner § 1962 iVm FamFG 340, § 1987 (abw von § 1836 I 1). **d)** Vergütung: abw von VBVG 3 I bis III bestimmt sich Vergütung nach Fachkenntnissen des Pflegers, sowie Umfang und Schwierigkeit des Geschäfts, soweit Pflegling nicht mittellos, s I 2; bei Mittellosigkeit Vergütung wie Vormund, §§ 1915 I, 1839 I 3, VBVG 3 I. **e)** Weitere Verweisungsschranken ergeben sich aus dem Typ der jeweiligen Pflegschaft, für den Normen des VormundschaftsR unpassend sein können, s hierzu je die Kommentierung zu §§ 1909–1913.

4 **3. Einzelheiten. a)** Fürsorge und Aufsicht des FamG bzw des BetreuungsG §§ 1837 ff. Gerichtliche Weisung als Teilaufhebung nach § 1919 s BayObLG RPfleger 84, 235. **b)** Familien- und betreuungsgerichtl Genehmigungen sind auch für Ergänzungspfleger, der an Stelle der Eltern handelt, erforderlich; Privilegien der Eltern im Rahmen des § 1643 gelten nicht für Pfleger **c)** Haftung stets nach § 1833 (zu den Voraussetzungen BGH FamRZ 05, 358 [Vermögenspfleger]). **d)** Vergütung §§ 1835, 1836. **e)** Entlassung wegen Pflichtwidrigkeit § 1886, wenn Interessen des Pfleglings gefährdet (BayObLG RPfleger 84, 355). **f)** Befreiung von § 181 ist für Pfleger nicht möglich (Hamm DNotZ 75, 410); erforderlich ggf Bestellung eines (weiteren) Ergänzungspflegers.

§ 1916 Berufung als Ergänzungspfleger

Für die nach § 1909 anzuordnende Pflegschaft gelten die Vorschriften über die Berufung zur Vormundschaft nicht.

1 Vgl § 1909 Rn 7.

§ 1917 Ernennung des Ergänzungspflegers durch Erblasser und Dritte

(1) **Wird die Anordnung einer Pflegschaft nach § 1909 Abs. 1 Satz 2 erforderlich, so ist als Pfleger berufen, wer durch letztwillige Verfügung oder bei der Zuwendung benannt worden ist; die Vorschrift des § 1778 ist entsprechend anzuwenden.**

(2) ¹**Für den benannten Pfleger können durch letztwillige Verfügung oder bei der Zuwendung die in den §§ 1852 bis 1854 bezeichneten Befreiungen angeordnet werden.** ²**Das Familiengericht kann die Anordnungen außer Kraft setzen, wenn sie das Interesse des Pfleglings gefährden.**

(3) ¹Zu einer Abweichung von den Anordnungen des Zuwendenden ist, solange er lebt, seine Zustimmung erforderlich und genügend. ²Ist er zur Abgabe einer Erklärung dauernd außerstande oder ist sein Aufenthalt dauernd unbekannt, so kann das Familiengericht die Zustimmung ersetzen.

Vgl § 1909 Rn 7 f. 1

§ 1918 Ende der Pflegschaft kraft Gesetzes

(1) Die Pflegschaft für eine unter elterlicher Sorge oder unter Vormundschaft stehende Person endigt mit der Beendigung der elterlichen Sorge oder der Vormundschaft.

(2) Die Pflegschaft für eine Leibesfrucht endigt mit der Geburt des Kindes.

(3) Die Pflegschaft zur Besorgung einer einzelnen Angelegenheit endigt mit deren Erledigung.

§ 1919 Aufhebung der Pflegschaft bei Wegfall des Grundes

Die Pflegschaft ist aufzuheben, wenn der Grund für die Anordnung der Pflegschaft weggefallen ist.

§ 1920 *(weggefallen)*

§ 1921 Aufhebung der Abwesenheitspflegschaft

(1) Die Pflegschaft für einen Abwesenden ist aufzuheben, wenn der Abwesende an der Besorgung seiner Vermögensangelegenheiten nicht mehr verhindert ist.

(2) ¹Stirbt der Abwesende, so endigt die Pflegschaft erst mit der Aufhebung durch das Betreuungsgericht. ²Das Betreuungsgericht hat die Pflegschaft aufzuheben, wenn ihm der Tod des Abwesenden bekannt wird.

(3) Wird der Abwesende für tot erklärt oder wird seine Todeszeit nach den Vorschriften des Verschollenheitsgesetzes festgestellt, so endigt die Pflegschaft mit der Rechtskraft des Beschlusses über die Todeserklärung oder die Feststellung der Todeszeit.

Anmerkungen zu den §§ 1918–1921

1. Allgemeines. Pflegschaften enden entweder kraft Ges oder infolge Aufhebung 1 durch das BetreuungsG. Gemeinsames Merkmal der Beendigung kraft Ges ist dabei die Eindeutigkeit und leichte Feststellbarkeit des Beendigungsgrundes. Von der Aufhebung der Pflegschaft ist die Entlassung des Pflegers zu unterscheiden; trotz Ende der Pflegschaft keine Erledigung des Verfahrens auf Entlassung des Pflegers (BGH 65, 45).

2. Beendigung kraft Ges. a) Sie tritt regelmäßig mit dem Tod des Pfleglings 2 ein (KG WM 71, 871); Ausnahme § 1921 II, beachte ferner § 1921 III. **b)** Ergänzungspflegschaft endet mit Wegfall der ergänzten elterlichen Befugnisse oder der Vormundschaft, zB bei Volljährigkeit, Tod der Eltern, § 1918 I; auch bei Wechsel der elterlich Sorgebefugten oder des Vormunds, str. **c)** Leibesfruchtpflegschaft 3 s § 1918 II. **d)** Erledigung bestimmter einzelner Pflegeraufgaben s § 1918 III; Bsp: Gesellschaftsvertrag vom BetreuungsG genehmigt; Rechtsstreit rechtskräftig abgeschlossen (BayObLG Rpfleger 88, 105) Auseinandersetzungsplan für Nachlass wirk-

§ 1921

Buch 4. Abschnitt 3. Vormundschaft

sam festgestellt. § 1918 III gilt nicht, falls dem Pfleger ein Kreis von Angelegenheiten
4 oder eine Pflegschaft ohne konkreten Wirkungskreis übertragen ist. **e)** Todeserklärung eines abwesenden Pfleglings s § 1921 III iVm VerschG 2 f, 39.

5   **3. Beendigung durch Aufhebung. a) Wegfall des Grundes,** insbes des Fürsorgebedürfnisses, zB Wegfall der Verhinderung von Eltern oder Vormund bei Ergänzungspflegschaft nach § 1909, Rückkehr des Abwesenden bei § 1911, oder Ende der Verhinderung, seine Angelegenheiten zu besorgen, § 1921 I; Bekanntwerden des Beteiligten bei Pflegschaft nach § 1913. Aufhebung auch dann, falls Grund
6 für die Anordnung einer Pflegschaft nie gegeben war. **b) Bekanntwerden des Todes** des abwesenden Pfleglings, § 1921 II 1, 2. **c)** Ob Rückforderung der Bestallung nach § 1893 II Aufhebung der Pflegschaft oder (nur) Entlassung bedeutet, kann nicht abstrakt festgelegt werden; entscheidend ist, ob nicht nur für Abberufung des Pflegers, sondern auch für die Aufhebung der Pflegschaft ein Grund vorliegt und deshalb die Rückforderung als Aufhebung verstanden werden kann.

7   **4. Verfahrensfragen. a)** Gegen Aufhebung Beschwerdeberechtigung nach FamFG 59. Beschwerde auch gegen deklaratorische Feststellung, dass Pflegschaft
8 kraft Ges beendet sei. **b) Kein Beschwerderecht** des Pflegers, da er kein Recht auf sein Amt hat (BGH NJW 53, 1666); Ausnahme, falls Anspruch auf Vergütung besteht und nur bei Fortbestand der Pflegschaft durchzusetzen ist (BayObLG 6,
9 440). Gegen **Entlassung** hat Pfleger dagegen Beschwerde, FamFG 303 III; **c)** gegen Ablehnung der Aufhebung haben Pfleger wie Pflegling Beschwerde aus FamFG 59; Geschäftsfähigkeit des Mündels ist nicht Voraussetzung der Beschwerdeeinlegung
10 (BGH 70, 252); **d) Antrag** eines Geschäftsunfähigen als Anregung s BayObLG Rpfleger 88, 65; Zuständigkeit Richter s BayObLG NJW-RR 87, 583.

Buch 5. Erbrecht

Vorbemerkungen

1. Erbrecht und Verfassung. GG 14 I schützt das Erbrecht neben dem Eigentum und legt damit den Zusammenhang zwischen Privateigentum bzw Privatautonomie einerseits und Privaterbrecht andererseits offen. Der verfassungsrechtliche Schutz umfasst die Privaterbfolge (BVerfG 67, 340; 99, 341, 350), die Testierfreiheit (BVerfG 99, 341, 350; 67, 341; 58, 398; NJW 01, 141) und iVm GG 6 I die Familienerbfolge (offen BVerfG 67, 341). Der Gesetzgeber kann diese Grundprinzipien modifizieren, aber nicht gänzlich beseitigen. Verfassungswidrig wäre also ein reines Staatserbrecht (BVerfG 67, 340) oder die gänzliche Abschaffung des Pflichtteilsrechts nächster Verwandter (BGH 98, 233; 109, 313; BVerfG 112, 355; krit Leipold JZ 10, 805 und § 2303 Rn 10; offen noch BVerfG 67, 341; NJW 01, 141). Hingegen ist niemandem eine bestimmte Erbquote oder entfernteren Verwandten ein Erbrecht garantiert. Auch ist der Gesetzgeber nicht gehindert, die Pflichtteilsentziehung neu zu ordnen oder einzuschränken (BGH NJW 89, 2055; hierzu Leipold JZ 90, 702). Wenn der Gesetzgeber die Grenzlinien zwischen den verfassungsrechtlich geschützten Elementen neu zieht, muss er den Verhältnismäßigkeitsgrundsatz wahren (BVerfG 91, 360; 99, 341, 352; NJW 01, 142). Die Verfassung schafft gleichzeitig eine Einrichtungsgarantie und ein Grundrecht auf erbrechtlichen Erwerb und Testierfreiheit (BVerfG 99, 349; 44, 17; 67, 340; NJW 00, 2496; FamRZ 09, 1040 – Kammer). Die ges Erbfolge hat insbes GG 3 I (BVerfG 58, 389; 67, 345), GG 3 II (BVerfG 15, 342) und GG 6 V (BVerfG 44, 18; 58, 389; 74, 33; sa BVerfG FamRZ 09, 492 – Kammer) zu beachten. Sie muss aus obj Sicht dem Interesse eines verständigen Erblassers entsprechen (BVerfG 91, 358 f; krit Leipold JZ 96, 288). Bei Ausgestaltung der Testierfreiheit muss der Gesetzgeber GG 3 I und 3 III 2 beachten, und darf durch zu strenge Formvorschriften insbes Behinderte nicht benachteiligen (BVerfG 99, 341, 352; sa § 2232 Rn 2). Die Testierfreiheit kann eine Erbunfähigkeitsklausel decken, die an nicht standesgemäße Eheschließung in adeliger Familie anknüpft (BGH 140, 118 = NJW 98, 566; BVerfG NJW 00, 2495: trotz GG 6 I, 3 III; dagegen NJW 04, 2010 f: Vorrang der Eheschließungsfreiheit; sa §§ 2074–2076 Rn 4). Nach Auffassung der Mehrheit der Richter des 1. Senats des BVerfG ist das LPartG mit seinem eheähnlichen Erbrecht verfassungsgemäß (GG 3, 6 I, 14 I; hierzu BVerfG 105, 342, 352, 355). Zu erbschaftsteuerlichen Verfassungsfragen § 1924 Rn 6, § 1931 Rn 5. Lit: Leipold AcP 180, 160; Haas ZEV 00, 249; Röthel ErbR 09, 266; Horsch NVwZ 10, 232; Mayer ErbR 10, 34, 70. Der Einfluss des Europarechts hat bisher vor allem im Nichtehelichenerbrecht Folgen gezeigt (zur grundsätzlichen Garantie des Familienerbrechts durch Art. 8 EMRK insbes EGMR NJW 79, 2453; dazu Ritter NJW 10,1112 mwN; EGMR NJW-RR 09, 1603; dazu § 1924 Rn 4).

2. Rechtsverhältnis zwischen Erblasser und Erbe vor dem Tod des Erblassers. Gem dem Grundsatz der Testierfreiheit (vgl § 2302) kann der Erblasser grundsätzlich die ges Erbfolge und letztwillige Verfügungen ändern. Deshalb hat der Erbe *keine rechtlich geschützte Anwartschaft* (sa BVerfG 67, 341; 99, 349; NJW 00, 2496), sondern nur die tatsächliche Aussicht des Erbschaftserwerbs. Dies gilt grundsätzlich auch für Vertragserben bzw Vertragsvermächtnisnehmer (BGH 12, 118; 23, 259), weil Erbverträge oder gemeinschaftliche Testamente aufhebbar sind. Eine Anwartschaft befürwortet die hM nur für den Schlusserben des Erbvertrags bzw gemeinschaftlichen Testaments (vgl § 2269 Rn 6; § 2286 Rn 1) nach dem Tod eines Teils. Eine *Feststellungsklage,* die ein Erbrecht zum Gegenstand hat, ist folglich regelmäßig mangels eines Rechtsverhältnisses (ZPO 256 I) unzulässig (BGH 37, 145; sa Karlsruhe FamRZ 89, 1351; Koblenz FamRZ 03, 542). Ausnahmen gelten

Vor § 1922

nur für die Anwartschaft des Schlusserben und die Feststellung des – grundsätzlich feststehenden – Pflichtteilsrechts (vgl § 2303 Rn 1). Ein Vertrag unter Lebenden ist die vorweggenommene Erbfolge (Vor § 2274 Rn 3).

3. Internationales Erbrecht. (Siehr IPRax 87, 4; Reinhart BWNotZ 87, 97; Dörner DNotZ 88, 67; Tiedemann RabelsZ 91, 17; Lange ZEV 00, 469; Lorenz DNotZ 93, 148 – Deutschland/Schweiz; Lucht Rpfleger 97, 133; Bestelmeyer Rpfleger 10, 633, 646; 12, 673; zum internationalen Erbschaftsteuerrecht Schindhelm ZEV 97, 8). Grundsätzlich bestimmt die *Staatsangehörigkeit* des Erblassers das anwendbare Erbrecht (EGBGB 25 I), ausnahmsweise Sonderanknüpfung nach Sachbelegenheit (EGBGB 25 II, 3a II; BGH NJW 93, 1921; 97, 521; 00, 2421; 04, 3560; NJW-RR 13, 201; München Rpfleger 09, 456; FamRZ 11,1756; Koblenz ZEV 10, 262; Zweibrücken ZEV 97, 512; hierzu Hohloch ZEV 97, 469; Köln NJW-RR 97, 1091; ablehnend für Anteil an deutscher Erbengemeinschaft KG FamRZ 12, 1515; zur irrigen Annahme einer Nachlassspaltung Hamm Rpfleger 12, 81); kein dingliches Vermächtnis an deutschem Grundstück (BGH NJW 95, 58; s aber unten zur EU-Reform). Rück- und Weiterverweisungen des fremden internationalen Erbrechts sind zu beachten (EGBGB 4 I; BGH NJW 86, 2192; Köln NJW 86, 2200 zum alten Recht; Zweibrücken Rpfleger 94, 466; Köln FamRZ 08, 1782: fremde Rspr zum Kollisionsrecht). Eine Vereinheitlichung des internationalen Erbrechts für die Mitgliedstaaten der EU wird die am 17.08.2015 in Kraft tretende Erbrechtsverordnung bringen (VO [EU] 650/2012 ABl EU L 210/107). Sie regelt die gerichtliche Zuständigkeit (Art 4 – 19) mit Anknüpfung überwiegend an den Aufenthaltsort, enthält Kollisionsnormen für das anwendbare Sachrecht (Art 20 ff: Universalität, gewöhnlicher Aufenthalt des Erblassers im Todeszeitpunkt als Anknüpfungsmerkmal, Staatsangehörigkeit als Rechtswahlmöglichkeit, entgegen dem Belegenheitsrecht Möglichkeit des Vindikationslegats; schafft Regeln zur Anerkennung und Vollstreckung von Entscheidungen (Art 39 ff) und führt ein europäisches Nachlasszeugnis ein (Art 62 ff); zur Reformdiskussion Kindler IPrax 10, 44; Wagner DNotZ 10, 506; MPI Hamburg RabelsZ 10, 522; Leipold JZ 10, 802, 808 ff; Dörner ZEV 10, 221; Süß ZErb 09, 342; zur endgültigen VO Janzen DNotZ 12, 484; Simon/Buschbaum NJW 12, 2393; Lechner NJW 13, 26; Kohler/Pintens FamRZ 12, 1426; Bajons, FS Rüßmann, 2013, 751; Nordmeier ZEV 12, 513; Dörner ZEV 12, 505; Hertel DNotZ 12, 689; Remde RNotZ 12, 65; Lange DNotZ 12, 168.. Ob im Nichtehelichenerbrecht eine wesentliche Schlechterstellung des nichtehelichen Kindes (GG 6 V) durch fremdes Recht hinzunehmen ist, erscheint zweifelhaft (offen BGH NJW 86, 2191). Die Ordre-public-Widrigkeit (EGBGB 6) der Schlechterstellung von Frauen im ausländischen Erbrecht ist nicht an der abstrakten Regelung, sondern am konkreten Ergebnis zu messen (Hamm FamRZ 93, 111; fragwürdig Düsseldorf FamRZ 09, 1013, krit Bestelmeyer Rpfleger 10, 646; neuere Verstoßfälle Frankfurt ZEV 11, 135; München NJW-RR 12, 1096; dazu Rauscher/Pabst NJW 12, 3494). Gleiches gilt für die Schlechterstellung aus Gründen der Religionszugehörigkeit, wobei hier dem Erblasserwillen erhebliche Bedeutung zukommt (Hamm IPRax 06, 483 f; Frankfurt ZEV 11, 135). Allgemein ist zu beachten, inwieweit der Erblasser die fragwürdige ausländische gesetzliche Erbfolge im Rahmen seiner Testierfreiheit billigt (KG Rpfleger 08, 423 = FamRZ 08, 1564 mAnm Rauscher). Vorzeitiger Erbausgleich folgt dem Erbstatut (BGH NJW 86, 2192; 96, 2096), ebenso das Pflichtteilsrecht (BGH NJW 93, 1921; 97, 521). Für die Form letztwilliger Verfügung übernimmt EGBGB 26 die Erleichterungen des Haager Übereinkommens von 1961 (zur Reichweite des Errichtungsstatuts bei der Bindungswirkung Frankfurt FamRZ 10, 677). Formprobleme können sich uU bei Anwendung fremden Rechts über EGBGB 3a II (früher EGBGB 3 III) ergeben (BGH NJW 04, 3560 mAnm Looschelders IPRax 05, 232). Zur internationalen Zuständigkeit im Erbscheinsverfahren § 2353 Rn 3.

4. Erbrecht in den neuen Bundesländern (einschl Ostberlin). EGBGB 235 (zur verfassungsmäßigen Prüfung BVerfG DtZ 93, 209; NJW 96, 1884) trifft folgende Übergangsregelung (Lit: Adlerstein/Desch DtZ 91, 193; Schotten/Johnen DtZ 91, 225; Trittel DNotZ 91, 237; Janke NJ 06, 151; Böhringer Rpfleger 91, 257; DNotZ 04, 694; Drobnig RabelsZ 91, 268; Bosch FamRZ 91, 749; 92, 869, 875, 993; Wasmuth DNotZ 92, 3; Fahrenhorst JR 92, 265; Bestelmeyer Rpfleger 92, 229, 321; 93, 381; 10, 633, 645; Wähler ROW 92, 103; Eberhardt/Lübchen DtZ 92, 206; Wandel BWNotZ 91, 22; Sandweg BWNotZ 92, 45; Fassbender DNotZ 94, 359; Kuchinke DtZ 96, 194; Märker ZEV 99, 245; MK/Leipold Einl Rn 377 ff.

§ 1 Erbrechtliche Verhältnisse

(1) Für die erbrechtlichen Verhältnisse bleibt das bisherige Recht maßgebend, wenn der Erblasser vor dem Wirksamwerden des Beitritts gestorben ist.

(2) *Ist der Erblasser nach dem Wirksamwerden des Beitritts gestorben, so gelten in Ansehung eines nichtehelichen Kindes, das vor dem Beitritt geboren ist, die für die erbrechtlichen Verhältnisse eines ehelichen Kindes geltenden Vorschriften.*

§ 2 Verfügungen von Todes wegen

[1]Die Errichtung oder Aufhebung einer Verfügung von Todes wegen vor dem Wirksamwerden des Beitritts wird nach dem bisherigen Recht beurteilt, auch wenn der Erblasser nach dem Wirksamwerden des Beitritts stirbt. [2]Dies gilt auch für die Bindung des Erblassers bei einem gemeinschaftlichen Testament, sofern das Testament vor dem Wirksamwerden des Beitritts errichtet worden ist.

a) Grundsatz. Für Erbfälle nach dem 2. 10. 90 ist grundsätzlich das Erbrecht des BGB anzuwenden, für Erbfälle bis zum 3. 10. 90 aus Gründen des Vertrauensschutzes das bisherige Erbrecht (intertemporale Regelung, BGH 124, 272; Brandenburg FamRZ 97, 1024: Erbausschlagung und ihre Anfechtung; Brandenburg ZEV 02, 284: Erbausschlagung im Jahr 1960 nach damals geltendem BGB). Im interlokalen Kollisionsrecht ist entsprechend EGBGB 25 I (BGH 124, 272) davon auszugehen, dass der gewöhnliche Aufenthalt bzw die Staatsangehörigkeit des Erblassers das Erbstatut bestimmt; Erbfälle nach Erblassern, die in der ehemaligen DDR gelebt haben, beurteilen sich folglich nach dem ZGB (s Rn 11 ff), Erbfälle nach Erblassern mit gewöhnlichem Aufenthalt in der BRD nach BGB. Kommt DDR-Erbrecht zur Anwendung, erfordert der Vertrauensschutz grundsätzlich auch die Übernahme des alten Normverständnisses; Ausnahme: frühere Gesetzesauslegung ist unvereinbar mit dem GG (Rechtsstaatsprinzip) oder beruht auf spezifisch sozialistischen Wertungen (BGH 124, 277; 128, 303). Für DDR-belegene Immobilien (Dresden MittRhNotK 97, 267; BGH 146, 310: nicht für ererbten Anteil an Erbengemeinschaft, der DDR-Grundvermögen umfasst – fragwürdig!) gilt Nachlassspaltung (EGBGB 3a II analog, RAG DDR 25 II) und damit DDR-Erbrecht nach ZGB (BVerfG DtZ 93, 209; BGH 131, 26; 144, 251; NJW 01, 2397; BayObLG NJW-RR 01, 950; NJW 03, 216). Schon in der Zeit vor Geltung des EGBGB nF (1. 9. 86) war das interlokale Recht der BRD diesen Grundsätzen weithin angepasst (Mampel NJW 76, 593 ff; Kringe NJW 83, 2292; Dörner DNotZ 77, 324). Für die Zeit vor dem 1. 1. 76 und damit vor Inkrafttreten des RAG DDR besteht keine Nachlassspaltung (BayObLGZ 92, 64; Frankfurt DtZ 91, 301; KG ZEV 07, 227; DtZ 96, 213: auch bzgl des Erbrechts nichtehelicher Kinder). Erbausschlagung (zur Empfangszuständigkeit s § 1945 Rn 2), ihre Anfechtung und Auslegung folgen gespaltenem Recht, falls Nachlassspaltung gilt (BGH NJW 98, 227; KG FamRZ 96, 157; BayObLG NJW 91, 1237; Karlsruhe DtZ 95, 338; vgl aber auch KG NJW 98, 243: Wirksamkeit einer gegenüber dem später zuständigen Nachlassgericht vor dem Beitritt erklärten Totalausschlagung bei noch laufender Frist; sa Rn 10, 12), ebenso Pflichtteilsberechnungen (Hamburg DtZ 93, 28; sa Rn 12 und § 2313 Rn 1), Testa-

Vor § 1922

mentsauslegung (Köln FamRZ 94, 592; KG FGPrax 97, 232; sa Rn 13 f und § 2084 Rn 5) und Testamentsvollstreckung (KG Rpfleger 95, 505; 96, 114; sa Rn 13 und v. Morgen/Götting DtZ 94, 199), Erbverzicht (vgl Düsseldorf FGPrax 98, 58). In Bezug auf den abgespaltenen DDR-Nachlass ist für Testierfähigkeit, Arten zulässiger testamentarischer Verfügungen und deren Anfechtung RAG DDR 26 zu beachten, der auf das Recht des Staates verweist, in dem der Erblasser zZ der Errichtung des Testaments seinen Wohnsitz hatte (KG Rpfleger 96, 113; sa Rn 13 f). Erbeinsetzung durch Erbvertrag ist deshalb auch für abgespaltenen Nachlass wirksam, obwohl das ZGB keine Erbverträge vorsah (BayObLG DtZ 96, 214; sa Rn 14). Die Nachlassspaltung greift nicht für Ansprüche aus dem VermG ein (BGH 131, 22; 144, 251). Wurde jedoch beim Erben des abgespaltenen Nachlasses enteignet und zugunsten des Erben des sonstigen Vermögens nach VermG restituiert, so kann der Erbe des DDR-Grundstücks nach § 2018 vorgehen (Brandenburg ZEV 97, 157); sa BVerwG NJW 98, 255 zur Anfechtbarkeit eines zugunsten des erstberufenen Ausschlagenden gem VermG 1 II erlassenen Restitutionsbescheides durch Nachberufenen (hierzu BVerfG NJW 98, 2583).

6 b) Nichteheliche Kinder erbten bei Erbfällen bis zum 2. 10. 90 nach allgemeinen Regeln (BezG Erfurt DtZ 93, 344; fehlsam Dresden Rpfleger 10, 142; Rn 5). Bei Erbfällen ab dem 3. 10. 90 erbten vorher geborene uneheliche Kinder nach BGB, aber wie eheliche Kinder (EGBGB 235 § 1 II), wenn auf den Erbfall ohne Beitritt das ZGB anwendbar gewesen wäre. Letzteres richtete sich nach dem gewöhnlichen Aufenthalt beim Erbfall (Rn 5), so dass auch der nachträgliche Ortswechsel des nichtehelichen Vaters das Erbrecht hätte verändern können (so LG Berlin DtZ 93, 122; Henrich IPRax 91, 19; sa Dörner/Meyer-Sparenberg DtZ 91, 6/7; Köster Rpfleger 91, 101; 92, 369; Eberhardt/Lübchen DtZ 92, 206); es war deshalb besser darauf abzustellen, ob das ZGB gegolten hätte, falls der Erblasser vor dem 3. 10. 90 gestorben wäre (zutreffend Brandenburg FamRZ 97, 1031 f; PalEGBGB 235 (Archiv Teil II) § 1, 2; Trittel DNotZ 91, 242; fehlsam LG Chemnitz ZEV 07, 227; dazu Bestelmeyer Rpfleger 08, 561). Die Gleichstellung mit ehelichen Kindern im Erbfall führte allerdings auch zum Wegfall des Anspruchs auf vorzeitigen Erbausgleich (§§ 1934d und e aF), der für Altfälle grundsätzlich Restbedeutung behielt (§§ 1924 Rn 3, 1934a Rn 1 8. Aufl); starb das nichteheliche Kind, galt die Gleichstellung *nicht* zugunsten seiner Erben, soweit sich die Verwandtschaft auf nichteheliche Vaterschaft gründete. Die Regelung wollte den nichtehelichen Kindern, die nach Erblassern in der DDR geboren waren und einen Erbgang nach ZGB erwarten konnten, ihre Rechtsposition erhalten (s Rn 11). Das ErbGleichG v 16.12.1997 (BGBl I, 2968) hat durch ersatzlose Streichung der §§ 1934a–e (hierzu 8. Aufl) die Gleichbehandlung ehelicher und nichtehelicher Kinder weithin verwirklicht (hierzu Böhm NJW 98, 1043 mN); es ließ das bisherige Übergangsrecht *sachlich* unverändert, das damit vor allem für Erbfälle zwischen dem 3. 10. 90 und dem 1. 4. 98 bedeutsam blieb. Das Gesetz v 12.4.2011 (BGBl I, 615) hat nach der Entscheidung EGMR NJW-RR 09, 1603 auch für die alte Bundesrepublik die Schlechterstellung der vor dem 1.7.1949 geborenen nichtehelichen Kinder beseitigt, soweit Erbfälle nach dem 25.5.2009 betroffen sind. Damit ist ein weiterer Unterschied zwischen DDR-Fällen und BRD-Fällen fortgefallen (Leipold FPR 11, 275, 276; zur Entwicklung insgesamt Bestelmeyer Rpfleger 12, 361). Sa § 1924 Rn 3. Die fortbestehende Differenzierung nach dem Stichtag 25.05.2009 unterliegt nach BGH NJW 12, 231 keinen verfassungsrechtlichen Bedenken (kritisch Krug ZEV 11, 397; Reimann FamRZ 12,

7 607). **c) Errichtung** und **Aufhebung** von Verfügungen von Todes wegen beurteilen sich wie die **Bindungswirkung des gemeinschaftlichen Testaments** (s Rn 14) auch bei Erbfällen ab dem 3. 10. 90 nach altem Recht, wenn die Verfügung bzw Aufhebung vorher erfolgten (EGBGB 235 § 2; Naumburg ZEV 07, 433; sa de Leve Rpfleger 96, 141). Hierunter fallen Testierfähigkeit und Form, nicht dagegen zulässiger Inhalt, Auslegung und Wirkung mit der Ausnahme der Bindungswirkung gemeinschaftlicher Testamente (BGH ZEV 95, 221 mAnm Leipold; Brandenburg FamRZ 10, 93; 97, 1030; KG FGPrax 97, 232: auch bei Nachlassspaltung; Limmer ZEV 94, 290), ebenso wenig Testamentsanfechtung (Naumburg ZEV 07, 432/433; Notariat Müllheim 1, DtZ 92, 158: § 2078 II). Als bisheriges interlokales Recht für Testierfähigkeit

Erbrecht **Vor § 1922**

und Form sind insbes zu beachten EGBGB 26 und RAG DDR 26, ferner das Haager Abkommen über das auf die Form letztwilliger Verfügungen anwendbare Recht (Staatsangehörigkeit des Erblassers, Ortsrecht, Wohnsitzrecht, Ortsrecht unbeweglichen Vermögens), uU älteres Recht (MK/Birk EGBGB 25, 379 ff); praktisch bedeutet dies idR, dass für Erblasser mit gewöhnlichem Aufenthalt in der DDR im Zeitpunkt der Errichtung der Verfügung das ZGB oder – vor dem 1. 1. 76 – das alte BGB mit Übergangsrecht gilt (zB Leipzig NJW 00, 438; Brandenburg FamRZ 97, 1030: gemeinschaftliches Testament aus dem Jahre 1965). Zu Fällen der Nachlassspaltung Rn 5 mN. **d) Erbscheine. aa)** Unter **altem Recht** vor dem 3. 10. 90 haben die **8** Gerichte und Behörden der Bundesrepublik die Erbscheine der Staatlichen Notariate der DDR (ZGB 413, 414) zwar anerkannt, aber für Nachlassgegenstände auf dem Gebiet der BRD einen gegenständlich beschränkten Erbschein zugelassen (BGH 52, 123: örtl Zuständigkeit gem FGG 73 III aF, jetzt FamFG 343 III), ähnlich zur Rechtswahrnehmung in der BRD, falls die DDR-Notariate den Erbschein sachwidrig verweigerten (BGH 65, 318: örtl Zuständigkeit gem FGG 73 II aF, jetzt FamFG 343 II). Die Notariate der DDR haben einen gegenständlich beschränkten Erbschein auf Grundvermögen in der DDR nach Erblassern in der BRD erteilt (ZGB 414; RAG 25 II). **bb)** Unter **neuem Recht** ist bei Erbfällen ab dem 3. 10. 90 für einen gegen- **9** ständlich beschränkten Erbschein kein Raum; das nach FamFG 343 (früher FGG 73) zuständige NachlassG erteilt einen einheitlichen Erbschein. Soweit für Erbfälle vor dem 3. 10. 90 für Grundvermögen in den neuen Bundesländern Nachlassspaltung eingetreten ist, hat die Zuständigkeit der Staatlichen Notariate bzw Nachlassgerichte in den neuen Bundesländern zur Erteilung gegenständlich beschränkter Erbscheine geendet. Wenn allerdings gegenständlich beschränkte Erbscheine bereits erteilt sind, werden sie nicht unrichtig (str) und müssen nicht eingezogen werden (BayObLG FamRZ 94, 724; offen NJW 98, 242; Hamm FamRZ 96, 1577). Das zuständige NachlassG (FamFG 343/früher FGG 73; BayObLG NJW 91, 1238; DtZ 92, 251) kann ausstellen (BayObLG NJW-RR 01, 950): einen allgemeinen Erbschein ohne Aussage über seinen Geltungsbereich; einen allgemeinen Erbschein, der zusätzlich ausdrücklich das Grundvermögen in den neuen Bundesländern erwähnt; einen ergänzenden Erbschein nur über Grundvermögen in den neuen Bundesländern (zum Letzteren BGH NJW 01, 2397; KG NJW-RR 07, 7; Rpfleger 96, 112; FamRZ 96, 1573; Hamm FamRZ 96, 1577; zu umstrittenen Einzelheiten des Erbscheinsverfahrens Trittel DNotZ 91, 243; Köster Rpfleger 91, 99; Rau DtZ 91, 19; Reinhardt DtZ 91, 185; Schotten/Johnen DtZ 91, 257; Bestelmeyer Rpfleger 92, 229; Böhringer Rpfleger 91, 275; zur Zuständigkeit des früheren NachlassG KG Rpfleger 93, 113, 201; sa Köln Rpfleger 97, 67). **e)** Zur **Testamentsverwahrung** s § 2077 Rn 4 sowie § 2261 Rn 2, 13. Aufl. **f)** Zur **10** Berücksichtigung des Rechtswechsels bei **Erbausschlagung** s § 1945 Rn 2; bei **Anfechtung einer Ausschlagung** s § 1954 Rn 1; bei **Testamentsauslegung** s § 2077 Rn 4 sowie § 2084 Rn 5; bei **Testamentsanfechtung** s BGH FamRZ 94, 304 und § 2078 Rn 4; bei **Pflichtteilsverzicht** § 2303 Rn 8; bei **Pflichtteilsneuberechnung** § 2313 Rn 1.

5. Besonderheiten des Erbrechts des ZGB. a) Gesetzliche Erbfolge. Erben **11** 1. Ordnung: Ehegatte und eheliche und nichteheliche Kinder des Erblassers bzw deren Nachkommen zu gleichen Teilen (ZGB 365); Ehegattenerbrecht mindestens ¼, Alleinerbschaft bei fehlenden Kindern (ZGB 366), Sondererbfolge in Haushaltsgegenstände (ZGB 365 I 2), hälftige güterrechtliche Beteiligung des überlebenden Ehegatten (ZGB 365 III, FGB 13, 39) geht vorab; Erben 2. Ordnung: Eltern und ersatzweise ihre Nachkommen, Alleinerbschaft des allein lebenden Elternteils (ZGB 367); Erben 3. Ordnung: Großeltern und ersatzweise ihre Nachkommen (ZGB 368); Staatserbrecht (ZGB 369). Lit: Stübe, Die gesetzliche Erbfolge nach BGB und ZGB, 1994. **b) Pflichtteilsrecht** nur den Ehegatten und *unterhaltsberechtigter* Kinder, Enkel und **12** Eltern; ⅔ des gesetzl Erbteils (ZGB 396); Verjährung 2 Jahre ab Kenntnis, spätestens nach 10 Jahren, jedoch gilt interlokal die dreijährige Frist nach § 2332 I aF, jetzt § 195, falls der Anspruch nach ZGB noch nicht verjährt war (EGBGB 231 § 6; hierzu BGH

Stürner 1935

Vor § 1922

JZ 96, 971 mAnm Rauscher; sa § 2332 Rn 3); keine Ergänzung, Ausgleichung, Anrechnung, Entziehung; sa Rn 5 zur Nachlassspaltung. Lit: Freytag ZRP 91, 304.

13 **c) Testament** bei Volljährigkeit (ZGB 370 I 2; 18) durch notarielle Beurkundung (obligatorische Verwahrung) oder eigenhändige schriftl Erklärung (ZGB 383); Nottestament mit zwei Zeugen. Möglicher Inhalt sind Erbeinsetzung, Vermächtnis, Auflage, Teilungsanordnung, Enterbung (ZGB 371, 380, 382); keine Verfügungsbeschränkung des Erben (ZGB 371 III), deshalb Testamentsvollstreckung nur im Sinne einer Erbenvertretung (KG Rpfleger 95, 506); keine Vor- und Nacherbfolge (KG FamRZ 96, 1574; BayObLG Rpfleger 97, 67), doch bleibt die vor Inkrafttreten des ZGB testamentarisch verfügte Nacherbfolge trotz späterer Nachlassspaltung (Rn 5) auch für Grundvermögen in den neuen Bundesländern wirksam (BayObLG NJW 98, 241; NJW-RR 01, 950; zur fehlenden Verfügungsbeschränkung des Nacherben nach Inkrafttreten des ZGB LG Neuruppin FamRZ 10, 154; KG Rpfleger 96, 71). Auslegung (ZGB 372) wie nach BGB: Andeutungstheorie gilt (KG DtZ 95, 418; BayObLG FamRZ 95, 1092; s § 2084 Rn 4), ergänzende Auslegung ist zulässig (Naumburg Rpfleger 95, 416; KG FamRZ 11, 928; s § 2084 Rn 5). Widerruf (ZGB 387) ähnlich wie nach BGB; Anfechtung wegen Irrtums (ZGB 374) auch bei Motivirrtum (BGH FamRZ 94, 306; zur notwendigen Klageerhebung Dresden DtZ 93, 311; Jena OLG-NL 96, 42). **Gemein-**

14 **schaftliches Testament** der Ehegatten (ZGB 388), notariell oder handschriftlich (ZGB 391), beinhaltet gegenseitige Erbeinsetzung (ZGB 389) und Schlusserbeneinsetzung, ferner sonst zulässige Verfügungen. Gemeinsamer Widerruf wie Einzeltestament (ZGB 392 I), einseitiger Widerruf zu Lebzeiten des anderen Teils durch notarielle Erklärung (ZGB 392 II), Unwirksamkeit bei Eheauflösung (ZGB 392 III); nach dem Tode des anderen Teils Widerruf gegenüber Notariat unter Ausschlagung der Erbschaft bei Wahrung des Pflichtteilsrechts (ZGB 392 IV) oder Aufhebung der eigenen Verfügung unter Herausgabe der Erbschaft, soweit sie den gesetzl Erbteil übersteigt (ZGB 393). Vorbehalt abweichender Verfügungen im gemeinschaftlichen Testament ist möglich (ZGB 390 I 2). Bindung des überlebenden Ehegatten an das gemeinschaftliche Testament gilt nur für Verfügungen von Todes wegen, nicht für Verfügungen unter Lebenden (ZGB 390 II; hierzu BGH 128, 302). Nichtigkeit oder Widerruf einer wechselbezüglichen Verfügung führt nicht automatisch zur Nichtigkeit der anderen (Naumburg ZEV 07, 433). Das ZGB kennt keinen **Erbvertrag;** Erbverträge aus der Zeit vor dem 1. 1. 76 sind nach den Kriterien übergeleitet, wie sie für Testamente gelten

15 (EGZGB 2 II 2; 8 II 1). **d) Erwerb der Erbschaft** durch Gesamtrechtsnachfolge (ZGB 363 I) mit dem Erbfall (ZGB 399); Ausschlagung binnen 2 Monaten nach Kenntnis von Erbfall bzw Testamentseröffnung (ZGB 402, 403; hierzu BayObLG NJW 91, 1237; 03, 218; FamRZ 95, 1090), bei Wohnsitz außerhalb der DDR 6 Monate; Anfechtung von Annahme und Ausschlagung (ZGB 405; hierzu KG DNotZ 93, 410: Drohung mit Verweigerung der Ausreisegenehmigung in der früheren DDR; Hemmung der Anfechtungsfrist bis längstens 9. 11. 89, also Grenzöffnung);

16 sa § 1954 Rn 1. **e) Erbengemeinschaft** als gesamthänderische Gemeinschaft (ZGB 400), Verfügungsrecht über Erbteil bei Vorkaufsrecht der Miterben (ZGB 401); Aufhebung nach Begleichung der Verbindlichkeiten (ZGB 423) durch Einigung unter Vermittlung des Notariats (ZGB 425, 426); notfalls Teilungsentscheidung des Notariats

17 (ZGB 427). **f) Beschränkung der Erbenhaftung** auf Nachlass (ZGB 409); bei dürftigem Nachlass Rangordnung (ZGB 410); gesamtschuldnerische Haftung der Miterben (ZGB 412). Lit: Hetmeier, Grundlagen der Privaterbfolge in der BRD und in der DDR, 1990.

18 **6. Erbrechtsreform.** Durch das am 1.1.2010 in Kraft getretene Gesetz zur Änderung des Erb- und Verjährungsrechts (BGBl I 2009, 3142) wurden die §§ 1936, 2057a, 2182, 2183, 2204, 2287, 2297, 2305, 2306, 2325, 2331a, 2332, 2333, 2336, 2352, 2376 geändert, die §§ 2234, 2235 wurden aufgehoben. Zur Reform: Baumann/Karsten RNotZ 10, 95; Herzog/Lindner ErbR 10, 176; Karsten RNotZ 10, 357; Langenfeld NJW 09, 3121; Lange DNotZ 09, 732; Weidlich FamRZ 09, 166; Kanzleiter DNotZ 09, 805; 10, 520; Meyer ZEV 10, 2. Literatur zur anhaltenden

Abschnitt 1. Erbfolge **§ 1922**

Reformdiskussion: Röthel, Gutachten 68. DJT 2010; Referate Beckert, Lange, Frieser, Mayer, Verh. 68. DJT 2010, Bd. II 1, S 9 ff; Leipold JZ 10, 802; Kroppenberg NJW 10, 2609. Nach EGBGB 229 § 23 IV gelten für Erbfälle seit dem 1.1.2010 die neuen Vorschriften, auch soweit sie an vor diesem Stichtag liegende Ereignisse anknüpfen. Da sonach für eine Vielzahl laufender Erbstreitigkeiten noch altes Recht gilt, sind diese Vorschriften und ihre Kommentierung teilweise noch berücksichtigt. Für die Verjährungsvorschriften ist die differenzierende Regelung von EGBGB 229 § 23 I–III zu beachten (Günstigkeitsprinzip zugunsten des Gläubigers).

7. Auswirkungen des FamFG. Das Gesetz zur Reform des Verfahrens in Familiensachen und in den Angelegenheiten der freiwilligen Gerichtsbarkeit (FGG-RG) hat in seinem Art 1 ein neues Gesetz über das Verfahren in Familiensachen und in den Angelegenheiten der freiwilligen Gerichtsbarkeit geschaffen (FamFG). Es trat am 1.9.2009 in Kraft (FGG-RG 112 I). Die Änderungen im Erbrecht (FGG-RG 50 Nr 55–70) betrafen die §§ 1944, 1962, 1999, 2015, 2045, 2227, 2248, 2260, 2261, 2262, 2263a, 2264, 2273, 2275, 2282, 2290, 2300, 2300a, 2347, 2360, 2368, 2369. Teilweise wurden Vorschriften aufgehoben und durch Vorschriften des FamFG ersetzt, teilweise wurden Vorschriften neu gefasst. Für Nachlassverfahren mit Einleitung vor dem 1.9.2009 gilt altes Recht, bei Einleitung ab dem 1.9.2009 gilt neues Recht (FGG-RG 111). Maßgeblich ist der Zeitpunkt der Antragstellung (KG FamRZ 10, 2104; Stuttgart FamRZ 10, 674; sa § 2353 Rn 1). Die alten Vorschriften sind deshalb noch teilweise mitberücksichtigt. Weitere Änderungen und Aufhebungen erfolgten ebenfalls zum 1.9.2009 durch das Gesetz zur Reform des Personenstandsrechts vom 19.2.2007 (BGBl I, 122). Geändert wurden §§ 2248 S 1, 2249 V 1, 2300, aufgehoben wurden §§ 2249 IV, 2258a, 2258b, 2277. 19

Abschnitt 1. Erbfolge

§ 1922 Gesamtrechtsnachfolge

(1) **Mit dem Tode einer Person (Erbfall) geht deren Vermögen (Erbschaft) als Ganzes auf eine oder mehrere andere Personen (Erben) über.**

(2) **Auf den Anteil eines Miterben (Erbteil) finden die sich auf die Erbschaft beziehenden Vorschriften Anwendung.**

Lit: Leipold, Wandlungen in den Grundlagen des Erbrechts?, AcP 180, 160, 204. Zu Änderungen durch das neue Schuldrecht Bambring, Die Auswirkungen der Schuldrechtsreform auf das Erbrecht, ZEV 02, 137; Krug, Schuldrechtsmodernisierungsgesetz und Erbrecht, 2002; Sarres, Das neue Schuldrecht und erbrechtliche Auskunftsansprüche, ZEV 02, 96; Schlichting, Schuldrechtsmodernisierung im Erbrecht, ZEV 02, 478; neuere Rechtsprechungsberichte: Bestelmeyer Rpfleger 08, 552; 10, 635; 12, 666; Münch FamRZ 09, 826; 10, 1121; 12, 1270; Siebert NJW 09, 1121; 10, 657; 11, 897; 12, 3008; 13, 978.

1. Grundsatz der Gesamtrechtsnachfolge und des Vonselbsterwerbs. Nach diesen Grundsätzen treten der Erbe bzw die Miterben (§§ 2032 ff) mit dem Tod des Erblassers in alle Rechte und Pflichten ein (BGH 32, 369; BayObLG FamRZ 04, 1607; Muscheler Jura 99, 234, 289; str, ob der Übergang von Verbindlichkeiten nicht erst aus § 1967 I folgt, vgl Kipp/Coing § 91 II 2 mN). Zum Nachweis des Erbrechts ist ein Erbschein (§§ 2353 ff) zwar ausreichend, aber nicht stets erforderlich, ein öffentliches Testament kann im Einzelfall genügen (BGH NJW 05, 2780 für Bank als Schuldner einer Zahlung). Der Übergang des Vermögens als Ganzes schließt grundsätzlich Sondererbfolge an einzelnen Erbschaftsgegenständen aus; vgl aber die Ausnahmen Rn 14.

2. Vererbliche Rechtspositionen. a) Ansprüche aus Vertrag oder Ges gehen auf den Erben über. Bsp: Ansprüche aus Sicherungsvertrag bei Sicherungsübereig- 2

§ 1922

nung (Saarbrücken FamRZ 07, 1045); Ausgleichsansprüche gem HGB 89b (BGH 24, 214; zur Anwendbarkeit des § 207 aF = § 211 nF BGH NJW 79, 651); Ansprüche aus Hausratsversicherung (Frankfurt VersR 84, 1059) oder aus Lebens- bzw Unfalltodversicherung, sofern der Versicherungsnehmer keinen Bezugsberechtigten benennt (BGH 32, 46, 48; FamRZ 96, 935) oder die Bezugsberechtigung widerruft (BGH NJW 90, 256; 96, 2230; dazu Kummer ZEV 96, 264; BGH NJW 11, 309; 12, 1003: Sicherungsabtretung kein Widerruf, sondern Rangbestimmung mit der Folge wiederauflebenden Bezugsrechtes bei Rückabtretung); sa VVG 159 ff, 185 und § 2077 Rn 8, § 2311 Rn 3; Ansprüche auf Auskehrung der Versicherungssumme gegen einen Versicherungsnehmer, der zugunsten des Erblassers als Gefahrperson (VVG 179 I, 44 ff) eine Insassenunfallversicherung abgeschlossen hat (BGH 32, 48 ff); Anspruch auf Raten des lebzeitig kapitalisierten Ruhegeldes (BGH WM 83, 43); einmalige schon entstandene Sozialhilfeansprüche (SGB I 58 f; BVerwG NJW 94, 2842; sa Rn 14); einmalige Sozialplanabfindungsansprüche (aA BAG NJW 97, 2065, falls AN nach Abschluss des Aufhebungsvertrags, aber vor Beendigung des Arbeitsverhältnisses stirbt – abzulehnen; wie hier Compensis DB 92, 888; str, ob für fortlaufende Ansprüche nicht SGB I 56 ff analog gelten); Blindengeldanspruch nach LandesblindenGes (OVG Schleswig NVwZ-RR 09, 889); Beihilfeanspruch (BVerwG FamRZ 10, 1437); Schadenersatz aus Verzug bei Urlaubsabgeltungsansprüchen (BAG NJW 97, 2343); deliktische Ersatzansprüche, allerdings unter der Voraussetzung, dass der Schaden noch vor Eintritt des Erbfalls in der Person des Erblassers eintritt (BGH NJW 62, 911; LM Nr 15 zu § 249 [Hd], sehr fragwürdig); Schmerzensgeldanspruch des Erblassers (BGH NJW 95, 783: ohne Willensbekundung; zur – geringen – Höhe bei Ableben kurz nach dem Unfall s Düsseldorf NJW 97, 860); Anspruch auf Einsicht in Krankenpapiere zur Prüfung ärztlicher Haftung, soweit Schweigepflicht nicht entgegensteht (BGH NJW 83, 2627; Giesen JZ 84, 281; Hess ZEV 06, 479; sa Rn 12); Bankguthaben mit dazugehörigen Auskunftsansprüchen (BGH 107, 108; Kuchinke JZ 90, 652; zum Girokonto BGH NJW 96, 191; FamRZ 00, 754) und forderungsbegründenden (pVV, vgl nunmehr §§ 280 I, 241 II nF) vertraglichen Schutzpflichten der Bank (LG Kempten WM 91, 71); Forderungen gem §§ 1371 II und III, 1378 I (vgl § 1378 III 1; sa BGH NJW 95, 1832); 2303 ff (vgl § 2317 II); 1934a (vgl § 1934b II aF; hierzu § 1924 Rn 3); Auskunftsansprüche (§ 666), soweit vom Erblasser nichts anderes bestimmt ist (BGH NJW-RR 90, 131); Recht des Meistbietenden auf den Zuschlag gem ZVG 81 I (Düsseldorf FamRZ 96, 1440); Ansprüche nach dem VermG (BGH 131, 22; zur Kettenausschlagung BVerwG NJW 94, 1233; 98, 255; BVerfG NJW 98, 2583; zur Abtretbarkeit eines Anspruchs nach dem AusgleichsleistungsG an den gesetzlichen

3 Erben vor Ende der DDR BVerwG NJW-RR 09, 729). **b) Verbindlichkeiten.** Der Erbe rückt in die Schuldnerstellung ein, zB in die Bürgschaftsverpflichtung (LM Nr 10) oder die Verleiherpflicht bei unentgeltl Wohnrecht (BGH NJW 85, 1553). Auch geht die Pflicht über, Rechnung zu legen, Auskunft zu erteilen (BGH NJW 85, 3069) und die eidesstattliche Versicherung abzugeben (BGH NJW 88, 2729; München OLGZ 87, 226); ferner Pflicht zur Leistung von Geschiedenenunterhalt (§ 1586b; hierzu BFH NJW 98, 1584: keine Abzugsfähigkeit als Sonderausgaben gem EStG 10 I Nr 1; Koblenz NJW 03, 439: auch bei unselbstständiger Unterhaltsvereinbarung). Bei deliktischem Verhalten des Erblassers kann der Schaden auch erst nach seinem Tode entstanden sein (BGH NJW 62, 911; vgl aber zum umgekehrten Fall Rn 2). Verarmung des Schenkers nach dem Erbfall belastet den Erben aus § 528 I (BGH NJW 91, 2558; sa § 1967 Rn 1). In dingliche Unterlassungspflichten tritt der Erbe nur ein, wenn der pflichtbegründende Störungstatbestand persönlichkeitsunabhängig war (s Brehm JZ 72, 225). Übergangsfähige Zustandshaftung liegt bei baurechtlichen Abrissverfügungen vor (Ortloff JuS 81, 574; sa § 1967

4 Rn 5). **c) In Anwartschaften** rückt der Erbe auf der Erwerberseite und der Veräußererseite ein. Die antezipierte Abtretung von künftigen, erst nach dem Tode entstehenden Forderungen durch den Erblasser bindet den Erben deshalb ebenso wie eine dingliche Einigung gem § 873 II (BGH 32, 369). Vgl ferner §§ 130 II, 153, 2108 II.

Abschnitt 1. Erbfolge **§ 1922**

d) Gestaltungsrechte, die bereits dem Erblasser zugestanden haben, kann der Erbe ausüben, zB Anfechtung gem § 119 (BGH NJW 51, 308) oder Ausschlagung gem § 1952 I. **e) Herrschaftsrechte** und ähnliche Rechtspositionen, vgl insbes § 857, 5 UrhG 28 I, GeschmMG 29, PatG 6, GebrMG 13 III, MarkenG 27. **f) Vollmacht.** Eine dem Erblasser erteilte Vollmacht endet im Zweifel mit dem Tode, §§ 168, 673; zur Bevollmächtigung durch den Erblasser vgl Vor § 2197 Rn 2. **g) Unterneh-** 6 **men und Unternehmensbeteiligungen: aa) Einzelhandelsgeschäft** vgl HGB 22; ferner § 1967 Rn 6 und § 2032 Rn 4. Vererblich sind auch gewerbliche Unternehmen, die kein Handelsgewerbe sind (LM Nr 1); anders, wenn das Unternehmen so stark persönlichkeitsgeprägt ist, dass es die Erben nicht fortführen können (LM Nr 7). Nicht vererblich ist die Kaufmannseigenschaft, da sie an persönliche Merkmale anknüpft. **bb) Anteile an Personalgesellschaften,** vgl § 2032 Rn 5 ff, 10. 7 **cc) Mitgliedschaften:** Aktien sind vererblich, ohne dass ein satzungsmäßiger Ausschluss möglich wäre, vgl auch § 2032 Rn 10. Für GmbH-Geschäftsanteile gilt GmbHG 15 I; nach hM kann Satzung die Fortdauer der Gesellschafterstellung der Erben ausschließen, falls sie gleichzeitig anderweitige Bestimmung trifft, zB Pflicht zur Übertragung auf Mitgesellschafter oder Dritte (BGH 92, 386); vgl § 2032 Rn 10, § 2033 Rn 3. S iÜ GenG 77 (hierzu Frankfurt OLGZ 77, 303) und § 38 S 1. **h)** In 8 ein **Prozessrechtsverhältnis** rückt der Erbe ein (BGH 104, 4; FamRZ 93, 1311); wird eine Partei vom Prozessgegner allein beerbt, endet das Verfahren in der Hauptsache von selbst, Fortsetzung zur Kostenentscheidung möglich (BGH NJW-RR 99, 1152). Gerichtsstandsklauseln (ZPO 38) binden den Erben, auch wenn er selbst nicht prorogationsfähig ist (Meyer-Lindemann JZ 82, 592 gegen LG Trier NJW 82, 286).

3. Konfusion und Konsolidation. Vereinigung von Recht und Verbindlich- 9 keit *(Konfusion)* in der Person des Erben führt zum Erlöschen (vgl §§ 425 II, 429 II). Die Vereinigung von Recht und Belastung *(Konsolidation)* bewirkt bei Grundstücken *kein* Erlöschen (§ 889), wohl aber bei Fahrnis (§§ 1063, 1256) und Rechten (§§ 1072, 1273 II, 1291). Ausnahmevorschriften: §§ 1976, 1991 II, 2143, 2175, 2377; zur Sachlage bei Testamentsvollstreckung vgl § 2213 Rn 4. Im Hinblick auf Rechte Dritter (Nießbraucher, Pfandgläubiger) sind Forderungen als fortbestehend zu betrachten (sa BGH NJW 95, 2288; Vollkommer/Schwaiger JZ 96, 633; sa Rn 13). Die akzessorische Vormerkung erlischt bei Konfusion des Auflassungsanspruchs (BGH NJW 81, 448; zT krit Wacke NJW 81, 1577). Aufgrund von Konfusion erlischt auch ein offener Einkommensteueranspruch, wenn der Fiskus gesetzlicher Erbe wird (BFH 212, 398 f). Kein Fall der Konfusion liegt vor, wenn der Inhaber eines schuldrechtlichen Vorkaufsrechts vor Zustandekommen des Kaufvertrages (§ 464 II) Erbe des Vorkaufsverpflichteten wird (BGH NJW 00, 1033).

4. Nichtvererbliche Rechtspositionen. a) Ges Regelungen: §§ 38 S 1, 40; 10 § 1061 S 1 (s aber BGH 109, 113: Eintritt in Mietvertrag über nießbrauchbelastetes Grundstück); § 1090 II (pers Dienstbarkeit, vererblich uU Bestellungsanspruch: BGH 28, 102); § 473; § 520; § 579; §§ 1586, 1615 (Unterhaltsansprüche, anders Unterhaltspflichten gem § 1586b I; s Rn 3); §§ 1587k II, 1587m aF entspr VersAusglG 31 III; Beihilfeansprüche (BVerwG ZBR 83, 106; OVG Saarland NVwZ 08, 443; anders bei Festsetzung zu Lebzeiten, BVerwG ZBR 90, 265). **b) Versiche-** 11 **rungsvertragliche Ansprüche** bei Bezugsberechtigung Dritter auf den Todesfall (BGH JZ 96, 204; FamRZ 96, 935), vgl Rn 2 und § 2301 Rn 6, 7. **c)** Der **Leichnam** gehört nicht zum Nachlass (zur Herrenlosigkeit des Leichnams und zum Eigentum an künstlichen Körperteilen Hamburg NJW 12, 1603). Über seine Widmung zur Anatomie entscheidet der Erblasserwille, dessen Kundgabe keiner erbrechtlichen Form bedarf; Sektionseinwilligung ist im Krankenhausaufnahmevertrag formularmäßig möglich (BGH NJW 90, 2313 m abl Anm Deutsch). Das TransplantationsG stellt für Organentnahme auf Hirntod, Erblasser- und hilfsweise Angehörigenwille ab (dazu Deutsch NJW 98, 777; Walter FamRZ 98, 201). Zur rechtlichen Zulässigkeit von Leichenversuchen Pluisch/Heifer NJW 94, 2377. Vgl iÜ Vor § 90 Rn 9

§ 1923

12 und § 1968 Rn 5. **d)** Das **Persönlichkeitsrecht** ist nicht vererblich, jedoch überdauert der Persönlichkeitsschutz in uU abgeschwächter Form die Rechtsfähigkeit ihres Subjekts, die mit dem Tode erlischt (BGH 15, 259; 50, 136; BVerfG 30, 194; NJW 01, 2959), uU über 30 Jahre (BGH 107, 385 mAnm Schack JZ 90, 40). Die Wahrnehmung dieses Schutzes obliegt primär dem vom Erblasser bes Ermächtigten (BGH 107, 389), iÜ den nahen Angehörigen, wobei für die Reihenfolge StGB 194 II, 77 II herangezogen werden können (BGH 50, 139/140; LG Bückeburg NJW 77, 1066; sa BGH WRP 84, 681: wissenschaftl Institution bei verstorbenem Wissenschaftler). Der Schutz ideeller Interessen beschränkt sich auf Widerrufs- und Unterlassungsansprüche, Geldansprüche für immateriellen Schaden bleiben ausgeschlossen (BGH 143, 214 = NJW 00, 2198; NJW 74, 1371; BGH 165, 205 f = NJW 06, 606 f); besonderer Bildnisschutz für Verstorbene in KunstUrhG 22 S 3 und 4 (BGH NJW 96, 593). Jedoch erlaubt der unbefugte Eingriff in vermögenswerte Bestandteile des Persönlichkeitsrechts (Abbildung, Name) den Erben Ersatz materiellen Schadens, solange auch ideelle Interessen noch geschützt sind (BGH 143, 214 = NJW 00, 2198; dazu BVerfG NJW 06, 3409; BGH 165, 208 f = NJW 06, 607; zurückhaltend BGH NJW 07, 684; Lit: Götting NJW 01, 585; GRUR 04, 801; Beuthien NJW 03, 1220; Ahrens ZEV 06, 237). Nicht vererblich ist nach hM der Gegendarstellungsanspruch (KG FamRZ 07, 1130; Stuttgart NJW-RR 96, 599; Hamburg AfP 94, 322 – mE fehlsam, weil damit der Notwendigkeit raschen Schutzes der ideellen Interessen nicht Rechnung getragen ist!). Die Befugnis zur Entbindung von *beruflicher Geheimhaltungspflicht* ist unvererblich, soweit höchstpersönliche Angelegenheiten des Erblassers betroffen sind, der Geheimnisträger hat nach dem mutmaßlichen Erblasserwillen zu entscheiden (BGH NJW 83, 2627 mAnm Giesen JZ 84, 281; BGH 91, 396; BAG NJW 10, 1222; BayObLG NJW-RR 91, 1287: Arzt; BayObLG NJW-RR 91, 8: Steuerberater; LG Koblenz AnwBl 83, 328; BayObLG NJW-RR 91, 8; 1288: Anwalt; sa BGH 107, 109: Bank), der aber gerichtl Nachprüfung unterliegt. Beziehen sich die anvertrauten Tatsachen dagegen nur auf vermögensrechtliche Interessen des Erblassers, geht die Entbindungsbefugnis auf die

13 Erben über (Stuttgart OLGZ 83, 6). **e) Höchstpersönlichkeit** kraft Anspruchsinhalts kann Vererblichkeit ausschließen; zB Urlaubsabgeltungsanspruch (BAG NJW 97, 2343; s aber Rn 2); Schenkungsrückforderung gem § 528 I, soweit Schenker nicht Sozialhilfe in Anspruch genommen hat (BGH 147, 292 f; NJW 95, 2287 mwN; hierzu Kollhosser ZEV 95, 391; 01, 289; sa Rn 3); vertragl Beschränkung von Auskunftsansprüchen (BGH NJW-RR 90, 131); Befugnis zur Aufhebung des Erbverzichts (BGH JZ 99, 147); nach dem GS des BFH nun auch der Verlustabzug nach EStG § 10d (BFH 220, 129; dazu Staats ZErb 08, 157) usw. **f)** Familienrechte höchstpersönlicher Natur, zB das Recht zur Rücknahme eines Adoptionsantrags (BayObLG Rpfleger 96, 108). **g)** Zum Patiententestament s §§ 1937–1941 Rn 2.

14 **5. Sondererbfolge.** Sie gilt für einzelne Erbschaftsgegenstände ausnahmsweise in folgenden Fällen: Anerbenrecht für die Hoferbfolge gem HöfeO 1, 4 (dazu Söbbecke ZEV 06, 395; Bestelmeyer Rpfleger 10, 633, 644 f; BGH NJW 11, 2133; 07, 663 ; NJW-RR 09, 1610; aufschlussreich der Sonderfall FamRZ 09, 325: zeitlich beschränkte Aufgabe der Hofeigenschaft zur Vermeidung der Anwendung höferechtlicher Vorschriften) oder nach Landesrecht; RHeimstG 24 mit AVO v 19. 7. 40 §§ 25 ff für Erbfälle bis zur Aufhebung am 1. 10. 93 (vgl Ehrenforth NJW 93, 2083 mN); fällige laufende Sozialhilfeansprüche (SGB I 56; BVerwG NJW 94, 2843); §§ 563 ff; Anteile an Personalgesellschaften, vgl § 2032 Rn 5 ff; mietrechtliche Sonderrechtsnachfolge für Personen in Haushaltsgemeinschaft mit dem Erblasser (§§ 563, 563a).

§ 1923 Erbfähigkeit

(1) **Erbe kann nur werden, wer zur Zeit des Erbfalls lebt.**

(2) **Wer zur Zeit des Erbfalls noch nicht lebte, aber bereits gezeugt war, gilt als vor dem Erbfall geboren.**

Abschnitt 1. Erbfolge § 1924

Erbfähig ist der natürliche Mensch, die juristische Person (arg § 2101 II), zB 1
Stiftungen (Zweibrücken NJW-RR 00, 815, 817; München NJW-RR 09, 1020:
zu § 84 bei ausländischen Stiftungen), aber auch die OHG (HGB 124 I). Gesamthandsgemeinschaften (also auch nichtrechtsfähige Vereine, § 54 S 1) werden nach
traditioneller Lehre in Person der Gesamthänder als Träger des Sondervermögens
Erbe; sofern man mit der neueren Auffassung zumindest für unternehmerisch tätige
Außengesellschaften (Teil)Rechtsfähigkeit annimmt, erbt die BGB-Gesellschaft
selbst (§ 705 Rn 1; überholt insoweit BayObLG FamRZ 99, 170; dazu Scherer/
Feick ZEV 03, 341). Die Erbfähigkeit *endet* mit dem Tod, so dass nicht Erbe wird,
wer vor oder mit dem Erblasser stirbt (Köln NJW-RR 92, 1481: Hirntod; sa Hamm
Rpfleger 96, 28; BayObLG NJW-RR 99, 1309: Gleichzeitigkeit als Zweifelsregel);
vgl auch § 2108 Rn 1–3; VerschG 9–11, 44 sind gegebenenfalls zu beachten. Die 2
Erbfähigkeit des nasciturus (E. Wolf, Das Erbrecht des ungeborenen Kindes, FS
von Lübtow, 1991, S 195) folgt aus der ges Fiktion gem II. Die Erbschaft fällt erst
bei Geburt an (vgl § 1942 Rn 2); zur Bestellung eines Nachlasspflegers vgl § 1960
Rn 3. Bei Totgeburt gilt dasselbe wie beim Vorversterben des Erben (Rn 1). Die
Fiktion gilt auch für Vermächtnisnehmer (Hafner BWNotZ 84, 67: Vermächtnis
an Enkel; § 2178 Rn 1). **Nicht erzeugte Personen** sind iZw Nacherben, vgl § 2101
Rn 1–4.

§ 1924 Gesetzliche Erben erster Ordnung

(1) Gesetzliche Erben der ersten Ordnung sind die Abkömmlinge des Erblassers.

(2) Ein zur Zeit des Erbfalls lebender Abkömmling schließt die durch ihn mit dem Erblasser verwandten Abkömmlinge von der Erbfolge aus.

(3) An die Stelle eines zur Zeit des Erbfalls nicht mehr lebenden Abkömmlings treten die durch ihn mit dem Erblasser verwandten Abkömmlinge (Erbfolge nach Stämmen).

(4) Kinder erben zu gleichen Teilen.

1. Grundsatz. Die Reihenfolge der Verwandten (BGH NJW 89, 2198: Ver- 1
wandtschaft im Rechtssinne), die bei ges Erbfolge zum Zuge kommen, richtet
sich nach Ordnungen, wobei Verwandte vorrangiger Ordnung die Verwandten
nachfolgender Ordnungen ausschließen (§ 1930). Die Kategorisierung nach Ordnungen gem §§ 1924–1929 wird durch das Ehegattenerbrecht ergänzt (§ 1931).

2. Abkömmlinge. a) Eheliche Kinder (§§ 1591, 1592 Nr 1). **b)** legitimierte 2
Kinder alten Rechts (vgl §§ 1719 S 1, 1736, 1733 II, 1740 f aF; zum verfassungsrechtlichen Gebot der Gleichbehandlung unter altem Recht legitimierter Kinder
im Übergangsrecht nach EGBGB 227 I, § 1719 aF s BVerfG FamRZ 09, 492 –
Kammer). **c)** Adoptivkinder: Die Adoption *Minderjähriger* macht das Adoptivkind
zum ehelichen Kind des bzw der Annehmenden (§ 1754) mit vollen erbrechtlichen
Konsequenzen; die bisherigen Verwandtschaftsverhältnisse des Kindes erlöschen im
Regelfall (§§ 1755–1756), wobei Erlöschen und ausnahmsweise Aufrechterhaltung
systemkonforme erbrechtliche Folgen haben; vgl auch § 1925 Rn 2. Die Adoption
Volljähriger hat demgegenüber eingeschränkte Wirkung (§ 1770, s aber auch § 1772):
Das Adoptivkind erbt nicht von den aufsteigenden Verwandten des Annehmenden
(§ 1770 I 1), wohl aber weiterhin von den leiblichen Verwandten (§ 1770 II; Frankfurt Rpfleger 95, 459); es wird auch von dem Annehmenden neben den leiblichen
Verwandten beerbt (Zweibrücken Rpfleger 97, 24; zum Sonderfall der §§ 1756 II,
1772 I, 1767 II s BGH FamRZ 10, 273). Übergangsrecht gem AdoptionsG 12
§§ 1–8 (PalWeidlich 15; BVerfG ZEV 03, 244: keine Verfassungswidrigkeit von
AdoptionsG 12 § 2 II; zu Übergangsfällen bei bereits bestehender Volljährigkeit
Schleswig FamRZ 12, 1005; Hamm ZEV 12, 318). Maßgebliches Qualifikationsstatut im IPR ist für die Adoption selbst das Adoptionsstatut, jedoch muss die Intensität

§ 1924

der Folgen dem Erbstatut vergleichbar sein (BGH NJW 89, 2197; Düsseldorf FamRZ 98, 1627). **d) Nichteheliche Kinder** der Mutter und des Vaters (zB aus nichtehelicher Lebensgemeinschaft, Diederichsen NJW 83, 1020) sind gewöhnliche Abkömmlinge (§§ 1591, 1592 Nr 2 und 3), so dass sie – Feststellung der Vaterschaft gem § 1592 Nr 2 und 3 vorausgesetzt (BGH 85, 277; sa § 1934c aF) – ganz der Regel entspr von Mutter und Vater erben und beerbt werden. *Altes Recht:* Die gewöhnliche ges Erbfolge setzte aber § 1934a aF bis zum 30.6.1998 zugunsten des Erbersatzanspruchs außer Kraft, wenn sie zu Erbengemeinschaften geführt hätte, die nach damaliger Auffassung durch die nichteheliche Geburt für einzelne Mitglieder in unzumutbarer Weise vorbelastet gewesen wären. *Uraltes Recht:* Gem NEhelG 12 § 10 galt „uraltes" Recht ohne ges Erbfolge auf Grund nichtehelicher Verwandtschaft für Erbfälle vor dem 1. 7. 70 und für vor dem 1. 7. 49 geborene nichteheliche Kinder (zur Verfassungsmäßigkeit BVerfG 44, 1; Bsp: BGH NJW 77, 1338); das nichteheliche Kind hatte aber – anders als nach späterem und über den 30.6.1998 fortgeltendem Recht (§§ 1615, 1615a nF, vgl § 1615a aF; zur Reform durch das KindesunterhaltsG Weber NJW 98, 1992) – Unterhaltsansprüche gegen die Erben (NEhelG 12 § 10 I 2, II 2, §§ 1708, 1712 aF; Johannsen WM 79, 599). Zum Pflichtteilsrecht s § 2338a aF und 8. Aufl; zum Recht der *neuen Bundesländer* Vor § 1922 Rn 6 und 11. Das am 1.4.1998 in Kraft getretene *ErbrechtsgleichstellungsG* v 16.12.1997 (BGBl I, 2968) hat durch ersatzlose Streichung der §§ 1934a–e, 2338a (hierzu 8. Aufl) weithin die Gleichbehandlung ehelicher und nichtehelicher Kinder verwirklicht; lange umstritten war vor allem das Übergangsrecht, das für „Altfälle" und „Uraltfälle" die alte Rechtslage (mit NEhelG 12 § 10) vorsah (EGBGB 227); altes Nichtehelichenerbrecht galt fort, sofern vor dem 1.4.1998 der Erbfall eingetreten war oder eine wirksame Erbausgleichsvereinbarung getroffen oder der Erbausgleich rechtskräftig zuerkannt worden war (EGBGB 227); zur Reform Böhm NJW 98, 1043; Zimmermann DNotZ 98, 404; Schwab DNotZ 98, 437; Bosch FamRZ 96, 1; Hess FamRZ 96, 781; Stürner JZ 96, 749; Ebenroth/Frank ZEV 96, 167; Radziwill/Steiger FamRZ 97, 268; Rauscher ZEV 98, 41. Der EGMR hat mit Urteil vom 28.5.2009 das „Uraltrecht" für menschenrechtswidrig erklärt (EMRK 14 und 8), soweit es vor dem 1.7.1949 geborene nichteheliche Kinder vom Erbrecht ausschließt (EGMR NJW-RR 09, 1603; dazu Leipold ZEV 09, 488, 492 f; Grötsch FamRZ 10, 675). Durch Gesetz vom 12.4.2011 (BGBl I, 615) ist als Folge dieser Entscheidung der Erbrechtsausschluss für vor dem 1.7.1949 geborene nichteheliche Kinder aufgehoben worden, allerdings nur für Erbfälle ab dem 29.5.2009, dem Tag nach der Entscheidung des EGMR (krit Bestelmeyer Rpfleger 10, 635 f; zu Einzelheiten Leipold FPR 11, 275 ff mNw; zur DDR Vor § 1922 Rn 6). Nach BGH NJW 12, 231 sollen die Stichtagsdifferenzierung des Gesetzgebers und die zeitlichen Begrenzung der Rückwirkung mit der Verfassung vereinbar sein (teilweise zweifelnd KG FamRZ 10, 2104; Stuttgart FamRZ 10, 674; eher kritisch Krug ZEV 11, 397; Reimann FamRZ 12, 607; Überblick über die Gesamtentwicklung bei Bestelmeyer Rpfleger 12, 361). Zur Entschädigung in Diskriminierungsfällen LG Saarbrücken FamRZ 10, 2106. **e) Kinder nach künstlicher Befruchtung.** Mutterschaftsvermutung zugunsten der gebärenden Mutter nach Eispende oder Embryotransfer (§ 1591; hierzu Quantius FamRZ 98, 1145, 1150 ff; Gaul FamRZ 97, 1441, 1463); gem § 1600 V Anfechtungsrecht des Kindes, nicht aber der Mutter oder des Vaters nach einverständlicher heterologer Insemination (Hamm NJW 07, 3733); zum alten Recht Coester-Waltjen FamRZ 92, 371.

3. Rangfolge der Abkömmlinge. Der nähere Abkömmling schließt den entfernteren gem II von der Erbfolge aus (Linearsystem); der entferntere Abkömmling – nicht etwa die Erben des näheren Abkömmlings – tritt gem III an die Stelle des nicht mehr lebenden näheren Abkömmlings (Eintrittsrecht bei Erbfolge nach Stämmen). Entgegen dem Gesetzeswortlaut ist dieses Eintrittsrecht bei jedwedem Wegfall – also nicht nur Tod – des näheren Abkömmlings zu bejahen, also auch bei Ausschlagung (§ 1953), Enterbung (§ 1938; dazu BGH NJW 11, 1879 – soweit sie sich nicht auf

Abschnitt 1. Erbfolge § 1925

den ganzen Stamm erstreckt), Erbunwürdigkeit (§ 2344), Erbverzicht (§§ 2346, 2349). Bei gleichzeitigem Versterben von Erblasser und näherem Abkömmling ist III analog anzuwenden (Naumburg NJW-RR 03, 1015: Vermutung der Gleichzeitigkeit nach VerschG 11). Abkömmlinge können nach dem Tod des Verzichtenden den noch bestehenden Erbverzicht nicht durch einen Aufhebungsvertrag mit dem Erblasser beseitigen (BGH JZ 99, 147 f; sa § 2346 Rn 1).

4. Erbschaftsteuer. Kinder des Erblassers können seit dem 1.1.2009 einen Frei- 6
betrag von 400 000,– Euro (vorher 205 000,– Euro) geltend machen (ErbStG 15 I Nr 2, 16 I Nr 2); hinzu kommt die Steuerbefreiung für Hausrat bis zu 41 000,– Euro (ErbStG 13 I Nr 1a) und für Kinder bis zum 27. Lebensjahr ein nach Alter gestaffelter Versorgungsfreibetrag, von dem aber der Kapitalwert erbschaftsteuerfreier Versorgungsbezüge abzusetzen ist (ErbStG 17 II). Dass die Bewertung von *Grundbesitz* zu deutlichen Ermäßigungen gegenüber dem Verkehrswert führte (hierzu Geiß ZEV 98, 13; im Einzelnen: bebaute Grundstücke [BewertungsG 146] nach dem Ertragswert [12,5fache Jahresnettokaltmiete, Alterswertminderung 0,5% pro Jahr bis maximal 25%, 20%iger Zuschlag bei Ein- und Zweifamilienhäusern, insgesamt idR gut 50% des Verkehrswertes]; unbebaute Grundstücke mit 80% des Bodenrichtwertes [BewertungsG 145 III]) hat BVerfG 117, 1 (dazu Papier ErbR 07, 134) für gleichheitswidrig erklärt und dem Gesetzgeber aufgegeben, bis zum 31.12.2008 eine Neuregelung zu schaffen. Ergebnis war das zum 1.1.2009 in Kraft getretene Erbschaftsteuerreformgesetz (BR-Drs 888/08). Die Vergünstigungen bei der Bewertung von Grundbesitz fallen hierdurch weg (BewertungsG 179, 182 ff). Stattdessen wird aber gem ErbStG 13 I Nr 4c von den Kindern des Erblassers selbst genutztes Wohneigentum bis zu einer Fläche von 200m^2 nun steuerfrei vererbt. Die Befreiung entfällt jedoch grundsätzlich rückwirkend, wenn der Erbe die Eigennutzung innerhalb der nächsten zehn Jahre aufgibt. Zur Vermietung für Wohnzwecke s ErbStG 13c. Betriebsvermögen kann nach der Neufassung des ErbStG durch das WachstumsbeschleunigungsG 2009 zu 85% steuerfrei vererbt werden, wenn die vom Betrieb innerhalb der nächsten 5 Jahre insgesamt gezahlte Lohnsumme mindestens 400% der Ausgangslohnsumme beträgt (ErbStG 13a I, 13b IV). Nach 7 Jahren ist der Erwerb auf Antrag gänzlich steuerfrei, wenn die bis dahin gezahlte Lohnsumme 700% der Ausgangslohnsumme beträgt (ErbStG 13a VIII , zur früheren Rechtslage s Voraufl). Der Steuersatz der Steuerklasse I, zu der außer den Kindern und dem Ehegatten auch Stiefkinder, Enkel und weitere Abkömmlinge sowie Eltern und Großeltern gehören, liegt zwischen 7% und 30%. So beträgt er nunmehr seit dem 1.1.2009 bei einem zu versteuernden Erwerb von 600 000,– Euro 15% (ErbStG 19). Für Betriebsvermögen, das nicht Steuerklasse I unterfällt, mildert ein besonderer Entlastungsbetrag (ErbStG 19a) die Besteuerung. Guter Überblick zum Erbschaftsteuerrecht bei MK/Leipold Einl Rn 218 ff. Inzwischen hat der BFH die §§ 13a, 13b, 19 ErbStG dem BVerfG zur Prüfung eines Verstoßes gegen Art. 3 GG vorgelegt (BFH NJW 2012, 3680 - LS; dazu Schlarmann/Krappel NJW 13, 267; Hannes ZEV 2012, 599).

5. Hoferbenordnung. Vgl HöfeO 5, 6 (dazu Oldenburg FamRZ 09, 645: form- 7
los bindende Hoferbenbestimmung; Hamm FamRZ 10, 1376: Verlobte des Erblassers kein geeigneter Hoferbe; Oldenburg FamRZ 10, 1277: notarieller Vertrag über streitige Hoferbfolge).

§ 1925 Gesetzliche Erben zweiter Ordnung

(1) **Gesetzliche Erben der zweiten Ordnung sind die Eltern des Erblassers und deren Abkömmlinge.**

(2) **Leben zur Zeit des Erbfalls die Eltern, so erben sie allein und zu gleichen Teilen.**

§§ 1926, 1927

(3) ¹Lebt zur Zeit des Erbfalls der Vater oder die Mutter nicht mehr, so treten an die Stelle des Verstorbenen dessen Abkömmlinge nach den für die Beerbung in der ersten Ordnung geltenden Vorschriften. ²Sind Abkömmlinge nicht vorhanden, so erbt der überlebende Teil allein.

(4) In den Fällen des § 1756 sind das angenommene Kind und die Abkömmlinge der leiblichen Eltern oder des anderen Elternteils des Kindes im Verhältnis zueinander nicht Erben der zweiten Ordnung.

1 a) Bei Wegfall beider Elternteile läuft die Erbfolge auf Vater- und Mutterseite ebenfalls getrennt, so dass halbbürtige Geschwister einen Erbteil und vollbürtige Geschwister zwei Erbteile erwerben (sehr str, vgl auch den Folgen § 1951 Rn 2). III findet auch auf die Erbfolge nach dem volljährig Adoptierten Anwendung, so dass an die Stelle leiblicher Elternteile deren Abkömmlinge treten (Zweibrücken Rpfleger 97, 24). **2** b) § 1756 löst in bestimmten Fällen der Minderjährigenadoption nur das Verwandtschaftsverhältnis zu den leiblichen Eltern bzw einem leiblichen Elternteil auf. In IV wird klargestellt, dass damit auch die Abkömmlinge der nichtverwandten Eltern nicht mehr Erben zweiter Ordnung sind; das schließt aber nicht aus, dass sie zB über gemeinsame Großeltern als Erben dritter Ordnung (§ 1926 III, IV) zum Zuge kommen; vgl auch § 1924 Rn 2. Die gleichen Grundsätze gelten auch umgekehrt für das Erbrecht des angenommenen Kindes (zum Ganzen Schmitt-Kammler FamRZ 78, 570; Dieckmann FamRZ 79, 393–395).

§ 1926 Gesetzliche Erben dritter Ordnung

(1) Gesetzliche Erben der dritten Ordnung sind die Großeltern des Erblassers und deren Abkömmlinge.

(2) Leben zur Zeit des Erbfalls die Großeltern, so erben sie allein und zu gleichen Teilen.

(3) ¹Lebt zur Zeit des Erbfalls von einem Großelternpaar der Großvater oder die Großmutter nicht mehr, so treten an die Stelle des Verstorbenen dessen Abkömmlinge. ²Sind Abkömmlinge nicht vorhanden, so fällt der Anteil des Verstorbenen dem anderen Teil des Großelternpaars und, wenn dieser nicht mehr lebt, dessen Abkömmlingen zu.

(4) Lebt zur Zeit des Erbfalls ein Großelternpaar nicht mehr und sind Abkömmlinge der Verstorbenen nicht vorhanden, so erben die anderen Großeltern oder ihre Abkömmlinge allein.

(5) Soweit Abkömmlinge an die Stelle ihrer Eltern oder ihrer Voreltern treten, finden die für die Beerbung in der ersten Ordnung geltenden Vorschriften Anwendung.

1 Gleichberechtigte Abkömmlinge der nicht mehr lebenden Großeltern sind auch Halbgeschwister, so dass sich die Anteile nicht zu Gunsten des Stammes mit gemeinsamen Abkömmlingen verschiebt (Düsseldorf FamRZ 11, 760).

§ 1927 Mehrere Erbteile bei mehrfacher Verwandtschaft

¹Wer in der ersten, der zweiten oder der dritten Ordnung verschiedenen Stämmen angehört, erhält den in jedem dieser Stämme ihm zufallenden Anteil. ²Jeder Anteil gilt als besonderer Erbteil.

1 Die Vorschrift kann bei Verwandtenehe (zB Heirat zwischen Vetter und Base) oder Verwandtenadoption (vgl § 1924 Rn 2 und § 1925 Rn 2) praktisch werden; vgl auch § 1925 Rn 1. Die Bedeutung der Erbteilstrennung zeigt sich bei §§ 1951, 2007, ferner bei Ausgleichspflichten oder Belastungen, die nur einen Erbteil treffen.

§ 1928 Gesetzliche Erben vierter Ordnung

(1) Gesetzliche Erben der vierten Ordnung sind die Urgroßeltern des Erblassers und deren Abkömmlinge.

(2) Leben zur Zeit des Erbfalls Urgroßeltern, so erben sie allein; mehrere erben zu gleichen Teilen, ohne Unterschied, ob sie derselben Linie oder verschiedenen Linien angehören.

(3) Leben zur Zeit des Erbfalls Urgroßeltern nicht mehr, so erbt von ihren Abkömmlingen derjenige, welcher mit dem Erblasser dem Grade nach am nächsten verwandt ist; mehrere gleich nahe Verwandte erben zu gleichen Teilen.

Von der vierten Ordnung an fällt das Eintrittsrecht mit Erbfolge nach Stämmen weg: Es erben gem II die lebenden Urgroßeltern allein unter Ausschluss von Abkömmlingen verstorbener Urgroßeltern, iÜ Abkömmlinge nach Verwandtschaftsgrad (§ 1589 S 3). AG Starnberg RPfleger 03, 439 hält diese Regelung wg Verstoßes gegen GG 3 und 14 für verfassungswidrig (dazu Leipold NJW 03, 2657). 1

§ 1929 Fernere Ordnungen

(1) Gesetzliche Erben der fünften Ordnung und der ferneren Ordnungen sind die entfernteren Voreltern des Erblassers und deren Abkömmlinge.

(2) Die Vorschrift des § 1928 Abs. 2, 3 findet entsprechende Anwendung.

§ 1930 Rangfolge der Ordnungen

Ein Verwandter ist nicht zur Erbfolge berufen, solange ein Verwandter einer vorhergehenden Ordnung vorhanden ist.

a) Die Vorschrift gibt die **Grundregel** zur Reihenfolge der Ordnungen (vgl § 1924 Rn 1) und stellte dabei früher klar, dass auch Erbersatzanspruchsberechtigte die Verwandten fernerer Ordnungen ausschlossen (§ 1930 letzter HS aF). Bsp zum alten Recht: Erblasser war der verheiratete nichteheliche Vater; Erbin war die Ehefrau, erbersatzberechtigt in Höhe des halben Nachlasswertes (§§ 1934a aF, 1931 I aF, 1371 I aF, 1924 I) das nichteheliche Kind, so dass die Eltern des Erblassers auch unter altem Recht nichts erbten. **b) Fälle des Nichtvorhandenseins:** §§ 1953, 1938, 2344, 2346 mit 2349, wobei aber stets der Eintritt von Erben der gleichen Ordnung zu prüfen ist. **c)** Zur *Reform* des Nichtehelichenrechts durch das Erbrechtsgleichstellungsg v 16.12.1997 (BGBl I, 2968) § 1924 Rn 3. 1

§ 1931 Gesetzliches Erbrecht des Ehegatten

(1) ¹Der überlebende Ehegatte des Erblassers ist neben Verwandten der ersten Ordnung zu einem Viertel, neben Verwandten der zweiten Ordnung oder neben Großeltern zur Hälfte der Erbschaft als gesetzlicher Erbe berufen. ²Treffen mit Großeltern Abkömmlinge von Großeltern zusammen, so erhält der Ehegatte auch von der anderen Hälfte den Anteil, der nach § 1926 den Abkömmlingen zufallen würde.

(2) Sind weder Verwandte der ersten oder der zweiten Ordnung noch Großeltern vorhanden, so erhält der überlebende Ehegatte die ganze Erbschaft.

(3) Die Vorschrift des § 1371 bleibt unberührt.

(4) Bestand beim Erbfall Gütertrennung und sind als gesetzliche Erben neben dem überlebenden Ehegatten ein oder zwei Kinder des Erblassers

berufen, so erben der überlebende Ehegatte und jedes Kind zu gleichen Teilen; § 1924 Abs. 3 gilt auch in diesem Falle.

Lit: Dieckmann FamRZ 79, 390; Bosch FamRZ 83, 227; Jung Rpfleger 84, 165 (Reform); Herrler JA 08, 450; Horn ZEV 08, 417; Leipold NJW 11, 1179 (Verfassungsmäßigkeit der Erbteilserhöhung trotz fehlenden Zugewinns).

1 **1. Voraussetzungen des Ehegattenerbrechts.** a) Die **bestehende Ehe** ist Voraussetzung des Ehegattenerbrechts; es entfällt also bei Nichtehe, nichtig erklärter, aufgehobener und geschiedener Ehe (vgl zur Vorverlegung § 1933); kein Erbrecht bei nichtehelicher Lebensgemeinschaft (Saarbrücken NJW 79, 2050; Frankfurt NJW 82, 1885; Diederichsen NJW 83, 1024; zur Reform Goetz FamRZ 85, 987; vgl iÜ § 705 Rn 15 f). Bei eingetragener Lebenspartnerschaft gilt LPartG 10; zur Verfassungsmäßigkeit des LPartG s Vor § 1922 Rn 1. **b) Internationale Fälle.** „Hinkende" (dh nur nach ausländischem Recht wirksame, nach deutschem IPR und materiellem Recht unwirksame) Ehen können unter deutschem Erbrecht keine ges Erbfolge begründen (trotz BVerfG 62, 323, wo für RVO 1264 aF anders entschieden ist; krit Müller-Freienfels JZ 83, 230). Bei Geltung deutschen Erbrechts (EGBGB 25 I) muss entweder auch deutsches Güterrecht gelten (BGH NJW-RR 13, 202 für Fall der Nachlassspaltung gem EGBGB 25 II; Hamm NJW-RR 10, 1091) oder es muss der anzuwendende ausländische, anerkennungsfähige Güterstand (EGBGB 15) bei abstrakter Betrachtungsweise deutscher Gütertrennung vergleichbar sein, soll § 1931 IV zur Anwendung kommen (Düsseldorf Rpfleger 10, 26). Bei Geltung ausländischen Erbrechts und deutschen Güterrechts soll eine Quotenerhöhung nach §§ 1931 III, 1371 nur greifen, falls auch das fremde Recht eine solche Regelung kennt (Frankfurt FamRZ 10, 767; Stuttgart FamRZ 05, 1711; offen BGH NJW-RR 13, 201; aA zu Recht Dörner ZEV 05, 445; Bestelmeyer Rpfleger 10, 646; sa Düsseldorf FamRZ 09, 1013 mit zutr krit Anm Schotten/Schnellenkamp ZEV 09, 190; München NJW-RR 12, 1096; dazu auch Vor § 1922 Rn 3); zum Fall deutschen Erbrechts und ausländischem wandelbarem Güterrechtsstatut München NJW-RR 11, 299.

2 **2. Einfluss der Güterstände. a) Ehegattenerbteil bei Gütergemeinschaft** (§§ 1482 S 2, 1483 I 3, II): Erbfolge gem I. *Bsp:* Geschwister des Erblassers leben: Ehegattenerbteil ½; alle Großeltern leben: Ehegattenerbteil ½; 2 Großväter leben neben 1 Abkömmling einer verstorbenen Großmutter: Ehegattenerbteil ⅝; keine Großeltern leben, sondern ihre Abkömmlinge: Ehegattenerbteil 1/1; ein Großelternteil lebt, keine Abkömmlinge der Großeltern: Ehegattenerbteil ½; ein Großelternteil lebt mit Abkömmlingen des andern Großelternpaares: Ehegattenerbteil ¾; (bei Altfällen – Erbfall vor dem 1.4.1998: ein nichteheliches Kind des Erblassers lebt: Ehegattenerbteil 1/1, aber Erbersatzanspruch in Höhe von ¾; zur Reform § 1924 Rn 3).

3 **b) Ehegattenerbteil bei Gütertrennung** (§ 1414): Sofern *keine* Kinder ges Erben sind oder wenn *mehr als zwei Kinder* Erben oder Erbersatzberechtigte alten Rechts sind, bewendet es bei I; sonst gilt IV mit Eintrittsrecht der Kindeskinder. *Bsp*: Ehegatte und ein eheliches Kind leben: Ehegattenerbteil ½; Ehegatte, ein eheliches und ein nichteheliches Kind leben: Ehegatte und Kinder erben zu je ⅓, (bei Altfällen – Erbfall vor 1.4.1998: Ehegatte und eheliches Kind erben zu je ½, Erbersatzanspruch in Höhe von ⅓); Ehegatte, 2 eheliche und 2 nichteheliche Kinder leben: Ehegatte ¼, Kinder je 3/16, (bei Altfällen: Ehegatte ¼, eheliche Kinder je ⅜, Erbersatzanspruch zu je ⅙ – teilw str). *Übergangsrecht:* Gem NEhelG 12 § 10 I 1 gilt IV nicht für Erbfälle

4 vor dem 1. 7. 70; bei nichtehelichen Kindern vgl ferner § 1924 Rn 3. **c) Erhöhter Ehegattenerbteil bei Zugewinngemeinschaft** (§§ 1371 I, 1931 III) *Bsp:* Ehegatte, ein Großelternteil mit Abkömmlingen des andern Großelternpaares leben: Ehegattenerbrecht 1/1, nämlich ¾ gem I (Rn 2) und ¼ gem III (str, v. Olshausen FamRZ 81, 633); Ehegatte und nichteheliches Kind leben: Ehegattenerbteil ½, nichteheliches Kind ½; Ehegatte, 1 eheliches und 1 nichteheliches Kind leben: Ehegatte ½, eheliches und nichteheliches Kind jeweils ¼. S zur Reform des Nichteheli-

chenrechtes durch das ErbGleichG v 16.12.1997 (BGBl I, 2968) § 1924 Rn 3; zum Pflichtteilsrecht § 2303 Rn 4 ff; zur Ehegatteninnengesellschaft und entspr Abwicklungsansprüchen § 705 Rn 13 f.

3. Steuerrecht. Vom Ehegattenerbteil ist auch bei der Erbfolge gem § 1371 I der Wert des Zugewinnausgleichs abzusetzen (ErbStG 5 I). Der Zugewinnausgleich selbst ist nicht erbschaftsteuerpflichtig (ErbStG 5 II). Zum Ehegattenfreibetrag von seit dem 1.1.2009 500 000,– Euro (ErbStG 16 I Nr 1) tritt der Versorgungsfreibetrag von 256 000,– Euro (ErbStG 17 I: Kürzung um Kapitalwert erbschaftsteuerfreier Versorgungsbezüge, dazu BFH 183, 244 f). Selbst genutztes Wohneigentum erbt der Ehegatte seit dem 1.1.2009 zudem steuerfrei (ErbStG 13 I Nr 4b), wenn er die Eigennutzung für mindestens zehn Jahre aufrechterhält. Gemeinschaftliche Konten bzw Gemeinschaftsdepots („Undkonten" bzw „Oderkonten") fallen im Zweifel nur zur Hälfte in den steuerlichen Nachlass des erstversterbenden Ehegatten. Vgl zur Steuerbefreiung für Hausrat, zur Bewertung von Grundstücken und zum Steuersatz § 1924 Rn 6. Der *nichteheliche Lebensgefährte* kann anders als der Ehegatte nicht Steuerklasse I beanspruchen, ebenso wenig den Freibetrag gem ErbStG 16 I Nr 1 oder den Versorgungsfreibetrag gem ErbStG 17 I (BFH NJW 83, 1080 – LS; BVerfG DB 83, 2232; NJW 90, 1593, vgl BFH NJW 01, 2655 zu GrEStG 3 Nr 4). Der Erbe kann Zuwendungen für Pflegeleistungen des Lebensgefährten am Erblasser nicht als Erblasserschuld absetzen (ErbStG 10 V Nr 1; BFH NJW 89, 1696). Der *Lebenspartner* wird durch das Erbschaftsteuerreformgesetz (BR-Drs 888/08) dem Ehegatten nun auch steuerlich gleichgestellt (vgl ErbStG 5, 13 I Nr 4b, 16 I Nr 1, 17 I); zur verfassungsrechtlichen Notwendigkeit der Gleichstellung BVerfG NJW 10, 2783 (zutreffend, soweit man zeitweise berufliche Zurückhaltung eines Eheteils bei klassischer Ehe um der Kindererziehung willen nicht mehr für sozialtypisch und förderungswürdig hält). Zur früheren Rechtslage s 12. Aufl.

4. Ehegattenerbrecht bei Hoferbfolge. Vgl HöfeO 5 Nr 2, 6 II, 8 (hierzu BGH NJW 86, 2434), 14.

§ 1932 Voraus des Ehegatten

(1) ¹**Ist der überlebende Ehegatte neben Verwandten der zweiten Ordnung oder neben Großeltern gesetzlicher Erbe, so gebühren ihm außer dem Erbteil die zum ehelichen Haushalt gehörenden Gegenstände, soweit sie nicht Zubehör eines Grundstücks sind, und die Hochzeitsgeschenke als Voraus.** ²**Ist der überlebende Ehegatte neben Verwandten der ersten Ordnung gesetzlicher Erbe, so gebühren ihm diese Gegenstände, soweit er sie zur Führung eines angemessenen Haushalts benötigt.**

(2) **Auf den Voraus sind die für Vermächtnisse geltenden Vorschriften anzuwenden.**

Lit: Eigel, Der Voraus des überlebenden Ehegatten, MittRhNotK 83, 1.

a) Voraussetzungen des Voraus sind Bestehen der Ehe beim Erbfall; ges Erbschaft des Ehegatten (also keine testamentarische Erbfolge – BGH 73, 31, 35; NJW 83, 2874 – und keine Ausschlagung des ges Erbteils, vgl auch § 1948 Rn 2). Im Falle eingetragener Lebenspartnerschaften findet LPartG 10 I 3–5 Anwendung. **b)** Der Ehegatte **benötigt** Haushaltsgegenstände (vgl I 2), wenn ihm eigene Gegenstände dieser Art fehlen und eine Neubeschaffung nicht zumutbar erscheint. **c)** Gem II besteht nur ein schuldrechtlicher Übertragungsanspruch gegen die Erben (§§ 2147, 2174); zur Anrechnung bei der Pflichtteilsberechnung vgl § 2311 Rn 10. **d)** Ähnlichen Zwecken dienen §§ 563 ff.

Stürner

§ 1933 Ausschluss des Ehegattenerbrechts

¹**Das Erbrecht des überlebenden Ehegatten sowie das Recht auf den Voraus ist ausgeschlossen, wenn zur Zeit des Todes des Erblassers die Voraussetzungen für die Scheidung der Ehe gegeben waren und der Erblasser die Scheidung beantragt oder ihr zugestimmt hatte.** ²**Das Gleiche gilt, wenn der Erblasser berechtigt war, die Aufhebung der Ehe zu beantragen, und den Antrag gestellt hatte.** ³**In diesen Fällen ist der Ehegatte nach Maßgabe der §§ 1569 bis 1586b unterhaltsberechtigt.**

Lit: Battes, Die Änderung erbrechtlicher Vorschriften im Zusammenhang mit der Reform des Scheidungsrechts, FamRZ 77, 433; Dieckmann, Erbrechtliche Fragen familienrechtlicher Reformgesetze im Spiegel neuer Lehrbücher, FamRZ 79, 389; Czubayko, Der Tod im Scheidungsverfahren, ZEV 09, 551.

1   **1. Voraussetzungen und Wirkung. a) Voraussetzungen** des vorverlegten Ausschlusses der ges Erbfolge: **aa)** Antrag auf Scheidung durch den Erblasser (FamFG 124 bzw ZPO 622, 253 aF), wobei Einreichung (FamFG 124, 113 I 2, ZPO 167 analog) genügen sollte (SoeStein 4; aA die hM: BGH NJW 90, 2382; BayObLGZ 90, 22; Saarbrücken FamRZ 83, 1274 zu § 2077); alternativ die Zustimmung zur Scheidung (§ 1566 I, FamFG 134 bzw ZPO 630 aF) auf Antrag des überlebenden Ehegatten (BGH NJW 90, 2382; 95, 1083). Die Zustimmung ist Willenserklärung und zugleich Prozesshandlung, außergerichtliche Zustimmung reicht nicht aus (Düsseldorf Rpfleger 12, 150; BayObLG NJW-RR 96, 651), wohl aber konkludente Zustimmung im Prozess (Köln NJW-RR 03, 656; Werner ZEV 03, 327). Dem Scheidungsantrag steht der Aufhebungsantrag (§ 1313; FamFG 121 Nr 2, 124, 113 I 2, ZPO 253, 261) gleich. Bei langem Zuwarten trotz Vorliegens des Scheidungsgrundes kann Berufung auf § 1933 verwirkt sein (Saarbrücken FamRZ 11, 760). Ein ausländisches Scheidungsverfahren kann die Voraussetzungen eines Ausschlusses erfüllen (Stuttgart FamRZ 12, 480). **bb)** Vorliegen eines Scheidungsgrundes (§§ 1565–1568) bzw Vorliegen von Aufhebungsgründen (§§ 1314 f). § 1565 II steht der Scheidung nicht entgegen, wenn todkrankem Erblasser Abwarten des Trennungsjahrs nicht zumutbar (Koblenz ZEV 07, 379 f). Sofern sich der Antrag des Erblassers auf § 1566 I stützt, muss die Zustimmung des anderen Teils genügen; Einigung über Scheidungsfolgen (FamFG 133 I Nr 2, ZPO 630 I Nr 2 und 3 aF) ist nicht zu verlangen (Frankfurt NJW-RR 90, 136; str, aA Bremen FamRZ 86, 833; Schleswig NJW 93, 1083; Zweibrücken NJW 01, 236). Nach Eintritt des Erbfalls ist eine Rücknahme des Antrags durch einen Bevollmächtigten unerheblich (Stuttgart NJW-RR 07, 954). Die abstrakte Möglichkeit, dass der überlebende Ehegatte im Termin zur mündlichen Verhandlung den Antrag hätte zurücknehmen oder die Zustimmung widerrufen können, ist unerheblich; ebenso die abstrakte Möglichkeit, die Ehegatten hätten sich bis zur Rechtskraft eines Scheidungsurteils wieder versöhnt (Rostock FamRZ 11, 762); nicht aber eine tatsächliche Versöhnung
2   (BGH ErbR 08, 397 f). **b)** Die **Wirkung** besteht im Fortfall des ges Erbrechts und des Pflichtteilsrechts. Der Fortfall ist verfassungsrechtlich bedenklich, wenn er gem S 1 1. Alt einseitig den Scheidungsgegner trifft, während der Antragsteller erbberechtigt bleibt (Zopfs ZEV 95, 309; aA Koblenz ZEV 07, 380; offen BVerfG FamRZ 95, 536). Unberührt bleiben der Zugewinnausgleich (BGH 99, 304: Scheidungsantrag als Berechnungsstichtag) und der Unterhaltsanspruch, sofern er nach Scheidung bestehen würde. Rücknahme des Scheidungsantrags vor Herz- und Kreislaufstillstand, aber nach Hirntod, ist unbeachtlich (Frankfurt NJW 97, 3099; hierzu krit Leipold JZ 98, 661). **c) Parallelvorschriften** §§ 2077, 2268, 2279.

3   **2. Prozessuales.** Wer sich auf den Ausschluss des Ehegattenerbrechts beruft, hat zum einen nachzuweisen, dass der Erblasser die Scheidung beantragt bzw ihr zugestimmt oder den Aufhebungsantrag gestellt hat. Zum andern muss er beweisen, dass ein Scheidungs- bzw Aufhebungsgrund vorlag (BGH NJW 95, 1084; BayObLG

Abschnitt 1. Erbfolge **§§ 1934–1936**

FamRZ 92, 1350; Schleswig NJW 93, 1083). Er kann sich dabei auf die Vermutungen des § 1566 stützen (Bremen FamRZ 86, 834). Der überlebende Ehegatte trägt hingegen die Beweislast, dass die Ehe trotz Vorliegens eines Grundes wegen §§ 1568, 1315 nicht geschieden bzw aufgehoben worden wäre.

3. Lebenspartnerschaft. Für eingetragene Lebenspartnerschaften gilt die entsprechende Regelung des LPartG 10 III. 4

§ 1934 Erbrecht des verwandten Ehegatten

¹Gehört der überlebende Ehegatte zu den erbberechtigten Verwandten, so erbt er zugleich als Verwandter. ²Der Erbteil, der ihm auf Grund der Verwandtschaft zufällt, gilt als besonderer Erbteil.

Die Vorschrift entspricht § 1927. Ihre praktische Bedeutung ist gering. 1

§§ 1934a–e *(aufgehoben durch ErbGleichG)*, s § 1924 Rn 3 und 8. Aufl.

§ 1935 Folgen der Erbteilserhöhung

Fällt ein gesetzlicher Erbe vor oder nach dem Erbfall weg und erhöht sich infolgedessen der Erbteil eines anderen gesetzlichen Erben, so gilt der Teil, um welchen sich der Erbteil erhöht, in Ansehung der Vermächtnisse und Auflagen, mit denen dieser Erbe oder der wegfallende Erbe beschwert ist, sowie in Ansehung der Ausgleichungspflicht als besonderer Erbteil.

a) Der **Erbteilserhöhung** bei ges Erbfolge entspricht die Anwachsung bei gewillkürter Erbfolge (§ 2094). **b) Wegfall:** vgl §§ 1923 I, 1933, 1938, 2346 vor dem Erbfall; §§ 1953, 2344, 1923 II (Totgeburt) nach dem Erbfall. **c) Erbteilstrennung** gilt nur hinsichtlich der genannten Belastungen, ansonsten handelt es sich um einheitliche Erbteile; vgl aber § 2007 S 2. Parallelvorschrift bei testamentarischer Erbfolge ist insoweit § 2095. 1

§ 1936 Gesetzliches Erbrecht des Staates

¹Ist zur Zeit des Erbfalls kein Verwandter, Ehegatte oder Lebenspartner des Erblassers vorhanden, erbt das Land, in dem der Erblasser zur Zeit des Erbfalls seinen letzten Wohnsitz oder, wenn ein solcher nicht feststellbar ist, seinen gewöhnlichen Aufenthalt hatte. ²Im Übrigen erbt der Bund.

1. Voraussetzungen und IPR. Die praktischen Voraussetzungen des Staatserbrechts regeln §§ 1964–1966 (vgl auch § 1922 Rn 9 und § 1942 Rn 4). Zum IPR des Staatserbrechts Lorenz Rpfleger 93, 433; Heckel, Das Fiskuserbrecht im Internationalen Privatrecht, 2006; zu einem Fall der Nachlassspaltung München FamRZ 11, 1756. Ein Verstoss gegen den ordre public kann vorliegen, wenn das fremde Staatserbrecht gesetzliche Erben verdrängt (KG ZEV 11,132). Eine Enterbung aller Verwandten kann zum Fiskuserbrecht führen (Hamm FamRZ 12, 1091; sa §§ 1937 ff Rn 4); zum Verfahren zur Feststellung des Staatserbrechtes München NJW-RR 11, 1379 (Bedeutung der Werthaltigkeit des Nachlasses); zum Beschwerdeverfahren BGH FamRZ 12, 367. 1

2. Alte Fassung. Bis zum 1.10.2010 (s Vor § 1922 Rn 18) galt folgende Fassung: *(1) ¹Ist zur Zeit des Erbfalls weder ein Verwandter, ein Lebenspartner noch ein Ehegatte des Erblassers vorhanden, so ist der Fiskus des Bundesstaats, dem der Erblasser zur Zeit des Todes angehört hat, gesetzlicher Erbe. ²Hat der Erblasser mehreren Bundesstaaten angehört, so ist der Fiskus eines jeden dieser Staaten zu gleichem Anteil zur Erbfolge berufen.* 2

(2) War der Erblasser ein Deutscher, der keinem Bundesstaat angehörte, so ist der Reichsfiskus gesetzlicher Erbe.

Das Staatserbrecht gebührte auch unter altem Recht den Bundesländern (VO vom 5.2.1934, RGBl I 85 = BGBl III 102–2 § 4).

§ 1937 Erbeinsetzung durch letztwillige Verfügung

Der Erblasser kann durch einseitige Verfügung von Todes wegen (Testament, letztwillige Verfügung) den Erben bestimmen.

§ 1938 Enterbung ohne Erbeinsetzung

Der Erblasser kann durch Testament einen Verwandten, den Ehegatten oder den Lebenspartner von der gesetzlichen Erbfolge ausschließen, ohne einen Erben einzusetzen.

§ 1939 Vermächtnis

Der Erblasser kann durch Testament einem anderen, ohne ihn als Erben einzusetzen, einen Vermögensvorteil zuwenden (Vermächtnis).

§ 1940 Auflage

Der Erblasser kann durch Testament den Erben oder einen Vermächtnisnehmer zu einer Leistung verpflichten, ohne einem anderen ein Recht auf die Leistung zuzuwenden (Auflage).

§ 1941 Erbvertrag

(1) Der Erblasser kann durch Vertrag einen Erben einsetzen sowie Vermächtnisse und Auflagen anordnen (Erbvertrag).

(2) Als Erbe (Vertragserbe) oder als Vermächtnisnehmer kann sowohl der andere Vertragschließende als ein Dritter bedacht werden.

Anmerkungen zu den §§ 1937–1941

Lit: Adam, Möglichkeiten und Grenzen erbrechtlicher Verwirkungsklauseln, MDR 07, 68; Strothmann, Privatautonome Gestaltungsfreiheit im Recht der Verfügung von Todes wegen, Jura 82, 349; Wacke, Rechtsfolgen testamentarischer Verwirkungsklauseln, DNotZ 90, 403.

1 **1. Zweck der allgemeinen Vorschriften zur gewillkürten Erbfolge.** Die Vorschriften beinhalten die Grundsätze der gewillkürten Erbfolge und stellen damit klar, dass die vom Ges als Regelfall behandelte ges Erbfolge (§§ 1924–1936) durch Erblasserwillen abdingbar ist. Die formellen Anforderungen an ein Testament müssen dabei beachtet werden (BayObLG FamRZ 00, 853). Außer Erbeinsetzung (§ 1937), Enterbung (§ 1938), Vermächtnis (§ 1939) und Auflage (§ 1940) können letztwillige Verfügungen aber auch noch anderen Inhalt haben; vgl §§ 83 (hierzu BGH 70, 321), 2048, 2197, 2254, 2258, 2336, 2338; ferner §§ 332, 1638, 1639, 1640 II Nr 2, 1777, 1782, 1803. Die entgeltliche Zuwendung eines Auflassungsanspruchs in einem Erbvertrag kann einen Vorkaufsfall gem § 463 begründen (BGH
2 NJW 98, 2136 mN). Die sog. **Patientenverfügung** ist keine letztwillige Verfügung, sondern die rechtsverbindliche Einwilligung in oder Untersagung von medizinischen Behandlungsformen für den Fall späterer Einwilligungsunfähigkeit. Seit dem

1.9.2009 ist sie durch das Betreuungsrechtsänderungsgesetz 2009 in den §§ 1901a–1901c geregelt (dazu §§ 1901a ff mAnm; ferner Spickhoff FamRZ 09, 1949; Höfling NJW 09, 2849; G. Müller DNotZ 10, 169; Rieger FamRZ 10, 1601; Coeppicus NJW 11, 2085.

2. Die einzelnen Vorschriften. Sie tragen zur genauen Regelung wenig bei 3 und haben mehr definitorische Bedeutung; es ist deshalb im Wesentlichen auf die ausführlichere Regelung der nachfolgenden Abschnitte zu verweisen. **a) Erbeinsetzung.** Vgl §§ 2087 ff, aber auch schon §§ 2064 ff; ferner §§ 2100 ff; zur Unwirksamkeit wegen Gesetzes – oder Sittenwidrigkeit s § 2077 Rn 1 ff. Zur Zuwendung des Pflichtteils bzw Erbersatzanspruchs alten Rechts vgl § 2304 Rn 1 f. **b) Enterbung.** 4 Die Erbeinsetzung anderer wird meist (vgl § 2066) die Enterbung Erben schlüssig mitenthalten (BGH NJW-RR 06, 949; BayObLG NJW-RR 92, 840; Stuttgart BWNotZ 81, 143; zurückhaltend München NJW-RR 13, 330 für Enterbung eines nichtehelichen Kindes); § 1938 gestattet darüber hinaus die alleinige Enterbung im Sinne eines negativen Testaments (BayObLG NJW-RR 96, 967: schlüssige Enterbung durch „Pflichtteilsentzug" bei nicht pflichtteilsberechtigtem gesetzl Erben; Hamm FamRZ 12, 1091: Enterbung aller Verwandten mit der Folge des Fiskuserbrechts). IZw wird sich die Enterbung nicht auf Abkömmlinge erstrecken (BGH NJW 11, 1879; LM Nr 1; BayObLG DNotZ 90, 425 mAnm Kuchinke), so dass sie anstelle des weggefallenen Erben eintreten (vgl § 1924 III); anders bei eindeutigem Willen zur Enterbung des ganzen Stammes (Karlsruhe BWNotZ 84, 69; sa § 2069 Rn 2). In einem Erbvertrag ist eine Enterbung nur als einseitige Verfügung mögl (München NJW-RR 06, 83; vgl § 2278 Rn 5). Der Enterbte hat ggf Pflichtteilsrecht gem §§ 2303 ff, jedoch ist vor allem bei – zur Enterbung nicht notwendiger – Angabe von Gründen Pflichtteilsentziehung (§§ 2333, 2336) zu prüfen. Unzutreffende Begründung kann zur Irrtumsanfechtung gem § 2078 II berechtigen (BGH NJW 65, 584). Nachträgliche Pflichtteilsentziehung bzw -beschränkung ist nicht zwingend als Enterbung aufzufassen (BayObLG FamRZ 00, 1459), sondern kann allein zur Vermeidung einer Ausschlagung durch den eingesetzten Erben gewollt sein. **c) Vermächtnis.** Vgl §§ 2147 ff, insbes § 2174. Wichtige Abgrenzungen: Erb- 5 einsetzung – Vermächtnis, § 2087 Rn 1–3; Teilungsanordnung – Vorausvermächtnis, § 2048 Rn 4; Nacherbschaft – Nießbrauchvermächtnis, § 2100 Rn 3 ff; Vermächtnis – Auflage, Vor § 2147 Rn 2. **d) Auflage.** Vgl §§ 2192 ff. **e) Erbvertrag.** Vgl §§ 2274 ff; zur Auslegung § 2084 Rn 2.

3. Sonderfälle. Zur Stellung des potentiellen Erben vor dem Erbfall: Vor § 1922 6 Rn 2; zum Vertrag unter Lebenden auf den Todesfall vgl § 2301; zur gewillkürten Erbfolge im Höferecht vgl HöfeO 7, 8, 16.

Abschnitt 2. Rechtliche Stellung des Erben

Titel 1. Annahme und Ausschlagung der Erbschaft, Fürsorge des Nachlassgerichts

§ 1942 Anfall und Ausschlagung der Erbschaft

(1) **Die Erbschaft geht auf den berufenen Erben unbeschadet des Rechts über, sie auszuschlagen (Anfall der Erbschaft).**

(2) **Der Fiskus kann die ihm als gesetzlichem Erben angefallene Erbschaft nicht ausschlagen.**

Lit: Heinemann, Erbschaftsausschlagung: neue Zuständigkeiten durch das FamFG, ZErb 08, 293; Klinger/Becker, Die Ausschlagung in der anwaltlichen Praxis, NJW-Spezial 06, 301; Lüke,

§ 1943

Die ausgeschlagene Erbschaft, JuS 78, 254; Pohl, Mängel der Erbschaftsannahme und -ausschlagung, AcP 177, 52; Siebert, Die taktische Ausschlagung, ZEV 10, 454; Specks, Gefahren bei der Ausschlagung werthaltiger Erbschaften, ZErb 07, 238; Walter, Annahme und Ausschlagung einer Erbschaft, ZEV 08, 319; Weithase, Zurückweisung einer geringfügigen Erbschaft, Rpfleger 88, 434.

1   **1. Allgemeines.** Die Vorschrift wiederholt inhaltlich § 1922 I, statuiert aber das Ausschlagungsrecht. „Berufen" ist der ges (§§ 1923 ff) oder testamentarische (§ 1937) Erbe.

2   **2. Erbschaftsanfall.** Erbfall (§ 1922 I) und Erbschaftsanfall fallen regelmäßig zusammen. § 1942 I ist zwingendes Recht, der Erblasser kann den Anfall nicht aufschieben. Die Klausel, jemand werde Erbe, „falls er nicht ausschlägt", ändert daher nichts am sofortigen Anfall, insbes liegt kein Fall des § 2105 I vor. Zum Zusammenfallen bei Ausschlagung oder Erbunwürdigkeit vgl §§ 1953 II, 2344 II, zum Anfall des Vermächtnisses vgl § 2176. *Ausnahmen:* § 1923 II (der Anfall mit der Geburt wirkt aber auf den Zeitpunkt des Erbfalles zurück), § 2139, §§ 2177–2179.

3   **3. Schwebezustand.** Bis zur Annahme (§ 1943) ist der vorläufige Erbe während einer Überlegungsfrist (§ 1944) geschützt: §§ 211, 1958, 1995 II; ZPO 239 V, 778. Die Begünstigungsabsicht (InsO 131 I Nr 3, II) des vorläufigen Erben muss sich der endgültige Erbe zurechnen lassen (BGH NJW 69, 1349 zu KO 30 Nr 2 aF).

4   **4. Erbpflicht des Fiskus.** Damit eine Erbschaft nicht herrenlos wird, kann der Fiskus als Erbe iSd § 1936 nicht ausschlagen. Dafür hat er die Privilegien der §§ 1966, 2011, ZPO 780 II.

§ 1943 Annahme und Ausschlagung der Erbschaft

Der Erbe kann die Erbschaft nicht mehr ausschlagen, wenn er sie angenommen hat oder wenn die für die Ausschlagung vorgeschriebene Frist verstrichen ist; mit dem Ablauf der Frist gilt die Erbschaft als angenommen.

1   **1. Rechtsnatur der Annahme.** Die Annahme ist die formlose, nicht empfangsbedürftige Willenserklärung, Erbe sein zu wollen.

2   **2. Erklärung der Annahme.** Sie kann erfolgen **a) ausdr:** zB durch Erklärung gegenüber einem Gläubiger, Miterben oder dem Nachlassgericht; **b) schlüssig:** zB durch Stellung eines Erbscheinantrages (BayObLG NJW-RR 99, 590), Erbschaftsverkauf, uU auch den Verkauf eines einzelnen Nachlassgegenstandes (BayObLG FamRZ 88, 213; weitgehend Oldenburg NJW-RR 95, 141), Geltendmachung des Erbschaftsanspruchs usw. Maßnahmen, die vor der Ausschlagung lediglich der angemessenen Nachlassfürsorge oder der Information über den Nachlass dienen sollen (zB Antrag auf Testamentseröffnung, evtl auch Verfügungen gemäß § 1959 II, BayObLG 4, 60; Erhebung einer Auskunftsklage, BayObLG Rpfleger 05, 87), sollten nicht als Annahme missdeutet werden (Celle OLGZ 65, 30; Köln OLGZ 80, 235). Fehlender Annahmewillen bei obj schlüssigem Verhalten befreit den Fahrlässigen nicht von der Erklärungswirkung, uU Anfechtung gem §§ 119 I, 1954 (zT str, BayObLGZ 83, 153). **Sonderfall:** Das Ablaufenlassen der Frist zur Ausschlagung gilt auf Grund ges Auslegungsregel als schlüssige Annahme (vgl auch § 1956).

3   **3. Stellvertretung und Annahmebefugnis.** Für Minderjährige gelten §§ 104 Nr 1, 105 I, 111 S 1, 1629 I 1, 1629a, und zwar auch für Annahme durch Fristablauf (arg § 1629a I 1: „auf Grund eines während der Minderjährigkeit erfolgten Erwerbs"; str). Keine familiengerichtliche Genehmigung erforderlich (vgl zum alten VormundschaftsG BayObLG Rpfleger 96, 455; Koblenz FamRZ 08, 1031; sa München NJW-RR 12, 138). Vertretungsberechtigt sind neben den Eltern Pfleger iSd §§ 1909–1911, Vormund (§§ 1773 ff) und Betreuer (§§ 1896, 1902; dazu Saarbrücken Rpfleger 11, 607); Genehmigungserfordernis besteht bei Ausschlagung (§ 1822 Nr 2; zu § 1643 II KG ZEV 12, 332 u Hamm ZEV 12, 380; sa § 1945 Rn 3). Keine

Titel 1. Annahme und Ausschlagung der Erbschaft § 1944

Annahmebefugnis haben Testamentsvollstrecker und Nachlasspfleger (SoeStein 6). Sondervorschriften: §§ 1432, 1455 Nr 1; InsO 83 (zur Höchstpersönlichkeit im Insolvenzfälle BGH NJW 13, 693 u 871; 11, 2291; zur folgerichtigen Unanfechtbarkeit gem InsO 129 ff BGH NJW 13, 693; NJW-RR 92, 733).

§ 1944 Ausschlagungsfrist

(1) Die Ausschlagung kann nur binnen sechs Wochen erfolgen.

(2) ¹Die Frist beginnt mit dem Zeitpunkt, in welchem der Erbe von dem Anfall und dem Grunde der Berufung Kenntnis erlangt. ²Ist der Erbe durch Verfügung von Todes wegen berufen, beginnt die Frist nicht vor Bekanntgabe der Verfügung von Todes wegen durch das Nachlassgericht. ³Auf den Lauf der Frist finden die für die Verjährung geltenden Vorschriften der §§ 206, 210 entsprechende Anwendung.

(3) Die Frist beträgt sechs Monate, wenn der Erblasser seinen letzten Wohnsitz nur im Ausland gehabt hat oder wenn sich der Erbe bei dem Beginn der Frist im Ausland aufhält.

1. Kenntnis von Anfall und Berufungsgrund. a) Anfall: Kenntnis des Erbfalles und der Erbenstellung. Kenntnis der Erbenstellung ergibt sich regelmäßig aus Kenntnis der Verwandtschaftsverhältnisse (Zweibrücken FamRZ 06, 892) oder aus Kenntnis einer letztwilligen Verfügung. Notwendig ist die positive zuverlässige Kenntnis, die durch verständlichen Rechts- oder Tatsachenirrtum ausgeschlossen bleibt (BayObLG FamRZ 94, 265; Hamm OLGZ 69, 288; BGH NJW-RR 00, 1530; LM Nr 4 zu § 2306; Zweibrücken Rpfleger 06, 407 f; München NJW-RR 06, 1669); bloßer Zugang einer Mitteilung steht Kenntnis nicht gleich (BayObLGZ 68, 74; BGH Rpfleger 68, 183). **b) Berufungsgrund:** Kenntnis des Berufungsgrundes spielt nur eine Rolle, wenn zwar Erbenstellung, nicht aber ihr Grund feststeht, also zB bei Zweifeln des ges Erben über Vorliegen oder Wirksamkeit eines ihn ebenfalls berücksichtigenden Testaments; alles zu Rn 1 Gesagte gilt entspr. Unkenntnis eines Berufungsgrundes schadet nicht, wenn der Erbe auf jeden Fall ausschlagen wollte (BVerwG FamRZ 00, 1250). **c) Fehlen voller Geschäftsfähigkeit:** Kenntnis der Vertreter entscheidend (BayObLGZ 69, 18; Rpfleger 84, 403; Koblenz FamRZ 08, 1031; sa Hamburg MDR 84, 54), also zB beider Elternteile (Frankfurt BeckRS 12, 16164; LG Freiburg BWNotZ 93, 44, str); bei gewillkürter Stellvertretung soll zwar § 166 I grundsätzlich nicht gelten (zweifelhaft!), jedoch soll die Kenntnis des Bevollmächtigten zuzurechen sein, wenn die Vollmacht die Regelung des Erbfalls umfasst (Schleswig ZEV 09, 296; Rostock FamRZ 10, 1597; offen München FamRZ 08, 445; für analoge Anwendung Celle FamRZ 10, 836). Verweigert das Familiengericht dem Betreuer die Genehmigung zur Ausschlagung (§§ 1908i, 1822 Nr 2), soll die Sittenwidrigkeit der Ausschlagung (§ 138 I) bei Werthaltigkeit des Nachlasses die Verweigerung rechtfertigen können (Hamm Rpfleger 09, 679). Die Rspr hielt bisher die Ausschlagung überwiegend für sittenwidrig, wenn sie dazu dienen soll, bei werthaltigem Nachlass die *Sozialhilfebedürftigkeit* zu erhalten (Stuttgart NJW 01, 3484; Hamm Rpfleger 09, 679; krit Bestelmeyer Rpfleger 10, 637; offen Köln Rpfleger 10, 140); dieser Rechtsprechung ist in BGH 188, 96,103 ff, Rn 25 ff nunmehr deutlich widersprochen, so dass mit ihrer Aufgabe zu rechnen ist (zum sog Behindertentestament s § 2077 Rn 39. **d) Sonderfälle:** §§ 2142 I, 2180, 2306 I HS 2; die Frist für den nasciturus beginnt nicht vor der Geburt (vgl § 1942 Rn 2).

2. Bekanntgabe. § 1944 II 2 verweist auf FamFG 348. Die Ausschlagungsfrist läuft erst ab Kenntnis des Erben (s zum alten Recht BGH 112, 234).

3. Fristablauf. Vgl §§ 186 ff; zur Dispositionsbefugnis des Erblassers Stuttgart OLGZ 74, 67 f; bei Verzögerung einer familiengerichtlichen Entscheidung (§§ 1643 II, 1822 Nr 2) gilt § 206, nicht § 1956 (Saarbrücken Rpfleger 11, 607, hM);

zu § 203 II aF BayObLGZ 69, 18, 20; 83, 9 (anders bei irrig nicht beantragter Genehmigung!). Innerhalb der Frist kann die familien- bzw vormundschaftsgerichtliche Genehmigung nachgereicht werden (BayObLGZ 83, 219).

4. Auslandsregelung in Abs. 3. Die verlängerte Frist trägt dem erschwerten Informationsfluss Rechnung. Sie gilt entspr vor dem Beitritt auch für frühere DDR und Ostberlin, falls Erbrecht des BGB gilt (Dresden Rpfleger 99, 492; Brandenburg ZEV 02, 285); zur Ausschlagung bei Geltung des ZGB-DDR vgl Vor § 1922 Rn 5, 15 und § 1954 Rn 1.

5. Prozessuales. Wer geltend macht, die Ausschlagungsfrist sei verstrichen, hat dies seinerseits zu beweisen (BGH NJW-RR 00, 1530; Baumgärtel/Strieder II § 1944 Rn 2; str). Der ausschlagende Erbe trägt jedoch die Beweislast für seine Behauptung, er sei nicht geschäftsfähig und der Lauf der Frist deshalb gehemmt gewesen (BGH NJW-RR 00, 1530). Das Ausschlagungsrecht ist als solches nicht pfändbar (ZPO 851 I, § 399; LG Hildesheim FamRZ 09, 1441 f; sa BGH FamRZ 05, 448 zur Unabtretbarkeit bei ZPO 852 I). Die Wirksamkeit der Ausschlagung kann das NachlassG nur als vorgreifliche Rechtsfrage prüfen, idR nicht bei amtswegiger Erbenermittlung nach Landesrecht außerhalb des Erbscheinsverfahrens (München Rpfleger 10, 372).

6. Reform. Bis zum Inkrafttreten des FGG-Reformgesetzes (s Vor § 1922 Rn 19) am 1.9.2009 galt § 1944 II S 2 mit folgendem Wortlaut: *Ist der Erbe durch Verfügung von Todes wegen berufen, so beginnt die Frist nicht vor der Verkündung der Verfügung.* Die Neufassung enthält keine sachliche Änderung.

§ 1945 Form der Ausschlagung

(1) Die Ausschlagung erfolgt durch Erklärung gegenüber dem Nachlassgericht; die Erklärung ist zur Niederschrift des Nachlassgerichts oder in öffentlich beglaubigter Form abzugeben.

(2) Die Niederschrift des Nachlassgerichts wird nach den Vorschriften des Beurkundungsgesetzes errichtet.

(3) ¹Ein Bevollmächtigter bedarf einer öffentlich beglaubigten Vollmacht. ²Die Vollmacht muss der Erklärung beigefügt oder innerhalb der Ausschlagungsfrist nachgebracht werden.

1. Rechtsnatur der Ausschlagung. Die Ausschlagung ist die form- und empfangsbedürftige Willenserklärung, nicht Erbe sein zu wollen; zur Auslegung BayObLGZ 67, 33 = NJW 67, 1135; NJW-RR 98, 798 (Ausschlagungserklärung nach griechischem Recht). **a) Form:** Niederschrift des NachlassG (II; BeurkG insbes §§ 8 ff) oder öffentl Beglaubigung (§ 129; BeurkG 40, 63); zur Form bei Anwendbarkeit von DDR-Recht Dresden ZEV 97, 26 (notarielle Beglaubigung vor bundesdeutschem Notar); Brandenburg FamRZ 97, 1023 (notarielle Beglaubigung in Belgien). **b) Empfang:** Es gelten die Regeln über den Empfang und Zugang von Willenserklärungen, insbes § 130. **c) Empfangszuständigkeit:** NachlassG, idR AG (FamFG 343, GVG 23a I Nr 2, früher FGG 72, 73), in Baden-Württemberg der Notar (bwLFGG 1, 38); zur neuen internationalen Empfangszuständigkeit ab dem 1.9.2009 s FamFG 105 (dazu Hamm NJW-RR 11, 666); zur alten Rechtslage BayObLG NJW-RR 98, 800 (Erbfall unter griechischem Recht). Empfang durch örtl unzuständiges AG ist hinreichend, falls es die Erklärung bearbeitet oder weiterleitet (für einen ähnlich gelagerten Fall BGH 36, 197; Saarbrücken Rpfleger 05, 198; sa BGH WM 77, 1145 gegen KG OLGZ 76, 167 bei früherer interlokaler Unzuständigkeit) und jedenfalls nicht zurückreicht. Nach FamFG 344 VII ist seit dem 1.9.2009 auch das NachlassG am Wohnsitz des Ausschlagenden zuständig (zu Einzelheiten Bestelmeyer Rpfleger 10, 637 mNw; Heinemann ZErb 08, 293; zur Weiterleitung durch das Wohnsitzgericht an das NachlassG – Original oder Ausfertigung – Hamm FamRZ 12, 487; KG FamRZ 11, 1984; Celle Rpfleger 10, 326; Hamburg Rpfleger 10, 373). Bei innerdeutscher Nachlassspaltung ist eine vor der Wiedervereinigung vor bundesdeutschen NachlassG erklärte Erbausschlagung grundsätzlich nicht für den abgespaltenen Nachlassteil wirksam (BGH NJW 98, 227). Heilung interlokaler Unzuständigkeit kommt jedoch in Betracht, wenn Ausschlagung für den DDR-Nachlass schon vor dem 3.10.1990 gegenüber demjenigen bundesdeutschen NachlassG erfolgte, das nach dem Beitritt Zuständigkeit erlangte (KG NJW 98, 243; zur Nachlassspaltung s Vor § 1922 Rn 5). Das NachlassG muss außerhalb des Erbscheinsverfahrens nicht über die Wirksamkeit der Ausschlagung entscheiden (BayObLG FamRZ 85, 1291) und ist zu einer förmlichen Entscheidung auch nicht befugt (München FamRZ 10, 1112; sa § 1944 Rn 6). **d)** Keine Schenkung, folglich keine Gläubigeranfechtung (RG 54, 289).

2. Stellvertretung und Ausschlagungsbefugnis. a) Vertretung durch beide 3 Elternteile, auch bei Ausschluss von der Nachlassverwaltung (Karlsruhe FamRZ 65, 573). Eltern, Vormund, Betreuer und Pfleger bedürfen familien- bzw vormundschaftsgerichtlicher Genehmigung, §§ 1643 II, 1822 Nr 2, 1908i I, 1915 I (Bsp: Naumburg FamRZ 07, 1047; Hamm Rpfleger 09, 679 = ZEV 09, 471 f mAnm Leipold; KG ZEV 12, 332; Hamm ZEV 12, 380; sa § 1944 Rn 2); zur Verzögerung vgl § 1944 Rn 4. § 181 hindert Vertretung nicht, falls Eltern ersatzweise erben; uU Entzug gem §§ 1629 II, 1796 unter Pflegerbestellung (BayObLGZ 83, 220; Coing NJW 85, 6). Bei Ausschlagung der Ersatzerbschaft eines Kindes hinter seiner Mutter, die bereits ihrerseits ausgeschlagen hat, soll kein Genehmigungserfordernis bestehen (Köln NJW-RR 13, 11). Keine Ausschlagung durch Vorsorgebevollmächtigten nach Ableben des Erben (Zweibrücken NJW 08, 1007; abl Zimmer ZEV 08, 194; Bestelmeyer Rpfleger 08, 552). **b) Ausschlagungsbefugnis:** Es gelten die Regeln zur Annahmebefugnis, vgl § 1943 Rn 3; Zugewinngemeinschaft lässt Ausschlagungsbefugnis unberührt.

3. Besonderheiten für neue Bundesländer. S Vor § 1922 Rn 5, 15; § 1954 4 Rn 1.

§ 1946 Zeitpunkt für Annahme oder Ausschlagung

Der Erbe kann die Erbschaft annehmen oder ausschlagen, sobald der Erbfall eingetreten ist.

Die Vorschrift stellt klar, **a)** dass nicht bereits vor dem Erbfall angenommen oder 1 ausgeschlagen werden kann, obwohl Verträge zwischen Erben (§ 311b IV, V; Damrau ZEV 95, 425) und Erbverzicht (§ 2346) möglich sind; **b)** dass nach dem Erbfall, aber vor dem Erbschaftsanfall (§ 1942 Rn 2) oder Beginn der Ausschlagungsfrist (§ 1944 Rn 1 f) angenommen oder ausgeschlagen werden kann. Für den nasciturus können die gesetzlichen Vertreter schon vor seiner Geburt ausschlagen (Stuttgart NJW 93, 2250; Oldenburg FamRZ 94, 847; str, aA 7. Aufl). Sondervorschrift: § 2142 I (BayObLGZ 62, 239/241). Der Schlusserbe iSd Berliner Testaments (§ 2269) kann erst nach dem Tod des zweiten Ehegatten ausschlagen, da er ausschließlich als dessen Erbe eingesetzt ist (BGH NJW 98, 543; aA Düsseldorf FamRZ 96, 1569 m krit Anm Leipold; sa § 2269 Rn 6).

§ 1947 Bedingung und Zeitbestimmung

Die Annahme und die Ausschlagung können nicht unter einer Bedingung oder einer Zeitbestimmung erfolgen.

Zweck der Vorschrift ist Rechtsklarheit. Deshalb sind überflüssige Rechtsbedin- 1 gungen unschädlich, zB Annahme für den Fall der Berufung. Ausschlagung zugunsten eines Dritten ist überflüssige Rechtsbedingung, falls dieser ohnehin erbt; andernfalls handelt es sich je nach Gewicht um eine schädliche Bedingung (BayObLGZ 77, 168; Rpfleger 82, 69) oder um ein bloßes unbeachtliches Motiv (KG JW 33, 2067; Hamm FamRZ 98, 771 f; sa BayObLG FamRZ 05, 1128).

§ 1948 Mehrere Berufungsgründe

(1) **Wer durch Verfügung von Todes wegen als Erbe berufen ist, kann, wenn er ohne die Verfügung als gesetzlicher Erbe berufen sein würde, die Erbschaft als eingesetzter Erbe ausschlagen und als gesetzlicher Erbe annehmen.**

(2) **Wer durch Testament und durch Erbvertrag als Erbe berufen ist, kann die Erbschaft aus dem einen Berufungsgrund annehmen und aus dem anderen ausschlagen.**

1 **1. Gesetzliche Erbfolge als Voraussetzung.** Voraussetzung einer Annahme unter Ausschlagung ist Eintritt der ges Erbfolge nach der Ausschlagung, zB bei Einsetzung des ges Erben als testamentarischen Alleinerben. Sie entfällt in den Fällen der §§ 2069, 2094, 2096, 2102 I und ist praktisch selten erfüllt. Bei der Formulierung der Ausschlagung ist § 1949 II zu beachten.

2 **2. Vorteil der gesetzlichen Erbfolge.** Er kann liegen im Erhalt des Voraus (§ 1932) oder im Wegfall der Bindung nach § 2271 II, evtl auch in der Erlangung von Ausgleichsansprüchen (§ 2050), str. Die meisten Beschwerungen der testamentarischen Erbfolge bleiben auch bei ges Erbfolge bestehen; vgl hierzu § 2085, ferner §§ 2161, 2192.

3 **3. Wahlrecht.** Das Wahlrecht des Abs II wird ebenfalls selten Vorteile bringen.

§ 1949 Irrtum über den Berufungsgrund

(1) **Die Annahme gilt als nicht erfolgt, wenn der Erbe über den Berufungsgrund im Irrtum war.**

(2) **Die Ausschlagung erstreckt sich im Zweifel auf alle Berufungsgründe, die dem Erben zur Zeit der Erklärung bekannt sind.**

1 **1. Irrtum über den Berufungsgrund.** Er ist das unbewusste Abweichen des konkret vorgestellten und des tatsächlichen Berufungsgrundes (zB fälschliche Annahme der Unwirksamkeit eines Testaments, BGH NJW 97, 393); daher kein Irrtum bei Gleichgültigkeit gegenüber dem Berufungsgrund (BVerwG FamRZ 10, 1250; Karlsruhe ZEV 07, 380) wie zB bei Ausschlagung aus „allen Berufungsgründen" (Hamm FamRZ 11, 1426). Die Vorschrift lässt die Anfechtungswirkung ohne Anfechtungserklärung eintreten. Schlüssige Annahme durch Fristablauf setzt Kenntnis des Berufungsgrundes voraus (§§ 1943, 1944 II 1), daher ist hier niemals § 1949 anwendbar. Entgegen der hM greift § 122 durch.

2 **2. Ausschlagung unter Irrtum über den Berufungsgrund.** Sie gilt als nicht erfolgt; gegen hM ist § 122 analog anwendbar. II enthält zugleich eine Auslegungsregel, falls alle Berufungsgründe bekannt sind (vgl § 1948 Rn 1). Bei Gleichgültigkeit gegenüber dem Berufungsgrund erstreckt sich die Ausschlagung auch auf die unbekannten Berufungsgründe und ist trotz Unkenntnis oder Irrtums wirksam (BVerwG FamRZ 10, 1250; sa § 1944 Rn 2).

3 **3. Irrtumsanfechtung.** S § 1954.

§ 1950 Teilannahme; Teilausschlagung

¹**Die Annahme und die Ausschlagung können nicht auf einen Teil der Erbschaft beschränkt werden.** ²**Die Annahme oder Ausschlagung eines Teils ist unwirksam.**

Die Vorschrift sichert den Grundsatz der Universalsukzession (§ 1922 I) gegen 1 Unterlaufen durch Teilannahme bzw -ausschlagung. Derartige Willenserklärungen sind unwirksam, so dass gem § 1943 die ganze Erbschaft anfällt. Die Ausschlagung unter Vorbehalt des Pflichtteils intendiert keine dingliche Teilhaberschaft am Nachlass; sie ist nicht unter § 1950, sondern unter § 1947 zu subsumieren (str; Hamm Rpfleger 81, 402; Frohn Rpfleger 82, 56; offen BayObLG Rpfleger 05, 316; zum Ganzen Ivo ZEV 02, 145). Angabe unrichtiger Motive bei Ausschlagung lässt Wirksamkeit nicht entfallen (BayObLGZ 92, 64: Ausschlagung, weil „nur Grundbesitz in Dresden", obwohl Erbschaftsgegenstände auch in alten Bundesländern waren, ist wirksame Gesamtausschlagung und keine unwirksame Teilausschlagung; sa Vor § 1922 Rn 10). Sonderregeln: §§ 1371 (KG Rpfleger 91, 23: keine selbstständige Ausschlagung der Erhöhung des Ehegattenerbteils nach § 1371 I), 1951, 1952 III, 2180 III; HöfeO 11.

§ 1951 Mehrere Erbteile

(1) **Wer zu mehreren Erbteilen berufen ist, kann, wenn die Berufung auf verschiedenen Gründen beruht, den einen Erbteil annehmen und den anderen ausschlagen.**

(2) **¹Beruht die Berufung auf demselben Grund, so gilt die Annahme oder Ausschlagung des einen Erbteils auch für den anderen, selbst wenn der andere erst später anfällt. ²Die Berufung beruht auf demselben Grund auch dann, wenn sie in verschiedenen Testamenten oder vertragsmäßig in verschiedenen zwischen denselben Personen geschlossenen Erbverträgen angeordnet ist.**

(3) **Setzt der Erblasser einen Erben auf mehrere Erbteile ein, so kann er ihm durch Verfügung von Todes wegen gestatten, den einen Erbteil anzunehmen und den anderen auszuschlagen.**

1. Mehrere Erbteile. §§ 1927, 1934, Koppelung von testamentarischer und ges 1 Erbfolge, nicht dagegen bei §§ 1935, 2094, 2095.

2. Verschiedene Gründe. ZB mehrere ges Erbteile, Testament und Ges, Testament 2 und Erbvertrag usw, nicht aber mehrere Testamente oder mehrere Erbverträge. Es gilt § 1949 II entspr.

3. Einheitlicher Berufungsgrund. Hier gilt § 1950 S 2 mit der Folge, dass gem 3 §§ 1943, 1944 auch der ausgeschlagene Erbteil als angenommen gilt. Abs II steht gem Abs III zur Disposition des Erblassers. Zu den Anforderungen an deren Ausübung s KG NJW-RR 05, 593.

§ 1952 Vererblichkeit des Ausschlagungsrechts

(1) **Das Recht des Erben, die Erbschaft auszuschlagen, ist vererblich.**

(2) **Stirbt der Erbe vor dem Ablauf der Ausschlagungsfrist, so endigt die Frist nicht vor dem Ablauf der für die Erbschaft des Erben vorgeschriebenen Ausschlagungsfrist.**

(3) **Von mehreren Erben des Erben kann jeder den seinem Erbteil entsprechenden Teil der Erbschaft ausschlagen.**

Lit: v. Lübtow, Die Vererblichkeit des Ausschlagungsrechts, JZ 69, 502.

Der Erbeserbe kann beide Erbschaften annehmen oder ausschlagen, er kann die 1 zweite annehmen und dann die erste ausschlagen; str, ob Annahme der ersten Erbschaft auch Annahme der zweiten Erbschaft mitumfasst. Die Erben des Vorerben können nach dem Eintritt des Nacherbfalles bei noch laufender Ausschlagungsfrist die Erbschaft ausschlagen, ohne Nacherben zu sein (BGH 44, 152 mAnm Bosch FamRZ 65, 607). Die Ausschlagung durch einen von mehreren Erbeserben führt gem § 1953 II entweder zum Eintritt nach §§ 1924 III, 2069 (zB Heinrich/Heinrich Rpfleger 99, 201) oder nach eher hM zur Anwachsung bei den Miterbeserben (zuletzt Pentz Rpfleger 99, 516); bei gemeinsamer Ausschlagung gilt unstr § 1953 II (BayObLG NJW 53, 1431). Eine rechtsgeschäftliche Übertragung des Ausschlagungsrechts ist nicht möglich (Zweibrücken NJW-RR 08, 240; dazu Keim ZErb 08, 260).

§ 1953 Wirkung der Ausschlagung

(1) Wird die Erbschaft ausgeschlagen, so gilt der Anfall an den Ausschlagenden als nicht erfolgt.

(2) Die Erbschaft fällt demjenigen an, welcher berufen sein würde, wenn der Ausschlagende zur Zeit des Erbfalls nicht gelebt hätte; der Anfall gilt als mit dem Erbfall erfolgt.

(3) ¹Das Nachlassgericht soll die Ausschlagung demjenigen mitteilen, welchem die Erbschaft infolge der Ausschlagung angefallen ist. ²Es hat die Einsicht der Erklärung jedem zu gestatten, der ein rechtliches Interesse glaubhaft macht.

1   **1. Fiktion des nicht erfolgten Anfalles.** Besitznahme durch vorläufigen Erben ist weder verbotene Eigenmacht (§ 858) noch Abhandenkommen (§ 935). Für die Interimsgeschäfte des vorläufigen Erben gilt § 1959; zur Anfechtung solcher Geschäfte in der Nachlassinsolvenz s BGH NJW 69, 1349. Eine Rechtsnachfolge iSd ZPO 265 findet nicht statt, so dass Urteile, die in Rechtsstreitigkeiten des vorläufigen Erben ergangen sind, den endgültigen Erben nicht binden (BGH 106, 365).

2   **2. Weitere Erbfolge.** Vgl §§ 1924 III, 2069 f, 2142 II, 1935, 2094; zum Erbvertrag s § 2298 Rn 3.

3   **3. Pflichtteilsanspruch.** Der Ausschlagende hat keinen Pflichtteilsanspruch, vgl aber §§ 1371 III, 2305 und 2306.

§ 1954 Anfechtungsfrist

(1) Ist die Annahme oder die Ausschlagung anfechtbar, so kann die Anfechtung nur binnen sechs Wochen erfolgen.

(2) ¹Die Frist beginnt im Falle der Anfechtbarkeit wegen Drohung mit dem Zeitpunkt, in welchem die Zwangslage aufhört, in den übrigen Fällen mit dem Zeitpunkt, in welchem der Anfechtungsberechtigte von dem Anfechtungsgrund Kenntnis erlangt. ²Auf den Lauf der Frist finden die für die Verjährung geltenden Vorschriften der §§ 206, 210, 211 entsprechende Anwendung.

(3) Die Frist beträgt sechs Monate, wenn der Erblasser seinen letzten Wohnsitz nur im Ausland gehabt hat oder wenn sich der Erbe bei dem Beginn der Frist im Ausland aufhält.

(4) Die Anfechtung ist ausgeschlossen, wenn seit der Annahme oder der Ausschlagung 30 Jahre verstrichen sind.

1   **1. Anfechtungsgründe.** Sie richten sich nach §§ 119, 120, 123. *Beachtlicher* Eigenschaftsirrtum (§ 119 II): irrige Annahme einer Überschuldung (RG 158, 53; BayObLG NJW-RR 93, 781; s aber Düsseldorf ZEV 05, 255; NJW-RR 09, 13; FamRZ 11, 1171; Stuttgart FamRZ 09, 1183: Unbeachtlichkeit falscher Wertspekulation) bzw Unkenntnis von Überschuldung (Zweibrücken ZEV 96, 428; BayObLG

Titel 1. Annahme und Ausschlagung der Erbschaft § 1954

NJW-RR 99, 590; Hamm Rpfleger 09, 384); Belastung des Nachlasses mit einer wesentlichen Verbindlichkeit, deren rechtlicher Bestand ungeklärt ist (BGH 106, 363; FamRZ 91, 55); Irrtum über das Bestehen einer Beschränkung durch eine Nacherbfolge (BayObLG NJW-RR 97, 74, im konkreten Fall verneint); Irrtum über Erbteilsquote (Hamm NJW 66, 1080; aA Hamm ZEV 98, 215 bei Irrtum über Höhe des Erbersatzanspruchs eines Mitberechtigten – fragwürdig); Unkenntnis der Berufung eines weiteren Miterben (BGH NJW 97, 394 = LM § 2087 Nr 3 m zust Anm Leipold); Irrtum über Nachlasszugehörigkeit bestimmter Gegenstände (BayObLG NJW-RR 98, 797). Inhaltsirrtum (§ 119 I): schlüssiges Annahmeverhalten in Unkenntnis des Ausschlagungsrechts (BayObLGZ 83, 153); Fehlvorstellung über das Nachrücken von Ersatzvorerben (Düsseldorf NJW-RR 98, 150) oder über eigene Pflichtteilsansprüche nach Ausschlagung (München FamRZ 11, 274); Irrtum über Ausschlagung des gesamten Erbes bei Nachlassspaltung (BayObLG NJW-RR 98, 801); Irrtum über pflichtteilsrechtliche Folgen einer Ausschlagung bei Annahme (BGH 168, 218 f m zust Anm Olzen/Schwarz JZ 07, 420; Leipold ZEV 06, 500 gegen BayObLG NJW-RR 95, 906; sa § 2306 Rn 5). *Unbeachtlich* dagegen bei ausdrücklich erklärter Annahme der Irrtum über das Bestehen einer Ausschlagungsmöglichkeit (BayObLGZ 87, 356; NJW-RR 95, 906); der Irrtum über Person des Nächstberufenen (Stuttgart OLGZ 83, 306; Düsseldorf ZEV 97, 258; München NJW 10, 687; Hamm Rpfleger 11, 671; zT str, SoeStein 2); über späteren Wegfall der Überschuldung (LG Berlin NJW 75, 2104); über das Fehlen eines Leistungsverweigerungsrechts gegenüber Vermächtnisanspruch (BayObLG FGPrax 98, 146); über Höhe der Erbschaftsteuer; über güterrechtliche Rechtsfolgen (D. Schwab JuS 65, 437); über Bestand von Lastenausgleichsansprüchen (zweifelhaft, KG NJW 69, 191); über weitere politische und rechtliche Entwicklung, auch soweit sie die Nachlassgegenstände unmittelbar betrifft (für Nachlassgegenstände in der früheren DDR KG FamRZ 92, 613; Frankfurt DtZ 91, 301; BVerfG DtZ 94, 312; Grunewald NJW 91, 1212; anders uU bei Unkenntnis der Nachlasszugehörigkeit von DDR-Vermögen: KG DNotZ 93, 409); bei Nachlassspaltung ist die Ausschlagung für den dem DDR-Erbrecht unterliegenden Nachlassteil unwirksam, ohne dass es auf eine Anfechtung ankommt, wenn die Erklärung nicht gem ZGB 403 II, gegenüber einem staatlichen Notariat der DDR erfolgte: BayObLG NJW 91, 1238; FamRZ 95, 1090; KG FamRZ 96, 1574; s aber Rpfleger 96, 457 bei erst nach dem 2. 10. 90 endender Ausschlagungsfrist; BayObLG NJW 03, 216: Ausschlagung und Anfechtung nach dem 3. 10. 90; KG NJW 98, 243: Heilung interlokaler Unzuständigkeit, hierzu § 1945 Rn 2; sa Vor § 1922 Rn 5 und 15. Bei ges Stellvertretung gilt § 166 (LG Koblenz FamRZ 68, 656; Karlsruhe NJW-RR 95, 1349).

2. Anfechtungsberechtigung. Sie ist mit Annahme- bzw Ausschlagungsbefugnis identisch, vgl § 1943 Rn 3; § 1945 Rn 3. 2

3. Wirkung. § 1957, nicht § 142 I. § 122 ist anwendbar. 3

4. Fristlauf. §§ 121, 124 sind voll durch § 1954 ersetzt. Kenntnis des Anfech- 4
tungsgrundes ist ausreichend, keine Kenntnis des Anfechtungsrechtes erforderlich (Hamm Rpfleger 85, 365; BayObLG NJW-RR 93, 781). Die Kenntnis einer erstinstanzlichen nicht rechtskräftigen Entscheidung, welche von Sittenwidrigkeit (§ 138) lebzeitiger Vermögensübertragung ausgeht, kann spätere Anfechtung der Ausschlagung wegen Eigenschaftsirrtums ausschließen (BayObLG NJW-RR 98, 797; str). Die Kenntnis des Bevollmächtigten (FamFG 10) von der Versäumung der Ausschlagungsfrist (§ 1956) wird dem Ausschlagenden nach § 166 I analog zugerechnet (Celle ZEV 10, 366). Zur Hemmung der Frist bei Ausschlagungen nach Erbfällen in der früheren DDR s Vor § 1922 Rn 15.

5. Anfechtung der Anfechtungserklärung. Sie folgt §§ 143, 119, 120, 123 5
und führt zu deren Wegfall (§ 142 I); Fristen gem §§ 121, 124, *nicht* § 1954 (Bay-ObLGZ 80, 27); Form gem §§ 1955, 1945 analog (Hamm NJW-RR 09, 1666).

§ 1955 Form der Anfechtung

¹Die Anfechtung der Annahme oder der Ausschlagung erfolgt durch Erklärung gegenüber dem Nachlassgericht. ²Für die Erklärung gelten die Vorschriften des § 1945.

1   Die Vorschrift ist Spezialvorschrift zu § 143; zur Anfechtung der Anfechtungserklärung s § 1954 Rn 5.

§ 1956 Anfechtung der Fristversäumung

Die Versäumung der Ausschlagungsfrist kann in gleicher Weise wie die Annahme angefochten werden.

1   Da das Ablaufenlassen der Ausschlagungsfrist schlüssige Annahmeerklärung ist (§ 1943), gelten alle Regeln zur Anfechtung der Annahme auch für diesen Fall (s § 1954). Beachtlicher Inhaltsirrtum: Irrtum (§ 119 I) bzgl Bedeutung des Fristablaufs bzw des Schweigens (Hamm OLGZ 85, 286 mN; BayObLG NJW-RR 93, 781; Zweibrücken Rpfleger 06, 409; zu strenge Kausalitätsanforderung bei LG Bonn Rpfleger 85, 148 m abl Anm Stein); Irrtum über vermeintlich bereits erfolgte Ausschlagung (Jena FamRZ 11,1759) oder die Wirksamkeit einer ausdr Ausschlagung (zB fehlende vormundschaftsgerichtl Genehmigung des ausschlagenden ges Vertreters, BayObLGZ 83, 13; Formmangel, § 1945, BayObLG Rpfleger 94, 168 oder §§ 1947 ff); s iÜ § 1944 Rn 4.

§ 1957 Wirkung der Anfechtung

(1) **Die Anfechtung der Annahme gilt als Ausschlagung, die Anfechtung der Ausschlagung gilt als Annahme.**

(2) ¹**Das Nachlassgericht soll die Anfechtung der Ausschlagung demjenigen mitteilen, welchem die Erbschaft infolge der Ausschlagung angefallen war.** ²**Die Vorschrift des § 1953 Abs. 3 Satz 2 findet Anwendung.**

1   Zur Vereinfachung und Wahrung der Rechtsklarheit trifft das Ges eine von § 142 I abw Spezialregelung (Bsp: BGH 106, 364). § 1957 gilt auch im Falle des § 2142 I (BayObLGZ 62, 239).

§ 1958 Gerichtliche Geltendmachung von Ansprüchen gegen den Erben

Vor der Annahme der Erbschaft kann ein Anspruch, der sich gegen den Nachlass richtet, nicht gegen den Erben gerichtlich geltend gemacht werden.

1   **1. Schutz vor Passivprozessen.** Die Vorschrift gewährt Schutz vor Passivprozessen, indem sie die Erbschaftsannahme zur von Amts wegen zu beachtenden Prozessvoraussetzung erhebt. Prozessuale Korrespondenzvorschriften: ZPO 239 V, 778, 779; Titelumschreibung (ZPO 727) wegen Nachlassverbindlichkeit ist erst nach Annahme möglich. Entgegen hM (RG 60, 179) sollte generell ein Verfahren des einstw Rechtsschutzes zulässig sein.

2   **2. Abw Vorschriften.** §§ 1960 III, 2213 II, InsO 316.

3   **3. Außergerichtliche Rechtsverfolgung.** §§ 1959 III, 1995 II, 2014, 211. Trotz Wirksamkeit der Mahnung jedoch kein Schuldnerverzug (§ 286 IV).

Titel 1. Annahme und Ausschlagung der Erbschaft §§ 1959, 1960

§ 1959 Geschäftsführung vor der Ausschlagung

(1) **Besorgt der Erbe vor der Ausschlagung erbschaftliche Geschäfte, so ist er demjenigen gegenüber, welcher Erbe wird, wie ein Geschäftsführer ohne Auftrag berechtigt und verpflichtet.**

(2) **Verfügt der Erbe vor der Ausschlagung über einen Nachlassgegenstand, so wird die Wirksamkeit der Verfügung durch die Ausschlagung nicht berührt, wenn die Verfügung nicht ohne Nachteil für den Nachlass verschoben werden konnte.**

(3) **Ein Rechtsgeschäft, das gegenüber dem Erben als solchem vorgenommen werden muss, bleibt, wenn es vor der Ausschlagung dem Ausschlagenden gegenüber vorgenommen wird, auch nach der Ausschlagung wirksam.**

1. Geschäftsführungsbefugnis. Sie bedingt Pflichtigkeit nach § 677, ggf auch 1 Schadensersatzpflicht gegenüber endgültigem Erben (Celle MDR 70, 1012). Aufwendungsersatzanspruch (§ 683) ist Nachlassverbindlichkeit (§ 1967 II). Der vorläufige Erbe ist aber nicht Repräsentant gegenüber einer Versicherung des Erblassers (BGH LM Nr 2 zu § 61 VVG).

2. Unaufschiebbare Verfügungen. Dies sind zB Zahlung der Beerdigungskos- 2 ten (LAG Berlin MDR 85, 169), Veräußerung verderblicher Ware usw; nicht dagegen aktive Prozessführung. Verfügungsbefugnis ist keine Vertretungsbefugnis, daher keine schuldrechtliche Bindung des endgültigen Erben (str). IÜ gelten §§ 185 II, 932 ff, 892 f.

3. Einseitige empfangsbedürftige RGeschäfte. Gegenüber dem vorläufigen 3 Erben sind dies zB Mahnung, Kündigung, Anfechtung, Genehmigung, Meldung nach § 1974 I.

4. Abgrenzung. Sie ist inbes gegenüber § 1978 und §§ 2018 ff ist zu beachten. 4

§ 1960 Sicherung des Nachlasses; Nachlasspfleger

(1) ¹**Bis zur Annahme der Erbschaft hat das Nachlassgericht für die Sicherung des Nachlasses zu sorgen, soweit ein Bedürfnis besteht.** ²**Das Gleiche gilt, wenn der Erbe unbekannt oder wenn ungewiss ist, ob er die Erbschaft angenommen hat.**

(2) **Das Nachlassgericht kann insbesondere die Anlegung von Siegeln, die Hinterlegung von Geld, Wertpapieren und Kostbarkeiten sowie die Aufnahme eines Nachlassverzeichnisses anordnen und für denjenigen, welcher Erbe wird, einen Pfleger (Nachlasspfleger) bestellen.**

(3) **Die Vorschrift des § 1958 findet auf den Nachlasspfleger keine Anwendung.**

1. Zuständiges Nachlassgericht. FamFG 342 I Nr 2, 343, 344 IV (früher FGG 1 72–75); GVG 23a II Nr 2; gem RPflG 3 Nr 2c, 16 I Nr 1, 14 Rechtspflegeraufgabe (insbes für Nachlasspflegschaft bei Auslandsberührung früher str, BayObLG Rpfleger 82, 423 mAnm Meyer-Stolte; nunmehr aber keine Erwähnung im RPflG 16 I Nr 6 und MKFamFG Mayer § 343 Rn 32). Baden-Württemberg: bwLFGG: 1 II, 38, 40 ff (Notariate) iVm EGBGB 147.

2. Sicherungsbedürfnis. Es besteht bei Gefährdung des Nachlasswertes, regel- 2 mäßig also nicht bei Vertrauenswürdigkeit der vorläufigen Erben oder Testamentsvollstreckers (KG OLGZ 73, 106; LG Stuttgart ZEV 09, 396) oder gar feststehenden Erben (Düsseldorf FamRZ 95, 895) oder „missbrauchsfester" Nachlasszusammensetzung (KG FamRZ 00, 445).

3. Ungewissheit über Person des Erben. Sie kann bestehen bei Erbschaft des 3 nasciturus (§ 1923 II); in Altfällen auch vor Feststellung der nichtehelichen Vaterschaft, falls Erbberechtigte nach § 1934a I aF in Frage standen (Stuttgart NJW 75, 880; sa § 1924 Rn 3); bei Erbscheinseinziehung (BayObLGZ 62, 307), uU schon bei wohlbegründetem Einziehungsantrag (BayObLGZ 60, 407) ohne Rücksicht auf die Vermutung des § 2365; bei weitläufiger und verwickelter Erbfolge (BayObLG Rpfleger 84, 102); wenn sich das NachlassG nicht ohne umfängliche Ermittlungen überzeugen kann, wer Erbe geworden ist (BGH NJW-RR 13, 72; Köln OLGZ 89, 145; BayObLG Rpfleger 90, 257; FamRZ 96, 308; Hamm ZErb 08, 209); es genügt jedoch bereits eine hohe Wahrscheinlichkeit, dass eine bestimmte Person Erbe geworden ist, um die Nachlasspflegschaft wieder aufzuheben (München Rpfleger 06, 18; Frankfurt OLGR 05, 442; Karlsruhe NJW-RR 10, 794); uU auch, wenn Anfechtungsklage wegen Erbunwürdigkeit ernsthaft angekündigt, aber im Hinblick auf laufende strafrechtliche Ermittlungen noch nicht erhoben ist (BayObLG NJW-RR 02, 1159); bei Testamentsvollstreckung ausnahmsweise wegen trotzdem bestehender Unsicherheiten Nachlasspflegschaft, zB falls eine zweifelhafte Auswechslung des Testamentsvollstreckers vorausgegangen ist (BGH NJW-RR 13, 72) oder falls die Erben unbekannt, aber anzuhören sind (Düsseldorf FamRZ 10, 1474; aA insoweit zu Recht Bestelmeyer FamRZ 11, 145: Pfleger gem § 1913); bei begründetem Streit über Erbfolge und Testamentsvollstreckung nach Anfechtung eines Erbvertrages (BGH NJW-RR 13, 72; Frankfurt ZEV 12, 147 mit Besonderheit der Anfechtung unter Vorbehalt gesonderter Einreichung der Anfechtungsurkunde – insoweit abw Frankfurt ZEV 12, 542); bei schwebendem Vaterschaftsfeststellungsverfahren und gleichzeitiger Ankündigung einer Anfechtung nach § 2079 (Schleswig NJW-RR 11, 1643); bei transmortaler oder postmortaler Vollmacht, falls trotzdem Gefahr missbräuchlicher Verfügungen besteht (BGH NJW-RR 13, 74).

4 4. Fürsorgemaßnahmen des NachlassG. Sie sind nur beispielhaft aufgezählt und unterliegen pflichtgemäßem richterlichen Ermessen (s Koblenz Rpfleger 85, 443); neben Nachlasspflegschaft (Rn 5 ff) zB Kontensperrung (KG Rpfleger 82, 184), Nachforschung nach Testamenten (RG 69, 271); Anordnung der Begleichung von Beerdigungskosten aus Nachlassmitteln (§ 1846) zur Vermeidung einer Nachlasspflegschaft gem § 1961 (Bestelmeyer Rpfleger 11, 211 gegen Dresden Rpfleger 11, 35); keine Maßnahmen der Rechtsverteidigung, zB Antrag auf Eröffnung eines Nachlassinsolvenzverfahrens (BGH FamRZ 09, 872: Bestellung eines Nachlasspflegers). Für das Inventarverzeichnis gelten §§ 2001, 2010.

5 5. Nachlasspflegschaft. a) Rechtsnatur: Sonderfall der Pflegschaft iSd §§ 1909 ff, so dass gem §§ 1915 I, 1897 die Vorschriften der §§ 1773 ff entspr Anwendung finden. Der Nachlasspfleger ist folglich Vertreter des uU unbekannten Erben (§ 1793; BGH 94, 314; BFH NJW 82, 2576) bzw Miterben (Düsseldorf FamRZ 95, 895; sa Dresden ZEV 00, 402), im Innenverhältnis treffen ihn Fürsorge- und Treuepflichten entspr dem Sicherungszweck (vgl §§ 1793, 1833); dementsprechend hat er gegen den Erben die Rechte eines Beauftragten (§§ 1835 f); nach wohl überwiegender Auffassung gem FamFG 340 Nr 1, 271–341 „betreuungsgerichtliche Zuweisungssache" mit Geltung insbes von FamFG 276 ff (dazu Bestelmeyer Rpfleger 10, 647 ff mNw). **b) Bestellung** erfolgt durch das NachlassG, vgl Rn 1; §§ 1779, 1789 (zum Erfordernis persönlicher Anwesenheit Stuttgart NJW-RR 11, 737), 1791 sind anwendbar. Ein Nachlassgläubiger kann idR wegen möglicher Interessenkollision nicht zum Nachlasspfleger bestellt werden (BayObLG NJW-RR 92, 967; sa § 1779 II 1). Fehlerhafte Bestellung bleibt bis zur Aufhebung der Pflegschaft wirksam; auch keine Beendigung durch bloße Erledigung wesentlicher Teile des Wirkungskreises (Oldenburg FGPrax 98, 108). Beschwerderecht bzgl Anordnung und Person (FamFG 59; früher FGG 20) steht dem Erben bzw Erbprätendenten zu (LG Heidelberg NJW 55, 469), nicht aber dem Ersatz- oder Nacherben (zweifelhaft) oder Dritten (Stuttgart BWNotZ 71, 88; BayObLG NJW-RR 01, 297; ZEV 04, 460; München NJW 10, 2364: Bevollmächtigter des Erblassers); Beschwerderecht des Testamentsvollstreckers (KG OLGZ 73, 106) nach hM nur gegen Anordnung,

Titel 1. Annahme und Ausschlagung der Erbschaft § 1960

nicht gegen Person des Pflegers (zweifelhaft). Gegen Anordnung der Pflegschaft ist auch der Nachlasspfleger selbst beschwerdebefugt (Frankfurt FamRZ 94, 266). Beschwerderecht bei Ablehnung nach FamFG 58, 59, 345 IV 1 Nr 2, bis zum 1.9.2009 nach FGG 75, 57 I Nr 3 (KG OLGZ 71, 210). **c) Gründe zur Bestel-** 7 **lung:** Vgl zunächst Rn 2 und 3. Zulässig ist die Pflegerbestellung auch für unbekannten Nacherben (BGH RdL 68, 97). Partielles Sicherungsbedürfnis rechtfertigt nach hM die Anordnung der Teilnachlasspflegschaft, zB zur Verwaltung einzelner Nachlassgegenstände (KG NJW 65, 1719); wegen der aus der Beschränkung folgenden Rechtsunsicherheit bedenklich. Unbedenklich ist die Pflegerbestellung für einen unbekannten Miterben, die nur einen ideellen Teil des Gesamtnachlasses erfasst (KG NJW 71, 565; Köln FamRZ 89, 436; Rpfleger 11, 158; Düsseldorf FamRZ 95, 895). Hingegen keine Pflegschaft für bekannten, aber abwesenden Erben (Köln Rpfleger 11, 158: Abwesenheitspflegschaft) oder für bekannte, aber zerstrittene Erben zur besseren Rechtsverfolgung (Zweibrücken Rpfleger 86, 433; Düsseldorf FamRZ 95, 895). **d) Rechte und Pflichten:** Vertretungsrecht (§ 1793) 8 nach außen hängt nicht von Zweck- und Pflichtmäßigkeit des Handelns ab (BGH 49, 4), es ist wie bei Stellvertretung Innen- und Außenverhältnis zu unterscheiden. §§ 1795, 181 (RG 71, 162) sind ebenso zu beachten wie §§ 1802 ff (zur Notwendigkeit der Bestellung eines Verfahrenspflegers, FamFG 276 ff, im Genehmigungsverfahren wegen FamFG 40 II, 41 III Hamm DNotZ 11,223; ausf Bestelmeyer Rpfleger 11, 675; 10, 647 f; aA Leipold ZEV 11,192), 1821 ff (Genehmigungspflicht des NachlassG, § 1962), 1837 ff (Aufsicht des NachlassG; BayObLG NJW-RR 97, 326: kein Weisungsrecht), 1886 (Entlassung als ultima ratio, BayObLGZ 83, 59; Frankfurt OLGR 05, 406), 1890, 1892 (Herausgabe bei Beendigung unter Rechnungslegung; hierzu KG OLGZ 77, 132; Brandenburg NJW-RR 08, 96). Die Vermögensfürsorge (§ 1793) umfasst Recht und Pflicht zur Besitznahme, auch gegenüber dem Erbprätendenten (BGH 94, 314; NJW 72, 1752; ZErb 07, 385; NJW 83, 226; Karlsruhe Rpfleger 07, 608), dessen Erbrecht nicht rechtskräftig feststeht; aber keine Herausgabe von Wohnraum! (BGH NJW 81, 2300). Auch Surrogate unterliegen der Herausgabe (BGH NJW 83, 227; Dieckmann FamRZ 83, 582). Der Pfleger kann zur Prozessverhütung Gläubiger befriedigen und hierzu Nachlassgegenstände veräußern (BGH MünchZ 66, 395; München Rpfleger 10, 326); zur Auskunftspflicht gegen Gläubiger § 2012. Er kann Forderungen beitreiben, um öffentliche Schulden zu tilgen (aA Stuttgart BWNotZ 85, 71). Weitere Rechte des Pflegers in FamFG 455 II, InsO 317 (zum Insolvenzantragsrecht BGH FamRZ 11, 1293; 07, 1648). Der Pfleger darf *nicht* die Erbschaft annehmen und ausschlagen; den Nachlass auseinandersetzen, außer in bestimmten Ausnahmefällen (Auflösung der Wohnung als wesentlicher Bestand der Erbschaft: KG NJW-RR 07, 1599; Pflegschaft für nur einen Miterben: KG NJW 71, 565; OLGZ 81, 151); über den Erbteil auf Grund Erbschaftsverkaufs verfügen; Erbschein beantragen (s aber § 2353 Rn 4); Nachlassverwaltung beantragen (str); wohl aber kann er unstr Pflichtteilsansprüche befriedigen (Schleswig FamRZ 10, 1194; Haas ZEV 09, 270). **e) Prozessführung:** aktiv 9 und passiv (§§ 1960 III, 1958, 1961) als Vertreter des Erben oder in eigenem Namen (arg aus ZPO 780 II; BGH NJW 89, 2133; FamRZ 01, 155); vgl ZPO 243 (hierzu BGH NJW 95, 2171). ZPO 325 ff, 727 ff sind im Verhältnis Pfleger – Erbe allenfalls entspr anwendbar (str). Prozesskostenhilfe steht dem Erben zu, nicht dem Pfleger gem ZPO 116 Nr 1 (RG 50, 394); die Bedürftigkeitsprüfung erfolgt ausschließlich anhand des Nachlasswertes und nicht des Vermögens des – oft unbekannten – Erben (KG Rpfleger 95, 357; BayObLG NJW-RR 00, 1395; Saarbrücken FamRZ 10, 1358; sa BVerfG NJW-RR 98, 1081). Der Nachlasspfleger ist selbst Partei, sofern er von Erbprätendenten Herausgabe verlangt (BGH NJW 72, 1752; 81, 2300; 83, 227); iÜ gehört die prozessuale Feststellung des wahren Erben nicht zu seinen Befugnissen, wohl aber kann er der Erbprätendent uU gegen den Nachlass auf Feststellung seines Erbrechts klagen (BGH NJW 51, 559; 83, 227). **f) Haftung:** gegenüber 10 Erben nach § 1833 I (Hamm NJW-RR 95, 1159); Haftung gegenüber Gläubigern analog § 1985 II mit Vertreterstellung unvereinbar (str, vgl KG FamRZ 75, 292);

die Gläubiger müssen sich über § 278 an den Erben halten. Bei Nachlassinsolvenz sind Bereicherungsansprüche aus Handlungen des Nachlasspflegers Masseschulden (BGH 94, 312). **g) Vergütung** Wie bei Vomundschaft gilt der Grundsatz der Ehrenamtlichkeit (§ 1836 I 1; BVerfG 54, 251). Seit dem 1.7.2005 regelt das neue VBVG die Vergütung bei berufsmäßiger Nachlasspflegschaft (dazu Zimmermann ZEV 05, 473). Gemäß § 1836 I 2 und 3 iVm VBVG 1 erfolgt Festlegung durch Beschluss des Nachlassgerichts (zur Wahrung der Ausschlussfrist Brandenburg Rpfleger 11, 605; Naumburg Rpfleger 12, 319), falls berufsmäßige Nachlasspflege vorliegt, oder bei nicht berufsmäßiger Nachlasspflege gemäß § 1836 II nF, falls Nachlassvermögen und Geschäftsumfang eine Vergütung rechtfertigen. Kriterien sind auch nach neuem Recht die nutzbaren Fachkenntnisse und Umfang und Schwierigkeit der Geschäfte (§§ 1915 I 2 nF, 1836 I nF; s BT-Drs 15/4874, 27). Für vor dem 1.7.2005 und nach dem 1.1.1999 liegende Tätigkeiten galt § 1836 II 2 aF (EGBGB 229 § 14; s 11. Aufl). Unter altem, auf noch vor dem 1.1.1999 stattfindende Tätigkeiten anwendbarem Recht (BayObLG NJW-RR 00, 1392) nutzte die Rspr ähnliche Maßstäbe: Höhe des Aktivvermögens (BayObLG Rpfleger 91, 253), Bedeutung der Nachlassgeschäfte, Umfang der Mühewaltung (BayObLG Rpfleger 80, 282; Frankfurt NJW-RR 93, 267; Düsseldorf Rpfleger 98, 203), nicht aber die Notwendigkeit der Anordnung, wirksame Bestellung genügte (BayObLG Rpfleger 90, 301; Frankfurt NJW-RR 93, 267/268). Der Praktikerrichtwert lag für größere Nachlässe bei 1–2% des Aktivnachlasses, für kleinere Nachlässe bei 3–5% (KG OLGZ 81, 179; BayObLG Rpfleger 84, 357; FamRZ 97, 969: 4% von DM 100 000 nicht zu beanstanden); aber Festsetzung für Einzelfall entspr Aufwand (Zweibrücken Rpfleger 95, 301); uU Heranziehung der Richtlinien des Rheinpreußischen Notarvereins (JW 35, 1831; hierzu Düsseldorf Rpfleger 98, 203). Bei berufsmäßig geführter Pflegschaft (zu ihrer Feststellung Naumburg NJW-RR 11, 737) ist unter neuem Recht die Vergütung grundsätzlich nach Zeitaufwand und Stundensatz abgestuft entsprechend dem Schwierigkeitsgrad abzurechnen (Hamm NJW-RR 11, 1091; Celle Rpfleger 12, 257; Brandenburg FamRZ 11, 926; BayObLG NJW-RR 00, 1395; KG FamRZ 12, 818; FGPrax 06, 264; Zweibrücken Rpfleger 08, 137; : ca. 100,– bis 150,– Euro Bruttostundensatz; aA Dresden Rpfleger 07, 547; Schleswig FGPrax 10, 139; 140: Orientierung an VBVG – idR zu niedrig!). Es gilt § 1915 I 2 nF für vermögende Nachlässe und § 1836 I 3 nF iVm VBVG 3 I für mittellose Nachlässe (BT-Drs 15/4874, 27; Zimmermann ZEV 05, 473 f). § 1836 II nF ermöglicht auch bei ehrenamtlicher Pflegschaft eine pauschalierte Vergütung, sofern der Nachlass nicht mittellos ist. Bei mittellosem Nachlass erhält der nichtberufsmäßige Pfleger keine Vergütung. Eine Verzinsung der Nachlasspflegervergütung kommt nur nach den allg Regeln der §§ 288, 291 in Betracht (BayObLG FamRZ 04, 1995; Brandenburg FamRZ 10, 592). Vergütung, die NachlassG durch Beschluss festsetzt (FamFG 340, 292 I, 168 V, I iVm 86, 95; früher FGG 75, 56g I 1 Nr 2, VI, VII; zum alten Recht BayObLG FamRZ 95, 683), und Auslagen, die der Erbe zu erstatten hat (§ 1835 I–III) und der Pfleger nach hM einklagen müsste (BayObLG Rpfleger 84, 356; 91, 254), sind grundsätzlich zu unterscheiden (Frankfurt NJW-RR 93, 267; großzügiger allerdings der Wortlaut FamFG 168 I Nr. 1, der gleichermaßen Festsetzung erlaubt). § 1835a ermöglicht bei vergütungsloser Nachlasspflege pauschalierten Aufwendungsersatz. Der Einwand mangelhafter Geschäftsführung greift nur bei Vorsatz (RG 154, 117; vgl KG OLGZ 88, 283 mN). Über Schadensersatzansprüche gegen den Nachlasspfleger wird im Verfahren nach FamFG 340, 292 I, 168 bzw früher FGG 75, 56g nicht entschieden und ein dahingehender Einwand wird nur berücksichtigt, wenn der Umfang der Tätigkeit bei pflichtgemäßem Verhalten erheblich geringer wäre (BGH NJW-RR 12,835; Düsseldorf FamRZ 11,141; Celle Rpfleger 12, 30; KG Rpfleger 08, 82; sa Zweibrücken NJW-RR 08, 369); keine Vergütung und kein Aufwendungsersatz für von Nachlasspflege nicht erfasste Tätigkeit (Düsseldorf Rpfleger 12, 444). Für die Vergütung haftet stets nur und unabhängig von der Antragstellung der Erbe (Frankfurt NJW-RR 93, 267); keine Vorschusspflicht des beantragenden Gläubigers (s§ 1961 Rn 1), aber Vorschussrecht zur Vermeidung der Ablehnung seines Nachlasspflegschaftsantrages (Weithase Rpfleger 93, 143). Aus § 1836 I 3 iVm VBVG 1 II 2 folgt bei Mittellosigkeit des Nachlasses (fehlendes Aktivvermögen) im Zeitpunkt des Erbfalles die Einstandspflicht der Staatskasse. Bei überschuldetem, aber mit Aktivvermögen ausgestattetem Nachlass ist die Vergütung aus den Aktiva zu bestreiten (Brandenburg FamRZ 11, 926), Festsetzung gegen die Staatskasse erfolgt in diesen Fällen nur bei aus anderen Gründen bestehender Uneinbringlichkeit (Naumburg NJW-RR 11, 737). Gegen die Festsetzung greift befristete Beschwerde (FamFG 58 ff; früher FGG 56g V 1) des echten oder behaupteten Erben, des Nachlassgläubigers (BayObLGZ 58, 74; FamRZ 86, 107), des Erbschaftskäufers oder des Pflegers selbst. Eine Vergütungsvereinbarung zwischen Erbe und Nachlasspfleger kann im Festsetzungsverfahren bindende Wirkung nicht entfalten (Celle Rpfleger 12, 30), müsste also gegebenenfalls eingeklagt werden (Bestelmeyer Rpfleger 12, 676). **Anwaltsgebühren** des Rechts- 12 anwaltspflegers für Prozesse sind nach § 1835 III iVm RVG 1 II zu erstatten (BayObLG FamRZ 97, 185; aA für Steuerberater Schleswig ZEV 97, 202 mAnm Klingelhöffer: nur § 1836); keine Festsetzung nach RVG 11 bzw früher BRAGO 19, sondern gewöhnliche Klage (str, Köln NJW 67, 2408). Lit: Draschka Rpfleger 92, 281 (Gläubigerbefriedigung); Hartung Rpfleger 91, 279 (Erbprätendenten); Tidow Rpfleger 91, 400 (Anordnung der Nachlasspflegschaft); Löhnig FamRZ 97, 204; Wangenitz/Engers FamRZ 98, 1273; Zimmermann ZEV 99, 329; 01, 15; 05, 473; 07, 313.

§ 1961 Nachlasspflegschaft auf Antrag

Das Nachlassgericht hat in den Fällen des § 1960 Abs. 1 einen Nachlasspfleger zu bestellen, wenn die Bestellung zum Zwecke der gerichtlichen Geltendmachung eines Anspruchs, der sich gegen den Nachlass richtet, von dem Berechtigten beantragt wird.

Die Vorschrift sichert die Möglichkeit der Rechtsverfolgung bei Ungewissheit 1 über den Erben; Korrespondenzvorschriften sind §§ 1960 III, 1958, ferner ZPO 792 und ZVG 17 (Ablehnung eines Erbscheinantrags eines Vollstreckungsgläubigers, LG Oldenburg Rpfleger 82, 105). Der Anspruch ist nicht glaubhaft zu machen (BayObLG Rpfleger 84, 102). Auch der Miterbe, der seinen Auseinandersetzungsanspruch (§ 2042) verfolgen will, kann Nachlasspflegschaft für den unbekannten Miterben beantragen (KG OLGZ 81, 151; vgl OLGR Hamm 08, 518). Pflegerbestellung soll auch bei unzureichendem Nachlass ohne Kostenvorschuss des Gläubigers erfolgen müssen (Dresden Rpfleger 10, 215; Hamm Rpfleger 10, 268). Dem Nachlassgläubiger steht gegen die Aufhebung der Pflegschaft ein Beschwerderecht nach FamFG 59, 58 (früher FGG 57 I Nr 3) zu (Hamm Rpfleger 87, 416 zur Rechtslage vor dem FGG-RG; ZErb 10, 269 zur neuen Rechtslage). Der Prozesspfleger ist voller Nachlasspfleger, außer er wird nur beschränkt für den Prozess bestellt (vgl § 1960 Rn 7). Beschwerderecht: § 1960 Rn 6. Sonderfälle: ZPO 779 II; AO 81.

§ 1962 Zuständigkeit des Nachlassgerichts

Für die Nachlasspflegschaft tritt an die Stelle des Familiengerichts oder Betreuungsgerichts das Nachlassgericht.

1. Zuständigkeit. Vgl auch GVG 23a I 1 Nr 2, II Nr 2 iVm FamFG 342 I Nr 2 1 (früher FGG 75). Abgabe an das NachlassG am Wohnsitz des Pflegers oder der Belegenheit von Nachlassgrundstücken ist denkbar (FamFG 4; zum alten Recht Frankfurt Rpfleger 93, 448). Keine Umdeutung einer familien- oder betreuungsgerichtlichen in eine nachlassgerichtliche Genehmigung (MK/Leipold 3).

2 **2. Reform.** Bis zum 1.9.2009 galt unter altem Recht *vormundschaftsgerichtliche* Zuständigkeit.

§ 1963 Unterhalt der werdenden Mutter eines Erben

¹Ist zur Zeit des Erbfalls die Geburt eines Erben zu erwarten, so kann die Mutter, falls sie außerstande ist, sich selbst zu unterhalten, bis zur Entbindung angemessenen Unterhalt aus dem Nachlass oder, wenn noch andere Personen als Erben berufen sind, aus dem Erbteil des Kindes verlangen. ²Bei der Bemessung des Erbteils ist anzunehmen, dass nur ein Kind geboren wird.

1 Der nasciturus muss ges oder gewillkürter Erbe (§ 1923 II) sein, in Altfällen ist auch der Erbersatzanspruch (§§ 1934a ff aF) ausreichend (MK/Leipold 3; str; sa zu Reform und Fortfall § 1924 Rn 3). Einzelheiten: §§ 1602 I, 1610, 1612 I, III, 1614, wohl auch 1613 (str); ZPO 850b I Nr 2 ist zu beachten.

§ 1964 Erbvermutung für den Fiskus durch Feststellung

(1) Wird der Erbe nicht innerhalb einer den Umständen entsprechenden Frist ermittelt, so hat das Nachlassgericht festzustellen, dass ein anderer Erbe als der Fiskus nicht vorhanden ist.

(2) Die Feststellung begründet die Vermutung, dass der Fiskus gesetzlicher Erbe sei.

§ 1965 Öffentliche Aufforderung zur Anmeldung der Erbrechte

(1) ¹Der Feststellung hat eine öffentliche Aufforderung zur Anmeldung der Erbrechte unter Bestimmung einer Anmeldungsfrist vorauszugehen; die Art der Bekanntmachung und die Dauer der Anmeldungsfrist bestimmen sich nach den für das Aufgebotsverfahren geltenden Vorschriften. ²Die Aufforderung darf unterbleiben, wenn die Kosten dem Bestand des Nachlasses gegenüber unverhältnismäßig groß sind.

(2) ¹Ein Erbrecht bleibt unberücksichtigt, wenn nicht dem Nachlassgericht binnen drei Monaten nach dem Ablauf der Anmeldungsfrist nachgewiesen wird, dass das Erbrecht besteht oder dass es gegen den Fiskus im Wege der Klage geltend gemacht ist. ²Ist eine öffentliche Aufforderung nicht ergangen, so beginnt die dreimonatige Frist mit der gerichtlichen Aufforderung, das Erbrecht oder die Erhebung der Klage nachzuweisen.

§ 1966 Rechtsstellung des Fiskus vor Feststellung

Von dem Fiskus als gesetzlichem Erben und gegen den Fiskus als gesetzlichen Erben kann ein Recht erst geltend gemacht werden, nachdem von dem Nachlassgericht festgestellt worden ist, dass ein anderer Erbe nicht vorhanden ist.

Anmerkungen zu den §§ 1964–1966

1 Die Vorschriften gelten nur im Falle des § 1936. Die Vermutung des § 1964 II ist widerlegbar, der Feststellungsbeschluss aufhebbar (FamFG 48 I; früher FGG 18 I), falls das Erbscheinsverfahren oder streitige Verfahren rechtskräftig zu anderen Ergebnissen führt (MK/Leipold 9); Beschwerde gegen Feststellungsbeschluss gem FamFG

58 ff. (zum Beschwerderecht des Fiskus und anderer Erbprätendenten BGH FamRZ 12, 367; KG NJW-RR 11, 587). Ein obsiegendes Urteil des Erbprätendenten bindet das NachlassG. Das Feststellungsverfahren ist auch bei fehlendem oder überschuldetem Nachlass durchzuführen (LG Düsseldorf Rpfleger 81, 358; MK/Leipold 7; str). Das *Erbscheinsverfahren* steht selbstständig neben dem Feststellungsverfahren (BayObLGZ 83, 204); der Feststellungsbeschluss ersetzt im Grundbuchverfahren nicht den Erbschein (Frankfurt MDR 84, 15; BayObLG NJW-RR 89, 586). Lit: Frohn Rpfleger 86, 37; Holl Rpfleger 08, 285; Mayer ZEV 10, 445.

Titel 2. Haftung des Erben für die Nachlassverbindlichkeiten

Vorbemerkungen

Lit: Behr, Zwangsvollstreckung in den Nachlass, Rpfleger 02, 2; Börner, Das System der Erbenhaftung, JuS 68, 53, 108; Fromm, Nachlassverwaltung: eine Bedrohung für mittelständische Unternehmen im Nachlass, ZEV 06, 298; Harder/Müller-Freienfels, Grundzüge der Erbenhaftung, JuS 80, 877; Hoepfner, Grundzüge der Erbenhaftung, Jura 82, 169; Noack, Vollstreckung gegen Erben, JR 69, 8; Roth, Die Eröffnungsgründe im Nachlassinsolvenzverfahren, ZInsO 09, 2265; Rugullis, Nachlassverwaltung und Nachlassinsolvenzverfahren: ein Rechtsfolgenvergleich, ZEV 07, 156; ders, Das Konkurrenzverhältnis zwischen Nachlassverwaltung und Nachlassinsolvenzverfahren, ZErb 08, 35; Sick, Die Haftung des Erben nach § 1967 BGB und das Problem der Haftungsbeschränkung auf den Nachlass, ZErb 10, 325; Schröder, Zum Übergang inhaltlich variabler Verpflichtungen auf den Erben, JZ 78, 379.

1. Grundsatz der Gesamtrechtsnachfolge. Nach dem Grundsatz der Gesamtrechtsnachfolge (§ 1922 I) haftet der Erbe für Nachlassschulden (§ 1967). Mit dem Erbschaftsanfall entstehen indessen zwei Vermögensmassen gleicher Rechtsträgerschaft: das Eigenvermögen des Erben und Nachlass. Das Ges muss deshalb über die Haftungsmasse entscheiden. Grundsätzlich haften für Nachlassschulden die Nachlassmasse und das Eigenvermögen **(Grundsatz der unbeschränkten Haftung).**

2. Beschränkungsrecht. Diese Haftung ist aber auf die Nachlassmasse beschränkbar in folgenden Fällen: Nachlassinsolvenz (§ 1975; InsO 315–331); Nachlassverwaltung (§§ 1975, 1981–1988); Nachlassinsolvenzplanverfahren (InsO 315 ff, 217 ff); Einrede der Dürftigkeit (§§ 1990–1992).

3. Verlust des Beschränkungsrechtes. Er tritt ein bei Versäumung der Inventarfrist (§ 1994 I 2); Inventaruntreue (§ 2005 I 1); Eidesverweigerung (§ 2006 III).

4. Überlegungsfrist. Zur sachgerechten Wahrnehmung des Beschränkungsrechts gewähren §§ 2014–2017 eine Überlegungsfrist.

5. Information. Über den Stand der Aktiva und Passiva informieren Inventarverzeichnis (§§ 1993–2013) und Gläubigeraufgebot (§§ 1970–1974).

6. Ges Sonderfälle. §§ 2058–2063; 2144 f; 2382 f; zur Haftung für Geschäftsschulden vgl § 1967 Rn 6 ff.

7. Prozessuales. (Lit: K. Schmidt JR 89, 45; Stein ZEV 98, 178; Baur/Stürner/ Bruns, Rn 20.1 ff). Das Beschränkungsrecht (Rn 2) muss verfahrensrechtlich – falls es das Prozessgericht nicht selbst berücksichtigt (vgl zu weiteren Einzelheiten auch §§ 1970–1974 Rn 4 und §§ 1990, 1991 Rn 7) – im Urteil gegen den Erben vorbehalten sein (ZPO 780; BGH NJW 54, 635) und durch Abwehrklage (ZPO 785) durchgesetzt werden. Der Antrag ist allein in der Tatsacheninstanz zulässig (BGH NJW 62, 1250; NJW-RR 10, 664; Celle FamRZ 10, 1273: Zulässigkeit in der Berufungsinstanz), in der Revisionsinstanz nur, falls Erblasser erst nach der Tatsacheninstanz stirbt (BGH 17, 69); das Revisionsgericht kann den rechtzeitig gestellten, aber bisher unbeachteten Antrag ohne bes Rüge berücksichtigen (BGH NJW 83, 2379). Auch bei rechtskräftiger Verurteilung des Erblassers muss die beschränkte Haftung nach zulässiger Titelumschreibung (ZPO 727) vom Erben durch Abwehrklage geltend gemacht werden (ZPO 781, 785); der Erbe kann und muss nicht zur Erwirkung eines Vorbehalts Revision einlegen, falls Erblasser nach Tatsacheninstanz stirbt (BGH 54, 204). Gegen Steuerforderungen muss der Erbe ebenfalls im Zwangsvollstreckungsverfahren die beschränkte Erbenhaftung geltend machen (BFH NJW 93, 350).

Untertitel 1. Nachlassverbindlichkeiten

§ 1967 Erbenhaftung, Nachlassverbindlichkeiten

(1) **Der Erbe haftet für die Nachlassverbindlichkeiten.**

(2) **Zu den Nachlassverbindlichkeiten gehören außer den vom Erblasser herrührenden Schulden die den Erben als solchen treffenden Verbindlichkeiten, insbesondere die Verbindlichkeiten aus Pflichtteilsrechten, Vermächtnissen und Auflagen.**

1 **1. Arten der Nachlassverbindlichkeiten. a) Erblasserschulden,** die vom Erblasser herrühren; zB Verbindlichkeiten aus unerlaubten Handlungen (BGH NJW 87, 1013), auch wenn der Schaden erst nach dem Erbfall eintritt; Rückforderungsanspruch aus § 528 I bei Verarmung nach Erbfall (BGH NJW 91, 2558); Steuerschulden (AO 45; BFH BB 83, 2243; NJW 93, 350); Verpflichtung zur Erteilung einer Eintragungsbewilligung; Pflicht zur eidesstattlichen Versicherung gem § 260 II (keine überwiegend persönlichkeitsbezogene Pflicht, München OLGZ 87, 226; BGH NJW 88, 2729); altenteilsvertragliche Pflegeverpflichtung, sofern die Parteien bei Abschluss des Vertrages übereinstimmend davon ausgingen, dass auch andere Verwandte ggf pflegerisch tätig werden würden (Hamm FamRZ 99, 1055); Rückzahlung unzulässiger Entnahme aus Gesellschaftsvermögen (LM Nr 3 zu § 115 HGB); Haftung für Verpflichtung, die durch nach Tod eintretendes Ereignis bedingt war (BGH BB 68, 152); Auseinandersetzungsansprüche aus nichtehelicher Lebensgemeinschaft des Erblassers (§ 705 Rn 15 f; Diederichsen NJW 83, 1025); ges Verpflichtungen der §§ 1371 II, III; 1586b, 1587e IV aF, jetzt VersAusglG 31 III iVm § 1587; Betreuervergütung gem §§ 1908i, 1836 II (BayObLG FamRZ 96, 1173; NJW-RR 98, 657; sa § 1836e I 2) und Aufwendungsersatz gem §§ 1908i, 1835 (Zweibrücken BtPrax 70, 39); Verpflichtung zum *Aufwendungs*ersatz gem SGB XII 19 VI – auch die Verpflichtung zum *Kosten*ersatz nach SGB XII 102 ff, allerdings hier kraft Ges beschränkt, s SGB XII 103 (s zum früheren BSHG 92a II, 92c II, 2 BVerwG 52, 22). **b) Erbfallschulden,** die mit dem Erbfall entstehen, zB vorzeitig (an den Erblasser) gezahlte Versorgungsbezüge oder Renten (aA MK/Siegmann 13; BVerwG MDR 71, 784); ges geregelte Fälle: § 2303 ff (BGH 80, 209 f für § 2329), 1934b aF (für Altfälle, vgl § 1924 Rn 3); 2174; 1932, 1969, 1371 IV; 1963; 1968; ErbStG 9 I, 20 (BFH/NV 10, 849; NJW 93, 350; Naumburg FamRZ 07, 1049; 3 str; aA für Erbschaftsteuerschuld des Erben: Hamm OLGZ 90, 395). **c) Erbschaftsverwaltungsschulden,** die nach dem Erbfall bei Abwicklung des Nachlasses entstehen; Bsp: Kosten der Testamentseröffnung (FamFG 348, früher § 2260), Vergütung des Testamentsvollstreckers (§ 2221, s dort Rn 4), der gerichtl Nachlasssicherung (§ 1960), der Erbauseinandersetzung, der Nachlasspflegschaft, eines Gläubigeraufgebotes (§§ 1970 ff), einer Nachlassverwaltung oder -insolvenz; Schulden aus der Verwaltung durch Nachlasspfleger, -verwalter oder -insolvenzverwalter, und zwar sowohl Ansprüche dieser Personen als auch Dritter; Schulden aus der ordnungsgemäßen Verwaltung durch Testamentsvollstrecker (OLGR Koblenz 08, 976); Aufwendungsersatzansprüche des vorläufigen Erben (§ 1959 I); Wohngeldschulden, die aus Eigentümerbeschlüssen nach dem Erbfall herrühren, sofern Erbe die begründete Einrede der Dürftigkeit erhoben hat (BayObLG NJW-RR 00, 306); Kosten der

Titel 2. Haftung des Erben § 1967

Verwaltung der Vorerbschaft für den Nacherben (KG FamRZ 09, 1520); nicht dagegen die Kosten des Verfahrens zur Feststellung des Staatserbrechts (§§ 1964 f), wenn schließlich ein privater Erbe ermittelt wird (KG FamRZ 97, 969).

2. Eigen- oder Erbenschulden. Sie sind keine Nachlassschulden, sie bestehen 4 unabhängig vom Erbfall und Erbschaftsanfall in der Person des Erben. Während für Nachlassschulden stets der Nachlass haftet und die Freistellung des Eigenvermögens des Erben in Frage steht (vgl Anm Vor § 1967), haftet für Eigenschulden stets das Eigenvermögen des Erben, und es stellt sich das Problem der Enthaftung des Nachlasses zugunsten der Nachlassgläubiger (§ 1984 II; ZPO 784 II, 785; InsO 321).

3. Nachlasserbenschulden. Sie sind gleichzeitig Erbschaftsverwaltungsschul- 5 den, also Nachlassschulden, und Erben- bzw Eigenschulden. Sie entstehen, falls der Erbe in eigenem Namen ein Geschäft zur Verwaltung des Nachlasses abschließt (BGH 32, 64; 38, 193; 110, 179 = NJW 90, 1237; 13, 934); bei der Geschäftsführung durch einen Miterben können die Grundsätze der Anscheinsvollmacht durchgreifen (LM Nr 2 zu § 2032). Eine Verbindlichkeit aus einem Dauerschuldverhältnis, welches der Erblasser begründet und das seinen Tod überdauert, ist Nachlassverbindlichkeit und nicht Nachlasserbenschuld, wenn der Erbe von frühestmöglicher Kündigungsmöglichkeit Gebrauch macht (BGH NJW 13, 934); dies soll auch gelten, wenn der Erbe nicht umgehend kündigt, iÜ aber keine Verwaltungshandlungen für den Nachlass vornimmt (s KG NJW 06, 2562; insoweit offen BGH NJW 13, 934). Bei Fortführung eines Prozesses des Erblassers entstehen folgerichtig Nachlasserbenschulden (Düsseldorf FamRZ 10, 496). Der Anspruch auf Rückforderung von weitergezahlten Renten oder Versorgungsbezügen ist bereicherungsrechtliche Nachlasserbenschuld (BGH 71, 187; 73, 202; aA MK/Siegmann 13; AG Kassel NJW 92, 586; sa Rn 2). Für die Nachlasserbenschuld haften stets und unbeschränkbar Nachlass und Eigenvermögen. Der Erbe kann aber seine Aufwendungen aus dem Nachlass ersetzt verlangen (§ 1978 III). Er kann beim Geschäftsabschluss die Haftung auf den Nachlass beschränken (RG 146, 346; BGH BB 68, 770). Einkommensteuerschulden, die aus Geschäftsfortführung durch den Nachlassverwalter entstehen, sind als Erbenschulden oder Nachlasserbenschulden einzuordnen, so dass in jedem Falle das Eigenvermögen des Erben haftet (BGH NJW 93, 350). Öffentlichrechtliche Pflichten können Nachlassschulden sein, wenn der Erbe in die durch Verwaltungsakt konkretisierte Pflichtenstellung des Erblassers einrückt (ablehnend für Zwangsgeldandrohungen wegen Höchstpersönlichkeit VG Gelsenkirchen FamRZ 11 759); sie sind Erbenschulden, wenn ein Verwaltungsakt erstmals gegenüber dem Erben erlassen wird (Joachim/Lange ZEV 11, 53; für nach dem Erbfall entstandene öffentliche Abgaben Thüringen FamRZ 09, 1866; VG Halle ZEV 12, 92). Durch ein Einrücken des Erben als Zustandsstörer können indessen Nachlasserbenschulden entstehen (str; zum Ganzen Ossenbühl NJW 68, 1992; Oldiges JA 78, 541; sa § 1922 Rn 3).

4. Geschäftsschulden. Bei ihnen sind neben erbrechtlichen Vorschriften die 6 Sonderregeln des HGB zu beachten. **a) Einzelhandelsgeschäft,** HGB 27: Der das Geschäft fortführende Erbe kann durch Handelsregistereintragung nach HGB 25 II die Haftung für Altschulden auf den Nachlass beschränken (KG DR 40, 2007, str). Nacherbe bzw endgültiger Erbe haften für Schulden aus der Geschäftsführungszeit des Vorerben bzw vorläufigen Erben sowohl aus § 1967 wie aus HGB 27 (BGH 32, 64, 66). Haftung des Erben gem HGB 27 bei Fortführung durch bevollmächtigten Testamentsvollstrecker (hierzu BGH 12, 100; 35, 15). Während der Schwebezeit (HGB 27 II) entstehen Nachlasserbenschulden (BGH BB 68, 770), für die der Erbe nach allg Grundsätzen die Haftung auf den Nachlass beschränken kann (s BGH NJW 91, 845 und Rn 5). Die Fortführung durch ges Vertreter namens des minderjährigen Erben führte zu der Rechtsänderung durch das MinderjährigenhaftungsbeschränkungsG (BGBl I 1998, 2487) jedenfalls für Neuschulden zur unbegrenzten Haftung des Minderjährigen (s BGH 92, 259); die verfassungsrechtlichen Bedenken gegen die Verschuldung Minderjähriger durch Eltern (BVerfG NJW 86, 1859) betrafen auch diesen Fall, so dass bis zur Neuregelung entspr §§ 1643 I, 1822 Nr 3 vormundschaftsgerichtl Genehmigung zur Fortführung erforderlich war (s § 2032 Rn 4) und in der Schwebezeit HGB 27 II analog galt. Der *Reformgesetzgeber* hat im § 1629a eine Haftungsbeschränkung (§§ 1990, 1991) des Minderjährigen auf das Vermögen eingeführt, das bei Eintritt der Volljährigkeit vorhanden ist; eine Vermutung spricht für das Entstehen einer Schuld nach Eintritt der Volljährigkeit und für den Bestand des gegenwärtigen Vermögens bereits bei Eintritt der Volljährigkeit, falls der Volljährige das Handelsgeschäft nicht binnen drei Monaten einstellt (sa

7 §§ 723–728 Rn 17; § 2032 Rn 4). **b) Bei GbR** wird die Gesellschaft durch Tod aufgelöst (§ 727) und bei der **OHG** scheidet der verstorbene Gesellschafter aus (HGB 131 III Nr 1), falls der Gesellschaftsvertrag nichts anderes bestimmt (§ 727 I, HGB 131 III; dazu noch §§ 723–728 Rn 14). Bleibt der Erbe persönlich haftender Gesellschafter (HGB 139), so haftet er für Altschulden persönlich ohne Beschränkungsmöglichkeit (BGH NJW 82, 45; 91, 845; zur BGB-Gesellschaft §§ 738–740 Rn 4). Wird der Erbe Kommanditist, so haftet er für Altschulden wie für gewöhnliche Nachlassverbindlichkeiten nur beschränkbar (HGB 139 IV); daneben besteht aber gewöhnliche Kommanditistenhaftung bis zur Höhe der Einlage (HGB 173, 171; str). Der ausgeschiedene Erbe haftet nur nach erbrechtlichen Grundsätzen beschränkbar (HGB 139 IV). Für die Haftungsfolgen ist es gleich, ob die erbbedingte Änderung während der Schwebezeit (HGB 139 III) nicht oder ohne entspr Vorbehalt eingetragen wurde (BGH 55, 272 f). Bei Rechtsnachfolge in Liquidationsgesellschaft ist die Haftung beschränkbar (BGH NJW 82, 45; 95, 3315). Die Haftung des elterlich vertretenen minderjährigen Gesellschaftererben ist auf den Vermögensbestand bei Eintritt der Volljährigkeit beschränkbar (§§ 723–728 Rn 17; § 1967 Rn 6). Lit: Börner AcP 166, 426; H. P. Westermann AcP 173, 24 (beide unter Berücksich-

8 tigung der §§ 2058–2062); Ebenroth, ErbR, Rn 857 ff. **c) KG:** Die handelsrechtlich beschränkte Haftung des Kommanditisten (HGB 173, 171 f) erfasst für die nach Erbschaftsannahme begründeten Gesellschaftsschulden Nachlass und Eigenvermögen. Für die vor Annahme begründeten Altschulden muss dasselbe gelten, der Kommanditist kann also auch insoweit die Haftung nicht auf den Nachlass beschränken (str). HGB 176 II ist auf den Erben des Kommanditisten unanwendbar; idR aber anwendbar dann, wenn ein Nichtgesellschafter kraft Erbrechts den Gesellschaftsanteil eines persönlich haftenden Gesellschafters unter Umwandlung in eine Kommanditbeteiligung erwirbt und dies nicht eingetragen wird (BGH 66, 98). War der Erbe schon vor dem Erbfall Kommanditist, so ist Haftung als Erbe des Vollgesellschafters gem HGB 15 I, 128 und ihre Beschränkbarkeit gem HGB 139 gegeben (BGH NJW 91, 845). Beschränkbare Erbenhaftung (zB § 1990) für Einlageverpflichtung ist bei Erbfolge in eine Liquidationsgesellschaft anzunehmen (BGH NJW 95, 3314). Falls der einzige Kommanditist den einzigen Komplementär beerbt, entsteht ein Einzelhandelsgeschäft, die Haftung des Erben folgt HGB 27 (BGH NJW 91, 845); bei Geschäftseinstellung haftet aber nicht nur der Nachlass für Altschulden, sondern das gesamte Gesellschaftsvermögen (BGH NJW 91, 846). Lit: Eckert JuS 86, 126; Herf DB 91, 2121; Marotzke ZHR 156, 17; Luttermann ZErb 08, 139.

§ 1968 Beerdigungskosten

Der Erbe trägt die Kosten der Beerdigung des Erblassers.

Lit: Ahrens, Der Leichnam – rechtlich betrachtet, ErbR 07, 146; Berger, Die Erstattung der Beerdigungskosten, Diss Köln, 1968; Balke, Die Erstattungsfähigkeit von Beerdigungskosten, SVR 09, 132.

1 **1. Besorgung der Bestattung durch Erben.** Sofern der Alleinerbe oder die Miterben gemeinsam (§ 2038) die Beerdigung besorgen, haften sie den Vertragspartnern aus RGeschäft mit Nachlass und Eigenvermögen (Nachlasserbenschuld, § 1967

Titel 2. Haftung des Erben **§ 1969**

Rn 5); zu Regressansprüchen der Miterbengemeinschaft gem § 844 I gegen einen Miterben BGH NJW 62, 792.

2. Besorgung der Bestattung durch Dritte. Sonst ist *Anspruchsinhaber* der 2 Träger der Totenfürsorge (Rn 5), der die Beerdigung tatsächlich ausrichtet. Für andere Dritte gelten die allg Regeln, insbes §§ 677 f (dazu BGH NJW 12, 1648; Widmann FamRZ 88, 352; 12, 617), wobei sich Ansprüche gegen den nach Landesrecht Bestattungspflichtigen richten (zu diesem OVG Lüneburg NJW 03, 1268; BVerwG ZEV 11, 91). Letztlich kostentragungspflichtige Schuldner nach § 1968 sind der Erbe bzw die Erben. Es handelt sich um *Erbfallschulden* (§ 1967 Rn 2). Eine Bank, die dem Bestattungspflichtigen oder dem Dritten die Kosten aus Guthaben des Erblassers erstattet, hat jedoch ihrerseits keinen aufrechnungsfähigen Erstattungsanspruch gegen den Erben (Saarbrücken FamRZ 01, 1487; ferner Dresden ZEV 10, 582).

3. Korrespondenzvorschriften. §§ 1615 II (hierzu LG Dortmund NJW-RR 3 96, 775), 1615m, 1360a III, 1361 IV 3, 844 I; SGB XII 74 (BSG 104, 219; zum alten BSHG 15 BVerwG ZEV 98, 151; NJW 03, 3146); Landesrecht, zB bwBestattungsG 30 ff (hierzu VGH Mannheim NJW 97, 3113).

4. Anspruchsinhalt. Kosten für eine Beerdigung, die nach Lebensstellung des 4 Erblassers Brauch und Sitte ist; zB nicht Reisekosten von Angehörigen (vgl BGH 32, 72) oder Kosten eines Doppelgrabes (BGH 61, 238). Keine Beerdigungskosten sind die Grabpflegekosten (Oldenburg FamRZ 92, 987; Schleswig-Holstein ZErb 10, 90 f; Märker MDR 92, 217; Damrau ZEV 04, 456). Der Erblasser kann aber ein Vermächtnis für Grabpflege anordnen und so einen Anspruch gegen den Erben schaffen; denkbar auch Auflage an Erben (Saarbrücken FamRZ 10, 1192) oder Grabpflegevertrag zu Lebzeiten (Schleswig FamRZ 10, 1194).

5. Gestaltung der Beerdigung und des Grabmals. Sie richtet sich primär 5 nach dem *Erblasserwillen* (dazu Widmann FamRZ 01, 74). Ist er nicht erkennbar, so liegt das *Totenfürsorgerecht* bei dem, den der Erblasser damit betraut, beim Fehlen solchen Willens bei den Angehörigen (BGH NJW-RR 92, 834; LM Nr 2). Insbes *können* Erbenstellung und Totenfürsorge zusammenfallen, sie *müssen* es aber nicht (LG Bonn Rpfleger 93, 448); zu Streitigkeiten über Exhumierung und Umbettung Karlsruhe NJW 01, 2980; LG Gießen NJW-RR 95, 265 mN; LG Leipzig FamRZ 05, 1125; zur Duldung einer Exhumierung wegen DNA-Analyse (ZPO 372a) München FamRZ 01, 126; Hamm FamRZ 05, 1192).

6. Steuern. Beerdigungs- und Grabmalkosten absetzbar gem ErbStG 10 V Nr 3, 6 ebenso Kapitalwert der Pflegekosten (BewG 13 II: 9,3facher Jahresbetrag); idR keine einkommensteuerliche Absetzbarkeit der Pflegekosten (BFH NJW 89, 3303).

§ 1969 Dreißigster

(1) ¹**Der Erbe ist verpflichtet, Familienangehörigen des Erblassers, die zur Zeit des Todes des Erblassers zu dessen Hausstand gehören und von ihm Unterhalt bezogen haben, in den ersten 30 Tagen nach dem Eintritt des Erbfalls in demselben Umfang, wie der Erblasser es getan hat, Unterhalt zu gewähren und die Benutzung der Wohnung und der Haushaltsgegenstände zu gestatten.** ²**Der Erblasser kann durch letztwillige Verfügung eine abweichende Anordnung treffen.**

(2) **Die Vorschriften über Vermächtnisse finden entsprechende Anwendung.**

Lit: van Venrooy, Zum Umgang mit dem „Dreißigsten" (§ 1969 Abs. 1 Satz 1 BGB), MDR 10, 1030.

§§ 1970–1974 Buch 5. Abschnitt 2. Rechtliche Stellung des Erben

1. Anspruchsinhaber. Da Hausangestellte keinen Unterhalt beziehen, gilt § 1969 nicht für sie, wohl aber für den eingetragenen Lebenspartner (LPartG 11 I) und nach zweifelhafter hM für nichteheliche Lebensgefährten (so Düsseldorf NJW 83, 1566 mAnm Bosch FamRZ 83, 275; MK/Siegmann 2 mN; abl Steinert NJW 86, 686). 1

2. Unterfall eines Unterhaltsanspruchs. Wegen des unterhaltsrechtlichen Charakters sind §§ 399, 400, ZPO 850b I Nr 2, II, 851 anwendbar, ebenso § 1613. 2

Untertitel 2. Aufgebot der Nachlassgläubiger

§ 1970 Anmeldung der Forderungen

Die Nachlassgläubiger können im Wege des Aufgebotsverfahrens zur Anmeldung ihrer Forderungen aufgefordert werden.

§ 1971 Nicht betroffene Gläubiger

¹Pfandgläubiger und Gläubiger, die im Insolvenzverfahren den Pfandgläubigern gleichstehen, sowie Gläubiger, die bei der Zwangsvollstreckung in das unbewegliche Vermögen ein Recht auf Befriedigung aus diesem Vermögen haben, werden, soweit es sich um die Befriedigung aus den ihnen haftenden Gegenständen handelt, durch das Aufgebot nicht betroffen. ²Das Gleiche gilt von Gläubigern, deren Ansprüche durch eine Vormerkung gesichert sind oder denen im Insolvenzverfahren ein Aussonderungsrecht zusteht, in Ansehung des Gegenstands ihres Rechts.

§ 1972 Nicht betroffene Rechte

Pflichtteilsrechte, Vermächtnisse und Auflagen werden durch das Aufgebot nicht betroffen, unbeschadet der Vorschrift des § 2060 Nr. 1.

§ 1973 Ausschluss von Nachlassgläubigern

(1) ¹Der Erbe kann die Befriedigung eines im Aufgebotsverfahren ausgeschlossenen Nachlassgläubigers insoweit verweigern, als der Nachlass durch die Befriedigung der nicht ausgeschlossenen Gläubiger erschöpft wird. ²Der Erbe hat jedoch den ausgeschlossenen Gläubiger vor den Verbindlichkeiten aus Pflichtteilsrechten, Vermächtnissen und Auflagen zu befriedigen, es sei denn, dass der Gläubiger seine Forderung erst nach der Berichtigung dieser Verbindlichkeiten geltend macht.

(2) ¹Einen Überschuss hat der Erbe zum Zwecke der Befriedigung des Gläubigers im Wege der Zwangsvollstreckung nach den Vorschriften über die Herausgabe einer ungerechtfertigten Bereicherung herauszugeben. ²Er kann die Herausgabe der noch vorhandenen Nachlassgegenstände durch Zahlung des Wertes abwenden. ³Die rechtskräftige Verurteilung des Erben zur Befriedigung eines ausgeschlossenen Gläubigers wirkt einem anderen Gläubiger gegenüber wie die Befriedigung.

§ 1974 Verschweigungseinrede

(1) ¹Ein Nachlassgläubiger, der seine Forderung später als fünf Jahre nach dem Erbfall dem Erben gegenüber geltend macht, steht einem ausgeschlossenen Gläubiger gleich, es sei denn, dass die Forderung dem Erben vor

dem Ablauf der fünf Jahre bekannt geworden oder im Aufgebotsverfahren angemeldet worden ist. ²Wird der Erblasser für tot erklärt oder wird seine Todeszeit nach den Vorschriften des Verschollenheitsgesetzes festgestellt, so beginnt die Frist nicht vor dem Eintritt der Rechtskraft des Beschlusses über die Todeserklärung oder die Feststellung der Todeszeit.

(2) Die dem Erben nach § 1973 Abs. 1 Satz 2 obliegende Verpflichtung tritt im Verhältnis von Verbindlichkeiten aus Pflichtteilsrechten, Vermächtnissen und Auflagen zueinander nur insoweit ein, als der Gläubiger im Falle des Nachlassinsolvenzverfahrens im Range vorgehen würde.

(3) Soweit ein Gläubiger nach § 1971 von dem Aufgebot nicht betroffen wird, finden die Vorschriften des Absatzes 1 auf ihn keine Anwendung.

Anmerkungen zu den §§ 1970–1974

Lit: Klinger/Ruby, Das Aufgebot der Nachlassgläubiger – eine unbekannte Haftungsfalle, NJW-Spezial 05, 61.

1. Aufgebotsverfahren. Es richtet sich nach FamFG 454–464; 433–441 (früher ZPO 989–1001, 946–959). 1

2. Zweck des Verfahrens. Erbe, Nachlasspfleger, Nachlassverwalter oder Testamentsvollstrecker soll Überblick über die Passiva erhalten. Zu Anforderungen an die Glaubhaftmachung einer Nachlassforderung s KG ZEV 05, 115. 2

3. Unberührte Gläubiger. Unberührt vom Aufgebotsverfahren bleiben die dinglichen Gläubiger (§ 1971) und Erbfallgläubiger (§ 1972). 3

4. Wirkung des Ausschlussurteils. Sie besteht in der Beschränkung der Haftungsmasse für ausgeschlossene Forderungen (§ 1973). Nur wenn nach Abzug nicht ausgeschlossener Forderungen und der Forderungen nach § 1971, ferner der befriedigten ausgeschlossenen Forderungen (vgl auch § 1973 II 3) noch etwas verbleibt, schuldet der Erbe Vollstreckungspreisgabe, wobei § 818 zu beachten ist. Bei Erschöpfung des Nachlasses erfolgt Abweisung als zurzeit unbegründet (str), da ja noch Nachlassgegenstände auftauchen können. Andernfalls ist der Erbe unter Vorbehalt (ZPO 780 I) zu verurteilen und muss die eingeschränkte Vollstreckungsmöglichkeit nach ZPO 785, 767 geltend machen; vgl Vor § 1967 Rn 7. 4

5. Rechtsbelfe des Erben während des Aufgebotsverfahrens. Es gelten § 2015, ZPO 782, 785. 5

6. Verschweigungseinrede. Diese Einrede (§ 1974) stellt bisher unbekannte Forderungen, die erst nach 5 Jahren geltend gemacht werden, den ausgeschlossenen Forderungen gleich. Zu § 1974 II s InsO 327 III. 6

Untertitel 3. Beschränkung der Haftung des Erben

§ 1975 Nachlassverwaltung; Nachlassinsolvenz

Die Haftung des Erben für die Nachlassverbindlichkeiten beschränkt sich auf den Nachlass, wenn eine Nachlasspflegschaft zum Zwecke der Befriedigung der Nachlassgläubiger (Nachlassverwaltung) angeordnet oder das Nachlassinsolvenzverfahren eröffnet ist.

Lit: S Vor § 1967.

§§ 1976, 1977   Buch 5. Abschnitt 2. Rechtliche Stellung des Erben

1   1. Antragsrecht. Das Antragsrecht für Nachlassverwaltung oder – insolvenz regeln § 1981, InsO 317, 318 (Koblenz Rpfleger 89, 510: kein Antragsrecht des Erben nach Ausschlagung).

2   2. Haftungsbeschränkung. Sie besteht *während* dieser Verfahren. *Nach* ihrem Abschluss gilt bei Insolvenz § 1989, bei Verwaltung § 1990 analog (BGH NJW 54, 635).

3   3. Prozessuales. Gegen Vollstreckungsmaßnahmen ist die Haftungsbeschränkung klagweise geltend zu machen (ZPO 785, 784, 781). Bei Klagen gegen den Erben muss der Erbe die Einrede der Haftungsbeschränkung erheben, das Gericht kann sie sachlich berücksichtigen (zB Klagabweisung wegen Nachlassaufzehrung) oder gem ZPO 780 die Entscheidung über die Folgen der Beschränkung dem Vollstreckungsverfahren überlassen (vgl auch Vor § 1967 Rn 7).

§ 1976 Wirkung auf durch Vereinigung erloschene Rechtsverhältnisse

Ist die Nachlassverwaltung angeordnet oder das Nachlassinsolvenzverfahren eröffnet, so gelten die infolge des Erbfalls durch Vereinigung von Recht und Verbindlichkeit oder von Recht und Belastung erloschenen Rechtsverhältnisse als nicht erloschen.

1   1. Beseitigung der Konfusion und Konsolidation. Anordnung der Nachlassverwaltung oder Eröffnung des Insolvenzverfahrens beseitigt rückwirkend Konsolidation und Konfusion (vgl § 1922 Rn 9). Der Erbe kann also Forderungen gegenüber dem Nachlassverwalter (§§ 1984, 1985 I) oder Insolvenzverwalter (InsO 80 I, 326) geltend machen, obwohl er Träger des Eigenvermögens und des Nachlasses ist (BGH 48, 219); der Erbe als Hypothekengläubiger (§§ 1177 II, 1197 I) kann wieder vollstrecken (§ 1984 II, InsO 49). Die Schuldnerstellung des Erben lebt neu auf, so dass er dem Nachlass wirksam eine Hypothek bestellen kann, wie überhaupt der Nachlassverwalter gegenüber dem Erben rechtsgeschäftlich neue Rechte begründen kann (hierzu BGH NJW-RR 91, 684 für surrogierende Rgeschäfte; sa §§ 1984, 1985 Rn 4). Sofern ein Gesellschafter durch Mitgesellschafter beerbt wird und § 738, HGB 131 III Nr 1 gelten, lässt § 1976 nur den Abfindungsanspruch aufleben, an der Anwachsung ändert sich nichts (hierzu RG 136, 99; offen BGH NJW 1991, 845); aA im Falle zweigliedriger Gesellschaft BGH BB 78, 522; SoeStein 2: Fiktion des Fortbestandes; nach Ulmer JuS 86, 858 (zu BGH 98, 57 bei Anordnung von Testamentsvollstreckung, s näher § 2205 Rn 3) allerdings keine „relative Einmann-OHG" möglich, sondern fiktiver Fortbestand als Innengesellschaft; vgl §§ 723–728 Rn 14.

2   2. Analoge Anwendung. Sie wird verneint (allerdings im Ergebnis ähnlich, BGH 48, 218; s § 2205 Rn 1) bei Anordnung der Testamentsvollstreckung (sa MK/Küpper Rn 8). Der Rechtsgedanke des § 1976 findet überall dort Anwendung, wo der Bestand des Nachlasses im Zeitpunkt des Erbfalls Berechnungsgrundlage für eine Forderung des Erben gegen den Nachlass (zB Pflichtteilsanspruch, BGH 98, 389; Schleswig ZEV 07, 277; s § 2311 Rn 3, 8) war.

§ 1977 Wirkung auf eine Aufrechnung

(1) Hat ein Nachlassgläubiger vor der Anordnung der Nachlassverwaltung oder vor der Eröffnung des Nachlassinsolvenzverfahrens seine Forderung gegen eine nicht zum Nachlass gehörende Forderung des Erben ohne dessen Zustimmung aufgerechnet, so ist nach der Anordnung der Nachlassverwaltung oder der Eröffnung des Nachlassinsolvenzverfahrens die Aufrechnung als nicht erfolgt anzusehen.

Titel 2. Haftung des Erben **§ 1978**

(2) Das Gleiche gilt, wenn ein Gläubiger, der nicht Nachlassgläubiger ist, die ihm gegen den Erben zustehende Forderung gegen eine zum Nachlass gehörende Forderung aufgerechnet hat.

1. Zweck. § 1977 führt den Trennungsgrundsatz im Falle der Aufrechnung 1 durch. Aufrechnungen vor der Vermögenstrennung gelten deshalb als nicht erfolgt, die Forderungen als fortbestehend entgegen § 389.

2. Wirkungen des Eintritts der Vermögenstrennung. Mit dem Eintritt der 2 Vermögenstrennung sind Nachlassforderungen bzw -schulden und Eigenschulden bzw -forderungen nicht mehr gegenseitig (§ 387), so dass es an der Aufrechnungslage fehlt (teilw str, SoeStein 7). Möglich bleibt die Aufrechnung zwischen Nachlassforderungen und Nachlassschulden (vgl InsO 94 ff, § 1984).

3. Aufrechnung vor Eintritt der Vermögenstrennung. Sie bleibt wirksam 3 bei *Zustimmung des Erben,* gleichgültig, ob Forderung des Erben oder Nachlassforderung erloschen ist (RG LZ 16, 1364; str). Im ersten Fall kann sich der Erbe nach § 1978 III, InsO 326 II, am Nachlass schadlos halten, im zweiten Fall haftet er nach § 1978 I 1.

4. Besonderheiten bei allg unbeschränkter Haftung. Hier gilt § 1977 II ent- 4 gegen dem Wortlaut des § 2013 I 1 fort. Bei unbeschränkter Haftung gegenüber einzelnen Nachlassgläubigern bleibt deren Recht, gegen Eigenforderungen des Erben aufzurechnen, bestehen; gem § 2013 II gilt im Verhältnis zu anderen Gläubigern § 1977 I, generell aber § 1977 II zum Schutz der Nachlassgläubiger.

§ 1978 Verantwortlichkeit des Erben für bisherige Verwaltung, Aufwendungsersatz

(1) ¹Ist die Nachlassverwaltung angeordnet oder das Nachlassinsolvenzverfahren eröffnet, so ist der Erbe den Nachlassgläubigern für die bisherige Verwaltung des Nachlasses so verantwortlich, wie wenn er von der Annahme der Erbschaft an die Verwaltung für sie als Beauftragter zu führen gehabt hätte. ²Auf die vor der Annahme der Erbschaft von dem Erben besorgten erbschaftlichen Geschäfte finden die Vorschriften über die Geschäftsführung ohne Auftrag entsprechende Anwendung.

(2) Die den Nachlassgläubigern nach Absatz 1 zustehenden Ansprüche gelten als zum Nachlass gehörend.

(3) Aufwendungen sind dem Erben aus dem Nachlass zu ersetzen, soweit er nach den Vorschriften über den Auftrag oder über die Geschäftsführung ohne Auftrag Ersatz verlangen könnte.

1. Haftung für die Zeit nach Erbschaftsannahme. Der Erbe haftet den 1 Nachlassgläubigern wie ein Beauftragter, §§ 662 ff. Er hat daher gem § 667 alles durch Geschäfte über Nachlassgegenstände Erworbene herauszugeben, also sowohl den Gegenwert als auch Forderungen auf diesen Gegenwert. Auf ein Verschulden des Erben kommt es dabei nicht an (BGH ZEV 08, 237). Der Erbe handelt weder als Vertreter des Nachlasses noch tritt entspr §§ 2019, 2111 Surrogation ein (zT str, s RG 134, 259; LM Nr 2 = NJW-RR 89, 1227; SoeStein 4; wichtig wegen eines Aussonderungsrechtes in der Erbeninsolvenz!). Gem § 1978 II gehören Herausgabe- und Ersatzansprüche zum Nachlass und sind vom Nachlass- bzw Insolvenzverwalter geltend zu machen (§ 1984, InsO 148, 159), InsO 323 gibt wegen Aufwendungsersatzansprüchen (§ 1978 III, InsO 324 I Nr 1) kein Zurückbehaltungsrecht.

2. Haftung vor Erbschaftsannahme. Hier gelten §§ 677 ff ohne Pflicht zum 2 Tätigwerden.

3. Art der Haftung. Der Erbe haftet persönlich und unbeschränkbar (RG 89, 3 408).

Stürner

§ 1979 Berichtigung von Nachlassverbindlichkeiten

Die Berichtigung einer Nachlassverbindlichkeit durch den Erben müssen die Nachlassgläubiger als für Rechnung des Nachlasses erfolgt gelten lassen, wenn der Erbe den Umständen nach annehmen durfte, dass der Nachlass zur Berichtigung aller Nachlassverbindlichkeiten ausreiche.

1   **1. Ersatzpflicht bei Erfüllung von Nachlassverbindlichkeiten.** Die Vorschrift konkretisiert die nach § 1978 I bestehende Ersatzpflicht bei schlechter Verwaltung durch Berichtigung von Nachlassverbindlichkeiten aus Nachlassmitteln. Der Erbe haftet nicht, falls er angemessene Sorgfalt bei der Nachlassprüfung (vollständige Erfassung der Aktiva und Passiva, Bewertung, Aufzeichnung, uU Gläubigeraufgebot) dartut und beweist (s BGH NJW 85, 140). Die Erbenhaftung reicht nur soweit, als den vor- und gleichrangigen Nachlassgläubigern bei insolvenzmäßiger Abwicklung auf Grund der vorzeitigen Zahlung ein Schaden entstanden ist (Düsseldorf FamRZ 00, 1332).

2   **2. Aufwendungsersatz.** Die Vorschrift regelt auch den *Aufwendungsersatzanspruch* (§ 1978 III) bei Befriedigung aus eigenen Mitteln: Er besteht bei Gutgläubigkeit und ist gegebenenfalls Masseschuld (InsO 324 I Nr 1). Bei fahrlässiger Fehleinschätzung besteht nur ein Bereicherungsanspruch (§§ 1978 III, 684); in der Insolvenz gilt InsO 326 II (dazu Düsseldorf FamRZ 00, 1332).

3   **3. Anfechtungsrechte.** Neben die Ersatzpflicht des Erben treten die Anfechtungsrechte nach InsO 129 ff, 322; AnfG 3–5.

4   **4. Ausschlagender Erbe.** Für den ausschlagenden Erben gilt § 1978 überhaupt nicht; er haftet nur gem § 1959 dem endgültigen Erben (Celle MDR 70, 1012); sa § 1980 Rn 1 aE.

§ 1980 Antrag auf Eröffnung des Nachlassinsolvenzverfahrens

(1) ¹Hat der Erbe von der Zahlungsunfähigkeit oder der Überschuldung des Nachlasses Kenntnis erlangt, so hat er unverzüglich die Eröffnung des Nachlassinsolvenzverfahrens zu beantragen. ²Verletzt er diese Pflicht, so ist er den Gläubigern für den daraus entstehenden Schaden verantwortlich. ³Bei der Bemessung der Zulänglichkeit des Nachlasses bleiben die Verbindlichkeiten aus Vermächtnissen und Auflagen außer Betracht.

(2) ¹Der Kenntnis der Zahlungsunfähigkeit oder der Überschuldung steht die auf Fahrlässigkeit beruhende Unkenntnis gleich. ²Als Fahrlässigkeit gilt es insbesondere, wenn der Erbe das Aufgebot der Nachlassgläubiger nicht beantragt, obwohl er Grund hat, das Vorhandensein unbekannter Nachlassverbindlichkeiten anzunehmen; das Aufgebot ist nicht erforderlich, wenn die Kosten des Verfahrens dem Bestand des Nachlasses gegenüber unverhältnismäßig groß sind.

1   Die Vorschrift modifiziert die Verwaltungspflichten des § 1978 I; folglich keine Pflicht vor Annahme der Erbschaft. Nach Annahme besteht die Pflicht des Erben, im Interesse der Gläubiger einen Insolvenzantrag zu stellen, auch dann, wenn wegen schwebenden Erbprätendentenstreits Nachlasspflegschaft angeordnet wurde (BGH 161, 285 f; dazu Marotzke ZEV 05, 111; anders bei Anfechtung der Versäumung der Ausschlagungsfrist durch den Erben, BGH FamRZ 11, 1292). Vereinbarung mit Nachlassgläubigern befreit von Antragspflicht. Bei Nachlassverwaltung trifft die Pflicht den Verwalter (§§ 1985 II, 1980). Eine Pflicht des verwaltenden Testamentsvollstreckers zur Antragstellung besteht gegenüber den Nachlassgläubigern nicht (str, wie hier Uhlenbruck/Lüer, InsO, 13. Aufl 2010, § 317 Rn 7, 8), ebenso wenig eine Pflicht des Nachlasspflegers (BGH 161, 287; zum Antragsrecht s aber InsO 317; BGH FamRZ 07, 1648; 11, 1293); eine andere Frage ist die Pflicht des Nachlasspfle-

gers und Testamentsvollstreckers gegenüber dem Erben, dessen Interessen sie zu wahren haben (für den Nachlasspfleger bejahend BGH 161, 287). Eine vom Nachlasspfleger versäumte Antragstellung kann dem Erben auch nicht über §§ 278, 166 zugerechnet werden und einen Anspruch aus § 1980 I 2 begründen (BGH 161, 286 f). Dasselbe muss dann für den Testamentsvollstrecker gelten.

§ 1981 Anordnung der Nachlassverwaltung

(1) **Die Nachlassverwaltung ist von dem Nachlassgericht anzuordnen, wenn der Erbe die Anordnung beantragt.**

(2) ¹**Auf Antrag eines Nachlassgläubigers ist die Nachlassverwaltung anzuordnen, wenn Grund zu der Annahme besteht, dass die Befriedigung der Nachlassgläubiger aus dem Nachlass durch das Verhalten oder die Vermögenslage des Erben gefährdet wird.** ²**Der Antrag kann nicht mehr gestellt werden, wenn seit der Annahme der Erbschaft zwei Jahre verstrichen sind.**

(3) **Die Vorschrift des § 1785 findet keine Anwendung.**

1. Antrag des Erben. Sondervorschriften in § 2062 für Miterben; InsO 317 1 (Testamentsvollstrecker), InsO 318 (Gütergemeinschaft) gelten entspr. Aus §§ 2144, 2383 folgt das Antragsrecht des Nacherben bzw Erbschaftskäufers; kein Antragsrecht des Nachlasspflegers iSd §§ 1960 f; § 1981 I gilt auch für den Erbeserben (Jena NJW-RR 09, 304). Der Antrag ist an keine bes Voraussetzungen geknüpft; uU Rechtsmissbrauch bei Antragstellung aus Bequemlichkeit des Erben (LG Tübingen BWNotZ 84, 168; zweifelhaft!).

2. Antragsrecht des Nachlassgläubigers. Es betrifft jedweden Gläubiger, also 2 auch ausgeschlossene Gläubiger, Erbfallgläubiger wie Pflichtteilsberechtigte und Erbersatzberechtigte oder Miterbengläubiger (Düsseldorf NJW-RR 12, 843). Gefährdung der Befriedigung kann bei schlechter Vermögenslage nur eines Miterben vorliegen (BayObLGZ 66, 75). Der Erbe muss sich das Verhalten des Testamentsvollstreckers nicht zurechnen lassen (str; sa § 1980 Rn 1). Mitwirkungsstreitigkeiten unter Miterben bei der Nachlassauseinandersetzung rechtfertigen idR keinen Antrag eines Gläubigermiterben auf Nachlassverwaltung (Düsseldorf NJW-RR 12, 843).

3. Anordnung des NachlassG. Gem RPflG 3 Nr 2c, 16 I Nr 1 Rechtspfleger- 3 aufgabe. Bekanntmachung (FamFG 41 iVm 345 IV; früher FGG 16) an Erbe oder Nachlasspfleger des unbekannten Erben (BayObLGZ 76, 167). Änderungsbefugnis und Beschwerderecht FamFG 359, 48, 58 ff, 63 (früher FGG 18, 76, 22).

§ 1982 Ablehnung der Anordnung der Nachlassverwaltung mangels Masse

Die Anordnung der Nachlassverwaltung kann abgelehnt werden, wenn eine den Kosten entsprechende Masse nicht vorhanden ist.

Kosten der Verwaltung: §§ 1983, 1987; KostO 106, 136 ff. Dem Erben bleibt 1 § 1990 (Düsseldorf Rpfleger 00, 115), dem Gläubiger der Kostenvorschuss (LG Lüneburg Rpfleger 09, 458: Rückzahlung aus später angereicherter Masse).

§ 1983 Bekanntmachung

Das Nachlassgericht hat die Anordnung der Nachlassverwaltung durch das für seine Bekanntmachungen bestimmte Blatt zu veröffentlichen.

Bekanntmachung hat keine konstitutive Wirkung; sie kann aber gem § 1984 I, 1 InsO 81, 82 Bedeutung erlangen. Von der Bekanntmachung zu unterscheiden ist die Eintragung der Verfügungsbeschränkung im Grundbuch (§ 1984 I, InsO 81 I); Antragsrecht nur des Verwalters, nicht des Nachlassgerichts (str, SoeStein 2).

§ 1984 Wirkung der Anordnung

(1) ¹**Mit der Anordnung der Nachlassverwaltung verliert der Erbe die Befugnis, den Nachlass zu verwalten und über ihn zu verfügen.** ²**Die Vorschriften der §§ 81 und 82 der Insolvenzordnung finden entsprechende Anwendung.** ³**Ein Anspruch, der sich gegen den Nachlass richtet, kann nur gegen den Nachlassverwalter geltend gemacht werden.**

(2) **Zwangsvollstreckungen und Arreste in den Nachlass zugunsten eines Gläubigers, der nicht Nachlassgläubiger ist, sind ausgeschlossen.**

§ 1985 Pflichten und Haftung des Nachlassverwalters

(1) **Der Nachlassverwalter hat den Nachlass zu verwalten und die Nachlassverbindlichkeiten aus dem Nachlass zu berichtigen.**

(2) ¹**Der Nachlassverwalter ist für die Verwaltung des Nachlasses auch den Nachlassgläubigern verantwortlich.** ²**Die Vorschriften des § 1978 Abs. 2 und der §§ 1979, 1980 finden entsprechende Anwendung.**

Anmerkungen zu den §§ 1984, 1985

1   **1. Stellung des Nachlassverwalters.** Er ist nach hM *amtliches Organ* zur Verwaltung einer Vermögensmasse (RG 135, 307; 151, 62; KG FamRZ 06, 559); das ist zwar mit §§ 1975, 1915, 1793, die eher auf eine Vertreterposition weisen, kaum vereinbar, doch sollte es wegen der Parallele zum Insolvenzverwalter (§ 1984 I) bei der hM bleiben.

2   **2. Pflegschaftsvorschriften.** Die Pflegschaftsvorschriften (§§ 1975, 1915) finden sinngemäße Anwendung, insbes §§ 1779 (Ernennung; vgl aber §§ 1981 III, 1785); 1802 (Verzeichnis des Nachlassvermögens); 1840 f, 1890 (Berichts- und Rechnungslegungspflicht); 1821 ff (Genehmigungspflicht auch bei volljährigen Erben); 1837 (Aufsichtsmaßnahmen, Versicherungsauflage); 1886 (Entlassung, Bsp: Karlsruhe NJW-RR 89, 1095; Antragsrecht von Nachlassgläubigern ist str, verneinend Frankfurt ZEV 98, 263), 1962, 1975 (Aufsicht des Nachlassgerichtes); unanwendbar dagegen §§ 1812, 1813 (str).

3   **3. Gegenstand der Nachlassverwaltung.** Dies ist wie bei Insolvenz das gesamte der Zwangsvollstreckung unterliegende Vermögen des Erblassers (InsO 35, 36). Hierzu gehört der Anteil an einer Personengesellschaft als Teil des Nachlasses (BGH 98, 51), obwohl er getrennt vom übrigen Nachlass unmittelbar in das Privatvermögen des Gesellschafter-Erben fällt (Sondererbfolge, BGH 91, 136; hierzu Brox JZ 84, 892). Der Nachlassverwalter kann allerdings nicht in die inneren Angelegenheiten der Gesellschaft eingreifen, er verwaltet lediglich die „Außenseite" (so BGH 98, 57 für den Testamentsvollstrecker) des Gesellschaftsanteils: die mitgliedschaftlichen, höchstpersönlichen Rechte bleiben beim Erben (BGH 47, 293, hierzu Großfeld und Rohlff JZ 67, 705; BGH 98, 55; BayObLG WM 91, 133; Beispiel: BayObLGZ 88, 30), so auch das Verfügungsrecht über Gesellschaftsvermögen; der Verwalter verwaltet Gewinn- und Auseinandersetzungsansprüche und kann entspr HGB 135, § 725 kündigen (str, s St/Marotzke Rn 21). Für den Umfang des Verwaltungsrechts gilt das Surrogationsprinzip (BGH 46, 229 für Schadensersatzforderung nach Verlust eines Nachlassgegenstandes).

4   **4. Materiellrechtliche Befugnisse des Verwalters.** Er kann sich mit Wirkung gegen den Nachlass verpflichten und über Nachlassgegenstände verfügen (§§ 1985 I,

Titel 2. Haftung des Erben § 1986

1975, 1915, 1793); im Falle von Vor- und Nacherbschaft gilt § 2115 S 2 analog (Braunschweig OLGZ 88, 394). Dementspr verliert der Erbe die Verwaltungs- und Verfügungsbefugnis (§ 1984 I, InsO 80–82). Gutgl Erwerb nach §§ 892, 893 ist möglich, falls Verfügungsbeschränkung nicht ins Grundbuch eingetragen ist. Dagegen kein gutgl Erwerb bei beweglichen Sachen, InsO 81 I 1 lex specialis zu § 135 II; anders, wenn Erwerber ohne grobe Fahrlässigkeit über Zugehörigkeit zum Nachlass irrt, da sich InsO 81 I nur auf Kenntnis der Verfügungsbeschränkung bezieht (str). InsO 82 korrespondiert mit § 1983.

5. Aufgabe des Verwalters. Sie liegt in der Gläubigerbefriedigung. Dazu hat 5 er den Nachlass in Besitz zu nehmen, ggf einen Herausgabetitel gegen den Erben zu erstreiten; denn der Anordnungsbeschluss des Nachlassgerichtes ist kein vollstreckbarer Titel (str), und das Gericht kann keinen Gerichtsvollzieher beauftragen (KG NJW 58, 2071). Der Nachlassverwalter kann eine vom Erblasser erteilte Vollmacht wirksam widerrufen (KG NJW 71, 566). Er kann ein Gläubigeraufgebot beantragen (FamFG 455; früher ZPO 991) und nach seinem Ermessen den Nachlass versilbern, nicht aber die Nachlassauseinandersetzung betreiben (BayObLG 25, 454); zum Insolvenzantrag vgl §§ 1985 II, 1980 (Stuttgart OLGZ 84, 304: Antragspflicht bei Masseamut). Bei mangelnder Masse kann Verwalter Aufhebung der Verwaltung nach § 1988 II beantragen. § 1973 (RG 61, 221) und § 1992 sind auch bei Nachlassverwaltung entsprechend anzuwenden.

6. Haftung des Verwalters. Die Haftung gegenüber dem Erben folgt aus 6 §§ 1975, 1915, 1833, 1834, 1839–1841 (vgl zur Haftung bei Wertanlagen BGH FamRZ 75, 576). Die Haftung gegenüber den Gläubigern regeln §§ 1985 II, 1978 II, 1979 (hierzu BGH NJW 85, 140; § 1979 Rn 1), 1980.

7. Prozessuales. Im Prozess ist der Nachlassverwalter als Prozessstandschafter 7 und damit Partei kraft Amtes (RG 135, 307); Aufnahme unterbrochener Prozesse nach ZPO 239, 241 III, 246 I. Der Erbe verliert die Prozessführungsbefugnis, Aktiv- und Passivprozesse sind unzulässig (zB OLGR Celle 09, 776). Gewillkürte Prozessstandschaft des Erben (Ermächtigung durch Nachlassverwalter) soll zulässig sein (BGH 38, 281; dazu Bötticher JZ 63, 582). Vollstreckungshandlungen der Eigengläubiger in den Nachlass (§ 1984 II) oder der Nachlassgläubiger in das Eigenvermögen (§ 1975) sind auf Abwehrklage (ZPO 785) für unzulässig zu erklären (ZPO 784 II bzw 780, 781, 784 I; Frankfurt ZEV 98, 192; hierzu Stein ZEV 98, 178); vgl § 1975 Rn 3. Nachlassgläubiger können auf Grund eines Titels gegen den Erben nach Umschreibung auf den Verwalter gem ZPO 727 I, 749 (str, Baur/Stürner/Bruns, Rn 17.16; Loritz ZZP 95, 329) vollstrecken.

§ 1986 Herausgabe des Nachlasses

(1) Der Nachlassverwalter darf den Nachlass dem Erben erst ausantworten, wenn die bekannten Nachlassverbindlichkeiten berichtigt sind.

(2) ¹**Ist die Berichtigung einer Verbindlichkeit zur Zeit nicht ausführbar oder ist eine Verbindlichkeit streitig, so darf die Ausantwortung des Nachlasses nur erfolgen, wenn dem Gläubiger Sicherheit geleistet wird.** ²**Für eine bedingte Forderung ist Sicherheitsleistung nicht erforderlich, wenn die Möglichkeit des Eintritts der Bedingung eine so entfernte ist, dass die Forderung einen gegenwärtigen Vermögenswert nicht hat.**

1. Aufhebung und Beendigung der Verwaltung. Gem § 1919 ist Nachlass- 1 verwaltung *aufzuheben*, wenn der Grund für die Anordnung entfällt, also bei Befriedigung aller Gläubiger oder bei Erschöpfung (vgl auch § 1988 II); den Fall der nachfolgenden Insolvenz regelt § 1988 I. § 1986 gewährt **keinen Anspruch auf Herausgabe,** der erst nach Aufhebung oder Beendigung der Verwaltung entsteht, § 1890. Er stellt nur klar, wann der Verwalter ohne Pflichtverletzung herausgeben kann (vgl §§ 1985 II 1, 1975, 1915, 1833 I 1). An mehrere Miterben ist ohne Verteilung (vgl §§ 1984, 1985 Rn 5) gemeinsam herauszugeben.

2   **2. Aufgebot.** § 1986 I verlangt in Zweifelsfällen ein Aufgebot (§§ 1970 ff).

3   **3. Haftung des Erben.** Nach Aufhebung vgl § 1975 Rn 2. Bis zur Aufhebung gilt auch nach Herausgabe § 1984 I; der Erbe hat dem Verwalter die Befriedigung zu ermöglichen, ggf durch Rückgabe.

§ 1987 Vergütung des Nachlassverwalters

Der Nachlassverwalter kann für die Führung seines Amts eine angemessene Vergütung verlangen.

Lit: Zimmermann, Probleme der Nachlassverwaltervergütung, ZEV 07, 519.

1   **1. Gesetzliche Regelung.** Die Vorschrift gibt entgegen §§ 1975, 1915, 1836 I 1 – anders als beim Nachlasspfleger (vgl § 1960 Rn 11) – einen uneingeschränkten **Vergütungsanspruch**. Bemessungskriterien waren vor dem 1. 1. 99 (§ 1960 Rn 11) Nachlassmasse, Dauer und Schwierigkeit der Verwaltungsgeschäfte (s BayObLGZ 72, 156; Rpfleger 85, 402). Für Verwaltungen nach dem 1. 1. 99 galten die bei Nachlasspflege anwendbaren Bemessungskriterien (Pal/Weidlich 2; München Rpfleger 06, 405). Zur seit dem 1.7.2005 geltenden neuen Rechtslage s § 1960 Rn 11; sie ist bei Nachlassverwaltung auf den Vergütungsanspruch entsprechend anzuwenden (München Rpfleger 06, 405; Zweibrücken FamRZ 07, 1191), aber keine Einstandspflicht der Staatskasse bei Mittellosigkeit (KG Rpfleger 06, 194; sa § 1960 Rn 11 aE). Wie bei der Nachlasspflegschaft erweisen sich die Zeithonorare nach den Stundensätzen des VBVG als zu niedrig, so dass in pflichtgemäßem Ermessen höhere Stundensätze gelten müssen. **Aufwendungsersatzanspruch** gem §§ 1915 I, 1835, 1835a, 670, 669. Beide Verbindlichkeiten sind Masseschulden gem InsO 324 I Nr 4, 6.

2   **2. Festsetzung der Höhe.** Sie erfolgt durch NachlassG, §§ 1962, 1975; FamFG 340, 292 I, 168 (früher FGG 56g, 76); Rechtspflegerzuständigkeit, RPflG 3 Nr 2c, 16 I Nr 1, (bis zum 1. 9. 09: sofortige) Beschwerde gem FamFG 58 (früher FGG 75, 56g V, VII; dazu BayObLG NJW-RR 01, 870; s § 1960 Rn 11).

3   **3. Prozessuales.** Die Durchsetzung des Vergütungsanspruchs erfolgt aus dem Festsetzungsbeschluss (FamFG 340, 292 I, 168 V iVm 86, 95/früher FGG 56g VI); über Aufwendungsersatz entscheidet das gewöhnliche Prozessgericht (§§ 1975, 1915, 1835; sa § 1960 Rn 11).

§ 1988 Ende und Aufhebung der Nachlassverwaltung

(1) Die Nachlassverwaltung endigt mit der Eröffnung des Nachlassinsolvenzverfahrens.

(2) Die Nachlassverwaltung kann aufgehoben werden, wenn sich ergibt, dass eine den Kosten entsprechende Masse nicht vorhanden ist.

1   **1. Insolvenzeröffnung.** Mit ihr geht die Verfügungsbefugnis (§ 1984 I) auf den Insolvenzverwalter über (InsO 80 I); entgegen hM sind dann InsO 81, 82 auf Nachlassverwalter anstelle des Schuldners anzuwenden.

2   **2. Aufhebung.** Vgl § 1986 Rn 1; kein Beschwerderecht des Verwalters (Jena Rpfleger 98, 427). Ein Beschwerderecht eines Nachlassgläubigers besteht auch dann, wenn die Nachlassverwaltung nicht auf seinen Antrag angeordnet wurde (Hamm ZErb 10, 272).

Titel 2. Haftung des Erben §§ 1989–1991

§ 1989 Erschöpfungseinrede des Erben

Ist das Nachlassinsolvenzverfahren durch Verteilung der Masse oder durch einen Insolvenzplan beendet, so findet auf die Haftung des Erben die Vorschrift des § 1973 entsprechende Anwendung.

1. Zwei Fälle der Haftungsbeschränkung. Die Haftungsbeschränkung des 1 § 1975 wird in zwei Fällen der Beendigung des Insolvenzverfahrens fortgesetzt und präzisiert: **a)** Bei **Beendigung durch Verteilung der Masse** (InsO 187 ff) beschränkt sich die Haftung gegen nicht befriedigte Gläubiger (InsO 201) nach §§ 1989, 1973. **b)** Bei **Insolvenzplanverfahren** (InsO 217 ff) haftet der Erbe den Beteiligten gem InsO 254 unbeschränkt, falls – wie dies regelmäßig der Fall sein dürfte – im Insolvenzplan eine solche Haftung übernommen ist (str; § 1989 bejahend MK/Küpper Rn 7; zum korrespondierenden alten Recht des Zwangsvergleichs KO 173 ff, 193 aF). Gläubigern gem InsO 324 und – entgegen dem Wortlaut des InsO 254 (für die Vorgängerregelung des Zwangsvergleichs durch KO 193 aF str, s St/ Marotzke 18) – nicht am Insolvenzplanverfahren beteiligten Gläubigern haftet der Erbe nur gem §§ 1989, 1973.

2. Unanwendbarkeit. Die Vorschrift ist unanwendbar in den Fällen des § 2013 2 (vgl aber § 2000); InsO 26, 207, 212 ff.

§ 1990 Dürftigkeitseinrede des Erben

(1) ¹Ist die Anordnung der Nachlassverwaltung oder die Eröffnung des Nachlassinsolvenzverfahrens wegen Mangels einer den Kosten entsprechenden Masse nicht tunlich oder wird aus diesem Grunde die Nachlassverwaltung aufgehoben oder das Insolvenzverfahren eingestellt, so kann der Erbe die Befriedigung eines Nachlassgläubigers insoweit verweigern, als der Nachlass nicht ausreicht. ²Der Erbe ist in diesem Falle verpflichtet, den Nachlass zum Zwecke der Befriedigung des Gläubigers im Wege der Zwangsvollstreckung herauszugeben.

(2) Das Recht des Erben wird nicht dadurch ausgeschlossen, dass der Gläubiger nach dem Eintritt des Erbfalls im Wege der Zwangsvollstreckung oder der Arrestvollziehung ein Pfandrecht oder eine Hypothek oder im Wege der einstweiligen Verfügung eine Vormerkung erlangt hat.

§ 1991 Folgen der Dürftigkeitseinrede

(1) Macht der Erbe von dem ihm nach § 1990 zustehenden Recht Gebrauch, so finden auf seine Verantwortlichkeit und den Ersatz seiner Aufwendungen die Vorschriften der §§ 1978, 1979 Anwendung.

(2) Die infolge des Erbfalls durch Vereinigung von Recht und Verbindlichkeit oder von Recht und Belastung erloschenen Rechtsverhältnisse gelten im Verhältnis zwischen dem Gläubiger und dem Erben als nicht erloschen.

(3) Die rechtskräftige Verurteilung des Erben zur Befriedigung eines Gläubigers wirkt einem anderen Gläubiger gegenüber wie die Befriedigung.

(4) Die Verbindlichkeiten aus Pflichtteilsrechten, Vermächtnissen und Auflagen hat der Erbe so zu berichtigen, wie sie im Falle des Insolvenzverfahrens zur Berichtigung kommen würden.

Anmerkungen zu den §§ 1990, 1991

1   **1. Wesen der Einrede.** Das Wesen der Dürftigkeitseinrede besteht in der Möglichkeit einer Haftungsbeschränkung ohne Nachlassverwaltung bzw -insolvenz (§ 1975).

2   **2. Arten der Dürftigkeit. a) Dürftigkeit kraft Tatbestandswirkung.** Es liegen Entscheidungen gem §§ 1982, 1988 II; InsO 26, 207 ff vor, die den Nachweis der Dürftigkeit ersparen (zu § 1982: LM Nr 2 = NJW-RR 89, 1227). **b) Tatsächliche Dürftigkeit.** Ohne entspr Entscheidungen sind die Voraussetzungen der Dürftigkeit gegeben und werden vom Schuldner dargetan und bewiesen (dazu Koblenz NJW-RR 06, 378).

3   **3. Voraussetzung der tatsächlichen Dürftigkeit.** Voraussetzung ist das Fehlen einer kostendeckenden Masse, maßgebender Zeitpunkt nicht der Erbfall, sondern der Zeitpunkt der Entscheidung über die Einrede (BGH 85, 280). Ansprüche gegen den Erben gem §§ 1991 I, 1978, 1979, 1991 II sind der Masse zuzurechnen (zB Anspruch aus Entnahme durch Erben gem § 1978 I, 667: BGH ZEV 08, 237), ebenso anfechtbar veräußerte Gegenstände (LG Köln ZIP 81, 1385). Nachlassgläubiger können solche Ansprüche gegen den Erben entweder der Klage des Erben entgegenhalten (ZPO 785, s Rn 7) oder selbst klagweise geltend machen (BGH NJW-RR 89, 1226).

4   **4. Aufrechnung.** Die Aufrechnung eines Nachlassgläubigers gegen eine private Forderung des Erben ist im Falle des § 1990 ausgeschlossen (BGH 35, 327 f).

5   **5. Reihenfolge zur Befriedigung.** Sie schreibt das Ges grundsätzlich nicht vor. Der Erbe kann daher zunächst seine Aufwendungsersatzansprüche (§§ 1991 I, 1978 III) oder seine Forderungen gem § 1991 II befriedigen (BGH 85, 287; MDR 85, 117 mN) und dabei selbst Gläubiger mit rechtskräftigen Titeln hintanstellen (RG 82, 278; 139, 202). Ausnahmen: **a) Gläubiger mit Titel** gehen Gläubigern ohne Titel vor (§ 1991 III). **b) Erbfallschulden** gem § 1991 IV sind nachrangig in der Reihenfolge Pflichtteilsrecht (einschließlich Ergänzungsanspruch gem § 2325; BGH 85, 280), Vermächtnisse und Auflagen (uU Erbersatzanspruch alten Rechts; vgl § 1924 Rn 3) zu befriedigen (InsO 327). Bei falscher Reihenfolge haftet der Erbe gem §§ 1991 I, 1978 I; uU Bereicherungsanspruch des Erben aus § 813 I (Stuttgart NJW-RR 89, 1283).

6   **6. Entspr Anwendung nach Abschluss der Nachlassverwaltung.** Vgl § 1975 Rn 2; vgl iÜ §§ 1480, 1498, 1504, 2036 f, 2145.

7   **7. Prozessuales.** Bei der prozessualen Durchführung der Haftungsbeschränkung gibt es **drei Alternativen. a)** Der Erbe wird mit dem Vorbehalt des ZPO 780 I verurteilt (BGH NJW 91, 2840: Vorbehalt bei ZPO 794 I Nr 1) und muss sich dann nach ZPO 784 I, 785, 767 gegen die Vollstreckung in Gegenstände des Eigenvermögens wehren. **b)** Das Gericht beschränkt im Urteil die Vollstreckung auf bestimmte, noch vorhandene Nachlassgegenstände (unpraktisch). **c)** Der Erbe beweist die **Unzulänglichkeit** und erreicht damit völlige oder teilw Klagabweisung. Das Gericht kann je nach Sachlage eine Alternative auswählen (vgl RG 54, 413; BGH NJW 54, 635; 83, 2379; 93, 1853); ein öffentl-rechtl Rückforderungsbescheid darf bei Dürftigkeit nicht ergehen (VGH Mannheim NJW 86, 273). Die Dürftigkeitseinrede muss nicht unbedingt bereits im Feststellungsprozess erhoben werden (RG JW 30, 2215; aA Bamberg ZEV 96, 463; offen BGH ZEV 96, 465). Wird sie erst gegen die Kostenentscheidung erhoben, ist die Einrede aber unbeachtlich (BGH RVGreport 04, 199). Im Betreuervergütungsverfahren genügt summarische Prüfung der Voraussetzungen der Dürftigkeit (BayObLGZ 97, 335). Eine Abfindungsvereinbarung zwischen Erbe und Gläubiger kann einer späteren Geltendmachung der Dürftigkeitseinrede entgegenstehen (Oldenburg NJW-RR 07, 876).

Titel 2. Haftung des Erben §§ 1992–1995

8. Vollstreckungsmaßnahmen. Vollstreckungsmaßnahmen von Nachlassgläu- 8
bigern (§ 1990 II) in das Eigenvermögen kann der Erbe analog ZPO 784 I, 785
aufheben lassen; ebenso nach hM Maßnahmen, welche die Rangfolge des § 1991 IV
beeinträchtigen würden. Maßnahmen der Erbengläubiger in den Nachlass sind analog ZPO 784 II aufhebbar (str), weil der Haftungsbeschränkung die Trennung der
Vermögensmassen entsprechen sollte.

§ 1992 Überschuldung durch Vermächtnisse und Auflagen

¹Beruht die Überschuldung des Nachlasses auf Vermächtnissen und Auflagen, so ist der Erbe, auch wenn die Voraussetzungen des § 1990 nicht
vorliegen, berechtigt, die Berichtigung dieser Verbindlichkeiten nach den
Vorschriften der §§ 1990, 1991 zu bewirken. ²Er kann die Herausgabe der
noch vorhandenen Nachlassgegenstände durch Zahlung des Wertes abwenden.

1. Zweck. Bei Überschuldung durch Vermächtnisse und Auflagen soll der Erbe 1
ohne Nachlassinsolvenz und dementspr ohne Dürftigkeit des Nachlasses die
beschränkte Haftung des § 1990 herbeiführen können; das Ges versucht, die Insolvenz wegen Verbindlichkeiten aus Vermächtnissen und Auflagen entspr dem mutmaßlichen Erblasserwillen zu vermeiden (vgl § 1980 I 3, etwas anders jetzt InsO 14 I,
317, 327 III); Vorschrift ist unanwendbar, wenn Nachlass ohnehin überschuldet ist
(München ZEV 98, 100 mAnm Weber; hM).

2. Prozessuales. Das Prozessgericht kann über die beschränkte Haftung mitent- 2
scheiden (vgl §§ 1990, 1991 Rn 7) und insbes eine teilw Befriedigung so gestalten, dass
der Vermächtnisnehmer den vermachten Gegenstand gegen eine Ausgleichszahlung in
natura erhält (LM Nr 1); das Einlösungsrecht des § 1992 S 2 entfällt in diesem Falle.

Untertitel 4. Inventarerrichtung, unbeschränkte Haftung des Erben

§ 1993 Inventarerrichtung

**Der Erbe ist berechtigt, ein Verzeichnis des Nachlasses (Inventar) bei
dem Nachlassgericht einzureichen (Inventarerrichtung).**

§ 1994 Inventarfrist

(1) ¹Das Nachlassgericht hat dem Erben auf Antrag eines Nachlassgläubigers zur Errichtung des Inventars eine Frist (Inventarfrist) zu bestimmen.
²Nach dem Ablauf der Frist haftet der Erbe für die Nachlassverbindlichkeiten unbeschränkt, wenn nicht vorher das Inventar errichtet wird.

(2) ¹Der Antragsteller hat seine Forderung glaubhaft zu machen. ²Auf die
Wirksamkeit der Fristbestimmung ist es ohne Einfluss, wenn die Forderung
nicht besteht.

§ 1995 Dauer der Frist

(1) ¹Die Inventarfrist soll mindestens einen Monat, höchstens drei Monate
betragen. ²Sie beginnt mit der Zustellung des Beschlusses, durch den die
Frist bestimmt wird.

(2) Wird die Frist vor der Annahme der Erbschaft bestimmt, so beginnt
sie erst mit der Annahme der Erbschaft.

(3) **Auf Antrag des Erben kann das Nachlassgericht die Frist nach seinem
Ermessen verlängern.**

§ 1996 Bestimmung einer neuen Frist

(1) War der Erbe ohne sein Verschulden verhindert, das Inventar rechtzeitig zu errichten, die nach den Umständen gerechtfertigte Verlängerung der Inventarfrist zu beantragen oder die in Absatz 2 bestimmte Frist von zwei Wochen einzuhalten, so hat ihm auf seinen Antrag das Nachlassgericht eine neue Inventarfrist zu bestimmen.

(2) Der Antrag muss binnen zwei Wochen nach der Beseitigung des Hindernisses und spätestens vor dem Ablauf eines Jahres nach dem Ende der zuerst bestimmten Frist gestellt werden.

(3) Vor der Entscheidung soll der Nachlassgläubiger, auf dessen Antrag die erste Frist bestimmt worden ist, wenn tunlich gehört werden.

§ 1997 Hemmung des Fristablaufs

Auf den Lauf der Inventarfrist und der im § 1996 Abs. 2 bestimmten Frist von zwei Wochen finden die für die Verjährung geltenden Vorschriften des § 210 entsprechende Anwendung.

§ 1998 Tod des Erben vor Fristablauf

Stirbt der Erbe vor dem Ablauf der Inventarfrist oder der in § 1996 Abs. 2 bestimmten Frist von zwei Wochen, so endigt die Frist nicht vor dem Ablauf der für die Erbschaft des Erben vorgeschriebenen Ausschlagungsfrist.

§ 1999 Mitteilung an das Gericht

[1]Steht der Erbe unter elterlicher Sorge oder unter Vormundschaft, so soll das Nachlassgericht dem Familiengericht von der Bestimmung der Inventarfrist Mitteilung machen. [2]Fällt die Nachlassangelegenheit in den Aufgabenkreis eines Betreuers des Erben, tritt an die Stelle des Familiengerichts das Betreuungsgericht.

Reform. Infolge des FGG-RG (s Vor § 1922 Rn 19) ist § 1999 neu gefasst. Bis zum 1.9.2009 galt folgende Fassung:
In Satz 1 *„Vormundschaftsgericht"* statt Familiengericht; Satz 2 lautete: *„Dies gilt nicht, wenn die Nachlassangelegenheit in den Aufgabenkreis eines Betreuers des Erben fällt."* In diesem Falle war das Vormundschaftsgericht zuständig.

§ 2000 Unwirksamkeit der Fristbestimmung

[1]Die Bestimmung einer Inventarfrist wird unwirksam, wenn eine Nachlassverwaltung angeordnet oder das Nachlassinsolvenzverfahren eröffnet wird. [2]Während der Dauer der Nachlassverwaltung oder des Nachlassinsolvenzverfahrens kann eine Inventarfrist nicht bestimmt werden. [3]Ist das Nachlassinsolvenzverfahren durch Verteilung der Masse oder durch einen Insolvenzplan beendet, so bedarf es zur Abwendung der unbeschränkten Haftung der Inventarerrichtung nicht.

§ 2001 Inhalt des Inventars

(1) In dem Inventar sollen die bei dem Eintritt des Erbfalls vorhandenen Nachlassgegenstände und die Nachlassverbindlichkeiten vollständig angegeben werden.

(2) Das Inventar soll außerdem eine Beschreibung der Nachlassgegenstände, soweit eine solche zur Bestimmung des Wertes erforderlich ist, und die Angabe des Wertes enthalten.

§ 2002 Aufnahme des Inventars durch den Erben

Der Erbe muss zu der Aufnahme des Inventars eine zuständige Behörde oder einen zuständigen Beamten oder Notar zuziehen.

§ 2003 Amtliche Aufnahme des Inventars

(1) [1]Auf Antrag des Erben hat das Nachlassgericht entweder das Inventar selbst aufzunehmen oder die Aufnahme einer zuständigen Behörde oder einem zuständigen Beamten oder Notar zu übertragen. [2]Durch die Stellung des Antrags wird die Inventarfrist gewahrt.

(2) Der Erbe ist verpflichtet, die zur Aufnahme des Inventars erforderliche Auskunft zu erteilen.

(3) Das Inventar ist von der Behörde, dem Beamten oder dem Notar bei dem Nachlassgericht einzureichen.

§ 2004 Bezugnahme auf ein vorhandenes Inventar

Befindet sich bei dem Nachlassgericht schon ein den Vorschriften der §§ 2002, 2003 entsprechendes Inventar, so genügt es, wenn der Erbe vor dem Ablauf der Inventarfrist dem Nachlassgericht gegenüber erklärt, dass das Inventar als von ihm eingereicht gelten soll.

§ 2005 Unbeschränkte Haftung des Erben bei Unrichtigkeit des Inventars

(1) [1]Führt der Erbe absichtlich eine erhebliche Unvollständigkeit der im Inventar enthaltenen Angabe der Nachlassgegenstände herbei oder bewirkt er in der Absicht, die Nachlassgläubiger zu benachteiligen, die Aufnahme einer nicht bestehenden Nachlassverbindlichkeit, so haftet er für die Nachlassverbindlichkeiten unbeschränkt. [2]Das Gleiche gilt, wenn er im Falle des § 2003 die Erteilung der Auskunft verweigert oder absichtlich in erheblichem Maße verzögert.

(2) Ist die Angabe der Nachlassgegenstände unvollständig, ohne dass ein Fall des Absatzes 1 vorliegt, so kann dem Erben zur Ergänzung eine neue Inventarfrist bestimmt werden.

§ 2006 Eidesstattliche Versicherung

(1) Der Erbe hat auf Verlangen eines Nachlassgläubigers zu Protokoll des Nachlassgerichts an Eides statt zu versichern, dass er nach bestem Wissen die Nachlassgegenstände so vollständig angegeben habe, als er dazu imstande sei.

(2) Der Erbe kann vor der Abgabe der eidesstattlichen Versicherung das Inventar vervollständigen.

(3) [1]Verweigert der Erbe die Abgabe der eidesstattlichen Versicherung, so haftet er dem Gläubiger, der den Antrag gestellt hat, unbeschränkt. [2]Das Gleiche gilt, wenn er weder in dem Termin noch in einem auf Antrag des Gläubigers bestimmten neuen Termin erscheint, es sei denn, dass ein

Grund vorliegt, durch den das Nichterscheinen in diesem Termin genügend entschuldigt wird.

(4) Eine wiederholte Abgabe der eidesstattlichen Versicherung kann derselbe Gläubiger oder ein anderer Gläubiger nur verlangen, wenn Grund zu der Annahme besteht, dass dem Erben nach der Abgabe der eidesstattlichen Versicherung weitere Nachlassgegenstände bekannt geworden sind.

§ 2007 Haftung bei mehreren Erbteilen

¹Ist ein Erbe zu mehreren Erbteilen berufen, so bestimmt sich seine Haftung für die Nachlassverbindlichkeiten in Ansehung eines jeden der Erbteile so, wie wenn die Erbteile verschiedenen Erben gehörten. ²In den Fällen der Anwachsung und des § 1935 gilt dies nur dann, wenn die Erbteile verschieden beschwert sind.

§ 2008 Inventar für eine zum Gesamtgut gehörende Erbschaft

(1) ¹Ist ein in Gütergemeinschaft lebender Ehegatte Erbe und gehört die Erbschaft zum Gesamtgut, so ist die Bestimmung der Inventarfrist nur wirksam, wenn sie auch dem anderen Ehegatten gegenüber erfolgt, sofern dieser das Gesamtgut allein oder mit seinem Ehegatten gemeinschaftlich verwaltet. ²Solange die Frist diesem gegenüber nicht verstrichen ist, endet sie auch nicht dem Ehegatten gegenüber, der Erbe ist. ³Die Errichtung des Inventars durch den anderen Ehegatten kommt dem Ehegatten, der Erbe ist, zustatten.

(2) Die Vorschriften des Absatzes 1 gelten auch nach der Beendigung der Gütergemeinschaft.

§ 2009 Wirkung der Inventarerrichtung

Ist das Inventar rechtzeitig errichtet worden, so wird im Verhältnis zwischen dem Erben und den Nachlassgläubigern vermutet, dass zur Zeit des Erbfalls weitere Nachlassgegenstände als die angegebenen nicht vorhanden gewesen seien.

§ 2010 Einsicht des Inventars

Das Nachlassgericht hat die Einsicht des Inventars jedem zu gestatten, der ein rechtliches Interesse glaubhaft macht.

§ 2011 Keine Inventarfrist für den Fiskus als Erben

¹Dem Fiskus als gesetzlichem Erben kann eine Inventarfrist nicht bestimmt werden. ²Der Fiskus ist den Nachlassgläubigern gegenüber verpflichtet, über den Bestand des Nachlasses Auskunft zu erteilen.

§ 2012 Keine Inventarfrist für den Nachlasspfleger und Nachlassverwalter

(1) ¹Einem nach den §§ 1960, 1961 bestellten Nachlasspfleger kann eine Inventarfrist nicht bestimmt werden. ²Der Nachlasspfleger ist den Nachlassgläubigern gegenüber verpflichtet, über den Bestand des Nachlasses Auskunft zu erteilen. ³Der Nachlasspfleger kann nicht auf die Beschränkung der Haftung des Erben verzichten.

(2) Diese Vorschriften gelten auch für den Nachlassverwalter.

Titel 2. Haftung des Erben §§ 1993–2013

§ 2013 Folgen der unbeschränkten Haftung des Erben

(1) ¹Haftet der Erbe für die Nachlassverbindlichkeiten unbeschränkt, so finden die Vorschriften der §§ 1973 bis 1975, 1977 bis 1980, 1989 bis 1992 keine Anwendung; der Erbe ist nicht berechtigt, die Anordnung einer Nachlassverwaltung zu beantragen. ²Auf eine nach § 1973 oder nach § 1974 eingetretene Beschränkung der Haftung kann sich der Erbe jedoch berufen, wenn später der Fall des § 1994 Abs. 1 Satz 2 oder des § 2005 Abs. 1 eintritt.

(2) Die Vorschriften der §§ 1977 bis 1980 und das Recht des Erben, die Anordnung einer Nachlassverwaltung zu beantragen, werden nicht dadurch ausgeschlossen, dass der Erbe einzelnen Nachlassgläubigern gegenüber unbeschränkt haftet.

Anmerkungen zu den §§ 1993–2013

Lit: Weimar, Risiken bei der Inventarerrichtung für den Erben, MDR 79, 726; van Venrooy, Zum Sinn eines Nachlaßinventars, AcP 186, 356; Siegmann, Die Auswirkungen des neuen Verjährungsrechts auf die Inventarfrist, ZEV 03, 179; Schreinert, Das notarielle Nachlassverzeichnis, RNotZ 05, 61.

1. Begriff. Inventar ist das Verzeichnis aller beim Erbfall vorhandenen Aktiva **1** und Passiva des Nachlasses (§ 2001 I); §§ 1976, 1991 II sind dabei zu beachten. Nach Inventarerrichtung entstehende Nachlassverbindlichkeiten bleiben unberücksichtigt (BGH 32, 65).

2. Arten der Inventarerrichtung. a) Aufnahme und Einreichung durch 2 den Erben (§ 1993) beim örtlichen NachlassG (FamFG 343; früher FGG 73). Ein Privatinventar ist unzulässig, die Zuziehung einer Behörde oder Amtsperson ist notwendig (§ 2002). Sie hat die Stellung eines Beistandes, die Verantwortlichkeit des Erben besteht fort, die unterschreiben (RG 77, 246) und rechtzeitig einreichen (Hamm NJW 62, 53) muss (zum Umfang der Ermittlungs- und Erkundigungsobliegenheit des Erben Hamm ZErb 10, 245 f). Zuständigkeit zur Beistandsleistung: BNotO 20; nach EGBGB 147 f LandesR, vgl PalWeidlich § 2002 Rn 2. **b) Aufnahme durch NachlassG** (§ 2003), das eine Behörde oder Amtsperson (vgl EGBGB 147 und München ZErb 08, 318) beauftragen kann. **c) Anerkennung** eines bereits vorliegenden Verzeichnisses (§ 2004); zB Inventar des Nachlassverwalters (§ 1802). **d)** Vom Nachlassinventar ist das **Verzeichnis über ererbtes Vermögen des Kindes** zu unterscheiden (§ 1640, FamFG 356 I; früher FGG 74a).

3. Inventarfrist. Sie soll den Erben, der nicht freiwillig ein Inventar errichtet **3** (§ 1993), zur Errichtung zwingen (§ 1994). Sie ist auch nach Antrag des Erben gem § 2003 zulässig (München ZErb 08, 319); wegen §§ 2063, 1993 kein Antragsrecht des Miterben (KG OLGZ 79, 276). Da bei Nachlasspflegschaft (§§ 1960 II, 1915, 1802), Nachlassverwaltung (§§ 1975, 1915, 1802) und Nachlassinsolvenz (InsO 151) ohnehin entspr Verzeichnisse zu fertigen sind, entfällt hier die Obliegenheit des Erben (§§ 2000, 2012); dafür bestehen Auskunftspflichten (§ 2012 I 2, II) des Pflegers und Verwalters. Sonderregelung für Fiskus (§ 2011) als Erbe nach § 1936, weil er nicht ausschlagen kann, § 1942 II. Die Höchstgrenze für die Frist (§ 1995 I 1) gilt nicht bei Verlängerung gem § 1995 III (KG Rpfleger 85, 193; Düsseldorf Rpfleger 97, 216); Fristablauf zeitigt keine unbeschränkte Haftung, wenn innerhalb der Frist ein den Umständen nach gerechtfertigter Verlängerungsantrag gestellt wird (Düsseldorf Rpfleger 97, 216). Vor Fristbestimmung muss dem Erben ausreichend Gehör gegeben werden (BayObLG NJW-RR 92, 1159). Verhinderung der Fristeinhaltung durch höhere Gewalt kann bei Fehlbehandlung durch amtliche Stellen vorliegen (BayObLG NJW-RR 93, 780). Mit Wirkung zum 15.12.2004 wurde § 1996 I dahingehend erweitert, dass nicht nur bei höherer Gewalt, sondern bei jeder schuld-

§ 2014

losen Fristversäumnis dem Erben eine neue Frist zu gewähren ist (s BT-Drs 15/3653, 18). Zur Frist für die Einlegung einer Beschwerde gegen die Bestimmung einer Inventarfrist s FamFG 360.

4   **4. Inventaruntreue.** Sie (§ 2005 I) liegt nur bei absichtlicher Unvollständigkeit der Aktiva, Angabe nicht bestehender Passiva in Benachteiligungsabsicht oder verweigerter Auskunft vor, nicht also bei Unvollständigkeit der Passiva oder falscher Beschreibung (§ 2001 II). Während die Untreue nach § 2005 I die unbeschränkte Haftung auslöst, kann für andere Unvollständigkeiten auf Antrag eines Gläubigers (§ 1994 I) eine Ergänzungsfrist (§ 2005 II) gesetzt werden. Die Folgen der Inventaruntreue (§ 2013) bleiben von einer nachträglichen Vervollständigung (§ 2006 II) unberührt.

5   **5. Eidesstattliche Versicherung.** Die Versicherung auf Verlangen eines Nachlassgläubigers erfasst nur Nachlassaktiva (§ 2006 I). Sie ist (nicht erzwingbare) Obliegenheit des Erben (§ 2006 III); Verletzung führt zur unbeschränkbaren Haftung für die Forderung, die der Gläubiger im Antrag auf Offenbarungsversicherung benennt. Verfahren: FamFG 361 (früher FGG 79), RPflG 3 Nr 2c.

6   **6. Wirkung des Inventars.** Die Wirkung (§ 2009) liegt allein in negativer Vermutung zwischen Erben und Nachlassgläubiger, dass weitere Nachlassgegenstände nicht vorhanden sind; Zugehörigkeit der aufgeführten Gegenstände wird nicht vermutet. Praktische Bedeutung der Vermutung zeigt sich bei §§ 1978; 1973, 1974; 1990, 1992. Inventaruntreue (§ 2005 I) beseitigt die Vermutungswirkung.

7   **7. Zwei Formen der unbeschränkbaren Haftung.** Nach § 2013 sind zu unterscheiden: **a) allg unbeschränkbare Haftung** gem §§ 1994 I 2, 2005 I und bei Verzicht. Der Erbe verliert jede Möglichkeit der Haftungsbeschränkung und die aufschiebenden Einreden, § 2016 I. § 1976 bleibt anwendbar. Das Recht, einen Insolvenzantrag zu stellen, erlischt nicht (InsO 316). Ausnahmsweise bleiben dem Erben Ausschließungs- und Verschweigungseinrede (§§ 1973, 1974), falls diese schon vor Eintritt der Verfalltatbestände gegeben waren. **b) relativ unbeschränkbare Haftung** gem § 2006 III, bei Verlust des Vorbehalts (ZPO 780 I) und persönlich beschränktem Verzicht. Der Erbe hat über die in § 2013 II ausdr erwähnten Vorschriften hinaus gegenüber den übrigen Gläubigern alle Möglichkeiten der Haftungsbeschränkung; frühere Ausnahme VerglO 113 I Nr 3 aF; s jetzt aber InsO 316. **c)** Wegen **Aufrechnung** vgl § 1977 Rn 4.

Untertitel 5. Aufschiebende Einreden

§ 2014 Dreimonatseinrede

Der Erbe ist berechtigt, die Berichtigung einer Nachlassverbindlichkeit bis zum Ablauf der ersten drei Monate nach der Annahme der Erbschaft, jedoch nicht über die Errichtung des Inventars hinaus, zu verweigern.

1   **1. Rechtsnatur.** § 2014 wird durch ZPO 305 I, 782 inhaltlich präzisiert. Da der Erbe verurteilt werden kann und das Urteil sogar eingeschränkt vollstreckbar ist, handelt es sich um keine materiellrechtliche Einrede mit Stundungswirkung, sondern um ein prozessuales Recht. Der Erbe kommt also in Verzug (RG 79, 204; str), die Verjährung läuft auch nach neuem Verjährungsrecht ungehemmt fort (vgl § 202 II aF und § 206 nF). Allein diese Auslegung ist interessengerecht: es soll nur während einer Schonfrist die endgültige Schmälerung des Nachlasses verhindert werden, darüber hinaus sollen die Gläubiger durch den Erbfall keine Nachteile treffen.

2   **2. Berechtigte.** Weigerungsberechtigt sind Erbe (vgl § 2016 I), Nachlasspfleger (§ 2017), Nachlassverwalter und Testamentsvollstrecker.

Titel 2. Haftung des Erben **§§ 2015, 2016**

3. Einredefeste Ansprüche. Einredefest sind §§ 1963, 1969. 3
4. Zeit vor Annahme der Erbschaft. Geltung der § 1958, ZPO 778. 4

§ 2015 Einrede des Aufgebotsverfahrens

(1) Hat der Erbe den Antrag auf Einleitung des Aufgebotsverfahrens der Nachlassgläubiger innerhalb eines Jahres nach der Annahme der Erbschaft gestellt und ist der Antrag zugelassen, so ist der Erbe berechtigt, die Berichtigung einer Nachlassverbindlichkeit bis zur Beendigung des Aufgebotsverfahrens zu verweigern.

(2) *(aufgehoben)*

(3) Wird der Ausschließungsbeschluss erlassen oder der Antrag auf Erlass des Ausschließungsbeschlusses zurückgewiesen, so ist das Aufgebotsverfahren erst dann als beendet anzusehen, wenn der Beschluss rechtskräftig ist.

1. Zweck. Die Vorschrift soll dem Erben die Möglichkeit gleichmäßiger Gläubigerbefriedigung gewähren. Der Aufgebotsantrag eines Miterben genügt (FamFG 460; früher ZPO 997). Antragszulassung bedeutet Erlass des Aufgebots gem FamFG 434 (früher ZPO 947). Das Aufgebotsverfahren endet durch Ausschließungsbeschluss (vor dem 1.9.2009: Ausschlussurteil) oder zurückweisenden Beschluss (FamFG 439; früher ZPO 952). Beschwerde nach FamFG 58 ff. Die Wirkung der Einrede entspricht § 2014. 1

2. Reform. Durch das FGG-ReformG (s Vor § 1922 Rn 19) wurde § 2015 II aufgehoben und III neu gefasst mit Wirkung zum 1.9.2009. Die alte Rechtslage ist unten im Kursivdruck wiedergegeben. Da mit der Überführung des Aufgebotsverfahrens in die freiwillige Gerichtsbarkeit ein Aufgebotsverfahren nur noch durch einen entsprechenden Beschluss oder die Rücknahme des Antrags beendet wird und die Durchführung eines Termins nicht mehr erforderlich ist, konnte II alt entfallen (vgl BT-Drs 16/6308, S 348). Die FGG-Reform führt zu einer generellen Anfechtbarkeit des Ausschließungsbeschlusses, nach FamFG 63 besteht eine Beschwerdefrist von einem Monat. Damit bedarf es der ursprünglichen Verlängerung der Einrede des schwebenden Aufgebotsverfahrens in II aF nicht mehr. 2

§ 2015 II und III alt lauteten:
(2) Der Beendigung des Aufgebotsverfahrens steht es gleich, wenn der Erbe in dem Aufgebotstermin nicht erschienen ist und nicht binnen zwei Wochen die Bestimmung eines neuen Termins beantragt oder wenn er auch in dem neuen Termin nicht erscheint.

(3) Wird das Ausschlussurteil erlassen oder der Antrag auf Erlassung des Urteils zurückgewiesen, so ist das Verfahren nicht vor dem Ablauf einer mit der Verkündung der Entscheidung beginnenden Frist von zwei Wochen und nicht vor der Erledigung einer rechtzeitig eingelegten Beschwerde als beendigt anzusehen.

§ 2016 Ausschluss der Einreden bei unbeschränkter Erbenhaftung

(1) Die Vorschriften der §§ 2014, 2015 finden keine Anwendung, wenn der Erbe unbeschränkt haftet.

(2) Das Gleiche gilt, soweit ein Gläubiger nach § 1971 von dem Aufgebot der Nachlassgläubiger nicht betroffen wird, mit der Maßgabe, dass ein erst nach dem Eintritt des Erbfalls im Wege der Zwangsvollstreckung oder der Arrestvollziehung erlangtes Recht sowie eine erst nach diesem Zeitpunkt im Wege der einstweiligen Verfügung erlangte Vormerkung außer Betracht bleibt.

1. Zweck. Da die Einreden der §§ 2014, 2015 die beschränkte Haftung vorbereiten sollen, entfallen sie bei nicht beschränkbarer Haftung. 1

2   **2. Dingliche Gläubiger.** Sie werden durch keine Haftungsbeschränkung betroffen (vgl auch §§ 1971, 1974 III) und sind deshalb auch von den vorbereitenden Einreden freigestellt.

3   **3. Vollstreckungspfandrechte.** Wenn sie **nach dem Eintritt des Erbfalles** erlangt sind, werden von einer Haftungsbeschränkung betroffen (vgl InsO 321, § 1990 II) und unterfallen deshalb den §§ 2014, 2015.

§ 2017 Fristbeginn bei Nachlasspflegschaft

Wird vor der Annahme der Erbschaft zur Verwaltung des Nachlasses ein Nachlasspfleger bestellt, so beginnen die in § 2014 und in § 2015 Abs. 1 bestimmten Fristen mit der Bestellung.

1   Die Vorschrift stellt einerseits klar, dass sich auch der Nachlasspfleger auf §§ 2014, 2015 berufen kann; andererseits verlegt sie den Beginn des Fristenlaufs im Interesse der Nachlassgläubiger vor. Sie wird im Zusammenspiel mit §§ 1958, 1960 III, 1961, FamFG 455 II (früher ZPO 991 II) verständlich.

Titel 3. Erbschaftsanspruch

§ 2018 Herausgabepflicht des Erbschaftsbesitzers

Der Erbe kann von jedem, der auf Grund eines ihm in Wirklichkeit nicht zustehenden Erbrechts etwas aus der Erbschaft erlangt hat (Erbschaftsbesitzer), die Herausgabe des Erlangten verlangen.

Lit: Gursky, Zur Rechtsnatur des Erschaftsanspruchs, FS von Lübtow, 1991, S 211; Mucheler, Der Erbschaftsanspruch, ErbR 09, 38, 76; Olzen, Der Erbschaftsanspruch, JuS 89, 374; Richter, Das Verhältnis des Erbschaftsanspruches zum Eigentumsherausgabeanspruch aus prozessualer Sicht, JuS 08, 97; Wendt, Die Bedeutung des Erbschaftsanspruchs, FS von Lübtow, 1991, S 229; Wieling, Hereditatis petitio und res iudicata, JZ 86, 5.

1   **1. Anspruchsgläubiger.** Gläubiger ist der Erbe; für den Miterben gilt § 2039. Der Rechtsnachfolger des Miterben (§ 2033 I) tritt insoweit in die Stellung des Miterben ein, während der Erbschaftskäufer (§ 2371) sich den Anspruch eigens abtreten lassen muss (vgl § 2374). **Ges Prozessstandschaft** liegt vor bei Nachlassverwaltung (§ 1984), Insolvenz (InsO 80) und Testamentsvollstreckung (§ 2212). Der **Nachlasspfleger** hat einen Herausgabeanspruch aus § 1960, auf den aber §§ 2019 ff anzuwenden sind (s § 1960 Rn 8 f); der **Nacherbe** ist nach dem Nacherbfall aktivlegitimiert gegenüber Dritten; im Verhältnis zum Vorerben ist § 2130 Sonderregel mit Vorrang (zT str, SoeDieckmann 7).

2   **2. Anspruchsschuldner.** Schuldner ist der Erbschaftsbesitzer. **a) Erlangt** sein können Vermögensvorteile aller Art; zB Buchposition (BGH FamRZ 04, 537), Forderungen, Rechte und Sachen, Eigentum auf Grund Restitution nach VermG zugunsten des Scheinerben (s Brandenburg ZEV 97, 157), wobei es gleichgültig ist, ob der Erblasser Eigentümer oder Besitzer der Sachen war; Surrogation nach § 2019. **b) Aus dem Nachlass erlangt** sind zunächst Gegenstände, die *nach* dem Erbfall dem Nachlass entnommen sind. Ist jedoch ein behauptetes Erbrecht Anlass für das nicht gerechtfertigte Behalten von Vorteilen, die *vor* dem Erbfall erlangt wurden, soll ebenfalls § 2018 anwendbar sein: Verwandlung von Fremdbesitz in Eigenbesitz nach dem Erbfall (RG 81, 294; BGH NJW 85, 3069); Verweigerung der Rückzahlung eines Erblasserdarlehens; Einlösungsbetrag des bereits vor dem Erbfall erlangten

3   Blankoschecks (str, KG NJW 70, 329). **c) Erbrechtsanmaßung** muss mit dem Erlangen verbunden sein; dabei genügt Anmaßung des Alleinerbrechts durch den Miterben (RG 81, 293; Koblenz ZErb 08, 168; s aber BGH FamRZ 04, 537:

Titel 3. Erbschaftsanspruch § 2019

Inbesitznahme allein ist keine Erbrechtsanmaßung). Anfängliche Erbrechtsanmaßung bleibt ausreichend, auch wenn später die Berufung auf einen anderen Erwerbsgrund hinzutritt (BGH FamRZ 85, 693; NJW 85, 3069). Der Erbe des Erbschaftsbesitzers ist auch ohne eigene Anmaßung Anspruchsschuldner (BGH NJW 85, 3069). *Nicht* unter § 2018 fallen: ausschlagender Erbe (§ 1959), Dieb (§§ 857 ff, 985), angeblicher Anspruchsgläubiger, Testamentsvollstrecker (RG 81, 151), Nachlasspfleger, Nachlassverwalter, Insolvenzverwalter; wohl aber der auf Grund wirksam angefochtenen Erbrechts (§§ 2078 f, 2281, 2340) besitzende vermeintliche Erbe (BGH NJW 85, 3069; zT krit Dieckmann FamRZ 85, 1247).

3. Erbrechtlicher Gesamtanspruch. Auch bei Verfolgung des Gesamtanspruchs müssen die Nachlassgegenstände einzeln bezeichnet werden, ZPO 253 II Nr 2 (str); möglich ist Stufenklage auf Auskunft (§ 2027, ZPO 254) und Herausgabe (Nürnberg OLGZ 81, 115). Der Schuldner kann grundsätzlich gegen die Herausgabe auch einzelner Gegenstände Einwendungen und Einreden vorbringen (zB nachträglicher Kauf usw); ein Zurückbehaltungsrecht wegen eines Vermächtnisses oder Pflichtteilsrechtes wird jedoch verneint (BGH 120, 96, 103; Düsseldorf FamRZ 92, 600; KG OLGZ 74, 18; Hamm MDR 64, 151), weil der Erbschaftsanspruch die Einziehung des Nachlasses und damit der Haftungsmasse erst ermöglichen soll (str, vgl Dütz NJW 67, 1105). Verjährung: § 197 I Nr 1. Diese Verjährungsvorschrift gilt auch für surrogierende Ansprüche (BGH FamRZ 04, 537; 07, 1097). Zur Änderung der Nummerierung von Nr 2 zu Nr 1 in § 197 I s Vor § 1922 Rn 18. 4

§ 2019 Unmittelbare Ersetzung

(1) Als aus der Erbschaft erlangt gilt auch, was der Erbschaftsbesitzer durch Rechtsgeschäft mit Mitteln der Erbschaft erwirbt.

(2) Die Zugehörigkeit einer in solcher Weise erworbenen Forderung zur Erbschaft hat der Schuldner erst dann gegen sich gelten zu lassen, wenn er von der Zugehörigkeit Kenntnis erlangt; die Vorschriften der §§ 406 bis 408 finden entsprechende Anwendung.

1. Surrogationsprinzip. Das Erworbene wird ohne Zwischenerwerb des Erbschaftsbesitzers Nachlassbestandteil (zB Zahlungsanspruch bei Veräußerung eines Nachlassgrundstückes, BGH NJW 91, 842 = JZ 91, 727 mAnm Bork); § 894, GBO 22, ZPO 771, InsO 47 kommen folglich zugunsten des Erben zur Anwendung. Kein Zwischenerwerb findet auch statt bei Kreditgeschäften, falls der Erbschaftsbesitzer erst nach Erhalt des Surrogationsgegenstandes die Gegenleistung aus Nachlassmitteln erbringt (str, vgl SoeDieckmann 1). Lit: M. Wolf JuS 75, 646, 710; 76, 32, 104; Krebber FamRZ 00, 197; Löhning JA 03, 990; sa §§ 2041, 2111. 1

2. Surrogationsfähigkeit. Nicht surrogationsfähig sind höchstpersönliche Rechte (zB Nießbrauch) oder Rechte als Bestandteile von Grundstücken des Erbschaftsbesitzers (§ 96); im Vermögen des Erbschaftsbesitzers inkorporierte Vorteile (zB Schuldenzahlung mit Nachlassmitteln) aber Herausgabe nach §§ 2021, 818. Hingegen sind andere erworbene nichtübertragbare Rechte surrogationsfähig (BGH 109, 216 ff für Kommanditanteil gegen BGH NJW 77, 433; Düsseldorf FamRZ 92, 600 für Gesellschafterstellung durch Leistung einer Einlage aus Erbschaftsmitteln). 2

3. RGeschäft mit Erbschaftsmitteln. a) Wirksamkeit der Verfügung über Erbschaftsgegenstände ist gleichgültig; im Herausgabeverlangen des Ersatzgutes liegt aber die Genehmigung (§ 185), bedingt durch die tatsächliche Herausgabe (str, vgl Lüke/Göler JuS 75, 381 f). **b)** Bei **gemischter Finanzierung** entsteht Mitberechtigung nach Bruchteilen (zB § 1008) zwischen Erbe und Erbschaftsbesitzer. **c) Rechtsgeschäftlicher Erwerb** schließt ges Ersatzvorteile (zB Ansprüche aus Zerstörung, Beschädigung, Entziehung) von der Surrogation aus; hier gelten §§ 2021, 818 (str). 3

Stürmer 1991

4 **4. Gutglaubensschutz.** Er besteht für den Schuldner der durch Surrogation erworbenen Forderung: er darf bis zur Kenntnis der Nachlasszugehörigkeit den Erbschaftsbesitzer als Gläubiger betrachten. § 404 (zB Einwendung von Sachmängeln) ist gegenüber dem Erben anwendbar.

§ 2020 Nutzungen und Früchte

Der Erbschaftsbesitzer hat dem Erben die gezogenen Nutzungen herauszugeben; die Verpflichtung zur Herausgabe erstreckt sich auch auf Früchte, an denen er das Eigentum erworben hat.

1 Die Vorschrift erfasst nur *gezogene* Nutzungen (§ 100), anders §§ 2023 II, 2024, 987 II. Für Früchte, an denen der Erbschaftsbesitzer gem § 955 Eigentum erworben hat, schafft Halbs 2 einen gesonderten schuldrechtlichen Herausgabeanspruch. Stets ist § 2021 zu beachten.

§ 2021 Herausgabepflicht nach Bereicherungsgrundsätzen

Soweit der Erbschaftsbesitzer zur Herausgabe außerstande ist, bestimmt sich seine Verpflichtung nach den Vorschriften über die Herausgabe einer ungerechtfertigten Bereicherung.

1 **1. Rechtsfolgenverweisung.** § 2021 enthält eine Rechtsfolgenverweisung (RG 81, 206; Olzen JuS 89, 374) auf §§ 818, 822. Sie gilt nicht in Fällen verschärfter Haftung, §§ 2023–2025. Beweislast des Erbschaftsbesitzers (BGH NJW 85, 3070).

2 **2. Unmöglichkeit der Herausgabe in natura.** Sie liegt vor bei Gebrauchsvorteilen, bei Untergang, Verbrauch oder Vermischung des Erbschaftsgegenstandes bzw seines Surrogates (§ 2019). Der auf Geldleistung gerichtete Erbschaftsanspruch wird praktisch stets an § 2021 zu messen sein, so dass der Einwand der Entreicherung möglich ist.

3 **3. Entreicherung.** Sie kann liegen in Verschwendung von Werten, in Verwendungen des Erbschaftsbesitzers auf den Nachlass (arg § 2022 I); nach hL dagegen *nicht* in Aufwendungen zur Erlangung des Nachlasses (zB Erbscheinkosten, Prozesskosten, str).

§ 2022 Ersatz von Verwendungen und Aufwendungen

(1) ¹Der Erbschaftsbesitzer ist zur Herausgabe der zur Erbschaft gehörenden Sachen nur gegen Ersatz aller Verwendungen verpflichtet, soweit nicht die Verwendungen durch Anrechnung auf die nach § 2021 herauszugebende Bereicherung gedeckt werden. ²Die für den Eigentumsanspruch geltenden Vorschriften der §§ 1000 bis 1003 finden Anwendung.

(2) Zu den Verwendungen gehören auch die Aufwendungen, die der Erbschaftsbesitzer zur Bestreitung von Lasten der Erbschaft oder zur Berichtigung von Nachlassverbindlichkeiten macht.

(3) Soweit der Erbe für Aufwendungen, die nicht auf einzelne Sachen gemacht worden sind, insbesondere für die im Absatz 2 bezeichneten Aufwendungen, nach den allgemeinen Vorschriften in weiterem Umfang Ersatz zu leisten hat, bleibt der Anspruch des Erbschaftsbesitzers unberührt.

1 **1. Anwendungsbereich.** Die Vorschrift gilt nicht in den Fällen der §§ 2023, 2024; ferner nicht bei bereicherungsrechtlicher Berücksichtigung der Verwendungen (§ 2021). Sie ist anwendbar, falls der Erbe aus § 2018 Grundbuchberichtigung

oder gem § 2020 Halbs 2 Herausgabe der Früchte verlangt; ebenso beim Herausgabeanspruch des Nachlasspflegers (§ 1960 Rn 8).

2. Bedeutung. Die Bedeutung des § 2022 liegt in der Verbesserung der Position des Erbschaftsbesitzers, der anders als nach §§ 994 ff Ersatz *aller,* also auch überflüssiger Verwendungen verlangen kann (BGH FamRZ 04, 537).

3. Verwendungen. Der sehr weite Verwendungsbegriff (§ 2022 II) umfasst die Erfüllung von Nachlassverbindlichkeiten (Düsseldorf FamRZ 92, 602), insbes der Erbschaftsteuerschuld; *keine* Verwendung ist die eigene Arbeitsleistung ohne Verdienstausfall (KG OLGZ 74, 19).

4. Rechte des Erbschaftsbesitzers. Zurückbehaltungsrecht (§ 1000); Aufwendungsersatzanspruch (§§ 1001 f); Befriedigungsrecht (§ 1003); Wegnahmerecht analog §§ 997, 258. Kein Zurückbehaltungsrecht bei Vermächtnis- und Pflichtteilsansprüchen, vgl § 2018 Rn 4.

5. Vorbehalt weiterer Ansprüche. Er bezieht sich vor allem auf Bereicherungsansprüche.

§ 2023 Haftung bei Rechtshängigkeit, Nutzungen und Verwendungen

(1) Hat der Erbschaftsbesitzer zur Erbschaft gehörende Sachen herauszugeben, so bestimmt sich von dem Eintritt der Rechtshängigkeit an der Anspruch des Erben auf Schadensersatz wegen Verschlechterung, Untergangs oder einer aus einem anderen Grund eintretenden Unmöglichkeit der Herausgabe nach den Vorschriften, die für das Verhältnis zwischen dem Eigentümer und dem Besitzer von dem Eintritt der Rechtshängigkeit des Eigentumsanspruchs an gelten.

(2) Das Gleiche gilt von dem Anspruch des Erben auf Herausgabe oder Vergütung von Nutzungen und von dem Anspruch des Erbschaftsbesitzers auf Ersatz von Verwendungen.

1. Haftungsverschärfung. Die Haftungsverschärfung nach Rechtshängigkeit (ZPO 261) zeigt sich im Verweis insbes auf §§ 989, 987 II; soweit bereits vor Rechtshängigkeit die Beschränkung auf Bereicherungshaftung eingetreten ist (§ 2021), gelten §§ 818 IV, 291, 292, 987 ff.

2. Notwendige Verwendungen. Sie sind nach GoA-Regeln zu ersetzen, § 994 II; sie müssen auf den Nachlass, nicht auf die konkret herauszugebende Sache gemacht sein (str, vgl SoeDieckmann 3); Verwendungsersatz für Erfüllung von Nachlassverbindlichkeiten nur bei Beachtung der §§ 1978, 1980, 1991.

§ 2024 Haftung bei Kenntnis

¹**Ist der Erbschaftsbesitzer bei dem Beginn des Erbschaftsbesitzes nicht in gutem Glauben, so haftet er so, wie wenn der Anspruch des Erben zu dieser Zeit rechtshängig geworden wäre.** ²**Erfährt der Erbschaftsbesitzer später, dass er nicht Erbe ist, so haftet er in gleicher Weise von der Erlangung der Kenntnis an.** ³**Eine weitergehende Haftung wegen Verzugs bleibt unberührt.**

1. Ursprüngliche Bösgläubigkeit. Sie liegt vor bei positiver Kenntnis und grob fahrlässiger Unkenntnis.

2. Nachträgliche Bösgläubigkeit. Sie setzt stets positive Kenntnis voraus (RG 56, 317); Parallelregelung zu § 990.

3. Weitergehende Verzugshaftung. Sie ist die Zufallshaftung, § 287 S 2.

§ 2025 Haftung bei unerlaubter Handlung

¹Hat der Erbschaftsbesitzer einen Erbschaftsgegenstand durch eine Straftat oder eine zur Erbschaft gehörende Sache durch verbotene Eigenmacht erlangt, so haftet er nach den Vorschriften über den Schadensersatz wegen unerlaubter Handlungen. ²Ein gutgläubiger Erbschaftsbesitzer haftet jedoch wegen verbotener Eigenmacht nach diesen Vorschriften nur, wenn der Erbe den Besitz der Sache bereits tatsächlich ergriffen hatte.

1. Haftungsverschärfung. Die verschärfte Haftung geht auf Naturalrestitution, §§ 823 ff, 249 ff; Zufallshaftung gem § 848; Verwendungsersatzansprüche gem §§ 850, 994 ff.

2. Einschränkung bei gutgl verbotener Eigenmacht. Sie erklärt sich aus § 857: da der Erbe stets mit dem Erbfall Besitz erwirbt, wäre die verschärfte Haftung in allen Fällen verbotener Eigenmacht zu hart und bleibt auf Fälle tatsächlicher Sachherrschaft des Erben beschränkt.

3. Verschulden. Die deliktische Haftung setzt Verschulden voraus.

§ 2026 Keine Berufung auf Ersitzung

Der Erbschaftsbesitzer kann sich dem Erben gegenüber, solange nicht der Erbschaftsanspruch verjährt ist, nicht auf die Ersitzung einer Sache berufen, die er als zur Erbschaft gehörend im Besitz hat.

1. Mobilien. Bei beweglichen Sachen könnte die 10jährige Ersitzungsfrist (§ 937 I) die 30jährige Verjährungsfrist des Erbschaftsanspruchs (§ 197 I Nr 1; Pal/Weidlich Rn 8) unterlaufen. Deshalb bleibt die Ersitzung des Erbschaftsbesitzers während des Laufs der Verjährungsfrist gegenüber dem Erben *relativ unwirksam* (Soe-Dieckmann 3, str; aA MK/Helms 7: schuldrechtlicher Übertragungsanspruch des Erben).

2. Immobilien. Hier sind Ersitzungsfrist (§ 900 I) und Verjährungsfrist (§ 197 I Nr 1) gleich lang, so dass die Vorschrift nur in Ausnahmefällen (zB Fristenverschiebung durch unterschiedlichen Fristenlauf oder Hemmung) Bedeutung erlangen dürfte.

§ 2027 Auskunftspflicht des Erbschaftsbesitzers

(1) **Der Erbschaftsbesitzer ist verpflichtet, dem Erben über den Bestand der Erbschaft und über den Verbleib der Erbschaftsgegenstände Auskunft zu erteilen.**

(2) **Die gleiche Verpflichtung hat, wer, ohne Erbschaftsbesitzer zu sein, eine Sache aus dem Nachlass in Besitz nimmt, bevor der Erbe den Besitz tatsächlich ergriffen hat.**

1. Zweck und Umfang. Die Auskunftspflicht des Erbschaftsbesitzers ergänzt die Verpflichtung gem §§ 2018, 260. Sie betrifft den Aktivbestand, folglich nicht die Schulden (RGSt 71, 360) oder Schenkungen zu Lebzeiten (BGH 61, 182). Da über den Verbleib nicht mehr vorhandener Gegenstände Auskunft zu geben ist, kann sich die Auskunftspflicht zur Rechnungslegungspflicht steigern (§ 259); zum fließenden Übergang zwischen Auskunft und Rechnungslegung vgl Stürner, Die Aufklärungspflicht der Parteien des Zivilprozesses, 1976, S 356 ff. Der Auskunftsanspruch ist nicht selbständig übertragbar (Karlsruhe FamRZ 67, 692), wohl aber zusammen mit dem Erbschaftsanspruch (s § 401 Rn 3); auch der Erbe des Erbschaftsbesitzers ist auskunftspflichtig: kraft vererbter Auskunftspflicht über Vorgänge vor dem Erbfall und kraft eigener Auskunftspflicht über spätere Vorgänge (BGH NJW

Titel 3. Erbschaftsanspruch § 2028

85, 3069 f; zT krit Dieckmann FamRZ 85, 1248). Der Auskunftsanspruch entfällt, falls Fortfall des Anspruchs gem §§ 2018 ff feststeht; Beweislast des Schuldners (BGH NJW 85, 3070). Zum Ganzen vgl Sarres ZEV 98, 298; 08, 512.

2. Eidesstattliche Versicherung. Sie kann entsprechend §§ 259 II, 260 II verlangt werden; sie ist das Zwangsmittel zur Erzielung wahrer und vollständiger Angaben. Ausnahmsweise kann auf Ergänzung der Auskunft geklagt werden, wenn ganze Komplexe fehlen (RG 84, 44; ausführlich Stürner aaO S 351 ff).

3. Verfahren. Die Auskunftsklage (Gerichtsstand ZPO 27: Nürnberg OLGZ 81, 115) bewirkt nicht die Rechtshängigkeit des Erbschaftsanspruchs, weshalb Stufenklage (ZPO 254) zu empfehlen ist (vgl RG 115, 29); Vollstreckung gem ZPO 888 (Stürner aaO S 340; Koblenz NJW-RR 05, 161). Freiwillige Abgabe der eidesstattlichen Versicherung nach FamFG 410 (früher FGG 163), RPflG 3 Nr 1b. Vollstreckung auf Klage gem ZPO 889; bei Richtigstellung vor Versicherung passt das Vollstreckungsgericht die Formel des Prozessgerichts an (str, vgl Bamberg NJW 69, 1304).

4. Auskunftspflicht des Besitzers von Nachlasssachen. Sie besteht unabhängig vom Grund des Eingriffs und von der Kenntnis der Nachlasszugehörigkeit (str). Wer Sachen an sich nimmt, die der Erblasser *Dritten* übergeben hatte, ist nicht auskunftspflichtig (LM Nr 1 zu § 1421). Ebensowenig, wer auf Grund eines bes, zur Auskunft verpflichtenden Rechtsverhältnisses besitzt, zB Nachlassverwalter, Nachlasspfleger oder verwaltender Miterbe (§§ 2038 I 2, 666 bzw 681; RG 81, 32; HRR 1932 Nr 1928). Gerichtsstand: ZPO 27 (Nürnberg OLGZ 81, 116).

5. Allgemeiner Informationsanspruch. Neben dem Anspruch aus § 2027 ist allerdings stets der allg Informationsanspruch *zwischen künftigen Prozessparteien* zu erwägen (sehr str, vgl Stürner aaO S 300 ff, 327 ff).

§ 2028 Auskunftspflicht des Hausgenossen

(1) **Wer sich zur Zeit des Erbfalls mit dem Erblasser in häuslicher Gemeinschaft befunden hat, ist verpflichtet, dem Erben auf Verlangen Auskunft darüber zu erteilen, welche erbschaftlichen Geschäfte er geführt hat und was ihm über den Verbleib der Erbschaftsgegenstände bekannt ist.**

(2) **Besteht Grund zu der Annahme, dass die Auskunft nicht mit der erforderlichen Sorgfalt erteilt worden ist, so hat der Verpflichtete auf Verlangen des Erben zu Protokoll an Eides statt zu versichern, dass er seine Angaben nach bestem Wissen so vollständig gemacht habe, als er dazu imstande sei.**

(3) **Die Vorschriften des § 259 Abs. 3 und des § 261 finden Anwendung.**

1. Rechtsgrund. Grund der Auskunftspflicht des Hausgenossen ist der verführerische soziale Kontakt und die schlechte Informationslage des Erben, der zur Rechtsverfolgung bereits auf das vorprozessuale Zeugnis Dritter angewiesen ist.

2. Weite Auslegung. Die Vorschrift ist deshalb weit auszulegen. Sie erfasst jede Form engeren räumlichen und persönlichen Kontakts vor dem Tode und gilt auch für Gegenstände, die vor dem Tode weggeschafft wurden. Beispiele: RG 80, 285 (längerer Besuch beim Erblasser); RG Warn 1922 Nr 75 (Gastgeber des Erblassers); RG Recht 1913 Nr 217 (Auskunft über zu Lebzeiten weggenommene Gegenstände); LM Nr 1 (Erblasser als verköstigter Untermieter des Auskunftspflichtigen); BGH WM 1971, 443 (Auskunft über Verbleib angeblich zurückgezahlter Darlehen); LG Berlin FamRZ 79, 503 (Auskunft der Lebensgefährtin über angeblich geschenkte Sparbücher). **Keine** Auskunftspflicht besteht über rechtlich eindeutig wirksame Schenkungen (RG 84, 206; BGH DB 64, 1443), wobei sich allerdings die Frage stellt, wann die Wirksamkeit der Schenkung eindeutig feststeht.

3 3. **Miterben.** Die Pflicht des § 2028 trifft auch den Miterben (RG 81, 30; sa Klinger/Bornewasser NJW-Spezial 04, 349).

4 4. **Eidesstattliche Versicherung.** Allg Misstrauen und obj Unrichtigkeit sollen nicht schon die Pflicht des § 2028 II begründen (BGH DB 1964, 1443); doch ist idR obj Unrichtigkeit ein Indiz mangelhafter Sorgfalt. Verfahren: FamFG 410 Nr 1, 413 (früher FGG 163).

§ 2029 Haftung bei Einzelansprüchen des Erben

Die Haftung des Erbschaftsbesitzers bestimmt sich auch gegenüber den Ansprüchen, die dem Erben in Ansehung der einzelnen Erbschaftsgegenstände zustehen, nach den Vorschriften über den Erbschaftsanspruch.

1 Die Vorschrift stellt klar, dass der Erbschaftsbesitzer die Vorzüge der §§ 2018 ff nicht verlieren kann, weil der Erbe Einzelansprüche geltend macht (§§ 985, 861, 823, 812). Allerdings muss der Erbschaftsbesitzer auch die Regelungen gegen sich gelten lassen, die ihn schlechter stellen als bei Einzelansprüchen (zB § 2020 statt § 993). Für Einzelklagen gilt ZPO 27 nicht (Nürnberg OLGZ 81, 115; str).

§ 2030 Rechtsstellung des Erbschaftserwerbers

Wer die Erbschaft durch Vertrag von einem Erbschaftsbesitzer erwirbt, steht im Verhältnis zu dem Erben einem Erbschaftsbesitzer gleich.

1 1. **Anwendungsbereich.** Verkauf der Erbschaft (§ 2371) bei Erfüllung durch Einzelverfügungen; Veräußerung eines Erbteils (§ 2033). Die Vorschrift greift nicht ein bei Veräußerung einzelner Nachlassgegenstände.

2 2. **Bedeutung.** Der Erwerber haftet wie ein Erbschaftsbesitzer, ein gutgläubiger Erwerb der einzelnen Nachlassgegenstände (§§ 932 ff, 892 f, 2366 f) ist ausgeschlossen; anders, wenn nur einzelne Nachlassgegenstände veräußert werden. §§ 2024 f müssen in der Person des Erwerbers vorliegen.

3 3. **Anspruchsschuldner.** Der Erbe hat die Wahl, ob er gegen den Verkäufer bzw Veräußerer nach §§ 2018, 2019 oder den Erwerber nach §§ 2018, 2030 vorgehen will, der dann aus §§ 280 I, 283 gegen den Erstbesitzer vorgehen kann; zur teilw Beanspruchung beider Teile durch den Erben SoeDieckmann 5.

§ 2031 Herausgabeanspruch des für tot Erklärten

(1) ¹**Überlebt eine Person, die für tot erklärt oder deren Todeszeit nach den Vorschriften des Verschollenheitsgesetzes festgestellt ist, den Zeitpunkt, der als Zeitpunkt ihres Todes gilt, so kann sie die Herausgabe ihres Vermögens nach den für den Erbschaftsanspruch geltenden Vorschriften verlangen.** ²**Solange sie noch lebt, wird die Verjährung ihres Anspruchs nicht vor dem Ablauf eines Jahres nach dem Zeitpunkt vollendet, in welchem sie von der Todeserklärung oder der Feststellung der Todeszeit Kenntnis erlangt.**

(2) **Das Gleiche gilt, wenn der Tod einer Person ohne Todeserklärung oder Feststellung der Todeszeit mit Unrecht angenommen worden ist.**

1 Der Scheintote kann den Anspruch nicht nur gegen den Erbschaftsbesitzer, sondern gegen jeden Eindringling in sein Vermögen geltend machen (str).

Titel 4. Mehrheit von Erben

Vorbemerkungen

1. Gesamthandsgemeinschaft. Die Miterbengemeinschaft ist neben der 1 Gesellschaft (str, s § 705 Rn 1) und der ehelichen Gütergemeinschaft die dritte Gesamthandsgemeinschaft des BGB. Anders als die beiden übrigen Gesamthandsgemeinschaften ist sie auf Abwicklung, nicht auf Fortbestand ausgerichtet (BGH NJW 06, 3715; 02, 3389; BSG FamRZ 10,1077); deshalb wird ihr nicht ähnlich wie der GbR (dazu die fehlsame Entscheidung BGH 146, 341 u § 705 Rn 1) und der Wohnungseigentümergemeinschaft (BGH NJW 05, 2061 u der verunglückte WEG 10) Teilrechtsfähigkeit zugestanden (zur Diskussion Eberl-Borges, Heil, Weipert ZEV 02, 125, 296, 300; Ivo ZEV 04, 499). Der Gesamthandscharakter kommt bes klar in §§ 2038–2040 zum Ausdruck, wird aber zB in §§ 2033 I, 2042 I deutlich durchbrochen.

2. Sondervorschriften. Zur Mehrheit von Erben existieren teilw bes Regelun- 2 gen: **a) RHeimstG** 19, 9, 24 aF mit AVO; s aber § 1922 Rn 14. **b) Landwirtschaftliche Betriebe:** HöfeO idF v 26.7.1976 §§ 4, 12, 13, 15 V (Hoferbe und Erbe bilden keine Miterbengemeinschaft gem § 2032 ff). Auch soweit Anerbenrecht nicht gilt und kraft ges Erbfolge (BGH 40, 60) eine Erbengemeinschaft gem §§ 2032 ff entsteht, gestatten GrdstVG 13–17, 33 die gerichtl Zuweisung des Betriebs an einen Erben (hierzu BVerfG 91, 346). Guter Überblick bei PalWeidlich § 2042 Rn 24 ff. **c) Mietrecht:** §§ 563 ff. **d) Versteigerungsschutz:** ZVG 180 II. **e) Bodenreformgrundstücke:** Für Grundeigentum aus der Bodenreform ist EGBGB 233 § 11 II 2 zu beachten, der für den Fall des Versterbens des Begünstigten vor dem 16.3.1990 für das Grundstück das Entstehen einer Bruchteilsgemeinschaft zwischen den Erben anordnet mit der Konsequenz, dass das Grundstück aus dem Nachlass ausscheidet (vgl BGH WM 01, 212). Der Ausschluss von Rechten nicht auffindbarer Miterben durch EntschG 10 I 1 Nr 7 ist mit GG 14 I 1, 3 I vereinbar, wenn zumindest ein anderer Miterbe bekannt und aufgefunden ist (BVerfG ZEV 10, 519 ff; zweifelnd BVerwG NVwZ 08, 432).

3. Erbschaftsteuer. a) Grundsatz: Jeder Miterbe wird mit dem Erbfall (ErbStG 3 9 I Nr 1) Steuerschuldner (ErbStG 20 I), wobei grundsätzlich die Erbquote seinen Anteil am Steuerwert des gesamten Nachlasses bestimmt (AO 39 II Nr 2). Bis zur Auseinandersetzung haftet der Nachlass für die Steuerschuld der Erbbeteiligten (ErbStG 20 III); gemeinsame Steuererklärung ist möglich (ErbStG 31 IV). **b)** Die 4 **Erbquote** richtet sich nach dem Anteil am **Verkehrswert** des Nachlasses, nicht nach der steuerlichen Bewertung dessen, was der Miterbe auf Grund Teilungsanordnung oder Auseinandersetzungsvereinbarung tatsächlich erhält (BFH BB 83, 2241; BFH 167, 562). Diese Unterscheidung spielte unter **altem Recht** bis zum 1.1.2009 bei Grundstücken eine Rolle, weil sie mit einem niedrigeren Wert als dem Verkehrswert bewertet worden sind (§ 1924 Rn 6). Unter neuem Recht ab dem 1.1.2009 (BewertungsG 179, 182 ff), das den Verkehrswert der Besteuerung zugrunde legt, ist die Unterscheidung nunmehr in aller Regel bedeutungslos. Für 5 Altfälle s 13. Aufl Vor §§ 2032 ff Rn 4 f; zur steuerlichen Absetzbarkeit von Kosten der Erbauseinandersetzung gem ErbStG 10 V Nr 3 s BFH NJW 10, 2543 (Kosten sachverständiger Grundstücksbewertung).

4. Einkommensteuer. Einkommensteuerlich ist die Auseinandersetzung kein 6 Teil des Erwerbs durch Erbfall, sondern ein getrennter steuerlicher Erwerbsvorgang (BFH GS NJW 91, 249). Im Rahmen der Auseinandersetzung geleistete Abfindungen oder Aufwendungen für den Erwerb eines Erbteils führen beim Leistenden grundsätzlich zu Anschaffungskosten (sa BFH ZEV 01, 245), beim Empfänger zu einem Veräußerungserlös. Dies ist, falls es sich um Privatvermögen handelt, idR willkommen (Erhöhung des Absetzungsvolumens auf der Erwerberseite, auf der Veräußererseite meist – s aber EStG 17, 23, UmwStG 21 aF bzw 22 nF – keine Einkommensteuerpflicht) – weniger jedoch, falls Betriebsvermögen betroffen ist (steuerbarer Veräußerungsgewinn gem EStG 16). Eine Möglichkeit zur steuerneutralen Unternehmensfortführung kann uU die Realteilung des Erblasservermögens bieten, weil sie, soweit sie sich innerhalb der Erbquote bewegt, keinen Anschaffungs- bzw Veräußerungsvorgang darstellt (aber: Einzelentnahmen vermeiden!). Weiter ist die Erbeinsetzung im Verhältnis der den Erben jeweils zugedachten (ungleichen) Vermögensmassen zu erwägen; zum Ausgleich ist der bevorzugte Miterbe mit einem Vermächtnis zu belasten. Alternative: Erbeinsetzung zu gleichen Teilen, Aussetzung eines Vorausvermächtnisses, das zwecks Gleichstellung mit einem Untervermächtnis zu belasten ist. Ausführlich das BMF-Schreiben vom 11.1.2006, BStBl I 06, 253 (m zahlr Nachw und Gestaltungsvorschlägen; dazu Schütze StB 06, 287; Schulze zur Wiesche StBp 06, 260).

Untertitel 1. Rechtsverhältnis der Erben untereinander

§ 2032 Erbengemeinschaft

(1) Hinterlässt der Erblasser mehrere Erben, so wird der Nachlass gemeinschaftliches Vermögen der Erben.

(2) Bis zur Auseinandersetzung gelten die Vorschriften der §§ 2033 bis 2041.

Lit: Ahner, Die Rechtsstellung der Erbengemeinschaft in Prozess und Zwangsvollstreckung, 2008; Ann, Die Erbengemeinschaft, 2001; J. Blomeyer, Die Rechtsnatur der Gesamthand, JR 71, 397; Grunewald, Die Rechtsfähigkeit der Erbengemeinschaft, AcP 197, 305; sa Vor § 2032 Rn 1.

1. Gesamthandsgemeinschaft. Der Nachlass geht als Ganzes (§ 1922 I) auf die Miterben über. Jeder ist am Gesamtnachlass berechtigt und dabei durch die Rechte der übrigen Gemeinschafter eingeschränkt. Die Erben können nur gemeinsam (§ 2040 I), nicht einzeln (§ 2033 II) über Nachlassgegenstände verfügen, es kann nur an alle gemeinsam geleistet werden (§ 2039), und die Verwaltung ist gemeinsam (§ 2038). An den Nachlassgegenständen entsteht gesamthänderische Inhaberschaft (Gesamthandseigentum, -forderung; dazu BGH NJW 01, 2397). Zuteilende Bestimmungen des Erblassers bleiben ohne dingliche Wirkung und sind erst bei der Auseinandersetzung zu berücksichtigen (§§ 2150, 2048). Nicht die Erbengemeinschaft, nur ihre Mitglieder sind rechts- und parteifähig (ZPO 50 I; BGH NJW 06, 3715; 02, 3389 = ZEV 02, 504 mAnm Marotzke; NJW 89, 2134; BSG FamRZ 10, 1077; aA Grunewald AcP 197, 305; Ann MittbayNot 03, 193; sa Vor § 2032 Rn 1). Die neue Rspr des BGH zur GbR und WEG ist nicht auf die Erbengemeinschaft übertragbar (BGH NJW 06, 3715). Grundbucheintragung: GBO 47; Untererbengemeinschaften sind kenntlich zu machen (BayObLGZ 90, 190). Miterben, die in ein Girovertragsverhältnis des Erblassers eintreten und das Girokonto für den eigenen Zahlungsverkehr fortführen, erlangen eine eigene persönliche Rechtsbeziehung zur Bank (BGH NJW 00, 1258; sa § 2139 Rn 1 für Vorerben).

2 **2. Entstehung.** Sie ist denkbar auf Grund ges Erbfolge oder durch Verfügung von Todes wegen. Ersatzerben oder Nacherben werden erst bei Eintritt des Ersatz- bzw Nacherbfalles Mitglieder der Gemeinschaft; keine Miterbengemeinschaft von Nacherben vor dem Nacherbfall (BGH NJW 93, 1583; sa § 2100 Rn 7 f) oder von Nacherben und Erben des Vorerben (BayObLG FamRZ 05, 1280).

3 **3. Übertragung von Rechten.** Übertragungen durch die Erbengemeinschaft auf andere Rechtspersonen oder Rechtsgebilde bedürfen der gewöhnlichen Ver-

Titel 4. Mehrheit von Erben **§ 2032**

tragsform. Wollen zB nur einige Miterben ein Handelsgeschäft, das zum Nachlass gehört, fortführen, so müssen sie eine Gesellschaft gründen und das Handelsgeschäft von der Erbengemeinschaft auf die neue Gesellschaft übertragen (BGH WM 75, 1110). Zur Übertragung von Grundstückseigentum (direkt gem § 925; indirekt durch Anteilsübertragung, § 2033 I) s § 925 Rn 2, 9; zu Bodenreformgrundstücken s Vor § 2032 Rn 2.

4. Rechtsnachfolge der Gemeinschaft im Handels- und Gesellschafts- 4
recht. a) Einzelhandelsgeschäft: Die Erbengemeinschaft kann ein Einzelhandelsgeschäft zeitlich unbegrenzt (BGH 92, 262; hierzu K. Schmidt NJW 85, 138, 2785; John JZ 85, 246) als werbendes Unternehmen fortführen und wird als Inhaberin im Handelsregister eingetragen (krit R. Fischer ZHR 144, 1; Johannsen FamRZ 80, 1075 f). Möglich ist die Fortführung unter der alten Firma mit oder ohne Nachfolgezusatz (HGB 22) oder unter einer neuen Firma, die allerdings erkennbar machen muss, dass Inhaber Miteigentümer in gesamthänderischer Verbundenheit sind (vgl KG JFG 5, 209). Im Innenverhältnis gelten OHG-Regeln entsprechend (BGH 17, 299). Zur OHG wird die Erbengemeinschaft erst durch Abschluss eines Gesellschaftsvertrages – kein stillschweigender Abschluss durch bloße längere Fortführung – und durch Übertragung der Unternehmensgüter, s Rn 3 (BFH NJW 88, 1343). Die Prokura eines Miterben erlischt mit dem Erbfall (BGH NJW 59, 2116). Die Gemeinschaft kann kein Handelsgeschäft neu errichten (KG HRR 32 Nr 749), die Erwerber sämtlicher Gemeinschaftsanteile können das Handelsgeschäft nicht fortführen (KG FGPrax 99, 27; str, s Keller ZEV 99, 174). Fortführen durch Miterben und damit Haftung gem HGB 27 (§ 1967 Rn 6) ist nur gegeben, wenn die Geschäftsführung gemeinsam erfolgt oder für alle durch einen stillschweigend oder ausdr bevollmächtigten Miterben (BGH 32, 67; BB 61, 1027). Die Fortführung durch einen Vertreter minderjähriger Miterben bedurfte bis zum Inkrafttreten der Neuregelung durch das MinderjährigenhaftungsbeschränkungsG am 1.1.1999 (BGBl I 1998, 2487) vormundschaftsgerichtl Genehmigung (aA BGH 92, 265), s § 1822 Rn 8. Entgegen § 1629 iVm § 1643 I konnten die Eltern den Minderjährigen nicht ohne weiteres über das ererbte Vermögen hinaus unbegrenzt verpflichten (BVerfG 72, 155; krit Medicus AcP 192, 63). Bis zur verfassungskonformen Neuregelung hatte BGH NJW-RR 87, 450 das Verfahren ausgesetzt. Die *Reform* 1999 beschränkte die Haftung des Minderjährigen auf das Vermögen bei Eintritt der Volljährigkeit (§ 1629a nF); falls der volljährig gewordene Erbe nicht binnen drei Monaten die Nachlassauseinandersetzung verlangt, gelten Vermutungen für das Entstehen einer Schuld nach Eintritt der Volljährigkeit und den Bestand des gegenwärtigen Vermögens bereits bei Eintritt der Volljährigkeit (sa §§ 723–728 Rn 17; § 1967 Rn 6). **b) Bei OHG oder KG** sind verschiedene Fälle zu unterscheiden (BGH WM 5 82, 1170): **aa) Auflösung** der OHG bei entspr gesellschaftsvertraglicher Gestaltung gem HGB 131 III 1 Nr 1 (unpraktisch); so aber auch der gesetzl Regelfall alten Rechts gem HGB 131 Nr 4 aF. Die Miterbengemeinschaft ist an der Abwicklung zu beteiligen (RG 106, 65). An einer Liquidationsgesellschaft bleiben die Erben als Erbengemeinschaft beteiligt (BGH NJW 95, 3315: keine Sonderrechtsnachfolge). **bb) Fortsetzung durch die restlichen Gesellschafter** ist entspr HGB 131 III 1 Nr 1 (HGB 138 aF) gesetzlicher Regelfall für die OHG, nach HGB 171 für den Kommanditanteil vertraglich zu regeln. Der Erbengemeinschaft steht ein Abfindungsanspruch (§ 738) als Gesamthandsforderung zu; zum gesellschaftsvertraglichen Ausschluss einer Abfindung vgl § 2301 Rn 3 und 6; § 2311 Rn 5; § 2325 Rn 5. Erbschaftsteuerpflichtigkeit der Gesellschaft bei Auseinanderfallen von Anwachsung (§ 738 I 1) und Abfindungswert (BFH NJW 93, 157). **cc) Erbrechtliche Nach-** 6
folge, HGB 139, 171. Der Gesellschaftsvertrag der OHG stellt den Gesellschaftsanteil vererblich und überlässt den Vollzug der Rechtsnachfolge dem Erbrecht (HGB 139). Bei der KG entspricht diese Lösung für den Kommanditanteil (HGB 171) dem Gesetz. Die Erbengemeinschaft wird nicht Gesellschafter, vielmehr wird jeder Miterbe mit einem seinem Erbteil entspr Gesellschaftsanteil Gesellschafter bzw

Kommanditist (BGH 91, 135 f; 98, 50 f; NJW 99, 572; Rpfleger 12, 391; KG NZG 00, 1167). Ist Erbe eines persönlich haftenden Gesellschafters ein Kommanditist, so wird er zunächst Komplementär (BayObLG ZEV 03, 379). Trotz *Sondererbfolge* gehören die Gewinn- und Auseinandersetzungsguthaben (vgl § 717 S 2) zum Nachlass (BGH JZ 87, 880) und unterliegen damit dem Vollstreckungszugriff der Nachlassgläubiger. Die Mitgliedschaft ist von den vermögensrechtlichen Bezügen nicht selbstständig abspaltbar (aA BGH JZ 87, 880), fällt also ebenfalls in den Nachlass (BGH 98, 48; sehr str vgl Flume NJW 88, 161; Ulmer JZ 87, 881; Marotzke JR 88, 184); denn Voraussetzung zur Zwangsvollstreckung in das Auseinandersetzungsguthaben ist die Pfändung eines Gesellschaftsanteils und die Kündigung der Gesellschaft, § 725. **dd) Qualifizierte Nachfolgeklausel.** Es wird nach dem Gesellschaftsvertrag nur ein Miterbe oder eine beschränkte Anzahl von Miterben Gesellschafter. Bei dieser Gestaltung erwirbt der gesellschaftsvertraglich zugelassene Miterbe den Anteil des Gesellschafters unmittelbar im Ganzen (BGH 68, 237 gegen BGH 22, 193 ff; hierzu Reimann ZEV 02, 487; P. Ulmer BB 77, 805; H. P. Westermann JuS 79, 761; Wiedemann JZ 77, 689), mehrere zugelassene Miterben erwerben gleiche Teile im Wege der Einzelnachfolge (München MDR 81, 587). Die nicht zugelassenen Erben haben ohne bes gesellschaftsvertragliche Vereinbarung keinen Abfindungsanspruch gegen die Gesellschaft (str); die Ausgleichspflicht der Gesellschaftererben ist Auslegungsfrage, uU entspr Anwendung der §§ 2050 ff (zu Einzelheiten des Streitstandes MK/K. Schmidt § 139 Rn 12; Baumbach/Hopt § 139 Rn 14; Flume NJW 88, 161; Tiedau NJW 80, 2446; Marotzke AcP 184, 562; Ulmer NJW 84, 1500), aber ohne § 2056 (str); zum Pflichtteilsanspruch vgl § 2325 Rn 5. Zur möglichen Haftung eines beurkundenden Notars für fehlende Abglei-

8 chung von Gesellschaftsvertrag und Testament s BGH ZEV 02, 322. **ee) Eintrittsklausel.** Die Gesellschaft wird gem HGB 131 III 1 Nr 1, § 738 zwischen den übrigen Gesellschaftern fortgesetzt. Ein Dritter erwirbt durch Gesellschaftsvertrag unabhängig vom Erbrecht ein Eintrittsrecht auf den Todesfall (rechtsgeschäftliche Nachfolgeklausel); die unwirksame *Zuwendung* eines Anteils durch RGeschäft unter Lebenden auf den Todesfall (unzulässige Verfügung zgDr) ist als Eintrittsklausel zu deuten. Die Eintrittsklausel schließt Abfindungsansprüche der weichenden Erben gegen die Gesellschafter (§ 738 I 2) idR aus. IZw ist stets von der erbrechtlichen Nachfolgeklausel auszugehen, selbst wenn der Gesellschaftsvertrag Nachfolger benennt, die teilw nicht Erbe werden und deshalb leer ausgehen (BGH 68, 233; BayObLG DNotZ 81, 704). Sofern der durch erbrechtliche Nachfolgeklausel allein vorgesehene Nachfolger nicht Erbe, sondern nur Vermächtnisnehmer wird, kann auch ein gesellschaftsvertragliches Eintrittsrecht als Vermächtnisgegenstand Auslegungsergebnis sein (BGH NJW 78, 264; Frankfurt NJW-RR 88, 1251; sa § 2174

9 Rn 3); zum Pflichtteilsergänzungsanspruch § 2325 Rn 5. **ff) Vertreterklausel.** Die verbleibenden Gesellschaftererben dürfen nur gemeinschaftlich oder durch einen gemeinsamen Vertreter ihre Gesellschafterrechte wahrnehmen (BGH 46, 291 für Kommanditisten). **Lit:** Esch/Ulmer NJW 84, 339, 1496; Rüthers AcP 168, 263; Marotzke AcP 184, 541 mN; Winkler ZErb 06, 195; Hermanns ErbR 08, 69; Göhner ZJS 10, 592; Wiedemann, Die Übertragung und Vererbung der Mitgliedschaft bei Handelsgesellschaften, 1965; Siegmann, Personengesellschaftsanteil und Erbrecht, 1991. **gg)** Zur Haftungsbeschränkung zugunsten des gesetzlich vertrete-

10 nen **minderjährigen** Gesellschafters s §§ 723–728 Rn 17, § 1967 Rn 6 f. **c)** Für die **BGB-Gesellschaft** gilt das zur OHG Gesagte entspr (BGH NJW 81, 750; BayObLGZ 84, 225; zur Einkommensteuer BFH ZEV 98, 78; zur Erbschaftsteuer BFH/NV 10, 42 f; allg zur steuerlichen Behandlung Sistermann ZEV 98, 166). Nachfolge in **Partnerschaftsgesellschaften**: s Heydn ZEV 98, 161 (Steuerfragen s Sistermann ZEV 98, 166). Der Tod des **stillen Gesellschafters** (HGB 234 II) führt zum Eintritt des Erben bzw der Erbengemeinschaft in seine Position (hierzu BGH NJW 97, 3371; sa § 398 Rn 9). **d) GmbH.** Die Miterben sind gesamthänderische Inhaber des Geschäftsanteils; Grundsatz der gemeinsamen Ausübung der Anteilsrechte und damit auch des Stimmrechts (GmbHG 18; BGH WM 69, 590).

Der Gesellschaftsvertrag kann einzelne Miterben zur Übertragung auf allein nachfolgeberechtigte Miterben, andere Gesellschafter oder Dritte verpflichten (BGH 92, 386; Ivo ZEV 06, 652; Promberger ZHR 150, 585; zur Erbschaftsteuer BFH NJW 93, 158; zur Einkommensteuer Geuenich ZEV 98, 62); sa Lagner/Heydel GmbHRdsch 06, 291; § 1922 Rn 7; § 2033 Rn 3. **e) Aktiengesellschaft.** AktG 69; Satzung kann Einzug gem AktG 237 ff vorsehen.

§ 2033 Verfügungsrecht des Miterben

(1) ¹Jeder Miterbe kann über seinen Anteil an dem Nachlass verfügen. ²Der Vertrag, durch den ein Miterbe über seinen Anteil verfügt, bedarf der notariellen Beurkundung.

(2) Über seinen Anteil an den einzelnen Nachlassgegenständen kann ein Miterbe nicht verfügen.

Lit: Muscheler, Verfügung über den Erbteil, ZErb 10, 40.

1. Zulässiger Gegenstand der Verfügung. Eine zulässige Verfügung kann nur 1 den Anteil am Nachlass (dazu BGH NJW 13, 871) oder einen Bruchteil dieses Anteils betreffen (BGH NJW 63, 1610; BayObLG NJW-RR 91, 1031), wobei dann beim Bruchteilserwerb zwischen Erwerber und Veräußerer eine Bruchteilsgemeinschaft hinsichtlich des Gesamthandsanteils entsteht (str; zur Veräußerung an Miterben s Rn 5). Vereinigen sich alle Nachlassanteile in der Hand eines Miterben, so kann dieser ebenso wenig wie ein Alleinerbe über die Erbschaft als Ganzes verfügen (LM Nr 8) oder einen früheren – nicht mehr existenten – Anteil rückübertragen (s aber BGH JZ 92, 748: vollstreckungsmäßige Gleichstellung des Gläubigers des Anteilsveräußerers nach Anfechtung; hierzu Gerhardt JZ 92, 724). Unzulässig ist die Verfügung über einen – rechtlich nicht existenten (RG 61, 76, str) – Anteil an einem Nachlassgegenstand (§ 2033 II); eine Genehmigung (§ 185 II) ist ausgeschlossen (RG 88, 27). Denkbar ist dagegen die schuldrechtliche Verpflichtung zur Übertragung eines Bruchteils an einem Nachlassgegenstand oder des ganzen Nachlassgegenstandes, da die Erfüllung nach Auseinandersetzung möglich sein kann (LM Nr 8). Eine nach § 2033 II unzulässige Verfügung kann uU in einen Auseinandersetzungsvertrag umgedeutet werden (Bremen OLGZ 87, 10; Koblenz OLGR 05, 441). Selbst wenn der Nachlass nur noch aus einem Nachlassgegenstand besteht, bleibt lediglich die Verfügung des Miterben über den Erbteil zulässig (BGH NJW 67, 201). Der Anteil an einer nicht auseinandergesetzten Erbengemeinschaft ist bewegliches Vermögen (BGH 146, 310; sa Vor § 1922 Rn 5). Eine Anteilsübertragung nach Auseinandersetzung ist nicht mehr möglich und bedarf zur Entfaltung gewollter Rechtsfolgen der Umdeutung in ein wirksames Rechtsgeschäft (München FamRZ 12, 231: Umdeutung in Verzicht gem § 1491).

2. Verfügungsbefugnis. Sie liegt allein beim Miterben, auch im Fall der Testa- 2 mentsvollstreckung (BGH NJW 84, 2467; zur Möglichkeit, dadurch die Ziele der Testamentsvollstreckung zu vereiteln, Kesseler NJW 06, 2672) oder Verpfändung. Die Miterben eines Erbteils können hingegen nur gemeinsam (§ 2040 I) verfügen (RG 162, 397), der Erbe eines Erbteils bei Testamentsvollstreckung nur unter Mitwirkung des Vollstreckers (BGH NJW 84, 2467). Der Erblasser kann die Verfügungsbefugnis nicht mit dinglicher Wirkung beschränken (§ 137).

3. Genehmigungspflichtigkeit. S. GrdstVG 2 II Nr 2; §§ 1643 I, 1822 Nr 1, 3 10; uU § 1365 I (BGH NJW 61, 1304); *nicht* aber Zustimmungspflicht gem WEG 12, wenn Wohnungseigentum zum Nachlass gehört (Hamm OLGZ 79, 423; Soe-Stürner WEG 12, 2; anders bei Auflassung des Wohnungseigentums durch die Gemeinschaft an einen einzelnen Miterben: BayObLG MDR 82, 496, s § 2042 Rn 5); *keine* Genehmigung gem GmbHG 15 V, wenn Geschäftsanteil Nachlassbestandteil ist (BGH 92, 393).

4 **4. Form der Verfügung.** Notarielle Beurkundung gem I 2; entspr Vorschrift für das Verpflichtungsgeschäft in §§ 2371, 2385 (BGH NJW 86, 1813). Formmangel des Verpflichtungsgeschäftes ist nicht heilbar (BGH NJW 67, 1128; str, aA Schlüter JuS 69, 10). § 2033 I 2 gilt auch bei Erbteilsverfügung zum Zwecke der – selbst formfreien – Auseinandersetzung (§ 2042 Rn 5; sa BGH NJW 86, 1813) sowie für unwiderrufliche Vollmacht zur Erbteilsübertragung (Dresden und BGH ZEV 96, 461 f m abl Anm Keller); anders bei Verfügung über Nachlassgegenstände gem § 2040 (zum erbteilsverfügenden Auslegungsvergleich s aber § 2042 Rn 6, § 2385 Rn 1). Berufung auf die Formnichtigkeit kann ausnahmsweise treuwidrig sein (BGH DRiZ 69, 279). Bei Auseinandersetzung durch Anteilsübertragung (hierzu § 2042 Rn 1) besteht die Erbengemeinschaft im Falle der Formnichtigkeit fort mit der Folge möglicher Grundbuchberichtigung (BGH NJW-RR 05, 808).

5 **5. Wirkung der Verfügung.** Der Erwerber tritt im Wege der Gesamtrechtsnachfolge in die Stellung des Veräußerers innerhalb der Miterbengemeinschaft ein und ist bei der Verwaltung, Auseinandersetzung und Ausgleichung wie der Miterbe zu behandeln (RG 60, 131; 83, 30; anders BGH NJW 79, 1306 für HöfeO 13); das Grundbuch ist zu berichtigen (BGH NJW 69, 92). Bei Anteilserwerb durch die übrigen Miterben erfolgt Anwachsung analog §§ 1935, 2094, sofern nicht Bruchteilserwerb ausdr vereinbart ist (BayObLG NJW 81, 830; NJW-RR 91, 1031); Abgrenzung zur Auseinandersetzung durch Abschichtung s § 2042 Rn 1. Bei Veräußerung eines Bruchteils des Erbanteils (s Rn 1) an einen Miterben tritt ebenfalls Ab- und Anwachsung ein, also keine Untergemeinschaft nach Bruchteilen (BayObLG NJW-RR 91, 1031). Der veräußernde Miterbe bleibt aber iÜ Erbe (BGH 56, 117; 86, 380; NJW 93, 726; s aber § 2034 Rn 6) und ist zB im Erbschein aufzuführen (RG 64, 173). Der (Mit-)Besitz geht nicht analog § 857 auf den Erwerber über; denkbar ist der Besitzerwerb gem § 854 II oder § 870.

6 **6. Pfandrechte. a)** Form der **Verpfändung** bestimmen §§ 1274 I, 2033 I 2; keine Anzeige gem § 1280 (RG 84, 397). Eine Pfandrechtsbestellung, die das Tilgungsrecht des Schuldners ausschließt, ist unwirksam (BGH 23, 293). Der Pfandgläubiger erwirbt das Recht zur Mitwirkung bei der Verwaltung, der Verfügung und der Auseinandersetzung des Erbteils (RG 83, 30 f; BGH NJW 69, 1347). Da sich das Pfandrecht auf das Auseinandersetzungsguthaben (§ 2047) erstreckt, ist mit dem BGH ein Pfandrecht kraft Surrogation an den Gegenständen zu bejahen, die
7 an die Stelle des Erbteils treten (s §§ 1258, 1287). **b) Pfändung,** ZPO 857 I, 859 II. Zustellung gem ZPO 829 an die übrigen Miterben (RG 75, 180) oder den Testamentsvollstrecker (RG 86, 294). Der Vollstreckungsgläubiger kann entweder Auseinandersetzung verlangen (§ 2042 I) – auch bei Ausschluss durch den Erblasser (§ 2044) – oder die Versteigerung betreiben (ZPO 844 I; hierzu BGH FamRZ 99, 433; sa § 2042 Rn 9). Sofern die Miterbengemeinschaft dem Gläubiger eines Miterben ein Grundpfandrecht bestellt und so den Wert des Miterbenanteils mindert, kann der Insolvenzverwalter des Miterben vom Gläubiger gem InsO 129 ff, 143
8 Wertersatz verlangen (BGH 72, 44 zu KO 29 ff, 37 aF). **c) Grundbucheintragung** der Verpfändung oder Pfändung ist möglich (RG 90, 233), um den gutgläubigen Erwerb eines Grundstücks ohne Mitwirkung des Pfandrechtsgläubigers (§ 2040) auszuschließen; Gleiches gilt für den Insolvenzvermerk bei Insolvenz eines Miterben (LG Duisburg Rpfleger 06, 465).

§ 2034 Vorkaufsrecht gegenüber dem Verkäufer

(1) **Verkauft ein Miterbe seinen Anteil an einen Dritten, so sind die übrigen Miterben zum Vorkauf berechtigt.**

(2) ¹**Die Frist für die Ausübung des Vorkaufsrechts beträgt zwei Monate.** ²**Das Vorkaufsrecht ist vererblich.**

Titel 4. Mehrheit von Erben § 2034

Lit: Bartholomeyczik, Das Gesamthandsprinzip beim gesetzlichen Vorkaufsrecht der Miterben, FS Nipperdey, 1965, I 145; Diedenhofer, Das Vorkaufsrecht der Miterben, 1992 (Diss Augsburg); Herrler, Auswirkungen einer (vorweggenommenen) Erbfolge nach einem Miterben auf das Vorkaufsrecht nach § 2034 BGB, ZEV 10, 72; Martinek/Ittenbach, Die Erbengemeinschaft und das Vorkaufsrecht in der Teilungsversteigerung, BB 93, 519.

1. Anwendbarkeit der allg Vorschriften. §§ 463 ff finden grundsätzlich Anwendung (LM Nr 3 zu §§ 504 ff aF); insbes gilt § 471, so dass beim Verkauf durch den Insolvenzverwalter ein Vorkaufsrecht nicht besteht (BGH NJW 77, 37).

2. Verkaufender Miterbe. Dies ist auch der einen Miterbenanteil im Erbgang erwerbende Erbeserbe (BGH NJW 11, 1226; 93, 726 mN), nicht aber der rechtsgeschäftliche Erwerber (hierzu § 2037 Rn 3; zur Problematik bei vorweggenommener Erbfolge Herrler ZEV 11, 249).

3. Dritter. Auch wer bereits einen anderen Erbteil erworben hat, ist Dritter (BGH 56, 115; NJW 93, 726), nicht dagegen, wer mit Rücksicht auf die künftige Beerbung eines Miterben in die Gemeinschaft eingetreten ist (LM Nr 3).

4. Verkauf. Dieses Tatbestandsmerkmal schließt die Anwendung auf Fälle von Tausch, Schenkung (LM Nr 3 zu § 1098), Sicherungsübereignung aus, ebenso auf den Fall der unwiderruflichen notariellen Verkaufsvollmacht (BGH DNotZ 60, 551). Umgehungsgeschäfte, wie zB Hingabe des Erbteils gegen Darlehen (BGH 25, 174) oder Übertragung der Miterbenrechte gegen Entgelt (KG DR 43, 1108), sind wie ein Kauf zu behandeln; uU sind sie aber auch nichtig gem § 138 (BGH WM 70, 1315).

5. Gegenstand des Kaufes. Der Erbanteil muss Gegenstand des Kaufes sein; daher besteht kein Vorkaufsrecht, wenn die Erben eines Miterben ihren Anteil am Miterbennachlass weiterveräußern, zu dem ua der Miterbenanteil des Erblassers gehört (BGH NJW 75, 445). Ebensowenig liegt in der Zwangsversteigerung gem §§ 2042, 753, ZVG 180 die Veräußerung eines Miterbenanteils (BGH NJW 72, 1199).

6. Vorkaufsberechtigung. Die übrigen Miterben sind als Gesamthänder vorkaufsberechtigt (BGH WM 79, 1067). Einzelne Miterben können gem § 472 S 2 das Vorkaufsrecht für sich ausüben, wenn die übrigen Miterben verzichten, nicht aber gegen ihren Widerspruch (LM Nr 6; BGH NJW 82, 330; NJW-RR 09, 1174); unwirksame Ausübung durch einen Miterben führt zur Anwachsung bei den anderen Miterben (BGH NJW-RR 09, 1174). Ausübung durch einen Miterben aufschiebend bedingt durch Einigung aller oder Verzicht der anderen Miterben ist denkbar (BGH NJW 82, 330). Dem früheren Miterben, der seinen Anteil veräußert hat, steht kein Vorkaufsrecht zu (BGH NJW 11, 1226; 93, 726; sa BGH 86, 379; NJW-RR 90, 1283), weil er kein schutzwürdiges Interesse an personeller Geschlossenheit der Gemeinschaft mehr hat. Der Erbteilserwerber (§ 2033) ist ebenso wenig vorkaufsberechtigt (BGH 56, 118; NJW 93, 726; 02, 821; 11, 1226). Er wird es auch dann nicht, wenn er nach dem Erwerb des Erbteils Erbe des Veräußerers und damit Erbeserbe des Erblassers wird BGH NJW 11, 1226). Dem Miterben als Erwerber steht das Vorkaufsrecht nur bzgl seines alten Erbteils zu mit entspr Folgen für die Erwerbsquote (BGH NJW 83, 2143). Die Berechtigung zur Ausübung hängt nicht vom Erfüllungsvermögen hinsichtlich des Kaufvertrages ab (BGH NJW 72, 202); die gleichzeitige Ablehnung künftiger Erfüllung steht ihr aber entgegen (BGH WM 62, 722). Die eigene Veräußerungsabsicht von Miterben, die das Vorkaufsrecht ausüben, ist grundsätzlich unbeachtlich; anders wenn der begehrte Anteil bereits von diesen Miterben bindend an Dritte weiterverkauft ist (BGH NJW-RR 90, 1282: teleologische Reduktion wegen fehlenden Interesses an persönlicher Geschlossenheit der Gemeinschaft). Lit: Ann ZEV 94, 343.

7. Wirkung des Vorkaufsrechts. Es entsteht ein Anspruch auf Übertragung des Erbteils (LM Nr 1; Schleswig NJW-RR 92, 1160: §§ 280 I, III, 281, 323), nicht einzelner Nachlassgegenstände. Er richtet sich zunächst gegen den verkaufenden Miterben (BGH 6, 89), nach Übertragung auf den Käufer gilt § 2035. Gesamthandserwerb der Miterben (BayObLG NJW 81, 830) entspr §§ 1935, 2094.

8. Genehmigungen. Es gelten §§ 1643 I, 1821 I Nr 5 bei Grundstück als Bestandteil des Nachlasses (MK/Gergen Rn 28, str).

§ 2035 Vorkaufsrecht gegenüber dem Käufer

(1) ¹Ist der verkaufte Anteil auf den Käufer übertragen, so können die Miterben das ihnen nach § 2034 dem Verkäufer gegenüber zustehende Vorkaufsrecht dem Käufer gegenüber ausüben. ²Dem Verkäufer gegenüber erlischt das Vorkaufsrecht mit der Übertragung des Anteils.

(2) **Der Verkäufer hat die Miterben von der Übertragung unverzüglich zu benachrichtigen.**

1 **1. Wirkung der Ausübung des Vorkaufsrechts gegenüber dem Käufer.** Zwischen dem Erbteilserwerber und den vorkaufsberechtigten Miterben entsteht ein ges Schuldverhältnis (BGH 6, 85), das den Erbteilserwerber zur Übertragung des Erbteils und die Miterben als Gesamtschuldner (§ 427) zur Kaufpreisrückzahlung bzw zur Freistellung von der Kaufpreiszahlung verpflichtet (BGH 6, 90); kein Rücktrittsrecht (§ 323) des Erbteilserwerbers bei Nichtleistung (BGH 15, 102: zu § 326 aF).

2 **2. Mitteilungspflichten.** Die Pflicht der §§ 2034, 469 und die Pflicht des § 2035 II sind zu unterscheiden; §§ 469 I 2 ist auf § 2035 II anzuwenden. Unterbleibt die Erklärung nach § 2035 II, so können die Miterben das Vorkaufsrecht fristwahrend gegenüber dem Verkäufer auch nach Übertragung ausüben, selbst wenn die Übertragung anderweitig bekannt ist (BGH WM 79, 1067).

3 **3. Vertragswidrige Übertragung an Drittkäufer.** Wenn die Miterben das Vorkaufsrecht gem § 2034 ausgeübt haben und der Verkäufer trotzdem an den Drittkäufer überträgt, so haben die Miterben Schadensersatzansprüche (§§ 280 ff) gegen den Verkäufer. Sie können aber auch den Vertrag auflösen (Rücktritt, § 323) und ihr Vorkaufsrecht analog § 2035 gegenüber dem Käufer ausüben, und zwar noch nach der Zweimonatsfrist gem § 2034 II 1; andernfalls stünden zuwartende Miterben besser als rasch zupackende (BGH NJW 02, 821; Schleswig NJW-RR 92, 1160; MK/Gergen Rn 10).

§ 2036 Haftung des Erbteilkäufers

¹Mit der Übertragung des Anteils auf die Miterben wird der Käufer von der Haftung für die Nachlassverbindlichkeiten frei. ²Seine Haftung bleibt jedoch bestehen, soweit er den Nachlassgläubigern nach den §§ 1978 bis 1980 verantwortlich ist; die Vorschriften der §§ 1990, 1991 finden entsprechende Anwendung.

1 Die Vorschrift befreit den Erbteilskäufer von der Haftung aus §§ 2385, 2382, 2383. Die Haftung für Verwaltungshandlungen gegenüber den Nachlassgläubigern bleibt bestehen in den Fällen der Nachlassverwaltung, der Nachlassinsolvenz (§§ 1978–1980) und der Dürftigkeit (§§ 1990, 1991).

§ 2037 Weiterveräußerung des Erbteils

Überträgt der Käufer den Anteil auf einen anderen, so finden die Vorschriften der §§ 2033, 2035, 2036 entsprechende Anwendung.

Titel 4. Mehrheit von Erben § 2038

1. Weiterveräußerung. Vorausgesetzt wird Weiterveräußerung, nicht wie in 1
§ 2034 Weiterverkauf.

2. Andere. Darunter fallen nicht Miterben (RG 170, 207). 2

3. Kein neues Vorkaufsrecht. Die Vorschrift schafft kein neues Vorkaufsrecht 3
(BGH 56, 119), sondern erstreckt nur die Wirkungen des Vorkaufsrechts nach
§ 2034; daher kein neuer Fristlauf gem § 2034 II.

§ 2038 Gemeinschaftliche Verwaltung des Nachlasses

(1) ¹Die Verwaltung des Nachlasses steht den Erben gemeinschaftlich zu.
²Jeder Miterbe ist den anderen gegenüber verpflichtet, zu Maßregeln mitzuwirken, die zur ordnungsmäßigen Verwaltung erforderlich sind; die zur Erhaltung notwendigen Maßregeln kann jeder Miterbe ohne Mitwirkung der anderen treffen.

(2) ¹Die Vorschriften der §§ 743, 745, 746, 748 finden Anwendung. ²Die Teilung der Früchte erfolgt erst bei der Auseinandersetzung. ³Ist die Auseinandersetzung auf längere Zeit als ein Jahr ausgeschlossen, so kann jeder Miterbe am Schluss jedes Jahres die Teilung des Reinertrags verlangen.

Lit: Bartholomeyczik, Willensbildung, Willenserklärung und das Gesamthandsprinzip in der Miterbengemeinschaft, FS Reinhardt, 1972, S 13; Eberl-Borges, Der blockierende Miterbe, ErbR 08, 234; diess, Verfügungsgeschäfte der Erbengemeinschaft im Rahmen der Nachlassverwaltung, NJW 06, 1313; Jülicher, Mehrheitsgrundsatz und Minderheitenschutz bei der Erbengemeinschaft, AcP 175, 143; Löhnig, Stimmrechtsverbote in der Erbengemeinschaft, FamRZ 07, 1600; Wernecke, Die Aufwendungs- und Schadensersatzansprüche bei der Notgeschäftsführung des Miterben – eine Zusammenschau, AcP 193, 240.

1. Verwaltung. Sie umfasst alle Maßnahmen zur Erhaltung oder Vermehrung 1
des Nachlasses, gleichgültig, ob es sich um Maßnahmen des Innenverhältnisses oder
des Außenverhältnisses handelt. Nach außen gilt grundsätzlich das *Prinzip gesamthänderischen Selbsthandelns,* das nur ausnahmsweise von Fällen ges Stellvertretung (Vertretungsmacht des Notgeschäftsführers oder der Erbenmehrheit bei Maßnahmen ordnungsmäßiger Verwaltung) durchbrochen wird. § 2040 wiederholt diesen Grundsatz für Verfügungen. § 2040 verlangt indessen *nicht* Gemeinschaftlichkeit für Verfügungen der Notgeschäftsführung (§ 2038 I 2, 2. Halbs) oder der Erbenmehrheit zur ordnungsmäßigen Verwaltung (§§ 2038 II 1, 745). Insoweit ist § 2038 Sondervorschrift zu § 2040 I (zutreffend Eberl-Borges NJW 06, 1313 mNw; nunmehr gleich BGH 183, 136 ff = NJW 10, 765 für den Fall der Kündigung eines Mietverhältnisses durch Mietererben; NJW 13, 167 für Forderungseinziehung; Brandenburg NJW-RR 12, 336 u Frankfurt FamRZ 12, 247 für Konten- bzw Dahrlehenskündigung;); andernfalls müsste in diesen Fällen die Mitwirkung immer umständlich durch Klage erzwungen werden. Der BGH (BGH 183, 138, 140; NJW 07, 151 f) tendiert neuerdings zu einer Mittelmeinung, die Verfügungen als Maßnahmen ordnungsmäßiger Verwaltung mit Stimmrechtsmehrheit erlaubt, wenn Interessen der anderen Miterben nicht beeinträchtigt werden (aA aber früher BGH 38, 124; 56, 50; ferner BFH ZEV 07, 281 mAnm Werner; vgl auch §§ 743–748 Rn 12 ff). Keine Verwaltungshandlungen sind Maßnahmen der Totenfürsorge (hierzu § 1968 Rn 5), ferner nicht der Widerruf einer Erblasservollmacht (BGH 30, 397), die jeder Miterbe mit Wirkung gegen sich alleine widerruft.

2. Bsp für Verwaltungsmaßnahmen. Hierzu zählen: Vergleich über Forde- 2
rungen im Rahmen ihrer Einziehung (BGH 46, 280); Abschluss (BGH 56, 50)
und Kündigung (LM Nr 1) von Miet- und Pachtverträgen; Begleichung laufender
Verbindlichkeiten (BGH FamRZ 65, 269); Anträge im Grundbuchverfahren (Düsseldorf NJW 56, 877); Baumaßnahmen (Düsseldorf MDR 47, 289) und Rechtsbehelfe gegen nachbarliche Baumaßnahmen (VGH Baden-Württemberg NJW 92,

§ 2038

388); Nachfristsetzung zur Zahlung des Kaufpreises für einen Nachlassgegenstand (BGH 143, 46); Fortführung (BGH 30, 394) oder Einstellung eines Erwerbsgeschäfts; uU Grundstücksveräußerungen (BGH 164, 184 ff = NJW 06, 440; FamRZ 65, 269; hierzu H. Lange JuS 67, 453).

3 **3. Ordnungsmäßige Verwaltung.** Sie umfasst Maßnahmen, die der Beschaffenheit der Nachlassgegenstände und dem obj Interesse aller Miterben entsprechen (vgl § 745) unter Ausschluss wesentlicher Veränderungen. **a) Maßnahmen ordnungsmäßiger Verwaltung:** Bestellung eines Fremdverwalters bei Unfähigkeit der Miterben (BGH NJW 83, 2142); Benutzungsregelung für Nachlassgegenstände (BGH WM 68, 1172), zB Unterbindung von Prostitution in Wohnraum (Hamm NJW-RR 92, 329); Berichtigung von Nachlassverbindlichkeiten (Saarbrücken NJW-RR 07, 1660); Forderungseinziehung (BGH NJW 13, 167); Abschluss und Kündigung von Mietverhältnissen als Vermieter(BGH 183, 140 f = NJW 13, 167; 10, 765; ZEV 10, 476), wohl nicht als Mieter (str, vgl § 2040 Rn 3 mwN); uU Veräußerung eines Grundstücks, soweit darin keine wesentliche Veränderung iSv §§ 745 III, 2038 II 1 liegt (BGH 164, 186 ff = NJW 06, 440 f; hierzu Ann MittBay-
4 Not 06, 247; Eberl-Borges NJW 06, 1313; Muscheler ZEV 06, 26). **b) Stimmrecht** besteht im Verhältnis der Erbteilsgröße (§ 745 I 2; BGH NJW 13, 167; BayObLGZ 63, 324). Ausschluss des Stimmrechts bei Interessenkollision, zB Abstimmung über Erfüllung der Forderung eines Miterben aus dem Nachlass (BGH WM 73, 360; vgl auch BGH ZEV 07, 487 und Nürnberg JurBüro 01, 52). Interessenkollision wird aber verneint für einen Miterben, der Mitglied des GmbH-Vertragspartners ist (BGH 56, 47), oder der als künftiger Verwalter über die Bedingungen des Verwaltungsvertrages abstimmt (Nipperdey AcP 143, 315); zweifelhaft, vgl §§ 709–713
5 Rn 22. **c) Die Mitwirkungspflicht** der Miterben ist angesichts des möglichen Mehrheitsbeschlusses (s hierzu Muscheler ZEV 97, 169, 222) von Bedeutung in Fällen notwendiger tatsächlicher Mitwirkung, die sich nicht in Zustimmung erschöpft, oder bei verfehlter Mehrheit. Sie kann im Klageweg erzwungen werden (BGH 6, 85); Klage nur gegen widersprechende Miterben notwendig (BGH FamRZ 92, 50; sa §§ 743–748 Rn 3). Die Mitwirkungspflicht ersetzt aber im Außenverhältnis nie die verweigerte Mitwirkung (BGH NJW 58, 2061). **d)** Zur **Vertretungsbefugnis** der Mehrheit und zur Frage der *Verfügungen* im Rahmen ordnungsmäßiger Verwaltung vgl Rn 1.

6 **4. Notgeschäftsführung eines Miterben.** Sie betrifft lediglich die Maßnahmen ordnungsmäßiger Verwaltung (BGH NJW 58, 2061); sie ist bei bedeutsamen Maßnahmen nur in Dringlichkeitsfällen zulässig, wenn die Stellungnahme bzw Zustimmung der übrigen Miterben nicht mehr eingeholt werden kann (BGH 6, 83; Hamm OLGZ 85, 226); zur Vertretungsbefugnis Rn 1. Bsp: Verkehrssicherungsmaßnahmen (BGH JZ 53, 706); Rechtsbehelfe gegen Enteignung (VGH Kassel NJW 58, 1203) oder Maßnahmen im Flurbereinigungsverfahren (BVerwG NJW 65, 1546; 82, 1113); Klage gegen Planfeststellungsbeschluss (OVG Münster DVBl 10, 1512); urheberrechtlicher Wahrnehmungsvertrag (BGH MDR 82, 641); Anfechtung eines Gesellschafterbeschlusses (BGH 108, 30); Anfechtung vermögensgesetzlicher Restitution eines Nachlassgegenstandes an einen Dritten (BVerwG NJW 98, 552); *nicht* dagegen Wiederaufbau eines Gebäudes (LM Nr 14 zu § 1004) oder Abschluss eines langjährigen Mietvertrages (BGH NJW 58, 2061); Mieterhöhungsverlangen (BGH ZEV 08, 285); für Aufrechnung verneint in BGH NJW-RR 05, 376. Auch bei Überschreitung des Notgeschäftsführungsrechts können Ansprüche gem §§ 677 ff, 812 ff bestehen (BGH NJW 87, 3001; vgl §§ 743–748 Rn 9).

7 **5. Verwaltungsrecht kraft letztwilliger Verfügung.** Es kann als Testamentsvollstreckung dingliche Wirkung haben (§§ 2209, 2211), als Auflage zu Lasten der Miterben verstanden (RG HRR 29 Nr 500) oder als (Voraus-)Vermächtnis gedeutet (BGH 6, 78) werden, wobei in den beiden letzten Fällen nur schuldrechtliche Wirkungen eintreten. Stets ist Entzug aus wichtigem Grund möglich (BGH 6, 78).

Titel 4. Mehrheit von Erben § 2039

6. Verteilung der Nutzungen. a) Früchte können entgegen II 2 nur durch 8 einstimmigen (nicht Mehrheits-)Beschluss vorzeitig verteilt werden (RG 81, 243). Der jährliche Reinertrag gem II 3 ist entspr der Erbquote zu verteilen, die allerdings Ausgleichungspflichten (§§ 2050 ff) zu berücksichtigen hat (BGH 96, 179). **b) Gebrauch** und Nutzungsentgelt: s §§ 743–748 Rn 2 ff.

7. Auskunftspflichten. Gesetzlich vorgesehen gem §§ 2027, 2028, 2057, uU 9 666, 681. Die hM verneint die allgemeine Auskunftspflicht zwischen Miterben (seit RG 81, 30; BGH FamRZ 89, 377; München FamRZ 09, 1010 f; sa Wassermann JR 90, 16; Sarres/Afraz ZEV 95, 433; Bornewasser/Klinger NJW-Spezial 04, 349); nach allg Grundsätzen (§ 242) ist sie nur zur Durchsetzung eines unzweifelhaft bestehenden Anspruchs zu bejahen (BGH FamRZ 89, 377: Erbschaftsanspruch unter Miterben; sa Stürner, Die Aufklärungspflicht der Parteien des Zivilprozesses, 1976, S 327 mN; § 2314 Rn 10). Jeder Miterbe kann sich aber selbst über Bestand und Wert des Nachlasses in Kenntnis setzen und dabei die Mitwirkung verlangen (sa BGH 61, 182; Lorenz JuS 95, 569; ferner Köln NJW-RR 98, 438: Einsicht in Betreuungsakten eines Miterben gem FamFG 13; früher FGG 34).

§ 2039 Nachlassforderungen

¹Gehört ein Anspruch zum Nachlass, so kann der Verpflichtete nur an alle Erben gemeinschaftlich leisten und jeder Miterbe nur die Leistung an alle Erben fordern. ²Jeder Miterbe kann verlangen, dass der Verpflichtete die zu leistende Sache für alle Erben hinterlegt oder, wenn sie sich nicht zur Hinterlegung eignet, an einen gerichtlich zu bestellenden Verwahrer abliefert.

Lit: A. Blomeyer, Einzelanspruch und gemeinschaftlicher Anspruch von Miterben und Miteigentümern, AcP 159, 385.

1. Ansprüche. Hierunter fallen nur Ansprüche gem § 194 I, also zB ein schuld- 1 rechtlicher Freistellungsanspruch (RG 158, 42); ein Unterlassungsanspruch (Hamm NJW-RR 92, 330); Anfechtungsanspruch nach dem AnfG; Grundbuchberichtigungsanspruch (BGH 44, 367; NJW 76, 1095); Erbschaftsanspruch (§ 2018); Ersatzansprüche gem § 2041 sowie Schadensersatzansprüche gegen den beurkundenden Notar wegen Amtspflichtverletzung (BGH NJW 87, 435); öffentl-rechtl Versorgungsanspruch (BVerfG 17, 86); Beihilfeanspruch (BVerwG FamRZ 10, 1436); Restitutionsanspruch nach VermG (BVerwG ZIP 97, 941; FamRZ 09, 1828; BGH ZEV 06, 28 mAnm Werner); Abfindungsanspruch nach HöfeO 13 (BGH FamRZ 07, 393); Anspruch auf Auseinandersetzung einer Gemeinschaft, der die Miterbengemeinschaft angehört (RG 108, 422); Anspruch auf Leistung an Bruchteilsgemeinschaft durch Hinterlegung (§ 432; § 741 Rn 6), sofern Erbengemeinschaft Bruchteilsgemeinschafter ist (BGH NJW 83, 2021). *Keine* Ansprüche sind dagegen Gestaltungsrechte (BFH ZEV 07, 281 mAnm Werner), zB Anfechtungsrecht nach §§ 119 ff (BGH NJW 51, 308) oder im Gesellschaftsrecht (BGH 108, 30; sa § 2038 Rn 6); Rücktritt (RG 107, 238); Kündigung (RG 65, 5); subj Recht auf Aufhebung eines Verwaltungsaktes (BVerwG NJW 56, 1295; 98, 552). Die Wahrnehmung dieser Rechte unterfällt §§ 2038, 2040.

2. Ansprüche des Nachlasses. Dies sind nicht Ansprüche gegen den Testa- 2 mentsvollstrecker oder Nachlassverwalter. Auf Herausgabeansprüche (zB §§ 1975, 1890, 1986) wendet die Rspr § 2039 analog an (RG 150, 190); Ansprüche auf Rechnungslegung kann der Miterbe ebenfalls derart geltend machen, dass Leistung an alle Miterben verlangt wird (BGH NJW 65, 396 für Testamentsvollstrecker).

3. Zweierlei Befugnisse des Miterben. a) Außergerichtliches Leistungs- 3 **verlangen.** Er kann mahnen und damit in Verzug setzen. **b) Prozessführungsbe-**

fugnis. Er kann auf Leistung oder Feststellung klagen (RG 75, 26) und die Zwangsvollstreckung betreiben (KG NJW 57, 1154). Auch eine Vollstreckungsgegenklage gem ZPO 767 kann er allein erheben (BGH 167, 152 f = NJW 06, 1970). Die Rücknahme der Klage durch einen Miterben hat daher nicht die Folge, dass die Klage insgesamt unzulässig wird (BFH ZEV 07, 282 f). Gleiches gilt bei Vollstreckbarerklärung eines Schiedsspruchs (Frankfurt FamRZ 08, 1979). Er kann die durch Erblassertod unterbrochenen Verfahren wiederaufnehmen (BGH FamRZ 64, 360; NJW-RR 12, 8) und seitherige prozessuale Mängel durch Genehmigung heilen (BGH 23, 207). Der Miterbe handelt dabei in eigenem Namen als ges Prozessstandschafter (RG 149, 193; BGH 167, 152 = NJW 06, 1970; BFH 228, 141); dies ist sogar gegen den Widerspruch der übrigen Miterben möglich (BVerwG FamRZ 09, 1828; zum Missbrauchseinwand des Beklagten BGH 44, 367; zu weitgehend Frankfurt FamRZ 12, 1756). Zur Auslegung eines Antrags, in dem Miterbe Zahlung an sich selbst verlangt, s BGH NJW-RR 05, 955. **c) Pfändung** des Miterbenanteils lässt die Befugnisse aus § 2039 unberührt (BGH NJW 68, 2059; aA zT LG Mannheim WM 86, 77 mAnm Bayer).

4   **4. Leistungsempfänger.** Dies ist die Gesamtheit der Miterben (zum Sonderfall der Einziehungsermächtigung , BGH NJW-RR 05, 955), auch bei Rechnungslegungsansprüchen (BGH NJW 65, 396). Weil die Miterbengemeinschaft nicht Mitglied einer Personalgesellschaft sein kann, fällt der Anspruch auf Übertragung eines Gesellschaftsanteils nicht unter § 2039; vgl § 2032 Rn 5 ff. Die Arglisteinrede gegen einen einzelnen Erben gibt dem Schuldner kein Leistungsverweigerungsrecht, ebenso wenig ein Gegenanspruch gegen einzelne Erben (RG 132, 87; BGH 44, 370); anders, wenn ein Fehlverhalten sämtlicher Miterben vorliegt (RG 132, 86) oder wenn die übrigen Miterben der Rechtsverfolgung durch den arglistigen Miterben widersprechen (BGH 44, 372).

5   **5. Miterben als Nachlassschuldner.** Für sie gelten bei der Rechtsverfolgung grundsätzlich keine Besonderheiten (RG 65, 8; LM Nr 3 zu § 249 [Fa]). Er kann gegen ein Verlangen nach § 2039 kein Zurückbehaltungsrecht wegen des Auseinandersetzungsguthabens ausüben; jedoch kann bei der Deckung der Schuld durch den Erbteil im Einzelfall Schikane bzw Arglist vorliegen (BGH WM 71, 653; RG 65, 10; zum Ganzen Dütz NJW 67, 1103). *Ausnahmsweise* kann der Miterbe vom Miterbenschuldner Leistung an sich selbst verlangen, so etwa, wenn er mit der Klage zugleich die Auseinandersetzung anstrebt und auf ihn ein ohne weiteres bestimmbarer Teil der Nachlassforderung entfällt (RG Warn 13 Nr 236; LM Nr 4 zu § 2042; Koblenz NJW-RR 06, 1679).

6   **6. Prozessuales. a)** Das obsiegende **Leistungsurteil** schafft Rechtskraft auch für die Miterben (sehr str, aA BGH 92, 354 betr § 1011; BVerwG FamRZ 09, 1828; wie hier RoSchwab/Gottwald § 49 II 2, III 1), nicht jedoch das unterliegende Urteil, es sei denn, die anderen Erben haben der Prozessführung zugestimmt (BGH NJW 85, 2825 betr § 1011); die Miterben sind deshalb bei gemeinsamer Klage notwendige Streitgenossen, ZPO 62 I 1. Alt (Lange/Kuchinke § 43 III 4d; aA BVerwG FamR
7   09, 1828; BFH FamRZ 89, 977; BGH 92, 351: ZPO 59). **b) Feststellungsklagen** sind, sofern die Feststellung eines absoluten Rechts oder eines Rechtsverhältnisses begehrt wird, von allen Miterben zu erheben, ZPO 62 I 2. Alt (offen BGH NJW 89, 2133); jedoch ist die Rechtskraft eines vorausgehenden Einzelverfahrens zu beachten (krit zu Recht Schilken NJW 91, 281: kein identischer Streitgegenstand); keine notwendige Streitgenossenschaft bei Feststellungsprozess um Sparbuchinhaberschaft mit Drittem (BGH WM 92, 1296; str, sa grundsätzlich RoSchwab/Gottwald § 49 III 1b [2]).

§ 2040 Verfügung über Nachlassgegenstände, Aufrechnung

(1) **Die Erben können über einen Nachlassgegenstand nur gemeinschaftlich verfügen.**

Titel 4. Mehrheit von Erben § 2041

(2) **Gegen eine zum Nachlass gehörende Forderung kann der Schuldner nicht eine ihm gegen einen einzelnen Miterben zustehende Forderung aufrechnen.**

1. Gegenstand der Verfügung. Dies sind hier nur einzelne Nachlassgegenstände, nicht der Erbteil insgesamt (§ 2033 I).

2. Grundsatz gesamthänderischen Selbsthandelns. Dieser Grundsatz wird durchbrochen in Fällen der Notgeschäftsführung und des Mehrheitsbeschlusses im Rahmen ordnungsmäßiger Verwaltung (§ 2038); hier handeln der Notgeschäftsführer und die beschließenden Erben auch bei Verfügungen als ges Vertreter der übrigen Miterben (str, s § 2038 Rn 1). Gemeinschaftliche Verfügung erfordert zwar kein gleichzeitiges Handeln in einem Rechtsakt, aber doch Ergänzung der Einzelakte zu einer einheitlichen Verfügung (BGH NJW 97, 1151: nicht ausreichend Zusammentreffen von Vollrechtsübertragung und bloßer Bevollmächtigung).

3. Verfügung. Eine Verfügung ist jedes RGeschäft, durch das ein Recht unmittelbar übertragen, belastet, geändert oder aufgehoben wird. Bsp: Übereignung ins Alleineigentum eines Miterben (RG HRR 1929 Nr 1831); Anerkenntnis (RG Gruch 46, 664); Rücktritt (RG 107, 238; 151, 312); Kündigung einer Forderung (RG 65, 5); Anfechtung gem §§ 119 ff (BGH NJW 51, 308); Ermächtigung eines Dritten zur Verfügung (RG 67, 27); Aufrechnung mit einer Nachlassforderung (BGH 38, 124; NJW-RR 05, 376); Löschungsbewilligung für eine Reallast (BayObLGZ 88, 231); Wahrnehmung von Rechten aus Verlagsvertrag (BGH NJW 97, 1151). Nach neuer Rspr des BGH (BGH 183, 134 = NJW 10, 765; NJW 07, 151) ist die Kündigung eines Pacht- bzw Mietverhältnisses ebenfalls eine Verfügung; die vorher vertretene Ansicht (LM Nr 1 zu § 2038), hierbei handele es sich nur um eine Verwaltungshandlung, hat der BGH zu Recht ausdrücklich aufgegeben; in der Herausgabeklage liegt keine Verfügung, sie folgt § 2039 (str, aA LG Köln MDR 72, 520). In der Kündigung durch die Pächter- bzw Mietererben (hierzu § 564; sa Vor § 2032 Rn 2, § 1922 Rn 14) ist idR eine Verfügung zu sehen, die allein nach I, nicht als mehrheitsfähige Verwaltungsmaßnahme nach §§ 2038 II 1, 745 I 1 (vgl § 2038 Rn 3) zu beurteilen ist. Bei einem Vergleich mit Widerrufsvorbehalt kann (Auslegung!) jeder Miterbe zum Widerruf berechtigt sein (BGH 46, 277).

4. Einwilligung der nicht mitwirkenden Miterben. Sie bedingt Wirksamkeit (§ 185 I; RG 129, 284), ebenso die Genehmigung (§ 185 II; BGH 19, 138); zum gleich zu lösenden Fall des § 185 II 1, 3. Alt vgl LM Nr 19 zu § 105 HGB. Miterbende Eltern können bei der gemeinsamen Verfügung miterbende Kinder vertreten, solange keine Erbauseinandersetzung ansteht (Frankfurt ZEV 07, 580; Jena NJW 95, 3126; zu str Einzelheiten Mahlmann ZEV 09, 320; sa § 2042 Rn 4); bei Verfügung über Grundstücke gelten allerdings §§ 1643 I, 1821 I Nr 1.

5. Ausschluss des Aufrechnungsrechtes. Er umfasst auch Zurückbehaltungsrechte (RG 132, 84). Ein als Gesamtschuldner verklagter Miterbe kann den Nachlassgläubiger einredeweise auf die Aufrechnung mit einer fälligen Forderung der Erbengemeinschaft verweisen (BGH 38, 122; einschränkend aber für ähnliche andere Fälle BGH NJW-RR 05, 376).

§ 2041 Unmittelbare Ersetzung

¹Was auf Grund eines zum Nachlass gehörenden Rechts oder als Ersatz für die Zerstörung, Beschädigung oder Entziehung eines Nachlassgegenstands oder durch ein Rechtsgeschäft erworben wird, das sich auf den Nachlass bezieht, gehört zum Nachlass. ²Auf eine durch ein solches Rechtsgeschäft erworbene Forderung findet die Vorschrift des § 2019 Abs. 2 Anwendung.

Stürner

§ 2042

1. Ersatzsurrogation. ZB Schadensersatzansprüche gegen Testamentsvollstrecker aus ungerechtfertigter Aufgabe eines zum Nachlass gehörenden Anspruchs in einem Vergleich (BGH NJW 91, 842 = JZ 91, 727 mAnm Bork). Ersatzsurrogation sollte auch bei Lastenausgleichsansprüchen für die Zerstörung eines Grundstückes bejaht werden (vgl BGH 44, 336; aA aber BVerwG 24, 89; 27, 86). Lit: Wieser, FS Heinrich Lange, 1970, 325.

2. Rechtsgeschäftlicher Surrogation. Hier ist zu unterscheiden: **a) Beziehungssurrogation.** Sie hängt vom Willen des Erwerbers ab, wobei zusätzlich ein objektiver Zusammenhang zum Nachlass gegeben sein muss (Köln OLGZ 65, 117; BGH WM 99, 2412). Bsp: Ersteigerung eines Grundstücks zur Rettung einer Nachlasshypothek (RG 117, 264). **b) Mittelsurrogation:** Ohne Rücksicht auf den Willen des erwerbenden Miterben findet Surrogation statt, falls der Erwerb durch Nachlassmittel erfolgt (Hamm ZEV 01, 275). Bsp: Verpachtung eines Nachlassgrundstückes (BGH NJW 68, 1824; str); Schadensersatzansprüche wegen Nicht- oder Schlechterfüllung (BGH NJW 87, 434). Das Surrogationsprinzip erfährt auch in Fällen der Doppel- oder Kettensurrogation keine Einschränkung (BGH WM 99, 2412). Lit: M. Wolf JuS 75, 646, 710; 76, 32, 104; Krebber FamRZ 00, 197; Krug ZEV 99, 381. Sa die Parallelproblematik bei §§ 2019, 2111.

§ 2042 Auseinandersetzung

(1) **Jeder Miterbe kann jederzeit die Auseinandersetzung verlangen, soweit sich nicht aus den §§ 2043 bis 2045 ein anderes ergibt.**

(2) **Die Vorschriften des § 749 Abs. 2, 3 und der §§ 750 bis 758 finden Anwendung.**

Lit: Eberl-Borges, Die Erbauseinandersetzung, 2000; Gottwald, Die Auseinandersetzung einer Miterbengemeinschaft – Eine Übersicht, ErbR 07, 11; Krug, Die Erbteilungsklage, ErbR 08, 62; Mayer, Teilung bricht Gesamthand – Praktische Fälle der Erbauseinandersetzung, MittBayNot 10, 345; Reimann, Die steckengebliebene Erbauseinandersetzung, ZEV 09, 120; K. Schmidt, Erbteilsabtretung, Miterbenabfindung und Anwachsung bei der Erbengemeinschaft, AcP 205, 305; Wesser, Beendigung gemeinschaftlicher Rechtszuständigkeit am Beispiel der Erbauseinandersetzung, AcP 204, 208.

1. Recht auf Auseinandersetzung. Es steht dem Miterben, dem Erbteilserwerber (KG OLG 14, 154) u dem Pfandrechtsgläubiger (RG 60, 126; 84, 396) entspr § 1258 II zu. Es kann *jederzeit* ausgeübt werden; zum Ausschluss vgl §§ 2043–2045. Zwar ist der Auseinandersetzungsanspruch nach §§ 2042 II, 758 grundsätzlich unverjährbar, seine Durchsetzung ist jedoch ausgeschlossen, wenn ein Miterbe im Besitz der Erbschaft und der Erbschaftsanspruch gegen ihn verjährt ist (Jena FamRZ 08, 643). Beim Ausschluss durch Vereinbarung der Miterben (BGH WM 68, 1172) sind §§ 749 II, 750 ff mit ihren bes Auflösungsgründen zu beachten (zu § 751 S 2 BGH 181, 131 = NJW 09, 2459; sa § 2044). Die Auseinandersetzung kann nach hM auf drei verschiedenen Wegen erfolgen (dazu auch BGH NJW 13, 871): Teilung bzw Veräußerung von Nachlassgegenständen (Rn 2 ff), Übertragung von Erbteilen gem § 2033 I (BGH 86, 379) und die sog *Abschichtung* in Anlehnung an das Ausscheiden von BGB-Gesellschaftern (§§ 738–740 Rn 5 ff), dh formfreies Ausscheiden von Miterben gegen Abfindung unter Verzicht auf Mitgliedschaftsrechte und gleichzeitiger Anwachsung analog §§ 1935, 2094, 2095 bei den verbleibenden Miterben (BGH NJW 98, 1557; 05, 285; 11, 527; BFH NJW 91, 251 f; hierzu Damrau ZEV 96, 361; Reimann ZEV 98, 213; abl Kanzleiter ZEV 12, 447; Keller ZEV 98, 281; K. Schmidt aaO; zur grundbuchrechtlichen Berichtigungsbewilligung des ausscheidenden Miterben Zweibrücken FamRZ 12, 1333; abl Bestelmeyer Rpfleger 12, 679).

2. Auseinandersetzungsvertrag. Die Miterben können die Auseinandersetzung vertraglich regeln. **a) Form.** Der Vertrag bedarf nur der Form, soweit er schuldrechtliche Abreden enthält, die nach allg Grundsätzen formpflichtig sind, zB bei Verpflichtung zur Übertragung von Grundeigentum, § 311b I (LM Nr 22 zu § 242 [Ca]). **b)** Das **Abstraktionsprinzip** fordert die Unterscheidung zwischen 3 Verpflichtung und Verfügung; die Auflassung ist auch notwendig, wenn Gesamthandseigentum in Bruchteilseigentum aller Miterben verwandelt werden soll (§ 925 Rn 9). Alleinberechtigung an einem Handelsgeschäft tritt ebenfalls erst mit dem dinglichen Vollzug des schuldrechtlichen Vertrages ein (BGH WM 65, 1155). **c) Minderjährige** müssen gem § 181 grundsätzlich durch verschiedene ges Vertre- 4 ter vertreten sein (RG 93, 334; BGH FamRZ 68, 245; sa Jena NJW 95, 3127); auch wenn nur Gesamthands- in Bruchteilseigentum verwandelt wird (BGH 21, 229). Das VormundschaftsG/FamilienG kann nicht Insichgeschäft gestatten (BGH 21, 234). Eine Ausnahme von § 181 soll nur gelten, wenn strikt gem §§ 2046 ff auseinandergesetzt wird, da dann Erfüllung einer Verbindlichkeit vorliegt (RG 93, 336). § 1643 I (Eltern) und § 1822 Nr 2 (Vormund) sind zu beachten (hierzu Damrau ZEV 94, 1; ferner FamFG 364, früher FGG 97 II, 88 und BVerfG NJW 00, 1709; Schleswig NJW-RR 01, 78); wichtig § 1629a IV! **d)** Ein **Ehegatte**, dessen wesentli- 5 ches Vermögen der Erbteil ist, bedarf der Zustimmung gem §§ 1365 f (BGH 35, 135); sie soll bei Realteilung nicht notwendig sein (LG München MDR 70, 928). Vgl iÜ §§ 1423, 1424, 1450 I für den Fall, dass der Erbteil ins Gesamtgut fällt; § 1477 II 2 gilt für Erwerb durch Auseinandersetzung entspr (BGH ZEV 98, 231). **e) Inhalt des Vertrages.** Es gilt der Grundsatz der Vertragsfreiheit (BFH FamRZ 92, 1076; zur steuerlichen Behandlung Vor § 2032 Rn 3–6); Teilungsanordnungen des Erblassers (§ 2048) binden nur bei Auflagencharakter, ohne die Wirksamkeit dinglicher Rgeschäfte zu beeinflussen (vgl BGH 40, 117). Es kann der gesamte Nachlass gegen Abfindung auf einen Miterben übertragen werden; nach hM keine Formpflicht gem § 2371, wohl aber – ggf – gem § 311b I und § 2033 I 2 (sa Rn 1; § 2033 Rn 4; § 2042 Rn 2; § 2385 Rn 1). Begründung von Miteigentum an einem Nachlassgrundstück erfordert Auflassung an alle Miterben als Gemeinschafter (Hamm MittRhNotK 96, 225). Auflassung von Wohnungseigentum an einen Miterben unterliegt WEG 12 (BayObLG MDR 82, 496), nicht aber Erbteilsübertragung bei Wohnungseigentum als Nachlassbestandteil (§ 2033 Rn 3). Hat der Auseinandersetzungsvertrag Vergleichscharakter, sind bei Anfechtung (§§ 119 ff) § 779 zu berücksichtigen. Zur Teilung von GmbH-Anteilen vgl GmbHG 18; Aktien sind unteilbar (AktG 8 V). Sa § 2032 Rn 10. **f)** Für **gerichtl Vermittlung** der Auseinan- 6 dersetzung: FamFG 363 ff, früher FGG 86 ff iVm Landesrecht (FamFG 487, früher FGG 192, 193; dazu Zimmermann ZEV 09, 374). **g)** Der **Vertrag über die Auslegung einer Verfügung von Todes wegen** ist von der Auseinandersetzung zu unterscheiden. Er schafft uU eine von der letztwilligen Verfügung abweichende Nachlassbeteiligung (§ 779) und unterliegt je nach Art der ausgelegten Anordnung (zutr Damrau JR 86, 375) §§ 2385, 2371, 2033 I 2 (BGH NJW 86, 1813; sa § 2385 Rn 1).

3. Gesetzliche Teilungsregeln. a) Inhalt: Sie enthalten die Bedingungen des 7 Auseinandersetzungsvertrages, wie sie jeder Miterbe annehmen muss, falls keine abw Vereinbarungen ausgehandelt sind und keine Anordnungen des Erblassers vorliegen; vgl §§ 2046 ff, 752 ff. Jeder Miterbe hat einen Anspruch auf Abschluss eines entspr Auseinandersetzungsvertrages; dieser Anspruch setzt aber *Teilungsreife* voraus (Karlsruhe NJW 74, 956; Köln ZEV 04, 508), so wie das zB hM ist, wenn der Umfang des Nachlasses erst noch durch eidesstattliche Versicherung zu klären ist (KG NJW 61, 733); str. **b)** Der Anspruch ist durch **Auseinandersetzungsklage** zu verwirkli- 8 chen (zum unbekannten Miterben s § 1961 Rn 1). Der *Klageantrag* geht auf Abschluss eines bestimmten Vertrages, den der Kläger vorzulegen hat (Teilungsplan; dazu BGH NJW-RR 96, 577; Düsseldorf FamRZ 00, 1049; Jena FamRZ 09, 458) und der idR den gesamten Nachlass erfasst (München NJW-RR 91, 1097; sa Rn 10 f). Der Klage kann grundsätzlich nur in vollem Umfang stattgegeben oder sie muss insgesamt abgewiesen werden; möglich ist jedoch die Verurteilung zu einem

Stürner

§ 2042 Buch 5. Abschnitt 2. Rechtliche Stellung des Erben

„minus", etwa zu einem geringeren als dem geforderten Geldbetrag (Saarbrücken MDR 10, 636). Das Gericht hat gem ZPO 139 auf sachgerechte Antragstellung hinzuwirken (vgl RG Recht 36 Nr 3138); Hilfsanträge sind zweckmäßig. Feststellungsklage über einzelne Streitpunkte zur Klärung von Grundlagen der Auseinandersetzung ist zulässig (BGH NJW-RR 90, 1221; 92, 364; 771). Mit der Klage auf Abgabe der Annahmeerklärung zum schuldrechtlichen Vertrag kann die Klage auf Abgabe der notwendigen Erklärungen zum dinglichen Vollzug verbunden werden; das Rechtsschutzbedürfnis besteht unabhängig von der Möglichkeit zur Teilungsversteigerung nachlasszugehörigen Grundbesitzes (Köln NJW-RR 97, 519); Vollstreckung gem ZPO 894. Die nachlassgerichtliche (FamFG 364; früher FGG 97 II) Genehmigung hat der Kläger – falls sie erforderlich ist (vgl § 1821 Nr 1, 3; sa Rn 4) – während des Verfahrens beizubringen (KG NJW 61, 733). Die Klage auf Zahlung einer bestimmten Summe ist nur bei entsprechender Teilungsanordnung des Erblassers zulässig (RG SeuffA 77 Nr 149; Frankfurt OLGZ 77, 228) oder in leicht überschaubaren Fällen, etwa wenn ein Miterbe den gesamten Barüberschuss des Nachlasses in der Hand hat (Zusammenfassung von Auseinandersetzung und Erfüllung, vgl BGH NJW-RR 89, 1206; FamRZ 89, 273; Celle ZEV 02, 363). Lebte der Erblasser in Zugewinngemeinschaft, so sind uU § 1383, FamFG 264, früher FGG 53a zu beachten; zur Berücksichtigung von ausgleichspflichtigen Vorempfängen s § 2055 Rn 1 ff. **c)** Die **Auseinandersetzungsversteigerung** von Immobilien (ZVG 180 ff) bedarf keines Titels, die Versilberung bereitet die Teilung vor (s §§ 749–758 Rn 8; Baur/Stürner/Bruns, Rn 34.7); uU Verbot der Teilungsversteigerung durch testamentarische Auflage (BGH WM 85, 175; sa § 2048 Rn 1). Ein Miterbe kann keine Teilungsversteigerung beantragen, wenn die Auseinandersetzung dem Testamentsvollstrecker obliegt (BGH NJW 09, 2358; dazu Kinderlen ZEV 09, 392). Antragsrecht geht auf Gläubiger eines gepfändeten Miterbenanteils über (BGH FamRZ 99, 433; sa § 2033 Rn 7); zur Auseinandersetzungsversteigerung von Mobilien vgl Damrau ZEV 08, 216.

4. Teilauseinandersetzung. a) Persönliche: Einzelne Miterben scheiden vollständig aus, die Gesamthand besteht unter den verbleibenden Erben fort (BGH NJW 98, 1557; ZEV 05, 22); anders, falls nur ein Miterbe verbleibt (BGH NJW 11, 527). Zulässig ist diese Form der Auseinandersetzung nur bei Einverständnis aller Miterben (BGH NJW 85, 52; München NJW-RR 91, 1097); sie bedarf deshalb entweder eines – gegebenenfalls formpflichtigen – Auseinandersetzungsvertrags (Rn 2 ff) oder einer – umstrittenen - formfreien sog Abschichtungsvereinbarung (Rn 1). **b) Gegenständliche:** Einzelne Nachlassgegenstände scheiden aus der gesamthänderischen Bindung aus, für den übrigen Nachlass besteht die Gemeinschaft fort (Neustadt DNotZ 65, 489); zulässig bei allseitigem Einverständnis oder ausnahmsweise ohne Einigung für den Fall, dass Nachlassverbindlichkeiten nicht mehr bestehen und berechtigte Belange der Gemeinschaft und einzelner Miterben nicht gefährdet sind (BGH NJW 85, 52; LM Nr 4; München NJW-RR 91, 1097; Rostock FamRZ 10, 329).

5. Testamentsvollstreckung. Hier gilt § 2204.

6. Wirkung der Auseinandersetzung. Diese liegt in der Beendigung der Erbengemeinschaft. Auch bei Rücktritt vom Auseinandersetzungsvertrag wegen Verzugs des abfindungspflichtigen Miterben lebt die Gemeinschaft nicht mehr auf (LM Nr 2 zu § 326 [A]). Selbst die Rückübertragung auf die Erbengemeinschaft bei gegenständlicher Teilauseinandersetzung ist nicht möglich (Köln OLGZ 65, 117). Wird der Auseinandersetzungsvertrag angefochten, zB wegen Täuschung über Erbteilsverzicht eines Miterben, so kann sein dinglicher Vollzug bereicherungsrechtlich rückabgewickelt werden (München FamRZ 10, 1196).

7. Prozessuales. Vgl zur Auseinandersetzungsklage und -versteigerung Rn 7 f; Zuständigkeit gem ZPO 27 I (besonderer Gerichtsstand des allg Erblassergerichtsstands im Todeszeitpunkt; BGH NJW 92, 364); zum nachlassgerichtlichen Vermittlungsverfahren s FamFG 363 ff; zur landesrechtlichen Übertragung des Vermittlungsverfahrens auf den Notar s FamFG 487 und die landesrechtlichen Nachweise bei MKZPO/Pabst/Meyer FamFG 487 Rn 6; ferner Zimmermann ZEV 09, 374; Mayer Rpfleger 11, 245.

§ 2043 Aufschub der Auseinandersetzung

(1) **Soweit die Erbteile wegen der zu erwartenden Geburt eines Miterben noch unbestimmt sind, ist die Auseinandersetzung bis zur Hebung der Unbestimmtheit ausgeschlossen.**

(2) **Das Gleiche gilt, soweit die Erbteile deshalb noch unbestimmt sind, weil die Entscheidung über einen Antrag auf Annahme als Kind, über die Aufhebung des Annahmeverhältnisses oder über die Anerkennung einer vom Erblasser errichteten Stiftung als rechtsfähig noch aussteht.**

Die Vorschrift gibt jedem Miterben das Recht, die Auseinandersetzung bis zur 1 Beendigung der Unbestimmtheit zu verweigern; Fristenlauf des § 1629a IV nF ist gehemmt. Die einverständlich vollzogene Auseinandersetzung ist zunächst wirksam. Schuldrechtlicher Vertrag und dingliche Vollzugsgeschäfte werden aber mit dem Hinzutreten eines weiteren Miterben schwebend unwirksam, der Miterbe kann jedoch genehmigen (§§ 177, 185 II). Sofern die Ungewissheit nur die Unterverteilung innerhalb eines Erbstammes betrifft, können die übrigen Miterben gleichwohl auseinandersetzen, da ja die Erbteile feststehen.

§ 2044 Ausschluss der Auseinandersetzung

(1) ¹**Der Erblasser kann durch letztwillige Verfügung die Auseinandersetzung in Ansehung des Nachlasses oder einzelner Nachlassgegenstände ausschließen oder von der Einhaltung einer Kündigungsfrist abhängig machen.** ²**Die Vorschriften des § 749 Abs. 2, 3, der §§ 750, 751 und des § 1010 Abs. 1 finden entsprechende Anwendung.**

(2) ¹**Die Verfügung wird unwirksam, wenn 30 Jahre seit dem Eintritt des Erbfalls verstrichen sind.** ²**Der Erblasser kann jedoch anordnen, dass die Verfügung bis zum Eintritt eines bestimmten Ereignisses in der Person eines Miterben oder, falls er eine Nacherbfolge oder ein Vermächtnis anordnet, bis zum Eintritt der Nacherbfolge oder bis zum Anfall des Vermächtnisses gelten soll.** ³**Ist der Miterbe, in dessen Person das Ereignis eintreten soll, eine juristische Person, so bewendet es bei der dreißigjährigen Frist.**

Lit: Muscheler, Ausschluss der Erbauseinandersetzung durch den Erblasser, ZEV 10, 340.

1. Anwendungsbereich. Auch bei ges Erbfolge kann ein Auseinandersetzungs- 1 verbot angeordnet werden (BayObLG NJW 67, 1136).

2. Rechtsnatur. Das Auseinandersetzungsverbot kann als *Vermächtnis* (§ 2150) 2 jedem Miterben das Recht zur Verweigerung der Auseinandersetzung geben; dann kann mit Zustimmung aller Miterben auseinandergesetzt werden. Falls nach dem Erblasserwillen die Miterben auch bei Einverständnis gebunden sein sollen, liegt ein rechtsgeschäftliches Veräußerungsverbot (§ 137) vor, das aber nur die verpflichtende Wirkung einer Auflage (§ 2194) entfaltet. Dingliche Verfügungen sind wirksam, sofern sie den allg Vorschriften genügen, also zB §§ 2040 I, 2205 S 2, 2112 ff (BGH 40, 115; 56, 275; BayObLG Rpfleger 82, 468; teilw aA Kegel, FS R. Lange, 1976, 927 ff). Ein letztwilliges Auseinandersetzungsverbot ist gegenüber einem Gläubiger eines Miterben, der dessen Anteil gepfändet hat, nicht wirksam (BGH 181, 131 = NJW 09, 2459; sa § 2042 Rn 1).

§§ 2045, 2046 Buch 5. Abschnitt 2. Rechtliche Stellung des Erben

3 **3. Anderweitige Regelungen der Auseinandersetzung.** Sie können in einer testamentarischen Erschwerung bestehen, zB Auseinandersetzung nur bei Mehrheitsbeschluss (RG 110, 273), oder von den Erben vereinbart werden (BGH WM 68, 1172).

4 **4. Durchbrechungen des testamentarischen Ausschlusses.** Sie ergeben sich aus §§ 749 ff und InsO 84 II 2.

§ 2045 Aufschub der Auseinandersetzung

¹Jeder Miterbe kann verlangen, dass die Auseinandersetzung bis zur Beendigung des nach § 1970 zulässigen Aufgebotsverfahrens oder bis zum Ablauf der im § 2061 bestimmten Anmeldungsfrist aufgeschoben wird. ²Ist der Antrag auf Einleitung des Aufgebotsverfahrens noch nicht gestellt oder die öffentliche Aufforderung nach § 2061 noch nicht erlassen, so kann der Aufschub nur verlangt werden, wenn unverzüglich der Antrag gestellt oder die Aufforderung erlassen wird.

1 **1. Zweck.** Die Vorschrift gewährt ein Weigerungsrecht zur Erwirkung anteiliger Haftung für Nachlassverbindlichkeiten nach der Auseinandersetzung, vgl §§ 2060 Nr 1, 2061.

2 **2. Reform.** Infolge des FGG-RG (s Vor § 1922 Rn 19) wurde § 2045 S 2 zum 1.9.2009 neu gefasst. Die vorherige Fassung von S 2 lautete: *Ist das Aufgebot noch nicht beantragt oder die öffentliche Aufforderung nach § 2061 noch nicht erlassen*, etc.

§ 2046 Berichtigung der Nachlassverbindlichkeiten

(1) ¹Aus dem Nachlass sind zunächst die Nachlassverbindlichkeiten zu berichtigen. ²Ist eine Nachlassverbindlichkeit noch nicht fällig oder ist sie streitig, so ist das zur Berichtigung Erforderliche zurückzubehalten.

(2) Fällt eine Nachlassverbindlichkeit nur einigen Miterben zur Last, so können diese die Berichtigung nur aus dem verlangen, was ihnen bei der Auseinandersetzung zukommt.

(3) **Zur Berichtigung ist der Nachlass, soweit erforderlich, in Geld umzusetzen.**

1 **1. Bedeutung.** Die Vorschrift ist lex specialis zu §§ 2042 II, 755 (s BGH NJW 85, 52). Sie sichert dem Erben sein Leistungsverweigerungsrecht gem § 2059 (RG 95, 325). Sie regelt das Verhältnis unter den Miterben, nicht das Verhältnis zum Gläubiger (BGH NJW 71, 2266; Celle FamRZ 03, 1224); hier gelten ausschließlich §§ 2058 ff. Zum Begriff der Nachlassverbindlichkeit s § 1967.

2 **2. Abweichende Vereinbarungen.** Zulässig sind abweichende Vereinbarungen der Miterben, ebenso eine abw Erblasseranordnung (§ 2048). Der Testamentsvollstrecker darf jedoch nicht eigenmächtig anders verfahren (RG 95, 329).

3 **3. Miterbengläubiger.** Sie können wie andere Gläubiger schon vor Teilung Befriedigung verlangen, vgl §§ 2058–2063 Rn 9 iVm 2–8. Nur ausnahmsweise – zB bei Verwertungsschwierigkeiten oder gegenläufigen Forderungen aus einer Teilauseinandersetzung – können die Miterben die Befriedigung verweigern (vgl LM Nr 1). Der Miterbengläubiger muss sich die auf seinen Erbteil entfallende Quote abziehen lassen. Zum Zurückbehaltungsrecht bei Pflichtverletzungen des Miterbengläubigers vgl Dütz NJW 67, 1110.

4 **4. Nachlassverbindlichkeiten nur einiger Miterben.** Sie sind zB nichtgemeinschaftliche Vermächtnisse oder Auflagen. Auch sie sind vor der Teilung aus dem Auseinandersetzungsguthaben (§ 2047) zu tilgen (RG 95, 325).

Titel 4. Mehrheit von Erben **§§ 2047, 2048**

§ 2047 Verteilung des Überschusses

(1) **Der nach der Berichtigung der Nachlassverbindlichkeiten verbleibende Überschuss gebührt den Erben nach dem Verhältnis der Erbteile.**

(2) **Schriftstücke, die sich auf die persönlichen Verhältnisse des Erblassers, auf dessen Familie oder auf den ganzen Nachlass beziehen, bleiben gemeinschaftlich.**

Anspruch auf Leistung des Auseinandersetzungsguthabens. Er geht primär 1 auf Teilung in Natur gem § 752 (zB Aktien, BGH 96, 180; Wohnungseigentum bei Wohngrundstücken), ersatzweise auf Geldzahlung, §§ 2042 II, 753; der Anspruchsinhalt kann vertragl modifiziert werden. Die *Teilungsquote* muss ausgleichungspflichtige Vorempfänge berücksichtigen (BGH 96, 179); auch für die durch Ausgleichung verschobenen Teilungsquoten gilt primär Naturalteilung (BGH 96, 180). Zur Haftung der Miterben gegenüber übergangenem Miterben s Dresden ZEV 98, 308 mAnm Ann (Teilschuldnerschaft entspr Erbquote).

§ 2048 Teilungsanordnungen des Erblassers

¹**Der Erblasser kann durch letztwillige Verfügung Anordnungen für die Auseinandersetzung treffen.** ²**Er kann insbesondere anordnen, dass die Auseinandersetzung nach dem billigen Ermessen eines Dritten erfolgen soll.** ³**Die von dem Dritten auf Grund der Anordnung getroffene Bestimmung ist für die Erben nicht verbindlich, wenn sie offenbar unbillig ist; die Bestimmung erfolgt in diesem Falle durch Urteil.**

Lit: Gergen, Begünstigung und Begünstigungswille als Abgrenzung zwischen Vorausvermächtnis und Teilungsanordnung, Jura 05, 185; Klinger/Roth, Abgrenzung von Teilungsanordnung und Vorausvermächtnis, NJW-Spezial 08, 263; Loritz, Teilungsanordnung und Vorausvermächtnis, NJW 88, 2697; Muscheler, Teilungsanordnung und Vorausvermächtnis, ErbR 08, 105; Schlinker, Der Anspruch eines Miterben aus einer Teilungsanordnung auf Ausgleich, JR 10, 93.

1. Rechtsnatur. Die Teilungsanordnung hat schuldrechtliche Wirkung für den 1 Fall der Auseinandersetzung und lässt zunächst die Stellung der Miterben als Gesamthänder unberührt (BayObLG MDR 82, 496; BGH NJW 81, 1839). Jeder Miterbe hat Anspruch auf den angeordneten Teilungsmodus; die Erben können folglich einverständlich eine andere Aufteilung vereinbaren. Seltener ist mit der Teilungsanordnung eine Auflage verbunden (§ 2194), deren Einhaltung auch Nichterben überwachen; abw gemeinsame dingliche Geschäfte der Miterben (§ 2040) sind aber selbst in diesem Falle wirksam (BGH 40, 117); vgl auch § 2044 Rn 2.

2. Inhalt. a) Die Anordnung kann die Verwaltung oder die Auseinandersetzung 2 betreffen, insbes volle Zuweisung von Nachlassgegenständen (zB BGH 82, 279; 86, 48; NJW 85, 52; FamRZ 85, 63) oder Zuweisung zur Nutzung und Bewirtschaftung (LM Nr 5a; sa BGH NJW 02, 2712: Begründung von Wohnungseigentum). Es kann eine Ausgleichung (vgl § 2050) angeordnet werden oder die Begleichung einer Nachlassschuld aus dem Erbteil nur eines Miterben (LM Nr 2 zu § 138 [Cd]); der Erblasser kann die Änderung des Gesellschaftsvertrages anordnen, wenn außer Erben keine weiteren Gesellschafter vorhanden sind oder der Gesellschaftsvertrag dies vorsieht (BGH NJW-RR 90, 1446); stets bewendet es bei der schuldrechtlichen Wirkung im Innenverhältnis. **b) Dritter** iSd § 2048 S 2 kann auch ein Miterbe sein 3 (RG 110, 274); § 319 I 2 ist entsprechend anwendbar (str). Für den Streitfall kann der Erblasser auch ein schiedsrichterliches Verfahren (ZPO 1025 ff) anordnen (RG 100, 76).

3. Teilungsanordnung und Vorausvermächtnis. Die Höhe des Erbteils kann 4 unabhängig von der Zuweisung konkreter Nachlassgegenstände festgelegt sein oder

Stürner 2015

aber erst durch das Wertverhältnis der Gegenstände bestimmt werden (s § 2087 Rn 2 f; § 2091 Rn 1). Nur wenn Wortlaut und Auslegung einer Verfügung den gegenstandsunabhängigen Erbteil ergeben, wird die Abgrenzung von Teilungsanordnung und Vorausvermächtnis notwendig. Die Grundsätze zur Abgrenzung gelten unabhängig davon, wie der Miterbe, dem einzelne Gegenstände aus dem Nachlass zukommen sollen, zu bestimmen ist (BFH/NV 09, 1654). Da eine Teilungsanordnung den Wert des Erbteils, so wie er sich aus der Erbquote ergibt, nicht verändern kann, liegt ein Vorausvermächtnis vor, wenn und soweit gegenüber dem Erbteil ein Mehrwert zugewendet werden soll (BGH NJW 85, 52; FamRZ 87, 476; NJW-RR 90, 1221; NJW 98, 682; Saarbrücken NJW-RR 07, 1659, 1660), der keiner Ausgleichszahlung unterliegt. Ein Vorausvermächtnis ist jedoch auch gegeben, wenn die Zuwendung den Wert der Beteiligung am Nachlass zwar unberührt lassen soll, aber ein von der Erbeinsetzung unabhängiger Geltungsgrund für sie gewollt ist (BGH NJW 95, 721: Bestätigung von BGH 36, 115 und gegen die Deutung von BGH FamRZ 87, 476 als Aufgabe der älteren Rspr; sa BGH NJW-RR 90, 1221). Bsp: Ein bestimmter Gegenstand soll einem Miterben auch für den Fall zugewendet werden, dass er das Erbe ausschlägt oder aus anderen Gründen nicht Erbe wird; Vorausvermächtnis trotz voller Anrechnung der Zuwendung auf den Erbteil (BGH NJW 95, 721; Skibbe ZEV 95, 145). Ob ein Mehrwert zugewendet werden soll oder für die Zuwendung ein von der Erbeinsetzung unabhängiger Geltungsgrund gewollt ist, muss durch Auslegung ermittelt werden (BGH NJW 85, 52; NJW-RR 90, 392; NJW 95, 721). Wenn sich weder das eine noch das andere feststellen lässt, ist von einer Teilungsanordnung auszugehen (Koblenz FamRZ 06, 293 f); ein Mehrwert des zugewiesenen Gegenstands ist dann auszugleichen (BGH 82, 279; NJW-RR 90, 392; 1221), ohne dass allerdings der Ausgleich aufschiebende Bedingung für die Wirksamkeit der Teilungsanordnung wäre (BGH NJW-RR 96, 577; str, Kummer/Siegmann ZEV 96, 47, 71). Der Erblasser kann den Wert eines auszugleichenden Gegenstandes auch bindend durch Testament festlegen (Frankfurt NJW-RR 08, 533). Das Vermächtnis stellt den Miterben in vielen Punkten günstiger als die Auseinandersetzungsanordnung: Ausschlagungsrecht (§ 2180); Bindungswirkung bzw Schutz bei Erbvertrag oder gemeinschaftlichem Testament (§§ 2289–2291; 2270, 2271; 2288); besserer Rang (§§ 2046, 2047, 1991 IV; InsO 327 I Nr 2); zur ErbSt insbes alten Rechts s 13. Aufl Vor § 2032 Rn 3 ff.

§ 2049 Übernahme eines Landguts

(1) **Hat der Erblasser angeordnet, dass einer der Miterben das Recht haben soll, ein zum Nachlass gehörendes Landgut zu übernehmen, so ist im Zweifel anzunehmen, dass das Landgut zu dem Ertragswert angesetzt werden soll.**

(2) **Der Ertragswert bestimmt sich nach dem Reinertrag, den das Landgut nach seiner bisherigen wirtschaftlichen Bestimmung bei ordnungsmäßiger Bewirtschaftung nachhaltig gewähren kann.**

Lit: Kronthaler, Landgut, Ertragswert und Bewertung im bürgerlichen Recht, 1991 (Diss Augsburg); Piltz, Bewertung landwirtschaftlicher Betriebe bei Erbfall, Schenkung und Scheidung, 1999.

1   **1. Landgut.** Zum Begriff § 2312 Rn 1.

2   **2. Bedeutung und Inhalt der Bewertungsregel.** Die Bewertungsregel soll das öffentl Interesse an der Erhaltung leistungsfähiger bäuerlicher Höfe schützen (BVerfG 67, 367). Der Ertragswert steht im Gegensatz zum Verkehrswert und liegt idR deutlich niedriger. Er ist konkret und individuell zu bestimmen (BVerfG NJW 88, 2724). Die näheren Modalitäten der Ertragswertfeststellung (§ 2049 II) regelt gem EGBGB 137 Landesrecht; gängig ist das Vielfache des jährlichen Reinertrages

Titel 4. Mehrheit von Erben § 2050

(zB das 18- oder 25fache). Vom Rohertrag absetzbar sind dabei als betriebliche Kosten auch fiktive Lohnkosten des Inhabers und mitarbeitender Familienmitglieder (Celle ZEV 09, 141). Mit § 2049 II, EGBGB 137 nicht vereinbar ist eine Ertragswertberechnung, die weichende Miterben anhand der bisher niedrigeren steuerrechtlichen Bewertung abfindet (BVerfG NJW 88, 2723; zur steuerrechtlichen Bewertung alten Rechts bis zum 1.1.2009 ausf § 1924 Rn. 6). Bei Übernahme eines Bruchteils gilt die Auslegungsregel des § 2049 I nicht (vgl BGH NJW 73, 995; FamRZ 77, 196); ebenso wenig, wenn der übernahmeberechtigte Miterbe den Hof nicht weiter bewirtschaften, sondern zB verpachten wird (arg BVerfG 67, 368). GrdstVG 16 I verweist für den Fall der gerichtl Zuweisung auf § 2049. Sa § 2312 und Vor § 2032 Rn 2.

3. Höferechtliche Sondererbfoge. Zur Berechnung des Abfindungsanspruchs bei höferechtlicher Sondererbfolge (vgl Vor § 2032 Rn 2) regelt HöfeO 12 II die Bewertung. **3**

§ 2050 Ausgleichungspflicht für Abkömmlinge als gesetzliche Erben

(1) **Abkömmlinge, die als gesetzliche Erben zur Erbfolge gelangen, sind verpflichtet, dasjenige, was sie von dem Erblasser bei dessen Lebzeiten als Ausstattung erhalten haben, bei der Auseinandersetzung untereinander zur Ausgleichung zu bringen, soweit nicht der Erblasser bei der Zuwendung ein anderes angeordnet hat.**

(2) **Zuschüsse, die zu dem Zwecke gegeben worden sind, als Einkünfte verwendet zu werden, sowie Aufwendungen für die Vorbildung zu einem Beruf sind insoweit zur Ausgleichung zu bringen, als sie das den Vermögensverhältnissen des Erblassers entsprechende Maß überstiegen haben.**

(3) **Andere Zuwendungen unter Lebenden sind zur Ausgleichung zu bringen, wenn der Erblasser bei der Zuwendung die Ausgleichung angeordnet hat.**

Lit: Fröhler, Erbausgleichung und Pflichtteilsanrechnung aufgrund Schenkung bzw Ausstattung, BWNotZ 10, 94.

1. Bedeutung. Das Ges stellt für bestimmte Zuwendungen des Erblassers die Vermutung auf, sie seien eine Vorausleistung auf den künftigen Erbteil (sa § 2053 Rn 1). **1**

2. Rechtsnatur. Die Ausgleichungspflicht ist kein Vermächtnis zugunsten der Ausgleichungsberechtigten, sondern sie stellt eine Berechnungsregel für den Fall der Auseinandersetzung dar (BGH FamRZ 89, 175; vgl § 2055). Die Stellung des ausgleichspflichtigen Miterben bleibt iÜ unberührt (§§ 2038 ff, 2058 ff). Soweit der Erblasser Anrechnungsanordnungen über den Rahmen des § 2050 hinaus treffen will, kann dies nur in Form einer letztwilligen Verfügung geschehen (BGH FamRZ 10, 27; sa Rn 6). **2**

3. Teilnehmer des Ausgleichs. Teilnehmer eines Ausgleichs sind nur Abkömmlinge; also zB nicht Ehegatten, wohl aber Enkel des Erblassers. Sondervorschriften in §§ 2372, 2376 (Erbteilskäufer) und nach altem Nichtehelichenrecht in § 1934b III aF (s § 1924 Rn 3). **3**

4. Ausstattung. Dieser Begriff ist in § 1624 I ges definiert. Die Ausstattung kann auch in einem zu Lebzeiten nicht mehr erfüllten Versprechen liegen; das Ausstattungsversprechen ist dann gleichzeitig Nachlassverbindlichkeit (BGH 44, 91; vgl §§ 1624, 1625 Rn 4). Die sog Aussteuer ist ein Unterfall der Ausstattung; soweit sie statt einer angemessenen Berufsausbildung gewährt wird, besteht keine Ausgleichungspflicht (BGH NJW 82, 577; Celle FamRZ 65, 390). **4**

5. Zuschüsse und Aufwendungen zur beruflichen Vorbildung. Zuschüsse in Rentenform fallen unter § 2050 II auch dann, wenn sie gleichzeitig Ausstattungen gem §§ 1624 I, 2050 I sind (RG 79, 267). Vorbildung zum Beruf ist nicht die allg Schulbildung, auch an höheren Schulen, sondern nur die darüber hinausgehende Ausbildung durch Studium, Lehre, Fachhochschule, Promotion etc (BGH NJW 82, 577). Ob solche Zuschüsse, zB bei einem Zweitberuf, der ges Unterhaltpflicht unterfallen, ist gleichgültig (RG 114, 53). Das Übermaß richtet sich *allein* nach den Vermögensverhältnissen des Erblassers.

6. Andere Zuwendungen. Andere Zuwendungen, wie zB gemischte Schenkungen (RG 73, 377), sind nur bei ausdr oder stillschweigender *Anordnung* ausgleichungspflichtig. Die Anordnung hat vor oder mit der Zuwendung zu erfolgen (RG 67, 308), damit die Zuwendung abgelehnt werden kann. Zutr sieht der BGH (LM Nr 1 zu § 107) in ihr keinen Rechtsnachteil gem § 107 (vgl Stürner AcP 173, 439). Im Rahmen der §§ 2315 I, 2316 I ist ausschlaggebend, ob nach dem Willen des Erblassers nur eine zeitlich vorgezogene Zuwendung intendiert war (Ausgleichung gem §§ 2316 I, 2050 III) oder eine Enterbung mit bloßer Pflichtteilsberechtigung (Anrechnung gem § 2315 I) oder aber kumulativ beides (dazu BGH 183, 380 ff = FamRZ 10, 640 ff mAnm Löhnig; Kroppenberg JZ 10, 741; Keim ZEV 10, 192). Die nachträgliche Anordnung ist zB in Form eines Vermächtnisses zugunsten der übrigen Erben als Verfügung von Todes wegen möglich (BGH NJW 82, 577). Will der Erblasser bei der Erbauseinandersetzung die Anrechnung von Vorempfängen über § 2050 hinaus erreichen, muss er dies ganz allg durch letztwillige Verfügung anordnen; verbindliche Anordnungen können nicht durch R.Geschäft unter Lebenden getroffen werden (BGH FamRZ 10, 27 mAnm Leipold ZEV 10, 34). Lit: Schindler ZEV 06, 389; Enzensberger/Klinger NJW-Spezial 06, 61; Bothe ZErb 04, 368; Mayer ZErb 07, 130.

7. Nachfolge im Gesellschaftsrecht. Bei der qualifizierten Nachfolgeklausel im OHG-Vertrag besteht uU eine Ausgleichungspflicht des Gesellschaftererben gegenüber den weichenden Erben analog §§ 2050 ff; vgl § 2032 Rn 5 ff.

8. Reform. Folgende Änderung war im Rahmen der letzten Erbrechtsreform (s Vor § 1922 Rn 18) geplant: Dem § 2050 wird folgender Absatz angefügt: „(4) Der Erblasser kann nachträglich Anordnungen über die Ausgleichung oder den Ausschluss der Ausgleichung von Zuwendungen treffen. Die Anordnung erfolgt durch Verfügung von Todes wegen." Dieser Zusatz war überflüssig, weil er geltendem Recht entspricht (BGH FamRZ 10, 27; s Rn 2 und 6).

§ 2051 Ausgleichungspflicht bei Wegfall eines Abkömmlings

(1) **Fällt ein Abkömmling, der als Erbe zur Ausgleichung verpflichtet sein würde, vor oder nach dem Erbfall weg, so ist wegen der ihm gemachten Zuwendungen der an seine Stelle tretende Abkömmling zur Ausgleichung verpflichtet.**

(2) **Hat der Erblasser für den wegfallenden Abkömmling einen Ersatzerben eingesetzt, so ist im Zweifel anzunehmen, dass dieser nicht mehr erhalten soll, als der Abkömmling unter Berücksichtigung der Ausgleichungspflicht erhalten würde.**

Ggf ist § 1935 zu beachten.

§ 2052 Ausgleichungspflicht für Abkömmlinge als gewillkürte Erben

Hat der Erblasser die Abkömmlinge auf dasjenige als Erben eingesetzt, was sie als gesetzliche Erben erhalten würden, oder hat er ihre Erbteile so bestimmt, dass sie zueinander in demselben Verhältnis stehen wie die

gesetzlichen Erbteile, so ist im Zweifel anzunehmen, dass die Abkömmlinge nach den §§ 2050, 2051 zur Ausgleichung verpflichtet sein sollen.

Sonstiges. Sofern nur ein Teil der Abkömmlinge entspr dem ges Erbteil eingesetzt ist, findet die Ausgleichung unter ihnen statt. Ob ein Vorausvermächtnis bei Einsetzung des Erben auf den Rest die Ausgleichung ausschließt, ist Auslegungsfrage (RG 90, 419). Beim gemeinschaftlichen Testament (§§ 2265 ff) sind auch Zuwendungen des vorverstorbenen Ehegatten auszugleichen (BGH 88, 109; str). 1

§ 2053 Zuwendung an entfernteren oder angenommenen Abkömmling

(1) Eine Zuwendung, die ein entfernterer Abkömmling vor dem Wegfall des ihn von der Erbfolge ausschließenden näheren Abkömmlings oder ein an die Stelle eines Abkömmlings als Ersatzerbe tretender Abkömmling von dem Erblasser erhalten hat, ist nicht zur Ausgleichung zu bringen, es sei denn, dass der Erblasser bei der Zuwendung die Ausgleichung angeordnet hat.

(2) Das Gleiche gilt, wenn ein Abkömmling, bevor er die rechtliche Stellung eines solchen erlangt hatte, eine Zuwendung von dem Erblasser erhalten hat.

1. Zweck und Inhalt. Die Absicht des Erblassers, auf den Erbteil vorzuleisten, kann nicht vermutet werden, falls der entferntere Abkömmling im Zeitpunkt der Leistung nicht erben würde; anders, wenn der nähere Abkömmling im Leistungszeitpunkt bereits von der Erbfolge ausgeschlossen war (RG 149, 134). § 2053 II korrespondiert mit §§ 1741 ff; die Korrespondenzvorschriften bei Legitimation nichtehelicher Kinder (§§ 1719, 1723 ff aF) sind durch das KindschaftsreformG v 16.12.1997 (BGBl I, 2942) weggefallen. 1

2. Reform. Geplant war im Rahmen der letzten Erbrechtsreform (s Vor § 1922 Rn 18) folgende Änderung: Dem § 2053 I wird folgender Satz angefügt: „§ 2050 Abs. 4 gilt entsprechend." Mit Fortfall der Änderung in § 2050 (§ 2050 Rn 8) war auch dieses Vorhaben hinfällig. 2

§ 2054 Zuwendung aus dem Gesamtgut

(1) ¹Eine Zuwendung, die aus dem Gesamtgut der Gütergemeinschaft erfolgt, gilt als von jedem der Ehegatten zur Hälfte gemacht. ²Die Zuwendung gilt jedoch, wenn sie an einen Abkömmling erfolgt, der nur von einem der Ehegatten abstammt, oder wenn einer der Ehegatten wegen der Zuwendung zu dem Gesamtgut Ersatz zu leisten hat, als von diesem Ehegatten gemacht.

(2) Diese Vorschriften sind auf eine Zuwendung aus dem Gesamtgut der fortgesetzten Gütergemeinschaft entsprechend anzuwenden.

Die Vorschrift will bei Gütergemeinschaft eine Auslegungsregel bzgl der Person des Leistenden schaffen. Gemeinsame Abkömmlinge müssen also regelmäßig zweimal – beim Tod jedes Ehegatten – ausgleichen. 1

§ 2055 Durchführung der Ausgleichung

(1) ¹Bei der Auseinandersetzung wird jedem Miterben der Wert der Zuwendung, die er zur Ausgleichung zu bringen hat, auf seinen Erbteil angerechnet. ²Der Wert der sämtlichen Zuwendungen, die zur Ausgleichung zu bringen sind, wird dem Nachlass hinzugerechnet, soweit dieser den Miterben zukommt, unter denen die Ausgleichung stattfindet.

§§ 2056, 2057

(2) **Der Wert bestimmt sich nach der Zeit, zu der die Zuwendung erfolgt ist.**

1 **1. Berechnungsbeispiel.** Teilungsmasse 30 000 Euro. Auseinandersetzungsguthaben des Ehegatten (§§ 1371 I, 1931 I, 2047 I): 15 000 Euro. Es verbleiben für die Söhne A und B 15 000 Euro. Vorempfang des A: 5000 Euro. Erhöhte Teilungsmasse (§ 2055 I 2): 20 000 Euro. A erhält 20 000 : 2 Euro − 5000 Euro (§ 2055 I 1) = 5000 Euro; B erhält 20 000 : 2 Euro = 10 000 Euro.

2 **2. Bewertung und Durchführung. a)** Der Nachlass ist zum Zeitpunkt des Erbfalles (*nicht* der Auseinandersetzung) zu bewerten (BGH 96, 181). Die Zuwendung ist zunächst gem II zu bewerten und dann entspr dem *Kaufkraftschwund* zwischen Zuwendungszeitpunkt und Erbfall umzurechnen (BGH 96, 180; 65, 77; Meincke AcP 178, 45). Formlose Wertfestsetzung durch den Erblasser bei der Zuwendung ist möglich (Hamm MDR 66, 330; zur dispositive Wertbestimmung **3** durch den Erblasser Ebenroth/Bacher/Lorz JZ 91, 277). **b)** Der ausgleichungsberechtigte Miterbe hat keinen Anspruch auf Durchführung der Ausgleichung im Wege der Realteilung (München NJW-RR 91, 1098). Unterblieb die Ausgleichung bei einer Teilauseinandersetzung, ist sie bei der Restauseinandersetzung *voll* zu berücksichtigen mit der Folge einer verstärkten Abweichung von Erbquote und Teilungsquote; vor Restauseinandersetzung keine Klage aus § 812, wohl aber Feststellungsklage (BGH NJW-RR 92, 771; sa § 2042 Rn 8). **c)** Die Verteilung der Darlegungs- und Beweislast bei Fragen der Bewertung hat §§ 2057, 242 zu berücksichtigen (BGH 183, 384 f; Frankfurt ErbR 10, 236).

§ 2056 Mehrempfang

¹**Hat ein Miterbe durch die Zuwendung mehr erhalten, als ihm bei der Auseinandersetzung zukommen würde, so ist er zur Herauszahlung des Mehrbetrags nicht verpflichtet.** ²**Der Nachlass wird in einem solchen Falle unter den übrigen Erben in der Weise geteilt, dass der Wert der Zuwendung und der Erbteil des Miterben außer Ansatz bleiben.**

1 **1. Grundsatz.** Die Ausgleichungspflicht führt zu keiner „Nachschusspflicht" des Miterben.

2 **2. Berechnungsbeispiel.** (Nach PalWeidlich 2): Teilungsmasse 8000 Euro. Miterben sind A zu ½, B und C zu je ¼. Vorausempfang des C: 4000 Euro. Erhöhte Teilungsmasse: 12 000 Euro. C würde 3000 Euro erhalten, folglich scheidet er aus. A und B teilen 8000 Euro im Verhältnis 2 : 1.

3 **3. Pflichtteilsberechnungen.** § 2316 verweist auch auf § 2056 (vgl RG 77, 282). § 2056 greift hier aber erst ein, wenn der Vorempfang des ausgleichungspflichtigen Erben höher ist als dessen ges Erbteil bei Hinzurechnung aller Vorempfänge und der Schenkungen gem § 2325 (BGH NJW 65, 1526; 88, 822).

§ 2057 Auskunftspflicht

¹**Jeder Miterbe ist verpflichtet, den übrigen Erben auf Verlangen Auskunft über die Zuwendungen zu erteilen, die er nach den §§ 2050 bis 2053 zur Ausgleichung zu bringen hat.** ²**Die Vorschriften der §§ 260, 261 über die Verpflichtung zur Abgabe der eidesstattlichen Versicherung finden entsprechende Anwendung.**

1 **1. Umfang und Bedeutung.** Die Auskunftspflicht erstreckt sich auf alle Zuwendungen, die *möglicherweise* unter § 2050 fallen (RG 73, 376; Sarres ZEV 00, 349). Die materiellrechtliche Auskunftspflicht ist bei der Verteilung der Behauptungs- und Beweislast in Verfahren um Ausgleichungspflichten zu berücksichtigen (BGH 183, 384 f); sa § 2055 Rn 3.

Titel 4. Mehrheit von Erben § 2057a

2. **Verfahren.** FamFG 410 Nr 1, 413 (früher FGG 163, 79); ZPO 889. 2

3. **Allgemeine Auskunftspflicht unter Miterben.** Vgl § 2038 Rn 9. 3

§ 2057a Ausgleichungspflicht bei besonderen Leistungen eines Abkömmlings

(1) ¹Ein Abkömmling, der durch Mitarbeit im Haushalt, Beruf oder Geschäft des Erblassers während längerer Zeit, durch erhebliche Geldleistungen oder in anderer Weise in besonderem Maße dazu beigetragen hat, dass das Vermögen des Erblassers erhalten oder vermehrt wurde, kann bei der Auseinandersetzung eine Ausgleichung unter den Abkömmlingen verlangen, die mit ihm als gesetzliche Erben zur Erbfolge gelangen; § 2052 gilt entsprechend. ²Dies gilt auch für einen Abkömmling, der den Erblasser während längerer Zeit gepflegt hat.

(2) ¹Eine Ausgleichung kann nicht verlangt werden, wenn für die Leistungen ein angemessenes Entgelt gewährt oder vereinbart worden ist oder soweit dem Abkömmling wegen seiner Leistungen ein Anspruch aus anderem Rechtsgrund zusteht. ²Der Ausgleichungspflicht steht es nicht entgegen, wenn die Leistungen nach den §§ 1619, 1620 erbracht worden sind.

(3) Die Ausgleichung ist so zu bemessen, wie es mit Rücksicht auf die Dauer und den Umfang der Leistungen und auf den Wert des Nachlasses der Billigkeit entspricht.

(4) ¹Bei der Auseinandersetzung wird der Ausgleichungsbetrag dem Erbteil des ausgleichungsberechtigten Miterben hinzugerechnet. ²Sämtliche Ausgleichungsbeträge werden vom Werte des Nachlasses abgezogen, soweit dieser den Miterben zukommt, unter denen die Ausgleichung stattfindet.

1. **Zweck.** Die Vorschrift schafft eine klare Rechtsgrundlage für den Ausgleich 1 bes Leistungen eines Miterben zugunsten des Erblassers; früher mussten hierfür oft sehr verkrampft arbeits- oder gesellschaftsrechtliche Ansprüche konstruiert werden. Gem II ist die Ausgleichungspflicht aber subsidiär. Verdrängende Ansprüche können sich ergeben aus Vertrag (vgl auch § 612 II), §§ 677 ff, 812 ff; sie sind dann Nachlassverbindlichkeiten (§ 1967).

2. **Umfang der Leistung.** Er darf nicht unerheblich gewesen sein und muss auf 2 jeden Fall über die bloße Unterhaltspflicht (§§ 1601 ff) hinausgehen (Oldenburg FamRZ 99, 1466); zur Bestimmung der Höhe des Ausgleichsanspruchs Schleswig NJW-RR 13, 205.

3. **Erbersatzanspruch alten Rechts.** Hier war § 2057a zu berücksichtigen 3 (§ 1934b III aF; sa § 1924 Rn 3).

4. **Berechnungsbeispiel.** (§ 2057a IV): Teilungsmasse 15 000 Euro. Es erben A, 4 B und C zu je ⅓. Ausgleichsbetrag des A: 3000 Euro. Erniedrigte Teilungsmasse: 12 000 Euro (§ 2057a IV 2). Anteil B und C je 4000 Euro. Anteil des A (§ 2057a IV 1) 7000 Euro.

5. **Prozessuales.** Gerichtsstand für Feststellungsklage auf Berücksichtigung von 5 Versorgungsleistungen gem ZPO 27 I (BGH NJW 92, 364; sa § 2042 Rn 8 und 13).

6. **Reform.** Der Regierungsentwurf des Gesetzes zur Reform des Erb- und Ver- 6 jährungsrechts (s Vor § 1922 Rn 18) sah die Streichung von § 2057a I 2 vor. Eingefügt werden sollte dafür neu: „§ 2057b Ausgleichspflicht bei Pflegeleistungen eines gesetzlichen Erben (1) Ein gesetzlicher Erbe, der den Erblasser während längerer Zeit gepflegt hat, kann bei der Auseinandersetzung die Ausgleichung dieser Leistung

verlangen. § 2052 und § 2057a Abs. 2 und 4 gelten entsprechend. (2) Die Höhe des Ausgleichsbetrags bemisst sich in der Regel nach den zurzeit des Erbfalls in § 36 Abs. 3 des Elften Buches Sozialgesetzbuch vorgesehenen Beträgen." Dieses Vorhaben kam nicht zur Ausführung. Stattdessen wurden in § 2057a I 2 die Worte „unter Verzicht auf berufliches Einkommen" gestrichen (zur zeitlichen Geltung der Reform Schleswig NJW-RR 13, 205). Es ist nicht notwendig, dass die Pflegeleistung höchstpersönlich erbracht wird, bloße Finanzierung von Drittkräften reicht aus. Bei der Bewertung von höchstpersönlichen Pflegeleistungen empfiehlt sich die Anlehnung an den nicht Gesetz gewordenen § 2057b II (s aber BGH NJW 93, 1198; 88, 710; Schleswig NJW-RR 13, 205 : Bewertung nach Billigkeit ohne Bewertung und Aufrechnung von Einzelposten). Die Ausgleichung bleibt auf Abkömmlinge beschränkt und gilt weiterhin nur bei gesetzlicher Erbfolge aller Miterben (s aber § 2316 für die Pflichtteilsberechnung). Lit: Ludyga ZErb 09, 289.

Untertitel 2. Rechtsverhältnis zwischen den Erben und den Nachlassgläubigern

§ 2058 Gesamtschuldnerische Haftung

Die Erben haften für die gemeinschaftlichen Nachlassverbindlichkeiten als Gesamtschuldner.

§ 2059 Haftung bis zur Teilung

(1) ¹**Bis zur Teilung des Nachlasses kann jeder Miterbe die Berichtigung der Nachlassverbindlichkeiten aus dem Vermögen, das er außer seinem Anteil an dem Nachlass hat, verweigern.** ²**Haftet er für eine Nachlassverbindlichkeit unbeschränkt, so steht ihm dieses Recht in Ansehung des seinem Erbteil entsprechenden Teils der Verbindlichkeit nicht zu.**

(2) **Das Recht der Nachlassgläubiger, die Befriedigung aus dem ungeteilten Nachlass von sämtlichen Miterben zu verlangen, bleibt unberührt.**

§ 2060 Haftung nach der Teilung

Nach der Teilung des Nachlasses haftet jeder Miterbe nur für den seinem Erbteil entsprechenden Teil einer Nachlassverbindlichkeit:
1. **wenn der Gläubiger im Aufgebotsverfahren ausgeschlossen ist; das Aufgebot erstreckt sich insoweit auch auf die in § 1972 bezeichneten Gläubiger sowie auf die Gläubiger, denen der Miterbe unbeschränkt haftet;**
2. **wenn der Gläubiger seine Forderung später als fünf Jahre nach dem in § 1974 Abs. 1 bestimmten Zeitpunkt geltend macht, es sei denn, dass die Forderung vor dem Ablauf der fünf Jahre dem Miterben bekannt geworden oder im Aufgebotsverfahren angemeldet worden ist; die Vorschrift findet keine Anwendung, soweit der Gläubiger nach § 1971 von dem Aufgebot nicht betroffen wird;**
3. **wenn das Nachlassinsolvenzverfahren eröffnet und durch Verteilung der Masse oder durch einen Insolvenzplan beendet worden ist.**

§ 2061 Aufgebot der Nachlassgläubiger

(1) ¹**Jeder Miterbe kann die Nachlassgläubiger öffentlich auffordern, ihre Forderungen binnen sechs Monaten bei ihm oder bei dem Nachlassgericht anzumelden.** ²**Ist die Aufforderung erfolgt, so haftet nach der Teilung jeder Miterbe nur für den seinem Erbteil entsprechenden Teil einer Forderung,**

soweit nicht vor dem Ablauf der Frist die Anmeldung erfolgt oder die Forderung ihm zur Zeit der Teilung bekannt ist.

(2) ¹Die Aufforderung ist durch den Bundesanzeiger und durch das für die Bekanntmachungen des Nachlassgerichts bestimmte Blatt zu veröffentlichen. ²Die Frist beginnt mit der letzten Einrückung. ³Die Kosten fallen dem Erben zur Last, der die Aufforderung erlässt.

§ 2062 Antrag auf Nachlassverwaltung

Die Anordnung einer Nachlassverwaltung kann von den Erben nur gemeinschaftlich beantragt werden; sie ist ausgeschlossen, wenn der Nachlass geteilt ist.

§ 2063 Errichtung eines Inventars, Haftungsbeschränkung

(1) Die Errichtung des Inventars durch einen Miterben kommt auch den übrigen Erben zustatten, soweit nicht ihre Haftung für die Nachlassverbindlichkeiten unbeschränkt ist.

(2) Ein Miterbe kann sich den übrigen Erben gegenüber auf die Beschränkung seiner Haftung auch dann berufen, wenn er den anderen Nachlassgläubigern gegenüber unbeschränkt haftet.

Anmerkungen zu den §§ 2058–2063

Lit: Bayer, Die Schuld- und Haftungsstruktur der Erbengemeinschaft, 1993 (Diss Augsburg); Riering, Gemeinschaftliche Schulden, 1991 (Diss Konstanz); sa Vor § 1967 und § 1967 Rn 6 ff.

1. Systematische Stellung. Die §§ 2058–2063 sind der „Besondere Teil" zu 1 den §§ 1967–2017.

2. Unbeschränkte oder beschränkte Haftung. Die Antwort auf diese Frage 2 richtet sich grundsätzlich nach §§ 1967–2017 und zwar für jeden Miterben gesondert. Die §§ 2058 ff enthalten aber einige *Spezialvorschriften für Miterben:* **a) Nachlassverwaltung** (§ 1981) können nur alle Erben gemeinschaftlich beantragen (§ 2062); dies nur, falls die Teilung noch ansteht und *alle* Miterben noch nicht unbeschränkt haften (§ 2013 I). Jeder Miterbe kann sich frei entscheiden, weil keine Maßregel ordnungsmäßiger Verwaltung (§ 2038 I) ansteht (anders InsO 317). **b) Inventarerrichtung** (§§ 1993 ff) durch einen Miterben gilt für alle Miterben (§ 2063 I), die nicht schon unbeschränkt haften. **c) Beschränkbare Haftung des einzelnen Mit- 3 erben bis zur Teilung** ordnet § 2059 I 1 an. Dieses Beschränkungsrecht besteht neben den allg Möglichkeiten der §§ 1967 ff. Auch für dieses dilatorische Beschränkungsrecht gelten ZPO 780, 781, 785, 767 (vgl RG 71, 371; AG Kassel NJW 92, 586). Der nach allg Vorschriften unbeschränkbar haftende Miterbe verliert dieses spezielle Beschränkungsrecht nur für den seiner Erbquote entspr Teil der Nachlassverbindlichkeit (§ 2059 I 2). Wann der Nachlass geteilt ist, richtet sich nach dem obj Gesamtbild (str; SoeWolf 2 mN). Die Zuweisung nur einzelner Gegenstände an Miterben bedeutet noch keine Teilung, wobei dann allerdings str ist, ob die Gläubiger auf die Pfändung der nachlasszugehörigen Ansprüche gem §§ 1978 II, 1991 I angewiesen sind (so RG 89, 407 f; SoeWolf 4) oder ob sie bis zur endgültigen Teilung in die zugewiesenen Gegenstände als Nachlassbestandteile vollstrecken dürfen (so richtig MK/Ann 10 mwN). Haftungsmasse bei gem § 2059 I beschränkter Haftung ist entweder der pfändbare Erbteil (vgl § 2033 Rn 6 ff) des Miterben bei einem Einzeltitel oder der Nachlass mit seinen einzelnen Gegenständen bei Titel(n)

§ 2063 Buch 5. Abschnitt 2. Rechtliche Stellung des Erben

4 gegen alle Miterben (§ 2059 II, ZPO 747). **d) Rechtsgeschäftliche Haftungsbeschränkung** für Nachlasserbenschulden (vgl § 1967 Rn 5) durch den verwaltenden (§ 2038 I) Miterben ist bei erkennbarem Handeln nur für den Nachlass – auch stillschweigend – möglich (BGH BB 68, 769).

5 **3. Gesamtschuldnerische und anteilige Haftung der einzelnen Miterben.** Sie ist – da nur bei der Gemeinschaft fraglich – allein in den §§ 2058, 2060, 2061 geregelt. **a)** Grundsätzlich gilt vor und nach der Teilung **gesamtschuldnerische Haftung** (§ 2058). Die *Gemeinschaftlichkeit* der Verbindlichkeiten ist der Regelfall (Bsp: Haftung des Miterben für Abriss einer Giebelmauer durch Gemeinschaftsmitglieder aus §§ 1004, 922 S 3; BGH NJW 89, 2542). Ausnahmsweise betreffen zB Vermächtnisse oder Auflagen nur einen oder einzelne Miterben (vgl auch § 2046 II); für die betroffenen Miterben gilt die Gesamtschuldnerschaft des § 2058. Ein Miterbe hat ein Leistungsverweigerungsrecht, solange sich der Gläubiger durch Aufrechnung mit einer fälligen Forderung der Erbengemeinschaft befriedigen kann (BGH 38, 122; vgl § 2040 Rn 5). Im *Innenverhältnis* sind sich die Miterben vor der Teilung zur Mitwirkung bei der Befriedigung aus dem Nachlass verpflichtet (§§ 2038 I, 2046); nach der Auseinandersetzung kann der in Anspruch genommene Erbe die Miterben im Verhältnis der Erbteile heranziehen (§ 426 I 1 2. Alt, II), wobei im Falle der Ausgleichung (§§ 2050 ff) der reale Ausgleichsbetrag die Quotelung bestimmen soll (§ 2056 S 2!). Für Verjährung gelten §§ 195, 199 I, III a (zu str Einzelheiten Küpper ZEV 10, 397; zum alten Recht § 197 I Nr 2 aF Oldenburg NJW 09, 6 3586). **b)** Die **anteilige Haftung** tritt *ausnahmsweise* in den Sonderfällen der §§ 2060, 2061 *nach der Teilung* ein (BGH WM 82, 102: keine Verwirkung gesamtschuldnerischer Haftung vor der Fünfjahresfrist gem § 2060 Nr 2). Sie bestimmt sich nur nach der ideellen Erbquote, also nicht nach dem Verhältnis der Auseinander- 7 setzungsguthaben. Vgl auch § 2045. **c) Verknüpfung der Haftungsvarianten.** Ein Miterbe kann als Gesamtschuldner unbeschränkbar oder beschränkbar haften; die Beschränkung bezieht sich vor der Teilung auf seinen Erbteil (vgl § 2033 I 1), nach der Teilung auf den realiter bezogenen Auseinandersetzungsanteil. Er kann ferner anteilig unbeschränkbar oder beschränkbar haften; im Falle des § 2056 kann deshalb ein Gläubiger mit der ideellen Quote des zu Lebzeiten begünstigten Miterben ausfallen, wenn dieser die Haftung beschränkt.

8 **4. Die Haftung der Erben in ihrer Schuldnermehrheit mit dem ungeteilten Nachlass.** Sie ergibt sich aus § 2059 II, ZPO 747. Die Schuldnermehrheit kann *Gesamtschuld* sein: Aufgrund eines gegen alle Miterben einzeln oder als Gesamtschuldner gerichteten Titels („Gesamtschuldklage") wird in den ungeteilten Nachlass vollstreckt. Sie kann aber auch *gemeinschaftliche Schuld* sein, wenn gemeinschaftliches Zusammenwirken geschuldet ist: zB schulden die Miterben gemeinsame Mitwirkung bei einer Auflassung („Gesamthandsklage"; hierzu BGH NJW 95, 59 f; ähnlich Naumburg NJW-RR 98, 309). Ob Gesamt- oder gemeinschaftliche Schuld vorliegt, entscheidet die Rechtsnatur der Verbindlichkeit. Nach eher hM hat der Nachlassgläubiger die Wahl, ob er die Gesamtschuld- oder die Gesamthandsklage erhebt (BGH NJW-RR 88, 710; Karlsruhe NJW-RR 05, 1317). Dies gelte auch, wenn die Verbindlichkeit nur gemeinschaftlich erfüllbar ist, da jeder Erbe gesamtschuldnerisch die *Herbeiführung* schulde (BGH NJW 63, 1612; StMarotzke § 2058, 29).

9 **5. Gläubiger-Miterbe.** Er kann schon vor der Teilung Gesamtschuldklage erheben (BGH NJW 63, 1612; NJW-RR 88, 710), allerdings muss er die seinem Erbteil entspr Quote absetzen (Düsseldorf MDR 70, 766); auch die Möglichkeit der Gesamthandsklage ist zu bejahen (Saarbrücken NJW-RR 07, 1660: Klage auf Übereignung eines Nachlassgrundstücks an einen Miterben aus Vorausvermächtnis). Ebenso ist Gesamtschuldklage nach Teilung möglich (RG 150, 347; BGH NJW 98, 682: Klage aus Vorausvermächtnis nach Teilungsversteigerung eines nachlasszugehörigen Grundstücks; BayObLG NJW 04, 944). Gegenüber den Gläubiger-Mit-

Titel 1. Allgemeine Vorschriften §§ 2064, 2065

erben bleibt die Haftung stets beschränkbar (§ 2063 II; Buchholz JR 90, 45); der Schuldner-Miterbe haftet aber nicht automatisch beschränkt, sondern muss wie sonst seine Beschränkungsrechte geltend machen. § 2063 II schließt § 185 II 1 für den Fall aus, dass der Erblasser als Nichtberechtigter ohne Zustimmung der berechtigten Miterben zugunsten eines Miterben verfügt (LM Nr 1 zu § 2113).

6. Haftung für Geschäftsschulden. Vgl § 1967 Rn 6 ff. **10**

7. Prozessuales. a) Gerichtsstand. ZPO 27, 28 (BayObLG NJW-RR 04, 944: **11** Klage eines Miterben als Nachlassgläubiger nach Teilung). **b) Klageart** vgl Rn 8. **c) Streitgenossenschaft:** Die Miterben sind bei Erhebung der Gesamtschuldklage einfache, bei Erhebung der Gesamthandsklage notwendige Streitgenossen. **d) Vollstreckung** in den ungeteilten Nachlass erfordert einen – nicht notwendig einheitlichen – Titel gegen alle Erben, ZPO 747. **e) Haftungsbeschränkung:** vgl Rn 3.

Abschnitt 3. Testament

Titel 1. Allgemeine Vorschriften

§ 2064 Persönliche Errichtung

Der Erblasser kann ein Testament nur persönlich errichten.

Ausgeschlossen ist die Vertretung im Willen und in der Erklärung (BGH 15, **1** 200). Folge eines Verstoßes ist unheilbare Nichtigkeit. Der Erblasser muss sich selbst über den Inhalt aller wesentlichen Teile seines letzten Willens schlüssig werden (BayObLG NJW 99, 1120; zur Teleologie der Vorschrift Goebel DNotZ 04, 104).

§ 2065 Bestimmung durch Dritte

(1) **Der Erblasser kann eine letztwillige Verfügung nicht in der Weise treffen, dass ein anderer zu bestimmen hat, ob sie gelten oder nicht gelten soll.**

(2) **Der Erblasser kann die Bestimmung der Person, die eine Zuwendung erhalten soll, sowie die Bestimmung des Gegenstands der Zuwendung nicht einem anderen überlassen.**

Lit: Brox, Die Bestimmung des Nacherben oder des Gegenstandes der Zuwendung durch den Vorerben, FS Bartholomeyczik, 1973, S 41; Goebel, Drittbestimmung des Unternehmensnachfolger-Erben?, DNotZ 04, 101; Helms, Erbrechtliches Drittbestimmungsverbot und kautelarjuristische Praxis, ZEV 07, 1; Klunzinger, Die erbrechtliche Ermächtigung zur Auswahl des Betriebsnachfolgers durch Dritte, BB 70, 1197; Stiegeler, Die Nacherbeneinsetzung, abhängig vom Willen des Vorerben, BWNotZ 86, 25; H. Westermann, Die Auswahl des Nachfolgers im frühzeitigen Unternehmertestament, FS Möhring, 1965, S 183.

1. Keine Bestimmung über Gültigkeit durch Dritte. In einer letztwilligen **1** Verfügung kann der Erblasser die Bestimmung des Zuwendungsempfängers nicht der letztwilligen Verfügung eines Dritten überlassen (BGH NJW 84, 47; WM 87, 564), im gemeinschaftlichen Testament kann der überlebende Teil nicht ermächtigt werden, Anordnungen mit Bezug auf den Nachlass des Erstverstersbenden zu ändern (RG 79, 32). Daher kann der Erblasser nicht bestimmen, dass die Erben des Vorerben seine Nacherben sein sollen (Oldenburg ZEV 10, 636; Hamm MDR 07, 664; Frankfurt ZEV 01, 316 mAnm Otte; Kanzleiter DNotZ 01, 149; aA Ivo DNotZ 02, 260). Möglich ist aber die Erbeinsetzung unter einer aufschiebenden oder auflö-

§ 2066

senden Bedingung. Deshalb kann der erstversterbende Ehegatte die Abkömmlinge unter der Bedingung zu Nacherben einsetzen, dass der überlebende Teil nicht anderweitig testiert (BGH 2, 35; 59, 220; Stuttgart FamRZ 05, 1865; Oldenburg MDR 91, 539; nun auch MK/Leipold 16; zutr krit Stiegeler aaO; offen BGH NJW 82, 2052; sa Hamm MDR 07, 664 mAnm Ahrens ErbR 08, 110) oder sogar, dass der überlebende Teil nicht lebzeitig anderweitig verfügt (Hamm FamRZ 00, 446 = ZEV 00, 198 mAnm Loritz).

2 **2. Bestimmung der Person durch Dritte.** Eine verbotene Bestimmung soll nicht vorliegen, wenn der Dritte nach sachlichen Kriterien, zB Eignung zur Bewirtschaftung eines Landgutes (RG 159, 299; Celle RdL 99, 328: Hof) oder Führung eines Unternehmens (Köln OLGZ 84, 299; Goebel DNotZ 04, 101), auswählt und dabei Willkür ausgeschlossen bleibt (vgl BayObLG NJW-RR 98, 729: keine Überlassung der freien Auswahl an Leiter eines Waisenhauses; FamRZ 05, 68: keine Auswahl des zur Bewirtschaftung des Grundbesitzes geeigneten Nacherben durch Vorerben; sa § 2151 Rn 1). Nach BGH 15, 202 darf der Dritte den Erben nicht bestimmen, sondern nur nach vorgegebenen Kriterien „bezeichnen" (sa BayObLG FamRZ 81, 403; 00, 1392 = NJW-RR 00, 1174; Hamm NJW-RR 95, 1478; KG ZEV 98, 182 mAnm Wagner; Zawar DNotZ 99, 685). Der bezeichnende Dritte muss aber benannt werden (BGH NJW 65, 2201; BayObLG NJW 99, 1121). Bsp: unwirksame Erbenbestimmung bei Einsetzung der Personen, „welche die Beisetzung und die Grabpflege übernehmen" (BayObLG FamRZ 92, 987; NJW-RR 93, 138; LG Magdeburg Rpfleger 99, 493) oder den „Erblasser im Alter pflegen und beerdigen" (Frankfurt FamRZ 92, 226; s aber Frankfurt NJW-RR 95, 711: Auswahl des Erben durch nicht benannten Dritten nach unklaren Kriterien) oder „die (tätowierten) Hautpartien des Erblassers abziehen, konservieren und auf einen Rahmen spannen (lassen)" (KG ZEV 98, 260; hierzu Wagner ZEV 98, 255). Die Anweisung an den Testamentsvollstrecker, den gesamten Nachlass einer sozialen Bestimmung zuzuführen, ist unwirksam, kann aber in Erbeinsetzung unter Auflage umgedeutet werden (BayObLG FamRZ 01, 317).

3 **3. Dritte als Schiedsrichter.** Sie können für Auslegungs- oder Streitfragen eingesetzt werden (zB ob eine Bedingung oder Auflage erfüllt ist); ebenso der Testamentsvollstrecker (RG 100, 78), allerdings nicht zu Entscheidungen über den Bestand seines eigenen Amtes (BGH 41, 23). Lit: Werner ZEV 11, 506; Kohler DNotZ 62, 125.

4 **4. Bestimmung des Zeitpunktes der Nacherbfolge.** Sie kann keinem Dritten überlassen bleiben (BGH 15, 199; sa Köln FamRZ 95, 57 mAnm Hermann S 1396).

5 **5. Ausnahmevorschriften.** §§ 2048 S 2, 2151 ff, 2192 f, 2198–2200; HöfeO 14 III (dazu BGH 45, 199).

§ 2066 Gesetzliche Erben des Erblassers

¹Hat der Erblasser seine gesetzlichen Erben ohne nähere Bestimmung bedacht, so sind diejenigen, welche zur Zeit des Erbfalls seine gesetzlichen Erben sein würden, nach dem Verhältnis ihrer gesetzlichen Erbteile bedacht. ²Ist die Zuwendung unter einer aufschiebenden Bedingung oder unter Bestimmung eines Anfangstermins gemacht und tritt die Bedingung oder der Termin erst nach dem Erbfall ein, so sind im Zweifel diejenigen als bedacht anzusehen, welche die gesetzlichen Erben sein würden, wenn der Erblasser zur Zeit des Eintritts der Bedingung oder des Termins gestorben wäre.

Lit: Tappmeier, Die erbrechtlichen Auslegungsvorschriften in der gerichtlichen Praxis, NJW 88, 2714.

Titel 1. Allgemeine Vorschriften §§ 2067–2069

1. Ergänzungsregel. Die Ergänzungsvorschrift des S 1 gilt auch bei einem 1 Rechtswechsel zwischen letztwilliger Verfügung und Erbfall; das durch die Rechts-änderung nach Errichtung der Verfügung begünstigte nichteheliche Kind ist folglich „ges Erbe" (Stuttgart FamRZ 73, 279). Unter altem Recht war str, ob damit auch das nichteheliche Kind Miterbe wurde oder – richtiger – nur den Anspruch aus § 1934a aF erhielt (dazu SoeLoritz 17; Spellenberg FamRZ 77, 190); behält nur für Altfälle Restbedeutung (§ 1924 Rn 3). Parallelvorschrift: VVG 160 II = VVG 167 II aF (hierzu Damrau FamRZ 84, 443).

2. Auslegungsregel. Die Auslegungsregel des S 2 ist entspr anwendbar, wenn 2 der Erblasser seine gesetzlichen Erben oder die ges Erben des Vorerben als Nacher-ben einsetzt (Zweibrücken NJW-RR 90, 1161; Köln FamRZ 70, 605; ähnlich BayObLG FamRZ 86, 611). Maßgeblich sind die ges Bestimmungen und Verhält-nisse bei Eintritt der Nacherbfolge (BayObLG NJW-RR 91, 1096); sa § 2104 Rn 1.

3. Ermittelbarer abw Erblasserwille. Er geht den Vermutungen des § 2066 3 stets vor (RG 70, 391; BayObLG FamRZ 86, 611); sa § 2070 Rn 1.

§ 2067 Verwandte des Erblassers

[1]Hat der Erblasser seine Verwandten oder seine nächsten Verwandten ohne nähere Bestimmung bedacht, so sind im Zweifel diejenigen Verwand-ten, welche zur Zeit des Erbfalls seine gesetzlichen Erben sein würden, als nach dem Verhältnis ihrer gesetzlichen Erbteile bedacht anzusehen. [2]Die Vorschrift des § 2066 Satz 2 findet Anwendung.

1. Verwandte. Nach § 1589 sind dies auch nichteheliche Kinder und Väter 1 (vgl auch § 2066 Rn 1); analoge Anwendung bei Einsetzung einer Gruppe von Verwandten („Kinder der Geschwister", Hamm Rpfleger 86, 480; für „übrige Ver-wandte" BayObLG NJW 92, 322; „Abkömmlinge", BayObLG Rpfleger 01, 305 mAnm Wegmann ZEV 01, 442;"Angehörige" als Schlusserben, München ZEV 12, 367). Sa § 2091 Rn 1.

2. Ehegatten. Sie sind nicht Verwandte iSv § 2067; jedoch kann eine am Erblas- 2 serwillen orientierte Auslegung zu einem Erbrecht des Ehegatten führen.

§ 2068 Kinder des Erblassers

Hat der Erblasser seine Kinder ohne nähere Bestimmung bedacht und ist ein Kind vor der Errichtung des Testaments mit Hinterlassung von Abkömmlingen gestorben, so ist im Zweifel anzunehmen, dass die Abkömmlinge insoweit bedacht sind, als sie bei der gesetzlichen Erbfolge an die Stelle des Kindes treten würden.

Die Vorschrift stellt die Auslegungsregel auf, dass unter „Kind" auch der „Kindes- 1 stamm" zu verstehen ist, falls ein Kind schon *vor* Testamentserrichtung verstorben ist (sonst § 2069!). Die Kindeskinder rücken nach den Anteilen gem § 1924 III, IV ein; nichteheliche Kindeskinder erhalten nur unter Übergangsrecht (EGBGB 227; hierzu § 1924 Rn 3) ggf noch den entspr Erbersatzanspruch. Ob Kindeskinder eines Dritten erben, falls allg dessen Kinder eingesetzt sind, ist nach allg Auslegungskrite-rien (vgl RG 134, 280; KG NJW-RR 91, 394) zu ermitteln.

§ 2069 Abkömmlinge des Erblassers

Hat der Erblasser einen seiner Abkömmlinge bedacht und fällt dieser nach der Errichtung des Testaments weg, so ist im Zweifel anzunehmen, dass dessen Abkömmlinge insoweit bedacht sind, als sie bei der gesetzlichen Erbfolge an dessen Stelle treten würden.

Stürner

§ 2069

1. Vorrang individueller Testamentsauslegung. Individuelle Auslegung geht der ges Auslegungsregel vor (BGH 33, 63; sa Hamm OLGZ 92, 23; BayObLGR 05, 332); diese gilt also erst, falls ein tatsächlicher oder hypothetischer Erblasserwille nicht feststellbar ist (dazu München NJW-RR 09, 878 f).

2. Voraussetzungen und Inhalt der Auslegungsregel. Die Auslegungsregel enthält eine stillschweigend erklärte Ersatzerbeneinsetzung für den Fall des **Wegfalls** eines Abkömmlings; begünstigt ist der Stamm des Abkömmlings, falls er bei gesetzl Erbfolge nach dem Erblasser – nicht auch nach dem weggefallenen Abkömmling! – nachrücken würde (BGH NJW 02, 1126 und BayObLGR 04, 173; für gemeinschaftliches Testament s aber § 2270 Rn 5 und unten Rn 4). Dies gilt auch für nichteheliche Kinder des Abkömmlings (Köln Rpfleger 93, 404). Adoptivkinder des Abkömmlings gehören hierzu nur bei adoptionsbedingter Verwandtschaft (§ 1924 Rn 2) zum Erblasser (BayObLG Rpfleger 85, 66). War der durch gemeinschaftliches Testament bedachte Abkömmling Stiefkind des zuletzt verstorbenen Erblassers, so kann der Eintritt der Stiefenkel in die testamentarische Erbfolge Auslegungsergebnis sein (BGH NJW-RR 01, 1154; BayObLG NJW-RR 91, 9; Rpfleger 05, 26; sa Frankfurt FGPrax 98, 65; LG Berlin FamRZ 94, 786). Typische Fälle des Wegfalls sind Tod und – *grundsätzlich* – Ausschlagung (BGH 33, 60) oder Erbverzicht (§ 2352) zugunsten der Abkömmlinge. *Kein Wegfall* liegt indessen bei rechtswirksamer Enterbung vor (LM Nr 4), falls die Erstreckung auf die Abkömmlinge deutlich gewollt war.

3. Doppelbegünstigung desselben Stammes. Sie wird iZw allerdings nicht gewollt sein. Deshalb kommt § 2069 nicht zur Anwendung, wenn Erbverzicht gegen volle Abfindung erfolgte (BGH NJW 74, 43; sa München ZErb 05, 379) oder wenn der Ausschlagende den Pflichtteil verlangt (BGH 33, 62; Stuttgart OLGZ 82, 271; München ZErb 06, 383; str).

4. Konkurrenzprobleme. a) § 2074. Stirbt der bedachte Abkömmling vor Bedingungseintritt, so treten gleichwohl gem § 2069 die Kindeskinder an seine Stelle (BGH NJW 58, 22). **b) § 2096.** Ob im Testament benannte Ersatzerben iSd § 2096 den gem § 2069 zu Ersatzerben berufenen Abkömmlingen vorgehen, ist Auslegungsfrage (BayObLG FamRZ 94, 785; hierzu Musielak ZEV 95, 5; Muscheler JR 95, 309). Wenn kein die Reichweite der Ersatzerben-Einsetzung einschränkender Erblasserwillen feststellbar ist, erben die ausdrücklich eingesetzten Ersatzerben (str). **c) § 2108 II 1.** Wenn der als Nacherbe eingesetzte Abkömmling vor dem Nacherbfall stirbt und Vererbung der Nacherbenanwartschaft nicht ausgeschlossen ist (BGH NJW 81, 2745; § 2108 Rn 2), ist durch Auslegung zu ermitteln, ob gem § 2069 die Abkömmlinge als ges Erben oder gem § 2108 II 1 die uU testamentarischen Erben Nacherbe werden; keine Vorschrift hat Vorrang (str). Wesentliches Kriterium kann dabei der Erblasserwille zur Fernhaltung familienfremder Personen sein (BGH NJW 63, 1150; § 2108 Rn 3). **d) § 2270 II.** Eine Kumulation der Auslegungsregeln § 2069 und § 2270 II ist nicht möglich. § 2270 II ist auf Ersatzerben nur anwendbar, wenn sich Anhaltspunkte für einen solchen Willen der testierenden Ehegatten ergeben, nicht dagegen wenn die Erbenstellung allein auf § 2069 beruhen soll (BGH NJW 02, 1127; München FamRZ 10, 1848; 08, 644 f; ZErb 10, 158 f; Schleswig FamRZ 11, 66; anders noch BGH NJW 1983, 277; sa oben Rn 2 und § 2270 Rn 5).

5. Analoge Anwendung bei Wegfall Dritter. Sie scheidet aus; hier entscheidet allein der durch ergänzende Auslegung zu ermittelnde Erblasserwille, der sich auf eine derartige Ersatzerbeneinsetzung nachweislich richten muss (BGH NJW 73, 242; BayObLGZ 82, 159; NJW 88, 2744; FamRZ 91, 865; 05, 69; 556; NJW-RR 92, 73; 93, 459; 97, 517; Karlsruhe NJW-RR 92, 1482; Hamm FamRZ 97, 122; München NJW-RR 13, 456; FamRZ 11, 1693; 11, 1818; ZEV 07, 93; Schleswig FamRZ 12, 666; BayObLG FamRZ 01, 517 mAnm Hohloch JuS 01, 712). Eine ausreichende Andeutung im Testament kann schon die Einsetzung einer dem Erblasser nahe stehenden Person sein (BayObLG FamRZ 00, 59; München Rpfleger 07, 649; zurückhaltend München NJW-RR 13, 456).

§ 2070 Abkömmlinge eines Dritten

Hat der Erblasser die Abkömmlinge eines Dritten ohne nähere Bestimmung bedacht, so ist im Zweifel anzunehmen, dass diejenigen Abkömmlinge nicht bedacht sind, welche zur Zeit des Erbfalls oder, wenn die Zuwendung unter einer aufschiebenden Bedingung oder unter Bestimmung eines Anfangstermins gemacht ist und die Bedingung oder der Termin erst nach dem Erbfall eintritt, zur Zeit des Eintritts der Bedingung oder des Termins noch nicht gezeugt sind.

Die Vorschrift ist nur vor dem Hintergrund der §§ 1923, 2101 I, 2105 II, 2106 II verständlich. Sie begründet die – widerlegbare – Auslegungsregel, dass der Erblasser an eine so komplizierte Erbfolge bei Erbeinsetzung von Abkömmlingen eines *Dritten* nicht gedacht habe. Die Vorschrift gilt *nicht* für Abkömmlinge eigener Kinder: hier entscheidet die Auslegung, ob nach dem Erbfall bzw Bedingungseintritt erzeugte Enkelkinder als Nacherben (§ 2101 I 1) eingesetzt sind (Köln NJW-RR 92, 1032). 1

§ 2071 Personengruppe

Hat der Erblasser ohne nähere Bestimmung eine Klasse von Personen oder Personen bedacht, die zu ihm in einem Dienst- oder Geschäftsverhältnis stehen, so ist im Zweifel anzunehmen, dass diejenigen bedacht sind, welche zur Zeit des Erbfalls der bezeichneten Klasse angehören oder in dem bezeichneten Verhältnis stehen.

Die Auslegungsregel gilt nicht, wenn der Erblasser auf den Zeitpunkt der letztwilligen Verfügung abhebt, was oft der Fall sein wird. 1

§ 2072 Die Armen

Hat der Erblasser die Armen ohne nähere Bestimmung bedacht, so ist im Zweifel anzunehmen, dass die öffentliche Armenkasse der Gemeinde, in deren Bezirk er seinen letzten Wohnsitz gehabt hat, unter der Auflage bedacht ist, das Zugewendete unter Arme zu verteilen.

„Öffentl Armenkasse" ist der Träger der örtl Sozialhilfe (SGB XII 3, 97 f); Analogie bei Zuwendungen an „sozial Schwache", „Behinderte" oder Begünstigung eines „sozialen Zwecks" wie Waisenhaus, Altenheim etc (Hamm OLGZ 84, 323), ebenso bei Zuwendung an „Kriegsbeschädigte" (KG NJW-RR 93, 76). Sogar „ein Heim in München" soll ausreichen (BayObLG NJW-RR 00, 1174 = FamRZ 00, 1392). Die Auflage, für „wohltätige Zwecke" einen bestimmten Betrag auszugeben, ist kein Fall des § 2072 und betrifft folglich den Erben (sa BayObLG FamRZ 01, 317 und § 2065 Rn 2). 1

§ 2073 Mehrdeutige Bezeichnung

Hat der Erblasser den Bedachten in einer Weise bezeichnet, die auf mehrere Personen passt, und lässt sich nicht ermitteln, wer von ihnen bedacht werden sollte, so gelten sie als zu gleichen Teilen bedacht.

Die Fiktion tritt erst ein, wenn die mehrdeutige Bezeichnung nicht durch Auslegung zu konkretisieren ist (zB AG Leipzig Rpfleger 95, 22: „der Staat"; BayObLG NJW 99, 1121: „die Kirche" bzw „die Stadtverwaltung"; Celle NJW-RR 03, 368: 1

§§ 2074–2076

„der Tierschutzverein in C."). Sie soll nach BGH WM 75, 737 ausgeschlossen sein, falls der Erblasser mit Sicherheit nur eine Person bedenken wollte (zweifelhaft). Auf wahlweise Erbeinsetzung ist § 2073 entspr anzuwenden (str, offen BayObLG NJW 99, 1121; sa Spanke NJW 05, 2947 zu alternativer Erbeinsetzung), ebenso bei nicht erschöpfender Aufzählung (BayObLG FamRZ 90, 1275: gleiche Teile für alle).

§ 2074 Aufschiebende Bedingung

Hat der Erblasser eine letztwillige Zuwendung unter einer aufschiebenden Bedingung gemacht, so ist im Zweifel anzunehmen, dass die Zuwendung nur gelten soll, wenn der Bedachte den Eintritt der Bedingung erlebt.

§ 2075 Auflösende Bedingung

Hat der Erblasser eine letztwillige Zuwendung unter der Bedingung gemacht, dass der Bedachte während eines Zeitraums von unbestimmter Dauer etwas unterlässt oder fortgesetzt tut, so ist, wenn das Unterlassen oder das Tun lediglich in der Willkür des Bedachten liegt, im Zweifel anzunehmen, dass die Zuwendung von der auflösenden Bedingung abhängig sein soll, dass der Bedachte die Handlung vornimmt oder das Tun unterlässt.

§ 2076 Bedingung zum Vorteil eines Dritten

Bezweckt die Bedingung, unter der eine letztwillige Zuwendung gemacht ist, den Vorteil eines Dritten, so gilt sie im Zweifel als eingetreten, wenn der Dritte die zum Eintritt der Bedingung erforderliche Mitwirkung verweigert.

Anmerkungen zu den §§ 2074–2076

Lit: Keuk, Der Erblasserwille post testamentum. Zur Unzulässigkeit der testamentarischen Potestativbedingung, FamRZ 72, 9; Litzenburger, Unmöglichkeit und Ausfall der Bedingung bei erbrechtlichen Zuwendungen, ZEV 08, 369; Wacke, Rechtsfolgen testamentarischer Verwirkungsklauseln, DNotZ 90, 403; Wagner, Erbeinsetzung unter einer Potestativbedingung und § 2065 BGB, ZEV 98, 255.

1   **1. Wesen und Arten der Bedingung. a)** Eine Bedingung liegt vor, wenn das künftige Ereignis obj und in der subj Vorstellung des Erblassers ungewiss ist. Ein Beweggrund („Sollte mir während meines Urlaubs etwas passieren", BayObLG MDR 82, 145; NJW-RR 03, 659; München NJW 12, 2818) ist weder Bedingung noch Befristung.

2   **2. Aufschiebende Bedingung (§ 158 I).** Hier gilt § 2105 I; zum Verhältnis von § 2074 und § 2069 vgl § 2069 Rn 4. § 2074 ist lex specialis zu § 2108 II.

3   **3. Auflösende Bedingung (§ 158 II).** Der Erbe hat die Stellung eines – befreiten (BayObLGZ 62, 57) – Vorerben (§ 2103); erst wenn die Bedingung nicht mehr eintreten kann, wird er Vollerbe. Nacherben sind – aufschiebend bedingt – die ges Erben (§ 2104). Mit einer *Wiederverheiratungsklausel* kann angeordnet werden, dass der überlebende Ehegatte zugleich auflösend bedingter Vollerbe und aufschiebend bedingter Vorerbe sein soll (BGH 96, 202, 204; aA Zawar NJW 88, 16; sa § 2269 Rn 7 f mN). Weitere Bsp: Pflegeleistung (BayObLG NJW-RR 98, 729); Hofbewirtschaftung (BayObLG FamRZ 99, 59).

Titel 1. Allgemeine Vorschriften § 2076

4. Unerlaubte Bedingungen. Sie führen – gleichviel ob aufschiebend oder 4 auflösend – zur Unwirksamkeit der Gesamtverfügung. § 140 ist unanwendbar, weil die unbedingte Verfügung weitergehende Wirkung hat (str); Aufrechterhaltung über § 2084 ist allenfalls möglich, wenn nicht auszuschließen ist, dass der Erblasser die Bedingung nur insoweit, als gerade noch zulässig, aufstellen wollte. Sittenwidrig wäre zB Heirat einer bestimmten Person als Bedingung, nicht aber Verheiratung überhaupt. Die Bedingung einer „hausgesetzmäßigen" Ehe des adeligen Erben ist nicht sittenwidrig, wenn der Erblasser mit ihr ansonsten zulässige Ziele verfolgt (BGH 140, 132 mAnm Muscheler ZEV 99, 151; BayObLGZ 96, 204; aA Stuttgart ZEV 98, 185; FamRZ 05, 1865; zum Ganzen Goebel FamRZ 97, 656; Otte ZEV 98, 185; sa Vor § 1922 Rn 1; BVerfG NJW 00, 2495; 04, 2009 ff). Nicht sittenwidrig soll das berechtigte Scheidungsbegehren des Erblassers als Bedingung sein (LM Nr 5 zu § 138 [Cd]). Zulässig ist die Bedingung für den Nacherbfall, dass der Lebensgefährte der Vorerbin in das zum Nachlass gehörende Haus eingelassen werde (BayObLG ZEV 01, 189). Mit § 2302 vereinbar ist jene Bedingung, wonach der Bedachte seinerseits zugunsten des Testators oder eines Dritten letztwillig zu verfügen hat (LM Nr 1 zu § 533). Die **unmögliche** aufschiebende Bedingung führt uU zur Gesamtunwirksamkeit, falls Auslegung nicht das Bemühen um Herbeiführung der Bedingung genügen lässt (hierzu BayObLG FamRZ 86, 606; München OLGR 05, 503; sa Bamberg NJW-RR 08, 1326); die unmögliche auflösende Bedingung ist unbeachtlich.

5. Verwirkungsklauseln. Sie sind ein Sonderfall der auflösenden Bedingung 5 (§ 2075). Der bedachte Abkömmling wird auf den Pflichtteil gesetzt – bzw der Erbe entfällt –, falls er sich gegen den Erblasserwillen vergeht; wann nach dem Erblasserwillen ein strafbewehrtes Verhalten des Bedachten gegeben sein soll, ist durch Testamentsauslegung zu ermitteln (BGH NJW-RR 09, 1456 f: Nichterfüllung einer Auflage; dazu Kroppenberg ZEV 09, 463). Wenn er in einem gemeinschaftlichen Testament als Schlusserbe eingesetzt ist, kann ein strafbewehrtes Vergehen insbes im Pflichtteilsverlangen nach dem Tod des erstversterbenden Ehegatten bestehen (BGH NJW 06, 3064; dazu Purrucker ZEV 07, 127; Keim NJW 07, 977; Knauss FamRZ 07, 435; Stuttgart OLGZ 68, 246; 79, 52; BayObLGZ 90, 60; NJW-RR 04, 655; München ZEV 06, 412; von Olshausen DNotZ 79, 707; zur Frage, wann ein Verlangen des Pflichtteils vorliegt, s München FamRZ 08, 722 f; Düsseldorf FamRZ 12, 331; sa § 2269 Rn 5). Die Verwirkung setzt böswillige Auflehnung gegen den Erblasserwillen voraus (BGH WM 85, 175; Celle ZEV 96, 307 mAnm Skibbe: Weigerung voller Vermächtniserfüllung wegen Pflichtteilsbeeinträchtigung; str; aA BayObLGZ 90, 62 mwN; FamRZ 05, 66; Stuttgart ZEV 98, 228 mAnm Kanzleiter: bewusster Verstoß genügt; ähnlich Düsseldorf FamRZ 11, 1175; Frankfurt DNotZ 11, 552, abl Anm Kanzleiter: steuerlich motivierte einverständliche Erfüllung durch Überlebenden); sie greift auch ein, wenn der Pflichtteil zB wegen vorausgehenden Erlasses tatsächlich nicht mehr bestand (München NJW-RR 08, 1036) oder wenn der Pflichtteil nach verspäteter Kenntnis der Verwirkungsklausel weiterverfolgt wird (Düsseldorf FamRZ 11, 1175). Soll durch Testamentsanfechtung aus beachtlichen Gründen oder im Rahmen verständlicher Auslegungsstreitigkeiten nur der wahre Erblasserwille erforscht werden, so liegt kein Fall der Verwirkung vor (vgl Birk DNotZ 72, 284 ff mN; Dresden NJW-RR 99, 1165; Braunschweig OLGZ 77, 188; s aber das Gegenbeispiel München NJW-RR 11, 1164). Die Auslegung kann im Einzelfall auch auf die Zumutbarkeit eines bestimmten Verhaltens für den Bedachten abstellen (Celle NZG 00, 150: existenzgefährdendes Verlangen des Mietzinses für Schulgrundstück, wenn der Erblasser im Erbvertrag andere Sicherungen für den Erhalt des Schulbetriebs vorgesehen hatte). Ob im Verwirkungsfalle die Bindungswirkung einer Schlusserbeneinsetzung (§ 2271) entfällt (s BayObLGZ 90, 60), gem § 2069 die Abkömmlinge des Verwirkenden oder gem § 2104 die ges Erben des Erblassers Nacherben werden, ist Auslegungsfrage (BayObLGZ 62, 57); vgl aber auch § 2069 Rn 3 f. In der angeordneten

§ 2077

Beschränkung auf den Pflichtteil liegt regelmäßig nur ein Verweis auf das Gesetz, kein Vermächtnis. Unwirksam ist eine Verwirkungsklausel bei Erbeinsetzung auf den Pflichtteil (BGH NJW 93, 1005; sa § 2306 Rn 3). Sollen Stiefkinder des letztversterbenden Ehegatten nur den – in Wirklichkeit nicht existenten – Pflichtteil erhalten, falls sie beim Tod des leiblichen Elternteils den Pflichtteil fordern, so kann darin ein Vermächtnis in Höhe des vollen fiktiven Pflichtteils oder – wahrscheinlicher – in Höhe des Pflichtteils nach dem leiblichen Elternteil liegen (BGH NJW-RR 91, 707; sa Celle ZErb 10, 86 f). Im Grundbuchverfahren kann der Nachweis des Nichteintritts der Verwirkung entgegen GB0 29, 35 auch gem § 2356 I 2 (zB eidesstattliche Versicherung) erbracht werden (KG NJW-RR 12, 847).

6   **6. Bedingung zum Vorteil eines Dritten.** Eine Bedingung nach § 2076 liegt nicht vor bei Vermächtnis oder Auflage, weil hier Ansprüche (§§ 2147, 2192) bestehen. § 2076 ergänzt § 162.

§ 2077 Unwirksamkeit letztwilliger Verfügungen bei Auflösung der Ehe oder Verlobung

(1) **¹Eine letztwillige Verfügung, durch die der Erblasser seinen Ehegatten bedacht hat, ist unwirksam, wenn die Ehe vor dem Tode des Erblassers aufgelöst worden ist. ²Der Auflösung der Ehe steht es gleich, wenn zur Zeit des Todes des Erblassers die Voraussetzungen für die Scheidung der Ehe gegeben waren und der Erblasser die Scheidung beantragt oder ihr zugestimmt hatte. ³Das Gleiche gilt, wenn der Erblasser zur Zeit seines Todes berechtigt war, die Aufhebung der Ehe zu beantragen, und den Antrag gestellt hatte.**

(2) **Eine letztwillige Verfügung, durch die der Erblasser seinen Verlobten bedacht hat, ist unwirksam, wenn das Verlöbnis vor dem Tode des Erblassers aufgelöst worden ist.**

(3) **Die Verfügung ist nicht unwirksam, wenn anzunehmen ist, dass der Erblasser sie auch für einen solchen Fall getroffen haben würde.**

Lit: Battes, Zur Wirksamkeit von Testamenten und Erbverträgen nach der Ehescheidung, JZ 78, 733; Gebhardt, Der Zeitpunkt für die Beurteilung der Sittenwidrigkeit eines Testaments, Rpfleger 08, 622; Gernhuber, Testierfreiheit, Sittenordnung und Familie, FamRZ 60, 326; Kellermann, Die Auswirkungen der Scheidung auf das Ehegattenerbrecht, JuS 04, 1071; Otte, Die Nichtigkeit letztwilliger Verfügungen wegen Gesetzes- oder Sittenwidrigkeit, JA 85, 192; Paal, Sittenwidrigkeit im Erbrecht, JZ 05, 436; Schmoeckel, Der maßgebliche Zeitpunkt zur Bestimmung der Sittenwidrigkeit nach § 138 I BGB, AcP 197, 1, 64; Smid, Rechtliche Schranken der Testierfreiheit aus § 138 BGB, NJW 90, 409; Thielmann, Sittenwidrige Verfügungen von Todes wegen, 1973.

1   **1. Ergänzung allgemeiner Nichtigkeitsvorschriften.** Die Vorschrift ergänzt die allg Nichtigkeitsvorschriften. **a)** Unwirksamkeit kann gegeben sein bei *Formverstößen* (§ 125) oder Verstößen gegen *zwingende erbrechtliche Vorschriften* (§ 134), zB Einsetzung eines Altenheimträgers bei Kenntnis vertretungsberechtigter oder betreuender Heimmitarbeiter, HeimG 14 I (verfassungsgemäß – BVerfG NJW 98, 2964; s ferner BayObLG NJW 92, 55; 93, 1143; NJW-RR 98, 730 f; BGH ZEV 96, 145; BVerwG NJW 90, 2268); entspr Anwendung bei Einsetzung anderer dem Heimträger oder den Mitarbeitern nahe stehender Personen (BayObLG NJW 00, 1961; 1875; NJW-RR 01, 295; Frankfurt NJW 01, 1504 = ZEV 01, 364 mAnm Rossak; Düsseldorf FamRZ 98, 192; Petersen DNotZ 00, 379; *nicht* aber bei Zuwendungen durch Personen, die dem *Heimbewohner* nahe stehen, und wenn der Heimträger erst nach dem Tode des Erblassers von ihnen erfährt (BGH FamRZ 12, 124; Stuttgart FamRZ 11, 408; teilw aA München NJW 06, 2642); auch reicht eine bloß potentielle mittelbare Begünstigung des Heimträgers idR nicht aus (BayObLG NJW 00, 1961); keine analoge Anwendbarkeit auf Zuwendungen des

Titel 1. Allgemeine Vorschriften **§ 2077**

Betreuten an Betreuer (BayObLG NJW 98, 2369 und Müller ZEV 98, 219); ebenso wenig bei erteilter umfassender Vorsorgevollmacht (BayObLG Rpfleger 03, 131), bei privater Pflege (BayObLG NJW-RR 98, 729; Düsseldorf NJW 01, 2338; LG Bonn NJW 99, 2977) oder für Heime außerhalb der BRD (Oldenburg FamRZ 99, 1313); Erbeinsetzung entgegen BeamtStG 42, BBG 71, TVöD 3 II, ZDG 78 II, SG 19 (BVerwG NJW 96, 2319; Battis JZ 96, 856; Ebenroth/Koos ZEV 96, 344; BayObLG NJW 95, 3260). **b) Sittenwidrigkeit,** § 138. Da Testierfreiheit besteht, 2 ist nicht jede Abweichung von den ges Regeln sittenwidrig, auch wenn in ihr eine bes Härte liegen mag. Das AGG findet gem AGG 19 IV im Erbrecht keine Anwendung. Wirksam ist deshalb ein Testament, in dem der unverheiratete Erblasser seine Haushälterin unter Ausschluss ges Erben zur Alleinerbin (LM Nr 9 zu § 138 [Cd]) oder der kinderlose Witwer den behandelnden Arzt mit Frau einsetzt (BayObLG FamRZ 85, 1085). Ebenfalls wirksam ist ein Testament, in dem ein Freund und Reisegefährte eingesetzt wird und die getrennt lebende Ehefrau sowie der Sohn auf den Pflichtteil beschränkt werden (BayObLG NJW 87, 910) oder in dem die zweite Ehefrau Alleinerbin wird und die Kinder aus erster – mit der Alleinerbin gebrochener – Ehe nur den Pflichtteil erhalten (BGH DRiZ 66, 397). Wirksam schließlich die Einsetzung eines jungen Mannes, dessen „väterlicher Freund" der Erblasser war, zu Lasten von Ehefrau und Schwester (Frankfurt FamRZ 92, 226). Zur testamentarischen Benachteiligung eines Adoptivkindes s aber EGMR NJW 05, 875m Anm Staudinger ZEV 05, 140. Zulässig ist ein *Behindertentestament,* 3 mit dem der Erblasser zugunsten seines behinderten Kindes den Zugriff der Sozialbehörden auf den angemessenen Nachlass verhindert (BGH 188, 99: Pflichtteilsverzicht; dazu Zimmer ZEV 11, 258; Leipold ZEV 11, 528; BGH 111, 36; NJW-RR 05, 369; 06, 223: kombinierte Anordnung von Vor- u Nacherbschaft u Dauerverwaltung; BGH NJW 90, 2055; 94, 248 für Erbvertrag; OVG Bautzen NJW 97, 2900; Köln Rpfleger 10, 140 f für Testament und Erbverzicht; van de Loo, NJW 90, 2853; Krampe AcP 191, 526; Reimann DNotZ 92, 245; Pieroth NJW 93, 173; Nieder NJW 94, 1264; Damrau ZEV 98, 1; Ruby ZEV 06, 66; Mensch BWNotZ 09, 162, 166; Dreher/Gömer NJW 11, 1761; sa § 2100 Rn 5; § 2209 Rn 2 und § 2346 Rn 2; zur Sittenwidrigkeit einer Ausschlagung zur Erhaltung der Sozialhilfebedürftigkeit s § 1944 Rn 2); zur Sittenwidrigkeit des *Bedürftigentestaments* SG Dortmund ZEV 10, 54 mAnm Keim; Wendt ZErb 10, 45; Dreher/Görner NJW 11, 1761, 1765 f. Das sog *Mätressentestament,* das früher als sittenwidrig galt, wenn der 4 verheiratete Erblasser seine Geliebte ausschließlich für geschlechtliche Hingabe belohnen oder sie zu weiterer Hingabe motivieren wollte (BGH 20, 73; 53, 376; NJW 84, 797; 2151; BAG NJW 84, 1712; Düsseldorf ZEV 98, 28; stRspr), muss seit Inkrafttreten des ProstG (hierzu Armbrüster NJW 02, 2763) einer vorsichtigeren Beurteilung unterliegen. Denn auch wenn die Prostitutionsabrede sittlich unbedenklich sein soll (zweifelhaft!), so kann auch die Motivation des Erblassers, Beischlaf zu belohnen, rechtlich für sich besehen Sittenwidrigkeit nicht begründen (so Deckenbrock/Dötsch ZFE 04, 114 mwN). Es bleibt aber die Abwägung zwischen dem Schutz von Ehe und Familie (GG 6 I) und dem Recht auf Persönlichkeitsentfaltung (GG 2 I), die Sittenwidrigkeit bei bestehender Ehe weiterhin begründen könnte und auch sollte. Anders, wenn neben diesem Motiv insbes bei langer Lebensgemeinschaft billigenswerte Beweggründe mitspielen (dazu Düsseldorf FamRZ 09, 545); dann kann bei teilbaren (§ 139 Rn 7) Zuwendungen Sittenwidrigkeit nur insoweit vorliegen, als das Ausmaß der Zuwendung durch billigenswerte Beweggründe nicht gedeckt ist. Dies hat dann zB zur Folge, dass neben der allein eingesetzten Geliebten Ehefrau und Kinder ges Erben zur Hälfte werden (BGH 52, 22; 53, 383); ein Vermächtnis an die Geliebte kann uU voll wirksam sein (BGH NJW 83, 674 mAnm Finger JZ 83, 608: Darlehenserlass). Die gleichen Grundsätze sollten auch gelten, falls der unverheiratete Mann die verheiratete Geliebte einsetzt, selbst wenn der Ehemann den geschlechtlichen Beziehungen zugestimmt hat (BGH NJW 68, 932). Testamente zugunsten des *nichtehelichen Lebensgefährten* sind im Rahmen der 5 beschriebenen Grenzen wirksam (s BGH 77, 59; 112, 262; Diederichsen NJW 83,

Stürmer

1024; von Proff zu Irnich RNotZ 08, 466 ff; vgl iÜ § 705 Rn 15 f); kein Schutz des Lebensgefährten vor Testamenten zugunsten „Drittgeliebter" (Liebl-Wachsmuth MDR 83, 988). Die Erbeinsetzung *homosexueller Lebenspartner* durch verheiratete Erblasser ist nach den Grundsätzen des Geliebtentestaments sittenwidrig oder wirksam (Frankfurt NJW-RR 95, 266). Für die Erbeinsetzung des *eingetragenen Lebenspartners,* der ein gesetzliches Erbrecht hat (LPartG 10), gelten die allg Regeln; Erbeinsetzung neuer Partner unter Bruch der eingetragenen Lebenspartnerschaft folgt den
6 Regeln des Geliebtentestaments verheirateter Erblasser (str). *Tatsächliche Grundlage* für das Sittenwidrigkeitsurteil sind die Verhältnisse bei Testamentserrichtung, weil sie den Erblasser motivieren (Frankfurt NJW 95, 266; BayObLGZ 96, 204 m krit Anm Goebel FamRZ 97, 656); führen erst nachträgliche Tatsachenänderungen zu missbilligenswerten Ergebnissen, so kann die Berufung auf das Testament treuwidrig sein (BGH 20, 74 f; Stuttgart ZEV 98, 185 mAnm Otte; offen BGH 140, 128; zum Streitstand Schmoeckel AcP 197, 1 ff). Ändern sich zwischen Errichtung und gerichtl Beurteilung die *Bewertungskriterien,* so gelten die sittlichen Maßstäbe des Beurteilungszeitpunktes (Hamm OLGZ 79, 425: nichteheliches Kind als Alleinerbe trotz ehelicher Familie; BayObLGZ 96, 204: Nacherbeneinsetzung unter der Bedingung „hausgesetzmäßiger Ehe"; teilw aA Stuttgart ZEV 98, 185: Nacherbschaft bei „standesgemäßer Heirat"; offen BGH 140, 128; sa Vor § 1922 Rn 1; §§ 2074–2076 Rn 4).

7 **2. Unwirksamkeit bei bevorstehender oder vollzogener Auflösung von Ehe oder Verlöbnis.** § 2077 enthält eine widerlegbare Nichtigkeitsregel, die den vermuteten wirklichen Willen des Erblassers berücksichtigt. Diese Regel kann widerlegt werden, wenn die Auslegung des Testaments den wirklichen Willen auf Fortgeltung ergibt oder wenn für den – nicht bedachten – Fall der Eheauflösung ein entspr hypothetischer Wille ermittelt werden kann (BGH FamRZ 60, 29; NJW 04, 3113: zu Recht hohe Anforderungen); nicht genügend ist Erbeinsetzung während zur Scheidung führender Ehekrise (Zweibrücken NJW-RR 98, 942). Diese Grundsätze gelten auch, falls die letztwillige Verfügung schon vor der Eheschließung errichtet war (BGH FamRZ 61, 366; BayObLG NJW-RR 93, 12). Die Bedenkung der „Ehefrau" kann nicht ohne weiteres auf die zweite Frau umgedeutet werden (RG 134, 281; str). Die Unwirksamkeitsvoraussetzungen gem § 2077 decken sich mit § 1933 (s dort Rn 1); für den Antrag auf Scheidung oder Aufhebung sollte ZPO 167 entspr gelten (aA die hM; s § 1933 Rn 1); für Zustimmung gelten großzügigere Maßstäbe (BayObLG FamRZ 97, 760: uU genügt Formulierung „Antragsgegnerin wird zustimmen" in einem Schriftsatz; Köln NJW-RR 03, 656: konkludente Zustimmung reicht aus). Die Neuregelung des Eheschließungsrechts (BGBl 98 I, 833) hat die Folgen der fehlerhaften Ehe durch Umwandlung der früheren Nichtigkeits- in Aufhebungsgründe vereinheitlicht (§ 1314) und die Aufhebungsklage durch ein Antragsverfahren ersetzt (§ 1313); § 2077 I ist dementspr angepasst; sa § 1933 Rn 1. Sondervorschrift: § 2268 für gemeinschaftliches Testament. Für nichteheliche Lebensgemeinschaften gilt II nicht (BayObLG Rpfleger 83, 440; ZEV 03, 328 mAnm Leipold: fehlende Vergleichbarkeit mit Ehe und Verlöbnis trotz LPartG 10 V). Haben Eltern den Ehegatten ihres Kindes bedacht, so ist § 2077 nicht entsprechend anwendbar (BGH NJW 03, 2095 = ZEV 03, 284 mAnm Leipold entgegen Saarbrücken FamRZ 94, 1205; sa Olzen JZ 04, 99; zur geänderten Rechtsprechung bei lebzeitigen Zuwendungen BGH NJW 10, 2202; 12, 523). Ob die erbvertragliche Einsetzung gemeinsamer Kinder auch nach Scheidung der Ehegatten fortbestehen soll, ist durch Auslegung zu ermitteln (München NJW-RR 08, 1037 = ZEV 08,
8 290 mAnm Purrucker). Die Bezugsberechtigung bei *Lebensversicherungen* (VVG 159) endet nicht analog § 2077 mit Eheauflösung vor dem Tod, sofern sie trotz Widerruflichkeit unwiderrufen bleibt (BGH NJW 76, 290; NJW-RR 07, 977; aA Petersen AcP 204, 834; zum Zugangserfordernis BGH NJW 93, 3133; sa § 1922 Rn 2 zur Sicherungsabtretung). Mit der Scheidung kann jedoch zugleich der rechtliche Grund für die Bezugsberechtigung entfallen, so dass der frühere Ehegatte um die Versiche-

Titel 1. Allgemeine Vorschriften § 2078

rungsleistung ungerechtfertigt bereichert ist (BGH NJW 87, 3131; 95, 1084). Im Falle einer unwiderruflichen Bezugsberechtigung „der Ehefrau" soll die Ehegattin im Zeitpunkt des Versicherungsfalls, nicht die geschiedene, berechtigt sein (BGH NJW 81, 984). ME ist stets § 2077 zu beachten (ebenso MK/Leipold 31), die Fortgeltung für den neuen Ehegatten ist Auslegungsfrage (s Wrabetz, FS v Lübtow, 1991, S 239; Tappmeier DNotZ 87, 715; Völkel VersR 92, 539). Entsprechende Anwendung des § 2077 I, III auf Lebenspartner nach LPartG 10 V.

3. Prozessuales. Die Beweislast, dass der Erblasser die letztwillige Verfügung 9 auch im Falle einer Auflösung der Ehe oder Verlobung getroffen hätte, trägt derjenige, der sich hierauf beruft (BGH FamRZ 60, 28; NJW 04, 3113; BayObLG FamRZ 87, 1199; NJW-RR 93, 13; FamRZ 95, 1088). Ebenso trägt ein als Verlobter letztwillig Bedachter die Feststellungslast, dass das Verlöbnis zum Zeitpunkt des Erbfalls noch bestand (BayObLG FamRZ 87, 1199; aA Stuttgart FGPrax 97, 110). Zu den Scheidungs- und Aufhebungsvoraussetzungen s § 1933 Rn 3.

4. Verhältnis zum ZGB. Zur Anwendung auf unter der Geltung des ZGB 10 errichtete Testamente Dresden ZEV 10, 258 f.

§ 2078 Anfechtung wegen Irrtums oder Drohung

(1) Eine letztwillige Verfügung kann angefochten werden, soweit der Erblasser über den Inhalt seiner Erklärung im Irrtum war oder eine Erklärung dieses Inhalts überhaupt nicht abgeben wollte und anzunehmen ist, dass er die Erklärung bei Kenntnis der Sachlage nicht abgegeben haben würde.

(2) Das Gleiche gilt, soweit der Erblasser zu der Verfügung durch die irrige Annahme oder Erwartung des Eintritts oder Nichteintritts eines Umstands oder widerrechtlich durch Drohung bestimmt worden ist.

(3) Die Vorschrift des § 122 findet keine Anwendung.

Lit: Keymer, Die Anfechtung nach § 2078 II BGB und die Lehre von der Geschäftsgrundlage, 1984; Krebber, Die Anfechtbarkeit des Erbvertrages wegen Motivirrtums, DNotZ 03, 20; Nieder, Die Anfechtung von Verfügungen von Todes wegen, ZErb 99, 42; Pohl, „Unbewußte Vorstellungen" als erbrechtlicher Anfechtungsgrund?, 1976; Schubert/Czub, Die Anfechtung letztwilliger Verfügungen, JA 80, 257, 334.

1. Auslegung vor Anfechtung. Auslegung geht der Anfechtung nach allg 1 Grundsätzen vor. Erst wenn gem §§ 133, 2084 der reale oder der hypothetische Wille ermittelt ist, darf Anfechtung geprüft werden (LM Nr 1 zu § 2100). Die Möglichkeit der ergänzenden Auslegung, die dem hypothetischen Willen Geltung verschafft (s § 2084 Rn 5), engt die praktische Bedeutung der Anfechtung wegen Motivirrtums ein; dies ist zu begrüßen, weil die Auslegung den Erblasserwillen verwirklicht, während die Anfechtung häufig des Erbfolge auslöst.

2. Verhältnis zu allgemeinen Vorschriften. §§ 119, 123 werden durch die Sonderregeln der §§ 2078, 2079 verdrängt.

3. Erklärungs- und Inhaltsirrtum. Beide Irrtumsarten sind gleich unglücklich 2 definiert wie in § 119 I. Sie sind wegen §§ 133, 2084 selten: Sind solche Irrtümer offenbar, lässt sich meist auch der reale oder hypothetische Wille ermitteln. Bsp für Inhaltsirrtum: Irrtum über Bindungswirkung letztwilliger Verfügung durch Erbvertrag (BayObLG NJW-RR 97, 1028 – sa § 2281 Rn 2; FamRZ 03, 261; ZEV 04, 467; München FamRZ 11, 1820: zweifelhaft bei Irrtum über Bindungswirkung wechselbezüglicher Verfügungen in gemeinschaftlichem Testament); der Erblasser glaubt, halbbürtige Abkömmlinge seien keine „ges Erben" (RG 70, 391), oder er irrt über die Bedeutung der Rücknahme aus amtlicher Verwahrung, § 2256 (BayObLG ZEV 05, 481 f); in der Rücknahme liegt ein anfechtbarer rechtsgeschäftlicher

§ 2078

Widerrufstatbestand (vgl BGH 23, 211; KG NJW 70, 612; BayObLG NJW-RR 90, 1482; hM).

3 4. Motivirrtum. Er ist grundsätzlich in jeder Form beachtlich. „Irrige Annahme eines Umstandes" bezieht sich auf die Vergangenheit (zB Verheiratetsein der Erben, BayObLG Rpfleger 84, 66; irrtumsbedingte Vorstellungen über Verschulden am Tod eines Sohnes, BayObLG Rpfleger 02, 206; leibliche Abstammung des Sohnes des anderen Eheteils, München FamRZ 09, 1625), „Erwartung des Eintritts oder Nichteintritts eines Umstandes" auf die Zukunft. Die *Vorstellung über Künftiges* kann Entwicklungen aller Art betreffen: Irrtum des Erblassers über sein künftiges Verhältnis zu den politischen Ansichten des Enterbten (LM Nr 4); Erwartung des Ausbleibens tiefgreifender Unstimmigkeiten mit dem Erben (LM Nr 8; BGH FamRZ 83, 898; NJW-RR 08, 747) sowie Fehlvorstellungen über einen Streit, mit dessen Beilegung der Erblasser nicht rechnete (Köln FamRZ 90, 1038); Erwartung harmonischer Ehe (BayObLG FamRZ 90, 323; Hamm OLGR 05, 205); Wohlverhalten des Bedachten (BGH WM 71, 1155); spätere Heirat des Erblassers (RG 148, 218); Zugehörigkeit des Erben zu einer religiösen Sekte mit einschlägigen vermögensmäßigen Folgen (München NJW 83, 2577 – zutr, aber wegen GG 4 besserer Begründung wert!).

4 Grundsätzlich muss der Erblasser sich *wirklich* eine Vorstellung gemacht haben, die hypothetische Vorstellung über Künftiges bleibt unberücksichtigt. Diese Grenzziehung wird aber von der Rspr nicht scharf durchgehalten: wirkliche Vorstellungen sind auch solche, die für den Erblasser ohne nähere Überlegung so selbstverständlich sind, dass er sie zwar nicht konkret im Bewusstsein hat, aber doch jederzeit abrufen und in sein Bewusstsein holen kann (BGH NJW-RR 87, 1412; 08, 749 – „unbewusste Vorstellung") und die er deshalb selbstverständlich seiner Verfügung zugrunde legt (BGH FamRZ 83, 899 mN; BayObLG FamRZ 98, 1625; 84, 1271; 03, 708/709; München ZEV 07, 530; krit MK/Leipold 27 f). Die Unkenntnis anderer rechtlicher Gestaltungsmöglichkeiten stellt daher keinen Motivirrtum dar (BayObLG ZEV 06, 211 f). Auch Vorstellungen und Erwartungen, die der Erblasser rein hypothetisch von damals unbestimmten Umständen gehabt haben würde, reichen für die Anfechtung nicht aus (München ZEV 07, 530). Anfechtungsgrund können auch Umstände sein, die erst nach dem Erbfall eintreten (offen BGH NJW-RR 87, 1413; abl MK/Leipold 35). Vorstellungen über künftige politische und rechtliche Entwicklungen, die den Nachlass unmittelbar betreffen, können deshalb beachtlicher Motivirrtum sein, auch soweit sie sich *nach* dem Erbfall als falsch erweisen (BGH FamRZ 94, 307 – konkret verneinend; Frankfurt DtZ 93, 214; Meyer ZEV 94, 12; aA Grunewald NJW 91, 1211 für Entwicklung in der früheren DDR; sa § 2084 Rn 5; Vor § 1922 Rn 5, 7, 13 f; § 2303 Rn 8). Kein Motivirrtum liegt natürlich vor, wenn sich der Erblasser bei seiner letztwilligen Verfügung nicht von den Gesichtspunkten leiten ließ, die nach Auffassung des Anfechtenden hätten ausschlaggebend sein sollen (München ZErb 08, 387, 392; FamRZ 09, 551).

5 5. Kausalität zwischen Fehlvorstellung und Verfügung. Sie liegt vor, wenn die Fehlvorstellung der bewegende Grund für die Verfügung des Erblassers war (BGH WM 87, 1020; Düsseldorf FamRZ 97, 1506; BayObLG FamRZ 97, 1437; München ZEV 07, 530; ZErb 08, 392). Sie fehlt folglich, wenn der Erblasser nach Errichtung des Testaments die Verfügung vergisst und meint, er habe nie testiert (BGH 42, 332), oder wenn er irrtümlich wirksame Rücknahme annimmt (Saarbrücken NJW-RR 92, 587; sa § 2256 Rn 1; vgl aber Frankfurt FamRZ 97, 1433: Kausalität trotz Fehlvorstellung über Gegenstandslosigkeit wegen geänderter Umstände). Die Rspr hat Kausalität verneint bei Irrtum über steuerliche Folgen (Hamburg MDR 55, 291); bei Irrtum über das weitere Schicksal des Nachlasses (LM Nr 11); bei Festhalten an der Verfügung nach Kenntnis des Irrtums (BayObLGZ 71, 150; NJW-RR 95, 1098; 02, 370; sa § 2080 Rn 4), sofern andere Umstände (Passivität, Scheu, Kosten etc) die Änderung nicht hindern (BayObLG FamRZ 90, 213; 1040).

Titel 1. Allgemeine Vorschriften **§ 2079**

6. Wirkung. Die Wirkung der Anfechtung liegt in der Unwirksamkeit (§ 142 **6** I), die alle vom Irrtum betroffenen Verfügungen erfasst (BGH NJW 85, 2026; 86, 1813), nicht andere Teile des Testaments, § 2085 (Köln NJW-RR 92, 1357: Fortgeltung einer postmortalen Vollmacht). Das hat ges Erbfolge zur Folge, uU auch die Geltung früherer Verfügungen oder bisher unwirksamer (zB gem § 2271) späterer Verfügungen.

7. Drohung und Täuschung. Bei Drohung (Bsp: BayObLG FamRZ 90, 211; **7** KG FamRZ 00, 912) oder Täuschung ist darüber hinaus § 2339 I Nr 3 zu beachten. Zu politischen Drohungen in der früheren DDR s Vor § 1922 Rn 15.

8. Rechtsmissbrauch. Zum missbräuchlichen Schaffen der Anfechtungsvoraus- **8** setzungen s BGH 4, 91 einerseits und BayObLG FamRZ 00, 1053 andererseits.

9. Prozessuales. Der Beweis obliegt dem Anfechtenden (BayObLG FamRZ **9** 90, 211; 1040; München ZEV 07, 531; ZErb 08, 392). Anhaltspunkte für den Willensmangel müssen sich zwar *nicht* aus der Verfügung selbst ergeben (BGH NJW 65, 584; BayObLG FamRZ 90, 1040). Beim Motivirrtum sind jedoch strenge Anforderungen zu stellen; so kann es gegen einen Motivirrtum sprechen, wenn der behauptete, aber nicht eingetretene Motivationsgrund für die letztwillige Verfügung noch nicht einmal andeutungsweise in der letztwilligen Verfügung bekundet wurde (München ZEV 07, 531). Den Anscheinsbeweis hält der BGH bei Vorgängen des Innenlebens für unzulässig (LM Nr 8). Eine objektiv unzutreffende Angabe des Erblassers in einem notariellen Testament („nicht verheiratet") ist nicht ausreichend als Nachweis dafür, dass er sich insoweit in einem Irrtum befand (München NJW-RR 08, 1112; sa § 2079 Rn 7).

10. Analogie. Keine entsprechende Anwendung auf Verträge zgDr, BGH NJW **10** 04, 767.

§ 2079 Anfechtung wegen Übergehung eines Pflichtteilsberechtigten

¹Eine letztwillige Verfügung kann angefochten werden, wenn der Erblasser einen zur Zeit des Erbfalls vorhandenen Pflichtteilsberechtigten übergangen hat, dessen Vorhandensein ihm bei der Errichtung der Verfügung nicht bekannt war oder der erst nach der Errichtung geboren oder pflichtteilsberechtigt geworden ist. ²Die Anfechtung ist ausgeschlossen, soweit anzunehmen ist, dass der Erblasser auch bei Kenntnis der Sachlage die Verfügung getroffen haben würde.

Lit: Jung, Die Testamentsanfechtung wegen „Übergehens" eines Pflichtteilsberechtigten, AcP 194, 42; Klühs, Anfechtung letztwilliger Verfügungen durch Minderjährige, ZErb 10, 316; Tiedtke, Die Auswirkungen der Anfechtung eines Testaments durch den übergangenen Pflichtteilsberechtigten, JZ 88, 649; Wintermantel, Anfechtung gemäß § 2079 BGB beim gemeinschaftlichen Testament, BWNotZ 93, 120.

1. Zweck. In Ergänzung des § 2078 begründet § 2079 die Vermutung, dass die **1** Unkenntnis vorhandener oder künftiger Pflichtteilsberechtigter bestimmendes Motiv des Erblassers war.

2. Nichteheliche Kinder. Sie können auch dann unter § 2079 S 1 fallen, wenn **2** die Verfügung vor dem 1.7.1970 errichtet wurde (dazu Damrau BB 70, 471 ff; BGH 80, 204; zur Reform des Nichtehelichenrechts § 1924 Rn 3).

3. Übergehen. Es liegt vor, falls keine oder nur eine ganz geringfügige Zuwen- **3** dung gemacht wird. Wird nicht nur ganz Geringfügiges zugewendet, ist der Bedachte nicht übergangen, selbst wenn die Zuwendung in Unkenntnis des gegenwärtigen oder zukünftigen Pflichtteilsrechts erfolgte (BayObLGZ 93, 395; Karlsruhe ZEV 95, 454 m krit Anm Ebenroth; str).

Stürner 2037

4 **4. Widerlegung der Vermutung.** Die Vermutung ist widerlegt, falls der reale Wille des Erblassers erkennbar ist, auch potentielle Pflichtteilsberechtigte enterben zu wollen (BGH NJW 83, 2249; BayObLG FamRZ 92, 988; Düsseldorf FamRZ 99, 122). IÜ ist der hypothetische Erblasserwille zZ der letztwilligen Verfügung (BayObLGZ 71, 151; 90, 119; NJW-RR 01, 725; BGH NJW 81, 1736; LM Nr 1; Brandenburg FamRZ 98, 59) zu ermitteln; dies auch, soweit es um spätere Rechtsänderungen geht (BGH 80, 294: Nichtehelichenrecht). Dabei kann das Festhalten an der Verfügung nach Kenntnis des Pflichtteilsrechts wesentliches Indiz sein (BGH 80, 295; BayObLGZ 80, 50; FamRZ 85, 535; 92, 988). Nichtberücksichtigung der Lebensgefährtin bei Testamentserrichtung indiziert nicht ohne weiteres Willen zur Nichtberücksichtigung nach Heirat (BayObLG FamRZ 83, 953; NJW-RR 05, 93).

5 **5. Wirkung der Anfechtung.** IdR hat die Anfechtung gem § 2079 **Nichtigkeit des ganzen Testaments** zur Folge, weil die Berücksichtigung eines weiteren Erben alle Erbteile verschieben würde (BayObLGZ 71, 147; aA LG Darmstadt NJW-RR 88, 262; Tiedtke aaO). Im Rahmen des § 2085 ist eine andere Bewertung denkbar (zum Ganzen Reinicke NJW 71, 1961); zB hypothetischer Erblasserwille, dass der übergangene Pflichtteilsberechtigte seinen gesetzlichen Erbteil erhält und das Testament iÜ bestehen bleibt (Düsseldorf FamRZ 99, 122; Hamm NJW-RR 94, 462; Langenfeld ZEV 94, 171).

6 **6. Arglisteinrede.** Hierzu BGH FamRZ 70, 82 (Adoptionsvertrag zur Schaffung eines Anfechtungsgrundes, §§ 2281, 2079).

7 **7. Prozessuales.** Die Vermutung in S 1 enthebt den übergangenen Pflichtteilsberechtigten von der Last, die Kausalität zwischen Irrtum und Verfügung beweisen zu müssen. Vielmehr obliegt es dem Anfechtungsgegner gem S 2, die Vermutung zu widerlegen (BayObLG FamRZ 85, 535; Hamburg FamRZ 90, 912; Frankfurt NJW-RR 95, 1350; Düsseldorf FamRZ 99, 1024). Die irrtümliche Angabe „nicht verheiratet" im notariellen Testament beweist nicht unbedingt die Unkenntnis der Existenz der pflichtteilsberechtigten Ehefrau (München NJW-RR 08, 1112; sa § 2078 Rn 9). Macht der eingesetzte Erbe geltend, die Nichtigkeit erfasse nicht das gesamte Testament, so hat er zu beweisen, dass der Erblasser die restlichen Verfügungen auch getroffen hätte, wenn er von der Existenz des Pflichtteilsberechtigten gewusst hätte (ähnlich Reinicke NJW 71, 1964; aA LG Darmstadt NJW-RR 88, 262; Tiedtke aaO).

§ 2080 Anfechtungsberechtigte

(1) **Zur Anfechtung ist derjenige berechtigt, welchem die Aufhebung der letztwilligen Verfügung unmittelbar zustatten kommen würde.**

(2) **Bezieht sich in den Fällen des § 2078 der Irrtum nur auf eine bestimmte Person und ist diese anfechtungsberechtigt oder würde sie anfechtungsberechtigt sein, wenn sie zur Zeit des Erbfalls gelebt hätte, so ist ein anderer zur Anfechtung nicht berechtigt.**

(3) **Im Falle des § 2079 steht das Anfechtungsrecht nur dem Pflichtteilsberechtigten zu.**

1 **1. Zweck.** Nach dem Zweck der Vorschrift sollen nur diejenigen anfechten können, die im Falle der Unwirksamkeit der Verfügung unmittelbar etwas erhalten würden, was sie sonst nicht erhielten (BGH NJW 85, 2026). **Vorteil** ist neben der Erlangung eines Erbrechts oder dem Wegfall einer Beschwerung und Beschränkung auch ein Gestaltungsrecht (BGH 112, 229, 238: Anfechtbarkeit der Ausschlagung gem § 2308). Der Erblasser selbst ist nicht zur Anfechtung berechtigt, da er jederzeit frei widerrufen kann (§§ 2253 ff); wenn aber der Erblasser geschäftsunfähig und damit widerrufsunfähig ist, erscheint eine Selbstanfechtung durch den gesetzlichen

Vertreter zu Lebzeiten vertretbar (Zimmer NJW 07, 1713 f; Lange ZEV 08, 313); sa § 2282 II.

2. Unmittelbarkeit des Vorteils. Sie liegt allein vor, wenn nicht zuerst ein Dritter Nutznießer der Anfechtung wäre; ausnahmsweise ist allerdings anfechtungsberechtigt, wer durch einen anfechtungsberechtigten Erbunwürdigen ausgeschlossen wäre (sehr str).

3. Anfechtungswirkung. Die Anfechtung durch einen Anfechtungsberechtigten wirkt grundsätzlich absolut für und gegen alle (BGH NJW 85, 2026), also nicht nur zugunsten des Anfechtenden.

a) Bei **personenbeschränktem Irrtum** sollen gem II Dritte aus dieser beschränkten Fehlmotivation *selbstständig* Vorteile nicht ziehen dürfen (BayObLG NJW-RR 02, 728). b) **Bestätigung** durch den Anfechtungsberechtigten entspr § 144 ist möglich (sehr str), weil diese Vorschrift die Ausprägung des allg Verbots widersprüchlichen Verhaltens ist. Der Erblasser kann die Anfechtbarkeit seiner letztwilligen Verfügung beseitigen, indem er in einem späteren Testament seinen Fortgeltungswillen in Bezug auf seine frühere Verfügung zum Ausdruck bringt; den Inhalt der anfechtbaren Verfügung muss er darin nicht ausdrücklich wiederholen (Hamm FamRZ 94, 1065).

5. Sondervorschriften. Beim Erbvertrag: § 2281.

§ 2081 Anfechtungserklärung

(1) Die Anfechtung einer letztwilligen Verfügung, durch die ein Erbe eingesetzt, ein gesetzlicher Erbe von der Erbfolge ausgeschlossen, ein Testamentsvollstrecker ernannt oder eine Verfügung solcher Art aufgehoben wird, erfolgt durch Erklärung gegenüber dem Nachlassgericht.

(2) ¹Das Nachlassgericht soll die Anfechtungserklärung demjenigen mitteilen, welchem die angefochtene Verfügung unmittelbar zustatten kommt. ²Es hat die Einsicht der Erklärung jedem zu gestatten, der ein rechtliches Interesse glaubhaft macht.

(3) Die Vorschrift des Absatzes 1 gilt auch für die Anfechtung einer letztwilligen Verfügung, durch die ein Recht für einen anderen nicht begründet wird, insbesondere für die Anfechtung einer Auflage.

1. Anfechtung gegenüber dem NachlassG. Sie findet – abw von § 143 I und IV – nur in den angeführten Fällen statt; Angabe des Grundes ist nicht erforderlich (BayObLGZ 90, 330; Frankfurt FamRZ 92, 226; aA Büdenbender AcP 210, 624, 632 ff), jedoch eindeutige Kundgabe des Anfechtungswillens. Auch wenn die Nachlasssache schon in der Beschwerdeinstanz anhängig ist, erfolgt die Anfechtungserklärung gegenüber dem NachlassG (BayObLGZ 90, 330; Frankfurt FamRZ 92, 226). Soweit bereits ein Erbschein erteilt ist, hat das Gericht von Amts wegen die Voraussetzungen einer Einziehung (§ 2361) zu prüfen (KG NJW 63, 766; Köln FamRZ 93, 1125; BayObLG FamRZ 97, 1179). § 2081 III meint in erster Linie Auflagen, Teilungsverbot und Pflichtteilsentziehung oder -beschränkung.

2. Anfechtung gegenüber dem Anfechtungsgegner. Gemäß § 143 IV 1 erfolgt sie in allen übrigen Fällen, also bei Vermächtnis (KG FamRZ 77, 273), rechtsbegründender Teilungsanordnung usw. Falls eine letztwillige Verfügung zB eine Erbeinsetzung und ein Vermächtnis enthält, muss doppelte Anfechtung erfolgen, sofern § 2085 nicht ohnehin zur Gesamtnichtigkeit führt (vgl BayObLGZ 60, 490). Erfolgt die Anfechtung entgegen § 143 IV 1 gegenüber dem NachlassG, so geht sie dem Anfechtungsgegner mit der Mitteilung gem § 2081 II 1 zu.

3. Form. Eine besondere Form der Erklärung ist nicht erforderlich (BayObLGZ 90, 121); Ausnahme: § 2282 III. Zur Anfechtung von Testamenten aus der früheren DDR s Vor § 1922 Rn 5, 13 f.

§ 2082 Anfechtungsfrist

(1) **Die Anfechtung kann nur binnen Jahresfrist erfolgen.**

(2) **¹Die Frist beginnt mit dem Zeitpunkt, in welchem der Anfechtungsberechtigte von dem Anfechtungsgrund Kenntnis erlangt. ²Auf den Lauf der Frist finden die für die Verjährung geltenden Vorschriften der §§ 206, 210, 211 entsprechende Anwendung.**

(3) **Die Anfechtung ist ausgeschlossen, wenn seit dem Erbfall 30 Jahre verstrichen sind.**

1   **1. Fristbeginn.** Er setzt voraus: Erbfall, Kenntnis einer wirksamen letztwilligen Verfügung und der anfechtungsbegründenden Tatsachen (RG 132, 4; BayObLG NJW-RR 90, 201; München OLGR 05, 504).

2   **2. Tatsachenirrtum.** Hier läuft die Frist nicht; unbeachtlich ist dagegen der Rechtsirrtum über das Anfechtungsrecht (Hamm Rpfleger 85, 365; BayObLGZ 90, 99). Der Tatsachenirrtum kann auch auf falscher rechtlicher Beurteilung beruhen; so etwa, wenn der Anfechtungsberechtigte die Verfügung irrtümlich für unwirksam hält. Ein schädlicher Rechtsirrtum ist zB gegeben, sofern der Berechtigte bei Kenntnis aller Umstände nicht weiß, dass er die Anfechtung erklären muss (zum Ganzen BGH FamRZ 70, 79 mN; BayObLG NJW-RR 97, 1027, 1030) oder über ihre Form irrt (Hamm FamRZ 94, 849).

3   **3. Mangel der ges Vertretung.** Ein Mangel gemäß §§ 2082 II, 210 I liegt auch im Falle des § 181 vor (RG 143, 354; hierzu Coing NJW 85, 8).

4   **4. Unzuständigkeit des NachlassG.** Zur Fristwahrung bei Anfechtung gegenüber dem örtl oder früher interlokal **unzuständigen NachlassG** vgl § 1945 Rn 2 (entspr Johannsen WM 79, 608).

§ 2083 Anfechtbarkeitseinrede

Ist eine letztwillige Verfügung, durch die eine Verpflichtung zu einer Leistung begründet wird, anfechtbar, so kann der Beschwerte die Leistung verweigern, auch wenn die Anfechtung nach § 2082 ausgeschlossen ist.

1   **a)** Die Vorschrift gewährt dem Beschwerten, der nicht mehr anfechten kann, ein Leistungsverweigerungsrecht (vgl §§ 438 IV, V, 821, 853 etc).

2   **b)** Der **Einredetatbestand** setzt eine anspruchsbegründende Verfügung voraus, zB Vermächtnis, Auflage; nicht dagegen Teilungsanordnung (hM). Rückabwicklung gem §§ 813, 814.

3   **c)** Der **Testamentsvollstrecker** kann die Einrede nur mit Zustimmung des beschwerten Erben erheben (BGH NJW 62, 1058).

4   **d)** Die Vorschrift kommt nicht zur Anwendung, wenn die Anfechtung bereits an § 2285 scheitert (BGH 106, 362).

§ 2084 Auslegung zugunsten der Wirksamkeit

Lässt der Inhalt einer letztwilligen Verfügung verschiedene Auslegungen zu, so ist im Zweifel diejenige Auslegung vorzuziehen, bei welcher die Verfügung Erfolg haben kann.

Lit: Brox, Der BGH und die Andeutungstheorie, JA 84, 549; Flume, Testamentsauslegung bei Falschbezeichnung, NJW 83, 2007; Kapp, Die Auslegung von Testamenten, BB 84, 2077; Keuk, Der Erblasserwille post testamentum und die Auslegung des Testaments, 1965; Petersen, Die Auslegung von letztwilligen Verfügungen, Jura 05, 597; Smid, Probleme bei der Auslegung letztwilliger Verfügungen, JuS 87, 283; Stumpf, Erläuternde und ergänzende Auslegung letztwilliger Verfügungen im System privatautonomer Rechtsgestaltung, 1991; M. Wolf/Gangel, Der

Titel 1. Allgemeine Vorschriften § 2084

nicht formgerecht erklärte Erblasserwille und die Auslegungsfähigkeit eindeutiger testamentarischer Verfügungen, JuS 83, 663; Werner, Die benigna interpretatio des § 2084 BGB, FS von Lübtow, 1991, S 265.

1. Auslegung letztwilliger Verfügungen. Sie richtet sich zunächst nach *allg* **1** *Vorschriften;* sodann sind die Auslegungsregeln der §§ 2066–2076 zu berücksichtigen. § 2084 behandelt nur einen kleinen Problemkreis der Auslegungsproblematik, was oft nicht genügend beachtet wird. *Vertragliche Einigung* der Beteiligten über die Auslegung (§ 779) ist mit schuldrechtlicher Wirkung zulässig (dazu Selbherr ZErb 05, 10; sa § 2042 Rn 6); aber bloß indizielle Bedeutung (BGH NJW 86, 1812) und keine Bindung des Nachlassgerichts im Erbscheinsverfahren (übertrieben München FamRZ 11, 65; sa § 2358 Rn 1).

2. Allg Auslegungsgrundsätze. a) Der **Erblasserwille** ist alleiniger Orientie- **2** rungspunkt. Da die Erblassererklärung nicht empfangsbedürftig ist, bedarf es keiner obj Sinndeutung im Sinne eines Vertrauensschutzes. Zentrale Auslegungsnorm ist folglich allein § 133 (BGH 86, 45; 80, 249; FamRZ 87, 476; NJW 93, 256). So kann zB die Zuwendung an ein Kind unter der Bedingung „Sollte meine Ehefrau sterben, so gilt folgendes" als dessen Einsetzung nur zum Ersatzerben, uU aber auch zum Nacherben auszulegen sein (Hamm FamRZ 07, 939). Nur bei Erbverträgen (BGH WM 69, 1223; BayObLGZ 95, 123; FamRZ 97, 125; NJW-RR 97, 835; 1028) oder wechselbezüglichen Verfügungen in gemeinschaftlichen Testamenten (BGH 112, 233; NJW 93, 256; LM Nr 7 zu § 242 [A]; BayObLG FamRZ 93, 367; 97, 252) ist gem §§ 157, 242 der Empfängerhorizont und der Wille des anderen Teils zu berücksichtigen (teilw aA für Beurteilung der Wechselbezüglichkeit anscheinend Düsseldorf NJW-RR 08, 238; München FamRZ 08, 729: §§ 133, 2084). Dies gilt auch für die Frage, ob erbvertraglich oder durch ein gemeinschaftliches Testament verfügt wurde (Hamm OLGR 05, 87). **b)** Die **Auslegungsbedürftigkeit** setzt **3** Mehrdeutigkeit voraus, wobei schon über die „Mehrdeutigkeit" Streit bestehen kann (vgl BayObLG FamRZ 87, 209 mit Karlsruhe NJW-RR 88, 9 und München NJW-RR 08, 1327 zu „gemeinsamer Tod"; Hamm FamRZ 11,1428 u 12, 64 sowie Stuttgart FamRZ 94, 852; München NJW-RR 08, 1328; ZEV 11, 33 f zu „gleichzeitig sterben"; ähnlich Düsseldorf FamRZ 12, 249; Nürnberg FamRZ 12,1588; BayObLG FamRZ 97, 250; ferner München FamRZ 08, 3413 zu „miteinander durch irgendein Ereignis sterben" mwN; Oldenburg NJW-RR 93, 581 für Zuwendung an „Tierschutz"); Mehrdeutigkeit kann sich aus außerhalb des Testaments liegenden Umständen ergeben (BayObLG NJW-RR 91, 7). Bei notariellen Urkunden mag eine Vermutung für die Identität von obj Erklärung und Erblasserverständnis sprechen (Köln Rpfleger 82, 424; BayObLG FamRZ 96, 1038; München NJW-RR 11, 13), jedoch ist auch hier die Abweichung denkbar (LM Nr 1 zu § 2100; KG OLGZ 87, 2; BayObLG NJW-RR 97, 835). Zunächst eindeutige Erklärungen können angesichts äußerer Umstände mehrdeutig erscheinen und eine vom „klaren" Wortlaut abw Auslegung erheischen, zB bei falsa demonstratio (BGH 80, 246) oder ergänzender Auslegung (BGH 86, 41: Erbeinsetzung auf Surrogat eines Hofes; FamRZ 83, 382: adoptierter Neffe als „leiblicher Abkömmling"; BayObLG NJW-RR 89, 837; ähnlich FamRZ 97, 1030: „verwalten" als Erbeinsetzung; ZEV 04, 462: Zuwendung eines Grundstücks unter der Bedingung, dass der Begünstigte es bewohnt und verwaltet; FamRZ 89, 1119: Adoptivkind ausnahmsweise kein „Kind"; NJW-RR 92, 839: Adoptivkind als „leibliches" Kind?; NJW-FER 00, 93: Nacherbeneinsetzung nur für Wiederverheiratung oder auch für Tod?; München ZEV 06, 456: Wendet ein in den USA lebender Deutscher seiner Ehefrau das dort genutzte Wohnhaus zu, kehren beide später aber dauerhaft in die BRD zurück und bewohnen hier gemeinsam ein Wohnhaus, kann dieses an die Stelle des früheren getreten sein); zur Auslegung bei teilweise modifizierenden Folgetestamenten BayObLG NJW-RR 97, 836; 98, 727; sa § 2258 Rn 2; bei Nacherbeneinsetzung § 2100 Rn 3 ff. **c) „Andeutungstheorie".** Es können zur Auslegung zwar nicht nur Tat- **4** sachen berücksichtigt werden, die sich aus der letztwilligen Verfügung unmittelbar

bzw ausdr ergeben, sondern auch die äußeren Umstände vor und nach der Testamentserrichtung (BayObLG NJW 99, 1121; 88, 2742; NJW-RR 91, 7; 9; Hamm RPfleger 08, 139). Wegen der Formalisierung letztwilliger Verfügungen (sa § 2247 Rn 2) muss die Auslegung aber stets in der förmlichen Erklärung einen – uU sehr entfernten – Anhalt finden (BGH 80, 244 und 250; 86, 47 mAnm Leipold JZ 83, 711; BGH 94, 42 mAnm Kuchinke JZ 85, 748; NJW-RR 02, 292; BayObLG DNotZ 90, 425 mAnm Kuchinke; Hamm OLGZ 92, 23; München FamRZ 11, 1693; ZEV 98, 100 mAnm Weber; Düsseldorf FamRZ 12, 250; Karlsruhe FamRZ 00, 915; 06, 1303); zu weitgehend bei der Auslegung Hamm FamRZ 11, 1428; Karlsruhe NJW-RR 11, 874. Formnichtige Verfügungen mögen zwar den „besseren" Willen des Erblassers zum Ausdruck bringen; sie bleiben aber auch dann unwirksam, wenn der Wille des Erblassers eindeutig feststeht (BGH 80, 242 und 250), und können allenfalls zur Auslegung anderer formwirksamer Verfügungen
5 herangezogen werden (BayObLGZ 81, 82; NJW-RR 05, 526). **d) Berücksichtigung des hypothetischen Erblasserwillens** kann im Wege ergänzender Auslegung erfolgen. Hat der Erblasser regelungsbedürftige Punkte übersehen und so eine unbewusste, planwidrige Lücke (München ZErb 10, 217 f) geschaffen oder ergeben sich nach dem Erbfall von ihm nicht vorhergesehene Änderungen (München NJW-RR 13, 330: Existenz nichtehelicher Kinder; BayObLG NJW-RR 97, 1439: auch bei Fehlvorstellung über Verhältnisse bei Testamentserrichtung), so ist zu ermitteln, wie der Erblasser verfügt hätte, falls er die Regelungsbedürftigkeit eines Punktes oder die weitere Entwicklung der Verhältnisse erkannt hätte (BGH 22, 360; LM Nr 5; Karlsruhe OLGZ 81, 407; Düsseldorf FGPrax 98, 107: Ernennung eines Ersatztestamentsvollstreckers bei Entlassung des ursprünglich Ernannten; BayObLG NJW-RR 97, 1439; 02, 370: Gegenstandslosigkeit einzelner Anordnungen; uU Ersuchen auf Benennung eines Testamentsvollstreckers durch das Nachlassgericht statt unwirksamer Bestellung eines bestimmten Testamentsvollstreckers: Zweibrücken ZEV 01, 27 mAnm Damrau; FamRZ 06, 891; Köln ZEV 09, 243: Ersatzerbenstellung des Vermächtnisnehmers bei Erbausschlagung aller berufenen Erben und Ersatzerben; München NJW-RR 13, 330: fehlende Ursächlichkeit einer Fehlvorstellung über nichteheliche Nachkommen); auch hier gilt nach hM indessen die „Andeutungstheorie" (BGH 86, 47; München FamRZ 11, 1693; BayObLG NJW 88, 2745; NJW-RR 91, 9; 1096; BayObLGZ 96, 221; NJW-RR 97, 1439). Im Falle fehlgeschlagener Wahl fremden Rechts können die unter fremdem Recht getroffenen Anordnungen bei der Auslegung von Bestimmungen unter deutschem Recht ergänzend herangezogen werden (BGH NJW-RR 06, 948). Einsetzung zum Schlusserben (§§ 2265, 2269 I) für den Fall des gleichzeitigen Versterbens (KG Rpfleger 06, 127) kann nicht in Einsetzung nach Letztversterbendem umgedeutet werden, wenn im Testament Anhaltspunkte hierfür völlig fehlen. Ergänzende Auslegung verdrängt Lehre vom Wegfall der Geschäftsgrundlage bei Pflichten aus Vermächtnis (BGH NJW 93, 850; Düsseldorf FamRZ 96, 1303 mAnm Medicus ZEV 96, 467; sa § 2174 Rn 2). Politische und rechtliche Änderungen, die den Nachlass unmittelbar betreffen, können im Rahmen dieser Maßstäbe Anlass ergänzender Auslegung sein, auch soweit sie nach dem Erbfall eintreten (zurückhaltend Oldenburg DtZ 92, 291; Grunewald NJW 91, 1209 für frühere DDR; zutreffend Frankfurt DtZ 93, 216; BezG Meiningen DtZ 93, 64; KG FamRZ 95, 763; sa Vor § 1922 Rn 5, 15; Wasmuth DNotZ 92, 3; zur Anfechtung s § 2078 Rn 3 f). Erbeinsetzung erfasst idR den gesamten Nachlass, auch wenn der Erblasser zu Zeiten der DDR die Nachlassspaltung und ihre Folgen nicht voll erfassen konnte (KG DtZ 96, 217; BayObLG 94, 723; 95, 1089; DtZ 96, 214; Hamm FamRZ 95, 758; Rpfleger 97, 529: Widerrufstestament betr „sämtliches Geld" beschränkt sich auf bundesrepublikanisches Vermögen; Gottwald FamRZ 94, 726; sa Vor § 1922 Rn 5). Eine ergänzende Auslegung im Sinne eines *Behindertentestaments* (dazu § 2077 Rn 3) bei späterer geistiger Behinderung eines an unbeschränktem Erbe interessierten Kindes ist nur denkbar, wenn sich aus der Verfügung die für diesen Fall gewollte Lösung wenigstens andeutungsweise ergibt (Düsseldorf NJW-RR 12, 391 für Erbvertrag; sa Rn 2).

Titel 1. Allgemeine Vorschriften § 2085

3. Bedeutung des § 2084. Die *spezielle Regelung* des § 2084 erfasst nur Fälle 6 der Mehrdeutigkeit, in denen eine Auslegungsmodalität zur Unwirksamkeit führen würde oder sich nur schlecht verwirklichen ließe; sie ist praktisch kaum bedeutsam. Wird zB eine nicht rechtsfähige Gemeinschaft eingesetzt, so gelten die Mitglieder als Erben mit der Auflage, den Nachlass zu Gemeinschaftszwecken zu verwenden etc.

4. Abgrenzung zwischen letztwilliger Verfügung und unverbindlicher 7 **Erklärung.** Die Abgrenzung insbesondere zum Wunsch oder Vorentwurf erfolgt allein nach den Kriterien des § 133: es ist der Rechtsbindungswille zu ermitteln (München NJW-RR 13, 330). Es gibt keine Vermutung zugunsten der letztwilligen Verfügung, § 2084 ist unanwendbar (LM Nr 13; BayObLGZ 63, 60 f; 82, 59; KG NJW-RR 91, 393; Frankfurt VIZ 01, 286: nachrichtliche „Schenkung" eines in der DDR belegenen Grundstücks an die Gemeinde; Schleswig ZEV 10, 48: handschriftlicher Brief; München FamRZ 11, 1757: Text in Lücken einer Buchungsbestätigung; München NJW-RR 13, 330: „Vollmacht"). Steht dagegen der Rechtsbindungswille fest und ist nur fraglich, ob eine (unwirksame) Schenkung unter Lebenden oder eine (wirksame) letztwillige Verfügung vorliegt, so ist *entspr* § 2084 von einer (wirksamen) letztwilligen Verfügung auszugehen (LM Nr 3) und umgekehrt (BGH FamRZ 85, 695; NJW 84, 47; FamRZ 10, 460; ähnlich BayObLG FamRZ 00, 853); sa § 2247 Rn 1.

5. Konversion. § 2084 gebietet eine Auslegung, die eine nachfolgende zusätzli- 8 che Umdeutung vermeidet (BGH WM 87, 565; sa das Bsp BayObLG NJW-RR 98, 730: Testament trotz äußerer Gestaltungsmerkmale einer Vereinbarung). Steht jedoch fest, dass der Erblasser das nichtige Geschäft wollte, so ist gem § 140 zu prüfen, ob er das in dem nichtigen Geschäft steckende wirksame Geschäft gewollt hätte, falls er die Nichtigkeit gekannt hätte. Bsp: Umdeutung einer eindeutig gewollten, aber formnichtigen Schenkung in ein handschriftliches Testament (KG RPfleger 09, 507: Vermächtnis bei Zuwendung von Einzelgegenständen aus größerem Gesamtvermögen); Umdeutung eines wegen § 2271 II nichtigen schulderlassenden Vermächtnisses in vollzogenen schenkweisen Erlass auf den Todesfall, § 2301 II (BGH NJW 78, 423; abl Tiedtke NJW 78, 2572); Umdeutung eines wegen § 1365 unwirksamen Kaufvertrags in Erbvertrag (BGH NJW 80, 2351; hierzu Tiedtke FamRZ 81, 1; BGH NJW 94, 1787); Umdeutung eines Übergabevertrages in Erbvertrag (BGH 40, 218) oder einer Vereinbarung, ein Testament nicht zu ändern (Stuttgart OLGZ 89, 415) oder neu zu testieren (Hamm FamRZ 97, 581), in Erbvertrag; Umdeutung einer erbvertraglichen Verfügung in einem wegen Geschäftsunfähigkeit des einen Teils unwirksamen zweiseitigen Erbvertrag in eine testamentarische Verfügung (BayObLG FamRZ 95, 1449); Umdeutung des von einem Teil unterschriebenen Entwurfs eines gemeinschaftlichen Testaments in Einzeltestament (BGH NJW-RR 87, 1410; BayObLG NJW-RR 92, 333; FamRZ 95, 1449, ähnlich Frankfurt NJW-RR 12, 11; Frankfurt FGPrax 98, 145 mN: nur bei Geltungswillen unabhängig von Verfügungen des anderen Teils; ebenso BayObLG NJW-RR 03, 660; sa § 2247 Rn 1, § 2265 Rn 1 und §§ 2266, 2267 Rn 3); Umdeutung eines gemeinschaftlichen Testaments Verlobter in Einzeltestamente setzt Wahrung der Form voraus (Düsseldorf FamRZ 97, 518; ähnlich Hamm ZEV 96, 304 m abl Anm Kanzleiter: keine Konversion unwirksamer wechselbezüglicher Verfügung bei Formnichtigkeit der Gegenverfügung; Düsseldorf FamRZ 97, 771). Die Grenze zur Auslegung ist praktisch oft fließend (dazu BayObLG FamRZ 04, 1607).

§ 2085 Teilweise Unwirksamkeit

Die Unwirksamkeit einer von mehreren in einem Testament enthaltenen Verfügungen hat die Unwirksamkeit der übrigen Verfügungen nur zur

Folge, wenn anzunehmen ist, dass der Erblasser diese ohne die unwirksame Verfügung nicht getroffen haben würde.

1. Bedeutung. Die Vorschrift kehrt die Beweislage des § 139 um (s BayObLG NJW-RR 91, 8). Während in § 139 der Geschäftswille für den wirksamen Teil zu beweisen ist, muss gem § 2085 der *fehlende* Geschäftswille bewiesen werden (LM Nr 2). Sie verwirklicht damit wie § 2084 den Grundsatz, dem Erblasserwillen möglichst Geltung zu verschaffen.

2. Voraussetzungen. Notwendig ist das **Vorliegen mehrerer Verfügungen** in *einem* Testament – nicht in verschiedenen (BayObLG FamRZ 00, 1395; 04, 1141). Das trifft zu bei Enterbung eines Pflichtteilsberechtigten und Erbeinsetzung eines Dritten (LM Nr 2; sa Zweibrücken FGPrax 96, 152), bei Entziehung des Pflichtteils und des in einem früheren Testament zugewandten Erbteils (Hamm NJW 72, 2132), sowie bei Verfügung über mehrere Gegenstände, von denen einer nicht zum Vermögen des Erblassers gehört (BayObLG FamRZ 89, 326), oder bei Erbeinsetzung unter gleichzeitiger Beschwerung mit unwirksamem Vermächtnis, dessen Höhe frei durch den Erben zu bestimmen ist (BayObLG NJW-RR 99, 946); ebenso bei Anordnung der Testamentsvollstreckung unter gleichzeitiger Regelung der Verteilung des Nachlasses (Karlsruhe FGPrax 10, 241). Auch bei mehreren unwirksamen Verfügungen sollte § 2085 anwendbar sein (BayObLG FamRZ 04, 312).

3. Wirksamkeit von Teilen einer einheitlichen Verfügung. Sie beurteilt sich ebenfalls nach § 2085, nicht nach § 139 (BGH NJW 83, 278 mAnm Stürner JZ 83, 149; offen noch LM Nr 2, 3; BGH 52, 25). Die Teilwirksamkeit erfordert ihre *Teilbarkeit*. Sie ist zB zu bejahen für die Testamentsvollstreckung bei mehreren Miterben (LM Nr 3), im Falle des Mätressentestaments (BGH 52, 17; 53, 383; vgl § 2077 Rn 4) oder beim Geldvermächtnis (BGH NJW 83, 278) bzw der Zuwendung von Kapitalvermögen (Stuttgart ZEV 03, 82); problematisch bei formnichtiger Wiederverheiratungsklausel (BayObLG FamRZ 04, 1143 m krit Anm Leipold); sa § 2078 Rn 6; zur vollen Unwirksamkeit bei unbestimmter Erbeinsetzung § 2065 Rn 2; zur Teilunwirksamkeit nach Anfechtung s § 2078 Rn 6; § 2079 Rn 5.

4. Ungewissheit über Teile eines Testaments. Hier ist § 2085 unanwendbar; es gilt die Beweislastverteilung des § 139 (LM Nr 1).

§ 2086 Ergänzungsvorbehalt

Ist einer letztwilligen Verfügung der Vorbehalt einer Ergänzung beigefügt, die Ergänzung aber unterblieben, so ist die Verfügung wirksam, sofern nicht anzunehmen ist, dass die Wirksamkeit von der Ergänzung abhängig sein sollte.

1. Bedeutung. Die Vorschrift kehrt die Vermutung des § 154 I 1 um.

2. Besonderheiten. Beim **unvollendeten oder unvollständigen Testament** gelten die Auslegungsregeln und § 2085.

3. Vorbehalt. Der Wille, ein Testament später zu ergänzen, muss zumindest konkludent zum Ausdruck kommen (Stuttgart ZEV 08, 436).

Titel 2. Erbeinsetzung

§ 2087 Zuwendung des Vermögens, eines Bruchteils oder einzelner Gegenstände

(1) **Hat der Erblasser sein Vermögen oder einen Bruchteil seines Vermögens dem Bedachten zugewendet, so ist die Verfügung als Erbeinsetzung anzusehen, auch wenn der Bedachte nicht als Erbe bezeichnet ist.**

Titel 2. Erbeinsetzung § 2088

(2) **Sind dem Bedachten nur einzelne Gegenstände zugewendet, so ist im Zweifel nicht anzunehmen, dass er Erbe sein soll, auch wenn er als Erbe bezeichnet ist.**

Lit: Klinger/Scheuber, Testamentsauslegung bei Zuwendung von Einzelgegenständen, NJW-Spezial 08, 135; Otte, Läßt das Erbrecht des BGB eine Erbeinsetzung auf einzelne Gegenstände zu?, NJW 87, 3164; Schrader, Erb- und Nacherbeneinsetzung auf einzelne Nachlaßgegenstände, NJW 87, 117.

1. Auslegungsregel zu Gunsten einer Erbeinsetzung. § 2087 I enthält eine Auslegungsregel (str), nach welcher unabhängig von der Bezeichnung die Zuwendung eines Vermögensbruchteils als Erbeinsetzung gelten soll (zB „Restbetrag meines Vermögens", BayObLG FamRZ 86, 605; sa 06, 148; BGH NJW 04, 3559); auch die Zuwendung von inländischem bzw auslandsbelegenem Vermögen kann Bruchteilszuwendung iSd I sein (BGH NJW 97, 397 = LM Nr 3 mAnm Leipold). Der Erblasser kann aber durch abw Willenserklärung einen Vermögensbruchteil als Vermächtnis zuwenden (BGH NJW 60, 1759; LM Nr 14 zu § 2084; BayObLG NJW-RR 96, 1478; FGPrax 98, 109; hierzu Johannsen WM 79, 605), indem er den Vermächtniswert als Quote des Nachlasses festlegt („Quotenvermächtnis"). Für die Berechnung des Nachlasswertes gelten grundsätzlich die gleichen Regeln wie beim Pflichtteilsanspruch gem § 2311, also insbes kein Abzug von Erbschaftssteuerschulden (entgegen Naumburg ZEV 07, 381; wie hier Bestelmeyer Rpfleger 08, 598 f; sa § 2311 Rn 9). 1

2. Auslegungsregel zu Gunsten eines Vermächtnisses. § 2087 II definiert die Zuwendung einzelner Gegenstände als Vermächtnis (Bsp: BGH FamRZ 10, 460 = ZEV 10, 84 für Bezugsrecht an Fondanteilen; Köln Rpfleger 82, 424; BayObLG Rpfleger 80, 471; NJW-RR 93, 139; FamRZ 96, 1306). Auch hier kann sich aus dem eindeutig ermittelbaren Erblasserwillen eine abw Auslegung ergeben (Köln FamRZ 93, 735: Auslegungsregel, keine gesetzliche Vermutung; BayObLG FamRZ 99, 1393), zB bei eindeutiger Wortwahl und Rechtskenntnissen des Erblassers (BayObLG FamRZ 93, 1250). Falls der Erblasser in einzelnen Gegenständen oder sogar in einem einzigen Gegenstand den Hauptwert des Nachlasses sieht und den Zuwendungsempfänger ganz oder teilw in seine wirtschaftliche Position einrücken lassen will, wird Erbeinsetzung gewollt sein (BGH FamRZ 72, 563; BayObLG FamRZ 00, 1458; 05, 1203; NJW-RR 01, 657; 00, 1174; 93, 139; Hohloch JuS 01, 713). Der Hauptwert muss nach Vorstellung des Erblassers auch noch im Zeitpunkt des Erbfalles wesentlicher Nachlasswert sein (BayObLG NJW-FER 01, 182; München Rpfleger 10, 513; FamRZ 11, 68). Die *Erbeinsetzung nach Vermögensgruppen* (zB Grundstücke, Mobilien etc) wird häufig nicht als Zuwendung einzelner Gegenstände, sondern als Zuwendung eines Vermögensbruchteils und damit als Erbeinsetzung anzusehen sein (LM Nr 12 zu § 2084; BGH NJW 97, 393; vgl BayObLG NJW-RR 90, 1230; 97, 517; Rpfleger 97, 215; FamRZ 05, 1934; München NJW-RR 07, 1163; FamRZ 10, 759 f; Brandenburg NJW-RR 09, 14). Die Zuweisung von Gegenständen hat dann gleichzeitig die Bedeutung einer Teilungsanordnung (§ 2048), uU auch eines Vorausvermächtnisses (Köln Rpfleger 92, 199; BayObLG NJW-RR 93, 582; § 2048 Rn 4; ferner Emler NJW 82, 87 zur Nacherbeneinsetzung für eine Vermögensgruppe; sa § 2091 Rn 1). 2 3

§ 2088 Einsetzung auf Bruchteile

(1) **Hat der Erblasser nur einen Erben eingesetzt und die Einsetzung auf einen Bruchteil der Erbschaft beschränkt, so tritt in Ansehung des übrigen Teils die gesetzliche Erbfolge ein.**

(2) **Das Gleiche gilt, wenn der Erblasser mehrere Erben unter Beschränkung eines jeden auf einen Bruchteil eingesetzt hat und die Bruchteile das Ganze nicht erschöpfen.**

§§ 2089–2091 Buch 5. Abschnitt 3. Testament

1 Die Vorschrift stellt klar, dass testamentarische und ges Erbfolge nebeneinander möglich sind. Hat der Erblasser über einen Bruchteil durch letztwillige Verfügung verfügt, so ist es Auslegungsfrage, ob der testamentarische Bruchteilserbe auch noch gleichzeitig ges Erbe bzw Miterbe am Restnachlass (vgl § 1951) sein soll (BayObLGZ 65, 166; FamRZ 98, 1335; 99, 52); im Regelfall wird dies jedoch zu verneinen sein. Beim Tod vorhandenes weiteres Vermögen fällt dagegen den Bruchteilserben zu, wenn der Erblasser den Nachlass mit der Zuweisung von Bruchteilen seines Vermögens vollständig verteilen wollte (BayObLGZ NJW-RR 98, 1230; 00, 889). War das nichteheliche Kind neben der eingesetzten Ehefrau oder den eingesetzten ehelichen Abkömmlingen ges Erbe, so bewendete es unter altem Recht beim Erbersatzanspruch (§ 1934a aF; im Rahmen des EGBGB 227 von Restbedeutung für Altfälle, zur Reform des Nichtehelichenrechts § 1924 Rn 3), die bruchteilseingesetzten Erben werden am freien Nachlassteil ges Erben (str; sa Spellenberg FamRZ 77, 187). Zum Nebeneinander von Testamentserben und ges Erben beim teilnichtigen Mätressentestament vgl § 2077 Rn 4.

§ 2089 Erhöhung der Bruchteile

Sollen die eingesetzten Erben nach dem Willen des Erblassers die alleinigen Erben sein, so tritt, wenn jeder von ihnen auf einen Bruchteil der Erbschaft eingesetzt ist und die Bruchteile das Ganze nicht erschöpfen, eine verhältnismäßige Erhöhung der Bruchteile ein.

§ 2090 Minderung der Bruchteile

Ist jeder der eingesetzten Erben auf einen Bruchteil der Erbschaft eingesetzt und übersteigen die Bruchteile das Ganze, so tritt eine verhältnismäßige Minderung der Bruchteile ein.

Anmerkungen zu den §§ 2089, 2090

Die §§ 2089, 2090 unterstellen eine widersprüchliche Verfügung: der Erblasser hat entweder zu wenig oder zu viel verteilt. Dieses Zuwenig oder Zuviel wird auf die eingesetzten Erben im Verhältnis ihrer testamentarischen Erbteile aufgeteilt. Im Falle des § 2089 muss dabei feststehen, dass keine Bruchteilseinsetzung gem § 2088 vorliegt (s BayObLG FamRZ 90, 1279 bei Erbeinsetzung durch Zuwendung einzelner Vermögensgegenstände).

§ 2091 Unbestimmte Bruchteile

Sind mehrere Erben eingesetzt, ohne dass die Erbteile bestimmt sind, so sind sie zu gleichen Teilen eingesetzt, soweit sich nicht aus den §§ 2066 bis 2069 ein anderes ergibt.

1 Die Auslegungsregel ordnet iZw Beteiligung nach Kopfteilen an. Sie gilt nach hM auch dann, wenn die ges Erben nicht als solche (§ 2066), sondern einzeln namentlich benannt werden (dazu Dresden FamRZ 11, 403 in Abgrenzung zu § 2067). Sie gilt nicht, falls sich mit der Aufzählung der Erben eine Einteilung nach Stämmen verbindet (Frankfurt FamRZ 94, 327) oder falls sich aus pauschalen Angaben ausreichende Anhaltspunkte für eine bestimmte Aufteilung ergeben (übertrieben Karlsruhe NJW-RR 11, 874). Erbeinsetzung unter Zuweisung von Gegenständen kann Einsetzung zu gleichen bzw ges Teilen verbunden mit Teilungsanordnung oder Vorausvermächtnis bedeuten (BayObLG FamRZ 85, 314; 93, 1251; sa § 2048 Rn 4, § 2087 Rn 2 f) oder aber Erbeinsetzung mit der Quote des Verkehrs-

Titel 2. Erbeinsetzung **§§ 2092–2094**

wertes der Gegenstände. Anhaltspunkte für die Einsetzung der Erben auf verschieden große Bruchteile stehen der Anwendung der Vorschrift stets entgegen (BayObLG NJW-RR 90, 1419; 00, 120).

§ 2092 Teilweise Einsetzung auf Bruchteile

(1) Sind von mehreren Erben die einen auf Bruchteile, die anderen ohne Bruchteile eingesetzt, so erhalten die letzteren den freigebliebenen Teil der Erbschaft.

(2) Erschöpfen die bestimmten Bruchteile die Erbschaft, so tritt eine verhältnismäßige Minderung der Bruchteile in der Weise ein, dass jeder der ohne Bruchteile eingesetzten Erben so viel erhält wie der mit dem geringsten Bruchteil bedachte Erbe.

Im Rahmen des § 2092 I kommt § 2091 zur Anwendung. 1

§ 2093 Gemeinschaftlicher Erbteil

Sind einige von mehreren Erben auf einen und denselben Bruchteil der Erbschaft eingesetzt (gemeinschaftlicher Erbteil), so finden in Ansehung des gemeinschaftlichen Erbteils die Vorschriften der §§ 2089 bis 2092 entsprechende Anwendung.

Der gemeinschaftliche Erbteil ist als große Ausnahme nur anzunehmen bei 1 unzweifelhaftem Willen des Erblassers, zwischen einzelnen Erben eine engere Gemeinschaft als zu den übrigen herzustellen; sprachliche Verbindung oder Gesamtbezeichnung genügen nicht (BayObLGZ 76, 125 f; FamRZ 88, 215; NJW-RR 99, 1312).

§ 2094 Anwachsung

(1) ¹Sind mehrere Erben in der Weise eingesetzt, dass sie die gesetzliche Erbfolge ausschließen, und fällt einer der Erben vor oder nach dem Eintritt des Erbfalls weg, so wächst dessen Erbteil den übrigen Erben nach dem Verhältnis ihrer Erbteile an. ²Sind einige der Erben auf einen gemeinschaftlichen Erbteil eingesetzt, so tritt die Anwachsung zunächst unter ihnen ein.

(2) Ist durch die Erbeinsetzung nur über einen Teil der Erbschaft verfügt und findet in Ansehung des übrigen Teils die gesetzliche Erbfolge statt, so tritt die Anwachsung unter den eingesetzten Erben nur ein, soweit sie auf einen gemeinschaftlichen Erbteil eingesetzt sind.

(3) Der Erblasser kann die Anwachsung ausschließen.

1. Wegfall. a) vor dem Erbfall: Tod (§ 1923 I); Erbverzicht (§ 2352). **b) nach** 1 **dem Erbfall:** Ausschlagung (§ 1953); Erbunwürdigkeit (§ 2344); Tod vor Bedingungseintritt (§ 2074); Anfechtung (§ 2078); Unwirksamkeit gem § 2270 (BayObLG DNotZ 93, 132).

2. Nichtigkeit der Erbeinsetzung. Sie bedingt keinen „Wegfall", weil der 2 Benannte nie Erbe werden konnte; einschlägig ist § 2089 (str; aA KG NJW 56, 1523).

3. Ausschluss der ges Erbfolge. Sie wird regelmäßig zu bejahen sein, falls kein 3 Fall des § 2088 vorliegt.

4. Anwachsung. Keine Anwachsung bei Ersatzerbeneinsetzung (§ 2099; Karls- 4 ruhe NJW-RR 92, 1482; BayObLG DNotZ 93, 133; München FamRZ 11, 1693) und damit auch bei Kindeskindern als Ersatzerben (§ 2069) oder bei Nacherbschaft,

Stürner

§ 2102 I; zu Kindern als Ersatzerben nach Erben, die nicht Abkömmlinge sind, s § 2069 Rn 5.

5. Parallelregelung. S für die ges Erbfolge § 1935.

§ 2095 Angewachsener Erbteil

Der durch Anwachsung einem Erben anfallende Erbteil gilt in Ansehung der Vermächtnisse und Auflagen, mit denen dieser Erbe oder der wegfallende Erbe beschwert ist, sowie in Ansehung der Ausgleichspflicht als besonderer Erbteil.

1   Parallelvorschrift zu § 1935. Die Vorschrift gewinnt für Vermächtnisse und Auflagen nur Bedeutung in Fällen verschiedener Beschwerung. Die Ausgleichspflicht kommt gem §§ 2052, 2051 in Betracht, wobei dann dem Miterben die Wohltat des § 2056 bei Überlastung des ursprünglichen oder angewachsenen Erbteils erhalten bleibt.

§ 2096 Ersatzerbe

Der Erblasser kann für den Fall, dass ein Erbe vor oder nach dem Eintritt des Erbfalls wegfällt, einen anderen als Erben einsetzen (Ersatzerbe).

Lit: Diederichsen, Ersatzerbfolge oder Nacherbfolge, NJW 65, 671.

1   **1. Begriff.** Der Ersatzerbe wird bei Wegfall des Erben unmittelbarer Rechtsnachfolger des Erblassers. Der Nacherbe wird hingegen erst Erbe, nachdem zunächst ein anderer Erbe war. Rechtsunkundige können in ihrer Verfügung beide Begriffe verwechseln; es ist dann durch Auslegung zu ermitteln, was gemeint war (LM Nr 1 zu § 2100).

2   **2. Ges geregelte Fälle der Ersatzerbschaft.** §§ 2069, 2102. Zur Ersatzerbeneinsetzung kraft *ergänzender Testamentsauslegung* § 2069 Rn 5 mN.

3   **3. Wegfall des Erstberufenen.** Er liegt vor in den in § 2094 Rn 1 genannten Fällen, zusätzlich aber auch – hier unstr – bei anfänglicher Nichtigkeit der Einsetzung des Haupterben. Sofern der Erstberufene den Erbfall erlebt, tritt mit seinem Tod kein Wegfall ein, es sei denn, die Erben des Erstberufenen schlagen noch wirksam aus (§ 1952).

4   **4. Stellung des Ersatzerben. a) Vor dem Erbfall** hat der Ersatzerbe – wie jeder Erbe – keine rechtlich geschützte Position. Falls er vor dem Erbfall stirbt, wird er nicht mehr Ersatzerbe (§ 1923 I), seine Abkömmlinge werden allenfalls gem § 2069 Ersatzerben. **b) Nach dem Erbfall, aber vor Wegfall des Erstberufenen** erwirbt der Ersatzerbe nach hM eine vererbliche Anwartschaft, so dass bei seinem Tod seine – ges oder testamentarischen – Erben Ersatzerben werden. Der Ersatzerbe besitzt aber keinerlei Einfluss auf den Nachlass und hat folglich bei der Nachlassverwaltung keinerlei Mitwirkungsrechte (RG 145, 319; BGH 40, 118); für die Verantwortlichkeit des ausschlagenden Erstberufenen gilt § 1959. Der Ersatzerbe ist allerdings im Erbschein aufzuführen (RG 142, 173) und kann ins Grundbuch eingetragen werden (hM, aber str). **c) Nach dem Erbfall und Wegfall des Erstberufenen** ist der Ersatzerbe rückwirkend auf den Zeitpunkt des Erbfalls Erbe (Celle NdsRPfl 49, 176).

5   **5. Ersatznacherbe.** Für ihn gilt alles zum Ersatzerben Gesagte entsprechend: Anwartschaft des Ersatznacherben nach dem Erbfall und vor dem Nacherbfall (BayObLG FamRZ 92, 729; sa § 2100 Rn 7). Beim Tod des Nacherben vor dem Nacherbfall geht nach hM die Ersatzerbschaft der Erbfolge gem § 2108 II nicht ohne

weiteres vor (vgl § 2069 Rn 4); jedenfalls tritt der Ersatzerbfall ein, falls die Erben des Nacherben ausschlagen. Auf die Nachlassverwaltung hat der Ersatznacherbe keinerlei Einfluss (RG 145, 319; BGH 40, 118; BayObLG NJW-RR 05, 956).

§ 2097 Auslegungsregel bei Ersatzerben

Ist jemand für den Fall, dass der zunächst berufene Erbe nicht Erbe sein kann, oder für den Fall, dass er nicht Erbe sein will, als Ersatzerbe eingesetzt, so ist im Zweifel anzunehmen, dass er für beide Fälle eingesetzt ist.

Die Auslegungsregel versagt, falls der Erstberufene die Erbschaft zwar ausschlägt, 1 aber gleichzeitig den Pflichtteil verlangt (Frankfurt OLGZ 71, 208; Stuttgart OLGZ 82, 271; München OLGR 06, 743; s noch § 2069 Rn 3), sowie bei erbvertraglich auf bestimmte Fälle beschränkter Ersatzerbenberufung (BayObLG DNotZ 90, 54).

§ 2098 Wechselseitige Einsetzung als Ersatzerben

(1) Sind die Erben gegenseitig oder sind für einen von ihnen die übrigen als Ersatzerben eingesetzt, so ist im Zweifel anzunehmen, dass sie nach dem Verhältnis ihrer Erbteile als Ersatzerben eingesetzt sind.

(2) Sind die Erben gegenseitig als Ersatzerben eingesetzt, so gehen Erben, die auf einen gemeinschaftlichen Erbteil eingesetzt sind, im Zweifel als Ersatzerben für diesen Erbteil den anderen vor.

Die Erhöhung der Anteile bei Ersatzberufung gem § 2098 erfolgt wie bei 1 Anwachsung, allerdings mit dem Unterschied, dass die Ersatzerbteile *in jeder Hinsicht* als bes Erbteile zu behandeln sind (anders § 2095).

§ 2099 Ersatzerbe und Anwachsung

Das Recht des Ersatzerben geht dem Anwachsungsrecht vor.

Ges Fall des Ausschlusses der Anwachsung, § 2094 III (dazu BayObLG NJW-RR 1 04, 158 sowie § 2094 Rn 4).

Titel 3. Einsetzung eines Nacherben

§ 2100 Nacherbe

Der Erblasser kann einen Erben in der Weise einsetzen, dass dieser erst Erbe wird, nachdem zunächst ein anderer Erbe geworden ist (Nacherbe).

Lit: Baur/Grunsky, Eine „Einmann-OHG", ZHR 133, 209; Becker/Klinger, Die Rechtsstellung des Nacherben bei Eintritt der Nacherbfolge, NJW-Spezial 05, 445; Carle, Die Vor- und Nacherbschaft, ErbStB 06, 257; Hadding, Zur Rechtsstellung des Vorerben von GmbH-Geschäftsanteilen, FS Bartholomeyczik, 1973, S 75; Haegele, Rechtsfragen zur Vor- und Nacherbschaft, Rpfleger 71, 121; Hartmann, Die Beseitigung der Nacherbschaftsbeschränkung durch Geschäft zwischen Vor- und Nacherben, ZEV 09, 107; Hefermehl, Vor- und Nacherbfolge bei Beteiligung an einer Personenhandelsgesellschaft, FS Westermann, 1974, S 223; Kessel, Eingriffe in die Vorerbschaft, MittRhNotK 91, 137; Klinger/Roth, Abgrenzung der Vor- und Nacherbschaft zu verwandten Rechtsinstituten, NJW-Spezial 09, 135; Lange, Einverständliche Überführung von Nachlassgegenständen in das Eigenvermögen des Vorerben, AcP 212 (2012), 334; Michalski, Die Vor- und Nacherbschaft bei einem OHG(KG)- und GmbH-Anteil, DB 87 Beil Nr 16; Olzen, Die Vor- und Nacherbschaft, Jura 01, 726; Petzold, Vorerbschaft und Nießbrauchsvermächtnis, BB 75 Beil Nr 6; Reimann, Die „rules against perpetuities" im deutschen Erbrecht, NJW 07, 3034; ders, Die vorweggenommene Nacherbfolge, DNotZ 07, 579; Settergren, Das Behindertentestament im Spannungsfeld zwischen Privatautonomie und sozialhilferechtlichem Nachrangprinzip, 1999; Werkmüller, Bankrechtliche Probleme der Vor- und Nacherbschaft, ZEV 04, 276; Zawar, Gedanken zum bedingten oder befristeten Rechtserwerb im Erbrecht, NJW 07, 2353.

1 **1. Wesen der Nacherbschaft.** Vorerbe und Nacherbe sind Gesamtrechtsnachfolger des Erblassers, der Nacherbe ist also nicht Erbe des Vorerben (BGH 3, 255; 37, 326). Da indessen der Nacherbe erst mit dem Nacherbfall Erbe wird, besteht zwischen Vor- und Nacherbe keine Miterbengemeinschaft. Vom *Schlusserben* spricht man, wenn zwei Erblasser sich wechselseitig zu Vollerben einsetzen und darüber hinaus den Erben des Letztversterbenden bestimmen. Abgrenzung zum *Ersatzerben* vgl § 2096 Rn 1.

2 **2. Erbschaftsteuer.** Erbschaftsteuerrechtlich (dazu Siebert BB 10, 1252) wird der Tatbestand der Nacherbschaft so behandelt, als würden zwei Erbfälle vorliegen: sowohl der Anfall beim Vorerben als auch der Anfall beim Nacherben gilt steuerrechtlich als Erbfall (ErbStG 6). Die Besteuerung des Vorerben ohne Berücksichtigung seiner Beschränkung durch das Nacherbenrecht ist verfassungsgemäß (BFH DStRE 07, 174). Der Nacherbe kann die für sein Verhältnis zum Erblasser geltende Steuerklasse wählen, falls sie ihm günstiger ist. Falls der Nacherbfall nicht durch den Tod des Vorerben, sondern schon vorher auf Grund einer Bedingung eintritt, kann dem Nacherben die vom Vorerben geleistete Steuer teilweise angerechnet werden. Bei mehrfachem Erwerb desselben Vermögens durch Personen der Steuerklasse I (§ 1924 Rn 6) innerhalb von 10 Jahren gewährt ErbStG 27 einen zeitlich gestaffelten Ermäßigungsbetrag; zur Zusammenrechnung mehrerer Erwerbe des Nacherben vom Vorerben innerhalb der Zehnjahresfrist s ErbStG 14 und dazu BFH NJW-RR 11, 297.

3 **3. Einsetzung als Nacherbe.** Sie kann nur durch letztwillige Verfügung erfolgen, auch in den Fällen der sog konstruktiven Nacherbfolge, bei der lediglich bes Auslegungsregeln eingreifen (§§ 2101, 2104 f); in Testamenten bis zum 31.12.1975 angeordnete Nacherbfolge bleibt trotz späterer Nachlassspaltung auch für in der ehemaligen DDR belegenes Grundvermögen wirksam (BayObLG NJW 98, 241; NJW-RR 01, 950; sa Vor § 1922 Rn 5, 7, 13). Nacherbeneinsetzung kann wegen Verstoßes gegen HeimG 14 V unwirksam sein (Düsseldorf ZEV 98, 34 mAnm Rossak: Kinder des Heimleiters; sa § 2077 Rn 1). Bei der *Auslegung* ist nicht der Wortlaut maßgeblich, sondern der Erblasserwille (BGH NJW 93, 257; Hamm FamRZ 97, 939; BayObLG FamRZ 96, 1578; 00, 61; NJW-RR 02, 297; Hamm NJW-RR 97, 453: Möglichkeit befreiter Vorerbschaft ist mitzuberücksichtigen; hierzu krit Avenarius NJW 97, 2740; KG NotBZ 12, 174: Schlusserbeneinsetzung gemeinsamer Kinder trotz Bezeichnung als Nacherbe bei fehlendem Willen zur Vermögenstrennung; sa § 2084 Rn 2 und 3). Die Anordnung, die Erbschaft solle „auf unsere beiden Söhne ... und auf ihre leiblichen Nachkommen zu gleichen Teilen zufallen" (BGH NJW 93, 256) oder der überlebende Sohn dürfe nur an seine Kinder weitervererben, kann Nacherbschaft der Enkelkinder bedeuten (BayObLG DNotZ 83, 668; weitere Bsp: BayObLG FamRZ 86, 608; Rpfleger 90, 209; ZEV 98, 146; Zweibrücken FamRZ 97, 1364; sa Köln FamRZ 90, 438: Nacherbschaft anstelle unzulässiger „Erbgemeinschaft"), dagegen grundsätzlich nicht die Einsetzung zu „Schluss- und Ersatzerben" (BayObLG Rpfleger 98, 72). Mit den Begriffen „Ersatzerbe" (auch in notariell beurkundetem Testament, LM Nr 1) oder „Nießbrauch" (LM Nr 2) kann Vor- und Nacherbschaft gemeint sein (und umgekehrt, KG OLGZ 87, 2), mit „gesamt Erbe nach beider Tod" Nacherbschaft (BayObLG

4 ZEV 99, 398). Die Abgrenzung zum *Nießbrauchvermächtnis* hat sich vor allem daran zu orientieren, ob der Erblasser dem Begünstigten sofort die Verfügungsgewalt über den Nachlass zukommen lassen wollte – dann Vorerbschaft (BayObLG FamRZ 81, 403) – oder ob der Begünstigte beim Erbfall auf die Einräumung einer Nutzungsposition durch Dritte angewiesen sein soll – dann Nießbrauchvermächtnis. Weniger

Titel 3. Einsetzung eines Nacherben § 2100

ausschlaggebend ist der Umfang der Verfügungsbefugnis, der auch über §§ 2113 ff hinaus durch Auflagen beschränkt werden kann (LM Nr 2). Sofern allerdings „Nießbrauch und Verfügung" zugewendet werden, spricht vieles für Vorerbschaft (BayObLG OLG 43, 400). Soweit das Nießbrauchvermächtnis zu *günstigerer Erbschaftsbesteuerung* führt (*ein* Erbfall für zwei Personen mit doppelten Freibeträgen und niedrigeren Steuersätzen), kann dies gegen Vorerbschaft sprechen (BayObLG Rpfleger 81, 64 f); bei hohem Alter des Bedachten soll aber trotz ungünstiger steuerlicher Folgen die sofortige Begünstigung durch die Vorerbschaft, die das Warten auf Bestellung des Nießbrauchs vermeidet, die Gesamtbeurteilung prägen (FG München EFG 00, 279 f – zweifelhaft!). Allerdings führte gem ErbStG 25 I der *Ehegattennießbrauch* nicht zur steuerlichen Aufteilung des Nachlasses, so dass hier (wie gem ErbStG 25 aF bis zum 1.9.1980 bei *jedem* Nießbrauch) Steuervorteile seltener waren (zum Ganzen Münch ZEV 98, 8). ErbStG 25 fiel im Zuge der Reform des Erbschaftssteuerrechts zum 1.1.2009 weg, da mit dem Ansatz des gemeinen Wertes für alle Gegenstände die Ursache dieses Abzugsverbots obsolet war (BT-Drs 888/08); sa § 1924 Rn 6. *Alleinerbe* bzw *Haupterbe* und Vorerbe sind keine Gegensätze (BayObLG FamRZ 84, 1273; 96, 1503; 00, 984; Oldenburg ZEV 10, 636; s aber BayObLG NJW-RR 97, 839: „Universalerbin" als Vollerbin), der Laie mag uU Allein- und Vollerbschaft verwechseln und bei Anordnung von Alleinerbschaft die Nacherbschaft ausschließen wollen (s BayObLG NJW 66, 1223). Beim gemeinschaftlichen Testament gilt die Auslegungsregel des § 2269. Die Nacherbfolge kann auf einen Nachlassteil beschränkt werden (BayObLG NJW 58, 1683; BGH NJW 80, 1276). Beim sog *Behindertentestament* verhindern Vorerbschafts- u Vermächtniskonstruktionen sowie Dauervollstreckung und Erb- u Pflichtteilsverzicht den möglichen Zugriff des Sozialhilfeträgers (BGH 188, 99; 123, 368; 111, 36; ferner Grziwotz ZEV 02, 409; Trilsch-Eckardt ZEV 01, 229; Damrau ZEV 01, 293 und Hartmann ZEV 01, 89; Spall ZEV 04, 345 sowie 06, 344; Klinger/Ruby NJW-Spezial 06, 109; Ruby ZEV 06, 66; Kleensang RNotZ 07, 22; May, Die Gestaltung von lebzeitigen und letztwilligen Verfügungen zu Gunsten eines sozialhilfebedürftigen/behinderten Abkömmlings, 2008; sa § 2077 Rn 3, § 2209 Rn 2 u § 2346 Rn 2). Ausschlagung nach § 2306 I HS 1 durch Ergänzungspfleger liegt meist nicht im Interesse des betreuten Behinderten (dazu Köln ZEV 08, 196 für § 2306 I 2 aF).

4. Bedingung und Befristung der Nacherbeneinsetzung. Sie sind möglich 6 (vgl §§ 2103–2106), wobei das Verhalten des Vorerben (zB Wiederverheiratung, s § 2269 Rn 7; BayObLG FamRZ 97, 1569: Gebäudeabriss; 04, 1752: Bauverpflichtung; ferner §§ 2074–2076 Rn 3) oder des Nacherben Bedingung sein kann (zB standeswidrige Heirat; BayObLG FamRZ 97, 707; 00, 380; sa Vor § 1922 Rn 1; §§ 2074–2076 Rn 4). Zulässig ist nach hM auch die Bedingung, dass der Vorerbe nicht abweichend testiert (Frankfurt Rpfleger 97, 262); vgl § 2065 Rn 1.

5. Rechtsstellung des Nacherben zwischen Erbfall und Nacherbfall. Der 7 Nacherbe erwirbt mit dem Erbfall ein gegenwärtiges, unentziehbares, regelmäßig vererbliches (§ 2108 II 1) und übertragbares Anwartschaftsrecht (BGH 37, 325; 57, 187; 87, 369; NJW 00, 3359; BayObLG FamRZ 92, 729). Auf den Verkauf und die Veräußerung finden §§ 2371, 2385; 2033 entspr Anwendung (RG 101, 185). Zulässig ist auch der Erwerb durch den Vorerben (dazu Muscheler ZEV 12, 289), der grundsätzlich zur Vollerbenstellung des bisherigen Vorerben führt, falls keine hinderlichen Besonderheiten wie zB eine weitere nachgeschaltete Nacherbschaft bestehen (zur gestaffelten Nacherbfolge § 2109 Rn 1); vom Erwerb der Anwartschaft ist die einverständliche Freigabe einzelner Erschaftsgegenstände durch den Nacherben zu unterscheiden, die zum Ausscheiden der einzelnen Erbschaftsgegenstände aus dem Vorerbennachlass führt mit der Folge, dass sie im Nacherbfall dann auch nicht mehr zur Nacherbschaft gehören(hierzu BGH NJW-RR 01, 218; BayObLG NJW-RR 05, 956: Auseinandersetzungsvereinbarung; Keim DNotZ 03, 622; Hartmann ZEV 09, 107: Freigabe analog § 2217; teilw krit Lange AcP 212 (2012), 334). Der Erwerber der Nacherbenanwartschaft rückt voll in die Stellung des Nacherben

Stürner 2051

§ 2100

ein; im Nacherbfall wird er ohne Durchgangserwerb Gesamtrechtsnachfolger des Erblassers. Der Erblasser kann die Übertragbarkeit wie die Vererblichkeit (§ 2108 II 1) ausschließen (RG 170, 168; str). Eine Übertragung lässt das Recht des eingesetzten Ersatznacherben unberührt, sofern nicht der Erblasser bestimmt, dass die angeordnete Ersatznacherbfolge unter der auflösenden Bedingung der Übertragung des Nacherbenanwartschaftsrechts stehen soll (Schleswig ZEV 10, 576 f). Vor dem Nacherbfall besteht keine Erbengemeinschaft der Nacherben (BGH NJW 93, 1583; sa § 2032 Rn 2). Die *Pfändung* erfolgt nach ZPO 857 I, 829, wobei Drittschuldner nur ein etwa vorhandener Mitnacherbe, nicht aber der Vorerbe ist (aA LG Stuttgart ZEV 10, 579). Schon vor dem Nacherbfall kann der Nacherbe die Unwirksamkeit benachteiligender Verfügungen grundsätzlich durch Feststellungsklage geltend machen (BGH 52, 271; sa § 2113 Rn 11), nicht aber die künftige Ausgleichungspflicht nach §§ 2050, 2055 unter (Mit-)Nacherben (Karlsruhe NJW-RR 90, 137). Pfändung ändert nichts am Ausschlagungsrecht des Nacherben (LG Hildesheim FamRZ 09, 1440; sa § 2142 Rn 1).

6. Grundbucheintragung. Sie erfolgt nach GBO 51. IdR ist namentliche Bezeichnung geboten, falls die Verfügung dies zulässt (BayObLGZ 82, 255; LG Frankfurt Rpfleger 84, 271 mAnm Grunsky); weitere Nacherben (vgl § 2109 I) sind einzutragen (Hamm OLGZ 75, 155), ebenso Ersatznacherben (zur Auslegung eines öffentlichen Testaments durch das Grundbuchamt München FamRZ 12, 1092). Verzicht (BayObLGZ 89, 183) und Löschungsbewilligung bedürfen der Zustimmung der Nacherben (BayObLG Rpfleger 82, 277: Ergänzungspfleger für unbekannte Nacherben; sa Frankfurt RNotZ 10, 584) und der Ersatz- oder bedingten Nacherben (KG BeckRS 12, 07125; Frankfurt OLGZ 70, 443; Braunschweig Rpfleger 91, 204; anders nach wirksamer Veräußerung des Grundstücks durch befreiten Vorerben: BayObLG Rpfleger 82, 467; § 2113 Rn 7; sa Hamm NJW-RR 97, 1095: fehlende Zustimmung nicht erzeugter Abkömmlinge einer 66-jährigen Vorerbin unschädlich; BayObLG NJW-RR 05, 956: Übertragung des Eigentums an einem Nachlassgrundstück auf den Vorerben ohne Zustimmung des Ersatznacherben). Auch die Veräußerung, Pfändung und Verpfändung des Nacherbenrechts ist eintragbar, um gutgl Erwerb zu verhindern (sa Rn 11). Der Nacherbenvermerk ist auch bei Surrogatsgrundstücken (§ 2111) einzutragen (München FGPrax 12, 103). Wenn Nacherbfall nicht mehr eintreten kann, ist der Nacherbenvermerk wegen Unrichtigkeit des Grundbuchs zu löschen (GBO 22, 29; BayObLG FamRZ 97, 710; 00, 1185; sa § 2113 Rn 7). Grundsätzlich erfolgt kein Eintrag eines Amtswiderspruchs gegen einen Nacherbenvermerk, ausnahmsweise aber, wenn der Nacherbenvermerk die Möglichkeit einer befreiten Vorerbschaft offenlässt und damit gutgläubigen Erwerb ermöglichen könnte (LG Stuttgart NJW-RR 08, 1463). Das Grundbuchamt ist bei der Eintragung des Nacherbenvermerks an den Inhalt eines bereits vorliegenden Erbscheins gebunden (dazu Bremen FamRZ 12, 335; Köln Rpfleger 12, 522; sehr weitgehend München FamRZ 12, 1174). Um bei Eintritt des Nacherbfalls dem GBO 29 I 2 eine Eintragung auf Antrag des Nacherben zu ermöglichen, muss er dem Grundbuchamt einen eigenen Erbschein (§ 2363 Rn 3) vorlegen, weder ein Nacherbenvermerk noch ein dem Vorerben ausgestellter Erbschein genügen (Zweibrücken NJW-Spezial 11, 7).

7. Erbschein. Vgl § 2363.

8. Prozessuales. a) Erkenntnisverfahren: ZPO 326, 242, 246. Vor dem Nacherbfall fehlt dem Nacherben die Klagebefugnis im verwaltungsprozessualen Verfahren (BVerwG NJW 98, 770; 01, 2417). **b) Zwangsvollstreckung:** ZPO 773, § 2115. Bei einer Grundstücksversteigerung (dazu Klawikowski Rpfleger 98, 100) darf der Nacherbenvermerk nicht ins geringste Gebot aufgenommen werden (ZVG 44), auch nicht nach Verpfändung der Anwartschaft des Nacherben (BGH NJW 00, 3358; s § 2115 Rn 2 und 3). **c) Insolvenz:** InsO 83 II.

Titel 3. Einsetzung eines Nacherben §§ 2101, 2102

§ 2101 Noch nicht gezeugter Nacherbe

(1) ¹Ist eine zur Zeit des Erbfalls noch nicht gezeugte Person als Erbe eingesetzt, so ist im Zweifel anzunehmen, dass sie als Nacherbe eingesetzt ist. ²Entspricht es nicht dem Willen des Erblassers, dass der Eingesetzte Nacherbe werden soll, so ist die Einsetzung unwirksam.

(2) Das Gleiche gilt von der Einsetzung einer juristischen Person, die erst nach dem Erbfall zur Entstehung gelangt; die Vorschrift des § 84 bleibt unberührt.

a) Die Vorschrift ist **Auslegungsregel** für den Fall, dass der Erblasser mit der 1 fehlenden Zeugung im Zeitpunkt des Erbfalles rechnete (sa § 2070 Rn 1); sie ist *Ergänzungsregel*, falls der Erblasser fest von der Zeugung ausging.

b) **Vorerben** sind die ges Erben, § 2105. Sofern geborene und noch nicht 2 gezeugte Personen zu gleichen Teilen als Erben eingesetzt sind, sind die geborenen Personen Erben und auflösend bedingte Vorerben zugleich, ohne dass ein Miterbenanteil feststünde; der Inhalt des Erbscheins muss dies berücksichtigen (Köln Rpfleger 92, 391 mAnm Eschelbach).

c) Der **Nacherbenvermerk** im Grundbuch kann schon vor der Geburt erfolgen 3 (RG 65, 279).

d) **Pflegschaft** gem § 1913 S 2. 4

§ 2102 Nacherbe und Ersatzerbe

(1) **Die Einsetzung als Nacherbe enthält im Zweifel auch die Einsetzung als Ersatzerbe.**

(2) **Ist zweifelhaft, ob jemand als Ersatzerbe oder als Nacherbe eingesetzt ist, so gilt er als Ersatzerbe.**

Lit: S § 2096.

1. Auslegungsregel zu Gunsten der Einsetzung als Ersatzerbe. Die Ausle- 1 gungsregel des § 2102 I gilt nur iZw (BayObLG FamRZ 92, 477; 00, 985; NJW-RR 01, 953). Es ist zunächst zu ermitteln, ob der Erblasser den Erbschaftsanfall beim Nacherben nicht unter allen Umständen auf einen bestimmten Zeitpunkt hinausschieben oder von einem bestimmten Ereignis abhängig machen wollte. Ist dies der Fall, so tritt bei mehreren Vorerben Anwachsung (§ 2094), sonst zunächst ges Erbfolge (§ 2105 I) ein. Andernfalls tritt der Nacherbe als Ersatzerbe an die Stelle des Vorerben, wenn dieser zB ausschlägt (München FamRZ 12,478); schlagen die Erben des Vorerben fristgemäß aus, so können sie Pflichtteilsansprüche und Zugewinnausgleichsansprüche des Vorerben gegen den Nachlass und damit gegen den Ersatzerben geltend machen (BGH 44, 152). Haben sich **Ehegatten** in einem 2 **gemeinschaftlichen Testament** gegenseitig als Vorerben und Dritte als Nacherben eingesetzt, kann dies Einsetzung der Dritten auf den Nachlass des längstlebenden Ehegatten als Ersatzerbe des erstverstorbenen Ehegatten bedeuten, sofern die Ehegatten über ihre beiden Erbfälle verbindlich verfügen wollten (BayObLG FamRZ 92, 477; Hamm Rpfleger 05, 262 f); lässt sich ein derartiger Wille nicht ermitteln, greift § 2102 I ein (BGH FamRZ 87, 475; Celle FamRZ 03, 887; Karlsruhe NJW-RR 03, 582; KG Rpfleger 87, 110 gegen Karlsruhe FamRZ 70, 256; str, s Nehlsen-von Stryk DNotZ 88, 147 mN).

2. Auslegungsregel gegen Nacherbeneinsetzung. Die Auslegungsregel des 3 § 2102 II geht davon aus, dass der Erblasser den Erben idR nicht durch Nacherbschaft beschränken will (s dazu Hamm FGPrax 07, 135). Auch hier muss aber zunächst der Erblasserwille erforscht werden; er kann ergeben, dass trotz des Ausdrucks „Ersatzerbe" Nacherbschaft gewollt war (§ 2100 Rn 3 ff). Für eine Nacherb-

§§ 2103, 2104

schaft kann die verbreitete Vorstellung sprechen, dass der Erbteil in der eigenen Familie bleiben soll (Hamm Rpfleger 08, 139). Aus § 2102 II folgt, dass im Zweifel der Ersatzerbe nicht auch Nacherbe sein soll (Schleswig FamRZ 11, 677).

4   **3. Ersatznacherbe.** Vgl § 2096 Rn 5.

§ 2103 Anordnung der Herausgabe der Erbschaft

Hat der Erblasser angeordnet, dass der Erbe mit dem Eintritt eines bestimmten Zeitpunkts oder Ereignisses die Erbschaft einem anderen herausgeben soll, so ist anzunehmen, dass der andere als Nacherbe eingesetzt ist.

1   **1. Voraussetzungen.** Die **Auslegungsregel** hat zwei Voraussetzungen: **a)** Anordnung der Herausgabe der Erbschaft oder eines Erbschaftsteils. **b)** Herausgabe erst eine gewisse Zeit nach dem Erbfall.

2   **2. Zweck der Vorschrift.** Er liegt in der Abgrenzung zum Vermächtnis, das sich auf einzelne Gegenstände oder uU auf eine Erbschaftsquote bezieht.

3   **3. Bestimmung des Zeitpunkts.** Diese darf der Erblasser nicht Dritten überlassen (BGH 15, 199).

§ 2104 Gesetzliche Erben als Nacherben

[1]Hat der Erblasser angeordnet, dass der Erbe nur bis zu dem Eintritt eines bestimmten Zeitpunkts oder Ereignisses Erbe sein soll, ohne zu bestimmen, wer alsdann die Erbschaft erhalten soll, so ist anzunehmen, dass als Nacherben diejenigen eingesetzt sind, welche die gesetzlichen Erben des Erblassers sein würden, wenn er zur Zeit des Eintritts des Zeitpunkts oder des Ereignisses gestorben wäre. [2]Der Fiskus gehört nicht zu den gesetzlichen Erben im Sinne dieser Vorschrift.

1   **1. Erbeinsetzung mit zeitlicher Beschränkung.** Die Ergänzungsregel (BayObLG NJW-RR 02, 297, aA LM Nr 1 = NJW 86, 1812: Auslegungsregel) gilt für den Fall, dass zwar Nacherbschaft letztwillig verfügt ist, aber die Person des Nacherben offen geblieben ist (sog *konstruktive Nacherbfolge*, s dazu Enzensberger/Roth NJW-Spezial 08, 7). Falls der Erblasser seine „ges Erben" als Nacherben ausdr einsetzt, liegt ein Fall des § 2066 und idR kein Fall des § 2104 vor; s § 2066 Rn 2. Überlässt der Erblasser entgegen § 2065 II dem Vorerben die Bestimmung des Nacherben, ist § 2104 analog anzuwenden, wenn feststeht, dass der Erblasser die Vor- und Nacherbschaft in jedem Falle wollte (Hamm NJW-RR 95, 1477; MDR 07, 663; Oldenburg ZEV 10, 636; aA bei abw bes Umständen: Frankfurt FamRZ 00, 1607 = ZEV 01, 317 mAnm Otte; kritisch MK/Grunsky 3a). § 2104 S 1 und § 2106 I sind nebeneinander anwendbar, wenn weder die Person des Nacherben noch der Zeitpunkt des Eintritts der Nacherbfolge bestimmt sind (BayObLG FamRZ 96, 1578).

2   **2. Gesetzliche Erben als Nacherben.** Die ges Erben im Zeitpunkt des Nacherbfalles werden Nacherben. Da sie im Zeitpunkt des Erbfalles noch nicht feststehen, erwerben die ges Erben im Zeitpunkt des Erbfalles auch kein vererbbares Anwartschaftsrecht (BayObLGZ 66, 229; Rpfleger 01, 305). Für unbekannte Nacherben ist ein Pfleger zu bestellen (§ 1913 S 2), nicht dagegen für die potentiellen bekannten Nacherben (Kanzleiter DNotZ 70, 331).

3   **3. Wegfall des Nacherben vor dem Erbfall. a)** Bei **Tod vor Erbfall** wird idR der Vorerbe Vollerbe (§§ 2108 I, 1923 I); uU § 2069 für Abkömmlinge (Bremen NJW 70, 1923). **b)** Bei **Anfechtung** der Nacherbeneinsetzung (§§ 2078 ff, 142 I) gilt ebenfalls Vollerbschaft des Vorerben (LM Nr 1). **c) Analoge Anwendung** des

Titel 3. Einsetzung eines Nacherben §§ 2105–2107

§ 2104, wenn Erblasser eindeutig und ohne Rücksicht auf die Person des Nacherben Nacherbschaft wollte; strenge Anforderungen (LM Nr 1).

§ 2105 Gesetzliche Erben als Vorerben

(1) **Hat der Erblasser angeordnet, dass der eingesetzte Erbe die Erbschaft erst mit dem Eintritt eines bestimmten Zeitpunkts oder Ereignisses erhalten soll, ohne zu bestimmen, wer bis dahin Erbe sein soll, so sind die gesetzlichen Erben des Erblassers die Vorerben.**

(2) **Das Gleiche gilt, wenn die Persönlichkeit des Erben durch ein erst nach dem Erbfall eintretendes Ereignis bestimmt werden soll oder wenn die Einsetzung einer zur Zeit des Erbfalls noch nicht gezeugten Person oder einer zu dieser Zeit noch nicht entstandenen juristischen Person als Erbe nach § 2101 als Nacherbeinsetzung anzusehen ist.**

a) Die **Ergänzungsregel** will eine herrenlose Erbschaft bei unvollkommener 1 letztwilliger Verfügung verhindern (sog. *konstruktive Vorerbschaft*).

b) Der **fehlenden Vorerbeneinsetzung** gem § 2105 I steht die nichtige gleich, 2 falls die Nacherbeneinsetzung wirksam ist. Stirbt der Erblasser *nach* dem Eintritt der Bedingung und Befristung, so wird der Erbe sofort Vollerbe, § 2105 I findet keine Anwendung.

c) Von dem **obj unbestimmten Erben** des § 2105 II zu unterscheiden ist der 3 bestimmte, aber unbekannte Erbe, der sofort erbt und für den ein Pfleger (§ 1960) zu bestellen ist. Zur gleichzeitigen Einsetzung bestimmter und unbestimmter Erben s § 2101 Rn 2.

§ 2106 Eintritt der Nacherbfolge

(1) **Hat der Erblasser einen Nacherben eingesetzt, ohne den Zeitpunkt oder das Ereignis zu bestimmen, mit dem die Nacherbfolge eintreten soll, so fällt die Erbschaft dem Nacherben mit dem Tode des Vorerben an.**

(2) ¹**Ist die Einsetzung einer noch nicht gezeugten Person als Erbe nach § 2101 Abs. 1 als Nacherbeinsetzung anzusehen, so fällt die Erbschaft dem Nacherben mit dessen Geburt an.** ²**Im Falle des § 2101 Abs. 2 tritt der Anfall mit der Entstehung der juristischen Person ein.**

Die Ergänzungsregel für den Fall mangelnder Zeitbestimmung greift auch ein, falls 1 der Erblasser entgegen § 2065 (vgl BGH 15, 199) einem Dritten die Zeitbestimmung überlassen hat. Ist der nasciturus ausdr als Nacherbe eingesetzt, so ist es Auslegungsfrage, ob I oder II zu gelten hat (str). Problematisch ist Zeitpunkt der Nacherbfolge gem § 2106 II, wenn der Vorerbe vor Geburt des Nacherben wegfällt (dazu Damrau ZEV 04, 19).

§ 2107 Kinderloser Vorerbe

Hat der Erblasser einem Abkömmling, der zur Zeit der Errichtung der letztwilligen Verfügung keinen Abkömmling hat oder von dem der Erblasser zu dieser Zeit nicht weiß, dass er einen Abkömmling hat, für die Zeit nach dessen Tode einen Nacherben bestimmt, so ist anzunehmen, dass der Nacherbe nur für den Fall eingesetzt ist, dass der Abkömmling ohne Nachkommenschaft stirbt.

1. Zweck. Der Zweck der Vorschrift liegt darin, durch Ergänzungsregel Anfech- 1 tungen gem § 2078 überflüssig zu machen. Die Regel, der Erblasser wolle unbekannte oder später gezeugte Kindeskinder bzw später angenommene Adoptivkinder

§ 2108

(Stuttgart BWNotZ 84, 22; BayObLG NJW-RR 92, 839; anders bei Volljährigenadoption, BayObLGZ 84, 246; § 2069 Rn 2) nicht benachteiligen, ist widerlegbar, soweit die Verfügung hierfür zumindest Anhaltspunkte enthält (BGH NJW 81, 2743; Nürnberg NJW-RR 13, 331; BayObLG NJW-RR 91, 1095 mN). Sie gilt nicht ohne weiteres für die Belastung des kinderlosen Abkömmlings mit Vermächtnissen auf seinen Todesfall (BGH NJW 80, 1276). Gleichgültig ist, ob der Nacherbe familienfremder Dritter oder selbst Abkömmling des Erblassers ist (BGH NJW 81, 2744; Nürnberg NJW-RR 13, 331).

2. Rechtsfolgen. Der Abkömmling hat auf Lebensdauer die Stellung eines Vorerben. Die Nacherbschaft des Dritten ist auflösend bedingt durch die Existenz (vgl auch § 1923 II) von Kindeskindern beim Tod des Vorerben. Falls Kindeskinder vorhanden sind, wird der Abkömmling rückwirkend Vollerbe (BGH NJW 81, 2744). Ob die Kindeskinder den Abkömmling beerben, ist unwesentlich.

3. Entspr Anwendung. Vgl für das Nachvermächtnis § 2191 II.

§ 2108 Erbfähigkeit; Vererblichkeit des Nacherbrechts

(1) **Die Vorschrift des § 1923 findet auf die Nacherbfolge entsprechende Anwendung.**

(2) ¹**Stirbt der eingesetzte Nacherbe vor dem Eintritt des Falles der Nacherbfolge, aber nach dem Eintritt des Erbfalls, so geht sein Recht auf seine Erben über, sofern nicht ein anderer Wille des Erblassers anzunehmen ist.** ²**Ist der Nacherbe unter einer aufschiebenden Bedingung eingesetzt, so bewendet es bei der Vorschrift des § 2074.**

Lit: Haegele, Zur Vererblichkeit des Anwartschaftsrechts eines Nacherben, Rpfleger 67, 161; Musielak, Zur Vererblichkeit des Anwartschaftsrechts eines Nacherben, ZEV 95, 5; Tanck, Die Bestimmung des Ersatzerben bei Vor- und Nacherbschaft, ZErb 08, 33.

1. Fallgruppen. Folgende Fallgruppen sind zu unterscheiden: **a)** Tod des Nacherben vor dem Erbfall: vgl § 2104 Rn 3. **b)** Geburt des Nacherben nach dem Erbfall, aber vor dem Nacherbfall: gem §§ 2108 I, 1923, 2139 fällt die Nacherbschaft dem Nacherben an, wobei es genügt, wenn er nasciturus (§ 1923 II) ist. **c)** Geburt des Nacherben nach dem Nacherbfall: entspr § 2101 I wird er zweiter Nacherbe, nachdem zunächst die ges Erben erste Nacherben waren (§ 2105 II). **d)** Tod des Nacherben nach dem Nacherbfall: es gilt gewöhnliche Erbfolge. **e)** Tod des Nacherben vor dem Nacherbfall, aber nach dem Erbfall: § 2108 II, vgl Rn 2–5 und schon § 2100 Rn 7 f.

2. Anwartschaft des Nacherben. Das Anwartschaftsrecht, das der Nacherbe nach dem Erbfall erwirbt, ist vererblich, falls nicht der Erblasser einen entgegenstehenden Willen hat, zB einen „Nachnacherben" bestimmt (BGH NJW 81, 2745; BayObLG FamRZ 97, 316). Der Nacherbe kann also über die Anwartschaft letztwillig verfügen oder die ges Erbfolge gelten lassen. Bei mehreren Nacherben geht die Vererblichkeit der Anwachsung (§ 2094 I) vor (RG 106, 357; Stuttgart FamRZ 94, 1553; BayObLG FamRZ 96, 1240; sa LG Frankfurt Rpfleger 84, 271 mAnm Grunsky).

3. Verhältnis von Vererblichkeit und Ersatznacherbschaft. Dieses Verhältnis, wie es aus §§ 2069, 2096 folgt, bestimmt sich nach dem realen oder hypothetischen Erblasserwillen (BayObLG FamRZ 94, 784; hierzu Musielak ZEV 95, 5; Muscheler JR 95, 309). So muss in der ausdr Ersatzerbeneinsetzung (§ 2096) nicht ohne weiteres der Ausschluss der Vererblichkeit liegen, weil die Ersatzberufung für andere Fälle als den Tod nach dem Nacherbfall ihren Sinn behält (RG 142, 173; 169, 38; s aber Braunschweig FamRZ 95, 443: iZw Ausschluss der Vererblichkeit; str). Für die Anwendbarkeit des § 2069 ist zu prüfen, ob der Erblasser das Vermögen

Titel 3. Einsetzung eines Nacherben §§ 2109, 2110

in der Familie halten wollte oder ob er zur Stärkung der Nacherbenstellung auch die Verfügung des Nacherben zugunsten Fremder in Kauf genommen hätte; die volle Verfügungsbefugnis des Nacherben nach dem Nacherbfall zwingt nicht stets zur Annahme der letzten Alt. Denkbar ist vor diesem Hintergrund auch die teilw, auf einen bestimmten Personenkreis beschränkte Vererblichkeit (zum Ganzen BGH NJW 63, 1150; Karlsruhe FamRZ 00, 64; ZEV 09, 35 f: Ehefrau des kinderlosen Sohnes als Erbin des Nacherbenrechts; dazu Bestelmeyer Rpfleger 10, 640). Vgl auch § 2069 Rn 4 und § 2096 Rn 5.

4. Bedingte Nacherbschaft. Bei aufschiebend bedingter Nacherbschaft muss **4** der Nacherbe den Bedingungseintritt erleben; bei auflösend bedingter Nacherbschaft bleibt die Vererblichkeit bestehen, jedoch fällt auch die ererbte Nacherbschaft bei Bedingungseintritt fort (Hamm OLGZ 76, 187).

5. Anwartschaftsrecht. Zum Anwartschaftsrecht des Nacherben vgl § 2100 **5** Rn 7 f.

§ 2109 Unwirksamwerden der Nacherbschaft

(1) ¹**Die Einsetzung eines Nacherben wird mit dem Ablauf von 30 Jahren nach dem Erbfall unwirksam, wenn nicht vorher der Fall der Nacherbfolge eingetreten ist.** ²**Sie bleibt auch nach dieser Zeit wirksam:**
1. **wenn die Nacherbfolge für den Fall angeordnet ist, dass in der Person des Vorerben oder des Nacherben ein bestimmtes Ereignis eintritt, und derjenige, in dessen Person das Ereignis eintreten soll, zur Zeit des Erbfalls lebt,**
2. **wenn dem Vorerben oder einem Nacherben für den Fall, dass ihm ein Bruder oder eine Schwester geboren wird, der Bruder oder die Schwester als Nacherbe bestimmt ist.**

(2) **Ist der Vorerbe oder der Nacherbe, in dessen Person das Ereignis eintreten soll, eine juristische Person, so bewendet es bei der dreißigjährigen Frist.**

Die Vorschrift will fideikommißähnliche Bindungen verhindern (zur Unzulässig- **1** keit Köln FamRZ 90, 439). Bsp: Köln Rpfleger 08, 259 = FamRZ 08, 1783. Ereignisse im Sinne der Ausnahmevorschrift sind zB Verheiratung, Berufswahl, Erreichen eines bestimmten Alters; das Ereignis kann auch auf eigenem Handeln des Vor- oder Nacherben beruhen (vgl BGH NJW 69, 1112). Für den Beziehungsgrad zur Person („in der Person") werden sich abstrakte Maßstäbe kaum aufstellen lassen. Der Fall des § 2106 I fällt stets unter § 2109 I 2 Nr 1 (KG OLGZ 76, 388; BayObLG NJW-RR 90, 200 mN; Frankfurt FamRZ 04, 487; Schleswig ZEV 09, 298). Werden hintereinander jeweils auf den Todesfall einer Person zwei Nacherben eingesetzt („gestaffelte Nacherbfolge"), greift die Zeitgrenze ebenfalls; nach § 2109 I 2 Nr 1 kann die 30-Jahresfrist allerdings überschritten werden, falls Vorerbe und erster Nacherbe im Zeitpunkt des Erbfalls leben (Hamm Rpfleger 11, 328 mit mE missverständlichem LS; Hamburg FamRZ 85, 539). Die analoge Anwendung der Vorschrift auf andere Fälle langfristiger erbrechtlicher Bindung (gesellschaftsrechtliche Nachfolgeklausel, Familienstiftung) ist erwägenswert (str).

§ 2110 Umfang des Nacherbenrechts

(1) **Das Recht des Nacherben erstreckt sich im Zweifel auf einen Erbteil, der dem Vorerben infolge des Wegfalls eines Miterben anfällt.**

(2) **Das Recht des Nacherben erstreckt sich im Zweifel nicht auf ein dem Vorerben zugewendetes Vorausvermächtnis.**

§ 2111

1 Das Vorausvermächtnis zugunsten des alleinigen Vorerben befreit den Vorerben hinsichtlich des Vermächtnisgegenstandes von den Beschwernissen der Nacherbschaft; er ist insoweit Vollerbe. Eines Nacherbenvermerks im Grundbuch bedarf es hier daher nicht (LG Fulda Rpfleger 05, 664; München ZEV 06, 457). Falls ein Handelsgeschäft Gegenstand des Vorausvermächtnisses ist, trifft die Haftung gem HGB 27 folglich nicht den Nacherben, sondern die Erben des Vorerben (BGH 32, 60).

§ 2111 Unmittelbare Ersetzung

(1) ¹Zur Erbschaft gehört, was der Vorerbe auf Grund eines zur Erbschaft gehörenden Rechts oder als Ersatz für die Zerstörung, Beschädigung oder Entziehung eines Erbschaftsgegenstands oder durch Rechtsgeschäft mit Mitteln der Erbschaft erwirbt, sofern nicht der Erwerb ihm als Nutzung gebührt. ²Die Zugehörigkeit einer durch Rechtsgeschäft erworbenen Forderung zur Erbschaft hat der Schuldner erst dann gegen sich gelten zu lassen, wenn er von der Zugehörigkeit Kenntnis erlangt; die Vorschriften der §§ 406 bis 408 finden entsprechende Anwendung.

(2) Zur Erbschaft gehört auch, was der Vorerbe dem Inventar eines erbschaftlichen Grundstücks einverleibt.

1 **1. Zweck.** Die Vorschrift schützt den Bestand der Erbschaftssubstanz zugunsten des Nacherben. Gleichzeitig weist sie die während der Vorerbschaft anfallenden Nutzungen dem Vorerben zu. Sie regelt insoweit nur die Beziehung zwischen Vor- und Nacherbe (§§ 2139, 2130) und gilt nicht zugunsten der Nachlassgläubiger (s BGH 81, 12).

2 **2. Surrogationsprinzip. a) Zuwachs auf Grund eines Rechts** ist zB Verbindung und Vermischung (§§ 946 ff), Ersitzung etc. **b) Ersatzvorteile** sind Versicherungsansprüche, Lastenausgleichsansprüche (BGH 44, 336; NJW 72, 1369; str), Enteignungsentschädigungen (BGH RdL 56, 189). § 2111 findet analoge Anwendung, wenn einem Vorerben während der Vorerbschaft ein enteignetes Grundstück nach VermG zurückübertragen wird, welches ursprünglich im Eigentum des vor Inkrafttreten des VermG verstorbenen Erblassers stand (BGH ZEV 10, 248 f).

3 **c) Rechtsgeschäftliche Mittelsurrogation** liegt vor, wenn der Gegenwert aus der Erbschaft geleistet wurde (BGH 110, 178; NJW 85, 383). Dies gilt auch für den Erwerb höchstpersönlicher Rechte (BGH 109, 216 für Kommanditanteil; Köln 18 U 112/07 v 27.8.2009 für GmbH-Anteil; sa § 2019 Rn 2). Auch die noch ausstehende Forderung gegen den Geschäftspartner gehört bei Vorleistung des Vorerben zum Nachlass. Nachlassmittel sind nach hM auch Auseinandersetzungsguthaben, so dass der Auseinandersetzungserwerb der Surrogation unterfällt (BayObLGZ 86, 213; München FGPrax 12, 103; BGH NJW-RR 01, 218 mAnm Grunsky LM Nr 11 zu § 2 III). Der Surrogationserwerb hat dinglich Bestand, auch wenn die als Gegenleistung erfolgte Verfügung wegen Teilunentgeltlichkeit gem § 2113 II unwirksam ist; die Eigentümereintragung des Vorerben im Grundbuch kann nach Eintritt des Nacherbfalls allein auf Grund eines die Nacherbfolge ausweisenden Erbscheins auf den Nacherben berichtigt werden (Hamm NJW-RR 02, 1518). Tilgt der Mitvorerbe mit seinem Auseinandersetzungsguthaben seine Darlehensschuld gegenüber der Erbengemeinschaft, so gehört die an seinem Grundstück entstehende Eigentümergrundschuld zum Nachlass; dabei wird der Begriff des „rechtsgeschäftlichen Erwerbs" weit ausgelegt, weil ja dieser Erwerb nur mittelbare Folge des die Hypothekenforderung tilgenden RGeschäfts ist und unmittelbar aus dem Gesetz folgt, §§ 1163, 1177 (zum Ganzen BGH 40, 122). Auch der Erwerb durch Zwangsversteigerungszuschlag fällt unter die Surrogation (BGH NJW 93, 3199). Bei Teilfinanzierung mit Erbschaftsmitteln tritt Teilsurrogation ein (BGH NJW 77, 1631; krit M. Wolf JuS 81, 14). Der Vorerbe kann nicht über § 2111 hinaus freies Vermögen der

Titel 3. Einsetzung eines Nacherben § 2112

Nachlassmasse mit dinglicher Wirkung zuweisen (BGH 40, 125). Ein vom Vorerben fortgeführtes Girokonto des Erblassers fällt dem Nacherben nur insoweit an, als Guthaben Nachlassgegenstände surrogieren; insbes kein Eintritt des Nacherben in das Girovertragsverhältnis (BGH 131, 63 ff). **d) Die Beweislast** für Surrogations- 4 vorgänge trägt der Nacherbe voll (BGH NJW 83, 2874). **e) Verfügungsbeschränkungen** (§§ 2112 ff) richten sich nicht nach der Art des ursprünglichen Gegenstandes, sondern des Surrogates (LG Göttingen WM 85, 1353; sa BayObLGZ 86, 213). Ausnahme: Enteignungsentschädigung bei Grundstücken (BGH RdL 56, 189).

3. Nutzungen. Alle Nutzungen (§ 100) gebühren dem Vorerben (BGH NJW 5 83, 2875; WM 88, 126 mN; sa § 2133), soweit der Erblasser keine einschränkende testamentarische Regelung trifft (München FamRZ 10, 1200: „Reinertragsklausel"). Der Vorerbe trägt deshalb die Fruchtziehungskosten (s § 102); die Verteilung bei Ende der Vorerbschaft richtet sich nach § 101. Nutzungen sind insbes Zinsen (BGH 81, 13), Dividenden und Gewinnanteile (BGH 78, 188; 109, 219; BFH ZEV 01, 78 mAnm Wachter), nicht aber neue Anteile bei Kapitalerhöhung. Unternehmensgewinn ist nach den Grundsätzen der kaufmännischen Handelsbilanz zu ermitteln (zur Gestaltungsfreiheit des Erblassers Baur JZ 58, 465). Im Verhältnis zu Nachlassgläubigern fallen Nutzungen ins Nachlassvermögen.

4. Gutglaubensschutz des Forderungsschuldners. Vgl § 2019 Rn 4. 6

5. Parallelvorschriften. Parallelregelungen zu § 2111 sind §§ 2019, 2041. **Lit:** 7 Krebber FamRZ 00, 197; Krug ZEV 99, 381; sa bei §§ 2019, 2041.

§ 2112 Verfügungsrecht des Vorerben

Der Vorerbe kann über die zur Erbschaft gehörenden Gegenstände verfügen, soweit sich nicht aus den Vorschriften der §§ 2113 bis 2115 ein anderes ergibt.

1. Grundsatz der Verfügungsfreiheit des Vorerben. Dieser Grundsatz ist 1 allerdings durch §§ 2113 ff beträchtlich beschränkt. Weitergehende letztwillige Beschränkungen haben als Auflage allein schuldrechtliche Wirkung (LM Nr 2 zu § 2100; vgl auch § 2100 Rn 3 ff). Dingliche Wirkung lässt sich nur durch Verbindung der Vorerbschaft mit Testamentsvollstreckung (§ 2211) erreichen.

2. Gegenstand der verbleibenden Verfügungsbefugnis. Hierher gehören: 2 Verfügung über Miterbenanteil des Vorerben (§ 2033), die das Recht des Nacherben unberührt lässt (BayObLG DNotZ 83, 325); Vereinbarung der Gütergemeinschaft (BayObLGZ 90, 115); entgeltliche Verfügungen über einen zum Nachlass gehörenden Erbteil oder Gesellschaftsanteil (vgl BGH 69, 50; 78, 182; hierzu Lutter ZGR 82, 108), falls nicht Gegenstände des § 2113 I Hauptbestandteil des Gesamthandsvermögens sind (str; sa § 2113 Rn 1); entgeltliche Verfügungen über Mobilien.

3. Handlungsfreiheit. Die Handlungsfreiheit des Vorerben ist weithin unbe- 3 schränkt. **a) Verpflichtungsgeschäfte** sind uneingeschränkt wirksam (BGH NJW 69, 2045; 86, 2823); den Nacherben verpflichten sie als Nachlassverbindlichkeit, zB als Erbschaftsverwaltungsschuld, allerdings nur, wenn sie in ordnungsmäßiger Verwaltung des Nachlasses (s § 2120 Rn 5) eingegangen wurden (BGH 32, 64; 110, 179; NJW 84, 367). **b) Die Fortführung eines Einzelhandelsgeschäftes** 4 unterfällt der Entscheidung des Vorerben. Der fortführende Nacherbe haftet für alle Verbindlichkeiten (BGH 32, 66) gem HGB 25, 27; verweigert er die Fortführung, haftet er nur wie Rn 3. **c) Der Eintritt in eine Personengesellschaft** folgt den für Vollerben geltenden Grundsätzen (BGH 78, 181). Hat der Vorerbe als persönlich haftender Gesellschafter von seinem Recht Gebrauch gemacht, Kommanditist zu werden, dann kann der Nacherbe nicht mehr verlangen, persönlich haftender Gesellschafter zu werden (BGH NJW 77, 1541; sa § 2139 Rn 1). Verfügungen über Gesellschaftsvermögen unterliegen nicht den §§ 2113 ff (so andeutungsweise BGH

Stürner

§ 2113

69, 50; ausdrücklich BayObLG ZEV 96, 64 m abl Anm Kanzleiter; hierzu Schmid BWNotZ 96, 144; sa Köln NJW-RR 87, 268; vgl § 2113 Rn 1). **d) Testierfreiheit.** Der Vorerbe kann frei testieren; seine Erben unterliegen den Beschränkungen des Nacherbenrechts. Die Testierfreiheit ist hinsichtlich der Vorerbschaft nur von Bedeutung, falls der Nacherbfall erst nach dem Tode des Vorerben eintritt, andernfalls (§ 2106 I) wird die Verfügung insoweit gegenstandslos (Hamm DNotZ 86, 555). Zur Nacherbeneinsetzung unter der Bedingung, dass der Vorerbe nicht anderweitig verfügt, vgl § 2065 Rn 1.

6   **4. Vollmachten. a)** Die **postmortale Vollmacht** an einen Dritten kann der Vorerbe widerrufen. Mit Eintritt des Nacherbfalles ist der Nacherbe widerrufsberechtigt, da ja nunmehr er vertreten wird. **b)** Die **Vollmacht des Vorerben** berechtigt nicht zur Vertretung des Nacherben, es sei denn, der Nacherbe willigt ein (KG NJW 57, 755). Lit: Keim DNotZ 08, 175.

§ 2113 Verfügungen über Grundstücke, Schiffe und Schiffsbauwerke; Schenkungen

(1) **Die Verfügung des Vorerben über ein zur Erbschaft gehörendes Grundstück oder Recht an einem Grundstück oder über ein zur Erbschaft gehörendes eingetragenes Schiff oder Schiffsbauwerk ist im Falle des Eintritts der Nacherbfolge insoweit unwirksam, als sie das Recht des Nacherben vereiteln oder beeinträchtigen würde.**

(2) **¹Das Gleiche gilt von der Verfügung über einen Erbschaftsgegenstand, die unentgeltlich oder zum Zwecke der Erfüllung eines von dem Vorerben erteilten Schenkungsversprechens erfolgt. ²Ausgenommen sind Schenkungen, durch die einer sittlichen Pflicht oder einer auf den Anstand zu nehmenden Rücksicht entsprochen wird.**

(3) **Die Vorschriften zugunsten derjenigen, welche Rechte von einem Nichtberechtigten herleiten, finden entsprechende Anwendung.**

Lit: Keim, Die Vollmacht über den Tod hinaus bei Vor- und Nacherbschaft, DNotZ 08, 175; ders, Befugnisse des Nacherbentestamentsvollstreckers bei Verfügungen über Nachlaßgegenstände, ZErb 08, 5; Maurer, Fragen des (Eigen-)Erwerbs von Nachlaßgegenständen durch den Vor- oder Nacherben, DNotZ 81, 223; Najdecki, Teilungsversteigerung bei Vor- und Nacherbschaft, DNotZ 07, 643; Paschke, Nacherbenschutz in der Vorerbengesellschaft, ZIP 85, 129; Ricken, Die Verfügungsbefugnis des nicht befreiten Vorerben, AcP 202, 465; K. Schmidt, Nacherbenschutz bei Vorerbschaft an Gesamthandsanteilen, FamRZ 76, 683.

1   **1. Verfügungen über Grundstücke oder Rechte an Grundstücken. a) Verfügungen** sind die Übertragung, Belastung, Inhaltsänderung, die Übernahme einer öffentl-rechtl Baulast (VGH BW NJW 90, 269), ferner die Rechtsaufgabe (BGH NJW 91, 842 = JZ 91, 727 mAnm Bork; BGH NJW 99, 2037; Frankfurt FamRZ 10, 495). **b) Nachlasszugehörigkeit.** Wenn der Gesamthandsanteil des Erblassers am ehelichen Gesamtgut in den Nachlass fällt (§ 1482), ist nur der Gesamthandsanteil Nachlassgegenstand, nicht aber das zum Gesamtgut gehörende Grundstück; der als Vorerbe eingesetzte Ehegatte kann deshalb ohne die Beschränkung des § 2113 über solche Grundstücke verfügen (BGH 26, 378; NJW 64, 768; 76, 893 unter Aufgabe von BGH NJW 70, 943), ebenso der Miterbe, der den Gesamthandsanteil des andern Miterben als dessen Vorerbe erwirbt (BGH NJW 78, 698); dies gilt gerade auch dann, wenn der mehrgliedrigen Gesamthandsgemeinschaft nicht von der Nacherbschaft betroffene Dritte angehören (BGH 171, 352 ff = NJW 07, 2115 m zust Anm Keim und krit Anm Armbruster Rpfleger 07, 385; München FamRZ 12, 1169: Nachlasszugehörigkeit des Surrogats nach Auseinandersetzung). Nachlasszugehörigkeit eines Gesellschaftsanteils führt nicht zur Nachlasszugehörigkeit des Gesellschaftsvermögens (vgl schon § 2112 Rn 4). Dagegen bleibt § 2113 auf einzelne Gegenstände anwendbar, wenn der schon mit der Vorerbschaft belastete

Miterbe die anderen Miterbenanteile dazuerwirbt (Saarbrücken FamRZ 00, 124 mAnm Ludwig DNotZ 00, 67; Schaub ZEV 00, 28). Wenn ein Miterbe einen Gesamthands- und einen Miteigentumsanteil des anderen Miterben als Vorerbe erwirbt, bleibt es für den Miteigentumsanteil bei § 2113 und der Eintragung eines Nacherbenvermerks (BayObLG NJW-RR 02, 1237). Die Verfügung des Vorerben über ein Grundstück, das zur ideellen Hälfte ihm selbst und zur anderen Hälfte zur Erbschaft gehört, kann trotz des Verstoßes gegen § 2113 insoweit wirksam sein, als über den nachlassfremden ideellen Bruchteil verfügt wird (BGH WM 73, 41). Überträgt der Vorerbe ein Grundstück auf den Nacherben, so gehört ein dabei vereinbarter vormerkungsgesicherter Rückübereignungsanspruch zum Nachlass des Vorerben und nicht zum Erblassernachlass (München ZEV 12, 333 – fragwürdig !). c) Die **Beeinträchtigung** des Nacherbenrechts liegt in der Rechtsbeeinträchtigung und hängt folglich nicht von der Äquivalenz des Gegenwertes ab. Sie ist ausgeschlossen, falls der Vorerbe Nachlassverbindlichkeiten oder Teilungsanordnungen erfüllt (BayObLG 74, 314; Hamm NJW-RR 95, 1290; Düsseldorf ZEV 03, 296; aA zB MK/Grunsky 13: § 2120). Die Nachlassverbindlichkeit muss aber zweifelsfrei feststehen, da dem Grundbuchamt insofern eigene Ermittlungen verwehrt sind (BayObLG Rpfleger 01, 408). d) **Rechtsfolge** ist absolute Unwirksamkeit, die aber zeitlich hinausgeschoben erst beim Nacherbfall eintritt (BGH 52, 270; NJW 85, 383). Da die Bestellung eines Erbbaurechtes unter auflösender Bedingung unwirksam ist (ErbbauRG 1 IV 1), kann der Vorerbe allein kein Erbbaurecht bestellen (BGH 52, 269; str). **Rückabwicklung** (BGH NJW 85, 382) erfolgt gem §§ 894, 985 (Oldenburg NJW-RR 02, 728: keine Vormerkung!), wobei für die Zeit nach dem Nacherbfall für Nutzungen und Verwendungen §§ 987, 994 ff gelten. Für die Zeit vor dem Nacherbfall hingegen § 2111 und §§ 2124–2126 zugunsten des Erwerbers analog, so dass er insoweit dem Vorerben gleichsteht; Zurückbehaltungsrecht wegen des Anspruchs auf Rückgewähr der Gegenleistung (OLGR Bamberg 09, 894). e) **Zustimmung des Nacherben** (§ 185 analog) schließt künftige Unwirksamkeit aus (BayObLG DNotZ 98, 138); Heilung nach § 185 II 1 Var 3 setzt voraus, dass Nacherbe für die Nachlassverbindlichkeiten des Vorerben unbeschränkbar haftet (BayObLG DNotZ 98, 141 mN). Zustimmung des Ersatznacherben ist entbehrlich (BGH 40, 119; BayObLG DNotZ 98, 140 mN; 207; 05, 790; Zweibrücken FamRZ 11, 1430; vgl § 2096 Rn 5), nicht aber die des Nachnacherben (Zweibrücken 3 W 195/10 v 12.1.2001). Bei minderjährigen Nacherben gilt § 1821 I Nr 1; der Vorerbe als ges Vertreter des Nacherben kann gegenüber dem Vertragspartner nicht zustimmen, §§ 1795 II, 181 (MK/Grunsky 15; § 181 Rn 8; abw Ansicht nach BGH 77, 9 nicht mehr haltbar!).

2. Unentgeltliche Verfügungen. a) Unentgeltlichkeit. Sie ist gegeben, wenn der Vorerbe obj ohne gleichwertige Gegenleistung Opfer aus der Erbmasse bringt – maßgebend für die Beurteilung ist der Zeitpunkt der Verfügung – und subj entweder die Ungleichwertigkeit der Gegenleistung erkennt oder doch bei ordnungsmäßiger Verwaltung erkennen muss (BGH NJW 91, 842: Unentgeltlichkeit eines gerichtl Vergleichs; Hamm FamRZ 91, 114; BGH NJW 92, 565: sog „unbenannte Zuwendung" an Ehegatten; Hamm Rpfleger 99, 387: es kommt nicht darauf an, ob eine andere Person mit mehr Verhandlungsgeschick oder Ausdauer beim Grundstücksverkauf einen höheren Preis erzielt hätte; München FGPrax 05, 194 m krit Anm Demharter: Grundstücksübertragung an eine Gesellschaft gegen Erhöhung des Kapitalanteils). Die Abfindung einer Gesellschaftsbeteiligung kann vollwertig sein, obwohl Firmenwert und schwebende Geschäfte nicht bes bewertet und stille Reserven pauschal abgegolten sind, insbes bei schwieriger Geschäftslage (BGH NJW 84, 364). Teilw Unentgeltlichkeit ist voller Unentgeltlichkeit gleichzusetzen (BGH 7, 279; NJW 85, 383). Erwirbt der Vorerbe selbst einen Erbschaftsgegenstand in sein von der Nacherbfolge freies Eigenvermögen, kann sein Verzicht auf Ersatzansprüche wegen außergewöhnlicher Erhaltungskosten des ererbten Gegenstands (§ 2124 II) als Entgelt anzusehen sein (BGH NJW 94, 1153). Sofern die Gegenleistung nicht

§ 2113

dem Nachlass, sondern dem freien Vermögen des Vorerben, eines Nacherben oder Dritten zufließt, ist von Unentgeltlichkeit auszugehen (BGH 7, 277; 69, 51); anders, wenn der befreite Vorerbe die Gegenleistung zur Befreiung von einer Verbindlichkeit verwendet, die er im Rahmen ordnungsmäßiger Verwaltung eingehen musste (BGH NJW 84, 367: persönliche Schuldübernahme für GmbH mit nachlasszugehörigem Hauptgeschäftsanteil); anderes gilt auch für die Verwendung der Gegenleistung zum Lebensunterhalt des Vorerben (BGH NJW 55, 1354; 77, 1540 und 1632; Celle NJW-RR 92, 141), sofern nicht Teile der Gegenleistung mit dem Tode des Vorerben verfallen (zB Leibrente: Hamm FamRZ 91, 115). Beim Verzicht auf gesellschaftsvertragliche Rechte liegt Unentgeltlichkeit *nicht* vor, wenn alle Gesellschafter gleichmäßig belastende Änderungen hinnehmen müssen (BGH 78, 177; NJW 84, 365; Lutter ZGR 82, 108) oder der Verzicht der Stärkung des Unternehmens dient, die letztlich auch dem betroffenen Gesellschaftsanteil nützt (BGH NJW
5 81, 1562; 84, 365). **b)** Die **Beeinträchtigung** liegt nicht – wie beim für Immobilien geltenden Verfügungsverbot – im Rechts- bzw Sachverlust; vielmehr ist zu prüfen, ob der Nacherbe beim Nacherbfall *wirtschaftlich* schlechter gestellt ist als ohne unentgeltliche Verfügung (BGH 7, 279; NJW 99, 2038: unverkäufliches Grundstück in der früheren DDR). Beschwert der Erblasser den Nacherben durch Vermächtnis, einer unentgeltlichen Verfügung zuzustimmen, so soll die Verfügung des Vorerben das Recht des Nacherben nicht beeinträchtigen (Düsseldorf NJW-RR 00, 376 = FamRZ 00, 573 m krit Anm Wübben ZEV 00, 30; Ludwig DNotZ 01, 102) sa §§ 2136–2138 Rn 2. Zur Befriedigung von Nachlassverbindlichkeiten s Rn 2.
6 **c) Rechtsfolge,** s Rn 2. Bei *teilw unentgeltlicher* Verfügung durch den Vorerben hat der Erwerber ein Zurückbehaltungsrecht, auch wenn die Gegenleistung dem Vorerben persönlich zugeflossen war (BGH NJW 85, 383 für befreiten Vorerben). Der Erwerber kann Rückgabe verweigern und Ausgleichszahlung anbieten (str). **d) Sittliche Pflicht** liegt zB vor beim Anerkenntnis eines verjährten Pflichtteilsanspruchs, wo der BGH allerdings schon die Schenkung verneint (BGH NJW 73, 1691).

7 **3. Grundbucheintragungen. a)** Der **Nacherbenvermerk** (GBO 51; sa § 2100 Rn 9) begründet keine Grundbuchsperre (Frankfurt FamRZ 12, 745; RG 148, 392), denn die Verfügung ist ja bis zum Nacherbfall auf jeden Fall wirksam, und bei Befreiung sind entgeltliche Verfügungen endgültig wirksam (BayObLG Rpfleger 82, 468); endgültig wirksam sind auch Verfügungen über Grundstücke einer Gesamthand (Rn 1), der Nacherbenvermerk (Notwendigkeit str, verneinend München ZIP 11, 276) schützt hier für den Nacherbfall „Tod des Vorerben" vor Verfügungen von dessen Erben (Ludwig Rpfleger 87, 156 gegen Köln NJW-RR 87, 267; sa Jung Rpfleger 95, 9; zum Nacherbenvermerk am Surrogat nach Auseinandersetzung München FamRZ 12, 1169). Da mit der Löschung eines Rechts auch der Nacherbenvermerk und damit jeder Schutz entfiele, ist die Zustimmung des Nacherben nötig (Celle FamRZ 11, 141 mit Erörterung der Ergänzungspflegschaft für weitere unbekannte Nacherben; RG 102, 338; aA MK/Grunsky 19; sa § 2100 Rn 9). Nach wirksamen entgeltlichen Verfügungen des befreiten Vorerben (dazu Düsseldorf Rpfleger 08, 299) bzw Verfügungen unter Zustimmung macht der Nacherbenvermerk das Grundbuch unrichtig und ist zu löschen (GBO 22; KG NJW-RR 93, 269; Düsseldorf NJW-RR 09, 27; Frankfurt FamRZ 12, 743; NJOZ 12, 332: Gehör des Nacherben), ebenso bei Erfüllung von Nachlassverbindlichkeiten (Rn 2), falls Nachweise gem GBO 29 erbracht sind (zu streng Hamm Rpfleger 84, 313; s aber FamRZ 05, 939; großzügig Düsseldorf ZEV 03, 296 mAnm Ivo: Nachweis eines Vermächtnisses auch durch privatschriftliches Testament; ebenso Celle OLGR 04, 489 mN); ein *Wirksamkeitsvermerk*, der bekundet, dass der Nacherbenvermerk ggü einem Recht keine Unwirksamkeit iSd § 2113 anzeigt, ist zulässig (BayObLG DNotZ 98, 207 mN). Das Grundbuchamt kann bei zweiseitigen RGeschäften mangels anderer Anhaltspunkte Entgeltlichkeit vermuten, bes grundbuchrichterliche Erforschungspflicht besteht nicht (BayObLG NJW 56, 992; ähnlich DNotZ 89, 182; Braunschweig Rpfleger 91, 205; s aber Hamm FamRZ 91, 115; Düs-

Titel 3. Einsetzung eines Nacherben §§ 2114, 2115

seldorf Rpfleger 08, 300; Frankfurt FamRZ 12, 744, str). Der Nacherbenvermerk erfasst auch den Ersatznacherben. Falls der Nacherbe – ggf nur mit Zustimmung des Ersatznacherben (§ 2100 Rn 9) – auf den Vermerk verzichtet, ist gutgl Erwerb (§ 892 I 2) durch Dritte möglich. Falls Mitvorerben an einen einzelnen Mitvorerben veräußern, muss ein neuer Nacherbenvermerk zugunsten der Nacherben des neuen Alleineigentümers angebracht werden (KG NJW-RR 93, 269). **b) Eintragungen ohne vorherige Eintragung des Nacherbenvermerks.** Die Eintragung des Dritten gem GBO 40 bei Verfügungen nach § 2113 I ist möglich bei Einwilligung des Nacherben (GBO 29) u gegebenenfalls des Nachnacherben (Zweibrücken FamRZ 11, 1430), dessen Verzicht auf den Nacherbenvermerk (BayObLG NJW-RR 89, 1096) oder bei befreiter Vorerbschaft (§§ 2113 II, 2136), wenn Entgeltlichkeit nachgewiesen ist (s Rn 7). 8

4. Gutglaubensschutz. Es gelten die §§ 892 I 2, 932 I 1 und II für die Tatsache der Nacherbschaft. Fehlt die Eintragung des Vorerben, so gibt es trotz fehlenden Nacherbenvermerks keinen Schutz des guten Glaubens an die Vollerbschaft des Vorerben (BGH NJW 70, 943). 9

5. Testamentsvollstreckung. Der Testamentsvollstrecker ist an § 2113 nicht gebunden, jedenfalls dann nicht, wenn er für Vor- und Nacherben eingesetzt ist (BGH 40, 119); im Falle einer auf den Vorerben beschränkten Einsetzung str. 10

6. Prozessuales. Der Nacherbe kann bereits vor dem Nacherbfall die künftige Unwirksamkeit (Rn 2) der Vorerbenverfügung durch Feststellungsklage geltend machen (BGH 52, 271; Oldenburg NJW-RR 02, 728; VGH BW NJW 90, 268 für verwaltungsgerichtliches Verfahren). Er hat jedoch kein Beschwerderecht gegen eine betreuungsgerichtlich erteilte Genehmigung einer Rechtsaufgabe (§ 928), weil ihn die Unwirksamkeit mit Eintritt der Nacherbfolge ausreichend schützt (Frankfurt FamRZ 10, 495 f – zweifelhaft!). 11

§ 2114 Verfügungen über Hypothekenforderungen, Grund- und Rentenschulden

¹Gehört zur Erbschaft eine Hypothekenforderung, eine Grundschuld, eine Rentenschuld oder eine Schiffshypothekenforderung, so steht die Kündigung und die Einziehung dem Vorerben zu. ²Der Vorerbe kann jedoch nur verlangen, dass das Kapital an ihn nach Beibringung der Einwilligung des Nacherben gezahlt oder dass es für ihn und den Nacherben hinterlegt wird. ³Auf andere Verfügungen über die Hypothekenforderung, die Grundschuld, die Rentenschuld oder die Schiffshypothekenforderung findet die Vorschrift des § 2113 Anwendung.

Die Vorschrift bedeutet eine *Ausnahme* gegenüber § 2113 für die Fälle der Kündigung und Einziehung. Eine Einziehung liegt auch vor, falls der Schuldner ohne aktives Handeln des Vorerben (zB Kündigung) in Erfüllung seiner vertraglichen Pflicht zahlt. Zahlungen an den Vorerben ohne Einwilligung des Nacherben sind unwirksam (BGH FamRZ 70, 193). 1

§ 2115 Zwangsvollstreckungsverfügungen gegen Vorerben

¹Eine Verfügung über einen Erbschaftsgegenstand, die im Wege der Zwangsvollstreckung oder der Arrestvollziehung oder durch den Insolvenzverwalter erfolgt, ist im Falle des Eintritts der Nacherbfolge insoweit unwirksam, als sie das Recht des Nacherben vereiteln oder beeinträchtigen würde. ²Die Verfügung ist unbeschränkt wirksam, wenn der Anspruch eines Nachlassgläubigers oder ein an einem Erbschaftsgegenstand bestehen-

§ 2116

des Recht geltend gemacht wird, das im Falle des Eintritts der Nacherbfolge dem Nacherben gegenüber wirksam ist.

Lit: Hofmann, Zu § 28 ZVG bei Nacherbschaft am Versteigerungsobjekt, Rpfleger 99, 317; Klawikowski, Die Grundstücksversteigerung bei Vor- und Nacherbschaft, Rpfleger 98, 100; Wessels, Zwangsvollstreckungsrechtliche Fragestellungen im Erbrecht, ZFE 05, 191; M. Wolf, FS von Lübtow, 1991, S 325.

1   **1. Schutzbereich.** Der Schutzbereich der Vorschrift erfasst nur Vollstreckungsmaßnahmen zur Vollstreckung von Geldforderungen (ZPO 803–871) der Eigengläubiger des Vorerben; für ZPO 894 gelten §§ 2112, 2113.

2   **2. Verfahrensrechtliche Ergänzungsvorschriften.** Hier sind ZPO 773 und InsO 83 II zu erwähnen. Der Schutz besteht zunächst nur im Verbot der Verwertung; die Vollstreckungspfandrechte sind als solche wirksam und werden erst mit dem Nacherbfall unwirksam, falls das Nacherbenrecht beeinträchtigt würde (Bsp: BGH 110, 178; FamRZ 93, 802). Mehrere Nacherben, die Widerspruch aus ZPO 773 erheben, sind keine notwendigen Streitgenossen (BGH FamRZ 93, 803).

3   **3. Gutgl Erwerb.** Gutgl Erwerb durch Vollstreckungsmaßnahmen ist grundsätzlich ausgeschlossen; anders, wenn freihändig veräußert wird und der Erwerber damit rechtsgeschäftlich erwirbt. Beim Zuschlag im Wege öffentl Versteigerung erlöschen die Rechte des Nacherben (sa BGH NJW 00, 3359 und § 2100 Rn 11: Keine Berücksichtigung des Nacherbenvermerks im geringsten Gebot gem ZVG 44). Der Nacherbe muss gem ZPO 771, 773 klagen, falls Versteigerung entgegen GBO 51, ZPO 773 erfolgt; später nur Bereicherungsanspruch gegen vollstreckenden Gläubiger bzw Recht des Nacherben am Erlös, der noch nicht verteilt ist (ZVG 37 Nr 5, 92; teilw str).

4   **4. Teilungsversteigerung.** Keine Vollstreckungsmaßnahme ist die Teilungsversteigerung (ZVG 180 ff; vgl Baur/Stürner/Bruns § 34 I 2 C aa, Rn 34.6 ff) im Rahmen der Auseinandersetzung durch die Mitvorerben (BayObLGZ 65, 212; Hamm NJW 69, 516); am Erlös tritt Surrogation (§ 2111) ein.

5   **5. Unbeschränkt wirksame Vollstreckungsmaßnahmen.** Sie sind möglich zugunsten von Nachlassverbindlichkeiten und sind auch denkbar aus Verpflichtungen des Vorerben im Rahmen ordnungsmäßiger Verwaltung (BGH 110, 179; sa § 2112 Rn 3), welche der Nacherbe auch dinglich ermöglichen muss (s § 2120). S 2 gilt analog für den Nachlassverwalter (Braunschweig OLGZ 88, 394; §§ 1984, 1985 Rn 4).

6   **6. Aufrechnung.** Eine Aufrechnung der Eigengläubiger des Vorerben gegen eine Nachlassforderung ist analog § 394 nicht möglich (RG 80, 30).

§ 2116 Hinterlegung von Wertpapieren

(1) ¹Der Vorerbe hat auf Verlangen des Nacherben die zur Erbschaft gehörenden Inhaberpapiere nebst den Erneuerungsscheinen bei einer Hinterlegungsstelle mit der Bestimmung zu hinterlegen, dass die Herausgabe nur mit Zustimmung des Nacherben verlangt werden kann. ²Die Hinterlegung von Inhaberpapieren, die nach § 92 zu den verbrauchbaren Sachen gehören, sowie von Zins-, Renten- oder Gewinnanteilscheinen kann nicht verlangt werden. ³Den Inhaberpapieren stehen Orderpapiere gleich, die mit Blankoindossament versehen sind.

(2) Über die hinterlegten Papiere kann der Vorerbe nur mit Zustimmung des Nacherben verfügen.

§ 2117 Umschreibung; Umwandlung

¹Der Vorerbe kann die Inhaberpapiere, statt sie nach § 2116 zu hinterlegen, auf seinen Namen mit der Bestimmung umschreiben lassen, dass er über sie nur mit Zustimmung des Nacherben verfügen kann. ²Sind die Papiere vom Bund oder von einem Land ausgestellt, so kann er sie mit der gleichen Bestimmung in Buchforderungen gegen den Bund oder das Land umwandeln lassen.

§ 2118 Sperrvermerk im Schuldbuch

Gehören zur Erbschaft Buchforderungen gegen den Bund oder ein Land, so ist der Vorerbe auf Verlangen des Nacherben verpflichtet, in das Schuldbuch den Vermerk eintragen zu lassen, dass er über die Forderungen nur mit Zustimmung des Nacherben verfügen kann.

Anmerkungen zu den §§ 2116–2118

Zu den Inhaberpapieren zählen *nicht* Sparbücher (§ 808). Hinterlegungsstellen sind [1] die Amtsgerichte (s Vor §§ 372 ff Rn 3) oder die Bundes- und Landeszentralbanken. § 2116 I wurde durch das G v 8.12.2010 (BGBl I 1864) mit Wirkung zum 15.12.2010 geändert. Dabei wurden die dort noch erwähnten überholten Zuständigkeiten zur Hinterlegung von Inhaberpapieren gestrichen.

§ 2119 Anlegung von Geld

Geld, das nach den Regeln einer ordnungsmäßigen Wirtschaft dauernd anzulegen ist, darf der Vorerbe nur nach den für die Anlegung von Mündelgeld geltenden Vorschriften anlegen.

Die Vorschrift verweist auf §§ 1806, 1807, nach hM aber nicht auf §§ 1809, 1810 [1] (zu den Anlagevorschriften des Erbrechts: Coing, FS Kaufmann, 1972, S 127).

§ 2120 Einwilligungspflicht des Nacherben

¹Ist zur ordnungsmäßigen Verwaltung, insbesondere zur Berichtigung von Nachlassverbindlichkeiten, eine Verfügung erforderlich, die der Vorerbe nicht mit Wirkung gegen den Nacherben vornehmen kann, so ist der Nacherbe dem Vorerben gegenüber verpflichtet, seine Einwilligung zu der Verfügung zu erteilen. ²Die Einwilligung ist auf Verlangen in öffentlich beglaubigter Form zu erklären. ³Die Kosten der Beglaubigung fallen dem Vorerben zur Last.

1. Zweck. Er liegt in der Erweiterung der Verfügungsbefugnis gegenüber [1] §§ 2113 ff und im Schutz vor Ersatzansprüchen des Nacherben (§ 2130 ff).

2. Anwendungsbereich. Die erweiterte Anwendung der Vorschrift folgt aus [2] ihrem Zweck: Der Vorerbe kann bereits zum Verpflichtungsgeschäft die Zustimmung verlangen, um die Ordnungsmäßigkeit der geplanten Verfügung und damit die Haftung auch des Nacherben für entstehende Nachlassverbindlichkeiten klarzustellen (RG 90, 96; sa § 2112 Rn 3). Ferner kann bereits bei zweifelhafter Rechtslage die Zustimmung verlangt werden, ohne dass ein Tatbestand der §§ 2113 ff bereits feststeht. Auch bei befreiter Vorerbschaft (§ 2130) trifft den Nacherben eine Pflicht zur Zustimmung zu einer Grundstücksveräusserung, wenn der Erwerber aus Gründen der Rechtssicherheit dies verlangt (Frankfurt FamRZ 11, 1620).

3 **3. Empfänger der Zustimmungserklärung.** Dies ist gem § 182 der Vorerbe oder der Partner des RGeschäfts (str); Anspruchsinhaber ist indessen allein der Vorerbe, der den Anspruch aber abtreten kann.

4 **4. Form.** S § 2120 S 2; die Verpflichtung, einem Grundstückverkauf zuzustimmen, bedarf notarieller Beurkundung (BGH NJW 72, 581).

5 **5. Ordnungsmäßige Verwaltung.** Eine ordnunungsmäßige Verwaltung (§ 2038 I 2) liegt zB vor, wenn ein Nachlassgrundstück zur Vermeidung einer ungünstigeren Enteignung veräußert werden soll (BGH NJW 72, 580), jedoch grundsätzlich nicht bei einer Kreditaufnahme zu Lasten des Nachlasses (BGH 110, 181; sa 114, 27), es sei denn, die Interessen des Nacherben sind durch geeignete Sicherungen (Bestellung eines erfahrenen und zuverlässigen Treuhänders, Schutz vor Nachlassauszehrung durch Tilgung) geschützt (BGH NJW 93, 1582; 3199). Die Erfüllung von Nachlassverbindlichkeiten bedarf nicht der Zustimmung (str, s § 2113 Rn 2), § 2120 meint die evtl notwendigen Versilberungsgeschäfte. Darlegungslast des Vorerben (Düsseldorf NJW-RR 96, 905), der Nacherben zur Zustimmung auffordert.

§ 2121 Verzeichnis der Erbschaftsgegenstände

(1) ¹Der Vorerbe hat dem Nacherben auf Verlangen ein Verzeichnis der zur Erbschaft gehörenden Gegenstände mitzuteilen. ²Das Verzeichnis ist mit der Angabe des Tages der Aufnahme zu versehen und von dem Vorerben zu unterzeichnen; der Vorerbe hat auf Verlangen die Unterzeichnung öffentlich beglaubigen zu lassen.

(2) Der Nacherbe kann verlangen, dass er bei der Aufnahme des Verzeichnisses zugezogen wird.

(3) Der Vorerbe ist berechtigt und auf Verlangen des Nacherben verpflichtet, das Verzeichnis durch die zuständige Behörde oder durch einen zuständigen Beamten oder Notar aufnehmen zu lassen.

(4) Die Kosten der Aufnahme und der Beglaubigung fallen der Erbschaft zur Last.

§ 2122 Feststellung des Zustands der Erbschaft

¹Der Vorerbe kann den Zustand der zur Erbschaft gehörenden Sachen auf seine Kosten durch Sachverständige feststellen lassen. ²Das gleiche Recht steht dem Nacherben zu.

§ 2123 Wirtschaftsplan

(1) ¹Gehört ein Wald zur Erbschaft, so kann sowohl der Vorerbe als der Nacherbe verlangen, dass das Maß der Nutzung und die Art der wirtschaftlichen Behandlung durch einen Wirtschaftsplan festgestellt werden. ²Tritt eine erhebliche Änderung der Umstände ein, so kann jeder Teil eine entsprechende Änderung des Wirtschaftsplans verlangen. ³Die Kosten fallen der Erbschaft zur Last.

(2) Das Gleiche gilt, wenn ein Bergwerk oder eine andere auf Gewinnung von Bodenbestandteilen gerichtete Anlage zur Erbschaft gehört.

Titel 3. Einsetzung eines Nacherben §§ 2121–2126

Anmerkungen zu den §§ 2121–2123

Die Vorschriften bezwecken den Schutz des Vorerben vor Ersatzansprüchen 1 ebenso wie den Schutz des Nacherben vor Unkenntnis über den Nachlass betr Vorgänge. Für den Inhalt des Verzeichnisses ist der Zeitpunkt der Errichtung maßgebend (RG 164, 208); es muss nur bis zum Eintritt des Nacherbfalles (RG 98, 25) und nur einmal errichtet werden. Hingegen kann die Zustandsfeststellung mehrmals verlangt werden (vgl zum Verfahren FamFG 410 Nr 2, 411 II, 412 Nr 2, 414; früher FGG 164). Wegen § 2122 hat der pflichtteilsberechtigte Nacherbe keinen Anspruch gegen den Vorerben auf Wertermittlung analog § 2314 oder gem § 242 (BGH NJW 81, 2051); sa § 2314 Rn 10.

§ 2124 Erhaltungskosten

(1) **Der Vorerbe trägt dem Nacherben gegenüber die gewöhnlichen Erhaltungskosten.**

(2) **[1]Andere Aufwendungen, die der Vorerbe zum Zwecke der Erhaltung von Erbschaftsgegenständen den Umständen nach für erforderlich halten darf, kann er aus der Erbschaft bestreiten. [2]Bestreitet er sie aus seinem Vermögen, so ist der Nacherbe im Falle des Eintritts der Nacherbfolge zum Ersatz verpflichtet.**

§ 2125 Verwendungen; Wegnahmerecht

(1) **Macht der Vorerbe Verwendungen auf die Erbschaft, die nicht unter die Vorschrift des § 2124 fallen, so ist der Nacherbe im Falle des Eintritts der Nacherbfolge nach den Vorschriften über die Geschäftsführung ohne Auftrag zum Ersatz verpflichtet.**

(2) **Der Vorerbe ist berechtigt, eine Einrichtung, mit der er eine zur Erbschaft gehörende Sache versehen hat, wegzunehmen.**

§ 2126 Außerordentliche Lasten

[1]Der Vorerbe hat im Verhältnis zu dem Nacherben nicht die außerordentlichen Lasten zu tragen, die als auf den Stammwert der Erbschaftsgegenstände gelegt anzusehen sind. [2]Auf diese Lasten findet die Vorschrift des § 2124 Abs. 2 Anwendung.

Anmerkungen zu den §§ 2124–2126

Lit: de Leve, Aufwendungen des Vorerben – Erstattungspflicht des Nacherben, ZEV 05, 16; Grunsky, Verpflichtung des Vorerben, Tilgungsleistungen aus den Nutzungen der Erbschaft zu erbringen, LMK 04, 187.

1. Gewöhnliche Erhaltungskosten. Gewöhnliche Erhaltungskosten (§ 2124 I), 1 also zB normale Verschleißreparaturen (BGH NJW 93, 3199; dazu Voit ZEV 94, 138), die aus jährlichen Nutzungen zu decken sind, trägt der Vorerbe. Zu den **Fruchtziehungskosten** s § 2111 Rn 5.

2. Außergewöhnliche Erhaltungskosten. Solche Kosten (§ 2124 II) betreffen 2 Verbesserungen oder Erneuerungen, die nach dem Maßstab einer ordentlichen

§§ 2127–2129

Geschäftsführung für notwendig gehalten werden konnten und langfristig wertsteigernde Wirkung haben (BGH NJW 93, 3199). Sie trägt der Nachlass.

3. Sonstige Verwendungen. Sonstige Verwendungen (§ 2125 I), zB Betriebserweiterungen, Luxusanschaffungen, sind nur erschwert nach GoA zu ersetzen. Zu den Verwendungen des *Vorvermächtnisnehmers* s § 2191 Rn 2.

4. Ordentliche Lasten. Ordentliche Lasten, zB Steuer, Versicherung, trägt der Vorerbe (§ 2124 I; BGH NJW 85, 384).

5. Außergewöhnliche Lasten. Sie hat der Nachlass zu tragen, auch bei befreiter Vorerbschaft (BGH NJW 80, 2466); also zB Erschließungsbeiträge, Erbschaftsteuer (LG Bonn ZEV 12, 321), Einkommensteuer aus Veräußerungsgewinn (BGH NJW 80, 2466) oder Tilgungsleistungen auf vom Erblasser an Nachlassgrundstücken bestellte Grundpfandrechte (BGH NJW 04, 2982); anders, falls nach einem Vermächtnis der Vorerbe die Tilgung aus Nutzungen aufbringen soll.

6. Beschränkung auf das Innenverhältnis. §§ 2124 ff regeln nur das Innenverhältnis zwischen Vor- und Nacherben und schränken nicht etwa die Haftung für Nachlassverbindlichkeiten gem § 1967 ein (dazu KG FamRZ 09, 1520). Zur **analogen** Anwendung bei unwirksamem Erwerb vom Vorerben s § 2113 Rn 2.

§ 2127 Auskunftsrecht des Nacherben

Der Nacherbe ist berechtigt, von dem Vorerben Auskunft über den Bestand der Erbschaft zu verlangen, wenn Grund zu der Annahme besteht, dass der Vorerbe durch seine Verwaltung die Rechte des Nacherben erheblich verletzt.

§ 2128 Sicherheitsleistung

(1) Wird durch das Verhalten des Vorerben oder durch seine ungünstige Vermögenslage die Besorgnis einer erheblichen Verletzung der Rechte des Nacherben begründet, so kann der Nacherbe Sicherheitsleistung verlangen.

(2) Die für die Verpflichtung des Nießbrauchers zur Sicherheitsleistung geltende Vorschrift des § 1052 findet entsprechende Anwendung.

§ 2129 Wirkung einer Entziehung der Verwaltung

(1) Wird dem Vorerben die Verwaltung nach der Vorschrift des § 1052 entzogen, so verliert er das Recht, über Erbschaftsgegenstände zu verfügen.

(2) ¹Die Vorschriften zugunsten derjenigen, welche Rechte von einem Nichtberechtigten herleiten, finden entsprechende Anwendung. ²Für die zur Erbschaft gehörenden Forderungen ist die Entziehung der Verwaltung dem Schuldner gegenüber erst wirksam, wenn er von der getroffenen Anordnung Kenntnis erlangt oder wenn ihm eine Mitteilung von der Anordnung zugestellt wird. ³Das Gleiche gilt von der Aufhebung der Entziehung.

Anmerkungen zu den §§ 2127–2129

1   Die Vorschriften gewähren dem Nacherben vorbeugenden Schutz vor der wirtschaftlichen Aushöhlung seines Nacherbenrechts; zum Auskunftsrecht s Sarres ZEV 04, 56; iÜ §§ 2121–2123 Rn 1. Das Verwaltungs- und Verfügungsrecht des Verwalters entspricht dem des Vorerben, sowohl im Verhältnis zum Nacherben als auch im Verhältnis zu Dritten.

Titel 3. Einsetzung eines Nacherben §§ 2130–2134

§ 2130 Herausgabepflicht nach dem Eintritt der Nacherbfolge, Rechenschaftspflicht

(1) ¹Der Vorerbe ist nach dem Eintritt der Nacherbfolge verpflichtet, dem Nacherben die Erbschaft in dem Zustand herauszugeben, der sich bei einer bis zur Herausgabe fortgesetzten ordnungsmäßigen Verwaltung ergibt. ²Auf die Herausgabe eines landwirtschaftlichen Grundstücks findet die Vorschrift des § 596a, auf die Herausgabe eines Landguts finden die Vorschriften der §§ 596a, 596b entsprechende Anwendung.

(2) Der Vorerbe hat auf Verlangen Rechenschaft abzulegen.

§ 2131 Umfang der Sorgfaltspflicht

Der Vorerbe hat dem Nacherben gegenüber in Ansehung der Verwaltung nur für diejenige Sorgfalt einzustehen, welche er in eigenen Angelegenheiten anzuwenden pflegt.

§ 2132 Keine Haftung für gewöhnliche Abnutzung

Veränderungen oder Verschlechterungen von Erbschaftssachen, die durch ordnungsmäßige Benutzung herbeigeführt werden, hat der Vorerbe nicht zu vertreten.

§ 2133 Ordnungswidrige oder übermäßige Fruchtziehung

Zieht der Vorerbe Früchte den Regeln einer ordnungsmäßigen Wirtschaft zuwider oder zieht er Früchte deshalb im Übermaße, weil dies infolge eines besonderen Ereignisses notwendig geworden ist, so gebührt ihm der Wert der Früchte nur insoweit, als durch die ordnungswidrigen oder den übermäßigen Fruchtbezug die ihm gebührenden Nutzungen beeinträchtigt werden und nicht der Wert der Früchte nach den Regeln einer ordnungsmäßigen Wirtschaft zur Wiederherstellung der Sache zu verwenden ist.

§ 2134 Eigennützige Verwendung

¹Hat der Vorerbe einen Erbschaftsgegenstand für sich verwendet, so ist er nach dem Eintritt der Nacherbfolge dem Nacherben gegenüber zum Ersatz des Wertes verpflichtet. ²Eine weitergehende Haftung wegen Verschuldens bleibt unberührt.

Anmerkungen zu den §§ 2130–2134

1. Herausgabeanspruch des Nacherben. Dieser ähnelt dem Erbschaftsanspruch (§ 2018) und umfasst alle Erbschaftsgegenstände, also auch Surrogate (§ 2111). Der Anspruch geht nicht auf Rechtsübertragung, da ja gem § 2139 der Nacherbe kraft Ges Rechtsinhaber wird (§ 2139 Rn 1). Verjährung: § 197 I Nr 1. 1

2. Erhaltungskosten, Verwendungen und Lasten. Dafür gelten §§ 2124–2126 iVm § 103. 2

3. Nutzungen. Sie gebühren gem § 2111 dem Vorerben (vgl zum Eigentum § 953). § 2133 trifft eine ergänzende Regelung für Übermaßfrüchte; hier hat der Nacherbe uU einen Wertersatzanspruch. 3

4   4. Verbrauchte Erbschaftsgegenstände. Für diese besteht unabhängig vom Verschulden ebenfalls ein Wertersatzanspruch, der nur eingreift, falls der Gegenwert nicht durch Surrogation Erbschaftsgegenstand wurde (BGH 40, 124).

5   5. Schadensersatzansprüche. Diese entstehen aus schuldhafter Verletzung der Verwalterpflichten (§ 2130 I 1), wobei allerdings die Sorgfaltsmaßstäbe der §§ 2131, 2132 zu beachten sind.

6   6. Informationspflichten des Vorerben. Diese ergeben sich aus §§ 2130 I 1, 260 und §§ 2130 II, 259. Sie erstrecken sich auf die Rechnungsposten, die den Anspruch des Nacherben bestimmen. Der Nacherbe hat auch gegen den vom Vorerben Beschenkten analog §§ 2314, 2028 einen Auskunftsanspruch, falls die Auskunft zur Rechtsverfolgung erforderlich ist (vgl BGH 58, 237); s noch §§ 2121–2123 Rn 1.

§ 2135 Miet- und Pachtverhältnis bei der Nacherbfolge

Hat der Vorerbe ein zur Erbschaft gehörendes Grundstück oder eingetragenes Schiff vermietet oder verpachtet, so findet, wenn das Miet- oder Pachtverhältnis bei dem Eintritt der Nacherbfolge noch besteht, die Vorschrift des § 1056 entsprechende Anwendung.

1   Die Vorschrift statuiert durch den Verweis auf §§ 1056, 566 ff den Grundsatz „Nacherbfolge bricht nicht Miete." Das Kündigungsrecht des Nacherben nach § 1056 II gilt nicht, wenn der Nacherbe aus dem Vertragsschluss des Vorerben selbst persönlich verpflichtet ist (Frankfurt FamRZ 11, 1693).

§ 2136 Befreiung des Vorerben

Der Erblasser kann den Vorerben von den Beschränkungen und Verpflichtungen des § 2113 Abs. 1 und der §§ 2114, 2116 bis 2119, 2123, 2127 bis 2131, 2133, 2134 befreien.

§ 2137 Auslegungsregel für die Befreiung

(1) Hat der Erblasser den Nacherben auf dasjenige eingesetzt, was von der Erbschaft bei dem Eintritt der Nacherbfolge übrig sein wird, so gilt die Befreiung von allen in § 2136 bezeichneten Beschränkungen und Verpflichtungen als angeordnet.

(2) Das Gleiche ist im Zweifel anzunehmen, wenn der Erblasser bestimmt hat, dass der Vorerbe zur freien Verfügung über die Erbschaft berechtigt sein soll.

§ 2138 Beschränkte Herausgabepflicht

(1) ¹Die Herausgabepflicht des Vorerben beschränkt sich in den Fällen des § 2137 auf die bei ihm noch vorhandenen Erbschaftsgegenstände. ²Für Verwendungen auf Gegenstände, die er infolge dieser Beschränkung nicht herauszugeben hat, kann er nicht Ersatz verlangen.

(2) Hat der Vorerbe der Vorschrift des § 2113 Abs. 2 zuwider über einen Erbschaftsgegenstand verfügt oder hat er die Erbschaft in der Absicht, den Nacherben zu benachteiligen, vermindert, so ist er dem Nacherben zum Schadensersatze verpflichtet.

Titel 3. Einsetzung eines Nacherben §§ 2136–2138

Anmerkungen zu den §§ 2136–2138

Lit: Hölscher, Das aufschiebend bedingte Universalherausgabevermächtnis – Ausschluss bestimmter Personen von einer erbrechtlichen Partizipation am Nachlass –, ZEV 09, 213; Mayer, Der superbefreite Vorerbe? – Möglichkeiten und Grenzen der Befreiung des Vorerben, ZEV 00, 1.

1. Anordnung der Befreiung. Sie kann nur durch letztwillige Verfügung erfolgen (Hamm NJW-RR 97, 453); sie ist oft durch *Auslegung* zu ermitteln (BayObLG NJW-RR 02, 297). Dabei muss stets das Gesamtbild für eine Befreiung sprechen (s BayObLG FamRZ 81, 403; Hamm FamRZ 11, 405: Möglichkeit der Ersetzung von Grundbesitz; FamRZ 11, 1331: Verfügung über Nachlassvermögen nach freiem Ermessen); uU aufschiebend bedingte Befreiung (BayObLG FamRZ 84, 1273: für den Fall der Not; Karlsruhe FamRZ 09, 1356: Pflichtteilsverlangen eines Abkömmlings). Die Einsetzung als „Alleinerbe" reicht alleine nicht aus, selbst wenn sich kinderlose Ehegatten wechselseitig einsetzen und Verwandte oder gar Dritte Nacherben werden sollen (BGH FamRZ 70, 193; teilw aA jedoch Hamm NJW-RR 97, 453, dazu Avenarius NJW 97, 2740; Düsseldorf ZEV 98, 229; Karlsruhe ZEV 06, 316). Dagegen spricht vieles für die Befreiung, wenn die Kinder des letztversterbenden Ehegatten wechselseitig für den Fall einer Wiederverheiratung Nacherben werden sollen (BGH FamRZ 61, 275; offen gelassen in BGH RdL 69, 103). Zu weiteren Indizien für eine Befreiung des Vorerben s BayObLG FamRZ 05, 67 f. Eine Ergänzungsregel enthält § 2137 I für die Einsetzung auf den Überrest; eine Auslegungsregel enthält § 2137 II, der auch schon beim Recht zur freien Verfügung über das wesentliche Nachlassgrundstück anzuwenden sein wird (vgl aber BayObLG FamRZ 05, 481 f). 1

2. Umfang der Befreiung. Er darf das ges vorgesehene Maß nicht überschreiten; zwingend gelten also stets folgende Vorschriften: §§ 2111; 2113 II (BGH 7, 276); 2115; 2121; 2122; 2138. Der Erblasser soll allerdings den Nacherben durch Vermächtnis beschweren können, bestimmten unentgeltlichen Verfügungen des Vorerben zuzustimmen, also über die Befreiung nach § 2136 hinaus (Düsseldorf NJW-RR 00, 376 = FamRZ 00, 573 mAnm Wübben ZEV 00, 30; Ludwig DNotZ 01, 102; sa § 2113 Rn 5). IÜ kann der Erblasser durch Vorausvermächtnis (§ 2110 II) einzelne Gegenstände völlig den Bindungen der Nacherbschaft entziehen. Er kann dem Vorerben auch entgeltliche Verfügungen insbes über Immobilien (§ 2111) gestatten (Hamm ZErb 10, 273 mit sehr weitreichender Auslegung der letztwilligen Verfügung). *Weitere Beschränkungen* haben nur die Wirkung einer schuldrechtlichen Auflage, vgl § 2100 Rn 3 ff. 2

3. Rechtsstellung des befreiten Vorerben. Sie ist vor allem durch den Wegfall der Pflicht zur ordnungsmäßigen Verwaltung bestimmt. Es existiert insoweit nur das Verbot der Nachlassminderung in Benachteiligungsabsicht, dessen Verletzung zum Schadensersatz verpflichtet (§ 2138 II; Bsp: BGH NJW 77, 1631); zur möglichen Benachteiligungsabsicht der Ehefrau, die als befreite Vorerbin über Gegenstände des ehelichen Gesamtgutes wirksam (vgl § 2113 Rn 1 ff) unentgeltlich verfügt: BGH 26, 378. Es besteht keine Rechnungslegungspflicht (§§ 2136, 2130 II), wohl aber die Pflicht gem §§ 2138 I 1, 260 I (BGH NJW 83, 2875). 3

4. Rechte des Testamentsvollstreckers. Sie bleiben von der Befreiung des Vorerben im Grundsatz unberührt (BayObLGZ 58, 304; 59, 128); die Befreiung hat aber uU Einfluss auf die Pflichten gegenüber dem Vorerben (BGH NJW 90, 2056: Substanzzugriff). 4

5. Bedingte Nacherbeneinsetzung. Die Einsetzung als Nacherbe unter der Bedingung, dass der Vorerbe nicht anderweitig testiert, hat mit befreiter Vorerbschaft nichts zu tun (vgl § 2065 Rn 1). 5

Stürner

§ 2139 Wirkung des Eintritts der Nacherbfolge

Mit dem Eintritt des Falles der Nacherbfolge hört der Vorerbe auf, Erbe zu sein, und fällt die Erbschaft dem Nacherben an.

1   **1. Anfall der Erbschaft beim Vorerben.** Der Nachlass des Erblassers fällt dem Nacherben an, nicht das Vermögen des Vorerben. Der Nacherbe tritt kraft Ges in alle Rechte und Pflichten ohne rechtsgeschäftliche Übertragung ein (Celle NJW-RR 92, 141 für Sparguthaben). Jedoch kein Eintritt des Nacherben in ein Giroverhältnis des Erblassers, das vom Vorerben fortgeführt wurde; ob ein zZ des Nacherbfalls vorhandenes Konto-Guthaben zum Nachlass des Erblassers gehört, richtet sich nach § 2111 (BGH NJW 96, 191; sa Everts ZErb 04, 284). Rechtsnachfolge in Gesellschaftsanteile ist wie beim gewöhnlichen Erbfall nur möglich, soweit der Gesellschaftsvertrag dies zulässt (BGH 78, 181; 109, 219; sa § 2032 Rn 5 ff); uU Anspruch des Nacherben auf Auseinandersetzungs- bzw Abfindungsguthaben gegen die Gesellschafter oder auf Herausgabe vermögensrechtlicher Vorteile (§ 2130) gegen den verbleibenden Vorerben (BGH 109, 219).

2   **2. Besitz.** Für den Besitz gelten grundsätzlich §§ 857, 870; sofern aber der Vorerbe unmittelbare tatsächliche Herrschaft erworben hat, muss der Nacherbe den Besitz gem § 854 I erwerben (arg § 2130 I).

3   **3. Grundbuch.** Das **Grundbuch** (GBO 51) ist durch Eintragung des neuen Eigentümers und Löschung des Nacherbenvermerks zu berichtigen, GBO 22, 29, 82; sa § 2363 Rn 3.

4   **4. Fortbestehen von Vollmachten.** Vgl § 2112 Rn 6.

5   **5. Rechtsgeschäftliche Übertragung auf den Nacherben.** Vor dem Nacherbfall kann der Vorerbe die ganze Erbschaft gem §§ 2371, 2374 an den Nacherben verkaufen und Gegenstand für Gegenstand übertragen; für den Mitvorerbenanteil gelten §§ 2371, 2033.

§ 2140 Verfügungen des Vorerben nach Eintritt der Nacherbfolge

¹Der Vorerbe ist auch nach dem Eintritt des Falles der Nacherbfolge zur Verfügung über Nachlassgegenstände in dem gleichen Umfang wie vorher berechtigt, bis er von dem Eintritt Kenntnis erlangt oder ihn kennen muss. ²Ein Dritter kann sich auf diese Berechtigung nicht berufen, wenn er bei der Vornahme eines Rechtsgeschäfts den Eintritt kennt oder kennen muss.

1   **a) Allgemeines.** Vorerbe und Dritter sind gutgl: Wirksamkeit gem § 2140 S 1.

2   **b)** Nur der Dritte, nicht aber der Vorerbe ist gutgl: kein Fall dieser Vorschrift, Wirksamkeit allenfalls nach §§ 892; 932, 2366. Entspr Anwendung der §§ 405–408, 412 zugunsten des Schuldners einer auf den Nacherben übergegangenen Forderung, wobei bereits fahrlässige Unkenntnis des Nacherbfalls schadet (KG ZEV 03, 110).

3   **c)** Nur der Vorerbe, nicht der Dritte ist gutgl: Unwirksamkeit, aber keine Ersatzpflicht des Vorerben.

§ 2141 Unterhalt der werdenden Mutter eines Nacherben

Ist bei dem Eintritt des Falles der Nacherbfolge die Geburt eines Nacherben zu erwarten, so findet auf den Unterhaltsanspruch der Mutter die Vorschrift des § 1963 entsprechende Anwendung.

§ 2142 Ausschlagung der Nacherbschaft

(1) Der Nacherbe kann die Erbschaft ausschlagen, sobald der Erbfall eingetreten ist.

Titel 3. Einsetzung eines Nacherben §§ 2143, 2144

(2) **Schlägt der Nacherbe die Erbschaft aus, so verbleibt sie dem Vorerben, soweit nicht der Erblasser ein anderes bestimmt hat.**

1. Recht zur Annahme oder Ausschlagung. Es entsteht bereits vor dem 1 Nacherbfall mit dem Erbfall (§§ 1946, 2142 I; sa § 2269 Rn 6: keine Geltung für Schlusserben!); bedeutsam insbes im Falle des § 2306 II wegen § 2332. Auch nach Pfändung der Anwartschaft des Nacherben liegt das Ausschlagungsrecht beim Nacherben selbst (LG Hildesheim FamRZ 09, 1440; sa § 2100 Rn 8).

2. Beginn der Ausschlagungsfrist. Er bestimmt sich nach dem Nacherbfall 2 (§§ 1944, 2139); dazu München Rpfleger 11, 274 (qualifizierte Kenntnis des Nacherbfalls).

3. Wirkung der Ausschlagung. Sie liegt im Rückfall an den Vorerben bzw 3 dessen Erben. Die Einsetzung von Ersatznacherben (§ 2096) und die Auslegungsregel des § 2069 können zum Anfall der Nacherbschaft bei anderen Personen führen (Zweibrücken OLGZ 84, 3). Bei Einsetzung von Kindern des Erblassers als Nacherben und ihren Abkömmlinge als Ersatznacherben kann bei Ausschlagung der Erbschaft unter Geltendmachung des Pflichtteils durch die Nacherben iZw angenommen werden, dass auch ihre Abkömmlinge von der Erbschaft ausgeschlossen sind (München FamRZ 07, 769).

§ 2143 Wiederaufleben erloschener Rechtsverhältnisse

Tritt die Nacherbfolge ein, so gelten die infolge des Erbfalls durch Vereinigung von Recht und Verbindlichkeit oder von Recht und Belastung erloschenen Rechtsverhältnisse als nicht erloschen.

a) Es handelt sich um ein **Wiederaufleben** ex nunc. Das Verhältnis zwischen 1 Nacherbe und Vorerbe entspricht dem zwischen Erblasser und Vorerbe vor dem Erbfall; Verjährungshemmung analog § 205. Beide Teile können aber schon vor dem Nacherbfall Feststellungsklage erheben (LM Nr 5 zu § 2100).

b) Vermögenstrennung bereits vor dem Nacherbfall gem § 1976 erübrigt 2 die Anwendung des § 2143 (BGH 48, 214), ebenso Testamentsvollstreckung (§§ 2205, 2211, 2214) an der Vorerbschaft (BGH 98, 57 für OHG-Anteil).

§ 2144 Haftung des Nacherben für Nachlassverbindlichkeiten

(1) **Die Vorschriften über die Beschränkung der Haftung des Erben für die Nachlassverbindlichkeiten gelten auch für den Nacherben; an die Stelle des Nachlasses tritt dasjenige, was der Nacherbe aus der Erbschaft erlangt, mit Einschluss der ihm gegen den Vorerben als solchen zustehenden Ansprüche.**

(2) **Das von dem Vorerben errichtete Inventar kommt auch dem Nacherben zustatten.**

(3) **Der Nacherbe kann sich dem Vorerben gegenüber auf die Beschränkung seiner Haftung auch dann berufen, wenn er den übrigen Nachlassgläubigern gegenüber unbeschränkt haftet.**

Lit: Börner, Das System der Erbenhaftung, JuS 68, 108.

1. Grundsatz. Der Nacherbe haftet vom Nacherbfall an wie der Erbe 1 (§§ 1967 ff). Nachlassverbindlichkeiten (Erbschaftsverwaltungsschulden, § 1967 Rn 3) sind auch vom Vorerben im Rahmen ordnungsmäßiger Verwaltung begründete Verbindlichkeiten (BGH 32, 64; vgl auch § 2112 Rn 3 f).

§§ 2145, 2146

2. Haftungsmasse. Haftungsmasse ist nur der Nachlassbestand beim Nacherbfall unter Einschluss der Herausgabe- und Ersatzansprüche gegen den Vorerben (§§ 2130 ff, 2138).

3. Haftungsbeschränkungsrechte. Sie stehen dem Nacherben alle und ohne Rücksicht auf das Verhalten des Vorerben zu. Insolvenzverfahren, die vor dem Nacherbfall eröffnet worden sind, dauern fort; die Nachlassverwaltung unter den Voraussetzungen des § 1981 II auch in der Person des Nacherben, andernfalls ist sie auf Antrag aufzuheben. Das Nachlassinventar kommt dem Nacherben nur insoweit zugute, als es schon den Vorerben schützte; zum Aufgebot vgl FamFG 461 (früher ZPO 998).

4. Haftung gegenüber Vorerben. Die *stets beschränkbare Haftung* gegenüber dem Vorerben betrifft Fälle der §§ 2124 ff, 2121 IV, 2143.

§ 2145 Haftung des Vorerben für Nachlassverbindlichkeiten

(1) ¹**Der Vorerbe haftet nach dem Eintritt der Nacherbfolge für die Nachlassverbindlichkeiten noch insoweit, als der Nacherbe nicht haftet.** ²**Die Haftung bleibt auch für diejenigen Nachlassverbindlichkeiten bestehen, welche im Verhältnis zwischen dem Vorerben und dem Nacherben dem Vorerben zur Last fallen.**

(2) ¹**Der Vorerbe kann nach dem Eintritt der Nacherbfolge die Berichtigung der Nachlassverbindlichkeiten, sofern nicht seine Haftung unbeschränkt ist, insoweit verweigern, als dasjenige nicht ausreicht, was ihm von der Erbschaft gebührt.** ²**Die Vorschriften der §§ 1990, 1991 finden entsprechende Anwendung.**

Die Vorschrift ist nicht glücklich formuliert. Der Vorerbe haftet nach dem Nacherbfall in folgenden Fällen: **a)** Für **Nachlasserbenschulden** (vgl § 1967 Rn 5) haftet er unbeschränkt, da sie zugleich Eigenschulden sind. **b)** Die **unbeschränkte Haftung für Nachlassverbindlichkeiten** besteht nach hM nach dem Nacherbfall fort. **c)** Die **beschränkbare oder bereits beschränkte Haftung** für Nachlassschulden endet mit dem Nacherbfall; bei vollstreckbaren Titeln gilt ZPO 767. Diese Grundregel kennt *zwei Ausnahmen:* **aa)** Forthaftung für Nachlassverbindlichkeiten, die im Verhältnis von Vor- und Nacherbe der Vorerbe zu tragen hat, also zB Lasten aus der Zeit der Vorerbschaft (§§ 2124 I, 103). **bb)** Forthaftung bei fehlender Haftung des Nacherben (zB allein dem Vorerben auferlegte Vermächtnisse oder Auflagen) oder bei nicht realisierbarer Haftung des Nacherben (zB Haftungsbeschränkung, Zahlungsunfähigkeit des Nacherben). **d)** Die **ausnahmsweise Forthaftung** (oben aa und bb) kann der Vorerbe auf die ihm verbleibenden Nutzungen oder ihr Surrogat (§ 2111) beschränken (§ 2145 II), wobei dann §§ 1990, 1991 anzuwenden sind; ZPO 780 ist zu beachten.

§ 2146 Anzeigepflicht des Vorerben gegenüber Nachlassgläubigern

(1) ¹**Der Vorerbe ist den Nachlassgläubigern gegenüber verpflichtet, den Eintritt der Nacherbfolge unverzüglich dem Nachlassgericht anzuzeigen.** ²**Die Anzeige des Vorerben wird durch die Anzeige des Nacherben ersetzt.**

(2) **Das Nachlassgericht hat die Einsicht der Anzeige jedem zu gestatten, der ein rechtliches Interesse glaubhaft macht.**

Pflichtverletzung macht Nachlassgläubigern gegenüber schadensersatzpflichtig.

Titel 4. Vermächtnis

Vorbemerkungen

1. Begriff. S. § 1939. Der Vermögensvorteil kann in der Zuwendung eines Nachlassgegenstandes liegen, aber auch in jeder anderen vermögenswerten Leistung (zB Schulderlass, Rechtsaufgabe, Dienstleistung). Das Vermächtnis schafft keine dingliche Wirkung, sondern führt zu einem schuldrechtlichen Anspruch gegen den Beschwerten (§ 2174); zur europäischen Reform und der Anerkennung von Vindikationslegaten fremden Rechts s Vor § 1922 Rn 3.

2. Abgrenzungen. a) Zur Erbeinsetzung vgl § 2087 Rn 1–3; s dort auch zum Quotenvermächtnis. **b)** Von Teilungsanordnung und Vorausvermächtnis (§ 2150) vgl § 2048 Rn 4. **c)** Von Nacherbschaft und Nießbrauchvermächtnis vgl § 2100 Rn 3 f. **d) Zur Auflage:** Der Vermächtnisnehmer hat einen Leistungsanspruch (§ 2174), nicht aber der Auflagenbegünstigte (§ 1940). Bsp: KG ZEV 98, 306; hierzu Vorwerk ZEV 98, 297. **e)** Zum Kauf: Entgeltliche Zuwendung eines Auflassungsanspruchs in „Erbvertrag" kann als kaufähnlicher Vertrag einen Vorkaufsfall gem § 463 auslösen (BGH NJW 98, 2136; vgl Vor § 2274 Rn 1).

3. Steuerrecht. a) Erbschaftsteuerrecht. Mit dem Erbfall entsteht die Steuerpflicht des Vermächtnisnehmers (ErbStG 1 I Nr 1, 3 I Nr 1, 9 I Nr 1), wobei der ungeteilte Nachlass mithaftet (ErbStG 20 III). Der Erbe kann den Vermächtniswert von dem zu versteuernden Nachlasswert absetzen (ErbStG 10 V Nr 2); auch bei Vollzug unwirksamer Vermächtnisse (BFH NJW 82, 407). Die Erbschaftsteuerpflicht des Vermächtnisnehmers entsteht bei Unwirksamkeit nicht mit dem Erbfall, sondern erst mit Erfüllung des formunwirksamen Verschaffungsvermächtnisses (BFH 215, 560; allg dazu Kamps ErbStB 08, 267). Abzugsfähig sind auch Kosten, die dem Erben im Zusammenhang mit der Erfüllung des Vermächtnisses entstehen (ErbStG 10 V Nr 3; BFH FamRZ 96, 284). Wenn das Vermächtnis in der Zuwendung eines Grundstücks gegen Entgelt besteht, konnte unter altem Recht bis zum 31.12.2008 die Abgrenzung zwischen Grundstücksvermächtnis unter Auflage bzw Untervermächtnis und Ankaufsvermächtnis (BGH NJW 01, 2883) zu Bewertungsunterschieden führen (BFH FR 01, 966; FG Düsseldorf ZEV 99, 327 mAnm Messner; dazu aber BFH 222, 73 f; 94 f; Daragan ZErb 08, 35: Aufgabe der Rspr vom Gestaltungsrecht als Erwerbsgegenstand; str; sa § 1924 Rn 6 und Vor § 2032 Rn 3–5; anders uU beim Übergang von Besitz und Lasten mit dem Erbfall: FG München EFG 99, 1089; sa § 2174 Rn 1 und § 2186 Rn 1). Nach der Erbschaftsteuerreform zum 1.1.2009 (s § 1924 Rn 6) mit ihrer am Verkehrswert orientierten Grundstücksbewertung dürften sich diese Bewertungsfragen weithin erledigt haben. Zum Nießbrauchvermächtnis vgl § 2100 Rn 4, zum Vorausvermächtnis, 13. Aufl Vor § 2032 Rn 5. **Lit**: Schuhmann UVR 99, 430; Everts ZErb 04, 373; Piltz ZEV 05, 469. **b) Einkommensteuerrecht.** Aufwendungen zur Erfüllung von Vermächtniszuwendungen an gemeinnützige Einrichtungen sind weder beim Erben (BFH NJW 94, 1175) noch beim Erblasser (BFH NJW 97, 887) als Spenden nach EStG 10b I abziehbar.

4. Vermächtnis und lebzeitige Schenkung. Zur lebzeitigen Schenkung des Vermächtnisgegenstandes an den Bedachten s § 2169 Rn 2.

§ 2147 Beschwerter

¹**Mit einem Vermächtnis kann der Erbe oder ein Vermächtnisnehmer beschwert werden.** ²**Soweit nicht der Erblasser ein anderes bestimmt hat, ist der Erbe beschwert.**

§§ 2148–2150

1 **1. Beschwerte.** Dies können sein der Erbe, der Vermächtnisnehmer, der gem § 2301 I Beschenkte, unter altem Recht der Erbersatzberechtigte (SoeWolf 15; str).

2 **2. Fehlende Eignung zur Beschwerung.** Nicht beschwert werden können der Auflagenbegünstigte vor Erhalt der Auflage; der Drittbegünstigte (§§ 331 f); der Nacherbe vor Eintritt des Nacherbfalles, weil er bis dahin noch gar nicht Erbe ist (§§ 2100, 2139; BayObLG NJW 67, 446); der Testamentsvollstrecker; der lediglich Pflichtteilsberechtigte oder zu Lebzeiten Beschenkte (BGH FamRZ 85, 697).

§ 2148 Mehrere Beschwerte

Sind mehrere Erben oder mehrere Vermächtnisnehmer mit demselben Vermächtnis beschwert, so sind im Zweifel die Erben nach dem Verhältnis der Erbteile, die Vermächtnisnehmer nach dem Verhältnis des Wertes der Vermächtnisse beschwert.

1 **1. Gesamtschuldnerische Haftung.** Die Vorschrift setzt gesamtschuldnerische Haftung aller oder mehrerer Miterben bzw Vermächtnisnehmer voraus und regelt nur den Ausgleich im Innenverhältnis (MK/Schlichting 2; str).

2 **2. Zeitpunkt für die Wertfeststellung.** Maßgeblich ist der Zeitpunkt des Erbfalls.

§ 2149 Vermächtnis an die gesetzlichen Erben

¹Hat der Erblasser bestimmt, dass dem eingesetzten Erben ein Erbschaftsgegenstand nicht zufallen soll, so gilt der Gegenstand als den gesetzlichen Erben vermacht. ²Der Fiskus gehört nicht zu den gesetzlichen Erben im Sinne dieser Vorschrift.

1 Die Vorschrift entspricht § 2088. Bsp: Stuttgart ZEV 08, 434. Ob die ges Erben nur Vermächtnisnehmer oder Erben sein sollen, ist nach § 2087 zu entscheiden.

§ 2150 Vorausvermächtnis

Das einem Erben zugewendete Vermächtnis (Vorausvermächtnis) gilt als Vermächtnis auch insoweit, als der Erbe selbst beschwert ist.

1 **1. Wesen.** Die Besonderheit des Vorausvermächtnisses besteht darin, dass der Vermächtnisnehmer zugleich Erbe ist. Es ist zunächst aus dem Nachlass das Vermächtnis zu befriedigen (§ 2046 I 1), sodann erhält der begünstigte Miterbe bei der Teilung grundsätzlich den ungekürzten Bruchteil des Restnachlasses (Bsp: BGH NJW 98, 682; BayObLG NJW-RR 93, 581; München NJW-RR 07, 1162; Saarbrücken NJW-RR 07, 1659). Der Erwerb des vermachten Gegenstandes durch einen Miterben in der Teilungsversteigerung soll den primären Vermächtnisanspruch unberührt lassen (BGH NJW 98, 682), obwohl am Versteigerungserlös dingliche Surrogation (hierzu Baur/Stürner/Bruns Rn 34.7 und 36.25) eintritt – fragwürdig.

2 **2. Sonderprobleme. a)** Zur Abgrenzung zwischen Teilungsanordnung und Vorausvermächtnis vgl § 2048 Rn 4, sowie Muscheler ErbR 08, 105.
3 **b)** Zum Vorausvermächtnis des alleinigen Vorerben vgl § 2110 Rn 1.
4 **c)** Zur **Durchsetzung** des Vorausvermächtnisses während des Bestehens der Gemeinschaft vgl §§ 2058–2063 Rn 9 iVm Rn 2–8.

Titel 4. Vermächtnis §§ 2151–2153

§ 2151 Bestimmungsrecht des Beschwerten oder eines Dritten bei mehreren Bedachten

(1) Der Erblasser kann mehrere mit einem Vermächtnis in der Weise bedenken, dass der Beschwerte oder ein Dritter zu bestimmen hat, wer von den mehreren das Vermächtnis erhalten soll.

(2) Die Bestimmung des Beschwerten erfolgt durch Erklärung gegenüber demjenigen, welcher das Vermächtnis erhalten soll; die Bestimmung des Dritten erfolgt durch Erklärung gegenüber dem Beschwerten.

(3) ¹Kann der Beschwerte oder der Dritte die Bestimmung nicht treffen, so sind die Bedachten Gesamtgläubiger. ²Das Gleiche gilt, wenn das Nachlassgericht dem Beschwerten oder dem Dritten auf Antrag eines der Beteiligten eine Frist zur Abgabe der Erklärung bestimmt hat und die Frist verstrichen ist, sofern nicht vorher die Erklärung erfolgt. ³Der Bedachte, der das Vermächtnis erhält, ist im Zweifel nicht zur Teilung verpflichtet.

1. Zweck. Die Vorschrift ist eine *Ausnahmeregelung* zu § 2065 II. Sie gestattet es, die Bestimmung des Berechtigten auch bei wertvolleren Gegenständen (zB Unternehmen; Langenfeld BWNotZ 81, 52) einem Dritten zu überlassen (BayObLG NJW-RR 98, 727: Auswahl von Waisenkindern durch Leiter des örtlichen Waisenhauses; sa § 2065 Rn 2); allerdings ist gem § 2087 zu prüfen, ob Erbeinsetzung – dann § 2065 II – oder Vermächtnis vorliegt (BayObLG NJW-RR 93, 139; 98, 729; sa Helms ZEV 07, 1; Schlitt ZErb 06, 226).

2. Voraussetzungen. Die Ausnahmeregel erfordert einen *beschränkten, leicht überschaubaren Kreis* von Auswahlpersonen, ganz allg gehaltene Kriterien genügen nicht (RG 96, 17); anders bei der Auflage (§ 2193).

3. Gerichtliche Nachprüfung. Die Bestimmung gem II ist grundsätzlich nach freiem Belieben zu treffen, sie muss nicht der Billigkeit entsprechen und unterliegt idR keiner gerichtl Kontrolle gem § 319; anders bei entspr Erblasserwillen (StOtte 7; str).

4. Gesamtgläubigerschaft. Die Gesamtgläubigerschaft gem III 1 kennt keine Ausgleichungspflicht (III 3, § 430). Fristsetzung gem III 2 setzt keine abschließende Klärung der Wirksamkeit des Testaments voraus, vielmehr genügt es, wenn das Testament nicht offensichtlich unwirksam ist (Stuttgart FamRZ 96, 1175 betr § 2153 II 2).

§ 2152 Wahlweise Bedachte

Hat der Erblasser mehrere mit einem Vermächtnis in der Weise bedacht, dass nur der eine oder der andere das Vermächtnis erhalten soll, so ist anzunehmen, dass der Beschwerte bestimmen soll, wer von ihnen das Vermächtnis erhält.

§ 2153 Bestimmung der Anteile

(1) ¹Der Erblasser kann mehrere mit einem Vermächtnis in der Weise bedenken, dass der Beschwerte oder ein Dritter zu bestimmen hat, was jeder von dem vermachten Gegenstand erhalten soll. ²Die Bestimmung erfolgt nach § 2151 Abs. 2.

(2) ¹Kann der Beschwerte oder der Dritte die Bestimmung nicht treffen, so sind die Bedachten zu gleichen Teilen berechtigt. ²Die Vorschrift des § 2151 Abs. 3 Satz 2 findet entsprechende Anwendung.

§ 2154 Wahlvermächtnis

(1) ¹Der Erblasser kann ein Vermächtnis in der Art anordnen, dass der Bedachte von mehreren Gegenständen nur den einen oder den anderen erhalten soll. ²Ist in einem solchen Falle die Wahl einem Dritten übertragen, so erfolgt sie durch Erklärung gegenüber dem Beschwerten.

(2) ¹Kann der Dritte die Wahl nicht treffen, so geht das Wahlrecht auf den Beschwerten über. ²Die Vorschrift des § 2151 Abs. 3 Satz 2 findet entsprechende Anwendung.

1   Auf das Wahlvermächtnis finden primär §§ 262–265 Anwendung. Nur im Sonderfall der Wahlübertragung auf einen Dritten greift die Vorschrift ein.

§ 2155 Gattungsvermächtnis

(1) Hat der Erblasser die vermachte Sache nur der Gattung nach bestimmt, so ist eine den Verhältnissen des Bedachten entsprechende Sache zu leisten.

(2) Ist die Bestimmung der Sache dem Bedachten oder einem Dritten übertragen, so finden die nach § 2154 für die Wahl des Dritten geltenden Vorschriften Anwendung.

(3) Entspricht die von dem Bedachten oder dem Dritten getroffene Bestimmung den Verhältnissen des Bedachten offenbar nicht, so hat der Beschwerte so zu leisten, wie wenn der Erblasser über die Bestimmung der Sache keine Anordnung getroffen hätte.

1   a) § 2155 weicht von § 243 I ab. § 2169 I ist unanwendbar.
2   b) Es werden nur körperliche, keine sonstigen Gegenstände erfasst (SoeWolf 2; str); für analoge Anwendung auf Wohnrecht zu Recht Bremen ZEV 01, 401.

§ 2156 Zweckvermächtnis

¹Der Erblasser kann bei der Anordnung eines Vermächtnisses, dessen Zweck er bestimmt hat, die Bestimmung der Leistung dem billigen Ermessen des Beschwerten oder eines Dritten überlassen. ²Auf ein solches Vermächtnis finden die Vorschriften der §§ 315 bis 319 entsprechende Anwendung.

1   Das Bestimmungsrecht erstreckt sich auf Gegenstand, Zeit und Bedingungen der Leistung, nicht dagegen auf die Person des Empfängers (vgl aber §§ 2151, 2152). Der Bedachte selbst kann nicht bestimmungsberechtigt sein (BGH NJW 91, 1885; krit Kanzleiter DNotZ 92, 511). Bsp: BGH NJW 83, 278 mAnm Stürner JZ 83, 149: Abfindung für übergangenes Kind. Der Zweck muss so genau bezeichnet sein, dass sich aus dem dadurch bestimmten Grund der Zuwendung hinreichende Anhaltspunkte für die Ausübung des billigen Ermessens ergeben (BayObLG München NJW-RR 99, 947 mAnm Mayer MittBayNot 99, 447).

§ 2157 Gemeinschaftliches Vermächtnis

Ist mehreren derselbe Gegenstand vermacht, so finden die Vorschriften der §§ 2089 bis 2093 entsprechende Anwendung.

1   Mehrere Vermächtnisnehmer sind Teilgläubiger oder Gemeinschaftsteilhaber (§§ 741 ff), nicht Gesamtgläubiger (§ 428); vgl § 741 Rn 5 f.

Titel 4. Vermächtnis   §§ 2158–2163

§ 2158 Anwachsung

(1) ¹Ist mehreren derselbe Gegenstand vermacht, so wächst, wenn einer von ihnen vor oder nach dem Erbfall wegfällt, dessen Anteil den übrigen Bedachten nach dem Verhältnis ihrer Anteile an. ²Dies gilt auch dann, wenn der Erblasser die Anteile der Bedachten bestimmt hat. ³Sind einige der Bedachten zu demselben Anteil berufen, so tritt die Anwachsung zunächst unter ihnen ein.

(2) Der Erblasser kann die Anwachsung ausschließen.

Parallelvorschrift zu § 2094. 1

§ 2159 Selbständigkeit der Anwachsung

Der durch Anwachsung einem Vermächtnisnehmer anfallende Anteil gilt in Ansehung der Vermächtnisse und Auflagen, mit denen dieser oder der wegfallende Vermächtnisnehmer beschwert ist, als besonderes Vermächtnis.

Parallelvorschrift zu § 2095. 1

§ 2160 Vorversterben des Bedachten

Ein Vermächtnis ist unwirksam, wenn der Bedachte zur Zeit des Erbfalls nicht mehr lebt.

a) Vermächtnisnehmer darf nicht vor dem Erbfall sterben, muss aber beim Erbfall 1 nicht bereits leben oder gezeugt sein (vgl §§ 2162 ff). Trotz Tod des Vermächtnisnehmers bleibt Vermächtnis wirksam in den Fällen der §§ 2069 (BayObLG NJW-RR 97, 517), 2190.
b) § 2160 gilt entsprechend für jur Personen. 2

§ 2161 Wegfall des Beschwerten

¹Ein Vermächtnis bleibt, sofern nicht ein anderer Wille des Erblassers anzunehmen ist, wirksam, wenn der Beschwerte nicht Erbe oder Vermächtnisnehmer wird. ²Beschwert ist in diesem Falle derjenige, welchem der Wegfall des zunächst Beschwerten unmittelbar zustatten kommt.

Zum Wegfall vgl § 2094 Rn 1 und § 2096 Rn 3. 1

§ 2162 Dreißigjährige Frist für aufgeschobenes Vermächtnis

(1) Ein Vermächtnis, das unter einer aufschiebenden Bedingung oder unter Bestimmung eines Anfangstermins angeordnet ist, wird mit dem Ablauf von 30 Jahren nach dem Erbfall unwirksam, wenn nicht vorher die Bedingung oder der Termin eingetreten ist.

(2) Ist der Bedachte zur Zeit des Erbfalls noch nicht gezeugt oder wird seine Persönlichkeit durch ein erst nach dem Erbfall eintretendes Ereignis bestimmt, so wird das Vermächtnis mit dem Ablauf von 30 Jahren nach dem Erbfall unwirksam, wenn nicht vorher der Bedachte gezeugt oder das Ereignis eingetreten ist, durch das seine Persönlichkeit bestimmt wird.

§ 2163 Ausnahmen von der dreißigjährigen Frist

(1) Das Vermächtnis bleibt in den Fällen des § 2162 auch nach dem Ablauf von 30 Jahren wirksam:

§§ 2162–2165

1. wenn es für den Fall angeordnet ist, dass in der Person des Beschwerten oder des Bedachten ein bestimmtes Ereignis eintritt, und derjenige, in dessen Person das Ereignis eintreten soll, zur Zeit des Erbfalls lebt,
2. wenn ein Erbe, ein Nacherbe oder ein Vermächtnisnehmer für den Fall, dass ihm ein Bruder oder eine Schwester geboren wird, mit einem Vermächtnis zugunsten des Bruders oder der Schwester beschwert ist.

(2) Ist der Beschwerte oder der Bedachte, in dessen Person das Ereignis eintreten soll, eine juristische Person, so bewendet es bei der dreißigjährigen Frist.

Anmerkungen zu den §§ 2162, 2163

1 a) Für das **bedingte oder befristete Vermächtnis** gelten §§ 2074, 2177–2179.
2 b) **Parallelvorschrift** ist § 2109 im Falle der Nacherbschaft.
3 c) Das **Ereignis** (§ 2163 I Nr 1) kann auf Willensentschließung beruhen (zB Heirat). Es braucht nicht unmittelbar die Stellung als Person zu berühren, genügend ist die Beeinflussung vermögensrechtlicher Verhältnisse (BGH NJW 69, 1112: Konkurs; BayObLG NJW-RR 91, 1097: Anfall des Erstvermächtnisses bei Nachvermächtnis). Nicht ausreichend sind Ereignisse in der Person eines Dritten, zB Tod des früher aus Vermächtnis begünstigten Nießbrauchers des Vermächtnisgegenstandes (BGH NJW-RR 92, 644).

§ 2164 Erstreckung auf Zubehör und Ersatzansprüche

(1) Das Vermächtnis einer Sache erstreckt sich im Zweifel auf das zur Zeit des Erbfalls vorhandene Zubehör.

(2) Hat der Erblasser wegen einer nach der Anordnung des Vermächtnisses erfolgten Beschädigung der Sache einen Anspruch auf Ersatz der Minderung des Wertes, so erstreckt sich im Zweifel das Vermächtnis auf diesen Anspruch.

1 1. **Zubehör.** Vgl §§ 97, 98; § 2169 II ist zu beachten.
2 2. **Anwendungsbereich.** § 2164 II gilt bei Beschädigung, den Fall der Zerstörung regelt § 2169 III. Der „Ersatzanspruch" erfasst auch Gewährleistungsansprüche, nicht jedoch den Rücktritt gem § 437 I Nr 2 (so zum Wandlung alten Rechts StOtte 8; str). Entsteht der Ersatzanspruch nach dem Erbfall, so gelten §§ 285, 2184. Dem Vermächtnisnehmer gebührt auch der Anspruch nach dem LAG, falls die Beschädigung vor Vermächtnisanfall erfolgte, der Ersatzanspruch aber erst in der Person des Erben entstand (BGH MDR 72, 851).

§ 2165 Belastungen

(1) ¹Ist ein zur Erbschaft gehörender Gegenstand vermacht, so kann der Vermächtnisnehmer im Zweifel nicht die Beseitigung der Rechte verlangen, mit denen der Gegenstand belastet ist. ²Steht dem Erblasser ein Anspruch auf die Beseitigung zu, so erstreckt sich im Zweifel das Vermächtnis auf diesen Anspruch.

(2) Ruht auf einem vermachten Grundstück eine Hypothek, Grundschuld oder Rentenschuld, die dem Erblasser selbst zusteht, so ist aus den Umständen zu entnehmen, ob die Hypothek, Grundschuld oder Rentenschuld als mitvermacht zu gelten hat.

Die Vorschrift ist *unanwendbar* bei ges Pfandrechten (§§ 562 ff, 647), beim Ver- 1
schaffungsvermächtnis (§§ 2170, 2182), beim Gattungsvermächtnis (§§ 2155, 2182)
und bei sicherungsübereigneten Gegenständen, die regelmäßig wie ein Verschaffungsvermächtnis zu behandeln sein werden; *Bsp* für abw Erblasserwillen (I 1): BGH
NJW 98, 682 (Vorausvermächtnis eines Gartenanteils eines belasteten Hausgrundstücks). *Eigentümerrechte* werden regelmäßig mitvermacht sein, falls sie noch auf den
Gläubiger eingetragen sind. Ansprüche auf Rückübertragung einer Grundschuld
nach Tilgung des Darlehens auf Grund Risikolebensversicherung gehören gem I 2
idR zum Grundstücksvermächtnis (LM Nr 1; sa BGH MDR 80, 386).

§ 2166 Belastung mit einer Hypothek

(1) ¹Ist ein vermachtes Grundstück, das zur Erbschaft gehört, mit einer Hypothek für eine Schuld des Erblassers oder für eine Schuld belastet, zu deren Berichtigung der Erblasser dem Schuldner gegenüber verpflichtet ist, so ist der Vermächtnisnehmer im Zweifel dem Erben gegenüber zur rechtzeitigen Befriedigung des Gläubigers insoweit verpflichtet, als die Schuld durch den Wert des Grundstücks gedeckt wird. ²Der Wert bestimmt sich nach der Zeit, zu welcher das Eigentum auf den Vermächtnisnehmer übergeht; er wird unter Abzug der Belastungen berechnet, die der Hypothek im Range vorgehen.

(2) Ist dem Erblasser gegenüber ein Dritter zur Berichtigung der Schuld verpflichtet, so besteht die Verpflichtung des Vermächtnisnehmers im Zweifel nur insoweit, als der Erbe die Berichtigung nicht von dem Dritten erlangen kann.

(3) Auf eine Hypothek der in § 1190 bezeichneten Art finden diese Vorschriften keine Anwendung.

Die Vorschrift ist auf Grundschulden entspr anzuwenden, die zur Sicherung einer 1
persönlichen Forderung dienen (BGH NJW 63, 1612). Die Gleichbehandlung einer
Grundschuld mit einer Höchstbetragshypothek (§ 2166 III) ist gerechtfertigt, wenn
sie zur Sicherung eines Kreditverhältnisses in laufender Rechnung mit wechselndem
Bestand der Schulden dient (BGH 37, 245 f). Die Differenzierung zwischen
gewöhnlichem Darlehen und Kontokorrentschuld erklärt sich aus der gesetzgeberischen Vorstellung, der Darlehensbetrag sei regelmäßig im belasteten Grundstück
wertsteigernd angelegt, nicht aber laufende Kontokorrentkredite. Lit: Grunewald/
Rizor ZEV 08, 510.

§ 2167 Belastung mit einer Gesamthypothek

¹Sind neben dem vermachten Grundstück andere zur Erbschaft gehörende Grundstücke mit der Hypothek belastet, so beschränkt sich die in § 2166 bestimmte Verpflichtung des Vermächtnisnehmers im Zweifel auf den Teil der Schuld, der dem Verhältnis des Wertes des vermachten Grundstücks zu dem Werte der sämtlichen Grundstücke entspricht. ²Der Wert wird nach § 2166 Abs. 1 Satz 2 berechnet.

§ 2168 Belastung mit einer Gesamtgrundschuld

(1) ¹Besteht an mehreren zur Erbschaft gehörenden Grundstücken eine Gesamtgrundschuld oder eine Gesamtrentenschuld und ist eines dieser Grundstücke vermacht, so ist der Vermächtnisnehmer im Zweifel dem Erben gegenüber zur Befriedigung des Gläubigers in Höhe des Teils der Grundschuld oder der Rentenschuld verpflichtet, der dem Verhältnis des

§§ 2167–2169

Wertes des vermachten Grundstücks zu dem Wert der sämtlichen Grundstücke entspricht. ²Der Wert wird nach § 2166 Abs. 1 Satz 2 berechnet.

(2) Ist neben dem vermachten Grundstück ein nicht zur Erbschaft gehörendes Grundstück mit einer Gesamtgrundschuld oder einer Gesamtrentenschuld belastet, so finden, wenn der Erblasser zur Zeit des Erbfalls gegenüber dem Eigentümer des anderen Grundstücks oder einem Rechtsvorgänger des Eigentümers zur Befriedigung des Gläubigers verpflichtet ist, die Vorschriften des § 2166 Abs. 1 und des § 2167 entsprechende Anwendung.

Anmerkung zu den §§ 2167, 2168

1 Im Außenverhältnis zum Gesamtpfandrechtsgläubiger gilt § 1132.

§ 2168a Anwendung auf Schiffe, Schiffsbauwerke und Schiffshypotheken

§ 2165 Abs. 2, §§ 2166, 2167 gelten sinngemäß für eingetragene Schiffe und Schiffsbauwerke und für Schiffshypotheken.

§ 2169 Vermächtnis fremder Gegenstände

(1) Das Vermächtnis eines bestimmten Gegenstands ist unwirksam, soweit der Gegenstand zur Zeit des Erbfalls nicht zur Erbschaft gehört, es sei denn, dass der Gegenstand dem Bedachten auch für den Fall zugewendet sein soll, dass er nicht zur Erbschaft gehört.

(2) Hat der Erblasser nur den Besitz der vermachten Sache, so gilt im Zweifel der Besitz als vermacht, es sei denn, dass er dem Bedachten keinen rechtlichen Vorteil gewährt.

(3) Steht dem Erblasser ein Anspruch auf Leistung des vermachten Gegenstands oder, falls der Gegenstand nach der Anordnung des Vermächtnisses untergegangen oder dem Erblasser entzogen worden ist, ein Anspruch auf Ersatz des Wertes zu, so gilt im Zweifel der Anspruch als vermacht.

(4) Zur Erbschaft gehört im Sinne des Absatzes 1 ein Gegenstand nicht, wenn der Erblasser zu dessen Veräußerung verpflichtet ist.

1 **1. Bedeutung.** I enthält Vermutung gegen das Verschaffungsvermächtnis (§ 2170) zugunsten der Unwirksamkeit; die Vermutung ist widerlegt bei qualifiziertem Zuwendungswillen des Erblassers, der aber das Bewusstsein fehlender Nachlasszugehörigkeit nicht zwingend voraussetzt (BGH NJW 83, 937; FamRZ 84, 42; München ZEV 97, 336; Oldenburg FamRZ 99, 532; Karlsruhe ErbR 08, 298: Kenntnis des Erblassers, dass Grundstück in seinem Miteigentum steht, spricht weder dafür, noch dagegen, dass es sich bei daran eingeräumtem Wohnrecht um ein Verschaffungsvermächtnis handelt). Von der Unwirksamkeitsvermutung schaffen die Auslegungsregeln in II und III Ausnahmen.

2 **2. Fehlende Nachlasszugehörigkeit.** Sie liegt insbes vor bei Veräußerung oder Verpflichtung zur Veräußerung (IV) durch den Erblasser, idR bei lebzeitiger Vorausleistung des Vermächtnisgegenstandes an den Bedachten (zT str, s Kuchinke JZ 83, 483; ferner München NJW-RR 89, 1411: Lebzeitiger Rückfall in Erblasservermögen). Das gilt auch beim Vermächtnis auf Grund Erbvertrages oder gemeinschaftlichen Testaments (BGH 31, 17), welche die Verpflichtungs- bzw Verfügungsbefugnis des Erblassers grundsätzlich unberührt lassen. Schadensersatzansprüche aus einer

schuldrechtlichen Verpflichtung des Erblassers gegenüber dem Bedachten, über Vermächtnisgegenstände nicht zu verfügen (§ 137 S 2), sind unabhängig vom Vermächtnisanspruch zu beurteilen.

3. Surrogation. Die Surrogationsvorschrift des III ist eng auszulegen und erfasst grundsätzlich nur den Leistungsanspruch und ges, jedoch idR nicht rechtsgeschäftliche Surrogate wie den Erlös des veräußerten Erbschaftsgegenstandes (Rostock ZEV 09, 625), es sei denn, ein entspr Erblasserwille ist durch Auslegung zu ermitteln (BGH 22, 357; 31, 22; BayObLG FamRZ 05, 481). 3

4. Verschaffungsvermächtnis. Es kann vorliegen, falls der Erblasser ein zur fortgesetzten Gütergemeinschaft gehörendes Grundstück vermacht (BGH NJW 64, 2298; 84, 732); uU beim Vermächtnis sicherungsübereigneter Gegenstände, sofern nicht bereits ein Rückübereignungsanspruch besteht (§ 2169 III); bei Gewinnvermächtnis (§ 2174 Rn 3) bzgl einer nicht zum Nachlass gehörenden Beteiligung (BGH NJW 83, 937); bei Vermächtnis eines nicht zum Nachlass gehörenden Gesellschaftsanteils (BGH NJW 83, 2377); bei Vermächtnis einer Lebensversicherungssumme (Düsseldorf ZEV 96, 142). 4

5. Beschädigung des Vermächtnisgegenstandes. Vgl § 2164. 5

§ 2170 Verschaffungsvermächtnis

(1) **Ist das Vermächtnis eines Gegenstands, der zur Zeit des Erbfalls nicht zur Erbschaft gehört, nach § 2169 Abs. 1 wirksam, so hat der Beschwerte den Gegenstand dem Bedachten zu verschaffen.**

(2) ¹**Ist der Beschwerte zur Verschaffung außerstande, so hat er den Wert zu entrichten.** ²**Ist die Verschaffung nur mit unverhältnismäßigen Aufwendungen möglich, so kann sich der Beschwerte durch Entrichtung des Wertes befreien.**

Haftung beim Verschaffungsvermächtnis. **a)** Obj Unmöglichkeit: § 2171 (anfängliche), 275, 283 (nachträgliche; zB Köln FamRZ 98, 197; BGH ZEV 05, 392). **b)** Subj Unmöglichkeit: § 2170 II ohne Rücksicht auf Vertretenmüssen; bei zu vertretendem Unvermögen konkurrieren §§ 280, 283, 2174, 249 ff (BGH NJW 84, 2571 unter altem Recht für Vermächtnis zur Aufnahme in OHG). **c)** Rechtsmängel: § 2182 II. **d)** Sachmängel: § 2183 beim Gattungsvermächtnis (§ 2155), sonst Haftungsfreiheit. **e)** Erbvertragliches Vermächtnis: vgl § 2288. **Lit:** Bühler DNotZ 64, 581. Zur Verleitung zum Bruch der Vermächtnisverpflichtung s § 2174 Rn 2. Zu erbschaftsteuerlichen Problemen s FG Köln ZErb 05, 260 mAnm Wachter MittBayNot 06, 10; BFH 215, 560 = ZEV 07, 343 mAnm Ebeling = MittBayNot 08, 75 mAnm Everts. 1

§ 2171 Unmöglichkeit, gesetzliches Verbot

(1) **Ein Vermächtnis, das auf eine zur Zeit des Erbfalls für jedermann unmögliche Leistung gerichtet ist oder gegen ein zu dieser Zeit bestehendes gesetzliches Verbot verstößt, ist unwirksam.**

(2) **Die Unmöglichkeit der Leistung steht der Gültigkeit des Vermächtnisses nicht entgegen, wenn die Unmöglichkeit behoben werden kann und das Vermächtnis für den Fall zugewendet ist, dass die Leistung möglich wird.**

(3) **Wird ein Vermächtnis, das auf eine unmögliche Leistung gerichtet ist, unter einer anderen aufschiebenden Bedingung oder unter Bestimmung eines Anfangstermins zugewendet, so ist das Vermächtnis gültig, wenn die Unmöglichkeit vor dem Eintritt der Bedingung oder des Termins behoben wird.**

§§ 2172, 2173

1 a) Die Vorschrift ist durch das Gesetz zur Modernisierung des Schuldrechts neu gefasst (BGBl 2001 I, 3138). I 2 aF ist weggefallen, II und III sind neu eingefügt.

2 b) Anfängliche obj Unmöglichkeit („für jedermann", sa § 275 I) bestimmt sich nach dem Zeitpunkt des Erbfalls, genauer des Vermächtnisfalls (§§ 2176 ff). § 2169 III (bestehender Wertersatzanspruch) schließt Unwirksamkeit aus. II und III entsprechen § 308 aF, der aufgehoben ist.

3 c) Für andere Leistungsstörungen s § 2170 Rn 1.

4 d) Die Vorschrift präzisiert den für die Beurteilung der **Gesetzeswidrigkeit** (§ 134) maßgeblichen Zeitpunkt. Zur abw Lösung bei **Sittenwidrigkeit** (§ 138) s § 2077 Rn 2 ff.

5 e) Fehlen einer **behördlichen Genehmigung** bewirkt schwebende Unwirksamkeit, ihre endgültige Versagung nachträgliche Unmöglichkeit (BGH 37, 233 zum alten Recht); dazu § 2170 Rn 1.

§ 2172 Verbindung, Vermischung, Vermengung der vermachten Sache

(1) Die Leistung einer vermachten Sache gilt auch dann als unmöglich, wenn die Sache mit einer anderen Sache in solcher Weise verbunden, vermischt oder vermengt worden ist, dass nach den §§ 946 bis 948 das Eigentum an der anderen Sache sich auf sie erstreckt oder Miteigentum eingetreten ist, oder wenn sie in solcher Weise verarbeitet oder umgebildet worden ist, dass nach § 950 derjenige, welcher die neue Sache hergestellt hat, Eigentümer geworden ist.

(2) ¹Ist die Verbindung, Vermischung oder Vermengung durch einen anderen als den Erblasser erfolgt und hat der Erblasser dadurch Miteigentum erworben, so gilt im Zweifel das Miteigentum als vermacht; steht dem Erblasser ein Recht zur Wegnahme der verbundenen Sache zu, so gilt im Zweifel dieses Recht als vermacht. ²Im Falle der Verarbeitung oder Umbildung durch einen anderen als den Erblasser bewendet es bei der Vorschrift des § 2169 Abs. 3.

1 Die Vorschrift präzisiert die anfängliche Unmöglichkeit des § 2171 und enthält bes Surrogationsregeln. Die Testamentsauslegung kann zu weitergehender Surrogation führen.

§ 2173 Forderungsvermächtnis

¹Hat der Erblasser eine ihm zustehende Forderung vermacht, so ist, wenn vor dem Erbfall die Leistung erfolgt und der geleistete Gegenstand noch in der Erbschaft vorhanden ist, im Zweifel anzunehmen, dass dem Bedachten dieser Gegenstand zugewendet sein soll. ²War die Forderung auf die Zahlung einer Geldsumme gerichtet, so gilt im Zweifel die entsprechende Geldsumme als vermacht, auch wenn sich eine solche in der Erbschaft nicht vorfindet.

1 Die Vorschrift enthält Surrogationsregeln für den Fall des Vermächtnisses einer Forderung. Die Forderung selbst muss – wegen der nur schuldrechtlichen Wirkung des Vermächtnisses (§ 2174) – gem §§ 398 ff an den Vermächtnisnehmer abgetreten werden. Bei vermachten Spargutahben ist das Guthaben im Zeitpunkt des Erbfalles abzutreten (Koblenz FamRZ 98, 579). Besteht das Vermächtnis im Erlass einer Erblasserforderung, so ist der Anspruch auf Abschluss eines Erlassvertrages vermacht (BGH FamRZ 64, 140). In der Zuwendung eines ohnehin bereits geschuldeten Gegenstandes bzw Betrages („Schuldvermächtnis") kann ein Schuldanerkenntnis liegen, uU kann dem Testament Schuldscheinfunktion (§ 371) zukommen (BGH NJW 86, 2572). Wird eine Forderung aus einem Bankguthaben vermacht und das Guthaben auf ein anderes Konto des Erblassers überwiesen, so gilt entspr 2173 S 1

Titel 4. Vermächtnis § 2174

die neue Forderung als vermacht (Oldenburg ZEV 01, 277). Die Zuwendung eines Spargutbabens, von Bundesschatzbriefen oder Festgeldguthaben hat nicht notwendig zur Folge, dass der Vermächtnisnehmer auf das zum Zeitpunkt des Erbfalls noch vorhandene Guthaben bzw dessen wirtschaftliche Äquivalente beschränkt ist (Karlsruhe NJW 05, 1318).

§ 2174 Vermächtnisanspruch

Durch das Vermächtnis wird für den Bedachten das Recht begründet, von dem Beschwerten die Leistung des vermachten Gegenstands zu fordern.

Lit: Baldus/Stremnitzer, Zur Vormerkungsfähigkeit künftiger Vermächtnisansprüche ..., DNotZ 06, 598; Zawar, Der bedingte oder befristete Erwerb von Todes wegen, DNotZ 86, 515; ders, Gedanken zum bedingten oder befristeten Rechtserwerb im Erbrecht, NJW 07, 2353.

1. Rechtsnatur. Das Vermächtnis ist ein schuldrechtlicher Anspruch. Die *Entstehung* regeln §§ 2176 ff; vor dem Erbfall besteht lediglich eine Hoffnung, aber keine gesicherte Anwartschaft (BGH NJW 61, 1916; München NJW-RR 89, 1411). Deshalb kann der Vermächtnisanspruch zu Lebzeiten des Erblassers nicht vorwegerfüllt werden (München NJW-RR 89, 1411); auch ist der Vermächtnisnehmer im Erbscheinsverfahren nicht beschwerdeberechtigt (BayObLG FamRZ 04, 1819 f); geht der Anspruch auf Auflassung, ist eine Vormerkung nicht möglich (BGH 12, 117). Eine Vormerkung zu Lebzeiten setzt einen schuldrechtlichen Vertrag auf Übereignung im Todesfall voraus (zum Nebeneinander von schuldrechtlicher Verpflichtung und Erbvertrag vgl LM Nr 2 zu § 2288), der formpflichtig ist (§ 311b I); die zusätzlich zum Vermächtnis gegebene formfreie (BGH NJW 63, 1602) Verpflichtung zur Nichtverfügung über den Vermächtnisgegenstand (BGH NJW 59, 2252) löst bei Verstößen Schadensersatzpflicht aus (§ 137 S 2), ist aber nicht vormerkungsfähig. Nach Entstehung ist der Vermächtnisanspruch vormerkungsfähig, auch der bedingte (BayObLG Rpfleger 81, 190) oder befristete (Hamm MDR 84, 402; s aber § 2177 Rn 3). Wird der Anspruch nicht durch Arrest oder einstweilige Verfügung gesichert, so ergibt sich ein Anspruch auf Bewilligung einer Vormerkung nicht automatisch aus dem Vermächtnisanspruch, sondern muss dem Bedachten im Testament zugewandt worden sein (BGH 148, 191 = NJW 01, 2884; aA MK/Wacke § 885, 3), zB im Rahmen eines Ankaufvermächtnisses. Ausländische dingliche Vermächtnisse an deutschen Grundstücken („Vindikationslegat") sind als schuldrechtliche Ansprüche zu deuten (BGH NJW 95, 58; sa Vor § 1922 Rn 9).

2. Anwendung allg Vorschriften. Fälligkeit: §§ 271, 2181 (Bsp: LG Oldenburg ZErb 10, 152: strenge Anforderungen an testamentarische schlüssige Bestimmung); Erfüllungsort: §§ 269, 270 (regelmäßig Erblasserwohnsitz); stellvertretendes Commodum: § 285 (zB Leistungsansprüche nach Entschädigungs- und Restitutionsrecht bei DDR- Grundstücken als Vermächtnisgegenstand; dazu BGH ZEV 05, 391; FamRZ 05, 977; DtZ 96, 26; Brandenburg FamRZ 06, 65); Kosten: § 448 I analog, entgegen § 448 II trägt beim Grundstücksvermächtnis der Beschwerte die Umschreibungskosten (BGH NJW 63, 1602); Annahmeverzug (§§ 293 ff) ist erst nach Annahme (§ 2180) denkbar; Verjährung: §§ 195, 199 III a; zur Unmöglichkeit § 2170 Rn 1, § 2171 Rn 2 (BGH NJW 98, 682: Keine Unmöglichkeit bei Erwerb des vermachten Gegenstandes in der Teilungsversteigerung durch Miterben); Haftung eines Dritten (§ 826) bei Verleitung zum Bruch der Verpflichtung aus Vermächtnis (BGH NJW 92, 2152); *keine* Anwendung der Lehre vom Wegfall der Geschäftsgrundlage bzw des § 313 (dazu BGH NJW 93, 850; Düsseldorf FamRZ 96, 1303 mAnm Medicus ZEV 96, 467), sondern ergänzende Testamentsauslegung und volle Ausschöpfung der Nachlassmittel. Der Anspruch ist nach dem Erbfall grundsätzlich abtretbar (§ 2176), vor dem Erbfall erscheint dies zweifelhaft (ablehnend OLGR Saarbrücken 09, 110). Ob die Erfüllung eines Vermächtnisses auf Grundstücksübereignung durch mit dem Vermächtnis belastete sorgeberechtigte Eltern einer Ergänzungspflegschaft bedarf (§§ 1629 II 1, 1795 II, 181), hängt von der Art der aus dem Eigentumserwerb erwachsenden Verpflichtungen ab (dazu München FamRZ 11, 828 einerseits u NJW-RR 12, 137 andererseits); davon zu unterscheiden ist die andere Frage, ob im Vollzug des Vermächtnisses in solchen Fällen die schlüssige Annahme des Vermächtnisses liegt (offen München NJW-RR 12, 138) und ob im Einzelfall aus der Annahme Genehmigungspflichten aus §§ 1643, 1821, 1822 folgen können (im konkreten Fall verneinend München NJW-RR 12, 138; zum Ganzen Keim ZEV 11, 660).

3 **3. Gesellschaftsbeteiligungen.** Der Gesellschaftsanteil an einer OHG oder KG kann nach Maßgabe des Gesellschaftsvertrages auf den Vermächtnisnehmer übertragen werden (BGH NJW 83, 2376; Hamm NJW-RR 91, 838; sa § 2032 Rn 5 ff). Stets denkbar ist ein „Gewinnvermächtnis", das auf Auszahlung des Gewinnanteils geht (BGH NJW 83, 937). Steht der Gesellschaftsvertrag einer Anteilsübertragung entgegen, so hat der Erbe die übertragbaren Rechte (Gewinnausschüttung, Auseinandersetzungsguthaben) abzutreten (BGH WM 76, 251), bei verschuldeter Unmöglichkeit der Übertragung ist Wertersatz zu leisten (BGH NJW 84, 2571; sa § 2170 Rn 1). Die Abtretung des auf Eintritt gerichteten Vermächtnisanspruchs muss gesellschaftsvertraglich vorgesehen sein oder die Zustimmung der Gesellschafter finden (§ 399; LM Nr 5 zu § 399). Für den GmbH-Anteil vgl GmbHG 15 III, V.

4 **4. Haftung.** Zur Haftung für das Vermächtnis vgl §§ 1967 II; 1972, 2060; 1992; 2306; 2318; 2322, 2323; InsO 325, 327; § 2189; §§ 2186 ff.

5 **5. Informationsanspruch.** Er kann sich ergeben aus § 260, ferner aus § 2314 (BGH 28, 177); uU ist er mitvermacht (RG 129, 239). Nach zutr neuerer Auffassung folgt er aus allg Grundsätzen (§ 242; BGH NJW-RR 91, 707; LG Köln NJW-RR 90, 14; Oldenburg NJW-RR 90, 950: Auskunft des befreiten Vorerben) und geht je nach den Umständen des Einzelfalles auf Auskunft, Rechnungslegung oder sogar Wertermittlung (BGH NJW-RR 91, 707; sa § 2027 Rn 1).

§ 2175 Wiederaufleben erloschener Rechtsverhältnisse

Hat der Erblasser eine ihm gegen den Erben zustehende Forderung oder hat er ein Recht vermacht, mit dem eine Sache oder ein Recht des Erben belastet ist, so gelten die infolge des Erbfalls durch Vereinigung von Recht und Verbindlichkeit oder von Recht und Belastung erloschenen Rechtsverhältnisse in Ansehung des Vermächtnisses als nicht erloschen.

1 Die Vorschrift will Unmöglichkeit der Vermächtnisleistung verhindern. Sie gilt entspr, falls am Vermächtnisgegenstand ein Recht des Erben besteht.

§ 2176 Anfall des Vermächtnisses

Die Forderung des Vermächtnisnehmers kommt, unbeschadet des Rechts, das Vermächtnis auszuschlagen, zur Entstehung (Anfall des Vermächtnisses) mit dem Erbfall.

1 **a)** Zur *Entstehung* des Vermächtnisanspruchs vgl § 2174 Rn 1; zur *Fälligkeit* § 2174 Rn 2.

2 **b)** Der **Wert eines Quotenvermächtnisses** bestimmt sich nach dem Zeitpunkt des Erbfalles (BGH NJW 60, 1759); allerdings kann sich aus dem Erblasserwillen Abweichendes ergeben, insbes nach Geldentwertungen (BGH FamRZ 74,

Titel 4. Vermächtnis §§ 2177–2179

652). Der Vermächtnisnehmer des Quotenvermächtnisses ist entspr seiner Quote wertmäßig an den Nachlassverbindlichkeiten zu beteiligen (Schwenck MDR 88, 545).

§ 2177 Anfall bei einer Bedingung oder Befristung

Ist das Vermächtnis unter einer aufschiebenden Bedingung oder unter Bestimmung eines Anfangstermins angeordnet und tritt die Bedingung oder der Termin erst nach dem Erbfall ein, so erfolgt der Anfall des Vermächtnisses mit dem Eintritt der Bedingung oder des Termins.

Lit: Zawar, Das Vermächtnis in der Kautelarjurisprudenz, dargestellt am aufschiebend bedingten und befristeten Vermächtnis, 1983.

1. Entstehung der Vermächtnisforderung. Sie ist beim aufschiebend bedingten Vermächtnis auf den Bedingungseintritt verlegt (Bsp: BayObLG FamRZ 97, 1569; 96, 1036). Durch Auslegung ist zu ermitteln, ob ein gewöhnliches Vermächtnis (§ 2176) mit späterer Fälligkeit oder ein bedingtes Vermächtnis gewollt ist (Bsp: Bamberg NJW-RR 08, 1325). Der Vermächtnisnehmer muss nicht nur den Erbfall (§ 2160) noch erleben, sondern auch den Bedingungseintritt (§ 2074); § 2069 ist aber zu beachten (LM Nr 1 zu § 2069). Beim befristeten Vermächtnis gilt § 2074 nicht. 1

2. Anwartschaftsrecht. Vgl § 2179. 2

3. Vormerkungsfähigkeit. Ein durch Vermächtnis zugewandter, aufschiebend befristeter Auflassungsanspruch ist *nach* dem Erbfall vormerkungsfähig (BGH 12, 115), ein durch den Eintritt des Nacherbfalls bedingter Anspruch nach dem Nacherbfall (Schleswig NJW-RR 93, 11 – fraglich! – besser: nach dem Erbfall). Aus den Umständen der testamentarischen Vermächtnisregelung kann sich hierbei außerhalb einstweiliger Maßnahmen ein Anspruch auf Bewilligung der Vormerkung ergeben (BGH 148, 191 = NJW 01, 2884; str, wohl großzügiger Hamm MDR 84, 802; sa § 2174 Rn 1). 3

4. Auflösende Bedingung oder Befristung. Sie haben regelmäßig die Bedeutung eines Nachvermächtnisses (§ 2191; Sonderfall: Rückvermächtnis zugunsten des Erben, BayObLG Rpfleger 81, 190); uU kann aber auch ein Ersatzvermächtnis (§ 2190) oder Wegfall des Vermächtnisses gewollt sein. 4

§ 2178 Anfall bei einem noch nicht gezeugten oder bestimmten Bedachten

Ist der Bedachte zur Zeit des Erbfalls noch nicht gezeugt oder wird seine Persönlichkeit durch ein erst nach dem Erbfall eintretendes Ereignis bestimmt, so erfolgt der Anfall des Vermächtnisses im ersteren Falle mit der Geburt, im letzteren Falle mit dem Eintritt des Ereignisses.

Sonderfall des § 2177. Für künftige jur Personen gilt die Vorschrift entspr, bei Erblasserstiftungen ist § 84 zu beachten. Wichtig sind die Fristen der §§ 2162, 2163. Für den beim Erbfall bereits gezeugten, aber noch nicht geborenen Vermächtnisnehmer gilt § 1923 II entspr (Hafner BWNotZ 84, 67; § 1923 Rn 2). 1

§ 2179 Schwebezeit

Für die Zeit zwischen dem Erbfall und dem Anfall des Vermächtnisses finden in den Fällen der §§ 2177, 2178 die Vorschriften Anwendung, die für

§§ 2180, 2181 Buch 5. Abschnitt 3. Testament

den Fall gelten, dass eine Leistung unter einer aufschiebenden Bedingung geschuldet wird.

1 Der mit einem aufschiebend bedingten oder befristeten Vermächtnis Bedachte erlangt während der Schwebezeit eine *rechtlich geschützte Anwartschaft* (Oldenburg NJW-RR 90, 650; Zawar DNotZ 86, 523). Der Beschwerte haftet gem §§ 160 I, 285, 280 I 2 bereits vor Entstehung der Vermächtnisforderung (sa BGH 114, 21: Pflicht des Vorvermächtnisnehmers zur ordnungsmäßigen Verwaltung; vgl § 2191 Rn 2), er muss sich ggf § 162 I entgegenhalten lassen (Stuttgart FamRZ 81, 818: Adoption als treuwidrige Verhinderung kinderlosen Todes). Da § 161 nur für bedingte Verfügungen gilt, findet er auf die Vermächtnisanwartschaft keine Anwendung (str, vgl Bungeroth NJW 67, 1357). Die Anwartschaft ist pfändbar und kann im Verfahren des einstw Rechtsschutzes (ZPO 916 II, 936) und in der Insolvenz (InsO 191 I) gesichert bzw berücksichtigt werden. Zum Ganzen LM Nr 28 zu § 1 VHG.

§ 2180 Annahme und Ausschlagung

(1) **Der Vermächtnisnehmer kann das Vermächtnis nicht mehr ausschlagen, wenn er es angenommen hat.**

(2) ¹**Die Annahme sowie die Ausschlagung des Vermächtnisses erfolgt durch Erklärung gegenüber dem Beschwerten.** ²**Die Erklärung kann erst nach dem Eintritt des Erbfalls abgegeben werden; sie ist unwirksam, wenn sie unter einer Bedingung oder einer Zeitbestimmung abgegeben wird.**

(3) **Die für die Annahme und die Ausschlagung einer Erbschaft geltenden Vorschriften des § 1950, des § 1952 Abs. 1, 3 und des § 1953 Abs. 1, 2 finden entsprechende Anwendung.**

1 1. **Annahme und Ausschlagung.** Sie sind *formlose, empfangsbedürftige Willenserklärungen*, die auch stillschweigend abgegeben werden können (*Bsp:* BGH und Stuttgart ZEV 98, 24; Köln FamRZ 07, 169: keine wirksame konkludente Ausschlagung bei Geltendmachung eines Pflichtteilsanspruchs für Minderjährigen ohne Genehmigung des FamG); sie sind unwiderruflich (s BGH NJW 01, 2884 für Annahme), aber anfechtbar (§§ 119 ff, 142 ff; vgl aber auch § 2308). Eine Ausschlagungsfrist existiert nicht (BGH NJW 11, 1354 für wechselbezügliches Vermächtnis gem § 2270; vgl aber § 2307 II). Die Ausschlagung bedingter oder befristeter Vermächtnisse kann schon vor Bedingungseintritt oder Fristverstreichen erklärt werden. Das gilt auch für Nachvermächtnisse (BGH NJW 01, 521).

2 2. **Ausschlagungsbefugnis.** Vgl hierzu §§ 1432 I, 1455 Nr 1, 1643 II, 1822 Nr 2; InsO 83 I 1. Sa § 1943 Rn 3 u § 1945 Rn 3.

3 3. **Wirkung der Ausschlagung.** Die Ausschlagung bewirkt Erledigung des Vermächtnisses, sofern nicht Fälle der §§ 2158, 2190, 2069 vorliegen.

4 4. **Vermächtnisverzicht.** Vgl hierzu § 2352. Die insolvenzrechtliche Versagung der Restschuldbefreiung (InsO 295 I Nr 2) lässt sich nicht auf Nichtannahme, Ausschlagung oder Verzicht stützen, vielmehr erst auf Nichtabführung des hälftigen Wertes an den Treuhänder nach Annahme des Vermächtnisses (BGH NJW 11, 2291; 13, 871); auch eine insolvenzrechtlichen Anfechtung von Ausschlagung oder Verzicht ist wegen InsO 83 ausgeschlossen (BGH NJW 13, 693 u 871; sa § 1943 Rn 3; § 2346 Rn 1).

§ 2181 Fälligkeit bei Beliebigkeit

Ist die Zeit der Erfüllung eines Vermächtnisses dem freien Belieben des Beschwerten überlassen, so wird die Leistung im Zweifel mit dem Tode des Beschwerten fällig.

Titel 4. Vermächtnis §§ 2182–2184

Zur Abgrenzung von Bedingung und Fälligkeit vgl § 2177 Rn 1. Ausnahmevorschrift zu § 271, der regelmäßig eingreift, so dass Entstehung der Forderung und Fälligkeit meist zusammenfallen; sa § 2174 Rn 2. 1

§ 2182 Haftung für Rechtsmängel

(1) ¹Ist ein nur der Gattung nach bestimmter Gegenstand vermacht, so hat der Beschwerte die gleichen Verpflichtungen wie ein Verkäufer nach den Vorschriften des § 433 Abs. 1 Satz 1, der §§ 436, 452 und 453. ²Er hat den Gegenstand dem Vermächtnisnehmer frei von Rechtsmängeln im Sinne des § 435 zu verschaffen. ³§ 444 findet entsprechende Anwendung.

(2) Dasselbe gilt im Zweifel, wenn ein bestimmter nicht zur Erbschaft gehörender Gegenstand vermacht ist, unbeschadet der sich aus dem § 2170 ergebenden Beschränkung der Haftung.

(3) Ist ein Grundstück Gegenstand des Vermächtnisses, so haftet der Beschwerte im Zweifel nicht für die Freiheit des Grundstücks von Grunddienstbarkeiten, beschränkten persönlichen Dienstbarkeiten und Reallasten.

1. Grundsätze der Rechtsmängelhaftung. a) Stückvermächtnis: keine Haftung, vgl auch §§ 2165 ff. **b) Gattungsvermächtnis:** verkäufergleiche Haftung gem § 2182 I, III. **c) Verschaffungsvermächtnis:** verkäufergleiche Haftung mit der Beschränkung des § 2182 III und der Haftungsbeschränkung des § 2170 II. 1

2. Reform. Die Änderung durch das Gesetz zur Änderung des Erb- und Verjährungsrechts (s Vor § 1922 Rn 18) hat in der Überschrift „Gewährleistung" durch „Haftung" ersetzt und im Text „Sache" durch „Gegenstand" und damit eine überfällige terminologische Bereinigung vorgenommen. 2

§ 2183 Haftung für Sachmängel

¹Ist eine nur der Gattung nach bestimmte Sache vermacht, so kann der Vermächtnisnehmer, wenn die geleistete Sache mangelhaft ist, verlangen, dass ihm anstelle der mangelhaften Sache eine mangelfreie geliefert wird. ²Hat der Beschwerte einen Sachmangel arglistig verschwiegen, so kann der Vermächtnisnehmer anstelle der Lieferung einer mangelfreien Sache Schadensersatz statt der Leistung verlangen, ohne dass er eine Frist zur Nacherfüllung setzen muss. ³Auf diese Ansprüche finden die für die Sachmängelhaftung beim Kauf einer Sache geltenden Vorschriften entsprechende Anwendung.

Lit: Amend, Schuldrechtsreform und Mängelhaftung beim Gattungsvermächtnis, ZEV 02, 227.

1. Grundsätze der Sachmängelhaftung. a) Stückvermächtnis: keine Sachmängelhaftung; bei schuldhafter Beschädigung durch Beschwerten Schadensersatz aus §§ 280 I, 241 II oder gem §§ 2179, 160 I. **b) Gattungsvermächtnis:** verkäuferähnliche Haftung gem § 2183. **c) Verschaffungsvermächtnis:** je nach Sachlage wie Stückvermächtnis oder Gattungsvermächtnis. 1

2. Reform. Das Gesetz zur Änderung des Erb- und Verjährungsrechts (s Vor § 1922 Rn 18) hat die Vorschrift terminologisch und inhaltlich an das reformierte Schuldrecht angepasst, was überfällig war. 2

§ 2184 Früchte; Nutzungen

¹Ist ein bestimmter zur Erbschaft gehörender Gegenstand vermacht, so hat der Beschwerte dem Vermächtnisnehmer auch die seit dem Anfall des

Vermächtnisses gezogenen Früchte sowie das sonst auf Grund des vermachten Rechts Erlangte herauszugeben. ²Für Nutzungen, die nicht zu den Früchten gehören, hat der Beschwerte nicht Ersatz zu leisten.

Lit: Hardt, Wertpapiervermögen als Vermächtnis – zugleich eine Untersuchung über die Reichweite des § 2184 BGB, ZErb 00, 103; Tiedtke/Peterek, Zurechnung von Einkünften, die zwischen Erbfall und Vermächtniserfüllung anfallen, ZEV 70, 349.

1   **1. Beschränkung der Herausgabe auf Früchte.** Sie schließt Ersatz für tatsächliche Gebrauchsvorteile (§§ 2184 S 2, 100 HS 2) aus. *Nicht gezogene Früchte* bleiben ebenfalls unberücksichtigt, es sei denn, eine Ersatzpflicht folgt aus §§ 286, 292.

2   **2. Haftung für nicht mehr vorhandene Früchte.** Sie folgt §§ 275 ff; auch Eingriffskondiktion kann durchgreifen, falls bereichernder Verbrauch vorliegt.

3   **3. Maßgebender Zeitpunkt.** Nach dem Ges ist dies der Vermächtnisanfall; die Auslegung kann jedoch spätere Zeitpunkte als maßgebend ergeben, zB Fälligkeit (§ 2181) oder Ausübung des vermachten Übernahmerechts (BGH BWNotZ 62, 259).

4   **4. Beschränkter Anwendungsbereich.** Die Vorschrift gilt *nicht* bei Verschaffungs- und Gattungsvermächtnis, wo es bei §§ 286, 292 sein Bewenden hat.

5   **5. Erlangung auf Grund des Rechtes.** Auf Grund des Rechtes erlangt sind zB weitere gem §§ 946, 947 II hinzuerworbene Gegenstände (vgl aber § 2172); für Ersatzansprüche gilt entweder § 285 unmittelbar oder über §§ 2164 II, 2169 III.

§ 2185 Ersatz von Verwendungen und Aufwendungen

Ist eine bestimmte zur Erbschaft gehörende Sache vermacht, so kann der Beschwerte für die nach dem Erbfall auf die Sache gemachten Verwendungen sowie für Aufwendungen, die er nach dem Erbfall zur Bestreitung von Lasten der Sache gemacht hat, Ersatz nach den Vorschriften verlangen, die für das Verhältnis zwischen dem Besitzer und dem Eigentümer gelten.

Lit: Schlichting, Der Verwendungsersatzanspruch des Vorvermächtnisnehmers gegen den Nachvermächtnisnehmer, ZEV 00, 385.

1   Für **Verwendungen** verweist das Ges auf das Eigentümer-Besitzer-Verhältnis; Bösgläubigkeit bedeutet Kenntnis oder grob fahrlässige Unkenntnis der Rechte des Vermächtnisnehmers (BGH 114, 27 f mAnm Leipold JZ 91, 990). Bei Lasten ist § 995 S 2 zu beachten.

§ 2186 Fälligkeit eines Untervermächtnisses oder einer Auflage

Ist ein Vermächtnisnehmer mit einem Vermächtnis oder einer Auflage beschwert, so ist er zur Erfüllung erst dann verpflichtet, wenn er die Erfüllung des ihm zugewendeten Vermächtnisses zu verlangen berechtigt ist.

1   Das Untervermächtnis wird nicht vor dem Hauptvermächtnis fällig, wohl aber uU vor Annahme des Hauptvermächtnisses. Beim Anspruch auf ein Grundstück gegen Gegenleistung ist schwer abgrenzbar, ob ein Grundstücksvermächtnis mit Untervermächtnis an den Erben oder ein Ankaufsvermächtnis gegeben ist (BGH 148, 189 f = NJW 01, 2883; sa § 2174 Rn 1 und Vor § 2147 Rn 3).

§ 2187 Haftung des Hauptvermächtnisnehmers

(1) Ein Vermächtnisnehmer, der mit einem Vermächtnis oder einer Auflage beschwert ist, kann die Erfüllung auch nach der Annahme des ihm

Titel 4. Vermächtnis §§ 2188–2191

zugewendeten Vermächtnisses insoweit verweigern, als dasjenige, was er aus dem Vermächtnis erhält, zur Erfüllung nicht ausreicht.

(2) Tritt nach § 2161 ein anderer an die Stelle des beschwerten Vermächtnisnehmers, so haftet er nicht weiter, als der Vermächtnisnehmer haften würde.

(3) Die für die Haftung des Erben geltende Vorschrift des § 1992 findet entsprechende Anwendung.

Zur prozessualen Durchsetzung der beschränkten Haftung vgl ZPO 786. 1

§ 2188 Kürzung der Beschwerungen

Wird die einem Vermächtnisnehmer gebührende Leistung auf Grund der Beschränkung der Haftung des Erben, wegen eines Pflichtteilsanspruchs oder in Gemäßheit des § 2187 gekürzt, so kann der Vermächtnisnehmer, sofern nicht ein anderer Wille des Erblassers anzunehmen ist, die ihm auferlegten Beschwerungen verhältnismäßig kürzen.

Kürzung kann erfolgen gem §§ 1990 ff, 2187, 2318 I, 2322 ff, InsO 327. Bei 1 unteilbaren Leistungen kann der Bedachte die Kürzung vergüten, andernfalls darf der Beschwerte den gekürzten Schätzungswert bezahlen (BGH 19, 309).

§ 2189 Anordnung eines Vorrangs

Der Erblasser kann für den Fall, dass die dem Erben oder einem Vermächtnisnehmer auferlegten Vermächtnisse und Auflagen auf Grund der Beschränkung der Haftung des Erben, wegen eines Pflichtteilsanspruchs oder in Gemäßheit der §§ 2187, 2188 gekürzt werden, durch Verfügung von Todes wegen anordnen, dass ein Vermächtnis oder eine Auflage den Vorrang vor den übrigen Beschwerungen haben soll.

Korrespondenzvorschrift ist InsO 327 II 2. 1

§ 2190 Ersatzvermächtnisnehmer

Hat der Erblasser für den Fall, dass der zunächst Bedachte das Vermächtnis nicht erwirbt, den Gegenstand des Vermächtnisses einem anderen zugewendet, so finden die für die Einsetzung eines Ersatzerben geltenden Vorschriften der §§ 2097 bis 2099 entsprechende Anwendung.

Neben den §§ 2097 ff ist § 2069 zu beachten. Der Ersatzvermächtnisnehmer muss 1 nur den Erbfall erleben (§§ 2160, 2178), nicht den Wegfall des eigentlichen Vermächtnisnehmers zB durch Tod oder Ausschlagung. Beim Ersatzvermächtnis wird der Bedachte *sofort* Vermächtnisnehmer, beim Nachvermächtnis dagegen erst nach dem zuerst Bedachten (OGH NJW 50, 596).

§ 2191 Nachvermächtnisnehmer

(1) Hat der Erblasser den vermachten Gegenstand von einem nach dem Anfall des Vermächtnisses eintretenden bestimmten Zeitpunkt oder Ereignis an einem Dritten zugewendet, so gilt der erste Vermächtnisnehmer als beschwert.

(2) Auf das Vermächtnis finden die für die Einsetzung eines Nacherben geltenden Vorschriften des § 2102, des § 2106 Abs. 1, des § 2107 und des § 2110 Abs. 1 entsprechende Anwendung.

Vor § 2192 Buch 5. Abschnitt 3. Testament

Lit: Baltzer, Das Vor- und Nachvermächtnis in der Kautelarjurisprudenz, 2007; Bengel, Rechtsfragen zum Vor- und Nachvermächtnis, NJW 90, 1826; Hartmann, Das Vorvermächtnis mit Vorerbschaftswirkung, ZEV 07, 458; Klinger/Mörtl, Das Vor- und Nachvermächtnis, NJW-Spezial 09, 327; Maur, Die Rechtsstellung des Vorvermächtnisnehmers bei zugunsten des Nachvermächtnisnehmers eingetragener Vormerkung, NJW 90, 1161; Muscheler, Das Vor- und Nachvermächtnis, AcP 208, 69; Watzek, Vor- und Nachvermächtnis, MittRhNotK 99, 37; Werkmüller, Gestaltungsmöglichkeiten des Erblassers im Rahmen der Anordnung von Vor- und Nachvermächtnissen, ZEV 99, 343.

1 **1. Unterschied zwischen Untervermächtnis und Nachvermächtnis.** Er liegt im zeitlichen Ablauf: das Untervermächtnis (§ 2147) entsteht gem §§ 2176, 2177 und wird gem § 2186 fällig, wobei dem Untervermächtnisnehmer der Gegenstand ohne Zwischennutzung durch den Hauptvermächtnisnehmer zustehen soll. Hingegen soll der Nachvermächtnisnehmer den Gegenstand erst nach dem Hauptvermächtnisnehmer erhalten. Vgl auch § 2190 Rn 1 zur *Abgrenzung zum Ersatzvermächtnis*.

2 **2. Schutz des Nachvermächtnisnehmers.** Er folgt aus § 2179 (BGH BWNotZ 61, 265; BGH 114, 21: Pflicht des Vermächtnisnehmers zu ordnungsmäßiger Verwaltung; sa § 2179 Rn 1); der Vorvermächtnisnehmer ist in seiner Verfügungsbefugnis jedoch nicht beschränkt. Über die genannten Vorschriften hinaus sind die Regeln der Nacherbschaft auch nicht entspr anwendbar; so folgen Ansprüche auf Verwendungsersatz allein aus § 2185 (BGH 114, 16 mAnm Leipold JZ 91, 990). Der Auflassungsanspruch des Nachvermächtnisnehmers ist ab dem Erbfall *vormerkungsfähig* (BayObLG Rpfleger 81, 190 für Rückvermächtnis an Erben; Maur NJW 90, 1162).

3 **3. Beispielsfall.** Lehrreiches *Bsp* BGH bei Keßler DRiZ 66, 398: Der Vermächtnisnehmer soll Gegenstände an Kinder „weitervererben" und einem anderen Kind angemessenen Ausgleich gewähren; Auslegung des „Weitervererbens" als Nachvermächtnis (§§ 2084, 2191), des Ausgleichsanspruchs als Untervermächtnis, das die Nachvermächtnisnehmer beschwert. Weiteres *Bsp:* Frankfurt ZEV 97, 295 mAnm Skibbe (Wirksamkeit des Nachvermächtnisses trotz lebzeitiger Übertragung des vermachten Gegenstandes an Vorvermächtnisnehmer).

4 **4. Analogie.** Zur Analogie zu §§ 2107, 2191 II beim Vermächtnis auf den Todesfall des erbenden Abkömmlings § 2107 Rn 1.

Titel 5. Auflage

Vorbemerkungen

Lit: Daragan, Die Auflage als erbschaftsteuerliches Gestaltungsmittel, DStR 99, 393; Heeg, Alternativen zur Nacherbeneinsetzung: Ist die erbrechtliche Auflage ein geeignetes Instrument zur Erbschaft(steuer)planung?, DStR 07, 89.

1 **1. Begriff.** Vgl die Legaldefinition § 1940.

2 **2. Abgrenzungen. a)** Vom **Vermächtnis** unterscheidet sich die Aufl durch den fehlenden Erfüllungsanspruch des Bedachten (KG ZEV 98, 306; sa § 2194 Rn 2); anders als das Vermächtnis muss die Aufl überhaupt keine Zuwendung enthalten (zB Pflicht zur Grabpflege). **b)** Die **Zuwendung unter einer Bedingung** stellt ein Verhalten in das Belieben des Zuwendungsempfängers und macht die Zuwendung hiervon abhängig; bei der Aufl fällt die Zuwendung sofort und endgültig an und es besteht eine Rechtspflicht zu entspr Verhalten (zur Abgrenzung vom bloßen Wunsch Ebenfeld ZEV 04, 141). Eine Kombination von Auflage und Bedingung ist in der Weise möglich, dass eine letztwillige Zuwendung durch die Erfüllung einer Auflage auflösend bedingt ist (BGH NJW-RR 09, 1455; sa § 2076 Rn 5).

3. Inhalt. Inhalt einer Aufl kann jedes Tun oder Unterlassen sein; zB Grabpflege, 3
Bestattung, Verwendung von Nachlassgegenständen, Unternehmensfortführung
(BGH NJW-RR 09, 1455), künftiges Verhalten des Bedachten, Regelung der
Nachlassauseinandersetzung (s § 2042 Rn 9, § 2048 Rn 1). Zulässig ist insbes eine
Aufl, die das Unterlassen von Verfügungen über Nachlassgegenstände (häufig Veräußerung von Nachlassgrundstücken, BayObLG FamRZ 86, 608; sa BGH FamRZ
85, 278) oder die vorherige Einholung der Zustimmung eines Dritten (Köln FamRZ
90, 1403) bestimmt. Die Verpflichtung zu einer bestimmten Verfügung von Todes
wegen kann nicht Aufl sein, vgl § 2302; uU Auslegung als Nachvermächtnis, vgl
§ 2191 Rn 3. Wohl aber können über §§ 2112 ff hinaus Verhaltensmaßregeln als
Aufl angeordnet werden, hierzu § 2112 Rn 1. Bei nicht klagbaren oder nicht durchsetzbaren „Aufl" (Namensänderung, Heirat etc) wird oft eine bedingte Zuwendung
gewollt sein (s Rn 2). Die Aufl bleibt im *Erbschein* unerwähnt (KG HRR 41, 327).
Analoge Anwendung des § 526 ist vertretbar (RG 112, 213).

4. Erbschaftsteuerrecht. Die Steuerpflicht entsteht mit dem Erwerb auf Grund 4
der Aufl (ErbStG 3 II Nr 2, 9 I Nr 1d). Der Beschwerte kann sie als Nachlassverbindlichkeit in Abzug bringen (ErbStG 10 V Nr 2), soweit sie nicht ihm selbst zugute
kommt (ErbStG 10 IX). Aufl zugunsten eines unbestimmten Personenkreises sind
regelmäßig Zweckzuwendungen (ErbStG 8, 15 I, 20 I); oft wird Steuerbefreiung
gem ErbStG 13 I Nr 17 gegeben sein.

§ 2192 Anzuwendende Vorschriften

Auf eine Auflage finden die für letztwillige Zuwendungen geltenden Vorschriften der §§ 2065, 2147, 2148, 2154 bis 2156, 2161, 2171, 2181 entsprechende Anwendung.

Neben den erwähnten Vorschriften ist § 2170 anwendbar. Unanwendbar sind 1
dagegen §§ 2180, 2307 (RG HRR 28 Nr 427). Weitere Regelungen zur Aufl finden
sich in §§ 2159, 2186–2189, 2318, 2322 f.

§ 2193 Bestimmung des Begünstigten, Vollziehungsfrist

(1) **Der Erblasser kann bei der Anordnung einer Auflage, deren Zweck
er bestimmt hat, die Bestimmung der Person, an welche die Leistung erfolgen soll, dem Beschwerten oder einem Dritten überlassen.**

(2) **Steht die Bestimmung dem Beschwerten zu, so kann ihm, wenn er
zur Vollziehung der Auflage rechtskräftig verurteilt ist, von dem Kläger
eine angemessene Frist zur Vollziehung bestimmt werden; nach dem
Ablauf der Frist ist der Kläger berechtigt, die Bestimmung zu treffen, wenn
nicht die Vollziehung rechtzeitig erfolgt.**

(3) **¹Steht die Bestimmung einem Dritten zu, so erfolgt sie durch Erklärung
gegenüber dem Beschwerten. ²Kann der Dritte die Bestimmung nicht treffen,
so geht das Bestimmungsrecht auf den Beschwerten über. ³Die Vorschrift des
§ 2151 Abs. 3 Satz 2 findet entsprechende Anwendung; zu den Beteiligten im
Sinne dieser Vorschrift gehören der Beschwerte und diejenigen, welche die
Vollziehung der Auflage zu verlangen berechtigt sind.**

Die Bestimmung ist eine Ausnahmevorschrift zu § 2065 II und eine Erweiterung 1
zu §§ 2192, 2156; sie ist weiter als § 2151 und gestattet es, Person und Leistungsinhalt
der Drittbestimmung zu überlassen. Die Auswahl durch den Dritten kann gerichtlich
darauf überprüft werden, ob sie den vom Erblasser bestimmten Zweck offensichtlich
verfehlt oder auf Arglist beruht (BGH NJW 93, 2169). Umdeutung eines Vermächtnisses in eine entspr Aufl ist denkbar (RG 96, 17 ff). Die **Beweislast** für die Unwirk-

samkeit der Bestimmung trägt der Vollziehungsberechtigte (§ 2194), aber es besteht eine Substantiierungslast des anderen Teils (BGH 121, 364 f = NJW 93, 2170 f).

§ 2194 Anspruch auf Vollziehung

¹Die Vollziehung einer Auflage können der Erbe, der Miterbe und derjenige verlangen, welchem der Wegfall des mit der Auflage zunächst Beschwerten unmittelbar zustatten kommen würde. ²Liegt die Vollziehung im öffentlichen Interesse, so kann auch die zuständige Behörde die Vollziehung verlangen.

1   **1. Rechtsnatur.** Es handelt sich um ein dem § 335 ähnliches, eigenes Recht auf Leistung der Aufl. Es ist nicht übertragbar und pfändbar, wohl aber vererblich.

2   **2. Berechtigte.** Neben den ausdr Genannten sind Berechtigte auch Personen, die der Erblasser bestimmt, und der Testamentsvollstrecker (§§ 2208 II, 2223; hierzu BayObLGZ 86, 34), insbes wenn sich seine Aufgabe nur auf die Vollziehung der Aufl beschränkt (Köln FamRZ 90, 1403); neben ihm bleibt entgegen § 2212 der Erbe Berechtigter. Ein Berechtigter kann auch zugleich Begünstigter sein (MK/Schlichting 3; Karlsruhe ZEV 04, 332 mAnm Mayer; aA Vorwerk ZEV 98, 297, str).

3   **3. Zuständige Behörde.** Sie bestimmt Landesrecht, s SoeDieckmann 5.

§ 2195 Verhältnis von Auflage und Zuwendung

Die Unwirksamkeit einer Auflage hat die Unwirksamkeit der unter der Auflage gemachten Zuwendung nur zur Folge, wenn anzunehmen ist, dass der Erblasser die Zuwendung nicht ohne die Auflage gemacht haben würde.

1   Die Vorschrift entspricht § 2085. Bevor Unmöglichkeit der Aufl angenommen wird, muss allerdings entspr § 2084 geprüft werden, ob dem Erblasserwillen auch unter geänderten Umständen nicht durch eine andere Form der Vollziehung Geltung verschafft werden kann (BGH 42, 329).

§ 2196 Unmöglichkeit der Vollziehung

(1) Wird die Vollziehung einer Auflage infolge eines von dem Beschwerten zu vertretenden Umstands unmöglich, so kann derjenige, welchem der Wegfall des Beschwerten unmittelbar zustatten kommen würde, die Herausgabe der Zuwendung nach den Vorschriften über die Herausgabe einer ungerechtfertigten Bereicherung insoweit fordern, als die Zuwendung zur Vollziehung der Auflage hätte verwendet werden müssen.

(2) Das Gleiche gilt, wenn der Beschwerte zur Vollziehung einer Auflage, die nicht durch einen Dritten vollzogen werden kann, rechtskräftig verurteilt ist und die zulässigen Zwangsmittel erfolglos gegen ihn angewendet worden sind.

1   **1. Berechtigter.** Im Sinne dieser Vorschrift Berechtigter ist nur derjenige, dem der Wegfall des zunächst Beschwerten unmittelbar zustatten kommt. Dies kann auch der Begünstigte (str.; aA SoeDieckmann 3), nicht jedoch der Testamentsvollstrecker sein.

2   **2. Unverschuldete Unmöglichkeit.** Leistungsfreiheit gem § 275 I, Fortbestand der Zuwendung gem § 2195.

3   **3. Verschuldete Unmöglichkeit.** Leistungsfreiheit gem § 275 I; Fortfall der Zuwendung, falls Erfüllbarkeit der Aufl Bedingung war (vgl aber § 2195); ansonsten

Titel 6. Testamentsvollstrecker Vor § 2197

Bereicherungsanspruch des dem Beschwerten Nachrückenden (§§ 818, 819, 292). Der Unmöglichkeit nach I stehen Unerschwinglichkeit (§ 275 II) und Unzumutbarkeit (§ 275 III) gleich (str).

4. Fehlschlagen der Vollstreckung. Wenn eine Vollstreckung gem ZPO 887, 4 888, 890 fehlschlägt, ist ein Bereicherungsanspruch des Wegfallbegünstigten gegeben, falls die Erfüllung der Auflage vermögenswerten Aufwand verursacht; der wegfallbegünstigte Gläubiger ist dann aber seinerseits zur Erfüllung der Auflage mit dem Erhaltenen verpflichtet

Titel 6. Testamentsvollstrecker

Vorbemerkungen

Lit: Bengel/Reimann, Handbuch der Testamentsvollstreckung, 3. Aufl. 2001; Damrau, Der Testamentsvollstrecker, JA 84, 130; Haegele/Winkler, Der Testamentsvollstrecker nach bürgerlichem, Handels- und Steuerrecht, 15. Aufl 1999; Grunsky/Hohmann, Die Teilbarkeit des Testamentsvollstreckeramtes, ZEV 05, 41; Grunsky/Theiss, Testamentsvollstreckung durch Banken, WM 06, 1561; Kirnberger, Kapitalgesellschaften als Testamentsvollstrecker, Vorteile im Zivil- und Steuerrecht, ErbStB 08, 212; Maluche, Auswirkungen des FamFG auf die Testamentsvollstreckung, ZEV 10, 551; Merkel, Die Anordnung der Testamentsvollstreckung – Auswirkungen für eine postmortale Bankvollmacht?, WM 87, 1001; Muscheler, Die Haftungsordnung der Testamentsvollstreckung, 1994; Reimann, Testamentsvollstreckung in der Wirtschaftsrechtspraxis, 1985; Schmucker, Testamentsvollstrecker und Erbe, 2002; Zeuner, Zur Stellung des wirklichen und des vermeintlichen Testamentsvollstreckers gegenüber Nachlaß und Erben, FS Mühl, 1981, 721; Zimmermann, Die Testamentsvollstreckung, 3. Aufl 2008; ders, Die Testamentsvollstreckung im FamFG, ZErb 09, 86.

1. Rechtsstellung. Der Testamentsvollstrecker ist nach hM *Träger eines privaten* 1 *Amtes* (BGH NJW 83, 40), das ihm vom Erblasser übertragen ist und das er kraft eigenen Rechts, also unabhängig vom Willen der Erben, aber doch – im Rahmen der letztwilligen Anordnung – im Interesse der Erben ausübt. Er ist deshalb trotz seiner Verfügungs- und Verpflichtungsbefugnisse (§§ 2205, 2206) nicht Vertreter der Erben und führt Prozesse als „Partei kraft Amtes" im eigenen Namen (§§ 2212, 2213). Damit die materiellrechtlichen und prozessualen Folgen seines Handelns nicht ihn persönlich, sondern den Nachlass treffen, muss er stets den amtlichen Charakter seiner Tätigkeit kennzeichnen (Zusatz: „als Testamentsvollstrecker"). Die Rechtswirkungen einer Testamentsvollstreckung richten sich nach dem Erbstatut (EGBGB 25 I; BayObLG NJW-RR 90, 907; künftig Art 29 EuErbVO, dazu Vor § 1922 Rn 3 mN). Der in Deutschland ansässige Testamentsvollstrecker erbringt seine Leistung umsatzsteuerlich im Inland, auch wenn die Erben im Ausland wohnen (BFH 221, 433 = NJW-RR 08, 1106; vgl EuGH NJW 08, 975).

2. Vollmacht des Erblassers. Lit: Keim DNotZ 08, 175; Seif AcP 200, 192; 2 Kroiß/Horn NJW 13, 516. Die Vollmacht kann eine zu Lebzeiten erteilte Vollmacht sein, die nach dem Tode des Erblassers weitergilt (§§ 168 S 1, 672 S 1), sog **transmortale Vollmacht** (BGH 180, 191 für Kontovollmacht; Keim DNotZ 08, 176); sie kann aber auch durch den Tod des Erblassers aufschiebend bedingt sein (§§ 167 I, 158 I), wobei Zugang nach dem Tod (zB als Bestandteil einer letztwilligen Verfügung) ausreicht (§ 130 II), sog **postmortale Vollmacht.** Der Bevollmächtigte ist *Vertreter* der Erben (BGH 87, 25 f). Möglich ist die Koppelung von Testamentsvollstreckeramt und Generalvollmacht (Köln NJW-RR 92, 1357; München DNotZ 12, 303); der Generalbevollmächtigte unterliegt dann nicht den Beschränkungen der Testamentsvollstreckung (BGH NJW 62, 171), kann also insbes unentgeltlich verfügen. Die Erben sind durch ihr Widerrufsrecht (§ 168 S 2) geschützt (vgl zur Miterbengemeinschaft § 2038 Rn 1 aE); auch die „unwiderrufliche" Vollmacht (s

BGH 87, 25; BayObLG FamRZ 90, 99; Kuchinke FamRZ 84, 109) kann aus wichtigem Grund widerrufen werden. Die unwiderrufliche Generalvollmacht ist eine sittenwidrige Umgehung der Vorschriften über die Testamentsvollstreckung zur Knebelung der Erben; Umdeutung (§ 140) in eine widerrufliche Vollmacht ist denkbar, ebenso Umdeutung einer testamentarisch erteilten unwiderruflichen Vollmacht in Testamentsvollstreckung gem § 2208 (hierzu Köln NJW-RR 92, 1357). Die Erben können vollmachtslose Vertretung und unerlaubtes Selbstkontrahieren eines Vertreters des Erblassers genehmigen (Hamm OLGZ 79, 44). Postmortale Vollmacht unter Befreiung von § 181 ist grundsätzlich unbedenklich (BGH NJW 69, 1245; Köln NJW-RR 92, 1357). Vollmachtsmissbrauch ist bei erlaubtem Selbstkontrahieren nur ganz ausnahmsweise zu bejahen (BGH NJW 95, 250: hohe Anforderungen an Evidenz des Missbrauchs). Transmortale Kontovollmacht berechtigt idR nicht zur Kontoumschreibung auf den bevollmächtigten Ehegatten (BGH 180, 191 = FamRZ 09, 1053 mAnm Grziwotz = ZEV 09, 308 mAnm Werkmüller). Der Bevollmächtigte muss bei Grundstücksgeschäften dem Grundbuchamt nicht die Erben namhaft machen (Frankfurt DNotZ 12, 140; FamRZ 12, 1676; LG Stuttgart ZEV 08, 198; unter Hinweis auf GBO 35 teilw krit Bestelmeyer Rpfleger 12, 678 mwN); anders als ein Testamentsvollstrecker (§ 2205 Rn 10) muss er bei nicht voll geschäftsfähigen Erben aber familien - u vormundschaftsgerichtliche Genehmigungserfordernisse beachten (ausführlich Bestelmeyer Rpfleger 12, 678 mwN, im Einzelnen str).

3 **3. Erbschaftsteuer.** Der Testamentsvollstrecker hat die **Erbschaftsteuererklärung** abzugeben (ErbStG 31 V; zu Antragsrechten s Thietz-Bartram DB 89, 798), allerdings nur für die Erben, außer wenn ausnahmsweise Testamentsvollstreckung auch für Vermächtnisse angeordnet ist (BFH NJW-RR 99, 1595), und die Bezahlung der Steuerschulden sicherzustellen (ErbStG 32 I 2, 3); sa AO 34 III, 69. Der gem ErbStG 32 I 1 dem Testamentsvollstrecker bekanntzugebende Erbschaftsteuerbescheid hat Wirkung gegenüber den Erben (BFH NJW 91, 3303; str), nicht aber zB gegenüber einem Vermächtnisnehmer oder Pflichtteilsberechtigten (BFH NJW 91, 3302). Sein Amt soll den Testamentsvollstrecker nicht zur Anfechtung des Steuerbescheids berechtigen (BFH BB 82, 602; unberücksichtigt geblieben in BGH ZEV 00, 195: dem Testamentsvollstrecker kann nicht vorgeworfen werden, vorsorglich für Einspruchseinlegung gesorgt zu haben. Das Verhältnis zu §§ 2212, 2213 ist allerdings unklar, vgl Moench/Kien-Humbert DStR 87, 40 mN; vgl ferner BFH BB 89, 350; 88, 966). Der Testamentsvollstrecker hat aber den Erben zu unterrichten; ggf kann dem Erben Wiedereinsetzung (AO 110) gewährt werden (BFH NJW 91, 3303). Die Vergütung des Testamentsvollstreckers wird als abzugsfähig iSv ErbStG 10 V Nr 3 nur insoweit anerkannt, als sie für Nachlassabwicklung (§ 2203) und nicht für Dauerverwaltung (§ 2209) zu zahlen ist; in zu hoher Vergütung kann Vermächtnis des Erblassers (abzugsfähig gem ErbStG 10 V Nr 2) oder Schenkung der Erben liegen. Die bürgerlich-rechtliche Einordnung als Vermächtnis hindert
4 nicht, (auch) den überhöhten Teil der Vergütung **einkommensteuerlich** als Einkünfte iSd EStG 18 anzusehen (BFH NJW 91, 319 mN; str; nach BFH NJW 05, 1968 stellt die Testamentsvollstreckervergütung steuerrechtlich kein Vermächtnis dar und unterliegt daher nicht der Besteuerung gem ErbStG 3 I Nr 1, sondern nur der Einkommensteuer). Für den Vergütungsschuldner können die Gebühren einer Dauervollstreckung Werbungskosten oder Betriebsausgaben sein (BFH JZ 79, 108; NJW 80, 1872); zu Auseinandersetzungskosten s Vor § 2203 Rn 6. Die Vergütung ist idR umsatzsteuerpflichtig (BFH 215, 333 = ZEV 07, 45; ausf Bestelmeyer Rpfleger 08, 557). **Lit:** Siebert ZEV 10, 121; Kirnberger, Steuerliche Aspekte der Testamentsvollstreckervergütung, FS Spiegelberger, 2009, S. 270 ff.

§ 2197 Ernennung des Testamentsvollstreckers

(1) **Der Erblasser kann durch Testament einen oder mehrere Testamentsvollstrecker ernennen.**

Titel 6. Testamentsvollstrecker **§ 2197**

(2) **Der Erblasser kann für den Fall, dass der ernannte Testamentsvollstrecker vor oder nach der Annahme des Amts wegfällt, einen anderen Testamentsvollstrecker ernennen.**

1. Ernennende letztwillige Verfügung. Sie kann sein ein Testament, ein Erbvertrag (einseitige Verfügung, §§ 2299, 2278 II) oder ein gemeinschaftliches Testament (einseitige Verfügung, § 2270 III). 1

2. Auslegung. Die Auslegung der ernennenden Erklärung folgt allg Grundsätzen (§ 133); zB Ernennung mit den Worten „Bevollmächtigter mit voller und alleiniger Verfügungsgewalt über den Nachlass" (Oldenburg Rpfleger 65, 305; ähnlich BayObLGZ 82, 59) oder „übernimmt die Verteilung aller Dinge" (BayObLG FamRZ 92, 1355). Beim gemeinschaftlichen Ehegattentestament wird die angeordnete Testamentsvollstreckung idR nicht den überlebenden alleinerbenden Ehegatten betreffen, sondern erst den Schlusserben; bei Anordnung für beide Erbfälle liegen zwei selbstständige Vollstreckungen vor, keine einheitliche fortgesetzte (BayObLGZ 85, 239; 97, 1). Zustimmung Dritter zu RGeschäften kann auch Gegenstand einer Auflage sein (s Vor § 2192 Rn 3). 2

3. Unwirksamkeit. Teilunwirksamkeit der Ernennung kann vorliegen, falls sie nur gegenüber einem Miterben unwirksam ist (zB nach § 2289), für andere Miterben aber ihren Sinn behält (LM Nr 3 zu § 2085). Die Ernennung kann gem §§ 134, 138 nichtig sein, zB wegen Eingriffs in die Glaubensfreiheit, wenn andere billigenswerte Motive des Erblassers nicht bestehen (Düsseldorf NJW 88, 2615; str). Falls eine Mutter neben ihrem minderjährigen Sohn Miterbin ist u die Wirksamkeit testamentarischer Ernennung der Mutter zum Testamentsvollstrecker zweifelhaft erscheint, muss bis zur Klärung für die Verwaltung des Miterbenanteils des Minderjährigen ein Ergänzungspfleger bestellt werden (Köln ZEV 12, 331). 3

4. Befähigung zur Testamentsvollstreckung. Grundsätzlich haben sie alle natürliche und jur Personen (arg aus §§ 2210 S 3, 2163 II; sa RDG 5 II Nr 1). Sie bleibt von gleichzeitiger Erbenstellung grundsätzlich unberührt; Unvereinbarkeit besteht nur dort, wo sich die Rechtsmacht des Testamentsvollstreckers und des Erben voll decken würden. Der Alleinerbe kann deshalb nicht alleiniger Testamentsvollstrecker sein (BayObLG FamRZ 05, 555), es sei denn, die Testamentsvollstreckung beschränkt sich auf die sofortige Erfüllung eines Vermächtnisses und das NachlassG kann bei Pflichtverstößen einen anderen Testamentsvollstreckers bestellen (BGH MDR 05, 690 f). Der Alleinerbe kann auch Mitvollstrecker gem § 2224 sein (KG OLGZ 67, 361; Zweibrücken ZEV 01, 27: keine Umdeutung in Mittestamentsvollstreckung und Ermächtigung zur Benennung eines Mittestamentsvollstreckers, aber evtl konkludentes Ersuchen an das NachlassG, einen Testamentsvollstrecker gem § 2200 zu ernennen; m zu Recht krit Anm Damrau); der Miterbe kann sowohl Alleinvollstrecker (vgl BGH 30, 67) als auch Mitvollstrecker sein (vgl § 2224 mit § 2038); auch können alle Miterben gemeinsam Mitvollstrecker sein (BayObLG Rpfleger 01, 548: unterschiedliche Entscheidungsmechanismen bei Erbengemeinschaft und Mitvollstreckung, Möglichkeit der Entlassung des Testamentsvollstreckers nach § 2227). Der Nießbraucher kann ebenso wie der Vermächtnisnehmer (BayObLG FamRZ 92, 1354) Testamentsvollstrecker sein, der einzige Vorerbe weder alleiniger Vorerbenvollstrecker (Karlsruhe MDR 81, 943; Jena ZEV 09, 245; s aber BGH MDR 05, 690 f) noch alleiniger Nacherbenvollstrecker gem § 2222 (str, zum Ganzen Rohlff DNotZ 71, 518); wohl aber kann der Nacherbe bis zum Nacherbfall Testamentsvollstrecker des Vorerben sein (BGH NJW 90, 2056). Eine Bank konnte ohne Erlaubnis nach dem RechtsberatungsG Testamentsvollstreckerin sein (BGH NJW 05, 969 f). Gleiches galt für den Steuerberater (BGH NJW 05, 968). Nunmehr folgt aus RDG 5 II Nr 1, dass Testamentsvollstreckung keine Rechtsdienstleistung ist (dazu Grunewald ZEV 08, 257; 10, 69). Den beurkundenden Notar schließen BeurkG 27, 7 aus (sa Reimann, FS von Lübtow, 1991, S 317; ferner § 2200 Rn 2); hingegen soll der Notar die Ernennung eines Sozius auch dann beurkunden können, 4

§§ 2198, 2199

Buch 5. Abschnitt 3. Testament

wenn eine Vergütungsbeteiligung besteht (BGH 134, 230 = NJW 97, 946 = LM BeurkG Nr 60 m zust Anm Reithmann; abl Moritz JZ 97, 953; vorzugswürdig die Gegenansicht Oldenburg DNotZ 90, 431 mAnm Reimann; sa § 2198 Rn 1). BGH FamRZ 54, 198 erklärt die Einsetzung der Geliebten für sittenwidrig; angesichts der neueren Rspr und Gesetzgebung in dieser Allgemeinheit fragwürdig (vgl § 2077 Rn 4 ff).

5   **5. Ersatzernennung.** Vgl § 2197 II; Wegfall ist auch die Ablehnung (§ 2202 II) oder Unwirksamkeit gem § 2201 (Hamm FamRZ 00, 487).

§ 2198 Bestimmung des Testamentsvollstreckers durch einen Dritten

(1) ¹**Der Erblasser kann die Bestimmung der Person des Testamentsvollstreckers einem Dritten überlassen.** ²**Die Bestimmung erfolgt durch Erklärung gegenüber dem Nachlassgericht; die Erklärung ist in öffentlich beglaubigter Form abzugeben.**

(2) **Das Bestimmungsrecht des Dritten erlischt mit dem Ablauf einer ihm auf Antrag eines der Beteiligten von dem Nachlassgericht bestimmten Frist.**

1   **1. Ernennungsberechtigter Dritter.** Auch der Erbe kann ernennungsberechtigter Dritter sein (RG 92, 72; BayObLGZ 85, 243). Die Beglaubigungskosten der Erklärung kann der Dritte analog § 2218 vom Erben zurückverlangen. Die Bestimmung durch den Dritten kann das Prozessgericht auch noch nach Ernennung und Zeugniserteilung durch das NachlassG nachprüfen (KG FamRZ 10, 500 mAnm Reimann, str; sa § 2200 Rn 5). Eine testamentarische Anordnung, welche die Bestimmung durch den beurkundenden Notar als Dritten verfügt, ist unwirksam nach BeurkG 7 Nr 1 (BGH NJW 13, 52; Stuttgart ZEV 12, 486); sa auch zur Beteiligung beurkundender Notare § 2197 Rn 4.

2   **2. Beteiligte mit Befugnis zum Antrag auf Fristsetzung.** Fristsetzung können verlangen Erben, Mitvollstrecker, Pflichtteilsberechtigte, Vermächtnisnehmer, Auflagenberechtigte und -begünstigte (str), Nachlassgläubiger (BGH 35, 299). Nach Fristablauf entfällt die Vollstreckungsanordnung; jedoch kann für diesen Fall analog § 2197 II ein Ersatzmann bestimmt oder das NachlassG zur Ernennung befugt sein (§ 2200 I).

§ 2199 Ernennung eines Mitvollstreckers oder Nachfolgers

(1) **Der Erblasser kann den Testamentsvollstrecker ermächtigen, einen oder mehrere Mitvollstrecker zu ernennen.**

(2) **Der Erblasser kann den Testamentsvollstrecker ermächtigen, einen Nachfolger zu ernennen.**

(3) **Die Ernennung erfolgt nach § 2198 Abs. 1 Satz 2.**

Lit: Säcker, Die Bestimmung des Nachfolgers durch den Testamentsvollstrecker, ZEV 06, 288.

1   Die Vorschrift ist eng auszulegen; Ermächtigungen zur Abänderung einer letztwilligen Anordnung oder zur Weitergabe der Ernennungsbefugnis sind wegen § 2064 unwirksam (KG OLG 44, 100). Die Ernennung gemäß § 2199 II wird nach den Grundsätzen des § 130 wirksam, wobei im Zeitpunkt des Wirksamwerdens das Amt des Testamentsvollstreckers nicht beendet (§§ 2225, 2227) sein darf (vgl RG 170, 382); vor einer Entlassung ist einem Testamentsvollstrecker ggf daher Gelegenheit zu geben, von der Ermächtigung Gebrauch zu machen (Hamm NJW-RR 07, 878). Die Auslegung der testamentarischen Ermächtigung kann jedoch ergeben, dass sie nicht gelten soll, wenn der Testamentsvollstrecker wegen Pflichtverletzungen bei

Titel 6. Testamentsvollstrecker   §§ 2200, 2201

der Ausübung seines Amtes entlassen wird (München ZErb 08, 287: § 2200). Der Ernennende haftet für Auswahlverschulden nach §§ 2218 f.

§ 2200 Ernennung durch das Nachlassgericht

(1) Hat der Erblasser in dem Testament das Nachlassgericht ersucht, einen Testamentsvollstrecker zu ernennen, so kann das Nachlassgericht die Ernennung vornehmen.

(2) Das Nachlassgericht soll vor der Ernennung die Beteiligten hören, wenn es ohne erhebliche Verzögerung und ohne unverhältnismäßige Kosten geschehen kann.

1. **Ersuchen des Erblassers.** Es kann ausdr erfolgen oder im Wege ergänzender 1 Auslegung zu ermitteln sein. Eine ergänzende Auslegung wird nahe liegen, wenn die Testamentsvollstreckung eindeutig gewollt ist und die vorgesehenen Ernennungsmodalitäten versagen (Hamm OLGZ 76, 21; Rpfleger 84, 317; BayObLG FamRZ 88, 325; Zweibrücken ZEV 01, 27 mAnm Damrau; Rpfleger 06, 409 f; BayObLG NJW-RR 03, 225; Zweibrücken Rpfleger 06, 409; München NJW 09, 1153). Dagegen liegt sie auch bei Fehlschlagen der vorgesehenen Testamentsvollstreckung fern, wenn die Erben so zerstritten sind, dass eine vollständige Abwicklung nur bei gerichtlicher Auseinandersetzung möglich scheint (Hamm Rpfleger 01, 184).

2. **Entscheidung über Ernennung.** Sie steht ebenso im **Ermessen** des Gerichts 2 (Hamm Rpfleger 84, 317; Zweibrücken NJW-RR 13, 261) wie die Auswahl der Person (Hamm FamRZ 08, 1379), die Einigung der Beteiligten ist nicht bindend (uU fehlende Eignung bei absehbaren persönlichen Schwierigkeiten: BayObLGZ 85, 243); kein Ausschluss des beurkundenden Testamentsnotars, falls er nicht selbst im Testament ernannt (hierzu § 2197 Rn 4), sondern die Ernennung dem Gericht überlassen ist (Stuttgart OLGZ 90, 14).

3. **Prozessuales. a)** Zur **Beteiligung** gem § 2200 II vgl § 2198 Rn 2; es besteht 3 aber keine Nachforschungspflicht des Gerichts. **b)** Die **Ernennung** ist **Richtersache**, RPflG 16 I Nr 2, bedarf keiner Form (BayObLGZ 85, 239) und wird durch einfache Mitteilung an den Testamentsvollstrecker wirksam (KG OLGZ 73, 38; str, offen BayObLGZ 85, 239); „Vorbescheide" (s § 2353 Rn 12) sind unzulässig (Hamm OLGZ 84, 282). Der Amtsbeginn richtet sich nach § 2202. **c) Rechtsmittel:** Beschwerde (FamFG 58; früher FGG 19). Beschwerdeberechtigt sind hin- 4 reichend betroffene (str) Beteiligte gem § 2198 Rn 2 (sa FamFG 59), also auch der übergangene Ersatztestamentsvollstrecker (München NJW 09, 2141), nicht aber der Inhaber eines nicht betroffenen Miterbenanteils (Hamm NJW-RR 09, 155). Sofortige Beschwerde bei Ernennung mit Fristsetzung zur Annahme (FamFG 355; früher FGG 81); kein Beschwerderecht des Ernannten (vgl § 2202) oder gewöhnlicher Nachlassgläubiger (KG OLGZ 73, 385). **d) Aufhebung** der Ernennung ist nur auf Antrag gem § 2227 möglich, nicht von Amts wegen; zur Beschwerde s § 2227 Rn 3. **e)** Die **Nachprüfung** der Ernennung durch das **Prozessgericht** ist 5 nicht möglich. Über die Beendigung der Testamentsvollstreckung nach Ausführung aller Aufgaben entscheidet jedoch das Prozessgericht (BGH 41, 23); dies auch dann, wenn das NachlassG zu Unrecht einen neuen Vollstrecker ernannt hat. Im Erbscheinsverfahren kann vom NachlassG ebenfalls überprüft werden, ob die Testamentsvollstreckung materiell noch besteht (München NJW 09, 1153; KG ZEV 10, 42). Zur Bestimmung durch Dritte s § 2198 Rn 1.

§ 2201 Unwirksamkeit der Ernennung

Die Ernennung des Testamentsvollstreckers ist unwirksam, wenn er zu der Zeit, zu welcher er das Amt anzutreten hat, geschäftsunfähig oder in

§§ 2202, 2203   Buch 5. Abschnitt 3. Testament

der Geschäftsfähigkeit beschränkt ist oder nach § 1896 zur Besorgung seiner Vermögensangelegenheiten einen Betreuer erhalten hat.

1   Vgl auch §§ 2225, 2227. Die vorläufige Bestellung eines Betreuers gem FamFG 300 ff (früher FGG 69 f) steht der endgültigen gleich (vgl BayObLG Rpfleger 95, 160).

§ 2202 Annahme und Ablehnung des Amts

(1) **Das Amt des Testamentsvollstreckers beginnt mit dem Zeitpunkt, in welchem der Ernannte das Amt annimmt.**

(2) **¹Die Annahme sowie die Ablehnung des Amts erfolgt durch Erklärung gegenüber dem Nachlassgericht. ²Die Erklärung kann erst nach dem Eintritt des Erbfalls abgegeben werden; sie ist unwirksam, wenn sie unter einer Bedingung oder einer Zeitbestimmung abgegeben wird.**

(3) **¹Das Nachlassgericht kann dem Ernannten auf Antrag eines der Beteiligten eine Frist zur Erklärung über die Annahme bestimmen. ²Mit dem Ablauf der Frist gilt das Amt als abgelehnt, wenn nicht die Annahme vorher erklärt wird.**

1   **1. Annahmeerklärung.** Sie kann zwar erst nach dem Erbfall, aber schon vor Testamentseröffnung erfolgen. Sie erfolgt durch einfache schriftliche Erklärung, wobei eine konkludente Erklärung, zB durch Antrag auf Erteilung eines Testamentsvollstreckerzeugnisses (BGH WM 61, 479), denkbar ist. Die Erklärung ist auch wirksam gegenüber dem Grundbuchamt als unselbstständiger Abteilung des zuständigen AG (LG Saarbrücken FamRZ 09, 1252).

2   **2. Privatrechtliche Verpflichtung zur Annahme.** Sie kann bei Ablehnung Schadensersatzpflichten auslösen; Klage auf Annahme (ZPO 894) schließt die hL wegen § 2226 S 1 aus (str). Ein Anreiz zur Annahme kann durch bedingte letztwillige Zuwendung geschaffen werden. Eine Verpflichtung des Erblassers zur Ernennung scheitert an § 2302.

3   **3. Rechtsgeschäfte vor Annahme.** Sie folgen den Regeln der §§ 177, 180; für Verfügungen gilt § 185 II 1, 1. Alt, ebenso § 185 II 1, 2. Alt (sa § 2211 Rn 1 und 2; MK/Zimmermann 4; str).

4   **4. Fristsetzung.** Auf Antrag eines Beteiligten vgl § 2198 Rn 2; zum Verfahren RPflG 3 Nr 2c, 11; FamFG 355 (früher FGG 81 I).

§ 2203 Aufgabe des Testamentsvollstreckers

Der Testamentsvollstrecker hat die letztwilligen Verfügungen des Erblassers zur Ausführung zu bringen.

1   Die Vorschrift beschreibt den **Regelfall der Abwicklungsvollstreckung.** Die *Dauervollstreckung* (§ 2209) ist die Ausnahme. Die rechtlichen Befugnisse zur Abwicklungsvollstreckung gewähren §§ 2204–2208, 2212, 2213. Das Verhältnis zum Erben regeln §§ 2215, 2219. Bei *Auslegungsstreitigkeiten,* die den letzten Willen betreffen, ist der Testamentsvollstrecker nicht ohne weiteres zur authentischen Interpretation berufen (BayObLG FamRZ 89, 669; vgl aber § 2065 Rn 3; dazu auch Storz ZEV 09, 265); zu seiner Absicherung kann er Feststellungsklage (ZPO 256 I) erheben. Schließen Miterben eine Auseinandersetzung auf Dauer aus, so endet das Amt des allein zur Abwicklungsvollstreckung bestellten Testamentsvollstreckers (Nürnberg FamRZ 10, 1203 = WM 10, 1286; sa § 2225 Rn 3).

Titel 6. Testamentsvollstrecker § 2204

§ 2204 Auseinandersetzung unter Miterben

(1) Der Testamentsvollstrecker hat, wenn mehrere Erben vorhanden sind, die Auseinandersetzung unter ihnen nach Maßgabe der §§ 2042 bis 2057a zu bewirken.

(2) Der Testamentsvollstrecker hat die Erben über den Auseinandersetzungsplan vor der Ausführung zu hören.

1. Pflicht des Testamentsvollstreckers zur Auseinandersetzung. Sie kann 1 von jedem Miterben eingeklagt werden (RG 100, 97). Recht und Pflicht zur Auseinandersetzung entfallen aber, falls die Miterben die Auseinandersetzung ausschließen und die Gemeinschaft fortführen wollen (§§ 2042, 749 II); die Auseinandersetzung der zunächst fortgeführten Gemeinschaft (zB gem § 749 II) ist Recht und Pflicht des Testamentsvollstreckers (str; zum Ganzen Storz, ZEV 11, 18). Die Verfügungsbefugnis des Testamentsvollstreckers (§ 2205 S 2) bleibt grundsätzlich unabhängig von seiner durch die Erben ausgeschlossenen Auseinandersetzungsbefugnis bestehen (zum Ende des Amtes wegen Aufgabenerledigung bei Ausschluss auf Dauer s aber § 2203 Rn 1 und § 2225 Rn 3). Sofern der Erblasser die Auseinandersetzung ganz oder teilw ausschließt, hat der Testamentsvollstrecker weder Pflicht noch Befugnis zur Auseinandersetzung; seine alleinige Verfügungsbefugnis (§ 2205 S 2) ist insoweit ebenfalls mit dinglicher Wirkung (BGH NJW 84, 2465; krit Damrau JR 85, 106) ausgeschlossen bzw beschränkt (§ 2208 I). Mit Zustimmung aller Erben sind aber seine Verfügungen gleichwohl wirksam (BGH 40, 115; 56, 275; NJW 84, 2465); denn gegenüber den Erben schließt § 137 S 1 dingliche Wirkung des Auseinandersetzungsverbotes aus (§ 2044 Rn 2).

2. Auseinandersetzungsplan. Er muss den ges Vorschriften und den Teilungs- 2 anordnungen des Erblassers entsprechen; bei Streitigkeiten mit den Erben kann der Testamentsvollstrecker Feststellungsklage erheben, der Erbe Klage auf Teilung nach dem korrekten Plan. Soll die Auseinandersetzung nach billigem Ermessen erfolgen, so ist der Testamentsvollstrecker freier gestellt, § 319 I 1 und 2, 2. HS ist entspr anzuwenden (str). Der fehlerhafte Teilungsplan ist unverbindlich, sein Vollzug gibt der Miterbengemeinschaft Bereicherungsansprüche (§§ 2039, 812 I 1, 1. Alt). Da der Teilungsplan kein Vertrag ist, bedarf er auch bei minderjährigen Miterben keiner Zustimmung oder behördlichen Genehmigung; anders, falls er von Ges oder Erblasserwillen abw Vereinbarungen enthält (BGH 56, 283); beachte § 1629a IV.

3. Durchführung der Auseinandersetzung. a) Sie folgt den **ges Vorschrif-** 3 **ten** (§§ 2042 ff). Zunächst sind die Nachlassverbindlichkeiten zu berichtigen bzw entspr Mittel zurückzuhalten (BGH 51, 127). Entgegen §§ 2042 II, 753 kann aber der Testamentsvollstrecker gem § 2205 S 2 durch freihändigen Verkauf versilbern. **b)** Der **Vollzug** des Teilungsplans erfolgt durch gewöhnliche dingliche RGeschäfte 4 (zB Auflassung und Eintragung, §§ 873, 925). Ist der Testamentsvollstrecker Miterbe, so sind ihm in Ermangelung einer ausdr Bestimmung des Erblassers regelmäßig jene Insichgeschäfte gestattet, die im Rahmen ordnungsmäßiger Verwaltung des Nachlasses liegen (BGH 30, 67). Soweit in Ausführung des Auseinandersetzungsplans der Minderjährige nur vorteilhaft erwirbt, bedarf er keiner Vertretung (§ 107) bzw ist das Insichgeschäft des Eltern-Testamentsvollstreckers auf jeden Fall erlaubt (§§ 1795 II, 181, 107); andernfalls wird entgegen dem BGH auch ohne Hinweis auf besondere Störungen des Eltern-Kind-Verhältnisses (BGH Rpfleger 08, 421 mAnm Zimmermann FamRZ 08, 1156 und Muscheler ZEV 08, 330; sa Schleswig NJW-RR 07, 1597) Pflegerbestellung notwendig, selbst wenn der Erblasser den Testamentsvollstrecker von dem Selbstkontrahierungsverbot befreit hat (Hamm FamRZ 93, 1123), ggf schon zu verpflichtenden Vereinbarungen anlässlich der Errichtung des Teilungsplanes (vgl Rn 2 aE). S aber § 2042 Rn 4.

4. Reform. Die jüngste Reform (s Vor § 1922 Rn 18) hat die Angabe „2056" 5 in Abs 1 durch „2057a" ersetzt.

Stürner 2101

§ 2205 Verwaltung des Nachlasses, Verfügungsbefugnis

¹Der Testamentsvollstrecker hat den Nachlass zu verwalten. ²Er ist insbesondere berechtigt, den Nachlass in Besitz zu nehmen und über die Nachlassgegenstände zu verfügen. ³Zu unentgeltlichen Verfügungen ist er nur berechtigt, soweit sie einer sittlichen Pflicht oder einer auf den Anstand zu nehmenden Rücksicht entsprechen.

Lit: Dörrie, Reichweite der Kompetenzen des Testamentsvollstreckers an Gesellschaftsbeteiligungen, ZEV 96, 370; Lehmann, Die unbeschränkte Verfügungsbefugnis des Testamentsvollstreckers, AcP 188, 1; Lorz, Testamentsvollstreckung und Unternehmensrecht, 1995; Schmitz, Erwerb von Nachlassgegenständen auf Grund eines Rechtsgeschäfts mit dem Testamentsvollstrecker, ErbR 10, 306.

1 **1. Inhalt der Verwaltungsbefugnisse. a) Beitreibung von Nachlassforderungen;** dies auch, soweit sie dem Nachlass gegen den Erben zustehen. Zur Prozessführungsbefugnis § 2212. **b) Erfüllung von Nachlassverbindlichkeiten.** Zu beachten ist, dass im Falle der Testamentsvollstreckung zur Verwaltung Ansprüche des Erben gegen den Nachlass bestehen bleiben (BGH 48, 214). Pflichtteilsansprüche können nicht ohne den Willen des Erben rechtsgeschäftlich anerkannt werden (BGH 51, 125), ebenso wenig Erbersatzansprüche alten Rechts (EGBGB 227); anders bei postmortaler Bevollmächtigung durch Erblasser (LG Stuttgart ZEV 09,
2 396). Sa § 2213 Rn 3 und § 1924 Rn 3. **c)** Die **Fortführung eines Einzelhandelsgeschäftes** im Rahmen der Verwaltung ist nach Rspr (BGH 12, 100; 35, 13) und hM in *zweifacher* Weise denkbar: *Entweder* der Testamentsvollstrecker führt das Geschäft nach außen *in eigenem Namen* und eigener Haftung (gem HGB 25, nicht 27) fort, lässt sich persönlich ins Handelsregister eintragen und ist im Innenverhältnis Treuhänder (§§ 2216, 2218, 664 ff) der Erben, wobei er kein Eigentum an Gegenständen des Betriebsvermögens erwirbt (BGH NJW 75, 54), *oder* der Testamentsvollstrecker führt das Geschäft als *Vertreter* der Erben fort, die gem HGB 25, 27 haften und neben dem Testamentsvollstrecker (LG Konstanz NJW-RR 90, 716) im Handelsregister einzutragen sind (vgl auch § 2032 Rn 4); in diesem Falle bedarf er einer Vollmacht der Erben, die aber ausdr oder stillschweigend Bedingung oder Auflage sein kann (BayObLG FamRZ 86, 616). **Lit:** Baur, FS Dölle I, 1963, S 249 („echte Testamentsvollstreckerlösung"); John BB 80, 757; Brandner, FS Stimpel, 1985,
3 S 991; Weidlich NJW 11, 641. **d)** Der **OHG-Anteil** des Gesellschaftererben gehört zwar zum Nachlass (BGH 98, 48; str, vgl § 2032 Rn 6), die Wahrnehmung gesellschaftsvertraglicher Rechte unterliegt aber nicht voller Verwaltung (BGH 98, 57 mAnm Marotzke AcP 187, 223; BGH NJW 98, 1314 mAnm Ulmer JZ 98, 468; Hamm NJW-RR 02, 729: Feststellungsklage auf Auflösung einer KG; Düsseldorf FamRZ 08, 1295). Denkbar ist volle Verwaltung im Abwicklungsstadium (BGH 98, 58), ferner beaufsichtigende Vollstreckung (BGH 98, 58 – unklar!; sa § 2208 Rn 2). Die Anordnung der Testamentsvollstreckung führt zum Verlust der Verfügungsbefugnis des Gesellschaftererben und zur Haftungsbeschränkung für Eigengläubiger (§ 2214; BGH 98, 57). Der Testamentsvollstrecker kann über den seiner Verwaltung unterliegenden Geschäftsanteil zumindest dann verfügen, wenn er eine letztwillige Anordnung des Erblassers erfüllt (KG FamRZ 09, 1098). Unter die Testamentsvollstreckung fallen Auseinandersetzungsanspruch (BGH NJW 81, 750; 85, 1954; BGH 98, 58) und Gewinnansprüche, soweit sie nicht der persönlichen Leistung des Gesellschaftererben entfließen (unklare Abgrenzung, BGH 98, 56). Falls es dem Gesellschaftsvertrag entspricht oder die Mitgesellschafter zustimmen, kann der Testamentsvollstrecker entweder in eigenem Namen als Treuhänder der Erben die Gesellschafterrechte ausüben (BGH 24, 106; NJW 81, 750; BFH NJW 95, 3407) oder als Bevollmächtigter des Gesellschaftererben, wobei die Vollmachterteilung Bedingung oder Auflage der letztwilligen Verfügung sein kann (vgl aber BGH WM 69, 492; BayObLG FamRZ 86, 617; Emmerich ZHR 132, 314; str); keine Angaben hierüber im Testamentsvollstreckerzeugnis (BayObLGZ 84, 229).

Titel 6. Testamentsvollstrecker **§ 2205**

Eintrittsrechte von Erben (vgl § 2032 Rn 8) unterliegen nicht der Verwaltung. Für einen BGB-Gesellschaftsanteil gilt das zum OHG-Anteil Gesagte entspr (BGH NJW 96, 1285 mAnm Lorz ZEV 96, 112; sa KG FamRZ 09, 1097; LG Leipzig ZEV 09, 96). **Lit:** Bommert BB 84, 178; Marotzke JZ 86, 457; Rehmann BB 85, 297; Ulmer NJW 84, 1496; JuS 86, 856; Weidlich ZEV 94, 205. **e)** Der **Kommanditanteil** fällt 4 unter die Verwaltung, falls die übrigen Gesellschafter der Testamentsvollstreckung zustimmen (BGH 108, 191 ff; Rpfleger 12, 390; zum Ganzen noch Ulmer NJW 90, 73; Hamm NJW-RR 91, 839: konkludente Zustimmung im Gesellschaftsvertrag). IÜ gelten gleiche Regeln wie beim gewöhnlichen Gesellschaftsanteil (BFH NJW 95, 3406 zur Treuhandlösung). Inwieweit der Testamentsvollstrecker den Gesellschafterwechsel zum Handelsregister anmelden kann, soll davon abhängen, ob er nur Auseinandersetzungsvollstrecker (§ 2204) oder Dauervollstrecker ist (§ 2209). Der Auseinandersetzungsvollstrecker ist nicht verpflichtet u berechtigt, den durch Sondererbfolge eingetretenen Gesellschafterwechsel beim Handelsregister anzumelden, wohl aber der Dauervollstrecker (in diesem Sinne für Dauervollstreckung BGH 108,190; für Auseinandersetzungsvollstreckung u Dauervollstreckung Hamm FamRZ 11, 1254; KG NJW-RR 91, 835; München ZEV 09, 476). Eine Dauervollstreckung kann der Testamentsvollstrecker zudem im Handelsregister eintragen lassen (BGH Rpfleger 12, 390; aA München DNotZ 12, 305; KG ZEV 96, 67); damit wird die Haftungsbeschränkung gegenüber Eigengläubigern des erbenden Kommanditisten (§ 2214; für Gesellschaftsgläubiger dagegen HGB 171 ff) ebenso dokumentiert wie die Beschränkung der Rechte des Vollstreckers bei Grundlagengeschäften wie zB Haftsummenerhöhung.Der Erwerb eines Kommanditanteils für den Nachlass durch den Testamentsvollstrecker führt je nach Zulässigkeit einer Vollstreckung zur vollstreckungsunterworfenen oder -freien Kommanditistenstellung des(r) Erben (str, s Hamburg DNotZ 83, 381; Damrau DNotZ 84, 660). **Lit:** Ulmer ZHR 82, 555; Damrau NJW 84, 2785 mN; Esch NJW 81, 2222; 84, 339; Rosener/Bugge ZEV 04, 30; Weidlich ZEV 94, 205. **f) Rechte des stillen** 5 **Gesellschafters** unterliegen der Verwaltung (str), nicht aber das Eintrittsrecht als stiller Gesellschafter (vgl BGH WM 62, 1084). **g) Mitgliedschaftsrechte an Kapitalgesellschaften** fallen sämtlich (einschließlich Stimmrecht) unter die Verwaltung (für die GmbH BGH NJW 59, 1820; BayObLG NJW-RR 91, 1254 für Rücknahme eines treuhänderisch verwalteten GmbH-Anteils), ebenso **Miteigentumsanteile** (BGH NJW 83, 450). Jedoch kann die Satzung einer GmbH die Ausübung von Verwaltungsrechten durch den Testamentsvollstrecker ausschließen (Frankfurt FamRZ 09, 733); keine Eintragung eines Vermerks im Handelsregister (München DNotZ 12, 305) . **h)** Die **Empfangszuständigkeit** des Testamentsvollstreckers ist 6 für alle Willenserklärungen gegeben, die den zu verwaltenden Nachlass bzw die Nachlassgegenstände betreffen; zu Erbschaftsteuerbescheiden s Vor § 2197 Rn 3. **i) Höchstpersönliche Rechte** stehen dem Erben zu, zB Annahme und Ausschla- 7 gung oder Erbverzicht (Zweibrücken OLGZ 80, 142), Ansprüche gem §§ 12, 2287 (BGH 78, 3) und nach dem VermG (BVerwG NJW 06, 459), Ausübung eines Vorkaufsrechts des Erben gem § 473 (Celle ZErb 12, 173, str) usw. Die Anfechtung letztwilliger Verfügungen, die den Nachlass betreffen, steht dem Testamentsvollstrecker nur insoweit zu, als seine Rechte beeinträchtigt sind; die einsetzende Verfügung kann er nicht anfechten (arg § 2202). Er braucht die Zustimmung des Erben, um gegenüber der Leistungspflicht aus einer nicht rechtzeitig angefochtenen letztwilligen Verfügung die Einrede der Anfechtbarkeit zu erheben (BGH NJW 62, 1058). Kein höchstpersönliches Recht ist der Anspruch aus HGB 89b. **j) Surrogate** für 8 Nachlassgegenstände fallen während der Testamentsvollstreckung entspr §§ 2019, 2041, 2111 in den Nachlass (BGH NJW 91, 842; Hamm ZEV 01, 275 mAnm Hohloch JuS 01, 921; sa § 2219 Rn 2), scheiden aber mit einer Teilauseinandersetzung aus dem Nachlass aus und unterliegen dann nicht mehr der Verwaltung (BayObLG FamRZ 92, 604 mAnm Damrau und Weidlich DNotZ 93, 403).

2. Recht auf Besitznahme. Es ist schuldrechtlicher Natur, so dass der Testa- 9 mentsvollstrecker erst mit Erlangung tatsächlicher Gewalt (§ 854) Besitzer wird; der

§ 2205

Erbe ist dann mittelbarer Besitzer (§§ 868, 857). Beim Nießbrauchvermächtnis besteht uU nur mittelbarer Besitz des Testamentsvollstreckers (s BGH NJW 86, 1107).

10 **3. Verfügungsbefugnis. a) Umfang.** Die Verfügungsbefugnis ist – von Unentgeltlichkeit abgesehen – grundsätzlich unbeschränkt. Der Erblasser kann sie aber gem § 2208 beschränken. Allerdings können sich Erbe und Testamentsvollstrecker gemeinsam über ein Verfügungsverbot hinwegsetzen (BGH 56, 275); soweit andere Begünstigte von der Verfügung betroffen sind (Vermächtnisnehmer), müssen aber auch diese zustimmen (Zweibrücken Rpfleger 01, 174 m krit Anm Winkler DNotZ 01, 401: da nicht der Vermächtnisnehmer, sondern der Erbe Rechtsträger des Nachlassgegenstandes ist, soll es nur auf die Zustimmung des Erben ankommen); vgl zum Auseinandersetzungs- und Verfügungsverbot § 2204 Rn 1. Die Verfügungsbefugnis erfasst nur Nachlassgegenstände, nicht den Erbteil insgesamt (§ 2033), über den der Miterbe verfügt (BGH NJW 84, 2465: anders bei miterbten, nachlasszugehörigen Erbteilen!). Die Verfügungsbeschränkungen auf Grund Nacherbschaft (§§ 2113, 2114) berühren die Verfügungsbefugnis des Testamentsvollstreckers nicht, gleichgültig ob er für Vor- und Nacherbe eingesetzt ist (BGH 40, 115; BayObLG FamRZ 91, 985; Düsseldorf FamRZ 12, 1332; aA Bestelmeyer Rpfleger 12, 671) oder nur für den Vorerben (Karlsruhe MDR 81, 943; SoeDamrau 58; str). Ehegüterrechtliche Beschränkungen (§§ 1365, 1423, 1424) des Erben sind für den Testamentsvollstrecker unbeachtlich, ebenso vormundschaftsgerichtliche oder familiengerichtliche Genehmigungserfordernisse bei minderjährigen Erben (BGH ZEV 06, 262; Hamm
11 DNotZ 11, 221). **b)** Eine **In-sich-Verfügung** kann der Testamentsvollstrecker entspr § 181 vornehmen, wenn dies vom Erblasser gestattet ist – dies ist idR bei der Ernennung eines Miterben zum Testamentsvollstrecker anzunehmen – und dem Gebot ordnungsmäßiger Verwaltung des Nachlasses nicht widerspricht (BGH 30, 67; NJW 81, 1272; Frankfurt NJW-RR 98, 795; krit v. Lübtow JZ 60, 151). Der Testamentsvollstrecker hat Gestattung zu beweisen, der Gegner Ordnungswidrigkeit. Genehmigung der Erben kann die schwebend unwirksame Verfügung heilen. Nach gleichen Grundsätzen kann der einen GmbH-Anteil verwaltende Testamentsvollstrecker bei seiner Bestellung zum GmbH-Geschäftsführer mitwirken (BGH 51, 209). Dass der Testamentsvollstrecker sich durch Insichverfügung sein Vermächtnis erfüllen kann, folgt direkt aus § 181 (BayObLG Rpfleger 82, 344; sa Hamm FamRZ 11, 329: Identität von Testaments- u Vermächtnisvollstrecker). Vgl auch § 2204 Rn 4; zu Verfügungen des späteren Testamentsvollstreckers oder Erben zwischen
12 Erbschaftsanfall und Ernennung s § 2211 Rn 1 und 2. **c) Unentgeltlichkeit** (Müller WM 82, 466) setzt voraus, dass aus dem Nachlass ein Wert hingegeben wird, ohne dass dem eine obj gleichwertige Gegenleistung gegenübersteht, und dass der Testamentsvollstrecker dies entweder weiß oder bei ordnungsmäßiger Verwaltung unter Berücksichtigung seiner künftigen Pflicht, die Erbschaft an den Erben herauszugeben, hätte erkennen müssen (BGH 57, 89 f; sa § 2113 Rn 4); dies gilt auch für vergleichsweise gewährten Verzicht (BGH NJW 91, 842; offen BGH 79, 73). § 2205 S 3 setzt eine unmittelbare Einwirkung auf das Vermögen der Erben voraus (Koblenz NJW-RR 08, 965: nicht gegeben bei Anlage auf Treuhandkonto und späterer Veruntreuung). Im Zuge einer Erbauseinandersetzung ist Unentgeltlichkeit gegeben, wenn der Erbe wertmäßig mehr erhält, als ihm zusteht (BayObLGZ 86, 210). Die Erfüllung von Anordnungen des Erblassers ist nie unentgeltlich (Düsseldorf NJW-RR 87, 733; 91, 1057 für Teilungsanordnung; KG OLGZ 92, 139 für Auflage; München FamRZ 11, 329 für Teilungsanordnung oder [Voraus-]Vermächtnis). Der Testamentsvollstrecker kann mit Zustimmung der Erben und der Vermächtnisnehmer auch über den Rahmen von Pflicht- und Anstandsschenkungen hinaus unentgeltlich über Nachlassgegenstände verfügen (BGH 57, 84; LG Oldenburg Rpfleger 81, 197; Karlsruhe NJW-RR 05, 1098 f: Nachweis der Erbenstellung in der Form der GBO 35, 36; s aber KG OLGZ 92, 139: keine Ersetzung der Zustimmung durch obj Interessenbewertung). Sogenannte „unbenannte Zuwen-

dungen" an Ehegatten und eingetragene Lebenspartner sind als unentgeltlich zu behandeln (vgl BGH NJW 92, 565). Das Grundbuchamt (GBO 52) hat Entgeltlich- 13 keit von Amts wegen zu prüfen (Frankfurt ZEV 12, 325); ohne Bedeutung ist § 2205 S 3, wenn lediglich eine Auflassungsvormerkung eingetragen werden soll (Zweibrücken Rpfleger 07, 194; Frankfurt ZEV 11, 535; offen München Rpfleger 12, 250; aA Bestelmeyer Rpfleger 12, 680 mN). Bei Ungewissheit über die Wirksamkeit einer letztwilligen Anordnung soll wegen möglicher Rechtsgrundlosigkeit der Verfügung des Vollstreckers § 2205 S 3 analoge Anwendung finden (München FamRZ 11, 326- sehr zweifelhaft!). Der Nachweis unterliegt der freien Beweiswürdigung (BayObLG FamRZ 89, 668; zur Feststellungslast München Rpfleger 12, 250). Er ist bei einfacher Beweisführung gem GBO 29 zu erbringen (BayObLGZ 86, 211); ist der Nachweis der Entgeltlichkeit in dieser Form nicht möglich, so genügt bei Fehlen begründeter Zweifel die Erläuterung des Geschäfts durch den Testamentsvollstrecker (BGH 57, 95); keine amtswegige Beweisaufnahme!

d) Guten Glauben an die Verfügungsbefugnis als Vollstrecker schützen §§ 2368 III, 14 2365, guten Glauben an Nachlasszugehörigkeit bzw Erbeneigentum § 932 (hierzu BGH NJW 81, 1272); Bereicherungsanspruch gegen gutgläubig Beschenkten gem § 816 I 2 (Hamm ZEV 01, 275). Der gutgläubige Erwerb eines GmbH – Anteils vom Nichtberechtigten in GmbHG 16 III umfasst gerade nicht den Erwerb bei Nichtexistenz oder fehlender Verfügungsbefugnis und lastenfreien Erwerb (BGH NZG 11, 1268; München NZG 11, 473), weshalb insoweit auch kein gutgläubiger Erwerb vom Testamentsvollstrecker möglich ist und deshalb eine Eintragung der Vollstreckung in die Gesellschafterliste (GmbHG 40 I 1) des Handelsregisters entfallen soll (München NJW-RR 12, 732; sa zum Kommanditanteil § 2205 Rn 4).

4. Rechtsgeschäftliche Änderung des Umfangs der Befugnisse. Der Testa- 15 mentsvollstrecker kann sich nicht den Erben gegenüber wirksam verpflichten, nur Handlungen vorzunehmen, denen die Erben zugestimmt haben (BGH 25, 279). Hingegen kann die postmortale Generalvollmacht des Erblassers zu unbeschränkten Vertretungsbefugnissen führen (BGH NJW 62, 1718); vgl Vor § 2197 Rn 2.

5. Beendigung der Verwaltungsbefugnis. Die Verwaltungsbefugnis endet 16 mit der Testamentsvollstreckung (s § 2225 Rn 3). *Nachlassverwaltung und Nachlassinsolvenz* beendigen die Verwaltungsbefugnis des Testamentsvollstreckers für die Dauer des Verfahrens. In der *Insolvenz des Erben* fällt das vom Testamentsvollstrecker verwaltete Vermögen zwar in die Insolvenzmasse, bildet aber dort bis zum Ende der Testamentsvollstreckung eine Sondermasse (zu den Konsequenzen der Eröffnung des Insolvenzverfahrens über das Erbenvermögen im Einzelnen BGH 167, 352 = NJW 06, 2698 mAnm Siegmann ZEV 06, 408). Zu den Antragsrechten vgl § 1981 Rn 1.

6. Prozessuales. Zur Beweislast bei In-sich-Verfügungen vgl Rn 11; zur 17 Beweisführung hinsichtlich Unentgeltlichkeit vgl Rn 12 f. Die Prozessführungsbefugnis des Testamentsvollstreckers in Bezug auf Mitgliedsrechte in einer Personalgesellschaft ist begrenzt und erstreckt sich nicht auf Streitigkeiten über den Kreis der Gesellschafter (BGH NJW 98, 1313 mAnm Ulmer JZ 98, 468); sa § 2212 Rn 1 f und § 2213 Rn 1 ff.

§ 2206 Eingehung von Verbindlichkeiten

(1) ¹**Der Testamentsvollstrecker ist berechtigt, Verbindlichkeiten für den Nachlass einzugehen, soweit die Eingehung zur ordnungsmäßigen Verwaltung erforderlich ist.** ²**Die Verbindlichkeit zu einer Verfügung über einen Nachlassgegenstand kann der Testamentsvollstrecker für den Nachlass auch dann eingehen, wenn er zu der Verfügung berechtigt ist.**

§§ 2207, 2208

(2) **Der Erbe ist verpflichtet, zur Eingehung solcher Verbindlichkeiten seine Einwilligung zu erteilen, unbeschadet des Rechts, die Beschränkung seiner Haftung für die Nachlassverbindlichkeiten geltend zu machen.**

1. **1. Verpflichtungsbefugnis.** Sie deckt sich zunächst einmal mit der Verfügungsbefugnis (I 2), die andernfalls sinnlos wäre. Darüber hinaus besteht sie aber im Rahmen der ordnungsmäßigen Verwaltung (§ 2216 I), wobei die Sicht des Dritten entscheidet (BGH NJW 83, 40); darf der Vertragspartner in den Fällen des I annehmen, die Eingehung der Verbindlichkeit sei zur ordnungsmäßigen Verwaltung erforderlich, so ist das Geschäft wirksam. In den Fällen des I 2 führt pflichtwidriges Handeln nur zur Unwirksamkeit, wenn der Testamentsvollstrecker seine Vertretungsmacht missbraucht (BGH NJW-RR 89, 642; sa NJW 00, 3781, 3783: Provisionsversprechen an Testamentsvollstrecker nicht notwendig sittenwidrig gem § 138 I).

2. **2. Einwilligungspflicht des Erben.** Sie besteht nur bei ordnungsmäßiger Verwaltung und soll Schadensersatzansprüchen gem § 2219 vorbeugen (s BGH NJW 91, 843).

3. **3. Heilung.** Zur Heilung fehlender Verpflichtungsbefugnis (insbes entspr § 177) Müller JZ 81, 370.

§ 2207 Erweiterte Verpflichtungsbefugnis

¹**Der Erblasser kann anordnen, dass der Testamentsvollstrecker in der Eingehung von Verbindlichkeiten für den Nachlass nicht beschränkt sein soll.** ²**Der Testamentsvollstrecker ist auch in einem solchen Falle zu einem Schenkungsversprechen nur nach Maßgabe des § 2205 Satz 3 berechtigt.**

1 Vgl auch §§ 2209 S 2, 2368 I 2. Im Verhältnis zum Erben (§ 2219) gilt der Maßstab des § 2206 I 1 fort. Bei der Testamentsvollstreckung für einen Erbteil (§ 2208 Rn 1) beschränkt sich die erweiterte Verpflichtungsbefugnis auf die entsprechende Wahrnehmung der Miterbenverwaltungsrechte (Hamm Rpfleger 11, 1622).

§ 2208 Beschränkung der Rechte des Testamentsvollstreckers, Ausführung durch den Erben

(1) ¹**Der Testamentsvollstrecker hat die in den §§ 2203 bis 2206 bestimmten Rechte nicht, soweit anzunehmen ist, dass sie ihm nach dem Willen des Erblassers nicht zustehen sollen.** ²**Unterliegen der Verwaltung des Testamentsvollstreckers nur einzelne Nachlassgegenstände, so stehen ihm die in § 2205 Satz 2 bestimmten Befugnisse nur in Ansehung dieser Gegenstände zu.**

(2) **Hat der Testamentsvollstrecker Verfügungen des Erblassers nicht selbst zur Ausführung zu bringen, so kann er die Ausführung von dem Erben verlangen, sofern nicht ein anderer Wille des Erblassers anzunehmen ist.**

1 **1. Ges Typen der Beschränkung. a) Gegenständliche Beschränkung** (I 2) Bsp: Beschränkung auf Gesamthandsanteil, der zum Nachlass gehört (BayObLGZ 82, 59). Davon zu unterscheiden ist die Testamentsvollstreckung für einen Erbteil, bei welcher der Vollstrecker die Rechte des Miterben in der Erbengemeinschaft wahrnimmt (vgl BGH NJW 62, 912; Hamm FamRZ 11, 1621; Muscheler AcP 195, 35; sa § 2197 Rn 3). Auch gegenständliche Beschränkung wirkt dinglich (Zweibrücken Rpfleger 01, 174; Winkler DNotZ 01, 401; sa § 2205 Rn 10). Sie ist
2 im Erbschein anzugeben (BayObLG NJW-RR 05, 1247). **b) Beaufsichtigende Vollstreckung:** Der Testamentsvollstrecker hat nicht die Befugnisse gem §§ 2203–

Titel 6. Testamentsvollstrecker § 2209

2206, sondern nur einen Anspruch gegen den Erben auf Vollzug der letztwilligen Verfügung, den er in eigenem Namen einklagen kann (BayObLG FamRZ 91, 987: Erfüllung eines Vermächtnisses); bei Niederlage Kostenersatz gem § 2218 I. Aus der beaufsichtigenden Vollstreckung eines OHG-Anteils kann Recht auf Einsicht in die Geschäftspapiere des Gesellschafters folgen (BGH 98, 59; sa § 2205 Rn 3). c) Verwaltungsvollstreckung (§ 2209 S 1 1. HS), Nacherbenvollstreckung (§ 2222), Vermächtnisvollstreckung (§ 2223).

2. Gewillkürte Beschränkung. Sie kann nach Wahl des Erblassers alle Befugnisse betreffen, zB ein dinglich wirkendes Verfügungsverbot zu Auseinandersetzungszwecken aussprechen (s BGH 56, 278; NJW 84, 2465 mAnm Damrau JR 85, 106; sa § 2204 Rn 1); Verkehrsschutz gem § 2368 I. In der Bestellung eines Nießbrauchs am Nachlass braucht noch keine Beschränkung zu liegen (vgl LM Nr 1 zu § 2203).

§ 2209 Dauervollstreckung

¹Der Erblasser kann einem Testamentsvollstrecker die Verwaltung des Nachlasses übertragen, ohne ihm andere Aufgaben als die Verwaltung zuzuweisen; er kann auch anordnen, dass der Testamentsvollstrecker die Verwaltung nach der Erledigung der ihm sonst zugewiesenen Aufgaben fortzuführen hat. ²Im Zweifel ist anzunehmen, dass einem solchen Testamentsvollstrecker die in § 2207 bezeichnete Ermächtigung erteilt ist.

1. Wesen der Verwaltungsvollstreckung. Es liegt in der Beschränkung des Aufgabenbereiches gegenüber §§ 2203, 2204: Der Testamentsvollstrecker hat nicht auseinanderzusetzen und nicht allg den Willen des Erblassers zu vollziehen. Vielmehr hat er nur die vom Erblasser umschriebenen Verwaltungsaufgaben, zu deren Erfüllung ihm die Befugnisse der §§ 2205, 2207 zustehen; § 2209 ist so besehen ein Spezialfall zu § 2208. Die Verwaltungsaufgabe kann zB in der Abwicklung von Pflichtteilsansprüchen (BayObLGZ 56, 186) oder in der Mitwirkung bei der Verwaltung einer vom Erblasser begründeten Stiftung (BGH 41, 23) bestehen.

2. Arten der Verwaltungsvollstreckung. a) Eigentliche Verwaltungsvollstreckung, vgl Rn 1. **b) Dauervollstreckung:** Auf die gewöhnliche Tätigkeit des Testamentsvollstreckers (§§ 2203 ff) folgt zusätzlich eine verwaltende Dauervollstreckung zur fürsorglichen Bevormundung des Erben; vgl auch §§ 2306 I, 2338 I 2. Sie kann auch im Rahmen eines Behindertentestaments (s § 2077 Rn 3; § 2100 Rn 5; § 2346 Rn 2) angeordnet sein (Bsp: OVG Münster ZEV 09, 402; zuletzt BGH 188, 99 mwN). Dauervollstreckung wird insbes gewollt sein, wenn zur Alleinerbschaft ohne weitere Maßgabe Testamentsvollstreckung tritt (BGH NJW 83, 2248; BayObLG FamRZ 92, 1356); hingegen idR kann eine stillschweigend angeordnete Dauervollstreckung nach Erledigung bes zugewiesener Aufgaben (Hamburg FamRZ 85, 539); bei Anordnung von Dauervollstreckung kann Ernennung eines Ersatzvollstreckers Auslegungsergebnis sein, wenn der ursprünglich Ernannte entlassen wird (Düsseldorf FGPrax 98, 107). Der Erbe kann zwar jährliche Rechnungslegung verlangen (§§ 2218 II, 2220), den Reinertrag des Vermögens aber nur im Rahmen des § 2216 oder bei bes Anordnung. Die Dauervollstreckung kann auch einen Vermächtnisgegenstand betreffen (Hamm NJW-RR 91, 838 für KG-Anteil; sa § 2223 Rn 1). Mit einer Stiftung von Todes wegen ist eine Dauervollstreckung zur Verwaltung des Nachlasses nicht zu vereinbaren, weil sie zur Eigenverantwortlichkeit des Stiftungsvorstandes in Widerspruch steht; der mit der Stiftungsgründung betraute Testamentsverwalter muss deshalb das Stiftungsvermögen nach Gründung einer rechtsfähigen Stiftung aus seiner Verwaltung freigeben, (Frankfurt DNotZ 12, 217; aA Schewe ZEV 12, 236; zum Ganzen Pauli ZEV 12, 461; für insoweit automatisches Ende der Dauervollstreckung Bestelmeyer Rpfleger 12, 671 mwN). Die Dau-

§§ 2210, 2211 Buch 5. Abschnitt 3. Testament

ervollstreckung kann durch Eitritt einer Bedingung zeitlich begrenzt werden (Düsseldorf Rpfleger 11, 375; sa § 2205 Rn 16, § 2225 Rn 3 u § 2368 Rn 2).

§ 2210 Dreißigjährige Frist für die Dauervollstreckung

¹Eine nach § 2209 getroffene Anordnung wird unwirksam, wenn seit dem Erbfall 30 Jahre verstrichen sind. ²Der Erblasser kann jedoch anordnen, dass die Verwaltung bis zum Tode des Erben oder des Testamentsvollstreckers oder bis zum Eintritt eines anderen Ereignisses in der Person des einen oder des anderen fortdauern soll. ³Die Vorschrift des § 2163 Abs. 2 findet entsprechende Anwendung.

1 Parallelvorschrift zu §§ 2044, 2109, 2162; sie gilt nicht bei Abwicklungsvollstreckung (zur Abgrenzung Hamburg FamRZ 85, 539). Nach Ansicht des BGH ist zur Vermeidung einer Umgehung der Zeitschranke über §§ 2199 II, 2210 S 2 ein Nachfolger, bis zu dessen Tod die Testamentsvollstreckung fortdauern soll, vor Ablauf von 30 Jahren seit dem Erbfall zu ernennen (str; BGH 174, 346 mwN; KG ZEV 08, 529 f: Ernennung ersatzweiser Testamentsvollstrecker bei andauernder Testamentsvollstreckung nach Ablauf der 30-Jahresfrist). Sonderregelung in UrhG 28 II. Der Erblasser kann anordnen, dass die Dauerverwaltung auf Grund einstimmigen Beschlusses des Vollstreckerkollegiums früher enden darf (BayObLGZ 76, 79 f). Auch die Testamentsauslegung nach § 2084 kann ergeben, dass ein Fall des § 2010 S 2 vorliegt (Schleswig ZEV 09, 296). Die bloße Dauervollstreckung für sich ist idR nicht sittenwidrig, sofern nicht bes Persönlichkeitsbeschränkungen hinzutreten (Zweibrücken Rpfleger 82, 106). Die Auslegung des § 2210 S 2 anhand der Vorgaben des Erblasserwillens verletzt den Erben nicht ohne weiteres in seinem Grundrecht aus GG 14 I 1 (BVerfG FamRZ 09, 1040).

§ 2211 Verfügungsbeschränkung des Erben

(1) Über einen der Verwaltung des Testamentsvollstreckers unterliegenden Nachlassgegenstand kann der Erbe nicht verfügen.

(2) **Die Vorschriften zugunsten derjenigen, welche Rechte von einem Nichtberechtigten herleiten, finden entsprechende Anwendung.**

1 1. **Verfügungsbeschränkung des Erben.** Sie wird in ihrem Umfang von den Verfügungsbefugnissen des Testamentsvollstreckers bestimmt (§§ 2205, 2208, 2209; s aber für OHG-Anteil § 2205 Rn 3). Sie beginnt mit dem Erbfall, also bevor ein Vollstrecker im Amt (§ 2202 I) ist (BGH 25, 282; LG Saarbrücken FamRZ 09, 1252). Bsp: Verzicht auf Rechte aus Mietvertrag als Verfügung (BGH NJW 83, 2249); Antrag eines Miterben auf Teilungsversteigerung als Verfügung, selbst wenn ein Gläubiger den Anteil des Miterben am Nachlass gepfändet hat (BGH 181, 130 = ZEV 09, 391). Die Verfügungen des Erben sind absolut unwirksam; Wirksamkeit kann gem § 185 eintreten (LG Oldenburg Rpfleger 81, 197), wobei bei Wegfall der Vollstreckung § 185 II 1, 2. Var gilt (BGH NJW 83, 2249). Auch eine Verfügung des späteren Testamentsvollstreckers wird mit Ernennung analog § 185 II 1, 2. Var. wirksam (München ZEV 06, 173; LG Saarbrücken FamRZ 09, 1253).

2 *Schuldrechtliche Verpflichtungen* des Erben, die zu Verfügungen über verwaltete Nachlassgegenstände verpflichten, binden den Testamentsvollstrecker nicht (BGH 25, 275); anders, soweit der Nachlass für Nachlassverwaltungsschulden und damit für Nachlasserbenschulden (§ 1967 Rn 5) beansprucht wird (KG FamRZ 09, 1520 für Sanitäts- und Heizungsarbeiten an Nachlassgegenständen; aA Ruby/Schindler ZEV 09, 529; Bestelmeyer Rpfleger 10, 642). Zur gemeinschaftlichen Verfügung von Vollstrecker und Erben bei Verfügungsverbot des Erblassers vgl § 2204 Rn 1; § 2205 Rn 10 und § 2208 Rn 3.

Titel 6. Testamentsvollstrecker §§ 2212, 2213

2. Gutglaubensschutz und Testamentsvollstreckervermerk. Der Gutglaubensschutz des Geschäftspartners des Erben gem II kommt nur zum Zuge, falls Gutgläubigkeit hinsichtlich der Verfügungsbefugnis des Erben vorliegt; vgl §§ 932 ff, 892, 893, 1032, 1207, aber auch §§ 2364, 2366, 2205 (Besitznahme durch den Vollstrecker). Der Testamentsvollstreckervermerk (GBO 52) verhindert gutgläubigen Erwerb im Grundstücksverkehr (zur Prüfungspflicht des Grundbuchamtes bei Eintragung u Löschung des Testamentsvollstreckervermerks München FamRZ 09, 461; Rpfleger 05, 661; Bestelmeyer Rpfleger 12, 680); keine Eintragung bei einem Grundstück einer Personengesellschaft, von der Anteile in den Nachlass fallen (Bestelmeyer Rpfleger 12, 680 mN). Für den leistenden Schuldner gilt § 407 analog. Zum gutgl Erwerb vom Testamentsvollstrecker s § 2205 Rn 14.

§ 2212 Gerichtliche Geltendmachung von der Testamentsvollstreckung unterliegenden Rechten

Ein der Verwaltung des Testamentsvollstreckers unterliegendes Recht kann nur von dem Testamentsvollstrecker gerichtlich geltend gemacht werden.

1. Aktive Prozessführungsbefugnis. Die aktive Prozessführungsbefugnis des Testamentsvollstreckers (sa Vor § 2197 Rn 1) richtet sich in ihrem Umfang nach der Verfügungsbefugnis (§§ 2205, 2208, 2211; BGH 31, 283 f; NJW 98, 1313 mAnm Ulmer JZ 98, 468: Rechtsstreitigkeiten über den Kreis der Gesellschafter bei nachlasszugehörigem OHG-Anteil ausgenommen). Der Erbe kann einen Anspruch gegen den Testamentsvollstrecker als Nachlassschuldner selbst geltend machen, da der Testamentsvollstrecker nicht mit sich selbst prozessieren kann (BGH NJW-RR 03, 217; NJW 02, 3773: Geltendmachung durch den nachfolgenden Testamentsvollstrecker). Der Vollstrecker kann den Erben zur Prozessführung *ermächtigen* (BGH 38, 281); auch Freigabe des Anspruchs (§ 2217) ist denkbar. Ein Rechtsstreit über das *Erbrecht des wahren Erben* unterfällt der Prozessführungsbefugnis des Vollstreckers nur, wenn er in seiner Eigenschaft als Vollstrecker ein berechtigtes Interesse an der Feststellung hat (BGH WM 87, 565; Karlsruhe ZEV 05, 256 mAnm Otte). Bei fehlender ges Prozessführungsbefugnis (zB § 2287) ist gewillkürte Prozessstandschaft auch bei Ermächtigung des Testamentsvollstreckers ausgeschlossen (kein eigenes Rechtsschutzinteresse); jedoch wirkt die Klage verjährungshemmend, § 204 I Nr 1 (zur Unterbrechung nach § 209 I aF BGH 78, 5; aA Tiedtke JZ 81, 429). **Lit:** Kessler DRiZ 65, 195; 67, 299. Zur Prozessaufnahme vgl § 2213 Rn 5.

2. Urteilswirkungen. Sie lassen das Eigenvermögen des Testamentsvollstreckers unberührt; sie erfassen auch den Erben (ZPO 327, 728 II). Der Erbe kann uU einen Regressprozess gegen den Vollstrecker führen (§ 2219) und deshalb am Hauptprozess beteiligt werden (ZPO 66 ff, 72 ff). Bei Wegfall bzw Tod des Vollstreckers sind ZPO 239, 241, 246 entspr anwendbar.

§ 2213 Gerichtliche Geltendmachung von Ansprüchen gegen den Nachlass

(1) ¹Ein Anspruch, der sich gegen den Nachlass richtet, kann sowohl gegen den Erben als gegen den Testamentsvollstrecker gerichtlich geltend gemacht werden. ²Steht dem Testamentsvollstrecker nicht die Verwaltung des Nachlasses zu, so ist die Geltendmachung nur gegen den Erben zulässig. ³Ein Pflichtteilsanspruch kann, auch wenn dem Testamentsvollstrecker die Verwaltung des Nachlasses zusteht, nur gegen den Erben geltend gemacht werden.

(2) Die Vorschrift des § 1958 findet auf den Testamentsvollstrecker keine Anwendung.

§ 2214

(3) **Ein Nachlassgläubiger, der seinen Anspruch gegen den Erben geltend macht, kann den Anspruch auch gegen den Testamentsvollstrecker dahin geltend machen, dass dieser die Zwangsvollstreckung in die seiner Verwaltung unterliegenden Nachlassgegenstände dulde.**

Lit: Garlichs, Passivprozesse des Testamentsvollstreckers, 1996 (Diss Konstanz); Garlichs/Mankel, Die passive Prozeßführungsbefugnis des Testamentsvollstreckers bei Teilverwaltung, MDR 98, 511.

1   **1. Passive Prozessführungsbefugnis.** Hier (sa Vor § 2197 Rn 1) ist zu unterscheiden: **a) Volle Verfügungs- und Verwaltungsbefugnis** des Testamentsvollstreckers: Erbe und Vollstrecker sind prozessführungsbefugt (§ 2213 I 1). Das vom Testamentsvollstrecker erstrittene Urteil wirkt für und gegen den Erben (ZPO 327 II, 728 II), wobei dem Erben auch ohne Vorbehalt die Haftungsbeschränkungsmöglichkeit bleibt (ZPO 780 II). Hingegen bedarf es zur Vollstreckung aus einem gegen den Erben gerichteten Titel in den Nachlass (nicht in das Eigenvermögen!) zusätzlich eines Leistungs- oder Duldungstitels (§ 2213 III) gegen den Vollstrecker (ZPO 748 I). Praktikabel ist also die Klage gegen den Vollstrecker oder gegen Erbe
2   und Vollstrecker. **b) Teilw Verwaltungs- und Verfügungsbefugnis** (§§ 2208 I 2, 2205 S 2): Der Erbe ist prozessführungsbefugt, der Testamentsvollstrecker insoweit, als gem ZPO 748 II gegen ihn ein Duldungstitel erforderlich ist; aA Garlichs/Mankel MDR 98, 511: Klage gegen Testamentsvollstrecker, der gem § 2213 I 1 passiv prozessführungsbefugt sei, und Rechtskrafterstreckung auf den Erben (ZPO 327 II, 728 II) sollen möglich sein. **c) Ausschluss der Verwaltungs- und Verfügungsbefugnis** (§§ 2208 II, 2213 I 2): Nur der Erbe ist prozessführungsbefugt.
3   **d) Pflichtteilsansprüche** (§ 2213 I 3): Der Erbe ist prozessführungsbefugt, der Vollstrecker nur im Rahmen der § 2213 III, ZPO 748 III (LG Stuttgart ZEV 09, 396: keine weitergehende testamentarische passive Prozessführungsbefugnis des Testamentsvollstreckers); zu den materiellrechtlichen Konsequenzen vgl § 2205 Rn 1.
4   **e) Ansprüche des Erben** gegen den Nachlass, die bereits gegen den Erblasser bestanden und beim Erbfall nicht erlöschen (BGH 48, 220), sind gegen den Testamentsvollstrecker als Partei kraft Amtes zu richten. Schadensersatzansprüche (§ 2219) und Ansprüche auf Herausgabe nach Beendigung der Vollstreckung (§ 2218) richten sich gegen den Vollstrecker persönlich (BGH FamRZ 88, 279 f). **Lit:** Kessler DRiZ
5   65, 195; 67, 299. **f) Zur Prozessaufnahme** nach dem Tod einer Partei sind im Passivprozess idR sowohl Erben als auch Testamentsvollstrecker berechtigt, ZPO 239, 241, 243; im Aktivprozess ist Aufnahme nur durch Testamentsvollstrecker möglich (BGH NJW 88, 1390).

6   **2. Entscheidungen gegen den Erblasser.** Sie können gem ZPO 727, 749 auf den Erben bzw Testamentsvollstrecker umgeschrieben werden; vgl auch ZPO 779 II bei begonnener Vollstreckung.

§ 2214 Gläubiger des Erben

Gläubiger des Erben, die nicht zu den Nachlassgläubigern gehören, können sich nicht an die der Verwaltung des Testamentsvollstreckers unterliegenden Nachlassgegenstände halten.

1   **1. Grundgedanke.** Die Eigengläubiger des Erben können nicht mehr Rechte haben als der Erbe selbst (§§ 2205, 2211). Die Beschränkung gilt mit dem Erbfall unabhängig vom Zeitpunkt der Ernennung bis zum Ende der Testamentsvollstreckung oder bis zur Freigabe des Vollstreckungsgegenstandes (BGH 181, 129 f = NJW 09, 2459); dies gilt auch gegenüber Gläubigern, die einen Miterbenanteil gepfändet haben (s aber zur Möglichkeit der Auseinandersetzung § 2042 Rn 1 und § 2044 Rn 2). S zu Nachlasserbenschulden § 2211 Rn 2 und zum **OHG-Anteil** § 2205 Rn 3. Dingliche Rechte sind nicht betroffen. § 2214 hindert nicht die

Titel 6. Testamentsvollstrecker **§§ 2215, 2216**

Zwangsvollstreckung in den Erbteil des Miterben (Ensthaler Rpfleger 88, 94; vgl § 2033 Rn 7). Wird über das Vermögen des Erben die Insolvenz eröffnet, fällt der unter Testamentsvollstreckung stehende Nachlass in die Insolvenzmasse, bildet aber eine Sondermasse, auf die nur der Nachlassgläubiger, nicht aber die Erbengläubiger Zugriff nehmen können (BGH 167, 352).

2. Rechtsbehelf. ZPO 766. 2

§ 2215 Nachlassverzeichnis

(1) Der Testamentsvollstrecker hat dem Erben unverzüglich nach der Annahme des Amts ein Verzeichnis der seiner Verwaltung unterliegenden Nachlassgegenstände und der bekannten Nachlassverbindlichkeiten mitzuteilen und ihm die zur Aufnahme des Inventars sonst erforderliche Beihilfe zu leisten.

(2) Das Verzeichnis ist mit der Angabe des Tages der Aufnahme zu versehen und von dem Testamentsvollstrecker zu unterzeichnen; der Testamentsvollstrecker hat auf Verlangen die Unterzeichnung öffentlich beglaubigen zu lassen.

(3) Der Erbe kann verlangen, dass er bei der Aufnahme des Verzeichnisses zugezogen wird.

(4) Der Testamentsvollstrecker ist berechtigt und auf Verlangen des Erben verpflichtet, das Verzeichnis durch die zuständige Behörde oder durch einen zuständigen Beamten oder Notar aufnehmen zu lassen.

(5) Die Kosten der Aufnahme und der Beglaubigung fallen dem Nachlass zur Last.

Das Testamentsvollstreckerinventar ist nur Grundlage des Rechtsverhältnisses 1 zum Erben (§§ 2216, 2218, 2219); Fortfall der Verpflichtung des Testamentsvollstreckers mit wirksamer Kündigung seines Amtes (Koblenz NJW-RR 93, 462). Der Testamentsvollstrecker über den Erbteil eines Miterben ist auch während des Bestehens der Erbengemeinschaft verpflichtet, diesem Miterben ein Verzeichnis nach § 2215 I mitzuteilen (München ZEV 09, 295), kann den Miterben aber uU auf ein bereits für andere Miterben errichtetes Verzeichnis verweisen. Ein Verzicht der Erben auf Erstellung des Nachlassverzeichnisses ist widerruflich (Köln NJW-RR 05, 95 f). Um das Inventar zur Haftungsbeschränkung (§§ 1993 ff) muss der Erbe ggf selbst besorgt sein, wobei ihn der Testamentsvollstrecker allerdings zu unterstützen hat. Bei Verletzung der Pflicht zur Erstellung eines Nachlassverzeichnisses kann die Verpflichtung zum Schadensersatz Anwaltskosten umfassen (Koblenz FamRZ 09, 817: Stundenhonorar).

§ 2216 Ordnungsmäßige Verwaltung des Nachlasses, Befolgung von Anordnungen

(1) Der Testamentsvollstrecker ist zur ordnungsmäßigen Verwaltung des Nachlasses verpflichtet.

(2) ¹Anordnungen, die der Erblasser für die Verwaltung durch letztwillige Verfügung getroffen hat, sind von dem Testamentsvollstrecker zu befolgen. ²Sie können jedoch auf Antrag des Testamentsvollstreckers oder eines anderen Beteiligten von dem Nachlassgericht außer Kraft gesetzt werden, wenn ihre Befolgung den Nachlass erheblich gefährden würde. ³Das Gericht soll vor der Entscheidung, soweit tunlich, die Beteiligten hören.

1. Regeln ordnungsmäßiger Verwaltung. a) Sie bestimmen sich grundsätz- 1 lich nach obj Kriterien, wobei aber dem Vollstrecker ein Ermessensspielraum belas-

§ 2217

sen bleibt (BGH 25, 280, 283; FamRZ 95, 479). Er hat das Vermögen zu bewahren und zu vermehren (vgl zur Ausübung von Aktienbezugsrechten BGH WM 67, 27; zur Überwachung der GmbH-Geschäftsführung BGH NJW 59, 1820, sa Klumpp ZEV 06, 257; zur Umwandlung von Kapitalgesellschaften BayObLG NJW 76, 1693; aber keine Pflicht zum Übererlös beim Verkauf von Nachlassgegenständen, BGH NJW-RR 89, 643). Die Pflicht zur Vermögenswahrung wird jedenfalls dann verletzt, wenn der Testamentsvollstrecker ein Grundstück zur Hälfte seines Verkehrswertes versteigern lässt, ohne sich zuvor um eine bessere Verwertung durch freihändigen Verkauf nachhaltig zu bemühen (BGH NJW-RR 01, 1369). An das Prinzip des „sichersten Wegs" ist der Vollstrecker bei der Anlage von Nachlassvermögen nicht gebunden (BGH NJW 87, 1070). Unterliegt der Nachlass der Vor- und Nacherbfolge, so ist der Interessengegensatz zu berücksichtigen (BGH FamRZ 88, 280); dem Vorerben gebühren die Nutzungen, dem Nacherben die Substanz (BGH WM 86, 1096). Die Pflicht zur Vermögenswahrung verletzt überflüssige Prozessführung (BGH ZEV 00, 196: Beauftragung eines Anwalts mit rein vorsorglichem Einspruch gegen 65 Erbschaftsteuerbescheide; Karlsruhe NJW-RR 05, 453: keine Verletzung bei Klage auf Feststellung, dass Dritter nicht Erbe geworden; sa Vor § 2197 Rn 3). Die Vermögenswahrungspflicht verlangt Kontrollmaßnahmen (BGH NJW-RR 95, 577; FamRZ 99, 435). Zu den Anforderungen an die ordnungsmäßige Verwaltung, wenn der Nachlass im Ausland belegene Teile umfasst,
2 vgl BayObLG ZEV 05, 169. **b) Anordnungen des Erblassers** (§ 2216 II 1) können weitere Richtlinien abgeben (BayObLG FamRZ 00, 576); sie sind von bloßen Wünschen zu unterscheiden (BayObLGZ 76, 77); keine Pflichtverletzung, falls Testamentsvollstrecker nach sorgfältiger Ermittlung einer vertretbaren Auslegung letztwilliger Verfügungen folgt und sie verwirklicht (BGH NJW-RR 92, 775).

3   **2. Verletzungen der Verwaltungspflicht. a)** Es besteht ein **klagbarer Anspruch** des Erben (BGH 25, 283; FamRZ 88, 280) und wohl auch des betroffenen Vermächtnisnehmers auf Pflichterfüllung (zur einstweiligen Anordnung s § 2227 Rn 4). Erbe und Vermächtnisnehmer, nicht aber alle Nachlassgläubiger (BGH 57, 93 f) haben uU Schadensersatzansprüche (§ 2219). Pflichtverletzung ist je nach
4 Gewicht ein Entlassungsgrund (§ 2227). **b) Verfügungen** im Rahmen der Verfügungsbefugnis (§§ 2205 S 2, 2208) sind auch bei Verletzung der Verwaltungspflichten wirksam (KG ZEV 08, 531); sa § 2204 Rn 1, § 2205 Rn 10, § 2208 Rn 3.

5   **3. Aufhebung von Erblasseranordnungen durch das Nachlassgericht. a) Aufhebungsgründe** sind Nachlassgefährdung und – weitergehend – Gefährdung der Interessen der Nachlassbeteiligten. Bei veränderten Umständen kann eine Erblasseranordnung ohne ein weiteres modifiziert oder sein oder entfallen, wenn sich dies im Wege der ergänzenden Auslegung ergibt. Dann bedarf es nicht der Aufhebung (BayObLG NJW-RR 00, 301). **b) Antragsberechtigt** sind Vollstrecker, Erbe, Vermächtnisnehmer, Auflageberechtigter, nicht aber andere Nachlassgläubiger (BGH 35, 300) oder Gläubiger eines Miterben, selbst wenn sie ein Pfändungspfandrecht am Miterbenanteil haben (BayObLG Rpfleger 83, 112).
6 **c) Verfahren:** Richtersache gem RPflG 16 I Nr 3. Der Richter kann nur aufheben oder ablehnen, aber keine eigenen Anordnungen treffen (KG OLGZ 71, 220). Beschwerde gem FamFG 58, 59, 355 III (früher FGG 19, 20, 82 I).

§ 2217 Überlassung von Nachlassgegenständen

(1) ¹**Der Testamentsvollstrecker hat Nachlassgegenstände, deren er zur Erfüllung seiner Obliegenheiten offenbar nicht bedarf, dem Erben auf Verlangen zur freien Verfügung zu überlassen.** ²**Mit der Überlassung erlischt sein Recht zur Verwaltung der Gegenstände.**

(2) **Wegen Nachlassverbindlichkeiten, die nicht auf einem Vermächtnis oder einer Auflage beruhen, sowie wegen bedingter und betagter Ver-**

Titel 6. Testamentsvollstrecker § 2218

mächtnisse oder Auflagen kann der Testamentsvollstrecker die Überlassung der Gegenstände nicht verweigern, wenn der Erbe für die Berichtigung der Verbindlichkeiten oder für die Vollziehung der Vermächtnisse oder Auflagen Sicherheit leistet.

Lit: Muscheler, Die Freigabe von Nachlaßgegenständen durch den Testamentsvollstrecker, ZEV 96, 401.

1. Voraussetzungen der Freigabe. Sie bestimmen sich nach der Aufgabe des Testamentsvollstreckers. Besteht sie in der Auseinandersetzung (§ 2204) oder in einer Dauervollstreckung (§ 2209), so wird vorzeitige Freigabe regelmäßig nicht in Frage kommen; anders, wenn der Hauptzweck der Testamentsvollstreckung in der Sicherung eines Begünstigten liegt, sie aber aller Wahrscheinlichkeit nach nicht notwendig ist (Köln ZEV 00, 232) oder wenn bei Gründung einer rechtsfähigen Stiftung seitherige Nachlassgegenstände in das Stiftungsvermögen fallen (Frankfurt DNotZ 12, 217; sa § 2209 Rn 2 mwN). Die Herausgabe von Nutzungen an den Erben erfolgt im Rahmen des § 2216 (BGH Rpfleger 86, 434; sa Reimann ZEV 10, 8).

2. Freigabeanspruch. Die Erben haben einen Freigabeanspruch. Fehlen die Voraussetzungen des Freigabeanspruchs und hat sich der Vollstrecker hierüber geirrt, so besteht ein Bereicherungsanspruch gem § 812 I 1, 1. Alt auf Wiederherstellung des Verwaltungsrechts (BGH 12, 104; 24, 106; unzutreffend BayObLG FamRZ 92, 605 m krit Anm Damrau).

3. Dingliche Wirkung der Freigabe. Sie zeigt sich im Erlöschen der Verfügungsbefugnis des Vollstreckers. Der Vermerk gem GBO 52 ist im Wege der Grundbuchberichtigung zu löschen (GBO 22, 29). Ein *Freigabeverbot* des Erblassers hat dingliche Wirkung (s § 2208 Rn 3) und ist vom Grundbuchamt zu beachten (AG Starnberg Rpfleger 85, 57). Keine Freigabe liegt vor, wenn der Testamentsvollstrecker den Erben seinen OHG-Anteil freizügig verwalten lässt (BGH NJW 86, 2434). Die Freigabeerklärung bedarf keiner bes Form (München ZEV 06, 174). Von der Freigabe zu unterscheiden ist die gemeinsame Verfügung von Vollstrecker und Erben zugunsten der Erben, vgl § 2204 Rn 1, § 2205 Rn 10 und 12. Bei Freigabe eines Grundstücks an die Miterben unter Eintragung der Miterben als Eigentümer verlangt GBO 35 formgerechten Nachweis der Erbfolge (München FamRZ 12, 65).

§ 2218 Rechtsverhältnis zum Erben; Rechnungslegung

(1) **Auf das Rechtsverhältnis zwischen dem Testamentsvollstrecker und dem Erben finden die für den Auftrag geltenden Vorschriften der §§ 664, 666 bis 668, 670, des § 673 Satz 2 und des § 674 entsprechende Anwendung.**

(2) **Bei einer länger dauernden Verwaltung kann der Erbe jährlich Rechnungslegung verlangen.**

1. Anwendbarkeit des Auftragsrechts. Zwischen dem Erben und dem Testamentsvollstrecker besteht *kein* Vertragsverhältnis, es sind nur einzelne Auftragsvorschriften anwendbar. **Besonderheiten: a) § 664:** Der Vollstrecker kann eine widerrufliche Einzelvollmacht oder Generalvollmacht (str) erteilen, aber nicht sein Vertrauensamt übertragen; die Vollmacht erlischt mit dem Vollstreckeramt (Düsseldorf Rpfleger 01, 425; aA Muscheler ZEV 08, 213; str, ob auf Person oder Amt als solches abzuheben ist; Winkler ZEV 01, 282; sa § 2225 Rn 5). **b) § 666:** Eine Benachrichtigungspflicht ist nicht allg, sondern nur im Einzelfall (BGH 30, 73) bei bedeutenderen, schwierigen oder zweifelhaften Fragen zu bejahen (RG 130, 139); keinesfalls ist der Vollstrecker an Weisungen der Erben gebunden. Den Rechnungslegungsanspruch kann gem § 2039 jeder Miterbe geltend machen (BGH NJW 65, 396); aus §§ 259 II, 260 II kann die Pflicht zu eidesstattlicher Versicherung folgen

§ 2219

(BGH WM 64, 950); dem Testamentsvollstrecker ist jedoch ein angemessener Zeitraum zuzubilligen (BayObLG Rpfleger 98, 247). An einen nicht am Nachlass beteiligten Dritten kann der Anspruch während der laufenden Testamentsvollstreckung gem § 399 nicht abgetreten werden (Köln FGPrax 11, 31). Ein – umgekehrter – Auskunftsanspruch des Testamentsvollstreckers folgt uU aus allg Grundsätzen, § 242
3 (Ulmer JuS 86, 861). **c) § 670**: Aufwendungen sind zB notwendige Prozesskosten (BGH 69, 241: Rechtsstreit um Vollstreckerzeugnis; BGH ZEV 03, 413: Testamentsvollstrecker eines Miterbenanteils, der Nachlassforderung gegen einen Miterben erfolglos geltend macht, kann Prozesskosten von Miterben einschließlich des Prozessgegners verlangen) und auch die Gebühren des Anwalts, der gleichzeitig Testamentsvollstrecker ist, vgl § 1835 III (RG 149, 121). Dieser darf nur dann Anwaltsgebühren verlangen, wenn ein anderer Testamentsvollstrecker sich zur Erledigung seiner Verpflichtungen ebenfalls eines Anwalts bedient hätte (Frankfurt MDR 00, 789; ähnlich Karlsruhe NJW-RR 05, 452). Der vermeintliche Testamentsvollstrecker kann allenfalls unmittelbar aus §§ 677, 683, 812 I Aufwendungsersatz verlangen (BGH 69, 239). Für Ansprüche aus § 2218 gilt die Regelverjährung gem §§ 195, 199, nachdem § 197 I Nr 2 aF durch die **Reform** (s Vor § 1922 Rn 18) aufgehoben wurde (für die Anwendung von § 197 I Nr 2 aF nach alter Rechtslage BGH NJW 07, 2174; str).

4 **2. Besondere Informationsrechte.** Dem *Vermächtnisnehmer* steht ein Auskunftsanspruch zu, falls er dessen zur Durchsetzung seines Anspruchs bedarf (str, vgl auch § 260 I und BGH WM 64, 950). Der *Nachfolger* des Testamentsvollstreckers hat die Ansprüche aus §§ 2218, 666, 667 (BGH NJW 72, 1660) und somit Anspruch auf Herausgabe der Unterlagen seines Vorgängers.

§ 2219 Haftung des Testamentsvollstreckers

(1) **Verletzt der Testamentsvollstrecker die ihm obliegenden Verpflichtungen, so ist er, wenn ihm ein Verschulden zur Last fällt, für den daraus entstehenden Schaden dem Erben und, soweit ein Vermächtnis zu vollziehen ist, auch dem Vermächtnisnehmer verantwortlich.**

(2) **Mehrere Testamentsvollstrecker, denen ein Verschulden zur Last fällt, haften als Gesamtschuldner.**

1 **1. Haftungsvoraussetzungen.** Voraussetzung der Haftung ist eine schuldhafte (§§ 276, 278) Verletzung der Pflichten aus §§ 2216, 2218; zum Inhalt dieser Pflichten vgl § 2216 Rn 1 f, § 2218 Rn 1 ff. Der Erblasser kann von der Haftung nicht befreien (§ 2220), wohl aber kann der Erbe durch Entlastung (BGH DRiZ 69, 281) den Anspruch verlieren; der Erbe muss sich ggf Mitverschulden entgegenhalten lassen (RG 138, 132). Beweislast für Pflichtverletzung, Verschulden und Schaden liegt beim Kläger (BGH ZEV 01, 358; aA Reimann ZEV 06, 186: Anwendung des § 280 I 2). Der Anspruch verjährt gem §§ 195, 199 nach 3 Jahren, nachdem § 197 I Nr 2 aF durch die **Reform** (s Vor § 1922 Rn 18) aufgehoben wurde (für die Anwendung von § 197 I Nr 2 aF nach alter Rechtslage BGH ZEV 02, 499 m krit Anm Otte: §§ 195, 199 aF vorzugswürdig; aA auch Karlsruhe ZEV 06, 317 mAnm Baldus/Roland; ebenso SoeDamrau 10).

2 **2. Anspruchsgläubiger.** Gläubiger können sein der Erbe oder Vermächtnisnehmer (LM Nr 1 zu § 2258), nicht aber die übrigen Nachlassgläubiger. Die Geltendmachung des Ersatzanspruchs, der dem Erben aus einer Pflichtverletzung eines früheren Testamentsvollstreckers erwachsen ist, steht dem neuen Testamentsvollstrecker zu, vgl §§ 2205, 2212, 2041 (LM Nr 4; BGH NJW 91, 842; NJW-RR 92, 775; ZEV 02, 499).

3 **3. Haftung gegen Dritte.** Der Vollstrecker haftet für eine von ihm bei der Verwaltung des Nachlasses begangene unerlaubte Handlung persönlich (LM Nr 1

zu § 823 [Ad]); eine Haftung des Erben aus § 831 besteht nicht, keine analoge Anwendung des § 31 (str). Wohl aber haften die Erben im Rahmen von Schuldverhältnissen gem § 278 (RG 144, 402), wobei aber die Beschränkbarkeit der Haftung zu beachten ist.

§ 2220 Zwingendes Recht

Der Erblasser kann den Testamentsvollstrecker nicht von den ihm nach den §§ 2215, 2216, 2218, 2219 obliegenden Verpflichtungen befreien.

Zum Schutz des Erben kann der Erblasser nach hM über § 2220 hinaus nicht 1 abbedingen § 2227 (RG 133, 135) und § 2205 S 3 (RG DR 39, 776); vgl aber § 2205 Rn 12 ff, 15.

§ 2221 Vergütung des Testamentsvollstreckers

Der Testamentsvollstrecker kann für die Führung seines Amts eine angemessene Vergütung verlangen, sofern nicht der Erblasser ein anderes bestimmt hat.

1. Höhe des Vergütungsanspruchs. Lit: Glaser MDR 83, 93; Hass/Lieb ZErb 1 02, 202; Reimann ZEV 95, 57; DStR 02, 2008; Voss/Targan ZErb 07, 241). Der Vergütungsanspruch richtet sich nach dem Pflichtenkreis, dem Grad der Verantwortung, der Schwierigkeit der Aufgaben, der Dauer der Verwaltung und der Notwendigkeit spezieller Kenntnisse und Fertigkeiten; sie kann – volle Abwicklung mit Schuldentilgung vorausgesetzt – als Hundertsatz des Bruttonachlasswertes berechnet werden (LM Nr 2). Praktikerrichtwert: 4%–2% (Degression bei höherem Nachlasswert); ausführlich Köln NJW-RR 94, 269; 95, 202; teilw werden als Anhalt weiterhin die überkommenen „Richtlinien des Rheinpreußischen Notarvereins" herangezogen (dazu Reimann DNotZ 01, 344; Düsseldorf MittRhNotK 96, 172) oder die Tabelle von Tschischgale (JurBüro 65, 89; Frankfurt MDR 00, 789); zur „Neuen Rheinischen Tabelle" zB Schleswig ZEV 09, 628 ff = FamRZ 10, 762 ff mAnm Eckelskemper RNotZ 10, 242 inkl Überblick über die verschiedenen Tabellen; bei zwei Testamentsvollstreckern gelten uU je 75% des Richtwerts (Karlsruhe ZEV 01, 287 mit Besprechung der verschiedenen Tabellen). Für die Vergütung eines Erbteilvollstreckers s BGH ZEV 05, 23 mAnm Haas/Lieb. **Steuer:** s Vor § 2197 Rn 3 f.

2. Entscheidung über die Höhe. Sie kann der Erblasser testamentarisch ver- 2 bindlich treffen (BGH WM 69, 1410; BayObLG Rpfleger 80, 153; LG München I ZEV 07, 529; für Zuschläge Köln ZEV 08, 335), wobei bei unangemessener Höhe von einem Vermächtnis auszugehen sein wird (vgl aber Vor § 2197 Rn 4). Ohne letztwillige Anordnung entscheidet das Prozessgericht (BGH NJW 57, 948) durch streitiges Urteil, falls sich Erbe und Vollstrecker nicht einigen können. Der Vollstrecker kann jedoch eine angemessene Vergütung selbst dem Nachlass entnehmen (LM Nr 3), trägt dann aber das Risiko unzutreffender Festsetzung (sa § 2227 Rn 1). Die Befugnis zur Versilberung von Sachwerten hängt vom Einzelfall ab, wird aber bei wertvolleren Gegenständen regelmäßig zu verneinen sein.

3. Fälligkeit. Sie tritt – ohne Vorschussrecht – ein mit dem Ende der Verwal- 3 tung, nur bei längerer Verwaltung jährlich; die Zahlung der Schlussvergütung können die Erben bis zur Rechnungslegung verweigern (LM Nr 1).

4. Rechtsnatur. Die Vergütung ist **Nachlassverbindlichkeit** (sa § 1967 Rn 3). 4 Bei Testamentsvollstreckung, die auf einen Miterbenanteil beschränkt ist, handelt es sich um gemeinschaftliche Verwaltungskosten (§§ 2038, 748), die alle Miterben tragen (§§ 2046 I, 2058; BGH NJW 97, 1362 = LM Nr 7 m zust Anm M. Wolf).

Stürner

5. Aufwendungsersatz. Vgl § 2218 Rn 3.

6. Verwirkung. Sie kann eintreten bei schweren vorsätzlichen oder grob fahrlässigen Pflichtverletzungen, nicht schon bei irriger Beurteilung der Sach- und Rechtslage (BGH DNotZ 76, 559; 80, 164). Allerdings kommt auch eine Minderung bei weniger grober Pflichtverletzung in Betracht (Frankfurt MDR 00, 789).

7. Prozessuales. Das Interesse des Testamentsvollstreckers am Streitgegenstand kann bei Kostenfestsetzung allenfalls mit 10% des Nachlasswertes angesetzt werden (BGH 96, 35; ZEV 00, 409).

§ 2222 Nacherbenvollstrecker

Der Erblasser kann einen Testamentsvollstrecker auch zu dem Zwecke ernennen, dass dieser bis zu dem Eintritt einer angeordneten Nacherbfolge die Rechte des Nacherben ausübt und dessen Pflichten erfüllt.

Lit: Keim, Befugnisse des Nacherbentestamentsvollstreckers bei Verfügungen über Nachlassgegenstände, ZErb 08, 5.

1 Die Nacherbenvollstreckung ist ein Unterfall der Verwaltungsvollstreckung (vgl § 2208 Rn 2, § 2209); der Vollstrecker nimmt die den Nacherben während der Vorerbschaft betreffenden Rechte und Pflichten wahr (vgl insbes §§ 2113, 2114, 2116–2118, 2120–2123, 2127, 2128; BGH 127, 364); er kann nicht auf die Anwartschaft des Nacherben verzichten, wohl aber auf den Nacherbenvermerk (GBO 51; BayObLG DNotZ 90, 57). Die Testamentsvollstreckung nach eingetretener Nacherbfolge ist von der Nacherbenvollstreckung streng zu unterscheiden (BGH NJW 86, 2431); sa § 2197 Rn 4.

§ 2223 Vermächtnisvollstrecker

Der Erblasser kann einen Testamentsvollstrecker auch zu dem Zwecke ernennen, dass dieser für die Ausführung der einem Vermächtnisnehmer auferlegten Beschwerungen sorgt.

1 Der **Vermächtnisvollstrecker** zieht die Vermächtnisforderung ein (§§ 2205, 2212), nimmt den Vermächtnisgegenstand in Besitz und verwaltet ihn; verwaltet er ein Grundstück, ist ein Testamentsvollstreckervermerk eintragbar (GBO 52, BayObLG NJW-RR 90, 845); er hat Ansprüche aus Untervermächtnissen und Auflagen (s BayObLGZ 86, 38) zu erfüllen und ist insoweit passiv prozessführungsbefugt (§ 2213). Der Erblasser kann ihm auch die dauernde Verwaltung eines Vermächtnisgegenstandes auftragen, § 2209 Rn 2 (BGH 13, 203; Hamm NJW-RR 91, 838). § 2223 regelt nur den Normalfall (§§ 2203, 2204), dass die Vermächtnisvollstreckung mit der Auseinandersetzung und Ausführung der letztwilligen Verfügung endet.

§ 2224 Mehrere Testamentsvollstrecker

(1) [1]Mehrere Testamentsvollstrecker führen das Amt gemeinschaftlich; bei einer Meinungsverschiedenheit entscheidet das Nachlassgericht. [2]Fällt einer von ihnen weg, so führen die übrigen das Amt allein. [3]Der Erblasser kann abweichende Anordnungen treffen.

(2) Jeder Testamentsvollstrecker ist berechtigt, ohne Zustimmung der anderen Testamentsvollstrecker diejenigen Maßregeln zu treffen, welche zur Erhaltung eines der gemeinschaftlichen Verwaltung unterliegenden Nachlassgegenstands notwendig sind.

Titel 6. Testamentsvollstrecker §§ 2225, 2226

Mehrere Testamentsvollstrecker führen – mangels abw Anordnungen des Erblassers – ihr Amt nach innen und außen gemeinschaftlich (BGH NJW 67, 2401). Die Entscheidung des NachlassG bei Streitigkeiten enthält richtigerweise nicht nur die Verpflichtung des betreffenden Vollstreckers zur Mitwirkung, sie ersetzt vielmehr seine Mitwirkung (str, aA SoeDamrau 15). Die Kosten des Verfahrens nach I 1 HS 2 sind nicht gem §§ 2218 I, 670 zu erstatten, sondern bereits mit der Vergütung nach § 2221 abgegolten (BGH ZEV 03, 413). Entgegen der Rspr (BGH 20, 264) ist auch für Streitigkeiten darüber, ob Amtshandlungen mit der letztwilligen Verfügung harmonieren, das NachlassG zuständig, nicht aber das Prozessgericht (str, vgl Baur JZ 1956, 495). Zum Beschwerderecht vgl insbes FamFG 355 III, 59 (früher FGG 82, 20).

§ 2225 Erlöschen des Amts des Testamentsvollstreckers

Das Amt des Testamentsvollstreckers erlischt, wenn er stirbt oder wenn ein Fall eintritt, in welchem die Ernennung nach § 2201 unwirksam sein würde.

1. Erlöschen durch Tod. In diesem Falle sind §§ 2218, 673 S 2 vom Erben des Testamentsvollstreckers zu beachten.

2. Nachlassverwaltung und –insolvenz. Sie beendigen das Amt nicht, vgl aber § 2205 Rn 16.

3. Weitere Erlöschensgründe. Hier sind zu erwähnen: Erledigung der zugewiesenen Aufgabe (BGH 41, 23; KG NJW-RR 12, 1098; Hamm NJW-RR 02, 1301; Nürnberg FamRZ 10, 1203 = WM 10, 1286: bei gegenständlich beschränkter Erledigung der Testamentsvollstreckung kann sich Erlöschen auf diesen Gegenstand beschränken); Fristablauf: § 2210; Eintritt eines im Testament benannten Ereignisses (Düsseldorf Rpfleger 11, 375). Mit dem Ende des Amtes erlischt die Verwaltungs- u Verfügungsbefugnis mit dinglicher Wirkung, weshalb das beendende Ereignis im Testamentsvollstreckerzeugnis zu vermerken ist (Düsseldorf Rpfleger 11, 376; aA Bestelmeyer Rpfleger 12, 671 für den Fall bloßer Freigabeverpflichtung gem § 2217 – fraglich!). Vgl auch § 2204 Rn 1.

4. Beendigung des Amtes und Beendigung der Testamentsvollstreckung. Beendigung des Amtes ist nicht mit der Beendigung der Vollstreckung identisch (München Rpfleger 05, 661); vgl §§ 2197 II, 2199 II, 2200, 2224 I 3; zur Fortsetzung einer Dauervollstreckung bei Geschäftsunfähigkeit, wenn die Vollstreckung mit dem Tode des Vollstreckers enden sollte, Düsseldorf ZEV 12, 484.

5. Ausscheiden des Testamentsvollstreckers und von ihm erteilte Vollmacht. Mit dem Ausscheiden des Testamentsvollstreckers endet auch eine von ihm erteilte Vollmacht (Düsseldorf Rpfleger 01, 425 = ZEV 01, 282 m krit Anm Winkler; str; sa § 2218 Rn 1).

6. Prozessuales. Der Streit, ob das Amt erloschen ist, ist durch das Prozessgericht zu entscheiden (BGH 41, 28), kann für das NachlassG aber Vorfrage sein (BayObLGZ 88, 46; sa § 2227 Rn 4). Der Amtsnachfolger eines verstorbenen Testamentsvollstreckers tritt in dessen verfahrensrechtliche Stellung ein (Zweibrücken NJW-RR 00, 816), nicht dagegen seine Erben (BayObLG FamRZ 01, 318).

§ 2226 Kündigung durch den Testamentsvollstrecker

¹Der Testamentsvollstrecker kann das Amt jederzeit kündigen. ²Die Kündigung erfolgt durch Erklärung gegenüber dem Nachlassgericht. ³Die Vorschrift des § 671 Abs. 2, 3 findet entsprechende Anwendung.

§ 2227

Lit: Kühn, Entgeltliche Amtsbeendigungsvereinbarungen bei Dauertestamentsvollstreckung, ZErb 09, 145; Muscheler, Pflicht des Testamentsvollstreckers zur Kündigung seines Amtes, NJW 09, 2081; Reimann, Vereinbarungen zwischen Erben über die vorzeitige Beendigung der Testamentsvollstreckung, NJW 05, 789; Werner, Wie man einen Testamentsvollstrecker los wird, ZEV 10, 126.

1 Der Testamentsvollstrecker kann sich – außer im Falle entspr letztwilliger Anordnung – nicht rechtswirksam verpflichten, sein Amt jederzeit auf Verlangen eines Miterben niederzulegen, weil er dadurch in Abhängigkeit zu den Erben geraten würde (BGH 25, 281); hingegen kann er sich einklagbar verpflichten, sein Amt zu einem bestimmten Zeitpunkt niederzulegen (Hamm FamRZ 08, 1569). Eine Teilkündigung ist nur zulässig, soweit sie dem Erblasserwillen entspricht (Hamm NJW-RR 91, 838). Vgl auch § 2205 Rn 15.

§ 2227 Entlassung des Testamentsvollstreckers

Das Nachlassgericht kann den Testamentsvollstrecker auf Antrag eines der Beteiligten entlassen, wenn ein wichtiger Grund vorliegt; ein solcher Grund ist insbesondere grobe Pflichtverletzung oder Unfähigkeit zur ordnungsmäßigen Geschäftsführung.

Lit: Muscheler, Die Entlassung des Testamentsvollstreckers, AcP 197, 226.

1 1. Entlassungsgründe. Ernennung trotz fehlender Voraussetzungen kann wichtiger Grund zur Entlassung sein (BayObLG FamRZ 87, 104), ebenso Darlehensgewährung an sich selbst (Frankfurt NJW-RR 98, 795). Hingegen ist idR persönliche Feindschaft zwischen Erbe und Vollstrecker kein ausreichender Grund (Köln OLGZ 69, 281), wohl aber uU obj Interessenwiderstreit (BayObLGZ 88, 48; NJW-RR 91, 491; Düsseldorf NJW-RR 13, 331: Bedienung eigener Forderungen aus dem Nachlass in nicht nachprüfbarer und vom Erblasser nicht autorisierter Form) oder ein berechtigtes Misstrauen gegen die unparteiliche Amtsführung (München Rpfleger 08, 575). Vertritt der Testamentsvollstrecker in einer strittigen Rechtsfrage eine ihm günstige Auslegung, so rechtfertigt dies allein nicht seine Entlassung (BayObLGZ 01, 170 f). Wird dem Testamentsvollstrecker parteiisches Verhalten vorgeworfen, so ist es zu berücksichtigen, wenn die Erben ihm von vornherein nicht die Möglichkeit zur Aufnahme des Amtes zu ordnungsgemäßen Bedingungen gaben (Düsseldorf FamRZ 00, 192 mit unpräziser Formulierung). Selbst die heftige Ablehnung des Testamentsvollstreckers durch die Erben auf Grund dessen früherer Stellung als Prozessvertreter des Erblassers in einem Verfahren gegen sie, reicht alleine noch nicht aus (Hamm Rpfleger 01, 132). In der ungerechtfertigten Bevorzugung bzw Benachteiligung von Miterben kann eine grobe Pflichtverletzung liegen (BGH 25, 284; BayObLG FamRZ 01, 54: zudem noch Auskunftsverweigerung), ebenso bei Verstoß gegen schuldrechtlich wirkende Anordnungen des Erblassers nach § 2216 (BayObLG NJW-RR 00, 301: grobe Verletzung, da in bedeutender Entscheidung jede Absicherung nach § 2216 II 2 oder durch Anhörung des Erben unterlassen wurde; Karlsruhe NJW-RR 05, 527), ebenso in verspäteter Unterhaltszahlung, Verweigerung der Information gegenüber den Erben (Celle OLGZ 78, 442 ff; BayObLG FamRZ 88, 436; Rpfleger 01, 550; s aber BayObLG Rpfleger 98, 247: angemessene Frist zur Rechnungslegung) oder Täuschung über Werthaltigkeit des Nachlasses (Naumburg FamRZ 06, 972); Unfähigkeit zur ordnungsmäßigen Geschäftsführung (Hamm NJW-RR 07, 878); Ersteigerung eines Anwesens bei illiquidem Nachlass und ungesicherter Finanzierung (BayObLG Rpfleger 98, 248), Errichtung eines fehlerhaften Nachlassverzeichnisses (Hamm Rpfleger 86, 16; OLGR Schleswig 06, 635); langfristiges Verschweigen eines wesentlichen Teils des Nachlasses (Schleswig ZErb 09, 36); verzögerte Erstellung des Nachlassverzeichnisses (Köln FamRZ 92, 723; Schleswig FamRZ 07, 307), unterlassene Übermittlung eines

Titel 6. Testamentsvollstrecker § 2227

Nachlassverzeichnisses (BayObLG ZEV 97, 381; vgl dagegen die abw Fallgestaltung Zweibrücken FGPrax 97, 109: keine ernstliche Gefährdung der Interessen des Erben), Erhöhung von Vermächtnissen (BayObLG FamRZ 89, 668), Inanspruchnahme eines nicht bestehenden Vorkaufrechts (BayObLG FamRZ 05, 935) oder der Entnahme viel zu hoher Vergütung (BayObLGZ 85, 242; Köln NJW-RR 87, 1098; sa KG NJW-RR 11, 511 f). Allein in der Verzögerung des Verkaufs eines Nachlassgegenstandes zur Begleichung von Vermächtnissen entgegen der zeitlichen Erwartung des Erblassers liegt noch keine Pflichtverletzung, wenn vernünftige Gründe dafür sprechen (BayObLG FamRZ 00, 1056: Erbe erklärte sich zur Begleichung der Vermächtnisse bereit), ebenso wenig in der Nichterfüllung vertraglicher Pflichten gegenüber den Erben (Hamm ZEV 08, 337); zur Kumulation verschiedener Verfehlungen: BayObLG FamRZ 00, 194; 05, 937. Überwiegende andere Gründe können aber uU für die Beibehaltung des Amtes sprechen (BayObLGZ 88, 51; KG FamRZ 11, 1254), zB auch Kostengründe, wenn der Nachlass sowieso fast abgewickelt ist. Negative Umstände, die dem Erblasser bei Einsetzung bekannt waren, rechtfertigen regelmäßig keine Entlassung.

2. Antragsberechtigung. Antragsberechtigt sind Erben, Erbeserben (BayObLG 2 FamRZ 98, 325), Mitvollstrecker, Vermächtnisnehmer, Auflagenberechtigte, Pflichtteilsberechtigte (BayObLGZ 97, 1; KG NJW-RR 02, 439; 05, 810; aA Muscheler ZErb 09, 54; Bestelmeyer Rpfleger 10, 641), nicht aber gewöhnliche Nachlassgläubiger (BGH 35, 296) bzw Erbteilspfandgläubiger (LG Stuttgart BWNotZ 92, 59), Eltern minderjähriger Erben, denen nach § 1638 die Vermögenssorge entzogen ist (BGH 106, 99; Schleswig NJW-RR 07, 1597; aA Baur DNotZ 65, 484) oder ein aus dem Amt entlassener Testamentsvollstrecker (München NJW-RR 11,1002; Köln NJW-RR 87, 1098), ebenso wenig der Erbschaftskäufer (Köln FGPrax 11, 30). Auch ein Erbe, dessen Erbteil von einer angeordneten Erbteilsvollstreckung nicht betroffen ist, ist nicht antragsberechtigt (München Rpfleger 06, 19 m krit Anm Reimann ZEV 06, 32; aA Hamm ZErb 09, 299 für den Fall der Gefährdung künftiger geordneter Auseinandersetzung).

3. Prozessuales. Richtersache, RPflG 16 I Nr 5; Beschwerde gem FamFG 58 f 3 (früher FGG 20, 81 II); beschwerdeberechtigt ist auch der entlassene Testamentsvollstrecker (KG OLGZ 92, 139). Alle erforderlichen Ermittlungen sind von Amts wegen vorzunehmen (BayObLGZ 88, 48; FamFG 26). Dem Testamentsvollstrecker ist vor der Entlassung grundsätzlich Gehör zu gewähren (GG 103 I; BayObLG Rpfleger 98, 246). Im Beschwerdeverfahren kann die Anhörung Beteiligter durch einen beauftragten Richter erfolgen (BayObLG FamRZ 87, 102). Das Gericht der Rechtsbeschwerde (GVG 133 iVm FamFG 70 ff; früher FGG 28 f) kann die Würdigung der tatsächlichen Umstände grundsätzlich nicht nachprüfen (Köln OLGZ 88, 27 zu FGG 27 ff). Der Erblasser kann die Entlassung nicht testamentarisch einem *Schiedsgericht* übertragen (RG 133, 135; Karlsruhe FamRZ 10, 150; aA Muscheler ZEV 09, 317); hingegen sollen Erben und Testamentsvollstrecker einen entspr Schiedsvertrag schließen können (SoeDamrau 1; zweifelhaft!). Wenn das Amt des Testamentsvollstreckers durch Aufgabenerledigung beendet ist, tritt Erledigung des Entlassungsverfahrens ein (Hamm NJW-RR 02, 1300; München FamRZ 08, 190). Die Rechtskraft einer Entscheidung über Entlassung erfasst nicht die Frage, ob Vollstreckung angeordnet war (Düsseldorf FGPrax 98, 107). Auch wenn bereits ein Entlassungsantrag gestellt ist, muss auf Antrag noch ein Testamentsvollstreckerzeugnis erteilt werden (München Rpfleger 10, 427).

4. Umfang nachlassgerichtlicher Eingriffsbefugnisse. Aufhebung der Voll- 4 streckung als solcher ist dem NachlassG verwehrt, vgl aber § 2216 II 2, ebenso grundsätzlich ein vorläufiger Eingriff in Amtshandlungen des Testamentsvollstreckers (Köln OLGZ 87, 282; Schleswig ZErb 10, 148; Hamm ZErb 10, 263; aA Zimmermann ZEV 10, 368 ff unter Hinweis auf FamFG 49 ff). Der Rechtsanspruch auf ordnungsmäßige Verwaltung ist im Zivilprozess durchzusetzen (vgl § 2216

Stürner 2119

Rn 3), ggf im einstweiligen Verfahren (ZPO 935 ff). Nach Einleitung des Entlassungsverfahrens erscheint allerdings das Verfahren nach FamFG 49 ff unter neuem Recht vorzugswürdig (Bestelmeyer Rpfleger 10, 641).

5 **5. Reform.** § 2227 II aF ist aufgehoben im Zuge des FGG-Reformgesetzes zum 1.9.2009 (s Vor § 1922 Rn 19), seine Funktion erfüllt FamFG 345 IV 1 Nr 2.

§ 2228 Akteneinsicht

Das Nachlassgericht hat die Einsicht der nach § 2198 Abs. 1 Satz 2, § 2199 Abs. 3, § 2202 Abs. 2, § 2226 Satz 2 abgegebenen Erklärungen jedem zu gestatten, der ein rechtliches Interesse glaubhaft macht.

1 Vgl auch FamFG 13, 357 II (früher FGG 78, 85).

Titel 7. Errichtung und Aufhebung eines Testaments

§ 2229 Testierfähigkeit Minderjähriger, Testierunfähigkeit

(1) Ein Minderjähriger kann ein Testament erst errichten, wenn er das 16. Lebensjahr vollendet hat.

(2) Der Minderjährige bedarf zur Errichtung eines Testaments nicht der Zustimmung seines gesetzlichen Vertreters.

(3) *(weggefallen)*

(4) Wer wegen krankhafter Störung der Geistestätigkeit, wegen Geistesschwäche oder wegen Bewusstseinsstörung nicht in der Lage ist, die Bedeutung einer von ihm abgegebenen Willenserklärung einzusehen und nach dieser Einsicht zu handeln, kann ein Testament nicht errichten.

1 **1. Minderjährigkeit.** Es handelt sich um eine Spezialregelung zu §§ 106 ff (zur Verfassungmäßigkeit BVerfG NJW 99, 1853); §§ 2233 I, 2247 IV mit ihren Beschränkungen sind aber zu beachten; zum Übergangsrecht der *neuen Bundesländer* s Vor § 1922 Rn 7, 11 ff.

2 **2. Betreuung.** Der Betreute ist testierfähig (§ 1903 II), falls kein Fall des § 2229 IV vorliegt, der folglich von zentraler Bedeutung ist. Anders als der Minderjährige (§§ 2233 I, 2247 IV) kann der Betreute sich aller ges Testamentsformen bedienen
3 (krit Dieckmann JZ 88, 794 ff; Hahn FamRZ 91, 27 f). Das Übergangsrecht zur Rechtsänderung des Behindertenrechts durch das *Betreuungsgesetz* vom 12.9.1990 (BGBl I, 2002) war in Art 9 des Ges geregelt; das Betreuungsgesetz trat am 24.4.2006 außer Kraft; zum alten Recht und Übergangsrecht s 13. Aufl Rn 2–4; ferner Hahn FamRZ 91, 29.

4 **3. Testierunfähigkeit wegen Krankheit (IV).** Lit: Cording ZEV 10, 23, 115; Wetterling ErbR 10, 345. Damit die Voraussetzungen der Testierfähigkeit erfüllt sind, darf der Erblasser nicht nur eine allg Vorstellung von der Tatsache der Testamentserrichtung und vom Inhalt der Verfügung haben; vielmehr muss er in der Lage sein, sich über die Tragweite der Anordnungen, insbes über ihre Auswirkungen auf die persönlichen und wirtschaftlichen Verhältnisse der Betroffenen, und über die Gründe der Verfügungen ein klares Urteil zu bilden und nach diesem Urteil frei von Einflüssen etwaiger interessierter Dritter zu handeln (BGH FamRZ 58, 128; 84, 1003; BayObLG NJW-RR 90, 203; 96, 457; FamRZ 04, 1822 f; 06, 68; Hamm FamRZ 04, 661; Frankfurt NJW-RR 98, 870 mN; München ZErb 07, 460; zu den Anforderungen an entspr Sachverständigengutachten Celle FamRZ 07,
5 417; Rostock ZErb 09, 332). Bloße Psychopathie (querulatorische Veranlagung, Hassgefühle etc) bedingt idR keine Testierunfähigkeit (BayObLG FamRZ 92, 724;

NJW 92, 249; FamRZ 96, 1110), wohl aber paranoide Wahnvorstellung im Hinblick auf potentielle Testamentserben (BayObLG FamRZ 00, 701; 05, 658; Rpfleger 02, 206 mit Abgrenzung zu § 2078 II; Celle NJW-RR 03, 1094). Bei notarieller Errichtung muss volle Testierfähigkeit aber nur bei den Angaben für den Notar vorliegen. Im Zeitpunkt der mündlichen Genehmigung des vom Notar weisungsgemäß erstellten Testaments reicht es aus, wenn der Erblasser noch allg die Bedeutung des Testaments erkennen und sich frei entschließen kann; die Fähigkeit zur autonomen Inhaltsbestimmung und Formulierung kann getrübt sein, zB durch einen zwischenzeitlichen Schlaganfall (BGH 30, 294). Partielle Testierunfähigkeit ist – anders **6** als partielle Geschäftsunfähigkeit (§ 104 Rn 7) – nicht möglich (zutreffend BayObLG NJW 92, 248; aA 7. Aufl mit BayObLG Rpfleger 84, 467: Eifersuchtswahn). Auch kommt es nicht darauf an, ob die konkrete letztwillige Verfügung ihrem Inhalt nach bes einfach oder schwierig ist (zuletzt München ZErb 07, 460).

4. Beweislast. Im Rechtsstreit trägt für *Testierunfähigkeit* grundsätzlich die *volle* **7** *Feststellungslast*, wer sich auf sie beruft (BayObLG FamRZ 90, 801; 96, 1439; 05, 841; 555; NJW-RR 03, 299; Frankfurt NJW-RR 98, 870 mN; Oldenburg FamRZ 00, 834 und Hamm FamRZ 04, 661: selbst wenn der Testierende unter Betreuung steht); umgekehrt liegt die Feststellungslast, wenn sich jemand auf Wirksamkeit eines undatierten Testaments oder Zusatzes beruft und der Erblasser jedenfalls in einem Teil des in Frage kommenden Zeitraums testierunfähig war (Jena ZEV 05, 345; BayObLG NJW-RR 03, 299; 96, 1160 m abl Anm Jerschke ZEV 96, 392); an einem selbstständigen Beweisverfahren (ZPO 485) zur Klärung der Testierfähigkeit im Zeitpunkt der Testamentserrichtung hat der enterbte gesetzliche Erbe zu Lebzeiten des künftigen Erblassers kein schutzwürdiges Interesse (Frankfurt aM NJW-RR 97, 581). Ein Gericht verletzt GG 103 I, wenn es auf die behauptete Testierunfähigkeit überhaupt nicht eingeht (BGH ZEV 10, 364). IdR ist für Verneinung der Testierfähigkeit ein nervenfachärztliches Gutachten notwendig (BGH FamRZ 84, 1004; Hamm FamRZ 89, 439; 04, 661; BayObLG NJW-RR 91, 1100; 1288; ZEV 98, 230), die Hinzuziehung eines Sachverständigen liegt bei ihrer Bejahung stärker im pflichtgemäßen Ermessen des Gerichts (BayObLG NJW-RR 90, 1420; ZEV 05, 481: nur bei konkretem Anlass zu Zweifeln erforderlich). Medizinisch vorgebildete Zeugen, die den Erblasser gekannt oder betreut haben, können die Würdigung des Gutachtens uU maßgeblich beeinflussen (BayObLG FamRZ 85, 743, 746; NJW-RR 91, 1100); Testierfähigkeit ist vom Gericht so lange anzunehmen, als es von der Testierunfähigkeit nicht völlig überzeugt ist (BayObLG NJW 92, 249; NJW-RR 00, 203; FamRZ 92, 724; 88, 1100; 87, 1199; 05, 841; Frankfurt NJW-RR 96, 1159; 98, 870; Hamm FamRZ 04, 661; zu den Anforderungen an die Überzeugungsbildung Köln NJW-RR 91, 1286; BayObLG NJW-RR 91, 1287; ZEV 98, 230; FamRZ 04, 1822). Bei Testierunfähigkeit in der Zeit vor und nach Testamentserrichtung spricht erster Anschein für Testierunfähigkeit (BayObLGZ 79, 266; Frankfurt NJW-RR 98, 870 f; zur Erschütterung Köln NJW-RR 91, 1412); Voraussetzung dieses Anscheinsbeweises ist, dass das Gericht von anhaltender Testierunfähigkeit im Zeitraum vor und nach Testamentserrichtung überzeugt ist (BayObLG FamRZ 99, 820; ZEV 05, 348); ähnlich bei ungewissem Testierzeitpunkt, wenn Testierunfähigkeit für einen Teil des in Frage kommenden Zeitraumes feststeht (BayObLG NJW-RR 96, 1160 m abl Anm Jerschke ZEV 96, 392; sa BayObLG FamRZ 05, 310: Anlass zu weiteren Ermittlungen). „Lichte Intervalle" hat zu beweisen, wer sich auf sie beruft (BGH NJW 88, 3011; BayObLG NJW-RR 91, 1100; FamRZ 06, 68; 94, 1137; 90, 801; 85, 741). Gebrechlichkeitspflegschaft ist kein Indiz für Testierunfähigkeit (BayObLG NJW-RR 90, 203; FamRZ 88, 1099). Beim notariellen Testament mag die Feststellung der Geschäftsfä- **8** higkeit gem BeurkG 28, 11 beweismäßig gegen die Testierunfähigkeit sprechen; ebenso wenig wie Zweifeln des Notars (BeurkG 11 I 2, 28) kommt indessen einem solchen Vermerk endgültiger Beweiswert zu (BayObLGZ 79, 263; FamRZ 05, 660). Die Ablehnung (BeurkG 11 I 1) ist ultima ratio. Die Ermittlung von Testierun-

§§ 2230–2232

fähigkeit im Erbscheinsverfahren behandelt § 2358 Rn 2 f. Zu Aussageverweigerungsrechten freier Berufe im Erbschaftsprozess s § 1922 Rn 12.

§ 2230 *(weggefallen)*

§ 2231 Ordentliche Testamente

Ein Testament kann in ordentlicher Form errichtet werden
1. **zur Niederschrift eines Notars,**
2. **durch eine vom Erblasser nach § 2247 abgegebene Erklärung.**

1 **1. Testamentsformen.** Die Vorschrift gliedert die Formen des Testaments: **a) Ordentliche Testamente:** öffentl (§§ 2232 f) und eigenhändige (§ 2247). **b) Außerordentliche Testamente:** Bürgermeistertestament (§ 2249), Dreizeugentestament (§ 2250), Seetestament (§ 2251), Konsulartestament (KonsG 10, 11).

2 **2. Rechtsänderungen.** Die Formgültigkeit einer letztwilligen Verfügung bestimmt sich nach dem zur Zeit ihrer Errichtung geltenden Recht (BGH NJW 58, 547); zu den zahlreichen Rechtsänderungen s SoeMayer Vor § 2229, 1 ff; zu Auslandsfällen Vor § 1922 Rn 3; zum Übergangsrecht der *neuen Bundesländer* s Vor § 1922 Rn 7, 11 ff.

3 **3. Formlose Hoferbenbestimmung.** Vgl HöfeO 6 I Nr 1 und 2, 7 II; Oldenburg Rpfleger 84, 13; NJW-RR 02, 1371: Nutzungsüberlassung nach abw testamentarischer Hoferbenbestimmung wirkt grundsätzlich nicht als vorrangige formlose Hoferbenbestimmung.

§ 2232 Öffentliches Testament

¹Zur Niederschrift eines Notars wird ein Testament errichtet, indem der Erblasser dem Notar seinen letzten Willen erklärt oder ihm eine Schrift mit der Erklärung übergibt, dass die Schrift seinen letzten Willen enthalte. ²Der Erblasser kann die Schrift offen oder verschlossen übergeben; sie braucht nicht von ihm geschrieben zu sein.

1 **1. Formzweck des öffentl Testaments.** S §§ 2232, 2233, BeurkG 1 ff, 6 f, 8 ff, 22 ff, 27 ff: Selbstständigkeit der Willensbildung des Erblassers; Warnfunktion; Vermeidung von Streitigkeiten (BGH 80, 251; BayObLG FamRZ 01, 773). Das Testament ist öffentl Urkunde iSv ZPO 415 und als solche auch vom Grundbuchamt zu beachten (Frankfurt NJW-RR 90, 717). Zu den formbedingten Grenzen einer Testamentsauslegung s § 2084 Rn 4 f. BeurkG 3 enthält Mitwirkungsverbote für den Notar (Eylmann NJW 98, 2929; Harder/Schmidt DNotZ 99, 949).

2 **2. Arten der Errichtung. a) Erklärung** vor dem Notar. Der Erblasser kann seinen Willen durch das verständlich gesprochene Wort oder durch Gebärden oder Zeichen erklären. Die Neufassung der Vorschrift verzichtet auf das Erfordernis mündlicher Erklärung (überholt deshalb BGH 2, 172; Hamm FamRZ 94, 993 m krit Anm Baumann). Anlass zur Gesetzesänderung war eine Entscheidung des BVerfG zur Testamentserrichtung durch schreibunfähige Taubstumme, die nach altem Recht unmöglich war (BVerfG 99, 341 = NJW 99, 1853; Rossak DNotZ 99, 416; Rohlfing/Mittenzwei FamRZ 00, 654; sa Vor § 1922 Rn 1). Es genügt auch das jeweils gesprochene „Ja" (auch ein schwer verständliches: BayObLG NJW-RR 00, 456), wenn der Notar zuvor den nach Angaben Dritter gefertigten Testamentsentwurf abschnittsweise vorliest (vgl BGH 37, 79, 84 f). Das stumme Selbstlesen des fremd entworfenen Testaments mit der mündlichen Erklärung „Ja" (Hamm DNotZ 89, 584 mAnm Burkart) dürfte nunmehr ebenfalls ausreichen. Bei der eigenhändigen Unterschrift der Niederschrift (BeurkG 13 I 1) ist unschädliche

Titel 7. Errichtung und Aufhebung eines Testaments §§ 2233–2247

Schreibhilfe vom Handführen ohne Schreibwillen zu unterscheiden (BGH NJW 81, 1901; BayObLG FamRZ 85, 1286); bei Schreibunfähigkeit gilt BeurkG 25 (hierzu BayObLGZ 84, 141). Es muss sichergestellt sein, dass mit der Unterschrift die gesamte Urkunde gebilligt wird – somit keine vorherige Blankounterschrift möglich (Hamm FamRZ 01, 383). Da Unterzeichnung mit dem Familiennamen ausreichend ist (BGH DNotZ 03, 269), schadet eine Unterschrift mit falschem Vornamen nicht (Köln FGPrax 10, 81 f). Sonderfälle: Sprachunkundige, BeurkG 16, 32; Sprach- und/oder Hörbehinderte, BeurkG 22–24. Stets – auch bei schreibunfähigen Taubstummen – besteht die Möglichkeit der Testamentserrichtung gem § 2232, BeurkG 22–25 unter Hinzuziehung einer Vertrauensperson, die sich mit dem Behinderten zu verständigen vermag (BayObLG DNotZ 98, 214; Hamm FamRZ 01, 381; BVerfG 99, 341, 359; Rossak DNotZ 99, 416; Rohlfing/Mittenzwei FamRZ 00, 654; sa Vor § 1922 Rn 1). **b) Übergabe einer Schrift** an den 3 Notar. Die Schrift kann von einem Dritten, zB Notar, entworfen sein (vgl BGH 37, 85), der Erblasser muss aber den Inhalt kennen; das folgt schon aus § 2064 (str, aA SoeMayer 17). **c) Zum alten Recht** bis zum 1.8.2002 s § 2232 aF Rn 2, 9. Aufl. 1999.

3. Prozessvergleich. Er ersetzt zwar grundsätzlich notarielle Beurkundung 4 (§ 127a). Die Testamentserrichtung als einseitiges RGeschäft kann jedoch ihrem Inhalt nach nicht Bestandteil eines Vergleiches sein und folglich auch nicht als solcher beurkundet werden; zudem kann es im Einzelfall an der persönlichen Abgabe fehlen (BGH FamRZ 60, 30). Hingegen kann ein Erb- oder Erbverzichtsvertrag bei persönlicher Anwesenheit in Vergleichsform geschlossen werden (BGH 14, 388; Köln OLGZ 70, 115).

§ 2233 Sonderfälle

(1) Ist der Erblasser minderjährig, so kann er das Testament nur durch eine Erklärung gegenüber dem Notar oder durch Übergabe einer offenen Schrift errichten.

(2) Ist der Erblasser nach seinen Angaben oder nach der Überzeugung des Notars nicht im Stande, Geschriebenes zu lesen, so kann er das Testament nur durch eine Erklärung gegenüber dem Notar errichten.

1. Minderjährige. Vgl § 2229 Rn 1. 1

2. Lesensunfähige. Vgl BeurkG 22, 29 (Bsp: BayObLG NJW-RR 97, 1438: 2 fehlendes inhaltliches Verständnis; BayObLG Rpfleger 99, 396: Blinde ohne Kenntnis der Blindenschrift). Nichtigkeit als Folge der Missachtung dieser Mussvorschrift tritt nach hM nur ein, wenn dem Notar die Leseunfähigkeit bekannt war.

3. Mehrfachbehinderung. § 2232 Rn 2; Vor § 1922 Rn 1. 3

4. Sprachbehinderte Erblasser. Die Regelung über sprachbehinderte Erblasser 4 ist zum 1.8.2002 entfallen (Abs 3 aF), weil § 2232 nunmehr jedwede Form der Erklärung – auch die stillschweigende bzw schlüssige – genügen lässt.

§§ 2234 bis 2246 *(weggefallen)*

§ 2247 Eigenhändiges Testament

(1) Der Erblasser kann ein Testament durch eine eigenhändig geschriebene und unterschriebene Erklärung errichten.

(2) Der Erblasser soll in der Erklärung angeben, zu welcher Zeit (Tag, Monat und Jahr) und an welchem Orte er sie niedergeschrieben hat.

§ 2247

(3) ¹Die Unterschrift soll den Vornamen und den Familiennamen des Erblassers enthalten. ²Unterschreibt der Erblasser in anderer Weise und reicht diese Unterzeichnung zur Feststellung der Urheberschaft des Erblassers und der Ernstlichkeit seiner Erklärung aus, so steht eine solche Unterzeichnung der Gültigkeit des Testaments nicht entgegen.

(4) Wer minderjährig ist oder Geschriebenes nicht zu lesen vermag, kann ein Testament nicht nach obigen Vorschriften errichten.

(5) ¹Enthält ein nach Absatz 1 errichtetes Testament keine Angabe über die Zeit der Errichtung und ergeben sich hieraus Zweifel über seine Gültigkeit, so ist das Testament nur dann als gültig anzusehen, wenn sich die notwendigen Feststellungen über die Zeit der Errichtung anderweit treffen lassen. ²Dasselbe gilt entsprechend für ein Testament, das keine Angabe über den Ort der Errichtung enthält.

Lit: Burkart, Das eigenhändige Testament nach § 2247 BGB – Seine Problematik und seine Zukunft, FS von Lübtow, 1991, S 253; Görgens, Überlegungen zur Weiterentwicklung des § 2247 BGB, JR 79, 357; Grundmann, Zu Formfreiheit und Formzwang bei privatschriftlichen Testamenten, AcP 187, 429.

1   **1. Testierwille.** Er muss zwar nicht ausdr durch die Bezeichnung „Testament" erklärt werden, er muss sich aber eindeutig aus den Gesamtumständen ergeben (BayObLG FamRZ 90, 672; 89, 1124; 00, 853; 03, 1787; 05, 309; 657), § 2084 ist insoweit unanwendbar (vgl dort Rn 7). Bei eindeutigem, an § 133 zu messendem Testierwillen können sowohl ein Brief (BGH NJW 85, 969; WM 76, 744; BayObLG FamRZ 90, 672; 01, 944; KG FamRZ 04, 738 f; Schleswig ZEV 10, 49) als auch ein mit „Entwurf" (BayObLGZ 70, 173; NJW-RR 92, 332 und FamRZ 04, 225: Entwurf eines gemeinsamen Testaments; ähnlich Frankfurt NJW-RR 12, 11; sa § 2084 Rn 8 und §§ 2266, 2267 Rn 3) oder „Vollmacht" (BayObLGZ 82, 59; zur Abgrenzung sa BayObLG FamRZ 00, 1539) überschriebenes Schriftstück ein Testament darstellen, ebenso eine auf der Rückseite eines gebrauchten Briefumschlages niedergelegte Erklärung (BayObLG FamRZ 92, 226; 1206). Es sind strenge Anforderungen an den Nachweis des Testierwillens zu stellen, wenn die Form des Schriftstücks nicht für ein Testament üblich ist (Karlsruhe FGPrax 10, 24). Der Testierwille fehlt, wenn in dem Schriftstück nur über eine anderweitige Verfügung von Todes wegen berichtet wird (Köln Rpfleger 95, 505), oder wenn auf einem Notizzettel die eigenhändig geschriebene und unterschriebene Aufforderung steht, „anliegende" Unterlagen dem Notar zu geben, „damit der Erbschein für Dich ausgestellt werden kann" (München NJW-RR 09, 17 f = FamRZ 09, 373). Zu den formbedingten Grenzen der Testamentsauslegung s § 2084 Rn 4 f. Bsp für Leseunfähigkeit gem IV BayObLG NJW-RR 97, 1438 (Rindenblindheit).

2   **2. Eigenhändigkeit des Schriftstücks.** Sie soll die Echtheitskontrolle auf Grund der individuellen Züge des Erblassers ermöglichen (BGH 80, 246; BayObLG FamRZ 90, 442). Mechanische Schrift, vollinhaltliche Bezugnahme auf maschinengeschriebene Schriftstücke (BayObLGZ 79, 218; NJW-RR 90, 1481; 91, 1353; Hamm FamRZ 06, 1484; anders bei Bezugnahme zwecks Erläuterung testamentarischer Bestimmungen: Zweibrücken FamRZ 89, 900; sehr weitgehend Hamm NJW 03, 2392; zur Bezugnahme als Auslegungskriterium § 2084 Rn 4) oder auf ein durch Rücknahme aus amtlicher Verwahrung unwirksames Testament (s BGH Rpfleger 80, 337; sa § 2256), Unterzeichnung eines von einem ermächtigten Dritten niedergeschriebenen Testaments (BayObLG FamRZ 90, 1040; 441; NJW-RR 91, 1353) sowie Niederschrift mit geführter Hand bedingen deshalb Unwirksamkeit (Zweibrücken ZEV 03, 368: maschinengeschriebene Einfügung; s aber BGH NJW 81, 1900 mit Abgrenzung zur zulässigen „Schreibhilfe"; ferner BayObLG NJW 99, 1119; NJW-RR 02, 232); wohl aber genügt die nach gründlicher Prüfung als echt erkannte Blaupause bzw Durchschrift dem Eigenhändigkeitserfordernis (BGH 47,

Titel 7. Errichtung und Aufhebung eines Testaments § 2247

68; BayObLG FamRZ 86, 1044; Rpfleger 93, 405; hierzu Werner DNotZ 72, 6), ebenso Kurzschrift (vgl BayObLGZ 79, 239) oder Bezugnahme auf andere formgerechte letztwillige Verfügung (Frankfurt NJW-RR 02, 7), zB auch ein vom anderen Ehegatten geschriebenes und von beiden Ehegatten unterschriebenes gemeinschaftliches Testament (§ 2267). Bei einer solchen Bezugnahme ist es nicht erforderlich, dass das verweisende Testament selbst isoliert verständlich bleibt und die Bezugnahme lediglich der Erläuterung dient, es reicht aus, wenn sich die Gesamtverständlichkeit erst aus beiden Urkunden ergibt (BGH ZEV 10, 365). Auch die eigenhändige Ergänzung der Fotokopie eines eigenhändig geschriebenen unvollständigen Textes ist formwirksam (Karlsruhe NJW-RR 03, 653; München NJW-RR 06, 11). Die Niederschrift muss lesbar und aus sich heraus entzifferbar sein (Hamm NJW-RR 91, 1352; KG FGPrax 98, 111; BayObLG Rpfleger 01, 181; autonome Entzifferbarkeit sehr fragwürdig!).

3. Unterschrift. Sie muss gem III nur in einer ausreichenden Identitätsbezeichnung bestehen, so dass Vorname, Kosename, Familienbezeichnungen („Eure Mutter") und selbst auch sonst verwendete Abkürzungen (zB „F. M.") genügen (Celle NJW 77, 1690; str), nicht aber das Wort „persönlich" nach Selbstbenennung im Urkundentext (BayObLGZ 79, 205) oder D.O. bei nachträglichen Ergänzungen (Celle ZEV 11, 47 – etwas streng!). Mitunterschrift Dritter ist idR unschädlich (BayObLG FamRZ 97, 1029; NJW-RR 98, 729: Kein Wille zum Abschluss eines Erbvertrags bei Mitunterschrift des Erben). 3

4. Räumlicher Abschluss des Textes. Die Unterschrift muss den Text räumlich abschließen. Daran fehlt es, wenn sich der Erblasser nur im Texteingang selbst benennt (BayObLG NJW 69, 797; FamRZ 88, 1212; 85, 1286) oder die Unterschrift bloß auf dem Umschlag steht (Düsseldorf NJW 72, 260: „Testament. Nach meinem Tod unter Zeugen zu öffnen. Unterschrift"). Anders soll zu entscheiden sein, wenn die Unterschrift auf dem Umschlag (Bsp: „Testament" auf der Vorderseite, „Unterschrift" auf der Rückseite des Umschlags; BayObLGZ 82, 131; FamRZ 88, 1212; ähnlich Braunschweig ZEV 12, 40) oder dem „unselbststständigen" Begleitschreiben (BayObLG NJW-RR 91, 1222) die Erklärung inhaltlich fortsetzt („innerer Zusammenhang"; BayObLG ZEV 03, 26: keine Fortsetzung bei bloßer Kennzeichnung des Umschlagsinhalts); teilw kaum klar abgrenzbare Unterscheidungen! Wirksame Unterschrift soll bei offenem Umschlag mit jederzeit aufhebbarer Verbindung zum Schriftstück (Hamm Rpfleger 86, 387) fehlen; bei mehreren Einzelblättern mit nur einer Unterschrift muss durch Nummerierung oder fortlaufenden Text ein Zusammenhang erkennbar sein (Hamm DNotZ 11, 702; LG München I FamRZ 04, 1905). Ausreichend ist jedoch eine aus Platzmangel neben dem Text angebrachte Unterschrift (BayObLG FamRZ 86, 729; Köln Rpfleger 00, 163). Ist weder unter noch neben dem Text genügend Raum, kann die Unterschrift wirksam über dem Text geleistet werden („Oberschrift"; Celle ZEV 12, 41; NJW 96, 2938). Ein wegen bloßer „Oberschrift" zunächst unwirksames Testament kann durch Unterschrift im Rahmen späterer Ergänzung insgesamt wirksam werden (BayObLG FamRZ 05, 1013). 4

5. Nachträgliche Ergänzungen. Sie brauchen nicht bes unterzeichnet zu sein, wenn sie nach dem feststellbaren Erblasserwillen von der früheren Unterschrift gedeckt sein sollen und das räumliche Erscheinungsbild der Urkunde nicht entgegensteht; zB Zufügung auf der ursprünglich freien rechten Seite eines gefalteten Blattes, auf dessen linker Seite der Urtext steht (BGH NJW 74, 1083; ähnlich BayObLG FamRZ 85, 537; 05, 1013 f; Frankfurt NJW-RR 95, 711); Streichung des Namens eines Erben und Ersatz durch einen anderen (BayObLG NJW-RR 03, 298). Dies gilt auch, wenn ein Dritter vom Erblasser selbst geschriebene Worte im Beisein und mit Billigung des Erblassers auswechselt oder der Erblasser den Text über der Unterschrift 17 Jahre später völlig austauscht (BayObLG Rpfleger 84, 468; ähnlich FamRZ 99, 1392). Die Maßstäbe der Rspr schwanken allerdings: so soll 5 eine nachträgliche Erbeinsetzung über der Testamentsüberschrift der alle ges Erben enterbenden Verfügung nicht durch die Unterschrift des negativen Testaments gedeckt sein (BayObLG NJW 75, 314); ebenso wenig soll Zufügung eines neuen Blatts in einem Ringbuch (Hamm Rpfleger 82, 474) oder nicht unterschriebenes post scriptum ausreichen (München Rpfleger 12, 27; BayObLG FamRZ 04, 1141 mAnm Leipold); anders bei Ergänzungen eines sonst unvollständigen Textes oder bei Verweis auf die spätere Ergänzung im Text (München NJW-RR 11, 156; Rpfleger 12, 28 mwN; Karlsruhe FamRZ 12, 400). Formunwirksam soll ebenfalls die Einsetzung von Erben allein mit der Formulierung „siehe Liste" – ohne weitere Angaben zur Person der Erben – sein, wenn die räumlich im Anschluss an das unterschriebene Testament abgefasste „Liste" nicht unterschrieben ist (München NJW-RR 11, 156). Wenn der unterschriebene Urtext keine letztwillige Verfügung enthält (zB Beerdigungsanordnungen), so ist die hinzugefügte letztwillige Anordnung unwirksam (Hamm Rpfleger 84, 468). Ergänzungen auf einer Fotokopie des Originaltestaments bedürfen besonderer Unterschrift (München NJW-RR 11, 1644). **Lit:** Stumpf FamRZ 92, 1131.

6 **6. Beweislastfragen.** Die Beweislast für den testamentarischen Charakter einer Erklärung (BayObLG FamRZ 89, 1124; s aber 92, 724), alle Formgültigkeitsvoraussetzungen und die Echtheit (BayObLG FamRZ 92, 1207; 88, 97; 85, 838; Hamm Rpfleger 08, 29) trägt die Partei, die sich auf das Testament beruft (zum Nachweis der Existenz eines Testaments, dessen Urkunde nicht vorliegt, s BayObLG FamRZ 03, 1787 f; 05, 138; München Rpfleger 12, 27; NJW-RR 09, 305). Eigenhändige Zeit- und Ortsangaben haben als Angaben des Erblassers die Vermutung der Richtigkeit für sich (BayObLG FamRZ 91, 237; 92, 724; 01, 1329; München ZEV 10, 50 f). Wird diese Vermutung widerlegt, so bleibt das Testament grundsätzlich gültig, da diese Angaben nicht zum notwendigen Testamentsinhalt gehören (BayObLG FamRZ 01, 1329 für Datumsangabe). Leseunfähigkeit des Erblassers als Sonderfall der Testierunfähigkeit (§ 2229 Rn 5 f) hat zu beweisen, wer sich auf sie beruft (BayObLG FamRZ 90, 801; 87, 1200; 85, 743: Cerebralsklerose). Die gerichtlichen Ermittlungen müssen im FG-Verfahren alle zulässigen Beweismittel ausschöpfen (FamFG 26; früher FGG 12; BayObLG FamRZ 89, 1124; 88, 96; NJW-RR 02, 726). S § 2358 Rn 2 f.

§ 2248 Verwahrung des eigenhändigen Testaments

Ein nach § 2247 errichtetes Testament ist auf Verlangen des Erblassers in besondere amtliche Verwahrung zu nehmen.

1 **1. Fakultative Verwahrung.** Diese macht das Testament gem § 2247 nicht zum öffentl Testament.

2 **2. Neues Recht.** Die **Verwahrung** regeln nunmehr FamFG 342 I Nr 1, 344 I Nr 3, 346 f; zum alten Recht vor dem 1.9.2009 (s Vor 1922 Rn 19) s 13. Aufl Rn 2. Zuständig ist nunmehr jedes AG (Rechtspflegersache gem RPflG 3 Nr 2c), in Baden-Württemberg nach wie vor die Notariate (LFGG 1 II, 38, 40 ff).

§ 2249 Nottestament vor dem Bürgermeister

(1) ¹Ist zu besorgen, dass der Erblasser früher sterben werde, als die Errichtung eines Testaments vor einem Notar möglich ist, so kann er das Testament zur Niederschrift des Bürgermeisters der Gemeinde, in der er sich aufhält, errichten. ²Der Bürgermeister muss zu der Beurkundung zwei Zeugen zuziehen. ³Als Zeuge kann nicht zugezogen werden, wer in dem zu beurkundenden Testament bedacht oder zum Testamentsvollstrecker ernannt wird; die Vorschriften der §§ 7 und 27 des Beurkundungsgesetzes gelten entsprechend. ⁴Für die Errichtung gelten die Vorschriften der

Titel 7. Errichtung und Aufhebung eines Testaments **§ 2249**

§§ 2232, 2233 sowie die Vorschriften der §§ 2, 4, 5 Abs. 1, §§ 6 bis 10, 11 Abs. 1 Satz 2, Abs. 2, § 13 Abs. 1, 3, §§ 16, 17, 23, 24, 26 Abs. 1 Nr. 3, 4, Abs. 2, §§ 27, 28, 30, 32, 34, 35 des Beurkundungsgesetzes; der Bürgermeister tritt an die Stelle des Notars. ⁵Die Niederschrift muss auch von den Zeugen unterschrieben werden. ⁶Vermag der Erblasser nach seinen Angaben oder nach der Überzeugung des Bürgermeisters seinen Namen nicht zu schreiben, so wird die Unterschrift des Erblassers durch die Feststellung dieser Angabe oder Überzeugung in der Niederschrift ersetzt.

(2) ¹Die Besorgnis, dass die Errichtung eines Testaments vor einem Notar nicht mehr möglich sein werde, soll in der Niederschrift festgestellt werden. ²Der Gültigkeit des Testaments steht nicht entgegen, dass die Besorgnis nicht begründet war.

(3) ¹Der Bürgermeister soll den Erblasser darauf hinweisen, dass das Testament seine Gültigkeit verliert, wenn der Erblasser den Ablauf der in § 2252 Abs. 1, 2 vorgesehenen Frist überlebt. ²Er soll in der Niederschrift feststellen, dass dieser Hinweis gegeben ist.

(4) *(aufgehoben)*

(5) ¹Das Testament kann auch vor demjenigen errichtet werden, der nach den gesetzlichen Vorschriften zur Vertretung des Bürgermeisters befugt ist. ²Der Vertreter soll in der Niederschrift angeben, worauf sich seine Vertretungsbefugnis stützt.

(6) Sind bei Abfassung der Niederschrift über die Errichtung des in den vorstehenden Absätzen vorgesehenen Testaments Formfehler unterlaufen, ist aber dennoch mit Sicherheit anzunehmen, dass das Testament eine zuverlässige Wiedergabe der Erklärung des Erblassers enthält, so steht der Formverstoß der Wirksamkeit der Beurkundung nicht entgegen.

1. Rechtsnatur. Das Bürgermeistertestament steht – obwohl außerordentliches 1 Testament (§ 2231 Rn 1) – dem öffentl Testament gleich.

2. Amtshaftung. Gegenüber der Amtshaftung für Pflichtverletzungen des Bür- 2 germeisters (GG 34, § 839) kann nicht fahrlässiges Selbstverschulden des Erblassers oder seines Beraters eingewendet werden, falls der Erbe des nichtigen Testaments Schadensersatz verlangt (BGH NJW 56, 260). In öffentl Krankenhäusern trifft den Träger die Pflicht, organisatorische Maßnahmen zu treffen, um einem Patienten die Errichtung eines Bürgermeistertestaments oder eines anderen formwirksamen Testaments zu ermöglichen (BGH NJW 58, 2107; weitergehend 89, 2945). Ein Ortsvorsteher löst Amtshaftung aus, wenn er bei einem handschriftlichen Testament, bei dem Schreibender und Unterschreibender nicht übereinstimmen, die Identität des Unterschreibenden amtlich bestätigt, auch wenn er auf die fehlende Beurkundungskompetenz hinweist (Karlsruhe FamRZ 11, 844).

3. Unerheblichkeit von Formverstößen gegen zwingendes Recht. Sie liegt 3 nur vor (VI), falls sie bei *Abfassung der Niederschrift* unterlaufen. Zur Vermeidung einer unnötigen Formenstrenge ist dieses Merkmal zwar weit auszulegen (BGH 37, 88; BayObLG FamRZ 96, 763). Trotzdem sind von unerheblichen Fehlern bei der Niederschrift (zB BeurkG 9) andere erhebliche Errichtungsmängel zu unterscheiden, zB das Fehlen der Verlesung und Genehmigung (BGH 54, 97, 101; 115, 174; BayObLGZ 79, 236) oder der – vollziehbaren (vgl I 6) – Unterschrift des Erblassers unter der verlesenen Urkunde, vgl BeurkG 13 I (BGH 115, 175). Bloße sinngemäße Wiedergabe statt Verlesung genügt nicht, auch die Vorlegung nach BeurKG 13 I 4 kann die unterlassene Verlesung nicht heilen (LG Nürnberg-Fürth ZErb 08, 922). Hingegen soll die fehlende oder mit Formfehlern behaftete Unterschrift anderer Mitwirkender unschädlich sein (KG NJW 66, 1661; Köln Rpfleger 94, 65; BayObLGZ 90, 298 zur „Oberschrift" der Zeugen), falls wenigstens der Erblasser unterschrieben hat. Als Niederschrift kann auch ein vorbereitetes Schriftstück genügen,

Stürner

§ 2250

das der Erblasser nach mündlicher Erklärung seines letzten Willens dem Bürgermeister übergibt, wenn es nach Vorlesen und Genehmigung vom Erblasser, dem Bürgermeister und den Zeugen unterschrieben wird (BayObLG FamRZ 96, 763).

4   **4. Besorgnis vorzeitigen Ablebens.** Vgl § 2250 Rn 2.

5   **5. Reform.** Seit dem 1.9.2009 ist Abs 4, der die etwas obsolete Zuständigkeit des „Gutsvorstehers" behandelte, aufgehoben (s Vor § 1922 Rn 19). In Abs 5 S 1 ist der „Gutsvorsteher" ebenfalls gestrichen.

§ 2250 Nottestament vor drei Zeugen

(1) **Wer sich an einem Orte aufhält, der infolge außerordentlicher Umstände dergestalt abgesperrt ist, dass die Errichtung eines Testaments vor einem Notar nicht möglich oder erheblich erschwert ist, kann das Testament in der durch § 2249 bestimmten Form oder durch mündliche Erklärung vor drei Zeugen errichten.**

(2) **Wer sich in so naher Todesgefahr befindet, dass voraussichtlich auch die Errichtung eines Testaments nach § 2249 nicht mehr möglich ist, kann das Testament durch mündliche Erklärung vor drei Zeugen errichten.**

(3) **¹Wird das Testament durch mündliche Erklärung vor drei Zeugen errichtet, so muss hierüber eine Niederschrift aufgenommen werden. ²Auf die Zeugen sind die Vorschriften des § 6 Abs. 1 Nr. 1 bis 3, der §§ 7, 26 Abs. 2 Nr. 2 bis 5 und des § 27 des Beurkundungsgesetzes; auf die Niederschrift sind die Vorschriften der §§ 8 bis 10, 11 Abs. 1 Satz 2, Abs. 2, § 13 Abs. 1, 3 Satz 1, §§ 23, 28 des Beurkundungsgesetzes sowie die Vorschriften des § 2249 Abs. 1 Satz 5, 6, Abs. 2, 6 entsprechend anzuwenden. ³Die Niederschrift kann außer in der deutschen auch in einer anderen Sprache aufgenommen werden. ⁴Der Erblasser und die Zeugen müssen der Sprache der Niederschrift hinreichend kundig sein; dies soll in der Niederschrift festgestellt werden, wenn sie in einer anderen als der deutschen Sprache aufgenommen wird.**

1   **1. Voraussetzungen des Dreizeugentestaments.** Sie müssen nicht tatsächlich vorliegen. Es genügt, wenn bei allen drei Zeugen eine entspr Überzeugung besteht, die sich aus dem pflichtgemäßen Ermessen der Zeugen rechtfertigt (BGH 3, 372).

2   **2. Besorgnis naher Todesgefahr.** Ihr ist die Besorgnis des nahen Eintritts einer vermutlich bis zum Tode des Erblassers während Testierunfähigkeit gleichzusetzen (BGH 3, 372). Allein die körperliche Schwäche, welche die Errichtung eines eigenhändigen Testaments unmöglich macht, ist nicht ausreichend, falls man einen Notar rufen konnte (München NJW 10, 685 = ZEV 09, 468).

3   **3. Beurkundungsfunktion der Zeugen.** Sie müssen während der ganzen Errichtung zugegen sein (BGH 54, 89). Dabei genügt zufällige Anwesenheit nicht, vielmehr müssen sie die Absicht und das Bewusstsein ihrer gemeinsamen Mitwirkung und Verantwortung bei der Testamentserrichtung gehabt haben (BGH NJW 72, 202; Stuttgart FamRZ 04, 1605). Mehr als drei Zeugen sind unschädlich, auch wenn ein Zeuge ausgeschlossen (BeurkG 7, 27) ist (BGH 115, 176 gegen Frankfurt Rpfleger 81, 303 und 7. Aufl). Die Mitwirkung eines geistesschwachen Zeugen führt nicht zur Unwirksamkeit (Hamm FamRZ 91, 1111: BeurkG 26 II Nr 3 als Sollvorschrift), wohl aber die Mitwirkung eines befangenen Zeugen (BeurkG 7 Nr 3) zur Unwirksamkeit des betroffenen Verfügungsteils (BayObLG NJW-RR 96, 9).

4   **4. Formverstöße.** Vgl § 2249 Rn 3. Unterschrift eines Zeugen unter Kurzschrift-Niederschrift im Todeszeitpunkt ist erforderlich und ausreichend (BayObLGZ 79, 240), falls Erblasser nicht unterschreiben kann. Bei vorheriger Fertigung

eines Nottestamentsentwurfs können die mündliche Erklärung des letzten Willens sowie die Genehmigung der Niederschrift in einer Äußerung zusammengefasst werden (Zweibrücken Rpfleger 87, 23; Düsseldorf FamRZ 01, 1253).

5. Rechtsnatur. Das Dreizeugentestament ist kein öffentl Testament, sondern 5 Privaturkunde (str).

§ 2251 Nottestament auf See

Wer sich während einer Seereise an Bord eines deutschen Schiffes außerhalb eines inländischen Hafens befindet, kann ein Testament durch mündliche Erklärung vor drei Zeugen nach § 2250 Abs. 3 errichten.

Das Seetestament ist eine Privaturkunde. 1

§ 2252 Gültigkeitsdauer der Nottestamente

(1) Ein nach § 2249, § 2250 oder § 2251 errichtetes Testament gilt als nicht errichtet, wenn seit der Errichtung drei Monate verstrichen sind und der Erblasser noch lebt.

(2) Beginn und Lauf der Frist sind gehemmt, solange der Erblasser außerstande ist, ein Testament vor einem Notar zu errichten.

(3) Tritt im Falle des § 2251 der Erblasser vor dem Ablauf der Frist eine neue Seereise an, so wird die Frist mit der Wirkung unterbrochen, dass nach Beendigung der neuen Reise die volle Frist von neuem zu laufen beginnt.

(4) Wird der Erblasser nach dem Ablauf der Frist für tot erklärt oder wird seine Todeszeit nach den Vorschriften des Verschollenheitsgesetzes festgestellt, so behält das Testament seine Kraft, wenn die Frist zu der Zeit, zu welcher der Erblasser nach den vorhandenen Nachrichten noch gelebt hat, noch nicht verstrichen war.

Die zeitliche Gültigkeitsschranke entspricht dem nur vorläufigen Charakter der 1 Nottestamente, die oft unvorbereitet und ohne genaue Überlegung abgefasst werden.

§ 2253 Widerruf eines Testaments

Der Erblasser kann ein Testament sowie eine einzelne in einem Testament enthaltene Verfügung jederzeit widerrufen.

Lit: v. Lübtow, Zur Lehre vom Widerruf des Testaments, NJW 68, 1849.

1. Grundsatz der freien Widerruflichkeit. Er folgt aus dem Charakter des 1 Testaments als nicht empfangsbedürftiger Willenserklärung. Die Widerrufsmöglichkeiten regeln §§ 2254, 2255, 2256, 2258 abschließend. Der Widerruf ist in all seinen Formen anfechtbar gem § 2078 (BayObLGZ 60, 490). Der Widerruf wirkt ex nunc; er hindert nicht die Heranziehung des ungültigen Testaments zur Auslegung späterer Testamente.

2. Widerruf bei Betreuung. Der Betreute ist grundsätzlich testierfähig (§ 2229 2 Rn 3) und kann folglich widerrufen außer im Falle konkret vorliegender Testierunfähigkeit (§ 2229 IV; Hahn FamRZ 91, 28); zum Widerruf vor der Rechtsänderung durch das Betreuungsgesetz seit dem 1.1.1992 und zum Übergangsrecht s § 2253 Rn 2, 13. Aufl und § 2229 Rn 3.

3. Widerruf in den neuen Bundesländern. S Vor § 1922 Rn 7, 11 ff. 3

§ 2254 Widerruf durch Testament

Der Widerruf erfolgt durch Testament.

1. **1. Form des Widerrufs.** Sie erfordert nur allg ein Testament, so dass das Widerrufstestament nicht die Form des widerrufenen Testaments zu haben braucht (Köln OLGZ 68, 325). Ein handschriftlicher Widerrufsvermerk auf beim Erblasser verbliebenem Entwurf genügt zum Widerruf des darauf basierenden, einem Dritten übergebenen Originals (BayObLG Rpfleger 96, 1110).

2. **2. Auslegungsbedürftigkeit einer Erklärung.** Sie steht ihrer Qualifizierung als Widerruf nicht entgegen (BayObLGZ 56, 385). Ein späteres Testament, das zum früheren nicht notwendigerweise in Widerspruch steht (§ 2258 I), kann deshalb als Widerruf ausgelegt werden, falls der Erblasser in Kenntnis der früheren Verfügung die Erbfolge abschließend regeln will (BayObLG NJW-RR 91, 645; 90, 1480; 202; NJW 65, 1276; BGH NJW 81, 2745; sa § 2258 Rn 2). Ebenso ist die ergänzende Auslegung eines Vermerks auf einer Testamentsabschrift möglich, der erst in Verbindung mit der Abschrift als Widerruf zu verstehen ist (BGH NJW 66, 201); allerdings muss der Vermerk § 2247 entsprechen. Der als Nachtrag bezeichnete und auf der Rückseite des Testaments angebrachte Vermerk legt die Vermutung nahe, dass dieses lediglich ergänzt werden sollte (BayObLG NJW-RR 90, 202). Vermächtnisanordnungen im späteren Testament verbunden mit dem Hinweis, man wolle jetzt keine Erbeinsetzung treffen, sind nicht notwendig als Aufhebung früherer Erbeinsetzung auszulegen (München FamRZ 11, 403).

§ 2255 Widerruf durch Vernichtung oder Veränderungen

¹Ein Testament kann auch dadurch widerrufen werden, dass der Erblasser in der Absicht, es aufzuheben, die Testamentsurkunde vernichtet oder an ihr Veränderungen vornimmt, durch die der Wille, eine schriftliche Willenserklärung aufzuheben, ausgedrückt zu werden pflegt. ²Hat der Erblasser die Testamentsurkunde vernichtet oder in der bezeichneten Weise verändert, so wird vermutet, dass er die Aufhebung des Testaments beabsichtigt habe.

1. **1. Rechtsnatur.** Es handelt sich um den ges geregelten Fall einer konkludenten Widerrufserklärung. Deshalb müssen die Voraussetzungen des § 2229 vorliegen. Der konkludente Widerruf kann zwar nicht widerrufen (§ 2257), wohl aber angefochten werden (§ 2078).

2. **2. Anwendungsbereich.** Der Anwendungsbereich der Vorschrift betrifft regelmäßig nur privatschriftliche Testamente, da öffentl Testamente amtlich verwahrt werden.

3. **3. Widerrufshandlung.** Schwieriger zu beurteilen als das klare Merkmal „Vernichtung" ist der Begriff der Veränderung. Klare Fälle sind Durch- bzw Einreißen (BayObLGZ 83, 204; NJW-RR 96, 1113), Durchstreichen (BayObLG NJW-RR 05, 526), Zerknüllen (BayObLG 80, 97) oder der Vermerk „Ungültig" bzw „Aufgehoben" auf dem Text; es genügt auch der Vermerk über oder unter dem Text (str). Nicht ausreichend ist dagegen ein Vermerk auf dem Testamentsumschlag, der den Anforderungen des § 2254 nicht entspricht (str). Keinesfalls reichen Öffnen oder Beschädigung des Umschlages aus (BGH NJW 59, 2114). Die Vernichtung eines Testaments bedeutet nicht zwangsläufig den Widerruf anderer, im Wesentlichen gleich lautender Testamente (BayObLG NJW-RR 90, 1481; München FamRZ 08, 645).

4. **4. Aufhebungswille des Erblassers.** Er wird nur *vermutet*, falls er selbst gehandelt hat; erster Anschein spricht für Selbsthandeln, wenn bis zuletzt Erblassergewahrsam bestanden hat (BayObLGZ 83, 208). Keine Vermutung des Aufhebungswillens,

Titel 7. Errichtung und Aufhebung eines Testaments § 2256

wenn Veränderungen nur an einer Durchschrift des Testaments vorgenommen wurden (KG Rpfleger 95, 417) oder wenn der Erblasser bei der Vernichtung von einer Aufhebung durch ein anderes Testament fälschlich ausgegangen ist (Hamm NJW-RR 02, 223); die Vermutung kann als widerlegt angesehen werden, wenn Teilstreichungen nur der Vorbereitung eines inhaltsgleichen neuen Testaments dienten (BayObLG NJW-RR 97, 1302). Die Übergabe des zerrissenen Testaments an einen Dritten, der die Stücke wieder zusammenfügt, widerlegt die Vermutung nicht (BayObLG NJW-RR 90, 1481). Es wird nicht vermutet, ein nicht auffindbares Testament sei vom Erblasser vernichtet (BayObLG Rpfleger 80, 60 mN; 03, 433; FamRZ 89, 1234; NJW-RR 92, 1358; Zweibrücken FamRZ 01, 1313); beweisbelastet ist hier derjenige, der aus der Unauffindbarkeit eine für ihn günstige Rechtsfolge herleitet (Schleswig FamRZ 12, 904; Zweibrücken NJW-RR 87, 1158 mAnm Hohloch JuS 87, 994). Strenge Anforderungen sind an den Beweis des Inhalts eines unauffindbaren Testaments zu stellen (Schleswig FamRZ 12, 903 mNw; BayObLG Rpfleger 85, 194; NJW-RR 92, 653; FamRZ 03, 1787 f; 05, 139).

5. Teilweiser Widerruf. Er ist möglich und kann zB durch teilw Streichung 5 erfolgen. Wer sein Erbrecht auf ein offensichtlich unvollständiges oder nachträglich verändertes Testament stützt, trägt die materielle Feststellungslast dafür, dass die Urheberschaft für die Veränderung beim Erblasser liegt (Hamm ZErb 08, 46 f = FamRZ 08, 928). Soweit im Teilwiderruf eine mittelbare positive letztwillige Verfügung enthalten ist, sind die entspr Formen einzuhalten; fehlen sie, so ist die Streichung wirksam, nicht aber die Neuverfügung (zT str, s SoeMayer 9 mN). Bsp: Von den zu gleichen Teilen eingesetzten Erben A, B, C streicht der Erblasser den C. Der Widerruf der Erbeinsetzung des C ist wirksam, nicht aber sind A und B wirksam zu ½ neu eingesetzt. Hier können nur §§ 2088 II, 2089 helfen (vgl BayObLG NJW-RR 03, 151 f).

6. Vernichtung durch Dritte. Sie hat auf den Bestand ebenso wenig Einfluss 6 wie Verlust oder Unauffindbarkeit (BayObLG NJW-RR 92, 653; 1358; FamRZ 96, 1306). Beweisbelastet für den Inhalt ist, wer sich auf ihn beruft (BayObLG Rpfleger 80, 60; 85, 194; FamRZ 86, 1045; s noch Rn 4); hat der Verfahrensgegner vernichtet, so sind die Grundsätze der Beweisvereitelung zu beachten. Die Vernichtung durch Dritte im Auftrag und mit Willen des Erblassers steht dem Widerruf durch eigene Vernichtung gleich (BayObLG FamRZ 92, 1350), muss aber zur Wirksamkeit des Widerrufs noch zu Lebzeiten des Erblassers erfolgen (München Rpfleger 11, 513). Der Erblasser kann den vermeintlichen Untergang nicht wirksam formlos billigen (LM Nr 1 zu § 1960), ebenso wenig die ohne seinen Auftrag erfolgte Vernichtung durch Dritte (BGH NJW-RR 90, 516), sondern muss stets selbst nach §§ 2254, 2258 widerrufen. Bei Teilvernichtung gilt § 2085 auch nicht entspr. Doch soll nach hM der feststellbare Teil Bestand haben, wenn trotz des Teilverlusts ein diesbezüglicher Wille des Erblassers erkennbar ist und der feststellbare Teil durch die Unbestimmtheit der vernichteten Verfügungen nicht wesentlich berührt wird (LM Nr 1 zu § 2085). Zur Ersetzung vgl BeurkG 46.

7. Gemeinschaftliche Testamente. Sie kann jeder Teil nach § 2255 widerru- 7 fen, soweit einseitige Verfügungen getroffen sind. Auf wechselbezügliche Verfügungen ist § 2255 unanwendbar, es sei denn, der andere Teil willigt vorher ein (BayObLG MDR 81, 933: gemeinsame Vernichtung); nachträgliche Genehmigung ist nicht genügend, der andere Teil muss dann selbst widerrufen (§§ 2254, 2258), str. Ist dem Längstlebenden ein Widerrufsrecht eingeräumt, so ist dessen Ausübung nur mittels Testament möglich (Stuttgart OLGZ 86, 264; Hamm FamRZ 96, 825; sa § 2271 Rn 8).

§ 2256 Widerruf durch Rücknahme des Testaments aus der amtlichen Verwahrung

(1) ¹**Ein vor einem Notar oder nach § 2249 errichtetes Testament gilt als widerrufen, wenn die in amtliche Verwahrung genommene Urkunde dem**

Erblasser zurückgegeben wird. ²Die zurückgebende Stelle soll den Erblasser über die in Satz 1 vorgesehene Folge der Rückgabe belehren, dies auf der Urkunde vermerken und aktenkundig machen, dass beides geschehen ist.

(2) ¹Der Erblasser kann die Rückgabe jederzeit verlangen. ²Das Testament darf nur an den Erblasser persönlich zurückgegeben werden.

(3) Die Vorschriften des Absatzes 2 gelten auch für ein nach § 2248 hinterlegtes Testament; die Rückgabe ist auf die Wirksamkeit des Testaments ohne Einfluss.

1 **1. Rechtsnatur.** Lit: Merle AcP 171, 486. Die Rücknahme verlangt als unwiderlegliche Fiktion des Widerrufs Testierfähigkeit (BGH 23, 211); vgl auch § 2255 Rn 1. Die Widerrufswirkung tritt unabhängig vom Widerrufswillen des Erblassers und selbst bei einer Verletzung der notariellen Belehrungspflichten ein (BayObLG ZErb 05, 167). Sie ist aber gem § 2078 anfechtbar; die irrtümliche Vorstellung des Erblassers, er könne die Rücknahmewirkung durch gegenteilige testamentarische Verfügung aufheben, berechtigt zur Anfechtung der Rücknahme nach § 2078 II (KG NJW 70, 612; sa BayObLG NJW-RR 90, 1481; ZEV 05, 481 und § 2078 Rn 2).

2 **2. Gesetzliche Voraussetzungen.** Sie sind streng zu beachten. Die Widerrufswirkung tritt deshalb nicht ein, wenn der Notar das noch nicht zur amtlichen Verwahrung gegebene Testament zurückgibt (BGH NJW 59, 2113), wenn der Erblasser nur bei Gericht Einblick nimmt, wenn der Erblasser Rückgabe nicht verlangt hat oder wenn das Testament Dritten übergeben wird (Saarbrücken NJW-RR 92, 586: Aushändigung an Bevollmächtigten).

§ 2257 Widerruf des Widerrufs

Wird der durch Testament erfolgte Widerruf einer letztwilligen Verfügung widerrufen, so ist im Zweifel die Verfügung wirksam, wie wenn sie nicht widerrufen worden wäre.

1 **1. Anwendungsbereich.** Die Vorschrift erfasst nur den Fall des § 2254, nicht aber §§ 2255 und 2256 (BayObLGZ 73, 35; NJW-RR 90, 1481; zweifelnd KG NJW 70, 612). Das vernichtete oder zurückgenommene Testament muss formgerecht neu errichtet werden, wobei zB bei einem wieder zusammengeklebten handschriftlichen Testament neues Datum und neue Unterschrift genügen, nicht jedoch bloßer Widerruf oder bloßes Zusammenkleben (BayObLG NJW-RR 96, 1094 mAnm Hohmann ZEV 96, 271). Ähnlich kann der Erblasser das widerrufene und noch existierende handschriftliche Testament durch Zusätze und Unterschrift neu in Kraft setzen, weil die Errichtung gem § 2247 zeitliche Einheit nicht verlangt (BayObLG NJW-RR 92, 1225).

2 **2. Wirkung.** Die Wirkung testamentarischen Widerrufs des Widerrufs liegt im Wiederaufleben des alten Testaments ex tunc (vgl § 2258 II); anders („im Zweifel"), falls der Widerruf mit neuen Anordnungen gepaart ist oder wenn sonst abweichender Erblasserwille feststellbar ist (BayObLG ZEV 96, 275; FamRZ 05, 559; Zweibrücken NJW-RR 03, 873; Köln Rpfleger 06, 323). Lit: Klunzinger DNotZ 74, 278.

§ 2258 Widerruf durch ein späteres Testament

(1) Durch die Errichtung eines Testaments wird ein früheres Testament insoweit aufgehoben, als das spätere Testament mit dem früheren in Widerspruch steht.

(2) **Wird das spätere Testament widerrufen, so ist im Zweifel das frühere Testament in gleicher Weise wirksam, wie wenn es nicht aufgehoben worden wäre.**

1. Rechtsnatur. Die Aufhebung nach § 2258 ist kein rechtsgeschäftlicher Widerruf, sondern folgt kraft Ges aus einem Widerspruch der späteren zur früheren Verfügung von Todes wegen (BGH NJW 87, 902). Neben rechtsgeschäftlichem Widerruf gem §§ 2253, 2254 ist für § 2258 kein Raum, so dass bei rechtsgeschäftlichem vollen Widerruf Wirkungen des alten Testaments nicht fortleben, auch wenn die neue Verfügung der alten Verfügung nur teilweise widerspricht (BayObLG FamRZ 93, 605).

2. Inhaltlicher Widerspruch zu einer früheren Verfügung. Er kann auch bestehen, wenn der Erblasser die frühere Verfügung bei Errichtung der späteren Verfügung überhaupt nicht mitbedacht hat. Trotz obj Vereinbarkeit existiert ein Widerspruch, wenn nach dem durch Auslegung ermittelten Erblasserwillen die spätere Verfügung ausschließliche und alleinige Geltung haben sollte (LM Nr 1; BGH NJW 81, 2745; 86, 2572; BayObLG NJW-RR 03, 660; 97, 837; 91, 645; 90, 203; FamRZ 03, 1780; 00, 1539; 97, 248; 1244; 92, 607; 89, 442; Köln NJW-RR 92, 1419; München ZErb 10, 298 f; sa § 2254 Rn 2), uU nur in einem Teilbereich (BGH NJW 85, 969; NJW-RR 92, 775). Falls das Ersttestament drei Miterben einsetzt und das Zweittestament die Einsetzung zweier Erben widerruft, ist Alleinerbschaft auf Grund des Ersttestaments gegeben (BayObLG NJW-RR 87, 267).

3. Aufhebung der Widerrufswirkung. Sie erfolgt durch Widerruf des späteren Testaments in den Formen der §§ 2254–2256 bzw durch Anfechtung eines Erbvertrages oder einer bindend gewordenen wechselbezüglichen Verfügung iSv § 2270 nach den Vorschriften der §§ 2281, 2078 f (BayObLG ZEV 99, 397); dabei kann entgegen der Auslegungsregel ausnahmsweise der Wille bestehen, das frühere Testament mit dem späteren aufzuheben (Hamm Rpfleger 83, 401; Köln Rpfleger 06, 322). Gleichzeitige Testamente mit widersprechendem Inhalt heben sich insoweit wechselseitig auf (KG NJW-RR 91, 392; BayObLG Rpfleger 03, 31; FamRZ 05, 483). Das frühere Testament wird nicht wieder wirksam, wenn das spätere nur wirkungslos bleibt, weil zB der eingesetzte Erbe ausschlägt oder vor dem Erblasser verstirbt (BayObLG FamRZ 96, 827).

§§ 2258a, 2258b *(aufgehoben)*

§§ 2258a, 2258b mit ihrer Regelung amtlicher Verwahrung wurden durch das PstRG mit Wirkung zum 1.1.2009 aufgehoben. An ihre Stelle traten zunächst FGG 73 IV f, 82a, ab dem 1.9.2009 die inhaltsgleichen FamFG 342 I Nr 1, 344 I Nr 3, 346. Zuständig ist bei notariellen Testamenten das AG im Bezirk des öffentlichen Notars (FamFG 344 I 1 Nr 1), beim Bürgermeistertestament das AG des Gemeindebezirks (FamFG 344 I 1 Nr 2) oder auf Verlangen des Erblassers bindend jedes andere AG (FamFG 344 I 2; dazu Brandenburg ZEV 08, 288); zum privatschriftlichen Testament s § 2248 Rn 2. Rechtspflegerzuständigkeit gem RPflG 3 Nr 2c, in Baden-Württemberg vorerst noch notarielle Zuständigkeit gem LFGG 1 I und II, 38, 46 III, 48 III. Über die verwahrten letztwilligen Verfügungen werden durch die Personenstandsbehörden Verzeichnisse geführt (FamFG 347; dazu MKZPO/Muscheler FamFG 347, 1 ff). Seit 1.1.2012 existiert ein zentrales Testamentregister bei der Bundesnotarkammer; dazu Diehn NJW 11, 481.

§ 2259 Ablieferungspflicht

(1) **Wer ein Testament, das nicht in besondere amtliche Verwahrung gebracht ist, im Besitz hat, ist verpflichtet, es unverzüglich, nachdem er**

von dem Tode des Erblassers Kenntnis erlangt hat, an das Nachlassgericht abzuliefern.

(2) ¹Befindet sich ein Testament bei einer anderen Behörde als einem Gericht in amtlicher Verwahrung, so ist es nach dem Tode des Erblassers an das Nachlassgericht abzuliefern. ²Das Nachlassgericht hat, wenn es von dem Testament Kenntnis erlangt, die Ablieferung zu veranlassen.

1 **1. Ablieferungspflichtige.** Ablieferungspflichtig ist nur der unmittelbare Besitzer (BayObLG FamRZ 88, 659; sa SoeMayer 7).

2 **2. Ablieferungspflichtige Urkunden.** Ablieferungspflichtig sind auch ungültige oder widerrufene Testamentsurkunden, ferner Schriftstücke mit zweifelhafter Testamentsqualität (BayObLG Rpfleger 84, 18). Die bürgerlichrechtliche Pflicht ist strafrechtlich geschützt (StGB 274 I Nr 1). § 2259 ist zudem Schutzgesetz iSd § 823 II. Bei Verletzung der Ablieferungspflicht kann daher ein Schadensersatzanspruch der Nachlassbeteiligten bestehen (Brandenburg ZEV 08, 287); ggf Kostentragungspflicht gem FamFG 81 I 1 (LG Duisburg FamRZ 08, 2136 zu FGG 13a I 1 aF). Keine Ablieferungspflicht besteht für eine Mehrzahl unbestimmter Schriftstücke zur Prüfung ihres Inhalts (BayObLG FamRZ 88, 659; sehr zweifelhaft, weil mit FamFG 26, 27 bzw FGG 12 aF schwer vereinbar!). Das NachlassG kann auf Antrag oder von Amts wegen die Herausgabe verfügen oder betreiben (FamFG 358, 35; früher FGG 83, 33; hierzu BayObLG FamRZ 88, 659). Daneben soll Klage „der Beteiligten" auf Herausgabe an das NachlassG möglich sein (SoeMayer 14 mN); mE fehlt es für ein solches Verfahren an der Anspruchsqualität der Norm, spätestens aber am Rechtsschutzinteresse.

§ 2260 *(aufgehoben)*

1 Die Vorschrift über das Verfahren zur Eröffnung von Testamenten durch das NachlassG wurde durch das FGG-RG (s Vor § 1922 Rn 19) mit Wirkung zum 1.9.2009 aufgehoben. An ihre Stelle trat FamFG 348, der die Bestimmung eines Termins zur Testamentseröffnung mit Ladung der ges Erben und sonst Beteiligten in das Ermessen des Gerichts stellt und idR das schriftliche Verfahren vorzuziehen scheint. Zur alten Rechtslage 13. Aufl Rn 1.

§ 2261 *(aufgehoben)*

1 Die Vorschrift über die Eröffnung durch ein anderes Verwahrungsgericht als das NachlassG wurde durch das FGG-RG (s Vor § 1922 Rn 19) mit Wirkung zum 1.9.2009 aufgehoben. An ihre Stelle traten ohne sachliche Änderung FamFG 344 VI, 350. Wenn ein anderes Gericht als das regelmäßig zuständige NachlassG (§§ 2258a, 2258b Rn 1) das Testament verwahrt (zB FamFG 344 I 2: Wunsch des Erblassers), findet die Eröffnung vor diesem Gericht statt, mit Mitteilungspflichten an das regelmäßig zuständige NachlassG. Zum alten Recht s 13. Aufl Rn 1 und 2.

§ 2262 *(aufgehoben)*

1 Die Vorschrift über die Benachrichtigung der Beteiligten nach Testamentseröffnung wurde durch das FGG-RG (s Vor § 1922 Rn 19) mit Wirkung zum 1.9.2009 aufgehoben. An ihre Stelle trat ohne inhaltliche Änderung FamFG 348 III. Zur alten Rechtslage 13. Aufl Rn 1. Das NachlassG hat ggf die Beteiligten zu ermitteln; entferntere Möglichkeit einer Beteiligung genügt für die Benachrichtigung nicht (BayObLGZ 79, 340: ungewisser Kreis von Vermächtnisnehmern). Die Pflicht zur *Erbenermittlung* kann sich generell aus Landesrecht ergeben; zB bwLFGG 41, Bay

AGGVG 37; sa GBO 82a S 2. Gewerbliche Erbenermittlung wurde teilweise als erlaubnispflichtig gem RBerG 1 § 1 aF betrachtet (BGH NJW 89, 2125; EGMR NJW 01, 1555: Versagung keine Verletzung von Eigentumsrechten einer Bank; s aber BVerfG ZEV 03, 119: bloße Sachverhaltsaufklärung durch Erbenermittler im Hinblick auf Rückübertragungsansprüche nach dem VermG keine unzulässige Rechtsberatung); nach RDG 5 I handelt es sich nun um eine erlaubnisfreie Nebenleistung.

§ 2263 Nichtigkeit eines Eröffnungsverbots

Eine Anordnung des Erblassers, durch die er verbietet, das Testament alsbald nach seinem Tode zu eröffnen, ist nichtig.

Die Vorschrift verbietet auch Beschränkungen der in § 2259, FamFG 348 III, 357 I (früher §§ 2262, 2264) vorgesehenen Regelungen. IdR *keine* Nichtigkeit der gesamten Verfügung (LG Freiburg BWNotZ 82, 115). Ein absolutes Eröffnungsverbot kann als Widerruf des Testaments zu werten sein (MK/Hagena 3; str). 1

§ 2263a *(aufgehoben)*

Die Vorschrift über die obligatorische Testamentseröffnung bzw Erblasserermittlung nach 30 Jahren Verwahrung wurde durch das FGG-RG (s Vor § 1922 Rn 19) mit Wirkung zum 1.9.2009 aufgehoben. An ihre Stelle trat inhaltsgleich FamFG 351 (dazu Kordel DNotZ 09, 644). 1

§ 2264 *(aufgehoben)*

Die Vorschrift zum Einsichtsrecht nach Testamentseröffnung wurde durch das FGG-RG (s Vor § 1922 Rn 19) mit Wirkung zum 1.9.2009 aufgehoben. An ihre Stelle trat FamFG 357 I. 1

Titel 8. Gemeinschaftliches Testament

Lit: Battes, Gemeinschaftliches Testament und Ehegattenerbvertrag als Gestaltungsmittel für die Vermögensordnung der Familie, 1974; Jakobs, Gemeinschaftliches Testament und Wechselbezüglichkeit letztwilliger Verfügungen, FS Bosch, 1976, 447; Kapp, Gemeinschaftliches Testament in zivilrechtlicher und erbschaftsteuerlicher Sicht, BB 80, 689; Langenfeld, Freiheit oder Bindung beim gemeinschaftlichen Testament oder Erbvertrag von Ehegatten?, NJW 87, 1577; ders, Das Ehegattentestament, 1994; Lehmann, Die Zukunft des deutschen gemeinschaftlichen Testaments in Europa, ZEV 07, 193; Peißinger, Das gemeinschaftliche Testament, Rpfleger 95, 325; Pfeiffer, Das gemeinschaftliche Ehegattentestament, FamRZ 93, 1266; v Proff, Das gemeinschaftliche Testament von Nichtehegatten, NZErb 08, 254; Wacke, Gemeinschaftliche Testamente von Verlobten, FamRZ 01, 457 (dazu Kanzleiter FamRZ 01, 1198).

§ 2265 Errichtung durch Ehegatten

Ein gemeinschaftliches Testament kann nur von Ehegatten errichtet werden.

Das gemeinschaftliche Testament setzt **gültige Eheschließung** voraus (BayObLG FamRZ 90, 1284: freier Nachweis, keine Anwendung des § 2356). Das **gemeinschaftliche Testament von Nichtehegatten** – also auch von Partnern einer nichtehelichen Lebensgemeinschaft (BVerfG NJW 89, 1986; Diederichsen NJW 83, 1020) – ist grundsätzlich nichtig, auch keine Heilung durch spätere Heirat (str, s Wacke FamRZ 1

01, 459; Kanzleiter FamRZ 01, 1198), jedoch kann es die Voraussetzungen eines oder zweier Einzeltestamente erfüllen und entspr umgedeutet (§ 140) werden (Düsseldorf FamRZ 97, 518; BayObLG Rpfleger 01, 425). Dies ist für **nicht** wechselbezügliche Verfügungen unbestritten (BGH NJW-RR 87, 1410; BayObLG FamRZ 93, 1370). Bei wechselbezüglichen Verfügungen ist eine Umdeutung möglich, sofern sie sich nur in ihrer Wirksamkeit wechselseitig bedingen; soll der überlebende Teil gebunden sein, entfällt eine Umdeutung, weil dieses Ergebnis – anders als die wechselseitige Bedingung der Wirksamkeit – durch Einzeltestamente nicht erreichbar ist (str). Für die grundsätzliche Umdeutbarkeit auch wechselbezüglicher Verfügungen Düsseldorf FamRZ 12, 1587; München NJW-RR 10, 1383 mAnm Zimmer ZEV 10, 472 ff; BayObLG NJW-RR 03, 660; KG NJW 72, 2133; Frankfurt MDR 76, 667; FamRZ 79, 347; Braunschweig NJW-RR 05, 1028; aA Hamm Rpfleger 96, 458; zum Ganzen Kanzleiter DNotZ 73, 133; sa § 2084 Rn 8. Zum gemeinschaftlichen Testament in den *neuen Bundesländern* s Vor § 1922 Rn 7, 11 ff. §§ 2266–2273 gelten für *eingetragene Lebenspartner* entsprechend (LPartG 10 IV).

§ 2266 Gemeinschaftliches Nottestament

Ein gemeinschaftliches Testament kann nach den §§ 2249, 2250 auch dann errichtet werden, wenn die dort vorgesehenen Voraussetzungen nur bei einem der Ehegatten vorliegen.

§ 2267 Gemeinschaftliches eigenhändiges Testament

[1]Zur Errichtung eines gemeinschaftlichen Testaments nach § 2247 genügt es, wenn einer der Ehegatten das Testament in der dort vorgeschriebenen Form errichtet und der andere Ehegatte die gemeinschaftliche Erklärung eigenhändig mitunterzeichnet. [2]Der mitunterzeichnende Ehegatte soll hierbei angeben, zu welcher Zeit (Tag, Monat und Jahr) und an welchem Orte er seine Unterschrift beigefügt hat.

Anmerkungen zu den §§ 2266, 2267

1 1. **Gemeinschaftliches öffentliches Testament.** Es kann nach hM nur in einem einheitlichen Errichtungsakt bzw einer Beurkundung errichtet werden. Das schließt nicht aus, dass die Eheleute verschiedene Arten der Errichtung gem § 2232 wählen, also zB der eine seine Schrift übergibt, der andere mündlich seinen Willen erklärt; § 2233 ist dahin anzuwenden, dass der andere Teil sich insoweit anzupassen hat, als es zur Information und Willensbildung des unmittelbar betroffenen Ehegatten notwendig ist (zB keine Übergabe einer verschlossenen Schrift durch den Ehegatten des Minderjährigen, da andernfalls der Notar nicht belehren kann).

2 2. **Gemeinschaftliches eigenhändiges Testament. a)** Es kann zunächst einmal in einer **gemeinsamen Urkunde** errichtet werden. Der gemeinsame Testierwille kann sich in diesem Falle ergeben aus der gemeinsamen Unterschrift der von einem Teil geschriebenen Verfügungen (§ 2267 S 1; Bsp: BayObLGZ 81, 84; BayObLG FamRZ 04, 1238 f: Mitunterzeichnung einer in Ich-Form verfassten Vergütung; Gegenbeispiele: Hamm NJW-RR 93, 269: keine Blankounterschrift; BayObLG FamRZ 04, 1141 m krit Anm Leipold: nicht unterschriebene Wiederverheiratungsklausel) oder aus der gemeinsamen Unterschrift der von jedem Teil selbst geschriebenen Verfügungen. Nachträgliche eigenhändige Ergänzungen nur eines Ehegatten sind auch ohne erneute Unterschrift wirksam, wenn sie mit Billigung des anderen vorgenommen werden und äußerlich von den vorhandenen Unterschriften erfasst sind (München ErbR 2010, 56). Unschädlich ist die zeitlich stark verspätete Unterschrift eines Eheteils bei fortbestehendem gemeinsamen Testierwillen (Mün-

chen FamRZ 12, 581). Unterschreibt jeder Ehegatte nur die von ihm geschriebene Verfügung, so kann der gemeinsame Testierwille aus der Einheit des Papierbogens iVm anderen Umständen (zB Identität von Zeit und Ort) folgen (Zweibrücken Rpfleger 00, 551). Unwirksamkeit soll aber vorliegen, wenn ein Teil beide Verfügungen schreibt, jedoch jeder Teil nur seine Verfügung unterschreibt, weil dann die Form der §§ 2267, 2247 nicht gewahrt sei (BGH NJW 58, 547; aA aber angesichts dieser sehr spitzfindigen Unterscheidungen zu Recht Celle NJW 57, 876). Zwei gemeinsame Urkunden verschiedenen Datums sind gem § 2258 I zu beurteilen (BayObLG Rpfleger 83, 402; FamRZ 86, 392: getrennte gemeinsame Urkunden über Allein- und Schlusserbeneinsetzung gem § 2269). **b)** Bei **Fehlen einer** **3 gemeinsamen Urkunde** kann sich der gemeinsame Testierwille aus ausdr Bezugnahme ergeben; sonst muss der Wille zum gemeinsamen Testieren aus beiden Einzeltestamenten nach außen erkennbar sein, Umstände außerhalb der Urkunden genügen für sich allein nicht (BGH 9, 114; Frankfurt OLGZ 78, 268 f; Hamm OLGZ 79, 266; BayObLG NJW-RR 92, 1356; 93, 1157; Zweibrücken ZEV 02, 414). Volle inhaltliche Entsprechung, Identität von Ort und Zeit und Verwahrung in einem gemeinsamen verschlossenen Umschlag reichen hiernach nicht aus (Köln OLGZ 68, 321; BayObLG FamRZ 91, 1486; für Widerruf Braunschweig ZEV 07, 178; zu Recht krit Lange/Kuchinke § 24 III 2). Der Gebrauch der Worte „wir", „unser" und „gemeinsam" ist Anhaltspunkt für einen gemeinsamen Testierwillen (BayObLG FamRZ 95, 1447). Der Wille zum gemeinschaftlichen Testieren kann sich auch aus einer entspr Bezugnahme in einem später in der Form d § 2267 errichteten Nachtrag ergeben (München ZEV 08, 486 f). Der nur vom Errichtenden (§ 2267 S 1) unterschriebene Entwurf eines gemeinschaftlichen Testaments − auch zweier nichtehelicher Lebensgefährten (§ 2265 Rn 1) − kann in ein Einzeltestament umgedeutet werden (BGH NJW-RR 87, 1410; BayObLG FamRZ 91, 112; NJW-RR 03, 660; 92, 333: nur bei Alleingeltungswillen!; ähnlich Frankfurt NJW-RR 12, 11; sa § 2084 Rn 5, 2247 Rn 1); bei Erbeinsetzungen iSv § 2269 Abs 1 wird jedoch eine Aufrechterhaltung des Testaments als alleinige Vollerbeneinsetzung des anderen Ehegatten regelmäßig ausscheiden (BayObLG NJW-RR 00, 1534). Zur Auslegung sa § 2077 Rn 5; § 2084 Rn 3.

§ 2268 Wirkung der Ehenichtigkeit oder -auflösung

(1) **Ein gemeinschaftliches Testament ist in den Fällen des § 2077 seinem ganzen Inhalt nach unwirksam.**

(2) **Wird die Ehe vor dem Tode eines der Ehegatten aufgelöst oder liegen die Voraussetzungen des § 2077 Abs. 1 Satz 2 oder 3 vor, so bleiben die Verfügungen insoweit wirksam, als anzunehmen ist, dass sie auch für diesen Fall getroffen sein würden.**

Lit: Kanzleiter, Keine wechselbezüglichen Verfügungen in gemeinschaftlichen Testamenten nach der Ehescheidung!, ZEV 05, 181; Köster, Das Schicksal des gemeinschaftlichen Testaments nach Auflösung der Ehe: Probleme des § 2268, JuS 05, 407; Muscheler, Der Einfluß der Eheauflösung auf das gemeinschaftliche Testament, DNotZ 94, 733; Schlitt, Das Erbrecht in der Ehekrise, ZEV 05, 96.

Die Regel des Abs I enthält eine widerlegbare Nichtigkeitsregel (§ 2077 Rn 7). **1** Bei geschiedener, scheidbarer oder aufhebbarer Ehe gibt es die Möglichkeit des Beweises fortbestehenden Testierwillens. Er wird bei Einzelanordnungen eher bestehen als bei gegenseitigen bzw wechselseitigen Verfügungen (s Stuttgart OLGZ 76, 17; Hamm NJW-RR 92, 331); auch bei wechselbezüglichen Verfügungen kann er sich aber aus der Person des Bedachten ergeben, zB bei gemeinschaftlichen Kindern (BayObLG NJW-RR 93, 1158). Gem II fortgeltende wechselbezügliche Verfügungen behalten auch nach Scheidung ihre Wechselbezüglichkeit und können nicht gem § 2271 I 2 einseitig aufgehoben werden (BGH 160, 33 = NJW 04, 3113 gegen

§ 2269

Muscheler aaO; krit Kanzleiter aaO; teilw aA LG München I ZEV 08, 537). Bei Erneuerung der Ehe geschiedener Ehegatten bleibt das Testament wirksam (aA Hamm ZEV 11, 165; KG FamRZ 68, 217 und BayObLG NJW 96, 133, das aber im Wege der Auslegung durch Ermittlung des hypothetischen Willens der Ehegatten zur Weitergeltung des Testaments gelangt; ähnlich LG Berlin FamRZ 08, 2065: Weitergeltung bei Scheidung auf Grund rassistischen Drucks der NS-Zeit). Die Vorschrift gilt bei Aufhebung der eingetragenen Lebenspartnerschaft (LPartG 15) entsprechend (LPartG 10 IV; sa § 2077 Rn 8).

§ 2269 Gegenseitige Einsetzung

(1) Haben die Ehegatten in einem gemeinschaftlichen Testament, durch das sie sich gegenseitig als Erben einsetzen, bestimmt, dass nach dem Tode des Überlebenden der beiderseitige Nachlass an einen Dritten fallen soll, so ist im Zweifel anzunehmen, dass der Dritte für den gesamten Nachlass als Erbe des zuletzt versterbenden Ehegatten eingesetzt ist.

(2) Haben die Ehegatten in einem solchen Testament ein Vermächtnis angeordnet, das nach dem Tode des Überlebenden erfüllt werden soll, so ist im Zweifel anzunehmen, dass das Vermächtnis dem Bedachten erst mit dem Tode des Überlebenden anfallen soll.

1   **1. Ausgangslage.** Die Ehegatten, die ihr Vermögen zunächst dem überlebenden Teil und dann einem Dritten (zB Abkömmlingen) zufallen lassen wollen, haben drei verschiedene grundsätzliche Möglichkeiten: **a)** Der überlebende Ehegatte kann **Vorerbe** und der Dritte **Nacherbe** sein mit der Folge, dass beim überlebenden Teil Vorerbschaftsmasse und Eigenvermögen zu unterscheiden sind und dass der Dritte beide Ehegatten als Nacherbe und Erbe beerbt. Vgl zur Nacherbschaft § 2100 Rn 1 ff. **b)** Der überlebende Ehegatte wird **Vollerbe,** so dass nur eine Vermögensmasse aus Erbmasse und Eigenvermögen entsteht, die auf den Dritten als **Schlusserben** weitervererbt wird (BayObLG NJW-RR 91, 968); zur Abgrenzung einer Schlusserbengemeinschaft von Vermächtnisnehmern s § 2087 Rn 2, 3; § 2088 Rn 1 (BayObLG NJW-RR 98, 1230). **c)** Der Dritte (zB Abkömmlinge) wird **Vollerbe** des erstversterbenden Ehegatten, dem überlebenden Ehegatten steht ein **Nießbrauchvermächtnis** am Nachlass zu; vgl hierzu § 2100 Rn 3 ff.

2   **2. Inhalt der Auslegungsregel.** Die Vorschrift ist Auslegungsregel (BGH WM 73, 41; BayObLG NJW-RR 92, 201) zugunsten der Vollerbschaft des überlebenden Ehegatten; es handelt sich um keine ges Vermutung. Rechtfertigender Grund der Auslegungsregel ist die Erwägung, dass die Eheleute iZw ihr Vermögen als Einheit über den Tod hinaus erhalten wollen (RG 113, 240; BayObLG FamRZ 66, 417; FamRZ 96, 1503; Düsseldorf FamRZ 96, 1568; KG NotBZ 12, 174). Zur Auslegung gemeinschaftlicher Testamente s § 2084 Rn 2 und § 2100 Rn 3 ff.

3   **3. Voraussetzungen der Auslegungsregel. a) Gegenseitige Erbeinsetzung** der Ehegatten muss nicht notwendig wechselbezüglich (§ 2270) sein. Sie ist nicht gegeben bei Miterbschaft Dritter. **b)** Die **Erbeinsetzung Dritter** kann bei Abkömmlingen Auslegungsergebnis sein (Hamm FamRZ 11, 1333), sie muss nicht ausdr erfolgen. Eine solche Auslegung liegt für beiderseits (BayObLG FamRZ 88, 879) pflichtteilsberechtigte Abkömmlinge nahe, wenn diese auf Grund einer Strafklausel auch vom letztversterbenden Ehegatten nur den Pflichtteil erhalten sollen, falls sie ihn vom erstversterbenden Teil verlangen (München NJW-RR 13, 203; BayObLGZ 59, 203; 60, 219; Saarbrücken NJW-RR 94, 844 gegen 92, 841), zwingend ist sie aber nicht (München NJW-RR 13, 203; Celle MDR 03, 813; Hamm NJW-RR 04, 1522). Auch die Anordnung der Teilung unter den Abkömmlingen nach fortgesetzter Gütergemeinschaft (§ 1483) kann deren Schlusserbeneinsetzung bedeuten (BayObLGZ 86, 246). **c)** Nur bei **Zweifeln** über den Erblasser-
4   willen, die eine Auslegung nicht beseitigen kann, greift die Auslegungsregel ein

Titel 8. Gemeinschaftliches Testament § 2269

(BGH 22, 366; BayObLG NJW-RR 92, 201; Düsseldorf FamRZ 96, 1568). Ein abw Wille ist uU anzunehmen, wenn im öffentl Testament die Begriffe Vor- und Nacherbe verwendet werden (RG 160, 109), obgleich stets der Erblasserwille und nicht die Auffassung des Notars zu gelten hat (LM Nr 1 zu § 2100). Haben sich Eheleute im eigenhändigen Testament zu „Vorerben" eingesetzt und bestimmt, beiderseitige Verwandte oder Abkömmlinge sollten „Nacherben" sein, so können trotzdem Zweifel verbleiben, ob tatsächlich Nacherbschaft iSd §§ 2100 ff gewollt ist (BGH NJW 83, 278 mAnm Stürner JZ 83, 149; Karlsruhe OLGZ 69, 495; ähnlich Frankfurt OLGZ 72, 122; Düsseldorf FamRZ 96, 1568 mAnm Leipold; KG NotBZ 12, 174; s aber BayObLG NJW-RR 92, 201). Vermögenslosigkeit eines Ehegatten ist kein zwingendes Indiz für den Willen zur Nacherbschaft (BayObLG NJW 66, 1223; BGH NJW 83, 278), solange keine Anzeichen für den Willen zur Verfügungsbeschränkung des weniger vermögenden überlebenden Teils bestehen (Stürner JZ 83, 149). Nacherbeneinsetzung kann aber gewollt sein, falls ein Ehegatte für den zweiten Erbfall Anordnungen betr Grundstück in seinem Alleineigentum getroffen hat (BayObLG FamRZ 96, 1502). *Kein Fall* des § 2269 liegt uU vor, wenn Ehegatten bei Gütergemeinschaft den Abkömmlingen Gegenstände aus dem Gesamtgut zuwenden (BayObLG FamRZ 88, 542); ebenfalls nicht bei Erbeinsetzung eines Dritten für den Fall gleichzeitigen Versterbens (KG FamRZ 68, 217; Rpfleger 06, 127; BayObLGZ 86, 431; Karlsruhe OLGZ 88, 26; Schleswig NJW-RR 04, 368; Düsseldorf FamRZ 04, 1754), es sei denn, der Tod erfolgt in kurzem Abstand (München ZEV 11, 31; BayObLGZ 81, 85 ff; Stuttgart OLGZ 82, 311; FamRZ 94, 852) oder die Umstände sprechen für eine solche Auslegung (BayObLGZ 79, 432; Rpfleger 83, 402; München ZEV 12, 367: „nach unserem Ableben" oder „nach unserem Tode"; FamRZ 88, 879; 90, 564; Frankfurt FGPrax 98, 110: „Sollten wir zugleich versterben"; ähnlich BayObLG FGPrax 00, 70; 149; zur Abgrenzung FamRZ 04, 1236 f; zu derartigen Regelungen Keim ZEV 05, 10 u ausführlichere Nw § 2084 Rn 3).

4. Der pflichtteilsberechtigte Schlusserbe. Er kann nach dem ersten Erbfall 5 seinen Pflichtteil verlangen; § 2306 I ist weder unmittelbar noch entspr anzuwenden. Zum Schutz des überlebenden Ehegatten ist eine **Verwirkungsklausel** möglich, die Teil der wechselbezüglichen Schlusserbeneinsetzung ist (BayObLG ZEV 04, 204 m krit Anm Ivo) und den pflichtteilsfordernden Schlusserben auch für den zweiten Erbfall auf den Pflichtteil setzt (Zweibrücken FamRZ 99, 468; zur Geltendmachung des Pflichtteils durch den Sozialhilfeträger bei Verwirkungsklausel s BGH NJW-RR 06, 223, aber auch BGH 188, 96, 105; Frankfurt ZEV 04, 24). Sie kann auch noch nach Annahme der Schlusserbschaft eingreifen, wenn die Verjährung des Pflichtteilsanspruchs aus dem ersten Erbfall schon eingetreten ist (BGH NJW 06, 3064; str; sa § 2076 Rn 5). Der Pflichtteilsberechtigte erhält im Verwirkungsfalle allerdings den Pflichtteil aus der Vermögensmasse des erstversterbenden Ehegatten idR zweimal; um die übrigen Abkömmlinge gleichzustellen, kann ihnen für diesen Fall ein Vermächtnis am ersten Nachlass gewährt werden, das bis zum Schlusserbfall gestundet ist. Zur Auslegung von Verwirkungsklauseln vgl §§ 2074–2076 Rn 5. Die Auslegung kann auch ergeben, dass der Pflichtteil auf den Erbteil der Schlusserbschaft anzurechnen ist (BayObLGZ 60, 218; Braunschweig OLGZ 77, 186; weiteres Bsp Schleswig ZEV 97, 331; eine Rückzahlung wirkt sich auf eine bereits eingetretene Verwirkung nicht aus (BayObLG ZEV 04, 204). **Lit:** Lübbert NJW 88, 2706; Mayer ZEV 95, 136; Sarres ZEV 04, 407; Fischer ZEV 05, 189.

5. Rechtsstellung des Schlusserben. Der Schlusserbe erwirbt nach dem ersten 6 Erbfall eine **Anwartschaft** (str), die ihn zur Feststellungsklage berechtigt, falls der überlebende Ehegatte entgegen § 2271 II verfügt oder das Testament anficht (vgl BGH 37, 331). Er kann aber gem § 311b IV, V über die Anwartschaft nicht verfügen (BGH 37, 331); sie ist auch nicht vererblich, jedoch treten unter den Voraussetzungen des § 2069 seine Abkömmlinge ein (dazu § 2069 Rn 2); wenn der ausgefallene Schlusserbe nur vom erstverstorbenen Ehegatten abstammt (BGH NJW-RR 01,

1154), kann die Einsetzung seiner Abkömmlinge Auslegungsergebnis sein. Abkömmlinge des Schlusserben können vor ihrer Erzeugung als Nacherben eingesetzt werden (BayObLG FamRZ 83, 839; zur Abgrenzung einer Einsetzung des Schlusserben als Vollerben von einer gestuften Nacherbfolgeanordnung s Karlsruhe FamRZ 99, 1535). Da der Schlusserbe ausschließlich den letztversterbenden Ehegatten beerbt, kann er erst nach dem zweiten Erbfall ausschlagen (BGH NJW 98, 543; aA Vorinstanz Düsseldorf FamRZ 96, 1569 m krit Anm Leipold; sa § 1946 Rn 1).

7 6. Wiederverheiratung. Lit: Buchholz, Erbfolge und Wiederverheiratung, 1986; Otte AcP 187, 603; Leipold FamRZ 88, 352; Zawar NJW 88, 16; Dippel AcP 177, 349; Wilhelm NJW 90, 2857; Meier-Kraut NJW 92, 143. **a)** Soll bei Wiederverheiratung des überlebenden Teils der Nachlass an die Abkömmlinge fallen oder ist für diesen Fall die Auseinandersetzung mit den Abkömmlingen angeordnet, so ist von einer **bedingten Nacherbschaft** auszugehen (RG 156, 172; BayObLGZ 66, 227; BGH NJW 83, 278). Der Ehegatte ist auflösend bedingter Vollerbe und aufschiebend bedingter – regelmäßig befreiter (BGH FamRZ 61, 275) – Vorerbe (BGH 96, 204; Stürner JZ 83, 149/150; str, s die Nw bei Leipold FamRZ 88, 353; ferner §§ 2074–2076 Rn 3). Bei Bedingungseintritt gelten für Verfügungen §§ 2113 II, 161 II, zwischen Vor- und Nacherben ist iZw § 159 zu beachten. Letztwillige Verfügungen des Überlebenden werden gegenstandslos, soweit sie Gegenstände der Nacherbschaft betreffen. Die Bindungswirkung des gemeinsamen Testaments entfällt, iZw wird auch ohne Widerrufstestament die Erbeinsetzung der gemeinsamen Abkömmlinge gegenstandslos sein und der ges Erbfolge weichen (KG FamRZ 68, 331; Hamm FamRZ 95, 250; BayObLG NJW-RR 02, 367; offen **8** BGH WM 85, 1179). **b)** Häufig wird den Abkömmlingen für den Fall der Wiederverheiratung ein **Vermächtnis** – uU in Höhe der ges Erbteile – zugewendet; hier ist und bleibt der überlebende Ehegatte Vollerbe (München FamRZ 11, 65). IZw gewinnt er bei Bedingungseintritt auch bei dieser Gestaltung die volle Testierfreiheit zurück (Köln FamRZ 76, 552). **c)** Die **Verfassungsmäßigkeit** von Wiederverheiratungsklauseln verlangt korrekte Einzelfallabwägung zwischen Testierfreiheit des Erblassers (GG 14 I) und Eheschließungsfreiheit (GG 6 I) des Überlebenden (vgl BVerfG NJW 04, 2009 ff). Klauseln, die mangels einer Ausgleichsregelung oder wegen akuten Liquiditätsbedarfs hohen wirtschaftlichen Druck ausüben, kann danach über §§ 138, 242 die Wirkung versagt sein (dazu Scheuren-Brandes ZEV 05, 185).

9 7. Erbschaftsteuer. Für die Berechnung der Erbschaftsteuer gilt der Schlusserbe kraft bindender oder unveränderter (BFH NJW 83, 415; anders bei einer auch nur teilw Änderung: BFH DStR 91, 33) Verfügung gem ErbStG 15 III im Umfang des noch vorhandenen Vermögens des Vorverstorbenen als dessen Erbe, falls sich hieraus bei unterschiedlichem Verwandtschaftsgrad eine günstigere Steuerklasse ergibt. Infolge der Neufassung durch das ErbStRG zum 1.1.2009 wird dies allerdings nur noch auf Antrag berücksichtigt. Bei gleichem Verwandtschaftsgrad (Regelfall) gilt er auch steuerrechtlich allein als Erbe des letztverstorbenen Ehegatten. Der Freibetrag wird dem Schlusserben stets nur einmal gewährt; der Schlusserbe sollte deshalb schon beim ersten Erbfall so weit bedacht sein, dass der Freibetrag in Bezug auf den erstverstorbenen Teil ebenfalls ausgeschöpft ist. Bei mehrfachem Erwerb desselben Vermögens durch Personen der Steuerklasse I (§ 1924 Rn 6) innerhalb von 10 Jahren gewährt ErbStG 27 einen zeitlich gestaffelten Ermäßigungsbetrag (zum Ganzen Mayer ZEV 98, 50; Kaeser ZEV 98, 210; Langenfeld JuS 02, 351).

10 8. Auslegungsregel für Vermächtnisse. Abs 2 enthält eine ges Auslegungsregel gegen das beim ersten Erbfall angefallene, dem zweiten Erbfall gestundete Vermächtnis; bedeutsam insbes wegen § 2160. Die Vorschrift gilt bei jedem Zweifel am entgegenstehenden Erblasserwillen (LM Nr 5; BGH NJW 83, 278 mAnm Stürner JZ 83, 149).

Titel 8. Gemeinschaftliches Testament § 2270

§ 2270 Wechselbezügliche Verfügungen

(1) **Haben die Ehegatten in einem gemeinschaftlichen Testament Verfügungen getroffen, von denen anzunehmen ist, dass die Verfügung des einen nicht ohne die Verfügung des anderen getroffen sein würde, so hat die Nichtigkeit oder der Widerruf der einen Verfügung die Unwirksamkeit der anderen zur Folge.**

(2) **Ein solches Verhältnis der Verfügungen zueinander ist im Zweifel anzunehmen, wenn sich die Ehegatten gegenseitig bedenken oder wenn dem einen Ehegatten von dem anderen eine Zuwendung gemacht und für den Fall des Überlebens des Bedachten eine Verfügung zugunsten einer Person getroffen wird, die mit dem anderen Ehegatten verwandt ist oder ihm sonst nahe steht.**

(3) **Auf andere Verfügungen als Erbeinsetzungen, Vermächtnisse oder Auflagen findet die Vorschrift des Absatzes 1 keine Anwendung.**

Lit: Buchholz, „Einseitige Korrespektivität", Rpfleger 90, 45; Kegel, Zur Bindung an das gemeinschaftliche Testament im deutschen IPR, FS Jahrreiß, 1964, S 143; H. Lange, Bindung des Erblassers an seine Verfügungen, NJW 63, 1571; Langenfeld, Freiheit oder Bindung beim gemeinschaftlichen Testament oder Erbvertrag von Ehegatten, NJW 87, 1577; Musielak, Die Bindung an wechselbezügliche Verfügungen im gemeinschaftlichen Testament, ZErb 08, 189; Steiner, Keine Anwendbarkeit des § 2270 II BGB auf allein mit der Auslegungsregel des § 2069 BGB ermittelte Ersatzerben – BGHZ 149, 363, JuS 03, 1054.

1. Wechselbezüglichkeit. Sie liegt vor, wenn ein „Zusammenhang des Motivs" **1** besteht (RGRK/Johannsen 1) und eine Verfügung mit der anderen „stehen und fallen" soll (RG 116, 149; Frankfurt NJW-RR 12, 777; Düsseldorf BeckRS 12, 04247; München NJW-RR 13, 204); sie setzt Testierfähigkeit beider Ehegatten voraus (BayObLG FamRZ 96, 1037: uU Aufrechterhaltung der Verfügungen des Testierfähigen als einseitige Verfügungen). Maßgeblich ist der **Erblasserwille** zur Zeit der Testamentserrichtung (BGH 112, 233; München NJW-RR 13, 204), der durch Auslegung zu ermitteln ist (vgl § 2084 Rn 4 f, zur ergänzenden Auslegung BayObLG ZEV 03, 283). Wechselbezüglichkeit kann stillschweigend angeordnet sein (BayObLG FamRZ 93, 366), fehlende wechselseitige Bedenkung von Ehegatten (BayObLG NJW-RR 91, 1288) oder Verwandtschaft bzw Schwägerschaft eines eingesetzten Dritten (BayObLG NJW-RR 92, 1224) sind für entsprechenden Erblasserwillen zunächst nicht maßgeblich, sondern erst im Rahmen der Auslegungsregel gem II. Die Auslegung setzt regelmäßig eine Klärung des genauen Inhalts der Verfügung voraus (LM Nr 2), wobei Wechselbezüglichkeit für jede einzelne Verfügung eines Testaments gesondert zu beurteilen ist (BGH NJW-RR 87, 1410; BayObLG NJW 93, 1158; München NJW-RR 13, 204; FamRZ 99, 1538; Frankfurt FGPrax 97, 189; NJW-RR 12, 777). Die Ehegatten können über die Wechselbezüglichkeit und ihr Ausmaß frei bestimmen (BGH 30, 265/266); denkbar ist deshalb auch die bloß einseitige Abhängigkeit einer Verfügung (BayObLG FamRZ 86, 606 mN). Wechselbezüglichkeit ist auch durch Ergänzung eines früheren Erbvertrags oder gemeinschaftlichen Testaments herstellbar (BayObLGZ 87, 27; FamRZ 99, 1538; DNotZ 94, 794 mAnm Musielak; Saarbrücken FamRZ 90, 1286; Frankfurt FamRZ 96, 1039).

2. Voraussetzungen und Inhalt der Auslegungsregel. Die Auslegungsregel **2** nach II erleichtert den Beweis der Wechselbezüglichkeit unter folgenden Voraussetzungen: **a) Verbleibende Zweifel** sind gegeben, wenn nach der Auslegung weder Wechselbezüglichkeit noch Unabhängigkeit feststehen (BGH NJW-RR 87, 1410; München FamRZ 11, 1819; Saarbrücken FamRZ 90, 1286; BayObLG FamRZ 97, 1241; Hamm FamRZ 01, 1648; Koblenz ZErb 07, 155; KG Rpfleger 06, 127 für „gemeinsames Versterben"; sa § 2084 Rn 3). Nach den Grundsätzen der „Andeutungstheorie" (vgl § 2084 Rn 4) können ergänzend Umstände außerhalb des

§ 2270

Testaments herangezogen werden, zB Vermögenslosigkeit eines Teils (BayObLG FamRZ 84, 1155 bei Schlusserbeneinsetzung, einschr Hamm NJW-RR 95, 777, wenn Vermögen gemeinsam erarbeitet wurde; ähnlich BayObLG FamRZ 95, 251; Brandenburg FamRZ 99, 1541), Zuwendungen während der Ehe, bes Dankesschuld, Äußerungen des überlebenden Ehegatten (BayObLG Rpfleger 82, 285) usw. Die freie Verfügungsbefugnis des überlebenden Ehegatten über seinen Nachlass in Gestalt eines Änderungsvorbehalts kann (BGH FamRZ 56, 83; BayObLGZ 87, 28; Zweibrücken ZEV 04, 153 f; Hamm FamRZ 07, 678), muss aber nicht gegen die Wechselbezüglichkeit sprechen (BGH NJW 87, 901; Hamm FamRZ 11, 1172 zum beschränkten Änderungsvorbehalt); denn immerhin hat die Wechselbezüglichkeit bis zum 1. Erbfall die Wirkung des § 2271 I, ist also keineswegs sinnlos (Stuttgart

3 NJW-RR 86, 632). **b)** Der **Inhalt der gemeinsamen Verfügung** muss entweder in wechselseitiger Begünstigung der Ehegatten bestehen (Erbeinsetzung, Vermächtnis, Auflage) oder in der Berücksichtigung eines Verwandten oder Nahestehenden des vorverstebenden Ehegatten als Schlusserbe nach dem überlebenden Teil (München FamRZ 11, 1819). Sofern Verwandte des Mannes und der Frau als Schlusserben eingesetzt sind, besteht sonach Wechselbezüglichkeit zwischen den Erbeinsetzungen der Ehegatten und Wechselbezüglichkeit zwischen der Erbeinsetzung des überlebenden Teils einerseits und der Erbeinsetzung der Verwandten des vorverstorbenen Teils andererseits (BayObLG NJW-RR 92, 516; 1224; FamRZ 97, 1241; Frankfurt NJW-RR 12, 778); hingegen ist die Erbeinsetzung der Verwandten des überlebenden Teils nicht ohne weiteres von der Wechselbezüglichkeit erfasst (LM Nr 2; BayObLG FamRZ 84, 1155; 85, 1289; Köln FamRZ 96, 310; Frankfurt FGPrax 97, 189; Karlsruhe Rpfleger 07, 202; Hamm FamRZ 2010, 1201; Nürnberg ZEV 10, 411), so dass der überlebende Teil insoweit iZw neu testieren kann (Brandenburg FamRZ 99, 1541; teilw anders aber Düsseldorf ZErb 08, 23: Pflicht zur Prüfung einer möglichen Wechselbezüglichkeit zwischen den jeweiligen Schlusserbeneinsetzungen, auch wenn Schlusserbe einem Ehegatten näher steht als dem anderen; Schleswig FamRZ 12, 402: Bindungswirkung einer Ersatzerbeneinsetzung eines Verwandten des überlebenden Teils). Setzen Ehegatten ohne wechselseitige Erbeinsetzung ihren einzigen Sohn jeweils zum Alleinerben ein, soll im Zweifel keine Wechselbezüglichkeit vorliegen (BayObLG ZEV 96, 188; krit Leipold JZ 98, 709). Jedoch kann die Erbeinsetzung gemeinsamer Kinder als wechselbezüglich aufzufassen sein (Hamm FamRZ 11, 1333; 11, 1172; Rpfleger 02, 151; München FamRZ 11, 679; KG NotBZ 12, 174), insbesondere, wenn die jeweilige Verfügung mit einer wechselseitigen Erbeneinsetzung u einer Wiederverheiratungsklausel (BGH NJW 02, 1126) oder mit einem beiderseitigen Erb- und Pflichtteilsverzicht der Ehegatten verbunden ist (Hamm Rpfleger 01, 71). Ein beschränkter Änderungsvorbehalt („eines oder beide Kinder") steht einer Wechselbezüglichkeit nicht ohne weiteres entgegen (Hamm FamRZ 11, 1172). Adoptivkinder sind Verwandte (KG FamRZ 83, 98 mit Bemerkungen zum Übergangsrecht). Ob Schwägerschaft oder bewährte Freundschaft unter „nahe stehende" Personen fällt, ist nach strengen Maßstäben im Einzelfall zu entscheiden (BayObLG Rpfleger 83, 155; FamRZ 84, 1155; 85, 1289; 91, 1234; KG FamRZ 93, 1253; Koblenz ZErb 07, 156; München ZErb 08, 237); jur Personen fallen nicht darunter (offen BayObLG FamRZ 86, 606; aA für die Stiftung, die dem Willen des Stifters dienen und sein Lebenswerk weiterführen soll, München NJW-RR 00, 526). Bestimmen Eheleute mit gemeinsamen Abkömmlingen für jeden Erbfall ges Erbfolge, so kann darin durchaus ebenfalls eine wechselseitige Verfügung gesehen werden (vgl Stuttgart FamRZ 77, 274). Auch kann eine Sanktionsklausel gegen die pflichtteilsberechtigten gemeinschaftlichen Kinder der Ehegatten uU als bindende Schlusserbeneinsetzung auszulegen sein (Frankfurt OLGR 01, 289).

4 **3. Eignung zur Wechselbezüglichkeit.** Sie haben nur Erbeinsetzung, Vermächtnis und Auflage, also **nicht** Erbverzicht (BGH 30, 265), Pflichtteilsentziehung, Teilungsanordnung (BGH 82, 277; BayObLG FamRZ 88, 661), Testamentsvoll-

Titel 8. Gemeinschaftliches Testament § 2271

streckerernennung (KG OLGZ 77, 391; Hamm ZEV 01, 271), Enterbung (BayObLG NJW-RR 92, 1356) usw; hier bleibt nur § 2078.

4. Wirkung der Wechselbezüglichkeit. Sie besteht in der Unwirksamkeit der 5 Verfügung bei Widerruf oder Nichtigkeit (zB wegen Anfechtung) sowie Ausschlagung (§ 2271 II 1; dazu BGH NJW 11, 1355) der korrespondierenden Verfügung. Das Schicksal nicht wechselbezüglicher Verfügungen richtet sich nach § 2085. Beim Wegfall des aus einer wechselbezüglichen Verfügung Begünstigten gilt nicht ohne weiteres I, vielmehr ist der Erblasserwille durch Auslegung zu ermitteln, wobei die Geltung ges Auslegungsregeln im Einzelnen umstritten ist (s einerseits BGH 149, 367 ff = NJW 02, 1126; München FamRZ 10, 1846; Schleswig FamRZ 11, 66; Hamm FGPrax 03, 271; BayObLG ZEV 04, 245 mAnm Keim: keine volle Geltung der Vermutung gem § 2069, hierzu Leipold JZ 02, 895 und § 2069 Rn 4; aA noch BGH NJW 83, 277 mAnm Stürmer JZ 83, 147; andererseits obiter Hamm Rpfleger 05, 264; Karlsruhe NJW-RR 03, 584; Celle FamRZ 03, 888: bei Trennungslösung Rückgriff auf § 2102 I). S iÜ § 2271.

§ 2271 Widerruf wechselbezüglicher Verfügungen

(1) ¹Der Widerruf einer Verfügung, die mit einer Verfügung des anderen Ehegatten in dem im § 2270 bezeichneten Verhältnis steht, erfolgt bei Lebzeiten der Ehegatten nach der für den Rücktritt von einem Erbvertrag geltenden Vorschrift des § 2296. ²Durch eine neue Verfügung von Todes wegen kann ein Ehegatte bei Lebzeiten des anderen seine Verfügung nicht einseitig aufheben.

(2) ¹Das Recht zum Widerruf erlischt mit dem Tode des anderen Ehegatten; der Überlebende kann jedoch seine Verfügung aufheben, wenn er das ihm Zugewendete ausschlägt. ²Auch nach der Annahme der Zuwendung ist der Überlebende zur Aufhebung nach Maßgabe des § 2294 und des § 2336 berechtigt.

(3) Ist ein pflichtteilsberechtigter Abkömmling der Ehegatten oder eines der Ehegatten bedacht, so findet die Vorschrift des § 2289 Abs. 2 entsprechende Anwendung.

Lit: A. Helms, Der Widerruf und die Anfechtung wechselbezüglicher Verfügungen bei Geschäfts- und Testierunfähigkeit, DNotZ 03, 104; Iversen, Die Selbstanfechtung beim gemeinschaftlichen Testament, ZEV 04, 55; Kuchinke, Beeinträchtigende Anordnungen des an seine Verfügungen gebundenen Erblassers, FS von Lübtow, 1991, S 283; Vollmer, Gemeinschaftliches Testament und Erbvertrag bei nachträglicher Geschäftsfähigkeit – Lösungswege bei bindenden Verfügungen, ZErb 07, 235; Zimmer, Der Widerruf wechselbezüglicher Verfügungen bei Geschäftsunfähigkeit des Widerrufsgegners, ZEV 07, 159.

1. Rechtslage bei Lebzeiten beider Ehegatten. a) Gemeinsame Aufhe- 1 **bung** der wechselbezüglichen Verfügungen kann erfolgen durch gemeinschaftliches Widerrufstestament (§ 2254) oder widersprechendes Testament (§ 2258; BayObLG FamRZ 97, 1244), durch Erbvertrag (§ 2289 I 1), durch Rücknahme aus der Verwahrung (§ 2272), durch gemeinschaftliche Vernichtung oder Änderung (§ 2255) und analog § 2291 (str). **b) Einseitiger Widerruf** durch einen Ehegatten ist ohne 2 weiteres möglich, bedarf aber der notariellen Beurkundung (§ 2296 II 2). Dem anderen Teil muss die Urschrift oder Ausfertigung der Widerrufserklärung zugehen, der Zugang einer beglaubigten Abschrift genügt nicht (BGH 31, 5; 36, 201; NJW 81, 2300; zu § 132 I s Zweibrücken ZEV 05, 484). Der Widerruf gegenüber einem geschäftsunfähigen Ehepartner wird durch die Aushändigung der notariell beurkundeten Widerrufserklärung an einen von diesem mit General- bzw Vorsorgevollmacht bestellten rechtsgeschäftlichen Vertreter wirksam (zutreffend LG Leipzig FamRZ 10, 403; hierzu Keim ZEV 10, 358; zur Bestellung eines Ergänzungspflegers AG München NJW 11, 618). Die Erklärung kann nach dem Tode des Erklärenden

§ 2271

Buch 5. Abschnitt 3. Testament

zugehen, § 130 II; dagegen ist ein Widerruf unwirksam, der auf bes Weisung des Widerrufenden erst nach seinem Tode dem überlebenden Ehegatten übermittelt wird (BGH 9, 233; hierzu Dilcher JuS 61, 20; A. Roth NJW 92, 791), weil dadurch der Zweck von I unterlaufen würde. Es reicht auch nicht aus, dass zu Lebzeiten die beglaubigte Abschrift und erst nach dem Tode die Ausfertigung zur Heilung des Mangels zugestellt wird (BGH 48, 374), es sei denn, die Ausfertigung war zu Lebzeiten des Empfängers auf dem Weg (Hamm NJW-RR 91, 1481). Ist die öffentl Zustellung (§ 132 II) erschlichen, so bleibt sie zwar wirksam, der Berufung auf den
3 Widerruf kann jedoch der Arglisteinwand entgegenstehen (BGH 64, 5). **c) Einseitige Änderungen durch letztwillige Verfügung** bleiben insoweit möglich, als nur einseitige Verfügungen betroffen sind oder der überlebende Ehegatte besser gestellt wird als in der wechselbezüglichen Verfügung des gemeinschaftlichen Testa-
4 ments (BGH 30, 261). **d) Anfechtung** des Testaments ist wegen der Widerrufsmöglichkeit ausgeschlossen; hingegen ist der Widerruf selbst als Sonderform der
5 Verfügung von Todes wegen nach § 2078 anfechtbar. **e) Verfügungen unter Lebenden** kann jeder Ehegatte grundsätzlich uneingeschränkt treffen, den anderen Teil schützt das Widerrufsrecht (I 1); § 2287 ist unanwendbar (BGH 87, 24); keine Mitteilungspflicht in Form des § 2296! Ausnahme: Verträge gem § 331 (Speth NJW 85, 463; str).

6 **2. Rechtslage nach dem Tode eines Ehegatten. a)** Die **Bindungswirkung** verbietet dem überlebenden Teil **letztwillige Verfügungen,** die wechselbezügliche Zuwendungen an den Dritten schmälern, also zB auch die Belastung des Schlusserben mit einem Vermächtnis (BGH FamRZ 69, 208) oder einer neuangeordneten Testamentsvollstreckung (KG OLGZ 77, 392; Köln FamRZ 90, 1403; BayObLG FamRZ 91, 113); die sittliche Pflicht zu einer schmälernden letztwilligen Verfügung ändert an ihrer Unwirksamkeit nichts (BGH NJW 78, 423; vgl aber § 2084 Rn 8). Da die Bindung gegenüber dem erstverstorbenen Ehegatten besteht, führt die Zustimmung des bedachten Dritten nicht zur Wirksamkeit der gegenläufigen Verfügung (LM Nr 7; Hamm OLGZ 82, 272: Erbverzichtsvertrag, § 2352; sa Rn 9).
7 **b) Befreiung von der Bindungswirkung** besteht in folgenden Fällen: **aa) Ausschlagung** durch den überlebenden Ehegatten. Der ges Erbteil muss grundsätzlich nicht mit ausgeschlagen werden (§ 1948 I); eine andere Beurteilung ist aber angebracht, wenn die Bindungswirkung nach dem Willen der Eheleute gerade die Einsetzung auf den ges Erbteil erfassen sollte oder bei gleicher Größe von gesetzl u testament Erbteil (so KG OLGZ 91, 9; str; hierzu Tiedtke FamRZ 91, 1259; offen BGH NJW 11, 1354). Nach der Ausschlagung kann der überlebende Ehegatte neu testieren (§§ 2253 ff; dazu BGH NJW 11, 1354; Lustig ZEV 09, 140); aber keine wiederauflebende Wirksamkeit der wechselbezüglichen Verfügung des verstorbenen
8 Teils bei Widerruf der neuen Verfügung (BGH NJW 11, 1355). **bb)** Die **Freistellungsklausel** kann den überlebenden Ehegatten zur ganz oder teilw (BGH FamRZ 73, 189) freien Verfügung ermächtigen und damit die ges Bindungswirkung abbedingen (BGH 2, 37; Karlsruhe FamRZ 12, 401; Schleswig ZEV 97, 331 mAnm Lübbert). Der Widerruf erfolgt durch Testament (Stuttgart NJW-RR 86, 632: §§ 2254, 2297, kein bloßer Ungültigkeitsvermerk, s § 2255 Rn 7) und kann konkludent erfolgen (Köln NJW-RR 92, 1419); er beseitigt grundsätzlich die wechselbezügliche Verfügung des vorverstorbenen Ehegatten (§ 2270 I), jedoch wird die Auslegung häufig einen gegenläufigen Willen der Erblasser ergeben (vgl auch § 2270 Rn 2). Der Widerruf nach Freistellung muss keinen Grund nennen, § 2336 II ist unanwendbar (Köln NJW-RR 92, 1419). Die Freistellung ist durch Auslegung zu ermitteln (Hamm NJW-RR 95, 777: ausbleibende Leistungen des Bedachten), wobei ergänzende Auslegung zur freien Verfügung über Neuerwerb nach Testamentserrichtung führen kann (München FamRZ 11, 1819 f; Zweibrücken NJW-RR 92, 588). Bei Änderung gemeinsamer Berufung von gemeinsamen Kindern (Hamm Rpfleger 02, 151) oder Dritter gelten für stillschweigende Freistellung strenge Maßstäbe (BayObLG FamRZ 91, 1488). Angeordnete freie Verfügung über

Titel 8. Gemeinschaftliches Testament § 2271

den Nachlass des Erstversterbenden kann auch nur lebzeitige Verfügungen (BayObLG FamRZ 85, 210) betreffen. **cc)** Grund zur **Pflichtteilsentziehung** (II 2, §§ 2294, 2336) oder bei Abkömmlingen zur **Pflichtteilsbeschränkung** in guter Absicht (III, §§ 2289 II, 2338; Bsp: Köln MDR 83, 318: *drohende* Überschuldung nicht ausreichend). Nachträgliche Verzeihung führt aber anders als bei § 2337 S 2 nicht zur Unwirksamkeit eines erfolgten Widerrufs (KG FamRZ 11, 681), weil auf § 2337 allgemein nicht verwiesen ist. **dd) Gegenstandslosigkeit** der wechselbezüglichen Verfügung stellt die Testierfreiheit ebenfalls wieder her, also zB Wegfall durch Tod (Frankfurt NJW-RR 95, 265), Erbunwürdigkeit, Erbverzicht (Köln FamRZ 83, 838 mAnm Brems S 1278; BayObLG FamRZ 01, 320) usw; in den Fällen der §§ 2069, 2094 bleibt die Bindungswirkung bestehen (Hamm OLGZ 82, 272). **c) Verfügungen unter Lebenden** sind grundsätzlich uneingeschränkt wirksam (BGH 59, 343; zur Ausnahme im Höferecht OLGR Celle 05, 114 f). §§ 2286–2288 gelten entspr (BGH 82, 274; 59, 348; 26, 279; NJW-RR 12, 207; Schleswig ZEV 97, 331 mAnm Lübbert). § 2287 gilt aber nur für bindend gewordene Verfügungen (BGH NJW-RR 12, 207; Frankfurt FamRZ 10, 152) und nur, soweit keine Vorbehaltsklausel lebzeitige Verfügungen dennoch zulässt. Nichtigkeit kann sich aus § 138 I bei Hinzutreten bes Umstände ergeben (BGH 59, 351). Der überlebende Ehegatte kann insbes durch RGeschäfte zu seinen Lebzeiten die Verfügung des Testaments vorwegnehmen und dabei einen ihm verbliebenen Spielraum ausschöpfen (BGH 82, 274; s § 2287 Rn 2). **d) Anfechtung. aa)** Der **überlebende Ehegatte** kann seine eigenen wechselbezüglichen Verfügungen anfechten (**Selbstanfechtung);** es gelten §§ 2281–2285 mit §§ 2078, 2079 entspr (BGH 37, 331; FamRZ 70, 80; LG Frankfurt ZErb 10, 125; zweifelnd München FamRZ 12, 581; 11, 1820 bei irriger Vorstellung über freie Widerruflichkeit). Die Anfechtungserklärung bedarf der Form des § 2282 III. Die Frist des § 2283 beginnt nicht vor dem Tod des Erstversterbenden; vgl iÜ § 2082 Rn 1–3. Der Schlusserbe kann gegen die Anfechtungswirkung Feststellungsklage erheben (vgl § 2269 Rn 6). **Verfügungen des erstverstorbenen Teils** kann der Überlebende nach §§ 2078, 2080–2082 anfechten. Regelfolge der Anfechtung ist die Unwirksamkeit der wechselbezüglichen Verfügungen, § 2270 I; ausnahmsweise soll bei hypothetischem Erblasserwillen Fortgeltung möglich sein (Hamm NJW 72, 1088). **bb) Dritte** können **nach dem Tod des ersten Ehegatten** dessen Verfügungen nach §§ 2078 ff anfechten, zB adoptierte Kinder (BGH FamRZ 70, 79). An den Nachweis eines Irrtums des Erstverstorbenen über die Bindungswirkung wechselbezüglicher Verfügungen sind – falls man hierin überhaupt einen Inhaltsirrtum sieht (str, s BayObLG FamRZ 03, 261) – strenge Anforderungen zu stellen (BayObLG aaO; ZEV 04, 467). Da der erststerbende Erblasser kein Anfechtungsrecht hatte, kann § 2285 auch nicht zur entspr Anwendung kommen (SoeWolf 38, str; aA LG Karlsruhe NJW 58, 714; obiter auch BayObLG ZEV 04, 153); hat der Erblasser trotz Kenntnis des späteren Anfechtungsgrundes nicht widerrufen, können die Anfechtungstatbestände ausgeschlossen sein, vgl § 2078 Rn 5. **Verfügungen des überlebenden Ehegatten** können Dritte erst nach seinem Tode anfechten (KG FamRZ 68, 219), §§ 2078 ff, zB Anfechtung durch den pflichtteilsberechtigten neuen Ehegatten des überlebenden Teils (RG 132, 1). Für wechselbezügliche Verfügungen des überlebenden Teils gilt aber § 2285 entspr, sofern das Selbstanfechtungsrecht des Erblassers verlorengegangen war (Hamm OLGZ 71, 313; BayObLG NJW-RR 89, 588); anders bei einseitigen Verfügungen (BGH FamRZ 56, 83). Die Wirkung der Anfechtung bestimmt sich nach §§ 2085, 2270 I.

3. Rechtslage nach dem Tode beider Ehegatten. Eine den überlebenden Ehegatten bindende Schlusserbeinsetzung in einem gemeinschaftlichen Testament wird nicht dadurch hinfällig und ein späteres widersprechendes Testament des Überlebenden nicht dadurch wirksam, dass nach dem Tode des zuletzt verstorbenen Ehegatten diejenigen, die dieser in dem jüngeren Testament bedacht hat, als seine Erben die ihm von dem zuerst verstorbenen Ehegatten hinterlassene Erbschaft form-

§§ 2272, 2273, Vor § 2274

gerecht ausschlagen (RGRK/Johannsen 27). Das Recht auszuschlagen kann nicht aus einer Verfügung hergeleitet werden, die zunächst unwirksam ist und allenfalls infolge der Ausschlagung wirksam werden könnte (Zweibrücken FamRZ 05, 556; RG 95, 218 f).

15   **4. Neue Bundesländer.** Zur Bindungswirkung des gemeinschaftlichen Testaments in den neuen Bundesländern s Vor § 1922 Rn 7, 11 ff.

§ 2272 Rücknahme aus amtlicher Verwahrung

Ein gemeinschaftliches Testament kann nach § 2256 nur von beiden Ehegatten zurückgenommen werden.

1   Die Vorschrift schützt den anderen Teil vor einseitiger Aufhebung. Von der Rücknahme ist die Einsicht zu unterscheiden, die jeder Ehegatte für sich vornehmen darf.

§ 2273 *(aufgehoben)*

1   Die Vorschrift mit ihrer Regelung der Eröffnung eines gemeinschaftlichen Testaments wurde durch das FGG-RG (s Vor § 1922 Rn 19) mit Wirkung zum 1.9.2009 aufgehoben. An ihre Stelle trat FamFG 349 (dazu Hamm, NJW-RR 12, 1030). Gem FamFG 344 II ist für die Wiederverwahrung eines gemeinschaftlichen Testaments nach Eröffnung das NachlassG zuständig, soweit nicht der überlebende Ehegatte oder Lebenspartner die Verwahrung bei einem anderen AG verlangt.

Abschnitt 4. Erbvertrag

Vorbemerkungen

Lit: Battes, Gemeinschaftliches Testament und Ehegattenerbvertrag als Gestaltungsmittel für die Vermögensordnung der Familie, 1974; Höfer, Der Rücktritt vom Erbvertrag, BWNotZ 84, 113; Kapp, Der Erbvertrag in zivilrechtlicher und erbschaftsteuerlicher Sicht, BB 80, 845; Keller, Aufhebung, Änderung und Ergänzung eines Erbvertrags durch die Vertragspartner, ZEV 04, 93; Kornexl, Gibt es einen Nachtrag zum Erbvertrag?, ZEV 03, 62 (dazu Lehmann ZEV 03, 234; Replik Kornexl ZEV 03, 235); Langenfeld, Freiheit oder Bindung beim gemeinschaftlichen Testament oder Erbvertrag von Ehegatten?, NJW 87, 1577; Nolting, Der Erbvertrag, JA 93, 129; Rothe, Erbvertrag und Synallagma, 2008; Tzschaschel, Erbverträge, 1986; Wolf, Freiheit und Bindung beim gemeinschaftlichen Testament und Erbvertrag, FS Musielak, 2004, 693.

1   **1. Wesen.** Im Erbvertrag verfügen ein oder mehrere Erblasser bindend zugunsten des Vertragsgegners oder eines Dritten; er ist also Vertrag und Verfügung von Todes wegen zugleich. Er eignet sich insbes zur Sicherung der Erbfolge hinter nichtehelichen Lebensgefährten (Diederichsen NJW 83, 1020). Ein als Erbvertrag bezeichnetes RGeschäft kann als kaufähnlicher Vertrag einen Vorkaufsfall iSd § 463 = § 504 aF begründen (BGH NJW 98, 2136 mN). Vgl zur Bindungswirkung § 2278 Rn 1 ff, § 2286 Rn 1.

2   **2. Begriffe. a)** Im **einseitigen Erbvertrag** trifft nur ein Teil vertragsmäßige Verfügungen (§ 2278), der andere Teil nimmt die Erklärung an, trifft uU einseitige Verfügungen (§ 2299) oder verpflichtet sich unter Lebenden. **b)** Beim **zweiseitigen Erbvertrag** treffen beide Teile vertragsmäßige Verfügungen; vgl auch § 2278 Rn 4. **c)** Der **Erbverzichtsvertrag** als Sonderfall des Erbvertrages unterliegt den besonderen Regeln der §§ 2346 ff. **d)** Als **vorweggenommene Erbfolge** werden RGe-

3

schäfte unter Lebenden bezeichnet, die typischerweise eine Schenkung (§§ 516 ff, 2301 II) enthalten (zB BGH 113, 310: „Gleichstellungsgelder" bei ungleicher Übertragung an Kinder und Bewertungsfehler). Möglich ist aber auch die Verbindung einer schuldrechtlichen Verpflichtung zur Leistung unter Lebenden mit einem Erbverzichtsvertrag. Ausführlich zu Übergabe- und Hofübergabeverträgen Soe Wolf Vor § 2274, 21, 22; zur *einkommensteuerlichen* Behandlung der vorweggenommenen Erbfolge s BFH (GS) NJW 91, 254; DStR 03, 1696; 1700; Groh DB 90, 2187; Meincke NJW 91, 201; 93, 976; Mundt DStR 91, 698; Märkle/Franz BB 91 Beil 5; Söffing NJW 97, 303; Spiegelberger DStR 04, 1105; Geck ZEV 05, 196; ferner das BMF-Schreiben vom 13.1.1993, NJW 93, 987–992 (mit zahlreichen Nachweisen und Gestaltungsvorschlägen!). **Lit:** Olzen, Die vorweggenommene Erbfolge, 1984; Reiff, Vorweggenommene Erbfolge und Pflichtteilsergänzung, NJW 92, 2857; Kollhosser, Aktuelle Fragen der vorweggenommenen Erbfolge, AcP 194, 231; Mayer, Die Rückforderung der vorweggenommenen Erbfolge, DNotZ 96, 604; Waldner, Vorweggenomme Erbfolge für die notarielle und anwaltliche Praxis, 2004.

3. Unwirksamkeit und Auslegung. Zur Nichtigkeit von Erbverträgen gem § 138 I vgl BVerfG NJW 04, 2008 (Ebenbürtigkeitsklausel und Eheschließungsfreiheit); BGH 50, 70 (Ausnutzung einer psychischen Zwangslage des Erblassers); ferner § 2077 Rn 3 (Unterlaufen des Nachrangs der Sozialhilfe bei behinderten Erben) und § 2286 Rn 3; zur Umdeutung (§ 140) *in* Erbverträge vgl § 2084 Rn 8; zur Auslegung § 2084 Rn 2 u § 2278 Rn 1. 4

4. Erbschaftsteuer. Die erbvertragliche Zuwendung ist steuerpflichtig (ErbStG 3 I Nr 1); jedoch kann der vertraglich Begünstigte Zuwendungen absetzen (ErbStG 10 V Nr 3), die er zu Lebzeiten des Erblassers als Gegenleistung für die vertragliche Begünstigung erbracht hat (BFH DB 84, 331; 85, 580). Zur Verfassungsmäßigkeit der Erbschaftsbesteuerung bei Fehlschlag der vorweggenommenen Erbfolge auf Grund Vorversterbens des Beschenkten s BVerfG NJW 98, 743. 5

5. Neue Bundesländer. Erbverträge in den neuen Bundesländern s Vor § 1922 Rn 5, 14 aE. 6

§ 2274 Persönlicher Abschluss

Der Erblasser kann einen Erbvertrag nur persönlich schließen.

Höchstpersönlichkeit gilt auch in den Fällen der §§ 2282, 2284, 2290, 2296. Sie betrifft stets nur den Erblasser, nicht den Vertragsgegner, der nicht letztwillig verfügt. Wird der Erbvertrag in Form eines gerichtlichen Vergleichs geschlossen, genügt die Genehmigung durch den Prozessbevollmächtigten nicht. Der Erblasser muss den Vergleich persönlich genehmigen (Düsseldorf ZEV 07, 95 mAnm Damrau). 1

§ 2275 Voraussetzungen

(1) **Einen Erbvertrag kann als Erblasser nur schließen, wer unbeschränkt geschäftsfähig ist.**

(2) **¹Ein Ehegatte kann als Erblasser mit seinem Ehegatten einen Erbvertrag schließen, auch wenn er in der Geschäftsfähigkeit beschränkt ist. ²Er bedarf in diesem Falle der Zustimmung seines gesetzlichen Vertreters; ist der gesetzliche Vertreter ein Vormund, so ist auch die Genehmigung des Familiengerichts erforderlich.**

(3) **Die Vorschriften des Absatzes 2 gelten entsprechend für Verlobte, auch im Sinne des Lebenspartnerschaftsgesetzes.**

§ 2276

1. Persönliche Voraussetzungen. a) Erbverträge beschränkt geschäftsfähiger oder geschäftsunfähiger **Erblasser** sind nichtig, die Mitwirkung des ges Vertreters nützt nichts (vgl § 2274); das gilt auch für die Ausübung eines vorbehaltenen Rücktrittsrechts durch den Erblasser (BayObLG FamRZ 96, 969). Die Geschäftsunfähigkeit muss zur vollen Überzeugung des Gerichts feststehen (s § 2229 Rn 7); stellt das Beschwerdegericht auf Testierfähigkeit statt auf Geschäftsfähigkeit ab, kann die Entscheidung dennoch richtig sein (BayObLG NJW-RR 96, 1289; FamRZ 02, 63 f). **b)** Die Sonderregelung für **Eheleute als Erblasser** bzw Verlobte erfasst die – seltenen – Fälle des § 106. Da für die Zustimmung der ges Vertreter §§ 108, 182 ff gelten, ist nachträgliche Genehmigung denkbar; der Notar (§ 2276) muss deshalb beurkunden, jedoch über die schwebende Unwirksamkeit belehren, BeurkG 11, 28, 18, 17 II (zT str, s SoeWolf 7). Zuständigkeit für Genehmigung nach II 2. HS: RPflG 3 Nr 2a. **c)** Für den **Vertragsgegner,** der nicht Erblasser ist, gelten grundsätzlich §§ 104 ff. **d) Nachträgliche Genehmigung** des Vertrages nach dem Tod des letztwillig verfügenden anderen Teils ist für alle Formen der Genehmigung (ges Vertreter, volljährig gewordener Vertragsteil, Vormundschafts- bzw Familiengericht) ausgeschlossen, weil mit dem Tod des Erblassers die Erbfolge feststehen muss (BGH NJW 78, 1159; zweifelnd BayObLG NJW 60, 578).

2. Reform. Die Änderung in Abs 2 („Familiengericht" statt „Vormundschaftsgericht") beruht auf Art 50 Nr 63 FGG-RG. Sie gilt seit 1.9.2009 (s Vor § 1922 Rn 19).

§ 2276 Form

(1) ¹**Ein Erbvertrag kann nur zur Niederschrift eines Notars bei gleichzeitiger Anwesenheit beider Teile geschlossen werden.** ²**Die Vorschriften des § 2231 Nr. 1 und der §§ 2232, 2233 sind anzuwenden; was nach diesen Vorschriften für den Erblasser gilt, gilt für jeden der Vertragschließenden.**

(2) **Für einen Erbvertrag zwischen Ehegatten oder zwischen Verlobten, der mit einem Ehevertrag in derselben Urkunde verbunden wird, genügt die für den Ehevertrag vorgeschriebene Form.**

1. Formerfordernisse. a) Gleichzeitige **Anwesenheit** beider Teile bedeutet nur für den verfügenden Teil **persönliche** Anwesenheit; die Vertreter eines minderjährigen Erblassers (§ 2275 II, III) brauchen nicht anwesend zu sein. **b)** Die Form der Erklärungen (§§ 2232, 2233) muss nicht bei beiden Parteien identisch sein; der andere Teil hat sich aber insoweit anzupassen, als dies zur notwendigen Information des Vertragspartners unabdingbar ist (vgl §§ 2266, 2267 Rn 1). Iü ist § 2233 auf den nicht verfügenden Vertragspartner nur insoweit anzuwenden, als seine Voraussetzungen in der Person des Vertragspartners vorliegen. Die Auslegung der Urkunde kann stillschweigende Annahmeerklärung ergeben (Frankfurt OLGZ 80, 404). **c)** Für das **Beurkundungsverfahren** gelten BeurkG 2–5, 6–13, 16–18, 22–26, 27–35. **d)** Der **Prozessvergleich** ersetzt die Form des § 2276, auch in Verfahren der freiwilligen Gerichtsbarkeit nach dem FamFG (BGH 14, 386 zum früheren FGG); in Verfahren mit Anwaltszwang müssen die Anwälte mitwirken (vgl BGH NJW 80, 2309; Düsseldorf NJW 07, 1290 mAnm Damrau ZEV 07, 95). § 2274 bleibt jedoch unberührt (s Kommentierung zu § 2274). **e)** Zu **formbedingten Auslegungsgrenzen** s § 2084 Rn 4, 5.

2. Ehe- und Erbvertrag. Die Formerleichterung gem II iVm § 1410 bietet nach neuem Recht gegenüber I kaum Vorteile und ist deshalb praktisch bedeutungslos. § 2274 bleibt anwendbar. Für das Beurkundungsverfahren gelten BeurkG 2–5, 6–13, 16–18, 22–26. Die Unwirksamkeit eines Vertrages kann gem § 139 auch den anderen Vertrag erfassen (Stuttgart FamRZ 87, 1034); ges Rücktritt vom Erbvertrag (§§ 2294, 2295) führt aber nicht zur Unwirksamkeit der eheverträglich vereinbarten Gütergemeinschaft (BGH 29, 132).

Abschnitt 4. Erbvertrag §§ 2277, 2278

3. Erbvertrag und andere Verträge. Der inhaltliche Zusammenhang zwischen einem Erbvertrag und einem anderen Vertrag (Rentenversprechen, Adoptionsvertrag, Erbverzicht, usw) führt iGgs zur rechtlichen Einheit (hierzu § 2348 Rn 1) nicht zur erbvertraglichen Formpflicht des anderen Vertrags (BGH 36, 70; WM 77, 689; Köln NJW-RR 96, 327; Kanzleiter NJW 97, 217). Hingegen soll § 139 bei inhaltlicher Abhängigkeit des Erbvertrages entspr anwendbar sein (BGH 50, 72; str). Der andere Vertrag muss jeweils seiner Formpflicht genügen. Ein Erbvertrag kann die Stiftung von Todes wegen (vgl § 83) mit einem Stiftungsgeschäft des Überlebenden verbinden (BGH 70, 322). 3

§ 2277 *(aufgehoben)*

Die Vorschrift über die Erteilung eines Hinterlegungsscheins für die Vertragsparteien ist zum 1.9.2009 durch FamFG 344 III, 346 III ersetzt (zur Reform s § 1922 Rn 19). In Baden-Württemberg gilt vorerst weiterhin notarielle Zuständigkeit (LFGG 1 II, 46 III 1). Eine inhaltliche Änderung ist nicht erfolgt. Bei Ausschluss der besonderen amtlichen Verwahrung verbleibt der Originalvertrag beim beurkundenden Notar (BeurkG 34 III). Zur Wirkung einer Rücknahme s § 2300. 1

§ 2278 Zulässige vertragsmäßige Verfügungen

(1) In einem Erbvertrag kann jeder der Vertragschließenden vertragsmäßige Verfügungen von Todes wegen treffen.

(2) Andere Verfügungen als Erbeinsetzungen, Vermächtnisse und Auflagen können vertragsmäßig nicht getroffen werden.

Lit: Buchholz, Zur bindenden Wirkung des Erbvertrags, FamRZ 87, 440; Gerken, Die Entstehung der Bindungswirkung beim Erbvertrg, BWNotZ 92, 93; Nolting, Inhalt, Ermittlung und Grenzen der Bindung beim Erbvertrag, 1985; Siebert, Die Bindungswirkung des Erbvertrags, FS Hedemann, 1958, S. 237.

1. Vertragsmäßige Verfügungen. a) Wesen. Der Erblasser ist an vertragsmäßige Verfügungen auf Grund der vertraglichen Einigung gebunden, vgl §§ 2290 ff. Ob eine solche Bindung vorliegt, ergibt sich aus ausdr Bezeichnung (BayObLGZ 61, 210) oder durch Auslegung des einverständlichen Parteiwillens (§§ 133, 157; BGH FamRZ 11, 1225: Maßgeblichkeit des Zeitpunktes des Vertragsschlusses); dabei keine Geltung der Auslegungsregel des § 2069 (München FamRZ 12, 398; sa § 2069 Rn 4 u § 2270 Rn 5). Zuwendungen an Vertragsbeteiligte werden regelmäßig als vertragsmäßige Verfügungen zu betrachten sein (BGH 26, 208; hierzu Coing NJW 58, 689; Hamm NJW-RR 05, 451 f), zB gegenseitige Erbeinsetzung (Hamm NJW 74, 1774); Vermächtnis an übernahmeberechtigten Miterben (BGH 36, 120) oder Vermächtnis und Erbverzicht (BGH 106, 361). Bei Zuwendungen an Dritte (§ 1941 II) ist das Interesse des Vertragspartners an einer Bindung ausschlaggebendes Kriterium, so dass zB bei wechselseitiger Erbeinsetzung der Ehegatten wohl die Berücksichtigung der Verwandten des Erstversterbenden vertragsmäßig sein wird (BayObLG DNotZ 90, 813; NJW-RR 03, 294; Zweibrücken NJW-RR 98, 941), nicht aber Zuwendungen an Verwandte des überlebenden Teils (LM Nr 4; anders bei abw Erblasserwillen: BayObLG Rpfleger 83, 71; sa § 2270 Rn 3). Zuwendungen an eine Familienstiftung (so BGH NJW 78, 944) werden häufig vertragsmäßig sein. In der in einem Ehevertrag nach fortgesetzter Gütergemeinschaft (§ 1483) angeordneten Teilung unter den Abkömmlingen kann deren vertragsmäßige Einsetzung als Schlusserben liegen (BayObLGZ 86, 246). Verwirkungsklauseln für gemeinsame Kinder, die den Pflichtteil nach dem Erstversterbenden verlangen (§§ 2074–2076 Rn 5; § 2269 Rn 5), oder Wiederverheiratungsklauseln (§ 2269 Rn 7 f) lassen nicht den zwingenden Schluss auf stillschweigende bindende Schluss- 1

§ 2279

2 erbeneinsetzung zu (Saarbrücken NJW-RR 92, 841). **b)** Der **Vorbehalt anderweitiger Verfügung** (hierzu Hülsmeier NJW 86, 3115; Mayer DNotZ 90, 755; Weiler DNotZ 94, 427; Keim ZEV 05, 365; krit Lehmann NotBZ 04, 210 mwN; sa § 2293 Rn 2) im Erbvertrag ist grundsätzlich zulässig (BayObLG FamRZ 00, 1252), jedoch muss stets mindestens eine endgültig bindende Verfügung verbleiben, da andernfalls kein Erbvertrag vorliegen würde (BGH 26, 208; NJW 82, 442 f; BayObLG NJW-RR 97, 1028 mN; Stuttgart BWNotZ 00, 19; ZEV 03, 81). Ausreichend ist dabei, dass die Änderung nur unter bestimmten Voraussetzungen möglich oder inhaltlich beschränkt ist (München ZErb 07, 61; FamRZ 09, 549; Musielak ZEV 07, 245; Keim NJW 09, 818; sehr weitgehend!). Denkbar ist zB der Vorbehalt, den Vertragserben mit Vermächtnissen oder Auflagen zu belasten (zB BayObLG FamRZ 92, 725), einen namentlich bestimmten Testamentsvollstrecker zu ernennen (Stuttgart OLGZ 79, 49), die Erbquote der Vertragserben zu ändern (BGH WM 86, 1222; Koblenz DNotZ 98, 218: Änderung aus „triftigen Gründen"; s aber Düsseldorf ZEV 07, 275: die Befugnis zur Änderung der Erbquoten umfasst nicht ohne weiteres das Recht, die Erbquote eines Erben auf Null zu setzen) oder über „eigenes", nicht ererbtes Vermögen frei zu verfügen (BayObLG FamRZ 91, 1359). Wohl aber kann volle Enterbung der als Schlusserben bedachten Abkömmlinge in Extremfällen Auslegungsergebnis sein (München FamRZ 09, 550: volle Aufkündigung der Beziehung zur überlebenden Mutter). Auch ein stillschweigender

3 Vorbehalt ist möglich (BayObLG Rpfleger 95, 250). **c)** Zum **numerus clausus** vertragsmäßiger Verfügungen vgl II § 1941; dabei kann die Abgrenzung zwischen Teilungsanordnung und Vermächtnis entscheidend sein (BGH NJW 82, 442;

4 s § 2048 Rn 4). **d) Wechselbezüglichkeit** und Vertragsmäßigkeit sind zu unterscheiden (vgl § 2298 III). **e)** Eine **schuldrechtliche Verpflichtung** entsteht aus erbvertraglicher Bindung nicht, so dass weder für den Vertragspartner noch für begünstigte Dritte (BGH 12, 119) ein vormerkungsfähiger Anspruch zu Lebzeiten des Erblassers gegeben ist; vgl aber auch § 2286 Rn 1–5.

5 **2. Einseitige Verfügungen.** Beispiel: Enterbung ohne Erbeinsetzung (München NJW-RR 06, 83). Sie unterliegen ohne Beschränkung den allg Vorschriften, § 2299.

6 **3. Verbindung mit Rechtsgeschäften unter Lebenden.** Vgl § 2276 Rn 3 und § 2295 Rn 1.

7 **4. Reform.** Geplant war folgende Ergänzung durch das G zur Änderung des Erb- und Verjährungsrechts (s Vor § 1922 Rn 18): „§ 2278 Abs 2 wird wie folgt gefasst: ,(2) Andere Verfügungen als 1. Erbeinsetzungen, 2. Vermächtnisse, 3. Auflagen und 4. Anordnungen nach den §§ 2050, 2053 und 2314 können vertragsmäßig nicht getroffen werden.'" Diese Erweiterung des Abs 2 wurde nicht Gesetz.

§ 2279 Vertragsmäßige Zuwendungen und Auflagen; Anwendung von § 2077

(1) **Auf vertragsmäßige Zuwendungen und Auflagen finden die für letztwillige Zuwendungen und Auflagen geltenden Vorschriften entsprechende Anwendung.**

(2) **Die Vorschrift des § 2077 gilt für einen Erbvertrag zwischen Ehegatten, Lebenspartnern oder Verlobten (auch im Sinne des Lebenspartnerschaftsgesetzes) auch insoweit, als ein Dritter bedacht ist.**

1 **1. Entsprechend anzuwendende Vorschriften.** §§ 1937–1959, 2094, 2095, 2176–2179; §§ 1942 ff, 2180; §§ 2065–2077, 2084–2093, wobei § 2298 dem § 2085 vorgeht; §§ 2096–2099, 2100–2146, 2147–2191 (für § 2169 ausführlich BGH 31, 17); §§ 2192–2196. **Unanwendbar** §§ 2265–2268.

§§ 2280, 2281

2. Ehegatten- bzw Verlobtenerbvertrag. Hier ist zu unterscheiden: **a)** Die 2
Unwirksamkeit der **Verfügung zugunsten des überlebenden Ehegatten** folgt
aus §§ 2077, 2279 I (zB Saarbrücken Rpfleger 91, 504); die vertragsmäßige wechselbezügliche Verfügung des überlebenden Teils ist unwirksam gem § 2298. **b)** Die 3
Verfügung des vorversterbenden Ehegatten zugunsten eines Dritten ist
gem II nach den Regeln des § 2077 unwirksam (zB München ZEV 08, 290 mAnm
Purrucker; sa § 2077 Rn 7); für die vertragsmäßige Verfügung des überlebenden
Teils gilt § 2298 (Hamm FamRZ 94, 994). **c) Erblasser gem § 2077** ist stets nur
der vorversterbende Ehegatte (Hamm FamRZ 65, 78); der überlebende Teil ist bei
Nichtigkeit oder später bekannt gewordenen Eheverfehlungen auf § 2281
beschränkt. **d)** Die **Widerlegbarkeit** der Unwirksamkeitsvermutung folgt aus 4
§ 2077 III (vgl BGH FamRZ 61, 366; Stuttgart OLGZ 76, 17; BayObLG FamRZ
97, 126); vgl auch § 2298 III und § 2077 Rn 9.

§ 2280 Anwendung von § 2269

Haben Ehegatten oder Lebenspartner in einem Erbvertrag, durch den sie sich gegenseitig als Erben einsetzen, bestimmt, dass nach dem Tode des Überlebenden der beiderseitige Nachlass an einen Dritten fallen soll, oder ein Vermächtnis angeordnet, das nach dem Tode des Überlebenden zu erfüllen ist, so findet die Vorschrift des § 2269 entsprechende Anwendung.

a) Vgl § 2269 Rn 1 ff. **b)** Die **Beteiligung von als Schlusserben eingesetzten** 1
Kindern am Erbvertrag kann als Verzichtsvertrag (§§ 2346, 2348) des Inhalts auszulegen sein, dass die beteiligten Schlusserben auf den Pflichtteilsanspruch nach dem Tod des erstversterbenden Ehegatten verzichten (BGH 22, 368; s § 2346 Rn 2).

§ 2281 Anfechtung durch den Erblasser

(1) **Der Erbvertrag kann auf Grund der §§ 2078, 2079 auch von dem Erblasser angefochten werden; zur Anfechtung auf Grund des § 2079 ist erforderlich, dass der Pflichtteilsberechtigte zur Zeit der Anfechtung vorhanden ist.**

(2) ¹**Soll nach dem Tode des anderen Vertragschließenden eine zugunsten eines Dritten getroffene Verfügung von dem Erblasser angefochten werden, so ist die Anfechtung dem Nachlassgericht gegenüber zu erklären.** ²**Das Nachlassgericht soll die Erklärung dem Dritten mitteilen.**

Lit: Krebber, Die Anfechtbarkeit des Erbvertrages wegen Motivirrtums – Ein Beitrag zum Verständnis des Erbvertrages –, DNotZ 03, 20; Rohlfing/Mittenzwei, Der Erklärungsgegner bei der Anfechtung eines Erbvertrags oder gemeinschaftlichen Testaments, ZEV 03, 49.

1. Anfechtungsberechtigte. a) Der Erblasser selbst kann ein Testament nicht 1
anfechten, weil Widerrufsmöglichkeit gegeben ist (§§ 2253 ff; s aber § 2080 Rn 1);
§ 2080 bestimmt den Kreis der Anfechtungsberechtigten. Weil vertragsmäßige Verfügungen binden (§§ 2289 ff), gesteht I dem Erblasser insoweit ebenfalls ein Anfechtungsrecht zu (hierzu Veit NJW 93, 1553); bei einseitigen Verfügungen bewendet es mit der Widerrufsmöglichkeit (§§ 2299 II 1, 2253 ff). Das Anfechtungsrecht des Erblassers ist entspr § 2079 S 2 erbvertraglich verzichtbar (BGH NJW 83, 2249; Bengel DNotZ 84, 137; zum Verzicht in einem gemeinschaftlichen Testament BayObLG FamRZ 00, 1331). Für die Auslegung der Anfechtungserklärung gelten die Grundsätze der §§ 133, 2084 (BGH NJW-RR 13, 73). **b)** Der **Vertragsgegner** kann nach §§ 119, 123 die eigenen Willenserklärungen anfechten, soweit er nicht selbst letztwillig verfügt hat; die Erklärung des verfügenden anderen Teils kann er nur nach §§ 2080, 2082 anfechten.

§ 2282

2 2. Anfechtungsgründe. a) Vgl § 2078. Beachtlicher Irrtum kann sein der Irrtum über die erbvertragliche Bindungswirkung (Hamm OLGZ 66, 498; BayObLG NJW-RR 97, 1028; Frankfurt ZEV 97, 422; s aber zum Fristenlauf gem § 2283 II BGH FamRZ 11,1224 u § 2283 Rn 1); Fehlvorstellung über den erbvertraglichen Ausschluss des Anfechtungsrechts (BayObLG NJW-RR 97, 1030); die Erwartung des Abbaus bestehender persönlicher Unstimmigkeiten mit der Vertragspartei (BGH WM 73, 974) oder des harmonischen Fortgangs der Ehe (BayObLG FamRZ 83, 1275; sa OLGR Hamm 05, 205: Erwartung, es werde zu keinem Scheidungsverfahren kommen); Irrtum über leibliche Abstammung des Sohnes des anderen Ehegatten (München FamRZ 09, 1625 f); unerwartete Nicht- oder Schlechterfüllung der vereinbarten Gegenleistung (offen BGH NJW 11, 226 für Ausbleiben der Betreuungsleistung; Hamm DNotZ 77, 756; vgl auch § 2295 Rn 1). Maßgebend sind die konkreten subj Vorstellungen des später anfechtenden Erblassers, nicht die Maßstäbe eines verständigen Dritten (BGH WM 83, 568; BayObLG FamRZ 00, 1053; 04,
3 1070). **b)** § 2079 wird insoweit modifiziert, als der Pflichtteilsberechtigte nur den Anfechtungszeitpunkt und nicht den Erbfall erleben muss. Ein Anfechtungsgrund besteht auch, wenn ihn der Erblasser durch Heirat oder Adoption selbst schafft; nur bes Umstände (§§ 226, 138) führen zur Nichtigkeit der Anfechtung (BGH FamRZ 70, 79).

4 3. Anfechtungsgegner. a) Bei **Lebzeiten des Vertragsgegners** stets der Vertragsgegner (§ 143 II), falls ein Vertragsteil anficht. **b)** Nach dem **Tode des Erblassers aa)** falls Dritte (§ 2080) anfechten, vgl § 2081 Rn 1 f; **bb)** falls der andere Vertragsteil anficht, um Verfügungen zgDr zu beseitigen (§ 2080), vgl § 2081 Rn 1 f. Verfügungen zu seinen Gunsten kann er nicht anfechten, sondern nur ausschlagen; **cc)** falls der andere Vertragsteil anficht, um *eigene* Verfügungen zgDr zu beseitigen, gem II das für den Erstverstorbenen zuständige NachlassG (FamFG 343; früher FGG 73). Eigene Verfügungen zugunsten des Erstverstorbenen sind gegenstandslos.
5 c) Nach dem **Tode eines nicht verfügenden Vertragspartners** gilt Rn 4 (b, cc). Dritte können erst nach dem Tode auch des Erblassers anfechten (§§ 2078 ff).

6 4. Wirkung. Sie liegt in der Nichtigkeit der angefochtenen Erklärung (§ 142 I). Für die übrigen letztwilligen Verfügungen gilt § 2085, für vertragsmäßige Verfügungen § 2298. Soweit nur Willenserklärungen angefochten werden, die keine Verfügung enthalten, können die letztwilligen Verfügungen uU als Testament (§ 140) aufrechtzuerhalten sein. § 122 ist anwendbar (Mankowski ZEV 98, 46; aA München ZEV 98, 70 f). Vgl auch § 2276 Rn 3.

7 5. Gemeinschaftliches Testament. Vgl § 2271 Rn 11 ff.

§ 2282 Vertretung, Form der Anfechtung

(1) ¹Die Anfechtung kann nicht durch einen Vertreter des Erblassers erfolgen. ²Ist der Erblasser in der Geschäftsfähigkeit beschränkt, so bedarf er zur Anfechtung nicht der Zustimmung seines gesetzlichen Vertreters.

(2) **Für einen geschäftsunfähigen Erblasser kann sein gesetzlicher Vertreter den Erbvertrag anfechten; steht der Erblasser unter elterlicher Sorge oder Vormundschaft, ist die Genehmigung des Familiengerichts erforderlich, ist der gesetzliche Vertreter ein Betreuer, die des Betreuungsgerichts.**

(3) **Die Anfechtungserklärung bedarf der notariellen Beurkundung.**

1 a) Vgl zur Genehmigung gem II RPflG 3 Nr 2c. Die Formpflicht gem III gilt nur für den Erblasser, nicht für Dritte gem § 2080 (sa § 2081 Rn 3); Urschrift oder Ausfertigung, nicht bloß beglaubigte Abschrift müssen zugehen (BayObLGZ 63, 260).

Abschnitt 4. Erbvertrag §§ 2283–2285

b) Infolge des FGG-RG (s Vor § 1922 Rn 19) wurde Abs 2 mit Wirkung zum 1.9.2009 neu gefasst. Die neue Zuständigkeit des Familien- und Betreuungsgerichts ist dabei berücksichtigt.

§ 2283 Anfechtungsfrist

(1) Die Anfechtung durch den Erblasser kann nur binnen Jahresfrist erfolgen.

(2) ¹Die Frist beginnt im Falle der Anfechtbarkeit wegen Drohung mit dem Zeitpunkt, in welchem die Zwangslage aufhört, in den übrigen Fällen mit dem Zeitpunkt, in welchem der Erblasser von dem Anfechtungsgrund Kenntnis erlangt. ²Auf den Lauf der Frist finden die für die Verjährung geltenden Vorschriften der §§ 206, 210 entsprechende Anwendung.

(3) Hat im Falle des § 2282 Abs. 2 der gesetzliche Vertreter den Erbvertrag nicht rechtzeitig angefochten, so kann nach dem Wegfall der Geschäftsunfähigkeit der Erblasser selbst den Erbvertrag in gleicher Weise anfechten, wie wenn er ohne gesetzlichen Vertreter gewesen wäre.

1. Geltungsbereich. § 2283 gilt nur für den Erblasser, iÜ gelten §§ 2082 bzw 121, 124, vgl hierzu § 2281 Rn 1.

2. Kenntnis des Anfechtungsgrundes. Sie bedeutet Gewissheit über alle für die Anfechtung wesentlichen Tatumstände (BGH NJW 11, 226: sichere und überzeugte Kenntnis ohne übertriebene Anforderungen; FamRZ 11, 1225 f). Irrtum über das Anfechtungsrecht bei voller Kenntnis des Anfechtungstatbestandes (zB Annahme der Unwirksamkeit des Vertrags infolge des Anfechtungsgrundes) hindert den Fristlauf nicht (BGH FamRZ 70, 79; ähnlich FamRZ 11, 1225 f ; BayObLG NJW-RR 91, 455; Frankfurt ZEV 00, 106: unbeachtlicher Irrtum über das Entfallen der Bindungswirkung mit Wiederverheiratung; LG Frankfurt ZErb 10, 125: unbeachtlicher Irrtum über Anfechtungsrecht bei weiteren Pflichtteilsberechtigten). Wohl aber fehlt es an der Kenntnis des Anfechtungstatbestandes, falls Tatumstände auf Grund Rechtsirrtums falsch bewertet werden, zB irrige Annahme der Unwirksamkeit wegen bereits erfolgter Anfechtung (KG FamRZ 68, 218; s aber Hamm FamRZ 94, 851), irrige Beurteilung der Wirksamkeit eines Widerrufs (Köln OLGZ 67, 496), irrige Annahme der Hinfälligkeit einer Schlusserbeneinsetzung nach Eheschließung (BayObLG NJW-RR 92, 1224); sa § 2281 Rn 1 und § 2082 Rn 1 f.

§ 2284 Bestätigung

¹Die Bestätigung eines anfechtbaren Erbvertrags kann nur durch den Erblasser persönlich erfolgen. ²Ist der Erblasser in der Geschäftsfähigkeit beschränkt, so ist die Bestätigung ausgeschlossen.

a) S 2 gilt auch bei § 2275 II (str). **b)** Die **nicht** empfangsbedürftige Willenserklärung kann schlüssig und formlos (§ 144 II) abgegeben werden (aA Bengel DNotZ 84, 134).

§ 2285 Anfechtung durch Dritte

Die in § 2080 bezeichneten Personen können den Erbvertrag auf Grund der §§ 2078, 2079 nicht mehr anfechten, wenn das Anfechtungsrecht des Erblassers zur Zeit des Erbfalls erloschen ist.

Erlöschen des Anfechtungsrechtes des Erblassers kann erfolgen durch Fristversäumnis (§ 2283; BayObLG NJW-RR 92, 1224) oder Bestätigung (§ 2284). Dem das Anfechtungsrecht verneinenden Feststellungsurteil gegen den Erblasser sollte nicht

§ 2286

über entspr Anwendung des § 2285 Rechtskraft gegen Dritte zuerkannt werden; offengelassen in BGH 4, 93, wo das Anfechtungsrecht Dritter auf weitere zusätzliche Anfechtungsgründe gestützt wird (str, vgl SoeWolf 2 mN). Die *Beweislast* trägt, wer sich auf das Erlöschen des Anfechtungsrechts beruft (Stuttgart OLGZ 82, 315; Düsseldorf FamRZ 07, 1272).

§ 2286 Verfügungen unter Lebenden

Durch den Erbvertrag wird das Recht des Erblassers, über sein Vermögen durch Rechtsgeschäft unter Lebenden zu verfügen, nicht beschränkt.

Lit: Dilcher, Die Grenzen erbrechtlicher Bindung zwischen Verfügungsfreiheit und Aushöhlungsnichtigkeit, Jura 88, 72; Kohler, Erblasserfreiheit oder Vertragserbenschutz und § 826 BGB, FamRZ 90, 464; Krebber, Die Sicherung erbrechtlicher Erwerbsaussichten im Lichte erbrechtlicher Prinzipien, AcP 204, 149; Speckmann, Aushöhlungsnichtigkeit und § 2287 BGB bei Erbvertrag und gemeinschaftlichem Testament, NJW 74, 341; Stöcker, Erbenschutz zu Lebzeiten des Erblassers bei der Betriebsnachfolge in Familienunternehmen und Höfe, WM 80, 482; Teichmann, Die „Aushöhlung" erbrechtlicher Bindungen als methodisches Problem, MDR 72, 1.

1   **1. Grundsatz der freien Verfügungsbefugnis.** Er gilt für Rechtsgeschäfte unter Lebenden (BGH 31, 15; Dilcher Jura 87, 16) u ist der zutr positivrechtliche Ausgangspunkt für alle Erwägungen, die Stellung der im Erbvertrag Begünstigten gegen gegenläufige Verfügungen des noch lebenden Erblassers zu sichern. Da aus dem Erbvertrag selbst keinerlei schuldrechtliche Ansprüche folgen, ist es auch nicht möglich, die Wirkung solcher Verfügungen durch entspr dingliche Vormerkungen (§ 883) zu beeinträchtigen (BGH 12, 117); vgl § 2278 Rn 4. Das „Anwartschaftsrecht" des Bedachten – falls man von einem solchen überhaupt reden will (vgl schon § 2269 Rn 6) – gewährt allenfalls das Recht, die Fortgeltung einer erbvertraglichen Verfügung durch Feststellungsurteil klären zu lassen, falls sie – zB wegen Anfechtung – zweifelhaft geworden ist (vgl hierzu BGH 37, 332; Düsseldorf FamRZ 95, 59).

2   **2. Grenzen der freien Verfügungsbefugnis.** Sie sind von diesem Ansatz aus folgendermaßen zu ziehen: **a) Nichtigkeit gem § 134** wegen Umgehung der §§ 2290 ff ist abzulehnen, weil § 2286 diese Möglichkeit ja gerade gewähren will
3   (BGH 59, 346). **b) Nichtigkeit** gem § 138 I folgt konsequent nicht aus einer Umgehung der §§ 2290 ff, sondern sie kann nur bei weiteren Umständen vorliegen, zB bei anstößigem Zusammenwirken zur Hintergehung des vertragsmä-
4   ßig Bedachten (BGH 59, 348 und 351; 108, 79). **c) Eine schuldrechtliche Verpflichtung** des Erblassers, nicht zu Lebzeiten zu verfügen, ist nach § 137 S 2 zulässig (BGH 12, 122; 31, 18; 59, 350); sie bedarf auch bei Grundstücken keiner Form (BGH FamRZ 67, 470) und unterliegt bei getrennter Vereinbarung nicht erbvertraglicher Formpflicht (BGH FamRZ 67, 470; vgl auch WM 77, 689, § 2276 Rn 3), kann also uU stillschweigend vereinbart sein. Die **Schadensersatzpflicht des Erblassers** geht auf die Erben oder den Vermögensübernehmer alten Rechts gem § 419 aF (BGH 59, 352; § 419 ist am 1.1.1999 außer Kraft getreten, vgl § 419 Rn 1) über. Der Anspruch auf Unterlassung einer Verfügung ist nicht vormerkungsfähig (BGH 12, 122); vormerkungsfähig ist nur ein (zusätzlicher) schuldrechtlicher Anspruch gegen den Erblasser auf dingliche Rechtsänderung, der auch bedingt (Bsp: BayObLG FamRZ 89, 322; Düsseldorf Rpfleger 03, 290: bei abrede-
5   widriger Verfügung über das Grundstück) oder künftig sein kann (§ 883). **d)** Vgl iÜ **§ 2287**. Er regelt den Schutz des Vertragserben vor einem Missbrauch der fortbestehenden Verfügungsgewalt des Erblassers *abschließend* (BGH 108, 78 mAnm Schubert JR 90, 159; NJW 91, 1952; krit Kohler FamRZ 90, 464), so dass insbes § 826 insoweit nicht anwendbar ist.

Abschnitt 4. Erbvertrag § 2287

3. Vollzogene Rechtsgeschäfte unter Lebenden auf den Todesfall. Sie folgen §§ 2301 II, 331 und fallen nicht unter § 2289 I 2 (BGH 66, 14), sind also auch bei erbvertraglicher Bindung nach allg Regeln wirksam. 6

§ 2287 Den Vertragserben beeinträchtigende Schenkungen

(1) **Hat der Erblasser in der Absicht, den Vertragserben zu beeinträchtigen, eine Schenkung gemacht, so kann der Vertragserbe, nachdem ihm die Erbschaft angefallen ist, von dem Beschenkten die Herausgabe des Geschenks nach den Vorschriften über die Herausgabe einer ungerechtfertigten Bereicherung fordern.**

(2) **Die Verjährungsfrist des Anspruchs beginnt mit dem Erbfall.**

Lit: Beisenherz, „Berechtigte Erberwartung" des Vertragserben, Anwachsung und Ausschlagung, ZEV 05, 8; Ivo, Die Zustimmung zur erbvertragswidrigen lebzeitigen Verfügung, ZEV 05, 101; Schindler, Pflichtteilsverzicht und Pflichtteilsverzichtsaufhebungsvertrag – oder: die enttäuschten Schlußerben, DNotZ 04, 824; Spellenberg, Verbotene Schenkungen gebundener Erblasser in der Rechtsprechung, NJW 86, 2531.

1. Anspruchsvoraussetzungen. a) Schenkung ist das Schenkungsversprechen 1 (§ 518) und die vollzogene Schenkung, ferner die vollzogene Schenkung auf den Todesfall, § 2301 II (BGH 66, 15); das bloße Schenkungsversprechen auf den Todesfall ist ohnehin unwirksam, § 2301 I. Ausreichend ist auch die sog **gemischte** Schenkung, die bei Einigung über teilw Unentgeltlichkeit vorliegt (etwa bei ungleichwertigem Tausch, vgl Köln NJW-RR 96, 327), nicht schon beim Verkauf unter Wert (zB Gesellschaftseintritt gegen Nominalwert, BGH 97, 194; krit Kuchinke JZ 87, 253). Bei *grobem* Missverhältnis von Leistung und Gegenleistung spricht allerdings eine Vermutung für die Einigung über die teilw Unentgeltlichkeit (BGH 82, 281; sa § 2325 Rn 3). Ein Erbverzicht ist keine die Schenkung ausschließende Gegenleistung (BGH NJW 90, 2064; sa § 2325 Rn 6). Die sog unbenannte Zuwendung unter Ehegatten ist Schenkung iSd §§ 2287, 2288, 2325 (BGH 116, 170 = LM Nr 20 mAnm Hohloch; NJW-RR 96, 133; hierzu Kues FamRZ 92, 924; Klinghöffer NJW 93, 1097; Draschka DNotZ 93, 100; Langenfeld ZEV 94, 129), insbes wenn sie unterhaltsrechtlich nicht geboten sind. Keine Schenkung ist dagegen die angemessene Alterssicherung des anderen Eheteils (dazu BGH 116, 173; NJW 72, 580; sa § 2325 Rn 4) und dementsprechend auch – selbst bei langer Dauer – die Einräumung eines unentgeltlichen schuldrechtlichen Wohnrechts (zuletzt BGH ZEV 08, 192 mN; hierzu Frieser, ErbR 08, 34 ff). **b) Obj Beeinträchtigung des Vertragserben.** 2 Sie fehlt, wenn der Erblasser die verschenkten Gegenstände dem Beschenkten trotz des Erbvertrages durch Verfügung von Todes wegen hätte zukommen lassen können (BGH 82, 278; FamRZ 89, 175), zB beim erbvertraglichen Vorbehalt abw Verfügung (BGH NJW 83, 2378; WM 86, 1222; München ZEV 05, 62; § 2278 Rn 2), oder wenn Zugewinnausgleich und Pflichtteilsansprüche des beschenkten Ehegatten gleiche Ergebnisse gezeigt hätten (BGH 116, 175). Keine Beeinträchtigung liegt ferner vor bei Ausgleichungsanordnung (§§ 2052, 2050 III) zu Lasten des beschenkten vertraglichen Mitschlusserben (BGH FamRZ 89, 175 mAnm Musielak); ebenso wenig nach Köln ZEV 97, 423 mabl Anm Skibbe bei Vorausvermächtnis des weggeschenkten Grundstücks zugunsten des beeinträchtigten Miterben (zweifelhaft!). **c) Benachteiligungsabsicht** durch Missbrauch des verbliebenen Rechts zu lebzei- 3 tigen Verfügungen (BGH 88, 282). Sie liegt idR vor, wenn kein lebzeitiges Eigeninteresse des Erblassers erkennbar ist (zB Altersversorgung, sittliche Pflicht, Erhaltung eines Unternehmens), die Verfügung es vielmehr ersichtlich darauf anlegt, dass anstelle des Vertragserben ein anderer das wesentliche Erblasservermögen ohne angemessenes Äquivalent erhält (BGH 59, 350, stRspr, zuletzt 83, 46; 97, 188; 116, 176; NJW 92, 2630; ZEV 05, 479; NJW-RR 12, 207; dazu Löhnig FamRZ 12, 118; ferner Koblenz OLGZ 91, 235; NJW-RR 05, 883; Köln NJW-RR 92, 200;

§ 2287

ZEV 00, 106; Celle FamRZ 06, 1876: neuer Ehegatte des Erblassers). Unerheblich ist, ob die Schenkungsabsicht oder die Benachteiligungsabsicht überwiegende Motivationskraft hat, weil beide Absichten praktisch oft nicht zu trennen sein werden (BGH 88, 271). Das lebzeitige Eigeninteresse muss idR durch geänderte Sachlage nach Abschluss des Erbvertrags bedingt sein (BGH 77, 268; 83, 46; NJW 84, 732; Frankfurt NJW-RR 91, 1159; hierzu Waltermann JuS 93, 276; Celle FamRZ 03, 1973); jedoch schließt die in einem Erbvertrag enthaltene Pflegeversicherung des Vertragserben ein lebzeitiges Eigeninteresse des Erblassers, sich einer anderen Hilfsperson zu bedienen, nicht aus (BGHR BGB § 2287 Abs 1 Eigeninteresse 4). Die Benachteiligungsabsicht kann auch bei fehlendem Eigeninteresse zu verneinen sein, zB wenn die Schenkung die Pflege des Vertragserben sichern soll (BGH NJW-RR 87, 2). Nicht ausreichend ist der Wille, für Gleichbehandlung der Abkömmlinge zu sorgen (BGH ZEV 06, 312). Keine missbräuchliche Schenkung liegt vor, wenn der Erblasser den Erbvertrag anfechten könnte und innerhalb der Anfechtungsfrist Schenkungen zum Nachteil des Vertragserben vornimmt (BGH ZEV 06, 505). **d) Anfall** beim Vertragserben fehlt bei Ausschlagung, § 1953. Vor dem Erbfall besteht kein Anspruch. **e) Abdingbarkeit** der §§ 2287, 2288 ist nach Köln ZEV 03, 77 mAnm Mayer gegeben (sa München ZEV 05, 62; str, s SoeWolf 1 mN).

4   **2. Inhalt des Anspruchs. a)** Herausgabe gem §§ 818–822 bei vollzogener Schenkung. Der pflichtteilsberechtigte Beschenkte darf die Schenkung bis zur Höhe des fiktiven Erbteils behalten (BGH 88, 272); dies gilt sogar dann, wenn er auf sein Erbe verzichtet hat (arg § 2351; BGH 77, 269), allerdings unter Abzug des für den Erbverzicht erlangten Entgelts (BGH 77, 271). Auch der Wert eines Vermächtnisses an den Beschenkten kann einbehalten werden (BGH 97, 194). Von mehreren beeinträchtigenden Zuwendungen sind jüngere vor älteren dem Herausgabeanspruch ausgesetzt (BGH NJW-RR 96, 133: Grundsatz der Posteriorität). Kenntnis der
5   Beeinträchtigungsabsicht wirkt haftungsverschärfend, § 819. **b)** Befreiung von Erfüllung des Schenkungsversprechens (Bereicherungseinrede gem § 821 gegen Erfüllungsanspruch des Beschenkten). **c)** Bei gemischter Schenkung Herausgabe Zug um Zug gegen Ausgleichszahlung nur bei Überwiegen der Unentgeltlichkeit, sonst Wertausgleich; gleiche Abwägung erfolgt zwischen herauszugebendem Schenkungswert und Pflichtteils- bzw Vermächtniswert (BGH 77, 272; 82, 279; 88, 272; BGH
6   ZEV 06, 506). **d)** Ein **vorbereitender Auskunftsanspruch** des Vertragserben hinsichtlich Bestehen und Umfang seines Rechts (nicht aber bzgl eventueller Gegenrechte: Zweibrücken NJW-RR 04, 1727) ist zu bejahen, falls für die Voraussetzungen des 2287 greifbare Anhaltspunkte dargetan sind; so BGH 97, 192 (krit Anm Kuchinke JZ 87, 253): § 242 (ebenso Celle FamRZ 03, 1972; s aber BGH 97, 193; Düsseldorf ZEV 12, 156: kein Wertermittlungsanspruch, sehr zweifelhaft!); Winkler v. Mohrenfels NJW 87, 2558: § 2028 analog; sa Stürner, Die Aufklärungspflicht der Parteien des Zivilprozesses, 1976, S 319/320.

7   **3. Parteien des Anspruchs. a) Gläubiger** des Anspruchs ist der Vertragserbe, bei mehreren Vertragserben entgegen § 2039 verhältnismäßig jeder Vertragserbe (LM Nr 4 zu § 2278; BGH NJW 89, 2391) bzw der durch Teilungsanordnung gegenständlich begünstigte Miterbe (Frankfurt NJW-RR 91, 1159). Der Anspruch gehört nicht zum Nachlass (Frankfurt NJW-RR 91, 1159), unterliegt also auch nicht der Testamentsvollstreckung; jedoch Verjährungshemmung bei Klage des ermächtigten Testamentsvollstreckers (BGH 78, 3 zum alten Recht; krit Tiedtke DB 81, 1317). Der *Anspruchsverzicht* bedarf der Form des § 2348 (BGH 108, 255). Bei Minderjährigen ist vormundschaftsgerichtl Genehmigung erforderlich (BGH 83, 50; §§ 2347, 2352). **b) Schuldner** ist der Beschenkte, anders § 2288. **c)** Die **Verjährungsfrist** nach II gilt für alle aus der Schenkung resultierenden Ansprüche, auch solche auf Herausgabe gezogener Nutzungen (Köln ErbBStG 00, 138).

8   **4. Anwendungsbereich.** Zur entspr Anwendung beim *gemeinschaftlichen Testament* s § 2271 Rn 5, 10; zum Verhältnis zu § 826 s § 2286 Rn 5.

Abschnitt 4. Erbvertrag §§ 2288, 2289

5. Prozessuales. Grundsätzliche Darlegungs- und Beweislast des Vertragserben 9
für Schenkung und fehlendes lebzeitiges Eigeninteresse; aber Darlegungslast des
Beschenkten für nähere Umstände der Zuwendung (BGH 97, 192; Köln NJW-
RR 92, 200; Celle FamRZ 03, 1973; Baumgärtel/Schmitz, § 2287 Rn 6; zum
Auskunftsanspruch Rn 6). Eine Feststellungsklage des Vertragserben zu Lebzeiten
des Erblassers, die den Anspruch aus § 2287 I zum Gegenstand hat, ist regelmäßig
mangels Feststellungsinteresses (ZPO 256 I) unzulässig (München FamRZ 96, 253;
OLGR Schleswig 03, 89 gegen Koblenz MDR 87, 935).

6. Verjährung. Nach dem G zur Änderung des Erb- u Verjährungsrechts (s 10
Vor § 1922 Rn 18) beschränkt sich Abs 2 darauf, den Beginn der regelmäßigen
dreijährigen Verjährung (§ 195) entgegen § 199 auf den Erbfall vorzuverlegen. Die
Neufassung trat zum 1.1.2010 in Kraft (Übergangsrecht: EG 229 § 23 II).

§ 2288 Beeinträchtigung des Vermächtnisnehmers

(1) **Hat der Erblasser den Gegenstand eines vertragsmäßig angeordneten Vermächtnisses in der Absicht, den Bedachten zu beeinträchtigen, zerstört, beiseite geschafft oder beschädigt, so tritt, soweit der Erbe dadurch außerstande gesetzt ist, die Leistung zu bewirken, an die Stelle des Gegenstands der Wert.**

(2) ¹**Hat der Erblasser den Gegenstand in der Absicht, den Bedachten zu beeinträchtigen, veräußert oder belastet, so ist der Erbe verpflichtet, dem Bedachten den Gegenstand zu verschaffen oder die Belastung zu beseitigen; auf diese Verpflichtung findet die Vorschrift des § 2170 Abs. 2 entsprechende Anwendung.** ²**Ist die Veräußerung oder die Belastung schenkweise erfolgt, so steht dem Bedachten, soweit er Ersatz nicht von dem Erben erlangen kann, der im § 2287 bestimmte Anspruch gegen den Beschenkten zu.**

Der **Zweck** der Vorschrift besteht darin, dem Vermächtnisnehmer des Erbvertra- 1
ges über §§ 2165, 2169, 2170 ff hinaus weitergehenden Schutz zu gewähren. Zur
Abdingbarkeit s § 2287 Rn 3. **a)** Beeinträchtigungsabsicht: s § 2287 Rn 3 (BGH
NJW 84, 732; 94, 317; NJW-RR 98, 577). **b) Anspruchsschuldner** sind primär
nur der bzw die **beschwerten** Erben bzw Miterben; denn die Haftung aus § 2288
reicht nicht weiter als die Haftung für das Vermächtnis selbst (SoeWolf 3; str, aA
MK/Musielak 9). **c)** Der **Veräußerung** gem II gleichgestellt ist wegen § 2169 IV
die Verpflichtung zur Veräußerung (BGH 31, 23). **d)** Die **Ersatzhaftung des** 2
Beschenkten greift durch, falls der Wertersatzanspruch gegen den Erben (II 1 HS 2,
§ 2170 II 1) nicht durchsetzbar ist (beschränkte Haftung, Zahlungsunfähigkeit usw).
Dies kann bei der Vereitelung von Geld- oder Gattungsvermächtnissen bedeutsam
sein (s BGH 111, 138). **e)** Der vermächtnisbelastete Vertragserbe hat gegen den
Beschenkten keinen Herausgabeanspruch aus § 2287 (Frankfurt NJW-RR 91,
1159), der ihm die Erfüllung des Vermächtnisses erleichtern könnte.

§ 2289 Wirkung des Erbvertrags auf letztwillige Verfügungen; Anwendung von § 2338

(1) ¹**Durch den Erbvertrag wird eine frühere letztwillige Verfügung des Erblassers aufgehoben, soweit sie das Recht des vertragsmäßig Bedachten beeinträchtigen würde.** ²**In dem gleichen Umfang ist eine spätere Verfügung von Todes wegen unwirksam, unbeschadet der Vorschrift des § 2297.**

(2) **Ist der Bedachte ein pflichtteilsberechtigter Abkömmling des Erblassers, so kann der Erblasser durch eine spätere letztwillige Verfügung die nach § 2338 zulässigen Anordnungen treffen.**

§ 2289

Lit: Ivo, Die Zustimmung zur erbvertragswidrigen Verfügung von Todes wegen, ZEV 03, 58; Keim, Änderungsvorbehalte in Ehegattenerbverträgen, NJW 09, 818; Kuchinke, Beeinträchtigende Anordnungen des an seine Verfügungen gebundenen Erblassers, FS von Lübtow, 1991, S 283.

1 **1. Beeinträchtigung des Rechtes des vertragsmäßig Bedachten.** Sie liegt vor: **a)** Bei jeder schmälernden oder belastenden Veränderung der vertraglichen Rechtsposition durch die anderweitige Verfügung (BGH NJW 11, 1735; vgl § 2258), mag die anderweitige Verfügung den Bedachten auch wirtschaftlich besser stellen, zB unbelasteter Bruchteilserbe statt Vorerbe und Vermächtnisnehmer (BGH 26, 212); zur Rechtslage beim gemeinschaftlichen Testament vgl § 2271 Rn 3. Die einseitige testamentarische Anordnung der Testamentsvollstreckung ist grundsätzlich eine erhebliche Beeinträchtigung (München FamRZ 09, 461 = ZEV 08, 340; BGH NJW 62, 912). Ob die nachträgliche Auswechselung des Testamentsvollstreckers eine Beeinträchtigung des Vertragserben darstellt und daher nach § 2289 I 2 unwirksam ist, bestimmt sich nach den Umständen des Einzelfalls (abl für den Regelfall BGH NJW 11, 1735 f; NJW-RR 13, 73; krit Muscheler/Metzler DNotZ 11, 779; aA KG FamRZ 10, 500 mAnm Reimann = ZEV 10, 40: Dritter statt erbvertraglicher Bedachter als Beeinträchtigung; sa Hamm ZEV 01, 271 mAnm Reimann zur Parallelproblematik beim gemeinschaftlichen Testament). Ein Widerspruch liegt auch in der Einsetzung eines Schiedsrichters zwischen vertraglich bedachten Vermächtnisnehmern (Hamm NJW-RR 91,456) oder in der nachträglichen testamentarischen Anordnung der Anrechnung einer erbvertragl Zuwendung auf den Pflicht-
2 teil (München ZEV 08, 345 f) **b)** Die bloße **wirtschaftliche Schlechterstellung** soll hingegen nicht ausreichen (BGH NJW 11, 1735; str, aA Vorauﬂ).

3 **2. Wirkungen des Erbvertrages. a)** Die **Aufhebungswirkung** gegenüber früheren Verfügungen gilt nicht gegenüber Verfügungen gem §§ 2271, 2289 I 2 mit abw Partnern. Sie entfällt bei Erbvertragsaufhebung, Rücktritt oder Gegenstandslosigkeit des Erbvertrags (Tod, Ausschlagung, Erbunwürdigkeit), es sei denn, dem gegenstandslosen Erbvertrag ist absoluter Widerrufswille zu entnehmen (Zweibrücken FamRZ 99, 1545). Für einseitige Anordnungen im Erbvertrag gelten allein
4 §§ 2299, 2258, so dass es hier nur auf den Widerspruch (Rn 1) ankommt. **b)** Die **Bindungswirkung** des Erbvertrags entfällt bei Aufhebung, neuem formwirksamem Erbvertrag (BayObLG Rpfleger 93, 449), Rücktritt, Gegenstandslosigkeit (zB infolge wirksamen Erbverzichts des Bedachten: BayObLG FamRZ 01, 319), Unwirksamkeit (Zweibrücken OLGZ 90, 136) und beim **Vorbehalt anderweitiger Verfügung** (vgl § 2278 Rn 2). Der Vorbehalt muss sich zumindest schlüssig aus dem Erbvertrag ergeben, formlose nachträgliche Zustimmung des Vertragspartners bzw Bedachten genügt nicht (BGH 108, 254). Der Vorbehalt, den Nachlass unter den Schlusserben durch Vorausvermächtnisse und Teilungsanordnungen zu verteilen, deckt nicht ein den gesamten Nachlass umfassendes Vorausvermächtnis zugunsten eines einzigen Schlusserben (Stuttgart ZEV 03, 81). Der Vorbehalt darf den Erbvertrag nicht seines eigentlichen Wesens entkleiden; insbes müssen die Verfügungsmöglichkeiten hinreichend beschränkt sein (sehr weitgehend München DNotZ 09, 138 = FamRZ 09, 547). Ein dem älteren Erbvertrag zuwiderlaufender zweiter Erbvertrag wird mit dem Fortfall des Erstvertrages wirksam (Zweibrücken OLGZ 90, 136, 137). Zur Bindungswirkung bei Wiederverheiratungsklauseln vgl § 2269 Rn 7 f und Zweibrücken OLGZ 73, 217. Erblasserirrtum über die Bindungswirkung kann zur Anfechtung gem § 2078 berechtigen (BayObLG NJW-RR 97,
5 1027). **c) Gleichzeitige einseitige Anordnungen** im Erbvertrag sind auch bei Disharmonie jedenfalls dann wirksam, wenn der Vertragspartner sie kannte (Hamm OLGZ 76, 24).

6 **3. Gesetzlicher Änderungsvorbehalt.** Er ist gem II ist unverzichtbar.

7 **4. Hofübergabevertrag und Erbvertrag.** S HöfeO 8 und hierzu Hamm BeckRS 12, 10181; ferner SoeWolf 8.

Abschnitt 4. Erbvertrag **§§ 2290–2292**

§ 2290 Aufhebung durch Vertrag

(1) ¹Ein Erbvertrag sowie eine einzelne vertragsmäßige Verfügung kann durch Vertrag von den Personen aufgehoben werden, die den Erbvertrag geschlossen haben. ²Nach dem Tode einer dieser Personen kann die Aufhebung nicht mehr erfolgen.

(2) ¹Der Erblasser kann den Vertrag nur persönlich schließen. ²Ist er in der Geschäftsfähigkeit beschränkt, so bedarf er nicht der Zustimmung seines gesetzlichen Vertreters.

(3) ¹Steht der andere Teil unter Vormundschaft, so ist die Genehmigung des Familiengerichts erforderlich. ²Das Gleiche gilt, wenn er unter elterlicher Sorge steht, es sei denn, dass der Vertrag unter Ehegatten oder unter Verlobten, auch im Sinne des Lebenspartnerschaftsgesetzes, geschlossen wird. ³Wird die Aufhebung vom Aufgabenkreis eines Betreuers erfasst, ist die Genehmigung des Betreuungsgerichts erforderlich.

(4) Der Vertrag bedarf der in § 2276 für den Erbvertrag vorgeschriebenen Form.

1. Grundsätze. a) Form: vgl § 2276 Rn 1. **b)** Ein **Erbverzichtsvertrag** zwischen **zwei** Erbvertragsparteien ist ausgeschlossen (Stuttgart OLGZ 79, 130), hingegen zulässig bei **mehreren** Vertragsparteien, falls die verfügende und die bedachte Partei kontrahieren (so trotz § 2352 S 2 zu Recht wieder Hamm FamRZ 12, 1172 f; schon vorher BayObLG NJW 65, 1552; BayObLGZ 74, 401). **c)** Vgl zu III RPflG 3 Nr 2b. **d) Aufhebungswirkung** kann auf Fortfall der Bindung beschränkt werden; für einseitige Verfügungen vgl § 2299 III. Die Aufhebung unterliegt nicht der Anfechtung gem InsO 129 ff (dazu BGH NJW 13, 692/94; sa § 1943 Rn 3; § 2180 Rn 2; § 2317 Rn 3; § 2347 Rn 1). **e)** Bei **Beseitigung** des Aufhebungsvertrages (zB Anfechtung) gelten §§ 2279 I, 2257. 1 2

2. Reform. Infolge des FGG-RG (s Vor § 1922 Rn 19) wurde Abs 3 mit Wirkung zum 1.9.2009 neu gefasst und an die Zuständigkeitsordnung des FamFG angepasst. 3

§ 2291 Aufhebung durch Testament

(1) ¹Eine vertragsmäßige Verfügung, durch die ein Vermächtnis oder eine Auflage angeordnet ist, kann von dem Erblasser durch Testament aufgehoben werden. ²Zur Wirksamkeit der Aufhebung ist die Zustimmung des anderen Vertragschließenden erforderlich; die Vorschrift des § 2290 Abs. 3 findet Anwendung.

(2) Die Zustimmungserklärung bedarf der notariellen Beurkundung; die Zustimmung ist unwiderruflich.

Die **Erleichterte Aufhebung** gilt nicht für Erbeinsetzungen; sie ist auch durch privatschriftliches Testament möglich und erspart gleichzeitige persönliche Anwesenheit. 1

§ 2292 Aufhebung durch gemeinschaftliches Testament

Ein zwischen Ehegatten oder Lebenspartnern geschlossener Erbvertrag kann auch durch ein gemeinschaftliches Testament der Ehegatten oder Lebenspartner aufgehoben werden; die Vorschrift des § 2290 Abs. 3 findet Anwendung.

a) Das gemeinschaftliche Testament kann den Erbvertrag ganz oder zT aufheben oder modifizieren (Bsp: BGH NJW 87, 901; BayObLGZ 87, 27; BayObLG NJW- 1

§§ 2293–2295

RR 03, 658). Die aufhebenden Ehegatten müssen bei Abschluss des Erbvertrages nicht verheiratet gewesen sein (Köln FamRZ 74, 51). **b)** Beide Ehegatten müssen voll testierfähig sein (BayObLG NJW-RR 96, 457); bei beschränkter Geschäftsfähigkeit beachte §§ 2233 I, 2247 IV, 2290 III. **c)** Für Widerruf **einseitiger Verfügungen** im Erbvertrag (s § 2278 Rn 1) genügt ein gewöhnliches Testament, § 2299 II 1 (BayObLG FamRZ 92, 607).

§ 2293 Rücktritt bei Vorbehalt

Der Erblasser kann von dem Erbvertrag zurücktreten, wenn er sich den Rücktritt im Vertrag vorbehalten hat.

Lit: Van Venrooy, § 2293 BGB und die Theorie des Erbvertrags, JZ 87, 10.

1. **Grundsätze. a)** Der **Rücktrittsvorbehalt** des Erblassers kann unbeschränkt oder beschränkt, bedingt oder befristet sein; der Erblasser kann einen globalen Vorbehalt auch nur teilw ausnützen. Praktisch bedeutsam ist der Rücktrittsvorbehalt bei Nicht- oder Schlechterfüllung der Gegenleistung durch den Vertragserben. Der Erblasser muss nur die allg umschriebene Gegenleistung abmahnen (LM Nr 118 zu § 242 [C d]), nicht die ausreichend konkretisierte (BGH NJW 81, 2300; zum notwendigen Inhalt der Abmahnung s Düsseldorf NJW-RR 95, 142). **b)** Im **Unterschied zum Vorbehalt anderweitiger Verfügung** (vgl § 2278 Rn 2) ist der Erblasser ohne Rücktritt vertraglich gebunden (zur Abgrenzung: BayObLG FamRZ 89, 1354). **c)** Zum Rücktritt bei Koppelung von Ehe- und Erbvertrag vgl § 2276 Rn 2. **d)** Ges Rücktrittsgründe und Form vgl §§ 2294–2297, zum Rücktritt beim zweiseitigen Erbvertrag § 2298 II.

2. **Rücktritt des nicht verfügenden Teils.** Er ist nur bei vertraglichem Vorbehalt (§ 346 I 1) möglich. Der Erblasser kann dann gem § 2295 oder auf Grund eigenen vertraglichen Vorbehalts zurücktreten.

3. **Bedingte Zuwendung des Erblassers.** Sie ist vom Rücktrittsvorbehalt zu unterscheiden; die Bedingung (zB Erbringung der Gegenleistung) kann sich durch Auslegung ergeben (Hamm DNotZ 77, 754 mN; BayObLG NJW-RR 97, 1027); vgl auch § 2346 Rn 5.

§ 2294 Rücktritt bei Verfehlungen des Bedachten

Der Erblasser kann von einer vertragsmäßigen Verfügung zurücktreten, wenn sich der Bedachte einer Verfehlung schuldig macht, die den Erblasser zur Entziehung des Pflichtteils berechtigt oder, falls der Bedachte nicht zu den Pflichtteilsberechtigten gehört, zu der Entziehung berechtigen würde, wenn der Bedachte ein Abkömmling des Erblassers wäre.

1. **Rücktrittsgrund.** Der ges Rücktrittsgrund verweist auf § 2333. Die Verzeihung (§ 2337 S 1) vernichtet den Rücktrittsgrund, nicht aber den bereits erfolgten Rücktritt. Liegen die Verfehlungen vor Vertragserrichtung, kann der Erblasser nur anfechten (§§ 2281, 2078).

2. **Prozessuales.** Anders als in § 2297 ist § 2336 II und III nicht anzuwenden, weil der andere Teil noch lebt. Der Erblasser trägt die Beweislast für obj und subj Merkmale der Entziehungstatbestände, für Rechtfertigungs- und Entschuldigungsgründe der Bedachte (BGH FamRZ 85, 920; anders bei § 2336 III: s § 2336 Rn 4).

§ 2295 Rücktritt bei Aufhebung der Gegenverpflichtung

Der Erblasser kann von einer vertragsmäßigen Verfügung zurücktreten, wenn die Verfügung mit Rücksicht auf eine rechtsgeschäftliche Verpflich-

Abschnitt 4. Erbvertrag §§ 2296–2298

tung des Bedachten, dem Erblasser für dessen Lebenszeit wiederkehrende Leistungen zu entrichten, insbesondere Unterhalt zu gewähren, getroffen ist und die Verpflichtung vor dem Tode des Erblassers aufgehoben wird.

a) **Inhaltliche Zweckverbindung** von Erbvertrag und Verpflichtung zu wiederkehrender Leistung (Unterhalt, Pflege, Rente usw) genügt, rechtliche Einheit ist entbehrlich. Jedoch reicht das bloße zeitliche Zusammenfallen des Abschlusses des Erbvertrages und eines gesonderten Überlassungsvertrags mit Unterhaltsverpflichtung für eine Zweckbindung nicht aus (München FamRZ 09, 1624 = ZEV 09, 345 mAnm Keim). b) **Aufhebung** der Verpflichtung liegt vor bei Unmöglichkeit (§ 275 I; dazu BGH NJW 11, 225), Nichtigkeit (zB infolge Anfechtung), Umwandlung in ein Rückgewährschuldverhältnis infolge Rücktritts gem § 323 (BGH NJW 11, 224) oder vertraglicher Aufhebung (dazu § 2290). Die Aufhebung muss zumindest einen Beweggrund für den Rücktritt darstellen, was nicht anzunehmen ist, wenn der Erblasser die Aufhebung der Verpflichtung selbst bestreitet (München FamRZ 09, 1625 = ZEV 09, 345). Nichterfüllung oder Schlechterfüllung sind nach hM ungenügend, sie gewähren zunächst einmal nur ein Anfechtungsrecht (vgl § 2281 Rn 2); anders, wenn der Erblasser den Pflegevertrag wegen Nichterfüllung kündigt (Karlsruhe NJW-RR 97, 709) oder von einem verbundenen gegenseitigen Vertrag unter Lebenden gem § 323 I zurücktritt. c) **Erbrachte Leistungen** kann der Gegner gem § 812 I 2 1. Alt zurückverlangen. 1

§ 2296 Vertretung, Form des Rücktritts

(1) ¹Der Rücktritt kann nicht durch einen Vertreter erfolgen. ²Ist der Erblasser in der Geschäftsfähigkeit beschränkt, so bedarf er nicht der Zustimmung seines gesetzlichen Vertreters.

(2) ¹Der Rücktritt erfolgt durch Erklärung gegenüber dem anderen Vertragschließenden. ²Die Erklärung bedarf der notariellen Beurkundung.

Vgl § 2271 Rn 2. Bei mehrseitigem Erbvertrag muss Rücktritt gegenüber allen Vertragspartnern erfolgen (BGH FamRZ 85, 921). Notarielle Beurkundung ist auch bei kombiniertem Ehe- und Erbvertrag unabdingbar (Hamm DNotZ 99, 142, 144 f; krit Kanzleiter DNotZ 99, 122). Ist der Erklärungsgegner geschäftsunfähig, genügt Aushändigung der Widerrufserklärung an einen bestellten Vertreter (LG Leipzig ZErb 09, 360). 1

§ 2297 Rücktritt durch Testament

¹Soweit der Erblasser zum Rücktritt berechtigt ist, kann er nach dem Tode des anderen Vertragschließenden die vertragsmäßige Verfügung durch Testament aufheben. ²In den Fällen des § 2294 findet die Vorschrift des § 2336 Abs. 2 und 3 entsprechende Anwendung.

a) Änderung der Rücktrittsform des § 2296 nach dem Tod des Vertragsgegners. Verzeihung (§ 2337 S 1) beseitigt nur den Rücktrittsgrund, nicht den bereits erfolgten testamentarischen Rücktritt (vgl auch § 2294 Rn 1). Beim zweiseitigen Erbvertrag gilt § 2298 II 2 und 3. 1

b) Das Gesetz zur Änderung des Erb- und Verjährungsrechts (s Vor § 1922 Rn 18) hat die Vorschrift an den geänderten § 2336 angepasst (s § 2336 Rn 5). 2

§ 2298 Gegenseitiger Erbvertrag

(1) Sind in einem Erbvertrag von beiden Teilen vertragsmäßige Verfügungen getroffen, so hat die Nichtigkeit einer dieser Verfügungen die Unwirksamkeit des ganzen Vertrags zur Folge.

§§ 2299, 2300

(2) ¹Ist in einem solchen Vertrag der Rücktritt vorbehalten, so wird durch den Rücktritt eines der Vertragschließenden der ganze Vertrag aufgehoben. ²Das Rücktrittsrecht erlischt mit dem Tode des anderen Vertragschließenden. ³Der Überlebende kann jedoch, wenn er das ihm durch den Vertrag Zugewendete ausschlägt, seine Verfügung durch Testament aufheben.

(3) Die Vorschriften des Absatzes 1 und des Absatzes 2 Sätze 1 und 2 finden keine Anwendung, wenn ein anderer Wille der Vertragschließenden anzunehmen ist.

1 1. **Wechselbezüglichkeit. a) Grundregel:** Bei zweiseitigen Erbverträgen (vgl Vor § 2274 Rn 2) führt Nichtigkeit – nicht aber Gegenstandslosigkeit – einer vertragsmäßigen Verfügung zur Nichtigkeit des Gesamtvertrages und damit auch der vertragsmäßigen Verfügung des andern Teils. Das Ges vermutet widerlegbar (vgl III) bei vertragsmäßigen Verfügungen beider Teile die Wechselbezüglichkeit (vgl § 2278
2 Rn 4). **b) Auslegung** gem III kann nicht nur fehlende Wechselbezüglichkeit ergeben, sondern auch **aa)** bei Unwirksamkeit der wechselbezüglichen Verfügungen die Fortgeltung vertragsmäßiger nicht wechselbezüglicher Verfügungen und **bb)** bei Unwirksamkeit vertragsmäßiger Verfügungen die Fortgeltung einseitiger Verfügungen (sa §§ 2299 II iVm 2085).

3 2. **Rücktritt. a)** Der **gewillkürte Rücktritt** führt gem II 1 iZw (vgl III) zur Aufhebung des Gesamtvertrages; sofern allerdings nur für **eine** vertragsmäßige Verfügung der Rücktritt vorbehalten war, ist ihr Ausschluss von der Wechselbezüglichkeit wahrscheinlich. II 2 und 3 sind abdingbar, so dass völliger Ausschluss des Rücktritts nach dem Tod eines Teils oder fortbestehende freie Rücktrittsmöglichkeit durch Testament vereinbart werden können (BayObLG FamRZ 94, 196). Falls der überlebende Teil ausschlägt (II 3), bleibt die Schlusserbeneinsetzung durch den erstverstorbenen Teil wirksam, sodass nicht gesetzliche Erbfolge eintritt (Düsseldorf FamRZ 07, 1359; sa § 1953 Rn 2). Das Schicksal einseitiger Verfügungen regelt § 2299 III. **b)** Beim **ges Rücktritt** sollen §§ 2279 I, 2085 gelten (StKanzleiter 12; offen München NJW-RR 06, 82 f), jedoch ist die analoge Anwendung von I und III vorzuziehen; aber keine Geltung von II bzw II 2 (München FamRZ 09, 1623).

§ 2299 Einseitige Verfügungen

(1) Jeder der Vertragschließenden kann in dem Erbvertrag einseitig jede Verfügung treffen, die durch Testament getroffen werden kann.

(2) ¹Für eine Verfügung dieser Art gilt das Gleiche, wie wenn sie durch Testament getroffen worden wäre. ²Die Verfügung kann auch in einem Vertrag aufgehoben werden, durch den eine vertragsmäßige Verfügung aufgehoben wird.

(3) Wird der Erbvertrag durch Ausübung des Rücktrittsrechts oder durch Vertrag aufgehoben, so tritt die Verfügung außer Kraft, sofern nicht ein anderer Wille des Erblassers anzunehmen ist.

1 **a)** Abgrenzung von Vertragsmäßigkeit und Einseitigkeit vgl § 2278 Rn 1. **b) Testierfähigkeit** richtet sich nach §§ 2299 II 1, 2229, 2233 I, 2247 IV; § 2275 II, III ist unanwendbar. Sa zum Widerruf § 2292 Rn 2.

§ 2300 Anwendung der §§ 2259 und 2263; Rücknahme aus der amtlichen oder notariellen Verwahrung

(1) Die §§ 2259 und 2263 sind auf den Erbvertrag entsprechend anzuwenden.

(2) ¹Ein Erbvertrag, der nur Verfügungen von Todes wegen enthält, kann aus der amtlichen oder notariellen Verwahrung zurückgenommen und den

Abschnitt 4. Erbvertrag §§ 2300a, 2301

Vertragsschließenden zurückgegeben werden. ²Die Rückgabe kann nur an alle Vertragsschließenden gemeinschaftlich erfolgen; die Vorschrift des § 2290 Abs. 1 Satz 2, Abs. 2 und 3 findet Anwendung. ³Wird ein Erbvertrag nach den Sätzen 1 und 2 zurückgenommen, gilt § 2256 Abs. 1 entsprechend.

1. Verwahrung und Eröffnung. a) Zur **besonderen amtlichen Verwahrung** vgl FamFG 344, 346 ff. Bei Verwahrung durch den Notar (BeurkG 34 III) haben Gesamtrechtsnachfolger der Vertragsparteien auch vor Eröffnung gem BeurkG 51 einen Anspruch auf Erteilung von Abschriften, soweit die Parteien nichts anderes bestimmt haben (Karlsruhe ZEV 07, 591). **b) Eröffnung: aa)** Bei Verwahrung durch den Notar (BeurkG 34 II) liefert der Notar den Erbvertrag beim NachlassG ab (§ 2259), das gem FamFG 348 ff eröffnet und den Vertrag zu den Akten nimmt. **bb)** Bei bes amtlicher Verwahrung ist gem FamFG 349 II–IV, 350 zu verfahren. 1

2. Rücknahme. Erbverträge können gem Abs 2 wie gemeinschaftliche Testamente (§§ 2272, 2256 I) aus amtlicher oder notarieller Verwahrung zurückgenommen werden, falls sie nur Verfügungen von Todes wegen enthalten (hierzu Keim ZEV 03, 55). Die Rücknahme hat Widerrufswirkung, weshalb die Voraussetzungen der Vertragsaufhebung (§ 2290 I 2, II und III) vorliegen müssen. Die Herausgabe an die Vertragsparteien verhindert die oft unerwünschte Bekanntmachung eines aufgehobenen Erbvertrages an die späteren Erben (s BeurkG 34 III). Die Aufhebungswirkung des § 2256 I entfällt, wenn der Erbvertrag neben Verfügungen von Todes wegen noch ein anderes Rechtsgeschäft umfasst (DNotI-Report 2010, 40). 2

3. Reform. Abs 1 wurde durch das PStRG mit Wirkung zum 1.1.2009 geändert (sa §§ 2258a, 2258b Rn 1). Infolge des FGG-RG (s Vor § 1922 Rn 18) gilt ab 1.9.2009 die Neufassung des Abs 1. Ferner sind FamFG 344, 346 ff für die besondere amtliche Verwahrung zu beachten, für die Eröffnung FamFG 348 ff; s §§ 2260 Rn 1, 2261 Rn 1, 2262 Rn 3, 2263a Rn 1, 2273 Rn 1. 3

§ 2300a *(aufgehoben)*

Die Vorschrift zur obligatorischen Testamentseröffnung bzw Erbenermittlung binnen 50 Jahren entfiel infolge Art 50 Nr 67 FGG-RG (s Vor § 1922 Rn 19) mit Wirkung zum 1.9.2009. An ihre Stelle trat FamFG 351 S 1 mit einer für Testamente und Erbverträge einheitlichen Frist von 30 Jahren; sa § 2263a Rn 1. 1

§ 2301 Schenkungsversprechen von Todes wegen

(1) ¹**Auf ein Schenkungsversprechen, welches unter der Bedingung erteilt wird, dass der Beschenkte den Schenker überlebt, finden die Vorschriften über Verfügungen von Todes wegen Anwendung.** ²**Das Gleiche gilt für ein schenkweise unter dieser Bedingung erteiltes Schuldversprechen oder Schuldanerkenntnis der in den §§ 780, 781 bezeichneten Art.**

(2) **Vollzieht der Schenker die Schenkung durch Leistung des zugewendeten Gegenstands, so finden die Vorschriften über Schenkungen unter Lebenden Anwendung.**

Lit: Bühler, Die Rspr des BGH zur Drittbegünstigung im Todesfall, NJW 76, 1727 (krit Harder-Welter NJW 77, 1139); Damrau, Zuwendungen unter Lebenden auf den Todesfall, JurA 70, 716; Hager, Neuere Tendenzen beim Vertrag zugunsten Dritter auf den Todesfall, FS v. Caemmerer, 1977, S 127; Harder, Zuwendungen unter Lebenden auf den Todesfall, 1968; Kegel, Zur Schenkung von Todes wegen, 1972; Kümpel, Konto und Depot zugunsten Dritter auf den Todesfall, WM 77, 1186; Olzen, Lebzeitige und letztwillige Rechtsgeschäfte, Jura 87,

§ 2301

16; Wacke, Donner et retenir ne vaut – Kein Schenkungsvollzug ohne Aushändigung, AcP 201, 256.

1. Arten. a) Es sind drei **Arten erbrechtskonkurrierender Schenkung** zu unterscheiden: unbedingte, erst im Todesfall fällige Schenkung (Rn 8); Schenkung unter der Bedingung des Überlebens des Beschenkten ohne Vollzug (Rn 9); Schenkung unter der Überlebensbedingung mit Vollzug (Rn 4 ff); nur die beiden letzten Arten behandelt § 2301. **b) Zweck und grundsätzlicher Anwendungsbereich:** Die Bedingung, dass der Beschenkte den Schenker überlebt, muss nicht ausdr erklärt sein; sie ist vielfach gewollt, wenn der Erblasser die versprochene Zuwendung gerade der Person des Versprechensempfängers zukommen lassen wollte (BGH 99, 101; Hamm NJW-RR 00, 1389, 1390; vgl Rn 8; für Auslegungsregel in diesem Sinne Leipold JZ 87, 363 und Bork JZ 88, 1063; dagegen LM Nr 12 = NJW 88, 2732: § 2084 analog). Solche Schenkungen werden von den Vorschriften des Erbrechts nur freigestellt, wenn ihr Vollzug das Vermögen des Erblassers noch zu Lebzeiten sofort und unmittelbar mindert. Dadurch soll ein Unterlaufen erbrechtlicher Formvorschriften verhindert und der Rechtsverkehr vor einer Aushöhlung des Nachlassvermögens geschützt werden; wirksame Schenkungen beschränken Nachlassgläubiger auf AnfG 4, InsO 134; Pflichtteilsberechtigte auf §§ 2325, 2329; Vertragserben auf § 2287. Entspr diesem Schutzzweck gilt die Vorschrift von vornherein nicht bei entgeltlichen R Geschäften auf den Todesfall (BGH 8, 31), zB wenn *alle* Gesellschafter einer OHG für den Fall ihres Todes auf Abfindungsansprüche der Erben verzichten (BGH 22, 194) oder wenn der im Todesfall übernahmeberechtigte Mitgesellschafter die Abfindung der Erben übernimmt (BGH NJW 59, 1433); immer entscheidet über die Entgeltlichkeit aber das Gesamtbild des Gesellschaftsvertrags (sa § 2113 Rn 4, § 2325 Rn 5). Zuwendungsversprechen als „Dankesschuld" an die langjährige Lebensgefährtin sind idR Schenkung, nicht Gegenleistung für Dienste (Düsseldorf OLGZ 78, 324). Ein vom Erblasser eingeräumtes unentgeltliches Wohnrecht auf Lebenszeit ist Leihe, nicht Schenkung (BGH NJW 85, 1553); anders uU bei faktischer Substanzweggabe (unklar!).

2. Vollzogene überlebensbedingte Schenkung. Sie stellt gem II vom Erbrecht frei, ferner heilt der Vollzug den schenkungsrechtlichen Formmangel, § 518 II. **a)** Die **Voraussetzungen des Vollzuges** sind umstritten (zur Rspr des RG Kipp/Coing § 81 I 3). Vollzug sind zunächst die perfekten dinglichen Erfüllungsgeschäfte (vgl §§ 397, 398, 873, 925, 929 ff). Aber auch soweit die dinglichen Geschäfte zulässigerweise unter der Bedingung des Vorversterbens des Schenkers stehen, ist Vollzug gegeben, weil der Erwerber eine weithin geschützte Anwartschaft erworben hat (vgl § 161), die das Vermögen des Erblassers schon zu Lebzeiten mindert (BGH 8, 31; NJW 78, 424; verallgemeinerungsfähig insoweit BGH NJW 70, 942; 1639; 74, 2320; Leipold, ErbR, Rn 571; zur Auflassungsanwartschaft nach Vormerkung Hamm NJW-RR 00, 1390 und Rn 4 aE). Str ist, ob bereits die Abgabe der zum Erfüllungsgeschäft notwendigen Willenserklärung durch den Erblasser genügt, die dem Vertragspartner nach dem Tode zugeht und dann von ihm angenommen wird (§§ 130 II, 153); dabei ist vor allem an Fälle zu denken, in denen sich der Erblasser eines Erklärungsboten bedient (vgl RG 83, 223 – „Bonifatiusfall"; hierzu Martinek/Röhrborn JuS 94, 473, 564). Gegen den endgültigen Abfluss aus dem Vermögen des Erblassers spricht die Möglichkeit des Widerrufs (§ 130 I 2); für den Vollzug spricht der Zweck der §§ 130 II, 153, über den Tod des Erklärenden hinweg Verfügungsgeschäfte unter Lebenden zu ermöglichen. Der letzte Gesichtspunkt gibt den Ausschlag (idS verallgemeinerungsfähig BGH NJW 70, 942; 1639; 74, 2320; sa Düsseldorf FamRZ 97, 63; SoeWolf 18 f; aA Kipp/Coing § 81 III 1c); RG 83, 223, wo ein Bote nach dem Tode des Erblassers die Übereignungserklärung übermittelte und den zu schenkenden Gegenstand übergab, wäre also nach heutiger Auffassung im Sinne des Vollzugs zu entscheiden. Nicht mehr ausreichend sind Vollmacht und Auftrag, das Erfüllungsgeschäft zu vollziehen, weil hier auf Erblasserseite zu Lebzeiten noch nicht alle zum Vollzug nötigen Erklärungen vorliegen (BGH 87, 25; hierzu

Abschnitt 4. Erbvertrag § 2301

Kuchinke FamRZ 84, 109; LM Nr 12 = NJW 88, 2732; hierzu Bork JZ 88, 1060/1061; Düsseldorf FamRZ 97, 63). Hingegen soll die Verfügung unter der Doppelbedingung des Überlebens des Beschenkten und des unterbliebenen lebzeitigen Widerrufs ausreichen (s BGH FamRZ 85, 696; BGH NJW-RR 89, 1282; zu weitgehend!); ebenso die lebzeitige Einrichtung eines Oder-Kontos (BGH NJW-RR 86, 1134; sa §§ 428–430 Rn 3) oder die Auflassungsvormerkung bei gleichzeitiger Verpflichtung zur Nichtverfügung (Hamm NJW-RR 00, 1390; fragwürdig!). Nicht ausreichend ist jedoch eine perfekte dingliche Übertragung, wenn sie zugunsten einer zwar rechtsfähigen und wirksam begründeten, auf Grund Scheingeschäfts aber aufhebbaren Stiftung erfolgte (Stuttgart ZErb 10, 1 = ZEV 10, 265 = ZStV 10, 103); das Übertragene gehört dann weiterhin zum Vermögen des Erblassers. **b) Verträge zugunsten Dritter auf den Todesfall. aa) Grundregeln.** Der **5** Dritte erwirbt auf den Todesfall eine Forderung (§§ 328, 331). Weil Erblasser und Versprechender noch zu Lebzeiten durch ihre Willenserklärungen die Forderung bedingt zum Entstehen bringen, ist der Forderungserwerb vollzogen iSd §§ 2301 II, 518 II (s aber BGH NJW 10, 3234; Saarbrücken NJW-RR 13, 75: Möglichkeit eines Widerrufsvorbehaltes). Damit unterliegen weder Deckungs- noch Valutaverhältnis dem Erbrecht; eine Anfechtung im Valutaverhältnis ist nur gem §§ 119 ff, nicht gem §§ 2078 f möglich (BGH 157, 85 ff m krit Anm Leipold ZEV 04, 121; gleich BGH NJW 08, 2703). Auch wenn im Verhältnis zwischen Erblasser und Drittem eine Schenkung vorliegt, bedarf der Vertrag zwischen Erblasser und Versprechendem nicht der Form des § 518 I. Die Schenkung zwischen Erblasser und Drittem kommt entweder schon zu Lebzeiten zustande, falls das Angebot dem Dritten zu Lebzeiten zugeht und – oft stillschweigend – angenommen wird; oder sie kommt nach dem Tode zustande, falls der Versprechende dem Dritten die Willenserklärung des Erblassers zugehen lässt und dieser sie – uU gem § 151 – annimmt (§§ 130 I 2, 153). Im letzten Falle kann aber der Erbe das Angebot gem § 130 I 2 widerrufen oder auch den Versprechenden als Erklärungsboten anweisen, die Erklärung nicht weiterzugeben, so dass sie mangels Zugangs nie wirksam wird (BGH NJW 08, 2703 f). Ohne Schenkungsvertrag ist die Forderung des Dritten dem Bereicherungsanspruch des Erben gem § 812 I 1 Alt 1 ausgesetzt. **bb) Einzelfälle,** **6** welche die Rspr nach den ausgeführten Grundregeln behandelt hat: Versicherungsvertrag auf den Todesfall (RG 128, 189; BGH JZ 96, 204; FamRZ 96, 935; 128, 132 ff = NJW 95, 1084 – Bezugsberechtigung als unbenannte Zuwendung unter Ehegatten – Wegfall der Geschäftsgrundlage; NJW 08, 2702 ff; 11, 309: Sicherungsabtretung der Bezugsberechtigung kein Widerruf; vgl VVG 159 f und § 2077 Rn 7 f); Anspruch des Dritten auf Übereignung von Wertpapieren (BGH 41, 95); Anspruch des Dritten gegen eine Bank auf Auszahlung eines Geldbetrages (BGH 157, 79; NJW 75, 382; 84, 481; s aber Karlsruhe ZEV 96, 146 mAnm Rossak: Nichtigkeit gem HeimG 14, vgl § 2077 Rn 1); Sparbuch auf Namen eines Dritten (BGH 46, 198; ähnlich 66, 8; Koblenz NJW-RR 95, 1074; Düsseldorf FamRZ 01, 1102; Köln ZEV 96, 434: miterfasst werden uU Rechte aus Sparbrief, der aus Sparkonto bezahlt und dessen Erträge dem Konto gutgebracht werden sollen); Bausparvertrag mit Drittbegünstigungsklausel (BGH NJW 65, 1913). Denkbar erscheint nach der Rspr auch die unentgeltliche Zuwendung eines gesellschaftsvertraglichen Eintrittsrechtes auf den Todesfall (vgl BGH 68, 233; hierzu § 2032 Rn 8 mN) und – umgekehrt – der unentgeltliche gesellschaftsvertragliche Ausschluss von Abfindungsansprüchen bei Ausscheiden der Erben (Köln ZEV 97, 210; hierzu Siegmann ZEV 97, 182). **cc) Gegenstand der unentgeltlichen Zuwendung** iSv AnfG 4, InsO **7** 134 ist die ausgezahlte Versicherungsleistung (BGH 156, 350), im Sinne von §§ 2325, 2329, 2287 der Wert der Versicherung im Zeitpunkt des Todes des Erblassers, also in aller Regel der Rückkaufswert im Todeszeitpunkt (BGH 185, 252 = NJW 10, 3232 gegen BGH 7, 134 = NJW 52, 1173 und FamRZ 76, 616: vom Erblasser bezahlte Prämien); sa § 2325 Rn 7.

3. Unbedingte Schenkung. Die unbedingte Schenkung, die erst im Todesfalle **8** **fällig** wird, fällt nicht unter I; die Erben des Beschenkten erben den Anspruch, falls

§ 2302

der Schenker den Beschenkten überlebt (BGH 8, 31; 31, 20; NJW 84, 47; 85, 1553). Hier kann Heilung (§ 518 II) durch Schenkungsvollzug erfolgen, den ein Bevollmächtigter auf Grund postmortaler Vollmacht oder der Beschenkte auf Grund postmortaler Vollmacht im Wege des Insichgeschäfts (§ 181) nach dem Tode des Schenkers tätigt (BGH 99, 99 mN, Anm Leipold JZ 87, 363; Bork JZ 88, 1059/1060; BGH NJW 95, 953; s Vor § 2197 Rn 1 f). Die Erben sind durch die Möglichkeit des Widerrufs der Vollmacht geschützt (BGH NJW 95, 953).

9 **4. Nicht zu Lebzeiten vollzogene überlebensbedingte Schenkungen.** Sie sind nicht nachträglich heilbar, wenn sie formlos erfolgen (BGH 99, 100 = NJW 87, 840; 88, 2732; 95, 953). Gem I finden **erbrechtliche Formvorschriften** Anwendung, also regelmäßig §§ 2274 ff (München FamRZ 11, 1757), bei Ehegatten auch §§ 2265 ff (aA Celle MDR 04, 337: Form des § 2247 genügt); Umdeutung der Schenkung in ein Testament ist denkbar. Die **Wirkung** eines formwirksamen Schenkungsversprechens ist genau dieselbe wie bei letztwilligen Verfügungen. Der Vollzug eines gem § 2301 I formnichtigen überlebensbedingten Schenkungsversprechens nach dem Tod des Erblassers auf Grund postmortaler Vollmacht unterliegt grundsätzlich bereicherungsrechtlicher Rückabwicklung; jedoch kann im Vollzug die formlose, aber heilbare Neuvornahme auch der Schenkung durch den Bevollmächtigten liegen (§§ 518 II, 164 ff). Die Erben schützt wiederum ihre Widerrufsmöglichkeit (zur Problematik schlüssigen Widerrufs BGH NJW 95, 953; zum Ganzen Leipold, ErbR, Rn 572 ff).

10 **5. Steuer.** Zur Steuerpflicht von Schenkungen unter Lebenden vgl ErbStG 1 I Nr 2, 7, 9 I, 10 II, 14; zur abweichenden Abgrenzung der Schenkung auf den Todesfall zur Schenkung unter Lebenden im Erbschaft- und SchenkungsteuerR BFH NJW 91, 3300. Der Schenker ist neben dem Erwerber Steuerschuldner (ErbStG 20 I) und anzeigepflichtig (ErbStG 30 I, II), soweit nicht notarielle Beurkundung vorliegt (ErbStG 30 III, ErbStDV 8).

§ 2302 Unbeschränkbare Testierfreiheit

Ein Vertrag, durch den sich jemand verpflichtet, eine Verfügung von Todes wegen zu errichten oder nicht zu errichten, aufzuheben oder nicht aufzuheben, ist nichtig.

Lit: Battes, Der erbrechtliche Verpflichtungsvertrag im System des Deutschen Zivilrechts, AcP 178, 337.

1 a) Der **Schutz der Testierfreiheit** gilt all ihren Erscheinungsformen. Unter die Vorschrift fallen deshalb sowohl Verpflichtungen zu einer bestimmten Form als auch zu einem bestimmten Inhalt ebenso wie Verpflichtungen zur Unterlassung bestimmter Anordnungen; sie ist entsprechend anzuwenden auf einseitige Verpflichtungen des Erblassers (BayObLG Rpfleger 01, 181). Eine Verpflichtung zur Nichtaufhebung bedeutet zB der Ausschluss der Rechte aus §§ 2271 II 2, 2290–2292, 2294–2295 (BGH NJW 59, 625). **Keine** Verletzung der Testierfreiheit liegt dagegen vor, wenn eine bestimmte letztwillige Verfügung zur Bedingung einer Zuwendung gemacht wird (BGH NJW 77, 950 mN); ebenso wenig verstößt die Verpflichtung zur Erbausschlagung gegen § 2302, sie ist aber als Erbverzichtsvertrag formpflichtig
2 (§ 2348). b) **Unwirksamkeit** der Verpflichtung schließt – anders als bei § 137 – Schadensersatzansprüche aus (BGH NJW 67, 1126); vgl auch § 344. Jedoch kann die Erwartung einer entspr Verfügung Geschäftsgrundlage eines anderen RGeschäfts
3 unter Lebenden sein (BGH NJW 77, 950). c) **Umdeutung** nichtiger Verpflichtungen ist gem § 140 möglich: erbvertragliche Verpflichtung des Überlebenden zur Erbeinsetzung der Kinder in Erbeinsetzung (Hamm JMBlNRW 60, 125); Auflage zur Erbeinsetzung der Kinder in Anordnung von Vor- und Nacherbschaft (Hamm

NJW 74, 60) bzw Nachvermächtnis zugunsten der Kinder (BGH DRiZ 66, 398; hierzu § 2191 Rn 3); Verpflichtung zum Abschluss eines Erbvertrages in Vertrag zgDr (LM Nr 3 zu § 140); Verpflichtung zur Erbeinsetzung gegen Dienstleistung in gewöhnlichen Dienstvertrag, § 612 II (BGH FamRZ 65, 318); Verpflichtung, ein Testament nicht zu ändern, in Erbvertrag (Stuttgart NJW 89, 2700).

Abschnitt 5. Pflichtteil

§ 2303 Pflichtteilsberechtigte; Höhe des Pflichtteils

(1) ¹Ist ein Abkömmling des Erblassers durch Verfügung von Todes wegen von der Erbfolge ausgeschlossen, so kann er von dem Erben den Pflichtteil verlangen. ²Der Pflichtteil besteht in der Hälfte des Wertes des gesetzlichen Erbteils.

(2) ¹Das gleiche Recht steht den Eltern und dem Ehegatten des Erblassers zu, wenn sie durch Verfügung von Todes wegen von der Erbfolge ausgeschlossen sind. ²Die Vorschrift des § 1371 bleibt unberührt.

Lit: Frömgen, Das Verhältnis zwischen Lebensversicherung und Pflichtteil, 2004; Gruber, Pflichtteilsrecht und Nachlaßspaltung, ZEV 01, 463; Haas, Ist das Pflichtteilsrecht verfassungswidrig?, ZEV 00, 249; Joachim, Pflichtteilsrecht, 2. Aufl 2010; Klingelhöffer, Pflichtteilsrecht, 3. Aufl 2009; Leipold, Die neue Lebenspartnerschaft aus erbrechtlicher Sicht, insbesondere bei zusätzlicher Eheschließung, ZEV 01, 218; Martiny, Gutachten A zum 64. DJT, 2002, A 61 ff (dazu Fuchs JZ 02, 785; Klingelhöffer ZEV 02, 293; Lipp NJW 02, 2201); Merkle, Pflichtteilsrecht und Pflichtteilsverzicht im Internationalen Erbrecht, 2008; Oechsler, Pflichtteil und Unternehmensnachfolge von Todes wegen, AcP 200, 603; Otte, Um die Zukunft des Pflichtteilsrechts, ZEV 94, 193; ders, Das Pflichtteilsrecht - Verfassungsrechtsprechung und Rechtspolitik, AcP 202, 317; Schindler, Pflichtteilsverzicht und Pflichtteilsverzichtsaufhebungsvertrag - oder: die enttäuschten Schlußerben, DNotZ 04, 824; Winkler, Unternehmensnachfolge und Pflichtteilsrecht - Wege zur Minimierung des Störfaktors „Pflichtteilsansprüche", ZEV 05, 89.

Neuere Reformlit: Baumann/Karsten, Die Reform des Erbrechts und verjährungsrechtlicher Vorschriften, RNotZ 10, 95; Bonefeld/Lange/Tanck, Die geplante Reform des Pflichtteilsrechts, ZErb 07, 292; Dutta, Grenzen der Vertragsfreiheit im Pflichtteilsrecht, AcP 209, 760; Horn, Verbesserungen der Pflichtteilsreform in der Unternehmensnachfolge, ZErb 08, 411; Keim, Neues Recht in niedriger Dosierung: Das Gesetz zur Änderung des Erb- und Verjährungsrechts und seine Bedeutung für den Notar, MittBayNot 10, 85; ders, Die Reform des Erb- und Verjährungsrechts und ihre Auswirkungen auf die Gestaltungspraxis, ZEV 08, 161; ders, Testamentsgestaltung bei „missratenen" Kindern – neue Möglichkeiten durch die geplanten Änderungen im Pflichtteilsrecht?, NJW 08, 2072; Kroppenberg, Ist unser Erbrecht noch zeitgemäß? - Überlegungen zum zivilrechtlichen Gutachten des 68. Deutschen Juristentags in Berlin, NJW 10, 2609; Lange, Das Gesetz zur Reform des Erb- und Verjährungsrechts, DNotZ 09, 732; Langenfeld, Das Gesetz zur Änderung des Erb- und Verjährungsrechts – Inhalt und Praxisfolgen, NJW 09, 3121; Leipold, Ist unser Erbrecht noch zeitgemäß? - Gedankensplitter zu einem großen Thema, JZ 10, 802; Mayer, Die Auswirkungen der Erbrechtsreform auf die Kautelarpraxis, ZEV 10, 2; Reich, Neue Stundungsgründe für Pflichtteilsansprüche, FPR 08, 555; Röthel, Was bringt die Pflichtteilsreform für Stiftungen?, ZEV 08, 112; dies, Ist unser Erbrecht noch zeitgemäß? Gutachten 68. DJT 2010; Schneider, Das Arrestverfahren im Pflichtteilsprozess, NJW 10, 3401; Tanck, Reformfragen des Pflichtteilsrechts, ZErb 07, 63; sa unten Rn 10.

1. Pflichtteilsrecht und Pflichtteilsanspruch. Sie sind zu unterscheiden (BGH **1** 28, 177; BayObLG NJW-RR 91, 395): Der Pflichtteilsanspruch (§ 2317) ist nur **eine** Folge des Pflichtteilsrechts, das darüber hinaus andere zahlreiche Rechtswirkungen hat: **a) vor dem Erbfall** vgl §§ 311b IV 2, V, 2346 I 2, 2281; das Bestehen des Pflichtteilrechtsverhältnisses kann Gegenstand einer Feststellungsklage sowohl seitens des künftigen Erblassers (RG 92, 1; BGH NJW 74, 1085; s aber NJW-RR 90, 130 für Fortsetzung nach dem Erbfall) als auch seitens des Pflichtteilsberechtigten (BGH 158, 226 = NJW 04, 1874; dazu Kummer ZEV 04, 274) sein; sa § 2333

§ 2303

Rn 1, **b) nach dem Erbfall** vgl §§ 2305–2307; 2314; 2317; 2318, 2319; 2325 ff. Ein Unterhaltsberechtigter (§§ 1601 ff) hat keinen klagbaren Anspruch auf Geltendmachung eines Pflichtteilsanspruchs durch den Unterhaltsverpflichteten, wohl aber kann die versäumte Realisierung von Vermögenswerten bei der Bemessung des Unterhalts berücksichtigt werden (BGH NJW 13, 530).

2   **2. Pflichtteilsberechtigte. a)** Abkömmlinge, vgl aber § 2309; Eltern; Ehegatten; eingetragene Lebenspartner (LPartG 10 VI; zur Verfassungsmäßigkeit des LPartG s Vor § 1922 Rn 1). Da ein Erblasser durch Stellung des Scheidungsantrages nach § 1933 das Erbrecht des Ehegatten ausschließen könnte, muss das Pflichtteilsverlangen auch dann nicht treuwidrig sein, wenn die Scheidungsvoraussetzungen vorliegen (Schleswig OLGR 00, 243: mehr als 50-jährige Trennung ohne Scheidungsantrag). **b)** Bei **Annahme an Kindes Statt** ergibt sich aus §§ 1754, 1767 II, 1770, 1772 die erbrechtliche Gleichstellung mit Abkömmlingen; s genauer § 1924 Rn 2 und AdoptionsG Art 12 (Übergangsrecht). **c)** Bei **Nichtehelichkeit** galt früher § 2338a aF, der für Altfälle Restbedeutung behält (sa § 1924 Rn 3; Dresden ZEV 10, 261 zum Pflichtteil eines in der DDR geborenen nichtehelichen Abkömmlings). **d)** Bei **Legitimation** nach altem Recht (§§ 1719–1740g aF aufgehoben durch KindschaftsreformG v 16.12.1997, BGBl I, 2942) gibt es keine pflichtteilsrechtlichen Besonderheiten; zum Übergangsrecht NEhelG 12 § 10.

3   **3. Ausschluss von der Erbfolge.** Sie liegt vor bei ausdr oder stillschweigender Enterbung (§ 1938), zu der auch die Einsetzung als bloßer Ersatzerbe gehört. § 2338a aF stellte der Entziehung des Erbersatzanspruchs alten Rechts der Enterbung gleich; zur Streichung s § 1924 Rn 3. Ausnahmsweise gewähren §§ 2306 ff und § 1371 III bei Ausschlagung einen Pflichtteilsanspruch. Geltendmachung des Pflichtteilsanspruchs und Testamentsanfechtung durch Enterbten schließen sich nicht aus (LG Heidelberg NJW-RR 91, 969).

4   **4. Inhalt.** Inhalt des Pflichtteilsrechts ist der halbe ges Erbteil. Weil jedoch bei der Pflichtteilsberechnung nicht sämtliche Nachlassverbindlichkeiten, sondern nur die Erblasserschulden abgesetzt werden (vgl § 2311 Rn 9 ff), kann der Pflichtteils*anspruch* weit mehr als die Hälfte des gesetzlichen Erbes betragen, uU dieses sogar
5 übersteigen (BGH NJW 88, 137). **a)** Bei **Zugewinngemeinschaft** zwischen Eheleuten oder Lebenspartnern (LPartG 6 S 1; gem LPartG 6 S 2 gelten § 1363 II u §§ 1364 bis 1390 entsprechend) ist zu unterscheiden: Der sog **kleine Pflichtteil** berechnet sich aus dem nicht erhöhten ges Erbteil (§§ 1931 I, II; 2303 I 2) und kann neben dem Zugewinnausgleich bei Ausschlagung (§ 1371 III) und für den Fall verlangt werden, dass der Ehegatte weder Erbe noch Vermächtnisnehmer ist
6 (§ 1371 II). Der Ehegatte kann im Falle des § 1371 II **nicht** anstelle von Zugewinnausgleich und kleinem Pflichtteil den sog **großen Pflichtteil** verlangen, der aus dem erhöhten ges Erbteil zu errechnen wäre, §§ 1371 I; 1931 I, II; 2303 I 2 (BGH 42, 182; NJW 82, 2497). Der sog große Pflichtteil wird für den überlebenden Ehegatten nur praktisch, wenn er als Erbe oder Vermächtnisnehmer eingesetzt ist und trotzdem Pflichtteilsansprüche hat (§§ 2305–2307, 2325, 2329), ferner im Rahmen der §§ 2318, 2319, 2328. Der Pflichtteil der Abkömmlinge des erstverstorbenen Ehegatten ist unter Berücksichtigung des erhöhten ges Erbteils (§ 1371 I) zu berechnen, falls nicht die Fälle der § 1371 II und III vorliegen (BGH 37, 58; NJW 82, 2497; hierzu Wolfsteiner und Dieckmann DNotZ 83, 190; 630). Zahlungsklage auf den großen Pflichtteil hemmt nicht die Verjährung des Zugewinnausgleichsanspruch gem § 1371 II (BGH NJW 83, 388: keine Unterbrechung nach altem
7 Recht). **b)** Bei **Gütertrennung** muss die Pflichtteilsberechnung § 1931 IV berücksichtigen; keine Erhöhung dagegen bei Vermögenstrennung der eingetragenen Lebenspartner (LPartG 10 I 1). **c)** Den **Unterhaltsanspruch des geschiedenen Ehegatten** im Erbfalle begrenzt § 1586b auf den unabhängig von §§ 1371, 1931 IV berechneten Pflichtteil (BGH NJW 01, 828: Berücksichtigung fiktiver Pflichtteiler-

Abschnitt 5. Pflichtteil § 2304

gänzungsansprüche). Ausschluss durch Pflichtteilsverzicht ist möglich (Dieckmann NJW 80, 2777). Für eingetragene Lebenspartner gilt LPartG 16 iVm § 1586b.

5. Beseitigung des Pflichtteilsanspruchs. Sie ist möglich durch Erlassvertrag (§ 397) nach seiner Entstehung (KG OLGZ 76, 193) oder durch Erbverzichtsvertrag (§ 2346) vor dem Todesfall; unterscheide: bloße Nichtgeltendmachung (unanfechtbar gem AnfG 3, 4; so BGH NJW 97, 2384 für AnfG 3 aF; hierzu Klumpp ZEV 98, 123; Keim ZEV 98, 127; bei Nichtgeltendmachung keine Stundung der Kosten eines Insolvenzverfahrens gem InsO 4a, so LG Koblenz Rpfleger 04, 650; sa § 2317 Rn 3). UU Wegfall der Geschäftsgrundlage (§ 313) oder einschränkende Auslegung bei Pflichtteilsvereinbarung über Nachlass mit DDR-Grundvermögen (Frankfurt DtZ 93, 27; BGH NJW 93, 2177; sa § 2313 Rn 1). 8

6. Erbschaftsteuerpflicht des Pflichtteilsberechtigten. Sie entsteht mit der Geltendmachung des Anspruchs (ErbStG 9 I Nr 1b) und setzt nicht die Bezifferung des Anspruchs voraus (BFH ZEV 06, 514). Für die Steuerberechnung war schon unter altem Recht der Verkehrswert und nicht die günstigere Grundstücksbewertung (§ 1924 Rn 6) anzusetzen, wenn an Erfüllungs statt ein Grundstück übertragen wurde (BFH ZEV 99, 34 mAnm Daragan; anders noch BFH BB 82, 911; NJW 89, 2912); ab 1.1.2009 ist unter neuem Recht ohnehin stets vom Verkehrswert auszugehen. Ein Grundstückserwerb zur Erfüllung eines auf Geld gerichteten Pflichtteils- oder Pflichtteilsergänzungsanspruchs „an Erfüllung statt" ist nicht nach GrEStG 1983 3 Nr 2 S 1 von der Grunderwerbsteuer befreit (BFH ZEV 02, 425; anders noch BFH 134, 370). Vereinbarungen über Pflichtteilsansprüche sind erbschaftsteuerlich uU empfehlenswert (Dressler NJW 97, 2848). 9

7. Verfassungslage und Reformüberlegungen. Das Pflichtteilsrecht ist nach derzeitigem – durchaus fragwürdigem – Verständnis nicht nur mit GG 14 I, 6 vereinbar (BVerfG NJW 01, 141; sa Vor § 1922 Rn 1 mN) und damit **verfassungsgemäß,** sondern, jdf bzgl der Kinder, selbst durch GG 14 I 1, 6 I geschützt (BVerfG NJW 05, 1563 f). Es ist aber in mancher Hinsicht rechtspolitisch überholt und weiterhin **reformbedürftig** (Henrich DNotZ 01, 551; Dauner-Lieb DNotZ 01, 460; Schröder DNotZ 01, 465; Strätz FamRZ 98, 1553; weitere Lit s oben vor Rn 1). Die Reform zum 1.1.2010 (s Vor § 1922 Rn 18) hat viele Fragen offen gelassen und blieb vielfach hinter den Reformnotwendigkeiten zurück. 10

§ 2304 Auslegungsregel

Die Zuwendung des Pflichtteils ist im Zweifel nicht als Erbeinsetzung anzusehen.

a) Die Zuwendung des Pflichtteils lässt drei Alternativen der Auslegung: Erbeinsetzung auf Pflichtteilsquote; Enterbung (§ 1938) unter Verweis auf Pflichtteilsanspruch; Vermächtnis in Höhe des Pflichtteils (Anwendbarkeit der §§ 2307, 2180). § 2304 stellt eine Auslegungsregel gegen die Erbeinsetzung auf. Die Abgrenzung von Vermächtnis und Enterbung soll davon abhängen, ob der Erblasser gewähren oder aberkennen will (vgl SoeDieckmann 3; sa BGH NJW 04, 3559); iZw sollte man den Verweis auf den Pflichtteil nicht als Vermächtnis auslegen (s aber zum Pflichtteil für Stiefkinder BGH NJW-RR 91, 706; §§ 2074–2076 Rn 5). **b)** Gem § 2338a aF galt § 2304 auch für den nichtehelichen Abkömmling, der auf den Pflichtteil verwiesen wird (zu Reform des Nichtehelichenrechts und Übergangsrecht § 1924 Rn 3); analog § 2304 wird in Altfällen im Verweis auf den Erbersatzanspruch iZw weder Erbeinsetzung noch Vermächtnis zu sehen sein. **c) Zugewinngemeinschaft: aa)** Zuwendung des „kleinen" Pflichtteils ist regelmäßig weder Erbeinsetzung noch Vermächtnis, es gilt also § 1371 II; ist sie ausnahmsweise Vermächtnis, so kann der Ehegatte ausschlagen (§ 1371 III) oder den Restanspruch zum „großen" Pflichtteil (§§ 2305, 2307 I 2) verlangen. **bb)** Zuwendung des „gro- 1 2 3

§§ 2305, 2306

ßen" Pflichtteils ist regelmäßig Vermächtnis; s Ferid NJW 60, 121; Bohnen NJW 70, 1531.

§ 2305 Zusatzpflichtteil

¹Ist einem Pflichtteilsberechtigten ein Erbteil hinterlassen, der geringer ist als die Hälfte des gesetzlichen Erbteils, so kann der Pflichtteilsberechtigte von den Miterben als Pflichtteil den Wert des an der Hälfte fehlenden Teils verlangen. ²Bei der Berechnung des Wertes bleiben Beschränkungen und Beschwerungen der in § 2306 bezeichneten Art außer Betracht.

1 **1. Inhalt. a)** Der Pflichtteilsrestanspruch besteht nicht nur bei Annahme der Erbschaft, sondern in Höhe des Ergänzungsbetrags auch bei Ausschlagung (BGH NJW 73, 996; sa §2325 Rn 1). Bei der Zugewinngemeinschaft kann Ergänzung zum „großen" Pflichtteil verlangt werden, bei Ausschlagung gilt aber § 1371 III (vgl § 2303 Rn 5 f). **b)** Der Erbersatzberechtigte hat einen Restanspruch bis zur Höhe seines Pflichtteils; zur Reform § 1924 Rn 3. **c)** Zum **Vergleichswert** von Pflichtteil und hinterlassenem Erbteil vgl § 2306 Rn 1.

2 **2. Reform.** Durch die Reform (s Vor § 1922 Rn 18) ist zum 1.1.2010 der neue Satz 2 angefügt worden und gilt für seit diesem Zeitpunkt eingetretene Erbfälle (EG 229 § 23 IV). Er trägt der Tatsache Rechnung, dass in § 2306 kein Wegfall der dort bezeichneten Beschwernisse mehr vorgesehen ist, wenn der Erbteil den Pflichtteil nicht übersteigt und nicht ausgeschlagen wird.

§ 2306 Beschränkungen und Beschwerungen

(1) **Ist ein als Erbe berufener Pflichtteilsberechtigter durch die Einsetzung eines Nacherben, die Ernennung eines Testamentsvollstreckers oder eine Teilungsanordnung beschränkt oder ist er mit einem Vermächtnis oder einer Auflage beschwert, so kann er den Pflichtteil verlangen, wenn er den Erbteil ausschlägt; die Ausschlagungsfrist beginnt erst, wenn der Pflichtteilsberechtigte von der Beschränkung oder der Beschwerung Kenntnis erlangt.**

(2) **Einer Beschränkung der Erbeinsetzung steht es gleich, wenn der Pflichtteilsberechtigte als Nacherbe eingesetzt ist.**

Lit: Bartsch, Zur Frage der Höhe von Pflichtteilsergänzungsansprüchen des mit einem Vermächtnis beschwerten Miterben, ZErb 09, 71; de Leve, Die Ausschlagung nach § 2306 BGB – Was hat sich geändert und was ist zu beachten?, ZEV 10, 184; hierzu Sachs, Noch einmal: Die Ausschlagung nach § 2306 BGB – Was hat sich geändert und was ist zu beachten?, ZEV 10, 556 (mAnm von de Leve); Schindler, Die Anwendung des § 2306 BGB nach altem und neuem Recht unter besonderer Berücksichtigung der Werttheorie, ZEV 08, 125, 187.

I. Alte Fassung

Bis zum 1.1.2010 hatte § 2306 I folgende Fassung, die auch noch für Erbfälle bis zu diesem Zeitpunkt gilt (EG 229 § 23 IV):

¹Ist ein als Erbe berufener Pflichtteilsberechtigter durch die Einsetzung eines Nacherben, die Ernennung eines Testamentsvollstreckers oder eine Teilungsanordnung beschränkt oder ist er mit einem Vermächtnis oder einer Auflage beschwert, so gilt die Beschränkung oder die Beschwerung als nicht angeordnet, wenn der ihm hinterlassene Erbteil die Hälfte des gesetzlichen Erbteils nicht übersteigt. ²Ist der hinterlassene Erbteil größer, so kann der Pflichtteilsberechtigte den Pflichtteil verlangen, wenn er den Erbteil ausschlägt; die Ausschlagungsfrist beginnt erst, wenn der Pflichtteilsberechtigte von der Beschränkung oder der Beschwerung Kenntnis erlangt.

Abschnitt 5. Pflichtteil § 2306

Da die Kommentierung dieser **Altfassung** von fortdauernder Bedeutung für Altfälle ist, bleibt sie im Folgenden abgedruckt.

1. Gleich großer oder kleinerer hinterlassener Erbteil. Ist der hinterlassene 1 Erbteil **gleich groß** oder **kleiner** als der Pflichtteil, gilt folgendes: **a)** Beim **Wertvergleich** ist die halbe ges Erbquote mit dem quotenmäßigen Anteil des hinterlassenen Erbteils am Gesamtnachlass zu vergleichen („Quotentheorie"; hM, s Köln ZEV 97, 298 mkritAnm Klingelhöffer; zuletzt Zweibrücken ZEV 07, 98; zur Gefahr für den Pflichtteilsergänzungsanspruch: Düsseldorf ZEV 01, 109), wobei Belastungen des hinterlassenen Erbteils unberücksichtigt bleiben (BGH 19, 310/311). Nur wenn der Pflichtteil wegen §§ 2315, 2316 mit dem halben ges Erbteil nicht übereinstimmt, ist der tatsächliche Wert des Pflichtteils mit dem Wert des hinterlassenen Erbteils (ohne Beschränkungen und Beschwerungen) zu vergleichen. Bei Zugewinngemeinschaft gilt der „große" Pflichtteil, vgl § 2303 Rn 5 f. **b)** Die **Belastungen** sind in 2 I 1 und II **erschöpfend** aufgezählt. Das bedeutet einerseits, dass Einsetzung als Ersatzerbe, bedingter Nacherbe oder Schlusserbe (§ 2269) als schlichte Enterbung zu behandeln sind (§ 2303 I); andererseits, dass Beschränkungen gem §§ 1418 II Nr 2, 1638 (Damrau ZEV 98, 90), 2333 ff, 2338 außer Betracht bleiben. **c)** Die 3 **Wirkung** besteht im unmittelbaren Wegfall der Belastung; der Nacherbe gem II ist also Voll- bzw Miterbe, ein anders lautender Erbschein ist unrichtig (missverständlich Schleswig NJW 61, 1930). Wenn allerdings Sondererbfolge in einen Gesellschaftsanteil angeordnet ist (§ 2032 Rn 3 ff), kommt diese besondere Teilungsanordnung nicht in Wegfall (Hamm NJW-RR 91, 839; hierzu Reimann FamRZ 92, 113). Soweit eine Teilungsanordnung die Erbquote bestimmt, bleibt sie trotz Fortfalls ihrer zuweisenden Wirkung bestehen (BGH FamRZ 90, 398). Wenn der Wegfall der belastenden Anordnung nicht zur Berücksichtigung in Pflichtteilshöhe führt, kann ein Anspruch aus § 2305 bestehen (BGH FamRZ 90, 398), bei Zugewinngemeinschaft bleibt ein Vorgehen gem § 1371 III (Zugewinnausgleich mit „kleinem" Pflichtteil) denkbar. Ausschlagung führt sonst nicht zum Pflichtteilsanspruch, ein etwaiger Pflichtteilsrestanspruch besteht fort (Hamm OLGZ 82, 42; s § 2305 Rn 1). Bei Erbeinsetzung auf den Pflichtteil ist eine Verwirkungsklausel („cautela socini") unwirksam (BGH NJW 93, 1005; se §§ 2074–2076 Rn 5).

2. Größerer hinterlassener Erbteil. Ist der hinterlassene Erbteil **größer** als der 4 Pflichtteil, gelten folgende Überlegungen: **a) Wert:** s Rn 1 f. Bei Erbteil gem I 1 und Vermächtnis gilt I 1 nach Vermächtnisausschlagung (BGH 80, 263); keine Gesamtausschlagung gem I 2; Doppelausschlagung bei Erbteil gem I 2 und Vorausvermächtnis (Düsseldorf ZEV 96, 72); zu möglichen Folgen einer Ausschlagung unter dem Vorbehalt, gem § 2306 den Pflichtteil erlangen zu können, s BayObLG Rpfleger 05, 316. Zeitpunkt der Wertberechnung bei Nacherbschaft gem II ist der Erbfall, nicht der Nacherbfall (Schleswig NJW 61, 1930). **b)** Für den **Beginn der** 5 **Ausschlagungsfrist** gilt zunächst § 1944 Rn 1–4. Der pflichtteilsberechtigte Erbe muss zusätzlich Kenntnis von den entscheidenden Berechnungsfaktoren haben, auch in den Fällen §§ 2315, 2316 (RG 113, 45; zu eng BayObLGZ 59, 77 bei rechtlicher Ungewissheit über Anrechnungspflicht). Bei Nacherbschaft gem II beginnt die Ausschlagungsfrist nicht vor dem Nacherbfall. Die *irrige* Annahme von Beschränkungen und Beschwerungen nach I 1 schiebt die Ausschlagungsfrist nicht auf (BGH 112, 229). Die irrige Vorstellung des unter Beschwerungen als Alleinerbe eingesetzten Pflichtteilsberechtigten, er dürfe die Erbschaft nicht ausschlagen, um seinen Anspruch auf den Pflichtteil nicht zu verlieren, rechtfertigt die Anfechtung einer auf dieser Vorstellung beruhenden Annahme der Erbschaft gem § 119 I (BGH NJW 06, 3355 mAnm Leipold ZEV 06, 500; sa § 1954 Rn 1). Eine Annahme vor Kenntnis der Beschränkung/Beschwerung und damit vor Beginn der Ausschlagungsfrist kann gem § 119 II angefochten werden (Hamm ZEV 04, 286). **c) Rechtsfolgen.** 6 Der Erbe kann die Erbschaft belastet annehmen (BGH FamRZ 85, 1025) oder ausschlagen (BGH 106, 359, 365) und den Pflichtteil verlangen. Auch der Alleinerbe hat dieses Wahlrecht (Karlsruhe NJW-RR 08, 317). Ein Anspruch aus § 2305 und

§ 2307

Ausschlagungsrecht gem § 2306 I 2 schließen sich aus (Celle ZEV 03, 366; vgl auch § 2303 Rn 5: „kleiner" Pflichtteil und Zugewinnausgleich; zum Ganzen Schlitt ZEV 98, 216).

7   **3. Erbersatzanspruch.** Zum alten Rechts s § 2306 Rn 7, 13. Aufl.

II. Neufassung

8   Die seit 1.1.2010 geltende **Neufassung**, die für alle Erbfälle seit diesem Zeitpunkt gilt (EG 229 § 23 IV), vermeidet die Kompliziertheiten und Unsicherheiten des Wertvergleichs und der Bewertung sowie die Differenzierung zwischen Erbteilen, die kleiner oder größer sind als der Pflichtteil, und führt bei den erwähnten Beschränkungen oder Beschwerungen allgemein und stets das Wahlrecht zwischen Ausschlagung mit Pflichtteilsanspruch und Annahme der Erbschaft mit Beschränkungen und Beschwerungen ein.

9   **1. Belastungen.** Diese sind wie bei der alten Fassung in § 2306 I abschließend aufgezählt; zu den Folgen bei anderen Fallgestaltungen s Rn 2.

10   **2. Beginn der Ausschlagungsfrist.** Hier gilt zunächst § 1944 Rn 1–4. Auch die überkommene Rechtsprechung zum **Irrtum** behält Gültigkeit (s Rn 5), soweit sie nicht den Irrtum über Wertberechnungsverfahren betrifft.

§ 2307 Zuwendung eines Vermächtnisses

(1) ¹Ist ein Pflichtteilsberechtigter mit einem Vermächtnis bedacht, so kann er in Höhe des Pflichtteils verlangen, wenn er das Vermächtnis ausschlägt. ²Schlägt er nicht aus, so steht ihm ein Recht auf den Pflichtteil nicht zu, soweit der Wert des Vermächtnisses reicht; bei der Berechnung des Wertes bleiben Beschränkungen und Beschwerungen der in § 2306 bezeichneten Art außer Betracht.

(2) ¹Der mit dem Vermächtnis beschwerte Erbe kann den Pflichtteilsberechtigten unter Bestimmung einer angemessenen Frist zur Erklärung über die Annahme des Vermächtnisses auffordern. ²Mit dem Ablauf der Frist gilt das Vermächtnis als ausgeschlagen, wenn nicht vorher die Annahme erklärt wird.

Lit: Biebl, Pflichtteil und Vermächtnis kumulativ – Auswirkungen auf das Vermächtniskürzungsrecht des Erben, ZErb 10, 99.

1   **1. Die Alternativen.** Der pflichtteilsberechtigte Vermächtnisnehmer hat zwei Möglichkeiten: **a)** Ausschlagung des Vermächtnisses (§ 2180) bei vollem Pflichtteilsanspruch; im Falle der Zugewinngemeinschaft gilt § 1371 II (nur „kleiner" Pflichtteil
2   und Zugewinnausgleich; s BGH NJW 84, 2935). **b)** Annahme des Vermächtnisses und Geltendmachung des Pflichtteilsrestanspruchs (§ 2305; hierzu Oldenburg NJW 91, 988: Anrechnung auch eines aufschiebend bedingten Vermächtnisses auf den Pflichtteil; Karlsruhe Justiz 62, 152; Schlitt NJW 92, 28: spätere Anrechnung des empfangenen Pflichtteils auf das Vermächtnis; offengelassen von BGH NJW 01, 520, wo nicht der Erbe, sondern ein Dritter vermächtnisbelastet war). Der Pflichtteilsrestanspruch berechnet sich bei Zugewinngemeinschaft nach dem „großen" Pflichtteil (§ 2303 Rn 6). Für den Erbersatzanspruchsberechtigten galt früher Gleiches (vgl auch § 2304 Rn 2). Es ist aber durch Auslegung zu ermitteln, ob der Erblasser das Vermächtnis zusätzlich zum ges Erbersatzanspruch, in Anrechnung auf den Erbersatzanspruch oder anstatt des Erbersatzanspruchs zuwenden wollte (BGH NJW 79, 917). Zum Fortfall des Erbersatzanspruchs § 1924 Rn 3.

3   **2. Besondere Fälle.** Bei **Kumulation von Erbteil und Vermächtnis,** die beide unbelastet sind, kann der Erbe das Vermächtnis ausschlagen und den Zusatz-

Abschnitt 5. Pflichtteil §§ 2308, 2309

pflichtteil nach § 2305 verlangen oder aber den Erbteil ausschlagen und den Zusatzpflichtteil verlangen (§ 2305 Rn 1), auf den aber entspr § 2307 I 2 das Vermächtnis anzurechnen ist. Ist der Erbteil belastet, so kann der Erbe ausschlagen und den Pflichtteil verlangen (§ 2306 I), wobei aber das angenommene Vermächtnis ebenfalls anzurechnen ist (§ 2307 I 2). Bei **Zugewinngemeinschaft** kann der Ehegatte **a)** beides annehmen und Ergänzung zum „großen" Pflichtteil verlangen; **b)** beides ausschlagen und gem § 1371 III vorgehen; **c)** Vermächtnis oder Erbschaft ausschlagen und Ergänzung gem § 2305 oder § 2307 I 2 zum „großen" Pflichtteil verlangen (vgl Braga FamRZ 57, 339 und BGH FamRZ 76, 334). Das Gleiche gilt für den eingetragenen Lebenspartner (LPartG 6 S 1, 10 I und VI).

3. Mehrere mit demselben Vermächtnis beschwerte Miterben. Sie können 4 das Recht zur Fristsetzung nur gemeinsam ausüben (München FamRZ 87, 752).

4. Korrespondenzvorschriften. Vgl § 2321, InsO 327 II; zu Genehmigungser- 5 fordernissen bei Vertretung Minderjähriger Köln FamRZ 07, 169.

§ 2308 Anfechtung der Ausschlagung

(1) **Hat ein Pflichtteilsberechtigter, der als Erbe oder als Vermächtnisnehmer in der in § 2306 bezeichneten Art beschränkt oder beschwert ist, die Erbschaft oder das Vermächtnis ausgeschlagen, so kann er die Ausschlagung anfechten, wenn die Beschränkung oder die Beschwerung zur Zeit der Ausschlagung weggefallen und der Wegfall ihm nicht bekannt war.**

(2) ¹**Auf die Anfechtung der Ausschlagung eines Vermächtnisses finden die für die Anfechtung der Ausschlagung einer Erbschaft geltenden Vorschriften entsprechende Anwendung.** ²**Die Anfechtung erfolgt durch Erklärung gegenüber dem Beschwerten.**

Da Anfechtung der Ausschlagung grundsätzlich nur gem §§ 119 ff möglich ist 1 (vgl § 1954 Rn 1, aber auch § 1949), erweitert I die Anfechtungsgründe um den Motivirrtum über bestehende Belastungen; andernfalls könnten nach der irrtümlichen Ausschlagung weder Erbteil bzw Vermächtnis noch Pflichtteil (vgl § 2303 Rn 3) verlangt werden. Für Erbfälle bis zum 1.1.2010 findet § 2308 I entspr Anwendung, falls in Rechtsirrtum über den Inhalt des damaligen unübersichtlichen § 2306 I ausgeschlagen ist (Hamm OLGZ 82, 41 zu § 2306 aF). Anfechtung greift auch bei Irrtum über künftigen Wegfall von Belastungen, zB durch Testamentsanfechtung (BGH 112, 229, str; sa § 2080 Rn 1).

§ 2309 Pflichtteilsrecht der Eltern und entfernteren Abkömmlinge

Entferntere Abkömmlinge und die Eltern des Erblassers sind insoweit nicht pflichtteilsberechtigt, als ein Abkömmling, der sie im Falle der gesetzlichen Erbfolge ausschließen würde, den Pflichtteil verlangen kann oder das ihm Hinterlassene annimmt.

Es gilt entspr den Regeln bei ges Erbfolge (§§ 1924 II, III, 1930) der Grundsatz, 1 dass kein Stamm zwei Pflichtteile oder Zuwendungen und Pflichtteile erhalten soll (BGH NJW 11, 1880 f; 12, 3098). Eltern und entferntere Abkömmlinge des Erblassers können danach unter zwei Voraussetzungen den Pflichtteil verlangen (BGH NJW 11, 1878; dazu zu Unrecht krit Bestelmeyer Rpfleger 672 mN): **a)** Verlust des Pflichtteilsrechts durch den Abkömmling (vgl §§ 1953, 2333, 2344, 2346; zum Verlust durch Verzicht BGH NJW 12, 3097); **b)** eigener Pflichtteilsanspruch gem §§ 2303, 2305 ff (Köln FamRZ 00, 195), also zB nicht im Falle des § 2069 oder des § 2349 (zu § 2349, HS 2 BGH NJW 12, 3097). Bsp: Der Abkömmling hat zum Erbteil einen Restanspruch gem § 2305; er schlägt den Erbteil aus. Der Erblasser hat die Enkel gem § 2096 enterbt. Die Enkel sind pflichtteilsberechtigt, müssen sich aber den fortbestehenden Restanspruch (§ 2305 Rn 1) anrechnen lassen, auch wenn ihn der Vater nicht beansprucht. Anrechnungspflichtiges Hinterlassen gem § 2309 HS 2 liegt nicht vor, wenn der Erblasser den verzichtenden näheren Abömmling des einzigen Kindestammes gleichwohl zum Erben einsetzt und er die die Erbschaft annimmt, weil in diesem Falle der Zweck dieser Vorschrift, Doppelbünstigung eines von mehreren Kinderstämmen zu vermeiden, nicht betroffen ist (BGH NJW 12, 3099: teleologische Reduktion).Ein entgeltlicher Pflichtteilsverzicht steht der Annahme des Hinterlassenen gleich (Celle NJW 99, 1874 mkritAnm Mayer ZEV 98, 433; Pentz NJW 99, 1835). Bei nichtehelichen Abkömmlingen ist § 1934e aF nur noch für Altfälle zu beachten; zur Streichung sa § 1924 Rn 3.

§ 2310 Feststellung des Erbteils für die Berechnung des Pflichtteils

¹Bei der Feststellung des für die Berechnung des Pflichtteils maßgebenden Erbteils werden diejenigen mitgezählt, welche durch letztwillige Verfügung von der Erbfolge ausgeschlossen sind oder die Erbschaft ausgeschlagen haben oder für erbunwürdig erklärt sind. ²Wer durch Erbverzicht von der gesetzlichen Erbfolge ausgeschlossen ist, wird nicht mitgezählt.

1 a) Der **Erbverzicht** eines ges Erben (§ 2346 I) wirkt für die übrigen pflichtteilserhöhend, weil mit dem Erbverzicht regelmäßig eine Nachlassminderung in Höhe der Gegenleistung verbunden sein wird (ausführlich BGH NJW 09, 1144 und § 2315 Rn 6). Hingegen bleibt der bloße Pflichtteilsverzicht (§ 2346 II) außer Betracht (BGH NJW 82, 2497; 02, 673), ebenso der Verzicht unter Vorbehalt **2** des Pflichtteils (SoeDieckmann 11; s § 2346 Rn 2). b) Der **Erbersatzanspruchsberechtigte alten Rechts** ist bei der Pflichtteilsberechnung wie jeder ges Erbe zu berücksichtigen, bei Berechnung **seines** Pflichtteils gelten keine Besonderheiten (§ 2338a aF iVm EGBGB 227); anders bei vorzeitigem Erbausgleich (§ 1934e aF), der wie ein Verzicht zu behandeln ist. Hingegen findet § 2310 bei der Berechnung des Erbersatzanspruchs keine Anwendung (vgl § 1935, 1934b II aF). Zum Fortfall von Erbersatzanspruch und vorzeitigem Erbausgleich sowie zum Übergangsrecht § 1924 Rn 3.

§ 2311 Wert des Nachlasses

(1) ¹Der Berechnung des Pflichtteils wird der Bestand und der Wert des Nachlasses zur Zeit des Erbfalls zugrunde gelegt. ²Bei der Berechnung des Pflichtteils eines Abkömmlings und der Eltern des Erblassers bleibt der dem überlebenden Ehegatten gebührende Voraus außer Ansatz.

(2) ¹Der Wert ist, soweit erforderlich, durch Schätzung zu ermitteln. ²Eine vom Erblasser getroffene Wertbestimmung ist nicht maßgebend.

Lit: de Leve, Erbschaften und Vermächtnisse als Nachlassbestandteile bei der Pflichtteilsberechnung – Was passiert bei einer Ausschlagung?, ZEV 10, 75; Iversen, Gesellschaftsvertragliche Abfindungsklauseln und pflichtteilsrechtliche Nachlassbewertung – Vorschläge für die Praxis, NJW 10, 183.

1 1. **Maßgeblicher Bewertungszeitpunkt.** Dies ist der Erbfall (BGH FamRZ 96, 936 für Lebensversicherungssumme), so dass spätere Veränderungen unberücksichtigt bleiben (BGH 7, 135; Naumburg NJW-RR 08, 318; sa BGH NJW 01, 2713). Künftige Umstände können allerdings ausnahmsweise die Bewertung im Erbfallzeitpunkt beeinflussen, zB kann die Bewertung eines ertraglosen Unternehmens davon abhängen, ob Fortführung oder Liquidation geplant ist (BGH NJW 73, 509).

Abschnitt 5. Pflichtteil **§ 2311**

2. Bestimmung des Aktivwertes. a) Wertbestimmungen des Erblassers 2
sind gem II 2 unmaßgeblich, können aber als Pflichtteilsentziehung (§§ 2333 ff,
2336) oder bei Begünstigungsabsicht als Vermächtnis auszulegen sein. **b)** Maßgeb- 3
lich ist der **gemeine Wert** eines Nachlassgegenstandes, den er allg in der Hand
eines jeden Erben haben würde. Ansprüche aus einer Lebensversicherung sind einzurechnen, soweit fremde Bezugsrechte widerrufen sind und stattdessen eine Sicherungsabtretung an einen Darlehensgläubiger erfolgte ist (BGH NJW 96, 2230; sa
zum Wiederaufleben des Bezugsrechtes bei Rückübertragung der Sicherheit BGH
NJW 11, 307 und 12, 1003; § 1922 Rn 2). Schulden des Erben gegenüber dem
Erblasser kommen in Ansatz (BGH FamRZ 82, 54 f; sa § 1976 Rn 2). Liebhaberwerte bleiben außer Betracht. Regelmäßig wird der Verkaufswert dem gemeinen
Wert entsprechen (BGH NJW 87, 1262; NJW-RR 91, 900; zur Rückrechnung
bei Verkauf nach Erbfall BGH NJW-RR 93, 131; 834; sa Brandenburg, NJW-Spezial 08, 264: Orientierung an einem bald nach dem Erbfall tatsächlich erzielten
Verkaufspreis; in diesem Sinn auch BGH NJW 11, 1004 = ZEV 11, 29), nur in
Ausnahmefällen, zB beim Fehlen eines freien Marktes, wird der „wahre innere
Wert" zu ermitteln sein (BGH 13, 47 für ein dem Preisstopp unterfallendes Grundstück); er richtet sich unabhängig von zufälligen Marktgegebenheiten stärker am
Sachwert (zB Herstellungskosten) und Ertragswert aus (LM Nr 5). Bei Aktien gilt
der Börsenkurs, sofern er am Stichtag nicht extrem hoch oder tief lag (str, vgl Veith
NJW 63, 1521), bei Aktienpaketen uU der „innere" Wert. Ähnlich ist bei GmbH-Anteilen vom Verkaufswert, in Ausnahmefällen (zB Familien-GmbH) vom „inneren" Wert auszugehen (vgl Däubler, Die Vererbung des Gesellschaftsanteils bei der
GmbH, 1965, § 9). **c)** Bei **Handelsunternehmen,** die fortgeführt werden sollen, 4
darf nicht der Liquidationswert angesetzt werden; vielmehr ist der Gesamtwert aus
Substanzwert (Reproduktionswert; dazu BGH DNotZ 92, 526) und Ertragswert zu
erschätzen (BGH NJW 73, 509; 82, 575; 85, 192) und kann im Einzelfall höher
oder niedriger liegen als der Liquidationswert (BGH NJW 82, 2441 zu § 1376;
NJW-RR 86, 1068 zu § 1477). Bei Betriebsaufgabe ertragsloser Unternehmen gilt
der Liquidationswert (BGH NJW 82, 2498), iU kann sich die Schätzung an einem
späteren Verkaufserlös orientieren (BGH NJW 82, 2498). Ertragssteuern und andere
Unkosten einer Aufgabe oder Veräußerung können den Unternehmenswert mindern (BGH NJW 72, 1269; 82, 2498). Zu den wertbestimmenden Faktoren eines
Unternehmens gehört sein „good will" (BGH 75, 199 für § 1376). **d)** Die Bewer- 5
tung des **Anteils an einer Personalgesellschaft** hat zu unterscheiden: **aa)** Beim
RGeschäft unter Lebenden auf den Todesfall, das entweder einem Mitgesellschafter auf den Todesfall gesellschaftsvertraglich ein Übernahmerecht gewährt oder
Dritten ein Eintrittsrecht (vgl auch § 2301 Rn 1 ff, 6) gehört der Anteil nicht zum
Nachlass und unterliegt auch keiner Bewertung, es ergeben sich allenfalls Ansprüche aus
§§ 2325 ff (vgl BGH NJW 70, 1638; 81, 1956). **bb)** Bei **erbrechtlicher Nachfol-** 6
geklausel, nach der die Gesellschaft mit einem oder mehreren Erben fortzusetzen ist
(vgl § 2032 Rn 6 f), gehört der durch Sondererbfolge erworbene Gesellschaftsanteil
(BGH 68, 237) zum Nachlass (SoeDieckmann 6, 27; s BGH NJW 83, 2377). **cc)** Bei
Ausscheiden durch Tod (HGB 131 III Nr 1) oder Auflösung, die bei Handelsgesellschaften nur auf Grund gesellschaftsvertraglicher Sonderregel in Betracht kommt
(HGB 131 III: „mangels abweichender vertraglicher Bestimmung"), gehört das
Abfindungs- bzw Auseinandersetzungsguthaben (HGB 105 III, §§ 733 II, 734, 738
I 2) zum Aktivnachlass. **dd)** Soweit Erben Gesellschafter werden, für den Fall ihres 7
Ausscheidens aber **gesellschaftsvertragliche Abfindungsklauseln** eine Abfindung unter Beteiligungswert vorsehen, stellt sich das Problem der Bewertung nach
dem Vollwert oder dem vertraglichen Abfindungswert. Die Lit vertritt alle Ansichten (Bratke ZEV 00, 16; Eiselt NJW 81, 2447 mN): Vollwert oder Klauselwert
als endgültiger Wert; Vollwert oder Klauselwert als vorläufiger Wert – uU mit
Ausgleichsanspruch gem § 2313 I bei endgültiger Wertrealisierung; Zwischenwert.
Berechnungsgrundlage ist der Vollwert; die beschränkte Abfindung kann sich im
Einzelfall wertmindernd auswirken, jedoch nur im Falle ihrer Aktualisierung wert-

§ 2312

bestimmend (BGH 75, 201 zu § 1376); uU hat der Schuldner ein Leistungsverweigerungsrecht, falls er zur Anspruchserfüllung die beschränkte Abfindung realisieren muss. Für Pflichtteilsgläubiger sind InsO 134, AnfG 4 überlegenswert. Die Abfindungsklausel kann gegen HGB 139 V, II verstoßen, falls sie dem Erben die Entscheidung für das Ausscheiden wirtschaftlich unmöglich macht (sa §§ 738–740 Rn 7 f; § 1375 Rn 5).

8   **3. Nachlasspassiva.** Sie sind zunächst insoweit abzuziehen, als sie auch bei ges Erbfolge angefallen wären. **a) Absetzbar** sind folglich: Erblasserschulden (vgl § 1967 Rn 1), also zB Forderungen gegen den Erblasser (auch des Erben, BGH 98, 389; Schleswig ZEV 07, 277 u § 1976 Rn 2, sowie gesicherte Forderungen, BGH NJW 96, 2230), Steuern oder andere öffentl Abgaben zu Lasten des Erblassers (bei gemeinsamer Veranlagung von Erblasser und Alleinerbe allerdings nur der auf den Erblasser im Innenverhältnis entfallende Teil, BGH 73, 36), Ansprüche auf Zugewinnausgleich (BGH 37, 64); Erbschaftsverwaltungsschulden zur Sicherung und Feststellung des Nachlasses, also zB Nachlassverwaltung, Nachlasspflegschaft, Inventarerrichtung, Aufgebot, Beerdigungskosten (hierzu Schleswig FamRZ 10, 1194 = ZEV 10, 197), teilw – soweit sie andere Sicherungsmaßnahmen erspart – Testamentsvollstreckung (BGH 95, 228). Die Bewertung wiederkehrender Verbindlichkeiten richtet sich
9 nach dem Kapitalwert (vgl BGH 14, 373; NJW 64, 1416). **b) Nicht absetzbar** sind die testamentsspezifischen Sonderkosten, also idR Testamentsvollstreckung (BGH 95, 228) und Kosten der letztwilligen Verfügung wie Gebühren für Testamentseröffnung und Erbschein (Schleswig FamRZ 10, 1194 = ZEV 10, 197); ferner alle gleich- oder nachrangigen Verbindlichkeiten (InsO 327 I), also Pflichtteilsansprüche, Vermächtnisse, Auflagen (BGH NJW 88, 137), Erbersatzanspruch alten Rechts (anders der bereits vor dem Tod entstandene Anspruch gem § 1934d aF – fortgefallen, vgl § 1924 Rn 3); Verbindlichkeiten, die in der Person der Erben entstehen, wie Nachlassteilungskosten, Erbschaftsteuer oder Erbschaftsteuererklärungskosten (Düsseldorf FamRZ 99, 1465) und Grabpflegekosten (Schleswig FamRZ 10,
10 1194 = ZEV 10, 197). **c)** Der **Voraus** wird gem I 2 abgezogen, aber nur wenn seine Voraussetzungen (§ 1932) vorliegen, also nicht bei Alleinerbschaft des Ehegatten
11 (BGH 73, 31, 35); kein Abzug beim Ehegattenpflichtteil. **d)** Weil bei der Pflichtteilsberechnung nicht sämtliche Nachlassverbindlichkeiten abgesetzt werden, kann der Pflichtteilsanspruch weit mehr als die Hälfte des gesetzlichen Erbes betragen, uU dieses sogar übersteigen (BGH NJW 88, 137).

12   **4. Prozessuales.** Der Pflichtteilsberechtigte trägt die Beweislast für Grund und Höhe des Anspruchs. Er muss das Nichtbestehen substantiiert dargelegter Nachlassverbindlichkeiten beweisen (BGH FamRZ 10, 892 = ZEV 10, 312); sa § 2314 Rn 3 aE.

§ 2312 Wert eines Landguts

(1) ¹**Hat der Erblasser angeordnet oder ist nach § 2049 anzunehmen, dass einer von mehreren Erben das Recht haben soll, ein zum Nachlass gehörendes Landgut zu dem Ertragswert zu übernehmen, so ist, wenn von dem Recht Gebrauch gemacht wird, der Ertragswert auch für die Berechnung des Pflichtteils maßgebend.** ²**Hat der Erblasser einen anderen Übernahmepreis bestimmt, so ist dieser maßgebend, wenn er den Ertragswert erreicht und den Schätzungswert nicht übersteigt.**

(2) **Hinterlässt der Erblasser nur einen Erben, so kann er anordnen, dass der Berechnung des Pflichtteils der Ertragswert oder ein nach Absatz 1 Satz 2 bestimmter Wert zugrunde gelegt werden soll.**

(3) **Diese Vorschriften finden nur Anwendung, wenn der Erbe, der das Landgut erwirbt, zu den in § 2303 bezeichneten pflichtteilsberechtigten Personen gehört.**

Abschnitt 5. Pflichtteil § 2313

Lit: Kegel, Zum Pflichtteil vom Großgrundbesitz, FS E. Cohn, 1975, S 85; Ruby, Landwirtschaftserbrecht: Das Landgut im BGB, ZEV 07, 263; Weber, Gedanken zum Ertragswertprinzip des § 2312 BGB, BWNotZ 92, 14.

1. Inhalt der Bewertungsregeln. a) Ein **Landgut** ist eine Besitzung, die zum 1 selbstständigen und dauernden Betrieb der Landwirtschaft, Viehzucht oder Forstwirtschaft geeignet und bestimmt ist und die einen erheblichen Teil zum Lebensunterhalt des Inhabers beiträgt (BGH 98, 377; NJW-RR 92, 770: Nebenerwerbsstelle; BGH FamRZ 08, 141 mit München 09, 1439 mAnm Kempfler ZEV 10, 415: Mindestgewinn bei Nebenerwerbsstelle; München NJW-RR 03, 1519: nicht bei Pferdepension, weil keine Landwirtschaft iS einer Urproduktion; Oldenburg FamRZ 92, 726: Gartenanbau; RdL 00, 12: Beweislast bei zeitweiliger Stilllegung). Der Eigentümer kann durch „Widmung" im Rahmen der Verkehrsauffassung festlegen, dass auch Bauland zum Landgut gehört (BGH 98, 386). Grundstücke, die praktisch baureif sind und ohne Gefahr für die Lebensfähigkeit des Hofes aus diesem herausgelöst werden können, sind gesondert gem § 2311 zu bewerten (BGH 98, 388; ähnlich NJW-RR 92, 66 für Kiesabbaugebiet). **b)** Zu den **Begriffen** Gemeiner 2 Wert bzw Verkehrswert und Ertragswert vgl § 2311 Rn 3; § 2049 Rn 2. **Verfassungsrechtliche Grenzen** der Ertragswertberechnung sind auch im Pflichtteilsrecht zu beachten (§ 2049 Rn 2). **c)** Nach dem **Zweck** der Vorschrift soll die bei 3 Übernahme gem § 2049 geltende Vergünstigung abw von § 2311 auch bei Pflichtteilsberechnung gelten. Eine konkrete Gefahr für die Agrarstruktur wird dabei nicht vorausgesetzt. Der die benachteiligten Erben schützende verfassungsrechtliche Gleichheitssatz gebietet jedoch eine teleologische Reduktion, sofern das betreffende Landgut ohnehin nicht als Einheit fortgeführt werden kann oder nicht mehr lebensfähig ist (BGH 98, 388; NJW-RR 92, 66). Die Norm kann aber angewendet werden, wenn ein pflichtteilsberechtigter Erbe das Anwesen zwar nicht selbst bewirtschaften kann, es aber für einen pflichtteilsberechtigten Familienangehörigen als Wirtschaftseinheit erhalten möchte (BGH NJW-RR 92, 770; BayObLG FamRZ 89, 541). Die Anordnung durch den Erblasser kann Auslegungsergebnis sein (s BGH FamRZ 83, 1221). **d)** § 2312 ist auch anwendbar bei §§ 2325 ff (LM Nr 5 zu § 2325), 4 wenn seine Voraussetzungen beim Erbfall vorliegen (BGH NJW 95, 1352; Aufgabe von BGH NJW 64, 1416). § 2312 II ist außerdem entsprechend anwendbar, wenn ein Landgut zum Nachlass gehört und der Erblasser ein Geldvermächtnis zum Ausgleich des gesetzlichen Pflichtteils zugesprochen hat (BGH ZEV 08, 40; München ZEV 07, 276). **e)** Zur Übernahme eines Bruchteils vgl § 2049 Rn 2.

2. Wertansatz bei höferechtlicher Sondererbfolge. Vgl HöfeO 12 II, X (hierzu BVerfG 67, 329).

§ 2313 Ansatz bedingter, ungewisser oder unsicherer Rechte; Feststellungspflicht des Erben

(1) ¹Bei der Feststellung des Wertes des Nachlasses bleiben Rechte und Verbindlichkeiten, die von einer aufschiebenden Bedingung abhängig sind, außer Ansatz. ²Rechte und Verbindlichkeiten, die von einer auflösenden Bedingung abhängig sind, kommen als unbedingte in Ansatz. ³Tritt die Bedingung ein, so hat die der veränderten Rechtslage entsprechende Ausgleichung zu erfolgen.

(2) ¹Für ungewisse oder unsichere Rechte sowie für zweifelhafte Verbindlichkeiten gilt das Gleiche wie für Rechte und Verbindlichkeiten, die von einer aufschiebenden Bedingung abhängig sind. ²Der Erbe ist dem Pflichtteilsberechtigten gegenüber verpflichtet, für die Feststellung eines ungewissen und für die Verfolgung eines unsicheren Rechts zu sorgen, soweit es einer ordnungsmäßigen Verwaltung entspricht.

§ 2314

Lit: Pentz, Berechnung des Nachlaßwertes bei Pflichtteilsausgleich nach § 2313 BGB, MDR 99, 144.

1 Die Voraussetzungen (Bedingung, Ungewissheit oder Unsicherheit) müssen beim Erbfall **und** bei Geltendmachung des Pflichtteilsanspruchs vorliegen, arg ex I 2 (BGH 3, 396; 87, 371). Bei einheitlicher Geschäftsbeziehung mit gegenseitigen Forderungen, die von Zeit zu Zeit miteinander verrechnet werden, besteht Gewissheit über eine Forderung bzw Schuld des Erblassers und damit des Nachlasses nur, wenn das Bestehen bzw Nichtbestehen einer entspr Gegenforderung geklärt ist (BGH 7, 141 f). Bürgschaftsverbindlichkeiten bleiben so lange außer Acht, solange Ob und Höhe der Inanspruchnahme offen sind (Köln ZEV 04, 156); Gleiches gilt für Grundpfandrechte (BGH NJW 11, 606). Freigabe eines Grundstücks in der früheren DDR bzw Entschädigungsleistung (Koblenz DtZ 93, 254) kann Neuberechnung des Pflichtteilsanspruchs gem II iVm I 3 analog verlangen (München DtZ 93, 153; Koblenz DtZ 93, 254; BGH 123, 76 = NJW 93, 2177), wobei ausschließlich das BGB gilt (BGH NJW 93, 2177; differenzierend Casimir DtZ 93, 362; de Leve DtZ 94, 270; zur Geltung des ZGB bei Nachlassspaltung Vor § 1922 Rn 5); anders außerhalb des Anwendungsbereichs des VermG, soweit ausschließlich vereinigungsbedingter Wertzuwachs in Frage steht (Köln NJW 98, 240 – fragwürdig). Der ermittelte Wert ist auf den Zeitpunkt des Erbfalls zurückzurechnen (BGH NJW 93, 2177; aA Dressler DtZ 93, 233; krit v. Olshausen DtZ 93, 333 und Dieckmann ZEV 94, 198). Die Verjährung beginnt erst mit dem Entstehen des neuen Anspruchs (BGH NJW 93, 2177; KG ZEV 00, 504; BGH ZEV 04, 377: bei Leistungen nach dem VermG mit dessen Inkrafttreten; FamRZ 77, 129; zT str). Zum Anteil an einer Personalgesellschaft mit Abfindungsklausel vgl § 2311 Rn 7. **Befristete** Rechte und Verbindlichkeiten sind zu schätzen, § 2311 II 1 (BGH JR 80, 103; s InsO 41 II, 46). Keine entspr Anwendung bei Errechnung des Zugewinns (BGH 87, 367).

§ 2314 Auskunftspflicht des Erben

(1) ¹Ist der Pflichtteilsberechtigte nicht Erbe, so hat ihm der Erbe auf Verlangen über den Bestand des Nachlasses Auskunft zu erteilen. ²Der Pflichtteilsberechtigte kann verlangen, dass er bei der Aufnahme des ihm nach § 260 vorzulegenden Verzeichnisses der Nachlassgegenstände zugezogen und dass der Wert der Nachlassgegenstände ermittelt wird. ³Er kann auch verlangen, dass das Verzeichnis durch die zuständige Behörde oder durch einen zuständigen Beamten oder Notar aufgenommen wird.

(2) **Die Kosten fallen dem Nachlass zur Last.**

Lit: van der Auwera, Die Rechte des Pflichtteilsberechtigten im Rahmen seines Auskunftsanspruchs nach § 2314 BGB, ZEV 08, 359; Baumgärtel, Das Verhältnis der Beweislastverteilung im Pflichtteilsrecht zu den Auskunfts- und Wertmittlungsansprüchen dieses Rechtsgebiets, FS Hübner, 1984, S 395; Braun, Form, Inhalt und Verfahren beim Nachlassverzeichnis gem. § 2314 I S 3 BGB, MittBayNot 08, 351; Coing und Kempfler, Der Auskunftsanspruch des Pflichtteilsberechtigten im Falle der Pflichtteilsergänzung, NJW 70, 729, 1533; ders, Zur Auslegung des § 2314 BGB, NJW 83, 1298; Damrau, Der Anspruch auf Berichtigung und Ergänzung des Bestandsverzeichnisses (§ 2314 BGB), ZEV 09, 274; Dieckmann, Zum Auskunfts- und Wertermittlungsanspruch des Pflichtteilsberechtigten, NJW 88, 1809; Sarres, Auskunftsansprüche des Pflichtteilsberechtigten, ZEV 98, 4; ders, Erbrechtliche Auskunftsansprüche aus Treu und Glauben (§ 242 BGB), ZEV 01, 225; ders, Das neue Schuldrecht und erbrechtliche Auskunftsansprüche, ZEV 02, 96; Stürner, Die Aufklärungspflicht der Parteien des Zivilprozesses, 1976, §§ 19 II, 20 IV 3, 21; Tegelkamp/Krüger, Anwesenheitsrechte bei der Erstellung des Nachlassverzeichnisses nach § 2314 I S 2 Alt 1 BGB, ZErb 11, 33; Winkler v. Mohrenfels, Die Auskunfts- und Wertermittlungspflicht des vom Erblasser Beschenkten, NJW 87, 2557.

1 **1. Unmittelbarer Anwendungsbereich. a) Voraussetzung** des Auskunftsanspruchs ist nur das Pflichtteilsrecht, nicht ein Pflichtteilsanspruch, zu dessen Beurtei-

lung die Auskunft ja gerade dienen soll (BGH 28, 177; NJW 81, 2052; 02, 2469); deshalb steht dem pflichtteilsberechtigten Vermächtnisnehmer ein Auskunftsanspruch zu, ohne dass er ausschlägt oder ein Restanspruch feststeht (§§ 2307, 2305; Köln NJW-RR 92, 8; Oldenburg NJW-RR 93, 782; Düsseldorf FamRZ 95, 1236; einschränkend Celle ZEV 06, 557: kein Auskunftsrecht für den Miterben, der durch Ausschlagung die Stellung eines pflichtteilsergänzungsberechtigten Nichtmehr-Erben wählt). Hingegen hindert die berechtigte Pflichtteilsentziehung das Entstehen des Auskunftsanspruchs (Hamm NJW 83, 1067). Dem pflichtteilsberechtigten Miterben steht nach hM kein Auskunftsanspruch aus § 2314 zu, weil er sich selbst informieren kann (sa § 2038 Rn 9 zum allgemeinen Auskunftsanspruch u unten Rn 10 zum Fall des Ergänzungsanspruchs). **b)** Der **Umfang** des Informationsanspruchs 2 bestimmt sich aus seinem Zweck, die Berechnungsfaktoren des Pflichtteilsanspruchs offenzulegen (vgl BGH 33, 374; Brandenburg FamRZ 98, 179). Hierzu gehören als **reale Nachlassaktiva** die vorhandenen Nachlassgegenstände; als **fiktive Nachlassaktiva** ausgleichungspflichtige Zuwendungen (§ 2316) und Schenkungen (§ 2325; BGH 82, 136; 89, 27; Karlsruhe FamRZ 00, 917; Düsseldorf FamRZ 99, 1546: konkrete Anhaltspunkte für eine Schenkung reichen aus; s aber München FamRZ 04, 821 und Celle NJW-RR 05, 1374: verfolgt Stufenklage nur Pflichtteils-, nicht Pflichtteilsergänzungsanspruch, folgt aus Auskunftstitel nicht ohne Weiteres Verpflichtung zur Auskunft auch über Schenkungen), wobei beim plausiblen Verdacht verschleierter gemischter Schenkungen alle Veräußerungen offenzulegen sind (BGH 89, 27 mN, stRspr); endlich die Verbindlichkeiten als **Nachlasspassiva**. Maßgeblicher **Zeitpunkt** für die Auskunft ist der Erbfall (§ 2311; hierzu München DtZ 93, 153). **c) Formen der Information: aa)** Auskunft durch Vorlage eines 3 schriftlichen **Bestandsverzeichnisses** (§ 260 I); eigenhändige Unterschrift des Erben ist nicht erforderlich (Nürnberg OLGR 05, 276; str, aA Brandenburg ZErb 04, 133 mN). Das Verlangen nach Zuziehung (I 2) oder Aufnahme durch eine Amtsperson (I 3) ist auch noch nachträglich möglich (BGH 33, 378; NJW 12, 2731; Oldenburg NJW-RR 93, 782; FamRZ 00, 62; Karlsruhe NJW-RR 07, 881 – Pflicht zur Vorlage eines notariellen Nachlassverzeichnisses besteht auch, wenn bereits ein privatschriftliches Verzeichnis erstellt wurde; Naumburg NJW-RR 08, 318; s aber Köln NJW-RR 92, 8; Schleswig ZEV 11, 31: Dürftigkeitseinrede gegenüber Anspruch auf Erstellung eines notariellen Nachlassverzeichnisses zulässig). Auch bei Aufnahme durch eine Amtsperson (Celle DNotZ 03, 62; LG Schwerin ZEV 12, 425: Notar muss Nachlassbestand selbst ermitteln) besteht im Regelfall persönliche Anwesenheitspflicht des Verpflichteten (Koblenz ZEV 07, 493) und Anwesenheitsrecht des Pflichtteilsberechtigten (KG NJW 96, 2312); trotzdem sind Kosten der Teilnahme eines Verkehrsanwalts keine erstattungsfähigen Prozesskosten (München Rpfleger 97, 453). Das amtliche Verzeichnis gem I 3 kann im Einzelfall weitergehende Angaben enthalten („fiktive" Nachlassaktiva) als das Inventar gem § 2001, wird sich aber ansonsten inhaltlich und verfahrensmäßig mit dem Inventar decken (BGH 33, 377). Zuständigkeit vgl BNotO 20 I, bwLFGG 41 V; zur landesrechtlich begründeten wahlweisen Zuständigkeit des AG vgl Hamm OLGZ 77, 257. **bb) Vorlage von Urkunden und Belegen** hält die Rspr nicht allg (arg 4 § 259 I), wohl aber dann für notwendig, wenn ein Unternehmen zum Nachlass gehört, das nur auf Grund der Geschäftsunterlagen (Bilanzen, Gewinn- und Verlustrechnung, Geschäftsbücher usw) zu schätzen ist (BGH NJW 75, 1776; 86, 128; BGH 75, 198 zu § 1379; Zweibrücken FamRZ 87, 1198; Düsseldorf FamRZ 97, 59; sa Bartsch ZEV 04, 176). Die Aufgabe dieser Einschränkung ist ernsthaft zu erwägen. **cc) Verpflichtung über das eigene Wissen hinaus.** Der auskunftver- 5 pflichtete Erbe muss sich die notwendigen Kenntnisse soweit möglich verschaffen (BGH 89, 28) und uU Auskünfte bei Dritten einholen, zB bei einer Bank (hierzu BGH 107, 109; Kuchinke JZ 90, 653) oder bei Kunstauktionshäusern (Köln NJW 06, 625). Der Erbe kann seinen Auskunftsanspruch gegen Dritte auch an den Pflichtteilsberechtigten abtreten (BGH 107, 110; Bremen OLGR 01, 201: Verpflichtung zur Abtretung nur bei Verweigerung der zumutbaren Kenntnisverschaffung durch

§ 2314

6 den Erben). **dd) Wertermittlung durch einen Sachverständigen** (I 2) kann der Pflichtteilsberechtigte auf Kosten des Nachlasses (II) verlangen, wenn – wie zB bei Unternehmen (BGH 80, 276; NJW 75, 258; zT abw BGH 84, 35 für § 1379; Düsseldorf FamRZ 97, 59) – auf Grund der Informationen und Unterlagen eine Schätzung nicht möglich ist. Sachverständige Wertermittlung ist bei fiktiven Nachlassaktiva auf Kosten des Nachlasses nur geschuldet, wenn Nachlasszugehörigkeit (zB gemischte Schenkung des Erblassers, § 2325) feststeht (BGH 89, 30; 107, 202; hierzu Dieckmann FamRZ 84, 880; 89, 857); anders bei dürftigem Nachlass (BGH 107, 202). Wertermittlung auf Kosten des Informationsberechtigten kann schon bei begründeten Anhaltspunkten für fiktive Nachlasszugehörigkeit verlangt werden (BGH NJW 86, 128; hierzu Dieckmann FamRZ 86, 258). Die Beauftragung eines Sachverständigen obliegt dem Erben (Karlsruhe NJW-RR 90, 394: keine Kostenerstattung bei eigenmächtiger Vornahme durch den Informationsberechtigten). Der Antrag, den Erben zur Ermittlung des Werts der Nachlassgegenstände durch das Gutachten eines Sachverständigen zu verurteilen, muss neben dem Antrag auf Auskunft gesondert gestellt werden (BGH 89, 28; NJW 12, 3200) und muss die zu bewertenden Gegenstände konkret bezeichnen (Köln ZEV 08, 385 mkritAnm Damrau). Schätzgutachten zur eigenen Information des Erben sind nicht herauszugeben (BGH FamRZ 65, 135). Bei verschiedenen möglichen Bewertungsmethoden muss sich das Gutachten mit allen auseinandersetzen (KG KGR 99, 90). Die Erstellung des Nachlassverzeichnisses durch einen RA kann nicht verlangt werden, entste-
7 hende Kosten fallen nicht unter II (LG Rottweil 2 O 186/03). **ee) Eidesstattliche Versicherung** gem § 260 II ist die Regelfolge unsorgfältiger bzw unvollständiger Information; nur ausnahmsweise besteht ein Anspruch auf **Ergänzung der Auskunft,** wenn nämlich – insbes irrtümlich (LM Nr 1 zu § 260) – ganze Tatsachen- oder Datenkomplexe fehlen (Oldenburg NJW-RR 92, 777; Bremen OLGR 00,
8 162: Unvollständigkeit). **d) Verjährung** §§ 195, 199. Die Verjährung der Hauptansprüche gem §§ 2303, 2325, 2329 folgt überwiegend, aber nicht immer gleichen Regeln, so dass ein Auseinanderfallen in seltenen Fällen denkbar erscheint. Sind die Hauptansprüche früher verjährt, so kann – nicht muss – das Informationsinteresse und damit der Auskunftsanspruch entfallen (BGH 33, 379; NJW 85, 384; BGH 107, 202; 108, 399; hierzu Dieckmann FamRZ 85, 589; Köln NJW-RR 92, 8).
9 **e) Erbersatzanspruchsberechtigte** alten Rechts hatten einen Auskunftsanspruch gem §§ 1934b II aF, 2314 (BGH FamRZ 77, 389), bei Enterbung gem §§ 2338a S 2 aF, 2314; zum Fortfall des Erbersatzanspruchs § 1924 Rn 3.

10 **2. Auskunft in ähnlichen Fällen.** Auskunftsanspruch – kein Wertermittlungsanspruch (BGH 107, 203; 108, 396) – des pflichtteilsberechtigten Nichterben gegen den Beschenkten (BGH 55, 378; 89, 27; 107, 203); des Nacherben gegen den vom Vorerben Beschenkten (BGH 58, 237); des pflichtteilsberechtigten Erben gegen den Beschenkten (BGH 61, 180; NJW 86, 127: mit Wertermittlung, allerdings auf eigene Kosten; BGH 108, 393; München FamRZ 09, 1011; sa Rn 6), wobei der Pflichtteilsergänzungsanspruch hierfür noch nicht dem Grunde nach feststehen muss (BGH NJW 93, 2737); des Vertragserben gegen den Beschenkten (BGH NJW 86, 1755; aA noch BGH 18, 67). Dabei wird der Auskunftsanspruch zunehmend weniger auf Analogie gestützt, als vielmehr aus § 242 hergeleitet für den Fall, dass der Berechtigte sich die erforderlichen Kenntnisse über einen plausiblen Anspruch nicht selbst zumutbar verschaffen kann und der andere Teil unschwer Auskunft zu geben vermag (BGH NJW 86, 128; auch der Auskunftsanspruch des Nacherben gegen den Vorerben über Schenkungen und unentgeltliche Zuwendungen des Erblassers besteht nur nach § 242, Celle ZEV 06, 361); zum Inhalt s Rn 1 ff. S iÜ § 2038 Rn 9; §§ 2121–2123 Rn 1. Recht auf Grundbucheinsicht gem GBO 12 kann sich auf das Pflichtteilsverhältnis stützen (Düsseldorf FamRZ 11, 1165; zur zeitlichen Schranke München FamRZ 11, 1164; zum Fall eines denkbaren Pflichtteilsergänzungsanspruches München FamRZ 12, 147); sa Sarres ZEV12, 294.

Abschnitt 5. Pflichtteil § 2315

3. Prozessuales. Stufenklage, ZPO 254 (Naumburg NJW-RR 08, 318), die 11
anders als die einfache Auskunftsklage auch die Verjährung des Pflichtteilsanspruchs
hemmt (§ 204 I Nr. 1; BGH NJW 75, 1409 f; Düsseldorf FamRZ 99, 1098; OLGR
99, 242 mAnm Bartsch ZErb 99, 72; Koblenz ZEV 02, 502: jeweils zur Unterbrechung nach § 209 I aF) und wegen des Zahlungsanspruchs Verzug auslöst (BGH
80, 276). Die Verjährungshemmung durch Stufenklage tritt auch ein, wenn der
ausschlagungsbefugte Nacherbe noch nicht ausgeschlagen hat (Schleswig ZErb 03,
296). Die Beschwer des zur Auskunft Verurteilten bemisst sich nach dem Aufwand
der Erteilung (BGH 128, 89 f; ZEV 98, 142 mAnm Hagena ZEV 98, 131). Zwangsvollstreckung: Enthält ein Auskunftstitel zulässigerweise keine Angaben über Art
und Weise der Auskunft, so hat der Gläubiger diese Angaben im Vollstreckungsantrag nachzuholen (Hamburg FamRZ 88, 1213; aA München FamRZ 04, 821 für
Schenkungen, s Rn 2). Die Vollstreckung erfolgt für schriftliches Bestandsverzeichnis gem ZPO 888 (Hamburg FamRZ 88, 1213; Brandenburg FamRZ 98, 179;
Nürnberg FamRZ 10, 584 für notarielles Nachlassverzeichnis) – nur wenn es
erschöpfend anhand von Unterlagen auch von Dritten erstellt werden kann, gilt
ZPO 887; für Zuziehung eines Sachverständigen ZPO 887 (aA Frankfurt OLGZ
87, 480; Karlsruhe NJW-RR 90, 394); für eidesstattliche Versicherung ZPO 889.
Freiwillige Abgabe der Versicherung gem FamFG 410, 411 (früher FGG 163, 79).
Im Prozess um die Höhe des Pflichtteilsanspruchs gibt es keine Beweislastumkehr
bei schuldhafter Verletzung der Auskunftspflicht durch Erben (BGH FamRZ 10,
895 = ZEV 10, 312; sehr fragwürdig!).

§ 2315 Anrechnung von Zuwendungen auf den Pflichtteil

(1) **Der Pflichtteilsberechtigte hat sich auf den Pflichtteil anrechnen zu lassen, was ihm von dem Erblasser durch Rechtsgeschäft unter Lebenden mit der Bestimmung zugewendet worden ist, dass es auf den Pflichtteil angerechnet werden soll.**

(2) ¹**Der Wert der Zuwendung wird bei der Bestimmung des Pflichtteils dem Nachlass hinzugerechnet.** ²**Der Wert bestimmt sich nach der Zeit, zu welcher die Zuwendung erfolgt.**

(3) **Ist der Pflichtteilsberechtigte ein Abkömmling des Erblassers, so findet die Vorschrift des § 2051 Abs. 1 entsprechende Anwendung.**

Lit: Everts, Vorweggenommene Erbfolge, Ausgleichung, Anrechnung und der BGH –
zugleich ein Plädoyer für die Ausstattung – und zugleich Anmerkung zu BGH, Urteil vom
27.1.2010, IV ZR 91/09, MittBayNot 11, 107; Speckbrock, Keine nachträgliche Anrechnung
gem. § 2315 BGB, Rpfleger 10, 17; Wall, Die „Flucht in die Pflichtteilsergänzung" durch
Vertrag zugunsten Dritter auf den Todesfall – eine Strategie zur Anrechnung auf den Pflichtteil?,
ZErb 11, 10.

1. Inhalt der Norm. a) Die **Anrechnungsbestimmung** ist eine empfangsbe- 1
dürftige Willenserklärung (Düsseldorf ZEV 94, 173), die – ausdr oder stillschweigend (bloßes Stillschweigen der Erklärenden allein reicht nicht aus, Köln, ZEV 08,
244) – vor oder bei der Zuwendung abzugeben ist (Koblenz OLGR 06, 592; Bsp:
Anspruchserlass unter Anrechnung auf den Pflichtteil, BGH WM 83, 824). Der
Erblasser muss zum Ausdruck bringen, dass er für den Fall der Enterbung den
Leistungsempfänger zeitlich vorgezogen unter Anrechnung auf den einschließlich
der Zuwendung zu berechnenden Pflichtteil befriedigen will (BGH 183, 376 ff =
FamRZ 10, 641 mAnm Löhnig). Die Anrechnungsbestimmung kann nachher nicht
mehr erfolgen, auch nicht testamentarisch (sa § 2050 Rn 6); es bleiben dann nur
§§ 2346 II, 2348 (BGH FamRZ 10, 27 = ZEV 10, 33 mAnm Leipold). Anders als
bei § 2315 I soll bei der Ausgleichungspflicht gem § 2316 I der Wert der Zuwendung
vom Erbteil abgezogen und dann auf der Basis des geminderten Erbteils der Pflichtteil berechnet werden (BGH 183, 376 ff = FamRZ 10, 641 ff), wobei § 2316 IV

§ 2316

eine Kombination aus Anrechnung und Ausgleichung erlaubt. Eine Auslegung muss ergeben, ob der Erblasser § 2315 I, § 2316 I oder beides kombiniert (§ 2316 IV) intendiert (BGH 183, 376 ff = FamRZ 10, 641 mAnm Löhnig = JZ 10, 739 mAnm

2 Kroppenberg = ZEV 10, 190 mAnm Keim). **b) Anrechnungsverfahren:** Der Wert der Zuwendung wird dem Nachlasswert zugerechnet und aus der Summe der Pflichtteils als Bruchteil bestimmt; vom so errechneten Pflichtteil wird die Zuwendung abgezogen (II 1). Bei mehreren pflichtteilsberechtigten Empfängern verschieden hoher Zuwendungen erfolgt genau die gleiche Berechnung für jeden Empfänger völlig unabhängig von allen anderen. Beim Zeitwert der Zuwendung (II 2) muss der Kaufkraftschwund des Geldes anhand des Lebenshaltungskostenindex berücksichtigt werden, da nur so die wirtschaftliche Gleichbehandlung aller Beteiligten erreicht wird (BGH 65, 77; BGH WM 83, 824). Eine Änderung des Bewertungsstichtages durch letztwillige Verfügung muss die Voraussetzungen eines Erbverzichts erfüllen (§§ 2346 ff), falls sie zu Lasten des Berechtigten erfolgt (dazu BVerfG FamRZ 06, 927; Nürnberg ZEV 06, 361). Die Erben trifft die Darlegungs- und Beweislast für den Wert der Zuwendung, jedoch hat der Pflichtteilsberechtigte im Rahmen seiner Auskunftspflichten (§§ 2057, 242) substanziiert zu bestreiten bzw. zu entgegnen (BGH 183, 376, 384). Die Anrechnung erfolgt immer nur für Zuwendungen des Erblassers, dessen Tod den Pflichtteisanspruch auslöst (sa § 2317 Rn 1), so dass beim gemeinschaftlichen Testament gem § 2269 für pflichtteilsberechtigte Abkömmlinge beim letzten Erbfall eine Zusammenrechnung der Zuwendungen beider Elternteile nicht erfolgen kann (Koblenz FamRZ 11, 147).

3 **2. Reform.** Im Rahmen der jüngsten Reform des Erbrechts (s Vor § 1922 Rn 18) war folgende Anfügung in § 2315 I vorgesehen: „Gleiches gilt, wenn der Erblasser die Anrechnung nachträglich bestimmt hat. Der Erblasser kann seine Anordnungen über die Anrechnung nachträglich ändern. Nachträgliche Anordnungen erfolgen durch Verfügung von Todes wegen." (dazu Muscheler ZEV 08, 105; Keim ZEV 08, 161). Dieser Vorschlag ist nicht verwirklicht worden, so dass es für nachträgliche Bestimmungen bei §§ 2346 II, 2348 verbleibt (s Rn 1).

§ 2316 Ausgleichungspflicht

(1) ¹**Der Pflichtteil eines Abkömmlings bestimmt sich, wenn mehrere Abkömmlinge vorhanden sind und unter ihnen im Falle der gesetzlichen Erbfolge eine Zuwendung des Erblassers oder Leistungen der in § 2057a bezeichneten Art zur Ausgleichung zu bringen sein würden, nach demjenigen, was auf den gesetzlichen Erbteil unter Berücksichtigung der Ausgleichungspflichten bei der Teilung entfallen würde.** ²**Ein Abkömmling, der durch Erbverzicht von der gesetzlichen Erbfolge ausgeschlossen ist, bleibt bei der Berechnung außer Betracht.**

(2) **Ist der Pflichtteilsberechtigte Erbe und beträgt der Pflichtteil nach Absatz 1 mehr als der Wert des hinterlassenen Erbteils, so kann der Pflichtteilsberechtigte von den Miterben den Mehrbetrag als Pflichtteil verlangen, auch wenn der hinterlassene Erbteil die Hälfte des gesetzlichen Erbteils erreicht oder übersteigt.**

(3) **Eine Zuwendung der in § 2050 Abs. 1 bezeichneten Art kann der Erblasser nicht zum Nachteil eines Pflichtteilsberechtigten von der Berücksichtigung ausschließen.**

(4) **Ist eine nach Absatz 1 zu berücksichtigende Zuwendung zugleich nach § 2315 auf den Pflichtteil anzurechnen, so kommt sie auf diesen nur mit der Hälfte des Wertes zur Anrechnung.**

Lit: Fröhler, Erbausgleichung und Pflichtteilsanrechnung aufgrund Schenkung bzw. Ausstattung, BWNotZ 10, 94.

Abschnitt 5. Pflichtteil § 2317

1. Inhalt der Norm. a) Berechnungsverfahren. Es ist zunächst gem §§ 2055– 1
2057a der ges Erbteil zu errechnen (s § 2055 Rn 1 ff; § 2057a Rn 4) und dann zu
halbieren (dazu BGH 183, 376, 380 = FamRZ 10, 641; sa § 2315 Rn 1); insbes
sind §§ 2056, 2057 anwendbar (sa § 2056 Rn 3). III gilt auch für § 2050 II, der
§ 2050 I nur ergänzt. **b)** Der **Pflichtteilsrestanspruch** (§ 2305) richtet sich gem II
nach dem durch die Ausgleichung erhöhten Pflichtteil. **c)** Beim **Zusammentreffen** 2
von Ausgleichungs- und Anrechnungspflicht (BGH 183, 376, 380; sa § 2315 Rn 1)
in derselben Zuwendung ist gem IV vom Pflichtteil (Errechnung vgl Rn 1) die
halbierte Zuwendung abzuziehen, um eine Doppelanrechnung zu vermeiden. **d)** I
soll nicht nur zugunsten des pflichtteilsberechtigten nichterbenden Abkömmlings
gelten, sondern auch zugunsten des als Alleinerben eingesetzten Abkömmlings
gegenüber Pflichtteilsansprüchen (BGH NJW 93, 1197 gegen Stuttgart DNotZ 89,
184 und 7. Aufl; wie der BGH nunmehr Schleswig NJW-RR 13, 205; sa Cieslar
DNotZ 89, 185).

2. Reform. Die in der jüngsten Erbrechtsreform (s Vor § 1922 Rn 18) geplante 3
Anfügung in § 2316 Abs 1: „Die Sätze 1 und 2 gelten entsprechend für die Pflichtteilsberechtigten bei der Ausgleichung von Pflegeleistungen nach § 2057b." hat sich
erübrigt, weil § 2057b nicht Gesetz wurde; s § 2057a Rn 6.

§ 2317 Entstehung und Übertragbarkeit des Pflichtteilsanspruchs

(1) **Der Anspruch auf den Pflichtteil entsteht mit dem Erbfall.**
(2) **Der Anspruch ist vererblich und übertragbar.**

Lit: Doering-Striening/Horn, Der Übergang von Pflichtteilsansprüchen von Sozialhilfebe-
ziehern, NJW 13, 1276; Wälzholz, Die (zeitliche) Geltendmachung von Pflichtteilsansprüchen –
Zivil- und steuerrechtliche Überlegungen aus Anlass aktueller Rechtsprechung, ZEV 07, 162.

a) Zur Unterscheidung von Pflichtteilsrecht und Pflichtteilsanspruch s § 2303 1
Rn 1. Der Pflichtteilsanspruch entsteht mit dem Erbfall, auch im Falle der §§ 2306
I, 2307 I (str, arg § 2332 II). Beim gemeinschaftlichen Testament gem § 2269 gibt
es für die gemeinsamen Abkömmlinge pflichtteilsrechtlich zwei getrennte Erbfälle
(Koblenz FamRZ 11, 146). Auch unbezifferte Mahnung begründet Verzug (BGH
80, 276; § 2314 Rn 11). **b)** Entstehungshindernisse (§§ 2346, 1934e aF – weggefallen, s § 1924 Rn 3) sind vom Erlass der entstandenen Forderung durch formlosen
Vertrag (§ 397) zu unterscheiden; vgl zum Erlassvertrag §§ 1643 II, 1822 Nr 2,
1432 I, 1455 Nr 2. Ausschlagung des Anspruchs analog § 2180 ist nicht möglich
(SoeDieckmann 5). **c)** Auf der **Gläubigerseite** kann der zum Alleinerben berufene 2
Ehegatte die pflichtteilsberechtigten Kinder vertreten, weil §§ 1629 II, 1795 II, 181
grds nicht die Entscheidung über die Geltendmachung von Ansprüchen betreffen
(vgl BayObLGZ 63, 132); Abhilfe allenfalls gem §§ 1629 II 3, 1796 II. Der Sozialhilfeträger, auf den ein Pflichtteilsanspruch gem SGB XII 93 (früher BSHG 90) übergegangen ist, kann diesen grds ohne Einschränkung geltend machen (BGH FamRZ
05, 450; s aber zum Verzicht des Pflichtteilsberechtigten § 2346 Rn 2). Auf **Schuldnerseite** sind bei Testamentsvollstreckung § 2213 I 3, III, ZPO 748 III zu beachten;
zur Rechtslage bei Testamentsvollstreckung und Insolvenz des Erben Köln ZIP 05,
452; BGH ZEV 11, 87. **d)** Zum **Rang** des Pflichtteilsanspruchs vgl §§ 1973,
1991 IV, InsO 327 I u II; als Erblasserschuld gehen Ansprüche nach § 1371 II, III
dem Pflichtteilsanspruch vor. **e) Pfändung** ist rangwahrend mit Entstehung mög- 3
lich, aber Verwertungsaufschub gem ZPO 852 I (BGH 123, 186 f; NJW 97, 2384;
NJW-RR 09, 997 = Rpfleger 09, 393 = ZEV 09, 247 mAnm Musielak; Brandenburg FamRZ 99, 1436; hierzu Kuchinke NJW 94, 1769). Unterlassen der Geltendmachung des Pflichtteilsanspruchs ist nicht gem AnfG 3, 4 anfechtbar (BGH NJW
97, 2384 für AnfG 3 aF; hierzu Klumpp ZEV 98, 123; Keim ZEV 98, 127); zum
Schicksal des Anspruchs in der **Insolvenz** des pflichtteilsberechtigten Gläubigers s

§§ 2318, 2319

BGH NJW 13, 693; 11, 1448 (nur vorläufiger Insolvenzmassebestandteil bei Insolvenz des Pflichtteilsberechtigten) und BGH NJW-RR 09, 632 = Rpfleger 09, 265 und Rpfleger 09, 586 (Nichtgeltendmachung keine Obliegenheitsverletzung im Rahmen der Restschuldbefreiung). **f)** Die Vererblichkeit beginnt mit der Anspruchsentstehung (vgl Rn 1); II ist lex specialis zu § 400. **g)** Zur Berücksichtigung beim Unterhaltsanspruch BGH NJW 82, 2772. **h) Verjährung** des Anspruchs gem §§ 195, 199 (sa § 2332 II).

§ 2318 Pflichtteilslast bei Vermächtnissen und Auflagen

(1) ¹Der Erbe kann die Erfüllung eines ihm auferlegten Vermächtnisses soweit verweigern, dass die Pflichtteilslast von ihm und dem Vermächtnisnehmer verhältnismäßig getragen wird. ²Das Gleiche gilt von einer Auflage.

(2) Einem pflichtteilsberechtigten Vermächtnisnehmer gegenüber ist die Kürzung nur soweit zulässig, dass ihm der Pflichtteil verbleibt.

(3) Ist der Erbe selbst pflichtteilsberechtigt, so kann er wegen der Pflichtteilslast das Vermächtnis und die Auflage soweit kürzen, dass ihm sein eigener Pflichtteil verbleibt.

1 **1. Leistungsverweigerungsrecht des Erben gegenüber dem Vermächtnisnehmer.** Dieses bietet den Ausgleich für die Nichtabsetzbarkeit von Vermächtnissen bei der Pflichtteilsberechnung (vgl § 2311 Rn 9). Berechnungsbsp: Nachlass 10 000 Euro, Vermächtnis 2000 Euro, Pflichtteil 2500 Euro; der Erbe trägt 8/10, der Vermächtnisnehmer 2/10, so dass ein Leistungsverweigerungsrecht in Höhe von 500 Euro besteht. Rückabwicklung gem § 813 I (KG FamRZ 77, 269).

2 **2. Ausnahmen.** Die einschränkenden (II) und erweiternden (III) Ausnahmen sind gem § 2324 nicht abänderbar. Ist der pflichtteilsberechtigte Erbe nur mit einem Vermächtnis belastet, gilt allein § 2306 I; die Kürzungsmöglichkeit ergibt sich erst, wenn eine Pflichtteilslast hinzutritt und es der Erbe versäumt hat, sich durch Ausschlagung gem § 2306 I zu befreien (dazu unter altem Recht vor dem 1.1.2010 BGH 95, 222; hierzu Kuchinke JZ 86, 90; v Olshausen FamRZ 86, 524). III, der natürlich auch bei Pflichtteilslasten wegen nichtehelicher Abkömmlinge Anwendung findet (so schon BGH NJW 88, 137 unter dem alten § 1934a, s § 1924 Rn 3), gilt für Alleinerben und Miterben (BGH 95, 222; hierzu v Olshausen FamRZ 86, 524) und geht II vor (zum Ganzen Schlitt ZEV 98, 91). Sa § 2322.

3. Pflichtteilsberechnung bei Zugewinngemeinschaft und Ausgleichsgemeinschaft. Vgl § 2303 Rn 5 f.

§ 2319 Pflichtteilsberechtigter Miterbe

¹Ist einer von mehreren Erben selbst pflichtteilsberechtigt, so kann er nach der Teilung die Befriedigung eines anderen Pflichtteilsberechtigten soweit verweigern, dass ihm sein eigener Pflichtteil verbleibt. ²Für den Ausfall haften die übrigen Erben.

1 **a)** Im **Außenverhältnis** (Miterbe-Pflichtteilsberechtigter) gelten bis zur Teilung §§ 2058, 2059 I 1, nach der Teilung §§ 2058, 2060 (vgl §§ 2058–2063 Rn 1–8). § 2319 gewährt ein **Leistungsverweigerungsrecht gegenüber dem Pflichtteilsberechtigten** nach Teilung; zur Pflichtteilsberechnung bei Zugewinngemeinschaft vgl § 2303 Rn 5 f. Die Ausfallhaftung der Miterben richtet sich nach §§ 2058, 2060 ff, 2319. **b)** Im **Innenverhältnis** erfolgt der Ausgleich gem §§ 2058, 426, wobei § 2319 analog gilt (BGH 95, 222). **c)** § 2319 gem § 2324 nicht abänderbar.

§ 2320 Pflichtteilslast des an die Stelle des Pflichtteilsberechtigten getretenen Erben

(1) Wer anstelle des Pflichtteilsberechtigten gesetzlicher Erbe wird, hat im Verhältnis zu Miterben die Pflichtteilslast und, wenn der Pflichtteilsberechtigte ein ihm zugewendetes Vermächtnis annimmt, das Vermächtnis in Höhe des erlangten Vorteils zu tragen.

(2) Das Gleiche gilt im Zweifel von demjenigen, welchem der Erblasser den Erbteil des Pflichtteilsberechtigten durch Verfügung von Todes wegen zugewendet hat.

Die Vorschrift regelt nur das **Innenverhältnis der Miterben** untereinander, im Außenverhältnis zum Pflichtteilsberechtigten und Vermächtnisnehmer gelten §§ 2058 ff; sie ist sonach Sondervorschrift zu §§ 2038 II, 748; 2046 II; 2047 I, 2148. Ges Erbenstellung anstelle des Pflichtteilsberechtigten kann vorliegen bei Enterbung (§ 1938), Ausschlagung gem § 2306 I oder Verzicht unter Pflichtteilsvorbehalt; ob dabei Erbteilserhöhung (§ 1935) oder Neuberufung vorliegt, ist gleichgültig. Gewillkürte Erbenstellung anstelle des Pflichtteilsberechtigten gem II ist anzunehmen bei bewusster und gewollter Ersetzung eines Pflichtteilsberechtigten durch Zuwendung des gleichen Betrages, den dieser als ges Erbe bekommen hätte (BGH NJW 83, 2378). Als Vorteil erlangt gilt der Wert des Erbteils unabhängig vom Wert einer Zuwendung, die ohne Aufrücken angefallen wäre (BGH NJW 83, 2379: Nacherbe als Ersatzerbe des ausschlagenden Vorerben; hierzu Dieckmann FamRZ 83, 1015). Sa § 2321 Rn 1.

§ 2321 Pflichtteilslast bei Vermächtnisausschlagung

Schlägt der Pflichtteilsberechtigte ein ihm zugewendetes Vermächtnis aus, so hat im Verhältnis der Erben und der Vermächtnisnehmer zueinander derjenige, welchem die Ausschlagung zustatten kommt, die Pflichtteilslast in Höhe des erlangten Vorteils zu tragen.

Bei Ausschlagung des Vermächtnisses gem § 2307 I 1 bleibt im Innenverhältnis der vermächtnisbelastete Erbe oder Vermächtnisnehmer dem pflichtteilsbelasteten Erben bis zur Höhe des Ausschlagungsvorteils (idR Vermächtnishöhe) ausgleichspflichtig. Bei Annahme des Vermächtnisses gilt § 2320.

§ 2322 Kürzung von Vermächtnissen und Auflagen

Ist eine von dem Pflichtteilsberechtigten ausgeschlagene Erbschaft oder ein von ihm ausgeschlagenes Vermächtnis mit einem Vermächtnis oder einer Auflage beschwert, so kann derjenige, welchem die Ausschlagung zustatten kommt, das Vermächtnis oder die Auflage soweit kürzen, dass ihm der zur Deckung der Pflichtteilslast erforderliche Betrag verbleibt.

Nach der Ausschlagung gem §§ 2306 I, 2307 I ist der Nächstberufene mit Pflichtteilsansprüchen des Ausschlagenden uU neben Vermächtnissen bzw Auflagen belastet. § 2322 wahrt den Vorrang des Pflichtteilsberechtigten, indem er dem Nächstberufenen ein Kürzungsrecht zur Deckung des Pflichtteilsanspruchs gibt; dem Nächstberufenen nützt die Vorschrift bei unbeschränkter Haftung. § 2322 geht dem weitergehenden Kürzungsrecht gem § 2318 vor (BGH NJW 83, 2379). Beim Vermächtnis eines Gegenstandes muss der Vermächtnisnehmer den Kürzungsbetrag als Ausgleich zahlen, andernfalls erhält er nur den gekürzten Geldbetrag (BGH 19, 311). Beim Vermächtnis des Nießbrauchs an einer Erbschaft darf der Erbe zur Befriedigung des Pflichtteilsberechtigten nicht gem §§ 1089, 1087 vorgehen, er ist vielmehr auf die Rechte des § 2322 beschränkt (BGH 19, 312).

§§ 2323–2325

§ 2323 Nicht pflichtteilsbelasteter Erbe

Der Erbe kann die Erfüllung eines Vermächtnisses oder einer Auflage auf Grund des § 2318 Abs. 1 insoweit nicht verweigern, als er die Pflichtteilslast nach den §§ 2320 bis 2322 nicht zu tragen hat.

1   Das Leistungsverweigerungsrecht des vermächtnis- und pflichtteilsbelasteten Erben (§ 2318 I) ist insoweit eingeschränkt, als er sich gem §§ 2320–2322 erholen kann.

§ 2324 Abweichende Anordnungen des Erblassers hinsichtlich der Pflichtteilslast

Der Erblasser kann durch Verfügung von Todes wegen die Pflichtteilslast im Verhältnis der Erben zueinander einzelnen Erben auferlegen und von den Vorschriften des § 2318 Abs. 1 und der §§ 2320 bis 2323 abweichende Anordnungen treffen.

1   Die Vorschrift gestattet dem Erblasser nur die vom Ges abw Umverteilung der Pflichtteilslasten im Innenverhältnis (Bsp: BGH MDR 81, 474: Ausschluss des Vermächtniskürzungsrechts); iÜ ist das Pflichtteilsrecht zwingendes Recht, auch soweit es den eigenen Pflichtteil des Erben oder Vermächtnisnehmers betrifft. Für abw Anordnung im Wege ergänzender Auslegung gelten strenge Maßstäbe (BGH NJW 83, 2379).

§ 2325 Pflichtteilsergänzungsanspruch bei Schenkungen

(1) Hat der Erblasser einem Dritten eine Schenkung gemacht, so kann der Pflichtteilsberechtigte als Ergänzung des Pflichtteils den Betrag verlangen, um den sich der Pflichtteil erhöht, wenn der verschenkte Gegenstand dem Nachlass hinzugerechnet wird.

(2) [1]Eine verbrauchbare Sache kommt mit dem Werte in Ansatz, den sie zur Zeit der Schenkung hatte. [2]Ein anderer Gegenstand kommt mit dem Werte in Ansatz, den er zur Zeit des Erbfalls hat; hatte er zur Zeit der Schenkung einen geringeren Wert, so wird nur dieser in Ansatz gebracht.

(3) [1]Die Schenkung wird innerhalb des ersten Jahres vor dem Erbfall in vollem Umfang, innerhalb jedes weiteren Jahres vor dem Erbfall um jeweils ein Zehntel weniger berücksichtigt. [2]Sind zehn Jahre seit der Leistung des verschenkten Gegenstandes verstrichen, bleibt die Schenkung unberücksichtigt. [3]Ist die Schenkung an den Ehegatten erfolgt, so beginnt die Frist nicht vor der Auflösung der Ehe.

Lit: Behmer, Neues zur Zehnjahresfrist beim Pflichtteilsergänzungsanspruch?, FamRZ 99, 1254; Bertelmeyer, Pflichtteilsergänzungsansprüche im Hinblick auf verschenktes Auslandsvermögen bei eingetretener oder fiktiver pflichtteilsfeindlicher Nachlaßspaltung?, ZEV 04, 359; Dieckmann, Wertveränderungen des Nachlasses, Pflichtteil – Pflichtteilsergänzung – Anfechtung, FS Beitzke, 1979, S 399; Gerken, Pflichtteilsergänzungsansprüche, Rpfleger 91, 443; Hasse, Lebensversicherung und Pflichtteilsergänzung, VersR 09, 733; Hayler, Bestandaufnahme ehebedingter Zuwendungen im Bereich der Pflichtteilsergänzung (§§ 2325, 2329 BGB) – Vertragsgestaltung durch doppelten Güterstandswechsel?, DNotZ 00, 681; Keim, Entgeltlicher Vertrag oder belohnende Schenkung? – Pflichtteilsergänzung bei belohnenden Zuwendungen, FamRZ 04, 1081; Kornexl, Die Schenkung an den Ehegatten in der Pflichtteilsergänzung: Teleologische Reduktion des § 2325 BGB bei Rückabwicklung, Rückschenkung und Weiterschenkung, ZEV 03, 196; Mayer, Es kommt auf die Sekunde an – Zum Pflichtteilsrecht bei Lebensversicherungen, DNotZ 11, 89; Reiff, Nießbrauch und Pflichtteilsergänzung, ZEV 98, 241; Siebert, Grenze und Schutzbereich des Pflichtteilsergänzungsanspruchs, NJW 06, 2948; Sturm/Sturm, Zur Ausgleichung beim Pflichtteilsergänzungsanspruch nach § 2325 BGB, FS

Abschnitt 5. Pflichtteil **§ 2325**

von Lübtow, 1991, S 291; Tiedtke, Die Voraussetzungen des Pflichtteilsergänzungsanspruchs, DNotZ 98, 85; Trappe, Die Pro-Rata-Regelung bei der Pflichtteilsergänzung, ZEV 10, 388.

1. Parteien. a) Gläubiger des Pflichtteilsergänzungsanspruchs ist der Pflichtteilsberechtigte unabhängig vom Bestehen des ordentlichen Pflichtteilsanspruchs (arg § 2326), also zB auch bei Ausschlagung der Erbfolge (LM Nr 2; BGH NJW 73, 995; Hamm FamRZ 11, 594); vgl hierzu auch § 2305 Rn 1 und § 2326 Rn 1. Der Anspruch setzte nach früherer Rechtsprechung voraus, dass zur Zeit der Schenkung das rechtliche Verhältnis bereits bestand, das den Pflichtteilsanspruch begründet (nicht der Pflichtteilsanspruch selbst; verfehlt LG Dortmund ZEV 99, 30 mkritAnm Otte, Bestelmeyer FamRZ 99, 1468), also zB die Ehe für den Anspruch des Ehegatten, Ehe oder Zeugung für den Anspruch der Abkömmlinge (BGH 59, 216; NJW 97, 2676 mN = LM Nr 29 mAnm Kuchinke; str, vgl SoeDieckmann 3; Keller ZEV 00, 268; Reinicke NJW 73, 597). Diese Rechtsprechung hat der BGH neuerdings zu Recht aufgegeben, sodass es nunmehr genügt, wenn die Pflichtteilsberechtigung im Zeitpunkt des Erbfalles besteht (BGH NJW 12, 2730). Erfasst werden für Erbfälle nach dem Beitritt der neuen Bundesländer auch Schenkungen innerhalb der 10-Jahres-Frist zu DDR-Zeiten (BGH NJW 01, 2398 = LM Nr 30 mAnm Leipold; Kuchinke JZ 01, 1089; Jena OLGR 99, 383; Dresden NJW 99, 3345 mAnm Kuchinke DNotZ 99, 829; Pentz ZEV 99, 497; dagegen zumindest für § 2329 anders Jena OLG-NL 99, 110). Für die Beurteilung als Schenkung kommt es dabei auf die Wertverhältnisse bei Vollzug des Vertrages an, Wertsteigerungen nach der deutschen Einigung bleiben außer Betracht (BGH NJW 02, 2470: Grundstück). **b) Schuldner** ist der Erbe, der sich beschränkte Haftung vorbehalten kann (ZPO 780; BGH WM 83, 824). Bei begründeter Dürftigkeitseinrede (§§ 1990, 1991 IV) des nicht unbeschränkt haftenden Erben kann das Gericht die Klage abweisen (LM Nr 2 und 6; NJW 74, 1327; 83, 1486; ZEV 00, 274; s Vor § 1967 Rn 2, §§ 1990, 1991 Rn 7).

2. Schenkung. Eine Schenkung gem § 516 erfordert Einigung über die Unentgeltlichkeit, die bei nachträglicher Entgeltlichkeit später wieder entfallen kann (BGH FamRZ 07, 814 = ZEV 2007, 326 mAnm Kornexl). **a) Bei gemischten Schenkungen** muss eine Einigung über die teilw Unentgeltlichkeit vorliegen; bei grobem Missverhältnis von Leistung und Gegenleistung spricht aber eine tatsächliche Vermutung für eine solche Einigung (BGH 59, 136; 88, 111; NJW 81, 1956; 2458; 82, 2498; FamRZ 89, 274; Oldenburg NJW-RR 92, 778; FamRZ 07, 1691; Koblenz NJW-RR 02, 513; OLGR 05, 116; Bamberg FamRZ 08, 1031; Brandenburg NJW 08, 2720; FamRZ 10, 933). **b) Ausstattungen** sind gem § 1624 I nur bei Übermaß Schenkungen, ansonsten gelten für sie ausschließlich §§ 2050 ff, 2316 (zum Zusammentreffen von Schenkungen und ausgleichspflichtigen Ausstattungen vgl BGH NJW 65, 1526 = LM Nr 5; ferner § 2056 Rn 3). Sog **unbenannte Zuwendungen** unter Ehegatten (dazu Daragan ZErb 08, 2) sind grundsätzlich Schenkungen iSd § 2325 (BGH 116, 170; Koblenz NJW-RR 02, 512; zu verneinen aber bei angemessener Altersversorgung: Schleswig FamRZ 11, 506: Altersversorgungsnießbrauchs; Stuttgart FamRZ 11, 1823: Privatrentenversicherung; hierzu § 2287 Rn 1 mN und § 516 Rn 20); ebenso in der nichtehelichen Lebensgemeinschaft (Düsseldorf NJW-RR 97, 1499) und eingetragenen Lebenspartnerschaft. In der Begründung einer Gütergemeinschaft liegt hingegen nur ausnahmsweise eine Schenkung, soweit die Zuwendung nicht oder nicht nur der Begründung ehelicher Vermögensordnung dienen sollte (BGH 116, 178). Übergang von der Zugewinngemeinschaft zur Gütertrennung führt zu Ergänzungsansprüchen nur insoweit, als die Ausgleichszahlungen tatsächlich geschuldeten Zugewinnausgleich übersteigen (Oldenburg FamRZ 96, 1506: keine rückwirkende Vereinbarung von Zugewinngemeinschaft). Rückabwicklungsforderungen bzw Ausgleichsansprüche des Erblassers fallen in den Nachlass und sind bei seiner Bewertung zu berücksichtigen (§ 2311). Auf die Vermögensausstattung im Rahmen einer Stiftungserrichtung ist § 2325 analog anzuwenden (LG Baden-Baden ZEV 99, 152 mAnm Rawert; Karlsruhe ZEV

§ 2325

04, 471), direkt anwendbar sind §§ 2325, 2329 auf endgültige unentgeltliche Zuwendungen an Stiftungen in Form von Zustiftungen, freien oder gebundenen Spenden (BGH 157, 184 = NJW 04, 1383, „Stiftung Dresdner Frauenkirche", gegen Dresden ZEV 02, 415 mkritAnm Muscheler und Rawert NJW 02, 3151; zum Ganzen
5 Damrau ZEV 10, 12; Speckbrock Rpfleger 09, 597; Lange ZErb 10, 137). **c) Die Nachfolge in den Anteil einer Personengesellschaft** kann Schenkung auf den Todesfall sein, wenn ein Gesellschafter gesellschaftsvertraglich zur entschädigungslosen Übernahme berechtigt ist (BGH NJW 81, 1956; KG DNotZ 78, 109) oder wenn ein unentgeltliches Eintrittsrecht auf den Todesfall für Nichtgesellschafter gesellschaftsvertraglich geschaffen wird; dagegen liegt keine Unentgeltlichkeit vor, wenn *alle* Gesellschafter bei gleichen Risiken Fortsetzung im Todesfalle ohne Abfindungsansprüche vereinbaren (BGH 22, 194) oder bei entgeltlichem Eintrittsrecht (BGH NJW 59, 1433); sa § 2301 Rn 1 ff und SoeDieckmann 25 ff. Bei erbrechtlicher Nachfolge fällt der Anteil in den Nachlass iSd Pflichtteilsrechts (BGH NJW 83, 2377) und wird beim ordentlichen Pflichtteil berücksichtigt; sa § 2301 Rn 3, 6; § 2311 Rn 5 ff; § 2032 Rn 5 ff. **d)** Zum unentgeltlichen Vertrag zgDr auf den
6 Todesfall vgl § 2301 Rn 5 f. **e) Abfindungen in Erbverzichtsverträgen** können als teilweise unentgeltlich der Pflichtteilsergänzung unterliegen, soweit sie den Wert des gesetzlichen Erbteils des abgefundenen Erben übersteigen; bei der Beurteilung der Angemessenheit der Abfindung gelten die Grundsätze der gemischten Schenkung mit ihrer Vermutung zugunsten einer Schenkung bei einem deutlichen objektiven Missverhältnis (BGH NJW 09, 1143 ff mAnm Zimmer = ZEV 09, 78 mAnm Schindler). Bei Ausgewogenheit der Abfindung wird der Abfluss aus dem Erblasservermögen durch die Erbteilsberechnungsregel des § 2310 S 2 kompensiert (dazu schon Dieckmann FamRZ 86, 259 gegen BGH NJW 86, 129; Rheinbay ZEV 00, 279). Da beim Pflichtteilsverzicht § 2310 S 2 gerade nicht gilt (§ 2310 Rn 1), muss es hier bei der Anwendung des § 2325 bleiben (zutreffend Zimmer NJW 09, 1146), wobei der Wert des Pflichtteils Vergleichsmaßstab ist. Nichtgeltendmachung des Pflichtteils durch Vorerbe ist keine Schenkung an Nacherben (BGH NJW 02, 672).

7 **3. Berechnungsverfahren. a) Bsp:** Nachlass 18 000 Euro, Schenkung 4000 Euro, Pflichtteilsquote ¼, Ergänzungsanspruch 1000 Euro. **b) Wertberechnung:** Es gelten zunächst die allg Bewertungsgrundsätze; vgl § 2311 Rn 2 ff, § 2312 Rn 1 ff. Erlass einer Geldforderung steht der Schenkung verbrauchbarer Sachen gleich (II 1; BGH 98, 235). Der Wertvergleich gem II 2 („Niederstwertprinzip") muss den Kaufkraftschwund berücksichtigen (BGH 85, 282; 65, 75; NJW-RR 96, 707; Koblenz FamRZ 06, 1791); dies auch, wenn die Schenkung vor dem Erbfall nicht vollzogen ist und nur ein Erfüllungsanspruch besteht (s BGH 85, 283; einschränkend Oldenburg ZErb 08, 119: keine Berücksichtigung des Kaufkraftschwundes bei in der Vergangenheit erbrachten Dienstleistungen). Zur Bestimmung des Bewertungsstichtags bleiben vom Erblasser vorbehaltene Nutzungen außer Betracht (BGH 118, 49; 125, 397; ZEV 03, 417; 06, 266 f). Bei Grundstücken ist das Eintragungsdatum maßgebend (BGH 102, 292; Jena OLG-NL 110: bei unverschuldeter extremer Eintragungsverzögerung kann auf Eintragung nach normalem Geschäftsgang abgestellt werden; str). Bei gemischter Schenkung gilt das Niederstwertprinzip für den Überschuss aus Leistung und Gegenleistung (BGH 89, 33). Verbleiben dem Schenker die Nutzungen, ist Gegenstand der Schenkung nur die Differenz zwischen Sach- und kapitalisiertem Nutzungswert (BGH 118, 49; 125, 397; NJW 92, 2888; NJW-RR 90, 1159; 96, 707; Koblenz NJW-RR 02, 513; Reiff FamRZ 92, 802; Dingerdissen JZ 93, 402; Mayer FamRZ 94, 739; anders Oldenburg NJW-RR 99, 734 mAnm Pentz ZEV 99, 355: keine Kapitalisierung bei kurzer tatsächlicher Nutzung; zweifelhaft, dagegen Celle ZEV 03, 84). Auch versprochene Pflegeleistungen oder Renten sind zu kapitalisieren (Celle FamRZ 09, 462; Schleswig ZEV 09, 81). Vom geschenkten Gegenstand ist nur der Wert auszunehmen, der endgültig zum Schenkervermögen gehört (BGH Rpfleger 02, 79: nur Vorerbschaft am Gegenstand führt zur Ergänzung nur des Werts der Nutzungen). Zur Bewertung eines geschenk-

Abschnitt 5. Pflichtteil § 2325

ten Nießbrauchs Reiff ZEV 98, 241 und Koblenz ZEV 02, 460 mAnm Kornexl (Pflegeverpflichtung und Nießbrauch an einer an Dritten übertragenen Eigentumswohnung zugunsten der Alleinerbin). Bei einer Lebensversicherung war lange umstritten, ob der Schenkungsgegenstand die auf Grund des Todesfalls ausgekehrten Versicherungsleistungen (Düsseldorf ZEV 08, 292 in Übertragung von BGH 156, 350, die zu einer insolvenzrechtlichen Fragestellung ergangen ist; Oldenburg ZErb 10, 119) oder die zuvor aufgewendeten Versicherungsprämien sind (BGH NJW 1995, 3113; Stuttgart ZEV 08, 145); nach jüngster Rspr des BGH soll es dagegen weder auf die ausgekehrten Versicherungsleistungen noch auf die gezahlten Prämien ankommen, sondern auf den Wert, den der Erblasser durch Verwertung des Versicherungsvertrages zuletzt selbst noch hätte realisieren können (in der Regel also der Rückkaufswert; BGH 185, 252; krit Walker FamRZ 10, 1249; Bestelmeyer Rpfleger 10, 643 f; zust Olzen/Metzmacher JZ 11, 322; zum Ganzen Herrler ZEV 10, 333; Rudy ZErb 10, 351; ders VersR 10, 895; Wall ZErb 11, 10; sa § 2301 Rn 7). **c)** Zur Quote bei **Zugewinngemeinschaft** vgl § 2303 Rn 5 f.

4. Gestaffelte Fristen. Die nunmehr gestaffelten Fristen (dazu Trappe ZEV 10, 388) gem III beginnen, wenn das Geschenk aus dem Vermögen des Erblassers wirtschaftlich ausgegliedert wird (BGH 98, 232; 102, 292). Bei Grundstücken frühestens mit der Umschreibung im Grundbuch (BGH 102, 292; 125, 398; aA Behmer FamRZ 99, 1254). Weiternutzung des Geschenks durch den Erblasser auf Grund vorbehaltenen dinglichen Rechts oder schuldrechtlicher Vereinbarung (dazu Gehse RNotZ 09, 361) hindert Fristbeginn (BGH 125, 398 f: Schenkung unter Nießbrauchsvorbehalt; hierzu Draschka Rpfleger 95, 71; 92, 419, 437; Düsseldorf FamRZ 99, 1546; München ZEV 08, 480; krit Reiff NJW 95, 1136); vorbehaltenes Teilnutzungsrecht ist uU unschädlich (Oldenburg FamRZ 07, 1691; Düsseldorf FamRZ 97, 1114: Erdgeschosswohnung; Celle OLGR 03, 371: Wohnrecht an Teil des Hausgrundstücks; Karlsruhe ZEV 08, 244; sa Bremen NJW 05, 1726: „spürbarer Vermögensverlust" bei Ex-ante-Betrachtung); zu weitgehend Düsseldorf ZEV 08, 525 (Rückübereignungsanspruch bei Veräußerung oder Belastung des geschenkten Grundstücks schließt Leistung gem III 2 aus); zum nachträglichen Verzicht Blum/Melwitz ZEV 10, 57. Schenkungen an Ehegatten unterfallen einer wesentlich schärferen Haftung, die jedoch nicht gegen Art. 6 I oder Art. 3 I GG verstößt (BVerfG NJW 91, 217; Celle FamRZ 89, 1012; Otte, FS von Lübtow, 1991, S 305). Auf voreheliche Schenkungen an den späteren Ehegatten kann III 3 analog angewendet werden (Düsseldorf NJW 96, 3156 mAnm Pentz NJW 97, 2033; Dieckmann FamRZ 95, 189; v Olshausen FamRZ 95, 717; aA Zweibrücken FamRZ 94, 1492). Zur Verjährung s §§ 195, 199; zum Übergangsrecht EG 229 § 23 I und II.

5. Auskunftsanspruch. Vgl § 2314 Rn 1 ff, 10 mN.

6. Prozessuales. Der Pflichtteilsberechtigte muss beweisen, dass der Gegenstand ohne die Schenkung Bestandteil des Nachlasses geworden wäre (BGH 89, 29). Er trägt die Beweislast für den Wert der Leistung und der Gegenleistung wie auch für den subjektiven Tatbestand der Schenkung (BGH FamRZ 81, 765); zur Vermutung bei grobem Missverhältnis s Rn 3. Doch hat der Gegner behauptete Unentgeltlichkeit substantiiert zu bestreiten, wenn der Pflichtteilsberechtigte ansonsten in unüberwindliche Beweisnot gerät (BGH NJW-RR 96, 706). Ist der Anspruchsinhaber selbst Miterbe, kann er den Anspruch nur im Rahmen einer Erbauseinandersetzung geltend machen, wozu der Bestand des gesamten Nachlasses darzulegen wäre (BGH ZEV 07, 280). Klage auf Feststellung der Pflichtteilsberechtigung hemmt nicht die Verjährung des Pflichtteilsergänzungsanspruchs (BGH 132, 240 = LM § 209 Nr 84 mAnm Leipold für Unterbrechung nach altem Recht).

7. Reform. Die Reform des Erbrechts (s Vor § 1922 Rn 18) hat zum 1.1.2010 die gestaffelten Fristen des Abs 3 eingeführt. Für Erbfälle vor diesem Zeitpunkt gilt die alte Regelung mit ihrer einheitlichen Zehnjahresfrist (EG 229 § 23 IV).

§§ 2326–2328

§ 2326 Ergänzung über die Hälfte des gesetzlichen Erbteils

¹Der Pflichtteilsberechtigte kann die Ergänzung des Pflichtteils auch dann verlangen, wenn ihm die Hälfte des gesetzlichen Erbteils hinterlassen ist. ²Ist dem Pflichtteilsberechtigten mehr als die Hälfte hinterlassen, so ist der Anspruch ausgeschlossen, soweit der Wert des mehr Hinterlassenen reicht.

1   Die Vorschrift stellt klar, dass § 2325 auch eingreift, wenn der Pflichtteilsberechtigte Erbe oder Vermächtnisnehmer in Höhe des ordentlichen Pflichtteils ist (vgl schon § 2325 Rn 1). Die Anrechnung der Mehrzuwendung gem S 2 (hierzu BGH FamRZ 89, 274) gilt auch bei Ausschlagung; sie entfällt aber, wenn wegen Belastungen der Mehrzuwendung ausgeschlagen ist, arg § 2306 I (str).

§ 2327 Beschenkter Pflichtteilsberechtigter

(1) ¹Hat der Pflichtteilsberechtigte selbst ein Geschenk von dem Erblasser erhalten, so ist das Geschenk in gleicher Weise wie das dem Dritten gemachte Geschenk dem Nachlass hinzuzurechnen und zugleich dem Pflichtteilsberechtigten auf die Ergänzung anzurechnen. ²Ein nach § 2315 anzurechnendes Geschenk ist auf den Gesamtbetrag des Pflichtteils und der Ergänzung anzurechnen.

(2) Ist der Pflichtteilsberechtigte ein Abkömmling des Erblassers, so findet die Vorschrift des § 2051 Abs. 1 entsprechende Anwendung.

1   **1. Schenkungen an den Ergänzungsberechtigten.** Diese sind zeitlich unbegrenzt zu berücksichtigen (*Beispiel:* Oldenburg ZEV 98, 143), § 2325 III gilt nicht (LM Nr 1; Koblenz OLGR 05, 115). Hingegen bleiben Geschenke des Ehegatten des Erblassers außer Betracht, auch beim Berliner Testament (BGH 88, 102; hierzu Kuchinke JZ 84, 96; Dieckmann FamRZ 83, 1104); gem II anrechnungspflichtigen Geschenken an Vorfahren des Ergänzungsberechtigten stehen Geschenke an seinen Ehegatten nicht gleich. Entsprechendes gilt für den Lebenspartner.

2   **2. Anrechnung.** Die Anrechnung ist auch bei übersteigender Zuwendung auf den Ergänzungspflichtteil beschränkt und erfasst idR nicht den ordentlichen Pflichtteil; anders gem I 2 nur bei Schenkungen iSd § 2315.

3   **3. Auskunftsanspruch.** Der Erbe hat einen **Auskunftsanspruch** gegen den Ergänzungsberechtigten über Schenkungen des Erblassers (BGH NJW 64, 1414; BGH 108, 395).

§ 2328 Selbst pflichtteilsberechtigter Erbe

Ist der Erbe selbst pflichtteilsberechtigt, so kann er die Ergänzung des Pflichtteils soweit verweigern, dass ihm sein eigener Pflichtteil mit Einschluss dessen verbleibt, was ihm zur Ergänzung des Pflichtteils gebühren würde.

1   Das **Leistungsverweigerungsrecht** (s BGH FamRZ 89, 275; Koblenz ZEV 10, 195) des Erben (auch des Alleinerben) betrifft nur den Ergänzungsanspruch gem § 2325, nicht den ordentlichen Pflichtteil. Wertänderungen des Nachlasses zwischen Erbfall und Anspruchserfüllung sind mindestens bei erheblichen Schwankungen zu berücksichtigen (BGH 85, 284 ff); uU wertmäßige Vollstreckungsbeschränkung in der Urteilsformel (arg BGH 85, 287). Gegenüber dem Unterhaltsanspruch eines geschiedenen Ehegatten, der in seinem Umfang auf den fiktiven Pflichtteilsanspruch beschränkt ist (§ 1586b I 3), kann sich der pflichtteilsberechtigte Erbe nicht auf § 2328 berufen (BGH NJW 07, 3208). **Lit:** Schindler ZEV 10, 558.

Abschnitt 5. Pflichtteil § 2329

§ 2329 Anspruch gegen den Beschenkten

(1) ¹Soweit der Erbe zur Ergänzung des Pflichtteils nicht verpflichtet ist, kann der Pflichtteilsberechtigte von dem Beschenkten die Herausgabe des Geschenks zum Zwecke der Befriedigung wegen des fehlenden Betrags nach den Vorschriften über die Herausgabe einer ungerechtfertigten Bereicherung fordern. ²Ist der Pflichtteilsberechtigte der alleinige Erbe, so steht ihm das gleiche Recht zu.

(2) Der Beschenkte kann die Herausgabe durch Zahlung des fehlenden Betrags abwenden.

(3) Unter mehreren Beschenkten haftet der früher Beschenkte nur insoweit, als der später Beschenkte nicht verpflichtet ist.

Lit: Lenz/Riegel, Die Geltendmachung von Pflichtteilsergänzungsansprüchen gegen den vom Erblasser Beschenkten, ZErb 02, 4; Pentz, Haftung des Beschenkten nach § 2329 BGB, MDR 98, 132; Theiss/Boger, Möglichkeiten der Vorbeugung gegen Ansprüche aus §§ 2325, 2329 BGB wegen Abfindungen für Erb- bzw. Pflichtteilsansprüche, ZEV 06, 143; s iÜ § 2325.

1. Anspruchsvoraussetzungen. a) Gläubiger ist der **ergänzungsberechtigte** 1 (§ 2325) Pflichtteilsberechtigte (BGH 59, 216; NJW 97, 2676 und für die Zeitgrenze gem § 2325 III BGB NJW 74, 2320). Gem I 2 ist auch der pflichtteilsberechtigte Alleinerbe aktivlegitimiert, dessen Nachlass den ergänzten Pflichtteil nicht deckt; entspr anzuwenden bei Erbenmehrheit zugunsten des einzelnen Miterben (BGH 80, 205). Auf das Verhältnis zwischen dem geschiedenen Ehegatten und dem diesen gem § 1586b unterhaltspflichtigen Erben des Erblassers ist § 2329 weder direkt noch analog anwendbar (Koblenz ZEV 03, 113 mAnm Klingelhöffer – zweifelhaft!). **b) Fortfall der Erbenhaftung** gem § 2325 kann vorliegen bei beschränkter Haf- 2 tung (BGH 80, 209; NJW 86, 1610; s § 2325 Rn 2), bei Leistungsverweigerung gem § 2328 (dazu Hamm FamRZ 11, 595), nicht aber bei reiner Zahlungsunfähigkeit des unbeschränkt haftenden Erben (Schleswig OLGR 99, 368; anders die 9. Aufl; str). **c) Schuldner** ist der Beschenkte bzw seine Erben (BGH 80, 205); die Schenkung 3 des Erblassers kann nach dem Erbfall vollzogen sein (BGH 85, 283). Sofern der Beschenkte Erbe ist, haftet er zunächst gem § 2325 und subsidiär (vgl Rn 2) gem § 2329 (BGH 88, 112; LM Nr 2 zu § 2225). Ein Ausgleich nach §§ 2288, 2287 geht dem Anspruch nach § 2329 I vor (BGH 111, 142; sa § 2288 Rn 2). Die Reihenfolge gem III bestimmt sich nach dem Vollzug (vgl § 2325 Rn 8) der Schenkungen (Hamm NJW 69, 2148; abw bei Vollzug nach Erbfall BGH 85, 284). Der Gläubiger kann gegen alle Beschenkten gleichzeitig Leistungsklage erheben, da die Anspruchshöhe nicht vom Vollstreckungserfolg beim später Beschenkten abhängt; bei Bezifferungsschwierigkeiten soll aber trotzdem Feststellungsklage gegen früher Beschenkte möglich sein (BGH 17, 336). Wenn der ergänzungspflichtige Beschenkte den geschenkten Gegenstand weiterverschenkt, haftet der Weiterschenkte nach §§ 2329 I 1, 822 (Hamm FamRZ 11, 595). **d) Inhalt** des Anspruchs ist Geldzahlung 4 bei Geldgeschenken oder bereicherungsrechtlicher Werthaftung, ansonsten Duldung der Zwangsvollstreckung in die Geschenkgegenstände bis zur Höhe des Fehlbetrages (BGH 88, 112; LM Nr 2 zu § 2325; BGH 107, 203; 108, 396; NJW 90, 2064). Zahlungen zur Abwendung des Herausgabeanspruchs gem II führen nicht gem ErbStG 29 I Nr 2 zum Erlöschen der Erbschaftsteuer, sind jedoch gem ErbStG 10 V Nr 2, 1 II erwerbsmindernd zu berücksichtigen (BFH 204, 299 = NJW 04, 1198; ZEV 05, 446). Der Schuldner kann die Haftung gem § 2328 beschränken; dabei sind nachträgliche Wertänderungen der Schenkungen zu berücksichtigen (s § 2328 Rn 1). **e)** Die **Verjährung** (Verjährungsfrist: 3 Jahre gem § 195; Fristbeginn 5 gem § 2332 I) wird auch durch Klage gegen dieselbe Partei aus § 2325 gehemmt (BGH NJW 74, 1327; 83, 389; BGH 107, 203: zu § 209 aF); Feststellungsklage zur Verjährungshemmung ist zulässig (Düsseldorf FamRZ 96, 445); erleichterter Fristbeginn gem § 2332 I gilt auch zugunsten des beschenkten Erben bzw Miterben

Stürmer 2191

(so zu § 2332 II aF: BGH NJW 86, 1610 mN; Bremen OLGR 99, 173; für § 2332 I aF Zweibrücken NJW 77, 1825; offen LM Nr 3 zu § 2332).

6   **2. Auskunftsanspruch.** Zum Auskunftsanspruch gegen den Beschenkten vgl § 2314 Rn 10; zum Auskunftsanspruch des Beschenkten gegen den Ergänzungsberechtigten vgl § 2327 Rn 3.

§ 2330 Anstandsschenkungen

Die Vorschriften der §§ 2325 bis 2329 finden keine Anwendung auf Schenkungen, durch die einer sittlichen Pflicht oder einer auf den Anstand zu nehmenden Rücksicht entsprochen wird.

1   **a) Anstandsschenkungen** sind kleinere Zuwendungen zu besonderen Tagen oder Anlässen (BGH NJW 84, 2940). **b)** Die **sittliche Pflicht** ist durch Wertung der Einzelfallumstände festzustellen (zusf Karlsruhe OLGZ 90, 458; Koblenz FamRZ 06, 1790). Sie rechtfertigt in Ausnahmefällen die Zuwendung höherwertiger Güter (zB Grundstück, Lebensversicherung, Rente, Wohnrecht usw), insbes bei Unterstützung in Notlage, Unterhaltssicherung für Verwandte, Sicherung der Altersversorgung für Ehegatten oder nichteheliche Lebensgefährten (BGH NJW 84, 2940 mN; Karlsruhe OLGZ 90, 460), Belohnung treuer Dienste (BGH NJW 81, 2459; aA BGH NJW 86, 1926 für § 534; Naumburg FamRZ 01, 1407 zu § 2330). Es kommt nicht allein auf Gründe für die Dankbarkeit des Schenkers an, sondern wesentlich auch darauf, ob Gesichtspunkte der Versorgung des Beschenkten das Ausbleiben einer solchen Belohnung sittlich anstößig erscheinen ließen (BGH ZEV 06, 506). Die sittliche Pflicht kann auch gegenüber einem fremden Dritten bestehen (Frankfurt OLGR 99, 301: vorherige Schenkung des Dritten an den Erblasser). **c)** Übersteigt eine Schenkung das durch den Anstand gebotene Maß, ist nur der Mehrbetrag ergänzungspflichtig (LM Nr 2; BGH NJW 81, 2459; Karlsruhe OLGZ 90, 462).
2   Der Auskunftsanspruch des Pflichtteilsberechtigten (vgl § 2314 Rn 10 u 2) umfasst auch Anstandsschenkungen (LM Nr 5 zu § 2314). **d)** Zur **ehebedingten Zuwendung** s § 2325 Rn 4.

§ 2331 Zuwendungen aus dem Gesamtgut

(1) ¹Eine Zuwendung, die aus dem Gesamtgut der Gütergemeinschaft erfolgt, gilt als von jedem der Ehegatten zur Hälfte gemacht. ²Die Zuwendung gilt jedoch, wenn sie an einen Abkömmling, der nur von einem der Ehegatten abstammt, oder an eine Person, von der nur einer der Ehegatten abstammt, erfolgt, oder wenn einer der Ehegatten wegen der Zuwendung zu dem Gesamtgut Ersatz zu leisten hat, als von diesem Ehegatten gemacht.

(2) Diese Vorschriften sind auf eine Zuwendung aus dem Gesamtgut der fortgesetzten Gütergemeinschaft entsprechend anzuwenden.

1   Parallelvorschrift zu § 2054. Die Auslegungsregel gilt im Rahmen der Berechnung des ordentlichen Pflichtteils und des Ergänzungspflichtteils.

§ 2331a Stundung

(1) ¹Der Erbe kann Stundung des Pflichtteils verlangen, wenn die sofortige Erfüllung des gesamten Anspruchs für den Erben wegen der Art der Nachlassgegenstände eine unbillige Härte wäre, insbesondere wenn sie ihn zur Aufgabe des Familienheims oder zur Veräußerung eines Wirtschaftsguts zwingen würde, das für den Erben und seine Familie die wirtschaftliche Lebensgrundlage bildet. ²Die Interessen des Pflichtteilsberechtigten sind angemessen zu berücksichtigen.

Abschnitt 5. Pflichtteil §2332

(2) ¹**Für die Entscheidung über eine Stundung ist, wenn der Anspruch nicht bestritten wird, das Nachlassgericht zuständig.** ²**§ 1382 Abs. 2 bis 6 gilt entsprechend; an die Stelle des Familiengerichts tritt das Nachlassgericht.**

1. Anspruchsinhalt. a) Antragsberechtigt ist jeder Erbe (nicht nur wie nach § 2331a I aF der pflichtteilsberechtigte Erbe), der Nachlasspfleger, Nachlassverwalter und Nachlassinsolvenzverwalter, nicht aber der Testamentsvollstrecker (arg § 2213 I 3). **b)** Ungewöhnliche Härte gem I 1 ist nur ausnahmsweise anzunehmen; auch wenn sie vorliegt, müssen die Interessen des Schuldners überwiegen (zB Dresden OLG-NL 99, 168: 70-jähriger Erbe müsste sein Wohnhaus verkaufen, um den abgesicherten Pflichtteilsberechtigten befriedigen zu können). **c)** Mehrere Miterben: Nach Auseinandersetzung kann der gesamtschuldnerischen oder anteiligen Haftung (§§ 2058, 2060 f) nur der Miterbe die Stundungseinrede entgegenhalten, der in seiner Person ihre Voraussetzungen erfüllt. Vor Auseinandersetzung greift regelmäßig nur die gesamthänderische Haftung mit dem Nachlass (§ 2059 II) oder die gesamtschuldnerische Haftung mit dem Nachlassanteil ein (§§ 2058, 2059 I 1); soweit hier die Anspruchsverwirklichung den stundungsberechtigten Miterben stets mittreffen müsste, wirkt die Stundungseinrede für alle Miterben (teilw aA SoeDieckmann 4, 9 mN; zum Ganzen auch Klingelhöffer ZEV 98, 121). 1

2. Prozessuales. Das Verfahren regeln FamFG 362, 264 (früher FGG 83a, 53a), § 1382 V (dazu Karlsruhe FamRZ 04, 661) und VI, die Stundungsmodalitäten § 1382 II–IV. Örtl Zuständigkeit: FamFG 343 (früher FGG 73). Rechtspflegersache gem RPflG 3 Nr 2c. Rechtsmittel: FamFG 58 ff (früher FGG 60 I Nr 6), RPflG 11 I. 3

3. Reform. S Vor § 1922 Rn 18. Sie hat zum 1.1.2010 die Voraussetzungen einer Stundung abgesenkt und das Antragsrecht auf jeden Erben ausgedehnt, unabhängig von einem bestehenden Pflichtteilsrecht. Lit: Reich, FPR 08, 555; Lange, DNotZ 07, 84. 4

§ 2332 Verjährung

(1) **Die Verjährungsfrist des dem Pflichtteilsberechtigten nach § 2329 gegen den Beschenkten zustehenden Anspruchs beginnt mit dem Erbfall.**

(2) **Die Verjährung des Pflichtteilsanspruchs und des Anspruchs nach § 2329 wird nicht dadurch gehemmt, dass die Ansprüche erst nach der Ausschlagung der Erbschaft oder eines Vermächtnisses geltend gemacht werden können.**

I. Alte und neue Fassung

Die Vorschrift ist zum 1.1.2010 (s Vor § 1922 Rn 18) neu gefasst worden. Grundsätzlich folgt die Verjährung der Pflichtteilsansprüche nunmehr §§ 195, 199. Die Regelverjährung der Ansprüche aus §§ 2317, 2325 von drei Jahren (§ 195) beginnt danach mit dem Schluss des Jahres des Erbfalls (§ 199 I Nr 1, 2317), soweit ausreichende Kenntnisnahme von allen anspruchsbegründenden Umständen vorliegt (§ 199 I Nr 2), bei absoluter Verjährung von 30 Jahren (§ 199 III a). § 2332 enthält nur noch Ausnahmen und Modifikationen dieser Grundsätze (s unten Rn 4). Für Erbfälle vor dem 1.1.2010 behält § 2332 aF noch Bedeutung (zur komplizierten Übergangsregelung EG 229 § 23 I–III). Inhaltlich weichen §§ 195, 199 I und III a nur wenig von § 2332 I aF ab. Die Kommentierung zum **alten Rechtszustand** bleibt deshalb noch von Interesse und ist zusammen mit dem alten Gesetzestext im Folgenden abgedruckt.

§ 2332 Verjährung

(1) Der Pflichtteilsanspruch verjährt in drei Jahren von dem Zeitpunkt an, in welchem der Pflichtteilsberechtigte von dem Eintritt des Erbfalls und von der ihn

§ 2332

beeinträchtigenden Verfügung Kenntnis erlangt, ohne Rücksicht auf diese Kenntnis in 30 Jahren von dem Eintritt des Erbfalls an.

(2) Der nach § 2329 dem Pflichtteilsberechtigten gegen den Beschenkten zustehende Anspruch verjährt in drei Jahren von dem Eintritt des Erbfalls an.

(3) Die Verjährung wird nicht dadurch gehemmt, dass die Ansprüche erst nach der Ausschlagung der Erbschaft oder eines Vermächtnisses geltend gemacht werden können.

1   **1. Verjährung nach altem Recht.** Die Verjährungsfristen gelten nur für §§ 2303 ff, also zB nicht für Mängelansprüche bzgl einer zur Abgeltung des Pflichtteilsanspruchs erhaltenen Sache (BGH NJW 74, 363). **a) Kenntnis gem I** betrifft zunächst den **Erbfall**; dies auch bei Nacherbschaft, so dass die Verjährung gegenüber Vor- und Nacherben einheitlich läuft (vgl Koblenz OLGR 05, 117). **Beeinträchtigende Verfügung** ist zunächst die enterbende oder beschränkende letztwillige Verfügung (Karlsruhe NJW-RR 07, 884: Berücksichtigung von Ausstattungen gem §§ 2050 ff), wobei positive Kenntnis ihres wesentlichen Inhalts durch überzeugende mündliche Mitteilung (LM Nr 1) oder Ablehnung einer Erbscheinserteilung (BGH NJW 84, 2936) genügt. Nach zuverlässig erlangter Kenntnis von der Verfügung kann sich der Pflichtteilsberechtigte nicht auf Vergessen berufen (Düsseldorf OLGR 00, 332). Berechtigte Zweifel an der Wirksamkeit einer Verfügung bzw ein Irrtum hierüber können Kenntnis ausschließen (RG 140, 75; Rostock FamRZ 11, 1431; Düsseldorf FamRZ 92, 1224; KG FamRZ 07, 682), auch wenn sie erst durch spätere Entdeckung einer die Enterbung anscheinend wiederaufhebenden Verfügung entstehen (BGH FamRZ 85, 1022 mAnm Dieckmann S 1124; sa § 1944 Rn 1, § 2082 Rn 2 und § 2283 Rn 1). Das Gleiche gilt für einen nicht völlig von der Hand zu weisenden Irrtum über die Bedeutung der Verfügung für den Erbfall (BGH NJW 00, 289 mAnm Hohloch JuS 00, 607: „gleichzeitiger Tod" bei halbstündigem Zeitunterschied?). Kenntnis des Pflichtteilsberechtigten besteht aber nicht erst mit endgültig sicherer Klärung der Rechtslage (dazu Düsseldorf ZEV 08, 347; KG FamRZ 07, 682). Auf die Kenntnis von Zusammensetzung und Wert des Nachlasses kommt es nicht an (BGH NJW 13, 1087: keine Anwendung des Rechtsgedankens des § 2313 II 1 iVm I 1 u 3). Beim Ergänzungsanspruch (§ 2325) ist zusätzlich die Schenkung Verfügung gem I (BGH 103, 333; Koblenz ZEV 02, 502); auch hier entfällt Kenntnis bei plausiblen Zweifeln an der rechtlichen Wirksamkeit (LM Nr 3). Erfährt der Pflichtteilsberechtigte zuerst von der Schenkung, dann von der letztwilligen Verfügung, so beginnt die Verjährung für ordentlichen Pflichtteil und Ergänzungspflichtteil einheitlich mit Kenntnis der letztwilligen Verfügung (LM Nr 4; BGH 95, 80; Düsseldorf FamRZ 92, 1224); anders bei umgekehrter Reihenfolge (BGH 103, 333): Verjährung des ordentlichen Pflichtteils ab Kenntnis der letztwilligen Verfügung, des Ergänzungspflichtteils ab Kenntnis der Schenkung (str). Unkenntnis der Pflichtteilsquote wegen § 1371 III kann Kenntnis der Beeinträchtigung ausschließen, nicht aber Zweifel über die Höhe von Verbindlichkeiten (vgl aber BGH FamRZ 77, 128) oder der Irrtum über das Ausmaß der Beeinträchtigung (BGH NJW 95, 1157). Keinen Einfluss auf den Verjährungsbeginn hat jedoch ein Irrtum über das Bestehen des Pflichtteilrechts (Koblenz OLGR 04, 663: vermeintlich wirksamer Verzicht auf Pflichtteilsansprüche). Kenntnis des ges Vertreters entscheidet bei nicht voll Geschäftsfähigen (Hamburg MDR 84, 54). Abw von I beginnt die Verjährung für Ansprüche, die auf Grund späterer gesetzlicher Regelung erst entstehen, nicht vor dem Inkrafttreten der Neuregelung (BGH FamRZ 77, 129: Lastenausgleichsansprüche; BGH 123, 76; ZEV 96, 117; 04, 377; KG ZEV 00, 504: Entschädigungsansprüche nach VermG; hierzu auch Düsseldorf NJW-RR 98, 1157: Verjährungsbeginn nicht erst mit Bestandskraft des Restitutionsbescheides; str; aA Casimir DtZ 93, 234). Sind Enterbung und Entstehung des Pflichtteilsanspruches bedingt, dann beginnt die Verjährung erst mit Bedingungseintritt (Celle

2   OLGR 01, 161). **b)** Zur erleichterten Verjährung gem II s § 2329 Rn 5. **c)** Zum Verjährungsbeginn bei bedingten Rechten als Nachlassbestandteil § 2313 Rn 1.

3   **2. Hemmung und Neubeginn. a)** Ein Anerkenntnis gem § 212 I Nr 1 kann in der Erklärung liegen, Auskunft und ihr entspr Befriedigung gewähren zu wollen (BGH

NJW 75, 1409; FamRZ 85, 1021). Das Anerkenntnis des Vorerben wirkt gegen den Nacherben (LM Nr 5), nicht hingegen das Anerkenntnis des Testamentsvollstreckers gegen den Erben, arg § 2213 I 3 (BGH 51, 129). Auskunftsklage (Koblenz ZEV 02, 502), Klage auf Feststellung der Pflichtteilsberechtigung oder ein Erbscheinsverfahren, in dem um die Erbenstellung – und damit im Ergebnis auch um daraus folgende Pflichtteilsansprüche – gestritten wird (Düsseldorf ZEV 08, 347), hemmen nicht die Verjährung des Ergänzungsanspruchs (BGH 132, 240 = LM § 209 Nr 84 mAnm Leipold). Zur Hemmung durch Klageerhebung sa § 2303 Rn 6, § 2314 Rn 11, § 2329 Rn 5. Die Verjährung war zu Zeiten der DDR nicht schon deswegen gehemmt, weil der Berechtigte in der Bundesrepublik lebte und in der DDR mit Treuhandverwaltung zu rechnen war (BGH JZ 96, 971 mAnm Rauscher; sa Vor § 1922 Rn 12). **b)** Die Verjährung der Pflichtteilsansprüche Minderjähriger gegen ihre Eltern ist bis zum Eintritt in die Volljährigkeit nach § 207 gehemmt (BayObLG FamRZ 89, 541 zu § 204 aF). **c)** III aF korrespondiert mit §§ 2306 I aF, 2307, vgl § 2306 Rn 5.

II. Neufassung

Die neugefasste Vorschrift des § 2332 enthält nur noch Sonderregeln zu §§ 195, 199 I und III a. Zunächst einmal bewendet es nach Abs 1 wie schon unter altem Recht für den Verjährungsbeginn des Pflichtteilsergänzungsanspruchs gegen den Beschenkten beim Erbfall, was gegenüber § 199 I eine deutliche Verkürzung im Sinne der Rechtsklarheit für den Beschenkten bedeutet. Dies gilt auch, wenn der Beschenkte Erbe oder Miterbe ist (so schon zum alten Recht BGH NJW 86, 1610; sa oben Rn 2 und § 2329 Rn 5). Die Hemmungsregel des Abs 2 entspricht ebenfalls altem Recht und korrespondiert mit §§ 2306, 2307. Besteht neben dem Anspruch aus § 2329 uU ein Anspruch auf Duldung der Zwangsvollstreckung in das geschenkte Grundstück, so hemmt die Duldungsklage nicht die Verjährung der Zahlungsklage (BGH NJW 10, 1002 zu § 2332 II aF, nunmehr § 2332 I). 4

III. Verjährung des Auskunftsanspruchs

S § 2314 Rn 8. 5

§ 2333 Entziehung des Pflichtteils

(1) **Der Erblasser kann einem Abkömmling den Pflichtteil entziehen, wenn der Abkömmling**
1. **dem Erblasser, dem Ehegatten des Erblassers, einem anderen Abkömmling oder einer dem Erblasser ähnlich nahe stehenden Person nach dem Leben trachtet,**
2. **sich eines Verbrechens oder eines schweren vorsätzlichen Vergehens gegen eine der in Nummer 1 bezeichneten Personen schuldig macht,**
3. **die ihm dem Erblasser gegenüber gesetzlich obliegende Unterhaltspflicht böswillig verletzt oder**
4. **wegen einer vorsätzlichen Straftat zu einer Freiheitsstrafe von mindestens einem Jahr ohne Bewährung rechtskräftig verurteilt wird und die Teilhabe des Abkömmlings am Nachlass deshalb für den Erblasser unzumutbar ist. Gleiches gilt, wenn die Unterbringung des Abkömmlings in einem psychiatrischen Krankenhaus oder in einer Entziehungsanstalt wegen einer ähnlich schwerwiegenden vorsätzlichen Tat rechtskräftig angeordnet wird.**

(2) **Absatz 1 gilt entsprechend für die Entziehung des Eltern- oder Ehegattenpflichtteils.**

Lit: Bowitz, Zur Verfassungsmäßigkeit der Bestimmungen über die Pflichtteilsentziehung, JZ 80, 304; ders, Die Pflichtteilsentziehung im Spiegel der neueren Rechtsprechung, ZErb 08, 59; Gotthardt, Zur Entziehung des Pflichtteils eines Abkömmlings wegen Führens eines ehrlosen

§ 2333

oder unsittlichen Lebenswandels, FamRZ 87, 757; Kummer, Klage des Pflichtteilsberechtigten auf Feststellung der Unwirksamkeit des Pflichtteilsentzugs, ZEV 04, 274; K. W. Lange, Die Pflichtteilsentziehung gegenüber Abkömmlingen de lege lata und de lege ferenda, AcP 204, 804; ders, Die Pflichtteilsentziehung im Spiegel der neueren Rechtsprechung, ZErb 08, 59; Leisner, Pflichtteilsentziehungsgründe nach §§ 2333 ff BGB verfassungswidrig?, NJW 01, 126.

Reformliteratur: Bonefeld/Lange/Tanck, Die geplante Reform des Pflichtteilsrechts, ZErb 07, 292; Hauck, Irrungen und Wirrungen bei den neuen strafbarkeitsgestützten Pflichtteilsentziehungsgründen, NJW 10, 903; Karsten, Die Erbrechtsreform in der Kautelarpraxis, RNotZ 10, 357; Kroiß, Die Reform des Pflichtteilsentziehungsrechts – Der Wegfall des Entziehungsgrundes des „ehrlosen und unsittlichen Lebenswandels", FPR 08, 543.

1   **1. Alte und neue Fassung.** Die Vorschrift ist durch die Erbrechtsreform (s Vor § 1922 Rn 18) zum 1.1.2010 neu gefasst worden. Identisch geblieben sind inhaltlich § 2333 I Nr 1 sowie Nr 3 alt und Nr 2 neu (dazu LG Stuttgart NJW-RR 12, 778) mit der Erweiterung auf dem Erblasser ähnlich nahe stehende Personen. Dieselbe Identität gilt für die Verletzung der Unterhaltspflicht in Nr 4 alt und Nr 3 neu. Abgeschafft sind die körperliche Misshandlung in Nr 2 alt und der unsittliche oder ehrlose Lebenswandel in Nr 5 alt. Der neue Entziehungsgrund in Nr 4 neu formalisiert das Fehlverhalten strafrechtlich (Nürnberg NJW-RR 12, 1225) und verlangt eine besondere Beziehung der Tat zum Erblasser im Sinne einer Unzumutbarkeit (weit ausgelegt durch LG Stuttgart NJW-RR 12, 779) . Nachdem die alte Fassung für Erbfälle vor dem 1.1.2010 noch Geltung hat (EG 229 § 23 IV) und die Entziehungsgründe Nr 1–3 neu mit Nr 1, 3 und 4 alt mehr oder weniger identisch sind, wird die Kommentierung zur **alten Fassung** noch mit abgedruckt.

§ 2333 Entziehung des Pflichtteils eines Abkömmlings

Der Erblasser kann einem Abkömmling den Pflichtteil entziehen:
1. *wenn der Abkömmling dem Erblasser, dem Ehegatten oder einem anderen Abkömmling des Erblassers nach dem Leben trachtet,*
2. *wenn der Abkömmling sich einer vorsätzlichen körperlichen Misshandlung des Erblassers oder des Ehegatten des Erblassers schuldig macht, im Falle der Misshandlung des Ehegatten jedoch nur, wenn der Abkömmling von diesem abstammt,*
3. *wenn der Abkömmling sich eines Verbrechens oder eines schweren vorsätzlichen Vergehens gegen den Erblasser oder dessen Ehegatten schuldig macht,*
4. *wenn der Abkömmling die ihm dem Erblasser gegenüber gesetzlich obliegende Unterhaltspflicht böswillig verletzt,*
5. *wenn der Abkömmling einen ehrlosen oder unsittlichen Lebenswandel wider den Willen des Erblassers führt.*

a) Die Pflichtteilsentziehung kann ausdr oder konkludent (Köln ZEV 96, 430), ganz oder teilw erfolgen, sa § 2306 Rn 2. Erforderlich ist aber, dass der Erblasser fassbar und unverwechselbar die Tatsachen festlegt, auf Grund derer eine Pflichtteilsentziehung erfolgt (BGH NJW 85, 1555; Hamm NJW-RR 07, 1237). Das Ges zählt die Gründe erschöpfend auf (BGH NJW 74, 1085). Noch zu Lebzeiten des Erblassers kann das Pflichtteilsrecht bzw die Pflichtteilsentziehung Gegenstand einer Feststellungsklage des Erblassers oder des Pflichtteilsberechtigten sein (BGH NJW 74, 1085; BGH 158, 226; dazu Kummer ZEV 04, 274); mit dem Erbfall idR Fortfall des Feststellungsinteresses (BGH NJW-RR 90, 130 für Feststellungsinteresse der Erben; BGH NJW-RR 93, 391 und Frankfurt OLGR 05, 300 für Feststellungsinteresse des Pflichtteilsberechtigten). Das verfassungsrechtliche Übermaßverbot fordert eine konkrete Abwägung der Vorwürfe mit dem Gewicht der Pflichtteilsentziehung (BGH 109, 312). Die Rspr zeigt
2   eine restriktive Tendenz, die teilw übertrieben wirkt. **b) Körperliche Misshandlung,** Nr 2, erfordert zugleich eine „schwere Pietätsverletzung" (BGH 109, 311; Anm Leipold JZ 90, 700). Körperliche Misshandlung liegt nicht vor, wenn seelische Misshandlung sich nicht auf körperliches Wohlbefinden auswirkt (BGH NJW 77, 339). Unter **schwere vorsätzliche Vergehen,** Nr 3, können auch Beleidigungen (Hamburg

Abschnitt 5. Pflichtteil §§ 2334, 2335

NJW 88, 978; LG Stuttgart NJW–RR 12, 778) oder Verfehlungen gegen Eigentum und Vermögen des Erblassers fallen (BGH NJW 11, 1878, 1881: Veruntreuung von Geldern), wenn sie nach Natur und Begehungsweise eine grobe Missachtung des Eltern-Kind-Verhältnisses und damit eine bes Kränkung des Erblassers bedeuten (mit sehr strengen Maßstäben BGH NJW 74, 1085; Celle Rpfleger 92, 523; LG Hannover Rpfleger 92, 253). Für Nr 1–3 ist zwar Verschulden erforderlich, nicht aber strafrechtliche Schuld; vielmehr genügt die Fähigkeit zur Unrechtseinsicht (BVerfG NJW 05, 1566 zu Nr 1). **c)** Bei der Frage, ob ein **ehrloser unsittlicher Lebenswandel,** Nr 5, 3 geführt wird, sind die sittlichen Maßstäbe des Erblassers zu berücksichtigen, jedoch ist eine Einbeziehung der allgemeinen gesellschaftlichen Wertvorstellungen unerlässlich (Hamburg NJW 88, 978). Ehrloser unsittlicher Lebenswandel kann danach in fortgesetzten Ehebrüchen bzw Eheverfehlungen zu erblicken sein (Hamm NJW 83, 1067; krit Kanzleiter DNotZ 84, 22), nicht aber in Homosexualität (Hamburg NJW 88, 978) oder in vorehelicher Geschlechtsgemeinschaft (LM Nr 1). Ehebruchmotivierter Mord soll nur bei unmittelbarer Beeinträchtigung der Familienehre ausreichen (BGH 76, 118; sa Köln ZEV 08, 383), was bei ausgegliederten nichtehelichen Kindern selten vorliegen wird (krit Tiedtke JZ 80, 717; sa 8. Aufl § 1934d Rn 3). Auch bei ehrlosem Lebenswandel ist Verschulden des Abkömmlings Voraussetzung (Hamburg NJW 88, 978; str), das zB bei Trunksucht fehlen kann (Düsseldorf NJW 68, 945). **d)** Vgl zu weiteren Auswirkungen des Entziehungsrechts §§ 2294, 2271 II. **e)** Die **Verfassungsmäßigkeit** der rigiden Beschränkung der Pflichtteilsentziehung ist für die Nrn 1 u 2 bestätigt (BVerfG 112, 357 = NJW 05, 1565 mAnm Otte JZ 05, 1007, Schöpflin FamRZ 05, 2025; offen lassend noch BVerfG NJW 01, 142 mkritAnm Leisner 126; Mayer ZEV 00, 447; sa Vor § 1922 Rn 1 und § 2303 Rn 10). **f)** Der eingetragene **Lebenspartner** ist dem Ehegatten gleichgestellt (LPartG 10 VI). 4

2. Entziehungsgründe der Neufassung. a) Sie bringen gegenüber der alten 5 Kommentierung zur Lebensnachstellung (Nr 1 neu und alt) sowie zum Verbrechen und vorsätzlichen Vergehen (Nr 2 neu und Nr 3 alt) und zur Unterhaltspflichtverletzung (Nr 3 neu und Nr 4 alt) als wesentliche Änderung nur die Einbeziehung der „ähnlich nahe stehenden Person" (Nr 1 und 2). Diese Erweiterung soll den Entziehungsgrund gewandelten familiären Strukturen anpassen und zB Geschwister des Abkömmlings, Stiefkinder, nichteheliche Lebensgemeinschafter und ihre Abkömmlinge mitumfassen, zumindest soweit eine häusliche oder familiäre Gemeinschaft besteht. **b)** Der neue Ent- 6 ziehungsgrund in Nr 4 knüpft zunächst an das objektive Kriterium der rechtskräftigen Verurteilung zu einer vorsätzlichen Straftat an, ohne dass die Art der Tat näher spezifiziert sein soll (zB schwerer Betrug, sexueller Missbrauch von Kindern, Drogendelikte etc). Unzumutbarkeit verlangt einen deutlichen Widerspruch zu den vom Erblasser oder in der familiären Gemeinschaft des Erblassers gelebten Werten. Sie entfällt bei Tatbeteiligung des Erblassers, wohl aber nicht ohne Weiteres bei eigenen weiter zurückliegenden ähnlichen Verfehlungen. Die Verfehlung muss vor dem Erbfall und der letztwilligen Verfügung liegen, nicht aber die rechtskräftige Verurteilung (s § 2336 II 2). **c)** Der neue 7 Abs 2 ersetzt die §§ 2334, 2335 aF und stellt die Entziehung des Eltern- und Ehegattenpflichtteils gleich; dazu § 2334 Rn 1 und § 2335 Rn 1.

§ 2334 *(aufgehoben)*

Die Vorschrift ist durch die Erbrechtsreform (s Vor § 1922 Rn 18) mit Wirkung 1 zum 1.1.2010 aufgehoben worden. Die Entziehung des Elternpflichtteils ist nunmehr in § 2333 II entsprechend der Entziehung des Pflichtteils der Abkömmlinge geregelt. Das neue Recht gilt für Erbfälle ab dem 1.1.2010 (EG 229 § 23 IV).

§ 2335 *(aufgehoben)*

Die Vorschrift ist durch die Erbrechtsreform (s Vor § 1922 Rn 18) mit Wirkung 1 zum 1.1.2010 aufgehoben worden. Die Entziehung des Ehegattenpflichtteils ist

§ 2336

nunmehr in § 2333 II entsprechend der Entziehung des Pflichtteils der Abkömmlinge geregelt. Das neue Recht gilt für Erbfälle ab dem 1.1.2010 (EG 229 § 23 IV). Der Erblasser kann zusätzlich durch Scheidungs- oder Aufhebungsklage bzw Zustimmung zur Scheidung gem § 1933 das gesetzliche Erbrecht und damit auch das Pflichtteilsrecht ausschließen. Gleichstellung des eingetragenen Lebenspartners in LPartG 10 III und VI 2.

§ 2336 Form, Beweislast, Unwirksamwerden

(1) **Die Entziehung des Pflichtteils erfolgt durch letztwillige Verfügung.**

(2) **¹Der Grund der Entziehung muss zur Zeit der Errichtung bestehen und in der Verfügung angegeben werden. ²Für eine Entziehung nach § 2333 Absatz 1 Nummer 4 muss zur Zeit der Errichtung die Tat begangen sein und der Grund für die Unzumutbarkeit vorliegen; beides muss in der Verfügung angegeben werden.**

(3) **Der Beweis des Grundes liegt demjenigen ob, welcher die Entziehung geltend macht.**

1   1. **Voraussetzungen einer Entziehung. a)** Die **Entziehung** kann durch Testament, gemeinschaftliches Testament oder Erbvertrag erfolgen, allerdings stets nur als einseitige Verfügung (zur Umdeutung vertragsmäßiger Enterbung in eine
2   einseitige Verfügung BGH FamRZ 61, 437). **b)** Die Erklärung muss die **betroffene Person** und den **Grund** enthalten, wobei der Sachverhaltskern genügt (LG Stuttgart NJW-RR 12, 779: geringe Anforderungen bei schwerem Sexualdelikt); Einzelumstände sind bedeutungslos, sofern der Entziehungswille nicht auf ihnen beruht (LM Nr 1). Die Formerfordernisse letztwilliger Anordnung setzen einer Auslegung unter Heranziehung außerurkundlicher Umstände die allgemein geltenden Grenzen (BGH 94, 41; hierzu Kuchinke JZ 85, 748; Schubert JR 86, 26; zur Andeutungstheorie § 2084 Rn 4). Unzulässig ist die Entziehung für künftige
3   Fälle. **c)** Die **gleichzeitige Enterbung** wird gem § 2085 ebenfalls unwirksam sein, falls das Nichtvorliegen des Entziehungsgrundes erwiesen ist; bleibt hingegen das Vorliegen zweifelhaft oder hat der Erblasser über sein Entziehungsrecht geirrt, ist die Enterbung wirksam und eine Anfechtung gem §§ 2078 II, 2080 nicht Erfolg versprechend. **d)** Auf **Pflichtteilsentziehungen zu DDR-Zeiten** sind die Formvorschriften des § 2336 aF anwendbar, wenn der Erbfall nach dem Beitritt erfolgte (Dresden ZEV 99, 274; fragwürdige Schlussfolgerung aus EGBGB 235!).

4   2. **Prozessuales.** Die Beweislast für die obj und subj Merkmale des Grundes trifft gem III den Erben bzw Beschenkten (§ 2329). Für das Nichtvorliegen von Rechtfertigungs- und Entschuldigungsgründen bei Tatbeständen ohne rechtskräftige Verurteilung ist er ebenfalls beweisbelastet (BGH FamRZ 85, 920; NJW-RR 86, 372; s aber § 2294 Rn 2), fraglich jedoch, ob auch für die Zurechnungsfähigkeit (BGH 102, 230; verneinend LG Ravensburg ZErb 08, 120 zu § 2333 Nr 2 aF; vgl § 2339 Rn 2). Der Enterbte hatte im Falle der Nr 5 aF (ehrloser oder unsittlicher Lebenswandel) den Beweis für eine Besserung gem IV aF zu erbringen.

5   3. **Reform.** Die jüngste Erbrechtsreform (s Vor § 1922 Rn 18) hat die Vorschrift an den geänderten § 2333 angepasst. Abs IV alt mit seiner Besserungsklausel konnte entfallen, weil der Entziehungsgrund des ehrlosen oder unsittlichen Lebenswandels nach § 2333 Nr 5 in der Neufassung des § 2333 I nicht mehr berücksichtigt wird. Die neugefasste Vorschrift gilt für Erbfälle ab dem 1.1.2010, jedoch auch für Ereignisse und Verfügungen vor dieser Zeit (EG 229 § 23 IV; Pal/Weidlich Rn 4).

Abschnitt 5. Pflichtteil §§ 2337, 2338

§ 2337 Verzeihung

¹Das Recht zur Entziehung des Pflichtteils erlischt durch Verzeihung. ²Eine Verfügung, durch die der Erblasser die Entziehung angeordnet hat, wird durch die Verzeihung unwirksam.

Verzeihung ist keine Willenserklärung, sondern als Realakt die Kundgabe des 1 Entschlusses, aus den erfahrenen Kränkungen nichts mehr herleiten und darüber hinweggehen zu wollen (BGH NJW 74, 1085), also das Verletzende der Kränkung als nicht mehr existent zu betrachten (BGH NJW 84, 2090: vergeben, aber nicht notwendig vergessen). Sie ist auch formlos, zB durch schlüssige Handlung, möglich (Hamm NJW-RR 07, 1237). Die Wiederherstellung einer dem Eltern-Kind-Verhältnis entspr liebevollen Beziehung ist nicht erforderlich (LM Nr 1; Nürnberg NJW-RR 12, 1225). Ein nachträglicher Sinneswandel hebt die Verzeihungswirkung nicht auf, so dass das Recht zur Entziehung nicht neu entsteht (Nürnberg NJW-RR 12, 1226). Haben Ehegatten ihrem Sohn im gemeinschaftlichen Testament den Pflichtteil wirksam entzogen und verzeiht der überlebende Elternteil, so erwirbt der Sohn den Pflichtteilsanspruch nach dem Überlebenden auch insoweit, als das Vermögen aus dem Nachlass des Erstverstorbenen stammt (Hamm MDR 97, 844 mzustAnm Finzel). Ob auch die Enterbung durch Verzeihung unwirksam wird, ist Einzelfallproblem (§ 2085).

§ 2338 Pflichtteilsbeschränkung

(1) ¹Hat sich ein Abkömmling in solchem Maße der Verschwendung ergeben oder ist er in solchem Maße überschuldet, dass sein späterer Erwerb erheblich gefährdet wird, so kann der Erblasser das Pflichtteilsrecht des Abkömmlings durch die Anordnung beschränken, dass nach dem Tode des Abkömmlings dessen gesetzliche Erben das ihm Hinterlassene oder den ihm gebührenden Pflichtteil als Nacherben oder als Nachvermächtnisnehmer nach dem Verhältnis ihrer gesetzlichen Erbteile erhalten sollen. ²Der Erblasser kann auch für die Lebenszeit des Abkömmlings die Verwaltung einem Testamentsvollstrecker übertragen; der Abkömmling hat in einem solchen Falle Anspruch auf den jährlichen Reinertrag.

(2) ¹Auf Anordnungen dieser Art findet die Vorschrift des § 2336 Abs. 1 bis 3 entsprechende Anwendung. ²Die Anordnungen sind unwirksam, wenn zur Zeit des Erbfalls der Abkömmling sich dauernd von dem verschwenderischen Leben abgewendet hat oder die den Grund der Anordnung bildende Überschuldung nicht mehr besteht.

Lit: Baumann, Die Pflichtteilsbeschränkung „in guter Absicht", ZEV 96, 121; Keller, Die Beschränkung des Pflichtteils in guter Absicht, § 2338 BGB, NotBZ 00, 253.

a) Die Beschränkungen wegen Verschwendung oder Überschuldung sollen den 1 Abkömmling und seine ges Erben schützen und lassen deshalb nach dem Abkömmling nur eine § 2066 entspr Gestaltung zu; andernfalls (Zuwendung an Freunde, abw Quoten) gelten §§ 2306, 2307 ohne jede Besonderheit. b) Die **Nacherbeneinset-** 2 **zung** schützt den Abkömmling vor sich selbst (§§ 2112 ff) und vor dem Zugriff der Gläubiger (§ 2115); ZPO 863 ergänzt diesen Schutz für Nutzungen (vgl § 2111 S 1). Die angeordneten Beschränkungen gelten unabhängig von der Höhe der Zuwendung in allen Fällen des Pflichtteilserwerbs. c) Die Schutzwirkung der **Testamentsvollstreckung,** die alleine oder neben der Nacherbschaft angeordnet werden kann, zeigt sich vor allem in den Vorschriften der §§ 2211, 2214, ZPO 863; ihre wirksame Anordnung setzt die Darlegung eines ausreichenden Erbteils im Testament voraus (Düsseldorf FamRZ 11, 1824). Wenn der Erblasser auch den Reinertrag der Vollstreckung unterwirft, hat der Abkömmling die Rechte aus §§ 2306, 2307; schlägt

§ 2339

er nicht aus, so liegt ein wirksames Verbot gem § 135 I vor, kein unwirksames Verbot gem § 137 S 1 (Bremen FamRZ 84, 213; zT aA Soe Dieckmann 18).

Abschnitt 6. Erbunwürdigkeit

§ 2339 Gründe für Erbunwürdigkeit

(1) Erbunwürdig ist:
1. **wer den Erblasser vorsätzlich und widerrechtlich getötet oder zu töten versucht oder in einen Zustand versetzt hat, infolge dessen der Erblasser bis zu seinem Tode unfähig war, eine Verfügung von Todes wegen zu errichten oder aufzuheben,**
2. **wer den Erblasser vorsätzlich und widerrechtlich verhindert hat, eine Verfügung von Todes wegen zu errichten oder aufzuheben,**
3. **wer den Erblasser durch arglistige Täuschung oder widerrechtlich durch Drohung bestimmt hat, eine Verfügung von Todes wegen zu errichten oder aufzuheben,**
4. **wer sich in Ansehung einer Verfügung des Erblassers von Todes wegen einer Straftat nach den §§ 267, 271 bis 274 des Strafgesetzbuchs schuldig gemacht hat.**

(2) **Die Erbunwürdigkeit tritt in den Fällen des Absatzes 1 Nr. 3, 4 nicht ein, wenn vor dem Eintritt des Erbfalls die Verfügung, zu deren Errichtung der Erblasser bestimmt oder in Ansehung deren die Straftat begangen worden ist, unwirksam geworden ist, oder die Verfügung, zu deren Aufhebung er bestimmt worden ist, unwirksam geworden sein würde.**

Lit: Holtmeyer, Aktuelle Praxisprobleme des Erbunwürdigkeitsrechts, ZErb 10, 6; Mucheler, Erbunwürdigkeitsgründe und Erbunwürdigkeitsklage, ZEV 09, 101; ders, Grundlagen der Erbunwürdigkeit, ZEV 09, 58.

1 **1. Die Tatbestände.** Nr 1 erfasst StGB 211, 212, uU 227 in allen Beteiligungsformen; bei Tötung des Vorerben gilt § 162 II entsprechend (BGH NJW 68, 2052). Nr 2 kann durch Handeln (Vortäuschen der Testamentsvernichtung zur Verhinderung seines Widerrufs, BGH NJW-RR 90, 516) oder durch Unterlassen begangen werden, falls eine Handlungspflicht besteht (zB Auftrag zur Testamentsvernichtung, § 2255). Wie bei § 2333 kommt es nicht auf strafrechtliche Schuld an; die Fähigkeit zur Unrechtseinsicht genügt (s § 2333 Rn 2; offen gelassen von BVerfG 112, 359 ff = NJW 05, 1566). Die Merkmale von Nr 3 entsprechen § 123 I, so dass auch Täuschen durch Schweigen denkbar ist; erbunwürdig ist deshalb ein Ehegatte, der ein andauerndes ehewidriges Verhältnis verschweigt, obwohl ihn der andere Teil bekanntermaßen nur auf die Beteuerung seiner ehelichen Treue bedenkt (BGH 49, 158). Entgegen der hM (BGH NJW 70, 198; Stuttgart ZEV 99, 188 mAnm Kuchinke ZEV 99, 317; s dazu zuletzt BGH ZEV 08, 479) erfüllt eine Fälschung nicht die Voraussetzungen gem Nr 4, wenn sie der Verwirklichung des Erblasserwillens nachweislich dienen sollte; denn Nr 4 schützt nicht die Redlichkeit im Rechtsverkehr, sondern den Erblasserwillen (vgl auch II). Das Urkundendelikt muss die letztwillige Verfügung als solche betreffen, bloßer Zusammenhang mit der Verfügung genügt nicht (Rostock FamRZ 11, 1430). Der nachträglichen Unwirksamkeit gem II steht anfängliche Unwirksamkeit gleich (str)

2 **2. Prozessuales.** An ein strafgerichtliches Urteil ist der Zivilrichter nicht gebunden, er muss sich jedoch mit ihm auseinandersetzen (BGH NJW-RR 05, 1024 f = MDR 05, 1114). Für das Vorliegen eines Erbunwürdigkeitsgrundes trägt die Beweislast, wer sich darauf beruft (BGH NJW-RR 90, 516). Hingegen hat der Erbe

Abschnitt 6. Erbunwürdigkeit **§§ 2340–2342**

zu beweisen, dass seine Haftung wegen Unzurechnungsfähigkeit ausgeschlossen war (BGH 102, 230; Düsseldorf OLGR 00, 182); sa § 2342 Rn 1.

§ 2340 Geltendmachung der Erbunwürdigkeit durch Anfechtung

(1) Die Erbunwürdigkeit wird durch Anfechtung des Erbschaftserwerbs geltend gemacht.

(2) ¹Die Anfechtung ist erst nach dem Anfall der Erbschaft zulässig. ²Einem Nacherben gegenüber kann die Anfechtung erfolgen, sobald die Erbschaft dem Vorerben angefallen ist.

(3) Die Anfechtung kann nur innerhalb der in § 2082 bestimmten Fristen erfolgen.

Die einjährige (§ 2082 I) Anfechtungsfrist beginnt, wenn der Anfechtende zuverlässige Kenntnis des Erbunwürdigkeitsgrundes im Sinne seiner Beweisbarkeit erlangt, so dass eine Klageerhebung zumutbar ist (BayObLG NJW-RR 02, 1160; Düsseldorf OLGR 00, 182: bei begründeten Zweifeln an der Schuldfähigkeit des Täters darf der Anfechtende auf Erkenntnisse im Strafverfahren warten; sa Koblenz FamRZ 05, 1206: Fristbeginn mit Verkündung des Strafurteils). Bei einer Testamentsfälschung genügt Kenntnis von der Fälschung und des Fälschers als des Anfechtungsgegners (BGH NJW 89, 3214). Der Fristlauf beginnt aber frühestens mit dem Erbfall. 1

§ 2341 Anfechtungsberechtigte

Anfechtungsberechtigt ist jeder, dem der Wegfall des Erbunwürdigen, sei es auch nur bei dem Wegfall eines anderen, zustatten kommt.

Für das Anfechtungsrecht genügt anders als bei § 2080 (vgl § 2080 Rn 2) auch der mittelbare Vorteil (zB Abkömmling der ges Erben bei Unwürdigkeit des Testamentserben); der Vorteil muss aber in der Erbenstellung bestehen, also kein Anfechtungsrecht der Vermächtnisnehmer, Auflagenbegünstigten, Gläubiger usw. 1

§ 2342 Anfechtungsklage

(1) ¹Die Anfechtung erfolgt durch Erhebung der Anfechtungsklage. ²Die Klage ist darauf zu richten, dass der Erbe für erbunwürdig erklärt wird.

(2) Die Wirkung der Anfechtung tritt erst mit der Rechtskraft des Urteils ein.

a) Anfechtung erfolgt nur durch **Gestaltungsklage** gegen den Erbunwürdigen; die Anfechtbarkeit kann folglich im Erbscheinsverfahren nicht einredeweise berücksichtigt werden (BayObLGZ 73, 257). Die Erbunwürdigkeitsklage ist nicht ausgeschlossen, wenn der Erbunwürdige die Erbschaft bereits ausgeschlagen hat (KG FamRZ 89, 675), weil die Ausschlagung zB durch Anfechtung wieder wegfallen kann. Zulässig ist die Verbindung der Gestaltungsklage mit der Herausgabeklage gem § 2018 (str) oder mit der Leistungs- bzw Feststellungsklage nach Anfechtung gem §§ 2078, 2081 (BGH FamRZ 68, 153; NJW-RR 13, 9). Der Beklagte kann gem ZPO 307 anerkennen (LG Köln NJW 77, 1783; zuletzt Jena ZEV 08, 479; aA LG Aachen NJW-RR 88, 263; differenzierend nach Drittbetroffenheit KG FamRZ 89, 675). Es gelten die Dispositions- u Verhandlungsmaxime (so tendenziell BGH NJW-RR 13, 9); jedoch sind an die Annahme eines unzulässigen Ausforschungsbeweises strengste Anforderungen zu stellen (BGH NJW-RR 13, 9/10 für Mordverdacht). **b)** Die **Wirkung** des stattgebenden Urteils kommt allen Anfechtungsberechtigten zugute (BGH NJW 70, 197), bei Klagabweisung bewendet es 1

2

§§ 2343–2346

hingegen bei der Rechtskraft inter partes. **c)** Der **Streitwert** richtet sich nach dem Wert der Nachlassbeteiligung des Beklagten, auch wenn der obsiegende Kläger nur einen Bruchteil erhielte (BGH NJW 70, 197).

§ 2343 Verzeihung

Die Anfechtung ist ausgeschlossen, wenn der Erblasser dem Erbunwürdigen verziehen hat.

1 Vgl zur Verzeihung § 2337 Rn 1; Bsp: BGH ZEV 08, 479.

§ 2344 Wirkung der Erbunwürdigerklärung

(1) **Ist ein Erbe für erbunwürdig erklärt, so gilt der Anfall an ihn als nicht erfolgt.**

(2) **Die Erbschaft fällt demjenigen an, welcher berufen sein würde, wenn der Erbunwürdige zur Zeit des Erbfalls nicht gelebt hätte; der Anfall gilt als mit dem Eintritt des Erbfalls erfolgt.**

1 **a)** Gegenüber dem Erben haftet der Erbunwürdige gem §§ 2018 ff, 677 ff. **b)** Gegenüber Dritten gilt § 1959 II und III nicht. ZgDr können §§ 407, 932 ff, 891 ff, 2366 ff durchgreifen; bei beweglichen Sachen liegt Abhandenkommen nicht vor (sa SoeDamrau 3).

§ 2345 Vermächtnisunwürdigkeit; Pflichtteilsunwürdigkeit

(1) ¹**Hat sich ein Vermächtnisnehmer einer der in § 2339 Abs. 1 bezeichneten Verfehlungen schuldig gemacht, so ist der Anspruch aus dem Vermächtnis anfechtbar.** ²**Die Vorschriften der §§ 2082, 2083, 2339 Abs. 2 und der §§ 2341, 2343 finden Anwendung.**

(2) **Das Gleiche gilt für einen Pflichtteilsanspruch, wenn der Pflichtteilsberechtigte sich einer solchen Verfehlung schuldig gemacht hat.**

1 **1. Inhalt.** Schuldrechtliche Ansprüche des Erbunwürdigen (§§ 2147 ff, 2174; 2303 ff, 2317; 1934a, 1934b II aF, zur Aufhebung § 1924 Rn 3; ferner §§ 1932, 1969) werden durch Anfechtungserklärung des Anfechtungsberechtigten (§ 2341) gegenüber dem Erbunwürdigen (§ 143 I, IV 1) unwirksam (§ 142 I); diese Anfechtbarkeit kann auch einredeweise geltend gemacht werden (arg I 2, § 2083). §§ 2190, 2069, 2158 f, 2309 modifizieren die Wirkung des § 142 I.

2. Verfassungmäßigkeit. Der in §§ 2345 II, 2339 I Nr 1 normierte Pflichtteilsunwürdigkeitsgrund ist verfassungsgemäß (BVerfG 112, 357 = NJW 05, 1565, sa § 2333 Rn 4).

Abschnitt 7. Erbverzicht

§ 2346 Wirkung des Erbverzichts, Beschränkungsmöglichkeit

(1) ¹**Verwandte sowie der Ehegatte des Erblassers können durch Vertrag mit dem Erblasser auf ihr gesetzliches Erbrecht verzichten.** ²**Der Verzichtende ist von der gesetzlichen Erbfolge ausgeschlossen, wie wenn er zur Zeit des Erbfalls nicht mehr lebte; er hat kein Pflichtteilsrecht.**

(2) **Der Verzicht kann auf das Pflichtteilsrecht beschränkt werden.**

Abschnitt 7. Erbverzicht § 2346

Lit: Damrau, Der Erbverzicht als Mittel zweckmäßiger Vorsorge für den Todesfall, 1966; Dieterlen, Die vertragliche Verpflichtung zur Ausschlagung einer Erbschaft, 1997; Ebenroth/ Fuhrmann, Konkurrenzen zwischen Vermächtnis- und Pflichtteilsansprüchen bei erbvertraglicher Unternehmensnachfolge, BB 89, 2049; Edenfeld, Die Stellung weichender Erben beim Erbverzicht, ZEV 97, 134; Ivo, Der Verzicht auf Abfindungs- und Nachabfindungsansprüche gemäß §§ 12, 13 HöfeO, ZEV 04, 316; Mayer, Unwirksame Folgen aus Pflichtteilsverzicht, ZEV 07, 556; von Proff, Pflichtteilserlass und Pflichtteilsverzicht von Sozialhilfeempfängern, ZErb 10, 26; Quantius, Die Aufhebung des Erbverzichts, 2001; Riering, Der Erbverzicht im Internationalen Privatrecht, ZEV 98, 248; Röthel, Verzicht auf den Kindespflichtteil: Plädoyer für mehr Wachsamkeit, NJW 12, 337; Schotten, Das Kausalgeschäft zum Erbverzicht, DNotZ 98, 163.

1. Verfügungsgeschäft. a) Der Erbverzicht ist ein *abstraktes erbrechtliches Verfü-* 1 *gungsgeschäft* (BGH 37, 327). **b) Parteien.** Verzichten können Verwandte, Verlobte (arg § 2347 I), Adoptivkinder bzw -eltern (§§ 1754, 1770); bei nach altem Recht Erbersatzanspruchsberechtigten ist der Erbverzicht vom Erbausgleich gem §§ 1934d, 1934e aF zu unterscheiden (zur Reform § 1924 Rn 3). Vertragsgegner ist der künftige Erblasser; Erb- sowie Pflichtteilsverzicht (II) sind nur bei Vertragsschluss zu Lebzeiten des Erblassers wirksam (BGH NJW 97, 521; abl Muscheler JZ 97, 853; Schubeit JR 97, 426; zust Pentz JZ 98, 88); ein Erbverzicht kann nach dem Tod des Erblassers nicht mehr aufgehoben werden (BGH 139, 119 = ZEV 98, 305 mAnm Siegmann ZEV 98, 383; Muscheler ZEV 99, 49; Pentz JZ 99, 146; Hohloch JuS 99, 82; sa § 1924 Rn 5 aE; zur Anfechtung s Rn 6); auch eine Rückabwicklung wegen Fehlens bzw Wegfalls der Geschäftsgrundlage (§ 313 gilt direkt nur im Schuldrecht) oder gem § 812 I 2, 2. Alt soll nicht möglich sein (BGH NJW 99, 789). Verträge zwischen künftigen ges Erben gem § 311b V haben nur schuldrechtliche Wirkung. **c)** Der Erbverzicht **umfasst** grundsätzlich den ges Erbteil und somit auch 2 erst künftig erworbenes Erblasservermögen (LG Coburg FamRZ 09, 461) oder Nachabfindungsansprüche gem HöfeO 13 (BGH 134, 152 m krit Anm Kuchinke JZ 98, 141); ferner den Pflichtteil (I 2), wobei allerdings das Pflichtteilsrecht vertraglich vorbehalten werden kann (hM). Er wirkt nur zwischen den Vertragsparteien und bezieht sich ausschließlich auf den Erbfall des Vertragspartners (BayObLG FamRZ 05, 1782; Frankfurt FamRZ 95, 1451). Grundvermögen in der ehem DDR wird grundsätzlich erfasst (Düsseldorf FGPrax 08, 58; AG Dülmen FamRZ 01, 1254; praktisch wichtige Ausnahme: Nachlassspaltung, vgl Vor § 1922 Rn 5). Der Verzichtende kann trotzdem testamentarischer Erbe werden (BGH 30, 267; NJW 11, 1878; 12, 3097; sa § 2352). Ein Verzicht auf *künftige* letztwillige Zuwendungen ist unwirksam (BayObLG Rpfleger 87, 374; sa § 2352 Rn 1). Die *Auslegung* des Erbverzichtsvertrags folgt §§ 133, 157 (BayObLG Rpfleger 84, 191; Schleswig ZEV 98, 30 mAnm Mankowski). Eine Abfindungserklärung bei Rechtsübertragungen unter Lebenden ist nicht notwendig Erbverzicht, inbes wegen künftigen Erblasservermögens (BayObLG Rpfleger 84, 191; Hamm FamRZ 96, 1176). Die Schlusserben eines Erbvertrages gem § 2280 können als Vertragsbeteiligte schlüssig auf ihr Pflichtteilsrecht verzichten (BGH 22, 368; vgl § 2280 Rn 1); ebenso die Ehegatten, die in einem gemeinschaftlichen Testament Abkömmlinge als Erben des erstversterbenden Teils einsetzen (BGH NJW 77, 1728; Koblenz FamRZ 11, 147; hierzu Habermann JuS 79, 169). Der Verzicht nur auf den Pflichtteil (II) gewährt dem Erblasser ungebundene Testierfreiheit; macht er von ihr keinen Gebrauch, bewendet es bei der ges Erbfolge (BayObLG MDR 81, 673). Der Verzicht kann nicht **beschränkt** sein auf einzelne Nachlassgegenstände, wohl aber auf rechnerische Teile des Nachlasses bzw Pflichtteils (Weirich DNotZ 86, 11; Jordan Rpfleger 85, 7; zu eng Schopp Rpfleger 84, 175), ferner die Befugnis zu Beschränkungen und Beschwerungen enthalten (s Coing JZ 60, 209; Fette NJW 70, 743). Pflichtteilsverzicht eines geschiedenen Ehegatten stellt den Erben aus Unterhaltsansprüchen (§ 1586b) haftungsfrei (Dieckmann NJW 80, 2777; aA Grziwotz FamRZ 91, 1258; Pentz FamRZ 98, 1344; dagegen jeweils Dieckmann FamRZ 92, 633 und 99, 1029; dagegen wiederum Schmitz FamRZ 99, 1569). Der Pflichtteilsverzicht eines

§ 2346

behinderten Sozialhilfeempfängers ist grundsätzlich nicht sittenwidrig (BGH NJW 11, 1586; dazu Dreher/Görner NJW 11, 1761; sa § 2077 Rn 3; § 2100 Rn 5; § 2209 Rn 2). **d) Zugewinngemeinschaft:** Der nichtbedachte und verzichtende Ehegatte hat nur den Ausgleichsanspruch, ebenso der ausschlagende und verzichtende Ehegatte (§ 1371 III HS 2). Bei Pflichtteilsvorbehalt hat der bedachte Ehegatte Restbzw Ergänzungsansprüche auf den großen Pflichtteil, er kann ferner nach § 1371 III Ausgleich und kleinen Pflichtteil verlangen; für den nichtbedachten Ehegatten gilt bei Pflichtteilsvorbehalt § 1371 II. Beim reinen Pflichtteilsverzicht gem II kann ges Erbfolge gem § 1371 I vorliegen, sonst bleibt nur die Wahl zwischen Annahme der Zuwendung und Ausgleich jeweils ohne jeden Pflichtteilsanspruch. **e)** Die eingetragenen Lebenspartner leben ohne abw Vereinbarung im Güterstand der Zugewinngemeinschaft, für sie gelten die gleichen Regelungen (LPartG 6, 10 VI). **f)** Enthält ein **Ehevertrag**, der Scheidungsfolgen regelt, gleichzeitig einen Erb- und Pflichtteilsverzicht, so hängt vom Einzelfall ab, ob die Nichtigkeit der Scheidungsfolgenregelung (§ 138 I) auch den Verzicht erfasst (sehr zurückhaltend München ZEV 08, 571; aA LG Ravensburg ZEV 08, 598).

2. Schuldrechtliches Grundgeschäft. a) Dem abstrakten Erbverzicht liegt ein *schuldrechtliches Grundgeschäft* zugrunde (vgl BGH 37, 327; 134, 152; Schotten DNotZ 98, 163). Es ist formpflichtig, arg § 2348 (Köln DNotZ 11, 344; Kipp/ Coing § 82 VI d; Damrau NJW 84, 1163; aA Kuchinke NJW 83, 2358; offen BGH NJW-RR 12, 334 mN); der formgültige Erbverzicht heilt den Formmangel (Damrau NJW 84, 1164; aA Kuchinke NJW 83, 2360; offen BGH NJW-RR 12, 334). Der abstrakte Verzicht des Erben ist keine Gegenleistung für lebzeitige Zuwendungen des Erblassers iSd Gläubiger- und Insolvenzanfechtung (BGH 113, 397; aA 7. Aufl; sa BVerfG NJW 91, 2695). **b) Leistungsstörungen bei zweiseitigem Grundgeschäft** können auf verschiedene Weise bewältigt werden: **aa)** Die Erfüllung durch den anderen Teil kann **Bedingung** des Erbverzichts bzw des gegenläufigen Verfügungsgeschäftes sein (vgl BGH 37, 327); ähnlich will eine Mindermeinung dem Verzichtenden bei Leistungsstörungen Rücktrittsrechte analog §§ 2293 ff gewähren (vgl BayObLG NJW 58, 344). **bb)** IÜ bieten sich die **schuldrechtlichen Leistungsstörungsregeln** (§§ 320 ff) an. Sofern der Erblasser nicht leistet, kann der Verzichtende gem § 323 Aufhebung des Verzichts verlangen (§ 2351). Bei ausbleibendem Verzicht können der Erblasser bzw seine Erben nach §§ 281, 323 vorgehen; Leistungen auf einen unwirksamen Schuldvertrag sind kondizierbar, § 812 I 1, 1. Alt oder I 2, 2. Alt (vgl zum Ganzen Lange/Kuchinke § 7 V mN); ebenso Leistungen nach Aufhebung des Vertragsverhältnisses (BGH NJW 80, 2309). **c)** Zur gemischten Schenkung bei Abfindung unter Erbverzicht vgl § 2325 Rn 6. **d)** Die **Anfechtung** aus § 119 erfasst idR nur den schuldrechtlichen Vertrag und führt zur Rückabwicklung (§§ 142 I, 812 I 1), die aber nur vor dem Erbfall möglich sein soll (str, s Koblenz NJW-RR 93, 709; Schleswig ZEV 98, 30 mAnm Mankowski; Celle NJW-RR 03, 1450; Schotten DNotZ 98, 171). Die Anfechtung aus § 123 I gilt idR dem schuldrechtlichen Vertrag *und* dem abstrakten Verzicht (aA offenbar Koblenz NJW-RR 93, 709; wie hier SoeDamrau 20), wobei auch hier Unwirksamkeit des Verzichts nach dem Erbfall teilw verneint wird (BayObLG ZEV 06, 210, zu Recht kritisch Leipold ZEV 06, 213 f); jedenfalls Anspruch des Getäuschten aus § 826 als Nachlassverbindlichkeit (vgl Koblenz NJW-RR 93, 709). **Sittenwidrigkeit** (§ 138 I) kann bei krasser Übervorteilung gegeben sein (München FamRZ 07, 418, wobei die Entscheidung offenbar davon ausgeht, dass mit dem schuldrechtlichen Vertrag auch der dingliche Verzicht unwirksam sein soll – zweifelhaft!). **e) Wegfall der Geschäftsgrundlage** nach § 313 mit der Folge der Vertragsanpassung ist denkbar (SoeDamrau 20; sa BGH 113, 314; 134, 152 = NJW 97, 653; Hamm ZEV 00, 509 mAnm Kuchinke: für wertlos gehaltenes Ostvermögen LG Coburg FamRZ 09, 462; str). Rücktritt als Folge der Anpassung des zugrunde liegenden Kausalgeschäftes ist nach Eintritt des Erbfalles aber ausgeschlossen (BGH ZEV 99, 63 mAnm Skibbe ZEV 99, 106; Langenfeld LM Nr. 5 zu § 2352); zum Wegfall der Geschäfts-

Abschnitt 7. Erbverzicht § 2347

grundlage bei Vereinbarungen über entstandene Pflichtteilsansprüche nach dem Erbfall s § 2303 Rn 8.

3. Steuerrecht. Die für einen Erbverzicht gewährte Abfindung gilt als **steuer-** 8 **pflichtige Schenkung** (ErbStG 7 I Nr 5) bzw als unentgeltliche Zuwendung, so dass bei Besteuerung nach dem EStG ein Abzug in Höhe des Werts des Pflichtteils nicht vorgenommen wird. Dies gilt auch, wenn in einem einheitlichen Geschäft die vorweggenommene Erbfolge und eine Erbauseinandersetzung geregelt werden (BFH ZEV 01, 449).

§ 2347 Persönliche Anforderungen, Vertretung

(1) ¹**Zu dem Erbverzicht ist, wenn der Verzichtende unter Vormundschaft steht, die Genehmigung des Familiengerichts erforderlich; steht er unter elterlicher Sorge, so gilt das Gleiche, sofern nicht der Vertrag unter Ehegatten oder unter Verlobten geschlossen wird.** ²**Für den Verzicht durch den Betreuer ist die Genehmigung des Betreuungsgerichts erforderlich.**

(2) ¹**Der Erblasser kann den Vertrag nur persönlich schließen; ist er in der Geschäftsfähigkeit beschränkt, so bedarf er nicht der Zustimmung seines gesetzlichen Vertreters.** ²**Ist der Erblasser geschäftsunfähig, so kann der Vertrag durch den gesetzlichen Vertreter geschlossen werden; die Genehmigung des Familiengerichts oder Betreuungsgerichts ist in gleichem Umfang wie nach Absatz 1 erforderlich.**

1. Tatbestände. a) Der **Verzichtende** gem I 1 wird entweder von Eltern oder 1 Vormund vertreten oder er handelt mit Zustimmung (§§ 107 ff) dieser Personen selbst; für das nichteheliche Kind gilt § 1626a. Die familiengerichtliche Genehmigungspflicht betrifft alle Fälle gleichermaßen; Rechtspflegersache gem RPflG 3 Nr 2a. Eine Genehmigung gem I 1 ist aber nicht notwendig, wenn durch schuldrechtliches RGeschäft Nachteile für das Erb- bzw Pflichtteilsrecht eines Minderjährigen zu befürchten sind, zB Erwerb von Erbschaftsgegenständen unter großen Belastungen (BGH 24, 372). Beim **Betreuten** gem I 2 bedarf die Verzichtserklärung durch den Betreuer (§ 1902 nF) der Genehmigung, wobei die Verzichtserklärung in den Aufgabenbereich des Betreuers fallen muss (§ 1896 II nF). Der geschäftsfähige Betreute kann ohne gerichtliche Genehmigung verzichten, der geschäftsunfähige bedarf der Vertretung (§ 104 Nr 2) und damit gem I 2 der Genehmigung. Im Insolvenzfalle ist der Verzicht des Schuldners nicht nach InsO 129 ff anfechtbar (InsO 83 u hierzu BGH NJW 13, 693; sa § 1943 Rn 3). **b)** Für den **Erblasser** gilt grund- 2 sätzlich **Höchstpersönlichkeit** (Düsseldorf FamRZ 11, 1762; NJW-RR 02, 584), die beim Vergleich im Anwaltsprozess mit der Form (§§ 2348, 127a) gewahrt ist, wenn Anwalt und Erblasser die Erklärung abgeben (BayObLG NJW 65, 1276). II 1 HS 2 wiederholt § 107. II 2 ordnet bei Geschäftsunfähigkeit Stellvertretung und gerichtliche Genehmigung an. II ist auf das schuldrechtliche Grundgeschäft unanwendbar (str, so aber wohl BGH 37, 328); keine Heilung des Verzichtsvertrags analog § 313 S 2 aF bzw § 311b I 2 nF bei Mitvereinbarung von später vollzogenen Grundstücksübertragungen (Düsseldorf NJW-RR 02, 584). **c)** Die **gerichtliche** 3 **Genehmigung** muss zu Lebzeiten des Erblassers vorliegen (BGH NJW 78, 1159; vgl auch § 2275 Rn 2). **d)** Bei **Gütergemeinschaft** vgl §§ 1432 I 2, 1455 Nr 2. **e)** Bei Zweifeln an der **Geschäftsfähigkeit** ist Erklärung sowohl des Erblassers als auch des Betreuers empfehlenswert (BayObLG ZEV 01, 190).

2. Reform. Infolge des FGG-RG (s Vor § 1922 Rn 19) wurde § 2347 zum 4 1.9.2009 neu gefasst. Die Neufassung berücksichtigt die Neuordnung der freiwilligen Gerichtsbarkeit im FamFG.

§§ 2348–2350

§ 2348 Form

Der Erbverzichtsvertrag bedarf der notariellen Beurkundung.

Lit: Keim, Der stillschweigende Erbverzicht – sachgerechte Auslegung oder unzulässige Unterstellung?, ZEV 01, 1; Keller, Die Form des Erbverzichts, ZEV 05, 229.

1 **a)** Die **Formpflicht** gilt auch für eine Verpflichtung auf Erbverzicht (vgl § 2346 Rn 4; zuletzt Köln DNotZ 11, 344; offen BGH NJW-RR 12, 334), ebenso für die schuldrechtliche Verpflichtung zu Lebzeiten des Erblassers, einen Pflichtteilsanspruch nicht geltend zu machen (KG OLGZ 74, 263). Sofern der Vollzug der Gegenleistung Bedingung des Erbverzichts ist, unterliegt auch dieses Vollzugsgeschäft (zB Übertragung eines Gesellschaftsanteils) der Formpflicht (aA nunmehr BGH NJW-RR 12, 334, allerdings mit unrichtiger Wiedergabe der hier in der zitierten Vorauflage vertretenen Auffassung, die gegenüber der 13. Aufl verändert war); für die Verpflichtung zur Gegenleistung im zugrunde liegenden schuldrechtlichen Vertrag gilt das Gleiche (offen BGH NJW-RR 12, 334). Auch durch notariell beurkundetes gemeinschaftliches Testament kann der Erbverzichtsvertrag (sogar stillschweigend) formgültig geschlossen werden (Düsseldorf OLGR 00, 332). Zu Leistungsstörungen beim Erbverzicht im gemeinschaftlichen Testament und Erbvertrag vgl § 2346 Rn 2; zum Erbverzicht durch Prozessvergleich vgl § 2347 Rn 2. **b)** Die §§ **128, 152** sind anwendbar, nicht aber FamFG 351 (früher § 2300a; dazu dort Rn 1).

§ 2349 Erstreckung auf Abkömmlinge

Verzichtet ein Abkömmling oder ein Seitenverwandter des Erblassers auf das gesetzliche Erbrecht, so erstreckt sich die Wirkung des Verzichts auf seine Abkömmlinge, sofern nicht ein anderes bestimmt wird.

1 Die Erstreckung des Verzichts tritt mit und ohne Abfindung ein; sie gilt auch beim bloßen Pflichtteilsverzicht gem § 2346 II (Baumgärtel DNotZ 59, 65). Zur anderweitigen Bestimmung BGH NJW 12, 3097); zur Erstreckung des Verzichts bei testamentarischer Zuwendung vgl § 2352 Rn 2.

§ 2350 Verzicht zugunsten eines anderen

(1) Verzichtet jemand zugunsten eines anderen auf das gesetzliche Erbrecht, so ist im Zweifel anzunehmen, dass der Verzicht nur für den Fall gelten soll, dass der andere Erbe wird.

(2) Verzichtet ein Abkömmling des Erblassers auf das gesetzliche Erbrecht, so ist im Zweifel anzunehmen, dass der Verzicht nur zugunsten der anderen Abkömmlinge und des Ehegatten des Erblassers gelten soll.

1 Die Auslegungsregel gem I (dazu zuletzt BGH NJW 08, 298) erklärt den Verzicht zgDr zum **bedingten** Verzicht; sie gilt auch, wenn der Verzicht auf den Pflichtteil einem bestimmten Dritten als Belasteten zugute kommen soll, ferner bei § 2352 (BGH NJW 74, 44; Hamm OLGZ 82, 272). II gibt widerlegliche Vermutung für die Begünstigungsabsicht des verzichtenden Abkömmlings. Verzicht zugunsten eines Abkömmlings verschafft ihm den vollen Erbteil des Verzichtenden (str, Mindermeinung: nur Erbteil, der bei Fortfall des Verzichtenden anfiele; s SoeDamrau 3; jedenfalls aber kein Zuwachs bei Nichtbegünstigten, Oldenburg NJW-RR 92, 778).

Abschnitt 7. Erbverzicht §§ 2351, 2352

§ 2351 Aufhebung des Erbverzichts

Auf einen Vertrag, durch den ein Erbverzicht aufgehoben wird, findet die Vorschrift des § 2348 und in Ansehung des Erblassers auch die Vorschrift des § 2347 Abs. 2 Satz 1 erster Halbsatz, Satz 2 Anwendung.

Der Aufhebungsvertrag kann nicht durch eine aufhebende einseitige letztwillige 1
Verfügung des Erblassers ersetzt werden (BGH 30, 267); wer auf seinen ges Erbteil verzichtet hat, kann aber dennoch testamentarischer Erbe werden (vgl § 2346 Rn 2). Vertragl Aufhebung kann nach hM nur zu Lebzeiten von Erblasser *und* Verzichtendem erfolgen (BGH ZEV 98, 304; aA Vorinstanz München ZEV 97, 299: Vertrag mit Erben des Verzichtenden). Die klare sprachliche Fassung des Verweises auf § 2347 II beseitigt den missglückten früheren Mitverweis auf § 2247 II 1 HS 2 (hierzu Hahn FamRZ 91, 29). Sa § 2287 Rn 4.

§ 2352 Verzicht auf Zuwendungen

¹Wer durch Testament als Erbe eingesetzt oder mit einem Vermächtnis bedacht ist, kann durch Vertrag mit dem Erblasser auf die Zuwendung verzichten. ²Das Gleiche gilt für eine Zuwendung, die in einem Erbvertrag einem Dritten gemacht ist. ³Die Vorschriften der §§ 2347 bis 2349 finden Anwendung.

Lit: Mayer, Zweckloser Zuwendungsverzicht?, ZEV 96, 127; Mittenzwei, Die Aufhebung des Zuwendungsverzichts, ZEV 04, 488; Weidlich, Gestaltungsalternativen zum zwecklosen Zuwendungsverzicht, ZEV 07, 463.

1. Bedeutung und Inhalt. a) Die **Bedeutung** des Verzichts auf testamentari- 1
sche Zuwendung zeigt sich angesichts freier Widerrufsmöglichkeit (§§ 2253 ff) des Testaments vor allem bei bindenden wechselbezüglichen Verfügungen gem § 2271 II (Hamm OLGZ 82, 272; BayObLG FamRZ 83, 837; s § 2271 Rn 6, 9) oder bei nachträglicher Geschäftsunfähigkeit (§§ 2229 IV, 2347 II 2) des Erblassers. Die Einschränkung des Erbverzichts beim **Erbvertrag** gem S 2 erklärt sich aus der Möglichkeit des Aufhebungsvertrages zwischen Erbvertragsparteien; vgl aber § 2290 Rn 1; zur Möglichkeit der Aufhebung des Verzichts analog § 2351 BGH ZEV 08, 237 mAnm Kornexl. Ein Verzicht auf *künftige* testamentarische oder erbvertragliche Zuwendungen ist unwirksam (BayObLG Rpfleger 87, 374). Der Verzicht auf den gesetzlichen Erbteil kann aber eine bereits erfolgte testamentarische Einsetzung auf den gesetzlichen Erbteil mitumfassen (Celle FamRZ 11, 1535). **b)** Der Verzicht 2
erstreckte sich unter altem, für Erbfälle vor dem 1.1.2010 geltenden Recht nicht auf **Abkömmlinge,** weil S 3 § 2349 nicht für anwendbar erklärte (BayObLG Rpfleger 84, 65; 88, 97; Köln FamRZ 90, 99 f; Frankfurt DNotZ 98, 223 mN und Anm Kanzleiter; hierzu abl Schotten Rpfleger 98, 113), folglich §§ 2069, 2096 zum Zuge kamen (zu § 2069 vgl München Rpfleger 05, 669), die Stellung der Abkömmlinge also Auslegungsfrage war (zuletzt Hamm FamRZ 09, 2122; sa § 2069 Rn 3; aA Schotten ZEV 97, 1: § 2349 analog). Unter neuem Recht führt der ausdrückliche Verweis auf § 2349 iZw zum Ausschluss auch der Abkömmlinge. **c)** Der Verzicht gem § 2346 umfasst nicht den Verzicht gem § 2352 und umgekehrt, andere Auslegung aber möglich (Frankfurt Rpfleger 94, 24; Karlsruhe FamRZ 02, 1519), vgl auch § 2346 Rn 2 und § 2351 Rn 1. **d) Umdeutung** eines gem § 311b IV nichtigen 3
Vertrages über die Übertragung eines testamentarischen Erbteils in einen bedingten Erbverzichtsvertrag (§ 2350 Rn 1) ist möglich (BGH NJW 74, 44).

2. Reform. Die jüngste, am 1.1.2010 in Kraft getretene Reform (s Vor § 1922 4
Rn 18) hat den Verweis in Satz 3 um § 2349 ergänzt (zur Reform Kanzleiter DNotZ 09, 805; ders FS Werner 09, 508).

Abschnitt 8. Erbschein

§ 2353 Zuständigkeit des Nachlassgerichts, Antrag

Das Nachlassgericht hat dem Erben auf Antrag ein Zeugnis über sein Erbrecht und, wenn er nur zu einem Teil der Erbschaft berufen ist, über die Größe des Erbteils zu erteilen (Erbschein).

Lit: Böhringer, Erbnachweis für Vermögensrechte mit Grundstücksbezug in den neuen Bundesländern, Rpfleger 99, 110; Dörner/Hertel/Lagarde/Riering, Auf dem Weg zu einem europäischen Internationalen Erb- und Erbverfahrensrecht, IPRax 05, 1; Hohloch, Gleichlaufzuständigkeit und Testamentsauslegung bei Nachlaßspaltung, ZEV 97, 469; Kammerlohr, Grundzüge der Freiwilligen Gerichtsbarkeit anhand des Erbscheinsverfahrens, JA 03, 143; dies, Das Rechtsmittel der Beschwerde im Erbscheinsverfahren, JA 03, 580; Köster, Vor- und Nacherbschaft im Erbscheinsverfahren, Rpfleger 00, 90; Kroiß, Das neue Nachlaßverfahrensrecht, ZErb 08, 300; Kroiß/Horn, Erbenlegitimation ohne Erbschein, NJW 13, 516; Kuchinke, Grundfragen des Erbscheinsverfahrens usw, Jura 81, 281; Schaal, Internationale Zuständigkeit deutscher Nachlaßgerichte nach der geplanten FGG-Reform, BWNotZ 07, 154; Zimmermann, Das Erbscheinsverfahren und seine Ausgestaltung, ZEV 95, 275.

1   **1. Begriff.** Der Erbschein ist ein auf Antrag erteiltes Zeugnis über erbrechtliche Verhältnisse. Zum Nachweis des Erbrechts ist der Erbschein zwar regelmäßig ausreichend, aber nicht stets erforderlich, ein öffentliches Testament kann im Einzelfall genügen (BGH NJW 05, 2780 für Bank als Schuldner einer Zahlung). Das **Recht des Erbscheinsverfahrens** ist mit dem Inkrafttreten des FamFG zum 1.9.2009 geändert worden; maßgeblich ist der Zeitpunkt der Antragstellung (FGG-RG 111 I; KG FamRZ 10, 2104; Stuttgart FamRZ 10, 674; sa Vor § 1922 Rn 19). Das alte Recht ist soweit zweckmäßig mitkommentiert.

2   **2. Zuständigkeit. a) Sachlich:** AmtsG (GVG 23a I Nr 2 iVm II Nr 2; früher FGG 72), in BW: Notariate (EG 147, bwLFGG 1 I, II, 38). **Funktionell:** Rechtspfleger, soweit kein Fall testamentarischer Erbfolge vorliegt oder die Anwendung ausländischen Rechts in Betracht kommt (RPflG 3 Nr 2c, 16 I Nr 6, Rechtslage ab dem 1.9.2009, s zum FGG-RG Vor § 1922 Rn 19; vor diesem Zeitpunkt Zuständigkeit des Richters in Fällen testamentarischer Erbfolge oder des § 2369); für BW s RPflG 35. **b) Örtlich:** FamFG 343 (früher FGG 73) (Wohnsitz des Erblassers im Zeitpunkt des Erbfalles); gem FamFG 2 III (früher FGG 7) ist der vom örtl unzuständigen Gericht erteilte Erbschein wirksam, kann aber gem § 2361 eingezogen werden; sa § 2361 Rn 2. Verweisung an das zuständige Gericht muss von Amts wegen
3   erfolgen (KG NJW-RR 12, 459, str). **c) International:** Nach **alter Rechtslage** (bis zum 1.9.2009) galt: deutsche Zuständigkeit nach stRspr grundsätzlich nur bei Anwendbarkeit deutschen Erbrechts, sog Gleichlaufgrundsatz (zB BayObLGZ 96, 165: keine Zuständigkeit deutscher NachlassG für abgespaltenes Grundvermögen in Rumänien; ähnlich für südafrikanischen Grundbesitz Zweibrücken ZEV 97, 512 mAnm Hohloch); keine Änderung durch das IPR-Ges (BayObLGZ 86, 466; NJW-RR 91, 1099); im Schrifttum wurde dagegen zunehmend eine analoge Anwendung der Regeln über die örtliche Zuständigkeit befürwortet (St/Dörner EGBGB 25 Rn 835 ff). Dieser sog Eigenrechtserbschein war nach der Gleichlauflehre auch zu erteilen, soweit deutsches Recht kraft Rückverweisung oder bei Nachlassspaltung (Vor § 1922 Rn 3) anzuwenden war (BayObLGZ 80, 47; Rpfleger 82, 381; Köln NJW 86, 2200; BayObLG ZEV 01, 488), ggf gegenständlich beschränkt (BayObLG DNotZ 84, 47; Rpfleger 90, 422; 97, 69; KG OLGZ 84, 428; krit Weithase Rpfleger 85, 267). Ausnahmen vom Gleichlaufgrundsatz waren der gegenständlich beschränkte Fremdrechtserbschein gem § 2369 aF bis zum 1.9.2009 (ausländisches Erbrecht bei inländischen Nachlassgegenständen, zB BayObLGZ 80, 280; NJW-RR 98, 798; Zweibrücken NJW-RR 02, 154) und die Beerbung Deutscher nach

Abschnitt 8. Erbschein **§ 2353**

ausländischem Recht, falls Rechtsverweigerung drohte (Zweibrücken OLGZ 85, 413 – in concreto verneinend) oder Fürsorgeerwägungen dies rechtfertigten (hierher gehört wohl der Sonderfall BayObLG NJW 61, 1970 – Sudetendeutsche; im Einzelnen vieles str). Feststellungen ausländischer Nachlassbehörden banden das deutsche NachlassG nicht (BayObLG NJW-RR 91, 1099). Die angeführten Grundsätze galten für die Erbscheinerteilung, für andere Tätigkeiten des NachlassG (zB Sicherungsmaßnahmen) wurden weitergehende Durchbrechungen des Gleichlaufgrundsatzes praktiziert (**Lit:** Berenbrok, Internationale Nachlassabwicklung, 1989; Firsching ZZP 95, 129; Edenfeld, Der deutsche Erbschein nach ausländischem Erblasser, ZEV 00, 482; Riering, Internationales Nachlassverfahrensrecht, MittBayNot 99, 519). **Neues Recht:** Mit dem FGG-Reformgesetz (s Vor § 1922 Rn 19) folgt die int Zuständigkeit ab dem 1.9.2009 der örtlichen Zuständigkeit (FamFG 105; dazu Brandenburg NJW-RR 12, 10; Hamm FamRZ 11, 1535), der Gleichlaufgrundsatz wird aufgegeben, auf die Anwendbarkeit deutschen Erbrechts kommt es nicht mehr an (vgl aber § 2369 I nF zur Möglichkeit eines auf die im Inland befindlichen Gegenstände beschränkten Erbscheins). Zuständigkeitsregelungen in int Abkommen sind und waren vorrangig. Die Europäische Union führt ab 15.08. 2015 in Art 62 ff EuErbVO ein **Europäisches Nachlasszeugnis** ein (Einzelheiten zum Verordnungsvorschlag s Vor § 1922 Rn 3). **d)** Zur früheren **interlokalen Zuständigkeit** s Vor § 1922 Rn 8 f.

3. Antrag. a) Antragsberechtigte: Erbe bzw Miterbe (für gemeinschaftlichen **4** Erbschein und Teilerbschein); Vorerbe bis Eintritt des Nacherbfalles; Nacherbe nach Eintritt des Nacherbfalles (BGH FamRZ 80, 563; KG FamRZ 96, 1573), davor ist er antragsberechtigt weder für einen Erbschein für sich noch für den Vorerben, vielmehr ist er auf die Befugnis beschränkt, die Einziehung eines die Vorerbschaft nicht ausweisenden unrichtigen Erbscheines betreiben zu können (BayObLG NJW-RR 99, 805 f; FamRZ 04, 1408; sa § 2361 Rn 9 und 10); Erbeserbe nach zweitem Erbfall auf Namen des ersten Erben (BayObLGZ 51, 690); Testamentsvollstrecker (LG Kiel NJW 76, 2351); Nachlassverwalter; Nachlassinsolvenzverwalter; Abwesenheitspfleger gem § 1911; Erbteilserwerber gem § 2033 auf Namen des Miterben; Erbschaftskäufer gem §§ 2371 ff auf Namen des Erben (str); Erbengläubiger gem ZPO 792, 896 (BayObLG NJW-RR 02, 440). Kein Antragsrecht des Nachlasspflegers (es sei denn, es geht um ein anderes Nachlassverfahren, s BayObLG Rpfleger 91, 21), der Vermächtnisnehmer (BayObLG FamRZ 00, 1232) oder Pflichtteilsberechtigten; keine Vertretungsbefugnis eines Erbenermittlers nach FamFG 10 II, III (dazu BVerfG NJW 10, 3291) oder Inkassounternehmens, das einem gem ZPO 792 antragsberechtigten Gläubiger vertreten will (FamFG 10 II, III). **b) Inhalt des 5 Antrags:** Vgl zunächst §§ 2354–2356. Der Antragsteller muss in dem formlosen Antrag (Köln FamRZ 10, 1013; s aber § 2356) die nach §§ 2354–2356 erforderlichen Angaben machen, darüber hinaus trifft ihn keine Ermittlungspflicht (KG NJW-RR 05, 1677). Der Antrag muss sich auf einen bestimmten, dem Erbschein zu gebenden Inhalt richten (dazu Hilger BWNotZ 92, 113). Das NachlassG kann nur dem Antrag, so wie er gestellt ist, stattgeben oder ihn abweisen, es darf keinen Erbschein anderen als des beantragten Inhalts erteilen (Sachsen-Anhalt FamRZ 07, 1132; BayObLGZ 73, 28; Hamm NJW 68, 1682; BayObLG FamRZ 04, 1405; NJW-RR 01, 952: unbeschränkter statt des beantragten gegenständlich beschränkten); Haupt- und Hilfsanträge sind zulässig (RG 156, 172), bei Bedenken kann ein Hinweis (FamFG 28 II) zu Antragsänderung auffordern (hierzu zum alten Recht Köln NJW-RR 92, 1418: richterliche Hinweispflicht). Der antragslose oder antragswidrige Erbschein ist einzuziehen (BayObLGZ 70, 109; BGH 30, 223; 40, 54), § 2361, falls nicht in nachträglicher Genehmigung eine Antragstellung zu sehen ist (zu großzügig aber BayObLG Rpfleger 90, 75: konkludente Genehmigung durch Entgegennahme des Erbscheins). Wesentliche Punkte inhaltlicher Bestimmtheit: Erblasser; Erbe; Berufungsgrund (BayObLG NJW-RR 96, 1160; Alternativität bei inhaltsgleichem Erbschein unschädlich, vgl BayObLGZ 73, 29); Erbquote (teilw aA Düsseldorf DNotZ

§ 2353

78, 683); Nacherbschaft (§ 2363); Testamentsvollstreckung (§ 2364); unbeschränkter oder gegenständlich beschränkter Erbschein, vgl § 2369 (Hamm NJW 68, 1682 zum alten Recht).

6 c) **Rechtsschutzbedürfnis** kann ausnahmsweise fehlen, wenn der Erbschein ohne jedes Bedürfnis im Hinblick auf irgendeine Rechtsfolge beantragt ist (BayObLG Rpfleger 90, 512 mN), wenn keine Anhaltspunkte für das Vorhandensein von Nachlassgegenständen bestehen, die von dem Erbschein erfasst werden sollen (KG NJW-RR 07, 7), oder wenn ein anzuerkennender ausländischer Erbschein vorliegt (KG OLGZ 85, 179); bloßer Zeitablauf unschädlich, da Erteilungsverfahren keine Ausschlussfrist kennt (BayObLG FamRZ 86, 1152; bei Tod vor dem 1.1.1900 ist Erbscheinsantrag allerdings unzulässig, EGBGB 213, BayObLG FamRZ 90, 101).

7 **4. Inhalt des Erbscheins. a) Arten:** Alleinerbschein (§ 2353 Alt 1); Teilerbschein (§ 2353 Alt 2); gemeinschaftlicher Erbschein (§ 2357), als gemeinschaftlicher Teilerbschein auch nur für eine Gruppe von Miterben; Gruppenerbschein (äußere Zusammenfassung von Teilerbscheinen auf Antrag aller benannten Erben); Sammelerbschein (äußere Zusammenfassung mehrerer Erbscheine bei mehrfachem Erb-
8 gang); gegenständlich beschränkter Erbschein (§ 2369). **b) Notwendige Angaben:** Vgl zunächst §§ 2363, 2364; ferner: Name und Todestag des Erblassers; Name des Erben bzw der Miterben; Erbquote. Maßgeblich ist allein der Zeitpunkt des Erbfalls, so dass spätere Ereignisse (zB Erbteilsveräußerung; Übertragung des Nacherben-Anwartschaftsrechts zwischen Erbfall und Nacherbfall; s § 2363 Rn 3) nicht zu berücksichtigen sind; jedoch ist der spätere Wegfall von Verfügungsbeschränkungen (Nacherbschaft, Testamentsvollstreckung) zu beachten (hM). **Nicht anzugeben** sind zB Berufungsgrund, Vermächtnisse (BayObLG Rpfleger 96, 455), Auflagen, Erbersatzansprüche (künftig fortfallend, § 1924 Rn 3), Pflichtteilsrechte, Teilungsanordnungen, Sondererbfolge in Gesellschaftsanteil (BayObLGZ 87, 152). Wird nicht Anzugebendes in den Erbschein aufgenommen, so ist der Erbschein nicht als unrichtig einzuziehen, sondern entsprechend ZPO 319 I zu berichtigen (LG Koblenz Rpfleger 00, 502: Berufungsgrund).

9 **5. Verfahren.** Im Erbscheinsverfahren gilt fakultative Mündlichkeit, sowohl beim AG als auch beim OLG im Beschwerdeverfahren (FamFG 32, 68 III 2; Schleswig NJW-RR 10, 1596, str). **a)** Bei **Ablehnung der Erteilung** des Erbscheins ist über den Wortlaut von FamFG 59 II (früher FGG 20 II) hinaus Beschwerderecht der Antragsberechtigten (vgl Rn 4) gegeben, ohne dass tatsächlich ein Antrag des Beschwerdeführers vorliegen muss (BayObLGZ 63, 64; KG Rpfleger 90, 366 mN; jeweils zu FGG 20; Köln FGPrax 10, 194 zu FamFG 59, 352); FamFG 59 I (früher FGG 20 I) verlangt Rechtsbeeinträchtigung (gilt auch in Fällen mit Auslandsberührung, näher BayObLG NJW 88, 2745). Bei Rechtspflegersachen (vgl Rn 2) ebenfalls Beschwerde, RPflG 11 I. Das Beschwerdegericht (nach FGG-Reform ab dem 1.1.2009 Zuständigkeit des OLG, GVG 119 I Nr 1b) kann die Beschwerde zurückweisen oder das NachlassG anweisen, den beim NachlassG beantragten (BayObLG FamRZ 90, 649) Erbschein zu erteilen (vgl FamFG 69 I 1). Hiergegen ist die Rechtsbeschwerde (FamFG 70 ff, Zuständigkeit BGH GVG 133 nF; früher nach FGG 27 ff weitere Beschwerde) mit dem Ziel der Aufhebung der Anordnung gegeben, solange der Erbschein noch nicht erteilt ist (BayObLG FamRZ 00, 1232). Die Antragsrücknahme kann als verfahrensgestaltende Erklärung weder widerrufen noch
10 angefochten werden (Köln OLGR 00, 195). **b)** Der **Anordnungsbeschluss** kann bis zur Erteilung des Erbscheins mit Beschwerde angefochten werden (vgl FamFG 352 III); Erteilung liegt erst in der Aushändigung der Urschrift oder Ausfertigung des Erbscheins (BayObLG NJW 60, 1722; FamRZ 04, 1405; aA Stuttgart BWNotZ
11 93, 65). **c)** Nach **Erteilung des Erbscheins,** die unter neuem Recht im Streitfalle eigentlich schwerlich noch erfolgen kann (FamFG 352 I und II; sa Rn 12 unten), ist nur noch möglich die Beschwerde mit dem Ziel der Anweisung an das NachlassG zur Einziehung (BayObLGZ 80, 98; Zweibrücken OLGZ 84, 5; nunmehr FamFG 352 III); sie steht wahlweise neben dem Antrag an das NachlassG auf Einziehung

Abschnitt 8. Erbschein § 2353

gem § 2361 (vgl KG OLGZ 71, 215; MKZPO/J. Mayer, FamFG 352 Rn 22). Daneben besteht trotz FamFG 352 III die Möglichkeit eines Antrages auf Erteilung eines Erbscheins mit einem anderen Inhalt, da der Erbschein nicht in materielle Rechtskraft erwächst (s Rn 13). Beschwerdeberechtigt gem FamFG 59 I (früher FGG 20 I) ist jeder Erbprätendent (BayObLG FamRZ 88, 1321 bzgl Testamentsvollstreckerzeugnis), auch der Antragsteller (KG NJW 60, 1158; BGH 47, 64) ohne formelle Beschwer, jeder im Erbschein als Erbe angegebene (BayObLG FamRZ 84, 1269), ferner jeder durch einen unrichtigen Erbschein beeinträchtigte Dritte (§ 2361 Rn 9); nicht zB der Pflichtteilsberechtigte (Hamm Rpfleger 84, 273; sa Rn 4) oder Inhaber eines Erbersatzanspruchs alten Rechts (LG Stuttgart BWNotZ 93, 68 für Vorbescheid; zur Reform des Nichtehelichenrechts § 1924 Rn 3). Der Kreis der durch die *Amtspflichten* des NachlassG geschützten Personen ist analog zu bestimmen (BGH NJW 92, 1759; sa § 2361 Rn 8). Zum *Einsichtsrecht* in Nachlassakten gem FamFG 13 (früher FGG 78, 34) s BayObLG NJW-RR 97, 771 (Nachlassgläubiger); 98, 294 (zwecks Vorbereitung eines strafrechtlichen Wiederaufnahmeverfahrens); Hamm NJW-RR 11, 87 (regelmäßig nicht Erbenermittler ohne Beteiligtenvollmacht; anders bei Vollmacht des Nachlasspflegers: KGRpfleger 11, 376). Versendung von Nachlassakten an anwaltliche Vertreter kann wegen Gefahr des Verlustes von Originalurkunden verweigert werden (Düsseldorf FamRZ 09, 1081). **d) Bis zum 1.9.2009** galt (s Vor § 1922 Rn 19): Ein **Vorbescheid** (Zimmermann JuS 84, 635; Pentz MDR 90, 586; NJW 96, 2559; Lukoschek ZEV 99, 1) des Inhalts, der beantragte Erbschein werde beim Ausbleiben der Beschwerde binnen einer bestimmten Frist erteilt, war nach hM in zweifelhaften Fällen zulässig, um die Gefahren eines unrichtigen Erbscheins (§§ 2366 f) zu bannen (BGH 20, 257; BayObLGZ 80, 45; FamRZ 92, 1205). Die im Vorbescheid angegebene Frist schränkte die einfache Beschwerde gegen den Vorbescheid zeitlich nicht ein (BayObLG FamRZ 02, 200). Vorbescheid sollte auch dann zulässig sein, wenn er nicht dem gestellten, aber einem zu erwartenden Antrag entsprach (BayObLGZ 63, 20). Unzulässig war jedenfalls ein Vorbescheid über Vorfragen (Köln NJW-RR 91, 1285), über die beabsichtigte Zurückweisung des Antrags (Hamm NJW 74, 1827; Köln NJW-RR 91, 1285; KG Rpfleger 96, 456) oder die beabsichtigte Erbscheinseinziehung (BayObLGZ 94, 176; Hamm NJW-RR 95, 1415) oder die beabsichtigte Erteilung eines Erbscheins, dem der Antrag oder zu erwartenden Antrag nicht entsprach (s BayObLG FamRZ 90, 1404, das jedoch in Antragsablehnung umdeutet), oder wenn ein Erbscheinsantrag ganz fehlte (BayObLGZ 94, 73; s aber BayObLGZ 97, 200 und 343: Mangel wird durch nachträgliche Antragstellung geheilt); sa § 2200 Rn 3. Der Vorbescheid konnte, aber musste nicht gegenläufige Erbscheinsanträge Dritter mitbescheiden (BayObLG NJW-RR 93, 12; 92, 1223; 91, 1287). RechtsmittelG konnte auf Beschwerde (BayObLG FamRZ 92, 1205; KG FamRZ 96, 1573) Vorbescheid aufheben, nicht aber Erbscheinsanträge abweisen (BayObLGZ 81, 69; NJW-RR 92, 1225; FamRZ 86, 604; Frankfurt Rpfleger 97, 263); nach Erbscheinserteilung Umdeutung der Beschwerde in Einziehungsantrag (Köln NJW-RR 92, 1418; Hamm FamRZ 03, 1504; Stuttgart FamRZ 05, 1864). Die Beschwerde gegen einen unzulässigen Vorbescheid war nicht statthaft (Hamm NJW-RR 95, 1415; KG Rpfleger 96, 456; aA BayObLG NJW-RR 94, 590; BayObLGZ 97, 343: jedenfalls bei heilbarem Unzulässigkeitsgrund). Die sachliche Entscheidung des Beschwerdegerichts entfaltete auch dann Bindungswirkung, wenn es nicht förmlich an die erste Instanz zurückverwies (Karlsruhe Rpfleger 88, 315). Die Beschwerde konnte im Erbscheinserteilungs- oder -einziehungsverfahren wiederholt werden, obwohl sie gegen den Vorbescheid als unbegründet zurückgewiesen worden war (Saarbrücken FGPrax 97, 31). Das Gericht der weiteren Beschwerde alten Rechts war auf den vom Antrag bestimmten Gegenstand der Erstbeschwerde beschränkt (Hamm FamRZ 03, 1504). **Rechtsänderung ab dem 1.9.2009** durch FGG-RG (s Vor § 1922 Rn 19): Nunmehr ergeht vor Erteilung des Erbscheins in jedem Fall ein Beschluss, der bereits mit Erlass wirksam wird und keine Bekanntgabe voraussetzt, FamFG 352 I. Widerspricht der Beschluss aber dem erklärten Willen

12

§ 2353

eines der Beteiligten (s FamFG 345), so ist er bekanntzugeben, die sofortige Wirksamkeit auszusetzen und die Erteilung des Erbscheins bis zur formellen Rechtskraft des Beschlusses (FamFG 58 ff, 63, 45) zurückzustellen, FamFG 352 II. Mit der Neuregelung entfällt nach dem Willen des Gesetzgebers das Institut des Vorbescheids; sie entspricht sehr alten Anregungen (F. Baur NJW 55, 1073; 12. Vorauﬂ

13 Rn 12). **e)** Ein **Vergleich** mit verfahrensbeendigender Wirkung kann mangels Verfügungsbefugnis nicht über den Inhalt des Erbscheins geschlossen werden, wohl aber über die Antragsrücknahme (Stuttgart OLGZ 84, 131; s aber BayObLGZ 97, 217: kein Vollstreckungstitel iSd ZPO 794 I Nr 1 bei Abfindungsvereinbarung; sehr str) oder die Ausübung sonstiger Verfahrensrechte (KG FamRZ 04, 836: Verpflichtung, gegen erteilten Erbschein nicht vorzugehen); sa § 2358 Rn 1. **f)** Nach hM vor der Neuregelung im FamFG entfaltete die Entscheidung über einen Erbscheinsantrag keine materielle Rechtskraft (BGHZ 47, 66; BayObLG ZEV 03, 370 für Einziehungsantrag). Die Neuregelung in FamFG 48 I geht bei Entscheidungen mit Dauerwirkung von materieller Rechtskraft aus, lässt aber bei nachträglichen Änderungen der Sach- und Rechtslage auch Änderungen der Entscheidung zu. Aus § 2361 ergibt sich indessen, dass diese zeitliche Beschränkung im Erbscheinsverfahren Geltung nicht beanspruchen kann und es an einer Dauerwirkung des Beschlusses über die Erbscheinserteilung gerade fehlt (MKZPO/Ulrici, FamFG 48 Rn 6 mit eher formaler Begründung). Nach formell rechtskräftiger Zurückweisung des Erbscheinsantrags kann daher ein neuer Antrag gestellt werden, allerdings wird in der Regel das Rechtsschutzbedürfnis fehlen (KG FamRZ 00, 577 = ZEV 99, 500 mAnm Zimmermann; anders bei rechtlich zweifelhafter, 30 Jahre zurückliegender Entscheidung eines Stadtbezirksgerichtes in der ehemaligen DDR).

14 **6. Sonderfälle. a) Grundbucheintragung**, GBO 35 - 37, 83 (sa Kroiß/Horn NJW 13, 516). Der Erbschein reicht als Erbfolgenachweis grundsätzlich aus (hierzu Frankfurt OLGZ 81, 30; Köln Rpfleger 92, 342; Hamm NJW-RR 97, 1095; KG NJW-RR 97, 1094: inländischer Erbschein vorbehaltlich zwischenstaatlichen abw Rechts). Das Grundbuchamt ist an die Beurteilung der Gültigkeit der Verfügung u ihre Auslegung durch das Nachlassgericht im Erbschein gebunden, sofern nicht neue Tatsachen zu Zweifeln führen (Bremen FamRZ 12, 335; München FamRZ 12, 1174). In diesem Falle hat ein Hinweis an das Nachlassgericht zu erfolgen, das dann über eine Einziehung (§ 2361) in eigener Verantwortung entscheidet. Eine zum Nachweis der Erbfolge geeignete öffentliche Urkunde ist auch das notarielle Testament, das vom GBA selbstständig auszulegen ist (München FamRZ 12, 1092; 09, 460). Lassen sich bestehende Zweifel nicht klären, muss das GBA einen Erbschein verlangen (Düsseldorf BeckRS 12, 12833; Lange ZEV 09, 371). Umstritten ist, inwieweit das GBA durch eigene Ermittlungen Zweifel ausräumen darf, zB bei Ersatzerbenbestimmung (Celle ZEV 10, 95). Dies gilt vor allem, wenn es um negative Tatsachen geht wie zB Nichtexistenz weiterer Kinder (München FamRZ 12, 1248) oder die Nichtausübung eines Widerrufs- oder Rücktrittsrechts (München FamRZ 12, 1007). Hier ist die Frage einer überhaupt bestehenden Ermittlungspflicht (zurückhaltend Braun MittBayNot 12, 294; München BeckRS 12, 14109)) von der Frage zu trennen, ob Zweifel durch eine eidesstattliche Versicherung des Antragstellers im Grundbuchverfahren beseitigt werden dürfen (dafür Hamm

15 FamRZ 12, 485; KG NJW-RR 12, 847; aA Frankfurt FamRZ 12, 1591). **b)** Das **Hoffolgezeugnis** (vgl HöfeO 18 II 3) bezeugt bei höferechtlicher Sondererbfolge, wer Hoferbe ist [zum Anwendungsbereich und verfahrensrechtlichen Besonderheiten SoeZimmermann 16]. Der Erbschein über das hoffreie Vermögen muss die Aussonderung des Hofvermögens deutlich machen (s Steffen RdL 82, 144). **c)** Zum Erbschein bei Lastenausgleichs-, Rückerstattungs- und Entschädigungsansprüchen s SoeZimmermann 10–15, 62, 63. **d)** Zum Nachweis der Rechtsnachfolge gegenüber dem Handelsregister gem HGB 12 II 2 ist idR ein Erbschein erforderlich (sa Köln NZG 05, 38: Zeugnis über Dauertestamentsvollstreckung genügt nicht).

Abschnitt 8. Erbschein §§ 2354–2356

§ 2354 Angaben des gesetzlichen Erben im Antrag

(1) Wer die Erteilung des Erbscheins als gesetzlicher Erbe beantragt, hat anzugeben:
1. die Zeit des Todes des Erblassers,
2. das Verhältnis, auf dem sein Erbrecht beruht,
3. ob und welche Personen vorhanden sind oder vorhanden waren, durch die er von der Erbfolge ausgeschlossen oder sein Erbteil gemindert werden würde,
4. ob und welche Verfügungen des Erblassers von Todes wegen vorhanden sind,
5. ob ein Rechtsstreit über sein Erbrecht anhängig ist.

(2) Ist eine Person weggefallen, durch die der Antragsteller von der Erbfolge ausgeschlossen oder sein Erbteil gemindert werden würde, so hat der Antragsteller anzugeben, in welcher Weise die Person weggefallen ist.

Vgl zum notwendigen Antragsinhalt zunächst § 2353 Rn 5; keine pauschale 1 Bezugnahme auf andere Verfahren (LG Bonn Rpfleger 85, 30). Unter Verhältnisse gem I Nr 2 fällt auch der Güterstand (vgl § 2356 II) und der Grad der Verwandtschaft (Schleswig FamRZ 10, 930). Der Wegfall erbausschließender oder erbmindernder Personen (I Nr 3, II) kann bedingt sein durch Tod oder gem §§ 1933, 1934e (aF), 1938, 1953, 2344, 2346. Auch offenbar unwirksame Testamente sind gem I Nr 4 anzugeben. Zur Erbschaftsannahme durch Antragstellung vgl § 1943 Rn 2.

§ 2355 Angaben des gewillkürten Erben im Antrag

Wer die Erteilung des Erbscheins auf Grund einer Verfügung von Todes wegen beantragt, hat die Verfügung zu bezeichnen, auf der sein Erbrecht beruht, anzugeben, ob und welche sonstigen Verfügungen des Erblassers von Todes wegen vorhanden sind, und die in § 2354 Abs. 1 Nr. 1, 5, Abs. 2 vorgeschriebenen Angaben zu machen.

§ 2354 Rn 1 gilt entspr. 1

§ 2356 Nachweis der Richtigkeit der Angaben

(1) ¹Der Antragsteller hat die Richtigkeit der in Gemäßheit des § 2354 Abs. 1 Nr. 1 und 2, Abs. 2 gemachten Angaben durch öffentliche Urkunden nachzuweisen und im Falle des § 2355 die Urkunde vorzulegen, auf der sein Erbrecht beruht. ²Sind die Urkunden nicht oder nur mit unverhältnismäßigen Schwierigkeiten zu beschaffen, so genügt die Angabe anderer Beweismittel.

(2) ¹Zum Nachweis, dass der Erblasser zur Zeit seines Todes im Güterstand der Zugewinngemeinschaft gelebt hat, und in Ansehung der übrigen nach den §§ 2354, 2355 erforderlichen Angaben hat der Antragsteller vor Gericht oder vor einem Notar an Eides statt zu versichern, dass ihm nichts bekannt sei, was der Richtigkeit seiner Angaben entgegensteht. ²Das Nachlassgericht kann die Versicherung erlassen, wenn es sie für nicht erforderlich erachtet.

(3) Diese Vorschriften finden keine Anwendung, soweit die Tatsachen bei dem Nachlassgericht offenkundig sind.

1. Öffentl Urkunden. Dies sind gem I vor allen Dingen Personenstandsurkun- 1 den (PStG 55); ihre Beweiskraft ergibt sich aus PStG 54, Unrichtigkeitsbeweis ist im Erbscheinsverfahren zulässig (BayObLGZ 81, 43; 173; zur Beweiskraft beglaubigter Fotokopien BayObLG Rpfleger 83, 354; sa Rn 3). Urkunden aus der Zeit vor dem

Inkrafttreten der Neufassung des PStG v 8.8.1957 haben entspr ihrer jeweiligen Funktion ähnliche Beweiskraft. Regelmäßig werden also Sterbeurkunde, Geburts- bzw Abstammungsurkunde und – im Falle des Ehegattenerbrechts (BayObLG FamRZ 90, 1284) – Heiratsurkunde vorzulegen sein; andere uU vorlagepflichtige Urkunden: Todeserklärungs- bzw Todeszeitfeststellungsbeschluss (VerschG 23, 44), vorzeitiger Erbausgleich alten Rechts (§§ 1934d und e aF; zur Aufhebung § 1924 Rn 3), Ausschlagungserklärung (§ 1945), Erbunwürdigkeitsurteil (§ 2342), Verzichtsvertrag (§ 2348), Scheidungs- bzw Aufhebungsurteil.

2 **2. Eidesstattliche Versicherung.** Zuständigkeit: Wahlweise Notar (BeurkG 1 II, 38) oder NachlassG bzw ersuchtes Gericht (str, SoeZimmermann 15); Rechtspflegersache gem RPflG 3 Nr 1 f und 2c. Verpflichtet ist nicht etwa der Erbe, sondern der Antragsteller, also zB der Testamentsvollstrecker (LG Kiel NJW 76, 2351) oder der nach ZPO 792 antragstellende Gläubiger (LG Leipzig Rpfleger 08, 655; str, zum Erlass gem II 2 LG Kassel FamRZ 10, 1017); Höchstpersönlichkeit (LG Kassel FamRZ 10, 1017), uU Vertretung durch Gebrechlichkeitspfleger (LG Bonn Rpfleger 85, 30). Versicherung des Ehegatten kann bei Ehegattenerbrecht auch hinsichtlich des Ausschlusses gem § 1933 verlangt werden, nötigenfalls sogar bei notariell beurkundetem Erbscheinsantrag (Braunschweig Rpfleger 90, 462; zurückhaltend Hamm NJW-RR 92, 1483). Nichteintritt der Voraussetzungen einer Verwirkungsklausel (§§ 2074–2076 Rn 5) kann nur durch eidesstattliche Versicherung erbracht werden (KG NJW-RR 12, 848; sa § 2353 Rn 14). Neben der Versicherung gem II 1 kann grundsätzlich keine weitere nach FamFG 358, 95, ZPO 883 II (früher FGG 83 II) oder FamFG 29 f, 35 verlangt werden (dazu unter altem Recht BayObLGZ 77, 59). Beschwerde gegen Anforderung ist zulässig (KG OLGZ 67, 248; str). Weigerung des Antragstellers rechtfertigt Verwerfung des Antrags als unzulässig (Frankfurt Rpfleger 96, 511). Erlassen (II 2) formgerechter Versicherung ist Ermessensentscheidung (Zimmermann ZErb 08, 151), kommt in Betracht bei „eidesstattlicher Versicherung" vor ausländischem Notar (München ZEV 06, 118).

3 **3. Andere Beweismittel.** Dies sind zB Zeugenbeweis (idR kein Beweisangebot von Zeugen, die nicht vorlegbares Testament nicht gesehen haben, München MDR 10, 1123), eidesstattliche Versicherung Dritter bei Undurchführbarkeit einer Vernehmung (str) oder bei Vorliegen weiterer Indizien (BayObLG Rpfleger 03, 432: kanadischer Anwalt, der die wortgetreue Abschrift eines in seiner Kanzlei errichteten Testaments vorlegt; Schleswig FamRZ 11, 1336; 10, 930: fehlender urkundlicher Abstammungsnachweis), Abschriften, Fotokopien (BayObLG NJW-RR 92, 1358; 02, 726; Köln NJW-RR 93, 970; BayObLG FamRZ 01, 1327; FamRZ 01, 945 bei Unauffindbarkeit einer Testamentsurschrift). Es gelten hohe Beweisanforderungen (BayObLG FamRZ 05, 139; 1866; München FamRZ 08, 1378; KG DNotZ 07, 393; zuletzt München MDR 10, 1123). Die Unverhältnismäßigkeit bestimmt sich nach den dem Antragsteller zumutbaren Anstrengungen, nicht nach dem Umfang des Nachlasses (LG Rostock FamRZ 04, 1519). **Offenkundig** gemäß III sind nur Tatsachen, von denen das NachlassG überzeugt ist, ein hoher Wahrscheinlichkeitsgrad reicht nicht (Schleswig FamRZ 01, 584).

§ 2357 Gemeinschaftlicher Erbschein

(1) ¹Sind mehrere Erben vorhanden, so ist auf Antrag ein gemeinschaftlicher Erbschein zu erteilen. ²Der Antrag kann von jedem der Erben gestellt werden.

(2) In dem Antrag sind die Erben und ihre Erbteile anzugeben.

(3) ¹Wird der Antrag nicht von allen Erben gestellt, so hat er die Angabe zu enthalten, dass die übrigen Erben die Erbschaft angenommen haben.

Abschnitt 8. Erbschein § 2358

²Die Vorschrift des § 2356 gilt auch für die sich auf die übrigen Erben beziehenden Angaben des Antragstellers.

(4) Die Versicherung an Eides statt ist von allen Erben abzugeben, sofern nicht das Nachlassgericht die Versicherung eines oder einiger von ihnen für ausreichend erachtet.

a) Vgl zu den Erbscheinsarten § 2353 Rn 7. b) Erbschaftsannahme liegt beim 1 Antragsteller im Antrag (vgl § 1943 Rn 2), ansonsten ist sie nachzuweisen (vgl § 2356 Rn 3). c) Die Mitwirkung bei der Versicherung gem IV kann der Antragsteller von den übrigen Miterben gem § 2038 I 2 verlangen. d) Bei unausräumbaren Zweifeln 2 an der Erbquote kann das Gericht einen vorläufigen Erbschein ohne Erbquote (Feststehen aller Miterben) oder einen Erbschein mit Mindestquoten (Ungewissheit über endgültige Miterbenzahl) erteilen (str, Düsseldorf DNotZ 78, 683; Hamm Rpfleger 69, 299). e) Zum Rechtsbehelf bei Ablehnung vgl § 2353 Rn 9.

§ 2358 Ermittlungen des Nachlassgerichts

(1) Das Nachlassgericht hat unter Benutzung der von dem Antragsteller angegebenen Beweismittel von Amts wegen die zur Feststellung der Tatsachen erforderlichen Ermittlungen zu veranstalten und die geeignet erscheinenden Beweise aufzunehmen.

(2) Das Nachlassgericht kann eine öffentliche Aufforderung zur Anmeldung der anderen Personen zustehenden Erbrechte erlassen; die Art der Bekanntmachung und die Dauer der Anmeldungsfrist bestimmen sich nach den für das Aufgebotsverfahren geltenden Vorschriften.

1. Rechtliche Prüfung. Sie erfasst alle prozessualen und materiellrechtlichen 1 Voraussetzungen der Erbscheinserteilung: Zuständigkeit (vgl § 2353 Rn 2 f), Staatsangehörigkeit und Testierfähigkeit des Erblassers, Vorliegen einer letztwilligen Verfügung, Echtheit (BayObLG Rpfleger 98, 161), Auslegung und Sinn des Testaments (BayObLG NJW-RR 99, 947: Verpflichtung zur Anhörung des beurkundenden Notars, wenn auf Grund besonderer Umstände nahe liegt, dass dieser sich an die Beurkundung erinnert; ZEV 01, 484 und NJW-RR 03, 367: beratender Anwalt; abw Erblasserwille gem § 2077 III: BayObLG NJW-RR 97, 9; ein für die *Beteiligten* verbindlicher Auslegungsvertrag – zur Form s § 2385 Rn 1 – hat für das *NachlassG*, solange Drittinteressen nicht berührt werden, immerhin indizielle Bedeutung, BGH NJW 86, 1812; irreführend München FamRZ 11, 65; Frankfurt OLGZ 90, 15; zur Bedeutung eines gemeinsamen Antrags Oldenburg ZEV 10, 634), Güterstand bei Ehegatten, Ausschlagung, erbrechtliche Bindungen durch Erbvertrag und gemeinschaftliches Testament, Aufhebung letztwilliger Verfügungen. Auch die Wirksamkeit einer Testamentsanfechtung (§§ 2080, 2078 f) ist im Erbscheinsverfahren zu beurteilen, das NachlassG darf nicht auf den Prozessweg verweisen (KG NJW 63, 767). Dagegen ist Aussetzung möglich bei bereits anhängigem Rechtsstreit über das Erbrecht (KG FamRZ 68, 219; sa FamFG 21 I 1), nicht aber umgekehrt Aussetzung des streitigen Verfahrens wegen anhängigen Erbscheinsverfahrens (KG OLGZ 75, 355). Vergleiche zeitigen nur schuldrechtl Wirkungen (§ 2353 Rn 13). Zur Erbunwürdigkeit vgl § 2342 Rn 1.

2. Tatsachenermittlung. a) Für die Tatsachenermittlung gilt der **Untersu-** 2 **chungsgrundsatz** (FamFG 26; früher FGG 12). Dies bedeutet aber nicht, dass das Gericht allen nur denkbaren Möglichkeiten von Amts wegen nachgehen müsste. Die Aufklärungspflicht des Gerichts reicht nur soweit, als das Vorbringen der Beteiligten oder der Sachverhalt als solcher bei sorgfältiger Überlegung sich aufdrängender Gestaltungsmöglichkeiten dazu Anlass gibt (BGH 40, 57; BayObLG NJW-RR 91, 1287; 97, 837; Köln NJW-RR 91, 1285; Hamm NJW-RR 92, 1484; sa MKZPO/ Ulrici, FamFG 26 Rn 10 ff); zur Ermittlungspflicht bei unwesentlichen Zweifeln

§ 2359

an der Echtheit eines Testaments BayObLG Rpfleger 98, 161; bei unrichtigen Personenstandsurkunden BayObLGZ 81, 42; 176; FamRZ 92, 118; sa § 2356 Rn 1; bei behaupteter Testierunfähigkeit Düsseldorf NJW-RR 12, 1100; Bamberg ZErb 12, 212; Frankfurt DNotZ 98, 216; NJW-RR 98, 870; vgl § 2229 Rn 5 ff; bei fremdsprachigem Testament BayObLG NJW-RR 97, 201 mAnm Hohloch JuS 97, 849. Die Beteiligten trifft keine Ermittlungspflicht (KG ZEV 06, 75) oder Beweisführungslast. FamFG 27 und insbes §§ 2354–2356 beinhalten aber Mitwirkungspflichten, deren grundlose Missachtung das Gericht zumindest nach Hinweis weiterer Nachforschungen enthebt (Köln Rpfleger 81, 65; BayObLG NJW-RR 93, 460; 02, 727; Frankfurt Rpfleger 96, 512; sa Karlsruhe NotBZ 06, 103: Weigerung, früheren Anwalt von Verschwiegenheitspflicht zu befreien, kann Beweisvereitelung

3 sein; sa MKZPO/Ulrici, FamFG 27 Rn 8 ff). **b) Die materielle Beweislast** verteilt das Risiko der Unaufklärbarkeit nach erschöpfender Sachverhaltsermittlung (BayObLG FamRZ 85, 838; Hamm NJW-RR 08, 21); es gilt der Beweis des ersten Anscheins (Frankfurt NJW-RR 98, 870 mN). Der ein Erbrecht beanspruchende Beteiligte trägt das Beweisrisiko für die erbrechtsbegründenden Tatbestandsmerkmale (zB Vorliegen und Echtheit eines Testaments; Zweibrücken NJW-RR 87, 1158; Köln NJW-RR 04, 1016; s § 2247 Rn 6, § 2255 Rn 4); die widersprechenden Beteiligten tragen das Beweisrisiko erbrechtshindernder oder erbrechtsvernichtender Tatsachen, zB Anfechtung (KG NJW 63, 768), Testierunfähigkeit (s § 2229 Rn 7 f), Ausschlagung, Widerruf durch Vernichtung (Frankfurt OLGZ 78, 271; Zweibrücken NJW-RR 87, 1158; s § 2255 Rn 4), Erbverzicht usw. **c) Beweisverfahren** gem FamFG 29 ff (früher FGG 15).

4   **3. Öffentl Aufforderung.** Sie erfolgt gem II, FamFG 435–437 (früher ZPO 948–950) und hat keine Ausschlusswirkung; nicht angemeldete Erbrechte bleiben aber zunächst unberücksichtigt. Die Aufforderung erscheint beim begründeten Verdacht zweckmäßig, dass anderweitige, unbekannte Erben das Erbrecht des Antragstellers mindern oder ausschließen; sie kann aber unterbleiben, wenn das NachlassG keine Zweifel an der Existenz einer vorrangig erbberechtigten Person hat (Frankfurt Rpfleger 87, 203). Die Aufforderung führt nicht zur Entbehrlichkeit nachlassgerichtlicher Ermittlungen (KG FamRZ 11, 1337). Keine Beschwerde bei Ablehnung öffentl Aufforderung (LG Frankfurt Rpfleger 84, 191).

5   **4. Landesrechtl Pflicht des NachlassG zur Erbenermittlung.** Vgl BayAG GVG 37; bwLFGG 41. Sie führt nicht zu einer förmlichen Entscheidung und ist vom Erbscheinsverfahren zu unterscheiden (BayObLG Rpfleger 85, 363).

§ 2359 Voraussetzungen für die Erteilung des Erbscheins

Der Erbschein ist nur zu erteilen, wenn das Nachlassgericht die zur Begründung des Antrags erforderlichen Tatsachen für festgestellt erachtet.

1   **1. Folgen richterlicher Überzeugungsbildung.** Die Folgen richterlicher Überzeugungsbildung für die Erteilung des Erbscheins sind verschieden je nachdem, ob verbleibende Zweifel erbrechtsbegründende oder erbrechtshindernde bzw -vernichtende Tatsachen betreffen (vgl § 2358 Rn 3): Im ersten Fall ist der Erbschein zu verweigern, im letzten Fall hingegen zu erteilen.

2   **2. Nachlassgericht und Prozessgericht.** Lit: Zimmermann ZEV 10,457. **a) Eine Bindung des NachlassG** an rechtskräftige Urteile des Prozessgerichts über das Erbrecht eines Beteiligten ist grundsätzlich zu verneinen (KG FamRZ 96, 1575; BayObLG FamRZ 99, 334). Jedenfalls kann das NachlassG einem Dritten den Erbschein erteilen, der am streitigen Vorprozess nicht beteiligt war. Kommen dagegen nur die beiden Parteien des Vorprozesses als Erben in Frage, darf der Erbschein nur dem obsiegenden Beteiligten erteilt werden: Andernfalls könnte dieser sofort gem § 2362 I Herausgabe verlangen und sich ggf im Parteienprozess auf die Präjudizialität des früheren Urteils berufen. Ausnahmsweise kann der Erbschein auch in

diesem Falle abw erteilt werden, wenn der Berufung auf das frühere Prozessurteil die Arglisteinrede entgegensteht (BGH NJW 51, 759). **b)** Das **Prozessgericht** ist in keinem Fall an die Entscheidung des NachlassG im Erbscheinsverfahren gebunden, vgl aber § 2365.

3. Bindung an den Antrag. Vgl § 2353 Rn 5, zur Beschwerde § 2353 Rn 9 ff, zum Vergleich § 2353 Rn 13. 3

§ 2360 *(aufgehoben)*

§ 2360 ist mit Inkrafttreten des FamFG zum 1.9.2009 (s Vor § 1922 Rn 19) 1 aufgehoben worden. Die Regelung über die Beteiligten und ihr Gehör finden sich nunmehr ausführlich in FamFG 345, 27, 28, 30 IV, 33 f, 37 II (sa FamFG 348). Fam FG 345 I Nr 3 (Beteiligung der Gegner eines anhängigen streitigen Verfahrens) entspricht voll § 2360 I aF und FamFG 345 I Nr 4 verallgemeinert den Grundgedanken der Beteiligung der durch Unwirksamkeit Begünstigten gegenüber dem § 2360 II aF. Schon unter altem Recht erforderte das **rechtliche Gehör** (GG 103 I) zunächst, dass allen „geborenen" Beteiligten Gelegenheit zur Information, Äußerung und Antragstellung gegeben wurde. „Kann"-Beteiligte, die von der Entscheidung in ihren Rechten betroffen sein konnten, durften auf jeden Fall aus eigenem Entschluss am Verfahren mit allen Rechten teilnehmen (nunmehr FamFG 345 I 2; sog „Beiziehungsverfahren"). Die Vorschrift des § 2360 I, II verpflichtete das NachlassG in zwei Fällen (anhängiger Rechtsstreit, Privattestament), die materiell Betroffenen hinzuzuziehen (nunmehr FamFG 345 Nr 3 und 4); im Hinblick auf GG 103 I war die Soll-Vorschrift als Muss-Vorschrift zu interpretieren (BayObLGZ 60, 432; Köln NJW 62, 1729). Die überwiegende Meinung (Karlsruhe ZEV 06, 75; Köln NJW 62, 1729; Westphal Rpfleger 83, 213) entnahm darüber hinaus GG 103 I unmittelbar eine Anhörungspflicht gegenüber allen – also auch durch öffentl Urkunde – Enterbten (aA KG NJW 63, 880; von BGH 40, 54 insoweit nicht beschieden; nunmehr FamFG 345 I Nr 4). Im Ergebnis bringt die neue Rechtslage mehr textliche Klarheit, aber keine großen inhaltlichen Änderungen. Die „Kann"-Bestimmung des FamFG 345 I 1 wird vor dem Hintergrund des GG 103 I oft eine Ermessensübung im Sinne obligatorischer Beteiligung erzwingen.

§ 2361 Einziehung oder Kraftloserklärung des unrichtigen Erbscheins

(1) ¹**Ergibt sich, dass der erteilte Erbschein unrichtig ist, so hat ihn das Nachlassgericht einzuziehen.** ²**Mit der Einziehung wird der Erbschein kraftlos.**

(2) ¹**Kann der Erbschein nicht sofort erlangt werden, so hat ihn das Nachlassgericht durch Beschluss für kraftlos zu erklären.** ²**Der Beschluss ist nach den für die öffentliche Zustellung einer Ladung geltenden Vorschriften der Zivilprozessordnung bekannt zu machen.** ³**Mit dem Ablauf eines Monats nach der letzten Einrückung des Beschlusses in die öffentlichen Blätter wird die Kraftloserklärung wirksam.**

(3) **Das Nachlassgericht kann von Amts wegen über die Richtigkeit eines erteilten Erbscheins Ermittlungen veranstalten.**

1. Voraussetzungen einer Einziehung. a) Ursprüngliche oder nachträgli- 1 **che Unrichtigkeit** kann auf ursprünglicher falscher rechtlicher Würdigung oder tatsächlichen Irrtümern oder neuen Tatsachen beruhen (zur Rechtskraftproblematik s § 2353 Rn 13). Der Erbschein ist einzuziehen, wenn er – falls jetzt über die Erteilung zu entscheiden wäre – nicht (mehr) erteilt werden dürfte (BGH 40, 57; BayObLG FamRZ 89, 441 mN). Bsp: Falsche Testamentsauslegung (BayObLG NJW-RR 97, 839: keine Bindung an Auslegung im Erteilungsverfahren), Überse-

§ 2361

hen eines Testaments, Ausschlagung oder Anfechtung (BayObLG FamRZ 97, 1179); Fortfall der Testamentsvollstreckung (§ 2364 Rn 2); keine Angabe wirksamer Nacherbfolge (BayObLG FamRZ 93, 1371; 96, 1503), Eintritt des Nacherbfalls bzgl für Vorerben erteilten Erbschein (Köln FamRZ 03, 1786; sa § 2363 Rn 3). Die letztinstanzlich bestätigte Weigerung des NachlassG, einen Erbschein einzuziehen, hindert nicht, den Erbschein in neuem Einziehungsverfahren auch aus bisher erörterten Gründen erneut zu prüfen (BayObLG ZEV 03, 369). Kein Einziehungsgrund ist der Verlust von Unterlagen, die bei Erteilung mit hoher Wahrscheinlichkeit
2 vorlagen (LG Berlin FamRZ 08, 2065). **b) Verfahrensmängel** führen bei unzulässigem Verfahren zur Einziehbarkeit, also zB bei antragloser oder antragswidriger Erteilung (vgl § 2353 Rn 5); bei Unzuständigkeit des Gerichtes (BGH NJW 63, 1972/1973; BayObLGZ 81, 148; Hamm OLGZ 72, 352/353; Zweibrücken ZEV 01, 489: sogar bei inhaltlicher Richtigkeit; str, einschr für unklare Rechtslage BGH Rpfleger 76, 174; sa § 2353 Rn 2); bei Erteilung durch Justizbeamten, der nicht mit Rechtspflegeraufgaben betraut ist (Frankfurt NJW 68, 1289; zT krit Weiß Rpfleger 84, 389); bei Erteilung durch Rechtspfleger, wenn Richter gem RPflG 16 I Nr 6 zuständig war (KG FamRZ 04, 1903: auch wenn des Erbfolge mit testamentarischer übereinstimmt); nicht jedoch, wenn Rechtspfleger Erbschein auf Grund gesetzlicher Erbfolge nach deutschem Recht erteilt hat, obwohl Richterzuständigkeit gegeben war, weil ein Beteiligter testamentarische Erbfolge behauptet hatte (BayObLG Rpfleger 97, 370). Hingegen bleiben Verstöße beim Verfahrensablauf unschädlich, falls sie keine sachlichen Konsequenzen haben, zB Verletzung des rechtlichen Gehörs (BGH NJW 63, 1972/1973), falsche eidesstattliche Versicherung (Hamm
3 OLGZ 67, 77). **c) Berichtigungen** oder **Ergänzungen** des Erbscheins sind nur bei Bestandteilen zulässig, die am öffentl Glauben nicht teilnehmen (Hamm OLGZ 83, 60; BayObLG Rpfleger 90, 74; LG Koblenz Rpfleger 00, 502); ansonsten bleibt
4 nur Einziehung und Neuerteilung. **d) Zeitablauf** hindert die Erbscheinseinziehung auch dann nicht, wenn sie nur auf abw Testamentsauslegung und nicht auf neuen oder neu entdeckten Tatsachen beruht (BGH 47, 58; BayObLGZ 81, 147 f; FamRZ 89, 99: 28 Jahre; Rpfleger 90, 165; Köln FamRZ 03, 1785); schon die fortbestehende Möglichkeit eines streitigen Verfahrens über das Erbrecht schließt Berufung auf Verwirkung aus.

5   **2. Verfahren.** Vgl ab dem 1.9.2009 FamFG 353. **a)** Einleitung auf Antrag oder gem III von Amts wegen. **b)** Nach dem **Untersuchungsgrundsatz** (FamFG 26; früher FGG 12) muss das Gericht vor der Anordnung der Einziehung den Sachverhalt voll aufklären; es darf nicht ohne genaue Sachverhaltsaufklärung schon bei bloßen Zweifeln die Einziehung anordnen (s BGH 40, 58; Zweibrücken OLGZ 84, 10). Nach Durchführung der gebotenen Ermittlungen genügt es für die Einziehungsanordnung, dass die gem § 2359 erforderliche Überzeugung des Gerichts über einen bloßen Zweifel hinaus erschüttert ist (BayObLG FamRZ 89, 441; Rpfleger
6 88, 414 mN). **c) Vorläufige Einziehung:** Eine einstw Anordnung des NachlassG war nach früherer Rechtslage ges nicht möglich (BGH 40, 59; str). Die einstw Anordnung des Beschwerdegerichts (FGG 24 III) oder des Prozessgerichts konnte nur die Verwahrung des Erbscheins beim NachlassG erzwingen (krit Schopp Rpfleger 83, 264), die aber Kraftlosigkeit nicht zur Folge hatte und damit gutgl Erwerb nicht verhindern konnte (BGH 40, 60; 33, 317; Köln OLGZ 90, 303; vgl aber Lindacher NJW 74, 20). Für Verfahren ab dem **1.9.2009** sehen FamFG 49, 50 ff allg die Möglichkeit einer einstweiligen Anordnung vor, was auch vorläufige Einziehung ermöglichen sollte (str, aA Pal/Weidlich Rn 8; Saarbrücken Rpfleger 12, 261: weiterhin nur Sicherstellung; Keidel/Zimmermann § 353 Rn 4: zusätzlich Verfügungs-
7 verbot an Erbscheinserben). **d) Zuständigkeit** liegt beim erbscheinerteilenden NachlassG (Hamm OLGZ 72, 353; BayObLGZ 81, 147), vgl § 2353 Anm 2; Richtersache im Falle des RPflG 16 Nr 7. **e) Vollzug** der Einziehung durch Ablieferung der Urschrift bzw sämtlicher Ausfertigungen (Düsseldorf FamRZ 11, 1980; ggf Zwangsmaßnahmen gem FamFG 86, 95 I iVm ZPO 883 oder FamFG 86, 95 IV

Abschnitt 8. Erbschein § 2362

iVm ZPO 888 (früher FGG 33). Befindet sich der Erbschein schon beim Nachlassgericht, so wird die Einziehung durch die Einziehungsanordnung und deren Bekanntgabe vollendet (BayObLG NJW-RR 01, 950). **f)** Unrichtige Erbscheine können **Amtshaftungsansprüche** auslösen (BGH 117, 301; NJW 92, 2758; zum geschützten Personenkreis § 2353 Rn 11). **g)** Zur Zuständigkeit nach dem Beitritt der **neuen Bundesländer** Vor § 1922 Rn 8 f. 8

3. Beschwerde. a) Gegen **Ablehnung** ist beschwerdeberechtigt (FamFG 58, 59 I; früher FGG 19, 20 I), wer durch einen unrichtigen oder unvollständigen Erbschein infolge des öffentl Glaubens in seinen Rechten beeinträchtigt würde; entspr Behauptung genügt (BayObLG FamRZ 90, 1037); zB der Nacherbe bei Fehlen des Nacherbenvermerks (§ 2363 I; BayObLG FamRZ 96, 1577; KG FamRZ 04, 836), es sei denn, es steht bereits fest, dass dem Antragsteller kein potientiell beeinträchtigtes Recht zusteht (BayObLG NJW-RR 02, 876; KG Rpfleger 05, 261 f) oder unrichtigen Angaben zur Nacherbschaft (BayObLGZ 60, 407; nicht aber der Erbe des Vorerben, der den Erblasser *nicht* beerbt, bzgl unrichtiger Wiedergabe der Erbenstellung des Vorerben, Hamm FamRZ 86, 612); der Gläubiger mit Vollstreckungstitel (Hamm Rpfleger 77, 306; vgl aber BayObLGZ 57, 360); der im Erbschein genannte Erbe (BGH 30, 263; BayObLGZ 81, 147; KG FamRZ 04, 1903) und dessen Erbe (BayObLG ZEV 03, 288); nicht der Vermächtnisnehmer oder der Pflichtteilsberechtigte (BayObLG FamRZ 91, 1483; sa § 2365 Rn 2). **b)** Gegen die **Einziehung** sind gem FamFG 58, 59 I (früher FGG 19, 20 I) alle beschwerdeberechtigt, die einen Erbschein hätten beantragen können (vgl § 2353 Rn 4), auch wenn sie selbst keinen Antrag gestellt haben (BGH 30, 222/223); der Testamentsvollstrecker auch dann, wenn er die Erbauseinandersetzung bereits durchgeführt hat (Hamm Rpfleger 93, 347), nicht der Nacherbe gegen Einziehung des Erbscheins des Vorerben (Karlsruhe FamRZ 09, 1356). Da die vollzogene Einziehung nicht rückgängig gemacht werden kann, hat die Beschwerde das Ziel, das NachlassG zur Neuerteilung des eingezogenen Erbscheins anzuweisen (BGH 40, 56; BayObLGZ 80, 72/73; FamRZ 89, 441; NJW-RR 01, 950; sa Köln Rpfleger 86, 761). Hierzu nun FamFG 353 II: bei eingezogenem Erbschein Beschwerde nur im Antrag auf Neuerteilung (beachte aber FamFG 353 II 2). **c)** Zum Verhältnis zwischen Beschwerde gegen Erbscheinserteilung und Einziehungsverfahren vgl § 2353 Rn 11. 9 10

4. Kraftloserklärung. Kraftloserklärung gem II wird notwendig, wenn die Einziehung durch Ablieferung gem I 2 misslingt (vgl Rn 7). Gemäß FamFG 353 III ist Beschwerde nach öffentl Bekanntmachung unzulässig (früher FGG 84 S 1: generelle Unzulässigkeit); sie kann aber erhoben werden mit dem Ziel, einen gleich lautenden Erbschein neu zu erteilen (str), vgl Rn 10. 11

§ 2362 Herausgabe- und Auskunftsanspruch des wirklichen Erben

(1) **Der wirkliche Erbe kann von dem Besitzer eines unrichtigen Erbscheins die Herausgabe an das Nachlassgericht verlangen.**

(2) **Derjenige, welchem ein unrichtiger Erbschein erteilt worden ist, hat dem wirklichen Erben über den Bestand der Erbschaft und über den Verbleib der Erbschaftsgegenstände Auskunft zu erteilen.**

Der wirkliche Erbe hat einen materiellrechtlichen Herausgabeanspruch gegen den erbscheinbesitzenden Scheinerben; Vollstreckung: ZPO 883. Er muss sein Erbrecht beweisen, doch gilt ebenso wenig wie im Erbscheinsverfahren die Vermutung gem § 2365. Herausgabe an das NachlassG hat Einziehungswirkung, § 2361 I 2. Gem II besteht auch ohne Erbschaftsbesitz (§ 2027) ein Auskunftsanspruch. UU kann dem Herausgabeanspruch die Abrede entgegenstehen, sich nicht auf das Erbrecht berufen zu wollen (Johannsen WM 79, 636). 1

Stürner

§§ 2363, 2364

§ 2363 Inhalt des Erbscheins für den Vorerben

(1) ¹In dem Erbschein, der einem Vorerben erteilt wird, ist anzugeben, dass eine Nacherbfolge angeordnet ist, unter welchen Voraussetzungen sie eintritt und wer der Nacherbe ist. ²Hat der Erblasser den Nacherben auf dasjenige eingesetzt, was von der Erbschaft bei dem Eintritt der Nacherbfolge übrig sein wird, oder hat er bestimmt, dass der Vorerbe zur freien Verfügung über die Erbschaft berechtigt sein soll, so ist auch dies anzugeben.

(2) Dem Nacherben steht das in § 2362 Abs. 1 bestimmte Recht zu.

Lit: Technau, Der Erbschein bei Vor- und Nacherbfolge, BWNotZ 84, 63; Köster, Vor- und Nacherbschaft im Erbscheinsverfahren, Rpfleger 00, 90, 133.

1   1. **Erbschein des Vorerben.** a) Die ges **Inhaltsbestimmung** des Nacherbenvermerks erfasst nach hM folgende Zweifelsfälle: weitere Nacherben und Ersatznacherben (Hamm OLGZ 75, 156; Köln NJW-RR 92, 1417 für künftige Abkömmlinge als Nacherben; BayObLG FamRZ 91, 1116 für künftige gesetzliche Erben als Nacherben); Nichtvererblichkeit entgegen § 2108 II 1 (Köln NJW 55, 635), Vorausvermächtnis des alleinigen Vorerben (BayObLGZ 65, 465; sa § 2110 Rn 1); ggf Befreiungen von einzelnen oder allen Beschränkungen (Bremen ZEV 05, 26); Nacherbenvollstrecker (§ 2222). Die Nacherbschaft bleibt unerwähnt, wenn sie bereits gegenstandslos ist (vgl § 2104 Rn 3, § 2108 Rn 4); sa § 2353 Rn 8. Fehlen die Angaben nach Satz 1 oder sind sie zu unbestimmt, so ist der Erbschein unrichtig und einzuziehen (BayObLG FamRZ 01, 876: Nacherbschaft „für den Fall näher
2 beschriebener Umstände"). b) **Antrags-** und **Beschwerderecht** vgl § 2353 Rn 4, 11, § 2361 Rn 9; **Anspruch** des Nacherben gem II auf Herausgabe eines unrichtigen Erbscheins an das NachlassG auch gegen den Vorerben.

3   2. **Erbschein des Nacherben.** Mit Eintritt des Nacherbfalls wird der Erbschein des Vorerben unrichtig und ist einzuziehen (Köln Rpfleger 84, 102; FamRZ 03, 1786; BayObLG Rpfleger 85, 183); ebenso, wenn vor Eintritt des Nacherbfalls der Nacherbe stirbt und das Nacherbenrecht auf seine Erben übergeht, § 2108 II 1 (BayObLG FamRZ 88, 542). Im Erbschein des Nacherben ist der Zeitpunkt des Nacherbfalles anzugeben; sa § 2353 Rn 4. Übertragungen der Nacherbenanwartschaft (§ 2100 Rn 7 f) lassen Erbscheinsinhalt unberührt (Düsseldorf OLGZ 91, 134; BayObLG NJW-RR 92, 200; Braunschweig OLGR 04, 415). Grundbuchberichtigung gem GBO 22 nur bei Vorlage des Erbscheins über die Nacherbschaft, Erbschein des Vorerben mit Nacherbenvermerk und Sterbeurkunde des Vorerben reichen nicht aus (BGH 84, 196; sa § 2139 Rn 3).

4   3. **Grundbuchverfahren.** Vgl GBO 35, 51 (hierzu Hamm NJW-RR 97, 647 mwN) und § 2113 Rn 7 f.

§ 2364 Angabe des Testamentsvollstreckers im Erbschein, Herausgabeanspruch des Testamentsvollstreckers

(1) Hat der Erblasser einen Testamentsvollstrecker ernannt, so ist die Ernennung in dem Erbschein anzugeben.

(2) Dem Testamentsvollstrecker steht das in § 2362 Abs. 1 bestimmte Recht zu.

1   a) Der Vermerk enthält typischerweise nur die Tatsache der Testamentsvollstreckung und ihren Umfang (LG Mönchengladbach Rpfleger 82, 382; BayObLG FamRZ 06, 148), um auf die Verfügungsbeschränkung des Erben aufmerksam zu machen; keine Angabe des Namens des Testamentsvollstreckers; wohl aber Beschränkung der Testamentsvollstreckung auf einen Nachlassgegenstand (Bay-

Abschnitt 8. Erbschein § 2365

ObLG NJW-RR 05, 1245). Er unterbleibt bei rein beaufsichtigender Vollstreckung (vgl § 2208 Rn 2; BayObLG FamRZ 91, 988), bei Begrenzung auf einen vom Erbschein nicht erfassten Miterbenanteil, bei aufschiebend bedingter Vollstreckung, bei Nachlassspaltung im Erbschein hinsichtlich des DDR-belegenen Nachlasses (KG Rpfleger 96, 111; sa Vor § 1922 Rn 5 und 8 ff). **b)** Der **Erbschein** ist als **unrichtig** 2 einzuziehen bei fehlendem Vollstreckervermerk (zB auch mit Eintritt der aufschiebenden Bedingung) und bei Wegfall der Vollstreckung (Hamm OLGZ 83, 59), nicht bei Wegfall des Vollstreckers! **c)** Zum **Antrags-** und **Beschwerderecht** vgl 3 § 2353 Rn 4, 9, 12; § 2361 Rn 9 f. **d)** Der **Herausgabeanspruch** insbes bei fehlendem Vollstreckervermerk richtet sich auch gegen den Erben. **e)** Vgl auch GBO 52.

§ 2365 Vermutung der Richtigkeit des Erbscheins

Es wird vermutet, dass demjenigen, welcher in dem Erbschein als Erbe bezeichnet ist, das in dem Erbschein angegebene Erbrecht zustehe und dass er nicht durch andere als die angegebenen Anordnungen beschränkt sei.

1. Inhalt der Vermutung. Die Vermutung erstreckt sich positiv auf Erbrecht 1 und Erbquote; negativ auf das Fehlen nicht benannter Nacherbfolge oder Testamentsvollstreckung (§§ 2363, 2364). Sie erfasst also weder das Fehlen anderer Beschwerungen (Vermächtnisse, Insolvenz, Erbteilsveräußerung) noch die positive Garantie des Bestehens angegebener Beschränkungen (str). Sie erstreckt sich bei einer ausschließlich nach deutschem Recht zu beurteilenden Erbfolge auch nicht auf eine unzulässigerweise in den Erbschein aufgenommene Beschränkung der Angaben auf das Inlandsvermögen (BayObLG Rpfleger 90, 74). Sie beginnt mit der Erteilung des Erbscheins (vgl § 2353 Rn 10) und dauert bis zur Ablieferung beim NachlassG (§ 2361 I 2, vgl § 2361 Rn 7 und § 2362 Rn 1) oder Kraftloserklärung (§ 2361 II); sie besteht unabhängig davon, ob der Erbschein vorgelegt und dem Rechtsverkehr bekannt ist, wird allerdings durch zwei sich widersprechende Erbscheine aufgehoben (BGH 33, 317; zu Recht krit Herminghausen NJW 86, 571), ebenso durch ein dem Erbschein inhaltlich widersprechendes Testamentsvollstreckerzeugnis (BGH FamRZ 90, 1111) im Umfang des Widerspruchs.

2. Wirkung. Für und gegen den Erbscheinserben spricht eine Rechtsvermutung, die im Prozess analog ZPO 292 nur durch den Gegenteilsbeweis zu widerlegen ist; der Schuldner einer Nachlassforderung müsste also ggf den Gegenteilsbeweis gegen den Erbscheinserben führen, der Erbscheinserbe müsste sich gegen einen Nachlassgläubiger durch den Gegenteilsbeweis wehren. Im Rechtsstreit zwischen zwei Erbprätendenten (zur Feststellungsklage BGH FamRZ 10, 1068; Brandenburg FamRZ 09, 1610) gilt § 2365 nicht (ebenso, wenn der Testamentsvollstrecker das Erbrecht des Erbscheinserben bestreitet, BGH WM 87, 565): Genau wie im Erbscheinsverfahren (vgl § 2358 Rn 3; § 2359 Rn 1; § 2361 Rn 5) oder beim Rechtsstreit gem § 2362 ist jeder Teil unabhängig vom Erbschein mit den ihm günstigen Tatsachen beweisbelastet; andernfalls wäre die Beweislast je nach Verfahrensart verschieden verteilt (BGH 47, 66; NJW 83, 674; WM 87, 565 mN; sa Köln FamRZ 91, 1483 für Rechtsverfolgung des Vermächtnisnehmers). Die Rechtskraft des streitigen Verfahrens wirkt natürlich nur inter partes (BGH FamRZ 10, 1070). Im Grundbuchverkehr vgl GBO 35 I 1; keine Nachprüfungsbefugnis des Grundbuchamts, aber Fortfall seiner Bindung bei Kenntnis der Unrichtigkeit (problematisch LG Freiburg Rpfleger 81, 146 mAnm Meyer-Stolte); bei öffentl Testament kann im Falle von Zweifeln ein Erbschein verlangt werden (GBO 35 I 2; dazu Schleswig Rpfleger 06, 643 m Bespr Peißinger Rpfleger 07, 195). Es besteht Nachprüfungsbefugnis und -pflicht der Finanzbehörden und Finanzgerichte bei Berechnung der Erbschaftsteuer, wenn gewichtige Gründe gegen die Richtigkeit des Erbscheins sprechen (BFH NJW 96, 2119). Verwaltungsgerichte dürfen dagegen solange von der Richtigkeit des Erbscheins ausgehen, wie dieser noch nicht eingezogen ist (BVerwG VIZ 01, 367).

§ 2366 Öffentlicher Glaube des Erbscheins

Erwirbt jemand von demjenigen, welcher in einem Erbschein als Erbe bezeichnet ist, durch Rechtsgeschäft einen Erbschaftsgegenstand, ein Recht an einem solchen Gegenstand oder die Befreiung von einem zur Erbschaft gehörenden Recht, so gilt zu seinen Gunsten der Inhalt des Erbscheins, soweit die Vermutung des § 2365 reicht, als richtig, es sei denn, dass er die Unrichtigkeit kennt oder weiß, dass das Nachlassgericht die Rückgabe des Erbscheins wegen Unrichtigkeit verlangt hat.

Lit: Medicus, Besitz, Grundbuch und Erbschein als Rechtsscheinsträger, Jura 01, 294; Parodi, Die Maßgeblichkeit der Kenntnis vom Erbschein für einen gutgläubigen Erwerb einer beweglichen Sache nach § 2366 BGB, AcP 185, 362; Wiegand, Der öffentliche Glaube des Erbscheins, JuS 75, 283.

1 **1. Voraussetzungen des öffentl Glaubens. a)** Nach hM besteht die Gutglaubenswirkung nur im Umfang der Vermutungswirkung, also zB nicht bei zwei widersprechenden Erbscheinen (BGH 33, 317), str, s § 2365 Rn 1. Ebenso wenig wie zur Entfaltung der Vermutungswirkung gem § 2365 muss der Erbschein vorgelegt werden; die einstweilige Verwahrung beim NachlassG kann deshalb gutgl Erwerb
2 nicht verhindern (vgl § 2361 Rn 6). **b)** Nur **Verfügungsgeschäfte** sind geschützt, *nicht* aber Zwangsvollstreckungsakte oder der Erwerb kraft Ges. Diese Geschäfte müssen sich auf Erbschaftsgegenstände beziehen, also kein gutgl Erwerb eines Erbteils (§ 2033 I). Ebenso muss ein Verkehrsgeschäft vorliegen, weshalb ein Miterbe nicht von der Erbengemeinschaft gutgl erwerben kann (Hamm FamRZ 75, 513 f);
3 zum Erwerb von Gesellschaftsanteilen vgl Schreiner NJW 78, 923. **c)** Der Erwerbsmangel muss gerade im **Irrtum über die Erbenstellung** des Erbscheinserben liegen; keine Rechtsscheinwirkung tritt deshalb ein beim Irrtum über die Zugehörigkeit zum Nachlass (vgl aber Rn 5) oder beim Irrtum über die Verfügungsbefugnis
4 wegen Anteilsveräußerung (BGH WM 63, 219). **d) Positive Kenntnis** der Unrichtigkeit setzt voraus, dass aus der Tatsachenkenntnis die richtigen rechtlichen Schlüsse gezogen werden; bei Anfechtbarkeit von Testamenten gilt § 142 II. Maßgebender Zeitpunkt ist der vollendete Erwerb (anders § 892 II), so dass bei Grundstücksrechten bis zur Eintragung Gutgläubigkeit vorliegen muss, wobei die Existenz eines Erbscheins im Zeitpunkt der Umschreibung ausreicht (BGH WM 71, 54).

5 **2. Verknüpfung mit anderen Gutglaubensvorschriften.** Sie führt zu einer Erweiterung des Rechtsscheintatbestandes. **a)** §§ 892 f erlauben iVm § 2366 den gutgl Erwerb an nachlassfremden Grundstücken vom Scheinerben. Sofern allerdings der Scheinerbe bereits eingetragen ist, gelten nur §§ 892 f. **b)** §§ 932 ff erlauben iVm § 2366 den gutgl Erwerb nachlassfremder beweglicher Sachen vom Scheinerben, wobei Besitznahme und Übergabe durch den Erbscheinserben kein Abhandenkommen gem §§ 935 I, 857 darstellen (Baur/Stürner, Sachenrecht, 18. Aufl 2009, § 8 Rn 3).

§ 2367 Leistung an Erbscheinserben

Die Vorschrift des § 2366 findet entsprechende Anwendung, wenn an denjenigen, welcher in einem Erbschein als Erbe bezeichnet ist, auf Grund eines zur Erbschaft gehörenden Rechts eine Leistung bewirkt oder wenn zwischen ihm und einem anderen in Ansehung eines solchen Rechts ein nicht unter die Vorschrift des § 2366 fallendes Rechtsgeschäft vorgenommen wird, das eine Verfügung über das Recht enthält.

1 **a)** Die Leistung an den Erbscheinserben befreit; der Erbscheinserbe haftet dem wahren Erben gem § 816 II, bei Bösgläubigkeit auch aus §§ 667, 687 II, 826.
b) Gleichgestellte RGeschäfte mit Verfügungscharakter sind zB Aufrechnung, Kündigung, Vormerkung (BGH 57, 342), uU Gesellschaftsbeschlüsse unter

Abschnitt 8. Erbschein § 2368

Mitwirkung des Scheinerben (vgl Schreiner NJW 78, 921 f), niemals aber Verpflichtungsgeschäfte oder Prozesshandlungen.

§ 2368 Testamentsvollstreckerzeugnis

(1) ¹**Einem Testamentsvollstrecker hat das Nachlassgericht auf Antrag ein Zeugnis über die Ernennung zu erteilen.** ²**Ist der Testamentsvollstrecker in der Verwaltung des Nachlasses beschränkt oder hat der Erblasser angeordnet, dass der Testamentsvollstrecker in der Eingehung von Verbindlichkeiten für den Nachlass nicht beschränkt sein soll, so ist dies in dem Zeugnis anzugeben.**

(2) *(aufgehoben)*

(3) **Die Vorschriften über den Erbschein finden auf das Zeugnis entsprechende Anwendung; mit der Beendigung des Amts des Testamentsvollstreckers wird das Zeugnis kraftlos.**

1. Erteilung und Funktion. a) Antragsberechtigt sind Testamentsvollstrecker 1 (auch bei Vorliegen eines Entlassungsantrages, München NJW-RR 10, 1381 und nach Entlassung, Stuttgart OLGZ 79, 387) und Nachlassgläubiger gem ZPO 792, 896, nicht aber der Erbe (Hamm NJW 74, 505, str; dagegen mit überzeugenden Gründen Lange/Kuchinke § 39 VIII Fn 272). Vgl zur Bestimmtheit des Antrags § 2353 Rn 5, zum Beschwerdeverfahren § 2353 Rn 9 ff, zur Einziehung § 2361; zur neu geregelten Beteiligung FamFG 7 I, 345 III (Testamentsvollstrecker, Mitvollstrecker, Erbe). Richtersache gem RPflG 16 I Nr 6; Vorbescheid (s § 2353 Rn 12) nach bis zum 1.9.2009 geltender Rechtslage zulässig (BayObLGZ 86, 469 – anders bei Ernennung, s § 2200 Rn 3); nunmehr gelten FamFG 354, 352 – Vorbescheid nicht mehr zulässig. **b) Inhalt:** Name des Erblassers und des Testamentsvollstreckers; 2 Abweichungen von der ges Verfügungsbefugnis (I 2, §§ 2208–2210, 2222–2224 I 3; vgl BayObLGZ 90, 87; FamRZ 92, 1356; Hamm Rpfleger 11, 1621: Erbteilsvollstreckung; KG NJW-RR 91, 836; Zweibrücken FGPrax 98, 26: Dauervollstreckung; Düsseldorf Rpfleger 11, 375: auflösende Bedingung bei Dauervollstreckung) bzw Verpflichtungsbefugnis (§ 2207). Nicht anzugeben sind Verwaltungsanordnungen (vgl § 2216 Rn 2), welche die Verfügungs- und Verpflichtungsbefugnis unberührt lassen, eine Befreiung vom Verbot des Selbstkontrahierens (Hamm FamRZ 05, 71). Beim Bestehen der Regelbefugnisse (§§ 2203–2206) sind weitere Angaben entbehrlich und müssen unterbleiben (Hamm FamRZ 05, 71). **c)** Die 3 **Vermutung** gem III, § 2365 gilt der Wirksamkeit der Testamentsvollstreckung, dem Fehlen nicht angegebener (aber nicht dem Bestehen angegebener) Beschränkungen (BayObLG FamRZ 91, 985), dem Bestehen angegebener (aber nicht dem Fehlen nicht angegebener) Erweiterungen (KG NJW-RR 91, 836). Sie gilt *nicht* der Nachlasszugehörigkeit (BGH NJW 81, 1272; sa § 2205 Rn 14) und *endet* bei Kraftlosigkeit. Sie besteht nicht, soweit ein inhaltlich widersprechendes Zeugnis bzw widersprechender Erbschein erteilt ist (vgl BGH FamRZ 90, 1111). Das Zeugnis bindet nicht im Streit mehrerer Prätendenten auf das Testamentsvollstreckeramt, wenn ein Erbe dem im Zeugnis genannten Testamentsvollstrecker das Amt str macht (BGH WM 87, 565; vgl § 2365 Rn 2) oder wenn vom Prozessgericht die Wirksamkeit der Drittbestimmung gem § 2198 überprüft wird (KG FamRZ 10, 500; sa § 2198 Rn 1). Der **öffentl Glaube** betrifft Verfügungsgeschäfte und Verpflichtungsgeschäfte, nicht aber Geschäfte mit dem Erben (BGH 41, 30), weil sie keine Verkehrsgeschäfte sind. Das Zeugnis legt den Umfang der Testamentsvollstreckung für das *Grundbuchamt* bindend fest, es sei denn, neue Tatsachen ergeben seine Unrichtigkeit und Einziehungsbedürftigkeit (BayObLG FamRZ 91, 985 mN; ZEV 06, 174 mAnm Zimmermann; München Rpfleger 05, 661: Feststellung der Beendigung der Testamentsvollstreckung durch Grundbuchamt); das GBA kann ggf Vorlage verlangen (München ZEV 08, 340). **d)** Das **unrichtige Zeugnis** ist durch 4 Einziehung oder Kraftloserklärung (§ 2361 I, II) unwirksam zu machen (BGH 40,

54; BayObLG FamRZ 91, 988; vgl § 2361 Rn 1 ff, 5 ff); Berichtigung kommt nicht in Betracht (Zweibrücken FGPrax 98, 26; ZEV 01, 27). Sofern das anfänglich richtige Zeugnis erst durch Beendigung des Amtes unrichtig wird, ordnet III HS 2 automatische Kraftlosigkeit (Köln Rpfleger 86, 261) und damit Unwirksamkeit (vgl Rn 3) an; zu den Beendigungsgründen vgl § 2225 Rn 1–4. Der Geschäftspartner des Vollstreckers sollte sich also stets über die Fortdauer des Amtes gesondert vergewissern, was das Zeugnis stark entwertet. Das gem III HS 2 kraftlose Zeugnis ist gem § 2362 I dem Nachlassgericht herauszugeben (teilw str; s Köln Rpfleger 86, 261). **e)** Vgl auch GBO 35 II, 40 II. **f) Beschwerdebefugt** ist der Testamentsvollstrecker (vgl Hamm FamRZ 05, 70) sowie jeder mögliche Erbe, solange nicht feststeht, dass er nicht Erbe geworden ist (KG NJW-RR 00, 1608 mAnm Krug FGPrax 01, 26).

5   **2. Reform.** § 2368 II ist im Zuge der FGG-Reform (s Vor § 1922 Rn 19) zum 1.9.2009 entfallen. Die Vorschrift ist nach der Begründung des Reg-E im Hinblick auf die Regelungen des FamFG 345 entbehrlich.

§ 2369 Gegenständlich beschränkter Erbschein

(1) **Gehören zu einer Erbschaft auch Gegenstände, die sich im Ausland befinden, kann der Antrag auf Erteilung eines Erbscheins auf die im Inland befindlichen Gegenstände beschränkt werden.**

(2) ¹**Ein Gegenstand, für den von einer deutschen Behörde ein zur Eintragung des Berechtigten bestimmtes Buch oder Register geführt wird, gilt als im Inland befindlich.** ²**Ein Anspruch gilt als im Inland befindlich, wenn für die Klage ein deutsches Gericht zuständig ist.**

1   **1. Allgemeines.** Vgl zunächst zur int Zuständigkeit § 2353 Rn 3 und zur interlokalen Zuständigkeit Vor § 1922 Rn 8 f.

2   **2. Altes Recht** (bis zum 1.9.2009; zum FGG-RG s Vor § 1922 Rn 19). Nach dem sog Gleichlaufgrundsatz fehlte grundsätzlich deutsche int Zuständigkeit, wenn ausländisches Erbrecht galt und kein int Abkommen deutsche Zuständigkeit anordnete; ausnahmsweise gab es jedoch für inlandsbelegene Nachlassgegenstände den gegenständlich beschränkten Erbschein, der die Erbfolge nach fremdem Recht bezeugte (Fremdrechtserbschein).

3   **3. Neues Recht.** Mit der Aufgabe des Gleichlaufgrundsatzes (vgl § 2353 Rn 3) entfiel das Bedürfnis nach Erteilung eines Fremdrechtserbscheins trotz Unzuständigkeit auf Grund der Anwendbarkeit ausländischen Rechts; die entspr Regelung in § 2369 I aF konnte deshalb aufgehoben werden. Durch die Formulierung des § 2369 I nF kann aber auch nach neuer Rechtslage der Antrag auf Erbscheinserteilung auf im Inland belegene Nachlassgegenstände beschränkt werden; insbes dann sinnvoll, wenn Erbschein ohnehin nur für im Inland belegenen Nachlass benötigt wird oder bei Nachlassspaltung, da idR Verfahrensbeschleunigung durch Beschränkung (vgl Begründung Reg-E, BT-Drs 16/9733; zur Neuregelung Brandenburg NJW-RR 12, 10; Schaal BWNotZ 07, 154).

4   **4. Inhalt und Zuständigkeit.** Der Erbschein muss angeben, ob und welches ausländische Recht der Erbfolge zugrunde liegt (BayObLGZ 61, 4); keine Angabe dinglicher Vermächtnisse fremden Rechts (Köln NJW 83, 525 mN; Hamm FamRZ 93, 116; KG Rpfleger 08, 423), wohl aber ausländischer Testamentsvollstreckung (BGH NJW 63, 46; BayObLG 90, 51; hierzu Roth IPRax 91, 322). Auch beim beschränkten Testamentsvollstreckerzeugnis (§ 2368 III) ist der Ernennung und Entlassung ausländisches materielles Recht zugrundezulegen. Zur ordre-public-Kontrolle durch das NachlassG Hamm ZEV 05, 436 mAnm Lorenz; Frankfurt ZEV 11, 135; sa Vor § 1922 Rn 3. *Örtliche Zuständigkeit* für Fremdrechtserbschein nach altem Recht: FGG 73 III (Nachlassgericht der Belegenheit der Nachlassgegenstände);

hierzu BayObLG FamRZ 91, 725 (Anspruch aus HäftlingshilfeG 10); BayObLG FamRZ 91, 992; 92, 1352; 93, 368 (Anspruch nach dem LAG); bei Forderungen gegen öffentl Hand Gericht des Sitzes der zuständigen Behörde. Unter neuem Recht FamFG 343 (Wohnsitz oder Aufenthalt beim Erbfall, Belegenheit der Nachlassgegenstände). Das von der Europäischen Union in Art 62 ff EuErbVO (s Vor § 1922 Rn 3) vorgesehene Europäische Nachlasszeugnis soll auch die Testamentsvollstreckung mit umfassen (Art 68 lit j).

§ 2370 Öffentlicher Glaube bei Todeserklärung

(1) **Hat eine Person, die für tot erklärt oder deren Todeszeit nach den Vorschriften des Verschollenheitsgesetzes festgestellt ist, den Zeitpunkt überlebt, der als Zeitpunkt ihres Todes gilt, oder ist sie vor diesem Zeitpunkt gestorben, so gilt derjenige, welcher auf Grund der Todeserklärung oder der Feststellung der Todeszeit Erbe sein würde, in Ansehung der in den §§ 2366, 2367 bezeichneten Rechtsgeschäfte zugunsten des Dritten auch ohne Erteilung eines Erbscheins als Erbe, es sei denn, dass der Dritte die Unrichtigkeit der Todeserklärung oder der Feststellung der Todeszeit kennt oder weiß, dass sie aufgehoben worden sind.**

(2) ¹**Ist ein Erbschein erteilt worden, so stehen demjenigen, der für tot erklärt oder dessen Todeszeit nach den Vorschriften des Verschollenheitsgesetzes festgestellt ist, wenn er noch lebt, die in § 2362 bestimmten Rechte zu.** ²**Die gleichen Rechte hat eine Person, deren Tod ohne Todeserklärung oder Feststellung der Todeszeit mit Unrecht angenommen worden ist.**

Vgl VerschG 9, 44. 1

Abschnitt 9. Erbschaftskauf

Lit: Krause, Praktische Fragen des Erbschaftskaufs, ErbR 07, 2; Muscheler, Der Erbschaftskauf, RNotZ 09, 65.

§ 2371 Form

Ein Vertrag, durch den der Erbe die ihm angefallene Erbschaft verkauft, bedarf der notariellen Beurkundung.

1. **Formpflichtiger Erbschaftskauf.** Er liegt vor beim Kauf der gesamten Erb- 1 schaft, eines Miterbenanteils, der Anwartschaft des Nacherben (vgl § 2100 Rn 7 f), des Bruchteils einer Erbschaft, der kein Erbteil ist. Sofern ein einzelner Kaufgegenstand ganz oder nahezu ganz die Erbschaft ausmacht, liegt Erbschaftskauf nur vor, wenn ausdr Erbschaftskauf vereinbart ist oder doch der Käufer um die Zusammensetzung der Erbschaft weiß (LM Nr 2 zu § 2382).

2. **Keine Heilung.** Der **Vollzug** des Erfüllungsgeschäftes bewirkt **keine Hei-** 2 **lung** des formnichtigen Kaufvertrages, auch nicht die Übertragung des Miterbenanteils gem § 2033 I (BGH NJW 67, 1131; aA aber Habscheid FamRZ 68, 13; Schlüter JuS 69, 10; Keller ZEV 95, 427; sa § 2346 Rn 4).

3. **Umfang der Formpflicht.** Die Formpflicht erfasst alle Vertragsabreden; 3 formlose Nebenabreden führen uU zur Gesamtnichtigkeit, §§ 125, 139 (BGH NJW 67, 1129; ZEV 05, 204).

§§ 2372–2376

§ 2372 Dem Käufer zustehende Vorteile

Die Vorteile, welche sich aus dem Wegfall eines Vermächtnisses oder einer Auflage oder aus der Ausgleichungspflicht eines Miterben ergeben, gebühren dem Käufer.

§ 2373 Dem Verkäufer verbleibende Teile

¹Ein Erbteil, der dem Verkäufer nach dem Abschluss des Kaufs durch Nacherbfolge oder infolge des Wegfalls eines Miterben anfällt, sowie ein dem Verkäufer zugewendetes Vorausvermächtnis ist im Zweifel nicht als mitverkauft anzusehen. ²Das Gleiche gilt von Familienpapieren und Familienbildern.

§ 2374 Herausgabepflicht

Der Verkäufer ist verpflichtet, dem Käufer die zur Zeit des Verkaufs vorhandenen Erbschaftsgegenstände mit Einschluss dessen herauszugeben, was er vor dem Verkauf auf Grund eines zur Erbschaft gehörenden Rechts oder als Ersatz für die Zerstörung, Beschädigung oder Entziehung eines Erbschaftsgegenstands oder durch ein Rechtsgeschäft erlangt hat, das sich auf die Erbschaft bezog.

1 Die Vorschrift ergänzt § 433 I: Der Verkäufer schuldet zunächst Übereignung und Übergabe jeder Sache bzw Rechtsverschaffung, beim Erbteilsverkauf also Veräußerung gem § 2033 I; zusätzlich schuldet er aber Herausgabe der Surrogate. Vgl zur rechtsgeschäftlichen Surrogation § 2041 Rn 2.

§ 2375 Ersatzpflicht

(1) ¹Hat der Verkäufer vor dem Verkauf einen Erbschaftsgegenstand verbraucht, unentgeltlich veräußert oder unentgeltlich belastet, so ist er verpflichtet, dem Käufer den Wert des verbrauchten oder veräußerten Gegenstands, im Falle der Belastung die Wertminderung zu ersetzen. ²Die Ersatzpflicht tritt nicht ein, wenn der Käufer den Verbrauch oder die unentgeltliche Verfügung bei dem Abschluss des Kaufs kennt.

(2) Im Übrigen kann der Käufer wegen Verschlechterung, Untergangs oder einer aus einem anderen Grunde eingetretenen Unmöglichkeit der Herausgabe eines Erbschaftsgegenstands nicht Ersatz verlangen.

1 Die Haftungsregeln gelten nur für Veränderungen *vor* dem Verkauf, ab Kaufabschluss sind §§ 433 ff maßgebend, vgl aber §§ 2376, 2380.

§ 2376 Haftung des Verkäufers

(1) Die Haftung des Verkäufers für Rechtsmängel beschränkt sich darauf, dass ihm das Erbrecht zusteht, dass es nicht durch das Recht eines Nacherben oder durch die Ernennung eines Testamentsvollstreckers beschränkt ist, dass nicht Vermächtnisse, Auflagen, Pflichtteilslasten, Ausgleichungspflichten oder Teilungsanordnungen bestehen und dass nicht unbeschränkte Haftung gegenüber den Nachlassgläubigern oder einzelnen von ihnen eingetreten ist.

(2) Für Sachmängel eines zur Erbschaft gehörenden Gegenstands haftet der Verkäufer nicht, es sei denn, dass er einen Mangel arglistig verschwie-

gen oder eine Garantie für die Beschaffenheit des Gegenstands übernommen hat.

1. Inhalt. Die Vorschrift schließt Sachmängelhaftung (§ 434) – bis auf Fälle des § 442 I 2 (Arglist) und des § 443 (Garantie) – aus und präzisiert die Rechtsmängelhaftung (§ 435). Die Liste schädlicher Belastungen ist um Ansprüche gem §§ 1932, 1969 zu ergänzen (str). Für Ansprüche aus § 1371 II und III ist dies streitig geblieben, weil sie nach wie vor nicht ausdrücklich erwähnt sind, allerdings nach ihrer Systematik Ausgleichungspflichten gleichstehen. § 442 ist insgesamt zu beachten. 1

2. Reform. Die Neufassung der Vorschrift im Rahmen der jüngsten Erbrechtsreform (s Vor § 1922 Rn 18) leistet vor allem die Anpassung an die Terminologie und Systematik der Schuldrechtsreform; sie bringt sachlich wenig Neues und hat nicht alle Streitfragen endgültig geklärt. 2

§ 2377 Wiederaufleben erloschener Rechtsverhältnisse

¹Die infolge des Erbfalls durch Vereinigung von Recht und Verbindlichkeit oder von Recht und Belastung erloschenen Rechtsverhältnisse gelten im Verhältnis zwischen dem Käufer und dem Verkäufer als nicht erloschen. ²Erforderlichenfalls ist ein solches Rechtsverhältnis wiederherzustellen.

§ 2378 Nachlassverbindlichkeiten

(1) Der Käufer ist dem Verkäufer gegenüber verpflichtet, die Nachlassverbindlichkeiten zu erfüllen, soweit nicht der Verkäufer nach § 2376 dafür haftet, dass sie nicht bestehen.

(2) Hat der Verkäufer vor dem Verkauf eine Nachlassverbindlichkeit erfüllt, so kann er von dem Käufer Ersatz verlangen.

Vgl zur Haftung des Käufers gegenüber Nachlassgläubigern §§ 2382 f. 1

§ 2379 Nutzungen und Lasten vor Verkauf

¹Dem Verkäufer verbleiben die auf die Zeit vor dem Verkauf fallenden Nutzungen. ²Er trägt für diese Zeit die Lasten, mit Einschluss der Zinsen der Nachlassverbindlichkeiten. ³Den Käufer treffen jedoch die von der Erbschaft zu entrichtenden Abgaben sowie die außerordentlichen Lasten, welche als auf den Stammwert der Erbschaftsgegenstände gelegt anzusehen sind.

§ 2380 Gefahrübergang, Nutzungen und Lasten nach Verkauf

¹Der Käufer trägt von dem Abschluss des Kaufs an die Gefahr des zufälligen Untergangs und einer zufälligen Verschlechterung der Erbschaftsgegenstände. ²Von diesem Zeitpunkt an gebühren ihm die Nutzungen und trägt er die Lasten.

Sondervorschrift zu § 446. 1

§ 2381 Ersatz von Verwendungen und Aufwendungen

(1) Der Käufer hat dem Verkäufer die notwendigen Verwendungen zu ersetzen, die der Verkäufer vor dem Verkauf auf die Erbschaft gemacht hat.

§§ 2382–2385 Buch 5. Erbrecht

(2) Für andere vor dem Verkauf gemachte Aufwendungen hat der Käufer insoweit Ersatz zu leisten, als durch sie der Wert der Erbschaft zur Zeit des Verkaufs erhöht ist.

§ 2382 Haftung des Käufers gegenüber Nachlassgläubigern

(1) ¹Der Käufer haftet von dem Abschluss des Kaufs an den Nachlassgläubigern, unbeschadet der Fortdauer der Haftung des Verkäufers. ²Dies gilt auch von den Verbindlichkeiten, zu deren Erfüllung der Käufer dem Verkäufer gegenüber nach den §§ 2378, 2379 nicht verpflichtet ist.

(2) Die Haftung des Käufers den Gläubigern gegenüber kann nicht durch Vereinbarung zwischen dem Käufer und dem Verkäufer ausgeschlossen oder beschränkt werden.

1   Verkäufer und Käufer haften Nachlassgläubigern als Gesamtschuldner (§§ 1967 bzw 2058–2063, 421 ff). Zu den Nachlassverbindlichkeiten in diesem Sinne gehören auch Nachlasserbenschulden (vgl § 1967 Rn 5) und – ohne Rücksicht auf ihre fragwürdige Kategorisierung als Nachlasserbenschulden – Verbindlichkeiten der Erbengemeinschaft aus einem schuldrechtlichen Erbauseinandersetzungsvertrag gegenüber Miterben (BGH 38, 193/194). Vgl zum Begriff des Erbschaftskaufes § 2371 Rn 1.

§ 2383 Umfang der Haftung des Käufers

(1) ¹Für die Haftung des Käufers gelten die Vorschriften über die Beschränkung der Haftung des Erben. ²Er haftet unbeschränkt, soweit der Verkäufer zur Zeit des Verkaufs unbeschränkt haftet. ³Beschränkt sich die Haftung des Käufers auf die Erbschaft, so gelten seine Ansprüche aus dem Kauf als zur Erbschaft gehörend.

(2) Die Errichtung des Inventars durch den Verkäufer oder den Käufer kommt auch dem anderen Teil zustatten, es sei denn, dass dieser unbeschränkt haftet.

1   Der Möglichkeit erbenmäßiger Haftungsbeschränkung entsprechen Antragsrechte des Erbschaftskäufers: FamFG 463 (früher ZPO 1000) für das Aufgebot gem §§ 1970 ff; InsO 330 I für die Nachlassinsolvenz (§ 1975) und dementspr die Nachlassverwaltung (vgl auch § 1981 Rn 1); InsO 330 I, 217 ff für das Insolvenzplanverfahren. Aus II folgt die Möglichkeit der Inventarerrichtung.

§ 2384 Anzeigepflicht des Verkäufers gegenüber Nachlassgläubigern, Einsichtsrecht

(1) ¹Der Verkäufer ist den Nachlassgläubigern gegenüber verpflichtet, den Verkauf der Erbschaft und den Namen des Käufers unverzüglich dem Nachlassgericht anzuzeigen. ²Die Anzeige des Verkäufers wird durch die Anzeige des Käufers ersetzt.

(2) Das Nachlassgericht hat die Einsicht der Anzeige jedem zu gestatten, der ein rechtliches Interesse glaubhaft macht.

1   Pflichtverletzung macht schadensersatzpflichtig.

§ 2385 Anwendung auf ähnliche Verträge

(1) Die Vorschriften über den Erbschaftskauf finden entsprechende Anwendung auf den Kauf einer von dem Verkäufer durch Vertrag erworbe-

nen Erbschaft sowie auf andere Verträge, die auf die Veräußerung einer dem Veräußerer angefallenen oder anderweit von ihm erworbenen Erbschaft gerichtet sind.

(2) ¹Im Falle einer Schenkung ist der Schenker nicht verpflichtet, für die vor der Schenkung verbrauchten oder unentgeltlich veräußerten Erbschaftsgegenstände oder für eine vor der Schenkung unentgeltlich vorgenommene Belastung dieser Gegenstände Ersatz zu leisten. ²Die in § 2376 bestimmte Verpflichtung zur Gewährleistung wegen eines Mangels im Recht trifft den Schenker nicht; hat der Schenker den Mangel arglistig verschwiegen, so ist er verpflichtet, dem Beschenkten den daraus entstehenden Schaden zu ersetzen.

Vgl zunächst die ergänzenden Vorschriften FamFG 463 II (früher ZPO 1000 II) und InsO 330 III. Unter die Vorschrift fallen außer dem Weiterverkauf zB Schenkung, Tausch, Vergleiche zwischen streitenden Erbprätendenten, Auslegungsverträge zwischen Miterben (BGH NJW 86, 1813 mAnm Damrau JR 86, 375, der zutr nach der Art der ausgelegten Anordnung differenziert; sa Oldenburg FamRZ 10, 1278 und § 2042 Rn 6), Erbschaftskauf auf Grund eines entspr Vermächtnisses für den Käufer. Überträgt ein Miterbe seinen Erbanteil an einen Dritten (§ 2033 I) zur Sicherung eines Darlehensanspruchs in Höhe des Erbteilswerts, so ist das schuldrechtliche Grundverhältnis Erbschaftskauf, wenn Darlehensrückzahlung und Erbteilsrückübertragung praktisch für immer ausgeschlossen bleiben (BGH 25, 174). **Nicht** unter § 2385 fallen Auseinandersetzungsverträge (§ 2042 Rn 5), uU gilt § 2033 I 2. **1**

Allgemeines Gleichbehandlungsgesetz (AGG)

Vom 14. August 2006 (BGBl I S 1897)
zuletzt geänd durch G v. 5.2.2009 (BGBl I S 160)
– Auszug –

Vorbemerkungen

1. Entstehung. Das AGG ist der Art 1 des Ges zur Umsetzung europäischer **1**
Richtlinien zur Verwirklichung des Grundsatzes der Gleichbehandlung. Art 2 dieses
Ges enthält das Ges zum Schutz der Soldatinnen und Soldaten vor Diskriminierungen, Art 3 Folgeänderungen bestehender Ges, Art 4 Schlussvorschriften (Inkrafttreten, Außerkrafttreten). Dieses „ArtikelGes" ist am 18.8.2006 in Kraft getreten.

2. Richtlinien. a) Insbes das AGG dient der Umsetzung folgender europäischer **2**
RiLi:
– 2000/43/EG v 29.6.2000 (sog AntirassismusRiLi),
– 2000/78/EG v 27.11.2000 (sog RahmenRiLi Beschäftigung),
– 2002/73/EG v 23.9.2002 (sog GenderRiLi; englisch „gender" = soziologisches Geschlecht),
– 2004/113/EG v 13.12.2004 (sog Gleichbehandlungs- oder UnisexRiLi).
Die am 7.7.2010 verabschiedete **RiLi 2010/41/EU** „zur Verwirklichung des Grundsatzes der Gleichbehandlung von Männern und Frauen, die eine selbstständige Erwerbstätigkeit ausüben, und zur Aufhebung der Richtlinie 86/613/EWG des Rates" (ABl EU Nr L 180/1) war bis zum 5.8.2012 umzusetzen. Die Bundesregierung sieht keinen Umsetzungsbedarf, da die aktuelle Rechtslage den Vorgaben der RiLi entspreche (BT-Drucks. 17/9615, Fragen 67, 68). Die RiLi soll die Gleichbehandlung von Männern und Frauen im Bereich der selbstständigen Tätigkeit verwirklichen. Art 4 der RiLi regelt einen Grundsatz der Gleichbehandlung, wonach jegliche unmittelbare oder mittelbare Diskriminierung auf Grund des Geschlechts im öffentlichen oder privaten Sektor, etwa in Verbindung mit der Gründung, Einrichtung oder Erweiterung eines Unternehmens bzw. der Aufnahme oder mit der Ausweitung jeglicher anderen Art von selbstständiger Tätigkeit zu unterbleiben hat. Selbstständige sind nach Art 2 der RiLi alle Personen, die nach den Bedingungen des innerstaatlichen Rechts eine Erwerbstätigkeit auf eigene Rechnung ausüben. Das Gebot der Gleichbehandlung soll nach Erwägungsgrund Nr 13 der RiLi auch unter Privaten gelten, soweit es die „Beziehungen zwischen selbstständigen Erwerbstätigen und Dritten innerhalb des Geltungsbereichs dieser Richtlinie" umfasst. Nach Art 10 der RiLi soll der Schaden oder Verlust, den eine Person durch eine Diskriminierung auf Grund des Geschlechts erlitten hat, gemäß den von den Mitgliedstaaten festzulegenden Modalitäten tatsächlich und wirksam ausgeglichen oder ersetzt werden, „wobei dieser Schadensersatz oder diese Entschädigung abschreckend und dem erlittenen Verlust oder Schaden angemessen sein muss. Eine im Voraus festgelegte Obergrenze für einen solchen Schadensersatz oder eine solche Entschädigung ist nicht zulässig." Nach Erwägungsgrund Nr 14 der RiLi bedeutet die Verwirklichung des Grundsatzes der Gleichbehandlung im Bereich der selbstständigen Erwerbstätigkeit, „dass es etwa in Bezug auf die Gründung, Einrichtung oder Erweiterung eines Unternehmens bzw. die Aufnahme oder Ausweitung irgendeiner anderen Form der selbstständigen Tätigkeit zu keinerlei Diskriminierungen auf Grund des Geschlechts kommen darf." **b)** Die RiLi 2002/73/EG basiert auf **EG 141**, die anderen in Rn 2 **3**
genannten RiLi auf **EG 13 I.** Von den in den RiLi genannten Diskriminierungsmerkmalen sind „Rasse" und „ethnische Herkunft" Regelungsgegenstand der Anti-

rassismusRiLi, das „Geschlecht" ist Gegenstand der Gender- und der GleichbehandlungsRiLi. Mit den übrigen Merkmalen („Religion oder Weltanschauung", „Behinderung", „Alter", „sexuelle Ausrichtung") befasst sich die BeschäftigungsRiLi. Alle RiLi richten sich (nur) an die Mitgliedstaaten. Diese haben die RiLi in bestimmter Frist in nationales Recht umzusetzen. Die Fristen sind abgelaufen. Zur horizontalen **Direktwirkung** der BeschäftigungsRiLi s EuGH NJW 11, 42 Rn 73; NJW 11, 2187 Rn 64.

4 **3. Antidiskriminierungsrecht. Die Problematik des Antidiskriminierungsrechts** besteht im Zusammenprall gegenläufiger Prinzipien, die in den Erwägungen 2 und 3 der RiLi 2004/113/EG (GleichbehandlungsRiLi) angesprochen werden: „Der Schutz vor Diskriminierung ist ein allg Menschenrecht", aber „durch das Diskriminierungsverbot dürfen andere Grundrechte und Freiheiten nicht beeinträchtigt werden". So bestimmt Art 3 II der RiLi 2004/113/EG, dass die RiLi die freie Wahl des Vertragspartners nicht berührt, solange diese ihre Wahl nicht von dem Geschlecht des Vertragspartners abhängig macht (unzutr Wiedergabe in BegrRegEntw BT-Drs 16/1780 S 41). Die RiLi 2000/43/EG (AntirassismusRiLi) schränkt die freie Partnerwahl mit Blick auf „Rasse" und ethnische Herkunft" weiter ein. Erfasst das Diskriminierungsverbot auch noch die anderen in EG 13 I genannten Merkmale, wie das § 19 I, II (mit Ausnahme der Weltanschauung) anordnet, so fragt sich, was von dem das Zivilrecht „prägenden Institut der Vertragsfreiheit" (BegrRegEntw S 26) noch übrigbleibt, und welche in den RiLi angelegten „legitimen Ziele" eine Ungleichbehandlung gestatten. Jedenfalls gestalten die RiLi, erheblich verstärkt durch das AGG, die Vertragsfreiheit grundlegend um. Es heißt nicht mehr, dass insbes die Wahl des Vertragspartners „frei" ist, dh dass die (Aus-)Wahl „willkürlich" erfolgen kann (*„stat pro ratione voluntas"*, Flume II § 1, 5) und nur in Ausnahmefällen eingeschränkt ist (ie Rn 8–15 vor § 145). Vielmehr soll die Vertragsfreiheit nur noch insoweit Differenzierungen erlauben, als diese weder „willkürlich" noch „ohne sachlichen Grund" erfolgen; alles andere sei eine „sozial verwerfliche Diskriminierung" (BegrRegEntw S 41).

Abschnitt 1. Allgemeiner Teil

§ 1 Ziel des Gesetzes

Ziel des Gesetzes ist, Benachteiligungen aus Gründen der Rasse oder wegen der ethnischen Herkunft, des Geschlechts, der Religion oder Weltanschauung, einer Behinderung, des Alters oder der sexuellen Identität zu verhindern oder zu beseitigen.

1 **1. Allgemeines.** § 1 zählt die in AEUV 19 I genannten Diskriminierungsgründe auf. **Europarechtlich** in nationales Recht **umzusetzen** waren nur „Rasse", „ethnische Herkunft" und „Geschlecht" sowohl im beschäftigungsrechtlichen Bereich (Abschnitt 2 des Ges) als auch im zivilrechtlichen (Abschnitt 3), die sonstigen Gründe nur im beschäftigungsrechtlichen Bereich. Mit dieser „1 : 1-Umsetzung" hat sich der Gesetzgeber nicht begnügt, sondern – wie schon in früheren Entwürfen eines Antidiskriminierungsgesetzes, zB BT-Drs 14/4538 v 16.12.2004 – die sonstigen Merkmale (ausgenommen die Weltanschauung) auch für bestimmte Teile des zivilrechtlichen Bereichs als relevant bestimmt (s § 19, I, II). S § 2 Rn 1, auch § 20 Rn 3.

2 **2. Die einzelnen Benachteiligungsmerkmale. a) Rasse.** Der Begriff der „Rasse" wird in AEUV 19 I (Kompetenznorm zum Erlass von Sekundärrecht zur Bekämpfung von Diskriminierungen) und in RiLi 2000/43/EG (AntirassismusRiLi) verwendet, dabei weist deren Erwägungsgrund 6 die „Theorien, mit denen versucht wird, die Existenz verschiedener menschlicher Rassen zu belegen," zurück. Ent-

Abschnitt 1. Allgemeiner Teil §1 AGG

scheidend für die AntidiskriminierungsGes ist, dass die Zuordnung eines Menschen zu einer bestimmten Rasse nicht dazu dienen darf, den Betroffenen ungleich zu behandeln, etwa als Angehörigen einer bestimmten Rasse zu diskriminieren (s dazu auch das Internationale Übereinkommen zur Beseitigung jeder Form der Rassendiskriminierung v 7.3.1966 [BGBl 1969 II 962]; sa RiLi 2000/43/EG Art 1). Dem Zweck der Ungleichbehandlung kann auch die Erfindung einer „Rasse" dienen.
b) Ethnische Herkunft („ethnisch" von griechisch Volk, Stamm, Menschenklasse). Gemeint ist damit wohl Abstammung iwS, so dass dieser Begriff auch die (reale oder erfundene) Rasse umfasst. „Ethnie" ist eine Gruppe von Menschen, die kulturell, religiös, sozial, geschichtlich, sprachlich, regional sowie idR durch ein Zusammengehörigkeitsgefühl miteinander verbunden ist (wobei nicht alle Merkmale gemeinsam vorliegen müssen). Als Ethnie werden angesehen die Sorben (dazu Kissel/Mayer § 184, 26), in Schleswig die Dänen und Friesen, nicht zB die Bayern (PalEllenberger 2; MK/Thüsing 57; s Bauer/Göpfert/Krieger § 1 Rn 23: Volksstamm der Sachsen als Ethnie. Die Staatsangehörigkeit (Nationalität) ist kein Diskriminierungsgrund (RiLi 2000/43/EG Art 3 II), doch kann statt der Nationalität die ethnische Zugehörigkeit gemeint sein (BegrRegEntw S 31). Die Anforderung, die deutsche Schriftsprache zu beherrschen, knüpft nicht an eines der in § 1 genannten Merkmale an. Die deutsche Schriftsprache kann unabhängig von der Zugehörigkeit zu einer Ethnie beherrscht werden, gleichgültig, wie man den Begriff der Ethnie im Einzelnen abgrenzt (BAG NZA 10, 625), zur fehlenden mittelbaren Diskriminierung s § 3 Rn 2. **c) Geschlecht.** Es ist im biologischen Sinn gemeint, also Mann und Frau, aber auch Zwitter („Hermaphroditen"; sie besitzen männliche und weibliche Geschlechtsorgane und die entspr sekundären Geschlechtsmerkmale) sowie Transsexuelle, MK/Thüsing 58; nach aA ist Rn 8 einschlägig, Bauer/Göpfert/Krieger 25.
d) Religion oder Weltanschauung. Beide Merkmale weisen keine europarechtlichen Besonderheiten auf. Deshalb kann für die Auslegung auf Lit und Rspr zu GG 3 III 1; 4 I, II zurückgegriffen werden (s aber MK/Thüsing 60–75). Religion und Weltanschauung werden nur im beschäftigungsrechtlichen Bereich (Abschnitt 2, § 7) in gleicher Weise geschützt. Daher ist in diesem Bereich die Einordnung einer bestimmten Lehre als Religion oder Weltanschauung entbehrlich (s BVerwG NJW 92, 2497 zu GG 4 I; MK/Thüsing 71). „Unter Religion oder Weltanschauung ist eine mit der Person des Menschen verbundene Gewissheit über bestimmte Aussagen zum Weltganzen sowie zur Herkunft und zum Ziel des menschlichen Lebens zu verstehen; dabei legt die Religion eine den Menschen überschreitende und umgreifende (,transzedente') Wirklichkeit zu Grunde, während sich die Weltanschauung auf innerweltliche (,immanente') Bezüge beschränkt" (BVerwG NJW 06, 1303). Diese Zielrichtung kann bei noch Jugendreligionen oder Jugendsekten (zu den Begriffen BVerfG NJW 02, 2627 f) zweifelhaft sein. Sie ist zu verneinen, wenn die religiösen oder weltanschaulichen Lehren nur als Vorwand für die Verfolgung wirtschaftlicher Ziele dienen (BAG NJW 96, 146 ff: „Scientologie"; BVerfG NJW 02, 2626; RsprÜbersicht bei Abel NJW 03, 264 ff; großzügig zur Scientologie als „Kirche" EGMR NJW 08, 495 ff). Ganz entspr scheidet eine Benachteiligung aus, wenn die religiösen oder (wichtiger) weltanschaulichen Lehren ihre Grundlage in der Diskriminierung anderer (zB wegen der Rasse oder ethnischen Herkunft) haben. Solche Lehren können nicht schutzwürdig sein, sonst würden – widersinnig – Diskriminierungen ges geschützt. § 20 I 2 Nr 4 trifft das Problem nicht. Zu „Kopftuch-Entscheidungen" im öffentl-rechtlichen und privatwirtschaftlichen Bereich Bissels/Lützeler BB 08, 669. **e) Behinderung.** Menschen sind behindert, „wenn ihre körperliche Funktion, geistige Fähigkeit oder seelische Gesundheit mit hoher Wahrscheinlichkeit länger als sechs Monate von dem für ihr Lebensalter typischen Zustand abweicht und daher ihre Teilhabe am Leben in der Gesellschaft beeinträchtigt ist" (SGB IX 2 I 1). Diese Definition soll nach BegrRegEntw S 31 auch für das AGG gelten (Karlsruhe NJW 10, 2668; MK/Thüsing 80, 81). Behinderung ist dabei nicht die Erkrankung, sondern der aus der Erkrankung resultierende Zustand (Karlsruhe NJW 10, 2668). Die Anwendung des AGG ist nicht auf Schwerbehinderte

(SGB IX 2 II) beschränkt (Lingemann/Müller BB 07, 2009; MK/Thüsing 79). Nach der Rspr des EuGH (Chacón Navas, NZA 06, 840) ist nicht jede Krankheit eine „Behinderung". Das schließt naturgemäß nicht aus, dass (schwere) Krankheit, zB Kinderlähmung, eine Behinderung zur Folge haben kann, die den Betroffenen daran hindert, am Leben in der Gesellschaft, bes am Berufsleben, ohne Einschränkung teilzunehmen. Der Gleichbehandlungsgrundsatz gilt nach EuGH BB 08, 1963 f = NJW 08, 2764 ff – Coleman (Diskriminierung einer Mutter eines behinderten Kindes) nicht (nur) für eine bestimmte Kategorie von Personen (hier „Behinderte"), sondern im Hinblick auf die – hier: in der RiLi 2000/78/EG genannten – Diskriminierungsgründe für alle Personen, die wegen des Merkmals diskriminiert werden. Das **erweitert** den **Schutz vor Diskriminierungen** generell, weil für die anderen Diskriminierungsmerkmale des § 1 nichts anderes gelten dürfte (zB für Belästigungen der Eltern als AN wegen des Übertritts ihres Kindes zum Islam (Lingscheid BB 08,
7 1964; Lindner NJW 08, 2750 ff); sa § 3 Rn 6). **f) Alter.** Gemeint ist ganz allg „Lebensalter". Als Anknüpfungspunkt für Benachteiligungen ist es problemfeldbezogen variabel. Eine allgemeingültige Altersgrenze (zu jung/zu alt) für alle Lebensbereiche kann es nicht geben. Zur Diskriminierung durch Altersgruppenbildung s Kommentierung zu § 622. Zum Verbot von Altersdiskriminierung von Beschäftig-
8 ten s § 10. **g) Sexuelle Identität.** Der Begriff der sexuellen Identität ist nicht aus den Richtlinien übernommen; in diesen wird der Begriff „sexuelle Ausrichtung" verwandt. Nach einer Ansicht soll durch die Verwendung des Wortes „Identität" stärker betont werden, dass es um Benachteiligung wegen grundsätzlicher Ausrichtung, nicht wegen einzelnen Verhaltens geht (s ErfKo/Schlachter 17). Dann wäre eine Benachteiligung wegen einmaligen sexuellen Verhaltens nicht vom Schutzbereich erfasst, was wohl kaum der Intention des Gesetzgebers entspricht. Jedenfalls geschützt nach dem Wortlaut sind Hetero-, Homo- und Bisexualität. Transsexualität hingegen fällt vermutlich eher unter das Merkmal „Geschlecht" (EuGH NJW 04, 1440). Pädophilie und sex Umgang mit Tieren sind, ggf im Wege der teleologischen Reduktion, nicht erfasst (s ähnlich zu Pädophilie auch ErfKo/Schlachter 17), da der Kinder- und Tierschutz Verfassungsrang hat und die entsprechenden Rechtsgüter strafrechtlich geschützt sind.

§ 2 Anwendungsbereich

(1) **Benachteiligungen aus einem in § 1 genannten Grund sind nach Maßgabe dieses Gesetzes unzulässig in Bezug auf:**
1. **die Bedingungen, einschließlich Auswahlkriterien und Einstellungsbedingungen, für den Zugang zu unselbstständiger und selbstständiger Erwerbstätigkeit, unabhängig von Tätigkeitsfeld und beruflicher Position, sowie für den beruflichen Aufstieg,**
2. **die Beschäftigungs- und Arbeitsbedingungen einschließlich Arbeitsentgelt und Entlassungsbedingungen, insbesondere in individual- und kollektivrechtlichen Vereinbarungen und Maßnahmen bei der Durchführung und Beendigung eines Beschäftigungsverhältnisses sowie beim beruflichen Aufstieg,**
3. **den Zugang zu allen Formen und allen Ebenen der Berufsberatung, der Berufsbildung einschließlich der Berufsausbildung, der beruflichen Weiterbildung und der Umschulung sowie der praktischen Berufserfahrung,**
4. **die Mitgliedschaft und Mitwirkung in einer Beschäftigten- oder Arbeitgebervereinigung oder einer Vereinigung, deren Mitglieder einer bestimmten Berufsgruppe angehören, einschließlich der Inanspruchnahme der Leistungen solcher Vereinigungen,**
5. **den Sozialschutz, einschließlich der sozialen Sicherheit und der Gesundheitsdienste,**
6. **die sozialen Vergünstigungen,**

Abschnitt 1. Allgemeiner Teil **§ 2 AGG**

7. die Bildung,
8. den Zugang zu und die Versorgung mit Gütern und Dienstleistungen, die der Öffentlichkeit zur Verfügung stehen, einschließlich von Wohnraum.

(2) ¹Für Leistungen nach dem Sozialgesetzbuch gelten § 33c des Ersten Buches Sozialgesetzbuch und § 19a des Vierten Buches Sozialgesetzbuch. ²Für die betriebliche Altersvorsorge gilt das Betriebsrentengesetz.

(3) ¹Die Geltung sonstiger Benachteiligungsverbote oder Gebote der Gleichbehandlung wird durch dieses Gesetz nicht berührt. ²Dies gilt auch für öffentlich-rechtliche Vorschriften, die dem Schutz bestimmter Personengruppen dienen.

(4) Für Kündigungen gelten ausschließlich die Bestimmungen zum allgemeinen und besonderen Kündigungsschutz.

1. Allgemeines. § 2 umgrenzt den **sachlichen Anwendungsbereich** des AGG 1 und geht dabei **über** das **europarechtlich Geforderte** hinaus. Gefordert ist die Bekämpfung der Diskriminierung auf Grund der Rasse, der ethnischen Herkunft sowie des Geschlechts (§ 1 Rn 2–5). Nur im Bereich von Beschäftigung und Beruf sind europarechtlich als weitere Diskriminierungsgründe vorgesehen: Religion oder Weltanschauung, Behinderung, Alter und sexuelle Ausrichtung (RiLi 2000/78/EG Art 1). Diese Diskriminierungsgründe gelten gem § 19 I (mit Ausnahme des Merkmals „Weltanschauung") auch in Teilbereichen des Zivilrechts; denn – so die BegrRegEntw S 26 – eine Nichteinbeziehung dieser Gründe sei „problematisch", weil damit die entspr Benachteiligungen ungeregelt blieben. Die Erweiterung der Diskriminierungsgründe über das europarechtlich Gebotene hinaus ist dem nationalen Gesetzgeber freilich möglich, da die RiLi insoweit die nationale Gesetzgebungskompetenz nicht begrenzen. Zur Problematik der Erweiterung s Rn 4 vor § 1, § 20 Rn 3.

2. Arbeitsrecht. Den beschäftigungsrechtlichen Bereich erfassen **a) I Nr 1** 2 (hier wird neben der unselbstständigen auch die selbstständige Erwerbstätigkeit entspr BGB 14, zB als selbstständiger Handwerker, einbezogen; **b) I Nr 2** (gilt auch für Nachwirkungen eines beendeten Beschäftigungsverhältnisses [dazu Meinel/Heyn/Herms 20], für Weisungen, Versetzung oder Umsetzung [dazu Meinel/Heyn/Herms 30]); **c) I Nr 3** (zur Berufsberatung SGB III 29–34, 289 f; zur Berufsbildung BBiG).

3. Koalitionsfreiheit. I Nr 4 betrifft die (positive) **Koalitionsfreiheit** (als Ein- 3 zel[grund]recht iSd Rechts, einer Koalition beizutreten und Mitglied zu bleiben). „Koalition" umfasst AN- und AG- sowie Berufsvereinigungen. Ein **Anspruch auf Aufnahme** in die genannten privaten Vereine gewährt § 18 II iVm § 7 I. Unabhängig vom AGG hat die Rspr schon seit Langem unter bestimmten Voraussetzungen einen Aufnahmeanspruch anerkannt, s BGB 38 Rn 2.

4. Sozialschutz; soziale Vergünstigungen; Bildung. Soweit es sich in **I** 4 **Nr 5–7** um Leistungen auf **privatrechtlicher Grundlage** handelt (zB auf Grund eines Arztvertrags [Nr 5], eines Privatschulvertrags [Nr 7] oder sonstigen Fort- oder Ausbildungsvertrags) und um eine Benachteiligung aus Gründen der Rasse oder wegen der ethnischen Herkunft, so ist § 19 anzuwenden. Zumeist werden die in I Nr 5–7 erfassten Sachverhalte öffentl-rechtlichen Regelungen unterliegen; dann ist (bereits) GG 3 III einschlägig.

5. Versorgung mit Gütern und Dienstleistungen. Bes Auslegungsschwierig- 5 keiten bereitet **I Nr 8** im Hinblick auf zivilrechtliche Schuldverhältnisse (vgl § 19 II). Die Begriffe „Güter" und „Dienstleistungen" sind europarechtlich auszulegen. **a) „Güter"** sind Waren (ds körperliche Gegenstände mit Geldwert als möglicher Gegenstand von Handelsgeschäften), Grundstücke (auch Wohnraum), Energie,

6 Wasser, Fernwärme. **b) „Dienstleistungen"** sind – in Anlehnung an EG 50 I, II (Erwägung 11 zur RiLi 2004/113/EG) – Leistungen, die idR gegen Entgelt erbracht werden, insbes gewerbliche, kaufmännische, handwerkliche und freiberufliche Tätigkeiten. Erfasst werden außer Dienst- und Werkverträgen zB Miet-, Leasing-,
7 Maklerverträge. **c) „Wohnraum"** meint – etwas überspitzt – jedes Dach über dem Kopf, zB Mietwohnung, Einfamilienhaus, Hotelzimmer, Obdachlosenunterkunft.
8 **d)** I Nr 8 meint Güter und Dienstleistungen (einschließlich Wohnraum), „die der **Öffentlichkeit zur Verfügung** stehen". Da Güter usw nicht per se dem Zugriff der Öffentlichkeit zur Verfügung stehen, ist zu fragen, wann und weshalb die
9 Öffentlichkeit „zugreifen" kann (sehr str, Nachw bei PalEllenberger 9). **aa)** Die einschlägigen RiLi 2000/43/EG und 2004/113/EG sind nicht ohne weiteres hilfreich, weil sie im hier interessierenden Punkt unterschiedlich abgefasst sind. Die RiLi 2004/113/EG gilt nach Art 3 I „für alle Personen, die Güter und Dienstleistungen bereitstellen, die der Öffentlichkeit ohne Ansehen der Person zur Verfügung stehen ... und die außerhalb des Bereichs des Privat- und Familienlebens und der in diesem Kontext stattfindenden Transaktionen angeboten werden". Die ältere RiLi 2000/43/EG weist in Art 3 I lit h keine entspr Einschränkungen auf, wohl aber hält es Erwägung 4 zu dieser RiLi für „wichtig", „dass im Zusammenhang mit dem Zugang zu und der Versorgung mit Gütern und Dienstleistungen der Schutz der Privatsphäre und des Familienlebens sowie der in diesem Kontext getätigten Geschäfte gewahrt bleibt". Dafür, dass diese auf den Privatbereich bezogene Einschränkung in RiLi 2004/113/EG (dazu Erwägung 13 S 1 zu dieser RiLi) nur für den Diskriminierungsgrund „Geschlecht", aber nicht für die Gründe „Rasse" und „ethnische Herkunft" gelten soll, ist kein sachlicher Grund ersichtlich, nicht zuletzt im Blick auf die zitierte Erwägung 4 zur RiLi 2000/43/EG. Vielmehr ist anzunehmen, dass die jüngere RiLi insoweit in die ältere „hineinzulesen" ist, um eine uferlose Ausdehnung des Geltungsbereichs dieser RiLi zu vermeiden. Somit kommt es darauf an, ob die Güter usw **außerhalb des privaten Bereichs** angeboten werden (sa MK/Thüsing § 19, 66–73). **Bsp** in Erwägung 16 der RiLi 2004/113/EG: Die Vereinsfreiheit gestatte, die Mitgliedschaft in einem privaten Klub auf Männer oder Frauen zu beschränken (ebenso PalEllenberger § 1, 3); die Mitgliedschaft in einem privaten Klub wird von der RiLi offenbar dem „Bereich des Privatlebens und der in diesem Kontext stattfindenden Transaktionen" zugerechnet (vgl
10 RiLi 2004/113/EG Art 3 I). **bb)** Um ein **Angebot außerhalb des privaten Bereichs** handelt es sich zB bei der Aufstellung eines Waren- oder Fahrkartenautomaten oder einer Selbstbedienungszapfsäule (Angebot *ad incertas personas*: BGB 145 Rn 6, 7; BGB 929 Rn 4; auch BGB 105a Rn 4). Hier braucht der anonyme Vertragspartner nur noch „zuzugreifen" und der Vertrag ist perfekt (zur sog Realofferte BGB Rn 20 vor 145). Kein praktischer Unterschied besteht zwischen einem Angebot *ad incertas personas* und einer Anzeige oder ähnlichen Äußerung, durch die der Anzeigende klar zu erkennen gibt, mit jedermann kontrahieren zu wollen (MK/
11 Thüsing § 19, 69 unterscheidet, aber wenig deutlich in § 19,135, 136). **cc)** Von dem Angebot iSv Rn 10 ist die **Aufforderung zur Abgabe eines Angebots** (*invitatio ad offerendum*, BGB 145 Rn 3) zu unterscheiden. Das wird häufig im Hinblick auf die „Öffentlichkeit" der Aufforderung übergangen (Graf von Westphalen ZGS 02, 285; Korell JURA 06, 6; G. Wagner AcP 206, 400 f; Bauer/Göpfert/Krieger 42; Meinel/Heyn/Herms 50 [sa § 19, 25]), insbes in der BegrRegEntw S 32: Da die Aufforderung zB durch Zeitungsanzeigen, Preislisten, Kataloge an die Öffentlichkeit gelangt sei, soll darin „ein Angebot zum Vertragsschluss" liegen, so dass die „angebotenen" Güter oder Leistungen der Öffentlichkeit zur Verfügung stünden; es käme nur darauf an, „dass die Erklärung über die Privatsphäre des Anbietenden hinausgelangt" (dazu phantasievoll Gaier/Wendtland Rn 29–31). Dabei wird verkannt, dass durch eine *invitatio* der Auffordernde nicht zum Anbieter wird. Das entspricht nicht nur der bisher allg Meinung im deutschen Recht, sondern auch dem internationalen Recht, wie es im UN-Kaufrecht („CISG") festgeschrieben ist und für die meisten Mitgliedstaaten der EU gilt: Erklärungen *ad incertas*

Abschnitt 1. Allgemeiner Teil **§ 2 AGG**

personas sind idR keine Angebote (CISG 14 II), so dass es an einer Bindung des Erklärenden fehlt und folglich die Güter usw nicht wie zB bei einem Warenautomat „der Öffentlichkeit zur Verfügung stehen" (sa MK/Thüsing 36, 37). **dd)** Ob die Güter usw der Öffentlichkeit zur Verfügung stehen, hängt von der Person und dem Verhalten desjenigen ab, der über den Zugang und die Versorgung mit Gütern und Dienstleistungen verfügt. Wie in Rn 9 dargelegt, ist maßgebend, ob die Grenze von „Privat" zu „Nicht-Privat" überschritten wird. Derjenige verlässt den privaten Bereich, der am Markt eine anbietende, idR entgeltliche Tätigkeit entfaltet, um über die von ihm – im untechnischen Sinne – „angebotenen" Güter und Dienstleistungen wiederholt und zu vergleichbaren Bedingungen Geschäfte abzuschließen. Diese Güter stehen dann der „Öffentlichkeit zur Verfügung", der „Anbieter" wird am Markt – in Anlehnung an BGB 14 – als **Unternehmer** tätig (BegrRegEntw S 41 [anders S 42 zu § 19 II], sa PalEllenberger 9 [bb]). Das trifft zu für Einzelhandelsgeschäfte aller Art (zB auch für Second-hand-Geschäfte), Kaufhäuser, Hotels, Restaurants, Kinos, Transportunternehmen (hier besteht zuweilen Kontrahierungszwang [Rn 9 vor § 145], den § 21 nicht anordnet, vgl dort Rn 3, 8). Wer nicht in Ausübung einer gewerblichen oder selbstständigen beruflichen Tätigkeit handelt, wird nicht unternehmerisch tätig, ist also **Verbraucher** als Gegenstück zum Unternehmer (BGB 13). Wer als Privatperson seinen gebrauchten Pkw in einem Zeitungsinserat zum Verkauf „anbietet", verlässt damit weder seinen privaten Lebensbereich und „die in diesem Kontext abgeschlossenen Transaktionen" (RiLi 2004/113/EG Art 3 I; so Rn 9), noch ist er in der Lage, den Pkw-Verkauf wiederholt zu vergleichbaren Bedingungen abzuschließen (vgl Thüsing NJW 03, 3443). Folglich steht der Pkw – ungeachtet des Zeitungsinserats – der Öffentlichkeit nicht zur Verfügung (aA BegrRegEntw S 42 zu § 19 II; im Schrifttum hM, Nachw bei PalEllenberger 9). 12

Auch **Wohnraum** muss der „Öffentlichkeit zur Verfügung stehen". Nur unter dieser Voraussetzung greift das Diskriminierungsverbot ein. Das ergibt der eindeutige Wortlaut von I Nr 8. Folglich kommt es darauf an, ob der Wohnraum in Ausübung einer gewerblichen (oder selbstständigen beruflichen) Tätigkeit überlassen wird (zu verneinen für die Vermietung einer Wohnung in einem Zweifamilienhaus durch den dort wohnenden Eigentümer; zu bejahen für Hotels, Obdachlosenunterkunft, für Ferienhäuser bei gewerblicher Vermietung). Zur Wohnraumvermietung als Massen- oder Vielfachgeschäft s § 19 Rn 6. 13

6. Kollisionsregel. II 2 enthält keine Bereichsausnahme für die betriebliche Altersversorgung, sondern eine Kollisionsregel für das Verhältnis BetrAVG – AGG, wonach die Regelungen des BetrAVG Vorrang vor dem AGG haben (BAG BB 08, 558 ff mit Anm Walk/Lipke; Langohr-Plato/Stahl NJW 08, 2378 ff). Das trifft zB nicht zu (s § 1) für die Verbote einer Diskriminierung wegen der Rasse, der ethnischen Herkunft, Religion, Weltanschauung, Behinderung, sexuellen Identität. 14

7. Öffentlich-rechtliche Ge- und Verbote, III. III stellt klar, dass zivil- und öffentl-rechtliche **Verbote** der Ungleich- und **Gebote** der Gleichbehandlung **unberührt** bleiben. 15

8. Kündigungsschutz, IV. Dass für **beschäftigungsrechtliche Kündigungen** ausschließlich die Bestimmungen zum allg und bes Kündigungsschutz gelten sollen, **IV**, wäre *europarechtswidrig* (Thüsing Rn 106–115; str). Die Diskriminierungsverbote des AGG – einschließlich der ebenfalls im AGG vorgesehenen Rechtfertigungen für unterschiedliche Behandlungen – sind deshalb bei der Auslegung der unbestimmten Rechtsbegriffe des Kündigungsschutzges in der Weise zu beachten, dass sie Konkretisierungen des Begriffs der Sozialwidrigkeit darstellen. Zweck des IV ist es sicherzustellen, dass durch das AGG nicht neben das bisherige ein „zweites Kündigungsrecht", also eine besondere „Diskriminierungsklage" neben die Kündigungsschutzklage, treten soll. Nach Ansicht des BAG dient IV daher der „Verzahnung" von AGG und Kündigungsschutzrecht; das AGG ist bei Anwen- 16 dung des allgemeinen Kündigungsschutzrechts zu berücksichtigen. Somit kann unbeschadet von IV ein Verstoß gegen ein Benachteiligungsverbot zur Sozialwidrigkeit der Kündigung führen (BAGE 128, 238, s dazu Temming, AP § 1 KSchG 1969, Nr 182; PalEllenberger 14). Eine entsprechende klarstellende Änderung von IV ist zZ nicht beabsichtigt (Antwort der Bundesregierung auf eine Kleine Anfrage, BT-Drs 16/8935 v 25.4.2008).

§ 3 Begriffsbestimmungen

(1) ¹**Eine unmittelbare Benachteiligung liegt vor, wenn eine Person wegen eines in § 1 genannten Grundes eine weniger günstige Behandlung erfährt, als eine andere Person in einer vergleichbaren Situation erfährt, erfahren hat oder erfahren würde.** ²**Eine unmittelbare Benachteiligung wegen des Geschlechts liegt in Bezug auf § 2 Abs. 1 Nr. 1 bis 4 auch im Falle einer ungünstigeren Behandlung einer Frau wegen Schwangerschaft oder Mutterschaft vor.**

(2) **Eine mittelbare Benachteiligung liegt vor, wenn dem Anschein nach neutrale Vorschriften, Kriterien oder Verfahren Personen wegen eines in § 1 genannten Grundes gegenüber anderen Personen in besonderer Weise benachteiligen können, es sei denn, die betreffenden Vorschriften, Kriterien oder Verfahren sind durch ein rechtmäßiges Ziel sachlich gerechtfertigt und die Mittel sind zur Erreichung dieses Zieles angemessen und erforderlich.**

(3) **Eine Belästigung ist eine Benachteiligung, wenn unerwünschte Verhaltensweisen, die mit einem in § 1 genannten Grund in Zusammenhang stehen, bezwecken oder bewirken, dass die Würde der betreffenden Person verletzt und ein von Einschüchterungen, Anfeindungen, Erniedrigungen, Entwürdigungen oder Beleidigungen gekennzeichnetes Umfeld geschaffen wird.**

(4) **Eine sexuelle Belästigung ist eine Benachteiligung in Bezug auf § 2 Abs. 1 Nr. 1 bis 4, wenn ein unerwünschtes, sexuell bestimmtes Verhalten, wozu auch unerwünschte sexuelle Handlungen und Aufforderungen zu diesen, sexuell bestimmte körperliche Berührungen, Bemerkungen sexuellen Inhalts sowie unerwünschtes Zeigen und sichtbares Anbringen von pornographischen Darstellungen gehören, bezweckt oder bewirkt, dass die Würde der betreffenden Person verletzt wird, insbesondere wenn ein von Einschüchterungen, Anfeindungen, Erniedrigungen, Entwürdigungen oder Beleidigungen gekennzeichnetes Umfeld geschaffen wird.**

(5) ¹**Die Anweisung zur Benachteiligung einer Person aus einem in § 1 genannten Grund gilt als Benachteiligung.** ²**Eine solche Anweisung liegt in Bezug auf § 2 Abs. 1 Nr. 1 bis 4 insbesondere vor, wenn jemand eine Person zu einem Verhalten bestimmt, das einen Beschäftigten oder eine Beschäftigte wegen eines in § 1 genannten Grundes benachteiligt oder benachteiligen kann.**

1 **1. Unmittelbare Benachteiligung, I.** Jede **unmittelbare Benachteiligung** setzt einen **Vergleich** voraus: Eine Person – der Benachteiligte – wird wegen eines in § 1 genannten Merkmals ungünstiger behandelt als eine andere Person in vergleichbarer Situation, die diese(s) Merkmal(e) nicht aufweist. So ist bspw bei Abschluss eines Versicherungsvertrags Vergleichsgruppe nicht alle Menschen, sondern alle Interessenten an dieser Art Versicherungsvertrag (Karlsruhe NJW 10, 2668). Die Vergleichsperson muss nicht gerade jetzt eine andere Behandlung erfahren, vielmehr genügt der Vergleich mit einer früheren oder künftigen Maßnahme. Bsp nach EuGH NJW 08, 2767 ff – Feryn: Die öffentl Ankündigung eines AG, er werde keine AN einer bestimmten ethnischen Herkunft oder Rasse einstellen,

Abschnitt 1. Allgemeiner Teil **§ 3 AGG**

begründet eine unmittelbare Diskriminierung bei der Einstellung, da solche Äußerungen bestimmte Bewerber ernsthaft davon abhalten können, ihre Bewerbungen einzureichen, und damit ihren Zugang zum Arbeitsmarkt zu hindern (krit zur Begründung Lindner NJW 08, 2750 f); vgl ferner EuGH NJW 08, 2763 ff – Coleman (unmittelbare Diskriminierung eines AN wegen Pflege eines behinderten Kindes [die Benachteiligte war nicht behindert], dazu Lindner NJW 08, 2751; Lingscheid BB 08, 1964); sa § 1 Rn 6. Es ist eine unmittelbare Benachteiligung, wenn der gleichgeschlechtliche Lebenspartner in der Altersversorgung anders als der verschiedengeschlechtliche Ehepartner behandelt wird (BAG NJW 10, 1474). Keine Benachteiligung wegen der sexuellen Identität durch einen Privaten ist es hingegen, wenn die Verschiedenbehandlung darauf beruht, dass eine Verpartnerung früher gesetzlich unmöglich war (BAG FamRZ 10, 374). Keine Benachteiligung ist Frage des AG nach Schwerbehinderteneigenschaft, um entsprechenden Kündigungsschutz oder ähnliche den Behinderten schützende Sondernormen zu beachten (BAG NZA 12, 555).

2. Mittelbare Benachteiligung, II. Bei der **mittelbaren Benachteiligung** 2 geht es um Vorschriften, Kriterien oder Verfahren, die **dem Anschein nach „neutral"**, also nicht (unmittelbar) diskriminierend sind, die aber gleichwohl Personen wegen eines in § 1 genannten Grundes gegenüber anderen Personen in bes Weise benachteiligen können. Zu dem Problem der **Kausalität**szusammenhangs zwischen geschütztem Merkmal und der Benachteiligung s Rebhahn/Kietaibl, RW 10, 373. Eine mittelbare Benachteiligung liegt schon tatbestandsmäßig nicht vor, wenn die Vorschriften usw ein rechtmäßiges Ziel mit angemessenen und erforderlichen (also nicht überzogenen) Mitteln verfolgen (sa § 20 Rn 1). Somit ist es keine mittelbare Benachteiligung, wenn bestimmte Zulagen nicht vollumfänglich, sondern im Verhältnis der Teilzeitarbeitszeit zur Vollzeitarbeitszeit an Teilzeitbeschäftigte gezahlt werden, selbst wenn davon überwiegend Frauen betroffen sind, denn Grundlage der Ungleichbehandlung ist der pro-rata-temporis-Grundsatz (BAG NZA 08, 1422, auch BAG ZTR 09, 20). Es ist nicht notwendig zu beweisen, dass im konkreten Fall eine mittelbare Benachteiligung auf Grund eines geschützten Merkmals vorgenommen wird. Vielmehr reicht es aus, wenn das gewählte „scheinneutrale" Merkmal typischerweise mittelbar diskriminierend wirkt (BAG NZA 10, 227; BAG NZA 11, 860) (vgl auch unten § 9 Rn 1). Rechtmäßige Ziele iSv § 3 II AGG können alle nicht ihrerseits diskriminierenden und auch sonst legalen Ziele sein. Dazu gehören auch privatautonom bestimmte Ziele des AG, z. B. betriebliche Notwendigkeiten und Anforderungen an persönliche Fähigkeiten des AN. Als rechtmäßiges Ziel kommt die möglichst optimale Erledigung der anfallenden Arbeit in Betracht. Wenn ein AG Arbeitsanweisungen erteilt, deren Befolgung Kenntnisse der deutschen Schriftsprache verlangt, um die optimale Erledigung der im Betrieb anfallenden Arbeit zu sichern, so ist eine damit verbundene Benachteiligung nicht ausreichend sprachkundiger Arbeitnehmer nach § 3 II gerechtfertigt.

Wann von Verfahren (scheinbar) neutral ist, lässt sich vielleicht noch abschätzen. Ob damit diskriminiert wird oder nicht, ist oft erst ex post und nicht immer sicher zu entscheiden. Bsp (PalEllenberger 3): Wer die Anforderungen eines „Gymnastikkurses für Teilnehmer mit Grundkenntnissen" nicht erfüllt, kann auch dann ausgeschlossen werden, wenn damit letztendlich alte und behinderte Personen betroffen sind. Das Bsp zeigt die Problematik der mittelbaren Benachteiligung: Das Kriterium (Grundkenntnisse) ist neutral; ob damit diskriminiert werden kann oder ob dieser Tatbestand ausgeschlossen ist, darüber lässt sich (zu) oft trefflich streiten. Deshalb ist es bedenklich, diese verborgenen Risiken uneingeschränkt demjenigen aufzubürden, der ein in seinen Augen aus gutem Grund „neutrales" Verfahren usw gewählt hat. Ihm kann aber hinsichtlich des Vermögensschadens (§ 21 II 1) der Entlastungsbeweis (§ 21 II 2) gelingen (§ 21 Rn 7). Besser aber ist Vorsorge: Wer meint, das von ihm gewählte Kriterium usw könne nur den Anschein der Neutralität erwecken, sollte gleich das tatbestandsausschließende Kriterium namhaft machen. Bsp:

„Gesucht wird Schreibkraft m/w perfekt in Schreibmaschine/PC und Beherrschung der deutschen Schreibschrift (‚Sütterlin')". Darin könnte eine Altersdiskriminierung gesehen werden, da Jüngere unter 50 Jahren die deutsche Schreibschrift idR nicht beherrschen, zugleich ist an eine Diskriminierung von Frauen im gebärfähigen Alter zu denken, die – da zu jung – die Sütterlinschrift idR nicht beherrschen (s BVerfG NJW 04, 150; BGB 123 Rn 6). Der Tatbestand der Diskriminierung entfiele zB durch den Hinweis: „Gesucht ... zur selbstständigen Übertragung handschriftlicher Dokumente, insbes Briefen, von deutscher Schreibschrift in Schreibmaschinenschrift". Bei **Versicherungen** kann eine mittelbare Benachteiligung ausscheiden, wenn die Versicherung verlangt, dass der (potentielle) Versicherungsnehmer keine Merkmale aufweist, die eine Risikoverteilung durch die Versicherung unmöglich machen (bspw eine seltene Erkrankung, Karlsruhe NJW 10, 2668).

3 **3. Belästigung als Benachteiligung, III.** Die näher beschriebenen „unerwünschten Verhaltensweisen" sind allein noch keine Belästigung. Hinzukommen muss, dass durch sie die Verletzung der Würde der betroffenen Person und außerdem die Schaffung eines „feindlichen Umfelds" bezweckt oder bewirkt wird. (Die in III definierte „Belästigung" entspricht dem „Mobbing", BAG BB 08, 675 f, aber nur, wenn eine Beziehung zu einem Diskriminierungsmerkmal des § 1 besteht.) Keine Belästigung ist es, wenn der AG nicht sofort auf das Handeln Dritter reagiert (Nichtentfernen von Schmierereien von Toilettentür, s BB NZA 10, 387). Die Würde ist bei kleinen Entgleisungen (noch) nicht verletzt. Die Schaffung eines „feindlichen Umfelds" setzt idR ein andauerndes Handeln voraus, einmalige Fehlgriffe genügen nicht; so die europarechtliche Einschränkung, die in § 3 III des ADG-Entw v 16.12.2004 (BT-Drs 15/4538) noch fehlte, dazu krit Thüsing ZGS 05, 51; die BegrRegEntw S 33 entspricht noch der zum überholten § 3 III, ist also falsch.

4 **4. Sexuelle Belästigung als Benachteiligung, IV.** BAG NJW 12, 407: Eine sexuelle Belästigung liegt vor, wenn ein unerwünschtes, sexuell bestimmtes Verhalten bezweckt oder bewirkt, dass die Würde der betreffenden Person verletzt wird. Für das „Bewirken" genügt der bloße Eintritt der Belästigung. Vorsätzliches Verhalten der für dieses Ergebnis objektiv verantwortlichen Person ist nicht erforderlich. Betrifft nur Benachteiligungen im beschäftigungsrechtlichen Bereich (§ 2 I Nr 1–4). Diese Einschränkung entspricht nicht der RiLi 2004/113/EG Art 2 lit d. Dass ein Verhalten „unerwünscht" ist, muss einem Außenstehenden obj erkennbar sein. Anders als in III genügt es, dass die Benachteiligung bezweckt oder bewirkt, die Würde der betr Person zu verletzen, wobei die Schaffung eines „feindlichen Umfelds" nur ein Beispiel für die Würdeverletzung ist und nicht wie in III ein eigenes Tatbestandsmerkmal darstellt. Daher kann ein einmaliges Fehlverhalten genügen (BAG NZA 11, 1342); das entspricht RiLi 2004/113/EG Art 2 lit d.

5 **5. Anweisung zur Benachteiligung, V.** Sie erfolgt vorsätzlich, ohne dass sich der Anweisende bewusst sein muss, gegen ein Diskriminierungsverbot zu verstoßen (dieses Bewusstsein ist auch bei „direkter" Benachteiligung nicht erforderlich). Die Anweisung ist eine Art Vorbereitungshandlung der (künftigen) Benachteiligung und dieser gleichgestellt. Daher kommt es nicht darauf an, ob die Anweisung befolgt wird oder nicht. Erfolgt eine Benachteiligung, so hat V seinen präventiven Zweck nicht erfüllt.

§ 4 Unterschiedliche Behandlung wegen mehrerer Gründe

Erfolgt eine unterschiedliche Behandlung wegen mehrerer der in § 1 genannten Gründe, so kann diese unterschiedliche Behandlung nach den §§ 8 bis 10 und 20 nur gerechtfertigt werden, wenn sich die Rechtfertigung auf alle diese Gründe erstreckt, derentwegen die unterschiedliche Behandlung erfolgt.

1. Allgemeines. Im Einzelfall können mehrere Diskriminierungsgründe zusammentreffen, zB Alter und Geschlecht. Zwischen den einzelnen Gründen besteht keine Hierarchie im Schweregrad der Diskriminierung. Zur Folge Rn 2.

2. Mehrfach begründete Ungleichbehandlungen. Da die einzelnen **Diskriminierungsgründe gleich schwer** wiegen, kann nicht die Rechtfertigung eines „schwereren" Diskriminierungsgrundes einen „leichteren" entdiskriminieren. Vielmehr ist eine mehrfach begründete Ungleichbehandlung nach §§ 8–10, 20 nur gerechtfertigt, wenn sämtliche Ungleichbehandlungsgründe je für sich gerechtfertigt sind. Zur Rechtfertigung nach § 5 s dort Rn 1.

§ 5 Positive Maßnahmen

Ungeachtet der in den §§ 8 bis 10 sowie in § 20 benannten Gründe ist eine unterschiedliche Behandlung auch zulässig, wenn durch geeignete und angemessene Maßnahmen bestehende Nachteile wegen eines in § 1 genannten Grundes verhindert oder ausgeglichen werden sollen.

1. Ziel. Zwecks **Verhinderung** drohender (nicht wie das Ges sagt: bestehender) oder des **Ausgleichs** bestehender Nachteile wegen eines in § 1 genannten Grundes ist eine Ungleichbehandlung zulässig (dh gerechtfertigt, s § 20 Rn 1), wenn die ergriffenen Maßnahmen hierfür geeignet und angemessen (also nicht überzogen) sind. Die Maßnahmen können vom Gesetzgeber ausgehen, ebenso (zweifelnd Maier-Reimer NJW 06, 2580; abl Kast/Herrmann BB 07, 1845 wegen Art 2 VIII RiLi 76/207/EWG; Art 5 RiLi 2000/43/EG, Art 7 I RiLi 2000/78/EG; letztlich billigend MK/Thüsing 2; ohne Bedenken Meinel/Heyn/Herms 3) vom AG, Tarifvertragspartner, Partner eines Privatvertrags. Möglich sind sowohl Präventivmaßnahmen zur Verhinderung des Eintritts von Nachteilen als auch Milderungen („Ausgleich") bestehender Nachteile. Auf diese Weise werden Gründe der Diskriminierung (§ 1, auch § 19 I am Anfang) zu Gründen der ausgleichenden Vorteilsgewährung. Zum ähnlich strukturierten § 20 I Nr 3 s dort Rn 6.

2. Nachteilige Folgen. Die positiven Maßnahmen zugunsten des einen können sich **nachteilig zu Lasten eines anderen** auswirken. Hier bedarf es einer Abwägung der beiderseitigen Rechtspositionen, was nach der Rspr des EuGH einen unbedingten Vorrang der zu fördernden Gruppe ausschließt (EuGH Rs C-450/93 – Kalanke). Das mag die Gleichwertigkeit aller Diskriminierungsgründe gebieten (dazu § 4 Rn 2), ist aber gleichwohl problematisch; denn stellt sich heraus, dass die positive Maßnahme zugunsten einer Gruppe einer anderen Gruppe zum unangemessenen Nachteil gereicht, so hat derjenige, der die Maßnahme ergriffen hat, die andere Gruppe benachteiligt. Dieses Risiko mit allen Folgen wird zB ein AG kaum auf sich nehmen wollen und daher die positive Maßnahme – für deren Ergreifung keine Pflicht besteht – lieber unterlassen. S BegrRegEntw S 44 zu § 20 I 2 Nr 3: Wenn Vorteilsgewährung „diskriminiert", werden die Vorteile nicht jedermann gewährt, sondern – „entdiskriminierend" – niemandem.

Abschnitt 2. Schutz der Beschäftigten vor Benachteiligung

Unterabschnitt 1. Verbot der Benachteiligung

§ 6 Persönlicher Anwendungsbereich

(1) ¹Beschäftigte im Sinne dieses Gesetzes sind
1. Arbeitnehmerinnen und Arbeitnehmer,
2. die zu ihrer Berufsbildung Beschäftigten,

3. **Personen, die wegen ihrer wirtschaftlichen Unselbstständigkeit als arbeitnehmerähnliche Personen anzusehen sind; zu diesen gehören auch die in Heimarbeit Beschäftigten und die ihnen Gleichgestellten.** ²Als Beschäftigte gelten auch die Bewerberinnen und Bewerber für ein Beschäftigungsverhältnis sowie die Personen, deren Beschäftigungsverhältnis beendet ist.

(2) ¹Arbeitgeber (Arbeitgeber und Arbeitgeberinnen) im Sinne dieses Abschnitts sind natürliche und juristische Personen sowie rechtsfähige Personengesellschaften, die Personen nach Absatz 1 beschäftigen. ²Werden Beschäftigte einem Dritten zur Arbeitsleistung überlassen, so gilt auch dieser als Arbeitgeber im Sinne dieses Abschnitts. ³Für die in Heimarbeit Beschäftigten und die ihnen Gleichgestellten tritt an die Stelle des Arbeitgebers der Auftraggeber oder Zwischenmeister.

(3) Soweit es die Bedingungen für den Zugang zur Erwerbstätigkeit sowie den beruflichen Aufstieg betrifft, gelten die Vorschriften dieses Abschnitts für Selbstständige und Organmitglieder, insbesondere Geschäftsführer oder Geschäftsführerinnen und Vorstände, entsprechend.

Lit: Bauer/Krieger, Verkehrte Welt: Gleichmäßige Verteilung von Kündigungen über alle Altersgruppen als unzulässige Altersdiskriminierung?, NZA 07, 674; Hein, AGG × KSchg = Europa², NZA 08, 1033; Horstmeier, Geschäftsführer und Vorstände als Beschäftigte, GmbHR 07, 125; Lutter, Anwendbarkeit der Altersbestimmungen des AGG auf Organpersonen, BB 07, 725; Langohr-Plato/Stahl, Anwendbarkeit des AGG in der betrieblichen Altersversorgung, NJW 08, 2378; Lindner, Die Ausweitung des Diskriminierungsschutzes durch den EuGH, NJW 08, 2750; Lüttringhaus, Grenzüberschreitender Diskriminierungsschutz, 2010; Mansel, Allgemeines Gleichbehandlungsgesetz – persönlicher und internationaler Anwendungsbereich, FS Canaris, 2007, 809; Weller, Deutsches Gesellschaftsrecht unter europäischem Einfluss, AnwBl 07, 320; Willemsen/Schweibert, Schutz der Beschäftigten im Allgemeinen Gleichbehandlungsgesetz, NJW 06, 2583.

1 1. **Allgemeines.** § 6 regelt den **persönlichen** Anwendungsbereich der §§ 7–18, die spezielle Regelungen zur Gleichbehandlung in Beschäftigungsverhältnissen enthalten. **Sachlicher** Anwendungsbereich: § 2, s dazu für Beschäftigte insbes § 2 Rn 2 f: Statt AGG gilt nach § 2 IV für **Kündigung** eines Beschäftigungsverhältnisses das allg und bes Kündigungsschutzrecht, wobei aber im Rahmen der europarechtskonformen Auslegung des § 2 IV AGG dennoch zu berücksichtigen ist, s dazu § 2 Rn 16, Rn 1 vor BGB 620–630; zur europarechtskonformen Auslegung des § 2 IV s BAG v 6.11.2008 – 2 AZR 701/07; LAG Niedersachsen NZA-RR 08, 350; Hein NZA 08, 1033; Bauer/Krieger NZA 07, 674. – Nach BAG NZA 08, 534 gilt das AGG für die betriebliche Altersversorgung (arg § 6 I 2). Denn § 2 II 2 ist keine Bereichsausnahme, sondern Kollisionsregel. Während § 32 vorsieht, dass die allgemeinen Bestimmungen nur gelten, soweit im AGG nichts Abweichendes bestimmt ist, gilt dieser Vorrang des AGG bezogen auf das Betriebsrentengesetz nicht. Wenn und soweit das BetrAVG Aussagen hinsichtlich bestimmter Unterscheidungen enthält, die einen Bezug zu den in § 1 erwähnten Merkmalen haben, hat das AGG gegenüber diesen älteren Bestimmungen keinen Vorrang. § 2 II 2 bewirkt, dass **Regelungen des Betriebsrentengesetzes** über dort getroffene Unterscheidungen, die Bezug zu den in § 1 erwähnten Merkmalen haben, vom AGG nicht berührt werden. Das gilt z. B. hinsichtlich der an das Merkmal „Alter" anknüpfenden Vorschriften zur gesetzlichen Unverfallbarkeit (s näher § 2 Rn 14). Nach § 2 III sperrt AGG die Anwendung anderer Benachteiligungsverbote/Gleichbehandlungsgebote nicht. Allg arbeitsrechtlicher **Gleichbehandlungsgrundsatz** (ebenso wie primärrechtlicher) (s Rn 30 f vor BGB 611) gilt neben AGG. Die §§ 6–18 sind halbzwingend, **abw Abreden** nur zu Gunsten der geschützten Personen (Beschäftigte und Gleichgestellte iSv § 6) wirksam (§ 31).

2. **Int Anwendungsbereich.** Int Anwendungsbereich (s Mansel FS Canaris, 2007, 801 ff; eingehend Lüttringhaus): Die EG-RiLi, die das AGG umsetzen soll (s

Abschnitt 2. Schutz der Beschäftigten vor Benachteiligung § 6 AGG

Rn 2 vor § 1), enthalten keine kollisionsrechtlichen Schutzklauseln. Es gelten die allg Regeln. AGG ist anwendbar, soweit Art 1 ff der Verordnung [EG] Nr. 593/2008 vom 17.6.2008 über das auf vertragliche Schuldverhältnisse anzuwendende Recht – Rom I-VO –, ABl EG Nr L 177 S 6 (vor dem 17.12.2009: EGBGB 27 ff) auf das deutsche Recht verweisen. AGG ist zwingendes Recht iSv Rom I-VO 8 I. Rom I-VO 8 ist auf alle Beschäftigungsverhältnisse iSv § 6 I anwendbar. Das AGG ist zudem int zwingendes Recht iSv Rom I-VO 9. Das gilt (im Anschluss an BGH IPRax 06, 272 zum Verbraucherkreditrecht) jedenfalls, soweit das AGG EG-RiLi mit umfassendem Anwendungswillen umsetzt und (im Anschluss an EuGH IPRax 01, 225 zum Handelsvertreterrecht) der Sachverhalt einen starken Gemeinschaftsbezug aufweist, etwa weil der Beschäftigte seine Tätigkeit im Gebiet eines EG-Staats ausübt. Ist jedoch das anderenfalls anzuwendende Recht das eines anderen EU-Mitgliedstaates, so ist das Recht dieses Mitgliedstaates anzuwenden, soweit es die Richtlinien ausreichend umsetzt; dasselbe gilt für das Recht eines Drittstaates, wenn die Anwendung dieses Rechts für den Benachteiligten günstiger ist (Lüttringhaus 292). Entspricht die Umsetzung im anderen Mitgliedstaat nicht dem Richtlinienstandard oder weist das Drittstaatenrecht kein vergleichbares Diskriminierungsschutzniveau auf, so finden die Normen des AGG als Eingriffsnormen Anwendung (Lüttringhaus 291 f). Offen ist, ob Rom I-VO 9 auch die über die RiLi-Umsetzung hinaus reichenden (überschießenden) Regelungen des AGG erfasst. Dafür spricht das gesamtgesellschaftliche Ziel des AGG (BegrRegEntw S 23: AGG ist Baustein einer umfassenden Integrationspolitik). Insoweit ist statt eines Gemeinschaftsbezugs ein starker Sachverhaltsbezug zu Deutschland als Anwendungsvoraussetzung der Rom I-VO 9 zu fordern, weil nur für diesen Fall das auf Allgemein- und nicht Individualinteressen ausgerichtete Integrationsziel des deutschen AGG greifen soll. Auch hier greift dann ein Günstigkeitsvergleich. Bei einer deliktischen Anspruchsqualifikation in Diskriminierungsfällen (dazu Mansel aaO 824 ff) bestimmen seit dem 11.1.2009 die Art 4, 14 der Verordnung (EG) Nr. 864/2007 vom 11.7.2007 über das auf außervertragliche Schuldverhältnisse anzuwendende Recht – Rom II-VO –, ABl EG Nr L 199 S 40, ob das AGG im Einzelfall anzuwenden ist. Für vorvertragliche Bewerbungssituationen (s Rn 3) ist Rom II-VO 12 zur Bestimmung des anwendbaren Rechts heranzuziehen.

3. Persönlicher Anwendungsbereich. § 6 regelt eigenen **Beschäftigtenbegriff** des AGG, kein Bezug zum Beschäftigten iSv BPersVG 4 (öffentl Dienst) oder zur Beschäftigung iSv SGB IV 7. § 6 erfasst alle Beschäftigten in der Privatwirtschaft und im öffentl Dienst (BegrRegEntw S 35). Für Beamte, Richter und Zivildienstleistende gilt § 24, für Soldaten gilt Ges über die Gleichbehandlung der Soldatinnen und Soldaten vom 18.8.2006. Für freie Dienstverhältnisse sowie sonstige Beschäftigungsverhältnisse gelten die allg Regeln des AGG. Ausnahme: III. **a) I 1 Nr 1:** AN: s vor BGB 611 Rn 29. **b) I 1 Nr 2:** Berufsbildung meint nicht nur Berufsausbildung. Darunter fallen insbes alle vom BBiG erfassten Personen, die also in Ausbildungs-, Fortbildungs- und Anlernverhältnissen stehen (dazu s Rn 55–57 vor BGB 611). **c) I 1 Nr 3:** zu ANähnlichen Personen s vor BGB 611 Rn 29 (dazu, dass ANähnliche Personen in einer Reihe von Normen AN gleichgestellt werden, s zB ArbSchG 2 II Nr. 3, TVG 12a I Nr. 1, BeschSchG 1 II Nr. 1, BUrlG 2 S 2, SGB X 138, ArbGG 5 I 2, dazu BAG BeckRS 07, 47174); zu Heimarbeitern und Heimgewerbetreibenden s HAG 1 I, ihnen gleichgestellt s HAG 1 II, zur Heimarbeit s vor BGB 611 Rn 49. **d)** Für nach SGB IX ANähnliche Personen (insbes in **Werkstätten** für behinderte Menschen Tätige und Rehabilitanden) entspr Anwendung der §§ 7–18 (BegrRegEntw S 35). **e) I 2:** Auch **Bewerber** um ein Beschäftigungsverhältnis (insbes wegen § 11) und aus einem Beschäftigungsverhältnis Ausgeschiedene (zB wegen § 10 3 Nr 4) sind erfasst (Bauer/Göpfert/Krieger 10 ff mN). Die subjektive Ernsthaftigkeit der Bewerbung ist keine Voraussetzung der Aktivlegitimation (so aber BAG BGleiG E II 2.1 BGB § 611a Nr. 2; offen gelassen in BAG NZA 10, 872, 873), sondern führt zum Einwand treuwidrigen Verhaltens des Bewerbers (BAG NZA

AGG § 6 Abschnitt 2. Schutz der Beschäftigten vor Benachteiligung

12, 667, 669; 13, 37, 39f). Auch die objektive Eignung eines Bewerbers ist keine Tatbestandsvoraussetzung für einen Anspruch nach § 15 I, II iVm § 6 I 2 (so implizit bereits Vorauflagen; jetzt BAG NZA 10, 872, 873; 11, 93; 12, 667, 669; 13, 37, 38; noch offengelassen BAG NZA 09, 1016; krit Bauer/Göpfert/Krieger 10a). Der Wortlaut des § 6 I 2 bietet keinen Anhaltspunkt für das Erfordernis eines solchen Tatbestandsmerkmals. Für eine Auslegung über den Wortlaut hinaus besteht auch angesichts des § 3 I kein Bedürfnis (BAG NZA 10, 872, 873). Denn das Vorliegen einer vergleichbaren Situation iSv § 3 I 1 setzt voraus, dass der Bewerber objektiv für die ausgeschrieben Stelle geeignet ist; vergleichbar ist die Auswahlsituation aber nur für Bewerber, die gleichermaßen die objektive Eignung für die zu besetzende Stelle aufweisen (BAG NZA 10, 872, 874 mN; 12, 667, 669f.; 13, 37, 38). Zweifelhaft ist, ob auch Bewerber unter I 2 fallen, wenn die Stelle bei Bewerbung bereits besetzt war (BAG NZA 11, 200; für den Fall eines diskriminierenden Bewerbungsverfahrens bejaht von BAG NZA 11, 153). Ob Stelle anschließend (überhaupt) besetzt wird, ist irrelevant (BAG NZA 13, 37). **f) II Arbeitgeber** meint bei Ausschreibungen für ein Beschäftigungsverhältnis den potentiellen AG (BAG NZA 11,
4 200). **g) III: Selbstständige** meint selbstständige **Dienstnehmer** (Rn 2 vor BGB 611) unabhängig von Tätigkeitsfeld und beruflicher Position (s § 2 I Nr 1), zB freie Mitarbeiter, Berater (Willemsen/Schweibert NJW 06, 2582). Selbstständige und **Organmitglieder** (Organvertrag unterfällt auch III, nicht nur der parallele Anstellungsvertrag, s noch Rn 18 vor BGB 611; näher Mansel FS Canaris, 2007, 815 f; vgl Horstmeier GmbHR 07, 126; Lutter BB 07, 726; Weller AnwBl 07, 322; allerdings kein Anspruch auf Bestellung zum Organ, s Mansel aaO 816; allgemein zum Diskriminierungsschutz für Organe von Kapitalgesellschaften s Stenslik/Zahn DStR 12, 1865) sind keine Beschäftigten iSv I. Sie erhalten jedoch gem III den Schutz der §§ 7–18, aber nur soweit diese Zugang zur Erwerbstätigkeit (zB § 11 bei Geschäftsführer; auch: erneute Bestellung eines GmbH-Geschäftsführers, dessen befristeter Vertrag ausläuft, s BGH NZA 12, 798f Tz 19ff) und berufliches Fortkommen regeln. Bei Geltendmachung der Ansprüche ist auch die (vom Wortlaut des III nicht erfasste) Beweiserleichterung des § 22 entspr anzuwenden (BGH NZA 12, 799 Tz 25ff; dazu s Stenslik/Zahn DStR 12, 1865). III gilt auch für Organmitglieder, die gleichzeitig **Gesellschafter** sind (PalWeidenkaff 4; Weller AnwBl 07, 320, 322; aA Schröder/Diller NZG 06, 728, 730; differenzierend Bauer/Göpfert/Krieger 29). Str ist, ob auch der Zugang zur Gesellschafterstellung III unterfällt, wenn die Gesellschafterstellung dem Erwerb dient (Bsp Partner in einer Anwaltssozietät) (Weller AnwBl 07, 320, 322; bejahend Thüsing NZA 05, 32, 33; verneinend PalWeidenkaff 4; Schröder/Diller NZG 06, 728, 729). Zum Diskriminierungsschutz bei der Auswahl von Schiedsrichtern s Koepp SchiedsVZ 11, 306ff. III gilt **nicht für andere Regelungsbereiche** als Zugang zur Erwerbstätigkeit/beruflicher Aufstieg. Für die anderen Bereiche, etwa für Tätigkeitsausübung, Vertragsgestaltung, gelten die allg Vorschriften des AGG. **Beendigung** unterfällt daher nicht III (Bauer/Göpfert/Krieger 31; Hk-AGG/Schrader/Schubert 31c; Lutter BB 07, 725, 728; Weller AnwBl 07, 320, 322; Willemsen/Schweibert NJW 06, 2584; aA Horstmeier GmbHR 07, 126), geschieht sie durch Kündigung gilt § 2 IV (im Unterschied etwa zur Beendigung durch Erreichen einer festen Altersgrenze). § 6 III beruht auf Art. 3 I lit. a RiLi 2000/78/EG (Annuß BB 06, 1630 Fn 15: Beschränkung auf Zugang und Aufstieg könnte Umsetzungsdefizit darstellen). S zur neuen **RiLi 2010/41/EU** für den Bereich der selbstständigen Erwerbstätigkeit, auch als Gesellschafter, vor § 1
5 Rn 2. Zum **AG** bei Konstellation des III s Rn 5. Legaldefinition des **AG** iSd §§ 6–18 in **II 1**: AG ist Vertragspartner eines Beschäftigten iSv I bei Beschäftigungsvertrag. Begriff ist daher weiter als AG-Begriff des Arbeitsrechts (zu diesem s Rn 29 vor BGB 611). **II 2**: Bei Leiharbeitnehmern gilt auch der **Entleiher** als AG. **II 3**: Zwischenmeister s Legaldefinition HAG 2 III. – Für **Personen iSv III** (Rn 4) ist AG iSd §§ 6–18 der Vertragspartner des Dienst- bzw. Organvertrags. AG-Definition des II regelt das nicht.

§ 7 Benachteiligungsverbot

(1) **Beschäftigte dürfen nicht wegen eines in § 1 genannten Grundes benachteiligt werden; dies gilt auch, wenn die Person, die die Benachteiligung begeht, das Vorliegen eines in § 1 genannten Grundes bei der Benachteiligung nur annimmt.**

(2) **Bestimmungen in Vereinbarungen, die gegen das Benachteiligungsverbot des Absatzes 1 verstoßen, sind unwirksam.**

(3) **Eine Benachteiligung nach Absatz 1 durch Arbeitgeber oder Beschäftigte ist eine Verletzung vertraglicher Pflichten.**

Lit: Adomeit/Mohr, Benachteiligung von Bewerbern (Beschäftigten) nach dem AGG als Anspruchsgrundlage für Entschädigung und Schadensersatz, NZA 07, 179.

1. Allgemeines. I spricht ein generelles **Verbot** der unmittelbaren und mittelbaren Benachteiligung von Beschäftigten im sachlichen Anwendungsbereich (s § 6 Rn 1) wegen Benachteiligungsmerkmals (s § 1 Rn 2 ff) aus. Vereinbarungen iSv II sind neben Arbeitsverträgen auch Tarifverträge, auch dann, wenn sie vor Inkrafttreten des AGG abgeschlossen wurden (BAG NZA 12, 754 Tz 17). **Geschützt** werden Beschäftigte (s § 6 Rn 1 ff), partiell (über § 6 III) auch ihnen gleichstehende freie Dienstnehmer und Organpersonen (s § 6 Rn 1–4). **Verpflichtet** werden alle Personen iSv § 7 I. Das sind: AG (s § 6 Rn 5), dessen andere Beschäftigte (Mitbeschäftigte, folgt mittelbar aus § 12 III, BegrRegEntw S 35 spricht von „Arbeitskollegen") und Dritte, mit denen der Beschäftigte bei der Ausübung seiner Tätigkeit in Kontakt kommt (folgt mittelbar aus § 12 IV), wie z. B. Kunden des AG (so BegrRegEntw S 35) oder Beschäftigte eines anderen AG, die mit dem benachteiligten Beschäftigten zusammenarbeiten oder selbstständige Dienstnehmer oder Organpersonen des AG, Tarifvertragsparteien (BAG NZA 12, 754 Tz 17), betriebsfremde Gewerkschaftsangehörige usw (sa Mansel, FS Canaris, 2007, 813 f). Tarifvertragsparteien haben wegen der grundrechtlich geschützten Tarifautonomie eine Einschätzungsprärogative „in Bezug auf die sachlichen Gegebenheiten, die betroffenen Interessen und die Regelungsfolgen sowie ein Beurteilungs- und Ermessensspielraum hinsichtlich der inhaltlichen Gestaltung der von ihnen getroffenen Regelungen. Dies ist bei der Prüfung, ob eine Benachteiligung wegen des Geschlechts sachlich gerechtfertigt ist, zu berücksichtigen" (BAG NZA 11, 860, 865 Tz 46).

2. Benachteiligung. Benachteiligung (s näher § 3 Rn 1 ff) im Anwendungsbereich des AGG (s insbes § 2 Rn 2 f) ist auch die Belästigung (§ 3 III), insbes sexuelle Belästigung (§ 3 IV), und die Anweisung zur Benachteiligung (§ 3 V). Benachteiligung iSv § 7 muss **im Rahmen** des Beschäftigungsverhältnisses (folgt aus Beschäftigungsvertrag, s § 6 Rn 2–4) bzw **bei Ausübung** der Beschäftigtentätigkeit (folgt mittelbar aus § 12 IV) erfolgen. Bei Benachteiligung außerhalb dieses Rahmens gelten allein die allg Bestimmungen des AGG über die Gleichbehandlung im Zivilrechtsverkehr, insbes §§ 1–4, 19. Nach **I HS 2** ist Benachteiligter auch derjenige, der das Benachteiligungsmerkmal obj nicht erfüllt, von dem der Benachteiligende dies aber annimmt (zB AG stellt Bewerber nicht ein, weil er annimmt, Bewerber habe eine Behinderung, die tatsächlich nicht vorliegt, s BAG NZA 10, 383). Dieser Fall ist bei Benachteiligung wegen der Rasse stets einschlägig. **Beweislast:** § 22, sa Grobys NZA 06, 898.

3. Keine Benachteiligung. Keine Benachteiligung, wenn unterschiedliche Behandlung (erfasst somit nicht sexuelle und sonstige Belästigung iSv § 3 III, IV, daher hier keine **Rechtfertigung** möglich, sa Annuss BB 06, 1631) zulässig ist nach § 8 (berufliche Anforderung), § 9 (Religion, Weltanschauung), § 10 (Alter). Beachte: Nach § 3 II schon tatbestandlich keine mittelbare Beeinträchtigung, wenn unterschiedliche Behandlung durch rechtmäßiges Ziel und verhältnismäßige Mittel gerechtfertigt (s § 3 Rn 2, § 20 Rn 1).

AGG § 7 Abschnitt 2. Schutz der Beschäftigten vor Benachteiligung

5 **4. Einzelfälle.** Wegen § 6 I 2 (§ 6 Rn 3) Verbot der Benachteiligung schon bei **Bewerbung** und Einstellungsentscheidung (s § 2 I Nr 1) bei Beschäftigungs- oder freiem Dienst- oder Organvertrag (s § 6 III). Die öffentliche Äußerung eines AG, er werde im Rahmen seiner **Einstellungspolitik** keine AN einer bestimmten ethnischen Herkunft oder Rasse einstellen, begründet eine unmittelbare Diskriminierung bei der Einstellung (EuGH NJW 08, 2767, s § 3 Rn 1); das gilt auch für andere Merkmale iSv § 1 (Lindner NJW 08, 2752). Die **Frage** nach (bestehender oder erhoffter) **Schwangerschaft**/Mutterschaft (Benachteiligungsmerkmal gem § 3 I 2; bei Männern wäre danach Frage nach Vaterschaft zulässig) oder einem sonstigen Benachteiligungsmerkmal (s § 1 Rn 2 ff) bei geplanter Einstellung in ein Beschäftigungsverhältnis (§ 6 Rn 2 f) oder freien Dienst- oder Organvertrag (s § 6 III) verstößt bereits gegen § 7 I und ist unzulässig, wenn kein Rechtfertigungsgrund iSd §§ 8–10 eingreift. Das gilt bei Schwangerschaft auch dann, wenn die Beschäftigte zum vorgesehenen Beschäftigungsbeginn wegen Mutterschutzes nicht beschäftigt werden darf oder als Schwangere für den vorgesehenen (befristeten oder unbefristeten) Beschäftigungsplatz nicht geeignet sein sollte, und wegen § 3 I 2 auch dann, wenn sich nur Frauen auf den Beschäftigungsplatz beworben haben (zu BGB 611a aF hinsichtlich Schwangerer bei unbefristeten Arbeitsverhältnissen ebenso: BAG NZA 03, 848 im Anschluss an die Rechtsprechung des EuGH, zu ihr s Schulte Westenberg NJW 03, 490). Wird die Frage wahrheitswidrig verneint, liegt kein Fall des BGB 123 oder BGB 119 II vor. Die **Nichtverlängerung** einer befristeten Beschäftigung wegen Schwangerschaft ist eine unzulässige Benachteiligung auf Grund des Geschlechts (s ArbG Mainz AuA 08, 623 = BeckRS 08, 56479). Auch sind insbes Fragen nach einer Behinderung nur noch im Rahmen der §§ 3 II, 8–10 zulässig (s zur bish Rspr nach fr Recht, die von genereller Zulässigkeit ausging, BAG NJW 85, 645: Körperbehinderung; BAG NJW 94, 1364; ZIP 99, 458: Schwerbehinderteneigenschaft). Zum **„Kopftuch"**-Streit s Lingemann/Müller BB 07, 2009. Zur Belästigung durch **Mobbing** s BAG NZA 08, 225; s § 3 Rn 3. Nach EuGH NJW 08, 2763 – Coleman liegt Benachteiligung des AN auch vor, wenn AG ihn wegen der Behinderung seines **Angehörigen** benachteiligt (s näher § 2 Rn 6, § 3 Rn 1 mwN). Gewährung einer unbedingten **Witwenversorgung** für Witwen männlicher Arbeitnehmer bei Gewährung einer Witwerversorgung für Witwer weiblicher Arbeitnehmer, die unter der Bedingung steht, dass die Ehefrau den überwiegenden Teil des Unterhalts bestritt, ist eine Benachteiligung (BAG NZA 08, 535); auch Beschränkung von Vorruhestandsleistungen auf den Zeitpunkt des frühestmöglichen Renteneintritts, soweit er für Männer und Frauen unterschiedlich ist (BAG NJW 11, 2535). Nicht in jedem Fall eine unzulässige Benachteiligung wegen Behinderung ist die Kündigung wegen langfristiger **Krankheit** (EuGH NZA 06, 839 – Chacón Navas; zust Reichold/Heinrich JZ 07, 194, 198; vgl § 1 Rn 6). Eine vom Lebensalter abhängige Staffelung der Urlaubsdauer ist eine unzulässige unmittelbare Benachteiligung wegen des Alters. Zur Beseitigung dieser Diskriminierung hat eine Anpassung auf die höhere Zahl an Urlaubstagen zu erfolgen (BAG NJW 12, 3466 Tz 11, Anpassung nach oben, s Rn 6).

6 **5. Rechtsfolgen. Rechtsfolgen** bei Verstoß (zur **Zurechnung** von Benachteiligungshandlungen s § 15 Rn 8) gegen § 7 I (s dazu ergänzend § 15 Rn 7; Mansel, FS Canaris, 2007, 813 ff, 817): **a)** Benachteiligende Maßnahmen (zB Weisung), Vereinbarung (so deklaratorisch **II**, erfasst sind Abreden in Individual- und Kollektivverträgen, s BegrRegEntw S 35, erfasst sind auch Betriebs- und Dienstvereinbarungen, NZA 10, 327) oder RGeschäfte sind gem (bei NichtRGeschäften: entspr) BGB 134 iVm § 7 I (VerbotsG) **nichtig**. Zur Entgeltregelung s § 8 Rn 4. Aus § 7 I folgt ein ges **Unterlassungsanspruch** gegen Benachteiligenden (s Rn 2), der kein Verschulden voraussetzt. Voraussetzung Wiederholungs- oder Erstbegehungsgefahr (s § 21 Rn 4). Zu Klage und Urteil entspr § 21 Rn 5. Bei benachteiligenden tarifvertraglichen Vereinbarungen kam eine Erstreckung der für die Bessergestellten geltenden Tarifbestimmungen auf die Benachteiligten bis zur tarifvertraglichen

Neuregelung (**Anpassung "nach oben"**) grundsätzlich bei Nichtigkeit einer Ausnahmeregelung in Betracht, wenn nach dem Regelungstatbestand unter Berücksichtigung der Zusatzbelastung des AG anzunehmen ist, dass die Tarifvertragsparteien die Regelung auch mit erweitertem Anwendungsbereich getroffen hätten (BAG NZA 96, 48), ebenso, wenn die Benachteiligung für die Vergangenheit nur durch eine Anpassung "nach oben" beseitigt werden kann (BAG NZA 12, 163 Tz 20f; NZA 12, 277 Tz 23; NJW 12, 3466 Tz 11; NJW 11, 1836; NZA 10, 947 mN). **b) III:** (1) Verstoß gegen I durch AG ist auch **Vertragsverletzung** (s BGB 611 Rn 38–42) des Beschäftigungsvertrags mit dem benachteiligten Beschäftigten; Vertragsgläubiger ist hier der benachteiligte Beschäftigte. (2) Verstoß durch den Mitbeschäftigten (s Rn 2) ist auch Verletzung dessen Beschäftigungsvertrags mit dem AG. Vertragsgläubiger ist hier nicht benachteiligter Beschäftigter (sa Bauer/Göpfert/Krieger 41 ff; Wagner/Potsch JZ 06, 1085, 1090). Denn der Beschäftigungsvertrag des benachteiligenden Beschäftigten mit dem AG ist idR kein Vertrag mit **Schutzwirkung** zugunsten von dessen anderen (benachteiligten) Beschäftigten (s BGB 611 Rn 39, 619a Rn 7; sa Bauer/Göpfert/Krieger 7). Auch Vertrag des AG mit einem Abnehmer oder Lieferanten ist idR kein Vertrag mit Schutzwirkung zugunsten der Beschäftigten des AG, es sei denn anderes ist ausdr oder stillschweigend zwischen Vertragsparteien vereinbart. III ordnet nichts anderes an, da die Vorschrift – wie II – rein deklaratorisch (s Annuss BB 06, 1634) ist. BegrRegEntw S 35: III "verdeutlicht", dass Vertragsverletzung vorliegt; es gelte das allg Leistungsstörungsrecht. III regelt nicht, wer **Berechtigter** aus der Vertragsverletzung ist. Das bestimmt sich nach allg Vertragsrecht. Daher haben benachteiligte Beschäftigte idR gegen benachteiligende Mitbeschäftigte (Rn 2) oder gegen benachteiligende andere Dritte (wie zB Vertragspartner des AG) keine vertraglichen Ansprüche. **Rechtsfolgen:** Aus erneut oder erstmals drohender (Wiederholungs- bzw. Erstbegehungsgefahr) Vertragsverletzung ergibt sich verschuldensunabhängiger vertraglicher **Unterlassungsanspruch** gegen benachteiligenden Vertragspartner. An Vertragsverletzung knüpft ferner das allg **Leistungsstörungsrecht** an, das nach § 32 anwendbar bleibt (s BegrRegEntw S 35), zB Schadensersatzanspruch gem BGB 280 I und bei cic-Haftung (zB wegen Benachteiligung in Bewerbungsphase) gem BGB 280 I, 311 II, 241 II. **c) Daneben** (s § 32) **Schadensersatzpflicht** des AG gem § 15; andere Personen als AG werden durch § 15 nicht verpflichtet. Zu Deliktshaftung benachteiligender Mitbeschäftigter oder anderer Dritter aus BGB 823 I iVm allg Persönlichkeitsrecht, BGB 823 II, 826, ferner zu **Unterlassungs-** und Beseitigungsansprüchen entspr BGB 1004 s § 15 Rn 2, 7. Zu Vertragshaftung s Rn 7. **d) UU Leistungsverweigerungsrecht** gem § 14. **e) Beschwerderecht** für benachteiligte Beschäftigte s § 13. **f) Schutz- und Beseitigungspflichten** des AG s § 12 III, IV.

§ 8 Zulässige unterschiedliche Behandlung wegen beruflicher Anforderungen

(1) Eine unterschiedliche Behandlung wegen eines in § 1 genannten Grundes ist zulässig, wenn dieser Grund wegen der Art der auszuübenden Tätigkeit oder der Bedingungen ihrer Ausübung eine wesentliche und entscheidende berufliche Anforderung darstellt, sofern der Zweck rechtmäßig und die Anforderung angemessen ist.

(2) Die Vereinbarung einer geringeren Vergütung für gleiche oder gleichwertige Arbeit wegen eines in § 1 genannten Grundes wird nicht dadurch gerechtfertigt, dass wegen eines in § 1 genannten Grundes besondere Schutzvorschriften gelten.

Lit: Annuß, Das Allgemeine Gleichbehandlungsgesetz im Arbeitsrecht, BB 06, 1629; Kock, Allgemeines Gleichbehandlungsgesetz – Überblick über die arbeitsrechtlichen Regelungen,

AGG § 8 Abschnitt 2. Schutz der Beschäftigten vor Benachteiligung

MDR 06, 1088; Richardi, Neues und Altes – Ein Ariadnefaden durch das Labyrinth des Allgemeinen Gleichbehandlungsgesetzes, NZA 06, 881; Willemsen/Schweibert, Schutz der Beschäftigten im Allgemeinen Gleichbehandlungsgesetz, NJW 06, 2583.

1 **1. Allgemeines.** § 8 setzt Art 4 I RiLi 2000/43/EG und 2000/78/EG und Art 2 VI RiLi 76/207/EWG um. Letzte Norm war zuvor durch BGB 611a I 1 aF hinsichtlich der Rechtfertigung der geschlechtsspezifischen Benachteiligung umgesetzt worden. Die Rspr zum bisherigen Recht kann insoweit vorsichtig herangezogen werden. § 8 stellt klar, unter welchen allg Voraussetzungen berufliche Anforderungen eine Ungleichbehandlung rechtfertigen können. Der **Hauptanwendungsbereich** liegt bei Fällen der **unmittelbaren Benachteiligung.** Bei der mittelbaren Benachteiligung verhindert bereits die Rechtfertigung durch einen sachlichen Grund das tatbestandliche Vorliegen einer Benachteiligung; bei einer Belästigung oder sexuellen Belästigung kommt eine Rechtfertigung nicht in Betracht (s § 7 Rn 4).

2 **2. Voraussetzungen. Rechtfertigungsmaßstab** des **I** gilt einheitlich für alle Benachteiligungsmerkmale des § 1. (Erfolgt unterschiedliche Behandlung nicht wegen eines Benachteiligungsmerkmals, sondern aus einem anderen Grund, wie zB Ausbildung, Fachkenntnisse, liegt kein Fall des § 8 vor, sondern schon keine unmittelbare Benachteiligung iSv § 3 I, s zu den anderen Benachteiligungsformen Rn 1 und § 3 Rn 2 ff). Rechtfertigung der unterschiedlichen Behandlung gerade wegen eines Benachteiligungsmerkmals unter folgenden Voraussetzungen (I): **a)** Benachteiligungsmerkmal ist eine wesentliche und entscheidende berufliche **Anforderung,** auf der die Unterschiedsbehandlung beruht. Anforderung kann sich auf **Art** der Tätigkeit (zB Einstellung einer Sopranistin) oder **Ausübungsbedingung** (zB nur Männer werden als Verhandlungspartner in dem Staat anerkannt, in dem der Firmenvertreter seinen Auslandssitz haben soll, s Richardi NZA 06, 883; aA Kock MDR 06, 1090 mN) beziehen. Zulässig ist nach Ansicht des BAG auch das Verbot religiöser Bekundungen, wenn der damit verfolgte Zweck die Neutralität des Landes und der religiöse Schulfrieden ist (BAG NZA 10, 227; NZA-RR 11, 162). Da eine Absenkung des Schutzstandards hinsichtlich des Merkmals Geschlecht nach bish Recht durch den Gesetzgeber mit § 8 nicht beabsichtigt ist (BegrRegEntw S 36), ist anzunehmen, dass eine Ungleichbehandlung nur gestattet ist, wenn Geschlecht bzw das sonstige einschlägige Benachteiligungsmerkmal iSv § 1 eine notwendige (BGB 611a I 1 aF sprach von **„unverzichtbarer")** Voraussetzung der beruflichen Tätigkeit (ideelles Engagement des AG außerhalb der Berufstätigkeit reicht nicht als Rechtfertigungsgrund, zB Bäcker stellt nur katholische Mitarbeiter ein) ist. ZB ist **Geschlecht** nur dann unverzichtbar, wenn ein Angehöriger des jeweils anderen Geschlechts die vertragsgemäße Leistung nicht erbringen könnte und dieses Unvermögen auf Gründen beruht, die ihrerseits der ges Wertentscheidung der Gleichberechtigung beider Geschlechter genügt (zu BGB 611a aF: BAG NJW 99, 1419). Da Geschlechtszugehörigkeit wohl kaum je „unverzichtbar" iSv naturnotwendig sein dürfte (Ausnahme: Amme), wird es auch insoweit auf von allg Überzeugung getragene Konventionen ankommen, die sich im Lauf der Zeit ändern können, Bsp Hebamme (s EuGH NJW 85, 540) oder Lehrerin mit Nachtdienst eines Mädcheninternats (BAG NJW 09, 3672). Unverzichtbar daher, wenn Art der Tätigkeit sich nach der Verkehrssitte ausschließlich an Angehörige des gleichen Geschlechts richtet und deshalb die Zielgruppe Frau/Mann prägend für die Tätigkeit ist (so Richardi NZA 06, 883). Das gilt für jedes Merkmal iSv § 1. Prägend, wenn Merkmal zur **Authentizitätswahrung** erforderlich ist (Annuß BB 06, 1632; BAG NZA 10, 872), zB Dressman für Vorführen von Männermode (Richardi NZA 06, 883); Opernrolle für Bass. Es ist von einem restriktiven Maßstab auszugehen (sa Willemsen/Schweibert NJW 06, 2585; bereits Rspr zu BGB 611a I 2 aF wurde zurecht immer restriktiver s BAG aaO: sachlicher Grund rechtfertigt keine geschlechtsspezifische Differenzierung; LAG Düsseldorf NZA-RR 02, 345: pädagogisches Konzept rechtfertigt keine geschlechtsspezifische Differenzierung; davor eher differenzierungsbereiter s zB LAG Köln NZA-RR 97, 84: Verkäuferin von Damen-

oberbekleidung; LAG Berlin NZA 98, 312: Frauenreferentin). Nach BegrRegEntw S 36 kann aber zulässige unterschiedliche Behandlung zB vorliegen, wenn bei Organisationen der in Deutschland anerkannten nationalen **Minderheiten** und der anerkannten Regional- oder Minderheitensprachen Personen bevorzugt eingestellt werden, die der jeweiligen Gruppe angehören (eher skeptisch Annuß BB 06, 1633). Zulässig (Bsp nach Richardi NZA 06, 883 f; abl Kock MDR 06, 1090 mN): Männerorden lehnt Einstellung einer Frau für eine Tätigkeit ab, die eine ständige persönliche Zusammenarbeit erfordert. Zulässig ist eine Benachteiligung wegen **ethnischer Herkunft**, wenn „Muttersprachler" für die Stelle erforderlich ist (Bauer/Göpfert/Krieger 31; BAG NZA 625: Die Anforderung eines AG an die AN, die deutsche Schriftsprache zu beherrschen, knüpft nicht an eines der in § 1 genannten Merkmale an, denn die deutsche Schriftsprache kann unabhängig von der Zugehörigkeit zu einer Ethnie beherrscht werden). **b)** Nach I HS 3 muss berufliche Anforderung einen rechtmäßigen **Zweck** verfolgen und angemessen sein, dh dem Grundsatz der **Verhältnismäßigkeit** zwischen beruflichem Zweck und Schutz vor Benachteiligung standhalten (BegrRegEntw S 36). Für Angemessenheitsprüfung bedarf es einer wertenden Abwägung zwischen Berufszweck und Schutzzweck. AG kann nur dann darauf verweisen, dass eine bestimmte Marktausrichtung des Unternehmens die Einstellung bestimmter Merkmalsträger erfordere, wenn diese Einstellungsausrichtung „bestandswichtig" für Unternehmen am Markt ist (zu Differenzierungen s Annuß BB 06, 1632 f; restriktiver Kock MDR 06, 1090); das wird nur ganz ausnahmsweise gegeben sein.

3. Grundsatz der Entgeltgleichheit. II regelt den Grundsatz der **Entgelt-** 4 **gleichheit** wie er bisher in BGB 612 III nur für die geschlechtsspezifische Benachteiligung geregelt war. Gegen Entgeltgleichheit verstoßende Abrede (auch Kollektivvereinbarungen wie Betriebsvereinbarung, Tarifvertrag) ist nach BGB 134 iVm § 7 II nichtig, § 7 iVm §§ 8 II, 2 I Nr 2 gibt **Anspruch** auf gleiches Entgelt für gleiche oder gleichwertige Tätigkeit (BegrRegEntw S 36; sa BAG NZA 08, 536). Auch eine Hinterbliebenenversorgung ist Entgelt iSv § 8 II (BAG NZA 08, 536). Gilt auch bei mittelbarer Beeinträchtigung, zB bei Teilzeitarbeit (s Richardi NZA 06, 886 f). Arbeit muss erbracht sein, daher kein Anspruch auf gleiches Entgelt, wenn Arbeit infolge Schutzvorschrift nicht erbracht wird. Arbeit muss gleich oder gleichwertig sein. Überwiegend identische oder gleichwertige Tätigkeit reicht aus. Gleichwertigkeit ist nach obj Maßstab unter Heranziehung der Verkehrsanschauung, Praxis der Tarifvertragsparteien zu bestimmen (BT-Drs 8/3317 S 10 zu BGB 612 aF; kritisch Richardi NZA 06, 887). Daneben allg Gleichbehandlungsgrundsätze anwendbar, s § 6 Rn 1.

§ 9 Zulässige unterschiedliche Behandlung wegen der Religion oder Weltanschauung

(1) Ungeachtet des § 8 ist eine unterschiedliche Behandlung wegen der Religion oder der Weltanschauung bei der Beschäftigung durch Religionsgemeinschaften, die ihnen zugeordneten Einrichtungen ohne Rücksicht auf ihre Rechtsform oder durch Vereinigungen, die sich die gemeinschaftliche Pflege einer Religion oder Weltanschauung zur Aufgabe machen, auch zulässig, wenn eine bestimmte Religion oder Weltanschauung unter Beachtung des Selbstverständnisses der jeweiligen Religionsgemeinschaft oder Vereinigung im Hinblick auf ihr Selbstbestimmungsrecht oder nach der Art der Tätigkeit eine gerechtfertigte berufliche Anforderung darstellt.

(2) Das Verbot unterschiedlicher Behandlung wegen der Religion oder der Weltanschauung berührt nicht das Recht der in Absatz 1 genannten Religionsgemeinschaften, der ihnen zugeordneten Einrichtungen ohne Rücksicht auf ihre Rechtsform oder der Vereinigungen, die sich die gemeinschaftliche Pflege einer Religion oder Weltanschauung zur Aufgabe

AGG § 9 Abschnitt 2. Schutz der Beschäftigten vor Benachteiligung

machen, von ihren Beschäftigten ein loyales und aufrichtiges Verhalten im Sinne ihres jeweiligen Selbstverständnisses verlangen zu können.

1 **1. Allgemeines.** Norm setzt Art 4 RiLi 2000/78/EG um und erlaubt begrenzt religions- oder weltanschaulich bezogene Ungleichbehandlung Beschäftigter. § 9 trägt dem durch GG 4 I, II iVm 140, WRV 137 geschützten Selbstbestimmungsrecht der Religions- und Weltanschauungsgemeinschaften durch einen Tendenzschutz Rechnung. An tendenznah eingesetzte Beschäftigte können religions- oder weltanschaulich bezogene Sonderanforderungen gestellt werden. § 9 ist bes Rechtfertigungsgrund neben § 8 („auch zulässig"). § 4 gilt auch im Anwendungsbereich des § 9. Fraglich ist, ob eine (zulässige) unterschiedliche Behandlung wegen der Religion gleichzeitig eine (stets unzulässige) mittelbare Benachteiligung wegen der ethnischen Herkunft sein kann (Bsp: 90% aller türkischstämmigen Bürger sind muslimischer Religionszugehörigkeit) (offengelassen in BAG NZA 11, 203).

2 **2. Persönlicher Anwendungsbereich. Bevorrechtigte AG** sind Religionsgemeinschaften, Weltanschauungsgemeinschaften und die ihnen qualifiziert zugeordneten Einrichtungen. Begriffe sind auszulegen wie im Rahmen des GG 140 iVm WRV 137 und der dazu ergangenen Rspr. Zugeordnete Einrichtungen sind auch die Vereinigungen, die sich nicht die allseitige, sondern nur die partielle Pflege des religiösen oder weltanschaulichen Lebens ihrer Mitglieder zum Ziel gesetzt haben, aber nur, sofern Vereinigungszweck auf die Pflege dieses geistigen Lebens gerichtet ist. Erfasst sind die organisatorisch oder institutionell mit Kirchen verbundenen Vereinigungen wie kirchliche Orden, weiter die selbstständigen oder unselbstständigen Vereinigungen, deren Zweck die Pflege, Förderung oder Verkündung eines religiösen Bekenntnisses/einer Weltanschauung ist. Maßstab für die Zuordnung einer Einrichtung in den Tendenzschutzbereich ist der Grad der institutionellen Verbindung mit einer Religions- bzw Weltanschauungsgemeinschaft oder die Art der mit der Vereinigung verfolgten Ziele (BegrRegEntw S 37 unter Hinweis auf BVerfGE 24, 246 f; 46, 85 ff; 70, 138 ff, diese zur Religionsgemeinschaft). Bevorrechtigt daher: Caritas, Diakonie, auch Konfessionsvereinigungen ohne Bezug zu einer staatskirchenrechtlich anerkannten Kirche (Richardi NZA 06, 885). Rechtsform der Einrichtung ist nicht relevant für die Zuordnung (sa Bauer/Göpfert/Krieger 10; ErmBelling 3 mN).

3 **3. Sachlicher Anwendungsbereich. Unterschiedliche Behandlung** (s § 8 Rn 1; § 9 erfasst individual- wie kollektivvertragliche Regelungen) **zulässig** nach **I**, wenn eine bestimmte Religion oder Weltanschauung (s § 1 Rn 5) im Hinblick auf das Selbstverständnis des bevorrechtigten AG (s Rn 2) insbes nach der Art der Tätigkeit des Beschäftigten (s § 6) oder den Umständen ihrer Ausübung eine gerechtfertigte berufliche **Anforderung** (Maßstab ist weniger streng als nach § 8 Rn 2, da Anforderung nicht wesentlich und entscheidend sein muss) darstellt. Das **Selbstverständnis** (also kein objektiver Maßstab, Bauer/Göpfert/Krieger 14) des bevorrechtigten AG kann für die katholische Kirche insbes aus der kirchenges erlassenen Grundordnung des kirchlichen Dienstes im Rahmen kirchlicher Arbeitsverhältnisse und für die Evangelische Kirche in Deutschland insbes aus der RiLi über die Anforderungen der privatrechtlichen beruflichen Mitarbeit in der Evangelischen Kirche in Deutschland und ihres Diakonischen Werkes geschlossen werden (Richardi NZA 06, 885).

4 **4. Verhaltensanforderungen. II** stellt klar, dass vom Selbstverständnis (Rn 3) getragene **Verhaltensanforderungen** an Beschäftigte (s Rn 3 zu den beiden Regelwerken der Volkskirchen) weiterhin zulässig sind. Verstöße sind unter Beachtung des Verhältnismäßigkeitsgrundsatzes auch Arbeitsvertragsverletzung (BegrRegEntw S 37). Zum Abwägungsprozess s BAG NJW 12, 1099 (betrifft geschiedenen und wiederverheirateten Chefarzt einer katholischen Klinik): Bei Kündigungen wegen Enttäuschung der berechtigten Loyalitätserwartungen eines kirchlichen AG kann die stets erforderliche Interessenabwägung im Einzelfall zu dem Ergebnis führen, dass

dem AG die Weiterbeschäftigung des Arbeitnehmers zumutbar und die Kündigung deshalb unwirksam ist. Abzuwägen sind das Selbstverständnis der Kirchen einerseits und das Recht des Arbeitnehmers auf Achtung seines Privat- und Familienlebens andererseits.

§ 10 Zulässige unterschiedliche Behandlung wegen des Alters

[1]Ungeachtet des § 8 ist eine unterschiedliche Behandlung wegen des Alters auch zulässig, wenn sie objektiv und angemessen und durch ein legitimes Ziel gerechtfertigt ist. [2]Die Mittel zur Erreichung dieses Ziels müssen angemessen und erforderlich sein. [3]Derartige unterschiedliche Behandlungen können insbesondere Folgendes einschließen:
1. die Festlegung besonderer Bedingungen für den Zugang zur Beschäftigung und zur beruflichen Bildung sowie besonderer Beschäftigungs- und Arbeitsbedingungen, einschließlich der Bedingungen für Entlohnung und Beendigung des Beschäftigungsverhältnisses, um die berufliche Eingliederung von Jugendlichen, älteren Beschäftigten und Personen mit Fürsorgepflichten zu fördern oder ihren Schutz sicherzustellen,
2. die Festlegung von Mindestanforderungen an das Alter, die Berufserfahrung oder das Dienstalter für den Zugang zur Beschäftigung oder für bestimmte mit der Beschäftigung verbundene Vorteile,
3. die Festsetzung eines Höchstalters für die Einstellung auf Grund der spezifischen Ausbildungsanforderungen eines bestimmten Arbeitsplatzes oder auf Grund der Notwendigkeit einer angemessenen Beschäftigungszeit vor dem Eintritt in den Ruhestand,
4. die Festsetzung von Altersgrenzen bei den betrieblichen Systemen der sozialen Sicherheit als Voraussetzung für die Mitgliedschaft oder den Bezug von Altersrente oder von Leistungen bei Invalidität einschließlich der Festsetzung unterschiedlicher Altersgrenzen im Rahmen dieser Systeme für bestimmte Beschäftigte oder Gruppen von Beschäftigten und die Verwendung von Alterskriterien im Rahmen dieser Systeme für versicherungsmathematische Berechnungen,
5. eine Vereinbarung, die die Beendigung des Beschäftigungsverhältnisses ohne Kündigung zu einem Zeitpunkt vorsieht, zu dem der oder die Beschäftigte eine Rente wegen Alters beantragen kann; § 41 des Sechsten Buches Sozialgesetzbuch bleibt unberührt,
6. Differenzierungen von Leistungen in Sozialplänen im Sinne des Betriebsverfassungsgesetzes, wenn die Parteien eine nach Alter oder Betriebszugehörigkeit gestaffelte Abfindungsregelung geschaffen haben, in der die wesentlich vom Alter abhängigen Chancen auf dem Arbeitsmarkt durch eine verhältnismäßig starke Betonung des Lebensalters erkennbar berücksichtigt worden sind, oder Beschäftigte von den Leistungen des Sozialplans ausgeschlossen haben, die wirtschaftlich abgesichert sind, weil sie, gegebenenfalls nach Bezug von Arbeitslosengeld, rentenberechtigt sind.

Lit: Annuß, Das Allgemeine Gleichbehandlungsgesetz im Arbeitsrecht, BB 06, 1629; Bauer/Krieger, Verkehrte Welt: Gleichmäßige Verteilung von Kündigungen über alle Altersgruppen als unzulässige Altersdiskriminierung?, NZA 07, 674; Gärditz, Zur Vereinbarkeit beamtenrechtlicher Altersgrenzen mit der EG-Gleichbehandlungsrichtlinie, GPR 10, 17; Hein, AGG × KSchg = Europa², NZA 08, 1033; Löwisch, Kollektivverträge und Allgemeines Gleichbehandlungsgesetz, DB 06, 1729; Lutter, Anwendbarkeit der Altersbestimmungen des AGG auf Organpersonen, BB 07, 725; Preis, Verbot der Altersdiskriminierung als Gemeinschaftsgrundrecht, NZA 06, 401; Willemsen/Schweibert, Schutz der Beschäftigten im Allgemeinen Gleichbehandlungsgesetz, NJW 06, 2583.

AGG § 10 Abschnitt 2. Schutz der Beschäftigten vor Benachteiligung

1. Allgemeines. § 10 regelt, unter welchen Voraussetzungen eine unterschiedliche Behandlung wegen des Alters zulässig ist. Norm setzt Art 6 RiLi 2000/78/EG um. § 10 gilt neben § 8 („auch zulässig") und hat die gleiche **Rechtsfolge (S 1)**: Ungleichbehandlung ist gerechtfertigt. Daneben sind allg Gleichbehandlungsgrundsätze, insbes primärrechtlicher **Gleichbehandlungsgrundsatz** (der Mangold-Rspr und der Palacios-Entscheidung des EuGH, s Rn 30f vor BGB 611) anwendbar, s § 6 Rn 1. Zu den damit verbundenen Problemen und zu der Frage, ob die Regelbeispiele des S 3 primärrechtswidrig sind, eingehend Preis NZA 06, 401ff. S zur Rechtsprechung zur Altersdiskriminierung Oberwetter BB 07, 1874f; Bissels/Lützeler BB 08, 666ff. Nach BAG 128, 238; NZA 10, 457; 12, 1044 steht das Verbot der Altersdiskriminierung (§§ 1, 10) der Berücksichtigung des Lebensalters im Rahmen der Sozialauswahl (KSchG 1 III 1) nicht entgegen. Auch die Bildung von Altersgruppen bei der Sozialauswahl (KSchG 1 III 2) ist zulässig (BAG NZA 12, 1044, 1049ff; 1090, 1092f). Zur Anwendbarkeit des AGG auf Kündigungen s § 6 Rn 1; Rn 1 vor BGB 620–630.

2. Voraussetzungen. Tatbestand (S 1 und S 2): Unterschiedliche Behandlung (s § 8 Rn 1; § 10 erfasst individual- wie kollektivvertragliche Regelungen) wegen (s § 4 Rn 1 f) Alters (s § 1 Rn 7). Rechtfertigung verlangt insgesamt **Einzelfallabwägung** (BegrRegEntw S 37 f). Das führt zu großer Rechtsunsicherheit, die dem AG wegen der Haftungsrisiken kaum zumutbar ist. Regelbeispiele des S 3 geben Wertungshinweise für Gesamtabwägung. Eine Abwägung, die allein auf der Annahme beruht, ältere Arbeitnehmer hätten es schwerer, eine neue Arbeitsstelle zu finden, ist nicht ausreichend (vgl NZA 10, 327). Im Gegenteil kann eine Altersgruppenbildung gerechtfertigt sein, um eine überdurchschnittliche Kündigung unter der jüngeren Belegschaft entgegenzuwirken (BAGE 128, 238). Zulässig ist auch, bei Stellenabbau jüngeren Arbeitnehmern eine attraktive Abfindungsregelung anzubieten, und ältere Arbeitnehmer eine Teilzeittätigkeit zu eröffnen, da das Ermöglichen der weiteren Teilnahme am Erwerbsleben legitim ist (BAG NZA 10, 561). **S 1 u 2** setzen **obj** Betrachtung voraus, also nicht allein aus der Sicht des AG oder Beschäftigten (sa BAG NZA 10, 327). Abwägung muss dem Gewicht des grundsätzlichen Verbots der Altersdiskriminierung (Annuß BB 06, 1634) des § 1 (und im Wege gemeinschaftsrechtskonformer Auslegung dem des primärrechtlichen Gleichbehandlungsgrundsatzes, s Rn 1) **angemessen** Rechnung tragen und ein legitimes Ziel verfolgen. Beurteilung der **Ziellegitimität** unter Berücksichtigung der fachlich-beruflichen Zusammenhänge der konkreten AG-Maßnahme und/oder solcher Ziele, die über die Situation eines einzelnen Unternehmens oder einer Branche hinausgehen und von allg Interesse sind, wie etwa Beschäftigungspolitik, Arbeitsmarkt oder berufliche Bildung (BegrRegEntw S 38), Sicherung einer angemessenen betrieblichen Altersversorgung (BAG NZA 12, 929, 933 f), der bes Belastungsschutz älterer Beschäftigter (zB durch Staffelung der Wochenarbeitszeit nach dem Lebensalter, Löwisch DB 06, 1729), Ausgleich der erhöhten Belastung älterer AN infolge Arbeitsplatzverlustes durch Altersgruppenbildung im Sozialplan (BAG 137, 310; NZA 11, 988; 1302), nicht aber Entgeltstaffelung nach Lebensalter (Löwisch aaO, s oben § 7 Rn 5f), wohl aber nach Dienstalter (s sogleich). Auch Beurteilung der Ziellegitimität hat aus **obj Perspektive** zu erfolgen (BAG NZA 10, 561 sa Annuß BB 06, 1634; Hk-AGG/Brors 20f; Lutter BB 07, 725, 728) und nicht (anders BegrRegEntw S 38) aus Sicht des AG oder der Tarifvertragsparteien. Legitimes Ziel auch, wenn kein Gemeinwohlinteresse berührt, sondern nur sachlich gerechtfertigtes Betriebsinteresse des AG selbst verfolgt wird (BAG NZA 09, 945 mN; sa Annuß BB 06, 1634 mN; Bauer/Göpfert/Krieger 20 mN; offen gelassen BAG 10, 565 Tz 39; aA Hk-AGG/Brors 20 f). Ausreichend daher zB Herstellung einer ausgewogenen betrieblichen Altersstruktur (Preis NZA 06, 410 mN). Nach EuGH NZA 06, 1205 – Cadman – (zu EG 141) ist Rückgriff auf das Kriterium des Dienstalters bei der Entgeltberechnung idR zur Erreichung des legitimen Zieles geeignet, die Berufserfahrung zu honorieren, die den AN befähigt, seine Arbeit besser zu verrichten. AG hat nicht bes darzulegen, dass der Rückgriff auf dieses Kriterium zur Erreichung des genannten Zieles in Bezug auf einen bestimmten Arbeitsplatz geeignet ist, es sei denn, der AN liefert Anhaltspunkte, die geeignet sind, ernstliche Zweifel in dieser Hinsicht aufkommen zu lassen. Gem S 2 müssen **Mittel** zur Erreichung dieses Ziels angemessen und erforderlich sein. Es bedarf hier einer **Verhältnismäßigkeitsabwägung** wie bei § 3 II (s § 3 Rn 2, § 20 Rn 1). Die Bestimmung der Ziellegitimität und die Mittelabwägung ist aus der Rspr des EuGH zu EG 141 (Gleichbehandlung von Mann und Frau) bekannt, zu ihr s EuGH aaO Rn 32 mN. Zum Abwägungsvorgang s noch § 8 Rn 3, zur Folge der Abwägung § 7 Rn 4. Die Altersgrenze im öffentlichen Dienst ist AGG-konform (Hess VGH, NVwZ 10, 140; sa Gärditz, GPR 10, 17), ebenso die Altersgrenzen für Notare (BVerfG NJW 11, 1131), Universitätsprofessoren (EuGH NJW 11, 42), Staatsanwälte (EuGH NJW 11, 2781), nicht dagegen Altersgrenzen für Piloten (EuGH NJW 11, 3209; BAG NZA 12, 575; 691; 866) und öff bestellte Sachverständige (BVerwG NJW 12, 1018).

3. Regelbeispiele. S 3 Nr 1–6 sind **Regelbeispiele** („insbesondere") zulässiger 3 Ungleichbehandlung (aA für Nr 5–6 Hk-AGG/Brors Rn 4, Rn 25 ff, s dazu mit Detailkritik näher Annuß BB 06, 1633 f; Löwisch DB 06, 1729; Preis NZA 06, 408 ff; Richardi NZA 06, 884 ff; ausführlich und zu Recht kritisch Willemsen/ Schweibert NJW 06, 2586 ff). S 3 enthielt infolge eines Redaktionsversehens im Widerspruch zu dem Anwendungsverbot des § 2 IV noch mit den Nr 6 u 7 aF kündigungsrechtliche Regelungen zur Sozialauswahl und vereinbarten Unkündbarkeit kraft Alters oder Betriebszugehörigkeitsdauer. Durch Gesetz v 2.12.2006 (BGBl I 2742, 2745) wurden beide Vorschriften gestrichen und die bisherige Nr 8 wurde zur gegenwärtigen Nr 6. Die Erfüllung des Regelbeispiels Nr 5 ist unabhängig davon, ob konkret eine Rentenversicherungspflicht bestand (Lutter BB 07, 725, 727).

Unterabschnitt 2. Organisationspflichten des Arbeitgebers

§ 11 Ausschreibung

Ein Arbeitsplatz darf nicht unter Verstoß gegen § 7 Abs. 1 ausgeschrieben werden.

Die Vorschrift ist gegenüber dem (nur geschlechtsbezogenen) Vorbild BGB 611b 1 aF und TzBfG 7 I sprachlich gestrafft, aber ohne inhaltliche Änderung. § 11 erfasst aber mehr Benachteiligungsmerkmale als das bish Recht. Rspr zu BGB 611b aF kann herangezogen werden. **Verpflichteter:** AG iSv § 6 II (§ 6 Rn 5) (sa Bauer/ Göpfert/Krieger 7; aA Diller NZA 07, 649 f). **Arbeitsplatz** meint deshalb Beschäftigungsplatz iSv § 6 I, III (aA BegrRegEntw S 38: nur iSv § 6 I). **Ausschreibung** meint jede Form der Bekanntgabe, zB Zeitungsannonce, Internetmeldung, Aushang im Betrieb, Beauftragung einer Personalvermittlungsstelle usw. Ausschreibung darf nicht iSv § 7 (s dort) benachteiligen, also nicht unzulässig (s §§ 8–10) auf Benachteiligungsmerkmal iSv § 1 unmittelbar oder mittelbar (s § 3, zur Rechtfertigung bei mittelbarer Benachteiligung s bereits § 8 Rn 1) abstellen. Sofern sich AG bei der Stellenausschreibung eines Dritten bedient, ist ihm idR eine durch diesen erfolgende Diskriminierung zuzurechnen (zu BGB 611a aF s BAG NJW 04, 2112; sa Bauer/ Göpfert/Krieger 7). **Verstoß** gegen § 11 ist Verletzung des vorvertraglichen Schuld- 2 verhältnisses zwischen AG und Bewerber aus BGB 311 II, s § 7 Rn 7 aE. Besteht zwischen AG und Bewerber bereits Beschäftigungsvertrag (zB bei Ausschreibung einer Aufstiegsposition), dann Verletzung dieses Vertrags. Daneben Entschädigungsanspruch nach § 15, s dort. Keine Nichtigkeit des mit einem anderen Bewerber begründeten Arbeitsverhältnisses und (§ 15 VI) kein Einstellungsanspruch (bzw

§ 12 Maßnahmen und Pflichten des Arbeitgebers

(1) ¹Der Arbeitgeber ist verpflichtet, die erforderlichen Maßnahmen zum Schutz vor Benachteiligungen wegen eines in § 1 genannten Grundes zu treffen. ²Dieser Schutz umfasst auch vorbeugende Maßnahmen.

(2) ¹Der Arbeitgeber soll in geeigneter Art und Weise, insbesondere im Rahmen der beruflichen Aus- und Fortbildung, auf die Unzulässigkeit solcher Benachteiligungen hinweisen und darauf hinwirken, dass diese unterbleiben. ²Hat der Arbeitgeber seine Beschäftigten in geeigneter Weise zum Zwecke der Verhinderung von Benachteiligung geschult, gilt dies als Erfüllung seiner Pflichten nach Absatz 1.

(3) Verstoßen Beschäftigte gegen das Benachteiligungsverbot des § 7 Abs. 1, so hat der Arbeitgeber die im Einzelfall geeigneten, erforderlichen und angemessenen Maßnahmen zur Unterbindung der Benachteiligung wie Abmahnung, Umsetzung, Versetzung oder Kündigung zu ergreifen.

(4) Werden Beschäftigte bei der Ausübung ihrer Tätigkeit durch Dritte nach § 7 Abs. 1 benachteiligt, so hat der Arbeitgeber die im Einzelfall geeigneten, erforderlichen und angemessenen Maßnahmen zum Schutz der Beschäftigten zu ergreifen.

(5) ¹Dieses Gesetz und § 61b des Arbeitsgerichtsgesetzes sowie Informationen über die für die Behandlung von Beschwerden nach § 13 zuständigen Stellen sind im Betrieb oder in der Dienststelle bekannt zu machen. ²Die Bekanntmachung kann durch Aushang oder Auslegung an geeigneter Stelle oder den Einsatz der im Betrieb oder der Dienststelle üblichen Informations- und Kommunikationstechnik erfolgen.

Lit: Annuß, Das Allgemeine Gleichbehandlungsgesetz im Arbeitsrecht, BB 06, 1629; Bauer/Evers, Schadensersatz und Entschädigung bei Diskriminierung – Ein Fass ohne Boden?, NZA 06, 893; Weller, Die Haftung von Fußballvereinen für Randale und Rassismus, NJW 07, 960; Willemsen/Schweibert, Schutz der Beschäftigten im Allgemeinen Gleichbehandlungsgesetz, NJW 06, 2583.

1. Allgemeines. Norm regelt Organisations-, insbes Präventionspflichten (Rn 2), und repressive Reaktionspflichten (Rn 3 f) des AG. Beachte BetrVG 87 I Nr 1 zur Mitbestimmungspflichtigkeit. **I 1** und **2** ersetzen in dessen Anwendungsbereich aufgehobenen BeschSchG 2 I. AG (s § 6 Rn 5) hat nach **I 1 Pflicht**, Beschäftigten (s § 6 Rn 2–4) vor Benachteiligung iSv § 3 durch Mitbeschäftigte oder Dritte wie zB Lieferanten oder Kunden des AG (s § 7 Rn 2) durch **Maßnahmen** zu schützen. Maßnahmen müssen **obj erforderlich** sein. Erforderlichkeit kann je nach der Betriebsgröße unterschiedlich sein. Maßnahmengebot reicht nur so weit, wie AG nach anderen Vorschriften und Beschäftigungsvertrag rechtlich und tatsächlich Handlungsmöglichkeiten hat. Aus § 12 folgen nur Handlungspflichten, keine Handlungsrechte. Diese richten sich nach den allg Regeln. Mögliche Maßnahmen sind je nach Person des Benachteiligenden unterschiedlich; zu Mitbeschäftigten Rn 3, zu Dritten Rn 4. Maßnahme kann auch in Aufklärung des Benachteiligenden über die Problematik der Benachteiligung liegen (BegrReg-Entw S 38 f). Im Kern ergeben sich teilweise – jedenfalls hinsichtlich der Pflichten aus III und IV – dieselben Pflichten bereits aus der Fürsorgepflicht des Dienstherrn (s BGB 611 Rn 38 ff), jedenfalls dann, wenn Benachteiligung unmittelbar droht oder bereits erfolgte.

Abschnitt 2. Schutz der Beschäftigten vor Benachteiligung §12 AGG

2. Präventionspflicht. Nach I 2, II 1 Pflicht zu **vorbeugenden** Maßnahmen, insbes durch Schulung der Beschäftigten oder zB durch das Aufstellen von Verhaltensrichtlinien diskriminierungsfreier Unternehmenspraxis (s Prenzel/Abaza-Uhrberg Phi 05, 218 ff). Obj geeignete Schulung ist Pflichterfüllung nach I, so dass dann keine Verletzung des Beschäftigungsvertrags durch AG durch Unterlassung vorbeugender Maßnahmen vorliegt. Das stellt deklaratorisch **II 2** klar. Dabei bezieht sich II 2 nur auf die Präventionspflichten des AG. Schreitet AG nach Benachteiligung eines Beschäftigten durch Mitbeschäftigten (s § 7 Rn 2) nicht mittels individualisierter Maßnahmen (s Rn 3) ein, dann verletzt AG seine Pflicht aus I und III trotz einer erfolgten Schulung.

3. Reaktionspflicht. III verpflichtet AG zum Einschreiten gegen benachteiligende Mitbeschäftigte (repressive **Reaktionspflicht**) (wie aufgehobener BeschSchG 4 I). Die gegenüber benachteiligendem Mitbeschäftigten möglichen arbeitsrechtlichen Maßnahmen sind in III nicht abschließend aufgezählt. In Betracht kommen auch rein organisatorische Maßnahmen. Stets müssen Maßnahmen erforderlich und angemessen (s III), aber auch ausreichend effektiv sein, um Benachteiligung zu unterbinden (zu Reaktionspflichten beim **Mobbing** s BAG NZA 08, 226, bei sexueller Belästigung s BAG NJW 12, 407). Geeignet sind nur solche Maßnahmen, von denen AG annehmen darf, dass sie die Benachteiligung für die Zukunft abstellen, also Wiederholungsgefahr ausschließen (BAG NJW 12, 407). AN hat Anspruch auf fehlerfreie Ermessensentscheidung der AG, Möglichkeit der Ermessensreduzierung auf Null (BAG NZA 08, 226). Kündigung des benachteiligenden Mitbeschäftigten ist grundsätzlich ultima ratio (so auch BAG NZA 08, 226). Im Einzelfall kann fristlose Kündigung erforderlich sein. III konkretisiert dabei die nach § 626 I erforderliche Interessenabwägung (BAG NJW 12, 407). Die Zuweisung eines anderen Beschäftigungsplatzes zur Kontaktvermeidung ist allerdings nicht vorrangig, da die Benachteiligung allein vom Willen des benachteiligenden Mitbeschäftigten abhängt. Nach § 2 IV untersteht Kündigung dem allg Kündigungsschutzrecht (s Rn 1 vor BGB 620–630); hier ist aber die Wertung des III im Rahmen der erforderlichen Abwägungen ergebnisrelevant zu berücksichtigen (BAG NJW 12, 409).

4. Einschreiten gegen Dritte. Reaktionspflicht nach **IV** verpflichtet AG zum Einschreiten gegen **benachteiligende Dritte** (zum Personenkreis s § 7 Rn 2), sofern Benachteiligung tätigkeitsbezogen erfolgte (s § 7 Rn 3). Maßnahmen müssen erforderlich und angemessen sein (wie Rn 3). Art der Maßnahme ist offen; dazu BegrRegEntw S 39: Gerade in Kundenbeziehungen sei die Form einer angemessenen Reaktion anhand der konkreten Umstände des Einzelfalls zu bestimmen. AG ist nicht verpflichtet, Vertragsbeziehung zu Drittem abzubrechen, sondern nur dazu, Dritten auf Rechtswidrigkeit seines Tuns hinzuweisen, wenn dessen Benachteiligungshandeln nachgewiesen ist, gegebenenfalls Hausverbot, um direkten Kontakt zu vermeiden (sa PalWeidenkaff 2). Weitergehende Reaktionspflicht des AG gegenüber Dritten wäre mE übermäßiger gesetzgeberischer Eingriff in Handlungsfreiheit des AG (wohl ähnlich Bauer/Göpfert/Krieger 42; differenzierend [in Einzelfällen Kündigung erforderlich] Weller NJW 07, 962; Hk-AGG/Buschmann 30; ErmBelling 8: ultima ratio; aA PalWeidenkaff 2: auch Vertragskündigung, Belieferungssperre). AG hat Schutzauftrag gegenüber Beschäftigten, aber keinen Erziehungsauftrag gegenüber Dritten. Denkbar aber, Benachteiligungsverbot in AGB aufzunehmen oder es dem Beschäftigten nach einer erfolgten Benachteiligung durch einen Dritten zu überlassen, ob er den Kontakt mit Drittem einschränken möchte.

5. Informationspflicht. V setzt Art. 10 RiLi 2000/43/EG, 12 RiLi 2000/78/EG und 8 RiLi 76/207/ EWG um und sieht **Informationspflicht** vor. Die Bekanntmachung kann mittels der in dem Betrieb oder der Dienststelle üblichen Informations- und Kommunikationstechnik (zB Intranet, s BegrRegEntw S 39)

AGG §§ 13, 14 Abschnitt 2. Schutz der Beschäftigten vor Benachteiligung

erfolgen. Erforderlich: Adressatenkreis muss von der Bekanntmachung in unternehmensüblicher Weise Kenntnis erlangen können.

6 **6. Sanktionen. a) Schadensersatz:** § 15 greift bei Verletzung der in § 12 gesetzten AG-Pflichten nicht (Mansel FS Canaris, 2007, 814 f; ebenso Hk-AGG/Deinert § 15 Rn 50a; iE ebenso Annuß BB 06, 1635; wohl auch Willemsen/Schweibert NJW 06, 2590 f; aA Bauer/Göpfert/Krieger 5; Bauer/Evers NZA 06, 893), da § 15 I Benachteiligung verlangt, die Verstöße gegen § 12 aber keine Benachteiligung iSv § 3 I, II sind (zur anderen Frage, ob dem AG die Benachteiligungen durch Dritte und Mitbeschäftigte als eigene zuzurechnen sind, s § 15 Rn 8). Ein Verstoß gegen III oder IV (im Einzelfall auch der gegen I, II, s Willemsen/Schweibert NJW 06, 2592, hier aber Kausalität meist nicht nachweisbar) ist Verletzung des Beschäftigungsvertrags (idR auch Verletzung allg Fürsorgepflicht, s Rn 1): Haftung AG nach BGB 280. Jedenfalls § 12 III, IV sind Schutzgesetze, daher auch Haftung nach BGB 823 II möglich. Zu ersetzen ist nach BGB 249 materieller Schaden (selten nachweisbar, s Annuß BB 06, 1635 mN). Immaterieller Schaden durch AG nur unter Voraussetzung BGB 253 II zu ersetzen; wird kaum eingreifen, da Voraussetzungen BGB 253 II durch Verletzungshandlung nach I–IV idR nicht erfüllt werden. **b) Zurückbehaltungsrecht** des Beschäftigten: BGB 273 und ggf § 14.

Unterabschnitt 3. Rechte der Beschäftigten

§ 13 Beschwerderecht

(1) ¹**Die Beschäftigten haben das Recht, sich bei den zuständigen Stellen des Betriebs, des Unternehmens oder der Dienststelle zu beschweren, wenn sie sich im Zusammenhang mit ihrem Beschäftigungsverhältnis vom Arbeitgeber, von Vorgesetzten, anderen Beschäftigten oder Dritten wegen eines in § 1 genannten Grundes benachteiligt fühlen.** ²**Die Beschwerde ist zu prüfen und das Ergebnis der oder dem beschwerdeführenden Beschäftigten mitzuteilen.**

(2) **Die Rechte der Arbeitnehmervertretungen bleiben unberührt.**

Lit: Willemsen/Schweibert, Schutz der Beschäftigten im Allgemeinen Gleichbehandlungsgesetz, NJW 06, 2583.

1 **Allgemeines. Norm** entspricht aufgehobenem BeschSchG 3. Beschwerde nach § 13 ist keine Voraussetzung für Geltendmachung von Ansprüchen des Beschäftigten. Fehlt durch AG eingerichtete spezielle Beschwerdestelle (nicht zwingend vorgeschrieben, sa Bauer/Göpfert/Krieger 5; ErmBelling 3; Hk-AGG/Buschmann 18; aA Willemsen/Schweibert NJW 06, 2592), so ist Vorgesetzter die **zuständige Stelle** iSv I 1 (BegrRegEntw S 41). AG muss zuständige Stelle gem § 12 V bekannt machen. Beschwerde darf keine Maßregelung auslösen (§ 16). Beschwerde kann Maßnahme nach § 12 als AG-Reaktion verlangen. **I 2** begründet **Bescheidpflicht** des AG. **II** stellt klar, dass Rechte der Arbeitnehmervertretungen (zB BetrVG 85) unberührt bleiben. Der Betriebsrat ist daher bei der Einrichtung zu beteiligen (BAG NZA 09, 1049).

§ 14 Leistungsverweigerungsrecht

¹**Ergreift der Arbeitgeber keine oder offensichtlich ungeeignete Maßnahmen zur Unterbindung einer Belästigung oder sexuellen Belästigung am Arbeitsplatz, sind die betroffenen Beschäftigten berechtigt, ihre Tätigkeit ohne Verlust des Arbeitsentgelts einzustellen, soweit dies zu ihrem Schutz erforderlich ist.** ²**§ 273 des Bürgerlichen Gesetzbuchs bleibt unberührt.**

Abschnitt 2. Schutz der Beschäftigten vor Benachteiligung **§ 15 AGG**

Allgemeines. Norm hat aufgehobenen BeschSchG 4 zum Vorbild. **Voraussetzung (S 1):** AG (s § 6 Rn 5) hat keine oder offensichtlich ungeeignete Maßnahmen nach § 12 III, IV zur Unterbindung einer Belästigung (§ 3 Rn 3) oder sexuellen Belästigung (§ 3 Rn 4) eines Beschäftigten (s § 6 Rn 2–4) unternommen. Anwendungsfall zB Belästigung durch AG oder Vorgesetzten selbst. **Rechtsfolge:** Beschäftigter hat **Leistungsverweigerungsrecht** von vollem Entgeltanspruch, **soweit** zum Schutz des Beschäftigten erforderlich, insbes nicht, wenn Beschäftigter bei Tätigkeit Kontakt mit Belästiger sicher und zumutbar ausweichen kann. Diese Einschränkung des Leistungsverweigerungsrechts hat keine Auswirkung auf die anderen Ansprüche des Beschäftigten, insbes die nach §§ 7, 12, 15. Nach **S 2** bleibt BGB 273 daneben anwendbar. **Zurückbehaltungsrecht** des Beschäftigten wegen **anderer Benachteiligungen** als (sexueller) Belästigung unter den Voraussetzungen des BGB 273.

§ 15 Entschädigung und Schadensersatz

(1) ¹**Bei einem Verstoß gegen das Benachteiligungsverbot ist der Arbeitgeber verpflichtet, den hierdurch entstandenen Schaden zu ersetzen.** ²**Dies gilt nicht, wenn der Arbeitgeber die Pflichtverletzung nicht zu vertreten hat.**

(2) ¹**Wegen eines Schadens, der nicht Vermögensschaden ist, kann der oder die Beschäftigte eine angemessene Entschädigung in Geld verlangen.** ²**Die Entschädigung darf bei einer Nichteinstellung drei Monatsgehälter nicht übersteigen, wenn der oder die Beschäftigte auch bei benachteiligungsfreier Auswahl nicht eingestellt worden wäre.**

(3) **Der Arbeitgeber ist bei der Anwendung kollektivrechtlicher Vereinbarungen nur dann zur Entschädigung verpflichtet, wenn er vorsätzlich oder grob fahrlässig handelt.**

(4) ¹**Ein Anspruch nach Absatz 1 oder 2 muss innerhalb einer Frist von zwei Monaten schriftlich geltend gemacht werden, es sei denn, die Tarifvertragsparteien haben etwas anderes vereinbart.** ²**Die Frist beginnt im Falle einer Bewerbung oder eines beruflichen Aufstiegs mit dem Zugang der Ablehnung und in den sonstigen Fällen einer Benachteiligung zu dem Zeitpunkt, in dem der oder die Beschäftigte von der Benachteiligung Kenntnis erlangt.**

(5) **Im Übrigen bleiben Ansprüche gegen den Arbeitgeber, die sich aus anderen Rechtsvorschriften ergeben, unberührt.**

(6) **Ein Verstoß des Arbeitgebers gegen das Benachteiligungsverbot des § 7 Abs. 1 begründet keinen Anspruch auf Begründung eines Beschäftigungsverhältnisses, Berufsausbildungsverhältnisses oder einen beruflichen Aufstieg, es sei denn, ein solcher ergibt sich aus einem anderen Rechtsgrund.**

Lit: Düwell, Die Neuregelung des Verbots der Benachteiligung wegen Behinderung im AGG, BB 06, 1741; Lehmann, Die Höhe des finanziellen Ausgleichs nach § 15 Abs 1 und 2 AGG unter besonderer Berücksichtigung der Rechtsprechung des EuGH, 2010; Vandenberghe, The Economics of the Non-Discrimination Principle in General Contract Law, ERCL 07, 410; Wagner/Potsch, Haftung für Diskriminierungsschäden nach dem AGG, JZ 06, 1085.

1. Allgemeines. Norm setzt Art 15 RiLi 2000/43/EG, Art 17 RiLi 2000/78/EG, Art 6, 8d RiLi 76/207/EWG und Art 18 RiLi 2006/54/EG v 5.7.2006 um. § 15 lehnt sich an BGB 611a aF an. Der Beschäftigte (s § 6 Rn 2–4) hat bei einem rechtswidrigen (bes Rechtfertigungsgründe: §§ 8–10) Verstoß gegen Benachteiligungsverbot des § 7 **gegen** den **AG** gem § 15 Anspruch auf **Ersatz** materiellen (I) und immateriellen (II) **Schadens.** Andere Personen als AG werden durch § 15 nicht verpflichtet. **Anspruchskonkurrenz (V):** Die aus dem Benachteiligungsverhalten

AGG § 15 Abschnitt 2. Schutz der Beschäftigten vor Benachteiligung

erwachsenden Ansprüche gegen den AG nach anderen Vorschriften als denen des AGG bleiben erhalten (s Rn 2, 7).

2 **2. Unterlassungs- und Beseitigungsanspruch.** § 15 regelt **Unterlassungs- und Beseitigungsanspruch** nicht. Verschuldensunabhängige (zur Handlungszurechnung s Rn 8) Unterlassungsansprüche: (1) Aus § 7 I folgt ges Unterlassungsanspruch gegen den Benachteiligenden s § 7 Rn 6 f, zu den Verpflichteten s § 7 Rn 2. (2) Aus dem Beschäftigungsvertrag iVm § 7 I, III folgt ein vertraglicher Unterlassungsanspruch s § 7 Rn 6 f. (3) Entspr BGB 1004 (zulässig nach **V**) besteht bei Verstoß gegen § 7 I ein ges Unterlassungs- und Beseitigungsanspruch des Benachteiligten gegen den Benachteiligenden (s BegrRegEntw S 41). Voraussetzung, Folgen wie bei § 21 Rn 2–5. (4) Aus § 12 III, IV (s dort) kann für AG verschuldensunabhängige Schutz- und Beseitigungspflicht folgen.

3 **3. Ersatzanspruch (materieller Schaden).** Ersatz des materiellen Schadens (Vermögensschaden) des benachteiligten Beschäftigten (I). I lehnt sich an BGB 280 I an. Anspruchsverpflichtet: AG. Anspruchsberechtigt: Beschäftigter (s § 6 Rn 2–4). **Vorausgesetzt** (Beweiserleichterung: § 22) wird nach **I 1: (1) Beschäftigungsverhältnis** bzw. Bewerbung darum (s § 6 Rn 2–4); **(2)** rechtswidriger (bes Rechtfertigungsgründe: §§ 8–10) **Verstoß** gegen Benachteiligungsverbot des **§ 7 I durch AG**. Die Benachteiligung muss kausal für den Schaden sein. Ausreichend ist aber schon, wenn sie einer unter mehreren Gründen für die Andersbehandlung ist (BAGE 129, 181; NZA 10, 280). Somit ist die **tatsächliche Qualifikation** eines Bewerbers für die ausgeschriebene Stelle **nicht Tatbestandsmerkmal** (BAG NJW 10, 2970; BAG NZA 10, 872), wohl aber kann es bei Fehlen derselben an der „vergleichbaren Situation", § 3 Abs 1 S 1, fehlen (BAG NJW 10, 2970; NZA 12, 667; 13, 37). Handeln andere (Mitbeschäftigte oder andere Dritte, s § 7 Rn 2), so löst das eine Haftung des AG nur aus, wenn deren Handeln dem AG über BGB 31 oder BGB 278 zuzurechnen ist (s Rn 8). Nicht ausreichend für § 15 ist Verstoß des AG allein gegen § 12 (s § 12 Rn 6 mN). **(3)** Nach **I 2** kein Anspruch, wenn AG Verstoß gegen § 7 I nicht zu **vertreten** hat (nach Wagner/Potsch JZ 06, 1091 ist diese Einschränkung gemeinschaftsrechtswidrig; ebenso Hk-AGG/Deinert 30; Lehmann *passim*; s aber zur Gemeinschaftsrechtskonformität Rn 4). AG hat Darlegungs- und Beweislast (zur Qualifikation als Einwendung s § 21 Rn 7); BGB 276, 278 gelten uneingeschränkt (zur Zurechnung s noch Rn 8). **Rechtsfolge:** Schadensersatz. Haftungsausfüllende Kausalität zwischen Benachteiligung und daraus fließendem Schaden erforderlich. Schaden hat nur der, welcher bei benachteiligungsfreier Auswahl eingestellt worden wäre (BAG NZA 10, 1412; so ebenfalls wohl Bauer/Göpfert/Krieger 24 ff, insbes Rn 30a; ErmBelling Rn 6; sa Hk-AGG/Deinert 39e; abw Wagner/Potsch JZ 06, 1095 f, welche dies zwar als prima facie logische Konsequenz der Einteilung in I u II darstellen. Nach Wagner/Potsch ist dieses Ergebnis aber nicht zwingend; auch der, der die Beschäftigung nicht erhalten hätte, habe einen Schaden, der in dem Wert der Einstellungschance liege). Es gelten BGB 249 ff. Ersatz geht auf **positives Interesse** (iE Willemsen/Schweibert NJW 06, 2589; aA von Bauer/Evers NZA 06, 896 [Vertrauensschaden wegen VI] ist abzulehnen, da aus VI nur Verbot der Naturalrestitution, nicht aber Verbot des Ersatzes des Erfüllungsinteresses in Geld folgt). Daher Ersatz der entgangenen Vergütung (unter Anrechnung anderweitigen Verdiensts bzw Sozialleistung für Beschäftigungslose). **Begrenzung:** Ersatz nur bis zur ersten fiktiven Kündigungsmöglichkeit (s Willemsen/Schweibert NJW 06, 2589 mN). BGB 254 gilt, nach BGB 254 II 1 **Schadensminderungspflicht** des Beschäftigten zur Aufnahme einer zumutbaren anderweitigen Beschäftigung oder Verdienstmöglichkeit. Nach **VI** (lex specialis zu BGB 249 I) kein Kontrahierungszwang, **keine Naturalrestitution** iSv BGB 249 I (BAG NZA 12, 317 Tz 55ff; IV ist entsprechend auf Maßregelungsverbot des BGB 612a anzuwenden). Daher gibt § 15 nur Geldanspruch auf positives Interesse, aber keinen Anspruch auf einen beruflichen Aufstieg oder Abschluss eines Beschäftigungsvertrags (sa Hk-AGG/Deinert 2, 8). Beides kann nach V letzter HS aus anderen Rechtsnor-

Abschnitt 2. Schutz der Beschäftigten vor Benachteiligung § **15 AGG**

men folgen, daher bleiben zB (seltener) Kontrahierungszwang nach BGB 826 oder Anspruch auf tariflichen Bewährungsaufstieg unberührt.

4. Entschädigungsanspruch (immaterieller Schaden). a) II ist *lex specialis* zu 4 BGB 253 II. § 15 II regelt Entschädigung wegen Nichtvermögensschaden entspr Grundgedanken BGB 611a II, III aF. § 15 II ist wie (eine I bloß ergänzende) Rechtsfolgenanordnung formuliert. Dennoch ist II als eigenständige, verschuldensunabhängige (BAGE 129, 181; BAG NJW 10, 2790) Anspruchsgrundlage für Nichtvermögensschaden einzustufen (sa BAG NJW 10, 2790; ErmBelling 8; jetzt auch PalWeidenkaff 6; aA Bauer/Göpfert/Krieger 31), was der gesetzgeberische Wille (BegrRegEntw S 40) und eine richtlinienkonforme Auslegung, da RiLi-Normen (s Rn 1) eine wirksame Sanktion verlangen und EuGH (s insbes EuGH NJW 91, 628) darunter einen verschuldensunabhängigen Schadensersatzanspruch versteht (I 2 wäre gemeinschaftsrechtswidrig, wenn nicht wenigstens eine abschreckende Sanktion – wie hier Haftung nach II – verschuldensunabhängig wäre, sa ErmBelling 1f mN; Bauer/Göpfert/Krieger 32 sehen **II** zwar als Rechtsfolgenanordnung, verlangen aber Reduktion des Verschuldenserfordernisses). **b) Voraussetzungen** für Haftung nach II wie nach I 1 (s Rn 3). Verstoß gegen § 7 I bedarf auch iRv II keiner besonderen Qualität. Es wird nicht auf I 2 verwiesen, daher ist Haftung nach II **verschuldensunabhängig** (Annuß BB 06, 1635; Bauer/Evers NZA 06, 896; Willemsen/Schweibert NJW 06, 2589). **c)** Die **Höhe** der Entschädigung muss **angemessen** sein. Das entspricht der Regelung des Schmerzensgeldes in BGB 253. Die parallele Gewährung materiellen Schadensersatzes ist bei der Bemessung des immateriellen Ersatzes nach II nicht zu berücksichtigen (BAG NZA 12, 802 Tz 73). In Gesamtabwägung zu beachtende Bemessungskriterien (wie § 21 Rn 9): Art der Benachteiligungshandlung, Benachteiligungsanlass und -motive, Schwere der Benachteiligungsfolgen, Folgen hinsichtlich des Persönlichkeitsrechts des AN, der Grad der Verantwortlichkeit des AG (s BAG NZA 11, 153 Tz 64 mN); „Abschreckungsschwelle" hängt von wirtschaftlicher Leistungsfähigkeit des AG ab. Daher zB (s BegrRegEntw S 40) erhöhte Entschädigung, wenn ein Beschäftigter aus mehreren Gründen unzulässig benachteiligt oder belästigt wird. Ein Entschädigungsanspruch wegen Diskriminierung im Stellenbesetzungsverfahren setzt voraus, dass sich der Benachteiligte subj ernsthaft beworben hat und obj für die zu besetzende Stelle in Betracht kommt (BAG NZA 11, 158 Tz 54f); an der Ernsthaftigkeit fehlt es, wenn der Benachteiligte – ähnlich einem Abmahnverein – das Verhalten des AG als Geldeinnahmequelle ausnutzen möchte (BAG NZA 11, 153 Tz 54 mN). (Beachte den Unterschied zu § 6 Rn 3: Für den Begriff des Bewerbers ist subj Ernsthaftigkeit der Bewerbung und obj Eignung des Bewerbers nicht vorausgesetzt.) **II 2** HS 1 legt **Obergrenze** bei benachteiligender Nichteinstellung fest (entspr BGB 611a III 1 aF). Entspr BGB 611a III 2 aF gilt als Monatsverdienst, was dem Bewerber bei regelmäßiger Arbeitszeit in dem Monat, in dem das Beschäftigungsverhältnis hätte begründet werden sollen, an Geld- und Sachbezügen zugestanden hätte. Nur der eine benachteiligte bestqualifizierte Bewerber (der ohne Benachteiligung einzustellen gewesen wäre) kann eine über die Obergrenze des II 2 HS 1 reichende Entschädigung iSv II 1 erhalten (II 2 HS 2).

5. Haftungsprivileg bei kollektivrechtlichen Abreden. AG haftet gem **III** 5 nur wegen vorsätzlicher oder grobfahrlässiger (krit Willemsen/Schweibert NJW 06, 2592; nach aA ist III gemeinschaftsrechtswidrig, s Lehmann *passim*) Benachteiligung iSv § 7, wenn Benachteiligungshandlung des AG einer Kollektivabrede entspricht. III begrenzt Entschädigung gem II wie – über den Wortlaut des III hinaus – auch Schadensersatz gem I (iE Annuß BB 06, 1634; Bauer/Evers NZA 06, 897; aA BAG NJW 12, 3468 Tz 31 mN; MüKoThüsing Rn 38). Ratio: Vermutung „höhere Richtigkeitsgewähr" bei Konsens der Sozialpartner in Kollektivabrede (BegrRegEntw S 40). **Kollektivrechtliche Vereinbarung** iSv III sind Tarifverträge, Betriebs- und Dienstvereinbarungen und für bevorrechtigte AG iSv § 9 auch die Regeln des kirchlichen bzw weltanschaulichen Selbstverständnisses (s § 9 Rn 2)

AGG § 15 Abschnitt 2. Schutz der Beschäftigten vor Benachteiligung

(Richardi NZA 06, 885). III gilt auch dann, wenn – mangels Tarifbindung – die Geltung von Tarifverträgen im Arbeitsvertrag vereinbart ist, ferner wenn ein Tarifvertrag für allgemeinverbindlich erklärt ist (BegrRegEntw S 40). Eine Haftung der vertragsschließenden Tarifvertragsparteien bzw Betriebsparteien folgt aus § 15, insbes III, nicht (BegrRegEntw S 40). Benachteiligende kollektive Regelungen sind nach § 7 II unwirksam. BegrRegEntw S 40: Über § 15 V bleiben für die Bereiche des Kollektivvertragsrechts die von der Rspr aus allg Rechtsgrundsätzen abgeleiteten Folgen von Verstößen gegen höherrangiges Recht unberührt. III steht Anpassung „nach oben" (s § 7 Rn 6) nicht entgegen. Denn III verhält sich nicht zur Beseitigung einer Diskriminierung durch eine den Diskriminierungsverboten genügende Regelung (BAG NJW 12, 3468 Tz 31 mN).

6   **6. Frist (IV), Verjährung. a) Zweimonatige Ausschlussfrist** des **IV 1** für Geltendmachung der Ansprüche aus I–II (iE Willemsen/Schweibert NJW 06, 2592); deliktische Ansprüche, etwa nach BGB 823 II, die auf denselben Lebenssachverhalt wie Ansprüche aus I gestützt werden, fallen unter die Ausschlussfrist des IV (BAG NZA 12, 1215 Tz 49f mN; weitergehend Bauer/Evers NZA 06, 897: in entspr Anwendung auch auf alle Parallelansprüche in Anspruchskonkurrenz). Die Frist iSv IV ist europarechtskonform (s BAG NZA 10, 387). **Beginn (IV 2):** Tag nach Zugang (BGB 130, 187 I) der Einstellungs- bzw der Aufstiegsablehnung, in anderen Fällen Tag nach positiver Kenntnis von Benachteiligung iSv § 3. IV verstößt nicht gegen Unionsrecht (BAG NZA 12, 1212 Tz 20ff). IV 2 ist unionsrechtskonform so auszulegen, dass Frist auch bei Einstellungs- oder Aufstiegsablehnung nicht vor Kenntniserlangung beginnt (s BAG NZA 12, 916 f Tz 54ff; NZA 12, 1212 Tz 24). In allen Fällen ist für Fristbeginn die Kenntnis von der Benachteiligungshandlung ausreichend, nicht erforderlich Kenntnis von deren rechtlicher Bewertung als Benachteiligung iSv § 3 (BAG BB 12, 831; sa Annuß BB 06, 1635). Zum Problem der fehlenden absoluten Fristgrenze s entspr § 21 Rn 12. Erforderlich ist **schriftliche** Anspruchserhebung (BGB 126: Originalunterschrift des Beschäftigten, also genügt Fax oder Email nicht, s BGB 126 Rn 4). Der Betrag muss nicht der Höhe nach genau bestimmt werden (BAG NZA 09, 945; ErmBelling 12, PalWeidenkaff 8; Hk-AGG/Deinert 112; Düwell BB 06, 1744; aA Bauer/Göpfert/Krieger 56). **b)** Zusätzliche Ausschlussfrist gem **ArbGG 61b** I für Klageerhebung: Drei Monate ab schriftlicher Anspruch**erhebung**, nicht Ablehnung durch AG (ArbG Berlin NJW 08, 1401; Bauer/Göpfert/Krieger 58). **c)** Verjährung wie § 21 Rn 13.

7   **7. Sonstige Ansprüche. Ansprüche außerhalb des AGG (V)** gegen AG als die § 15 werden durch Norm nicht ausgeschlossen. S bereits Rn 2 zu Unterlassungsansprüchen, insbes entspr BGB 1004; allg s § 7 Rn 6–8, sa § 12 Rn 6. Ansprüche auf Unterlassung nach BGB 1004 (s Rn 2), Schadensersatzanspruch aus Beschäftigungsvertrag iVm BGB 280 I wegen eines Fürsorgepflichtverstoßes bzw Verstoßes gegen § 7 I (aA StAnnuß BGB 611a aF [2005] Rn 80: §§ 7, 15 speziell). Der Schadensersatzanspruch nach I verdrängt aber als speziellere Regelung Ansprüche aus BGB 280 I, 241 II, 311 II iVm § 7 III, *soweit* der Anspruch *allein* mit einem Verstoß gegen das Benachteiligungsverbot begründet wird (BAG NZA 12, 1215 Tz 47 – 50 mN). Ggf Entschädigungsansprüche wegen Verletzung des allg Persönlichkeitsrechts (BGB 823 I) (LAG Hamm BB 97, 844; StAnnuß BGB 611a aF [2005] Rn 80) und aus BGB 826 bzw BGB 823 II iVm § 7 I (ebenso PalWeidenkaff § 7, 7; offen gelassen in BAG NZA 12, 1211, 1215 Tz 48) (zu BGB 611a aF [2005] s BAG NJW 90, 65) (aA StAnnuß BGB 611a aF Rn 80 mN zu BGB 611a aF: kein Schutzgesetz). Im Einzelfall kann AG für eigenes Auswahl-, Überwachungs- und Organisationsverschulden wegen Benachteiligungshandlung eines Verrichtungsgehilfen (regelmäßig wird das ein Mitbeschäftigter sein) nach BGB **831** iVm 823 I bzw II iVm § 7 I einstehen müssen (s Willemsen/Schweibert NJW 06, 2590) oder im Einzelfall bei deliktischem Handeln Dritter Haftung des AG nach BGB 823 wegen Organisationsverschulden. Weitergehende Schadensersatzansprüche wegen

Verletzung des arbeitsrechtlichen Gleichbehandlungsgebots (Lorenz DB 80, 1746) können bestehen.

8. Handlungs- und Verschuldenszurechnung. Das die Haftung nach § 15 I, II auslösende Benachteiligungsverhalten iSv § 7 I von Dritten und das entsprechende Drittverschulden kann dem AG mit der Haftungsfolge des § 15 I, II zugerechnet werden über die tatbestandlich im Einzelnen zu prüfenden Zurechnungsnormen: (1) BGB 31 (bei Handeln eines **Organs** oder einer organgleichen Person iSv § 31 Rn 3, falls AG keine natürliche Person ist), (2) §§ 7 I, III iVm BGB **278** (von Verletzung des § 7 I und Haftung nach § 15 I, II entlastet Schulung iSv § 12 II 2 nicht, s § 12 Rn 2) (sa Hk-AGG/Däubler § 7 Rn 298; einschränkend Hk-AGG/Deinert 140; s näher Willemsen/Schweibert NJW 06, 2590; aA Wagner/Potsch JZ 06, 1090). Zu BGB 831s Rn 7, aber jedenfalls keine Exkulpation der Zurechnung aus §§ 7 iVm BGB **278** aus BGB **831** (Hk-AGG/Däubler § 7 Rn 298; aA Adomeit/Mohr NZA 07, 182). 8

§ 16 Maßregelungsverbot

(1) ¹**Der Arbeitgeber darf Beschäftigte nicht wegen der Inanspruchnahme von Rechten nach diesem Abschnitt oder wegen der Weigerung, eine gegen diesen Abschnitt verstoßende Anweisung auszuführen, benachteiligen.** ²**Gleiches gilt für Personen, die den Beschäftigten hierbei unterstützen oder als Zeuginnen oder Zeugen aussagen.**

(2) ¹**Die Zurückweisung oder Duldung benachteiligender Verhaltensweisen durch betroffene Beschäftigte darf nicht als Grundlage für eine Entscheidung herangezogen werden, die diese Beschäftigten berührt.** ²**Absatz 1 Satz 2 gilt entsprechend.**

(3) **§ 22 gilt entsprechend.**

1. Allgemeines. Norm setzt Art 9 RiLi 2000/43/EG, Art 11 RiLi 2000/78/EG und Art 7 RiLi 76/207/EWG um. Nach BegrRegEntw S 41 soll § 16 dem TzBfG 5 und BGB 612a entsprechen. Das ist unzutreffend. § 16 schützt nur bei der Geltendmachung von Rechten gem §§ 6–18; BGB 612a schützt bei der Geltendmachung jedes AN-Rechts. **Geschützter Personenkreis** des I: (1) Beschäftigter (s § 6 Rn 2–4), der benachteiligt (s §§ 3, 7) wird; (2) Beschäftigter, der eine Weisung nicht ausführt, die §§ 6–16 widerspricht; erfasst daher nicht nur drohende Verletzung des Benachteiligungsverbots des § 7, sondern auch die anderer Pflichten, zB der aus § 11 oder § 12; (3) alle den Beschäftigten unterstützenden Mitbeschäftigten (zum Begriff s § 7 Rn 2, zB Unterzeichner einer Solidaritätsliste, ANvertreter, Vorgesetzte usw); (4) alle Zeugen der Benachteiligung bzw rechtswidrigen Weisung. Voraussetzung ist **Kausalität** zwischen Rechtsausübung des Beschäftigten bzw anderem Handeln iSv (1) bis (4) und benachteiligender Folgemaßnahme; **Beweislastregelung** des § 22 erfolgt nur gem **III** entspr; Anordnung des III ist Rechtsfolgenverweis, da § 22 sonst tatbestandlich unanwendbar (§ 22 greift unmittelbar nur bei Benachteiligung wegen eines Benachteiligungsgrundes iSv § 1 ein, während § 16 auf Rechtsausübung durch Beschäftigten abstellt). 1

2. Rechtsfolge. Benachteiligende Maßnahmen sind **unzulässig,** wie zB Kündigung (BAG NZA 96, 249; LAG Köln NZA 95, 128), auch Vorenthaltung von begehrten Vorteilen (BAG DB 05, 1744), zB Verweigerung gewünschter verlängerter Arbeitszeit (BAG NJW 03, 772). Ob auch Maßnahmen des AG, die der Rechtsausübung des AN zeitlich vorangehen, von § 16 erfasst werden, ist offen (s zu BGB 612a BAG DB 05, 1744 mN). Gegen Verbot vorgenommene rechtsgeschäftliche Maßnahme (zB Kündigung) ist nach BGB 134 **nichtig** (s BAG NZA 05, 637 zu BGB 612a). Tatsächliche Maßnahmen sind für Beschäftigten unbeachtlich. § 16 ist eigene **Anspruchsgrundlage** zugunsten übergangener Beschäftigter, wenn AG bei der Gewährung von Vorteilen gegen das Maßregelverbot verstößt (s zum bisherigen 2

AGG § 17 Abschnitt 2. Schutz der Beschäftigten vor Benachteiligung

Recht LAG BW 20. 10. 04 – 2 Sa 73/04); ggf **Schadensersatzanspruch** des Beschäftigten gem BGB 280 I und BGB 823 II (§ 16 ist **Schutzgesetz**).

3 **3. Folgenverbot.** II stellt klar, dass der AG keine Folgen daraus ableiten darf, ob der Benachteiligte die Benachteiligung geduldet oder zurückgewiesen hat. Gleiches gilt gegenüber Personen, die Beschäftigte unterstützen oder als Zeugen aussagen.

Unterabschnitt 4. Ergänzende Vorschriften

§ 17 Soziale Verantwortung der Beteiligten

(1) **Tarifvertragsparteien, Arbeitgeber, Beschäftigte und deren Vertretungen sind aufgefordert, im Rahmen ihrer Aufgaben und Handlungsmöglichkeiten an der Verwirklichung des in § 1 genannten Ziels mitzuwirken.**

(2) ¹**In Betrieben, in denen die Voraussetzungen des § 1 Abs. 1 Satz 1 des Betriebsverfassungsgesetzes vorliegen, können bei einem groben Verstoß des Arbeitgebers gegen Vorschriften aus diesem Abschnitt der Betriebsrat oder eine im Betrieb vertretene Gewerkschaft unter der Voraussetzung des § 23 Abs. 3 Satz 1 des Betriebsverfassungsgesetzes die dort genannten Rechte gerichtlich geltend machen; § 23 Abs. 3 Satz 2 bis 5 des Betriebsverfassungsgesetzes gilt entsprechend.** ²**Mit dem Antrag dürfen nicht Ansprüche des Benachteiligten geltend gemacht werden.**

1 **1. Allgemeines.** I setzt Art 11 II RiLi 2000/43/EG, Art 2 V und Art 13 II RiLi 2000/78/EG und Art 8b II, III RiLi 76/207/EWG um. BegrRegEntw S 41: **I** enthält eine Aufforderung an die Tarifvertragsparteien (AG, Beschäftigte und deren Vertretungen), ihren Beitrag zur Verwirklichung des Ziels zu leisten. Das Ges kann etwa Anlass dafür sein, Personalprozesse in Unternehmen und Betrieben unter dem Gesichtspunkt des Benachteiligungsschutzes zu überprüfen und ggf neu zu definieren oder Verhaltenskodizes zu vereinbaren. Betriebsräte und im Betrieb vertretene Gewerkschaften können nach **II** unter der Voraussetzung des BetrVG 23 III 1 (eingehend Klumpp NZA 06, 904) die dort genannten Rechte gerichtl geltend machen. Gemeint sind aber nicht die im BetrVG genannten Rechte, vielmehr die Unterlassung der Verletzung der §§ 6–18 (s Richardi NZA 06, 886). Nach Klumpp NZA 06, 904 ist II 1 überschießende RiLi-Umsetzung. **II 2:** über § 17 II aber keine Geltendmachung der Ansprüche des Benachteiligten selbst. Nach § 23 II kann Antidiskriminierungsverband bei Individualprozess Beistand sein, soweit nicht eine anwaltliche Vertretung vorgeschrieben ist.

2 **2. Voraussetzungen. Voraussetzung** des II 1: grober Verstoß gegen §§ 6–18, zB AG unterlässt die zum Schutz seiner Beschäftigten obj gebotenen Maßnahmen, oder AG verstößt selbst in grober Weise gegen das Benachteiligungsverbot. Nach Klumpp NZA 06, 906 teleologische Reduktion: es bedarf nicht der schweren, isolierten Benachteiligung eines einzelnen Beschäftigten, sondern einer schweren belegschaftsbezogenen Benachteiligung. Diese teleologische Reduktion ist wegen Schutzzwecks des AGG abzulehnen (zur anderen Eingrenzung s u Rn 3) (sa ErmBelling 7). Hinsichtlich der Zuwiderhandlung gegen eine rechtskräftige gerichtl Entscheidung verweist II auf BetrVG 23 III 2 bis 5. Die für die Anwendung des BetrVG geltende Schwelle von fünf Arbeitnehmern gilt hier nicht. Betriebsrat und Gewerkschaften können nach Normtext ohne Zustimmung des benachteiligten Beschäftigten tätig werden, Gewerkschaft auch dann, wenn Beschäftigter nicht Gewerkschaftsmitglied ist. Da im Verfahren nach II 1 keine Individualrechte des Benachteiligten geltend gemacht werden können, ist Zustimmung nicht erforderlich (krit Klumpp NZA 06, 905).

Abschnitt 3. Schutz vor Benachteiligung §§ 18, 19 AGG

3. Rechtsfolge. II 1 iVm BetrVG 23 III 2–5: Ordnungs- oder Zwangsgeld. **Teleologische Reduktion:** Ordnungs- bzw Zwangsgeld darf nicht zur Verkürzung einer nach § 15 an den benachteiligten Beschäftigten zu zahlenden Entschädigung führen. Macht Benachteiligter Individualrecht geltend, dann ggf deshalb kein Ordnungs- oder Zwangsgeld mehr zulässig, soweit Funktionsüberschneidung.

§ 18 Mitgliedschaft in Vereinigungen

(1) **Die Vorschriften dieses Abschnitts gelten entsprechend für die Mitgliedschaft oder die Mitwirkung in einer**
1. **Tarifvertragspartei,**
2. **Vereinigung, deren Mitglieder einer bestimmten Berufsgruppe angehören oder die eine überragende Machtstellung im wirtschaftlichen oder sozialen Bereich innehat, wenn ein grundlegendes Interesse am Erwerb der Mitgliedschaft besteht, sowie deren jeweiligen Zusammenschlüssen.**

(2) **Wenn die Ablehnung einen Verstoß gegen das Benachteiligungsverbot des § 7 Abs. 1 darstellt, besteht ein Anspruch auf Mitgliedschaft oder Mitwirkung in den in Absatz 1 genannten Vereinigungen.**

Allgemeines. Norm setzt Art 3 I lit d RiLi 2000/43/EG, 2000/78/EG und 76/207/EWG um. BegrRegEntw S 42: Für die Mitgliedschaft und Mitwirkung in Berufsorganisationen gelten nach I die Regelungen über die Benachteiligungsverbote und deren Rechtsfolgen entsprechend wie im Beschäftigungsverhältnis. Da Berufsvereinigungen eine monopolartige Stellung bei der Wahrnehmung beruflicher Interessen haben, kann – in Abweichung von § 15 VI – eine Benachteiligung regelmäßig nur in der Weise behoben werden, dass den Benachteiligten ein Anspruch auf Aufnahme bzw auf Inanspruchnahme der satzungsmäßigen Leistungen zugebilligt wird, soweit die übrigen vereinsrechtlichen und satzungsmäßigen Voraussetzungen dafür erfüllt sind (s **II**; s § 2 Rn 3). Die Norm ist auch auf öffentlich-rechtliche Körperschaften anwendbar (Hk-AGG/Herrmann 13).

Abschnitt 3. Schutz vor Benachteiligung im Zivilrechtsverkehr

§ 19 Zivilrechtliches Benachteiligungsverbot

(1) **Eine Benachteiligung aus Gründen der Rasse oder wegen der ethnischen Herkunft, wegen des Geschlechts, der Religion, einer Behinderung, des Alters oder der sexuellen Identität bei der Begründung, Durchführung und Beendigung zivilrechtlicher Schuldverhältnisse, die**
1. **typischerweise ohne Ansehen der Person zu vergleichbaren Bedingungen in einer Vielzahl von Fällen zustande kommen (Massengeschäfte) oder bei denen das Ansehen der Person nach der Art des Schuldverhältnisses eine nachrangige Bedeutung hat und die zu vergleichbaren Bedingungen in einer Vielzahl von Fällen zustande kommen oder**
2. **eine privatrechtliche Versicherung zum Gegenstand haben, ist unzulässig.**

(2) **Eine Benachteiligung aus Gründen der Rasse oder wegen der ethnischen Herkunft ist darüber hinaus auch bei der Begründung, Durchführung und Beendigung sonstiger zivilrechtlicher Schuldverhältnisse im Sinne des § 2 Abs. 1 Nr. 5 bis 8 unzulässig.**

(3) **Bei der Vermietung von Wohnraum ist eine unterschiedliche Behandlung im Hinblick auf die Schaffung und Erhaltung sozial stabiler Bewoh-**

AGG § 19   Abschnitt 3. Schutz vor Benachteiligung im Zivilrechtsverkehr

nerstrukturen und ausgewogener Siedlungsstrukturen sowie ausgeglichener wirtschaftlicher, sozialer und kultureller Verhältnisse zulässig.

(4) **Die Vorschriften dieses Abschnitts finden keine Anwendung auf familien- und erbrechtliche Schuldverhältnisse.**

(5) ¹**Die Vorschriften dieses Abschnitts finden keine Anwendung auf zivilrechtliche Schuldverhältnisse, bei denen ein besonderes Nähe- oder Vertrauensverhältnis der Parteien oder ihrer Angehörigen begründet wird.** ²**Bei Mietverhältnissen kann dies insbesondere der Fall sein, wenn die Parteien oder ihre Angehörigen Wohnraum auf demselben Grundstück nutzen.** ³**Die Vermietung von Wohnraum zum nicht nur vorübergehenden Gebrauch ist in der Regel kein Geschäft im Sinne des Absatzes 1 Nr. 1, wenn der Vermieter insgesamt nicht mehr als 50 Wohnungen vermietet.**

1 **1. Allgemeines. a)** § 19 enthält in I und II die **zivilrechtlichen Benachteiligungsverbote,** in III–V Einschränkungen dieser Verbote. **b)** II statuiert ein Verbot der Benachteiligung aus Gründen der **Rasse** oder **ethnischen Herkunft** für die Begründung, Durchführung und Beendigung von **zivilrechtlichen Schuldverhältnissen iSv § 2 I Nr 5–8** (dazu § 2 Rn 4–13); Ausnahmen in III–V 1, 2. **c)** I erweitert den Kreis der **Diskriminierungsverbote** über Rasse und ethnische Herkunft (II) hinaus auf alle weiteren in § 1 genannten Verbote (ausgenommen die Weltanschauung) und **verengt** den Kreis der auch von diesen weiteren Verboten betroffenen Schuldverhältnisse **auf** sog **Massengeschäfte und** – hier sog – **Vielfachgeschäfte** (Nr 1) sowie auf sämtliche Arten von **Privatversicherungen** (Nr 2). Das Benachteiligungsverbot greift auch ein „wenn die Person, die die Benachteiligung begeht, das Vorliegen eines in § 1 genannten Grundes bei der Benachteiligung nur annimmt" (so § 7 I HS 2). Eine entspr Vorschrift fehlt zwar in Abschnitt 3 (§§ 19–21), doch folgt sie zwingend aus dem Zweck des Ges (MK/Thüsing 141, 142); denn zwischen einer Diskriminierung wegen eines bestehenden oder wegen eines nur irrtümlich angenommenen Merkmals iSv § 1 besteht qualitativ kein Unterschied (vgl § 1 Rn 2 zur Erfindung einer Rasse). I und II erfassen Diskriminierung wegen **politischer Überzeugung** nicht (BT-Dr 16/2022, 13; BGH NZM 12, 718f Tz 9f, 26 zu Hausverbot für NPD-Funktionär).

2 **2. Massengeschäfte, I Nr. 1 Alt 1.** Das Ges definiert sie als Schuldverhältnisse, die typischerweise ohne Ansehen der Person zu vergleichbaren Bedingungen in einer Vielzahl von Fällen zustande kommen. **a)** Werden die Schuldverhältnisse **typischerweise ohne Ansehen der Person** begründet, durchgeführt und beendet (wie zB beim Kauf im Warenhaus oder beim Einzelhändler, bei der Personenbeförderung, so spielen Diskriminierungsgründe *eo ipso* keine Rolle. Da das Schuldverhältnis nur *„typischerweise"* ohne Ansehen der Person begründet usw wird, soll sich an der Einordnung als „Massengeschäft" nichts ändern, wenn bei seiner Begründung usw Diskriminierungsgründe eine Rolle spielen (BegrRegEntw S 41). Bsp: Schwimmbäder sind typischerweise für Männer und Frauen gleichzeitig zugänglich; bes Öffnungszeiten für Frauen knüpfen an das Diskriminierungsmerkmal „Geschlecht" an und sind daher nur bei Vorliegen eines sachlichen Grundes iSv § 20 II zulässig. *Beherbergungsvertrag* ist bei Festreservierung als Geschäft iSv I Nr. 1 Alt 1 anzusehen, da Vertragsabschluss dann typischerweise über Fernkommunikationsmittel (Telefon, Internet, Fax, Brief) ohne Ansehen der Person erfolgt (uneingeschränkt bejahend Vorauflage; Erman/Armbrüster Rn 20; differenzierend Bauer/Göpfert/Krieger 8; für Verträge über Wellnesshotelunterkunft zweifelnd BGH NZG 12, 718 Tz 9).

3 **b)** In Schuldverhältnissen iSv Rn 2 wird nicht personenbezogen differenziert, da sie ohne Ansehen der Person zustande kommen, und sie unterliegen deshalb **vergleichbaren Bedingungen.** Das schließt Abweichungen im Einzelfall nicht aus, zB Ermäßigung des laut Preisverzeichnis (PAngV 7 I III) geforderten Zimmerpreises im Hotel, da auch insoweit eine Vergleichbarkeit der Bedingungen für alle Hotelgäste

4 besteht. **c)** Die Schuldverhältnisse iSv Rn 2 kommen **typischerweise** in einer **Viel-**

Abschnitt 3. Schutz vor Benachteiligung im Zivilrechtsverkehr **§ 19 AGG**

zahl von Fällen zustande. Ein Einzelfall ist kein Massengeschäft. Ob das Geschäft eines von vielen ist, bestimmt sich aus der Sicht des „Anbieters" iSv § 2 Rn 12. Der Verkauf eines gebrauchten Pkw ist für den Autohändler ein Fall von vielen, für den Privatmann, der seinen Pkw verkauft, ein Einzelfall. Damit unterliegt nur der Autohändler als „Unternehmer" (§ 2 Rn 12) dem allg zivilrechtlichen Diskriminierungsverbot, nicht der Private, der – als „Verbraucher" – in seinem privaten Lebensbereich verbleibt. **d)** Die **Unterscheidung „Unternehmer"/„Verbraucher"** 5 spielt für die Qualifizierung eines Schuldverhältnisses als „Massengeschäft" generell eine Rolle: Nur ein Unternehmer ist idR ein „Anbieter" von Schuldverhältnissen, die typischerweise ohne Ansehen der Person in einer Vielzahl von Fällen zu vergleichbaren Bedingungen zustande kommen (Ausnahme zB Geschäfte von Privaten als „Anbietern" auf Flohmärkten [Meinel/Heyn/Herms 1. Aufl 9]).

3. Vielfachgeschäfte, I Nr 1 Alt 2, entsprechen hinsichtlich der Vergleichbar- 6 keit der Bedingungen und der Vielzahl der Fälle den Massengeschäften, nur hat das Ansehen der Person nach der Art des Schuldverhältnisses eine nachrangige Bedeutung. Nach der BegrRegEntw S 42 soll das zB der Fall sein, wenn ein großer Wohnungsanbieter eine Vielzahl von Wohnungen anbietet und für ihn die Person des Wohnungsuchenden schon eine gewisse Rolle spielt. Wie festgestellt werden kann, dass das Ansehen des (der) Mieter für den Vermieter (nur) nachrangige Bedeutung hat, ist eine offene Frage. Wenn nicht mehr als 50 Wohnungen von einem Vermieter vermietet werden, stellt **V 3** die Regel auf, dass für den Vermieter die Person des Mieters mehr als nur nachrangige Bedeutung hat, also die Mietverträge keine Massengeschäfte iSv I Nr 1 sind. Diese „Regel" lässt Ausnahmen nach der einen und der anderen Seite zu und birgt damit reichlich Konfliktstoff.

4. Privatversicherungen. In I Nr 2 werden sämtliche **Privatversicherungen** 7 erfasst, auch wenn sie bereits als Massengeschäft unter I Nr 1 fallen, wie zB die Reisegepäckversicherung. IdR sind aber Versicherungsverträge keine Massengeschäfte iSv I Nr 1, weil der einzelne Versicherungsvertrag das Risikopotential des Versicherungsnehmers berücksichtigt und auch berücksichtigen muss. Ob und wieweit Versicherungen bei Prämien und Leistungen nach Geschlecht und anderen Merkmalen (Rasse und ethnische Herkunft ausgenommen) differenzieren dürfen, regelt § 20 II.

5. Diskriminierung wegen Rasse oder ethnischer Herkunft. Eine **Diskri-** 8 **minierung wegen der Rasse oder ethnischen Herkunft** ist über I hinaus bei Begründung, Durchführung und Beendigung **sämtlicher zivilrechtlicher Schuldverhältnisse iSv § 2 I 5–8** unzulässig. Zur der Bedeutung von § 2 I Nr 8 vgl § 2 Rn 5–13, namentlich zum Schutz der Privatsphäre auch gegenüber den Diskriminierungsverboten „Rasse" und „ethnische Herkunft". Zu § 2 I Nr 5–7 s dort Rn 4; MK/Thüsing 63.

6. Wohnraummiete. Bei der **Vermietung von Wohnraum** ordnet III eine 9 **zweckgerichtete Freistellung** von sämtlichen Diskriminierungsmerkmalen an. Zweck (Rechtfertigungsgrund) ist die Fortführung einer sozialen Wohnungspolitik, nicht zuletzt, um das Entstehen und (Fort-)Bestehen städtischer Ghettos zu verhindern und namentlich die Integration auch von Menschen unterschiedlicher Rassen und ethnischer Herkunft zu befördern. Als Rechtfertigungsgrund wäre III richtig in § 20 eingeordnet worden. Die ges Regelung in § 19 zeigt, dass III auch für unterschiedliche Behandlungen wegen Rasse oder ethnischer Herkunft gelten soll. Das verstößt gegen die RiLi 2000/43/EG, die einen entspr Rechtfertigungsgrund nicht enthält, so dass III insoweit europarechtswidrig ist (MK/Thüsing 75, 85).

7. Familien- und Erbrecht. Familien- und erbrechtliche Schuldverhält- 10 **nisse, IV,** unterfallen nicht den §§ 19–21 (Schutz vor Benachteiligung im Zivilrechtsverkehr). Sie gehören ganz in die Privatsphäre. Die Bezeichnung „Schuldverhältnisse" ist schief. So unterfällt zB auch die testamentarische Einsetzung nur der

Mansel

Töchter oder der Söhne zu Erben nicht dem Verbot der Geschlechtsdiskriminierung. Zur Problematik vgl Gaier/Wendtland Rn 40, 41; auch Lange/Kuchinke § 35 III 1, 2, IV 1, 2 (zu GG 3 III, BGB 138 I).

11 **8. Schutz der Privatsphäre. a)** Dem **Schutz der Privatsphäre** soll **V** 1 dienen. Das dort **geforderte „bes Nähe- oder Vertrauensverhältnis"** verlangt für den Schutz der Privatsphäre mehr als durch die Abgrenzung des Privat- vom Nicht-Privatbereich verlangt wird (ie § 2 Rn 9) und ist daher eine verfehlte Einengung des Schutzes der Privatsphäre und des Familienlebens. Die Unsicherheit des Gesetzgebers zeigt sich in den **Bsp** für ein bes Nähe- oder Vertrauensverhältnis (s BegrRegEntw S 42 f): Ein solches Verhältnis soll nach **V 1** darauf beruhen können, dass der Vertrag für den Benachteiligenden ein bes bedeutendes Geschäft ist oder bes lang andauernde Kontakte mit sich bringen würde. Diese Umstände weisen den Vertrag aber nicht *per se* der Privatsphäre des Benachteiligenden zu, darauf aber kommt es an. Das **Bsp** in **V 2** hebt wiederum nicht auf die Abgrenzung Privat/Nicht-Privat ab. Soweit V 1 und 2 anwendbar ist, finden „die Vorschriften dieses Abschnitts" keine Anwendung, also ist eine Ungleichbehandlung hinsichtlich aller
12 Diskriminierungsgründe des § 19 I zulässig. **b)** Der auf Empfehlung des Rechtsausschusses (BT-Drs 16/2022 S 9, 29) angehängte **V 3** hingegen stellt nur die **Regel** auf, dass bei Vermietung von nicht mehr als 50 Wohnungen **kein Massen- oder Vielfachgeschäft** (§ 19 I Nr 1) vorliegt, weil idR erst ab 51 Wohnungen das Ansehen der Person (des potentiellen Mieters) keine Rolle mehr spielt oder von nachrangiger Bedeutung ist. Mit einem „bes Nähe- oder Vertrauensverhältnis" hat das nichts zu tun, ebenso wenig steht fest, ob der Vermieter von weniger als 51 Wohnungen als „Unternehmer" oder „Verbraucher" gehandelt hat (s Rn 7, 8) und folglich, ob II mit § 2 I Nr 8 eingreift oder nicht. Sa Rn 9 und § 2 Rn 9, 13. **c) Angehörige**
13 iSv **V 1, 2** sind die Familienangehörigen, eine Definition fehlt. Der Kreis ist nicht weit zu ziehen. Es zählen nicht alle durch Ehe oder Verwandtschaft verbundenen Personen hierher (wie nach BGB 1093 Rn 7), sondern nur Eltern, Kinder, Ehepartner, Partner einer Eingetragenen Lebensgemeinschaft (LPartG 11), Geschwister.

§ 20 Zulässige unterschiedliche Behandlung

(1) ¹Eine Verletzung des Benachteiligungsverbots ist nicht gegeben, wenn für eine unterschiedliche Behandlung wegen der Religion, einer Behinderung, des Alters, der sexuellen Identität oder des Geschlechts ein sachlicher Grund vorliegt. ²Das kann insbesondere der Fall sein, wenn die unterschiedliche Behandlung
1. der Vermeidung von Gefahren, der Verhütung von Schäden oder anderen Zwecken vergleichbarer Art dient,
2. dem Bedürfnis nach Schutz der Intimsphäre oder der persönlichen Sicherheit Rechnung trägt,
3. besondere Vorteile gewährt und ein Interesse an der Durchsetzung der Gleichbehandlung fehlt,
4. an die Religion eines Menschen anknüpft und im Hinblick auf die Ausübung der Religionsfreiheit oder auf das Selbstbestimmungsrecht der Religionsgemeinschaften, der ihnen zugeordneten Einrichtungen ohne Rücksicht auf ihre Rechtsform sowie der Vereinigungen, die sich die gemeinschaftliche Pflege einer Religion zur Aufgabe machen, unter Beachtung des jeweiligen Selbstverständnisses gerechtfertigt ist.

(2) ¹Eine unterschiedliche Behandlung wegen des Geschlechts ist im Falle des § 19 Abs. 1 Nr. 2 bei den Prämien oder Leistungen nur zulässig, wenn dessen Berücksichtigung bei einer auf relevanten und genauen versicherungsmathematischen und statistischen Daten beruhenden Risikobewertung ein bestimmender Faktor ist. ²Kosten im Zusammenhang mit Schwangerschaft und Mutterschaft dürfen auf keinen Fall zu unterschiedli-

chen Prämien oder Leistungen führen. ³Eine unterschiedliche Behandlung wegen der Religion, einer Behinderung, des Alters oder der sexuellen Identität ist im Falle des § 19 Abs. 1 Nr. 2 nur zulässig, wenn diese auf anerkannten Prinzipien risikoadäquater Kalkulation beruht, insbesondere auf einer versicherungsmathematisch ermittelten Risikobewertung unter Heranziehung statistischer Erhebungen.

1. **Allgemeines.** Nach I 1 kann sachlicher Grund eine unterschiedliche Behandlung wegen der Religion, einer Behinderung, des Alters, der sexuellen Identität oder des Geschlechts **rechtfertigen.** 1

§ 20 erfasst nicht die Diskriminierungsverbote „Rasse" und „ethnische Herkunft", weil eine Diskriminierung aus diesen Gründen nicht gerechtfertigt werden kann. 2

2. **Grundsatz, I 1.** I 1 enthält den Grundsatz, dass **Ungleichbehandlung** in den dort genannten Diskriminierungsfeldern **zulässig** (dh gerechtfertigt) ist, **wenn** ein **sachlicher Grund** vorliegt. Dieser Rechtfertigungsgrund (s aber Rn 1) ist nach der Begr-RegEntw S 43 erforderlich, „weil bei den genannten Merkmalen Differenzierungen im allg Zivilrecht oft akzeptiert oder sogar höchst erwünscht sind". Das belegt, dass Diskriminierungsverbote in den genannten Bereichen weithin überflüssig sind und eine Ausdehnung über den europarechtlich geforderten Bereich – Rasse, ethnische Herkunft und eingeschränkt Geschlecht – hinaus eine unnötige und obendrein komplizierte Regelung zur Folge hat (s schon Rn 4 vor § 1; MK/Thüsing 10–29; Meinel/Heyn/Herms 1. Aufl 5–9). Das erkennt auch die BegrRegEntw S 43, wonach „die Feststellung eines sachlichen Grundes ... einer wertenden Feststellung im Einzelfall nach den Grundsätzen von Treu und Glauben [bedarf] und ... sich wegen der Reichweite des allg zivilrechtlichen Benachteiligungsverbots einer abschließenden näheren Konkretisierung" entzieht. 3

3. **Regelbeispiele, I 2.** I 2 enthält **Regelbeispiele,** die die wichtigsten Fallgruppen umreißen sollen. **a) Nr 1.** Eine unterschiedliche Behandlung zwecks **Vermeidung von Gefahren,** der **Verhütung von Schäden** oder **vergleichbaren Zwecken** anderer Art ist gerechtfertigt. Das ist selbstverständlich, ebenso, dass die Ungleichbehandlung zur Zweckerreichung aller Voraussicht nach geeignet und im Regelfall erforderlich, dh verhältnismäßig, ist (insoweit ist absolute Sicherheit nicht zu verlangen). Bsp (BegrRegEntw S 43): Kein Zugang zu Fahrgeschäften auf Messen und dergl für Behinderte oder Zutritt nur mit erwachsener Begleitperson, Zugang zu Frauenhäusern nur für weibliche Opfer sexueller Gewalt (dazu auch Nr 2); Ausübung gefährlicher Sportarten in privater Anlage erst ab Volljährigkeit. **b) Nr 2. Schutz der Intimsphäre,** zB durch gesonderte Öffnungszeiten für Frauen in Schwimmbädern (beliebtes Bsp in der BegrRegEntw, s S 43, 44). Dem Bedürfnis nach **persönlicher Sicherheit** wird zB schon nach Nr 1 durch exklusiven Zugang zu Frauenhäusern Rechnung getragen (Rn 4). Die Kennzeichnung von Parkplätzen in Parkhäusern als „Frauenparkplätze" ist zur Zweckerreichung (Bedürfnis der Gewährung persönlicher Sicherheit) kaum geeignet, da der bevorzugte Benutzerkreis ungewiss ist (nur Frauen als Alleinfahrer, als Fahrerin oder Beifahrerin nur mit weiblicher oder auch mit „schlagkräftiger" männlicher Begleitung usw?), schon deshalb sind die Hinweisschilder in Parkhäusern unverbindlich und keine Diskriminierung. Ob Parkhaus-AGB hieran etwas ändern (können), ist eine Frage des Einzelfalles. **c) Nr 3** meint Fälle, in denen einer Personengruppe wegen einer Behinderung, der Religion, des Alters, der sexuellen Identität oder des Geschlechts besondere Vorteile gewährt werden, zB Altersrabatt für Museumsbesucher (Massengeschäft iSv § 19 I Nr 1). Damit ist notwendigerweise eine Benachteiligung aller anderen verbunden. Gleichwohl fehlt ein Interesse an der Durchsetzung der Gleichbehandlung, da der Anbieter als Reaktion nicht etwa allen Museumsbesuchern den Rabatt gewähren würde (der dann keiner mehr wäre), sondern keinem Besucher (s § 5 Rn 2). Zu den Gründen, derentwegen ein „bes Vorteil" gewährt wird, gehören wegen ihrer Nicht-Nennung in I 1 weder Rasse noch ethnische Herkunft. Während 4 5 6

AGG § 21   Abschnitt 3. Schutz vor Benachteiligung im Zivilrechtsverkehr

die Nichterwähnung der Rasse nach der Konzeption des Gesetzgebers konsequent ist (was es tatsächlich nicht gibt, kann auch keine Besserbehandlung rechtfertigen), könnte die Nichtnennung der ethnischen Herkunft missliche Folgen haben, wenn es dabei bliebe (so könnten zB Russlanddeutsche nicht verbilligte Schauspielkarten zur Förderung der [sprachlichen] Integration erhalten). Hier hilft der Rückgriff auf § 5 (Positive Maßnahmen): Gründe für eine Diskriminierung (§ 1, § 19 I am Anfang) werden aus Gründen für eine ausgleichende Vorteilsgewährung (vgl § 5 Rn 1; auch

7 BegrRegEntw S 44). **d) Nr 4.** Nach der BegrRegEntw S 44 handelt es sich um ein Regelbeispiel. Geht eine gerechtfertigte unmittelbare Benachteiligung wegen der Religion mit einer mittelbaren Benachteiligung (§ 3 II) wegen Rasse und/oder ethnischer Herkunft einher, so ist letztere nach § 3 II tatbestandlich ausgeschlossen (MK/Thüsing 46).

8 **4. Privatversicherungen (§ 19 I Nr 2), II. II 1.** ist ebenso wie der zugrundeliegende Art 5 Abs 2 2004/113/EG (GleichberechtigungsRiLi) mit Wirkung vom 21. 12. 12 (zur Frage der Anwendbarkeit auf Altverträge s Lüttringhaus EuZW 11, 296, 299 f) europarechtswidrig (s EuGH EuZW 11, 301 – Test-Achats, dazu zu recht krit Lüttringhaus EuZW 11, 296 ff; Kahler NJW 11, 894 ff). II 1 ist daher unanwendbar, eine unterschiedliche Behandlung auf Grund des Geschlechts in Versicherungsverträgen ist unzulässig, **II 2** (dadurch veranlasste Mehrkosten sind von der Versichertengemeinschaft zu tragen, sa BGB 123 Rn 7). Die anderen Diskriminierungsgründe (Religion, Behinderung, Alter, sexuelle Identität) dürfen ebenfalls (allerdings nach anderen Grundsätzen als in II 1) nur eingeschränkt berücksichtigt werden, **II 3**. Rasse und ethnische Herkunft scheiden als berücksichtigungsfähige Risikofaktoren einschränkungslos aus. BGH NJW 11, 3151 Tz 18: AGG verbietet es Versicherer nicht, nach der Behinderung eines Versicherten zu fragen. Denn Versicherer darf im Rahmen des II 3 prüfen, ob nach anerkannten Prinzipien risikoadäquater Kalkulation ein behinderungsbedingter Risikozuschlag erhoben oder der Vertragsschluss sogar ganz abgelehnt werden kann. Bei Täuschung über Vorerkrankungen ist nicht die Behinderung des Versicherten als solche, sondern seine Täuschung über die Behinderung der **Anfechtungsgrund**. Anfechtung nach BGB 123 durch AGG daher nicht ausgeschlossen.

§ 21 Ansprüche

(1) ¹Der Benachteiligte kann bei einem Verstoß gegen das Benachteiligungsverbot unbeschadet weiterer Ansprüche die Beseitigung der Beeinträchtigung verlangen. ²Sind weitere Beeinträchtigungen zu besorgen, so kann er auf Unterlassung klagen.

(2) ¹Bei einer Verletzung des Benachteiligungsverbots ist der Benachteiligende verpflichtet, den hierdurch entstandenen Schaden zu ersetzen. ²Dies gilt nicht, wenn der Benachteiligende die Pflichtverletzung nicht zu vertreten hat. ³Wegen eines Schadens, der nicht Vermögensschaden ist, kann der Benachteiligte eine angemessene Entschädigung in Geld verlangen.

(3) Ansprüche aus unerlaubter Handlung bleiben unberührt.

(4) Auf eine Vereinbarung, die von dem Benachteiligungsverbot abweicht, kann sich der Benachteiligende nicht berufen.

(5) ¹Ein Anspruch nach den Absätzen 1 und 2 muss innerhalb einer Frist von zwei Monaten geltend gemacht werden. ²Nach Ablauf der Frist kann der Anspruch nur geltend gemacht werden, wenn der Benachteiligte ohne Verschulden an der Einhaltung der Frist verhindert war.

Lit: Haberl, Antidiskriminierungsrecht und Sanktionssystem, GPR 09, 202

1 **1. Allgemeines.** Dem Benachteiligten stehen **mehrere Ansprüche** zur Verfügung: Anspruch auf Beseitigung und/oder Unterlassung der Benachteiligung

Abschnitt 3. Schutz vor Benachteiligung im Zivilrechtsverkehr § 21 AGG

(Beeinträchtigung), **I**; Anspruch auf Ersatz des Vermögens- und des Nichtvermögensschadens, **II**; daneben etwaige Ansprüche aus unerlaubter Handlung, **III**.

2. Beseitigungs- und Unterlassungsanspruch. a) Beseitigungs- und 2
Unterlassungsanspruch folgen den allg Regeln. Daher kann in Zweifelsfällen auf die Erläuterungen zu **BGB 1004** zurückgegriffen werden. Wie die Ansprüche aus BGB 1004 setzen sie kein Verschulden des Täters voraus (BGB 1004 Rn 7). **b) Der** 3
Beseitigungsanspruch setzt eine gegenwärtig noch fortbestehende Benachteiligung (Beeinträchtigung) voraus (BGB 1004 Rn 6). Nach der mittlerweile wohl überwiegenden Auffassung (s ua Thüsing/v. Hoff NJW 07, 21 ff; MK/Thüsing 17–22 mN) ist die Verweigerung eines Vertragsschlusses eine Benachteiligung iSv I 1; daher folge aus dem Beseitigungsanspruch ein Anspruch auf Vertragsschluss (Kontrahierungszwang). Bauer/Göpfert/Krieger 6 meinen, die Beseitigung der Beeinträchtigung erfolge „im Wege der Naturalrestitution", weshalb der Beseitigungsanspruch auch einen Anspruch auf Vertragsschluss umfassen könne (Hinzukommen muss in jedem Fall, dass ein Vertragsschluss noch möglich ist, also keine Unmöglichkeit, BGB 275 I, vorliegt, es diskriminierungsfrei tatsächlich zum Vertragsschluss gekommen wäre und außerdem die in Rede stehende Leistung hinreichend bestimmt ist). Das Ergebnis der hM (Kontrahierungszwang) und die dafür gegebenen Begründungen (Beseitigungsanspruch, Naturalrestitution) sind abzulehnen. Die Verweigerung des Vertragsabschlusses ist zwar das haftungsbegründete Verhalten (insoweit zutr Armbrüster NJW 07, 1497), das für den Betroffenen sowohl eine Beeinträchtigung (I 1) wie einen Schaden darstellt (zur vergleichbaren Situation bei BGB 1004 vgl dort Rn 7). Dieser Schaden ist aber gem II 1 – abw von BGB 249 I (was möglich ist, s § 32) – nicht „im Wege der Naturalrestitution" auszugleichen (Rn 8), weshalb II 1 keinen Anspruch auf Vertragsschluss gewährt. Wenn sich dieser Anspruch aus I 1 ergäbe, so würde der Beseitigungsanspruch, der kein Vertretenmüssen erfordert (Rn 2), geringere Anforderungen an einen Kontrahierungszwang stellen als der Anspruch aus II 1, der ein Vertretenmüssen verlangt (letzteres sei europarechtswidrig, MK/Thüsing 15, 45–48). Damit würde I 1 der Sache nach einen Schadensersatzanspruch gewähren, ohne dass der Beeinträchtigende anstelle des Verstoß gegen das Benachteiligungsverbot zu vertreten hätte. Das verstieße gegen eine sachgerechte Abgrenzung von I 1 und II 1 mit 2. Gegen Kontrahierungszwang aus unterschiedlichen Gründen Armbrüster NJW 07, 1494 ff mN, auch zur Gegenansicht; für Kontrahierungszwang die hM (s Meinel/Heyn/Herms 11 mwN); für Kontrahierungszwang nur ausnahmsweise PalGrüneberg 7. Berechtigte Kritik an dem von ihm bejahten Kontrahierungszwang (vgl o) übt MK/Thüsing 33–35. **c) Der Unterlas-** 4
sungsanspruch setzt künftige Benachteiligung (Beeinträchtigung) voraus und zielt auf ihre Verhinderung. Er verlangt Wiederholungs- oder Erstbegehungsgefahr (BGB 1004 Rn 10, 11, ferner 13). **d) Klage und Urteil** richten sich nach der Art der 5
Diskriminierung (BGB 1004 Rn 9, 12). Bsp: Widerruf (= Beseitigung) eines ausgesprochenen diskriminierenden Hausverbots; Unterlassung eines künftigen erstmals oder wiederholt ausgesprochenen Hausverbots.

3. Anspruch auf Schadensersatz, II. a) Vermögensschaden (materieller 6
Schaden) ist zu ersetzen, **II 1** (BGB 280 I 1 nachgebildet). Hierfür gelten die allg Bestimmungen, § 32 (BGB 249 ff). **aa) Der Benachteiligte** hat die Benachteiligung 7
zu **beweisen** (dazu Erleichterungen in § 22, s Anm dort); der **Benachteiligende** hat zu **beweisen,** dass er die „Pflichtverletzung", dh die Benachteiligung nicht zu vertreten hat, **II 2** (entspricht BGB 280 I 2). Das Vertretenmüssen ist also nicht Anspruchsvoraussetzung, sondern das Nichtvertretenmüssen ist materiellrechtlich eine Einwendung, prozessual eine rechtshindernde Einredetatsache (Jauernig, ZPR, § 50 IV 1d); mit einem „vermuteten Verschulden" (Maier-Reimer NJW 06, 2581) hat das in doppelter Hinsicht nichts zu tun: weder besteht mangels Vermutungsbasis eine Vermutung, noch genügt Verschulden, gefordert ist nach II 2 „Vertretenmüssen", BGB 276, 278 gelten. Bei einer **unmittelbaren Benachteiligung** wird ein Entlastungsbeweis kaum möglich sein, weil sie idR vorsätzlich geschehen sein wird;

AGG § 21 Abschnitt 3. Schutz vor Benachteiligung im Zivilrechtsverkehr

8 anders bei der **mittelbaren Benachteiligung,** die festzustellen problematisch sein kann (§ 3 Rn 2). **bb) Fraglich** ist, ob sich aus II 1 für den Benachteiligten die **Pflicht zum Vertragsschluss** ergeben kann, wenn der Schaden im diskriminierend abgelehnten Vertragsschluss besteht. Das ist zu verneinen (ebenso PalGrüneberg 7; str, aA Bauer/Göpfert/Krieger 6, jweils mN). II 1 bestimmt (nur), dass der aus der Verletzung des Benachteiligungsverbots fließende Schaden zu ersetzen ist, aber nicht – wie BGB 249 I –, dass der Zustand herzustellen ist, der bestehen würde, wenn der zum Ersatz verpflichtende Umstand nicht eingetreten wäre, also keine Anordnung der Naturalrestitution durch Vertragsschluss (zu dieser im Unterschied zum Schadensersatz durch Ausgleich in Geld Larenz I § 28 I; sa Rn 11, 12 vor BGB 145; verkannt von MK/Thüsing 19, auch 53). Das ist eine Abweichung von den „allg Bestimmungen" (BGB 249 ff), die Vorrang vor diesen genießt (§ 32). Entspr gilt für § 15 VI, der die Konsequenz aus § 15 I (keine Naturalrestitution) zieht. Die schon bisher anerkannten Fälle eines **mittelbaren Abschlusszwangs** nach **BGB 826 (Naturalrestitution,** vgl Rn 11, 12 vor BGB 145) bleiben unberührt, **III.**

9 **b) Nichtvermögensschaden** (immaterieller Schaden), **II 3.** Er Ist auf Grund einer **obj Benachteiligung** zu ersetzen. Vertretenmüssen ist nicht erforderlich, da sich II 2 nur auf II 1, nicht auch auf II 3 bezieht (problematisch). **Angemessene Entschädigung** ist zu leisten. Wie beim Geldentschädigungsanspruch bei Verletzung des allg Persönlichkeitsrechts (BGB 253 Rn 7) stehen **Genugtuung** und **Prävention** im Vordergrund. Die **Höhe** der angemessenen Entschädigung hat die Schwere, Dauer und Häufigkeit der Benachteiligung(en) zu berücksichtigen (Genugtuungsfunktion). Auch bei nicht zu vertretender Benachteiligung kann der Ersatz immateriellen Schadens eine zukunftsorientierte „abschreckende Wirkung" haben (gefordert in RiLi 2000/43/EG Art 15; RiLi 2000/78/EG Art 17; RiLi 2004/113/EG Art 14), jedenfalls als Spezialprävention in Bezug auf den Benachteiligenden, schwerlich als Abschreckungsgeneralprävention in Bezug auf Dritte, um sie von gleichem Tun abzuhalten.

10 **4. Sonstige Ansprüche. Ansprüche aus unerlaubter Handlung** werden von den Ansprüchen aus I und II nicht verdrängt, **III.** Als Bsp einer Anspruchskonkurrenz nennt BegrRegEntw S 46 f den Fall, dass mit der Benachteiligung eine Beleidigung (StGB 185) verbunden ist, was Ansprüche aus BGB 823 II auslösen könne. Dabei ist zu beachten, dass geschlechtsbezogene Angriffe in neuerer Zeit nur noch eingeschränkt dem StGB 185 unterstellt werden.

11 **5. Nichtigkeit einzelner Abreden. IV** betrifft einzelne diskriminierende Vertragsabreden, die wegen Benachteiligung nichtig sind. Der Vertrag iü bleibt bestehen, denn BGB 139 ist nach Sinn und Zweck der Nichtigkeitsanordnung ausgeschlossen (BGB 139 Rn 15).

12 **6. Frist. Frist zur Geltendmachung** der Ansprüche aus I, II: **V.** Die Vorschrift ist offenbar BGB 651g nachempfunden, aber nur halb, und daher kann sie ihr Ziel nicht erreichen, dass die Beteiligten in überschaubarer Frist wissen, bis wann spätestens ein Anspruch aus I, II noch mit Erfolg geltend gemacht werden kann (zu diesem Ziel s BegrRegEntw S 47). **a)** Nach der BegrRegEntw S 47 ist die Frist eine **ges Ausschlussfrist.** Mit Ablauf einer solchen Frist **erlöschen** idR die Ansprüche, doch gibt es **Ausnahmen.** BGB 651g I 3 enthält eine solche, ebenso seine „Kopie" in V 2, wonach der Gläubiger auch noch nach Ablauf der Ausschlussfrist Ansprüche geltend machen kann, aber nur, wenn er ohne Verschulden an der Einhaltung der Frist verhindert worden ist (nach Erkennen des Hindernisses ist unverzüglich [BGB 121 I 1] Anspruchserhebung nötig, sonst Anspruchsverlust [s BGB 651g Rn 4; BGH 159, 358]). Damit bleibt offen, wie lange noch mit Ansprüchen zu rechnen ist. Diese Ungewissheit steht in Widerspruch zum Zweck des Ges – sowohl BGB 651g als auch V –, beiden Parteien in überschaubarer Frist Klarheit über mögliche Ansprüche und ihre Geltendmachung zu verschaffen (s MK/Tonner § 651g, 1; BegrRegEntw S 47). Diese Unsicherheit hat aber nach BGB 651g II eine berechnen-

bare akzeptable Höchstdauer. Gleichzeitig mit der Ausschlussfrist beginnt nämlich die Verjährungsfrist für die Ansprüche zu laufen, die nach BGB 651g I 1 grundsätzlich binnen Monatsfrist geltend zu machen sind. Die Frist nach BGB 651g II 1 betrug bis zum 31.12.2001 nur 6 Monate, was dem oben genannten Zweck der Regelung besser entsprach als die nunmehr geltende Frist von 2 Jahren. Die Fristverlängerung ändert nichts daran, dass beide Parteien ein festes Datum haben, ab dem die Durchsetzung der Ansprüche durch die Erhebung der Verjährungseinrede seitens des Schuldners endgültig verhindert werden kann. **b)** Eine dem BGB 651g II entspr **13** Vorschrift fehlt in V. Daher ist auf die allg Verjährungsregeln (BGB 194 ff) zurückzugreifen (§ 32), denn auch die **Ansprüche aus I und II verjähren.** Das entspricht dem Regelfall (die Sonderregelung in BGB 651g II betrifft nicht die Verjährbarkeit, die ergibt sich aus BGB 194 I, sondern den Beginn und die Dauer der Verjährungsfrist, eine Regelung, die in V fehlt). Nach den allg Regeln beträgt die **Verjährungsfrist** 3 Jahre (BGB 195). Sie beginnt nach BGB 199 und hat eine Höchstdauer von 10 oder 30 Jahren. Das ist für den Rechtsverkehr viel zu lang, liegt aber an der nicht ausfüllungsfähigen Lücke im Ges, nämlich dem Fehlen einer dem BGB 651g II entspr Vorschrift. Unbeschadet dessen ist jedenfalls – wenn auch zeitlich verfehlt – ein berechenbares Datum gesetzt, ab dem die Durchsetzung der Ansprüche aus I und II durch Erhebung der Verjährungseinrede endgültig verhindert werden kann.

Abschnitt 4. Rechtsschutz

§ 22 Beweislast

Wenn im Streitfall die eine Partei Indizien beweist, die eine Benachteiligung wegen eines in § 1 genannten Grundes vermuten lassen, trägt die andere Partei die Beweislast dafür, dass kein Verstoß gegen die Bestimmungen zum Schutz vor Benachteiligung vorgelegen hat.

1. **Allgemeines.** Mit „Streitfall" ist der Rechtsstreit gemeint; nur dort spielt die **1** „Beweislast" eine Rolle. Die Grundregel der Beweislastverteilung lautet: Jede Partei trägt die Behauptungs- und Beweislast für die tatsächlichen Voraussetzungen der ihr günstigen Rechtsnorm (BGH NJW 05, 2396). Danach hätte der sich benachteiligt Fühlende (im Folgenden Benachteiligter genannt) zu behaupten und ggf zu beweisen: (1) seine unterschiedliche Behandlung gegenüber einer anderen Person, (2) dass er ein Diskriminierungsmerkmal iSv § 1 aufweist und (3), dass für seine unterschiedliche Behandlung sein Diskriminierungsmerkmal kausal war.

2. **Beweislast. a)** Die in Rn 1 genannten Punkte – (1) Benachteiligung und (2) **2** Diskriminierungsmerkmal – hat der Benachteiligte zu behaupten und im Bestreitensfall zur **vollen Überzeugung des Gerichts** zu beweisen. Für Punkt (3) – Kausalität – genügt es, dass der Benachteiligte Tatsachen **(Indiztatsachen)** behauptet und im Bestreitungsfall beweist (s Rn 3), die sich nicht unmittelbar auf die Kausalität beziehen, kraft derer aber eine **tatsächliche Vermutung** für das Vorliegen der Kausalität spricht. Es genügt also nicht, Indiztatsachen „ins Blaue hinein" aufzustellen, denn sie müssen ggf bewiesen werden (dazu Rn 3). Doch ist zu beachten, dass wegen der größeren Sachnähe des Benachteiligenden zur umstrittenen Kausalität des Diskriminierungsmerkmals der für die Indiztatsachen behauptungs- und beweisbelastete Benachteiligte seiner Last schon durch eine mehr oder weniger pauschale Darlegung genügt, wenn und weil ihm mehr nicht möglich ist, während die nicht primär behauptungs- und beweisbelastete Gegenpartei die wesentlichen Umstände kennt und es ihr zumutbar ist, nähere Angaben zu machen (sog sekundäre Darlegungslast, BGH 159, 13; 160, 320, je mwN, stRspr). Bei Motivbündel genügt, dass Merkmal des § 1 enthalten ist (BGH NZA 12, 797; BAG NZA 12, 1307; 1345; 13, 37). **b)** Für die Indiztatsachen genügt nach hM (BGH NZA 12, 797; BAG **3**

NZA 12, 34; 1307; ArbG Berlin NJW 08, 1403 f mN; aA die Vorauﬂ) die **Glaubhaftmachung,** dh die Feststellung der überwiegenden Wahrscheinlichkeit oder der guten Möglichkeit, ganz entspr dem mit Wirkung v 18.8.2006 aufgehobenem BGB 611a I 3 (vgl BAG NJW 04, 2114 f; zur Gesetzgebungsgeschichte der Nachfolgevorschrift – § 22 – s Rühl/Schmid/Viethen S 28 ff; scharfe Kritik an der handwerklich missglückten Vorschrift bei Baumbach Anh § 286, 34 [Stichwort AGG]). Die Herabsetzung des Beweismaßes – kein voller Beweis, nur Glaubhaftmachung – entspricht ferner europarechtlichen Vorgaben (ArbG Berlin aaO), denen durch richtlinienkonforme Auslegung Rechnung zu tragen ist. Von einer **Beweislastumkehr** ist nach § 22 nur idS zu sprechen, dass der Benachteiligte nicht wie nach allg Grundsätzen (s Rn 1) zu behaupten und zu beweisen hat, dass sein Diskriminierungsmerkmal kausal (dh ausschlaggebend) für die Benachteiligung war; vielmehr trägt der Prozessgegner die Beweislast dafür, dass er nicht gegen die Bestimmungen zum Schutz vor Benachteiligung verstoßen hat. Dafür hat er verschiedene Möglichkeiten. Er kann beweisen, dass der Tatbestand einer unterschiedlichen Behandlung oder das behauptete Diskriminierungsmerkmal oder die Indiztatsache nicht vorliegt; dass die Indiztatsache die Vermutung nicht begründet; dass die unterschiedliche Behandlung sachlich gerechtfertigt ist (gegebene, aber falsche, wechselnde oder in sich widersprüchliche Begründungen können jedoch selbst Indizwirkung iSd § 22 haben [BAG NZA 12, 1345]). Ansprüche, die nicht an eine Benachteiligung wegen eines in § 1 genannten Merkmals anknüpfen (zB BGB 823 I wg Verletzung des allgemeinen Persönlichkeitsrechts), bleiben von § 22 unberührt (BAG NZA 12, 910, 918f).

§§ 23–30 *(nicht abgedruckt)*

Abschnitt 7. Schlussvorschriften

§ 31 Unabdingbarkeit

Von den Vorschriften dieses Gesetzes kann nicht zu Ungunsten der geschützten Personen abgewichen werden.

1   **Sonstiges.** Abweichungen zu Gunsten der geschützten Personen sind zulässig. Daher sind die Vorschriften des AGG nur „halbzwingend".

§ 32 Schlussbestimmung

Soweit in diesem Gesetz nicht Abweichendes bestimmt ist, gelten die allgemeinen Bestimmungen.

1   Die Vorschrift macht deutlich, dass das AGG keine abschließende und ausschließende Kodifikation des Antidiskriminierungsrechts (Gleichbehandlungsrechts) ist. Vielmehr bleiben die allg Gesetze, insbes das BGB, unberührt. Sie sind ergänzend anzuwenden, soweit das AGG keine Sondervorschriften enthält.

§ 33 Übergangsbestimmungen

(1) **Bei Benachteiligungen nach den §§ 611a, 611b und 612 Abs. 3 des Bürgerlichen Gesetzbuchs oder sexuellen Belästigungen nach dem Beschäftigtenschutzgesetz ist das vor dem 18. August 2006 maßgebliche Recht anzuwenden.**

(2) ¹**Bei Benachteiligungen aus Gründen der Rasse oder wegen der ethnischen Herkunft sind die §§ 19 bis 21 nicht auf Schuldverhältnisse anzuwen-**

den, die vor dem 18. August 2006 begründet worden sind. ²Satz 1 gilt nicht für spätere Änderungen von Dauerschuldverhältnissen.

(3) ¹Bei Benachteiligungen wegen des Geschlechts, der Religion, einer Behinderung, des Alters oder der sexuellen Identität sind die §§ 19 bis 21 nicht auf Schuldverhältnisse anzuwenden, die vor dem 1. Dezember 2006 begründet worden sind. ²Satz 1 gilt nicht für spätere Änderungen von Dauerschuldverhältnissen.

(4) ¹Auf Schuldverhältnisse, die eine privatrechtliche Versicherung zum Gegenstand haben, ist § 19 Abs. 1 nicht anzuwenden, wenn diese vor dem 22. Dezember 2007 begründet worden sind. ²Satz 1 gilt nicht für spätere Änderungen solcher Schuldverhältnisse.

Gesetz zur Umsetzung der Verbraucherrechterichtlinie und zur Änderung des Gesetzes zur Regelung der Wohnungsvermittlung[1]

Vom 20. September 2013 (BGBl. I S. 3642)[2]

(Auszug)

Titel 5 Rücktritt; Widerrufsrecht bei Verbraucherverträgen

Untertitel 2 Grundsätze bei Verbraucherverträgen und besondere Vertriebsformen

Kapitel 1 Anwendungsbereich und Grundsätze bei Verbraucherverträgen

§ 312 Anwendungsbereich

(1) Die Vorschriften der Kapitel 1 und 2 dieses Untertitels sind nur auf Verbraucherverträge im Sinne des § 310 Absatz 3 anzuwenden, die eine entgeltliche Leistung des Unternehmers zum Gegenstand haben.

(2) Von den Vorschriften der Kapitel 1 und 2 dieses Untertitels ist nur § 312a Absatz 1, 3, 4 und 6 auf folgende Verträge anzuwenden:
1. notariell beurkundete Verträge
   a) über Finanzdienstleistungen, die außerhalb von Geschäftsräumen geschlossen werden,
   b) die keine Verträge über Finanzdienstleistungen sind; für Verträge, für die das Gesetz die notarielle Beurkundung des Vertrags oder einer Vertragserklärung nicht vorschreibt, gilt dies nur, wenn der Notar darüber belehrt, dass die Informationspflichten nach § 312d Absatz 1 und das Widerrufsrecht nach § 312g Absatz 1 entfallen,
2. Verträge über die Begründung, den Erwerb oder die Übertragung von Eigentum oder anderen Rechten an Grundstücken,
3. Verträge über den Bau von neuen Gebäuden oder erhebliche Umbaumaßnahmen an bestehenden Gebäuden,
4. Verträge über Reiseleistungen nach § 651a, wenn diese
   a) im Fernabsatz geschlossen werden oder
   b) außerhalb von Geschäftsräumen geschlossen werden, wenn die mündlichen Verhandlungen, auf denen der Vertragsschluss beruht,

---

[1] Dieses Gesetz dient der Umsetzung der Richtlinie 2011/83/EU des Europäischen Parlaments und des Rates vom 25. Oktober 2011 über die Rechte der Verbraucher, zur Abänderung der Richtlinie 93/13/EWG des Rates und der Richtlinie 1999/44/EG des Europäischen Parlaments und des Rates sowie zur Aufhebung der Richtlinie 85/577/EWG des Rates und der Richtlinie 97/7/EG des Europäischen Parlaments und des Rates (ABl. L 304 vom 22.11.2011, S. 64).

[2] Das Gesetz tritt am 16.6.2014 in Kraft.

Anhang Umsetzung der Verbraucherrechterichtlinie

auf vorhergehende Bestellung des Verbrauchers geführt worden sind,
5. Verträge über die Beförderung von Personen,
6. Verträge über Teilzeit-Wohnrechte, langfristige Urlaubsprodukte, Vermittlungen und Tauschsysteme nach den §§ 481 bis 481b,
7. Behandlungsverträge nach § 630a,
8. Verträge über die Lieferung von Lebensmitteln, Getränken oder sonstigen Haushaltsgegenständen des täglichen Bedarfs, die am Wohnsitz, am Aufenthaltsort oder am Arbeitsplatz eines Verbrauchers von einem Unternehmer im Rahmen häufiger und regelmäßiger Fahrten geliefert werden,
9. Verträge, die unter Verwendung von Warenautomaten und automatisierten Geschäftsräumen geschlossen werden,
10. Verträge, die mit Betreibern von Telekommunikationsmitteln mit Hilfe öffentlicher Münz- und Kartentelefone zu deren Nutzung geschlossen werden,
11. Verträge zur Nutzung einer einzelnen von einem Verbraucher hergestellten Telefon-, Internet- oder Telefaxverbindung,
12. außerhalb von Geschäftsräumen geschlossene Verträge, bei denen die Leistung bei Abschluss der Verhandlungen sofort erbracht und bezahlt wird und das vom Verbraucher zu zahlende Entgelt 40 Euro nicht überschreitet, und
13. Verträge über den Verkauf beweglicher Sachen auf Grund von Zwangsvollstreckungsmaßnahmen oder anderen gerichtlichen Maßnahmen.

(3) Auf Verträge über soziale Dienstleistungen, wie Kinderbetreuung oder Unterstützung von dauerhaft oder vorübergehend hilfsbedürftigen Familien oder Personen, einschließlich Langzeitpflege, sind von den Vorschriften der Kapitel 1 und 2 dieses Untertitels nur folgende anzuwenden:
1. die Definitionen der außerhalb von Geschäftsräumen geschlossenen Verträge und der Fernabsatzverträge nach den §§ 312b und 312c,
2. § 312a Absatz 1 über die Pflicht zur Offenlegung bei Telefonanrufen,
3. § 312a Absatz 3 über die Wirksamkeit der Vereinbarung, die auf eine über das vereinbarte Entgelt für die Hauptleistung hinausgehende Zahlung gerichtet ist,
4. § 312a Absatz 4 über die Wirksamkeit der Vereinbarung eines Entgelts für die Nutzung von Zahlungsmitteln,
5. § 312a Absatz 6,
6. § 312d Absatz 1 in Verbindung mit Artikel 246a § 1 Absatz 2 und 3 des Einführungsgesetzes zum Bürgerlichen Gesetzbuche über die Pflicht zur Information über das Widerrufsrecht und
7. § 312g über das Widerrufsrecht.

(4) Auf Verträge über die Vermietung von Wohnraum sind von den Vorschriften der Kapitel 1 und 2 dieses Untertitels nur die in Absatz 3 Nummer 1 bis 7 genannten Bestimmungen anzuwenden. Die in Absatz 3 Nummer 1, 6 und 7 genannten Bestimmungen sind jedoch nicht auf die Begründung eines Mietverhältnisses über Wohnraum anzuwenden, wenn der Mieter die Wohnung zuvor besichtigt hat.

(5) Bei Vertragsverhältnissen über Bankdienstleistungen sowie Dienstleistungen im Zusammenhang mit einer Kreditgewährung, Versicherung, Altersversorgung von Einzelpersonen, Geldanlage oder Zahlung (Finanzdienstleistungen), die eine erstmalige Vereinbarung mit daran anschließenden aufeinander folgenden Vorgängen oder eine daran anschließende Reihe getrennter, in einem zeitlichen Zusammenhang stehender Vorgänge gleicher Art umfassen, sind die Vorschriften der Kapitel 1 und 2 dieses Unterti-

tels nur auf die erste Vereinbarung anzuwenden. § 312a Absatz 1, 3, 4 und 6 ist daneben auf jeden Vorgang anzuwenden. Wenn die in Satz 1 genannten Vorgänge ohne eine solche Vereinbarung aufeinander folgen, gelten die Vorschriften über Informationspflichten des Unternehmers nur für den ersten Vorgang. Findet jedoch länger als ein Jahr kein Vorgang der gleichen Art mehr statt, so gilt der nächste Vorgang als der erste Vorgang einer neuen Reihe im Sinne von Satz 3.

(6) Von den Vorschriften der Kapitel 1 und 2 dieses Untertitels ist auf Verträge über Versicherungen sowie auf Verträge über deren Vermittlung nur § 312a Absatz 3, 4 und 6 anzuwenden.

§ 312a Allgemeine Pflichten und Grundsätze bei Verbraucherverträgen; Grenzen der Vereinbarung von Entgelten

(1) Ruft der Unternehmer oder eine Person, die in seinem Namen oder Auftrag handelt, den Verbraucher an, um mit diesem einen Vertrag zu schließen, hat der Anrufer zu Beginn des Gesprächs seine Identität und gegebenenfalls die Identität der Person, für die er anruft, sowie den geschäftlichen Zweck des Anrufs offenzulegen.

(2) Der Unternehmer ist verpflichtet, den Verbraucher nach Maßgabe des Artikels 246 des Einführungsgesetzes zum Bürgerlichen Gesetzbuche zu informieren. Der Unternehmer kann von dem Verbraucher Fracht-, Liefer- oder Versandkosten und sonstige Kosten nur verlangen, soweit er den Verbraucher über diese Kosten entsprechend den Anforderungen aus Artikel 246 Absatz 1 Nummer 3 des Einführungsgesetzes zum Bürgerlichen Gesetzbuche informiert hat. Die Sätze 1 und 2 sind weder auf außerhalb von Geschäftsräumen geschlossene Verträge noch auf Fernabsatzverträge noch auf Verträge über Finanzdienstleistungen anzuwenden.

(3) Eine Vereinbarung, die auf eine über das vereinbarte Entgelt für die Hauptleistung hinausgehende Zahlung des Verbrauchers gerichtet ist, kann ein Unternehmer mit einem Verbraucher nur ausdrücklich treffen. Schließen der Unternehmer und der Verbraucher einen Vertrag im elektronischen Geschäftsverkehr, wird eine solche Vereinbarung nur Vertragsbestandteil, wenn der Unternehmer die Vereinbarung nicht durch eine Voreinstellung herbeiführt.

(4) Eine Vereinbarung, durch die ein Verbraucher verpflichtet wird, ein Entgelt dafür zu zahlen, dass er für die Erfüllung seiner vertraglichen Pflichten ein bestimmtes Zahlungsmittel nutzt, ist unwirksam, wenn
1. für den Verbraucher keine gängige und zumutbare unentgeltliche Zahlungsmöglichkeit besteht oder
2. das vereinbarte Entgelt über die Kosten hinausgeht, die dem Unternehmer durch die Nutzung des Zahlungsmittels entstehen.

(5) Eine Vereinbarung, durch die ein Verbraucher verpflichtet wird, ein Entgelt dafür zu zahlen, dass der Verbraucher den Unternehmer wegen Fragen oder Erklärungen zu einem zwischen ihnen geschlossenen Vertrag über eine Rufnummer anruft, die der Unternehmer für solche Zwecke bereithält, ist unwirksam, wenn das vereinbarte Entgelt das Entgelt für die bloße Nutzung des Telekommunikationsdienstes übersteigt. Ist eine Vereinbarung nach Satz 1 unwirksam, ist der Verbraucher auch gegenüber dem Anbieter des Telekommunikationsdienstes nicht verpflichtet, ein Entgelt für den Anruf zu zahlen. Der Anbieter des Telekommunikationsdienstes ist berechtigt, das Entgelt für die bloße Nutzung des Telekommunikationsdienstes von dem Unternehmen zu verlangen, der die unwirksame Vereinbarung mit dem Verbraucher geschlossen hat.

Anhang

(6) Ist eine Vereinbarung nach den Absätzen 3 bis 5 nicht Vertragsbestandteil geworden oder ist sie unwirksam, bleibt der Vertrag im Übrigen wirksam.

Kapitel 2 Außerhalb von Geschäftsräumen geschlossene Verträge und Fernabsatzverträge

§ 312b Außerhalb von Geschäftsräumen geschlossene Verträge

(1) Außerhalb von Geschäftsräumen geschlossene Verträge sind Verträge,
1. die bei gleichzeitiger körperlicher Anwesenheit des Verbrauchers und des Unternehmers an einem Ort geschlossen werden, der kein Geschäftsraum des Unternehmers ist,
2. für die der Verbraucher unter den in Nummer 1 genannten Umständen ein Angebot abgegeben hat,
3. die in den Geschäftsräumen des Unternehmers oder durch Fernkommunikationsmittel geschlossen werden, bei denen der Verbraucher jedoch unmittelbar zuvor außerhalb der Geschäftsräume des Unternehmers bei gleichzeitiger körperlicher Anwesenheit des Verbrauchers und des Unternehmers persönlich und individuell angesprochen wurde, oder
4. die auf einem Ausflug geschlossen werden, der vom den Unternehmer oder mit seiner Hilfe organisiert wurde, um beim Verbraucher für den Verkauf von Waren oder die Erbringung von Dienstleistungen zu werben und mit ihm entsprechende Verträge abzuschließen.

Dem Unternehmer stehen Personen gleich, die in seinem Namen oder Auftrag handeln.

(2) Geschäftsräume im Sinne des Absatzes 1 sind unbewegliche Gewerberäume, in denen der Unternehmer seine Tätigkeit dauerhaft ausübt, und bewegliche Gewerberäume, in denen der Unternehmer seine Tätigkeit für gewöhnlich ausübt. Gewerberäume, in denen die Person, die im Namen oder Auftrag des Unternehmers handelt, ihre Tätigkeit dauerhaft oder für gewöhnlich ausübt, stehen Räumen des Unternehmers gleich.

§ 312c Fernabsatzverträge

(1) Fernabsatzverträge sind Verträge, bei denen der Unternehmer oder eine in seinem Namen oder Auftrag handelnde Person und der Verbraucher für die Vertragsverhandlungen und den Vertragsschluss ausschließlich Fernkommunikationsmittel verwenden, es sei denn, dass der Vertragsschluss nicht im Rahmen eines für den Fernabsatz organisierten Vertriebs- oder Dienstleistungssystems erfolgt.

(2) Fernkommunikationsmittel im Sinne dieses Gesetzes sind alle Kommunikationsmittel, die zur Anbahnung oder zum Abschluss eines Vertrags eingesetzt werden können, ohne dass die Vertragsparteien gleichzeitig körperlich anwesend sind, wie Briefe, Kataloge, Telefonanrufe, Telekopien, E-Mails, über den Mobilfunkdienst versendete Nachrichten (SMS) sowie Rundfunk und Telemedien.

§ 312d Informationspflichten

(1) Bei außerhalb von Geschäftsräumen geschlossenen Verträgen und bei Fernabsatzverträgen ist der Unternehmer verpflichtet, den Verbraucher nach Maßgabe des Artikels 246a des Einführungsgesetzes zum Bürgerlichen Gesetzbuche zu informieren. Die in Erfüllung dieser Pflicht gemachten

Angaben des Unternehmers werden Inhalt des Vertrags, es sei denn, die Vertragsparteien haben ausdrücklich etwas anderes vereinbart.

(2) Bei außerhalb von Geschäftsräumen geschlossenen Verträgen und bei Fernabsatzverträgen über Finanzdienstleistungen ist der Unternehmer abweichend von Absatz 1 verpflichtet, den Verbraucher nach Maßgabe des Artikels 246b des Einführungsgesetzes zum Bürgerlichen Gesetzbuche zu informieren.

§ 312e Verletzung von Informationspflichten über Kosten

Der Unternehmer kann von dem Verbraucher Fracht-, Liefer- oder Versandkosten und sonstige Kosten nur verlangen, soweit er den Verbraucher über diese Kosten entsprechend den Anforderungen aus § 312d Absatz 1 in Verbindung mit Artikel 246a § 1 Absatz 1 Satz 1 Nummer 4 des Einführungsgesetzes zum Bürgerlichen Gesetzbuche informiert hat.

§ 312f Abschriften und Bestätigungen

(1) Bei außerhalb von Geschäftsräumen geschlossenen Verträgen ist der Unternehmer verpflichtet, dem Verbraucher alsbald auf Papier zur Verfügung zu stellen
1. eine Abschrift eines Vertragsdokuments, das von den Vertragsschließenden so unterzeichnet wurde, dass ihre Identität erkennbar ist, oder
2. eine Bestätigung des Vertrags, in der der Vertragsinhalt wiedergegeben ist.

Wenn der Verbraucher zustimmt, kann für die Abschrift oder die Bestätigung des Vertrags auch ein anderer dauerhafter Datenträger verwendet werden. Die Bestätigung nach Satz 1 muss die in Artikel 246a des Einführungsgesetzes zum Bürgerlichen Gesetzbuche genannten Angaben nur enthalten, wenn der Unternehmer dem Verbraucher diese Informationen nicht bereits vor Vertragsschluss in Erfüllung seiner Informationspflichten nach § 312d Absatz 1 auf einem dauerhaften Datenträger zur Verfügung gestellt hat.

(2) Bei Fernabsatzverträgen ist der Unternehmer verpflichtet, dem Verbraucher eine Bestätigung des Vertrags, in der der Vertragsinhalt wiedergegeben ist, innerhalb einer angemessenen Frist nach Vertragsschluss, spätestens jedoch bei der Lieferung der Ware oder bevor mit der Ausführung der Dienstleistung begonnen wird, auf einem dauerhaften Datenträger zur Verfügung zu stellen. Die Bestätigung nach Satz 1 muss die in Artikel 246a des Einführungsgesetzes zum Bürgerlichen Gesetzbuche genannten Angaben enthalten, es sei denn, der Unternehmer hat dem Verbraucher diese Informationen bereits vor Vertragsschluss in Erfüllung seiner Informationspflichten nach § 312d Absatz 1 auf einem dauerhaften Datenträger zur Verfügung gestellt.

(3) Bei Verträgen über die Lieferung von nicht auf einem körperlichen Datenträger befindlichen Daten, die in digitaler Form hergestellt und bereitgestellt werden (digitale Inhalte), ist auf der Abschrift oder in der Bestätigung des Vertrags nach den Absätzen 1 und 2 gegebenenfalls auch festzuhalten, dass der Verbraucher vor Ausführung des Vertrags
1. ausdrücklich zugestimmt hat, dass der Unternehmer mit der Ausführung des Vertrags vor Ablauf der Widerrufsfrist beginnt und
2. seine Kenntnis davon bestätigt hat, dass er durch seine Zustimmung mit Beginn der Ausführung des Vertrags sein Widerrufsrecht verliert.

(4) Diese Vorschrift ist nicht anwendbar auf Verträge über Finanzdienstleistungen.

Anhang

§ 312g Widerrufsrecht

(1) Dem Verbraucher steht bei außerhalb von Geschäftsräumen geschlossenen Verträgen und bei Fernabsatzverträgen ein Widerrufsrecht gemäß § 355 zu.

(2) Das Widerrufsrecht besteht, soweit die Parteien nichts anderes vereinbart haben, nicht bei folgenden Verträgen:
1. Verträge zur Lieferung von Waren, die nicht vorgefertigt sind und für deren Herstellung eine individuelle Auswahl oder Bestimmung durch den Verbraucher maßgeblich ist oder die eindeutig auf die persönlichen Bedürfnisse des Verbrauchers zugeschnitten sind,
2. Verträge zur Lieferung von Waren, die schnell verderben können oder deren Verfallsdatum schnell überschritten würde,
3. Verträge zur Lieferung versiegelter Waren, die aus Gründen des Gesundheitsschutzes oder der Hygiene nicht zur Rückgabe geeignet sind, wenn ihre Versiegelung nach der Lieferung entfernt wurde,
4. Verträge zur Lieferung von Waren, wenn diese nach der Lieferung auf Grund ihrer Beschaffenheit untrennbar mit anderen Gütern vermischt wurden,
5. Verträge zur Lieferung alkoholischer Getränke, deren Preis bei Vertragsschluss vereinbart wurde, die aber frühestens 30 Tage nach Vertragsschluss geliefert werden können und deren aktueller Wert von Schwankungen auf dem Markt abhängt, auf die der Unternehmer keinen Einfluss hat,
6. Verträge zur Lieferung von Ton- oder Videoaufnahmen oder Computersoftware in einer versiegelten Packung, wenn die Versiegelung nach der Lieferung entfernt wurde,
7. Verträge zur Lieferung von Zeitungen, Zeitschriften oder Illustrierten mit Ausnahme von Abonnement-Verträgen,
8. Verträge zur Lieferung von Waren oder zur Erbringung von Dienstleistungen, einschließlich Finanzdienstleistungen, deren Preis von Schwankungen auf dem Finanzmarkt abhängt, auf die der Unternehmer keinen Einfluss hat und die innerhalb der Widerrufsfrist auftreten können, insbesondere Dienstleistungen im Zusammenhang mit Aktien, mit Anteilen an offenen Investmentvermögen im Sinne von § 1 Absatz 4 des Kapitalanlagegesetzbuchs und mit anderen handelbaren Wertpapieren, Devisen, Derivaten oder Geldmarktinstrumenten,
9. vorbehaltlich des Satzes 2 Verträge zur Erbringung von Dienstleistungen in den Bereichen Beherbergung zu anderen Zwecken als zu Wohnzwecken, Beförderung von Waren, Kraftfahrzeugvermietung, Lieferung von Speisen und Getränken sowie zur Erbringung weiterer Dienstleistungen im Zusammenhang mit Freizeitbetätigungen, wenn der Vertrag für die Erbringung einen spezifischen Termin oder Zeitraum vorsieht,
10. Verträge, die im Rahmen einer Vermarktungsform geschlossen werden, bei der der Unternehmer Verbrauchern, die persönlich anwesend sind oder denen diese Möglichkeit gewährt wird, Waren oder Dienstleistungen anbietet, und zwar in einem vom Versteigerer durchgeführten, auf konkurrierenden Geboten basierenden transparenten Verfahren, bei dem der Bieter, der den Zuschlag erhalten hat, zum Erwerb der Waren oder Dienstleistungen verpflichtet ist (öffentlich zugängliche Versteigerung),
11. Verträge, bei denen der Verbraucher den Unternehmer ausdrücklich aufgefordert hat, ihn aufzusuchen, um dringende Reparatur- oder Instandhaltungsarbeiten vorzunehmen; dies gilt nicht hinsichtlich weiterer bei dem Besuch erbrachter Dienstleistungen, die der Verbraucher

nicht ausdrücklich verlangt hat, oder hinsichtlich solcher bei dem Besuch gelieferter Waren, die bei der Instandhaltung oder Reparatur nicht unbedingt als Ersatzteile benötigt werden,
12. Verträge zur Erbringung von Wett- und Lotteriedienstleistungen, es sei denn, dass der Verbraucher seine Vertragserklärung telefonisch abgegeben hat oder der Vertrag außerhalb von Geschäftsräumen geschlossen wurde, und
13. notariell beurkundete Verträge; dies gilt für Fernabsatzverträge über Finanzdienstleistungen nur, wenn der Notar bestätigt, dass die Rechte des Verbrauchers aus § 312d Absatz 2 gewahrt sind.

Die Ausnahme nach Satz 1 Nummer 9 gilt nicht für Verträge über Reiseleistungen nach § 651a, wenn diese außerhalb von Geschäftsräumen geschlossen worden sind, es sei denn, die mündlichen Verhandlungen, auf denen der Vertragsschluss beruht, sind auf vorhergehende Bestellung des Verbrauchers geführt worden.

(3) Das Widerrufsrecht besteht ferner nicht bei Verträgen, bei denen dem Verbraucher bereits auf Grund der §§ 495, 506 bis 512 ein Widerrufsrecht nach § 355 zusteht, und nicht bei außerhalb von Geschäftsräumen geschlossenen Verträgen, bei denen dem Verbraucher bereits nach § 305 Absatz 1 bis 6 des Kapitalanlagegesetzbuchs ein Widerrufsrecht zusteht.

§ 312h Kündigung und Vollmacht zur Kündigung

Wird zwischen einem Unternehmer und einem Verbraucher nach diesem Untertitel ein Dauerschuldverhältnis begründet, das ein zwischen dem Verbraucher und einem anderen Unternehmer bestehendes Dauerschuldverhältnis ersetzen soll, und wird anlässlich der Begründung des Dauerschuldverhältnisses von dem Verbraucher
1. die Kündigung des bestehenden Dauerschuldverhältnisses erklärt und der Unternehmer oder ein von ihm beauftragter Dritter zur Übermittlung der Kündigung an den bisherigen Vertragspartner des Verbrauchers beauftragt oder
2. der Unternehmer oder ein von ihm beauftragter Dritter zur Erklärung der Kündigung gegenüber dem bisherigen Vertragspartner des Verbrauchers bevollmächtigt,

bedarf die Kündigung des Verbrauchers oder die Vollmacht zur Kündigung der Textform.

§ 312i Allgemeine Pflichten im elektronischen Geschäftsverkehr

(1) Bedient sich ein Unternehmer zum Zwecke des Abschlusses eines Vertrags über die Lieferung von Waren oder über die Erbringung von Dienstleistungen der Telemedien (Vertrag im elektronischen Geschäftsverkehr), hat er dem Kunden
1. angemessene, wirksame und zugängliche technische Mittel zur Verfügung zu stellen, mit deren Hilfe der Kunde Eingabefehler vor Abgabe seiner Bestellung erkennen und berichtigen kann,
2. die in Artikel 246c des Einführungsgesetzes zum Bürgerlichen Gesetzbuche bestimmten Informationen rechtzeitig vor Abgabe von dessen Bestellung klar und verständlich mitzuteilen,
3. den Zugang von dessen Bestellung unverzüglich auf elektronischem Wege zu bestätigen und
4. die Möglichkeit zu verschaffen, die Vertragsbestimmungen einschließlich der Allgemeinen Geschäftsbedingungen bei Vertragsschluss abzurufen und in wiedergabefähiger Form zu speichern.

Bestellung und Empfangsbestätigung im Sinne von Satz 1 Nummer 3 gelten als zugegangen, wenn die Parteien, für die sie bestimmt sind, sie unter gewöhnlichen Umständen abrufen können.

(2) Absatz 1 Satz 1 Nummer 1 bis 3 ist nicht anzuwenden, wenn der Vertrag ausschließlich durch individuelle Kommunikation geschlossen wird. Absatz 1 Satz 1 Nummer 1 bis 3 und Satz 2 ist nicht anzuwenden, wenn zwischen Vertragsparteien, die nicht Verbraucher sind, etwas anderes vereinbart wird.

(3) Weitergehende Informationspflichten auf Grund anderer Vorschriften bleiben unberührt.

§ 312j Besondere Pflichten im elektronischen Geschäftsverkehr gegenüber Verbrauchern

(1) Auf Webseiten für den elektronischen Geschäftsverkehr mit Verbrauchern hat der Unternehmer zusätzlich zu den Angaben nach § 312i Absatz 1 spätestens bei Beginn des Bestellvorgangs klar und deutlich anzugeben, ob Lieferbeschränkungen bestehen und welche Zahlungsmittel akzeptiert werden.

(2) Bei einem Verbrauchervertrag im elektronischen Geschäftsverkehr, der eine entgeltliche Leistung des Unternehmers zum Gegenstand hat, muss der Unternehmer dem Verbraucher die Informationen gemäß Artikel 246a § 1 Absatz 1 Satz 1 Nummer 1, 4, 5, 11 und 12 des Einführungsgesetzes zum Bürgerlichen Gesetzbuche unmittelbar bevor der Verbraucher seine Bestellung abgibt, klar und verständlich in hervorgehobener Weise zur Verfügung stellen.

(3) Der Unternehmer hat die Bestellsituation bei einem Vertrag nach Absatz 2 so zu gestalten, dass der Verbraucher mit seiner Bestellung ausdrücklich bestätigt, dass er sich zu einer Zahlung verpflichtet. Erfolgt die Bestellung über eine Schaltfläche, ist die Pflicht des Unternehmers aus Satz 1 nur erfüllt, wenn diese Schaltfläche gut lesbar mit nichts anderem als den Wörtern „zahlungspflichtig bestellen" oder mit einer entsprechenden eindeutigen Formulierung beschriftet ist.

(4) Ein Vertrag nach Absatz 2 kommt nur zustande, wenn der Unternehmer seine Pflicht aus Absatz 3 erfüllt.

(5) Die Absätze 2 bis 4 sind nicht anzuwenden, wenn der Vertrag ausschließlich durch individuelle Kommunikation geschlossen wird. Die Pflichten aus den Absätzen 1 und 2 gelten weder für Webseiten, die Finanzdienstleistungen betreffen, noch für Verträge über Finanzdienstleistungen.

§ 312k Abweichende Vereinbarungen und Beweislast

(1) Von den Vorschriften dieses Untertitels darf, soweit nichts anderes bestimmt ist, nicht zum Nachteil des Verbrauchers oder Kunden abgewichen werden. Die Vorschriften dieses Untertitels finden, soweit nichts anderes bestimmt ist, auch Anwendung, wenn sie durch anderweitige Gestaltungen umgangen werden.

(2) Der Unternehmer trägt gegenüber dem Verbraucher die Beweislast für die Erfüllung der in diesem Untertitel geregelten Informationspflichten."

1. § 314 Absatz 2 Satz 2 wird durch die folgenden Sätze ersetzt:
„Für die Entbehrlichkeit der Bestimmung einer Frist zur Abhilfe und für die Entbehrlichkeit einer Abmahnung findet § 323 Absatz 2 Nummer 1 und 2 entsprechende Anwendung. Die Bestimmung einer Frist zur

Abhilfe und eine Abmahnung sind auch entbehrlich, wenn besondere Umstände vorliegen, die unter Abwägung der beiderseitigen Interessen die sofortige Kündigung rechtfertigen."
2. § 323 Absatz 2 wird wie folgt geändert:
a) Nummer 2 wird wie folgt gefasst:
„2. der Schuldner die Leistung bis zu einem im Vertrag bestimmten Termin oder innerhalb einer im Vertrag bestimmten Frist nicht bewirkt, obwohl die termin- oder fristgerechte Leistung nach einer Mitteilung des Gläubigers an den Schuldner vor Vertragsschluss oder auf Grund anderer den Vertragsabschluss begleitenden Umstände für den Gläubiger wesentlich ist, oder".
b) In Nummer 3 werden vor dem Wort „besondere" die Wörter „im Falle einer nicht vertragsgemäß erbrachten Leistung" eingefügt.
3. Die Überschrift von Buch 2 Abschnitt 3 Titel 5 wird wie folgt gefasst:
„Titel 5
Rücktritt; Widerrufsrecht bei Verbraucherverträgen".
4. Buch 2 Abschnitt 3 Titel 5 Untertitel 2 wird wie folgt gefasst:

§ 355 Widerrufsrecht bei Verbraucherverträgen

(1) Wird einem Verbraucher durch Gesetz ein Widerrufsrecht nach dieser Vorschrift eingeräumt, so sind der Verbraucher und der Unternehmer an ihre auf den Abschluss des Vertrags gerichteten Willenserklärungen nicht mehr gebunden, wenn der Verbraucher seine Willenserklärung fristgerecht widerrufen hat. Der Widerruf erfolgt durch Erklärung gegenüber dem Unternehmer. Aus der Erklärung muss der Entschluss des Verbrauchers zum Widerruf des Vertrags eindeutig hervorgehen. Der Widerruf muss keine Begründung enthalten. Zur Fristwahrung genügt die rechtzeitige Absendung des Widerrufs.

(2) Die Widerrufsfrist beträgt 14 Tage. Sie beginnt mit Vertragsschluss, soweit nichts anderes bestimmt ist.

(3) Im Fall des Widerrufs sind die empfangenen Leistungen unverzüglich zurückzugewähren. Bestimmt das Gesetz eine Höchstfrist für die Rückgewähr, so beginnt diese für den Unternehmer mit dem Zugang und für den Verbraucher mit der Abgabe der Widerrufserklärung. Ein Verbraucher wahrt diese Frist durch die rechtzeitige Absendung der Waren. Der Unternehmer trägt bei Widerruf die Gefahr der Rücksendung der Waren.

§ 356 Widerrufsrecht bei außerhalb von Geschäftsräumen geschlossenen Verträgen und Fernabsatzverträgen

(1) Der Unternehmer kann dem Verbraucher die Möglichkeit einräumen, das Muster- Widerrufsformular nach Anlage 2 zu Artikel 246a § 1 Absatz 2 Satz 1 Nummer 1 des Einführungsgesetzes zum Bürgerlichen Gesetzbuche oder eine andere eindeutige Widerrufserklärung auf der Webseite des Unternehmers auszufüllen und zu übermitteln. Macht der Verbraucher von dieser Möglichkeit Gebrauch, muss der Unternehmer dem Verbraucher den Zugang des Widerrufs unverzüglich auf einem dauerhaften Datenträger bestätigen.

(2) Die Widerrufsfrist beginnt
1. bei einem Verbrauchsgüterkauf,
a) der nicht unter die Buchstaben b bis d fällt, sobald der Verbraucher oder ein von ihm benannter Dritter, der nicht Frachtführer ist, die Waren erhalten hat,

Anhang Umsetzung der Verbraucherrechterichtlinie

    b) bei dem der Verbraucher mehrere Waren im Rahmen einer einheitlichen Bestellung bestellt hat und die Waren getrennt geliefert werden, sobald der Verbraucher oder ein von ihm benannter Dritter, der nicht Frachtführer ist, die letzte Ware erhalten hat,

    c) bei dem die Ware in mehreren Teilsendungen oder Stücken geliefert wird, sobald der Verbraucher oder ein vom Verbraucher benannter Dritter, der nicht Frachtführer ist, die letzte Teilsendung oder das letzte Stück erhalten hat,

    d) der auf die regelmäßige Lieferung von Waren über einen festgelegten Zeitraum gerichtet ist, sobald der Verbraucher oder ein von ihm benannter Dritter, der nicht Frachtführer ist, die erste Ware erhalten hat,

2. bei einem Vertrag, der die nicht in einem begrenzten Volumen oder in einer bestimmten Menge angebotene Lieferung von Wasser, Gas oder Strom, die Lieferung von Fernwärme oder die Lieferung von nicht auf einem körperlichen Datenträger befindlichen digitalen Inhalten zum Gegenstand hat, mit Vertragsschluss. Die Widerrufsfrist beginnt nicht, bevor der Unternehmer den Verbraucher entsprechend den Anforderungen des Artikels 246a § 1 Absatz 2 Satz 1 Nummer 1 oder des Artikels 246b § 2 Absatz 1 des Einführungsgesetzes zum Bürgerlichen Gesetzbuche unterrichtet hat. Das Widerrufsrecht erlischt spätestens zwölf Monate und 14 Tage nach dem in Absatz 2 oder § 355 Absatz 2 Satz 2 genannten Zeitpunkt. Satz 2 ist auf Verträge über Finanzdienstleistungen nicht anwendbar.

(3) Das Widerrufsrecht erlischt bei einem Vertrag zur Erbringung von Dienstleistungen auch dann, wenn der Unternehmer die Dienstleistung vollständig erbracht hat und mit der Ausführung der Dienstleistung erst begonnen hat, nachdem der Verbraucher dazu seine ausdrückliche Zustimmung gegeben hat und gleichzeitig seine Kenntnis davon bestätigt hat, dass er sein Widerrufsrecht bei vollständiger Vertragserfüllung durch den Unternehmer verliert. Bei einem Vertrag über die Erbringung von Finanzdienstleistungen erlischt das Widerrufsrecht abweichend von Satz 1, wenn der Vertrag von beiden Seiten auf ausdrücklichen Wunsch des Verbrauchers vollständig erfüllt ist, bevor der Verbraucher sein Widerrufsrecht ausübt.

(4) Das Widerrufsrecht erlischt bei einem Vertrag über die Lieferung von nicht auf einem körperlichen Datenträger befindlichen digitalen Inhalten auch dann, wenn der Unternehmer mit der Ausführung des Vertrags begonnen hat, nachdem der Verbraucher

1. ausdrücklich zugestimmt hat, dass der Unternehmer mit der Ausführung des Vertrags vor Ablauf der Widerrufsfrist beginnt und
2. seine Kenntnis davon bestätigt hat, dass er durch seine Zustimmung mit Beginn der Ausführung des Vertrags sein Widerrufsrecht verliert.

§ 356a Widerrufsrecht bei Teilzeit-Wohnrechteverträgen, Verträgen über ein langfristiges Urlaubsprodukt, bei Vermittlungsverträgen und Tauschsystemverträgen

(1) Die Widerrufsfrist beginnt mit dem Zeitpunkt des Vertragsschlusses oder des Abschlusses eines Vorvertrags. Erhält der Verbraucher die Vertragsurkunde oder die Abschrift des Vertrags erst nach Vertragsschluss, beginnt die Widerrufsfrist mit dem Zeitpunkt des Erhalts.

(2) Sind dem Verbraucher die in § 482 Absatz 1 bezeichneten vorvertraglichen Informationen oder das in Artikel 242 § 1 Absatz 2 des Einführungsgesetzes zum Bürgerlichen Gesetzbuche bezeichnete Formblatt vor Ver-

tragsschluss nicht, nicht vollständig oder nicht in der in § 483 Absatz 1 vorgeschriebenen Sprache überlassen worden, so beginnt die Widerrufsfrist abweichend von Absatz 1 erst mit dem vollständigen Erhalt der vorvertraglichen Informationen und des Formblatts in der vorgeschriebenen Sprache. Das Widerrufsrecht erlischt spätestens drei Monate und 14 Tage nach dem in Absatz 1 genannten Zeitpunkt.

(3) Ist dem Verbraucher die in § 482a bezeichnete Widerrufsbelehrung vor Vertragsschluss nicht, nicht vollständig oder nicht in der in § 483 Absatz 1 vorgeschriebenen Sprache überlassen worden, so beginnt die Widerrufsfrist abweichend von Absatz 1 erst mit dem vollständigen Erhalt der Widerrufsbelehrung in der vorgeschriebenen Sprache. Das Widerrufsrecht erlischt gegebenenfalls abweichend von Absatz 2 Satz 2 spätestens zwölf Monate und 14 Tage nach dem in Absatz 1 genannten Zeitpunkt.

(4) Hat der Verbraucher einen Teilzeit-Wohnrechtevertrag und einen Tauschsystemvertrag abgeschlossen und sind ihm diese Verträge zum gleichen Zeitpunkt angeboten worden, so beginnt die Widerrufsfrist für beide Verträge mit dem nach Absatz 1 für den Teilzeit-Wohnrechtevertrag geltenden Zeitpunkt. Die Absätze 2 und 3 gelten entsprechend.

§ 356b Widerrufsrecht bei Verbraucherdarlehensverträgen

(1) Die Widerrufsfrist beginnt auch nicht, bevor der Darlehensgeber dem Darlehensnehmer eine für diesen bestimmte Vertragsurkunde, den schriftlichen Antrag des Darlehensnehmers oder eine Abschrift der Vertragsurkunde oder seines Antrags zur Verfügung gestellt hat.

(2) Enthält die dem Darlehensnehmer nach Absatz 1 zur Verfügung gestellte Urkunde die Pflichtangaben nach § 492 Absatz 2 nicht, beginnt die Frist erst mit Nachholung dieser Angaben gemäß § 492 Absatz 6. In diesem Fall beträgt die Widerrufsfrist einen Monat.

(3) Die Widerrufsfrist beginnt im Fall des § 494 Absatz 7 erst, wenn der Darlehensnehmer die dort bezeichnete Abschrift des Vertrags erhalten hat.

§ 356c Widerrufsrecht bei Ratenlieferungsverträgen

(1) Bei einem Ratenlieferungsvertrag, der weder im Fernabsatz noch außerhalb von Geschäftsräumen geschlossen wird, beginnt die Widerrufsfrist nicht, bevor der Unternehmer den Verbraucher gemäß Artikel 246 Absatz 3 des Einführungsgesetzes zum Bürgerlichen Gesetzbuche über sein Widerrufsrecht unterrichtet hat.

(2) § 356 Absatz 1 gilt entsprechend. Das Widerrufsrecht erlischt spätestens zwölf Monate und 14 Tage nach dem in § 355 Absatz 2 Satz 2 genannten Zeitpunkt.

§ 357 Rechtsfolgen des Widerrufs von außerhalb von Geschäftsräumen geschlossenen Verträgen und Fernabsatzverträgen mit Ausnahme von Verträgen über Finanzdienstleistungen

(1) Die empfangenen Leistungen sind spätestens nach 14 Tagen zurückzugewähren.

(2) Der Unternehmer muss auch etwaige Zahlungen des Verbrauchers für die Lieferung zurückgewähren. Dies gilt nicht, soweit dem Verbraucher zusätzliche Kosten entstanden sind, weil er sich für eine andere Art der Lieferung als die vom Unternehmer angebotene günstigste Standardlieferung entschieden hat.

(3) Für die Rückzahlung muss der Unternehmer dasselbe Zahlungsmittel verwenden, das der Verbraucher bei der Zahlung verwendet hat. Satz 1 gilt nicht, wenn ausdrücklich etwas anderes vereinbart worden ist und dem Verbraucher dadurch keine Kosten entstehen.

(4) Bei einem Verbrauchsgüterkauf kann der Unternehmer die Rückzahlung verweigern, bis er die Waren zurückerhalten hat oder der Verbraucher den Nachweis erbracht hat, dass er die Waren abgesandt hat. Dies gilt nicht, wenn der Unternehmer angeboten hat, die Waren abzuholen.

(5) Der Verbraucher ist nicht verpflichtet, die empfangenen Waren zurückzusenden, wenn der Unternehmer angeboten hat, die Waren abzuholen.

(6) Der Verbraucher trägt die unmittelbaren Kosten der Rücksendung der Waren, wenn der Unternehmer den Verbraucher nach Artikel 246 § 1 Absatz 2 Satz 1 Nummer 2 des Einführungsgesetzes zum Bürgerlichen Gesetzbuche von dieser Pflicht unterrichtet hat. Satz 1 gilt nicht, wenn der Unternehmer sich bereit erklärt hat, diese Kosten zu tragen.

Bei außerhalb von Geschäftsräumen geschlossenen Verträgen, bei denen die Waren zum Zeitpunkt des Vertragsschlusses zur Wohnung des Verbrauchers geliefert worden sind, ist der Unternehmer verpflichtet, die Waren auf eigene Kosten abzuholen, wenn die Waren so beschaffen sind, dass sie nicht per Post zurückgesandt werden können.

(7) Der Verbraucher hat Wertersatz für einen Wertverlust der Ware zu leisten, wenn der Wertverlust auf einen Umgang mit den Waren zurückzuführen ist, der zur Prüfung der Beschaffenheit, der Eigenschaften und der Funktionsweise der Waren nicht notwendig war, und
1. der Unternehmer den Verbraucher nach Artikel 246a § 1 Absatz 2 Satz 1 Nummer 1 des Einführungsgesetzes zum Bürgerlichen Gesetzbuche über sein Widerrufsrecht unterrichtet hat.

(8) Widerruft der Verbraucher einen Vertrag über die Erbringung von Dienstleistungen oder über die Lieferung von Wasser, Gas oder Strom in nicht bestimmten Mengen oder nicht begrenztem Volumen oder über die Lieferung von Fernwärme, so schuldet der Verbraucher dem Unternehmer Wertersatz für die bis zum Widerruf erbrachte Leistung, wenn der Verbraucher von dem Unternehmer ausdrücklich verlangt hat, dass dieser mit der Leistung vor Ablauf der Widerrufsfrist beginnt. Der Anspruch aus Satz 1 besteht nur, wenn der Unternehmer den Verbraucher nach Artikel 246a § 1 Absatz 2 Satz 1 Nummer 1 und 3 des Einführungsgesetzes zum Bürgerlichen Gesetzbuche ordnungsgemäß informiert hat. Bei außerhalb von Geschäftsräumen geschlossenen Verträgen besteht der Anspruch nach Satz 1 nur dann, wenn der Verbraucher sein Verlangen nach Satz 1 auf einem dauerhaften Datenträger übermittelt hat. Bei der Berechnung des Wertersatzes ist der vereinbarte Gesamtpreis zu Grunde zu legen. Ist der vereinbarte Gesamtpreis unverhältnismäßig hoch, ist der Wertersatz auf der Grundlage des Marktwerts der erbrachten Leistung zu berechnen.

(9) Widerruft der Verbraucher einen Vertrag über die Lieferung von nicht auf einem körperlichen Datenträger befindlichen digitalen Inhalten, so hat er keinen Wertersatz zu leisten.

§ 357a Rechtsfolgen des Widerrufs von Verträgen über Finanzdienstleistungen

(1) Die empfangenen Leistungen sind spätestens nach 30 Tagen zurückzugewähren.

(2) Im Falle des Widerrufs von außerhalb von Geschäftsräumen geschlossenen Verträgen oder Fernabsatzverträgen über Finanzdienstleistungen ist der Verbraucher zur Zahlung von Wertersatz für die vom Unternehmer bis zum Widerruf erbrachte Dienstleistung verpflichtet, wenn er
1. vor Abgabe seiner Vertragserklärung auf diese Rechtsfolge hingewiesen worden ist und
2. ausdrücklich zugestimmt hat, dass der Unternehmer vor Ende der Widerrufsfrist mit der Ausführung der Dienstleistung beginnt.

Im Falle des Widerrufs von Verträgen über eine entgeltliche Finanzierungshilfe, die von der Ausnahme des § 506 Absatz 4 erfasst sind, gilt auch § 357 Absatz 5 bis 8 entsprechend. Ist Gegenstand des Vertrags über die entgeltliche Finanzierungshilfe die Lieferung von nicht auf einem körperlichen Datenträger befindlichen digitalen Inhalten, hat der Verbraucher Wertersatz für die bis zum Widerruf gelieferten digitalen Inhalte zu leisten, wenn er
1. vor Abgabe seiner Vertragserklärung auf diese Rechtsfolge hingewiesen worden ist und
2. ausdrücklich zugestimmt hat, dass der Unternehmer vor Ende der Widerrufsfrist mit der Lieferung der digitalen Inhalte beginnt.

Ist im Vertrag eine Gegenleistung bestimmt, ist sie bei der Berechnung des Wertersatzes zu Grunde zu legen. Ist der vereinbarte Gesamtpreis unverhältnismäßig hoch, ist der Wertersatz auf der Grundlage des Marktwerts der erbrachten Leistung zu berechnen. Im Falle des Widerrufs von Verbraucherdarlehensverträgen hat der Darlehensnehmer für den Zeitraum zwischen der Auszahlung und der Rückzahlung des Darlehens den vereinbarten Sollzins zu entrichten. Ist das Darlehen durch ein Grundpfandrecht gesichert, kann nachgewiesen werden, dass der Wert des Gebrauchsvorteils niedriger war als der vereinbarte Sollzins. In diesem Fall ist nur der niedrigere Betrag geschuldet. Im Falle des Widerrufs von Verträgen über eine entgeltliche Finanzierungshilfe, die nicht von der Ausnahme des § 506 Absatz 4 erfasst sind, gilt auch Absatz 2 entsprechend mit der Maßgabe, dass an die Stelle der Unterrichtung über das Widerrufsrecht die Pflichtangaben nach Artikel 247 § 12 Absatz 1 in Verbindung mit § 6 Absatz 2 des Einführungsgesetzes zum Bürgerlichen Gesetzbuche, die das Widerrufsrecht betreffen, treten. Darüber hinaus hat der Darlehensnehmer dem Darlehensgeber nur die Aufwendungen zu ersetzen, die der Darlehensgeber gegenüber öffentlichen Stellen erbracht hat und nicht zurückverlangen kann.

§ 357b Rechtsfolgen des Widerrufs von Teilzeit-Wohnrechteverträgen, Verträgen über ein langfristiges Urlaubsprodukt, Vermittlungsverträgen und Tauschsystemverträgen

(1) Der Verbraucher hat im Falle des Widerrufs keine Kosten zu tragen. Die Kosten des Vertrags, seiner Durchführung und seiner Rückabwicklung hat der Unternehmer dem Verbraucher zu erstatten. Eine Vergütung für geleistete Dienste sowie für die Überlassung von Wohngebäuden zur Nutzung ist ausgeschlossen.

(2) Der Verbraucher hat für einen Wertverlust der Unterkunft im Sinne des § 481 nur Wertersatz zu leisten, soweit der Wertverlust auf einer nicht bestimmungsgemäßen Nutzung der Unterkunft beruht.

§ 357c Rechtsfolgen des Widerrufs von weder im Fernabsatz noch außerhalb von Geschäftsräumen geschlossenen Ratenlieferungsverträgen

Für die Rückgewähr der empfangenen Leistungen gilt § 357 Absatz 1 bis 5 entsprechend. Der Verbraucher trägt die unmittelbaren Kosten der

Anhang
Umsetzung der Verbraucherrechterichtlinie

Rücksendung der empfangenen Sachen, es sei denn, der Unternehmer hat sich bereit erklärt, diese Kosten zu tragen. § 357 Absatz 7 ist mit der Maßgabe entsprechend anzuwenden, dass an die Stelle der Unterrichtung nach Artikel 246a § 1 Absatz 2 Satz 1 Nummer 1 des Einführungsgesetzes zum Bürgerlichen Gesetzbuche die Unterrichtung nach Artikel 246 Absatz 3 des Einführungsgesetzes zum Bürgerlichen Gesetzbuche tritt.

§ 358 Mit dem widerrufenen Vertrag verbundener Vertrag

(1) Hat der Verbraucher seine auf den Abschluss eines Vertrags über die Lieferung einer Ware oder die Erbringung einer anderen Leistung durch einen Unternehmer gerichtete Willenserklärung wirksam widerrufen, so ist er auch an seine auf den Abschluss eines mit diesem Vertrag verbundenen Darlehensvertrags gerichtete Willenserklärung nicht mehr gebunden.

(2) Hat der Verbraucher seine auf den Abschluss eines Verbraucherdarlehensvertrags gerichtete Willenserklärung auf Grund des § 495 Absatz 1 wirksam widerrufen, so ist er auch an seine auf den Abschluss eines mit diesem Verbraucherdarlehensvertrag verbundenen Vertrags über die Lieferung einer Ware oder die Erbringung einer anderen Leistung gerichtete Willenserklärung nicht mehr gebunden.

(3) Ein Vertrag über die Lieferung einer Ware oder über die Erbringung einer anderen Leistung und ein Darlehensvertrag nach den Absätzen 1 oder 2 sind verbunden, wenn das Darlehen ganz oder teilweise der Finanzierung des anderen Vertrags dient und beide Verträge eine wirtschaftliche Einheit bilden. Eine wirtschaftliche Einheit ist insbesondere anzunehmen, wenn der Unternehmer selbst die Gegenleistung des Verbrauchers finanziert, oder im Falle der Finanzierung durch einen Dritten, wenn sich der Darlehensgeber bei der Vorbereitung oder dem Abschluss des Darlehensvertrags der Mitwirkung des Unternehmers bedient. Bei einem finanzierten Erwerb eines Grundstücks oder eines grundstücksgleichen Rechts ist eine wirtschaftliche Einheit nur anzunehmen, wenn der Darlehensgeber selbst dem Verbraucher das Grundstück oder das grundstücksgleiche Recht verschafft oder wenn er über die Zurverfügungstellung von Darlehen hinaus den Erwerb des Grundstücks oder grundstücksgleichen Rechts durch Zusammenwirken mit dem Unternehmer fördert, indem er sich dessen Veräußerungsinteressen ganz oder teilweise zu Eigen macht, bei der Planung, Werbung oder Durchführung des Projekts Funktionen des Veräußerers übernimmt oder den Veräußerer einseitig begünstigt.

(4) Auf die Rückabwicklung des verbundenen Vertrags sind unabhängig von der Vertriebsform
§ 355 Absatz 3 und, je nach Art des verbundenen Vertrags, die §§ 357 bis 357b entsprechend anzuwenden. Ist der verbundene Vertrag ein Vertrag über die Lieferung von nicht auf einem körperlichen Datenträger befindlichen digitalen Inhalten und hat der Unternehmer dem Verbraucher eine Abschrift oder Bestätigung des Vertrags nach § 312f zur Verfügung gestellt, hat der Verbraucher abweichend von § 357 Absatz 9 unter den Voraussetzungen des § 356 Absatz 5 zweiter und dritter Halbsatz Wertersatz für die bis zum Widerruf gelieferten digitalen Inhalte zu leisten. Ist der verbundene Vertrag ein im Fernabsatz oder außerhalb von Geschäftsräumen geschlossener Ratenlieferungsvertrag, ist neben § 355 Absatz 3 auch § 357 entsprechend anzuwenden; im Übrigen gelten für verbundene Ratenlieferungsverträge § 355 Absatz 3 und § 357c entsprechend. Im Falle des Absatzes 1 sind jedoch Ansprüche auf Zahlung von Zinsen und Kosten aus der Rückabwicklung des Darlehensvertrags gegen den Verbraucher ausgeschlossen. Der Darlehensgeber tritt im Verhältnis zum Verbraucher hinsichtlich der

Rechtsfolgen des Widerrufs in die Rechte und Pflichten des Unternehmers aus dem verbundenen Vertrag ein, wenn das Darlehen dem Unternehmer bei Wirksamwerden des Widerrufs bereits zugeflossen ist.

(5) Die Absätze 2 und 4 sind nicht anzuwenden auf Darlehensverträge, die der Finanzierung des Erwerbs von Finanzinstrumenten dienen.

§ 359 Einwendungen bei verbundenen Verträgen

(1) Der Verbraucher kann die Rückzahlung des Darlehens verweigern, soweit Einwendungen aus dem verbundenen Vertrag ihn gegenüber dem Unternehmer, mit dem er den verbundenen Vertrag geschlossen hat, zur Verweigerung seiner Leistung berechtigen würden. Dies gilt nicht bei Einwendungen, die auf einer zwischen diesem Unternehmer und dem Verbraucher nach Abschluss des Verbraucherdarlehensvertrags vereinbarten Vertragsänderung beruhen. Kann der Verbraucher Nacherfüllung verlangen, so kann er die Rückzahlung des Darlehens erst verweigern, wenn die Nacherfüllung fehlgeschlagen ist.

(2) Absatz 1 ist nicht anzuwenden auf Darlehensverträge, die der Finanzierung des Erwerbs von Finanzinstrumenten dienen, oder wenn das finanzierte Entgelt weniger als 200 Euro beträgt.

§ 360 Zusammenhängende Verträge

(1) Hat der Verbraucher seine auf den Abschluss eines Vertrags gerichtete Willenserklärung wirksam widerrufen und liegen die Voraussetzungen für einen verbundenen Vertrag nicht vor, so ist er auch an seine auf den Abschluss eines damit zusammenhängenden Vertrags gerichtete Willenserklärung nicht mehr gebunden. Auf die Rückabwicklung des zusammenhängenden Vertrags ist § 358 Absatz 4 Satz 1 bis 3 entsprechend anzuwenden. Widerruft der Verbraucher einen Teilzeit- Wohnrechtevertrag oder einen Vertrag über ein langfristiges Urlaubsprodukt, hat er auch für den zusammenhängenden Vertrag keine Kosten zu tragen; § 357b Absatz 1 Satz 2 und 3 gilt entsprechend.

(2) Ein zusammenhängender Vertrag liegt vor, wenn er einen Bezug zu dem widerrufenen Vertrag aufweist und eine Leistung betrifft, die von dem Unternehmer des widerrufenen Vertrags oder einem Dritten auf der Grundlage einer Vereinbarung zwischen dem Dritten und dem Unternehmer des widerrufenen Vertrags erbracht wird. Ein Verbraucherdarlehensvertrag ist auch dann ein zusammenhängender Vertrag, wenn das Darlehen ausschließlich der Finanzierung des widerrufenen Vertrags dient und die Leistung des Unternehmers aus dem widerrufenen Vertrag in dem Verbraucherdarlehensvertrag genau angegeben ist.

§ 361 Weitere Ansprüche, abweichende Vereinbarungen und Beweislast

(1) Über die Vorschriften dieses Untertitels hinaus bestehen keine weiteren Ansprüche gegen den Verbraucher infolge des Widerrufs.

(2) Von den Vorschriften dieses Untertitels darf, soweit nicht ein anderes bestimmt ist, nicht zum Nachteil des Verbrauchers abgewichen werden. Die Vorschriften dieses Untertitels finden, soweit nichts anderes bestimmt ist, auch Anwendung, wenn sie durch anderweitige Gestaltungen umgangen werden.

(3) Ist der Beginn der Widerrufsfrist streitig, so trifft die Beweislast den Unternehmer.

Sachverzeichnis

Fette Zahlen = §§; magere Zahlen = Randnummern

Abänderung, Grundstücksveräußerungsvertrag **311b** 21; Landpachtvertrag **593**; Mietvertrag **550** 6
Abbruchvertrag vor 631 4
Abbuchungsverfahren *s Lastschrift*
Abdingbarkeit dispositiven Rechts, AGB **306** 4; Langfristiges Urlaubsprojekt **487** 1; Tauschsystemvertrag **487** 1; Teilzeit-Wohnrechtevertrag **487** I; Vermittlungsvertrag **487** 1; Zahlungsdienstevertrag **675c-e** 3; **675e**
Abfall, Besitz an – **854** 5; als bewegliche Sache **959** 3
Abfindung, Anrechnung bei Auseinandersetzung der fortgesetzten Gütergemeinschaft **1501**; bei Nichtklage gegen betriebsbedingte Kündigung **622** 10a; Wegfall der Geschäftsgrundlage **313** 35; *sa Gesellschafter sa Versorgungsausgleich, schuldrechtlicher*
Abfindungsklauseln, gesellschaftsvertragliche **2032** 7 f; **2301** 3; **2311** 7; **2325** 5
Abhandenkommen, Begriff **935** 2; Erwerb trotz – **935** 12; Wirkung **935** 10
Abhilfe, bei mangelhafter Reiseleistung **651c** 4
Abkömmlinge, Ausgleichspflicht **2050–2057a**; Beschränkung des Pflichtteilsrechts usw wegen Verschwendung oder Überschuldung **2338**; Erbfolge **1924** 2; Pflichtteilsanspruch **2303** 2; **2309** 1; Pflichtteilsentziehung **2333**; Wegfall nach Erbeinsetzung **2069** 2–4
Ablaufhemmung, Rückgriff des Unternehmers **479** 3
Ablösungsrecht, des Dritten **268**; Hypothek **1150**; Pfandrecht **1249** 1
Abmahnung, Begriff **281** 8; als Eingriff in den Gewerbebetrieb **823** 101; vor Kündigung aus wichtigem Grund **314** 6; vor Kündigung im Dienstvertrag **622** 9; **626** 9, 16; bei Rücktritt **323** 10; bei Verletzung arbeitsvertraglicher Pflichten **611** 15; Voraussetzungen **314** 6
Abnahme der gekauften Sache **433** 28; Verzug mit – **433** 30
Abnahme des Werks 640 3; förmliche **640** 3; Rechtsnatur **640** 1; stillschweigende **640** 3; Teilabnahme **640** 6; **641** 3; Verpflichtung zur – **640** 4 5; vorbehaltslose **640** 7; Wirkung **640** 7
Abnahmefiktion im Werkvertrag **640** 5
Abnahmepflicht, Darlehen **488** 17

Abschlagszahlung 632a, und (Teil-) Abnahme **632a** 9; Anspruchsvoraussetzungen **632a** 3; bei Bauträgerverträgen **632a** 10; Beweislast **632a** 8; und Eigentumserwerb des Bestellers **632a** 7; Höhe **632a** 6; Verhältnis zum Leistungsverweigerungsrecht **632a** 4; mehrfaches Verlangen **632a** 9; Obergrenze bei Verbraucherverträgen **632a** 11; Rückgabe geleisteter Sicherheiten **632a** 12; durch Sicherheitsleistung **632a** 7; Sicherungsbedürfnis/-zweck im Verbrauchervertrag **632a** 11; für Stoffe und Bauteile **632a** 7; Umsatzsteuer **632a** 6; bei Verbraucher-Bauverträgen **632a** 11; Verwertung geleisteter Sicherheiten **632a** 12; Vielzahl von - **632a** 9; und Vorauszahlungen **632a** 2
Abschleppvertrag vor 631 4, 13
Abschlusszwang, Dienstvertrag **vor 611** 9; mittelbarer **vor 145** 11 f; unmittelbarer **vor 145** 9, 10
Absicht, Begriff **276** 16
Absolute Rechte, Abwehransprüche **1004** 2
Absorptionstheorie, Vertragsverbindung **311** 33
Abstammung, allg **vor 1591** 1; Begutachtungsmethoden **vor 1591** 7; Beweis im Prozess **vor 1591** 6; genetische Untersuchung **1598a**; Gutachten **vor 1591** 7; IPR **vor 1591** 10; Nachweis **vor 1591** 5; Recht auf Kenntnis des eigenen – **vor 1591** 3
Abstammungsuntersuchung 1598a
Abstrakte Verträge 311 10
Abstraktionsprinzip 929 3; **vor 854** 13; Durchbrechungen **vor 854** 14–16; bei Grundpfandrechten **vor 1113** 15
Abtretung 398–413, Abstraktheit **398** 1; Anzeige **409** 1; **496** 2 *(gegenüber Darlehensnehmer)*; Aufrechnung des Schuldners **406** 1, 2; Aufrechnungsausschluss **406** 3 f; Auskunftspflicht **402** 1; Ausschluss **399**; **400** 1, 6; des Auszahlungsanspruchs bei Darlehen **488** 14; bedingte **398** 2; Bestätigung – **404** 6; Bestimmbarkeit der Forderung **398** 11; Beurkundung **403**; Blankoabtretung **398** 6; der Dienstbezüge **411** 1; zugunsten Dritter **398** 6; verlängerter Eigentumsvorbehalt und Globalzession **398** 18; Einwendungen des Schuldners **404** 1 f; Einwendungsverzicht des Schuldners **404** 6; Einziehungsermächtigung **398** 26; von Ersatzansprüchen **255**; Factoring **398** 29; künftige Forderun-

Abtretung des Herausgabeanspruchs   fette Zahlen = §§

gen **398** 9; Form **398** 4; kraft Ges **412** 1; von Gestaltungsrechten **413** 2; Globalzession **398** 18; kraft Hoheitsakts **412** 1; Inkassozession **398** 24; Kenntnis **407** 4; klauselmäßige – von Lohnansprüchen **611** 30; Leistung an Altgläubiger **407** 1, 7, 3 f; Leistungsverweigerungsrecht **410** 1; **411** 1; Lohnabtretung **398** 23; mehrfache **408** 1; Nebenrechte **401** 5, 1 f; sonstige Rechte **413** 1–2; Rechtshängigkeit **407** 7; Rechtsnatur **398** 1; Schuldnerschutz **407** 1, 7, 3 f; Sicherungsabtretung **398** 14; von Steuererstattungsansprüchen **398** 7; stille **398** 2; Teilabtretung **398** 8, 11, 12; Unpfändbarkeit der Forderung **399**; **400** 9; Unübertragbarkeit der Forderung **399**; **400** 1; Urkundenübergabe **402** 1; Urkundenvorlegung **405** 1; **410** 1; **411** 1; und Vertragsübernahme **398** 32; Vorzugsrechte **401** 7; Wirkung **398** 3

Abtretung des Herausgabeanspruchs, Besitzübertragung **870**; Eigentumserwerb vom Nichtberechtigten **934** 2; Eigentumsübertragung **931** 4

Abwesenheitspflegschaft 1911, Aufhebung **1921**; Befugnisse des Pflegers **1911** 8; Verfahren **1911** 10; Voraussetzungen **1911** 1

Abwicklungsverhältnis nach Rücktritt, Einrede des nichterfüllten Vertrags **320** 4

Abzahlungsgeschäft *s Verbraucherkredit*

Access-Provider-Vertrag 311 25; **vor 631** 4, 9

Acquis Group vor 241 12

actio libera in causa 827 2

actio negatoria 1004 1

actio pro socio, in der Gesellschaft **709–713** 11; **731–735** 8

actio quasinegatoria 1004 2

Adäquanz *s Kausalität, adäquate*

Adoption Minderjähriger 1741; vor 1741 1–5; Alterserfordernisse **1743**; **1741–1750** 6; Amtsaufhebung **1763**; **1759–1763** 12; Antrag **1752** 2; Aufhebung **1759**; **1764**; **1765** 1; **1759–1763** 1; Aufhebung wegen Erklärungsmangel **1760**; **1759–1763** 4; Aufhebungshindernisse **1761**; Aufhebungsverfahren **1759–1763** 9; Ehe zwischen Annehmendem und Kind **1766**; Einwilligung der Eltern **1747**; **1741–1750** 10; Einwilligung des Ehegatten **1749**; **1741–1750** 16; Einwilligung des Kindes **1746**; **1741–1750** 8; elterliche Sorge **1751** *(Ruhen nach Einwilligung)*; geschichtliche Entwicklung **vor 1741**; Erbrecht **1924** 2; Ersetzung der Elterneinwilligung **1748**; **1741–1750** 13; Familiengerichtsbeschluss **1752**; Familienname nach Aufhebung **1764**; **1765** 7; Inkognitoadoption **1741–1750** 12; Mehrfachadoption **1741–1750** 5; Probezeit **1744**; Stiefkindadoption **1754–1757** 7; Sukzessivadoption **vor 1297** 5; Systematik **vor 1741** 3; keine – nach Tod des Kindes **1753**; Übergangsrecht **1752** 3; Verwandtenadoption **1756**; **1754–1757** 8; Voraussetzungen **1741–1750** 2; Wirkungen gegenüber Annehmenden **1754**; **1754–1757** 2; Wirkungen gegenüber leiblichen Eltern **1751** 1; **1755**; **1754–1757** 5; Zweck **1741–1750** 1

Adoption Volljähriger 1767–1772, Aufhebung **1767–1772** 13; Erbrecht **1924** 2; Voraussetzungen **1767–1772** 2; Wirkung **1767–1772** 10

Adoptionsgeheimnis 1758 1

Affektionsinteresse *s Schaden (Systematik)*

Agenturvertrag 675 12

Akkreditiv 364; **365** 9; **405** 1; **781** 22; **783** 12

Aktie, deliktischer Schutz **823** 18; und Inhaberschuldverschreibung **793** 3, 6

Akzeptkredit vor 488 19

Akzessorietät, Hypothek **1138** 1; **1153** 1; **vor 1113** 17; Vertragsstrafe **339** 17

Aliudlieferung im Werkvertrag **633** 7, 8

„Alles-oder-Nichts-Prinzip" im Schadensersatzrecht **vor 249** 2

Allgemeine Geschäftsbedingungen 305 3; Abbedingen der §§ 320, 273 **309** 3; **320** 5; Abbedingungen ges Bestimmungen **307** 10; Abhängigkeit zwischen Kaufpreis-/Werklohnzahlung und Nacherfüllung **309** 15; Absendevermutungen für Erklärungen **308** 8; Annullierungsgebühren **308** 9; Anwendungsbereich der §§ 307ff **307** 12 f; Anzeigefristen bei Mängeln **309** 16; Anzeigen des Kunden **309** 22; arbeitsrechtliche Besonderheiten **310** 13–16; Aufrechnungsverbote **309** 4; Auslegung **305b** 1; Auswechselung des Vertragspartners auf Seiten des Verwenders **309** 19; Bearbeitungsgebühren **308** 9; Begrenzungen **310** 2 *(persönliche) (sachliche)* 3 *(sachliche)*; unangemessene Benachteiligung **307** 3 f; **vor 307–309** 1; Bereichsausnahmen **310** 10; kaufmännisches Bestätigungsschreiben *s dort*; Beweislaständerung **309** 21; Bürgschaft **765** 13; **vor 765** 10; Dauerschuldverhältnisse **308** 5; **309** 2, 10, 18; deklaratorische Klauseln **307** 12; gescheiterte Einbeziehung **305** 17; Einbeziehung **305** 18–20 *(unter Unternehmern)*; Einbeziehung in die Fällen **305a** 2–5; Einbeziehungsvereinbarung **305** 12–13; und ergänzende Auslegung **306** 5; Erklärungen des Kunden **309** 22; Fahrlässigkeit **309** 9 *(grobe als Beispiel)*; Freizeichnung **307** 4, 11 *(von Pflichtverletzungen)*; **vor 307–309** 2 *(von Gewährleistungsansprüchen)*; Fristen **308** 2 *(Vertragsannahme)* 3 *(Vertragsan-*

magere Zahlen = Randnummern **Anfechtung**

nahme) 4 *(Vertragsannahme)* 3 f *(Leistung)*; Fristsetzung **309** 5; und geltungserhaltende Reduktion **306** 3; Gewährleistung **309** 17 ff *(Verjährungsfristen)* 11 ff; Gewährleistungsausschluss unter Verweisung auf Dritte **309** 12; Gewährleistungsbeschränkung **309** 13 *(auf Nacherfüllung)*; Globalbürgschaft **765** 18; Haftung des Vertreters des Kunden **309** 20; und Handelsbrauch **305** 24; Individualabrede **305b** 2; Inhaltskontrolle **242** 15; **307** 5 *(Treu und Glauben)* 10 *(Leitbild des Vertragstyps)* 1 f *(Schutzzweck, Wertmaßstab)*; **vor 307–309** 1 *(allg)* 3 *(sachliche Begrenzung)* 4 f *(Prüfungsreihenfolge)*; Kardinalpflichten **307** 11; und kaufmännisches Bestätigungsschreiben **305** 21; Kenntnisnahme **305** 14; und Konsensualprinzip **305a** 1, 2; Kundenrechte **307** 11 *(Einschränkung)*; Kündigungsklausel (Privatschulvertrag) **620** 11; Leistungsänderungen **308** 6; Leistungsbeschreibungen **307** 13; Leistungsverweigerungsrecht des Kunden **309** 3, 4; Mahnung **308** 8 *(Zugangsfiktion)*; **309** 5; Maklervertrag **652** 29, 32, 41; **vor 652** 11; mehrdeutige Klauseln **305c** 4; Pauschalreisen **651a** 11; Pfandrechtsbestellung und guter Glaube **1257** 2; Preisbestandteile **307** 14; Preise **307** 6, 9, 14; Preiserhöhung **307** 4 *(Lieferzeit über vier Monate)*; **309** 2 *(bei Dauerschuldverhältnissen) (Lieferzeit unter vier Monaten) (bei Wiederkehrschuldverhältnissen)*; Rahmenvereinbarungen **305** 16, 22; Reisevertrag **651a** 11; Restriktionsprinzip **305c** 7; Rücktrittsrecht des Verwenders **308** 5; Rücktrittsvorbehalt **321** 8; Schadensersatzansprüche **309** 6, 8; Schadensersatzansprüche des Verwenders **308** 9; Schönheitsreparaturen (Mietverhältnis) **307** 11; **535** 14; Schriftformklausel **305b** 3; Schweigen als Willenserklärung **308** 7; Stellen **305** 6; Stornogebühren **308** 9; Tagespreisklauseln **307** 4, 14; **309** 2; **433** 16; Tatsachenbestätigungen **309** 21; Totalnichtigkeit des Vertrags **306** 6; Transparenzgebot **305** 14; **307** 1, 6 ff; **vor 307** 1, 3; **vor 307–309** 1, 3; Überwälzen von Nacherfüllungskosten **309** 14; Umgehungsgeschäft **306a** 1; Umstände **310** 9 *(beim Vertragsschluss)*; Unangemessenheit **307** 5; ungewöhnliche Klauseln **305c** 1, 2; Unklarheitenregel **307** 6; **305c** 5, 6; **vor 307–309** 4; zwischen Unternehmen **305** 1, 9; zwischen Unternehmer **307** 5; Verbrauchergeschäft **vor 307–309** 5; und Verbrauchervertrag **310** 4; Verkehrsüblichkeit **307** 5; Vertragsstrafe **308** 9; **309** 7; **343** 2; Verwenderpflichten **307** 11 *(Einschränkung)*; Vielzahl von Verträgen **305** 4; Vorsatz des Verwenders **309** 8; widersprechende **305** 23; Wiederkehrschuldverhältnisse **308** 5; Zugangsfiktion **308** 8 *(für Erklärungen)*; Zurückbehaltungsrecht des Kunden **309** 3; Zweck **305** 1

Allgemeinverbindlicherklärung eines Tarifvertrages **vor 611** 34

Altersdiskriminierung AGG 1 7; **AGG 10** 1; im Dienstvertrag **vor 611** 30

Altersunterhalt, nachehelicher **1571**

Altersvorsorgevollmacht 1896–1908a 5, 26

Altlasten, Amtshaftung **839** 12

Ämterkauf 138 18

Amtshaftung, allg **839** 1 f; öffentl Amt (Begriff, Beispiele) **839** 6 ff; Amtspflicht **839** 8 ff *(Schutzzweck)*; gegenüber Ausländern bei fehlender Gegenseitigkeit **839** 30; Ausstattung von Behörden und Gerichten **839** 9; Ausübung eines Amtes **839** 14; Beamtenbegriff **839** 30 *(bei Eigenhaftung)* 7 f *(bei Haftung gem GG 34 iVm § 839)*; Beweislast **839** 29; gegenüber Dritten **839** 12; Eigenhaftung des Beamten **839** 30 f; Einschränkung **839** 19 f; Ermessensfehler **839** 10; anderweitige Ersatzmöglichkeit **839** 16; Geschädigter **839** 28; haftende Körperschaft **839** 26; Mitverschulden **839** 5; Normaufbau **839** 3; Rechtsfolge **839** 5; versäumtes Rechtsmittel **839** 32; und sittenwidrige Schädigung **826** 2; Spruchrichter **839** 22; Verschulden **839** 15, 21; Voraussetzungen **839** 7 f *(Haftung gem GG 34 iVm § 839)*

Amtsübertragungstheorie 839 27

Amtsvormundschaft, bestellte **1791a–1791c** 1; **1791b**; ges **1791a–1791c** 2; **1791c**

Änderungsvertrag 311 18

Andeutungstheorie 126 7; **2084** 4

Aneignung von Bestandteilen **956**; von Grundstücken **928** 3; von beweglichen Sachen **958**; bei Wegnahmerecht **997** 2

Aneignungsrechte, deliktischer Schutz **823** 17

Anerkenntnis 781, Neubeginn der Verjährung **212** 2; prozessuales **781** 3

Anerkennung der Vaterschaft s *Vaterschaftsanerkennung*

Anfangstermin 163 1

Anfangsvermögen, Regelung im Ehevertrag **1374** 11; für Zugewinnausgleich **1374**

Anfechtbarkeit 142 2, 4

Anfechtung (der Vaterschaft) s *Vaterschaftsanfechtung*

Anfechtung (erbrechtliche) von letztwilliger Verfügung **2080** 1–4; der Vermächtnisausschlagung **2308** 1

Anfechtung (Willenserklärung, Rechtsgeschäft), allg **142** 1; **vor 104** 22; Angabe des Grundes **143** 3; Ausschluss **119** 4; Berechtigter **143** 1; des Dienstvertrages **vor**

Anfechtungsfrist

fette Zahlen = §§

620–630 3; des Erbvertrages **2281** 4, 6, 1 f; Erklärung **143** 2; Eventualanfechtung **121** 2; **143** 2; Frist **121** 2; **124** 2; **143** 1; Gegenstand **119** 3; **123** 1; Gegner **143** 4–6; und kaufrechtliche Gewährleistung **437** 31; nichtiger Rechtsgeschäfte **vor 104** 22; mit eingeschränkter Rückwirkung **vor 104** 22; teilweise **142** 1; von Verfügungsgeschäften **142** 4; von Verpflichtungsgeschäften **142** 5; Wirkung **142** 3

Anfechtungsfrist 124 2; Ersatzanspruch gegen Täuschenden bei Versäumnis der – **826** 2

Angebot (als Willenserklärung) s *Vertragsangebot*

Angebot (bei Gläubigerverzug), ordnungsgemäßes **294** 3; tatsächliches **294**; wörtliches **295**

Angebotskosten beim Werkvertrag **632** 2

Angehörige, Widerruf der Schenkung **530–533** 4

Angestellte und Arbeiter **vor 611** 50; leitende **vor 611** 50

Angriff und Notwehr **227** 2, 4

Angriffsnotstand 904

Ankaufspflicht und Vorkauf **463** 4

Ankaufsrechte 463 5–11

Anlage, gefahrdrohende **907**; bei Grunddienstbarkeit **1020–1022** 2, 3

Anlageberater 675 12

Anlageberatung durch Anlagegesellschaft **280** 60; durch Bank **280** 23, 60; durch Vermittler **278** 7, 16

Anlagenvertrag vor 631 4

Anlernverhältnis vor 611 57

Annahme der Anweisung **784**; Verweigerung **295** 2

Annahme der Erbschaft 1943 1; Anfechtung **1954–1957**; Bedingungsfeindlichkeit **1947** 1; mehrfache Berufung **1948** 1, 2; bei mehreren Erbteilen **1951** 1–3; Form **1943** 1, 2; und Gütergemeinschaft **1432**; Irrtum **1949** 1; **1954** 1; Passivprozesse vor – **1958** 1, 2; Rechtsgeschäft vor – **1959** 1–4; Rechtsnatur **1943** 1; Sicherung des Nachlasses vor – **1960** 1–5; Stellvertretung für Minderjährige **1943** 3; Teilannahme **1950** 1; Überlegungsfrist **1942** 3

Annahmeverzug s *Gläubigerverzug*

Anrechnung der Leistung **366** *(auf mehrere Forderungen)*; **367** *(auf Zinsen und Kosten)*

Anrechnungsmethode bei Trennungsunterhalt **1361** 11

Anscheinsbeweis s *prima-facie-Beweis*

Anscheinsvollmacht 167 9

Anspruch, Begriff **194** 2; dinglicher **vor 854** 7–9; auf Gutschrift **675s–t** 2; aus Gutschrift **675s–t** 2; Konkurrenz **241** 14, 16; possessorischer **861–864** 1; Verjährung bei Anspruchskonkurrenz **194** 7; **606** 2

Anspruchskonkurrenz 241 16; und Verjährung **241** 17

Anstandspflicht, Bereicherungsanspruch bei Erfüllung einer – **814** 8; Schenkung **534**

Anstiftung bei unerlaubter Handlung **830** 6 f; zum Vertragsbruch **826** 19

Anwachsung bei Erbenwegfall **2094**; **2095**; und Ersatzerbenrecht **2099**; des Gesellschaftsanteils **738**; **1976** 1

Anwaltspraxis, Verkauf **138** 7

Anwaltsvertrag vor 631 4; als selbständiger Dienstvertrag **vor 611** 19; Schlechterfüllung **611** 16; Schutzwirkung für Dritte **328** 36

Anwartschaftsrecht bei bedingtem Rechtsgeschäft **158** 7; deliktischer Schutz **823** 17; dingliches **873** 19; bei Eigentumsvorbehalt **929** 43; Ende **929** 61; bei Erbfolge **vor 1922** 2; Erwerb vom Nichtberechtigten **929** 44; Haftung des – am Zubehör für Hypothek **1120–1122** 14; des Hypothekengläubigers **1163** 10; Pfandhaftung **929** 52; Pfändung **929** 53; Sicherungsübertragung **929** 50; Übertragung **929** 47; Vererblichkeit **1922** 4; Verletzung **929** 58; Verpfändung **929** 52; Verzicht **929** 63

Anweisung 783–792, Abstraktheit **783** 5; Annahme **784** 1; Annahmeverpflichtung **784** 1; Anzeigepflicht bei Annahme- oder Leistungsverweigerung **789**; Aushändigung an Angewiesenen **785**; Aushändigung an Begünstigten **783** 8; Begriff **783** 2; Deckungsverhältnis **783** 4; **787**; **788** 1; Einwendungen nach Annahme **784** 5; Form **783** 6; kaufmännische **783** 13; auf Schuld **787**; Tod eines Beteiligten **791**; Übertragung **792**; Valutaverhältnis **783** 5; **788** 1; Verweigerung der Annahme, Anzeige **789**; ungültiger Wechsel idR keine – **783** 14; Widerruf **790**; als Zurechnungsmoment bei Leistungskondiktionen **812** 35

Anzahlung, Abgrenzung zur Draufgabe **336–338** 2

Anzeige der Abtretung **409**; der Hinterlegung **374** 2; des Nacherbenfalls **2146**; bei Pfandbestellung **1205**; **1206** 6; **1280** 1, 2; der Verspätung einer Vertragsannahme **149** 1; sa *Mängelanzeige*

Anzeigenvertrag vor 631 4

Anzeigepflicht bei Leistungshindernis **275** 31

Äquivalenz s *Kausalität, äquivalente*

Äquivalenzstörung beim gegenseitigen Vertrag **313** 16

Arbeitgeber, Abwerbung von Arbeitskräften **826** 19; im AGG **AGG 11–12**; **AGG 9** 2; Fragerecht **vor 611** 8; Haftung bei falschem Zeugnis **826** 15; Regress bei Lohnfortzahlung **842** 5; **vor 249** 8

Arbeitgebergruppe 611 4
Arbeitnehmer, Geheimnisverrat **826** 18; Haftung für – **831** 6; Ersatz bei Unfall **vor 249** 8; Verletzung des – als Eingriff in den Gewerbebetrieb **823** 98
Arbeitnehmerähnliche Person vor 611 29; Schutzbedürftigkeit **vor 611** 29; Unselbständigkeit **vor 611** 29
Arbeitnehmerbegriff, Dienstvertrag **vor 611** 29
Arbeitnehmerschutzrecht 611 7; **vor 611** 41
Arbeitsbedingungen, allg in Dienstverträgen **vor 611** 36
Arbeitsgerichtsbarkeit vor 611 58
Arbeitskampf 276 14
Arbeitspflichten, vereinsrechtliche **vor 611** 29
Arbeitsplatzschutz vor 611 45
Arbeitsrecht, allg **vor 611** 62; und BGB **vor 611** 2; Gleichbehandlungsgrundsatz **611** 30; internationales **vor 611** 61; Rechtsquellen **vor 611** 30
Arbeitsverhältnis im Bergbau **vor 611** 53; gewerbliches **vor 611** 51; kaufmännisches **vor 611** 52
Arbeitsvermittlung vor 652 16
Arbeitsvertrag, fehlerhafter **104** 4; **vor 145** 17; **vor 611** 5; Kündigung **623** 1; auf Lebenszeit **624** 2
Arbeitszeitschutz vor 611 43
Architektenvertrag vor 631 4; als Geschäftsbesorgung **675** 12; Informationspflicht **631** 13 *(des Architekten)*; Vorentwurf **632** 3; als Werk- oder Dienstvertrag **vor 611** 15; als Werkvertrag **vor 611** 20
Arglisteinrede *s Einrede*
Arglistige Täuschung *s Täuschung*
Arglistiges Verschweigen *s Verschweigen*
Arzthaftung 823 108 ff; **630a–630h;** Behandlung durch Anfänger **823** 116, 120; mögliche Anspruchsgegner **823** 109; Aufklärung (Beweislast) **823** 123; Aufklärung (Durchführung) **823** 113; Aufklärung (Einzelpunkte) **823** 114; (Funktion) **823** 113; (Inhalt) **823** 114; (Rechtsfolgen fehlender -) **823** 115; (ungenügende) **823** 113; Ausfall klinischer Geräte **823** 120; sachgerechte Behandlung **823** 112; grober Behandlungsfehler **823** 119; und Behandlungsvertrag **823** 108 *(sa dort)*; Beweislast **823** 63 *(haftungsausfüllende Kausalität)*; 118 *(allg) (haftungsausfüllende Kausalität) (haftungsbegründende Kausalität)* 119 *(Befunderhebungsfehler, grober Behandlungsfehler, voll beherrschbare Risiken)* 121 *(unvollständige Dokumentation)*; fehlerhafte Dokumentation **823** 119; mutmaßliche Einwilligung **823** 111; Einwilligung des Patienten **823** 55 *(Minder-*

Auflage, erbrechtliche

jähriger) 111 *(als Rechtfertigung)* 113 *(Umfang)*; keine Freizeichnung durch AGB **823** 109; Geltung bei anderen Heilberufen **823** 109; Haftung des Krankenhausträgers **823** 109, 122; Heileingriff **823** 3; Mitverschulden des Patienten **823** 116; und fehlerhafte Nachbehandlung **vor 249** 30; rechtfertigender Notstand **823** 111; kosmetische Operation **823** 114; Organisationsmangel **823** 110, 122; Pflichten **823** 112 *(allg);* 117 *(nach der Behandlung)*; prima-facie-Beweis **823** 119; misslungener Schwangerschaftsabbruch **823** 110; Sorgfaltsmaßstab **823** 116; misslungene Sterilisation **823** 110; vertraglicher Anspruch **611** 16; **vor 630a** 2–10; **630h** 8
Arztpraxis, Verkauf **138** 7
Arztvertrag vor 631 4; als selbständiger Dienstvertrag **vor 611** 21; *sa Behandlungsvertrag*
„Auf Kosten" als Voraussetzung einer Eingriffskondiktion **812** 11, 58
Aufenthaltsort 7–11 4
Aufforderung zur Abgabe eines Angebots **145** 3; zur Anmeldung von Erbrechten **2358**; zur Annahme einer Schenkung **516**; zur Genehmigung **108** 2; **177** 6 *(von Rechtsgeschäften)*; **415** *(der Schuldübernahme)*; **1003** *(der Verwendungen des Besitzers)*; der Nachlassgläubiger **1970; 2061**
Aufgabe des Besitzes **303** 1 *(bei Gläubigerverzug)*; **856**; des Eigentums an Fahrnis **959**; des Eigentums an Grundstück **928**
Aufgebot des Grundstückseigentümers **927**; des Hypothekengläubigers **1170; 1171**; der Nachlassgläubiger **2061; 1970–1974** 1–4; bei Nachlassverwaltung **1986** 2
Aufhebung eines Grundstücksrechts **875**; eines Grundstücksveräußerungsvertrages **311b** 20; des Nießbrauchs **1064**; des Pfandrechts **1255** 1; des Werkvertrages bei unterlassener Mitwirkung des Bestellers **642; 643** 7
Aufhebungsantrag bei fortgesetzter Gütergemeinschaft **1495**; bei Gütergemeinschaft **1469**
Aufhebungsbeschluss, Auseinandersetzung des Gesamtguts nach – **1479**
Aufhebungsvertrag 311 19; **vor 362** 3; Verantwortlichkeit des Bestellers im Werkvertrag **645** 1
Aufklärungspflicht des Arztes **823** 55, 113; bei Baumängeln **631** 5; des Behandelnden **630e**; beim Kauf **433** 23, 25; im Schuldhältnis **242** 17; und arglistige Täuschung **123** 5
Auflage 158 6; bei Schenkung **525–527** 1; Schenkung unter – **525–527**
Auflage, erbrechtliche 1940; 2192–2196, Abgrenzungen **vor 2192** 2; Anspruch auf

Auflassung fette Zahlen = §§

Vollziehung **2194** 1–3; Bestimmung des Begünstigten **2193** 1; im Erbvertrag **1941**; Inhalt vor **2192** 3; Kürzung **2322** 1; Leistungsverweigerungsrecht des Erben **2323** 1; Unmöglichkeit **2195**; **2196**; Verwaltungsrecht **2038** 7
Auflassung 925; Anwartschaftsrecht **925** 18; bedingte **925** 6; Beteiligte **925** 9, 10; Bindung **925** 16; Form **925** 11–13; Form der Vollmacht **311b** 29; Form von Abtretung und Erlass des Anspruchs auf – **311b** 10, 20; behördliche Genehmigung **925** 21; Kettenauflassung **925** 8; durch Nichteigentümer **925** 7; zuständige Stelle **925** 14, 15; Unbedenklichkeitsbescheinigung **925** 21; Urkunde über Grundgeschäft **925a;** Vertretung **925** 13; *sa Einigung*
Aufopferung bei rechtmäßigem Eingriff **839** 1
Aufopferungsanspruch, mehrere Anspruchsgegner **840** 3; öffentl-rechtlicher **670** 6
Aufrechnung 387–396, nach Abtretung **406** 1–5; Aufrechnungslage **387** 3–8; Ausschluss **387** 9–13; **390**; **392–394;** gegen Auszahlungsanspruch bei Darlehen **488** 16; Bedingungsfeindlichkeit **388** 1; Begriff **387** 1; Beschlagnahme der Hauptforderung **392** 1, 2; Differenzeinwand **390** 1; bei Erbengemeinschaft **2040** 5; Erfüllbarkeit der Hauptforderung **387** 8; Erklärung **387** 14; **388** 1; Erlöschen der Forderungen **389** 1 f; Eventualaufrechnung **387** 21; Fälligkeit der Gegenforderung **387** 7; mit anfechtbarer Forderung **387** 7; mit bedingter Forderung **387** 7; mit einredebehafteter Forderung **390** 1, 2; gegen unpfändbare Forderung **394** 1–5; gegen öffentl-rechtliche Forderung **395** 1, 2; gegen Forderung aus vorsätzlicher uH **393** 2; Gegenseitigkeit der Forderungen **387** 3–5; gegen Gesamthandsforderung **718–720** 5; des Gesamtschuldners **387** 4; **422–424** 1; Gleichartigkeit des Gegenstandes **387** 6; durch Konkursgläubiger **392** 2; Kontokorrentverhältnis **387** 17; Leistungsort **391;** gegen Lohnforderung **394** 4; Mehrheit von Forderungen **396** 1; durch Mieter **556b;** gegen Nachlassforderung **2115** 5; bei Nachlassverwaltung und Nachlassinsolvenz **1977** 1–3; und Pfändungsverbote **394** 2; im Prozess **387** 20–24; Rechtsnatur **388** 1; gegen Unterhaltsforderung **394** 5; Vertrag über – **387** 15–19; Wirkung **389** 1–2
Aufrechnungsverbot 137 1; **387** 9–13
Aufsichtspflicht über Bank **839** 12; über Minderjährige **832;** über Notar **839** 12; Schadensersatz bei Verletzung elterlicher – **1664** 3; über Schüler **839** 11; des Tierhalters **833** 8

Aufstockungsunterhalt 1573, zeitliche Begrenzung **1573** 16
Auftrag 662–676, Abgrenzung allg **662** 5–7; Anzeigepflicht bei Ablehnung **663;** Aufwendungen **670** 2–4; Auskunftspflicht **666** 3; Auskunftspflicht bei Kontopfändung **666** 1; Begriff **662** 1 f; Belehrungspflicht des Beauftragten **665** 7; Benachrichtigungspflicht **666** 2; Form **662** 8; **311b** 24; Fortdauer **672** 3; **674;** keine Garantie durch Auftragsannahme **667** 7; Gehilfe **664** 5 f; Geldsummenherausgabe **667** 7; Geschäftsunfähigkeit des Auftraggebers **672;** Geschäftsunfähigkeit des Beauftragten **673** 1; Haftung bei Abweichung von Weisungen **665** 8; Haftung des Auftraggebers **670** 5–11; Haftungsmaßstab bei Pflichtverletzungen **662** 14; Herausgabe **667** 2–9; Kündigung **671** 2; und Leihe **598** 2; und Maklervertrag vor **652** 5; Notbesorgung **672** 4; **673** 2; öffentl Bestellung **663** 2; öffentl-rechtliches Auftragsverhältnis **662** 4; Pflichten des Auftraggebers **662** 13; Pflichten des Beauftragten **662** 12; Pflichtverletzung **662** 12 f; Rechenschaftspflicht **666** 4; Schäden des Beauftragten **670** 5–11; Schadensersatz **667** 7; erlangte Sondervorteile **667** 4; Substitution **664** 2; Tod des Auftraggebers **672;** Tod des Beauftragten **673;** Übertragung **664** 7, 2–4; Unmöglichkeit **662** 12; entgangener Verdienst **670** 2; Vertragliche Leistung (Arbeitsergebnis) **667** 4; Verzinsung **668;** Voraussetzungen **662** 8–11; Vorschuss **669;** Weisung des Auftraggebers **665;** und Werkvertrag vor **611** 11; Widerruf **671** 3; **674** 1
Auftragsangelegenheiten, haftende Körperschaft **839** 27
Auftragsbestätigung 147 7; des Verkäufers **433** 5
Aufwendungen, Begriff **256** 2; des Beschenkten **525–527** 11; Ersatz von vergeblichen – **284** 1; Ersparnis eigener – als Bereicherung **818** 23, 15 f; Ersparnis nach Kündigung des Werkvertrags **649** 5; Maklervertrag **652** 39, 31 f; **654;** des Mieters **539;** und Schadensersatz statt der Leistung **284** und vergebliche vor **275** 12; Verzinsung **256** 4; *sa Verwendungen*
Aufwendungsersatz, allg **256** *(mit Hinweis auf die einzelnen Anspruchsgrundlagen);* **257** 1 *(mit Hinweis auf die einzelnen Anspruchsgrundlagen);* Anspruch des Dienstverpflichteten **611** 65; bei nichtautorisierter Zahlung **675u-w** 1; Rückgriff des Unternehmers **478** 4, 7, 8 *(Umfang);* **479** 1 f *(Verjährung);* nach Rücktritt **347** 2
Ausbietungsgarantie, Form **311b** 13
Ausbildungsanspruch der Abkömmlinge bei Zugewinnausgleich im Todesfall **1371** 14

magere Zahlen = Randnummern **Bankschließfach**

Ausbildungsbeihilfen 611 34
Ausbildungsunterhalt *s Unterhalt, nachehelicher bei Verwandten*
Ausbildungsverhältnis vor 611 55; Beihilfen **611** 34; Minderjähriger **113** 3
Ausbildungsvertrag vor 611 6
Auseinandersetzung *sa Erbauseinandersetzung, sa Gesellschaft, sa Gütergemeinschaft*
Ausgleichsanspruch zwischen Gesamtgläubigern **430**; zwischen Gesamtschuldnern **426**; bei Haftung mehrerer aus uH **840** 7; **841**; nachbarrechtlicher **906** 14, 15; **909** 4; **1004** 24
Ausgleichung, Abkömmlinge als Miterben **2050–2057a**; Auskunftspflicht **2057** 1–3; Ausstattung **2050** 4; Durchführung **2055** 1 f; Kaufkraftschwund **2055** 2; Mehrempfang **2056** 1–3; bei besonderer Mitarbeit und Pflege **2057a** 1–4; bei qualifizierter Nachfolgeklausel **2050** 7; durch Testamentserben **2052** 1; zwischen Vorbehalts-, Sonder- und Gesamtgut **1445**; bei Wegfall eines Abkömmlings **2051** 1; Zuschüsse **2050** 5; Zuwendung an entfernteren Abkömmling **2053** 1; Zuwendung aus Gesamtgut **2054** 1; Zuwendungen **2050** 6
Aushöhlung (durch Verfügungen unter Lebenden) bei Erbvertrag **2286** 6, 1 f; bei gemeinschaftlichem Testament **2271** 10
Auskunft, falsche – als Amtspflichtverletzung **839** 9, 14; über Anstandsschenkungen **2330** 2; des Beauftragten **666**; des Beschenkten **2314** 10; des Erbschaftsbesitzers **2027** 1–5; bei unrichtigem Erbschein **2362** 1; Haftung bei falscher – **675** 13; **826** 15; **839** 9, 14; des Hausgenossen des Erblassers **2028** 1–4; zwischen Miterben **2038** 9; des Nachlasspflegers, -verwalters **2012**; gegenüber Pflichtteilsberechtigten **2314** 10; bei Pflichtteilsergänzung **2325** 9; **2327** 3; nach Treu und Glauben **242** 21; gegenüber Vermächtnisnehmer **2174** 5; gegenüber Vertragserben **2287** 6; des Vorerben **2127–2129** 1; des Zedenten gegenüber Zessionar **402** 1
Auskunftspflicht 259–261 3–6; bei Abtretung **402** 1; geschiedener Eheleute zwecks Unterhaltsfeststellung **1580**; des Elternteils hinsichtlich Kind **1686**; Feststellung des Unterhalts bei Verwandten **1605**; in Gesellschaft **709–713** 14; bei Getrenntleben **1361** 13; Umfang **259–261** 4; bei Zugewinnausgleich **1379**
Auskunftsvertrag vor 631 4; Bankauskunft **328** 39; und Geschäftsbesorgung **675** 13
Ausländische Gesellschaften, Rechtsfähigkeit **705** 12
Auslegung, ergänzende **242** 12; ergänzende und AGB **306** 5; von Ges **133** 12; von Grundbucheintragungen **873** 35; von formbedürftigen Rechtsgeschäften **126** 7, 8; richtlinienkonforme **651a** 1 *(Reiserecht)*; **vor 307–309** 1; einer Satzung **133** 10; vor Umdeutung **140** 3; von Verfügungen von Todes wegen **2042** 6; **2084** 1 f; **2066–2073**; von Verträgen **157**; von Willenserklärungen **133**; **vor 116** 7–12
Auslobung 657–661, mehrere Anspruchsprätendenten **659**; **660**; Preisausschreiben **661**; und Spiel **657** 2; Voraussetzungen und Rechtsfolge **657** 1–6; Widerruf **658**
Ausschlagung der Erbschaft 1942–1959, Anfechtung **2308** 1; **1954–1957**; Bedingungsfeindlichkeit **1947** 1; bei mehrfacher Berufung **1948** 1–3; Empfangszuständigkeit **1945** 2; bei mehreren Erbteilen **1951**; Fiskus **1942** 4; Form **1945** 1; Fristberechnung **1944** 1–3; **1946** 1; Irrtum **1949** 2; **1954** 1; durch Nacherben **2142** 1–3; durch Pflichtteilsberechtigten **2306** 4; Pflichtteilsvorbehalt **1950** 1; Rechtsgeschäft vor – **1959** 1; Rechtsnatur **1945** 1; Stellvertretung **1945** 3; Teilausschlagung **1950** 1; **1952** 1; Vererblichkeit des Rechts auf – **1952** 1; Wirkung **1953** 1 f
Ausschlagung des Vermächtnisses 2180
Ausschlussfrist 194 5; Anfechtung **121** 5; **124** 2; unzulässige Rechtsausübung **242** 52; bei Ansprüchen aus Reisevertrag **651g** 1
Ausschreibung des Arbeitsplatzes **AGG 11** 1
Aussonderung als Voraussetzung des Gefahrübergangs **300** 5
Aussperrung 615 7; lösende **vor 620–630** 7
Ausspielung 763 2 *sa Spiel*
Ausstattung 1624, Begriff **1624**; **1625** 1; Schenkung **516** 9; übermäßige **1624**; **1625** 7
Ausstattungsversprechen 1624; **1625** 4
Austauschvertrag 320 4
Ausübungskontrolle 242 13; bei Individualverträgen **242** 13
Automatenaufstellungsvertrag vor 535 11 f; Anwendbarkeit von Normen **vor 535** 12; Erscheinungsformen **vor 535** 11
Autorisierung (Zahlungsvorgang) 675j 1; Genehmigungsfiktion **675j** 1; Widerruf **675j** 2

Bank, Amtshaftung bei Verletzung der Aufsichtspflicht über – **839** 12; Bank- und Spareinlagen **vor 488** 12; bankgeschäftliches Kredit- und Einlagengeschäft **vor 488** 11; Mitverschulden des Kunden **254** 5
Bankgeheimnis 488 25; **vor 488** 21; Girovertrag **676f** 10; Überweisungsvertrag **676a** 6
Bankschließfach, Verwahrung im – **688** 9

Teichmann 2297

Bankvertrag

fette Zahlen = §§

Bankvertrag, Geschäftsbesorgung **675** 12; Schutzwirkung für Dritte **328** 40; zugunsten Dritter auf den Todesfall **331** 2
Basiszinssatz 246 1, 7; **247**; **288** 1; Anpassung **247** 2; als zentrale Bezugsgröße **247** 1; und Diskontsatz **247** 1; und Geschäftsgrundlage **313** 38; Höhe **247** 2; und Verzugszinsen **247** 3
Baubetreuungsvertrag 675 12; **vor 631** 5; Pflichten des Bauträgers **402** 1
Bauforderungssicherungsgesetz vor 631 1
Bauhandwerkersicherung 648a
Bauherrenmodell, Form **311b** 24; Prospekthaftung **311** 65
Baukostenzuschuss, des Mieters **535** 26
Bäume, Schadensersatz bei Beschädigung **249** 6; **251** 3, 5; Verkehrssicherungspflicht **823** 39; Wertberechnung bei Beschädigung **251** 5
Bausatzvertrag 311 14
Bauträger, Kauf vom – **vor 631** 5; Sicherheitsleistung nach RechtsVO **632a** 10
Bauträgervertrag, Abschlagszahlungen **632a** 11
Bauvertrag vor 631 5; Abschlagszahlung **632a**; Forderungssicherung **vor 631** 1; Sicherheitsleistung bei Verbraucherverträgen **632a** 11; *sa Abschlagszahlung*
Bauwerk *sa Gebäude*
Beamter, Begriff (Amtshaftung) **839** 7 f; Begriff (Eigenhaftung) **839** 31; Versorgungsausgleich *s dort*
Bedienungsanleitung für Werk **631** 8
Bedingung 158–162, Abgrenzungen **158** 5; auflösende **158** 2; aufschiebende **158** 2; Ausfall **158** 9; bedingungsfeindliches Rechtsgeschäft **158** 11; Begriff **158** 1; Beweislast **158** 15; Dienstvertrag **620** 8; Eintritt **159** 1; **162**; des Erblassers **2074–2076** 1; gesetzwidrige **158** 14; Potestativbedingung **158** 3; Rechtsfolgen **158** 7; **160**; **161**; Schadensersatz **160**; **161** 1; treuewidriger (Nicht-)Eintritt **162**; unmögliche **158** 13; unsittliche **158** 14; Verzicht auf – **158** 9; Willkürbedingung **158** 3; Wollensbedingung **158** 4
Bedürftigkeit, nachehelicher Unterhalt **1577** 1; des Schenkers **528**; **529** 1; Unterhalt bei Verwandten **1601–1604** 3
Beerdigung, Gestaltung **1968** 5; Kosten **1968** 1–4; Kosten als Ersatzanspruch **844** 1
Beförderungsvertrag vor 631 5; Schutzwirkung für Dritte **328** 34
Befreiung von Dienstleistungspflicht **611** 10
Befreiungsanspruch 256; **257** 5; Abtretung **256**; **257** 5
Befristung 163, Arbeitsverhältnis **620** 3, 4; Dienstvertrag **620**; im Hochschulbereich **620** 7

Beglaubigung, öffentl **129**
Begleitname 1355 4
Behandelnder (im Behandlungsvertrag) 630a 1; Aufklärungspflichten **630e**; Dokumentationspflicht **630f** 1; Informationspflichten **630c** 1
Behandlungsverhältnis 630b 1
Behandlungsvertrag vor 630a 2; **630a** 1; Einsicht in Patientenakte **630g** 1
Beherbergungsvertrag 311 25; **701** 3; als Massengeschäft **AGG 19** 2
Behörde, unanbringbare Sachen bei – **983**; als Verletzte bei Rufgefährdung **824** 3; Zugang bei Willenserklärungen bei – **130** 18
Beistandschaft 1712, allg **1712–1717** 1; Antragsberechtigte **1713**; Aufgabenbereich **1712–1717** 5; Beginn **1714**; Ende **1715**; Wirkungen **1716** 1; **1712–1717** 7
Beistandspflicht im Eltern-Kind-Verhältnis **1618a**
Bekanntmachung, öffentliche, bei Auslobung **657** 4; der Bevollmächtigung *s dort*; eines Fundes **980–982**; der Nachlassverwaltung *s dort*; der Versteigerung **1237** 1; der Versteigerung bei Hinterlegung **383**
Belegarztvertrag 311 25
Beleidigung durch Presse **823** 73
Beleihung mit Hoheitsaufgaben **839** 6; haftende Körperschaft **839** 27
Benachteiligung (nach AGG) wegen Alters **AGG 1** 7; **AGG 10** 1; wegen Behinderung **AGG 1** 6; Benachteiligungsmerkmale **AGG 2** 1 ff; Diskriminierungsgründe **AGG 2** 1; **AGG vor 1** 1; Diskriminierungsmerkmale **AGG vor 1** 3; Einzelfälle **AGG 16** 2; wegen ethnischer Herkunft **AGG 1** 2; **AGG 19** 8; wegen des Geschlechts **AGG 1** 4; durch Organisationen nationaler Minderheiten **AGG 8** 2; wegen politischer Überzeugung **AGG 19** 1; wegen der Rasse **AGG 1** 2; **AGG 19** 8; Rechtfertigung **AGG 20** 3 ff; wegen Religion oder Weltanschauung **AGG 1** 5; durch Religionsgemeinschaften **AGG 9** 2; wegen sexueller Orientierung **AGG 1** 8; durch Weltanschauungsgemeinschaften **AGG 9** 2
Bereicherung des Beschenkten **516** 7; des Vermieters **547** 3 *(bei Mietvorauszahlungen)*; *sa ungerechtfertigte Bereicherung*
Bereitstellungszinsen 488 22
Bergwerk, Nießbrauch **1038**
Berichtigung des Grundbuchs *s Grundbuchberichtigung*
Berliner Testament 2269
Beruf *s Erwerbstätigkeit*
Beschaffenheit der Kaufsache, 434 6, 14 *(übliche)* 15–17 *(öffentl Äußerungen)*
Beschaffenheitsgarantie, Kauf **443** 6; Übernahme **276** 41

2298 *Teichmann*

magere Zahlen = Randnummern **Betreuungsrechtl. Genehmigung**

Beschaffenheitsvereinbarung, Sachmangel **434** 2, 9–12; im Werkvertrag **633** 4
Beschaffungsrisiko 276 43; Grenzen **276** 49; im Kaufvertrag **437** 25; vertragliches **276** 49
Beschäftigung, Pflicht zur – **611** 44
Beschlagnahme bei Hypothekenhaftung **1120–1122** 5
Beschluss, Begriff vor **104** 7
Beschränkte Geschäftsfähigkeit s *Geschäftsfähigkeit, beschränkte*
Beschränkte persönliche Dienstbarkeit, Ausübung **1092** 2; Begriff **1090** 1; Belastungsgegenstand **1090** 1; Berechtigter **1090** 13; Inhalt **1090** 2; Insolvenzverfahren **1092** 2; Übertragbarkeit **1092** 1; Umfang **1091**; zu Wettbewerbszwecken **1090** 3; Wohnungsrecht **1093**
Beseitigungsanspruch bei Ehestörung **823** 90, 93; bei Eigentumsstörung **1004** 6; bei Namensverletzung **12** 6; bei uH vor **823** 7; und Unterlassungsanspruch **1004** 13; Vollstreckung **1004** 9
Besicht, Kauf auf – **454; 455**; Kauf nach – **454; 455** 4
Besichtigung einer Sache **809–811** 2
Besitz 854–872, als „etwas" iSv 812 I 1 **854** 8; allg **854** 1, 2; Arten **854** 3–5; Aufgabe beim Gläubigerverzug **303**; Begriff **854** 1; Begründungswille **854** 11; Besitzrecht **1036**; deliktischer Schutz **823** 16; Ende **856**; Erwerb **854** 9–12; Gegenstand **854** 6, 7; bei Gesellschaft **854** 14; **718–720** 3; bei juristischer Person **854** 13; mehrfach gestufter mittelbarer **871**; mittelbarer **854** 3; **868**; des Nießbrauchers **1036**; als sonstiges Recht – **870**; Übertragung des mittelbaren – **870**; Umgestaltung der Sache **1037**; unmittelbarer **854** 3; Vererbung **857**
Besitzdiener 855, Bösgläubigkeit bei Besitzerwerb durch – **990** 2; Selbsthilfe des – **860**
Besitzentziehung 858 2; **861–864** 2
Besitzer, Eigentumsvermutung **1006**; Einwendungen gegen Herausgabe **986**; Herausgabeanspruch des früheren – **1007**; Nebenansprüche des früheren – **1007** 8; Selbsthilfe **859**; Verfolgungsrecht **867**; sa *Eigentümer-Besitzer-Verhältnis, sa Erbschaftsbesitzer*
Besitzerwerb, rechtsgrundloser als unentgeltlicher vor **987** 13
Besitzkonstitut s *Besitzmittlungsverhältnis*
Besitzmittlungsverhältnis 868 3, 7; **930** 9; **933** 4; antizipiertes **868** 7; **929** 23; **930** 4, 16; konkretes **868** 5; Übergabeersatz **930** 1
Besitzschutz 858–864, allg **858** 1; bei Mitbesitz **866** 4, 5; bei mittelbarem Besitz **869**
Besitzstörung 858 3; **861–864** 5
Bestandsverzeichnis 259–261 4, 10

Bestandteil 93; vor **90** 6; Eigentumserwerb **953–957**; Haftung für Hypothek **1120–1122**; Haftung für Pfandrecht **1212** 1, 2; durch Verbindung **946**; **947**; wesentlicher **93**; **94**
Bestätigung eines anfechtbaren Rechtsgeschäfts **144**; eines nichtigen Rechtsgeschäfts **125** 12; **141**
Bestätigungsschreiben, kaufmännisches **147** 5
Bestechung 826 19
Besteller, Pflichten des – im Werkvertrag **631** 20
Bestellungskosten des Besitzers bei landwirtschaftlichem Grundstück **998**
Bestimmtheitsgrundsatz bei Übereignung, von beweglichen Sachen **929** 5; **930** 8, 16; eines Warenlagers **930** 46, 47
Beteiligte, mehrere – an uH **830** 8; Mitverschulden des Verletzten bei mehreren – **840** 4
Betreuer 1897, Aufgaben **1896–1908a** 14; Befugnisse **1896–1908a** 16; Behördenbetreuer **1896–1908a** 8; Betreuungsverein **1896–1908a** 11; Entlassung **1908b**; **1908b–1908d** 1; Folgen der Entlassung **1908b–1908d** 10; Gegenbetreuer **1896–1908a** 13; Gründe der Entlassung **1908b–1908d** 2; Person **1896–1908a** 7; Pflichten **1901**; Vereinsbetreuer **1896–1908a** 8; Vertretungsmacht **1902**; **1896–1908a** 17; vorläufiger **1896–1908a** 13
Betreuung, allg vor **1896** 3; Amtsbetreuung **1900**; **1896–1908a** 12; anwendbare Vorschriften **1908i**; Aufhebung **1908d**; Beendigung lebenserhaltender Maßnahmen **1896–1908a** 21; Beendigungsgründe **1908b–1908d** 2; Betreuungsvollmacht **1896–1908a** 26; Einheitsentscheidung **1896–1908a** 24; Einheitsprinzip **1908b–1908d** 1; Einwilligung in Heilbehandlung **1904**; Einwilligungsvorbehalt **1903**; **1896–1908a** 18; Aufhebung des Einwilligungsvorbehalts **1908b–1908d** 11; Erforderlichkeitsprinzip **1896–1908a** 4; **1908b–1908d** 11; Geschichte vor **1896** 1; Kündigung von Wohnraummietverhältnissen **1907**; Mitteilung an Betreuungsbehörde **1908k**; bei Sterilisation **1905**; und Testierfähigkeit **2229** 2; Übernahmepflicht **1898**; Unterbringung des Betreuten **1906**; **1896–1908a** 20; Vereinsbetreuung **1900**; Verfahren **1896–1908a** 24; Voraussetzungen **1896**; **1896–1908a** 2; bei Widerruf durch Betreuten **2253** 2
Betreuungsrechtliche Genehmigung, Abbruch lebenserhaltender Maßnahmen **1896–1908a** 21; Heileingriff **1896–1908a** 21; Kündigung von Mietverhältnissen **1907**; **1896–1908a** 23; Unterbringung **1906**; **1896–1908a** 22

Teichmann

Betreuungsunterhalt

fette Zahlen = §§

Betreuungsunterhalt 1570, Dauer **1570** 6–9; Voraussetzungen **1570** 3
Betreuungsverein, Anerkennung als – **1908f**
Betreuungsverfügung 1896–1908a 15
Betreuungsvollmacht beim Verwandtenunterhalt **1601–1604** 17
Betriebsbuße und Vertragsstrafe **339** 12
Betriebsgefahr 254 5, 7; Erhöhung durch Verschulden **254** 5; Verschuldensfähigkeit **254** 7
Betriebskosten, Abrechnung **556** 5 *(äußere Form)* 7 *(Inhalt)* 8 *(Frist)*; Abrechnungsperiode **556** 4; Abrechnungsverpflichtung des Vermieters **556** 4 ff; Erwerb der Wohnräume durch Dritte **566** 2; Obliegenheiten des Mieters **556** 9; formelle Ordnungsgemäßheit der Abrechnung **556** 6; Pauschale **556** 3 *(Begriff)* 2 f *(Veränderung)*; Umschreibung **556** 2; Veränderung **560**; Verbrauch als Maßstab **556a**; Vereinbarung im Mietvertrag **556** 3; Vorauszahlungen **556** 4 *(erfasster Zeitraum)*; **566** 4 *(Begriff)*
Betriebsrisikolehre 611 20; **615** 7
Betriebsschutz vor 611 42
Betriebsübergabe beim Landpachtvertrag **593a**
Betriebsübergang 613a, Lohnverzicht **613a** 11; Veräußerung durch Insolvenzverwalter **613a** 4; dreiseitige Vertragsgestaltung **613a** 9; Widerspruch des Arbeitnehmers **613a** 5
Betriebsvereinbarung als Rechtsquelle im Arbeitsrecht **vor 611** 34
Beurkundung, notarielle **128**; **127a** 2; als Ersatz **129** 5; Folgen bei fehlender – **311b** 33; Folgen bei unrichtiger – **311b** 35; Folgen bei unvollständiger – **311b** 34; Kosten **448** *(Grundstückskauf)*; verabredete – eines Vertrags **154** 4; Vertrag über gegenwärtiges Vermögen **311b** 55; Vertrag über Grundstücksveräußerung **311b**; Vertrag unter Erben über den ges Erb- und Pflichtteil **311b** 68
Bevollmächtigung, Anfechtung **167** 11; **170–173** 7; Begriff **167** 6; öffentl Bekanntmachung **170–173** 3; Form **167** 10; bes Mitteilung **170–173** 4, 8
Bewachungsvertrag als Dienst- oder Werkvertrag **vor 611** 26
Bewegliche Sache, Begriff **vor 90** 3
Beweislast bei Annahme als Erfüllung **363**; Arbeitnehmerhaftung **280** 31; **619a** 3–6; Arzthaftung **280** 27; **823** 63; Aufklärungspflichtverletzung **280** 29; Aufsichtspflichtverletzung **832** 6, 8; Beratungspflichtverletzung **280** 29; Berufspflichtverletzung **280** 28; böser Glaube **932** 5; Gehilfenhaftung **831** 10, 16; Gesellschafterhaftung **708** 3; Gleichbehandlungsgesetz **535** 9 *(Mietverhältnis über Wohnräume)*; **651a** 9 *(Reisevertrag)*; bei medizinischer Aufklärung **823** 123; **630h**; bei medizinischer Behandlung **823** 118ff; **630h**; mehrere Schädiger **830** 1, 15; Produkthaftung **823** 151; Produzentenhaftung **280** 30; **823** 133, 136 *(Verletzung der Instruktionspflicht))*; **831** 12; Schutzgesetzverletzung **823** 63; Tierhalterhaftung **833** 11; uH **823** 63; unwahre Tatsachenbehauptung **824** 12; Verbrauchsgüterkauf **476**; Vergütung **632** 13 *(beim Werkvertrag)*; Verschuldensfähigkeit **828** 4; Vertragsstrafe **345**; Wegfall der Bereicherung **818** 39; Wert der Bereicherung **818** 20
Beweislastumkehr, Rückgriff des Unternehmers **478** 4, 10
Bewusstlosigkeit, Abgabe einer Willenserklärung bei – **105** 1; **vor 116** 4; bei Begehung einer uH **827**; Zugang einer Willenserklärung bei – **131** 1
Bienenschwarm, Eigentumserwerb **964**; Herrenlosigkeit **961**; mehrere Schwärme **963**; Verfolgungsrecht **962**
Bierbezugspflicht und Darlehen **vor 488** 14
Bierlieferungsvertrag 138 12; **139** 11; **311** 14, 25, 29; **433** 8
Billigkeitshaftung, Beweislast **829** 8; bei Verschuldensabwägung **254** 5; bei fehlender Verschuldensfähigkeit **829**
Blankounterschrift 126 6; **129** 4
Bordellverträge 138 7
Böser Glaube, Begriff **932** 5; Beweislast **932** 5; Erwerbshindernis **932** 5; Informationspflicht **932** 17; Zeitpunkt **932** 18; **933** 3; **934** 2
Bösgläubigkeit des Bereicherungsschuldners **819** 3, 4
Bote Begriff **164** 14; *sa Empfangsbote*, *sa Erklärungsbote*
Boykott als Eingriff in den Gewerbebetrieb **823** 102
Brauereidarlehen vor 488 14
Briefgrundpfandrecht vor 1113 5
Briefhypothek 1116 2; **vor 1113** 5 *sa Hypothek sa Hypothekenbrief*, Abtretung bei – **1154** 1; Erwerb **1113** 13; **1117**; Geltendmachung **1160**
Bringschuld, Geldschuld als modifizierte – **270** 1; Konkretisierung bei Gattungsschuld **243** 9; Leistungsort **269** 1
Bruttolohnmethode 842 4
Buchersitzung 900
Buchführung, allg **vor 631** 5, 9; als Dienstvertrag oder Werkvertrag **vor 611** 15; als Werkvertrag **vor 631** 5
Buchgeld 244; **245** 2; **270** 4
Buchgrundpfandrecht vor 1113 5
Buchhypothek 1116 3; **vor 1113** 5 *sa Hypothek*, Widerspruch **1139**

magere Zahlen = Randnummern **Darlehensvertrag**

Buchversitzung 901
Bummelstreik 611 22
Bundesimmissionsschutzgesetz 906 3, 13
Bürge Ausfallbürge **vor 765** 2; Befreiungsanspruch gegen Hauptschuldner **775** 2; Einrede der Vorausklage **771–773**; Einreden aus Bürgschaftsvertrag **768** 4; Einreden aus Gestaltungsrechten des Hauptschuldners **768** 5; **770**; Einreden des Hauptschuldners **768** 6; Einwendungen des Hauptschuldners **768** 2; Freiwerden des Bürgen **776** 4; Kreditbürge **vor 765** 6; mehrere **774** 9; Mitbürge **769** 1, 4; **774** 9; **vor 765** 3; Nachbürge **vor 765** 7; Pflichten **765** 20; Rückbürge **vor 765** 8; Rückgriff aus Innenverhältnis **774** 7; Rückgriff aus übergegangener Hauptschuld **774** 4; Teilbürge **769** 1; Übergang von Sicherungsrechten **774** 5; Verhältnis zu dinglichem Sicherungsgeber **774** 12; Vorbürge **769** 1; *sa Bürgschaft, sa Einrede des Bürgen*
Bürgenschuld 765 20; Abhängigkeit von Hauptschuld **767** 3, 8; Verjährung **765** 20
Bürgermeistertestament 2249 1–3; **2252** 1
Bürgschaft 765–778; **vor 765** 18; Abhängigkeit von Hauptschuld **767** 3, 8; Abtretung der Hauptforderung **401** 1; AGB **765** 13; **768** 8; **vor 765** 10; Akzessorietät **765** 20; als Haustürgeschäft **765** 12; als Verbrauchergeschäft **765** 12; Anfechtungsrecht des Hauptschuldners **770** 4; „auf erstes Anfordern" **770** 3; **781** 23; **vor 765** 10; Aufklärungspflicht des Gläubigers **765** 23; Aufrechnungsrecht des Hauptschuldners **770** 6; beschränkter Haftungszweck **765** 6; bei Ehegatten **242** 41; **765** 6; Einschränkung der Hauptschuld **767** 5; Entlassung eines Mitbürgen **776** 20; Erfüllungsort **vor 765** 5; Erlöschen der Hauptschuld **767** 6; Erweiterung der Hauptschuld **767** 4; Forderungsübergang auf Bürgen **774** 1; Form bei Grundstücksveräußerungsvertrag **311b** 14; Form der Erklärung **766** 2; Gesamtschuldbürgschaft **vor 765** 3; Geschäftsgrundlage **765** 11; Gewährleistungsbürgschaft **vor 765** 10; Globalbürgschaft (AGB) **765** 18; beschränkter Haftungszweck **765** 6; **766** 3; gesicherte Hauptschuld **765** 14; Höchstbetragsbürgschaft **vor 765** 5; für Kontokorrentkredit **vor 765** 6; Kreditauftrag **778** 1; Pflichten des Gläubigers **765** 22 ff; **776** 1; Prozessbürgschaft **vor 765** 9; Rechtsaufgabe durch Gläubiger **776**; selbstschuldnerische **773** 3; Sittenwidrigkeit **765** 4; Stundung der Hauptschuld **768** 6; Teilbürgschaft **vor 765** 4; durch Telefax **766** 2; Verjährung **765** 20; Vermögensverfall des Hauptschuldners **773** 4; Verzicht des Hauptschuldners auf Einreden **768** 7; Vollkaufmann **773** 2; Wechselbürgschaft **vor 765** 19; Willensmängel **765** 9; auf Zeit **777**
Bürgschaftserklärung 766, Blanketturkunde **766** 1, 4; elektronische Form **766** 2; Form **766** 2; notwendiger Inhalt **766** 3
Bürgschaftsforderung, Abtretbarkeit **765** 20
Bürgschaftsvertrag 765 2

Cif-Klausel 269 5; **447** 8
clausula rebus sic stantibus 313 1; und Geschäftsgrundlage **313** 2
commodum, stellvertretendes **285** 7
Computersoftware im Werkvertrag **vor 631** 6
condicio sine qua non *s Kausalität äquivalente*
condictio ob rem, praktische Bedeutung **812** 17
culpa in contrahendo (cic) vor 275 16; bei Leihe **606** 2; Mitverschulden **254** 1
culpa post contrahendum 242 31

Darlehen Annuitätendarlehen **vor 488** 4; Auszahlung **488** 12; Auszahlung an oder durch Dritte **488** 13; Baudarlehen **vor 488** 5; Bauspardarlehen **vor 488** 5; Begriff **488** 1; mit bonitätsgestufter Zinsabrede **489** 2; festverzinsliches **489** 2; **490** 9; Gegenstand **488** 2; und Geschäftsgrundlage **490** 14; des Gesellschafters **vor 488** 17; und Haftungsbeitritt **488** 7; Handdarlehen **488** 7; und Leihe **598** 2; öffentl **vor 488** 5; partiarisches **vor 488** 18; und Patronatserklärung **488** 7; Sonderformen **vor 488** 3; Tilgungsdarlehen **vor 488** 4; Umwandlung **vor 488** 7; durch Umwandlung **vor 488** 10 *(Beweislast)*; mit variablem Zinssatz **489** 9; Widerruf **495**; zinsloses **516** 15; Zinsmargenschaden **488** 17; Zinsverschlechterungsschaden **488** 17; und Zweckbindung **vor 488** 5; *sa Verbraucherkredit*.
Darlehensgeber, Anzeige des Wechsels **496** 2; Vorleistungspflicht **488** 3
Darlehensnehmer, Rückerstattungspflicht **488** 3
Darlehensvermittlungsvertrag vor 491 ff 3; Abgrenzungen **vor 655a** 2; mit Existenzgründer **655a–655e** 15; Form **655a–655e** 9–13; Rechtsnatur **655a–655e** 1; Vergütung **655a–655e** 4–8; und Vergütungs(ersatz)ansprüche bei Formnichtigkeit **655a–655e** 13; Vertragsgegenstand **655a–655e** 3; Vertragspartner **655a–655e** 2
Darlehensvertrag, Änderung **vor 488** 16; allg **vor 488** 1; außerordentliches Kündigungsrecht **490**; Begriff **488** 1; **vor 488** 2; Drittschutz **488** 12; als gegenseitiger Vertrag **488** 3; und Genehmigung des Vor-

Teichmann 2301

Daseinsvorsorge

mundschaftsgerichts **488** 8; und ges Verbot **488** 9; und Haftungsbeitritt **488** 7; als Konsensualvertrag **488** 5; und Kündigung aus wichtigem Grund **490** 13; ordentliches Kündigungsrecht des Darlehensnehmers **489**; und Mitverpflichtung von vermögenslosen nahen Angehörigen **488** 11; ordentliches Kündigungsrecht **489** 13 *(Abdingbarkeit)*; Pflichten des Darlehensgebers **488** 12; Pflichten des Darlehensnehmers **488** 17; Sachdarlehensvertrag **607–609**; Synallagma **488** 3; Unterrichtungspflichten **492a** 1–3; Unterrichtungspflichten bei Ende des – **493** 2; Vereinbarungsdarlehen **vor 488** 6; Vertragspflichten **488**; und unregelmäßiger Verwahrungsvertrag **700** 1; Zusage unter Vorbehalt **488** 6

Daseinsvorsorge, Abschlusszwang **vor 145** 10; Gewährung in öffentl- oder privatrechtlicher Form **vor 145** 19

Dauerschuldverhältnis 241 3; **280** 19; **311** 14; **vor 275** 16; Beendigung **vor 362** 3; Kündigung aus wichtigem Grund **313** 12; **314** 4; Leistungsangebot **294** 2

Dauervertrag, Begriff **311** 14; Kündigung **311** 16

Deckungsverhältnis bei Anweisung **783** 4; Mangel **812** 36; unwirksames – und ungerechtfertigte Bereicherung **812** 36; im Vertrag zugunsten Dritter **328** 9; beim Vertrag zugunsten Dritter **334** 1; im Zahlungsdienstevertrag **675f** 5

Deckvertrag vor 631 6

Deliktsfähigkeit *s Verschuldensfähigkeit*

Delkredere vor 765 19

Denunziation 826 26

Depotverwaltung als Geschäftsbesorgung **675** 12

Dereliktion *s Aufgabe des Eigentums*

Detektivvertrag vor 611 26

Dienstbarkeit, Beeinträchtigung durch Errichtung eines Gebäudes **912** 11; Begriff **vor 1018** 1

Dienstberechtigter, Ersatzanspruch bei uH gegen Verpflichteten **845**

Dienstleistungen, Arten **vor 611** 2; Pflicht zur persönlichen Erbringung **613**; und Schenkung **516** 14; selbständige **vor 611** 2; unselbständige **vor 611** 2

Dienstleistungspflicht 611 1; ges des Getöteten bzw Verletzten **845** 2; Inhalt und Umfang **611** 7; Schlecht- und Nichtleistung **611** 16; Schlechterfüllung **611** 16

Dienstverhältnis, Beendigung **620** 1 *(Zeitablauf)* **620** 1 *(Zweckerreichung)* 9 *(Zweckerreichung)*; **vor 620–630** 2 *(Gründe)*; Feststellungsklage **622** 8; mittelbares **611** 2

Dienstverhinderung, unerhebliche Dauer **616** 6; bei Krankheit **616** 4; persönliche **616** 3–5; bei Sportunfall **616** 9; unverschuldete **616** 8; Vergütungsanspruch bei vorübergehender – **616** 10; Vergütungsanspruch und Schadensersatzanspruch **616** 13

Dienstverschaffungsvertrag vor 611 12; Erfüllungsgehilfe **278** 16; *sa Arbeitnehmerüberlassung*

Dienstvertrag 611–630, Abgrenzung **vor 611** 11; Abschluss **vor 611** 5; Abschlussmängel **vor 611** 5; Abschlussverbote **vor 611** 7; allg Arbeitsbedingungen **vor 611** 36; altersbezogene Befristung der Beschäftigung **vor 611** 30; Altersdiskriminierung **vor 611** 30; Anbahnung **vor 611** 5; Änderung **vor 611** 5; Anwesenheitsprämie **611** 34; Arbeitnehmerbegriff **vor 611** 29; Architektenvertrag als Werkvertrag **vor 611** 20; Ausbildungsverhältnis **vor 611** 55–57; Aussperrung *s dort*; als Austauschvertrag **vor 611** 1; Benachteiligungsverbot **611** 1, 46; **vor 611** 31; parallele Dienstpflichten **vor 611** 10; zwischen Eltern und Kind **1619** 5; als gegenseitiger Vertrag **vor 611** 4; Gleichbehandlung *s dort*; Gleichbehandlungsgrundsatz **vor 611** 30; Headhunter **611** 27; Herausgabepflicht des Dienstverpflichteten **611** 28; Krankenfürsorge (durch Arbeitgeber) **617**; Kündigungsschutzklage **622** 8; Kurzerkrankung, häufige als Kündigungsgrund **622** 9; und Maklervertrag **vor 652** 6; Mutterschaftsurlaub **622** 7; Nachbesserung nach Kündigung **627** 2; Nacherfüllungsanspruch **611** 16; Nutzungsentschädigung **611** 45; Schadensabwendungspflicht **611** 25 *(des Dienstverpflichteten)*; Schadenserstattung **611** 45; Schutzmaßnahmen **618** *(durch Dienstberechtigten)*; **619** *(Unabdingbarkeit)*; Schutzwirkung für Dritte **328** 36; selbständiger **vor 611** 18; selbständiges und unselbständiges Dienstverhältnis **vor 611** 2; unselbständiger **vor 611** 28; Verdachtskündigung **626** 7; Vergütung **611** 29; unverschuldete Verhinderung **616** 8 f *(z.B. Unfall, Selbsttötungsversuch)*; stillschweigende Verlängerung **625**; Verschwiegenheitspflicht **611** 26; Versorgungsanwartschaften **611** 35; Vertragsstrafe (im formularmäßigen Arbeitsvertrag) **611** 12; und Werkvertrag **vor 611** 15; Widerruf **vor 620–630** 4; Zustandekommen **vor 611** 5; Zustimmungserfordernisse **vor 611** 7

Differenzgeschäft 762 2; Differenzeinwand **390** 1

Differenzmethode bei Trennungsunterhalt **1361** 10

diligentia quam in suis, Anwendungsbereich **277** 2; Begriff **277** 3

Dingliches Recht *sa Anspruch, dinglicher, sa Recht, dingliches, sa Rechtsgeschäft, dingliches, sa Vertrag, dinglicher, sa Vorkaufsrecht, dingliches*

magere Zahlen = Randnummern

Eheliche Lebensgemeinschaft

dingungen
Direkterwerb 398 9; **929** 23, 47
Direktionsrecht s Weisungsrecht
Disagio 246 3 f
Diskont 272 2 sa Basiszinssatz
Diskriminierung, Altersgrenzen **AGG 10** 2; Antidiskriminierungsrecht nach EU-RiLi **AGG vor 1** 4; sa Benachteiligung (nach AGG), s Gleichbehandlungsgesetz (AGG)
Dissens s Einigungsmangel
Dividendenschein s Gewinnanteilschein
Dokumentenakkreditiv 783 12
domain grabbing 138 18
Domain Name (Internet Name) **12** 3
Doppelbuchung im Grundbuch **891** 7; **892** 7
Doppelehe als Eheverbot **1306–1308** 2
Doppelmangel 812 30, 43
Draufgabe, Begriff **336–338** 1; Rückgabe **337**; bei Unmöglichkeit **338**
Dreiecksverhältnis und Bereicherungsausgleich **812** 7; Einwendungsdurchgriff **320** 8
Dreipersonenverhältnis, Abkürzung durch Direktleistung **812** 31; Bereicherungsausgleich **812** 23
Dreißigster 1969 1 f
Dreizeugentestament 2250 1–5; **2252** 1
Dritter, Ablösungsrecht des – **268**; bei Amtshaftung **839** 12; Auszahlung eines Darlehens an oder durch – **488** 13; Bezugsberechtigung beim Lebensversicherungsvertrag **330** 4; **331** 5; Erlöschen von Rechten – **949**; **950** 5; Gebrauchsüberlassung an – bei Leihe **603** 2; **604** 5; Haftungserleichterung der Hauptpartei auch für – **328** 30; Leistung an – als mittelbare Schenkung **516** 8, 16; Leistung durch – **267**; Leistung nach Todesfall an – **331**; Leistungsbestimmung durch – **317**; Rückgriff bei Leistung **267** 11; bei Schenkung unter Auflage **525–527** 5, 7, 10; Vertrag mit Schutzwirkung für – **328** 19
Drittklausel als AGB **310** 7
Drittschaden beim Auftrag **664** 4; Mitverschulden des Verletzten **846** 1
Drittschadensliquidation vor 249 19; bei objektiver Gefahrentlastung **vor 249** 20; und Gefahrtragung **vor 249** 19; Geltendmachen des Schadens **vor 249** 23; bei mittelbarer Stellvertretung **vor 249** 20; Mitverschulden des Vertragspartners **254** 12; Obhutsfälle **vor 249** 20; beim Reisevertrag **651b** 2; beim Werkvertrag **644**; **645** 13
Drittwirkung von Grundrechten im Arbeitsrecht **vor 611** 31
Drohung, Anfechtung **123**; **2078** 7; Anfechtungsfrist **124** 2; Kausalität **123** 18; als sittenwidrige Schädigung **826** 17; Widerrechtlichkeit **123** 12

Druckkündigung eines Dienstvertrages **626** 26
Duldung s Unterlassen
Duldungsvollmacht 167 8
Durchgangserwerb 929 24; **930** 18
Durchgriff bei unentgeltlicher Verfügung **816** 23; bei unentgeltlicher Weitergabe des Erlangten **822** 3; sa Einwendungsdurchgriff
Durchgriffshaftung, bei juristischer Person **vor 21** 1
Düsseldorfer Tabelle vor 1360–1361 2

EC-, Giro-, Kreditkarte s Zahlungskarte
EDV-Programme, Produkthaftung **823** 141
Effektiver Jahreszins s Zins
Ehe vor 1297 1; Ausschluss der Aufhebung **1313–1318** 3; Antrag auf Aufhebung **1313–1318** 7; Folgen der Aufhebung **1313–1318** 8; Aufhebung **1313–1318**; keine Aufhebung bei Bestätigung **1313–1318** 3; Aufhebungsgründe **1313–1318** 2; Auflösung bei falscher Todeserklärung **1319–1320**; kirchliche Verpflichtungen **1588**; Lebenszeitprinzip **1353** 1; Persönlichkeitssphäre **1353** 3; räumlich-gegenständlicher Bereich **823** 90 f; **1353** 3; **vor 1353** 3; Schutz **vor 1353** 3; Wirkungen **vor 1353** 1; Zugewinnausgleich s dort; sa eheliche Lebensgemeinschaft, sa Unterhalt, ehelicher
Ehefähigkeit 1303–1304 2; Verfahren **1303–1304** 4
Ehefähigkeitszeugnis 1309
Ehegatte, Annahme der Erbschaft bei Gütergemeinschaft **1432**; Eintritt in Mietverhältnis **563** (Wohnräume); **563a** (Wohnräume); Erbteil des überlebenden – **1371** 5; Erwerbstätigkeit **1356** 4; vorrangige Haftung für Unterhalt **1608**; Haushaltsführung **1356** 2; Mitarbeit **1353** 5; Rentenanspruch bei Tötung des haushaltsführenden – **844** 6 f; Rentenanspruch des unterhaltsberechtigten – bei Tötung **844** 5; Sorgfaltspflicht **1359**; unbenannte Zuwendungen unter – **313** 34; Verfolgung von Ansprüchen **1353** 6; Verletzung des haushaltsführenden – **842** 4; **vor 249** 9
Ehegattenerbrecht, Ausschluss **1933** 1; Erbteil **1931** 2; Scheidungsantrag und Aufhebungsklage **1933** 1; **2077** 2; **2268** 1; **2279** 1; Voraus **1932** 1; Voraussetzung **1931** 1; sa Güterstände
Ehegattengesellschaft 705 13
Ehegatteninnengesellschaft vor 1363 6
Ehegattenpflichtteil, Entziehung **2333**
Eheliche Lebensgemeinschaft, Antrag auf Herstellung **1353** 8; Pflichten **1353** 3 (personenrechtliche) 4 (Grenzen) (vermögensrechtliche)

Eheliche Lebensverhältnisse   fette Zahlen = §§

8 *(Durchsetzbarkeit)*; Verpflichtung zur – **1353** 2
Eheliche Lebensverhältnisse als Maßstab bei Getrenntlebensunterhalt **1361** 7; als Maßstab des nachehelichen Unterhalts **1578** 1
Ehemaklervertrag, Anwendungsbereich **656** 2, 3; Rechtsfolgen **656** 5, 6; Vertragsgestaltung **656** 4
Ehemündigkeit 1303–1304 3
Ehename 1355 2; Erklärung der Namenswahl **1355** 3; Form der Erklärung **1355** 6; Namensführungssitten **1355** 7; nach Verwitwung oder Scheidung **1355** 5
Ehescheidung *s Scheidung der Ehe*
Eheschließung 1310–1312, Form **1310–1312** 4; Mangel **1313–1318** 1; persönliche Voraussetzungen **1303–1304** 1–3; Voraussetzungen **1310–1312** 2
Eheverbot der Adoptionsverwandtschaft **1306–1308** 5; Bedeutung **1306–1308** 1; der Doppelehe **1306–1308** 2; der Verwandtschaft **1306–1308** 3–4
Ehevertrag 1408; vor 1408 3; Abschluss **1409** 19; Änderung von Teilen des Güterstandes durch – **1408; 1409** 3; beschränkt Geschäftsfähige **1411** 2; Eintragung im Güterrechtsregister **1412** 1; Form **1410;** Geschäftsunfähige **1411** 3; Grenzen der Privatautonomie **1408; 1409** 8; Vereinbarungen über Versorgungsausgleich **1408; 1409** 4; Wirkungen der Eintragung im Güterrechtsregister **1412** 4; Wirkungen gegenüber Dritten **1412**
Ehewohnung und Bruchteilseigentum **743–748** 3; bei Getrenntleben **1361b;** Nutzungsvergütung bei Zuweisung **1361b** 7; Rechtsfolgen der Zuweisung bei Getrenntleben **1361b** 4; Voraussetzungen der Zuweisung bei Getrenntleben **1361b** 2
Ehrenamtliche Tätigkeit vor 611 11, 29
Ehrverletzung *s Beleidigung*
Eidesstattliche Versicherung bei Auskunftspflicht **259–261** 9; des Erbschaftsbesitzers **2027** 2; bei Erbscheinsverfahren **2356** 20; des Hausgenossen des Erblassers **2028** 4; bei Inventarerrichtung **1993–2013** 5
Eigenbedarf, beendeter **573** 4; Beendigung vor Räumung **573** 4; Missbrauch **573** 6; des Vermieters von Wohnraum **573** 2; beim Verwandtenunterhalt **1601–1604** 17; Vortäuschung **573** 5
Eigenbesitz 872, Eigentumsvermutung **1006** 2; unberechtigter **vor 987** 7
Eigengrenzüberbau 912 11
Eigenhändlervertrag 311 22
Eigenmacht, verbotene **858** 2, 7
Eigennutz 242 43

Eigenschaft, Begriff **437** 23; verkehrswesentliche **119** 15; zugesicherte **276** 41; *sa Zusicherung*
Eigenschaftsirrtum 119 11; und Identitätsirrtum **119** 9
Eigensperre 763 2
Eigentum 903–1011, Abwehransprüche **1004;** Arten **vor 903** 5; Aufgabe *s dort*; Beeinträchtigung **1004** 4; Begrenzungen **905; 1004** 22; Begriff **vor 854** 1; **vor 903** 1; Beschränkungen **903** 4; **906; vor 903** 2; Einwirkung auf – **903** 3; **906** 2; **1004** 4; Gegenstand **vor 903** 1; iSd GG **vor 903** 11; Inhalt **vor 903** 1–3; öffentl **vor 903** 4; Schutz **vor 985** 1, 4; Verletzung *s Eigentumsverletzung*
Eigentümer, Abwehransprüche **1004** 1; Ausschließungsrecht bei Einwirkungen **906** 1; Befugnisse **903;** Beseitigungsanspruch **1004** 6; Herausgabeanspruch **985;** Nebenansprüche **987–993;** Nutzungsherausgabe an – **987; 988; 990; 991; 993; vor 987** 1, 2; Schadensersatzanspruch **989–992; vor 987** 2; Unterlassungsanspruch **1004** 10; Verfolgungsrecht **1005**
Eigentümer-Besitzer-Verhältnis, allg **vor 985** 1; **vor 987** 1; Anwendungsbereich **vor 987** 3; Haftungsregimes **993** 1; Konkurrenzen **vor 987** 10–15; Regelungsprobleme **vor 987** 2; und ungerechtfertigte Bereicherung **vor 987** 13; Verwendungsersatz **994–1003; vor 994–1003** 1 ff
Eigentümergrunddienstbarkeit 1018 8
Eigentümergrundschuld 1177 1, 8; **1196** *sa Eigentümerhypothek,* Abweichungen von Fremdgrundschuld **1197;** bei Ausschluss unbekannter Hypothekengläubiger **1170; 1171** 1; Bestellung **1196** 2; Betreiben der Zwangsvollstreckung **1197** 2; endgültige **1163** 1; bei Gesamthypothek **1172** 3; **1175** 1–3; vertraglicher Löschungsanspruch **1179a** 5; **1179a** 1; ges Löschungsanspruch **1179a** 3, 8, 13; nachträgliche **1163** 2; bei Nicht(mehr)bestehen der Hypothekenforderung **1139** 1; **1143** 6; **1163** 1, 8, 13; **1177** 2; **vor 1113** 20; Pfändung **1177** 6; bei Tilgung der Grundschuld **1191** 11; **1192** 2; vor Übergabe des Briefs **1163** 18; **1192** 2; Übertragung **1196** 3; Umwandlung in Hypothek **1177** 5; Unterwerfung unter sofortige Zwangsvollstreckung **1196** 2; ursprüngliche **1163** 1; bei Verzicht auf Hypothek **1168** 4; **1169** 1; **1192** 2; Verzinsung **1177** 3; **1197** 2; vorläufige **1163** 1; Zweck **879–882** 11
Eigentümerhypothek 1163; 1177 1; **vor 1113** 19; Berichtigungsanspruch **1163** 9; Bestellung **1196** 1; **vor 1113** 19; fehlende Briefübergabe **1163** 18; Erlöschen der For-

derung **1163** 13; Erwerb **1143** 4; **1177** 8; forderungsbekleidete **vor 1113** 19; forderungsentkleidete **vor 1113** 20; Nichtentstehen der Forderung **1163** 8; Umwandlung allg **1198** 5; Umwandlung in Fremdhypothek **1163** 12; *sa Eigentümergrundschuld*

Eigentümernießbrauch 1030 3

Eigentümerpfandrecht 1256 1, 2

Eigentümerreallast 1105–1108 1

Eigentumserwerb, Aneignung **958**; Arten **vor 929** 2; bewegliche Sachen **929** 2; Beweis **1006** 1; **vor 929** 3; Ersitzung **vor 937** 3; Grundstücke **925**; lastenfreier **936**; und Rechte Dritter **936**; Stellvertretung **929** 21; **930** 18

Eigentumserwerb vom Nichtberechtigten 932–936, durch Abtretung des Herausgabeanspruchs **934** 2; allg **932** 1, 3; bei Besitzmittlungsverhältnis **933** 2; bei schlichter Einigung **932** 20; **934** 3; nichtrechtsgeschäftlicher Erwerb **932** 12; Genehmigung **932** 13; Informationspflicht **932** 17; andere Mängel als Fehlen des Eigentums **932** 8; und Rechte Dritter **936**; rechtspolitische Rechtfertigung **932** 7; Rückerwerb vom Nichtberechtigten **932** 2; Schiff **932a**; Stellvertretung **932** 19

Eigentumsstörung, Abgrenzung von Beeinträchtigung und Schaden **1004** 7; Abwehransprüche **1004**; Abwehrberechtigter **1004** 14; Beseitigung nur der Störungsquelle **1004** 7; Duldungspflicht **1004** 21; Grundbuchberichtigung **1004** 26; Konkurrenzen **1004** 26; Rechtswidrigkeit **1004** 21; Verjährung **1004** 25

Eigentumsverletzung 823 6 f; Begriff **823** 6; Eingriff in die Funktion **823** 8; Eingriff in die Substanz **823** 7; Einwirkung auf die Sache als - **823** 9; Entzug als - **823** 10; und fehlerhafte Herstellung **823** 6; Pfändung als - **823** 10; Verwertung als - **823** 10

Eigentumsverlust 928; vor 929 4

Eigentumsvermutung 1006, bei Sachen im Besitz von Ehegatten **1362**; Zwangsvollstreckung bei – **1362** 10

Eigentumsvorbehalt 449; 929 25; Anwendungsbereich **929** 26; Arten **929** 27; Bedingung **449** 5; **929** 37; Begriff **449** 4; Besitzrecht **929** 59; Besitzschutz **929** 57; einfacher **929** 27; einseitiger **449** 7; Erfüllung **929** 35; erweiterter **929** 31; Erwerb vom Nichtberechtigten **929** 38; und Factoring **398** 30 f; und Globalzession **398** 18; Herausgabeanspruch des Verkäufers **449** 12; Insolvenz des Verkäufers/Käufers **449** 17; **929** 41, 56; bei kollidierenden AGB **929** 34; Kontokorrentvorbehalt **929** 31; Konzernvorbehalt **449** 8; **929** 32; Leistungsstörungen **449** 11–13; nachgeschalteter **929** 30; nachträglicher **449** 7; **929** 34; Rechtsstellung des Käufers **929** 43; Rechtsstellung des Verkäufers **929** 40; Rücktritt **449** 12; **929** 36; Verjährung der Kaufpreisforderung **449** 12; Verkauf unter – **449** 4; verlängerter **449** 10; **929** 28; vertragswidriger **449** 7; weitergeleiteter **929** 30; Zwangsvollstreckung **929** 42, 53

Eigentumsvormerkung 883 1, 15, 18

Einbenennung des Kindes **1618**

Eingetragene Lebenspartnerschaft vor 1297 5; Einfluss auf nachehelichen Unterhalt **1586**; Sukzessivadoption **vor 1297** 5; Umgangsrecht für Kind **1685**; Verbleiben des Kindes **1682**; vorrangige Haftung für Unterhalt **1608**

Eingriffskondiktion 812 50–71; und Leistungskondiktion **812** 83; bei Persönlichkeitsverletzung **823** 67; bei Verfügung eines Nichtberechtigten **816** 2

Einigung 873 17; Anwartschaft aus bindender – **873** 19; jüngsten Dritter **873** 12; Eigentumserwerb **929** 4; und Eintragung **873** 8; Widerruflichkeit **873** 18; **929** 6; *sa Auflassung*

Einigungsmangel, offener **154**; Schadensersatz **155** 3; versteckter **155**

Einmalklausel in Verbrauchervertrag als AGB **310** 8

Einrede der Anfechtbarkeit **2083** 1 f; der Arglist **242** 37; **421** 10; **826** 11, 16; der früheren Arglist **242** 44; **738–740** 6; des Beschenkten **528**; **529** 5; **525–527** 8; der beschränkten Minderjährigenhaftung **1629a** 6; der Dürftigkeit des Nachlasses **1990**; **1991** 1; aufschiebende – des Erben **2014–2017**; Erfüllung trotz – **813** 2; gegen Hypothek **1137** 1; **1138** 4; **1157**; **1169**; des Notbedarfs **519** 1; bei Pfandrecht **1211**; und Schuldnerverzug **280** 33 ff; der uH **853**; der Verjährung *s dort*; des nichterfüllten Vertrags **320**; des Zurückbehaltungsrechts **273** 19

Einrichtung, Haftung des Mieters bei Einsturz und Ablösung **837** 1

Einsichtsfähigkeit *s Verschuldensfähigkeit*

Einstweilige Verfügung, Erwerbsverbot **135**; **136** 4; Veräußerungsverbot **135**; **136** 4; Vormerkung **885** 6; Widerspruch **899** 4

Eintragung in das Grundbuch 873 33; Antrag **873** 24; Bedürftigkeit **873** 5; Bewilligung **873** 26; Bezugnahme auf Bewilligung **874**; und Einigung **873** 8; Eintragungsfähigkeit **873** 3; Vollzug **873** 34; Voraussetzungen der GBO **873** 24

Eintrittskarten 807 1

Einwendung gegen Hypothek **1137** 1, 7; rechtsvernichtende **275** 31

Einwendungsdurchgriff bei verbundenen Verträgen **359**; beim Vertrag zugunsten Dritter **334**; beim Werkvertrag **631** 17

Einwilligung

fette Zahlen = §§

Einwilligung 182 1; 183; 185 6; in Eileingriff 823 54 *(nicht voll Geschäftsfähiger)* 55; eines nicht voll Geschäftsfähigen in Freiheitsberaubung **vor** 104 24; in medizinische Behandlung 630d 1; mutmaßliche 823 56; in Operation **vor** 104 24; als Rechtfertigungsgrund 823 54 f; in Risiken 254 16, 18; 823 55; Unwirksamkeit 823 54; des Verletzten 823 54 f

Einzelsache, einfache und zusammengesetzte 93 1; **vor** 90 4

Einziehung einer Forderung durch Nichtberechtigten 816 15

Einziehungsermächtigung 185 3; 398 26; des Lastschriftschuldners 185 3

Einziehungsermächtigungsverfahren 675f 8 *sa Lastschrift*

Elektronische Signatur, personalisiertes Sicherheitsmerkmal 675k–m 1

Elektronische Willenerklärung, Echtheit 126a 8 *(Anscheinsbeweis)*

Elektronischer Geschäftsverkehr 311 2; 312g, Abdingbarkeit 312g 9; sachlicher Anwendungsbereich 312g 3; Echtheit einer Willenserklärung 126a 8; Form einer Willenserklärung 126a; Informationspflichten 312g 5; Unternehmerpflichten 312g 4; Vertrag im – 312g 3; Zugangsbestätigung 312g 5

Elektronisches Geld, Geldkarte 675i; Netzgeld 675i

Elterliche Sorge vor 1626, Alleinentscheidungsrecht 1687 4; Alleinsorge der Mutter 1626a–1626e 1; Alleinvertretungsmacht 1629 3; allg 1626 1; Anordnung des Familiengerichts bei Verhinderung 1693; Antrag auf Übertragung 1671 4; Aufwendungsersatzanspruch 1648; Ausfall der Alleinsorgeberechtigten 1678–1681 3; Ausfall eines Elternteils 1678–1681 1; einvernehmliche Ausübung 1627; alleinige Ausübung aufgrund Zustimmung 1627; 1628 1; alleinige Ausübung aufgrund Zustimmung 1671 4ff; einvernehmliche Ausübung bei Trennung 1687 3; Beschränkungen 1626 4; Beschränkungen der Vertretungsmacht 1629 6; Dauer 1626 6; Eingriff in Personensorge 1666–1667 3; Eingriff in Vermögenssorge 1666–1667 12; Eingriff, Verfahren 1666–1667 17; Einschränkung bei Pflegerbestellung 1630; Einwilligung des Kindes in Heileingriff 1626 8; bei Familienpflege 1630 5; 1688; Fortführung der Geschäfte bei Ende 1698a; Geltendmachung von Unterhaltsansprüchen 1629 7; gemeinsame – bei Heirat der Eltern 1626a–1626e 12; gemeinsames Sorgerecht 1687; Gesamtvertretung 1629 2; Geschäftsbesorgung bei Tod des Kindes 1698b; Haftung der Eltern gegenüber Kind 1664; Haftung des Kindes 1626 9; Haftungsmaßstab 1664 5; Hindernisse 1673; Inhaber 1626a–1626e 1–2; Inhalt 1626 2; Meinungsverschiedenheiten der Eltern 1628; Mitwirkung des Kindes 1626 7; Nebensorgerecht 1673–1675 5; nicht miteinander verheiratete Eltern 1626a; Ruhen 1673; 1674; Ruhen nach Einwilligung in Adoption 1751; Schutz 1626 5; Tod eines Elternteils 1680; Todeserklärung eines Elternteils 1677; Trennung der Eltern 1671; Übertragung auf den nicht mit der Mutter verheirateten Vater 1671 16ff; Übertragung auf einen Elternteil 1671 1; Übertragung auf nicht mit der Mutter verheirateten Vater 1671; Übertragung des Entscheidungsrechts auf einen Elternteil 1627; 1628 2; Übertragung von Angelegenheiten der – auf Pflegeperson 1630; Übertragung, Verfahren 1671 16, 19; Verbleiben des Kindes bei Bezugsperson 1682; Verhinderung in der Ausübung 1678; Verletzung der – durch Vorenthaltung des Kindes 823 14; Vertretungsmacht 1629 2

Eltern, Ausübung des gemeinsamen Sorgerechts trotz Trennung 1687 1; elterliche Sorge bei Trennung 1671; Eltern- und Mutterschutz **vor** 611 47; ges Vertretung für minderjähriges Kind 1629; Getrenntleben 1671 3; Umgang des Kindes mit – 1626 11; Umgang mit Kind 1631–1633 22

Eltern-Kind-Verhältnis, Beistandspflicht 1618a; Garantenpflicht 1618a 4; Rücksichtnahme 1618a

Elternpflichtteil, Entziehung 2333

Elternunterhalt 1601–1604 18

Empfängerhorizont, als Zurechnungskriterium bei Leistungskonditionen 812 27

Empfangsbestätigung, über Vertragsstimmungen 482a 2 *(Tauschsystemvertrag) (Teilzeit-Wohnrechtevertrag) (Vermittlungsvertrag)*

Empfangsbote, Begriff 120 5; Zugang 130 7, 9

Empfehlung, Haftung 675 13

Endtermin 163

Endvermögen für Zugewinnausgleich 1375

Energieversorgungsvertrag 311 25

Enterbung 1937–1941 1, 4; Irrtumsanfechtung 1937–1941 4; Pflichtteil 1937–1941 4

Entgeltforderung, Begriff 286 32; Verzug 286 32

Entlastungsbeweis bei Aufsichtspflicht 832 6 f; dezentralisierter 831 13; für Verrichtungsgehilfen 831 10

Entmündigung, Abschaffung **vor** 1896 3

Entreicherung und Rücktritt 346 4; des Schenkers 516 6

magere Zahlen = Randnummern **Erbschaftsbesitzer**

Entschädigung bei Rücktritt vom Reisevertrag **651i** 1
Erbauseinandersetzung, Aufschub **2043** 1; **2045** 1; Ausschließung **2044** 1; Durchführung **2042** 7; Einkommenssteuer **vor 2032** 6; Inhalt des Vertrages **2042** 5; Klage auf – **2042** 8; Landgut, Übernahme **2049** 2; Minderjährige **2042** 4; Miterbe als Nachlassgläubiger **2046** 3; unbekannte Miterben **1960** 8; **1961** 1; Nachlassverbindlichkeiten **2046**; Pflegeleistungen (Anrechnung) **2057a**; Recht auf – **2042** 1; Steuerrecht **vor 2032** 6; Teilauseinandersetzung **2042** 10; Teilungsanordnung **2048** 4, 1 f; Teilungsregeln **2042** 7; bei Testamentsvollstreckung **2042** 11; **2204** 1–3; gerichtl Vermittlung **2042** 6; Versteigerung **2042** 9; Verteilung des Überschusses **2047** 1; durch Vertrag **2042** 2; Wirkung **2042** 12; Zustimmung des Ehegatten **2042** 5
Erbbaurecht, Form des Veräußerungsvertrages **311b** 2; als grundstücksgleiches Recht **vor 90** 2; Haftung bei Gebäudeeinsturz und Ablösung von Teilen **837** 1
Erbe, Aufwendungsersatz **1959** 1; **1978** 1; Auskunftspflicht **2038** 9; **2057** 1 f; **2314**; Besitz **857**; Dreimonatseinrede **2014** 1–3; Einzelansprüche gegen Erbschaftsbesitzer **2029** 1; Insolvenzantragspflicht **1980** 1; Inventarerrichtung **1993–2013** 2; Mehrheit *s Erbengemeinschaft*; Miterbe *s dort*; und Nachlassverwaltung **1984–1985** *sa dort*; Nichtvorhandensein **1930** 1; Pflichtteilsberechtigter **2318** 1; Prozessrechtsverhältnis **1922** 8; Schulden **1967** 4; Staat als – **1936** 1; **1964–1966**; ungewisser **1960** 3; **2043** 1; **2105** 3; Verfügungsbeschränkung bei Testamentsvollstreckung **2211** 1; Verschweigungseinrede **1970–1974** 6; bei Vertrag zugunsten Dritter auf den Todesfall **331** 7; schuldrechtliches Vorkaufsrecht **470**; Wegfall **2094** 1; **2096** 1
Erbeinsetzung 1937–1941 1, 3; **2087–2099,** Anwachsung **2094**; **2095**; Auslegungsregeln **2091**; **2092**; **2066–2073**; bedingte **2066** 2; **2074–2076** 1; unerlaubte Bedingung **2074–2076** 4; auf Bruchteil **2088–2092**; unbestimmte Erbteile **2091** 1; Ersatz- bei Wegfall eines Abkömmlings **2068** 1; **2069** 2–5; Ersatzerbe **2096–2099**; noch nicht Gezeugter **2101** 1–3; mehrdeutige **2073** 1; als Nacherbe **2100** 3; Personengruppe **2071** 1; wahlweise **2073** 1; widersprüchliche Verfügung **2089**; **2090** 1
Erbenermittlung 1964, an Aktien **2032** 10; durch das Nachlassgericht **2262** 1
Erbengemeinschaft 2032 1; **vor 2032,** an Aktien **2032** 10; Auskunftspflicht **2038** 9; Entstehung **2032** 2; Geltendmachung von Ansprüchen **2039** 3–5; an GmbH-Anteil **2032** 10; Notgeschäftsführung eines Miterben **2038** 6; Rechtsnachfolge der – im Handels- und Gesellschaftsrecht **2032** 4; Übertragung von Rechten **2032** 3; Verwaltung **2038** 1–3
Erbenhaftung, anteilige **2058–2063** 6; Ausgleichungspflicht der Miterben **2058–2063** 5; beschränkte **1975** 2; **2325** 2; **vor 1967** 6, 2–4; Beschränkungsrecht des Miterben **2058–2063** 3; Dürftigkeitseinrede **2325** 2; **vor 1967** 2; bei mehreren Erbteilen **2007**; Erschöpfungseinrede **1989** 1–3; gesamthänderische **2058–2063** 8; gesamtschuldnerische **2058–2063** 5; Geschäftsschulden **1967** 6; Gläubiger-Miterbe **2058–2063** 9; Inventarverzeichnis **vor 1967** 5; bei Nachlassinsolvenz **1975** 2; **1978** 1–3 *(für bisherige Verwaltung)*; **vor 1967** 2; Nachlassinsolvenz, Nachlassvergleich, Nachlassverwaltung **1975** 1 f; Nachlassverbindlichkeiten **1979**; **1967–1969**; bei Nachlassvergleich **1975** 2; **1978** 1–3 *(für bisherige Verwaltung)*; bei Nachlassverwaltung **1975** 2; **1978** 1–3 *(für bisherige Verwaltung)*; unbeschränkte **1994**; **2005**; **2013**; **2016** 1–3; **1993–2013** 7; **vor 1967** 1
Erbersatzanspruch, allg **1924** 3; Auskunftsanspruch **2314** 9; Beschränkungen und Beschwerungen **2306** 7; Übergangsrecht **1924** 3; Verzicht **2346** 1; Zusatzpflichtteil **2305** 1; testamentarische Zuweisung **2304** 2

Erbfähigkeit 1923 1
Erbfall 1942 2
Erbfolge, gesetzliche 1922–1941, bei Adoption **1924** 2; **1925** 2; bei Kindern nach künstlicher Befruchtung **1924** 4; nach Linien **1924** 5; Rangfolge der Ordnungen **1930** 1; Sondererbfolge für Erbschaftsgegenstände **1922** 14; nach Stämmen **1924** 5; **1928** 1; vorweggenommene **vor 2274** 3
Erbfolge, gewillkürte 1937–1941
Erbrecht und FamFG **vor 1922** 19; und GG **vor 1922** 2; interlokales Recht **vor 1922** 5; internationales Recht **vor 1922** 3; in den neuen Bundesländern **vor 1922** 4; Reform 2010 **vor 1922** 18; nach ZGB **vor 1922** 11

Erbrechtsverordnung (EU) vor 1922 3
Erbschaft, Anfall **1942** 2; Annahme *s Annahme der Erbschaft;* Herausgabe **2130–2134** 1; Kauf *s Erbschaftskauf;* Nießbrauch **1089**; vorzeitige – als schadensmindernder Vorteil **vor 249** 41
Erbschaftsbesitzer 2018–2031, Anspruchsgläubiger **2018** 1; Auskunftspflicht **2018** 4; **2027** 1–5; bösgläubiger **2024** 1–3; Erbrechtsanmaßung **2018** 3; Erbschaftsan-

Erbschaftsgegenstände

spruch **2018** 4; Ersitzung **2026** 1 f; Gutglaubensschutz **2019** 4; Haftung bei Einzelansprüchen **2029** 1; Haftung bei uH **2025** 1 f; Haftung bei Unmöglichkeit der Herausgabe **2021** 1–3; Haftung nach Rechtshängigkeit **2023** 1 f; Herausgabe der Nutzungen und Früchte **2020** 1; Herausgabe des Erlangten **2018** 2; Herausgabeanspruch des Nacherben **2130–2134** 1; Rechte **2022** 4 f; Rechtsgeschäft mit Erbschaftsmitteln **2019** 3; Scheinerbfolge **2031** 1; Stufenklage **2018** 4; Surrogation **2019** 1 f; Verwendungsersatz **2022** 1–4

Erbschaftsgegenstände, Ersatz bei Verbrauch **2130–2134** 4; Unmöglichkeit der Herausgabe **2021** 1–3

Erbschaftskauf 2371–2385, ähnliche Verträge **2385**; Anzeigepflicht **2384** 1; Form **2371** 1; Gefahrübergang **2380**; Haftung des Käufers gegenüber Erben **2030** 1–3; Haftung des Käufers gegenüber Nachlassgläubigern **2378**; **2382** 1; **2383** 1; Haftung des Verkäufers **2375** 1; Haftung für Rechts- und Sachmängel **2376** 1; Herausgabepflicht **2374**; Lasten **2379**; Nutzungen **2379**; Verwendungen **2381**; Wiederaufleben erloschener Rechtsverhältnisse **2377**

Erbschaftssteuer, Auflage **vor 2192** 4; Beerdigungskosten **1968** 6; Ehegattenerbteil **1931** 5; Erbscheinserbe **2365** 2; Erbvertrag **vor 2274** 5; Erbverzicht **2346** 8; Kinder des Erblassers **1924** 6; Lebensgefährte **1931** 5; Miterbe **vor 2032** 3; Nacherbe **2100** 2; Nießbrauchvermächtnis **2100** 4; Pflichtteil **2303** 7; Schenkungen von Todes wegen **2301** 10; gemeinschaftliches Testament **2269** 9; Testamentsvollstrecker **vor 2197** 3; Vermächtnis **vor 2147** 3; Vorausvermächtnis **vor 2032** 5; Zugewinnausgleich **1931** 5

Erbschaftsvertrag 311b 67 f

Erbschein 2353–2370, Anhörung der Betroffenen **2360** 1; Antragsberechtigte **2353** 4; Antragsinhalt **2353** 5; **2354–2356**; Auskunftspflicht **2362** 1; Begriff **2353** 1; Berichtigung **2361** 3; Beschränkungen des Erben **2306** 3; Beschwerde **2353** 9–11; **2361** 9; Beweislast **2358** 3; Beweismittel im Erteilungsverfahren **2356** 1–3; Bindung an rechtskräftige Entscheidungen **2359** 2; eidesstattliche Versicherung **2356** 2; Einziehung **2361**; Ergänzung **2361** 3; Ermittlungspflicht des Nachlassgerichts **2358** 1 f, 2 f; Erteilung **2353** 9; **2358–2360**; gegenständlich beschränkter **2353** 3; **2369** 1; gemeinschaftlicher **2357** 1; im Grundbuchverfahren **2353** 14; Herausgabeanspruch **2362** 1; Hoffolgezeugnis **2353** 15; Inhalt **2353** 7; internationale Zuständigkeit **2353** 3; **2369** 1; Leistung an Erbscheinserben **2367** 1; bei Nacherbfolge **2363** 1, 3 f; öffentl Glaube **2366**; **2367** 1; Rechtsmittel **2353** 9; Rechtsschutzbedürfnis **2353** 4; Teilerbschein **2353** 7; Testamentsvollstreckervermerk **2364** 1; Todeserklärung **2370** 1; Unrichtigkeit **2361** 1; Verfahren **2358–2360**; Vergleich **2353** 13; Vermutung der Richtigkeit **2365** 1; Vorbescheid alten Rechts **2353** 12; des Vorerben **2363** 1; Zuständigkeit für Erteilung **2353** 2

Erbteil, Anwachsung **2094** 1; **2095** 1; **2099**; des überlebenden Ehegatten **1371** 5; Erhöhung **1935** 1; gemeinschaftlicher **2093** 1; Haftung des Käufers **2036** 1; Kauf **2034** 6; **2371** 1; Pfändung **2033** 7; Unbestimmtheit **2043** 1; Verfügung über – **2033** 1–5; Vermächtnis **2307** 3; Verpfändung **2033** 6

Erbunwürdigkeit 2339–2345, Anfechtungsberechtigter **2341** 1; Anfechtungsfrist **2340** 1; Anfechtungsklage **2342** 1; Geltendmachung **2342**; Gründe **2339** 1; Pflichtteilsberechtigter **2345** 1; Vermächtnisnehmer **2345** 1; Verzeihung **2343** 1; Wirkung **2344** 1

Erbvertrag 1941; **2274–2302,** Abschluss **2274** 1; Anfechtung **2281** 4, 6, 1 f; Anfechtungsform **2282** 1; Anfechtungsfrist **2283** 1; Anfechtungsrecht Dritter **2285** 1; Arten **vor 2274** 2; Aufhebung durch Testament **2291** 1; **2292** 1; Aufhebung durch Vertrag **2290** 1; Auflage **2279** 1; Aushöhlung durch Verfügungen unter Lebenden **2286** 6, 1 f; Auskunftsanspruch des Vertragserben **2287** 6; Bestätigung **2284** 1; Beteiligung von Schlusserben **2280** 1; Ehegattenerbvertrag **2279** 2; **2280** 1; Erbeinsetzungsvertrag **2278** 1; Eröffnung **2300** 1–3; Eröffnungsfrist **2300a**; Form **2276** 1–3; Geschäftsfähigkeit **2275** 1; Irrtum **2281** 2; Nichtigkeit **2286** 2 f; **vor 2274** 4; Rücktritt **2293–2299**; Schadensersatzpflicht des Erblassers **2286** 4; beeinträchtigende Schenkung **2287** 1, 4, 7; und Verfügungen des Erblassers unter Lebenden **2286** 6, 1 f; Vermächtnisnehmer, Schutz **2288** 1; amtliche Verwahrung **2277** 1; Vorbehalt anderweitiger Verfügung **2278** 2; Vormerkung **2278** 4; Wirkung auf letztwillige Verfügungen **2289** 1

Erbverzicht 2346–2352, Anfechtung **2346** 6; Aufhebung **2351** 1; bei Betreuung **2347** 1; zugunsten Dritter **2350** 1; und Erbvertrag **2280** 1; Form **2346** 4; **2348** 1; Geschäftsfähigkeit **2347** 1; Geschäftsgrundlage **2346** 7; bei Gütergemeinschaft **2347** 3; Leistungsstörungen **2346** 5; Parteien **2346** 1; Rechtsnatur **2346** 1; Umfang **2346** 3; auf Vermächtnis **2180** 4; Voraussetzungen **2347** 1; Wirkung auf Abkömmlinge **2349**

magere Zahlen = Randnummern

1; Zugewinnausgleichsanspruch 2346 3; auf Zuwendungen 2352 1
Erfolgshonorar, Sittenwidrigkeit 138 15
Erfolgsunrecht, Begriff 227 5; *sa Rechtswidrigkeit*
Erfüllbarkeit 271 3
Erfüllung 362 1; 362–371, Beweislast 363 1–3; bei Gesamtschuld 422–424 1 f; durch Hinterlegung vor 372 1; im Lastschriftverfahren 364; 365 5; Leistung an Dritten 362 5; Leistung an Erfüllungs Statt 364; 365 2; Leistung erfüllungshalber 364; 365 6; durch Minderjährigen 362 2; Quittung 368; 369 1–5, 3–5; 370 1, 2; Schuldschein 371 1; Theorie der realen Leistungsbewirkung 362 2; Tilgungsreihenfolge 366 1, 6; 367 1; Überweisung auf Girokonto 364; 365 4; Vertragstheorie 362 2; unter Vorbehalt 362 3; Wirkung 362 3; bei Zwangsvollstreckung 362 4
Erfüllungsanspruch vor 275 4; Konkurrenz zur Vertragsstrafe 340 1, 4; 341 1
Erfüllungsgehilfe, Begriff 278 6; Beispielsfälle 278 7; Haftung für – 278 1, 10; Haftungsfreizeichnung 278 15; Handeln „bei Erfüllung" 278 12; Handeln „bei Gelegenheit" 278 12; im Leiharbeitsverhältnis 278 16; Leistungsträger als – im Reisevertrag 651f 3; Lieferant 278 16 *(kein Erfüllungsgehilfe des Verkäufers)*; Mitverschulden 254 11 f; bei öffentl-rechtlichen Verhältnissen 278 4; beim Reisevertrag 278 16; Straftaten 278 12; und Verrichtungsgehilfe 278 1; Verschulden 278 13
Erfüllungsgeschäft, dingliches vor 854 13; Nichtigkeit bei Sittenwidrigkeit 138 25; Nichtigkeit bei Verstoß gegen Verbotsgesetz 134 16
Erfüllungsinteresse 122 3; bei Mietverhältnis 536a 8
Erfüllungsort *s Leistungsort*
Erfüllungsübernahme 414; 415 5; vor 414 5; Begriff und Abgrenzung 329 2; bei Nießbrauch 1041–1047 4
Erfüllungsverweigerung, Haftung 280 17
Ergänzungspflegschaft, Aufhebung 1918–1921 5; Fälle 1909 5; Funktion 1909 1; Pflegerauswahl 1909 7; 1916; Pflegerbenennung durch Dritte 1917; Verfahren 1909 10; Voraussetzungen 1909 2
Erklärungsbote *s Übermittler*
Erklärungsirrtum 119 6
Erklärungstheorie vor 116 2
Erklärungswille vor 116 5
Erkundigungspflichten bei Kredit-/Rufgefährdung 824 9, 11; vor Presseveröffentlichungen über eine Person 823 83; des Produzenten (Produktbeobachtung) 823 137
Erlass 397 1, 2; bei Gesamtschuld 422–424 2

Etablissementsbezeichnung

Erlöschen von Schuldverhältnissen vor 362 1–4
Ermächtigung zum selbständigen Betrieb eines Erwerbsgeschäfts 112 2; eines Minderjährigen, in Dienst (Arbeit) zu treten 113 2
Ermessen, billiges bei Leistungsbestimmung 315 7; bei Leistungsbestimmung 319 3
Erneuerungsschein 803–805 4
Ernstlichkeit, mangelnde 118
Erprobungskauf 454; 455 3
Ersatz von Mehraufwendungen beim Gläubigerverzug 304
Ersatzanspruch, Aufwendungen des Erben 1979 2
Ersatzanspruch statt der Leistung (stellvertretendes commodum) 285, Abtretung 285; und Schadensersatz statt der Leistung 285 13
Ersatzerbe 2096–2099
Ersatzlieferung und Gewährleistung 439 9 *(Kauf)*; Unmöglichkeit 439 23
Ersatzmuttervertrag 134 12
Ersetzung der Bestimmung der Leistung 315 11
Ersetzungsbefugnis 262 5; 364, des Beschenkten 528; 529 5; des Schuldners bei Leistung 365 2
Ersitzung 937–945; vor 937, Buchersitzung 900; Erbschaftsbesitzer 2026 1, 2; Feststellung des Zustands der Sache 1034; Nießbrauch 1033; Sachinbegriff 1035; ungerechtfertigte Bereicherung vor 937 4
Erwerb von Todes wegen, Zurechnung zu Anfangsvermögen 1374 7
Erwerbsfähigkeit, Beeinträchtigung 843 2
Erwerbsgeschäft eines Minderjährigen 112 3
Erwerbslosenunterhalt 1573
Erwerbsobliegenheit 1601–1604 7
Erwerbsschaden 824 1 f
Erwerbstätigenbonus bei Trennungsunterhalt 1361 10
Erwerbstätigkeit, angemessene – und nachehelicher Unterhalt 1573 8; 1574; Ehegatte 1356 4; Unterhalt von Verwandten bei unterlassener – 1601–1604 6
Erwerbsunkosten als Bereicherungswegfall 818 34
Erwerbsverbot 311b 38; gerichtl 135; 136 4; Pfandkauf 450; bei Verkauf in der Zwangsvollstreckung 450; Wirkung 888 8
Erwirkung 242 58
Erzeugnisse, Eigentumserwerb 953–957; Haftung für Hypothek 1120–1122; Haftung für Pfandrecht 1212
essentialia negotii 155 1; vor 145 2; Begriff 119 7
Etablissementsbezeichnung 12 3

**Euro, **Einführung 244; 245 5
Europäische wirtschaftliche Interessenvereinigung 705 10
Eventualanfechtung 121 2; 143 2
Existenzgründer als Verbraucher 13 4; Verbraucherdarlehensvertrag 512

Factoring 311 14; 398 29; unechtes 675 12; vor 488 13
Fahrgemeinschaft vor 104 17
Fahrlässigkeit 276 23; Ausschluss bei Irrtum 276 30; Begriff 276 23; bewusste 276 24; einfache 276 27; grobe 276 26, 33; konkrete 276 27; 277 3; leichte 276 27; leichteste 276 27; unbewusste 276 25
Fälligkeit, Begriff 271 2; hinausgeschobene 271 15; der Hypothek 1141; der Miete 556b; sofortige 271 14; im Werkvertrag 641
Fälligkeitsgrundpfandrecht vor 1113 8
falsa demonstratio non nocet 126 7; 133 9; Testament 2084 3; unbewusst unrichtige Beurkundung 311b 36
Falschlieferung beim Kauf 434 20
Familie Einf 1297 2
Familien- oder betreuungsgerichtliche Genehmigung, Erbvertrag 2282; 2292
Familienangehörige im AGG AGG 19 13; Eintritt in Mietverhältnis 563; Eintritt in Mietvertrag 563a 5
Familiengericht, Adoptionsbeschluss 1752; allg Ermächtigung des Vormunds 1825; Änderung von Entscheidungen zum Kindeswohl 1696; Anhörung von Angehörigen 1847; Anordnung der Vormundschaft 1774; Aufhebung der Minderjährigenadoption 1759–1763 2; Aufhebung der Volljährigenadoption 1767–1772 13; Aufsicht über Vormund 1837; Auswahl des Vormunds 1779; Befreiung des Vormunds von der Pflicht zur Hinterlegung von Wertpapieren 1814–1820 4; Begrenzung des Alleinentscheidungsrechts 1687 5; Beratung des Vormunds 1837; Bestellung des Vormunds 1789; Bestellung eines Vereins zum Vormund 1791a; Bestimmung der Wirkungen einer Volljährigenadoption 1767–1772 1; Eingriff bei Hinderung der Sorgerechtsausübung 1693; Eingriff bei Pflichtwidrigkeit des Vormunds 1837 3; Eingriff in elterliche Sorge 1666; einstweilige Maßregeln 1846; Entlassung des Amtsvormundes 1887; Entlassung des Einzelvormundes 1886; Entlassung des Vereinsvormundes 1887; Entscheidung bei Meinungsverschiedenheiten zwischen Eltern und Pfleger 1630 3; Entscheidung von Meinungsverschiedenheiten zwischen mehreren Vormündern 1798; Entziehung der Vertretungsmacht des Vormunds 1796; Ersetzung der Zustimmung des Ehegatten bei Gütergemeinschaft 1426; 1430; Ersetzung von Erklärungen 1666–1667 9; Erziehungsunterstützung 1631–1633 9; Festsetzung einer Vergütungspauschale für Berufsvormund 1835–1836e 11; Festsetzung von Zwangsgeld 1837 6; Feststellung der berufsmäßigen Führung der Vormundschaft 1835–1836e 8; Feststellung längerfristiger Ausübungshindernisse bei elterlicher Sorge 1673–1675 3; Genehmigung von Rechtsgeschäften der Eltern für das Kind 1643; Inventareinreichung 1640 4; Maßnahmen gegenüber Dritten 1666–1667 11; Mitteilung an Jugendamt 1851; Pflegerauswahl 1909 7; Prüfung der Rechnungslegung des Vormunds 1843; Übertragung der elterlichen Sorge 1671; Übertragung einer Angelegenheit der elterlichen Sorge bei Meinungsverschiedenheiten 1628; umgangskonkretisierende Regelungen 1684; 1685 11; Verbleibensanordnung 1682 3; Zwangsgeld zur Übernahme der Vormundschaft 1788
Familiengerichtliche Genehmigung 1828–1832, Ablehnung der Fortsetzung der Gütergemeinschaft 1484; Anerkennung der Vaterschaft 1594–1598 6; Anlegung von Mündelgeld 1806–1811 11; einseitiges Rechtsgeschäft 1831; 1826–1832 9; Erteilung für Vormund 1826–1832 1; Erwerbsgeschäft des Mündels 1823; Mitteilung durch Vormund 1826–1832 12; Mündelinteresse als Voraussetzung 1826–1832 5; nachträgliche 1829; Negativattest 1826–1832 7; bei Pflegschaft 1915 4; Rechtsgeschäfte des Vormunds 1821; Verfahren 1826–1832 15; Verzicht auf Gesamtgutanteil durch Abkömmling 1491; Widerrufsrecht des Geschäftspartners 1830; Wirkung fehlender – 1826–1832 8
Familiengerichtliche oder betreuungsgerichtliche Genehmigung, Aufhebung des Erbvertrags 2290; Erbverzicht 2347 1
Familienname 12 2; 1355 2
Familienpflege, Beschränkung der Kindesherausgabe 1631–1633 18; und elterliche Sorge 1630 5; Entscheidungsbefugnisse 1688
Familienrecht, Einigungsvertrag Einf 1297 8; IPR Einf 1297 8; Regelungsgebiet Einf 1297 1; Verfahrensrecht Einf 1297 7; verfassungsrechtliche Vorgaben Einf 1297 4–6; als zwingendes Recht Einf 1297 3
Familienunterhalt 1360; 1360a 1 *s Unterhalt des Kindes; s Unterhalt, ehelicher; s Unterhalt, ehelicher, bei Getrenntleben; s Unterhalt, nachehelicher*

Fehler, bei Produkthaftung **823** 148; *sa Mangel*
Fehlschlagen, der Nacherfüllung **440** 3
Feiertag, Fristablauf **193** 1
Fernabsatzvertrag 312b, Abdingbarkeit **312b** 2; Ausnahmen **312b** 10; Informationspflichten **312c** 2; Internet-Auktionen **312b** 6; Rechtsfolgen von Informationspflichtverletzungen **312c** 5; Rückgaberecht **312d**; als Teilzahlungsgeschäft **507** 3; Unterrichtung **312c**; und Verbraucherdarlehensvertrag **312b** 3; Voraussetzungen **312b** 5; Widerrufsfrist **312d** 7 *(Beginn)*; Widerrufsrecht **312d** 2, 6 *(Erlöschen)*
Feststellungsklage, Dienstverhältnis **622** 8; und Erbrecht **vor 1922** 2; Prüfung von Wertsicherungsklauseln **244**; **245** 20
Fiduziarisches Rechtsgeschäft, Schenkung **516** 7
Fiktive Schadensberechnung 249 10
Finanzierungshilfe, persönlicher Anwendungsbereich der Normen **506** 2
Finanzierungshilfe 506, allg **506** 6; anwendbare Vorschriften **506**; entgeltliche **506** 8; Finanzierungsleasingvertrag **vor 491** 3; Prüfung der Kreditwürdigkeit **509** 2
Finanzierungsleasing 491 5; **vor 491** 3; **vor 535** 6–10 *sa Leasing*
Finanztermingeschäft 762 2
Finder vor 965 2; Anzeigepflicht **965–968** 1; Aufwendungsersatz **970–977** 1; Bereicherungshaftung **970–977** 2; Eigentumserwerb **970–977** 1; Haftung **965–968** 3, 4; Herausgabe **969** 1; Lohn **970–977** 1; ges Schuldverhältnis zwischen – und Empfangsberechtigtem **vor 965** 3; Verwahrungspflicht **965–968** 2, 4
Firmenrecht, deliktischer Schutz **823** 13
Fischereirecht, deliktischer Schutz **823** 17
Fiskus, Amtshaftung **839** 7, 30; Begriff **89** 1; Erbrecht **1936** 1; **1964 bis 1966**
Fixgeschäft 323 12; absolutes **275** 14; Flugreise **275** 14; **323** 12
Flaschenpfand 339 15; **vor 1204** 3
Fleischbeschauer, Haftung **839** 6
Fluggesellschaft, Entschädigung bei Verspätung **651f** 8
Fluglärm als Immission **906** 2, 4, 16
Flugreise, Erfüllungsort **269** 8; Fixgeschäft **275** 14; **323** 12; kalendermäßige Bestimmung **286** 7; Rücktritt **308** 5; Vertragsstrafe **309** 7
Flugreise *s Reisevertrag*
Fob-Klausel 269 5
Folgenbeseitigungsanspruch bei Persönlichkeitsverletzung **823** 88
Folgeschaden vor 249 24 f; bei Eingreifen Dritter **vor 249** 26; bei falscher Nachbehandlung **vor 249** 30; und Schutzbereich der Norm **vor 249** 31

Forderung, Begriff **241** 4; deliktischer Schutz **823** 17; Nießbrauch an – **1074–1080** 2, 5
Forderungskauf 453, Haftung für Zahlungsfähigkeit **453** 4 f
Förderungsprinzip bei Sorgerechtsentscheidung **1671** 9
Forderungssicherungsgesetz vor 631 1
Form, Abtretung von Rückerstattungsansprüchen (VermG) **311b** 49; Auftrag **662** 8; Bürgschaftserklärung **765** 3; **766** 2–4; Dienstvertrag **vor 611** 6; Eheschließung **1310–1312** 4; Ehevertrag **1410**; Formfreiheit allg **311** 7; Funktionen **125** 3; gesetzliche **125** 7 *(Umfang)*; gewillkürte **125** 9 *(Umfang)*; außerordentliche Kündigung eines Dienstvertrages **626** 18; Mangel **125** 10, 11; Optionsvertrag **463** 8; Rückkauf von Grundstücken **311b** 28; Schenkung **518** 1 *(Zweck)*; Sorgeerklärung **1626a–1626e** 9; **1626d**; und Treu und Glauben **125** 13–16; Veräußerungsvertrag über ein Grundstück **311b**; Verbraucherdarlehensvertrag **492** 2; Vorkaufsvereinbarung **463** 12; Vorvertrag **463** 6; Werkvertrag **vor 631** 12; Wiederkauf **456** 6; Zweck **311b** 1; *sa Beglaubigung*; *sa Beurkundung*; *sa Formmangel*; *sa Schriftform*
Formmangel, Beachtung **311b** 32; Heilung allg **125** 12; Heilung bei Bürgschaft **766** 5; Heilung durch Auflassung und Eintragung **311b** 38; Heilung nach BeurkÄndG **311b** 46; Mietvertrag **550** 5; Heilung beim Vertrag zugunsten Dritter **331** 6
Formularvertrag als AGB **305** 7
Forschungsvertrag vor 631 6; als Dienst- oder Werkvertrag **vor 611** 15, 21a
Fortbildungsverhältnis vor 611 56
Fortgesetzte Gütergemeinschaft 1483, Ablehnung **1484;** allg **vor 1483** 1; Anrechnung von Abfindungen **1501**; Anteilsunwürdigkeit **1506**; Anteilsverzicht **1517**; Aufhebung **1492**; Aufhebungsantrag eines Abkömmlings **1495**; Aufhebungsbeschluss **1496**; Auseinandersetzung **1497**; **1498**; Ausgleichung bei Zuwendung aus dem Gesamtgut **2054** 1; Ausschließung der Fortsetzung **1510**; Ausschließung durch letztwillige Verfügung **1509**; Ausschließung eines Abkömmlings **1511**; Beendigung **vor 1483** 11; Beendigung durch Tod des überlebenden Ehegatten **1494**; Beendigung durch Wiederverheiratung des überlebenden Ehegatten **1493**; Eintritt **1483**; Entziehung des Anteils eines Abkömmlings **1513**; und Erbrecht **1483**; Gesamtgutsverbindlichkeiten **1488**; **1499**; Haftung des Ehegatten **1489**; Haftungsausgleich unter Abkömmlingen im Innenverhältnis **1504**; Herabsetzung des Anteils **1512**; Pflichtteilsergän-

Franchising fette Zahlen = §§

zung **1505**; Teilung des Gesamtgutsanteils unter den Abkömmlingen **1503**; Tod eines Abkömmlings **1490**; Übernahmerecht bei Auseinandersetzung **1502**; Übernahmerecht eines Abkömmlings **1515**; Verwaltung des Gesamtguts **1487**; Verzicht eines Abkömmlings **1491**; Voraussetzungen **vor 1483** 5; Zeugnis **1507**; zwingendes Recht **1518**
Franchising 311 14, 25, 30
Frauenschutz vor 611 47
Freier Mitarbeiter, Einordnung **vor 611** 29
Freiheit, als körperliche Bewegungsfreiheit (bei uH) **823** 5; Schmerzensgeld bei Beeinträchtigung **253** 3; Verletzung **823** 5
Freistellung zur Stellungssuche nach Kündigung **629**
Freistellungsanspruch s *Befreiungsanspruch*
Freizeichnung, in AGB s *dort*
Freizeichnungsklauseln, Auslegung **276** 56; für Erfüllungsgehilfen **278** 15; Kaufvertrag **444**; Schranken **276** 54; zugunsten Dritter **276** 58
Freizeit, Verlust als Schaden **vor 249** 16
Fremdbesitz 872 1, 2
Fremdbesitzer, Hausbesetzung **vor 987** 8; unberechtigter **vor 987** 5; Verwendungsersatz **vor 994** 2
Fremdbesitzerexzess vor 987 6, 12
Fremdwährungsklausel 244; **245** 14
Fremdwährungsschuld 244, Valutaschuld **244**; **245** 12; Zulässigkeit **244**; **245** 14
Frist, Begriff **vor 186** 1; für Kündigung von Dauerschuldverhältnissen **314** 2
Fristablauf, Feiertag **193** 1; Sonnabend **193** 1
Fristbeginn bei Verjährung **196** 7
Fristen, Termine 186–193
Fristsetzung, Entbehrlichkeit **250** 2 *(bei Anspruch auf Wiederherstellung)*; **281** 9; **323** 11 *(bei Rücktritt)*; **478** 3 *(bei Rückgriff des Unternehmers)*; Erlöschen des Rücktrittsrechts nach – **350** 1; keine **323** 11 *(bei Erfüllungsverweigerung)* 12 *(bei Fixgeschäft)* 13 *(bei besonderen Umständen)* 14 *(bei Mängeln im Kauf- und Werkvertrag)*; zu kurze – bei Anspruch auf Wiederherstellung **250** 2; zur Nacherfüllung **437** 9 ff; und Nacherfüllung **440** *(Kauf)*; im Reisevertrag **651c** 5 *(bei Mangel)*; **651e** *(bei Mangel)*; bei Rücktritt **323** 8; und Rücktritt **440** *(Kauf)*; und Schadensersatz bei Kauf **440**; bei unterlassener Mitwirkung des Bestellers **642**; **643** 5; Versäumung der Nachfrist **281** 7; zu kurz bemessene Nachfrist **281** 6
Früchte 99–103 2; Eigentumserwerb **955** 2; Erwerb durch Nießbraucher **1039**; Fall auf Nachbargrundstück **911**; Herausgabe im Eigentümer-Besitzer-Verhältnis **993** 2; Übermaß – **99–103** 2

Fund 965–985, durch Arbeitnehmer **984** 2; in öffentl Behörde oder Verkehrsanstalt **978–982** 1 f; Eigentumserwerb **970–977** 1; Rechtsfolgen **vor 965** 3
Fürsorgepflichten, im Dienstverhältnis **611** 38

Garantenpflicht im Eltern-Kind-Verhältnis **1618a** 4
Garantie, Abgrenzung **443** 3; Arten **443** 6–8; auf erstes Anfordern **vor 765** 10, 13; Begriff **443** 2; Beschaffenheitsgarantie **276** 41; Beweislast **443** 15; Form bei Verbrauchsgüterkauf **477** 4; und Gewährleistungsausschluss **444** 13; Haltbarkeitsgarantie **276** 42; Herstellergarantie **328** 5; **443** 7; beim Kauf **443**; Pflichtangaben bei Verbrauchergarantie **477** 3; und Produzentenhaftung **823** 127; der Rechtsmängelfreiheit beim Rechtskauf **453** 5; und Schadensersatz bei Verbrauchsgüterkauf **477** 6; selbständige **443** 8; unselbständige **443** 8; bei Verbrauchsgüterkauf **477**; Verjährung **443** 14; und Zusicherung von Eigenschaften **437** 23
Garantievertrag vor 414 7; **vor 631** 6; Begriff **vor 765** 11; und Bürgschaft **vor 765** 13; Garantieanspruch **vor 765** 12, 14; Gegenstand **vor 765** 13; Verjährung **vor 765** 14; und Vertragsstrafe **339** 12
Gastaufnahmevertrag 311 30; **701** 6
Gastschulaufenthalte und Reisevertrag **651l**
Gastwirt 701–704, Aufbewahrungspflicht **702** 3; Automatenaufstellungsvertrag **vor 535** 11; Begriff **701** 5; Beweislast für Einbringung und Verlust **701** 12; Erlöschen des Ersatzanspruchs für eingebrachte Sachen **703**; Gastaufnahmevertrag **701** 6; Haftung **701** 3 *(für abgestelltes Fahrzeug) (von - ausgenommene Schäden)* 6 *(für Hilfskräfte)* 10 *(für abgestelltes Fahrzeug) (für eingebrachte Sachen)*; **702** 2 *(Umfang)*; **536a** 5 *(für Hotelparkplatz)*; Pfandrecht **704** 1; unbeschränkte Haftung **702** 3
Gattung, Begriff **243** 3
Gattungsschuld 243; **275** 19; **276** 46; Begriff **243** 3; beschränkte **243** 8; Bestimmung des Leistungsgegenstands **243** 7; Bindung des Schuldners **243** 11; Gefahrtragung **300** 4; Gefahrübergang **243** 10; Konkretisierung (Konzentration) **243** 9; Leistungsgefahr **300** 4, 6; marktbezogene **243** 5; Schenkungsversprechen **524** 3
Gebäude, Begriff **836** 4; drohender Einsturz **908**; Einsturz **836** 4; als wesentlicher Grundstücksbestandteil **94** 8; Haftung des Grundstücksbesitzers **836** 8 *(Entlastungsbeweis)*; Haftung des Besitzers **837** 1; Haftung des Unterhaltungspflichtigen **838**

magere Zahlen = Randnummern **Gemeinschaft**

Gebäudereinigungsvertrag vor 631 6
Gebäudeversicherung, Hypothekenhaftung 1127–1130 2
Gebrauchsanweisung, fehlerhafte 823 135; Mangel beim Kauf 434 19
Gebrauchsüberlassung an Dritte, bei Leihe 603 2; 604 5; beim Mietverhältnis 553 *(Wohnräume)*; unentgeltliche 516 15
Gebrauchsvorteile, Ausgleich nach Rücktritt 346 3
Gebrauchtwagenkauf, Aufklärungspflicht 433 25; Gewährleistungsausschluss 444 17; böser Glaube 932 17; Sachmängel 434 27
Geburtsname bei Adoption Minderjähriger 1757; bei Bestimmung des Ehenamens nach der Geburt des Kindes 1616–1617c 3; bei Ehenamen der Eltern 1616; 1616–1617c 2; ohne Ehenamen der Eltern 1617; 1616–1617c 3; Grundsätze 1616–1617c 1; bei Vaterschaftsanfechtung 1616–1617c 9
Gefahr ; Arten **vor** 446 2; Begriff **vor** 446 1; Gegenleistungsgefahr **vor** 446; Leistungsgefahr 300 2; **vor** 446 3; Preisgefahr 300 4; **vor** 446; Vergütungsgefahr **vor** 446 3; Verlustgefahr bei der Geldschuld 270 6; Verzögerungsgefahr bei der Geldschuld 270 7; sa *Gefahrtragung*
Gefährdung des Anspruchs auf die Gegenleistung 321 3; des Reisenden 651c 2 *(als Mangel)*
Gefährdungshaftung vor 823 9 f; Mitverschulden 254 1; Produzent 823 126; mehrere Schädiger 830 2; des Tierhalters 833 1; Verschuldensfähigkeit **vor** 827–829 2
Gefahrtragung 326 1; Drittschadensliquidation **vor** 249 20; Grundsatz **vor** 446 4; beim Kauf 446 1; 447 1; bei Leistungshindernis 275 35; beim Werkvertrag 644; 645 3, 4
Gefahrübergang und Annahmeverzug 446 6 *(Kauf)*; beim Gläubigerverzug 300 4; beim Kauf 446 5; Kauf auf Probe 454; 455 9; Versendungskauf 447 1
Gefälligkeitsfahrt, Haftung 241 26; Haftung für Gehilfen 831 8; Haftungsverzicht **vor** 116 8; als Nicht-Rechtsgeschäft **vor** 104 17
Gefälligkeitsverhältnis 241 23; 276 53; **vor** 104 17; Abgrenzung 241 24; und Auftrag 662 5; Haftung 241 26; 521 1; und Leihe 598 5; bei Übernahme der Aufsichtspflicht 832 4
Gegendarstellung, Recht auf – 823 87; **vor** 823 7
Gegenleistung 326 4; Befreiung 326; Bestimmung 316; Erbringen von – kein Bereicherungswegfall 818 36; bei Leistungshindernis **vor** 275 13; als Surrogat der Bereicherung 818 11; unteilbare 275 8

Gegenleistungsgefahr 326 1; Begriff **vor** 446 3
Gegenseitiger Vertrag 311 13; 320–326, Einrede des nichterfüllten Vertrages 320; Synallagma 311 13; Vermögensverschlechterung 321; Vorleistungspflicht 320 21
Gegenseitigkeit der Forderungen 273 7
Gegenvormund, Pflichten und Rechte 1799
Geheißerwerb 929 13, 14; 932 15; bei Veräußerungsketten 929 16; 932 15
Gehilfe, Haftung des – bei Mitwirkung an uH 830 6 f; Zuziehung beim Auftrag 664 5
Geisteskrankheit 104 3c
Geistesstörung 104 7; lichter Augenblick 104 7; 105a 3; Willenserklärung 106 1
Geld, Begriff 244; 245 2; Buchgeld 244; 245 2; Euro-Währung 244; 245 5; Vollzug der Schenkung bei Übertragung von – 518 8; Wert 244; 245 4; Zins bei Entzug 849
Geldschuld 244; 245 1, 6; 276 40; 288 4; als modifizierte Bringschuld 270 1; Entwertungsrisiko 244; 245 9; Erfüllung 270 4; Gefahrtragung 270 6; 300 4; Inhalt 244; 245 6; Kostentragung 270 8; und Miterbenausgleich 2055; Prozesszinsen 291 2; als qualifizierte Schickschuld 270 1; Übermittlung 270 4; Verzinsung, Wegfall 301; Verzugszinsen bei – 288 1; Wertschuld 244; 245 6; Wertsicherungsklausel 244; 245 18
Geldsortenschuld, unechte 244; 245 6
Geldsummenherausgabe, bei Auftrag 667 7
Geldsummenschuld 244; 245 9
Geldwertschuld 244; 245 11
Geltungserhaltende Reduktion, bei AGB 306 1, 3, 5
Geltungstheorie vor 116 2
Gemeingebrauch 905 4
Gemeinschaft 741–758, Anteil an der – 742 1; Anteil an Nutzungen 743–748 2; Aufhebung 749–758 1, 3 f; Aufhebung aus wichtigem Grund 749–758 4; Aufhebung durch Gläubiger 743–748 16; Aufhebungs- und Teilungsvertrag 749–758 3; Aufhebungsausschluss 749–758 4; Entstehung 741 2; Forderungsgemeinschaft 741 5; Form der Auseinandersetzungsvertrags 311b 15; Gebrauchsbefugnis 743–748 3; Gegenstand der – 741 5; Gesamtschulden 743–748 12; 749–758 9; Gewährleistung bei Aufhebung 749–758 7; Haftung 741 1; Interessengemeinschaft 741 4; Klagebefugnis 743–748 15; Kosten und Lasten 743–748 8; Miteigentum nach Bruchteilen 741 2; Notverwaltung 743–748 12, 14; Sonderrechtsfolge 748 18; Stellvertretung 743–748 12; Teilungsplan 749–758 1, 7; Teilungsvollzug

Teichmann 2313

Gemeinschaftliche Schuld fette Zahlen = §§

749–758 7; Verbindlichkeiten 749–758 9; Verfügung über den Bruchteil 743–748 16; Verfügungsgeschäfte 743–748 14; Verjährung des Aufhebungsanspruchs 749–758 4; Verpflichtungsgeschäfte 743–748 12; Versteigerung 749–758 8; Verwaltung 743–748 10, 1 f; Wesen 741 1; Wohnungseigentümergemeinschaft 741 7; Zurückbehaltungsrecht bei Aufhebungsverlangen 749–758 6; Zwangsvollstreckung 743–748 17

Gemeinschaftliche Schuld, Abgrenzung zur Gesamtschuld 431 2–4

Gemeinschaftliches Testament 2265–2273, Anfechtung 2271 4, 11; Ausschlagung 2271 7; Berliner Testament 2269 1–3, 5–7, 9 f; Bindung 2271 1, 6; Eheauflösung 2268 1; eigenhändiges 2266; 2267 2; Eröffnung 2273 1; Errichtung 2265–2267; Form 2266; 2267 1 f; Nichtehegatte 2265 1; Nichtigkeit 2265 1; 2270 5; Nottestament 2266; öffentl 2266; 2267 1; Pflichtteil 2269 5; Rücknahme 2271 5; Schlusserbe 2269 6; Umdeutungen 2265 1; Verfügung unter Lebenden 2271 5, 10; wechselbezügliche Verfügungen 2270 1 f, 4 f; Vermächtnis 2269 10; Widerruf 2255 7; 2270 5; 2271 1, 6; Wiederverheiratung 2269 7

Gemeinschaftsrecht, Staatshaftung bei Verstoß gegen - **839** 2

Gemeinschaftsverhältnis, nachbarliches 903 3; 906 14; 908 2; 909 3

Gemischte Verträge 311 30

Genehmigung 182 1; **184**; **185** 7; behördliche **134** 6; behördliche als Amtspflicht gegenüber Dritten **839** 12; behördliche bei Grundstücksverträgen **311b** 6; behördliche beim Vorkaufsrecht **463** 18; des Berechtigten zur Verfügung des Nichtberechtigten **816** 5, 6; Eigentumserwerb vom Nichtberechtigten **932** 13; formfreie **177** 6; Frist **184** 4; einer einseitigen Gestaltungserklärung **184** 4; Handeln ohne Vertretungsmacht **177** 6; **178** 1; **179** 1; Rückwirkung **184** 2; staatliche - und Inhaltsfreiheit **vor 145** 15; Unmöglichkeit der - **179** 5; Verweigerung **182** 2; **184** 3; Verwirkung **184** 4; des Vormundschaftsgerichts *s vormundschaftsgerichtliche Genehmigung*

Generaleinwilligung bei Minderjährigen **107** 7

Generalvollmacht 167 3

Genossenschaft, Form der Satzung **311b** 28

Gerichtsbeschluss, Richterhaftung **839** 24

Gerichtsstand, Verhältnis zum Leistungsort **269** 2, 5

Gerichtsvollzieher, Amtshaftung **839** 30; Gläubigerhaftung bei uH des – **831** 6

Gesamtakt, Begriff **vor 104** 7

Gesamtanspruch, Verjährung **194** 2

Gesamtgläubiger 428–430 1, 2; Ausgleichungspflicht **430**; Formen der Gläubigermehrheit **vor 420** 1, 2, 6; teilbare Leistung **420** 1, 2; und Mitgläubiger **432** 2 f; Oder-Depot **428–430** 3; Vereinigung von Recht und Verbindlichkeit **429**; Verzug **429**

Gesamtgut 1416; vor 1415 3; Ablehnung eines Vertragsantrags durch nicht verwaltenden Ehegatten **1432**; Annahme der Erbschaft durch nicht verwaltenden Ehegatten **1432**; Anteil am – als Nachlassbestandteil **1482**; Auseinandersetzung **1469**; **1471**; **1474**; **1474–1477** 1; Auseinandersetzung nach Aufhebungsbeschluss **1479**; Auseinandersetzung nach Scheidung **1478**; Ausgleichung zwischen Vorbehaltsgut, Sondergut und **– 1445**; **1467**; Beendigung der gemeinsamen Verwaltung **1449**; Bereicherung **1457**; Besitz **1422** 6; Direkterwerb **1416–1419** 6; Durchgangserwerb des erwerbenden Ehegatten **1416–1419** 6; Entstehung **1416–1419** 2; Fälligkeit des Ausgleichsanspruchs **1446**; **1468**; bei fortgesetzter Gütergemeinschaft **1485**; gemeinsame Verwaltung **1450** *(Umfang)*; **1451** *(Mitwirkungspflicht)*; **1452** *(Ersetzung der Zustimmung)*; **1453** *(Verfügung ohne Einwilligung)*; **1455** *(Verwaltung ohne Mitwirkung des anderen Ehegatten)*; **1472** *(bis zur Auseinandersetzung)*; **1450–1453** *(Umfang)* 9 *(Prozessführung)* 11 *(Mitwirkungspflicht)* 12 *(Ersetzung der Zustimmung)*; Geschäfte im Ganzen **1423**; Grundstücksverfügung **1424**; Haftung bei Erbschaft **1431**; **1461**; **1459–1462** 6; Haftung der Ehegatten im Innenverhältnis **1437–1440** 10; **1459–1462** 8; Haftung des **– 1438**; **1460**; **1437–1440** 1–3; **1459–1462** 1–3; **vor 1422** 6; Haftung für Vorbehalts- oder Sondergut **1440**; **1462**; Haftungsbeschränkung **1437–1440** 13; **1459–1462** 9; Notverwaltungsrecht **1429**; **1454**; Prozessführungsbefugnis **1422** 5; Rangfolge der Verwendung **1420** 1; Recht zur Übernahme **1474–1477** 6; Rechtsstreit, Fortsetzung **1933**; sachenrechtliche Konzeption **1416–1419** 7; Schenkungen **1425**; Surrogation **1473**; **1471–1473** 2; Teilung bei Auseinandersetzung **1476**; **1477**; ungerechtfertigte Bereicherung **1434**; **1457**; Verwalter unter Betreuung **1436**; Verwalter unter Vormundschaft **1436**; Verwalter, Pflichten **1435**; Verwaltung **1421**; **vor 1415** 4; **vor 1422** 2; Verwaltung bei Erwerbsgeschäft **1431**; **1456**; Verwaltung der Liquidationsgemeinschaft **1471–1473** 7; Verwaltungsrecht **1422** 2 *(Inhalt)* 8 *(Beschränkungen)* 11 *(Änderung)*; Verwendung der Einkünfte für den Familienunterhalt

magere Zahlen = Randnummern   **Geschäftsfähigkeit**

1420 1; Vinkulierung **1423–1428** 2; Zuordnung **1416–1419** 4; Zwangsvollstreckung **1437–1440** 14; **1459–1462** 10
Gesamtgutsverbindlichkeiten 1459; **1437–1440**, bei Auseinandersetzung der fortgesetzten Gütergemeinschaft **1499; 1500;** Berichtigung im Auseinandersetzungsstadium **1475; 1474–1477** 3; bei fortgesetzter Gütergemeinschaft **1488; 1489;** Haftung der Ehegatten im Innenverhältnis **1441; 1463;** Haftung nach Teilung im Außenverhältnis **1480;** Haftung nach Teilung im Ehegatteninnenverhältnis **1481**
Gesamtgutverwalter, Haftung **1437**
Gesamthandsforderungen 432 2
Gesamthandsgemeinschaft, 1419, Erbengemeinschaft **2032** 1; **vor 2032** 1; *sa Gesamtgut*
Gesamthandsgläubiger vor 420 2
Gesamthypothek 1113 4, 11; **1132,** Bedeutung **1132** 2; Befriedigung durch einen Eigentümer **1173;** Begriff **1132** 3; der Eigentümer **1172;** Entstehung **1132** 5; Erlöschen durch Verzicht **1175** 2; Forderungsverteilung **1132** 8; aufgrund Grundstücksteilung **1132** 6; Rückgriffsrecht **1173** 2, 3; Teilübergang, Kollisionsklausel **1176;** Übergang auf Schuldner **1164** 4; **1174** 2; Übergang für Ersatzanspruch **1182;** Verfügung über – **1132** 8; Verzicht **1175;** Wirkung **1132** 4
Gesamtrechtsnachfolge, Grundsatz **1922** 1
Gesamtschuld, Anspruchsgrundlagen des Innenausgleichs **426** 14, 21; Anwendung des § 255 **421** 7; Aufrechnung **387** 4; **421** 1; Ausgleichspflicht **426** 1, 4, 14, 21 f; Ausgleichspflicht bei mehreren Schädigern **840** 7; Ausgleichspflicht unter Ehegatten **426** 5; Ausgleichspflicht zwischen altem und neuem Arbeitgeber **613a** 10; Begriff **421** 1; Beteiligungsquote der Gesamtschuldner **426** 3; Einzelwirkung von Tatsachen **425** 1, 2; Erfüllung **422–424** 1; Erlass **422–424** 2; ges Fälle **421** 3; Forderungsübergang **426** 17, 21; Formen der Schuldnermehrheit **vor 420** 1, 3, 6; Gesamt- und Einzelabwägung **426** 9; Gesamtwirkung von Tatsachen **422–424** 1, 4; gegenüber Geschädigtem **255** 1; gestörte **426** 22–25; **840** 8; Gläubigerverzug **422–424** 2; einseitiger Haftungsausschluss **840** 8; Haftungseinheit **426** 10; Haftungsfreistellung und Ausgleichspflicht **426** 22; Innenausgleich **426** 1, 3, 14, 21 f; Konfusion **425** 7; Kündigung **425** 2, 9; teilbare Leistung **420** 1, 2; unteilbare Leistung **431** 1; Oder-Konto **428–430** 3; Rechtskraft **425** 6; Rücktritt **425** 3; mehrere Schädiger **840;** gemeinschaftliche Schuld **431** 2; Übergang der Gläubigerforderung **426** 17, 21; Und-Konto **428–430** 3; Unmöglichkeit **425** 4; Verbraucherdarlehen **425** 5; Vergleich **425** 5; **422–424** 5; Verjährung **425** 5c; Vertragsschuld **427** 1, 2; Verzug **425** 3; Zweckgemeinschaft **421** 1, 4, 6
Gesamtschuldner, Architekt und Unternehmer als – **vor 631** 17; Dieb und Verfügender als – **816** 11
Gesamtvermögensgeschäft, Einzeltheorie **1365** 2; Genehmigung durch Ehegatten **1366; 1367** 1; Gesamttheorie **1365** 2; Gesellschaftsrecht **1365** 5; Grundstücksgeschäfte **1365** 4; subj Theorie **1365** 3; Voraussetzungen des Zustimmungserfordernisses **1365** 1; durch Vormund **1822** 1; Zustimmungsersetzung **1365** 6–8; *sa Zustimmungserfordernis bei* –
Gesamtvertretung der Eltern **1629** 2
Geschäft für den, den es angeht 667 5; fremdes **677** 3; fremdes in der Absicht, als eigenes zu führen **677** 4; **687** 2; fremdes, irrtümliche Behandlung als eigenes **687** 2; offenes **164** 4; verdecktes **164** 5
Geschäft zur Deckung des Lebensbedarfs 1357, Ausschluss **1357** 10; Rechtsfolgen **1357** 6; Voraussetzungen **1357** 3
Geschäfte, des täglichen Lebens **105a** 1, 4, 6, 7 *(bei Geistesstörung)* 7
Geschäftsähnliche Handlung 106 4; **vor 104** 23; wörtliches Angebot der Leistung **295** 6; Ankündigung der Leistung **299** 1; Gewinnzusage **661a**
Geschäftsähnlicher Kontakt 241 25; **311** 45
Geschäftsbesorgung 662 9; **677** 1; Anwendung von § 664 **664** 1; und Auftrag **662** 7; Beendigung **675** 10; Begriff **675** 4; und Dienstvertrag **vor 611** 14; entgeltliche **675** 1; im Fremdinteresse **675** 8; bei öffentl Bestellung **663** 2; Rechtsfolgen **675** 9; Rechtsvoraussetzungen **675** 3; Reisevermittler **675** 12; im Reisevertrag **651a** 6; selbständige wirtschaftliche Tätigkeit **675** 5 f; Übertragung **675** 11 *(der Verpflichtung);* Unterbeauftragung **675** 11; Wahrnehmung fremder Vermögensinteressen **675** 7; Zahlungsdienstevertrag **675f** 4
Geschäftsfähigkeit 104–115, Arbeitsvertrag und Fehlen der – **104** 4; Arten **104** 2; Begriff **104** 2; beschränkte **106** 1; Betreuter **106** 1; Einwilligungsvorbehalt **106** 1; beim Erbvertrag **2275** 1; Gesellschaftsvertrag und Fehlen der – **104** 4; Guter Glaube und Fehlen der – **104** 3; und Gütergemeinschaft **1458;** relative **104** 6; Verlust unbeschränkter – nach Willenserklärung **130** 17; Zugang bei beschränkter – **131** 2; Zugang bei fehlender – **131** 1; Zweck **104** 3; *sa Geschäftsunfähigkeit*

Teichmann 2315

Geschäftsführung ohne Auftrag fette Zahlen = §§

Geschäftsführung ohne Auftrag 677–687, Anzeigepflicht des Geschäftsführers **681** 1; Aufwendungsersatz **683** 6; Ausführungsverschulden **678** 2; Begriff **vor 677** 1; bei Pflicht zur Vornahme der Handlung **677** 7; berechtigte **677** 2; irrtümliche Eigengeschäftsführung **687** 2; unerlaubte Eigengeschäftsführung **687** 5; Eingriff in fremdes Ausschließlichkeitsrecht **687** 10; Fremdgeschäftsführungswille **677** 4; zur Gefahrenabwehr **680** 2; Genehmigung durch Geschäftsherrn **684** 2; obj fremdes Geschäft **677** 3; subj fremdes Geschäft **677** 3; Geschäftsfähigkeit des Geschäftsführers **682** 2; Geschäftsfähigkeit des Geschäftsherrn **682** 3; mehrere Geschäftsherrn **677** 3; Haftung des Geschäftsführers bei fehlender Geschäftsfähigkeit **682** 1; im öffentl Interesse **679** 2; Interesse des Geschäftsherrn **683** 3; Irrtum über Berechtigung **677** 5; Irrtum über Person des Geschäftsherrn **686**; öffentl-rechtliche **vor 677** 7; Pflichten des Geschäftsführers **677** 7; als Rechtfertigungsgrund **vor 677** 4; Schadensersatz **683** 7; bei Schenkungsabsicht **685**; Tätigkeit aufgrund Vertrages mit Dritten **677** 6; Übernahmeverschulden **678** 2; unechte **687** 5–9; **vor 677** 3; Unfallversicherungsschutz des Geschäftsführers **683** 8; ges Unterhaltspflicht des Geschäftsherrn **679** 3; fremdes Urheberrecht, Ausbeutung **687** 11; Vergütung **683** 6; Verjährung **677** 10; Wille des Geschäftsherrn **683** 4; gegen den Willen des Geschäftsherrn **678**

Geschäftsgrundlage vor 275 16; Anpassung als Rechtsfolge **313** 27; Anpassungsverlangen durch Dritten **328** 16; Anwendungsbereich **313** 6; Äquivalenzstörung **313** 16; Ausgleichsansprüche als Rechtsfolge **313** 28; Bedeutung **313** 1; Begriff **313** 3; Berücksichtigung auf Einrede **313** 30; Beweislast **313** 30; und clausula rebus sic stantibus **313** 2, 33; bei Dienstverhältnis **vor 620–630** 11; Einzelfragen **313** 31; und Gesetzesänderung **313** 19; große **313** 5 *(Fälle)*; und Irrtum **313** 26; und Kalkulationsirrtum **313** 26; kleine **313** 5; Landpachtvertrag **593** 1; bei Leibrente **761** 8; und Leistungsbefreiung **275** 3; übermäßige Leistungserschwerungen **313** 17; und Mängelhaftung **313** 10; und Motivirrtum **313** 26; Neuverhandlungspflicht **313** 27; objektive **313** 4, 15 *(Wegfall)*; Rechtsfolgen **313** 28; als Rechtsinstitut **313** 1; bei Rechtsprechungsänderung **313** 19; beim Reisevertrag **651j** 2; bei Risikogeschäft **313** 21; bei Risikoübernahme **313** 21; bei Schenkung **519** 1 *(Notbedarfseinrede)*; Sonderregelungen **313** 7; Störung **275** 11; **313**; Störung als Einrede **313** 30; als Störung der vertraglichen Risikozuweisung **313** 20; subjektive **313** 4 *(Formel)* 25 *(Wegfall)*; Treu und Glauben **313** 2; Unterhaltsvertrag **313** 33; Unzumutbarkeit der Vertragsbindung **313** 23; schwerwiegende Veränderung der Umstände **313** 16; verfassungskonforme Auslegung **313** 19; beim Vergleich **313** 35; **779** 16, 20; Vertragsauflösung als Rechtsfolge **313** 29; und Vertragsauslegung **313** 8; und Vertragsrisiko **313** 22; Voraussehbarkeit **313** 24; Voraussetzungen **313** 14; Währungsverfall **313** 16; Wechsel der Wirtschaftsordnung **313** 5; Wegfall **313** 14; und wirtschaftliche Unmöglichkeit **313** 11, 17; Zweckverfehlung **313** 13

Geschäftsirrtum *s Inhaltsirrtum*

Geschäftsunfähige und Geschäfte des täglichen Lebens **105a**

Geschäftsunfähigkeit ; Beweislast **104** 9; **105** 2; Folgen **104** 8; **105** 2; Gründe **104** 6; partielle **104** 6; *sa Geschäftsfähigkeit*

Geschäftswille vor 116 6

Geschlecht, und Benachteiligung **AGG 8** 2

Gesellschaft bürgerlichen Rechts 705–740; Abgrenzung **705** 5; Abgrenzung zur OHG **705** 7; Abschlussmängel **705** 19; allg **705** 1; Ansprüche aus dem Gesellschaftsverhältnis **709–713** 11; **731–735** 8 f; Anwendungsfälle **705** 11; Arbeitsgemeinschaft von Unternehmen **705** 11; Auflösung **729**; **730** 1; **723–728** 1; Auflösungsgründe **723–728** 9, 13–15, 2–4; Aufrechnung **718–720** 5; Auseinandersetzung bei Auflösung **731–735** 6, 10, 1 f; Auskunftsanspruch gegen Geschäftsführer **709–713** 14; Ausschluss *s Gesellschafter*; Beiträge **706** 1 f, 9 f; Beitragserhöhung **707** 1, 3; Besitz **854** 14; **718–720** 3; beitragslose Beteiligung **706** 9; beschränkte Dauer **723–728** 2; Ehegattengesellschaft **705** 13; Einlage **706** 1 f, 9 f; **707** 1, 3; keine Einmanngesellschaft **736**; **737** 5; **723–728** 3; Einrede des nichterfüllten Vertrages **320** 1; Einstimmigkeitsprinzip **709–713** 2 f; Eintritt des Erben **2032** 4; **723–728** 14; Entziehung und Kündigung der Geschäftsführung **709–713** 17; fehlerhafte **104** 4; **705** 19; **vor 145** 18; fehlerhafter Eintritt oder Ausscheiden **705** 22; Fortsetzung **736**; **737** 7, 1 f; **723–728** 13–15; Gelegenheitsgesellschaft **705** 11; Geschäftschancenlehre **1**; Geschäftsführung **709–713** 10, 13, 1 f, 6 f; Geschäftsführung durch Dritte **709–713** 4; Gesellschaftsvermögen **718–720** 4, 6, 1 f; Gesellschaftsvertrag *s dort*; Grundbuchfähigkeit **705** 1; **899a** 1; Grundlagengeschäft **721**; **722** 6; **709–713** 7; Haftung **714**; **715** 9; Innengesellschaft **705** 13, 24; Insolvenz **723–728** 15;

magere Zahlen = Randnummern **Gewährleistung**

Kredit-/Rufgefährdung 824 3; Kündigung durch Gesellschafter 723–728 4; Kündigung durch Pfändungsgläubiger 723–728 9; Kündigung nach Entritt der Volljährigkeit 723–728 17; Mehrheitsprinzip 709–713 3; Nichtübertragbarkeit einzelner Mitgliedschaftsrechte 717 1, 2; als Nießbraucher 1059a–1059e 2; partiarischer Vertrag 705 10; Pfändung des Gesellschaftsanteils 718–720 9; Publikumsgesellschaft 708 3; 737 3 f; 709–713 4, 8, 12; Rechtsfähigkeit 705 1; **vor 420** 3; Schenkung eines Gesellschaftsanteils 518 11; 706 9; Schuld gegenüber Gesellschafter 714; 715 10; 731–735 9; Schutz gutgläubiger Schuldner 718–720 6; stille 705 24; Stimmabgabe 709–713 21–23; Testamentsvollstreckung 2205 2; Tod eines Gesellschafters 723–728 14; Verfolgung von Ansprüchen 709–713 10; Vermögensübernahme 718–720 10; Vertretungsmacht 714; 715 1, 3, 13; 709–713 10; Vorgesellschaft 705 8, 17; Vorgründungsgesellschaft 705 9; Wettbewerbsverbot des Mitgesellschafters 705 1; Zweck 705 1; Zweckerreichung 723–728 13; Zweckfortfall 723–728 13; *sa Gesellschafter, Gesellschaftsvertrag*
Gesellschaft mit beschränkter Haftung, deliktischer Schutz des Anteils 823 18; Vererblichkeit der Mitgliedschaft 1922 6
Gesellschafter, Abfindungsanspruch 1976 1; 738–740 6; Abtretung des Gesellschaftsanteils 718–720 7; 738–740 10; actio pro socio 709–713 11; 731–735 9; Anwachsung des Gesellschaftsanteils 738–740 5; Aufwendungsersatz 709–713 15; Auseinandersetzung bei Ausscheiden 738–740 5, 1 f; Ausgleichsanspruch bei Gläubigerbefriedigung 707 2; Auskunftsanspruch 716 1; Ausscheiden 736; 737 2; Ausschluss 736; 737 7; Beitragspflicht 706 2, 9 f; Beschlüsse 709–713 19; Bürgschaft **vor 765** 20; Einlage und Gewinnauszahlung, Erstattungsanspruch 731–735 7; entgeltliche Geschäftsführung 709–713 16; Erwerbsschaden 842 4; **vor 249** 54; als Gesamtschuldner 715 9; Geschäftsführung 729; 730 2; 709–713 10, 13, 17, 1 f, 6 f; Gewinnanspruch 721; 722 1, 6; 731–735 9; als Gläubiger 714; 715 11 f; 731–735 9; Haftung 707 2; 708 1; 714; 715 9; Haftung bei Erwerb eines Gesellschaftsanteils und Neueintritt 738–740 3; keine Haftung für uH des Mitgesellschafters 831 6; Haftung nach Ausscheiden 738–740 2; Insichgeschäft 714 4; 709–713 21; Insolvenz 723–728 15 f; Kontrollrecht 716 1; Leistungsverweigerungsrecht 705 18; 706 3; Minderjähriger 705 20; Nachschusspflicht 731–735 5; 738–740 9; Neueintritt

736; 737 10; Nichtübertragbarkeit einzelner Mitgliedschaftsrechte 317 1, 3; Nießbrauch am Gesellschaftsanteil 718–720 9; Rechnungsabschluss 721; 722 3; 731–735 6; Rechnungslegungsanspruch 721; 722 3; 709–713 14; Rücktrittsrecht 706 5; Schadensersatzpflicht 714; 715 7; Schuldbefreiungsanspruch bei Ausscheiden 738–740 6, 10; als Streitgenossen 715 10; Tod 723–728 14; Treuepflicht 705 1; Übertragbarkeit des Gewinnanspruchs 717 3; Übertragung von Einzelrechten 717 1–3; Unterbeteiligung 705 2; Verfügung über Anteil am Gesellschaftsvermögen 718–720 4; Verfügung über Gesellschaftsanteil 736; 737 11; 718–720 7; Vergleichsverfahren 723–728 16; Verletzung eines – als Eingriff in den Gewerbebetrieb 823 98; Verlustbeteiligung 721; 722 5 f; 731–735 5; 738–740 9; Vertretungsmacht 714; 715 1, 3, 13
Gesellschafterdarlehen vor 488 17
Gesellschaftsanteil, Verfügung 718–720 7; Vollzug der Schenkung 518 11
Gesellschaftsvertrag, Abänderung 709–713 7; Abschluss 705 17; Änderungsklausel 736; 737 1, 2; Anfechtung 705 19; 706 3; und Dienstvertrag **vor 611** 13; fehlerhafter 104 4; 705 19; Form bei Einbringung eines Grundstücks 311b 25; Fortsetzungsklausel 736; 737 2, 7; gegenseitiger Vertrag 705 18; und Güterrecht **vor 1408** 21; Kündigungsrechte 723–728 5 *(Beschränkung)* 7 *(Beschränkung)*; Leistungsstörungen bei Beitragspflicht 706 3; formularmäßige Massenverträge 705 23; Nachfolgeklausel 2032 7; Nichtigkeit 705 19; Nichtigkeit einzelner Klauseln 705 21; Rücktritt 706 5; Schlichtungsklausel 705 27; Testamentsvollstrecker 2205 3 f
Gesetzlicher Vertreter, Begriff 278 17; Eigenhaftung 278 20; Haftung für – 278 17; Haftung für Verschulden des – 278 2; Mitverschulden 254 13
Gesundheitsgefährdung in Wohnräumen 536 4 *(als Mangel)*; 569 2 *(Kündigung des Mietverhältnisses)*
Gesundheitsverletzung, Begriff 823 8; *sa Körperverletzung*
Getrenntleben, Begriff 1567 1; Ehewohnung 1361b; Unterhalt 1361 2; als Vermutung für Scheitern der Ehe 1566; Verteilung der Haushaltsgegenstände 1361a; Wegfall der Verpflichtungsmacht 1371 11
Gewährleistung, Abdingbarkeit 437 3; Abdingbarkeit bei Verbrauchsgüterkauf 475 1 f; Anfechtung wegen arglistiger Täuschung 437 31; Anwendbarkeit allg Vorschriften 437 28 ff; und Aufwendungsersatz 437 27; vertraglicher Ausschluss 444 3; und

Teichmann 2317

Gewährleistungsausschluss fette Zahlen = §§

cic **437** 34; Erklärungs- und Inhaltsirrtum **437** 31; Gefahrübergang **434** 5; **437** 2; bei Inzahlungnahme von Gebrauchtwagen **364**; **365** 2–3; Irrtum des Käufers **437** 32; Irrtum des Verkäufers **437** 32; Kauf **437**; Kauf auf Probe **454**; **455** 7; Käuferrechte **437** 4 *(Stufenverhältnis)*; Klausel „gekauft wie besichtigt" **444** 7; Klausel „ohne Garantie" **444** 7; beim Landpachtvertrag **586**; bei Leistung an Erfüllungs Statt **364**; **365** 3; Mangelfolgeschäden **437** 15 *(Kauf)*; und Nacherfüllung **439**; beim Pfandverkauf **445**; beim Rechtskauf **453** 7; wegen Rechtsmangel **437** ff; beim Reisevertrag **vor 651c** 1–3; Rücktritt **437** 6; und Schadensersatz **437** 14, 35; bei uH **437** 36; und Unmöglichkeit **437** 30 *(Kauf)*; **vor 651c** 1 *(Reisevertrag)*; Verjährung der Ansprüche **438**; Verlust der – beim Reisevertrag **651g** 1; und Verzug **437** 31; und Wahlrecht des Käufers **437** 4; des Wiederverkäufers **456** 12; maßgebender Zeitpunkt **437** 2

Gewährleistungsausschluss beim Kauf neu hergestellter Sachen **444** 16

Gewerbebetrieb (Recht am eingerichteten und ausgeübten –) 823 95 f; Abmahnung (Schutzrechtsverwarnung) **823** 101, 106; physische Beeinträchtigung **823** 102; Betriebsbezogenheit des Eingriffs **823** 98; Boykott **823** 102; Eingriffshandlung **823** 98; Güter- und Interessenabwägung **823** 99, 105; Schutzobjekt **823** 97; Streik **823** 102; Subsidiarität des Anspruchs **823** 96; Verbreitung nachteiliger Werturteile **823** 103; unberechtigte Verbreitung wahrer Tatsachen **823** 104; Warentest **823** 103, 106

Gewerbeordnung und Arbeitsrecht **vor 611** 62; Auszug **vor 611** 62

Gewinn, entgangener als Schaden **252**; **vor 249** 51

Gewinnanteilschein 803–805 3

Gewinnzusage gegenüber Verbrauchern **661a**

Gewissensnot, Einschränkung der Leistungspflicht **242** 41

Giebelmauer, Eigentum bei Überbau **94** 5; halbscheidige **919–924** 2

Girokonto, Einlagen **700** 2; Gutschrift **781** 22

Gläubiger, Mehrheit *s Gesamtgläubiger*

Gläubigerbenachteiligung 138 14; **826** 27

Gläubigergemeinschaft vor 420 1, 2

Gläubigerverzug 293–304, Abgrenzung **293** 8; Angebot **294–297**; vorübergehende Annahmeverhinderung **299**; Annahmeverweigerung **295** 2; beim Arbeits- und Beschäftigungsverhältnis **296** 3; Beendigung **293** 5; Begriff und Rechtsnatur **293** 1; Besitzaufgabe **303**; des Dienstberechtigten **611** 18; **615** 2, 10; Ersatz von Mehraufwendungen **304**; und Fälligkeit der Vergütung **641** 2 *(Werkvertrag)*; Gefahrtragung bei Gattungsschulden **300** 4; und Gefahrübergang beim Kauf **446** 6; Haftungserleichterung **300** 2; Herausgabe der gezogenen Nutzungen **302**; Leistungsunvermögen des Schuldners **297**; Mitwirkungshandlung **293** 2, 9 f; **295** 3; **296** 1; Rechtsfolgen **293** 6; Übergang der Preisgefahr **326** 16; Verzinsung, Wegfall **301**; Voraussetzungen **293** 4; beim Werkvertrag durch unterlassene Mitwirkung **642**; **643** 2; bei Zug-um-Zug-Leistung **298**

Gleichbehandlungsgesetz (AGG), Anspruchskonkurrenzen **AGG 15** 1; sachlicher Anwendungsbereich **AGG 2** 1; Beherbergungsvertrag **AGG 19** 2; benachteiligende Dritte **AGG 12** 4; Bescheidpflicht des Arbeitsgebers **AGG 13** 1; Beschwerderecht des Beschäftigten **AGG 13**; Beseitigungsanspruch **535** 9 *(Mietvertrag)*; **651a** 9 *(Reisevertrag)*; **AGG 15** 1, 2; **AGG 21** 2; Beweislast **535** 9; **651a** 9 *(Reisevertrag)*; **AGG 22**; Entgeltgleichheit **AGG 8** 4; Entschädigung **AGG 15** 4; Folgenverbot **AGG 16** 3; Fristen **AGG 15** 6; Fristen bei Ansprüchen **AGG 21** 12; Informationspflicht **AGG 12** 5; kollektivrechtliche Abreden **AGG 15** 5; Kontrahierungszwang **AGG 15** 3; Kündigung des benachteiligenden Mitbeschäftigten **AGG 12** 3; Kündigung im Dienstvertrag **vor 620–630** 1; Leistungsverweigerungsrecht bei Belästigung **AGG 14** 1; Massengeschäft **535** 5; **AGG 19** 2 ff; Maßregelungsverbot **AGG 16**; Mietverhältnis **535** 4–9 *(über Wohnräume)*; bes Nähe- und Vertrauensverhältnis **535** 6; **AGG 19** 11; Naturalrestitution **AGG 15** 3; Pflichten des Arbeitsgebers **AGG 12** 2, 3; Privatversicherungen **AGG 19** 7; **AGG 20** 8; Rechtfertigungsmaßstab **AGG 8** 2; Rechtsfolgen bei Verstoß **AGG 21**; Reisevertrag **651a** 9; Schadensersatz **651a** 9 *(Reisevertrag)*; **AGG 12** 6; **AGG 15** 3; **AGG 16** 2; **AGG 21** 6 ff; Schadensersatzanspruch **535** 9; **651a** *(Reisevertrag)*; Schutz der Privatsphäre **AGG 19** 11; als Schutzgesetz **AGG 16** 2; Tendenzschutz **AGG 9** 1; Unterlassungsanspruch **AGG 15** 1, 2; **AGG 21** 2; Verjährung **AGG 15** 6; Verschulden **AGG 15** 5; Vielfachgeschäfte **AGG 19** 6; zivilrechtliche Benachteiligungsverbote **AGG 19** 1; Zurückbehaltungsrecht des Beschäftigten **AGG 12** 6; **AGG 14** 1

Gleichbehandlungsgrundsatz vor 611 31; allgemeiner **242** 3; im Dienstvertrag **vor**

611 30; Lohngestaltung 612 8; bei Ruhegeldzusagen 611 35; bei Vereinbarung von Kündigungsfristen 622 5; gegenüber Vereinsmitgliedern 35 2; 38 1; für Vergütung 611 30
Gleichbehandlungsgrundsatz, unionsrechtlicher **vor 611** 30
Gleitklausel 244; 245 19
Globalzession 398 18; Sittenwidrigkeit **398** 18
Grabstein, Haftung bei Umsturz **837** 1
Gratifikation 339 6; **611** 34
Grenzbaum 923
Grenzeinrichtung, Benutzungsrecht **919–924** 2
Großer Schadensersatz s *Schadensersatz statt der ganzen Leistung*
Grundbuch, allg **873** 1; Begriff **vor 891** 1; Berichtigung **vor 891** 4; Doppelbuchung **891** 7; **892** 7; Eintragung s *Eintragung in das Grundbuch*; Richtigkeit **892** 4; **vor 891** 3 *(mangelnde)*; Sperre **888** 7, 8; **892** 13; Unrichtigkeit **vor 891** 1; Vermutungen **891; 899** 2; **vor 891** 2; ges Vermutungen für Hypothekenforderung **1138** 1 f; Vollständigkeit **892** 4; **vor 891** 3 *(mangelnde)*
Grundbuchberichtigung 894, schuldrechtlicher Anspruch auf – **894** 3; Briefvorlage **896**; Gegenrechte **894** 10; bzgl Hypothekenforderung **1138** 5; Kosten **897**; bei förmlichem Nachweis der Unrichtigkeit **894** 2; Verjährung des Anspruchs auf – **898**; Voreintragung des Verpflichteten **895**; Widerspruch **899**
Grundbuchrecht, Beseitigungsanspruch bei Kauf **442** 8; formelles **873** 7; materielles **873** 6
Grundbuchsystem 873 8
Grunddienstbarkeit 1018–1029, schonende Ausübung **1020–1022** 2; Ausübungsregelung bei Zusammentreffen mit anderen Nutzungsrechten **1024**; Beeinträchtigungen, Abwehr **1027**; Begriff **1018** 1; Belastbarkeit **1018** 11; Belastungsgegenstand **1018** 3; Berechtigter **1018** 2; Besitzschutz des Rechtsbesitzers **1029**; des Eigentümers **1018** 8; Eintragung **1018** 8; Entstehung **1018** 8; Erlöschen **1018** 12; Inhalt **1018** 4, 10; Inhaltsänderung **1018** 9; Pfändbarkeit **1018** 11; unzulässige Rechtsausübung **1018** 12; Teilung des dienenden Grundstücks **1026**; Teilung des herrschenden Grundstücks **1025**; Überbau, Beeinträchtigung **1027** 2; Übertragbarkeit **1018** 11; Umfang **1018** 10; Unterhaltung einer Anlage **1020–1022**; Verjährung **1028**; Verlegung der Ausübung an andere Stelle **1023**; Vorteil **1019**; Wegerecht **1018** 8; Wettbewerbsverbot **1019** 3

Grundpfandrechte vor 1113 1; Bedeutung **vor 1113** 22; Übertragbarkeit **1153** 4
Grundrechte, Drittwirkung im Privatrecht **138** 6; **242** 3
Grundschuld 1191–1198; vor 1113 3, 10; Abstraktionsprinzip **vor 1113** 16; Bedeutung **vor 1113** 22; Begriff **1191** 2; Einreden **1192** 2; Erlöschen **1192** 2; Fälligkeit **1193**; Fälligkeitsgrundschuld **vor 1113** 8; und Hypothek **1191** 2; **1192** 1; **vor 1113** 17; Hypothekenrecht, Anwendbarkeit **1192** 2, 3; Inhabergrundschuld **1195**; Löschungsanspruch s *dort*; Löschungsvormerkung s *dort*; Nießbrauch an – **1074–1080** 1; Rang **vor 1113** 15; Tilgung **1192** 2; Tilgungsgrundschuld **vor 1113** 9; Umwandlung **1198** 4, 5; Verpflichtung zur Bestellung **1191** 3; Verwertung **1192** 2; Verwertungsrecht **vor 1113** 14; Verzicht **1192** 2; Zahlungsort **1194**; sa *Eigentümergrundschuld*; sa *Sicherungsgrundschuld*
Grundstück, Begriff **vor 90** 2; Besitzaufgabe **303**; Betreten auf eigene Gefahr **254** 15; Eigentumsaufgabe **928**; Eigentumserwerb **925**; Haftung des Gebäudebesitzers **837** 1; Haftung des Gebäudeunterhaltungspflichtigen **838**; Haftung des Grundstücksbesitzers **836**; Sachmängel **434** 25; Veräußerungsvertrag **311b**; Veräußerungsvertrag über ausländisches – **311b** 4
Grundstücksbruchteil, Belastung mit Hypothek **1114**; Belastung mit Reallast **1106**; Belastung mit Vorkaufsrecht **1095**
Grundstücksgrenze, Ermittlung und Kennzeichnung **919–924** 1
Grundstückskauf, Anliegerbeiträge **436** 2; bekannte Belastungen **442** 8; Gewährleistung **435** *(Rechtsmangel)*; Kosten **448**; öffentl Lasten **436** 4; Rechtsmangel **435** 6; Verkäuferpflichten **433** 25
Grundstücksrecht, Aufhebung **875**; Aufhebung eines belasteten – **876**; Begründung **873**
Grundstücksverkehrsgesetz, gerichtl Zuweisungsverfahren **2049** 2
Gruppenarbeitsverhältnis 611 4
Gutachten, Haftung bei falschem – **311** 49; **826** 15; Kosten für – als Schadensersatz **249** 4; als Werkvertrag **vor 611** 19; **vor 631** 6
Gute Sitten Begriff **138** 6; sa *Sittenwidrigkeit*
Guter Glaube s *Böser Glaube*
Gütergemeinschaft vor 1363 5; und Annahme einer Erbschaft **1432**; Aufhebung **vor 1422** 10; Aufhebungsantrag **1469**; Aufhebungsantrag des Ehegatten **1447**; Aufhebungsantrag des Verwalters **1448**; Aufhebungsbeschluss **1449; 1470**; Ausstattungskosten für Kind **1444; 1441–1444** 6; Bedeutung **vor 1415** 1; Beendigung **1449**;

Güterrecht

1471–1473 2; Ehevertrag 1415 1; Einfluss auf nachehelichen Unterhalt des früheren Ehegatten 1583; Erbrecht des Ehegatten 1931 2; Erwerbsgeschäft eines Ehegatten 1431; 1442; 1456; 1464; Fortsetzung eines bei Eintritt der – anhängigen Rechtsstreits 1433; Haftung bei uH 1441; 1441–1444 3; Haftung für Prozesskosten 1443; 1465; 1441–1444 5; Vermögensmassen vor 1415 3

Güterrecht, Auslandsberührung vor 1363 7; vertragliches vor 1408

Güterrecht, eheliches vor 1363

Güterrechtsregister, Antrag auf Eintragung 1560; Antragserfordernisse 1561; deutsch-französische Wahl-Zugewinngemeinschaft 1412 1; Einsicht 1563; Eintragung 1562; Eintragung bei Verlegung des Ehegattenaufenthalts 1559; Eintragung des Ehevertrags 1412 1; Funktion vor 1558 1; öffentl Bekanntmachung 1562; eintragungsfähige Rechtsverhältnisse vor 1558 3; zuständiges Registergericht 1558

Güterstände, deutsch-französische Wahl-Zugewinngemeinschaft 1412 1; 1519 3; Einf 1297 8; vor 1363 6; vor 1408 1; Entwicklung vor 1363 2; und Privatautonomie vor 1363 6; Überblick vor 1363 3

Gütertrennung vor 1363 4; Eintragung im Güterrechtsregister 1414 4; Eintritt 1414; Erbrecht des Ehegatten 1931 3; Pflichtteil 2303 7; Voraussetzungen 1414 2; Wirkungen 1414 5; infolge vorzeitigen Zugewinnausgleichs 1385–1388 6

Gutgläubiger Erwerb 932–936, trotz bedingter Verfügung 160; 161 3; vom Erben bei Nachlassverwaltung 1984; 1985 4; vom Erben bei Testamentsvollstreckung 2211 3; trotz Verfügungsverbots 135; 136 7; vom Vorerben 2113 9

Gutschrift unter „Eingang vorbehalten" (E.V.) 675s-t 5; Anspruch auf - 675s-t 2; Anspruch aus – 675s-t 2; als Schuldversprechen 675s-t 4; Stornierung 675s-t 4; Verfügbarkeit über Zahlungsbetrag 675t; Wertstellungsdatum 675t

Gutsübernahme mit Leistung an Dritte 330 1

Haftpflichtversicherung, Berücksichtigung bei Billigkeitshaftung 829 4

Haftung des Arbeitnehmers 619a 4 *(Begrenzung)*; beim Auftrag 662 14; 664 7; Beschränkung 276 38; als Einstandspflicht 241 18 *(Begriff)*; bei Eintritt in Mietvertrag 563b; des Entleihers 599 3; für Erfüllungsgehilfen 278 8; erleichterte 276 36; Erweiterung 276 39; des Erwerbers der Wohnräume 566 4; bei Fortsetzung des Mietvertrages 563b; Freizeichnung 276 38; bei Gefälligkeit 241 26; des Gesellschafters 708 1; bei Gläubigerverzug 300 2; bei Herausgabepflicht 292; für unbefugt herangezogene Hilfspersonen 278 8; für legislatives Unrecht 839 2; bei Mitverschulden *s dort*; für Produkte 823 138–162; des Produzenten 823 124–137; des Schenkers 521 1; 523 1; 524 1, 3 f; des Verleihers 599; verschärfte bei ungerechtfertigter Bereicherung 818 46; 819; auch bei geringem Verschulden vor 249 2; für Zufall 276 11; für Zufall bei Verzug 287 2; *sa Gewährleistung; sa Schadensersatzanspruch*

Haftungsausschluss, Auswirkung auf Ersatzansprüche Dritter vor 844 2; bei Sachmängeln 444 *(Kauf)*; Sittenwidrigkeit 138 13; im Werkvertrags 639

Haftungsbeitritt und Darlehensvertrag 488 7

Haftungsbeschränkung, ges 276 53; beim Reisevertrag 651h 1; vertragliche 276 54; Zustandekommen 276 55

Haftungserweiterung, ges 276 37; vertragliche 276 37

Haftungsrecht, Begriff vor 823 1; Funktion vor 823 1

Haltbarkeitsgarantie, Kauf 443 6

Handeln auf eigene Gefahr 254 14 f; 276 55; Betreten des Waldes 254 15; Einwilligung in Risiko 823 55; Mitverschulden 254 17; Rechtswidrigkeit 254 15 f, 18

Handeln unter fremdem (falschem) Namen, Missbrauch 177 8

Handelsmakler vor 652 12

Handelsvertretervertrag als selbständiger Dienstvertrag vor 611 22

Handlung, Begriff 823 20; Billigkeitshaftung bei Fehlen einer – 829 2; positives Tun 823 21; unterlassene 823 29 f

Handlungsfähigkeit, Begriff 104 1

Handlungsstörer 1004 16

Handlungsunrecht *s Rechtswidrigkeit*

Handlungswille vor 116 4

Handzeichen *s Unterschrift*

Hauptsache und Zubehör 97; 98 2, 3, 7

Hauptvertrag 311 21; vor 145 5

Hausangestellte vor 611 54

Haushaltsführung durch Ehegatten 1356 2; Eigenverantwortlichkeit 1356 3; als Unterhaltsgewährung 1360; 1360a 6

Haushaltsgegenstände, Begriff 1361a 4; Bruchteilsgemeinschaft 743–748 3; Genehmigung von Geschäften durch Ehegatten 1366; 1367 1; Nutzungsvergütung bei Verteilung 1361a 7; Überlassung bei Getrenntleben 1361a; Verteilung bei Getrenntleben 1361a

Hausmeistervertrag 311 31

magere Zahlen = Randnummern **Hypothek**

Haustier, Begriff 833 6; Halterhaftung 833 6 f
Haustürgeschäft 312, Ausschluss des Widerrufs- und Rückgaberechts 312 16; Bestellung durch den Verbraucher 312 16; Bürgschaft 312 7; Heininger-Urteil 312a 18; persönlicher Anwendungsbereich 312 3; Rückgaberecht 312 14; sachlicher Anwendungsbereich 312 5; Verhältnis zu anderen Vorschriften 312a; Verpflichtung zur Grundschuldbestellung 312 7; Voraussetzungen 312 8 ff; Widerruf eines Realkreditvertrags 312a 1; Widerrufsbelehrung 312 15; Widerrufsrecht 312 13
Headhunter 611 27
Heilbehandlungsvertrag, Schutzwirkung für Dritte 328 35
Heilung (Rechtsgeschäft), Bedeutung einer Auflassungsvormerkung 311b 42 f; nach BeurkÄndG 311b 46 f; durch Eigentumserwerb ohne Eintragung 311b 39; bei Fehleintragung 311b 42; einer formwidrigen Grundstücksveräußerung 311b 38; eines formwidrigen Schenkungsversprechens 518 5; eines formwidrigen Vorvertrags 311b 39; einer Nichtehe 1310–1312 3; Rechtsfolgen 311b 43; eines formwidrigen Verbraucherdarlehensvertrages 494 5; Verjährungsbeginn 311b 45; eines formwidrigen Vertrages zugunsten Dritter 331 6; beim Wiederkauf 456 6
Heimarbeiterschutz vor 611 49
Heimfallanspruch 456 3
Heimunterbringungsvertrag, Schlechterfüllung 611 16
Hemmung der Verjährung durch Antrag auf Prozesskostenhilfe 204 16; durch Aufrechnung 204 7; durch einstw Rechtsschutz 204 10; Ende 204 17; im Insolvenzverfahren 204 12; durch Mahnverfahren 204 5; durch Rechtsverfolgung 204; durch schiedsrichterliches Verfahren 204 13; durch selbständiges Beweisverfahren 204 9; durch Streitverkündung 204 8; bei Verhandlungen 203
Herausgabe des Erlangten bei Leistungshindernis 326 7; des Ersatzes und Gegenleistung 326 24
Herausgabeanspruch, Abtretung 931 1, 4; des früheren Besitzers 1007; des Eigentümers 985; Einwendungen 986
Herausgabepflicht nach Rücktritt 346 2
Herrenlose Sache, Aneignung 958; Biene 961; Eigentumsaufgabe 959; Tier 960
Hersteller bei Produkthaftung 823 144; bei Produzentenhaftung 823 129; bei Verarbeitung 950 5
Herstellergarantie, Kauf 443 7

Heuerverhältnis vor 611 53
Hinterlegung 372–386, allg **vor** 372 1–4; Anzeige 374 2; Ausschluss des Rücknahmerechts 376 2; 378; 379 1, 2; Erlöschen des Gläubigerrechts 382 1; des Erlöses 383; Gefahrtragung 375 1; hinterlegungsfähige Gegenstände 372 2; Gründe 372 1; Kosten 381; Nachweiserklärung 380 1; Ort der – 374 1; Rücknahmerecht 376 1, 2; 377 1; 378; 379 1–3; Selbsthilfeverkauf 383–386 1–2; Voraussetzungen 372 1; Wirkung 378; 379 1–3; **vor** 372 3, 4; Zug-um-Zug-Leistung 373 1
Höchstbetragshypothek 1190, Besonderheiten 1190 4; Umwandlung 1190 10; verdeckte 1190 3
Höchstfristen bei Verjährung 199 9–11
Höfeordnung, Abfindungsanspruch bei Sondererbfolge 2049 3; Anerbenrecht 1922 14; **vor** 2032 2; Erbengemeinschaft **vor** 2032 2; Hoferbenbestimmung 2231 3
Hoffolgezeugnis 2353 15
Hofübergabevertrag 311 25; 311b 26
Höhere Gewalt beim Reisevertrag 651j 3
Holschuld, Konkretisierung bei Gattungsschuld 243 9; Leistungsort 269 1
Hypothek 1113; 1113–1190; **vor** 1113 2, 10 sa Eigentümergrundschuld sa Sicherungshypothek, Ablösungsrecht Dritter 1150; Abstraktionsprinzip **vor** 1113 16; Abtretung s Hypothekenforderung; Akzessorietät 1138 1; 1153 1; 1156 1; **vor** 1113 17; Arten 1113 2; Aufhebung 1183; Aufrechnungsrecht des Eigentümers 1142 3; Ausschluss unbekannter Gläubiger 1170; 1171; Bedeutung **vor** 1113 22; Befriedigung 1145 (teilw); 1181 (teilw); Befriedigungsrecht des Eigentümers 1142; Begründung 1113 13; Benachrichtigung des ersatzberechtigten Schuldners 1166; Berichtigungsbewilligung 1144 4 (Anspruch auf); 1145 2 (Anspruch auf); 1167 1 (Anspruch auf); Beschlagnahme 1120–1122 5; 1123–1125 2; Bestellung 1113 13; Briefhypothek s dort; an Bruchteil eines Grundstücks 1114; Bucheigentümer als Eigentümer 1148; Buchhypothek s dort; Divergenzen zwischen Einigung und Eintragung 1116 4; 1184; 1185 2; Doppelsicherung 1113 11; Eigentümerhypothek s dort; Einigung 1113 14; 1116 4; 1184; 1185 2; Einreden 1137; 1138 4; 1157; 1169; Eintragung 1115; 1116 4; Einzelhypothek 1113 4; Erlöschen durch Aufhebung 1183; Erlöschung durch Befriedigung aus Grundstück 1181; Ersatzanspruch des Schuldners gegen Eigentümer 1164; 1174; Erwerb 1113 13; Erwerb der Briefhypothek 1117; Fälligkeitshypothek **vor** 1113 8; Forderungsauswechslung 1180;

Hypothekenbrief
fette Zahlen = §§

Forderungsübergang auf Eigentümer **1143** 2; Freiwerden des Schuldners bei Hypothekenverzicht, -aufhebung, -rangrücktritt **1165**; Gefährdung **1133–1135**; Gegenstand **1113** 5; Geldbetrag, Eintragung **1115** 3; Gesamthypothek *s dort*; Gesamtschuldner **1113** 10; Gläubiger, Eintragung **1115** 2; Gläubigeridentität **1113** 6; **1137** 1; **vor 1113** 18; und Grundschuld **vor 1113** 17; Haftung für Nebenforderungen **1118**; Haftung von Bestandteilen **1120–1122** 1; Haftung von Erzeugnissen **1120–1122** 1; Haftung von Zubehör **1120–1122** 1; Hypothekenbrief *s dort*; Kündigung **1141**; wiederkehrende Leistungen **1126**; Löschungsbewilligung **1144** 5 *(Anspruch auf)*; **1145** 2 *(Anspruch auf)*; **1167** 1 *(Anspruch auf)*; Löschungsvormerkung **1179**; Mietforderung **1123–1125**; Nebenleistungen **1115** 5 *(Eintragung)*; **1158** *(künftige)*; **1159** *(rückständige)*; **1178** *(Erlöschen der Haftung)*; Pachtforderung **1123–1125**; löschungsfähige Quittung **1144** 6 *(Anspruch auf)*; **1145** 2 *(Anspruch auf)*; **1167** 1 *(Anspruch auf)*; Rang **vor 1113** 15; Rechtsgrund **1113** 14; **vor 1113** 16; Sicherungshypothek **1113** 2; **vor 1113** 21; Surrogation am Erlös **1181** 3; Teilhypothek **1151**; **1152**; Tilgungshypothek **1163** 14; **vor 1113** 9; Übergang auf den Schuldner **1164**; Übertragung **1153**; Umwandlung **1186**; **1190** 10; **1198** 3; Unübertragbarkeit **1153** 4; Verfallklausel **1149** 1; Verfügungsbeschränkung des Eigentümers **1136**; Verkehrshypothek **1113** 2; **1116** 3; **vor 1113** 21; Vermutungen für Hypothekenforderung **1138** 1, 2; Verschlechterung des Grundstücks **1133–1135**; Versicherungsforderung **1127–1130**; Verwertungsrecht **1147**; **vor 1113** 14; Verzicht **1168**; Verzugszinsen **1146**; inländische Währung **1113** 7; wertbeständige **1113** 7; Widerspruch bei Darlehensbuchhypothek **1139**; an Wohnungseigentum **1114** 1; Zinssatz, Eintragung **1115** 4; **1119** 1; Zuschreibung **1131**; Zwangsvollstreckung **1147**; **1120–1122** 5

Hypothekenbrief 1116 2; Aufgebot **1162**; Aushändigungsabrede **1117** 4; Aushändigungsanspruch des Eigentümers **1144**; Ausschluss **1116** 3; Kraftloswerden durch Ausschlussurteil **1170**; **1171**; und öffentl Glaube des Grundbuchs **1140** 1; Teilhypothekenbrief **1151**; **1152** 3; Übergabe **1117**; Übergabevermutung **1117** 6; und Unrichtigkeit des Grundbuchs **1140** 2; Vorlage bei Geltendmachung der Forderung **1161**; Vorlage bei Geltendmachung der Hypothek **1170**; Widerspruch auf – **1140** 2

Hypothekenforderung 1113 6; Abtretung **1154–1159**; Abtretung bei Briefhypothek **1154** 4; Abtretung bei Buchhypothek **1154** 7; öffentl beglaubigte Abtretungserklärungen **1155**; ges Auswechslung **1164** 2; **1173** 3; **1174** 2; bedingte **1113** 9; Belastung **1154** 2; Eintragung **1115** 6, 12; Geldbetrag **1113** 7; Individualisierung **1113** 8; künftige **1113** 9; öffentl-rechtliche **1113** 12; Rechtsverhältnis zwischen Eigentümer und neuem Gläubiger **1156**; **1158**; **1159**

Hypothetische Kausalität *s Kausalität*

IBAN, Kundenkennung **675r** 1
Idealverein, Begriff **21** 1; Zweck **21** 4
Identitätsirrtum 119 9
„IKEA-Klausel", Sachmangel beim Kauf **434** 19
Immaterialgüterrecht, Kauf **453** 18; Schadensersatz **vor 249** 54
Immissionen 906 von gemeinwichtigem Betrieb **906** 14; von hoher Hand **906** 16 *(Duldung, Entschädigung)*
Immobiliardarlehensvertrag 503, Hinweispflichten **492** 5; Kündigungsrecht bei Zahlungsrückstand **498** 2, 5; im verbundenen Geschäft **503** 7; Widerrufsrecht **495** 1
Imponderabilien 906 2
Inbegriff von Gegenständen, Definition **259–261** 4
Indexmiete 557b
Individualabrede 305 8–11
Individualarbeitsrecht vor 611 29
Informationspflichten 242 19; bei Abtretung einer Darlehensforderung **496** 2; Architekt **631** 13; des Behandelnden **630c** 1; bei Darlehen **488** 12; elektronischer Geschäftsverkehr **312g** 4; Fernabsatzvertrag **312c** 2; bei Geschäftsbesorgung **675a** 1; zur Geschäftsbesorgung öffentl Bestellter **675a**; als Nebenpflichten (bei Darlehen) **488** 12; des Reiseveranstalters **Anh 651m**; bei Überziehungskredit **493** 1; *sa Aufklärungspflicht*
Ingenieurvertrag vor 631 6
Inhaberpapier 793 6; Anwendung des Rechts der Inhaberschuldverschreibung **807**; **808**; Eigentumserwerb **793** 6; hinkendes **808** 1; kleines **807** 1; Legitimationspapiere **793** 9; **807** 1; Nießbrauch **1081–1084**; qualifiziertes **808** 1 f; unvollkommenes **807** 1 *(Beispiele)*; Versicherungsschein **808** 3
Inhaberschuldverschreibung 793–808a, öffentl Anleihen **793** 2; Begebungsvertrag **793** 11; Begriff **793** 1; Eigentumserwerb am Papier **793** 11; Eigentumsvermutung **793** 13; Einwendungen **796** 1; Erlöschen des Anspruchs **801**; Erneuerungsschein **803–805** 4; Form **793** 10; staatliche Genehmigung **795**; Kraftloserklärung **799**; **800**;

magere Zahlen = Randnummern **Kauf**

Legitimation des Inhabers **793** 13; Leistung an Nichtberechtigten **793** 14 f; Leistungspflicht des Ausstellers **793** 10; **797**; Präsentationspflicht **797** 1; Umschreibung auf den Namen **806**; Verjährung **801**; Vorlegungsfrist **801**; Zahlungssperre **802**; Zinsschein **803–805** 1
Inhaltsänderung eines Grundstücksrechts **877**
Inhaltsfreiheit bei Rechtsgeschäften, Begrenzungen **vor 145** 15
Inhaltsirrtum 119 7
Inhaltskontrolle 242 15; bei AGB *(s dort)*; bei Individualverträgen **242** 15; **vor 145** 15
Inkassozession 398 24
Insemination 1592 3; Ausschluss der Vaterschaftsanfechtung **1599–1600c** 4; heterologe **1592** 3; homologe **1592** 3
Insichgeschäft, Arten **181** 4; bei Eigentumserwerb **929** 23; **930** 18; erlaubtes **181** 7, 9–12; Gestattung **181** 9; Personenidentität **181** 5–8; Rechtsfolgen des unerlaubten **181** 14
Insolvenz und Dienstverhältnis **vor 620–630** 12; Gesellschafter einer GbR **723–728** 15; Veräußerung des Betriebs durch Insolvenzverwalter **613a** 4; Verschleppung **826** 27
Integritätsinteresse und Gewährleistung beim Kauf **437** 15
Interesse fremdes **662** 10; Kollision bei Stimmrecht **2038** 4; negatives **122** 3; positives **122** 3; *sa Erfüllungsinteresse; sa Vertrauensinteresse*
Interlokales Erbrecht *s Erbrecht*
Internationales Erbrecht *s Erbrecht*
Inventar, Arten **2002–2004**; Begriff **582–583a** 3; Erhaltungspflicht bei Pachtvertrag **582–583a** 5 f; als Gegenstand des Pachtvertrags **582–583a**; bei Nachlass **1993–2013** 1; Nießbrauch am Grundstück mit **– 1048**; als Zubehör **97**; **98** 5; *sa Pachtvertrag*
Inventarerrichtung, Arten **1993–2013** 2; Benachteiligungsabsicht **1993–2013** 4; Einsicht **2010**; Fiskus als Erbe **2011**; Frist **2012**; **1993–2013** 3; **1994–2000**; bei Gesamtgut **2008**; Inhalt **2001**; durch Miterben **2058–2063** 2; Untreue **1993–2013** 4; Unvollständigkeit **1993–2013** 3; eidesstattliche Versicherung **1993–2013** 5; Wirkung **1993–2013** 6
Investmentzertifikate 793 2
invitatio ad offerendum, Kreditanfrage **488** 6; Unterrichtung nach Risikobegrenzungsgesetz **492a** 2
Inzahlungnahme 480 2
Irrtum, Begriff **119** 1; über Berufungsgrund bei Erbschaft **1949** 1 f; bei Enterbung **1937–1941** 4; über Geschäftsgrundlage **313** 9, 26; im Kaufvertrag **437** 32; Kausalität des **– 119** 18; bei letztwilliger Verfügung **2079**; **2078**; und Vorsatz **276** 21
ius commune vor 241 12
ius communitatis vor 241 12

Jagdaufseher, Haftung **839** 6
Jagdrecht, deliktischer Schutz **823** 17
Jugendamt als Beistand **1712**; ges Vertretungsmacht für das Kind **1712–1717** 7
Jugendschutz vor 611 46
Juristische Person 21–89, Abgrenzungen **vor 21** 4, 5; Amtshaftung **839** 26; Arten **vor 21** 3; Begriff **vor 21** 1; Besitz **854** 13; Bösgläubigkeit bei Besitzerwerb **990** 2; Durchgriffshaftung *s dort*; Kreditgefährdung **824** 3; Nießbrauch **1059a–1059e**; Persönlichkeitsrecht **823** 68; Rechtsfähigkeit **vor 21** 10 *(Grenzen)*
Juristische Person des öffentlichen Rechts, 89, Haftung **89** 2, 6; Insolvenzfähigkeit **89** 6

Kalkulationsirrtum 119 10
Kapitalabfindung als Schadensersatz **843** 5
Kapitalgesellschaft, Gründungsgesellschaft **705** 8
Kauf 433–479, Abnahmepflicht **433** 28; Abschluss **433** 5; Abschlussverbote **433** 8; Arten **vor 433** 6; Aufklärungspflichten **433** 25; durch ausgeschlossenen Käufer **451**; Auskunftspflichten **433** 32; bedingter **454**; **455** 9; **463** 13, 18; Begriff **433** 1; Beratungspflichten **433** 23; nach Besicht **454**; **455** 4; Besitzverschaffung **433** 20; Beweislast **433** 33; **442** 2 *(Arglist)*; Datenbanknutzung **453** 11; Doppelkauf **480** 2; Eigenschaftszusicherung **437** 23; Eigentumsverschaffung **433** 19; Eigentumsvorbehalt **449**; Erprobungskauf **454**; **455** 3; Form **433** 7; Garantie **443**; Gefahrübergang **446** 5; **447** 1; Gegenstand **433** 10; Gewährleistungsausschluss **437** 3; von Immaterialgüterrechten **453** 18; Inzahlungnahme **480** 2; kaufähnliche Verträge **453**; Käuferpflichten **433** 26; Kosten **448**; Lieferklauseln **vor 433** 8; von Lizenzen **453** 18; mangelfreie Leistung **433** 21; Minderung **437** 13; und Nacherfüllung **439**; Nutzungen und Lasten, Übergang **446** 9; Parteien **433** 9; Pfandverkauf **445**; **450**; **451**; Rechtskauf **453**; Rechtsmangel **435**; **437**; Schutzpflichten **433** 24, 32; Software **433** 13; Sonderformen **vor 433** 7; von sonstigen Gegenständen **453** 11; und Übereignung **433** 4; Übergabe der Kaufsache **446**; auf Umtausch **480** 3; mit Umtauschberechtigung **454**; **455** 2; Verjährung der Gewährleistungsansprüche **438**; Verkäuferpflichten **433** 18; Versendungskauf **447** 6; Vorvertrag **463** 6; Warn-

Kauf zur Probe fette Zahlen = §§

pflicht **433** 25; Wertpapiere **453** 17; in der Zwangsvollstreckung **450**; **451**; *sa Vorkaufsrecht (allg, dingliches, gesetzliches, schuldrechtliches); sa Wiederkauf*
Kauf zur Probe 454; **455** 4
Kaufangebot, bindendes **463** 9
Käuferobliegenheit 433 31
Käuferpflichten 433 26–32
Kaufgegenstand 433 10
Kaufpreis 433 14–17; Bestimmung **433** 16; Fälligkeit **433** 27; Höhe **433** 17; Mängeleinrede **438** 10; Umsatzsteuer **433** 14; Vorbehalt **433** 16; Zahlungsklausel **433** 27; Zahlungspflicht **433** 27
Kaufrecht, Anwendungsbereich **vor 433** 5; Gemeinsames Europäisches **vor 241** 12; Systematik **vor 433** 1
Kausalität, adaequate **823** 25; **vor 249** 34, 27 ff; Anstiftung **830** 6; äquivalente **823** 22; **vor 249** 26; Beihilfe **830** 6; bei Eingreifen Dritter **823** 27; **vor 249** 30; haftungsausfüllende **vor 249** 32, 24 f; haftungsbegründende **823** 42 *(bei Schutzgesetzverletzung)* 22 ff; **vor 249** 24, 32, 47; bei Handeln des Verletzten **823** 33; hypothetische **vor 249** 5, 42 ff; konkrete Gefahrbedrohung **vor 249** 44; kumulative **823** 22; **vor 249** 26; bei mehreren Schädigern **830** 1, 3, 10; rechtmäßiges Alternativverhalten *s dort*; Reserveursache **vor 249** 42; Schadensanlage **vor 249** 43 f; bei Schutzgesetzverletzung **vor 249** 32; Schutzzwecklehre **vor 249** 34; überholende (bzw überholte) **vor 249** 42; des Unterlassens **823** 33 f
Kaution, Barkaution als irreguläres Pfandrecht **vor 1204** 3; Mietkaution **551**; **vor 1204** 3 *(als irreguläres Pfandrecht)*
Kautionsversicherungsvertrag als Geschäftsbesorgung **675** 12
Kennenmüssen, Begriff **122** 1, 4
Kenntnis des Mangels **442** 4 *(maßgeblicher Zeitpunkt) (Kauf)*; der Minderjährigkeit **109** 2; des Rechtsgrundmangels beim Empfang der Leistung **819** 3, 4
Kettenarbeitsvertrag 620 5
Kind, unterlassene Abtreibung keine Körperverletzung des - **823** 4; Aufwendungen der Eltern für Personen- und Vermögenssorge **1648**; Aufwendungen für Haushalt der Eltern **1620**; Aufwendungen für nicht gewünschtes - als Schaden **vor 249** 32; Billigkeitshaftung **829** 2; Dienstleistungspflicht **1619**; Einbenennung **1618**; Erwerbsgeschäft **1645**; Erziehung **1631–1633** 2; Haftung **828** 1 *(bei Verkehrsunfall)*; Herausgabe **1631–1633** 15; Mitsprache bei Ausübung elterlicher Sorge **1626** 7; Name *s Geburtsname*; vorgeburtliche Persönlichkeitsverletzung **823** 60; von Prominenten **823** 77;

vorgeburtliche Schädigung **823** 4; Trennung von der Familie **1666–1667** 8; **1666**a; Überlassung des Vermögens **1644**; Verkehrsunfall **828** 2 *(Haftungsfreistellung)*; Verschuldensunfähigkeit **828** 1; Verwendung der Einkünfte **1649**
Kindergeld *s Unterhalt bei Verwandten*
Kindesvermögen, Gefährdung **1667**; **1666– 1667** 12; Surrogation **1646**
Kindeswohl als Voraussetzung der Adoption **1741–1750** 2; Gefährdung **1666–1667** 1; Prinzip **1697**a; bei Sorgerechtsentscheidung **1671** 6; Umgang des Kindes mit Eltern **1626** 11
Kirchliche Verpflichtungen, aufgrund Ehe **1588**
Kirchlicher Mitarbeiter, Loyalitätspflicht **vor 611** 39
Klagebefugnis bei Verletzung eines Verstorbenen **823** 68
Klausel, cif-Klausel **269** 5; fob-Klausel **269** 5; Kostenklauseln **269** 5; im Maklervertrag **652** 30 *(Beispiele)* 42 *(Beispiele)*; Neuverhandlungsklausel **311** 18; Verfallklausel *s dort*; Verwirkungsklausel *s dort*; Wertsicherungsklausel *s dort*
Kleiner Schadensersatz und mangelhafte Kaufsache **437** 21
Knebelungsvertrag 138 12; **826** 26
Koalitionsfreiheit vor 21 11
Kollektivarbeitsrecht vor 611 29
Kollusion, Ersatzanspruch bei – **826** 13, 19
Kombinationstheorie, Vertragsverbindung **311** 33
Kommanditgesellschaft, Anwendbarkeit von § **31 31** 2; Erbengemeinschaft und – **2032** 5; Nachfolgeklausel **2032** 6; als Nießbraucher **1059a–1059e** 2
Kommerzialisierung des Intimbereichs **138** 17
Kommerzialisierungsgedanke *s Schaden*
Kommissionsvertrag vor 631 6; als selbständiger Dienstvertrag **vor 611** 23; als Verwahrung **688** 5
Konditionsgegenstand 818 2
Konfusion *s Vereinigung*
Konkretisierung 243 9–11; Gefahrübergang ohne – **300** 4
Konkurrenz, alternative **262** 4; von Ansprüchen aus Vertrag und uH **241** 15; **vor 823** 3; von Bereicherungsansprüchen mit anderen Ansprüchen **vor 812** 8; von Produkthaftungsansprüchen und anderen - **823** 161 f; und Verjährung **241** 17; Vertrag und unerlaubte Handlung **241** 15
Konkurrenzverbot, beschränkte persönliche Dienstbarkeit **1090** 4
Konnexität von Forderungen **273** 9
Konsensprinzip, formelles und materielles **873** 14, 26

magere Zahlen = Randnummern **Kündigung, ordentliche**

Konsensualprinzip und AGB **305a** 1, 2
Konsensualvertrag, Leihe **598** 1, 7; Sachdarlehensvertrag **607–609** 1
Konsolidation 889 durch Erbfolge **1922** 9; Nießbrauch **1063** 1
Kontamination von Böden **823** 7 f
Kontinuitätsgrundsatz bei Sorgerechtsentscheidung **1671** 10
Kontokorrent 387 17; **396** 1; Abtretung **399**; **400** 6; Pfändbarkeit **387** 18; Überziehungskredit **493** 2
Kontokorrentklausel, Sicherungsübereignung **930** 27
Kontokorrentvorbehalt 929 31
Kontopfändung, Auskunftspflicht bei Auftrag **666** 1
Kontoüberziehung, Duldung **493** 4; fehlende Duldung **493** 5
Kontrahierungszwang bei Machtmissbrauch **826** 21; bei Rassendiskriminierung **vor 145** 11; unmittelbarer **vor 145** 9, 10
Kontratabularersitzung 927 1
Konvaleszenz 185 8; Zustimmungserfordernis bei Gesamtvermögensgeschäft **1366**; **1367** 6
Konversion *s Umdeutung*
Konzernklausel, Sicherungsübereignung **930** 28
Konzernverrechnungsklausel 387 15
Konzernvorbehalt 929 32
Konzessionssystem 22 2; **vor 21** 7
„Kopftuchfrage" im Arbeitsrecht **622** 9
Kopplungsgeschäfte 138 18
Körper des lebenden Menschen nicht als Sache **vor 90** 9
Körperstrafe, kein Erziehungsmittel **1631– 1633** 3
Körperverletzung, Begriff **823** 3; Einwilligung *s dort*; Erwerbsschaden **842** 2; vor Geburt **823** 4; Heileingriff **823** 3, 110; Schadensminderungspflicht bei – **254** 9; Schmerzensgeld **253** 3; Schmerzensgeld statt Restitution **251** 7; Umfang des Schadensersatzes **249** 3 f; Umschulung *s dort*
Kosten der Nacherfüllung **439** 37; Rechtskauf **453** 10
Kostenschätzung 631 6
Kostenvoranschlag 632 4; **650**, Überschreitung **650** 3–5
Kraftfahrzeug, Sachmangel **434** 26 f; Schadensersatz bei Beschädigung **249** 9 ff
Kraftfahrzeugbrief, Eigentum **952** 2; und guter Glaube **932** 17; **1207** 3
Kraftfahrzeugschaden *s Verkehrsunfall*
Krankenhausvertrag, Typen **vor 611** 24
Krankheitsunterhalt, nachehelicher **1572**
Kredit, Lombardkredit **vor 488** 3; öffentl **vor 488** 15; Personalkredit **vor 488** 3; Realkredit **vor 488** 3

Kredit-/Rufgefährdung 824 1 f; Rechtswidrigkeit **824** 8; durch Tatsachenbehauptung **824** 4; Verschulden **824** 9
Kreditanfrage, invitatio ad offerendum **488** 6
Kreditauftrag 778
Kreditbrief 783 13
Krediteröffnungsvertrag vor 488 11
Kreditkarte 311 22; **365** 9; **783** 16
Kredittäuschung 138 14
Kreditvermittlungsvertrag *s Verbraucherkredit*
Kritik als Ehrverletzung **823** 70; geschäftsschädigende **823** 103; pauschale als Werturteil **824** 4 *(als Kreditgefährdung)*
Kundenkennung, Auskunftsanspruch **675r** 1; IBAN **675r** 1
Kündigung, Abfindungsanspruch **622** 10a; und AGG **AGG 12** 3; **AGG 16** 2; bedingte **542** 4 *(des allg Mietverhältnisses)*; Begründung im Dienstvertrag **626** 23; fristlose **569** *(Mietverhältnis über Wohnräume)*; Haftung für unbegründete – **280** 19; allg Mietverhältnis **542** 4 *(mehrere Beteiligte)*; **543**; Reisevertrag **651e** 1–4; Sachdarlehensvertrag **607–609** 6; soziale Rechtfertigung **622** 8 *(Arbeitsverhältnis)* 10 *(Arbeitsverhältnis)*; Widerspruch durch betriebliche Arbeitnehmervertretung **622** 11
Kündigung, außerordentliche, mit ges Frist **542** 2 *(Zweck, Beispiele)*
Kündigung, außerordentliche aus wichtigem Grund, nach Abmahnung **626** 9, 16; Darlehen **490**; Dauerschuldverhältnis **314**; Dienstverhältnis **626**; Dienstvertrag **627**; Gesellschaftsvertrag *s dort*; Interessenabwägung **626**; Landpachtvertrag *s dort*; Mietvertrag *s dort (fristlose -)*; Reisevertrag *s dort*; und Schadensersatz **314** 8; Schriftform **623** 1; Sonderregelungen **314** 2; bei Unpünktlichkeit **626** 10; Zeitspanne **314** 7
Kündigung, außerordentliche mit ges Frist, Fristbestimmung **573d** *(Wohnräume)*
Kündigung, ordentliche, Abdingbarkeit **489** 13 *(Darlehensvertrag)*; bei Ablauf der Zinsbindung **489** 3; Arbeitsverhältnis **620**; **622**; Auftrag *s dort*; vor Auszahlung des Darlehens **490** 6; nach Auszahlung des Darlehens **490** 7; Bausparvertrag **489** 7; durch Darlehensgeber **490** 2; des Darlehensgebers bei Verzug mit Teilzahlungen **498** 3; des Darlehensnehmers **489**; **490** 8; Dienstvertrag **620**; **621**; **624**; Erklärungsfrist bei Darlehen **490** 10; und fehlende Rückerstattung des Darlehens **489** 12; festverzinsliche Darlehen **490** 9; festverzinsliches Darlehen **489** 2; Hypothek **1141**; Landpachtvertrag *s dort*; Leihe *s dort*; Mietverhältnis **573c** *(Wohnräume)*; **580a** *(Grundstücke, Räume, die keine*

Teichmann 2325

Kündigungsfrist

Wohnräume sind); Mietvertrag allg **542** 1; bei Pauschalvergütung im Werkvertrag **649** 4 *(durch Besteller)*; Schriftform **623** 1; bei veränderlichem Zinssatz **489** 9; Verbraucherdarlehensvertrag **489** 5; Verhältnismäßigkeit **622** 10; bei Vermögensverschlechterung des Darlehensnehmers **490** 3; Werkvertrag **649** *(durch Besteller)*

Kündigungsfrist bei Dienstverträgen über mehr als 5 Jahre **624**; bei Mietverhältnis **573c** *(Wohnräume)*

Kündigungsrecht und AGG **vor 620–630** 3; bei Verbraucherdarlehensvertrag **499** 2; **500** 2

Kündigungsschutz im Dienstvertrag **622** 7–11; **vor 611** 44; für Mietverhältnisse **573** *(Wohnräume)*; im Mietvertrag *sa dort*

Künstliche Befruchtung *s Insemination*

Kurzerkrankung, häufige als Kündigungsgrund **622** 9

Landgut als Erbgegenstand **2049** 2; **2312** 1

Landpachtvertrag, Anbau von gentechnisch verändertem Mais **590a** 1; Änderung **593**; Aufwendungsersatzanspruch für den Pächter **588**; Begriff **585** 2; Beschreibung der Pachtsache **585b**; Betriebsübergabe vor Erbfall **593a**; Ende und Verlängerung bei befristetem – **594**; Entrichten der Pacht **587**; Erhaltung und Verbesserung der Sache durch den Verpächter **588**; Erhöhung der Pacht **588**; Fälligkeit der Pacht **587**; Form **585a**; vertragswidriger Gebrauch **590a**; Inventarübernahme zum Schätzwert **590**; **589–590**; Kündigung **589–590** 1 *(wegen versagter Unterverpachtung)*; **594a–595a** 3 *(außerordentliche)* 2 f *(ordentliche, wegen Berufsunfähigkeit des Pächters, Frist, wegen Tod des Pächters)*; Landwirtschaftsgericht **588**; **589**; **590** 2; **591**; **593**; langfristig befristeter – **594a–595a** 1 f; Lasten **586a**; Mängelgewährleistung **586**; Nutzungsüberlassung an Dritte **589**; **590** 2; Pflichten des Pächters **586**; **596b**; Pflichten des Verpächters **586**; **596a**; Rückgabe der Sache **596**; verspätete Rückgabe der Sache **597**; unbefristeter – **594a–595a** 1 f; Unterverpachtung **589**; **590** 1 f; **596**; Veräußerung oder Belastung des Grundstücks **593b**; Verhinderung des Pächters **587**; Verjährung **591b**; Verlängerung **594a–595a** 2; Verpächterpfandrecht **592** 1; vertragstypische Pflichten **586**; Verwendungen **591** *(wertverbessernde)*; **596** 1; **590b** *(notwendige)*; Wegnahme von Einrichtungen **591a**; Zustimmungspflicht zur Unterpachtung **589**; **590** 1 f

Langfristiges Urlaubsprodukt, halbzwingende Abdingbarkeit **487** 1; Anzahlungsverbot **486** 1 f; Begriff **481a–b** 2; vorvertragliche Information **482** 1 ff; Kündigung **486a** 2; Ratenzahlungsplan **486a** 1; Sprache **483** 1–4; Verbot des vorzeitigen Leistungsverlangens **486**; Vertragsform **484** 1; Vertragsinhalt **484** 2–4; Widerrufsbelehrung **482a** 1; Widerrufsfrist **485**; **485a** 4–8; Widerrufsrecht **485**; **485a** 1–3

Lasten des Besitzers **995**; beim Landpachtvertrag **586a**

Lastenausgleich bei Vermächtnis **2164** 2; **vor 2147** 4

Lastschrift 675f 7

Lastschriftverfahren 328 40; elektronisches **675f** 9; Erfüllung **364**; **365** 5; Erstattungsanspruch des Zahlers **675x**; Rückbelastungsrecht **675x**

Leasing vor 535 5–10; Anwendbarkeit von Normen **vor 535** 7; Ausgestaltung **vor 535** 6; und Darlehensrecht **vor 535** 7; erlasskonformes **vor 535** 6; Finanzierungsleasing **vor 535** 6–10; Formen **vor 535** 5; Gefahrtragung **vor 535** 9; und Geschäftsgrundlage **vor 535** 7, 8; kreditrechtliche Elemente **vor 535** 7; Leistungsstörungen **vor 535** 8 *(Lieferant)* 10 *(Leasingnehmer)*; und Mängelhaftung (Befreiung) **vor 535** 8; und Mietrecht **vor 535** 7; Operating-Leasing **vor 535** 5; Personal-Leasing **vor 535** 5; sale-and-lease-back-Vertrag **vor 535** 6; Steuervorteile **vor 535** 6; Teilamortisationsvertrag **vor 535** 6; als Verbrauchervertrag **vor 535** 7; als verbundenes Geschäft **vor 535** 7; Vollamortisationsvertrag **vor 535** 6; Zweck **vor 535** 6

Lebenspartner, Eintritt in Mietverhältnis **563** *(Wohnräume)*; **563a** 3 *(Wohnräume)* 6 ff *(Wohnräume)*; Eintritt in Mietverhältnis **563a** 7; Tötung des haushaltführenden – **844** 3, 6; Verletzung des haushaltsführenden – **842** 4; **vor 249** 9

Lebenspartnerschaft, eingetragene als BGB-Innengesellschaft **705** 16; deliktischer Schutz **823** 89; Dreißigster **1969** 1; Erbeinsetzung durch Testament **2077** 5; Erbrecht **1933** 5; Erbverzicht **2346** 3; Gemeinschaft nach Bruchteilen **741** 2; gemeinschaftliches Testament **2265** 1 *(Errichtung)*; ges Erbrecht **1931** 1; Pflichtteil **2303** 2, 5–7; Pflichtteil und unbenannte Zuwendungen **2325** 4; Pflichtteil und Vermächtnis **2307** 3; Pflichtteilsentziehung **2333**; steuerliche Gleichstellung **1931** 5; gemeinschaftliches Testament **2268** 1 *(Wirksamkeit bei Aufhebung der –)*; Unwirksamkeit letztwilliger Verfügungen **2077** 2; Voraus des Partners **1932** 1; *sa Ehe*

Lebensstandardgarantie durch nachehelichen Unterhalt **1578** 1

Lebensversicherung, Auszahlung ohne Rechtsgrund **812** 45; als vererbliche Rechtsposition **1922** 2; **2301** 6; vorzeitige – als schadensmindernder Vorteil **vor 249** 37; Zuwendung auf den Todesfall **2077** 8; **2301** 6
Lebensversicherungsvertrag 331 2; überlange Dauer **139** 11
Legislatives Unrecht, Haftung **839** 2
Legitimationspapiere 407 4; **410** 1; **793** 9; einfache **808** 2; qualifizierte **808** 1
Lehrer, Aufsichtspflicht **832** 4
Lehrverhältnis vor 611 55
Leibesfrucht 1 4; Erbfähigkeit **1923** 2; Pflegschaft **1912**; *sa Kind*
Leibrente 759–761, Begriff **759–761** 1; Dauer **761** 4; Form **761**; Formzwang **761** 6; Gegenstand der Leistung **759–761** 3; Geschäftsgrundlage **761** 8; und Leistungsstörung **761** 7; Nießbrauch **1073**; aufgrund Schadensersatzverpflichtung **761** 5; Verjährung **761** 9; Versprechen einer – **759–761** 2; Vorauszahlung **760**
Leibrentenvertrag 330 1
Leichnam 1 3; kein Nachlassgegenstand **1922** 11; **vor 90** 9 *(keine Sache)*
Leiharbeitsverhältnis 611 3; Erfüllungsgehilfe **278** 16
Leihe 598–606, Abgrenzung **598** 2; Anbahnung eines Vertrages **598** 4; Arglist des Verleihers **600**; und Auftrag **598** 2; besitzlose **598** 8; Dauerleihe **604** 3; Eigentums- und Besitzverhältnisse **598** 6; vertragsgemäßer Gebrauch **603** 1; Gebrauchsgegenstand **598** 9; Gebrauchsgestattung **598** 8; Gebrauchsüberlassung an Dritte **603** 2; **604** 5; Grundstücksleihe **598** 9; Haftung des Verleihers **599** 1; **600** 1; Inhalt **598** 8; Kündigung **605**; und Manuskriptzusendung **598** 4; und Mietverhältnis **vor 535** 3; Obhutspflicht **598** 2, 8; **602**; Rückgabe der Leihsache **604** 2 *(Ort)* 3 *(Zeit)*; und Sachdarlehensvertrag **607–609** 2; Sachherrschaft des Entleihers **598** 8; Verjährung **604** 6 *(Rückgabeanspruch)*; **606** *(Schadensersatz-, Verwendungsansprüche)*; Verjährungsbeginn **606** 5; Vertragsdauer **598** 10; und Verwahrung **598** 2; Verwendungen **601**; **604** 4; **606**; Wegnahmerecht **601**; **606**; Wertpapierleihe **598** 9
Leihmuttervertrag 134 12
Leistung aufgrund Anstands- oder Sittenpflicht **814** 8; Art und Weise **242** 17; Begriff **241** 7; **812** 2; **vor 812** 4; Bestimmung durch Dritten **317**; Bestimmung durch eine Partei **315**; im Dreipersonenverhältnis **812** 32; durch Dritte **267**; an Dritten **328**; **362** 5; an Dritten nach Todesfall **331**; an Erfüllungs Statt **364**; **365** 2; erfüllungshalber **364**; **365** 6; Erlöschen des Anspruchs auf – **281** 14; Ersetzungsbefugnis des Schuldners **364**; **365** 2; Hypothekenhaftung und wiederkehrende Leistungen **1126**; Inhalt **241** 8; in Kenntnis der Nichtschuld **814** 1; mit Kreditkarte **364**; **365** 9; Mitwirkung des Gläubigers **293** 2, 9 f; **295** 3; **296**; auf eine Nichtschuld **812** 13; persönliche **241** 8; persönliche im Dienstverhältnis **611** 6; beim Reisevertrag **651a** 10; auf fremde Schuld **812** 78; teilbare **420**; Teilleistung **266**; Tilgungsreihenfolge **366** 1, 6; **367** 1; unteilbare **275** 8; Unterlassen **241** 8; verbotswidrige – **817**; unter Vorbehalt **362** 3; Vorbehalt bei Teilleistung **341** 5; Zug-um-Zug-Leistung **322**; *sa Gegenleistung*
Leistungsbefreiung, Überblick **275** 5
Leistungsbestimmung, Anfechtung **318**; nach freiem Belieben **319** 5; nach billigem Ermessen **319** 3; gerichtl Kontrolle **319** 6; Unwirksamkeit **319**
Leistungserschwerung, übermäßige **275** 11
Leistungsfähigkeit, beim Verwandtenunterhalt **1603**; **1601–1604** 12
Leistungsgefahr, Begriff **vor 446** 3; Werkvertrag **644**; **645** 2
Leistungshindernis, anfängliches **311a** 3, 5 *(Haftung)*; während des Annahmeverzugs **326** 16; Aufwendungsersatzanspruch **311a** 8; Begriff **283** 5; **311a** 3; Beweislast **284**; **311a** 3; Einrede aus § 320 **320** 9; faktisches **275** 24; und Gegenleistung **vor 275** 14; vom Gläubiger und Schuldner gemeinsam zu vertretendes **326** 22; vom Gläubiger zu vertretendes **326** 14; nachträgliches **283** 1, 5; Rechtsfolgen **275** 31; **311a** 10 *(Überblick)*; Schadensersatz statt der Leistung **283** 1; **311a** 5; Umfang **275** 1; verfahrensrechtliches **284**; und Verlust der Gegenleistung **326** 5; bei Vertragsschluss **311a**; Voraussetzungen **311a** 6 *(Überblick)*; und Wirksamkeit des Vertrags **311a** 4
Leistungsinteresse des Gläubigers **275** 25 *(bei faktischem Leistungshindernis)*
Leistungskondiktion vor 812 3; Ausschluss nach § 817 S 2 **817** 13; Fallgruppen **812** 13 ff
Leistungsort 269, bei Akzessorietät der Verbindlichkeiten **269** 8; Begriff und Bedeutung **269** 1; bei Bringschuld **269** 1, 4; gemeinsamer **269** 5, 8 f; und Gerichtsstandsvereinbarung **269** 2, 5; ges **269** 6; Handelsbrauch und Verkehrssitte **269** 4; bei Holschuld **269** 1; Leistungsstelle **269** 9; bei Nacherfüllung **439** 11 *(Kauf)*; für Nebenpflichten **269** 8; Niederlassung als – *s dort*; bei Rücktritt **269** 8; bei Schickschuld **269** 1; Rücknahme von Verpackungen **269** 2; vertraglich vereinbarter **269** 4; Wohnsitz als – *s dort*; und Zahlungsort **269** 5

Leistungspflicht

fette Zahlen = §§

Leistungspflicht, Ausschluss 275; Bestehenbleiben der Gegenleistungspflicht 326 14; Grenzen 275 4; **vor** 275 4; Hauptleistungspflicht 241 9; und Leistungshindernis 275 1; Nebenleistungspflicht 241 9; Opfergrenze 275 20; persönliche 267 2, 3; primäre 241 11; 275 1; sekundäre 241 11; 275 1

Leistungsstörungen und Gewährleistung beim Reisevertrag **vor** 651c 1; Schadensersatz 480 5 *(Tausch)*; 644 *(Werkvertrag)*; 645 11 *(Werkvertrag)*; 536a 3 *(Mietverhältnis)*; Überblick **vor** 275 1; Übergangsregelung **vor** 275 17

Leistungsstörungsrecht, Überblick **vor** 275 6

Leistungsträger, Ansprüche gegen den Reisenden 651d 3; beim Reisevertrag 651a 7

Leistungsverweigerungsrecht bei Abschlagszahlungen 632a 4; bei Abtretung 410 1; 411 1; nach AGG **AGG 14** 1; beim gegenseitigen Vertrag 320; Gesellschafter 705 18; 706 3; Verjährung 194 2; nach Verjährung 214–217 2; als Verjährungsfolge 194 4; Zurückbehaltungsrecht als – 273 19

Leistungsvorbehalt 244; 245 21; 315 6; 317 10

Leistungszeit 271, Bestimmung 271 6; Beweislast 271 17; Fälligkeitsklauseln 271 7; kalendermäßig bestimmte 286 27; Nichteinhaltung 271 16; Stundung 271 9; Verbraucherdarlehen 271 6

Letztwillige Verfügung s *Erbeinsetzung;* s *Testament*

Lieferkette und Regress 478 12

Lieferklauseln beim Kauf **vor** 433 8

Lieferungskauf s *Werklieferungsvertrag*

Liefervertrag, Schutzwirkung für Dritte 328 38; Widerruf bei verbundenem – 358 7–10

Liquidationsverein 41–44 4, 6; 45–53 2

Lizenzen, Kauf 453 2, 18

Lizenzgebühr als Schadensersatz (Grundsatz der Lizenzanalogie) **vor** 249 54

Lizenzspielertransfer vor 433 11

Lizenzvertrag vor 433 11

Lohnfortzahlung und Schadensausgleich **vor** 249 8

Lohnwucher 139 9

Lombardkredit vor 1204 4; **vor** 488 3

Löschung im Grundbuch 875 3

Löschungsanspruch ges – gegen fremdes Grundpfandrecht 1179a; ges – gegen ehemals eigenes Recht 1179b; vertraglicher 1179 2, 3; ges – bei Wertpapierhypothek 1187–1189 1; sa *Löschungsvormerkung*

Löschungsvormerkung 1179 14; fingierte 1179a 10; sa *Löschungsanspruch*

Lotterie 763, Begriff 763 2; Genehmigung 763 4; Loskauf 763 2

Luftfahrzeug, Bestandteile 94 6

Mahnung, Begriff 286 15; Einzelfragen 286 22; Entbehrlichkeit 286 27; bei festgestellten Unterhaltsansprüchen 286 25; Rechtsnatur 286 16; bei unbestimmter Forderung 286 25; Voraussetzungen 286 17; bei wiederkehrender Leistung 286 26; Zeitpunkt 286 20

Makler, Arten **vor** 652 2; Doppelmakler 652 4; 654 4, 11; treuwidrige Doppeltätigkeit 654 11; Handelsmakler **vor** 652 8; mehrere **vor** 652 20; wirtschaftliche Mitbeteiligung 652 12; Selbsteintritt 652 12; Untermakler **vor** 652 22; Verflechtung mit der Gegenpartei 652 13 f; Vertretungsmacht **vor** 652 4; WEG-Verwalter 652 14

Maklerlohn 653, Aufwendungen 652 31; Erfolgsunabhängigkeit 652 29; Fälligkeit 652 27, 30; Hauptvertrag 652 16, 23 *(nachträglicher Wegfall)*; Herabsetzung 655 1; Höhe 652 26; 653 1, 3; Kenntnis von der Maklertätigkeit 652 25; Rückforderungsanspruch 652 3; Rückgewähr 654 12; Ursächlichkeit der Maklertätigkeit 652 24; abweichende Vereinbarungen 652 28; Verjährung 652 27; Verwirkung 654 10; Voraussetzungen 652 1; Vorvertrag 652 18

Maklervertrag 652–656, Abgrenzung **vor** 652 5; Alleinauftrag 652 33; Aufklärungspflichten 654 5 f; Begriff **vor** 652 1; Darlehensvermittlung **vor** 652 8; Dauer 652 7; Doppelauftrag 652 4, 33 *(Verbot)*; 654 4, 11; und Dritter 652 11; Eigengeschäft des Auftraggebers 652 33; Form 652 5; 311b 27; Fortzahlungsklausel 652 29; Störung der Geschäftsgrundlage 652 23; in der Insolvenz 652 7; Klauseln 652 30, 42; Maklerleistung 652 8; Nachweis der Gelegenheit zum Vertragsschluss 652 8; Provision 307 10 *(AGB)*; Reservierungsvereinbarung 652 30; Schadensersatz 652 34, 41; 654 3, 12 f; Treupflichten 654 9 *(Auftraggeber)* 3 f *(Makler)*; abweichende Vereinbarungen 652 42; **vor** 652 11; Vergütung 652 28; Vermittlung 652 9; Vermittlungsverbote **vor** 652 16; Vertragsstrafe 339 15; 652 41; Vorkenntnisklausel 652 30; Weitergabeklausel 652 30; Widerruf 652 7, 34; Wirksamkeit 652 18; Wohnungsvermittlung 652 29, 31, 41; **vor** 652 13; Zustandekommen 652 4

Mangel, Annahme ohne Vorbehalt 442 4; Befreiung von der Nacherfüllung 634 6; Beseitigungsverlangen 280 16; der Kaufsache 434 8; Kenntnis 442 3; Landpachtvertrag 586; Leihe 600 1; Mietverhältnis 536a 4; nicht behebbarer 326 27; Rechtsmangel *s dort*; Reisevertrag 651c 1; **vor** 651c 1;

magere Zahlen = Randnummern **Mietverhältnis**

Sachmangel *s dort*; Schadensersatzpflicht **651f** 2 *(des Reiseveranstalters)*; unerheblicher **281** 30; grobfahrlässige Unkenntnis **442** 5; Verdacht der Mangelhaftigkeit als – **434** 14; Werkvertrag **633** 4–6 *(Begriff)*; Wiederkauf **456** 12; **457**

Mängelanzeige, Kauf **438** 10; Mietverhältnis **536c**; Reisevertrag **651d** 2

Mängelbeseitigung *s Nacherfüllung*

Mängeleinrede, Kauf **438** 10

Mangelfolgeschaden, Kauf **437** 15; Leihe **599** 2; Schenkung **521** 1; **524** 1

Mängelhaftung, Ausschluss **536d** *(Mietverhältnis)*; und Leistungsstörungsrecht **vor 275** 15

Mängelmitteilung, Verbrauchsgüterkauf **475** 4

Markierungsvertrag 930 47

Massenverkehr, Verträge **vor 145** 19

Maßregelungsverbot, im Arbeitsverhältnis **612a** 1

Medizinische Behandlung, Aufklärungspflicht **823** 113ff; **630e**; Einwilligung **823** 111f; **630d** 1; *(sa Arzthaftung)*

Mehrere Schädiger 830, Ausgleichspflicht **840** 7; gesamtschuldnerische Haftung **840**; einseitiger Haftungsausschluss **840** 8; Haftungseinheit **840** 6; Mitverschulden **840** 4 *(des Verletzten)*; Tatbeitragseinheit **840** 6

Mehrvertretung 181 4

Mehrwertsteuer, Kauf **433** 14; Werkvertrag **632** 6; *sa Umsatzsteuer*

Merkantiler Minderwert *s Schadensersatz*

Mietdatenbank, Begriff **558e**; bei Mieterhöhung **558a** 4

Miete, Begriff **535** 24; Bruttoinklusivmiete **556** 3; Erstreckung der Hypothek auf – **1123–1125**; Fälligkeit **579** *(eingetragenes Schiff, Grundstück, Räume)*; **556b**; Formen **535** 24; Mieterhöhung **557**; **558** 4 *(Kappungsgrenze, bis zur ortsüblichen Vergleichsmiete)*; **557b** 4 *(Indexmiete)*; Teilinklusivmiete **556** 3; Veränderung von Betriebskosten **560**; *sa Betriebskosten*

Mieter, außerordentliches Kündigungsrecht **543** 2; Benutzungspflicht **535** 28; Duldungspflichten **535** 28; vertragsmäßiger Gebrauch der Sache **535** 27; deliktische Haftung bei Gebäudeeinsturz und Ablösung von Teilen **837** 1; Instandsetzungspflicht **535** 26; Kenntnis vom Mangel **536b** 1; mehrere **535** 3; **558a** 1; mehrere – als Gesamtschuldner **425** 9; Mietzahlungspflicht **535** 24; Nebenpflichten **535** 27–28; Obhutspflicht **535** 28; allg Pflichten **535** 24–28; Pflichtverletzungen des Vermieters **535** 23; Rückgabepflicht **546**; Rücksichtnahmepflicht **535** 28; schuldhafte Vertragsverletzung **573**; Tod **563**; **580**; **563a**; persönliche Verhinderung **537**; vertragswidriger Gebrauch **535** 27 *(Verbot des -)*; **543** 5; Vorkaufsrecht **577** *(bei Umwandlung in Wohnungseigentum)*; Zahlungsverzug **543** 6

Mieterhöhung 558, Form und Begründung **558a** 4; Gutachten **558a** 4; Heilung fehlerhaften Erhöhungsverlangens **558b** 3; Kappungsgrenze **558** 4; mehrere Mieter **558a** 1; Mietdatenbank **558a** 4; einfacher Mietspiegel **558a** 4; bei Modernisierung **559**, **559a** 1; Sonderkündigungsrecht **561**; innerhalb der Spanne **558** 4; Sperrfrist **558a** 3; Staffelmiete **557a**; Überlegungsfrist des Mieters **558b** 1; Vergleichsmiete **558 Abs 2** *(Begriff)*; **558a** 4; Wartefrist **558** 3; Zustimmung des Mieters **558b** 1

Mietkaution 551, abgesicherte Ansprüche **550** 2; Arten **550** 2; und Darlehen **vor 488** 20; zulässige Höhe **551** 3; Rückzahlung **550** 4; Anlage auf Sonderkonto **551** 1

Mietrecht, Aufbau **vor 535** 2

Mietspiegel, einfacher **558c**; einfacher und qualifizierter **558a** 2 f; bei Mieterhöhung **558a** 2 f; qualifizierter **558d**

Mietverhältnis *sa Mietvertrag*

Mietverhältnis (allg, Sachen, Räume, die keine Wohnräume sind), Abgrenzungen **vor 535** 3; Abnutzung der Mietsache **538**; Anbringen von Einrichtungen **535** 19; anfänglicher Sach- oder Rechtsmangel **536a** 4; Anzeigepflicht bei Mängeln **536c**; Art der Benutzung **535** 17; Aufwendungsersatz **539**; Ausschluss der Kündigung **543** 6 *(bei Nachzahlung der Miete)*; außerordentliche (fristlose) Kündigung **542** 3; **543**; außerordentliche Kündigung mit ges Frist **542** 2 *(Begriff, Anwendungsfälle)*; außerordentliche Kündigungsrechte **543** 1; von Automatenaufstellungsvertrag **vor 535** 11 f; Beendigungsgründe **542** 1 f; befristeter Vertrag **542** 5; Begriff **vor 535** 1; Besitzverschaffung **535** 12; Beteiligte **535** 2 f; über dreißig Jahre **544**; über eingetragenes Schiff **578a**; Ende **542**; Entzug der Mietsache **536** 7; Erhaltungspflicht des Vermieters **535** 13; Form der Kündigung **547** 7; Fortsetzung des Gebrauchs nach Ablauf **545**; vertragsgemäßer Gebrauch **535** 15 ff; **538** 2; **541**; **543**; vertragswidriger Gebrauch **541** 2; Gebrauchsgewährung **535** 12; Gebrauchsüberlassung an Dritte **540**; als Gebrauchsüberlassungsvertrag **vor 535** 1; Gestaltungsfreiheit **535** 10; über Grundstücke **578**; Inhalt **535** 10; Instandhaltungspflicht des Vermieters **538** 1; Kenntnis vom Mangel **536b** 1; Kontaminierung des Bodens **536** 4; Kündigung durch Mieter **543** 2–4 *(wegen Vorenthaltung des Gebrauchs)*; Kündigung durch Vermieter **543** 5 *(wegen vertrags-*

Mietverhältnis (Räume) fette Zahlen = §§

widrigen Gebrauchs) 6 *(wegen Zahlungsverzugs)*; Kündigungsfrist **580a** *(eingetragenes Schiff, Grundstück, Räume)*; Lastentragungspflicht **535** 21; und Leasing **vor 535** 5–10; und Leihe **vor 535** 3; Mangel **536b** 1 *(Kenntnis des Mieters)*; Mangel nach Vertragsschluss **536a** 6; Mängelanzeige **536c** 4 *(Beweislast)* 2 f; subj Mangelbegriff **536** 4; Mietminderung **536** 8 *(und allg Leistungsstörungsrecht, „automatischer" Eintritt)*; Mietvorauszahlungen **535** 26; **547**; Mietzahlungspflicht **535** 24; Minderungsquote **536** 4; Mischformen **vor 535** 4–12; falsche Montageanleitung **536** 4 *(als Mangel der Mietsache)*; weitere Nebenpflichten des Vermieters **535** 22; ordentliche Kündigung **542** 1; und Pachtvertrag **581** 7; **vor 535** 3; Pflichten des Mieters **535** 24–28; Prozessuales **535** 29; über Räume **578**; Rechte des Mieters bei Pflichtverletzungen **535** 23; Rechtsmangel **536** 7; Rückerstattung vorausgezahlter Miete **547**; Rückgabe der Mietsache **546**; Rückgabeanspruch des Vermieters **570** iVm **578**; Sachmangel **536** 5 *(Erheblichkeit)* 4 f; Sachmangel und aliud **536** 6; Schadensersatzanspruch **536a** 3 *(und allg Leistungsstörungsrecht)* 6 *(bei zu vertretendem Mangel nach Vertragsschluss)* 7 *(bei Verzug des Mieters mit der Mängelbeseitigung)* 3–9 *(gegen Vermieter)*; **546a** *(bei verspäteter Rückgabe)*; Selbstvornahme **536a** 2 *(der Mangelbeseitigung)*; Sonderleistungen **535** 26; Umfang der Rückgabe **546** 2; Unterlassen der Mängelanzeige **536c**; Unterlassungsklage **541** 1 *(bei Gebrauchsüberlassung an Dritte)*; Unwirksamkeit der Kündigung **543** 6; Veräußerer der Mietsache **566–567b** *(578)*; persönliche Verhinderung **537** *(des Mieters)*; Verjährung **548** 2 *(der Ersatzansprüche des Vermieters)* 3 *(des Wegnahmerechts des Mieters)*; Verlängerung **545** *(stillschweigende)*; Vermieterpfandrecht **562–562d** *(578)*; Vermieterpflichten **535** 11–23; und Verwahrungsvertrag **vor 535** 3; Wegnahme von Einrichtungen **539**; Wegnahmerecht **539**; Wirkung der Kündigung **543** 7; Zubehörteile **535** 16; zugesicherte Eigenschaften **536** 6; kein Zurückbehaltungsrecht gegen Rückgabeanspruch **570**; Zwangsvollstreckung bei mehreren Bewohnern **535** 3; *sa Leasing; sa Mietverhältnis (Wohnräume)*

Mietverhältnis (Räume), Umwandlung in Wohnungseigentum **577a** *(Eigenbedarfsklage nach -)*

Mietverhältnis (Wohnräume) 549, dauernde Aufnahme Dritter **535** 18; Außenantennen **535** 19; Baukostenzuschuss **535** 26; Besuch **535** 18; Betriebskosten *s dort*; zugunsten Dritter **328** 32; Ehegatte **563** *(nach Tod des Mieters)*; **563a** 4 *(nach Tod des Mieters)*; Eintrittsrecht Dritter **563**; **563a**; Erhaltungsmaßnahme **555a** 1 *(Begriff, Duldungspflicht)* 3 *(Ankündigungspflicht)*; **555f** *(Parteiabsprache)*; Erlaubnis der Untervermietung **540** 4; Erlaubnisverweigerung bei Untervermietung **540** 4; Erwerb durch Dritten **566** 3; Fahrstuhlausfall als Mangel **536** 5; Familienangehörige **563** *(nach Tod des Mieters)*; **563a** 5 *(nach Tod des Mieters)*; Fortsetzung **563** *(mit Dritten)*; **564** *(mit Erben)*; **563a** *(mit Dritten)*; Fortsetzung nach Widerspruch **574a**; **574c**; Gebrauchsüberlassung an Dritte **553**; gemeinschaftliche Räume **535** 16; Gesundheitsgefährdung **536** 4; Gleichbehandlungsgesetz **535** 4–9; Haftung **563b** *(bei Eintritt)* *(bei Fortsetzung des Mietverhältnisses)*; Haftung des Mieters **540** 4 *(bei Untervermietung)*; Haftung des Veräußerers **566** 5; Hausflur **535** 16; Haushaltsgenossen **563** *(nach Tod des Mieters)*; **563a** 8 *(nach Tod des Mieters)*; Haustiere **535** 20; Heizung **535** 12; **536** 4; Heizungskosten **535** 25; Kinder als Rechtsnachfolger **563** *(nach Tod des Mieters)*; **563a** 6 *(nach Tod des Mieters)* 7 *(nach Tod des Mieters)* 8 *(nach Tod des Mieters)*; Kleinreparaturen **535** 13; Kontaminierung des Bodens **536** 4; Kündigung **568**; **569** 2 *(wegen Gesundheitsgefährdung)* 3 *(bei Störung des Hausfriedens)* 4 *(bei Zahlungsverzug) (außerordentliche, fristlose)*; **574** *(Widerspruch des Mieters)*; **573a** 1 *(Zweifamiliengebäude)*; **573d** *(außerordentliche)*; **574b** *(Widerspruch des Mieters)*; **575a** *(außerordentliche bei Zeitmietvertrag)*; Kündigung bei Verzug mit Kaution **569** 4; Kündigung durch Vermieter **573** *(nur bei berechtigtem Interesse, ordentliche) (bei schuldhafter Vertragsverletzung des Mieters, wegen Eigenbedarfs)*; **574** *(Einschränkungen)*; Kündigungsfrist **573c** 1 *(bei ordentlicher Kündigung)*; **573d** *(bei außerordentlicher Kündigung)*; Kündigungsrecht **573c** 1 *(Ausschluss auf Zeit)*; Kündigungsschutz **566** *(bei Veräußerung)*; Lebenspartner **563** *(nach Tod des Mieters)*; **563a** 7 *(nach Tod des Mieters)* 6 ff *(nach Tod des Mieters)*; Mietrechtsnovelle 2013 **vor 555a** 1; Modernisierungsmaßnahme *s dort*; Musikausübung **535** 17; Partylärm **535** 17; geringere Raumgröße **535** 16; räumlicher Umfang **535** 16; Reparaturen **535** 13; Rückgabe **571** *(Räumungsfrist)*; Rückgabeanspruch des Vermieters **570**; Rücktrittsrecht **572** *(Ausschluss)*; Schadstoffe **536** 4; Schönheitsreparaturen **535** 14; **538** 1; Sonderkündigungsrecht **561** *(bei Mieterhöhung)*; Sonderrechtsnachfolge **563**; **563a** 1, 2; Streupflicht **535** 12; in Studenten- oder Jugendwohnhei-

magere Zahlen = Randnummern **Miterbe**

men **549** 7; Teilkündigung **573b** *(des Vermieters)*; möblierte Teilwohnung **550** 2; Tod des Mieters **563**; **563a**; Treppen **535** 16; Trockenplatz **535** 16; Überlassung an Dritte **535** 18; Untermietverhältnis **540** 6; Untervermietung **540**; Veräußerung der Mietsache **556** 3 *(Haftung des Veräußerers)*; **566** 2 *(an mehrere)* 3 *(Haftung des Erwerbers)*; Veräußerung der Mietsache vor Gebrauchsüberlassung **567a**; Vermieterpfandrecht **562**; Vorausverfügung über Miete **566b-e** 2; Vorenthaltung der Mietsache **571**; zum vorübergehendem Gebrauch **549** 3; Wärmecontracting **535** 12, 25; **556c** 1; Warmwasserkosten **535** 25; Weiterveräußerung der Wohnräume durch Erwerber **567b**; durch Weitervermietung durch Träger der Wohlfahrtspflege **549** 6; Widerspruch gegen Kündigung **574b**; kein Zurückbehaltungsrecht gegen Rückgabeanspruch **570**; gewerbliche Zwischenvermietung **565**; *sa Mietverhältnis (allg, Sachen, Räume außer Wohnräume)*

Mietvertrag (Rechtsgeschäft) vor 535 1 ff; Abschluss **535** 1; Auslegung **535** 15; Auslegungsschranken **535** 15; Begriff **vor 535** 1; überlange Dauer **139** 11; mit Ehegatten **535** 3; Ersatzmieter **537** 3; Form **550** 3 *(Nebenabreden)* 6 *(Abänderungen) (von Nachträgen)*; Formmangel **550** 5; Gesamthand als Vermieter **vor 535** 2; Kinder **535** 3; Kündigung nach Nießbrauchsbeendigung **1056**; mit Lebenspartnern **535** 3; mehrere Mieter **535** 3; Nachmieter **537** 3; Parteien **535** 3; und Reisevertrag **651a** 5, 6; und Sachdarlehensvertrag **607–609** 2; Schutzwirkung für Dritte **328** 32; Untermietvertrag *s dort*; mehrere Vermieter **535** 3; Vermieterpfandrecht *s dort*; Vertragsstrafe **555**; Vorvertrag **463** 4; auf Zeit **575**; *sa Mietverhältnis*

Mietvorvertrag, kein Mietvertrag **550** 2; Veräußerung der Mietsache **566** 3, 6 *(Form)*

Mietwucher 134 15; **139** 9

Minderjähriger, Aufenthaltsbestimmung **1631–1633** 5, 15; Aufsichtspflicht **1631–1633** 4; Ausbildung **1631–1633** 11; **1631a**; Ausschlagung der Erbschaft durch Eltern **1643** 3; Bereicherung und Herausgabepflicht **818** 18; Berufswahl **1631–1633** 11; Billigkeitshaftung bei uH **829**; Bösgläubigkeit bei Besitzerwerb **990** 2; Dienst- oder Arbeitsverhältnis **113** 5; Erbauseinandersetzung **2042** 4; **2204** 2; Erbenstellung bei Testamentsvollstreckung **2204** 4; Erbschaftsannahme **1943** 3; Erwerbsgeschäft, selbständiger Betrieb **112** 3; Freiheitsentziehung **1631–1633** 6; **1631b**; Geschäftsfähigkeit **104** 1; Haftung für uH **828**; Haftungsbegrenzung **1629a** 1 *(allg)* 3 *(Voraussetzungen)* 7 *(Rechtsfolgen)*; Heirat und Einfluss auf Sorgerecht **1631–1633** 26; einseitiges Rechtsgeschäft **111** 2; kraftfahrzeugbezogene Rechtsgeschäfte **107** 7; Schenkung **516** 10; Testierfähigkeit **2229** 1; **2233**; **2247**; Tierhalterhaftung **833** 1, 3; Unterbringung **1631–1633** 6; Verbot der Sterilisation **1631c**; Vertrag **108–110**; ges Vertreter **104** 3; Verzicht auf Pflichtteil durch Eltern **1643** 3

Minderung 441, Ausübung **441** 5; mehrere Beteiligte **441** 5; Durchführung **441** 6; Gefahrübergang **441** 4; Kauf **437** 13; mehrmalige **441** 8; Miete **536** 8; Reisevertrag **651d** 1; statt Rücktritt **441** 3; Werkvertrag **638**; zeitliche Begrenzung **438** 9; maßgebender Zeitpunkt **441** 4

Minderwert, merkantiler **638** 6 *(Werkvertrag)*; technischer **638** 6 *(Werkvertrag)*

Mindestschaden *s Schadensberechnung, abstrakt-normative*

Mindestunterhalt, Anpassung **1612a** 5; Höhe **1612a** 5

Minuslieferung, im Werkvertrag **633** 9

Missbrauch von Rechten, Positionen **826** 20 f; formaler Rechtsstellungen **826** 22; der Vertretungsmacht **826** 19; *sa unzulässige Rechtsausübung*

Missverhältnis, grobes **275** 26 *(bei faktischem Leistungshindernis)*; zwischen Leistung und Gegenleistung **516** 9 *(als Schenkung)*

Missverständnis, über Einigung **155** 2

Mitbesitz 866

Miteigentum 1008–1011, Ansprüche gegen andere Miteigentümer **1011** 1; Aufhebung **1008** 5; Begriff **1008** 1; Belastung **1008** 4; Belastung zugunsten eines Miteigentümers **1009**; Entstehung **1008** 2; Geltendmachen von Ansprüchen gegen Dritte **1011**; Grundstücksveräußerung **311b** 16 *(Form)*; Nießbrauch am Anteil **1066** 1; Rechtsnachfolger, Wirkung einer Eigentümervereinbarung **1010**; Übertragung **1008** 3

Miterbe *sa Erbteil*, Aufrechnung **2040** 5; Auseinandersetzungsanspruch **2042** 1; Ausgleichspflicht **2050** 2; **2316** 1; Auskunftspflicht **2028** 9; **2057** 2, 1 f; Erbschaftssteuer **vor 2032** 3; Gesamthandsklage **2058–2063** 8; Gesamtschuldklage **2058–2063** 8 f; Haftung *s Erbenhaftung*; Inventarerrichtung **2058–2063** 3; Klagerecht **2058** 3; als Nachlassgläubiger **2046** 3; als Nachlassschuldner **2039** 5; Nachlassverwaltung, Antrag **2058–2063** 2; Notgeschäftsführung **2038** 6; pflichtteilsberechtigter **2319** 1; Pflichtteilslast **2320** 1; Teilauseinandersetzung **2042** 10; Verfügung über Anteil am Nachlass **2033** 1–5; Verfügung über Nachlassgegen-

Mitgläubigerschaft   fette Zahlen = §§

stände **2040** 1–4; Verwaltung des Nachlasses **2038** 1–3, 6–8; Vorkaufsrecht **2034–2037**
Mitgläubigerschaft 432 2; **vor 420** 2
Mitgliederversammlung, Berufung **32** 2; **36**; **37**; Beschlüsse **32** 3, 6; Beschlussfassung **32**
Mitgliedschaft bei Verein **25** 5; **38**
Mittäter 830 3 f; Mitverschulden des Verletzten **840** 4
Mittelbare Stellvertretung, Drittschadensliquidation **vor 249** 20
Mitverpflichtete, vermögenslose **138** 12
Mitverschulden 254, bei Amtshaftung **839** 5; Ausmaß der Verursachung **254** 5; Begriff **254** 5 f; Betriebsgefahr **254** 5; Billigkeitshaftung **829** 1; Billigkeitshaftung Schuldunfähiger **829** 4; bei Drittschadensliquidation **vor 249** 22; systematische Einordnung **254** 3; Einstehen für Dritte **254** 11 f; Fahrlässigkeit als Zurechnungselement **254** 5; gegenüber Gesamtschuldner **422–424** 1; Grad des Verschuldens **254** 6; Kausalitätsanteile **254** 6; bei mehreren Schädigern **254** 4; **840** 4; und Mitverursachung **254** 5; durch Rechtsmittelversäumung **839** 19; und Risikosphäre **254** 5; Sach- und Betriebsgefahr **254** 5, 7; Schadensabwendung **254** 9; Schadensminderung **254** 10; Schadensminderungspflicht *s dort*; Schmerzensgeldanspruch **253** 5; Schutzhelm **254** 5; und Totalreparation **vor 249** 2; des Verletzten bei Ansprüchen Dritter **846**; Verschuldensfähigkeit **254** 7; **829** 1; **vor 827** 2; Vorsatz als Zurechnungselement **254** 5; Warnung vor Schaden **254** 9
Mitwirkungspflichten 242 23; Fälligkeit bei Verweigerung **641** 1; des Gläubigers **293** 2, 9 f; **295** 3; **296**; des Patienten **630c** 1
Modernisierungsmaßnahme, Ankündigungspflicht durch Vermieter **555c** 1; Beispiele **555b**; Duldungspflicht des Mieters **555d** 1; Einsparung nicht erneuerbarer **555b** 3; Einsparung von Endenergie **555b** 2; energetische **536** 6 *(zeitweilig keine Minderung)*; Gebrauchswerterhöhung **555b** 4; Härteabwägung **559**, **559a** 4, 5 *(zeitliche Grenzen)*; Hinweispflicht des Mieters auf Härten **555d** 2; Mieterhöhung **559**, **559a** 1; **559b** 1 *(Geltendmachung)* 2 *(Zeitpunkt)*; Mietrechtsnovelle 2013 **vor555a** 1; Parteiabsprache **555f**; Sonderkündigungsrecht des **555e**
Monatsgehalt, dreizehntes **611** 34
Monopolstellung, mittelbarer Abschlusszwang **vor 145** 1; Ausnutzung **138** 13
Montage, Mangel bei Kauf **434** 18
Montageanleitung, Mangel beim Kauf **434** 19; Mietverhältnis **536** 4

Motivirrtum 119 10, 11, 17; bei letztwilliger Verfügung **2078** 3
Mündel, religiöse Erziehung **1801**; Verschollenheit **1882**; **1884** 6
Mündelgeld, Anlegung durch Vormund **1806–1811** 4
Mündelvermögen, Verwendung für Vormund **1805**
Mutterschaft 1591, Anfechtung **1591** 2
Mutterschutz vor 611 47 *s Frauen- und Mutterschutz*

Nachbarrecht 906–924
Nachbesserung *s Nacherfüllung*
Nacherbe 2100–2147 *sa Nacherbenrecht*, Anfall der Nacherbschaft **2139** 1–5; Anwartschaftsrecht **2069** 4; **2100** 7; **2108** 2–5; Auskunftsanspruch **2127**; **2130–2134** 6; Ausschlagung der Erbschaft **2142** 1–3; zeitliche Beschränkung **2109** 1; Einsetzung **2100** 3; bedingte Einsetzung **2100** 6; **2108** 4; Einsetzung als Ersatzerbe **2102** 1, 3; Eintritt in Miet- und Pachtvertrag **2135** 1; Einwilligungspflicht zur Verwaltung **2120** 1–5; ges Erben als – **2104** 1–3; Erbschein **2363** 1, 3 f; Ersatznacherbe **2096** 5; **2108** 3; noch nicht Gezeugter als – **2101** 1–4; Haftung **2144** 1–4; Herausgabeanspruch gegen Vorerben **2130–2134** 1; Nachnacherbe **2108** 2; Pflegerbestellung für – **1913**; Pflichtteilsanspruch **2306** 2–4; Testamentsvollstreckung **2222**; Vererblichkeit des Rechts **2108** 1–5; Verwendungen und Lasten **2124–2126** 1–5; Wegfall des Bedachten **2069** 4; **2108** 1–5
Nacherbenrecht, Pfändung **2100** 8; Übertragung **2100** 7; Vererblichkeit **2069** 4; **2108** 1–5
Nacherbfolge bei Anordnung der Nachlassherausgabe **2103** 1–3; Aufleben erloschener Rechtsverhältnisse **2143** 1 f; Eintritt **2106** 1; konstruktive **2104** 1; Zeitpunkt **2065** 4
Nacherbschaft 2100 1; Anfall **2106** 1; **2139** 1–5; Ausschlagung **2142** 1–3; Grundbucheintragung **2100** 9; **2113** 7; **2139** 3; Herausgabe **2130–2134** 1; und Nießbrauchsvermächtnis **2100** 4; Prozessuales **2100** 11; Veräußerung **2100** 7; Verzeichnis der Erbschaftsgegenstände **2121**
Nacherfüllung, Abdingbarkeit **439** 5; Ausschluss des Anspruchs auf – **439** 21–36; im Dienstvertrag **611** 16; durch Ersatzlieferung **439** 9; Fehlschlagen **440** 3; Gefahrübergang **439** 3; beim Kauf **439** 7; unverhältnismäßige Kosten **439** 27; und Kosten **439** 37; Leistungsort **439** 11; und Leistungsstörung **439** 12; und Lieferung mangelfreier Sache **439** 1; mangelhafte Sache **635** 11 *(Werkvertrag)*; durch Nachbesserung **439** 8; Recht

magere Zahlen = Randnummern **Nebenpflichten**

des Verkäufers zur - **439** 3; im Reisevertrag **651c** 4; und Schadensersatz **635** 4; und Selbstvornahme durch Käufer **439** 16; Umfang **439** 20; Unmöglichkeit **439** 22–26; Unzumutbarkeit **440** 5; Verweigerung **439** 28 ff; **440** 2; Verweigerung im Werkvertrag **635** 7–10; Voraussetzungen **439** 6 *(Kauf)*; Vorrang **437** 18 f *(Kauf)*; und Wahlrecht des Käufers **439** 3, 17 f; und Wahlrecht des Verkäufers **439** 17; im Werkvertrag **634** 2; **635** 1; maßgebender Zeitpunkt **439** 3; bei Zuweniglieferung **439** 29 *(Kauf)*

Nachfolgeklausel im Gesellschaftsvertrag **2032** 1–4; **2109** 1; **2311** 5

Nachfrist *sa Fristsetzung*

Nachlass, Früchte **2038** 8; Fürsorgemaßnahmen **1960** 4; Inventar *s dort*; Sicherung **1960**; Überschuldung **1980** 1; **1992** 1; Unzulänglichkeit **1990**; **1991** 7; Vertrag über den – eines lebenden Dritten **311b** 64; Verwaltung *s Erbengemeinschaft*

Nachlassforderung, Aufrechnung gegen – **2040** 5; Auskunftspflicht **2027** 1–5; Befugnisse des Miterben **2039** 3; Gutglaubensschutz **2019** 4; **2113** 9; Klagerecht des Miterben **2039** 3; Leistungsempfänger **2039** 4 f; Miterbe als Schuldner **2039** 5

Nachlassgegenstände, Ersatz **2041** 1, 2; Überlassung durch Testamentsvollstrecker **2217** 1–3; Verfügung über – **2040** 1–4; Verfügung über Anteil an – **2033** 1; Verzeichnis bei Nacherbfolge **2121**–**2123** 1

Nachlassgericht, Anfechtung letztwilliger Verfügung **2081** 1; Anordnung der Nachlassverwaltung **1981** 1; Aufhebung von Erblasseranordnungen **2216** 5; Ausschlagung **1945** 2; Erbscheinseinziehung **2361** 5; Erbscheinserteilung **2353** 2, 9; **2358**–**2360**; Inventarerrichtung **1993**–**2013** 2; Mitteilung der Erbschaftsanfechtung **1957** 1; Nachlasspflegschaft **1962** 1; Sicherung des Nachlasses **1960** 1–5; Ernennung des Testamentsvollstreckers **2200** 1–3

Nachlassgläubiger, Antrag auf Nachlasspflegschaft **1961** 1; Antrag auf Nachlassverwaltung **1981** 2; Aufgebot **1970**–**1974** 1–4; Aufrechnung **1977** 1–4; Zwangsvollstreckung gegen Vorerben **2115** 1–4

Nachlassinsolvenz, Antragspflicht des Erben **1980** 1; Aufrechnung **1977** 1–3; Aufwendungen des Erben **1978** 2; Beschränkung der Erbenhaftung **1975** 2; Fortdauer bei Nacherbschaft **2144** 3; bei Testamentsvollstreckung **2205** 16

Nachlasspfleger, Bestellung **1960** 6; **1961** 1; für unbekannte Erben und Nacherben **1960** 7 f; **1961** 1; **2104** 2; **2105** 3; Gründe der Bestellung **1960** 7, 2 f; Haftung **1960** 10; Inventarfrist für – **2012**; **1993**–**2013** 3;

Prozessführung **1960** 9; Rechte und Pflichten **1960** 8; Vergütung **1960** 11

Nachlassrichter, Haftung *s Richterhaftung*

Nachlassverbindlichkeit 1967–**1969**, Beerdigungskosten **1968** 1–4; Berichtigung durch Erben **1979** 1; Berichtigung vor Auseinandersetzung **2046** 1–4; Dreißigster **1969** 1 f; Eigen- oder Erbenschulden **1967** 4; Einreden **2014**–**2017**; Erbfallschulden **1967** 2; Erblasserschulden **1967** 1; Erbschaftsverwaltungsschulden **1967** 3; Gesamthands- und Gesamtschuldklage **2058**–**2063** 8 f; Geschäftsschulden **1967** 6; Nachlasserbenschulden **1967** 5

Nachlassverwalter, Befugnisse **1984**; **1985** 3, 5; **1986** 2; Haftung **1984**; **1985** 6; Herausgabe des Nachlasses **1986** 1; Insolvenzantragspflicht **1980** 1; Inventarfrist für – **2012**; **1993**–**2013** 3; Rechtsstellung **1984**; **1985** 1 f; Vergütung **1987** 1–3

Nachlassverwaltung, Anordnung **1976** 1; **1981** 3; Antrag der Miterben **2062**; **2058**–**2063** 2; Antrag der Erben **1981** 1; Antrag des Nachlassgläubigers **1981** 2; Aufhebung **1986** 1; Aufrechnung **1977** 1–4; Aufwendungen des Erben **1978** 2; Beendigung **1988** 1; Bekanntmachung **1983** 1; Beschwerde **1981** 3; Gegenstand **1984**, **1985** 3; Kosten **1982** 1; bei Testamentsvollstreckung **2205** 16; materiellrechtliche Wirkungen **1984**, **1985**; prozessuale Wirkungen **1984**, **1985**

Nachschieben, von Anfechtungsgründen **143** 3

Nachurlaub, Anspruch **616** 2

Nachvertragliche Vertrauenshaftung 311 48

Name, Begriff **12** 1; der juristischen Person **12** 3; des Kindes *s Geburtsname*; des nichtrechtsfähigen Vereins **12** 3

Namensanmaßung, -**bestreitung** *s Namensrecht, Verletzung*

Namenspapier *s Rektapapier*

Namensrecht 12 1; deliktischer Schutz **823** 13; Missbrauch **826** 22; Verletzung **12** 4; Verletzungsfolgen **12** 6

Namenswahl, Ehegatten **1355** 3; IPR **1355** 8

Naturalobligation 241 20

Naturalrestitution bei Verstoß gegen Benachteiligung (nach AGG) **AGG 15** 3; *sa Schadensersatz*

Nebenbesitz 868 12; **929** 50; **933** 4

Nebenklage, Kosten als Schaden **vor 249** 32

Nebenleistungen, bei Abtretung der Hypothek **1158**; **1159**; und Eintragung der Hypothek **1115** 5; Haftung der Hypothek **1118**; **1178**

Nebenpflichten, Begründung **242** 16; des Käufers **433** 31 f; Leistungsort **269** 8; des Verkäufers **433** 22–25; Verletzung **280** 14

Teichmann 2333

Nebentäter fette Zahlen = §§

Nebentäter 830 14; Mitverschulden des Verletzten **840** 5
Nebentätigkeit 611 27
Negativattest 182 7
Nettolohnmethode 842 4
Neuabschluss, Pflicht zum – **275** 10
Neue Bundesländer, Altkredite **488** 25; Erbrecht **vor 1922** 4–10; Geschäftsgrundlage **313** 37; Grundstücksbeurkundungen **311b** 6; Grundstücksscheingeschäfte **311b** 37, 48 f; Rückerstattungsansprüche **311b** 6
Neuverhandlungspflicht bei Störung der Geschäftsgrundlage **313** 27
Nichtabnahmeentschädigung, Darlehen **488** 17
Nichtberechtigter, Begriff **185** 5; Verfügung als uH **823** 10
Nichtehe, Heilung **1310–1312** 3; keine Scheidung **1564** 3
Nichteheliche Lebensgemeinschaft, Ausgleich nach Beendigung **313** 34; **426** 8; **705** 15; **428–430** 3; Begriff **vor 1297** 3; testamentarische Erbeinsetzung **2077** 2–6; kein ges Erbrecht **1931** 1; Erbvertrag **vor 2274** 1; Erwerb von Miteigentum **741** 3; gemeinschaftliches Testament **2265** 1; Gesellschaftsrecht **705** 15; Vermögenszuordnung **vor 1297** 4
Nichteheliches Kind als ges Erbe **1924** 3; **2088** 1; als Miterbe **2066** 1
Nichterfüllung als Leistungsstörung **vor 275** 3
Nichtigkeit, Rechtsgeschäft **vor 104** 18; Testament **2077** 1, 7; Vertrag über den Nachlass eines lebenden Dritten **311b** 66
Nichtleistungskondiktion vor 812 5; Subsidiarität **812** 23
Nichtrechtsfähiger Verein 54, Besitz **854** 13; und Gesellschaft **54** 2; Haftung der Mitglieder **54** 8; Haftung für Vertreter **30** 1; **31** 2; Name **12** 3; **54** 14; Notvorstand **29** 2; Parteifähigkeit **54** 15
Nichtschuld, Leistung in Kenntnis der – **814** 3
Nichtvermögensschaden im Reisevertrag **651f** 6
Niederlassung, gewerbliche als Leistungsort **270** 5; *sa Wohnsitz*
Nießbrauch 1030–1089, Abwehr von Beeinträchtigungen **1065**; an Aktien **1068** 4; beeinträchtigende Änderung des belasteten Rechts **1071** 1; Aufhebung **1064**; Aufhebung des belasteten Rechts **1071** 1; Ausbesserungen **1041–1047** 2; Ausübung **1059** 2, 7; Ausübungsregeln bei Zusammentreffen mit anderen Nutzungsrechten **1060**; Beendigung **1072**; Begriff **vor 1030** 1; Bergwerk **1038**; Bestandserhaltung **1041–1047** 2; Besteller als Eigentümer **1058**; Bestellung an Fahrnis **1030** 2; **1032**; Bestellung an Grundstücken **1030** 2; Bestellung an Rechten **1069** 1; des Eigentümers **1030** 3; **1063**; Einziehungsbefugnis **1074–1080** 2; Entstehung **vor 1030** 3, 4; an Erbschaft **1089**; Erlöschen **1061** 1; **1063** 1; **1072**; **vor 1030** 5; Ersitzung **1033**; an unverzinslicher Forderung **1074–1080** 2, 5; Fruchterwerb **1039**; Gesellschaft bürgerlichen Rechts **1059a–1059e** 2; am Gesellschaftsanteil einer Personengesellschaft **1068** 5; **718–720** 9; an GmbH-Anteil **1068** 4; an Grundschuld **1074–1080** 1; an Inhaberpapier **1081–1084**; Insolvenzverfahren **1059** 9; Inventar **1048**; Lasten **1041–1047** 4; an Leibrente **1073**; Mietvertrag über Nießbrauchsende **1056**; an Miteigentumsanteil **1066** 1; an Miterbenanteil **1089** 1; Neubestellung nach Tod **1061** 2; an Orderpapier **1081–1084**; Pachtvertrag über Nießbrauchsende **1056**; Pfändbarkeit **1059** 8; Quoten **1066** 4; an Recht auf Leistung **1070** 1; an Rechten **1068** 1–3; kein – an unübertragbaren Rechten **1069** 2; an Rentenschuld **1074–1080** 1; Rückgabe der Sache **1055**; an Sachen **1030**; an verbrauchbaren Sachen **1067**; an Schatz **1040**; ges Schuldverhältnis Nießbraucher – Eigentümer **1058** 1; **1059** 3; **1041–1047** 2; Sicherheitsleistung **1051–1054** 2; Sicherungsnießbrauch **vor 1030** 2; an Sondervermögen **1085** 4; Surrogation **1066** 3; **1074–1080** 4, 5; Übertragbarkeit bei juristischer Person **1059a–1059e**; Übertragbarkeit bei KG **1059a–1059e** 2; Übertragbarkeit bei OHG **1059a–1059e** 2; Übertragung von Einzelbefugnissen **1059** 6; Unterlassungsklage **1051–1054** 4; an Unternehmen **1085** 5; Unübertragbarkeit **1059** 1; Verfügungsnießbrauch **vor 1030** 2; am Vermögen **1085** 1; Verschlechterung der Sache **1050**; **1057**; Versicherung **1041–1047** 3; Versorgungsnießbrauch **vor 1030** 2; gerichtl Verwaltung **1070** 2; **1051–1054** 3; Verwendungen **1049**; **1057**; Verzeichnis **1035**; am Wald **1038**; Wechsel des Inhabers des belasteten Rechts **1068** 1; Wirtschaftsplan **1038**; an Zubehör **1031**; **1062**
Nießbraucher, Abwehransprüche **1065** 2, 4; deliktische Haftung bei Grundstück **837** 1; Tod **1061**
Normativer Schaden *s Schaden*
Normativer Teil eines Tarifvertrages **vor 611** 34
Notar, Amtshaftung **839** 12, 30; *sa Beurkundung, notarielle*
Notbedarf, Einrede des Schenkers **519** 1
Nothilfe 227 3
Notstand, defensiver **228**; Exzess **228** 4; strafrechtlicher **228** 5; **904** 9; bei Verletzungshandlung **823** 53

magere Zahlen = Randnummern

Nottestament 2266; 2267 1 f; 2249–2252
Notweg, Ausschluss 918 1
Notwegrecht, Voraussetzungen 917 1
Notwehr 227, gegen Verletzungshandlung 254 18; 823 53
Notwehrexzess 227 10
Novation, abstrakte 311 20; kausale 311 20
numerus clausus der Sachenrechte 134 5
Nutzungen, Begriff 99–103 1; aus dem Bereicherungsgegenstand 818 7; des unentgeltlichen Besitzers 988 3; des bösgläubigen Besitzers 990 1, 5; des Besitzers nach Rechtshängigkeit 987; des Besitzmittlers 991 2; des Erbschaftsbesitzers 2020 1; 2023; bei Erbschaftskauf 2379; Herausgabe der gezogenen – bei Gläubigerverzug 302; Herausgabe im Eigentümer-Besitzer-Verhältnis 987; 988 3; 990; 991; 993; vor 987 1, 2, 8; aus Surrogat als Bereicherung 818 11; Anspruch auf Wertersatz nach Rücktritt 346 5
Nutzungsausfallschaden bei Entzug der Sache 849; Gewährleistung beim Kauf 437 17; bei Kfz-Unfall **vor** 249 12; bei Sachbeschädigung **vor** 249 13; und Verzögerungsschaden 437 17 *(Kauf)*; bei Wertminderung durch Beschädigung der Sache 849
Nutzungspfand 1213; 1214

Obhutspflichten 242 26; Amtspflichtverletzung 839 14; und Drittschadensliquidation **vor** 249 20; im Werkvertrag 631 15
Obliegenheit 241 13; Begriff 254 3
Oder-Konto 675 f 15 keine Gesamtgläubigerschaft 428–430 3
Offenbarungspflichten, bei Abschluss eines Arbeitsvertrages **vor** 611 8
Offene Handelsgesellschaft, Abgrenzung zur GbR 705 7; Anwendbarkeit von § 31 31 2; Anwendbarkeit von Gesamtschuldregeln 425 6, 10; 422–424 5; und Erbengemeinschaft 2032 5; Nachfolgeklausel 2032 6; als Nießbraucher 1059a–1059e 2; Vererblichkeit des Gesellschaftsanteils 2032 5
Öffentlicher Dienst und Dienstvertrag **vor** 611 16
Öffentlicher Glaube des Grundbuchs 892; **vor** 891 3; Erstreckung auf Hypothekenforderung 1138 1, 3 f; Gesellschaft bürgerlichen Rechts 899 4; Kenntnis 892 17, 19; Leistung an Eingetragenen 893 2, 3; Verfügung außer Rechtserwerb 893 1; relative Verfügungsbeschränkungen 892 3, 6; absolute Verfügungsbeschränkungen 892 7; Verkehrsgeschäfte 892 10; Wirkung 892 12; Zerstörung durch Hypothekenbrief 1140 2; Zerstörung durch Widerspruch 892 16
Öffentliches Interesse, GoA im – 679 2; Schenkung unter Auflage 525

Patientenverfügung

Öffentliches Testament 2232 1 f
Optionsrecht 463 8; **vor** 145 6; Form bei Grundstückskauf 311b 13; Form bei Miete 550 2
Optionsvertrag 158 4; 311 25; 463 8; **vor** 145 6
Orderpapier 793 7; Nießbrauch 1081–1084
Organ (menschliches), unbefugte Entnahme 823 68; Transplantation **vor** 90 9
Organ, juristisches, Haftung für – 31; 89; 831 4
Organisationspflicht 823 32; 831 2; Haftung für Verletzung 831 4; bei fehlerhafter Presseveröffentlichung 823 80; bei Verein 31 4
Organisationsverschulden *s Organisationspflicht*
Organleihe, haftende Körperschaft 839 27

Pachtforderung, Erstreckung der Hypothek auf – 1123–1125
Pachtvertrag 581–597, allg 581 1; Ausschluss mietrechtlicher Kündigungsbestimmungen 584a; Begriff 581 2 f; überlange Dauer 139 11; Form 581 5; über Grundstück mit Inventar 582–583a; Inventar im – 582–583a 1 f; Inventar im Eigentum des Pächters 582–583a 1, 6; mit Inventarübernahme ohne Sonderberechnung 582–583a 1, 4 f; mit Inventarübernahme zum Schätzwert 582–583a 1, 5 f; und Kaufvertrag 581 4; Kündigung 584 *(Grundstückspacht, Rechtspacht);* Kündigungsschutz 584 *(mitverpachteter Wohnraum);* landwirtschaftliche Betriebe 581 1; und Mietverhältnis **vor** 535 3; und Mietvertrag 581 3, 7; Pächterpfandrecht 582–583a 4, 5; Pflichten des Pächters 581 6; Pflichten des Verpächters 581 6; verspätete Rückgabe des Gegenstandes 584b; Sachgefahr 582–583a 5; Sicherung des Pächters 582–583a 4, 5; *sa Landpachtvertrag*
pactum de non petendo 271 12; 397 6
Parkhaus, Einstellen von Kfz 688 8
Partei, politische 29 2; 54 15, 16; 41–44 9; **vor** 21 11
Partei (Vertragspartei), Leistungsbestimmung durch – 315
Parteiautonomie, im Vertragsrecht 311 3
Partiarisches Rechtsverhältnis, und Gesellschaft 705 10
Partnerschaft 705 10
Partnerschaftsvermittlung als Dienstvertrag **vor** 631 6; Anwendbarkeit der Heiratsvermittlungsregelung 656 3
Patentanwalt, Vertrag 675 12
Patient im Behandlungsvertrag 630a 1; Mitwirkungspflicht 630c 1
Patientenverfügung 1937–1941 2; 630d 3

Patronatserklärung

Patronatserklärung 488 7; **vor 765** 21
Pauschalreise *s Reisevertrag*
Pension *s Ruhestandsbezüge; s Versorgungsausgleich*
Person, juristische *s dort;* natürliche **1**
Personalkredit vor 488 3
Personengesellschaft, Persönlichkeitsrecht **823** 68; rechtsfähige **vor 21** 1
Personensorge 1626, Entzug **1666–1667** 8; **1666a;** Erziehung des Kindes **1631–1633** 2; und Heirat des Kindes **1631–1633** 26; Herausgabe des Kindes **1632;** Inhalt **1631;** Umgangsbestimmung **1632;** Umgangsbestimmung bei sexuellen Beziehungen **1631–1633** 24; Vormund **1800**
Personenstandsrecht Einf 1297 3
Persönlichkeitsrecht, abgestuftes Schutzkonzept **823** 77; Auskunschaften des persönlichen Bereichs **823** 75; Behinderung der Persönlichkeitsentfaltung **823** 71; unbefugte Bildverwertung **687** 14; deliktischer Schutz **823** 65 ff; **826** 6; Ehrverletzung **823** 73; und Eingriffskondiktion **253** 8; **823** 67; Erwerbsschaden **842** 2; Fallgruppen **823** 70 ff; Geldentschädigung bei Verletzung **253** 7; und Grundgesetz **823** 69; Grundrechtsschutz **823** 66; und Interessenabwägung **823** 69; Kinder von Prominenten **823** 77; und Kommerzialisierung **823** 79; Konkurrenzen **823** 67; bei Personen, die in die Öffentlichkeit getreten sind **823** 77; postmortales **253** 8; **823** 68; und Privatsphäre **823** 74 f; als nichtvererbliche Rechtsposition **1922** 12; Rechtswidrigkeit **823** 80; Handeln in der Sozialsphäre **823** 78; nach dem Tod des Betroffenen **823** 68; Verfälschung des Lebensbildes **823** 72; Verschulden **823** 80; Weitergabe privater Einzelheiten **823** 76
Pfandleihanstalt vor 1204 3
Pfandrecht, allg **vor 1204;** des Pächters *s Pächterpfandrecht;* unregelmäßiges **vor 1204** 2; ges – des Unternehmers **647;** des Vermieters *s Vermieterpfandrecht;* des Verpächters *s Verpächterpfandrecht*
Pfandrecht an beweglichen Sachen 1204–1272, Ablösungsrecht **1249** 1; Abstraktionsprinzip **1204** 6; Akzessorietät **1204** 2; **1250** 11; **1252** 1; allg **1204** 1; Aufhebung **1255** 1, 2 *(Zustimmung Dritter);* Bedeutung **vor 1204** 3; Befriedigung des Pfandgläubigers **1223** 2; **1228;** Befriedigung durch Aufrechnung **1224;** Befriedigung durch Hinterlegung **1224;** Bestandteile **1212** 1, 2; Bestellung **1204** 6; **1205; 1206** 1; deliktischer Schutz **823** 15; Zusammentreffen mit Eigentum **1256** 2; Eigentümerpfandrecht **1256** 1, 2; Einigung **1205; 1206** 1, 2, 4; Einlösungsrecht des Verpfänders **1223** 2; Einreden **1211; 1254** 1; Entstehen **vor 1204** 1; Erlöschen **1204** 10; **1252** 1; **1253** 1; Erwerb vom Nichtberechtigten **1205; 1206** 2; **1207;** Erwerb vom Nichtberechtigten bei ges – **1257** 2; Erzeugnisse, Erstreckung auf – **1212;** Flaschenpfand **vor 1204** 2; gesicherte Forderung **1204** 12; bedingte Forderung **1204** 14; künftige Forderung **1204** 14; Forderung, Erlöschen **1252** 1; Forderung, Übergang bei mehreren Sicherheiten **1225** 2; Forderung, Übergang nach Befriedigung **1225** 1; Forderungsübertragung **1250** 1; Gegenstand **1204** 11; **1212;** ges **1257;** Gesamtpfandrecht **1204** 3; **1222** 1; Haftung des Pfandes **1210** 1 *(Umfang)* 2 *(rechtsgeschäftliche Erweiterung);* Herausgabeanspruch des neuen Pfandgläubigers **1251** 1; an Miteigentumsanteil **1258** 1, 2; Nutzungspfand **1213; 1214;** Pfandhalter **1205; 1206** 8; Pfandverkauf *s dort;* Rang **1209;** Rückgabe **1253** 1; Rückgabenanspruch bei Einrede **1254** 1; Rückgabepflicht nach Erlöschen **1223;** abhanden gekommene Sachen **1207** 2; **1208** 2; mehrere Sachen **1222** 1; **1230;** ges Schuldverhältnis zwischen Verpfänder und Pfandgläubiger **1204** 8; **1215–1221;** Schutz **1227;** Surrogation **1212** 3; **1247** 1; **1258** 2; Übergabe **1205; 1206** 3; Übergabeersatz **1205; 1206** 5, 8; Übergang **1250** 1; unregelmäßiges **vor 1204** 2; drohender Verderb **1215–1221** 2; Verfallklausel **1228** 1; **1229;** Verjährung von Ersatzansprüchen des Verpfänders **1226;** Verpfändbare Eigentümer **1248** 1; Verwahrungspflicht **1215–1221** 2; Verwendungsersatz **1215–1221;** Verwertung **1228;** Verwertungsrecht **1204** 1, 10, 14; **1228;** Vorrang **1208** 2 *(gutgläubiger Erwerb);* **1209** 2 *(Einräumung);* Wegnahmerecht **1215–1221** 2; Zubehör **1212** 1; Zwangsvollstreckung durch Pfandgläubiger in Pfandsache **1233** 4
Pfandrecht an Forderungen, Auflassungsanspruch **1287** 3; Bestellung **1280** 2; Beteiligte **1279** 2; kein deliktischer Schutz **823** 15; Einziehungspflicht des Pfandgläubigers **1285; 1286** 1; Einziehungsrecht bei mehreren Pfandgläubigern **1290** 1, 2; Einziehungsrecht des Pfandgläubigers **1282** 1; **1285; 1286** 1; Gegenstand **1279** 1; Geldforderung, Einziehung **1288** 1, 2; Kündigungspflicht **1285; 1286** 1; Kündigungsrecht **1283; 1284;** Leistung nach Pfandreife **1282; 1284;** Leistung vor Pfandreife **1281** 1; **1284;** Leistungswirkung **1287** 2; Sparforderung **1274** 4; Surrogation **1287** 2, 3; Verpfändungsanzeige **1280** 1, 2; Zinsen **1289** 1
Pfandrecht an Rechten 1273–1296; beeinträchtigende Änderung der Rechte **1276** 1;

magere Zahlen = Randnummern **Pflichtverletzung**

Aufhebung der Rechte **1276** 1; Bedeutung **vor 1204** 3; Bestellung **1274** 1; Erlöschen **1278** 1; Erwerb vom Nichtberechtigten **1274** 5; Gegenstand **1273** 2; Grund- und Rentenschuld **1291** 1; Hypothek **1291** 2; künftige Rechte **1273** 2; unübertragbare Rechte **1274** 6; Rechtsverhältnis zwischen Pfandgläubiger und Verpflichtetem **1275** 1; Verwertung **1277** 1; *sa Pfandrecht an Forderungen; sa Pfandrecht an Wertpapieren*

Pfandrecht an Wertpapieren, Gewinnanteilsschein **1296**; Inhaberpapier **1293** 1; **1294** 1; Orderpapier **1292** 1; **1294**; **1295**; Zinsschein **1296**

Pfändung, und Eigentumsvorbehalt **929** 48; Rechte des Vermieters bei – eingebrachter Sachen **562d**; schuldnerfremder Sachen als uH **823** 10

Pfändungspfandrecht vor 1204 1

Pfandverkauf 1228–1249, Anspruch auf Abweichung **1245**; vereinbarte Abweichung **1245**; **1246** 1; Anspruch auf Abweichung **1246** 2; Androhung **1234** 1; **1215–1221** 2; Auswahl unter mehreren Pfändern **1230** 1, 2; öffentl Bekanntmachung **1237** 1; Benachrichtigung **1237** 2; **1241**; an Eigentümer **1239** 2; gutgl Eigentumserwerb **1244**; Erlös **1247**; Erwerbsverbot **450**; Gold- und Silbersachen **1240** 1; Haftungsausschluss **445**; Herausgabe zum – **1231** 1; **1232** 1; Kaufpreis **1238** 1; Ordnungswidrigkeit **1243** 3; Ort **1236** 1; an Pfandgläubiger **1239** 1; bei mehreren Pfandgläubigern **1232** 1, 2; Pfandreife **1228** 2; **1258** 2; Rechtmäßigkeit **1242** 1; Rechtsfolgen **1242**; ohne Titel **1233** 1; mit Titel **1233** 2; Unrechtmäßigkeit **1243** 1; **1247** 8; öffentl Versteigerung **1235** 1

Pflegevertrag, Schlechterfüllung **611** 16

Pflegschaft, allg **vor 1909** 1–2; Anwendung des Vormundschaftsrechts **1915**; Aufhebung **1918–1921** 5; Aufhebungsverfahren **1918–1921** 7; Beendigung kraft Ges **1918**; Beschwerderecht des Pflegers **1918–1921** 8; Ergänzungspflegschaft **1918–1921** 2; Fürsorgebedürfnis **1909** 6; **1911** 6; IPR **vor 1909** 6; Leibesfrucht **1912**; Sammelvermögen **1914** 2; unbekannte Beteiligte **1913**; Verfahren **vor 1909** 5; Wegfall des Fürsorgebedürfnisses **1918–1921** 5; Wirkungen **vor 1909** 3

Pflichtteil 2303–2338, Abkömmlinge **2303** 2; Anfechtung der Ausschlagung **2308** 1; bei Annahme an Kindes Statt **2303** 2; Anrechnung von Zuwendungen **2315** 1; Ausgleichungspflicht des Miterben **2316**; Auskunftspflicht des Erben **2314**; Auslegungsregel bei Zuwendung **2304** 1 f; Ausschlagung des Erbteils **2306** 1, 4; Ausschlagung des Erbteils oder Vermächtnisses **2303** 5 *(bei Zugewinngemeinschaft)*; **2307** 1 *(bei Zugewinngemeinschaft)* 3 *(bei Zugewinngemeinschaft)*; Ausschlagung des Vermächtnisses **2307** 1; Ausschluss von Erbfolge **2303** 3; Berechnung **2310–2313**; Beschränkung wegen Verschwendung oder Überschuldung **2271** 8; **2338**; Bewertung des Nachlasses **2311–2313**; des Ehegatten **2303** 2; Entziehung **2271** 8; **1937–1941** 4 *(bei Enterbung)*; **2333–2337**; Ergänzungsanspruch *s Pflichtteilsergänzung*; großer **1371** 6; **2303** 5; **2305** 1; **2346** 3; bei Gütertrennung **2303** 7; Höhe **2303** 4; kleiner **1371** 10; **2303** 5; **2306** 3; **2346** 3; Kürzung **2322** 1; Landgut **2312** 1; Last bei Vermächtnisausschlagung **2321** 1; Last des Ersatzmannes **2320** 1; Lastenumverteilung durch Erblasser **2324** 1; Leistungsverweigerungsrecht des Erben **2323** 1; Stundung **2331a**; bei gemeinschaftlichem Testament **2269** 5; und Verfassung **2303** 10; Verjährung **2332**; Vermächtnis **2307**; Vertrag über den – aus dem Nachlass eines lebenden Dritten **311b** 64; Verzicht **2310** 1; **2346** 2; bei Zugewinngemeinschaft **2304** 3; Zusatzanspruch **2305** 1

Pflichtteilsanspruch, bei Ausschlagung **1953** 3; Entstehung **2317**; Geltendmachung **2317** 2; Pfändbarkeit **2317** 3; Rang **2317** 2; Übertragbarkeit und Vererblichkeit **2317** 3; Verjährung **2332**; Verzicht **2346** 2

Pflichtteilsberechtigter 2303 2; **2309** 1; Anfechtung bei Übergehung **2079–2082**; Anfechtung der Ausschlagung **2308** 1; Beschränkungen und Beschwerungen als Erbe **2306** 1, 4; Erbunwürdigkeit **2345** 1; Kürzung von Vermächtnis und Auflage **2322** 1; Übergehung im Erbvertrag **2281** 3

Pflichtteilsentziehung 1937–1941 4; **2333–2337**, Form und Verfahren **2336**; Verzeihung **2337**

Pflichtteilsergänzung, Abfindungsklauseln **2325** 5 f; Anstandsschenkungen **2330** 1; Beendigung der fortgesetzten Gütergemeinschaft **1505**; Berechnungsverfahren **2325** 7; Beschenkter als Schuldner **2329**; ehebedingte Zuwendung **2325** 4; Erbe oder Vermächtnisnehmer als Berechtigter **2326** 1; Frist bei anrechnungsfähigen Schenkungen **2325** 8; Leistungsverweigerungsrecht des Erben **2328** 1; Schenkung an den Berechtigten **2327** 1; Schenkung an Dritte **2325**; Zuwendung aus Gesamtgut **2331** 1

Pflichtverletzung 280 1; Anspruchskonkurrenz **280** 21; Anwendungsbereich **280** 2; Bank **280** 65; Begriff **vor 275** 2; Beweislast **280** 23, 27; Einzelfälle **280** 60; Fallgruppen

Teichmann 2337

PIN fette Zahlen = §§

280 8 f; öffentl-rechtliche Verhältnisse **280** 2; Rechtsfolgen **vor 275** 8; Rücktritt bei – **323** 6; Überblick **vor 275** 6; Verjährung des Ersatzanspruchs **280** 21; Vertretenmüssen **280** 20, 25, 40; **vor 275** 7; Verzögerung der Leistung **280** 32

PIN, Haftung bei missbräuchlicher Nutzung **675u–w** 3; personalisiertes Sicherheitsmerkmal **675k-m** 1

Poolvertrag 311 25

Positive Vertragsverletzung (pVV) vor 275 2; im Gesellschaftsrecht **706** 5

Postsparbuch 808 10

Posttraumatische Belastungsstörung als Gesundheitsstörung **823** 3

Praktikantenverhältnis vor 611 56

Preis, keine Eigenschaft **119** 13

Preisänderungsvorbehalt 433 16

Preisausschreiben 661

Preisgefahr 326 1; **446**; **447**; **vor 446** 3

Preisklauselgesetz 244; **245** 18; **307** 15; Übergangsrecht **244**; **245** 25

Preisklauselverbot 244; **245** 19

Preisrichter bei Auslobung **661** 1

Preisverstoß 134 15

Preisvorschriften beim Kauf **433** 17

Presse, Erkundigungspflichten **823** 80; **824** 9, 11; und Persönlichkeitsschutz **823** 70, 76 f; Recht auf Gegendarstellung **823** 87; Widerruf falscher Behauptungen **823** 83

Prima-facie-Beweis bei abstrakter Schadensberechnung **vor 249** 51

Privatautonomie 311 3; **vor 104** 1; **vor 145** 8

Privatklage, Kosten als Schaden **vor 249** 32

Privatschulvertrag vor 611 26a; Kündigungsrecht in AGB **620** 11

Probe, Kauf auf – **454**; **455**; Kauf zur – **454**; **455** 4

Probearbeitsverhältnis 611 5; **620** 4

Probefahrt 276 55; Risikotragung des Händlers **254** 18; **598** 4; **599** 3; **606** 2

Produkthaftung (ProdHaftG), allg **823** 136; Anwendungsbereich **823** 139; Eignung für bestimmungsgemäßen Gebrauch **823** 138; Beweislast **823** 151; EDV-Programme **823** 141; Erlöschen des Anspruchs **823** 160; Fehlerbegriff **823** 148; Haftungshöchstbetrag bei Personenschäden **823** 158; Haftungstatbestand **823** 140, 146; Herstellen und Inverkehrbringen **823** 146; Hersteller **823** 144 *(Begriff)*; Instruktionsbereich **823** 149; Konkurrenzen **823** 161 f; Kontrollbereich **823** 148; mehrere Schädiger **823** 153; Produktbegriff **823** 145; Produktbeobachtungspflicht **823** 148; Produktionsbereich **823** 148; geschützte Rechtsgüter **823** 141; Schadensersatz **823** 155 *(Funktion)* 157 *(bei Personenschäden)* 159 *(bei Sachschä-*

den); Selbstbehalt **823** 159 *(bei Sachschäden)*; Verjährung **823** 160

Produzentenhaftung (§§ 823 ff) 823 124–137; Beweislast **823** 133 *(Herstellung, Konzeption des Produkts),* 138 ff *(Instruktion)*; Eignung der Sache für bestimmungsgemäßen Gebrauch **823** 130; Entsorgungspflicht **823** 128; Gefährdungshaftung **823** 126; Handlungsbegriff **823** 128; Hersteller **823** 129 *(Begriff)*; Herstellerpflichten **823** 132; Instruktionsbereich **823** 135; Kontrollpflicht **823** 124; und ProdHaftG **823** 124; Produktbeobachtung **823** 137; Produktionsbereich **823** 132 ff; für Produktsicherheit **823** 132; Rückruf **823** 137; Verletzung eines Schutzgesetzes **823** 40 ff

Prospekthaftung 709–713 12; bei Verschulden bei Vertragsverhandlungen **311** 65

ProstG 107 5; **138** 7, 17; Mätressentestament **2077** 4

Prostituierte, Erwerbsnachteilsberechnung bei uH **842** 4

protestatio facto contraria vor 145 19; beim Reisevertrag **651a** 12

Prozesskostenvorschuss, ehelicher Unterhalt **1360**; **1360a** 4; nachehelicher Unterhalt **1578** 9; Verwandtenunterhalt **1610** 5

Prozessstandschaft, bei Eigentumsherausgabe **985** 10; gewillkürte **185** 3; **634** 4; Nachlassverwalter **1984**; **1985** 7

Prozessvergleich 779 22; **127a** 2

Prozesszinsen 291 6

Pseudonym 12 3

Psychische Beeinträchtigung als Folgeschaden **vor 249** 32; als uH **823** 3

Publikumsgesellschaft 705 23; **708** 1; **709–713** 3

Publizitätsgrundsatz im Sachenrecht **vor 854** 4

Punktation 154 2

Putativnotstand 228 4

Putativnotwehr 227 9

Putativselbsthilfe 229–231 9

Qualitätssicherungsvereinbarung, Kauf **443** 4

Quittung 368; **369** 1; Blanko – **370** 2; bei Hypothekenbefriedigung **1144** 6; Leistung an Überbringer der – **370**

Rahmenvertrag 311 21, 22

Rang eines dinglichen Rechts, Änderung **879–882** 8; Bedeutung **879–882** 1; Prioritätsgrundsatz **879–882**; **vor 1113** 15; Rangvorbehalt **879–882** 10; Zwischenrechte **879–882** 11

Rassendiskriminierung vor 145 11

Ratenkredit vor 488 4

Ratenlieferungsvertrag vor 491 3; Begriff **510** 2; Form **510** 4; Widerrufsrecht **510** 4

magere Zahlen = Randnummern **Rechtsnachfolge**

Raterteilung, Haftung **675** 13
Rationalisierung, Kündigung nach Betriebsübergang **613a** 8
Raumsicherungsvertrag **930** 47
Räumung **985** 4
Realakt *s Tathandlung*
Realer Schaden *s Schaden*
Realkreditvertrag **vor 488** 3; und Haustürgeschäft **312a** 3
Reallast **1105–1112**, Anspruch auf einzelne Leistung **1105–1108** 3; Ausschluss unbekannter Berechtigter **1112**; Begriff **1105–1108** 1; Begründung **1105–1108** 2; Belastung **1110**; Berechtigter **1105–1108** 1; Bruchteil eines Grundstücks **1106**; Erlöschen **1105–1108** 2; Stammrecht **1105–1108** 3; Teilung des herrschenden Grundstücks **1109**; Übertragung **1110**; **1111** 2
Realofferte **145** 7; **vor 145** 20
Rechenschaftslegungspflicht **259–261** 7
Rechnung, Begriff **286** 33
Rechnungslegungspflicht des Testamentsvollstreckers **2218** 2
Recht, absolutes **vor 854** 2; beschränktes dingliches **vor 854** 6; dingliches **vor 854** 1; eintragungsfähiges **873** 3; nicht eintragungsfähiges **873** 4
Recht am eigenen Bild, deliktischer Schutz **823** 13
Recht auf zweite Andienung, Rückgriff des Unternehmers **478** 3; des Verkäufers **439** 4
Rechtfertigungsgrund, Geschäftsführung ohne Auftrag **vor 677** 4
Rechtfertigungsgründe **823** 52 f
Rechtmäßiges Alternativverhalten **1243** 2; **vor 249** 47 ff
Rechtsanwalt, keine Haftung des Mandanten für uH **– 831** 6; Interessenwahrungspflicht **280** 60; Vertrag **675** 12
Rechtsausübung im Hinblick auf früheres Verhalten **242** 44, 48; Grenzen **226**; unzulässige – *s unzulässige Rechtsausübung*
Rechtsbedingung **158** 6
Rechtsbindungswille **vor 104** 17; **vor 116** 11
Rechtsfähige Personengesellschaften als Unternehmer **14** 2
Rechtsfähigkeit, Begriff **1** 1; Ende **1** 3; Erwerb **1** 2; juristischer Personen **1** 2; des Menschen **1** 1
Rechtsfortbildung, richterliche **242** 9
Rechtsfrüchte, mittelbare **99–103** 3; unmittelbare **99–103** 3
Rechtsgeschäft **104–185**, absolut unwirksames **vor 104** 19; abstraktes **vor 104** 12; allg **vor 104**; amtsempfangsbedürftiges **vor 104** 8; Anfechtbarkeit **vor 104** 22; bedingtes

158; **vor 104** 20; bedingungsfeindliches **158** 11; befristetes **163**; befristungsfeindliches **163** 3; Bestätigung bei Anfechtbarkeit **144**; Bestätigung bei Nichtigkeit **141**; dingliches **vor 104** 10; **vor 854** 10, 11; Doppeltatbestand im – **vor 104** 2; einheitliches **139** 3; einseitiges **vor 104** 5; einseitiges des Vormunds **1831**; empfangsbedürftiges **vor 104** 8; nicht empfangsbedürftiges **vor 104** 8; entgeltliches, unentgeltliches **vor 104** 12; fehlerhaftes **vor 104** 16; Form *s dort*; genehmigungsbedürftiges **275** 15; kausales **vor 104** 11; unter Lebenden **vor 104** 14; mehrseitiges **vor 104** 6 f; neutrales **107** 6; nichtiges **vor 104** 18; Nicht-Rechtsgeschäft **vor 104** 16; personenrechtliches **vor 104** 13; relativ unwirksames **vor 104** 19; scheinbares **vor 104** 17; schwebend unwirksames **vor 104** 20; sexuell motiviertes **138** 17; simuliertes (Scheingeschäft) **117** 2; Tatbestandsvoraussetzungen **vor 104** 2, 16; Teilbarkeit **139** 5; von Todes wegen **vor 104** 14; treuhänderisches **vor 104** 15; Typen **vor 104** 4; unwirksames *s Rechtsgeschäft, nichtiges*; verbotenes **134**; verdecktes (dissimuliertes) **117** 5; und Willenserklärung **vor 104** 2; Wirksamkeitsvoraussetzungen **117** 5; **vor 104** 3, 20; wucherähnliches **138** 16
Rechtsgeschäftlicher Kontakt **311** 44
Rechtsgeschäftsähnliches Schuldverhältnis **311** 34; Gewinnzusage gegenüber Verbrauchern **661a** 2
Rechtshängigkeit des Bereicherungsanspruchs **818** 46; Haftung des Besitzers **987–989**; Haftung bei Herausgabeanspruch **292** 2; Vermerk im Grundbuch **899** 7; Zinsen **291** 3
Rechtskauf **453**, Begriff **453** 2; Käuferpflichten **453** 9; Kosten **453** 10; Verkäuferpflichten **453** 3
Rechtskraft, Rückforderung aus § 812 **812** 22
Rechtsmangel, Grundbuchrechte **453** 5; Grundstück **435**; Kauf **435** 3; Mietverhältnis **536** 7; beim Rechtskauf **453** 4; Schenkung **523**; Werkvertrag **633** 10; Zahlungsunfähigkeit des Schuldners **453** 4 f *(beim Forderungskauf)*; maßgebender Zeitpunkt **435** 4 *(Kauf)*
Rechtsmängelhaftung, Abdingbarkeit **435** 2; beim Erbschaftskauf **2376** 1
Rechtsmissbrauch, allg **242** 37–43; Übermaßverbot **242** 40
Rechtsmittel, Amtshaftungsanspruch bei Versäumnis **839** 19 f; Begriff **839** 19; bei gerichtlichem Sachverständigengutachten **839a** 1
Rechtsnachfolge, Mietverhältnis **564** *(Wohnräume)*

Rechtsobjekt

Rechtsobjekt vor 90 1
Rechtspositionen, nichtvererbliche, höchstpersönlicher Anspruch **1922** 13; Leichnam **1922** 11; Persönlichkeitsrecht **1922** 12; Transplantation **1922** 11
Rechtspositionen, vererbliche, Ansprüche **1922** 2; Anwartschaften **1922** 4; Gestaltungsrechte **1922** 4; Herrschaftsrechte **1922** 5; Unterlassungspflichten **1922** 3; Unternehmen und Unternehmensbeteiligungen **1922** 6; Verbindlichkeiten **1922** 3; Vollmacht **1922** 5
Rechtsscheinhaftung eines nicht voll Geschäftsfähigen **vor 104** 25
Rechtssubjekt vor 90 1
Rechtswidrigkeit 227 5; Begriff **276** 13; **823** 48; bei Eigentumsstörung **1004** 21; bei Eingriff in den Gewerbebetrieb **823** 99, 105; Erfolgsunrecht **823** 48; Funktion **823** 47; Handeln auf eigene Gefahr *s dort*; Handlungsunrecht **823** 49; bei mehreren Beteiligten **830** 12; bei Schutzgesetzverletzung **823** 47; der Täuschung **123** 11; des Unterlassens **823** 51; bei Verletzung des Persönlichkeitsrechts **823** 80
Reduktion
Regress in der Lieferkette **478**
Reisebüro, Ermächtigung zum Empfang des Reisepreises **651k** 4; als Veranstalter **651a** 4; als Vermittler **651a** 6
Reiseleistung, Begriff **651a** 5
Reisepreis, Änderung **651a** 17 *(nach Prospektherausgabe)* 18 *(nach Vertragsschluss)*; Fälligkeit **651a** 16; Minderungsquote bei Mängeln **651d** 1
Reisescheck 783 13
Reiseveranstalter, Begriff **651a** 4; Haftung **651f**; **vor 249** 15 *(für vertanen Urlaub)*; Sicherung des Reisenden vor Insolvenz des – **651k**
Reisevermittler 675 12
Reisevertrag 651a–m, Abdingbarkeit **651m**; Abhilfe **651c** 4 *(bei Mangel)*; Absage der Reise durch Veranstalter **651a** 15; Abschluss **651a** 10; und AGB **651a** 11; allg **651a** 1; Änderung des Reisepreises *s Reisepreis*; Änderung von Leistungen **651a** 15; Angebot und Annahme **651a** 8; Begriff **651a** 3 ff; Erfüllungsgehilfe **278** 16; **651f** 3; Flugannullierung **651c** 2; Flugverspätung **651c** 2 *(Ansprüche nach EU-VO)*; Gastschulaufenthalte **651l**; erhebliche Gefährdung des Reisenden **651c** 3; Gesamtheit von Reiseleistungen **651a** 5; Geschäftsgrundlage **651j** 2; höhere Gewalt **651j** 3; Gleichbehandlungsgesetz **651a** 9; Haftungsbeschränkungen **651h** 1; Informationspflichten des Veranstalters **651a** 13; **Anh 651m**; Insolvenz des Veranstalters **651k** 1; Kündigung **651e** 1–4; **651j** *(bei höherer Gewalt)*; Leistungen **651a** 13; Leistungspflichten des Veranstalters **651a** 13; Leistungsstörung **vor 651c** 2 f; Leistungsträger **651a** 8; Mangel **651c** 2 *(Beispiele)*; Mängelanzeige **651d** 2; mehrere Reisende **651a** 7; Minderung **651d** 1 *(zeitlicher Rahmen)*; Nichtvermögensschaden **651f**; Online-Buchung **651a** 10; Partner **651a** 7; **651b** 2 *(nach Wechsel des Reisenden)*; Pflichten des Reisenden **651a** 16; Reisebestätigung **651a** 10; und Reisebüro **651a** 4; Reisebüro **651a** 8 *(Vertrag mit)*; und Reisebüro **651a** 10; Reiseleistung **651a** 5 *(Begriff)*; Reiseveranstalter **651a** 4 *(Begriff)*; Rücktritt **651i** 3 *(gegenüber Hotelier)*; Rücktrittsrecht **651e**; Schutzpflichten des Veranstalters **651a** 14; Sicherstellung des Reisenden **651k** *(vor Insolvenz)*; Sicherungsschein **651k** 3, 5 *(Ausnahmen)*; Stornoklausel **651i** 3; Tagesreisepreis **651d** 1; Beeinträchtigung des Umfeldes **651c** 2 *(als Mangel)*; Unmöglichkeit **vor 651c** 3; Urlaubsreise als Inhalt **651a** 3; Verjährung der Gewährleistungsansprüche **651g** 6; Verletzung **651c** 2 *(des Reisenden, eines Angehörigen als Mangel)*; Vermittlerklausel **651a** 12; Vermittlung von Teilleistungen **651a** 10; Verzug **vor 651c** 3; Wechsel des Reisenden **651b** 3; Zahlung des Reisepreises **651a** 16; Zugverspätung **651c** 2 *(Ansprüche nach EU-VO)*
Rektapapier 793 6
Religionsgemeinschaft bei Tendenzschutz nach AGG **AGG 9** 1
Religiöses Bekenntnis, Wahl **1631–1633** 7
Rennwette, Lotterie **763** 2; Spiel **762** 5
Rentenanspruch *sa Versorgungsausgleich,* Abänderungsklage **vor 249** 55; Kapitalisierung **843** 5; bei Tötung des haushaltsführenden Ehegatten **844** 6 f; bei Tötung des haushaltsführenden eingetragenen Lebenspartners **844** 6 f; bei uH **843** 2 f; eines Unterhaltsberechtigten bei Tötung **844** 4 f
Rentenschein 803–805 2
Rentenschuld 1199–1203, Ablösung **vor 1199** 2; Begriff **vor 1199** 1; Nießbrauch an – **1074–1080** 1; und Reallast **1105–1108** 1; Umwandlung **vor 1199** 2
Rentenversprechen, Schenkung **520** 1
Reparaturkostenübernahmeerklärung 783 15
Reserveursache *s Kausalität*
Reservewagen *s Vorhaltekosten*
Restriktionsprinzip, bei AGB **305c** 7
Reugeld, und Draufgabe **336–338** 2; Rücktritt gegen – **353** 1; und Vertragsstrafe **339** 9
Revokation 1368 3
Revokationsrecht 1423–1428 20

magere Zahlen = Randnummern **Sachdarlehensvertrag**

Richterhaftung, Schiedsrichter **839** 22; Spruchrichter **839** 22
Risiko, Einwilligung in - *s Handeln auf eigene Gefahr*
Risikobegrenzungsgesetz, allg **vor 488** 1; Unterrichtungspflichten **492a** 2
Risikogeschäft und Irrtum **119** 17; **123** 5
Risikoverteilung im Rahmen des Mitverschuldens **254** 5; nach Sphären beim Werkvertrag **644**; **645**
Rückerstattung des Darlehens **488** 3, 25, 28 *(Fälligkeit)*; DDR-Altkredite **488** 25; des Sachdarlehens **607–609** 6
Rückerwerb vom Nichtberechtigten 932 2
Rückforderung, Anspruch des Schenkers **525–527** 9; bei sittenwidriger Leistung **817** 8, 9; wegen Verarmung des Schenkers **528**
Rückgabe der mangelhaften Kaufsache **439** 38 *(bei Nacherfüllung)*; Anspruch des Vermieters **570**
Rückgaberecht, Ausübung **356** 4; Fernabsatzvertrag **312d**; Frist **356** 6; Haustürgeschäft **312** 14; Inhalt der Belehrung **360** 1–3; statt Widerruf **356** 1
Rückgriff des Letztverkäufers 478; **vor 474** 2; Abdingbarkeit **478** 11; Ablaufhemmung **479** 3; Entbehrlichkeit der Fristsetzung **478** 3, 5; Untersuchungs- und Rügeobliegenheiten **478** 13
Rückgriffsrechte, Verjährung **479** 1 f
Rücknahmeverlangen, Ausübung **356** 5 *(als Widerruf)*
Rücksichtnahme im Eltern-Kind-Verhältnis **1618a**; im Schuldverhältnis **242** 18
Rücktritt 346–361, Abgrenzung **vor 346** 2; und Anspruch auf Schadensersatz statt der Leistung **324** 6; und Aufwendungsersatz **325** 4; und Aufwendungsersatz **347** 2; bei Ausschluss der Leistungspflicht **326**; und Begleitschäden **325** 6; Begriff **vor 346** 3; vom Dienstvertrag **vor 620–630** 6; Entreicherung nach – **346** 4, 8; Entwertungsrisiko **346** 8; vom Erbvertrag **2293–2299**; bei Erbverzicht **2346** 2; Erfüllung Zug-um-Zug **348** 1; Erklärung **349** 1; Erklärung bei Personenmehrheit **351** 1; Erklärungsempfänger **351** 1; Ersatzwertberechnung **346** 3; vor Fälligkeit **323** 15; Form bei Grundstückskauf **311b** 15, 20; entbehrliche Fristsetzung **440** *(Kauf)*; vom ganzen Vertrag **323** 17; Gebrauchsvorteile **346** 3; und Gewährleistung **437** 6; vom Gläubiger zu vertretender **323** 22; Herausgabepflicht **346** 2; bei Leistungshindernis **326** 27; **vor 275** 13; und Minderung **325** 2; bei Nicht- oder Schlechterfüllung sonstiger Pflichten **326** 27; nicht gezogene Nutzungen **347** 1; Nutzungsherausgabe **346** 3; Nutzungswert **346**

7; Rechtsfolgen **323** 31; **324** 3; und Schadensersatz **325** 1; **346** 9; und Schadensersatz statt der Leistung **325** 3; Sorgfaltspflicht vor und nach – **346** 8; bei Sukzessivlieferungsvertrag **323** 18; Systematik der Rückabwicklung **vor 346** 2; bei Teilunmöglichkeit **326** 27; nach Umgestaltung **346** 8; bei Unmöglichkeit **326** 27; Unmöglichkeit der Rückgewähr **346** 4 f; **vor 346** 2; unwirksamer und Verjährung **218**; nach Verschlechterung **346** 8; und Verzögerungsschaden **325** 5; im Werkvertrag **636** 2; Wertersatz **346** 4; zeitliche Begrenzung **438** 9 *(Kauf)*
Rücktrittsrecht, in AGB *s dort*; und Annahmeverzug **323** 27; bei Aufrechnungslage **352** 1; Ausschluss aus weiteren Gründen **323** 30; Ausschluss bei überwiegender Verantwortlichkeit des Gläubigers **323** 24; Erlöschen **350** 1; gegenseitiger Vertrag **323** 1; ges **346** 1, 9; **vor 346** 1; kein - bei unerheblichen Mängeln **323** 20; bei Leistungshindernissen **323** 5; nicht erbrachte Leistung **323**; Nicht- und Schlechterfüllung **323** 5; nicht vertragsgemäß erbrachte Leistung **323** 20; Nichterfüllung von Nebenleistungspflichten **323** 20; des Reisenden **651i** 1; gegen Reugeld **353** 1; bei Schutzpflichtverletzung gem § 241 II **324** 1; bei Teilleistung **323** 16; bei Unmöglichkeit **323** 5; Unteilbarkeit **351** 1; und Verjährung **vor 346** 3; Verletzung sonstiger Pflichten **323** 5; vertragliche Gestaltung **323** 3; vertragliches **346** 1; **353** 1; **463** 18 *(und Vorkaufsrecht)*; **vor 346** 4; Verwirkung des Vorbehalts **354** 2; Verzicht **350** 2; Voraussetzungen **323** 6 f; *sa Rücktritt*
Rücktrittsvorbehalt, Begriff **346** 1; Beweislast **346** 1; durch Verwirkungsklausel **354** 1
Ruhegehaltsversprechen 761 5
Ruhestandsbezüge 611 35
Rulebooks des European Payments Council *s EPC*

Sachdarlehen 688 8; **700** 2; **vor 488** 2, 16; Begriff **607–609** 1; Fälligkeit der Entgeltforderung **607–609** 5; Rückerstattungspflicht **607–609** 6; Überlassung von Mehrweg-Verpackungen **607–609** 3; Überlassung von Rohstoffen **607–609** 3; unentgeltliches **607–609** 1; Zinsforderung **607–609** 5
Sachdarlehensvertrag, Abgrenzung **607–609** 2; Kündigung **607–609** 6; und Kündigung aus wichtigem Grund **607–609** 6; und Leihvertrag **607–609** 2; und Mietvertrag **607–609** 2; Pflichten des Darlehensgebers **607–609** 4; Pflichten des Darlehensnehmers **607–609** 5; und Verbraucher-

Sache

schutz **607–609** 1; Wertpapierdarlehensvertrag **607–609** 3
Sache **90**; Bestandteile **93**; **vor 90** 6; Eigentum an – **90** 2; Scheinbestandteil **95**; Teilbarkeit **vor 90** 7; neue durch Verarbeitung **950** 3; verbrauchbare **92**; verlorene **vor 965** 1; vertretbare **91**; *sa Einzelsache, sa Grundstück, sa Sachgesamtheit*
Sacheinheit vor 90 4
Sachenrecht, außerhalb des BGB **vor 854** 17, 18; Gegenstand **vor 854** 1; numerus clausus **vor 854** 3
Sachentzug, Ersatzleistung an nichtberechtigten Besitzer **851**; Verwendungsanspruch **850**; Zinsanspruch als Wertersatz **849**; Zufallshaftung **848**
Sachfrüchte, mittelbare **99–103** 2; unmittelbare **99–103** 2
Sachgesamtheit vor 90 5
Sachinbegriff, Nießbrauch **1035**
Sachmangel, allg **434** 1 f; Anwendungsbereich **434** 4; und Aufwendungsersatz **437** 27; Beschaffenheitsvereinbarung **434** 2; Beweislast **434** 3; bei EDV **434** 31; Falschlieferung **434** 3 *(Beweislast)* 20–23; und geringfügige Abweichung **434** 11; und Geschäftsgrundlage **437** 33; und Irrtum **437** 32, 31 f; Kenntnis **442** 3; Kraftfahrzeug **434** 26 f; Kunstwerk **434** 28; Maßstab **434** 2; Mietverhältnis **536** 4 f; fehlerhafte Montageanleitung **434** 19 *(beim Kauf)*; Montagemängel beim Kauf **434** 18; und öffentl Äußerung **434** 15–17; beim Rechtskauf **453** 6; Rücktritt **437** 6; und Schadensersatz **437** 35, 14 ff; Schenkung **524**; Software **434** 31; subj Fehlerbegriff **434** 2; und arglistige Täuschung **437** 31; bei technischem Arbeitsmittel **434** 30; Tier **434** 32; grobfahrlässige Unkenntnis **442** 5; des Unternehmens **453** 14; Verdacht **434** 14; maßgebender Zeitpunkt **434** 5 *(Kauf)*; Zurückweisung **437** 29 *(der Leistung)*; Zuviellieferung **434** 24; Zuweniglieferung **434** 3 *(Beweislast)* 24
Sachmängelhaftung, Abdingbarkeit **437** 3; Annahme ohne Vorbehalt **442** 4; Ausschluss **442**; **444**; und cic **437** 34; beim Erbschaftskauf **2376** 1
Sachverständiger, Haftung des vom Gericht ernannten **839a** 1; Haftung für falsches Gutachten **826** 15; Kosten für – als Schadensersatz **249** 4
Sachwalterhaftung 311 64
Saldoanerkenntnis 781 21
Saldotheorie 818 40–45; bei Untergang der Kaufsache **818** 41, 44
Sale-and-lease-back-Vertrag vor 535 6
Sammellagerung 948 3
Sammelname 12 5

Sammelvermögen vor 80 4 *sa Pflegschaft*
Samstag *s Sonnabend*
Satzung, Änderung **33**; **54** 3; **vor 55** 1; Festlegung von Arbeitspflichten in – **vor 611** 17; Teilnichtigkeit **139** 16; des rechtsfähigen Vereins **25** 1; des nichtrechtsfähigen Vereins **54** 3
Schaden (allgemein; Systematik) vor 249 1 ff; „natürlicher" **vor 249** 4; Affektionsinteresse **vor 249** 5; Aufwendungen (als Herstellungskosten) **249** 8; Ausgleichsfunktion **vor 249** 2; Begriff **vor 249** 3 f; und Bereicherungsverbot **255** 1; Differenzschaden **vor 249** 5; Ausgleich durch Dritte **vor 249** 7; des verletzten Ehegatten/Lebenspartners **vor 249** 9; als Entreicherung **818** 33; fiktive Schadensberechnung **249** 10; Folgeschaden **vor 249** 24 f; Funktion **281** 4; **vor 275** 11; im gegenseitigen Vertrag **281** 18; Geltendmachen bei Drittschadensliquidation **vor 249** 12; und Gewährleistung beim Kauf **437** 18; großer Schadensersatz **437** 21; Grundsatz der Totalreparation **vor 249** 2; immaterieller **249** 2 f *(bei Naturalrestitution)*; **253**; **vor 249** 3, 15; immaterieller des Beschäftigten nach AGG **AGG 12** 6; **AGG 15** 4; Lehre vom Interesse **vor 249** 5, 10; hypothetische Kausalität **vor 249** 42; kleiner Schadensersatz **281** 21; **437** 21; Kommerzialisierungsgedanke **vor 249** 7; bei Leistung nicht wie geschuldet **281** 5; bei leistungsbegleitender Pflichtverletzung **282** 1; Naturalrestitution **249** 1; bei leistungsbezogenen Nebenpflichten **281** 5; nicht behebbarer Mangel **437** 19 *(Kauf)*; bei nicht oder nicht wie geschuldet erbrachter Leistung **280** 58; **281**; bei Nichterfüllung **281** 17; bei Nichtleistung **281** 4; normativer **vor 249** 11, 6–8; Nutzungsausfallschaden **vor 249** 3; als Präventionsprinzip **vor 249** 2; realer **vor 249** 4; und Sanktion des Handelnden **vor 249** 2, 6; Schockschaden *s dort*; Schutzbereich (der Norm) **vor 249** 31 ff; Schutzbereich (eines Vertrages) **vor 249** 32; bei Schutzpflichtverletzung **280** 59; **282** 1; und soziale Sicherungssysteme **vor 249** 2; Stichtag bei abstrakter Berechnung **281** 19; Subjektbezogenheit **vor 249** 8, 11, 18 f; Surrogationstheorie **281** 18; bei teilweiser Nichterfüllung **281** 21; Überblick **281** 16; unverhältnismäßiger **251** 7; Vermögensschaden **vor 249** 3; Verwendung der erhaltenen Mittel **249** 5, 10; Vorteilsausgleich **vor 249** 5; Werkvertrag **636** 10; Wiederherstellung in Natur **249** 2; Zweck des Anspruchs **vor 249** 2; Zweckgebundenheit des Wiederherstellungsbetrages **249** 2
Schaden (Einzelposten), bei unterbliebener Abtreibung **vor 249** 32; allg **vor 249** 1 f;

magere Zahlen = Randnummern

Schadensersatzanspruch

bei Arbeitnehmerunfall **vor 249** 8; eigene Aufwendungen **249** 4; ersparte Aufwendungen als mindernder Vorteil **vor 249** 39; Bäume **251** 3; Begleitkosten **249** 4, 6, 13; Begleitschaden **280** 12; **vor 275** 10; für entgangene Dienste **845**; Erwerb eines Ersatzfahrzeugs **249** 11; Ersetzungsbefugnis des Schädigers **251**; Erwerbsschaden **842** 3 f; Finanzierungskosten **249** 9; vertane Freizeit **vor 249** 16; Geldersatz (Kompensation) **249** 1; Geldersatz nach Fristsetzung **250**; Geldersatz ohne Fristsetzung **251**; entgangener Gewinn **252**; **vor 249** 51; Haushaltsführungsschaden **843** 4; Haushaltshilfe, Kosten für – **249** 4; Herstellungskosten (Gesundheit) **249** 3; Integritätsinteresse **249** 1; Kfz-Nutzungsausfall **vor 249** 10, 18; nicht gewünschtes Kind **vor 249** 32; bei Körperverletzung **249** 4; Kosten (bei Naturalrestitution) **251** 3 f; Kosten der Nebenklage **vor 249** 32; Kosten der Privatklage **vor 249** 32; Krankenbesuche, Kosten für – **249** 4; bei Ladendiebstahl **249** 6; Lizenzgebühr (Grundsatz der Lizenzanalogie) **vor 249** 54; materieller des Beschäftigten nach AGG **AGG 12** 6; **AGG 15** 3; Mietwagenkosten **249** 4; merkantiler Minderwert **251** 3, 5; Nutzungsausfall **vor 249** 7, 13; Nutzungsvorteile als Schadensminderung **vor 249** 39; pauschalierter Mindestschaden **vor 249** 54; Rechtsanwaltskosten **249** 4; **vor 249** 32; bei mangelhafter Reiseleistung **651f** 5, 2 f; Sachbeschädigung **249** 6; nicht vertretbare Sache **251** 3; vertretbare Sache **251** 3; Sachverständigengutachten **249** 4; Sozialversicherungsbeiträge, Arbeitgeberanteil **842** 5; bei fehlgeschlagener Sterilisation **vor 249** 32; Strafverteidigerkosten nach Verkehrsunfall **vor 249** 32; Umsatzsteuer **249** 12; Umschulungskosten **842** 3; Unfallersatztarif **249** 13; bei Unmöglichkeit der Herstellung **251** 3; Unterhaltsschaden **844** 2, 7; vertaner Urlaub **651f** 7 f; **vor 249** 14 f; Verzögerungsschaden **vor 275** 10; Vorhaltekosten **249** 13; **vor 249** 11; Wiederbeschaffungswert **251** 5; unverhältnismäßige Wiederherstellungskosten **251** 7; Zeit- und Verwaltungsaufwand für Schadensabwicklung **vor 249** 16, 32

Schadensanlage *s Kausalität*

Schadensberechnung vor 249 50 f; abstrakt-normative **842** 4; **vor 249** 53; abstrakt-typisierende **vor 249** 51 f; bei Erwerbsschaden **842** 4; individuelle **vor 249** 2; konkrete **vor 249** 50; subjektbezogene **vor 249** 5; bei uH gegen Dienstverpflichteten **845**; Zeitpunkt **vor 249** 55

Schadenseinheit, Verjährung bei **199** 10; Verjährung bei – **199** 2

Schadensersatz 2, Angehörigenprivileg **843** 6; bei Angriffsnotstand **904** 5; Arbeitskraft **842**; bei Auftrag **667** 7; bei Benachteiligung nach AGG **AGG 15** 3; und Drittleistung **843** 6; entbehrliche Fristsetzung **440** *(Kauf)*; und Garantie bei Verbrauchsgüterkauf **477** 6; und Gewährleistung **437** 14; bei Kündigung von Dauerschuldverhältnissen aus wichtigem Grund **314** 8; Leistung an nichtberechtigten Besitzer **851**; Leistungsverweigerungsrecht **320** 11; und mangelfreie Kaufsache **437** 35 *(Nebenpflichtverletzung)*; und mangelhafte Kaufsache **437** 35; bei Nichtabnahme des Darlehens **488** 17; pauschalierter **339** 10; bei Persönlichkeitsrechtsverletzung **823** 81; bei Pflichtverletzung des Arbeitgebers nach AGG **AGG 12** 6; Präventionsgedanke **253** 3; Produkthaftung **823** 157, 159; Rente, Kapitalabfindung **843**; und Rücktritt **325**; Umfang **536a** 8 *(Mietverhältnis)*; beim Verbrauchsgüterkauf **475** 8; bei Verstoß gegen Maßregelungsverbot **AGG 16** 2; und Vertragsstrafe **339** 10; **340** 1, 6; **341** 2; bei Zahlungsdiensten **vor 675u** 1; *sa Schadensersatzanspruch*

Schadensersatz statt der ganzen Leistung **281** 22; großer Schadensersatz beim Kauf **437** 21; und mangelhafte Kaufsache **437** 21; bei nicht ordnungsgemäßer Leistung **281** 27; Rückgabe der empfangenen Leistung **281** 32; bei Teilleistung **281** 26

Schadensersatz statt der Leistung, und Aufwendungsersatz **284** 8; bei Ausschluss der Leistungspflicht **280** 57; Begriff **280** 4; behebbarer Mangel **437** 18 *(Kauf)*; Berechnung **281** 19; Differenztheorie **281** 18; bei Erfüllungsverweigerung **280** 18; und Ersatzanspruch statt der Leistung (stellvertretendes commodum) **285** 13

Schadensersatzanspruch, Abtretung eines – gegen Dritte an Schädiger **255**; gegen Anfechtenden **122**; Anspruchsberechtigter **vor 249** 17; gegen Auftraggeber **670** 5; gegen Beauftragten **664** 4; **665** 8; gegen bösgläubigen Besitzer **990** 1; gegen Besitzer nach Rechtshängigkeit **989**; gegen Besitzmittler **991** 3; gegen Deliktsbesitzer **992**; gegen Ehestörer **823** 94, 91 f; im Eigentümer-Besitzer-Verhältnis **989–993**; **vor 987** 1, 2; gegen Gesellschafter **707** 2; **714**; **715** 9; bei Grundstücksvertiefung **909** 3; bei Immaterialgüterrechtsverletzung **vor 249** 54; Kauf **437**; bei außerordentlicher Kündigung eines Dienstverhältnisses **628**; gegen Mieter **540** *(bei unerlaubter Untervermietung)*; **548** 2 *(Verjährung)*; **537** 1 *(bei verspäteter Rückgabe)*; **536c** 3 *(bei unterlassener Mängelanzeige)*; **546a** *(bei verspäteter Rückgabe)*; bei de-

Teichmann 2343

Schadensfreiheitsrabatt

fette Zahlen = §§

fensivem Notstand **228** 3; gegen Pächter bei verspäteter Rückgabe **597**; **584b**; gegen Reisenden bei unterlassener Mängelanzeige **651d** 3; gegen Schenker **523** 1; **524** 1, 4; bei unerlaubter Handlung *s dort*; des Unterhaltsberechtigten **844**; gegen Unternehmer im Werkvertrag **636** 7–11; Verjährung **852** *(Herausgabe der Bereicherung)*; gegen Verleiher **600**; gegen Vermieter **536a** 3–9; gegen Vertreter ohne Vertretungsmacht **179**; Verzinsung **849**; gegen Wiederverkäufer **457**; *sa Haftung, sa Schadensersatz statt der Leistung*

Schadensfreiheitsrabatt, Verlust als Schaden **vor 249** 26

Schadensminderungspflicht (-obliegenheit) 254 9; Schmerzensgeldanspruch **253** 5; Umschulung *s dort*; und Vorteilsausgleich **vor 249** 39

Schadenspauschalierung, Vertragsstrafe **339** 10

Schadensversicherung, Erwerb des Ersatzanspruchs durch – **vor 249** 37

Schatz, Fund **984**; Recht des Nießbrauchers **1040**

Scheck 783 14; Annahme erfüllungshalber **364**; **365** 7; Vollzug der Schenkung **518** 7

Scheidung der Ehe Einf 1564, allg **1564** 1; Antrag **1564** 2; Auseinandersetzung des Gesamtguts **1478**; Auskunftspflicht über Einkünfte und Vermögen **1580**; Ausschluss bei Härte für den anderen Teil **1568** 4; Ausschluss im Kindesinteresse **1568** 3; eheliche Lebensgemeinschaft **1565** 2; Einschränkung bei unzumutbarer Härte **1565** 5; einverständliche **1566** 2; Erbrecht nach – **1931** 1; **1933**; **2077**; und Erbvertrag **2279** 3; Feststellung des Scheiterns **1565** 4; Getrenntleben **1567**; Gründe **vor 1564**; Härteklauseln **1568**; Hinderungsgründe **1568** 1; IPR **Einf 1564** 4; Konventionalscheidung **1566**; Rechtsfolgen **Einf 1564** 2; Scheitern als Grund **1565** 2; **vor 1564** 1; Stichtag für Zugewinnberechnung **1384**; und gemeinschaftliches Testament **2077**; **2268**; ohne einjährige Trennung **1565** 5; nach dreijähriger Trennung **1566** 4; unzumutbare Härte **1565** 5; Verfahren **Einf 1564** 3; Vermutung des Scheiterns **1566** 1; vertraglicher Ausschluss **vor 1564** 6; Zerrüttungsprinzip **1565**; Zerrüttungsvermutungen **1566** 1

Scheidungsbeschluss, erschlichener **1564** 4; fehlerhafter **1564** 4

Scheidungsverfahren, Aussetzung zwecks „Heilung" der Ehe **1565** 4

Scheinbestandteil 95

Scheingeschäft 117, bei Grundstücksveräußerung **311b** 37; bewusst unrichtige Beurkundung **311b** 35

Scheinselbständige vor 611 29a

„Schenkkreis" 138 18

Schenkung 516–534; Abgrenzung **516** 14 ff; **615** 22; Arglist des Schenkers **523** 1; **524**; unter Auflage **525–527**; belohnende **516** 19; Bereicherung des Beschenkten **516** 7; Beweislast **516** 13; Dienstleistungen **516** 14; unter Ehegatten **516** 9; durch Eltern als gesetzliche Vertreter **1641**; Entreicherung des Schenkers **516** 6; Form **518** 1, 3; Gebrauchsüberlassung **516** 15; **518** 9; gemischte **516** 17; **525–527** 3; gemischte bei Pflichtteilsergänzung **2325** 3; ges Verbot **516** 10; Gesellschaftsanteil **516** 22; Haftung des Schenkers **521** 1; **523** 1; **524** 1, 4; Handschenkung **516** 2; und Leihe **598** 3; Leistung auf Schuld **516** 9; Mangelfolgeschaden **521** 1; **524** 1; an Minderjährige **516** 10; Missverhältnis zwischen Leistung und Gegenleistung **516** 9; mittelbare **516** 16; nicht vollzogene und überlebensbedingte **2301** 1; moralische Pflicht **516** 9; Pflicht- und Anstandsschenkung **534**; Pflichtteilsergänzung wegen – **2325**; Rückforderung wegen Verarmung **528**; **529**; Rückgewähr des „Darlehens" **516** 21; von Todes wegen **516** 22; auf den Todesfall fällige und unbedingte **2301** 8; Unentgeltlichkeit **516** 8; Unterlassen eines Vermögenserwerbs **517**; verschleierte **516** 9; vollzogene überlebensbedingte **2301** 4; und Vollzug **518** 6; Widerruf **530–533**; Zurechnung zu Anfangsvermögen **1374** 6; Zusicherung von Eigenschaften **524** 2; Zuwendung **516** 4; Zuwendung unter Ehegatten **516** 20; *sa Schenkungsversprechen*

Schenkung unter Auflage, Abgrenzung **525–527** 2; Begriff **525–527** 1; und Zweckschenkung **525–527** 4

Schenkungsverbot für Eltern **1641**

Schenkungsvermutung bei Aufwendungen des Kindes für Haushalt der Eltern **1620**

Schenkungsversprechen 516 2; Form **518** 1, 3; Gattungssache **524** 3; Heilung des Formmangels **518** 5; mehrere **519** 1; Notbedarfseinrede **519** 1; Rente **520** 1; von Todes wegen, Arten **2301** 1

Scherz, „guter" und „böser" bei Willenserklärungen **116** 3; **118** 2

Schickschuld, Geldschuld als qualifizierte – **270**; Konkretisierung bei Gattungsschuld **243** 9; Leistungsort **269** 1

Schiedsgericht in Verein **25** 4

Schiedsgutachtenvertrag 317 3; Abgrenzung **317** 9; Unrichtigkeit des Gutachtens **319** 4

Schiedsmann, Amtshaftung **839** 30

Schiedsrichter, Amtshaftung **839** 22; Schiedsrichtervertrag **311** 25

magere Zahlen = Randnummern **Schwägerschaft**

Schiedsvertrag, Abgrenzung zum Schiedsgutachtenvertrag **317** 8
Schiff, Bestandteile **94** 6; Eigentumserwerb **929a**; Mietverhältnis über eingetragenes – **578a**; nicht eingetragenes **929a** 1; **932a** 1
Schiffskauf 452
Schikane 226
Schleppvertrag vor 631 8
Schlüsselgewalt 1357 1 s *Geschäft zur Deckung des Lebensbedarfs*
Schlusserbe 2269 1, 5
Schmerzensgeld, allg **253** 3; zeitliche Begrenzung **253** 5; Berechnungsfaktoren **253** 5; bei Gefährdungshaftung **253** 5; und Geldentwertung **253** 5; Klageantrag **253** 6; Präventionsgedanke **253** 3; als Rente **253** 5; statt Restitution **251** 7; Übertragbarkeit **253** 5; Vererblichkeit **253** 5; **1922** 2
Schmiergeld, Arbeitnehmer **611** 27; Herausgabe an Auftraggeber **667** 4; Vertrag über- **138** 18
Schneeballsystem 138 18
Schockschaden, Mitverschulden des Verletzten **846**
Schönheitsreparaturen 535 14
Schornsteinfeger, Amtshaftung **839** 30
Schriftform, als Darlehensvertrag **492**; elektronische **126a** 1 *(Aufwand)* 2 *(Anwenderkreis)* 7 *(für Verträge)* 8 *(Anscheinsbeweis)* 4–6 *(Voraussetzungen)*; Ersatz durch elektronische Form **126a** 3; ges **128**; gewillkürte **127**; Kündigung des Mietvertrags **568**; Mietvertrag **550**; Übermittlung, telekommunikative **127** 2; Umfang **126** 7; Zugang **126** 11; sa *Form*
Schrottimmobilien 123 5
Schuld, Begriff **241** 18; und Haftung **241** 18
Schuldabänderung, Darlehen **vor 488** 7
Schuldanerkenntnis 781, abstraktes **781** 4; und Aufrechnung **387** 13; Begriff **781** 4; Beweislast **781** 14; einseitiges **781** 2; Einwendungen und Einreden **781** 11; Form **781** 8; Form bei Schenkung **518** 4; Formfreiheit **782**; des Kraftfahrers **781** 25; negatives **397** 1, 5; prozessuales **781** 3; Rückforderung **781** 14; Saldoanerkenntnis **781** 21; Selbständigkeit **781** 10; und ungerechtfertigte Bereicherung **781** 14; vergleichsweises **782** 3; Verjährung **781** 10; konstitutive Wirkung **781** 10; deklaratorische Wirkung **781** 15, 18
Schuldausschließung 276 14
Schuldbeitritt vor 414 2, 5; **vor 765** 16; und Bürgschaft **vor 765** 18; Form **781** 8
Schuldersetzung s *Novation*
Schuldfähigkeit s *Verschuldensfähigkeit*
Schuldmitübernahme s *Schuldbeitritt*
Schuldnermehrheit s *Gesamtschuld*
Schuldnerverzug und Einrede des nichterfüllten Vertrags **320** 18; Zinsen **290**; Zinseszins **289**

Schuldrechtsmodernisierung 311 2; **vor 241** 2; **vor 275** 16; und Geschäftsgrundlage **313** 1, 4
Schuldschein, Eigentum **952**; Rückgabe **371** 1
Schuldübernahme 414–418, Abgrenzungen **vor 414** 5; Einwendungen des Übernehmers **417** 1, 2; und Erfüllungsübernahme **329** 4; **414**; **415** 5; **vor 414** 5; Erlöschen der Nebenrechte **418** 1, 2; Form **414**; **415** 1; Genehmigung des Gläubigers **414**; **415** 2, 6; Hypothekenschuld **416** 1–3; Mitteilung an Gläubiger **415**; **416** 2; und Schuldbeitritt **vor 414** 2, 5; Sicherungsrechte **418** 1; Vertrag zwischen Übernehmer und Gläubiger **415** 1; Vertrag zwischen Übernehmer und Schuldner **414**; **415** 2; Vorzugsrechte **418** 2
Schuldumschaffung, abstrakte **vor 488** 9; kausale **vor 488** 8; bei Schuldversprechen **781** 10
Schuldverhältnis, allg **vor 241** 1; Anwendungsbereich **vor 241** 6; Arten **241** 3; Begriff **241** 1; Erlöschen **362** 1–3; **vor 362** 1–4; gesetzliches **311** 34, 46 *(Beendigung)* 48 *(Einbeziehung Dritter)* 49 *(mit Drittem als Berechtigten) (mit Drittem als Haftenden)*; **vor 433** 5; ieS **241** 2; iwS **241** 1; Nebenpflichten **242** 19; Pflichten **241** 9; rechtsgeschäftsähnliches **311** 34; Relativität **241** 4; vertragliches **vor 433** 4; Vertragsanbahnung **311** 34; vorvertragliches **311** 35, 43 ff *(Entstehung)*
Schuldversprechen 780, abstraktes **781** 4; Begriff **781** 4; Beweislast **781** 14; Einwendungen und Einreden **781** 11; Form **781** 8; Form bei Schenkung **518** 4; Formfreiheit **782**; Gutschrift bei Zahlungsvorgängen **675s-t** 4; kausales **781** 15; Rückforderung **781** 14; Selbständigkeit **781** 10; Umschaffung **781** 10; ungerechtfertigte Bereicherung **781** 14; Verjährung **781** 10; konstitutive Wirkung **781** 10; deklaratorische Wirkung **781** 15, 18
Schülerlotse, Amtshaftung **839** 6
Schulvertrag s *Privatschulvertrag*
Schutzgesetz, Begriff **823** 43 f; Schutzzwecklehre **vor 249** 5
Schutzpflichten, als alleiniger Vertragsgegenstand **241** 10; Aufklärung **241** 10; Beispiele **241** 10; nicht leistungsbezogene **282** 4; im Reisevertrag **651a** 15; Rücksichtnahme **241** 10; Verletzung **280** 16; im Werkvertrag **631** 13, 25
Schutzzwecklehre im haftungsausfüllenden Kausalzusammenhang **vor 249** 11; im haftungsbegründenden Kausalzusammenhang **823** 26; bei Tierhalterhaftung **833** 5
Schwägerschaft 1590, Dauer **1590** 3

Schwangerschaft

fette Zahlen = §§

Schwangerschaft, misslungener Abbruch als uH **823** 110; Infektion als Verletzung des Kindes **823** 4

Schwarzarbeit, Kondiktion des Schwarzarbeiters **817** 14; Mitverschulden **254** 5; Rückforderungsansprüche **817** 14; **818** 14

Schwarzfahrer vor 145 20

Schwarzkauf 117 5

Schweigen als Billigung **454**; **455** 6 f

Schwerbehindertenschutz vor 611 48; Schutz pflegender Angehöriger **616** 5; **620** 3; **vor 611** 48

Seetestament 2251 1

Selbstbedienungsgeschäft, Vertragsschluss **145** 3

Selbstbehalt 1601–1604 17

Selbsthilfe 229–231, keine vertragliche Erweiterung **229–231** 10; Exzess **229–231** 9; Maßnahmen **229–231** 5, 8; Schadensersatz **229–231** 9; des Vermieters **562b** *(bei Vermieterpfandrecht)*; Voraussetzungen **229–231** 2

Selbsthilfeverkauf 383–386 1–3

Selbstkontrahieren 181 4

Selbstopferung 904 1; im Straßenverkehr **677** 3

Selbstvornahme durch Käufer **439** 16; im Reisevertrag **651c** 5 *(bei Mangel)*; im Werkvertrag **637** 6 *(Kostenvorschuss)* 7 *(Kostenvorschuss)*

SEPA - Interbanken-Verfahrensregeln, Regress **675x** 3

Sexuelle Handlungen mit Abhängigen **825**; mit Jugendlichen **825** 1; mit Kindern **825** 1

Sexuelle Selbstbestimmung, Schmerzensgeld bei Eingriff in – **253** 4

Sicherheitsleistung 232–240, für Bauhandwerker **648a** 8; Bürge **239**; durch Einbehalt (Werkvertrag) **632a** 12; Einrede aus § 320 **320** 12; Ergänzungspflicht **240**; Folgen unterlassener - **648a** 7 *(Bauhandwerkersicherung)*; Grundpfandrechte **238**; Hinterlegung **233**; Höhe **648a** 5 *(Bauhandwerkersicherung)*; **vor 232** 2; Mittel **232** 2; des Nießbrauchers **1051–1054** 2; Pflicht zur – **vor 232** 1; Recht zur – **vor 232** 1; Rückgabe der Sicherheit (Werkvertrag) **632a** 12; mit beweglicher Sache **237**; zu sichernde Ansprüche (Werkunternehmer) **648a** 4; bei Verbraucher-Bauverträgen **632a** 12; und Vermieterpfandrecht **562c**; im Werkvertrag **641** 5, 6; **648a** 4; Wertpapiere **234**; **236**; Wertverschlechterung (Darlehen) **490**; Widerruf, Verschlechterungseinrede **648a** 6

Sicherung für Bauhandwerker **648**

Sicherungsabtretung 398 14

Sicherungseigentum, Insolvenzverfahren **930** 50, 52; Verlust **930** 53; Zwangsvollstreckung **930** 49; *sa Sicherungsübereignung*

Sicherungsgrundschuld 1191 4; fehlende Akzessorietät **1191** 6, 8; Begriff **1191** 4; Einrede des rückgewährberechtigten Eigentümers **1191** 20; gesicherte Forderung **1191** 9; Inhaberwechsel **1191** 22; Innenverhältnis **662** 10; Rechtsgrund **1191** 5, 9; Rückgewähranspruch **1191** 9; Rückgewähranspruch des Eigentümers **1191** 15; Rückgewähranspruch des Schuldners **1191** 21; Rückgewähranspruch eines Dritten **1191** 21; Sicherungsvertrag **1191** 4, 5, 9; stehengelassene **196** 1; Tilgung der Forderung **1191** 12; Tilgung der Grundschuld **1191** 11; Tilgungswille **1191** 13; Verwertung **1191** 14, 26; begrenztes Verwertungsrecht **1191** 8; Zwangsvollstreckung **1191** 14; Zweckerklärung **1191** 5

Sicherungshypothek 1113 2; **vor 1113** 21; strenge Akzessorietät **1138** 1; Akzessorietät **1184**; **1185** 1, 3; **vor 1113** 21; des Bauunternehmers **648** 4–6; Divergenzen zwischen Einigung und Eintragung **1184**; **1185** 2; Eintragung **1184**; Entstehung **1184**; **1185** 2; Erwerb vom Nichtberechtigten **1184**; **1185** 3; Grundbuchvertreter **1187–1189** 2; Umwandlung in Verkehrshypothek **1186**; Unterschiede zur Verkehrshypothek **1184**; **1185** 3; Wertpapierhypothek **1187–1189**; *sa Höchstbetragshypothek*

Sicherungsübereignung, allg **930** 20; Arten **930** 23; auflösend bedingte **930** 43; einfache **930** 23; erweiterte **930** 26; bei nicht bestehender Forderung **930** 40; Formen **930** 42; Freigabeanspruch **930** 58; Gegenstand **930** 29; Pflichten des Sicherungsgebers **930** 36; Rechtsgrund **930** 34; Rechtsstellung des Sicherungsnehmers **930** 21, 35; Sicherungsvertrag **930** 31; Sittenwidrigkeit **930** 55; verlängerte **930** 25; Verwertung **930** 37; Warenlager **930** 46; Wegnahmerecht **930** 37; *sa Sicherungseigentum*

Sicherungsvertrag, Besitzmittlungsverhältnis **930** 38, 39; bei Sicherungsübereignung **930** 33

Single Euro Payments Area *s SEPA*

Sittenverstoß, Begriff **826** 4; Bewusstsein des - **826** 7; Vorsatz **826** 10

Sittenwidrigkeit, Begriff **138** 6; bei Bürgschaft **765** 4; beim Erbvertrag **2286** 3; **vor 2274** 4; Fallgruppen **138** 12; Gebrauchsüberlassung **817** 13; im Gesellschaftsrecht **826** 2; der Globalzession **398** 19; Herabsetzung auf sittengemäße Leistung **139** 8; Konkurrenzen **138** 5; der Leistung **817** 2; der Leistungsannahme **817** 4; **819** 6; bei anfänglicher Leistungsunfähigkeit **138** 12; und geltungserhaltende Reduktion **139** 8; des Testaments **2077** 2; und Treuwidrigkeit **242** 13; des Vermächtnisses **2171** 4; wegen

überlanger Vertragsdauer **139** 11; obj Voraussetzungen **138** 9–11; Zeitpunkt **138** 3
Software 433 13
Sollzinssatz, Begriff **489** 1
Sondereigentum, Form des Veräußerungsvertrages **311b** 3
Sondererbfolge, Anerbenrecht für die Hoferbfolge **1922** 14; Unternehmen und Unternehmensbeteiligungen **1922** 14
Sondergut 1417; **1416–1419** 11–12; **vor 1415** 2; bei fortgesetzter Gütergemeinschaft **1486**
Sonderrecht, eines Vereinsmitglieds **35**
Sonnabend, Fristablauf **193** 1
Sonntag, Fristablauf **193** 1
Sorge, elterliche *s elterliche Sorge*
Sorgeerklärung 1626a, Bedeutung **1626a–1626e** 3; beschränkte Geschäftsfähigkeit **1626a–1626e** 8; Form **1626a–1626e** 9; **1626d**; Frist **1626a–1626e** 7; Inhalt **1626a–1626e** 5; persönliche Abgabe **1626c**; Rechtsnatur **1626a–1626e** 3; Voraussetzungen **1626a–1626e** 4; Wirksamkeit **1626b**; **1626e**; Wirkungen **1626a–1626e** 11; Zeitpunkt **1626a–1626e** 9
Sorgerecht, gemeinsames **1687**
Sorgfalt in eigenen Angelegenheiten 277; eigenübliche **277** 3; im Verkehr erforderliche **276** 29
Sorgfaltsmaßstab 276 29
Sorgfaltspflicht bei Ehegatten **1359**
Sowieso-Kosten bei Mängelbeseitigung **635** 3
Sozialhilfe *s Unterhalt*
Sozialtypisches Verhalten, Vertragsschluss durch – **vor 145** 19
Sozialversicherung, Beitrag zur – als Schaden **842** 5; **vor 249** 8
Spannungsklausel 244; **245** 22; **611** 37
Sparbuch 808 3; Begriff **808** 4; Berechtigter **808** 6; Eigentum **952** 2; Legitimationswirkung **808** 7; Rechtsgrundlagen **808** 5
Spareinlagen vor 488 12
Sparguthaben, Vollzug der Schenkung **518** 7
Speditionsvertrag als selbständiger Dienstvertrag **vor 611** 25
Spekulationsgeschäft und Irrtum **119** 17; **123** 5
Spende, Schenkung **516** 7
Sperma, Vernichtung **823** 71
Spezialitätsgrundsatz im Sachenrecht **vor 854** 5
Sphärentheorie und Gegenleistung **326** 14; beim Werkvertrag **644**; **645**; *sa Betriebsrisikolehre*
Spiel 762 und Auslobung **657** 3; Ausspielvertrag **763**; Begriff **762** 2; Begriff und Arten **762** 3 f; Darlehen zu Spielzwecken **762** 11;

Differenzgeschäft **762** 2; Falschspiel **762** 10; Rückforderungsanspruch bei Erfüllung **762** 10; Unverbindlichkeit **762** 6 f; verbotenes **762** 1, 10
Spielplatz, Verkehrspflicht **823** 39
Sponsoringvertrag 311 25
Sportler, Haftung **276** 29
Sportmanagementvertrag als Makler- bzw Dienstvertrag **vor 652** 6
Sportverletzung, idR keine Einwilligung des Verletzten **254** 16, 18; **823** 55
Spruchrichterprivileg *s Richterhaftung*
Staatshaftung 839 1; Verstoß gegen Gemeinschaftsrecht **839** 2; *sa Amtshaftung*
Staffelmiete 557a
Standesbeamter Einf 1297 3; Mitwirkung bei Eheschließung **1310–1312** 5
Standesrecht, Verstoß gegen – **138** 15
Stellvertretung *s Vertretung*
Sterilisation, keine – Minderjähriger **1631–1633** 8; **1631c**
Sterilisationsvertrag, als Dienstvertrag **vor 631** 8
Steuerberater 675 12; **vor 631** 8; Schlechterfüllung **611** 16
Steuerbevollmächtigter 675 12
Steuererklärung, Vertrag über – als Werkvertrag **vor 631** 8
Steuern, ersparte als schadensmindernder Vorteil **vor 249** 39
Stiefkindadoption 1754–1757 7
Stiftung 80–88, Ende **87**; **88**; Entstehen **80–84**; nichtrechtsfähige **vor 80** 3; öffentlrechtliche **vor 80** 5; rechtsfähige **vor 80** 1; Vereinsrecht für – **86**; Verfassung **85**; **86**
Stiftungsgeschäft 80–84 2
Stimmrecht, Ausschluss bei Verein **34**
Störer 1004 15; Begriff **823** 6 *(bei uH)*; Rechtsnachfolger **1004** 19; Rechtsvorgänger **1004** 19
Stornoklausel, Reisevertrag **651i** 3
Strafe, Zusammentreffen von öffentl – und Vertragsstrafe **339** 13
Strafgedinge, selbständiges **339** 6
Strafversprechen, selbständiges 339 6; **343** 2; **344** 1 *sa Vertragsstrafe*
Strafverteidigerkosten, Ersatz nach Verkehrsunfall **vor 249** 32
Straßenbau, Lärm durch – als Immission **906** 16
Streik als Eingriff in Gewerbebetrieb **823** 102; Bummelstreik **611** 22; Gläubigerverzug **297** 1; Warnstreik **611** 22; wilder **611** 22
Streupflicht 823 38, 39
Strohmann 164 12; und Scheingeschäft **117** 3
Stückschuld 243 4; **276** 47
Studium, Studienplatztausch **480** 3
Stundung, Begriff und Zustandekommen **271** 9 f; Pflichtteil **2331a**; Widerruf **271** 11; Zugewinnausgleichsforderung **1382** 2

Subjektiv-dingliches Recht als Grundstücksbestandteil **96** 1
Subunternehmer vor 631 20
Sukzessivadoption vor 1297 5
Sukzessivlieferungsvertrag 311 14; mangelhafte Teilleistung **281** 31; Rücktritt **323** 18; Synallagma **320** 7; Verzug mit Teilleistungen **281** 23; und Wiederkehrschuldverhältnis **311** 15
Surrogat, Herausgabe **818** 10; Herausgabepflicht **285** 7, 10
Surrogation 1215–1221 2; **718–720** 2; bei Erbschaftsanspruch **2019** 1, 2; bei Gesamtgut **1473**; **1471–1473** 12; bei Hypothek **1181** 3; bei Kindesvermögen **1646**; bei Mängeln **285** 6; bei Nachlass **2041** 1, 2; bei Nießbrauch **1066** 3; **1074–1080** 4, 5; bei Pfandrecht **1212** 3; **1247** 1; **1258** 2; **1287** 2, 3; schuldrechtliche **285** 2; bei Vermächtnis **2180**; bei Vorbehaltsgut **1416–1419** 16; bei Vorerbschaft **2111** 1 f, 5 f
Synallagma 320 2, 7; beim Sukzessivlieferungsvertrag **320** 7
System der freien Körperschaftsbildung vor 21 9
System der Normativbestimmungen vor 21 8

Tagesreisepreis 651d 1
TAN, Haftung bei missbräuchlicher Nutzung **675u-w** 3; personalisiertes Sicherheitsmerkmal **675k-m** 1
Tankstelle, beschränkte persönliche Dienstbarkeit **1090** 5; Grunddienstbarkeit **1018** 4; Selbstbedienung **145** 7; **151** 1
Tantiemen 611 35; **634** 34
Tarifvertrag als Rechtsquelle im Arbeitsrecht **vor 611** 34; Teilnichtigkeit **139** 16
Taschengeld als Teil des ehelichen Unterhalts **1360**; **1360a** 4
Taschengeldparagraph 110
Tathandlung vor 104 24
Tatsachenbehauptung, Beweislast bei unwahrer - **824** 1, 2; Kredit-/Rufgefährdung **824** 4; und Meinungsfreiheit **823** 70; nicht vorsätzlich unrichtige **823** 70; unwahre **824** 4, 6; unberechtigte Verbreitung wahrer - **823** 104; und Werturteil **824** 4; Widerruf unwahrer **823** 82
Tausch 480, Abgrenzung **480** 2; Begriff **480** 1; Leistungsstörungen **480** 5; Ringtausch **480** 3; Studienplatztausch **480** 3; Wohnungstausch **480** 2
Tauschsystemvertrag, halbzwingende Abdingbarkeit **487** 1; Anzahlungsverbot **486** 1 f; Begriff **481a-b** 3; Empfangsbestätigung über Vertragsbestimmungen **482a** 2; vorvertragliche Information **482** 1 ff; Sprache **483** 1–4; Verbot des vorzeitigen Leistungsverlangens **486**; Vertragsform **484** 1; Vertragsinhalt **484** 2–4; Widerrufsbelehrung **482a** 1, 2 *(mit Empfangsbestätigung)*; Widerrufsfrist **485**; **485a** 4–8; Widerrufsrecht **485**; **485a** 1–3
Täuschung durch Verschweigen **444** 11 *(Kauf)*
Täuschung, arglistige, Anfechtung **123**; Anfechtungsfrist **124** 2; durch Dritte **123** 8, 9, 10; und Gewährleistungsausschluss **444** *(Kauf)*; **536d** *(Miete)*; von Gläubigern **826** 27; Kausalität **123** 18; Schadensersatz bei – **826** 2, 14
Teilanfechtung 142 1
Teilbesitz 865
Teilleistung 266, Schadensersatz statt der ganzen Leistung bei – im Kauf- und Werkvertrag **281** 26
Teilnichtigkeit 134 15; **138** 26; **139**; **140** 2; Ausschluss der Totalnichtigkeit bei – **139** 14; bei letztwilliger Verfügung **2085** 1–4; Übermaßverbot **139** 8; Vorteilsregel **139** 13; Wirkung **139** 13
Teilrücktritt 323 17
Teilung eines Grundstücks 890 4; bei Grunddienstbarkeit **1025**; **1026**; bei Reallast **1109**; **1105–1108** 4
Teilungsanordnung des Erblassers **2048** 4, 1 f; **2087** 2; und Vorausvermächtnis **2048** 4
Teilvergütung bei fristlos gekündigtem Dienstverhältnis **628**; bei Leistungshindernis **326** 6
Teilzahlungsdarlehen, Kündigung **498**
Teilzahlungsgeschäft vor 491 3; Begriff **506** 5; **507** 2; Heilung von Formmängeln **507** 4; Informationspflichten **507** 3; Rücktritt und Rückgabe **508** 1, 2; im verbundenen Geschäft **508** 6; vorzeitige Rückzahlung **507** 5
Teilzeitarbeit 611 5
Teilzeit-Wohnrechtevertrag, halbzwingende Abdingbarkeit **487** 1; Anzahlungsverbot **486** 1 f; Begriff **481** 3; Empfangsbestätigung **482a** 2 *(über Vertragsbestimmungen)*; vorvertragliche Information **482** 1 ff; Verbot des vorzeitigen Leistungsverlangens **486**; Vertragsform **484** 1; Vertragsinhalt **484** 2–4; Widerrufsbelehrung **482a** 1, 2 *(mit Empfangsbestätigung)*; Widerrufsfrist **485**; **485a** 4–8; Widerrufsrecht **485**; **485a** 1–3
Telefonbanking, Sicherheitsmerkmal **675k-m** 1
Telekommunikationsvertrag vor 631 8, 10
Termin, Begriff **vor 186** 1
Testament 2064–2273, Abgrenzung zu unverbindlicher Erklärung und Schenkung

magere Zahlen = Randnummern · **Traditionsprinzip**

2084 7; Ablieferungspflicht **2259** 2; Anfechtung **2078–2083**; Anfechtungsempfänger **2081** 1–2; Auslegung durch Vertrag **2042** 6; Auslegungsregeln **2084** 1 f, 6 f; **2087** 1; **2091**; **2092**; **2066–2073**; Bedingung **2074–2076** 1–6; durch mehrfach Behinderte **2232** 2; zugunsten Behinderter **2077** 3; Berliner – **2269** 1–3, 5–7, 9 f; Bestimmung durch Dritte **2065** 1–5; Beurkundung **2232** 2, 1 f; mehrdeutige Bezeichnung **2073** 1; durch Blinde **2233** 2; Bürgermeistertestament **2249** 1–3; Dreizeugentestament **2250** 1–5; eigenhändiges **2247** 6 *(Beweislast für Wirksamkeitsvoraussetzungen)* 1–5; Eröffnung **2260–2264**; Eröffnungsverbot **2263** 1; persönliche Errichtung **2064** 1; Formen **2231** 1; gemeinschaftliches *s gemeinschaftliches Testament*; durch Lesensunfähige **2232** 2; Mätressentestament **2077** 4; durch Minderjährige **2229** 1; Nichtigkeit **2077** 1, 7; **2074–2076** 4; gemeinschaftliches Nottestament **2266**; **2267** 1 f; Nottestament **2249–2252**; Nottestament auf See **2251** 1; öffentl **2232** 1, 2; Prozessvergleich **2232** 4; Rücknahme aus amtlicher Verwahrung **2256** 1, 2; Sittenwidrigkeit **2077** 2; durch Stumme **2233** 4; Teilunwirksamkeit **2085** 1–4; Testierunfähigkeit **2229** 1 f, 4–6; Testierwille **2247** 1; **2266**; **2267** 2; Umdeutung **2084** 8; Unterschrift **2247** 3–5; unvollendetes oder unvollständiges **2086** 2; Unwirksamkeit bei Auflösung von Ehe oder Verlöbnis **2077** 7; Vernichtung **2255** 1–6; amtliche Verwahrung **2258a, b**; Verwahrung bei Eigenhändigkeit **2248** 1–2; Verwirkungsklausel **2074–2076** 5; Vorbehalt einer Ergänzung **2086**; Widerruf **2253–2258**; Widerruf des Widerrufs **2257** 1, 2; **2258** 3; Willensmängel **2078**; **2079**

Testamentsvollstrecker 2197–2228, Ablehnung **2202** 2; Abwicklungsvollstreckung **2203** 1; Akteneinsicht **2228** 1; Anfechtung letztwilliger Verfügung **2205** 7; Annahme der Erbschaft **1943** 3; Annahme des Amtes **2202** 1–4; Aufhebung der Testamentsvollstreckung **2227** 4; Aufhebung von Erblasseranordnungen **2216** 5; Aufwandsersatz **2218** 2; Auseinandersetzung **2204** 1–3; Auslegungsstreitigkeiten **2203** 1; Befähigung **2197** 4; **2201** 1; Befugnisse **2203–2206**; Berichtigung von Nachlassverbindlichkeiten **2046** 2; Beschränkung **2208** 1, 3; zeitliche Beschränkung **2210** 1; Besitz **2205** 9; Bestimmung durch Dritte **2198** 1, 2; Dauervollstreckung **2203** 1; **2209** 2; **2210** 1; und Eigengeschäft **2205** 2; Einzelhandelsgeschäft **2214** 1; Entlassung **2227** 1–4; Erbschaftssteuer vor **2197** 3; Erbschein **2364** 1; Erlöschen des Amtes **2225** 1–5; Ernennung **2197–2201**; Ersatzernennung **2197** 5; Gesellschafterrechte **2205** 3–5; GmbH-Anteil **2205** 5; gutgl Erwerb **2205** 14; Haftung **2219** 1–3; Herausgabeanspruch **2205** 9; Insich-Verfügung **2205** 11; Insolvenzantragspflicht **1980** 1; Kommanditbeteiligung **2205** 4; Kündigung **2226** 1; mehrere **2224** 1; Mitgliedschaftsrechte **2205** 5; Mitvollstrecker **2199** 1; Nacherbenvollstreckung **2222** 1; Nachfolger **2199**; Nachlassgegenstände **2217** 1–3 *(Überlassung)*; Nachlassverzeichnis **2215** 1; Pflichtverletzung **2216** 3; aktive Prozessführungsbefugnis **2212** 1, 2; passive Prozessführungsbefugnis **2213** 1, 6; Rechnungslegung **2218** 2; höchstpersönliche Rechte **2205** 7; Rechtsgeschäfte vor Amtsannahme **2202** 3; Rechtsstellung vor **2197** 1; Rechtsverhältnis zum Erben **2218** 1; unentgeltliche Verfügung **2205** 12; Verfügung über Miterbenanteil **2033** 2; Verfügungsbefugnis **2205** 10, 15; Vergütung **2221** 1–5; Vermächtnisvollstreckung **2223** 1; Verpflichtungsbefugnis **2206** 1; **2207** 1; Verwaltung **2038** 7; **2216** 1, 3; Verwaltungsbefugnisse **2205** 1, 15 f; Verwaltungsvollstreckung **2209** 1, 2; Vollmacht über den Tod hinaus vor **2197** 2; Vorerbschaft **2113** 10; Zeugnis **2368** 1

Testierfähigkeit 2229 1 f, 4–6; Beweislast **2229** 7; bei Erbvertrag **2275** 1

Testierfreiheit vor 1922 1; Schutz **2302** 1; des Vorerben **2112** 5

Textform 126b 4; Ersetzung **126b** 3; Voraussetzungen **126b**; Zugang **126b** 2

Tier, Aneignung **960**; Heilungskosten bei Verletzung **249** 11; jur Einordnung **90a**; vor **90** 1; Pflichten des Eigentümers **903**

Tierarztvertrag als Dienstvertrag vor **611** 21

Tieraufseher, Haftung **834**

Tierhalterhaftung 833, mehrere Tiere **834** 1

Tilgungsbestimmung, nachträgliche – bei rechtsgrundloser Zahlung **812** 76

Tilgungsgrundpfandrecht vor 1113 9

Tilgungshypothek, Eigentümergrundschuld durch Rückzahlung **1177** 3

Tippgemeinschaft 763 3; Haftung **241** 24

Tod des Auftraggebers **672**; des Beauftragten **673**; des Ehegatten im Gütergemeinschaft **1482**; Leistung an Dritten nach dem – **331**; des Mieters **563, 563a**; des Nießbrauchers **1061** 1; nach Willenserklärung **130** 17

Tötung 823 2; Ansprüche bei – **844** *(des Dienstberechtigten)*; **845** *(des Dienstverpflichteten)*

Traditionsprinzip 929 2

Transparenzgebot

fette Zahlen = §§

Transparenzgebot, bei AGB **305** 14; **307** 6 *(und Unklarheitenregel)* 6 ff; **vor 307–309** 1, 3
Transplantation, Freigabe zur – als Selbstbestimmungsrecht **1922** 11
Trauung 1312 *s Eheschließung*
Trennung von Ehegatten *s Getrenntleben*; von Erzeugnissen und Bestandteilen **953**
Trennungsprinzip 929 3; *sa Abstraktionsprinzip*
Treu und Glauben, Abgrenzung **242** 12; bei AGB **307** 5; Art und Weise der Leistung **242** 17; Bedeutung **242** 2; Begriff **242** 3; Beschränkung und Erweiterung des Anspruchsinhalts **242** 6; Einzelfälle **242** 19, 32, 53; Funktionen **242** 5; Geltung bei Anwendbarkeit von bisherigem DDR-Recht **242** 11; Geltungsbereich **242** 11; und Geschäftsgrundlage **313** 1; Grundrechte **242** 3; Informationspflichten **242** 19; Mietverhältnis **535** 14; und Nebenpflichten **242** 16; im öffentl Recht **242** 11; als Rechtsgrundsatz **242** 1; Verwirkung **242** 53
Treuepflicht, allg **242** 24; Ausprägungen im Dienstverhältnis **611** 23; des Dienstverpflichteten **611** 23; Ersatz bei Verletzung der – **826** 17; nachvertragliche **242** 28
Treuhand, eigennützige **930** 21; **vor 104** 15; bei Geschäftsbesorgung **675** 2; als Geschäftsbesorgung **675** 12; Sicherungseigentum **930** 21; uneigennützige **vor 104** 15; Veräußerungsverbot **137** 2
Treuhänder 164 12; Aufrechnung des – **387** 12; Leistung an – **362** 6
Treuhandkonto 675f 18
TÜV-Sachverständiger, Haftung **839** 6
Typenverschmelzungsvertrag 311 32
Typenzwang vor 145 15; kein – bei schuldrechtlichen Verträgen **311** 23

Überbau 912–916, Abkaufrecht **915**; Beeinträchtigung einer Dienstbarkeit **916**; Beeinträchtigung eines Erbbaurechts **916**; Duldungspflicht **912** 9; entschuldigter **912** 2, 5; rechtmäßiger **912** 1; Rente **912** 9; **913–915**; unentschuldigter **912** 3, 10
Übergabe, Ersatz der – **930** 1; **931** 1; und Gefahrübergang **446** 6 *(Kauf)*; Kosten der – beim Kauf **448**; bei Pfandbestellung **1205**; **1206** 3, 8, 3–5; bei Übereignung **929** 8, 19 *(Entbehrlichkeit)* 20 *(Entbehrlichkeit)*
Überhang von Wurzeln, Zweigen **910**
Übermittler (fr Erklärungsbote), bewusst falsche Übermittlung **120** 4; **177** 9; Übermittlungsfehler **120**; Zugang **130** 10
Übernahmeverschulden 276 29; bei GoA **678** 2
Überschuldung, erbrechtliche Beschränkung wegen – **2338**; des Nachlasses **119** 13; **1980**; durch Vermächtnis und Auflagen **1992** 1
Überweisung 675f 6; Deckung bei – **667** 4; steckengebliebene **667** 4
Überweisungsvertrag 665 2; **675** 12; und Auftrag **783** 10
Überziehungskredit, Duldung der Überziehung **493** 4; Informationspflichten **493** 1; nicht geduldete Überziehung **493** 5; Unterrichtungspflicht **493** 3; Verbraucherdarlehen **493**
Überziehungsmöglichkeit, Form **504, 505** 1 *(eingeräumte -) (geduldete -)*; geduldete **505**; Informationspflichten **504, 505** 1, 3
Übung, betriebliche **vor 611** 37
Umdeutung 140 einer Anfechtung in Kündigung beim Dienstvertrag **vor 620–630** 4; einer nichtigen Kündigung **626** 24; bei letztwilliger Verfügung **2084** 8; einer Verpflichtung zur letztwilligen Verfügung **2301** 9; **2302** 3
Umgangsrecht, allg **1684**; **1685** 1; Ausschluss **1684**; **1685** 12; Befugnisse des nicht sorgeberechtigten Elternteils **1687a**; beschützter Umgang **1684**; **1685** 13; Dritter **1684**; **1685** 10; Durchsetzung **1684**; **1685** 16; eingetragener Lebenspartner **1685**; Einschränkungen **1684**; **1685** 12; der Eltern **1684**; **1685** 6; der Geschwister **1684**; **1685** 2; der Großeltern **1685**; des Kindes **1684**; **1685** 2; Schadensersatz bei Verweigerung **1684**; **1685** 11; Verhinderung als uH **823** 14
Umgehungsgeschäft 117 3; **134** 18; bei AGB **306a** 1; besondere Vertriebsformen **312i** 3; bei Kündigungsschutzvorschriften **vor 620–630** 9; beim schuldrechtlichen Vorkaufsrecht **463** 16; **465**; Verbraucherdarlehensvertrag **511** 4; Verbrauchsgüterkauf **475** 6
Umsatzsteuer und Abschlagszahlungen **632a** 6; bei Schadensersatz **249** 12
Umschulung, Kosten als Schadensersatz **249** 4; Pflicht zur – bei Erwerbsschaden **254** 3; **842** 4
Umstände, schwerwiegende Veränderung nach Vertragsschluss **313** 16
Umtausch beim Kauf **480** 3
Umtauschberechtigung, Kauf mit – **455** 2
Umwandlung in Wohnungseigentum, Eigenbedarfsklage nach – **577**; Vorkaufsrecht des Mieters **577**
Umweltschutz 906 9; Einfluss auf die Ortsüblichkeit der Immissionen **906** 4
Unbestellte Leistungen (Zusendung) 241a, aliud-Lieferung im Kaufvertrag **241a** 3; Anspruchskonkurrenz **241a** 3; Begriff **241a** 1; Fehlleitung **241a** 4 *(durch Unternehmer)*; und Fernabsatzvertrag **241a** 2; Rechtsfolgen **241a** 5

magere Zahlen = Randnummern

Unterhalt bei Verwandten

Unbewegliche Sache *s Grundstück*
Unbilligkeit der Leistungsbestimmung **315** 1; offenbare **319** 3, 5
Undank, Widerruf der Schenkung **530–533** 3
Und-Konto 675f 17
Unentgeltlichkeit des Auftrags **662** 11; Durchgriffskondiktion **812** 41; und Rechtsgrundlosigkeit **816** 21; Schenkung **516** 8; der Zuwendung des rechtsgrundlos Erlangten an einen Dritten **822** 5
Unerlaubte Handlung 823–853, Aufsichtspflichtverletzung **832**; Begriff **vor 823** 2; Beweislast **823** 63; Ehegattenhaftung im Innenverhältnis bei Gesamtgut **1441**; **1463**; Eigentumsverletzung *s dort*; der Eltern gegenüber Kind **1664** 6; Ersatzleistung an Nichtberechtigten **851**; Ersatzpflicht aus Billigkeitsgründen **829**; Freiheit *s dort*; Gewerbebetrieb *s dort*; durch Minderjährige *s dort*; Mitverschulden *s dort*; Persönlichkeitsrecht *s dort*; Produzentenhaftung *s dort*; Recht am eigenen Bild *s dort*; Rechtswidrigkeit *s dort*; Schutzobjekt **vor 823** 1; und Sonderbeziehungen **vor 823** 3; Teilnehmer **830** 6 f; Verantwortlichkeit **827**; Verschulden *s dort*; Verschuldensfähigkeit *s dort*; Verzinsung des Ersatzanspruchs **849**
Unfall, Schuldanerkenntnis **781** 25
Unfallhelferring, Darlehensvertrag **488** 9
Unfallversicherung, bei Auftrag **670** 11; bei GoA **683** 8; Schadensminderung durch Leistung der – **vor 249** 37
Ungerechtfertigte Bereicherung 812–822, „auf Kosten" **812** 11, 58; „etwas" als Bereicherungsgegenstand **812** 8; „Leistung" **812** 2; „ohne rechtlichen Grund" **812** 12, 57; Ansprüche (Grundtypen) **vor 812** 3–6; aufgedrängte **951** 1; Aufwendungsersparnis **818** 16; Beweislast **812** 10 *(„etwas")* 22 *(„ohne Rechtsgrund")*; Doppelmangel **812** 30, 43; Durchgriff bei Bereicherung **822** 4; im Eigentümer-Besitzer-Verhältnis *s dort*; Eingriffskondiktion *s dort*; Einrede der – *s dort*; Einrede der – **821**; und Ersitzung *s dort*; Forderungen als Gegenstand der Eingriffskondiktion **812** 52; Herausgabepflicht Dritter **822** 6; IPR **vor 812** 20; Kenntnis der Nichtschuld **814** 3; Kenntnis vom Fehlen des Rechtsgrundes **819** 3, 4; Konkurrenz der Kondiktionsansprüche **812** 83; Konkurrenzen *s dort*; Leistung auf eine Nichtschuld **812** 13; Leistungskondiktion *s dort*; Leistungszweck **812** 20; in Lieferungskette **812** 29; Minderjähriger und Wertersatz **818** 18; und Mitverschulden **254** 1; Nichteintritt des Erfolgs **812** 15; **815**; Nichtleistungskondiktion *s dort*; Nutzungen *s dort*; Rückgriffskondiktion **812** 72; Sittenverstoß **817**; Stellvertretung **812** 33; Surrogat als Bereicherungsobjekt *s dort*; Umfang des Bereicherungsanspruchs **818**; Unentgeltlichkeit *s dort*; aufgrund rechtskräftiger Urteils **812** 21; Verbrauch als Erlangtes **816** 9; Verfügung eines Nichtberechtigten *s dort*; aufgedrängte Verwendungen **812** 81; Verwendungskondiktion **812** 80; Wegfall der Bereicherung **818** 13, 28; Wertersatz *s dort*; Zahlung auf Bankkonto **812** 34; Zuweisungsgehalt **812** 51; Zwangsvollstreckung **812** 65; durch Zwangsvollstreckung in Auslandsvermögen **812** 71; Zweckbestimmung bei Leistung **812** 4–7; Zweckverfehlung *s dort*
Unmittelbarkeit der Bereicherung **812** 59
Unmöglichkeit, anfängliche objektive **311a** 1; anfänglich subjektive **311a** 1; Arten **275** 5; beiderseitige **254** 1; Beweislast **275** 33; dauernde **275** 10; des Dienstberechtigten **615** 6; faktische **275** 24; der Nacherfüllung **439** 22–26; der Naturalherstellung **251** 3; objektive **275** 12; bei persönlicher Leistungspflicht **275** 30; physische **275** 13; qualitative **275** 9; rechtliche **275** 15; im Reisevertrag **651j** 2; Rücktritt bei **326** 26; subjektive **275** 17 *(Begriff)* 19 *(Fallgruppen)*; beim Tausch **480** 5; durch Unerbringlichkeit **275** 13; bei Unerreichbarkeit **275** 24 ff; bei Unterlassungspflicht **275** 16; auf Vermieterseite **537** 4; vorübergehende **275** 10; wirtschaftliche **275** 11; Zweckerreichung **275** 13; *sa Unvermögen*
Unpfändbarkeit und Aufrechnung **394** 2, 3; und Nichtabtretung **400**; und Verpfändung **1204** 11; **1273** 2
Unterhalt, Düsseldorfer Tabelle **vor 1360–1361** 1
Unterhalt bei Verwandten vor 1601, „Hausmann-Rechtsprechung" **1601–1604** 14; Abkömmlinge **1606–1608** 5; angemessener **1610**; Anrechnung von Sozialleistungen **1610a**; Art **1612**; Ausbildungskosten als Unterhalt **1610** 7; Auskunftspflicht **1605**; BAföG – Leistung **1601–1604** 9; Barunterhalt **1606–1608** 7; Bedürftigkeit **1602**; **1601–1604** 3; Beerdigungskosten **1615** 3; Befreiung bei Vorausleistung **1614**; Beschränkung der Verpflichtung **1611**; Bestimmung der Art **1612** 4; Beweislast **1601–1604** 20; Ehegatte als vorrangig Verpflichteter **1608**; **1606–1608** 2; eigener – als Grenze der Leistungsfähigkeit **1601–1604** 17; eingetragener Lebenspartner als vorrangig Verpflichteter **1608**; **1606–1608** 4; Erlöschen **1615**; Ersatzhaftung **1607**; **1606–1608** 10; Erwerbsobliegenheit des Berechtigten **1601–1604** 4; Erwerbsobliegenheit des Verpflichteten beim Verwand-

Unterhalt der Mutter

fette Zahlen = §§

tenunterhalt **1601–1604** 17; familienrechtlicher Ausgleichsanspruch **1606–1608** 18; Freistellungsvereinbarungen zwischen Eltern **1614** 3; Geldrente **1612** 2; aus Gesamtgutseinkünften **1420** 1; Geschenke unter Ehegatten **516** 9; IPR **vor 1601** 8; Kindergeld **1601–1604** 9; Kindesunterhalt **vor 1601** 2; Lebensbedarf **1610** 4; Leistungsfähigkeit des Verpflichteten **1603**; **1601–1604** 12; Mangelfall **1601–1604** 17; Maßstab **1610** 2; Naturalleistungen **1612** 3; **1606–1608** 7; öffentl Leistungen **1601–1604** 9; Prozesskostenvorschuss **1610** 5; Rangfolge der Berechtigten **1609**; Rangfolge der Verpflichteten **1606**; Regress wegen Leistung von – **1606–1608** 12; als Schadensersatz bei Tötung des Verpflichteten **844** 2 f; Schutz der Unterhaltsansprüche **vor 1601** 6; Selbstbehalt **1601–1604** 17; Sonderbedarf **1613** 4; Sozialhilfe **1601–1604** 9; Systematik **vor 1601** 1; Verfahrensrecht **vor 1601** 7; für die Vergangenheit **1613**; Verpflichtete **1601**; vertragliche Vereinbarungen **vor 1601** 5; Verwandtschaft als Grundlage **vor 1601** 4; Verwirkung **1613**; Verzicht **1614**; Verzug **1613** 3; Wegfall der Verpflichtung **1611**; Zuwendungen Dritter **1601–1604** 8; Zweitausbildung **1610** 9

Unterhalt der Mutter des werdenden Erben **1963** 1; **2141**

Unterhalt der Mutter, die nicht mit dem Kindesvater verheiratet ist, Beerdigungskosten **1615l–1615n** 59; **1615m**; Betreuung des Kindes **1615l**; **1615l–1615n** 2; Geburt des Kindes **1615l**; **1615l–1615n** 2; Schwangerschafts- und Entbindungskosten **1615l**; **1615l–1615n** 8; Selbstbehalt des Vaters **1615l–1615n** 6; Tod des Vaters **1615n**; Totgeburt **1615n**

Unterhalt des Kindes 1612a 4; Änderung durch Familiengericht **1612** 9; Anpassung des Mindestunterhalts **1612a** 1; Bestimmung bei getrenntlebenden oder geschiedenen Eltern **1612** 7; nicht miteinander verheiratete Eltern **1615a**; Mindestunterhalt **1612a**; vereinfachtes Verfahren **1612a** 1; Vorwegabzug von Kindergeld **1612b**; *sa Unterhalt bei Verwandten*

Unterhalt, ehelicher 1360; **1360a** 1; **vor 1360–1361** 1; Angemessenheit **1360**; **1360a** 6; Anspruchsinhaber **1360**; **1360a** 2; Art und Weise der Erbringung **1360**; **1360a** 7; Halbteilung **1578** 7; Kosten der Haushaltsführung **1360**; **1360a** 3; Lebensbedarf der Kinder **1360**; **1360a** 5; persönliche Bedürfnisse **1360**; **1360a** 4; Prozesskostenvorschuss **1360**; **1360a** 4; Prozessuales **vor 1360–1361** 4; Taschengeld **1360**; **1360a** 4; Umfang **1360**; **1360a** 3; Vorausleistung **1360**; **1360a** 7; Wirtschaftsgeld **1360**; **1360a** 7; Zuvielleistung **1360b**

Unterhalt, ehelicher, bei Getrenntleben 1361; Bedürftigkeit **1361** 3; Berechnungsmethoden **1361** 10; Beschränkung und Versagung **1361** 18; Erwerbsobliegenheit **1361** 3; Erwerbsobliegenheit bei Kinderbetreuung **1361** 4; fiktives Einkommen **1361** 5; Härteklausel **1361** 18; Höhe **1361** 7; Leistungsfähigkeit **1361** 14; prägendes Einkommen **1361** 8; Prozesskostenvorschuss **1361** 13; Selbstbehalt **1361** 16; Umfang **1361** 12; unzumutbare Tätigkeit **1361** 5; Vermögenseinkünfte **1361** 6; Verzicht **1361** 19; Vorausleistung **1361** 17; Voraussetzungen **1361** 3; Vorsorgeunterhalt **1361** 12; Wohnvorteil **1361** 6

Unterhalt, nachehelicher vor 1569, „Hausmann-Rechtsprechung" **1581** 5; Abfindung **1585–1585c** 3; wegen Alters **1571**; Anrechnung von Einkünften und Vermögen **1577**; Anrechnung von Sozialleistungen **1578a**; Anschlussunterhalt **1573** 13; Art **1585**; Aufstockungsanspruch **1573** 1, 10; Ausbildung **1575**; Auskunftsanspruch **1580**; Ausmaß **1578**; Ausschluss bei „Mutwilligkeit" **1579** 5; Ausschluss bei grober Unbilligkeit **1579**; Ausschluss bei kurzer Ehedauer **1579** 3; Bedürftigkeit **1577** 1; Begründung einer eingetragenen Lebenspartnerschaft durch Berechtigten **1586**; Berechnung **1578** 7; aus Billigkeitsgründen **1576**; eheliche Lebensverhältnisse **1578** 2; bei fehlender Erwerbsfähigkeit **1573**; bei Erwerbslosigkeit **1573** 1; Erwerbsobliegenheit des Verpflichteten **1581** 5; bei angemessener Erwerbstätigkeit **1574**; Fortbildung **1575**; Grundsatz **1569**; Grundzüge **vor 1569** 1; Gütergemeinschaft mit neuem Ehegatten **1583**; sog Hausfrauenehe **1578** 6–7; Herabsetzung **1578b** 3; wegen Kinderbetreuung **1570**; bei Krankheit **1572**; Leistungsfähigkeit des Verpflichteten **1581**; Mangelfall **1581** 1; Prozesskostenvorschuss **1578** 9; Quotenunterhalt **1578** 7; Rangfolge der Berechtigten **1582** 1; Rangfolge der Verpflichteten **1584**; Sättigungsgrenze **1578** 8; Selbstbehalt **1581** 9; Sicherheitsleistung **1585–1585c** 13; **1585a**; Sonderbedarf **1585–1585c** 5, 7; Surrogateinkommen **1578** 6; Tod des Berechtigten **1586**; Tod des Verpflichteten **1586b**; Umschulung **1575**; Unterhaltsschuldverhältnis **vor 1569** 5; Unterhaltsvertrag **1585–1585c** 9; **1585c**; Verfahren **vor 1569** 6; für die Vergangenheit **1585–1585c** 6; **1585b**; Verzicht **1585–1585c** 11; Wegfall des Vermögens des Berechtigten **1577** 8; Wiederheirat des Be-

rechtigten **1586**; zeitliche Begrenzung **1578b** 7
Unterhaltsvertrag vor 1360–1361 3 *sa Unterhalt, nacheheliche*
Unterhaltsverzicht und Geschäftsgrundlage **313** 36; *sa Unterhalt, ehelicher, bei Getrenntleben, sa Unterhalt, nacheheliche*
Unterlassen, Abgrenzung zum positiven Tun **823** 30; Begriff **823** 29; und Duldung **241** 8; bestimmter Handlungspflichten **823** 31; als Leistungsinhalt **241** 8; als uH **823** 29 f
Unterlassungsanspruch und Beseitigungsanspruch **1004** 13; bei Ehestörung **823** 90, 93; bei Eigentumsstörungen **1004** 10; bei Namensbeeinträchtigung **12** 6; gegen Pächter bei vertragswidrigem Gebrauch **590a**; bei Persönlichkeitsrechtsverletzung **823** 86; Synallagma **320** 7; bei uH **vor 823** 6; des Vermieters bei Untervermietung und Vertragsstrafe **340** 5; Vollstreckung **1004** 12; Wiederholungsgefahr **1004** 11
Unterlassungsklage bei vertragswidrigem Gebrauch der Mietsache **541**; vorbeugende **12** 6; **241** 8
Unterlassungspflicht, Unmöglichkeit **275** 16
Untermietvertrag 540 6; Form **550** 2
Unternehmen, Befriedigungsrecht des Gläubigers bei Vermögensnießbrauch **1086**; Haftung des Nießbrauchers beim Vermögensnießbrauch **1088**; Kauf des – *s Unternehmenskauf*; Nießbrauch am – **1085** 5; Rechtsverhältnis zum Besteller beim Vermögensnießbrauch **1087**; Vererblichkeit **1922** 6
Unternehmensanteile, Kauf **453** 16; Verkauf **453** 16
Unternehmenskauf 453 12; Begriff **453** 12; fehlende Eigenschaften **453** 14; Form **311b** 16; Mangel des Kaufgegenstandes **453** 14; Verkäuferpflichten **453** 13–15
Unternehmer, Definition **14** 1, 2; Erwerbsschaden **vor 249** 54; im Werkvertrag **631** 1 *(Hauptpflichten)* 5 *(Nebenpflichten)*
Unterrichtsvertrag 311 25
Unterrichtungspflichten, bei Ablauf der Zinsbindung **492a** 2; bei Ende des Darlehensvertrages **492a** 2
Unterschrift als „Oberschrift" **126** 2; öffentl Beglaubigung **129** 2; Blankounterschrift **126** 6; Funktionen **126** 2; unter Urkunde **126** 5; **127** 2
Untersuchungspflicht des Händlers bei Erzeugnissen **823** 124
Untervermächtnis 2186–2187
Untervermietung 540 2 ff; unbefugte **687** 6
Unterverpachtung 589; **590** 1 f; **596**
Untervertreter 167 4; **179** 3; **181** 9

Untervollmacht 167 4; **179** 3
Unvermögen, Herausgabe der Bereicherung **818** 13; *sa sub Unmöglichkeit*
Unverzüglich, Begriff **121** 1, 3
Unwirksamkeit, Arten **vor 104** 19; verbotswidriger Verfügung **135**; **136** 6
Unzulässige Rechtsausübung 242 32; Innentheorie **242** 33; Rechtsfolgen **242** 48; Rechtsmissbrauch **242** 37; unredliches Verhalten **242** 44; widersprüchliches Verhalten **242** 48; Vertragsstrafe **343** 3
Unzumutbarkeit der Nacherfüllung **440** 5; und Störung der Geschäftsgrundlage **313** 23
Unzurechnungsfähigkeit *s Verschuldensfähigkeit*
Urheberrecht, Gewinnherausgabe bei Verletzung **687** 11; und Kauf **453** 2; Kauf **453** 18; als geschütztes Recht **823** 18
Urkunde, über Abtretung **405**; **409**; **410**; Eigentum **952**; Einsicht in – **810**
Urlaub 611 43; Schadensersatz für vertanen – **651f** 7; **vor 249** 14 f
Urlaubsgeld 611 34; entfallenes als Schaden **vor 249** 8
Urlaubsprodukt, langfristiges *s Langfristiges Urlaubsprodukt*
Urteil, Ausnutzen von falschem – **826** 23; Erschleichen **826** 17; Richterhaftung **839** 23

Valutaschuld 244; **245** 12; echte (effektive) **244**; **245** 15; unechte (einfache) **244**; **245** 16
Valutaverhältnis 328 10; **334** 5; bei Anweisung **783** 5; Mangel **812** 36; bei Vertrag zugunsten Dritter auf den Todesfall **331** 3, 6; im Zahlungsdienstevertrag **675f** 5
Vaterschaft 1592, Anerkennung **1594**; aufgrund ehelicher Geburt **1592** 2; bei Tod des Ehemannes **1593** 1
Vaterschaftsanerkennung, allg **1594–1598** 1; Erklärung **1594–1598** 2; Form **1597**; **1594–1598** 7 und Geschäftsfähigkeit **1596**; Unwirksamkeit **1594–1598** 9; Widerruf **1594–1598** 8; Zustimmung der Mutter **1595**; **1594–1598** 3; Zustimmung des Kindes **1594–1598** 4
Vaterschaftsanfechtung 1599, Ausschluss bei künstlicher Befruchtung **1599–1600c** 4; Befugnis **1599–1600c** 1; Recht der Behörde zur – **1599–1600c** 11; Berechtigte **1599–1600c** 2; **1600b**; Beweislast **1599–1600c** 13; Frist **1599–1600c** 4, 9; **1600b**; und Geburtsname des Kindes **1616–1617c** 9; Grund **1599–1600c** 12; Recht der Mutter zur – **1599–1600c** 7; Recht des Kindes zur – **1599–1600c** 8; Recht des Mannes zur – **1599–1600c** 3; Vaterschaftsvermu-

Vaterschaftsfeststellung fette Zahlen = §§

tung **1599–1600c** 13; Wirkungen **1599–1600c** 15
Vaterschaftsfeststellung, allg **1600d** 1; als Aufgabe des Beistands **1712–1717** 5; Einwand des Mehrverkehrs **1600d** 4; Vaterschaftsvermutung **1600d** 3; Voraussetzungen **1600d** 2; Wirkungen **1600d** 5
venire contra factum proprium 242 48; bei Eigenbedarfsklage **573** 6; Einwilligung des Verletzten **254** 18
Veranstaltungsvertrag 311 25
Verantwortlichkeit des Schuldners 276
Verarbeitung 950, Eingriffsbereicherung **812** 86; Entschädigung für Rechtsverlust **951;** als Verbindung **947** 5
Verarbeitungsklausel 950 6, 7
Veräußerungsverbot, allg **135; 136** 2; gerichtl **135; 136** 4; rechtsgeschäftliches **137;** rechtsgeschäftliches bei Hypothek **1136;** relatives **135; 136;** Wirkung **888** 6
Verbindlichkeit, Befreiungsanspruch **256;** betagte **163** 4; unvollkommene **241** 20; **762** 6
Verbindung, Eingriffsbereicherung **812** 86; Entschädigung für Rechtsverlust **951;** Fahrnis mit Fahrnis **947;** Fahrnis mit Grundstück **946;** durch Verarbeitung **947** 5
Verbotsgesetz 134 8; Abgrenzung **134** 2
Verbraucher, Abschlagszahlung im Bauvertrag **632a** 11; Definition **13** 1, 2; als Existenzgründer **13** 4
Verbraucherdarlehen 491–512; vor 488; vor 491 2; persönlicher Anwendungsbereich **491** 2; sachlicher Anwendungsbereich **491** 4; Arbeitgeberdarlehen **491** 6; Entgeltlichkeit **491** 5; Existenzgründer **491** 6; und Förderdarlehensvertrag **491** 6; Kreditvermittlung **652** 29, 31; und Sachdarlehen **491** 4; und Schuldbeitritt **491** 4; und Spekulationsgeschäfte **491** 9; Verbraucherkreditänderungsgesetz **vor 488;** VerbraucherkreditRiLi **vor 488;** und Vertragsübernahme **491** 4; Verzug mit Teilzahlungen **498** 4; *sa Verbraucherdarlehensvertrag*
Verbraucherdarlehensvertrag, halbzwingende Abdingbarkeit **511** 2; allg **491** 1; Anrechnung von Zahlungen auf Hauptforderung und Zinsen **367** 2; Einwendungsverzicht **496** 2; vorzeitige Erfüllung **500** 3; Erläuterungspflicht **491a** 4; Existenzgründer **512;** Finanzierungsinstrument **491** 6; Form **492** 2; Form der Vollmacht **492** 9; Gesamtfälligstellung **498** 1; Heilung von Formmängeln **494** 5; Immobiliardarlehen **503;** Informationspflichten **492** 4; vorvertragliche Informationspflichten **491a** 4; Kündigungsrecht **499** *(Darlehensgeber);* **194–212** *(Darlehensnehmer);* Mindestabgaben **492** 4;

Nichtigkeit bei Formmangel **494** 2; ordentliche Kündigung **489** 5; Scheckverbot **496** 3; Schriftform **492** 1 f; Abrede einer Sollzinsbindung **493** 2; Umgehungsverbot **511** 4; Verrechnung von Teilzahlungen **497** 3; Verzugszinsen **497;** Vollmacht **492** 6 *(Form);* Wechselverbot **496;** Widerruf **495;** Widerruf bei verbundenem – **358** 11–16; Zinsermäßigung bei fehlender Angabe **494** 7; Zinsschaden **288** 10; *sa Überziehungsmöglichkeit*
Verbrauchergarantie, Form **477** 4; Gestaltung **477** 2; Pflichtangaben **477** 3; und Schadensersatz **477** 6
Verbrauchergeschäft, Doppelverwendung **13** 3; Geschäftszweck **13** 3
Verbraucherrechte-RiLi 241a 1; **vor 241** 12
Verbraucherschutz vor 241 2; europarechtliche Grundlagen **311** 2; Integration der Verbraucherschutzgesetze **311** 8; bei Publikumsgesellschaften **705** 23
Verbrauchervertrag 311 2; und AGB **310** 4; Begriff **310** 5; Besonderheiten bei AGB **310** 6; verbundene Verträge **358** 2–6 *(Voraussetzungen)*
Verbrauchsgüterkauf 474–479, Abdingbarkeit der Gewährleistungsrechte **475** 1 f; abweichende Vereinbarungen **475;** allg **vor 474 ff** 1 f; sachlicher Anwendungsbereich **474** 4; persönlicher Anwendungsbereich **474** 2 f; Begriff **474;** Beweislastumkehr **476;** Garantie **477** 2; gebrauchte Sachen **474** 6; und Gefahrtragung bei Versendung **474** 9; und Haftungsausschluss bei Versteigerungen **474** 8; Internet-Auktionen **474** 5; Mängelmitteilung **475** 4; Nachteil bei abweichender Vereinbarung **475** 3; Pflichtangaben bei Garantie **477** 3; Rückgriff des Unternehmers **478;** Schadensersatz **475** 8 *(Ausschluss und Beschränkung);* Umgehung bei Agenturgeschäft **475** 6; Umgehungsgeschäft **475** 6; Verjährung **475** 7 *(Erleichterung) (Erschwerung);* Versteigerung gebrauchter Sachen **474** 5; Zeitpunkt für Abdingbarkeit **475** 4
Verbundenes Geschäft, Umschreibung **358** 2–4
Verein 21–79, Arten **21** 2–4; Auflösung **41–44** 2, 6; Aufnahmezwang **25** 5; **38** 2; **vor 145** 14; ausländischer **23** 1; Ausschluss **25** 3; Austritt **38** 3; **39;** Eintragung **21** 6; Eintragungsverfahren **vor 55** 2; Haftungsfreistellung von Mitgliedern **31a** 4; idealer *s Idealverein;* Liquidation **45–53;** Mitgliedschaft **25** 5; **38; 39;** Persönlichkeitsrecht **823** 68; Erwerb der Rechtsfähigkeit **21** 6; **22** 2; **23** 1; Ende der Rechtsfähigkeit **41–44** 5; Satzung *s dort;* Sitz **24** 1; Verfassung

magere Zahlen = Randnummern **Verjährung**

25 1; besonderer Vertreter 30; 31 3; Vorstand *s Vereinsvorstand*; wirtschaftlicher 21 4; 22 1
Vereinigung (zweier Gegenstände/ Rechte), nachträgliche von Fahrniseigentum und beschränktem dinglichem Recht 889 4; von Grundstücken 890 1; nachträgliche von Grundstückseigentum und beschränktem dinglichem Recht 889 1; ursprüngliche von Grundstückseigentum und beschränktem dinglichem Recht 889 2; von Recht und Belastung 1922 9 *(Konsolidation)*; 1976 1 *(Konsolidation)*; von Recht und Verbindlichkeit 1922 9 *(Konfusion)*; 1976 1 *(Konfusion)*; 2175 1 *(Konfusion)*
Vereinigungsfreiheit vor 21 11
Vereinsbetreuer *s Betreuer*
Vereinsstrafe, Arten 25 3; Grund 25 3; gerichtl Kontrolle 25 4; Rechtsgrundlage 25 5; und Vertragsstrafe 339 12
Vereinsvormundschaft 1791a; 1791a–1791c 5
Vereinsvorstand 26–28, Beschlussfassung 28 1; Bestellung 27 1; Entlastung 27 3; Geschäftsführung 27 3; Haftung vor – 31; als Liquidator 45–53; mehrköpfiger 26 4; Notvorstand 29; Organstellung 26 1; Passivvertretung 26 4; Vertretungsmacht 26 3
Verfahrenseinleitung, unberechtigte, als uH 823 48
Verfallklausel 339 7; 343 2; 1228 1; 1229 1; bei Hypothek 1149 1; bei Sicherungsübereignung 930 37
Verfehlung des Beschenkten, Widerruf des Schenkers 530–533 2
Verfolgungsanspruch 816 1
Verfolgungsrecht des Besitzers 867; des Eigentümers 1005
Verfügung, bedingte 160; 161 2, 3; Begriff vor 104 10; Bereicherungsausgleich bei – eines Nichtberechtigten 816; Gegenstand der – 185 4; im Grundstücksrecht 873 1; des Miterben 2033 1–5; über Nachlassgegenstände 2040 1–4; eines Nichtberechtigten 185; unentgeltliche eines Nichtberechtigten 816 21; eines Nichtberechtigten als uH 823 10; durch Nießbraucher 1048; des Testamentsvollstreckers 2205 10; des Vermieters über Miete **566b-e** 2
Verfügung von Todes wegen, Änderung der Benennung beim Vertrag zugunsten Dritter durch – 332; und Vertrag zugunsten Dritter auf den Todesfall 331 3
Verfügungsbefugnis, Verlust durch Insolvenzverfahren 135; 136 3; Verlust nach Willenserklärung 130 17
Verfügungsbeschränkung 135; 136 3; nach Eintragungserklärung 878; bei Testamentsvollstreckung 2113 10; 2211 1; des Vorerben 2111 4; 2113 1, 4, 7, 9 f; 2114 1

Vergleich 779, Abfindungsvergleich 779 10, 21; Anfechtung 779 18; und Erbschein 2353 13; Form 779 9; Störung der Geschäftsgrundlage 779 16, 20; Irrtum 779 16; Nichtigkeit 779 15; Prozessvergleich 779 22; Spätschäden 779 10; auf Rücknahme einer Strafanzeige 779 8; arglistige Täuschung 779 19; über Unterhaltspflichten 779 5; Unwirksamkeit 779 16; unzulässige Rechtsausübung 779 21; Verfügungswirkung 779 13; Vergleichsgrundlage 779 16; Zwangsvergleich 779 3
Vergütung, Dienstvertrag 611 31; 612 6 *(übliche)* 7 *(Beweislast für Höhe)*; Fälligkeit 614 *(Dienstvertrag)*; 641 2 *(Werkvertrag)*; Forderungssicherung **vor** 631 1 *(übliche)*; als Hauptpflicht des Dienstberechtigten 611 29; taxmäßige 612 6; überbezahlte (im Arbeitsrecht) 611 33; im Werkvertrag 632; im Werkvertrag (nach Kündigung des Vertrages) 649 4
Vergütungsgefahr, Werkvertrag 644; 645 3, 4
Verhandlungsgehilfe 123 10; Eigenhaftung aus cic 311 64
Verjährung 194–218, Abdingbarkeit bei Verbrauchsgüterkauf 475 7; Abgrenzung 194 5; Ablaufhemmung 210; Anspruch 196 2 *(auf Übereignung)* 3 *(auf Verfügung über Grundstück)*; 197 2 *(aus dinglichem Recht)*; bei Arglist 634a 11 *(Werkvertrag)*; Beginn 199 2 *(der Regelfrist)*; 311b 45 *(bei Heilung eines formnichtigen Geschäfts)*; Besitzverschaffungsanspruch 196 6; Beweislast 194 9; und Einrede aus § 320 320 9, 18; Einrede der – 194 4; erbrechtliche Ansprüche 197 7; des Erfüllungsanspruchs 326 29; erwerbende 194 5; familienrechtliche Ansprüche 197 3–6; Garantie 443 14; Gegenleistung 196 4; Hauptgrund 194 2; ges Regelfrist 199 1; bei Eintragung einer Grunddienstbarkeit 1028 1; Hemmung 203 *s Hemmung der Verjährung*; Herausgabeanspruch bei Auftrag 667 5; kein Rücktritt bei – 326 29; im Landpachtvertrag 591b; Leistungsverweigerungsrecht 214–217 2; Mängelansprüche 634a *(Werkvertrag)*; allg Mietverhältnis 548 3; Neubeginn 212 *(nach Anerkennung) (nach Antrag/Vornahme von Vollstreckungshandlung)*; Neuregelung 194 1; von Produkthaftungsansprüchen 823 160; keine – eingetragener Rechte 902; Rechtsfolgen 214–217; nach rechtskräftiger Feststellung 197 8; bei Rechtsnachfolge 198 1; Schadenseinheit 199 2; Spätschäden 651g 4 *(im Reisevertrag)*; bei uH 852 *(Herausgabe der Bereicherung)*; bei ungerechtfertigter Bereicherung 195 2; Unterlassungsanspruch 199 3; Unzulässigkeit der Einrede 242 51; Vereinba-

Verjährungsbeginn

rung über – **202**; Voraussetzung **194** 3; im Werkvertrag **631** 19; Wirkung **194** 4; Zweck **194** 6

Verjährungsbeginn, Jahresschlussverjährung **199** 8; subj Voraussetzungen **199** 4–7

Verjährungsfrist, öffentl-rechtliche Ansprüche **195** 3; bei Anspruchskonkurrenz **194** 7; arglistiges Verschweigen des Mangels **438** 8; Beginn **438** 4 f *(Kauf)*; Beginn bei festgestellten Ansprüchen **201**; Beginn unregelmäßiger – **200** 1, 2; Bereicherungsanspruch vor **812** 19; Ersatzansprüche des Verpfänders **1226**; GoA **195** 2; Höchstfristen **199** 9–11; Kauf **438** 3; Kauf eines Bauwerks **438** 7; Kauf von Baumaterialien **438** 7; Pflichtteilsanspruch **2332**; Rechte am Grundstück **196** 1, 2; Rechtsmängel beim Kauf **438** 6; regelmäßige **195**; Reisevertrag **651g** 6; Verkürzung **438** 2; Verlängerung **438** 2; Anspruch aus Vermächtnis **2174** 2

Verkäufer, Haftung bei Rechtsmangel **435f**; Pflichten **433** 18

Verkäufergarantie 443 7

Verkäuferpflichten, mangelfreie Lieferung **433** 21

Verkaufsprospekt und Verbrauchervertrag **356** 2

Verkehrsgerechtes Verhalten 254 18; **823** 49

Verkehrshypothek 1113 2; vor **1113** 21; Einschränkung der Akzessorietät **1138** 1; **1141** 1

Verkehrslärm als Immission **906** 16

Verkehrspflicht (Verkehrssicherungspflicht), Amtshaftung **839** 8, 27; Arten **823** 35 f; bei bestimmten Berufen und Tätigkeiten **823** 35; Delegation **823** 38; **836** 2; Fallgruppen **823** 39; bei Gefahrenlage **823** 35; der Grundstücksbesitzers **836** 1; gegenüber Kindern **823** 36 f; bei öffentl Räumen **823** 39; gegenüber fachkundigen Personen **823** 36; aufgrund persönlicher Qualifikation **823** 35; für Straßen **823** 39; Umfang **823** 36; gegenüber Unbefugten **823** 37; bei gefährlichen Veranstaltungen **823** 35; Zustandsverantwortlichkeit **823** 35

Verkehrssitte 133 4; **157**; **242** 3; bei Auslegung des Mietvertrages **535** 15

Verkehrstypische Verträge 311 25

Verkehrsunfall, Amtspflichtverletzung **839** 14, 16; Aufsichtspflichtverletzung **832** 6; Billigkeitshaftung **829** 4; und Eigenreparatur **249** 10; Ersatz der Strafverteidigerkosten vor **249** 32; Ersatzfahrzeug **249** 11; fiktive Schadensberechnung bei Reparaturkosten **249** 10; Haftung für Gehilfen bei Schwarzfahrt **831** 10; Herstellungskosten **249** 9 ff; neuwertiges Kfz **251** 3; des getäuschten Kfz-Käufers vor **249** 32; Kfz-Nutzungsausfall vor **249** 10; durch Kind **828** 2; merkantiler Minderwert **251** 5; mit Mietwagen **538** 3; Mietwagenkosten **249** 13; Mitfahren bei Fahruntüchtigem **254** 17; Mitverschulden des Verletzten bei mehreren Schädigern, Haftungseinheit **840** 6; Nutzungsausfall vor **249** 7, 12, 18; Schadensminderung durch Leistung der Unfallversicherung vor **249** 37; Umfang des Schadensersatzes **249** 9 ff; Unfallersatztarif **249** 13; Verletzung des Kfz-Eigentümers vor **249** 11; Vorhaltekosten **249** 13; vor **249** 11; Weiterbenutzung des Fahrzeugs **249** 10; Wiederbeschaffungswert **251** 5 *(bei Zerstörung)* 7 *(130% als Grenze für Reparaturkosten)*

Verlagsvertrag vor **631** 8

Verleiten zum Vertragsbruch **826** 19

Verlöbnis vor **1297** 6; Begriff vor **1297** 6; Geschenke **1301**; Nichtigkeit vor **1297** 10; Rechtsnatur vor **1297** 6; Rücktritt **1298–1299** 1; weitere Rücktrittsfolgen **1298–1299** 7; Rücktrittsgrund **1298–1299** 6; Schadensersatz **1298–1299** 4 *(Einschränkungen)* 5 *(Berechtigter)* 2–6; Unklagbarkeit **1297** 1; Verjährung der Ansprüche **1302**; Vertragstheorie vor **1297** 6–7; Voraussetzungen vor **1297** 7; Willensmängel vor **1297** 9; Wirkungen **1297** 1–3

Verlustgefahr bei der Geldschuld **270** 6

Vermächtnis 1939; **2147–2191**, Abgrenzung **vor 2147** 2; Anfall **2176–2178**; Anfechtung der Ausschlagung **2308** 1; Annahme **2180** 1–3; Anspruch **2174** 1; Anwachsung **2158–2159**; Anwartschaft **2179** 1; Auskunftsanspruch **2174** 5; Auskunftsanspruch gegen Testamentsvollstrecker **2218** 4; Ausschlagung **2180** 1–3; **2307** 1; Ausschlagung und Pflichtteil **2307**; mehrere Bedachte **2151–2153**; bedingtes **2162**; **2163** 1–3; Beeinträchtigung des Vermächtnisnehmers **2288** 1; befristetes **2162**; **2163** 1–3; Begriff vor **2147** 1; Belastungen **2165–2168a**; Beschwerte **2147**; **2148**; Bruchteil **2087** 1; an ges Erben **2149** 1; Erbunwürdigkeit **2345** 1; Ersatzanspruch **2164** 2; Ersatzvermächtnis **2190** 1; Fälligkeit **2174** 2; **2181** 1; Forderungsvermächtnis **2173** 1; Früchte **2184** 1–5; Gattungsvermächtnis **2155** 1; fremde Gegenstände **2169** 1–4; gemeinschaftliches **2157** 1; ges Verbot **2171** 2 f; Gesellschaftsbeteiligungen **2169** 4; **2174** 3; Gesetzeswidrigkeit **2171** 4; Gewinnvermächtnis **2169** 4; **2174** 3; Haftung **2174** 4; **2184** 2; Kürzung **2322** 1; Kürzung der Beschwerungen **2188** 1; Lasten **2185** 1; Leistungsverweigerungsrecht des Erben **2318** 1; **2323** 1; Nachvermächt-

magere Zahlen = Randnummern **Verschulden**

nis **2190** 1; **2191** 1–3; nasciturus **2178**; Nießbrauchsvermächtnis **2100** 3; Nutzungen **2184** 1; Quotenvermächtnis **2087** 1; **2176** 2; Rechnungslegungsanspruch **2174** 5; Rechtsmängel **2182** 1; Rechtsnatur **2174** 1; Rückvermächtnis **2177** 4; **2191** 2; Sachmängel **2183** 1; Sittenwidrigkeit **2171** 4; Testamentsvollstreckung **2223** 1; Ungewissheit des Bedachten **2178** 1; unmögliches **2172** 1; Unmöglichkeit **2171** 1; Untervermächtnis **2186**; **2187**; **2191** 1, 3; Verjährung **2174** 2; Verschaffungsvermächtnis **2169** 4; **2170** 1; Vertrag über ein – aus dem Nachlass eines lebenden Dritten **311b** 64; Verwaltungsrecht **2038** 7; Verwendungen **2185** 1; Verzicht **2352** 1; Vorausvermächtnis **2150** 1–4; Vorrang **2189** 1; Vorversterben des Bedachten **2160** 1; Wahlvermächtnis **2154** 1; Wegfall des Beschwerten **2161** 1; Zubehör **2164** 1, 2; Zweckvermächtnis **2156** 1

Vermengung 948, Entschädigung für Rechtsverlust 951

Vermieter, außerordentliches Kündigungsrecht **543** 5 f; Bereicherung **547** 3 *(bei Mietvorauszahlungen)*; Pflichten **535** 11–23; Unmöglichkeit **537** 4; Verpflichtung zur Rückerstattung **547** 2 *(vorausgezahlter Miete)*; Verpflichtung zur Verzinsung **547** 2 *(bei Mietvorauszahlungen)*; Vorenthaltung des Gebrauchs **543** 2–4

Vermieterpfandrecht **562**, Abwendung durch Sicherheitsleistung **562c**; Entfernung des erfassten Objektes **562a** 2 f; Erlöschen **562a**; gesicherte Forderungen **562** 2; erfasste Objekte **562** 3; und Pfändung durch Dritte **562d**; eingebrachte Sachen **562** 3; Selbsthilferecht des Vermieters **562b**

Vermischung 948, Entschädigung für Rechtsverlust 951

Vermittlerklausel im Reisevertrag **651a** 12

Vermittlungsvertrag, halbzwingende Abdingbarkeit **487** 1; Anzahlungsverbot **486** 1 f; Begriff **481a–b** 3; Empfangsbestätigung **482a** 2 *(über Vertragsbestimmungen)*; vorvertragliche Information **482** 1 ff; Sprache **483** 1–4; Verbot des vorzeitigen Leistungsverlangens **486**; Vertragsform **484** 1; Vertragsinhalt **484** 2–4; Widerrufsbelehrung **482a** 1; Widerrufsfrist **485**; **485a** 4–8; Widerrufsrecht **485**; **485a** 1–3

Vermögen, deliktischer Schutz **823** 19, 41; **826** 6; Vertrag über gesamtes *s Gesamtvermögensgeschäft*; Vertrag über gegenwärtiges – **311b** 58

Vermögen im Ganzen, Begriff **1365** 2

Vermögensschaden, Fehlen bei Pflichtverletzung **284** 1

Vermögenssorge 1626, Anlagepflicht **1642**; Beschränkung **1638**; Bestimmung durch Dritte **1638**; **1639** 3; Entzug **1666–1667** 14; Erwerb von Todes wegen **1638**; **1639** 2; genehmigungspflichtige Rechtsgeschäfte **1643**; Inventarisierungspflicht **1640** 1; Rechnungslegung bei Ende **1698**; unentgeltliche Zuwendung **1638**; **1639** 2; Vermögensherausgabe bei Ende **1698**; Verwaltungsanordnungen durch Dritte **1638**; **1639** 7

Vermögensübernahme mit Leistung an Dritte **330** 1

Vermögensverlagerung **765** 6

Vermögensverschlechterung, außerordentliche Kündigung des Darlehensgebers **490** 3 f; beim gegenseitigen Vertrag **321**

Vermögensverwaltung, durch einen Ehegatten **1413**; bei Zugewinngemeinschaft **1363**; **1364** 6

Vermögensverzeichnis bei Erwerb des Kindes von Todes wegen **1640**; bei Gefährdung des Kindesvermögens **1666–1667** 14; des Vormunds **1802**

Vermögenswirksame Leistungen 611 34

Vermutung des Eigentums bei Besitz **1006**; des Eigentums bei Ehegatten **1362** 7–8; des Inventars bei Erbschaft **2009**; der Richtigkeit des Erbscheins **2365**; der Rückgabe des Pfandes **1253** 2

Verpächterpfandrecht, Landpachtvertrag **592** 1

Verpfändung *s Pfandrecht an beweglichen Sachen*

Verpflichtungsermächtigung **185** 3

Verpflichtungsgeschäft vor **854** 12; Begriff **311** 9; vor **104** 9

Verrichtungsgehilfe, Begriff **831** 5; Haftung für Auswahl usw des – **831** 1; Mitverschulden **254** 11

Verschollener 1 5

Verschulden **276** 1; eines Beamten **839** 15; Begriff **276** 10; **823** 57 ff; Billigkeitshaftung bei fehlendem – **829** 2; beim Gläubigerverzug **293** 4; bei uH durch mehrere Beteiligte **830** 13; bei Mittäterschaft **830** 5; bei Persönlichkeitsrechtsverletzung **823** 80; bei Schutzgesetzverletzung **823** 42, 59 f; Übernahmeverschulden **678** 2; bei uH **823** 57 f; bei unwahrer Tatsachenbehauptung **824** 9; Verschuldensfähigkeit *s dort*

Verschulden bei Vertragsverhandlungen, Anspruchsgrundlage **311** 36; durch beschränkt Geschäftsfähige **311** 51; Beweislast **311** 31; Eigenhaftung von Vertretern und Verhandlungsgehilfen **311** 64; Erhöhung der Vergütung **311** 59; Ersatz des Erfüllungsinteresses **311** 55; Ersatz des Verletzungs- und Vertrauensschadens **311** 54; Ersatz von Mehraufwendungen **311** 58; Fallgruppen **311** 60; Freizeichnung **311** 51;

Teichmann

Verschuldensfähigkeit

fette Zahlen = §§

Haftung 311 36 *(Überblick)* 50 *(Überblick)*; Konkurrenzen 311 37; Minderung der Vergütung 311 57; Prospekthaftung 311 65; Rechtsfolgen 311 53, 57; Rückgängigmachung des nachteiligen Vertrags als Rechtsfolge 311 56; Rückzahlung der überhöhten Gegenleistung 311 57; Verjährung 311 53; *sa culpa in contrahendo*

Verschuldensfähigkeit 276 3, 10, 12; **vor 827** 1 ff; keine – bei unfallbedingter Amnesie 827 1; Begriff 828 2; vorsätzliche Beseitigung der – 827 2; Beweislast 828 4; und Billigkeitshaftung 828 3; bei vertraglicher Haftung 829 1; **vor 827–829** 2; Minderjährige ab 10 Jahre 828 3; bei Mitverschulden 829 1, 4; **vor 827–829** 2; Sachverständigengutachten über – **vor 827–829** 3; Tierhalter 833 1

Verschuldensprinzip 276 2, 8

Verschweigen *s Täuschung*

Verschwendung, erbrechtliche Beschränkung wegen – 2338

Versendung eines Werkes, Gefahrtragung 644; 645 4

Versendungskauf, Begriff 447 6; Gefahr 447 1; Pflichten der Parteien 447 9 f; und Verbrauchsgüterkauf 474 9

Versendungskosten, Übernahme 269 5

Versicherungsforderung, Hypothekenhaftung 1127–1130

Versicherungsvertrag als Vertrag zugunsten Dritter 330

Versöhnung, Versuch der – und Zerrüttungsvermutung 1567 5

Versorgungsausgleich vor 1587, Abdingbarkeit 1408; 1409 4; allg 1587 1; **vor 1587** 1–2

Versorgungsvertrag 311 15

Verspätung bei Bahn, Flug 651f 8; als Reisemangel 651c 2

Versteigerung, Fundsachen 979–982; hinterlegungsfähiger Sachen 383; Pfandsachen 1233–1246 1; Vertragsschluss bei – 156

Verstorbener, Verletzung des Andenkens 823 68

Verteidigungshandlung 227 6

Vertiefung eines Grundstücks 909

Vertrag vor 145, abstrakter 311 10; Änderung 311 18; **311b** 21 *(Form)*; Anpassung 313 28; Arten 311 9; atypischer 311 26; Aufhebung 311 19; **311b** 20 *(Form)*; Auslegung 157; Begriff **vor 104** 6; **vor 145** 2; verabredete Beurkundung 154 4; diktierter **vor 145** 13; dinglicher 873 17; 929 4; Einrede des nichterfüllten – 320; einseitiger 311 12; faktischer **vor 145** 16; gegenseitiger *s gegenseitiger Vertrag*; gemischter 311 30; ges normierter 311 24; über Grundstücksveräußerung **311b**; Grundstücksveräußerung in zusammengesetztem Vertrag **311b** 19 *(Form)*; Hauptvertrag 311 21; kaufähnlicher 453; Lücke 157 2; Rahmenvertrag 311 21; Typen **vor 145** 4; kein Typenzwang 311 23; typischer 311 24, 27; unvollkommen zweiseitiger 311 12; verkehrstypischer 311 25, 27; über gegenwärtiges Vermögen **311b** 58; über künftiges Vermögen **311b** 57; Vertragsfreiheit *s dort*; Vertragsverbindung 311 28; Vorvertrag 311 21; Wirksamkeit trotz Nichteinbeziehung von AGB 306 2; Wirksamkeit trotz unwirksamer AGB 306 3; zusammengesetzter 311 29

Vertrag mit Schutzwirkung für Dritte 328 4, 19; Beispiele 328 32; Ersatzberechtigter **vor 249** 17; Mitverschulden des Vertragspartners 254 12; Rechtsfolgen 328 29; Reisevertrag als – **651a** 7; Voraussetzungen 328 23

Vertrag zu Lasten Dritter 328 7

Vertrag zugunsten Dritter 328–335, Änderung durch Verfügung von Todes wegen 332; Bankvertrag 331 2; Bereicherungsausgleich 812 42; Deckungsverhältnis 328 9; 334; Drittbegünstigungsabrede 328 13; Dritter 328 15 *(Rechtsstellung)*; Drittverhältnis 328 11; echter 328 2, 8; 330 1; 331 3; 334 1; Einwendungen gegenüber dem Dritten 334; Erfüllungsübernahme 329 2; Ersatzberechtigter bei Schädigung **vor 249** 17; Forderungsrecht des Versprechensempfängers 335; Lebensversicherungsvertrag 330 2, 4; 331 5; Maklervertrag **vor 652** 8; Reisevertrag als – 651a 7; auf den Todesfall 331 3; 2301 5; unechter 328 3, 5; 329 3; Valutaverhältnis 328 10; 330 3; 331 3, 6; 334 5; verfügender 328 4, 6; und Verfügung von Todes wegen 331 3; Vermögens- und Gutsübernahme 330 1; verpflichtender 328 4; und Vertrag mit Schutzwirkung für Dritte 328 4, 19; Vertragsparteien 328 17 *(Rechtsstellung)*; Vertragsstrafe 339 15; Vollzug der Schenkung 518 8; schuldrechtliches Vorkaufsrecht 463 12; Wiederkaufsrecht 456 5; Zurückweisung durch Dritten 333; unentgeltliche Zuwendung 516 16

Vertragsanbahnung 311 35, 44

Vertragsangebot 145

Vertragsannahme 147; 148, abändernde 147 7; 150 2; unter Abwesenden 148 1; unter Anwesenden 148 1; Auftragsbestätigung 147 7; notarielle Beurkundung 152; Frist 148; Fristen in AGB 148 2; 308 2, 3, 4; nach Geschäftsunfähigwerden, Eröffnung des Insolvenzverfahrens, Tod des Antragenden und Antragsempfängers 153 1, 4 f; nicht empfangsbedürftige 151; durch Schweigen 147 4, 7; verspätete 149 1; 150

magere Zahlen = Randnummern **Verwandtschaft**

1; durch vollmachtlosen Vertreter **148** 1; Willensbetätigung **151** 1; Zuschlag **156** 1
Vertragsanpassung bei Störung der Geschäftsgrundlage **313** 28
Vertragsantrag 146, unter Abwesenden **147** 8, 9; unter Anwesenden **147** 8, 9; Frist **151** 4; Gebot **156** 1
Vertragsauflösung bei Störung der Geschäftsgrundlage **313** 29
Vertragsauslegung, ergänzende **275** 11
Vertragsbeitritt 398 32
Vertragsfreiheit vor 145 8; Begrenzungen **vor 145** 8; Ehegüterrecht **vor 1408** 2; Grundsatz **311** 3
Vertragshändlervertrag vor 433 11
Vertragsrisiko und Geschäftsgrundlage **313** 20, 22
Vertragsschluss 154 2; **155** 1; **vor 145** 2; Form **127** 2; bei Versteigerung **156**; ohne Vertretungsmacht **177** 6; bei Wollensbedingung **158** 4
Vertragsstrafe 336–345, Akzessorietät **339** 17; **344** 1; Angemessenheit **343** 6; im formularmäßigen Arbeitsvertrag **611** 12; Begriff und Anwendungsbereich **339** 1; Beweislast **345**; Bestimmung durch Dritten **339** 16; für nicht gehörige Erfüllung **341**; andere als Geldstrafe **342**; **343** 2; Hauptverpflichtung **339** 17; keine im Mietvertrag **555**; für Nichterfüllung **340**; für Nichtveräußerung eines Grundstücks **311b** 14; und pauschalierter Schadensersatz **339** 12; Sittenwidrigkeit **343** 3; und selbständiges Strafversprechen **339** 6; sittenwidrige Übernahme **826** 19; für Unterlassen **340** 5; **345** 1; Unwirksamkeit **344**; Verschulden **339** 19; beiderseitiger Verstoß **339** 23; Verwirkung **339** 18, 22; **345**
Vertragstreue, eigene des Gläubigers **281** 13; bei Einrede des nichterfüllten Vertrages **320** 13; Einschränkung **313** 2; bei Vertragsstrafe **339** 20; eigene Vertragsuntreue des Gläubigers **242** 47
Vertragsübergang bei Betriebsübertragung **613a** 6
Vertragsübernahme 182 1; **398** 32
Vertragsverhältnis, faktisches **vor 145** 16
Vertragsverhandlungen, Aufnahme von – **311** 43
Vertragsverletzung, wechselseitige **242** 47
Vertrauenshaftung, Mitverschulden **254** 1
Vertrauensinteresse 122, Vertrag über künftiges Vermögen **311b** 54
Vertretenmüssen 276 1
Vertreter, beschränkt geschäftsfähiger **165** 1; **179** 5; Eigenhaftung aus cic **164** 10; **311** 64; ges **104** 4; **164** 6; **165** 2; geschäftsunfähiger **179** 4, 5; gewillkürter **164** 6; Haftung **179** 6–10; Haftung bei fehlender Vertretungsmacht **179**; Kenntnis, Bösgläubigkeit, Bereicherungsschuldner **819** 5; Kenntniszurechnung **166** 2; mehrere **167** 5; Untervertretung **181** 9; verfassungsmäßig berufener *s Organ*; fristgerechte Vertragsannahme durch vollmachtlosen – **148** 1; **184** 2; ohne Vertretungsmacht **164** 7; **179**; **180**; Weisungen an – **166** 4; Willensmängel **166**; **819** 5 *(Vertreter des Bereicherungsschuldners)*; Wissensvertreter **166** 3
Vertretung, Ausschluss **164** 9; Begriff **164** 1, 11; und Bereicherungsausgleich **812** 33; Einzelvertretung **167** 5; Gegenstand **164** 2; Gesamtvertretung **167** 5; irrtümliche **164** 3; im Namen des Vertretenen **164** 3; ohne Nennung des Vertretenen **164** 4; offene **164** 1; bei einseitigem Rechtsgeschäft **174**; **180**; Unzulässigkeit **164** 9; verdeckte **164** 11; Wirkung **164** 10
Vertretung und Vollmacht 164–181
Vertretungsmacht 164 6; **177** 8; der Eltern **1629** 2; Fehlen **164** 7; **177** 1, 3, 6; **179**; Insichgeschäft **181** 1; der Liquidatoren **45–53** 5; Missbrauch **164** 8; **826** 19; fehlender Nachweis **179** 1; Überschreiten **177** 4; des Vereinsvorstands **26** 3; des besonderen Vertreters **30** 2
Vertriebsformen, besondere **312–312i** 1; abweichende Vereinbarungen **312i**; Umgehungsverbot **312i** 3; Unabdingbarkeit **312i** 2
Verwahrung 688–700, Abgrenzung allg **688** 8; Anzeigepflicht bei Änderung **692**; Arten **688** 4; Aufwendungsersatz **693** 1; Begriff **688** 1; Fälligkeit **699**; Gegenstand **688** 2; verwendetes Geld **698**; Haftung **688** 16 *(Verwahrer)*; **690** *(bei unentgeltlicher –)*; **694** *(Hinterleger)*; Haftungsausschluss **688** 16; Hinterlegung bei Dritten **691**; und Kommission **688** 5; und Leihe **598** 2; und Mietverhältnis **vor 535** 3; öffentl-rechtliche **688** 6; Pferdeeinstellungsvertrag **688** 9; Pflichten **688** 14 *(Verwahrer)* 17 *(Hinterleger)*; Rückforderungsrecht des Hinterlegers **695**; Rückgabeort **688** 6; **697**; Rücknahmeanspruch des Verwahrers **696**; unregelmäßige **700** 1; Vergütung **689**; von Wertpapieren **688** 5; **700** 3
Verwaltungshelfer, Amtshaftung **839** 6
Verwandte, Anhörung bei Minderjährigen unter Vormundschaft **1847**
Verwandtenadoption 1756; **1754–1757** 8
Verwandtschaft 1589, Bedeutung **vor 1589** 4; Begriff **vor 1589** 1; als Eheverbot **1306–1308** 3–4; gerade Linie **1589** 2; Gradesnähe **1589** 4; Intertemporales Privatrecht **vor 1589** 8; IPR **vor 1589** 7; Verhältnis bei Minderjährigenadoption **1925** 2; Seitenlinie **1589** 3

Verweigerung

fette Zahlen = §§

Verweigerung der Annahme **295** 2; der Nacherfüllung **439** 28 ff *(Kauf)*; **440** 2
Verweigerungserklärung des gekündigten Arbeitnehmers **vor 620–630** 7
Verwendungen, Begriff **vor 994** 8; des Besitzers **1003** *(Befriedigungsrecht)*; **1007** 9; **994–1003; vor 994;** durch Erbschaftsbesitzer **2022** 1–3; Ersatz von – bei Entziehung der Sache durch uH **850**; Ersatzanspruch, Erlöschen **1001** 2; **1002**; Ersatzanspruch, Fälligkeit **1001** 1; Klage **1001** 1; Konkurrenzen **vor 994** 7; bei Leihe **601**; **604** 4; **606**; des Nießbrauchers **1049**; **1057**; notwendige **994**; **995**; **590b** *(des Pächters)*; nützliche **996**; des Pächters **591**; **590b**; des Pfandgläubigers **1215–1221** 2; des Rechtsverlierers **951** 22; des Rechtsvorgängers **999**; bei Vermächtnis **2185** 1; Zurückbehaltungsrecht wegen – **1000**
Verwendungseignung der Kaufsache **434** 6, 13 f
Verwendungskondiktion *s ungerechtfertigte Bereicherung*
Verwertung geleisteter Sicherheiten durch Besteller (Werkvertrag) **632a** 12
Verwertungsrecht, dingliches **1204** 1; **vor 1113** 14
Verwirkung (durch schuldhaftes Verhalten), Stellung des Erben **2074–2076** 5; eigene Vertragsuntreue **242** 47
Verwirkung (infolge Zeitablaufs) 194 5; **vor 362** 2; Abgrenzung **242** 57; im Arbeitsrecht **242** 56; Begriff **242** 54; im öffentl Recht **242** 56; Voraussetzungen **242** 59
Verzeihung und Widerruf der Schenkung **530–533** 7
Verzicht auf Anfechtungsrecht **144** 2; auf Eigentum am Grundstück **928** 2; auf Eigentum an Fahrnis **959**; auf Einrede bei Hypothek **1137** 4; auf Erbrecht *s Erbverzicht*; auf Grundschuld *s dort*; auf Hypothek *s dort*; auf Rückforderung **815** 4; stillschweigender **242** 58; **276** 55; auf nachehelichen Unterhalt **1585–1585c** 11; auf Verjährungseinrede **634a** 3 *(Werkvertrag)*; beim Vorkaufsrecht **463** 15; auf Widerruf der Schenkung **530–533** 7; auf Zuwendungen im Erbvertrag **2352**
Verzinsung des Aufwendungsersatzes **256**; Wegfall **301**; des Wertersatzes **290**
Verzögerungsgefahr bei der Geldschuld **270** 7
Verzögerungsschaden 280 3; vertragliche Abreden **280** 52; Begriff **280** 5; Fallgruppen **280** 51; Gewährleistung beim Kauf **437** 16; Verjährung **280** 49
Verzug (Gläubigerverzug) *s Gläubigerverzug*
Verzug (Schuldnerverzug), Beendigung **286** 39; Beginn **280** 44; **286** 27 *(bei kalendermäßig bestimmter Leistungszeit)* 28 *(bei vorausgehendem Ereignis)* 29 *(bei Erfüllungsverweigerung)* 38; Begriff **286** 2; bei besonderen Gründen **286** 30; Beweislast **286** 40; des bösgläubigen Besitzers **990** 6; und Einrede **280** 33 ff; **286** 13; Ende **280** 45; bei Entgeltforderung **286** 31; Entschuldigungsgründe **280** 41; erweiterte Haftung **287** 2; Geldschulden **271** 7; **287** 37; Heilung **321** 9; Kündigung bei Zahlungsverzug des Mieters **569** 4; und Leistungshindernis **286** 5; und Mitwirkung des Gläubigers **286** 14; ohne Mahnung **286** 27; Rückgängigmachung der Verzugsfolgen **286** 39; bei Rückzahlungsansprüchen des Verbrauchers **286** 37; mit Teilzahlungen des Verbraucherdarlehens **498** 4; des Vermieters **536a** 7 *(mit Mängelbeseitigung)*; Verzögerungsschaden **280** 49; Voraussetzungen **280** 33, 39; und Zurückbehaltungsrecht **280** 36
Verzugszinsen 288 4; **289**, bei Basiszinssatz **247** 3; bei Entgeltforderung **288** 7; Höhe **288** 1; keine – des Schenkers **522**; bei Verbraucherdarlehen **497** 2; bei Verbraucherkreditvertrag **288** 11; bei Wertersatzschuld **290**
Vindikationslage 986 1; **vor 987** 3; **vor 994** 2
Vinkulierung, Abdingbarkeit bei Gütergemeinschaft **1423–1428** 14; Ersetzung der Zustimmung **1423–1428** 17; Gesamtgut **1422** 8; zustimmungsbedürftige Geschäfte bei Gütergemeinschaft **1423–1428** 5
vis absoluta vor 116 4; Begriff **123** 12
vis compulsiva, Begriff **123** 12
VOB vor 631 21
Vollendung des Werks **646**
Volljährigkeit, Eintritt **2** 1; Wirkungen **2** 1
Vollmacht, Abstraktheit **167** 1; Anscheinsvollmacht **167** 9; Arten **167** 2; und Auftrag **662** 6; Außenvollmacht **167** 6; **170–173** 2; Begriff **167** 1; Duldungsvollmacht **167** 8; Erlöschen **175**; **168–173**; Form von Veräußerungs- und Erwerbsvollmacht **311b** 9, 29; Generalvollmacht **167** 3; bei dauernder Geschäftsunfähigkeit des Vertreters **168** 2; bei Grundgeschäften **311b** 29; Innenvollmacht **167** 6; isolierte **167** 1; **168** 1, 6; Mitverschulden bei Missbrauch **254** 1; und Rechtsgrundverhältnis **167** 1; des Testamentsvollstreckers **2205** 15; **vor 2197** 2; über den Tod hinaus **1922** 5; **2112** 6; **vor 2197** 2; Umfang **167** 2; Untervollmacht **167** 4; unwiderrufliche **167** 6; verdrängende **167** 1; Vertrauensschutz **170–173**; Widerruf **168** 5; Widerrufsrecht des Erben **2038** 1; **vor 2197** 2; Widerrufsrecht des Nachlassverwalters **1984–1985** 5
Vollmachtsurkunde, Kraftloserklärung **176**; Rückgabe **175**

magere Zahlen = Randnummern **Vormerkung**

Vollstreckungsbescheid, Ausnutzen von falschem- **826** 23
Vollstreckungshandlung, Neubeginn der Verjährung **212** 2
Vollstreckungskosten, als Bereicherungswegfall **818** 36
Vollstreckungsvereinbarung 271 10
Vollzug der Schenkung **518** 6
Volontärverhältnis vor 611 56
Vorausabtretungsklausel, Eigentumsvorbehalt **929** 28; Sicherungsübereignung **930** 25
Vorausleistung des Familienunterhalts **1360; 1360a** 7
Vorausverfügung bei Hypothekenhaftung **1123–1125** 3; über Miete **566b-e** 2
Vorausvermächtnis 2150 1–4; und Teilungsanordnung **2048** 4; zugunsten des Vorerben **2110** 1
Vorbehalt, geheimer **116;** der Rückforderung bei Leistung **814** 4; des Strafanspruchs **341** 3
Vorbehaltsgut 1418; 1416–1419 13; **vor 1415** 2; bei Eintragung im Güterrechtsregister **1416–1419** 18; bei fortgesetzter Gütergemeinschaft **1486;** Verwaltung **1416–1419** 17
Voreintragung, des Betroffenen **873** 30
Vorerbe, Anzeigepflicht **2146** 1; Aufrechnung **2115** 6; Aufwendungen und Lasten **2124–2126** 1–5; Auskunftspflicht **2127; 2130–2134** 6; befreiter **2136–2138** 1–5; Einzelhandelsgeschäft **2112** 4 *(Fortführung);* ges Erben als – **2105** 1; verbrauchte Erbschaftsgegenstände **2130–2134** 4; übermäßige Fruchtziehung **2130–2134** 3; Geldanlage **2119** 1; Gesellschaftseintritt **2112** 4; Grund- und Rentenschulden **2114** 1; Grundbucheintragung **2113** 7; **2139** 3; Grundstücksverfügungen **2113** 1; Haftung **2145** 1; **2130–2134** 5; Herausgabepflicht **2130–2134** 1; kinderloser **2107** 1 f; Nachlassverzeichnis **2121–2123** 1; und Nießbrauch **2100** 4; Nutzungsrecht **2111** 5; **2130–2134** 3; Rechnungslegungspflicht **2136–2138** 2; Schadensersatzpflicht **2130–2134** 5; Schenkungen **2113** 4; Sicherheitsleistung **2128;** Surrogation **2111** 1 f, 5 f; Testamentsvollstreckung **2222** 1; Testierfreiheit **2112** 5; Verfügungsbefugnis **2140** 1–3; **2112–2115;** Verkauf der Erbschaft an Nacherben **2139** 5; Verwaltung, Einwilligung **2120** 1–5; Verwaltung, Entziehung **2129;** Verwendungsersatz **2124–2126** 1–3; Vollmacht **2112** 6; Wertpapiere, Hinterlegung **2116–2118;** Zwangsverwaltung **2127–2129** 1; Zwangsvollstreckung **2115** 1–5
Vorfälligkeitsentschädigung 502 2; Begriff **490;** Zinsmargen- und Zinsverschlechterungsschaden **490** 12

Vorfälligkeitsklauseln 339 8
Vorformulierung von AGB **305** 5
Vorgesellschaft 705 8
Vorgründungsgesellschaft 705 9
Vorhaltekosten, Ersatzfahrzeug **249** 13; Ladendiebstahl **249** 6
Vorhand 463 7
Vorkauf und Ankaufverpflichtungen **463** 4
Vorkaufsfall und Zwangsvollstreckung **463** 17
Vorkaufsrecht, dingliches 1094–1104, Ausschluss unbekannter Berechtigter **1104;** Ausübung **1098** 2; Begriff **1094** 2; Begründung **1094** 4; Erlöschen **1094** 6; Form **311b** 13; an Grundstücksbruchteil **1095;** Kaufpreiszahlung **1100–1102;** Mitteilungen **1099;** und schuldrechtliches **463** 10; Übertragung **1103** 2; Umwandlung **1103** 1; Verkaufsfälle **1097;** Wirkung **1098;** Zubehör **1096**
Vorkaufsrecht, gesetzliches 463 11; des Miterben **2034–2037**
Vorkaufsrecht, schuldrechtliches 463– 473, Abgrenzung **463** 4 f; Ausschluss bei Zwangsvollstreckung und Insolvenz **471;** Ausübung **464** 1; Ausübung durch unberechtigten Vertreter **184** 2; Begriff **463** 1; Frist zur Ausübung **464** 2; **469** 1; Gesamtpreis **467;** kaufähnliche Verträge **463** 16; des Mieters **577** *(bei Umwandlung in Wohnungseigentum);* Mitteilungspflicht **469** 1; Nebenleistung **466;** Rechtsfolgen der Ausübung **464** 4; Stundung des Kaufpreises **468;** Übertragbarkeit **463** 14; **473;** Umgehungsgeschäft **463** 16; **465;** Verkauf an Erben **470;** Verzicht **463** 15; mehrere Vorkaufsberechtigte **472;** Vorkaufsfall **463** 16; Vormerkung **463** 12
Vorkenntnisklausel bei Maklervertrag **652** 30
Vorlegung von Sachen **809–811** 2; von Urkunden **811** 9
Vorleistungspflicht des Darlehensgebers **488** 3; beim gegenseitigen Vertrag **320** 21; Klage auf Gegenleistung **322;** Leistungsverweigerungsrecht (Unsicherheitseinrede) **321**
Vormerkung, gesicherter Anspruch **883** 4; Ausschluss unbekannter Gläubiger **887;** Bedeutung **883** 1; Begriff **883** 2; Begründung **885** 1; Beseitigungsanspruch **886** 3; Bewilligung **885** 2; einstw Verfügung **885** 4, 6; Eintragung **885** 10; Entstehungsvoraussetzungen **883** 12; Erbenhaftung **884;** Erlöschen **886** 1; **1922** 9; im Insolvenzverfahren **883** 19; und öffentl Guter Glaube **883** 25; Rang **883** 15, 18; Übertragung **883** 24; des Vermächtnisanspruchs **2174** 1; Verwirklichung des gesicherten Anspruchs **888;** bei

Teichmann 2361

Vormund fette Zahlen = §§

schuldrechtlichem Vorkaufsrecht 463 12; und Widerspruch 883 30; bei Wiederkaufsrecht 456 8; Wirkungen 883 13; 888 1; in der Zwangsvollstreckung 883 20

Vormund, Abwicklung des Amts 1890; Arbeitsverträge für Mündel 1822 10; Aufbewahrung von „Verfügungsgeld" 1806–1811 2; Aufgaben 1793; Aufwandsentschädigung 1835–1836e 5; 1835a; Aufwendungsersatz 1835; 1835–1836e 2; Aufwendungsersatz bei mittellosem Mündel 1835–1836e 3; Auskunftspflicht 1839; Ausschlagung einer Erbschaft 1822 2; Ausschluss der Vertretungsmacht 1795; Ausschluss durch die Eltern 1782; Auswahl durch Familiengericht 1779; Auswahlkriterien 1779 3; Beamter als – 1784; Beendigung des Amtes 1886–1889 1; Befreiung von der Pflicht zur Hinterlegung von Wertpapieren 1852–1857a; Befugnisse 1800 2; Benennungsrecht der Eltern 1776; 1777 *(Voraussetzungen)*; 1776–1778 2 *(Voraussetzungen)* 4 *(Form)* 5 *(Folge)*; Beschränkung durch Pflegschaft 1794; Beschwerde gegen Auswahl 1779 6; Bestallungsurkunde 1791; Bestellung 1789; 1789–1791 1, 6 *(Wirkung)*; Bestellung mit Entlassungsvorbehalt 1789–1791 8; Bürgschaft 1822 12; Einschränkungen der Sorgebefugnis 1793; 1794 8; Entlassungsgründe 1886–1889 2; Entlassungsverfahren 1886–1889 10; Entziehung der Vertretungsmacht 1796; als Erfüllungsgehilfe des Mündels 1793; 1794 10; Erwerbsgeschäft 1822 4; Fahrtkostenersatz 1835–1836e 3; Fehlen einer Genehmigung 1812; 1813 9; Fortführung von Geschäften nach Amtsbeendigung 1893; 1890–1895 6; Freiheitsentziehung für Mündel 1800 3; und Gegenvormund 1792; Genehmigung von Grundstücksgeschäften 1821; Genehmigung von Verfügungen 1812; genehmigungsbedürftige Rechtsgeschäfte vor 1821–1831 1; genehmigungsbedürftige Verfügungen 1812; 1813 2; genehmigungsfreie Verfügungen 1812; 1813 6; Gesamtvermögensgeschäft 1822 1; Gesellschaftsvertrag durch – 1822 6; Haftung 1833 1, 5; Haftung für Hilfspersonen 1793; 1794 9; 1833 4; Hinderungsgründe bei Bestellung 1780–1782; Jugendamt als – 1791b; mehrere Vormünder 1797; und Mündelgeld 1806; 1806–1811 1; Personensorge 1800; Prokuraerteilung 1822 14; Rechenschaftslegung 1890–1895 3; Rechnungslegung 1840; Rechte und Pflichten 1793; 1794 2; Religionsdiener als – 1784; Rückgabe der Bestallung 1893; 1890–1895 5; Schenkungen namens des Mündels 1804; Sorgfaltsmaßstab 1833 4; Tod 1894; 1886–1889 2; 1890–1895 7; Überlassung von Gegenständen an den Mündel 1824; Unfähigkeit 1780; Untauglichkeit 1781; Verein als – 1791a–1791c 5; Vergleich 1822 15; Vergütung 1836; 1835–1836e 7; Vermögensherausgabe 1890–1895 2; Vermögensverwaltung bei Erbschaft 1803; Vermögensverwaltung bei Schenkung 1803; Vermögensverzeichnis 1802; Verwaltung von Kostbarkeiten und Wertpapieren 1814–1820 1; Verzinsung von Mündelgeld 1834; *sa Amtsvormundschaft, sa Vormundschaft, sa Vormundschaftsgericht*

Vormundschaft 1773–1895, Ablehnungsgründe 1785–1788 4; Ablehnungsrecht 1786; Anhörung des Gegenvormundes 1826; Anordnung von Amts wegen 1774; Aufsicht des Familiengerichts 1837; Beendigung 1882; 1884 1; Beendigung infolge Aufhebung 1882; 1884 6; Beendigung kraft Gesetzes 1882; 1884 2; Einzelvormund 1775 1; Erzwingung der Übernahme 1788; Folgen der unbegründeten Ablehnung 1787; Genehmigung des Gegenvormundes 1832; Genehmigung von Verträgen durch Mündel nach Volljährigkeit 1826–1832 14; Grundsatz unentgeltlicher Führung 1835–1836e 1; Grundzüge vor 1773 4; und Gütergemeinschaft 1458; Mitvormünder 1775; Mitvormundschaft 1797; Übernahmepflicht 1785; Unübertragbarkeit 1793; 1794 9; Verfahren vor 1773 9; Verfahren der Anordnung 1774 3; Voraussetzungen 1773

Vormundschaftsgericht *s Vormund, s Vormundschaft*

Vormundschaftsgerichtliche Genehmigung, Erbvertrag 2275 1 f; Erwerbsgeschäft 112

Vorname 12 2; Auswahl 1616–1617c 11; Bestimmung für das Kind 1616–1617c 11

Vorratsschuld 276 46

Vorsatz, Amtspflichtverletzung 839 15; Ausschluss 276 21; bedingter 276 18; Begriff 276 15; direkter 276 17; sittenwidrige Schädigung 826 10

Vorsorgevollmacht 1896–1908a

Vorteilsausgleich, allg vor 249 35; Ersparnis von Unterhalt 844 5; 845 3; ersparte Aufwendungen vor 249 38; Fallgruppen vor 249 37; Formeln vor 249 36; schadensmindernde Leistungen Dritter vor 249 38

Vorverein 21 7

Vorvertrag 311 21; vor 145 5; Form 550 2 *(bei Mietvertrag)*; Form bei Grundstücksveräußerung 311b 13; Heilung eines formungültigen – 311b 39; Kauf 463 6; Miete 463 4; Pacht 463 4; *sa Mietvorvertrag*

Wahlrecht des Käufers bei Nacherfüllung 439 17 f; und Nacherfüllung beim Kauf 439 4; des Verkäufers bei Nacherfüllung 439 17

magere Zahlen = Randnummern   **Wertsicherungsklausel**

Wahlschuld, Ausübung der Wahl 263 1; Begriff, Arten und Entstehung 262 1; Leistungsklage 264 1; Unmöglichkeit 265 1; Verzug des Berechtigten 264 1
Wahl-Zugewinngemeinschaft, deutsch-französische 1412 1; 1519 3; **vor** 1363 6; deutsch-französische **vor** 1408 1; deutsch-französische **Einf** 1297 8
Wahrnehmung berechtigter Interessen bei uH 824 10 f
Währung, Euro 244; 245 5
Wald, Aneignung von Früchten 956 3; Betreten auf eigene Gefahr 254 15; Gemeingebrauch 905 4; Nießbrauch 1038
Wandelung *s Rücktritt*
Ware, unbestellte 145 6; 151 1
Warenautomat, Vertragsschluss 145 6; 929 4
Warenhersteller, Haftung *s Produzentenhaftung*
Warenlager als Sachgesamtheit **vor** 90 5; Sicherungsübereignung 930 46
Warentest, geschäftsschädigender 823 103
Warenzeichen, Gewinnherausgabe bei Verletzung 687 10
Warnpflicht 433 25; nach Treu und Glauben 242 19
Warnstreik 611 22
Wartungsvertrag vor 631 8
Wechsel, Diskontierung **vor** 488 19; Missbrauch 826 22
Wechselbürgschaft vor 765 19
Wegerecht als Grunddienstbarkeit *s dort*
Wegfall der Bereicherung 818 27–39
Wegfall der Gegenleistung, Rückgewähr erbrachter Leistungen 326 25
Wegnahmerecht, allg 258; des Besitzers 997; des Mieters 539; 552 *(Abwendung der Wegnahme);* des Pfandgläubigers 1215–1221 2; Rechtsfolgen 258 2, 3; des Rechtsverlierers 951 23; Voraussetzungen 258 1–3
Weihnachtsgeld, entfallenes als Schaden **vor** 249 8
Weisung, fehlende bei Bereicherungsausgleich im Dreipersonenverhältnis 812 37; Widerruf bei Bereicherungsausgleich im Dreipersonenverhältnis 812 38
Weisungsrecht 611 8
Weiterbeschäftigungsanspruch 611 44
Weiterverarbeitung 950 9
Werbung und Sachmangel 434 15
Werbungsvertrag vor 631 8
Werkdienstwohnungen 576–576b 3
Werklieferungsvertrag 651, Abgrenzung zum Werkvertrag **vor** 631 1; Gefahrübergang 651 9; geistige und künstlerische Leistungen 651 1; Grundstück 651 1; Hausbausatzvertrag 651 1; Neuregelung 651 1; **vor** 631

1; über nicht vertretbare Sachen 651 5–8; Verjährung 651 10
Werklohn, Durchgriffsfälligkeit 641 2; Fälligkeit 641 2; Fälligkeit bei Verweigerung von Mitwirkungshandlungen 641 1; Fälligkeit in der Leistungskette 641 2; Forderungssicherung **vor** 631 1; Pauschalvergütung bei ord Kündigung 649 4; Verzinsung 641 7; Zurückbehaltungsrecht 641 6
Werkmietwohnungen 576–576b 2
Werkvertrag 631–651, Abgrenzung **vor** 631 3, 4; Abschlagszahlung *s dort*; Arbeiten am Bauwerk 634a 7; Befreiung von der Nacherfüllung 634 6; Begriff 631; Beispiele **vor** 631 4 ff; Beschaffenheitsvereinbarung 633 4; Beweislast 632 14 *(Vergütung)*; 633 4 *(Mangel)*; Druckzuschlag 641 6; Forderungssicherung **vor** 631 1; Funktionstauglichkeit und Beschaffenheitsvereinbarung 633 4; Gegenstand **vor** 631 2; und Geschäftsbesorgungsvertrag **vor** 652 7; Arbeiten am Grundstück 634a 7; Kostenschätzung 632 3, 4; Kündigungsrecht 649 11 *(Ausschluss durch AGB)*; und Maklervertrag **vor** 652 2c; Mangel 633 4 *(bei Wohnflächen)*; Mitwirkung des Bestellers 642; Pauschalvergütung bei ord Kündigung 649 4; geistige Planungs- und Überwachungsleistungen 634a 8; Prüf- und Hinweispflicht bei Zulieferung/Vorarbeiten durch Nachunternehmer 634 6; und Reisevertrag 651a 6; Schadensersatz statt der Leistung 636 10; Schlussrechnung 632 9; Schlusszahlung 641 8; Schutzwirkung für Dritte 328 37; Sicherungspflichten 631 13; Standardbedingungen **vor** 631 11; Teilleistung als Mangel 632a 3; Untersuchungskosten 632 3; übliche Vergütung 632 10; Verjährung 631 19
Werkwohnungen 576–576b
Wertersatz beim Bereicherungsanspruch 818 12; bei Eingriffskondiktion 818 21; bei Rückgriffskondiktion 818 26; Verzinsung 290
Wertpapier, Arten 793 6; Begriff 793 5; Haftung beim Kauf 453 17
Wertpapierhypothek 1187–1189
Wertpapierleihe 598 9; Sachdarlehensvertrag 607–609 3
Wertsicherungsabrede, Schiedsgutachtenvertrag 317 10
Wertsicherungsklausel 611 37; Begriff 244; 245 18; Bereichsausnahmen des Verbots 244, 245 24; Gleitklausel 244; 245 19; Kostenelementklausel 244; 245 23; Leistungsvorbehalt 244; 245 21; Spannungsklausel 244; 245 22; Überprüfungsverfahren 244; 245 20; Unwirksamkeitsfolgen 244; 245 20; zulässige Gestaltungen 244; 245 18; Zulässigkeit 244; 245 18

Teichmann

Werturteil, Begriff 824 4; und Persönlichkeitsrecht 823 70
Wertvindikation 985 8
Wettbewerbsverbot, beschränkte persönliche Dienstbarkeit 1090 3; des Dienstverpflichteten 611 27; Grunddienstbarkeit 1019 3
Wette 762, Begriff 762 2, 5; Rückforderungsanspruch bei Erfüllung 762 10; Unverbindlichkeit 762 6 f
Wichtiger Grund, Anwendungsfälle 314 6; Kündigung von Dauerschuldverhältnis 314 5; Vertragsaufsage und Erfüllungsverweigerung als – 314 6; *sa Kündigung, außerordentliche*
Widerklage, gegen Besitzklage 861–864 7
Widerruf, Anspruch auf - uH 823 8; der Auslobung 658; bei mehrdeutigen Behauptungen 823 83; Beweislast 355 18; des Dienstvertrags vor 620–630 4; der Einwilligung 183 2, 3; Form 823 84; Inhalt 823 84; Rechtsfolgen 355 17; 357 2–6; Rechtslage nach 357 1; unwahrer Tatsachenbehauptungen 823 82; des Testaments 2253–2258; bei Verbraucherdarlehensvertrag 495 5 *(und Nichtrückzahlung des Darlehens)*; wechselbezüglicher Verfügungen 2271; und Verschlechterung der Sache 357 10; bei Vertrag mit Minderjährigem 109; bei fehlender Vertretungsmacht 178 1; der Vollmacht 168 5; 170–173 5; Wertersatz 357 7–11 *(als Rechtsfolge)*; vor dem Zugang einer Willenserklärung 130 16; *sa Widerrufsrecht*
Widerrufsbelehrung, Haustürgeschäft 312 15; Muster des BMG 355 13; Musterbelehrungen 360 4
Widerrufsrecht, Ausübung 355 7; Belehrung 355 10–16; als bes Rücktrittsrecht 355 3; des Darlehennehmers 134 9; Erklärung 355 8 *(des Widerrufs)*; Erlöschen 355 5; Fernabsatzvertrag 312d 2; Frist 355 9; bei Haustürgeschäft 312 13; Inhalt der Belehrung 360 1–3; bei Verbraucherdarlehensvertrag 495 1 *(Abdingbarkeit)*
Widerspruch bei Darlehensbuchhypothek 1139; gegen Richtigkeit des Grundbuchs 894; vor 891 5; gegen Wechsel des Reisenden beim Reisevertrag 651b 4; Zerstörung des öffentl Glaubens des Grundbuchs durch – 892 16; 899 5
Wiederholungsgefahr 1004 11; bei Namensverletzung 12 6; bei uH vor 823 6
Wiederkauf 456–462, Begriff und Abgrenzung 456 1, 3, 10; und Dritte 458; Form 456 6; Haftung 456 12; 457; Pflichten des Wiederkäufers 459; Verwendungsersatz 459; *sa Wiederkaufsrecht*
Wiederkaufsrecht 456 4; 1094 7; Ausübung 456 7; Befristung 462; Begriff 456 5; dingliches 456 8; gemeinsames 461; ges 456 3; Vormerkung 456 8
Wiederkehrschuldverhältnis 311 15
Wiederverheiratung, Auswirkung auf gemeinschaftliches Testament 2269 7; nach Todeserklärung 1319–1320
Wiederverkauf, Pflichten des Wiederkäufers 456 11
Wiederverkaufsrecht 456 10–12
Wille und Erklärung, Auseinanderfallen 119 2; vor 116 3
Willenserklärung 116–144, Abgabe 130 1, 4, 11; unter Abwesenden 130 3–10; allg vor 104; vor 116; amtsempfangsbedürftige 130 18; vor 104 8; unter Anwesenden 130 3, 9, 11; Arten des rechtsgeschäftlichen Willens vor 116 4; Auslegung 133; vor 116 7; automatisierte vor 104 1; Begriff vor 116 1, 2; elektronische vor 104 2; Empfang durch Boten 130 7, 9; empfangsbedürftige 130 2, 4, 11; vor 104 8; erzwungene 116 4; durch Fax 130 5 *(Zugang)*; fernmündliche 147 8; fingierte vor 116 9; mündliche 147 8; nicht empfangsbedürftige 130 2; nicht ernstliche 118; nicht verkörperte 130 12; von PC zu PC 130 12; Rechtsgeschäft und – vor 104 2; scheinbare vor 116 11; Schweigen als – 147 4; 308 7; vor 116 9; Tatbestand vor 116 2, 12; Übermittlung durch Boten 130 10; Übermittlung durch Übermittler 120 2; durch schlüssiges Verhalten vor 116 8; an Vertreter 130 5, 9; 164 1; durch Vertreter 164 1; Widerruf 130 16; Willensmängel vor 116 3; Willenstheorie vor 116 2; Wirksamkeitsvoraussetzungen vor 116 13; Wirksamwerden 130–132
Wirtschaftlicher Verein *s Verein*
Wirtschaftsprüfer 675 12
Wirtschaftsprüfervertrag vor 631 8
Wohnraum, im AGG AGG 19 9; Begriff 549; *sa Mietverhältnis (Wohnräume)*
Wohnsitz, Aufhebung 7–11 2; Begriff 7–11 1; Begründung 7–11 2; Kind 7–11 3; als Leistungsort 269 9; Soldat 7–11 3
Wohnung, Begriff 573a 2
Wohnungseigentum, Geltendmachung von Gewährleistungsansprüchen 634 4; Hypothek an – 1114 1; als Nachlassgegenstand 2033 3; 2042 5; Verwalter als Makler 652 14
Wohnungsrecht, beschränkte persönliche Dienstbarkeit 1093
Wohnungstausch 480 2
Wohnungsvermittlung vor 652 8; Vergütung 652 29, 31, 41
Wucher 138 19–24; 139 9; beim Darlehen 139 9; 488 10; beim Kauf 139 9
Wuchergeschäft 138

magere Zahlen = Randnummern **Zubehör**

Zahlkartenvertrag s *Kreditkartenvertrag*
Zahlstelle, Bank als – oder Scheinzessionar **816 15**
Zahlungsaufschub 506 4; anwendbare Vorschriften **506**; Begriff **506** 4; Beispiele **506** 5; entgeltlicher **506** 8
Zahlungsaufstellung, Begriff **286 33**
Zahlungsauftrag, Abhebungsverbot **675q**; Ablehnung **675o**; Ausführung **675q**; mangelbehaftete Ausführung **675y** 4 ff; Ausführungsfrist **675s**; Empfangseinrichtung **675n–q** 1; Geschäftstag **675n–q** 1; Haftung **675z–676c** 2 *(für Folgeschäden);* Ausschlussfrist bei Haftung **676b**; Nachforschungspflicht **675y** 8; Unwiderruflichkeit **675p**; Widerruf **675p**; Zugang **675n**; **675n–q** 1
Zahlungsauthentifizierung, Haftung **675n**; Missbrauch **675l**; personalisiertes Sicherheitsmerkmal **675k-m** 2; Sorgfaltspflichten **675k-m** 2
Zahlungsauthentifizierungsinstrument, Abhandenkommen **675u-w** 2; Begriff **675k-m** 1; Schadensersatz **675u-w** 2; Sorgfaltspflichtverletzung **675u-w** 2
Zahlungsdienste-RiLi 675c 1 f; und AGB-Kontrolle **307** 12
Zahlungsdienstevertrag, Abdingbarkeit **675e**; Änderung **675g-h** 2 *(Form) (Frist)* 3 *(Zustimmungsfiktion);* Anwendungsbereich **675c-e** 1, 3; bargeldloser Zahlungsverkehr **675f** 1; Beendigung **675g-h** 4 *(durch Kündigung) (bei Zahlungskarten);* elektronisches Geld **675i**; Erfüllungsanspruch **vor 675u** 1; Erstattungsanspruch **675x** 1 *(bei Blankoautorisierung) (bei Mailorderverfahren) (bei Telefonorderverfahren);* **vor 675u** 1; Geltungsbereich **675c-e** 3; als Geschäftsbesorgungsvertrag **675f** 4; Haftung **675u-w** 2 *(Zahlungsdienstnutzer) (Zahlungsdienstleister);* begrenzte Haftung **675z–676c** 1; Haftungsausschluss **675z–676c** 4; **676c**; Hauptleistungspflichten **675f** 13; Informationspflichten **675c-e** 2; **675d**; vorvertragliche Informationspflichten **EGBGB 248 §** 4; Informationspflichten **EGBGB 248 §§** 7 ff; Interbankenabkommen **vor 675c** 3; Kleinbetragsinstrument **675i**; Leistungsstörungen **675y** 1 ff; Regelungsinhalt **vor 675c** 2; Regelungszweck **vor 675c** 1; Rulebooks des European Payment Council (EPC) **vor 675c** 3; **vor 675f** 5; SEPA **vor 675c** 2; Vertragsinhalt **675f** 4; Vertragsparteien **675f** 2; Zahlungsauthentifizierungsgeschäft **675f** 1; Zahlungsdienste-RiLi **vor 675c** 1; Zahlungskonto **675f** 12; *sa Zahlungsvorgang*
Zahlungsdienstleister 675f 2
Zahlungsdienstnutzer 675f 3
Zahlungskarte, Diebstahl **675u-w** 4

Zahlungskonto, bargeldloser Zahlungsverkehr **675f** 1; Begriff **675f** 12; Kontoinhaber **675f** 16, 17 *(Mehrheit von -);* Treuhandkonto **675f** 15
Zahlungsort, bei Geldschulden **270** 5
Zahlungsvorgang, Ausführungsfrist **675s**; **675s-t** *(Geschäftstage);* mit Drittstaatenbezug **675c-e** 3; Lastschrift **675f** 7; SEPA-Lastschrift **675f** 11; Überweisung **675f** 6; Wirksamkeit **675i** 1; Zahlungsauftrag **675j** 1; Zahlungskarte **675f** 12; Zustimmung **675i** *(Autorisierung)*
Zahnprothese, Werkvertrag zur Anfertigung einer – **vor 631** 4
Zedent als Kondiktionsschuldner **812 46**
Zeitbestimmung, Begriff **163** 1, 2
Zeitmietvertrag 575
Zeitschrift, Bezugsvertrag **311 25**
Zerrüttung der Ehe s *Scheidung der Ehe*
Zession, und Bereicherungsausgleich **812 46**
Zessionar, als Kondiktionsschuldner **812 47**
Zeugnis, Erteilung in Insolvenz **630** 2; Haftung des Arbeitgebers für – **826** 15; Inhalt **630** 3; Pflicht zur Erteilung **630**; Zwischenzeugnis **630** 2
Zins, Begriff **246** 1; Beispiele **246** 2; beim Darlehen **488** 18 *(Zahlungspflicht des Darlehensnehmers)* 20, 23 *(Fälligkeit);* effektiver Jahreszins **246** 10; ges Zinssatz **246** 7; Haftung der Hypothek **1119**; Höhe **246** 7; Prozesszinsen **291**; Verzugszinsen **247** 3; Zinseszins **248**; **289**; Zinssatz **246** 1; Zinsschuld **246** 5; *sa Verzinsung, sa Verzugszinsen*
Zinsanpassung, einseitige bei Darlehen **488** 21; Voraussetzungen **488** 21
Zinsanspruch, Beweislast **488** 20; Fälligkeit **488** 23; bei Sachentzug und -beschädigung **849**; Vereinbarung der Zinszahlungspflicht **488** 20
Zinseszinsverbot 289
Zinsmargenschaden, Darlehen **488** 17
Zinsobergrenze und Kreditwucher **488** 10
Zinssatz, effektiver Jahreszins **492** 6 *(Verbraucherdarlehen)*
Zinsschaden als Aufwendung von Kreditzinsen **288** 10; Bank **288** 10; und Mehrwertsteuer **288** 10; bei Verbraucherkredit **288** 10, 11; als Verlust von Anlagezinsen **288** 10
Zinsschein 803–805 1
Zinsschuld, Begriff **246** 5; Entstehung **246** 5 f
Zinsverschlechterungsschaden, Darlehen **488** 17
Zivildienst und Dienstvertrag **vor 611** 16
Zivilehe, obligatorische **1310–1312** 1
Zubehör 97; **98**, Eigentumserwerb **926** 1, 2; Erlöschen der Eigenschaft als – **98** 6; Erstre-

Teichmann

Züchtigungsrecht

ckung auf – **311c** 2; Erwerb vom Nichtberechtigten **926** 3; Haftung für Hypothek **1120**–**1122**; Haftung für Pfandrecht **1212** 1; Nießbrauch **1031**; Vorkaufsrecht **1096**
Züchtigungsrecht 1631–**1633** 3
Zufall, Arten **276** 11; Haftung **287** 2; Haftung für – **276** 11; **848** *(bei Sachentzug)*; Leistungsbefreiung **300** 6
Zugabe, Abgrenzung zur Draufgabe **336**–**338** 2
Zugang 130 4; Störungen **130** 15; verspäteter – **149**; Zahlungsauftrag **675n-q** 1
Zugang einer Willenserklärung, Ersatz durch Zustellung **132**; an beschränkt Geschäftsfähigen **131**; an Geschäftsunfähigen **131**
Zugangsbestätigung, elektronischer Geschäftsverkehr **312g** 5
Zugesicherte Eigenschaften, Mietverhältnis **536** 6
Zugewingemeinschaft, deutsch-französische Wahl-Zugewinngemeinschaft **1519**
Zugewinn, Begriff **1373**
Zugewinnausgleich, allg **vor 1371**–**1390**; Änderungsbefugnis für Stundung **1382** 4; Anfangsvermögen **1374** 3 *(Berechnung)*; Anrechnung von Vorausempfängen bei – **1380**; Antrag auf vorzeitigen – **1385**–**1388** 1; Ausgleichsanspruch gegen Dritte **1390**; Ausgleichsforderung **1378**; Bewertung der Aktiva **1376** 6; Bewertung des Endvermögens **1376** 6; ehebedingte Zuwendungen **1372** 6; Endvermögen **1375** 2 *(Berechnung)*; erbrechtliche Lösung **1371** 4; **vor 1371**–**1390** 2; bei Goodwill **1376** 8; güterrechtliche Lösung **1371** 9; **1372** 1; Höhe **1378** 3; unter Lebenden **1372**; besondere Leistungen **1372** 3; Leistungen an Dritte mit Benachteiligungsabsicht **1390** 2; Rechtsgeschäfte über Ausgleichsforderung **1378** 7; Stichtag **1376** 2; **1384** 1 *(Berechnung im Scheidungsfall)*; Stundung der Ausgleichsforderung **1382**; im Todesfall **1371**; Übertragung von Vermögensgegenständen **1383**; grobe Unbilligkeit **1381**; bei Unternehmen **1376** 7; Verbindlichkeiten bei Endvermögen **1375** 9; vergemeinschaftete Vermögensbestandteile **1372** 2; Verjährung der Ausgleichsforderung **1378** 9; vermögensmindernde Manipulation **1375** 4; Verzeichnis des Anfangsvermögens **1377**; Vorausempfänge **1380**; vorzeitiger **1385**; **1385**–**1388** 1 *(Stichtag)* 2 *(Voraussetzungen)* 6 *(Folgen)*; Wertsteigerungen **1376** 11
Zugewinngemeinschaft 1363; **vor 1363** 3; Dauer **1363**; **1364** 3; deutsch-französische Wahl-Zugewinngemeinschaft **1412** 1; **1519** 3; **Einf 1297** 8; **vor 1363** 6; **vor 1408** 1; Erbverzicht **2346** 3; Grundzüge **1363**;

1364 5; Modifikationen durch Ehevertrag **1363**; **1364** 9; Pflichtteil **2303** 5; **2304** 3; Vermächtnis und Pflichtteil **2307** 3; Verwaltungsbefugnisse **1363**; **1364** 6; Verzeichnis des Anfangsvermögens **1377**; Voraussetzungen **1363**; **1364** 2
Zug-um-Zug-Leistung, Gläubigerverzug **298**; beim gegenseitigen Vertrag **322**; Vollstreckung **322**
Zug-um-Zug-Verurteilung beim Zurückbehaltungsrecht **274** 2
Zulieferer, als Hersteller **823** 129
Zurückbehaltungsrecht, Abwendung **273** 23; Anwendungsbereich **273** 3; Ausschluss **273** 11; Begriff **273** 1, 19 f; bei Benachteiligung nach AGG **AGG 12** 6; **AGG 14** 1; und Einrede des nichterfüllten Vertrages **320**; bei Erbengemeinschaft **2039** 4 f; des Erbschaftsbesitzers **2022** 4; Erlöschen **273** 24; Geltendmachung **273** 21; in Gemeinschaft **749**–**758** 6; bei Gesamtschuld **426** 14; in Gesellschaft **738**–**740** 6; kaufmännisches **273** 26; bei Mängeln im Werkvertrag **641** 6; **634a** 12; des Mieters **556b**; im Prozess **273** 21; **274** 2; bei Schadensersatzanspruch **255** 4; und Schuldnerverzug **280** 36; Abwendung durch Sicherheitsleistung **641** 6 *(Werkvertrag)*; vertragliches **273** 27; wegen Verwendungen **1000**; Voraussetzungen **273** 7; Wirkung **273** 22–24; in der Zwangsvollstreckung **274** 3
Zurückweisung bei Vertrag zugunsten Dritter **333** 1
Zusammengesetzte Verträge 311 29
Zusammenschreibung von Grundstücken **890** 3
Zuschreibung eines Grundstücks **890** 3; Hypothekenerstreckung **1131**
Zusicherung, Begriff **437** 23; einer Eigenschaft **276** 41; beim Reisevertrag **651c** 3; *sa Garantie*
Zustandsstörer 1004 17
Zustellung, Gegenstand **132** 4; öffentl **132** 3; als Zugangsersatz **132**
Zustimmung 182, zur Aufhebung einer Hypothek **1183** 2; zur Aufhebung eines belasteten Grundstücksrechts **876**; Begriff **182** 3; von Behörden **182** 7; Empfänger **182** 3; Form **182** 4, 6
Zustimmungserfordernis, bei Dienstverträgen **vor 611** 7
Zustimmungserfordernis bei Gesamtvermögensgeschäft, allg **vor 1365**–**1369** 1; Art der Geschäfte **vor 1365**–**1369** 3; Ersetzung der Zustimmung **1365** 6–8; **vor 1365**–**1369** 15; Konvaleszenz **vor 1365**–**1369** 14; Rechte des Vertragspartners **vor 1365**–**1369** 16; Rechtsnatur **vor 1365**–**1369** 11; Zustimmung **vor 1365**–**1369** 12; Zweck **vor 1365**–**1369** 2

Zustimmungserfordernis bei Haushaltsgegenständen, allg **1369** 1; Ersetzung der Zustimmung **1369** 7–8; gebundene RGeschäfte **1369** 6

Zustimmungserfordernis für Ehegatten, einseitige Rechtsgeschäfte **1366**; **1367** 7; Geltendmachung der Unwirksamkeit **1368**; Haushaltsgegenstände **1369**; Konvaleszenz **1367** 6; Verträge **1366**; **1367** 2

Zuvielleistung von Unterhalt **1360b**

Zuweisungsgehalt, Eingriffskondiktion **812** 51; Inhalt **812** 53; eines Rechts **812** 51, 65 *(Zwangsvollstreckung)*; Umfang **812** 53

Zuwendung, causa societatis **516** 22; und Leistungsbegriff **812** 23; nichteheliche Lebensgemeinschaft **516** 9; Schenkung **516** 4; unbenannte **313** 34 *(ehebedingte)*; **516** 9 *(unter Ehegatten)* 20 *(unter Ehegatten)*; **1372** 6 *(ehebedingte)*; **1374** 9 *(ehebedingte)*; **1380** 2 *(ehebedingte)*; unentgeltliche **330** 1 *(im Vertrag zugunsten Dritter)*; **516** 3 f, 4–8; **1638**; **1639**; **1640** 2

Zuwendungsgeschäft, Begriff **vor 104** 11

Zuweniglieferung, Nacherfüllung **439** 29

Zwangshypothek, ges Löschungsanspruch **1179a** 7

Zwangsmittel, Zusammentreffen mit Vertragsstrafe **339** 13

Zwangsvollstreckung, arglistige Vereitelung **826** 27; der Dienstleistungspflicht **611** 11; Einrede gegen – bei Urteilserschleichung **826** 16; Erwerbsverbot **450**; des Hypothekengläubigers **1147**; **1120–1122** 5; **1123–1125** 2; mehrere Nutzer von Wohnräumen **535** 3; gegen Vorerben **2115** 1–4

Zweckerreichung und Unmöglichkeit **275** 13

Zweckgemeinschaft *s Gesamtschuld*

Zweckstörung und Geschäftsgrundlage **313** 18

Zweckverfehlung, Kondiktion wegen – **812** 15; **815** 2

Zwischenkreditsicherung 1163 11; bei Löschungsvormerkung **1179** 5; **1179a** 11

Zwischenverfügung 160; **161** 3; **184** 5

Zwischenzins 272 2